Mit dem folgenden Freischaltcode erhalten Sie Ihren persönlichen Online-Zugang unter

www.juris.de/pk

Ihr Freischaltcode: **BGB2T9T59n5**

Herberger/Martinek/Rüßmann/Weth

juris Praxiskommentar BGB
Schuldrecht

Band 2.1

juris PraxisKommentar

BGB

Band 2.1

Schuldrecht
(Teil 1: §§ 241 bis 432)

herausgegeben von

Dr. Markus Junker

Gesamtherausgeber:

Prof. Dr. Maximilian Herberger
Prof. Dr. Dr. Dr. h.c. mult. Michael Martinek M.C.J. (New York)
Prof. Dr. Dr. h.c. Helmut Rüßmann
Prof. Dr. Stephan Weth

6. Auflage

juris GmbH Saarbrücken 2013

Zitiervorschlag:
Martinek in: jurisPK-BGB, 6. Aufl. 2012, § 1 Rn. 10

Bibliografische Information der Deutschen Nationalbibliothek:
Die Deutsche Nationalbibliothek verzeichnet diese Publikation in der Deutschen Nationalbibliografie; detaillierte bibliografische Daten sind im Internet über http://dnb.ddb.de abrufbar.

ISBN: 978-3-86330-010-4

© 2013 juris GmbH, Gutenbergstraße 23, 66117 Saarbrücken, www.juris.de

Umschlaggestaltung: HDW Werbeagentur GmbH Saarbrücken
Druckvorstufe: Satzweiss.com GmbH Saarbrücken
Druck: Kösel GmbH & Co. KG, Altusried-Krugzell

Vorwort der Gesamtherausgeber zur 6. Auflage

Wenn unser Online-Kommentarwerk mit seinen begleitenden Print- und E-Book-Versionen in diesem Herbst in die 6. Auflage geht, dann ist dies ein Grund zur Freude und zum Feiern: Das „halbe Dutzend" von Auflagen innerhalb nur eines Jahrzehnts beweist eine Marktposition, die keine Angst vor der Konkurrenz zu haben braucht, auch wenn diese bekanntlich „nicht schläft". Das gedruckte Komplettwerk besteht nunmehr aus acht Büchern; das Schuldrecht ist seit der 1. Auflage in drei Bände aufgeteilt, und das – inzwischen schon weithin europäisierte – Internationale Privatrecht ist seit der 4. Auflage 2008/2009 in einem eigenen Band kommentiert. Die acht Bücher enthalten ca. 20.000 Druckseiten, die man freilich nur in der Print-Version als solche „sieht", aber in der Online- und E-Book-Version nur ahnt und mit denen man – so oder so – tagesaktuell, mediengerecht und zukunftssicher die praktische Arbeit gestalten kann. Alleinstellungsmerkmal der Online-Version ist nach wie vor die zeitnahe Ein- und Verarbeitung der neuesten Rechtsprechung und Literatur, die unser Kommentarwerk – nach einem Wort unseres „Rechtsinformatikers" unter den Herausgebern, Maximilian Herberger – zu einem „atmenden Kommentar" macht.

Wir dürfen von einer zehnjährigen Erfolgsgeschichte sprechen: Der Kommentar erblickte das Licht der Welt als Online-Kommentar. Mit der zweiten Auflage gewann er als zusätzliche Gestalt die traditionelle Buchform. Seit der fünften Auflage ist er auch als E-Book erhältlich, um sich den Weg auf manches iPad (oder vergleichbares Lesegerät) zu bahnen und dem Nutzer auch außerhalb der eigenen Bibliothek stets griffbereit zur Verfügung zu stehen.

Für die Nutzer des Druckwerks finden sich die Entscheidungszitate, die in der elektronischen Welt mit den von juris vorgehaltenen Entscheidungstexten verlinkt sind, durch eine Fundstelle aus der ja noch keineswegs „versunkenen Welt" der Druckwerke ergänzt. Die unterjährigen Aktualisierungen unseres juris PraxisKommentars zum BGB sind natürlich nur den Nutzern der elektronischen Medien zugänglich, für die der Kommentar entwickelt worden ist. Die weiterhin zahlen- und frequenzmäßig anwachsenden Aktualisierungen sind über ein Feed abrufbar und können sogar vorgelesen werden (Podcast-Feed).

Der juris PraxisKommentar BGB hat sich als Gesamtkommentar zu allen fünf Büchern des BGB behauptet und sich als Online-Version in den Favoriten-Listen der Computer und als Print-Version in den Regalen der Arbeitszimmer unserer immer zahlreicheren Nutzer einen festen Platz erobert; die jüngere E-Book-Version wird nicht lange nachhinken. Er ist in der Fachwelt zu einem „Begriff" geworden – und damit erhöht sich die Verantwortung aller Herausgeber und Autoren vor allem für die Verlässlichkeit der Inhalte unserer Kommentierungen und für die Schnelligkeit der Einarbeitung von Rechtsprechung und Literatur.

Es versteht sich von selbst, dass der Leser unseres Kommentars in der sechsten Auflage die vielfältigen, zum Teil tiefgreifenden Veränderungen des BGB wieder konzentriert und kompakt, praxisnah und aktuell dokumentiert und kommentiert findet. Für die Nutzer der Online-Version waren die Änderungen schon als Aktualisierungen der fünften Auflage verfügbar. Es finden sich in diesen turbulenten Zeiten gesetzgeberischer Aktivitäten und Rechtsprechungsentwicklungen ja kaum noch innovationsresistente Teile unseres mehr als einhundert Jahre alten BGB. Die Rechtsanwendung beginnt heute vielfach mit der Frage, wie überhaupt die aktuelle Rechtslage ist.

Die acht Einzelbände unseres juris PraxisKommentars werden von Bandherausgebern aus Wissenschaft und Praxis betreut: Band 1, Allgemeiner Teil: Prof. Dr. Klaus Vieweg; Band 2.1, Schuldrecht Allgemeiner Teil: Rechtsanwalt Dr. Markus Junker; Band 2.2, Schuldrecht Besonderer Teil (§§ 433-630): Prof. Dr. Roland Michael Beckmann; Band 2.3, Schuldrecht Besonderer Teil (§§ 631-853): Prof. Dr. Dr. h.c. mult. Helmut Rüßmann; Band 3, Sachenrecht: Prof. Dr. Dr. Dr. h.c. mult. Michael Martinek; Band 4, Familienrecht: Richter am Amtsgericht Dr. Wolfram Viefhues; Band 5, Erbrecht: Prof. Dr. Wolfgang Hau; Band 6, Internationales Privatrecht: Dr. Dr. Ingo Ludwig.

Wir freuen uns in der Zehn-Jahres-Feier darauf, dass das Kommentarwerk mit steigender Resonanz weiterhin einen guten Weg geht, um unseren Nutzern als ein rundes und lebendiges Werk für die praktische Arbeit auch künftig eine immer wichtigere Hilfe zu bieten.

Saarbrücken, im September 2012

Maximilian Herberger
Helmut Rüßmann
Michael Martinek
Stephan Weth

Vorwort der Herausgeber zur 1. Auflage

Unser Online-Kommentar nimmt schon vom Namen her einen ausgeprägten Praxisbezug für sich in Anspruch. In der Tat wollen wir nicht nur eine mediale, sondern auch eine inhaltliche, substanzielle Innovation präsentieren, weil sich der jurisPK vom konventionellen Duktus zivilrechtlicher Kommentarliteratur abheben soll. Die Ausrichtung an den Erfordernissen der Rechtsanwendungs-, Rechtsberatungs- und Rechtsgestaltungspraxis tritt dadurch hervor, dass die Kommentatoren die juristische Alltagsrelevanz der kommentierten Vorschriften und Rechtsinstitute ständig im Auge behalten. So wird die prozessuale Bedeutung der Normen immer „mitbedacht"; Beweislastfragen oder prozessstrategische Hinweise fließen ständig in die Kommentierungen ein. Dagegen ist unser jurisPK weitgehend von einem Verzicht der Kommentatoren auf die Mitwirkung am rechtsdogmatischen Diskurs, auf die Rekapitulation von akademischen Streitständen und auf die Auseinandersetzung mit wissenschaftlichen Lehrmeinungen gekennzeichnet. Die Kommentatoren sind zur Konzentration auf die anerkannten und wichtigsten Gesichtspunkte des Mainstream aufgerufen. Die Benutzer des jurisPK sollen sich nicht über das „law in the books", sondern über das „law in action" verlässlich informieren und aus den Informationen Handlungsanleitungen und Ratschläge gewinnen können. Die bewusst anwaltliche Perspektive ist darum bemüht, dem praktisch tätigen Rechtsanwalt oder Unternehmensjuristen Hilfestellungen für den alltäglichen Umgang mit den Normen in der streitentscheidenden Zivilrechtspraxis zu geben. Einschränkend muss freilich angemerkt werden, dass dieser Anspruch noch nicht von Anfang an schlagartig eingelöst werden, sondern nur allmählich umgesetzt werden kann. Der besondere Praxisbezug unseres jurisPK wird sich aber von Jahr zu Jahr deutlicher ausformen. Für Anregungen und Beiträge aus der Praxis, die uns helfen, unserem Anspruch besser gerecht zu werden, sind wir dankbar.

Die juristische Welt hat sich an Kommentare in Papierform gewöhnt. Aus dieser Gewöhnung resultiert fast so etwas wie eine Zuneigung zu dieser Form der medialen Präsentation. Und doch ist diese Art der Erläuterung und Erschließung von Gesetzen, Rechtsprechung und Literatur aus einem zentralen Grund unangemessen: Gesetze, Rechtsprechung und Literatur wandeln sich in schneller Folge (und mit zunehmendem Akzelerationsrhythmus). Das Papier kann dem nicht in adäquater Weise folgen. Loseblattsammlungen und ähnliche Versuche der „Dynamisierung von Papier" sind letzten Endes zum Scheitern verurteilt, weil sie nicht in der Lage sind, dem Rhythmus des Wissenswandels zeitnah und benutzerfreundlich zu folgen. Angesichts dieser Tatsache gilt es, die Chance des Medienwechsels hin zur elektronischen Begleitung des schnellen Wandels zu ergreifen. Der juris Praxiskommentar tut dies in konsequenter Weise. Er vollzieht diesen unter heutigen Bedingungen unabweislichen Paradigmenwechsel, indem er von vornherein bereits seiner Architektur nach der Tatsache Rechnung trägt, dass juristisches Wissen einem täglichen Wandel unterworfen ist. Das bedeutet, dass der Kommentar sich lebendig der jeweils neuen Informationslage anpasst. Es geschieht dies durch einen Aktualisierungsdienst, der Tag für Tag in den Kommentar eingearbeitet wird. Wenn sich zum Thema einer Randnummer etwas Neues ergibt, erscheint in einer optisch hervorgehobenen Zusatz-Randnummer, was man Neues wissen muss, um nicht dem Risiko ausgesetzt zu sein, in der Praxis folgenreiche Fehler zu begehen. Von dieser jeweils neuen Lage erfährt man aber nicht nur bei Konsultation des Kommentars. Wer den Kommentar abonniert hat, wird zeitnah per elektronischer Post auf den jeweils aktuellen Informationsstand gebracht – dies natürlich unter Einbeziehung des gesamten bei juris vorhandenen Hintergrundwissens, das vom juris Praxiskommentar her in konsequenter Verlinkung erschlossen wird. Mit alledem überschreitet der Kommentar die Grenze der statischen papierfixierten Information hin zum dynamischen Informationssystem. Es werden aber – auch dies gilt es zu betonen – die guten Werte des alten Mediums „Kommentar" aufrechterhalten: Die erste Auflage bleibt (stets zitierbar) die erste Auflage, die zweite die zweite usw. Die Schichten „Kommentierung" und „Aktualisierung" sind äußerlich klar erkennbar getrennt. Auf diese Weise wird der (trotz allen Wandels) gleichfalls bewahrenswerten Tatsache Rechnung getragen, dass es Ruhepunkte im Wandel gibt. So verbindet der juris Praxiskommentar das Beste der „alten" und der „neuen" Welt juristischen Wissens in einer Symbiose eigener Art. Dass man beliebige Teile dieses Kommentars neuen Typs nach je eigener Wahl in ansprechendem Layout ausdrucken kann, um damit „vor Ort" über das (haptisch) vertraute Papier zu verfügen, rundet das Spektrum der Funktionalität des juris Praxiskommentars ab: Er ist ein Kommentar, wie man ihn gewohnt ist, und zugleich ein Kommentar, wie man ihn noch nicht kennt. Wenn man es auf einen knappen Nenner bringen will: Der erste Kommentar, der vorher kein Buch war – es wohl aber auch ist.

Saarbrücken, im Mai 2003

Bearbeiterverzeichnis

Josef Alpmann
Rechtsanwalt, Münster
§§ 275 bis 292; 311a; 320 bis 326

Prof. Dr. Axel Beater
Lehrstuhl für Bürgerliches Recht,
Wirtschaftsrecht und Medienrecht, Universität Greifswald
§§ 336 bis 345

Jochen Ehlers
Rechtsanwalt, Berlin
§§ 372 bis 386

Prof. Dr. Florian Faust, LL.M. (Univ. Michigan)
Lehrstuhl für Bürgerliches Recht, Handels- und Wirtschaftsrecht und Rechtsvergleichung, Bucerius Law School
§§ 346 bis 354

Dr. Herbert Geisler
Rechtsanwalt beim Bundesgerichtshof, Karlsruhe
§§ 293 bis 304

Dr. Markus Junker
Rechtsanwalt, München
§§ 312 bis 312i

Prof. Dr. Christof Kerwer
Lehrstuhl für Bürgerliches Recht, Arbeitsrecht und Zivilprozessrecht, Universität Würzburg
§§ 266 bis 274; 362 bis 371

Dr. Thomas Lapp
Rechtsanwalt und Mediator, Frankfurt
§§ 305 bis 311

Dr. Sigrid Lorz
Akademische Rätin auf Zeit, Universität Erlangen-Nürnberg
§ 253

Dr. Dr. Ingo Ludwig
Notar, Völklingen
§§ 311b; 311c

Prof. Dr. Thomas Pfeiffer
Direktor des Instituts für ausländisches und internationales Privat- und Wirtschaftsrecht; Inhaber des Lehrstuhls für Bürgerliches Recht, Internationales Privatrecht, Rechtsvergleichung und Internationales Verfahrensrecht, Universität Heidelberg
§§ 242; 313

Wolfgang Rosch
juristelinguiste, EuGH (Luxemburg)
§§ 398 bis 418

Prof. Dr. Dr. h. c. mult. Helmut Rüßmann
Lehrstuhl für Bürgerliches Recht, Zivilprozessrecht und Rechtsphilosophie, Universität des Saarlandes, Emeritus
§§ 249 bis 252; 254 bis 255; 387 bis 397; 420 bis 432

Dr. Erwin Salamon
Rechtsanwalt, Hamburg
§§ 305 bis 310

Prof. Dr. Boris Schinkels, LL.M. (Cambridge)
Lehrstuhl für Bürgerliches Recht, Internationales und Europäisches Privatrecht, Rechtsvergleichung und Rechtsharmonisierung im Ostseeraum, Universität Greifswald
§§ 328 bis 335

Dr. Guido Toussaint
Rechtsanwalt beim Bundesgerichtshof, Notar a.D., Karlsruhe
§§ 241; 241a; 243 bis 248; 256 bis 265

Prof. Dr. Klaus Vieweg
Institut für Recht und Technik, Lehrstuhl für Bürgerliches Recht, Rechtsinformatik, Technik- und Wirtschaftsrecht, Universität Erlangen-Nürnberg
§ 253

Prof. Dr. Barbara Völzmann-Stickelbrock
Lehrstuhl für Bürgerliches Recht, Wirtschaftsrecht, Gewerblichen Rechtsschutz, Urheberrecht und Zivilprozessrecht, FernUniversität Hagen
§§ 315 bis 319

Prof. Dr. Stephan Weth
Lehrstuhl für Deutsches und Europäisches
Prozess- und Arbeitsrecht sowie Bürgerliches
Recht, Institut für Arbeits- und Sozialrecht,
Universität des Saarlandes
§ 314

Andree Wildemann
Rechtsanwalt, Nürnberg
§§ 355 bis 360

Dr. Gerhard Knerr
Richter am Oberlandesgericht, Saarbrücken
§§ 398 bis 413; 6. Auflage: s. Wolfgang Rosch

Inhaltsverzeichnis zu Band 2.1

Abkürzungsverzeichnis XIII
Literaturverzeichnis XXV

Bürgerliches Gesetzbuch
Buch 2 - Recht der Schuldverhältnisse (Teil 1)
Abschnitt 1 bis 7 (§§ 241-432)

Abschnitt 1 - Inhalt der Schuldverhältnisse (§§ 241 - 304) 1
Titel 1 - Verpflichtung zur Leistung (§§ 241 - 292) 1
Titel 2 - Verzug des Gläubigers (§§ 293 - 304) 469
Abschnitt 2 - Gestaltung rechtsgeschäftlicher Schuldverhältnisse durch Allgemeine Geschäftsbedingungen (§§ 305 - 310) 525
Abschnitt 3 - Schuldverhältnisse aus Verträgen (§§ 311 - 360) 683
Titel 1 - Begründung, Inhalt und Beendigung (§§ 311 - 319) 683
Untertitel 1 - Begründung (§§ 311 - 311c) 683
Untertitel 2 - Besondere Vertriebsformen (§§ 312 - 312i) 924
Untertitel 3 - Anpassung und Beendigung von Verträgen (§§ 313 - 314) 1087
Untertitel 4 - Einseitige Leistungsbestimmungsrechte (§§ 315 - 319) 1129
Titel 2 - Gegenseitiger Vertrag (§§ 320 - 326) 1176
Titel 3 - Versprechen der Leistung an einen Dritten (§§ 328 - 335) 1214
Titel 4 - Draufgabe, Vertragsstrafe (§§ 336 - 345) 1260
Titel 5 - Rücktritt; Widerrufs- und Rückgaberecht bei Verbraucherverträgen (§§ 346 - 360) 1304
Untertitel 1 - Rücktritt (§§ 346 -354) 1304
Untertitel 2 - Widerrufs- und Rückgaberecht bei Verbraucherverträgen (§§ 355 - 360) 1371
Abschnitt 4 - Erlöschen der Schuldverhältnisse (§§ 362 - 397) 1463
Titel 1 - Erfüllung (§§ 362 - 371) 1463
Titel 2 - Hinterlegung (§§ 372 - 386) 1539
Titel 3 - Aufrechnung (§§ 387 - 396) 1567
Titel 4 - Erlass (§ 397) 1636
Abschnitt 5 - Übertragung einer Forderung (§§ 398 - 413) 1646
Abschnitt 6 - Schuldübernahme (§§ 414 - 418) 1847
Abschnitt 7 - Mehrheit von Schuldnern und Gläubigern (§§ 420 - 432) 1884
Stichwortverzeichnis 1935

Abkürzungsverzeichnis

a.A.	anderer Ansicht
a.a.O.	am angegebenen Ort
a.E.	am Ende
a.F.	alte Fassung
a.M.	anderer Meinung
Abb.	Abbildung
ABl.	Amtsblatt
ABl.EG	Amtsblatt der Europäischen Gemeinschaften
ABl.EU	Amtsblatt der Europäischen Union
Abs.	Absatz
abw.	abweichend
AbzG	Gesetz betreffend die Abzahlungsgeschäfte
AdVermiG	Gesetz über die Vermittlung der Annahme als Kind und über das Verbot der Vermittlung von Ersatzmüttern
AEG	Allgemeines Eisenbahngesetz
AEntG	Gesetz über zwingende Arbeitsbedingungen bei grenzüberschreitenden Dienstleistungen
AEUV	Vertrag über die Arbeitsweise der Europäischen Union
AFG	Arbeitsförderungsgesetz
AfP	Archiv für Presserecht, Zeitschrift für Medien- und Kommunikationsrecht
AFWoG	Gesetz über den Abbau der Fehlsubventionierung im Wohnungswesen
AG	Aktiengesellschaft
AG	Amtsgericht
AGB	Allgemeine Geschäftsbedingungen
AGB DDR	Arbeitsgesetzbuch der Deutschen Demokratischen Republik
AGBG	Gesetz zur Regelung des Rechts der Allgemeinen Geschäftsbedingungen
AGG	Allgemeines Gleichbehandlungsgesetz
AIHonO	Verordnung über die Honorare für Leistungen der Architekten und der Ingenieure
AktG	Aktiengesetz
allg.	allgemein
Alt.	Alternative
AltTZG	Altersteilzeitgesetz
AMG	Gesetz über den Verkehr mit Arzneimitteln
AnfG	Gesetz über die Anfechtung von Rechtshandlungen eines Schuldners außerhalb des Insolvenzverfahrens
Anm.	Anmerkung
AO	Abgabenordnung
ApoG	Gesetz über das Apothekenwesen
ArbGBeschlG	Gesetz zur Vereinfachung und Beschleunigung des arbeitsgerichtlichen Verfahrens
ArbGG	Arbeitsgerichtsgesetz
ArbnErfG	Gesetz über Arbeitnehmererfindungen
ArbSchG	Gesetz über die Durchführung von Maßnahmen des Arbeitsschutzes zur Verbesserung der Sicherheit und des Gesundheitsschutzes der Beschäftigten bei der Arbeit
ArbStättV	Verordnung über Arbeitsstätten
ArbuR	Arbeit und Recht, Zeitschrift für Arbeitsrechtspraxis
ArbZG	Arbeitszeitgesetz (ArbZG)
arg.	argumentum
Art.	Artikel

Abkürzungsverzeichnis

AStG	Gesetz über die Besteuerung bei Auslandsbeziehungen
AtG	Gesetz über die friedliche Verwendung der Kernenergie und den Schutz gegen ihre Gefahren
Aufl.	Auflage
AÜG	Gesetz zur Regelung der gewerbsmäßigen Arbeitnehmerüberlassung (Arbeitnehmerüberlassungsgesetz - AÜG)
AuslG	Gesetz über die Einreise und den Aufenthalt von Ausländern im Bundesgebiet
AuslInvestmG	Gesetz über den Vertrieb ausländischer Investmentanteile und über die Besteuerung der Erträge aus ausländischen Investmentanteilen (Erster Teil des Gesetzes über den Vertrieb ausländischer Investmentanteile, über die Besteuerung ihrer Erträge sowie zur Änderung und Ergänzung des Gesetzes über Kapitalanlagegesellschaften)
AuslPflVG	Gesetz über die Haftpflichtversicherung für ausländische Kraftfahrzeuge und Kraftfahrzeuganhänger
AuslWBG	Gesetz zur Bereinigung von deutschen Schuldverschreibungen, die auf ausländische Währung lauten
AVAG	Gesetz zur Ausführung zwischenstaatlicher Verträge und zur Durchführung von Verordnungen und Abkommen der Europäischen Gemeinschaft auf dem Gebiet der Anerkennung und Vollstreckung in Zivil- und Handelssachen
AVBEltV	Verordnung über Allgemeine Bedingungen für die Elektrizitätsversorgung von Tarifkunden
AVBFernwärmeV	Verordnung über Allgemeine Bedingungen für die Versorgung mit Fernwärme
AVBGasV	Verordnung über Allgemeine Bedingungen für die Gasversorgung von Tarifkunden
AVBWasserV	Verordnung über Allgemeine Bedingungen für die Versorgung mit Wasser
AVermV	Verordnung über Arbeitsvermittlung durch private Arbeitsvermittler
AVG	Angestelltenversicherungsgesetz
AWG	Außenwirtschaftsgesetz
AWV	Verordnung zur Durchführung des Außenwirtschaftsgesetzes
Az.	Aktenzeichen
BA	Bundesagentur für Arbeit
BAföG	Bundesgesetz über individuelle Förderung der Ausbildung (Bundesausbildungsförderungsgesetz - BAföG)
BauFordSiG	Gesetz über die Sicherung der Bauforderungen
BayObLGZ	Entscheidungen des Bayerischen Obersten Landesgerichts in Zivilsachen Neue Folge
BazBV	Basiszinssatz-Bezugsgrößen-Verordnung
BB	Betriebs-Berater, Zeitschrift für Recht und Wirtschaft
BBankG	Gesetz über die Deutsche Bundesbank
BBauG	Baugesetzbuch
BBergG	Bundesberggesetz
BBesG	Bundesbesoldungsgesetz
BBG	Bundesbeamtengesetz
BBiG	Berufsbildungsgesetz
BBodSchG	Gesetz zum Schutz vor schädlichen Bodenveränderungen und zur Sanierung von Altlasten
Bd.	Band
Bde.	Bände
BDSG	Bundesdatenschutzgesetz
BeamtVG	Gesetz über die Versorgung der Beamten und Richter des Bundes
bearb.	bearbeitet
Bearb.	Bearbeitung, Bearbeiter

Abkürzungsverzeichnis

BEG	Bundesgesetz zur Entschädigung für Opfer der nationalsozialistischen Verfolgung
Begr.	Begründung
Beih.	Beiheft
Beil.	Beilage
Bek.	Bekanntmachung
Bem.	Bemerkung
ber.	berichtigt
BErzGG	Gesetz zum Erziehungsgeld und zur Elternzeit
bes.	besonders
BesatzSchG	Gesetz über die Abgeltung von Besatzungsschäden
bespr.	besprochen
bestr.	bestritten
betr.	betreffend
BetrAVG	Gesetz zur Verbesserung der betrieblichen Altersversorgung
BetrKV	Verordnung über die Aufstellung von Betriebskosten
BetrVG	Betriebsverfassungsgesetz
BeurkG	Beurkundungsgesetz
BewG	Bewertungsgesetz
BFH	Bundesfinanzhof
BGB	Bürgerliches Gesetzbuch
BGBEG	Einführungsgesetz zum Bürgerlichen Gesetzbuche
BGB-InfoV	Verordnung über Informations- und Nachweispflichten nach bürgerlichem Recht
BGH	Bundesgerichtshof
BGSG	Gesetz über die Bundespolizei
BImSchG	Gesetz zum Schutz vor schädlichen Umwelteinwirkungen durch Luftverunreinigungen, Geräusche, Erschütterungen und ähnliche Vorgänge
BinSchVerkG	Gesetz über den gewerblichen Binnenschiffsverkehr
BJagdG	Bundesjagdgesetz
BKGG	Bundeskindergeldgesetz
BKleingG	Bundeskleingartengesetz
Bl.	Blatt
BMAS	Bundesministerium für Arbeit und Soziales
BMBF	Bundesministerium für Bildung und Forschung
BMF	Bundesministerium der Finanzen
BMG	Bundesministerium für Gesundheit
BMI	Bundesministerium des Inneren
BMJ	Bundesministerium der Justiz
BML	Bundesministerium für Ernährung, Landwirtschaft und Forsten
BMWi	Bundesministerium für Wirtschaft und Technologie
BNotO	Bundesnotarordnung
BörsG	Börsengesetz
BPersVG	Bundespersonalvertretungsgesetz
BR	Bundesrat
BRAGebO	Bundesgebührenordnung für Rechtsanwälte
BRAO	Bundesrechtsanwaltsordnung
BR-Drs.	Bundesratsdrucksache
BRRG	Rahmengesetz zur Vereinheitlichung des Beamtenrechts
BSchG	Gesetz zum Schutz der Beschäftigten vor sexueller Belästigung am Arbeitsplatz
BSchuWG	Gesetz zur Regelung des Schuldenwesens des Bundes
BSeeSchG	Gesetz über die Aufgaben des Bundes auf dem Gebiet der Seeschiffahrt
BSG	Bundessozialgericht
BSGE	Amtliche Sammlung der Entscheidungen des Bundessozialgerichts

Abkürzungsverzeichnis

BSHG	Bundessozialhilfegesetz
bspw.	beispielsweise
BT	Bundestag
BT-Drs.	Bundestagsdrucksache
BTOEltV	Bundestarifordnung Elektrizität
Buchst.	Buchstabe
BUrlG	Mindesturlaubsgesetz für Arbeitnehmer
BVerfG	Bundesverfassungsgericht
BVerfGE	Amtliche Sammlung der Entscheidungen des Bundesverfassungsgerichts
BVerfGG	Gesetz über das Bundesverfassungsgericht
BVerwG	Bundesverwaltungsgericht
BVG	Gesetz über die Versorgung der Opfer des Krieges
BVO 2	Verordnung über wohnungswirtschaftliche Berechnungen nach dem Zweiten Wohnungsbaugesetz
bzw.	beziehungsweise
c.i.c.	culpa in contrahendo
ca.	circa
CISG	Convention on Contracts for the International Sale of Goods
d.h.	das heißt
ders.	derselbe
dgl.	dergleichen, desgleichen
dies.	dieselbe
Diss.	Dissertation
DMBilG	Gesetz über die Eröffnungsbilanz in Deutscher Mark und die Kapitalneufestsetzung
DRiG	Deutsches Richtergesetz
DÜG	Diskontsatz-Überleitungs-Gesetz
DWW	Deutsche Wohnungswirtschaft, Zentralorgan für das gesamte Haus- und Grundstückswesen
e.V.	eingetragener Verein
EAEG	Einlagensicherungs- und Anlegerentschädigungsgesetz
ebd.	ebenda
EBO	Eisenbahn-Bau- und Betriebsordnung
EEG	Gesetz für den Vorrang Erneuerbarer Energien
EG	Europäische Gemeinschaft
EGInsO	Einführungsgesetz zur Insolvenzordnung
EGV	Vertrag zur Gründung der Europäischen Gemeinschaft
EIBV 2005	Verordnung über den diskriminierungsfreien Zugang zur Eisenbahninfrastruktur und über die Grundsätze zur Erhebung von Entgelt für die Benutzung der Eisenbahninfrastruktur
Einf.	Einführung
EinigVtr	Vertrag zwischen der Bundesrepublik Deutschland und der Deutschen Demokratischen Republik über die Herstellung der Einheit Deutschlands
Einl.	Einleitung
einschl.	einschließlich
EKG	Einheitliches Gesetz über den internationalen Kauf beweglicher Sachen
EnEV	Verordnung über energiesparenden Wärmeschutz und energiesparende Anlagentechnik bei Gebäuden
EntgFG	Gesetz über die Zahlung des Arbeitsentgelts an Feiertagen und im Krankheitsfall
Entsch.	Entscheidung
entspr.	entsprechend
EnWG	Gesetz über die Elektrizitäts- und Gasversorgung
ErbbauV	Gesetz über das Erbbaurecht

Abkürzungsverzeichnis

ErbStG	Erbschaftsteuer- und Schenkungsteuergesetz
ErsDiG	Gesetz über den Zivildienst der Kriegsdienstverweigerer
EStG	Einkommensteuergesetz
etc.	et cetera
EU	Europäische Union
EuGH	Gerichtshof der Europäischen Gemeinschaften / Gerichtshof der Europäischen Union / Europäischer Gerichtshof
EuGHE	Sammlung der Rechtsprechung des Gerichtshofs der Europäischen Gemeinschaften / der Europäischen Union
EuroEG	Gesetz zur Einführung des Euro
EVO	Eisenbahn-Verkehrsordnung
evtl.	eventuell
EWIVAG	Gesetz zur Ausführung der EWG-Verordnung über die Europäische wirtschaftliche Interessenvereinigung
f.	folgende
FahrpersStG	Gesetz über das Fahrpersonal von Kraftfahrzeugen und Straßenbahnen
FamFG	Gesetz über das Verfahren in Familiensachen und in Sachen der freiwilligen Gerichtsbarkeit
FernAbsG	Fernabsatzgesetz
FernUSG	Gesetz zum Schutz der Teilnehmer am Fernunterricht
ff.	fortfolgend
FGG	Gesetz über die Angelegenheiten der freiwilligen Gerichtsbarkeit
FGG-RG	Gesetz zur Reform des Verfahrens in Familiensachen und in den Angelegenheiten der freiwilligen Gerichtsbarkeit
FGO	Finanzgerichtsordnung
FinDAG	Gesetz über die Bundesanstalt für Finanzdienstleistungsaufsicht
FinVermV	Verordnung über die Finanzanlagenvermittlung
Fn.	Fußnote
FPersV	Verordnung zur Durchführung des Fahrpersonalgesetzes
FS	Festschrift
FStrG	Bundesfernstraßengesetz
FuttMG	Futtermittelgesetz
FuttMV	Futtermittelverordnung
GasGVV	Verordnung über Allgemeine Bedingungen für die Grundversorgung von Haushaltskunden und die Ersatzversorgung mit Gas aus dem Niederdrucknetz
GBO	Grundbuchordnung
GebrMG	Gebrauchsmustergesetz
gem.	gemäß
GenG	Gesetz betreffend die Erwerbs- und Wirtschaftsgenossenschaften
GenTG	Gesetz zur Regelung der Gentechnik
GeschmMG	Gesetz über den rechtlichen Schutz von Mustern und Modellen
GesO	Gesamtvollstreckungsordnung
GewO	Gewerbeordnung
GewStG	Gewerbesteuergesetz
GG	Grundgesetz für die Bundesrepublik Deutschland
ggf.	gegebenenfalls
GKG	Gerichtskostengesetz
GmbHG	Gesetz betreffend die Gesellschaften mit beschränkter Haftung
GoA	Geschäftsführung ohne Auftrag
GOÄ	Gebührenordnung für Ärzte
GOZ	Gebührenordnung für Zahnärzte
grds.	grundsätzlich
GrdstVG	Gesetz über Maßnahmen zur Verbesserung der Agrarstruktur und zur Sicherung land- und forstwirtschaftlicher Betriebe
GrEStG	Grunderwerbsteuergesetz

Abkürzungsverzeichnis

GrStG	Grundsteuergesetz
GüKG	Güterkraftverkehrsgesetz
GVG	Gerichtsverfassungsgesetz
GVGEG	Einführungsgesetz zum Gerichtsverfassungsgesetz
GWB	Gesetz gegen Wettbewerbsbeschränkungen
GwG	Gesetz über das Aufspüren von Gewinnen aus schweren Straftaten
h.L.	herrschende Lehre
h.M.	herrschende Meinung
HaftPflG	Haftpflichtgesetz
HAG	Heimarbeitsgesetz
HausratsV	Verordnung über die Behandlung der Ehewohnung und des Hausrats
HeilMWerbG	Gesetz über die Werbung auf dem Gebiete des Heilwesens
HeizkostenV	Verordnung über die verbrauchsabhängige Abrechnung der Heiz- und Warmwasserkosten
HGB	Handelsgesetzbuch
HintO	Hinterlegungsordnung
HOAI	Verordnung über die Honorare für Architekten- und Ingenieurleistungen
HöfeO	Höfeordnung
HRG	Hochschulrahmengesetz
Hrsg.	Herausgeber
hrsg.	herausgegeben
HS.	Halbsatz
HTürGG	Gesetz über den Widerruf von Haustürgeschäften und ähnlichen Geschäften
HypAblV	Verordnung über die Ablösung früherer Rechte und andere vermögensrechtliche Fragen
HypBkG	Hypothekenbankgesetz
i.A.	im Allgemeinen
i.d.F.	in der Fassung
i.d.R.	in der Regel
i.E.	im Einzelnen
i.e.S.	im engeren Sinne
i.S.d.	im Sinne des
i.S.v.	im Sinne von
i.V.m.	in Verbindung mit
IBR	Immobilien- und Baurecht
InsO	Insolvenzordnung
InvG	Investmentgesetz
JArbSchG	Gesetz zum Schutz der arbeitenden Jugend
JBeitrO	Justizbeitreibungsordnung
JGG	Jugendgerichtsgesetz
Jh.	Jahrhundert
JMStV	Jugendmedienschutz-Staatsvertrag
jurisPR	juris PraxisReport
JVEG	Gesetz über die Vergütung von Sachverständigen, Dolmetscherinnen, Dolmetschern, Übersetzerinnen und Übersetzern sowie die Entschädigung von ehrenamtlichen Richterinnen, ehrenamtlichen Richtern, Zeuginnen, Zeugen und Dritten
KAGG	Gesetz über Kapitalanlagegesellschaften
Kap.	Kapitel
KfzPflVV	Verordnung über den Versicherungsschutz in der Kraftfahrzeug-Haftpflichtversicherung
KO	Konkursordnung
KostO	Gesetz über die Kosten in Angelegenheiten der freiwilligen Gerichtsbarkeit

KredWG	Gesetz über das Kreditwesen
krit.	kritisch
KrW-/AbfG	Gesetz zur Förderung der Kreislaufwirtschaft und Sicherung der umweltverträglichen Beseitigung von Abfällen
KrWG	Gesetz zur Förderung der Kreislaufwirtschaft und Sicherung der umweltverträglichen Bewirtschaftung von Abfällen
KSchG	Kündigungsschutzgesetz
KStG	Körperschaftsteuergesetz
KunstUrhG	Gesetz betreffend das Urheberrecht an Werken der bildenden Künste und der Photographie
LAnpG	Gesetz über die strukturelle Anpassung der Landwirtschaft an die soziale und ökologische Marktwirtschaft in der Deutschen Demokratischen Republik
LFZG	Gesetz über die Fortzahlung des Arbeitsentgelts im Krankheitsfall
LG	Landgericht
Lit.	Literatur
lit.	litera (Buchstabe)
LPachtVG	Gesetz über die Anzeige und Beanstandung von Landpachtverträgen
LPartG	Gesetz über die Eingetragene Lebenspartnerschaft
LPGG	Gesetz über die landwirtschaftlichen Produktionsgenossenschaften
LuftBO	Betriebsordnung für Luftfahrtgerät
LuftFzgG	Gesetz über Rechte an Luftfahrzeugen
LuftVG	Luftverkehrsgesetz
LwVfG	Gesetz über das gerichtliche Verfahren in Landwirtschaftssachen
m.N.	mit Nachweisen
m.w.N.	mit weiteren Nachweisen
MargG	Margarinegesetz
MarkenG	Gesetz über den Schutz von Marken und sonstigen Kennzeichen
MDR	Monatsschrift für Deutsches Recht
MDStV	Mediendienste-Staatsvertrag
MiArbG	Gesetz über die Festsetzung von Mindestarbeitsbedingungen
MietHöReglG	Gesetz zur Regelung der Miethöhe (Artikel 3 des Zweiten Gesetzes über den Kündigungsschutz für Mietverhältnisse über Wohnraum)
MilchFettG	Gesetz über den Verkehr mit Milch, Milcherzeugnissen und Fetten
MM	Mietrechtliche Mitteilungen. Beilage zu Mieter Magazin, Fachorgan des Berliner Mietervereins
MMR	MultiMedia und Recht
MPG	Gesetz über Medizinprodukte
MünzG	Münzgesetz
MuSchG	Gesetz zum Schutz der erwerbstätigen Mutter
n.F.	neue Fassung
nachf.	nachfolgend
Nachw.	Nachweis
NachwG	Gesetz über den Nachweis der für ein Arbeitsverhältnis geltenden wesentlichen Bedingungen
Neubearb.	Neubearbeitung
NJW	Neue Juristische Wochenschrift
NJW-RR	NJW-Rechtsprechungsreport Zivilrecht
NMV	Verordnung über die Ermittlung der zulässigen Miete für preisgebundene Wohnungen
Nr.	Nummer
NZM	Neue Zeitschrift für Miet- und Wohnungsrecht, Miete, Wohnungseigentum, Pacht, Makler- und Bauträgerrecht, Steuern, Wohnungswirtschaft, Versicherung, Immobilienleasing, Time-Sharing
OEG	Gesetz über die Entschädigung für Opfer von Gewalttaten
OLG	Oberlandesgericht

Abkürzungsverzeichnis

OVG	Oberverwaltungsgericht
OWiG	Gesetz über Ordnungswidrigkeiten
PartGG	Gesetz über Partnerschaftsgesellschaften Angehöriger Freier Berufe
PatAnwO	Patentanwaltsordnung
PatG	Patentgesetz
PBefG	Personenbeförderungsgesetz
PfandBG	Pfandbriefgesetz
pfl.	pflichtig
PflSchG	Gesetz zum Schutz der Kulturpflanzen
PflVG	Gesetz über die Pflichtversicherung für Kraftfahrzeughalter
PostG	Postgesetz
PrKG	Gesetz über das Verbot der Verwendung von Preisklauseln bei der Bestimmung von Geldschulden
PrKV	Preisklauselverordnung
ProdHaftG	Gesetz über die Haftung für fehlerhafte Produkte
ProdSG	Gesetz zur Regelung der Sicherheitsanforderungen an Produkte und zum Schutz der CE-Kennzeichnung
RBerG	Rechtsberatungsgesetz
RBerGAV	Verordnung zur Ausführung des Rechtsberatungsgesetzes
RDG	Gesetz über außergerichtliche Rechtsdienstleistungen
RechKredV	Verordnung über die Rechnungslegung der Kreditinstitute und Finanzdienstleistungsinstitute
RennwLottG	Rennwett- und Lotteriegesetz
RGZ	Entscheidungen des Reichsgerichts in Zivilsachen
RHBG	Gesetz über die Haftung des Reichs für seine Beamten
RKG	Reichsknappschaftsgesetz
RL	Richtlinie
Rn.	Randnummer
RPflG	Rechtspflegergesetz
Rs.	Rechtssache
RSiedlG	Reichssiedlungsgesetz
Rspr.	Rechtsprechung
RStV	Rundfunkstaatsvertrag
RVG	Gesetz über die Vergütung der Rechtsanwältinnen und Rechtsanwälte
RVO	Reichsversicherungsordnung
Rz.	Randzahl
S.	Satz
S.	Seite
s.	siehe
SachenRBerG	Gesetz zur Sachenrechtsbereinigung im Beitrittsgebiet
ScheckG	Scheckgesetz
SchfG	Gesetz über das Schornsteinfegerwesen
SchlHA	Schleswig-Holsteinische Anzeigen, Justizministerialblatt für Schleswig-Holstein
SchuldRAnpG	Gesetz zur Anpassung schuldrechtlicher Nutzungsverhältnisse an Grundstücken im Beitrittsgebiet
SchuldRModG	Gesetz zur Modernisierung des Schuldrechts
SchVG	Gesetz über Schuldverschreibungen aus Gesamtemissionen
SchwPestSchV	Verordnung zum Schutz vor der Verschleppung der Schweinepest
SchwPestV	Verordnung zum Schutz gegen die Schweinepest und die Afrikanische Schweinepest
SeemG	Seemannsgesetz
SG	Gesetz über die Rechtsstellung der Soldaten
SGB I	Sozialgesetzbuch Erstes Buch - Allgemeiner Teil
SGB II	Sozialgesetzbuch Zweites Buch - Grundsicherung für Arbeitsuchende
SGB III	Sozialgesetzbuch Drittes Buch - Arbeitsförderung

Abkürzungsverzeichnis

SGB IV	Sozialgesetzbuch Viertes Buch - Gemeinsame Vorschriften für die Sozialversicherung
SGB V	Sozialgesetzbuch Fünftes Buch - Gesetzliche Krankenversicherung
SGB VI	Sozialgesetzbuch Sechstes Buch - Gesetzliche Rentenversicherung
SGB VII	Sozialgesetzbuch Siebtes Buch - Gesetzliche Unfallversicherung
SGB VIII	Sozialgesetzbuch Achtes Buch - Kinder- und Jugendhilfe
SGB IX	Sozialgesetzbuch Neuntes Buch - Rehabilitation und Teilhabe behinderter Menschen
SGB X	Sozialgesetzbuch Zehntes Buch - Sozialverwaltungsverfahren und Sozialdatenschutz
SGB XI	Sozialgesetzbuch Elftes Buch - Soziale Pflegeversicherung
SGB XII	Sozialgesetzbuch Zwölftes Buch - Sozialhilfe
SGG	Sozialgerichtsgesetz
SigG	Gesetz über Rahmenbedingungen für elektronische Signaturen
sog.	so genannt
SpielV	Verordnung über Spielgeräte und andere Spiele mit Gewinnmöglichkeit
SprAuG	Gesetz über Sprecherausschüsse der leitenden Angestellten
SprengG	Gesetz über explosionsgefährliche Stoffe
SpTrUG	Gesetz über die Spaltung der von der Treuhandanstalt verwalteten Unternehmen
st. Rspr.	ständige Rechtsprechung
StBerG	Steuerberatungsgesetz
StBGebV	Gebührenverordnung für Steuerberater, Steuerbevollmächtigte und Steuerberatungsgesellschaften
StGB	Strafgesetzbuch
StHG	Staatshaftungsgesetz
StPO	Strafprozeßordnung
str.	streitig
StromGVV	Verordnung über Allgemeine Bedingungen für die Grundversorgung von Haushaltskunden und die Ersatzversorgung mit Elektrizität aus dem Niederspannungsnetz
StUG	Gesetz über die Unterlagen des Staatssicherheitsdienstes der ehemaligen Deutschen Demokratischen Republik
StVG	Straßenverkehrsgesetz
StVO	Straßenverkehrs-Ordnung
StVollzG	Gesetz über den Vollzug der Freiheitsstrafe und der freiheitsentziehenden Maßregeln der Besserung und Sicherung
StVZO	Straßenverkehrs-Zulassungs-Ordnung
SVG	Gesetz über die Versorgung für die ehemaligen Soldaten der Bundeswehr und ihre Hinterbliebenen
TDDSG	Gesetz über den Datenschutz bei Telediensten
TDG	Gesetz über die Nutzung von Telediensten
TechArbmG	Gesetz über technische Arbeitsmittel
TEHG	Gesetz über den Handel mit Berechtigungen zur Emission von Treibhausgasen
teilw.	teilweise
THW-HelfRG	Gesetz über das Technische Hilfswerk
TierSchG	Tierschutzgesetz
TierZG	Tierzuchtgesetz
TKG	Telekommunikationsgesetz
TKV	Telekommunikations-Kundenschutzverordnung
TMG	Telemediengesetz
TVG	Tarifvertragsgesetz
TzBfG	Gesetz über Teilzeitarbeit und befristete Arbeitsverträge
TzWrG	Gesetz über die Veräußerung von Teilzeitnutzungsrechten an Wohngebäuden

Abkürzungsverzeichnis

u.a.	unter anderem
u.Ä.	und Ähnliches
u.H.a.	unter Hinweis auf
u.U.	unter Umständen
UhVorschG	Gesetz zur Sicherung des Unterhalts von Kindern allein stehender Mütter und Väter durch Unterhaltsvorschüsse oder -ausfallleistungen
UKlaG	Gesetz über Unterlassungsklagen bei Verbraucherrechts- und anderen Verstößen
UmstG	Drittes Gesetz zur Neuordnung des Geldwesens
UmweltHG	Umwelthaftungsgesetz
UmwG	Umwandlungsgesetz
unstr.	unstreitig
UrhG	Gesetz über Urheberrecht und verwandte Schutzrechte
UStG	Umsatzsteuergesetz 1999
usw.	und so weiter
UWG	Gesetz gegen den unlauteren Wettbewerb
VA	Verwaltungsakt
VAG	Gesetz über die Beaufsichtigung der Versicherungsunternehmen
VerbrKrG	Verbraucherkreditgesetz
VerkaufsprospektG	Wertpapier-Verkaufsprospektgesetz
VerlG	Gesetz über das Verlagsrecht
VermAnlG	Gesetz über Vermögensanlagen
VermG	Gesetz zur Regelung offener Vermögensfragen
VermVerkProspV	Verordnung über Vermögensanlagen-Verkaufsprospekte
VersAusglG	Gesetz über den Versorgungsausgleich
VG	Verwaltungsgericht
vgl.	vergleiche
VglO	Vergleichsordnung
VgV	Verordnung über die Vergabe öffentlicher Aufträge
Vorbem.	Vorbemerkung
VVG	Gesetz über den Versicherungsvertrag
VVG	Gesetz über den Versicherungsvertrag
VVGEG	Einführungsgesetz zum Versicherungsvertragsgesetz
VwGO	Verwaltungsgerichtsordnung
VwVfG	Verwaltungsverfahrensgesetz
WaffG	Waffengesetz
WährG	Gesetz Nr. 61 - Erstes Gesetz zur Neuordnung des Geldwesens
WehrPflG	Wehrpflichtgesetz
WG	Wechselgesetz
WHG	Gesetz zur Ordnung des Wasserhaushalts
WiPrO	Gesetz über eine Berufsordnung der Wirtschaftsprüfer
WiStrG	Gesetz zur weiteren Vereinfachung des Wirtschaftsstrafrechts
WM	Wertpapier-Mitteilungen. Teil IV, Zeitschrift für Wirtschafts- und Bankrecht
WoBauG 2	Zweites Wohnungsbaugesetz
WoBindG	Gesetz zur Sicherung der Zweckbestimmung von Sozialwohnungen
WoEigG	Gesetz über das Wohnungseigentum und das Dauerwohnrecht
WoFG	Gesetz über die soziale Wohnraumförderung
WoModG	Gesetz zur Förderung der Modernisierung von Wohnungen und von Maßnahmen zur Einsparung von Heizenergie
WoVermRG	Gesetz zur Regelung der Wohnungsvermittlung
WPapG	Gesetz über die Verwahrung und Anschaffung von Wertpapieren
WpDVerOV	Verordnung zur Konkretisierung der Verhaltensregeln und Organisationsanforderungen für Wertpapierdienstleistungsunternehmen
WpHG	Gesetz über den Wertpapierhandel

Abkürzungsverzeichnis

WpPG	Gesetz über die Erstellung, Billigung und Veröffentlichung des Prospekts, der beim öffentlichen Angebot von Wertpapieren oder bei der Zulassung von Wertpapieren zum Handel an einem organisierten Markt zu veröffentlichen ist
WpÜG	Wertpapiererwerbs- und Übernahmegesetz
WuM	Wohnungswirtschaft und Mietrecht
WZG	Warenzeichengesetz (Anlage 3 zu § 18 des Fünften Gesetzes zur Änderung und Überleitung von Vorschriften auf dem Gebiet des gewerblichen Rechtsschutzes vom 18. Juli 1953 BGBl II 1953, 615)
z.B.	zum Beispiel
ZAG	Gesetz über die informationelle Zusammenarbeit der Sicherheits- und Strafverfolgungsbehörden des Bundes und der Länder in Angelegenheiten des Staats- und Verfassungsschutzes und nachrichtendienstlicher Tätigkeit - Entwurf -
ZfIR	Zeitschrift für Immobilienrecht - ZfIR
ZfSch	Zeitschrift für Schadensrecht
Ziff.	Ziffer
ZIP	Zeitschrift für Wirtschaftsrecht und Insolvenzpraxis, ZIP
zit.	zitiert
ZMR	Zeitschrift für Miet- und Raumrecht, Mit Wohnungseigentumsrecht, Wohngeldrecht und Erschließungsrecht
ZPO	Zivilprozessordnung
ZPOEG	Gesetz, betreffend die Einführung der Zivilprozeßordnung
ZPO-RG	Gesetz zur Reform des Zivilprozesses
ZugabeV	Verordnung des Reichspräsidenten zum Schutz der Wirtschaft - Erster Teil - Zugabewesen
ZuSEG	Gesetz über die Entschädigung von Zeugen und Sachverständigen
zust.	zuständig, zustimmend
zutr.	zutreffend
ZVG	Gesetz über die Zwangsversteigerung und die Zwangsverwaltung

Literaturverzeichnis

Alexy/Koch/Kuhlen/Rüßmann, Elemente einer juristischen Begründungslehre, 2003
Amann/Brambring/Hertel, Vertragspraxis nach neuem Schuldrecht, 2. Aufl. 2002
Bachof, Forschungen und Berichte aus dem Öffentlichen Recht, Gedächtnisschrift für Walter Jellinek, 1955
Bamberger/Roth, Kommentar zum Bürgerlichen Gesetzbuch, 3. Aufl. 2012
   (zit.: Bearbeiter in: Bamberger/Roth)
v. Bar/Makowski, Internationales Privatrecht Band 1: Allgemeine Lehren, 2. Aufl. 2003
Basty, Der Bauträgervertrag, 7. Aufl. 2012
Baumann, Der Regreß kollektiver Schadensträger im freiheitlichen Sozialstaat, 1977
Baumbach/Hopt, Handelsgesetzbuch, 35. Aufl. 2012
Baumgärtel/Laumen/Prütting, Handbuch der Beweislast, Schuldrecht Allgemeiner Teil §§ 241-432, 3. Aufl. 2009
Baums/Lutter/Schmidt/Wertenbruch, Festschrift für Ulrich Huber, 2006
Baur/Stürner, Sachenrecht, 18. Aufl. 2009
Bayer, Der Vertrag zugunsten Dritter, 1995
Beisel/Klumpp, Der Unternehmenskauf, 6. Aufl. 2009
Bekker, Über die Couponsprocesse der österreichischen Eisenbahngesellschaften, 1881
Bengel, Grundbuch - Grundstück - Grenze, 5. Aufl. 2000
Beuthien, Zweckerreichung und Zweckstörung im Schuldverhältnis, 1969
BGB-RGRK - Mitglieder des Bundesgerichtshofs (Hrsg.), Das bürgerliche Gesetzbuch – mit besonderer Berücksichtigung der Rechtsprechung des Reichsgerichts und des Bundesgerichtshofs (RGR-Kommentar), 12. Aufl. 1974 ff. (zit.: Bearbeiter in: BGB-RGRK)
Boujong/Ebenroth/Joost, Handelsgesetzbuch, 2. Aufl. 2008
Brambring, Beck'sches Notar-Handbuch, 5. Aufl. 2009
Brox/Walker, Allgemeines Schuldrecht, 36. Aufl. 2012
Brox/Walker, Besonderes Schuldrecht, 36. Aufl. 2012
Brox/Walker, Erbrecht, 24. Aufl. 2010
Bruchner/Ott/Wagner-Wieduwilt, Verbraucherkreditgesetz, 2. Aufl. 1994
Brüggemeier, Liberamicorum Eike Schmidt, 2005
Büdenbender, Zulässigkeit der Preiskontrolle von Fernwärmeversorgungsverträgen nach § 315 BGB, 2005
Bülow, Heidelberger Kommentar zum Verbraucherkreditgesetz, 6. Aufl. 2006
Bülow/Schmidt/Kriege, Hinterlegungsordnung, 4. Aufl. 2005
Bundesminister der Justiz, Gutachten und Vorschläge zur Überarbeitung des Schuldrechts, 1981
Bunte/Lwowski/Schimansky, Bankrechts-Handbuch, 4. Aufl. 2011
Bydlinski, Probleme der Schadensverursachung, 1964
Caemmerer, Das Problem der überholenden Kausalität im Schadensersatzrecht, 1962
Canaris, Bankvertragsrecht, 3. Aufl. 1988
Canaris, Lehrbuch des Schuldrechts, Allg. Teil, 14. Aufl. 1987
Canaris, Schuldrechtsreform 2002, 2002
Canaris/Heldrich/Hopt u.a., 50 Jahre Bundesgerichtshof, 2000
Custodis, Das Kreditkartenverfahren, 1970
Daniels, Verträge mit Bezug auf den Nachlass eines noch lebenden Dritten, 1973
Dauner-Lieb/Heidel/Ring, AnwaltKommentar BGB, 5. Bde., 2012
Dauner-Lieb/Heidel/Lepa/Ring, Das neue Schuldrecht in der anwaltlichen Praxis, 2002
Deutsch, Allgemeines Haftungsrecht, 2. Aufl. 1996
Dieterich/Dieterich-Buchwald/Geuenich/Teigel, Baulandumlegung, 5. Aufl. 2006
Dittmayer, Das Zusammenspiel von Steuerrecht und Schadensrecht bei der Erwerbsschadensberechnung, 1987
Dörner, Dynamische Relativität, 1985
Dörner/Ebert/Eckert, BGB-Handkommentar, 7. Aufl. 2012 (zit.: Bearbeiter in: Hk-BGB)
Drescher, Verbraucherkreditgesetz und Bankenpraxis, 1994
Dürbeck, Der Einwendungsdurchgriff nach § 9 Absatz 3 Verbraucherkreditgesetz, 1994

Literaturverzeichnis

Dütz, Rechtsstaatlicher Gerichtsschutz im Privatrecht, 1970
Ehmann, Die Gesamtschuld, 1972
Eickmann/Erber-Faller/Herrmann u.a., Grundbuchrecht, 6. Aufl. 2006
Enneccerus/Lehmann, Recht der Schuldverhältnisse, 15. Bearb. 1958
Erman, Handkommentar zum Bürgerlichen Gesetzbuch, 13. Aufl. 2011 (zit.: Bearbeiter in: Erman)
Ernst, Gedächtnisschrift für Brigitte Knobbe-Keuk, 1997
Ernst/Zimmermann, Zivilrechtswissenschaft und Schuldrechtsreform, 2001
Esser/Schmidt, Schuldrecht Allgemeiner Teil, Teilband 1, 8. Aufl. 1995
Esser/Schmidt, Schuldrecht Allgemeiner Teil, Teilband 2, 8. Aufl. 2000
Fikentscher/Heinemann, Schuldrecht, 10. Aufl. 2006
Flume, Allgemeiner Teil des Bürgerlichen Rechts, Band 1, Teilband 1, 1977
Flume, Allgemeiner Teil des Bürgerlichen Rechts, Band 2, 4. Aufl. 1992
Gebauer/Wiedmann, Zivilrecht unter europäischem Einfluss, 2005
Geigel, Der Haftpflichtprozess mit Einschluss des materiellen Haftpflichtrechts, 26. Aufl. 2011
Gernhuber/Grunewald, Bürgerliches Recht, 8. Aufl. 2009
Gernhuber, Das Schuldverhältnis, 1989
Gernhuber, Die Erfüllung und ihre Surrogate, 2. Aufl. 1994
Gernhuber/Coester-Waltjen, Familienrecht, 6. Aufl. 2010
Gitter, Schadensausgleich im Arbeitsunfallrecht, 1969
Gotthardt, Wandlungen schadensrechtlicher Wiedergutmachung, 1996
Gottwald, Schadenszurechnung und Schadensschätzung, 1979
Graveson u.a., Festschrift für Imre Zajtay, 1982
Großerichter, Hypothetischer Geschehensverlauf und Schadensfeststellung, 2001
Grothe, Fremdwährungsverbindlichkeiten: Das Recht der Geldschulden mit Auslandsberührung; Kollisionsrecht, materielles Recht, Verfahrensrecht, 1999
Grunsky, Aktuelle Probleme zum Begriff des Vermögensschadens, 1968
Hadding, Das neue Verbraucherkreditgesetz, 1991
Hagen, Die Drittschadensliquidation im Wandel der Rechtsdogmatik, 1971
Hahn/Häde, Währungsrecht, 2. Aufl. 2010
Halfpap, Der entgangene Gewinn, 1999
Hartkamp, Towards a European Civil Code, 4. Aufl. 2010
Hauss/Schmidt, Festschrift für Ernst Klingmüller, 1974
Härting, Kommentar zum Fernabsatzgesetz, 2000
Häsemeyer, Die gesetzliche Form der Rechtsgeschäfte, 1971
Heck, Grundriß des Schuldrechts, 1958 (3. Nachdruck 1994)
Heckmann, jurisPraxisKommentar Internetrecht, 2. Aufl. 2009
Heckschen, Die Formbedürftigkeit mittelbarer Grundstücksgeschäfte, 1987
Heermann, Drittfinanzierte Erwerbsgeschäfte, 1998
Heinrich, Festschrift für Hans-Joachim Musielak, 2002
Heldrich u.a., Festschrift für Claus-Wilhelm Canaris, 2007
Hennings, Die Ausbietungsgarantie, 6. Aufl. 1998
Henrich, Einführung in das englische Privatrecht, 3. Aufl. 2003
Henssler/v. Westphalen, Praxis der Schuldrechtsreform, 2. Aufl. 2003
Henssler/Willemsen/Kalb, Arbeitsrechtskommentar, 5. Aufl. 2012
Herber/Czerwenka, Internationales Kaufrecht, 2002
Hoeren/Ulrich, Handbuch Multimedia-Recht, 30. Aufl. 2012
v. Hoffmann/Thorn, Internationales Privatrecht, 9. Aufl. 2007
Hölters, Handbuch des Unternehmens- und Beteiligungskaufs, 6. Aufl. 2005
v. Hoyningen-Huene, Die Billigkeit im Arbeitsrecht, 1978
Huber, Fragen der Schadensberechnung, 2. Aufl. 1995
Huber, Leistungsstörungen, 2 Bde., 1999
Huber/Faust, Schuldrechtsmodernisierung - Einführung in das neue Recht, 2002
Hueck, GmbH-Gesetz, 19. Aufl. 2010
Hüffer, Aktiengesetz, 10. Aufl. 2012
Jauernig, Bürgerliches Gesetzbuch, 14. Aufl. 2011 (zit.: Bearbeiter in: Jauernig)
Junker, Internationales Privatrecht, 1998

Literaturverzeichnis

Kaiser, Die Rückabwicklung gegenseitiger Verträge wegen Nicht- und Schlechterfüllung nach dem BGB, 2000
Kegel/Schurig, Internationales Privatrecht, 9. Aufl. 2004
Keller, Schuldverhältnis und Rechtskreiseröffnung, 2007
Kersten/Bühling, Formularbuch und Praxis der Freiwilligen Gerichtsbarkeit, 23. Aufl. 2010
Kersting, Die Dritthaftung für Informationen im Bürgerlichen Recht, 2007
Kerwer, Die Erfüllung in der Zwangsvollstreckung, 1996
Keuk, Vermögensschaden und Interesse, 1972
Kimme, Offene Vermögensfragen, 2001
Knapp, Staatliche Theorie des Geldes, 4. Aufl. 1923
Knerr, Die Veröffentlichung von Namen in gerichtlichen Entscheidungen, 2004
Kohte/Micklitz/Rott/Tonner/Willingmann, Das neue Schuldrecht - Kompaktkommentar, 2002
Koller/Morck/Roth, Handelsgesetzbuch, 7. Aufl. 2011
Köndgen, Haftpflichtfunktionen und Immaterialschaden, 1976
Kornblum, Probleme der schiedsrichterlichen Unabhängigkeit, 1968
Korte, Handbuch der Beurkundung von Grundstücksgeschäften, 1990
Kötz, Sozialer Wandel im Unfallrecht, 1976
Kunkel, Zur nachträglichen Leistungsbestimmung nach §§ 315, 316: Anwendungsbereiche, Funktionen, Verwendung in Allgemeinen Geschäftsbedingungen, 1993
Lambert-Lang/Tropf/Frenz u.a., Handbuch der Grundstückspraxis, 2. Aufl. 2005
Lange/Kuchinke, Erbrecht, 5. Aufl. 2001
Lange/Schiemann, Schadensersatz, 3. Aufl. 2003
Larenz, Lehrbuch des Schuldrechts, Band I, Allgemeiner Teil, 14. Aufl. 1987
Larenz, Lehrbuch des Schuldrechts, Band II/1, Besonderer Teil, 1. Halbband, 13. Aufl. 1986
Larenz/Canaris, Lehrbuch des Schuldrechts, Band II/2, Besonderer Teil,13. Aufl. 1994
Lehmann/Enneccerus, Recht der Schuldverhältnisse, 15. Bearb. 1958
Leible, Finanzierungsleasing und "arrendamientofinanciero", 1996
Leible/Sosnitza, Versteigerungen im Internet, 2004
Leinemann, Kasseler Handbuch zum Arbeitsrecht, 2. Aufl. 2000
Leipold, Erbrecht, 18. Aufl. 2010
Lobinger, Festschrift für Eduard Picker, 2010
Looschelders, Internationales Privatrecht, 2003
Lorenz, Die Lehre von den Haftungs- und Zurechnungseinheiten und die Stellung des Geschädigten in Nebentäterfällen, 1979
Lorenz, Festschrift für Andreas Heldrich, 2005
Lorenz, Karlsruher Forum 1998, Einbeziehung Dritter in den Vertrag, 1999
Lüer, Die Begrenzung der Haftung bei fahrlässig begangenen unerlaubten Handlungen, 1969
Lütcke, Kommentar zum Fernabsatzgesetz, 2002
Mädrich, Das allgemeine Lebensrisiko, 1980
Magnus, Drittmitverschulden im deutschen, englischen und französischen Recht, 1974
Magnus, Schaden und Ersatz, 1987
Mankowski, Beseitigungsrechte, 2003
Mann, Das Recht des Geldes, 1960
Marschall v. Bieberstein, Reflexschäden und Regreßrechte, 1967
Maurer, Schuldübernahme, 2010
Maydell, Geldschuld und Geldwert, 1974
Meder, Schadensersatz als Enttäuschungsverarbeitung, 1989
Medicus/Petersen, Bürgerliches Recht, 23. Aufl. 2011
Medicus, Schuldrecht I, Allgemeiner Teil, 18. Aufl. 2008
Meier, Gesamtschulden - Entstehung und Regress in historischer und vergleichender Perspektive, 2010
Meikel, Grundbuchrecht, 10. Aufl. 2008
Melsheimer, Verbraucherschutz durch § 9 Abs. 3 VKrG im Finanzierungsleasing, 1993
Mertens, Der Begriff des Vermögensschadens im Bürgerlichen Recht, 1967
Micklitz/Tonner, Vertriebsrecht, 2002
Mommsen, Zur Lehre von dem Interesse, 1855

Literaturverzeichnis

Motive zu dem Entwurfe eines Bürgerlichen Gesetzbuches für das Deutsche Reich,
  Bd. I Allgemeiner Teil;
  Bd. II Recht der Schuldverhältnisse;
  Bd. III Sachenrecht;
  Bd. IV Familienrecht;
  Bd. V Erbrecht, 1888
  (zit.: Motive)
Mugdan, Die gesamten Materialien zum Bürgerlichen Gesetzbuch für das Deutsche Reich, 5 Bde., Sachreg. u. Erg.-Bd., 1899/1979 (zit.: Mugdan)
Müller, Punitive Damages und deutsches Schadensersatzrecht, 2000
Müller, Regresskonstruktionen in Schadensfällen, 1976
Müller/Hoffmann, Beck'sches Handbuch der Personengesellschaften, 3. Aufl. 2009
Müller-Glöge/Preis/Schmidt, Erfurter Kommentar zum Arbeitsrecht, 12. Aufl. 2012
Münch, Abtretungsverbote im deutschen und französischen Recht, 2001
Münchener Kommentar zum Bürgerlichen Gesetzbuch,
  Band 1: Allgemeiner Teil (§§ 1-240), 5. Aufl. 2006, AGB-Gesetz: 5. Aufl. 2007;
  Band 2: Schuldrecht, Allgemeiner Teil (§§ 241-432), 5. Aufl. 2007;
  Band 3: Schuldrecht, Besonderer Teil I (§§ 433-610, Finanzierungsleasing, VerbrKrG, HausTWG), 5. Aufl. 2007;
  Band 4: Schuldrecht, Besonderer Teil II §§ 611-704, EFZG, TzBfG, KschG, 5. Aufl. 2009;
  Band 5: Schuldrecht, Besonderer Teil III (§§ 705-853, Partnerschaftsgesellschaftsgesetz, Produkthaftungsgesetz), 5. Aufl. 2009;
  Band 6: Sachenrecht (§§ 854-1296), 5. Aufl. 2009;
  Band 7: Familienrecht I (§§ 1297-1588, VAHRG, VAÜG, HausratsV), 5. Aufl. 2010;
  Band 10: Einführungsgesetz zum Bürgerlichen Gesetzbuch (Art. 1-38), Internationales Privatrecht, 5. Aufl. 2010
  (zit.: Bearbeiter in: MünchKomm-BGB)
Musielak, Kommentar zur Zivilprozessordnung - mit Gerichtsverfassungsgesetz, 7. Aufl. 2009
  (zit.: Bearbeiter in: Musielak, ZPO)
Nörr/Scheyhing, Sukzessionen, Handbuch des Schuldrechts, Band 2, 1. Aufl. 1983
Palandt, Bürgerliches Gesetzbuch, 71. Aufl. 2012 (zit.: Bearbeiter in: Palandt)
Pamer, Die Mehrwertsteuer beim Fahrzeugschaden: Praxisfälle und Berechnungsbeispiele, 2. Aufl. 2007
Papadimitropoulos, Schuldverhältnisse mit Schutzwirkung zugunsten Dritter, 2007
Paulus/Canaris/Diederichsen, Festschrift für Karl Larenz, 1933
Pfeiffer, Die Bedeutung des privatrechtlicher Immissionsschutzes, 1987
Pfeiffer, Handbuch der Handelsgeschäfte, 1999
Pietzcker, Die Rückabwicklung der verbundenen Geschäfte beim Einwendungsdurchgriff nach dem Verbraucherkreditgesetz, 1994
Piltz, Internationales Kaufrecht: das UN-Kaufrecht (Wiener Übereinkommen von 1980) in praxisorientierter Darstellung, 1993
Poulakos, Schuldverhältnisse mit unbestimmtem Leistungsinhalt, 1971
Prölss/Martin, Versicherungsvertragsgesetz, 28. Aufl. 2010
Prütting/Wegen/Weinreich, BGB Kommentar, 7. Aufl. 2012
  (zit.: Bearbeiter in: Prütting/Wegen/Weinreich, BGB)
Reichs-Justizamt, Protokolle der Kommission für die zweite Lesung des Entwurfs des Bürgerlichen Gesetzbuchs, Bd. I und IV 1897; Bd. II 1898; Bd. III, V und VI 1899 (zit.: Protokolle)
Reinicke/Tiedtke, Kaufrecht, 8. Aufl. 2009
Reinicke/Tiedtke, Kreditsicherung, 5. Aufl. 2006
Reinking/Eggert, Der Autokauf, 11. Aufl. 2012
Reithmann/Martiny, Internationales Vertragsrecht, 7. Aufl. 2010
Rengier, Die Abgrenzung des positiven Interesses vom negativen Vertragsinteresse und vom Integritätsinteresse: dargestellt am Problem der Haftung des Verkäufers, Vermieters und Unternehmens für Schäden infolge von Sachmängeln, 1977
Reuter/Martinek, Ungerechtfertigte Bereicherung, 1983
Rosenberg/Schwab, Festschrift für Friedrich Lent zum 75. Geburtstag, 1957

Literaturverzeichnis

Rosenberg/Schwab/Gottwald, Zivilprozessrecht, 17. Aufl. 2010
Rother, Haftungsbeschränkung im Schadensrecht, 1965
Rüthers/Stadler, Allgemeiner Teil des BGB, 17. Aufl. 2011
Rütten, Mehrheit von Gläubigern, 1989
Sanden/Völtz, Sachschadenrecht des Kraftverkehrs, 9. Aufl. 2011
v.Savigny, Obligationenrecht, Bd. 1, 1851
Schaub, Arbeitsrechts-Handbuch, 14. Aufl. 2011
Schimmel/Buhlmann, Frankfurter Handbuch zum neuen Schuldrecht, 2002
Schinkels, Die Verteilung des Haftungsrisikos für Drittmissbrauch von Medien des bargeldlosen Zahlungsverkehrs, 2001
Schlechtriem, Internationales UN-Kaufrecht, 4. Aufl. 2007
Schlechtriem, Kommentar zum Einheitlichen UN-Kaufrecht, 5. Aufl. 2008
Schlegelberger, Handelsgesetzbuch, 5. Aufl. 1982
Schlosser, Gestaltungsklagen und Gestaltungsurteile, 1966
Schmidt, Festschrift für Peter Claussen, 1997
Schmidt, Geldrecht: Geld, Zins und Währung im deutschen Recht; Kommentar; Sonderausgabe der §§ 244-248 BGB aus J. von Staudingers Kommentar zum Bürgerlichen Gesetzbuch, 13. Aufl. 1997
Schmidt, Gesellschaftsrecht, 4. Aufl. 2002
Schmidt, Grundlagen des Haftungs- und Schadensrechts, Vahlens Rechtsbücher, Reihe Zivilrecht, Band 1, 1974
Schmoeckel/Rückert/Zimmermann, Historisch-kritischer Kommentar zum BGB, Bd. II/1, 2007
Scholz, Kommentar zum GmbH-Gesetz, 3 Bände, 10. Aufl. 2010
Scholz, Verbraucherkreditverträge, 3. Aufl. 2008
Schöner/Stöber, Grundbuchrecht, 15. Aufl. 2012
Schotten, Das Internationale Privatrecht in der notariellen Praxis, 2. Aufl. 2007
Schulin, Der natürliche - vorrechtliche - Kausalitätsbegriff im zivilen Schadensersatzrecht, 1976
Schulz-Borck/Hofmann, Schadenersatz bei Ausfall von Hausfrauen und Müttern im Haushalt, 7. Aufl. 2004
Schulze, Die Schuldrechtsreform vor dem Hintergrund des Gemeinschaftsrechts, 2001
Schuschke/Walker, Vollstreckung und vorläufiger Rechtsschutz, 4. Aufl. 2008
Schwab/Witt, Examenswissen zum neuen Schuldrecht, 2. Aufl. 2003
Sefrin, Die Kodifikationsreife des Finanzierungsleasingvertrages, 1993
Seibert, Erfüllung durch finale Leistungsbewirkung, 1982
Seidel, Kollisionsrechtliche Anknüpfung vertraglicher und gesetzlicher Schuldübernahme, 1995
Selb, Mehrheiten von Gläubigern und Schuldnern, 1984
Selb, Schadensbegriff und Regreßmethoden, 1963
Soergel, Kommentar zum BGB, 13. Aufl. 2000 ff.:
  Band 1: Allgemeiner Teil I (§§ 1-103), 13. Aufl. 2000;
  Band 2: Allgemeiner Teil II (§§ 104-240), 13. Aufl. 1999;
  Band 4: Schuldrecht 2 (§§ 305-310), 13. Aufl.;
  Band 13: Schuldrechtliche Nebengesetze 2, Übereinkommen der Vereinten Nationen über Verträge über den internationalen Warenverkauf (CISG), 13. Aufl. 2000;
  Band 22: Erbrecht 2 (§§ 2064-2273; §§ 1-35 BeurkG), 13. Aufl. 2003; 12. Aufl. 1987 ff.:
  Band 2: Schuldrecht I (§§ 241-432), 12. Aufl. 1990;
  Band 3: Schuldrecht II (§§ 433-515, AGBG, AbzG, EAG, EKG, UN-KaufAbk), 12. Aufl. 1991;
  Band 5/2: Schuldrecht IV/2 (§§ 823-853, Produkthaftungsgesetz, Umwelthaftungsgesetz), 13. Aufl. 2005;
  (zit.: Bearbeiter in: Soergel)
Sohm, Institutionen, Geschichte und System des römischen Privatrechts, 17. Aufl. 1924
Sonntag, Die Bestimmung der Leistung nach billigem Ermessen, 1971
Sprenger, Das Geld der Deutschen, 3. Aufl. 2002
Stamm, Regressfiguren im Zivilrecht, 2000
Staub, Großkommentar Handelsgesetzbuch

Literaturverzeichnis

Staudinger, Kommentar zum Bürgerlichen Gesetzbuch mit Einführungsgesetzen und Nebengesetzen,
  §§ 21-79, Neubearb. 2005;
  §§ 134-163, Neubearb. 2003;
  §§ 241-243, Neubearb. 2005;
  §§ 244-248, 13. Bearb. 1997;
  §§ 249-254, Neubearb. 2005;
  §§ 255-304, Neubearb. 2009;
  §§ 305-310, UKlaG, Neubearb. 2006;
  §§ 311, 311a, 312, 312a-f, Neubearb. 2005;
  §§ 311b und c, Neubearb. 2006;
  §§ 315-326, Neubearb. 2009;
  §§ 328-359, Neubearb. 2009;
  §§ 362-396, Neubearb. 2006;
  §§ 397-432, Neubearb. 2005;
  §§ 433-487, Neubearb. 2004;
  §§ 631-651, Neubearb. 2008;
  §§ 657-704, Neubearb. 2006;
  §§ 779-811, Neubearb. 2009;
  §§ 823-825, 14. Bearb. 2009;
  §§ 830-838, Neubearb. 2008;
  §§ 883-902, Neubearb. 2008;
  §§ 925-984, Neubearb. 2004;
  §§ 985-1011, Neubearb. 2006;
  VerbrKrG, HWiG, § 13a UWG, TzWrG, Neubearb. 2001;
  Art. 25, 26 EGBGB, Anhang zu Artikel 25 f. EGBGB: Ausländische Rechte, Neubearb. 2007;
  Wiener UN-KaufR (CISG), Neubearb. 2005
  (zit.: Bearbeiter in: Staudinger)
Stein/Jonas, Kommentar zur Zivilprozessordnung, 10 Bde., 22. Aufl. 2002 ff.
Stickelbrock, Inhalt und Grenzen richterlichen Ermessens im Zivilprozess, 2002
Stöber/Otto, Handbuch zum Vereinsrecht, 10. Aufl. 2012
Stoffel, Vertragsgestaltung durch richterliche Ermessensentscheidungen im Zivilprozess, 1971
Stoffels, Gesetzlich nicht geregelte Schuldverhältnisse, 2001
Stoll, Das Handeln auf eigene Gefahr, 1961
Stolzke, Aufrechnung und Widerklage in der Schiedsgerichtsbarkeit, 2006
Teplitzky, Wettbewerbsrechtliche Ansprüche und Verfahren, 10. Aufl. 2012
Thode, Immobilienrecht, 2000
Thomas/Putzo, Zivilprozessordnung, 33. Aufl. 2012
Tolk, Der Frustrierungsgedanke und die Kommerzialisierung immaterieller Schäden, 1977
Ullmann, jurisPraxisKommentarUWG, 2. Aufl. 2009
Ulmer, Gesellschaft bürgerlichen Rechts und Partnerschaftsgesellschaft, 5. Aufl. 2009
Ulmer/Brandner/Hensen, AGB-Gesetz, 11. Aufl. 2011
Vortmann, Verbraucherkreditgesetz, 1991
Wagner, Prozessverträge, 1998
Warneyer, Das Bürgerliche Gesetzbuch für das Deutsche Reich, 7. Aufl. 1938
Wassermann, Alternativkommentar zum BGB, 2. Aufl., 1988
Weber, Kreditsicherheiten, 8. Aufl. 2006
Weidner, Die Mitverursachung als Entlastung des Haftpflichtigen, 1970
Weitnauer, Festgabe zum 60. Geb. von Karl Oftinger, 1969
Wendehorst, Anspruch und Ausgleich, 1999
Westermann, Das Schuldrecht 2002, 2002
v. Westphalen, Vertragsrecht und AGB-Klauselwerke, 30. Aufl. 2012
v. Westphalen/Emmerich/v. Rottenburg, Verbraucherkreditgesetz, 3. Aufl. 2002
Weyers, Unfallschäden: Praxis und Ziele von Haftpflicht- und Vorsorgesystemen, 1971
Winkler, Beurkundungsgesetz, 16. Aufl. 2008
Winter, Die Bestimmung der Leistung durch den Vertragspartner oder Dritte
  (Paragraphen 315 bis 319 BGB) unter besonderer Berücksichtigung der Rechtsprechung und Lehre
  des 19. Jahrhunderts, 1979

Wischermann, Die Rückabwicklung fehlgeschlagener Grundstückskaufverträge, 2001
Wolf/Lindacher/Pfeiffer, AGB-Recht, 5. Aufl. 2009
Wolf/Neuner, Allgemeiner Teil des Bürgerlichen Rechts, 10. Aufl. 2012
Zeisberger/Neugebauer-Püster, Der merkantile Minderwert, 13. Aufl. 2003
Zingel, Ausbietungsgarantien - Rechtliche Probleme eines Kreditsicherungsmittels, 2001
Zöller, Zivilprozessordnung, 29. Aufl. 2012

Bürgerliches Gesetzbuch (BGB)

vom 18. August 1896 (RGBl, 195) in der Fassung der Bekanntmachung vom 2. Januar 2002 (BGBl I, 42, 2909; 2003, 738), zuletzt geändert durch Art. 1 des Gesetzes zur Änderung des Bürgerlichen Gesetzbuchs zum besseren Schutz der Verbraucherinnen und Verbraucher vor Kostenfallen im elektronischen Geschäftsverkehr und zur Änderung des Wohnungseigentumsgesetzes vom 10. Mai 2012 (BGBl I, 1084)

Buch 2 - Recht der Schuldverhältnisse (Teil 1)
Abschnitt 1 - Inhalt der Schuldverhältnisse
Titel 1 - Verpflichtung zur Leistung

§ 241 BGB Pflichten aus dem Schuldverhältnis

(Fassung vom 02.01.2002, gültig ab 01.01.2002)

(1) ¹Kraft des Schuldverhältnisses ist der Gläubiger berechtigt, von dem Schuldner eine Leistung zu fordern. ²Die Leistung kann auch in einem Unterlassen bestehen.

(2) Das Schuldverhältnis kann nach seinem Inhalt jeden Teil zur Rücksicht auf die Rechte, Rechtsgüter und Interessen des anderen Teils verpflichten.

Gliederung

A. Grundlagen 1
I. Funktion des § 241 BGB 1
II. Bedeutung des Schuldrechts 3
III. Aufbau und Inhalt des Buches 2 des BGB 7
IV. Schuldrechtsmodernisierung 10
B. Das Schuldverhältnis und sein Inhalt 12
I. Schuldverhältnis 12
1. Schuldverhältnis im weiteren und im engeren Sinn 12
2. Forderungsrecht 14
3. Relativität des Schuldverhältnisses 18
4. Begründung von Schuldverhältnissen 23
a. Rechtsgeschäftliche Schuldverhältnisse 23
b. Gesetzliche Schuldverhältnisse 27
5. Dauerschuldverhältnisse 30
II. Inhalt des Schuldverhältnisses 35
1. (Haupt-)Leistung 35
2. Schutzpflichten 39
C. Rechtsfolge: Pflicht zur Bewirkung der Leistung 42
D. Auswirkungen von Gesetzesänderungen im Schuldrecht 47

A. Grundlagen

I. Funktion des § 241 BGB

§ 241 BGB ist nach Inhalt und systematischer Stellung die Grundnorm des im Buch 2 des BGB geregelten Rechts der Schuldverhältnisse. Die Vorschrift nennt in ihrem ersten Satz gleich vier Grundbegriffe des Schuldrechts – „Schuldverhältnis", „Gläubiger", „Schuldner" und „Leistung". Im Übrigen stellt sie klar, dass eine Leistung im Sinne des Schuldrechts auch in einem Unterlassen bestehen kann (§ 241 Abs. 1 Satz 2 BGB), und – seit der Ergänzung durch das SchuldRModG – dass ein Schuldverhältnis Schutzpflichten begründen kann (§ 241 Abs. 2 BGB).

Als Inhalt eines Schuldverhältnisses nennt § 241 BGB Leistungsforderungsrechte und Schutzpflichten. Diese sind dabei keine eigentlichen Rechtsfolgen eines Schuldverhältnisses, sondern eher dessen Wesensmerkmale. Ihr Vorhandensein definiert aber andererseits den Begriff des Schuldverhältnisses auch nicht abschließend, da es auch andere Gründe geben kann, warum jemand von einem anderen etwas zu fordern berechtigt ist (z.B. familienrechtliche Beziehungen, dingliche Rechte), und das Bestehen von Schutzpflichten schon nach dem Wortlaut der Vorschrift Merkmal eines Schuldverhältnisses – unter nicht weiter definierten Voraussetzungen – nur sein „kann". § 241 BGB ist mithin auch keine klassische Definitionsnorm,[1] wenn man einmal davon absieht, dass Gläubiger und Schuldner als aktiver und

1

2

---

[1] Der historische Gesetzgeber wollte sich einer solchen Begriffsbestimmung enthalten und war der Auffassung, dies sei nicht Sache des Gesetzes, sondern der Wissenschaft zu überlassen: Motive, Bd. II, S. 2 = *Mugdan*, Bd. 2, S. 1.

passiver Beteiligter eines Schuldverhältnisses vorgestellt werden, und dass der Leistungsbegriff hiernach neben dem unausgesprochenen Tun „auch" das Unterlassen umfasst. Die Vorschrift darf daher am ehesten als programmatische Einleitung des mit ihr beginnenden Schuldrechts verstanden werden.

II. Bedeutung des Schuldrechts

3   Schuldrecht ist das Recht der Begründung, Durchführung und Beendigung von **Schuldverhältnissen** (vgl. zum Begriff im Einzelnen Rn. 12). Anders als etwa die Institute des Familien- oder Erbrechts sind Schuldverhältnisse nicht auf bestimmte Lebensbereiche beschränkt und haben daher auch kein einheitliches Erscheinungsbild. Gemeinsam ist ihnen vielmehr die Wirkung, nämlich die Berechtigung des Gläubigers, vom Schuldner eine Leistung zu fordern. Das Schuldverhältnis ist damit eine variabel einsetzbare rechtliche Struktur, die in allen Bereichen des Privatrechts von grundlegender Bedeutung ist.

4   Schuldverhältnisse dienen der Regelung der unmittelbaren (nicht persönlich begründeten) Beziehung zwischen Rechtssubjekten („Gläubiger", „Schuldner"). Hierdurch unterscheiden sie sich von den Instituten des Sachenrechts, die der Zuordnung von Rechtsobjekten dienen und bei denen sich hieraus ergebende („absolute") Rechte von Rechtssubjekten gegeneinander nur Reflex dieser Zuordnung sind. Schuld- und Sachenrecht ist aber gemeinsam, dass es meist um die Befriedigung und Sicherung materieller Interessen geht, weshalb beide Rechtsbereiche traditionell zusammenfassend als privates **Vermögensrecht** bezeichnet werden. Ein solcher Begriff charakterisiert wichtige Funktionen, sagt aber selbst wenig aus, weil Schuld- und Sachenrecht sich nicht zwingend auf Vermögenswerte beschränken und auch Familien- und Erbrecht (z.B. durch Unterhaltspflichten) eine erhebliche Bedeutung für materielle Interessen haben.

5   Dem Schuldrecht können zwei unterschiedliche Aufgaben zugeordnet werden: Wichtigste Quelle von Schuldverhältnissen sind Verträge (§ 311 Abs. 1 BGB), die zentraler Regelungsgegenstand des Schuldrechts sind. Das Schuldrecht ist damit in erster Linie eine **Vertragsordnung**, die es den Rechtssubjekten ermöglicht, zugleich aber auch überlässt, die Befriedigung ihrer Bedürfnisse privatautonom zu regeln. Aus unterschiedlicher wirtschaftlicher Macht der Vertragsparteien in Unternehmer-Verbraucher-Beziehungen resultierende Defizite bei der Erreichung eines angemessenen Interessenausgleichs wurden frühzeitig erkannt[2] und haben im Laufe der Zeit zu einer Vielzahl von gesonderten Verbraucherschutzregelungen geführt, die mit dem SchuldRModG in das Schuldrecht des BGB integriert wurden (§§ 241a, 305-310, 312-312f, 355-359, 474-479, 481-487, 491-507, 661a BGB) und das BGB damit in weiten Teilen zu einem „Verbrauchergesetzbuch" gemacht haben. Daneben ist das Schuldrecht auch **Schadens- und Ausgleichsordnung**, indem es – mittels gesetzlicher Schuldverhältnisse – Ersatz- und Ausgleichsansprüche für nicht gerechtfertigte Vermögensverschiebungen (§§ 812-822 BGB) und unerlaubte Handlungen (§§ 823-853 BGB) begründet.

6   Das Schuldverhältnis als rechtliche Struktur einer Beziehung zwischen Rechtssubjekten besteht nicht von vornherein, sondern bedarf eines bestimmten Begründungstatbestandes – einen Vertrag bei vertraglichen Schuldverhältnissen oder das Eintreten bestimmter gesetzlicher Tatbestände bei gesetzlichen Schuldverhältnissen (vgl. hierzu im Einzelnen Rn. 23). Das Schuldrecht ist daher das Recht bestehender rechtlicher **Sonderbeziehungen**, ohne die keine schuldrechtlichen Rechte oder Pflichten zwischen Personen bestehen können.

III. Aufbau und Inhalt des Buches 2 des BGB

7   Die Regelungen des Schuldrechts sind im Buch 2 des BGB zusammengefasst. Dieses gliedert sich in der Fassung des SchuldRModG nunmehr in acht Abschnitte, von denen die Abschnitte 1-7 allgemeine Regelungen für alle Schuldverhältnisse enthalten („allgemeines Schuldrecht") und der Abschnitt 8 für einzelne Schuldverhältnisse Sonderregelungen aufführt („besonderes Schuldrecht").

8   Die sieben Abschnitte des **allgemeinen Schuldrechts** befassen sich mit dem allgemeinen Inhalt von Schuldverhältnissen (§§ 242-304 BGB), mit der Gestaltung rechtsgeschäftlicher Schuldverhältnisse durch allgemeine Vertragsbedingungen (§§ 305-310 BGB; eingefügt mit dem SchuldRModG durch Eingliederung der materiell-rechtlichen Regelungen des früheren AGBG in das BGB), mit Schuldverhältnissen aus Verträgen (§§ 311-359 BGB), mit dem Erlöschen der Schuldverhältnisse (§§ 362-397 BGB; Erfüllung und Erfüllungssurrogate), mit der Übertragung einer Forderung (§§ 398-413 BGB, Abtretung und Legalzession), mit der Schuldübernahme (§§ 414-418 BGB) und schließlich mit

---

[2] Vgl. zu der zunächst aus den §§ 138, 242 BGB abgeleiteten Inhaltskontrolle von Allgemeinen Geschäftsbedingungen (m.N. zur Rspr. des RG) etwa BGH v. 29.10.1956 - II ZR 79/55 - juris Rn. 20 - BGHZ 22, 90-101, 95 f. = NJW 1957, 17-19, 18 - Fabrikneue Möbel.

Schuldner- und Gläubigermehrheiten (§§ 420-432 BGB). Diese allgemeinen schuldrechtlichen Regelungen sind grundsätzlich auf alle Schuldverhältnisse anzuwenden, auch soweit sie in anderen Büchern des BGB oder anderen privatrechtlichen Sonderkodifikationen (z.B. HGB, VVG, VerlG) geregelt sind. Insbesondere bei gesetzlichen Schuldverhältnissen des Familienrechts sind aber die Besonderheiten des Rechtsgebiets angemessen zu berücksichtigen. Auch auf öffentlich-rechtliche Verträge finden die schuldrechtlichen Vorschriften des BGB ergänzend Anwendung (§ 62 VwVfG, § 61 SGB X).

Im **besonderen Schuldrecht** des Abschnittes 8 sind in derzeit 27 Titeln einzelne Vertragstypen und gesetzliche Schuldverhältnisse aufgeführt (die in den §§ 765-811 BGB enthaltenen Regelungen zu Bürgschaft, Vergleich, Schuldversprechen und Schuldanerkenntnis, Anweisung, Schuldverschreibung auf den Inhaber und Vorlegung von Sachen hätten allerdings mindestens ebenso gut Platz unter den allgemeinen Vorschriften der ersten sieben Abschnitte gefunden). Die im Abschnitt 8 geregelten Vertragstypen entsprechen dabei keinem „numerus clausus" möglicher Verträge (vgl. Rn. 23), sondern sollen nur die denkbaren Inhalte vertraglicher Vereinbarungen katalogisieren (z.B. Übereignung von Sachen gegen Entgelt: Kauf, gegen Übereignung einer anderen Sache: Tausch, unentgeltlich: Schenkung; Gebrauchsüberlassung gegen Entgelt ohne Fruchtgenuss: Miete, mit Fruchtgenuss: Pacht, unentgeltlich: Leihe, von vertretbaren Sachen: Darlehen usw.). Es gibt allerdings auch außerhalb des BGB geregelte wichtige Vertragstypen des Privatrechts, so vor allem der Kommissionsvertrag (im HGB), der Versicherungsvertrag (im VVG) und der Verlagsvertrag (im VerlG). Der ursprünglichen Regelungstechnik des BGB entsprach es, nur die Grundtypen denkbarer Verträge abstrakt zu regeln und diese allgemeinen Regeln ggf. für besondere Konstellationen durch Sonderregeln zu ergänzen (z.B. die §§ 481-492 BGB a.F. zum Viehkauf), ohne diese Sonderfälle als eigenständige Vertragstypen (z.B. Viehkaufvertrag) aufzufassen. Hiervon ist der Gesetzgeber im Laufe der Zeit abgewichen. So wurde 1979 mit den §§ 651a-651m BGB der Reisevertrag als eigenständiger Vertragstyp geschaffen, obwohl es sich der Sache nach um einen besonderen Werkvertrag[3] handelt. 1999 wurden dann durch Einfügung eines Untertitels[4] der Geschäftsbesorgungsvertrag (der an sich Dienst- oder Werkvertrag mit Auftragselementen ist) „verselbständigt" und zunächst der Überweisungsvertrag[5] (§§ 676a-676c BGB a.F.), der Zahlungsvertrag (§§ 676d, 676c BGB a.F.) und der Girovertrag (§§ 676f-676h BGB a.F.), später dann der (alle Zahlungsvorgänge umfassende) Zahlungsdienstevertrag (§§ 675f-675i BGB, mit den Ausprägungen als Einzelzahlungsvertrag, § 675f Abs. 1 BGB und als Zahlungsdiensterahmenvertrag, § 675f Abs. 2 BGB) als eigenständige Vertragstypen eingeführt, obwohl es in der Sache nur um ergänzende Sonderregelungen zu Geschäftsbesorgungsverhältnissen geht. Mit dem SchuldRModG wurde dann noch der Teilzeit-Wohnrechtevertrag (§§ 481-487 BGB) eingefügt, und andere Sonderfälle von Vertragstypen wurden zumindest begrifflich verselbständigt (z.B. Verbrauchsgüterkauf, §§ 474-479 BGB; Verbraucherdarlehensvertrag, §§ 491-498 BGB), so dass von dem ursprünglichen Gesetzeskonzept nur noch wenig zu erkennen ist.[6]

IV. Schuldrechtsmodernisierung

Seit Anfang 1978 wurden im Bundesministerium der Justiz Überlegungen zu einer umfassenden Überarbeitung des Schuldrechts angestellt. In diesem Rahmen wurden insgesamt 24 Gutachten zu einzelnen als modernisierungsbedürftig angesehenen Regelungsbereichen eingeholt, die in den Jahren 1981-1983 veröffentlicht wurden.[7] Auf dieser Basis begann ab der konstituierenden Sitzung vom 02.02.1984 eine vom Bundesminister der Justiz einberufene Kommission zur Überarbeitung des

---

[3] Vgl. etwa BGH v. 12.03.1987 - VII ZR 37/86 - juris Rn. 28 - BGHZ 100, 158-185, 163 = NJW 1987, 1931-1938, 1933.

[4] Dabei wurde zugleich nicht beachtet, dass der im Auftragsrecht § 675 BGB ursprünglich nachfolgende § 676 a.F. allein eine Klarstellung zu § 662 BGB für den Fall unentgeltlicher und ohne vertragliche Bindung erfolgender Erteilung von Rat und Empfehlung beinhaltet. Anstatt hier nach der Einfügung des Untertitels umzustellen, wurde er als § 675 Abs. 2 BGB in die Regelungen des Geschäftsbesorgungsvertrages übernommen, wo er jeden Sinns entbehrt und Missverständnisse provoziert (bei einem – zumal entgeltlichen – Geschäftsbesorgungsvertrag gehört es geradezu zu seinem Wesen, dass für Rat und Empfehlung gehaftet wird). Vgl. hierzu auch *Martinek* in: Staudinger, § 675 Rn. C 1; *Berger* in: Erman, § 675 Rn. 125.

[5] In Abkehr von der bisherigen Rspr., die im Überweisungsauftrag nur eine Weisung im Rahmen des Girovertrages sah, vgl. etwa BGH v. 19.03.1991 - XI ZR 102/90 - juris Rn. 15 - NJW 1991, 2210-2211, 2211.

[6] Zugleich wurde die bisherige Gliederungssystematik aufgegeben, so dass sich nunmehr das (Geld-)Darlehen zwischen Kauf und Schenkung geregelt findet.

[7] Bundesminister der Justiz, Gutachten und Vorschläge zur Überarbeitung des Schuldrechts, 1981.

§ 241

Schuldrechts ihre Tätigkeit. Diese Kommission erarbeitete einen konkreten (außer dem Schuldrecht auch das Verjährungsrecht umfassenden) Änderungsvorschlag (BGB-KE), der als Abschlussbericht mit Erläuterungen Anfang 1992 veröffentlicht wurde.[8] Die Vorschläge wurden in der Folgezeit umfassend diskutiert (z.B. auf dem 60. Deutschen Juristentag 1994 in Münster), aber zunächst nicht umgesetzt.

11 Im Jahre 2000 griff das Bundesministerium der Justiz anlässlich der erforderlichen Umsetzungen der Verbrauchsgüterkauf-Richtlinie (RL 1999/44/EG des Europäischen Parlaments und Rates, 25.05.1999), der Zahlungsverzugs-Richtlinie (RL 2000/35/EG des Europäischen Parlaments und Rates, 29.06.2000) und der E-Commerce-Richtlinie (RL 2000/31/EG des Europäischen Parlaments und Rates, 08.06.2000) das Reformvorhaben wieder auf. Im August 2000 veröffentlichte das Bundesministerium einen Diskussionsentwurf eines Schuldrechtsmodernisierungsgesetzes[9], der nicht nur die erforderlichen Umsetzungen der Richtlinien enthielt, sondern in weiten Teilen auf den Vorschlägen der Schuldrechtskommission basierte und darüber hinaus die bislang in Einzelgesetzen verstreuten Verbraucherschutzbestimmungen (AGBG, HTürG, FernAbsG, TzWrG, VerbrKrG) in das BGB inkorporierte. Die hierdurch ausgelöste Diskussion in der Rechtswissenschaft führte zu einer gründlichen Überarbeitung, die in einen im Mai von den Regierungsfraktionen eingebrachten Gesetzesentwurf[10] mündete. Nach weiteren Änderungen aufgrund von Empfehlungen des Rechtsausschusses[11] wurde der Entwurf vom Deutschen Bundestag am 11.10.2001 angenommen und – nachdem der Bundesrat am 09.11.2001 beschlossen hatte, nicht nach Art. 77 Abs. 2 GG den Vermittlungsausschuss anzurufen – am 29.11.2001 durch Veröffentlichung im Bundesgesetzblatt bekannt gemacht.[12] Auf der Grundlage einer in Art. 8 SchuldRModG enthaltenen Ermächtigung wurde das BGB am 02.01.2002 mit dem ab dem 01.01.2002 geltenden Wortlaut (einschließlich neu eingeführter amtlicher Überschriften für nahezu[13] alle Paragraphen)[14] insgesamt neu bekannt gemacht.[15]

B. Das Schuldverhältnis und sein Inhalt

I. Schuldverhältnis

1. Schuldverhältnis im weiteren und im engeren Sinn

12 Der Begriff „Schuldverhältnis" wird im BGB nicht in einheitlichem Sinne verwendet. Soweit die Überschrift von Abschnitt 8 sich auf „einzelne Schuldverhältnisse" bezieht, ist mit Schuldverhältnis die durch einen einheitlichen Begründungstatbestand geschaffene Gesamtheit der schuldrechtlichen Beziehungen zwischen Gläubiger und Schuldner gemeint. Diese ist auch gemeint, wenn Vorschriften Rechtsfolgen anordnen, „soweit sich nicht aus dem Schuldverhältnis ein anderes ergibt" (§§ 273 Abs. 1, 292 Abs. 1, 425 Abs. 1 BGB), und wenn das Schuldverhältnis als Quelle von Nebenpflichten angesprochen ist (vgl. die §§ 311 Abs. 2, 241 Abs. 2 BGB). Man kann diese Gesamtheit der schuldrechtlichen Beziehungen aus einem Rechtsgrund als das **Schuldverhältnis im weiteren Sinne** bezeichnen.

13 In den meisten übrigen Fällen und auch in § 241 Abs. 1 Satz 1 BGB bezeichnet Schuldverhältnis demgegenüber das aus einem solchen Schuldverhältnis im weiteren Sinne erwachsene einzelne Forderungsrecht des Gläubigers bzw. die korrespondierende Verpflichtung des Schuldners.[16] § 241 Abs. 1

---

[8] Abschlußbericht der Kommission zur Überarbeitung des Schuldrechts, 1992.
[9] Diskussionsentwurf eines Schuldrechtsmodernisierungsgesetzes, 2000.
[10] Entwurf eines Gesetzes zur Modernisierung des Schuldrechts vom 14.05.2001, BT-Drs. 14/6040.
[11] BT-Drs. 14/7052.
[12] BGBl I 2001, 3138.
[13] Ausnahme: § 1588 BGB, vgl. hierzu *Hamann*, NJW 2009, 727-732, 729.
[14] Die neuen Überschriften sind vielfach ungenau, vgl. etwa *Rüfner*, ZRP 2001, 12-14; Kommentierung zu § 246 BGB Rn. 1; Kommentierung zu § 264 BGB Rn. 5; Kommentierung zu § 902 BGB. Die Frage, ob mit der Beifügung amtlicher Überschriften zugleich alle Vorschriften des BGB vom nachkonstitutionellen Gesetzgeber in seinen Willen aufgenommen worden seien mit der Folge, dass die vom BVerfG entwickelten Kriterien zur Differenzierung zwischen vorkonstitutioneller und nachkonstitutioneller Gesetzgebung erfüllt seien, prüft und verneint *Leipold*, NJW 2003, 2657-2659.
[15] BGBl I 2002, 42.
[16] Vgl. BGH v. 11.11.1953 - II ZR 181/52 - juris Rn. 10 - BGHZ 10, 391-399, 395 f. = NJW 1954, 231-233, 232.

Satz 1 BGB und die meisten Regelungen des allgemeinen Schuldrechts betreffen mithin das **Schuldverhältnis im engeren Sinne**.

2. Forderungsrecht

Inhalt dieses Schuldverhältnisses im engeren Sinne ist nach § 241 Abs. 1 Satz 1 BGB die Berechtigung, eine Leistung zu fordern. Die tatsächliche Bewirkung der geschuldeten Leistung ist damit nicht Gegenstand des Schuldverhältnisses und bedarf regelmäßig eines gesonderten Erfüllungsgeschäfts (z.B. durch Übereignung der verkauften Ware, Besitzüberlassung der vermieteten Sache, Durchführung der versprochenen Dienste). Funktion des Schuldverhältnisses ist die **Vorbereitung** und **Rechtfertigung** der realen Güterverschiebung. Vorbereitet wird diese dadurch, dass das Schuldverhältnis die – freiwillig befolgte oder ggf. unter Zuhilfenahme der Möglichkeiten des Prozess- und Vollstreckungsrechts erzwingbare – Verpflichtung hierzu schafft. Die aus dem Schuldverhältnis bestehende Verpflichtung rechtfertigt zugleich den hierauf erfolgten Leistungsaustausch, indem sie den **Rechtsgrund** für das Behaltendürfen des Leistungsgegenstandes bildet. Schuldverhältnisse sind daher die Grundlage jedes Leistungsaustausches und bilden das hierfür notwendige **Kausalgeschäft**.

Hierdurch unterscheidet sich das Schuldverhältnis von **dinglichen Rechtsgeschäften**. Solche beinhalten eine **Verfügung**, durch die auf ein Recht unmittelbar eingewirkt wird, die es also entweder auf einen Dritten überträgt oder mit einem Recht belastet oder das Recht aufhebt oder es sonst wie in seinem Inhalt ändert.[17] Einer solchen Verfügung bedarf es vielfach als Erfüllungsgeschäft, sie kann aber nicht Inhalt des Schuldverhältnisses sein. Schuldrechtliche Forderungsrechte selbst können aber ihrerseits Gegenstand von Verfügungen – deren Regelungen sich ungeachtet ihrer dinglichen Wirkung zum Teil im Schuldrecht finden – sein. So sind etwa Erlass (§ 397 Abs. 1 BGB)[18], Abtretung (§ 398 BGB) oder die Bestellung eines Nießbrauchs (§ 1068 BGB) oder eines Pfandrechts (§ 1273 BGB) an einer Forderung ebenso Verfügungen über ein schuldrechtlich begründetes Recht wie die befreiende Schuldübernahme (§ 414 BGB)[19].

Das aus einem Schuldverhältnis resultierende Forderungsrecht (allgemein kurz als **Forderung** bezeichnet) ist als subjektives Recht des Gläubigers zugleich **Anspruch** im Sinne der Legaldefinition in § 194 Abs. 1 BGB. Der Begriff des Anspruchs reicht aber weiter, da er außer solchen auf schuldrechtlicher Grundlage auch relative Rechte aus dinglichen Rechtspositionen (z.B. Herausgabeanspruch gegen den Besitzer aus Eigentum, § 985 BGB) oder Verpflichtungen aus familienrechtlichen Verhältnissen (vgl. § 194 Abs. 2 BGB; z.B. der Ehegatten untereinander zur ehelichen Lebensgemeinschaft, § 1353 Abs. 1 Satz 2 BGB, oder der Eltern gegenüber dem Kind zur Sorge, § 1626 Abs. 1 BGB) umfasst.

Nicht um eine Forderung handelt es sich bei einer sog. **Obliegenheit**. Als Obliegenheiten werden gesetzlich oder vertraglich (hier vor allem in Versicherungsverträgen) begründete Pflichten verstanden, die dem Verpflichteten nur im eigenen Interesse und zur Wahrung eigener Belange „obliegen" und deren Verletzung nur zum Verlust eigener Rechte führen, nicht aber ein Forderungsrecht oder Sekundäransprüche des anderen begründen kann. Das BGB nennt den Begriff nicht ausdrücklich (vgl. demgegenüber etwa § 28 VVG), gesetzliche Obliegenheiten finden sich aber z.B. in den §§ 121 Abs. 1, 149, 254 BGB[20] und den §§ 293-298 BGB.

3. Relativität des Schuldverhältnisses

Das Forderungsrecht des Schuldverhältnisses besteht nach § 241 Abs. 1 Satz 1 BGB nur zwischen Gläubiger und Schuldner, also nur zwischen den Beteiligten des Schuldverhältnisses („inter partes"). Diese **Relativität des Schuldverhältnisses** unterscheidet es grundlegend von den jeweils absolut wirkenden Persönlichkeitsrechten (auf Unverletzlichkeit der Rechtsgüter Leben, Körper, Gesundheit und Freiheit sowie besondere Persönlichkeitsrechte am eigenen Namen, § 12 BGB, und Bild, § 22 Kunst-UrhG, und das von der Rspr. entwickelte allgemeine Persönlichkeitsrecht) und Herrschaftsrechten (ins-

---

[17] Vgl. BGH v. 05.11.2009 - III ZR 6/09 - juris Rn. 15 - NJW 2010, 1456-1459, 1457 m.w.N.
[18] Vgl. BGH v. 26.06.2007 - XI ZR 201/06 - juris Rn. 17 - BauR 2007, 1622-1623 (Ls.).
[19] Vgl. BGH v. 21.04.2004 - XII ZR 170/01 - juris Rn. 13 - NJW-RR 2004, 1369-1370, 1370.
[20] Zur mitwirkenden Selbstschädigung im Sinne von § 254 Abs. 1 BGB vgl. etwa BGH v. 18.04.1997 - V ZR 28/96 - juris Rn. 14 - BGHZ 135, 235-244, 240 = NJW 1997, 2234-2236, 2235; zu den Hinweis-, Abwendungs- und Minderungspflichten im Sinne von § 254 Abs. 2 BGB vgl. etwa BGH v. 26.05.1988 - III ZR 42/87 - juris Rn. 13 - NJW 1989, 290-292, 291; BGH v. 22.12.2005 - VII ZR 71/04 - juris Rn. 10 - NJW 2006, 995-996, 995.

bes. des Sachenrechts, wie das Eigentum, § 903 BGB, beschränkte dingliche Rechte, aber auch Immaterialgüterrechte).

19 Kraft eines Schuldverhältnisses hat der Gläubiger daher Forderungsrechte **nur gegen den Schuldner**, nicht aber gegen Dritte. So kann etwa der Untermieter aus dem Untermietverhältnis nur Ansprüche gegen den Hauptmieter herleiten, nicht aber gegen den Eigentümer.[21] Kann der Hauptmieter den Untermietvertrag nicht erfüllen, weil der Eigentümer die Zustimmung versagt (vgl. § 540 Abs. 1 BGB) oder gar den Untermieter auf der Grundlage seines Eigentums aus dem Besitz setzt (vgl. § 986 Abs. 1 Satz 2 BGB), hat der Untermieter Ansprüche wegen Verletzung der schuldrechtlichen Pflichten nur gegen den Hauptmieter als seinen Schuldner. Unmittelbare Ansprüche des Gläubigers gegen einen Dritten, der die Erfüllung schuldrechtlicher Pflichten des Schuldners vereitelt, etwa durch Verleitung zum Vertragsbruch, kommen nur dann in Betracht, wenn die Vereitelungshandlung ihrerseits zur Begründung eines (gesetzlichen) Schuldverhältnisses zwischen Dritten und Gläubiger (etwa nach § 826 BGB oder §§ 3, 9 UWG) führt.

20 Der schuldrechtliche Anspruch steht grundsätzlich **nur dem Gläubiger** zu. Möglich ist aber nach dem BGB[22] auch ein Schuldverhältnis mit dem Inhalt, dass die Leistung nicht an den Gläubiger, sondern an einen Dritten zu erbringen ist (Vertrag zugunsten Dritter, §§ 328-335 BGB). Auch dann bleibt aber häufig das Forderungsrecht allein beim Gläubiger und der Dritte ist lediglich Begünstigter der Leistung (vgl. § 329 BGB). Die Parteien des Schuldverhältnisses können aber dem Dritten sogar – durch sog. „echten" Vertrag zugunsten Dritter (vgl. § 328 Abs. 1 BGB) – ein eigenes Forderungsrecht einräumen, doch steht diesem dann als Korrektiv für seine mangelnde Beteiligung nach § 333 BGB ein Zurückweisungsrecht zu.

21 Darüber hinaus wirken Schuldverhältnisse nur zugunsten oder zulasten nicht an ihrer Entstehung beteiligter Personen, wenn diese **Rechtsnachfolger** von Gläubiger bzw. Schuldner sind. Eine solche Rechtsnachfolge kann – als Einzelrechtsnachfolge – auf das Schuldverhältnis im engeren Sinne (Gläubigerwechsel durch Abtretung, Legalzession oder staatlichen Hoheitsakt insbes. im Zwangsvollstreckungsverfahren; Schuldnerwechsel – nur – durch befreiende Schuldübernahme nach § 415 Abs. 1 BGB) bzw. das Schuldverhältnis im weiteren Sinne (durch Übergang auf eine an Stelle des bisherigen Gläubigers oder Schuldners eintretende Person durch dreiseitige Vertragsübernahme oder in den Fällen des gesetzlichen Vertragseintritts insbes. nach den §§ 563 Abs. 1, 565, 566 Abs. 1, 578, 578a, 613a Abs. 1 BGB, § 95 Abs. 1 VVG, § 899 Abs. 1 BGB) beschränkt sein oder – als Gesamtrechtsnachfolge – im Rahmen eines Übergangs aller Rechte und Pflichten einer Person auf eine andere Person (insbes. im Erbfall, § 1922 Abs. 1 BGB oder als Folge einer Verschmelzung, § 20 UmwG, Spaltung, § 131 UmwG, oder eines Rechtsformwechsels, § 202 UmwG, bei juristischen Personen) eintreten.

22 Die vorgenannten Fälle eines gesetzlichen Vertragseintritts (insbes. der Grundsatz „Kauf bricht nicht Miete") und die Möglichkeit der dinglichen Sicherung bestimmter schuldrechtlicher Ansprüche durch eine Vormerkung (§ 883 BGB) führen zu einer gewissen „**Verdinglichung**" schuldrechtlicher Ansprüche.

4. Begründung von Schuldverhältnissen

a. Rechtsgeschäftliche Schuldverhältnisse

23 Nach § 311 Abs. 1 BGB ist zur Begründung eines Schuldverhältnisses (wie auch zu dessen Änderung und – nach § 397 Abs. 1 BGB – Aufhebung)[23] ein **Vertrag** zwischen den Beteiligten erforderlich, soweit das Gesetz nicht ein anderes vorschreibt. Grundsätzlich bedarf es mithin zur Begründung schuldrechtlicher Ansprüche eines Vertrages als zweiseitigem Rechtsgeschäft. Da Verträge nicht nur für die Begründung von Schuldverhältnissen, sondern auch in anderen Bereichen des BGB (z.B. als dingliche Einigung oder als Ehe- oder Erbvertrag) Bedeutung haben, sind die allgemeinen Vorschriften über das Zustandekommen von Verträgen nach der Regelungstechnik des BGB nicht im Schuldrecht, sondern im Allgemeinen Teil (insbes. in den §§ 145-157 BGB) geregelt. Wie, ob und mit welchem Inhalt solche Verträge abgeschlossen werden, ist nach dem verfassungsrechtlich verankerten und dem

---

[21] Aufgrund seiner eigenen vertraglichen Ansprüche gegen den Hauptmieter ist er auch nicht in den Schutzbereich des Hauptmietvertrages einbezogen, vgl. BGH v. 15.02.1978 - VIII ZR 47/77 - juris Rn. 11 - BGHZ 70, 327-330, 329 f. = NJW 1978, 883.

[22] Entgegen dem römischen Rechtsgrundsatz „alteri stipulare nemo potest", vgl. Inst. 3.19 § 19.

[23] Ein einseitiger Verzicht führt nicht zum Erlöschen der Forderung, vgl. etwa BGH v. 04.12.1986 - III ZR 51/85 - juris Rn. 24 - NJW 1987, 3203-3205, 3203.

BGB zugrunde liegenden Grundsatz der Vertragsfreiheit als Ausprägung der Privatautonomie grundsätzlich den Beteiligten überlassen. Insbesondere enthalten die Regelungen der einzelnen Vertragstypen im Abschnitt 8 des Schuldrechts keinen Typenzwang, so dass auch typengemischte Verträge[24] oder vollkommen neue Vertragstypen eigener Art[25] möglich sind.

Kein Schuldverhältnis begründet wird durch ein bloßes **Gefälligkeitsverhältnis**. Ein solches liegt vor, wenn eine Leistung ohne rechtsgeschäftlichen Bindungswillen zugesagt oder erbracht wird. Das Vorliegen des hiernach maßgeblichen Rechtsbindungswillen ist dabei nicht nach dem inneren Willen des Leistenden zu beurteilen, sondern vielmehr danach, ob der Leistungsempfänger aus dem Handeln des Leistenden nach Treu und Glauben mit Rücksicht auf die Verkehrssitte auf einen solchen Willen schließen durfte (objektive Betrachtungsweise).[26] Dabei spielen insbesondere die wirtschaftliche Bedeutung einer Angelegenheit, erkennbare Interessen des Begünstigten und (u.U. nur) dem Leistenden erkennbare Gefahren aus einer fehlerhaften Leistung für den Begünstigten eine Rolle.[27]

Die Begründung eines Schuldverhältnisses durch **einseitiges Rechtsgeschäft** lässt das Gesetz nur bei der **Auslobung** (§ 657 BGB) zu, bei der durch öffentliche Bekanntmachung eine Belohnung für die Vornahme einer Handlung, insbesondere für die Herbeiführung eines Erfolges, ausgesetzt wird. Sonderfall der Auslobung ist das Preisausschreiben (§ 661 BGB).

Die Existenz von sog. **faktischen Vertragsverhältnissen**, die ohne (wirksames) Rechtsgeschäft zustande kommen sollen, als Quelle von Schuldverhältnissen wird heute überwiegend abgelehnt.[28] So wird die Begründung von Verträgen durch die rein tatsächliche Inanspruchnahme einer im modernen Massenverkehr rein tatsächlich öffentlich angebotenen Leistung als „sozialtypisches Verhalten"[29] von der heute ganz h.M. als „Rechtsgeschäft ohne Willenserklärung" abgelehnt. Soweit aus Praktikabilitätsgründen bei in Gang gesetzten komplexen Dauerschuldverhältnissen (insbes. Gesellschaft und Arbeitsverhältnis) bei Fehlerhaftigkeit regelmäßig eine rückwirkende Abwicklung ausgeschlossen ist (vgl. Rn. 33), bedarf es zur Rechtfertigung keiner Konstruktion einer „faktischen Gesellschaft" oder eines „faktischen Arbeitsverhältnisses", weil es lediglich um eine teleologische Beschränkung der Unwirksamkeitsfolgen geht.

b. Gesetzliche Schuldverhältnisse

Neben den rechtsgeschäftlich begründeten Schuldverhältnissen gibt es eine Reihe gesetzlicher Tatbestände, die kraft Gesetzes zur Entstehung eines **gesetzlichen Schuldverhältnisses** führen. In Abschnitt 8 des Schuldrechts geregelt sind die durch Gewinnzusage (§ 661a BGB),[30] Geschäftsführung ohne Auftrag (§§ 677-687 BGB), Einbringung von Sachen bei Gastwirten (§§ 701-704 BGB),[31] gemeinschaftliche Berechtigung an einem Recht (§§ 741-758 BGB),[32] ungerechtfertigte Bereicherung (§§ 812-822 BGB) und unerlaubte Handlungen (§§ 823-853 BGB) entstehenden gesetzlichen Schuldverhältnisse.

Gesetzliche Schuldverhältnisse finden sich auch in anderen Teilen des BGB. Im Buch 3 (**Sachenrecht**) geregelt sind etwa die (neben die jeweiligen dinglichen Rechtsbeziehungen tretenden) gesetzlichen Schuldverhältnisse zwischen Finder und Empfangsberechtigtem (§§ 965-984 BGB), zwischen Eigen-

---

[24] Vgl. etwa BGH v. 14.10.1981 - VIII ZR 331/80 - juris Rn. 13 - NJW 1982, 221-222, 222 (Altenheimvertrag); BGH v. 29.09.1994 - I ZR 172/92 - juris Rn. 26 - NJW 1995, 324-326, 325 (Schlüssel-Funddienst-Vertrag); BGH v. 07.03.1996 - I ZR 68/94 - juris Rn. 39 - NJW-RR 1996, 1120-1121, 1120 (Distributionsvertrag); BGH v. 15.11.2006 - XII ZR 120/04 - NJW 2007, 2394-2396 (ASP [= Application Service Providing/Bereitstellung von Softwareanwendungen und damit verbundener Dienstleistungen] -Vertrag.

[25] Vgl. etwa BGH v. 07.05.1987 - I ZR 250/85 - juris Rn. 37 - NJW 1988, 332-334, 333 - Archivvertrag.

[26] OLG Brandenburg v. 16.03.2011 - 13 U 126/09 - juris Rn. 18 - BauR 2011, 1543 (Ls.).

[27] Vgl. BGH v. 29.02.1996 - VII ZR 90/94 - juris Rn. 12 - NJW 1996, 1889-1890 m.w.N.

[28] Vgl. ausführlich hierzu und zum Folgenden etwa *Olzen* in: Staudinger, § 241 Rn. 94 ff.

[29] So der BGH im bekannten „Hamburger Parkplatz-Fall", BGH v. 14.07.1956 - V ZR 223/54 - juris Rn. 53 - BGHZ 21, 319-336, 333 = NJW 1956, 1475-1477, 1476.

[30] Vgl. BGH v. 01.12.2005 - III ZR 191/03 - juris Rn. 26 - BGHZ 165, 172-184, 179 = NJW 2006, 230-234, 232; BGH v. 13.03.2008 - IX ZR 117/07 - juris Rn. 9 - NJW-RR 2008, 1006-1007, 1007.

[31] Regelmäßig – aber nicht notwendigerweise – besteht daneben ein vertragliches Schuldverhältnis aus einem Beherbergungsvertrag, vgl. *Sprau* in: Palandt, Einf. v. § 701 Rn. 3.

[32] Die Bruchteilsgemeinschaft als solche ist kein gesetzliches Schuldverhältnis, sondern nur Quelle der sich aus den §§ 743-758 BGB ergebenden gesetzlichen Schuldverhältnisse, vgl. BGH v. 26.03.1974 - VI ZR 103/72 - juris Rn. 8 - BGHZ 62, 243-250, 246.

§ 241

tümer und Besitzer (§§ 987-1003 BGB),[33] zwischen Berechtigtem und Verpflichteten einer Dienstbarkeit (§§ 1020-1023 BGB),[34] zwischen Eigentümer und Nießbraucher (§§ 1041-1047, 1049-1051, 1055 BGB)[35] oder zwischen Pfandgläubiger und Verpfänder (§§ 1214-1219 BGB). Gesetzliche Schuldverhältnisse im **Familienrecht** sind insbes. Unterhaltspflichten (§§ 1360, 1360a, 1361, 1569-1586b, 1601-1615o BGB).[36] Das **Erbrecht** kennt gesetzliche Schuldverhältnisse etwa zwischen Testamentsvollstrecker und Erben (§ 2218 BGB)[37] oder zwischen Erben und Pflichtteilsberechtigten (§§ 2303, 2314-2316 BGB). Auch außerhalb des BGB finden sich zahlreiche gesetzliche Schuldverhältnisse. Beispielhaft sei hier nur die Beziehung zwischen den Mitgliedern einer Wohnungseigentümergemeinschaft[38] genannt.

29 Ein besonderes gesetzliches Schuldverhältnis[39] ist das mit dem SchuldRModG nunmehr in § 311 Abs. 2, 3 BGB geregelte vorvertragliche Schuldverhältnis (**culpa in contrahendo**). Es entsteht mit der Begründung einer Sonderverbindung durch die Aufnahme konkreter Vertragsverhandlungen (§ 311 Abs. 2 Nr. 1 BGB), aber auch durch die bloße Anbahnung eines Vertrages (§ 311 Abs. 2 Nr. 2 BGB, z.B. durch das Betreten eines Geschäfts in Kaufabsicht) und durch einen ähnlichen geschäftlichen (nicht lediglich sozialen!) Kontakt (§ 311 Abs. 2 Nr. 3 BGB, z.B. durch Betreten eines Geschäfts ohne konkrete Kaufabsicht, aber nur, um sich dort aufzuwärmen). Parteien eines solchen Schuldverhältnisses können nicht nur diejenigen Personen werden, die unmittelbar in geschäftlichen Kontakt miteinander treten, sondern nach § 311 Abs. 3 Satz 1 BGB auch Dritte, insbes. der Verhandlungsvertreter, der in besonderem Maße Vertrauen für sich in Anspruch nimmt und dadurch die Vertragsverhandlungen oder den Vertragsschluss erheblich beeinflusst (§ 311 Abs. 3 Satz 2 BGB, sog. Sachwalterhaftung). Mit der Einfügung von § 311 Abs. 2, 3 BGB durch das SchuldRModG sollten die in Rechtsprechung und Lehre entwickelten Anwendungsfälle der culpa in contrahendo nur kodifiziert werden, ohne dass eine abweichende Regelung oder eine abschließende Festschreibung des Rechtszustandes beabsichtigt war.[40] Für die Frage, ob und unter welchen Voraussetzungen ein vorvertragliches Schuldverhältnis im Sinne von § 311 Abs. 2, 3 BGB entsteht, bleibt mithin die bisherige Rechtsprechung und Literatur zur culpa in contrahendo von unverminderter Bedeutung (zu Einzelheiten vgl. im Übrigen die Kommentierung zu § 311 BGB Rn. 27 ff.). Abweichend von anderen Schuldverhältnissen folgen aus dem vorvertraglichen Schuldverhältnis keine primären Leistungspflichten, sondern nur die Schutzpflichten des § 241 Abs. 2 BGB.

5. Dauerschuldverhältnisse

30 Ein Schuldverhältnis (im weiteren Sinne) kann sich ganz auf den einmaligen Leistungsaustausch beschränken. Ein solches „einfaches Schuldverhältnis" bringt einmal wechselseitige Forderungen auf Leistung und Gegenleistung hervor und ist mit der beiderseitigen Erfüllung endgültig beendet. Über dieses Ende hinaus können allenfalls noch fortwirkende Nebenpflichten (sog. „culpa post contractum finitum") zwischen den Beteiligten fortbestehen.

---

[33] Vgl. BGH v. 14.07.1995 - V ZR 45/94 - juris Rn. 11 - NJW 1995, 2627-2628, 2627; BGH v. 07.11.1997 - LwZR 6/97 - juris Rn. 11 - BGHZ 137, 128-133 131 f. = NJW 1998, 1707-1708, 1707; BGH v. 04.12.1997 - III ZR 270/96 - juris Rn. 26 - VIZ 1998, 162-164, 164.

[34] Vgl. BGH v. 28.06.1985 - V ZR 111/84 - BGHZ 95, 144-148, 147 = NJW 1985, 2944-2945, 2944 f.; BGH v. 30.10.1986 - III ZR 10/86 - juris Rn. 14 - NVwZ 1987, 356; BGH v. 03.02.1989 - V ZR 224/87 - juris Rn. 16 - BGHZ 106, 348-354, 350 = NJW 1989, 1607-1609, 1608; BGH v. 06.10.1989 - V ZR 127/88 - juris Rn. 8 - NVwZ 1990, 192-194, 193; BGH v. 22.06.1990 - V ZR 59/89 - juris Rn. 16 - NJW 1991, 176-178, 178; BGH v. 26.10.1990 - V ZR 105/89 - juris Rn. 15 - NJW-RR 1991, 333-334, 334; BGH v. 08.02.2002 - V ZR 252/00 - juris Rn. 14 - NJW 2002, 1797-1799, 1798.

[35] Vgl. BGH v. 21.06.1985 - V ZR 37/84 - juris Rn 14 - BGHZ 95, 99-102, 100 = NJW 1985, 2827-2828, 2827; BGH v. 07.03.2002 - V ZB 24/01 - juris Rn. 21 - BGHZ 150, 109-122, 118 = NJW 2002, 1647-1651, 1650.

[36] Vgl. BGH v. 07.04.1982 - IVb ZR 678/80 - juris Rn. 8 - NJW 1982, 1642-1643, 1642; BGH v. 19.02.1986 - IVb ZR 71/84 - juris Rn. 24 - NJW 1986, 1751-1754, 1753 f.

[37] Vgl. BGH v. 22.01.1997 - IV ZR 283/95 - juris Rn. 10 - NJW 1997, 1362-1363, 1363.

[38] Vgl. BGH v. 10.11.2006 - V ZR 62/06 - juris Rn. 8 - NJW 2007, 292-294, 293 m.w.N.

[39] So für die Rechtslage vor der ausdrücklichen Kodifizierung in § 311 Abs. 2, 3 BGB etwa BGH v. 06.04.2001 - V ZR 394/99 - juris Rn. 11 - NJW 2001, 2875-2877, 2876; BGH v. 18.09.2001 - X ZR 107/00 - juris Rn. 21 - NJW-RR 2002, 308-310, 309; BGH v. 13.06.2002 - VII ZR 30/01 - juris Rn. 11 - NJW-RR 2002, 1309-1311, 1310.

[40] Vgl. die Begründung des SchuldRModG-Entwurfs, BT-Drs. 14/6040, S. 162 f.

Davon zu unterscheiden sind **Dauerschuldverhältnisse**, die auf die länger andauernde oder wiederholte Erbringung einer Leistung gerichtet sind und während ihrer Dauer immer wieder erneut Hauptleistungspflichten hervorbringen. Typische Dauerschuldverhältnisse sind Darlehens-, Miet-, Pacht-, Dienst-, Arbeits- und Gesellschaftsverträge. Sie sind entweder von vornherein zeitlich befristet oder auf unbestimmte Zeit abgeschlossen (vgl. die §§ 488 Abs. 3, 542, 620, 723 Abs. 1 BGB).

Auf unbestimmte Zeit abgeschlossene Dauerschuldverhältnisse können durch (ordentliche, regelmäßig befristete) **Kündigung** (der Schriftform bedarf die Kündigung des Wohnraummietvertrages, § 568 Abs. 1 BGB, des Landpachtvertrages, § 594f BGB, und des Arbeitsvertrages, § 623 BGB) für die Zukunft beendet werden (bei befristeten Dauerschuldverhältnissen ist demgegenüber die ordentliche Kündigung nur möglich, wenn dies ausdrücklich vereinbart wird). Gesetzliche Regelungen der Fristen für eine ordentliche Kündigung finden sich etwa in § 489 BGB (Darlehensvertrag), den §§ 573c, 576, 580a BGB (Mietvertrag), § 584 BGB (Pachtvertrag), § 594a BGB (Landpachtvertrag), den §§ 621, 622 BGB (Dienst- und Arbeitsvertrag). Ist die Frist nicht eingehalten, kommt regelmäßig eine Umdeutung in eine Kündigung zum nächstmöglichen Zeitpunkt in Betracht. Die vermieter- bzw. arbeitgeberseitige ordentliche Kündigung des Wohnraummiet- bzw. Arbeitsverhältnisses ist regelmäßig nur bei Vorliegen besonderer rechtfertigender Gründe wirksam (vgl. § 573 BGB, § 1 KSchG). Auch soweit kein Grund erforderlich ist, kann aber eine ohne wichtigen Grund „zur Unzeit" erfolgende ordentliche Kündigung den Kündigenden zum Schadensersatz verpflichten (vgl. die §§ 627 Abs. 2, 671 Abs. 2, 723 Abs. 2 BGB, allgemeiner Rechtsgedanke).

Daneben besteht stets die Möglichkeit einer (außerordentlichen und regelmäßig fristlosen) **Kündigung aus wichtigem Grund** (vgl. die §§ 314, 543, 569, 626 BGB), die für Leistungsstörungen den (bei Dauerschuldverhältnissen nicht passenden) Rücktritt ersetzt. Sie setzt das Vorliegen eines ausreichenden Kündigungsgrundes voraus, der gegeben ist, wenn dem Kündigenden unter Berücksichtigung aller Umstände des Einzelfalls und unter Abwägung der beiderseitigen Interessen die Fortsetzung des Vertragsverhältnisses bis zum Ablauf der vereinbarten Befristung bzw. bis zur nächsten ordentlichen Kündigungsmöglichkeit unzumutbar ist (vgl. die §§ 314 Abs. 1 Satz 2, 543 Abs. 1 Satz 2, Abs. 2, 569 Abs. 2, 626 Abs. 1 Satz 2 BGB). Besondere, eine außerordentliche Kündigung rechtfertigende Gründe formulieren etwa die §§ 543 Abs. 2, 569 BGB für das Mietverhältnis. Da die außerordentliche Kündigung nur ultima ratio ist, ist sie dann, wenn der wichtige Grund in einer Pflichtverletzung des Vertragspartners liegt, regelmäßig nur nach vorheriger erfolgloser Abmahnung zulässig (vgl. die §§ 314 Abs. 2, 543 Abs. 3 BGB). Aus dem Umstand, dass der Kündigungsgrund die Unzumutbarkeit der Fortsetzung des Vertragsverhältnisses voraussetzt, folgt einerseits, dass die Kündigung nur innerhalb einer angemessenen Frist nach Kenntniserlangung vom Kündigungsgrund ausgesprochen werden kann (§ 314 Abs. 3 BGB; nur innerhalb von zwei Wochen: § 626 Abs. 2 BGB), und andererseits, dass sie regelmäßig fristlos erfolgt. Sie kann aber, soweit dies unter Abwägung der beiderseitigen Interessen möglich und geboten ist, mit einer Auslauffrist versehen werden.

Soweit (etwa nach Anfechtung oder wegen später entdeckter anfänglicher Unwirksamkeit) eine **Rückabwicklung** eines bereits in Gang gesetzten Dauerschuldverhältnisses notwendig wird, wird diese wegen der hierbei gegebenen praktischen Schwierigkeiten regelmäßig (d.h. soweit dem nicht zwingende Schutzvorschriften wie z.B. für nicht unbeschränkt Geschäftsfähige entgegenstehen) nicht rückwirkend („ex tunc") durchgeführt, sondern führt nur zu einer Beendigung des Rechtsverhältnisses für die Zukunft („ex nunc").

II. Inhalt des Schuldverhältnisses

1. (Haupt-)Leistung

Die mit einem Schuldverhältnis begründete Forderung richtet sich – als **Hauptleistungspflicht** – auf eine Leistung des Schuldners. Der konkrete **Inhalt** der Leistung ergibt sich aus dem Schuldverhältnis. Wie sich aus § 241 Abs. 1 Satz 2 BGB ergibt, kann die Leistung sowohl in einem positiven Tun als auch in einem Unterlassen (das das Dulden einschließt)[41] bestehen. Bei vertraglichen Schuldverhältnissen steht es den Beteiligten frei, welche Leistungen als Inhalt vereinbart werden und wie diese erbracht werden sollen (etwa höchstpersönlich vom Schuldner oder mit der Möglichkeit der Einschaltung eines Erfüllungsgehilfen, vgl. etwa § 664 Abs. 1 BGB). Die aus einem Schuldverhältnis geschuldete Leistung zielt regelmäßig auf die Veränderung der materiellen Güterlage der Beteiligten, doch ist ein

---

[41] Vgl. Motive, Bd. II, S. 5 = *Mugdan*, Bd. 2, S. 3.

solcher Vermögenswert der Leistung nicht Voraussetzung des Schuldverhältnisses.[42] Zur materiellen Absicherung von nicht vermögenswerten Leistungen (wie auch solcher, die auf ein Unterlassen gerichtet sind) bietet sich ggf. ein („unselbständiges") Vertragsstrafeversprechen (§ 339 BGB) an.

36 Die geschuldete Leistung muss grundsätzlich **bestimmt** oder wenigstens **bestimmbar** sein. Das Gesetz kennt drei Formen (zunächst) unbestimmter Schuldverhältnisse, nämlich die Gattungsschuld (§ 243 BGB), die Wahlschuld (§§ 262-265 BGB) und das Schuldverhältnis mit Leistungsbestimmungsrecht eines der Beteiligten oder eines Dritten (§§ 315-319 BGB). Für alle drei Fälle sind Regeln für die zur Erfüllung unabdingbare Bestimmung der letztendlich zu erbringenden Leistung und die „Konzentration" des Schuldverhältnisses auf einen bestimmten Leistungsgegenstand im Gesetz enthalten (vgl. die §§ 243, 263, 315, 317 BGB). Ist eine Bestimmung des Leistungsinhalts nicht möglich, besteht keine wirksame Leistungspflicht.[43]

37 Bestimmte typische Leistungsinhalte insbes. von gesetzlichen Schuldverhältnissen werden in den allgemeinen Vorschriften des Schuldrechts (in regelmäßig abdingbarer Form und teilweise nur hinsichtlich einzelner Nebenaspekte) näher ausgestaltet, so die Verpflichtung zur Zahlung einer in anderer Währung als Euro ausgedrückten, im Inland zahlbaren Geldschuld (§ 244 BGB), die (praktisch nicht mehr existierende) Verpflichtung zur Zahlung einer Geldschuld in bestimmter Münzsorte (§ 245 BGB), die Zinsschuld (§ 246 BGB), die Verpflichtung zum Schadensersatz (§§ 249-255 BGB), die Verpflichtung zum Aufwendungsersatz (§§ 256, 257 BGB), das Recht zur Wegnahme einer Einrichtung (§ 258 BGB) und die Verpflichtung zur Rechenschaftslegung oder Auskunftserteilung (§§ 259-261 BGB).

38 Vielfach wird hervorgehoben, § 241 Abs. 1 BGB beträfe die **Leistungshandlung**, während § 362 Abs. 1 BGB mehr verlange, nämlich den Eintritt des **Leistungserfolges**.[44] Indessen kann nach § 241 Abs. 1 BGB schwerlich weniger geschuldet sein, als nach § 362 Abs. 1 BGB zur Erfüllung des Schuldverhältnisses zu erreichen ist. Soweit die Herbeiführung eines Erfolges geschuldet wird, kann dies der Gläubiger auch verlangen, selbst wenn hierfür ggf. die Wiederholung der bereits vorgenommenen Leistungshandlung notwendig ist. Tritt der geschuldete Erfolg ohne Zutun des Schuldners von selbst oder durch Dritte ein (kommt z.B. ein freizuschleppendes Schiff von selbst wieder frei)[45], kann der Gläubiger nicht etwa nach wie vor Vornahme der Leistungshandlung verlangen, sondern die Leistung ist unter dem Gesichtspunkt der anderweitigen Zweckerreichung unmöglich geworden (§ 275 Abs. 1 BGB). Richtig ist an der Differenzierung nur, dass andere Vorschriften, die Leistungsmodalitäten regeln (z.B. zu Leistungsort und -zeit, §§ 269-271 BGB, und zur Art, wie der Schuldner die Leistung dem Gläubiger anbieten muss, §§ 293-296 BGB), lediglich die Leistungshandlung betreffen.

2. Schutzpflichten

39 § 241 Abs. 2 BGB stellt klar, dass in einem (insbes. auch gesetzlichen) Schuldverhältnis neben der Hauptleistungspflicht im Sinne von § 241 Abs. 1 BGB auch Pflichten zur Rücksicht auf die Rechte, Rechtsgüter und Interessen des anderen Teils bestehen. Diese Pflichten können als **Nebenpflichten** bezeichnet werden, weil sich aus ihnen keine unmittelbar geltend zu machenden, primären Forderungsrechte ergeben, sondern nur – bei ihrer Verletzung – sekundäre Schadensersatzansprüche. Von ihrer Funktion her, die bereits vorhandenen (und nicht erst aus der Hauptpflicht geschuldeten) Rechte, Rechtsgüter und Interessen der Beteiligten in ihrer Integrität zu schützen, können sie auch als **Schutzpflichten** bezeichnet werden. Schutzpflichten können allerdings auch Inhalt der primären Leistungspflicht sein (z.B. Bewachungsvertrag, Beratungsvertrag) und werden dann als Hauptleistungspflichten im Sinne von § 241 Abs. 1 BGB behandelt. Während sich die Hauptleistungspflichten aus dem Schuldverhältnis im engeren Sinne ergeben und nur den Schuldner treffen (dem allerdings aus einem korrespondierenden Schuldverhältnis ein Gegenanspruch zustehen kann), folgen die Pflichten des § 241

---

[42] Vgl. Motive, Bd. II, S. 3 = *Mugdan*, Bd. 2, S. 2, unter Aufgabe gemeinrechtlicher Vorstellungen.
[43] Vgl. BGH v. 27.01.1971 - VIII ZR 151/69 - juris Rn. 12 - BGHZ 55, 248-251, 249 f. = NJW 1971, 653-654, 653; *Gernhuber*, Das Schuldverhältnis, 1989, § 9 I, S. 220 f., und den als überflüssig – vgl. Protokolle, Bd. I, S. 464 = *Mugdan*, Bd. 2, S. 623 – nicht übernommenen E I § 352 („Ist die Leistung, welche den Gegenstand eines Vertrages bilden soll, weder bestimmt bezeichnet, noch nach den im Vertrage enthaltenen Bestimmungen zu ermitteln, so ist der Vertrag nichtig.").
[44] Vgl. nur BGH v. 11.11.1953 - II ZR 181/52 - juris Rn. 10 - BGHZ 10, 391-399, 395 f. = NJW 1954, 231-233, 232; BGH v. 28.10.1998 - VIII ZR 157/97 - juris Rn. 9 - NJW 1999, 210-211, 210.
[45] Vgl. *Heinrichs* in: Palandt, § 275 Rn. 18.

Abs. 2 BGB aus dem Schuldverhältnis im weiteren Sinne und treffen **alle hieran Beteiligten** (deren Kreis nach § 311 Abs. 2, 3 BGB erheblich weiter sein kann als bei einem Schuldverhältnis im engeren Sinne).

§ 241 Abs. 2 BGB wurde erst – unter nur geringfügiger Änderung des Vorschlags der Kommission zur Überarbeitung des Schuldrechts von 1991 (§ 241 Abs. 2 BGB-KE)[46] – mit dem SchuldRModG angefügt. Er kodifiziert die von Rechtsprechung und Lehre – wegen Schwächen einer rein deliktischen Haftung – entwickelte Haftung bei Schutzpflichtverletzungen innerhalb bestehender Sonderrechtsbeziehungen und ist damit Grundlage der entsprechenden, nunmehr Gesetz gewordenen Fallgruppen einer Haftung aus positiver Vertragsverletzung (in Verbindung mit § 280 Abs. 1 BGB) und culpa in contrahendo (in Verbindung mit § 311 Abs. 2, 3 BGB). Da der Gesetzgeber im Wesentlichen keine Änderung der vorgefundenen Rechtslage herbeiführen wollte,[47] kann auf die bisherige Rechtsprechung und Literatur zurückgegriffen werden.

40

Soweit § 241 Abs. 2 BGB die Rücksicht auf Rechte, Rechtsgüter und Interessen des anderen Teils verlangt, ist der Tatbestand nur generalklauselartig umschrieben. Nach § 241 Abs. 2 BGB geschützte Rechte sind – anders als nach § 823 Abs. 1 BGB – nicht nur absolute, gegen jedermann wirkende Rechte, sondern auch relative Rechte (Ansprüche). Mit der einschränkungslosen und allgemeinen Aufzählung von Rechten und Rechtsgütern soll klargestellt werden, dass auch das **Vermögen** als solches in den Schutzbereich der Vorschrift fällt.[48] Welche weiteren „Interessen" konkret geschützt sind, richtet sich in erster Linie nach dem Inhalt des Schuldverhältnisses.[49] Der Schutzbereich soll dadurch über Vermögensinteressen hinaus nach der Vorstellung des Gesetzgebers auch auf die Entscheidungsfreiheit der am Schuldverhältnis Beteiligten[50] ausgedehnt werden.[51] Inhaltlich richtet sich die Pflicht zur Rücksichtnahme darauf, sich so zu verhalten, dass alle Beeinträchtigungen der geschützten Rechte, Rechtsgüter und Interessen des anderen Teils vermieden werden, die sich aus der besonderen Einwirkungsmöglichkeit bzw. dem besonderen Kontakt bei Durchführung des Schuldverhältnisses ergeben können.

41

C. Rechtsfolge: Pflicht zur Bewirkung der Leistung

Das Schuldverhältnis begründet eine **Pflicht** des Schuldners zur Bewirkung der geschuldeten (Haupt-)Leistung und ein korrespondierendes Forderungsrecht des Gläubigers. Die Pflicht entfällt nur, wenn die Leistung – (nach Aufgabe der früheren Differenzierung durch das SchuldRModG) anfänglich oder durch nachträglich eingetretene Umstände – unmöglich ist (§ 275 Abs. 1 BGB), oder wenn der Schuldner sich zu Recht wegen übermäßiger Leistungserschwerung auf sein Leistungsverweigerungsrecht nach § 275 Abs. 2, 3 BGB beruft.

42

Soweit ein Forderungsrecht besteht, kann der Gläubiger die Bewirkung der geschuldeten Leistung auch regelmäßig erzwingen. In materiell-rechtlicher Hinsicht steht ihm hierfür die Möglichkeit der Absicherung durch ein („unselbständiges") Vertragsstrafeversprechen (§ 339 BGB) zur Verfügung, in prozessrechtlicher Hinsicht die Leistungsklage (die auch auf ein Unterlassen gerichtet sein kann). Das auf die Leistungsklage ergehende Leistungsurteil stellt zum einen die nach materiellem Recht bestehende Leistungspflicht in einer der formellen und materiellen Rechtskraft zugänglichen Form fest und enthält zum anderen einen mit den Mitteln der Zwangsvollstreckung durchsetzbaren Leistungsbefehl an den Schuldner. Die Art und Weise der Vollstreckung ist abhängig von der titulierten Pflicht und ist im Einzelnen im Buch 8 der ZPO geregelt. Die Möglichkeit der (jedenfalls bei der Vollstreckung von Geldforderungen auch das gesamte Vermögen des Schuldners erfassenden) Zwangsvollstreckung führt zu einer umfassenden **Haftung** des Schuldners für die Erfüllung seiner schuldrechtlichen Pflichten.

43

Erfüllt der Schuldner seine Leistungspflicht nicht oder schlecht und hat er dies nach dem Maßstab des § 276 BGB zu vertreten, treten neben die Hauptleistungspflicht oder – bei Leistungsfreiheit nach § 275 Abs. 1-3 BGB – an deren Stelle **sekundäre Ansprüche** nach Maßgabe des Leistungsstörungsrechts.

44

---

[46] Vgl. hierzu Abschlußbericht der Kommission zur Überarbeitung des Schuldrechts, 1992, S. 113 ff.
[47] Vgl. die Begründung des SchuldRModG-Entwurfs, BT-Drs. 14/6040, S. 125 f.
[48] Begründung des SchuldRModG-Entwurfs, BT-Drs. 14/6040, S. 125.
[49] Begründung des SchuldRModG-Entwurfs, BT-Drs. 14/6040, S. 126.
[50] Vgl. zum Problem etwa *Fleischer*, AcP 200, 91-120, 108 ff.
[51] Begründung des SchuldRModG-Entwurfs, BT-Drs. 14/6040, S. 126.

45 Anderes gilt nur für die sog. **Naturalobligationen** oder unvollkommene Verbindlichkeiten.[52] Solche Naturalobligationen werden insbes. durch den Heiratsmaklervertrag (§ 656 BGB), Spiel und Wette (§ 762 Abs. 1 BGB) und durch nicht staatlich genehmigte Lotterie- und Ausspielungsverträge (§ 763 BGB) begründet. Eine einklagbare oder auch nur durch ein Vertragsstrafeversprechen absicherbare (vgl. § 344 BGB)[53] Leistungspflicht entsteht hierdurch nicht. Gleichwohl bildet die Naturalobligation die causa für einen dennoch erfolgten Leistungsaustausch, dessen Rückabwicklung daher nicht allein wegen der Unklagbarkeit verlangt werden kann (vgl. §§ 656 Abs. 1 Satz 2, 762 Abs. 1 Satz 2 BGB).

46 Schutzpflichten haben dagegen, soweit sie nicht ausnahmsweise Hauptleistungspflichten sind, keinen einklagbaren primären Inhalt. Werden sie verletzt, erwachsen demjenigen, dessen geschützte Rechte, Rechtsgüter oder Interessen betroffen sind, aber sekundäre Schadensersatzansprüche (§ 280 Abs. 1 BGB). Ist dem Gläubiger der Hauptleistungspflicht die Leistung wegen der Schutzpflichtverletzung des Schuldners nicht mehr zuzumuten, kann er außerdem – daneben – nach § 282 BGB Schadensersatz statt der (Haupt-)Leistung verlangen und – wenn es sich um einen gegenseitigen Vertrag handelt – von diesem nach § 324 BGB zurücktreten.

D. Auswirkungen von Gesetzesänderungen im Schuldrecht

47 Gesetzesänderungen im Schuldrecht wirken sich auf bestehende Schuldverhältnisse grundsätzlich nicht aus (keine „rückwirkende Änderung der Spielregeln"). Auch nach einer Änderung beurteilen sich das Schuldverhältnis, sein Inhalt, die sich aus ihm ergebenden Pflichten, die Fälligkeit von Forderungen, etwaige Leistungsstörungen sowie die Möglichkeiten und Gründe einer Beendigung nach dem Recht, unter dessen Geltung es entstanden ist. Dieser Grundsatz ist für das Inkrafttreten des BGB in Art. 170 EGBGB, für die (Wieder-)Einführung des BGB in den neuen Bundesländern nach Wirksamwerden des Beitritts am 03.10.1990 in Art. 232 § 1 EGBGB und für das Inkrafttreten des SchuldRModG am 01.01.2002 in Art. 229 § 5 Satz 1 EGBGB ausgesprochen. Abweichungen hiervon sind bei ausdrücklicher gesetzlicher Anordnung für Dauerschuldverhältnisse möglich, um diese – ggf. nach einer Anpassungsfrist – zur besseren Handhabung in das aktuelle Recht überzuleiten. So sahen etwa die Übergangsregelungen im Zusammenhang mit dem Beitritt vor, dass für Miet-, Pacht-, Arbeits-, Konto- und Kreditverträge sowie für Verträge über wiederkehrende persönliche Dienstleistungen bereits ab dem 03.10.1990 – allerdings zunächst mit bestimmten Maßgaben – das BGB galt (Art. 232 §§ 2, 3, 5-8 EGBGB). Schuldrechtliche Nutzungsverträge nach DDR-Recht wurden erst später mit dem SchuldRAnpG in BGB-Schuldrechtsverhältnisse überführt. Nach Art. 229 § 5 Satz 2 EGBGB gelten die durch das SchuldRModG geänderten Vorschriften für Dauerschuldverhältnisse nach einer Übergangsfrist (die ggf. für notwendig erachtete Vertragsänderungen genutzt werden kann) ab dem 01.01.2003. Anderes gilt für neue, von außen an das Schuldverhältnis herantretende, sich nicht aus seiner inneren Entwicklung ergebende Umstände (z.B. Vertragsaufhebung), die grundsätzlich nach dem jeweils geltenden aktuellen Recht zu beurteilen sind.[54]

---

[52] Vgl. zu diesen *Schulze*, JuS 2011, 193-199.
[53] Vgl. *Gottwald* in: MünchKomm-BGB, § 344 Rn. 8.
[54] Vgl. zur Rechtslage in den neuen Bundesländern BGH v. 18.06.1993 - V ZR 47/92 - juris Rn. 14 - BGHZ 123, 58-65, 62 f. = NJW 1993, 2525-2527, 2526; BGH v. 09.01.1997 - VII ZR 266/95 - juris Rn. 13 - NJW-RR 1997, 690; BGH v. 27.05.1999 - VII ZR 245/97 - juris Rn. 35 - VIZ 1999, 625-627, 627.

§ 241a BGB Unbestellte Leistungen *⁾

(Fassung vom 02.01.2002, gültig ab 01.01.2002)

(1) Durch die Lieferung unbestellter Sachen oder durch die Erbringung unbestellter sonstiger Leistungen durch einen Unternehmer an einen Verbraucher wird ein Anspruch gegen diesen nicht begründet.

(2) Gesetzliche Ansprüche sind nicht ausgeschlossen, wenn die Leistung nicht für den Empfänger bestimmt war oder in der irrigen Vorstellung einer Bestellung erfolgte und der Empfänger dies erkannt hat oder bei Anwendung der im Verkehr erforderlichen Sorgfalt hätte erkennen können.

(3) Eine unbestellte Leistung liegt nicht vor, wenn dem Verbraucher statt der bestellten eine nach Qualität und Preis gleichwertige Leistung angeboten und er darauf hingewiesen wird, dass er zur Annahme nicht verpflichtet ist und die Kosten der Rücksendung nicht zu tragen hat.

*) Amtlicher Hinweis:
Diese Vorschrift dient der Umsetzung von Artikel 9 der Richtlinie 97/7/EG des Europäischen Parlaments und des Rates vom 20. Mai 1997 über den Verbraucherschutz bei Vertragsabschlüssen im Fernabsatz (ABl. EG Nr. L 144 S. 19).

Gliederung

A. Grundlagen 1	III. Erbringung unbestellter Leistungen 6
B. Anwendungsvoraussetzungen 4	IV. Ausnahme: Angebot gleichwertiger Leistung ... 9
I. Normstruktur 4	**C. Rechtsfolgen** 10
II. Unternehmer/Verbraucher 5	**D. Anwendungsfelder** 15

A. Grundlagen

Die Vorschrift betrifft die im Rahmen einer Vertragsanbahnung erfolgende Zusendung unbestellter Waren an Verbraucher durch Unternehmer und schließt eine Herleitung von Ansprüchen des Unternehmers hieraus gegen den Verbraucher weitgehend aus. Soweit es um vertragliche Ansprüche geht, hat die Vorschrift im Wesentlichen nur deklaratorischen Charakter, doch geht der angeordnete Anspruchsausschluss über die Feststellung des Nichtzustandekommens eines Vertrages durch die Zusendung hinaus. Sie richtet sich damit gegen eine – auch nach § 3 UWG wettbewerbswidrige – Absatzmethode[1] und hat **Sanktionscharakter**.[2]   1

§ 241a BGB wurde – zusammen mit den §§ 13, 14, 661a, 676h BGB und den §§ 361a, 361b BGB a.F., die mit dem SchuldRModG zwischenzeitlich in den neuen §§ 355-357 BGB aufgegangen sind – durch Art. 2 des Gesetzes über Fernabsatzverträge und andere Fragen des Verbraucherrechts sowie zur Umstellung von Vorschriften auf Euro vom 27.06.2000[3] mit Wirkung zum 30.06.2000 in das BGB eingefügt. Die Vorschrift dient der **Umsetzung der sog. Fernabsatz-Richtlinie** (Art. 9 RL 1997/7/EG des Europäischen Parlaments und Rates v. 20.05.1997).[4] Diese Richtlinie wendet sich u.a. gegen eine Ab-   2

---

[1] Vgl. RegE, BT-Drs. 14/2658, S. 22 m.w.N. Zum Verhältnis zwischen § 1 UWG a.F. (jetzt §§ 3, 9 UWG n.F.) und § 241a BGB vgl. OLG Köln v. 26.01.2001 - 6 U 160/00 - juris Rn. 10 (insoweit in GRUR-RR 2002, 236-237, nicht abgedr.); zu § 241a BGB als lauterkeitsrechtliches Element im Schuldrecht vgl. *Schmidt*, JZ 2007, 78-84, 81.

[2] Vgl. hierzu RegE, BT-Drs. 14/2658, S. 46; Rechtsausschuss, BT-Drs. 14/3195, S. 32; *Riehm*, Jura 2000, 505-513, 511; *Sosnitza*, BB 2000, 2317-2323, 2320 ff.; *Schäfer*, AcP 202, 397-434, 428 f.; *Krebs* in: NK-BGB, § 241a Rn. 5.

[3] BGBl I 2000, 897.

[4] Vgl. den amtlichen Hinweis in der Bekanntmachung der Neufassung des BGB vom 02.01.2002, BGBl I 2002, 42, 97. Zur Entstehungsgeschichte der Vorschrift vgl. *Dorn* in: Historisch-Kritischer Kommentar zum BGB, Bd. II/1 2007, § 241a Rn. 12 ff. m.w.N.

satztechnik, die darin besteht, dem Verbraucher ohne vorherige Bestellung oder ohne ausdrückliches Einverständnis gegen Entgelt Waren zu liefern oder Dienstleistungen zu erbringen, es sei denn, es handele sich um eine Ersatzlieferung (vgl. Ziff. 16 der der Richtlinie vorangestellten Erwägungen).

3   Das Ergebnis der Umsetzung gilt allgemein als wenig befriedigend. Im Hinblick auf die bislang geltende Rechtslage wird die Erforderlichkeit einer konkreten Umsetzung der Richtlinie bezweifelt.[5] Die Regelung gilt im Übrigen rechtspolitisch[6], konstruktiv[7] und hinsichtlich ihrer systematischen Einreihung zwischen den §§ 241, 242 BGB[8] als verfehlt. Die Vorschrift dürfte kaum praktische Bedeutung[9] haben (außer im Zusammenhang mit der unbemerkten Installation von Dialern – vgl. Rn. 15 – hat die Vorschrift in der gerichtlichen Praxis wohl noch keine Rolle gespielt),[10] wirft jedoch bei näherer Betrachtung eine erstaunliche Fülle von Auslegungs- und Anwendungsproblemen auf („juristische Kollateralschäden"), die eine kaum zu überblickende (und im Hinblick auf die tatsächliche Bedeutung der Vorschrift kaum zu rechtfertigende) Literatur hervorgerufen hat.

B. Anwendungsvoraussetzungen

I. Normstruktur

4   § 241a Abs. 1 BGB stellt die Grundregel auf, dass der Unternehmer aus der Lieferung unbestellter Waren gegen den Verbraucher keine Ansprüche erwerben kann. Hiervon machen die folgenden Absätze zwei Ausnahmen: § 241a Abs. 2 BGB lässt dann, wenn die Lieferung durch den Unternehmer irrtümlich erfolgte und der Verbraucher dies erkannt hat oder hätte erkennen können, (nur) gesetzliche Ansprüche zu, und § 241a Abs. 3 BGB nimmt unter bestimmten Voraussetzungen eine (anstelle der bestellten Ware unbestellt erfolgende) gleichwertige Ersatzlieferung vollkommen aus dem allgemeinen Anspruchsausschluss aus.

II. Unternehmer/Verbraucher

5   § 241a BGB erfasst nur Lieferungen von Unternehmern an Verbraucher, also nur Sachverhalte, bei denen es um die Anbahnung eines Verbrauchervertrages im Sinne von § 310 Abs. 3 BGB geht. Legaldefinitionen der Begriffe des Unternehmers und des Verbrauchers finden sich in den §§ 13, 14 BGB. Im Hinblick darauf, dass § 241a BGB die Vertragsanbahnung betrifft und gerade das Zustandekommen eines Rechtsgeschäfts ausschließt, müssen diese Definitionen allerdings geringfügig modifiziert werden. **Verbraucher** ist hiernach jede natürliche Person, bei der bei einer hypothetischen Betrachtung davon auszugehen ist, dass sie das angebahnte Geschäft weder für ihre gewerbliche noch für ihre berufliche Tätigkeit abschließen würde.[11] **Unternehmer** ist derjenige, der die Lieferung in Ausübung seiner gewerblichen oder beruflichen Tätigkeit vornimmt. Nicht von § 241a BGB erfasst sind Vorgänge, an denen ausschließlich Unternehmer oder Verbraucher beteiligt sind.[12]

---

[5] *Casper*, ZIP 2000, 1602-1609, 1604; vgl. hierzu RegE, BT-Drs. 14/2658, S. 23 f.

[6] *Flume*, ZIP 2000, 1427-1430, 1428 f.; *Wendehorst*, DStR 2000, 1311-1318, 1317; *Berger*, JuS 2001, 649-654, 650 f.; *Schwarz*, NJW 2001, 1449-1454, 1454; *Finkenauer* in: MünchKomm-BGB, § 241a Rn. 5; *Krebs* in: NK-BGB, § 241a Rn. 6.

[7] *Finkenauer* in: MünchKomm-BGB, § 241a Rn. 5; *Krebs* in: NK-BGB, § 241a Rn. 7.

[8] Vgl. *Flume*, ZIP 2000, 1427-1430, 1428; *Hensen*, ZIP 2000, 1151-1152, 1151; *Sosnitza*, BB 2000, 2317-2323, 2323; *Finkenauer* in: MünchKomm-BGB, § 241a Rn. 5; *Dorn* in: Historisch-Kritischer Kommentar zum BGB, Bd. II/1 2007, § 241a Rn. 1, 29; *Grüneberg* in: Palandt, § 241a Rn. 1; *Mansel* in: Jauernig, § 241a Rn. 1.

[9] Vgl. *Hensen*, ZIP 2000, 1151-1152, 1151, der darauf hinweist, dass er nie unbestellte Ware, sondern immer nur unbestellte Kataloge erhalte.

[10] Auf eine präventive Wirkung der Vorschrift führt dies allerdings etwa *Dorn* in: Historisch-Kritischer Kommentar zum BGB, Bd. II/1 2007, § 241a Rn. 29 m.w.N., zurück.

[11] Vgl. *Berger*, JuS 2001, 649-654, 651; *Finkenauer* in: MünchKomm-BGB, § 241a Rn. 8; *Dorn* in: Historisch-Kritischer Kommentar zum BGB, Bd. II/1 2007, § 241a Rn. 15; *Olzen* in: Staudinger, § 241a Rn. 21; *Krebs* in: NK-BGB, § 241a Rn. 13; *Saenger* in: Erman, § 241a Rn. 4; *Grüneberg* in: Palandt, § 241a Rn. 2; *Schmidt-Kessel* in: Prütting/Wegen/Weinreich, BGB, 7. Aufl. 2012, § 241a Rn. 5.

[12] *Casper*, ZIP 2000, 1602-1609, 1609; *Saenger* in: Erman, § 241a Rn. 5; *Schmidt-Kessel* in: Prütting/Wegen/Weinreich, BGB, 7. Aufl. 2012, § 241a Rn. 5; *Schulze* in: HK-BGB, § 241a Rn. 2; *Mansel* in: Jauernig, § 241a Rn. 1, 2.

III. Erbringung unbestellter Leistungen

Voraussetzung ist die Lieferung unbestellter Sachen (zum Begriff vgl. die §§ 90, 90a BGB) oder die Erbringung unbestellter sonstiger Leistungen durch den Unternehmer an den Verbraucher.[13] Eine **Lieferung** setzt voraus, dass die Sachen tatsächlich in den Herrschaftsbereich des Verbrauchers gelangen;[14] eine **Erbringung** sonstiger Leistungen deren tatsächliche Ausführung für den Verbraucher.[15] Nicht erforderlich ist, dass Lieferung bzw. Leistungserbringung gerade zum Zwecke der Vertragsanbahnung vorgenommen werden. Das zunächst vorgesehene weitere Tatbestandsmerkmal „zur Anbahnung eines Vertrages" wurde auf Vorschlag des Rechtsausschusses, der eine Verwässerung der Aussage der Vorschrift befürchtete und dem Unternehmer die Möglichkeit der Berufung auf eigene subjektive Vorstellungen abschneiden wollte,[16] nicht in die endgültige Gesetzesfassung übernommen. Diese sehr weite Fassung des Tatbestandes ist eine der Ursachen für die zahlreichen Anwendungsprobleme der Vorschrift. Da sich die Vorschrift aber nicht gegen Lieferungen und Leistungen an sich, sondern nur gegen bestimmte Vertriebsformen richtet (vgl. Rn. 1), wird dem Normzweck als sinnvolle Einschränkung das (ungeschriebene) weitere Tatbestandsmerkmal der **Unlauterkeit des Unternehmers** bei der Lieferung oder Leistung entnommen werden können.[17]

6

Ausgeschlossen ist die Anwendung von § 241a BGB, wenn Lieferung bzw. Leistungserbringung aufgrund einer vorherigen **Bestellung** des Verbrauchers erfolgten. Diese liegt bereits vor, wenn der Verbraucher den Unternehmer zur Lieferung bzw. Leistungserbringung aufgefordert hat, es bedarf also keiner auf den Abschluss eines Vertrages gerichteter Erklärungen des Verbrauchers.[18] Die Bestellung muss sich nicht konkret auf die einzelne Lieferung beziehen, sondern liegt auch bei einem generellen Einverständnis des Verbrauchers im Rahmen einer laufenden Geschäftsbeziehung (z.B. Übersendung aller Neuerscheinungen auf einem bestimmten Gebiet zur Ansicht) vor.[19]

7

Unbestellt in diesem Sinne ist – wie § 241a Abs. 3 BGB zeigt – grds. auch eine **aliud-Lieferung** des Unternehmers im Sinne von § 434 Abs. 3 BGB.[20] Str. ist, ob eine irrtümliche aliud-Lieferung durch Auslegung des Begriffs der „Lieferung",[21] durch Verneinung eines angenommenen ungeschriebenen Tatbestandsmerkmals „Unlauterkeit"[22] (vgl. Rn. 6 a.E.) oder durch teleologische Reduktion der Vorschrift[23] aus dem Anwendungsbereich von § 241a Abs. 1 BGB ausgenommen werden kann oder ob § 241a Abs. 2 BGB (analog) anzuwenden[24] ist. Die Lieferung einer **mangelhaften Sache** ist zwar nicht die geschuldete Leistung (vgl. § 433 Abs. 1 Satz 2 BGB), fällt aber nicht mehr unter den Regelungszweck, den Verbraucher vor aufgedrängten Lieferungen oder Leistungen zu schützen.[25]

8

---

[13] Nach Ansicht von *Tachau*, Jura 2006, 889-894, 895, soll die Vorschrift nur auf Distanz-(bzw. Fernabsatz-)geschäfte anzuwenden sein, bei denen eine räumliche Distanz zwischen Verbraucher und Unternehmer zu überwinden ist.

[14] Vgl. *Krebs* in: NK-BGB, § 241a Rn. 16; *Dorn* in: Historisch-Kritischer Kommentar zum BGB, Bd. II/1 2007, § 241a Rn. 16; *Sutschet* in: Bamberger/Roth, § 241a Rn. 2.

[15] Vgl. *Krebs* in: NK-BGB, § 241a Rn. 18.

[16] BT-Drs. 14/3195, S. 32.

[17] So – überzeugend – *Schmidt-Kessel* in: Prütting/Wegen/Weinreich, BGB, 7. Aufl. 2012, § 241a Rn. 7; *Finkenauer* in: MünchKomm-BGB, § 241a Rn. 27.

[18] *Berger*, JuS 2001, 649-654, 651; *Finkenauer* in: MünchKomm-BGB, § 241a Rn. 13; *Krebs* in: NK-BGB, § 241a Rn. 19; *Saenger* in: Erman, § 241a Rn. 10; a.A.: *Löhnig*, JA 2001, 33-36, 33.

[19] *Finkenauer* in: MünchKomm-BGB, § 241a Rn. 13; *Krebs* in: NK-BGB, § 241a Rn. 19; *Saenger* in: Erman, § 241a Rn. 11; *Schmidt-Kessel* in: Prütting/Wegen/Weinreich, BGB, 7. Aufl. 2012, § 241a Rn. 8; einschränkend *Sutschet* in: Bamberger/Roth, § 241a Rn. 6.

[20] *Casper*, ZIP 2000, 1602-1609, 1608; *Berger*, JuS 2001, 649-654, 652; *Deckers*, NJW 2001, 1474-1475, 1474; *Müller-Helle/Wrase*, NJW 2002, 2537-2539, 2538; *Thier*, AcP 203, 399-428, 411 ff.; *Grüneberg* in: Palandt, § 241a Rn. 4; *Mansel* in: Jauernig, § 241a Rn. 3; *Schmidt-Kessel* in: Prütting/Wegen/Weinreich, BGB, 7. Aufl. 2012, § 241a Rn. 9.

[21] So *Kohler*, AcP 2004, 606-637, 616 ff.

[22] So *Finkenauer* in: MünchKomm-BGB, § 241a Rn. 22.

[23] So *Deckers*, NJW 2001, 1474-1475, 1475; *Thier*, AcP 203, 399-428, 412 f.

[24] So *Casper*, ZIP 2000, 1602-1609, 1609; *Berger*, JuS 2001, 649-654, 652; *Müller-Helle/Wrase*, NJW 2002, 2537-2539, 2538.

[25] *Berger*, JuS 2001, 649-654, 652; *Müller-Helle/Wrase*, NJW 2002, 2537-2539, 2538; *Finkenauer* in: MünchKomm-BGB, § 241a Rn. 23; *Saenger* in: Erman, § 241a Rn. 44; *Mansel* in: Jauernig, § 241a Rn. 1.

§ 241a

IV. Ausnahme: Angebot gleichwertiger Leistung

9   Nicht als unbestellte Lieferung bzw. Leistung gilt nach § 241a Abs. 3 BGB die Lieferung einer anderen als der bestellten Leistung (aliud-Lieferung), wenn (1) die erbrachte Leistung nach Qualität und Preis gleichwertig[26] ist, und (2) ein Hinweis darauf erfolgt, dass der Verbraucher zur Annahme nicht verpflichtet ist und die Kosten der Rücksendung nicht zu tragen hat. **Gleichwertigkeit** setzt voraus, dass die Abweichungen in Qualität und Preis nicht so erheblich sind, dass ein Behaltenwollen der Leistung als ausgeschlossen anzusehen ist.[27] Der erforderliche **Hinweis** muss spätestens gleichzeitig mit der Lieferung zugehen,[28] bedarf aber (anders als etwa nach den §§ 355 Abs. 2, 356 Abs. 1 BGB) weder einer besonderen Form noch besonderer Hervorhebung.[29]

C. Rechtsfolgen

10 Folge der unbestellten Lieferung oder Leistung ist, dass mit der Leistung des Unternehmers ein Anspruch gegen den Verbraucher nicht begründet wird (§ 241a Abs. 1 BGB).[30] Dies betrifft zunächst **vertragliche Ansprüche** des Unternehmers auf eine Gegenleistung. Solche können ohnehin nicht durch tatsächliche Vorgänge, sondern nur durch Willenserklärungen begründet werden. In der Zusendung unbestellter Ware (etwa zusammen mit einer Rechnung) liegt allerdings regelmäßig ein Antrag des Unternehmers auf Abschluss eines Vertrages hierüber. Auch wenn darin zugleich der Verzicht auf den Zugang der Annahmeerklärung im Sinne von § 151 Satz 1 BGB liegt, bedarf es doch für das Zustandekommen eines Vertrages einer entsprechenden Willensbetätigung des Verbrauchers, etwa durch von einem Annahmewillen getragene Erfüllungs-, Aneignungs-, Gebrauchs- oder Verbrauchshandlungen.[31] Die Lieferung oder Leistung allein kann daher niemals zum Zustandekommen eines Vertrages und zur Begründung vertraglicher Gegenleistungsansprüche führen.[32] Soweit dieses Ergebnis von § 241a Abs. 1 BGB bestätigt wird, hat die Vorschrift lediglich deklaratorische Bedeutung.

11 § 241a Abs. 1 BGB kann nicht entnommen werden, dass darüber hinaus ein **Vertragsabschluss** über zugesandte unbestellte Ware nicht mehr möglich oder verboten sei, bzw. dass Ansprüche aus einem solchen Vertrag unwirksam oder unklagbar seien. Wie bereits der Wortlaut zeigt, betrifft die Vorschrift allein die Folgen der Zusendung an sich, nicht aber die von daneben abgegebenen Willenserklärungen. Eine weitergehende Wirkung wäre auch von Zweck und Zielrichtung der Vorschrift nicht gefordert, da der Vertragsabschluss allein vom Willen des Verbrauchers abhängt und ein auch gegen ihn gerichtetes Verbot nicht erforderlich erscheint. An der Rechtslage, dass der Verbraucher das Vertragsangebot des Unternehmers – auch konkludent[33] – annehmen und hierdurch vertragliche Ansprüche begründen kann, hat sich mit dem Inkrafttreten von § 241a BGB folglich nichts geändert.[34] Da die gesetzgeberische Intention sich gegen die Vertriebsform generell richtet, wird man allerdings an die zum Vertrags-

---

[26] Zur Frage der Anwendung des § 241a BGB auf eine (unbestellte) Verbesserung der Kaufsache bei Erbringung der geschuldeten Nachbesserung vgl. *Mankowski*, NJW 2011, 1025-1029, 1026.
[27] Vgl. *Casper*, ZIP 2000, 1602-1609, 1609; *Deckers*, NJW 2001, 1474-1475, 1475; *Krebs* in: NK-BGB, § 241a Rn. 42.
[28] *Casper*, ZIP 2000, 1602-1609, 1609; *Krebs* in: NK-BGB, § 241a Rn. 45.
[29] *Krebs* in: NK-BGB, § 241a Rn. 45.
[30] Zur Auswirkung auf Drei-Personen-Verhältnisse vgl. *Link*, NJW 2003, 2811-2813.
[31] Vgl. hierzu allgemein etwa *Bydlinski*, JuS 1988, 36-38 m.w.N.
[32] Vgl. die Darstellung der Rechtslage vor Inkrafttreten des § 241a BGB bei *Dorn* in: Historisch-Kritischer Kommentar zum BGB, Bd. II/1 2007, § 241a Rn. 5 ff. m.w.N.
[33] Einschränkend. *Schulze* in: Hk-BGB, § 241a Rn. 5, 10. A.A. *Schwarz*, NJW 2001, 1449-1454, 1451; *Olzen* in: Staudinger, § 241a Rn. 32; *Sutschet* in: Bamberger/Roth, § 241a Rn. 9; *Grüneberg* in: Palandt, § 241a Rn. 6; *Mansel* in: Jauernig, § 241a Rn. 5; *Fikentscher/Heinemann*, Schuldrecht, 10. Aufl. 2006, § 18 Rn. 84.
[34] So auch *Casper*, ZIP 2000, 1602-1609, 1607; *Lorenz*, JuS 2000, 833-843, 841; *Riehm*, Jura 2000, 505-513, 511 f.; *Berger*, JuS 2001, 649-654, 654; *Löhnig*, JA 2001, 33-36, 34; *Saenger* in: Erman, § 241a Rn. 13; *Schulze* in: Hk-BGB, § 241a Rn. 10; a.A. *Schmidt-Kessel* in: Prütting/Wegen/Weinreich, BGB, 7. Aufl. 2012, § 241a Rn. 11 (Angebot des Unternehmers ist nichtig gem. § 134 BGB i.V.m. §§ 3, 7 UWG).

schluss erforderliche Willenserklärung des Verbrauchers stärkere Anforderungen als nach der allgemeinen Rechtsgeschäftslehre stellen müssen; insbesondere muss ein Abschlusswillen des Verbrauchers tatsächlich und nicht nur aus Sicht des Empfängerhorizonts vorliegen.[35]

§ 241a Abs. 1 BGB erfasst darüber hinaus – wie § 241a Abs. 2 BGB deutlich zeigt – **gesetzliche Ansprüche** des Unternehmers gegen den Verbraucher. Mit der Erbringung der unbestellten Leistung kann der Unternehmer mithin gegen den Verbraucher auch keine gesetzlichen Ansprüche erwerben. Dies betrifft nicht nur Ansprüche mit Gegenleistungscharakter (z.b. auf Wertersatz oder Nutzungsentschädigung;[36] zu Ansprüchen aus Geschäftsführung ohne Auftrag vgl. aber Rn. 16), sondern auch Ansprüche auf Herausgabe aus Eigentum (§ 985 BGB)[37] oder Bereicherungsrecht (§ 812 Abs. 1 BGB). In diesem vom Gesetzgeber ausdrücklich gewollten Anspruchsausschluss[38] äußert sich der Sanktionscharakter der Vorschrift.[39] Der Ausschluss solcher gesetzlichen Herausgabeansprüche ist verfassungsgemäß, weil er Folge einer freien Willensentscheidung des Unternehmers ist, unbestellte Ware zu liefern.[40] Herausgabeansprüche des Unternehmers können daher auch nicht im Wege einer teleologischen Reduktion aus dem Anwendungsbereich der Vorschrift herausgenommen werden.[41] Beschädigt ein Dritter die unbestellt gelieferte Sache, hat der Unternehmer zwar nicht nach § 241a Abs. 1 BGB, wohl aber in Ermangelung eines Schadens als Folge der Regelung des § 241a BGB auch gegen diesen keinen Anspruch.[42] Da der Verbraucher allein durch die Zusendung der unbestellten Ware aber auch kein Eigentum erwirbt,[43] führt die Vorschrift zu dem sonst von der Rechtsordnung generell missbilligten dauerhaften Auseinanderfallen von Eigentum und Besitz („dominium sine re").[44] 12

Gesetzliche Ansprüche sind nach § 241a Abs. 2 BGB von der Rechtsfolge des § 241a Abs. 1 BGB aber dann ausnahmsweise **ausgenommen**, wenn die Leistung seitens des Unternehmers entweder irrtümlich an den Empfänger oder in der irrigen Vorstellung einer Bestellung erfolgte und der Verbraucher als Empfänger dies auch erkannt hat oder bei Anwendung der im Verkehr erforderlichen Sorgfalt hätte erkennen können. 13

Etwaige **Ansprüche des Verbrauchers** aufgrund der unbestellten Leistung gegen den Unternehmer sind demgegenüber weder vom Wortlaut der Norm noch von ihrem Regelungszweck erfasst. Vertragliche Ansprüche (insbes. aus Gewährleistung) scheiden zwar mangels Vertragsschluss aus, denkbar sind aber Ansprüche aus sog. culpa in contrahendo (§§ 280 Abs. 1, 311 Abs. 2 und 3, 241 Abs. 2 BGB) oder auf deliktischer Grundlage (z.B. Produzentenhaftung).[45] 14

---

[35] Vgl. *Sosnitza*, BB 2000, 2317-2323, 2323; *Schwarz*, NJW 2001, 1449-1454, 1451; *Finkenauer* in: MünchKomm-BGB, § 241a Rn. 16; *Dorn* in: Historisch-Kritischer Kommentar zum BGB, Bd. II/1 2007, § 241a Rn. 19; *Schulze* in: Hk-BGB, § 241a Rn. 10. Ein gegenüber bloßem Gebrauch oder Verbrauch der unbestellten Ware „weitergehendes Verhalten" des Verbrauchers als Betätigung des Annahmewillens verlangt *Saenger* in: Erman, § 241a Rn. 15.

[36] Zum Anspruch auf Nutzungsentschädigung a.A. *Berger*, JuS 2001, 649-654, 653.

[37] A.A. (wenn keine schutzwürdigen Interessen des Verbrauchers verletzt werden) *Fikentscher/Heinemann*, Schuldrecht, 10. Aufl. 2006, § 18 Rn. 84, sowie (ohne Begründung) *Artz/Bülow*, NJW 2000, 2049-2056, 2056.

[38] Vgl. RegE, BT-Drs. 14/2658, S. 46; Rechtsausschuss, BT-Drs. 14/3195, S. 32.

[39] Hierzu *Schäfer*, AcP 202, 397-434, 428 f.

[40] *Lorenz*, JuS 2000, 833-843, 841; *Finkenauer* in: MünchKomm-BGB, § 241a Rn. 16; *Olzen* in: Staudinger, § 241a Rn. 18 f.; *Saenger* in: Erman, § 241a Rn. 2 f.; *Krebs* in: NK-BGB, § 241a Rn. 6; *Schmidt-Kessel* in: Prütting/Wegen/Weinreich, BGB, 7. Aufl. 2012, § 241a Rn. 4. A.A. *Deckers*, NJW 2001, 1474-1475, 1474; zweifelnd auch *Riehm*, Jura 2000, 505-513, 512; *Thier*, AcP 203, 399-428, 411 f.

[41] So aber *Casper*, ZIP 2000, 1602-1609, 1606; *Schulze* in: Hk-BGB, § 241a Rn. 7 und wohl auch *Thier*, AcP 203, 399-428, 412; wie hier die ganz h.M., vgl. *Sosnitza*, BB 2000, 2317-2323, 2319 ff.; *Schäfer*, AcP 202, 397-434, 428 f.; *Finkenauer* in: MünchKomm-BGB, § 241a Rn. 33; *Olzen* in: Staudinger, § 241a Rn. 41; *Krebs* in: NK-BGB, § 241a Rn. 24; *Saenger* in: Erman, § 241a Rn. 27; *Grüneberg* in: Palandt, § 241a Rn. 7; *Mansel* in: Jauernig, § 241a Rn. 5.

[42] Vgl. *Mitsch*, ZIP 2005, 1017-1020, 1020; a.A. *Jacobs*, JR 2004, 490-493. Vgl. auch *Link*, NJW 2003, 2811-2813, 2812 (Fall der Drittschadensliquidation).

[43] A.A. *Riehm*, Jura 2000, 505-513, 512; *Finkenauer* in: MünchKomm-BGB, § 241a Rn. 40 (gesetzlicher Eigentumsübergang); *Schmidt-Kessel* in: Prütting/Wegen/Weinreich, BGB, 7. Aufl. 2012, § 241a Rn. 3, 12 (Fiktion einer Handschenkung); einen Übereignungsanspruch des Verbrauchers nimmt *Löhnig*, JA 2001, 33-36, 35, an.

[44] Zu den sich hieraus ergebenden strafrechtlichen Konsequenzen vgl. *Matzky*, NStZ 2002, 458-464; *Otto*, Jura 2004, 389-391; *Lambert*, JA 2008, 425-428; *Reichling*, JuS 2009, 111-114.

[45] *Saenger* in: Erman, § 241a Rn. 19; *Czeguhn/Dickmann*, JA 2005, 587-591, 589 f.

D. Anwendungsfelder

15 Die vom Gesetzgeber mit der Einführung des § 241a BGB bekämpfte Absatzmethode scheint in der Praxis nicht zu existieren. Belegt wird dies dadurch, dass es – aufgrund der mit der Vorschrift aufgeworfenen zahlreichen dogmatischen Probleme – zwar eine Fülle literarischer Äußerungen zu § 241a BGB gibt, aber auch acht Jahre nach Inkrafttreten der Vorschrift – soweit ersichtlich – keine einzige veröffentlichte Entscheidung zum „Kernbereich" des § 241a BGB. Eine gewisse Bedeutung hat § 241a BGB aber für die Problematik unbemerkt installierter sog. **Dialer** erlangt. Dass für die Inanspruchnahme von Mehrwertdienstleistungen aufgrund von Internetverbindungen, die mittels eines solchen ohne ausdrücklichen Willen des Computerbetreibers installierten Dialers hergestellt wurden, Entgelte nicht geltend gemacht werden können, wurde in der Rechtsprechung gelegentlich auf § 241a BGB gestützt.[46]

16 Besondere Abgrenzungsprobleme ergeben sich zur **Geschäftsführung ohne Auftrag**. Soweit ein Unternehmer in Ausübung seiner beruflichen Tätigkeit ohne Auftrag, aber im Sinne von § 683 BGB berechtigt Leistungen an einen Verbraucher erbringt (z.B. als Notarzt), kann sich nach den §§ 683 Satz 1, 670 BGB ein Vergütungsanspruch (analog § 1835 Abs. 3 BGB) ergeben. In diesen Fällen ist § 241a BGB unanwendbar, weil der Unternehmer nach dem – spezielleren – § 683 BGB gerade mit Berechtigung handelt.[47]

17 In **zeitlicher Hinsicht** beschränkt Art. 229 § 2 Abs. 1 EGBGB die Anwendung von § 241a BGB auf Sachverhalte, die nach dem 29.06.2000 entstanden sind. Von Bedeutung ist dies im Ergebnis aber nur dort, wo die Vorschrift nicht lediglich deklaratorische Bedeutung hat (also insbesondere für den Ausschluss gesetzlicher Ansprüche).

---

[46] Vgl. AG Warendorf v. 22.01.2004 - 5 C 637/03 - CR 2004, 603; LG Gera v. 24.03.2004 - 1 S 386/03 - CR 2004, 543-544; ebenso etwa *Lienhard*, NJW 2003, 3592-3597, 3596; zust. *Finkenauer* in: MünchKomm-BGB, § 241a Rn. 15; *Olzen* in: Staudinger, § 241a Rn. 24; *Krebs* in: NK-BGB, § 241a Rn. 17; *Sutschet* in: Bamberger/Roth, § 241a Rn. 2; *Grüneberg* in: Palandt, § 241a Rn. 3; *Schmidt-Kessel* in: Prütting/Wegen/Weinreich, BGB, 7. Aufl. 2012, § 241a Rn. 3; *Mansel* in: Jauernig, § 241a Rn. 2;; *Fikentscher/Heinemann*, Schuldrecht, 10. Aufl. 2006, § 18 Rn. 84. Keine Rolle spielte § 241a BGB allerdings in der bisherigen Rechtsprechung des BGH zu solchen Dialern, vgl. BGH v. 04.03.2004 - III ZR 96/03 - BGHZ 158, 201-212 = NJW 2004, 1124-1128; BGH v. 20.10.2005 - III ZR 37/05 - NJW 2006, 286-288.

[47] Vgl. – mit im Einzelnen unterschiedlichen Begründungen – *Hau*, NJW 2001, 2863-2865, 2863; *Tachau*, Jura 2006, 889-894, 895 f.; *Finkenauer* in: MünchKomm-BGB, § 241a Rn. 34; *Olzen* in: Staudinger, § 241a Rn. 34; *Krebs* in: NK-BGB, § 241a Rn. 30; *Saenger* in: Erman, § 241a Rn. 25; *Grüneberg* in: Palandt, § 241a Rn. 3; *Schmidt-Kessel* in: Prütting/Wegen/Weinreich, BGB, 7. Aufl. 2012, § 241a Rn. 10; *Mansel* in: Jauernig, § 241a Rn. 2.

§ 242 BGB Leistung nach Treu und Glauben

(Fassung vom 02.01.2002, gültig ab 01.01.2002)

Der Schuldner ist verpflichtet, die Leistung so zu bewirken, wie Treu und Glauben mit Rücksicht auf die Verkehrssitte es erfordern.

Gliederung

A. Grundlagen ... 1	a. Allgemeines ... 63
I. Kurzcharakteristik ... 1	b. Berücksichtigung bei der Begründung und bei der Durchführung von Rechtsverhältnissen ... 64
II. Gesetzgebungsmaterialien ... 2	
III. Europäischer Hintergrund ... 3	c. Unredlichkeit wegen Arglist und andere Fälle der Ingerenz ... 66
IV. Regelungsprinzipien ... 8	
V. Bezug zum UN-Kaufrecht ... 15	d. Unredlichkeit wegen Gesetzesverletzung ... 70
VI. Verhältnis zu funktionell vergleichbaren Vorschriften ... 17	e. Unredlichkeit nach dem Zweck des Rechtsverhältnisses ... 71
VII. Geltung in der gesamten Rechtsordnung ... 28	f. Mangelndes Eigeninteresse ... 76
B. Praktische Bedeutung ... 29	g. Grenzen ... 78
C. Fallgruppen ... 31	h. Erfordernis schützenswerten Vertrauens ... 80
I. Konkretisierung der Art und Weise der Hauptleistung ... 31	3. Inhaltskontrolle außerhalb des AGB-Rechts ... 82
II. Begründung vertraglicher Rechte und Pflichten – insbesondere von Nebenrechten und Nebenpflichten ... 33	4. Berufung auf Formunwirksamkeit ... 84
	5. Alsbaldige Rückgewährpflicht ... 86
1. Allgemeines ... 33	6. Notstand ... 88
2. Begründung von Hauptpflichten ... 35	7. Ausübungskontrolle bei allgemeinen Geschäftsbedingungen ... 89
3. Allgemeine Leistungstreuepflicht ... 36	
4. Ausgleichsansprüche ... 42	IV. Verwirkung ... 91
5. Auskunfts- und Informationsansprüche ... 43	1. Allgemeines ... 91
6. Erklärungswirkung des Schweigens ... 47	2. Tatbestand ... 92
7. Kündigung ... 48	3. Verhältnis zur Verjährung ... 94
8. Vertragsanpassung ... 49	4. Gegenstand der Verwirkung ... 97
9. Nachbarliches Gemeinschaftsverhältnis ... 50	5. Zeitmoment ... 102
10. Rücksichtnahme- und Schutzpflichten ... 51	6. Umstandsmoment ... 106
11. Unterlassung ... 55	a. Verhalten des Berechtigten ... 106
III. Unzulässige Rechtsausübung ... 56	b. Verhalten des Verpflichteten – insbesondere: Vertrauenstatbestand ... 109
1. Verbot widersprüchlichen Verhaltens ... 56	
2. Unredliches Verhalten bei der Begründung oder Geltendmachung von Rechtspositionen oder Einwendungen ... 63	c. Unterlassungsansprüche ... 112
	d. Schadensersatzansprüche ... 113
	e. Gestaltungsrechte ... 114
	7. Prozessuale Hinweise ... 115

A. Grundlagen

I. Kurzcharakteristik

Die Vorschrift enthält den für das gesamte Recht der Schuldverhältnisse, aber auch darüber hinaus für das Zivilrecht insgesamt wie für die Rechtsordnung als Ganze prägenden Grundsatz von Treu und Glauben. Die Generalklausel des § 242 BGB begründet damit ein allgemeines Gebot redlichen Verhaltens, das sich in zahlreichen einzelnen Ausprägungen manifestiert. Es kann, je nach seinen unterschiedlichen Anwendungsbereichen, rechtskonkretisierend, rechtsbegründend, rechtsbestärkend oder auch rechtsbeschränkend wirken. Um seine praktische Anwendung zu ermöglichen, haben sich charakteristische Fallgruppen (vgl. Rn. 33) herausgebildet.

II. Gesetzgebungsmaterialien

Aus den Gesetzgebungsmaterialien wird die für das gesamte Zivilrecht prägend gewordene Funktion des § 242 BGB nur – aber immerhin – zum Teil deutlich. Im ersten Entwurf war lediglich in dessen § 359 eine Bestimmung vorgesehen, nach der der Inhalt vertraglicher Schuldverhältnisse mit Rücksicht auf Treu und Glauben zu bestimmen sei. Spätere Diskussionen rankten dann um die Frage, inwieweit

1

2

die Vorschrift auch über die Konkretisierung des Inhalts vertraglicher Schuldverhältnisse, also über ihre Bedeutung als Auslegungsregel hinaus bei der Rechtsbegründung von Bedeutung sein könne.[1] Schon zum ersten Entwurf wird in den Mot ven zu § 359 freilich ausgeführt, „dass der heutige Geschäftsverkehr von der Rücksicht auf Treue und Glauben beherrscht wird", woraus die zunächst vorgeschlagene bloße Auslegungsregel lediglich eine Konsequenz darstelle. Insofern lag schon ursprünglich und liegt noch heute der beschränkten Formulierung von § 242 BGB die Erwägung zugrunde, dass es sich bei der Norm um eine besondere Ausprägung des allgemeinen Grundsatzes von Treu und Glauben handelt.

III. Europäischer Hintergrund

3   Da eine allgemeine europäische Zivilrechtskodifikation nicht existiert, kann die Vorschrift nicht als Ausdruck EU-rechtlicher Rechtsprinzipien verstanden werden. Gleichwohl weist sie vielfältige europäische Bezüge auf.

4   In den europäischen nationalen **Zivilrechtskodifikationen** finden sich regelmäßig Vorschriften, die wie § 242 BGB den allgemeinen Grundsatz von Treu und Glauben im Zivilrecht kennen. So ordnet in Frankreich Code civil Art. 1134 Abs. 3 an, dass Verträge nach „bonne foi" zu erfüllen sind. Außerdem sind nach Art. 1131 i.V.m. Art. 1133 Verträge unwirksam, deren Zweck gegen die guten Sitten oder die öffentliche Ordnung verstößt. In Italien enthält zunächst Codice civile Art. 1175 die Anordnung, dass Schuldverhältnisse ordnungsgemäß „secondo le regole della correttezza" zu erfüllen sind. Außerdem bestimmt Codice civile Art. 1337, dass die Parteien bei Aushandlung und Abschluss von Verträgen nach „buona fede" handeln müssen. Die gleichen Gebote gelten nach Art. 1366 für die Vertragsauslegung und nach Art. 1375 für die Vertragserfüllung. Im niederländischen Burgerlijk Wetboek enthält Art. 3:12 die allgemeine Beschreibung des Konzepts der „Redelijkheid en Billijkheid", die das Gesetz an diversen Stellen als maßgeblich ansieht (Art. 2:8, Art. 2:15, Art. 3:298, Art. 6:2, Art. 6:248 und Art. 6:258). Das österreichische Allgemeine Bürgerliche Gesetzbuch stellt zunächst in § 863 Abs. 2 für die Auslegung von Willenserklärungen auf die Gewohnheiten und Gebräuche des redlichen Verkehrs ab; § 914 enthält den gleichen Maßstab für die Auslegung von Verträgen. Auch der portugiesische Código Civil nimmt an verschiedener Stellen auf das Prinzip von „boa fé" Bezug (Art. 179, Art. 227, Art. 243, Art. 1258, Art. 1648). Der spanische Código Civil ordnet in Art. 1258 die Bindung der Parteien an „buena fé" und an „al uso" bei der Vertragserfüllung an. Eine gewisse Sonderstellung nehmen die Rechtsordnungen des anglo-amerikanischen Rechtskreises ein, wobei sich auch hier funktionell vergleichbare Erscheinungen beobachten lassen.[2]

5   Dementsprechend enthielten die **Principles of European Contract Law** in ihrem Art. 1:201 Abs. 1 den Grundsatz, dass jede Vertragspartei in Übereinstimmung mit den Geboten von Treu und Glauben („good faith") und eines fairen Geschäftsverkehrs („fair dealing") handeln muss. Ebenso sehen die **UNIDROIT-Principles of International Commercial Contracts** in ihrem Art. 1.7 vor, dass jede Partei im internationalen Geschäftsverkehr nach diesen Geboten handeln muss und dass diese Maßgabe nicht vertraglich ausgeschlossen werden kann. Der akademische Entwurf eines **Gemeinsamen Referenzrahmens zum Europäischen Vertragsrecht** (Draft Common Frame of Reference oder DCFR) verankert das allgemeine Gebot von Treu und Glauben und redlichem geschäftlichem Handeln in seinem Art. III.-1:103 für die Vertragserfüllung, für die Geltendmachung vertraglicher Rechte oder Gegenrechte in Bezug auf Pflichtverletzungen sowie für Kündigungsrechte. Auch diese Maßgabe unterliegt nicht der Parteidisposition. Art. III.-1:103 DCFR enthält die Klarstellung, dass die Treuwidrigkeit als solche nicht unmittelbar zu einem Rechtsbehelf wegen Vertragsverletzung führen muss, aber der Ausübung sonst bestehender Rechte entgegenstehen kann. Auf das Gebot von Treu und Glauben nehmen weitere Bestimmungen des DCFR Bezug. Diese Bestimmungen fassen eine Fülle der auch im deutschen Recht als Anwendungsfälle von § 242 BGB anerkannten Sachverhalte zusammen. Das umfasst namentlich:

- den Standard für die ausnahmsweise Unbeachtlichkeit von Formverstößen (Art. II.-106 Abs. 2 lit. c DCFR);
- die Pflicht zur treugemäßen Führung von Vertragsverhandlungen (Art. II.-3:301 Abs. 2 DCFR);
- die Bestimmung zur Rechtsscheinvollmacht (Art. II.-6:103 Abs. 3 DCFR);
- den Standard für die Anfechtbarkeit wegen Irrtums (Art. II.-7:201 Abs. 1 lit. b (ii) DCFR) und wegen Täuschung durch unterlassene Aufklärung (Art. II.-7:205 DCFR);

---

[1] Protokolle, Bd. 1, S. 623 ff.
[2] Überblick bei *Hesselink* in: Towards a European Civil Code, 2. Aufl. 1998, S. 285-310.

- den Maßstab zur Anpassung „ausbeuterischer" Verträge auf Antrag des Ausgebeuteten (Art. II.-7:207 Abs. 2 DCFR);
- den Maßstab für die Zulässigkeit von Vereinbarungen zur Beschränkung der Irrtumsanfechtung (Art. II.-7:215 Abs. 2 DCFR);
- die Beschreibung des Auslegungsmaßstabs für Verträge (Art. II.-8:101 Abs. 3 lit. b und Art. II.-8:102 Abs. 1 lit. g DCFR);
- die Grundsätze für die ergänzende Vertragsauslegung (Art. II.-9:101 Abs. 2 lit. c DCFR);
- den Maßstab für die Inhaltskontrolle nicht einzeln ausgehandelter Klauseln (Art. II.-9:403-405);
- den Standard für das sofortige Recht zum Rücktritt ohne zweite Andienung durch den Schuldner (Art. III.-3:203 lit. b DCFR) und die Schranke für die Begrenzung deliktischer Verantwortlichkeit (Art. VI.-5:401 Abs. 2 lit. b DCFR).

Auch die Interpretation des DCFR selbst soll der Förderung des Prinzips von Treu und Glauben dienen (Art. I.-1:102 Abs. 3 lit. c DCFR). Außerdem stehen diese Bestimmungen im Kontext weiterer wertungsoffener und generalklauselartiger Bestimmungen des DCFR, zu denen insbesondere die Kooperationspflicht des Art. III.-3:104 zählt. Hervorhebenswert ist ferner, dass Art. I.-1:103 DCFR eine **Definition** des Prinzips von Treu und Glauben versucht. Danach bezieht sich der Ausdruck „good faith and fair dealing" auf einen Verhaltensstandard, der von Aufrichtigkeit, Offenheit für und Rücksichtnahme auf die Interessen der anderen an dem in Frage stehenden Geschäftsvorgang oder Rechtsverhältnis beteiligten Partei gekennzeichnet wird. Insbesondere ist es nach Absatz 2 der Bestimmung treuwidrig, wenn sich eine Partei in Widerspruch zu eigenem früheren Verhalten oder eigenen früheren Erklärungen setzte, auf welche die andere Seite vernünftigerweise, aber zu ihrem Nachteil vertraut hat. In Anlehnung hieran nimmt auch der nunmehr vorliegende Vorschlag für eine VO über das **Gemeinsame Europäische Kaufrecht** auf Treu und Glauben Bezug, und zwar sowohl als allgemeines Prinzip (Art. 3 GEKR-E) als auch in Einzelausprägungen, z.B. bei der Bestimmung vorvertraglicher Aufklärungspflichten (Artt. 23, 49, 50 GEKR-E).

Auch das **europäische Richtlinienrecht** nimmt ausdrücklich auf das Prinzip von Treu und Glauben Bezug. Z.B. in Art. 3 Abs. 3 RL 1993/13/EWG des Rates v. 05.04.1993 fungiert das Prinzip von Treu und Glauben als Maßstab der dort angeordneten Missbrauchskontrolle bei nicht individuell ausgehandelten Klauseln in Verbraucherverträgen. Art. 3 Abs. 1 RL 1986/653/EWG des Rates v. 18.12.1986 (Handelsvertreter-Richtlinie) ordnet an, dass der Handelsvertreter die Interessen des Unternehmers wahrzunehmen und sich nach den Geboten von Treu und Glauben zu verhalten hat. Absatz 2 der Vorschrift konkretisiert diesen Grundsatz in der Weise, dass sich der Handelsvertreter angemessen für die Vermittlung und gegebenenfalls den Abschluss der ihm anvertrauten Geschäfte einzusetzen hat, dem Unternehmer die erforderlichen ihm zur Verfügung stehenden Informationen zu übermitteln und den vom Unternehmer erteilten angemessenen Weisungen nachzukommen hat. Weitere Vorschriften enthalten: Art. 6 Abs. 1 lit. a RL 95/46/EG (Datenschutzrichtlinie: Verarbeitung personenbezogener Daten nach Treu + Glauben und auf rechtmäßige Weise), Art. 3 Abs. 2 RL 2002/65/EG (Fernabsatz Finanzdienstleistungen, Informationen vor Vertragsschluss) und Art. 2 lit. h RL 2005/29/EG (RL über unlautere Geschäftspraktiken; diese erwähnt bei der Definition der beruflichen Sorgfalt Treu + Glauben).

Eine weitere auf das EU-Recht bezogene Funktion des § 242 BGB resultiert aus den Geboten der richtlinienkonformen Auslegung im Zivilrecht. In der Marleasing-Entscheidung hat der Europäische Gerichtshof zu der in Art. 1261 und 1275 des spanischen Código Civil niedergelegten causa-Lehre, die funktionell § 138 BGB entspricht, entschieden, dass eine Anwendung dieser als Generalklausel ausgestalteten Nichtigkeitsvorschriften nur in Betracht kommt, soweit dies mit den Vorgaben des Art. 11 RL 1968/151/EWG des Rates v. 09.03.1968 übereinstimmt.[3] Daraus ist ganz allgemein zu schließen: Angesichts des vielfältigen Risikos unzutreffender Richtlinienumsetzung kommt den Generalklauseln der nationalen Zivilrechte die Aufgabe zu, allfällige **Umsetzungsdefizite** und Unkorrektheiten im Wege der richtlinienkonformen Auslegung zu korrigieren. § 242 BGB nimmt mithin die Funktion wahr, bei etwaigen Defiziten des deutschen Gesetzgebers bei der Umsetzung von Richtlinien in das nationale Zivilrecht eine Korrektur im Wege richtlinienkonformer Auslegung zu ermöglichen.[4] Ganz all-

---

[3] EuGH v. 13.11.1990 - Rs. C-106/89.
[4] *Pfeiffer* in: Ernst/Zimmermann, Zivilrechtswissenschaft und Schuldrechtsreform, 2001, S. 485.

§ 242

gemein ist § 242 BGB als zivilrechtliche Generalklausel eine **Einbruchstelle unionsrechtlicher Wertungen**, welche die EU-konforme Handhabung der Zivilrechtsordnung, soweit erforderlich, z.B. im Hinblick auf das Gebot der praktischen Wirksamkeit des EU-Rechts, absichert.[5]

IV. Regelungsprinzipien

8 Von Regelungsprinzipien der Vorschrift zu sprechen, kann insofern irreführend sein, als die Vorschrift ihrerseits ein **allgemeines zivilrechtliches Prinzip** enthält. Gleichwohl lassen sich einige Grundlinien aufzeigen, die zu seinem Verständnis beitragen.

9 § 242 BGB enthält keinen unmittelbar zur Subsumtion geeigneten Rechtssatz. Wie jede **Generalklausel** bedarf die Vorschrift der Konkretisierung, die in erster Linie der Rechtsprechung obliegt. Diese ist allerdings bei der Ausfüllung des Prinzips von Treu und Glauben nicht frei, sondern muss diese Vorschrift vielmehr – wie jede Rechtsvorschrift – nicht etwa nach den subjektiven Vorstellungen des jeweiligen Gerichts, sondern nach den Wertentscheidungen der Gesamtrechtsordnung ausfüllen. Wie alle Generalklauseln des Zivilrechts fungiert § 242 BGB somit zunächst als „Einbruchstelle" der Grundrechte in das Zivilrecht. Die Vorschrift muss so ausgelegt und angewandt werden, dass verfassungswidrige Ergebnisse vermieden werden.[6] Ebenso ist die Vorschrift im Rahmen der europarechtskonformen Auslegung von Bedeutung. Hier entfaltet sie in mehrerer Hinsicht eine Harmonisierungsfunktion: Einmal ist § 242 BGB aufgrund seiner Funktion als Generalklausel in vergleichbarer Weise wie im Verhältnis zu den nationalen Grundrechten dazu berufen, den Maßgaben des primären Unionsrechts, wo erforderlich, auf der Ebene des Zivilrechtsverhältnisses praktische Wirksamkeit zu verschaffen.[7] Zum anderen können durch Anwendung des § 242 BGB allfällige Abweichungen des deutschen Zivilrechts von Vorgaben europäischer Richtlinien (vgl. Rn. 6) im Wege richtlinienkonformer Auslegung von § 242 BGB vermieden werden.

10 Das Verhältnis der Vorschrift zu den Regelungen des **sonstigen einfachen Gesetzesrechts** lässt sich gleichsam als kybernetische Kreislaufbeziehung beschreiben: Einmal muss § 242 BGB die Entscheidungen des einfachen Gesetzesrechts im Grundsatz respektieren. Die Vorschrift darf daher nicht dazu missbraucht werden, Entscheidungen des Gesetzgebers in ihr Gegenteil zu verkehren oder sonst auszuhebeln. Außerdem wirkt das einfache Gesetzesrecht dadurch auf § 242 BGB ein, dass dieser im Lichte der Wertungen der sonstigen Zivilrechtsordnung zu konkretisieren ist. Soweit sich den einfachgesetzlichen Vorschriften des Zivilrechts bestimmte Leitgedanken und -wertungen entnehmen lassen, kann deren Gehalt zur Ausfüllung der Generalklausel in § 242 BGB herangezogen werden. Umgekehrt wirkt aber auch § 242 BGB auf das sonstige einfache Gesetzesrecht ein. Zunächst steht jede Rechtsanwendung unter dem beherrschenden Grundsatz von Treu und Glauben. Das bedeutet, dass die Auslegung des einfachen Gesetzesrechts so vorzunehmen ist, dass dem Grundsatz von Treu und Glauben schon von vornherein entsprochen wird.

11 Durch eine sachgerechte Auslegung der sonstigen Zivilrechtsvorschriften lässt sich ein den Geboten von Treu und Glauben entsprechendes Ergebnis allerdings nicht in allen Fällen sichern. So kann beispielsweise durch die Vorschriften des einfachen Gesetzesrechts eine „formale" Rechtsposition begründet werden, deren Geltendmachung gegenüber der anderen Seite im Einzelfall zu treuwidrigen Ergebnissen führt. Hier entfaltet § 242 BGB Korrekturfunktion. Insofern lassen sich die Wirkungen der Vorschrift auch als diejenigen einer Vielzahl, auf unterschiedliche Rechtssätze des Zivilrechts bezogener „Korrekturnormen" begreifen. Mit anderen Worten: die Vorschrift enthält (auch) den noch unbekannten Teil des Zivilrechts, was sich auch darin zeigt, dass der Gesetzgeber mehrfach eine aus § 242 BGB entstandene Rechtsprechung kodifiziert hat (etwa die §§ 313, 314, 307, 358 BGB;[8] wohl auch § 241 Abs. 2 BGB und § 275 Abs. 3 BGB).

12 Durch die Anknüpfung an Treu und Glauben legt die Vorschrift einen Maßstab mit **ethischen Bezügen** zugrunde. Dies wirkt sich unter anderem dadurch aus, dass die Vorschrift die Geltendmachung „formaler" Rechtspositionen dann begrenzen kann, wenn deren Ergebnis im Rahmen einer materiellen Beurteilung als treuwidrig erscheint. Die Bezugnahme auf ethische Maßstäbe ist allerdings nicht in einem außerrechtlichen Sinne zu verstehen. Vielmehr kommt es auf die „hinter" dem positivierten Recht ste-

---

[5] BGH v. 10.02.2011 - I ZR 136/09 - juris Rn. 44 - BGHZ 188, 326-351.
[6] Etwa BVerfG v. 19.10.1993 - 1 BvR 567/89, 1 BvR 1044/89 - NJW 1994, 36-39.
[7] BGH v. 10.02.2011 - I ZR 136/09 - juris Rn. 44 - BGHZ 188, 326-351.
[8] Mit der Besonderheit, dass diese Vorschrift heute auch europäisches Richtlinienrecht umsetzt, namentlich (Verbraucherkredit) Art. 11 RL 1987/102/EWG des Rates v. 22.12.1986; (Fernabsatz) Art. 6 Abs. 4 RL 1997/7/EG des Europäischen Parlaments und Rates v. 04.06.1997.

henden sozialethischen Wertungen an. Insofern enthält § 242 BGB das Gebot, nicht allein dem Buchstaben, sondern der Ratio des Gesetzes zu folgen. Er verpflichtet die nach Art. 20 Abs. 3 GG an Recht und Gesetz gebundenen Gerichte zur Rechtsanwendung nach dem Prinzip des „denkenden Gehorsams", den auch die Parteien stets im Rechtsverkehr zeigen müssen.

Neben dem Maßstab von Treu und Glauben nennt § 242 BGB die **Verkehrssitte**. Dies dient der gerade im Zivilrechtsverkehr besonders bedeutsamen Sicherung der nach dem Horizont der Parteien begründeten berechtigten Erwartungen. Wer sich auf den Kontakt mit anderen Personen im Rechtsverkehr einlässt, soll auf dasjenige vertrauen dürfen, mit dem in bestimmten Situationen aufgrund des allgemein Üblichen gerechnet werden darf. Darin kommt zum Ausdruck, dass das Zivilrecht das Massenphänomen des freien Rechts- und Wirtschaftsverkehrs der Bürger ermöglichen und koordinieren soll. Um Sicherheit und Leichtigkeit des Rechtsverkehrs zu ermöglichen, wird auf den Maßstab des objektiven, nach dem allgemein Üblichen begründeten Erwartungshorizonts abgestellt. Maßgebend ist allerdings nur ein redlicher Erwartungshorizont; wie auch bei § 138 BGB kommt es auf allgemein eingerissene Unsitten oder einen weithin praktizierten Schlendrian nicht an. 13

Gewisse subjektive Bezüge weist die Vorschrift insofern auf, als ein zentrales Teilprinzip des allgemeinen Konzepts von Treu und Glauben im Gedanken der **Vertragstreue** liegt. Die Parteien sind durch den Grundsatz von Treu und Glauben in erster Linie gehalten, den Vertrag in der Weise durchzuführen, dass der von den Parteien verabredete und rechtlich bindende Zweck des einzelnen Vertrags erreicht wird. Daneben tritt die subjektive Seite des Konzepts von Treu und Glauben durch das Prinzip der Redlichkeit hervor. Auch ein Verhalten, das nach allgemeinen, insbesondere aus der Verkehrssitte folgenden Maßstäben redlich ist, kann aufgrund individueller oder subjektiver Umstände unredlich sein, so etwa, wenn eine Partei über einen Wissensvorsprung verfügt, aufgrund dessen sie bei der Durchführung des Geschäfts auf Kosten der anderen Seite Sondervorteile erlangt. Beispiel: Der Schuldner erfüllt eine größere Geldforderung des Gläubigers, obschon er weiß, dass beide kurz nach der Übergabe des Geldes Opfer eines Raubes werden. 14

V. Bezug zum UN-Kaufrecht

Im UN-Kaufrecht ordnet Art. 7 Abs. 1 CISG an, dass bei der Auslegung dieses Übereinkommens sein internationaler Charakter und die Notwendigkeit zu berücksichtigen sind, seine einheitliche Anwendung und die Wahrung des guten Glaubens im internationalen Handel zu fördern. Damit wird auch innerhalb dieses Übereinkommens das Prinzip „des guten Glaubens" für maßgebend erklärt. Allerdings können die in Deutschland zum Konzept von Treu und Glauben anerkannten Sätze keinesfalls ungeprüft auf das UN-Kaufrecht übertragen werden. Vielmehr ist vor allem auf die im **internationalen Handel anerkannten Prinzipien** des ehrbaren Verhaltens abzustellen. 15

Art. 9 CISG bindet die Parteien an **Gebräuche**, mit denen sie sich einverstanden erklärt haben und an die Gepflogenheiten, die zwischen ihnen entstanden sind („Geschäftsverbindungsbrauch"). Falls die Parteien nichts anderes vereinbart haben, wird nach Art. 9 Abs. 2 CISG angenommen, dass sie sich stillschweigend auf Gebräuche bezogen haben, die sie kannten oder kennen mussten und die im internationalen Handel den Parteien von Verträgen dieser Art in dem betreffenden Geschäftszweig weithin bekannt sind oder von ihnen regelmäßig beachtet werden. Dabei wird man die von dieser Vorschrift in Bezug genommenen Gebräuche nicht im Sinne der Handelsbräuche des § 346 HGB, sondern – jedenfalls hinsichtlich des Absatzes 1 der Vorschrift – im Sinne von Gepflogenheiten zu verstehen haben. Aus der Geltung dieser besonderen Vorschriften im Rahmen des UN-Kaufrechts folgt insbesondere, dass § 242 BGB dort nicht angewandt werden kann, sondern vielmehr die genannten besonderen Vorschriften maßgebend sind. 16

VI. Verhältnis zu funktionell vergleichbaren Vorschriften

Bei der Anwendung von § 242 BGB ist sein Zusammenwirken mit anderen, vergleichbaren Vorschriften zu beachten. Außerhalb des § 242 BGB wird das Merkmal von Treu und Glauben noch in der für Verträge geltenden Regel der §§ 157, 162 BGB und der Generalklausel der AGB-Inhaltskontrolle in § 307 Abs. 1 und 2 BGB zugrunde gelegt. Während § 242 BGB als allgemeiner Ausdruck des Prinzips von Treu und Glauben in der Gesamtrechtsordnung fungiert, ist § 157 BGB vor allem – im Zusammenwirken mit § 133 17

BGB – für die Auslegung vertraglicher Willenserklärungen bedeutsam und führt insbesondere zur Maßgeblichkeit des Empfängerhorizonts bei der Deutung von Erklärungen und Verträgen, die der Adressat anders verstanden hat, als es dem wirklichen Willen des Erklärenden (§ 133 BGB) entspricht. Gegenüber einer Konkretisierung der Vertragspflichten nach § 242 BGB kommt der Vertragsauslegung, auch der ergänzenden Vertragsauslegung nach den §§ 133, 157 BGB, der Vorrang zu.[9]

18 Im Verhältnis zu § 242 BGB enthält die ebenfalls auf Treu und Glauben abstellende Vorschrift des § 307 Abs. 1 BGB eine AGB-rechtliche Spezialregelung, die eine zunächst zu § 242 BGB entstandene und heute unmittelbar allenfalls noch für Altverträge aus der Zeit vor In-Kraft-Treten des AGBG bedeutsame[10] Rechtsprechung kodifiziert hat. Soweit es um die Inhaltskontrolle **allgemeiner Geschäftsbedingungen** geht, ist § 307 BGB heranzuziehen. § 242 BGB kann lediglich insofern Bedeutung erlangen, als es um Klauseln geht, die in abstracto den Anforderungen der AGB-Inhaltskontrolle genügen, deren Anwendung jedoch aufgrund der Umstände des Einzelfalls zu unangemessenen Ergebnissen führt. Hier kann neben der Inhaltskontrolle nach § 307 BGB noch eine Ausübungskontrolle (vgl. Rn. 89) nach § 242 BGB Platz greifen. Inhaltlich ist der Maßstab von Treu und Glauben zwar bei beiden Vorschriften identisch. Unterschiede ergeben sich jedoch aus der anzulegenden Perspektive. Während § 242 BGB eine Wertung aufgrund aller Umstände des Einzelfalls verlangt, gilt im Rahmen von § 307 BGB eine abstrakt-generelle Betrachtungsweise, die danach fragt, ob die betreffende Klausel einen unangemessenen Inhalt hat – soweit nicht nach § 310 Abs. 3 Nr. 3 BGB eine Berücksichtigung von Einzelfallumständen erforderlich ist.

19 § 162 Abs. 1 BGB ordnet an, dass im Falle der treuwidrigen Vereitelung eines **Bedingungseintritts** durch diejenige Partei, zu deren Nachteil der Eintritt wirken würde, die Bedingung als eingetreten gilt. Umgekehrt sieht Absatz 2 der Vorschrift vor, dass die treuwidrige Herbeiführung durch die hierdurch bevorteilte Partei als nicht erfolgt gilt. Gegenstand der Regelung ist mithin ein besonderer Anwendungsfall des allgemeinen Grundsatzes von Treu und Glauben.

20 Eine Überschneidung mit § 242 BGB besteht im Hinblick auf das **Schikaneverbot** in § 226 BGB. Nach der letztgenannten Vorschrift darf die Rechtsausübung grundsätzlich nicht zum Zwecke der Schädigung der anderen Vertragspartei erfolgen. Insofern nominiert § 226 BGB einen Teilausschnitt der innerhalb des § 242 BGB anerkannten Fallgruppe des Verbots unzulässiger Rechtsausübung, wobei eine unzulässige Rechtsausübung schon unterhalb der Schwelle von § 226 BGB gegeben sein kann.[11]

21 Konkurrenzprobleme zu § 241 Abs. 2 BGB können sich bei der Begründung von Schutzpflichten (vgl. Rn. 51) ergeben, die wie folgt aufzulösen sind: § 241 Abs. 2 BGB enthält lediglich die Klarstellung, dass es neben den Leistungspflichten nach Absatz 1 dieser Vorschrift auch die Kategorie der **Schutzpflichten** gibt. Für deren Begründung enthält § 241 Abs. 2 BGB allerdings keinen Maßstab. Insofern bleibt die Funktion des § 242 BGB bei der Begründung solcher **Nebenpflichten** (vgl. Rn. 33), insbesondere von Schutzpflichten (vgl. Rn. 51), unberührt.

22 Als besondere Ausprägung des Grundsatzes von Treu und Glauben werden auch Rechtsinstitute des Schadensersatzrechts begriffen. Hierunter fällt das Rechtsinstitut der **Vorteilsausgleichung**.[12] Auch der Einwand des **Mitverschuldens** nach § 254 BGB bildet ein Beispiel.[13] Konkurrenzprobleme ergeben sich nicht. Das Mitverschulden kann sich auch aus der Verletzung einer Pflicht ergeben, die ihre Grundlage in § 242 BGB findet.[14]

23 Das früher aus § 242 BGB hergeleitete Recht[15] zur **außerordentlichen Kündigung** von Dauerschuldverhältnissen ist nunmehr in § 314 BGB gesondert geregelt. Eine besondere Regelung durch die Schuldrechtsreform haben auch die zuvor aus § 242 BGB hergeleiteten Grundsätze der **Geschäftsgrundlagenlehre** erfahren; maßgebend hierfür ist jetzt § 313 BGB.

---

[9] BGH v. 11.10.2005 - XI ZR 395/04 - juris Rn. 24 - BGHZ 164, 286-296.
[10] Vgl. z.B. BGH v. 16.04.1996 - XI ZR 234/95 - LM BGB § 138 (Aa) Nr. 51b (11/1996).
[11] BGH v. 24.02.1994 - IX ZR 120/93 - juris Rn. 18 - LM ZPO § 108 Nr. 7 (8/1994).
[12] BGH v. 28.06.2007 - VII ZR 81/06 - juris Rn. 18 - BGHZ 173, 83-89.
[13] BGH v. 15.11.2001 - I ZR 158/99 - juris Rn. 73 - BGHZ 149, 337-356.
[14] BGH v. 12.06.2002 - VIII ZR 187/01 - juris Rn. 19 - NJW 2002, 3110-3112.
[15] Etwa BGH v. 17.12.1998 - I ZR 106/96 - LM BGB § 242 (Bc) Nr. 45 (7/1999).

Ein aus § 242 BGB in der Rechtsprechung hervorgegangenes Konzept findet sich in den Vorschriften über das sog. **verbundene Geschäft** im Verbraucherrecht (§ 358 Abs. 3 BGB und § 359 BGB). Hinter diesen Vorschriften steht der seiner ursprünglichen Provenienz[16] nach in § 242 BGB wurzelnde Gedanke, dass die Berufung einer Vertragspartei auf die formale Unterscheidung zwischen Finanzierungsgeschäft und finanziertem Geschäft treuwidrig ist, soweit das Geschäft als Ganzes dem Verbraucher gegenüber wirtschaftlich als Einheit erscheint. Im Anwendungsbereich der Vorschriften des Verbraucherkreditrechts kommt wegen der speziellen Regelung des § 358 BGB eine Anwendung des allgemeinen Einwendungsdurchgriffs nach § 242 BGB nicht in Betracht.[17]

24

Neben den Merkmalen von Treu und Glauben sowie der Verkehrssitte bildet das Merkmal der **Sittenwidrigkeit** in § 138 BGB und § 826 BGB einen weiteren wichtigen generalklauselartigen Begriff im deutschen Bürgerlichen Recht. Die Gemeinsamkeit beider Generalklauseln liegt (neben der Allgemeinheit der ihnen zugrunde liegenden Begriffsbildung) in ihrer Bezugnahme auf sozialethische und der Konkretisierung bedürfende Wertmaßstäbe. Dabei zielen § 138 BGB und § 826 BGB indessen vor allem auf die Sicherung eines sozialethischen Mindeststandards innerhalb des Zivilrechts. Demgegenüber liegt die Funktion von § 242 BGB hauptsächlich in der Sicherung legitimer Erwartungen der Teilnehmer am Rechtsverkehr. Soweit nichts anderes vereinbart ist, soll jeder von einem redlichen, am Üblichen ausgerichteten Verhalten der Gegenseite ausgehen dürfen. Das Konzept der Sittenwidrigkeit zieht damit also die äußerste Schranke der Privatautonomie. § 242 BGB soll sichern, dass sich die andere Seite im Rechtsverkehr konstruktiv verhält und entlastet Gesetz und Vertrag davon, die Einzelheiten dieses konstruktiven Verhaltens für alle denkbaren Konstellationen separat formulieren zu müssen. Bei der Kontrolle von Verträgen, soweit nicht das AGB-Recht eingreift, ist in aller Regel zunächst nach § 138 BGB zu prüfen, ob der Vertrag nach diesem Maßstab unwirksam ist; alsdann kommt eine Kontrolle der Rechtsausübung nach § 242 BGB in Betracht.[18] Vergleichbar lässt sich das Verhältnis des § 242 BGB zum Tatbestand der **verbotswidrigen Rechtsgeschäfte** in § 134 BGB fassen. Diese Vorschrift enthält wie § 138 BGB allgemeine Grenzen der Privatautonomie mit Vorrang vor § 242 BGB, so dass die Berufung auf die Gesetzeswidrigkeit eines Rechtsgeschäfts in aller Regel nicht treuwidrig sein kann.[19]

25

Eine besondere Ausprägung der Verkehrssitte, auf die § 242 BGB abstellt, sind die in § 346 HGB genannten **Handelsbräuche**. Diese sind, anders als die Verkehrssitte nach § 242 BGB und § 157 BGB, nicht nur bei der Auslegung und Anwendung von Vorschriften zu berücksichtigen, sondern erlangen nach § 346 HGB unter den dort genannten Voraussetzungen selbst normative Wirkung.

26

Im **Unterhaltsrecht** enthält § 1579 BGB besondere Tatbestände, die im Kern auf dem Gedanken der unzulässigen Rechtsausübung beruhen und insbesondere einen allgemeinen Tatbestand der groben Unbilligkeit enthalten. Eine Berufung auf § 242 BGB kommt daher im Regelungsbereich von § 1579 BGB nicht in Betracht; ein genereller Verlust des Unterhaltsanspruchs durch illoyales Verhalten des Berechtigten ist außerhalb der gesetzlichen Spezialregel ausgeschlossen.[20] Beim **Versorgungsausgleich** kommt den speziellen Härtefallregeln in § 27 VersAusglG ebenfalls der Vorrang gegenüber den Grundsätzen der Verwirkung (vgl. Rn. 91) und der unzulässigen Rechtsausübung zu.

27

VII. Geltung in der gesamten Rechtsordnung

Die in § 242 BGB dem Gesetzeswortlaut nach nur für bestehende Schuldverhältnisse erfolgte Verankerung des Gebots von Treu und Glauben wird nicht im Sinne einer abschließenden Regelung seines Anwendungsbereichs, sondern als Ausdruck eines die gesamte **Rechtsordnung beherrschenden Grundsatzes** verstanden. Das Gebot des Handelns nach Treu und Glauben gilt daher nicht nur für be-

28

---

[16] Diese Vorschrift setzt heute auch europäisches Richtlinienrecht um, namentlich (Verbraucherkredit) Art. 11 RL 1987/102/EWG des Rates v. 22.12.1986; (Fernabsatz) Art. 6 Abs. 4 RL 1997/7/EG des Europäischen Parlaments und Rates v. 04.06.1997.
[17] BGH v. 27.01.2004 - XI ZR 37/03 - juris Rn. 23 - DB 2004, 701-702; *Pfeiffer*, ZBB 1996, 304-321, 319.
[18] BGH v. 22.11.2006 - XII ZR 119/04 - juris Rn. 20 - BGHZ 170, 77-85; BGH v. 11.02.2004 - XII ZR 265/02 - juris Rn. 34 - BGHZ 158, 81-110.
[19] Vgl. aber BGH v. 24.04.2008 - VII ZR 42/07 - BGHZ 176, 198-204: Gesetzeswidrigkeit der „Ohne-Rechnung-Abrede" führt nicht notwendig zur Nichtigkeit des Bauvertrags, so dass der Bauunternehmer treuwidrig handelt, wenn er sich bei Mängeln auf die Nichtigkeit des Werkvertrags beruft.
[20] BGH v. 16.06.1982 - IVb ZR 709/80 - juris Rn. 9 - BGHZ 84, 280-284.

stehende Schuldverhältnisse (auch außerhalb des Vertragsrechts[21]), sondern – wie nunmehr § 311 BGB erweist – schon bei deren Begründung. Ausnahmen bei besonders formalisierten Geschäften, etwa beim Grundstückskauf, sind nicht anzuerkennen.[22] Über das Schuldrecht hinaus gilt dies für die Zivilrechtsordnung als Ganze,[23] im Prozessrecht[24] einschließlich des Insolvenzrechts[25] sowie im öffentlichen Recht allgemein[26]. Im Zivilrecht schließt dies sämtliche Fälle eines gesteigerten sozialen Kontakts ein. Dazu gehören neben dauernden Geschäftsbeziehungen, Vertragsverhältnissen und gesetzlichen Schuldverhältnissen[27] auch Nachwirkungen von Rechtsverhältnissen, Vertragsverhandlungen oder nichtige Vertragsverhältnisse. Bei Rechtsgeschäften werden auch nicht nur Verträge, sondern auch Gestaltungsakte wie Beschlüsse von Wohnungseigentümern[28] in Betracht gezogen. Auch im Rahmen **öffentlich-rechtlicher** Schuldverhältnisse ist das Prinzip von Treu und Glauben anwendbar. Das gilt gemäß § 62 Satz 2 VwVfG für öffentlich-rechtliche Verträge, aber auch für sonstige öffentlich-rechtliche Schuldverhältnisse.[29]

B. Praktische Bedeutung

29 Die herausragende praktische Bedeutung der Vorschrift beruht darauf, dass sie auf **allen Feldern des Rechts** bei der Begründung und Ausgestaltung von Rechten und Pflichten wirkt bzw. mitwirkt. Dabei kann § 242 BGB sowohl einen rechtsbegründenden als auch einen rechtsverstärkenden sowie einen rechtsbeschränkenden Effekt entfalten.

30 Dies zeigt sich vor allem in den einzelnen **Fallgruppen** der Vorschrift, die sich in der Rechtsprechung und Wissenschaft zu ihrer Konkretisierung entwickelt haben und die eine praktische Anwendung ermöglichen. Zu diesen nachstehend dargestellten Fallgruppen zählen zunächst die Konkretisierung der Art und Weise der Hauptleistung (vgl. Rn. 33), die Begründung von Rechten und Pflichten, insbesondere von Nebenrechten und Nebenpflichten (vgl. Rn. 33), innerhalb von Rechtsverhältnissen die unzulässige Rechtsausübung (vgl. Rn. 56) und (als besondere Fallgruppe der unzulässigen Rechtsausübung) die Verwirkung (vgl. Rn. 91) von Rechten. Die ursprünglich ebenfalls als wesentliche Fallgruppe des § 242 BGB anzusehende Lehre vom Wegfall bzw. der Störung der Geschäftsgrundlage findet sich heute in § 313 BGB.

C. Fallgruppen

I. Konkretisierung der Art und Weise der Hauptleistung

31 Da häufig vertraglich nur die Leistung und die Gegenleistung bestimmt ist oder, soweit einzelne Modalitäten der Leistung vereinbart sind, für bestimmte **Modalitäten** keine Abrede getroffen wurde, besteht im Einklang mit der allgemeinen Leistungstreuepflicht eine Funktion der Vorschrift darin, auch für diese Fälle sicherzustellen, dass die Hauptleistung in einer Weise erbracht wird, die den Geboten

---

[21] BGH v. 12.07.2007 - I ZR 147/04 - BGHZ 173, 217-230: gesetzliche Schuldverhältnisse im Markenrecht; RG v. 30.06.1939 - V 50/38 - RGZ 161, 52-61: Bereicherungsansprüche.

[22] BGH v. 21.05.1971 - V ZR 10/69 - WM 1971, 1084.

[23] Etwa BGH v. 22.01.2004 - V ZB 51/03 - BGHZ 157, 322-335: Inhaltskontrolle von Beschlüssen der Wohnungseigentümer; BGH v. 11.02.2004 - XII ZR 265/02 - BGHZ 158, 81-110: Inhaltskontrolle von Eheverträgen; BGH v. 10.09.1997 - XII ZB 31/96 - LM VAHRG Nr. 56 (2/1998): fehlende Härtefallregelung beim Versorgungsausgleich; BGH v. 29.01.1997 - XII ZR 257/95 - LM BGB § 242 (D) Nr. 141 (6/1997): Treuebindung beim Unterhaltsvergleich; BGH v. 20.03.1995 - II ZR 205/94 - BGHZ 129, 136-177: Treuepflicht des Aktionärs im Gesellschaftsrecht.

[24] BGH v. 24.02.1994 - IX ZR 120/93 - juris Rn. 17 - LM ZPO § 108 Nr. 7 (8/1994): Pflicht zur Einwilligung in den Austausch einer Prozessbürgschaft; BGH v. 25.10.1967 - V ZB 3/67 - juris Rn. 12 - BGHZ 48, 351-356: Verwirkung eines nicht fristgebundenen Beschwerderechts.

[25] BGH v. 09.12.2004 - IX ZR 108/04 - juris Rn. 13 - BGHZ 161, 315-323: Insolvenzanfechtung.

[26] BGH v. 23.01.1996 - XI ZR 155/95 - juris Rn. 13 - LM BGB § 1004 (Cd) Nr. 344 (6/1996): Rückforderung der als Darlehen gewährten Sozialhilfe von den Erben des Empfängers rechtsmissbräuchlich, wenn dieses als Zuschuss hätte gewährt werden müssen.

[27] BGH v. 21.03.1996 - III ZR 245/94 - juris Rn. 56 - BGHZ 132, 198-219: besondere Beachtlichkeit im Bereicherungsrecht bei § 818 BGB.

[28] BGH v. 22.01.2004 - V ZB 51/03 - BGHZ 157, 322-335.

[29] BGH v. 24.06.1985 - III ZR 219/83 - juris Rn 24 - BGHZ 95, 109-11: öffentlich-rechtliches Hinterlegungsverhältnis.

des redlichen Verhaltens und demjenigen entspricht, was die Gegenseite nach der Verkehrssitte üblicher- und berechtigterweise erwarten darf. Das bedeutet etwa, dass die Hauptleistung in einer Art und Weise erbracht wird, die willkürliche Belästigungen des Gläubigers vermeidet.[30] Diese Maßgabe findet nicht nur bei der Erfüllung, sondern auch bei Erfüllungssurrogaten Anwendung; daraus kann sich ein Verbot von Teilaufrechnungen ergeben.[31] In besonderen Fällen kann aus § 242 BGB im Rahmen der allgemeinen Zumutbarkeits- und Rücksichtnahmepflichten ausnahmsweise trotz des Grundsatzes „Geld hat man zu haben" sogar eine Pflicht zur Stundung einer Forderung resultieren.[32]

Diese Maßgaben wirken weiter bei der Frage, **ob** eine Handlung als **Erfüllung** zu werten ist. Der Gläubiger kann trotz Abweichung der Leistung nach Treu und Glauben verpflichtet sein, eine Leistung als Erfüllung gelten zu lassen, wenn das wirtschaftliche Ergebnis des Vertrags ohne Nachteil erreicht wird.[33]

II. Begründung vertraglicher Rechte und Pflichten – insbesondere von Nebenrechten und Nebenpflichten

1. Allgemeines

Während die Vorschrift ihrem Wortlaut nach dahin missverstanden werden könnte, dass ihr nur eine konkretisierende Funktion innerhalb bestehender Schuldverhältnisse zukommt, ist heute anerkannt, dass sie auch Rechte und Pflichten begründen kann. Dies folgt zunächst daraus, dass sich das Merkmal des Schuldverhältnisses in § 242 BGB wie im Zivilrecht allgemein in unterschiedlicher Weise deuten lässt: einmal als Umschreibung für die Gesamtheit der Rechte und Pflichten der Beteiligten, zum anderen aber im Sinne des in diesem Rahmen bestehenden einzelnen Anspruchs. Diese doppelte Bedeutung des Merkmals nimmt § 242 BGB auf. Das Merkmal des Schuldverhältnisses im Rahmen der Vorschrift erfasst sowohl das Schuldverhältnis in dem genannten weiteren wie im engeren Sinne. Ist damit als Schuldverhältnis im Sinne der Vorschrift auch das Schuldverhältnis als Ganzes gemeint, so wird klar: Die Konkretisierung der innerhalb des Schuldverhältnisses geltenden Modalitäten kann auch zur **Begründung von Nebenrechten und Nebenpflichten** führen. Das gilt sowohl für Nebenleistungspflichten, also Leistungspflichten, die der Vorbereitung, Durchführung, Erleichterung oder Sicherung des eigentlichen Leistungsaustauschs dienen, als auch für Schutzpflichten für die Interessen und Rechtsgüter der anderen Seite. Soweit in diesem Zusammenhang von einer rechtsbegründenden Funktion gesprochen wird, handelt es sich zugleich um Rechtskonkretisierung innerhalb des Schuldverhältnisses als „Organismus". Der vorstehend dargestellten Ausgangslage entspricht es, dass bei der rechtsbegründenden bzw. Pflichten begründenden Funktion des § 242 BGB die Nebenrechte und Nebenpflichten im Vordergrund stehen. Die ausnahmsweise Begründung von Hauptpflichten aus § 242 BGB ist aber nicht schlechthin ausgeschlossen.

Als Rechte kommen sowohl Ansprüche als auch sonstige **subjektive Rechte** in Betracht. So können, wie die ursprüngliche Herleitung des Rücktrittsrechts nach § 313 Abs. 3 BGB oder des Kündigungsrechts nach § 314 BGB aus der Vorschrift des § 242 BGB zeigt, auch Gestaltungsrechte oder andere subjektive Rechte entstehen. In zeitlicher Hinsicht kann es sich auch um **vor- oder nachvertragliche Rechten und Pflichten** handeln.

2. Begründung von Hauptpflichten

Eine auf § 242 BGB gestützte **Begründung von Hauptpflichten** kommt allenfalls ausnahmsweise in Betracht, ist aber nicht schlechthin ausgeschlossen. Zu denken ist an gesetzlich nicht geregelte Vertragstypen oder Schuldverhältnisse (Innominatverträge), bei denen das Gesetz die Hauptleistungspflichten nicht abschließend regelt. Hier kann § 242 BGB (mit) herangezogen werden, um die Begründung der auch bei solchen Verträgen bestehenden Hauptpflichten normativ zu verankern.[34] Als Beispiel ist auf die Rechtsprechung zum Freigabeanspruch bei revolvierenden Globalsicherheiten[35] oder

---

[30] RG v. 15.05.1912 - V 59/12 - RGZ 79, 359-361.
[31] RG v. 15.05.1912 - V 59/12 - RGZ 79, 359-361.
[32] BGH v. 29.09.1977 - III ZR 167/75 - juris Rn. 14 - LM Nr. 68 zu § 242 (Ba) BGB: Fluchthelfervertrag.
[33] BGH v. 08.10.1991 - XI ZR 207/90 - juris Rn. 18 - LM BGB § 675 Nr. 173 (5/1992); BGH v. 11.11.1968 - II ZR 228/66 - LM Nr. 5 zu § 665 BGB.
[34] BGH v. 25.02.1998 - VIII ZR 276/96 - juris Rn. 23 - BGHZ 138, 118-135; eingehende Analyse insbesondere bei *Stoffels*, Gesetzlich nicht geregelte Schuldverhältnisse, 2001.
[35] Grundlegend BGH v. 27.11.1997 - GSZ 1/97, GSZ 2/97- BGHZ 137, 212-236.

zum so genannten gesetzlichen Begleitschuldverhältnis bei Dienstbarkeiten hinzuweisen[36]. Allerdings liegen diese Konstellationen oft im Grenzbereich zwischen der Begründung und der Konkretisierung der Hauptpflichten.

3. Allgemeine Leistungstreuepflicht

36 Die zentrale aus § 242 BGB folgende Pflicht ist die für das gesamte Schuldrecht prägende **allgemeine Leistungstreuepflicht** oder Förderpflicht. Jeder Partner muss, soweit ihm das ohne Verletzung eigener Interessen zugemutet werden kann, den erkennbaren Interessen der anderen Seite Rechnung tragen und mit dieser zur Erreichung des Vertragsziels zusammenarbeiten.[37] Daraus können zunächst – positiv – Handlungs- oder Erklärungspflichten folgen. Nicht ausdrücklich vereinbarte Handlungen oder Erklärungen muss der an einem Rechtsverhältnis Beteiligte, soweit erforderlich, vornehmen bzw. abgeben. Nach Vertragsschluss auftretende Abwicklungshindernisse müssen die Parteien dem Vertrag gemäß bewältigen. Unterbreitet eine Seite einen Abwicklungsvorschlag, kann die andere Vertragspartei zumindest gehalten sein, sich zu diesem zu äußern.[38] Nach Treu und Glauben kann auch eine Verpflichtung bestehen, in eine Abänderung des Vertrags einzuwilligen.[39]

37 Bedarf ein Vertrag beispielsweise einer **behördlichen Genehmigung**, so sind grundsätzlich beide Parteien verpflichtet, das Ihrige zur Einholung der Genehmigung beizutragen[40] oder – falls die Genehmigung endgültig abgelehnt wurde – den Vertrag zur Herbeiführung der Genehmigungsvoraussetzungen abzuändern, soweit dem keine Interessen einer Vertragspartei entgegenstehen[41]. Das kann selbst dann gelten, wenn eine Seite bereits rechtskräftig zur Erfüllung des ursprünglich Geschuldeten verurteilt wurde.[42] Anders ist es zu beurteilen, wenn überwiegende Interessen entgegenstehen. Das hat die Rechtsprechung angenommen, wenn eine Vertragspartei zugleich im eigenen Namen wie als Vertreter von Minderjährigen handelt. Bei der dann möglichen Pflichtenkollision hindert die vertragliche Treubindung die Partei nicht, der Behörde Umstände mitzuteilen, die der Erteilung der Genehmigung entgegenstehen.[43] Auch kann der aus dem sog. Begleitschuldverhältnis einer **Grunddienstbarkeit** Verpflichtete gehalten sein, der Eintragung einer öffentlich-rechtlichen Baulast zuzustimmen, soweit dies zur Erreichung des Zwecks der Dienstbarkeit notwendig ist[44]; ebenso kann den Grundstücksverkäufer eine Pflicht treffen, bei der **Beleihung** des Kaufgrundstücks durch den Käufer mitzuwirken, soweit das eigene Interesse des Verkäufers gewahrt bleibt, keine Wertbeeinträchtigung oder -gefährdung ohne Zahlungseingang hinnehmen zu müssen[45].

38 Außerdem muss sich der Schuldner so verhalten, dass die Erbringung der vertraglich geschuldeten **Leistung nicht vereitelt** wird. So darf der Lieferant eines Beschaffungsgeschäfts, der eine Kaufsache unmittelbar an den Abnehmer seines Vertragspartners liefern soll, nicht an einem beabsichtigten Vertragsbruch dieses Abnehmers mitwirken, sondern muss diesen vielmehr davon gerade abhalten.[46] Grundsätzlich unwirksam ist danach auch die Teilkündigung von Verträgen, weil sie den Vertragsinhalt gegen den Willen einer Partei ändert.[47] Auch soweit der geschuldete Leistungserfolg „an sich" erreicht wird, können sich zusätzliche Nebenpflichten ergeben, die auf dessen Sicherung gerichtet sind. Inwieweit dies der Fall ist, bedarf der Ermittlung unter Berücksichtigung und Würdigung aller Umstände sowie der Interessenlage. Wer als Zedent die Erfüllung an den Zessionar vereitelt, kann später gehalten sein, die nachträgliche Erreichung des gleichen Ergebnisses auf andere Weise zu fördern.[48]

---

[36] Etwa BGH v. 18.03.1994 - V ZR 159/92 - LM BGB § 1018 Nr. 46 (8/1994).
[37] BGH v. 20.06.1989 - KZR 13/88 - NJW 1990, 388.
[38] BGH v. 11.04.1991 - VII ZR 369/89 - juris Rn. 17 - LM BGB § 293 Nr. 5 (4/1992).
[39] BGH v. 25.03.1983 - V ZR 168/81 - BGHZ 87, 156-166.
[40] BGH v. 04.06.1954 - V ZR 18/53 - juris Rn. 9 - BGHZ 14, 1-6.
[41] BGH v. 25.06.1976 - V ZR 121/73 - BGHZ 67, 34-38; BGH v. 25.01.1967 - VIII ZR 206/64 - LM Nr. 17 zu § 3 WährG.
[42] BGH v. 25.10.1962 - VII ZR 57/61 - BGHZ 38, 146-150.
[43] BGH v. 22.05.1970 - V ZR 130/67 - BGHZ 54, 71-75.
[44] BGH v. 03.07.1992 - V ZR 203/91 - juris Rn. 6 - LM BGB § 1018 Nr. 44 (3/1993).
[45] BGH v. 01.06.1973 - V ZR 134/72 - LM Nr. 5 zu § 413 BGB.
[46] BGH v. 20.06.1989 - KZR 13/88 - NJW 1990, 388.
[47] BGH v. 05.11.1992 - IX ZR 200/91 - juris Rn. 52 - LM BRAO § 51 Nr. 21 (7/1993).
[48] RG v. 26.09.1925 - V 570/24 - RGZ 111, 298-306. 298.

Wird ein Grundstück gerade wegen der Unverbaubarkeit der Umgebung gekauft, so kann es treuwidrig sein, wenn der Verkäufer nach Vertragserfüllung auf einem angrenzenden Grundstück ein Gebäude errichtet.[49]

Als Folge können sich beispielsweise auch **Dokumentationspflichten** ergeben, soweit dies zur Erreichung des Vertragszwecks erforderlich ist. Zwar hat die Rechtsprechung z.B. eine allgemeine, selbständige Dokumentationspflicht des Rechtsanwalts oder Steuerberaters nicht anerkannt. Eine solche Pflicht kann sich dort indes im Einzelfall nach Treu und Glauben aus der allgemeinen Pflicht zur ordnungsgemäßen Bearbeitung des Mandats ergeben, insbesondere soweit eine Dokumentation aus Gründen der Beweissicherung zugunsten des Mandanten erforderlich ist.[50] 39

Welche **Personen** die jeweilige Pflicht trifft, ist eine Frage des Inhalts der getroffenen Abreden. Auf einen Bürgen kann sich die allgemeine Leistungstreuepflicht des Hauptschuldners dann erstrecken, wenn jener tatsächlich die für die Vertragsdurchführung maßgebenden Entscheidungen trifft.[51] 40

Inwieweit einer Vertragspartei die **Inkaufnahme eigener Nachteile, Belastungen oder Belästigungen** zugemutet werden kann, ist unter Berücksichtigung des Inhalts des Schuldverhältnisses sowie unter Abwägung der Umstände zu entscheiden. Unzumutbares kann nicht verlangt werden.[52] 41

4. Ausgleichsansprüche

Die Rechtsprechung hat derartige Ansprüche gelegentlich für möglich gehalten, um innerhalb eines Schuldverhältnisses die einer Seite zugeflossenen **Vorteile** in einer dem Rechtsverhältnis entsprechenden Weise beiden Parteien zufließen zu lassen. So wurde etwa dem Unterhaltsschuldner ein nachträglicher Erstattungsanspruch zugebilligt, wenn dem Gläubiger rückwirkend eine Erwerbsunfähigkeitsrente zuerkannt wurde. Die Höhe entspricht dem Betrag, um den die Unterhaltszahlung geringer gewesen wäre, wenn die Rente schon anfänglich gezahlt worden wäre.[53] 42

5. Auskunfts- und Informationsansprüche

Sie sind von erheblicher praktischer Bedeutung, weil das deutsche Recht keinen allgemeinen privat- oder prozessrechtlichen Auskunfts- oder Informationsanspruch und auch keine entsprechende prozessuale Last kennt. **Auskunftsansprüche** können sich aber ergeben, wenn die Partei eines Rechtsverhältnisses nach den Umständen selbst nicht imstande ist, sich von dem Inhalt ihrer Rechte ein Bild zu machen, sondern auf die Hilfe des Gegenübers angewiesen ist.[54] Der Inhalt des Auskunftsanspruchs ergibt sich aus einer Interessenabwägung, der Verkehrssitte und einer Würdigung aller Einzelfallumstände.[55] Er kann auch als Rechnungslegungsanspruch oder als Wertermittlungsanspruch auszugestalten sein und muss dann diejenigen Auskünfte umfassen, auf die der Berechtigte zur Entscheidung über die Geltendmachung seiner weiteren Ansprüche angewiesen ist.[56] Den Auskunftsansprüchen verwandt und von den gleichen Wertungen und Voraussetzungen geprägt sind **Ansprüche auf Herausgabe von Unterlagen**.[57] 43

---

[49] RG v. 05.10.1939 - V 87/39 - RGZ 161, 330-341, 338.
[50] BGH v. 13.02.1992 - IX ZR 105/91 - juris Rn. 17 - LM AbgO 1977 Nr. 16 (7/1992).
[51] BGH v. 20.06.1989 - KZR 13/88 - juris Rn. 21 - NJW 1990, 388.
[52] BGH v. 06.05.2009 - XII ZR 137/07 - BGHZ 180, 300-311: nachvertragliche Pflicht des Vermieters zur Zurverfügungstellung von Versorgungsleistungen dann, wenn die Beendigung des Mietverhältnisses auf dem Zahlungsverzug des Mieters beruht und der Vermieter die Leistungen mangels Vorauszahlung des Mieters auf eigene Kosten erbringen müsste.
[53] BGH v. 19.12.1989 - IVb ZR 9/89 - LM Nr. 35 zu § 1569 BGB; BGH v. 15.02.1989 - IVb ZR 41/88 - LM Nr. 32 zu § 1569 BGB.
[54] BGH v. 19.07.2007 - I ZR 93/04 - BGHZ 173, 269-286; BGH v. 23.02.2006 - I ZR 27/03 - BGHZ 166, 233-253: Markenrechtsverletzung; BGH v. 07.05.2003 - XII ZR 229/00 - juris Rn. 10 - NJW 2003, 3624-3626; BGH v. 29.04.2003 - X ZR 186/01 - juris Rn. 10 - BGHZ 155, 8-20: zum Auskunftsanspruch des Arbeitnehmer-Erfinders gegen den Arbeitgeber.
[55] BGH v. 13.11.1997 - X ZR 6/96 - juris Rn. 51 - LM ArbEG § 9 Nr. 7 (6/1998); BGH v. 18.12.1985 - IVb ZB 711/81 - NJW-RR 1986, 290-291; BGH v. 17.05.1994 - X ZR 82/92 - BGHZ 126, 109-124.
[56] BGH v. 20.05.2008 - X ZR 180/05 - juris Rn. 31 - BGHZ 176, 311-327; BGH v. 14.02.2006 - X ZR 93/04 - juris Rn. 30 - BGHZ 166, 203-215: Auskunfts- und Rechnungslegungsanspruch zur Bezifferung des Schadensersatzanspruchs bei Sortenschutzverletzungen; BGH v. 02.06.1993 - IV ZR 259/92 - juris Rn. 5 - LM BGB § 242 (D) Nr. 131 (1/1994): Wertermittlungsanspruch des pflichtteilsberechtigten Erben; vgl. auch BGH v. 04.10.1989 - IVa ZR 198/88 - BGHZ 108, 393-400.
[57] BGH v. 23.03.2010 - VI ZR 249/08 - BGHZ 185, 74-83: Herausgabe von Fotokopien der Pflegedokumentation.

44 Von Auskunftsansprüchen lassen sich Informationsansprüche und die damit korrespondierenden **Informationspflichten** unterscheiden. Hiervon wird gesprochen, wenn eine Person auch ohne Auskunftsverlangen oder Frage verpflichtet ist, auf bestimmte Umstände hinzuweisen oder diese offen zu legen. Dabei gilt, dass grundsätzlich jede Partei selbst gehalten ist, sich die für ihre Erklärungen und sonstigen Handlungen ausschlaggebenden Informationen zu beschaffen. Anders kann es allerdings in bestimmten, besonderen Fallgestaltungen liegen, zu denen namentlich die Fälle des Informationsvorsprungs, des besonderen Vertrauensverhältnisses und der ohne Vorliegen einer Rechtspflicht erfolgten tatsächlichen Übernahme der Aufklärung gehören. Im Einzelnen:

45 Eine Informationspflicht entsteht danach zunächst regelmäßig dann, wenn eine Partei über einen **Informationsvorsprung** gegenüber der anderen Seite verfügt und außerdem für die besser informierte Seite ersichtlich ist, dass der anderen die fragliche Information nicht zur Verfügung steht, obschon sie für deren Entschließung von erkennbar ausschlaggebender Bedeutung ist.[58] So muss im Unterhaltsrecht der aufgrund eines Vergleichs Unterhaltsberechtigte solche Tatsachen, die sich auf die Höhe des Unterhalts auswirken, grundsätzlich unaufgefordert mitteilen, zumal eine Rückforderung ohnehin nur in engen Grenzen möglich ist.[59] Wertungssystematisch in der Nähe dieser Fälle liegt es, wenn eine Informationspflicht auch deshalb zu bejahen sein kann, weil auf der einen Seite ein erkennbarer Mangel an Lebens- und Geschäftserfahrung vorliegt.[60] Die Relevanz eines Informationsvorsprungs ist indes dann zu verneinen, wenn von der anderen Seite eigene Erkundigungen oder eine ohne Hinweise gestellte Nachfrage zu erwarten sind.[61] Als weitere Fallgruppe kommt das Bestehen eines besonderen **Vertrauensverhältnisses** hinzu, aufgrund dessen der Berechtigte auch ohne besondere Nachfrage Aufklärung erwarten kann.[62] Zu nennen sind schließlich Sachverhalte, in denen jemand – ohne hierzu rechtlich verpflichtet zu sein – die Aufklärung eines anderen unter bestimmten Aspekten **übernimmt**. In diesem Fall muss die Aufklärung vollständig sein; der Betreffende darf nicht bestimmte Aspekte weglassen, sondern ist auch ohne weitere Nachfrage grundsätzlich zur vollständigen Information über den in Rede stehenden Komplex verpflichtet.[63]

46 Im **Prozess** wird der Gesichtspunkt von Treu und Glauben in den Fällen eines Informationsvorsprungs zur Begründung einer Darlegungslast herangezogen, nach der eine Partei die nur ihr bekannten, ihrem Betriebsbereich entstammenden Tatsachen vorzutragen hat. Dies hat die Rechtsprechung namentlich im Bereich der Spediteurshaftung angenommen.[64]

6. Erklärungswirkung des Schweigens

47 Der Grundsatz, dass Schweigen im deutschen Recht keine Erklärungswirkung hat, kann nach § 242 BGB kaum je durchbrochen werden. Eine solche Durchbrechung erkennt die Rechtsprechung allen-

---

[58] Z.B. BGH v. 10.12.1992 - VII ZR 241/91 - juris Rn. 17 - LM BGB § 157 (C) Nr. 40 (7/1993): Informationspflicht des Zedenten gegenüber dem Zessionar über Kündigung des der abgetretenen Forderung zugrunde liegenden Schuldverhältnisses; BGH v. 05.05.1992 - XI ZR 242/91 - LM BGB § 242 (Cd) Nr. 321 (11/1992): Eine Bank trifft grundsätzlich keine Aufklärungspflicht über die Risiken des finanzierten Geschäfts, es sei denn, es ist ein konkreter Wissensvorsprung der Bank (etwa über eine unmittelbar bevorstehende Insolvenz) gegeben oder sie überschreitet (als Initiator, Vertreiber etc.) die Grenzen ihre Rolle als Kreditgeberin oder es liegt sonst ein aufklärungspflichtiger Interessenkonflikt vor; vgl. ferner BGH v. 09.10.1990 - XI ZR 200/89 - LM Nr. 72 zu BGB § 242 (Be).

[59] BGH v. 29.01.1997 - XII ZR 257/95 - juris Rn. 10 - LM BGB § 242 (D) Nr. 141 (6/1997); BGH v. 25.11.1987 - IVb ZR 96/86 - NJW 1988, 1965-1967: Informationspflicht bei gesetzlicher Unterhaltspflicht; BGH v. 18.12.1985 - IVb ZB 711/81 - NJW-RR 1986, 290-291.

[60] BGH v. 07.10.1991 - II ZR 194/90 - juris Rn. 14 - LM BGB § 123 Nr. 72 (6/1992).

[61] BGH v. 26.02.1992 - VIII ZR 89/91 - BGHZ 117, 280-286: keine Pflicht des Kfz-Käufers, seine Wiederverkaufsabsicht ungefragt zu offenbaren; bei Änderungen von Gesellschaftsverträgen etwa BGH v. 07.10.1991 - II ZR 194/90 - juris Rn. 21 - LM BGB § 123 Nr. 72 (6/1992).

[62] BGH v. 07.10.1991 - II ZR 194/90 - juris Rn. 22 - LM BGB § 123 Nr. 72 (6/1992).

[63] BGH v. 07.10.1991 - II ZR 194/90 - juris Rn. 24 - LM BGB § 123 Nr. 72 (6/1992).

[64] BGH v. 15.11.2001 - I ZR 158/99 - juris Rn. 43 - BGHZ 149, 337-356; BGH v. 03.11.1994 - I ZR 100/92 - juris Rn. 25 - BGHZ 127, 275-284.

falls ausnahmsweise an, wenn eine Partei unter den obwaltenden Umständen nach Treu und Glauben verpflichtet gewesen wäre, sich ausdrücklich zu erklären.[65]

7. Kündigung

Das früher aus § 242 BGB hergeleitete Recht[66] zur **außerordentlichen Kündigung** von Dauerschuldverhältnissen ist nunmehr in § 314 BGB gesondert geregelt.

48

8. Vertragsanpassung

Geänderte Umstände können zur Vertragsanpassung führen. Dieser Grundsatz ist in erster Linie der Geschäftsgrundlagenlagenlehre zuzuordnen, die heute in § 313 BGB (vgl. die Kommentierung zu § 313 BGB) normiert ist. Allerdings hat die Rechtsprechung auch außerhalb der Fälle einer Grundlagenstörung unter strengen Voraussetzungen einen Anspruch auf Vertragsanpassung an veränderte Umstände für möglich gehalten, wenn ein Festhalten am unveränderten Vertrag die wirtschaftliche Bewegungsfreiheit einer Partei in erheblicher und nicht mehr zumutbarer Weise einengen würde und die Interessen der anderen Partei auch bei Vertragsanpassung vollständig gewahrt werden.[67]

49

9. Nachbarliches Gemeinschaftsverhältnis

Ein aus Treu und Glauben folgendes allgemeines nachbarliches Gemeinschaftsverhältnis ist allenfalls mit Vorsicht anzuerkennen. Soweit die ausdrücklichen Regelungen des **privaten Nachbarrechts** sich als lückenhaft erweisen, muss in erster Linie versucht werden, durch eine analoge Anwendung nachbarrechtlicher Vorschriften ein angemessenes Ergebnis zu erreichen.[68] Wenn dies nicht gelingt, stellt die Rechtsprechung aber auch auf § 242 BGB als Schranke der Rechtsausübung bei Beeinträchtigung von Nachbargrundstücken ab;[69] auch ein Ausgleichanspruch aus dieser Vorschrift wird in besonderen Fällen für möglich gehalten – namentlich, wenn ein Verhalten nachteilige Auswirkungen zeitigt, das ein Nachbar aufgrund seiner allgemeinen Rücksichtnahmepflicht hätte unterlassen müssen[70].

50

10. Rücksichtnahme- und Schutzpflichten

Neben den auf Leistung gerichteten Ansprüchen sind die in § 241 Abs. 2 BGB angesprochenen **Rücksichtnahme- und Schutzpflichten** zu nennen. Diese Vorschrift stellt allerdings nur klar, dass solche Pflichten als weitere Kategorie anzuerkennen sind. Die normative Grundlage ihrer Begründung bildet nach wie vor in erster Linie § 242 BGB. So folgt aus § 242 BGB insbesondere, dass jede Partei auf die Rechtsgüter der anderen Beteiligten an einem Rechtsverhältnis angemessen Rücksicht nehmen muss.[71] Rechte müssen schonend ausgeübt werden. Rechtsgüter der anderen Vertragspartei, insbesondere die Person, ihr Eigentum und ihr Vermögen, dürfen nicht verletzt werden. Das gilt vor allem dann, wenn sich aus der Vertragsbeziehung die Möglichkeit zur Einwirkung auf diese Rechtsgüter ergibt.[72] Deshalb besteht beispielsweise die Pflicht zur Obhut für fremde Sachen, die in den Gewahrsam des Verpflichteten gelangt sind. Solche Obhutpflichten können, wie ein Umkehrschluss aus § 303 BGB erweist, selbst dann bestehen, wenn die Gegenseite in Annahmeverzug ist[73]; lediglich der Sorgfaltsmaßstab ist herabgesetzt, § 300 BGB. Auch sonst müssen zumutbare Vorkehrungen zum Schutz für die Rechtsgüter der anderen Vertragspartei getroffen werden. Hierfür kann insbesondere auch der Ab-

51

---

[65] BGH v. 25.07.2003 - V ZR 444/02 - juris Rn. 8 - WM 2004, 392-393.
[66] Etwa BGH v. 17.12.1998 - I ZR 106/96 - LM BGB § 242 (Bc) Nr. 45 (7/1999).
[67] BGH v. 01.07.1997 - XI ZR 267/96 - BGHZ 136, 161-172: Anspruch auf vorzeitige Darlehensablösung gegen Vorfälligkeitsentschädigung beim Immobilienkredit; ferner BGH v. 03.02.2004 - XI ZR 398/02 - BGHZ 158, 11-19: Anspruch auf Sicherheitenaustausch.
[68] BGH v. 21.10.1983 - V ZR 166/82 - juris Rn. 19 - BGHZ 88, 344-353; vgl. auch *Pfeiffer*, Die Bedeutung des privatrechtlichen Immissionsschutzes, 1987, S. 206-211.
[69] Jüngst etwa BGH v. 11.07.2003 - V ZR 199/02 - NJW-RR 2003, 1313-1315; BGH v. 06.07.2001 - V ZR 246/00 - juris Rn. 15 - BGHZ 148, 261-270 mit weiterführenden Nachweisen; vgl. ferner § 906 BGB.
[70] BGH v. 22.02.1991 - V ZR 308/89 - BGHZ 113, 384-392: Kaltluftsee-Fall.
[71] Zur Treuepflicht des Aktionärs im Gesellschaftsrecht etwa BGH v. 20.03.1995 - II ZR 205/94 - BGHZ 129, 136-177.
[72] BGH v. 10.03.1983 - III ZR 169/81 - juris Rn. 12 - LM Nr. 47 zu § 242 (Be) BGB.
[73] Vgl. RG v. 05.07.1924 - I 547/23 - RGZ 108, 341-345.

§ 242

schluss eines Versicherungsvertrags erforderlich sein.[74] Ist ein Vertrag in besonderem Maße auf **Kooperation** angelegt, was etwa bei Absatzmittlungsverträgen zu bejahen ist, gelten Rücksichtnahme- und Schutzpflichten ebenfalls in besonderem Maße. Deshalb hat die Rechtsprechung etwa beim Vertragshändlervertrag eine besondere Treu- und Rücksichtnahmepflicht des Herstellers bejaht, wonach dieser den Interessen des Händlers nicht ohne Grund zuwiderhandeln darf und dessen Belange angemessen berücksichtigen muss.[75] Das wird grundsätzlich auch für Franchisingverträge angenommen. Allerdings geht die Kooperationspflicht nicht so weit, dass einer Vertragspartei unternehmerische Risikoentscheidungen verboten wären und sie stets den „sichersten Weg" beschreiten müsste.[76]

52 Im **Arbeitsrecht** treffen solche Rücksichtnahme- und Schutzpflichten beide Seiten. Für den Arbeitgeber bestehen vor allem Fürsorgepflichten sowie eine Gleichbehandlungspflicht. Die Fürsorgepflicht des Arbeitgebers für Leben und Gesundheit des Arbeitnehmers hat in § 618 BGB (vgl. die Kommentierung zu § 618 BGB) und in § 62 HGB eine besondere gesetzliche Ausprägung erfahren. Sie erfasst als allgemeine Fürsorgepflicht auch den Schutz der Persönlichkeit des Arbeitnehmers (unter Einschluss des Datenschutzes), ferner die Pflicht, unzumutbare Haftungsrisiken vom Arbeitnehmer abzuwenden[77], eine Beschäftigungspflicht sowie die Pflichten zum Schutz eingebrachter Sachen des Arbeitnehmers und zur Beachtung sozialversicherungsrechtlicher Vorschriften. Auch im Arbeitsrecht kann die Fürsorgepflicht nachwirken und in bestimmten Fällen die Pflicht zur Wiedereinstellung des Arbeitnehmers nach einer Kündigung einschließen. Zu den Schutz- und Rücksichtnahmepflichten des Arbeitnehmers zählen die allgemeine Pflicht, drohende Schäden abzuwenden, die Pflicht, bei Notfällen Überstunden zu leisten bzw. Notfallarbeiten zu verrichten, sowie die Pflicht, bestimmte Umstände, etwa eine Krankheit, anzuzeigen bzw. eine Arbeitsunfähigkeitsbescheinigung vorzulegen, ferner keine Arbeitnehmer abzuwerben, andere Arbeitnehmer nicht zu belästigen, den Betriebsfrieden nicht zu stören, den Arbeitsablauf nicht zu beeinträchtigen und Verschwiegenheit über Betriebs- und Geschäftsgeheimnisse zu wahren.

53 In **zeitlicher Hinsicht** können solche Pflichten sowohl während der Vertragsdurchführung als auch in der Anbahnungsphase (§ 311 Abs. 2 BGB) als auch im Rahmen der Beendigung oder auch danach – post contractum finitum – bestehen.[78] So muss beispielsweise ein Hauseigentümer auch ohne ausdrückliche Vereinbarung für einige Zeit ein Hinweisschild auf den neuen Praxisstandort eines weggezogenen Arztes dulden.[79]

54 Als **Rechtsfolge** kann die Verletzung dieser allgemeinen Pflichten oder besonderer Treuepflichten insbesondere einen Schadensersatzanspruch nach § 280 Abs. 1 BGB begründen.

11. Unterlassung

55 Soweit es um Unterlassungspflichten geht, hat die Rechtsprechung die Anerkennung eines allgemeinen Anspruchs auf Unterlassung des mit dem positiv geschuldeten Unvereinbaren nicht anerkannt[80]; vielmehr wird die Anerkennung eines solchen Anspruchs von zusätzlichen Umständen, insbesondere einer umfassenden **Analyse der Interessenlage** abhängig sein[81]. So muss ein Verhalten unterbleiben, das

---

[74] BGH v. 07.06.1972 - VIII ZR 35/71 - NJW 1972, 1363: Pflicht des Händlers, für das dem Kunden zur Probefahrt überlassene Fahrzeug eine Vollkaskoversicherung abzuschließen; ebenso bei der Vermittlung im Rahmen des sog. Agenturmodells BGH v. 08.01.1986 - VIII ZR 8/85 - LM Nr. 38 zu BGB § 305; vgl. aber OLG Hamm v. 02.07.1998 - 28 U 163/97 - NJW-RR 1999, 777-779: keine Pflicht des Agenten gegenüber Auftraggeber zum Abschluss einer Diebstahlversicherung; ferner OLG Karlsruhe v. 19.03.1998 - 12 U 237/97 - NJW-RR 1999, 779-780: keine Pflicht desjenigen, der für Autoüberführung ein „rotes" Überführungskennzeichen besorgt, eine Vollkaskoversicherung abzuschließen. Ferner BGH v. 26.11.1985 - VI ZR 9/85 - LM Nr. 77 zu § 249 (A) BGB: Pflicht des Reitclubs zum Abschluss einer Tierhalterhaftpflichtversicherung gegenüber Mitgliedern; vgl. ferner LG Münster v. 07.12.1987 - 16 O 209/87 - VersR 1989, 155: keine allgemeine Aufklärungspflicht des Judovereins über Modalitäten der pflichtgemäß abgeschlossenen Versicherung.

[75] BGH v. 26.11.1984 - VIII ZR 214/83 - juris Rn. 15 - BGHZ 93, 29-63.

[76] Keine Verletzung des Franchisevertrags durch „Schockwerbung" (Benetton) BGH v. 23.07.1997 - VIII ZR 130/96 - BGHZ 136, 295-303.

[77] BGH v. 20.01.1971 - IV ZR 42/69 - NJW 1971, 937: Pflicht des Arbeitgebers, für die von den Arbeitnehmern gefahrenen Fahrzeuge Haftpflichtversicherungsschutz zu unterhalten; BAG v. 24.11.1987 - 8 AZR 66/82 - NJW 1988, 2820-2822: Pflicht des Arbeitgebers, für die von seinen Arbeitnehmern gefahrenen Kraftfahrzeuge eine Vollkaskoversicherung abzuschließen; ebenso OLG Stuttgart v. 19.12.1979 - 1 U 88/79 - NJW 1980, 1169.

[78] RG v. 05.10.1939 - V 87/39 - RGZ 161, 330-341, 338.

[79] RG v. 05.10.1939 - V 87/39 - RGZ 161, 330-341, 338.

[80] RG v. 24.01.1910 - I 188/08 - RGZ 72, 393-395.

[81] *Köhler*, AcP 190, 496-537, 506.

darauf zielt, die aufgrund eines Vertrags bestehende (oder sonst erlangte) Einwirkungs- oder Nutzungsmöglichkeit in Bezug auf Rechtsgüter der anderen Seite für Zwecke auszunutzen, die außerhalb des Vertragszwecks liegen und die erkennbar das auf Sicherung des vertraglich zugrunde gelegten Leistungserfolgs gerichtete Interesse der anderen Vertragspartei verletzen.[82] Wer etwa zur Anfertigung eines Musters Unterlagen der anderen Vertragspartei erhält, darf diese auch dann nicht für die eigene (konkurrierende) Produktion verwerten, wenn für die Zeichnung kein gewerbliches Schutzrecht besteht.[83] Bei Veräußerung eines Erwerbsgeschäfts kann ohne ausdrückliche Abrede ein **nachvertragliches Wettbewerbsverbot** bestehen.[84] Auch den Vermieter kann gegenüber dem gewerblichen Mieter eine gewisse Konkurrenzschutzpflicht treffen.[85] Zu weiteren Unterlassungspflichten vgl. bei Rücksichtnahme- und Schutzpflichten (vgl. Rn. 51).

III. Unzulässige Rechtsausübung

1. Verbot widersprüchlichen Verhaltens

Wer sich in bestimmter Weise verhält, muss sich hieran festhalten lassen, wenn das Verhalten geeignet ist, die Erwartung zu begründen, der Betreffende werde sich auch in Zukunft in Übereinstimmung hiermit verhalten. Wer beispielsweise eine Pflichtverletzung des Vertragspartners als geringfügig behandelt, kann nicht so handeln, als sei die Leistung für ihn wegen der Pflichtverletzung ohne Interesse.[86] Ein solches „**venire contra factum proprium**" ist grundsätzlich unbeachtlich, sofern für die andere Seite ein Vertrauenstatbestand geschaffen wurde oder der Widerspruch aus anderen Gründen als treuwidrig anzusehen ist.[87] Das gilt unabhängig von Begründung (z.B. gesetzlich[88] oder vertraglich) und Inhalt der jeweiligen Rechtsposition. Hierunter können etwa die Geltendmachung einer Vertragsnichtigkeit[89] oder die anerkannten Arten der Rechtsscheinvollmacht fallen. Auch darüber hinaus kann es dem Einwand mangelnder Vertretungsmacht entgegenstehen, wenn das vertretungsberechtigte Organ eine Erklärung ausdrücklich gebilligt hat.[90] Ebenso kann die Berufung auf ein Mitverschulden der Gegenseite versperrt sein, wenn dieses Mitverschulden in der Vornahme einer risikoreichen Handlung auf Bitten und im Interesse der einen Seite liegen soll.[91]

56

Ob sich jemand zu seinem eigenen Verhalten in **Widerspruch** setzt, bedarf der wertenden Beurteilung. Zunächst muss das eigene Verhalten Ausdruck einer eigenen Entscheidung sein. Ein Handeln unter Vollstreckungsdruck schließt die spätere Geltendmachung von Ersatzansprüchen nicht aus.[92] Ferner ist unter anderem die Wirkrichtung des Verhaltens zu berücksichtigen. Wer gegen einen Nachbarn nach den §§ 1004, 906 BGB Immissionsabwehransprüche geltend macht, handelt nicht treuwidrig, wenn er zugleich öffentlich-rechtlich gegen mögliche Minderungsmaßnahmen (Lärmschutzwand) wegen deren ihrerseits nachteiligen Auswirkungen vorgeht.[93] Sehr weit geht es, wenn die Rechtsprechung die im

57

---

[82] Außer den nachstehend zitierten Entscheidungen noch etwa BGH v. 18.06.1964 - VII ZR 254/62 - BGHZ 42, 59-62: Kollusives Zusammenwirken zwischen Prinzipal und Untervertreter mit dem Ziel, den Handelsvertreter durch den Untervertreter zu ersetzen.
[83] BGH v. 14.12.1954 - I ZR 65/53 - BGHZ 16, 4-12.
[84] BGH v. 20.04.1989 - I ZR 40/87 - juris Rn. 20 - LM Nr. 8 zu § 242 BGB; RG v. 31.05.1927 - II 517/26 - RGZ 117, 176-180; vgl. zur ergänzenden Vertragsauslegung BGH v. 18.12.1954 - II ZR 76/54 - BGHZ 16, 71-82.
[85] BGH v. 07.12.1977 - VIII ZR 101/76 - BGHZ 70, 79-86.
[86] BGH v. 25.01.1996 - VII ZR 26/95 - juris Rn. 24 - LM BGB § 640 Nr. 15 (6/1996); ferner z.B. BGH v. 08.05.2003 - VII ZR 216/02 - NJW 2003, 2448-2449: geringfügige Fristüberschreitung bei Ratenzahlungsvergleich kein Grund für Wiederaufleben der Forderung bei Bestehen eines schutzwürdigen Vertrauenstatbestands.
[87] BGH v. 05.12.1991 - IX ZR 271/90 - juris Rn. 11 - LM AnfG § 1 Nr. 4 (8/1992): Geltung des Verbots widersprüchlichen Verhaltens bei der Gläubigeranfechtung; BGH v. 05.11.1992 - VII ZR 50/92 - LM BGB § 242 (Cd) Nr. 324 (6/1993); BGH v. 05.11.1992 - VII ZR 52/91 - BGHZ 120, 133-141.
[88] BGH v. 12.11.2008 - VIII ZR 170/07 - BGHZ 178, 307-315: Treuwidrigkeit der Berufung des vollmachtlosen Vertreters auf die Haftungsbeschränkung nach § 179 Abs. 3 Satz 1 BGB.
[89] BGH v. 24.04.2008 - VII ZR 42/07 - BGHZ 176, 198-204: keine Rückabwicklung wegen Vertragsnichtigkeit beim „ohne Rechnung" geschlossenen Bauvertrag.
[90] BGH v. 20.01.1994 - VII ZR 174/92 - LM BGB § 167 Nr. 36 (6/1994).
[91] BGH v. 09.11.2004 - X ZR 119/01 - juris Rn. 29 - BGHZ 161, 79-86.
[92] BGH v. 20.07.2006 - IX ZR 94/03 - BGHZ 168, 352-368.
[93] BGH v. 14.10.1994 - V ZR 76/93 - LM BGB § 906 Nr. 92 (3/1995).

§ 242

Verhältnis zwischen Spediteur und Frachtführer vereinbarten AGB auch zum Nachteil des Eigentümers des Transportgutes wirken lässt, wenn dieser mit der Beauftragung des Frachtführers und mit dessen AGB rechnen musste.[94]

58 Typischerweise bedarf es zusätzlich eines schutzwürdigen **Vertrauens der Gegenseite**. So kann sich etwa ein Versicherer dann nicht auf seine mangelnde Passivlegitimation berufen, wenn er sich zunächst als zuständiger Haftpflichtversicherer geriert und der Geschädigte deshalb Ansprüche gegen den tatsächlich passiv legitimierten Versicherer verjähren lässt.[95] Auch die Schlussrechnung des Architekten kann eine Bindungswirkung auslösen.[96] Dass das Verhalten zu einem Verlust von Rechten führt, die zum Schutz des Betreffenden bestimmt sind, steht der Anwendung des Verbots widersprüchlichen Verhaltens nicht entgegen.[97] Der Bewertung bedarf ferner das Ausmaß der Schutzwürdigkeit des geschaffenen Vertrauens. Sie kann sich aus den Umständen oder aus dem Zweck eines Gesetzes ergeben. Eine Rolle z.B. kann spielen: Die tatsächliche Verfestigung des eingetretenen Zustands einschließlich etwaiger Rückabwicklungsschwierigkeiten[98] oder die praktisch erforderliche Verlassfunktion von ansonsten nicht bindenden Erklärungen.[99] So ist es dem vollmachtlosen Vertreter ausnahmsweise verwehrt, sich auf den Haftungsausschluss gemäß § 179 Abs. 3 Satz 1 BGB zu berufen, wenn der andere Teil aufgrund der Umstände – insbesondere entsprechender besonderer Erklärungen des Vertreters – auf das Wirksamwerden des Vertrages vertrauen durfte.[100] Demgegenüber kann die Schutzwürdigkeit geringer sein, wenn sie sich auf einen rechtswidrigen Zustand bezieht.[101]

59 Von erheblicher praktischer Bedeutung ist die Anwendung auf die **Verjährungseinrede**. Wer beim Schuldner den Eindruck erweckt, er werde sich gegen bestimmte Ansprüche lediglich mit sachbezogenen Einwendungen und Einreden wehren, handelt widersprüchlich, wenn er alsdann doch die Verjährungseinrede erhebt.[102] Allerdings muss der Berechtigte, sobald er dies erkennt, innerhalb einer angemessenen Frist Klage erheben.[103] Vergleichbare Grundsätze können bei **anderen Fristen** (Ersitzungsfrist, Ausschlussfristen usw.) gelten, wenn eine Seite den Eindruck erweckt, aus der Überschreitung der Frist würden sich keine nachteiligen Konsequenzen ergeben.[104]

60 Das Verbot des widersprüchlichen Verhaltens gilt auch, wenn das fragliche Verhalten in einer rechtsgeschäftlichen Erklärung liegt. Wird ein Angebot durch Automaten oder in sonstiger Weise an die Öffentlichkeit gerichtet, so liegt in der Inanspruchnahme der Leistung in Verbindung mit einem sonst auf Vertragsannahme gerichteten Verhalten eine stillschweigende Annahmeerklärung. Erklärt der Betreffende gleichwohl ausdrücklich, keinen Vertrag schließen zu wollen, so liegt hierin eine **protestatio facto contraria**, die grundsätzlich unbeachtlich ist. Der Figur des faktischen Vertrags oder des Vertragsschlusses durch sozialtypisches Verhaltens[105] bedarf es in diesen Fällen nach heute allgemeiner Auffassung nicht[106]. Auch bei einseitigen Rechtsgeschäften kann derselbe Grundsatz Platz greifen, so dass einer Partei die Berufung auf die Unwirksamkeit einer durch sie selbst erklärten außerordentlichen Kündigung verwehrt sein kann.[107]

---

[94] BGH v. 21.12.1993 - VI ZR 103/93 - juris Rn. 28 - LM BGB § 242 (D) Nr. 132 (5/1994).
[95] BGH v. 11.06.1996 - VI ZR 256/95 - LM BGB § 242 (Cd) Nr. 349 (11/1996).
[96] BGH v. 05.11.1992 - VII ZR 50/92 - LM BGB § 242 (Cd) Nr. 324 (6/1993); BGH v. 05.11.1992 - VII ZR 52/91 - BGHZ 120, 133-141.
[97] BGH v. 08.11.1999 - II ZR 7/98 - LM BGB § 134 Nr. 166.
[98] BGH v. 24.04.2008 - VII ZR 42/07 - BGHZ 176, 198-204: keine Rückabwicklung wegen Vertragsnichtigkeit beim „ohne Rechnung" geschlossenen Bauvertrag.
[99] BGH v. 15.12.2005 - IX ZR 156/04 - juris Rn. 11 - BGHZ 165, 283-289; BGH v. 09.12.2004 - IX ZR 108/04 - juris Rn. 18 - BGHZ 161, 315-323: vorbehaltlose Zustimmung eines vorläufigen Insolvenzverwalters mit Zustimmungsvorbehalt (§ 21 Abs. 2 Satz 1 Nr. 2 Fall 2 InsO) zu Verträgen des Schuldners.
[100] BGH v. 12.11.2008 - VIII ZR 170/07 - BGHZ 178, 307-315.
[101] BGH v. 05.05.1992 - X ZR 134/90 - juris Rn. 36 - BGHZ 118, 182-193; aus anderen Gründen kritisch *Pfeiffer*, LM 12/1992 BGB § 134 Nr. 141.
[102] BGH v. 12.06.2002 - VIII ZR 187/01 - juris Rn. 12 - NJW 2002, 3110-3112.
[103] BGH v. 06.12.1990 - VII ZR 126/90 - juris Rn. 14 - LM Nr. 21 zu § 242 (Cb) BGB.
[104] BGH v. 13.01.1993 - XII ZB 9/90 - LM BGB § 1408 Nr. 7 (6/1993): zur Frist nach § 1408 Abs. 2 Satz 2 BGB.
[105] Etwa BGH v. 29.01.1957 - VIII ZR 71/56 - BGHZ 23, 175-183; *Larenz*, DRiZ 1958, 245-248.
[106] Zutreffend schon *Wieacker*, JZ 1957, 701-706.
[107] BGH v. 08.11.1999 - II ZR 7/98 - LM BGB § 134 Nr. 166.

Bei Verwendung **allgemeiner Geschäftsbedingungen** ist der Verwender an seine eigenen Auslegungshandlungen gebunden. Hat er eine Klausel in einem bestimmten Sinne ausgelegt, so ist ihm im Prozess die Berufung auf eine einschränkende, zur Wirksamkeit führende Auslegung versagt.[108] **61**

Der Grundsatz gilt schließlich im **Prozess**, und zwar sowohl prozessual als auch bei der Anwendung materiellen Rechts. Wer sich als Haftpflichtversicherer des Schädigers geriert, kann sich im Prozess grundsätzlich nicht auf seine mangelnde Passivlegitimation berufen.[109] Allerdings ist im Prozessrecht eine gewisse Vorsicht geboten. Vorrangig ist die Anwendung prozessualer Rechtsinstitute wie dasjenige der Prozessförderungspflicht. Außerdem ist zu beachten, dass es bloßen Verpflichtungsverträgen an der prozessualen Verfügungswirkung fehlen kann. Auch das Gericht ist an das Verbot des venire contra factum proprium gebunden.[110] **62**

2. Unredliches Verhalten bei der Begründung oder Geltendmachung von Rechtspositionen oder Einwendungen

a. Allgemeines

Der Ausübung subjektiver Rechte (einschließlich der Gegenrechte) kann es entgegenstehen, wenn gegenüber dem Inhaber des Rechts oder Gegenrechts der Vorwurf eines **unredlichen Verhaltens** zu erheben ist. Dabei kann auch hier als Ausgangspunkt dienen, dass ganz allgemein jede Partei eine Pflicht zur Rücksichtnahme auf Interessen und Rechtsgüter der anderen Seite trifft. Auch der besondere Inhalt des jeweiligen Rechtsverhältnisses ist von Bedeutung. Insbesondere kann die Berufung auf eine bestimmte („formale") Rechtsposition unredlich sein, wenn dies dem übereinstimmend Gewollten bzw. dem nach der Verkehrssitte oder dem Gesetz zugrunde zu legenden Zweck des Rechtsverhältnisses widerspricht. Allerdings gibt es keinen Satz des Inhalts, dass die im Rahmen eines Rechtsverhältnisses bestehenden Rechte einer Seite stets nur unter der Voraussetzung eigener umfassender Redlichkeit geltend gemacht werden können[111]; in diesem Sinne kennt das Zivilrecht **keinen allgemeinen „clean hands"-Grundsatz**. Vielmehr begründen eigene Pflichtverletzungen typischerweise zwar Gegenansprüche der anderen Seite, führen aber nicht notwendig zum Verlust eigener Rechte. Anders kann es aber dann liegen, wenn es um schwere Pflichtverletzungen geht, die mit dem nunmehr geltend gemachten eigenen Anspruch in einem inneren Zusammenhang stehen.[112] **63**

b. Berücksichtigung bei der Begründung und bei der Durchführung von Rechtsverhältnissen

Unredliches Verhalten kann zunächst bedeutsam sein bei der **Begründung eines Rechts**.[113] Wer die gebotene Mitwirkung bei der Durchführung einer Maßnahme unterlässt, ist daran gehindert, wegen des Scheiterns derselben Schadensersatzansprüche geltend zu machen.[114] **Beispiele**: Der Garantienehmer kann sich auf einen vom Schuldner zur Sicherung verabredeten Garantieanspruch gegen einen Dritten nicht berufen, wenn er erkennen musste, dass der Schuldner des gesicherten Anspruchs bei der Verschaffung des Garantieanspruchs unredlich handelt.[115] Wer sich in einem Vergleich zur Zahlung verpflichtet, kann treuwidrig handeln, wenn er – ohne sich die Aufrechnung vorbehalten zu haben – mit einer (aufgrund einer Abtretung erlangten) Gegenforderung aufrechnen will, von deren Innehabung die andere Seite nichts wissen konnte.[116] **64**

Der Grundsatz greift auch bei der **Durchführung von Rechtsverhältnissen**. Deshalb kann ein Ehegatte daran gehindert sein, sich ohne Einschränkung auf einen Unterhaltsverzicht des anderen zu berufen, wenn dieser durch die Pflicht zur Kinderbetreuung seinen Lebensunterhalt nicht selbst verdienen kann.[117] Auch das unredliche Ausnutzen einer Zwangslage kann mit dem Rücksichtnahmegebot unvereinbar sein. **65**

---

[108] BGH v. 16.09.1993 - VII ZR 206/92 - juris Rn. 19 - LM AGBG § 9 (Bl) Nr. 46 (3/1994).
[109] BGH v. 04.04.2000 - VI ZR 264/99 - LM BGB § 242 (Cd) Nr. 367 (10/2000).
[110] Vgl. BGH v. 28.10.1998 - VIII ZR 190/98 - LM ZPO § 546 Nr. 158 (3/1999).
[111] BGH v. 04.08.2010 - XII ZR 14/09 - juris Rn 29 - BGHZ 186, 372-384.
[112] BGH v. 04.08.2010 - XII ZR 14/09 - juris Rn 29 - BGHZ 186, 372-384.
[113] BGH v. 20.11.1992 - V ZR 279/91 - juris Rn. 20 - LM WohnungseigentumsG § 44 Nr. 1 (5/1993).
[114] BGH v. 20.11.1992 - V ZR 279/91 - juris Rn. 20 - LM WohnungseigentumsG § 44 Nr. 1 (5/1993).
[115] BGH v. 30.03.1993 - XI ZR 192/92 - juris Rn. 12 - BGHZ 122, 156-163.
[116] BGH v. 09.12.1992 - VIII ZR 218/91 - BGHZ 120, 387-396.
[117] BGH v. 30.11.1994 - XII ZR 226/93 - LM BGB § 242 (Cd) Nr. 340 (6/1995).

c. Unredlichkeit wegen Arglist und andere Fälle der Ingerenz

66 Unter dem Begriff der **Arglisteinrede** (exceptio doli) werden üblicherweise diejenigen Fälle gefasst, in denen eine Person eine andere durch arglistiges Verhalten dazu veranlasst hat, zu Gunsten der einen Seite vorteilhafte Rechtsfolgen eintreten zu lassen. Die Berufung auf diese vorteilhaften Rechtsfolgen ist dem dolos Handelnden alsdann versagt. Zu beachten ist, dass es nicht notwendig auf subjektive Arglist ankommt, sondern auch sonstige Fälle der **Ingerenz** erfasst sein können.[118] Die Unredlichkeit kann sich aus unterschiedlichen Gesichtspunkten ergeben. Namentlich kommt neben der Arglist die Gesetzeswidrigkeit eines Verhaltens[119] oder der Zweck der für ein bestimmtes Rechtsverhältnis bzw. eine Rechtsposition geltenden rechtlichen Maßgaben in Betracht. Dabei können sich fließende Übergänge zum Verbot widersprüchlichen Verhaltens (vgl. Rn. 56) ergeben. Entscheidend ist jeweils die Wertung nach dem Maßstab von Treu und Glauben. Gleichgültig ist, welcher Art die vorteilhaften Rechtsfolgen sind. Sie können in der Begründung von Rechten oder Pflichten, aber auch in der Herbeiführung oder im Verlust von Einwendung und Einreden liegen.

67 Das als Ingerenz einzuordnende Verhalten kann in einer **unterlassenen bzw. unzureichenden Mitwirkung** bestehen. Haben Vertragsparteien ein Schieds- oder ein Schlichtungsverfahren verabredet, so kann sich eine Partei nicht auf die hieraus erwachsende prozessuale Einrede berufen, wenn die Nichtdurchführung darauf beruht, dass diese Partei ihren Anteil an den Schlichtungskosten nicht gezahlt hat; die Gegenseite kann nicht darauf verwiesen werden, selbst die ganzen Kosten tragen.[120] Bei der Nichteinhaltung der **Vertretungsregeln des Kommunalrechts** kann zwar die Gemeinde nach § 242 BGB zum Schadensersatz verpflichtet sein. Allerdings ist regelmäßig nur ein Ersatz des Vertrauensschadens zu leisten, wohingegen ein Überspielen der Vertretungsregeln durch Ansprüche auf das positive Interesse ausscheidet.[121]

68 Mitwirkungspflichten bestehen aber nicht stets und ohne weiteres. In den Fällen der sog. **Zugangsvereitelung** gilt, dass eine allgemeine Pflicht, Vorkehrungen für den Empfang von Erklärungen zu treffen, nicht anzuerkennen ist.[122] Die Berufung auf einen verspäteten Zugang ist auch im Falle eines Zugangshindernisses in der Sphäre des Adressaten nicht aus sich heraus treuwidrig. Vielmehr ist hierfür erforderlich, dass der Adressat den Zugang bewusst vereitelt oder verzögert oder dass er – obschon er mit der Zusendung von Erklärungen rechnen muss – keine Vorsorge für seine Erreichbarkeit trifft.[123]

69 Im Unterhaltsrecht kann sich der Unterhaltsschuldner auf seine **selbstverschuldete Leistungsunfähigkeit** nicht berufen. Beruht seine Leistungsunfähigkeit auf dem Verlust seines Arbeitsplatzes wegen einer Straftat, so liegt hierin dann ein vorwerfbares Verhalten, wenn die Straftat auf einem Fehlverhalten beruht, das sich gerade auf die fragliche Unterhaltspflicht bezieht.[124]

d. Unredlichkeit wegen Gesetzesverletzung

70 Ferner kann die Unredlichkeit unmittelbar aus der **Verletzung des Gesetzes** folgen (vgl. Rn. 65). Auch hier kommt es aber auf dessen Zweck an. So kann es treuwidrig sein, wenn der geltend gemachte Bereicherungsausgleich im Dreiecksverhältnis zu einem mit einem Verbotsgesetz unvereinbaren Ergebnis führt.[125] Auch kann z.B. die Berufung auf einen individualrechtlichen Einwand gegenüber dem auf institutionelle Zwecke zielenden wettbewerbsrechtlichen Anspruch rechtsmissbräuchlich sein.[126] Umgekehrt ist z.B. nicht jede Berufung auf eine gegen die VOB/A verstoßende Vertragsklausel ohne weiteres unredlich, denn die VOB/A stellt lediglich eine innerdienstliche Weisung dar.[127] Auch im Falle der „Ohne-Rechnung-Abrede" ist nicht die Geltendmachung von Mangelrechten, sondern (bei erbrachter Leistung) die Geltendmachung der Nichtigkeit des Gesamtvertrags treuwidrig.[128]

---

[118] BGH v. 12.06.2002 - VIII ZR 187/01 - juris Rn. 13 - NJW 2002, 3110-3112.
[119] BGH v. 11.11.1993 - I ZR 225/91 - LM RabattG Nr. 56 (6/1994).
[120] BGH v. 18.11.1998 - VIII ZR 344/97 - LM ZPO § 253 Nr. 126 (4/1999).
[121] BGH v. 11.06.1992 - VII ZR 110/91 - LM BGB § 242 Nr. 322 (2/1993).
[122] BGH v. 11.06.1996 - VI ZR 202/95 - LM BGB § 823 (J) Nr. 45 (10/1996).
[123] BGH v. 11.06.1996 - VI ZR 202/95 - LM BGB § 823 (J) Nr. 45 (10/1996).
[124] BGH v. 20.02.2002 - XII ZR 104/00 - LM BGB § 242 (D) Nr. 149 (8/2002).
[125] BGH v. 17.06.2008 - XI ZR 112/07 - BGHZ 177, 108-119 zum RBerG; BGH v. 01.10.2009 - III ZR 18/09 - BGHZ 182, 301-307.
[126] BGH v. 26.01.1984 - I ZR 227/81 - LM Nr. 222/223/224 zu § 3 UWG.
[127] BGH v. 30.03.2006 - VII ZR 44/05 - BGHZ 167, 75-83: Treuwidrigkeit einer Verzugsstrafeklausel nur, wenn der Verwender bei Vertragsschluss erkennt, dass ihm bei Verzug keine erheblichen Nachteile drohen.
[128] Vgl. aber BGH v. 24.04.2008 - VII ZR 42/07 - BGHZ 176, 198-204.

e. Unredlichkeit nach dem Zweck des Rechtsverhältnisses

Soweit (außerhalb der Fälle der Gesetzesverletzung) der Zweck des Rechtsverhältnisses für die Einordnung als Unredlichkeit bedeutsam ist, kommt zunächst der **konkret-individuelle Zweck** des Rechtsverhältnisses in Frage. So kann die Berufung auf die Befristung einer Garantie unzulässig sein, wenn dieser bei Geltung der Frist jeder sinnvolle Gehalt fehlt.[129] Denkbar ist auch ein Missbrauch von **Rechtsinstitutionen**. So ist bei der **Aufrechnung** anerkannt, dass über die gesetzlich ausdrücklich geregelten Fälle hinaus ein Aufrechnungsverbot nach § 242 BGB eingreift, wenn eine Erfüllung im Wege der Aufrechnung aufgrund der Natur der Rechtsbeziehung oder nach dem Zweck der geschuldeten Leistung treuwidrig erscheinen.[130] Besonders deutlich sind Fälle, in denen eine zu Zwecken des Rechtsschutzes eingeräumte Klagebefugnis allein dazu genutzt wird, sich den Verzicht auf dieselbe (und das mit ihr verbundene Schädigungspotential) abkaufen zu lassen.[131] Auch der Missbrauch von Treuhandkonstruktionen[132] fällt hierunter. Bei Versicherungsverträgen kann ein unehrliches Verhalten des Versicherungsnehmers unter dem Gesichtspunkt der Treuwidrigkeit zur Leistungsfreiheit führen[133], wobei heute § 28 VVG zu beachten ist.

71

Aus dem Zweck des Rechtsverhältnisses bestimmt sich in vielfacher Hinsicht auch, wo die **Grenzen der Zumutbarkeit** zu ziehen sind, die alsdann im Rahmen von Treu und Glauben zu berücksichtigen sind. Dies gilt beispielsweise im **Unterhaltsrecht** im Falle der Erzielung eines überobligatorischen Einkommens, bei dem zu prüfen ist, ob Billigkeitsgründe gebieten, das für die Unterhaltspflicht heranzuziehende Einkommen herabzusetzen.[134]

72

Im **Vereins- und Gesellschaftsrecht** werden mit dem Begriff des **Rechtsformenmissbrauchs** unterschiedliche Tatbestände der sogenannten **Durchgriffshaftung** der Mitglieder juristischer Personen schlagwortartig beschrieben. In diesen Fällen geht es darum, die Gesellschafter einer Kapitalgesellschaft oder die Mitglieder eines Vereins trotz des für juristische Personen geltenden Trennungsprinzips ausnahmsweise für die Schulden der Gesellschaft oder des Vereins haftbar zu machen. Als eine mögliche Grundlage kommt § 242 BGB in Betracht, sofern die Berufung auf das Trennungsprinzip ausnahmsweise treuwidrig wäre. Dabei wird eine solche Durchgriffshaftung für unterschiedliche Tatbestände erwogen (Unterkapitalisierung, Vermögensvermischung und Vermischung der vertraglichen Sphären – sog. „Sphärenvermischung"). Je nach Typus der juristischen Person und nach dem in Rede stehenden Tatbestand gelten nach Grundlage, Voraussetzungen und Rechtsfolgen unterschiedliche Grundsätze, denen teils allgemeine bürgerlich-rechtliche Prinzipien oder Vorschriften, teils besondere Maßgaben des Gesellschaftsrechts zugrunde liegen. Dabei lautet der allgemeine Grundsatz, dass die Trennung von juristischer Person und Mitglied grundsätzlich zu beachten ist. Nur ganz ausnahmsweise kann eine Durchbrechung des Trennungsprinzips unter Berufung auf allgemeine Rechtsgrundsätze wie Treu und Glauben in Betracht kommen. Das Prinzip von Treu und Glauben wurde in der Rechtsprechung etwa im Vereinsrecht herangezogen, um in den Fällen einer dem Vereinszweck vorsätzlich oder sehenden Auges widersprechenden Unterkapitalisierung eine Durchgriffshaftung zu begründen.[135] Ein bloßer Fehlgebrauch der Rechtsform, namentlich die unzulässige wirtschaftliche Betätigung eines eingetragenen Vereins, reicht deshalb zur Begründung einer Durchgriffshaftung grundsätzlich nicht aus. Für das Kapitalgesellschaftsrecht haben sich, teils gestützt auf Vorschriften zur Kapitalerhaltung und -aufbringung[136], teils aber auch auf § 826 BGB,[137] eigenständige Grundsätze außerhalb des § 242 BGB entwickelt, die hier nicht darzustellen sind. Fälle der sog. vertraglichen Sphärenvermischung sind richtigerweise durch eine Bestimmung der haftenden Vertragsparteien unter Beachtung des gesamten Instrumentariums der Auslegung von Vertrag und Willenserklärung zu lösen.

73

---

[129] BGH v. 10.12.1998 - IX ZR 262/97 - LM BGB § 242 (Ba) Nr. 99 (5/1999) - Ausfallverhütungsgarantie.
[130] BGH v. 22.03.2011 - II ZR 271/08 - juris Rn. 27 - BGHZ 189, 45-56.
[131] BGH v. 14.10.1991 - II ZR 249/90 - LM AktG 1965 § 246 Nr. 4 (6/1992): aktienrechtliche Anfechtungsklage; ferner BGH v. 18.12.1989 - II ZR 254/88 - LM Nr. 2 zu § 340a AktG 1965; BGH v. 29.10.1990 - II ZR 146/89 - LM Nr. 3 zu § 340a AktG 1965.
[132] BGH v. 20.09.1993 - II ZR 151/92 - BGHZ 123, 289-296.
[133] Etwa BGH v. 08.07.1991 - II ZR 65/90 - LM BGB § 242 (Cc) Nr. 51 (7/1992).
[134] BGH v. 12.01.2011 - XII ZR 83/08 juris Rn 17 - BGHZ 188, 50-71.
[135] BGH v. 08.07.1970 - VIII ZR 28/69 - BGHZ 54, 222-226; BGH v. 10.12.2007 - II ZR 239/05 - BGHZ 175, 12-28.
[136] Zur sog. Vermögensvermischung etwa BGH v. 14.11.2005 - II ZR 178/03 - NJW 2006, 1344-1347.
[137] Vgl. z.B. BGH v. 16.07.2007 - II ZR 3/04 - BGHZ 173, 246-269 - TRIHOTEL; BGH v. 09.02.2009 - II ZR 292/07 - BGHZ 179, 344-361 - Sanitary: zum sog. Existenzvernichtenden Eingriff.

74 Im **Familienrecht** muss bei vertraglichen Vereinbarungen – neben der Prüfung, ob eine Parteidisposition gesetzlich überhaupt zulässig ist – zwar häufig auch Augenmerk auf die Frage gelegt werden, inwieweit die Berufung auf eine Vereinbarung wegen des besonderen Schutzes von Ehe und Familie sowie der Persönlichkeitsrechte nach den Umständen missbräuchlich ist.[138] Dies ist aber nicht schon allein wegen der familienrechtlichen Rechtsnatur oder des Bezugs der Vereinbarung zum Persönlichkeitsrecht der Parteien der Fall. So kann durch Vertrag eine Verpflichtung des Ehegatten begründet werden, nach Scheidung den gemeinsamen Ehenamen wieder abzulegen, sofern nicht zusätzliche Umstände eine Sittenwidrigkeit begründen. Die Berufung des anderen Ehegatten ist auch bei längerer Ehedauer nicht notwendig missbräuchlich.[139]

75 Das Ausmaß der zum Eingreifen von § 242 BGB erforderlichen Unredlichkeit hängt auch von dem Gewicht der einzuschränkenden Rechtsposition ab. So müssen für die Unzulässigkeit der Berufung auf die **Rechtskraft** eines unrichtigen Urteils besonders strenge Voraussetzungen gelten. Die Geltendmachung des Urteils muss zu mit dem Gerechtigkeitsgedanken schlechthin unvereinbaren Ergebnissen führen[140] – etwa (nach § 826 BGB) bei arglistigem Vorgehen im Mahnverfahren[141].

f. Mangelndes Eigeninteresse

76 Als Ausdruck mangelnder Rücksichtnahme sind auch die Fälle **mangelnden Eigeninteresses** zu werten, die vorliegen, wenn eine Person weitreichende, für die andere Seite schwerwiegende Rechtsfolgen geltend macht, obschon der hierfür (formal ausreichende) Grund dazu wegen seiner Geringfügigkeit redlicherweise keinen Anlass gibt.[142] Dieser in § 242 BGB wurzelnde Gedanke hat normativ auch durch § 640 Abs. 2 Satz 2 BGB ausdrückliche Anerkennung gefunden. Mangelndes Eigeninteresse liegt auch vor, wenn die eine Seite – unterhalb der Schwelle des § 226 BGB – ohne jedes Eigeninteresse beachtliche Interessen der anderen verletzt.[143] Oftmals lassen sich diese Fälle mangelnden Eigeninteresses ökonomisch quantifizieren. Allerdings können und müssen, insbesondere bei einer dahin gehenden gesetzlichen Interessenbewertung, bei geringem ökonomischen Eigeninteresse auch andere Interessen des Gläubigers berücksichtigt werden.[144]

77 Grundsätzlich keine Formalität ist das **Kündigungserfordernis**, weil das Erfordernis einer Kündigungserklärung (wie bei jeder Gestaltungserklärung) der Rechtssicherheit für die andere Seite und für den Rechtsverkehr dient. Hängt die Verteidigung gegen einen vertraglichen Anspruch von einer Kündigung ab, so kann dieser auch bei Bestehen eines Kündigungsrechts der Gegenseite weiter geltend gemacht werden. Anders kann es allenfalls dann liegen, wenn nur eine Seite verpflichtet ist und das Kündigungsrecht dieser Partei zweifelsfrei ist.[145]

g. Grenzen

78 Das Gebot der Rücksichtnahme bei der Rechtsausübung gilt aber keineswegs ohne **Grenzen**. Jede Vertragspartei darf ihre **eigenen Interessen** insbesondere insoweit verfolgen, als diese durch das maßgebende Rechtsverhältnis nicht begrenzt werden. Kommt sie der anderen Seite nur beschränkt (oder nur unter einer die Rechte der anderen Seite einschränkenden Maßgabe) entgegen, so ist das nicht ohne weiteres missbilligenswert.[146] Deshalb trifft einen Sicherungsnehmer keine Pflicht gegenüber dem Bürgen, die Wirksamkeit anderer Sicherheiten zu gewährleisten.[147] Bei der Auswahl zwischen der Verwertung unterschiedlicher Sicherheiten kann er grundsätzlich so vorgehen, wie es nach seiner Über-

---

[138] Z.B. BGH v. 30.11.1994 - XII ZR 226/93 - LM BGB § 242 (Cd) Nr. 340 (6/1995): unzulässige Berufung auf Unterhaltsverzicht.
[139] BGH v. 06.02.2008 - XII ZR 185/05 - juris Rn. 26 - BGHZ 175, 173-182.
[140] BGH v. 24.06.1993 - III ZR 43/92 - juris Rn. 21 - LM ZPO § 322 Nr. 136 (1/1994).
[141] BGH v. 24.09.1987 - III ZR 187/86 - BGHZ 101, 380-393.
[142] BGH v. 25.01.1996 - VII ZR 26/95 - LM BGB § 640 Nr. 15 (6/1996). Hierunter fällt es beispielsweise, wenn eine Anfechtung als treuwidrig angesehen werden kann, wenn der Anfechtungsgrund zum Zeitpunkt der Anfechtung endgültig weggefallen ist, vgl. BGH v. 11.03.1992 - VIII ZR 291/90 - LM BGB § 123 Nr. 74 (10/1992).
[143] BGH v. 24.02.1994 - IX ZR 120/93 - juris Rn. 18 - LM ZPO § 108 Nr. 7 (8/1994): Austausch der Prozessbürgschaft.
[144] BGH v. 03.03.2004 - VIII ZR 149/03 - juris Rn. 34 - NJW 2004, 1738-1740.
[145] BGH v. 26.09.1996 - I ZR 265/95 - BGHZ 133, 316-330; anders etwa im Falle BGH v. 06.07.2000 - I ZR 243/97 - LM UWG § 13 Nr. 106 (2/2001).
[146] BGH v. 18.09.1996 - XII ZB 206/94 - LM BGB § 138 (Aa) Nr. 53 (1/1997).
[147] BGH v. 17.03.1994 - IX ZR 174/93 - LM BGB § 765 Nr. 9495 (9/1994).

zeugung zu einer möglichst effektiven Verwirklichung seiner Sicherungsinteressen dient. Er ist insbesondere nicht gehalten, vorrangig auf die durch den Schuldner selbst gestellten Sicherheiten zuzugreifen (bzw. Zahlungen auf die durch Schuldnervermögen gesicherten Forderungen zu verrechnen), bevor er die von Dritten gestellten verwertet.[148] Gläubiger, die einem außergerichtlichen Sanierungsvergleich nicht zugestimmt haben, handeln grundsätzlich nicht rechtsmissbräuchlich, wenn sie sich (als sog. Akkordstörer) hieran nicht beteiligen und ihre Forderungen in vollem Umfang durchsetzen.[149] Im Gesellschaftsrecht ist der Gläubiger nicht daran gehindert, im Konkurs der Gesellschaft (auch nach Anmeldung seiner Forderung zur Tabelle) Befriedigung aus dem Gesellschaftervermögen zu suchen.[150] Ebenso hat die Rechtsprechung es beispielsweise für legitim gehalten, wenn der abmahnende Gläubiger eines wettbewerbsrechtlichen Unterlassungsanspruchs auf die negative Feststellungsklage des Schuldners nicht mit einer Leistungswiderklage vor demselben Gericht, sondern mit einer eigenständigen Leistungsklage vor dem Gericht seiner Wahl antwortet.[151]

Der Schutzwürdigkeit gegenüber fremder Unredlichkeit kann die **eigene Unredlichkeit** oder die Unrechtmäßigkeit des eigenen Verhaltens entgegenstehen. So kann der Mieter zwar grundsätzlich verlangen, dass ihm der Vermieter im Falle der Kündigung eine freie Alternativwohnung im selben Haus oder derselben Wohnanlage anbietet.[152] Das gilt aber nur bis zum Ende der Kündigungsfrist, damit der unrechtmäßig in der Wohnung verbliebene Mieter nicht privilegiert wird.[153]   79

h. Erfordernis schützenswerten Vertrauens

Zu den beachtlichen Gesichtspunkten bei der unredlichen Rechtsausübung gehört auch das Prinzip des **Vertrauensschutzes**. Hier sind einerseits die durch die Gegenseite geschaffenen Vertrauenstatbestände von Bedeutung, die auch dem Verbot widersprüchlichen Verhaltens (vgl. Rn. 56) sowie den Grundsätzen der Verwirkung (vgl. Rn. 91) zugrunde liegen. Vertrauensschutz kann ferner im Hinblick auf bestimmte objektive äußere Rahmenbedingungen indiziert werden, was insbesondere im Rahmen der Geschäftsgrundlagenlehre Bedeutung entfaltet.   80

Soweit es um das allgemeine Vertrauen der Parteien in die Kontinuität der Rechtsprechung geht, ist hervorzuheben, dass diese grundsätzlich von den Parteien in ihrer jeweils aktuellen Fassung hingenommen werden muss. Die Berufung auf eine **Änderung der Rechtsprechung** ist prinzipiell nicht treuwidrig. Im Hinblick auf § 242 BGB kann etwaigen Schutzbedürfnissen nach den allgemeinen Grundsätzen der Geschäftsgrundlagenlehre (vgl. die Kommentierung zu § 313 BGB), der unzulässigen Rechtsausübung oder der Verwirkung (vgl. Rn. 91) Rechnung getragen werden. Ein darüber hinausgehender besonderer Schutz des Vertrauens in den Bestand einer höchstrichterlichen Rechtsprechung wird nur bei drohender Existenzvernichtung, insbesondere im Rahmen von Dauerschuldverhältnissen mit Versorgungscharakter, anerkannt.[154]   81

3. Inhaltskontrolle außerhalb des AGB-Rechts

In Fällen der **Störung der rechtsgeschäftlichen Entscheidungsfreiheit** stellt sich die Frage, inwieweit § 242 BGB als Grundlage einer richterlichen Vertragskontrolle eingreifen kann. Dabei ist zu berücksichtigen, dass eine allgemeine richterliche Vertragskontrolle mit dem Prinzip der Privatautonomie nicht vereinbar wäre. Eine derartige Kontrolle kommt deshalb nur in Betracht, wenn eine Störung der Entscheidungsfreiheit von einer solchen Schwere vorliegt, dass die Vertragsbindung nicht mehr als Ergebnis privatautonomer Bindung gerechtfertigt werden kann. Hierfür kann gegebenenfalls neben § 138 BGB auch § 242 BGB als Grundlage dienen.   82

Aufgrund der hier primär rechtsbeschränkenden Wirkung des § 242 BGB handelt es sich dem dogmatischen Ausgangspunkt nach um eine Ausübungskontrolle hinsichtlich vertraglicher Rechte, die nur dem Ergebnis nach einer Inhaltskontrolle gleichkommt. Eine solche Kontrolle nimmt die Rechtsprechung insbesondere in Fällen vor, in denen das AGB-Recht nicht zur Anwendung kommt. Dies gilt, soweit nicht das AGB-Recht eingreift, für die auf mangelnder Aufklärung beruhenden Fälle des so ge-   83

---

[148] BGH v. 29.04.1997 - XI ZR 176/96 - LM BGB § 242 (A) Nr. 82 (10/1997); BGH v. 27.04.1993 - XI ZR 120/92 - LM BGB § 242 (Be) Nr. 79 (1/1994).
[149] BGH v. 12.12.1991 - IX ZR 178/91 - BGHZ 116, 319-333.
[150] BGH v. 21.01.1993 - IX ZR 275/91 - juris Rn. 38 - BGHZ 121, 179-194.
[151] BGH v. 07.07.1994 - I ZR 30/92 - LM ZPO § 256 Nr. 184 (2/1995).
[152] BGH v. 09.07.2003 - VIII ZR 276/02 - NJW 2003, 2604.
[153] BGH v. 09.07.2003 - VIII ZR 311/02 - NJW 2003, 2604-2605.
[154] BGH v. 29.02.1996 - IX ZR 153/95 - juris Rn. 27 - BGHZ 132, 119-132.

nannten formelhaften Gewährleistungsausschlusses bei Immobilienkaufverträgen.[155] Zu nennen sind etwa Verbandsnormen, welche die Rechtsstellung der Mitglieder regeln, wenn es sich um einen sozial mächtigen Verband handelt und das Mitglied auf die Verbandszugehörigkeit angewiesen ist[156], oder die Rechtsausübungskontrolle bei Eheverträgen[157]. Auch im Gesellschaftsrecht[158] oder bei Vereinbarungen und Beschlüssen von Wohnungseigentümern[159] kann es in bestimmten Fällen zu einer Billigkeitskontrolle kommen.

4. Berufung auf Formunwirksamkeit

84   Hier gilt das Prinzip, dass eine Berufung auf die Formunwirksamkeit **grundsätzlich nicht rechtsmissbräuchlich** ist, da sonst der Zweck der gesetzlichen Formerfordernisse nicht gewahrt würde.[160] Anders hat die Rechtsprechung allerdings formunwirksame Hofübergabeverträge beurteilt.[161] Auch außerhalb dieses Sonderfalls kann die Berufung auf die Formunwirksamkeit ausnahmsweise treuwidrig sein. Dies gilt insbesondere in den Fällen einer schweren Treuwidrigkeit, etwa durch arglistige oder sonst unredliche Vereitelung der Einhaltung der Form,[162] und der Existenzgefährdung[163]. Hierunter kann es auch fallen, wenn eine Partei über längere Zeit Vorteile aus einem Vertrag gezogen hat und sich nun ihrerseits der Erfüllung ihrer vertraglichen Verpflichtungen entziehen will. Dies kann zu bejahen sein bei einem bürgenden Gesellschafter, der über Jahre hinweg von der Kreditgewährung an die Gesellschaft profitiert hat und sich nunmehr seiner Bürgschaftspflicht entziehen will.[164] Ausnahmsweise ist es auch möglich, dass dem sachlichen Anliegen des Formerfordernisses bereits durch ein anderes Rechtsgeschäft Genüge getan wurde.[165]

85   Die nur **fahrlässige Veranlassung** einer Formverletzung sperrt regelmäßig nicht die Berufung auf die Unwirksamkeit, kann aber einen Schadensersatzanspruch aus Verschulden bei Vertragsschluss begründen (§ 280 Abs. 1 BGB i.V.m. § 311 Abs. 2 BGB und § 241 Abs. 2 BGB).[166]

5. Alsbaldige Rückgewährpflicht

86   Wer etwas einfordert, was er ohnehin sofort wieder zurückgeben muss, handelt unredlich, indem er den fraglichen Anspruch geltend macht („dolo agit, qui petit, quod statim redditurus est"). So steht es der Geltendmachung eines Anspruchs aus Gefährdungshaftung entgegen, wenn der Anspruchsteller aufgrund seines eigenen oder aufgrund eines zugerechneten Verschuldens der anderen Seite zum Ersatz des aus der Inanspruchnahme folgenden Schadens verpflichtet ist.[167] Vergleichbar sind auch Fälle, in denen sich eine Partei auf die Unwirksamkeit eines Rechtsgeschäfts beruft, das sie mit der anderen Par-

---

[155] Zusammenfassend BGH v. 06.10.2005 - VII ZR 117/04 - juris Rn. 20 - BGHZ 164, 225-235.
[156] BGH v. 24.10.1988 - II ZR 311/87 - BGHZ 105, 306-324; BGH v. 10.09.2003 - IV ZR 387/02 - MDR 2003, 1415-1416: Satzung der Krankenversorgung der Bahnbeamten.
[157] BGH v. 11.02.2004 - XII ZR 265/02 - juris Rn. 34 - BGHZ 158, 81-110.
[158] Z.B. BGH v. 24.05.1993 - II ZR 36/92 - LM BGB § 242 (Ba) Nr. 90 (10/1993): Abfindungsklausel.
[159] BGH v. 22.01.2004 - V ZB 51/03 - juris Rn. 26 - BGHZ 157, 322-335.
[160] BGH v. 29.02.1996 - IX ZR 153/95 - juris Rn. 21 - BGHZ 132, 119-132; BGH v. 10.12.1993 - V ZR 158/92 - juris Rn. 13 - BGHZ 124, 321-327; BGH v. 31.01.1991 - III ZR 150/88 - juris Rn. 52 - LM Nr. 31 zu EGÜbK; BGH v. 27.06.1988 - II ZR 143/87 - juris Rn. 16 - LM Nr. 18 zu GmbHG § 13.
[161] BGH v. 16.10.1992 - V ZR 125/91 - BGHZ 119, 387-392; BGH v. 05.05.1983 - V BLw 12/82 - BGHZ 87, 237-239.
[162] BGH v. 20.03.1996 - IV ZR 366/94 - juris Rn. 19 - LM BGB § 203 Nr. 29 (8/1996); ähnlich liegt es in den Fällen, in denen Vorschriften des DDR-Rechts die Einhaltung der Form faktisch vereitelt haben, etwa BGH v. 10.12.1993 - V ZR 158/92 - juris Rn. 13 - BGHZ 124, 321-327; BGH v. 21.02.1992 - V ZR 273/90 - LM ZPO § 256 Nr. 171 (1/1993) stellt den Fall einer arglistigen Aufdeckung der Formunwirksamkeit gleich.
[163] BGH v. 23.06.1994 - VII ZR 167/93 - juris Rn. 16 - LM BGB § 242 (Ca) Nr. 56 (2/1995).
[164] BGH v. 29.02.1996 - IX ZR 153/95 - BGHZ 132, 119-132.
[165] BGH v. 10.07.1987 - V ZR 284/85 - NJW 1988, 130-132: unzulässige Berufung auf fehlende notarielle Beurkundung eines Anerkenntnisvertrags über eine Grundstückskaufpreisforderung nach § 781 Satz 3 BGB bei notarieller Beurkundung der Anerkennung als solcher.
[166] BGH v. 27.06.1988 - II ZR 143/87 - juris Rn. 17 - LM Nr. 18 zu GmbHG § 13.
[167] BGH v. 03.12.1991 - VI ZR 48/91 - LM BGB § 323 (Aa) Nr. 134 (8/1992); BGH v. 03.12.1991 - VI ZR 378/90 - juris Rn. 10 - BGHZ 116, 200-209.

tei vorzunehmen verpflichtet war.[168] Die Einrede der alsbaldigen Rückgewährpflicht gilt aber nicht, soweit dieser Einwand durch **besondere gesetzliche Vorschriften** wie diejenige über den Vorrang possessorischer Rechte in § 863 BGB ausgeschlossen ist.

Denkbar ist auch die **umgekehrte Konstellation**: Die Rückforderung eines Darlehens kann rechtsmissbräuchlich sein, wenn der Empfänger ursprünglich einen (nunmehr erloschenen) Anspruch auf eine Zuwendung hatte.[169]

6. Notstand

Nicht abschließend gesichert ist, inwieweit sich ein Schuldner gegenüber einem **Forderungsrecht** unter Berufung auf einen Notstand verteidigen kann. Zwar greifen die im BGB geregelten Fälle des Notstands insbesondere bei Geldforderungen nicht ein, da sie den (defensiven oder aggressiven) Sachnotstand (§ 228 BGB oder § 904 BGB) betreffen. Auch § 34 StGB kann nicht angewandt werden. Dass diese Vorschrift auch die zivilrechtliche Rechtmäßigkeit der unter ihre Voraussetzungen fallenden Handlungen erfasst, ist allgemein anerkannt.[170] Sie betrifft aber nur Fälle, in denen es um die Rechtfertigung eines bereits vollzogenen Eingriffs in Rechtsgüter eines anderen geht, greift jedoch nicht, wenn die Verteidigung gegen eine Forderung zu beurteilen ist. Allerdings haben gewichtige Stimmen in Rechtsprechung und Literatur die Existenz eines allgemeinen zivilrechtlichen Notstandsprinzips anerkannt. So hat das BAG unter anderem einer Gesamtanalogie zu den bürgerlich-rechtlichen Notstandsvorschriften in § 228 BGB und § 904 BGB das Prinzip entnommen, dass der Schuldner eine Vertragserfüllung verweigern kann, soweit die Erfüllung für ihn zu einer existenzbedrohenden Zwangslage führt.[171] Hieraus wird in der Literatur auf die Möglichkeit eines allgemeinen zivilrechtlichen Notstandsprinzips geschlossen,[172] dessen normative Grundlage zum Teil (mit Recht) nicht in einer Rechtsanalogie zum Notstandsrecht, sondern in § 242 BGB gesehen wird[173].

7. Ausübungskontrolle bei allgemeinen Geschäftsbedingungen

Allgemeine Geschäftsbedingungen, die den Vertragspartner entgegen Treu und Glauben unangemessen benachteiligen, sind nach § 307 Abs. 1 BGB grundsätzlich unwirksam. Eine solche Unwirksamkeit kann sich auch daraus ergeben, dass eine Klausel in bestimmten einzelnen Fällen oder Fallgruppen unangemessene Ergebnisse zeitigt. Allerdings hat die Rechtsprechung dann, wenn eine Klausel nach dem abstrakt generellen Maßstab des AGB-Rechts, insbesondere des § 307 Abs. 1 BGB, an sich wirksam ist, jedoch in einem bestimmten Fall unangemessene Ergebnisse zeitigt, § 242 BGB angewandt. Zwar wird angenommen, die Klausel bleibe wirksam. Es könne jedoch dem Verwender nach dem allgemeinen Grundsatz von Treu und Glauben nach § 242 BGB verwehrt sein, sich auf diese Wirksamkeit zu berufen – sog. **Ausübungskontrolle** allgemeiner Geschäftsbedingungen.[174] Eine solche Ausübungskontrolle kommt in erster Linie dann in Betracht, wenn aufgrund der Besonderheit der fraglichen Fallkonstellation eine für diesen Fall greifende Ausnahmeregelung in den AGB selbst nicht erwartet werden kann. So versagt der BGH dem Verwender die Berufung auf ein als wirksam angesehenes Aufrechnungsverbot dann, wenn das Bestehen der Gegenforderung entscheidungsreif feststeht.[175] Im Anwendungsbereich von § 310 Abs. 3 Nr. 3 BGB sind allerdings ohnehin schon alle den Vertragsschluss begleitenden Einzelfallumstände zu berücksichtigen. Soweit diese zur Unwirksamkeit führen, ist für die Beschränkung auf eine Ausübungskontrolle kein Raum.

Praktisch bestehen vor allem zwei **Unterschiede zur AGB-Inhaltskontrolle**. Solange die Rechtsprechung eine Klausel als grundsätzlich wirksam ansieht und lediglich eine Ausübungskontrolle vornimmt, besteht kein Anlass (oder jedenfalls nicht ohne weiteres Anlass) für den Verwender, seine AGB zu ändern. Außerdem ermöglicht die AGB-Ausübungskontrolle keine Verbandsklage nach den Vor-

---

[168] BGH v. 02.12.2003 - XI ZR 421/02 - WM 2004, 372-376; BGH v. 22.10.2003 - IV ZR 398/02 - NJW 2004, 59-62.
[169] BGH v. 23.01.1996 - XI ZR 155/95 - juris Rn. 13 - LM BGB § 1004 (Cd) Nr. 344 (6/1996).
[170] *Wolf*, Allgemeiner Teil des Bürgerlichen Rechts, 8. Aufl. 1997, § 19 Rn. 41; *Ellenberger* in: Palandt, § 228 Rn. 2; *Grothe* in: MünchKomm-BGB, § 228 Rn. 2; *Fahse* in: Soergel, § 228 Rn. 2.
[171] BAG v. 22.12.1982 - 2 AZR 282/82 - NJW 1983, 2782-2784.
[172] *Ellenberger* in: Palandt, § 228 Rn. 2.
[173] *Henssler*, AcP 190, 538-571, 545; *Heussler/Rüthers*, AP Nr. 9 zu § 1 KSchG 1969 Personenbedingte Kündigung.
[174] *Bunte*, NJW 1987, 921-928, 925 f.
[175] BGH v. 18.06.2002 - XI ZR 160/01 - juris Rn. 10 - NJW 2002, 2779; BGH v. 17.02.1986 - II ZR 285/84 - NJW 1986, 1757-1758.

schriften des UKlaG. Daraus folgt unter anderem, dass das Mittel der bloßen Ausübungskontrolle nicht ausreicht, um etwaigen Anforderungen aus Art. 7 RL 1993/13/EWG des Rates v. 05.04.1993 zu genügen, da dieser die Möglichkeit einer Verbandsklage verlangt; soweit sich Anforderungen aus dieser Richtlinie ergeben, muss diesen also mit der AGB-Inhaltskontrolle entsprochen werden.

IV. Verwirkung

1. Allgemeines

91 Eine Fallgruppe der unzulässigen Rechtsausübung bildet der Tatbestand der Verwirkung (vgl. Rn. 92). Die Verwirkung ist als Sondertatbestand der unzulässigen Rechtsausübung dadurch gekennzeichnet, dass sie eingreift, wenn es nach den Umständen – insbesondere aufgrund eines Zeitablaufs – treuwidrig wäre, wenn der Inhaber seine Rechte nunmehr noch geltend machte. Deswegen kann man das Eingreifen der Verwirkungsgrundsätze nach § 242 BGB darauf stützen, dass ein Fall illoyaler Verspätung vorliegt.[176] Allerdings ist der bloße Zeitablauf für sich genommen grundsätzlich nicht geeignet, die Rechtsfolgen der Verwirkung auszulösen. Vielmehr ist für eine Verwirkung von Ansprüchen und sonstigen Rechten jedenfalls erforderlich, dass besondere, auf dem Verhalten des Berechtigten beruhende Umstände vorliegen, die ihrerseits ein Vertrauen des Verpflichteten rechtfertigen, der Berechtigte werde seine Ansprüche nicht mehr geltend machen.

2. Tatbestand

92 Der Tatbestand der Verwirkung setzt nach seiner Definition als Fall der illoyalen Verspätung zweierlei voraus, nämlich einmal einen bestimmten Zeitablauf (Verspätung) – **„Zeitmoment"** – und zum anderen ein zurechenbares vertrauensbildendes Vorverhalten des Berechtigten – **„Umstandsmoment"**[177], das eine Rechtsausübung nunmehr als illoyal erscheinen lässt. Die bloße Untätigkeit des Berechtigten während eines Zeitraums, der insbesondere bei kurzen Verjährungsfristen nicht einmal zur Verjährung führt, ist nicht ausreichend, eine Verwirkung des Anspruchs zu begründen.[178] Im Rahmen des Umstandsmoments muss neben der Frage des zurechenbar geschaffenen Vertrauenstatbestands auch die Schutzwürdigkeit des Vertrauens geprüft werden. Der Verpflichtete muss sich im Vertrauen auf das Verhalten des Berechtigten so eingerichtet haben, dass ihm durch die verspätete Durchsetzung des Rechts ein unzumutbarer Nachteil entstehen würde.[179]

93 Zwischen dem Zeitmoment und dem Umstandsmoment der Verwirkung besteht ein **Zusammenhang**. Einmal muss der Umfang des Zeitmoments als solcher geeignet sein, die späte Geltendmachung des Rechts als treuwidrig erscheinen zu lassen. Zum anderen gilt, dass das Zuwarten des Berechtigten mit zunehmender Dauer immer stärker geeignet ist, eine spätere Inanspruchnahme als treuwidrig erscheinen zu lassen.[180]

3. Verhältnis zur Verjährung

94 Die Grundsätze zur Verjährung stehen neben denjenigen zur Verwirkung. Beide beruhen jedenfalls zum Teil auf **unterschiedlichen Wertungen**, so dass die Verjährungsregeln nicht als speziellere Regelung anzusehen sind, welche eine Verwirkung nach § 242 BGB demgemäß auch nicht ausschließen. Zwar beruht die Verjährung wie die Verwirkung auch auf dem Gesichtspunkt der illoyalen Verspätung, der insbesondere im subjektiven System des Verjährungsrechts nach § 199 BGB zum Ausdruck kommt. Allerdings dient das Verjährungsrecht zugleich dem Zweck, den vermeintlich Verpflichteten von der Abwehr von unberechtigten Ansprüchen aus der Vergangenheit zu entlasten, deren Erlöschen, insbesondere durch Erfüllung, sich nur noch schwer beweisen lässt. Zudem soll die Justiz von derartigen Verfahren auf obskurer Grundlage verschont bleiben.

95 Allerdings ist der Verwirkungsgedanke im Verjährungsrecht durch fixe Fristen stärker formalisiert. Deshalb ist es nicht ausgeschlossen, dass ein Anspruch bereits durch Begründung eines entsprechenden Vertrauenstatbestands verwirkt ist, selbst wenn Verjährung noch nicht eingetreten ist. Jedoch dürfen die Wertungen des Verjährungsrechts nicht über eine Anwendung von § 242 BGB ausgehöhlt werden. Eine bloße Untätigkeit während eines Zeitraums, der nicht einmal kurze Verjährungsfristen verstrei-

---

[176] BGH v. 27.06.1957 - II ZR 15/56 - juris Rn. 13 - BGHZ 25, 47-55.
[177] BGH v. 26.02.1996 - II ZR 77/95 - BGHZ 132, 34-96.
[178] Etwa BGH v. 20.10.1988 - VII ZR 302/87 - BGHZ 105, 290-299.
[179] BGH v. 06.03.1986 - III ZR 195/84 - BGHZ 97, 212-223.
[180] BGH v. 19.12.2000 - X ZR 150/98 - juris Rn. 43 - BGHZ 146, 218-228.

chen lässt, ist daher – wie schon angesprochen (vgl. Rn. 92) – grundsätzlich nicht geeignet, eine Verwirkung zu rechtfertigen.[181] Die Anerkennung der Grundsätze der Verwirkung neben dem Institut der Verjährung rechtfertigt sich demgemäß – neben der stärkeren Bedeutung des Vertrauenselements bei der Verwirkung – auch daraus, dass diese auch auf solche Rechtspositionen Anwendung findet, die **keiner Verjährung** oder sonstigen Frist[182] unterliegen. Das gilt z.B. für die Geltendmachung von Rechten aus Rechtsverhältnissen, die ihrerseits nicht der Verjährung unterliegen.[183]

Da es im Anwendungsbereich des § 199 BGB, also im Bereich der **regelmäßigen Verjährung**, auf die Kenntnis oder grob fahrlässige Unkenntnis vom Bestehen des Anspruchs ankommt, um den Lauf der Verjährungsfristen auszulösen, und da ferner die regelmäßige Verjährungsfrist nach § 195 BGB nur noch drei Jahre statt dreißig Jahre beträgt, kann eine Verwirkung hier nur noch ausnahmsweise vorkommen – schlechthin ausgeschlossen ist sie aber nicht. Dies kann etwa dann gelten, wenn der Berechtigte den Eindruck hervorruft, seine etwaigen Ansprüche zu überblicken, dies aber tatsächlich nicht der Fall ist, und der Verpflichtete sich auf die Nichtgeltendmachung einrichtet. 96

4. Gegenstand der Verwirkung

Als Gegenstand der Verwirkung kommen in erster Linie **Ansprüche** in Betracht, auch solche außerhalb des Schuldrechts.[184] Vom Anspruch zu unterscheiden ist die hieraus resultierende Klagebefugnis, die – soweit sie der Durchsetzung eines Anspruchs dient – generell nicht der Verwirkung unterliegt.[185] Die auf einen verwirkten Anspruch gestützte Klage ist also lediglich unbegründet, nicht schon unzulässig. 97

Eine Verwirkung kann aber auch bei **anderen subjektiven Rechten** eintreten. Dazu zählen etwa Gestaltungsrechte,[186] die Anfechtungsbefugnis gegenüber Gesellschaftsbeschlüssen[187] oder gewerbliche Schutzrechte[188]. Bei Patentrechten ist allerdings im Hinblick auf den Zweck der hier geltenden kurzen Laufzeit eine gewisse Zurückhaltung geboten.[189] Ein allgemeiner Satz, dass die Verwirkung des Patentverletzungsanspruchs Bereicherungsansprüche unberührt lässt, besteht nicht[190]. 98

Auch **prozessuale Befugnisse** können verwirkt werden;[191] das Gleiche gilt für die Möglichkeit der Geltendmachung einer bestimmten prozessualen Rechtslage[192]. Das gilt allerdings nicht für die nicht fristgebundene Beschwerde in Grundbuchsachen.[193] Anwendbar sind die Grundsätze zur Verwirkung 99

---

[181] BGH v. 06.12.1988 - XI ZR 19/88 - LM Nr. 46 zu § 242 (Cc) BGB; BGH v. 20.10.1988 - VII ZR 302/87 - juris Rn. 28 - BGHZ 105, 290-299: im Zusammenhang mit der zweijährigen VOB/B-Verjährung; BGH v. 16.06.1982 - IVb ZR 709/80 - BGHZ 84, 280-284: betreffend eine vierjährige Verjährung.
[182] BGH v. 25.10.1967 - V ZB 3/67 - juris Rn. 12 - BGHZ 48, 351-356: Verwirkung eines nicht fristgebundenen Beschwerderechts.
[183] BGH v. 01.03.1999 - II ZR 205/98 - LM BGB § 242 (Cc) Nr. 61 (10/1999): Klage auf Feststellung, dass Beklagte nicht Geschäftsführer einer GmbH.
[184] BGH v. 20.02.1975 - VI ZR 183/74 - NJW 1975, 1032-1033: Verwirkung erbrechtlicher Ansprüche nach 24 Jahren Untätigkeit; BGH v. 16.03.1979 - V ZR 38/75 - WM 1979, 644: Beseitigungsanspruch bei Überbau.
[185] BGH v. 21.02.1990 - VIII ZR 216/89 - LM Nr. 91 zu § 253 ZPO.
[186] BGH v. 18.10.2001 - I ZR 91/99 - LM BGB § 242 (Cc) Nr. 65 (9/2002); BGH v. 15.12.1993 - VIII ZR 157/92 - LM HGB § 89a Nr. 33 (4/1994): zur Verwirkung des Kündigungsrechts beim Vertragshändlervertrag; BGH v. 11.10.1968 - V ZR 121/67 - BB 1969, 383-384.
[187] BGH v. 07.06.1999 - II ZR 278/98 - LM BGB § 242 (Cc) Nr. 62 (11/1999); BGH v. 26.02.1996 - II ZR 77/95 - BGHZ 132, 84-96; ferner BGH v. 01.03.1999 - II ZR 205/98 - LM BGB § 242 (Cc) Nr. 61 (10/1999): Klage auf Feststellung, dass Beklagte nicht Geschäftsführer einer GmbH.
[188] BGH v. 19.12.2000 - X ZR 150/98 - juris Rn. 21 - BGHZ 146, 218-228; BGH v. 30.06.1976 - I ZR 63/75 - BGHZ 67, 56-69: Urheberrechte; BGH v. 15.06.1956 - I ZR 71/54 - BGHZ 21, 66-85: Kennzeichenrechte; BGH v. 21.12.1954 - I ZR 36/53 - BGHZ 16, 82-95: Ausstattungsrechte.
[189] BGH v. 19.12.2000 - X ZR 150/98 - juris Rn. 48 - BGHZ 146, 218-228.
[190] BGH v. 19.12.2000 - X ZR 150/98 - juris Rn. 21 - BGHZ 146, 218-228.
[191] BGH v. 25.10.1967 - V ZB 3/67 - juris Rn. 12 - BGHZ 48, 351-356: Verwirkung eines nicht fristgebundenen Beschwerderechts.
[192] BGH v. 10.03.1956 - IV ZR 336/55 - BGHZ 20, 198-209.
[193] BGH v. 25.10.1967 - V ZB 3/67 - juris Rn. 12 - BGHZ 48, 351-356: Verwirkung eines nicht fristgebundenen Beschwerderechts.

auch im öffentlichen Recht, so dass auch gegenüber Hoheitsträgern der Verwirkungstatbestand greifen kann.[194]

100 Der Anwendbarkeit der Grundsätze der Verwirkung kann es entgegenstehen, wenn dem Inhaber ein Recht **nicht im eigenen Interesse** eingeräumt ist. Deshalb ist die Verwirkung von Unterlassungsansprüchen nach § 13 UWG oder nach dem UKlaG grundsätzlich ausgeschlossen, zumal die klagebefugten Verbände auch zur Ausstellung von Unbedenklichkeitstestaten nicht befugt sind.[195] Ausnahmsweise kann das durch ein Recht geschützte Rechtsgut, obwohl privatnützig, von einem derartigen Allgemeininteresse sein, dass eine Verwirkung gänzlich ausgeschlossen ist.[196]

101 Die den subjektiven Rechten zugrunde liegenden **Rechtsverhältnisse** sind kein möglicher Gegenstand einer Verwirkung; eine solche ist nur hinsichtlich der aus dem Rechtsverhältnis folgenden Rechte möglich.[197]

5. Zeitmoment

102 Zum Zeitmoment lassen sich nur schwer allgemeine Feststellungen treffen; ein fest bemessener Zeitraum lässt sich nicht bestimmen. Vielmehr ergibt sich der jeweilige Zeitraum aus der Gesamtwürdigung der Umstände.[198] Enthält der Vertrag Regelungen oder Anhaltspunkte, so ist von diesen auszugehen.[199] Sonst kommt es in erster Linie auf das Verhalten des Berechtigten an, wobei namentlich ein Zuwarten bei der Geltendmachung oder Verfolgung von Rechten und Ansprüchen bedeutsam ist. Das Zeitmoment kann daran anknüpfen, dass von vornherein jede Aktivität des Berechtigten unterbleibt; möglich ist aber auch, dass ein Berechtigter zunächst tätig wird, alsdann jedoch durch Einstellung seiner Geltendmachungs- oder Rechtsverfolgungshandlungen den Eindruck erweckt, er werde von seinem Recht keinen Gebrauch mehr machen. Dann kann es auf diese Zwischenphase des Zuwartens ankommen. Wie diese Zwischenphase zu deuten ist, kann von den Umständen abhängen. Je nach Sachlage kann die bereits erfolgte Geltendmachung darauf hindeuten, dass der Berechtigte sein Recht jedenfalls geltend machen will; dann sind an die Berücksichtigung dieser Zwischenphase des Zuwartens strenge Voraussetzungen zu stellen. So können die Folgen eines einmal – durch Mahnung – begründeten **Verzugs** nur ausnahmsweise durch Verwirkung entfallen.[200] Dies ist etwa im Unterhaltsrecht bedeutsam, da hier gemäß § 1613 BGB nur unter den Voraussetzungen des Verzugs Unterhalt für die Vergangenheit verlangt werden kann.[201] Anders liegt es, wenn die Situation darauf hindeutet, dass sich ein Berechtigter mit der Erfolglosigkeit seiner Geltendmachung abgefunden hat.[202] Dies kann der Fall sein, wenn der Berechtigte zunächst erfolglos einstweiligen Rechtsschutz begehrt, und anschließend mit der Erhebung der Hauptsacheklage unbillig lange wartet.[203]

103 Als klaren **Fall** der Verwirklichung des Zeitmoments hat die Rechtsprechung ein Zuwarten von 14 Jahren bei einer Patentverletzung angesehen.[204] Offen gelassen hat der BGH das Ausreichen eines viereinhalbmonatigen Zuwartens bei Anfechtung eines Personengesellschaftsbeschlusses.[205] Ist das Recht (etwa bei einer außerordentlichen Kündigung) auf schnelle Ausübung angelegt, können auch schon sehr kurze Fristen eine Verwirkung begründen. Bei Vertragshändlerverträgen nimmt die Rechtspre-

---

[194] BGH v. 05.06.1961 - AnwZ (B) 11/61 - BGHZ 35, 190-199; vgl. auch BGH v. 22.11.1979 - VII ZR 31/79 - LM Nr. 36 zu § 242 BGB: Verwirkung des Rückforderungsanspruchs der öffentlichen Hand gegen Bauunternehmer wegen Überzahlung im Einzelfall verneinend.
[195] BGH v. 29.11.1995 - VIII ZR 293/94 - LM HGE § 87a Nr. 18 (3/1996).
[196] BGH v. 23.06.1994 - I ZR 15/92 - BGHZ 126, 237-296.
[197] BGH v. 01.07.1994 - BLw 95/93 - juris Rn. 18 - LM BGB § 242 (Cc) Nr. 58 (12/1994): Mitgliedschaft in einer Genossenschaft.
[198] BGH v. 22.03.1995 - XII ZR 20/94 - juris Rn. 8 - LM BGB § 284 Nr. 43 (8/1995).
[199] BGH v. 12.05.1978 - V ZR 199/75 - BGHZ 71, 206-212.
[200] BGH v. 22.03.1995 - XII ZR 20/94 - juris Rn. 8 - LM BGB § 284 Nr. 43 (8/1995).
[201] BGH v. 09.12.1987 - IVb ZR 99/86 - juris Rn. 22 - FamRZ 1988, 478-480.
[202] BGH v. 09.12.1987 - IVb ZR 99/86 - juris Rn. 22 - FamRZ 1988, 478-480.
[203] BGH v. 22.03.1995 - XII ZR 20/94 - juris Rn. 8 - LM BGB § 284 Nr. 43 (8/1995).
[204] BGH v. 19.12.2000 - X ZR 150/98 - juris Rn. 42 - BGHZ 146, 218-228; vgl. auch BGH v. 22.02.1952 - I ZR 117/51 - BGHZ 5, 189-197: 19 Jahre.
[205] BGH v. 07.06.1999 - II ZR 278/98 - LM BGB § 242 (Cc) Nr. 62 (11/1999).

chung eine Verwirkung des Rechts zur außerordentlichen Kündigung in der Regel schon nach zwei Monaten an.[206] Die bloße Untätigkeit während eines Zeitraums, der nicht einmal zur Verwirklichung einer kurzen Verjährungsfrist ausreicht, kann grundsätzlich nicht zur Verwirkung führen.[207]

Die Anforderungen an das Zeitmoment hängen allerdings auch von der **Art des Anspruchs** ab. Da Unterhaltsansprüche regelmäßig Bedürftigkeit voraussetzen, kann von einem Unterhaltsgläubiger grundsätzlich erwartet werden, dass er sich zeitnah um die Verwirklichung seiner Rechte bemüht.[208] Auch sonstige Umstände außerhalb des Verhaltens der Beteiligten können für das Zeitmoment bedeutsam sein. Auf öffentlich-rechtliche Aufbewahrungsfristen für Unterlagen kommt es grundsätzlich nicht an. 104

Von Bedeutung ist schließlich das **Verhalten des Verpflichteten**. Behandelt dieser eine Sache als nicht dringlich, so kann dies auch vom Berechtigten nicht ohne weiteres erwartet werden.[209] 105

6. Umstandsmoment

a. Verhalten des Berechtigten

Für das Umstandsmoment der Verwirkung ist erforderlich, dass der Verpflichtete aus dem Verhalten des Berechtigten bei objektiver Betrachtung, d.h. nach dem objektiven Erkenntnishorizont des Berechtigten, den Schluss ziehen durfte, dieser werde seine Rechte nicht mehr geltend machen.[210] Dabei kommt es in erster Linie auf eine objektive Würdigung des **Gesamtverhaltens des Berechtigten** an.[211] Hingegen ist der subjektive Wille – im Gegensatz zum rechtsgeschäftlichen Verzicht – unbeachtlich; die Verwirkung tritt auch ohne oder gegen den Willen des Berechtigten ein.[212] Dementsprechend sind strenge Anforderungen zu stellen. Insbesondere, aber keineswegs nur bei privaten Rechtsinhabern kommt nämlich in Betracht, dass diese ihre Rechte aus Bequemlichkeit, Sorglosigkeit oder Kulanz verspätet geltend machen,[213] was allenfalls nach längeren Zeitabläufen zu der Vermutung führen kann, die Rechte würden überhaupt nicht mehr geltend gemacht. 106

Das Umstandsmoment ist jedenfalls dann **nicht gegeben**, wenn der Berechtigte durch sein Verhalten erkennen lässt, dass er seine Rechtsposition geltend machen wird. Dies kann beispielsweise durch Rüge des rechtswidrigen Verhaltens der Gegenseite,[214] durch Androhung einer Klage[215] oder durch Führung eines Vorprozesses, der mit der betreffenden Frage in engem Zusammenhang steht,[216] geschehen. Bei Beschlüssen einer Gesellschafter- oder Hauptversammlung kann es darauf ankommen, ob der Gesellschafter den Eindruck erweckt, den Beschluss anzuerkennen, wie es umgekehrt einen Vertrauenstatbestand ausschließt, wenn er dem Beschluss widerspricht.[217] Toleriert der Berechtigte zunächst eine geringfügige Verletzung seiner Rechte, so rechtfertigt das nicht das Vertrauen darauf, er werde auch zukünftig Rechtsverletzungen unabhängig von ihrem Ausmaß hinnehmen.[218] Bei der Verwirkung prozessrechtlicher Befugnisse ist eine prozessuale Perspektive geboten; es kommt z.B. darauf an, ob die Beteiligten den durch die nunmehr angefochtene Entscheidung geschaffenen Zustand als endgültig ansehen durften.[219] 107

---

[206] Etwa BGH v. 15.12.1993 - VIII ZR 157/92 - LM HGB § 89a Nr. 33 (4/1994).
[207] BGH v. 20.10.1988 - VII ZR 302/87 - BGHZ 105, 290-299.
[208] BGH v. 10.12.2003 - XII ZR 155/01 - juris Rn. 11 - NotBZ 2004, 103; BGH v. 13.01.1988 - IVb ZR 7/87 - juris Rn. 15 - BGHZ 103, 62-71.
[209] BGH v. 07.06.1999 - II ZR 278/98 - juris Rn. 8 - LM BGB § 242 (Cc) Nr. 62 (11/1999).
[210] BGH v. 06.03.1986 - III ZR 195/84 - juris Rn. 36 - BGHZ 97, 212-223; BGH v. 27.06.1957 - II ZR 15/56 - juris Rn. 13 - BGHZ 25, 47-55.
[211] BGH v. 27.06.1957 - II ZR 15/56 - juris Rn. 13 - BGHZ 25, 47-55.
[212] BGH v. 27.06.1957 - II ZR 15/56 - juris Rn. 13 - BGHZ 25, 47-55.
[213] BGH v. 29.02.1984 - VIII ZR 310/82 - juris Rn. 10 - LM Nr. 85 zu § 535 BGB.
[214] BGH v. 07.06.1999 - II ZR 278/98 - juris Rn. 8 - LM BGB § 242 (Cc) Nr. 62 (11/1999).
[215] BGH v. 07.06.1999 - II ZR 278/98 - juris Rn. 8 - LM BGB § 242 (Cc) Nr. 62 (11/1999).
[216] BGH v. 07.06.1999 - II ZR 278/98 - juris Rn. 8 - LM BGB § 242 (Cc) Nr. 62 (11/1999).
[217] BGH v. 26.02.1996 - II ZR 77/95 - juris Rn. 25 - BGHZ 132, 84-96.
[218] Vgl. BGH v. 30.06.1976 - I ZR 63/75 - BGHZ 67, 56-69.
[219] BGH v. 25.03.1965 - V BLw 25/64 - juris Rn. 22 - BGHZ 43, 289-295.

108 Zwischen dem **Verhalten der Beteiligten** besteht insofern eine **Wechselwirkung**, als das Verhalten des Verpflichteten auf die Anforderungen an den Berechtigten zurückwirkt. Je weniger jener auf seiner Position beharrt, desto weniger strenge Anforderungen wird man an das Verhalten des Berechtigten stellen können.[220] Muss den Umständen nach damit gerechnet werden, dass der Verpflichtete von sich aus seinen Verpflichtungen nachkommt, so kann kein schutzwürdiges Vertrauen auf die Nichtgeltendmachung entstehen.[221] Die bloßen Beweisschwierigkeiten des Verpflichteten reichen ohnehin grundsätzlich nicht aus, um eine Verwirkung zu begründen; anders liegt es im Rahmen der allgemeinen Voraussetzungen der Verwirkung, wenn der Verpflichtete aufgrund eines Vertrauenstatbestands die ihm günstigen Beweismittel vernichtet.[222]

b. Verhalten des Verpflichteten – insbesondere: Vertrauenstatbestand

109 Der Verpflichtete muss in schutzwürdiger Weise auf die Nichtausübung **vertrauen**. Ein solches Vertrauen kann sich allerdings bereits aus dem bloßen Zeitablauf ergeben.[223] Der Verpflichtete muss sich aufgrund seines Vertrauens auf die Nichtdurchsetzung des Rechts in schutzwürdiger Weise „eingerichtet" haben, so dass ihm eine Leistung nicht mehr zumutbar ist.[224] Ein solcher Fall ist aber noch nicht allein deswegen gegeben, weil der Verpflichtete sich einer Vielzahl gleichartiger Ansprüche ausgesetzt sieht, mit deren Bestehen er nicht rechnete.[225] Rechnet er mit Maßnahmen des Berechtigten, fehlt es an dem erforderlichen Vertrauen.[226]

110 Keine zwingende Voraussetzung für die Verwirkung liegt darin, dass der Verpflichtete seinerseits in jeder Hinsicht redlich handelt; ein Vertrauen auf die Nichtdurchsetzung kann auch dann entstehen, wenn der Verpflichtete **Kenntnis** davon hat, dass er Rechte eines anderen verletzt; das Vertrauen in die Nichtdurchsetzung setzt Kenntnis von den an sich bestehenden Rechten eines anderen nachgerade voraus. Allerdings kann eine solche Bösgläubigkeit bei der Frage berücksichtigt werden, ob und wann ein schutzwürdiges Vertrauen entsteht.[227] Ein Vertrauen auf die Nichtdurchsetzung scheidet aus, wenn diese ersichtlich auf Unkenntnis des Berechtigten beruht.[228] Allerdings hilft dem Berechtigten seine Unkenntnis nicht, wenn er den Umständen nach Kenntnis haben müsste.[229] Die Unkenntnis ist aber insbesondere dann von Bedeutung, wenn sie durch ein unredliches Verhalten des Verpflichteten zustande kommt;[230] das gilt insbesondere bei Schadensersatzansprüchen[231].

111 Das **Ausmaß** des Verwirkungseffekts kann davon abhängen, inwieweit sich der Verpflichtete einen Besitzstand eingerichtet hat.[232]

c. Unterlassungsansprüche

112 Bei **Unterlassungsansprüchen** kann eine Verwirkung erwogen werden, wenn der Berechtigte über eine längere Zeit untätig geblieben ist, obwohl er den Verstoß kannte oder hätte kennen müssen, mit der Folge, dass der Verletzer von einer Duldung seines Verhaltens durch den Berechtigten ausgehen durfte und (insbesondere bei gewerblichen Schutzrechten) hierauf aufbauend einen „wertvollen Besitz-

---

[220] Vgl. zum Parallelproblem beim Zeitmoment BGH v. 07.06.1999 - II ZR 278/98 - juris Rn. 8 - LM BGB § 242 (Cc) Nr. 62 (11/1999).
[221] BGH v. 13.01.1966 - II ZR 68/64 - BB 1966, 474.
[222] BGH v. 26.05.1992 - VI ZR 230/91 - LM BGB § 242 Nr. 53 (2/1993).
[223] BGH v. 11.03.1993 - I ZR 264/91 - LM UrhG § 2 Nr. 35 (10/1993).
[224] BGH v. 27.06.1957 - II ZR 15/56 - juris Rn. 13 - BGHZ 25, 47-55.
[225] BGH v. 29.09.1976 - IV ZR 202/75 - WM 1976, 1194-1195.
[226] BGH v. 19.12.1950 - I ZR 62/50 - BGHZ 1, 31-34.
[227] BGH v. 11.03.1993 - I ZR 264/91 - LM UrhG § 2 Nr. 35 (10/1993).
[228] BGH v. 27.06.1957 - II ZR 15/56 - juris Rn. 14 - BGHZ 25, 47-55.
[229] BGH v. 11.03.1993 - I ZR 264/91 - LM UrhG § 2 Nr. 35 (10/1993); BGH v. 23.09.1992 - I ZR 251/90 - juris Rn. 46 - BGHZ 119, 237-246.
[230] BGH v. 27.06.1957 - II ZR 15/56 - juris Rn. 14 - BGHZ 25, 47-55.
[231] BGH v. 27.06.1957 - II ZR 15/56 - juris Rn. 13 - BGHZ 25, 47-55.
[232] BGH v. 21.12.1954 - I ZR 36/53 - juris Rn. 18 - BGHZ 16, 82-95.

stand" geschaffen hat;[233] auf eine absolute Verkehrsgeltung des Rechts des Verletzers kommt es hingegen nicht an[234]. Darauf, ob die Unkenntnis von der Verletzung auf grober oder einfacher Fahrlässigkeit beruht, kommt es ebenfalls nicht an.[235]

d. Schadensersatzansprüche

Bei **Schadensersatzansprüchen** wird hingegen kein derartiger Besitzstand für erforderlich gehalten; vielmehr soll es ausreichen, wenn der Schuldner aufgrund des Anscheins der Duldung darauf vertraut, dass er nicht mehr wegen einer Verletzung in Anspruch genommen wird und sich in seinen wirtschaftlichen Dispositionen hierauf eingerichtet hat.[236] Solche Dispositionen können etwa darin liegen, dass der Betreffende anderweitige Investitionen unterlassen, betriebliche Vorkehrungen getroffen oder bestimmte Werbemaßnahmen vorgenommen hat.[237]

113

e. Gestaltungsrechte

Bei der **Verwirkung von Gestaltungsrechten** gilt kein allgemeiner Grundsatz, dass eine Verwirkung bereits nach kurzer Zeit eintritt. Treu und Glauben können allerdings gebieten, dass der Berechtigte innerhalb einer zumutbaren Zeit Klarheit darüber herbeiführt, ob er ein bestimmtes Gestaltungsrecht ausübt.[238]

114

7. Prozessuale Hinweise

Die Bejahung oder Verneinung einer Verwirkung ist grundsätzlich eine Frage der tatrichterlichen Beurteilung. Der revisionsgerichtlichen Kontrolle unterliegt aber die Frage, ob die tatrichterliche Bewertung durch die getroffenen Feststellungen getragen wird.[239]

115

Die **Darlegungs- und Beweislast** für das Eingreifen von Treu und Glauben trägt diejenige Partei, die sich auf eine aus diesem Grundsatz herzuleitende Rechtsfolge beruft.[240]

116

---

[233] BGH v. 19.12.2000 - X ZR 150/98 - juris Rn. 25 - BGHZ 146, 218-228; BGH v. 26.09.1991 - I ZR 177/89 - juris Rn. 41 - LM WZG § 8 Nr. 15 (3/1992); BGH v. 15.06.1956 - I ZR 71/54 - BGHZ 21, 66-85.
[234] BGH v. 15.06.1956 - I ZR 71/54 - juris Rn. 26 - BGHZ 21, 66-85.
[235] BGH v. 19.12.2000 - X ZR 150/98 - juris Rn. 31 - BGHZ 146, 218-228.
[236] BGH v. 19.12.2000 - X ZR 150/98 - juris Rn. 26 - BGHZ 146, 218-228.
[237] BGH v. 17.03.1994 - X ZR 16/93 - juris Rn. 58 - BGHZ 125, 303-315.
[238] BGH v. 18.10.2001 - I ZR 91/99 - LM BGB § 242 (Cc) Nr. 65 (9/2002).
[239] BGH v. 19.12.2000 - X ZR 150/98 - juris Rn. 28 - BGHZ 146, 218-228.
[240] BGH v. 30.03.2006 - VII ZR 44/05 - BGHZ 167, 75-83.

§ 243 BGB Gattungsschuld

(Fassung vom 02.01.2002, gültig ab 01.01.2002)

(1) Wer eine nur der Gattung nach bestimmte Sache schuldet, hat eine Sache von mittlerer Art und Güte zu leisten.

(2) Hat der Schuldner das zur Leistung einer solchen Sache seinerseits Erforderliche getan, so beschränkt sich das Schuldverhältnis auf diese Sache.

Gliederung

A. Kommentierung zu Absatz 1 1	I. Grundlagen 19
I. Grundlagen 1	II. Durchführung der Konzentration 20
II. Gattungsschuld 2	1. Auswahl als Rechtshandlung 20
1. Inhalt der Gattungsschuld 2	2. Auswahl erfüllungstauglicher Sachen .. 22
2. Vorratsschuld 5	3. Vornahme des „seinerseits Erforderlichen" .. 24
3. Gattungsschuld als Sachschuld 6	a. Vorstellung des historischen Gesetzgebers:
4. Gattungsschuld als unbestimmte Schuld ... 8	„Lieferungstheorie" 25
III. Gegenstand der Leistung 9	b. Die herrschende „modifizierte Ausscheidungs-
1. Bestimmung des Leistungsinhalts 9	theorie" 27
2. Wahlberechtigter 10	c. Bewertung 30
3. Erfüllungstaugliche Sachen 11	d. Konkreter Umfang des „seinerseits Erforder-
IV. Prozessuale Hinweise/Verfahrenshinweise ... 15	lichen" 32
1. Klage auf Erfüllung einer Gattungsschuld ... 15	III. Rechtsfolgen der Konzentration 38
2. Zwangsvollstreckung einer titulierten Gat-	1. Umwandlung in Stückschuld 38
tungsschuld 16	2. Bindung an die Konzentration? 39
V. Anwendung auf die Erbringung von Dienst-	3. Übergang der Leistungsgefahr 41
leistungen 18	IV. Anwendung auf die Erbringung von Dienst-
B. Kommentierung zu Absatz 2 19	leistungen 43

A. Kommentierung zu Absatz 1

I. Grundlagen

1 § 243 BGB regelt – als Abweichung der dem BGB-Schuldrecht als Grundmodell dienenden Stückschuld – die Gattungsschuld (Genussschuld, generische Obligation) in allgemeiner Form. Beide Absätze enthalten eigenständige Regelungen, die nur redaktionell zu einer Vorschrift zusammengefasst wurden.[1] § 243 Abs. 1 BGB beschreibt die Gattungsschuld (vgl. Rn. 2) und regelt, mit welchen konkreten Leistungsgegenständen der Schuldner zu erfüllen hat (vgl. Rn. 9). § 243 Abs. 2 BGB betrifft demgegenüber die (rechtliche) Konzentration der Gattungsschuld auf einen konkreten Leistungsgegenstand (vgl. Rn. 19). Weitere Vorschriften zu Einzelfragen der Gattungsschuld und zu besonderen Gattungsschuldverhältnissen finden sich in den §§ 300 Abs. 2, 524 Abs. 2 BGB[2], den §§ 2182, 2183, 2155 BGB sowie in den §§ 360, 562 HGB. Eine ursprünglich im BGB vorhandene Sonderregelung für die Gewährleistung beim Gattungskauf (§ 480 BGB a.F.) ist mit der Neugestaltung des Kaufrechts durch das SchuldRModG und die mit diesem erfolgte Aufgabe einer Differenzierung der Gewährleistungsregeln für Stück- und Gattungskauf entfallen.[3]

---

[1] Im I. Entwurf waren noch zwei eigenständige Vorschriften vorgesehen, §§ 213, 214 E I. § 243 Abs. 1 BGB entspricht dabei – mit nur geringfügigen redaktionellen Änderungen – § 213 E I. Die ursprünglich recht ausführlichen Regelungen zur Konzentration der Gattungsschuld in § 214 E I wurden von der II. Kommission – ohne eine inhaltliche Änderung zu beabsichtigen – gestrafft und als Absatz 2 (jetzt § 243 Abs. 2 BGB) angehängt, vgl. Protokolle, Bd. I, S. 286 = *Mugdan*, Bd. 2, S. 505.

[2] Die Gattungsschenkung hat die Beseitigung der Sonderregelungen für den Gattungskauf durch das SchuldRModG „überlebt".

[3] Da nunmehr einerseits die Mangelfreiheit (wie nach § 243 Abs. 1 BGB) auch beim Stückkauf zu den Leistungspflichten des Verkäufers gehört (vgl. § 433 Abs. 1 Satz 2 BGB) und andererseits durch die Schaffung eines allgemeinen Nacherfüllungsanspruchs auch bei den Gewährleistungsrechten nicht mehr zu differenzieren ist, konnte die gesetzliche Unterscheidung aufgegeben werden, vgl. die Begründung des Entwurfs, BT-Drs. 14/6040, S. 94.

II. Gattungsschuld

1. Inhalt der Gattungsschuld

§ 243 Abs. 1 BGB setzt das Vorliegen eines Schuldverhältnisses (im engeren Sinne, vgl. die Kommentierung zu § 241 BGB Rn. 13) voraus, bei dem der Schuldner „eine nur der Gattung nach bestimmte Sache" schuldet. Eine solche Gattungsschuld ist nach der Gesetzessystematik („nur") eine Abweichung von einem gedachten (aber nicht ausdrücklich geregelten) „Normalfall", der **Stückschuld** (oder Speziesschuld).[4] Diese zeichnet sich dadurch aus, dass der geschuldete Leistungsgegenstand konkret und individuell bezeichnet wird. Es gibt daher von Anfang an nur einen einzigen Leistungsgegenstand, den der Schuldner leisten muss und der vom Gläubiger gefordert werden kann.

Bei der Gattungsschuld ist demgegenüber der geschuldete Leistungsgegenstand nur abstrakt durch die Zugehörigkeit zu einer bestimmten **Gattung** charakterisiert. Gattung meint eine bestimmte Gesamtheit von Leistungsgegenständen, die sich durch eine bestimmte Anzahl gemeinsamer Merkmale von anderen Leistungsgegenständen unterscheidet. Gattungen in diesem Sinne sind nicht – etwa durch die Natur oder die Verkehrsanschauung – vorgegeben, sondern können durch eine beliebig große Zahl von Merkmalen in unbegrenzter Zahl gebildet werden.[5] Die für die Abgrenzung der Gattung maßgeblichen Gattungsmerkmale ergeben sich aus dem Schuldverhältnis selbst. Bei einer – wie regelmäßig – durch Rechtsgeschäft[6] begründeten Gattungsschuld ist es daher Sache der Parteien, die Gattung durch eine beliebige Anzahl von Merkmalen beliebig eng oder weit zu definieren (z.B. „Obst", „Äpfel", „Sorte Boskoop", „Handelsklasse A"). Begrifflich zu einer Gattung zusammengefasst werden typischerweise vertretbare Sachen im Sinne von § 91 BGB, doch ist die Vertretbarkeit der gattungsmäßig geschuldeten Leistungsgegenstände keine Notwendigkeit.[7] Gegenstand einer Gattungsschuld können daher auch etwa Gebrauchtwagen eines bestimmten Fabrikats und Baujahrs oder Grundstücke in einer bestimmten Lage sein.

Die Gattungsschuld unterscheidet sich von der Stückschuld aber nicht allein durch die nicht individuelle Bezeichnung des Leistungsgegenstandes. Wesentliches Merkmal ist vielmehr, dass die den Leistungsgegenstand bestimmende Gattung **mehr Gegenstände umfasst als geschuldet**.[8] Anders als bei der Stückschuld gibt es damit nicht nur einen erfüllungstauglichen Gegenstand, sondern eine mehr oder wenige große Menge von jeder für sich zur Erfüllung geeigneten Leistungsgegenständen, aus denen bei der Erfüllung erst die geschuldete Anzahl auszuwählen ist. Anders als bei der Stückschuld sind Schuldinhalt („eine Sache aus der Gattung X") und Gegenstand der Erfüllung („die Sache Y aus der Gattung X") nicht identisch. Nicht um eine Gattungs-, sondern um eine Stückschuld handelt es sich daher, wenn der Leistungsgegenstand zwar abstrakt der Zugehörigkeit zu einer Gattung nach bezeichnet ist, die Gattung tatsächlich aber nur ein einziges Exemplar umfasst.[9] Entsprechendes gilt, wenn die gesamte Gattung geschuldet ist.[10]

2. Vorratsschuld

Sonderfall der Gattungsschuld ist die sog. Vorratsschuld, bei der einzelne, noch unbestimmte (sonst handelt es sich um eine Stückschuld)[11] Stücke aus einem bestimmten, beschränkten Vorrat (z.B. aus bestimmter Produktion, aus einem Warenlager oder einer Schiffsladung) geschuldet werden. Soweit der „Vorrat" nicht lediglich Oberbegriff für auch nach der Vorstellung der Parteien höchst individuelle Leistungsgegenstände ist (z.B. „drei Tenöre", dann handelt es sich meist um eine Wahlschuld, vgl. die

---

[4] Vgl. *Westermann* in: Erman, § 243 Rn. 3.
[5] Vgl. *Gernhuber*, Das Schuldverhältnis, 1989, § 10 I 2, S. 214 f.; *Grüneberg* in: Palandt, § 243 Rn. 2.
[6] Gesetzliche Gattungsschuldverhältnisse dürften selten sein. Möglich ist aber etwa eine nur der Gattung nach bestimmte Pflicht zur Naturalrestitution nach § 249 Abs. 2 BGB.
[7] *Leßmann*, JA 1982, 280-285, 281; *Larenz*, Schuldrecht, Band I: Allgemeiner Teil, 14. Aufl. 1987, § 11 I, S. 151 f.; *Teichmann* in: Soergel, § 243 Rn. 1, 2; *Gernhuber*, Das Schuldverhältnis, 1989, § 10 I 4, S. 218; *Schulze* in: Hk-BGB, § 243 Rn. 3; *Berger* in: Jauernig, § 243 Rn. 3; vgl. BGH v. 24.04.1985 - VIII ZR 88/84 - juris Rn. 7 - NJW 1985, 2403-2403, 2403.
[8] *Emmerich* in: MünchKomm-BGB, § 243 Rn. 6.
[9] *Gernhuber*, Das Schuldverhältnis, 1989, § 10 I 1, S. 213; *Schiemann* in: Staudinger, § 243 Rn. 12.
[10] *Leßmann*, JA 1982, 280-285, 281; *Gernhuber*, Das Schuldverhältnis, 1989, § 10 I 1, S. 213; *Schiemann* in: Staudinger, § 243 Rn. 12; *Westermann* in: Erman, § 243 Rn. 3.
[11] Vgl. RG v. 09.03.1918 - I 235/17 - RGZ 92, 369-373, 371, zu einem Verkauf der nächsten in einer bestimmten Grube geförderten 35 Tonnen Wolframerz.

Kommentierung zu § 262 BGB Rn. 5), sondern innerhalb des Vorrats alle Gegenstände einer gleichmäßig erfüllungstauglichen Gattung zugeordnet sein sollen, nimmt eine derartige Beschränkung der Auswahlmöglichkeit auf einen Teil der Gattung dem Schuldverhältnis nicht den Charakter einer Gattungsschuld (sofern nicht wiederum der gesamte Vorrat geschuldet ist). Da nicht die gesamte Gattung zur Erfüllung bereit steht, sondern nur ein Teil, wird auch von **beschränkter Gattungsschuld** gesprochen. Die – ggf. durch Auslegung zu ermittelnde – Beschränkung auf einen Vorrat spielt insbes. eine Rolle für die Erschöpfung der Leistungsmöglichkeiten und der sich hieraus u.U. ergebenden Unmöglichkeit der Leistung.[12]

3. Gattungsschuld als Sachschuld

6   Eine Gattungsschuld ist nach dem Wortlaut von § 243 Abs. 1 BGB ein Schuldverhältnis über die **Leistung von Sachen**. Hierin liegen zwei Beschränkungen: Zum einen sind nur Schuldverhältnisse erfasst, deren Leistungsgegenstände Sachen im Sinne der §§ 90, 90a BGB sind, und zum anderen sind nur solche Schuldverhältnisse erfasst, bei denen gerade die Leistung – mithin die Übereignung – dieser Sachen geschuldet wird. Der Vorschrift zugrunde liegendes Grundmodell ist damit der Gattungskauf. Dies ist aber zu eng, weil Gattungsschuldverhältnisse auch sonst vorkommen können. Außer Sachen können etwa auch Forderungen – z.B. bei einer Globalzession, die alle Forderungen einer bestimmten Kategorie erfasst – gattungsmäßig geschuldet sein.[13] Ebenso kann auch die bloß zeitweise Überlassung von Sachen (Miete, Pacht, Leihe) ein Gattungsschuldverhältnis sein.[14] Zur Frage, ob § 243 BGB auch auf geschuldete Handlungen angewendet werden kann, vgl. demgegenüber Rn. 18.

7   Keine Gattungsschuld ist nach heute ganz h.M. die **Geldschuld**, deren Inhalt nicht die Leistung von Sachen oder anderen Gegenständen ist, sondern die Verschaffung eines (im Geld nur verkörperten) Wertes (vgl. hierzu die Kommentierung zu § 244 BGB Rn. 3).

4. Gattungsschuld als unbestimmte Schuld

8   Bei der Gattungsschuld wird kein bestimmter Leistungsgegenstand geschuldet, sondern Gegenstand des Schuldverhältnisses ist nur die Menge, aus der die vereinbarte Zahl von Leistungsgegenständen auszuwählen ist. Die Gattungsschuld ist damit hinsichtlich des konkreten Leistungsgegenstandes – im Unterschied zur Stückschuld – unbestimmt Diese Eigenschaft teilt sie mit der **Wahlschuld** (vgl. zu dieser die Kommentierung zu § 262 BGB Rn. 2), unterscheidet sich jedoch von dieser dadurch, dass nicht alternative Schuldinhalte mit jeweils bestimmten Leistungsgegenständen („Rappen R oder Schimmel S") zur Auswahl stehen, sondern unbestimmte Leistungsgegenstände zur Erfüllung einer einzigen Schuld („ein Pferd"). Eine Kombination von Wahl- und Gattungsschuld ist allerdings möglich.[15]

III. Gegenstand der Leistung

1. Bestimmung des Leistungsinhalts

9   Aufgrund der inhaltlichen Unbestimmtheit der Gattungsschuld ergeben sich rechtliche und praktische Probleme: Würde es bei dieser Unbestimmtheit bleiben, wüssten die Parteien nicht, welches konkrete Stück sie leisten und annehmen müssen bzw. verlangen können. Bliebe dies aber endgültig unbestimmt, wäre dem Schuldverhältnis die rechtliche Wirksamkeit zu versagen (vgl. Rn. 36). Gelöst werden diese Probleme durch § 243 Abs. 1 BGB, der als Rechtsfolge der Gattungsschuld anordnet, dass der Schuldner die Leistung einer Sache mittlerer Art und Güte schuldet. Die Vorschrift stellt damit eine

---

[12] Vgl. hierzu *Larenz*, Schuldrecht, Band I: Allgemeiner Teil, 14. Aufl. 1987, § 11 I, S. 154 f.; *Gernhuber*, Das Schuldverhältnis, 1989, § 10 I 3, S. 215 ff.; *Schiemann* in: Staudinger, § 243 Rn. 10 f.; *Emmerich* in: Münch-Komm-BGB, § 243 Rn. 11 ff.; zur Konzernverschaffungsschuld vgl. ausführlich *Westermann*, JA 1981, 599-605.

[13] *Gernhuber*, Das Schuldverhältnis, 1989, § 10 I 5, S. 220; *Schiemann* in: Staudinger, § 243 Rn. 45; *Sutschet* in: Bamberger/Roth, § 243 Rn. 3; *Westermann* in: Erman, § 243 Rn. 2; *Schulze* in: Hk-BGB, § 243 Rn. 2; *Berger* in: Jauernig, § 243 Rn. 2; *Grüneberg* in: Palandt, § 243 Rn. 1.

[14] Vgl. *Larenz*, Schuldrecht, Band I: Allgemeiner Teil, 14. Aufl. 1987, § 11 I, S. 150; *Gernhuber*, Das Schuldverhältnis, 1989, § 10 I 5, S. 219; *Schiemann* in: Staudinger, § 243 Rn. 44; *Emmerich* in: Münch-Komm-BGB, § 243 Rn. 2; *Sutschet* in: Bamberger/Roth, § 243 Rn. 3; *Schulze* in: Hk-BGB, § 243 Rn. 2; *Berger* in: Jauernig, § 243 Rn. 2; *Grüneberg* in: Palandt, § 243 Rn. 1; zum Leasingvertrag vgl. etwa BGH v. 02.12.1981 - VIII ZR 273/80 - juris Rn. 16 - NJW 1982, 873.

[15] Vgl. *Schiemann* in: Staudinger, § 243 Rn. 14.

Regel auf für die Auswahl konkreter Leistungsgegenstände aus der dem Schuldverhältnis zugrunde liegenden Gattung und ermöglicht so die (nachträgliche) **Bestimmung** des zunächst unbestimmten Leistungsinhalts.

2. Wahlberechtigter

Aus § 243 Abs. 1 BGB folgt zunächst, dass das Wahlrecht zur Auswahl des konkreten Leistungsgegenstandes und damit zur Herbeiführung der Konzentration des unbestimmten Schuldverhältnisses auf einen bestimmten Leistungsinhalt beim **Schuldner** liegt („„hat ... zu leisten"").[16] Er allein (wie nach § 262 BGB im Zweifel auch bei der Wahlschuld, vgl. hierzu die Kommentierung zu § 262 BGB Rn. 12) hat das Recht zur Auswahl der von ihm zu leistenden Sachen, während der Gläubiger keinen Anspruch auf Leistung einer bestimmten Sache nach seiner Wahl hat. Denkbar ist die hiervon abweichende Vereinbarung eines Gläubigerwahlrechts,[17] doch ist fraglich, ob es sich dann noch um eine Gattungsschuld handelt (vgl. auch § 2155 Abs. 2 BGB, der für das Gattungsvermächtnis mit Wahlrecht des Bedachten oder eines Dritten auf die Vorschriften des Wahlvermächtnisses und damit letztlich auf die der Wahlschuld verweist).[18] Wird eine titulierte Gattungsschuld vollstreckt, ist das Wahlrecht vom Gerichtsvollzieher auszuüben (vgl. Rn. 16).

10

3. Erfüllungstaugliche Sachen

Der Schuldner ist bei seiner Wahl nicht frei, sondern ist verpflichtet, für die Leistungserbringung nur solche Sachen auszuwählen, die **mittlerer Art und Güte** sind. Gleiches gilt nach § 360 HGB („„Handelsgut mittlerer Art und Güte") für die durch Handelsgeschäft begründete Gattungsschuld. Maßstab für die konkret geschuldete Qualität ist der Durchschnitt der – sich wiederum aus dem Schuldverhältnis ergebenden – Gattung.[19] Der Schuldner ist mithin nicht verpflichtet, besonders gute Stücke an den Gläubiger zu leisten, darf anderseits sein Wahlrecht auch nicht zu Lasten des Gläubigers ausnutzen. Abweichende Maßstäbe sind im Gesetz geregelt für die Rückgabeverpflichtung beim Sachdarlehen (§ 607 Abs. 1 BGB: „„Sachen gleicher ... Güte") und für das Gattungsvermächtnis (§ 2155 Abs. 1 BGB: „„eine den Verhältnissen des Bedachten entsprechende Sache"). § 243 Abs. 1 BGB ist insoweit **abdingbar**. Die Parteien können daher jeden beliebigen anderen Qualitätsmaßstab vereinbaren.[20] Beispiele sind etwa insbes. im Handelsverkehr verwendete Klauseln wie „„prima Ware", „„wie besehen", „„so wie sie steht und liegt" oder „„tel quel" (= so wie die Ware gerade beschaffen ist).[21]

11

Mit der Leistung schlechterer, insbes. **mangelhafter Sachen** kann der Schuldner seine Verpflichtung nicht erfüllen. Der Gläubiger kann die Sachen als nicht erfüllungstauglich zurückweisen und auf erneuter Leistung bestehen.[22] Er kann die Sache aber auch als Erfüllung annehmen (zur Frage, ob hierdurch Konzentration eintritt, vgl. Rn. 23) und seine Mängelrechte nach § 437 BGB geltend machen (von denen die Nacherfüllung nach § 439 BGB allerdings auf dasselbe Ergebnis hinausläuft). Nimmt der Gläubiger die Sache als Erfüllung an, geht jedoch – wenn er sich seine Rechte nicht vorbehält – die Beweislast für die mangelnde Erfüllungstauglichkeit auf ihn über (§ 363 BGB, zum Verbrauchsgüterkauf vgl. aber § 476 BGB).

12

Die Leistung **besserer Sachen** als nach dem Schuldverhältnis geschuldet führt dagegen regelmäßig zur Erfüllung, so dass der Schuldner seine Leistung nicht etwa mit der Begründung kondizieren kann, eine andere Leistung als geschuldet erbracht zu haben.[23] Soweit der Gläubiger ausnahmsweise ein Interesse daran hat, gerade Sachen mittlerer Art und Güte zu erhalten, kommt u.U. ein Zurückweisungsrecht des

13

---

[16] Vgl. hierzu Motive, Bd. II, S. 11 = *Mugdan*, Bd. 2, S. 6.
[17] Vgl. *Gernhuber*, Das Schuldverhältnis, 1989, § 10 II 3, S. 230 f.
[18] Zweifelnd Motive, Bd. II, S. 11 = *Mugdan*, Bd. 2, S. 6.
[19] *Gernhuber*, Das Schuldverhältnis, 1989, § 10 III 4, S. 233; *Schiemann* in: Staudinger, § 243 Rn. 22.
[20] *Gernhuber*, Das Schuldverhältnis, 1989, § 10 III 4, S. 233 f.; *Schiemann* in: Staudinger, § 243 Rn. 23; *Sutschet* in: Bamberger/Roth, § 243 Rn. 11; *Westermann* in: Erman, § 243 Rn. 8.
[21] Vgl. *Gernhuber*, Das Schuldverhältnis, 1989, § 10 III 4, S. 233 m.N. aus der Rechtsprechung.
[22] Vgl. etwa BGH v. 22.05.1985 - VIII ZR 140/84 - juris Rn. 35 - NJW 1985, 2526-2527, 2526.
[23] *Gernhuber*, Das Schuldverhältnis, 1989, § 10 III 4, S. 234; *Schiemann* in: Staudinger, § 243 Rn. 26; *Emmerich* in: MünchKomm-BGB, § 243 Rn. 22; *Westermann* in: Erman, § 243 Rn. 8.

§ 243

Gläubigers verbunden mit dem Verlangen erneuter Leistung Sachen mittlerer Art und Güte in Betracht.[24]

14 Wie die vom Gattungsschuldner vorzunehmende Auswahl faktisch vollzogen wird und welche Rechtsfolgen sich an diese knüpfen, regelt § 243 Abs. 2 BGB (vgl. Rn. 19 ff.).

IV. Prozessuale Hinweise/Verfahrenshinweise

1. Klage auf Erfüllung einer Gattungsschuld

15 Ungeachtet der nach § 243 Abs. 1 BGB vom Schuldner vorzunehmenden Auswahl der Leistungsgegenstände kann **Leistungsklage** unmittelbar auf Erfüllung einer Gattungsschuld erhoben werden. Einen – gar vorrangig geltend zu machenden – Anspruch des Gläubigers auf Ausübung des Wahlrechts durch den Schuldner gibt es nicht. Zur Einhaltung des Bestimmtheitserfordernisses des § 253 Abs. 2 Nr. 2 ZPO genügt für den Klageantrag die genaue Bezeichnung von Art und Menge der gattungsmäßig geschuldeten Sachen.[25]

2. Zwangsvollstreckung einer titulierten Gattungsschuld

16 Die **Zwangsvollstreckung** erfolgt jedenfalls bei einer auf vertretbare Sachen gerichteten Gattungsschuld nach den §§ 884, 883 Abs. 1 ZPO.[26] Die Sachen sind mithin vom Gerichtsvollzieher dem Schuldner wegzunehmen, so dass die notwendige Auswahl der geschuldeten Anzahl Sachen mittlerer Art und Güte (oder eines etwaigen abweichenden, dann aber notwendigerweise titulierten Qualitätsmaßstabes) aus der Gattung nunmehr vom Gerichtsvollzieher vorzunehmen ist.

17 Problematisch ist wegen dieser vorzunehmenden Auswahl aber die Zwangsvollstreckung einer auf unvertretbare Sachen gerichteten Gattungsschuld (z.B. Verpflichtung des Arbeitgebers nach § 40 Abs. 2 BetrVG, dem Betriebsrat einen Raum zu überlassen). Hier kommt analog § 264 Abs. 1 BGB (vgl. zu diesem die Kommentierung zu § 264 BGB Rn. 6) eine Vollstreckung in eine Sache nach Wahl des Gläubigers in Betracht, die der Schuldner bis zur Befriedigung des Gläubigers durch Leistung einer Sache seiner Wahl abwenden kann.[27]

V. Anwendung auf die Erbringung von Dienstleistungen

18 Nach vielfach geäußerter Ansicht soll § 243 BGB auf die Erbringung von **Dienstleistungen** entsprechend anwendbar sein.[28] So hat der BGH etwa auf Erbringung von Reiseleistungen[29] oder Vornahme von Schönheitsreparaturen[30] gerichtete Verpflichtungen als Gattungsschulden bezeichnet. Solche Schuldverhältnisse ähneln zwar einer Gattungsschuld, weil die geschuldete Handlung nur der Art und ggf. ihrem Erfolg nach vereinbart ist, die konkrete, zur Erfüllung vorgenommene Handlung aber Sache des Schuldners ist. Ob die Handlung des Schuldners erfüllungstauglich ist, richtet sich aber nach dem Inhalt des jeweiligen Schuldverhältnisses (vgl. die §§ 611 Abs. 1, 631 Abs. 1 BGB), so dass der Maßstab aus § 243 Abs. 1 BGB entbehrlich ist.[31] Zur analogen Anwendung von § 243 Abs. 2 BGB vgl. Rn. 43.

---

[24] Vgl. *Schiemann* in: Staudinger, § 243 Rn. 25; *Emmerich* in: MünchKomm-BGB, § 243 Rn. 22 m.w.N.; a.A. *Larenz*, Schuldrecht, Band I: Allgemeiner Teil, 14. Aufl. 1987, § 11 I, S. 152; *Gernhuber*, Das Schuldverhältnis, 1989, § 10 III 4, S. 234.

[25] *Jahnke*, ZZP 93, 43-66, 49 f.

[26] *Schiemann* in: Staudinger, § 243 Rn. 53.

[27] So LArbG Nürnberg v. 10.12.2002 - 2 TaBV 20/02 - juris Rn. 25 - NZA-RR 2003, 418-420, 419; *Jahnke*, ZZP 93, 43-66, 63 ff.; zust. *Schiemann* in: Staudinger, § 243 Rn. 53.

[28] Vgl. *Teichmann* in: Soergel, § 243 Rn. 4; *Schiemann* in: Staudinger, § 243 Rn. 46; *Emmerich* in: MünchKomm-BGB, § 243 Rn. 2; *Schulze* in: Hk-BGB, § 243 Rn. 2; *Berger* in: Jauernig, § 243 Rn. 2; *Grüneberg* in: Palandt, § 243 Rn. 2; *Westermann* in: Erman, § 243 Rn. 2.

[29] BGH v. 12.03.1987 - VII ZR 37/86 - juris Rn. 56 - BGHZ 100, 158-185, 174 = NJW 1987, 1931-1938, 1935; BGH v. 16.04.2002 - X ZR 17/01 - juris Rn. 30 - NJW 2002, 2238-2240, 2240.

[30] BGH v. 06.07.1988 - VIII ARZ 1/88 - juris Rn. 16 - BGHZ 105, 71-88, 78 = NJW 1988, 2790-2794, 2792.

[31] *Gernhuber*, Das Schuldverhältnis, 1989, § 10 I 5, S. 220; *Schiemann* in: Staudinger, § 243 Rn. 46.

B. Kommentierung zu Absatz 2

I. Grundlagen

§ 243 Abs. 2 BGB regelt für Gattungsschulden die Frage, wie die vom Schuldner nach § 243 Abs. 1 BGB vorzunehmende Auswahl des konkreten Leistungsgegenstandes aus der Schuldgattung (vgl. Rn. 20) vollzogen wird und welche rechtlichen Folgen dies für das Schuldverhältnis hat (vgl. Rn. 38). Es geht mithin darum, wie das zunächst inhaltlich unbestimmte Schuldverhältnis auf einen bestimmten Leistungsgegenstand konzentriert oder konkretisiert wird, also um die **Konzentration** (oder **Konkretisierung**) der Gattungsschuld. Das Regelungsprogramm entspricht damit in etwa dem der – recht detaillierten – §§ 263-265 BGB für die Wahlschuld. Auch für die Gattungsschuld war im I. Entwurf zunächst eine ausführlichere Regelung (§ 214 E I) vorgesehen. Die II. Kommission hat dann – ohne eine inhaltliche Änderung zu beabsichtigen – die Regelung (unter sprachlicher Zusammenfassung der bisherigen Absätze 1 und 3 sowie Streichung des bisherigen Absatzes 2) dem jetzigen § 243 Abs. 1 BGB als zweitem Absatz angehängt.[32]

19

II. Durchführung der Konzentration

1. Auswahl als Rechtshandlung

§ 243 Abs. 2 BGB setzt das Vorliegen einer Gattungsschuld im Sinne von § 243 Abs. 1 BGB voraus (vgl. hierzu im Einzelnen Rn. 2). Diese hat mangels Individualisierung des – nur gattungsmäßig bezeichneten – Leistungsgegenstandes keinen bestimmten, sondern einen nur nach § 243 Abs. 1 BGB bestimmbaren Inhalt. Wie sich aus § 243 Abs. 1 BGB ergibt, ist die für die Erfüllung der Schuld notwendige Bestimmung durch Auswahl von Gegenständen mittlerer Art und Güte vom Schuldner vorzunehmen. Wie die Auswahl vollzogen wird, ergibt sich demgegenüber aus § 243 Abs. 2 BGB.

20

Hiernach wird die Auswahl dadurch vollzogen, dass der Schuldner „das zur Leistung einer solchen Sache seinerseits Erforderliche getan" hat. Angeknüpft wird mithin an ein bestimmtes Tun des Schuldners. Die Konzentration der Gattungsschuld bedarf daher – anders als bei der Wahlschuld (§ 263 Abs. 1 BGB, vgl. hierzu die Kommentierung zu § 262 BGB Rn. 2) – **keiner rechtsgestaltenden Willenserklärung** des Schuldners gegenüber dem Gläubiger, sondern erfolgt durch die reale **Vornahme der Leistungshandlung** (= Rechtshandlung) selbst.

21

2. Auswahl erfüllungstauglicher Sachen

Für die Konzentration muss der Schuldner – unabhängig von der Frage, welche Handlungen er im Übrigen vorzunehmen hat – jedenfalls einen bestimmten Leistungsgegenstand aus der dem Schuldverhältnis zugrunde liegenden Gattung **auswählen** und das ausgewählte Stück subjektiv **zur Erfüllung bestimmen**.[33] Ohne eine solche Auswahl ist eine Konzentration nicht denkbar, weil es keinen Gegenstand gäbe, auf den sich diese beziehen könnte.

22

Die Handlung des Schuldners muss auf die Leistung einer „solchen Sache" gerichtet sein, womit die Vorschrift auf § 243 Abs. 1 BGB und das dort geregelte Erfordernis der Leistung einer Sache mittlerer Art und Güte Bezug nimmt. Eine Konzentration kann daher nur durch Übergabe bzw. Angebot **erfüllungstauglicher Sachen** herbeigeführt werden. Mit Sachen, die nicht dem in § 243 Abs. 1 BGB geregelten Qualitätsmaßstab oder einer hiervon abweichenden Parteivereinbarung entsprechen (vgl. hierzu Rn. 11), kann nicht die Rechtsfolge von § 243 Abs. 2 BGB herbeigeführt werden.[34] Nimmt der Gläubiger jedoch Sachen von minderer Qualität als Erfüllung an (weist er sie also nicht von vornherein zurück und besteht auf erneute Leistung, vgl. Rn. 12), tritt jedenfalls dann, wenn er sich im Rahmen sei-

23

---

[32] Vgl. Protokolle, Bd. I, S. 286 = *Mugdan*, Bd. 2, S. 505.
[33] *Gernhuber*, Das Schuldverhältnis, 1989, § 10 III 5, S. 236.
[34] RG v. 10.11.1908 - II 169/08 - RGZ 69, 407-410, 409; BGH v. 05.10.1966 - VIII ZR 98/64 - juris Rn. 17 - NJW 1967, 33-34, 33; *Gernhuber*, Das Schuldverhältnis, 1989, § 10 III 4, S. 234; *Emmerich* in: Münch-Komm-BGB, § 243 Rn. 20.

ner Gewährleistungsrechte für ein Behalten der Sachen entscheidet (also insbes. nicht Nacherfüllung verlangt, vom Kaufvertrag zurücktritt oder großen Schadensersatz geltend macht), gleichwohl (abweichend von § 243 Abs. 1 BGB durch Entscheidung des Käufers) Konzentration ein.[35]

3. Vornahme des „seinerseits Erforderlichen"

24 § 243 Abs. 2 BGB verlangt schließlich vom Schuldner, dass er das zur Leistung **„seinerseits Erforderliche"** getan hat. Damit ist nicht etwa die endgültige Herbeiführung des geschuldeten Leistungserfolges gemeint, weil mit dieser das Schuldverhältnis erlischt (§ 362 Abs. 1 BGB) und für eine Konzentration dann kein sinnvoller Raum mehr ist.[35] Das „seinerseits Erforderliche" muss mithin weniger als die Erfüllung der Schuld sein. Was aber der Schuldner für die Konzentration tun muss bzw. woran diese anknüpft, ist streitig.

a. Vorstellung des historischen Gesetzgebers: „Lieferungstheorie"

25 Die Fassung des Gesetzes beruht auf der sog. **„Lieferungs-"** oder **„Erfüllungstheorie"**, die auf *v. Jhering* zurückgeht.[37] Abgelehnt wurde damit die (insbes. von *Thöl* vertretene) sog. **„Ausscheidungstheorie"**, wonach die Aussonderung der Sache aus der Gattung durch den Schuldner und die Benachrichtigung des Gläubigers hiervon ausreichen sollte.[38] Entsprechend der Lieferungstheorie formulierte § 214 Abs. 1 E I, dass „die Auswahl ... erst dann als vollzogen" gilt, „wenn die Leistung durch Übergabe der ausgewählten Sache bewirkt oder, sofern schon in einem früheren Zeitpunkte die Gefahr auf den Gläubiger übergeht, wenn dieser Zeitpunkt eingetreten ist." Voraussetzung war hiernach entweder die Übergabe der ausgewählten Sache (die regelmäßig zum Gefahrübergang führt, vgl. § 446 Satz 1 BGB) oder ein früherer Gefahrübergang, womit die Fälle des Versendungskaufs (vgl. § 447 Abs. 1 BGB) und des Annahmeverzuges (vgl. § 300 Abs. 2 BGB) gemeint waren. Mit der schließlich Gesetz gewordenen Fassung sollte hieran nichts geändert werden, sondern es sollte nur sichergestellt werden, dass – über den Anwendungsbereich des § 447 BGB hinaus – bei einer Schickschuld stets bereits mit der Versendung Konzentration eintritt.[39]

26 Nach der Vorstellung des historischen Gesetzgebers sollte Konzentration damit grundsätzlich mit der Übergabe der ausgewählten Sache an den Gläubiger eintreten, es sei denn, es handelt sich um eine Schickschuld (dann Konzentration bereits mit der Versendung) oder der Gläubiger befindet sich im Annahmeverzug.

b. Die herrschende „modifizierte Ausscheidungstheorie"

27 Demgegenüber geht die ganz h.M. davon aus, dass es genüge, dass der Schuldner alle diejenigen Leistungshandlungen erbringt, **zu denen er verpflichtet ist und die keiner Mitwirkung des Gläubigers bedürfen,** er also, wie es *Emmerich* plastisch formuliert hat, „anleistet".[40]

28 Hiernach bedarf es keiner – die Mitwirkung des Gläubigers erfordernden – Übergabe, sondern es genügen grundsätzlich diejenigen Leistungshandlungen, die als ausreichendes Angebot der Leistung nach den §§ 293-295 BGB dazu geeignet sind, den Gläubiger in Annahmeverzug zu setzen. Im Unterschied zur Vorstellung des historischen Gesetzgebers muss für die Konzentration der Annahmeverzug aber nicht auch tatsächlich eingetreten sein. Damit tritt Konzentration insbes. auch dann ein, wenn der Schuldner bei fehlender Bestimmung der Leistungszeit oder Zulässigkeit der vorzeitigen Leistung unangekündigt die Leistung anbietet und der Gläubiger vorübergehend an der Annahme verhindert ist, so dass Annahmeverzug nach § 299 BGB nicht eintritt.[41]

---

[35] Vgl. BGH v. 05.10.1966 - VIII ZR 98/64 - NJW 1967, 33-34, 33; *Teichmann* in: Soergel, § 243 Rn. 7; *Gernhuber*, Das Schuldverhältnis, 1989, § 10 III 3, S. 231; *Schiemann* in: Staudinger, § 243 Rn. 29.

[36] Vgl. Protokolle, Bd. I, S. 286 = *Mugdan*, Bd. 2, S. 505.

[37] Vgl. Motive, Bd. II, S. 12, 74 = *Mugdan*, Bd. 2, S. 7, 41; Protokolle, Bd. I, S. 286 = *Mugdan*, Bd. 2, S. 505; und hierzu *Dorn* in: Historisch-Kritischer Kommentar zum BGB, Bd. II/1, 2007, § 243 Rn. 38 ff.; *v. Caemmerer*, JZ 1951, 740-745, 743; *Huber*, Festschrift für Ballerstedt 1975, 327-354, 329 f.; *Ernst*, Gedächtnisschrift für Brigitte Knobbe-Keuk 1997, 49-110, 69 ff., 77 f.; *Emmerich* in: MünchKomm-BGB, § 243 Rn. 26.

[38] Vgl. zu dieser *Ernst*, Gedächtnisschrift für Brigitte Knobbe-Keuk 1997, 49-110, 68 f., 73 ff.

[39] Protokolle, Bd. I, S. 286 f. = *Mugdan*, Bd. 2, S. 505 f.

[40] *Emmerich* in: MünchKomm-BGB, § 243 Rn. 26; vgl. im Übrigen die Nachweise zur Hol- und Bringschuld.

[41] *Gernhuber*, Das Schuldverhältnis, 1989, § 10 III 5, S. 238; *Schiemann* in: Staudinger, § 243 Rn. 37; *Grüneberg* in: Palandt, § 243 Rn. 5.

Da somit das ordnungsgemäße Angebot der Leistung auch unabhängig von den übrigen Voraussetzungen des Annahmeverzuges schon zur Konzentration führt, ist folglich nach h.M. § 300 Abs. 2 BGB, der erst bei „vollendetem" Annahmeverzug eingreift, als Konzentrationsvorschrift weitgehend überflüssig und hat allenfalls dann noch einen Anwendungsbereich, wenn man (inkonsequenterweise, da die §§ 293-295 BGB genau diejenigen Handlungen beschreiben, zu denen der Schuldner unabhängig von einer Mitwirkung des Gläubigers verpflichtet ist) in den Situationen, in denen ein wörtliches Angebot nach § 295 BGB ausreicht oder ein Angebot nach § 296 BGB überflüssig ist, Konzentration nicht nach § 243 Abs. 2 BGB eintreten lassen will.[42]

c. Bewertung

Die Auffassung des historischen Gesetzgebers mag – zumal wenn sie wie hier vor über 120 Jahren zum Ausdruck gebracht wurde – methodisch für die Auslegung einer Vorschrift von geringem Gewicht sein. Andererseits drängt sich der Eindruck auf, dass die heute h.M. weniger von einer Auseinandersetzung mit dem Sachproblem, als vielmehr von einer schlichten Fortsetzung älterer Lehren geprägt ist.[43] Da die Auffassung des Gesetzgebers – abgesehen von dem (vielleicht etwa zu „blass" geratenen) Wortlaut des § 243 Abs. 2 BGB – aber jedenfalls mit § 300 Abs. 2 BGB auch in der Gesetzessystematik ihren Niederschlag gefunden hat, sollte es greifbare Gründe für eine solche modifizierte Fortsetzung der „Ausscheidungstheorie" geben. Wie *Huber*[44] aber nachgewiesen hat, kommt die vom Gesetzgeber gewählte Lösung auch zu interessengerechten Ergebnissen, so dass ihr Vorzug zu geben ist. Konzentration kann mithin nach § 243 Abs. 2 BGB nur mit **Übergabe an den Gläubiger** oder **Versendung bei der Schickschuld** und im Übrigen nur unter den Voraussetzungen des § 300 Abs. 2 BGB eintreten.[45] Zu unterschiedlichen Ergebnissen dürfte es ohnehin nur in wenigen Fällen kommen, nämlich praktisch wohl nur im Anwendungsbereich von § 299 BGB.[46]

d. Konkreter Umfang des „seinerseits Erforderlichen"

Was nun konkret das „seinerseits Erforderliche" ist, richtet sich jedenfalls jeweils nach dem konkreten Schuldverhältnis.[47] Zu unterscheiden ist dabei zwischen Hol-, Bring-, und Schickschulden.

aa. Holschuld

Bei **Holschulden** soll nach h.M. ausreichend sein, dass die vom Schuldner ausgewählten Sachen zur Abholung bereitgestellt werden und der Schuldner den Gläubiger hiervon benachrichtigt.[48] Da hier mit der Abholung eine Mitwirkungshandlung des Gläubigers erforderlich ist, genügt nach § 295 BGB ein solches wörtliches Angebot für die Herbeiführung des Annahmeverzuges.

Aus den dargelegten Gründen ist jedoch vorzugswürdiger die Auffassung, dass Konzentration nur eintritt, wenn entweder der Gläubiger die Sache abholt (§ 243 Abs. 2 BGB) oder tatsächlich Annahmeverzug eintritt (§ 300 Abs. 2 BGB).[49]

---

42 So etwa *Larenz*, Schuldrecht, Band I: Allgemeiner Teil, 14. Aufl. 1987, § 25 II, S. 396 f.; *Schmidt*, Schuldrecht, 8. Aufl. 1995, Bd. I/2, § 23 I 2, S. 26; *Hager* in: Erman, § 300 Rn. 8; *Grüneberg* in: Palandt, § 300 Rn. 5 f.; zu § 300 Abs. 2 BGB vgl. auch *Hönn*, AcP 1977, 385-417.
43 Vgl. *Huber*, Festschrift für Ballerstedt 1975, 327-354, 332.
44 *Huber*, Festschrift für Ballerstedt 1975, 327-354, 332 ff.
45 So *v. Caemmerer*, JZ 1951, 740-745, 743 f.; *Huber*, Festschrift für Ballerstedt 1975, 327-354, 332 ff.; *Ernst*, Gedächtnisschrift für Brigitte Knobbe-Keuk 1997, 49-110, 82 ff.
46 Vgl. *Canaris*, JuS 2007, 793-798, 795.
47 *Gernhuber*, Das Schuldverhältnis, 1989, § 10 III 5, S. 236.
48 *Leßmann*, JA 1982, 280-285, 283 f.; *Larenz*, Schuldrecht, Band I: Allgemeiner Teil, 14. Aufl. 1987, § 11 I, S. 153; *Teichmann* in: Soergel, § 243 Rn. 10; *Schmidt*, Schuldrecht, 8. Aufl. 1995, Bd. I/1, § 13 I, S. 227; *Gernhuber*, Das Schuldverhältnis, 1989, § 10 III 5, S. 238 f.; *Schiemann* in: Staudinger, § 243 Rn. 36 f.; *Emmerich* in: MünchKomm-BGB, § 243 Rn. 31; *Sutschet* in: Bamberger/Roth, § 243 Rn. 16; *Westermann* in: Erman, § 243 Rn. 15; *Schulze* in: Hk-BGB, § 243 Rn. 7; *Berger* in: Jauernig, § 243 Rn. 9; *Grüneberg* in: Palandt, § 243 Rn. 5; *Schmidt-Kessel* in: Prütting/Wegen/Weinreich, BGB, 7. Aufl. 2012, § 243 Rn. 11.
49 *v. Caemmerer*, JZ 1951, 740-745, 744; *Huber*, Festschrift für Ballerstedt 1975, 327-354, 329 f., 337 f.

bb. Schickschuld

35 Einigkeit herrscht demgegenüber bei der **Schickschuld** (z.B. Versendungskauf). Hier tritt nach einhelliger Auffassung die Konzentration mit **Versendung** der ausgewählten Sachen durch den Schuldner ein.[50] Auf die Kenntnis des Gläubigers hiervon kommt es nicht an.[51]

cc. Bringschuld

36 Bei der **Bringschuld** schließlich muss der Schuldner die ausgewählten Sachen am Leistungsort, also am Wohn- oder Geschäftssitz des Gläubigers, tatsächlich anbieten (§ 294 BGB).[52]

37 Richtiger Auffassung nach setzt aber auch hier nach § 243 Abs. 2 BGB Konzentration Übergabe an den Gläubiger oder ansonsten nach § 300 Abs. 2 BGB den tatsächlichen Eintritt des Annahmeverzuges (der bei Überflüssigkeit des Angebots nach § 295 Satz 1 BGB wegen bereits vorher erklärter Annahmeverweigerung auch ohne Antransport der ausgewählten Sache eintreten kann) voraus.[53]

III. Rechtsfolgen der Konzentration

1. Umwandlung in Stückschuld

38 Liegen die Voraussetzungen von § 243 Abs. 2 BGB vor, konzentriert sich die bisherige Gattungsschuld auf die vom Schuldner ausgewählte Leistung. Das Schuldverhältnis wandelt sich damit in eine **Stückschuld** um,[54] die den allgemeinen Regeln insbes. des Leistungsstörungsrechts für solche Stückschulden unterliegt. Mit der Konzentration ist nur die ausgewählte Leistung Inhalt des Schuldverhältnisses und allein geschuldet. Dies bedeutet indessen nicht, dass die ausgewählte Leistung vor Vollzug der Konzentration i.S.d. § 131 Abs. 1 InsO vom Gläubiger noch „nicht oder nicht in der Art" beansprucht werden könnte mit der Folge einer insolvenzrechtlichen Anfechtbarkeit der Erfüllung einer Gattungsschuld bei Vornahme der Konzentration erst in kritischer Zeit; vielmehr ist jede zur Erfüllung der Gattungsschuld taugliche Leistung kongruent.[55] Die Rechtsfolge der Konzentration – Umwandlung einer Gattungsschuld in eine auf ein individuelles Stück gerichtete Stückschuld – können die Parteien im Übrigen auch jederzeit unabhängig vom Vorliegen der Konzentrations-Voraussetzungen durch **(Änderungs-)Vertrag** herbeiführen.[56]

---

[50] RG v. 25.02.1904 - VI 266/03 - RGZ 57, 138-142, 141; BGH v. 16.07.2003 - VIII ZR 302/02 - juris Rn. 9 - NJW 2003, 3341-3342; OLG Düsseldorf v. 15.02.1990 - 6 U 2/89 - juris Rn. 31; OLG Bremen v. 21.12.1992 - 6 U 59/92 - juris Rn. 2; OLG Köln v. 05.05.1995 - 19 U 151/94 - juris Rn. 3 - NJW 1995, 3128-3129; *v. Caemmerer*, JZ 1951, 740-745, 744; *Huber*, Festschrift für Ballerstedt 1975, 327-354, 329 f.; *Leßmann*, JA 1982, 280-285, 283; *Larenz*, Schuldrecht, Band I: Allgemeiner Teil, 14. Aufl. 1987, § 11 I, S. 153; *Teichmann* in: Soergel, § 243 Rn. 9; *Schmidt*, Schuldrecht, 8. Aufl. 1995, Bd. I/1, § 13 I, S. 227; *Gernhuber*, Das Schuldverhältnis, 1989, § 10 III 5, S. 240; *Schiemann* in: Staudinger, § 243 Rn. 32; *Emmerich* in: Münch-Komm-BGB, § 243 Rn. 29; *Sutschet* in: Bamberger/Roth, § 243 Rn. 16; *Westermann* in: Erman, § 243 Rn. 16; *Schulze* in: Hk-BGB, § 243 Rn. 7; *Berger* in: Jauernig, § 243 Rn. 9; *Grüneberg* in: Palandt, § 243 Rn. 5; *Schmidt-Kessel* in: Prütting/Wegen/Weinreich, BGB, 7. Aufl. 2012, § 243 Rn. 11.

[51] RG v. 19.09.1916 - II 255/16 - RGZ 88, 389-395, 393.

[52] *Leßmann*, JA 1982, 280-285, 283; *Larenz*, Schuldrecht, Band I: Allgemeiner Teil, 14. Aufl. 1987, § 11 I, S. 153; *Teichmann* in: Soergel, § 243 Rn. 8; *Schmidt*, Schuldrecht, 8. Aufl. 1995, Bd. I/1, § 13 I, S. 227; *Gernhuber*, Das Schuldverhältnis, 1989, § 10 III 5, S. 239 f.; *Schiemann* in: Staudinger, § 243 Rn. 31; *Emmerich* in: Münch-Komm-BGB, § 243 Rn. 28; *Sutschet* in: Bamberger/Roth, § 243 Rn. 16; *Westermann* in: Erman, § 243 Rn. 17; *Schulze* in: Hk-BGB, § 243 Rn. 7; *Berger* in: Jauernig, § 243 Rn. 9; *Grüneberg* in: Palandt, § 243 Rn. 5; *Schmidt-Kessel* in: Prütting/Wegen/Weinreich, BGB, 7. Aufl. 2012, § 243 Rn. 11.

[53] RG v. 29.03.1904 - II 372/03 - RGZ 57, 402-406; *v. Caemmerer*, JZ 1951, 740-745, 744; *Huber*, Festschrift für Ballerstedt 1975, 327-354, 329 f., 337 f.

[54] *Teichmann* in: Soergel, § 243 Rn. 7; *Schulze* in: Hk-BGB, § 243 Rn. 8; *Grüneberg* in: Palandt, § 243 Rn. 7; kritisch zu dieser „Transmutationstheorie" *Gernhuber*, Das Schuldverhältnis, 1989, § 10 III 1, S. 225 f. Jedenfalls richtet sich das Leistungsstörungsrecht ab dem Zeitpunkt der Konzentration nach den Regeln der Stückschuld, *Westermann* in: Erman, § 243 Rn. 18.

[55] BGH v. 29.11.2007 - IX ZR 30/07 - juris Rn. 30 - BGHZ 174, 297-314, 306 = NJW 2008, 430-435, 433; *Piekenbrock*, WM 2007, 141-151, 145.

[56] OLG Frankfurt v. 09.09.1992 - 21 U 69/91 - juris Rn. 68 - NJW-RR 1995, 435-437, 436; *Teichmann* in: Soergel, § 243 Rn. 7; *Gernhuber*, Das Schuldverhältnis, 1989, § 10 III 3, S. 230.

2. Bindung an die Konzentration?

Jedenfalls nach der Vorstellung des Gesetzgebers tritt mit der Konzentration eine endgültige Bindung der Parteien ein (so noch ausdrücklich § 214 Abs. 2 E I).[57] Es bleibt den Parteien allerdings unbenommen, nach eingetretener Konzentration durch **Vertrag** eine „Dekonzentration" zu vereinbaren.[58] Dies ermöglicht dem Schuldner, über die ausgewählte Sache ohne Verletzung seiner Leistungspflicht anderweitig zu verfügen und eine erneute Auswahl zu treffen.

39

Mit der Annahme, dass die Konzentration in erster Linie dem Interesse des Schuldners nach Begrenzung seiner Leistungspflicht diene, wird vielfach vertreten, der Schuldner könne – soweit dem nicht ausnahmsweise besondere Gläubigerinteressen entgegenstehen – vor Eintritt der Erfüllung die Konzentration auch **einseitig** wieder rückgängig machen.[59] Lässt man die Konzentration richtigerweise erst mit Übergabe an den Gläubiger bzw. die Versandperson oder Eintritt des Annahmeverzugs eintreten (vgl. Rn. 30), ist für eine solche Rücknahme der Konzentration aber im Regelfall (Ausnahmen mögen nach § 242 BGB denkbar sein) kein Raum mehr.[60]

40

3. Übergang der Leistungsgefahr

Die Umwandlung der Gattungsschuld in eine Stückschuld bewirkt einen **Übergang der Leistungsgefahr** vom Schuldner auf den Gläubiger: Vor der Konzentration fallen eintretende Leistungserschwerungen allein in den Risikobereich des Schuldners, da insbes. der Ausfall einzelner Gattungssachen bei Fortexistenz der Gattung als solcher die Leistungsmöglichkeit und damit den Lieferanspruch des Gläubigers nicht beeinträchtigt. Mit der Konzentration kommt es allein auf die ausgewählte Sache an, so dass insbes. deren Untergang nunmehr zur Leistungsfreiheit des Schuldners führt (§ 275 Abs. 1 BGB).

41

Da der Gattungsschuldner vor der Konzentration bei eintretenden Leistungshindernissen verpflichtet bleibt, auf andere Sachen der Gattung zurückzugreifen und ggf. (wenn es sich nicht um eine Vorratsschuld handelt) diese zu beschaffen, wird die Gattungsschuld vielfach als **Beschaffungsschuld** charakterisiert.[61] Dieses Beschaffungsrisiko des Schuldners ist aber nicht wesensmäßiger Inhalt einer nur der Gattung nach bestimmten Leistungspflicht, sondern wiederum nur – regelmäßig nur bei zeitlicher Streckung zwischen Vertragsabschluss und Erfüllung eintretende – Folge der faktisch auch bei Untergang einzelner Gattungssachen fortbestehenden Leistungsmöglichkeit. Die Annahme eines unbeschränkten Beschaffungsrisikos kann daher im Einzelfall für die Gattungsschuld zu weit gehen,[62] wie auch ein Stückschuldner ohne weiteres ein Beschaffungsrisiko explizit übernehmen kann (z.B. bei einem Kaufvertrag über ein noch nicht dem Verkäufer gehörendes Grundstück). Mit dem SchuldRModG wurde daher ein weit gehendes Leistungsverweigerungsrecht bei übermäßiger Leistungserschwerung eingeführt (§ 275 Abs. 2 BGB) und der frühere § 279 BGB a.F., nach dem der Gattungsschuldner nicht durch bloße subjektive Unmöglichkeit entlastet wird, abgelöst durch § 276 Abs. 1 Satz 1 BGB, der – sowohl für Gattungs- als auch Stückschulden – allein auf die konkrete Übernahme eines Beschaffungsrisikos abstellt.[63]

42

---

[57] Vgl. Motive, Bd. II, S. 12 = *Mugdan*, Bd. 2, S. 7; Protokolle, Bd. I, S. 288 = *Mugdan*, Bd. 2, S. 506.
[58] *Gernhuber*, Das Schuldverhältnis, 1989, § 10 III 2, S. 226; *Emmerich* in: MünchKomm-BGB, § 243 Rn. 34.
[59] *Medicus*, JuS 1966, 297-306; *Leßmann*, JA 1982, 280-285, 284; *Larenz*, Schuldrecht, Band I: Allgemeiner Teil, 14. Aufl. 1987, § 11 I, S. 153 f.; *Teichmann* in: Soergel, § 243 Rn. 12; *Schiemann* in: Staudinger, § 243 Rn. 14; *Fikentscher/Heinemann*, Schuldrecht, 10. Aufl. 2006, § 28 III 3 Rn. 249; *Berger* in: Jauernig, § 243 Rn. 11; ähnlich *Ernst*, Gedächtnisschrift für Brigitte Knobbe-Keuk 1997, 49-110, 97; einschränkend (nur, soweit die Gegenleistungsgefahr noch übergegangen ist) *Canaris*, JuS 2007, 793-798 (was sich im Ergebnis mit der hier vertretenen Auffassung decken dürfte).
[60] *Huber*, Festschrift für Ballerstedt 1975, 327-354, 339 ff.; *van Venrooy*, WM 1981, 890-898; *Gernhuber*, Das Schuldverhältnis, 1989, § 10 III 2, S. 229 f.; *Emmerich* in: MünchKomm-BGB, § 243 Rn. 34.
[61] Vgl. hierzu *Larenz*, Schuldrecht, Band I: Allgemeiner Teil, 14. Aufl. 1987, § 11 I, S. 151; *Gernhuber*, Das Schuldverhältnis, 1989, § 10 II, S. 223 ff.; *Schiemann* in: Staudinger, § 243 Rn. 19; *Schulze* in: Hk-BGB, § 243 Rn. 6.
[62] Vgl. zu § 279 BGB a.F. BGH v. 01.12.1993 - VIII ZR 259/92 - juris Rn. 27 - NJW 1994, 515-516, 516.
[63] Vgl. hierzu RegE, BT-Drs. 14/6040, S. 132.

IV. Anwendung auf die Erbringung von Dienstleistungen

43 Wie bei § 243 Abs. 1 BGB (vgl. Rn. 18) stellt sich auch bei § 243 Abs. 2 BGB die Frage der analogen Anwendbarkeit auf **Dienstleistungen**. Ein praktisches Bedürfnis für eine solche Gefahrtragungsregelung dürfte jedoch nicht bestehen. Bei einem Dienstvertrag führt die Erbringung der Dienstleistung als solche bereits zur Erfüllung.[64] Im Werkvertragsrecht gibt es mit § 644 BGB eine eigene und jedenfalls speziellere Gefahrtragungsregelung.[65]

---

[64] *Schiemann* in: Staudinger, § 243 Rn. 47.
[65] *Schiemann* in: Staudinger, § 243 Rn. 47; a.A. *Medicus*, JuS 1966, 297-306, 306.

§ 244 BGB Fremdwährungsschuld

(Fassung vom 02.01.2002, gültig ab 01.01.2002)

(1) Ist eine in einer anderen Währung als Euro ausgedrückte Geldschuld im Inland zu zahlen, so kann die Zahlung in Euro erfolgen, es sei denn, dass Zahlung in der anderen Währung ausdrücklich vereinbart ist.

(2) Die Umrechnung erfolgt nach dem Kurswert, der zur Zeit der Zahlung für den Zahlungsort maßgebend ist.

Gliederung

A. Grundlagen ... 1	V. Fehlen einer Effektiv-Vereinbarung ... 41
B. Anwendungsvoraussetzungen ... 2	C. Rechtsfolgen ... 42
I. Normstruktur ... 2	I. Ersetzungsbefugnis des Schuldners ... 42
II. Geldschuld ... 3	II. Aufrechnung zwischen Fremdwährungs- und Euro-Forderungen ... 44
1. Der Begriff des Geldes ... 4	D. Prozessuale Hinweise/Verfahrenshinweise ... 45
a. Wirtschaftliche Funktion des Geldes ... 4	I. Prozessuale Geltendmachung einer Fremdwährungsschuld ... 45
b. Staatliche Theorie des Geldes ... 5	II. Zwangsvollstreckung einer titulierten Fremdwährungsschuld ... 47
c. Zahlungsmittel ... 6	E. Besonderheiten ... 49
2. Inhalt der Geldschuld ... 14	I. Sonderregelungen ... 49
a. Geldschuld als Wertverschaffungsschuld ... 14	II. Kollisionsrecht ... 52
b. Geldsummen- und Geldwertschuld ... 16	III. Wertsicherungsklauseln ... 53
3. Rechtliche Behandlung der Geldschuld ... 19	1. Begriff ... 53
III. Fremdwährungsschuld ... 22	2. Rechtliche Zulässigkeit ... 54
1. Währung und Währungsstatut ... 23	a. Währungsrechtliche Zulässigkeit ... 54
2. „Reichswährung" und Euro ... 25	b. Zulässigkeit als Allgemeine Geschäftsbedingung ... 59
a. „Reichswährungen" bis zur Euro-Einführung ... 25	
b. Die Euro-Währung ... 30	
3. Inhalt der Fremdwährungsschuld ... 37	
IV. Zahlbarkeit im Inland ... 39	

A. Grundlagen

Die Geldschuld als Inhalt eines Schuldverhältnisses wird im BGB weder grundlegend definiert noch allgemein geregelt. Der historische Gesetzgeber hielt dies im Hinblick auf die bestehenden währungsrechtlichen Regelungen für entbehrlich;[1] lediglich für Einzelfragen der Geldschuld wurden – „wegen ihrer Eigentümlichkeit"[2] – Regelungen in das BGB aufgenommen (vgl. die §§ 244, 245, 270, 288, 291, 301 BGB; von der Schuldrechtskommission wurde mit § 275 BGB-KE noch eine klarstellende Regelung zur Unmöglichkeit bei Geldschulden vorgeschlagen,[3] mit der Schuldrechtsmodernisierung aber nicht umgesetzt[4]). Die §§ 244, 245 BGB erheben zwar ihrer systematischen Stellung nach den Anspruch, das „allgemeine Geldschuldrecht" zu enthalten, regeln aber nur Sonderfälle. § 244 BGB betrifft hierbei den Fall der Fremdwährungsschuld. 1

B. Anwendungsvoraussetzungen

I. Normstruktur

Der Tatbestand des § 244 BGB erfordert (1.) eine Geldschuld (vgl. Rn. 3), die (2.) in einer Fremdwährung ausgedrückt (vgl. Rn. 22) und (3.) im Inland zahlbar ist (vgl. Rn. 39), sowie (4.) das Fehlen einer Vereinbarung, wonach die Zahlung gerade in der betreffenden Fremdwährung erfolgen soll (vgl. Rn. 41). Liegen diese Voraussetzungen vor, gibt § 244 Abs. 1 BGB dem Schuldner das Recht, die Schuld statt in der Fremdwährung in Euro zu dem nach § 244 Abs. 2 BGB bestimmten Umrechnungskurs zu erfüllen (vgl. Rn. 42). 2

---

[1] Vgl. Motive, Bd. II, S. 12 f. = *Mugdan*, Bd. 2, S. 7.
[2] Motive, Bd. II, S. 12 = *Mugdan*, Bd. 2, S. 7.
[3] Vgl. Abschlußbericht der Kommission zur Überarbeitung des Schuldrechts, 1992, S. 119.
[4] Vgl. Beschlussempfehlung und Bericht des Rechtsausschusses, BT-Drs. 14/7052, S. 183.

II. Geldschuld

3 Die Geldschuld ist ein Schuldverhältnis (im engeren Sinne, vgl. die Kommentierung zu § 241 BGB Rn. 13), das auf die Verschaffung (vgl. Rn. 14) von Geld (vgl. Rn. 4) gerichtet ist (zu ihrer rechtlichen Behandlung vgl. Rn. 19).

1. Der Begriff des Geldes

a. Wirtschaftliche Funktion des Geldes

4 Geld ist zunächst einmal ein ökonomisches Phänomen und Grundlage der – an die Stelle der Naturalwirtschaft getretenen – Geldwirtschaft. Dies bedingt eine Definition durch seine Funktionen („money is what money does"). Primäre wirtschaftliche Funktion des Geldes ist die des allgemeinen **Tauschmittels**: Es wird von jedermann als Gegenwert für die Hingabe von Waren oder Dienstleistungen akzeptiert, weil hierfür wiederum andere Waren oder Dienstleistungen eingetauscht werden können. Hieraus leiten sich weitere wirtschaftliche Funktionen ab. Zum einen ist Geld allgemeiner **Wertmaßstab**, der es ermöglicht, alle Transaktionen auf dieselbe Bezugsgröße auszurichten, und zum anderen **Wertaufbewahrungsmittel**, das es ermöglicht, die in ihm verkörperte Kaufmacht zu einem beliebigen künftigen Zeitpunkt auszuüben.[5]

b. Staatliche Theorie des Geldes

5 Von diesen Funktionen abgeleitet erfordert der Begriff des Geldes jedenfalls seine wertmäßige Festlegung und seine allgemeine Anerkennung. Dies zu gewährleisten, ist traditionell Aufgabe des Staates. Die klassische **staatliche Theorie des Geldes**[6] leitet den juristischen Geldbegriff daher allein aus der staatlichen Währungshoheit (vgl. Art. 88 GG) und der jeweiligen Rechtsordnung mit ihren gesetzlichen Ausgestaltungen des Geldes – als „**gesetzliches Zahlungsmittel**" – ab. Geld bzw. dieses verkörpernde Geldzeichen in diesem Sinne sind bewegliche Sachen, die nach Rechnungseinheiten gestückelt sind, in Höhe ihres Nominalwertes als Tauschmittel dienen, als solche von Rechts wegen anerkannt sind und für die ein Annahmezwang des Gläubigers besteht.[7]

c. Zahlungsmittel

aa. Bargeld

6 Unproblematisch ist die Definition gesetzlicher Zahlungsmittel nach der staatlichen Theorie des Geldes jedenfalls für Bargeld, das aus umlaufenden Münzen und Papiergeld besteht (Fremdwährungs-Bargeld wird meist als „Sorten" bezeichnet).

7 **Münzen** wurden ursprünglich aus dem der Währung zugrunde liegenden Metall (meist Gold oder Silber) vollwertig (als sog. Kurantmünzen) ausgeprägt. Daneben gab es – für kleinere Werte – aus anderen Metallen ausgeprägte, unterwertige Münzen (sog. Scheidemünzen), die wegen der mit ihrer Unterwertigkeit verbundenen Risiken meist nur in begrenzter Zahl ausgeprägt werden durften und für die nur ein summenmäßig beschränkter Annahmezwang sowie ein Anspruch auf Umtausch in vollwertige Kurantmünzen bestanden. Seit dem Ende der Metallbindung der Währungen gibt es nur noch Scheidemünzen (vgl. die §§ 1, 3 MünzG in Verbindung mit VO 975/1998/EG des Europäischen Parlaments und Rates, 03.05.1998).

8 **Papiergeld** gab es ursprünglich in der Form von (auch von Privatbanken ausgegebenen) Banknoten und staatlichem Papiergeld. Es wurde zunächst nur als „Zeichengeld" verstanden, das (wie Scheidemünzen) als Hilfsmittel das „wirkliche Geld" aus Metall nur vorstelle;[8] zum gesetzlichen Zahlungsmittel wurde Papiergeld historisch erst spät erklärt (zu Deutschland vgl. Rn. 26). Das Papiergeld verbriefte ursprünglich einen Anspruch auf Einlösung in dem der Währung zugrunde liegenden Metall und wurde

---

[5] Zu den wirtschaftlichen Funktionen des Geldes vgl. allgemein *Schmidt* in: Staudinger, Vorbem. v. §§ 244 ff. Rn. A 10 f.; *Grundmann* in: MünchKomm-BGB, §§ 244, 245 Rn. 1 ff.; *Hahn/Häde*, Währungsrecht, 2. Aufl. 2010, § 1 Rn. 34 ff., jeweils m.w.N.

[6] Vgl. hierzu ausführlich *Schmidt*, Festschrift für Hugo J. Hahn, 81-92, und auch *Ohler*, JZ 2008, 317-324.

[7] Grundlegend *Knapp*, Staatliche Theorie des Geldes, 4. Aufl. 1923; *Mann*, Das Recht des Geldes, 1960, S. 11 ff.

[8] So etwa *v. Savigny*, Obligationenrecht, Bd. 1, 1851, § 40, S. 413.

daher – außer als Geldzeichen – zugleich als Schuldverschreibungen auf den Inhaber im Sinne der §§ 793-808 BGB angesehen.[9] Mit dem Wegfall des Einlösungszwanges ging dieser rechtliche Charakter verloren;[10] nach heutiger Auffassung handelt es sich um reine Geldzeichen.[11]

Sowohl Münzen als auch Banknoten sind – wie sich aus den Formulierungen in den §§ 607, 700 Abs. 1, 783, 935, 978 Abs. 3, 1007 Abs. 2 BGB ergibt – **vertretbare und verbrauchbare Sachen** im Sinne der §§ 90-92 BGB und unterliegen als solche den allgemeinen Regeln des Sachenrechts.[12]

bb. Buchgeld

Schwierigkeiten bereitet demgegenüber die rechtliche Einordnung von Buchgeld (= Giralgeld; Fremdwährungs-Buchgeld wird meist als „Devisen" bezeichnet). Als Buchgeld bezeichnet werden (jederzeit fällige) Forderungen gegen Kreditinstitute aus Sichteinlagen (und damit insbes. nicht aus Sparkonten oder Festgeldanlagen), die übertragen und damit ähnlich wie Bargeld eingesetzt werden können. Solche (Geld-)Forderungen nehmen Bezug auf das staatlich anerkannte Geld, sind selbst aber nicht als gesetzliches Zahlungsmittel legitimiert und auch nicht in Geldzeichen verkörpert. Mit der staatlichen Theorie des Geldes in ihrer klassischen Ausprägung kann Buchgeld daher nicht als Geld im Rechtssinne, sondern nur als „Geldsurrogat" qualifiziert werden.[13] Im Hinblick auf die außerordentliche wirtschaftliche Bedeutung des Buchgeldes wird heute vielfach versucht, über eine sich aus zahlreichen gesetzlichen Sonderregelungen ergebende staatliche (de facto) Anerkennung des Buchgeldes als gesetzliches Zahlungsmittel bzw. über die Gleichsetzung eines schuldrechtlichen Annahmezwangs mit einem gesetzlichen Annahmezwang auch Buchgeld unter den Geldbegriff zu subsumieren.[14] Da Buchgeld aber eben kein „staatliches Geld" ist, kann Buchgeld letztlich nur durch einen neuen, nicht mehr an die staatliche Anerkennung, sondern seine wirtschaftlichen Funktionen anknüpfenden Geldbegriff erfasst werden. Einen solchen Versuch unternimmt insbes. *Schmidt*[15] mit seiner Begriffstrias, die neben dem das „Geld im technischen Sinne" umfassenden „gegenständlichen" Geldbegriff noch einen „konkret-funktionellen" und einen „institutionellen" Geldbegriff umfasst.

Ein (gesetzlicher) Annahmezwang für Buchgeld besteht indessen nicht, sondern es bedarf einer – ggf. stillschweigenden – Vereinbarung zwischen den Parteien.[16] Während die bislang wohl h.M. in der Verschaffung von Buchgeld durch den Geldschuldner nur eine Leistung an Erfüllungs statt im Sinne des § 364 BGB sieht,[17] wird heute zunehmend in der – vom Gläubiger gestatteten – unbaren Zahlung le-

---

[9] Vgl. RG v. 17.10.1888 - V 168/88 - RGZ 22, 265-272, 267; RG v. 28.11.1921 - VI 282/21 - RGZ 103, 231-244, 234 f.
[10] Vgl. RG v. 20.05.1926 - IV 694/25 - RGZ 114, 27-35, 30.
[11] Vgl. *Hahn/Häde*, Währungsrecht, 2. Aufl. 2010, § 1 Rn. 15, § 3 Rn. 13.
[12] Vgl. BGH v. 29.03.1990 - IX ZR 134/89 - juris Rn. 7 - NJW 1990, 1913; hierzu *Schmidt*, JuS 1990, 846-847; ausführlich zur sachenrechtlichen Behandlung von Geldzeichen *Pikart*, WM 1980, 510-520; abweichend *Simitis*, AcP 159, 406-466, 454 ff.
[13] Vgl. etwa *v. Dücker*, WM 1999, 1257-1263, 1260.
[14] So etwa *Thywissen*, BB 1971, 1347-1350; *v. Stebut*, Jura 1982, 561-572, 570 f.; *Larenz*, Schuldrecht, Band I: Allgemeiner Teil, 14. Aufl. 1987, § 12 I, S. 164; *Samm*, Festschrift für Hugo J. Hahn, 227-244, 234 f.; *Hahn/Häde*, Währungsrecht, 2. Aufl. 2010, § 1 Rn. 15, § 3 Rn. 37; *Schefold* in: Bunte/Lwowski/Schimansky, Bankrechts-Handbuch, 4. Aufl. 2011, Bd. II § 115 Rn. 38.
[15] *Schmidt* in: Staudinger, Vorbem. v. §§ 244 ff. Rn. A 14 ff.; *Schmidt*, JuS 1984, 737-747, 740.
[16] Vgl. BGH v. 25.03.1983 - V ZR 168/81 - juris Rn. 21 - BGHZ 87, 156-166, 162 f. = NJW 1983, 1605-1607, 1606; BGH v. 05.05.1986 - II ZR 150/85 - juris Rn. 16 - BGHZ 98, 24-31, 29 f. = NJW 1986, 2428-2430, 2429; BGH v. 28.10.1998 - VIII ZR 157/97 - juris Rn. 9 - NJW 1999, 210-211, 210.
[17] Vgl. BGH v. 13.03.1953 - V ZR 92/51 - NJW 1953, 897-898, 897; BGH v. 20.05.1955 - V ZR 154/53 - WM 1955, 1473-1476, 1476; BGH v. 02.02.1972 - VIII ZR 152/70 - juris Rn. 3 - BGHZ 58, 108-115, 109 = NJW 1972, 633-634, 633; *Canaris* in: Staub, GroßKomm-HGB, BankvertragsR 5 Rn. 467; *Meder*, JuS 1996, 89-96, 90; *Fikentscher/Heinemann*, Schuldrecht, 10. Aufl. 2006, § 29 I 4 Rn. 261; *Fabienke*, JR 1999, 47-55, 49; *Stürner* in: Jauernig, §§ 364, 365 Rn. 4; *Buck-Heeb* in: Erman, § 362 Rn. 8; offen gelassen von BGH v. 25.03.1983 - V ZR 168/81 - juris Rn. 21 - BGHZ 87, 156-166, 163 = NJW 1983, 1605-1607, 1606; BGH v. 05.05.1986 - II ZR 150/85 - juris Rn. 16 - BGHZ 98, 24-31, 30 = NJW 1986, 2428-2430, 2429; BGH v. 28.10.1998 - VIII ZR 157/97 - juris Rn. 9 - NJW 1999, 210-211, 210.

diglich eine Zahlungsmodalität, nicht aber die Erbringung einer anderen als der geschuldeten Leistung gesehen[18].

cc. Elektronisches Geld

13 Mit der Entwicklung neuer Zahlungssysteme sind neue Formen „elektronischen Geldes" entstanden, bei denen Zahlungseinheiten in Form digitaler Daten in einem Rechnernetz (als sog. „**Cyber-**" bzw. „**Netzgeld**") oder auf Speicherchipkarten (als „**Chipgeld**" oder „**Geldkarte**") gespeichert und übertragen werden können. Die Zahlungseinheiten werden durch Vorauszahlung als „elektronische Banknoten" erworben und können unmittelbar durch Datenübertragung zur Zahlung verwendet werden. Die Ausgabe und die Verwaltung solchen elektronischen Geldes[19] ist gem. § 1 Abs. 1 Satz 2 Nr. 11 KredWG genehmigungspflichtiges Bankgeschäft.

2. Inhalt der Geldschuld

a. Geldschuld als Wertverschaffungsschuld

14 Die Geldschuld verpflichtet den Schuldner zur Leistung einer bestimmten (oder bestimmbaren, vgl. Rn. 18) Menge Geldes. Dabei geht es nicht um die Leistung bestimmter Zahlungsmittel, sondern um die Verschaffung des mit der Geldsumme beschriebenen Geldwertes. Zur Erfüllung hat der Schuldner zwar Geld (in seinen unterschiedlichen Erscheinungsformen als Bargeld (vgl. Rn. 6), Buchgeld (vgl. Rn. 10) oder elektronischem Geld (vgl. Rn. 13)) zu leisten, doch sind die dabei zu übertragenden konkreten Zahlungsmittel selbst nicht Schuldinhalt, sondern vielmehr die hierdurch verkörperte abstrakte Kaufmacht. Die Geldschuld ist daher keine Sachschuld (etwa in der Form einer Gattungsschuld)[20], sondern nach heute nahezu einhelliger Auffassung **Wertverschaffungsschuld**.[21]

15 **Nicht** um eine Geldschuld im Sinne der gesetzlichen Regelungen handelt es sich daher dann, wenn Inhalt des Schuldverhältnisses nicht die Verschaffung eines reinen Wertes, sondern die Übereignung bestimmter Zahlungsmittel als Ware ist. Die **Münzstückschuld**, bei der bestimmte (z.B. Sammler-)Stücke zu liefern sind, die **echte Münzsortenschuld** (vgl. hierzu die Kommentierung zu § 245 BGB Rn. 3), bei der Stücke aus einer Geld- bzw. Münzsorte geschuldet werden, oder der Erfüllungsanspruch aus einem **Sorten- oder Devisenkauf**, d.h. dem Kauf (barer oder unbarer) ausländischer Zahlungsmittel, sind folglich keine Geldschulden, sondern echte Stück- bzw. Gattungsschulden.

b. Geldsummen- und Geldwertschuld

16 Der aus einer Geldschuld geschuldete Geldbetrag kann entweder summenmäßig bestimmt (vgl. Rn. 17) sein oder sich aus bestimmten Wertverhältnissen ergeben (vgl. Rn. 18).

17 Die Höhe einer sog. **Geldsummenschuld** (Geld- oder Nennbetragsschuld) wird allein durch den festgelegten Betrag in Währungseinheiten bestimmt. Außer rechtsgeschäftlich begründeten Geldschulden sind insbes. auf Geld lautende Kondiktionsansprüche Geldsummenschulden.[22] Die Geldsummenschuld ist – unabhängig von etwaigen Änderungen des inneren Wertes des Geldes – zum voraus bestimmten Nennwert in der gesetzlichen Währungseinheit zu erfüllen (Prinzip des **Nominalismus**, „Euro = Euro").[23] Das Absinken der Kaufkraft des Geldes zwischen Begründung und Erfüllung einer solchen

---

[18] Vgl. *Simitis*, AcP 159, 406-466, 449 ff.; *Thywissen*, BB 1971, 1347-1350, 1350; *Brüggemeier* in: Wassermann, Kommentar zum Bürgerlichen Gesetzbuch, § 270 Rn. 9; *v. Stebut*, Jura 1982, 561-572, 570 ff.; *Schmidt*, JuS 1984, 737-747, 743; *Schmidt* in: Staudinger, Vorbem. v. §§ 244 ff. Rn. C 45; *Larenz*, Schuldrecht, Band I: Allgemeiner Teil, 14. Aufl. 1987, § 18 IV, S. 249; *v. Dücker*, WM 1999, 1257-1263; *Fetzer* in: Münch-Komm-BGB, § 362 Rn. 22; *Grüneberg* in: Palandt, §§ 244, 245 Rn. 4; *Grüneberg* in: Palandt, § 362 Rn. 9.

[19] Zu den Rechtsproblemen des elektronischen Geldes vgl. *Escher*, WM 1997, 1173-1185; *Gramlich*, DuD 1997, 383-389; *Kümpel*, WM 1997, 1037-1042; *Kümpel*, WM 1998, 365-375; *Kümpel*, WM 1999, 313-320; *Pfeiffer*, NJW 1997, 1036-1039; *Spallino*, WM 2001, 231-241; *Stölting*, FoR 2001, 83-85.

[20] A.A. heute insbes. *Fikentscher/Heinemann*, Schuldrecht, 10. Aufl. 2006, § 29 I 1 Rn. 259: „Gattungsschuld besonderer Art", und *Fülbier*, NJW 1990, 2797-2799: „neben Stückschuld und Gattungsschuld dritte Art der Sachschuld".

[21] Vgl. nur *Schmidt* in: Staudinger, Vorbem. v. §§ 244 ff. Rn. C 7 m.w.N.

[22] Vgl. BGH v. 13.07.1987 - II ZR 280/86 - juris Rn. 59 - BGHZ 101, 296-307, 306 f. = NJW 1987, 3181-3184, 3184

[23] Vgl. BGH v. 14.11.1973 - IV ZR 147/72 - juris Rn. 32 - BGHZ 61, 385-394, 392 = NJW 1974, 137-140, 139; und, zur Problematik umfassend, *Maydell*, Geldschuld und Geldwert, 1974.

Schuld fällt grundsätzlich[24] in das alleinige Risiko des Gläubigers. Eine Absicherung kann ggf. durch sog. Wertsicherungsklauseln vereinbart werden (zu diesen vgl. Rn. 53).

Bei der **Geldwertschuld** wird demgegenüber die Höhe durch eine Beziehung zu nichtwährungsrechtlichen Elementen bestimmt wie dem Preis einer Ware zu einer bestimmten Zeit oder dem Wert eines Gegenstandes. Geldwertschulden sind ihrer Natur nach etwa Aufwendungs- oder Schadensersatzansprüche[25] sowie Unterhaltsschulden[26], deren konkrete Höhe in Geld nicht von vornherein feststeht, sondern sich erst aus anderen Faktoren (Aufwendungen, Schaden, Bedarf) errechnet. Eine Geldwertschuld entsteht meist kraft Gesetzes, kann aber auch – durch eine „Wertbeständigkeitsklausel", die die Höhe der zu erbringenden Geldleistung an den Wert einer bestimmten Sache koppelt – rechtsgeschäftlich vereinbart werden.[27] Da die Zahlung der Geldsumme bei der Geldwertschuld nur Mittel zur Erfüllung eines geschuldeten Wertausgleichs ist, kann Erfüllung nur eintreten, wenn sie diesen Wertausgleich auch wirklich herbeiführt. Die Geldwertschuld lautet folglich – anders als die Geldsummenschuld – auch nicht von vornherein auf eine bestimmte Währung[28] und folgt bei einem Währungswechsel nicht dem gesetzlichen Anschlussverhältnis, sondern ist in der neuen Währung neu zu bewerten.[29]

18

3. Rechtliche Behandlung der Geldschuld

Da die Geldschuld nicht Sachschuld, sondern Wertverschaffungsschuld ist, sind die Vorschriften über Leistungsmodalitäten und Leistungsstörungen für Sachschulden auf sie nicht unmittelbar anwendbar. Anders als bei Sachschulden hat der Schuldner einer Geldschuld unbeschränkt für seine finanzielle Leistungsfähigkeit einzustehen („Geld hat man zu haben"), kann sich also bei nicht oder nicht rechtzeitig erfolgter Zahlung nicht durch unverschuldeten Geldmangel exkulpieren.[30] Da es sich bei der Geldschuld nicht um eine Gattungsschuld handelt, folgt dies allerdings entgegen der vielfach auf § 279 BGB a.F. (jetzt § 276 Abs. 1 Satz 1 Fall 2 BGB) gestützten Rechtsprechung des BGH[31] nicht aus einer

19

---

[24] Zur sog. Aufwertungsrechtsprechung infolge der Hyperinflation 1922/23 vgl. etwa *Schmidt* in: Staudinger, Vorbem. v. §§ 244 ff. Rn. D 95 ff. m.w.N.

[25] Vgl. BGH v. 22.06.1993 - VI ZR 302/92 - juris Rn. 27 - BGHZ 123, 65-75, 75 = NJW 1993, 2531-2534, 2533 m.w.N.

[26] Vgl. BGH v. 09.05.1990 - XII ZB 133/88 - juris Rn. 16 - NJW 1990, 2197-2199, 2198; BGH v. 29.04.1992 - XII ZR 40/91 - juris Rn. 25 - NJW-RR 1993, 5-7, 6 f.

[27] Vgl. BGH v. 12.02.1953 - IV ZR 109/52 - juris Rn. 16 - BGHZ 9, 56-63, 60 = NJW 1953, 662-663, 663; BGH v. 09.07.1956 - II ZR 279/54 - juris Rn. 12 - NJW 1957, 342-343; BGH v. 08.02.1961 - V ZR 105/60 - WM 1961, 451-453, 453, jeweils m.w.N.

[28] Vgl. RG v. 04.06.1919 - I 31/19 - RGZ 96, 121-124, 123; RG v. 11.10.1924 - I 2/24 - RGZ 109, 61-64, 62; BGH v. 10.07.1954 - VI ZR 102/53 - juris Rn. 9 - BGHZ 14, 212-222, 216 f. = NJW 1954, 1441-1442, 1441; BGH v. 09.05.1990 - XII ZB 133/88 - juris Rn. 16 - NJW 1990, 2197-2199, 2198; BGH v. 29.04.1992 - XII ZR 40/91 - juris Rn. 25 - NJW-RR 1993, 5-7, 6 f.

[29] Vgl. nur BGH v. 22.06.1993 - VI ZR 302/92 - juris Rn. 27 - BGHZ 123, 65-75, 75 = NJW 1993, 2531-2534, 2533; BGH v. 18.03.1998 - IV ZR 126/96 - juris Rn. 23 - VIZ 1998, 332-334, 334; jeweils m.w.N.

[30] Vgl. ausführlich *Medicus*, AcP 188, 489-510; *Schmidt* in: Staudinger, Vorbem. v. §§ 244 ff. Rn. C 30 f.; st. Rspr., vgl. etwa BGH v. 14.07.1958 - VII ZR 99/57 - juris Rn. 64 - BGHZ 28, 123-129, 127 f. = NJW 1958, 1681-1683, 1682; BGH v. 15.01.1982 - V ZR 164/80 - juris Rn. 14 - WM 1982, 399-401, 400; BGH v. 25.03.1982 - VII ZR 60/81 - juris Rn. 22 - BGHZ 83, 293-301, 300 = NJW 1982, 1585-1587, 1587; BGH v. 09.12.1982 - III ZR 182/81 - juris Rn. 10 - BGHZ 86, 98-104, 101 = NJW 1983, 1047-1049, 1048; BGH v. 04.04.1984 - VIII ZR 313/82 - juris Rn. 49 - NJW 1984, 2687-2689, 2688; BGH v. 12.11.1984 - II ZR 96/84 - juris Rn. 11 - NJW 1985, 1828-1829, 1829; BGH v. 21.06.1985 - V ZR 134/84 - juris Rn. 23 - NJW 1985, 2640-2642, 2640; BGH v. 07.07.1988 - I ZR 78/87 - juris Rn. 15 - NJW-RR 1988, 1381-1382, 1382; BGH v. 28.02.1989 - IX ZR 130/88 - juris Rn. 24 - BGHZ 107, 92-104, 102 = NJW 1989, 1276-1278, 1278; BGH v. 15.03.2002 - V ZR 396/00 - juris Rn. 22 - BGHZ 150, 187-197, 194 = NJW 2002, 1872-1875, 1874; hieran sollte auch mit der Schuldrechtsmodernisierung nichts geändert werden, vgl. BT-Drs. 14/6040, S. 132; BT-Drs. 14/7052, S. 183; für eine unbeschränkte Anwendung des allgemeinen Leistungsstörungsrechts jetzt *Kähler*, AcP 206, 805-842.

[31] Insbes. BGH v. 14.07.1958 - VII ZR 99/57 - juris Rn. 64 - BGHZ 28, 123-129, 128 = NJW 1958, 1681-1683, 1682; BGH v. 25.03.1982 - VII ZR 60/81 - juris Rn. 22 - BGHZ 83, 293-301, 300 = NJW 1982, 1585-1587, 1587; BGH v. 12.11.1984 - II ZR 96/84 - juris Rn. 11 - NJW 1985, 1828-1829, 1829; BGH v. 07.07.1988 - I ZR 78/87 - juris Rn. 15 - NJW-RR 1988, 1381-1382, 1382; ebenso *Enneccerus/Lehmann*, Recht der Schuldverhältnisse, 15. Bearb. 1958, § 11 I 3, S. 44.

besonderen Übernahme des Beschaffungsrisikos durch den Schuldner, sondern aus dem Wesen[32] der Geldschuld als Wertverschaffungsschuld und wird von der Rechtsordnung durch die zwangsvollstreckungs- und insolvenzrechtlichen Regelungen bestätigt.[33]

20 Für die Zahlung von Geldschulden enthält § 270 BGB eine besondere Auslegungsregel. Hiernach gilt zwar für den Leistungsort nichts abweichendes (§ 270 Abs. 4 BGB, in der Regel also Sitz des Schuldners, vgl. § 269 Abs. 1, 2 BGB), doch ist die Zahlung im Zweifel auf Gefahr und Kosten des Schuldners an den Sitz des Gläubigers („Zahlungsort") zu übermitteln (§ 270 Abs. 1, 2 BGB, Ausnahme: § 270 Abs. 3 BGB). Anders als bei der „normalen" Schickschuld (vgl. die §§ 447 Abs. 1, 448 Abs. 1 BGB) hat daher der Schuldner einer Geldschuld die Übermittlungskosten und das Übermittlungsrisiko zu tragen, weshalb die Geldschuld auch als **„qualifizierte Schickschuld"** bezeichnet wird. Die aus §§ 269, 270 BGB folgende Zuweisung der Verzögerungsgefahr einer ordnungsgemäß veranlassten Zahlung an den Gläubiger verstößt indessen gegen Art. 3 Abs. 1 lit. c ii) der Richtlinie des Europäischen Parlaments und des Rates zur Bekämpfung von Zahlungsverzug im Geschäftsverkehr (RL 2000/35/EG des Europäischen Parlaments und Rates v. 29.06.2000, sog. Zahlungsverzugs-Richtlinie), so dass es in deren Anwendungsbereich bei einer Zahlung durch Banküberweisung zur Vermeidung von Verzugszinsen nicht ausreicht, dass der Schuldner das zur Übermittlung des Geldes seinerseits Erforderliche getan hat,[34] sondern der geschuldete Betrag dem Empfängerkonto gutgeschrieben sein muss.[35] Analog anwendbar auf die Geldschuld ist § 300 Abs. 2 BGB, wonach bei Annahmeverzug des Gläubigers das Risiko auf diesen übergeht.[36]

21 Eine Geldschuld ist regelmäßig der **Verzinsung** zugänglich. Diese muss allerdings konkret durch Gesetz angeordnet oder durch Rechtsgeschäft vereinbart sein; eine allgemeine Verzinsungspflicht für Geldschulden gibt es nicht (vgl. die Kommentierung zu § 246 BGB Rn. 23). Besondere gesetzliche Verzinsungspflichten für Geldschulden bestehen im Verzug (§ 288 BGB) und bei Rechtshängigkeit (§ 291 BGB). Mit dem Annahmeverzug endet jede Verzinsungspflicht des Geldschuldners (§ 301 BGB).

III. Fremdwährungsschuld

22 Eine Fremdwährungsschuld ist eine Geldschuld, die in einer anderen Währung (vgl. Rn. 23) als Euro (vgl. Rn. 30) ausgedrückt ist.

1. Währung und Währungsstatut

23 „Währung" im Sinne des § 244 Abs. 1 BGB ist zunächst die Denomination der gesetzlichen Zahlungsmittel eines bestimmten Staates (auch als „Valuta" bezeichnet). Weitergehend wird aber die (nationale) Geldverfassung in ihrer Gesamtheit, also das rechtliche System, das Grundlage der gesetzlichen Zahlungsmittel ist, als „Währung" bezeichnet.[37] Dieses (öffentlich-rechtliche) System enthält insbes. Re-

---

[32] Im Grundsatz nicht unberechtigt ist die Kritik von *Kähler*, AcP 206, 805-842, 806, an der Argumentation mit dem „Wesen" der Geldschuld (vgl. bereits allg. *Scheuerle*, Das Wesen des Wesens, AcP 163, 429-471). Hier geht es aber darum, dass die Geldschuld – als Wertverschaffungsschuld – kein konkretes Substrat zum Gegenstand hat, sondern die Verpflichtung zur Verschaffung eines abstrakten (wie auch immer – durch Geld – verkörperten) Wertes, und daher nicht ohne weiteres anderen Schulden gleichgestellt werden kann.

[33] So auch BGH v. 15.01.1982 - V ZR 164/80 - juris Rn. 14 - WM 1982, 399-401, 400; BGH v. 28.02.1989 - IX ZR 130/88 - juris Rn. 24 - BGHZ 107, 92-104, 102 = NJW 1989, 1276-1278, 1278, wo nur noch der „Grundgedanke" des § 279 BGB a.F. herangezogen wird.

[34] Vgl. etwa *Grüneberg* in: Palandt, § 270 Rn. 6 f. m.w.N.; AG Kassel v. 04.01.2010 - 453 C 4954/09 - juris Rn. 8 - NZM 2011, 856; a.A. OLG Stuttgart v. 06.03.2012 - 10 U 102/11 - juris Rn. 64. Vgl. hierzu auch *Schwab*, NJW 2011, 2833-2838; *Heyers*, JZ 2012, 398-403.

[35] EuGH v. 04.04.2008 - C-306/06 - Slg 2008, I-1923-1956 = NJW 2008, 1935-1936; ergangen auf Vorlagebeschluss des OLG Köln v. 26.05.2006 - 18 U 78/05 - ZIP 2006, 1986-1989.

[36] Vgl. etwa BGH v. 17.12.1952 - V BLw 6/52 - LM Nr. 5 zu § 12 HöfeO; *Schmidt*, JuS 1984, 737-747, 742; *Larenz*, Schuldrecht, Band I: Allgemeiner Teil, 14. Aufl. 1987, § 25 II, S. 396 f.; *Schmidt*, Schuldrecht, 8. Aufl. 1995, Bd. I/1, § 12 II 3, S. 234; *Fikentscher/Heinemann*, Schuldrecht, 10. Aufl. 2006, § 29 I 1 Rn. 259; *Schulze* in: Hk-BGB, § 244 Rn. 6; *Grüneberg* in: Palandt, §§ 244, 245 Rn. 14; *Berger* in: Jauernig, §§ 244, 245 Rn. 10.

[37] Vgl. etwa *Samm*, Festschrift für Hugo J. Hahn, 227-244, 235 f.; *Grothe*, Fremdwährungsverbindlichkeiten, 1999, S. 12 ff.

gelungen zu den Einheiten und Bezeichnungen der gesetzlichen Zahlungsmittel, zum Annahmezwang, zu den Mitteln der Geldpolitik und zur Umstellung beim Übergang von einer Währung zur anderen.[38]
Die schuldrechtliche (ggf. nach dem Schuldstatut zu bestimmende) Bezugnahme auf eine bestimmte Währung bestimmt zugleich das **Währungsstatut**, beinhaltet also eine – nicht parteidispositive und auch vom Schuldstatut unabhängige – Bezugnahme auf das Währungsrecht des Staates, um dessen Währung es geht.[39] Allein nach dem maßgeblichen Währungsstatut (also auch dann, wenn für das Schuldverhältnis im Übrigen das Recht eines anderen Staates anzuwenden ist) bestimmt sich insbes. das Anschlussverhältnis bei Einführung einer neuen Währung an die zuvor geltende (sog. Prinzip des „rekurrenten Anschlusses", vgl. hierzu etwa Rn. 26-29, Rn. 31).[40] Nach der deutschen Währungsspaltung im Jahre 1948 war für zuvor in Reichsmark begründete Forderungen – soweit die Parteien nicht hierfür eine rechtsgeschäftliche Regelung getroffen hatten – nach objektiven Kriterien ein neues (interzonales) Währungsstatut zu bestimmen. Als maßgeblich wurde regelmäßig der Wohnsitz des Schuldners zum Zeitpunkt der Währungsreform angesehen;[41] bei einer hypothekarisch gesicherten Forderung soll es demgegenüber auf die Belegenheit des belasteten Grundstücks ankommen.[42] In gleicher Weise nach objektiven Kriterien ist ein neues Währungsstatut zu bestimmen, wenn sich der Inhalt der betroffenen Fremdwährungsschuld durch spätere Währungseingriffe des fremden Landes und deren unmittelbare Folgen grundlegend ändern würde und wenn die Beteiligten im Zeitpunkt dieses Eingriffs jede Beziehung zu dem fremden Lande verloren haben.[43]

24

2. „Reichswährung" und Euro

a. „Reichswährungen" bis zur Euro-Einführung

Bis zu seiner Änderung durch das SchuldRModG verwendete § 244 BGB die Begriffsgegensätze „ausländische Währung" und „Reichswährung". Mit dem Begriff der „Reichswährung" nahm das Gesetz Bezug auf die in Deutschland (jeweils) geltende Geldverfassung.[44]

25

---

[38] Vgl. *Grundmann* in: MünchKomm-BGB, §§ 244, 245 Rn. 15.
[39] Vgl. *Schmidt* in: Staudinger, § 244 Rn. 15; *Hahn/Häde*, Währungsrecht, 2. Aufl. 2010, § 2 Rn. 16; *Schefold* in: Bunte/Lwowski/Schimansky, Bankrechts-Handbuch, 4. Aufl. 2011, Bd. II § 115 Rn. 437.
[40] Vgl. *Grothe*, Fremdwährungsverbindlichkeiten, 1999, S. 205 ff., *Hahn/Häde*, Währungsrecht, 2. Aufl. 2010, § 2 Rn. 18, jeweils m.w.N.; und – zur Euro-Einführung – *Hartenfels*, WM 1999, Sonderbeilage Nr. 1, 1-46, 7. Instruktiv hierzu sind – auch in Ermangelung sonstiger praktischer Fälle – immer noch die sog. „Koupon-Prozesse": In der zweiten Hälfte des 19. Jahrhunderts hatten österreichisch-ungarische Eisenbahngesellschaften Anleihen ausgegeben, bei denen Zinsen und Rückzahlung – zur Erleichterung des Absatzes in den deutschen Staaten – außer in österreichischer Guldenwährung auch in Talerwährung der Zollvereinsstaaten und in süddeutscher Guldenwährung zu in den Anleihebedingungen vorab festgelegten Kursrelationen versprochen worden waren. Nachdem im Deutschen Reich durch das Münzgesetz vom 09.07.1873 zum 01.01.1876 die bisherigen (in der Regel auf Silber basierenden) Landeswährungen durch die auf Mark lautende Reichsgoldwährung abgelöst worden waren, verweigerten die Anleiheschuldner die Zinszahlungen in Mark zu den in Art. 14 § 2 MünzG festgelegten Umtauschkursen (1 Taler : 3 Mark bzw. 1 Gulden : 1 5/7 Mark). Sie waren lediglich zur Zahlung in österreichischer (Silber-)Währung oder zur Bezahlung des entsprechenden Silberwertes in Mark bereit, da der Wert des Silbers nach der Einführung der Reichsgoldwährung stark gesunken war und inzwischen deutlich unter den gesetzlichen Umtauschrelationen des MünzG lag. Ihre Argumentation, den Regelungen des deutschen MünzG als Ausländer nicht zu unterliegen, blieb jedoch – mit durchaus unterschiedlichen Begründungen – vor den deutschen Gerichten erfolglos, vgl. ROHG v. 19.02.1878 - 1612/77 - ROHGE 23, 205-210; ROHG v. 08.04.1879 - 285/79 - ROHGE 25, 41-48; RG v. 12.12.1879 - II 123/79 - RGZ 1, 23-24; RG v. 20.02.1880 - II 203 - RGZ 1, 59-62; RG v. 01.03.1882 - I 676/81 - RGZ 6, 125-134; RG v. 09.02.1887 - I 414/86 - RGZ 19, 47-59, ausführlich hierzu auch *Bekker*, Über die Couponsprocesse der österreichischen Eisenbahngesellschaften, 1881.
[41] BGH v. 26.01.1951 - V ZR 43/50 - BGHZ 1, 109-115, 112 = NJW 1951, 400-401, 401; BGH v. 31.01.1952 - IV ZR 70/51 - LM Nr. 3 zu Art. 7 ff. EGBGB; BGH v. 03.04.1952 - IV ZR 136/51 - BGHZ 5, 302-314, 310 f. = NJW 1952, 741-742, 741; BGH v. 30.09.1952 - I ZR 31/52 - juris Rn. 11 - BGHZ 7, 231-238, 235 = NJW 1953, 339-341, 340 f.; BGH v. 26.03.1953 - IV ZR 128/52 - BGHZ 9, 151-157, 154 = NJW 1953, 860-861, 860 f.; BGH v. 10.07.1954 - VI ZR 102/53 - juris Rn. 8 - BGHZ 14, 212-222, 216 = NJW 1954, 1441-1442, 1441.
[42] BGH v. 30.03.1955 - IV ZR 210/54 - BGHZ 17, 89-96, 94 f. = NJW 1955, 827-828, 828; bestätigt von BGH v. 22.03.2006 - IV ZR 6/04 - juris Rn. 40 - NJW-RR 2006, 1091-1095, 1094.
[43] BGH v. 18.02.1965 - VII ZR 240/63 - juris Rn. 39 - BGHZ 43, 162-168, 167 = NJW 1965, 1127-1129, 1128 f.
[44] Zu Einzelheiten der jüngeren deutschen Geldgeschichte vgl. im Übrigen *Hahn/Häde*, Währungsrecht, 2. Aufl. 2010, §§ 10 ff.; *Schmidt* in: Staudinger, Vorbem. v. §§ 244 ff. Rn. A 52 ff.; *Sprenger*, Das Geld der Deutschen, 3. Aufl. 2002, S. 175 ff.

26 Eine einheitliche Reichswährung war im Zuge der Reichsgründung eingeführt worden. Bei der Reichsgründung zum 01.01.1871 existierten in Deutschland sieben verschiedene, meist an Silber gebundene Münzsysteme. Als Basis einer künftigen einheitlichen Reichswährung wurden mit dem Gesetz betreffend die Ausprägung von Reichsgoldmünzen vom 04.12.1871[45] zunächst auf **Mark** lautende und in 100 Pfennige eingeteilte Reichsgoldmünzen als (weitere) gesetzliche Zahlungsmittel eingeführt. Hieraus entstand mit dem Münzgesetz vom 09.07.1873[46] die neue Reichsgoldwährung, die die bisherigen Landeswährungen zu festen Umtauschrelationen (vgl. Art. 14 § 2 MünzG 1873) mit Wirkung zum 01.01.1876 ablöste. Zu den Goldmünzen und Scheidemünzen aus Silber, Nickel und Kupfer trat auch Papiergeld. Für die Ausgabe von Banknoten in der neuen Reichswährung wurde durch das Bankgesetz vom 14.03.1875[47] die Reichsbank errichtet (daneben durften aber weiterhin diejenigen Privat-Notenbanken Banknoten ausgeben, die diese Befugnis bei Inkrafttreten des Gesetzes hatten). Erst mit Wirkung zum 01.01.1910[48] wurden Reichsbank-Banknoten zu einem gesetzlichen Zahlungsmittel mit unbeschränktem Annahmezwang.

27 Die bisherige Golddeckung der Markwährung (durch vollwertige Umlaufmünzen und eine Einlösepflicht in Gold für Scheidemünzen und Papiergeld) fand im I. Weltkrieg ihr Ende. Dies und die wirtschaftliche Lage führte zu einem beispiellosen Währungsverfall, in dessen Verlauf die (nach wie vor geltenden) Goldmünzen aus dem Umlauf verschwanden und Papiergeld zu immer höheren Nominalen (die damals sog. „Papiermark") zum dominierenden Zahlungsmittel wurde. Die Inflation konnte mit der Errichtung der Deutschen Rentenbank[49] und der durch diese übergangsweise ausgegebenen **Rentenmark** überwunden werden, die durch kraft Gesetzes an landwirtschaftlich oder gewerblich genutzten Grundstücken entstehenden Grundschulden gedeckt war. Eine Rentenmark entsprach nach dem am 20.11.1923 fixierten Kurs einer Billion Mark und dem Goldwert der ursprünglichen Golddeckung der (als Währung daneben weiter existierenden) Mark. Mit dem Münzgesetz vom 30.08.1924[50] wurde als Schlusspunkt mit der (in 100 Reichspfennige geteilten) **Reichsmark** eine neue, an die früheren Wertverhältnisse anknüpfende Goldwährung geschaffen. Die bisherigen („Papier-")Mark-Banknoten wurden im Verhältnis 1:1 Billion umgetauscht (§ 3 Abs. 3 des Bankgesetzes vom 30.08.1924[51]).

28 Der II. Weltkrieg führte zur Zerrüttung der Reichsmark-Währung. Mit dem (alliierten) Währungsgesetz (= Erstes Gesetz zur Neuordnung des Geldwesens) vom 20.06.1948[52] wurde sie in den Westzonen durch die **Deutsche-Mark-Währung** abgelöst. Der Anschluss der Deutschen Mark an die bisherige Reichsmark (grundsätzlich – mit zahlreichen Durchbrechungen – im Verhältnis 1:10) wurde in ausdifferenzierter Form im Umstellungsgesetz (= Drittes Gesetz zur Neuordnung des Geldwesens vom 27.06.1948)[53] und im Festkontogesetz (= Viertes Gesetz zur Neuordnung des Geldwesens vom 04.10.1948)[54] geregelt. Mit dem BBankG wurde 1957 – durch Zusammenführung der bisher für die Ausgabe von Münzen und Banknoten zuständigen Bank Deutscher Länder und der Landeszentralbanken – die Deutsche Bundesbank als Notenbank geschaffen. Das Recht zur Münzausgabe („Münzregal") war bereits 1950 durch das Gesetz über die Ausprägung von Scheidemünzen (Münzgesetz) vom 08.07.1950[55] auf die Bundesrepublik Deutschland übergegangen.

29 In der Sowjetischen Besatzungszone und der späteren **Deutschen Demokratischen Republik** wurde 1948 als neue Währung die Deutsche Mark bzw. die Deutsche Mark der Deutschen Notenbank eingeführt. Seit 1964 lautete die Währungsbezeichnung „Mark der Deutschen Notenbank" und seit 1967 „Mark der Deutschen Demokratischen Republik" (M). Mit dem Staatsvertrag über die Schaffung einer Währungs-, Wirtschafts- und Sozialunion zwischen der Bundesrepublik Deutschland und

---

[45] RGBl 1871 404.
[46] RGBl 1873, 233.
[47] RGBl 1875, 177.
[48] Durch Gesetz vom 01.06.1909, RGBl 1909, 507.
[49] Durch die Verordnung über die Errichtung der Deutschen Rentenbank vom 15.10.1923, RGBl I 1923, 963.
[50] RGBl II 1924, 254.
[51] RGBl II 1924, 235.
[52] Brit. und amerik. MRG 61, ABl. AmMilReg. Ausg. I S. 6, Abl. BritMilReg. Nr. 25 S. 848; franz. MRVO 158, JO Nr. 173 S. 1506.
[53] Brit. und amerik. MRG 63, ABl. AmMilReg. Ausg. J S. 21, Abl. BritMilReg. Nr. 25 S. 862; franz. MRVO 160, JO Nr. 177 S. 1537.
[54] Brit. und amerik. MRG 65, ABl. AmMilReg. Ausg. L S. 21, Abl. BritMilReg. Nr. 27 S. 1025; franz. MRVO 175, JO Nr. 205 S. 1679.
[55] BGBl I 1950, 323.

der Deutschen Demokratischen Republik vom 18.05.1990 wurde mit Wirkung zum 01.07.1990 die Deutsche Mark als gesetzliches Zahlungsmittel übernommen. Der Anschluss der DM an die M (grundsätzlich – mit zahlreichen Durchbrechungen – im Verhältnis 1:2) ist im Einzelnen in Anlage I Art. 6-8 des Staatsvertrages geregelt.[56]

b. Die Euro-Währung

aa. Die Euro-Einführung

Durch Art. 2 VO 974/1998/EG des Europäischen Parlaments und Rates, 03.05.1998 (der in den Mitgliedstaaten unmittelbar geltendes Recht ist, Art. 288 AEUV) wurde zum **01.01.1999** in den teilnehmenden Mitgliedstaaten der EU (Belgien, Deutschland, Spanien, Frankreich, Irland, Italien, Luxemburg, die Niederlande, Österreich, Portugal und Finnland) die **Euro-Währung** mit der (in 100 Cent unterteilten) Währungseinheit Euro an Stelle der bisherigen nationalen Währungen eingeführt. Später folgten Griechenland (zum 01.01.2001, VO 2596/2000/EG des Rates, 27.11.2000), Slowenien (zum 01.01.2007, VO 1647/2006/EG des Rates, 07.11.2006), Zypern und Malta (zum 01.01.2008, VO 835/2007/EG und VO 836/2007/EG des Rates, 10.07.2007), die Slowakei (zum 01.01.2009, VO 693/2008/EG des Rates, 08.07.2008) und zuletzt Estland (zum 01.01.2011, VO 670/2010/EU). Mit der Euro-Einführungen gingen die geldpolitischen Befugnisse gleichzeitig auf die Europäische Zentralbank (EZB) und das – außer der EZB auch die nationalen Zentralbanken umfassende – Europäische System der Zentralbanken (ESZB) über (vgl. Art. 127-138 AEUV).

30

Die **Umrechnungskurse** für den Anschluss des Euro an die bisherigen nationalen Währungen wurden mit der VO 2866/1998/EG des Rates, 31.12.1998, die später mit der Einführung des Euro in weiteren Ländern jeweils ergänzt wurde, festgelegt. Diese festgelegten Umrechnungskurse (mit sechs signifikanten Stellen, d.h. mit sechs Ziffern ab der von links gezählten ersten Stelle, die nicht eine Null ist) lauten:

31

1 € entspricht	Bisherige Währung
40,3399	Belgische Franken
1,95583	Deutsche Mark
15,6466	Estnische Kronen
340,750	Griechische Drachmen
166,386	Spanische Peseten
6,55957	Französische Franken
0,787564	Irische Pfund
1936,27	Italienische Lire
0,585274	Zypern-Pfund
40,3399	Luxemburgische Franken
0,429300	Maltesische Lira
2,20371	Niederländische Gulden
13,7603	Österreichische Schilling
200,482	Portugiesische Escudos
239,640	Slowenische Tolar
30,1260	Slowakische Kronen
5,94573	Finnmark

Für eine dreijährige **Übergangszeit** bis zum 31.12.2000 (sog. „Madrid"-Szenario; in den später folgenden Ländern basierte die Euro-Einführung auf dem sog. „Big-Bang"-Szenario mit wesentlich kürzeren Übergangszeiten) – während der nach dem Grundsatz „kein Zwang, keine Behinderung" die neuen Euro-Einheiten und die bisherigen nationalen Währungsbezeichnungen nebeneinander verwendet werden konnten (vgl. Art. 8 VO 974/1998/EG des Rates, 03.05.1998) – blieben zunächst die bisherigen nationalen Geldzeichen (deren Einheiten vorübergehend nichtdezimale Bezeichnungen der allein geltenden Euro-Währung zu den festgesetzten Umrechnungskursen darstellten)[57] einzige gesetzliche Zahlungsmittel (Art. 5-9 VO 974/1998/EG des Rates, 03.05.1998). Zum 01.01.2002 wurden sie durch auf

32

---

[56] Vgl. hierzu , DtZ 1990, 151-155; , DtZ 1991, 201-205; *Bultmann*, NJ 1994, 154-157.
[57] In der Zeit zwischen dem 01.01.1999 und der endgültigen Außerkurssetzung der DM-Zahlungsmittel am 28.02.2002 verkörperte mithin eine 100-DM-Banknote nicht etwa 100 Einheiten der – bereits nicht mehr existierenden – DM-Währung, sondern tatsächlich 51,13 €.

Euro lautende Banknoten (der EZB) und Münzen (der teilnehmenden Mitgliedstaaten, vgl. hierzu das MünzG vom 16.12.1999) als neue alleinige gesetzliche Zahlungsmittel abgelöst (Art. 10, 11 VO 974/1998/EG des Rates, 03.05.1998).

33 Die durch die Euro-Einführung notwendig gewordene **Änderung nationaler Gesetze** erfolgte durch das EuroEG und eine Reihe weiterer Gesetze zur Einführung des Euro in bestimmten Rechtsgebieten bis Ende 2001. § 244 BGB wurde (ohne darüber hinausgehenden Bedeutungswandel der Vorschrift)[58] durch das SchuldRModG angepasst und differenziert nunmehr zwischen „anderen Währungen als Euro" und „Euro". Schuldverhältnisse blieben durch die Euro-Einführung nach dem Grundsatz der Vertragskontinuität (Art. 3 VO 1103/1997/EG des Europäischen Parlaments und Rates, 17.06.1997, § 4 DÜG)[59] unberührt; es waren also nur ggf. Geldleistungen nach den festgesetzten Umrechnungskursen in Euro umzustellen.[60]

bb. Umstellung von Geldschulden auf Euro

34 Soweit in Rechtsvorschriften, Verwaltungsakten, gerichtlichen Entscheidungen, Verträgen, einseitigen Rechtsgeschäften („Rechtsinstrumente", vgl. Art. 1 VO 974/1998/EG des Rates, 03.05.1998) aus der Zeit vor der Euro-Einführung Beträge in Deutscher Mark (bzw. in der Währung eines anderen teilnehmenden Mitgliedstaates) ausgewiesen sind, traten die jeweiligen Euro-Beträge mit der Euro-Einführung ohne weiteres und von selbst an ihre Stelle. Eine besondere Verpflichtung eines Beteiligten zur Umrechnung besteht nicht, da sich die Umstellung unmittelbar aus den Vorschriften über die Einführung der Euro-Währung ergibt. So darf etwa ein nach der Euro-Einführung gestellter Antrag auf Erlass eines Pfändungs- und Überweisungsbeschlusses, der vor der Euro-Einführung angefallene, durch Belege über Beträge in Deutscher Mark nachgewiesene Vollstreckungskosten in Euro angibt, nicht als unübersichtlich und nicht nachvollziehbar zurückgewiesen werden; vielmehr ist das Vollstreckungsgericht im Rahmen der Überprüfung des Antrags selbst zur Umrechnung der Beträge verpflichtet.[61]

35 Die Einzelheiten der Umrechnung sind in der VO 1103/1997/EG des Rates vom 17.06.1997 geregelt. Hiernach werden für Umrechnungen sowohl von Euro in nationale Währungseinheiten als auch in umgekehrte Richtung nur die festgelegten Umrechnungskurse verwendet, nicht aber hieraus abgeleitete inverse Kurse (soll ein in nationale Währungseinheiten ausgedrückter Betrag in Euro umgerechnet werden, ist dieser mithin durch den Umrechnungskurs zu dividieren). Für die Umrechnung werden die Umrechnungskurse nicht gerundet und auch nicht um Stellen gekürzt. Bei der Umrechnung aus einer nationalen Währung in Euro wird das Ergebnis auf den nächstliegenden Cent auf- oder abgerundet (ein halber Cent wird dabei aufgerundet). Soll von einer nationalen Währungseinheit in eine andere umgerechnet werden, wird zunächst in einen Euro-Betrag umgerechnet, der auf nicht weniger als drei Dezimalstellen gerundet werden darf, und dieser dann in die andere nationale Währungseinheit.

36 Soll also etwa eine Geldschuld in Höhe von 100 DM in Euro umgerechnet werden, ist der Betrag von 100 DM durch den für die DM festgelegten Umrechnungskurs von 1,95583 zu dividieren. Das Ergebnis (51,129188) ist auf den nächstliegenden Cent aufzurunden, so dass das Umrechnungsergebnis 51,13 € beträgt. Zur Vermeidung erheblicher Verschiebungen durch die vorzunehmende Rundung sind dabei nicht die Berechnungsfaktoren (z.B. Mobilfunkgesprächspreis pro Minute, Pacht pro Quadratmeter) einzeln umzurechnen, sondern der vom Schuldner nach dem Inhalt des Schuldverhältnisses tatsächlich zu zahlende (End-)Preis (also der für ein Gespräch zu zahlende Preis,[62] die nach dem Vertrag zu zahlende Jahrespacht[63]).

3. Inhalt der Fremdwährungsschuld

37 Die Fremdwährungsschuld richtet sich auf Zahlung einer bestimmten Summe in der festgelegten Fremdwährung. Sie ist, wie bereits die Formulierung in § 244 Abs. 1 BGB zeigt, echte Geldschuld[64], deren Besonderheit darin besteht, dass sie in einer anderen Währung als Euro ausgedrückt ist. Bei einer

---

[58] Vgl. *Grothe*, ZBB 2002, 1-9.
[59] Vgl. hierzu *Clausius*, NJW 1998, 3148-3152.
[60] Vgl. zur Euro-Einführung ausführlich *Dierdorf*, NJW 1998, 3145-3148; *Hartenfels*, WM 1999, Sonderbeilage Nr. 1, 1-46.
[61] BGH v. 27.06.2003 – IXa ZB 119/03 – NJW-RR 2003, 1437-1438.
[62] Vgl. LG München I v. 17.12.2002 - 33 O 3385/02 - BKR 2003, 218-220 (Vorlagebeschluss an den EuGH); EuGH v. 14.09.2004 - C-19/03 - Slg 2004, I-8183-8226 = EuZW 2004, 629-632 (hierauf ergangene Entscheidung); LG München I v. 03.05.2005 - 33 O 3385/02 - MMR 2006, 348 (abschließendes Urteil).
[63] BGH v. 03.03.2005 - III ZR 363/04 - WuM 2005, 349-350.
[64] Vgl. RG v. 24.01.1921 - II 13/20 - RGZ 101, 312-320, 313.

durch **Rechtsgeschäft** begründeten Geldschuld ergibt sich die geschuldete Währung aus der Vereinbarung.[65] Nach der durch das EuroEG zum 01.01.1999 erfolgten Aufhebung von § 3 WährG, § 49 AWG bedarf es für die Begründung einer Fremdwährungsschuld keiner Genehmigung mehr. Fehlt es an einer ausdrücklichen Bezeichnung der Währung, ist die bedungene Währung durch Auslegung der Vereinbarung (§§ 133, 157 BGB) zu ermitteln.[66] Besondere Auslegungsregeln für ihre Anwendungsbereiche enthalten § 361 HGB, wonach im Zweifel die am Erfüllungsort (§ 269 BGB) geltende Währung vereinbart ist, sowie Art. 41 Abs. 4 WG, Art. 36 Abs. 4 ScheckG, wonach bei gleicher Bezeichnung der (unterschiedlichen) Währungen im Ausstellungsland und im Land des Zahlungsortes (z.B. US-amerikanischer und kanadischer Dollar) in Ermangelung einer genauen Benennung im Wechsel bzw. Scheck vermutet wird, dass die Währung des Zahlungsortes gemeint ist.

Geldwertschulden (zu diesen vgl. Rn. 18) können nach der Rspr. keine Fremdwährungsschulden sein, sondern sind regelmäßig in der Währung des Gläubigers zu leisten, um ihre Funktion – Herstellung eines Wertausgleichs – erfüllen zu können.[67] Für vertragliche Sekundär- oder Rückabwicklungsansprüche kann aber eine Vertragsauslegung ergeben, dass sie in einer bestimmten Währung zu erbringen sind.[68] 38

IV. Zahlbarkeit im Inland

Voraussetzung für die Anwendbarkeit des § 244 Abs. 1 BGB ist die Zahlbarkeit der Fremdwährungsschuld im Inland. Soweit – wie insbesondere bei unbaren Zahlungen meist der Fall – der Ort der Leistungshandlung von dem Ort des Eintritts des Leistungserfolges verschieden ist (zur Geldschuld als „qualifizierte Schickschuld" vgl. Rn. 20), genügt es, dass die Leistungshandlung im Inland vorzunehmen ist.[69] 39

Mit der Einführung des Euro als gemeinsamer Währung einer Reihe von Mitgliedstaaten der EU (vgl. Rn. 30) ist der Normzweck (vgl. zu diesem Rn. 42) in gleicher Weise berührt, wenn eine Fremdwährungsschuld in einem anderen Land der Euro-Zone zahlbar ist. Unterliegt eine solche Fremdwährungsschuld deutschem Schuldstatut und folgt man der vordringenden Auffassung, dass dies zugleich die Anwendung des § 244 BGB eröffnet (vgl. dazu Rn. 52), liegt es daher nahe, dem Schuldner auch dann die Ersetzungsbefugnis des § 244 Abs. 1 BGB zu gewähren. Es wird daher vielfach vertreten, dass unter „Inland" im Sinne des § 244 BGB nunmehr die gesamte Euro-Zone zu verstehen sei.[70] 40

V. Fehlen einer Effektiv-Vereinbarung

Ausgeschlossen ist die Anwendung des § 244 Abs. 1 BGB, wenn die Parteien ausdrücklich die Zahlung in der Fremdwährung vereinbart haben (sog. **„echte"** oder **„effektive" Fremdwährungsschuld**). Üblicherweise geschieht dies mit einer sog. Effektivklausel, d.h. durch den Zusatz „effektiv" zur vereinbarten Währung,[71] kann aber auch in anderer Weise zum Ausdruck gebracht werden.[72] „Ausdrück- 41

---

[65] Zur Frage, ob der Aufwendungsersatzanspruch des Kreditkarten-Emittenten aus dem Auslandseinsatz der Kreditkarte gegen den Kreditkarteninhaber Fremdwährungsschuld ist, vgl. *Meder*, WM 1996, 2085-2093.
[66] Vgl. RG v. 15.10.1942 - V 97/41 - RGZ 168, 240-248, 245; *Grothe*, Fremdwährungsverbindlichkeiten, 1999, S. 243 ff.
[67] Vgl. BGH v. 14.02.1952 - III ZR 126/51 - juris Rn. 6 - BGHZ 5, 138-144, 142 = NJW 1952, 618-619, 619; BGH v. 14.01.1953 - VI ZR 9/52 - juris Rn. 18 - BGHZ 8, 288-299, 297 (insoweit in NJW 1953, 499-500 nicht abgedr.); BGH v. 09.02.1977 - VIII ZR 149/75 - juris Rn. 30 - WM 1977, 478-480, 479; BGH v. 18.10.1988 - VI ZR 223/87 - juris Rn. 20 - NJW-RR 1989, 670-673, 672 f.; BGH v. 19.02.1998 - I ZR 233/95 - juris Rn. 29 - NJW-RR 1998, 1426-1429, 1429; ebenso *Grüneberg* in: Palandt, §§ 244, 245 Rn. 17; a.A. *Schmidt* in: Staudinger, § 244 Rn. 25 ff.; *v. Hoffmann*, Deliktischer Schadensersatz im internationalen Währungsrecht, 128 ff.; *Maier-Reimer*, NJW 1985, 2049-2055, 2054 f.; *Alberts*, NJW 1989, 609-615; *Grothe*, Fremdwährungsverbindlichkeiten, 1999, S. 492 ff.; *Grothe* in: Bamberger/Roth, § 244 Rn. 22; *Schaub* in: Erman, § 244 Rn. 12.
[68] Vgl. etwa BGH v. 17.12.1997 - VIII ZR 231/96 - juris Rn. 33 - NJW-RR 1998, 680-682, 682 m.w.N.
[69] RG v. 29.09.1919 - VI 130/19 - RGZ 96, 270-273, 272; RG v. 20.12.1922 - I 18/22 - RGZ 106, 99-101, 100; *Teichmann* in: Soergel, § 244 Rn. 29; *Schmidt* in: Staudinger, § 244 Rn. 76; a.A. *v. Hoffmann*, Deliktischer Schadensersatz im internationalen Währungsrecht, 138: Erfolgsort muss im Inland liegen.
[70] So etwa von *Grothe*, ZBB 2002, 1-9; *Grothe* in: Bamberger/Roth, § 244 Rn. 39; *Grundmann* in: MünchKomm-BGB, §§ 244, 245 Rn. 94; *Schaub* in: Erman, § 244 Rn. 15; *Schmidt-Kessel* in: Prütting/Wegen/Weinreich, BGB, 7. Aufl. 2012, § 244 Rn. 16.
[71] Vgl. z.B. RG v. 13.10.1932 - VIII 292/32 - RGZ 138, 52-57, 54; RG v. 16.03.1936 - IV 293/35 - RGZ 151, 35-43, 36.
[72] Beispiele vgl. etwa bei *Schmidt* in: Staudinger, § 244 Rn. 38.

lich" im Sinne des § 244 Abs. 1 BGB schließt konkludente Vereinbarungen nicht aus, sondern verlangt nur eine eindeutige Feststellbarkeit der Vereinbarung.[73] Die Vereinbarung über die Zahlung in Fremdwährung allein genügt hierfür nicht.[74] Im Zweifel handelt es sich um eine sog. **„einfache"** oder **„unechte" Fremdwährungsschuld**, für die die Rechtsfolge des § 244 Abs. 1 BGB eingreift.

C. Rechtsfolgen

I. Ersetzungsbefugnis des Schuldners

42 Für solche einfachen Fremdwährungsschulden gibt § 244 Abs. 1 BGB dem Schuldner das Recht, die Zahlung statt in der vereinbarten Fremdwährung in Euro zu erbringen. Es handelt sich hierbei um eine **Ersetzungsbefugnis** (vgl. hierzu allgemein die Kommentierung zu § 262 BGB Rn. 15) (nur) des Schuldners,[75] die durch tatsächliche Leistung in Euro ausgeübt wird.[76] Der Gläubiger hat demgegenüber kein Recht, nach seiner Wahl Zahlung in Euro zu verlangen.[77] Die Regelung baut – bei Annahme einer Gleichwertigkeit von Inlands- und Fremdwährung[78] – auf dem währungsrechtlichen Annahmezwang für die im Inland geltenden gesetzlichen Zahlungsmittel auf,[79] wenn auch schuldrechtlich die Vertragsfreiheit (durch die Möglichkeit der Begründung effektiver Fremdwährungsschulden) nicht beschränkt werden soll.[80] **Normzweck** ist daher einerseits die Sicherung eines gesetzlichen Vorrangs der Inlandswährung – eine zwingende Leistung in Fremdwährung muss ausdrücklich vereinbart werden – und andererseits eine Erleichterung für den Schuldner, der nicht zur Beschaffung einer Fremdwährung für eine Erfüllung im Inland gezwungen wird.[81]

43 Leistet der Schuldner in Ausübung seiner Ersetzungsbefugnis aus § 244 Abs. 1 BGB statt in der bedungenen Fremdwährung in Euro, ist die Fremdwährungsschuld gem. § 244 Abs. 2 BGB zu dem Kurswert der Fremdwährung, der zur Zeit der tatsächlichen Zahlung (nicht der Fälligkeit!) für den Zahlungsort maßgebend ist,[82] in Euro **umzurechnen**. Maßgeblich ist der Kurs, den der Gläubiger zur Beschaffung der bedungenen Fremdwährung am Zahlungsort aufwenden müsste, also der am Zahlungsort geltende (bei zulässiger unbarer Zahlung: Devisen-)Brief- (d.h. Ankaufs-)Kurs des Euro gegenüber der betreffenden Währung.[83] Hinsichtlich der Verteilung des Wechselkursrisikos besteht daher im Ergebnis für die Parteien kein Unterschied, ob in der bedungenen Fremdwährung oder in Euro gezahlt wird. Gläubiger und Schuldner können eine Fremdwährungsschuld aber auch durch (ggf. konkludente) Vereinbarung in eine Euro-Schuld zu einem beliebig vereinbarten Kurs umwandeln.[84]

II. Aufrechnung zwischen Fremdwährungs- und Euro-Forderungen

44 Für die wechselseitige Aufrechnung zwischen Fremdwährungs- und Euro-Forderungen ist die Frage der Gleichartigkeit (§ 387 BGB) problematisch und in ihren Einzelheiten umstritten. Da der Schuldner einer einfachen Fremdwährungsschuld eine Gleichartigkeit zu einer eigenen Euro-Forderung zumin-

---

[73] RG v. 06.07.1923 - III 596/22 - RGZ 107, 110-111, 111; RG v. 13.10.1932 - VIII 292/32 - RGZ 138, 52-57, 54; RG v. 22.02.1937 - IV 270/36 - RGZ 153, 384-395, 385; BGH v. 25.01.1954 - IV ZR 94/53 - LM Nr. 5 zu § 275 BGB; *Grothe*, Fremdwährungsverbindlichkeiten, 1999, S. 503 ff.

[74] RG v. 02.10.1925 - II 543/24 - RGZ 111, 315-320, 317; BGH v. 13.07.1987 - II ZR 280/86 - juris Rn. 44 - BGHZ 101, 296-307, 302 f. = NJW 1987, 318 -3184, 3183.

[75] H.M., vgl. nur *Schmidt* in: Staudinger, § 244 Rn. 73; *Grothe*, Fremdwährungsverbindlichkeiten, 1999, S. 500 ff., jeweils m.w.N.

[76] *Grothe* in: Bamberger/Roth, § 244 Rn. 44; *Schraub* in: Erman, § 244 Rn. 19.

[77] BGH v. 29.05.1980 - II ZR 99/79 - juris Rn. 8 - NJW 1980, 2017-2018, 2017; BGH v. 07.04.1992 - X ZR 119/90 - juris Rn. 10 - WM 1993, 2011-2013, 2012.

[78] Vgl. RG v. 24.01.1921 - II 13/20 - RGZ 101, 312-320, 313.

[79] Vgl. Motive, Bd. II, S. 13 = *Mugdan*, Bd. 2, S. 7.

[80] Vgl. Protokolle, Bd. I, S. 290 = *Mugdan*, Bd. 2, S. 508.

[81] Vgl. *Schmidt* in: Staudinger, § 244 Rn. 2; *Teichmann* in: Soergel, § 244 Rn. 28; zur Frage des Normzwecks ausführlich *Grothe*, Fremdwährungsverbindlichkeiten, 1999, S. 470 ff.

[82] Hierzu RG v. 24.01.1921 - II 13/20 - RGZ 101, 312-320, 313.

[83] BGH v. 07.04.1992 - X ZR 119/90 - juris Rn. 10 - WM 1993, 2011-2013, 2012; *Maier-Reimer*, NJW 1985, 2049-2055, 2050; *Grothe*, Fremdwährungsverbindlichkeiten, 1999, S. 523 ff.; *Grothe* in: Bamberger/Roth, § 244 Rn. 47.

[84] Vgl. BGH v. 13.07.1987 - II ZR 280/86 - juris Rn. 59 - BGHZ 101, 296-307, 306 f. = NJW 1987, 3181-3184, 3184.

dest durch (konkludente) Ausübung seiner Ersetzungsbefugnis herstellen kann, ist jedenfalls die Aufrechnung einer Euro-Forderung **gegen eine einfache Fremdwährungs-Forderung** möglich; für die Umrechnung maßgeblich ist dann der Kurs bei Zugang der Aufrechnungserklärung.[85] Dagegen ist nach h.M. die Aufrechnung einer Euro-Forderung **gegen eine echte Fremdwährungs-Forderung** oder einer Fremdwährungs-Forderung **gegen eine Euro-Forderung** mangels Gleichartigkeit ausgeschlossen.[86] Geltend gemacht werden kann nur ggf. ein Zurückbehaltungsrecht nach § 273 BGB.[87]

D. Prozessuale Hinweise/Verfahrenshinweise

I. Prozessuale Geltendmachung einer Fremdwährungsschuld

Wird durch **Leistungsklage** eine (effektive oder einfache) Fremdwährungsschuld geltend gemacht, ist das Begehren – wenn die Parteien keine (ggf. stillschweigende) Umwandlung in eine Euro-Schuld vereinbart haben – auf Zahlung in der betreffenden Währung und nicht auf Euro zu richten, da dem Gläubiger kein Wahlrecht zusteht.[88] Ggf. kann bei einer effektiven Fremdwährungsschuld durch den Zusatz „effektiv" in Antrag und Urteil die Ersetzungsbefugnis des Schuldners nach § 244 Abs. 1 BGB ausgeschlossen werden.[89] Wird Zahlung in Fremdwährung begehrt, darf das Gericht nach § 308 Abs. 1 ZPO keinen Euro-Betrag zusprechen, weil Fremdwährungs- und Euroschuld ungeachtet der vom Gesetz angenommenen Gleichwertigkeit der Währungen nicht gleichartig sind.[90] Geht der Kläger von der Geltendmachung einer Zahlung in Euro auf die Geltendmachung des Betrags in einer Fremdwährung über, handelt es sich dementsprechend um eine Klageänderung im Sinne von § 263 ZPO.[91]

45

Im gerichtlichen **Mahnverfahren** kann grds. nur die Zahlung einer bestimmten Geldsumme in Euro verlangt werden (§ 688 Abs. 1 ZPO; Ausnahme: Mahnbescheide, die in einem Vertrags- oder Mitgliedstaat der in § 1 AVAG genannten Übereinkommen zuzustellen sind, können auch die Zahlung einer bestimmten Geldsumme in Fremdwährung zum Gegenstand haben, § 32 Abs. 1 AVAG). Da der Gläubiger einer Fremdwährungsschuld diese nicht von sich aus in Euro geltend machen kann, eignet sich das Mahnverfahren somit im Regelfall nicht für die Geltendmachung von Fremdwährungsschulden (zunehmend wird aber der Einsatz des Mahnverfahrens für vom Gläubiger umgerechnete Fremdwährungsforderungen für unbedenklich gehalten)[92]. In jedem Falle führt aber die Zustellung eines Mahnbescheides über eine im Übrigen ausreichend individualisierte, vom Gläubiger in Euro umgerechnete Fremdwährungsschuld (ebenso wie die unrichtig in Euro erhobene Zahlungsklage) gleichwohl für die Fremdwährungsschuld zur Hemmung der Verjährung nach § 204 Abs. 1 Nr. 3 BGB.[93]

46

---

[85] RG v. 20.12.1922 - I 18/22 - RGZ 106, 99-101, 100; RG v. 16.05.1941 - VII 1/41 - RGZ 167, 60-64, 62 f.; BGH v. 07.04.1992 - X ZR 119/90 - juris Rn. 10 - WM 1993, 2011-2013, 2012.

[86] Vgl. KG Berlin v. 29.06.1988 - 24 U 6446/87 - juris Rn. 16 - NJW 1988, 2181; OLG Hamburg v. 03.04.1990 - 2 UF 123/87 - juris Rn. 74 - IPRspr 1990, Nr. 208, 431-437; OLG Hamm v. 09.10.1998 - 33 U 7/98 - juris Rn. 4 - NJW-RR 1999, 1736; *Gruber*, MDR 1992, 121-122; *Grothe*, Fremdwährungsverbindlichkeiten, 1999, S. 575 ff.; unter Hinweis auf die Vollstreckungsfunktion der Aufrechnung halten eine Aufrechnung bei Konvertibilität der betreffenden Währung generell für zulässig etwa *Brüggemeier* in: Wassermann, Kommentar zum Bürgerlichen Gesetzbuch, §§ 387-389 Rn. 7, 27; *Schmidt* in: Staudinger, § 244 Rn. 48; *Maier-Reimer*, NJW 1985, 2049-2055, 2051; *Teichmann* in: Soergel, § 244 Rn. 31; *Wagner* in: Erman § 387 Rn. 12; *Schefold* in: Bunte/Lwowski/Schimansky, Bankrechts-Handbuch, 4. Aufl. 2011, Bd. II § 115 Rn. 286.

[87] Vgl. OLG Hamm v. 09.10.1998 - 33 U 7/98 - juris Rn. 8 - NJW-RR 1999, 1736.

[88] Vgl. BGH v. 29.05.1980 - II ZR 99/79 - juris Rn. 8 - NJW 1980, 2017-2018, 2017; BGH v. 13.07.1987 - II ZR 280/86 - juris Rn. 59 - BGHZ 101, 296-307, 306 f. = NJW 1987, 3181-3184, 3184; *Hanisch*, ZIP 1988, 341-352, 346.

[89] Vgl. *Schmidt* in: Staudinger, § 244 Rn. 107 m.w.N.

[90] BGH v. 07.04.1992 - X ZR 119/90 - juris Rn. 8 - WM 1993, 2011-2013, 2011.

[91] BGH v. 29.05.1980 - II ZR 99/79 - juris Rn. 12 - NJW 1980, 2017-2018, 2018.

[92] Vgl. *Schmidt*, NJW 1989, 65-69, 66; *Schefold* in: Bunte/Lwowski/Schimansky, Bankrechts-Handbuch, 4. Aufl. 2011, Bd. II § 115 Rn. 359; *Grothe*, Fremdwährungsverbindlichkeiten, 1999, S. 683 ff.

[93] Vgl. – zum Verjährungsrecht vor dem SchuldRModG – BGH v. 05.05.1988 - VII ZR 119/87 - juris Rn. 11 - BGHZ 104, 268-275, 271 ff. = NJW 1988, 1964-1965, 1964 f. (Mahnbescheid); BGH v. 26.10.1989 - VII ZR 153/88 - juris Rn. 11 - NJW-RR 1990, 182-184, 184.

II. Zwangsvollstreckung einer titulierten Fremdwährungsschuld

47 Da die Fremdwährungsschuld stets Geldschuld ist, erfolgt die **Zwangsvollstreckung** nach h.M. – auch bei der effektiven Fremdwährungsschuld – stets nach den §§ 803-882a ZPO (und nicht etwa nach den §§ 883, 884 ZPO)[94] und damit de facto regelmäßig in Euro.[95] Ungeachtet der Verpflichtung nach § 28 Satz 2 GBO, Belastungen im Grundbuch grds. in inländischer Währung einzutragen, kann auch für eine Fremdwährungsschuld eine Zwangssicherungshypothek nach den §§ 866, 867 ZPO (als Höchstbetragshypothek zum in Euro umgerechneten Betrag zuzüglich Zinsen) eingetragen werden.[96]

48 Für die Berücksichtigung einer Fremdwährungsschuld im **Insolvenzverfahren** über das Vermögen des Schuldners ist diese nach § 45 Satz 2 InsO zum Kurs, der zur Zeit der Verfahrenseröffnung für den Zahlungsort maßgeblich ist, in eine Euroschuld umzuwandeln.

E. Besonderheiten

I. Sonderregelungen

49 Für **Fremdwährungswechsel** und **Fremdwährungsschecks** enthalten Art. 41 WG, Art. 36 ScheckG Sonderregelungen gegenüber § 244 BGB. Ist nicht durch einen Effektivvermerk des Ausstellers die Zahlung in einer bestimmten Währung vorgeschrieben (Art. 41 Abs. 3 WG, Art. 36 Abs. 3 ScheckG), kann der Schuldner statt in der angegebenen Währung auch Zahlung in der am Zahlungsort geltenden Landeswährung leisten (Art. 41 Abs. 1 Satz 1 WG, Art. 36 Abs. 1 Satz 1 ScheckG). Der Umrechnungskurs bestimmt sich nach den Handelsbräuchen am Zahlungsort, wenn nicht im Wechsel bzw. Scheck vom Aussteller ein bestimmter Kurs bestimmt wurde (Art. 41 Abs. 2 WG, Art. 36 Abs. 2 ScheckG). Leistet der Schuldner bei Fälligkeit (Wechsel) bzw. Vorlegung (Scheck) nicht, kann der Inhaber des Wechsels bzw. Schecks für den Rückgriff wählen, ob die Wechsel- bzw. Schecksumme nach dem Kurs des Verfalltages (Wechsel) bzw. Vorlegungstages (Scheck) oder erst des Tages der tatsächlichen Zahlung umgerechnet werden soll (Art. 41 Abs. 1 Satz 2 WG, Art. 36 Abs. 1 Satz 2 ScheckG).

50 Bei einem **Seehandels-Frachtvertrag** (§§ 556-663b HGB) findet nach § 661 HGB auf die am Handelswert der verlorenen oder beschädigten Güter am Bestimmungsort ausgerichtete (vgl. die §§ 658, 659 HGB) Verpflichtung des Verfrachters zur Schadensersatzleistung nach den §§ 606, 607 HGB, § 244 BGB mit der Besonderheit Anwendung, dass die Umrechnung nach dem zur Zeit der Ankunft des Schiffes am Bestimmungsort (bzw. – wenn der Bestimmungsort der Güter nicht erreicht wird – am Ort, wo die Reise endet, oder, wenn die Reise durch Verlust des Schiffes endet, am Ort, wohin die Ladung in Sicherheit gebracht ist) maßgeblichen Kurs erfolgt.

51 Eine entsprechende Anwendung von § 244 Abs. 2 BGB ordnet § 2 Abs. 1 Satz 2 HypAblV für die Umrechnung der Ablösebeträge für nach den §§ 16 Abs. 5-9, 18 VermG vom Berechtigten bei Rückgabe eines Grundstücks nach dem VermG zu übernehmende Fremdwährungs-Grundpfandrechte an.

II. Kollisionsrecht

52 Nach früher vorherrschender Meinung ist für die Anwendung von § 244 BGB nicht Voraussetzung, dass deutsches Recht Schuldstatut ist.[97] Es kommt hiernach allein auf die in § 244 BGB genannten Tatbestandsvoraussetzungen, also das Vorliegen einer im Inland zahlbaren Fremdwährungsschuld, an. Die Ersetzungsbefugnis des Schuldners nach § 244 BGB besteht danach bei jeder im Inland zahlbaren Fremdwährungsschuld, gleich welchem Recht das Schuldverhältnis im Übrigen unterliegt. Demgegen-

---

[94] Vgl. – auch m.N. zur früher gelegentlich vertretenen Gegenauffassung – RG v. 16.12.1922 - V 3/22 - RGZ 106, 74-82; OLG Düsseldorf v. 26.02.1988 - 19 W 17/87 - juris Rn. 6 - NJW 1988, 2185; *Maier-Reimer*, NJW 1985, 2049-2055, 2053; *Brüggemeier* in: Wassermann, Kommentar zum Bürgerlichen Gesetzbuch, § 244 Rn. 12; *Teichmann* in: Soergel, § 244 Rn. 36; *Hanisch*, ZIP 1988, 341-352, 346; *Schmidt* in: Staudinger, § 244 Rn. 113; *Schmidt*, ZZP 98, 32-49, 46 f.; *Grothe*, Fremdwährungsverbindlichkeiten, 1999, S. 724 ff.

[95] Vgl. BGH v. 05.05.1988 - VII ZR 119/87 - juris Rn. 17 - BGHZ 104, 268-275, 274 = NJW 1988, 1964-1965, 1965; *Schmidt* in: Staudinger, § 244 Rn. 113 f ; *Maier-Reimer*, NJW 1985, 2049-2055, 2053; *Teichmann* in: Soergel, § 244 Rn. 37.

[96] RG v. 16.12.1922 - V 3/22 - RGZ 106, 74-82; OLG Bremen v. 12.12.1988 - 1 W 63/88 (c) - juris Rn. 4; zust. BGH v. 14.03.1991 - IX ZR 300/90 - juris Rn. 15 - NJW 1991, 2022-2023, 2022.

[97] Vgl. – mit unterschiedlicher Begründung – *Schmidt* in: Staudinger, § 244 Rn. 77; *Schmidt*, ZZP 98, 32-49, 38; *Schefold* in: Bunte/Lwowski/Schimansky, Bankrechts-Handbuch, 4. Aufl. 2011, Bd. II § 115 Rn. 462.

über dringt die – überzeugende – Ansicht vor, die eine Anwendung des § 244 BGB daran anknüpft, dass die Forderung deutschem Recht als Schuldstatut unterliegt (zu der damit verbundenen Frage einer erweiternden Auslegung des Inlands-Begriffs vgl. Rn. 40).[98]

III. Wertsicherungsklauseln

1. Begriff

Bei langfristigen oder aus einem Dauerschuldverhältnis wiederkehrenden Geldschulden kommt eine Absicherung des möglichen Kaufkraftverlustes oder – bei Fremdwährungsschulden – des Wechselkursrisikos durch die Vereinbarung einer Wertsicherungsklausel in Betracht, die eine Anpassung der Höhe der Geldschuld an den Wert bestimmter Waren oder an einen Preisindex koppelt. Die Koppelung kann entweder als unmittelbare und automatische Anpassung oder als Verpflichtung der Parteien zur Verhandlung über eine Anpassung bei Eintritt bestimmter Voraussetzungen ausgestaltet sein. | 53

2. Rechtliche Zulässigkeit

a. Währungsrechtliche Zulässigkeit

Wertsicherungs- bzw. – wie die gesetzliche Terminologie jetzt lautet – **Preisklauseln** sind jedoch (währungsrechtlich, wegen der von ihnen für den inneren Geldwert ausgehenden Gefahren) nur nach Maßgabe des **Preisklauselgesetzes (PrKG)** zulässig. Die am 08.07.2007 in Kraft getretene Neuregelung des Preisklauselrechts[99] löst das bisherige weit reichende gesetzliche Verbot mit Erlaubnisvorbehalt, das zunächst in § 3 Satz 2 WährG und mit der Euro-Einführung dann im PreisAngG (i.V.m. der PrKV) geregelt war, ab. Die Neuregelung ist dadurch gekennzeichnet, dass zulässige Preisklauseln wirksam sind, ohne dass es noch der Einholung einer Genehmigung bedarf, und dass eine Berufung auf die Unwirksamkeit einer – auch vor Inkrafttreten des PrKV vereinbarten[100] – Preisklausel nur bei rechtskräftiger gerichtlicher Feststellung deren Unzulässigkeit und nur für die Zukunft möglich ist. | 54

Weiterhin sind solche Klauseln **verboten**, bei denen die Höhe der Geldschuld unmittelbar und selbsttätig durch den Preis oder Wert von anderen Gütern oder Leistungen bestimmt wird, die mit den vereinbarten Gütern oder Leistungen nicht vergleichbar sind (§ 1 Abs. 1 PrKG, sog. **Gleitklausel**). | 55

Nicht vom Verbot erfasst und damit ohne weiteres zulässig sind mithin | 56

- die **Leistungsvorbehaltsklausel**, die hinsichtlich des Ausmaßes der Änderung des geschuldeten Betrages keinen Automatismus enthält, sondern einen Ermessensspielraum lässt, der es ermöglicht, die neue Höhe der Geldschuld nach Billigkeitsgrundsätzen zu bestimmen (§ 1 Abs. 2 Nr. 1 PrKG),
- die **Spannungsklausel**, bei der die in ein Verhältnis zueinander gesetzten Güter oder Leistungen keine anderen, sondern im Wesentlichen gleichartig oder zumindest vergleichbar sind (§ 1 Abs. 2 Nr. 2 PrKG),
- die **Kostenelementeklausel**, nach der der geschuldete Betrag insoweit von der Entwicklung der Preise oder Werte für Güter oder Leistungen abhängig gemacht wird, als nicht das allgemeine Preisniveau betroffen ist, sondern diese die Selbstkosten des Gläubigers bei der Erbringung der Gegenleistung unmittelbar beeinflussen (§ 1 Abs. 2 Nr. 3 PrKG) und außerdem
- Klauseln, die lediglich zu einer Ermäßigung der Geldschuld führen können (§ 1 Abs. 2 Nr. 4 PrKG).

Generell freigestellt vom Verbot der Wertsicherungsklauseln sind – wie schon nach dem PreisAngG (i.V.m. der PrKV) – der Geld- und Kapitalverkehr (§ 5 PrKG, eingeschränkt für Verbraucherkreditverträge, § 2 Satz 2 Nr. 2 PrKG) und Erbbaurechtsbestellungsverträge und Erbbauzinsreallasten mit einer Laufzeit von mindestens 30[101] Jahren (§ 4 PrKG) sowie – weitergehend – Verträge gebietsansässiger Unternehmer mit Gebietsfremden (§ 6 PrKG) und unter bestimmten Voraussetzungen Verträge zur Deckung des Bedarfs der Streitkräfte (§ 7 PrKG). Im Übrigen sind nach altem Recht grundsätzlich | 57

---

[98] OLG Frankfurt am Main v. 27.10.1966 - 11 U 42/66 - NJW 1967, 501-503, 503; *Maier-Reimer*, NJW 1985, 2049-2055, 2050 f.; *Gruber*, MDR 1992, 121-122, 122; *Grothe*, Fremdwährungsverbindlichkeiten, 1999, S. 133 ff.; *Grothe*, ZBB 2002, 1-9; *Grothe* in: Bamberger/Roth, § 244 Rn. 49; *Schmidt-Kessel* in: Prütting/Wegen/Weinreich, BGB, 7. Aufl. 2012, § 244 Rn. 16.

[99] Durch das Zweite Gesetz zum Abbau bürokratischer Hemmnisse insbesondere in der mittelständischen Wirtschaft v. 07.09.2007, BGBl I 2007, 2246; vgl. hierzu – insbes. mit Hinweisen für die notarielle Praxis – auch *Wilsch*, NotBZ 2007, 431-434; *Kirchhoff*, DNotZ 2007, 913-924; *Reul*, MittBayNot 2007, 445-452.

[100] Vgl. OLG Brandenburg v. 19.08.2009 - 3 U 135/08 - juris Rn. 19 - NJW 2010, 876-879, 877.

[101] Für Verträge mit geringerer Laufzeit vgl. OLG Celle v. 20.12.2007 - 4 W 220/07 - NZM 2008, 301-303.

(durch das Bundesamt für Wirtschaft und Ausfuhrkontrolle[102], BAFA) genehmigungsfähige Wertsicherungsklauseln nunmehr nach Maßgabe der §§ 2, 3 PrKG ohne weiteres zulässig und wirksam, ohne dass es noch einer Genehmigung[103] bedarf.[104]

58 Die **Unwirksamkeit** einer nach dem PrKG unzulässigen Preisklausel tritt gem. § 8 PrKG nur für die Zukunft mit Rechtskraft eines den Verstoß gegen die Regelungen des PrKG feststellenden Urteils ein; aufgrund der Preisklausel zuvor bereits erbrachte Leistungen bleiben hiervon unberührt.[105]

b. Zulässigkeit als Allgemeine Geschäftsbedingung

59 Eine als Allgemeine Geschäftsbedingung im Sinne des § 305 Abs. 1 Satz 1 BGB ausgestaltete Preisklausel ist als eine („neben" die Preisabrede tretende) sog. Preisnebenabrede der Inhaltskontrolle nach § 307 BGB unterworfen.[106] Sie ist daher auch bei währungsrechtlicher Zulässigkeit unwirksam, wenn sie den Vertragspartner des Verwenders entgegen den Geboten von Treu und Glauben unangemessen benachteiligt (§ 307 Abs. 1 Satz 1 BGB). Dabei geht der BGH in st. Rspr. davon aus, dass eine unangemessene Benachteiligung nur dann nicht vorliegt, wenn das bei Vertragsabschluss festgelegte Äquivalenzverhältnis unbedingt gewahrt und jede Möglichkeit, durch die Preisklausel über die Abwälzung konkreter Kostensteigerungen hinaus einen zusätzlichen Gewinn zu erzielen, ausgeschlossen ist.[107]

60 Eine **Leistungsvorbehaltsklausel** führt hiernach nicht bereits deshalb zu einer unangemessenen Benachteiligung im Sinne des § 307 Abs. 1 Satz 1 BGB, weil sie dem Verwender das Recht einräumt, den Umfang der Preisanpassung im Sinne des § 315 Abs. 1 BGB nach billigem Ermessen zu bestimmen, wohl aber dann, wenn sie keine Verpflichtung begründet, Preissenkungen in demselben Umfang und nach denselben Maßstäben an den Vertragspartner weiterzugeben wie Preissteigerungen.[108] Eine **Kostenelementeklausel** ist nach der Rechtsprechung des BGH nur dann nicht unangemessen benachteiligend, wenn letztlich die (damit offenzulegende) Kostenstruktur (mit Gefahr für die nach § 397 Abs. 1 Satz 2 BGB ebenfalls zu wahrende Transparenz) vollständig abgebildet wird.[109] Soweit der BGH jüngst gleiche Anforderungen an **Spannungsklauseln** ungeachtet des Umstandes, dass diese bereits

---

[102] Als Nachfolger des früheren Bundesamtes für Wirtschaft, das mit Gesetz vom 21.12.2000 (BGBl I 2000, 1956) zum 01.01.2001 mit dem Bundesausfuhramt zum jetzigen BAFA zusammengelegt wurde.

[103] Fehlte diese nach altem Recht erforderliche Genehmigung, war die Wertsicherungsklausel schwebend unwirksam. Diese schwebende Unwirksamkeit dauerte an, bis entweder die Genehmigung erteilt (mit der Folge des auf den Zeitpunkt des Vertragsschlusses rückwirkenden Eintritts der Wirksamkeit, vgl. zu § 3 Satz 2 WährG BGH v. 30.06.1959 - VIII ZR 128/58 - WM 1959, 1160-1161, 1160) oder versagt (mit der Folge der endgültigen Unwirksamkeit der Wertsicherungsklausel, vgl. zu § 3 Satz 2 WährG BGH v. 27.02.1970 - VII ZR 68/68 - juris Rn. 23 - BGHZ 53, 315-323, 318 (insoweit in NJW 1970, 1046-1047, nicht abgedr.); die Auswirkung auf den Gesamtvertrag beurteilte sich nach § 139 BGB oder einer ggf. enthaltenen salvatorischen Klausel; u.U. war die unwirksame Wertsicherungsklausel in eine interessengerechte genehmigungsfähige Wertsicherungsklausel umzudeuten, vgl. zu § 3 Satz 2 WährG etwa BGH v. 30.10.1974 - VIII ZR 69/73 - juris Rn. 15 - BGHZ 63, 132-140, 135 = NJW 1975, 44-47, 45; BGH v. 02.02.1983 - VIII ZR 13/82 - juris Rn. 17 - NJW 1983, 1909-1910, 1910, jeweils m.w.N.) wurde.

[104] Zur Genehmigungsfiktion nach altem Recht – § 4 PrKV – vgl. *Vogler*, NJW 1999, 1236-1238, 1238; OLG Rostock v. 04.03.2002 - 3 U 203/00 - juris Rn. 25 - Grundeigentum 2002, 1331-1332, 1332, mit Anm. *Beuermann*, Grundeigentum 2002, 1304-1305.

[105] Vgl. BT-Drs. 16/4391, S. 29, und hierzu auch *Gerber*, NZM 2008, 152-155.

[106] Vgl. nur BGH v. 24.03.2010 - VIII ZR 178/08 - juris Rn. 20 - BGHZ 185, 96-114, 104 f. = NJW 2010, 2789-2793, 2790 f.; BGH v. 24.03.2010 - VIII ZR 304/08 - juris Rn. 26 - WM 2010, 1050-1056, 1052 f., jeweils m.w.N.

[107] Vgl. nur BGH v. 21.04.2009 - XI ZR 78/08 - juris Rn. 25 - BGHZ 180, 257-272, 266 = NJW 2009, 2051-2054, 2053; BGH v. 28.10.2009 - VIII ZR 320/07 - juris Rn. 25 - NJW 2010, 993-997, 994, BGH v. 24.03.2010 - VIII ZR 178/08 - juris Rn. 35 - BGHZ 185, 96-114, 111 = NJW 2010, 2789-2793, 2792 f.; BGH v. 24.03.2010 - VIII ZR 304/08 - juris Rn. 43 - WM 2010, 1050-1056, 1055; jeweils m.w.N.

[108] BGH v. 29.04.2008 - KZR 2/07 - juris Rn. 20 - BGHZ 176, 244-255, 251 = NJW 2008, 2172-2175, 2174; BGH v. 15.07.2009 - VIII ZR 225/07 - juris Rn. 29 - BGHZ 182, 59-75, 71 f. = NJW 2009, 2662-2667, 2666; BGH v. 15.07.2009 - VIII ZR 56/08 - juris Rn. 29 - BGHZ 182, 41-58, 54 f. = NJW 2009, 2667-2671, 2670; BGH v. 27.10.2009 - VIII ZR 204/08 - juris Rn. 8 - ZNER 2010, 65-66.

[109] Vgl. BGH v. 13.12.2006 - VIII ZR 25/06 - juris Rn. 23 - NJW 2007, 1054-1057, 1055.

definitionsgemäß von der konkreten Entwicklung der Einstandskosten abgekoppelt sind, gestellt hat,[110] dürften solche Klauseln, wenn sie als Allgemeine Geschäftsbedingung vereinbart wurden, nunmehr als generell unzulässig anzusehen sein.

Ob und unter welchen Voraussetzungen die Unangemessenheit einer Preisklausel durch ein dem Vertragspartner des Verwenders eingeräumtes Recht, sich einseitig vom Vertrag zu lösen, ausgeglichen werden kann, hängt davon ab, ob die konkrete Ausgestaltung des Lösungsrechts zu einem angemessenen Interessenausgleich führt.[111] Hierfür ist jedenfalls zumindest erforderlich, dass die Kündigungsklausel selbst transparent ist,[112] dass der Vertragspartner des Verwenders vorab über die Preiserhöhung informiert wird und sich vom Vertrag lösen kann, bevor die Preiserhöhung wirksam wird,[113] und dass die Ausübung des Lösungsrechts für den Vertragspartner nicht mit unzumutbaren Kosten verbunden ist.[114]

61

---

[110] BGH v. 24.03.2010 - VIII ZR 178/08 - juris Rn. 37 - BGHZ 185, 96-114, 112 = NJW 2010, 2789-2793, 2793; BGH v. 24.03.2010 - VIII ZR 304/08 - juris Rn. 46 - WM 2010, 1050-1056, 1055.

[111] Vgl. nur BGH v. 15.07.2009 - VIII ZR 225/07 - juris Rn. 31 - BGHZ 182, 59-75, 72 f. = NJW 2009, 2662-2667, 2666 m.w.N.

[112] BGH v. 27.01.2010 - VIII ZR 326/08 - juris Rn. 44 - NJW-RR 2010, 1205-1210, 1210.

[113] BGH v. 13.12.2006 - VIII ZR 25/06 - juris Rn. 30 - NJW 2007, 1054-1957, 1056; BGH v. 15.07.2009 - VIII ZR 225/07 - juris Rn. 32 - BGHZ 182, 59-75, 73 = NJW 2009, 2662-2667, 2666; BGH v. 28.10.2009 - VIII ZR 320/07 - juris Rn. 33 - NJW 2010, 993-997, 995 f.

[114] BGH v. 13.12.2006 - VIII ZR 25/06 - juris Rn. 32 - NJW 2007, 1054-1957, 1056.

§ 245 BGB Geldsortenschuld

(Fassung vom 02.01.2002, gültig ab 01.01.2002)

Ist eine Geldschuld in einer bestimmten Münzsorte zu zahlen, die sich zur Zeit der Zahlung nicht mehr im Umlauf befindet, so ist die Zahlung so zu leisten, wie wenn die Münzsorte nicht bestimmt wäre.

Gliederung

A. Grundlagen 1	C. Rechtsfolgen 6
B. Anwendungsvoraussetzungen 2	D. Anwendungsfelder 7
I. Geldschuld 2	I. Goldmünzklauseln 7
II. Zahlbarkeit in bestimmter Münzsorte 4	II. Analoge Anwendung bei devisenrechtlicher
III. Fehlender Umlauf der Münzsorte 5	Unmöglichkeit der Erfüllung? 8

A. Grundlagen

1 Die Vorschrift betrifft nur die sog. unechte Münzsortenschuld und regelt den Inhalt der zu erbringenden Leistung für den Sonderfall, dass sich die zu leistende Münzsorte nicht mehr im Umlauf befindet. Da es unter heutigen wirtschaftlichen Bedingungen keine unechten Münzsortenschulden mehr gibt, hat die Vorschrift keinerlei praktische Bedeutung mehr.

B. Anwendungsvoraussetzungen

I. Geldschuld

2 § 245 BGB ist nur auf Geldschulden (vgl. hierzu ausführlich die Kommentierung zu § 244 BGB Rn. 3) anwendbar. Voraussetzung ist mithin das Vorliegen eines Schuldverhältnisses, das auf die Verschaffung des mit der Geldsumme beschriebenen Geldwertes und nicht etwa auf eine bestimmte Menge einer Münzsorte gerichtet ist. Die Vereinbarung der Zahlung in einer bestimmten Münzsorte ist hier nur Nebenbestimmung und Zahlungsmodalität, weshalb der von § 245 BGB geregelte Fall als **„unechte Münzsortenschuld"** (bzw. „unechte Geldsortenschuld") bezeichnet wird.

3 Die sog. **„echte Münzsortenschuld"** (bzw. „echte Geldsortenschuld") ist demgegenüber keine Geldschuld, sondern auf Lieferung bestimmter Münzen bzw. Geldzeichen gerichtete Gattungsschuld.[1] Auf sie findet § 245 BGB keine Anwendung; Erfüllungsschwierigkeiten des Schuldners sind allein nach § 276 Abs. 1 BGB zu behandeln. Ob eine echte oder eine unechte Münzsortenschuld vereinbart wurde, muss Sinn und Zweck des Vertrages entnommen werden.[2]

II. Zahlbarkeit in bestimmter Münzsorte

4 Die Parteien müssen vereinbart haben, dass die Geldschuld in einer bestimmten Münzsorte zu zahlen ist. „Münzsorte" bezieht sich dabei nicht etwa auf eine bestimmte Währung (zu Fremdwährungsschulden vgl. die Kommentierung zu § 244 BGB Rn. 22), sondern auf bestimmte Gattungen von Münzen (z.B. Goldmünzen einer bestimmten Sorte) oder auch von Papiergeld (insbes. Banknoten bestimmter Notenbanken; früher gab es aber auch staatliches Papiergeld, wie z.B. Reichskassenscheine). Unerheblich ist, ob es sich hierbei um eine in- oder ausländische Münzsorte (bzw. besser: Geldsorte) handelt.[3] Die Vereinbarung über die zu zahlende Geldsorte muss nur eindeutig sein, kann aber auch konkludent vereinbart werden.[4]

III. Fehlender Umlauf der Münzsorte

5 Schließlich muss sich die vereinbarte Geldsorte zum Zeitpunkt der Zahlung nicht mehr im Umlauf befinden. Maßgeblicher Zeitpunkt ist – wie für die Bestimmung des Umrechnungskurses nach § 244 Abs. 2 BGB (vgl. die Kommentierung zu § 244 BGB Rn. 43) – nicht der vereinbarte Zahlungstermin

---

[1] Vgl. bereits Motive, Bd. II, S. 14 = *Mugdan*, Bd. 2, S. 8.
[2] *Schmidt* in: Staudinger, § 245 Rn. 9.
[3] Vgl. Motive, Bd. II, S. 13 = *Mugdan*, Bd. 2, S. 8.
[4] Motive, Bd. II, S. 13 f. = *Mugdan*, Bd. 2, S. 7 f.

(Fälligkeit), sondern der Zeitpunkt der tatsächlichen Zahlung.[5] Nicht mehr im Umlauf befindet sich eine Geldsorte jedenfalls dann, wenn sie außer Kurs gesetzt oder verrufen wurde.[6] Gleichzustellen ist, dass die Münzsorte faktisch aus dem Verkehr verschwunden ist und nur noch unter Einsatz unverhältnismäßiger Mittel zu beschaffen ist.[7]

C. Rechtsfolgen

Ist dies der Fall, hat der Schuldner Zahlung zu leisten, als ob die Münzsorte nicht bestimmt wäre, d.h. in gültigen gesetzlichen Zahlungsmitteln beliebiger Art. Das Schuldverhältnis wandelt sich damit kraft Gesetzes in eine „normale" Geldschuld um[8], damit sich der Schuldner nicht auf die Unmöglichkeit der geschuldeten Leistung berufen kann[9]. Hierdurch wird aber der dem Prinzip des Nominalismus unterliegende Inhalt einer Geldsummenschuld (vgl. hierzu die Kommentierung zu § 244 BGB Rn. 16) nicht geändert, weil maßgeblich die vereinbarte Geldsumme war, die nach dem Verschwinden der vereinbarten Geldsorte lediglich anderweitig verkörpert wird. Hierfür bedarf es keiner eigenständigen Regelung eines Umrechnungsverhältnisses (wie etwa in § 244 Abs. 2 BGB): Existiert die Währung als solche noch, ergibt sich die Menge der zu leistenden Zahlungsmittel unmittelbar aus den Währungseinheiten (soweit es sich um eine Fremdwährung handelt, kann ggf. zusätzlich § 244 BGB unmittelbar einschlägig sein); ist sie dagegen durch eine andere Währung abgelöst worden, sind die währungsrechtlichen Regelungen des Anschlusses (vgl. hierzu die Kommentierung zu § 244 BGB Rn. 24) maßgeblich.[10]

6

D. Anwendungsfelder

I. Goldmünzklauseln

Anwendungsfall von § 245 BGB waren vor allem sog. Goldmünzklauseln. Hierunter wurden Vereinbarungen verstanden, die den Geldbetrag der Höhe nach unberührt lassen und nur bestimmen, dass die Zahlung in Goldmünzen der vereinbarten Währung zu erfolgen hat, eine Zahlung mit anderen gesetzlichen Zahlungsmitteln (Scheidemünzen, Papiergeld) mithin ausschließen.[11] Mit dem ab 1914 beginnenden und während der Hyperinflation 1922/23 schließlich vollständigen Verschwinden der (als Zahlungsmittel unverändert gültigen) Goldmünzen aus dem Umlauf (vgl. hierzu allgemein die Kommentierung zu § 244 BGB Rn. 27) wurde fraglich, ob lediglich der Nennwert in (zum Schluss nahezu wertloser) „Papiermark" oder der Goldwert zu zahlen war. Das Reichsgericht hielt § 245 BGB für einschlägig und folgerte aus dem hierin verankerten Grundsatz des Nominalismus, dass eine Anpassung – nach den allgemeinen Grundsätzen der damaligen Aufwertungsrechtsprechung – nur über § 242 BGB erfolgen könne.[12] Anders als sog. Goldwertklauseln (die den geschuldeten Geldbetrag der Höhe nach an den jeweiligen Goldkurs anknüpfen)[13] eigneten sich bloße Goldmünzklauseln daher nicht zur Wertsicherung (allg. zu Wertsicherungsklauseln vgl. die Kommentierung zu § 244 BGB Rn. 53).

7

II. Analoge Anwendung bei devisenrechtlicher Unmöglichkeit der Erfüllung?

Eine analoge Anwendung des § 245 BGB auf effektive Fremdwährungsschulden (zu diesen vgl. die Kommentierung zu § 244 BGB Rn. 41), deren Erfüllung in der vereinbarten Währung aus devisenrechtlichen Gründen nicht möglich ist, scheidet aus.[14] Soweit keine endgültige Unmöglichkeit anzunehmen ist, ist die Verbindlichkeit vorübergehend nicht erfüllbar.

8

---

[5] *Schmidt* in: Staudinger, § 245 Rn. 16; *Schaub* in: Erman, § 245 Rn. 2; *Schulze* in: Hk-BGB, § 245 Rn. 2.
[6] Motive, Bd. II, S. 14 = *Mugdan*, Bd. 2, S. 8.
[7] RG v. 11.01.1922 - V 152/21 - RGZ 103, 384-388, 387 f.; RG v. 01.03.1924 - V 129/23 - RGZ 107, 370-377, 371; RG v. 24.05.1924 - V B 1/24 - RGZ 108, 176-183, 181.
[8] RG v. 11.01.1922 - V 152/21 - RGZ 103, 384-388, 387 f.; *Schmidt* in: Staudinger, § 245 Rn. 14; *Schulze* in: Hk-BGB, § 245 Rn. 2.
[9] Motive, Bd. II, S. 14 = *Mugdan*, Bd. 2, S. 8.
[10] Motive, Bd. II, S. 15 = *Mugdan*, Bd. 2, S. 8.
[11] Vgl. RG v. 16.01.1924 - V 750/23 - RGZ 107, 400-403, 401.
[12] Vgl. RG v. 11.01.1922 - V 152/21 - RGZ 103, 384-388, 387 f.; RG v. 01.03.1924 - V 129/23 - RGZ 107, 370-377, 371; RG v. 24.05.1924 - V B 1/24 - RGZ 108, 176-183, 181.
[13] Vgl. RG v. 16.01.1924 - V 750/23 - RGZ 107, 400-403, 401.
[14] RG v. 16.03.1936 - IV 293/35 - RGZ 151, 35-43, 36.

§ 246 BGB Gesetzlicher Zinssatz

(Fassung vom 02.01.2002, gültig ab 01.01.2002)

Ist eine Schuld nach Gesetz oder Rechtsgeschäft zu verzinsen, so sind vier vom Hundert für das Jahr zu entrichten, sofern nicht ein anderes bestimmt ist.

Gliederung

A. Grundlagen 1	d. Zins als Bruchteil der verzinslichen Schuld 22
I. Kurzcharakteristik 1	III. Zinsschuld 23
II. Gesetzgebungsmaterialien 2	1. Verzinsungspflicht 23
B. Praktische Bedeutung 4	2. Entstehung und rechtliche Behandlung der Zinsschuld 26
C. Anwendungsvoraussetzungen 5	IV. Keine anderweitige Bestimmung des Zinssatzes 31
I. Zu verzinsende Schuld 5	1. Abweichende Regelungen für gesetzliche Zinsschulden 31
II. Zinsen 7	2. Abweichende Regelungen für rechtsgeschäftliche Zinsschulden 33
1. Bedeutung und Inhalt des Zinsbegriffs 7	D. Verzinsung mit vier Prozent p.a. 35
a. Unterschiedliche Bedeutung des Zinsbegriffs ... 7	E. Prozessuale Hinweise/Verfahrenshinweise 39
b. Zinsen als Rechtsbegriff 10	F. Anwendungsfelder 40
c. Definition des Rechtsbegriffs „Zinsen" 11	
2. Die einzelnen Merkmale des Zinsbegriffs ... 13	
a. Vergütung für Kapitalgebrauch 13	
b. Laufzeitabhängigkeit 17	
c. Unabhängigkeit von Gewinn und Umsatz ... 20	

A. Grundlagen

I. Kurzcharakteristik

1 Die Vorschrift regelt den Inhalt einer anderweitig begründeten Zinsschuld und bestimmt diesen – vorbehaltlich abweichender Regelungen – mit der Verpflichtung zur Zahlung von 4% p.a. der zu verzinsenden Schuld. Sie erfasst – mit unterschiedlicher Funktion – sowohl gesetzliche als auch rechtsgeschäftliche Zinsschulden. Für gesetzliche Zinsschulden konkretisiert § 246 BGB – entsprechend der Regelungstechnik des BGB – die von anderen Vorschriften als Rechtsfolge angeordnete und nicht spezialgesetzlich ausgestaltete Verzinsung durch einen allgemeinen „gesetzlichen Zinssatz". Mit der (im Gesetzgebungsverfahren umstrittenen, vgl. Rn. 2) Einbeziehung von rechtsgeschäftlichen Zinsschulden in den Anwendungsbereich der Norm geht es demgegenüber nicht um die (den Parteien überlassene) Regelung des Inhalts der rechtsgeschäftlichen Vereinbarung durch eine gesetzliche Vorgabe, sondern es handelt sich lediglich um eine – den §§ 612 Abs. 2, 632 Abs. 2, 653 Abs. 2 BGB vergleichbare – gesetzliche Auslegungsregel für den Fall des Fehlens einer Vereinbarung über die (vertragliche) Zinshöhe (die heutige amtliche Überschrift verkürzt daher die Bedeutung der Norm).

II. Gesetzgebungsmaterialien

2 Im Gesetzgebungsverfahren für das BGB wurden zu § 246 BGB zwei Fragen äußerst kontrovers diskutiert, nämlich zum einen die Höhe des gesetzlichen Zinssatzes und zum anderen die Behandlung rechtsgeschäftlicher Zinsschulden. Als gesetzlichen Zinssatz sahen die Entwürfe ursprünglich den in der gemeinrechtlichen Praxis üblichen Satz von 5% vor. Im Hinblick auf das damals niedrige und eher sinkende Zinsniveau gab es Versuche, den Zinssatz auf 4% oder noch darunter abzusenken, was aber zunächst erfolglos blieb.[1] In der II. Kommission wurde die in E I § 217 (wie in der heutigen Fassung) vorgesehene Erstreckung auf rechtsgeschäftliche Zinsschulden kritisiert, da es für diese allein auf den Willen der Parteien ankäme, der aber im Zweifel eher auf die übliche Zinshöhe, nicht jedoch auf einen bestimmten, nur aus Zweckmäßigkeitsgründen vorgegebenen Zinssatz gerichtet sei. Ein Antrag, rechtsgeschäftliche Zinsschulden aus dem Anwendungsbereich der Vorschrift herauszunehmen, wurde – nachdem er zunächst erfolglos geblieben war – in der abschließenden Revision des Entwurfs ange-

---

[1] Vgl. Motive, Bd. II, S. 15 f. = *Mugdan*, Bd. 2, S. 9; Protokolle, Bd. I, S. 291, Bd. VI, S. 175 ff. = *Mugdan*, Bd. 2, S. 508 ff.; *Dorn* in: Historisch-Kritischer Kommentar zum BGB, Bd. II/1 2007, §§ 246-248 Rn. 31

nommen.² Ihre heutige, vom Stand des Entwurfs bei Vorlage an den Reichstag in beiden Streitpunkten abweichende Fassung erhielt die Vorschrift dann erst durch die nach der ersten Beratung im Reichstag eingerichtete Reichstagskommission.³

Seither ist § 246 BGB inhaltlich unverändert geblieben, obwohl die vor allem in Hochzinsphasen für unangemessen (oder gar verfassungswidrig)⁴ gehaltene Höhe des gesetzlichen Zinssatzes immer wieder Gegenstand von rechtspolitischen Diskussionen war.⁵ Die Kommission zur Überarbeitung des Schuldrechts schlug 1991 vor allem mit Zielrichtung auf die als unzulänglich angesehenen Verzugszinsen einen neuen, dann auch für den Verzug geltenden gesetzlichen Zinssatz von zwei Prozentpunkten über dem jeweiligen Diskontsatz, mindestens aber von sechs Prozent vor (§§ 246, 288 Abs. 1 BGB-KE).⁶ Zu einer Umsetzung dieses Vorschlags kam es auch mit der Schuldrechtsmodernisierung aber nicht, da bereits im Jahre 2000 die Verzugszinsen durch das Gesetz zur Beschleunigung fälliger Zahlungen⁷ isoliert und in bewusster Absetzung zum allgemeinen gesetzlichen Zinssatz angehoben wurden (vgl. hierzu die Kommentierung zu § 247 BGB Rn. 3) und weiterer Regelungsbedarf über die Verzugszinsen hinaus offenbar nicht mehr gesehen wurde. 3

B. Praktische Bedeutung

§ 246 BGB hat nur geringe praktische Bedeutung, da für die wichtigsten gesetzlichen Zinsschulden, die Ansprüche auf Verzugs- und Prozesszinsen, mit § 288 Abs. 1, 2 BGB (ggf. i.V.m. § 291 Satz 2 BGB) für die Höhe des Zinssatzes etwas anderes bestimmt ist und das Fehlen einer Vereinbarung zur Zinshöhe bei einer rechtsgeschäftlichen Zinsschuld kaum vorkommen dürfte. Die Vorschrift wird aber (ungeachtet ihres beschränkten Regelungsgehalts) vielfach als Grundnorm eines BGB-Zinsrechts gesehen. 4

C. Anwendungsvoraussetzungen

I. Zu verzinsende Schuld

Als eine zu verzinsende Schuld kommt praktisch nur eine **Geldschuld** (vgl. hierzu die Kommentierung zu § 244 BGB Rn. 3) in Betracht;⁸ gesetzliche Zinsschulden (vgl. Rn. 24) betreffen auch tatsächlich ausschließlich Geldschulden.⁹ 5

Kraft rechtsgeschäftlicher Vereinbarung sollen aber zumindest theoretisch auch andere, **auf die Leistung vertretbarer Sachen gerichtete Schulden** verzinslich sein können (z.B. „Eier-Zinsen" für ein „Eier-Darlehen").¹⁰ Auch der Gesetzgeber wollte diese Möglichkeit offen halten und hat § 246 BGB vom Wortlaut her bewusst nicht auf Geldschulden beschränkt.¹¹ Die durch Rechtsgeschäft mögliche Verzinsung einer auf eine vertretbare Sache gerichteten Schuld ergab sich ursprünglich auch begrifflich unmittelbar aus dem Gesetz, da in den §§ 607, 608 BGB a.F. als Entgelt auch für ein Sachdarlehen nur die Vereinbarung eines Zinses vorgesehen war (freilich konnte im Rahmen der Vertragsfreiheit 6

---

2 Vgl. Protokolle, Bd. I, S. 291, Bd. VI, S. 177 = *Mugdan*, Bd. 2, S. 509, 510; *Dorn* in: Historisch-Kritischer Kommentar zum BGB, Bd. II/1 2007, §§ 246-248 Rn. 31.
3 Vgl. den Bericht der XII. Kommission des Reichstags mit Wiedergabe insbes. der Diskussion zur Zinshöhe, Reichstags-Drs. Nr. 440 in: Stenographische Berichte über die Verhandlungen des Reichstags, Bd. CLIII, S. 1935 ff., 1962 f. = *Mugdan*, Bd. 2, S. 1271 f.
4 So etwa *Basedow*, ZHR 143, 317-337, 334 ff.
5 Vgl. hierzu ausführlich *Huber*, Leistungsstörungen, 1999, Bd. 2, § 31 III, S. 69 ff. m.w.N.
6 Vgl. hierzu Abschlußbericht der Kommission zur Überarbeitung des Schuldrechts, 1992, S. 115 ff.
7 Vom 30.03.2000, BGBl I 2000, 330.
8 *Brüggemeier* in: Wassermann, Kommentar zum Bürgerlichen Gesetzbuch, § 246 Rn. 2.
9 Vgl. *Enneccerus/Lehmann*, Recht der Schuldverhältnisse, 15. Bearb. 1958, § 12 S. 54; *Schmidt*, Geldrecht, 1983, § 246 Rn. 50; *Teichmann* in: Soergel, § 246 Rn. 22; *Blaschczok* in: Staudinger, § 246 Rn. 190; *Grothe* in: Bamberger/Roth, § 246 Rn. 4; *Berger* in: Jauernig, § 246 Rn. 6.
10 Vgl. RG v. 30.03.1939 - V 190/38 - RGZ 160, 71-83, 78, 80; *Schmidt*, Geldrecht, 1983, § 246 Rn. 10; *Teichmann* in: Soergel, § 246 Rn. 4; *Blaschczok* in: Staudinger, § 246 Rn. 9; *Grüneberg* in: Palandt, § 246 Rn. 2; *Schmidt-Kessel* in: Prütting/Wegen/Weinreich, BGB, 7. Aufl. 2012, § 246 Rn. 3; *Schmidt*, Schuldrecht, 8. Aufl. 1995, Bd. I/1, § 12 II 4, S. 234; *Fikentscher/Heinemann*, Schuldrecht, 10. Aufl. 2006, § 29 II 1 Rn. 264; weitergehend nur *Enneccerus/Lehmann*, Recht der Schuldverhältnisse, 15. Bearb. 1958, § 12 S. 53: verzinslich können auch auf nicht vertretbare Sachen gerichtete Schulden sein.
11 Motive, Bd. II, S. 15 = *Mugdan*, Bd. 2, S. 9.

auch eine andere Form des Entgelts vereinbart werden).[12] Dies ist mit der Trennung zwischen Gelddarlehen und Sachdarlehen durch das Gesetz zur Modernisierung des Schuldrechts zwar fortgefallen, da das Gesetz nun für Sachdarlehen nicht mehr von Zinsen, sondern allgemein von einem Darlehensentgelt spricht (§§ 607 Abs. 1 Satz 2, 609 BGB). Da als solches Darlehensentgelt aber wiederum eine Verzinsung vereinbart werden könnte, ändert sich hierdurch an der jedenfalls theoretischen Möglichkeit einer verzinslichen Schuld auf Leistung vertretbarer Sachen nichts.

II. Zinsen

1. Bedeutung und Inhalt des Zinsbegriffs

a. Unterschiedliche Bedeutung des Zinsbegriffs

7   Was in § 246 BGB und anderen Vorschriften unter dem Begriff Zinsen zu verstehen ist, definiert das BGB selbst nicht. Von praktischer Bedeutung ist der Zinsbegriff in zwei unterschiedlichen rechtlichen Regelungsbereichen[13]:

8   Zum einen knüpfen bestimmte Normen an die **rechtliche Einordnung einer Leistung als Zins** an. Dies sind namentlich das Verbot der Verzinsung von Zinsen (§§ 248, 289, 291 Satz 2 BGB, § 353 Satz 2 HGB), die Anrechnungsregel für Teilleistungen auf Zinsen im Erfüllungsrecht (§§ 367 Abs. 1, 396 Abs. 2 BGB) und die bei vorzeitiger Darlehensvertragsbeendigung bestehende Verpflichtung zur Rückerstattung von auf die Zeit nach der Beendigung entfallenden, aber bereits geleisteten Zinsen (für den Verbraucherdarlehensvertrag in § 498 Abs. 2 BGB geregelt). Hier ist jeweils eine rechtliche Abgrenzung der Leistung „Zinsen im Rechtssinne" von anderen Leistungen erforderlich.

9   Zum anderen besteht für Finanzierungsgeschäfte das Bedürfnis, zur **Herstellung einer Preistransparenz und Vergleichbarkeit** die tatsächlichen Kosten – ungeachtet ihrer Aufsplitterung in verschiedene Preisfaktoren und ihrer Benennung – nach einheitlichen Maßstäben in einem Effektivzinssatz darzustellen. Ein solcher „effektiver Jahreszins" ist bei bestimmten Geschäften zwingend auszuweisen (vgl. § 6 PAngV, §§ 492 Abs. 1, 2, 499 Abs. 1, 500, 501, 502 Abs. 1 BGB) und ist rechtlich von Bedeutung für die Prüfung eines auffälligen Missverhältnisses zwischen Leistung und Gegenleistung im Sinne des Wuchertatbestandes (vgl. hierzu Rn. 34). Hier kommt es nur auf den Preischarakter einer in die Effektivverzinsung einzurechnenden Leistung und die Vergleichbarkeit mit anderen eingerechneten Leistungen an, nicht aber darauf, ob die Leistung auch „Zins im Rechtssinne" ist; der „effektive Jahreszins" ist mithin kein zins-, sondern ein **preisrechtlicher Begriff**.[14]

b. Zinsen als Rechtsbegriff

10 Soweit das Gesetz an die Qualifikation einer Leistung als Zins Folgen knüpft, ist der dabei zugrunde liegende Zinsbegriff ein Rechtsbegriff und nicht etwa eine außerrechtlich (insbes. volks- oder betriebswirtschaftlich) vorgegebene Erscheinung.[15] Ob eine Leistung Zins im Rechtssinne ist, ist somit – unabhängig von der von den Parteien gewählten Bezeichnung[16] – durch Auslegung zu ermitteln und kann auch nicht durch Vereinbarung geregelt werden (dispositiv können nur gegebenenfalls die rechtlichen Folgen der Zinseigenschaft sein). Aus seiner Einbettung in Regelungszusammenhänge ergibt sich für die Konturierung des Zinsbegriffs die Notwendigkeit, die jeweiligen Normzwecke zu berücksichtigen.[17] Dies kann aber im Ergebnis nicht zu einer Absage an die Definition eines (einheitlichen) Zinsbegriffes führen, sondern allenfalls zu Korrekturen im Einzelfall.

---

[12] Vgl. bereits Motive, Bd. II, S. 313 = *Mugdan*, Bd. 2, S. 173 f.

[13] Vgl. *Brüggemeier* in: Wassermann, Kommentar zum Bürgerlichen Gesetzbuch, § 246 Rn. 4 ff.; *Schmidt*, Geldrecht, 1983, § 246 Rn. 7, 83; *Blaschczok* in: Staudinger, § 246 Rn. 4, 39; kritisch *Grundmann* in: MünchKomm-BGB, § 246 Rn. 5.

[14] Vgl. BGH v. 27.01.1998 - XI ZR 158/97 - juris Rn. 20 - NJW 1998, 1062-1064, 1063.

[15] *Blaschczok* in: Staudinger, § 246 Rn. 1.

[16] Vgl. BGH v. 20.11.1970 - V ZR 71/68 - juris Rn. 26 - WM 1971, 42-44, 43.

[17] *Belke*, BB 1968, 1219-1228, 1221; *Schmidt*, JZ 1982, 829-835, 831; *Mülbert*, AcP 192, 447-515, 495; *Teichmann* in: Soergel, § 246 Rn. 1; *Grundmann* in: MünchKomm-BGB, § 246 Rn. 5 f.

c. Definition des Rechtsbegriffs „Zinsen"

Nach der heute gebräuchlichen – von *Canaris*[18] in Auseinandersetzung mit der Rechtsprechung des Reichsgerichts entwickelten – Definition sind Zinsen eine gewinn- und umsatzunabhängige, laufzeitabhängige, in Geld oder anderen vertretbaren Sachen zu entrichtende Vergütung für die Möglichkeit des Gebrauchs eines Kapitals. Das Reichsgericht verstand dagegen unter Zinsen die vom Schuldner fortlaufend zu entrichtende Vergütung für den Gebrauch eines in Geld oder anderen vertretbaren Sachen bestehenden Kapitals, ausgedrückt in einem im Voraus bestimmten Bruchteil der geschuldeten Menge.[19] *Canaris* strich das Merkmal einer fortlaufenden Entrichtung der Zinsen als nicht begriffswesentlich, führte das wegen der Möglichkeit der Abhängigkeit der Vergütung von variablen Zinsen (z.B. Basiszinssatz i.S.d. § 247 BGB) ungeeignete Kriterium des „im Voraus bestimmten Bruchteils" auf die damit bezweckte Abgrenzung von einer Gewinnbeteiligung zurück und präzisierte das Merkmal des Gebrauchs einerseits als bloße Gebrauchsmöglichkeit und andererseits als Darstellung der Laufzeitabhängigkeit. Der BGH, der zunächst der Definition des Reichsgerichts gefolgt war,[20] übernahm[21] sogleich die von *Canaris* überarbeitete Fassung und verwendet sie (in gelegentlich auf die jeweils entscheidungsrelevanten Fragen verkürzter Form) bis heute.

Auch in der Literatur wird der dargestellte Zinsbegriff nicht grundlegend infrage gestellt. Nur einen anderen Akzent setzt die gelegentlich vertretene Auffassung, vergütet werde nicht die (nicht notwendig vorgenommene) Kapitalnutzung durch den Schuldner, sondern die sich schon aus der bloßen Möglichkeit der Kapitalnutzung ergebende Kapitalentbehrung durch den Gläubiger.[22] Dies verengt aber unnötig den Zinsbegriff, weil es nur dort passt, wo Zinsansprüche einen Schaden des Gläubigers kompensieren sollen (der auch in einer Abschöpfung der Nutzungsmöglichkeit gesehen werden kann), nicht aber, wenn es um den Gegenleistungscharakter von Zinsen geht.[23] Näher liegt es daher, für eine Definition auf die Frage der Nutzungsmöglichkeit oder Entbehrung des Kapitals ganz zu verzichten und nur die tatsächliche Inanspruchnahme fremden Kapitals zu verlangen.[24]

2. Die einzelnen Merkmale des Zinsbegriffs

a. Vergütung für Kapitalgebrauch

Zinsen sind damit zunächst einmal die Vergütung für einen möglichen Kapitalgebrauch. **Kapitalgebrauch** bezeichnet die Verwendung fremden Geldes oder fremder vertretbarer Sachen für eigene wirtschaftliche Zwecke mit der (zumindest nicht ausgeschlossenen) Verpflichtung zur (Rück-)Erstattung einer entsprechenden Menge Geldes bzw. vertretbarer Sachen.[25] Neben der Zinsschuld besteht damit stets eine Hauptschuld, die auf das Kapital gerichtet und verzinslich ist (zur Akzessorietät der Zinsschuld vgl. Rn. 27). Zins- und Hauptschuld sind rechtlich voneinander zu trennen, auch wenn etwa – wie bei einem Annuitätendarlehen – eine einheitliche Kreditrate aus (veränderlichem) Zins- und Tilgungsanteil (sog. Amortisationsquote) besteht.[26]

---

[18] *Canaris*, NJW 1978, 1891-1898, 1891 f.
[19] RG v. 29.01.1942 - II 118/41 - RGZ 168, 284-288, 285 m.w.N.
[20] BGH v. 20.03.1953 - V ZR 123/51 - juris Rn. 42 - LM Nr. 1 zu § 247 BGB; BGH v. 20.11.1970 - V ZR 71/68 - juris Rn. 24 - WM 1971, 42-44, 43; BGH v. 24.05.1976 - III ZR 63/74 - juris Rn. 22 - WM 1976, 974-977, 975. Ebenso etwa BVerwG v. 18.05.1973 - VII C 21.72 - NJW 1973, 1854-1855, 1855.
[21] BGH v. 09.11.1978 - III ZR 21/77 - juris Rn. 26 - NJW 1979, 805-807, 806; BGH v. 16.11.1978 - III ZR 47/77 - juris Rn. 18 - NJW 1979, 540-542, 541. Ebenso BFH v. 03.10.1984 - II R 194/82- juris Rn. 7 - BFHE 142, 166-168, 167 = BStBl II 1985, 73; BFH v. 13.10.1987 - VIII R 156/84 - juris Rn. 35 - BFHE 151, 512-523, 518 = NJW 1988, 2559-2560, 2559.
[22] *Schmidt*, Geldrecht, 1983, § 246 Rn. 8; ihm insoweit terminologisch folgend BGH v. 08.11.1984 - III ZR 132/83 - juris Rn. 28 - NJW 1985, 730-731, 731; BGH v. 21.02.1985 - III ZR 207/83 - juris Rn. 11 - NJW 1985, 1831-1832; *Blaschczok* in: Staudinger, § 246 Rn. 7.
[23] *Teichmann* in: Soergel, § 246 Rn. 5 Fn. 10.
[24] So *Mülbert*, AcP 192, 447-515, 495 ff.
[25] Vgl. *Grüneberg* in: Palandt, § 246 Rn. 2.
[26] Vgl. *Blaschczok* in: Staudinger, § 246 Rn. 22.

14 Werden wiederkehrende Leistungen allein geschuldet, ohne dass daneben ein Kapital als solches geschuldet wird, handelt es sich nicht um eine Zinsschuld, sondern um eine **Rentenschuld**.[27] Die Vertragsfreiheit lässt zwar zu, dass eine Zahlung von „Zinsen" ohne Verpflichtung zur Rückzahlung des Kapitals[28] oder über den Erlass der Kapitalforderung hinaus[29] erfolgen soll, doch handelt es sich dann rechtlich nicht um Zinsen, sondern um die Vereinbarung einer Rente.[30]

15 Keine Zinsen sind auch – ungeachtet eines etwa abweichenden Sprachgebrauchs – Vergütungen für andere Vorteile als den Gebrauch eines Kapitals. Dies gilt etwa für **Miet- oder Pachtzinsen** als Vergütung für eine nur vorübergehende Nutzung fremder Sachen bzw. Gegenstände,[31] für **Erbbauzinsen** als Vergütung für die Bestellung eines Erbbaurechts (allerdings sollen gleichwohl auf – dingliche – Erbbauzinsen wegen des Verweises nach § 9 Abs. 1 ErbbauRG i.V.m. § 1107 BGB alle zinsrechtlichen Vorschriften und damit auch das Zinseszinsverbot anzuwenden sein)[32] und für **Bereitstellungszinsen** als Vergütung für die Bereithaltung einer zugesagten (aber noch nicht zum Gebrauch überlassenen) Darlehensvaluta.[33]

16 Nach der Rechtsprechung des BGH ist auch die nach entschädigungsrechtlichen Grundsätzen vom Zeitpunkt der Enteignung an zu leistende **Verzinsung der Enteignungsentschädigung** kein Zins im Rechtssinne, da diese für die entzogene Nutzungsmöglichkeit des Enteignungsgegenstandes entschädigt.[34] Es handelt sich also um eine Entschädigung, die lediglich der Höhe nach durch eine Verzinsung berechnet wird, selbst aber keine Verzinsung ist. Dies gilt auch für zivilrechtliche **Schadensersatzansprüche**: Verzinsung (§§ 246-248 BGB) einerseits und Schadensersatz (§§ 249-255 BGB) andererseits sind unterschiedliche Inhalte von Schuldverhältnissen, auch wenn der Schadensausgleich durch die Zahlung eines Zinsbetrages erfolgt. Werden aufgewandte oder entgangene Zinsen als Schadensposten geltend gemacht, handelt es sich mithin im Verhältnis zum Schädiger insoweit nicht um Zinsen im Rechtssinne.[35] Auch bei den Folgen des Verzugs ist daher zwischen der gesetzlichen Folge der Verzinsung (§ 288 Abs. 1 BGB) und dem Anspruch auf Ersatz des Verzugsschadens (§§ 280 Abs. 1, 2, 286 BGB) zu unterscheiden, so dass es sich bei – gem. § 288 Abs. 4 BGB neben oder statt der Verzinsung – als Schaden geltend gemachten entgangenen Anlagezinsen oder aufgewandten Kreditzinsen nicht um Zinsen im Rechtssinne handelt (und damit insbes. das Zinseszinsverbot nicht eingreift).

b. Laufzeitabhängigkeit

17 Charakteristisches Unterscheidungsmerkmal von anderen Entgeltformen ist die **Laufzeitabhängigkeit** von Zinsen, d.h. die Höhe der Zinsschuld wird von der Dauer der vergüteten Kapitalnutzungsmöglichkeit bestimmt (zur Berechnung vgl. Rn. 36). Zinsen im Rechtssinne sind daher unabhängig von ihrer Bezeichnung auch die bei Verbraucherfinanzierungsgeschäften üblichen **Kreditgebühren**.[36] Solche die Vergütung des Finanzierungsgeschäfts darstellende (und nicht etwa neben zusätzliche Zinsen tretende)[37] Kreditgebühren werden durch Multiplikation eines meist als Teilzahlungszuschlag oder -kosten bezeichneten prozentualen Bruchteils des Finanzierungsbetrages mit der Zahl der Monate der Ge-

---

[27] RG v. 25.02.1931 - St.R. 2, St.R. 8 - RGZ 141, 1-24, 7; BGH v. 20.11.1970 - V ZR 71/68 - juris Rn. 24 - WM 1971, 42-44, 43.
[28] Vgl. RG v. 07.01.1916 - VI 302/15 - WarnRspr. 1917 Nr. 58, 81-82, 82.
[29] Vgl. RG v. 17.01.1903 - I 286/02 - RGZ 53, 294-298, 297.
[30] BGH v. 24.05.1976 - III ZR 63/74 - juris Rn. 22 - WM 1976, 974-977, 975.
[31] Allg. M., wenn auch mit unterschiedlicher Begründung, vgl. *Schmidt*, Schuldrecht, 8. Aufl. 1995, Bd. I/1, § 12 II 4, S. 234; *Schmidt*, Geldrecht, 1983, § 246 Rn. 16; *Teichmann* in: Soergel, § 246 Rn. 13; *Blaschczok* in: Staudinger, § 246 Rn. 19; *Schulze* in: Hk-BGB, § 246 Rn. 4; *Berger* in: Jauernig, § 246 Rn. 3; *Grüneberg* in: Palandt, § 246 Rn. 4.
[32] BGH v. 24.01.1992 - V ZR 267/90 - juris Rn. 22 - NJW-RR 1992, 591-593, 592 m.w.N.; vgl. im Übrigen die Kommentierung zu § 248 BGB Rn. 5.
[33] BGH v. 16.03.1978 - III ZR 112/76 - juris Rn. 24 - WM 1978, 422-423, 423; BGH v. 24.02.1983 - III ZR 123/82 - juris Rn. 3 - NJW 1983, 1543; BGH v. 12.12.1985 - III ZR 184/84 - juris Rn. 26 - NJW-RR 1986, 467-469, 469; a.A. *Mülbert*, AcP 192, 447-515, 507.
[34] BGH v. 14.11.1963 - III ZR 141/62 - juris Rn. 27 - NJW 1964, 294; BGH v. 10.07.1986 - III ZR 44/85 - juris Rn. 21 - BGHZ 98, 188-195, 193.
[35] Vgl. BGH v. 26.03.1987 - IX ZR 69/86 - juris Rn. 22 - NJW 1987, 2874-2875, 2875.
[36] BGH v. 09.11.1978 - III ZR 21/77 - juris Rn. 26 - NJW 1979, 805-807, 806; BGH v. 16.11.1978 - III ZR 47/77 - juris Rn. 18 - NJW 1979, 540-542, 541; BGH v. 29.06.1979 - III ZR 156/77 - juris Rn. 16 - NJW 1979, 2089-2091, 2090; BGH v. 02.12.1982 - III ZR 90/81 - juris Rn. 21 - NJW 1983, 1420-1423, 1421.
[37] So aber *Grundmann* in: MünchKomm-BGB, § 246 Rn. 7.

samtlaufzeit – und damit laufzeitabhängig – berechnet. Dieser Betrag wird sodann – neben etwaigen weiteren Kosten – zu dem Finanzierungsbetrag addiert, und die sie ergebende Gesamtsumme wird schließlich in monatliche Raten aufgeteilt. Der in „% p.M." angegebene (monatlich gleich bleibende) Teilzahlungszuschlag stellt nicht unmittelbar die (effektive) Verzinsung des Finanzierungsbetrages dar, weil er den jeweiligen, sich durch fortschreitende Tilgungen verringernden Kapitalstand unberücksichtigt lässt, was aber für die rechtliche Qualifikation als Zins unerheblich ist.

Keine Zinsen sind demgegenüber alle nur einmalig und unabhängig von der Dauer des Finanzierungsgeschäfts anfallenden Kosten wie insbes. eine **Bearbeitungsgebühr**[38], **Auslagen**[39] des Finanziers für Auskunftseinholung, Vermittler usw. und die Kosten einer vom Finanzierungsnehmer abzuschließenden **Restschuldversicherung**[40]. Da auch solche Kosten den Preis einer Finanzierung beeinflussen, sind sie allerdings gleichwohl bei der Ermittlung des Effektivzinses zu berücksichtigen (vgl. § 6 Abs. 3 PAngV).

18

Ob ein **Disagio** (= Damnum) zum Zins oder zu den laufzeitunabhängigen Kosten gehört, ist nach der Rechtsprechung des BGH durch Auslegung der Parteivereinbarung zu ermitteln.[41] In jüngerer Zeit geht der BGH allerdings davon aus, dass ein Disagio in der Regel kein einmaliges Entgelt für die Kapitalbeschaffung, sondern ein laufzeitabhängiger Ausgleich für einen niedrigeren Nominalzins und damit ein im Voraus entrichteter Zins ist.[42]

19

c. Unabhängigkeit von Gewinn und Umsatz

Zinsen sind definitionsgemäß die Vergütung für die Möglichkeit des Gebrauchs fremden Kapitals. Ob, wie und mit welchem Erfolg das Kapital tatsächlich genutzt wird, spielt für die Verzinsung keine Rolle. Es gehört daher zum Wesen der Zinsen, dass ihre Höhe unabhängig vom Erfolg des Kapitalgebrauchs ist. Keine Zinsen sind folglich alle gewinnabhängigen Vergütungen wie insbes. die **Dividende**.[43] Aber auch eine (gewinnunabhängige) **Umsatzbeteiligung** ist wegen ihrer Anknüpfung an den Erfolg des Kapitalnehmers und der Beteiligung an dessen Risiko kein Zins.[44]

20

Nach der Definition des Reichsgerichts kam als weiteres Merkmal hinzu, dass Zinsen „in einem im Voraus bestimmten Bruchteil der geschuldeten Menge" ausgedrückt werden (vgl. Rn. 11). Dass die Zinsen im Voraus dem Betrage nach fest bestimmt sind, sollte dabei Abgrenzungskriterium zu einer vom nicht vorhersehbaren Ergebnis abhängenden Gewinnbeteiligung sein.[45] Andererseits sollte nicht erforderlich sein, dass der Zins ziffernmäßig unwandelbar feststeht, sondern es sollte genügen, dass er sich nach bestimmten, möglicherweise wechselnden Umständen wie etwa den Veränderungen des Diskontsatzes richtet.[46] Die damit notwendigerweise verbundene begriffliche „Aufweichung" führt aber dazu, dass eine sichere Abgrenzung zur Gewinnbeteiligung nicht mehr möglich ist, so dass *Canaris* auf das Merkmal ganz verzichtete und es unmittelbar durch den Bezug auf die Gewinn- und Umsatzabhängigkeit ersetzte (vgl. Rn. 11).

21

---

[38] BGH v. 10.07.1980 - III ZR 177/78 - juris Rn. 13 - NJW 1980, 2301-2303, 2301; BGH v. 07.11.1985 - III ZR 128/84 - juris Rn. 36 - NJW-RR 1986, 205-208, 207.

[39] BGH v. 09.11.1978 - III ZR 21/77 - juris Rn. 28 - NJW 1979, 805-807, 806; BGH v. 11.01.1979 - III ZR 119/77 - juris Rn. 21 - NJW 1979, 808-809, 808; BGH v. 29.06.1979 - III ZR 156/77 - juris Rn. 21 - NJW 1979, 2089-2091, 2090.

[40] BGH v. 29.06.1979 - III ZR 156/77 - juris Rn. 27 - NJW 1979, 2089-2091, 2090; BGH v. 11.01.1979 - III ZR 119/77 - juris Rn. 23 - NJW 1979, 808-809, 808; BGH v. 10.07.1980 - III ZR 177/78 - juris Rn. 13 - NJW 1980, 2301-2303, 2301.

[41] Vgl. BGH v. 02.07.1981 - III ZR 8/80 - juris Rn. 10 - BGHZ 81, 124-130, 126 f. = NJW 1981, 2180-2181, 2180 f.; BGH v. 02.07.1981 - III ZR 17/80 - juris Rn. 8 - WM 1981, 838-839, 838.

[42] BGH v. 29.05.1990 - XI ZR 231/89 - juris Rn. 13 - BGHZ 111, 287-294, 290 = NJW 1990, 2250-2252, 2251; BGH v. 12.10.1993 - XI ZR 11/93 - juris Rn. 12 - NJW 1993, 3257-3258, 3258; BGH v. 27.01.1998 - XI ZR 158/97 - juris Rn. 15 - NJW 1998, 1062-1064, 1063.

[43] RG v. 07.05.1915 - II 36/15 - RGZ 86, 399-402, 401.

[44] BGH v. 27.09.1982 - II ZR 16/82 - juris Rn. 8 - BGHZ 85, 61-64, 63 = NJW 1983, 111-112, 111.

[45] RG v. 07.05.1915 - II 36/15 - RGZ 86, 399-402, 401.

[46] RG v. 30.09.1927 - II 40/27 - RGZ 118, 152-158, 156; BGH v. 20.03.1953 - V ZR 123/51 - LM Nr. 1 zu § 247 BGB.

d. Zins als Bruchteil der verzinslichen Schuld

22 Zur wesensmäßigen Unterscheidung von anderen Entgeltformen ist aber an dem hiernach von der Definition des Reichsgerichts übrig bleibenden Definitionsmerkmal festzuhalten, dass Zinsen überhaupt in einem **Bruchteil der aus der zu verzinsenden Schuld geschuldeten Menge** ausgedrückt werden oder – nach Umrechnung eines festen Zinsbetrages in einen Prozentsatz – zumindest ausgedrückt werden können. Zinsen müssen daher auch zwingend aus derselben Gattung, zu der auch das Kapital gehört, geschuldet sein.[47] Dies ergibt sich bereits aus dem Wortlaut des § 246 BGB, der den Zinsbetrag als Bruchteil der verzinslichen Schuld berechnet. Wird als Gegenleistung für die Nutzung eines Kapitals die Leistung von Gegenständen aus einer anderen Gattung vereinbart (insbes. die Zahlung von Geld für ein Sachdarlehen), handelt es sich begrifflich nicht um Zinsen, sondern um eine andere Form des Entgeltes (vgl. jetzt den Begriff des „Darlehensentgelts" als Bezeichnung der Gegenleistung für das Sachdarlehen, § 607 Abs. 1 Satz 2 BGB).

III. Zinsschuld

1. Verzinsungspflicht

23 Eine Verpflichtung, eine Schuld zu verzinsen, besteht nur, wenn dies ausdrücklich durch Gesetz oder Rechtsgeschäft bestimmt ist; auch einen allgemeinen Verzinsungsanspruch für Geldschulden gibt es nicht.[48]

24 **Gesetzliche Verzinsungspflichten** bestehen insbes. für die Geldschuld generell während des Verzuges (§ 288 Abs. 1 Satz 1 BGB) und vom Eintritt der Rechtshängigkeit an (§ 291 Satz 1 BGB, gleichbehandelt werden die in den §§ 819 Abs. 1, 820 BGB geregelten Fälle), für die (nicht gestundete) Werklohnforderung ab Abnahme des Werkes (§ 641 Abs. 4 BGB), für den zu leistenden Aufwendungsersatz von der Zeit der Aufwendung an (§ 256 Satz 1 BGB), für den zu leistenden Wertersatz für einen während des Verzuges untergegangenen oder verschlechterten Gegenstand bzw. für eine deliktisch entzogene oder beschädigte Sache[49] von dem Zeitpunkt an, welcher der Bestimmung des Wertes zugrunde gelegt wird (§§ 290, 849 BGB) sowie für vom Beauftragten (§ 668 BGB), Geschäftsbesorger (§ 675 Abs. 1 BGB), Geschäftsführer ohne Auftrag (§ 681 Satz 2 BGB), Verwahrer (§ 698 BGB) oder Vormund (§ 1834 BGB) herauszugebendes, aber für sich verwendetes Geld von der Zeit der Verwendung an. Weitere gesetzliche Zinsansprüche ergeben sich etwa aus § 547 Abs. 1 Satz 1 BGB, §§ 110 Abs. 2, 111 Abs. 1, 353 Satz 1, 354 Abs. 2, 500 Abs. 2 Satz 1, 811 Abs. 2 Satz 2 HGB, § 91 VVG, Art. 45 Nr. 2, 46 Nr. 2 ScheckG, Art. 28 Abs. 2, 48 Abs. 1 Nr. 2, 49 Nr. 6 WG.

25 Eine **rechtsgeschäftliche Verzinsungspflicht** ist vor allem Merkmal eines Darlehensvertrages (§ 488 Abs. 1 BGB).

2. Entstehung und rechtliche Behandlung der Zinsschuld

26 Eine Zinsschuld tritt immer neben eine (verzinsliche) Hauptschuld und ist damit eine „Nebenschuld".[50] Das Verhältnis zwischen Zins- und Hauptschuld ist bestimmt von materieller Akzessorietät und formeller Selbständigkeit.[51]

---

[47] *Belke*, BB 1968, 1219-1228, 1221; *Larenz*, Schuldrecht, Band I: Allgemeiner Teil, 14. Aufl. 1987, § 12 VIII, S. 181; *Schmidt*, Schuldrecht, 8. Aufl. 1995, Bd. I/1, § 12 II 4, S. 234; a.A. *Enneccerus/Lehmann*, Recht der Schuldverhältnisse, 15. Bearb. 1958, § 12 S. 53; *Schmidt*, Geldrecht, 1983, § 246 Rn. 13; *Teichmann* in: Soergel, § 246 Rn. 12; *Blaschczok* in: Staudinger, § 246 Rn. 16.

[48] BGH v. 21.06.1989 - IVb ZR 45/88 - juris Rn. 11 - NJW-RR 1989, 1220-1223, 1221; zum deliktischen Schadensersatzanspruch BGH v. 28.09.1993 - III ZR 91/92 - juris Rn. 9 - VersR 1993, 1521-1522, 1522; vgl. bereits Motive, Bd. II, S. 16 = *Mugdan*, Bd. 2, S. 9.

[49] Auch Geld, BGH v. 26.11.2007 - juris Rn. 8 - II ZR 167/06 - NJW 2008, 1084.

[50] Dieser Begriff ist nur im Hinblick auf die Akzessorietät der Zinsschuld zu verstehen, nicht dagegen im Sinne einer Nebenpflicht. So ist die Zinsschuld insbes. beim Gelddarlehen Gegenleistung (vgl. § 488 Abs. 1 Satz 2 BGB) und damit – neben der Rückzahlungsverpflichtung – die Hauptleistungspflicht des Darlehensnehmers.

[51] Vgl. bereits Motive, Bd. II, S. 17 = *Mugdan*, Bd. 2, S. 9.

Die in materiellrechtlicher Hinsicht gegebene **Akzessorietät** der Zinsschuld bedeutet, dass eine Zinsschuld nur (fortlaufend) entstehen kann, wenn und soweit eine Hauptforderung besteht (eine gesetzliche Ausnahme gilt nur bei Zinsscheinen, § 803 BGB). Im Rahmen der Vertragsfreiheit kann zwar auch die Zahlung von „Zinsen" vereinbart werden, ohne dass eine Hauptschuld besteht, doch handelt es sich dann nicht um Zinsen im Rechtssinne, sondern i.d.R. um eine Rentenschuld (vgl. Rn. 14). Der Zinslauf beginnt mit der Entstehung der verzinslichen Hauptschuld und er endet mit deren Erlöschen. Stehen der Hauptschuld Einreden entgegen, wirkt sich dies auch auf die Entstehung des Zinslaufs aus.[52] Abweichende Vereinbarungen eines früheren[53] oder späteren[54] Beginns des Zinslaufs bzw. eines späteren Endes der Verzinsung (etwa durch Vereinbarung einer vom Zahlungszeitpunkt abweichenden Tilgungsverrechnung) sind aber grundsätzlich zulässig (dogmatisch fraglich ist allerdings, ob es sich insoweit dann überhaupt um Zinsen im Rechtssinne handelt[55] oder ob gar generell die Akzessorietät vertraglicher Zinsschulden zu verneinen ist[56]). Allerdings halten Zinsberechnungs- und Tilgungsklauseln in AGB oder Verbraucherverträgen, die zu einer Weiterverzinsung getilgter Schuldbeträge führen, vielfach wegen eines Verstoßes gegen das Transparenzgebot einer Inhaltskontrolle nicht stand.[57] 27

Formelle Selbständigkeit der Zinsschuld bedeutet, dass sie nicht notwendig mit der Hauptforderung verbunden sein und auch nicht zwingend mit ihr zusammen geltend gemacht werden muss. Isoliert abgetreten werden können sowohl die Zinsforderung ohne die Hauptforderung[58] als auch die Hauptforderung bei Vorbehalt des Zinsgenusses[59]. Zinsansprüche folgen also nicht – etwa entsprechend § 401 Abs. 1 BGB – ohne weiteres der Hauptforderung, sondern es ist ggf. durch Auslegung zu ermitteln, ob – wie im Regelfall gewollt sein wird – die Abtretung auch die Zinsen umfasst.[60] Ein bereits entstandener Zinsanspruch kann in jeder Hinsicht selbständig (auch gerichtlich) geltend gemacht und unabhängig von der Hauptforderung abgetreten, verpfändet und gepfändet werden. Er unterliegt auch einer eigenständigen Verjährung, die allerdings spätestens mit Verjährung der Hauptforderung eintritt (§ 217 BGB). 28

Für die **Fälligkeit** einer Zinsschuld (= Verfall der Zinsen) ist zwischen gesetzlichen und vertraglichen Zinsen zu unterscheiden. Gesetzliche Zinsen sind zugleich mit der verzinslichen Hauptforderung fällig und werden – wird die Hauptforderung nicht (mit der Folge des Endes des Zinslaufs) erfüllt – mit ihrer täglichen Entstehung laufend sofort fällig. Bei vertraglichen Zinsen hängt die Fälligkeit von der zwischen den Parteien für die Zinsschuld getroffenen Vereinbarung ab.[61] Fehlt es beim (Geld-)Darlehensvertrag an einer solchen Fälligkeitsvereinbarung, werden die Zinsen jährlich fällig (§ 488 Abs. 2 BGB). 29

Gesetzliche **Beschränkungen** des Zinsanspruchs ergeben sich aus dem Zinseszinsverbot (§§ 248, 289, 291 Satz 2 BGB, vgl. dort). Die gemeinrechtliche Beschränkung des Rückstandes vertraglicher Zinsen auf den Betrag der Hauptschuld („ultra alterum tantum") wurde als nicht mehr zeitgemäß vom Gesetzgeber nicht übernommen.[62] 30

---

[52] BGH v. 21.10.1954 - IV ZR 171/52 - juris Rn. 16 - BGHZ 15, 87-97, 89 = NJW 1954, 1884-1886, 1885.
[53] Vgl. BGH v. 08.11.1984 - III ZR 132/83 - juris Rn. 28 - NJW 1985, 730-731, 731.
[54] BGH v. 09.07.1991 - XI ZR 72/90 - juris Rn. 18 - NJW 1991, 2559-2564, 2560.
[55] Verneinend *Blaschczok* in: Staudinger, § 246 Rn. 210.
[56] So *Mülbert*, AcP 192, 447-515, 499 ff.; *Mülbert*, WM 2002, 465-476, 470.
[57] Vgl. hierzu etwa BGH v. 24.11.1988 - III ZR 188/87 - juris Rn. 19 - BGHZ 106, 42-53, 47 = NJW 1989, 222-225, 223; BGH v. 17.01.1989 - XI ZR 54/88 - juris Rn. 21 - BGHZ 106, 259-268, 264 f. = NJW 1989, 582-583, 582 f.; BGH v. 10.07.1990 - XI ZR 275/89 - juris Rn. 21 - BGHZ 112, 115-122, 120 f. = NJW 1990, 2383-2384, 2384; BGH v. 30.04.1991 - XI ZR 223/90 - juris Rn. 13 - NJW 1991, 1889; BGH v. 15.10.1991 - XI ZR 192/90 - juris Rn. 7 - BGHZ 116, 1-7, 2 = NJW 1992, 179-180, 179; BGH v. 03.12.1991 - XI ZR 77/91 - juris Rn. 17 - NJW 1992, 503-505, 504; BGH v. 10.12.1991 - XI ZR 119/91 - juris Rn. 9 - NJW 1992, 1108-1109, 1109; BGH v. 11.02.1992 - XI ZR 151/91 - juris Rn. 16 - NJW 1992, 1097-1099, 1098; BGH v. 29.03.1994 - XI ZR 69/93 - juris Rn. 22 - BGHZ 125, 343-351, 347 f. = NJW 1994, 1532-1534, 1533; BGH v. 23.05.1995 - XI ZR 129/94 - juris Rn. 18 - NJW 1995, 2286-2287, 2287; BGH v. 04.02.1997 - XI ZR 149/96 - juris Rn. 12 - NJW 1997, 1068-1069.
[58] RG v. 29.06.1910 - V 429/09 - RGZ 74, 78-85, 81; RG v. 19.11.1918 - II 189/18 - RGZ 94, 137-138, 138.
[59] RG v. 06.02.1915 - V 417/14 - RGZ 86, 218-221, 219 f.
[60] BGH v. 22.02.1972 - VI ZR 215/70 - WM 1972, 560-562, 562; zum Übergang bei einer Legalzession BGH v. 18.05.1961 - VII ZR 39/60 - juris Rn. 19 - BGHZ 35, 172-175, 173 f. = NJW 1961, 1524-1525, 1525.
[61] Vgl. Motive, Bd. II, S. 313 = *Mugdan*, Bd. 2, S. 174.
[62] Motive, Bd. II, S. 16 = *Mugdan*, Bd. 2, S. 9.

§ 246

IV. Keine anderweitige Bestimmung des Zinssatzes

1. Abweichende Regelungen für gesetzliche Zinsschulden

31 Die Anwendung von § 246 BGB setzt voraus, dass die Zinshöhe nicht anderweitig abweichend bestimmt ist. Spezielle **gesetzliche Zinssätze** gibt es vor allem für Zinsschulden aus Verzug und Rechtshängigkeit (§§ 288 Abs. 1, 2, 291 Satz 2 BGB: fünf bzw. acht Prozentpunkte über dem jeweiligen Basiszinssatz nach § 247 BGB), für alle gesetzlichen Zinsschulden (mit Ausnahme der Verzugszinsen) aus beiderseitigen Handelsgeschäften (§ 352 Abs. 1 Satz 1 HGB: 5%) und für Rückgriffsansprüche nach dem Scheck- und Wechselgesetz (Art 45 Nr. 2, 46 Nr. 2 ScheckG, Art. 28 Abs. 2, 48 Abs. 1 Nr. 2, 49 Nr. 6 WG: 6% bzw. zwei Prozentpunkte über dem jeweiligen Basiszinssatz, mindestens aber 6%). Der gesetzliche Zinssatz nach § 91 Satz 1 VVG beträgt ebenfalls 4%.

32 Ein vom gesetzlichen Zinssatz abweichender Zinssatz kann aber auch für gesetzliche Zinsschulden – wie etwa für Verzugszinsen weit verbreitet – nach dem Grundsatz der Vertragsfreiheit in deren allgemeinen Grenzen frei **vereinbart** werden.[63] Die gelegentlich anzutreffende Behauptung, § 246 BGB sei zwingend und diene dem Schutz des Schuldners,[64] ist daher zumindest missverständlich.

2. Abweichende Regelungen für rechtsgeschäftliche Zinsschulden

33 Der Zinssatz für eine rechtsgeschäftliche Zinsschuld ergibt sich zunächst aus der Vereinbarung und ist ggf. durch Auslegung (etwa bei Vereinbarung „üblicher" oder „ortsüblicher" Zinsen) zu ermitteln.[65] Nur wenn die Auslegung keinerlei Vereinbarung über die Zinshöhe ergibt, kann auf § 246 BGB (bzw. § 352 Abs. 1 Satz 2 HGB) zurückgegriffen werden (dessen – letztlich nur „aus Gründen der Einfachheit und Sicherheit des Rechtes" erfolgte[66] – Erstreckung auf rechtsgeschäftliche Zinsschulden im Gesetzgebungsverfahren umstritten war, vgl. Rn. 2). Wie bei der vergleichbaren Konstellation nach den §§ 612 Abs. 2, 632 Abs. 2, 653 Abs. 2 BGB[67] trägt daher derjenige, der sich gegen die vom anderen aufgestellte Behauptung des Bestehens einer Vereinbarung zur Zinshöhe auf § 246 BGB beruft, die Beweislast für das Fehlen einer solchen Vereinbarung.

34 Die Zinshöhe rechtsgeschäftlicher Zinsen kann im Übrigen frei vereinbart werden. Grenzen ergeben sich nur aus § 138 BGB. Da die subjektiven Voraussetzungen des Wuchers im Sinne des § 138 Abs. 2 BGB in der Regel schwer nachzuweisen sind, kommt es bei Teilzahlungs- und Ratenkrediten in der Praxis auf die Qualifikation als sog. wucherähnliches Geschäft an, bei dem bei Vorliegen der objektiven Voraussetzungen des § 138 Abs. 1 BGB die persönlichen, subjektiven Voraussetzungen des § 138 Abs. 1 BGB vermutet werden. In objektiver Hinsicht erforderlich ist ein auffälliges Missverhältnis von Leistung und Gegenleistung, das in der Regel dann anzunehmen ist, wenn der vertragliche Effektivzins den marktüblichen Vergleichszins um rund 100% übersteigt, was aber nur Richtwert und keine starre Grenze ist.[68]

D. Verzinsung mit vier Prozent p.a.

35 Rechtsfolge des § 246 BGB ist die Verpflichtung des Zinsschuldners zur Entrichtung von „vier vom Hundert für das Jahr" der verzinslichen Schuld. Der Zinsbetrag ist also – wie dies auch bei rechtsgeschäftlich vereinbarten Zinsen überwiegt (neben Zinsangaben p.a. kommen aber auch Zinsangaben p.M. vor) – auf das Jahr bezogen (vgl. Rn. 39). Soweit Zinsen nicht für ein ganzes Jahr, sondern nur für einen Jahresbruchteil geschuldet werden, bedarf es einer entsprechenden Umrechnung.

---

[63] Vgl. *Grundmann* in: MünchKomm-BGB, § 246 Rn. 40; *Schmidt*, Geldrecht, 1983, § 246 Rn. 52; *Blaschczok* in: Staudinger, § 246 Rn. 193 m.w.N.

[64] So insbes. *Schulze* in: Hk-BGB, § 246 Rn. 1.

[65] Vgl. Motive, Bd. II, S. 16 = *Mugdan*, Bd. 2, S. 9.

[66] Vgl. Protokolle, Bd. I, S. 291 = *Mugdan*, Bd. 2, S. 509.

[67] Vgl. BGH v. 31.03.1982 - IVa ZR 4/81 - juris Rn. 8 - NJW 1982, 1523-1524, 1523; BGH v. 21.09.2000 - IX ZR 437/99 - juris Rn. 12 - NJW-RR 2001, 493-494, 493, jeweils m.w.N.

[68] Zu Einzelheiten vgl. etwa *Bunte/Lwowski/Schimansky*, Bankrechts-Handbuch, 3. Aufl. 2007, Bd. I, § 82 S. 2412 ff.

Nach dem auch für die Zinsberechnung geltenden **Grundsatz der Zivilkomputation** werden hierbei im Regelfall – also soweit nichts anderes vereinbart oder ausnahmsweise üblich ist – entsprechend den §§ 187, 188 BGB nur ganze Tage berücksichtigt, die um 0 Uhr beginnen und um 24 Uhr enden.[69] Ein Zinsintervall **beginnt** daher zur Vermeidung einer rückwirkenden Zinsbelastung entsprechend § 187 Abs. 1 BGB erst um 0 Uhr des Tages, der auf den Tag folgt, an dem das zinsauslösende Ereignis eintritt, also z.B. am Tag nach Darlehensauszahlung,[70] am Tag nach Eintritt der Rechtshängigkeit[71], am Tag nach Zugang der Mahnung[72], am Tag nach Ablauf des kalendermäßig bestimmten Zahlungszeitpunkts[73] oder einer Zahlungsfrist wie der des § 286 Abs. 3 BGB[74]. In entsprechender Anwendung des Rechtsgedankens der §§ 187 Abs. 1, 188 Abs. 1 BGB **endet** der Zinslauf mit dem Ablauf des Tages der Tilgung der verzinslichen Schuld[75], so dass dieser letzte Tag noch vollständig in den Zinszeitraum einzubeziehen ist. 36

Auf jeden Zinstag entfällt dann 1/365 (in Schaltjahren: 1/366) des für das gesamte Jahr geschuldeten Zinsbetrages. In der kaufmännischen Praxis (insbes. der Banken) haben sich allerdings verschiedene hiervon abweichende Methoden herausgebildet, bei denen die Jahresbruchteile vereinfacht berechnet werden. Nach der in Deutschland vor allem von den Geschäftsbanken gegenüber ihren Kunden angewandten „deutschen" oder „kaufmännischen Methode" werden ganze Monate stets mit 30 Tagen (angebrochene Monate dagegen mit der tatsächlichen Tageszahl) und das Jahr mit 360 Tagen angesetzt (daher auch die finanztechnische Bezeichnung „30/360"). Für Geldmarktgeschäfte im grenzüberschreitenden Finanzverkehr und von der Deutschen Bundesbank (vgl. AGB-Bundesbank Abschn. V Nr. 5 Abs. 2) wird die „französische" oder „Eurozins-Methode" („act/360") angewandt, bei der das Jahr mit 360 Tagen, die Monate aber stets mit ihren tatsächlichen („act[ual]") Tagen angesetzt werden. Schließlich existiert noch die im angelsächsischen Raum gebräuchliche „englische Methode" („act/365"), bei der – im Unterschied zur Eurozins-Methode – das Jahr mit 365 Tagen angesetzt wird. 37

---

[69] Vgl. BGH v. 24.01.1990 - VIII ZR 296/88 - juris Rn. 25 - NJW-RR 1990, 518-519, 519; BGH v. 06.05.1997 - XI ZR 208/96 - juris Rn. 11 - BGHZ 135, 316-323, 318 f. = NJW 1997, 2042-2043, 2042; BGH v. 17.06.1997 - XI ZR 239/96 - juris Rn. 13 - NJW 1997, 3168-3169, 3168; *Ellenberger* in: Palandt, § 187 Rn. 1; *Huber/Pleyer*, DB 1989, 1857-1862, 1859; *Toussaint*, JA 2001, 142-149, 145; a.A. – Naturalkomputation mit stundenweiser Berechnung – *Zimmermann*, JuS 1991, 229-234, 231 f.

[70] OLG Karlsruhe v. 13.11.1987 - 10 U 138/87 - juris Rn. 47 - NJW 1988, 74-76, 77; *Ellenberger* in: Palandt, § 187 Rn. 1; *Palm* in: Erman, § 187 Rn. 1.

[71] BGH v. 24.01.1990 - VIII ZR 296/88 - juris Rn. 25 - NJW-RR 1990, 518-519, 519; BAG v. 15.11.2000 - 5 AZR 365/99 - juris Rn. 23 - BAGE 96, 228-233, 232 f. = NJW 2001, 1517-1519, 1519; BAG v. 30.10.2001 - 1 AZR 65/01 - juris Rn. 37 - BAGE 99, 266-273, 273 = NZA 2002, 449-451, 451; BAG v. 25.04.2007 - 10 AZR 586/06 - juris Rn. 14 - AP ZPO § 322 Nr 42; BAG v. 21.08.2007 - 3 AZR 330/06 - juris Rn. 39 - NZA-RR 2008, 198-203, 203; BAG v. 15.09.2009 - 9 AZR 645/08 - juris Rn. 50 - NZA-RR 2010, 271-274, 274; BVerwG v. 04.12.2001 – BVerwG 4 C 2.00 - juris Rn. 50 - BVerwGE 115, 274-294, 293 = NVwZ 2002, 718-723, 722; *Ellenberger* in: Palandt, § 187 Rn. 1; *Palm* in: Erman, § 187 Rn. 1; *Grothe* in: MünchKomm-BGB, § 187 Rn. 3; abweichend – Zinslauf beginnt bereits am Tag des Eintritts der Rechtshängigkeit – BGH v. 10.10.1963 - VII ZR 65/62 - juris Rn. 10 (insoweit in BB 1964, 10, nicht abgedr.); BGH v. 13.11.1996 - VIII ZR 210/95 - juris Rn. 16 - NJW-RR 1997, 495-496, 496; BSG v. 13.05.2004 - B 3 KR 2/03 R - juris Rn. 27 - SozR 4-2500 § 132a Nr. 1; *Henrich* in: Bamberger/Roth, § 187 Rn. 7; *Treber*, NZA 2002, 1314-1316.

[72] *Grothe* in: MünchKomm-BGB, § 187 Rn. 3 A.A. – Zinslauf beginnt bereits am Tag des Zugangs der Mahnung – und damit inkonsequent BGH v. 09.04.1981 - IVa ZR 144/80 - juris Rn. 28 - NJW 1981, 1732; ebenso etwa *Huber*, Leistungsstörungen, 1999, Bd. 1, § 19 I 1, S. 455; *Niedenführ* in: Soergel, § 187 Rn. 7; *Wiedemann* in: Soergel, § 288 Rn. 14; *Ernst* in: MünchKomm-BGB, § 288 Rn. 15; *Göhner*, NJW 1980, 570-570; *Zimmermann*, JuS 1991, 229-234, 231.

[73] BGH v. 19.09.1989 - XI ZR 179/88 - juris Rn. 16 - NJW-RR 1990, 109-110, 110; BGH v. 20.11.1998 - V ZR 17/98 - juris Rn. 10 - NJW 1999, 1329-1330, 1330; *Grothe* in: MünchKomm-BGB, § 187 Rn. 3; *Ernst* in: MünchKomm-BGB, § 288 Rn. 15.

[74] Vgl. BGH v. 04.11.1997 - XI ZR 181/96 - juris Rn. 18 - NJW 1998, 601-602, 602; *Wiedemann* in: Soergel, § 288 Rn. 14; *Grothe* in: MünchKomm-BGB, § 187 Rn. 3; *Ernst* in: MünchKomm-BGB, § 288 Rn. 15.

[75] Vgl. BGH v. 06.05.1997 - XI ZR 208/96 - juris Rn. 11 - BGHZ 135, 316-323, 318 f. = NJW 1997, 2042-2043, 2042; BGH v. 17.06.1997 - XI ZR 239/96 - juris Rn. 13 - NJW 1997, 3168-3169, 3168; OLG Karlsruhe v. 13.11.1987 - 10 U 138/87 - juris Rn. 47 - NJW 1988, 74-76, 77; *Ellenberger* in: Palandt, § 187 Rn. 1; *Grüneberg* in: Palandt, § 288 Rn. 5; *Huber/Pleyer*, DB 1989, 1857-1862, 1859; *Ernst* in: MünchKomm-BGB, § 288 Rn. 17; a.A. – Verzinsung endet bereits am Vortag – *Huber*, Leistungsstörungen, 1999, Bd. 1, § 20 I 2, S. 476.

Ohne ausdrückliche Vereinbarung (auch in AGB) oder entsprechenden Handelsbrauch fehlt es aber an der rechtlichen Grundlage zur Anwendung solcher Berechnungsmethoden, so dass es im Regelfall bei einer (auch ohne Schwierigkeiten möglichen) exakten Berechnung („act/act") bleiben muss.[76]

38 Da im Zinsrecht schon definitorisch zwischen dem zu verzinsenden Kapital einerseits und dem Zins als Produkt der Verzinsungspflicht zu unterscheiden ist, führt die Verzinslichkeit einer Schuld allein noch nicht dazu, dass die durch die Verzinsung der Schuld entstandenen Zinsen ihrerseits wieder zu verzinsen sind.[77] Ein solcher sog. **Zinseszins** setzt gedanklich voraus, dass auf ein Kapital verfallene Zinsen dem zinstragenden Kapital zugeschlagen und dann als Kapital selbst verzinst werden.[78] Hierzu bedarf es eines besonderen (gesetzlichen oder rechtsgeschäftlichen) Tatbestandes, der aber den gesetzlichen Beschränkungen für Zinseszinsen (§§ 248, 289 Satz 1, 291 Satz 2 BGB, § 353 Satz 2 HGB) unterliegt.

E. Prozessuale Hinweise/Verfahrenshinweise

39 Für den **Zinsantrag** einer Zahlungsklage genügt jedenfalls dann, wenn das Ende des Zinslaufs noch nicht feststeht, die abstrakte Angabe von (auch variablem) Zinssatz (dessen Bezug auf das Jahr, vgl. Rn. 35, auch ohne den – dies klarstellenden – Zusatz „p.a." selbstverständlich ist)[79] und Zinsbeginn.[80] Eine – an sich für einen im Sinne des § 253 Abs. 2 Nr. 2 ZPO ausreichend bestimmten Antrag erforderliche – Bezifferung wäre in diesem Falle auch unmöglich, da der letztlich geschuldete Zinsbetrag (noch) nicht feststeht. Werden Zinsen für einen bereits abgeschlossenen Zeitraum verlangt, sind diese demgegenüber regelmäßig auszurechnen und zu beziffern.[81] Doch dürfte auch dann die Angabe des Zeitraums und Zinssatzes ausreichen, da der konkrete Zinsbetrag unschwer errechenbar ist.[82]

F. Anwendungsfelder

40 § 246 BGB ist auf alle privatrechtlichen Schuldverhältnisse anzuwenden, soweit keine Sonderregelungen eingreifen. Für Verzinsungsansprüche aus beiderseitigen **Handelsgeschäften** und nach dem HGB regelt § 352 Abs. 1 HGB den gesetzlichen Zinssatz abweichend mit 5%. Auf gesetzliche Verzinsungsansprüche des **öffentlichen Rechts** kann, wenn spezialgesetzliche Regelungen zur Zinshöhe fehlen (wie etwa § 49a Abs. 3 VwVfG, § 238 AO 1977), auch außerhalb des Anwendungsbereichs ausdrücklicher Verweisungsvorschriften (etwa § 62 VwVfG) § 246 BGB entsprechend angewandt werden.[83]

41 § 246 BGB dient nur der Ergänzung gesetzlicher oder vertraglicher Verzinsungspflichten, nicht aber solcher, die durch **Urteil** ausgesprochen sind.[84] Fehlt daher etwa in einem Urteil eine Angabe zur Zinshöhe der ausgesprochenen Verzinsungspflicht, bleibt ggf. nur eine Urteilsergänzung nach § 321 ZPO.[85]

42 Auch für die **Kapitalisierung** eines Ertrages oder einer regelmäßigen Leistung, also für die Ermittlung deren gegenwärtigen Kapitalwertes (Barwert), kann nicht vom gesetzlichen Zinssatz des § 246 BGB ausgegangen werden; erforderlich ist die Bestimmung eines den Besonderheiten des jeweils zu berechnenden Barwertes entsprechenden und für diese Fälle üblichen Durchschnittszinssatzes.[86]

---

[76] BSG v. 08.09.2009 - B 1 KR 8/09 R - juris Rn. 31 - USK 2009-74; *Toussaint*, JA 2001, 142-149, 148 f.; *Vehslage*, MDR 2001, 673-674; *Grüneberg* in: Palandt, § 246 Rn. 6.

[77] Vgl. etwa *Schmidt*, Geldrecht, 1983, § 248 Rn. 5; *Blaschczok* in: Staudinger, § 248 Rn. 5; *Grothe* in: Bamberger/Roth, § 248 Rn. 2.

[78] Vgl. *Reifner*, NJW 1992, 337-343, 338.

[79] Vgl. OLG Hamm v. 25.06.2009 - 4 U 8/09 - juris Rn. 74; KG v. 16.02.2010 - 14 U 189/09 - juris Rn. 3 - JurBüro 2010, 376-377, 377.

[80] BGH v. 30.04.2004 - V ZR 343/02 - NJW 2004, 1048-1049.

[81] Vgl. allgemein zur Bezifferung von Zahlungsanträgen BGH v. 13.03.1967 - III ZR 8/66 - juris Rn. 14 - NJW 1967, 1420-1421, 1421.

[82] Vgl. allgemein zur – ausreichenden – Berechenbarkeit einer Zahlungsforderung aufgrund abstrakter Angaben im Leistungsantrag BAG v. 08.06.1960 - 4 AZR 132/59 - juris Rn. 15 - BAGE 9, 273-276, 276 = AP Nr. 2 zu § 253 ZPO; für Zinsen offen gelassen von BGH v. 30.04.2004 - V ZR 343/02.

[83] BVerwG v. 17.03.1977 - VII CB 47.76 - juris Rn. 21 - Buchholz 451.55 Subventionsrecht Nr. 50.

[84] RG v. 26.09.1908 - V 560/07 - JW 1909, 656-657; *Schmidt*, Geldrecht, 1983, § 246 Rn. 57; *Blaschczok* in: Staudinger, § 246 Rn. 204; *Grothe* in: Bamberger/Roth, § 246 Rn. 10; anders z.B. das französische Recht, vgl. OLG Frankfurt v. 09.04.1998 - 20 W 7/98 - juris Rn. 18 - OLGR Frankfurt 1998, 248-250, 249.

[85] Vgl. Motive, Bd. II, S. 16 = *Mugdan*, Bd. 2, S. 9, und – zu titulierten ausländischen „gesetzlichen Zinsen" – OLG Frankfurt v. 28.10.1998 - 20 W 196/97 - juris Rn. 16.

[86] RG v. 03.05.1907 - VII 370/06 - Recht 1907, S. 762, Nr. 1616; BGH v. 27.09.1990 - III ZR 57/89 - juris Rn. 5 - BGHR BGB § 246 Abzinsung 1.

§ 247 BGB Basiszinssatz *⁾

(Fassung vom 02.01.2002, gültig ab 01.01.2002)

(1) ¹Der Basiszinssatz beträgt 3,62 Prozent. ²Er verändert sich zum 1. Januar und 1. Juli eines jeden Jahres um die Prozentpunkte, um welche die Bezugsgröße seit der letzten Veränderung des Basiszinssatzes gestiegen oder gefallen ist. ³Bezugsgröße ist der Zinssatz für die jüngste Hauptrefinanzierungsoperation der Europäischen Zentralbank vor dem ersten Kalendertag des betreffenden Halbjahrs.

(2) Die Deutsche Bundesbank gibt den geltenden Basiszinssatz unverzüglich nach den in Absatz 1 Satz 2 genannten Zeitpunkten im Bundesanzeiger bekannt.

*⁾ *Amtlicher Hinweis:*

Diese Vorschrift dient der Umsetzung von Artikel 3 der Richtlinie 2000/35/EG des Europäischen Parlaments und des Rates vom 29. Juni 2000 zur Bekämpfung von Zahlungsverzug im Geschäftsverkehr (ABl. EG Nr. L 200 S. 35).

Gliederung

A. Grundlagen 1	**C. Prozessuale Hinweise** 13
I. Kurzcharakteristik 1	**D. Anwendungsfelder** 15
II. Gesetzgebungsmaterialien 2	I. Vorübergehende Fortgeltung des DÜG-Basiszinssatzes 15
III. Europäischer Hintergrund 5	II. Überleitung vertraglicher Zinsregelungen 18
B. Anwendungsvoraussetzungen 6	III. Verzinsung prozessualer Kostenerstattungsansprüche 19
I. Anknüpfungspunkt 6	**E. Arbeitshilfe: Entwicklung der Diskont- und Basiszinssätze** 20
II. Dynamisierung 7	
1. Veränderungen des Basiszinssatzes 7	
2. Bezugsgröße für die Veränderungen 9	
3. Bisheriger Verlauf 12	

A. Grundlagen

I. Kurzcharakteristik

Die mit dem Gesetz zur Modernisierung des Schuldrechts eingefügte Vorschrift definiert den Basiszinssatz. Dieser leitet sich – ungeachtet der Bezugnahme der Definition auf eine außergesetzliche Größe – allein aus dem Gesetz ab und ist damit ein weiterer gesetzlicher Zinssatz (es gibt mithin keinen „Basiszinssatz der Deutschen Bundesbank", so allerdings bis zu ihrer Korrektur früher § 28r Abs. 2, 3 SGB IV, § 50 Abs. 2a SGB X, und – entgegen dem häufig anzutreffenden Sprachgebrauch – erst recht keinen „Basiszinssatz der Europäischen Zentralbank"[1]). Anders als der (unveränderliche) gesetzliche Zinssatz nach § 246 BGB ist der Basiszinssatz dynamisiert und nur dann anzuwenden, wenn eine gesetzliche Vorschrift oder rechtsgeschäftliche Vereinbarung ausdrücklich auf ihn als Referenzgröße Bezug nimmt. Seine größte praktische Bedeutung hat der Basiszinssatz für die Bemessung der Verzugs- und Prozesszinsen nach den §§ 288 Abs. 1, 2, 291 Satz 2 BGB (fünf bzw. acht Prozentpunkte über dem Basiszinssatz) und für die Verzinsung von prozessualen Kostenerstattungsansprüchen nach den §§ 104 Abs. 1, 788 Abs. 2 ZPO (fünf Prozentpunkte über dem Basiszinssatz). Darüber hinaus wird inzwischen in zahlreichen anderen Vorschriften auf den Basiszinssatz Bezug genommen (z.B. in § 503 Abs. 2 BGB, § 688 Abs. 2 ZPO, § 28 Abs. 1 ZPOEG, §§ 305 Abs. 3, 320b Abs. 1, 327b Abs. 2 AktG, § 38 WpÜG, §§ 44 Abs. 3, 64 Abs. 2, 99 Abs. 3 BauGB, § 6b Abs. 5 SGB II, § 28r Abs. 2, 3 SGB IV, § 50 Abs. 2a SGB X).[2]

1

---

[1] So aber nicht nur vielfach in Klageanträgen, sondern auch etwa BAG v. 01.10.2002 – 9 AZR 215/01 - juris Rn. 30 - BAGE 103, 45-53, 48 = NJW 2003, 2403-2405, 2404.

[2] Vgl. im Übrigen die in der Verordnung zur Ersetzung von Zinssätzen vom 05.04.2002, BGBl I 2002, 1250, genannten Vorschriften.

II. Gesetzgebungsmaterialien

2   Der Basiszinssatz wurde ursprünglich – durch das als Art. 1 EuroEG verkündete DÜG – mit Wirkung zum 01.01.1999 nur als Übergangslösung und befristeter Ersatz für den mit der Euro-Einführung nicht mehr fortgeführten **Diskontsatz** der Deutschen Bundesbank geschaffen. Der Diskontsatz wurde im Rahmen der Diskontpolitik als geldpolitisches Instrument von der Deutschen Bundesbank für eigene Wechseldiskontgeschäfte festgesetzt und amtlich bekannt gemacht.[3] Er beeinflusste als wichtigster Leitzins das Zinsniveau am Markt und diente daher in zahlreichen Gesetzen[4] und auch in rechtsgeschäftlichen Vereinbarungen als verlässliche Bezugsgröße für die Entwicklung des Marktzinses. Mit der Übertragung der geldpolitischen Aufgaben auf das Europäische System der Zentralbanken (ESZB) und die Europäische Zentralbank (EZB) mit der Euro-Einführung (vgl. die Kommentierung zu § 244 BGB Rn. 30) endete mit Ablauf des Jahres 1998 auch die Diskontpolitik der Deutschen Bundesbank und damit die Festsetzung eines Diskontsatzes.[5] Der Gesetzgeber beabsichtigte ursprünglich, die bisherigen Bezugnahmen auf den Diskontsatz künftig durch eine automatische Anbindung an ein vergleichbares Instrument der EZB zu ersetzen.[6] Bis die hierfür erforderlichen Erfahrungen mit der Geldpolitik der EZB vorliegen, wurde für eine dreijährige Übergangszeit (bis zum 31.12.2001) als befristeter Ersatz der zuletzt am 31.12.1998 geltende Diskontsatz unter der Bezeichnung „Basiszinssatz" festgeschrieben und durch zum 01.01., 01.05. und 01.09. jedes Jahres erfolgende Veränderungen entsprechend den (mindestens einen Schwellenwert von 0,5 Prozentpunkten erreichenden) Veränderungen einer Bezugsgröße dynamisiert (§ 1 DÜG).[7] Zur Bezugsgröße für die Veränderungen des Basiszinssatzes wurde später der Zinssatz für längerfristige Refinanzierungsgeschäfte der EZB (sog. LRG-Satz) bestimmt.[8]

3   Eine weitergehende Bedeutung erhielt der Basiszinssatz erstmals durch § 288 Abs. 1 BGB a.F. in der am 01.05.2000 in Kraft getretenen Fassung des Gesetzes zur Beschleunigung fälliger Zahlungen[9] als originäre Bezugsgröße für **Verzugs- und Prozesszinsen**. Der Gesetzgeber wollte zur Vermeidung eines billigen „Gläubigerkredits" und zur Verankerung eines verzugsvermeidenden Rechtsbewusstseins in der Bevölkerung die Verzugszinsen – gerade auch im Verhältnis zum allgemeinen gesetzlichen Zinssatz – deutlich anheben.[10] Er verwarf daher den Vorschlag der Kommission zur Überarbeitung des Schuldrechts, den allgemeinen (auch für den Verzug geltenden) gesetzlichen Zinssatz auf zwei Prozentpunkte über dem jeweiligen Diskontsatz, mindestens aber auf sechs Prozent, anzuheben (§§ 246, 288 Abs. 1 BGB-KE)[11], griff aber – auch in Parallele zu den speziellen Verzugszinsregelungen in § 16 Nr. 5 Abs. 3 VOB/B und § 11 Abs. 1 VerbrKrG (jetzt § 497 Abs. 1 Satz 1 BGB) – den Gedanken einer Dynamisierung des Verzugszinssatzes auf. Im Vorgriff auf eine künftige Verzugszinssatzregelung auf der Grundlage der zum damaligen Zeitpunkt erwarteten Richtlinie des Europäischen Parlaments und des Rates zur Bekämpfung von Zahlungsverzug im Geschäftsverkehr (RL 2000/35/EG v. 29.06.2000, vgl. hierzu Rn. 5) übernahm er die Verzugszinshöhe aus § 11 Abs. 1 VerbrKrG (fünf Prozentpunkte über dem jeweiligen Diskontsatz bzw. Basiszinssatz) als allgemeinen Verzugszinssatz. Durch Art. 2 Abs. 3 des Gesetzes über Fernabsatzverträge und andere Fragen des Verbraucherrechts sowie zur Umstellung von Vorschriften auf Euro[12] wurde das DÜG mit Wirkung zum 30.06.2000 entfristet, um die Ersetzung des Diskontsatzes in den sehr unterschiedlichen Regelungen durch andere Bezugsgrößen der späteren Rechtsentwicklung zu überlassen und die Option einer dauerhaften Beibehaltung des Basiszinssatzes zu erhalten.[13] Der hierdurch vom Provisorium zur Dauereinrichtung gewordene Basiszinssatz hielt dann in der Folgezeit auch in andere Vorschriften Einzug (vgl. die in Art. 3, 5 Abs. 1 der Verordnung zur Ersetzung von Zinssätzen genannten Vorschriften).

---

[3] Vgl. *Hahn*, Währungsrecht, 1990, § 19 Rn. 9 ff., § 20 Rn. 3 ff.
[4] 59 Vorschriften des Bundesrechts zählt die Begründung des EuroEG-Entwurfs, BT-Drs. 13/9347, S. 26.
[5] Vgl. Sechstes Gesetz zur Änderung des Bundesbankgesetzes vom 22.12.1997, BGBl I 1997, 3274, Art. 1 Nr. 10.
[6] BT-Drs. 13/9347, S. 27.
[7] Vgl. hierzu allg. *Schefold*, NJW 1998, 3155-3158.
[8] Basiszinssatz-Bezugsgrößen-Verordnung – BazBV vom 10.02.1999, BGBl I 1999, 139.
[9] Vom 30.03.2000, BGBl I 2000, 330.
[10] Vgl. – auch zum Folgenden – die Begründung des Gesetzesentwurfs, BT-Drs. 14/1246, S. 5.
[11] Vgl. hierzu Abschlußbericht der Kommission zur Überarbeitung des Schuldrechts, 1992, S. 115 ff.
[12] Vom 27.06.2000, BGBl I 2000, 897.
[13] Vgl. die Begründung des Gesetzesentwurfs, BT-Drs. 14/2658, S. 50 f.

Da es der Struktur des BGB entspreche und der Übersichtlichkeit und Erleichterung der Rechtsanwendung diene, wenn im BGB angesprochene Begriffe dort auch definiert werden,[14] führte die Bezugnahme in § 288 BGB auf den Basiszinssatz schließlich zu dessen **Übernahme in das BGB** durch das SchuldRModG. Übernommen wurde allerdings nur der Begriff des Basiszinssatzes, während seine inhaltliche Ausgestaltung – in Anpassung an die RL 2000/35/EG – nicht unerheblich modifiziert wurde. Das DÜG wurde nicht zeitgleich mit Inkrafttreten des neuen § 247 BGB aufgehoben,[15] sondern – durch Art. 4 § 1 Nr. 1 VersKapAG[16] – erst mit Wirkung zum 04.04.2002. In der Zeit vom 01.01.2002 bis zum 03.04.2002 existierten daher zwei unterschiedliche Basiszinssätze – nach DÜG und nach § 247 BGB – nebeneinander (zu den sich hieraus ergebenden Anwendungsproblemen vgl. Rn. 15).

III. Europäischer Hintergrund

Die Bekanntmachung der Neufassung des BGB vom 02.01.2002[17] enthält zu § 247 BGB den amtlichen Hinweis, dass diese Vorschrift der Umsetzung von Art. 3 RL 2000/35/EG (sog. **Zahlungsverzugs-Richtlinie**) dient. Dies bezieht sich allerdings ausschließlich auf die Funktion des Basiszinssatzes als Bezugsgröße für den Verzugszins nach § 288 BGB; der Basiszinssatz in seiner ursprünglichen Funktion als Ersatz für den Diskontsatz war noch eine rein nationale Lösung. Art. 3 Abs. 1 lit. d RL 2000/35/EG schreibt für den Anwendungsbereich der Richtlinie einen Verzugszinssatz vor in Höhe des („Bezugs-")Zinssatzes, der von der EZB auf ihre jüngste, vor dem ersten Kalendertag des betreffenden Halbjahres durchgeführte Hauptrefinanzierungsoperation angewendet wurde[18], zuzüglich eines Zuschlags von mindestens sieben Prozentpunkten („Spanne")[19]. Der ursprüngliche Verweis in § 288 Abs. 1 BGB a.F. auf den Basiszinssatz nach DÜG war (ungeachtet der seinerzeit vom Gesetzgeber beabsichtigten Vorwegnahme der Zahlungsverzugs-Richtlinie, vgl. Rn. 3) nicht richtlinienkonform, weil DÜG/BazBV auf einen anderen Bezugszinssatz (LRG-Satz) verwiesen[20] und einen abweichenden Anpassungsrhythmus (dreimal jährlich und nur bei Erreichung eines Veränderungs-Schwellenwertes von 0,5 Prozentpunkten) regelten. Mit § 247 BGB wurde der Basiszinssatz dem Bezugszinssatz der RL 2000/35/EG angeglichen. Die inzwischen erfolgte, bis zum 16.03.2013 umzusetzende **Neufassung der Zahlungsverzugs-Richtlinie** (RL 2011/7/EU vom 16.02.2011) macht keine Änderung des § 247 BGB (sondern u.a. eine Erhöhung des Verzugszinssatzes in § 288 Abs. 2 BGB) erforderlich.[21]

B. Anwendungsvoraussetzungen

I. Anknüpfungspunkt

So wie § 1 Abs. 1 Satz 2 DÜG den bisherigen Diskontsatz fortgeschrieben hatte, ist Anknüpfungspunkt von § 247 BGB der **bisherige DÜG-Basiszinssatz**. § 247 Abs. 1 Satz 1 BGB beziffert den Basiszinssatz daher in Höhe des am 31.12.2001 geltenden DÜG-Basiszinssatzes mit 3,62%. Da eine erste Änderung des Basiszinssatzes aber bereits zum 01.01.2002 – und damit gleichzeitig mit dem Inkrafttreten von § 247 BGB – erfolgte (Art. 229 § 7 Abs. 3 EGBGB),[22] handelt es sich hierbei, anders als der Wortlaut nahe legt, nicht um eine Festlegung des Basiszinssatzes, sondern nur um die Benennung der Ausgangsgröße für die künftigen Veränderungen des Satzes.[23]

---

[14] Vgl. die Begründung des SchuldRModG-Entwurfs, BT-Drs. 14/6040, S. 126.
[15] Entgegen dem ursprünglichen Vorhaben wegen einer zunächst noch fehlenden umfassenden Überleitungsregelung, vgl. BT-Drs. 14/7052, S. 213.
[16] Vom 26.03.2002, BGBl I 2002, 1219.
[17] BGBl I 2002, 42, 98.
[18] Vgl. hierzu ergänzend Art. 2 Nr. 4 RL 2000/35/EG des Europäischen Parlaments und Rates, 29.06.2000.
[19] Zu Einzelheiten vgl. *Schulte-Nölke* in: AnwK-Das neue Schuldrecht, Verzugs-RL Art. 3 Rn. 25 ff.
[20] Vgl. *Volmer*, ZfIR 2000, 421-430, 423; *Schmidt-Räntsch*, ZfIR 2000, 484-485, 486; *Treber*, NZA 2001, 187-192, 189; sowie – zu den gegenüber § 1 DÜG inhaltlich noch unveränderten Diskussionsentwurf eines Schuldrechtsmodernisierungsgesetzes, 2000, BGB-DiskE § 247 – *Gsell*, ZIP 2000, 1861-1876, 1870; *Krebs*, DB 2000, 1697-1701, 1701; *Krebs*, DB Beilage 2000, Nr. 14, 1-28, 5; *Schmidt-Kessel*, NJW 2001, 97-103, 100; *Heinrichs*, BB 2001, 157-164, 163.
[21] Vgl. den am 09.05.2012 beschlossenen Entwurf der Bundesregierung eines Gesetzes zur Bekämpfung von Zahlungsverzug im Geschäftsverkehr.
[22] Zur Entstehungsgeschichte dieser Regelung vgl. *Reiff* in: AnwK-Das neue Schuldrecht, EGBGB Art. 229 § 7 Rn. 8 m.w.N.
[23] Vgl. *Schulze* in: Hk-BGB, § 247 Rn. 2.

II. Dynamisierung

1. Veränderungen des Basiszinssatzes

7 Die Veränderungen des Basiszinssatzes treten gem. § 247 Abs. 1 Satz 2 BGB am **01.01.** und **01.07.** jedes Jahres ein (der DÜG-Basiszinssatz veränderte sich dagegen am 01.01., 01.05. und 01.09. jedes Jahres, § 1 Abs. 1 Satz 2 DÜG). Sie entsprechen den (absoluten, nicht prozentualen) Prozentpunkten, um die die Bezugsgröße seit dem vorangegangenen Veränderungstermin gestiegen oder gefallen ist (die Erreichung eines bestimmten Schwellenwertes wie nach § 1 Abs. 1 Satz 5 DÜG ist nicht erforderlich).

8 An den Veränderungsterminen ändert sich der Basiszinssatz kraft Gesetzes **automatisch**, ohne dass es einer besonderen Festsetzung oder Bekanntmachung bedarf.[24] Die Deutsche Bundesbank ist (ähnlich § 1 Satz 6 DÜG) aber gem. § 247 Abs. 2 BGB zur unverzüglichen (deklaratorischen) Bekanntgabe des am 01.01. und am 01.07. eines jeden Jahres geltenden Basiszinssatzes im Bundesanzeiger verpflichtet (eine weitere Veröffentlichung erfolgt auf der Homepage der Deutschen Bundesbank, www.bundesbank.de, abgerufen am 26.07.2012).

2. Bezugsgröße für die Veränderungen

9 Bezugsgröße für die Veränderungen ist gem. § 247 Abs. 1 Satz 3 BGB der **Zinssatz für die jüngste Hauptrefinanzierungsoperation der EZB vor dem ersten Kalendertag des betreffenden Halbjahrs** (§ 1 Abs. 2 DÜG i.V.m. § 1 BazBV bestimmte demgegenüber den LRG-Satz zur Bezugsgröße).

10 Hauptrefinanzierungsoperationen und längerfristige Refinanzierungsgeschäfte sind als Offenmarktgeschäfte durchgeführte geldpolitische Instrumente der EZB zur Steuerung der Zinssätze, der Kontrolle der Liquiditätslage am Geldmarkt und der Signalisierung des geldpolitischen Kurses. Bei ihnen wird (durch die nationalen Zentralbanken) den Kreditinstituten Liquidität (als Pensionsgeschäft oder besichertes Darlehen) in Mengen- oder Zinstendern (d.h. im Rahmen einer Ausschreibung, bei der – bei vorgegebenen Zinssätzen bzw. Mengen – Abnahmemengen bzw. Zinssätze zu bieten sind) am offenen Markt angeboten.[25] Die Hauptrefinanzierungsoperationen („main refinancing operations") erfolgen wöchentlich (i.d.R. freitags) und mit einer Laufzeit von zwei Wochen; die längerfristigen Refinanzierungsgeschäfte werden in monatlichem Abstand und mit einer Laufzeit von drei Monaten durchgeführt. Sie werden entweder (so zwischen dem 28.06.2000 und dem 08.10.2008) als variable Zinstendergeschäfte, bei denen Geld gegen Zinsgebote ab einem von der EZB jeweils festgelegten Mindestgebot („minimum bid rate") zugeteilt wird (der hierbei am Markt gebildete „marginale Zinssatz" bzw. die „marginal rate" war dann der niedrigste im Tenderverfahren noch berücksichtigte gebotene Zinssatz) oder (so wieder seit der Finanzkrise) als Mengentendergeschäfte, bei denen zu einem von der EZB festgelegten Zinssatz („fixed rate") Geldmengengebote abgegeben werden, durchgeführt. Diese von der EZB festgesetzten Zinssätze („minimum bid rate" bzw. „fixed rate") haben in den Veröffentlichungen der EZB (vgl. etwa die Homepage der EZB, www.ecb.int, abgerufen am 26.07.2012) die Rolle von einheitlichen europäischen Leitzinsen (wie früher für Deutschland der von der Bundesbank festgesetzte Diskontsatz, Rn. 2) übernommen. Für die Veränderungen des Basiszinssatzes sind die jeweiligen Veränderungen der „minimum bid rate"[26] bzw. (jetzt) der „fixed rate" maßgeblich.

11 Art. 229 § 7 Abs. 4 EGBGB ermächtigt (entsprechend § 1 Abs. 2 DÜG, nach dem aber auch die erstmalige Bestimmung der Bezugsgröße durch Verordnung zu erfolgen hatte) die Bundesregierung, durch Rechtsverordnung mit Zustimmung des Bundesrates die Bezugsgröße für den Basiszinssatz durch einen anderen EZB-Zinssatz zu ersetzen, der der Funktion des Basiszinssatzes eher entspricht. Eine solche Ermächtigung zur Gesetzesänderung im Verordnungswege erscheint verfassungsrechtlich bedenklich,[27] dürfte aber ohnehin keine praktische Bedeutung haben.

---

[24] Vgl. *Grothe* in: Bamberger/Roth, § 247 Rn. 6; *Grundmann* in: MünchKomm-BGB, § 247 Rn. 17.

[25] Vgl. zu Einzelheiten *Hartenfels*, WM 1999, Sonderbeilage Nr. 1, 1-46, 41 ff.

[26] § 247 BGB ist allerdings nicht unmittelbar zu entnehmen, ob bei Zinstendergeschäften sich die Veränderungen des Basiszinssatzes auf die „minimum bid rate" oder auf die „marginal rate" beziehen. Die Zahlungsverzugs-Richtlinie schreibt dagegen ausdrücklich die Anwendung des marginalen Zinssatzes vor (Art. 2 Nr. 4 RL 2000/35/EG), den auch die Deutsche Bundesbank bei der Bekanntmachung der Basiszinssätze zugrunde gelegt hat.

[27] *Reiff* in: AnwK-Das neue Schuldrecht, EGBGB Art. 229 § 7 Rn. 9.

3. Bisheriger Verlauf

Zum bisherigen Verlauf, vgl. Rn. 20 ff.[28] Seit dem 01.07.2009 beträgt der Basiszinssatz (außer in der Zeit vom 01.07.-31.12.2011) konstant 0,12%. Zur konkreten Berechnung von Zinsbeträgen vgl. die Kommentierung zu § 246 BGB Rn. 36.

12

C. Prozessuale Hinweise

Soweit in anderen Vorschriften auf den Basiszinssatz verwiesen wird, ist damit – auch ohne ausdrückliche Erwähnung – immer der **jeweilige** Basiszinssatz gemeint.[29] Ein unter Bezugnahme auf den Basiszinssatz geregelter Zinsanspruch ist daher variabel und passt sich auch in Zukunft Änderungen des Basiszinssatzes automatisch an. Die konkrete Benennung des Zinssatzes (oder ggf. – bei Basiszinssatzänderungen in der Vergangenheit – einer Zinsstaffel) in Sachantrag und Urteilstenor ist in solchen Fällen folglich nur für die Zeit bis zum Schluss der letzten mündlichen Verhandlung möglich. Die Festschreibung eines konkreten Zinssatzes über diesen Zeitpunkt hinaus würde bei späteren Änderungen des Basiszinssatzes vor Anspruchserfüllung zu Problemen führen.[30] Es ist daher richtiger und auch im Hinblick auf den prozessualen Bestimmtheitsgrundsatz zulässig[31], jedenfalls den für die Zukunft geltend gemachten Zinssatz nur abstrakt durch Bezug auf den jeweiligen Basiszinssatz zu bezeichnen (also etwa: „nebst Zinsen seit dem ... in Höhe von fünf Prozentpunkten über dem jeweiligen Basiszinssatz",[32] vgl. zur Bezifferung von Zinsen im Klageantrag allgemein die Kommentierung zu § 246 BGB Rn. 39). Da der Basiszinssatz als Bezugsgröße den früheren Diskontsatz fortsetzt, kann entsprechend der Tenorierungspraxis des BGH ein bis zum 31.12.1998 nach dem Diskontsatz und für die Zeit danach nach dem Basiszinssatz zu berechnender Zinsanspruch durch einheitlichen Bezug auf den „Diskontsatz/Basiszinssatz" bezeichnet werden.

13

Die Bezugnahme auf die gesetzliche Bezugsgröße des § 247 BGB genügt auch dem grundbuchlichen Bestimmtheitsgrundsatz des § 1115 Abs. 1 BGB, so dass im **Grundbuch** für eine zur Sicherung einer unter Bezugnahme auf den Basiszinssatz verzinslichen Forderung bestellte Hypothek (z.B. auch eine Zwangssicherungshypothek nach § 867 ZPO) ohne weiteres eingetragen werden kann.[33]

14

D. Anwendungsfelder

I. Vorübergehende Fortgeltung des DÜG-Basiszinssatzes

Der Diskontsatz als Bezugsgröße für Zinsen oder andere Leistungen wurde für die Zeit ab dem 01.01.1999 generell durch den DÜG-Basiszinssatz ersetzt (§ 1 Abs. 1 Satz 1 DÜG). Der (BGB-)Basiszinssatz ersetzt wiederum ab dem 01.01.2002 den DÜG-Basiszinssatz als Bezugsgröße, allerdings nur für Zinsen oder andere Leistungen nach Rechtsvorschriften des Bundes auf dem Gebiet des Bürgerlichen Rechts und des Verfahrensrechts der Gerichte, in nach dem EGBGB vorbehaltenem Landesrecht und in Vollstreckungstiteln und Verträgen auf Grund solcher Vorschriften (Art. 229 § 7 Abs. 1 Satz 1 Nr. 1 EGBGB). Für alle übrigen Bezugnahmen auf den DÜG-Basiszinssatz fand die Überleitung auf den (BGB-)Basiszinssatz erst durch Art. 4 VersKapAG zum 04.04.2002 statt. Hieraus ergeben sich für die Zeit vom 01.01.2002 bis zum 03.04.2002 im Einzelfall Abgrenzungsprobleme, ob nach Art. 229 § 7 Abs. 1 Satz 1 EGBGB der (BGB-)Basiszinssatz oder noch der DÜG-Basiszinssatz anzuwenden ist.[34]

15

---

[28] Vgl. die über die Homepage der Deutschen Bundesbank – www.bundesbank.de (abgerufen am 26.07.2012) – abrufbaren Zinsreihen.
[29] Allg. M., vgl. *Grüneberg* in: Palandt, § 247 Rn. 4.
[30] Vgl. allg. BGH v. 06.03.1987 - V ZR 19/86 - BGHZ 100, 211-214 = NJW 1987, 3266-3268.
[31] Vgl. hierzu ausführlich – auch mit Nachweisen zur Gegenansicht – *Treber*, NZA 2001, 187-192, 190 ff., und *Reichenbach*, MDR 2001, 13-14; *Harnacke*, DGVZ 2001, 70.
[32] Vgl. *Heinrichs* in: Palandt, § 288 Rn. 7.
[33] BGH v. 26.01.2006 - V ZB 143/05 - juris Rn. 11 - NJW 2006, 1341-1342, 1342; ergangen auf Vorlagebeschluss des OLG Hamm (OLG Hamm v. 29.08.2005 - 15 W 217/05.- ZIP 2005, 2200-2203). A.A. (eingetragen werden muss ein fester Zinssatz) die früher wohl h.M., vgl. OLG Schleswig v. 12.12.2002 - 2 W 147/02 - ZIP 2003, 250; OLG Celle v. 30.06.2004 - 4 W 117/04 - juris Rn. 4 - OLGR Celle 2004, 476-477, 477; LG Gera v. 07.09.2004 - 5 T 390/04 - NotBZ 2004, 401-402; zust. z.B. *Demharter*, EWiR 2003, 365-366.
[34] Vgl. hierzu ausführlich *Petershagen*, NJW 2002, 1455-1457.

§ 247

16 Bereits seit dem 01.01.2002 ist der (BGB-)Basiszinssatz als Bezugsgröße für alle materiellen Vorschriften des bürgerlichen Rechts (auch außerhalb des BGB), alle verfahrensrechtlichen Vorschriften (nicht nur der ZPO) und für alle Vollstreckungstitel, die auf der Grundlage solcher Vorschriften ergangen sind, anzuwenden.[35] Dies betrifft vor allem die praktisch wichtigen Fälle der Verzugs- und Prozesszinsen (§§ 288 Abs. 1, 2, 291 Satz 2 BGB) und der Verzinsung prozessualer Kostenerstattungsansprüche (§§ 104 Abs. 1, 788 Abs. 2 ZPO, auch soweit in anderen Verfahrensordnungen hierauf verwiesen wird, vgl. § 197 Abs. 1 SGG, § 173 VwGO, § 155 FGO, § 464b StPO). Gleiches gilt wegen der Bezugnahme in Art. 229 § 7 Abs. 1 Satz 1 EGBGB auf das gesamte Verfahrensrecht für alle Vollstreckungstitel, und zwar auch dann, wenn sie sich nicht auf Ansprüche des materiellen bürgerlichen Rechts beziehen.[36]

17 Nur soweit es um Zinsen oder andere Leistungen nach materiellen Vorschriften des öffentlichen Rechts geht, war noch bis zum 03.04.2002 der DÜG-Basiszinssatz anzuwenden.[37]

II. Überleitung vertraglicher Zinsregelungen

18 Nach dem Willen des Gesetzgebers betrifft die Überleitung auch Bezugnahmen auf den Diskontsatz bzw. DÜG-Basiszinssatz in **Verträgen** (dies ergibt sich mittelbar aus § 4 DÜG und ist in Art. 229 § 7 Abs. 1 Satz 1 EGBGB ausdrücklich geregelt). Der Fortfall einer von den Parteien rechtsgeschäftlich vereinbarten Bezugsgröße und die gesetzliche Schaffung einer neuen „Ersatz-"Bezugsgröße ist allerdings – anders als die Ablösung der DM durch den Euro als alleiniges gesetzliches Zahlungsmittel – keine Frage der als Grundprinzip der Euro-Einführung zugrunde liegenden „Vertragskontinuität".[38] Vielmehr handelt es sich um eine nachträgliche Regelungslücke, die durch ergänzende Vertragsauslegung und nicht durch gesetzliche Regelung zu schließen ist. Die Überleitung auf DÜG- bzw. BGB-Basiszinssatz bei vertraglichen Bezugnahmen ist daher jedenfalls abdingbar.[39]

III. Verzinsung prozessualer Kostenerstattungsansprüche

19 Seit dem 01.10.2001 (Art. 2 Abs. 1 Nr. 13 ZPO-RG, Art. 53 Nr. 1 ZPO-RG) ist der Basiszinssatz auch Bezugsgröße der gesetzlichen Verzinsung prozessualer Kostenerstattungsansprüche (§ 104 Abs. 1 Satz 2 ZPO, § 13a Abs. 3 FGG, § 45 Abs. 2 LwVG, § 197 Abs. 1 Satz 2 SGG, § 173 VwGO, § 155 FGO).[40] Nach Auffassung des BGH gilt die neue, höhere Verzinsung seit dem 01.10.2001 für alle Kostenerstattungsansprüche, auch wenn sie bereits früher fällig geworden sind.[41] Ist in der Vergangenheit bereits eine formell rechtskräftige Titulierung des Kostenerstattungsanspruchs erfolgt, scheidet nach Auffassung des BGH eine Nachfestsetzung der höheren Zinsen für die Zeit ab dem 01.10.2001 wegen der insoweit wirkenden materiellen Rechtskraft des Kostenfestsetzungsbeschlusses aus.[42]

---

[35] Vgl. *Petershagen*, NJW 2002, 1455-1457, 1457.
[36] *Petershagen*, NJW 2002, 1455-1457, 1457.
[37] Vgl. Begründung zum VersKapAG-Entwurf, BT-Drs. 14/7346, S. 1. Zum Problem einer (ausdrücklichen) Verweisung auf den DÜG-Basiszinssatz in einer – vom VersKapAG nicht berührten – landesrechtlichen Vorschrift vgl. Oberverwaltungsgericht des Landes Sachsen-Anhalt v. 09.11.2006 - 1 L 22/06 - juris Rn. 15.
[38] So aber *Clausius*, NJW 1998, 3148-3152, 3151 f.
[39] Vgl. *Reiff* in: AnwK-Das neue Schuldrecht, EGBGB Art. 229 § 7 Rn. 6.
[40] Zur Verzinsung der nach § 788 ZPO erstattungsfähigen Vollstreckungskosten vgl. *Enders*, JurBüro 2002, 242-243.
[41] BGH v. 16.01.2003 - V ZB 51/02 - juris Rn. 6 - NJW 2003, 1462-1463; ebenso OLG München v. 24.01.2002 - 11 W 633/02 - juris Rn. 5 - FamRZ 2002, 1133-1134, 1133; OLG Düsseldorf v. 10.07.2002 - 10 W 65/02 - juris Rn. 7 - JurBüro 2002, 587; a.A. KG Berlin v. 21.05.2002 - 1 W 114/02 - juris Rn. 3 - JurBüro 2002, 482-484, 483 (anwendbar nur auf Kostenerstattungsansprüche, die seit dem 01.10.2001 fällig werden). Richtigerweise dürfte es allerdings auf die Entstehung des Kostenerstattungsanspruchs und damit auf den Zeitpunkt der Klageerhebung ankommen, vgl. *Toussaint*, JR 2004, 110-111.
[42] BGH v. 16.01.2003 - V ZB 51/02 - juris Rn. 3 - NJW 2003, 1462-1463, 1462; ebenso im Ergebnis OLG Hamm v. 12.04.2002 - 23 W 109/02 - juris Rn. 5 - JurBüro 2002, 482; a.A. OLG Koblenz v. 12.08.2002 - 14 W 450/02 - juris Rn. 3 - JurBüro 2002, 585-586, 586. AG Siegburg v. 21.05.2002 - 12 C 659/97 - juris Rn. 7 - NJW-RR 2002, 1218-1219, 1218; *Toussaint*, JR 2004, 110-111.

E. Arbeitshilfe: Entwicklung der Diskont- und Basiszinssätze
Diskontsatz

Gültig ab	Zinssatz p.a	Gültig ab	Zinssatz p.a	Gültig ab	Zinssatz p.a
01.07.1948	5,00%	11.09.1969	6,00%	16.08.1985	4,00%
27.05.1949	4,50%	09.03.1970	7,50%	07.03.1986	3,50%
14.07.1949	4,00%	16.07.1970	7,00%	23.01.1987	3,00%
27.10.1950	6,00%	18.11.1970	6,50%	04.12.1987	2,50%
29.05.1952	5,00%	03.12.1970	6,00%	01.07.1988	3,00%
21.08.1952	4,50%	01.04.1971	5,00%	26.08.1988	3,50%
08.01.1953	4,00%	14.10.1971	4,50%	20.01.1989	4,00%
11.06.1953	3,50%	23.12.1971	4,00%	21.04.1989	4,50%
20.05.1954	3,00%	25.02.1972	3,00%	30.06.1989	5,00%
04.08.1955	3,50%	09.10.1972	3,50%	06.10.1989	6,00%
08.03.1956	4,50%	03.11.1972	4,00%	01.02.1991	6,50%
19.05.1956	5,50%	01.12.1972	4,50%	16.08.1991	7,50%
06.09.1956	5,00%	12.01.1973	5,00%	20.12.1991	8,00%
11.01.1957	4,50%	04.05.1973	6,00%	17.07.1992	8,75%
19.09.1957	4,00%	01.06.1973	7,00%	15.09.1992	8,25%
17.01.1958	3,50%	25.10.1974	6,50%	05.02.1993	8,00%
27.06.1958	3,00%	20.12.1974	6,00%	19.03.1993	7,50%
10.01.1959	2,75%	07.02.1975	5,50%	23.04.1993	7,25%
04.09.1959	3,00%	07.03.1975	5,00%	02.07.1993	6,75%
23.10.1959	4,00%	23.05.1975	4,50%	10.09.1993	6,25%
03.06.1960	5,00%	15.08.1975	4,00%	22.10.1993	5,75%
11.11.1960	4,00%	12.09.1975	3,50%	18.02.1994	5,25%
20.01.1961	3,50%	16.12.1977	3,00%	15.04.1994	5,00%
05.05.1961	3,00%	30.03.1979	4,00%	13.05.1994	4,50%
22.01.1965	3,50%	13.07.1979	5,00%	31.03.1995	4,00%
13.08.1965	4,00%	01.11.1979	6,00%	25.08.1995	3,50%
27.05.1966	5,00%	29.02.1980	7,00%	15.12.1995	3,00%
06.01.1967	4,50%	02.05.1980	7,50%	19.04.1996-	
17.02.1967	4,00%	27.08.1982	7,00%	31.12.1998	2,50%
14.04.1967	3,50%	22.10.1982	6,00%		
12.05.1967	3,00%	03.12.1982	5,00%		
18.04.1969	4,00%	18.03.1983	4,00%		
20.06.1969	5,00%	29.06.1984	4,50%		

DÜG-Basiszinssatz

Gültig ab	Zinssatz p.a.	Gültig ab	Zinssatz p.a.	Gültig ab	Zinssatz p.a.
01.01.1999	2,50%	01.05.2000	3,42%	01.01.2002-	
01.05.1999	1,95%	01.09.2000	4,26%	03.04.2002	2,71%
01.01.2000	2,68%	01.09.2001	3,62%		

(BGB-)Basiszinssatz

Gültig ab	Zinssatz p.a.	Gültig ab	Zinssatz p.a.	Gültig ab	Zinssatz p.a.
01.01.2002	2,57%	01.01.2006	1,37%	01.01.2010	0,12%
01.07.2002	2,47%	01.07.2006	1,95%	01.07.2010	0,12%
01.01.2003	1,97%	01.01.2007	2,70%	01.01.2011	0,12%
01.07.2003	1,22%	01.07.2007	3,19%	01.07.2011	0,37%
01.01.2004	1,14%	01.01.2008	3,32%	01.01.2012	0,12%
01.07.2004	1,13%	01.07.2008	3,19%	01.07.2012	0,12%
01.01.2005	1,21%	01.01.2009	1,62%		
01.07.2005	1,17%	01.07.2009	0,12%		

§ 248 BGB Zinseszinsen

(Fassung vom 02.01.2002, gültig ab 01.01.2002)

(1) Eine im Voraus getroffene Vereinbarung, dass fällige Zinsen wieder Zinsen tragen sollen, ist nichtig.

(2) [1]Sparkassen, Kreditanstalten und Inhaber von Bankgeschäften können im Voraus vereinbaren, dass nicht erhobene Zinsen von Einlagen als neue verzinsliche Einlagen gelten sollen. [2]Kreditanstalten, die berechtigt sind, für den Betrag der von ihnen gewährten Darlehen verzinsliche Schuldverschreibungen auf den Inhaber auszugeben, können sich bei solchen Darlehen die Verzinsung rückständiger Zinsen im Voraus versprechen lassen.

Gliederung

A. Grundlagen 1	1. Bankeinlagengeschäfte 9
I. Kurzcharakteristik 1	2. Durch Schuldverschreibungen gedeckte
II. Gesetzgebungsmaterialien 2	Darlehen 10
B. Anwendungsvoraussetzungen 3	3. Kontokorrent 11
I. Normstruktur 3	C. Rechtsfolge: Nichtigkeit der Zinseszins-
II. Zinsen von fälligen Zinsen 4	vereinbarung 12
III. Im Voraus getroffene Vereinbarung 6	D. Bedeutung für gesetzliche Zinsen 13
IV. Ausnahmen 9	

A. Grundlagen

I. Kurzcharakteristik

1 § 248 BGB beschränkt – wie die §§ 289 Satz 1, 291 Satz 2 BGB, § 353 Satz 2 HGB – das Nehmen von Zinsen auf Zinsen (Zinseszins, Anatozismus). Dass aus laufender Verzinsung verfallene Zinsen wiederum Zinsen tragen, ergibt sich nicht bereits als selbstverständliche Folge der Verzinsung der Hauptschuld an sich, sondern setzt eine eigenständige Begründung der Zinsschuld voraus (vgl. die Kommentierung zu § 246 BGB Rn. 38). Die Entstehung einer solchen Zinsschuld für Zinsen kraft Gesetzes (durch Verzug, Rechtshängigkeit oder Fälligkeit) wird von den §§ 289 Satz 1, 291 Satz 2 BGB, § 353 Satz 2 HGB für die dort geregelten Fälle ausgeschlossen. § 248 BGB begrenzt die Möglichkeit zur rechtsgeschäftlichen Begründung einer derartigen Zinsschuld und schränkt damit die Privatautonomie ein. Zweck dieser Einschränkung ist jedenfalls der Schuldnerschutz, wobei dieser heute im Anschluss an *K. Schmidt*[1] weniger im (primär durch § 138 BGB gewährleisteten) Schutz gegen Ausbeutung,[2] als vielmehr im Schutz vor mangelnder Zinsklarheit gesehen wird.[3]

II. Gesetzgebungsmaterialien

2 Das gemeinrechtliche strikte Zinseszinsverbot[4] war zum Zeitpunkt der Erarbeitung der Entwürfe des BGB landesrechtlich in unterschiedlicher Weise aufgelockert oder gar ganz abgeschafft.[5] Die I. Kommission sah einerseits keinen rechtlich zwingenden Grund für ein Zinseszinsverbot, wollte es andererseits aber auch nicht zur Gänze aufgeben und beabsichtigte in erster Linie eine Vereinheitlichung des vorgefundenen Rechtszustandes.[6] Nachdem das Verbot einer im Voraus getroffenen Zinseszinsverein-

---

[1] *Schmidt*, JZ 1982, 829-835, 830 f.; ebenso *Schmidt*, Geldrecht, 1983, § 248 Rn. 3; *Schmidt*, Festschrift für Peter Claussen 1997, 483-498, 484.
[2] So aber heute vor allem *Reifner*, NJW 1992, 337-343, 339.
[3] Vgl. etwa *Ihrig/Ulmer*, ZIP 1985, 1169-1170, 1173; *Larenz*, Schuldrecht, Band I: Allgemeiner Teil, 14. Aufl. 1987, § 12 VIII, S. 183; *Teichmann* in: Soergel, § 248 Rn. 1; *Blaschczok* in: Staudinger, § 248 Rn. 2; *Grundmann* in: MünchKomm-BGB, § 248 Rn. 1; *Grothe* in: Bamberger/Roth, § 248 Rn. 1; *Schaub* in: Erman, § 248 Rn. 1; *Grüneberg* in: Palandt, § 248 Rn 1; *Bezzenberger*, WM 2002, 1617-1626, 1619 f.
[4] Zu diesem vgl. etwa *Reifner*, VuR 1992, 1-4; *Schmidt*, JZ 1982, 829-835, 829 f. jeweils m.w.N.
[5] Vgl. die Nachweise in: Motive, Bd. II, S. 196 = Mugdan, Bd. 2, S. 108, und bei *Dorn* in: Historisch-Kritischer Kommentar zum BGB, Bd. II/1 2007, §§ 246-248 Rn. 19 ff.
[6] Motive, Bd. II, S. 197 = *Mugdan*, Bd. 2, S. 108 f.

barung zunächst (als E I § 358 Abs. 2) im Abschnitt über den möglichen Inhalt von Verträgen geregelt war, fand es im zweiten Entwurf seinen endgültigen Platz hinter der Regelung des gesetzlichen Zinssatzes (jetzt § 246 BGB). Die II. Kommission gab der Vorschrift – insbesondere durch Anfügung der Ausnahmen in Absatz 2 – auch ihre endgültige und seither unveränderte Ausgestaltung.[7]

B. Anwendungsvoraussetzungen

I. Normstruktur

§ 248 Abs. 1 BGB betrifft Zinsschulden für fällige Zinsen (vgl. Rn. 4), deren rechtsgeschäftliche Begründung im Voraus (vgl. Rn. 6) die Vorschrift – mit der gesetzlichen Folge der Nichtigkeit (vgl. Rn. 12) – verbietet. Von diesem allgemeinen Verbot macht § 248 Abs. 2 BGB zwei Ausnahmen, in denen solche Zinseszins-Vereinbarungen zulässig sind: Zulässigerweise können Zinseszinsen auch im Voraus für Bankeinlagen (vgl. Rn. 9) und für durch Schuldverschreibungen gedeckte Bankdarlehen (vgl. Rn. 10) vereinbart werden. Eine weitere und praktisch weitaus wichtigere Ausnahme enthält § 355 Abs. 1 HGB für das kaufmännische Kontokorrent (vgl. Rn. 11).

3

II. Zinsen von fälligen Zinsen

Das Verbot des § 248 Abs. 1 BGB richtet sich dagegen, dass fällige Zinsen wieder Zinsen tragen sollen. Es geht mithin um eine Zinsschuld (vgl. Einzelheiten hierzu in der Kommentierung zu § 246 BGB Rn. 26), bei der das verzinsliche Kapital aus fälligen, d.h. für die Vergangenheit verfallenen Zinsen (vgl. hierzu Kommentierung zu § 246 BGB Rn. 29) besteht. Ob es sich um Zinsen handelt, richtet sich nach den objektiven Kriterien des rechtlichen Zinsbegriffs (zu diesem vgl. die ausführliche Kommentierung zu § 246 BGB Rn. 11), nicht aber nach der von den Parteien gewählten Bezeichnung,[8] und ist auch nicht einer Parteivereinbarung zugänglich.

4

Rechtlich wie Zinsen behandelt werden – ohne Zinsen im Rechtssinne zu sein (vgl. die Kommentierung zu § 246 BGB Rn. 15) – gem. § 1107 BGB auch **Reallasten** und (über die Verweisung in § 9 Abs. 1 ErbbauRG) dingliche[9] **Erbbauzinsen**, so dass auch deren Verzinsung den Zinseszinsbeschränkungen unterliegt.[10] Ein **Disagio** ist zwar nach der neueren Rechtsprechung des BGH in der Regel als Zins zu qualifizieren (vgl. die Kommentierung zu § 246 BGB Rn. 19), doch handelt es sich bei der auf das Disagio entfallenden Verzinsung nicht um Zinseszinsen, weil tatsächlich nicht das Disagio verzinst wird, sondern der Darlehensteilbetrag, der nur aufgrund der Verrechnung mit dem Anspruch der Bank auf Zahlung des Disagiobetrages nicht ausbezahlt wurde, gleichwohl aber dem Darlehensnehmer zugutegekommen ist.[11]

5

---

[7] Vgl. hierzu Protokolle, Bd. I, S. 472 f. = *Mugdan*, Bd. 2, S. 628.

[8] Vgl. BGH v. 20.11.1970 - V ZR 71/68 - juris Rn. 26 - WM 1971, 42-44, 43.

[9] Anders natürlich schuldrechtliche Erbbauzinsen, für die § 9 Abs. 1 ErbbauRG, § 1107 BGB nicht gelten, vgl. zum Zinseszinsverbot etwa BGH v. 24.01.1992 - V ZR 267/90 - juris Rn. 22 - NJW-RR 1992, 591-593, 592.

[10] BGH v. 27.10.1969 - III ZR 135/66 - juris Rn. 31 - NJW 1970, 243; BGH v. 13.01.1978 - V ZR 72/75 - juris Rn. 21 - NJW 1978, 1261; BGH v. 24.02.1978 - V ZR 194/75 - juris Rn. 31 - WM 1978, 578-580, 580; BGH v. 19.01.1979 - V ZR 105/76 - juris Rn. 38 - WM 1979, 466-468, 468; BGH v. 23.02.1979 - V ZR 106/76 - juris Rn. 17 - NJW 1979, 1545-1546, 1545; BGH v. 30.03.1979 - V ZR 150/77 - juris Rn. 31 - NJW 1979, 1543-1545, 1545 (insoweit in BGHZ 74, 341-346, nicht abgedr.); BGH v. 23.05.1980 - V ZR 129/76 - juris Rn. 42 - NJW 1980, 2243-2245, 2245 (insoweit in BGHZ 77, 188-194, nicht abgedr.); BGH v. 04.07.1980 - V ZR 49/79 - juris Rn. 23 - NJW 1980, 2519-2520, 2520; BGH v. 24.01.1992 - V ZR 267/90 - juris Rn. 22 - NJW-RR 1992, 591-593, 592; a.A. *Merkel*, NJW 1955, 1114; *Bringezu*, NJW 1971, 1168-1169; *Schmidt*, JZ 1982, 829-835, 832; *Schmidt*, Geldrecht, 1983, § 248 Rn. 18; *Teichmann* in: Soergel, § 248 Rn. 7; *Blaschczok* in: Staudinger, § 248 Rn. 17; *Grundmann* in: MünchKomm-BGB, § 248 Rn. 7.

[11] So – unter Aufgabe von BGH v. 01.06.1989 - III ZR 219/87 - juris Rn. 24 - NJW-RR 1989, 947-950, 949 – BGH v. 09.11.1999 - XI ZR 311/98 - juris Rn. 13 - NJW 2000, 352; *Schmidt*, JZ 1982, 829-835, 832; *Schmidt*, Geldrecht, 1983, § 248 Rn. 12; *Blaschczok* in: Staudinger, § 248 Rn. 11; *Grundmann* in: MünchKomm-BGB, § 248 Rn. 5; *Grothe* in: Bamberger/Roth, § 248 Rn. 4; *Schaub* in: Erman, § 248 Rn. 2; a.A. *Teichmann* in: Soergel, § 248 Rn. 4; *Bezzenberger*, WM 2002, 1617-1626, 1623 f.; *Grüneberg* in: Palandt, § 248 Rn. 1.

III. Im Voraus getroffene Vereinbarung

6 § 248 BGB richtet sich gegen **Vereinbarungen**, die die Verzinsung fälliger Zinsen zum Inhalt haben. So wie die §§ 289 Satz 1, 291 Satz 2 BGB, § 353 Satz 2 HGB die Verzinsung von Zinsen aufgrund gesetzlicher Tatbestände (Verzug, Rechtshängigkeit, Fälligkeit) ausschließt, beschränkt § 248 BGB die Begründung einer Zinseszinsverpflichtung durch Rechtsgeschäft. Erfasst ist jede Vereinbarung, die im Ergebnis zu einer Verzinsung der Zinsen führt, ohne dass es auf die hierfür gewählte rechtliche Konstruktion ankommt. Unter § 248 BGB fallen daher insbesondere auch Vereinbarungen, nach denen künftige Zinsen dem (verzinslichen) Kapital zugeschlagen werden sollen oder nach denen für künftige Zinsen (verzinsliche) Schuldversprechen abgegeben werden sollen.[12]

7 Verboten sind nach § 248 BGB solche Vereinbarungen aber nur, wenn sie im Voraus getroffen werden. Rechtlich zulässig sind daher jedenfalls Vereinbarungen, die nach Eintritt der Fälligkeit der betroffenen Zinsen (vgl. hierzu die Kommentierung zu § 246 BGB Rn. 29) abgeschlossen werden, also bereits verfallene Zinsen zum Gegenstand haben.[13] Dies war in E I § 358 Abs. 1 Satz 2 auch noch ausdrücklich ausgesprochen, der von der II. Kommission als selbstverständlich und überflüssig gestrichen wurde.[14]

8 Nach einer von *K. Schmidt*[15] begründeten, im Vordringen befindlichen Auffassung[16] soll außer der Fälligkeit aber auch die **Bezifferung** der Zinsen genügen. Hiernach soll es zulässig sein, in einem konkreten Betrag bezifferte (und nicht nur als Zinssatz abstrakt angegebene) Zinsen durch Vereinbarung auch schon vor Fälligkeit verzinslich zu stellen, weil hierdurch Unklarheiten über die Zinshöhe nicht zu besorgen seien und der Schutzzweck des § 248 BGB damit nicht berührt sei. Dies würde jedoch zu einem Wertungswiderspruch zu den §§ 289 Satz 1, 291 Satz 2 BGB, § 353 Satz 2 HGB führen, da diese Vorschriften ihrem insoweit eindeutigen Wortlaut nach auch bezifferte Zinsbeträge erfassen,[17] ohne dass ihnen ein anderes Prinzip zugrunde läge.

IV. Ausnahmen

1. Bankeinlagengeschäfte

9 Freigestellt vom allgemeinen Verbot des § 248 Abs. 1 BGB sind gem. § 248 Abs. 2 Satz 1 BGB Vereinbarungen über Zinseszinsen im Einlagengeschäft der Sparkassen, Kreditanstalten und Inhaber von Bankgeschäften. Der persönliche Anwendungsbereich der Vorschrift entspricht heute dem Begriff des „Kreditinstituts" im Sinne der Legaldefinition des § 1 Abs. 1 KredWG (= Unternehmen, die Bankgeschäfte gewerbsmäßig oder in einem Umfang betreiben, der einen in kaufmännischer Weise eingerichteten Geschäftsbetrieb erfordert). Einlagengeschäft ist nach der Legaldefinition in § 1 Abs. 1 Satz 2 Nr. 1 KredWG die Annahme fremder Gelder als Einlagen oder anderer rückzahlbarer Gelder des Publikums, sofern der Rückzahlungsanspruch nicht in Inhaber- oder Orderschuldverschreibungen verbrieft wird (ohne Rücksicht darauf, ob Zinsen vergütet werden). Die von § 248 Abs. 2 Satz 1 BGB erfassten Vereinbarungen dürften zugleich unter die Freistellung nach § 355 Abs. 1 HGB fallen, so dass die Bedeutung der Vorschrift heute gering ist (sie entstand vor dem Hintergrund, dass die handelsrechtlichen Kontokorrentvorschriften ursprünglich nur für beiderseitige Handelsgeschäfte galten und die seinerzeit bereits beabsichtigte Ausdehnung auf einseitige Handelsgeschäfte die damals vielfach nicht als Kaufleute angesehenen Sparkassen nur eingeschränkt erfasst hätte).[18]

---

[12] Vgl. nur *Teichmann* in: Soergel, § 248 Rn. 3 m.w.N.

[13] Vgl. *Teichmann* in: Soergel, § 248 Rn. 8; *Brüggemeier* in: Wassermann, Kommentar zum Bürgerlichen Gesetzbuch, § 248 Rn. 2; *Schulze* in: Hk-BGB, § 248 Rn. 3; *Grüneberg* in: Palandt, § 248 Rn. 2.

[14] Vgl. Protokolle, Bd. I, S. 473 = *Mugdan*, Bd. 2, S. 628.

[15] *Schmidt*, JZ 1982, 829-835, 831; *Schmidt*, Geldrecht, 1983, § 248 Rn. 23 f.; *Schmidt*, Festschrift für Peter Claussen 1997, 483-498, 484.

[16] Vgl. *Ihrig/Ulmer*, ZIP 1985, 1169-1170, 1173; *Blaschcok* in: Staudinger, § 248 Rn. 23 f.; *Grundmann* in: MünchKomm-BGB, § 248 Rn. 4; *Grothe* in: Bamberger/Roth, § 248 Rn. 4; *Schaub* in: Erman, § 248 Rn. 2; ausdrücklich abgelehnt von *Teichmann* in: Soergel, § 248 Rn. 8; *Bezzenberger*, WM 2002, 1617-1626, 1621 f.

[17] Insbes. der Verzug wird eine Bezifferung sogar voraussetzen, vgl. etwa BGH v. 13.11.1990 - XI ZR 217/89 - juris Rn. 35 - NJW 1991, 1286-1288, 1288.

[18] Vgl. Protokolle, Bd. I, S. 475 = *Mugdan*, Bd. 2, S. 629.

2. Durch Schuldverschreibungen gedeckte Darlehen

Außer den Aktivgeschäften der Kreditinstitute sind – in eingeschränktem Umfang – gem. § 248 Abs. 2 Satz 2 BGB auch bestimmte Passivgeschäfte vom Verbot des § 248 Abs. 1 BGB befreit. Hiernach kann im Voraus die Verzinsung von Zinsen für solche Darlehen vereinbart werden, die von zur Ausgabe von verzinslichen Inhaber-Schuldverschreibungen berechtigten Kreditinstituten gewährt werden und die durch solche Schuldverschreibungen gedeckt sind. Die (wiederum wegen § 355 Abs. 1 HGB weitgehend bedeutungslose) Vorschrift betrifft in erster Linie Kreditinstitute, die den Vorschriften des PfandbG (das das HypBkG abgelöst hat) unterliegen und Hypothekenpfandbriefe oder Kommunalschuldverschreibungen ausgeben.

10

3. Kontokorrent

Die praktisch bedeutsamste Ausnahme vom Verbot des § 248 Abs. 1 BGB enthält § 355 Abs. 1 HGB für das kaufmännische Kontokorrent:[19] Der Überschuss aus einem Kontokorrent-Rechnungsabschluss kann auch insoweit verzinslich gestellt werden, als in dem Betrag in das Kontokorrent eingestellte Zinsen enthalten sind (die Verzinslichkeit der Zinsen ergibt sich aber nicht bereits aus der Kontokorrentabrede als solcher, sondern bedarf einer entsprechenden ausdrücklichen, im Voraus getroffenen Vereinbarung).[20] Voraussetzungen eines Kontokorrents im Sinne des § 355 HGB sind eine laufende Geschäftsverbindung der Beteiligten, von denen mindestens einer Kaufmann sein muss, und eine Kontokorrentabrede, nach der die beiderseitigen Ansprüche und Leistungen nebst Zinsen in Rechnung gestellt, in periodischen Abschnitten verrechnet und der Überschuss für die eine oder andere Seite festgestellt wird. Ohne ausdrückliche Kontokorrentabrede scheidet eine Inanspruchnahme des Zinseszinsprivilegs des § 355 Abs. 1 HGB aus.[21] Mit der Beendigung des Kontokorrentverhältnisses endet auch die Berechtigung zur Berechnung von Zinseszinsen; geltend gemacht werden können nur ggf. Verzugszinsen.[22]

11

C. Rechtsfolge: Nichtigkeit der Zinseszinsvereinbarung

Rechtsfolge eines Verstoßes gegen § 248 Abs. 1 BGB ist – wenn keine der Ausnahmen nach § 248 Abs. 2 BGB, § 355 Abs. 1 HGB vorliegt – die Nichtigkeit der Vereinbarung über die Zinseszinsen. Die vereinbarten Zinseszinsen sind nicht geschuldet und gleichwohl gezahlte Zinseszinsen können nach § 812 Abs. 1 Satz 1 Alt. 1 BGB zurückgefordert werden. Die Nichtigkeitsfolge ist in § 248 Abs. 1 BGB ausdrücklich angeordnet, so dass es keines Rückgriffs auf § 134 BGB bedarf.[23]

12

D. Bedeutung für gesetzliche Zinsen

Die Verzinsung verfallener Zinsen führt zur (für den Schuldner schwer kalkulierbaren) Erhöhung der auf die Hauptschuld geschuldeten Zinsen. Die „Zinseszinsschuld" ist keine originäre Zinsschuld, sondern eine Ausgestaltung der (auf die Hauptschuld bezogenen) Zinshöhe. Soweit die Zinshöhe – wie insbesondere auch bei gesetzlichen Zinsen (vgl. die Kommentierung zu § 246 BGB Rn. 32) – der Parteidisposition unterliegt, sind auch in den Anwendungsbereich des § 248 BGB fallende Zinseszinsvereinbarungen denkbar. § 248 BGB gilt daher nicht nur für vertragliche Zinsen, sondern im Grundsatz auch für **gesetzliche Zinsen**.[24] Soweit insbesondere von *K. Schmidt* vertreten wird, die Vorschrift betreffe nur vertragliche Zinsen[25], soll damit lediglich zum Ausdruck gebracht werden, dass die gesetzliche Verzinsung als solche keine Zinseszinsen umfasst, nicht aber, dass abweichende Vereinbarungen

13

---

[19] Vgl. hierzu im Einzelnen *Schmidt*, JZ 1981, 126-130; *Schmidt*, Festschrift für Peter Claussen 1997, 483-498.
[20] Vgl. BGH v. 04.10.1995 - XI ZR 83/94 - juris Rn. 32 - BGHZ 131, 44-55, 54 = DtZ 1996, 46-48, 48.
[21] Vgl. BGH v. 07.11.1985 - III ZR 128/84 - juris Rn. 35 - NJW-RR 1986, 205-208, 206 f.
[22] BGH v. 06.12.1956 - II ZR 345/55 - juris Rn. 20 - BGHZ 22, 304-312, 309 (insoweit in NJW 1957, 338-340, nicht abgedr.); BGH v. 21.05.1987 - III ZR 56/86 - juris Rn. 11 - NJW-RR 1987, 1186; BGH v. 13.11.1990 - XI ZR 217/89 - juris Rn. 34 - NJW 1991, 1286-1288, 1288.
[23] Vgl. hierzu *Schmidt*, JZ 1981, 126-130, 127.
[24] *Brüggemeier* in: Wassermann, Kommentar zum Bürgerlichen Gesetzbuch, § 248 Rn. 1; *Grundmann* in: Münch-Komm-BGB, § 248 Rn. 2; *Schaub* in: Erman, § 248 Rn. 2; *Schulze* in: Hk-BGB, § 248 Rn. 2; *Mansel* in: Jauernig, § 248 Rn. 2; *Grüneberg* in: Palandt, § 248 Rn. 1; vgl. auch BGH v. 02.12.1982 - III ZR 90/81 - juris Rn. 21 - NJW 1983, 1420-1423, 1421.
[25] *Schmidt*, JZ 1982, 829-835, 830; *Schmidt*, Geldrecht, 1983, § 248 Rn. 5; im Anschluss hieran ebenso *Blaschczok* in: Staudinger, § 248 Rn. 4.

§ 248

zur Höhe gesetzlicher Zinsen (die dann allerdings auch eine Regelung zur Fälligkeit der Zinsen – vgl. hierzu die Kommentierung zu § 246 BGB Rn. 29 – umfassen müsste) von der Beschränkung des § 248 BGB ausgenommen werden.[26]

---

[26] So später ausdrücklich *Schmidt*, Festschrift für Peter Claussen 1997, 483-498, 484 Fn. 10.

§ 249 BGB Art und Umfang des Schadensersatzes

(Fassung vom 19.07.2002, gültig ab 01.08.2002)

(1) Wer zum Schadensersatz verpflichtet ist, hat den Zustand herzustellen, der bestehen würde, wenn der zum Ersatz verpflichtende Umstand nicht eingetreten wäre.

(2) ¹Ist wegen Verletzung einer Person oder wegen Beschädigung einer Sache Schadensersatz zu leisten, so kann der Gläubiger statt der Herstellung den dazu erforderlichen Geldbetrag verlangen. ²Bei der Beschädigung einer Sache schließt der nach Satz 1 erforderliche Geldbetrag die Umsatzsteuer nur mit ein, wenn und soweit sie tatsächlich angefallen ist.

Gliederung

A. Grundlagen 1	a. Die Unausweichlichkeit hypothetischer Erwägungen 42
I. Kurzcharakteristik 1	b. Die Rechtsprechung zur hypothetischen Kausalität 43
II. Gesetzgebungsmaterialien 2	c. Der gegliederte Schadensbegriff 44
III. Regelungsprinzipien 3	d. Echte hypothetische Kausalität und doppelte (reale) Kausalität 45
1. Differenzhypothese 5	5. Vorteilsausgleichung 48
2. Kausalität als alleiniger Zurechnungsfaktor ... 7	a. Die Kriterien der Rechtsprechung 49
3. Immaterialgüterrechtsverletzungen 8	b. Vorteilsausgleich und Regresskonstruktionen ... 50
4. Rechtsverfolgung und Normativierung ... 9	c. Unselbständige und selbständige Vorteile ... 51
B. Praktische Bedeutung 10	d. Freiwillige Leistungen Dritter 55
C. Anwendungsvoraussetzungen 11	e. Erfüllungsleistungen Dritter 56
I. Normstruktur 11	f. Eigenleistungen des Geschädigten 57
II. Verpflichtung zur Leistung von Schadensersatz ... 12	6. Zeitpunkt der Schadensberechnung 58
III. Die Zurechnung der Entwicklung zur Haftung ... 13	a. Bilanzinterne Bewertung einzelner Positionen .. 59
1. Normativer oder natürlicher Schadensbegriff? ... 14	b. Bilanzabschluss 60
2. Die Ausgleichsfunktion des Schadensrechts ... 15	7. Anspruchsberechtigung und Drittschaden ... 61
3. Die Rechtsverfolgungsfunktion 16	a. (Unselbständige) Drittbegünstigung durch Regressanordnung 65
4. Der Wandel des Schadenstragungssystems und der Wirkungsbereich des zivilistischen Schadensrechts ... 17	b. Regressanordnung und Angehörigenprivileg 69
5. Regresskonstruktionen und Ausgleichsfunktion ... 19	c. Selbständige Drittbegünstigung 70
6. Prävention und Verbraucherschutz 21	d. Gesellschafteranspruch und Gesellschaftsschaden ... 74
7. Die Prävalenz der Ausgleichsfunktion ... 22	**D. Rechtsfolgen** 75
8. Grenzen der Restitution und Bedarfsschaden ... 23	I. Allgemeines 75
IV. Die Differenzhypothese und ihre Probleme 25	II. Kfz-Schäden 77
1. Grenzen der Ersatzverpflichtung 26	1. Zerstörung oder Verlust 78
a. Die Untauglichkeit der Adäquanzformel ... 28	2. Die einer Zerstörung gleichzusetzende Beschädigung 79
b. Haftung für inadäquate Schäden 29	3. Beschädigung 82
c. Nichthaftung für adäquat verursachte Schäden ... 31	4. Miete einer Ersatzsache 83
2. Die Schutzbereichslehre 33	III. Umsatzsteuer 84
a. Schutzbereich und Folgeschäden 34	IV. Sonstiges 85
b. Allgemeines Lebensrisiko und spezifisches Schadensrisiko – Fallgruppen 36	E. Prozessuale Hinweise/Verfahrenshinweise ... 93
c. Schadensersatzverpflichtung ohne Rechtsgutsverletzung (Erfüllungs- und Vertrauensinteresse) ... 40	
3. Das Fehlen der Kausalverknüpfung 41	
4. Alternative (hypothetische) Kausalverläufe 42	

A. Grundlagen

I. Kurzcharakteristik

1 Die Vorschrift leitet das Schadensrecht ein, bestimmt die grundsätzliche Betrachtungsweise mit dem Vergleich der realen und der hypothetischen Güterlage (Differenzhypothese) und legt den Vorrang der (Natural-)Restitution vor der Vermögenskompensation fest.

II. Gesetzgebungsmaterialien

2 Der Gesetzgeber hat zum 01.08.2002 die Vorschrift in zwei Absätze aufgeteilt. Eine Änderung der Grundkonzeption war damit nicht verbunden. Neu hinzugetreten ist lediglich eine Klarstellung für das Sonderproblem der Abrechnung auf Reparaturkostenbasis mit Umsatzsteuer.[1]

III. Regelungsprinzipien

3 Die §§ 249-253 BGB regeln das „Wie" des Schadensersatzes. Die (positive) Beantwortung des „Ob" setzen sie voraus. Das „Ob" und das „Wie" bilden zusammen einen Mechanismus zur Verteilung der sich aus und in sozialem Kontakt ergebenden materiellen und immateriellen Einbußen. Im bürgerlich-rechtlichen Haftungsmodell steht die Verteilung der Einbußen auf individualisierte Schadens- und Haftungsträger im Vordergrund. Die das „Ob" des Schadensersatzes beherrschenden heterogenen Verteilungsgrundsätze und Zurechnungsprinzipien der Unrechtshaftung, Garantie- und Vertrauenshaftung, Gefährdungs- und Risikohaftung, Eingriffs- und Zustandshaftung münden in eine einheitliche Ausfüllungskonzeption: Der zum Schadensersatz Verpflichtete soll „den Zustand herstellen, der bestehen würde, wenn der zum Ersatze verpflichtende Umstand nicht eingetreten wäre" (§ 249 Abs. 1 BGB). Dieser zur **Wahrung des Integritätsinteresses** geschaffenen **Restitutionspflicht** kann er – nach einer näher geregelten Wahl des Geschädigten – durch Leistung in Natur oder aber durch Leistung des zur Herstellung erforderlichen Geldbetrags nachkommen (§§ 249 Abs. 2, 250 BGB). Die Restitution wird abgelöst oder ergänzt durch die Kompensation, wenn die Herstellung unmöglich oder ungenügend (§ 251 Abs. 1 BGB) oder dem Schädiger nicht zumutbar ist (§ 251 Abs. 2 BGB). Die **Kompensationspflicht** dient der **Wahrung des Vermögensinteresses** des Geschädigten. Wegen eines Schadens, der nicht Vermögensschaden ist, kann Entschädigung in Geld nur in den vom Gesetz eigens bestimmten Fällen verlangt werden (§ 253 Abs. 1 BGB).

4 Nach der gesetzlichen Grundkonzeption wird die **Schadensermittlung** im Restitutionsbereich wie im Kompensationsbereich durch die **Differenzhypothese** bestimmt. Als Ausgangspunkt schadensrechtlicher Überlegungen wird die Differenzhypothese auch von der Praxis akzeptiert.[2]

1. Differenzhypothese

5 Schon vor Erlass des BGB hat man das zu kompensierende Vermögensinteresse definiert als „die Differenz zwischen dem Betrage des Vermögens einer Person, wie derselbe in einem gegebenen Zeitpunkte ist, und dem Betrage, welchen dieses Vermögen ohne die Dazwischenkunft eines bestimmten beschädigenden Ereignisses in dem zur Frage stehenden Zeitpunkt haben würde".[3] Mit dieser auf einen Gesamtvermögensvergleich zielenden **Differenzhypothese** steht eine Formel zur Verfügung, die das Schadensrecht in ein problemloses und wertungsfreies Rechenexempel zu überführen scheint: Man verfolgt vom Zeitpunkt des zum Ersatz verpflichtenden Ereignisses an zwei Vermögensentwicklungen: eine reale und eine hypothetische. Richtet man T-Konten für beide Entwicklungen ein, so werden Vermögensabflüsse auf der Passivseite der Realentwicklung und verhinderte Vermögenszuflüsse auf der Aktivseite der hypothetischen Entwicklung verbucht. Die Buchungsvorgänge beeinflussen die im Zeitpunkt der Schadensberechnung zu ermittelnden Salden, deren Vergleich den zu ersetzenden Vermögensschaden bestimmt. Bei Aktivsalder in beiden Bilanzen ist dies die Differenz, die nach dem Abzug des Saldos der Realentwicklung vom Saldo der hypothetischen Entwicklung verbleibt. Nicht nur der realisierte Vermögensabfluss und der verhinderte Vermögenszufluss können verbucht werden und so Einfluss auf die Ermittlung des zu ersetzenden Vermögensschadens nehmen, auch die „klassischen" Schadensrechtsprobleme der Vorteilsausgleichung und der überholenden oder hypothetischen Kausalität finden als Buchungsvorgänge leicht Eingang in den Prozess der Differenzermittlung. Aktueller

---

[1] Die nachfolgenden Ausführungen schreiben meine Kommentierung des Schadensrechts im Alternativkommentar zum BGB, 1980, fort.
[2] BGH v. 09.07.1986 - GSZ 1/86 - BGHZ 98, 212-226; *Grüneberg* in: Palandt, Vorbem. vor § 249 Rn. 10.
[3] *Mommsen*, Zur Lehre von dem Interesse, 1855, S. 3.

Vermögenszufluss wird auf der Aktivseite der realen Entwicklung, verhinderter Vermögensabfluss auf der Passivseite der hypothetischen Vermögensentwicklung verbucht (Vorteilsausgleich). Umstände, die auch ohne das zum Ersatz verpflichtende Ereignis die nämlichen Nachteile zur Folge gehabt hätten, führen zur Buchung des realen Abflusses auf der Passivseite der hypothetischen Entwicklung und verhindern die Buchung des nicht realisierten Vermögenszuflusses auf der Aktivseite der hypothetischen Entwicklung.

Die Rechtsentwicklung ist anders verlaufen, und das Schadensrecht ist weit von einem problemlosen und wertungsfreien Rechen- oder Bilanzierungsexempel entfernt.

2. Kausalität als alleiniger Zurechnungsfaktor

Die Axt an die Wurzel der Differenzhypothese legt man, wenn man die Kausalität als alleinigen Zurechnungsfaktor, als alleinigen Faktor für die Einstellung oder Nichteinstellung einer Entwicklung in die Bilanz aufgibt. Dann entscheidet nicht die Conditio-sine-qua-non-Formel – das die Ersatzpflicht auslösende Ereignis kann nicht hinweggedacht werden, ohne dass die fragliche Vermögensentwicklung entfiele – über die Einstellung eines Postens in die zur Differenzberechnung erforderlichen Bilanzen, sondern **„wertende Gesichtspunkte"** beeinflussen die „Ermittlung" der realen wie der hypothetischen Vermögenslage. So berücksichtigt die Rechtsprechung in langer Tradition nur **adäquat-kausale Schadensentwicklungen**[4] (vgl. Rn. 28). Zusätzlich zu den inadäquaten schließt sie solche Schäden aus der Ersatzpflicht aus, die außerhalb des **Schutzbereichs** der die Ersatzpflicht begründenden Norm liegen[5] (vgl. Rn. 34). Nach durchaus heterogenen Bewertungskriterien entscheidet sie weiter darüber, welche der durch das zum Ersatz verpflichtende Ereignis verursachten **Vorteile** als differenz- und schadensmindernd in die Berechnungen einzubeziehen sind[6] (vgl. Rn. 49) und verwehrt schließlich dem Ersatzpflichtigen, sich auf eine **Reserveursache** zu berufen, die den nämlichen Schaden bewirkt hätte und an sich bei der Feststellung der hypothetischen Vermögenslage zu Buche schlagen müsste[7] (vgl. Rn. 42).

3. Immaterialgüterrechtsverletzungen

Mit der Differenzhypothese ist es im Weiteren nicht zu vereinbaren, wenn man Positionen in die Bilanz einstellt, die beim Verletzten gar nicht angefallen sind. Schon das Reichsgericht[8] gestattete dem Inhaber von verletzten Patent- und Urheberrechten, beim Verletzer eine angemessene Lizenzgebühr (zweite Schadensberechnungsart) oder gar den erwirtschafteten Gewinn (dritte Schadensberechnungsart) zu liquidieren, ohne sich um den fehlenden Anfall dieser Positionen im Vermögen des Verletzten zu scheren[9] (vgl. die Kommentierung zu § 251 BGB Rn. 40).

4. Rechtsverfolgung und Normativierung

Die Literatur nahm es auf sich, diese Entwicklungen im Nachhinein zu legitimieren, indem sie eine über die Ausgleichsfunktion hinausweisende **Rechtsverfolgungsfunktion** des Schadensrechts entdeckte.[10] Sie mündete in einen **gegliederten Schadensbegriff** mit einem **objektiven Schaden** auf der einen und dem subjektiven Interesse auf der anderen Seite. Allein hinsichtlich des **subjektiven Interesses** sollte die Differenzhypothese gelten. Der objektive Schaden, der gemeine Wert des verletzten oder entzogenen Guts, sollte der Rechtsverfolgung wegen unabhängig von der Funktionsbestimmung des beeinträchtigten Guts im Vermögen des Anspruchsberechtigten und auch dann ersetzt werden, wenn die Differenzrechnung einen Schaden nicht ergab. Einen gemeinen Wert sprach man allen Gütern zu, die man auf dem Markt gegen Geld tauschen konnte, den eigentumsfähigen Sachgütern, aber auch der menschlichen Arbeitskraft und den Nutzungsmöglichkeiten sachlichen wie geistigen Eigentums. Man sprach in diesem Zusammenhang von einem Begriff mit „normativem Charakter"[11] und gab damit der Rechtsprechung eine Zauberformel (**normativer Schadensbegriff**) an die Hand, die einerseits die

---

[4] BGH v. 23.10.1951 - I ZR 31/51 - BGHZ 3, 261-270.
[5] BGH v. 22.04.1958 - VI ZR 65/57 - BGHZ 27, 137-143.
[6] Versagter Vorteilsausgleich - BGH v. 22.09.1970 - VI ZR 28/69 - JZ 1971, 657-659; BGH v. 12.02.1974 - VI ZR 187/72 - BGHZ 62, 126-131.
[7] Ständige Rechtsprechung: RG v. 13.07.1933 - VIII 106/33 - RGZ 141, 365-370.
[8] Seit RG v. 08.06.1895 - I 13/95 - RGZ 35, 63-75 ständige Rechtsprechung.
[9] Vgl. *Däubler*, JuS 1969, 49.
[10] Repräsentativ *Neuner*, AcP 1931, 277-314, 277.
[11] *Neuner*, AcP 1931, 277-314, 307.

bisherige Spruchpraxis bestätigte und andererseits eine Entwicklung auslöste, in deren Verlauf die ursprüngliche Grenzziehung zwischen materiellen und immateriellen Schäden sich bis zur Unkenntlichkeit verflüchtigte. Schließlich wird selbst die Freizeit zu einem Vermögensgut und ihre Aufwendung zu einem ersatzfähigen Vermögensschaden.[12]

B. Praktische Bedeutung

10 Die praktische Bedeutung der Vorschrift ist kaum zu übertreffen. Sie füllt eine riesige Zahl von Haftungstatbeständen aus, hat eine Flut literarischer Äußerungen nach sich gezogen und beschäftigt die Rechtsprechung alltäglich und ständig.

C. Anwendungsvoraussetzungen

I. Normstruktur

11 Die Normstruktur des § 249 BGB ist einfach. Die Wenn-Komponente knüpft an beliebige Anordnungen einer Verpflichtung zum Schadensersatz an. Die Dann-Komponente hält den Ersatzpflichtigen an, den Zustand herzustellen, der bestehen würde, wenn der zum Ersatz verpflichtende Umstand nicht eingetreten wäre (Absatz 1). In Absatz 2 wird dem Gläubiger gestattet, statt der Herstellung den zur Herstellung erforderlichen Geldbetrag zu verlangen, wenn es um Schadensersatz wegen Verletzung einer Person oder Beschädigung einer Sache geht (Satz 1). Man möchte dem Geschädigten nicht zumuten, dass der, der den Schaden angerichtet hat, selbst Hand an den Geschädigten und seine Sachen anlegt. Satz 2 trifft eine Anordnung zur Umsatzsteuer auf die Herstellungskosten, die sich eigentlich von selbst versteht, indessen angesichts abweichender Rechtsprechung erforderlich geworden war.

II. Verpflichtung zur Leistung von Schadensersatz

12 Die Verpflichtung zur Leistung von Schadensersatz kann aus den unterschiedlichsten Rechtsgrundlagen herrühren. Sie ist der Auslöser für das einheitliche Haftungsausfüllungsrecht der §§ 249 ff. BGB. Trotz der **Einheitlichkeit des Haftungsausfüllungsrechts** kann aber schon die Art der Verpflichtung zu unterschiedlichen Betrachtungsweisen im einheitlichen Ausfüllungsmodell der Differenzhypothese führen. Das liegt darin, dass der Inhalt der Schadensersatzverpflichtung darüber bestimmt, mit welcher hypothetischen Lage die reale Güterlage verglichen wird. Geht es um das **positive Interesse**, um Schadensersatz wegen Nichterfüllung (teilweise als Schadensersatz statt der Leistung bezeichnet), so ist die hypothetische Lage so zu modellieren, wie wenn der Schuldner seiner Leistungsverpflichtung nachgekommen wäre. Geht es um das **negative Interesse**, um Schadensersatz wegen enttäuschter Vertrauenserwartungen, so ist die hypothetische Lage so zu modellieren, wie wenn der Gläubiger die Vertrauenserwartungen nicht gehegt, etwa nicht auf die Gültigkeit der angefochtenen Willenserklärung (§ 122 BGB) vertraut hätte. Geht es um die Verletzung von Rechtsgütern und anderer delikts- oder vertragsrechtlich geschützter Bereiche (**Integritätsinteresse**), so ist die hypothetische Lage so zu modellieren, wie wenn es keine Verletzung gegeben hätte.

III. Die Zurechnung der Entwicklung zur Haftung

13 Die Zurechnung der Güterentwicklung zur Haftung entscheidet mit der Einstellung einer Entwicklung in die Bilanz über das Vorhandensein eines Schadens, wenn das Schadensrecht dem Modell der **Differenzhypothese** folgt. Dass das Schadensrecht in seiner gesetzlichen Konzeption diesem Modell folgt, sollte angesichts der klaren Anordnung in § 249 BGB von der Schadensrechtsdogmatik nicht in Frage gestellt werden. **Schadensrecht** ist **Ausgleichsrecht**[13] und kann nur im Rahmen der Ausgleichsfunktion für weitere Funktionen dienlich gemacht werden. Der Ausgleichsfunktion ist die im Folgenden zu entwickelnde Schadensrechtsdogmatik verpflichtet.

---

[12] So etwa OLG Frankfurt NJW 1976, 1320; anders hingegen die herrschende Meinung in Rechtsprechung und Literatur - vgl. die Darstellung nebst umfangreichen Nachweisen bei *Oetker* in: MünchKomm-BGB, § 249 Rn. 88-93, der selbst der herrschenden Meinung folgt.

[13] Der Bundesgerichtshof erklärt das Bereicherungsverbot des Schadensrechts zum Bestandteil des deutschen ordre public: BGH v. 04.06.1992 - IX ZR 149/91 - BGHZ 118, 312-351.

1. Normativer oder natürlicher Schadensbegriff?

Eine in sich konsistente, den gesetzlichen Rahmen wahrende und sozialpolitisch angemessene Schadensdogmatik muss sich des Wirkungsbereichs und der **Funktionen des Schadensrechts** vergewissern. Dazu trägt der Hinweis, dass das deutsche Schadensrecht heute vom „normativen Schadensbegriff" lebe[14], ebenso wenig bei wie der Aufruf, zu einem „natürlichen" oder „faktischen" Schadensbegriff zurückzukehren[15]. Schon die Begriffswahl ist wenig erhellend, täuscht sie doch eine theoretische Einheit vor, die es weder bei den Naturalisten noch bei den Normativisten[16] gibt. Es geht auch in der Regel gar nicht um unterschiedliche Schadensverständnisse, sondern um unterschiedliche Vermögensverständnisse. Außerdem existiert kein von der Natur vorgegebener (und schon dadurch legitimierter) Schadens-(Vermögens-)Begriff. Der könnte ja nur im empirisch feststellbaren Sprachgebrauch einer relevanten (welcher?) Sprechergruppe identifiziert werden. Die divergierende Verwendung des Schadensbegriffs allein unter den Juristen, die sich mit dem Schadensrecht befassen, macht indes deutlich, dass jede vorgeschlagene Schadens-(Vermögens-)Bestimmung auf einer sprachlichen Festsetzung beruht, die als normative unter Aufdeckung ihrer Voraussetzungen und Folgen legitimiert werden muss.[17]

14

2. Die Ausgleichsfunktion des Schadensrechts

Entscheidende Voraussetzung der im Folgenden zu umreißenden Schadensdogmatik ist die **Ausgleichsfunktion des Schadensrechts**. Nur soweit ein Ausgleich beim Verletzten durch Restitution in Natur oder Kompensation in Geld möglich ist, kann der (aus welchem Grund auch immer) Haftpflichtige zum Schadensersatz verpflichtet werden. Andere als Ausgleichszwecke (Prävention, Genugtuung, Sanktion und Buße für missbilligtes Verhalten) können sich nur im Rahmen möglichen Ausgleichs entfalten.[18] Dies ist die Konzeption des BGB.[19] Das erhellt aus dem vom Verschuldensgrad unabhängigen Prinzip der Totalreparation[20] einerseits und dem einheitlichen Schadensrecht für höchst heterogene Haftungsbegründungen andererseits. Man hat allerdings immer wieder versucht, das Ausgleichsprinzip zugunsten anderer Funktionen zurückzudrängen. Einer der folgenreichsten Versuche war die Propagierung der **Rechtsverfolgungsfunktion**. Denn sie löste letztlich die Normativierungsdebatte im Schadensrecht aus.

15

3. Die Rechtsverfolgungsfunktion

Die **Rechtsverfolgungsthese** ist nun insofern trivial und richtig, als sie den über das Haftungs- und Schadensrecht bewirkten Integritätsschutz beschreibt, nach dem Rechtsgutsbeeinträchtigungen zum Zwecke des Ausgleichs ersatzrechtlich verfolgt werden können. Sie steht auch insoweit noch auf festem Grund, als sie auf die im Rahmen der Restitutionspflicht gewährte Verfolgungsmöglichkeit unabhängig von Wert und Funktion des beeinträchtigten Guts in der Vermögensorganisation des Anspruchsberechtigten verweist. Problematisch wird es, wenn der Rechtsverfolgungsanspruch ein Gut betrifft, das nach der Disposition des Berechtigten ohnehin der äquivalentlosen Vernichtung anheim gegeben war (Zerstörung eines zum Abbruch vorgesehenen Hauses). Die Rechtsverfolgung führt schließlich vom Pfade der gesetzlichen Schadenskonzeption in die Irre, wenn im Kompensationsbereich Geldleistungen ohne eine nachweisbare Vermögensdifferenz gewährt werden. Das gilt für die Nichtberücksichtigung hypothetischer Kausalverläufe und die Versagung des Vorteilsausgleichs ebenso wie für weite Bereiche der Entschädigung entgangener Nutzungsmöglichkeiten. Sie führen nicht zum Ausgleich, sondern zur Bereicherung, und Rechtsverfolgung steht insoweit für Genugtuung,

16

---

[14] *Steindorff*, ZHR 138, 504-532, 518.
[15] *Knobbe-Keuk*, VersR 1976, 401-411; *Mertens*, Der Begriff des Vermögensschadens im Bürgerlichen Recht, 1967, S. 121.
[16] Vgl. *Medicus*, JuS 1979, 233-239.
[17] Umfassende Darstellung der verschiedenen Schadensbegriffe bei *Lange/Schiemann*, Schadensersatz, 3. Aufl. 2003, § 1.
[18] *Oetker* in: MünchKomm-BGB, § 249 Rn. 9; *Grüneberg* in: Palandt, Vorbem. vor § 249 Rn. 5.
[19] *Tolk*, Der Frustrierungsgedanke und die Kommerzialisierung immaterieller Schäden, 1977, S. 73 ff.; eine grundlegend andere Konzeption verfolgt *Müller*, Punitive Damages und deutsches Schadensersatzrecht, 2000. Für ihn zeigen gerade die vielfältigen Durchbrechungen der Ausgleichsfunktion in den unterschiedlichsten Normativierungstendenzen, dass das moderne Schadensrecht längst die Funktion auch von Sanktionen für missbilligtes Verhalten angenommen hat, dem auch die Schadensrechtsdogmatik Rechnung tragen sollte.
[20] Zur verfassungsrechtlichen Problematik der Totalreparation *Canaris*, JZ 1987, 993-1004, 1002.

Buße und/oder Prävention. Damit ist allerdings der Stab über den Rechtsverfolgungsgedanken noch nicht gebrochen. Es gilt zu überlegen, ob nicht **Wandlungen im gesellschaftlichen Wirkungsbereich des Schadensrechts** nach neuen Funktionsbestimmungen verlangen.

4. Der Wandel des Schadenstragungssystems und der Wirkungsbereich des zivilistischen Schadensrechts

17 Im **individualistischen Schadenstragungssystem des BGB** geht es um die Frage, welches von den an einem konkreten Schadensfall beteiligten Individuen den Schaden zu tragen hat. Seine Grundregel lautet, dass dies der Geschädigte sei, wenn nicht der Schädiger einen gerade für den Geschädigten eingreifenden Haftungstatbestand verwirklicht hat (Tatbestandsprinzip). Streitet ein Haftungstatbestand für den Verletzten, so tritt der Ausgleichsgedanke in Funktion. Dieses Schadenstragungssystem verfehlt die Realität. Es verstellt den Blick für die Einbettung der am Schadensfall beteiligten Individuen in ein immer enger geknüpftes **Netz kollektiver Sicherungen gegen Schadens- und Haftpflichtrisiken**, in ein komplexes Schadenstragungssystem mit einer Vielfalt von Vorsorge- und Versicherungseinrichtungen.[21] Diese sind mitbeteiligt an dem mehrfachen, je eigenen Gesetzen gehorchenden Hin-, Weiter- und Zurückschieben der durch den Schadensfall entstandenen Belastungen bis zur Herstellung eines neuen Ruhezustandes.[22] Soweit nicht (wie für die aus nicht vorsätzlich herbeigeführten Arbeitsunfällen entstandenen Schäden) das Haftungs- und Schadensrecht des BGB prinzipiell unanwendbar ist,[23] stellt sich die Frage nach der Funktion dieses Rechts in einem System, in dem es bei der Mehrzahl der Fälle nicht mehr darum geht, das ein Individuum treffende Unglück einem anderen zuzurechnen und auf es überzuwälzen. Kann man nicht in Anknüpfung an den Ausgleichsgedanken mit Fug geltend machen, das durch einen Verkehrsunfall verletzte Individuum, welches wegen des Eintretens der Krankenversicherung keine Behandlungskosten trägt, noch wegen des vom Arbeitgeber weitergezahlten Lohns eine Einkommenseinbuße erleidet, habe insoweit auch keinen Schaden erlitten? Nach derzeit weitgehend unangefochtener Auffassung kann man das nicht. Einig in der Wertung, dass der nach zivilrechtlichen Zurechnungskriterien haftpflichtige Verletzer nicht ungerupft davonkommen solle, bemüht man den „**versagten Vorteilsausgleich**",[24] um eine ausgleichungsfähige Lücke im Vermögen des Verletzten feststellen zu können, und denkt sich, wo der Gesetzgeber nicht mit der Anordnung von Legalzessionen (§ 116 SGB X, § 86 Abs. 1 VVG, § 6 EntgFG, § 87a BBG u.a.), Abtretungskonstruktionen (§§ 255, 285 BGB) oder Überleitungsanzeigen (§ 90 BSHG) helfend eingesprungen ist, eine **Vielzahl von Regresswegen** aus,[25] die es den Vorsorgeträgern ermöglichen, den ihnen entstandenen Schaden bei dem Schädiger respektive dessen Haftpflichtversicherer zu liquidieren.

18 „Konstruktionstechnisch" sollte man allerdings nicht auf den „versagten Vorteilsausgleich" zurückgreifen, sondern diesen jenen Fällen vorbehalten, in denen der Verletzte selber trotz zugeflossener Vorteile noch beim Verletzer liquidieren kann. Bei den hier in Rede stehenden Fällen geht es dagegen ungeachtet der rechtlichen Konstruktion des Zessionsregresses um eine **Durchbrechung des Tatbestandsprinzips**, nach dem nur der den Ausgleich seines Schadens verlangen kann, demgegenüber der Schädiger einen Haftungstatbestand verwirklicht hat. Das wird besonders deutlich in den Fällen der Lohnfortzahlung, in denen man dem Arbeitgeber erlaubt, die Höhe des „übergeleiteten" Schadensersatzanspruchs aus seinen Aufwendungen (einschließlich der Steuern und der Versicherungsbeiträge) für die ausgebliebene Arbeitsleistung des verletzten Arbeitnehmers zu berechnen.[26] Insoweit zeigen diese Fälle Ähnlichkeit mit den unter dem Stichwort „Drittschadensliquidation" zusammengefassten Fällen, in denen die Rechtsprechung das Auseinanderfallen von Anspruchsberechtigung und Schadenstragung bei bloßer Schadensverlagerung überbrückt (vgl. Rn. 65).

5. Regresskonstruktionen und Ausgleichsfunktion

19 Die Berechtigung der im Vorsorgebereich allein durch Regresskonstruktionen aufrechterhaltenen Belastung des Verletzers wird kaum in Frage gestellt.[27] Sie steht indessen auf tönernen Füßen. Der beim schlichten Zuhörer Zustimmung erheischende Satz, man wolle keinen Freibrief für unerlaubte Hand-

---

[21] Hierzu *Kötz*, Sozialer Wandel im Unfallrecht, 1976.
[22] Vgl. *Medicus*, JR 1972, 553-561, 553.
[23] Vgl. *Gitter*, Schadensausgleich im Arbeitsunfallrecht, 1969.
[24] *Knobbe-Keuk*, VersR 1976, 401-411, 402.
[25] *Selb*, Schadensbegriff und Regreßmethoden, 1963.
[26] BGH v. 27.04.1965 - VI ZR 124/64 - BGHZ 43, 378-384.
[27] Verhaltene Kritik bei *Baumann*, Der Regreß kollektiver Schadensträger im freiheitlichen Sozialstaat, 1977.

lungen ausstellen,[28] ist von der Annahme abhängig, dass die finanzielle Belastung in das Kalkül des potenziellen Verletzers eingeht und diesen von der Verletzungshandlung Abstand nehmen lässt. Das aber ist eine jedenfalls für nicht vorsätzlich verletzende Individuen völlig unrealistische Annahme,[29] deren Gehalt bei der weitgehenden Haftungsübernahme durch Versicherungen im Verkehrsunfallrecht nicht gerade steigt. Wer denkt schon beim Autofahren ständig an das Bonus-Malus-System seiner Haftpflichtversicherung und lässt sich dadurch zur Schadensverhütung anleiten? Der **Präventionsgedanke** trägt gegenüber Individuen nicht. Der in diesem Zusammenhang gern beschworene Gedanke der Verantwortung ist, wenn er nicht Prävention meint, leer.[30] Dem Gebot der Gerechtigkeit, den Verletzten nicht auf einem von einem anderen zu verantwortenden Schaden sitzen zu lassen, ist durch das Eingreifen des Vorsorgeträgers genügt. Ob die Gerechtigkeit verlangt, nun den bei diesem entstandenen Schaden durch den Verletzer ausgleichen zu lassen, ist im Hinblick auf die besseren Verteilungsmöglichkeiten beim Kollektiv fraglich. Der auf jeden Fall Kosten verursachende Regress erinnert schließlich an einen Schildbürgerstreich, wenn die Beitragspflichtigen in den Vorsorgesystemen und den Haftpflichtversicherungen weitgehend identisch sind.[31] Die Kosten belasten dann nämlich die Verletzten. Alles in allem geben die eher unbewusst eingeführten Regressmöglichkeiten im gewandelten Schadenstragungssystem keinen Anlass, die Ausgleichsfunktion des zivilistischen Schadensrechts zugunsten anderer Funktionen zurückzudrängen. Im Gegenteil: Angesichts der sozialen Einbettung eines konkreten Schadensfalls in durch Solidargemeinschaften getragene Schadens- und Haftpflichtübernahmesysteme stellt sich die Frage, ob es angemessen ist, die Liste der ersatzfähigen Positionen immer länger werden zu lassen und zu Lasten der Solidargemeinschaften einzelne Geldleistungen auch dort zuzugestehen, wo ein in Geld messbarer Schaden nicht nachgewiesen werden kann: ein Gedanke, der den Gesetzgeber bewogen hat, § 249 Abs. 2 Satz 2 BGB zu normieren.

Aber auch außerhalb kollektiver Vor- und Nachsorgesysteme ist anderen als Ausgleichszwecken mit Skepsis zu begegnen. Ruft man sich in Erinnerung, dass neben der Unrechtshaftung die Haftung für gefährliches, aber erlaubtes Tun, die Haftung für in Anspruch genommenes Vertrauen, Risikohaftungen und Haftungen für rechtmäßige Eingriffe in Lebens- und Vermögensgüter anderer stehen, wird jeder Gedanke an **Sanktion, Buße** und **Sühne** durch Schadensersatz absurd. Nicht besser steht es um die **Genugtuung**.[32] Die Befriedigung von persönlichen Vergeltungs- und Rachebedürfnissen kann die Aufweichung der Schadensrechtskonturen nicht rechtfertigen. Allein das **Präventionsziel** ist erwägenswert. Denn es kann praktisch Funktion einer jeden Zurechnungsnorm sein, wenn nur das Zurechnungssubjekt in der Lage ist, die potenzielle Ersatzpflicht in sein Handlungskalkül einzubeziehen und seine Entscheidungen danach einzurichten, ob eine Schadensverhütung für es billiger ist als ein Schadensersatz. Taugliche Adressaten einer derartigen Zielfunktion sind aber allein planungsfähige Subjekte, nicht Individuen, sondern vornehmlich organisierte Wirtschaftseinheiten.

6. Prävention und Verbraucherschutz

Vor diesem Hintergrund gewinnen Vorschläge an Plausibilität, die im Anschluss an amerikanische Erfahrungen das Schadensrecht zusammen mit dem Ausbau von Klagebefugnissen in den Dienst einer umfassenden **Verbraucherschutzkonzeption** stellen wollen.[33] Im Rahmen der auf individualisierbare Anspruchsträger ausgerichteten Ausgleichskonzeption des BGB bleiben Verletzungen von Wettbewerbs-, Umwelt- und Verbraucherschutznormen häufig sanktionslos, weil sie entweder gar nicht zu konkret berechenbaren individuellen Schäden führen oder aber die atomisierten Einzelschäden so gering sind, dass von ihnen kein Anreiz zu privater Klageinitiative ausgeht. Damit besteht die Gefahr, dass eine vom Gesetzgeber intendierte Verhaltenssteuerung (Prävention) nicht erreicht und die geschaffenen Verhaltensregeln funktionslos werden. Hier bieten sich die Ausgleichskonzeption überwindende **Pauschalierungen** und die Einräumung **kollektiver Rechtsverfolgungsmöglichkeiten** an.[34] Es bleibt indessen die Frage, warum gerade der beim Verletzer von Wettbewerbsregeln soll liquidieren können, dem ein nachweisbarer rechnerischer Verlust nicht entstanden ist. Verbraucherverbände mögen zwar mit Hilfe der zugesprochenen Schadensersatzansprüche die Kosten ihrer Tätigkeit decken,

---

[28] *Selb*, Schadensbegriff und Regreßmethoden, 1963.
[29] *Weyers*, Unfallschäden, 1971, S. 446 ff.
[30] *Weyers*, Unfallschäden, 1971, S. 547 ff.
[31] *Kötz*, Sozialer Wandel im Unfallrecht, 1976, S. 33 ff.; *Weyers*, Unfallschäden, 1971, S. 598 ff.
[32] *Köndgen*, Haftpflichtfunktionen und Immaterialschaden, 1976, S. 83 ff.
[33] *Steindorff*, ZHR 138, 504-532, 504.
[34] Vgl. *Mertens*, ZHR 139, 438-475, S. 438.

die man im Hinblick auf die öffentlichen Ziele für wünschenswert hält. Die Entlohnung privater Initiative für wettbewerbspolizeiliche Tätigkeit entfernt sich jedoch von der Schadensrechtskonzeption des BGB so weit, dass wegen der komplizierten Zusammenhänge und weit reichenden Folgen der Gesetzgeber und nicht die Rechtsprechung zum Handeln berufen ist. Nach geltendem Recht können deshalb auch Präventionsziele allein im Rahmen der Ausgleichsfunktion zum Tragen kommen.

7. Die Prävalenz der Ausgleichsfunktion

22 Mit dem Ausgleich als schadensrechtlicher Leitidee liegt es nahe, im Rahmen der gesetzlichen Ausgleichskonzeption die **Differenzhypothese** wiederzubeleben.[35] In der Konzeption des BGB kann der Ausgleich durch Restitution (§ 249 BGB) oder Kompensation (§§ 251 und 252 BGB) bewirkt werden. Die Restitution genießt den Vorrang vor der Kompensation. Sie ist allerdings durch die Möglichkeit der Wiederherstellung in Natur begrenzt. Sobald diese entfällt, bleibt allein der Ausgleich durch Kompensation.

8. Grenzen der Restitution und Bedarfsschaden

23 Die Rechtsprechung hat die Grenzen der Restitution nicht immer beachtet und Restitutionsansprüche über den gesetzlich fixierten Restitutionsbereich hinaus gewährt.[36] Dabei stützt sie sich auf das namentlich von *Zeuner*[37] entwickelte Bedarfsschadensargument: Grundlage des Schadensrechts sei der durch das schädigende Ereignis entstandene Bedarf. Der Gläubiger könne im Restitutionswege den für den Ausgleich des Bedarfs erforderlichen Geldbetrag verlangen (§ 249 Abs. 2 Satz 1 BGB) und über ihn nach freiem Ermessen verfügen. Die Verfügungsmöglichkeit zu anderen Zwecken als der Bedarfsdeckung zeige, dass der Anspruch lediglich an die Bedarfsentstehung gebunden sei und durch einen Fortfall des Bedarfs nicht mehr berührt werde. Also, schließt man messerscharf, können die Kosten für ein Medikament auch dann noch verlangt werden, wenn der Verletzte inzwischen ohne das Medikament längst gesund geworden ist[38] und die Nutzungsentschädigung rechtfertigt sich nach dem einmal entstandenen Nutzungsbedarf, mag das Auto auch längst repariert wieder zur Verfügung stehen und der Geschädigte seinen Bedarf nicht durch Anmietung eines Ersatzfahrzeugs gedeckt haben. Auch könne der Geschädigte selbst dann die fiktiven Reparaturkosten in Rechnung stellen, wenn er seinen reparaturbedürftigen Wagen bereits veräußert habe.[39]

24 Verkannt wird dabei allerdings, dass nach ausdrücklicher gesetzlicher Bestimmung die Restitutionsansprüche des § 249 BGB von der Restitutionsmöglichkeit abhängig sind (§ 251 Abs. 1 BGB). Diese entfällt mit dem Bedarf. Danach bleibt allein der Kompensationsanspruch, der den Nachweis eines in Geld messbaren Vermögensschadens verlangt. Wer auch ohne diesen Restitutionsansprüche in den Kompensationsbereich verlängert, mag zu seiner Gunsten anführen, dass er den Schuldner nicht für Leistungsverzögerungen belohnen möchte.[40] Er beruft sich damit aber auf ein dem Ausgleichsdenken fremdes Argument, das zudem auf schwachem Fundament steht. Denn der Gläubiger hätte seinen Bedarf ja seinerseits decken und den Schuldner unbeschadet jeder Verzögerung mit den Kosten belasten können. Die Kosten bleiben auch nach erfolgter Restitution und werden bei der Differenzermittlung berücksichtigt.[41]

---

[35] Wie hier: *Oetker* in: MünchKomm-BGB, § 249 Rn. 19-22.
[36] Zusammenfassende Darstellung bei *Haug*, NZV 2003, 545-555.
[37] *Zeuner*, AcP 163, 380-400.
[38] BGH v. 29.10.1957 - VI ZR 233/56 - LM Nr. 2 zu § 249 (Gb) BGB; anders für den Fall der Operation zur Narbenkorrektur, wenn die Operation gar nicht durchgeführt werden soll, BGH v. 14.01.1986 - VI ZR 48/85 - BGHZ 97, 14-20.
[39] So BGH v. 23.03.1976 - VI ZR 41/74 - BGHZ 66, 239-250; BGH v. 05.03.1985 - VI ZR 204/83 - LM Nr. 24 zu § 249 (Gb) BGB; anders hat der Bundesgerichtshof allerdings in BGH v. 02.10.1981 - V ZR 147/80 - BGHZ 81, 385-394 entschieden: Hier ging es darum, dass ein Geschädigter sein Grundstück im unreparierten Zustand veräußert hatte und dann noch Reparaturkosten verlangte – diese hat der BGH nicht zugesprochen.
[40] *Oetker* in: MünchKomm-BGB, § 249 Rn. 351-357, der indes das Bedarfsschadensargument nur bei Sachschäden und nicht bei Körperverletzungsschäden anerkennt; vgl. auch BGH v. 15.04.1966 - VI ZR 271/64 - BGHZ 45, 212-221.
[41] Vgl. auch *Lange/Schiemann*, Schadensersatz, 3. Aufl. 2003, § 5 IV 6.

IV. Die Differenzhypothese und ihre Probleme

Die wiederbelebte **Differenzhypothese** erlaubt es, Tendenzen entgegenzuwirken, die das zivilistische Schadensrecht anderen als Ausgleichsfunktionen dienstbar machen. Sie überführt das Schadensrecht allerdings **nicht** in ein **problemloses** und **wertungsfreies Rechenexempel**. Denn vor jeder Rechenoperation bedarf es einer Entscheidung darüber, welche Position zu welchem Wert in die Bilanzen zur Ermittlung des realen und des hypothetischen Vermögensstands einzustellen sind. Diese Entscheidung hängt von einer Verständigung über den Vermögensbegriff (vgl. dazu die Kommentierung zu § 251 BGB Rn. 21) und von der Zurechnung der als Vermögenswert anerkannten Positionen zu dem haftungsbegründenden Ereignis ab. Sie führt in die Problembereiche der abstrakten oder konkreten Schadensberechnung (dazu § 251 BGB), der Adäquanz- und Schutzbereichslehre, des Rechtswidrigkeitszusammenhangs, des Vorteilsausgleichs, der hypothetischen Kausalität und des für die Schadensberechnung maßgeblichen Zeitpunkts (nachfolgend). Der durch eine Überweisung veranlasste Geldabfluss bei einer GmbH führt nach der Differenzhypothese nicht zu einem Schaden, wenn mit dem Geld eine Verbindlichkeit der GmbH beglichen wird.[42]

1. Grenzen der Ersatzverpflichtung

Wer den Schaden als Differenz zwischen einer realen und einer hypothetischen Güterlage fasst, steht vor der Frage, ob und gegebenenfalls wie die Ersatzpflicht zu begrenzen sei. Das Gesetz scheint in den meisten Fällen eine eindeutige Antwort auf diese Frage bereitzuhalten. Es ordnet bei Vorliegen eines haftungsbegründenden Tatbestandes an, dass der Ersatzpflichtige den „daraus entstehenden Schaden" zu ersetzen habe (vgl. etwa die §§ 823 Abs. 1 und 2, 824, 833 BGB, § 1 HaftPflG, § 7 Abs. 1 StVG). Dies könnte man so verstehen, dass dem Ersatzpflichtigen sämtliche Schadensfolgen angelastet werden, die vom haftungsbegründenden Ereignis verursacht sind. Die **Kausalität** würde so zum allein maßgeblichen positiven **Zurechnungsfaktor** für die Frage der **Haftungsausfüllung**. Es wäre mit der für praktische Zwecke regelmäßig ausreichenden Faustformel der **Äquivalenztheorie** lediglich zu fragen, ob das haftungsbegründende Ereignis hinweggedacht werden kann, ohne dass der Erfolg entfällt (**Conditio-sine-qua-non-Formel**[43]).

Zweifel an der Angemessenheit dieses Zurechnungskriteriums stellen sich schon ein, wenn man bedenkt, dass ein Schaden auch dann ersetzt werden müsste, wenn er aus anderen, im konkreten Fall nicht wirksam gewordenen Gründen ohnehin eingetreten oder durch verletzungsbedingte Vorteile finanziell ausgeglichen wäre. Richtet man – wie hier vorgeschlagen – die Schadensermittlung an der Differenzhypothese aus, lassen sich die geschilderten Zweifel allerdings weitgehend ausräumen. Die Differenzhypothese stellt hypothetische Schadensverläufe und verletzungsbedingte Vorteile grundsätzlich in Rechnung. Die Frage kann dann nur noch lauten, ob – außerhalb der Berücksichtigung hypothetischer Abläufe – allein die kausale Verknüpfung einer Vermögensänderung mit dem Haftungsgrund über die Einstellung des Vermögensnachteils oder -vorteils in die zur Differenzermittlung aufzustellenden Bilanzen entscheiden soll. Die Antwort fällt – mit je unterschiedlichen Erwägungen – verneinend aus. Bei Vermögensvorteilen wird insbesondere im Hinblick auf Drittleistungen die Anrechnung versagt, wenn sie zur Zweckentfremdung der Drittleistung führen würde (unten). Aber auch die nachteiligen Entwicklungen sollen nicht sämtlich den Verletzer treffen, wie das der Fall wäre, wenn man die Kausalität zum positiven Zurechnungsfaktor machte. Kausalketten sind prinzipiell unbegrenzt. Das gilt für die vergangenheitsbezogenen Überlegungen zur haftungsbegründenden Kausalität ebenso wie für die haftungsausfüllende Kausalität, welche die Schadensfolgen in der Gegenwart gewordenen Zukunft erfasst. Während allerdings im Bereich der Haftungsbegründung die Problematik entschärft ist und durch die gesetzlich ausgeprägten und dogmatisch fortentwickelten **Zurechnungskriterien** (Rechtswidrigkeit, Betriebsbezogenheit, Normzweck u.a.) als theoretisch gelöst angesehen werden kann, ist für den Bereich der **Haftungsausfüllung** noch manche Frage offen.[44]

---

[42] BGH v. 06.12.2004 - II ZR 147/02 - sj 2005, Nr. 9, 39.

[43] Zu ihr und ihrer wissenschaftstheoretisch fundierten Kritik *Schulin*, Der natürliche - vorrechtliche - Kausalitätsbegriff im zivilen Schadensersatzrecht, 1976, S. 99 ff.

[44] Vgl. zu den Zurechnungsfragen auch *Gottwald*, Schadenszurechnung und Schadensschätzung, 1979, S. 49 ff.

a. Die Untauglichkeit der Adäquanzformel

28 Die Rechtsprechung versucht seit jeher, die dem Ersatzpflichtigen zuzurechnenden Schadensfolgen mit Hilfe der Adäquanzformel[45] einzugrenzen. In der Leitsatzfassung des BGH-Urteils vom 23.10.1951[46] lautet diese: „Eine Begebenheit ist adäquate Bedingung eines Erfolges, wenn sie die objektive Möglichkeit eines Erfolges von der Art des eingetretenen generell in nicht unerheblicher Weise erhöht hat. Bei der dahin zielenden Würdigung sind lediglich zu berücksichtigen
- alle zurzeit des Eintritts der Begebenheit dem optimalen Beobachter erkennbaren Umstände,
- die dem Setzer der Bedingung noch darüber hinaus bekannten Umstände.

Diese Prüfung ist unter Heranziehung des gesamten im Zeitpunkt der Beurteilung zur Verfügung stehenden Erfahrungswissens vorzunehmen." Die Formel ist u.U. geeignet, die mitunter schwierige Antwort auf die Kausalitätsfrage als solche zu leiten.[47] Sie lässt es aber darüber hinaus nicht zu, eine Schadensfolge als inadäquat auszuscheiden. Wenn dies dennoch geschieht, stehen dahinter regelmäßig andere als zahlenmäßige Üblichkeitserwägungen. Die Formel kann deshalb wegen Verfehlung des postulierten Eingrenzungszwecks aufgegeben werden. Es hilft auch nicht weiter, wenn man ihr eine weniger scharfe Fassung gibt.[48] Die drängende Aufgabe, Gefahren- und Risikobereiche abzugrenzen, ist heute mit anderen Kriterien als denen der adäquaten Kausalität zu bewältigen. Einen wichtigen Anhaltspunkt bieten hier die im Rahmen der Haftungsbegründung weitgehend streitfreien Zurechnungen nach dem **Schutzzweck der Haftungsnormen**. Sie machen deutlich, dass auch eine weniger scharf gefasste Adäquanzformel dysfunktional ist, weil einerseits Haftungsnormen dem Geschädigten auch ganz ungewöhnliche Schadensentwicklungen abnehmen und andererseits durchaus gewöhnliche Schadensentwicklungen aus dem Bereich der durch eine Haftungsnorm geschützten Interessen herausfallen können. So stellte zuletzt auch der Bundesgerichtshof in einer Entscheidung bzgl. der Ersatzfähigkeit von Rechtsanwaltskosten heraus, dass nicht alle adäquat kausal verursachten Kosten zu ersetzen sind, sondern nur solche, die aus Sicht des Geschädigten zur Wahrnehmung seiner Rechte erforderlich und zweckmäßig sind.[49]

b. Haftung für inadäquate Schäden

29 Im **Impfschadenfall**[50] hatte eine beim Ehemann und Vater der Kläger durchgeführte Schutzimpfung infolge ganz ungewöhnlicher Umstände zu dessen Tode geführt. Hier konnte der Aufopferungsanspruch der Hinterbliebenen nicht davon abhängen, ob die Realität gewordenen Komplikationen mit einer gewissen statistischen Regelmäßigkeit auftreten oder so selten sind, dass man mit ihnen nicht zu rechnen brauchte. Der Aufopferungsanspruch soll dem Geschädigten das Vermögensrisiko des Impfschadens überhaupt abnehmen. Im Ergebnis entschied der Bundesgerichtshof ebenso – unter Berufung auf den **Adäquanzgedanken**, der dann in der Begründung jeglicher Konturen beraubt wird. Denn es sei „zu berücksichtigen, dass die Frage der Adäquanz zwischen Bedingung und Erfolg **nicht** rein logisch abstrakt nach dem **Zahlenverhältnis** der Häufigkeit des Eintritts eines derartigen Erfolges beantwortet werden kann, sondern dass mit einer wertenden Beurteilung aus der Vielzahl der Bedingungen im naturwissenschaftlich-philosophischen Sinne diejenigen ausgeschieden werden müssen, die bei vernünftiger Beurteilung der Dinge nicht mehr als haftungsbegründende Umstände betrachtet werden können, dass mit anderen Worten mit einer wertenden Beurteilung die Grenze gefunden werden muss, bis zu der dem Urheber einer Bedingung eine Haftung für ihre Folgen billigerweise zugemutet werden kann".[51] Die Aufgabe ist mit der Adäquanzformel nicht zu bewältigen. Das zeigt auch das von Weitnauer[52] berichtete Beispiel eines Uranunfalls in einem nordamerikanischen Laboratorium: Die Uranbehälter waren von solcher Größe und so angeordnet, dass das zufällige Zustandekommen einer Kettenreaktion als ausgeschlossen angesehen wurde. Infolge von zwölf nacheinander vorgenommenen ungewöhnlichen und unzusammenhängenden Handlungen trat der ganz ungewöhnliche Fall aber dennoch ein: In einem Gefäß wurde eine zur Kettenreaktion ausreichende Menge der Uranlösung zusam-

---

[45] Zur Adäquanztheorie eingehend *Lange/Schiemann*, Schadensersatz, 3. Aufl. 2003, § 3 VI.
[46] BGH v. 23.10.1951 - I ZR 31/51 - BGHZ 3, 261-270.
[47] *Schünemann*, JuS 1979, 19-24, S. 19; *Schünemann*, JuS 1980, 31-32; dagegen *Weitnauer*, JuS 1979, 697-699.
[48] A.A. u.a *Larenz*, Schuldrecht, Band I: Allgemeiner Teil, 14. Aufl. 1987, § 27 III b 1; *Deutsch*, Allgemeines Haftungsrecht, 2. Aufl. 1996, § 11 VII, 6.
[49] BGH v. 10.01.2006 - VI ZR 43/05 - VersR 2006, 521-522.
[50] *BGH v. 17.10.1955 - III ZR 84/54 - BGHZ 18, 286-291.*
[51] BGH v. 17.10.1955 - III ZR 84/54 - BGHZ 18, 286-291.
[52] *Weitnauer*, Festgabe zum 60. Geb. von Karl Oftinger 1969, 321-346, 339.

mengeschüttet, und es kam zu einem nuklearen Unfall. Auf den Rechtsbereich der BRD übertragen müsste derjenige, der dabei Sicherungsvorschriften verletzt hat, „nach § 823 BGB haften und könnte sich, nach dem Sinne der Sicherungsvorschrift, nicht auf Inadäquanz berufen, obwohl der Einzelne von zwölf Verstößen die Wahrscheinlichkeit, dass eine Kettenreaktion eintrat, nur in ganz geringfügiger, unerheblicher Weise erhöhte"[53].

Gesetzliche Fälle der Haftung für inadäquate Schäden enthalten § 287 Satz 2 BGB und § 848 BGB. Für adäquate Verluste müsste der im Verzug befindliche Schuldner bereits aus den §§ 280 Abs. 1 und 2, 286 BGB und der wegen Entzuges einer Sache Verantwortliche bereits nach § 823 BGB haften.[54] 30

c. Nichthaftung für adäquat verursachte Schäden

In der vorläufig letzten der **Grünstreifenentscheidungen**[55] wollten ungeduldige Verkehrsteilnehmer die Freigabe der durch einen Unfall blockierten Straße nicht abwarten und bahnten sich einen Weg über angrenzende, dem Verkehr nicht offen stehende Flächen. Deren Eigentümer verlangte Ersatz für die entstandenen Schäden vom Unfallurheber. Der Bundesgerichtshof hat[56] den Anspruch versagt, obwohl er einräumen musste, dass die Reaktionen der an der Weiterfahrt auf der Straße gehinderten Verkehrsteilnehmer durchaus nicht ungewöhnlich und somit die Schäden am Randstreifen noch adäquate Folgen des vorangegangenen Unfalls waren. „Der Fahrer und der Halter des Lkws waren verantwortlich für den Zusammenstoß und seine Folgen für andere Verkehrsteilnehmer, die etwa in den Unfall verwickelt worden waren, sowie für alle durch den Zusammenstoß in Mitleidenschaft gezogenen Sachen. Für die Beschädigung des Rad- und Gehweges sind aber bei dem hier gegebenen Schadensverlauf allein die Kraftfahrer, die über ihn gefahren waren, verantwortlich. Die für den Fahrer des Lkws geltenden Gebote und Verbote schützten nur insoweit auch die Interessen derer, die mit ihrem Eigentum dem Verkehrsraum nahe waren, als der Fahrer nicht mit seinem Lkw auf den Bürgersteig geraten und nicht Anlass dafür geben durfte, dass andere Fahrzeuge, um nicht mit ihm zusammenzustoßen, auf das Gelände neben der Straße ausweichen mussten. In seinen Pflichtenkreis fällt aber nicht mehr das, was sich, nachdem das Unfallgeschehen beendet war, dadurch ereignete, dass die nachfolgenden, schon zum Halten gelangten Kraftfahrer über den Rad- und Gehweg fuhren, um schneller vorwärts zu kommen. Diese daran zu hindern, war der Lkw-Fahrer weder tatsächlich in der Lage noch rechtlich verpflichtet".[57] 31

Mit dem Hinweis auf den von Verhaltens- und Haftungsnormen geschützten Interessenkreis spricht der Bundesgerichtshof den entscheidenden Gesichtspunkt an, der das Belassen von Schadensfolgen trotz ihrem adäquat-kausalen Zusammenhang mit einem Haftungsereignis dann rechtfertigt, wenn diese Folgen außerhalb des **Schutzbereichs der je in Frage stehenden Normen** liegen. Dieser Gesichtspunkt trägt auch die personelle Differenzierung in den so genannten **Schockschadenfällen**. In ihnen geht es um die Frage, ob der für die Verletzung oder Tötung einer Person Verantwortliche auch zum Ausgleich der Schäden herangezogen werden kann, die auf dem Schock beruhen, den ein Dritter beim Anblick der Tat oder der Nachricht von ihr erleidet. Auch soweit es infolge des Schocks zu medizinisch fassbaren physischen oder psychischen Folgewirkungen kommt, die über das Maß an Beeinträchtigungen hinausgehen, die ein Mensch bei der plötzlichen Begegnung mit dem Tod von Angehörigen oder Dritten normalerweise erleidet,[58] begründet das adäquat verursachte Erleiden eines solchen Schocks nicht für jeden einen Schadensersatzanspruch gegen den Täter. Dieser ist vielmehr nur denen verantwortlich, die zu dem Opfer in besonders naher Beziehung stehen; alle anderen sind vom (personellen) Schutzbereich der verwirklichten Haftungsnorm ausgeschlossen.[59] Insbesondere ist die Rechtsprechung zu Schockschäden nicht auf Fälle der Tötung eines Tieres anwendbar.[60] 32

---

[53] *Huber*, Festschrift für Eduard Wahl 1973, 301-337, 320.
[54] *Lange*, JZ 1976, 198-207, 200.
[55] BGH v. 16.02.1972 - VI ZR 128/70 - BGHZ 58, 162-170; dazu *Lange*, JuS 1973, 280-284, 280; *Oetker* in: MünchKomm-BGB, § 249 Rn. 153 und 154.
[56] Anders als die Vorinstanz OLG Bremen v. 01.10.1969 - 3 U 64/69 - VersR 1970, 424-425.
[57] BGH v. 16.02.1972 - VI ZR 128/70 - BGHZ 58, 162-170.
[58] Partielle Bedeutungsfestlegung für „Gesundheitsverletzung" in § 823 Abs. 1 BGB durch BGH v. 11.05.1971 - VI ZR 78/70 - BGHZ 56, 163-173.
[59] Vgl. zu den Schockschäden auch *Grüneberg* in: Palandt, Vorbem. vor § 249 Rn. 40; *von Hippel*, NJW 1965, 1890-1894, 1890; *Schmidt*, MDR 1971, 538-541, 538.
[60] BGH v. 20.03.2012 - VI ZR 114/11 - juris Rn. 9; *Jahnke*, jurisPR-VerkR 9/2012, Anm. 1.

2. Die Schutzbereichslehre

33 Die Theorien der adäquaten Kausalität bieten weder ein positives Zurechnungskriterium, weil adäquate Verletzungsfolgen aus der Ersatzpflicht herausgenommen werden, noch ein negatives Ausgrenzungskriterium, weil auch nicht adäquate Verletzungsfolgen in die Ersatzpflicht einbezogen sein können. Sie sollten daher aufgegeben und durch jene Lehre ersetzt werden, die den Ausschluss adäquater Verletzungsfolgen und die Hereinnahme inadäquater Verletzungsfolgen regiert: die **Lehre vom Schutzbereich** der jeweils in Rede stehenden Norm.[61]

a. Schutzbereich und Folgeschäden

34 Während die Schutzbereichslehre für die Frage, ob die vom Schädiger verursachte Rechtsgutverletzung (Erstverletzung) nach Gegenstand und Art eine Ersatzberechtigung für gerade diesen Träger des Rechtsguts auslöst, allgemein anerkannt ist, wird ihr die Relevanz für die Differenzierung der auf der Rechtsgutsverletzung beruhenden **Folgeschäden** (Folgeverletzungen) in zu ersetzende und nicht zu ersetzende häufig bestritten.[62] Auch die oben gegen die Adäquanztheorien angeführten Beispiele beziehen sich in der Regel auf die Zurechnung von **Erstverletzungen**, so dass sie für die Zurechnung von **Folgeschäden** unmittelbar nichts hergeben. Es könnte ja durchaus sein, dass man die Frage, ob etwa Verhaltensgebote im Straßenverkehr, die unzweifelhaft zum Schutz der körperlichen Integrität aufgestellt sind, auch den Zweck haben, die Verkehrsteilnehmer vor ärztlichen Kunstfehlern zu schützen, als nicht legitim abweisen müsste, weil sie das auf Totalrestitution lautende Gesetzesprogramm verfehlt. Dem Unfallopfer sollen – darüber besteht im Ergebnis Einigkeit – auch die Schäden ersetzt werden, die ihm auf Grund unsachgemäßer ärztlicher Behandlung entstanden sind.[63] Ebenso einhellig wird seinen Angehörigen im gleichermaßen unpraktischen wie illustrativen Lehrbuchbeispiel der Ersatzanspruch versagt, wenn wegen des unfallbedingten Krankenhausaufenthaltes der geplante Flug verschoben wird und der Ersatzflug fatal endet. Nach welchen Kriterien, wenn nicht nach der Adäquanzformel, soll aber hier differenziert werden?

35 Für die geschilderten Fallkonstellationen ist den Gegnern der Schutzbereichslehre zuzugeben, dass der unmittelbare Durchgriff auf die von einer Norm geschützten Interessen die Aufgabe verfehlen kann, im Bereich der Folgeschäden zu einer angemessenen Risikoverteilung zwischen Verletzer und Verletztem zu kommen. Zur Bewältigung der Aufgabe bedarf es der Entwicklung argumentativer Zwischenschritte, die einen Weg bahnen vom Schutzbereich der Norm über die ersatzpflichtig machende Rechtsgutsverletzung zur konkret in Rede stehenden Schadensfolge. Auf spezifische Rechtsgüter bezogene Haftungsnormen haben den Zweck, den Inhabern der geschützten Rechtsgüter die Schäden abzunehmen, die ihnen durch Verletzung eben dieser Rechtsgüter entstehen, mag diese Verletzung auf der Verwirklichung einer verbotenen (Unrechtshaftung) oder erlaubten Gefährdung (Gefährdungshaftung) beruhen. Der Schutzzweck erfasst nicht nur die unmittelbar am Rechtsgut selbst auftretenden Schäden, sondern auch die Folgeschäden, die sich erst aufgrund weiterer, zur Rechtsgutsverletzung hinzutretender Umstände entwickeln. Zum Schutzbereich der verwirklichten Haftungsnorm rechnet also grundsätzlich das volle Schadensrisiko, welches mit der in den Schutzbereich fallenden Rechtsgutsverletzung verbunden ist. Ausgenommen (und beim Geschädigten belassen) werden nur solche Schäden, mit denen sich (als Folge der Rechtsgutsverletzung!) ein Risiko verwirklicht, das zu den **allgemeinen Lebensrisiken** des Verletzten zählt.

b. Allgemeines Lebensrisiko und spezifisches Schadensrisiko – Fallgruppen

36 Die Forderung, **allgemeine Lebensrisiken** von den **spezifischen Schadensrisiken** zu trennen, ist leichter gestellt als erfüllt. Im Anschluss an vorliegende Systematisierungsversuche[64] lassen sich **Fallgruppen** bilden, ohne eine schon abgeschlossene theoretische wie praktische Problembewältigung vorzutäuschen.[65] Die **Teilnahme am allgemeinen Verkehr** auf der Straße, der Schiene, zu Wasser und in der Luft birgt Risiken in sich, denen sich jedermann aussetzt und aussetzen muss. Realisiert sich das

---

[61] Wie hier *Esser/Schmidt*, Schuldrecht AT, Teilband 2, 8. Aufl. 2000, § 33 II und III; a.A. *Grüneberg* in: Palandt, Vorbem. vor § 249 Rn. 28-32; *Oetker* in: MünchKomm-BGB, § 249 Rn. 114.

[62] *Keuk*, Vermögensschaden und Interesse, 1972, S. 224 ff.; *Schickedanz*, NJW 1971, 916-920; differenzierend *Larenz*, Schuldrecht, Band I: Allgemeiner Teil, 14. Aufl. 1987, § 27 III 2.

[63] BGH v. 26.09.1961 - VI ZR 225/60 - LM Nr. 14 zu § 276 (Ca) BGB.

[64] *Huber*, Festschrift für Eduard Wahl 1973, 301-337, 322 ff.; *Kramer*, JZ 1976, 338-346; *Lüer*, Die Begrenzung der Haftung bei fahrlässig begangenen unerlaubten Handlungen, 1969, S. 137 ff.

[65] Zum Problemkreis auch *Mädrich*, Das allgemeine Lebensrisiko, 1980.

Risiko, so kann es nicht auf den abgewälzt werden, dessen Verhalten zwar Ursache für die konkrete Teilnahme am allgemeinen Verkehr war, aber doch keine spezifische Risikoerhöhung bewirkte. Deshalb haftet man nicht für Schäden, die der Verletzte dadurch erleidet, dass ihm bei dem späteren Flug ein Unglück zustößt, er auf dem Transport ins Krankenhaus oder bei der Taxifahrt vom Krankenhaus nach Hause in einen weiteren Unfall verwickelt wird, obwohl Flug, Transport und Taxifahrt ohne den Erstunfall so nicht stattgefunden hätten. Der Erstunfall hat aber nicht zur Erhöhung des allgemein mit der Teilnahme am Verkehr verbundenen Risikos, einen Unfall zu erleiden, geführt. Diese Sicht der Dinge ändert sich, wenn der weitere Unfall auf die besondere Gefährlichkeit des durch den ersten Unfall induzierten Nottransports zurückzuführen ist. Im Grenzbereich zwischen allgemeinem Lebensrisiko und infolge der Erstverletzung gesteigertem Risiko liegt der vom Bundesgerichtshof[66] unter Adäquanzerwägungen entschiedene **Krückenfall**: Der Geschädigte hatte durch Verschulden eines anderen ein Bein verloren und trug seitdem eine Krücke. Bei Kriegsende geriet er als Zivilist mit seiner Familie unter Artilleriebeschuss. Während sich die übrigen Familienmitglieder durch Davonlaufen retten konnten, wurde der Beinamputierte von einem Granatsplitter tödlich getroffen. Der Bundesgerichtshof sah dies als inadäquate Folge des Unfalls an; andere sprechen – wohl mit Recht – von der Verwirklichung eines spezifischen durch den Unfall gesteigerten Risikos.[67]

Unfallbedingter Krankenhausaufenthalt und Krankenbehandlung bergen Gefahren in sich, die der Unfallverantwortliche dem Unfallopfer abnehmen muss. Jedoch ist auch hier darauf zu achten, dass die Haftung nur bei spezifischer Gefahrerhöhung eintritt. Sie liegt vor, wenn der Verletzte sich infiziert[68] oder fehlbehandelt[69] wird. Sie ist dagegen zu verneinen, wenn der Verletzte von seinem Zimmernachbarn verprügelt wird[70] oder Schäden durch ärztliche Eingriffe erleidet, die gar nicht auf die Beseitigung und Behandlung der Unfallverletzungen zielen: Wegen der Unfallverletzung muss die Bauchhöhle geöffnet werden. Dabei wird ein unfallunabhängiges „Meckelsches Divertikel" entdeckt, dessen – medizinisch indizierte – Entfernung zum Tode des Unfallopfers führt.[71] Oder der behandelnde Arzt empfiehlt dem Patienten, sich für die Zukunft gegen Tetanus impfen zu lassen. Die Impfung, die zur Behandlung der Unfallverletzung nicht gefordert ist, löst eine schließlich fatale Allergie aus.[72] Eine weitere Fallgruppe lässt sich dadurch kennzeichnen, dass durch das haftungsbegründende Ereignis eine dem Verletzten **schädliche Folge** ausgelöst wird, die der Verletzer aber auch **ohne das haftungsbegründende Ereignis** hätte auslösen dürfen. Solche Folgen braucht der Verletzer dem Verletzten nicht abzunehmen: Ein Autofahrer hat eine geringe Menge Alkohol getrunken. Er wird schuldlos in einen Unfall verwickelt, bei dem er verletzt wird. Der Röhrchentest fällt positiv aus. Sein Führerschein wird einbehalten, bis das gerichtsmedizinische Institut die Blutprobe ausgewertet hat und sich seine Unschuld herausstellt.[73] Der infolge des zeitweiligen Führerscheinverlustes eingetretene Vermögensschaden kann nicht beim Unfallverantwortlichen liquidiert werden. Denn er hätte auch ohne den Unfall auf den Alkoholgenuss mit den entsprechenden Folgen aufmerksam machen dürfen. Diese Erwägung trägt auch die grundlegende Entscheidung des Bundesgerichtshofs zur Schutzbereichslehre.[74] Einem Schrankenwärter der Bundesbahn war Licht genommen worden. Dies führte zu einem Verkehrsunfall, bei dem der Bundesbahnbedienstete eine Kopfverletzung erlitt. Die Behandlung seiner Kopfverletzung ergab, dass er – unfallunabhängig – an Hirnsklerose litt. Der Dienstherr pensionierte ihn daraufhin vorzeitig. Der Verletzer kann nicht auf Ausgleich der Mindereinnahmen in Anspruch genommen werden, weil die Entdeckung von Krankheiten ein allgemeines Lebensrisiko ist, das der Verletzer hier sogar vorsätzlich hätte realisieren dürfen.

Es gibt keinen allgemeinen Grundsatz, nach dem ein Schädiger dadurch entlastet wird, dass ein **Dritter** (und sei es auch vorsätzlich und rechtswidrig) zum Nachteil des Geschädigten **in den Kausalverlauf eingreift** und ohne Vorliegen der Rechtsgutsverletzung nicht eingegriffen hätte.[75] Den Vermögensverlust, den der bewusstlos Geschlagene dadurch erleidet, dass er im Zustand der Bewusstlosigkeit von

37

38

---

[66] BGH v. 24.04.1952 - III ZR 100/51 - NJW 1952, 1010-1011.
[67] *Kramer*, JZ 1976, 338-346, 344.
[68] RG v. 13.10.1922 - III 453/22 - RGZ 105, 264-266.
[69] RG v. 03.06.1921 - III 41/21 - RGZ 102, 230-231.
[70] Beispiel nach *Huber*, Festschrift für Eduard Wahl 1973, 301-337, 324.
[71] BGH v. 02.07.1957 - VI ZR 205/56 - BGHZ 25, 86-92.
[72] BGH v. 11.07.1963 - VII ZR 120/62 - BGHZ 40, 65-71.
[73] Beispiel nach *Huber*, Festschrift für Eduard Wahl 1973, 301-337, 322.
[74] BGH v. 07.06.1968 - VI ZR 1/67 - LM Nr. 26 zu § 823 (F) BGB.
[75] BGH v. 07.11.1978 - VI ZR 128/76 - BGHZ 72, 355-363.

einem Dritten bestohlen wird, hat der Schläger als zurechenbare Folge der Körperverletzung auszugleichen, weil dieser Schaden auf einer spezifischen vom Schutzbereich der Norm erfassten Gefahrerhöhung beruht.

39 Schwierigkeiten bereiten die Schadensentwicklungen, die zwar durch eine Rechtsgutverletzung ausgelöst, in ihrem Ausmaß allerdings Folge einer besonderen **Veranlagung oder Krankheit des Opfers** sind. Soll der Verletzer hier nur für den normalen Schaden haften, weil das besondere Ausmaß eine Realisierung des allgemeinen Lebensrisikos des besonders Veranlagten ist? Die Rechtsprechung hat dies seit jeher verneint und den Verletzer für alle Folgen haften lassen, denn er habe „kein Recht darauf, so gestellt zu werden, als ob er einen völlig gesunden Menschen verletzt habe".[76] Dies gilt auch für die je verschiedene Vermögensorganisation, die der Verletzer antrifft. Das wohl situierte und gut beschäftigte Unfallopfer belastet ihn mit einem höheren Schadensersatzanspruch wegen entgangenen Gewinns als der in seiner Arbeitsfähigkeit betroffene ungelernte Gelegenheitsarbeiter. Wer einen gewerblich genutzten Lkw beschädigt, muss auch für die schädlichen Folgen einstehen, die der besonderen finanziellen Situation des Geschädigten entspringen, der die Reparaturkosten nicht zahlen kann, keinen Kredit bekommt, den Lkw deshalb beim Reparaturunternehmer belassen muss und so schließlich zur Aufgabe seines Unternehmens gezwungen ist.[77] Was für die individuell geprägten Vermögenslagen recht ist, sollte für unterschiedliche physische und psychische Dispositionen billig sein. *Lange*[78] sieht Schwierigkeiten für die Durchführung dieser Regel, wenn es dem Opfer an einem Minimum an physischer oder psychischer Widerstandskraft gebricht: Ein normales Fluggeräusch führt dazu, dass Muttertiere von Silberfüchsen verwerfen oder ihre Welpen auffressen.[79] Ein Verkäufer tritt seinem Kunden, der an schweren arteriellen Störungen leidet, auf den Fuß. Das macht eine Beinamputation am Oberschenkel erforderlich.[80] Keiner dieser Fälle betrifft die im Rahmen der Haftungsausfüllung zu beantwortende Frage nach der Zurechnung von Folgeschäden. Die ersten beiden werfen das Problem der Zurechnung der Erstverletzung zu der Gefahr auf, um derentwillen die Haftung des Tierhalters bzw. der Luftgesellschaft begründet worden ist. Es spricht vieles dafür, schon die Haftungsbegründung zu verneinen, weil die Rechtsgutsverletzungen nicht auf dem spezifischen haftungsbewehrten Gefährdungspotential beruhen. Auch der dritte Fall hat seinen eigentlichen Problemschwerpunkt im Rahmen der Haftungsbegründung. Es geht darum, ob die Erstverletzung sorgfaltswidrig war. Im allgemeinen Gedränge muss man es hinnehmen, dass ein anderer einem auf den Fuß tritt. Sollte die Sorgfaltswidrigkeit zu bejahen sein, ist auch der Schaden zu ersetzen, der auf einer ungewöhnlichen Disposition des Verletzten beruht. Für eine Grenzziehung nach dem Minimum an physischer oder psychischer Widerstandskraft besteht bei der Haftungsausfüllung kein Anlass.

c. Schadensersatzverpflichtung ohne Rechtsgutsverletzung (Erfüllungs- und Vertrauensinteresse)

40 Die am Normzweck ausgerichtete Schutzbereichslehre entscheidet nicht nur darüber, ob die beim Anspruchsteller eingetretene vom Anspruchsgegner verursachte Rechtsgutsverletzung nach Gegenstand und Art eine Haftung des Anspruchsgegners begründet. Sie reicht auch in den Bereich der Haftungsausfüllung hinein, wo mit normativen Erwägungen solche Schäden aus der Haftung ausgenommen werden, in denen sich trotz der kausalen Verknüpfung mit der Rechtsgutsverletzung dennoch nur ein allgemeines Lebensrisiko verwirklicht. Die Zurechnung der Folgeschäden zur Rechtsgutsverletzung unterscheidet sich allenfalls dadurch von der Zurechnung der Rechtsgutsverletzung zur Haftungsnorm, dass diese auf Normspezifika ausgerichtet ist und deshalb je nach Norm unterschiedlich ausfallen kann, während jene für alle Haftungsnormen einheitlich gilt. Aber auch dieser Unterschied entfällt, wenn die Schadensersatzverpflichtung nicht an eine Rechtsgutsverletzung geknüpft ist. Dann nämlich scheiden spezifische Normzweckerwägungen erst und unmittelbar im Schadensbereich zwischen ersatzfähigen und nicht ersatzfähigen Schäden. Praktisch relevant wird dies insbesondere bei **vertraglichen Schadensersatzansprüchen**.[81] Sie können das **positive Interesse** des Gläubigers an der Erfüllung schützen und rechtfertigen dann das Verlangen, vermögensmäßig so gestellt zu werden, wie der Gläubiger stünde, wenn der Schuldner erfüllt hätte. Sie können aber auch das **negative Interesse** schützen und

---

[76] RG v. 29.04.1942 - VIII 12/42 - RGZ 169, 117-122.
[77] BGH v. 05.07.1963 - VI ZR 218/62 - VersR 1963, 1161-1163.
[78] *Lange*, JZ 1976, 198-207, 207.
[79] RG v. 29.10.1938 - II 178/37 - RGZ 159, 33-58.
[80] OLG Karlsruhe v. 25.01.1966 - 8 U 118/65 - VersR 1966, 741-742.
[81] Dazu einführend *Rüßmann*, JuS 2000, L36-L46.

dem Gläubiger als Schadensersatz nur das gewähren, was ihm im Vertrauen auf die Gültigkeit etwa einer Willenserklärung verloren gegangen ist. Sie können schließlich das **Integritäts-(Erhaltens-)Interesse** schützen und gewähren dann Ausgleich für die Einbußen, die der Gläubiger an seinen Rechts- und Vermögensgütern erlitten hat. Wichtig ist, dass der Bestandteil eines bestimmten Interesses nur verfolgt werden kann, wenn der entsprechende Haftungstatbestand verwirklicht ist.[82] Welches Interesse geschützt wird, muss im Zusammenhang mit der jeweiligen Haftungsnorm geklärt werden.[83] Werden zweckgebundene, öffentliche Mittel infolge falscher Angaben an einen Empfänger ausbezahlt, der nicht zur begünstigten Bevölkerungsgruppe gehört, so sieht der Bundesgerichtshof – ohne dass die Differenzhypothese vordergründig zu einem rechnerischen Schaden führt – unter Rückgriff auf Schutzzweckgesichtspunkte einen Schaden bereits in der Verringerung zweckgebundener Mittel, ohne dass der erstrebte Zweck erreicht wird.[84]

3. Das Fehlen der Kausalverknüpfung

Der umfassende Geltungsanspruch der Normzweck- und Schutzbereichslehre sollte nicht dazu verführen, sie auch dort heranzuziehen, wo simple **Kausalitätserwägungen** ausreichen, um einen geltend gemachten Schaden aus der Ersatzpflicht auszuscheiden. Im „leading case" zur Schutzbereichslehre[85] begehrt der bei einem Verkehrsunfall verletzte Motorradfahrer nicht deshalb vergeblich den Ersatz der Strafverteidigungskosten, weil diese außerhalb des Schutzbereichs der in § 823 Abs. 1 BGB geschützten Rechtsgüter Gesundheit und Eigentum liegen (so der Bundesgerichtshof), sondern weil sie gar nicht durch die entsprechenden Rechtsgutsverletzungen verursacht sind[86]. Die Rechtsgutsverletzungen lassen sich hinwegdenken, ohne dass der Strafprozess und die durch ihn entstandenen Kosten entfallen.[87] Hier fuhr der Kläger bei Schneeglätte mit seinem Pkw auf einen anderen Pkw auf. Sein Haftpflichtversicherer ersetzte den Schaden an dem anderen Pkw. Mit der Behauptung, die beklagte Stadtgemeinde habe die Unfallstelle nicht gestreut, verlangte der Kläger Schadensersatz dafür, dass er von seiner Haftpflichtversicherung in eine ungünstigere Beitragsklasse zurückgestuft wurde und dadurch einen Schadenfreiheitsrabatt verlor – vergeblich, denn dieser Verlust beruht nicht auf der vom Bundesgerichtshof für die Haftungsbegründung verlangten Eigentumsverletzung.

41

4. Alternative (hypothetische) Kausalverläufe

a. Die Unausweichlichkeit hypothetischer Erwägungen

Hypothetische Erwägungen sind in jeder Schadensermittlung angelegt, die zwei Zustände miteinander vergleicht und die festgestellten Unterschiede auf ein haftbar machendes Ereignis zurückführt. Selbst wer[88] die Schadensermittlung nach der Differenzhypothese ablehnt und beim Vermögensabfluss (damnum emergens) lediglich die realen Zustände vor und nach dem Ersatzereignis vergleichen will, muss spätestens dann hypothetische Erwägungen anstellen, wenn er die reale Zustandsverschlechterung dem haftbar machenden Ereignis zurechnet. Der Schaden in der Erscheinungsform des nicht realisierten Gewinns kann ohnehin nur hypothetisch ermittelt werden.[89] Vollends auf hypothetische Erwägungen verwiesen ist, wer – wie hier vorgeschlagen – in einem bestimmten Zeitpunkt nach dem Haftpflichtereignis den realen Vermögensstand des Berechtigten mit dem Vermögensstand vergleicht, „der bestehen würde, wenn der zum Ersatze verpflichtende Umstand nicht eingetreten wäre" (§ 249 Abs. 1 BGB). Diese Regelung scheint die Berücksichtigung alternativer, hypothetischer Kausalverläufe zu gebieten. Dabei sind alternative, hypothetische Kausalverläufe dadurch gekennzeichnet, dass sie denselben Vermögensabfluss bewirkt bzw. denselben Vermögenszufluss verhindert hätten wie das Haftpflichtereignis, das ihnen „zuvorgekommen" ist.

42

---

[82] Vgl. *Keuk*, Vermögensschaden und Interesse, 1972, S. 163.
[83] Vgl. *Rengier*, Die Abgrenzung des positiven Interesses vom negativen Vertragsinteresse und vom Integritätsinteresse, 1977.
[84] BGH v. 21.12.2004 - VI ZR 306/03 - BGHZ 161, 361-371.
[85] BGH v. 22.04.1958 - VI ZR 65/57 - BGHZ 27, 137-143.
[86] So *Schmidt*, Grundlagen des Haftungs- und Schadensrechts, 1974, § 10 II; differenzierend *Schulin*, Der natürliche - vorrechtliche - Kausalitätsbegriff im zivilen Schadensersatzrecht, 1976, S. 127 ff.
[87] Ein Beispiel für das korrekte Ausscheiden eines Schadens mit Hilfe von Kausalitätserwägungen findet sich in BGH v. 14.06.1976 - III ZR 35/74 - BGHZ 66, 398-400.
[88] Wie *Keuk*, Vermögensschaden und Interesse, 1972, S. 17.
[89] So auch *Keuk*, Vermögensschaden und Interesse, 1972, S. 17.

§ 249

b. Die Rechtsprechung zur hypothetischen Kausalität

43 Die **Rechtsprechung** lehnt die uneingeschränkte Berücksichtigung alternativer Kausalverläufe ab.[90] Schon das Reichsgericht entschied, dass ein einmal eingetretener Schaden durch ein späteres Ereignis nicht mehr berührt werde, auch wenn dieses Ereignis zu demselben Schaden geführt hätte.[91] Eine Ausnahme machte es lediglich, wenn im Falle der Erwerbsbeeinträchtigung ersatzweise eine Rente zu leisten war. Hier sollte das zweite, durch das erste nicht bedingte Ereignis, das ebenfalls zu einer Beeinträchtigung der Erwerbsfähigkeit geführt hätte, die Rentenzahlungspflicht aus dem ersten Ereignis beenden. Der Bundesgerichtshof hat Richtlinien entwickelt, die zu ähnlichen Ergebnissen führen.[92] Bei Ersatzansprüchen für die Zerstörung einer Sache hält er Umstände, die später denselben Erfolg herbeigeführt hätten, für „unerheblich, weil mit dem Eingriff sogleich der Anspruch auf Schadensersatz entstanden war und das Gesetz den späteren Ereignissen keine schuldtilgende Kraft beigelegt hat". Dagegen seien spätere Ereignisse und ihre hypothetische Einwirkung auf den Ablauf der Dinge von Bedeutung für die Berechnung entgangenen Gewinns, die Ermittlung des Schadens aus fortwirkenden Erwerbsminderungen oder dem Ausfall ähnlicher lang dauernder Vorteile. Schließlich möchte der Bundesgerichtshof solche Umstände berücksichtigt wissen, „die bereits bei dem Eingriff vorlagen und notwendig binnen kurzem denselben Schaden verursacht hätten, weil derartige Umstände den Wert der Sache bereits im Augenblick des Eingriffs gemindert" hätten (**Anlagefälle**). Soll eine Pflichtverletzung in der Unterlassung einer Handlung liegen, so trägt grundsätzlich der Geschädigte die Darlegungs- und Beweislast für die Kausalität des Verhaltens. Daher kommt der hypothetische Kausalverlauf bei rechtmäßigem Alternativverhalten erst dann zum Tragen, wenn die Ursächlichkeit der Alternativhandlung für den behaupteten Schaden festgestellt und somit auch die Haftung gegeben ist.[93]

c. Der gegliederte Schadensbegriff

44 In der **Literatur** votieren nur wenige **für die uneingeschränkte Berücksichtigung** alternativer, hypothetischer Kausalverläufe.[94] Die überwiegende Meinung folgt mit je abweichenden Begründungen dem Bundesgerichtshof und belebt im Ergebnis den **gegliederten Schadensbegriff** des Gemeinen Rechts. Unter Berufung auf den Rechtsverfolgungsgedanken wird der (unmittelbare) **Objektschaden** gegen hypothetische Kausalverläufe immunisiert, während man bei (mittelbaren) **Vermögensfolgeschäden** – das sind insbesondere die nicht realisierten Gewinne – alternative Kausalverläufe schadensmindernd berücksichtigt.[95] Sämtliche Differenzierungen, die Rechtsprechung und Literatur zur Berücksichtigung hypothetischer Kausalverläufe vorschlagen, finden keinen Rückhalt im Gesetz. Es mag dahinstehen, ob das Gesetz die uneingeschränkte Berücksichtigung hypothetischer Schadensursachen anordnet.[96] Jedenfalls steht deren Nichtberücksichtigung im **Widerspruch zur Ausgleichsfunktion** des Schadensrechts und muss deshalb abgelehnt werden. Die Bestrafung pflichtwidrigen Verhaltens ist nicht Aufgabe des zivilistischen Schadensrechts, mögen auch die Gerichte bisweilen andere Tendenzen erkennen lassen. Soweit etwa pflichtgemäßes Alternativverhalten (relevant allein bei Unrechtshaftungen) zu demselben Schaden geführt hätte, verpflichtet das pflichtwidrige Verhalten nicht zum Schadensersatz.[97] Wo dennoch Schadensersatz gewährt wird – wie in einem Urteil des BAG vom 31.10.1958[98] wegen des 1956 einige Tage vor Ablauf der Friedenspflicht ausgerufenen Streiks in der Metallindustrie Schleswig-Holsteins – findet nicht Ausgleich, sondern (unzulässige) Bestrafung statt.

---

[90] Überblick *Grüneberg* in: Palandt, Vorbem. vor § 249 Rn. 55-63.

[91] RG v. 13.07.1933 - VIII 106/33 - RGZ 141, 365-370; RG v. 03.03.1934 - V 360/33 - RGZ 144, 80-86; RG v. 26.06.1940 - II B 3/40 - RGZ 164, 177-185.

[92] BGH v. 22.01.1959 - III ZR 148/57 - BGHZ 29, 207-216.

[93] BHG v. 07.02.2012 - VI ZR 63/11 - juris Rn. 13 - VersR 2012, 491-493.

[94] *Caemmerer*, Das Problem der überholenden Kausalität im Schadensersatzrecht, 1962; *Lemhöfer*, JuS 1966, 337-344; *Lange/Schiemann*, Schadensersatz, 3. Aufl. 2003, § 4; *Oetker* in: MünchKomm-BGB, § 249 Rn. 207; *Schmidt*, Grundlagen des Haftungs- und Schadensrechts, 1974, § 10 IV 3.

[95] Vgl. insb. differenzierend *Larenz*, Schuldrecht, Band I: Allgemeiner Teil, 14. Aufl. 1987, § 30 I; *Grüneberg* in: Palandt, Vorbem. vor § 249 Rn. 55 ff.; *Keuk*, Vermögensschaden und Interesse, 1972, S. 89 ff.

[96] So *Lemhöfer*, JuS 1966, 337-344.

[97] BGH v. 07.02.1984 - VI ZR 174/82 - BGHZ 90, 103-113; BGH v. 25.11.1992 - VIII ZR 170/91 - LM BGB § 249 (E) Nr. 16 (6/1993); BGH v. 26.10.1999 - X ZR 30/98 - LM VOB Teil A Nr. 27 (4/2000).

[98] BAG v. 31.10.1958 - 1 AZR 632/57 - NJW 1959, 356.

d. Echte hypothetische Kausalität und doppelte (reale) Kausalität

Einen neuen Akzent[99] hat *Schulin*[100] in die Diskussion um die Berücksichtigung alternativer Kausalverläufe gebracht. *Schulin* unterscheidet zwischen **echter hypothetischer Kausalität** und **doppelter (realer) Kausalität**. Echte hypothetische Kausalität nimmt er an, wenn eine weitere Kausalkette nur deshalb die Zustandsveränderung nicht herbeigeführt hat, weil diese schon auf Grund einer anderen Kausalkette eingetreten war. Die echte hypothetische Kausalität entlastet den aus der anderen Kausalkette an sich Haftpflichtigen, soweit die weitere Kausalkette nicht einen Ersatzanspruch gegen einen Dritten ausgelöst hätte. Dies entspricht der Schadensermittlung nach der Differenzhypothese. Von doppelter Kausalität spricht *Schulin*[101], wenn zwei voneinander unabhängige Kausalketten gleichzeitig hinreichende Bedingungen für den Eintritt einer nachteiligen Zustandsveränderung sind. In solchen Fällen sollen die haftpflichtigen Urheber der unabhängigen Kausalketten als Gesamtschuldner haften.[102] Löst dagegen eine der unabhängigen Kausalketten keine Haftpflicht aus, soll der aus der anderen Kausalkette Haftpflichtige nicht frei ausgehen, sondern lediglich vermindert (seinem Anteil entsprechend) haften.

Die abstrakten Unterscheidungen lassen sich an einem **Beispiel** veranschaulichen, das auch ihre Kritikwürdigkeit deutlich macht: Ein professioneller Fußballspieler verliert durch ein von A zu vertretendes Haftpflichtereignis sein rechtes Bein. A muss dem Profi die entgehenden Einkünfte ersetzen. Hätte nun eine zweite Kausalkette ebenfalls zum Verlust des rechten Beins geführt (echte hypothetische Kausalität), brauchte A nur dann noch weiter zu zahlen, wenn die zweite Kausalkette die (nun nicht eintretende) Ersatzpflicht eines Dritten ausgelöst hätte. Andernfalls wird A frei. Verliert dagegen der Profi aufgrund einer zweiten Kausalkette sein linkes Bein, so sind die unabhängig voneinander eintretenden Beinverluste je für sich hinreichende Bedingungen für das Ausbleiben der lukrativen Profieinkünfte (doppelte Kausalität). Die herrschende Meinung entscheidet hier wie bei hypothetischer Kausalität; anders *Schulin*:[103] Ist ein Dritter verantwortlich für den Verlust des linken Beins, haftet zwar A weiter für die entgehenden Einkünfte, kann aber den Dritten im Wege des Gesamtschuldregresses auf dessen Anteil in Anspruch nehmen. Ist niemand für den Verlust des linken Beins verantwortlich, so wird A nicht frei, sondern muss von nun an in Höhe seines Anteils (im Zweifel zur Hälfte) die dem Profi entgehenden Einkünfte ersetzen.

Beide Abweichungen von der herrschenden Meinung sind nicht gerechtfertigt. Die zweite verfehlt den Ausgleichszweck des Schadensrechts, weil sie Ersatzansprüche auch dort gewährt, wo das Schicksal dem Profi die Einkünfte ohnehin genommen hätte. Dieser Vorwurf trifft die erste Abweichung nicht. Sie beruht indessen auf einer nicht begründeten Abkehr von dem das Haftpflicht- und Schadensrecht sonst beherrschenden Grundsatz, die Ersatzpflicht zum Vorteil wie zum Nachteil des Ersatzpflichtigen an die konkrete Lage des Ersatzberechtigten anzuknüpfen. Der für den Verlust des linken Beins Verantwortliche traf halt keinen Fußballprofi, sondern schon einen Beinamputierten an. Den Fußballprofi traf allein A. Er hat auch die Gesamtbelastung über das Eingreifen der zweiten Kausalkette hinaus zu tragen, soweit wegen dieser ein Dritter ersatzpflichtig geworden wäre. Die von *Schulin* favorisierte Gesamtschuldlösung greift allein dort, wo zwei oder mehrere Kausalketten hinreichende Bedingungen für die haftpflichtauslösende Erstverletzung sind – ein Problem der Haftungsbegründung. Im Bereich der Haftungsausfüllung und Schadensermittlung besteht kein Anlass, für die Behandlung alternativer, hypothetischer und doppelter Kausalität von der **konsequenten Durchführung der Differenzhypothese** abzugehen. Wurde ein Grundstück durch verschiedene Ereignisse kontaminiert, so ist die erforderliche Bodensanierung auch dann als durch jedes der Ereignisse verursacht anzusehen, wenn sich alle vorhandenen Schadstoffbelastungen ohne zusätzlichen Aufwand mit derselben Sanierungsmethode beseitigen lassen.[104] In den Kausalitätserwägungen zutreffend hat der Bundesgerichtshof entschieden, dass der Zurechnungszusammenhang der Haftung eines Rechtsanwalts, der durch pflichtwidrige Untätigkeit

---

[99] Mit zum Teil schon von *Bydlinski*, Probleme der Schadensverursachung, 1964, S. 65 ff. vorgeschlagenen Rechtsfolgen.
[100] *Schulin*, Der natürliche – vorrechtliche – Kausalitätsbegriff im zivilen Schadensersatzrecht, 1976, S. 170 ff.
[101] *Schulin*, Der natürliche – vorrechtliche – Kausalitätsbegriff im zivilen Schadensersatzrecht, 1976.
[102] So schon *Bydlinski*, Probleme der Schadensverursachung, 1964, S. 114.
[103] *Schulin*, Der natürliche – vorrechtliche – Kausalitätsbegriff im zivilen Schadensersatzrecht, 1976, S. 195 ff.
[104] BGH v. 07.05.2004 - V ZR 77/03 - NJW 2004, 2526.

verursacht, dass ein Anspruch des Mandanten verjährt, den er durchzusetzen beauftragt war, nicht dadurch unterbrochen wird, dass der Mandant später einen anderen Anwalt beauftragt, der es fahrlässig versäumt, noch rechtzeitig den Eintritt der Verjährung zu vermeiden.[105]

5. Vorteilsausgleichung

48 Das zum Schadensersatz verpflichtende Ereignis kann dem Geschädigten auch **Vorteile** bringen, wenn durch es dem Geschädigten Vermögen zufließt oder ein Vermögensabfluss verhindert wird. Eine konsequent nach der Differenzhypothese durchgeführte Schadensermittlung stellt solche Vorteile ebenso schadensmindernd oder gar schadensaufhebend in Rechnung wie hypothetisch gebliebene Reserveursachen. Diese Konsequenz wird indessen von niemandem durchgehalten, obwohl es in den Motiven zum BGB[106] als selbstverständlich bezeichnet wird, dass, „wenn aus ein und derselben Maßregel oder einem Komplex von Maßregeln, für welchen dieselbe Person einzustehen hat, schädliche und nützliche Folgen entstanden sind, diese nicht voneinander getrennt werden dürfen, sondern auf das Gesamtresultat gesehen werden muss".

a. Die Kriterien der Rechtsprechung

49 Die **Rechtsprechung** knüpft die Anrechnung von Vorteilen an mehrere Voraussetzungen.[107] Zum einen sollen nur **adäquat verursachte Vorteile** angerechnet werden können;[108] zum anderen muss die Anrechnung des Vorteils „dem **Zweck des Schadensersatzes** entsprechen" und darf nicht „zu einer unbilligen Entlastung des Schädigers führen".[109] Das drückt der Bundesgerichtshof auch so aus, dass Vor- und Nachteile bei wertender Betrachtung gleichsam zu einer Rechnungseinheit verbunden sein müssten.[110] Keine dieser Voraussetzungen ist jedoch geeignet, das Anrechnungsproblem zu lösen. Die Adäquanz ist ein – zudem noch überholter – Maßstab für die Zurechnung von Nachteilen zum Verantwortungsbereich des Ersatzpflichtigen; die Frage nach der schadensmindernden Berücksichtigung von Vorteilen im Bereich des Geschädigten hat damit nicht das Geringste zu tun.[111] Der Schadensersatz hat sodann keinen anderen Zweck als den, dem Betroffenen den Schaden abzunehmen. Dieser Zweck gibt kein Kriterium für differenzierte Lösungen ab, weil entweder die Entscheidung über den Vorteilsausgleich erst den Schaden bestimmt und so das Kriterium in jedem Fall erfüllt ist, oder weil nur die Anrechnung dem Ausgleichszweck des Schadensrechts Rechnung trägt, während der versagte Vorteilsausgleich immer zu einer Bereicherung des Geschädigten führt. Der Verweis auf eine unbillige Entlastung des Schädigers birgt schließlich die Gefahr, „dem Sanktionsgedanken dort Raum zu geben, wo der Ausgleichsgedanke eine Belastung des Haftpflichtigen nicht mehr trägt".[112] Die **Verbindung zu einer Rechnungseinheit** ist ein schönes Bild. Die Gründe für die Anrechnung bleiben hinter dem Bild verborgen. Wenn überhaupt Vorteile nicht angerechnet werden sollen, verspricht allein eine Analyse der je in Rede stehenden Vorteile Kriterien für eine begründete Nichtanrechnung.[113] Zuvor bedarf es jedoch noch einer Verständigung darüber, wann sich die Frage nach dem Vorteilsausgleich überhaupt stellt.

b. Vorteilsausgleich und Regresskonstruktionen

50 Man sollte sich daran gewöhnen, die Frage nach dem **Vorteilsausgleich nur dort** zu stellen, **wo** der durch das Haftpflichtereignis bedingte **Vorteil dem Geschädigten ohne eine Anrechnung** zugunsten des Schädigers **endgültig verbleiben würde**. Damit fallen alle die Fälle aus dem Problembereich des Vorteilsausgleichs heraus, in denen Dritte den Schaden beim Geschädigten ausgleichen und dafür über unterschiedliche Regresskonstruktionen der Anspruch gegen den Schädiger zugewiesen bekommen.[114] Die Frage nach dem Vorteilsausgleich würde sich erst dann stellen, wenn die legalen und dogmatischen

---

[105] BGH v. 07.04.2005 - IX ZR 132/01 - NJW-RR 2005, 1146.
[106] Motive, Bd. II, S. 19.
[107] BGH v. 29.11.1977 - VI ZR 177/76 - LM Nr. 22 zu § 249 (Cb) BGB.
[108] BGH v. 15.01.1953 - VI ZR 46/52 - BGHZ 8, 325-330; BGH v. 15.11.1967 - VIII ZR 150/65 - BGHZ 49, 56-64.
[109] BGH v. 22.09.1970 - VI ZR 28/69 - JZ 1971, 657-659.
[110] BGH v. 17.05.1984 - VII ZR 169/82 - BGHZ 91, 206-217.
[111] Nach der eingehenden Begründung von *Cantzler*, AcP 156, 29-59, 29 ff., 45 ff. heute herrschende Meinung in der Literatur.
[112] *Schmidt*, Grundlagen des Haftungs- und Schadensrechts, 1974, § 10 V 2.
[113] In der Tendenz ähnlich *Loritz/Wagner*, ZfIR 2003, 753-763.
[114] Ähnlich *Lange/Schiemann*, Schadensersatz, 3. Aufl. 2003, § 9 III 4.

Regresskonstruktionen aufgegeben würden. Das ist indessen – trotz der rechtspolitischen Fragwürdigkeit der Regressanweisungen – unerfülltes politisches Programm. Die verbleibenden Fälle sind dadurch gekennzeichnet, dass der Geschädigte mit dem Haftpflichtereignis besser gestellt wäre als ohne das Haftpflichtereignis, wenn die Anrechnung des Vorteils versagt würde. Für sie bietet sich eine weitere **Differenzierung nach selbständigen und unselbständigen Vorteilen** an.

c. Unselbständige und selbständige Vorteile

Die **unselbständigen Vorteile** fließen dem Geschädigten **durch** die **Schadensbehebung** zu: Der Geschädigte spart Lebenshaltungskosten während des vom Schädiger bezahlten Krankenhaus- oder Kuraufenthalts;[115] für die Dauer der Mietwagennutzung entfallen Pflege- und Erhaltungskosten auf das eigene Fahrzeug;[116] in die beschädigte Sache werden neue Teile eingefügt, die die Lebensdauer verlängern und so den Wert steigern;[117] der Geschädigte erhält ein längerfristiges Nutzungspotenzial, weil die beschädigte Sache nicht repariert, sondern zur Herstellung eine neue Sache geliefert wird. Verbleibt durch die Neulieferung beim Geschädigten eine messbare Vermögensmehrung, die sich auf sein Vermögen günstig auswirkt, so müssen die Vorteile, die der Geschädigte durch die neue Sache gegenüber dem Wert der alten Sache im unbeschädigten Zustand erlangt, ausgeglichen werden, sog. **Abzug „neu für alt"**.[118] Ein solcher Abzug setzt voraus, dass durch die neue Sache ein messbarer Vermögensvorteil entsteht; dies ist bspw. der Fall, wenn die neue Sache eine signifikant höhere Lebensdauer besitzt als die alte.[119] Der Ausgleich mindert den Anspruch indessen nicht von vornherein, sondern nur, sofern eine Anrechnung für den Geschädigten zumutbar ist und nicht gegen rechtliche Wertungen verstößt.[120] Im Interesse eines effektiven Rechtsgüterschutzes ist die Restitution beim Geschädigten vorrangig. Erst wenn sie gesichert ist, kommt der Ausgleich der unselbständigen, restitutionsbedingten Vorteile zum Zuge. Eventuelle Liquiditätsschwierigkeiten des Geschädigten gehen somit zu Lasten des Schädigers und hindern auf keinen Fall die effektive Restitution.[121]

Wurde ein Grundstück durch verschiedene Ereignisse kontaminiert, so ist die erforderliche Bodensanierung auch dann als durch jedes der Ereignisse verursacht anzusehen, wenn sich alle vorhandenen Schadstoffbelastungen ohne zusätzlichen Aufwand mit derselben Sanierungsmethode beseitigen lassen. Hat der Verkäufer in diesem Fall aus einem der Ereignisse herrührende Schadstoffbelastung arglistig verschwiegen, während die weitere Kontamination einem Gewährleistungsausschluss unterfällt, muss sich der Käufer den mit der Ersatzleistung verbundenen Vorteil, auch von den Folgen des dem Gewährleistungsausschluss unterfallenden Mangels entlastet zu werden, nicht durch einen Abzug „neu für alt" anrechnen lassen.[122] Auch nach dem OLG Frankfurt kann ein Abzug „neu für alt" von den Kosten der Beseitigung arglistig verschwiegener Mängel im Einzelfall aus Billigkeitsgründen ausscheiden (hier: Hausbockschaden an etwa 100 Jahre altem, 1998 für 830.000 DM verkauftem Haus).[123]

Die Frage nach dem von vornherein anspruchsmindernden Ausgleich stellt sich nur bei den **selbständigen Vorteilen**, die sich nicht der Schadensbehebung, sondern allein dem Haftpflichtereignis verdanken. Beruht ein selbständiger Vorteil darauf, dass das Haftpflichtereignis die Realisierung eines Vermögensabflusses verhindert hat, so ist dieser Vorteil anzurechnen, wenn nicht der verhinderte Vermögensabfluss anderwärts kompensiert worden wäre. Hier zeigen sich Parallelen zu den Fällen der hypothetischen Kausalität. Weitaus häufiger tritt indessen der selbständige Vorteil nicht als verhinderter (und im Falle der Realisierung kompensationsloser) Vermögensabfluss, sondern als durch das Haftpflichtereignis realisierter Vermögenszufluss auf. Beruht nun der Vermögenszufluss nicht auf der Leistung eines Dritten, sondern stellt er sich quasi von selbst ein, so ist er anzurechnen unabhängig vom

---

[115] KG Berlin v. 23.10.1975 - 12 U 1278/75 - MDR 1976, 400.
[116] BGH v. 10.05.1963 - VI ZR 235/62 - LM Nr. 14 zu § 249 (Cb) BGB.
[117] KG Berlin v. 05.11.1970 - 12 U 724/70 - NJW 1971, 142.
[118] Das OLG Koblenz erstreckt den Abzug „Neu für Alt" auch auf Arbeiten und Zusatzleistungen, die zur Herbeiführung der Verwendungsfähigkeit der neuen Sache erforderlich sind (OLG Koblenz v. 26.06.2003 - 5 U 192/03 - WuM 2003, 445-447).
[119] *Rixecker* in: Geigel, Der Haftpflichtprozess, 24. Aufl. 2004, Kap. 9 Rn. 41.
[120] BGH v. 24.03.1959 - VI ZR 90/58 - NJW 1959, 1078-1079.
[121] Ebenso *Esser/Schmidt*, Schuldrecht AT, Teilband 2, 8. Aufl. 2000, § 33 V 2 a; *Lange/Schiemann*, Schadensersatz, 3. Aufl. 2003, § 6 V 3.
[122] BGH v. 07.05.2004 - V ZR 77/03 - NJW 2004, 2526.
[123] OLG Frankfurt v. 17.11.2004 - 1 U 142/01 - OLGR Frankfurt 2005, 61.

„unlösbaren inneren Zusammenhang", den *Thiele*[124] fordert, aber nicht juristisch operationalisieren kann. Entlastend wirken deshalb der durch die Zerstörung eines alten Schreibtisches entdeckte Schatz[125], die mit der Zerstörung eines unter Denkmalschutz stehenden Hauses eintretende Wertsteigerung des Grundstücks[126], der Anfall der Erbschaft einschließlich des Stammkapitals, wenn der Begünstigte sonst gar nicht Erbe geworden wäre oder der entgangene Unterhalt schon früher aus dem Stammkapital bestritten wurde, allein die aus dem Stammkapital fließenden Erträgnisse, wenn das Stammkapital später ohnehin geerbt worden wäre[127] und der entgangene Unterhalt aus anderen Mitteln bestritten wurde. Auch Steuervorteile sind grundsätzlich anzurechnen.[128] Das Landgericht Kaiserslautern sah in den Umsatzsteuereinnahmen einen Vorteil der Bundesrepublik Deutschland, sodass bei Schadensersatzansprüchen der Bundesrepublik Deutschland der Schädiger die in der Rechnung enthaltene Umsatzsteuer nicht bezahlen müsse. Dem ist der Bundesgerichtshof nicht gefolgt und hat festgehalten: Zahlt die zuständige Behörde wegen der Reparatur einer Schutzplanke der Bundesautobahn Umsatzsteuer an eine Fachfirma, steht ihr ein Schadensersatzanspruch auch in Höhe des der Bundesrepublik Deutschland zufallenden Umsatzsteueranteils zu.[129] Sämtliche Entscheidungen ergeben sich insoweit aus einer sorgfältigen Schadensermittlung nach der Differenzhypothese. Die wenigen Fälle, in denen eine Vernachlässigung der Differenzhypothese angezeigt ist, liegen im einzig noch offenen Bereich jener durch das Haftpflichtereignis bedingten Vorteile, die auf Fremd- und Eigenleistungen beruhen.

54 Bei der Berechnung der Gebrauchsvorteile im Rahmen von rückabzuwickelnden Grundstückskaufverträgen kann hinsichtlich des Wertes, den der Gebrauch einer Immobilie gewährt, in der Regel auf den üblichen Miet- oder Pachtzins abgestellt werden; dies gilt jedoch nicht, sofern der Käufer den Schadensersatz auf die Rückabwicklung des Leistungsaustauschs (Immobilie gegen Kaufpreis) und Erstattung der Vertragsnebenkosten beschränkt; in letzterem Fall kommt lediglich eine Anrechnung der ersparten Abnutzung eines andernfalls erworbenen Leistungsgegenstandes in Betracht.[130] Durch eine Vermietung erzielte Einnahmen sind jedenfalls anzurechnen.[131] Mit der Schadensberechnung und Vorteilsausgleichung beim Schadensersatzanspruch gegen die kreditgebende Bank bei sittenwidriger Übervorteilung des Darlehensnehmers und Erwerbers durch Täuschung über die Werthaltigkeit der Immobilie setzt sich das OLG Karlsruhe instruktiv auseinander.[132]

d. Freiwillige Leistungen Dritter

55 **Freiwillige Leistungen Dritter** geben in aller Regel keinen Anlass zur Vorteilsausgleichung. Dies gründet in der Zweckbestimmung, die der Dritte seiner Leistung an den Geschädigten gibt. Will er für den Schädiger eintreten, so liegt eine nach § 267 BGB zu beurteilende Leistung vor, derentwegen der Dritte den Schädiger nach den Regeln der Geschäftsführung ohne Auftrag oder des Bereicherungsrechts in Regress nehmen kann. Die Regresskonstruktion nimmt den Fall aus dem Problembereich der Vorteilsausgleichung heraus. Will der Dritte dagegen nur dem Geschädigten einen Vorteil zuwenden, so soll sich der Geschädigte dieses Vorteils erfreuen und zusätzlich (über den vermögensmäßigen Ausgleich hinaus) beim Schädiger liquidieren dürfen. Nicht anzurechnen sind daher z.B. der Ertrag einer Sammlung für den Geschädigten,[133] freiwillige Zuwendungen des Arbeitgebers an Arbeitnehmer,[134] freiwillige Unterhaltsleistungen,[135] Zuwendungen aus dem Bundeshaushalt[136].

---

[124] *Thiele*, AcP 1967, 193-240, 201.
[125] Beispiel nach *Schulin*, Der natürliche – vorrechtliche – Kausalitätsbegriff im zivilen Schadensersatzrecht, 1976, S. 165.
[126] Beispiel nach *Thiele*, AcP 1967, 193-240, 207.
[127] BGH v. 15.01.1953 - VI ZR 46/52 - BGHZ 8, 325-330.
[128] BGH v. 18.12.1969 - VII ZR 121/67 - BGHZ 53, 132-138; BGH v. 24.09.1985 - VI ZR 65/84 - LM Nr. 12 zu § 249 (A) BGB; *Kullmann*, VersR 1993, 385-392.
[129] BGH v. 14.09.2004 - VI ZR 97/04 - NJW 2004, 3557 im Anschluss an LG Kaiserslautern v. 16.03.2004 - 1 S 197/03 - DAR 2004, 275; hierzu kritisch *Halm*, DAR 2005, 20-21.
[130] BGH v. 31.03.2006 - V ZR 51/05 - NJW 2006, 1582-1585.
[131] BGH v. 09.02.2006 - VII ZR 228/04 - BauR 2006, 828-829.
[132] OLG Karlsruhe v. 18.05.2004 - 17 U 186/02 - OLGR Karlsruhe 2004, 448-453.
[133] RG v. 02.08.1935 - III 298/34 - RG JW.
[134] BGH v. 17.06.1953 - VI ZR 113/52 - BGHZ 10, 107-111.
[135] RG v. 17.01.1918 - VI 388/17 - RGZ 92, 57-60; BGH v. 17.10.1972 - VI ZR 111/71 - VersR 1973, 84.
[136] BGH v. 04.04.2000 - XI ZR 48/99 - BGHZ 144, 151-160.

e. Erfüllungsleistungen Dritter

Leistungen Dritter, auf die der Geschädigte einen Anspruch hatte, wirken sich unterschiedlich auf die Schadensersatzverpflichtung des Schädigers aus. Handelt es sich um **Unterhaltsleistungen**, so bestimmt schon § 843 Abs. 4 BGB, dass diese dem Schädiger nicht zugutekommen sollen. Nach richtiger Ansicht stehen Unterhaltspflicht und Schadensersatzpflicht im Gesamtschuldverhältnis zueinander, so dass schon über die Regressanordnung des § 426 BGB diese Fälle aus dem Problembereich der Vorteilsausgleichung herausgenommen sind. Bei **Versicherungsleistungen** ist auf das zugrunde liegende Versicherungsverhältnis zurückzugreifen. Unfallversicherungen werden nicht schadensmindernd in Rechnung gestellt, um nicht Prämienaufwendungen des Geschädigten für die Unfallversicherung zu Beiträgen für eine Haftpflichtversicherung des Schädigers werden zu lassen.[137] Der Gedanke greift nicht bei der Insassenunfallversicherung, für die gerade der Schädiger die Prämien aufgebracht hat. Deren Leistungen an den Geschädigten sind zugunsten des Schädigers anzurechnen.[138] Lebensversicherungen führen nicht zur Kürzung des Schadensersatzanspruchs wegen entgangenen Unterhalts, wenn die Versicherungssumme dem Berechtigten später ohnehin zugefallen wäre. Die wegen der vorzeitigen Auskehrung der Versicherungssumme anfallenden Erträgnisse werden auch dann nicht angerechnet, wenn der Getötete eine Mischversicherung (Spar- und Risikoversicherung) genommen hatte, welche auch beim Erreichen eines bestimmten Alters ausgezahlt worden wäre.[139] Im Bereich der Schadensversicherungen scheidet eine Vorteilsanrechnung aus, da ansonsten die Legalzession des § 86 Abs. 1 VVG (§ 67 Abs. 1 Satz 1 VVG a.F.) zugunsten des Versicherers leer liefe.[140]

f. Eigenleistungen des Geschädigten

Nicht nur Drittleistungen, sondern auch **Eigenleistungen** können dem Geschädigten zum Vorteil gereichen, sei es, dass der Geschädigte nach dem Haftungsereignis Vorkehrungen trifft, die einen weiteren Vermögensabfluss verhindern, sei es, dass er durch eigenes vom Haftungsereignis ausgelöstes Tun sich Vermögen zuführt. Hält sich die Tätigkeit des Geschädigten im Rahmen der Schadensminderungspflicht nach § 254 Abs. 2 BGB, so muss er sich die so erzielten Vorteile anrechnen lassen[141] und kann lediglich die für diese Tätigkeit aufgewendeten Kosten als Schaden liquidieren. Geht die Tätigkeit dagegen über die Schadensminderungspflicht hinaus (sog. **überobligationsmäßige Anstrengungen**), so sind die erlangten Vorteile nicht anrechenbar.[142] Der Schädiger muss den „hypothetischen Schaden" ohne Berücksichtigung der vom Geschädigten erzielten Vorteile ersetzen,[143] braucht in diesem Fall aber nicht für die Kosten der Geschädigtenleistung aufzukommen[144]. In diesen Zusammenhang gehört auch die jüngst vom Bundesgerichtshof entschiedene Fallkonstellation, dass der Geschädigte in einer Leistungskette durch Verhandlungen und Vergleich mit seinen Abnehmern seinen Schaden mindert.[145] Diese Vorteile sollten ihm gegenüber seinem ersatzpflichtigen Lieferanten verbleiben, wenn die Verhandlungen und das Ergebnis nicht als Schadensminderung geschuldet waren.[146] Nur unter argen Verrenkungen in den Zusammenhang der Vorteilsschaffung durch Eigenleistung des Geschädigten ist der Fall einzuordnen, dass in der Leistungskette der Schadensersatzanspruch des Endabnehmers gegen den Zwischenunternehmer verjährt und der Zwischenunternehmer sich diesen Vorteil auf den Schadensersatzanspruch gegen seinen Lieferanten anrechnen lassen soll.[147] Zwar mag man die Frage aufwerfen, ob der Zwischenunternehmer zur Erhebung der Verjährungseinrede verpflichtet ist (so der BGH); der Vorteil entsteht jedoch nicht durch eine Leistung des Geschädigten, sondern durch Zeitablauf und ein Versäumnis des Endabnehmers, den Lauf der Verjährung zu hemmen. Kann der Verkehrsunfallgeschädigte bei der Beschaffung eines Ersatzfahrzeuges in den Genuss eines Werksangehörigenrabatts kom-

---

[137] RG v. 10.01.1935 - VI 373/34 - RGZ 146, 287-290.
[138] BGH v. 07.05.1975 - IV ZR 209/73 - BGHZ 64, 260-268 unter Aufgabe der früheren Rechtsprechung.
[139] BGH v. 19.12.1978 - VI ZR 218/76 - BGHZ 73, 109-114 unter Aufgabe der früheren Rechtsprechung.
[140] Vgl. zum Anwendungsbereich des § 67 VVG *Prölss* in: Prölss/Martin, VVG, 27. Aufl. 2004, § 67 Rn. 2.
[141] *Lange*, JuS 1978, 649-657, 653.
[142] *Oetker* in: MünchKomm-BGB, § 249 Rn. 262.
[143] BGH v. 07.11.1973 - VIII ZR 228/72 - LM Nr. 72 zu § 134 BGB; BGH v. 05.05.1970 - VI ZR 212/68 - BGHZ 54, 45-56; BGH v. 16.02.1971 - VI ZR 147/69 - BGHZ 55, 329-334.
[144] *Esser/Schmidt*, Schuldrecht AT, Teilband 2, 8. Aufl. 2000, § 33 V 3 b.
[145] BGH v. 28.6.2007 - VII ZR 8/06 - NJW 2007, 2697.
[146] Kritisch zur gegenteiligen Entscheidung des Bundesgerichtshofs *Metzger*, JZ 2008, 498; *Schiemann*, NJW 2007, 3037.
[147] BGH v. 28.6.2007 - VII ZR 81/06 - NJW 2007, 2695; dazu *Metzger*, JZ 2008, 498; *Schiemann*, NJW 2007, 3037.

men, ist diese Rabattmöglichkeit auf seinen Ersatzanspruch im Wege der Vorteilsausgleichung anzurechnen.[148] Ein überdurchschnittlicher Erlös, den der Geschädigte für seinen Unfallwagen aus Gründen erzielt, die mit dem Zustand des Fahrzeugs nichts zu tun haben, ist dem Schädiger nicht gutzubringen. Ein Geschädigter ist grundsätzlich auch nicht verpflichtet, einen Sondermarkt für Restwertaufkäufer im Internet in Anspruch zu nehmen; er muss sich jedoch einen höheren Erlös anrechnen lassen, den er bei tatsächlicher Inanspruchnahme eines solchen Sondermarktes ohne besondere Anstrengungen erzielt.[149]

6. Zeitpunkt der Schadensberechnung

58 Der **Zeitpunkt der Schadensberechnung** wird insbesondere für diejenigen zum Problem, die die Schadensermittlung nach der Differenzhypothese vornehmen und hypothetische Schadensverläufe ebenso schadensmindernd in Rechnung stellen wie die selbständigen Vorteile, die der Geschädigte aus dem Haftpflichtereignis erlangt. Sie müssen nämlich angeben, wann die Bilanzen zu erstellen sind, deren Saldovergleich den zu ersetzenden Schaden anzeigt, und – darin liegt das eigentliche Problem – was mit den **Entwicklungen** geschehen soll die nach dem **Bilanzabschluss** eintreten oder (als hypothetische) eingetreten wären. In dieser Form stellt sich das Problem nicht, wenn man[150] den jeweiligen Einzelschaden auf den Entstehungszeitpunkt fixiert, von dem an nur noch die Erfüllung den einmal entstandenen Schaden tilgen kann. *Keuk* bezahlt die Einfachheit ihrer Lösung allerdings mit der Aufgabe der schadensrechtlichen Ausgleichsfunktion, indem sie dem Geschädigten gestattet, sich „über Gebühr" am Schadensfall zu bereichern.

a. Bilanzinterne Bewertung einzelner Positionen

59 Das Zeitpunktproblem verdankt sich nicht allein der Entscheidung, hypothetische Kausalverläufe und haftungsbedingte Vorteile schadensmindernd in Rechnung zu stellen. Es tritt auch als **bilanzinternes Bewertungsproblem** auf, wenn der Wert des individualisierten realen Vermögensabflusses oder verhinderten Vermögenszuflusses schwankt. Drei denkbare Zeitpunkte stehen zur Entscheidung:
- der des effektiven Vermögensabflusses, resp. des verhinderten Vermögenszuflusses,[151]
- der der letzten mündlichen Tatsachenverhandlung im Prozess oder
- der des Schadensausgleichs[152].

Der erste Zeitpunkt scheidet aus, weil es weder Gründe dafür gibt, den Geschädigten bei Wertsteigerungen so zu kompensieren, dass er nicht in der Lage ist, mit dem Kompensationsbetrag das verlorene Gut zu ersetzen, noch Gründe dafür gibt, ihm beim Wertverfall mehr zu geben, als er zur Ersatzbeschaffung braucht – im Gegenteil: Der Ausgleichszweck gebietet eine Berücksichtigung der positiven wie der negativen Wertschwankungen. Das Prozessrecht legt die letzte mündliche Tatsachenverhandlung als maßgeblichen Bewertungszeitpunkt nahe. Dieser Zeitpunkt ist jedoch materiellrechtlich keineswegs zwingend. Er versagt dort, wo es gar nicht zum Prozess kommt, und führt dann zu zweifelhaften Ergebnissen, wenn nach der letzten mündlichen Tatsachenverhandlung noch vor dem Schadensausgleich erhebliche Wertschwankungen zu verzeichnen sind. Auch hier verlangt der Ausgleichszweck des Schadensersatzes, die Wertveränderungen zu berücksichtigen.[153] Werterhöhungen kann der Schädiger (eventuell mit einer neuen Klage) geltend machen, Wertverfall eröffnet dem Beklagten den Weg zur Vollstreckungsgegenklage nach § 767 ZPO. Ein Ende findet die Sache erst, wenn der Schaden ausgeglichen ist. Der **Zeitpunkt der Schadensbegleichung** ist deshalb als maßgeblicher Bewertungszeitpunkt materiell gerechtfertigt, weil mit dem Ausgleich die Dispositionsmöglichkeiten des Geschädigten beginnen, die ihm Nachteile wie Vorteile bringen können.[154]

---

[148] LG Stuttgart v. 10.09.2004 - 5 S 151/04 - Schaden-Praxis 2004, 374.

[149] BGH v. 07.12.2004 - VI ZR 119/04 - NJW 2005, 357.

[150] Wie *Keuk*, Vermögensschaden und Interesse, 1972, S. 29 ff., 89 ff.

[151] So *Keuk*, Vermögensschaden und Interesse, 1972, S. 202.

[152] So die herrschende Meinung in Rechtsprechung und Literatur BGH v. 23.01.1981 - V ZR 200/79 - juris Rn. 27 - BGHZ 79, 249-258; *Grüneberg* in: Palandt, Vorbem. vor § 249 Rn. 127; *Grunsky*, Aktuelle Probleme zum Begriff des Vermögensschadens, 1968, S. 63 ff.

[153] BGH v. 02.04.2001 - II ZR 331/99 - LM BGB § 249 (Ha) Nr. 56 (3/2002).

[154] *Oetker* in: MünchKomm-BGB, § 249 Rn. 302, der allerdings zu Recht darauf hinweist, dass man den materiellrechtlich maßgeblichen Zeitpunkt vom prozessual maßgeblichen Zeitpunkt unterscheiden muss – prozessual maßgeblich ist natürlich der Zeitpunkt der letzten mündlichen Tatsachenverhandlung, *Oetker* in: MünchKomm-BGB, § 249 Rn. 298 und 306.

b. Bilanzabschluss

Die Bestimmung des für den Bilanzabschluss maßgeblichen Zeitpunkts ist nicht so leicht zu treffen. Hier liegt in der Tat ein ungelöstes Problem der Schadensermittlung nach der Differenzhypothese. Denn der Vermögensvergleich lässt sich theoretisch ad infinitum durchführen, und jeder Abbruch bedeutet einen willkürlichen Eingriff, so notwendig er unter praktischen Gesichtspunkten auch sein mag. Dies gilt nicht nur für den im konkreten Prozess unausweichlichen Zeitpunkt der letzten mündlichen Tatsachenverhandlung, sondern auch für den Zeitpunkt der zunächst ausgleichenden Anspruchsbefriedigung. Denn es können sich immer noch selbständige Verluste wie selbständige Vorteile einstellen, die den zunächst erreichten Ausgleich wieder zerstören, ohne dass dies den Dispositionsmöglichkeiten des Geschädigten zuzuschreiben wäre. Weder rechtskräftige Urteile noch ausgleichende Zahlungen nehmen denn auch dem Geschädigten die Möglichkeit, später entstehende selbständige Schäden ersetzt zu verlangen.[155] Allein die nach der letzten mündlichen Verhandlung realisierten Vorteile oder die sich erst jetzt zeigenden hypothetischen Kausalverläufe, die vor dem Zeitpunkt der letzten mündlichen Verhandlung schadensmindernd in Rechnung gestellt worden wären, bergen ein Problem. Rechtstechnisch könnten diese Entwicklungen nach der Zahlung durch einen Bereicherungsanspruch berücksichtigt werden. Dieser Bereicherungsanspruch ist aber sachlich unangemessen, weil er als Damoklesschwert dem Geschädigten die Disposition über den zum Schadensausgleich gezahlten Betrag unnötig erschwert. Von daher bietet sich folgende Problemlösung an: Nach der letzten mündlichen Tatsachenverhandlung platzgreifende Entwicklungen, die sich in dieser Verhandlung schadensmindernd ausgewirkt hätten, können nur gegenüber einem noch nicht befriedigten Schadensersatzanspruch geltend gemacht werden – gegenüber dem ausgeurteilten Anspruch im Wege der Vollstreckungsgegenklage (§ 767 ZPO), gegenüber neuen Ansprüchen aus demselben Haftpflichtereignis im dann vom Geschädigten anzustrengenden Prozess.[156]

60

7. Anspruchsberechtigung und Drittschaden

Das haftungsbegründende Ereignis – die Vertragsverletzung, das pflichtwidrige Verhalten, die Realisierung einer Betriebsgefahr – kann bei mehreren Personen zu Schäden führen. Wird etwa die berühmte Isolde durch verkehrswidriges Verhalten des Taxifahrers statt zur einzigen Vorstellung ins Krankenhaus befördert, so erleidet nicht nur sie einen Schaden, sondern auch der noch nicht berühmte Tristan, dem die Chance entgeht, sich an ihrer Seite in Festspielhäuser und Geld zu singen, der Veranstalter, der das Eintrittsgeld zurückzahlen muss und auf seinen Kosten sitzen bleibt, die vielen Wagnerfreunde, die unter Umständen von weither angereist kamen, die Sicherungsträger, die den einen oder anderen Nachteil nach je eigenen Regeln ausgleichen. Und doch haben nicht alle Personen, denen ein Schaden entstanden ist, auch einen Ersatzanspruch. Die Ersatzberechtigung ist vielmehr auf diejenigen beschränkt, für deren Interessen Haftungstatbestände streiten. Das **Tatbestands- und Verletzungsprinzip** lässt bei Vertragshaftungen grundsätzlich nur die Vertragspartner am Schadensausgleich teilnehmen. Bei Haftungen aus allgemeinem sozialem Kontakt können in der Regel lediglich die Personen ihren Schaden liquidieren, bei denen die tatbestandlichen Haftungsvoraussetzungen – die Rechtsguts- oder Schutzgesetzverletzung – eingetreten sind. Die anderen – die mittelbar Geschädigten – gehen grundsätzlich leer aus.

61

Die Rigorosität des Tatbestands- und Verletzungsprinzips kann auf verschiedene Weise gemildert werden. Zum einen ist es denkbar, **Regresswege** für diejenigen zu öffnen, auf deren Kosten ein Nachteil beim Anspruchsträger erst gar nicht entsteht oder aber ausgeglichen wird. Sie könnten aus abgeleitetem Recht gegen den haftpflichtigen Schädiger vorgehen und müssten den Schaden aus den Verhältnissen des ursprünglichen Anspruchsträgers berechnen. Zum anderen ist es denkbar, **Berechnungs- und Liquidationsmöglichkeiten nach den Verhältnissen des Dritten** zu eröffnen. Das kann geschehen, indem man Anspruchsberechtigten zum Schaden zieht (so in den §§ 844 und 845 BGB und bei den **Verträgen mit Schutzwirkungen zugunsten Dritter**) oder indem man dem Anspruchsträger erlaubt, den Schaden eines Dritten geltend zu machen (so in den Fällen der **Drittschadensliquidation**). Gesetzgeber, Rechtsprechung und Rechtsdogmatik haben sich aller dieser Möglichkeiten bedient.[157] Die Ab-

62

---

[155] *Oetker* in: MünchKomm-BGB, § 249 Rn. 304.
[156] Im Ergebnis ebenso *Lemhöfer*, JuS 1966, 337-344, 337 ff., 343 f.; *Caemmerer*, Das Problem der überholenden Kausalität im Schadensersatzrecht, 1962, S. 24; a.A. *Rother*, Haftungsbeschränkung im Schadensrecht, 1965, S. 121 Fn. 3.
[157] Vgl. *Berg*, JuS 1977, 363-367.

§ 249

grenzungen sind nicht sonderlich klar. Sie werden zum Teil noch dadurch erschwert, dass infolge einer Begriffsverwechslung der Drittschadensproblematik Fälle zugeordnet werden, die gar nicht die Merkmale dieser Problematik tragen.

63 Die **Drittschadensproblematik** ist dadurch gekennzeichnet, dass jemand einen Schaden erleidet, ohne – nach dem Tatbestands- und Verletzungsprinzip – einen Schadensersatzanspruch gegen den Schädiger zu haben, sei es, dass er nicht selbst Vertragspartner des Schädigers ist, sei es, dass er nicht selbst in seinen deliktisch geschützten Rechten verletzt worden ist. An der Drittschadensproblematik nehmen deshalb nicht die Fälle teil, in denen durch ein Ereignis gleichzeitig oder nacheinander mehrere Personen in ihren rechtlich geschützten Gütern verletzt werden. Dies gilt für die so genannten **Schockschadenfälle** (vgl. Rn. 32), in denen Dritte durch den Anblick oder die Benachrichtigung von der Verletzung oder gar Tötung eines anderen einen Schock erleiden. Die Problematik dieser Fälle liegt einerseits in der Festsetzung dessen, was Gesundheitsverletzung (§ 823 Abs. 1 BGB) heißen soll, andererseits in der Schutzbereichsbestimmung des verletzten Sorgfaltsgebots oder der realisierten Betriebsgefahr, nicht aber im möglichen Ersatz von Drittschäden.

64 Ebenfalls außerhalb der Drittschadensproblematik liegen die Fälle, in denen der Verletzte seinen Schaden mit einer Ersatzverpflichtung begründet, die ihm gegenüber einem Dritten obliegt (**koinzidierendes Haftungsinteresse**).[158] Das gilt etwa für den Verkäufer einer fix bestellten, der Gattung nach bestimmten Ware, die auf dem Transport durch zurechenbares Verhalten eines anderen vernichtet wird. Hier haftet der Verkäufer, der nicht mehr rechtzeitig nachliefern kann, seinem Käufer nach den §§ 280 Abs. 1 und 283 BGB auf das positive Vertragsinteresse (Schadensersatz statt Leistung) und kann diesen Schaden seinerseits beim Verletzer geltend machen. Um eine Durchbrechung des Tatbestands- und Verletzungsprinzips handelt es sich dabei deshalb nicht, weil der Verkäufer mit dem koinzidierenden Haftungsinteresse einen Schaden geltend macht, der aufgrund der Verletzung seines tatbestandlich geschützten Rechtsguts bei ihm entstanden ist. Die Drittschadensproblematik kommt erst dann ins Spiel, wenn der Verkäufer wegen einer Haftungsfreizeichnung oder einer gesetzlichen Gefahrentlastung seinerseits keinen Schaden erleidet.

a. (Unselbständige) Drittbegünstigung durch Regressanordnung

65 Die Fälle der **Gefahrentlastung** bilden die erste Gruppe, die die herrschende Meinung mit Hilfe der Drittschadensliquidation löst.[159]
„Der einem Dritten zu Lieferung einer Sache Verpflichtete wird von seiner Verpflichtung durch den von einem anderen schuldhaft verursachten Untergang der Sache befreit, so etwa wenn er dem Dritten verpflichtet ist, die verkaufte Sache nach einem anderen Ort als dem Erfüllungsort zu übersenden und die Sache an den Frachtführer oder die Bahn ausgeliefert hat. Damit ist die Gefahr nach § 447 BGB auf den Dritten übergegangen, der zur Zahlung des Kaufpreises verpflichtet bleibt. Allein geschädigt ist der Dritte. Der Verkäufer soll berechtigt sein, diesen Schaden gegen den Schädiger geltend zu machen (RGZ 62, 331). Das gleiche trifft für die Vernichtung einer vermachten Sache vor der Übereignung an den Vermächtnisnehmer zu. Der Erbe ist nach § 275 BGB befreit. Er kann den Schaden des Vermächtnisnehmers gegen den Schädiger geltend machen (…).“[160]

66 Dabei muss man allerdings seit der Schuldrechtsreform beachten, dass § 447 BGB im Fall eines Verbrauchsgüterkaufs ausgeschlossen ist (§ 474 Abs. 2 BGB). So wenig streitig das Ergebnis in diesen Fällen der „**Schadensverlagerung**" ist – der Schädiger soll keinen Vorteil aus dem Auseinanderfallen von Rechtsposition und Risiko ziehen –, so wenig zwingend ist der Weg über die Drittschadensliquidation. Er ist nur einer von drei Wegen zur Durchbrechung eines als zu eng empfundenen Tatbestands- und Verletzungsprinzips. Seine Wahl müsste darum mit den Folgen begründet werden können, die gerade diese Konstruktion zur Problemlösung vorzugswürdig erscheinen lassen.

67 Der **Vertrag mit Schutzwirkung zugunsten Dritter** scheidet als Lösungsalternative aus, weil er überall dort nicht zur Erreichung des konsentierten Ergebnisses taugt, wo den potentiell Haftpflichtigen eine Haftpflicht lediglich aus allgemeinem sozialem Kontakt (Delikt, Gefährdung) trifft. Für diese Fälle müsste wieder auf eine andere Konstruktion zur Durchbrechung des Tatbestands- und Verletzungsprinzips zurückgegriffen werden, die man dann auch für alle Fälle der Gefahrentlastung heran-

---

[158] Dazu eingehend *Marschall von Bieberstein*, Reflexschäden und Regreßrechte, 1967, S. 284 ff.
[159] *Grüneberg* in: Palandt, Vorbem. vor § 249 Rn. 110; *Larenz*, Schuldrecht, Band I: Allgemeiner Teil, 14. Aufl. 1987, § 27 IV b 1; BGH v. 10.07.1963 - VIII ZR 204/61 - BGHZ 40, 91-108.
[160] BGH v. 10.07.1963 - VIII ZR 204/61 - juris Rn. 20 - BGHZ 40, 91-108, 100, 101.

ziehen sollte. Als einheitliche **Lösungsalternative zur Drittschadensliquidation** kommt indessen eine **Regresskonstruktion** in Betracht (§ 285 BGB), die dem Dritten den Anspruch des nach dem Tatbestands- und Verletzungsprinzip Berechtigten zuweist.

Regresskonstruktion und Drittschadensliquidation differieren im **Ansatz zur Schadensermittlung**. Während die Regresskonstruktion beim ursprünglichen Anspruchsträger ansetzt und dort den Schaden unter Außerachtlassung des entlastenden (oder ausgleichenden) Umstands ermittelt, setzt die Drittschadensliquidation die **Berechnung beim Dritten** an und kann bei entsprechenden Dispositionen des Dritten zu einem Ersatzanspruch führen, der über den Wert der dem Dritten nicht erbrachten Leistung hinausgeht. In einem Urteil des BGH vom 29.01.1968[161] ist diese Differenz gesehen, aber nicht zugunsten einer der Alternativen entschieden worden, weil der Umfang des dem Käufer entstandenen Schadens nicht größer war „als der Umfang des dem Verkäufer ohne Schadensverlagerung erwachsenen Schadens"[162]. Gegen den Berechnungsansatz beim Dritten spricht, dass er das Risiko des Schädigers nur schwer kalkulierbar macht. Der Schädiger greift in den Bereich des Rechtsgutsträgers oder Vertragspartners ein und soll die Folgen des Eingriffs bei diesem tragen, nicht aber Folgen bei einem ihm möglicherweise nicht einmal bekannten Dritten – auch dann nicht, wenn auf Kosten (= Schaden) des Dritten beim Verletzten kein Schaden entsteht. Das Kalkulationsargument allein trägt allerdings nicht sehr weit, da man dem Schädiger auch sonst Belastungen aus ganz besonderen Dispositionen des Verletzten auferlegt, die er ebenso wenig kalkulieren kann. Letztlich ausschlaggebend ist die Parallele zu vergleichbaren Fällen des Schadensausgleichs beim Anspruchsträger auf Kosten eines Dritten: der Lohn- oder Gehaltsfortzahlung durch den privaten Arbeitgeber oder den öffentlichen Dienstherrn, der Kostendeckung bei Gesundheitsschäden durch öffentliche oder private Vorsorgeträger. Hier hat der Gesetzgeber den Regressweg über Legalzessionen eröffnet (§ 116 SGB X, § 86 Abs. 1 VVG, § 6 EntgFG, § 87a BBG u.a.). Die Regresskonstruktion sollte deshalb auch im Falle der Schadensverhinderung durch **Gefahrentlastung** auf Kosten eines Dritten den Vorrang vor der Drittschadensliquidation haben.[163] Mit dem Regress kann der Dritte seine Kosten beim Schädiger insoweit liquidieren, als der nach dem Tatbestands- und Verletzungsprinzip an sich Anspruchsberechtigte ohne das entlastende Ereignis hätte Schadensersatz vom Schädiger verlangen können.

b. Regressanordnung und Angehörigenprivileg

Der Regress von Schadenstragungskollektiven ist beschränkt durch das sog. **Angehörigenprivileg**. Eine gesetzliche Formulierung hat das Privileg allein in § 86 Abs. 3 VVG (früher § 67 Abs. 2 VVG a.F.) gefunden. Die Rechtsprechung hat das Angehörigenprivileg im Wege der Rechtsfortbildung auf den Regress des Sozialversicherungsträgers nach § 116 SGB X,[164] des öffentlichen Dienstherrn nach § 87a BBG[165] und des Arbeitgebers nach § 6 EntgFG[166] übertragen; beim Regress des Sozialversicherungsträgers aus § 640 RVO dagegen verweigert sie dies[167].

c. Selbständige Drittbegünstigung

Die selbständigen Drittbegünstigungen sind dadurch gekennzeichnet, dass sie – anders als die Regresskonstruktionen – die **Schadensermittlung aus den Verhältnissen des Dritten** gestatten. Die Analyse der neben den Regresskonstruktionen noch verbleibenden Fälle von Drittbegünstigungen führt zu dem (überraschenden) Ergebnis, dass es in ihnen regelmäßig um die **Ausdehnung von Vertragshaftungen auf nicht am Vertrag beteiligte Dritte** geht, nicht aber die Verschiedenheit des Schadensträgers vom Träger des deliktisch geschützten Interesses überbrückt werden soll: In den **Obhutsfällen** genießt der Dritte deliktischen Eigentumsschutz; den hat der Treugeber in den **Treuhandfällen** formal zwar nicht, seine Position ist aber über Aussonderungsrechte in der Insolvenz des Treuhänders und Drittwiderspruchsbefugnisse gegenüber Einzelzwangsvollstreckungsmaßnahmen so sehr verdinglicht, dass man

---

[161] BGH v. 29.01.1968 - II ZR 18/65 - BGHZ 49, 356-363.
[162] Vgl. auch BGH v. 30.09.1969 - VI ZR 254/67 - AP Nr. 4 zu § 823 BGB.
[163] Ebenso *Büdenbender*, NJW 2000, 986-992; *Esser/Schmidt*, Schuldrecht AT, Teilband 2, 8. Aufl. 2000, § 34 IV 1 a; anders *Schiemann* in: Staudinger, Vorbem. vor § 249 Rn. 75; *Oetker* in: MünchKomm-BGB, § 249 Rn. 290, 291; zum Ganzen auch *Stamm*, Regressfiguren im Zivilrecht, 2000, § 37.
[164] BGH v. 11.02.1964 - VI ZR 271/62 - BGHZ 41, 79-84.
[165] BGH v. 08.01.1965 - VI ZR 234/63 - BGHZ 43, 72-80.
[166] BGH v. 04.03.1976 - VI ZR 60/75 - BGHZ 66, 104-111; dazu *Hirschberg*, JuS 1977, 439-443.
[167] BGH v. 18.10.1977 - VI ZR 62/76 - BGHZ 69, 354-361.

ihr auch den Deliktsschutz nicht verwehren kann[168]; in den **Fällen der mittelbaren Stellvertretung** schließlich hat der Dritte entweder schon Eigentum erlangt (Geschäft für wen es angeht, antizipiertes Besitzkonstitut) und danach einen Schaden an deliktisch geschützten Gütern erlitten, oder sein Schaden beruht auf dem auch für den mittelbaren Vertreter und Vertragspartner nicht deliktisch geschützten Leistungsinteresse.

71 Vertragshaftungen werden erstrebt, weil entweder nur sie das spezifische Interesse überhaupt erfassen oder weil der an sich gegebene deliktische Interessenschutz defizitär ist, sei es, dass der Geschäftsherr sich für Interessenverletzungen durch seine Gehilfen entschuldigen kann (§ 831 BGB – anders die Zurechnung nach § 278 BGB bei der Vertragshaftung), sei es, dass die deliktischen Ansprüche anders als die vertraglichen schon verjährt sind,[169] sei es schließlich, dass die deliktische Haftung einen nicht nachweisbaren Sorgfaltspflichtverstoß voraussetzt, was der vertragliche Schadensersatzanspruch (etwa § 536a BGB) gerade nicht tut[170]. Macht man sich klar, dass es immer nur darum geht, die günstigen Folgen vertraglicher Schadensersatzansprüche auch denen zugutekommen zu lassen, die nicht eigentlich Vertragspartner sind, dann erscheint die Frage nach Möglichkeiten und Grenzen selbständiger Drittbegünstigungen über das Tatbestands- und Verletzungsprinzip hinaus in einem neuen Licht. Zur Entscheidung steht die aus den Diskussionen um die Verträge mit Schutzwirkungen zugunsten Dritter bekannte Frage nach dem Personenkreis, der diesen besonderen Schutz verdient. Die Antwort fällt unterschiedlich aus.

72 Geht es um die Beeinträchtigung deliktisch geschützter Interessen, die nur deshalb keinen Ersatzanspruch gegen den Geschäftsherrn auslöst, weil dieser sich durch den Nachweis sorgfältiger Auswahl und Überwachung zu exkulpieren vermag, sollten unter **Überwindung** der rechtspolitischen Fehlleistung des § 831 BGB sämtliche Personen geschützt sein, die sich befugtermaßen in dem Bereich aufhalten, in dem sich die sorgfalts- und vertragswidrige Handlung auswirkt. Die von der herrschenden Meinung praktizierte Begrenzung des erweiterten Obligationsschutzes auf Personen, die zum Vertragsgläubiger in einem sozialen Abhängigkeitsverhältnis mit familiärem, sozialem oder arbeitsrechtlichem Fürsorgecharakter stehen[171] ist nur dort angezeigt, wo der Vertragsschutz nicht allein der Überwindung des § 831 BGB dient. Das ist insbesondere bei verschuldensunabhängigen Haftungen, aber auch mit Blick auf die Beweiserleichterungen der Vertragshaftung der Fall.

73 Auf welche Konstruktion man zur Erreichung der selbständigen Drittbegünstigung zurückgreift, ist im Ergebnis gleichgültig. Lediglich der Weg ist unterschiedlich. Bei der Drittschadensliquidation macht der Vertragspartner das Interesse des geschützten Dritten geltend, bei den Verträgen mit Drittschutz kann der Dritte (auch ohne Abtretung) selbst gegen den Verantwortlichen vorgehen. Letzteres ist der Einfachheit wegen vorzuziehen. Für die Drittschadensliquidation bleibt deshalb im Bereich des erweiterten Integritätsschutzes kein Raum. Ob sie für den Bereich des Vertragsinteresses bei mittelbarer Stellvertretung erforderlich ist, um die „wirtschaftliche Vertragspartei" zu schützen,[172] mag dahinstehen. Man kann auch hier – nach wirtschaftlicher Betrachtungsweise – dem Hintermann des mittelbaren Stellvertreters einen unmittelbaren Anspruch geben. Damit lässt sich ungezwungen auch seine eigene Verantwortlichkeit nach Vertragsgrundsätzen bemessen[173] und die **Drittschadensliquidation insgesamt aus dem geltenden Recht verabschieden**[174].

---

[168] Offen gelassen von *Oetker* in: MünchKomm-BGB, § 249 Rn. 293.
[169] BGH v. 28.01.1976 - VIII ZR 246/74 - BGHZ 66, 51-59; dazu *Hohloch*, JuS 1977, 302-306.
[170] BGH v. 22.01.1968 - VIII ZR 195/65 - BGHZ 49, 350-356; für diese Konstellation gibt es heute keine Grundlage mehr, da die deliktischen und die vertraglichen Schadensersatzansprüche aus Schutzpflichtverletzung denselben Verjährungsregeln unterliegen.
[171] *Esser/Schmidt*, Schuldrecht AT, Teilband 2, 8. Aufl. 2000, § 34 IV 2.
[172] Einziger Fall der Drittschadensliquidation nach *Hagen*, Die Drittschadensliquidation im Wandel der Rechtsdogmatik, 1971, S. 252 ff.
[173] BGH v. 25.11.1971 - VII ZR 37/70 - LM Nr. 12 zu § 253 (Ea) BGB.
[174] A.A. *Lange/Schiemann*, Schadensersatz, 3. Aufl. 2003, § 8 III, der im Gegensatz zur hier entwickelten Auffassung die Drittschadensliquidation für alle herkömmlichen Anwendungsbereiche beibehalten will; ihm zustimmend *Oetker* in: MünchKomm-BGB, § 249 Rn. 277-296; *Schiemann* in: Staudinger, Vorbem. vor § 249 Rn. 62-78.

d. Gesellschafteranspruch und Gesellschaftsschaden

Auch die Entwicklung einer neuen Fallgruppe für die Drittschadensliquidation ist entgegen einer in der Literatur verbreiteten Auffassung nicht angezeigt. Die hier angegriffene Auffassung ist als Reaktion auf Entscheidungen des Bundesgerichtshofs entstanden, die es dem nach vertraglichen oder deliktischen Haftungsgrundsätzen anspruchsberechtigten Alleingesellschafter einer Kapitalgesellschaft erlauben, den auf eine Rechtsverletzung zurückführbaren **Verlust der Kapitalgesellschaft als eigenen Schaden** zu liquidieren.[175] Soweit die (hier besonders unklaren) Entscheidungen es dem Alleingesellschafter gestatten, den liquidierten Gesellschaftsverlust für sich zu behalten, sind sie auf allgemeine Kritik gestoßen. Es wäre in der Tat eine völlig neue Variation zum Thema Anspruchsberechtigung und Drittschaden, wenn der Verletzte zu seinen Gunsten einen Schaden liquidieren dürfte, den ein anderer erlitten hat. Aber auch die von der Kritik gut geheißene Liquidierung des Schadens zugunsten der geschädigten Gesellschaft ist nicht berechtigt. Der Hinweis auf den insoweit liquidationsberechtigten Einzelkaufmann verfängt nicht. Denn diese risikoreiche Unternehmsform hat der Alleingesellschafter einer Kapitalgesellschaft gerade nicht gewählt. Wer aber einerseits die Vorteile einer Vermögenstrennung für sich in Anspruch nimmt, soll andererseits auch die sich aus dieser Trennung ergebenden Nachteile in Kauf nehmen. Niemand käme auf die Idee, den leitenden Angestellten eines Unternehmens die Geschäftsverluste liquidieren zu lassen, die das Unternehmen wegen des verletzungsbedingten Ausfalls des leitenden Angestellten erleidet. Genau das aber soll dem Bundesgerichtshof und der Literatur zufolge der Geschäftsführer einer Kapitalgesellschaft, der gleichzeitig Alleingesellschafter ist, dürfen. Die korrekte schadensrechtliche Lösung des Konflikts vermeidet den Privilegienkumul (Haftungsprivileg durch Personen- und Vermögenstrennung und Liquidierungsprivileg durch Aufhebung dieser Trennung) beim Unternehmer: Der geschäftsführende Gesellschafter einer Kapitalgesellschaft kann wie jeder andere die Nachteile liquidieren, die ihm aus dem verletzungsbedingten Nichteinsatz seiner Arbeitskraft erwachsen. Bekommt er kein oder weniger Gehalt, so ist die Differenz auszugleichen. Wird das Gehalt in voller Höhe weitergezahlt, so greift die bekannte Regresskonstruktion zugunsten der Gesellschaft ein. Der Gesellschafter hat dann allenfalls noch einen Anspruch auf Ausgleich der Wertminderung seines Gesellschaftsanteils. Diese ist auch bei Alleingesellschaftern nicht identisch mit dem Geschäftsverlust der Gesellschaft.[176]

74

D. Rechtsfolgen

I. Allgemeines

Der **Inhalt des Herstellungsanspruchs** richtet sich nach den je verschiedenen Wirkungen, die das haftungsauslösende Ereignis auf den – materiellen wie immateriellen – Güterstand des Anspruchsberechtigten ausübt. Er ist nicht auf den Güterstand im Zeitpunkt der Verletzungshandlung bezogen, sondern **entwicklungsgerichtet**.[177] Er ändert sich deshalb insoweit, als auch der Zustand, auf dessen Herstellung er sich bezieht, Veränderungen unterworfen wäre. Wer Pflanzen zerstört, muss zur Herstellung solche Pflanzen oder auch Früchte liefern, wie sie sich bis zum Herstellungszeitpunkt beim Gläubiger entwickelt hätten. Andererseits befreien den Schuldner hypothetische, alternative Kausalverläufe (vgl. Rn. 44) von der Herstellungspflicht. Schließlich braucht die Herstellung nicht allein den ursprünglichen Güterstand zu betreffen, sondern kann die Lieferung zuvor gar nicht vorhandener Güter zum Inhalt haben, wenn das haftungsauslösende Ereignis den Zufluss dieser Güter verhindert haben sollte. Der Grundsatz der **Naturalrestitution** gebietet grundsätzlich die Wiederherstellung des Zustandes, der ohne das schadensstiftende Ereignis bestehen würde. Ausnahmsweise kann jedoch die Versetzung des Geschädigten in die gleiche wirtschaftliche Vermögenslage genügen, in der er sich bei Eintritt des zum Schadensersatz verpflichtenden Umstandes befand.[178]

75

---

[175] BGH v. 13.11.1973 - VI ZR 53/72 - BGHZ 61, 380-385; dazu *Hüffer*, JuS 1976, 83-88, 83 ff. 84; BGH v. 08.02.1977 - VI ZR 249/74 - LM Nr. 15 zu § 249 BGB; BGH v. 06.10.1988 - III ZR 143/87 - LM Nr. 13 zu StrEG; gegen die Rechtsprechung: *Schiemann* in: Staudinger, Vorbem. vor § 249 Rn. 59, 60.

[176] Insoweit zutreffend *Hüffer*, JuS 1976, 83-88, 83 ff. 84 m.w.N.; vgl. zum Ganzen auch *Lieb*, Festschrift für Robert Fischer, 1979, 385-396; *Schulte*, NJW 1979, 2230-2235, S. 2230; *John*, JZ 1979, 511-516.

[177] *Lange/Schiemann*, Schadensersatz, 3. Aufl. 2003, § 5 II 1; *Oetker* in: MünchKomm-BGB, § 249 Rn. 312.

[178] OLG Koblenz v. 04.06.2004 - 8 U 709/03 - OLGR Koblenz 2004, 558.

76 Im **materiellen Bereich** bedeutet die Herstellung bei **sach- und gegenstandsbezogenen Einbußen** die **Reparatur** der betroffenen oder die **Lieferung einer gleichartigen Sache**. Lässt sich der Schaden auf mehreren Wegen „in Natur" ausgleichen, so hat der Geschädigte ein Wahlrecht. Das Wahlrecht wird problematisch, wenn die unterschiedlichen Wege verschieden hohe Kosten verursachen. Die Rechtsprechung hält den Geschädigten an, unter mehreren zum Schadensausgleich führenden Möglichkeiten der Naturalrestitution grundsätzlich die zu wählen, die den geringsten Aufwand erfordert (sog. Wirtschaftlichkeitsgebot).[179] Es gibt jedoch keine strikte Regel, nach der der Geschädigte immer auf die Herstellungsart mit den geringsten Kosten beschränkt wäre. Allerdings müssen anerkennungswerte Gründe für die Wahl der teureren Herstellungsart sprechen.[180]

II. Kfz-Schäden

77 Den für die Praxis wohl bedeutendsten Fall der Schadensregulierung stellt der Bereich der Kfz-Schäden dar. Sowohl die Reparatur als auch die Beschaffung eines gleichwertigen Ersatzfahrzeuges unterfallen der Naturalrestitution des § 249 BGB; § 251 BGB hingegen findet lediglich Anwendung, sofern nach durchgeführter Reparatur ein technischer oder merkantiler Minderwert des Fahrzeuges verbleibt.

1. Zerstörung oder Verlust

78 Die Höhe des Schadensersatzanspruches bemisst sich nach den Kosten für die Wiederbeschaffung eines gleichwertigen Gebrauchtfahrzeuges[181] inklusive etwaiger Finanzierungskosten. Entscheidend ist demnach der **Wiederbeschaffungswert**, d.h. der Preis, den der Geschädigte beim Kauf an einen seriösen Händler zu zahlen hat; unter Berücksichtigung der Händlerspanne liegt dieser regelmäßig 20-25% über dem Zeitwert.[182] Hat das zerstörte Fahrzeug einen **Restwert**, so muss der Geschädigte es dem Schädiger herausgeben oder sich den Wert auf den Schadensersatzanspruch anrechnen lassen.[183] Der Restwert bestimmt sich nach dem Preis, den der Geschädigte bei Inzahlunggabe des Unfallfahrzeugs bei einem Gebrauchtwagenhändler erzielen kann.[184] Der Bundesgerichtshof bedient sich dabei der sog. subjektbezogenen Schadensbetrachtung, d.h. hinsichtlich der Bemühungen, die diesbezüglich an den Geschädigten zu stellen sind, muss Rücksicht auf dessen individuelle Erkenntnis- und Einflussmöglichkeiten sowie auf möglicherweise bestehende Schwierigkeiten im Einzelfall genommen werden; entscheidend ist der allgemeine örtliche Markt.[185] Der Geschädigte ist grundsätzlich nicht verpflichtet, einen Sondermarkt für Restwertaufkäufer im Internet in Anspruch zu nehmen.[186] Einen höheren Wert hat er sich jedoch anrechnen zu lassen, wenn er ihn ohne besondere Anstrengungen bspw. im Internet erzielt; nur ein Übererlös, der auf überobligationsmäßige Anstrengungen des Geschädigten zurückzuführen ist, soll dem Schädiger nicht zugutekommen.[187] In einer aktuellen Entscheidung[188] stellte der Bundesgerichtshof klar, dass auch ein mit der Schadensregulierung befasster Sachverständiger lediglich Restwertangebote zu berücksichtigen hat, welche er auf dem dem Geschädigten zugänglichen allgemeinen regionalen Markt recherchiert hat[189]. In dem dort zu entscheidenden Fall wohnte der Geschädigte im Saarland, während ihn der Schädiger auf das Restwertangebot eines an der tschechischen Grenze ansässigen Interessenten verweisen wollte. Folglich kann der Schädiger lediglich vorbringen, auf dem regionalen Markt hätte ein höherer Restwert realisiert werden müssen; dieser Einwand dürfte

---

[179] BGH v. 15.10.1991 - VI ZR 314/90 - BGHZ 115, 364-374.

[180] Das OLG Karlsruhe verweist den Geschädigten auf die „lackschadenfreie Ausbeultechnik bei Hagel-/Kastanien- und Parkbeulen" für 120 €, wenn die Kosten der herkömmlichen Ausbeulung mit nachfolgender Lackierung gemäß dem Kostenvoranschlag einer Fachwerkstatt mehr als 600 € betragen (OLG Karlsruhe v. 21.08.2003 - 19 U 57/03 - NJW 2003, 3208-3209).

[181] BGH v. 20.06.1972 - VI ZR 61/71 - NJW 1972, 1800-1802.

[182] *Oetker* in: MünchKomm-BGB, § 251 Rn. 19 ff.

[183] BGH v. 21.01.1992 - VI ZR 142/91 - VersR 1992, 457.

[184] BGH v. 21.01.1992 - VI ZR 142/91 - VersR 1992, 457; BGH v. 06.04.1993 - VI ZR 181/92 - VersR 1993, 769; zur Berechnung des Restwertes vgl. *Greiner*, ZfSch 2006, 124-126.

[185] BGH v. 12.07.2005 - VI ZR 32/04 - BGHZ 163, 362-369.

[186] OLG Thüringen v. 09.04.2008 - 4 U 770/06.

[187] BGH v. 07.12.2004 - VI ZR 119/04 - NJW 2005, 357-358.

[188] BGH v. 12.07.2005 - VI ZR 132/04 - NJW 2005, 3134-3135.

[189] *Grüneberg* in: Palandt, § 249 Rn. 19.

aber regelmäßig erfolglos sein, wenn der Geschädigte nach dem Gutachten eines anerkannten Sachverständigen abrechnet, da er auf dieses vertrauen darf.[190]

2. Die einer Zerstörung gleichzusetzende Beschädigung

Einer Zerstörung steht es rechtlich gleich, wenn das Fahrzeug einen **technischen Totalschaden** erlitten hat; dies ist der Fall, wenn es zwar nicht vollständig zerstört wurde, eine Reparatur jedoch technisch nicht möglich ist oder keine Betriebssicherheit gewährleistet.[191] Selbiges gilt für die Fälle des sog. **wirtschaftlichen Totalschadens**; von einem solchen spricht man, sofern die Reparaturkosten 130% des Fahrzeugwertes vor dem schädigenden Ereignis überschreiten. Grundsätzlich billigt die Rechtsprechung auch dem Eigentümer eines meist älteren Gebrauchtwagens zu, dass er den ihm vertrauten Wagen reparieren lassen darf und sich nicht mit dem billigeren, ihm unbekannten Gebrauchtwagen abspeisen lassen muss.[192] Dieses besondere Integritätsinteresse ist nicht mehr gegeben, wenn das reparierte Fahrzeug erstmalig 2 Monate nach der Reparatur einem anderen Fahrer dauerhaft zur Verfügung gestellt wird.[193] Wenn die Reparatur allerdings um mehr als 30% teurer[194] ist als die Beschaffung eines gleichwertigen Ersatzwagens, muss der Geschädigte von der Reparatur Abstand nehmen[195]. Führt er sie dennoch aus, so kann er beim Schädiger lediglich die Kosten des billigeren Herstellungsweges liquidieren.[196] Das Risiko, dass sich ein nach den genannten Kriterien zunächst wählbarer Herstellungsweg später als unerwartet teuer erweist, trägt der Schädiger.[197] Dabei darf sich der Geschädigte auf ein eingeholtes Sachverständigengutachten verlassen.[198] Unter Fortführung seiner Rechtsprechung hat der Bundesgerichtshof entschieden, dass der Ersatz von Reparaturaufwendungen bis zu 30% über dem Wiederbeschaffungswert des Fahrzeugs nur verlangt werden kann, wenn die Reparatur fachgerecht und in einem Umfang durchgeführt wurde, wie ihn der Sachverständige zur Grundlage seiner Kostenschätzung gemacht hat.[199] Das OLG Celle will bei einer **vorsätzlichen** Beschädigung eines Oldtimers von der 130%-Grenze absehen und hält Reparaturkosten, die das Doppelte des Wiederbeschaffungswerts betragen, für gerechtfertigt.[200] Von einem **unechten Totalschaden** spricht die Rechtsprechung insbesondere bei der Beschädigung von neuen oder fast neuen Fahrzeugen; dort darf der Geschädigte auf Neuwagenbasis abrechnen und statt der Reparatur auf der Lieferung eines Neuwagens (gegen Herausgabe des beschädigten Wagens entsprechend § 255 BGB bzw. unter Anrechnung eines tatsächlich realisierten Restwertes) bestehen.[201] Eine Abrechnung auf Neuwagenbasis ist allerdings nur dann zulässig, wenn bei dem Unfall ein fabrikneues Kraftfahrzeug erheblich beschädigt worden ist. Deshalb kommt eine Abrechnung auf Neuwagenbasis lediglich in Betracht, wenn der Unfall nicht ausschließlich solche Teile des Pkws betroffen hat, durch deren spurenlose Auswechslung der frühere Zustand voll wiederhergestellt werden kann.[202] Ein Neufahrzeug liegt vor, wenn es zum Zeitpunkt des Unfalls höchstens einen Monat zugelassen war und seine Laufleistung sich auf 1.000 Kilometer beschränkt.[203] Ausnahmsweise kann letztere im ersten Nutzungsmonat auf bis zu 3.000 Kilometer ausgedehnt werden; vom Neupreis ist dann jedoch ein Abschlag vorzunehmen, der pro 1.000 Kilometer bei 1-1,5% des

---

[190] BGH v. 30.11.1999 - VI ZR 219/98 - NJW 2000, 800.
[191] *Grüneberg* in: Palandt, § 249 Rn. 11, 18.
[192] BGH v. 15.10.1991 - VI ZR 314/90 - BGHZ 115, 364-374.
[193] OLG Düsseldorf v. 10.05.2011 - 1 U 144/10 - juris Rn. 10 - Schaden-Praxis 2011, 438-439.
[194] Zu den Auswirkungen des § 249 Abs. 2 Satz 2 auf die Berechnung der Prozentgrenze vgl. *Huber*, NZV 2004, 105-115, 110.
[195] BGH v. 15.10.1991 - VI ZR 67/91 - BGHZ 115, 375-382.
[196] BGH v. 20.06.1972 - VI ZR 61/71 - LM Nr. 10 zu § 249 (Gb) BGB; dazu *Medicus*, JuS 1973, 211-214, 211.
[197] BGH v. 15.10.1991 - VI ZR 314/90 - BGHZ 115, 364-374.
[198] OLG Düsseldorf v. 03.06.1976 - 12 U 214/75 - VersR 1977, 840-841.
[199] BGH v. 15.02.2005 - VI ZR 70/04 - Verkehrsrecht aktuell 2005, 59-60; unter Fortführung von BGH v. 29.04.2003 - VI ZR 393/02 - BGHZ 154, 395.
[200] OLG Celle v. 08.07.2004 - 11 U 46/04 - NJW-RR 2004, 1681-1682.
[201] BGH v. 04.03.1976 - VI ZR 14/75 - LM Nr. 14 zu § 249 BGB m.w.N.
[202] OLG Celle v. 19.06.2003 - 14 U 268/02 - NJW-RR 2003, 1381.
[203] OLG Zweibrücken v. 28.01.2004 - 1 U 136/03 - Schaden-Praxis 2004, 160-162; LG Schweinfurt v. 03.03.2005 - 21 O 959/04 - VersR 2006, 425.

Neupreises liegt.[204] Eine Abrechnung auf Neuwagenbasis setzt weiterhin voraus, dass der Geschädigte tatsächlich ein fabrikneues Ersatzfahrzeug anschafft.[205]

80 Für den Fall, dass zwar die vom Sachverständigen geschätzten Reparaturkosten über der 130%-Grenze liegen, es dem Geschädigten aber – auch durch Verwendung von Gebrauchtteilen – gelungen ist, eine fachgerechte und den Vorgaben des Gutachtens entsprechende Reparatur durchzuführen, deren Kosten den Wiederbeschaffungswert nicht übersteigen, darf dem Geschädigten eine Abrechnung der konkret angefallenen Reparaturkosten nicht verwehrt werden.[206]

81 Der Geschädigte, der sein beschädigtes Kraftfahrzeug instandgesetzt hat, obwohl ein Sachverständiger die voraussichtlichen Kosten der Reparatur auf einen den Wiederbeschaffungswert um mehr als 30% übersteigenden Betrag geschätzt hat, kann den Ersatz von Reparaturkosten nur dann verlangen, wenn er nachweist, dass die tatsächlich durchgeführte Reparatur, sofern diese fachgerecht und den Vorgaben des Gutachtens entsprechend ausgeführt worden ist, wirtschaftlich nicht unvernünftig war. Der Nachweis ist nicht geführt, wenn die Reparaturrechnung ergibt, dass lediglich ein nicht unerheblicher Rabatt die Reparaturkosten unter die 130%-Grenze gedrückt hat.[207]

3. Beschädigung

82 Der Geschädigte hat grundsätzlich die Wahl zwischen einer Reparatur und der Anschaffung eines gleichwertigen Ersatzfahrzeugs. Er muss jedoch die Alternative wählen, die den geringsten Aufwand erfordert; dieses sog. Wirtschaftlichkeitspostulat geht einher mit dem das Schadensrecht überspannenden Verbot, sich durch den Schadensersatz zu bereichern.[208] Die Reparatur ist jedenfalls solange nicht unverhältnismäßig, wie ihre Kosten nicht mehr als 130% des Wiederbeschaffungswertes betragen. Dieser **Integritätszuschlag** in Höhe von 30% bemisst sich nach dem vollen Wiederbeschaffungswert ohne Abzug eines Restwertes.[209] Entscheidet sich der Geschädigte gegen die Anschaffung eines Ersatzfahrzeuges, so sind grundsätzlich die Kosten zu ersetzen, die bei einer Reparatur in einer Fachwerkstatt entstehen (sog. Abrechnung **auf Reparaturkostenbasis**). Gleichwohl kann der Geschädigte nach höchstrichterlicher Rechtsprechung Ersatz der Reparaturkosten grundsätzlich auch dann verlangen, wenn er die Reparatur nur teilweise oder nicht fachgerecht, in Eigenarbeit oder in sonstiger Weise billiger als üblich repariert, den Wagen unrepariert in Zahlung gibt, keine Angaben über dessen Verbleib macht oder in Zukunft gänzlich auf ein Kfz verzichtet (sog. Abrechnung **auf Gutachtenbasis**).[210] Der Ersatz dieser fiktiven Reparaturkosten, die anhand eines gutachterlichen Kostenvoranschlages zu bemessen sind, kann jedoch nur bis zur Höhe des Wiederbeschaffungsaufwands (d.h. Wiederbeschaffungswert abzüglich Restwert) verlangt werden[211]; für einen Integritätszuschlag ist lediglich dann Raum, sofern der Geschädigte sein Integritätsinteresse durch eine vollständige und fachgerechte Reparatur kundtut (vgl. Rn. 79).[212] Ein etwaiger **merkantiler Minderwert** (vgl. die Kommentierung zu § 251 BGB Rn. 7) des Fahrzeuges ist nach § 251 BGB zu ersetzen. Nach hier vertretener Auffassung kann der Geschädigte lediglich die **Kosten des gewählten Herstellungsweges** liquidieren, sofern er sich für einen von mehreren wählbaren Herstellungswegen entschieden hat, wenn auch der nicht gewählte Herstellungsweg teurer geworden wäre.[213] Die hiervon abweichende Rechtsprechung erhebt einen Gedanken zum Dogma – was der Geschädigte mit der Ersatzleistung mache, gehe den Schädiger nichts an –, der aus Praktikabilitätsgründen allein für den Fall der vorgestreckten Herstellungskosten tragbar ist, nach erfolgreich durchgeführter Herstellung jedoch seine Berechtigung verliert, weil er das mit dem Ausgleichsprinzip verbundene Bereicherungsverbot verletzt. Abzulehnen sind deshalb Entscheidungen, die dem Geschädigten die wegen **Eigenreparatur** gar nicht angefallene **Mehrwert-**

---

[204] Schleswig-Holsteinisches Oberlandesgericht v. 16.10.1997 - 7 U 178/96 - Schaden-Praxis 1998, 109-110; LG Saarbrücken v. 29.11.2001 - 12 O 456/00 - ZfSch 2002, 282-283.
[205] BGH v. 09.06.2009 - VI ZR 110/08 - BGHZ 181, 242-268.
[206] BGH v. 14.12.2010 - VI ZR 231/09.
[207] BGH v. 08.02.2011 - VI ZR 79/10.
[208] BGH v. 07.06.2005 - VI ZR 192/04 - NJW 2005, 2541-2543.
[209] BGH v. 29.04.2003 - VI ZR 393/02 - NJW 2003, 2085-2086. Bei der Berechnung ist in der Regel auf die Bruttoreparaturkosten abzustellen, vgl. BGH v. 03.03.2009 - VI ZR 100/08 - MDR 2009, 561-562.
[210] *Greiner*, ZfSch 2006, 63-69 m.w.N.
[211] BGH v. 29.04.2003 - VI ZR 393/02 - BGHZ 154, 395-400; fortgeführt von BGH v. 23.05.2006 - VI ZR 192/05; BGH v. 29.04.2008 - VI ZR 220/07.
[212] BGH v. 15.02.2005 - VI ZR 172/04 - NJW 2005, 1110; BGH v. 15.02.2005 - VI ZR 70/04 - NJW 2005, 1108.
[213] BGH v. 26.05.1970 - VI ZR 168/68 - BGHZ 54, 82-89 zur Eigenreparatur.

steuer zubilligen[214] oder trotz Inzahlunggabe oder Veräußerung des beschädigten Fahrzeugs die fiktiven Reparaturkosten ersetzen[215]. Die Praxis wird sich allerdings auch in Zukunft an der Rechtsprechung des Bundesgerichtshofs orientieren. Der hat in weiteren Entscheidungen[216] die hier für verfehlt erachtete Abrechnung fiktiver Reparaturkosten bekräftigt und dem Geschädigten überdies erlaubt, die Kosten einer Porsche-Vertragswerkstatt zugrunde zu legen, auch wenn diese über dem Durchschnitt der in anderen Werkstätten erhobenen Kosten liegen.[217] Diese Rechtsprechung hat er jüngst bestätigt und die Reduzierung des Anspruchs auf Fälle beschränkt, in welchen der Schädiger im Rahmen des § 254 Abs. 2 BGB darlegen und notfalls beweisen kann, dass die Reparatur in einer „freien" Werkstatt den Qualitätsstandards der Fachwerkstatt entspricht.[218] In einer weiteren bestätigenden Entscheidung[219] zu diesem Problemkomplex heißt es: „Der Schädiger darf den Geschädigten im Rahmen der fiktiven Schadensabrechnung unter dem Gesichtspunkt der Schadensminderungspflicht im Sinne des § 254 Abs. 2 BGB auf eine günstigere und vom Qualitätsstandard gleichwertige Reparaturmöglichkeit in einer mühelos und ohne Weiteres zugänglichen „freien Fachwerkstatt" verweisen, wenn der Geschädigte keine Umstände aufzeigt, die ihm eine Reparatur außerhalb der markengebundenen Fachwerkstatt unzumutbar machen." Er hat überdies die bislang nicht entschiedene Frage, ob Reparaturkosten auf Gutachtenbasis in voller Höhe (bis zur Höhe des Wiederbeschaffungswerts ohne Abzug des Restwerts) auch dann verlangt werden können, wenn die Reparatur nicht in vollem Umfang den Anforderungen des Sachverständigen entspricht, sondern das Fahrzeug nur in einen funktionstüchtigen Zustand versetzt wird, in dem es weiter benutzt werden kann, in bejahendem Sinne entschieden.[220] Hier könnte nur noch eine Intervention des Gesetzgebers helfen und dem Ersatz fiktiver Kosten Einhalt gebieten. Der hat allerdings nur mit Blick auf die Mehrwertsteuer eine eindeutige Anordnung gegen fiktive Schadenspositionen getroffen. Der Bundesgerichtshof hat die Abrechnung auf Reparaturkostenbasis ohne Vornahme der Reparatur und ohne Anrechnung des Restwerts jüngst dadurch beschränkt, dass der Geschädigte das Fahrzeug mindestens sechs Monate selber nutzen muss. Veräußert der Geschädigte das unreparierte Fahrzeug vor dem Ablauf von sechs Monaten, so wird das als eine Wahl der Abrechnung nach dem Wiederkaufswert unter Anrechnung des Restwerts betrachtet.[221] Bei dieser 6-Monats-Regel

---

[214] So aber BGH v. 19.06.1973 - VI ZR 46/72 - BGHZ 61, 56-59; und seitdem ständige Rechtsprechung zuletzt bestätigt in BGH v. 29.04.2003 - VI ZR 398/02 - BGHZ 155, 1-8.

[215] BGH v. 06.11.1986 - VII ZR 97/85 - BGHZ 99, 81-88; so aber BGH v. 23.03.1976 - VI ZR 41/74 - BGHZ 66, 239-250: Zwar hatte hier der Geschädigte keinen Anspruch auf Gestellung eines Neuwagens, er hätte ein entsprechendes Herstellungsangebot aber auch nicht ablehnen können; vom Bundesgerichtshof abweichend KG Berlin v. 01.07.1976 - 12 U 268/76 - OLGZ 1977, 315-318; vgl. zum Ganzen noch *Giesen*, NJW 1979, 2065-2071.

[216] *Vogel* (ZGS 2003, 218-223) erläutert die praktischen Auswirkungen der Entscheidungen des BGH v. 29.04.2003 - VI ZR 398/02 - BGHZ 155, 1-8 und BGH v. 29.04.2003 - VI ZR 393/02 - BGHZ 154, 395-400 zur Abrechnung fiktiver Reparaturkosten; auch *Huber* (MDR 2003, 1205-1211) setzt sich kritisch mit der Entwicklung auseinander; *Haug* nimmt die Entscheidungen zum Anlass, die Rechtsprechung des Bundesgerichtshofs zur Dispositionsfreiheit insgesamt darzustellen (NZV 2003, 545-555).

[217] BGH v. 29.04.2003 - VI ZR 398/02 - BGHZ 155, 1-8; AG Oldenburg (Holstein) v. 26.02.2008 - 22 C 816/07.

[218] BGH v. 20.10.2009 - VI ZR 53/09 - MDR 2010, 205 -205. Unter bestimmten Voraussetzungen kann es dem Geschädigten gleichwohl unzumutbar sein, sich auf die Reparatur in einer freien Werkstatt verweisen lassen zu müssen. So soll es in der Regel bei Fahrzeugen bis zu einem Alter von 3 Jahren sein, um spätere Schwierigkeiten für den Geschädigten bei der Inanspruchnahme von Gewährleistungsrechten oder Garantieleistungen zu vermeiden. Bei älteren Fahrzeugen kann sich eine Unzumutbarkeit beispielsweise dann ergeben, wenn diese „scheckheftgepflegt" sind. Vgl. im Einzelnen: BGH v. 20.10.2009 - VI ZR 53/09 - juris Rn. 13-15 - NJW 2010, 606-608.

[219] Urteil v. 23.02.2010 - VI ZR 91/09.

[220] BGH v. 29.04.2003 - VI ZR 393/02 - BGHZ 154, 395-400. Für die Tragweite dieser Entscheidung ist zu beachten, dass es um einen Reparaturfall und nicht etwa um eine Veräußerung in nicht repariertem Zustand ging. Für den Fall, dass der Geschädigte das Fahrzeug gar nicht repariert oder unrepariert veräußert, gilt weiterhin, dass die Grenze der Abrechnung auf fiktiver Reparaturkostenbasis die Wiederbeschaffungskosten (Wiederbeschaffungswert minus Restwert) sind.

[221] BGH v. 23.05.2006 - VI ZR 192/05 - VersR 2006, 989-990; klarstellend OLG Celle v. 22.01.2008 - 5 W 102/07; verwirrend dagegen BGH v. 27.11.2007 - VI ZR 56/07 - VersR 2008, 135-136; BGH v. 13.11.2007 - VI ZR 89/07 - VersR 2008, 134-135, wo auch bei erfolgter Reparatur des Kfz eine sechsmonatige Weiternutzung als Voraussetzung für die 130%ige Erstattung gefordert wird. Bestätigend BGH v. 27.11. 2007 - VI ZR 56/07 - NJW 2007, 439.

handelt es sich nach Auffassung der Rechtsprechung um eine reine Beweislastregel; auf die Fälligkeit des Schadensersatzanspruchs hat sie hingegen keine Auswirkungen.[222]

4. Miete einer Ersatzsache

83 Auch das (während der Reparatur oder bis zur Beschaffung der Ersatzsache) anfallende **Interimsinteresse** ist im Herstellungswege zu befriedigen. Der Schädiger muss etwa dem Geschädigten einen **Mietwagen** für diese Zeit stellen.[223] Der Bundesgerichtshof hat durch mehrere Entscheidungen die Erstattungsfähigkeit von Unfalltarifen eingeschränkt. Danach ist ein sog. **Unfallersatztarif** bei der Regulierung eines Unfallschadens nur insoweit ein erforderlicher Aufwand zur Schadensbeseitigung, als die Besonderheiten dieses Tarifs mit Rücksicht auf die Unfallsituation einen gegenüber dem Normaltarif höheren Preis rechtfertigen. Dies sei dann der Fall, wenn sie auf Leistungen des Vermieters beruhen, die durch die besondere Unfallsituation veranlasst und infolgedessen zur Schadensbehebung erforderlich seien.[224] Bei der Frage nach der Erforderlichkeit eines „Unfallersatztarifs" ist der Tatrichter im Rahmen einer Schätzung nach § 287 ZPO nicht genötigt, die Kalkulationsgrundlagen des konkreten Anbieters im Einzelnen betriebswirtschaftlich nachzuvollziehen. Vielmehr kommt es darauf an, ob etwaige Mehrleistungen und Risiken bei der Vermietung an Unfallgeschädigte generell einen erhöhten Tarif – u.U. auch durch einen pauschalen Aufschlag auf den „Normaltarif" – rechtfertigen.[225] Im Rahmen der Schätzung nach § 287 ZPO kann der Normaltarif auf Grund der Schwacke-Liste geschätzt werden.[226] Hiervon ist nur abzusehen, wenn konkret dargelegt wird, dass ein Mietwagen zu deutlich besseren Konditionen hätte angemietet werden können.[227] Dabei sollen abweichende Konditionen der Fraunhofer Tabelle oder Screenshots und Werbe- oder Aktionsangebote allein nicht ausreichen.[228] Bedeutsam ist, dass der Bundesgerichtshof die Problematik der Unfallersatztarife nicht erst im Rahmen der in der Beweislast des Schädigers liegenden Schadensminderungspflicht nach § 254 Abs. 2 BGB, sondern bereits beim Tatbestandsmerkmal der Erforderlichkeit abhandelt, welche vom Geschädigten zu beweisen ist. Unter Fortführung dieser Rechtsprechung entschied der Bundesgerichtshof (zuletzt), dass ein höherer Unfalltarif in einem zweiten Prüfungsschritt nur dann ersatzfähig sei, wenn dem Geschädigten ein günstigerer „Normaltarif" nicht ohne weiteres zugänglich sei;[229] (die Darlegungs- und Beweislast trifft hierbei den Geschädigten[230]). Nach Auffassung der neuesten Rechtsprechung ergibt sich daraus, dass dem Geschädigten ein Unfallersatztarif grundsätzlich in der Höhe zu ersetzen ist, wie es der Tatrichter im Hinblick auf § 249 Abs. 2 BGB als erforderlich ansieht.[231] Nach Auffassung des BGH werden solche Mietwagenkosten als erforderlich angesehen, „die ein verständiger, wirtschaftlich denkender Mensch in der Lage des Geschädigten" zum Ausgleich des Gebrauchsentzugs seines Fahrzeuges für zweckmäßig und notwendig halten durfte.[232] Regelmäßig liegen die Unfallersatztarife jedoch über dem zur Herstellung erforderlichen Geldbetrag, da der Kraftfahrzeugmieter kein eigenes Interesse an der Wahl eines bestimmten Tarifs haben wird, während die Haftpflichtversicherer oder Dritte, welche an einem günstigen Tarif interessiert wären, regelmäßig nicht Parteien des Mietvertrages sind.[233] Den Geschädigten trifft dabei die Darlegungs-und Beweislast für die Frage der Erforderlichkeit des geltend gemachten Unfallersatztarifs. Steht indessen fest, dass dieser Tarif gerechtfertigt war, ob-

---

[222] BGH v. 18.11.2008 - VI ZB 22/08 - NJW 2009, 910-912.
[223] Zur Erstattungsfähigkeit von Unfallersatztarifen vgl. *Wenning*, NZV 2004, 609-613.
[224] BGH v. 12.10.2004 - VI ZR 151/03 - NJW 2005, 51-53; BGH v. 26.10.2004 - VI ZR 300/03 - NJW 2005, 135-137; BGH v. 15.02.2005 - VI ZR 160/04 - NJW 2005, 1043-1044; BGH v. 19.04.2005 - VI ZR 37/04 - BGHZ 163, 19-26; BGH v. 25.10.2005 - VI ZR 9/05 - NJW 2006, 360-362.
[225] BGH v. 14.02.2006 - VI ZR 126/05 - VersR 2006, 669-771.
[226] BGH v. 17.05.1011 - VI ZR 142/10 - juris Rn. 7; OLG Köln v. 08.11.2011 - 15 U 54/11 - juris Rn. 8.
[227] BGH v. 17.05.1011 - VI ZR 142/10 - juris Rn. 8; BGH v. 22.02.2011 - VI ZR 353/09 - juris Rn. 7 - VersR 2011, 643-644.
[228] OLG Köln v. 08.11.2011 - 15 U 54/11 - juris Rn. 10; LG Dortmund v. 01.03.2012 - 4 S 97/11.
[229] BGH v. 24.10.2007 - XII ZR 155/05 - VersR 2008, 267; BGH v. 21.11.2007 - XII ZR 15/06 - VersR 2008, 269-270.
[230] BGH v. 14.02.2006 - VI ZR 32/05 - VersR 2006, 564; BGH v. 09.05.2006 - VI ZR 117/05 - NJW 2006, 2106-2107; LG Aachen v. 01.09.2006 - 11 O 436/05; kritisch bzw. ablehnend AG Oldenburg (Holstein) v. 27.03.2008 - 23 (22) C 99/08; *Greger*, NZV 2006, 1, 5.
[231] BGH v. 24.06.2008 - VI ZR 234/07 - NJW 2008, 2910-2912 m.w.N.
[232] BGH v. 27.03.2012 - VI ZR 40/10 - juris Rn. 8 - NJW-Spezial 2012, 297-298.
[233] BGH v. 12.10.2004 - VI ZR 151/03 - juris Rn. 20 - VersR 2005, 239.

liegt es dem Schädiger darzulegen und zu beweisen, dass dem Geschädigten ein günstigerer Normaltarif „ohne weiteres" zugänglich gewesen ist, da insoweit die Schadensminderungspflicht nach § 254 Abs. 2 BGB betroffen ist.[234] Ist der höhere Unfallersatztarif jedoch bereits nicht erforderlich, so kommt es auf die Frage der Zugänglichkeit gar nicht mehr an.[235] Allerdings darf der Tatrichter die auf Ersatz der Mietwagenkosten nach einem Unfallersatztarif gerichtete Klage nicht mit der Begründung abweisen, dieser Vortrag sei schon im Hinblick auf die Notwendigkeit der Inanspruchnahme eines Mietwagens unsubstantiiert, weil auch die vorübergehende Inanspruchnahme eines Taxis sowie eine Rücksprache mit dem Haftpflichtversicherer des Schädigers in Betracht gekommen seien.[236] Der Schädiger hat auch die Kosten einer Zusatzversicherung zu tragen. So erkennt der Bundesgerichtshof die Kosten einer Vollkaskoversicherung als erforderlich an, wenn für das Unfallfahrzeug keine Vollkaskoversicherung bestand, der Geschädigte aber während der Mietzeit einem erhöhten wirtschaftlichen Risiko ausgesetzt ist, bspw. dadurch, dass der Mietwagen in einem neueren und gepflegteren Zustand ist als das Unfallfahrzeug.[237] Andererseits muss der Geschädigte sich das anrechnen lassen, was er wegen der Nichtbenutzung der eigenen Sache spart.[238] Dies geschieht heute praktisch durch die Anmietung eines Wagentyps der nächstniedrigeren Fahrzeugklasse. Darüber hinaus kann dem Mieter ein Ersatzanspruch gegen den Autovermieter dann zustehen, wenn dieser ihn nicht darüber aufklärt, dass nach der Regulierungspraxis der gegnerischen Kfz-Haftpflichtversicherung die Mietwagenkosten möglicherweise nicht in vollem Umfang erstattet werden.[239] Verlangt der Geschädigte den zur Wiederherstellung erforderlichen Geldbetrag im Sinne des § 249 Abs. 2 Satz 1 BGB (fiktiv) auf Basis eines Sachverständigengutachtens, das eine bestimmte Art einer ordnungsgemäßen Reparatur vorsieht, so kann er grundsätzlich nur für die erforderliche Dauer dieser Reparatur Ersatz der Kosten für die Anmietung eines Ersatzfahrzeuges beanspruchen, nicht aber für die längere Dauer einer tatsächlich durchgeführten Reparatur.[240] Wird das Interimsinteresse nicht im Herstellungswege befriedigt, sollte es nach erfolgter Herstellung der Hauptsache regelmäßig keinen Anspruch wegen entgangener Nutzungen geben (vgl. die Kommentierung zu § 251 BGB Rn. 36). Das sieht die Rechtsprechung anders.

III. Umsatzsteuer

§ 249 Abs. 2 Satz 2 BGB gestattet den Ersatz der Umsatzsteuer nur, wenn und soweit sie tatsächlich angefallen ist.[241] Sie ist nach den Grundsätzen der Vorteilsausgleichung auch dann nicht zu ersetzen, wenn sie zwar angefallen ist, dem Geschädigten aber die Möglichkeit des Vorsteuerabzugs eröffnet ist.[242] Die Anordnung des Gesetzgebers richtet sich gegen den Ersatz fiktiver Kosten; sie ist allerdings in ihrer unmittelbaren Wirkung auf den Fall der Umsatzsteuer beschränkt.[243] Das Amtsgericht München hält § 249 Abs. 2 Satz 2 BGB in der Fassung vom 19.07.2002 in den Fällen, in denen ein nicht zum Vorsteuerabzug berechtigter Geschädigter ein gebrauchtes Ersatzfahrzeug ohne Ausweis von Mehrwertsteuer erwirbt, für verfassungswidrig und hat dem Bundesverfassungsgericht die Frage vorgelegt, ob die Regelung mit dem Grundgesetz vereinbar sei.[244] Die Vorschrift erfasst nur Restitutionsansprüche nach § 249 Abs. 1 Satz 1 BGB und nicht auch Kompensationsansprüche nach § 251 BGB.

84

---

[234] BGH v. 24.06.2008 - VI ZR 234/07 - NJW 2008, 2910-2912; BGH v. 19.01.2010 - VI ZR 112/09 - juris Rn. 11 - NVZ 2010, 239-241; BGH v. 02.02.2010 - VI ZR 139/08 - juris Rn. 16 - NJW 2010, 1445-1447.
[235] Zu den praktischen Auswirkungen dieser Rechtsprechungsänderung vgl. *Griebenow*, NZV 2006, 13-19.
[236] BGH v. 19.02.2008 - VI ZR 32/07 - VersR 2008, 554-555.
[237] BGH v. 15.02.2005 - VI ZR 74/04 - NJW 2005, 1041-1043.
[238] BGH v. 10.05.1963 - VI ZR 235/62 - LM Nr. 14 zu § 249 (Cb) BGB.
[239] BGH v. 28.06.2006 - XII ZR 50/04 - NJW 2006, 2618; BGH v. 24.10.2007 - XII ZR 155/05 - VersR 2008, 267-269.
[240] BGH v. 15.07.2003 - VI ZR 361/02 - juris Rn. 9 - NJW 2003, 3480-3481.
[241] Dazu mit Berechnungsbeispielen *Pamer*, Die Mehrwertsteuer beim Fahrzeugschaden: Praxisfälle und Berechnungsbeispiele, 2003.
[242] *Grüneberg* in: Palandt, § 249 Rn. 26-28. Ein Landwirt, der seine Umsätze pauschaliert, ist nicht vorsteuerabzugsberechtigt und kann deshalb nach einem Verkehrsunfall die Mehrwertsteuerbeträge für die Reparatur- Sachverständigen- und Mietwagenkosten ersetzt verlangen, OLG Hamm v. 18.06.1997 - 13 U 10/97 - RuS 1997, 505-506.
[243] Zu den Mehrwertsteuerfragen hat es eine Flut instanzgerichtlicher Rechtsprechung gegeben. Eine Bestandsaufnahme und einen Ausblick auf die weitere Entwicklung bieten *Marlow/Schirmer*, DAR 2003, 441-448; und *Heß*, NZV 2004, 1-7; vgl. auch *Huber*, NZV 2004, 105-115.
[244] AG München v. 29.06.2004 - 345 C 12796/04 - NZV 2004, 474.

Das kann zu Abgrenzungsproblemen führen, wenn bei einem Totalschaden die Kosten für die Wiederbeschaffung eines Ersatzfahrzeugs in Rede stehen.[245] Gibt es einen Markt für dem zerstörten Fahrzeug gleichwertige Ersatzfahrzeuge, bewegt man sich im Restitutionsbereich. Die Umsatzsteuer ist nur zu ersetzen, wenn sie auch tatsächlich anfällt.[246] Gibt es einen solchen Markt nicht, bewegt man sich im Kompensationsbereich und der Wiederbeschaffungswert umfasst, wenn kein Fall der Vorsteuerabzugsberechtigung gegeben ist, auch die für die Wiederbeschaffung aufzuwendende Mehrwertsteuer.[247] Die Vorschrift hebt auf die tatsächlich aufgewendete Umsatzsteuer ab und bereitet deshalb in der praktischen Handhabung solange keine Probleme, wie Reparaturaufwendungen und Wiederbeschaffungsaufwendungen im Rahmen der Restitutionsmöglichkeit getätigt werden. Bei der Eigenreparatur können Mehrwertsteuerbeträge nur für die Ersatzteile anfallen. Dasselbe gilt für die Schwarzreparatur oder die Reparatur in Nachbarschaftshilfe. In der Werkstattreparatur gelten die Einschränkungen nicht. Bei der Ersatzbeschaffung fällt auf dem Privatmarkt keine Mehrwertsteuer an und auf dem Gebrauchtwagenmarkt unter Umständen nur die Differenzbesteuerung nach § 25a UStG, welche typischerweise 2-3% ausmacht.[248] Macht ein Geschädigter eine fiktive Rechnung auf Gutachtenbasis auf, so muss darauf geachtet werden, ob in dem Gutachten Mehrwertsteuer für die Werkstatt oder im Falle der Wiederbeschaffung eines gleichwertigen Ersatzfahrzeugs Mehrwertsteuer für den Händler zum vollen Betrag oder zum Differenzbetrag[249] enthalten ist. Denn diese Beträge sind aus der fiktiven Berechnung nach zwingender gesetzlicher Anordnung herauszurechnen.[250] Die Frage, ob der Geschädigte die dabei angefallene Umsatzsteuer **nachfordern** kann, sofern später eine Reparatur oder Ersatzbeschaffung stattfindet, hat der Bundesgerichtshof zuletzt wohlwollend gesehen, aber ausdrücklich offen gelassen.[251] In zwei aktuellen Urteilen[252] hat er entschieden: Erwirbt der Geschädigte ein Ersatzfahrzeug zu einem Preis, der dem in einem Sachverständigengutachten ausgewiesenen (Brutto-)Wiederbeschaffungswert des unfallbeschädigten Kraftfahrzeuges entspricht oder diesen übersteigt, kann er im Wege konkreter Schadensabrechnung die Kosten der Ersatzbeschaffung bis zur Höhe des (Brutto-)Wiederbeschaffungswertes des unfallbeschädigten Kraftfahrzeuges – unter Abzug des Restwertes – ersetzt verlangen. Auf die Frage, ob und in welcher Höhe in dem im Gutachten ausgewiesenen (Brutto-)Wiederbeschaffungswert Umsatzsteuer enthalten ist, kommt es in diesem Zusammenhang nicht an.

IV. Sonstiges

85 **Andere** als sach- und gegenstandsbezogene, **materielle Nachteile** können ebenfalls durch Herstellung in Natur ausgeglichen werden: die **Belastung mit einer Verbindlichkeit** durch Freistellung, auch wenn der Geschädigte vermögenslos ist;[253] die **kartellrechtswidrig verweigerte Lieferung** (§§ 20

---

[245] *Heinrich*, ZfSch 2004, 145-149, 145 ff.

[246] So nunmehr auch der Bundesgerichtshof seit seiner ersten Entscheidung zu § 249 Abs. 2: BGH v. 20.04.2004 - VI ZR 109/03 - NJW 2004, 1943-1945. Dort hat der Bundesgerichtshof im Sinne der hier vorgelegten Kommentierung entschieden: Im Falle eines wirtschaftlichen Totalschadens an einem Kraftfahrzeug hat der Geschädigte einen Anspruch auf Ersatz von Umsatzsteuer nur, wenn er eine Ersatzbeschaffung vorgenommen oder – ungeachtet der Unwirtschaftlichkeit einer Instandsetzung – sein beschädigtes Fahrzeug repariert hat und wenn tatsächlich Umsatzsteuer angefallen ist. Diese Rechtsprechung bestätigte der Bundesgerichtshof in seiner Entscheidung: BGH v. 18.05.2004 - VI ZR 267/03 - NJW 2004, 2086. Mit der weiteren Entscheidung setzt sich kritisch auseinander *Peetz*, ZGS 2004, 370-373.

[247] Gegen diese Konsequenz *Huber*, NZV 2004, 105-115, 108; mit der Entscheidung setzt sich kritisch auseinander *Unterreitmeier*, NZV 2004, 329-335.

[248] *Grüneberg* in: Palandt, § 249 Rn. 27.

[249] Der Händler muss die Spanne zwischen Einkaufspreis und Verkaufspreis gegenüber dem Kunden nicht aufdecken. Die Praxis arbeitet mit einem Schätzwert von 2%-3% des Kaufpreises; OLG Köln v. 05.12.2003 - 19 U 85/03 - ZGS 2004, 38-39.

[250] Für ein Beispiel zur korrekten Berechnung des als Herstellung geschuldeten Wiederbeschaffungswertes (Kürzung des Wiederbeschaffungswertes um die Differenzbesteuerung) vgl. OLG Rostock v. 18.02.2005 - 8 U 75/04 - OLGR Rostock 2005, 579-580.

[251] BGH v. 20.04.2004 - VI ZR 109/03- NJW 2004, 1943.

[252] BGH v. 01.03.2005 - VI ZR 91/04 - NJW 2005, 2220; BGH v. 15.11.2005 - VI ZR 26/05 - NJW 2006, 285 (in Abgrenzung zu den früheren Entscheidungen BGH v. 20.04.2004 - VI ZR 109/03 - NJW 2004, 1943; BGH v. 18.05.2004 - VI ZR 267/03 - NJW 2004, 2086).

[253] BGH v. 29.06.1972 - II ZR 123/71 - BGHZ 59, 148-151; der Befreiungsanspruch umfasst sogar die Abwehr unbegründeter Ansprüche OLG Koblenz v. 30.07.2007 - 12 U 353/06.

und 33 GWB) durch Annahme des Kaufangebots;[254] ebenso der **sittenwidrige** (§ 826 BGB) **Ausschluss von Leistungen** durch Kontrahierung und Aufnahme;[255] der **nachteilige Vertragsschluss** durch Aufhebung des Vertrages[256] oder gar durch Anpassung des vereinbarten Preises[257]. Werden bei der Rückabwicklung eines Immobilienerwerbs dem Erwerber die Anschaffungskosten durch die Befreiung von seiner Darlehensverbindlichkeit gegenüber der finanzierenden Bank zurückgewährt und ergeben sich aus der Rückabwicklung Steuerverbindlichkeiten, weil sich der Erwerber die erzielten Steuervorteile anrechnen ließ, so sind diese bei der Berechnung des Schadensersatzanspruchs zu berücksichtigen.[258] Wenn auf Grund einer einstweiligen Verfügung eine Person als Registrant einer Domain eingetragen wird, diese einstweilige Verfügung aber später durch ein oberlandesgerichtliches Urteil aufgehoben wird, so steht dem obsiegenden Verfügungsbeklagten im Rahmen der Naturalrestitution ein Anspruch gegen den Verfügungskläger auf Abgabe der Willenserklärungen zu, die hinsichtlich der Eintragung der Domain den früheren Zustand vor Erlass der einstweiligen Verfügung wiederherstellen.[259] Rät der steuerliche Berater dem Mandanten pflichtwidrig zur Aufgabe des Gewerbebetriebs und führt diese zur Aufdeckung stiller Reserven, so ist die hierauf entfallende Einkommensteuer grundsätzlich ersatzfähig.[260] Im Rahmen der persönlichen Haftung der Vorstandsmitglieder einer Aktiengesellschaft für fehlerhafte Ad-hoc-Mitteilungen ist nicht etwa nur der Differenzschaden des Kapitalanlegers in Höhe des Unterschiedsbetrages zwischen dem tatsächlichen Transaktionspreis und dem Preis, der sich bei pflichtgemäßem Publizitätsverhalten gebildet hätte, zu ersetzen; der Anleger kann vielmehr Naturalrestitution in Form der Erstattung des gezahlten Kaufpreises gegen Übertragung der erworbenen Aktien verlangen. Das gilt auch für die gesamtschuldnerische Haftung der Aktiengesellschaft. Die Naturalrestitution als Form des Schadensausgleichs ist nicht durch die besonderen aktienrechtlichen Gläubigerschutzvorschriften über das Verbot der Einlagenrückgewähr (§ 57 AktG) und das Verbot des Erwerbs eigener Aktien (§ 71 AktG) begrenzt oder gar ausgeschlossen.[261]

Ausgeschlossen ist die **Rückgängigmachung von Amtshandlungen**.[262] Sie muss im Verwaltungsrechtsweg erstritten werden. Ersatzansprüche gewährt die Rechtsprechung auch bei der **Belastung mit Unterhaltsansprüchen für ein unerwünschtes Kind**.[263] Dabei ist der „um Teilhabefaktoren bereinigte Unterhaltsaufwand" zu bestimmen, für den die Sätze des Regelunterhalts mit einem angemessenen Zuschlag herangezogen werden.[264]

86

Das Schadensrecht erweist sich als außerordentlich flexibel. Die Probleme liegen denn auch regelmäßig gar nicht im Bereich der Haftungsausfüllung, sondern einerseits im Bereich der Haftungsbegründung und andererseits in (ungelösten) Fragen der **Konkurrenz zu den „systemgerechten" BGB-Lösungen**. Wo etwa die im System vorgesehenen Anfechtungsgründe versagen, soll dort über die Systemwertungen hinweg dem benachteiligten Vertragspartner aus culpa in contrahendo ein Lösungsrecht oder entgegen dem Alles-oder-nichts-Prinzip des Anfechtungsrechts eine Preisanpassung gewährt werden? Die Antworten müssen im Zusammenhang mit den je betroffenen Haftungsvorschriften gefunden werden und könnten ein Stück Verbraucherschutz leisten, soweit sie bei den Konkurrenzfragen die Systemverträglichkeit hinter materielle Schutzinteressen zurücktreten lassen und bei den Haftungsbegründungen etwa Normen des Kartell- und Wettbewerbsrechts als Verbraucher schützende Schutzgesetze im Sinne des § 823 Abs. 2 BGB anerkennen.[265] Verfehlt ist es, dem Besteller Schadensersatz in der Weise zu gewähren, dass der Werkunternehmer noch offen stehenden restlichen Werklohn nicht mehr verlangen kann.[266] Die Belastung des Bestellers mit der Werklohnforderung beruht auf einem von

87

---

[254] BGH v. 26.10.1961 - KZR 1/61 - BGHZ 36, 91-105.
[255] BGH v. 14.11.1968 - KZR 3/67 - NJW 1969, 316.
[256] BGH v. 31.01.1962 - VIII ZR 120/60 - LM Nr. 5 zu § 276 (H) BGB; BGH v. 28.02.1968 - VIII ZR 210/65 - NJW 1968, 986; BGH v. 17.01.2008 - III ZR 224/06 - VersR 2008 397-399.
[257] BGH v. 25.05.1977 - VIII ZR 186/75 - BGHZ 69, 53-59.
[258] BGH v. 26.01.2012 - VII ZR 154/10 - juris Rn. 11,12 - VersR 2012, 585.
[259] LG Bielefeld v. 21.11.2001 - 16 O 202/01 - MittdtschPatAnw 2003, 191-192.
[260] BGH v. 23.10.2003 - IX ZR 249/02 - NJW 2004, 444-446.
[261] BGH v. 09.05.2005 - II ZR 287/02 - WM 2005, 1358-1362.
[262] BGH v. 11.02.1952 - III ZR 140/50 - BGHZ 5, 102-105.
[263] BGH v. 18.03.1980 - VI ZR 105/78 - BGHZ 76, 249-258.
[264] BGH v. 18.03.1980 - VI ZR 105/78 - BGHZ 76, 249-258.
[265] Vgl. *Tilmann*, ZHR 141, 32-80, 32; *Reich*, NJW 1978, 513-519, 513 ff., 518; *Reich*, ZRP 1978, 100-104, 100.
[266] BGH v. 19.01.1978 - VII ZR 175/75 - BGHZ 70, 240-247.

ihm geschlossenen Vertrag, nicht auf der Verletzung der Nachbesserungspflicht. Von der Werklohnforderung kann der Besteller sich nur durch Aufrechnung mit seiner Schadensersatzforderung befreien. Ein entgegenstehendes Aufrechnungsverbot lässt sich jedenfalls nicht schadensrechtlich unterlaufen.

88 **Immaterielle Nachteile** sind zunächst einmal solche, die den Geschädigten an **Körper und Gesundheit** treffen. Der Herstellungsanspruch umfasst sämtliche Maßnahmen, die geeignet und erforderlich sind, um den Verletzten wieder im ursprünglichen Umfang am gesellschaftlichen Leben teilhaben zu lassen: ärztliche Behandlung, Operation, Medikamente, der ärztlich gebotene Besuch des Verletzten von ihm nahe stehenden Personen,[267] Kur und Nachbehandlung in einem Rehabilitationszentrum[268]. Über Eignung und Erforderlichkeit der Maßnahmen sollte allein nach den Regeln der medizinischen und psychologischen Wissenschaft entschieden werden. Was der Verletzte sich ohne Haftpflicht des Verletzers hätte leisten können, ist ohne Belang.[269] Das Schadensrecht gesteht den Armen wie den Reichen dieselbe Behandlung zu.[270] Immaterielle **Beeinträchtigungen**, die außerhalb der Körper- und Gesundheitssphäre liegen, sind vor allem solche **des allgemeinen Persönlichkeitsrechts**. Hier kommen unterschiedliche Herstellungsmaßnahmen in Betracht: die **Entfernung unrichtiger Zeugnisse aus den Personalakten**;[271] die **Herausgabe von unbefugt hergestellten Abschriften** und Fotokopien von persönlichen Dokumenten;[272] der **Widerruf beleidigender Behauptungen**, wenn die Unwahrheit der zu widerrufenden Behauptung feststeht[273]. Lässt sich weder die Wahrheit noch die Unwahrheit der ehrverletzenden Behauptung beweisen, ist die adäquate Rechtsfolge der abgeschwächte Widerruf mit der Erklärung, dass die Behauptung nicht aufrechterhalten werden könne, weil sie nicht bewiesen werden könne. Der Bundesgerichtshof will indessen diesen abgeschwächten Widerruf nicht zulassen, solange der Kläger ernsthafte Anhaltspunkte für die Wahrheit der ehrenrührigen Behauptung nicht ausgeräumt hat.[274] Diese Formel ist ihrer Vagheit wegen kaum als Anleitung für die untergerichtliche Praxis geeignet.

89 Eine immaterielle Beeinträchtigung liegt auch im **Freizeitverlust**. Die Frage ist, ob er im Herstellungswege etwa dadurch ausgeglichen werden kann, dass der Schädiger für die Bereitstellung neuer Freizeit sorgt (durch Bezahlung unbezahlten Urlaubs). Der Bundesgerichtshof lässt dies für die allgemeine Freizeit nicht zu.[275] Allein der „vertane Urlaub" führt zu einem Ersatzanspruch.[276] Unter Herstellungsgesichtspunkten kann es jedoch keinen Unterschied zwischen Urlaubszeit und allgemeiner Freizeit geben. Beide dienen dem schon und noch im Arbeitsleben Stehenden zur Reproduktion seiner Arbeitskraft. Werden sie ihm haftungsbedingt genommen, so kommt als Herstellungsmaßnahme die Bereitstellung neuer Freizeit in Betracht. Die Frage ist deshalb eine andere. Wie viel an nicht ausgleichsfähigen Einbußen will man dem Geschädigten als Eigenlast zumuten? Um nicht die Solidargemeinschaft der Versicherten, die den Hauptteil der Kosten tragen müsste, mit weiteren und derzeit unübersehbaren Schadensposten zu belasten, sollte man im Einklang mit dem Bundesgerichtshof den Freizeitverlust unersetzt lassen, zumal er ihn bei entsprechendem Interesse durch Abschluss von Rechtsschutzversicherungen verringern kann. Der Anspruch auf Ersatz „vertanen Urlaubs" bleibt hiervon unberührt, da der Urlaub dessen, der im Arbeitsleben steht, Vermögenswert hat, der unabhängig von Herstellungsansprüchen nach § 251 BGB zu kompensieren ist (vgl. die Kommentierung zu § 251 BGB Rn. 37).

90 Die §§ 249 Abs. 2 und 250 BGB „verwandeln" den Anspruch auf Herstellung in Natur in einen Anspruch auf **Erstattung der Herstellungskosten**. Dabei gibt § 249 Abs. 2 BGB dem Geschädigten von vornherein eine Wahlmöglichkeit (facultas alternativa), während § 250 BGB Fristsetzung mit Ablehnungsandrohung verlangt und sodann den Herstellungsanspruch in Natur ausschließt. Der Fristsetzung bedarf es dann nicht, wenn der Verpflichtete etwa zu erkennen gibt, dass er auf keinen Fall Schadens-

---

[267] BGH v. 19.02.1991 - VI ZR 171/90 - VersR 1991, 559-561.
[268] Überblick bei *Baltzer*, VersR 1976, 1-8.
[269] Bedenklich KG Berlin v. 22.01.1973 - 12 U 1044/72 - MDR 1973, 495-496; OLG Hamm v. 24.09.1976 - 9 U 128/76 - VersR 1977, 151.
[270] Zutreffend *Esser/Schmidt*, Schuldrecht AT, Teilband 2, 8. Aufl. 2000, § 32 I 2.
[271] BAG v. 25.04.1972 - 1 AZR 322/71 - NJW 1972, 2016.
[272] RG v. 01.11.1918 - III 190/18 - RGZ 94, 94-97.
[273] BGH v. 05.06.1962 - VI ZR 236/61 - BGHZ 37 187-192.
[274] BGH v. 14.06.1977 - VI ZR 111/75 - BGHZ 69 181-185 (m.w.N. zur abweichenden Literatur).
[275] BGH v. 22.11.1988 - VI ZR 126/88 - BGHZ 106, 28-33; BGH v. 09.03.1976 - VI ZR 98/75 - BGHZ 66, 112-118; dazu *Schmidt*, NJW 1976, 1932-1933 mit abweichenden Vorschlägen.
[276] BGH v. 10.10.1974 - VII ZR 231/73 - BGHZ 63, 98-107; LSG NRW v. 25.02.2008 - L 19 AL 64/07.

ersatz durch Naturherstellung leisten könne oder wolle.[277] Der Geldanspruch der §§ 249 Abs. 2 und 250 BGB ist nicht zu verwechseln mit dem Geldanspruch aus § 251 BGB. Dieser ist Kompensationsanspruch und wahrt das Vermögensinteresse; jener bleibt dagegen Herstellungsanspruch und ist an die Möglichkeit der Herstellung geknüpft.[278]

Die auf **Kostenersatz** gehenden Herstellungsansprüche erfassen grundsätzlich nur die Kosten solcher Maßnahmen, die zur Herstellung erforderlich sind. Zur Beurteilung der Erforderlichkeit ist eine ex-ante-Betrachtung maßgeblich, so dass auch fehlgeschlagene Maßnahmen als erforderlich angesehen werden können. Mit dieser Betrachtung fällt das **Prognoserisiko** dem Schädiger zu.[279] Damit bleibt die Risikoverteilung wie beim (vorrangigen) Anspruch auf Herstellung in Natur. Sie belastet den Schädiger auch mit dem Mehraufwand, den ohne Verschulden des Geschädigten die von diesem beauftragte Werkstatt infolge unwirtschaftlicher und unsachgemäßer Maßnahmen verursacht hat,[280] selbst dann, wenn der Geschädigte infolge unrichtiger Beratung durch einen Sachverständigen eine reparaturunwürdige Sache reparieren lässt[281]. Nicht erforderlich ist eine außerordentlich aufwendige Anzeigenaktion, wenn sich derselbe Erfolg (unverzügliche Richtigstellung einer im Fernsehen verbreiteten Behauptung) durch den presserechtlichen Gegendarstellungsanspruch erreichen lässt.[282] 91

Zu den Herstellungskosten rechnen auch **Kosten**, **für** die Herstellung **vorbereitende Maßnahmen** aufgewendet werden: Kosten für die **Inanspruchnahme von Fremdmitteln**, soweit dem Geschädigten die Herstellung nur durch die Aufnahme von Fremdmitteln möglich und zumutbar ist;[283] auch Kosten für die **Erstellung eines Sachverständigengutachtens**, ohne das nicht über die Reparaturmöglichkeit befunden werden kann[284]. Der Geschädigte kann die Kosten für die Einholung eines Schadensgutachtens von der Haftpflichtversicherung des Schädigers selbst dann erstattet verlangen, wenn diese selbst bereits einen Sachverständigen mit der Begutachtung beauftragt hat und der Geschädigte dies weiß, sog. Grundsatz der Waffengleichheit.[285] Hier ist in der Praxis allerdings eine Bagatellgrenze zu beachten, jenseits derer die Einholung eines Sachverständigengutachtens nicht mehr als erforderlich angesehen wird. Die Bagatellgrenze dürfte heute bei einem Betrag von 1000 € liegen.[286] Dagegen hält es der Bundesgerichtshof für revisionsrechtlich bedenkenfrei, wenn die Tatsacheninstanz einen Reparaturbetrag von 716 € außerhalb der Bagatellgrenze ansiedelt und Sachverständigenkosten von 192 € zuspricht.[287] Im Fall einer nur quotenmäßigen Haftung des Schädigers hat dieser dem Geschädigten dessen Sachverständigenkosten nur im Umfang der Haftungsquote zu erstatten.[288] Allgemeine **Rechtsverfolgungskosten** sollten erst dann ersetzt werden, wenn der Schädiger mit seiner Leistung in Verzug gekommen ist, und nur dann, wenn die prozessrechtlichen Kostenregeln nicht eingreifen. Die Praxis ist hier weniger streng.[289] So bejaht der Bundesgerichtshof die Ersatzfähigkeit von Rechtsverfolgungskosten, sofern diese aus Sicht des Geschädigten zur Wahrnehmung seiner Rechte erforderlich und zweckmäßig waren.[290] Mit den Gebühren des Rechtsanwalts bei der Abwicklung von Verkehrsunfällen befasst sich in einer Serie von Beiträgen in der Zeitschrift für Schadensrecht.[291] 92

---

[277] BGH v. 30.09.1963 - III ZR 137/62 - BGHZ 40, 345-355.
[278] *Frotz*, JZ 1963, 391-394, 391.
[279] Anders noch RG v. 07.06.1909 - I 329/08 - RGZ 71, 212-217; wie hier: *Medicus*, JuS 1969, 449-455, 449 ff., 454; *Lange/Schiemann*, Schadensersatz, 3. Aufl. 2003, § 5 VIII; BGH v. 20.06.1972 - VI ZR 61/71 - LM Nr. 10 zu § 249 (Gb) BGB.
[280] BGH v. 29.10.1974 - VI ZR 42/73 - BGHZ 63, 182-189.
[281] BGH v. 02.12.1975 - VI ZR 249/73 - VersR 1976, 389-390 (ST1-2.
[282] BGH v. 06.04.1976 - VI ZR 246/74 - BGHZ 66, 182-198; vgl. auch BGH v. 15.11.1977 - VI ZR 101/76 - BGHZ 70, 39-47.
[283] BGH v. 06.11.1973 - VI ZR 27/73 - BGHZ 61, 346-351.
[284] Eine Bestandsaufnahme zur Erstattung der Kosten vorprozessualer Sachverständigengutachten bietet *Gruber*, NVersZ 2002, 153-158.
[285] AG Oldenburg (Holstein) v. 22.04.2008 - 22 C 1021/07.
[286] *Oetker* in: MünchKomm-BGB, § 249 Rn. 372.
[287] BGH v. 30.11.2004 - VI ZR 365/03 - NJW 2005, 356-357; umfassend zur Erstattungsfähigkeit von Sachverständigenkosten *Meinel*, VersR 2005, 201-206.
[288] BGH v. 07.02.2012 - VI ZR 249/11 - *Wenker*, jurisPR-VerkR 8/2012, Anm. 1.
[289] Vgl. die Nachweise bei *Grüneberg* in: Palandt, § 249 Rn. 56.
[290] BGH v. 10.01.2006 - VI ZR 43/05 - NJW 2006, 1065-1066.
[291] ZfSch 2005, 326, 377 und 427; der abschließende Beitrag ist *Madert*, ZfSch 2005, 482-484.

E. Prozessuale Hinweise/Verfahrenshinweise

93 Die Beweislastfrage für die tatsächlichen Umstände, die nach den Regeln des Haftungs- und Schadensrechts die Verlagerung des Nachteils vom Geschädigten auf den Schädiger begründen, ist außerordentlich brisant, wenn es um die im engeren Sinne haftungsbegründenden Merkmale des Sorgfaltspflichtverstoßes und der Kausalitätsverknüpfung mit der Rechtsgutsverletzung geht. Hier trifft man gerade in dem vom BGB am stärksten vernachlässigten Bereich der industriellen Produktion auf „Haftungsverlagerungen durch beweisrechtliche Mittel".[292] Im engeren Bereich des die Haftung ausfüllenden Schadensrechts gewinnen **Beweislastfragen nur selten praktische Bedeutung**. Der Grund liegt in § 287 ZPO, der die Entscheidung über die Entstehung und Höhe eines Schadens dem „freien Ermessen" des Gerichts überlässt.[293] Allerdings muss das Gericht in die Lage versetzt werden, seine Schätzungsbefugnisse auch auszuüben, und die zu diesem Zwecke erforderlichen Informationen über die tatsächlichen Verhältnisse und Begebenheiten erhalten. Geschieht dies nicht, so ist auch hinsichtlich der Entstehung und der Höhe eines Schadens zum Nachteil dessen zu entscheiden, der die Beweislast für die fehlenden Umstände trägt. Im Rahmen der Kfz-Schäden legt die Rechtsprechung nunmehr ortsübliche Listen zugrunde.[294] Der geschädigte Kläger hat die Beweislast für den realen Abgang eines Vermögenswerts einschließlich der Umstände, die eine Bewertung in Höhe des beantragten Ersatzes rechtfertigen. Er muss auch den verhinderten Vermögenszufluss, d.h. die Anstalten und Vorkehrungen beweisen, welche nach dem gewöhnlichen Lauf der Dinge oder nach den besonderen Umständen den Vermögenszufluss wahrscheinlich machten (§ 252 Satz 2 EGB). Den beklagten Schädiger trifft dagegen die Beweislast für die schadensmindernden oder -aufhebenden Umstände, die einen anzurechnenden Vorteil bewirkt oder einen hypothetisch gebliebenen Kausalverlauf mit den nämlichen Schadensfolgen in Gang gesetzt haben. Die Schadensbegrenzung nach der Schutzbereichslehre (auch nach der Adäquanztheorie) ist eine beweislastunabhängige Rechtsfrage.[295] Zur Beweislast bei der Restwertanrechnung hat der Bundesgerichtshof entschieden: Realisiert der Geschädigte den Restwert durch den Verkauf seines Fahrzeugs, kann er seiner Schadensberechnung grundsätzlich den erzielten Restwertbetrag zugrunde legen. Macht der Haftpflichtversicherer des Geschädigten demgegenüber geltend, auf dem regionalen Markt hätte ein höherer Restwert erzielt werden müssen, liegt die Darlegungs- und Beweislast bei ihm.[296]

---

[292] *Stoll*, AcP 176, 145-196, 146 ff.

[293] Grundlegend zu § 287 ZPO *Arens*, ZZP 1975, 1-48, 1; *Gottwald*, Schadenszurechnung und Schadensschätzung, 1979, S. 37 ff., 214 ff.

[294] BGH v. 11.03.2008 - VI ZR 164/07 - BB 2008, 845; BGH v. 26.06.2007 - VI ZR 163/06 - VersR 2007, 1286-1288; BGH v. 12.06.2007 - VI ZR 161/06 - VersR 2007, 1144-1145; BGH v. 30.01.2007 - VI ZR 99/06 - VersR 2007, 516-518; BGH v. 09.05.2006 - VI ZR 117/05 - VersR 2006, 986-987.

[295] Vgl. zu dieser Abgrenzung allgemein *Rüßmann* in: Alexy/Koch/Kuhlen/Rüßmann, Elemente einer juristischen Begründungslehre, 2003, S. 299 ff.

[296] BGH v. 12.07.2005 - VI ZR 132/04 - BB 2005, 2211-2212.

§ 250 BGB Schadensersatz in Geld nach Fristsetzung

(Fassung vom 02.01.2002, gültig ab 01.01.2002)

¹Der Gläubiger kann dem Ersatzpflichtigen zur Herstellung eine angemessene Frist mit der Erklärung bestimmen, dass er die Herstellung nach dem Ablauf der Frist ablehne. ²Nach dem Ablauf der Frist kann der Gläubiger den Ersatz in Geld verlangen, wenn nicht die Herstellung rechtzeitig erfolgt; der Anspruch auf die Herstellung ist ausgeschlossen.

Gliederung

A. Grundlagen 1	I. Normstruktur 4
I. Kurzcharakteristik 1	II. Bestehen eines Herstellungsanspruchs 5
II. Regelungsprinzipien 2	III. Fristsetzung und Ablehnungsandrohung 6
B. Praktische Bedeutung 3	IV. Nichtleistung 8
C. Anwendungsvoraussetzungen 4	D. Rechtsfolgen 9

A. Grundlagen

I. Kurzcharakteristik

Die Vorschrift gibt dem Geschädigten neben § 249 Abs. 2 BGB eine weitere Möglichkeit, vom Anspruch auf Herstellung in Natur auf einen Anspruch auf Ersatz der Herstellungskosten überzugehen. 1

II. Regelungsprinzipien

Die Vorschrift bezieht sich ausschließlich auf die das Integritätsinteresse des Ersatzgläubigers wahrende **Herstellung**.[1] § 249 Abs. 1 BGB gibt dem Gläubiger einen Anspruch auf Herstellung in Natur. Diesen kann er allgemein unter den Voraussetzungen des § 250 BGB in einen Anspruch auf Leistung des zur Herstellung erforderlichen Geldbetrages verwandeln. In den Sonderfällen der Verletzung seiner Person oder der Beschädigung seiner Sachen hat er diese Möglichkeit aus nahe liegenden Gründen von vornherein: Er soll die Herstellung (Heilbehandlung oder Reparatur) nicht durch den Schädiger vornehmen lassen müssen, sondern von einer Person seines Vertrauens durchführen lassen dürfen. Sämtliche Herstellungsansprüche werden durch die das Vermögensinteresse wahrende Kompensationsregelung des § 251 BGB zum Teil ergänzt,[2] zum Teil ersetzt. 2

B. Praktische Bedeutung

Eine praktische Bedeutung hat die Vorschrift in den Fällen, in denen die Möglichkeit zum Kostenerstattungsanspruch nach § 249 Abs. 2 BGB ausgeschlossen oder zweifelhaft ist. 3

C. Anwendungsvoraussetzungen

I. Normstruktur

Satz 1 eröffnet dem Gläubiger die Möglichkeit der Fristsetzung mit Ablehnungsandrohung für die Herstellung in Natur. Satz 2 normiert die Rechtsfolgen. Mit fruchtlosem Fristablauf ist der Anspruch auf Herstellung ausgeschlossen und der Gläubiger auf den Kostenerstattungsanspruch verwiesen. 4

II. Bestehen eines Herstellungsanspruchs

Die erste Voraussetzung ist das Bestehen eines Herstellungsanspruchs. Sollte der Herstellungsanspruch nach Maßgabe von § 251 BGB ausgeschlossen sein, ist kein Raum für § 250 BGB gegeben. 5

---

[1] Restitution – a.A. *Lange/Schiemann*, Schadensersatz, 3. Aufl. 2003, § 5 V 1: § 250 gehe auf Wertersatz; wie hier *Esser/Schmidt*, Schuldrecht AT, Teilband 2, 8. Aufl. 2000, § 32 I 2; *Oetker* in: MünchKomm-BGB, § 250 Rn. 1 und 12.

[2] OLG Rostock v. 04.09.2008 - 1 U 115/08.

III. Fristsetzung und Ablehnungsandrohung

6 Die Fristsetzung soll den Schädiger eindringlich an seine Schadensbeseitigungspflicht erinnern. Sie ist eine einseitige empfangsbedürftige Willenserklärung und unterliegt keinen Formvorschriften. Sie muss mit einer Ablehnungserklärung verbunden sein. Wählt der Gläubiger eine unangemessen kurze Frist, so macht das die Fristsetzung nicht unwirksam. Es läuft vielmehr wie bei § 323 BGB eine angemessene Frist.

7 Die Fristsetzung ist entbehrlich, wenn der Schädiger eindeutig zu erkennen gegeben hat, dass er die Leistung ablehnt.[3]

IV. Nichtleistung

8 Die Herstellung in Natur muss innerhalb der gesetzten (angemessenen) Frist ausbleiben. Der Grund für die Nichtleistung ist unerheblich. Insbesondere stellt das Gesetz kein Verschuldenserfordernis auf. Auch die Nichtleistung infolge höherer Gewalt reicht aus, um die Rechtsfolgen des § 250 BGB auszulösen.

D. Rechtsfolgen

9 Die Rechtsfolge bis zum Fristablauf wird vom Gesetz nicht normiert, ergibt sich aber aus dem Sinn der Fristsetzung. Der Gläubiger kann bis zum Fristablauf nur Herstellung in Natur verlangen, selbst wenn unter den Voraussetzungen des § 249 Abs. 2 BGB die Möglichkeit der Geldentschädigung gegeben wäre.

10 Die Rechtsfolge nach dem Fristablauf ist nicht klar formuliert. Der Text deutet auf ein weiter bestehendes Wahlrecht. Dieses Wahlrecht besteht indessen nicht. Nach dem Fristablauf hat der Gläubiger nur noch den Anspruch auf Entschädigung in Geld[4], wobei der Anspruch auf Ersatz der Herstellungskosten und nicht auf Entschädigung des Vermögensverlustes gerichtet ist. Zu einem Anspruch auf Entschädigung des Vermögensverlustes kommt es erst unter den Voraussetzungen von § 251 BGB.

---

[3] BGH v. 30.09.1963 - III ZR 137/62 - BGHZ 40, 345-355.
[4] BGH v. 29.04.1992 - VIII ZR 77/91 - LM BGB § 249 (Fb) Nr. 17 (11/1992).

§ 251 BGB Schadensersatz in Geld ohne Fristsetzung

(Fassung vom 02.01.2002, gültig ab 01.01.2002)

(1) Soweit die Herstellung nicht möglich oder zur Entschädigung des Gläubigers nicht genügend ist, hat der Ersatzpflichtige den Gläubiger in Geld zu entschädigen.

(2) ¹Der Ersatzpflichtige kann den Gläubiger in Geld entschädigen, wenn die Herstellung nur mit unverhältnismäßigen Aufwendungen möglich ist. ²Die aus der Heilbehandlung eines verletzten Tieres entstandenen Aufwendungen sind nicht bereits dann unverhältnismäßig, wenn sie dessen Wert erheblich übersteigen.

Gliederung

A. Kommentierung zu Absatz 1 1	b. Differenzierung nach objektbezogenen und anderen Eingriffen? 35
I. Grundlagen 1	7. Kind als Schaden 43
1. Kurzcharakteristik 1	8. Abstrakte Schadensberechnung 45
2. Regelungsprinzipien 2	a. Anwendungsbereich 45
II. Praktische Bedeutung 3	b. Begriffliche Festlegung 46
III. Anwendungsvoraussetzungen 4	c. Gesetzliche Fälle und vertragliche Vereinbarungen 47
1. Normstruktur 4	d. Der Ansatz von (Knobbe-)Keuk 48
2. Unmöglichkeit der Herstellung 5	IV. Rechtsfolgen 50
3. Ungenügen der Herstellung 7	B. Kommentierung zu Absatz 2 51
4. Vermögensschaden 12	I. Grundlagen 51
a. Rechtsprechung 13	1. Kurzcharakteristik 51
b. Literatur 20	2. Regelungsprinzipien 52
5. Festlegung des Vermögensbegriffs 21	II. Praktische Bedeutung 53
a. Geld und geldwerte Güter 22	III. Anwendungsvoraussetzungen 54
b. Keine Beschränkung auf den geldlich-gegenständlichen Bereich 23	1. Normstruktur 54
6. Kommerzialisierung und Frustration 33	2. Unverhältnismäßige Aufwendungen 55
a. Aufgabe des Kausalitätserfordernisses? 34	

A. Kommentierung zu Absatz 1

I. Grundlagen

1. Kurzcharakteristik

§ 251 Abs. 1 BGB bestimmt, wann der auf Herstellung gerichtete Restitutionsanspruch aus § 249 BGB durch den auf Ersatz des Vermögensschadens gerichteten Kompensationsanspruch abgelöst oder ergänzt wird: bei Unmöglichkeit oder Ungenügen der Herstellung.

2. Regelungsprinzipien

Der **Kompensationsanspruch** ist auf den Ausgleich von **Vermögensschäden** gerichtet. Das macht die Anordnung des § 253 Abs. 1 BGB deutlich, der wegen eines Schadens, der nicht Vermögensschaden ist, eine Entschädigung in Geld nur in den vom Gesetz eigens angeordneten Fällen erlaubt. Aus diesem Grunde ist für § 251 BGB (und auch § 252 BGB) die Festlegung des Vermögensbegriffs und mit ihm des Vermögensschadens von zentraler Bedeutung.

II. Praktische Bedeutung

Die praktische Bedeutung der Vorschrift kann nicht hoch genug eingeschätzt werden. Die Bestimmung des Vermögensbegriffs ist ein zentrales Problem des Schadensrechts.

III. Anwendungsvoraussetzungen

1. Normstruktur

Die Normstruktur ist einfach. Die Verpflichtung zur Entschädigung in Geld knüpft an zwei alternative Voraussetzungen an: die **Unmöglichkeit** der Herstellung oder das **Ungenügen** der Herstellung.

§ 251

2. Unmöglichkeit der Herstellung

5   Ersetzt werden die Herstellungsansprüche, wenn die Herstellung nicht möglich ist[1]. **Unmöglich** ist eine Herstellung, die **nach** dem jeweils **geltenden Stand von Wissenschaft und Technik** oder **von Rechts wegen ausgeschlossen** ist. Andere Fälle der Unmöglichkeit, wie sie etwa in § 275 Abs. 2 und 3 BGB geregelt sind, fallen nicht in den Anwendungsbereich von § 251 Abs. 1 BGB. Diese Fälle werden von Absatz 2 erfasst.

6   Die Unmöglichkeit der Herstellung ist ex ante zu beurteilen. Erweisen sich zunächst Erfolg versprechende, unter vertretbarem Aufwand vorzunehmende Herstellungsversuche als am Ende erfolglos und die Herstellung als insgesamt unmöglich, so muss der Schädiger dennoch für die Kosten aufkommen. Denn er trägt das Prognoserisiko.

3. Ungenügen der Herstellung

7   Ergänzt werden die Herstellungsansprüche insoweit, als sie zur Entschädigung des Gläubigers nicht ausreichen. Das ist etwa dann der Fall, wenn eine Sache zwar repariert wird und danach wieder funktionstüchtig ist, der Markt aber dennoch die reparierte Sache niedriger bewertet als die unreparierte funktionstüchtige Sache. Den „**merkantilen Minderwert**" muss der Schädiger zusätzlich zum Herstellungsaufwand ausgleichen. Dies gilt unabhängig davon, ob der Geschädigte vorhat, das Fahrzeug zu veräußern.[2] Besondere Bedeutung kommt der Bemessung des merkantilen Minderwertes im Bereich von Kraftfahrzeugen zu; es handelt sich dabei um die Minderung des Verkaufswertes, die trotz völliger und ordnungsgemäßer Instandsetzung eines bei einem Unfall erheblich beschädigten Kraftfahrzeugs allein deshalb verbleibt, weil bei einem großen Teil des Publikums, v.a. wegen des Verdachts verborgen gebliebener Schäden, eine den Preis beeinflussende Abneigung gegen den Erwerb von „Unfallfahrzeugen" besteht, d.h. die Differenz zwischen dem erzielbaren Verkaufserlös vor dem Unfall und dem nach der Reparatur. Ein ersatzfähiger merkantiler Minderwert kommt auch bei **anderen Sachen** als Kraftfahrzeugen, so bspw. bei Musikinstrumenten[3], Schiffen[4] und Gebäuden[5], in Betracht, jedenfalls sofern für sie ein Markt besteht, auf dem sich der Minderwert realisieren könnte[6]. Entscheidend für die Feststellung und Bemessung des merkantilen Minderwerts ist der **Zeitpunkt** der beendigten Instandsetzung bzw. der Augenblick, in welchem die Sache hätte in Gebrauch genommen werden können, falls der Geschädigte nicht auf eine Reparatur verzichtet hätte.[7]

8   Der merkantile Minderwert ist durch **Schätzung** nach § 287 ZPO zu ermitteln, wobei sich eine allgemeingültige Schätzungsmethode bislang nicht durchsetzen konnte. Bei Personenkraftwagen ist die Methode von *Ruhkopf* und *Sahm*[8] am weitesten verbreitet; der Bundesgerichtshof hat diese Methode als brauchbare Bewertungsgrundlage anerkannt[9]. Danach stellt der Minderwert einen bestimmten Prozentanteil x der Summe von Wiederbeschaffungswert und Reparaturkosten dar; soweit *Ruhkopf* und *Sahm* vom Zeitwert sprechen, ist damit der Wiederbeschaffungswert gemeint. Der Faktor x ist nachfolgender Tabelle zu entnehmen.

Zulassungsjahr	Verhältnis der Reparaturkosten zum Wiederbeschaffungswert		
	10-30%	30-60%	60-90%
1	5	6	7
2	4	5	6
3	3	4	5

9   Nach *Ruhkopf* und *Sahm* gilt es hierbei eine **Bagatellgrenze** zu beachten; ein merkantiler Minderwert soll dann nicht vorliegen, wenn die Reparaturkosten 10% des Wiederbeschaffungswertes nicht übersteigen. Ein Ersatzanspruch ist ferner zu verneinen, wenn der Wiederbeschaffungswert geringer ist

---

[1] OLG Hamm v. 23.10.2007 - 19 U 8/07.
[2] BGH v. 03.10.1961 - VI ZR 238/60 - BGHZ 35, 396-399; *Grüneberg* in: Palandt, § 251 Rn. 14; *Lange/Schiemann*, Schadensersatz, 3. Aufl. 2003, § 6 VI m.w.N.
[3] BAG v. 17.09.1987 - 6 AZR 522/84 - NJW 1988, 932.
[4] OLG Frankfurt v. 04.07.1996 - 7 U 242/94 - ZfSch 1997, 372-373.
[5] KG Berlin v. 02.10.1978 - 22 U 1867/78 - NJW 1979, 1167-1168.
[6] *Grüneberg* in: Palandt, § 251 Rn. 15; für eine weitergehende Ersatzfähigkeit unabhängig von einem Markt *Oetker* in: MünchKomm-BGB, § 249 Rn. 49 mit weiteren Beispielen aus der Rechtsprechung.
[7] BGH v. 02.12.1966 - VI ZR 72/65 - NJW 1967, 552; *Oetker* in: MünchKomm-BGB, § 249 Rn. 56.
[8] VersR 1962, 593.
[9] BGH v. 18.09.1979 - VI ZR 16/79 - NJW 1980, 281-282.

als 40% des Listenpreises; er entfällt außerdem in der Regel bei älteren Fahrzeugen. Die Praxis geht hierbei häufig von einer Grenze von fünf Jahren oder 100.000 km Laufleistung aus.[10] Es verbietet sich jedoch ein strenges Festhalten an starren Grenzen; so sind nicht nur Alter und Laufleistung, sondern auch Marktbesonderheiten, Erhaltungszustand und etwaige Vorschäden in die richterliche Schätzung einzubeziehen. So ließ auch der Bundesgerichtshof in einer aktuellen Entscheidung die Frage nach einer abschließenden Grenze ausdrücklich offen[11]; er ging im zu entscheidenden Fall lediglich davon aus, ein Unfallschaden, der keine tragenden Teile betroffen habe, werde sich bei einem 16 Jahre alten Pkw mit 164.000 km Laufleistung nicht mehr wertmindernd auswirken. Letztlich ist eine Einzelfallentscheidung notwendig, die dazu führen kann, dass bei älteren, aber hochwertigen Fahrzeugen ein Minderwert zu bejahen, bei rest- und folgenlos behebbaren Schäden sowie erheblichen Vorschäden aber zu verneinen ist.[12]

Die Rechtsprechung bedient sich zum Teil auch der Methode Halbgewachs,[13] dem sog. Hamburger Modell[14] sowie Vorschlägen des Verkehrsgerichtstages[15].   10

Die für die Ermittlung des merkantilen Minderwertes von Personenkraftwagen entwickelten Schätzmethoden gelten hingegen nicht im Bereich von **Nutzfahrzeugen**, welche regelmäßig eine höhere Laufleistung haben und für die auf dem Gebrauchtwagenmarkt andere Vorstellungen über eine ordnungsgemäße Instandsetzung vorherrschen. Hier wird zur Ermittlung des Minderwertes regelmäßig ein Sachverständigengutachten erforderlich sein.[16]   11

4. Vermögensschaden

Mit Blick auf den Vermögensschaden treffen wir auf viele problematische Positionen und ein reichhaltiges Feld für die Normativierung des Schadensbegriffs. Die Schadensermittlung hat grundsätzlich anhand der sog. Differenzhypothese zu erfolgen. Allerdings haben sich in der Rechtsprechung zahlreiche Modifikationen und wertungsmäßige Korrekturen herausgebildet. So ist bspw. der durch die Täuschung eines Dritten herbeigeführte Vertrag für den Vertragspartner, der den Vertrag ohne die Täuschung nicht geschlossen hätte, auch dann ein Vermögensschaden, wenn Leistung und Gegenleistung in diesem Vertrag werthaltig sind. Der Dritte hat den getäuschten Vertragspartner so zu stellen, wie wenn der Vertrag nicht geschlossen worden wäre.[17]   12

a. Rechtsprechung

aa. Nutzungsentgang

Ein Beispiel für die Normativierung des Schadensbegriffs bietet die Rechtsprechung zur Entschädigung bei **Nutzungsausfall**. Eine solche Entschädigung wird unter bestimmten Voraussetzungen dafür gewährt, dass auf Grund eines schädigenden Ereignisses die Nutzung einer Sache für einen vorübergehenden Zeitraum ausfällt. Dies ist unproblematisch, soweit es sich um die Entschädigung der für die Beschaffung eines Ersatzes aufgewendeten Kosten handelt, also beispielsweise um den Ersatz des Mietzinses, den der Eigentümer eines beschädigten Fahrzeuges für die Anmietung eines Ersatzfahrzeuges zahlt (§ 249 Abs. 1 BGB). Ebenfalls unproblematisch ist der Fall, dass dem Geschädigten auf Grund der ausgefallenen Nutzung ein Gewinn entgeht. Auch dieser entgangene Gewinn ist zu ersetzen (vgl. § 252 BGB). Besteht für den Geschädigten die Möglichkeit, sich ein Kraftfahrzeug bei seinen Verwandten zu leihen, ist der Umfang des Nutzungsausfallersatzes nicht durch die Länge des Nutzungsausfalls oder die Höhe der Mietkosten beschränkt, die im konkreten Fall angefallen wären.[18]   13

---

[10] OLG Karlsruhe v. 27.06.1990 - 1 U 1/90 - VRS 79, 326-329 (1990).
[11] BGH v. 23.11.2004 - VI ZR 357/03 - BGHZ 161, 151.
[12] *Knerr* in: Geigel, Der Haftpflichtprozess, 25. Aufl. 2008, Kap. 3 Rn. 64 f.
[13] *Zeisberger/Neugebauer-Puster*, Der merkantile Minderwert, 13. Aufl. 2003.
[14] OLG Hamburg v. 06.10.1981 - 7 U 105/80 - VersR 1981, 1186-1188.
[15] Einen guten Überblick über sämtliche Berechnungsmethoden bietet *Knerr* in: Geigel, Der Haftpflichtprozess, 25. Aufl. 2008, Kap. 3 Rn. 57 ff.
[16] *Knerr* in: Geigel, Der Haftpflichtprozess, 25. Aufl. 2008, Kap. 3 Rn. 66.
[17] BGH v. 21.12.2004 - VI ZR 306/03 - WM 2005, 426-429; BGH v. 21.12.2004 - VI ZR 306/03 - WM 2005, 426-429; ähnlich in Fällen der Falschberatung durch Dritte bei Vertragsschluss OLG Hamm v. 23.10.2007 - 19 U 8/07.
[18] OLG Koblenz v. 13.02.2012 - 12 U 1265/10 - juris Rn. 16, 19.

§ 251

14 Nicht ohne weiteres ist hingegen zu begründen, dass es sich bei dem reinen **Nutzungsentgang** an sich um einen **Vermögensschaden** handelt. Eine am Vermögensbestand ausgerichtete Differenzrechnung wird den zeitweiligen Verlust der Nutzung einer Sache nicht als Vermögensverlust ausweisen. Die Annehmlichkeiten der Nutzung eines bestimmten Gutes sind nach einer solchen Betrachtung als immaterielle Schäden anzusehen. Es bedarf daher des Rückgriffs auf normative Kriterien, um einen Vermögensschaden im Falle des Nutzungsausfalls zu begründen. Ob und anhand welcher Kriterien in diesen Fällen ein Vermögensschaden normativ zu begründen ist, wurde auch von der Rechtsprechung lange Zeit sehr uneinheitlich beantwortet. Nur für den Nutzungsausfall von **Kraftfahrzeugen** wurde eine Entschädigung im Grundsatz durchweg zugesprochen – wenn auch mit unterschiedlichen Voraussetzungen und in unterschiedlichem Umfang. Für die Bemessung des Nutzungsentgangs bedient sich die Praxis im Kfz-Bereich der jährlich aktualisierten Tabellen von *Sanden/Danner/Küppersbusch*. Jene Tabellen informieren über die Tagessätze, jeweils aufgeschlüsselt nach verschiedenen Typenklassen. Die Höhe der Nutzungsausfallentschädigung wird durch Alter und Erhaltungszustand des Fahrzeuges entscheidend beeinflusst; so kann eine Abstufung um bis zu zwei Typenklassen angemessen sein. Nach Auffassung des Bundesgerichtshofs verbieten sich hierbei jedoch starre Regeln; in zwei aktuellen Entscheidungen brachte er zum Ausdruck, dass die altersbedingte Herabstufung Tatfrage sei und mithin dem tatrichterlichen Ermessen des § 287 ZPO unterfalle.[19]

15 Angesichts dieser uneinheitlichen Rechtsprechung legte der 5. Zivilsenat des Bundesgerichtshofs dem Großen Senat 1985 die Frage vor, ob der Nutzungsentgang einen ersatzfähigen Vermögensschaden darstelle.[20] Der Große Senat beantwortete die ihm vorgelegte Frage differenzierend.[21] Aus diesem Beschluss ergibt sich in Zusammenschau mit der vorherigen und weiteren Entwicklung der Rechtsprechung, dass die entgangene Nutzung nicht nur bei Kraftfahrzeugen, sondern auch bei anderen Sachen unter bestimmten, engen Voraussetzungen als Vermögensschaden anzusehen ist; die Anerkennung der Ersatzpflicht bzgl. Nutzungsausfalls unter den dort statuierten Einschränkungen stellt das Ergebnis einer rechtsdogmatisch bedenklichen richterlichen Rechtsfortbildung dar. Danach setzt die Nutzungsentschädigung zunächst voraus, dass die **Nutzung** der in Frage stehenden Sache „**kommerzialisiert**" ist, m.a.W. auf dem Markt für Geld zu erwerben sein muss. Darüber hinaus verlangt die Rechtsprechung, dass es sich bei der in Frage stehenden Sache um ein „**Wirtschaftsgut von allgemeiner und zentraler Bedeutung für die Lebenshaltung** handelt", also um ein Gut, auf dessen „ständige Verfügbarkeit die **eigenwirtschaftliche Lebenshaltung** typischerweise angewiesen ist". Dies wird etwa im Grundsatz bei Kraftfahrzeugen[22] und selbst bewohnten Häusern bejaht. Mit Blick auf ein Wohnmobil differenziert das OLG Celle[23] danach, ob das Wohnmobil auch als Fortbewegungsmittel für die normalen Mobilitätsbedürfnisse (dann Schadensersatz) oder nur für Urlaub und Freizeit als Wohnmobil (dann kein Schadensersatz) dient.

16 Von derartigen Gütern des täglichen Bedarfs sind diejenigen Güter abzugrenzen, die lediglich „**Luxusbedürfnisse**" befriedigen. Verneint wurde die Nutzungsentschädigung mit Verweis auf diese Voraussetzung schon vor dem Beschluss des Großen Senats etwa bei Beschädigung und Nutzungsausfall eines **Pelzmantels**,[24] eines **Motorsportbootes**[25] und eines **Wohnwagens**;[26] nach dem Beschluss wurde die Nutzungsentschädigung für den Ausfall einer **Garage** mit der Begründung verneint, dass man zur eigenwirtschaftlichen Lebenshaltung nicht auf die ständige Verfügbarkeit einer Garage angewiesen sei[27].

---

[19] BGH v. 23.11.2004 - VI ZR 357/03 - NJW 2005, 277; BGH v. 25.01.2005 - VI ZR 112/04 - NJW 2005, 1044-1045.

[20] BGH v. 22.11.1985 - V ZR 237/84 - NJW 1985, 2037-2043.

[21] BGH v. 09.07.1986 - GSZ 1/86 - BGHZ 98, 212-226.

[22] Zur Berechnung des Nutzungsentgangs bei älteren Fahrzeugen lies BGH v. 23.11.2004 - VI ZR 357/03 - NJW 2005, 277; BGH v. 25.01.2005 - VI ZR 112/04 - NJW 2005, 1044-1045; zur Dauer der Nutzungsausfallentschädigung im Falle eines vom Geschädigten bereits vor dem Unfall bestellten Ersatzfahrzeugs BGH v. 18.12.2007 - VI ZR 62/07 - VersR 2008, 370-371.

[23] OLG Celle v. 08.01.2004 - 14 U 100/03 - NJW-RR 2004, 598.

[24] BGH v. 12.02.1975 - VIII ZR 131/73 - BGHZ 63, 393-399.

[25] BGH v. 15.11.1983 - VI ZR 269/81 - BGHZ 89, 60-64.

[26] BGH v. 15.12.1982 - VIII ZR 315/80 - BGHZ 86, 128-134.

[27] BGH v. 05.03.1993 - V ZR 87/91 - LM BGB § 249 (Gb) Nr. 28 (8/1993); zu weiteren Beispielen, in denen die Rechtsprechung einen Anspruch bejaht bzw. verneint hat, vgl. die Zusammenstellung bei *Grüneberg* in: Palandt, Vorbem. vor § 249 Rn. 12; *Oetker* in: MünchKomm-BGB, § 249 Rn. 60 und 61.

Differenzierungsgesichtspunkt ist die **Verkehrsanschauung**. Diese wird indessen nicht mit den in der empirischen Sozialforschung zur Verfügung stehenden Methoden festgestellt, sondern eher intuitiv gewonnen, was dem Betrachter zwar einen Einblick in das gewährt, was Richter für normal und was für luxuriös halten, ihm aber bei der rationalen Lösung schadensrechtlicher Probleme wenig hilft. Dementsprechend ist der Rechtsprechung die Entwicklung einheitlicher praktikabler Abgrenzungskriterien bisher auch nicht gelungen. Folgerichtig stellt diese unsichere Abgrenzung einen wesentlichen Ansatzpunkt der Kritik im Schrifttum dar. Weiterhin muss nach der Rechtsprechung die Nutzungseinbuße für den Geschädigten „fühlbar" sein. Diese **„Fühlbarkeit"** setzt insbesondere voraus, dass der Geschädigte zum Gebrauch der Sache im fraglichen Zeitraum willens und fähig gewesen wäre. Die „Fühlbarkeit" entfällt etwa dann, wenn der Halter eines beschädigten Kraftfahrzeuges bei dem Unfall selbst verletzt wurde und während des zeitweiligen Nutzungsausfalls im Krankenhaus liegt. Anders jedoch wiederum dann, wenn im fraglichen Zeitraum enge Familienangehörige oder die Verlobte das Fahrzeug hätten nutzen können und wollen. Die „Fühlbarkeit" entfällt weiterhin, wenn dem Halter eines beschädigten Fahrzeuges ein Zweitwagen zur Nutzung zur Verfügung steht[28]. Letztlich wird eine Nutzungsentschädigung auch nur in den Fällen **objektbezogener** Eingriffe zugesprochen – also dann, wenn die Schädigung sich gerade gegen die Sache gerichtet hat, deren Nutzung ausgefallen ist. Keine Nutzungsentschädigung wird bei subjektbezogenen Eingriffen gewährt, also in den Fällen, in denen der Nutzungsberechtigte selbst verletzt wurde und auf Grund seiner eigenen Verletzung an der Nutzung der in Frage stehenden (unbeschädigten) Sache gehindert ist.[29] Zu den Nutzungsentschädigungen vgl. Rn. 36.

bb. Urlaub

Vermögenswert spricht die Rechtsprechung auch dem Urlaub zu, wenn er „durch Arbeitsleistung verdient oder durch besondere Aufwendungen für eine Ersatzkraft ermöglicht wird".[30] Jedenfalls vertragliche Haftungen lösen Ersatzansprüche aus, wenn ein solcher Urlaub „vertan" wird. Dies gilt für die Tage der Hinreise, der vergeblichen Suche nach dem bestellten Bungalow oder einem entsprechenden Ersatz und der Rückreise eines missglückten Spanienurlaubs[31] ebenso wie für den durch schwerwiegende Mängel der Reiseleistungen in seinem Erholungswert beeinträchtigten Rumänienurlaub,[32] nicht indessen für den statt an der Adria an der Möhne verbrachten Urlaub,[33] es sei denn, eine schon bezahlte und nicht wieder rückgängig zu machende Pauschalreise stehe in Rede[34]. Diese Rechtsprechung zur Ersatzfähigkeit „vertanen" Urlaubs differenzierte ursprünglich nicht zwischen vertraglicher und außervertraglicher Haftung. In einem Urteil vom 11.01.1983[35] relativierte der Bundesgerichtshof seine Rechtsprechung dann dahingehend, dass der Urlaub nur im Bereich vertraglicher Schadensersatzansprüche und dementsprechend nicht im Bereich deliktischer Schadensersatzansprüche ersatzfähig sei. Diese Beschränkung ergäbe sich zum einen daraus, dass nur bei Ersteren der Urlaub zum Vertragsgegenstand geworden und damit kommerzialisiert sei, und zum anderen daraus, dass die Ersatzfähigkeit im Bereich des Deliktsrechts zu einer unübersehbaren Ausuferung der Haftpflicht führen würde, die nur dort nicht zu erwarten sei, wo „vertane" Urlaubsgenuss in unmittelbarem und erkennbaren Zusammenhang mit der versäumten Vertragspflicht stehe.[36] Seit 1979 ist die Ersatzfähigkeit der „vertanen" Urlaubsfreude für den Reisevertrag in § 651f Abs. 2 BGB geregelt (zum Urlaub vgl. Rn. 37).

cc. Arbeitskraft

Mit dem **Vermögenswert der menschlichen Arbeitskraft** tut sich die Rechtsprechung besonders schwer. Einerseits erkennt sie der in der Haushaltsführung beeinträchtigten Hausfrau einen eigenen Ersatzanspruch auch dann zu, wenn keine Ersatzkraft eingestellt worden ist,[37] andererseits verweigert sie dem selbständigen Unternehmer den in Höhe des Gehalts einer entsprechend qualifizierten Fachkraft

---

[28] BGH v. 04.12.2007 - VI ZR 241/06 - VersR 2008, 369-370; OLG Düsseldorf v. 15.11.2011 - 1 U 50/11 - juris Rn. 30.
[29] So schon vor dem Beschluss des Großen Senats: BGH v. 15.12.1970 - VI ZR 120/69 - BGHZ 55, 146-152.
[30] BGH v. 10.10.1974 - VII ZR 231/73 - BGHZ 63, 98-107; vgl. *Honsell*, JuS 1976, 222-228.
[31] OLG Frankfurt v. 17.02.1967 - 10 U 115/66 - NJW 1967, 1372-1373.
[32] BGH v. 10.10.1974 - VII ZR 231/73 - BGHZ 63, 98-107.
[33] BGH v. 22.02.1973 - III ZR 22/71 - BGHZ 60, 214-217.
[34] BGH v. 07.05.1956 - III ZR 243/54 - LM Nr. 2 zu § 253 BGB.
[35] BGH v. 11.01.1983 - VI ZR 222/80 - BGHZ 86, 212-217.
[36] Zustimmend *Oetker* in: MünchKomm-BGB, § 249 Rn. 90-93.
[37] Umfassende Information bei *Schulz-Borck/Hofmann*, Schadenersatz bei Ausfall von Hausfrauen und Müttern im Haushalt, 7. Aufl. 2004 und *Pardey/Schulz-Borck*, DAR 2002, 289-299 sowie aus den Anfängen *Eckelmann*, MDR 1976, 103-111.

verlangten Ersatz unter ausdrücklichem Hinweis darauf, dass der Wegfall der Arbeitskraft als solcher noch kein Vermögensschaden sei[38]. Ebenso entscheidet sie mangels greifbarer Berechnungsgrundlagen beim Ausfall eines lediglich gewinnbeteiligten Gesellschafters. Der Mangel scheint indes behoben beim Alleingesellschafter einer GmbH, der mit sich selbst ein Geschäftsführergehalt vereinbart hat;[39] und er stört wohl nicht bei der Berechnung der Leistung eines selbständigen Arztes, der die Arbeit einer vertragswidrig ausgeschiedenen Helferin versieht. Dann nämlich „errechnet" das BAG den Unterschied zwischen der Vergütung einer Helferin und der Vergütung, die der Arzt angesichts seiner besonderen Ausbildung beanspruchen kann[40], und verhängt eine nicht vereinbarte Vertragsstrafe (zur Arbeitskraft vgl. Rn. 27).

b. Literatur

20 In der Literatur ist das Meinungsspektrum ähnlich bunt wie in der Rechtsprechung. Eine lesenswerte Dokumentation bietet der Vorlagebeschluss des 5. Zivilsenats aus dem Jahre 1985.[41] Auch danach hat es noch zahlreiche monographische Auseinandersetzungen gegeben.[42]

5. Festlegung des Vermögensbegriffs

21 Bei der Verständigung über den **Vermögensbegriff** geht es um die Festsetzung der semantischen Regeln (Bedeutungsregeln) für „Vermögen" im Kontext des bürgerlich-rechtlichen Schadensrechts. In diesem Kontext wird ein Vermögensschaden am Parameter Geld gemessen. Was liegt da näher, als sich bei der Bestimmung des Vermögensbegriffs an den **Nachbarwissenschaften** zu orientieren, die mit eben diesem Parameter zu arbeiten pflegen? Ein Blick in die Standardliteratur zum hier einschlägigen volkswirtschaftlichen und betriebswirtschaftlichen Rechnungswesen belehrt indessen schnell darüber, dass die Nachbarwissenschaften nicht fertige Ergebnisse bereithalten, die man einfach übernehmen könnte. Die Aufnahme als und die Bewertung von Vermögensposten in einer Bilanz hängt auch bei ihnen von Festsetzungen ab, die je nach den verfolgten Zwecken unterschiedlich ausfallen können. Man kommt deshalb nicht umhin, Vermögensbegriff und Bewertungsgrundsätze im Einklang mit den Zwecken des Schadensrechts selbst festzusetzen, und kann allenfalls hoffen, für im juristischen Bereich problematisch gewordene Teilfragen Argumentationshilfen aus der wirtschaftswissenschaftlichen Diskussion zu beziehen.[43]

a. Geld und geldwerte Güter

22 Unproblematisch ist die **Vermögenseigenschaft des Geldes** selbst. Der effektive Geldabfluss bildet ebenso wie die Verhinderung eines Geldzuflusses einen ersatzfähigen Vermögensschaden. Unproblematisch ist auch noch die **Vermögenseigenschaft von gegenständlichen Gütern**, die im Verkehr gegen Geld getauscht werden, die einen „**Marktwert**" haben. Wird ein solches Gut beeinträchtigt oder dem Ersatzberechtigten entzogen oder sein Anfall beim Ersatzberechtigten verhindert, so stellt sein **Tauschwert** respektive seine Tauschwertminderung **unabhängig von dem individuellen Gebrauchswert** für den Ersatzberechtigten einen Vermögensschaden dar. Problematisch und umstritten ist hingegen die Vermögenseigenschaft solcher Güter, die weder Geld noch (Sach-)Gegenstände sind. Hierzu zählen Nutzungsmöglichkeiten geistigen wie gegenständlichen Eigentums, Arbeitskraft, Freizeit, Urlaub, Kunst- und sonstige Genüsse. Soll auch ihr Entzug bzw. ihr Ausbleiben beim Verletzten den Verletzer zur Kompensation in Geld verpflichten, weil sie „im rechtsgeschäftlichen Verkehr gegen Geld erworben werden" können,[44] so läuft man Gefahr, die gesetzliche Grenze zwischen Vermögens-

---

[38] BGH v. 05.05.1970 - VI ZR 212/68 - BGHZ 54, 45-56.
[39] BGH v. 09.03.1971 - VI ZR 158/69 - ARST 1971, 106; zur Kombination beider Elemente bei der erfolgsabhängigen Vergütung eines GmbH-Gesellschafters BGH v. 05.07.1977 - VI ZR 44/75 - LM Nr. 22 zu § 252 BGB.
[40] BAG v. 24.08.1967 - 5 AZR 59/67 - NJW 1968, 221.
[41] BGH v. 22.11.1985 - V ZR 237/84 - NJW 1986, 2037-2043
[42] *Magnus*, Schaden und Ersatz, 1987; *Meder*, Schadensersatz als Enttäuschungsverarbeitung, 1989; *Huber*, Fragen der Schadensberechnung, 1993; *Gotthardt*, Wandlungen schadensrechtlicher Wiedergutmachung, 1996; *Wendehorst*, Anspruch und Ausgleich, 1999; *Müller*, Punitive Damages und deutsches Schadensersatzrecht, 2000; *Großerichter*, Hypothetischer Geschehensverlauf und Schadensfeststellung, 2001.
[43] Vgl. *Köndgen*, AcP 177, 1-34, 16 ff.
[44] *Grunsky*, Aktuelle Probleme zum Begriff des Vermögensschadens, 1968, S. 36, 58.

schäden und immateriellen Nachteilen zu beseitigen. Dieser Gefahr wegen mehren sich die Stimmen, die im Grundsatz jeglichen „Kommerzialisierungstendenzen" über den geldlich-gegenständlichen Vermögensbereich hinaus die schadensrechtliche Anerkennung versagen wollen.[45]

b. Keine Beschränkung auf den geldlich-gegenständlichen Bereich

Nach einer Begründung für die einseitige Bevorzugung des geldlich-gegenständlichen Vermögensbereichs sucht man vergeblich. Die Gefahr der Grenzverschiebung oder -beseitigung zwischen Vermögenswerten und immateriellen Werten trägt sie jedenfalls nicht. Wer sich auf sie zur pauschalen Abwehr von Kommerzialisierungstendenzen beruft, verkennt, dass auch er zu Zwecken der Geldkompensation im gegenständlichen Bereich auf nichts anderes als den Marktwert des Gegenstandes zurückgreifen kann und damit die über das Nachfrageverhalten in den Preis einfließenden Wertpräferenzen schadensrechtlich honoriert. Sie werden honoriert, weil es einen Preis für sie gibt, der als Rechnungsfaktor in die Schadensermittlungsbilanzen eingesetzt werden kann.

Der **in Geldeinheiten ausdrückbare Tauschwert** eines Gutes ist die **differentia specifica zwischen materiellen und immateriellen Gütern**. Diese Sichtweise hat der Trennung der Vermögens- von den Nichtvermögensschäden durch den Gesetzgeber zugrunde gelegen.[46] Mangels anderer Indikatoren für die Grenzziehung besteht auch heute kein Anlass, von ihr abzurücken.

Die Suche nach dem **Wesen des Materiellen**, welches sich hinter dem Marktwert verbirgt oder gar quer zu ihm steht, verspricht keinen Erfolg. Den „vielfach übersteigerten Bedürfnissen und oft extravagant wirkenden Gewohnheiten der Zeitgenossen"[47] kann man nicht dadurch wehren, dass man Gütern, die auf dem Markt gegen Geld getauscht werden, einfach die Vermögensqualität abspricht, wenn es sich nicht um Sachgüter handelt. Man billigt doch auch dem Porschefahrer die Kompensation für den Verlust seines Fahrzeugs zu, ohne nach dem übersteigerten Bedürfnis oder der extravagant wirkenden Gewohnheit dieses Zeitgenossen zu fragen. Das Schadensrecht ist – wenigstens in seiner geltenden Fassung – nicht der Ort, den Bürgern eine bescheidene Lebensführung zu empfehlen. Es zwingt vielmehr mit seiner am Tauschwert orientierten Differenzierung zwischen Vermögensgütern und Nichtvermögensgütern dazu, dem sozialen Wandel Rechnung zu tragen, welcher weite Bereiche ehedem immaterieller Güter marktgängig und damit zu Vermögensgütern gemacht hat.[48] Es verändert sich nicht der Inhalt (die Intension) der gesetzlichen Regelung, sondern nur der von ihr erfasste Bereich (ihre Extension). Nur über Intensionsveränderungen bewirkte Extensionsverschiebungen aber können sinnvoll als „gesetzwidrig"[49] gegeißelt werden.

Güter, die einen Tauschwert haben, sind, auch wenn sie keine Sachgüter sind, Vermögensgüter. Ihr Entzug und ihr Ausbleiben können ebenso wie ihre wertmindernde Beeinträchtigung in die Bilanzen zur Schadensermittlung eingesetzt werden. Das heißt indessen nicht, dass nun jede Beeinträchtigung der Arbeitskraft, jeder Nutzungsentgang, jeder Freizeitentzug, jeder vereitelte Urlaub, jedes ausgebliebene Vergnügen als ersatzfähiger Vermögensschaden anerkannt werden müsste, nur weil es Arbeits-, Nutzungs-, Freizeit-, Urlaubs- und Vergnügungsmärkte gibt. Schadensersatzfähige Positionen entstehen in diesen Bereichen erst, wenn der Verletzte selbst oder Dritte Dispositionen getroffen haben, welche **konkret messbare, in Geld ausdrückbare Einbußen oder nicht realisierte Vorteile** beim Verletzten erkennbar werden lassen.

aa. Arbeitskraft

Die Frage nach der Vermögensqualität der **Arbeitskraft** schlechthin trägt nichts zur Lösung schadensrechtlicher Probleme bei.[50] Für den, der weder seine Arbeitskraft gegen Entgelt einsetzen noch für sich Güter produzieren kann, ist die Arbeitsfähigkeit (vermögens-)wertlos.[51] Ihre Beeinträchtigung führt bei ihm auch nicht zu einem Vermögensschaden. Anders stellt sich die Situation aus der Sicht dessen dar,

---

[45] *Baur*, FS Raiser, 113, 119; *Diederichsen*, Festschrift für Ernst Klingmüller 1974, 65-85; *Knobbe-Keuk*, VersR 1976, 401-411; *Tolk*, Der Frustrierungsgedanke und die Kommerzialisierung immaterieller Schäden, 1977, S. 94 ff.
[46] Motive, Bd. II, S. 21 ff.
[47] *Baur*, FS Raiser, 113, 138.
[48] Ebenso *Oetker* in: MünchKomm-BGB, § 249 Rn. 40, 42, 43.
[49] *Diederichsen*, Festschrift für Ernst Klingmüller 1974, 65-85, 73.
[50] Ebenso *Oetker* in: MünchKomm-BGB, § 249 Rn. 81; zum Teil abweichend dagegen *Wagner* in: MünchKomm-BGB, § 843 Rn. 15 und 16.
[51] BGH v. 29.04.1977 - V ZR 236/74 - BGHZ 69, 34-37.

dem Arbeit geleistet werden soll. Für ihn hat die Arbeitskraft (des anderen) den Vermögenswert, der in der Regel auf dem Markt für die Erlangung der Arbeitsleistung aufgebracht werden muss. Ihr Verlust fügt ihm allerdings nur dann einen ersatzfähigen Schaden zu, wenn die Bilanz nicht durch den Wegfall der Entgeltpflicht ausgeglichen wird. Der Träger der Arbeitskraft selbst erleidet einen Vermögensschaden, wenn er ohne das ihn zum Ersatz berechtigende Ereignis seine Arbeitskraft hätte für sich wertschöpfend oder gewinnbringend einsetzen können. Die wegen der Beeinträchtigung der Arbeitsfähigkeit nicht realisierten Werte machen den nach § 252 BGB zu ersetzenden entgangenen Gewinn aus. Das Arbeitsmarktrisiko trägt somit der Verletzte[52], der darauf abstellt, ob der konkret Geschädigte mit seiner Ausbildung, seinem Lebensalter an seinem Wohnort usw. eine Anstellung hätte finden können. Dagegen ließe sich unter Sozialstaatsgesichtspunkten möglicherweise geltend machen, dass gerade in Zeiten verstärkter Arbeitslosigkeit dem Verletzten durch Gewährung einer Art Grundrente auch dann geholfen werden müsse, wenn er als Gesunder seine Arbeitskraft nicht hätte für sich wertschöpfend oder gewinnbringend einsetzen können. Man mag an den vom Bundesgerichtshof der Prostituierten zugebilligten Anspruch in „Höhe eines existenzdeckenden Einkommens, das auch in einfachen Verhältnissen von jedem gesunden Menschen erfahrungsgemäß zu erreichen ist"[53] denken, übersähe dabei aber, dass das Schadensrecht einerseits an die konkrete Vermögenslage des Verletzten im Ist-Bestand mit seinen aktuellen Gewinnaussichten anknüpft und andererseits das Problem der Arbeitslosigkeit weder insgesamt bewältigen noch einen sinnvollen Teilbetrag zu seiner Bewältigung leisten kann. Dazu sind andere Systeme der sozialen Sicherung berufen. Wenn man deren Leistungen als unzulänglich empfindet, ist das kein Grund, unter den vielen Arbeitslosen diejenigen zu privilegieren, die zufällig Opfer eines Unfalls geworden sind. Die Kosten einer solchen Privilegierung trägt womöglich ein anderer Arbeitsloser, der den einen beim Zeit vertreibenden Spiel verletzt hat! Beim zeitweisen Ausfall eines in einer Gesellschaft in unternehmerischer Funktion tätigen Verletzten ist darauf zu achten, dass nur tätigkeitsbedingte Vergütungen ersetzt werden können[54], wobei die Ersatzleistung der Gesellschaft zufließen muss, wenn diese die Vergütung weiter gezahlt hat (vgl. die Kommentierung zu § 249 BGB Rn. 74).

bb. Haushaltsführung

28 Der von der Rechtsprechung der Trägerin der Arbeitskraft gewährte Ersatz für die **Beeinträchtigung der Haushaltsführung**[55] fällt aus dem skizzierten Rahmen heraus. Der Einsatz der Frau im Haushalt ihrer Familie bringt ihr selbst keinen in Geld ausdrückbaren Gewinn, der infolge der Beeinträchtigung ihrer Arbeitskraft ausbleiben könnte. Einen Verlust erleidet die Familie; denn ihr entgeht die Arbeitsleistung, deren Wert man am Substitutionsmarkt der professionellen Haushaltskräfte messen mag. Die Familie hat indessen keinen Anspruch, da für sie in der Regel kein haftungsbegründender Tatbestand streitet. Diese missliche Situation ist durch den (im Übrigen begrüßenswerten) Wandel in der rechtlichen und sozialen Wertung der Hausfrauentätigkeit entstanden.[56] Solange man die Tätigkeit der Frau in der Familie als Dienstleistung an den Ehemann ansah, konnte der Schutzbedürftigkeit der Familie bei Verletzung der Frau durch den in § 845 BGB vorgesehenen Anspruch des Ehemanns Rechnung getragen werden. Der Anschauungswandel ließ den Anspruch des Ehemanns aus § 845 BGB, nicht aber das durch ihn bislang befriedigte Schutzbedürfnis der Familie entfallen. Die entstandene Regelungslücke durfte die Rechtsprechung legitimerweise durch eine Anspruchsgewährung an die Ehefrau ausfüllen, wenn auch der Anspruch als eigener Schadensersatzanspruch der Frau quer zur Schadenssystematik steht. Problematisch ist an dieser Entwicklung allein der kurzschlüssige Durchgriff auf den normativen Schadensbegriff.[57]

29 Die vorstehenden Ausführungen gelten heute selbstverständlich auch für die Verletzung des haushaltsführenden Ehemanns, auch wenn diese Konstellation bisher in der höchstrichterlichen Rechtsprechung noch nicht aufgetaucht ist.

---

[52] Im Ergebnis ähnlich *Oetker* in: MünchKomm-BGB, § 249 Rn. 85.
[53] BGH v. 06.07.1976 - VI ZR 122/75 - BGHZ 67, 119-129.
[54] BGH v. 05.07.1977 - VI ZR 44/75 - LM Nr. 22 zu § 252 BGB.
[55] BGH v. 09.07.1968 - GSZ 2/67 - BGHZ 50, 304-306.
[56] BGH v. 09.07.1968 - GSZ 2/67 - BGHZ 50, 304-306.
[57] Zum Haushaltsführungsschaden bei verletzten Personen vgl. *Burmann/Heß*, NJW-Spezial 2004, 351-356.

cc. Nutzungsentgang

Auch für die schadensrechtlichen **Probleme des Nutzungsentgangs**[58] ist mit der Frage nach der Vermögensqualität von Nutzungen schlechthin nichts gewonnen. Bei einer differenzierten Fragestellung können wie erwähnt zunächst die Fälle als unproblematisch ausgeschieden werden, in denen der Entzug der Nutzungsmöglichkeit die Realisierung eines Vermögenszuwachses vereitelt. Wie bei der unterbliebenen Nutzung der Arbeitskraft durch ihren Träger handelt es sich hier um den in § 252 BGB vorgesehenen Ersatz entgangenen Gewinns. Unproblematisch ist auch die Kompensationsfähigkeit des Vermögensaufwands für eine Ersatznutzung. Sie knüpft an die Restitutionsmöglichkeit nach § 249 Abs. 2 BGB an. Die Probleme liegen in den Fällen, in denen die Nutzungsmöglichkeit (zeitweise) ausgeschlossen ist, durch den Ausschluss keine Gewinnerzielung vereitelt wird und keine Kosten für eine Ersatznutzung aufgewendet werden. Nur hier stellt sich nämlich die Frage, ob die Nutzungsmöglichkeit als solche ein bilanzierungsfähiger Vermögensschadensposten ist. Selbst für diese Fälle kann die Frage nicht einfach mit dem Hinweis auf einen Markt für Nutzungen beantwortet werden. Entscheidend ist, in welcher Weise dem Betroffenen die Nutzungen vor und nach dem Schadensfall zugänglich sind.

30

Ist nach einem zeitweiligen Nutzungsausschluss noch der gesamte Nutzungsvorrat in seinem Vermögen vorhanden, so kann der Betroffene über ihn wie vor dem Schadensereignis disponieren. Das ist insbesondere bei langlebigen Gütern der Fall, die im Eigentum des Betroffenen stehen. Mangels Vermögensdifferenz besteht kein Anlass, den zeitweiligen Nutzungsausfall in Geld zu kompensieren. Anders gestaltet sich die Sachlage, wenn dem Betroffenen nicht ein zeitlich unbegrenzter Nutzungsvorrat, sondern nur eine zeitlich beschränkte Nutzungsmöglichkeit zusteht und diese ohne Nachholmöglichkeit vereitelt wird. Der Vermögenswert der zeitlich beschränkten Nutzungsmöglichkeit liegt in dem Preis, den der Betroffene oder Dritte aufwenden muss, um eine derartige Nutzungsmöglichkeit zu beschaffen. Allein hier wird die Frage relevant, ob es einen Markt für solche Nutzungen gibt. Gibt es ihn, so hat die zeitlich beschränkte Nutzungsmöglichkeit Vermögenswert. Ihr Entgang ist Vermögensschaden, der zum Marktpreis in die Schadensbilanz eingesetzt werden kann.

31

Die zeitliche Beschränkung der Nutzungsmöglichkeit kann sich einmal aus der Kurzlebigkeit des in Frage stehenden Gutes und zum andern aus der Art ergeben, in der die Nutzungsmöglichkeit zur Verfügung gestellt wird, etwa durch kurzfristige Miete, Pacht oder Leihe. Daraus erhellt, dass eine Differenzierung zwischen Sacheigentum einerseits und nicht auf Sacheigentum beruhenden Nutzungsmöglichkeiten andererseits ökonomisch wie schadensrechtlich irrelevant ist: Soweit für die Verschaffung der Nutzungsmöglichkeit Geld aufgewendet wird, bedeutet ihre endgültige Entziehung einen Vermögensschaden, gleich welcher Rechtsform man sich zur Verschaffung der Nutzungsmöglichkeit bedient. Auch die vereitelte Nutzungsmöglichkeit eines zinslosen Darlehens ist ein Vermögensschaden.[59]

32

6. Kommerzialisierung und Frustration

Die bislang angestellten Einzelerwägungen lassen sich in ein Vermögensschadenssystem einordnen, das die **Kommerzialisierungsidee** mit dem **Frustrierungsgedanken** verbindet.[60] Danach ist **ein Vermögensschaden über den effektiven Geldabfluss und verhinderten Geldzufluss hinaus immer dann anzunehmen, wenn dem Verletzten ein Gut endgültig entzogen oder vorenthalten wird, für das er oder andere Geld im Rahmen des gesellschaftlichen Durchschnittswerts aufgewendet haben oder doch aufwenden könnten, weil es für dieses Gut einen Markt gibt.** Der durch Entzug oder Vorenthaltung des Gutes „frustrierte" aktuelle oder potenzielle, am gesellschaftlichen Durchschnittswert orientierte Aufwand ist bei Vorliegen eines Haftungstatbestandes als Vermögensschaden zu ersetzen. Die Ausrichtung des Vermögensschadenssystems am so verstandenen Frustrierungsgedanken ermöglicht eine konsistente Entscheidungspraxis, trägt dem Wandel in der Vermögensanschauung Rechnung, bringt die ökonomische Gleichwertigkeit unterschiedlicher Rechtsformen zur Geltung, vermeidet die illegitime Privilegierung des Sacheigentumsaufwands und erlaubt eine nachvollziehbare Grenzziehung zwischen Vermögens- und Nichtvermögensschäden. Ihr Nachteil: Sie entspricht nicht der

33

---

[58] Dazu auch *Lange/Schiemann*, Schadensersatz, 3. Aufl. 2003, § 6 VII.
[59] Im Ergebnis zutreffend, wenn auch mit zweifelhafter Begründung BGH v. 26.04.1979 - VII ZR 188/78 - BGHZ 74, 231-235.
[60] Gerade diese Verbindung entzieht den gegenüber isolierten Kommerzialisierungs- und Frustrierungsthesen beachtlichen Bedenken *Langes – Lange/Schiemann*, Schadensersatz, 3. Aufl. 2003, § 6 IV – den Boden.

herrschenden Praxis[61] und wird auch in der Wissenschaft überwiegend abgelehnt. Wenn sie hier dennoch empfohlen wird, so geschieht dies, weil gerade der desolate Zustand der herrschenden Praxis Anlass zur Umorientierung gibt und die gegen den Frustrierungsgedanken erhobenen Einwände[62] nicht verfangen.

a. Aufgabe des Kausalitätserfordernisses?

34 Der **Frustrierungsgedanke** unterläuft nicht das **Kausalitätserfordernis** zwischen dem haftungsbegründenden Ereignis und dem zu ersetzenden Schaden.[63] Zwar liegen die frustrierten Aufwendungen in der Regel zeitlich vor dem die Ersatzpflicht auslösenden Ereignis; der Verlust oder das Ausbleiben des mit den Aufwendungen erkauften Äquivalents aber liegt zeitlich nach diesem Ereignis und wird durch es verursacht. Um dieses Äquivalent geht es. Seine Marktgängigkeit weist es als ein vermögenswertes Gut aus; die für es getätigten Aufwendungen geben einen Anhaltspunkt für seine Bewertung. Der Frustrierungsgedanke führt auch nicht zu einem originären **Deliktsschutz von Vertragspositionen.**[64] Denn nach wie vor bedarf es zur Haftungsbegründung aus Delikt der Verwirklichung eines entsprechenden Tatbestandes; allein im Rahmen der Haftungsausfüllung kann die Frustration von Aufwendungen zu einem ersatzfähigen Vermögensschaden führen. In diesem Rahmen aber sind bestehende Vertragsbeziehungen schon immer berücksichtigt worden, wenn es etwa darum ging, einen aus diesen Beziehungen zu erwartenden, wegen des haftungsauslösenden Ereignisses aber nicht realisierten Gewinn zu berechnen. Die Verknüpfung des Frustrierungsgedankens mit der Kommerzialisierungsidee und die so erreichte Orientierung an einem objektivierten Maßstab lässt auch die Kritik ins Leere laufen, die der traditionellen Frustrationslehre das Fehlen eines kontrollierenden intersubjektiven Maßstabs vorhält.[65] Ob mit der Einführung objektiver, verallgemeinernder Kriterien die Grundkonzeption der Frustrationslehre aufgegeben wird,[66] ist letztlich eine Frage des Sprachgebrauchs und mag als solche dahinstehen. Die Kommerzialisierungsthese allein reicht jedenfalls als Entscheidungsrichtlinie nicht hin, weil sie allzu leicht dazu verführt auch dort Vermögensverluste anzunehmen, wo der Frustrierungsgedanke deutlich macht, dass das durch die Aufwendungen erstrebte Äquivalent gar nicht aus dem Vermögen des Ersatzberechtigten verschwunden ist. Trifft jemand Aufwendungen für langfristige Nutzungen, sei es durch Kauf, Miete oder Pacht, so liegt es von vornherein in seinem Plan, dass es auch Zeiten gibt, in denen die Nutzung nicht aktualisiert wird. Die zeitweilige Nutzungsvereitelung durch Dritte führt hier nicht zum Entzug des mit dem Geldeinsatz angestrebten Äquivalents und deshalb zu einem Vermögensschaden. Mit der bloßen Kommerzialisierungsthese ohne Fruchtbarmachung des Frustrierungsgedankens ließe sich dieses (wünschenswerte) Ergebnis schwerlich begründen.

b. Differenzierung nach objektbezogenen und anderen Eingriffen?

35 Die Annahme des Frustrierungsgedankens zwingt zur **Aufgabe der Differenzierung nach objektbezogenen und anderen Eingriffen**, die dem Berechtigten die angestrebte Nutzung unmöglich machen.[67] Mit dieser Differenzierung will die Rechtsprechung der Gefahr wehren, „im Bereich der Körper- und Gesundheitsverletzungen neben den herkömmlich anerkannten Ersatzpflichten Lasten unübersehbaren Umfangs"[68] zu schaffen. Sie wählt dabei ein untaugliches Mittel zur Erreichung eines nicht einmal als legitim ausgezeichneten Ziels. Denn die Lasten können als solche nicht wegdisputiert werden. Es geht nur um ihre Verteilung. Diese richtet sich nach haftungsbegründenden Tatbeständen. Tritt nun eine Belastung in der Folge eines haftungsbegründenden Ereignisses auf, so greift der vom Gesetz vorgesehene Umverteilungsmechanismus ein: Der Schaden des Berechtigten wird zur Last des Verpflichteten. Die Aufhebung dieses Mechanismus durch eine Differenzierung nach objektbezogenen und nicht objektbezogenen Eingriffen findet im Gesetz keine Stütze. Sie lässt sich beim Untergang von

---

[61] Vgl. zur herrschenden Praxis oben; es finden sich auch deutliche Distanzierungen zum hier vertretenen Ansatz, vgl. etwa BGH v. 21.04.1978 - V ZR 235/77 - BGHZ 71, 234-243.
[62] *Küppers*, VersR 1976, 604-610.
[63] So aber *Keuk*, Vermögensschaden und Interesse, 1972, S. 246.
[64] So aber *Stoll*, JZ 1971, 593, 597.
[65] *Küppers*, VersR 1976, 604-610, 606.
[66] *Küppers*, VersR 1976, 604-610, 606.
[67] A.A. *Köndgen*, AcP 177, 1-34, 28 f.; wie hier *Larenz*, Schuldrecht, Bd. I: Allgemeiner Teil, 14. Aufl. 1987, § 29 II c, der dieses Zwanges wegen den Frustrierungsgedanken aufgegeben hat.
[68] BGH v. 15.12.1970 - VI ZR 120/69 - BGHZ 55, 146-152.

Gütern, die unstreitig Vermögenswert haben, nicht durchhalten[69] und sollte auch nicht zur Zurücknahme von Positionen verleiten, die bei der Diskussion um den Vermögenswert begründet worden sind. Ist einem Gut einmal Vermögenswert zugesprochen worden, so verpflichtet sein Entzug im Rahmen eines haftungsbegründenden Tatbestands zum Schadensersatz, mag sich der Eingriff auf das Gut oder die zur Nutzung berechtigte Person beziehen. Entscheidend ist allein, ob das betreffende Gut nach den Dispositionen des Ersatzberechtigten das Äquivalent eines in Geld ausdrückbaren gesellschaftlichen Durchschnittswerts und infolge des haftungsbegründenden Ereignisses unwiederbringlich verloren ist.

aa. Nutzungsentgang

Nach der Rechtsprechung hat der Eigentümer eines privat genutzten Pkw auch dann einen Schadensersatzanspruch, wenn er kein Ersatzfahrzeug anmietet[70]. Gleichwohl hat im Regelsystem des BGB die Rechtsprechung zum zeitweiligen **Nutzungsausfall eines Kraftfahrzeugs** keinen Platz[71] (vgl. Rn. 14). Es scheidet kein Leistungsäquivalent aus dem Vermögen des Verletzten aus. Der mit der Anschaffung erworbene Nutzungsvorrat steht dem Verletzten nach Wiederherstellung in unverändertem Maße zu. Das gilt auch für eine auf längere Zeit gemietete Wohnung.[72] Kann der Berechtigte die Wohnung etwa für die Zeit eines verletzungsbedingten Krankenhausaufenthalts nicht nutzen, so scheidet dadurch, eben weil schon bei der Anmietung nicht von der ständigen realen Benutzung ausgegangen wird und der Nutzungswert im Übrigen zur Verfügung steht, kein am Durchschnittsaufwand messbares Äquivalent aus dem Vermögen aus. Wohl aber ist Ersatz zu leisten, wenn eine für eine bestimmte Zeit gemietete (Ferien-)Wohnung nicht benutzt werden kann und der Betroffene dennoch zur Mietzinsentrichtung verpflichtet bleibt. Hier scheidet ein nach anerkanntem Durchschnittsaufwand zu berechnendes Gut unwiederbringlich aus dem Vermögen des Betroffenen aus. Abgrenzungsschwierigkeiten ergeben sich in den Fällen, in denen die Nutzung einer auf Zeit gemieteten Sache zwar nicht insgesamt, aber doch in einem Maße ausfällt, das die üblicherweise ins Kalkül zu ziehende Nichtbenutzung übersteigt. Hier stehen allgemeine Richtlinien nicht zur Verfügung, und die Gerichte sind auf ihr im Einzelfall auszuübendes Schätzungsermessen angewiesen (§ 287 ZPO).

36

bb. Urlaub

Es bedarf keiner besonderen Hervorhebung, dass die geschilderten Grundsätze **nicht nur** für **Sachnutzungen**, sondern für **alle Genüsse** gelten, die einen **gesellschaftlichen Durchschnittswert** haben und dem Berechtigten trotz entsprechender Disposition endgültig verloren gehen. Für die verfallene Premierenkarte ist das seit jeher anerkannt, gilt aber ebenso für die verhinderte oder in ihrem Wert beeinträchtigte Reise. Wenn nicht durch die Verhinderung oder Beeinträchtigung der Berechtigte seinerseits von seiner Leistungspflicht befreit wird, steht ihm in Höhe des frustrierten Durchschnittsaufwands ein Schadensersatzanspruch zu. Dieser Schadensersatzanspruch hat allerdings nichts mit dem von der Rechtsprechung gewährten Anspruch für „vertanen Urlaub"[73] zu tun. Bei Letzterem geht es nicht um das Ausbleiben eines spezifischen gegen Geld erwerbbaren Urlaubsvergnügens, sondern um den Verlust des Urlaubs selbst. Wer hier einen Schadensersatzanspruch gewährt, muss zeigen können, dass der **Urlaub** selbst ein **vermögenswertes Gut** ist (durch § 651f Abs. 2 BGB im Reiseveranstaltungsrecht inzwischen gesetzlich anerkannt) und dass im konkreten Fall dieses Gut verloren ist. Der Vermögenswert des Urlaubs eines Arbeitnehmers sollte nach der Regelung des Bundesurlaubsgesetzes außer Zweifel stehen.[74] Der bezahlte Urlaub wird mit der normalen Arbeitsleistung verdient. Er ist Entgelt und kann in bestimmten Fällen sogar in Geld abgegolten werden (§ 7 Abs. 4 BundesurlaubsG). Nicht so eindeutig ist der Vermögenswert des Urlaubs eines freiberuflich Tätigen oder selbständigen Gewerbetreibenden. Bedenkt man, dass der entweder für die Zeit seines Urlaubs vorarbeitet oder finanzielle Einbußen hinnimmt oder eine Ersatzkraft einstellt, so wird zwar deutlich, dass auch er Vermögen für

37

---

[69] Wer den Viehhüter verletzt, muss für dessen eingegangenes Vieh ebenso Ersatz leisten, wie wenn er unmittelbar auf das Vieh eingewirkt hätte.

[70] Dies soll auch bei einem Ausfall eines ganz oder teilweise gewerblich genutzten Kraftfahrzeugs gelten; OLG Naumburg v. 13.03.2008 - 1 U 44/07; *Revilla*, jurisPR-VerkR 9/2008, Anm. 1.

[71] *Grüneberg* in: Palandt, § 249 Rn. 40, billigt dieser Rechtsprechung gewohnheitsrechtliche Geltung zu.

[72] Erst recht für die gekaufte, aber nicht rechtzeitig fertiggestellte Wohnung, im Ergebnis deshalb zutreffend BGH v. 21.04.1978 - V ZR 235/77 - BGHZ 71, 234-243.

[73] BGH v. 10.10.1974 - VII ZR 231/73 - BGHZ 63, 98-107.

[74] A.A. *Tolk*, Der Frustrierungsgedanke und die Kommerzialisierung immaterieller Schäden, 1977, S. 96 f.

die Urlaubszeit aufwendet; es stellt sich aber die Frage nach dem gesellschaftlichen Durchschnittswert (= Marktwert) dieses Aufwands. Mit der Schätzungsbefugnis der Gerichte und den Kosten für eine Ersatzkraft als Anhaltspunkt lassen sich die in dieser Frage liegenden Schwierigkeiten überwinden. Der Vermögenswert des Urlaubs ist mithin für jeden anzuerkennen, der schon und noch im Arbeitsleben steht.[75] Dieser Vermögenswert ist aber nicht schon dann verloren („vertan"), wenn der Anspruchsberechtigte seinen Urlaub nicht so verbringen kann, wie er ihn sich vorstellt. Erkauft ist der **Erholungswert des Urlaubs zur Reproduktion der Arbeitskraft**. Es kommt deshalb darauf an, ob der Erholungswert beeinträchtigt oder vereitelt ist. Dies ist nicht der Fall, wenn ein geplanter Italienaufenthalt aufgegeben und die Urlaubszeit stattdessen in deutschen Landen verbracht werden muss.[76] Anders bei dem im Krankenhaus verbrachten Urlaub: Dessen Erholungswert ist verloren. Unmittelbar relevant wird dies im Krankheitsfall allerdings nur für den Nichtarbeitnehmer, da nach § 9 BUrlG die durch ärztliches Zeugnis nachgewiesenen Tage der Arbeitsunfähigkeit auf den Jahresurlaub von Arbeitnehmern nicht angerechnet werden. Hier trifft der Nachteil den Arbeitgeber, der über die Regresskonstruktion des § 6 EntGFG Ausgleich suchen muss und kann.

38 Der Urlaub dessen, der im Arbeitsleben steht, ist erkaufter Erholungswert und deshalb Vermögensgut. Die Tatsache, dass für den Urlaub Geld (Arbeitslohn) aufgewandt werden muss, hebt ihn von der allgemeinen **Freizeit** ab. Dieser kommt als solcher **kein Vermögenswert** zu.[77] Wer Freizeit aufwendet, kann deshalb Schadensersatz nur verlangen, wenn er andernfalls diese Zeit gewinnbringend verwendet hätte. Die Anstalten dazu muss der Anspruchsteller dartun (§ 252 Satz 2 BGB). Die hiervon abweichende Entscheidung des Oberlandesgerichts Frankfurt[78] ist in ihrer Empörung über das Verhalten des Möbellieferanten verständlich, schadensrechtlich allerdings nicht zu halten[79]. Der Freizeitverlust ist eine immaterielle Einbuße (vgl. auch die Kommentierung zu § 249 BGB Rn. 89). Eine die Kommerzialisierungsthese mit dem Frustrierungsgedanken verbindende Schadenssystematik trennt sehr wohl noch die materiellen von den immateriellen Einbußen: Entgangene Lebensfreuden schlagen sich nicht schon deshalb als zu ersetzende Vermögensnachteile nieder, weil man diese Lebensfreuden kaufen kann. Der in Geld benennbare gesellschaftliche Durchschnittswert ist nur notwendige, nicht aber schon hinreichende Bedingung für einen Vermögensschaden. Zu ihm müssen als weitere Bedingung der aktuelle (und frustrierte) Aufwand des Anspruchsberechtigten oder konkrete Dispositionen von Dritten treten, welche dem Anspruchsberechtigten den aufwandfreien Genuss des kommerzialisierten „Vergnügens" verschafft hätten. Nur dann ist der endgültig vereitelte Genuss ein Vermögensschaden. Wer vor dem Antritt eines selbst bezahlten und nicht mehr stornierbaren oder von dritter Seite unentgeltlich zur Verfügung gestellten Skiurlaubs durch den haftungsauslösenden Eingriff eines anderen ein Bein verliert, hat im Hinblick auf den jetzt verlorenen Skiurlaub einen Vermögensschaden, im Hinblick auf alle ihm zukünftig entgehenden Skifreuden einen Nichtvermögensschaden erlitten, der allein bei der Bemessung eines eventuellen Schmerzensgelds Berücksichtigung finden kann.

cc. Immaterialgüterrechtsverletzung

39 Bei der schuldhaften Verletzung von Immaterialgüterrechten (bspw. im Bereich des Urheberrechtes) hat die Rechtsprechung für die Berechnung des Vermögensschadens drei Berechnungsmethoden entwickelt[80]; dabei kommt zum einen die Berechnung anhand des entgangenen Gewinns nach § 252 BGB in Betracht. Eine zweite Berechnung erfolgt abstrakt durch die Zahlung einer Lizenzgebühr, wie sie der Verletzte üblicherweise bei Abschluss eines Lizenzvertrages hätte verlangen können. Die dritte Berechnungsart bezieht sich auf die Herausgabe des durch den Eingriff erzielten Gewinns unabhängig davon, ob auch der Verletzte diesen hätte erzielen können. Der u.a. für das Urheberrecht zuständige 1. Zivilsenat des Bundesgerichtshofs hat über die Frage entschieden, wie der Schadensersatzanspruch für den unerlaubten Abdruck von Fotos in einer Tageszeitung zu berechnen sei: Geschuldet werde die angemessene Vergütung, die nach den gesamten Umständen zu bemessen sei. Bei fehlender eigener Sachkunde müsse dazu sachverständige Hilfe in Anspruch genommen werden.[81]

---

[75] Weitergehend *Burger*, NJW 1980, 1249-1254.

[76] BGH v. 22.02.1973 - III ZR 22/71 - BGHZ 60, 214-217.

[77] BGH v. 09.03.1976 - VI ZR 98/75 - BGHZ 66, 112-118.

[78] OLG Frankfurt v. 06.08.1976 - 8 U 179/75 - Fremdenverkehrsrechtliche Entscheidungen Zivilrecht, Nr. 116.

[79] Ablehnend auch *Stoll*, JZ 1977, 97-98

[80] BGH v. 17.06.1992 - I ZR 107/90 - NJW 1992, 2753. Zur Berechnung des Verletzergewinns auf der Grundlage des von der Rechtsprechung für möglich gehaltenen Schadensersatzanspruchs vgl. *Runkel*, WRP 2005, 968-975.

[81] BGH v. 06.10.2005 - I ZR 266/02 - NJW 2006, 615-617.

Die hier entwickelte Vermögensschadenskonzeption schließt die zweite und dritte Schadensberechnungsmethode bei **Immaterialgüterrechtsverletzungen** aus dem Schadensrecht aus.[82] Nach dem BGB steht dem Inhaber verletzter Immaterialgüterrechte ein Schadensersatzanspruch nur zu, wenn er einen durch die Verletzung (unbefugte Benutzung) seines Rechts verursachten Vermögensverlust darlegen kann. Der Hinweis auf den vom Verletzer erzielten Gewinn (dritte Schadensberechnungsart) reichte dazu nur, wenn der Gewinn des einen immer der Verlust des anderen wäre. Diese Voraussetzungen sind so gut wie nie verwirklicht, so dass der Verletzte unabhängig vom Gewinn des Verletzers den Verlust in seinem Vermögen nachweisen muss. Er kann dies etwa durch den Hinweis auf einen Umsatzverlust oder nicht realisierten Umsatzzuwachs (erste Schadensberechnungsart), nicht jedoch durch den Hinweis auf die vom Verletzer nicht geleistete Lizenzgebühr (zweite Schadensberechnungsart), wenn nicht sicher ist, dass dem Verletzer eine Lizenz erteilt worden wäre, sei es, dass die Lizenzerteilung überhaupt ausgeschlossen war oder der Verletzer nicht um eine Lizenz nachgesucht hätte, sei es, dass der Inhaber ihm die Lizenz verweigert hätte.[83] Denn in diesen Fällen hätte der Verletzte auch ohne die Verletzungshandlung die Lizenzgebühr nicht erhalten. Bei der zweiten und dritten Schadensberechnungsart geht es materiell auch gar nicht um den Ausgleich eines beim Verletzten entstandenen Verlusts, sondern um die Abschöpfung eines vom Verletzer vereinnahmten Vorteils. Dies ist eine genuin bereicherungsrechtliche Frage und sollte darum auch systematisch im Bereicherungsrecht angesiedelt werden.[84]

40

dd. GEMA-Rechtsprechung und Vorsorgekosten

Für die **GEMA** (Gesellschaft für musikalische Aufführungs- und mechanische Vervielfältigungsrechte) geht der BGH noch über die zweite Schadensberechnungsmethode hinaus und verurteilt diejenigen, die geschützte Werke ohne Genehmigung aufführen, zu „Schadensersatz" in Höhe der **doppelten Lizenzgebühr**.[85] Damit sollen die Kosten der umfangreichen Überwachungsorganisation auf die Rechtsverletzer abgewälzt werden. So bestechend dieser Gedanke zunächst scheint; eine tragfähige Begründung liefert er nicht. Zum einen lässt er sich noch weniger in das vom Ausgleichsdenken beherrschte Schadensrecht einordnen als die zweite Schadensberechnungsmethode, zum anderen macht sein Ausdenken Weiterungen deutlich, die sozialpolitisch unerwünscht sind. Dies zeigt u.a. die Diskussion um die Bewältigung des **Ladendiebstahls** (dazu Gutachten D und E zum 51. Deutschen Juristentag von *Naucke* und *Deutsch*). Wer hier über den Ersatz der entwendeten Ware hinaus den erwischten Täter mit den Kosten für Fernsehkameras, Detektive und Fangprämien belasten will, pönalisiert das zivilistische Schadensrecht zu Zwecken des Eigentumsschutzes und vernachlässigt den Beitrag, den über ausgeklügelte Absatzstrategien die Eigentümer selbst zur Verletzung ihres Eigentums leisten. Dieser Beitrag rechtfertigt es selbstverständlich nicht, den Eigentümern Restitution und Kompensation ihres Sachverlustes zu versagen. Wohl aber sollen sie die zum Schutze ihres Eigentums aufgewendeten Kosten selber tragen. Sie allein entscheiden darüber, ob und welche Vorkehrungen getroffen werden. Sie können die Kosten ihrer Entscheidung kalkulieren, nicht aber den vor dem Eintreten eines haftungsbegründeten Ereignisses getätigten Aufwand schadensrechtlich liquidieren.[86] Anders ist es nur, wenn die Aufwendungen zur Gefahrenabwehr im Hinblick auf die konkret drohende und später realisierte Schädigung getroffen worden sind. So muss etwa der bei der Tat festgenommene Einbrecher demjenigen, der auf einen konkreten Hinweis auf die bevorstehende Tat hin Wachpersonal engagiert hat, die dadurch entstandenen Kosten ersetzen.[87]

41

---

[82] *Oetker* in: MünchKomm-BGB, § 252 Rn. 52 ff.
[83] A.A. *Keuk*, Vermögensschaden und Interesse, 1972, S. 72 ff.
[84] So im Ergebnis auch BGH v. 23.06.2005 - I ZR 263/02 - NJW-RR 2006, 184-187. Auch *Rojahn* erörtert praktische Probleme bei der Abwicklung der Rechtsfolgen einer Patentverletzung im Lichte der Gemeinkostenrechtsprechung des BGH (BGH v. 02.11.2000 - I ZR 246/98 - BGHZ 145, 366-376) zur Herausgabe des Verletzergewinns bei Schutzrechtsverletzungen. Sie hält die Grundsätze des BGH im Ergebnis für die Praxis nicht umsetzbar (*Rojahn*, GRUR 2005, 623-632).
[85] BGH v. 14.03.1972 - VI ZR 160/70 - NJW 1972, 1130-1131.
[86] *Wollschläger*, NJW 1976, 12-16; bis auf ausgelobte und ausgekehrte Fangprämien ebenso BGH v. 06.11.1979 - VI ZR 254/77 - BGHZ 75, 230-241.
[87] *Oetker* in: MünchKomm-BGB, § 249 Rn. 172, der dies sogar für den Fall bejaht, dass der Täter vor der Tatbegehung gefasst wird; in diesem Fall dürfte indes bereits dem Grunde nach kein deliktischer Schadensersatzanspruch entstanden sein.

42 Das schadensrechtliche Liquidationsverbot trifft auch die sog. **Vorhaltekosten**[88]. Dabei handelt es sich um Kosten für Maßnahmen, welche die Verletzungsfolgen ausschließen oder doch mindern sollten. In einem Urteil des Bundesgerichtshofes vom 10.05.1960[89] sind solche Kosten ersetzt worden.[90] Diese Rechtsprechung wurde durch ein Urteil vom 10.01.1978 bestätigt und auf die allgemeine Reservehaltung erweitert.[91] Hier fiel ein Straßenbahnwagen durch einen vom Beklagten zu verantwortenden Unfall für mehrere Monate aus. Die Straßenbahngesellschaft setzte einen eigens für solche Fälle bereitgehaltenen Reservewagen ein und vermied dadurch die Betriebseinschränkung und einen entsprechenden Gewinnausfall. Der Bundesgerichtshof sprach ihr einen nach der Dauer des Einsatzes bemessenen Anteil an den Anschaffungs- und Unterhaltungskosten des Reservewagens als Schadensersatz zu. Zur Begründung führte er an, es könne „keinen rechtlich bedeutsamen Unterschied machen, ob der Inhaber eines Straßenbahnunternehmens bei Ausfall eines Fahrzeugs infolge fremdverschuldeten Unfalls ein Ersatzfahrzeug mietet oder ob er ein Fahrzeug einsetzt, das er sich wegen der besonderen Schwierigkeit, einen Straßenbahnwagen kurzfristig mietweise zu erlangen, eigens zum Zwecke der Vorsorge für vorkommende Fälle dieser Art bereits selbst zugelegt und bereitgestellt hat". Der rechtlich bedeutsame Unterschied, den der Bundesgerichtshof nicht akzeptieren mochte, liegt in der **Kausalität**. Sie ist unhintergehbare **Minimalbedingung der Zurechnung** eines Verlustes zu einem Verletzungsereignis. Vor dem Verletzungsereignis aufgewendete Kosten können nicht durch dieses verursacht sein.[92] Will man dennoch einen Anspruch auf Ausgleich gewähren, so mag man den Aufwendungsersatzanspruch des Auftragsrechts heranziehen; die Aufgabe des Kausalitätserfordernisses zwischen dem haftbar machenden Ereignis und dem zu ersetzenden Schaden ist dagegen nicht angezeigt. Dieses Erfordernis lässt die schadensrechtliche Liquidation von Kosten der Schadensverhütung, -bekämpfung und -minderung nur zu, wenn diese nach dem haftbar machenden Ereignis aufgewendet worden sind. Die Kausalverknüpfung ist allerdings nur notwendige und nicht auch schon hinreichende Bedingung der Liquidation. So sind zwar für die Ergreifung von (Laden-)Dieben ausgeworfene Fangprämien durch haftbar machende Ereignisse verursacht; als außerhalb des Schutzbereichs der verletzten Verhaltensgebote liegend können sie dennoch nicht von den Dieben ersetzt verlangt werden.[93]

7. Kind als Schaden

43 In keine wie auch immer geartete Vermögensbilanz kann ein (auch ungewolltes) Kind als für die Schadensermittlung relevanter Posten eingestellt werden. Ein Kind als Schaden anzusehen, verbietet sich aus verfassungsrechtlichen Gründen.[94] Die Einschätzung ändert sich, wenn man den Blick nicht auf das Kind, sondern auf die Unterhaltspflicht und die erbrachten Unterhaltsleitungen richtet. Eine belastende Verbindlichkeit und die zur Erfüllung der Verbindlichkeit erbrachten Leistungen können sehr wohl in eine Bilanz zur Schadensermittlung eingehen. Damit ist auch kein Unwerturteil gegenüber dem Kind verbunden, sondern man sorgt dafür, dass, soweit eine Haftpflicht besteht, die finanziellen Auswirkungen eines schadensersatzpflichtigen Tuns oder Unterlassens nicht beim Opfer, sondern beim Täter zu spüren sind.[95] Allerdings muss die Haftpflicht vom Schutzbereich her die Unterhaltsbelastung erfassen.[96] Das ist nicht der Fall, wenn ein Schwangerschaftsabbruch scheitert, für den keine medizinische, embryopathische oder kriminologische Indikation vorlag.[97]

44 Das mit schweren Missbildungen geborene Kind kann keinen Schadensersatzanspruch darauf stützen, dass seine Abtreibung wegen fehlerhafter ärztlicher Beratung unterblieben ist.[98] Es fehlt an einer kom-

---

[88] Vgl. *Schmidt*, JZ 1974, 73.
[89] BGH v. 10.05.1960 - VI ZR 35/59 - BGHZ 32, 280-287.
[90] Differenzierend BGH v. 14.10.1975 - VI ZR 255/74 - NJW 1976, 286-287.
[91] BGH v. 10.01.1978 - VI ZR 164/75 - BGHZ 70, 199-205.
[92] *Lange/Schiemann*, Schadensersatz, 3. Aufl. 2003, § 6 VIII 3.
[93] A.A. *Hagmann*, JZ 1978, 133-137, der ausgelobte und ausgezahlte Fangprämien bis zur Höhe des Werts des entzogenen Gutes für ersatzfähig hält; ähnlich jetzt BGH v. 06.11.1979 - VI ZR 254/77 - BGHZ 75, 230-241). Vgl. zum Ganzen auch *Schiemann* in: Staudinger, § 249 Rn. 121.
[94] BVerfG v. 28.05.1993 - 2 BvF 2/90, 2 BvF 4/92, 2 BvF 5/92- NJW 1993, 1751-1779.
[95] BVerfG v. 12.11.1997 - 1 BvR 479/92, 1 BvR 307/94- LM BGB § 249 (A) Nr. 114a (6/1998); BGH v. 16.11.1993 - VI ZR 105/92 - BGHZ 124, 128-146.
[96] BGH v. 15.02.2000 - VI ZR 135/99 - BGHZ 143, 389-397.
[97] BGH v. 28.03.1995 - VI ZR 356/93 - BGHZ 129, 178-185.
[98] BGH v. 18.01.1983 - VI ZR 114/81 - BGHZ 86, 240-255; Brandenburgisches OLG v. 19.12.2011 - 12 U 152/11 - juris Rn. 26, 29.

mensurablen hypothetischen Vergleichslage. Die Eltern haben dagegen einen Schadensersatzanspruch wegen des gesamten Unterhaltsbedarfs für das behinderte Kind.[99]

8. Abstrakte Schadensberechnung

a. Anwendungsbereich

Die Schadensermittlung nach der Differenzhypothese verschafft dem Ersatzberechtigten den vermögensmäßigen Ausgleich der auf Grund des haftungsauslösenden Ereignisses erlittenen Einbußen und versagt ihm zugleich, sich am Schadensfall zu bereichern. Sie dient so der Ausgleichsfunktion des Schadensrechts. Dieser Vorzug ist allerdings leicht verspielt, wenn man an die Stelle der **konkreten Berechnung** der in die Vermögensbilanzen einzustellenden Positionen eine **abstrakte Schadensberechnung** setzt. So ist etwa der Verlust der Alterungsrückstellung beim Wechsel des privaten Krankenversicherers für sich allein kein vom Versicherungsmakler in Fällen fehlerhafter Beratung zu ersetzender (abstrakter) Schaden. Der Versicherungsnehmer und Maklerkunde ist vielmehr darauf verwiesen, eine etwaige Prämiendifferenz als konkreten Vermögensschaden geltend zu machen.[100] Unter dem Signum der abstrakten Schadensberechnung treten häufig Forderungen auf, die im geltenden Schadensrecht deshalb keinen Platz haben, weil sie – ohne entsprechende gesetzliche Grundlage – zum **Schadensersatz ohne Schaden** führen. So weist nach *Steindorff*[101] die Wahlmöglichkeit zwischen abstrakter und konkreter Schadensberechnung auf einen nach materiellen Grundsätzen zu differenzierenden Schadensbegriff zurück. Die Rechtsverfolgungsthese (vgl. die Kommentierung zu § 249 BGB Rn. 9) wird belebt. Bei besonderer Schutzwürdigkeit der verletzten Rechtsposition soll eine abstrakte Berechnung zu Zwecken der Rechtsverfolgung und Buße gerechtfertigt sein. Die besondere Schutzwürdigkeit komme Immaterialgüterrechten, nicht aber Persönlichkeits- und Sachenrechten zu. Schließlich sei es den Parteien marktbezogener Geschäfte verwehrt, einen konkreten Schaden geltend zu machen. Der Verkäufer könne nur die Differenz zwischen Kaufpreis und gefallenem Marktpreis verlangen, dies allerdings ohne Rücksicht darauf, ob ihm tatsächlich ein Schaden entstanden sei.

45

b. Begriffliche Festlegung

Die Diskussion der „Möglichkeiten und Grenzen abstrakter Schadensberechnung"[102] wird dadurch erschwert, dass man den Begriff nach unterschiedlichen Regeln für unterschiedliche Dinge verwendet. Die einen verstehen unter abstrakter Schadensberechnung einfach die Beweiserleichterung des § 252 Satz 2 BGB für die Berechnung entgangenen Gewinns.[103] Andere reservieren die Bezeichnung für materiellrechtliche Regelungen, die den Inhalt des Schadensersatzanspruchs so festlegen, dass ein bestimmter Betrag stets als Mindestschaden ersetzt werden kann (so etwa *Steindorff* und *Knobbe-Keuk*). Hier soll nur im letzteren Sinne von abstrakter Schadensberechnung gesprochen werden. Bei ihr geht es dann nicht um den beweiserleichternden Rekurs des Anspruchstellers auf den „gewöhnlichen Lauf der Dinge", sondern um den Ausschluss des Anspruchsgegners von der bei konkreter Berechnung anspruchsmindernden Darlegung eines ungewöhnlichen Verlaufs.

46

c. Gesetzliche Fälle und vertragliche Vereinbarungen

Die **abstrakte Schadensberechnung** lässt das Gesetz nur **ausnahmsweise** zu. So verpflichten etwa die §§ 288 und 291 BGB den Schuldner zur Verzinsung des einem anderen vorenthaltenen Geldbetrags in Höhe von fünf Prozentpunkten (§ 288 Abs. 1 Satz 2 BGB) bzw. acht Prozentpunkten (§ 288 Abs. 2 BGB) über dem jeweiligen Basiszinssatz unabhängig davon, ob der jeweilige Gläubiger nun auch tatsächlich das Geld gewinnbringend angelegt hätte. Der abstrakte Mindestschaden schließt die Geltendmachung eines höheren Schadens nicht aus (§ 288 Abs. 4 BGB). Der höhere Schaden muss dann allerdings konkret errechnet werden. Ähnlich verhält es sich beim Fixhandelskauf über Waren, die einen Markt- oder Börsenpreis haben: Für den Schadensersatzanspruch des nicht rechtzeitig bedienten Vertragspartners bestimmt § 376 Abs. 2 HGB, dass „der Unterschied des Kaufpreises und des Markt- oder

47

---

[99] BGH v. 22.11.1983 - VI ZR 85/82 - BGHZ 89, 95-107; allerdings nicht, wenn die Behinderung zu einem Zeitpunkt übersehen wurde, in dem es für eine Abtreibung ohnehin nach § 218a II StGB bereits zu spät war: OLG München v. 07.02.2008 - 1 U 4410/06.
[100] BGH v. 11.05.2006 - III ZR 228/05.
[101] *Steindorff*, AcP 158, 431-469.
[102] *Knobbe-Keuk*, VersR 1976, 401-411.
[103] So BGH v. 01.02.1974 - IV ZR 2/72 - BGHZ 62, 103-110.

Börsenpreises zur Zeit und am Orte der geschuldeten Leistung gefordert werden" könne. Gegenüber einem so berechneten Schaden kann der Verpflichtete nicht einwenden, dass etwa der Ersatzberechtigte die Ware auf Grund besonderer Beziehungen tatsächlich zu einem niedrigeren Preis als dem Marktpreis bekommen habe.

d. Der Ansatz von (Knobbe-)Keuk

48 Die Ausgleichsfunktion des Differenzschadensbegriffs verfehlt der Ansatz von *(Knobbe-)Keuk*.[104] Zwar macht auch *Keuk* verbal Front gegen Tendenzen in Rechtsprechung und Literatur, Schadensersatz ohne Schaden zu gewähren, und empfiehlt die Beschränkung der abstrakten Schadensberechnung auf die gesetzlich geregelten Fälle zuzüglich der zweiten Schadensberechnungsmethode bei Immaterialgüterrechtsverletzungen und der Berechnung des Unternehmerlohns von selbständig Gewerbetreibenden;[105] mit ihrer Definition des zu ersetzenden Interesses führt sie allerdings hinterrücks weit reichende Möglichkeiten des Schadensersatzes ohne Schaden ein. Das Interesse wird auf den Zustand bezogen, „den der Schuldner durch sein ordnungsgemäßes Verhalten hätte herbeiführen sollen"[106] und nun (schadens-)ersatzweise herzustellen hat. Dass diese Festlegung das Schadensrecht des BGB verfehlt, welches auch Haftungen ausfüllt, die sich nicht auf Pflichtverletzungen gründen, ist schon vermerkt worden. Es bleibt zu zeigen, dass sie auch dort nicht taugt, wo sie vordergründig plausibel erscheint: beim Ersatz des (vertraglichen, positiven) Erfüllungsinteresses. *Keuk* argumentiert folgendermaßen:[107] Das ordnungsgemäße Verhalten des Schuldners ist die Leistung zum Erfüllungszeitpunkt. Hierauf ist das positive Interesse des Gläubigers gerichtet. Soll es ersatzweise befriedigt werden, ist als Mindestschaden der Wert der vorenthaltenen Leistung im Erfüllungszeitpunkt zu ersetzen, was auch immer sonst noch geschehen mag.

49 Hier gerät die für den Fixhandelskauf in § 376 Abs. 2 HGB getroffene Sonderregel zur allgemeinen Regel für Kaufgeschäfte überhaupt.[108] Jeder Käufer kann als positives Mindestinteresse den Anschaffungspreis (Deckungsgeschäft) abzüglich der ersparten Gegenleistung verlangen, jeder Verkäufer die vereinbarte Vergütung abzüglich des Einkaufspreises. Da dies auch dann noch gelten soll, wenn der Käufer gar kein Deckungsgeschäft vornimmt oder der Verkäufer die nicht abgenommene Sache anderweitig mit Gewinn veräußert, wird **Schadensersatz ohne Schaden** gewährt und das **Bereicherungsverbot** des Vermögensschadensrechts verletzt. Dies zeigt schließlich auch eine viel diskutierte Entscheidung.[109] Hier war ein Mieter ausgezogen, ohne seiner vertraglich übernommenen Renovierungspflicht zu genügen. Der Vermieter fand einen Nachmieter, der es übernahm, die Räume auf seine Kosten zu renovieren, und dieser Pflicht auch nachkam. Legt man die Differenzhypothese zugrunde, so hat der Vermieter mangels Schaden keinen Schadensersatzanspruch gegen den Vormieter. Anders *Keuk*: Sie will als Mindestschaden dem Vermieter jedenfalls den Wert der vorenthaltenen Leistung im Erfüllungszeitpunkt vergüten; anders auch der Bundesgerichtshof, der – ausgehend von der Differenzhypothese – den Vorteilsausgleich versagt, um den Schädiger nicht unbillig zu entlasten. Warum es aber billig sein soll, den Vermieter am Schadensfall zu bereichern, darauf bleiben beide die Antwort schuldig. Ausgleichsbedürftig ist nicht der Vermieter, sondern der Nachmieter, dessen Ausgleichsberechtigung sich über einen Bereicherungsregress oder auch einen Gesamtschuldregress begründen lässt.[110]

IV. Rechtsfolgen

50 Rechtsfolge ist der Ausgleich des Vermögensverlustes in Geld. Maßgeblich sind die Wiederbeschaffungskosten für den Geschädigten. Der Wiederbeschaffungswert umfasst, wenn kein Fall der Vorsteuerabzugsberechtigung gegeben ist, auch die für die Wiederbeschaffung aufzuwendende Mehrwertsteuer.

---

[104] *Keuk*, Vermögensschaden und Interesse, 1972.
[105] *Knobbe-Keuk*, VersR 1976, 401-411, 405 ff.
[106] *Keuk*, Vermögensschaden und Interesse, 1972, S. 53.
[107] *Keuk*, Vermögensschaden und Interesse, 1972, S. 109 ff.
[108] So explizit *Keuk*, Vermögensschaden und Interesse, 1972, S. 113 ff.
[109] BGH v. 15.11.1967 - VIII ZR 150/65 - BGHZ 49, 56-64; bei *Keuk*, Vermögensschaden und Interesse, 1972, S. 121 ff.
[110] Für den Gesamtschuldregress *Schmudlach*, NJW 1974, 257-260; LG Kassel v. 28.04.1975 - 1 S 248/74 - ZMR 1977, 24-25, 1842; *Lange/Schiemann* Schadensersatz, 3. Aufl. 2003, § 9 V 6; dagegen *Gundlach*, NJW 1976, 787-790 mit Erwägungen aus einer überholten Gesamtschuldkonzeption.

B. Kommentierung zu Absatz 2

I. Grundlagen

1. Kurzcharakteristik

Die Regelung gibt dem Ersatzverpflichteten die Möglichkeit, die Herstellungsansprüche aus den §§ 249 und 250 BGB abzuwehren und durch einen Anspruch auf das **Vermögens- oder Wertinteresse** des Geschädigten in dem Fall zu ersetzen, in dem die Herstellung nur mit unverhältnismäßigem Aufwand möglich ist. 51

2. Regelungsprinzipien

Es handelt sich um eine Norm zum Schutz des Schädigers.[111] Die Regelung zielt in erster Linie auf einen Wertvergleich ab. 52

II. Praktische Bedeutung

Die praktische Bedeutung der Norm ist groß. Sie spielt gerade bei der Abwicklung von Kraftfahrzeugschäden mit gebrauchten Kraftfahrzeugen eine bedeutende Rolle. Das Schlagwort ist hier der so genannte **wirtschaftliche Totalschaden**. 53

III. Anwendungsvoraussetzungen

1. Normstruktur

Die Normstruktur ist einfach. Die Rechtsfolge ist eine **Ersetzungsbefugnis** des Ersatzschuldners, d.h. der Schädiger ist berechtigt, statt der Aufwendungen für die Wiederherstellung lediglich eine Kompensation in Geld für die Wiederbeschaffung zu leisten. Die Voraussetzung ist ein Missverhältnis des Herstellungsaufwands zum wirtschaftlichen Wert des beschädigten Guts. Für die Heilbehandlung von verletzten Tieren wird eine bestimmte einseitige Sicht des Missverhältnisses ausgeschlossen. Die Norm findet Anwendung sowohl auf das Herstellungsverlangen des Geschädigten nach § 249 Abs. 1 BGB als auch nach § 249 Abs. 2 Satz 1 BGB.[112] 54

2. Unverhältnismäßige Aufwendungen

Der Herstellungsaufwand ist zum Vermögenswertverlust beim Geschädigten in Beziehung zu setzen. Das ist nur möglich **im materiellen Bereich**, wenn das betroffene Gut einen Vermögenswert hat. Hat es einen solchen Wert, spielen besondere Affektionsinteressen des Geschädigten für die Frage des Vergleichs und der Annahme der Ersetzungsbefugnis des Schädigers keine Rolle. Die besondere Vertrautheit des Geschädigten mit einem gebrauchten Gegenstand stellt man insoweit in Rechnung, als Herstellungskosten, die den Wert des beschädigten Gegenstandes um 30%[113] übersteigen, noch nicht zur Annahme eines Missverhältnisses führen, sog. Integritätszuschlag[114]. Zwar wurde die 130%-Grenze von der Rechtsprechung speziell für den Bereich der **Kraftfahrzeugschäden** (vgl. die Kommentierung zu § 249 BGB Rn. 82) herausgebildet;[115] sie vermag jedoch auch bei **anderen Sachen** als Kraftfahrzeugen einen Anhaltspunkt für die Bestimmung der Unverhältnismäßigkeit zu geben. Dies gilt vor allem für solche Sachen, bei denen eine bestimmte Vertrautheit mit der konkreten Sache die Benutzbarkeit erleichtert, wie bspw. bei komplizierten Maschinen.[116] Hierbei verbietet sich allerdings eine starre Anwendung der 130%-Grenze; vielmehr sind stets die Umstände des Einzelfalles maßgebend. Ob eine Unverhältnismäßigkeit der Aufwendungen im Sinne des § 251 Abs. 2 BGB vorliegt, muss durch eine sorgfältige Abwägung der beiderseitigen Interessen entschieden werden, wobei auch Grad des Ver- 55

---

[111] Zu der eingeräumten Ersetzungsbefugnis grundlegend *Medicus*, JuS 1969, 449-455 mit Rechtsprechungsnachweisen.

[112] BGH v. 08.12.1987 - VI ZR 53/87 - NJW 1988, 1835-1837.

[113] Zu den Auswirkungen des § 249 Abs. 2 Satz 2 BGB auf die Berechnung der Prozentgrenze vgl. *Huber*, NZV 2004, 105-115, 110.

[114] BGH v. 15.10.1991 - VI ZR 67/91 - BGHZ 115, 375-382.

[115] Der BGH behandelt diese Thematik bei Kraftfahrzeugen jedoch nicht im Anwendungsbereich des § 251 Abs. 2 BGB, da nach dessen Judikatur Ersatzbeschaffung und Reparatur als gleichwertige Formen der Naturalrestitution angesehen werden; folglich setzt er sich damit im Rahmen des § 249 BGB bei der Erörterung der Wirtschaftlichkeit der Schadensbehebung auseinander.

[116] *Oetker* in: MünchKomm-BGB, § 251 Rn. 46.

schuldens und immaterielle Interessen zu berücksichtigen sind.[117] Besteht der als Naturalrestitution zu leistende Schadensersatz im Rückerwerb eines Grundstücks, sind die hierfür erforderlichen Aufwendungen auch dann nicht unverhältnismäßig im Sinne von § 251 Abs. 2 Satz 1 BGB, wenn sie den Verkehrswert des Grundstücks deutlich (hier: 26%) übersteigen.[118] Übersteigt der für die Restitution erforderliche Aufwand den Verkehrswert eines Grundstücks um 135%, ist er jedoch unangemessen.[119] Bei dem Vergleich der Herstellungskosten mit dem Wert des beschädigten Gegenstandes bleibt der Restwert des beschädigten Gegenstandes außer Betracht.[120] Demgegenüber wird bei beliebig auswechselbaren Sachen ein Integritätszuschlag abzulehnen sein.[121]

56 Bei **Tieren** sollte der Maßstab am verständigen Tierhalter in der Lage des Geschädigten ausgerichtet werden (so ausdrücklich das österreichische Recht in § 1332a ABGB). Das kann durchaus dazu führen, dass Behandlungskosten auch dann zu ersetzen sind, wenn sie den Wert des Tieres um ein Mehrfaches übersteigen.[122] Neben dem Wert des Tieres dürfte es auch auf dessen Alter und Gesundheitszustand vor der Verletzung ankommen.[123]

57 Ergibt sich aus dem Wertvergleich ein **Missverhältnis**, so stellt sich die Frage, ob anerkennenswerte Belange des Geschädigten es dennoch rechtfertigen, den Schädiger mit der Herstellungspflicht zu belasten. Die Antwort kann unter anderem davon abhängen, ob es einen funktionierenden (auch Substitutionsmöglichkeiten betreffenden) Gütermarkt gibt. Das Verschulden des Schuldners sollte dagegen keine Rolle spielen.[124] Der Bundesgerichtshof hält dagegen das **Verschulden** für einen relevanten Faktor[125]. Bei einem Schadensersatzanspruch aus § 634 Nr. 4 BGB (ehemals § 635 BGB) müsse es für den Unternehmer unzumutbar sein, die vom Besteller in nicht sinnvoller Weise gemachten Aufwendungen tragen zu müssen. Das sei im Hinblick auf das grobe Verschulden des Unternehmers beim Einbau des zu feuchten Holzes und die berechtigten Befürchtungen des Bestellers einer fortbestehenden Gesundheitsgefahr nicht der Fall.[126]

58 Bei der Beseitigung von Schäden **im immateriellen Bereich** ist die Regelung **mangels Wertvergleichsmöglichkeit nicht** anwendbar. In einer bedenklichen Entscheidung zur kosmetischen Operation hat der Bundesgerichtshof sie entsprechend herangezogen.[127] Zur Begrenzung von Herstellungsansprüchen, die sich auf immaterielle Beeinträchtigungen beziehen, taugt indessen allein § 242 BGB oder die von *Mertens* so genannte allgemeine **„Soziabilitätsschranke"**. Von dieser Möglichkeit zur Begrenzung sollte aber nur in Ausnahmefällen Gebrauch gemacht werden.[128] Die Unzumutbarkeit der Herstellung ist ex ante zu beurteilen. Erweisen sich zunächst Erfolg versprechende, unter vertretbarem Aufwand vorzunehmende Herstellungsversuche später als unvertretbar teuer, so muss der Schädiger dennoch für die Kosten aufkommen. Denn er trägt auch hier das **Prognoserisiko**.

---

[117] OLG Bamberg v. 26.10.2010 - 5 U 222/09 - juris Rn. 23.
[118] OLG Celle v. 26.05.2004 - 3 U 263/03 - MDR 2004, 1239.
[119] OLG Düsseldorf v. 07.06.2011 - 24 U 123/09 - juris Rn. 39 - MDR 2012, 85-86.
[120] BGH v. 15.10.1991 - VI ZR 314/90 - BGHZ 115, 364-374; zum Restwert im Rahmen des Schadensrechts umfassend *Huber*, DAR 2002, 337-347; *Huber*, DAR 2002, 385-395.
[121] So hat das OLG Zweibrücken die Neuausstattung eines Badezimmers bei Beschädigung des Waschbeckens verneint, OLG Zweibrücken v. 31.03.1999 - 1 U 52/98 - OLGR Zweibrücken 1999, 464-465.
[122] 3.000 DM bei einer Katze ohne materiellen Marktwert (LG Bielefeld v. 15.05.1997 - 22 S 13/97 - NJW 1997, 3320-3321); 4.600 DM für die Rettung eines Mischlingshundes ohne Verkehrswert (AG Idar-Oberstein v. 20.04.1999 - 3 C 618/98 - NJW-RR 1999, 1629-1630); 4.000 DM für einen reinrassigen Hund (AG Frankfurt v. 14.06.2000 - 29 C 2234/99 - 69, 29 C 2234/99- NJW-RR 2001, 17-18).
[123] *Grüneberg* in: Palandt, § 251 Rn. 7.
[124] A.A. *Lange*, Schadensersatz, 2. Aufl. 1990, § 5 VII 1; wie hier jedoch nunmehr *Lange/Schiemann*, Schadensersatz, 3. Aufl. 2003, § 5 VII 1; *Oetker* in: MünchKomm-BGB, § 251 Rn. 65.
[125] BGH v. 27.11.2009 - LwZR 11/09 - juris Rn. 24.
[126] BGH v. 27.03.2003 - VII ZR 443/01 - BGHZ 154, 301-305.
[127] BGH v. 03.12.1974 - VI ZR 1/74 - BGHZ 63, 295-302 (Schmerzensgeld statt Operationskosten).
[128] Vgl. auch BGH v. 06.04.1976 - VI ZR 246/74 - BGHZ 66, 182-198.

§ 252 BGB Entgangener Gewinn

(Fassung vom 02.01.2002, gültig ab 01.01.2002)

¹Der zu ersetzende Schaden umfasst auch den entgangenen Gewinn. ²Als entgangen gilt der Gewinn, welcher nach dem gewöhnlichen Lauf der Dinge oder nach den besonderen Umständen, insbesondere nach den getroffenen Anstalten und Vorkehrungen, mit Wahrscheinlichkeit erwartet werden konnte.

Gliederung

A. Grundlagen 1	I. Gewinnentgang und Steuerrecht 7
B. Anwendungsvoraussetzungen 2	II. Rentenneurosen 12
I. Normstruktur 2	III. Schadensberechnung 13
II. Verpflichtung zum Schadensersatz 3	D. Prozessuale Hinweise/Verfahrens-
C. Rechtsfolgen 4	hinweise 16

A. Grundlagen

Die Vorschrift verdeutlicht lediglich die schon in § 249 BGB angelegte Pflicht, dem Geschädigten auch die Werte zu ersetzen, die ihm infolge des die Haftung auslösenden Ereignisses nicht zugeflossen sind (entgangener Gewinn). Das gilt für den Herstellungs- wie für den Kompensationsbereich.[1]   1

B. Anwendungsvoraussetzungen

I. Normstruktur

Die Normstruktur ist leicht zu erfassen. Satz 1 stellt klar, dass der zu ersetzende Schaden auch den entgangenen Gewinn erfasst. Satz 2 bestimmt, unter welchen Voraussetzungen ein Gewinn als entgangen gilt.   2

II. Verpflichtung zum Schadensersatz

Auslöser des Anspruchs auf Ersatz des entgangenen Gewinns ist die Verwirklichung eines Haftungstatbestands, die Verpflichtung zum Schadensersatz.   3

C. Rechtsfolgen

Die Rechtsfolge ist der Ersatz des entgangenen Güterzuwachses durch Herstellung des Zustands, der bestehen würde, wenn das zum Ersatz verpflichtende Ereignis nicht eingetreten wäre (**Restitution**), durch Ersatz der Herstellungskosten im Rahmen der Voraussetzungen der §§ 249 Abs. 2 und 250 BGB oder durch Entschädigung des Vermögensverlustes in Geld (**Kompensation**). Die Bestimmung in Satz 2 beschränkt den Ersatz des entgangenen Gewinns nicht auf das, was bei gewöhnlichem Verlauf zu erwarten gewesen wäre, sondern bietet dem Gläubiger eine Beweiserleichterung.   4

Der Anspruch auf Ersatz des entgangenen Gewinns ist dann ausgeschlossen, wenn eine gesetzliche Bestimmung (wie § 53 VVG) die Ersatzleistung auf den unmittelbaren Schaden begrenzt. Auch ein vertraglicher Ausschluss des Anspruchs auf Ersatz des entgangenen Gewinns ist möglich. Allerdings müssen sen mit Blick auf einen Ausschluss in Allgemeinen Geschäftsbedingungen die Klauselverbote aus § 309 Nr. 7 BGB beachtet werden.   5

Bei der Mehrzahl der Fälle geht es um die Werte, die der Geschädigte durch den Einsatz seiner Arbeitskraft hätte realisieren können. Vom Schadensersatz ausgeschlossen sind Gewinne, die nicht ohne Verletzung von Verbotsgesetzen hätten erlangt werden können.[2] Der Bundesgerichtshof will auch den entgangenen „**Dirnenlohn**" nicht als ersatzfähigen Schaden anerkennen, weil dieser Erwerb dem Sittengebot widerspreche. Da er aber die bekanntermaßen schlecht gesicherten Prostituierten auch nicht der Fürsorge anheim fallen lassen möchte, spricht er ihnen doch den Betrag als Schadensersatz (!) zu, der einem Existenz deckenden Einkommen entspricht, „das auch in einfachen Verhältnissen von jedem ge-   6

---

[1] *Oetker* in: MünchKomm-BGB, § 252 Rn. 1.
[2] BGH v. 30.11.1979 - V ZR 214/77 - BGHZ 75, 366-375.

sunden Menschen erfahrungsgemäß zu erreichen ist"[3] – ein Stück zweifelhafter richterlicher Sozialpolitik[4]. Einfacher und angemessener ist demgegenüber der Grundsatz: Was als Gewinn besteuert wird, kann man bei haftungsbedingtem Ausfall auch ersetzt verlangen. Im Übrigen dürfte das Gesetz zur Regelung der Rechtsverhältnisse der Prostituierten vom 20.12.2001[5] der restriktiven Rechtsprechung des Bundesgerichtshofs den Boden entzogen haben.

I. Gewinnentgang und Steuerrecht

7   Wer einem anderen schadensrechtlich zum Ausgleich entgangener und entgehender Erwerbsmöglichkeiten verpflichtet ist, muss den anderen so stellen, wie dieser stehen würde, wenn das zum Ersatz verpflichtende Ereignis nicht eingetreten wäre. Der andere muss m.a.W. nach einem Unfall über so viel Geld verfügen können, wie wenn es den Unfall gar nicht gegeben hätte. Ihm soll weder weniger noch mehr Geld zu Gebote stehen. Diese einfache Regel des Schadensrechts bereitet Schwierigkeiten, wenn man auch die steuerlichen Folgen mit in den Blick nehmen will. Dann ist es nicht damit getan, die entgehenden Bruttoeinkünfte festzustellen und als Schadensersatz auszuurteilen; man muss vielmehr das (fiktive) Nettoeinkommen feststellen und einen Schadensbetrag ausurteilen, der dem Geschädigten am Ende real zu dem fiktiven Nettoeinkommen verhilft.[6] Dabei kann indessen der Schadensbetrag nicht mit dem fiktiven Nettoeinkommen gleichgesetzt werden. Denn der Schadensbetrag unterliegt seinerseits der Einkommensteuer (§ 24 Nr. 1a EStG), und er ist deshalb so zu wählen, dass dem Geschädigten nach Abzug der auf den Schadensbetrag erhobenen Einkommensteuer ein Betrag in Höhe des fiktiven Nettoeinkommens verbleibt. Aber ist man nicht dann genau wieder bei den Bruttoeinkünften angelangt? Sie ergeben doch nach Abzug der Steuern die Nettoeinkünfte. Das stimmt indessen nicht ganz. Versteuert wird ja nicht der Bruttobetrag; die Steuer setzt vielmehr bei dem zu versteuernden Einkommen an, das sich zum einen aus verschiedenen Einkommensarten zusammensetzen kann und zum anderen erst nach verschiedenen Abzügen von den Bruttoeinkünften ergibt. Der Bruttobetrag müsste auf den Betrag des zu versteuernden Einkommens zurückgeführt werden, um zu einem Ersatzbetrag zu kommen, der am Ende dem Geschädigten die Mittel zur Verfügung stellt, die er auch ohne den Unfall hätte. Modifiziert man die beim Bruttoeinkommen ansetzende Berechnungsregel in der beschriebenen Weise, führt sie am Ende zu genau demselben Ergebnis, das man gewinnt, wenn man mit der Berechnung beim fiktiven Nettoeinkommen ansetzt und den Ansatz um die Steuerpflicht ergänzt. Modifizierte **Nettolohntheorie** und modifizierte **Bruttolohntheorie** repräsentieren Berechnungsweisen, die trotz unterschiedlichen Ansatzes zu denselben Ergebnissen führen müssen.[7] Das ist die Kernthese der angeführten Entscheidung, die im ersten der beiden amtlichen Leitsätze zum Ausdruck gebracht wird. Diese Kernthese ist korrekt, wenn man eine weitere Voraussetzung macht: Einkommensverlust und Schadensausgleich fallen in demselben Veranlagungszeitraum.

8   Der zweite Leitsatz der angeführten Entscheidung führt die Kernthese für den Sonderfall fort, dass der Schädiger nicht den gesamten Schaden, sondern nur eine Quote des Schadens auszugleichen hat. Sollte sich hier ergeben, dass aus Gründen der Steuerprogression die beim fiktiven Nettoeinkommen ansetzende Methode zu einem geringeren Schadensbetrag führt als die beim Bruttoeinkommen ansetzende Methode, so ist die Progressionsdifferenz dem Schädiger im Wege der Vorteilsausgleichung gutzubringen.

9   Die Entscheidung liegt ganz auf der Linie der vom Schadensrecht gebotenen **konkreten Schadensberechnung**. Um insgesamt auf dieser Linie zu bleiben, müsste sie indessen fortgeschrieben werden. Was für den Quotenschaden in einem Veranlagungszeitraum richtig ist, dass nämlich dem Geschädigten so viel Ersatz gebührt, wie ihm das entgangene Einkommen netto gebracht hätte, kann für den Schaden, der in einem Veranlagungszeitraum entsteht und in einem anderen Veranlagungszeitraum ersetzt und besteuert wird, nicht falsch sein. Auch hier müsste der Geschädigte genau so viel Ersatz bekommen, wie ihm das entgangene Einkommen im Veranlagungszeitraum der Schadensentstehung netto gebracht hätte. Schon die korrekte Berechnung des fiktiven Nettoeinkommens machte es unausweichlich, den Blick auf das gesamte zu versteuernde Einkommen des Geschädigten in den Veranlagungszeiträumen der Schadensentstehung zu richten. Wer nur Lohn bezieht, dem entgeht durch den Lohnausfall ein höheres Nettoeinkommen als dem, der außer dem Lohn noch über erhebliche andere Einkommen verfügt.

---

[3] BGH v. 06.07.1976 - VI ZR 122/75 - BGHZ 67, 119-129.
[4] *Stürner*, JZ 1977, 176-177.
[5] BGBl I 2001, 3983.
[6] Für die Berechnung nach der modifizierten Bruttolohntheorie *Grüneberg* in: Palandt, § 252 Rn. 8.
[7] BGH v. 15.11.1994 - VI ZR 194/93 - BGHZ 127, 391-399.

Steht das unter Berücksichtigung des gesamten zu versteuernden Einkommens ermittelte **fiktive Nettoeinkommen** fest, so ist für den Veranlagungszeitraum der zu besteuernden Ersatzleistung die Ersatzleistung so festzusetzen, dass sie im Veranlagungszeitraum den Betrag des fiktiven Nettoeinkommens ergibt. Auch diese Festsetzung könnte nur unter Berücksichtigung des gesamten zu versteuernden Einkommens des jetzt maßgeblichen Veranlagungszeitraums erfolgen. Ist es niedriger als das zu versteuernde Einkommen im Veranlagungszeitraum des Einkommensfortfalls, kommt es wie beim Quotenschaden zu einem niedrigeren Ersatzbetrag als im Veranlagungszeitraum. Aber auch die umgekehrte Entwicklung ist möglich. Das zu versteuernde Einkommen im Veranlagungszeitraum der Ersatzleistung kann höher sein als das zu versteuernde Einkommen im Veranlagungszeitraum des Einkommensfortfalls. Da sollte es sich von selbst verstehen, dass der Schädiger auch jetzt den Geschädigten so zu stellen hat, dass dieser nach der Versteuerung der Ersatzleistung über genau den Betrag des fiktiven Nettoeinkommens im Veranlagungszeitraum des Einkommensfortfalls verfügt. Das mag zu einem das Bruttoeinkommen übersteigenden Betrag führen.[8]

Die praktische Abwicklung von Fällen mit Verdienstausfallschäden wird dadurch nicht leicht. Der bequeme Ansatz bei dem isolierten Bruttoeinkommen, um dessen steuerliche Behandlung sich die Finanzämter und nicht die Zivilrichter zu kümmern hätten, ist versperrt. Zwar mag man als Geschädigter im ersten Zugriff noch brutto rechnen dürfen; man muss jedoch gewärtigen, dass der Schädiger sich eventuelle steuerliche Vorteile, die dem Geschädigten mehr als das fiktive Nettoeinkommen belassen würden, zugute bringen lassen möchte. Macht er das geltend, muss der Geschädigte „die Hosen herunterlassen" und Einblick in seine Einkommensverhältnisse gewähren. Im Rahmen der Nettomethode „schuldet" er die Informationen unter dem Gesichtspunkt der Beweis-, Behauptungs- und Substantiierungslast, im Rahmen der Bruttomethode schuldet er die Informationen unter dem Gesichtspunkt der „Aufklärungspflicht der nicht beweisbelasteten Partei".

Was für die Einkommen- und Erwerbsteuer recht ist, ist für die anderen Steuerarten und eventuelle Sozialabgaben billig. Man muss halt die realen und die hypothetischen Vermögensentwicklungen präzise gegenüber stellen.

II. Rentenneurosen

Ein Sonderproblem stellen **unfallbedingte Rentenneurosen** dar, wenn die Neurose einer – auch unbewussten und nicht vorwerfbaren – Begehrensvorstellung nach wirtschaftlicher Sicherstellung ohne eigene Arbeitsleistung entspringt.[9] Hier erwägt der Bundesgerichtshof[10] den an sich begründeten Anspruch auszuschließen, um dadurch erst die Voraussetzungen für eine Wiedereingliederung des Betroffenen in seinen vormaligen Lebens- und Pflichtenkreis zu schaffen[11]. Dem Bundesgerichtshof ist nur beizupflichten, wenn man die Prognose wagen kann, dass der Neurotiker nach Aberkennung der Ersatzansprüche sein „Versagen" überwinden wird.[12]

III. Schadensberechnung

§ 252 BGB bietet zwei Möglichkeiten der Schadensberechnung. Diese kann zum einen anhand der **konkreten** Methode berechnet werden. Dabei hat der Geschädigte nachzuweisen, dass er durch das schädigende Ereignis an der Durchführung bestimmter Geschäfte gehindert worden ist und dass ihm infolge der Nichtdurchführbarkeit dieser Geschäfte ein konkret darzulegender Gewinn entgangen ist. Zum anderen eröffnet Satz 2 den Weg zur **abstrakten Schadensberechnung**, die von dem regelmäßigen Verlauf im Handelsverkehr ausgeht, dass ein Kaufmann gewisse Geschäfte im Rahmen seines Gewerbes tätigt und daraus einen Gewinn erzielt. Dabei genügt der Nachweis einer gewissen Wahrscheinlichkeit, bei der branchenübliche Gewinnkalkulationen behilflich sind. Die volle Gewissheit, dass der Gewinn tatsächlich gezogen worden wäre, ist gerade nicht erforderlich. Ist der Geschädigte Kaufmann, so entspricht es nach der Rechtsprechung dem gewöhnlichen Lauf der Dinge, dass er marktgängige Waren jederzeit zum Marktpreis absetzen kann.[13] Ist demnach ersichtlich, dass der Gewinn nach dem gewöhnlichen Lauf der Dinge mit Wahrscheinlichkeit erwartet werden konnte, so greift eine Vermu-

---

[8] Zum Ganzen *Dittmayer*, Das Zusammenspiel von Steuerrecht und Schadensrecht bei der Erwerbsschadensberechnung, 1987.
[9] *Oetker* in: MünchKomm-BGB, § 249 Rn. 184.
[10] BGH v. 29.02.1956 - VI ZR 352/54 - BGHZ 20, 137-144.
[11] Kritisch *Schiemann* in: Staudinger, § 249 Rn. 40 bis 42.
[12] Anders BGH v. 28.09.1965 - VI ZR 87/64 - LM Nr. 13 zu § 249 (Bb) BGB.
[13] BGH v. 19.10.2005 - VIII ZR 392/03 - NJW-RR 2006, 243-244.

§ 252

tung dahingehend ein, dass der Gewinn erzielt worden wäre. Eine völlig abstrakte Berechnung eines Schadens ohne Darlegung von Tatsachen durch den Geschädigten gibt es – auch nicht in Form eines „Mindestschadens – nicht.[14] Wohl wird jedoch bei Personen am Anfang des Berufslebens ein Schätzungsbonus zugebilligt, weil ihnen die Möglichkeit genommen wurde, zu beweisen, dass sie ihre Berufsausbildung erfolgreich abgeschlossen hätten.[15]

14 Satz 2 enthält eine **Beweisregel** und keinen weiteren vom Differenzschadensbegriff zu unterscheidenden materiellen Schadensbegriff[16] (vgl. die Kommentierung zu § 251 BGB Rn. 33). Als Beweisregel belastet Satz 2 den Geschädigten mit der Darlegung der gewöhnlichen Umstände oder besonderen Anstalten, die zusammen mit dem gegebenen Erfahrungswissen (empirischen Gesetzmäßigkeiten) den Wahrscheinlichkeitsschluss auf den (hypothetischen) Gewinnanfall erlauben. Dem Schädiger steht der Gegenbeweis offen, dass der Gewinn dennoch nicht erzielt worden wäre.

15 Mit dem bloßen **Wahrscheinlichkeitserfordernis** trägt das Gesetz der Erkenntnis Rechnung, dass im wirtschaftlich-sozialen Bereich ausnahmslos geltende Gesetzmäßigkeiten so gut wie unbekannt, andere als Wahrscheinlichkeitsschlüsse mithin auch gar nicht möglich sind. Die Rechtsprechung setzt die Anforderungen aber zum Teil sehr niedrig an.[17] So genügte dem Bundesgerichtshof der Vortrag der Geschädigten, welche gewerbsmäßig mit gebrauchten Baumaschinen handelte, sie hätte die gekauften Waren für 50% des Neupreises weiterveräußern können, was einer branchenüblichen Kalkulation entspreche.[18] Dagegen besteht keine die Vermutung des § 252 Satz 2 BGB auslösende Wahrscheinlichkeit, dass Arbeitnehmer einer insolvent gewordenen GmbH sofort eine Beschäftigung bei einem anderen Unternehmen mit der Folge aufnehmen, dass die Sozialkasse, bei der sie zuvor versichert waren, durch die verspätete Stellung des Insolvenzantrages einen Beitragsausfallschaden erleidet.[19]

D. Prozessuale Hinweise/Verfahrenshinweise

16 Die Anordnung in Satz 2 sieht nach einer Erleichterung der Beweisführung für den Geschädigten aus. In Wirklichkeit verfolgte der Gesetzgeber die Absicht, dem durch § 287 ZPO ungebundenen Schätzungsermessen Zügel anzulegen und dem Richter deutlich zu machen, dass er den Gewinnentgang nicht nach freier Fantasie schätzen solle, sondern auf den gewöhnlichen Lauf der Dinge und die eigens getroffenen Anstalten und Vorkehrungen zu achten habe.[20]

---

[14] OLG München v. 06.02.2012 - 19 U 3373/11 - juris Rn. 27.
[15] OLG München v. 29.11.2011 - 10 U 4359/10 - juris Rn. 22 - Schaden-Praxis 2012, 146-147.
[16] BGH v. 16.03.1959 - III ZR 20/58 - juris Rn. 16 - BGHZ 29, 393-400.
[17] BGH v. 01.02.1974 - IV ZR 2/72 - BGHZ 62, 103-110 für Geschäftsbanken; BGH v. 26.07.2005 - X ZR 134/04 - NJW 2005, 3348-3349 zur Pflicht des Gerichts, eine Schadensschätzung nach § 287 ZPO vorzunehmen.
[18] BGH v. 19.10.2005 - VIII ZR 392/03 - NJW-RR 2006, 243-244.
[19] BGH v. 07.07.2003 - II ZR 241/02 - WM 2003, 1824-1825.
[20] Vgl. *Halfpap*, Der entgangene Gewinn, 1999, S. 127 ff.; vgl. auch BGH v. 20.10.2009 - VI ZB 53/08 - juris Rn. 9 und BGH v. 23.02.2010 - VI ZR 331/08 - juris Rn. 13 zum Erfordernis der Darlegung konkreter Anhaltspunkte für die Schätzung eines Erwerbsschadens.

§ 253 BGB Immaterieller Schaden

(Fassung vom 19.07.2002, gültig ab 01.08.2002)

(1) Wegen eines Schadens, der nicht Vermögensschaden ist, kann Entschädigung in Geld nur in den durch das Gesetz bestimmten Fällen gefordert werden.

(2) Ist wegen einer Verletzung des Körpers, der Gesundheit, der Freiheit oder der sexuellen Selbstbestimmung Schadensersatz zu leisten, kann auch wegen des Schadens, der nicht Vermögensschaden ist, eine billige Entschädigung in Geld gefordert werden.

Gliederung

A. Kommentierung zu Absatz 1 1	a. Entwicklung durch die Rechtsprechung 39
I. Grundlagen 1	b. Rechtsgrundlage 40
1. Systematische Einordnung 1	c. Richterrechtliche Anerkennung 41
2. Entstehungsgeschichtlicher Hintergrund 2	d. Funktion 42
II. Anwendungsvoraussetzungen 4	e. Voraussetzungen 44
1. Abgrenzung zwischen Vermögensschaden und Nichtvermögensschaden 4	f. Anspruchsberechtigte 46
a. Praktische Bedeutung 4	4. Nichtvermögensschaden 48
b. Definition 5	a. Definition 49
c. Typische Fälle 7	b. Haftungsausfüllende Kausalität und Zurechnung 50
2. Ausnahmen vom Grundsatz 9	c. Kommerzialisierungsgedanke 52
a. Vom Gesetz bestimmte Fälle 9	d. Sonderfälle 55
b. Richterrechtlich entwickelte Erweiterung ... 14	IV. Rechtsfolgen 60
c. Parteivereinbarungen 15	1. Allgemeines 60
B. Kommentierung zu Absatz 2 16	2. Bemessung der Entschädigung 68
I. Grundlagen 16	a. Verhältnisse des Geschädigten 68
1. Entstehungsgeschichte 16	b. Verhältnisse des Schädigers 79
2. Systematische Stellung 22	c. Tatsituation 88
II. Praktische Bedeutung 25	d. Art der haftungsbegründenden Norm 91
1. Wesen 25	e. Besondere Fallgruppen 92
2. Funktion 26	f. Sonderfall: Verletzung des Allgemeinen Persönlichkeitsrechts 97
III. Anwendungsvoraussetzungen 30	3. Art der Entschädigung 98
1. Normstruktur 30	4. Vorteilsausgleichung 101
2. Rechtsgutsverletzung: Verletzung des Körpers, der Gesundheit, der Freiheit oder der sexuellen Selbstbestimmung 32	5. Übertragbarkeit 102
a. Überblick 33	V. Prozessuale Hinweise 104
b. Einzelfälle 34	1. Unbestimmter Klageantrag 104
3. Sonderfall: Verletzung des Allgemeinen Persönlichkeitsrechts 39	2. Klageart 105
	3. Urteil 107

A. Kommentierung zu Absatz 1

I. Grundlagen

1. Systematische Einordnung

Die Vorschrift gehört zum Regelungsbereich der §§ 249-253 BGB, der grundsätzlich für alle Schadensersatzansprüche deren Inhalt, Art und Umfang normiert. Sie **schließt für Nichtvermögensschäden** den **Geldanspruch** gem. §§ 250, 251 BGB **grundsätzlich aus**. Dieser ist nur in den durch Gesetz geregelten Fällen (vgl. Rn. 9) gegeben. Damit soll die Umrechnung von Nichtvermögenswerten in Geld weitgehend vermieden werden. Nicht ausgeschlossen ist der Anspruch auf Zahlung der Herstellungskosten gem. § 249 Abs. 2 BGB.[1] Dieser Anspruch hat aber nur geringe praktische Bedeutung, da

1

---

[1] Ganz h.M.: *Grüneberg* in: Palandt, § 253 Rn. 3; *Schiemann* in: Staudinger, § 253 Rn. 7; *Oetker* in: MünchKomm-BGB, § 249 Rn. 320; *Ebert* in: Erman, § 253 Rn. 6; differenzierend hingegen *Kuckuk* in: Erman, 11. Aufl. 2004, § 253 Rn. 5 f.

die Naturalherstellung bei immateriellen Schäden i.d.R. nicht möglich ist.[2] Zu den wenigen Ausnahmen zählen die Kosten für die Beseitigung ehrverletzender Inschriften oder für die Richtigstellung ehrverletzender unrichtiger Behauptungen – jeweils im Rahmen des Notwendigen und Angemessenen.[3] An der Notwendigkeit fehlt es insbesondere aber dann, wenn dem Verletzten ein presserechtlicher Anspruch auf Gegendarstellung zusteht und dieser für die Wiedergutmachung ausreichend ist.[4]

2. Entstehungsgeschichtlicher Hintergrund

2 Die Vorschrift ist maßgeblich auf den vom heutigen Empfinden abweichenden **Ehrbegriff des 19. Jahrhunderts** zurückzuführen. Nach in „den besseren Volkskreisen vertretenen Anschauungen"[5] war es nämlich „nicht ehrenvoll, sich Beleidigungen durch Geld abkaufen zu lassen"[6]. Es „würden nur die schlechteren Elemente Vorteil ziehen. Gewinnsucht, Eigennutz und Begehrlichkeit würden gesteigert und aus unlauteren Motiven zahlreiche schikanöse Prozesse angestrengt werden."[7] Dieser Hintergrund ist heute überholt.[8] Zwar ist § 253 Abs. 1 BGB seit Inkrafttreten des BGB **inhaltlich unverändert**. Die Vorschrift war ursprünglich aber nicht in Absätze unterteilt: Durch Art. 2 des Zweiten Gesetzes zur Änderung schadensersatzrechtlicher Vorschriften vom 19.07.2002[9] wurde der bisherige Inhalt als Absatz 1 gefasst und um einen neuen Absatz 2 (vgl. Rn. 16) ergänzt. Dieser ersetzt die frühere Schmerzensgeldregelung des § 847 BGB und erweitert damit den Kreis der Ausnahmefälle erheblich. Dadurch dürfte sich die bisher an § 253 BGB a.F. geübte rechtspolitische Kritik[10] weitgehend erledigt haben.

3 Nach wie vor ist aber die Grundregel des § 253 Abs. 1 BGB durch Bedenken gegen ein Ausufern der Schadenssummen und -prozesse[11] bei uneingeschränktem Ersatz immaterieller Schäden zu rechtfertigen.[12]

II. Anwendungsvoraussetzungen

1. Abgrenzung zwischen Vermögensschaden und Nichtvermögensschaden

a. Praktische Bedeutung

4 Nachdem die Differenzierung zwischen Vermögensschaden und Nichtvermögensschaden darüber entscheidet, ob volle Ersatzfähigkeit gem. §§ 249-252 BGB gegeben ist oder ob die Einschränkungen des § 253 BGB eingreifen, kommt dieser Differenzierung **große praktische Bedeutung** zu.[13] Dabei hat die **dogmatische Diskussion über die Grenzziehung** zwischen Vermögens- und Nichtvermögensschaden bis heute kein Ende gefunden. Vor allem der Gedanke der Kommerzialisierung (vgl. Rn. 8 und Rn. 52) eigentlich immaterieller Güter, nach dem heute beinahe alles einen leicht feststellbaren Marktwert habe, hat den Anwendungsbereich des § 253 Abs. 1 BGB erheblich reduziert.[14]

---

[2] *Grüneberg* in: Palandt, § 253 Rn. 3.
[3] BGH v. 06.04.1976 - VI ZR 246/74 - juris Rn. 116 - BGHZ 66, 182-198; BGH v. 15.11.1977 - VI ZR 101/76 - juris Rn. 30 - BGHZ 70, 39-47 - Alkoholtest; EGH v. 06.04.1979 - I ZR 94/77 - juris Rn. 26 - LM Nr. 23 zu § 824 BGB.
[4] BGH v. 06.04.1976 - VI ZR 246/74 - juris Rn. 120 - BGHZ 66, 182-198; BGH v. 15.11.1977 - VI ZR 101/76 - juris Rn. 30 - BGHZ 70, 39-47 - Alkoholtest; EGH v. 06.04.1979 - I ZR 94/77 - juris Rn. 27 - LM Nr. 23 zu § 824 BGB.
[5] Protokolle, Bd. I, S. 622.
[6] *Mugdan*, Bd. II S. 1297.
[7] *Mugdan*, Bd. II S. 517.
[8] Vgl. auch *Schiemann* in: Staudinger, § 253 Rn. 2; *Rauscher*, Jura 2002, 577-584, 577. Ein Überblick über den Wandel des Schmerzensgeldes seit Beginn des 20. Jahrhunderts findet sich bei: *Steffen*, DAR 2003, 201-206.
[9] BGBl I 2002, 2671.
[10] Dazu ausführlich noch *Oetker* in: MünchKomm-BGB, § 253 Rn. 5.
[11] So schon Protokolle, Bd. I, S. 622 f.
[12] So schon Protokolle, Bd. I, S. 622 f.; vgl. auch *Schiemann* in: Staudinger, § 253 Rn. 2.
[13] *Grüneberg* in: Palandt, Vorbem. v. § 249 Rn. 9; auch *Oetker* in: MünchKomm-BGB, § 253 Rn. 6.
[14] *Schiemann* in: Staudinger, § 253 Rn. 12.

b. Definition

Nichtvermögensschäden sind alle Schäden, die keine Vermögensminderung beim Verletzten bewirken – kurz: jeder Nachteil außerhalb der Vermögenssphäre[15] (vgl. auch die Kommentierung zu § 251 BGB Rn. 21 ff.). Soweit eine immaterielle Beeinträchtigung durch finanzielle Aufwendungen beseitigt werden kann (z.B. Behandlungskosten für das Entfernen einer entstellenden Narbe), stellt dies keinen Nichtvermögensschaden, sondern einen Vermögensfolgeschaden dar.

Vermögensschäden sind im Gegensatz dazu finanziell spürbare Schäden, nicht hingegen solche, die sich lediglich finanziell **berechnen** lassen.[16]

c. Typische Fälle

Typische Nichtvermögensschäden sind demnach z.B. Schmerzen oder Bedrückung infolge einer Entstellung, Wesensänderung, Schmälerung der Lebensfreude, nervliche Belastung durch anhaltende Todesangst wegen ernsthafter Morddrohung.[17] Auch ein schwerer Schock und gravierende Unannehmlichkeiten kommen in Betracht. Ferner werden eine durch fehlerhafte ärztliche Behandlung ausgelöste Depression,[18] eine seelische Beeinträchtigung wegen verletzungsbedingt erzwungener Berufsaufgabe[19] oder die Unfähigkeit, einer bisher ausgeübten Freizeitbeschäftigung nachgehen zu können,[20] erfasst. Somit sind nicht nur die Schmerzen im engeren Sinne, sondern auch die gesamten nichtvermögensrechtlichen Folgen, die ein Unfall für den körperlichen, gesundheitlichen sowie seelischen Zustand des Verletzten nach sich zieht, Nichtvermögensschäden.[21] Auch die Verletzung des reinen Affektionsinteresses an einem bestimmten Gegenstand stellt einen immateriellen Schaden dar.[22] Dass „jedes nicht volle Menschsein"[23] ideeller Schaden sei, trifft wohl nicht zu, da – wie oben erwähnt – gerade auch typisch „menschliche" Reaktionen gemeint sind.

Nach dem **Kommerzialisierungsgedanken** (vgl. ausführlich dazu Rn. 52; vgl. auch die Kommentierung zu § 251 BGB Rn. 33) kann für ein eigentlich immaterielles Interesse entgegen § 253 Abs. 1 gem. § 251 Abs. 1 BGB Geldersatz durch Ansetzen des gängigen Marktpreises erlangt werden. Nachdem aber heute beinahe alle Dinge käuflich zu erwerben sind, würde dies den Grundsatz, ideellen Schaden nicht in Geld zu ersetzen – außerhalb der reinen Privatsphäre – gänzlich konterkarieren.[24] Daher ist diese Lehre – sofern sie überhaupt herangezogen werden soll – **restriktiv** zu handhaben.

2. Ausnahmen vom Grundsatz

a. Vom Gesetz bestimmte Fälle

War vor der Schadensrechtsreform noch § 847 BGB a.F. der praktisch wichtigste Fall einer gesetzlich angeordneten Ausnahme, findet sich die bedeutendste Ausnahme heute in § 253 Abs. 2 BGB. Diese Vorschrift gewährt – abweichend von der bisherigen Rechtslage – bei Verletzung bestimmter Rechtsgüter (**Körper, Gesundheit, Freiheit und sexuelle Selbstbestimmung**) – nun unabhängig von der Rechtsgrundlage des Schadensersatzanspruchs[25] – einen Geldausgleich für den Nichtvermögensschaden. Insbesondere im Bereich der Gefährdungshaftung und des Vertragsrechts (vgl. Rn. 16) ist damit seit 01.08.2002 der immaterielle Schaden ersatzfähig.

---

[15] *Kreft* in: BGB-RGRK, 12. Aufl. 1989, § 847 Rn. 25; *Zeuner* in: Soergel, 12. Aufl. 1999, § 847 Rn. 24.
[16] So treffend *Schiemann* in: Staudinger, § 253 Rn. 19.
[17] OLG Koblenz v. 18.06.1998 - 5 U 1554/97 - juris Rn. 9 - NJW-RR 1999, 1402-1403; *Oetker* in: Münch-Komm-BGB, § 253 Rn. 9.
[18] BGH v. 14.12.1953 - III ZR 183/52 - BGHZ 11, 227-231.
[19] RG - VI 186/14 - SeuffArch 70 Nr. 15; OLG München v. 24.09.2010 - 10 U 2671/10 - juris Rn. 23.
[20] RG v. 05.01.1920 - VI 319/19 - Recht 1920 Nr. 3383: passionierter Jäger wird verletzungsbedingt an der Jagdausübung gehindert; OLG Hamm v. 05.02.1998 - 27 U 161/97 - NJW 1998, 2292-2293: Verletzter kann nicht an Autorennen teilnehmen.
[21] RG v. 12.01.1933 - VI 306/32 - JW 1933, 830 f.; BGH v. 06.07.1955 - GSZ 1/55 - juris Rn. 4 - BGHZ 18, 149-168; *Kreft* in: BGB-RGRK, 12. Aufl. 1989, § 847 Rn. 25.
[22] *Schiemann* in: Staudinger, § 253 Rn. 14. Z.B. selbst hergestelltes, aber ansonsten wenig wertvolles Modellboot: BGH v. 10.07.1984 - VI ZR 262/82 - juris Rn. 16 - BGHZ 92, 85-93.
[23] *Deutsch*, JR 1969, 198-204, 198.
[24] *Schiemann* in: Staudinger, § 253 Rn. 15.
[25] BT-Drs. 14/7752, S. 14.

§ 253

10 Eine weitere gesetzliche Ausnahme bildet § 651f Abs. 2 BGB, der für **nutzlos aufgewendete Urlaubszeit** ausnahmsweise eine Entschädigung in Geld vorsieht (vgl. dazu die Kommentierung zu § 651f BGB).[26]

11 Auch der in § 15 Abs. 2 Satz 1 AGG besonders geregelte Schadensersatz bei **Verstößen des Arbeitgebers gegen das Benachteiligungsverbot gemäß § 7 AGG** stellt eine Ausnahme zu § 253 Abs. 1 BGB dar.

12 Weitere Ausnahmen finden sich z.B. in § 7 BDSG,[27] §§ 43, 45 BEG, § 20 BesatzSchG, § 52 Abs. 2 BPolG, Art. 5 Abs. 5 EMRK[28], § 40 Abs. 3 SeemG, § 7 Abs. 3 StrEG, § 97 Abs. 2 UrhG. § 12 Abs. 2 Satz 1 PflVG sieht bei Fahrerflucht einen Schmerzensgeldanspruch gegen den „Entschädigungsfonds für Schäden aus Kraftfahrzeugunfällen" vor, wenn dies wegen der besonderen Schwere der Verletzung zur Vermeidung einer groben Unbilligkeit erforderlich ist. Erleidet ein Verfahrensbeteiligter infolge unangemessener Dauer eines Gerichtsverfahrens einen Nachteil, so wird er nach § 198 Abs. 1 Satz 1 GVG angemessen entschädigt. Das Vorliegen eines immateriellen Nachteils wird nach § 198 Abs. 2 Satz 1 GVG hierbei vermutet.[29]

13 Wegen der weiten Neufassung von § 253 Abs. 2 BGB haben § 87 Satz 2 AMG, § 29 Abs. 2 AtG, § 32 Abs. 5 Satz 2 GenTG, § 6 Satz 2 HaftPflG, § 36 Satz 2 LuftVG, § 8 Satz 2 ProdHaftG, § 11 Satz 2 StVG, § 13 Satz 2 UmweltHG lediglich klarstellenden Charakter.

b. Richterrechtlich entwickelte Erweiterung

14 Durch die ständige Rechtsprechung wird – aufgrund richterrechtlicher Rechtsfortbildung, die mittlerweile zu Gewohnheitsrecht erstarkt ist[30] – inzwischen mit ausdrücklicher Billigung des Gesetzgebers[31] auch bei einer schweren **Verletzung des Allgemeinen Persönlichkeitsrechts** ein Schmerzensgeldanspruch gewährt (vgl. dazu im Einzelnen Rn. 39).

c. Parteivereinbarungen

15 Die bisher anerkannte Möglichkeit, § 253 BGB a.F. durch **Parteivereinbarung** abzubedingen,[32] dürfte durch die für den Bereich des Vertragsrechts gesetzlich angeordnete Ausnahme in Absatz 2 keine Bedeutung mehr haben.

B. Kommentierung zu Absatz 2

I. Grundlagen

1. Entstehungsgeschichte

16 § 253 Abs. 2 BGB wurde durch das Zweite Gesetz zur Änderung schadensersatzrechtlicher Vorschriften[33] neu in das BGB aufgenommen. Der bisherige Wortlaut der Vorschrift wurde als Absatz 1 vorangestellt. Absatz 2 ersetzt § 847 BGB a.F., der früher den Geldersatz für immaterielle Schäden regelte, fasst den Anwendungsbereich allerdings erheblich weiter: Das Gesetz sieht seitdem sowohl **bei der Vertragshaftung** als auch **bei der Gefährdungshaftung** einen **Ersatz immaterieller Schäden** vor, während diese Bereiche zuvor nicht mitumfasst waren. Gem. Art. 229 § 8 Abs. 1 EGBGB gilt die Neuregelung für alle Schadensereignisse, die sich **nach dem 31.07.2002** ereignet haben.

---

[26] Zum Streit um die rechtliche Einordnung als Ausnahme zu § 253 Abs. 1 BGB vgl. nur *Schiemann* in: Staudinger, § 253 Rn. 5.

[27] *Niedermeier/Schröcker*, RDV 2002, 217-224.

[28] BGH v. 29.04.1993 - III ZR 3/92 - juris Rn. 43 - BGHZ 122, 268-282.

[29] Das Gesetz über den Rechtsschutz bei überlangen Gerichtsverfahren und strafrechtlichen Ermittlungsverfahren (BGBl I 2011, 2302) trat am 03.12.2011 in Kraft, nachdem der EGMR v. 08.06.2006 - 75529/01 - NJW 2006, 2389-2394 Sürmeli/Deutschland bei überlanger Verfahrensdauer, ohne dass hiergegen ein nationaler Rechtsbehelf zur Verfügung steht, sowohl einen Verstoß gegen Art. 6 Abs. 1 EMRK als auch gegen Art. 13 EMRK festgestellt hat. Vgl. dazu *Althammer/Schäuble*, NJW 2012, 1-7.

[30] *Grüneberg* in: Palandt, § 253 Rn. 10; *Schiemann* in: Staudinger, § 253 Rn. 56 ff.

[31] BT-Drs. 14/7752, S. 24 f.

[32] BGH v. 12.07.1955 - V ZR 209/54 - LM Nr. 18 zu § 134 BGB; BGH v. 11.01.1983 - VI ZR 222/80 - juris Rn. 14 - BGHZ 86, 212-217; BGH v. 09.07.1986 - GSZ 1/86 - juris Rn. 39 - BGHZ 98, 212-226.

[33] Dazu ausführlich *Wagner*, Das neue Schadensersatzrecht, 2002.

Der Gesetzgeber hat damit einer über lange Jahre hinweg immer wieder neu vorgetragenen Forderung[34] nach einem **einheitlichen Schmerzensgeldanspruch** aufgegriffen. Mit dieser Forderung sollte sowohl die vielfach als ungerecht empfundene Schlechterstellung von Geschädigten, die sich nur auf einen Gefährdungshaftungsanspruch berufen können, beseitigt, als auch eine Vereinfachung eines Großteils der Schadensersatzprozesse ermöglicht werden. Nunmehr kann der oftmals schwierige Verschuldensnachweis unterbleiben, ohne dass auf Schmerzensgeld verzichtet werden muss.[35] Die Neuregelung trägt dem Grundsatz vollständigen Schadensausgleichs Rechnung und stellt damit den Opferschutz stärker in den Mittelpunkt.[36] Außerdem leistet sie einen Beitrag zur europäischen Rechtsvereinheitlichung, da eine Differenzierung beseitigt wird, die den europäischen Nachbarrechtsordnungen so nicht bekannt war.[37]

17

Ferner sah der Reformentwurf die Einführung einer **Bagatellklausel** vor, nach der nur solche Schäden ersetzt werden sollten, die vorsätzlich herbeigeführt wurden oder die ihrer Art und Dauer nach nicht unerheblich sind. Diese Einschränkung wurde aber auf Empfehlung des Rechtsausschusses wieder **aus dem Entwurf gestrichen**.[38] Damit soll es weiterhin der Rechtsprechung überlassen bleiben, bei Bagatellfällen (vgl. Rn. 96) die gewährten Summen zu reduzieren oder aber ein Schmerzensgeld ganz zu versagen.[39]

18

Hinsichtlich der geschützten Rechtsgüter ergibt sich durch die Neuregelung keine Änderung, wenn man von der – schon mit Blick auf Art. 3 GG gebotenen – geschlechtsneutralen Formulierung der sexuellen Selbstbestimmung absieht.[40]

19

Ursprünglich war § 847 Abs. 1 Satz 2 BGB a.F. als weder übertragbarer noch vor Rechtshängigkeit oder Anerkenntnis vererblicher Anspruch ausgestaltet. Diese Einschränkung, die die Angehörigen Schwerstverletzter häufig zu einem unwürdigen Wettlauf mit dem Tod zwang,[41] wurde bereits durch das Gesetz zur Änderung des Bürgerlichen Gesetzbuchs und anderer Gesetze vom 14.03.1990[42] zum 01.07.1990 aufgehoben, so dass der Schmerzensgeldanspruch heute nach den allgemeinen Regeln übertragbar und vererbbar ist.

20

Zur restriktiven Haltung bei Entstehung des BGB gegenüber dem Geldersatz für immaterielle Schäden vgl. Rn. 2.

21

2. Systematische Stellung

Als bedeutendste Ausnahmeregelung zum Grundsatz aus § 253 Abs. 1 BGB ist der Anspruch auf Ersatz immateriellen Schadens gem. § 253 Abs. 2 BGB konsequent als Regelung zum Umfang des Schadensersatzanspruchs in die Vorschriften zum allgemeinen Schadensrecht vorgezogen worden. Die ganz h.M. ordnete hingegen die frühere Regelung des § 847 BGB a.F. („Schmerzensgeld") trotz ihres Ausnahmecharakters zu § 253 BGB a.F. als eigene Anspruchsgrundlage und nicht nur als Rechnungsposten des Gesamtschadens ein.[43] Daher war der Übergang von der Klage auf Schmerzensgeld zur Klage auf Ersatz des Vermögensschadens eine Klageänderung.[44] Die Geltendmachung eines der beiden Ansprüche hemmte nicht die Verjährung des anderen.[45]

22

---

[34] *Kötz*, Deutscher Verkehrsgerichtstag 20, 139-147; *Küppersbusch*, Deutscher Verkehrsgerichtstag 20, 153-171; *Caemmerer*, Reform der Gefährdungshaftung, 1971, S. 22 f.; *Müller*, ZRP 1998, 258-261, 260 f.; *Müller*, PHI 2001, 119-124, 120; *Dietz* in: Vieweg, Spektrum des Technikrechts, 2002, S. 41, 52 ff. Vgl. auch BT-Drs. 14/7752, S. 14 f.

[35] Der Vereinfachungseffekt darf aber nicht überschätzt werden, da häufig das Verschulden auf der Hand liegt oder aber wegen eines evtl. Mitverschuldens ohnehin ermittelt werden muss. Vgl. dazu: *Freise*, VersR 2001, 539-547, 544; *Kötz* in: *Kötz*, Festschrift für Ernst von Caemmerer 1998, 389-409, 396 f.; *Küppersbusch*, VersR 1982, 618-624, 620; *Sieg*, VersR 1975, 869-871, 870.

[36] BT-Drs. 14/7752, S. 14.

[37] *Bollweg*, ZfSch Sonderheft 2002, 1-6, 2 m.w.N.; *Coester-Waltjen*, Jura 2001, 133-136, 133.

[38] Vgl. dazu BT-Drs. 14/8780, S. 35.

[39] So auch *Wagner*, Das neue Schadensersatzrecht, 2002, Rn. 39.

[40] So auch *Rauscher*, Jura 2002, 577-584, 579.

[41] BT-Drs. 11/4415, S. 1 und 4.

[42] BGBl I 1990, 478.

[43] *Zeuner* in: Soergel, 12. Aufl. 1999, § 847 Rn. 17; *Kreft* in: BGB-RGRK, 12. Aufl. 1989, § 847 Rn. 19.

[44] RG v. 01.11.1935 - VI 453/34 - RGZ 149, 157-167; RG v. 24.09.1942 - III 22/42 - RGZ 170, 37-40; *Kreft* in: BGB-RGRK, 12. Aufl. 1989, § 847 Rn. 19; *Zeuner* in: Soergel, 12. Aufl. 1999, § 847 Rn. 17.

[45] RG, RG Warn 1927 Nr. 153, S. 268; *Kreft* in: BGB-RGRK, 12. Aufl. 1989, § 847 Rn. 19; *Zeuner* in: Soergel, 12. Aufl. 1999, § 847 Rn. 17.

23 In der neuen systematischen Einordnung durch den Gesetzgeber ist eine Abkehr von der früheren Einordnung als eigene Anspruchsgrundlage hin zu einer reinen Regelung über den Schadensumfang zu erkennen. Zwar sprechen auch die Gesetzesmaterialien zum Zweiten Schadensrechtsänderungsgesetz vom „Anspruch" auf Ersatz immateriellen Schadens.[46] Allerdings ergeben sich keine Anhaltspunkte, dass damit eine Qualifizierung der Vorschrift als eigener Anspruch gemeint sein soll. Vielmehr ist davon auszugehen, dass sich die Materialien den allgemeinen Sprachgebrauch vom Schmerzensgeldanspruch zu eigen machen. § 253 Abs. 2 BGB ist daher eine **Vorschrift des Schadensrechts, die ausschließlich den Umfang des Schadensersatzes regelt und keinen eigenen Anspruch darstellt.**[47] In prozessualer Hinsicht bilden materielle und immaterielle Schadensposten grundsätzlich einen einheitlichen Streitgegenstand (vgl. Rn. 110), so dass bei einem Übergang der Klage von dem einen zum anderen Schadensposten eine Klageänderung nur noch bei Vortrag eines neuen Lebenssachverhalts anzunehmen ist. Die Geltendmachung eines der beiden Schadensposten bewirkt auch für den anderen die Hemmung der Verjährung gem. § 204 Abs. 1 Nr. 1 BGB, da ein einheitlicher Schadensersatzanspruch geltend gemacht wird.[48]

24 Zu weiteren Ausnahmen zu § 253 Abs. 1 BGB vgl. Rn. 9 ff.

II. Praktische Bedeutung

1. Wesen

25 Schon das Reichsgericht stellte klar, dass es sich beim Anspruch auf Schmerzensgeld nicht um eine **Privatstrafe**, sondern um einen zivilrechtlichen **Ersatzanspruch** wegen widerrechtlich erlittener Schmerzen handelt.[49] Dieser Einordnung folgt auch der BGH, da der historische Gesetzgeber nicht von einem Strafcharakter ausging, der Wortlaut der Vorschrift einen solchen nicht nahe legt und die bisherige systematische Stellung bei den Schadensersatzansprüchen und die primäre Funktion des Ausgleichs (vgl. Rn. 27) gegen einen Strafcharakter sprechen.[50]

2. Funktion

26 Der BGH und die heute ganz h.M. gehen hinsichtlich der Funktion des Schmerzensgeldes von einer **Doppelfunktion** aus: Der Schmerzensgeldanspruch dient dem Opfer sowohl zum Ausgleich der erlittenen Unbill als auch seiner Genugtuung.[51] Dennoch handelt es sich um einen **einheitlichen Anspruch**, der nicht in einen Ausgleichs- und einen Genugtuungsanspruch aufgespaltet werden kann.[52]

27 Dabei steht die **Ausgleichsfunktion im Vordergrund**. Der Schädiger soll durch Zahlung des Schmerzensgeldes dem Geschädigten in erster Linie Ausgleich für die erlittene immaterielle Beeinträchtigung leisten.[53] Zeitweise wurde vertreten, dass bei einer Verletzung, die dem Geschädigten die Wahrnehmung seiner Beeinträchtigung raubt, der Ausgleichsgedanke zurücktritt. Daher sei ein lediglich symbolisches Schmerzensgeld angemessen, wenn das Befinden des Geschädigten durch Zahlung eines

---

[46] BT-Drs. 14/7752, S. 25.
[47] So auch *Oetker* in: MünchKomm-BGB, § 253 Rn. 15; *Rauscher*, Jura 2002, 577-584, 579; *Ebers/Schulze*, JuS 2004, 366-371, 367.
[48] *Spindler* in: Bamberger/Roth, § 253 Rn. 76.
[49] RG v. 17.11.1882 - III 321/82 - RGZ 8, 117-119.
[50] BGH v. 29.09.1952 - III ZR 340/51 - juris Rn. 5 - BGHZ 7, 223-231; BGH v. 06.07.1955 - GSZ 1/55 - juris Rn. 15 - BGHZ 18, 149-168.
[51] BGH v. 06.07.1955 - GSZ 1/55 - juris Rn. 14 - BGHZ 18, 149-168; BGH v. 27.05.1981 - IVb ZR 577/80 - juris Rn. 6 - BGHZ 80, 384-389; BGH v. 22.06.1982 - VI ZR 247/80 - juris Rn. 9 - LM Nr. 67 zu § 847 BGB; BGH v. 29.11.1994 - VI ZR 93/94 - juris Rn. 13 - BGHZ 128, 117-124; *Ebert* in: Erman, § 253 Rn. 17; *Larenz/Canaris*, Schuldrecht, Band II/2: Besonderer Teil, 13. Aufl. 1994, § 83 III 2; krit. *Esser/Weyers*, Schuldrecht BT, Teilband 2, 8. Aufl. 2000, § 61 II; ebenfalls krit., aber im Ergebnis zustimmend *Stein* in: MünchKomm-BGB, 3. Aufl. 1997, § 847 Rn. 4, die die Doppelfunktion als „rhetorischen Formelkompromiss" bezeichnet; ablehnend *Rixecker* in: MünchKomm-BGB, § 12 Anh. Rn. 238 ff.; ebenfalls ablehnend *Jaeger*, VersR 2002, 719-720, 719.
[52] BGH v. 06.12.1960 - VI ZR 73/60 - VersR 1961, 164; BGH v. 29.11.1994 - VI ZR 93/94 - juris Rn. 16 - BGHZ 128, 117-124.
[53] BGH v. 06.07.1955 - GSZ 1/55 - juris Rn. 15 - BGHZ 18, 149-168.

Schmerzensgeldes nicht mehr positiv gefördert werden könne.[54] Diese Ansicht ist mit der neueren Rechtsprechung abzulehnen und als eigene Fallgruppe (vgl. Rn. 93) gesondert zu behandeln.[55]

Daneben soll der Anspruch dem Geschädigten auch zur Genugtuung dienen. Diese **Genugtuungsfunktion** geht vor allem auf die rechtsgeschichtliche Entwicklung des Anspruchs zurück, der sich aus dem Strafrecht und den Vorschriften über die Buße entwickelt hat.[56] Daraus folgt, dass bei der Schadensbemessung nicht lediglich Umstände, die sich aus der Person des Verletzten ergeben, sondern auch solche, die in der Person des Schädigers ihren Ursprung haben, zu berücksichtigen sind.[57] Bei schweren Verletzungen des Allgemeinen Persönlichkeitsrechts (vgl. Rn. 39) – nur solche verlangen eine Genugtuung – steht regelmäßig die Genugtuungsfunktion im Vordergrund, da eine wertmäßige Bezifferung des immateriellen Schadens in diesen Fällen besonders schwierig ist.[58] Allerdings kann die Genugtuungsfunktion bei geringem Verschulden und bei enger familiärer Beziehung entfallen.[59] Dennoch kann auch zwischen Ehegatten ein Anspruch auf Ersatz immateriellen Schadens bestehen.[60]

28

Der Gedanke der Genugtuungsfunktion ist in weiten Teilen der Literatur auf **erhebliche Kritik** gestoßen: Dabei wird vor allem kritisiert, dass dieser Gedanke den Schmerzensgeldanspruch in die Nähe einer Privatstrafe rücke, obwohl der Strafgedanke dem Zivilrecht fremd sei. Außerdem diene das Konzept der Genugtuungsfunktion nur dazu, Billigkeitserwägungen in ein Argumentationsmuster zu hüllen. Dabei sei „Genugtuung" aus dem Schweizerischen Obligationenrecht fälschlicherweise übernommen worden, obwohl der Begriff dort nur als Synonym für „Ausgleich" verwendet werde. Die Ermittlung eines angemessenen Schmerzensgeldes sei auch ohne Rückgriff auf eine Genugtuungsfunktion unter dem Gesichtspunkt der Billigkeit möglich.[61] Nicht zuletzt die Einführung eines Schmerzensgeldanspruchs auch für Ansprüche aus Gefährdungshaftung hat der Forderung, auf die Genugtuungsfunktion gänzlich zu verzichten, erneut Vorschub geleistet (vgl. dazu näher Rn. 82).

29

III. Anwendungsvoraussetzungen

1. Normstruktur

Anders als § 847 BGB a.F., der eine unerlaubte Handlung voraussetzte und damit vertragliche Ansprüche und beinahe alle Fälle der Gefährdungshaftung ausschloss, bezieht sich § 253 Abs. 2 BGB unabhängig vom Rechtsgrund auf alle Schadensersatzansprüche, soweit die Verletzung eines der genannten Rechtsgüter vorliegt. Damit ist seit 01.08.2002 vor allem bei der vertraglichen Haftung und der Gefährdungshaftung ein Schmerzensgeldanspruch möglich.[62] Für andere Ansprüche als Schadensersatzansprüche, wie z.B. den Ausgleichsanspruch nach § 906 Abs. 2 Satz 2 BGB, sieht § 253 Abs. 2 BGB kein Schmerzensgeld vor.[63] Da die Vorschrift am Erfordernis der Rechtsgutverletzung festhält, gibt es auch

30

---

[54] BGH v. 19.09.1967 - VI ZR 82/66 - LM Nr. 32 zu § 847 BGB; BGH v. 16.12.1975 - VI ZR 175/74 - NJW 1976, 1147-1149; BGH v. 22.06.1982 - VI ZR 247/80 - juris Rn. 12 - LM Nr. 67 zu § 847 BGB; BGH v. 02.07.1985 - VI ZR 68/84 - juris Rn. 20 - VersR 1985, 965.

[55] BGH v. 13.10.1992 - VI ZR 201/91 - juris Rn. 28 - BGHZ 120, 1-9; BGH v. 16.02.1993 - VI ZR 29/92 - juris Rn. 12 - LM BGB § 847 Nr. 90 (7/1993).

[56] BGH v. 06.07.1955 - GSZ 1/55 - juris Rn. 16 - BGHZ 18, 149-168.

[57] BGH v. 06.07.1955 - GSZ 1/55 - juris Rn. 18 - BGHZ 18, 149-168.

[58] BGH v. 19.09.1961 - VI ZR 259/60 - juris Rn. 12 - BGHZ 35, 363-370 - Ginsengwurzel; BGH v. 26.11.1996 - VI ZR 323/95 - juris Rn. 57 - LM GrundG Art 5 Nr. 90 (6/1997); *Brüggemeier*, Haftungsrecht, 2006, S. 583. Allerdings erkennt die Rechtsprechung neuerdings auch eine materielle Komponente des allgemeinen Persönlichkeitsrechts an, bei der diese Schwierigkeiten nicht bestehen und bei der folglich der Ausgleichsgedanke im Vordergrund steht: BGH v. 01.12.1999 - I ZR 49/97 - juris Rn. 50 - BGHZ 143, 214-232 - Marlene Dietrich.

[59] OLG Schleswig v. 09.01.1991 - 9 U 40/89 - VRS 81, 414-417, 1991.

[60] BGH v. 18.06.1973 - III ZR 207/71 - juris Rn. 15 - BGHZ 61, 101-112, wobei allerdings die familienrechtliche Beziehung bei der Höhe zu berücksichtigen ist; krit. *Stein* in: MünchKomm-BGB, 3. Aufl. 1997, § 847 Rn. 44, weil bei fehlender Haftpflichtversicherung des Schädigers die familienrechtliche Beziehung belastet werden oder aber eine Minderung des angemessenen Familienunterhaltes die Folge sein könnte.

[61] *Esser/Weyers*, Schuldrecht BT, 8. Aufl. 2000, Bd. 2, Teilband 2, § 61 II; *Rixecker* in: MünchKomm-BGB, § 12 Anh. Rn. 238 f.; *Lorenz*, Immaterieller Schaden und billige Entschädigung in Geld, 1981, S. 36 ff.; *Bötticher*, MDR 1963, 353-360; *Honsell*, VersR 1974, 205-207; *Hupfer*, JZ 1977, 781-785; *Kern*, AcP 191, 247-272; *Kötz*, Festschrift für Ernst von Caemmerer 1998, 389-409, 389 ff.; *Müller*, VersR 1993, 909-916; *Nehlsen-v. Stryk*, JZ 1987, 119-127. Krit. auch *Diederichsen*, VersR 2005, 433-442, 435.

[62] BT-Drs. 14/7752, S. 24; *Müller*, ZGS 2010, 538-541, 539.

[63] BGH v. 23.07.2010 - V ZR 142/09 - ZGS 2010, 438-439; dazu *Schulte-Nölke*, ZGS 2010, 433 und *Müller*, ZGS 2010, 538-541.

§ 253

seit dem 01.08.2002 selbst im vertraglichen Schadensrecht keinen umfassenden Schutz vor Nichtvermögensschäden.[64] Diese Regelung ist als **Ausnahmevorschrift** eng zu interpretieren, sodass der Aufzählung der geschützten Rechtsgüter abschließender Charakter zukommt. Vgl. aber zur Behandlung schwerer Persönlichkeitsrechtsverletzungen Rn. 39.

31 Regelungen des Sozialrechts und des öffentlichen Versorgungsrechts schränken den Anspruch auf Schmerzensgeld teilweise ein:

- So erstreckt sich z.B. der in den §§ 104-109 SGB VII (früher §§ 636, 637 RVO, zuvor §§ 898, 899 RVO) geregelte **Haftungsausschluss bei Arbeitsunfällen** nach ständiger Rechtsprechung auch auf den Schmerzensgeldanspruch, obwohl die gesetzliche Unfallversicherung diesbezüglich keine Leistung vorsieht.[65] Dieser Ausschluss verstößt nach der Grundsatzentscheidung des BVerfG aus dem Jahre 1972 nicht gegen das Grundgesetz.[66]
- Gleiches gilt für § 46 BeamtVG und § 91a SoldatVG.

2. Rechtsgutsverletzung: Verletzung des Körpers, der Gesundheit, der Freiheit oder der sexuellen Selbstbestimmung

32 Voraussetzung des Anspruchs auf Ersatz immaterieller Schäden ist gem. § 253 Abs. 2 BGB die Verletzung eines der genannten Rechtsgüter.

a. Überblick

33 Der Begriff der Rechtsgutsverletzung ist grundsätzlich genauso zu verstehen wie bei § 823 Abs. 1 BGB (vgl. die Kommentierung zu § 823 BGB Rn. 1 ff.).[67] Zu den geschützten Rechtsgütern zählen **der Körper, die Gesundheit, die Freiheit und die sexuelle Selbstbestimmung**.[68] Nicht darunter fällt die sofortige Tötung (vgl. Rn. 95), da bei ihr keine Körper- oder Gesundheitsverletzung im engeren Sinn vorliegt.[69] Anders verhält es sich in Fällen des alsbaldigen Todeseintritts (vgl. Rn. 95).[70]

b. Einzelfälle

34 Typische Fälle einer **Körperverletzung** sind der Bruch von Gliedmaßen, Prellungen oder Platzwunden nach Unfällen oder körperlicher Einwirkung von außen. Einen besonderen Fall der Körperverletzung sah der BGH in der versehentlichen Vernichtung einer **Sperma-Kryokonserve**, die die Möglichkeit eigener Nachkommen nach einer durch eine Operation verursachten Unfruchtbarkeit erhalten sollte. Begründet wurde die Gewährung des Ersatzes immateriellen Schadens damit, dass die vollständige Abtrennung der Spermaspende vom Körper – anders als im Regelfall – nicht die Sacheigenschaft des Spermas begründete (vgl. dazu näher die Kommentierung zu § 90 BGB Rn. 14), da die Spende wie zur Reimplantation bestimmte Körperbestandteile und damit als Teil des Körpers zu behandeln sei.[71] Diese Entscheidung wurde von der Literatur zwar im Ergebnis gebilligt, in der Argumentation jedoch zu Recht kritisiert: Der Ersatz des immateriellen Schadens sollte besser an eine Verletzung des Allgemeinen Persönlichkeitsrechts anknüpfen, so dass der Verletzte unter den hierfür geltenden, engeren

---

[64] *Wagner*, NJW 2002, 2049-2064, 2055.

[65] RG, DR 1944, 779; BGH v. 25.10.1951 - III ZR 165/50 - juris Rn. 8 - BGHZ 3, 298-307; BGH v. 24.10.1960 - III ZR 142/59 - juris Rn. 11 - BGHZ 33, 339-353; *Wellner* in: Geigel, Der Haftpflichtprozess, 26. Aufl. 2011, Kap. 31 Rn. 17 und *Plagemann* in: Geigel, Der Haftpflichtprozess, 26. Aufl. 2011, Kap. 30 Rn. 17.

[66] BVerfG v. 07.11.1972 - 1 BvL 4/71, 1 BvL 17/71, 1 BvL 10/72, 1 BvR 355/71- juris Rn. 32 - NJW 1973, 502-505; BVerfG v. 08.02.1995 - 1 BvR 753/94 - juris Rn. 4 - NJW 1995, 1607-1608 (Nichtannahmebeschluss). Zur Berücksichtigungsfähigkeit „fiktiven Schmerzensgeldes" im Rahmen des Regresses des Sozialversicherungsträgers nach § 110 SGB VII: *Küppersbusch*, NZV 2005, 393-398, 395, der in Anlehnung an § 116 SGB X die sachliche und zeitliche Kongruenz zum zivilrechtlichen Schadensersatz für erforderlich hält. Ablehnend: OLG Köln v. 30.05.2005 - 21 U 22/04 - RuS 2005, 305-307; *Lehmacher*, NZV 2006, 63-66, 66. Gegen die Aufrechterhaltung der Entscheidung des BVerfG aufgrund rechtlicher und tatsächlicher Änderungen: *Fuhlrott*, NZS 2007, 237-242. Nach BGH v. 04.06.2009 - III ZR 229/07 - MDR 2009, 924-925 ist der Ausschluss eines Schmerzensgeldanspruchs nach § 104 Abs. 1 Satz 1 SGB VII mit Art. 3 Abs. 1 GG auch im Verhältnis eines Kindergartenkindes zum Sachkostenträger der Kindertageseinrichtung vereinbar.

[67] Ausführlich dazu *Hager* in: Staudinger, § 823 Rn. B 5 ff. und B 53 ff.

[68] Hierzu *Jaeger*, VersR 2003, 1372-1376.

[69] BGH v. 12.05.1998 - VI ZR 182/97 - juris Rn. 19 - BGHZ 138, 388-394; KG Berlin v. 11.07.1996 - 12 U 3625/95 - KGR Berlin 1996, 210-211.

[70] *Jaeger*, MDR 1998, 450-453.

[71] BGH v. 09.11.1993 - VI ZR 62/93 - juris Rn. 14 - BGHZ 124, 52-57.

Voraussetzungen (vgl. dazu Rn. 39) Schmerzensgeld verlangen könnte.[72] Zutreffend wurde deshalb bei fehlender Aufklärung über die Möglichkeit der Erhaltung der externen Zeugungsfähigkeit durch die Abgabe einer Samenspende vor einer Behandlung, die die Zeugungsunfähigkeit des Patienten zur Folge haben kann, dem Geschädigten nach Eintritt der Zeugungsunfähigkeit ein Schmerzensgeld zugebilligt.[73] Ein gelegentlich einer Blutentnahme **heimlich durchgeführter HIV-Antikörper-Test** ist hingegen keine Körperverletzung, wenn der Patient zuvor in die Blutentnahme wirksam eingewilligt hat. Die Durchführung des Tests stellt aber eine Beeinträchtigung des Rechts auf informationelle Selbstbestimmung des Patienten und damit des Allgemeinen Persönlichkeitsrechts dar.[74] Ein Anspruch auf Schmerzensgeld besteht ferner dann, wenn die ärztliche Mitteilung einer vermeintlichen HIV-Infektion auf Grund einer Verwechslung der Blutproben beim Patienten zu physischen und psychischen Belastungen führt.[75]

Gesundheitsverletzungen sind z.B. die **Ansteckung mit einer Krankheit**, sofern der Vorgang nicht als sozialadäquat anzusehen ist (z.B. Schnupfeninfektion).[76] Bei einer Infektion mit dem HI-Virus reicht die bloße Infektion; es muss noch nicht zum Ausbruch der Krankheit gekommen sein.[77] Auch ein **psychischer Schaden** – etwa eine posttraumatische Belastungsstörung – kann einen Schmerzensgeldanspruch begründen, sofern ihm ein eigenständiger Krankheitswert zukommt.[78] Die bloße Beeinträchtigung der Befindlichkeit genügt allerdings ebenso wenig, wie wenn das haftungsbegründende Ereignis eine Bagatelle ist. Hierunter fallen etwa Verkehrsunfälle mit nur geringen Blechschäden oder solche mit unfallbedingten äußerst geringen Geschwindigkeitsänderungen. Eine psychische Reaktion mit Krankheitswert stünde zu einem solchen Unfallereignis in einem groben Missverhältnis, es sei denn, der Unfall trifft auf eine spezielle Schadensanlage des Geschädigten.[79] 35

Typische Fälle der **Verletzung der Freiheit** sind das Einsperren in umschlossene Räume, aber auch die Veranlassung widerrechtlicher behördlicher Freiheitsentziehungen[80] oder medizinisch nicht indizierter Fixierungen von Patienten[81]. 36

Eine Verletzung der **sexuellen Selbstbestimmung** liegt in den Fällen des § 825 BGB[82] sowie dann vor, wenn beim Opfer einer Straftat i.S.d. §§ 174 ff. StGB ein immaterieller Schaden eingetreten ist[83]. Der Begriff der sexuellen Selbstbestimmung ist geschlechts- und altersspezifisch neutral, so dass Frauen, Männer, Jugendliche und Kinder anspruchsberechtigt sein können. Die durch einen **sexuellen Missbrauch** zugefügte Einbuße an personaler Würde stellt bereits als solche einen auszugleichenden immateriellen Schaden dar.[84] Dies gilt auch dann, wenn die betroffene Person wegen einer erheblichen geistigen Behinderung die Verletzung ihres Rechts auf sexuelle Selbstbestimmung verstandesmäßig nicht erfassen und aus dem Erhalt eines Schmerzensgeldes keine Genugtuung empfinden kann.[85] 37

Zunehmende praktische Bedeutung hat das sog. **Mobbing** erlangt.[86] Darunter versteht das BAG das systematische Anfeinden, Schikanieren oder Diskriminieren von Arbeitnehmern untereinander oder 38

---

[72] *Zeuner* in: Soergel, 12. Aufl. 1999, § 847 Rn. 17; *Laufs/Reiling*, NJW 1994, 775-776; *Rohe*, JZ 1994, 465-468, 468; *Taupitz*, NJW 1995, 745-752; ausführlich *Müller*, Die kommerzielle Nutzung menschlicher Körpersubstanzen, 1997, S. 32 ff.
[73] OLG Frankfurt v. 26.04.2002 - 25 U 120/01 - OLGR Frankfurt 2002, 183-189.
[74] LG Köln v. 08.02.1995 - 25 O 308/92 - NJW 1995, 1621-1622; *Meister*, KH 1999, 82-90; zweifelnd *Michel*, NJW 1988, 2271-2277.
[75] AG Köln v. 19.11.2008 - 141 C 3/08 - juris Rn. 17 ff.
[76] *Spickhoff* in: Soergel, 13. Aufl. 2005, § 823 Rn. 42; *Wagner* in: MünchKomm-BGB, § 823 Rn. 73 f.; *Hager* in: Staudinger, § 823 Rn. B 24 ff. m.w.N.
[77] BGH v. 30.04.1991 - VI ZR 178/90 - juris Rn. 28 - BGHZ 114, 284-298.
[78] OLG Schleswig v. 15.01.2009 - 7 U 76/07 - NJW-RR 2009, 1325-1326; *Eilers*, ZfSch 2009, 248-253, 249.
[79] Vgl. *Eilers*, ZfSch 2009, 248-253, 249.
[80] BVerfG v. 11.11.2009 - 1 BvR 2853/08 - NJW 2010, 433-435; BGH v. 29.04.1993 - III ZR 3/92 - juris Rn. 22 - BGHZ 122, 268-282. Vgl. auch KG Berlin v. 17.01.2005 - 12 U 312/03 - NJW 2005, 1284-1285: Schmerzensgeldanspruch gegen den Verteidiger wegen durch diesen mitverschuldeter Inhaftierung des Mandanten.
[81] OLG Schleswig v. 01.11.1990 - 2 W 90/90 - SchlHA 1991, 110-111.
[82] *Schiemann* in: Staudinger, § 253 Rn. 22.
[83] *Schiemann* in: Staudinger, § 253 Rn. 22; *Oetker* in: MünchKomm-BGB, § 253 Rn. 25.
[84] Zur Bemessung der Höhe des Schmerzensgelds vgl. BGH v. 16.01.1996 - VI ZR 109/95 - juris Rn. 8; OLG Naumburg v. 21.03.2000 - 9 U 165/99 - juris Rn. 6.
[85] OLG Hamm v. 27.05.2008 - 9 W 11/08 - NJW-RR 2009, 959-960.
[86] Ein Rechtsprechungsüberblick findet sich bei *Brams*, ZfSch 2009, 546-551.

durch Vorgesetzte.[87] Das Mobbing kennt viele Varianten. Daher hat die landesarbeitsgerichtliche Rechtsprechung die Definition des BAG weiterentwickelt: Demnach werden auch fortgesetzte, aufeinander aufbauende und ineinander übergreifende, der Anfeindung, Schikane oder Diskriminierung dienende Verhaltensweisen erfasst, die nach ihrer Art und ihrem Ablauf im Regelfall einer übergeordneten, von der Rechtsordnung nicht gedeckten Zielsetzung förderlich sind und in ihrer Gesamtheit das Allgemeine Persönlichkeitsrecht, die Ehre oder Gesundheit des Betroffenen verletzen.[88] Der Begriff „Mobbing" beschreibt dabei nur ein soziales Phänomen, ist aber keine eigene Anspruchsgrundlage.[89] Vielmehr ist der jeweilige Sachverhalt unter die allgemeinen Anspruchsgrundlagen zu subsumieren. Daher ist eine allein auf „Mobbing" gestützte Klage unsubstantiiert. Vielmehr ist eine gewisse Zahl konkreter und datierter Tathandlungen vorzutragen.[90] Die Rechtsprechung stellt sehr hohe Anforderungen an die Darlegung des systematischen Anfeindens, Schikanierens bzw. Diskriminierens von Arbeitnehmern, so dass entsprechende Klagen häufig zum Scheitern verurteilt sind.[91] Nicht jede Auseinandersetzung am Arbeitsplatz führe zu einem Schmerzensgeldanspruch. Dem Zusammenleben mit anderen Menschen sei immanent, dass sich Konflikte ergeben könnten, ohne zugleich eine andere Person systematisch in ihrer Wertigkeit zu verletzen. Dies soll auch dann gelten, wenn es im Rahmen von Konflikten zu Kraftausdrücken und anderen verbalen Entgleisungen komme.[92] Von Fehlern in der Personalführung könne nicht ohne Weiteres auf eine feindliche Einstellung gegenüber dem weisungsabhängigen Arbeitnehmer geschlossen werden.[93] Die Beurteilung, ob Mobbing am Arbeitsplatz vorliege, setze vielmehr eine umfassende Güter- und Interessenabwägung unter Würdigung aller Umstände des Einzelfalls voraus.[94] Geht das Mobbing **aktiv vom Arbeitgeber** aus, so liegt darin die schuldhafte Verletzung einer Pflicht aus dem Arbeitsvertrag, so dass der Arbeitnehmer gegen den Arbeitgeber gem. § 280 Abs. 1 BGB Anspruch auf Schadensersatz hat. Wird dabei eines der von § 253 Abs. 2 BGB umfassten Rechtsgüter verletzt, kann der betroffene Arbeitnehmer **auch Ersatz des immateriellen Schadens verlangen**. Für eine Geldentschädigung wegen Verletzung des in § 253 Abs. 2 BGB nicht erwähnten Allgemeinen Persönlichkeitsrechts gelten die allgemeinen Grundsätze (vgl. dazu Rn. 41),[95] wobei die arbeitsgerichtliche Rechtsprechung bislang den Präventionsgedanken nur vereinzelt heran-

---

[87] BAG v. 15.01.1997 - 7 ABR 14/96 - juris Rn. 16 - BB 1997, 1480-1481; folgend z.B. LArbG Baden-Württemberg v. 28.06.2007 - juris Rn. 119 und LArbG Rheinland-Pfalz v. 30.04.2009 - 11 Sa 677/08 - juris Rn. 35, 58; Hess LArbG v. 14.09.2010 - 12 Sa 1115/09 - juris Rn. 80; LArbG Rheinland-Pfalz v. 23.08.2011 - 3 Sa 125/11 juris Rn. 67; Hess LArbG v. 25.10.2011 - 12 Sa 527/10 - juris Rn. 191.

[88] LArbG Bremen v. 17.10.2002 - 3 Sa 78/02, 3 Sa 232/02, 3 Sa 78/02, 3 Sa 232/02- juris Rn. 78 - MDR 2003, 158-159; LARBG Erfurt v. 15.02.2001 - 5 Sa 102/2000 - juris Rn. 48 - DB 2001, 1783-1785; LArbG Mainz v. 16.08.2001 - 6 Sa 415/01 - juris Rn. 112 - ZIP 2001, 2298-2302; LArbG Kiel v. 19.03.2002 - 3 Sa 1/02 - juris Rn. 36 - SchlHA 2002, 136-137; LArbG Erfurt v. 10.06.2004 - 1 Sa 148/01 - juris Rn. 521 - ArbuR 2004, 473-474; LArbG Rheinland-Pfalz v. 30.04.2009 - 11 Sa 677/08 - juris Rn. 35, 58; LArbG Rheinland-Pfalz v. 23.08.2011 - 3 Sa 125/11 - juris Rn. 67.

[89] LArbG Berlin v. 01.11.2002 - 19 Sa 940/02 - juris Rn. 41 - Bibliothek BAG; LArbG Berlin v. 06.03.2003 - 18 Sa 2299/02 - juris Rn. 19 - MDR 2003, 381-882; LArbG Thüringen v. 15.09.2009 - 7 Sa 381/08 - juris Rn. 35 ff.; LArbG Rheinland-Pfalz v. 23.08.2011 - 3 Sa 125/11 - juris Rn. 67; LArbG Rheinland-Pfalz v. 12.01.2012 - 10 Sa 419/11 - juris Rn. 113; *Jansen/Hartmann*, NJW 2012, 1540-1545.

[90] LArbG Berlin v. 07.11.2002 - 16 Sa 938/02 - juris Rn. 36 - Bibliothek BAG; LArbG Hamm v. 19.12.2006 - 9 Sa 836/06 - juris Rn. 107 f.; LArbG Rheinland-Pfalz v. 30.10.2008 - 10 Sa 340/08 - juris Rn. 42; LArbG Rheinland-Pfalz v. 30.04.2009 - 11 Sa 677/08 - juris Rn. 56; LArbG Thüringen v. 15.09.2009 - 7 Sa 381/08 - juris Rn. 37; Hess LArbG v. 13.05.2011 - 13.05.2011 - juris Rn. 50; LArbG Rheinland-Pfalz v. 23.08.2011 - 3 Sa 125/11 - juris Rn. 72 f. Zur daraus resultierenden Haftungsfalle für den Anwalt und entsprechende Vermeidungsstrategien: *Jaeger/Luckey*, ZAP 2004 Fach 17, 785-792.

[91] *Jansen/Hartmann*, NJW 2012, 1540-1545.

[92] LArbG Rheinland-Pfalz v. 27.02.2008 - 8 Sa 558/07 - juris Rn. 27 f.: Betitelung des Klägers als „Ossi"; LArbG Rheinland-Pfalz v. 30.10.2008 - 10 Sa 340/08 - juris Rn. 43; LArbG Thüringen v. 15.09.2009 - 7 Sa 381/08 - juris Rn. 40: Bezeichnung des auf einer Baustelle beschäftigten Klägers als „Frosch"; LArbG Rheinland-Pfalz v. 23.08.2011 - 3 Sa 125/11 juris Rn. 70; LArbG Rheinland-Pfalz v. 12.01.2012 - 10 Sa 419/11 - juris Rn. 114.

[93] LArbG Mecklenburg-Vorpommern v. 13.01.2009 - 5 Sa 86/08 - juris Rn. 70 ff.

[94] LArbG Mecklenburg-Vorpommern v. 13.01.2009 - 5 Sa 86/08 - juris Rn. 67 ff.; LArbG Rheinland-Pfalz v. 30.04.2009 - 11 Sa 677/08 - juris Rn. 35, 58; LArbG Rheinland-Pfalz v. 23.08.2011 - 3 Sa 125/11 juris Rn. 70; LArbG v. 02.09.2011 - 7 Sa 724/11 - juris Rn.35; LArbG Rheinland-Pfalz v. 12.01.2012 - 10 Sa 419/11 - juris Rn. 114.

[95] *Wickler*, ArbuR 2004, 87-93, 87.

zieht⁹⁶. Der Arbeitgeber ist ebenfalls schadensersatzpflichtig, wenn er im Falle des **von anderen Arbeitnehmern** ausgehenden Mobbings gegenüber dem betroffenen Arbeitnehmer rechtswidrig und schuldhaft eine Schutzpflicht aus dem Arbeitsvertrag verletzt.⁹⁷ Daneben und im Falle des Mobbings von **Arbeitnehmern untereinander** kann ein Schadensersatzanspruch aus unerlaubter Handlung wegen Verletzung eines absolut geschützten Rechtsguts gem. § 823 Abs. 1 BGB, insbesondere von Leben, Gesundheit oder des Allgemeinen Persönlichkeitsrechts,⁹⁸ vorliegen.⁹⁹ Schließlich ist denkbar, dass der Arbeitgeber unter dem Gesichtspunkt der Haftung für Erfüllungsgehilfen gem. § 278 BGB oder für Verrichtungsgehilfen gem. § 831 BGB für solches Fehlverhalten von Hilfspersonen haftet, das diese nicht nur bei Gelegenheit, sondern in Ausübung der ihnen übertragenen Aufgabe begangen haben.¹⁰⁰ Bei Arbeitnehmern wird dies regelmäßig nur bei Gelegenheit,¹⁰¹ bei Vorgesetzten hingegen in Ausübung der ihnen übertragenen Aufgabe geschehen. Auch eine einmalige, absichtlich herbeigeführte Belastungssituation am Arbeitsplatz, durch die ein Arbeitnehmer dauerhaft Gesundheitsschäden erleidet oder in seiner Persönlichkeit verletzt wird (sog. **Straining**), kann einen Schmerzensgeldanspruch begründen.¹⁰² Schließlich kann das seit 2006 durch § 238 StGB strafbedrohte **Stalking** – die absichtliche, wiederholte Verfolgung und Belästigung einer Person – die Schwelle einer psychischen Gesundheitsschädigung erreichen sowie einen Eingriff in die Privatsphäre des Opfers darstellen.¹⁰³

3. Sonderfall: Verletzung des Allgemeinen Persönlichkeitsrechts

a. Entwicklung durch die Rechtsprechung

Die ständige Rechtsprechung gewährte in zwei Fällen der Persönlichkeitsrechtsverletzung Ersatz für immateriellen Schaden: Bei einer **objektiv erheblich ins Gewicht fallenden Persönlichkeitsrechtsverletzung**¹⁰⁴ und bei **subjektiv besonders schwerer Schuld** des Schädigers, falls die **Persönlichkeitssphäre bei Versagen einer Entschädigung ohne Schutz** bliebe.¹⁰⁵ Diese richterliche Rechtsfortbildung ist mit dem Grundgesetz vereinbar.¹⁰⁶ Allerdings sind die besonderen Funktionen der Meinungs-¹⁰⁷ und Pressefreiheit¹⁰⁸ aus Art. 5 Abs. 1 Satz 1 und 2 GG zu berücksichtigen. Daher ist insbesondere bei spontan erfolgten Äußerungen mit nachträglichen Sanktionen zurückhaltend umzugehen.¹⁰⁹ Auch die Ungleichbehandlung von Schmerzensgeldansprüchen bei psychischen Gesundheitsschäden und Verletzungen des Allgemeinen Persönlichkeitsrechts ist nach der Rechtsprechung des BVerfG verfassungsrechtlich nicht zu beanstanden.¹¹⁰

39

---

⁹⁶ *Kasper*, NZA-RR 2003, 1-5; für eine stärkere Berücksichtigung des Präventionsgedankens: *Wickler*, ArbuR 2004, 87-93, 90.

⁹⁷ LArbG Erfurt v. 10.04.2001 - 5 Sa 403/2000 - juris Rn. 139 - BB 2001, 1358-1362; *Bieszk/Stadtler*, NJW 2007, 3382-3387, 3383; handelt es sich bei dem Verursacher um einen Beamten, der seine Untergebenen mobbt, so haftet die Anstellungskörperschaft nach Amtshaftungsgrundsätzen und nicht der Beamte selbst: BGH v. 01.08.2002 - III ZR 277/01 - juris Rn. 10 - NJW 2002, 3172-3174.

⁹⁸ Ein Schmerzensgeld von z.B. 15.000 DM hat LArbG Mainz v. 16.08.2001 - 6 Sa 415/01 - juris Rn. 128 - ZIP 2001, 2298-2302, für sechs Jahre Mobbing zugesprochen.

⁹⁹ Vgl. zum Ganzen: *Lorenz*, ZMV 2001, 261-269; *Lorenz*, ZMV 2002, 15-20; *Lorenz*, PersR 2002, 65-73; vgl. auch *Kasper*, NZA-RR 2003, 1-5; *Wickler*, ArbuR 2004, 87-93; *Bieszk/Stadtler*, NJW 2007, 3382-3387; *Jansen/Hartmann*, NJW 2012, 1540-1545.

¹⁰⁰ LArbG Hannover v. 03.05.2000 - 16a Sa 1391/99 - Bibliothek BAG, *Bieszk/Stadtler*, NJW 2007, 3382-3387, 3383; *Grimm/Freh*, ArbRB 2012, 151-154.

¹⁰¹ LArbG Mainz v. 28.08.2001 - 5 Sa 521/01 - Bibliothek BAG.

¹⁰² Vgl. hierzu *Jansen/Hartmann*, NJW 2012, 1540-1545.

¹⁰³ *Bieszk/Stadtler*, NJW 2007, 3382-3387; *Keiser*, NJW 2007, 3387-3391 m.w.N.

¹⁰⁴ Zur Verletzung des allgemeinen Persönlichkeitsrechts umfassend *Hager* in: Staudinger, § 823 Rn. C 1 ff.; vgl. auch die Kommentierung zu § 823 BGB.

¹⁰⁵ BGH v. 14.02.1958 - I ZR 151/56 - juris Rn. 17 - BGHZ 26, 349-359 - Herrenreiter; BGH v. 18.03.1959 - IV ZR 182/58 - juris Rn. 37 - BGHZ 30, 7-18 - Caterina Valente.

¹⁰⁶ BVerfG v. 14.02.1973 - 1 BvR 112/65 - juris Rn. 27 - NJW 1973, 1221-1226 - Soraya.

¹⁰⁷ BVerfG v. 30.09.2003 - 1 BvR 865/00 - NJW 2004, 590-591.

¹⁰⁸ BVerfG v. 26.04.2001 - 1 BvR 758/97, 1 BvR 1857/98, 1 BvR 1918/98, 1 BvR 2109/99, 1 BvR 182/00 - LM GrundG Art 5 Nr. 94e (12/2001) - Prinz Ernst August von Hannover; BGH v. 14.05.2002 - VI ZR 220/01 - BGHZ 151, 26-33 zur Werbung mit einem Bildnis von Marlene Dietrich.

¹⁰⁹ BVerfG v. 11.05.1976 - 1 BvR 671/70 - juris Rn. 14 - NJW 1976, 1677-1680 - Deutschlandstiftung.

¹¹⁰ BVerfG v. 08.03.2000 - 1 BvR 1127/96 - juris Rn. 8 - LM GrundG Art 3 Nr. 149a (5/2001).

§ 253

b. Rechtsgrundlage

40 Zunächst stützte die Rechtsprechung den Anspruch auf eine Analogie zur Freiheitsberaubung in § 847 BGB a.F.[111] Später wurde der Geldanspruch in überzeugender Weise unter Berufung auf die Schutzpflicht aus Art. 1 und 2 GG **direkt** auf ein eigenes sonstiges Recht i.S.d. § 823 Abs. 1 BGB gestützt.[112] Der vom Schmerzensgeldanspruch zu unterscheidende Anspruch sui generis erkläre sich dadurch, dass dem Schutz der Persönlichkeit ein höheres Gewicht beizulegen sei als dem Verlust von Gut und Geld.[113] Der Schutz des Allgemeinen Persönlichkeitsrechts bleibe lückenhaft, wenn ein Ersatz immaterieller Schäden nicht gewährt werde.[114]

c. Richterrechtliche Anerkennung

41 Bei den Beratungen zum Zweiten Schadensrechtsänderungsgesetz wurde auch eine Normierung der von der Rechtsprechung entwickelten Grundsätze zum Schmerzensgeld bei Verletzung des Allgemeinen Persönlichkeitsrechts z.B. in einem neu zu fassenden § 847 BGB n.F. erwogen.[115] Dieser Vorschlag fand aber bei den Beratungen keine Mehrheit. Stattdessen soll auch künftig – nunmehr mit ausdrücklicher Billigung durch den Gesetzgeber – die Weiterentwicklung des Anspruchs der Rechtsprechung überlassen sein.[116] Der Entschädigungsanspruch bei Verletzung des Allgemeinen Persönlichkeitsrechts mit seinem Ursprung aus richterlicher Rechtsfortbildung ist mittlerweile allgemein anerkannt.[117] Ob nach der Neuregelung des Ersatzes immateriellen Schadens mit der **Ausdehnung auf die Vertrags- und Gefährdungshaftung** die Rechtsprechung **auch in diesen Bereichen einen Ersatz des immateriellen Schadens** bei Verletzung des Allgemeinen Persönlichkeitsrechts anerkennen wird, ist derzeit noch nicht abzusehen. Die vom Gesetzgeber angestrebte Umverteilung der gezahlten Schadenssummen weg vom Ersatz von Sachschäden hin zum Ersatz von Personenschäden spricht jedenfalls dafür. Überdies ist nicht zu erklären, weshalb im Vertragsrecht, bei dem eine besonders enge Verbindung der Parteien vorliegt, für den Ersatz immateriellen Schadens bei Verletzung des Allgemeinen Persönlichkeitsrechts auf das Deliktsrecht ausgewichen werden soll.[118]

d. Funktion

42 Dem Anspruch kommt auch bei Verletzung des Allgemeinen Persönlichkeitsrechts die Doppelfunktion aus Ausgleich und Genugtuung zu, wobei hier die **Genugtuungsfunktion im Vordergrund** stehen soll.[119] Allerdings darf dieser Ansatz nicht dazu führen, den Anspruch fälschlicherweise als zivilrechtliche Strafe oder Buße zur Befriedigung des Vergeltungsbedürfnisses des Geschädigten zu verstehen.[120]

---

[111] BGH v. 14.02.1958 - I ZR 151/56 - juris Rn. 9 - BGHZ 26, 349-359 - Herrenreiter.

[112] BGH v. 19.09.1961 - VI ZR 259/60 - juris Rn. 13 - BGHZ 35, 363-370 - Ginsengwurzel; BGH v. 05.03.1963 - VI ZR 55/62 - juris Rn. 16 - BGHZ 39, 124-134 - Fernsehansagerin; BGH v. 15.11.1994 - VI ZR 56/94 - juris Rn. 84 - BGHZ 128, 1-16 - Caroline v. Monaco I; BGH v. 05.12.1995 - VI ZR 332/94 - juris Rn. 12 - LM BGB § 823 (Ah) Nr. 122 (5/1996) - Caroline v. Monaco II; BGH v. 12.12.1995 - VI ZR 223/94 - juris Rn. 14 - LM BGB § 823 (Ah) Nr. 121 (5/1996) - Caroline v. Monaco III; BGH v. 01.12.1999 - I ZR 49/97 - juris Rn. 48 - BGHZ 143, 214-232 - Marlene Dietrich; BVerfG v. 08.03.2000 - 1 BvR 1127/96 - juris Rn. 9 - LM GrundG Art 3 Nr. 149a (5/2001); BGH v. 05.10.2004 - VI ZR 255/03 - NJW 2005, 215-218, 216; BGH v. 24.11.2009 - VI ZR 219/08 - NJW 2010, 763-765 - Esra; *Klass* in: Erman, Anh. § 12 Rn. 313.

[113] *Stein* in: MünchKomm-BGB, 3. Aufl. 1997, § 847 Rn. 2.

[114] *Zeuner* in: Soergel, 12. Aufl. 1999, § 847 Rn. 5.

[115] BT-Drs. 14/7752, S. 49.

[116] BT-Drs. 14/7752, S. 55; so auch *Wagner*, Das neue Schadensersatzrecht, 2002, Rn. 40 f.

[117] Vgl. statt vieler *Müller* in: Götting/Schertz/Seitz, Handbuch des Persönlichkeitsrechts, 2008, § 51 Rn. 3. Generell zum Allgemeinen Persönlichkeitsrecht vgl. auch *Götting/Lauber-Rönsberg*, Aktuelle Entwicklungen im Persönlichkeitsrecht, 2010, passim; *Siegle*, Das Spannungsverhältnis von Kunstfreiheit und Persönlichkeitsrecht, 2012, passim.

[118] In diese Richtung auch *Wagner*, JZ 2004, 319-331, 328 f.

[119] BGH v. 15.11.1994 - VI ZR 56/94 - juris Rn. 84 - BGHZ 128, 1-16 - Caroline v. Monaco I; BGH v. 29.10.2009 - I ZR 65/07 - GRUR 2010, 546-549; ausführliche Kritik bei *Rixecker* in: MünchKomm-BGB, § 12 Anh. Rn. 238 f.

[120] *Rixecker* in: MünchKomm-BGB, § 12 Anh. Rn. 238; *Prinz*, NJW 1996, 953-958. Deutlich: BGH v. 05.10.2004 - VI ZR 255/03 - NJW 2005, 215-218, 216.

Darüber hinaus kommt dem Schmerzensgeld bei Verletzung des Allgemeinen Persönlichkeitsrechts wegen seines Ursprungs in der Schutzpflicht aus Art. 1 und 2 GG nach neuerer Rechtsprechung – jedenfalls bei hartnäckigen und vorsätzlichen Verletzungen[121] – eine besondere **Präventionsfunktion** zu.[122] Diese Funktion würde konterkariert, wenn die Justizverwaltung gegen den Entschädigungsanspruch eines Strafgefangenen wegen menschenunwürdiger Haftbedingungen aufrechnen dürfte.[123]

e. Voraussetzungen

Folgende Voraussetzungen haben sich durch die ständige Rechtsprechung herausgebildet:

- **Besondere Schwere des Eingriffs**: Sie ist nach dem objektiven Grad der Beeinträchtigung und des Verschuldens sowie nach den übrigen Umständen (Anlass und Beweggrund der Verletzung[124]) zu bemessen.[125] Einen **Sonderfall** stellt die Verletzung der **kommerziell verwertbaren Interessen** des Allgemeinen Persönlichkeitsrechts dar (Verwertung von Bild, Name oder Stimme): In diesen Fällen kann der Verletzte auch ohne eine besondere Schwere der Beeinträchtigung den erzielten Gewinn herausverlangen.[126]
- **Subsidiarität**: Die Beeinträchtigung des Verletzten darf nicht in anderer Weise als durch Zahlung eines Schmerzensgeldes (z.B. Unterlassung, Gegendarstellung, Widerruf o.Ä.) ausgleichbar sein.[127]

---

[121] OLG München v. 01.12.2000 - 21 U 3740/00 - juris Rn. 38 - NJW-RR 2001, 629-631, setzt diese beiden Kriterien für das Eingreifen der Präventionsfunktion voraus und beruft sich dabei auf BGH v. 15.11.1994 - VI ZR 56/94 - BGHZ 128, 1-16 - Caroline v. Monaco I und BGH v. 05.12.1995 - VI ZR 332/94 - LM BGB § 823 (Ah) Nr. 122 (5/1996) - Caroline v. Monaco II.

[122] BGH v. 15.11.1994 - VI ZR 56/94 - juris Rn. 84 - BGHZ 128, 1-16 - Caroline v. Monaco I; BGH v. 05.12.1995 - VI ZR 332/94 - juris Rn. 14 - LM BGB § 823 (Ah) Nr. 122 (5/1996) - Caroline v. Monaco II; *Medicus* in: Prütting/Wegen/Weinreich, § 253 Rn. 26; *Körner*, NJW 2000, 241-246; krit. *Lange*, VersR 1999, 274-282.

[123] Zum Aufrechnungsverbot wegen unzulässiger Rechtsausübung i.S.v. § 242 BGB: BGH v. 01.10.2009 - III ZR 18/09 - NJW-RR 2010, 167-168.

[124] BGH v. 05.03.1963 - VI ZR 55/62 - juris Rn. 16 - BGHZ 39, 124-134 - Fernsehansagerin; BGH v. 05.10.2004 - VI ZR 255/03 - NJW 2005, 215-218, 217; OLG Hamburg v. 30.07.2009 - 7 U 4/08 - NJW-RR 2010, 624-627 - Madeleine von Schweden.

[125] BGH v. 14.02.1958 - I ZR 151/56 - juris Rn. 12 - BGHZ 26, 349-359 - Herrenreiter; BGH v. 19.09.1961 - VI ZR 259/60 - juris Rn. 14 - BGHZ 35, 363-370 - Ginsengwurzel; BGH v. 15.11.1994 - VI ZR 56/94 - juris Rn. 74 - BGHZ 128, 1-16 - Caroline v. Monaco I; BGH v. 06.12.2005 - VI ZR 265/04 - BGHZ 165, 203-213, 210 - Mordkommission Köln; BGH v. 24.11.2009 - VI ZR 219/08 - NJW 2010, 763-765 - Esra m. Anm. *Ladeur*; OLG Hamburg v. 30.07.2009 - 7 U 4/08 - NJW-RR 2010, 624-627 - Madeleine von Schweden; *Rixecker* in: MünchKomm-BGB, § 12 Anh. Rn. 241; zu Recht verneint die erforderliche Schwere beim Zeigen des sog. „Stinkefingers" im Straßenverkehr: AG Pinneberg v. 30.10.2002 - 63 C 124/02 - ZfSch 2003, 73; ebenfalls verneint vom OLG Hamm v. 13.06.2007 - 3 W 32/07 - MedR 2008, 213-215 für die Vernichtung ärztlicher Behandlungsunterlagen; ebenso verneint vom BAG v. 24.09.2009 - 8 AZR 636/08 - NJW 2010, 554-558 für Altersdiskriminierung bei Nichteinstellung im öffentlichen Dienst; vgl. ferner AG Greiz v. 18.04.2002 - 4 C 71/02 - NJW-RR 2002, 1196, das die Bezeichnung eines Rechtsanwaltes als „riesengroßes Arschloch" als nicht schwerwiegende Verletzung betrachtet; anders hingegen OLG Frankfurt a.M. v. 07.07.2009 - 16 U 15/09 - NJW-RR 2010, 403-404 bei wiederholten beleidigenden Äußerungen im Nachbarschaftsstreit; eine besondere Schwere des Eingriffs verneint ferner das AG Neukölln v. 26.01.2009 - 22 C 85/08 - juris Rn. 16-20 bei einem Schreiben des Vermieters an den Mieter, dieser und sein Sohn verhielten sich wie „Asoziale" und hätten eine „defekte Verhaltensweise"; bejahend hingegen das LG Berlin v. 06.10.2009 - 65 S 121/09 - Grundeigentum 2009, 1623-1625 bei der Bezeichnung eines Mieters und seiner Familienangehörigen durch den Vermieter sowie den WEG-Verwalter als „Asoziale" sowie das AG Reinbek v. 20.05.2008 - 5 C 624/06 - ZMR 2008, 719-721 bei einer rechtswidrigen „Selbsträumung" einer Mietwohnung durch einen Vermieter, der seinem Mieter zuvor ordnungsgemäß wegen Zahlungsverzuges gekündigt hatte, krit. dazu *Bosch*, NZM 2009, 530-535, 534 f.; auch das KG Berlin v. 21.01.2011 - 9 W 76/10 - NJW, 2011, 2446-2448 bejahte einen schwerwiegenden Eingriff in das Persönlichkeitsrechts eines Steuerschuldners, indem Finanzbehörden einem Kamerateam das Filmen eines Vollstreckungsversuchs in der Wohnung des Steuerschuldners gestatteten und dadurch die Ausstrahlung eines entsprechenden Beitrags im Fernsehen ermöglichten.

[126] BGH v. 01.12.1999 - I ZR 49/97 - juris Rn. 69 - BGHZ 143, 214-232 - Marlene Dietrich; BGH v. 01.12.1999 - I ZR 226/97 - juris Rn. 17 - LM BGB § 823 (Ah) Nr. 132 (10/2000) - Der blaue Engel; BGH v. 29.10.2009 - I ZR 65/07 - juris Rn. 12 - Der strauchelnde Liebling (Boris Becker).

[127] BGH v. 15.11.1994 - VI ZR 56/94 - juris Rn. 74 - BGHZ 128, 1-16 - Caroline v. Monaco I; BGH v. 30.01.1996 - VI ZR 386/94 - juris Rn. 47 - BGHZ 132, 13-29; OLG Frankfurt a.M. v. 07.07.2009 - 16 U 15/09 - NJW-RR 2010, 403-404; OLG Jena v. 17.03.2010 - 7 U 95/09 - NJW-RR 2010, 1709-1710; *Rixecker* in: MünchKomm-BGB, § 12 Anh. Rn. 248; *Sajuntz*, NJW 2010, 2992-2998.

Daher entfällt ein Schmerzensgeldanspruch, wenn der Verletzte ihm zustehende Widerrufs- oder Gegendarstellungsansprüche nicht geltend macht, weil dann der Anspruch zur Erfüllung des Schutzauftrags aus Art. 1 und 2 GG nicht erforderlich ist.[128] Ein Schmerzensgeldanspruch für Persönlichkeitsverletzungen durch Stalking scheidet regelmäßig aus, da – anders als beim Mobbing – das Gewaltschutzgesetz umfassende Möglichkeiten zum Schutz vor weiteren Eingriffen bietet und dem Präventionsgedanken damit ausreichend Rechnung trägt.[129]

- Nachdem die Verletzung des Allgemeinen Persönlichkeitsrechts nach ganz h.M. einen offenen Tatbestand bildet, ist eine **positive Rechtswidrigkeitsprüfung** durch eine **umfassende Güter- und Interessenabwägung** erforderlich.[130] Ob man danach das Allgemeine Persönlichkeitsrecht als absolutes oder als Rahmenrecht bezeichnet, ist eine rein terminologische Frage und hat im Ergebnis keine Auswirkung.[131]

Diese Voraussetzungen, insbesondere dass der Eingriff besonders schwer wiegen muss und die Beeinträchtigung nicht in anderer Weise befriedigend ausgeglichen werden kann, sind nach der Rechtsprechung des BVerfG verfassungsrechtlich nicht zu beanstanden.[132] Auch die von der zivilgerichtlichen Rechtsprechung aufgestellten Kriterien, an denen das Vorliegen einer schwerwiegenden Verletzung des Persönlichkeitsrechts gemessen werden soll – insbesondere Bedeutung und Tragweite des Eingriffs, welche vor allem vom Ausmaß der Verbreitung der verletzenden Aussagen, von der Nachhaltigkeit und Fortdauer der Interessen- und Rufschädigung des Verletzten, vom Anlass und Beweggrund des Handelnden sowie vom Grad seines Verschuldens abhängen[133] –, begegnen insoweit keinen verfassungsrechtlichen Bedenken.

45 Während das BVerfG in bisher ständiger Rechtsprechung das Allgemeine Persönlichkeitsrecht von Personen der Zeitgeschichte mit den Mediengrundrechten des Art. 5 GG abwog und so einen nach Sphären abgestuften Persönlichkeitsschutz entwickelte,[134] stuft der EGMR die Rechte der von nicht autorisierten Bildnisveröffentlichungen Betroffenen grundsätzlich höher ein als das Recht auf freie Berichterstattung: Dieses sei nur dann relevant, wenn die Veröffentlichung einen Beitrag zu einer Debatte von öffentlichem Interesse leiste, was – unabhängig davon, ob der Bericht eine sog. absolute Person der Zeitgeschichte betreffe – jedenfalls dann nicht der Fall sei, wenn der rein private Bereich zum Gegenstand der Veröffentlichung gemacht werde.[135] In seinen ersten Entscheidungen nach der Caroline-Entscheidung des EGMR hat der BGH diese zunächst lediglich erwähnt, ohne sich an ihr in der Sache zu orientieren.[136] In nachfolgenden Entscheidungen ist der Wille des BGH, dem Allgemeinen Persönlichkeitsrecht verstärkt Beachtung zu schenken, jedoch erkennbar geworden. Unter Abkehr von der Figur der absoluten und relativen Person der Zeitgeschichte stellt er nunmehr in Übereinstimmung mit der neueren Rechtsprechung des BVerfG[137] vorrangig auf den zeitgeschichtlichen Wert des Ereig-

---

[128] BGH v. 05.03.1963 - VI ZR 61/62 - LM Nr. 10 zu Art 5 GrundG - Hauptdrahtzieher; BGH v. 06.10.2009 - VI ZR 314/08 - NJW 2010, 1454-1456; BGH v. 24.11.2009 - VI ZR 219/08 - NJW 2010, 763-765 - Esra m. Anm. *Ladeur;* OLG Hamburg v. 30.07.2009 - 7 U 4/08 - NJW-RR 2010, 624-627 - Madeleine von Schweden; *Rixecker* in: MünchKomm-BGB, § 12 Anh. Rn. 248.

[129] *Keiser,* NJW 2007, 3387-3391, 3390-3391.

[130] BVerfG v. 19.12.1991 - 1 BvR 382/85 - juris Rn. 18 - NJW 1992, 815-816; BGH v. 25.05.1954 - I ZR 211/53 - juris Rn. 21 - BGHZ 13, 334-341; *Hager* in: Staudinger, § 823 Rn. C 17; *Emmerich,* Schuldrecht, Besonderer Teil, § 22 Rn. 22.

[131] *Hager* in: Staudinger, § 823 Rn. C 18.

[132] BVerfG v. 26.08.2003 - 1 BvR 1338/00 - juris Rn. 5 - NJW 2004, 591-592.

[133] Vgl. BGH v. 11.04.1989 - VI ZR 293/88 - LM Nr. 40 Art 1 GrundG; BGH v. 30.01.1996 - VI ZR 386/94 - BGHZ 132, 13-29; KG Berlin v. 21.01.2011 - 9 W 76/10 - NJW 2011, 2446-2448, 2448.

[134] Vgl. dazu nur BVerfG v. 15.12.1999 - 1 BvR 653/96 - juris Rn. 96 - LM GrundG Art 5 Nr. 93a (7/2000).

[135] EGMR v. 24.06.2004 - 59320/00 - NJW 2004, 2647-2652; vgl. dazu *Starck,* JZ 2006, 76-81. Krit. *Hager* in: Staudinger/Eckpfeiler, 2012, Kap. T Rn. 349; *Mann,* NJW 2004, 3220-3222; *Soehring/Seelmann-Eggebert,* NJW 2005, 571-581, 576; *Ohly,* GRUR Int. 2004, 902-912, 910.

[136] BGH v. 28.09.2004 - VI ZR 305/03 - GRUR 2005, 74-76, 75 - Charlotte Casiraghi II; BGH v. 19.10.2004 - VI ZR 292/03 - GRUR 2005, 76-79, 77 - „Rivalin" von Uschi Glas. Anders: KG Berlin v. 29.10.2004 - 9 W 128/04 - GRUR 2005, 79-81, 79.

[137] BVerfG v. 13.06.2006 - 1 BvR 565/06 - NJW 2006, 2835-2836 - Ernst August von Hannover; BVerfG v. 26.02.2008 - 1 BvR 1602/07 u.a. - NJW 2008, 1793-1801 - Caroline II; dazu *Hoffmann-Riem,* NJW 2009, 20 ff.; BVerfG v. 25.01.2012 - 1 BvR 2499/09, 1 BvR 2503/09 - NJW 2012, 1500-1502 - Ochsenknecht. Zur Frage des Erfordernisses eines gesetzgeberischen Tätigwerdens: *Heldrich,* NJW 2004, 2634-2636.

nisses selbst ab, das den Gegenstand der Berichterstattung bildet.[138] Er kommt damit dem Auftrag des BVerfG[139] nach, sich mit den Entscheidungen des EGMR auseinanderzusetzen und sie im Rahmen methodisch vertretbarer Gesetzesauslegung auch zu beachten.

f. Anspruchsberechtigte

Der Anspruch steht grundsätzlich nur unmittelbar selbst in ihrem Persönlichkeitsrecht verletzten **natürlichen Personen** (auch dem **nasciturus**[140]), **nicht** jedoch **juristischen Personen** zu, da das Genugtuungsbedürfnis nicht beim Personenzusammenschluss als solchem auftritt.[141] Eine Ausnahme gilt für als rechtsfähige Vereine organisierte **Religionsgemeinschaften**.[142] Dies legt nahe, einen Anspruch der Personenmehrheit immer und nur dann anzunehmen, wenn sich das geschützte Interesse nicht auf die Einzelpersonen als solche bezieht.[143]

46

Wird das **Ansehen Verstorbener** beeinträchtigt, so begründet dies grundsätzlich keinen Geldanspruch für die Angehörigen, da weder eine Genugtuung noch ein Ausgleich beim Verletzten möglich sind.[144] Für den Schutz des Persönlichkeitsrechts Verstorbener bildet Art. 1 Abs. 1 GG den Prüfungsmaßstab, da Träger des Grundrechts aus Art. 2 Abs. 1 GG nur lebende Menschen sind.[145] Weil der höchstpersönliche Teil des Persönlichkeitsrechts nicht vererbbar ist,[146] können nur zu Lebzeiten vom Verstorbenen bestimmte Personen, hilfsweise Angehörige, nicht jedoch automatisch die Erben Abwehransprüche geltend machen[147]. Anderes gilt für die kommerziellen Interessen (vgl. Rn. 44) an der Persönlichkeit: Werden diese vermögenswerten Interessen des Persönlichkeitsrechts postmortal in schuldhafter Weise verletzt, so steht den Erben ein Ersatzanspruch unabhängig von der Schwere des Eingriffs zu.[148] Die

47

---

[138] BGH v. 06.03.2007 - VI ZR 51/06 - NJW 2007, 1977-1981, 1979 - Winterurlaub; BGH v. 19.06.2007 - VI ZR 12/06 - NJW 2007, 3440-3443, 3442 - Grönemeyer; BGH v. 03.07.2007 - VI ZR 164/06 - NJW 2008, 749-751 - Abgestuftes Schutzkonzept II; BGH v. 01.07.2008 - VI ZR 243/06 - NJW 2008, 3138-3141 - Shopping mit Putzfrau auf Mallorca; BGH v. 24.06.2008 - VI ZR 156/06 - NJW 2008, 3134-3137 - Einkaufsbummel nach Abwahl; BGH v. 01.07.2008 - VI ZR 67/08 - NJW 2008, 3141-3142 - Urlaubsfoto von Caroline; BGH v. 14.10.2008 - VI ZR 272/06 - NJW 2009, 754-756 - Gesundheitszustand von Prinz Ernst August von Hannover; BGH v. 10.03.2009 - VI ZR 261/07 - NJW 2009, 1499-1502 - Enkel von Fürst Rainier; BGH v. 17.02.2009 - VI ZR 75/08 - NJW 2009, 1502-1504 - Sabine Christiansen mit Begleiter; BGH v. 06.10.2009 - VI ZR 314/08 - NJW 2010, 1454-1456 - Kinder eines ehemaligen Fußballprofis; BGH v. 09.02.2010 - VI ZR 243/08 - NJW 2010, 2432-2437 - Walter Sedlmayrs Mörder; BGH v. 26.10.2010 - VI ZR 190/08 - NJW 2011, 746-749 - Rosenball in Monaco; BGH v. 07.06.2011 - VI ZR 108/10 - NJW 2011, 3153-3157 - Bildabdruck entgegen sitzungspolizeilicher Verfügung m. Anm. *Gostomzyk*. Ausführlich zur neuen Rechtsprechung des BGH *Götting*, GRUR 2007, 530 ff.; *Brelle/Grivokosta*, K&R 2007, 313 ff.; *Teichmann*, NJW 2007, 1917 ff.; *Seelmann-Eggebert*, NJW 2008, 2551-2558, 2556 f.; *Sajuntz*, NJW 2010, 2992-2998; *Wanckel*, NJW 2011, 726-728; krit. *Hager* in: Staudinger/Eckpfeiler, 2012, Kap. T Rn. 351.

[139] BVerfG v. 14.10.2004 - 2 BvR 1481/04 - NJW 2004, 3407-3412, 3410.

[140] *Hager* in: Staudinger, § 823 Rn. C 19.

[141] BGH v. 08.07.1980 - VI ZR 177/78 - juris Rn. 44 - BGHZ 78, 24-28 - Medizinsyndikat I; OLG München v. 28.05.2003 - 21 U 1529/03 - juris Rn. 9 - MDR 2003, 1418-1419 lehnt einen Entschädigungsanspruch aus Verletzung des allgemeinen Persönlichkeitsrechts für einen eingetragenen Verein ab.

[142] BGH v. 25.09.1980 - III ZR 74/78 - juris Rn. 18 - BGHZ 78, 274-288 - Scientology.

[143] *Zeuner* in: Soergel, 12. Aufl. 1999, § 847 Rn. 22.

[144] BGH v. 05.10.2006 - I ZR 277/03 - BGHZ 169, 193-199, 196 - kinski-klaus.de; BGH v. 06.12.2005 - VI ZR 265/04 - BGHZ 165, 203-213, 206 - Mordkommission Köln; BGH v. 04.06.1974 - VI ZR 68/73 - NJW 1974, 1371; BGH v. 20.03.2012 - VI ZR 123/11 - BeckRS 2012, 08607; *Rixecker* in: MünchKomm-BGB, § 12 Anh. Rn. 41; a.A. noch die untergerichtliche Rechtsprechung OLG München v. 09.08.2002 - 21 U 2654/02 - juris Rn. 30 - GRUR-RR 2002, 341-343 - Marlene Dietrich; vgl. zu dieser Entscheidung Anm. *Beuthien*, ZUM 2003, 261-262 und das Grundurteil LG München I v. 11.09.2003 - 7 O 20974/02 - ZUM-RD 2003, 601-607.

[145] BVerfG v. 05.04.2001 - 1 BvR 932/94 - juris Rn. 18 - NJW 2001, 2957-2960 - Wilhelm Kaisen; BGH v. 06.12.2005 - VI ZR 265/04 - BGHZ 165, 203-213, 205 - Mordkommission Köln.

[146] *Staudinger* in: Hk-BGB, § 823 Rn. 94.

[147] OLG Bremen v. 13.04.1994 - 1 U 149/93 - NJW-RR 1995, 84-85 - Wilhelm Kaisen; BGH v. 08.06.1989 - I ZR 135/87 - juris Rn. 26 - BGHZ 107, 384-395.

[148] BVerfG v. 22.08.2006 - 1 BvR 1168/04 - NJW 2006 - Marlene Dietrich, 3409-3411, 3410; BGH v. 05.10.2006 - I ZR 277/03 - BGHZ 169, 193-199, 196 - kinski-klaus.de; BGH v. 06.12.2005 - VI ZR 265/04 - BGHZ 165, 203-213, 208 - Mordkommission Köln; BGH v. 01.12.1999 - I ZR 49/97 - juris Rn. 69 - BGHZ 143, 214-232 - Marlene Dietrich; BGH v. 01.12.1999 - I ZR 226/97 - juris Rn. 22 - LM BGB § 823 (Ah) Nr. 132 (10/2000) - Der blaue Engel; LG München I v. 11.09.2003 - 7 O 20974/02 - ZUM-RD 2003, 601-607, Grundurteil zur Veröffentlichung eines angeblichen (einzigen) Nacktfotos von Marlene Dietrich.

Schutzdauer der vermögenswerten Bestandteile des Allgemeinen Persönlichkeitsrechts ist nach Ansicht des BGH analog § 22 Satz 3 KUG zu beurteilen: Mit Ablauf von zehn Jahren nach dem Tod der Person müssen die Interessen der Erben hinter den Interessen der Allgemeinheit zurücktreten.[149]

4. Nichtvermögensschaden

48 Der zu ersetzende Schaden muss ein Nichtvermögensschaden sein.

a. Definition

49 Während der Nichtvermögensschaden (vgl. Rn. 5) die Schäden außerhalb der Vermögenssphäre erfasst, liegt ein Vermögensschaden vor, wenn der Schaden in Geld messbar und nicht der Persönlichkeitssphäre zuzuordnen ist. Ein Schaden ist dann in Geld messbar, wenn seine Höhe im Wesentlichen nach objektiven Kriterien und frei von subjektiven Empfindungen der jeweils Betroffenen bestimmt werden kann.[150] Dabei ist jedoch zu beachten, dass Gesundheit, körperliches Wohlbefinden und Möglichkeiten der Freizeitgestaltung grundsätzlich der Persönlichkeitssphäre zuzurechnen sind und daher § 253 Abs. 1 BGB unterfallende ideelle Schäden darstellen, obwohl sie heute in weiten Bereichen – mehr denn je – erkauft werden können.[151]

b. Haftungsausfüllende Kausalität und Zurechnung

50 Der Anspruch umfasst grundsätzlich nur die durch die Rechtsgutsverletzung adäquat kausal verursachten Schäden.[152] Demnach ist jeder immaterielle Schaden, der eine nicht außerhalb jeder Wahrscheinlichkeit liegende Folge einer Verletzung des Körpers, der Gesundheit, der Freiheit oder der sexuellen Selbstbestimmung ist, zu ersetzen.

51 Anderes muss für die Einbeziehung der Gefährdungshaftung in den Ersatz immaterieller Schäden gelten: In diesem Bereich kommt es nämlich gerade nicht darauf an, ob der entstandene Schaden außerhalb jeder Wahrscheinlichkeit liegt, da es gerade Sinn und Zweck der Gefährdungshaftungstatbestände ist, die Folgen einer Realisierung von Risiken – unabhängig von der Vorhersehbarkeit – haftungsrechtlich zu verteilen.[153] Daher ist die Adäquanztheorie im Bereich der Gefährdungshaftung nicht anzuwenden.[154] Eine normative Korrektur erfolgt durch den Schutzzweck der verletzten Pflicht. Nur wenn diese die von § 253 Abs. 2 BGB erfassten Rechtsgüter schützen will und darauf gerichtet ist, den Eintritt eines konkreten immateriellen Schadens zu vermeiden, besteht ein Schmerzensgeldanspruch. Die Schlechterfüllung eines Anwaltsvertrags, der nicht den Schutz der Rechtsgüter des § 253 Abs. 2 BGB, sondern nur den Schutz von Vermögensinteressen zum Gegenstand hat, begründet deshalb keinen Schmerzensgeldanspruch.[155]

c. Kommerzialisierungsgedanke

52 Oftmals ist eine eindeutige Zuordnung schwierig: Besonders ist umstritten, ob ein **Nutzungsausfall**, d.h. der bloße Verlust der Nutzung als solcher, ein Nichtvermögensschaden ist oder ob auf die „Investition" in die Nutzungsmöglichkeit abzustellen ist, was auf einen Vermögensschaden hindeuten könnte. Nachdem viele Gegenstände heute auch gemietet werden können (Musterbeispiel: Ersatzwagen nach einem Unfall), liegt es nahe, den Nutzungsausfall ebenfalls als Vermögensschaden aufzufassen. Diese „Kommerzialisierung" birgt aber eine wesentliche Gefahr: Sie untergräbt die Wertung des § 253 Abs. 1 BGB und führt dazu, dass der Bereich der Nichtvermögensschäden erheblich verkleinert wird, da heute nahezu alles als Mietsache oder als Dienstleistung angeboten wird.[156]

53 Deshalb wurde die Tendenz der Kommerzialisierung von Gebrauchsmöglichkeiten vom Großen Senat des BGH dahin gehend eingeschränkt, dass Ersatz der Gebrauchsmöglichkeit nur für Sachen zugesprochen wird, „auf deren ständige Verfügbarkeit die eigenwirtschaftliche Lebenshaltung des Eigentümers

---

[149] BGH v. 05.10.2006 - I ZR 277/03 - BGHZ 169, 193-199, 199 - kinski-klaus.de.

[150] *Lange/Schiemann*, Schadensersatz, 3. Aufl. 2003, § 2 I 2 a) aa) m.w.N.

[151] *Lange/Schiemann*, Schadensersatz, 3. Aufl. 2003, § 2 I 2 a) bb).

[152] OLG Düsseldorf v. 12.10.1989 - 8 U 10/88 - NJW 1990, 1543-1544; OLG Hamm v. 20.12.1977 - 9 U 140/77 - VersR 1979, 579.

[153] Vgl. zur rechtpolitischen und ökonomischen Rechtfertigung der Gefährdungshaftung *Dietz*, Technische Risiken und Gefährdungshaftung, 2006, S. 239 ff.

[154] Vgl. auch *Schiemann* in: Staudinger, § 249 Rn. 25; *Dunz*, VersR 1984, 600-602.

[155] BGH v. 09.07.2009 - IX ZR 88/08 - NJW 2009, 3025-3027 = AnwBl 2009, 795-797; m. Anm. *Nassall*, jurisPR-BGHZivilR 9/2010, Anm. 4.

[156] *Medicus/Petersen*, Bürgerliches Recht, 23. Aufl. 2011, Rn. 828; *Rauscher*, Jura 2002, 577-584, 578.

derart angewiesen ist wie auf das von ihm selbst bewohnte Haus [...], sofern der Eigentümer die Sache in der Zeit ihres Ausfalls entsprechend genutzt hätte."[157] Voraussetzung ist jedoch stets ein Eingriff in den Gegenstand des Gebrauchs; die Hinderung des Gebrauchs aus in der Person des Nutzers liegenden Gründen begründet hingegen keine Ersatzpflicht.[158] Danach ist eine Entschädigung anerkannt z.B. für den Nutzungsausfall der selbstgenutzten Wohnung[159] und des Pkws[160]. Für nutzlos aufgewendete Urlaubszeit enthält § 651f Abs. 2 BGB eine abschließende Regelung, so dass darüber hinaus kein Ersatz immaterieller Schäden gewährt werden kann (vgl. im Einzelnen Rn. 58).[161] Ebenfalls versagt wurde die Nutzungsausfallentschädigung für eine Garage,[162] ein Sportmotorboot[163] und ein Wohnmobil[164].

Die Figur der „Kommerzialisierung" ist jedoch wenig hilfreich. Sie verstärkt nur die Verwässerung der Abgrenzung zwischen Vermögens- und Nichtvermögensschaden. Es handelt sich in diesen Fällen um einen normativen Schaden, also um einen Schaden, der zwar nicht tatsächlich als Vermögenseinbuße vorhanden ist, aber vom Gericht aufgrund wertender Überlegungen fingiert wird. Die grundsätzliche Überlegung dahinter lautet: Wenn der Geschädigte schon auf die Übernachtung im Hotel oder den Mietwagen verzichtet, dann soll der Schädiger von dieser Zurückhaltung nicht alleine profitieren. *Medicus* spricht treffend von einer Sparsamkeitsprämie für den Geschädigten.[165] Diese Wertung ist nach außen offen zu legen, ohne den diffusen Begriff der „Kommerzialisierung" an die Stelle der Begründung zu setzen.[166]

d. Sonderfälle

Eine **Schwangerschaft** und die folgende **Geburt eines Kindes** sind als solche grundsätzlich keine Verletzung der Gesundheit und begründen daher keinen Anspruch auf Schmerzensgeld.[167] Anders liegt die Sache allerdings dann, wenn eine gezielt zur Vermeidung einer Schwangerschaft durchgeführte **Sterilisation** der Frau oder aber auch des Mannes fehlschlägt und es daher zu einer ungewollten Schwangerschaft kommt.[168] Hingegen kann bei **pflichtwidrig unterlassener Abtreibung** bei Indikationen i.S.v. § 218a Abs. 2, 3 StGB lediglich wegen der zusätzlichen Schmerzen im Vergleich zu einer komplikationslosen Geburt ein Schmerzensgeldanspruch zugesprochen werden.[169] Ein Schmerzensgeld der Mutter für die psychische und physische **Mehrbelastung bei der Geburt eines behinderten Kindes** wird generell abgelehnt.[170]

---

[157] BGH v. 09.07.1986 - GSZ 1/86 - juris Rn. 23 - BGHZ 98, 212-226; zur Nutzungsausfallentschädigung für gewerblich genutzte Güter vgl. BGH v. 04.12.2007 - VI ZR 241/06 - NJW 2008, 913-914; OLG Naumburg v. 13.03.2008 - 1 U 44/07 - NJW 2008, 2511-2513; *Huber*, NJW 2008, 1785-1788.
[158] So für Kraftfahrzeuge OLG München v. 02.07.2007 - 1 U 3132/07 - juris Rn. 4.
[159] BGH v. 05.03.1993 - V ZR 87/91 - juris Rn. 17 - LM BGB § 249 (Gb) Nr. 28 (8/1993).
[160] BGH v. 18.12.2007 - VI ZR 62/07 - NJW 2008, 915-916, 915; BGH v. 30.09.1963 - III ZR 137/62 - juris Rn. 15 - BGHZ 40, 345-355, mit wenig überzeugender Argumentation; BGH v. 15.04.1966 - VI ZR 271/64 - BGHZ 45, 212-221.
[161] BGH v. 11.01.1983 - VI ZR 222/80 - BGHZ 86, 212-217; *Sprau* in: Palandt, § 651f Rn. 1; anders noch BGH v. 10.10.1974 - VII ZR 231/73 - juris Rn. 11 - BGHZ 63, 98-107.
[162] BGH v. 05.03.1993 - V ZR 87/91 - juris Rn. 15 - LM BGB § 249 (Gb) Nr. 28 (8/1993).
[163] BGH v. 15.11.1983 - VI ZR 269/81 - BGHZ 89, 60-64.
[164] BGH v. 10.06.2008 - VI ZR 248/07 - juris Rn. 10 ff.
[165] *Medicus/Petersen*, Bürgerliches Recht, 23. Aufl. 2011, Rn. 828; ebenso *Medicus/Lorenz*, Schuldrecht I (AT), Rn. 674.
[166] Ebenfalls kritisch zum Kommerzialisierungsgedanken: *Dunz*, JZ 1984, 1010-1015, 1014 f.; *Hagen*, JZ 1983, 833-840, 834 f.; *Jahr*, AcP 183, 725-794, 757 f., 769, 778 ff.; *Ströfer*, Schadensersatz und Kommerzialisierung, 1982, S. 61 ff., 269 ff.
[167] OLG Karlsruhe v. 19.10.1978 - 4 U 3/77 - NJW 1979, 599-601; *Oetker* in: MünchKomm-BGB, § 253 Rn. 22.
[168] BGH v. 27.06.1995 - VI ZR 32/94 - juris Rn. 7 - LM BGB § 249 (A) Nr. 109 (10/1995); *Oetker* in: MünchKomm-BGB, § 253 Rn. 22; *Ebert* in: Erman, § 253 Rn. 22. Ausführlich dazu m.w.N.: *Jaeger*, MDR 2004, 1280-1283.
[169] BGH v. 18.03.1980 - VI ZR 247/78 - juris Rn. 13 - BGHZ 76, 259-273; BGH v. 18.01.1983 - VI ZR 114/81 - juris Rn. 31 - BGHZ 86, 240-255; BGH v. 30.05.1995 - VI ZR 68/94 - juris Rn. 10 - LM BGB § 847 Nr. 98 (1/1996); *Ebert* in: Erman, § 253 Rn. 22; *Wagner* in: MünchKomm-BGB, § 823 Rn. 90 f.; hierzu kritisch *Zeuner* in: Soergel, 12. Aufl. 1999, § 847 Rn. 28, der einen umfassenderen Schmerzensgeldanspruch für angemessen hält, da es auch Aufgabe des Arztes sein kann, eine Patientin vor einer nicht mehr erwünschten Schwangerschaft und Geburt zu bewahren. Daher seien körperliche und seelische Belastungen, die sich aus dem Fortbestand der Schwangerschaft ergeben, zu berücksichtigen.
[170] BGH v. 08.11.1988 - VI ZR 320/87 - juris Rn. 19 - LM Nr. 103 zu § 823 (Aa) BGB; *Zeuner* in: Soergel, 12. Aufl. 1999, § 847 Rn. 28.

56 **Angehörige des Geschädigten** können als lediglich mittelbar Geschädigte Schmerzensgeld nur dann geltend machen, wenn ihre Beeinträchtigung in Gestalt eines **Schockschadens** selbst Krankheitswert (und damit den Stellenwert einer Rechtsgutsverletzung i.S.d. § 823 Abs. 1 BGB) erreicht. Einen indirekten Schmerzensgeldanspruch für Angehörige, die gleichsam als Reflex mitgelitten haben, kennt das Gesetz hingegen nicht. Die Auswirkung muss vielmehr nach Art und Schwere den Rahmen dessen, was nahe Angehörige in derartigen Fällen erfahrungsgemäß an Beeinträchtigungen erleiden, erheblich überschreiten. Damit werden solche Beeinträchtigungen ausgeschieden, bei denen sich lediglich das allgemeine Lebensrisiko verwirklicht.[171] Dazu beschränkt die Rechtsprechung den Kreis der Ersatzberechtigten auf nahe Angehörige, zu denen eine personale Sonderbeziehung besteht.[172] Schließlich muss die Reaktion im Rahmen des Verständlichen liegen, so dass eine ggf. vorhandene Überempfindlichkeit des Betroffenen nicht zu Lasten des Schädigers geht.[173] Im Gegensatz zur deutschen Rechtsordnung führt nach nahezu allen europäischen Rechtsordnungen der Verlust eines nahen Angehörigen zu einem Ersatzanspruch.[174] Im englischen Recht sieht z.B. section 1A des Fatal Accidents Act 1976 eine pauschale Abfindung für Schmerz und Trauer bei Verlust eines minderjährigen Kindes oder eines Ehepartners in Höhe von derzeit 11.800 £ vor. Dem deutschen Deliktsrecht ist Vergleichbares hingegen bisher fremd. Für mittelbar Geschädigte sind die Ansprüche aus den §§ 843, 844 BGB grundsätzlich abschließend (vgl. auch die Kommentierung zu § 843 BGB und die Kommentierung zu § 844 BGB). In jüngster Zeit sind die Stimmen wieder lauter geworden, welche der restriktiven Haltung der deutschen Rechtsprechung kritisch gegenüberstehen und teilweise auch für die deutsche Rechtsordnung die gesetzliche Verankerung eines Schmerzensgeldanspruches nach dem Tod oder auch nach einer schwersten Verletzung naher Angehöriger fordern.[175] In der Tat stellt es einen Wertungswiderspruch dar, dass für die entgangene Urlaubsfreude oder für den Nutzungsausfall eines privat genutzten Pkws Ersatz zu leisten ist, nicht aber für den Verlust eines nahen Angehörigen.

57 Bereits **vorhandene Vorschäden** können beim Schmerzensgeld anders als beim materiellen Schaden grundsätzlich zugunsten des Schädigers im Rahmen der Billigkeitserwägungen berücksichtigt werden.[176] Anders beim materiellen Schaden: Bei diesem kann der Schädiger nicht verlangen, so gestellt zu werden, als sei der Verletzte vollkommen gesund gewesen.[177]

58 Der **Ausfall eines geplanten Urlaubs** ist außerhalb von § 651f Abs. 2 BGB kein ersatzfähiger Schaden. Er kann aber bei der Bemessung des Schmerzensgeldes Berücksichtigung finden.[178] § 651f Abs. 2 BGB bildet insoweit eine weitere Ausnahme zu § 253 Abs. 1 BGB, als die Vorschrift den Ersatz im-

---

[171] BGH v. 11.05.1971 - VI ZR 78/70 - juris Rn. 7 - BGHZ 56, 163-173; BGH v. 31.01.1984 - VI ZR 56/82 - juris Rn. 10 - LM Nr. 66 zu § 823 (Aa) BGB; OLG Naumburg v. 11.12.2008 - 1 U 12/08 - MDR 2009, 867; LG München I v. 07.01.2009 - 9 O 20622/06 - FamRZ 1629-1630; OLG Karlsruhe v. 18.10.2011 - 1 U 28/11 - NZV 2012, 41-43 m. Anm. *Elsner/Schneider*, jurisPR-VerkR 24/2011, Anm. 1; *Grüneberg* in: Palandt, Vorbem. v. § 249 Rn. 40; *Medicus* in: Prütting/Wegen/Weinreich, § 253 Rn. 2; *Küppersbusch*, Ersatzansprüche bei Personenschaden, Rn. 304; *Medicus*, ZGS 2006, 103-107, 104; *Eilers*, ZfSch 2009, 248-253, 250.

[172] LG Tübingen v. 29.11.1967 - 1 S 107/67 - NJW 1968, 1187-1188; LG Stuttgart v. 05.09.1972 - 9 O 243/72 - VersR 1973, 648-649; LG Frankfurt v. 28.03.1969 - 2/12 O 50/67 - NJW 1970, 515; LG Bochum v. 21.07.2009 - 8 O 775/08 - Schaden-Praxis 2009, 400-401; vgl. auch *Jeinsen*, ZfSch 2008, 61-68; *Eilers*, ZfSch 2009, 248-253, 250. Zu nahen Angehörigen gehören auch Lebensgefährten, OLG Köln v. 16.09.2010 - 5 W 30/10 - juris Rn. 3, nicht aber Hundehalter, BGH v. 20.03.2012 - VI ZR 114/11 - juris Rn. 9 m. Anm. *Jahnke*, jurisPR-VerkR 9/2012, Anm. 1.

[173] *Oetker* in: MünchKomm-BGB, § 249 Rn. 152 und 189 ff.; *Kreft* in: BGB-RGRK, 12. Aufl. 1989, § 847 Rn. 21.

[174] *Klinger*, NZV 2005, 290-293, 290; *Huber*, NZV 2012, 5-11, 6; *Jaeger*, VVR 2012, 4-11, 4; *Luckey*, SVR 2012, 1-6, 1.

[175] Früher bereits: *Scheffen*, NZV 1995, 218-220; *Scheffen*, ZRP 1999, 189-193, *Bischoff*, MDR 2004, 557-559; aktuell: *Huber*, NZV 2012, 5-11; *Jaeger*, VVR 2012, 4-11; *Lewandowski*, AnwZert VerkR 19/2010, Anm. 3; *Luckey*, SVR 2012, 1-6.

[176] BGH v. 11.05.1971 - VI ZR 78/70 - juris Rn. 7 - BGHZ 56, 163-173; BGH v. 30.04.1996 - VI ZR 55/95 - juris Rn. 17 - BGHZ 132, 341-353; BGH v. 22.09.1981 - VI ZR 144/79 - juris Rn. 27 - LM Nr. 44 zu § 254 (Da) BGB; BGH v. 19.12.1969 - VI ZR 111/68 - VersR 1970, 281-284; BGH v. 05.11.1996 - VI ZR 275/95 - LM BGB § 847 Nr. 100 (3/1997); *Küppersbusch*, Ersatzansprüche bei Personenschaden, Rn. 292; *Lange/Schiemann*, Schadensersatz, 3. Aufl. 2003, § 7 V 3; *Oetker* in: MünchKomm-BGB, § 253 Rn. 39.

[177] Vgl. BGH v. 29.02.1956 - VI ZR 352/54 - BGHZ 20, 137-144, 139; BGH v. 06.10.1989 - VI ZR 241/88 - BGHZ 107, 359-367, 363; *Schiemann* in: Staudinger, § 249 Rn. 32 ff.

[178] BGH v. 11.01.1983 - VI ZR 222/80 - BGHZ 86, 212-217; *Grüneberg* in: Palandt, § 253 Rn. 16.

materiellen Schadens vorsieht.[179] Die Anwendung in der Rechtsprechung spricht überzeugenderweise für eine Ausnahme zu § 253 Abs. 1 BGB, da auch einem Schüler der Anspruch gewährt wurde, obwohl dieser seinen Urlaub nicht „erarbeitet" und somit „erkauft" hatte und daher auch keinen Vermögensschaden geltend machen konnte.[180]

Soweit in einer **körperlichen Verunstaltung** eine **Minderung der Heiratsaussichten** gesehen wird, kann dieser Umstand im Rahmen des Schmerzensgeldes zu berücksichtigen sein.[181] Dagegen kann dies nicht als materieller Schaden in Gestalt eines erschwerten Fortkommens nach § 842 BGB Berücksichtigung finden (vgl. die Kommentierung zu § 842 BGB Rn. 3).[182]

59

IV. Rechtsfolgen

1. Allgemeines

Der Richter hat die **Höhe der Entschädigung** unter Abwägung aller Umstände des Einzelfalles nach freiem Ermessen festzusetzen, wobei nicht gegen Rechtssätze, Denkgesetze oder Erfahrungssätze verstoßen werden darf.[183] Eine Aufzählung der relevanten Faktoren genügt daher nicht.[184] Dabei gelten nicht die **Grundsätze** des Vollbeweises aus § 286 ZPO, sondern die **des erleichterten Beweises** gem. § 287 ZPO mit einem geringeren Beweismaß, so dass bereits eine überwiegende Wahrscheinlichkeit ausreicht.[185] Dass „billig" insoweit nicht „besonders niedrig bemessen" meint, versteht sich von selbst. Der Tatrichter unterliegt bei der ihm obliegenden Ermessensentscheidung keiner betragsmäßigen Beschränkung, da es eine absolut angemessene Entschädigung für nichtvermögensrechtliche Nachteile schon der Natur der Sache nach nicht geben kann.[186]

60

Bei der **Ermittlung der zu berücksichtigenden Faktoren** steht der Richter in einem Spannungsfeld zwischen möglichst konkreter, individueller Erfassung und Abwägung der Umstände des Einzelfalles und den Grenzen des Justiziablen und Ermittelbaren: Die Ermittlung des angemessenen Schmerzensgeldes darf die Würde des Menschen und das Allgemeine Persönlichkeitsrecht des Verletzten nicht beeinträchtigen. Darauf ist insbesondere dann zu achten, wenn Persönlichkeitsmerkmale, Gefühlszustände oder Kategorien wie schön/hässlich, gut/schlecht eine Rolle spielen. In diesem Bereich darf der Richter nicht einfach seine eigenen Wertungen zum Maßstab machen.[187] Vielmehr gilt folgender Grundsatz: Die Bestimmung des Schmerzensgeldes ist so individuell wie möglich zu treffen, indes muss man in den problematisierten Bereichen und zur Sicherung der Vergleichbarkeit der zugesprochenen Schmerzensgelder[188] untereinander auf eine zumindest teilweise typisierende Betrachtung zurückgreifen. Es sind daher alle Umstände des Einzelfalles zu berücksichtigen, jedoch zugleich nach den äußeren Umständen vergleichbare Schmerzensgelder anzustreben.[189]

61

Hinsichtlich der tatsächlichen Verhältnisse kommt es nicht auf den Zeitpunkt der Verletzung, sondern auf den **Zeitpunkt der letzten mündlichen Verhandlung** vor dem Tatrichter an.[190] Daher sind auch

62

---

[179] *Grüneberg* in: Palandt, § 249 Rn. 70; *Sprau* in: Palandt, § 651f Rn. 1; *Lange/Schiemann*, Schadensersatz, 3. Aufl. 2003, § 6 XIV 4 b); *Medicus/Lorenz*, Schuldrecht I (AT), Rn. 714.

[180] BGH v. 21.10.1982 - VII ZR 61/82 - BGHZ 85, 168-173; *Lange/Schiemann*, Schadensersatz, 3. Aufl. 2003, § 6 XIV 4 b).

[181] RG v. 15.02.1913 - 384/12 VI - JW 1913, 543 - Steifheit des Armes; BGH v. 13.03.1959 - VI ZR 72/58 - LM Nr. 14 zu § 847 BGB; *Kreft* in: BGB-RGRK, 12. Aufl. 1989, § 847 Rn. 28; *Lorz*, Arzthaftung bei Schönheitsoperationen, 2007, S. 227.

[182] *Vieweg* in: Staudinger, § 842 Rn. 153 m.w.N.

[183] BGH v. 06.07.1955 - GSZ 1/55 - juris Rn. 26 - BGHZ 18, 149-168; BGH v. 24.05.1988 - VI ZR 159/87 - juris Rn. 7 - LM Nr. 77 zu § 847 BGB; *Oetker* in: MünchKomm-BGB, § 253 Rn. 36; *Musielak*, VersR 1982, 613-618; *Grüneberg* in: Palandt, § 253 Rn. 15; *Pardey* in: Geigel, Der Haftpflichtprozess, 26. Aufl. 2011, Kap. 7 Rn. 31.

[184] *Kreft* in: BGB-RGRK, 12. Aufl. 1989, § 847 Rn. 34 und 82.

[185] *Hartmann* in: Baumbach/Lauterbach, ZPO, § 287 Rn. 2 ff.; *Foerste* in: Musielak, ZPO, § 287 Rn. 6 ff. Ablehnend gegenüber Erwägungen, die Privilegierung des § 287 ZPO auch auf die Haftungsbegründung zu erstrecken: BGH v. 04.11.2003 - VI ZR 28/03 - NJW 2004, 777-779, 778 m.w.N.

[186] OLG München v. 26.03.2009 - 10 U 5757/08 - juris.

[187] *Stein* in: MünchKomm-BGB, 3. Aufl. 1997, § 847 Rn. 19 ff.

[188] BGH v. 19.12.1969 - VI ZR 111/68 - VersR 1970, 281-284; *Musielak*, VersR 1982, 613-618, 613 und 617.

[189] BGH v. 06.07.1955 - GSZ 1/55 - juris Rn. 26 - BGHZ 18, 149-168: Berücksichtigung aller Umstände des Einzelfalles; BGH v. 08.06.1976 - VI ZR 216/74 - LM Nr. 56 zu § 847 BGB: Verweis auf Schmerzensgeldtabellen, die vergleichbare Fälle enthalten; *Ebert* in: Erman, § 253 Rn. 30; *Zeuner* in: Soergel, 12. Aufl. 1999, § 847 Rn. 29..

[190] RG v. 04.04.1922 - 473/21 III - JW 1923, 174; OLG Nürnberg v. 13.07.1967 - 2 U 9/64 - VersR 1968, 359; *Kreft* in: BGB-RGRK, 12. Aufl. 1989, § 847 Rn. 34.

Veränderungen zwischen der ersten und dem Ende der letzten mündlichen Verhandlung in zweiter Instanz zu berücksichtigen.[191] Darüber hinaus ist aber auch die gesamte zukünftige Entwicklung, soweit sie bereits vorhergesehen werden kann, in die Erwägungen einzubeziehen.[192] Bloß mögliche künftige Schäden dürfen jedoch keine Berücksichtigung finden. Für sie kann im Falle ihres Eintretens – trotz der Einheitlichkeit des Schmerzensgeldanspruchs – ein ergänzender Anspruch aus § 253 Abs. 2 BGB bestehen, da die Rechtskraft des ursprünglichen Urteils, soweit über diesen Anspruch nicht entschieden wurde, nicht entgegensteht.[193] Dies ist allerdings dann gegenteilig zu beurteilen, wenn man der Auffassung folgt, dass § 253 Abs. 2 BGB ausschließlich eine Schadensumfangsnorm und kein eigenständiger Anspruch ist (vgl. Rn. 23). Hingegen ist wegen der Einheitlichkeit des Anspruchs die Zuerkennung eines Teilbetrages für einen bestimmten abgegrenzten Zeitraum in der Vergangenheit[194] oder eines Teilbetrages des aufgrund der bekannten Bemessungsfaktoren angemessenen Gesamtbetrages[195] ausgeschlossen.

63 Der Geschädigte ist bei der **Verwendung des zugesprochenen Schmerzensgeldes frei**. Insbesondere braucht er nicht darzulegen, dass er das zugesprochene Geld auch sinnvoll verwenden kann.[196]

64 Die Behandlung des Schmerzensgeldes ist bei der Ermittlung des Endvermögens für die **Berechnung des Zugewinnausgleichs** unter Ehegatten umstritten: Der BGH will den Schmerzensgeldanspruch bis zur Grenze der Härteklausel gem. § 1381 BGB berücksichtigen, da er zwar ein Anspruch eigener Art, aber dennoch eine objektivierbare Vermögensposition sei.[197] Die in der Literatur vertretene Gegenansicht hält dies für nicht vereinbar mit dem höchstpersönlichen Charakter des Anspruchs, weil eine Anrechnung eine nicht zu vertretende Zweckentfremdung bedeute. Da das Schmerzensgeld wegen der abschließenden Aufzählung in § 1374 Abs. 2 BGB nicht zum Anfangsvermögen gerechnet werden könne, sei eine Lösung des Problems entweder durch eine erweiternde Auslegung des § 1381 BGB oder durch generelle Nichtberücksichtigung zu suchen.[198]

65 In der Praxis ergibt sich eine wesentliche Erleichterung des Abwägungsvorganges durch **Schmerzensgeldtabellen**, die dem Richter eine Orientierungshilfe bieten.[199] Dennoch sind Schmerzensgeldtabellen keine „Gliedertaxen", wie sie z.B. das Sozialversicherungsrecht kennt.[200] Sie bilden nur den Ausgangspunkt für die tatrichterlichen Erwägungen zur Bemessung eines angemessenen Schmerzensgeldes und sind nur im Rahmen des allgemeinen Gleichheitsgrundsatzes als grober Orientierungsrahmen zu berücksichtigen. Sie können auch deshalb nicht mehr als eine Orientierungshilfe liefern, da sie aus Platzgründen die für die Bemessung des ausgeurteilten Schmerzensgeldes maßgeblichen Faktoren nur stichpunktartig wiedergegeben, ohne die Besonderheiten des individuellen Falles umfassend darzustellen. Zudem sind die Geldentwertung sowie die Tendenz zu einer großzügigeren Schmerzensgeldbemes-

---

[191] BGH v. 16.10.1962 - VI ZR 198/61 - NJW 1963, 393-395: Der Geschädigte war zum Zeitpunkt der Berufungsverhandlung bereits verstorben. Daher konnte nicht mehr die ursprünglich geschätzte Lebenserwartung zugrunde gelegt werden; *Kreft* in: BGB-RGRK, 12. Aufl. 1989, § 847 Rn. 34.

[192] RG v. 04.04.1922 - 473/21 III - JW 1923, 174; RG v. 12.10.1933 - VI 227/33 - JW 1934, 156; BGH v. 29.04.1953 - VI ZR 212/52 - BGHZ 9, 320-321; BGH v. 07.02.1995 - VI ZR 201/94 - juris Rn. 13 - LM BGB § 847 Nr. 95 (7/1995); *Kreft* in: BGB-RGRK, 12. Aufl. 1989, § 847 Rn. 34 und 51; *Zeuner* in: Soergel, 12. Aufl. 1999, § 847 Rn. 34.

[193] BGH v. 06.07.1955 - GSZ 1/55 - juris Rn. 41 - BGHZ 18, 149-168; *Küppersbusch*, Ersatzansprüche bei Personenschaden, Rn. 316; *Kreft* in: BGB-RGRK, 12. Aufl. 1989, § 847 Rn. 51; *Zeuner* in: Soergel, 12. Aufl. 1999, § 847 Rn. 34.

[194] OLG Düsseldorf v. 03.07.1995 - 1 U 134/94 - NJW-RR 1996, 927; OLG Oldenburg (Oldenburg) v. 20.10.1987 - 12 U 36/87 - ZfSch 1988, 240; *Küppersbusch*, Ersatzansprüche bei Personenschaden, Rn. 302; *Oetker* in: Münch-Komm-BGB, § 253 Rn. 60.

[195] OLG Stuttgart v. 12.02.2003 - 3 U 176/02 - juris Rn. 15 - NJW-RR 2003, 969-970.

[196] BGH v. 15.01.1991 - VI ZR 163/90 - juris Rn. 17 - LM Nr. 82 zu § 847 BGB; vgl. auch *Karakatsanes*, AcP 189, 19-50, 35 und 50; *Motzel*, FamRZ 1996, 844-850, 848.

[197] BGH v. 27.05.1981 - IVb ZR 577/80 - juris Rn. 7 - BGHZ 80, 384-389.

[198] *Schwab*, Handbuch des Scheidungsrechts, 6. Aufl. 2010, Kap. VII Rn. 59; so auch AG Hersbruck v. 23.01.2002 - 2 F 1082/01 - FamRZ 2002, 1476-1477; zustimmend: *Bergschneider*, FamRZ 2002, 1477; *Herr*, NJW 2008, 262-266 mit weiteren Lösungsansätzen.

[199] So *Hacks/Ring/Böhm*, SchmerzensgeldBeträge, 26. Aufl. 2008, passim und *Slizyk*, Beck'sche Schmerzensgeldtabelle, 7. Aufl. 2011, passim. Vgl. ferner OLG München v. 13.08.2010 - 10 U 3928/09 - juris Rn. 34; *Ebert* in: Erman, § 253 Rn. 30; *Küppersbusch*, Ersatzansprüche bei Personenschaden, Rn. 281; *Musielak*, VersR 1982, 613-618, 616 und 618.

[200] *Ebert* in: Erman, § 253 Rn. 30; *Zeuner* in: Soergel, 12. Aufl. 1999, § 847 Rn. 29.

sung zu beachten (vgl. Rn. 66).[201] Weder den Schmerzensgeldtabellen noch den darin aufgeführten einzelnen Urteilen kommt deshalb eine verbindliche Präjudizwirkung zu.[202] Der bloße Hinweis, dass es sich um einen „typischen" Fall handele und daher der angemessene Betrag der Tabelle entnommen werden könne, reicht in keinem Fall aus, um die richterliche Ermessensentscheidung zu begründen.[203] Gleichwohl trifft das Gericht eine gesteigerte Begründungspflicht, wenn es von der allgemein üblichen Größenordnung der Beträge, die in vergleichbaren Fällen zugesprochen wurden, abweichen will.[204]

In den letzten Jahren zeichnet sich bei der **Entwicklung der Schmerzensgeldhöhen** eine Tendenz zu – absolut gesehen – höheren Schmerzensgeldsummen ab: Dies lässt sich nicht nur mit der Geldentwertung, sondern auch mit einer veränderten Einstellung gegenüber immateriellen Schäden sowie den relativ hohen Summen, die im Bereich der Persönlichkeitsrechtsverletzungen zugesprochen wurden und die eine Anpassung im direkten Anwendungsbereich des § 253 Abs. 2 BGB erforderlich machten, erklären.[205] Dennoch wird hinsichtlich „brutaler Verbrechen" eine immer noch zu niedrige Spruchpraxis kritisiert.[206]

66

Versucht man – trotz der Schwierigkeiten eines solchen Vergleichs – eine Gegenüberstellung der Schmerzensgelder für Körperverletzungen mit denen für die Verletzung des Allgemeinen Persönlichkeitsrechts, so sucht man vergeblich eine Vergleichbarkeit. Während die Höhe des Schmerzensgeldes im Anwendungsbereich des § 253 Abs. 2 BGB nach fast allgemeiner Ansicht, insbesondere bei schweren Körperverletzungen, als zu niedrig empfunden wird (vgl. Rn. 66), hat die Rechtsprechung bei Verletzungen des Allgemeinen Persönlichkeitsrechts stets vergleichsweise großzügige Summen zugesprochen.[207] Diese stark unterschiedliche Bewertung lässt sich durch folgende Überlegung erklären: Während das Schmerzensgeld aus § 253 Abs. 2 BGB vor allem einen Ausgleich für die ertragene Unbill geben soll, ist dies bei der **Verletzung des Allgemeinen Persönlichkeitsrechts** regelmäßig nicht denkbar. Das zugesprochene Schmerzensgeld dient daher vornehmlich der Genugtuung,[208] aber auch Prävention (vgl. Rn. 43)[209] und Gewinnabschöpfung (vgl. Rn. 97),[210] um die Gewinnerzielungsabsicht[211] des Täters zu sanktionieren. Letzteres ist hoch umstritten, da der darin verborgene Strafgedanke

67

---

[201] *Lorenz*, Immaterieller Schaden und billige Entschädigung in Geld, 1981, S. 175 f., der sich insoweit mit deutlicher Kritik äußert; OLG München v. 26.03.2009 - 10 U 5757/08 - juris; LG Lübeck v. 09.07.2010 - 9 O 265/09 - juris Rn. 41, 43; OLG München v. 24.09.2010 - 10 U 2671/10 - juris Rn. 16-17; KG Berlin v. 16.02.2012 - 20 U 157/10 - juris Rn. 56.

[202] OLG München v. 26.03.2009 - 10 U 5757/08 - juris; LG Lübeck v. 09.07.2010 - 9 O 265/09 - juris Rn. 43; *Oetker* in: MünchKomm-BGB, § 253 Rn. 37.

[203] OLG München v. 26.03.2009 - 10 U 5757/08 - juris; OLG Frankfurt a.M. v. 19.08.2009 - 7 U 23/08 - NJW-RR 2009, 1684-1685.

[204] BGH v. 08.06.1976 - VI ZR 216/74 - VersR 1976, 967 f.; *Ebert* in: Erman, § 253 Rn. 30; *Musielak*, VersR 1982, 613-618.

[205] *Medicus/Lorenz*, Schuldrecht I (AT), Rn. 699; *Scheffen*, ZRP 1999, 189-193; OLG Frankfurt a.M. v. 19.08.2009 - 7 U 23/08 - NJW-RR 2009, 1684-1685.

[206] *Foerste*, NJW 1999, 2951-2952 mit erschütternden Beispielsfällen.

[207] Vgl. stellvertretend nur die Serie der Caroline von Monaco-Entscheidungen: BGH v. 15.11.1994 - VI ZR 56/94 - juris Rn. 85 - BGHZ 128, 1-16 - Caroline v. Monaco I; dazu *Prinz*, NJW 1995, 817-821; BGH v. 05.12.1995 - VI ZR 332/94 - juris Rn. 17 - LM BGB § 823 (Ah) Nr. 122 (5/1996) - Caroline v. Monaco II; BGH v. 12.12.1995 - VI ZR 223/94 - juris Rn. 15 - LM BGB § 823 (Ah) Nr. 121 (5/1996) - Caroline v. Monaco III; dazu *Prinz*, NJW 1996, 953-958; OLG Hamburg v. 25.07.1996 - 3 U 60/93 - NJW 1996, 2870-2874 - Caroline v. Monaco IV (180.000 DM Entschädigung); dazu *Seitz*, NJW 1996, 2848-2850; LG Berlin v. 11.12.2001 - 27 O 461/01; OLG Hamburg v. 10.10.2000 - 7 U 138/99 - OLGR Hamburg 2001, 139-143; vgl. auch schon: BGH v. 18.03.1959 - IV ZR 182/58 - juris Rn. 27 - BGHZ 30, 7-18 - Caterina Valente.

[208] BGH v. 14.02.1958 - I ZR 151/56 - juris Rn. 23 - BGHZ 26, 349-359 - Herrenreiter, noch auf § 847 analog gestützt; BGH v. 19.09.1961 - VI ZR 259/60 - juris Rn. 14 - BGHZ 35, 363-370 - Ginsengwurzel; BGH v. 05.12.1995 - VI ZR 332/94 - juris Rn. 14 - LM BGB § 823 (Ah) Nr. 122 (5/1996) - Caroline v. Monaco II; BGH v. 12.12.1995 - VI ZR 223/94 - juris Rn. 14 - LM BGB § 823 (Ah) Nr. 121 (5/1996) - Caroline v. Monaco III; *Rixecker* in: MünchKomm-BGB, § 12 Anh. Rn. 238; *Sprau* in: Palandt, § 823 Rn. 124.

[209] BGH v. 15.11.1994 - VI ZR 56/94 - BGHZ 128, 1-16 - Caroline v. Monaco I; BGH v. 05.12.1995 - VI ZR 332/94 - juris Rn. 14 - LM BGB § 823 (Ah) Nr. 122 (5/1996) - Caroline v. Monaco II; BGH v. 12.12.1995 - VI ZR 223/94 - juris Rn. 14 - LM BGB § 823 (Ah) Nr. 121 (5/1996) - Caroline v. Monaco III; *Emmerich*, Schuldrecht, Besonderer Teil, § 22 Rn. 26; *Lange*, VersR 1999, 274-282; *Sprau* in: Palandt, § 823 Rn. 124.

[210] BGH v. 15.11.1994 - VI ZR 56/94 - BGHZ 128, 1-16 - Caroline v. Monaco I; *Sprau* in: Palandt, § 823 Rn. 124 f.; *Steffen*, NJW 1997, 10-14, der jede allgemeingültige „Berechnungsformel" ablehnt.

[211] BGH v. 15.11.1994 - VI ZR 56/94 - juris Rn. 85 - BGHZ 128, 1-16 - Caroline v. Monaco I.

dem Privatrecht grundsätzlich fremd ist. Dennoch wird diese Rechtsprechung heute weitgehend als gesicherter Bestandteil des Privatrechts akzeptiert.[212] Insgesamt wird nach der Rechtsprechung im Gegensatz zu den Fällen des § 253 Abs. 2 BGB mehr auf den Schädiger und dessen Verhältnisse abgestellt als auf den Geschädigten.[213] Dass das Schmerzensgeld bei schweren Verletzungen häufig nur ein „Trostpflaster" ist, ein Eingriff in Persönlichkeitsrechte (z.B. ein nicht genehmigtes Foto in der Regenbogenpresse) hingegen aber ein kleines Vermögen einbringen kann,[214] ist nur schwer hinzunehmen.[215] Der von der Rechtsprechung entwickelte Anspruch ist stark vom angloamerikanischen Richterrecht geprägt, das bezüglich der Größenordnung des Ersatzes für immateriellen Schaden in anderen Dimensionen denkt.[216] Diese Prägung wirkt aber in dem entwickelten Anspruch fort und führt zu Verwerfungen im Vergleich mit dem direkten Anwendungsbereich des § 253 Abs. 2 BGB. Eine Lösung kann nur durch eine Anhebung der konventionellen Schmerzensgelder oder durch eine Reduzierung der Ansprüche bei Verletzung des Allgemeinen Persönlichkeitsrechts erfolgen.

2. Bemessung der Entschädigung

a. Verhältnisse des Geschädigten

68 Bei der Bemessung des Schmerzensgeldes bildet auf Seiten des Geschädigten das **Ausmaß der Lebensbeeinträchtigung**, d.h. Art, Schwere sowie Dauer der Beeinträchtigungen, Leiden und Schmerzen, den entscheidenden Maßstab für die Bemessung des Schmerzensgeldes.[217] Dabei kommt vor allem die Ausgleichsfunktion zum Tragen.[218] Bei der Bemessung der Höhe des Schmerzensgelds für psychi-

---

[212] Im Ergebnis zustimmend: *Wagner*, JZ 2004, 319-331, 322, der jedoch anmerkt, dass für das gewünschte Ergebnis eine eigens entwickelte Präventionsfunktion nicht erforderlich sei; eher krit. *Grüneberg* in: Palandt, § 253 Rn. 10; *Schwerdtner*, JuS 1978, 289-299, 296 f.; *Seitz*, NJW 1996, 2848-2850.

[213] *von Bar*, NJW 1980, 1724-1729, 1729.

[214] Vgl. z.B. LG Oldenburg (Oldenburg) v. 27.10.1994 - 5 O 932/94 - NJW-RR 1995, 1427-1429: 15.000 DM für hohen Verwaltungsbeamten (Stadtdirektor), der in regionalem Anzeigenblatt ohne sachlichen Grund als „allergrößte Pfeife" bezeichnet wurde; OLG Bremen v. 01.11.1995 - 1 U 51/95 - NJW 1996, 1000-1001: 30.000 DM für Manager eines Fußballvereins, der in einer Buchveröffentlichung mit dem kommunistischen Geheimdienst KGB in Verbindung gebracht wurde; OLG München v. 22.10.2003 - 21 U 2540/03 - OLGR München 2004, 62-63: 10.000 € für den Betreuer eines Straftäters, dessen Foto versehentlich anstelle der Abbildung des Straftäters veröffentlicht wurde; OLG Hamburg v. 01.06.1995 - 3 U 148/94 - NJW-RR 1996, 90-93: 50.000 DM für einen Geschäftsmann, über den in einer Fernsehsendung fälschlicher Weise ehrenrührige Tatsachen (Finanzierung eines Rennwagen-Teams mit Drogengeldern) behauptet wurden; LG München I v. 22.02.2006 - 21 O 17367/03 - juris Rn. 37: 1,2 Mio. € für den ungenehmigten Abdruck eines 10 x 14 mm großen Fotos von Boris Becker auf einem sog. Zeitungs-Dummy; der BGH (Urt. v. 29.10.2009 - I ZR 65/07) hat unter teilweiser Aufhebung des Urteils die Sache zurückverwiesen. Zum Vergleich: LG Flensburg v. 29.01.1999 - 2 O 459/98 - NJW 1999, 1640-1642: 12.000 DM bei mehrfacher, besonders brutaler Vergewaltigung aus Verärgerung über Trennung nach langjähriger Beziehung; LG Osnabrück v. 21.10.1997 - 7 O 137/97: 30.000 DM Schmerzensgeld für Vergewaltigung „bei mittelschwerer Tatausführung"; OLG Düsseldorf v. 06.07.1990 - 22 U 61/90 - VersR 1992, 462: 30.000 DM für einen 16-jährigen Jungen, der aufgrund eines Schusses mit einer Luftpistole auf einem Auge erblindet ist und dauerhaft mit MdE von 30% davontrug; OLG Hamm v. 08.01.1996 - 6 U 146/95 - OLGR Hamm 1996, 64-65: 50.000 DM für eine 18-jährige Bankkauffrau nach einem Wirbelbruch mit anschließender Versteifung der Wirbelsäule, daraus folgenden neurologischer Ausfällen im rechten Bein und einer operationsbedürftigen Dickdarmverletzung; LG Osnabrück v. 21.11.2001 - 10 O 907/00: 20.000 € bei Blindheit auf einem Auge nach Bruch der Augenhöhle; LG Bielefeld v. 22.11.2005 - 2 O 23/04: 75.000 € bei Notamputation des linken Vorfußes vor Ort nach einem Verkehrsunfall mit einem Zug; LG Arnsberg v. 19.10.2006 - 14 U 27/04: 45.000 € bei teilweisem Verlust des rechten Arms bei einem 13-jährigen Jungen.

[215] So bereits *Hupfer*, JZ 1977, 781-785, 783; kritisch auch *Medicus* in: Prütting/Wegen/Weinreich, § 253 Rn. 26.

[216] *Seitz*, NJW 1996, 2848-2850 mit eindrucksvollen Beispielen.

[217] Grundsatzentscheidung des Großen Senats für Zivilsachen: BGH v. 06.07.1955 - GSZ 1/55 - juris Rn. 42 - BGHZ 18, 149-168; BGH v. 13.10.1992 - VI ZR 201/91 - juris Rn. 30 - BGHZ 120, 1-9; BGH v. 14.01.1992 - VI ZR 120/91 - juris Rn. 8 - LM BGB § 823 (F) Nr. 53 (10/1992); OLG Köln v. 13.02.2006 - 5 W 181/05 - juris Rn. 2; OLG Brandenburg v. 20.12.2007 - 12 U 141/07 - juris Rn. 22; OLG Oldenburg (Oldenburg) v. 20.06.2008 - 11 U 3/08 - ZfSch 2009, 436-439, 436; Hans. OLG Bremen v. 16.03.2012 - 3 U 6/12 juris Rn. 23; *Teichmann* in: Jauernig, BGB-Kommentar, § 253 Rn. 5; *Müller*, VersR 1993, 909-916, 911.

[218] *Kreft* in: BGB-RGRK, 12. Aufl. 1989, § 847 Rn. 35; *Küppersbusch*, Ersatzansprüche bei Personenschaden, Rn. 274.

sche Schäden zeigt sich die Rechtsprechung allgemein eher zurückhaltend.[219] Neben gesundheitlichen Beeinträchtigungen können auch ästhetische Beeinträchtigungen die Höhe des Schmerzensgeldes beeinflussen, wenn sie zu einem Verlust an Lebensfreude führen.[220]

Umstritten ist die Behandlung einer **Schädigung der Leibesfrucht**: Eine Ansicht ordnet sie als selbstständiges Leben ein, so dass es an einer Körperverletzung der Mutter insoweit fehlt und eine Berücksichtigung allenfalls im Rahmen von Schockschäden in Betracht kommt.[221] Die Gegenansicht betrachtet Mutter und Fötus vor der Geburt als rechtliche Einheit, so dass eine Körperverletzung der Mutter anzunehmen ist.[222]

69

Bestimmte **Vorschädigungen** können zu einer deutlich erhöhten Belastung des Geschädigten führen, was bei der Bemessung des Schmerzensgeldes zu berücksichtigen ist: So trifft z.B. der Verlust eines Beines einen bereits einseitig Beinamputierten oder der Verlust eines Auges einen bereits Halbblinden besonders hart.[223] Auch ein psychisch labiler, besonders empfindsamer Mensch kann besonders schwer getroffen sein.[224] Ferner kommt eine besondere Schmerzempfindlichkeit als Grund für eine Erhöhung der Entschädigung gegenüber dem Regelrahmen in Betracht.[225] **Außergewöhnlich negative Konsequenzen** sind z.B.: Verlust bestimmter Sinne[226], Konzentrations-, Denk- und Gedächtnisschwäche, Minderung der Potenz[227], Verlust der Orgasmus-[228], Zeugungs-[229] oder Gebärfähigkeit[230], Ungewissheit über die weitere Entwicklung infolge der Schädigung[231].

70

---

[219] *Eilers*, ZfSch 2009, 248-253, 253.
[220] OLG München v. 19.09.1985 - 24 U 117/85 - MedR 1988, 187-189; OLG Köln v. 17.09.1987 - 7 U 58/87 - VersR 1988, 1049-1050; LG Köln v. 11.10.2000 - 25 O 63/00 - VersR 2001, 1382-1383; OLG Jena v. 28.10.2008 - 5 U 596/06 - NJW-RR 2009, 1248-1250; OLG Bremen v. 11.07.2011 - 3 U 69/10 - NJW-RR 2012, 92-94; *Lorz*, Arzthaftung bei Schönheitsoperationen, 2007, S. 224-225.
[221] OLG Düsseldorf v. 09.11.1987 - 8 W 56/87 - NJW 1988, 777-778; OLG Hamm v. 22.04.1991 - 3 U 129/85 - VersR 1992, 876; *Küppersbusch*, Ersatzansprüche bei Personenschaden, Rn. 294.
[222] OLG Koblenz v. 28.01.1988 - 5 U 1261/85 - NJW 1988, 2959-2960; OLG Oldenburg (Oldenburg) v. 14.05.1991 - 5 U 22/91 - NJW 1991, 2355-2356.
[223] *Oetker* in: MünchKomm-BGB, § 253 Rn. 39; *Kreft* in: BGB-RGRK, 12. Aufl. 1989, § 847 Rn. 38.
[224] BGH v. 01.07.1958 - VI ZR 163/57 - VersR 1958, 552.
[225] *Oetker* in: MünchKomm-BGB, § 253 Rn. 40.
[226] Geruchssinn: OLG Frankfurt v. 25.02.1986 - 8 U 87/85 - ZfSch 1987, 262, Geschädigter war Koch; OLG Köln v. 17.02.1993 - 27 U 42/92 - NJW-RR 1993, 919-920; OLG Oldenburg (Oldenburg) v. 21.01.1991 - 1 U 164/90 - DAR 1991, 302-303; OLG München v. 21.12.1964 - 5b U 1339/64 - VersR 1966, 569-571; Erblindung: OLG Hamm v. 15.05.1995 - 3 U 287/93 - VersR 1996, 756-758, Netzhautablösung bei einem Frühgeborenen infolge unterbliebener Vorsorgeuntersuchung; OLG Frankfurt v. 21.02.1996 - 23 U 171/95 - ZfSch 1996, 131-132, schleichende Erblindung eines Dreijährigen nach Explosion einer Limonadenflasche; OLG Saarbrücken v. 16.05.1986 - 3 U 103/84 - NJW-RR 1987, 984.
[227] OLG Karlsruhe v. 10.04.1968 - 7 U 94/67 - MDR 1968, 840, weitgehender Potenzverlust infolge Verletzung der Geschlechtsteile durch Hundebiss; OLG Frankfurt v. 21.03.1990 - 7 U 126/88 - NJW-RR 1990, 990-991, Potenzverlust als Nebenfolge einer Querschnittslähmung.
[228] OLG Köln v. 20.09.1990 - 18 U 23/89 - VersR 1992, 888, unfallbedingter Verlust der sexuellen Erlebnisfähigkeit einer jungen Frau.
[229] OLG Nürnberg v. 23.09.1997 - 1 U 1983/97 - VersR 1998, 594-595, Absterben eines Hodens bei Fünfjährigem infolge ärztlichen Diagnosefehlers; OLG Köln v. 23.01.2002 - 5 U 85/01 - OLGR Köln 2003, 45-47, Verlust eines Hodens bei Fünfzehnjährigem infolge ärztlicher Diagnoseverzögerung; OLG Saarbrücken v. 17.02.1988 - 1 U 31/86 - NJW-RR 1988, 1492-1494, Verlust der Beiwohnungs- und Zeugungsfähigkeit wegen Verlusts beider Hoden durch Dackelbiss; LG Wiesbaden v. 07.08.1991 - 14 O 110/88 - ZfSch 1992, 372-373, operationsbedingter Verlust der Ejakulationsfähigkeit; LG Chemnitz v. 26.01.2007 - 4 O 243/04 - Schadens-Praxis 2008, 11, Verlust eines Hodens und Samentransportstörung aus dem verbliebenen Hoden infolge Verkehrsunfalls.
[230] *Oetker* in: MünchKomm-BGB, § 253 Rn. 40.
[231] OLG Celle v. 10.12.1986 - 9 U 5/86 - NJW-RR 1987, 283-284, nach Verlust einer Niere: dauerhafte Sorge vor Schädigung oder Verlust der verbliebenen; OLG Frankfurt v. 11.11.1993 - 12 U 162/92 - DAR 1994, 119-120, längere Ungewissheit für junge Frau, ob Nase und Gesicht dauerhaft wiederhergestellt werden können; OLG Hamm v. 08.03.1995 - 3 U 235/93 - VersR 1996, 892-894, Ungewissheit über körperliche Folgen ärztlicher Fehlbehandlung; OLG Karlsruhe v. 09.12.1987 - 7 U 62/85 - VersR 1988, 1134-1135, langjährige „Krebsangst" wegen mangelnder ärztlicher Aufklärung; OLG Köln v. 16.02.1995 - 5 U 42/94 - OLGR Köln 1995, 300-301, psychische Belastung infolge möglicher späterer Komplikationen.

71 Allerdings kann – im Gegensatz zum Ersatz materieller Schäden – eine **bereits vorhandene Disposition** des Opfers auch zugunsten des Schädigers in Ansatz gebracht werden, falls dieser zwar die Schäden ausgelöst hat, diese aber nicht nur unwesentlich von der Vorveranlagung des Geschädigten abhängen.[232] So kann z.B. bei einer im Verletzten angelegten neurotischen Fehlentwicklung, die in Zusammenhang mit dem Unfall eine für sich betrachtet ersatzpflichtige Neurose ausgelöst hat, als vorhandene Schadensbereitschaft im Rahmen der Billigkeit zugunsten des Schädigers berücksichtigt werden.[233] Überdies kann eine bereits vorhandene Beeinträchtigung des Opfers die Auswirkungen der Schädigung u.U. relativieren. Dies ist auch beim Schmerzensgeld zu berücksichtigen. Beispielsweise wird vertreten, dass für einen Querschnittsgelähmten, der ohnehin an den Rollstuhl gefesselt ist, der Verlust eines Beines weniger schwer wiegt, da er in seiner Gehfähigkeit nicht stärker beeinträchtigt ist als vorher.[234] Andererseits sind die psychische Belastung und der kosmetische Aspekt für einen Querschnittsgelähmten nicht anders zu bewerten als für einen gesunden Menschen. Schon dieses Beispiel zeigt, auf welch heiklem Gebiet sich der Richter bei solchen „Kompensationsüberlegungen" bewegt: Hier ist ein ausgesprochen vorsichtiges, subtiles Vorgehen und Abwägen gefordert. Insbesondere müssen geringe Vorschädigungen irrelevant sein, um zu vermeiden, dass der Richter geistige und körperliche Fähigkeiten des Opfers vor der Verletzung bewerten muss.[235] So darf etwa der schon vorher eher schlechte Geruchssinn bei dessen Verlust oder die vorherige starke Kurzsichtigkeit bei Erblindung keine Rolle spielen.

72 Auch das **Alter** ist in die Bemessung des Anspruches miteinzubeziehen: Bei jüngeren Menschen lässt die regelmäßig höhere Lebenserwartung und die somit bei Dauerschäden länger zu erduldende Beeinträchtigung eine Anhebung gerechtfertigt erscheinen.[236] Andererseits kann bei älteren Menschen der Heilungsablauf erschwert sein, was die geringere Lebenserwartung im Verhältnis wieder relativieren kann.[237] Außerdem können sich jüngere Menschen z.B. auf den Verlust eines Körperteils besser einstellen als ältere.[238] Bei jüngeren Menschen, insbesondere bei Frauen, wird vertreten, dass z.B. bei einer Entstellung u.U. mit einer Minderung der Heiratsaussichten (vgl. Rn. 59) zu rechnen ist, so dass sich Alter und ggf. Geschlecht auch insoweit auswirken können.[239] Heute ist diese Argumentation jedoch

---

[232] BGH v. 30.04.1996 - VI ZR 55/95 - juris Rn. 17 - BGHZ 132, 341-353; BGH v. 16.11.1961 - III ZR 189/60 - LM Nr. 20 zu § 847 BGB; BGH v. 22.09.1981 - VI ZR 144/79 - juris Rn. 27 - LM Nr. 44 zu § 254 (Da) BGB; BGH v. 19.12.1969 - VI ZR 111/68 - VersR 1970, 281-284; *Kreft* in: BGB-RGRK, 12. Aufl. 1989, § 847 Rn. 38, a.A. BGH v. 15.10.1968 - VI ZR 226/67 - VersR 1969, 43-44.

[233] *Küppersbusch*, Ersatzansprüche bei Personenschaden, Rn. 292 m.w.N.

[234] Beispiel nach *Stein* in: MünchKomm-BGB, 3. Aufl. 1997, § 847 Rn. 29.

[235] Vgl. *Stein* in: MünchKomm-BGB, 3. Aufl. 1997, § 847 Rn. 29.

[236] RG v. 07.04.1932 - VI 496/31 - RGZ 136, 60-62, ältere Menschen leiden nicht mehr so lange an Dauerschäden, so dass ein eher knappes Schmerzensgeld gerechtfertigt sein kann; BGH v. 22.09.1977 - III ZR 117/75 - juris Rn. 35 - LM Nr. 33 zu § 839 BGB, Oberschenkelhalsbruch bei 88-jähriger Frau - Dauerbeeinträchtigung wegen des hohen Alters zwar geringer, aber schlechterer Heilungsverlauf; insofern entsteht der Eindruck, es erfolge eine Saldierung, bei der dann die beiden Faktoren einander aufheben. Geringes Alter Schmerzensgeld erhöhend berücksichtigt: OLG Celle v. 26.11.1992 - 5 U 245/91 - VersR 1993, 976-977, unfallbedingte Querschnittslähmung einer 24-jährigen Frau; OLG Düsseldorf v. 10.02.1992 - 1 U 218/90 - NJW-RR 1993, 156-159, Lähmung bis zum Hals bei einem 33-Jährigen; OLG Frankfurt v. 21.02.1996 - 23 U 171/95 - ZfSch 1996, 131-132, Dreijähriger erblindet; OLG Frankfurt v. 17.03.1966 - 12 U 4/65 - VersR 1967, 884-886, Querschnittslähmung einer 13-Jährigen nach Sturz aus Schiffschaukel; KG Berlin v. 29.07.2004 - 8 U 54/04 - juris Rn. 24 - KGR Berlin 2004, 510-513, Amputation beider Beine und Schädelfraktur bei 22-Jährigem nach Stoß vor einfahrende U-Bahn; OLG Köln v. 17.05.2006 - 19 U 37/06 - NJW-RR 2007, 174-175, Verlust von zwei Schneidezähnen bei einem 9-Jährigen anlässlich einer Prügelei unter Minderjährigen; LG Freiburg v. 09.10.2006 - 6 O 489/04 - NJW-RR 2007, 534-536, Desinfektionsmittelverätzung im Dammbereich bei einem 13-Jährigen; OLG München v. 24.09.2010 - 10 U 2671/10 - juris Rn. 21; *Luckey*, VRR 2011, 406-408, 407.

[237] OLG Köln v. 29.09.2006 - 19 U 193/05 - VersR 2007, 259-260; *Berger*, VersR 1977, 877-881, 880; *Luckey*, VRR 2011, 406-408, 408.

[238] *Kreft* in: BGB-RGRK, 12. Aufl. 1989, § 847 Rn. 40.

[239] BGH v. 18.12.1979 - VI ZR 52/78 - LM Nr. 11 zu § 11 AVB f KraftVers, Beinamputation; KG Berlin v. 16.04.1991 - 9 U 3177/90 - RuS 1992, 92, einseitige Erblindung einer Vierjährigen mit kosmetischen Auswirkungen; OLG Nürnberg v. 11.05.1970 - 5 U 148/69 - VersR 1971, 89, Erforderlichkeit einer Zahnprothese bei 20-jähriger Frau; KG Berlin v. 29.07.2004 - 8 U 54/04 - juris Rn. 26 - KGR Berlin 2004, 510-513, Amputation beider Beine und Schädelfraktur bei 22-Jährigem nach Stoß vor einfahrende U-Bahn; *Oetker* in: MünchKomm-BGB, § 253 Rn. 40.

in doppelter Hinsicht fragwürdig geworden: Zum einen stellt sich die Frage, ob eine besondere Berücksichtigung von Entstellungen gerade bei Frauen unter Gleichheitsgesichtspunkten (Art. 3 GG) noch vertretbar ist, zum anderen ist der gesellschaftliche Wandel zu beachten, der der Heirat nicht mehr ausnahmslos einen besonderen Stellenwert zuweist.[240]

Eine **regelmäßig ausgeübte Freizeitbeschäftigung**, die nicht mehr oder nur unter erschwerten Bedingungen ausgeübt werden kann, kann ebenfalls zu berücksichtigen sein. Dabei ist der tatsächliche Stellenwert, den das Hobby für die Lebensgestaltung gespielt hat, der ausschlaggebende Faktor.[241] Der finanzielle Aufwand im Verhältnis zum Einkommen des Opfers kann indizielle Bedeutung haben.[242] Allerdings beeinflusst eine Beeinträchtigung der Freizeitbetätigungsmöglichkeit nicht in jedem Fall die Höhe des Schmerzensgeldes.[243] Mit Recht äußerte sich kritisch dazu *Stein*,[244] die anmerkte, es sei problematisch, die Belastungen z.B. für einen Wettkampfsportler einerseits zu berücksichtigen, den Verlust der Möglichkeit, ruhig im Sessel zu sitzen und Zeitung oder ein Buch zu lesen, hingegen nicht anzuerkennen, da es sich hierbei nicht um eine Freizeitbeschäftigung der oben genannten Art handelt. Hier sei die Grenze zum richterlichen Urteil über die Art und Weise der persönlichen Lebensgestaltung überschritten.

73

Hinsichtlich der – insbesondere mit einer herausragenden oder besonders angesehenen **beruflichen Tätigkeit**[245] verbundenen – Selbstverwirklichung und des Ansehens gilt, dass diese im Rahmen des Schmerzensgeldes zu berücksichtigen sein können.[246] Allerdings ist zu beachten, dass es nicht um den Ausgleich des materiellen Schadens, der bereits beim Vermögensschaden zu berücksichtigen ist, gehen kann. Dabei ist es möglich, dass einer Verletzung gerade im Zusammenhang mit dem Beruf des Opfers ein besonders schweres Gewicht zukommt: z.B. der – sprichwörtliche – kleine Finger des Pianisten, der Verlust des Geruchssinns bei einem Koch[247], Entstellungen im Gesicht einer Kosmetikerin[248], aber auch sonstige Beeinträchtigungen, die die Berufsausübung erschweren oder unmöglich machen[249]. Bereits das Durchkreuzen einer Berufsausbildung oder eines Berufszieles kann – falls dieses bereits hinreichend durch Tatsachen manifestiert ist – relevant sein.[250]

74

Hinsichtlich der Berücksichtigung der **wirtschaftlichen**[251] **Situation des Geschädigten** divergieren die Ansichten: Nach einer Auffassung darf dem materiell besser gestellten Geschädigten aufgrund seiner bisherigen Lebensgestaltungsmöglichkeiten, die er aufgrund der Schädigung u.U. nur noch einge-

75

---

[240] Vgl. auch OLG Hamburg v. 19.08.1986 - 7 U 64/85 - VersR 1988, 720, Entstellungen von Gesicht und Arm einer 17-Jährigen; das Gericht will – anders als die Vorinstanz – die verminderten Heiratschancen nicht berücksichtigen und berücksichtigt erhöhend allein das jugendliche Alter.

[241] OLG Jena v. 24.11.1998 - 8 U 621/98 (100), 8 U 621/98 - NJW-RR 2000, 103, Spitzensportler im Gehen kann seinen Sport nicht mehr ausüben; der Geschädigte belegte auf nationaler Ebene die Plätze 4-6 im 50 km-Gehen und bereitete sich auf eine Teilnahme an den Olympischen Spielen vor.

[242] *Ebert* in: Erman, § 253 Rn. 16, die eine Berücksichtigung befürwortet.

[243] AG Viersen v. 10.12.1998 - 3 C 317/98 - MDR 1999, 360: Die Hinderung an der Ausübung des Reitsports ist bei einer Dauer von lediglich zwei Monaten bei der Bemessung des Schmerzensgeldes nicht zu berücksichtigen.

[244] *Stein* in: MünchKomm-BGB, 3. Aufl. 1997, § 847 Rn. 25.

[245] *Stein* in: MünchKomm-BGB, 3. Aufl. 1997, § 847 Rn. 24, die hier eine Differenzierungsmöglichkeit nach der sozialen Stellung erkennt und befürwortet.

[246] BGH v. 08.06.1976 - VI ZR 216/74 - LM Nr. 56 zu § 847 BGB.

[247] OLG Frankfurt v. 25.02.1986 - 8 U 87/85 - ZfSch 1987, 262.

[248] OLG München v. 30.11.1984 - 10 U 2344/84 - ZfSch 1985, 2.

[249] OLG Frankfurt v. 22.09.1993 - 9 U 75/92 - DAR 1994, 21-23, Querschnittslähmung eines 24-Jährigen, der den Skisport nicht mehr ausüben und die erstrebte Familiengründung nicht mehr umsetzen kann; OLG Hamm v. 15.12.1994 - 27 U 39/94 - VersR 1996, 243-246, Knieverletzung bei einer Wirtschaftsprüferin im Außendienst; OLG Oldenburg (Oldenburg) v. 21.01.1991 - 13 U 164/90 - DAR 1991, 302-303, Minderung der Erwerbsfähigkeit bei einer 26-jährigen Chemielaborantin um 60%; der Beruf kann nicht mehr ausgeübt werden.

[250] OLG Köln v. 23.01.1991 - 11 U 146/90 - RuS 1991, 416-417: Minderung der Erwerbsfähigkeit um 90%, der Berufswunsch Hubschrauberpilot kann nicht weiterverfolgt werden; OLG Nürnberg v. 12.12.2008 - 5 U 953/04 - VersR 2009, 1079-1084: behandlungsfehlerbedingte Aufgabe des Medizinstudiums, nachdem der durch ein Hochbegabtenstipendium geförderte Geschädigte mit der Abiturnote 1,0 im Physikum und im ersten Staatsexamen noch zu den besten 10% der Prüfungsteilnehmer gehörte; OLG München v. 24.09.2010 - 10 U 2671/10 - juris Rn. 23.

[251] Die sozialen Verhältnisse des Geschädigten, wie etwa die Integration in einen soliden Familienverband und die intensive Fürsorge durch Angehörige und Freunde sind bei der Schmerzensgeldbemessung nicht zu Gunsten des Schädigers zu berücksichtigen: OLG Celle v. 05.02.2004 - 14 U 163/03 - NJW-RR 2004, 827-828, 828.

schränkt ausnutzen kann, nicht mehr gewährt werden, als dem eher armen Geschädigten.[252] Umgekehrt dürfe auch nicht darauf abgestellt werden, dass der besonders Betuchte das Schmerzensgeld als Ausgleich überhaupt nicht benötige.[253] Auch der wirtschaftlich eher schlecht situierte Geschädigte dürfe nicht darauf verwiesen werden, er sei schon mit einem eher geringen Betrag zufrieden zu stellen, da er ohnehin nicht mehr gewohnt sei.[254] Der Wert der Persönlichkeit und damit auch der des Schmerzensgeldes dürfe nicht nach Armut oder Reichtum des Betroffenen bemessen werden.[255] Die wirtschaftliche Lage des Geschädigten sei nicht ohne Belang, in den meisten Fällen aber von untergeordneter Bedeutung.[256] Nach der Gegenauffassung können die Vermögensverhältnisse des Geschädigten für die Bemessung der Entschädigung von Bedeutung sein.[257] Der Große Senat spricht in seiner Grundsatzentscheidung diese Frage nur kurz an und weist darauf hin, dass bei „besonders günstigen Vermögensverhältnissen" des Geschädigten die Ausgleichsfunktion gegenüber der Genugtuungsfunktion zurücktreten könne, da dem Schädiger ein Ausgleich durch finanzielle Mittel in diesen Fällen ohnehin unmöglich sei.[258] Andererseits hält es der Große Senat auch für möglich, dass im Einzelfall bei einem wirtschaftlich günstig gestellten Geschädigten aus genau diesem Grund eine Anhebung des Schmerzensgeldes erforderlich ist.[259] Eine klare Linie ist daher nicht erkennbar. Letztlich ist die Nichtberücksichtigung der Vermögensverhältnisse überzeugender: Die wirtschaftliche Situation des Opfers als solche bildet keinen geeigneten Maßstab für die Bemessung des Schmerzensgeldes. Vielmehr ist auf die einzelnen bereits behandelten und noch zu behandelnden Punkte abzustellen. In deren Rahmen – und damit indirekt – kann sich die finanzielle Situation ggf. auswirken.

76 Auch eine **deutliche Persönlichkeitsveränderung** ist beim Schmerzensgeld zu berücksichtigen.[260] Ferner können ein **komplizierter und langwieriger Heilungsverlauf sowie bleibende Beeinträchtigungen** Grund für eine erhöhte Festsetzung des Schmerzensgeldes sein.[261] Auch ein **ungewisser weiterer Verlauf** der Beeinträchtigung kann eine Erhöhung des Schmerzensgeldes rechtfertigen.[262] Das ergibt sich schon aus der Tatsache, dass mit einem komplizierteren und langwierigeren Heilungsverlauf meist massive körperliche und seelische Leiden und Beeinträchtigungen verbunden sind.

77 Falls die Verletzung die **Scheidung der Ehe** des Geschädigten zur Folge hat, kann auch dies bei der Bemessung berücksichtigt werden.[263] Allerdings ist dabei genau zu untersuchen, inwieweit die Scheidung tatsächlich auf die Verletzung und nicht auf schon vorher vorhandene Ursachen zurückzuführen

---

[252] OLG Schleswig v. 29.06.1989 - 16 U 201/88 - NJW-RR 1990, 470-471, Reitunfall einer wirtschaftlich sehr gut gestellten langjährigen Dressurreiterin; *Oetker* in: MünchKomm-BGB, § 253 Rn. 38.
[253] *Stein* in: MünchKomm-BGB, 3. Aufl. 1997, § 847 Rn. 21.
[254] *Stein* in: MünchKomm-BGB, 3. Aufl. 1997, § 847 Rn. 22.
[255] OLG Neustadt v. 19.11.1957 - 2 U 226/57 - VersR 1958, 727, Sohn eines „einfachen Arbeiters" zu sein, der sich im Laufe der Verhandlung aber als Maschinenbauer herausstellt, stellt keinen Minderungsgrund dar; ArbG Stuttgart v. 30.11.2005 - 2 Ca 8178/04 - juris Rn. 161 ff. und ArbG Stuttgart v. 19.10.2006 - 6 Ca 12098/05 - juris Rn. 138 ff., Schmerzensgeld unabhängig vom Einkommen des Mobbingopfers.
[256] *Lange/Schiemann*, Schadensersatz, 3. Aufl. 2003, § 7 V 3.
[257] BGH v. 06.07.1955 - GSZ 1/55 - juris Rn. 22 - BGHZ 18, 149-168; *Zeuner* in: Soergel, 12. Aufl. 1999, § 847 Rn. 30.
[258] BGH v. 06.07.1955 - GSZ 1/55 - juris Rn. 23 - BGHZ 18, 149-168.
[259] BGH v. 06.07.1955 - GSZ 1/55 - juris Rn. 23 - BGHZ 18, 149-168.
[260] BGH v. 09.04.1991 - VI ZR 106/90 - juris Rn. 9 - LM BGB § 823 (Aa) (2/1992); BGH v. 08.05.1979 - VI ZR 19/78 - juris Rn. 14 - LM Nr. 62 zu § 847 BGB; OLG Karlsruhe v. 15.12.1977 - 4 U 70/76 - DRsp I (147) 182, unfall- und persönlichkeitsveränderungsbedingte Neigung zu kriminellen Handlungen; OLG Frankfurt v. 04.05.1994 - 7 U 133/92 - NJW-RR 1994, 1114-1117, Veränderung eines Kindes zu ängstlicher und unsicherer Persönlichkeit nach einem schweren Zugunglück und Amputation beider Unterschenkel; *Oetker* in: MünchKomm-BGB, § 253 Rn. 40.
[261] OLG Frankfurt a.M. v. 19.08.2009 - 7 U 23/08 - NJW-RR 2009, 1684-1685; *Oetker* in: MünchKomm-BGB, § 253 Rn. 40.
[262] BGH v. 30.04.1991 - VI ZR 178/90 - juris Rn. 66 - BGHZ 114, 284-298.
[263] BGH v. 21.09.1982 - VI ZR 130/81 - NJW 1983, 340-341, einseitiger Hodenverlust war nach Ansicht des Gerichts mitursächlich für Scheitern der Ehe; OLG Hamm v. 03.07.1974 - 13 U 3/71 - MDR 1975, 490-491, dauerhaft starke Schmerzen beim Geschlechtsverkehr infolge unfallbedingter Unterleibsverletzung als maßgebliche Ursache für das Scheitern der Ehe anerkannt.

ist.[264] Auswirkungen auf eine **Lebenspartnerschaft**, **Verlobung** oder **nichteheliche Lebensgemeinschaft** können in ähnlicher Weise Berücksichtigung finden.[265]

In sog. **Provokationsfällen** kann der Anspruch auf Schmerzensgeld gemindert sein.[266] Er kann auch ganz entfallen, wenn der Verletzte die Schädigung signifikant selbst herbeigeführt und ihre Gefährlichkeit gleichsam bewusst in Kauf genommen hat. In diesem Fall kann die Genugtuungsfunktion gänzlich entfallen. Ist dann der verbleibende Ausgleichsaspekt sehr gering, so ist eine Entschädigung in Geld nicht mehr als billig zu betrachten.[267]

78

b. Verhältnisse des Schädigers

Berücksichtigt man, dass die Höhe der Entschädigung in erster Linie nach Schwere und Art der Verletzung des Geschädigten zu bemessen ist (vgl. dazu Rn. 68), können daneben – zum Teil nicht unumstritten – noch folgende Faktoren aus der Sphäre des Schädigers Berücksichtigung finden: der Grad des Verschuldens, eine strafrechtliche Verurteilung, eine Verzögerung der Schadensregulierung, die wirtschaftlichen Möglichkeiten des Schädigers, das Bestehen einer Haftpflichtversicherung, eine etwaige Eigenschädigung sowie eine familienrechtliche Beziehung zwischen dem Schädiger und dem Verletzten.

79

Die **Neuregelung durch das Zweite Schadensrechtsänderungsgesetz** strebt durch die Einführung des Schmerzensgeldanspruchs auch für die Gefährdungshaftung eine Vereinfachung der Schadensabwicklung an, indem die Ermittlung der Verschuldensanteile auch mit Blick auf das Schmerzensgeld entfallen kann.[268] Mittlerweile ist in der Rechtsprechung anerkannt, dass die Haftung des Schädigers nur aus Gefährdung oder auch aus einfacher Fahrlässigkeit auf die Bemessung des Schmerzensgeldes keine Auswirkungen hat.[269] Der Grad des Verschuldens ist damit nur noch in den Fällen von grober Fahrlässigkeit oder von Vorsatz zu berücksichtigen (vgl. dazu Rn. 81), da diese eine andere Unrechtsqualität aufweisen[270] und vom Geschädigten schwerer zu ertragen sind als allenfalls leicht fahrlässig verursachte Schäden.[271] Demnach kommt die Genugtuungsfunktion bei Verkehrsunfällen ausnahmsweise z.B. dann zum Tragen, wenn der Schädiger sein Kraftfahrzeug als Werkzeug gegen den Geschädigten eingesetzt und dadurch vorsätzlich einen Unfall aus nichtigem Anlass herbeigeführt hat.[272] Auch bei Schäden aus alkoholbedingter Fahruntüchtigkeit ist allgemein ein besonders schweres Verschulden anzunehmen.[273]

80

---

[264] OLG Saarbrücken v. 16.05.1986 - 3 U 103/84 - NJW-RR 1987, 984, Erblindung des Klägers war nur untergeordnete Ursache für das Scheitern der Ehe; entscheidend war vielmehr sein abnorm aggressives Verhalten; OLG Köln v. 26.04.1995 - 2 U 161/94 - NJW-RR 1996, 986, Zusammenhang zwischen psychischer Folgeerkrankung und Scheitern der Ehe nicht anerkannt.

[265] Vgl. LG Amberg v. 29.04.1986 - 1 O 120/86 - NJW-RR 1986, 1357-1359.

[266] OLG Saarbrücken v. 27.11.2007 - 4 U 276/07 - NJW 2008, 1166-1169, 1168-1169: Provokation eines Unfalls durch Zeigen des erhobenen Mittelfingers; AG Nürnberg v. 10.09.2009 - 23 C 314/09 - juris Rn. 2, 16: tätliche Auseinandersetzung anlässlich des Verteilens von Prospekten auf der Heckscheibe eines Radarwagens, von dem der Kläger aus zuvor wegen überhöhter Geschwindigkeit geblitzt worden war.

[267] OLG Frankfurt v. 21.01.2000 - 24 U 45/98 - NJW 2000, 1424-1425.

[268] BT-Drs. 14/7752, S. 15.

[269] LG Stralsund v. 28.11.2006 - 7 O 354/05 - Schadens-Praxis 2007, 389-392; OLG Saarbrücken v. 27.11.2007 - 4 U 276/07 - NJW 2008, 1166-1169, 1168. OLG Celle v. 23.01.2004 - 14 W 51/03 - NJW 2004, 1185-1186; *Spindler* in: Bamberger/Roth, § 253 Rn. 45; vgl. auch *Däubler*, JuS 2002, 625-630, 626 („Fälle gravierenden Verschuldens"); generell nach Gefährdungs- und Verschuldenshaftung differenzierend *Rauscher*, Jura 2002, 577-584, 579; *Jahnke*, ZfSch 2002, 105-111, 108; *Steiger*, DAR 2002, 377-383, 378; *Lang/Stahl/Suchomel*, NZV 2003, 441-447, 445; *Ebers/Schulze*, JuS 2004, 366-371, 367; ähnlich *Oetker* in: MünchKomm-BGB, § 253 Rn. 49.

[270] OLG Saarbrücken v. 27.11.2007 - 4 U 276/07 - NJW 2008, 1166-1169, 1168; *Wagner*, NJW 2002, 2049-2064, 2054; *Wagner*, Das neue Schadensersatzrecht, 2002, Rn. 30 f.; *Wagner*, JZ 2004, 319-331, 321; *Heß/Buller*, ZfSch 2003, 218-222, 221; *Diederichsen*, VersR 2005, 433-442, 435.

[271] Vgl. OLG Stuttgart v. 13.05.1977 - 2 U 152/76 - juris Rn. 76 - DRsp I (147) 180; *Berger*, VersR 1977, 877-881, 879; *Kuckuk* in: Erman, 11. Aufl. 2004, § 253 Rn. 26; kritischer bzgl. der Berücksichtigung des Verschuldens *Ebert* in: Erman, § 253 Rn. 26.

[272] OLG Saarbrücken v. 27.11.2007 - 4 U 276/07 - NJW 2008, 1166-1169, 1168; *Zoll*, r+s-Beil. 2011, 133-143, 139.

[273] OLG Nürnberg v. 11.07.1995 - 11 U 267/95 - juris Rn. 87 - ZfSch 1995, 452-453; OLG Frankfurt v. 11.11.1993 - 12 U 162/92 - DAR 1994, 119-120; OLG Düsseldorf v. 30.01.1989 - 1 U 29/88 - VersR 1989, 1203; *Oetker* in: MünchKomm-BGB, § 253 Rn. 48.

§ 253

81 Bei grob fahrlässigem oder vorsätzlichem Handeln stellt der **Grad des Verschuldens** des Schädigers nach wie vor einen wichtigen Bemessungsfaktor für die Höhe des Schmerzensgeldes dar.[274] Vor allem bei **vorsätzlichen Straftaten** und **besonders brutalem Vorgehen** des Täters ist eine Berücksichtigung des gesteigerten Genugtuungsbedürfnisses erforderlich.[275] Der BGH spricht von einer „besonderen persönlichen Beziehung" zwischen Täter und Opfer, die bei der Bemessung einzubeziehen ist.[276]

82 Bei **ärztlichen Behandlungsfehlern** reicht das Vorliegen eines objektiv groben Behandlungsfehlers nicht aus, da das Schmerzensgeld an die davon zu unterscheidende subjektive Vorwerfbarkeit anknüpft. Allerdings handelt es sich dabei um zwei Seiten derselben Medaille, sodass von einer Indizwirkung des groben Behandlungsfehlers ausgegangen werden darf.[277]

83 Umstritten ist hingegen, ob sich eine **strafrechtliche Verurteilung** des Täters auf die Höhe des Schmerzensgeldanspruchs auswirkt: Nach überzeugender Auffassung bleibt die strafrechtliche Verurteilung ohne Auswirkungen, da andernfalls der Schmerzensgeldanspruch nicht mehr als einheitlicher Anspruch (vgl. Rn. 26) berechnet werden könnte, sondern in eine Ausgleichs- und eine Genugtuungskomponente aufgespalten werden müsste. Außerdem darf der staatliche Strafanspruch nicht mit dem zivilrechtlichen Genugtuungsinteresse vermengt werden.[278] Eine ältere Auffassung sieht hingegen wenig überzeugend durch die strafrechtliche Verurteilung das Genugtuungsbedürfnis des Geschädigten zumindest teilweise als erfüllt.[279]

84 Eine vom Schädiger oder seiner Versicherung **zu vertretende Verzögerung der Schadensregulierung** kann ebenfalls eine Erhöhung des Schmerzensgeldanspruchs rechtfertigen.[280] Ist die Haftung dem Grunde nach nicht eindeutig, so liegt regelmäßig allerdings kein zögerliches Regulierungsverhalten vor. Der Geschädigte bzw. dessen Versicherer ist berechtigt, zunächst den Sachverhalt z.B. durch Einsicht in die staatsanwaltschaftliche Ermittlungsakte aufzuklären.[281] Schmerzensgelderhöhend ist eben-

---

[274] RG v. 07.04.1932 - VI 496/31 - RGZ 136, 60-62; BGH v. 06.07.1955 - GSZ 1/55 - juris Rn. 20 - BGHZ 18, 149-168; BGH v. 16.02.1993 - VI ZR 29/92 - juris Rn. 13 - LM BGB § 847 Nr. 90 (7/1993), gilt auch bei Zerstörung der Persönlichkeit; *Müller*, VersR 1993, 909-916, 914; *Oetker* in: MünchKomm-BGB, § 253 Rn. 48; *Zoll*, r+s-Beil. 2011, 133-143, 139.

[275] BGH v. 29.11.1994 - VI ZR 93/94 - juris Rn. 14 - BGHZ 128, 117-124; OLG München v. 15.12.1961 - 8 U 1437/61 - VersR 1962, 967; OLG Köln v. 01.02.1991 - 19 U 118/90 - juris Rn. 51 - VersR 1992, 330; OLG Koblenz v. 12.07.1996 - 8 U 1128/95 - NJW-RR 1996, 1307-1308; *Berger*, VersR 1977, 877-881, 879.

[276] BGH v. 29.11.1994 - VI ZR 93/94 - juris Rn. 14 - BGHZ 128, 117-124.

[277] Vgl. *Deutsch/Spickhoff*, Medizinrecht, Rn. 218 f. *Müller*, VersR 1993, 909-916, 915.

[278] BGH v. 29.11.1994 - VI ZR 93/94 - juris Rn. 15 - BGHZ 128, 117-124; BGH v. 16.01.1996 - VI ZR 109/95 - juris Rn. 6 - LM BGB § 847 Nr. 99 (5/1996); OLG Saarbrücken v. 27.11.2007 - 4 U 276/07 - NJW 2008, 1166-1169, 1169; *Grüneberg* in: Palandt, § 253 Rn. 17; *Medicus* in: Prütting/Wegen/Weinreich, § 253 Rn. 18; *Oetker* in: MünchKomm-BGB, § 253 Rn. 50; *Küppersbusch*, Ersatzansprüche bei Personenschaden, Rn. 278; *Zoll*, r+s-Beil. 2011, 133-143, 139.

[279] OLG Düsseldorf v. 12.03.1974 - 4 U 120/73 - NJW 1974, 1289; OLG Düsseldorf v. 12.11.1993 - 22 U 76/91 - NJW-RR 1994, 221; OLG Düsseldorf v. 12.07.1996 - 22 U 31/96 - NJW 1997, 1643-1644; *Kreft* in: BGB-RGRK, 12. Aufl. 1989, § 847 Rn. 42; *Deutsch*, Allgemeines Haftungsrecht, 2. Aufl. 1996, Rn. 911.

[280] BGH v. 02.12.1966 - VI ZR 88/66 - VersR 1967, 256; OLG Köln v. 05.06.1992 - 19 U 13/92 - juris Rn. 2 - MDR 1992, 646; OLG München v. 14.04.1992 - 5 U 7176/91 - NZV 1993, 232-233; OLG Naumburg v. 25.09.2001 - 9 U 121/00 - NZV 2002, 459; OLG Hamm v. 11.09.2002 - 9 W 7/02 - NZV 2003, 192-194 - in dieser Entscheidung wurde für eine einjährige Regulierungsverzögerung bei schwersten Verletzungen eine Erhöhung der Entschädigung um 20.000 € für angemessen gehalten; OLG Naumburg v. 15.10.2007 - 1 U 46/07 - NJW-RR 2008, 693-694 - keinerlei Ausgleichsleistungen nach mehr als sechseinhalb Jahren nach dem Schadensereignis und mehr als viereinhalb Jahren nach Rechtskraft des Grundurteils; OLG Nürnberg v. 12.12.2008 - 5 U 953/04 - VersR 2009, 1079-1084; KG Berlin v. 03.05.2010 - 12 U 119/09 - SVR 2011, 26-27 m. Anm. *Luckey*; OLG München v. 13.08.2010 - 10 U 3923/09 - juris Rn. 31; OLG München v. 24.09.2010 - 10 U 2671/10 - juris Rn. 25; OLG Celle v. 24.11.2011 - 5 U 57/11 - juris Rn. 16; *Ebert* in: Erman, § 253 Rn. 28; *Oetker* in: MünchKomm-BGB, § 253 Rn. 52; *Gülpen*, SVR 2008, 134-135. Nach *Schellenberg*, VersR 2006, 878-884 sollen Regulierungsverzögerungen nur dann zu einer Erhöhung des Schmerzensgeldes führen, wenn die Beeinträchtigungen als Folge dieser Verzögerungen andauern oder verstärkt werden.

[281] OLG Celle v. 07.12.1978 - 5 U 35/78 - VersR 1980, 632-633; OLG Hamm v. 15.05.1979 - 9 U 194/78 - VersR 1980, 683; LG Bonn v. 20.11.2007 - 2 O 367/06 - juris Rn. 30; OLG Brandenburg v. 17.09.2009 - 12 U 26/09 - ZfSch 2010, 141 m. Anm. *Diehl*; OLG Saarbrücken v. 27.07.2010 - 4 U 585/09 - NJW 2011, 933-936; *Zoll*, r+s-Beil. 2011, 133-143, 139. Allerdings kann sich ein langer Rechtsstreit als zusätzlich zu berücksichtigende Unfallfolge darstellen: BGH v. 18.11.1969 - VI ZR 81/68 - VersR 1970, 134: 7 Jahre.

falls ein den Geschädigten herabwürdigendes **Verhalten des Schädigers im Prozess**.[282] Umgekehrt kann auch ein positives Verhalten des Schädigers, insbesondere wenn er sich in besonderer Weise um den Verletzten kümmert[283] oder besondere Reue zeigt und sich beim Verletzten entschuldigt,[284] Berücksichtigung finden. Das Regulierungsverhalten bleibt hingegen unberücksichtigt, wenn im Falle eines ererbten Schmerzensgeldanspruchs Regulierungsverhandlungen erst nach dem Tod des Geschädigten stattfinden.[285]

Ebenfalls relevant sind die **wirtschaftlichen Möglichkeiten des Schädigers**.[286] So können den Schädiger belastende **Zahlungspflichten, Armut oder das Fehlen einer Haftpflichtversicherung** die angemessene Schmerzensgeldhöhe senken,[287] nicht aber nur ein „symbolisches Schmerzensgeld" rechtfertigen.[288] Ebenso soll sich das **Bestehen einer Haftpflichtversicherung** auf die Höhe des Anspruchs auswirken, da dann das tatsächliche Vermögen des Schädigers keine Rolle spiele.[289] Allerdings ist insofern zu bedenken, dass nach dem versicherungsrechtlichen Trennungsprinzip die Eintrittspflicht des Versicherers dem Schadensersatzanspruch folgt und nicht umgekehrt.[290]

85

Ob die Tatsache, dass der **Schädiger selbst einen Schaden davongetragen** hat, Berücksichtigung finden soll oder nicht, ist umstritten: Eine Auffassung hält dies mit der Begründung für möglich, das Genugtuungsbedürfnis des Verletzten sei in einem solchen Fall herabgesetzt.[291] Nach anderer Auffassung kann der Schaden des Schädigers nicht berücksichtigt werden, weil sonst „Elemente der Sittenwidrigkeit" im Rahmen der Genugtuung Eingang fänden.[292]

86

Schließlich kann sich eine **familienrechtliche Beziehung zwischen Schädiger und Verletztem** auf das Schmerzensgeld auswirken: Zwar schließt eine zwischen den Parteien bestehende Ehe den Ersatz immaterieller Schäden nicht aus. Dennoch ist bei der Festsetzung der Schadenssumme zu berücksichtigen, dass diese nicht so hoch sein soll, dass sie vom Schädiger nur unter unverhältnismäßiger Minderung des Familienunterhalts aufgebracht werden kann.[293]

87

---

[282] BGH v. 19.01.1960 - VI ZR 60/59 - BB 1960, 574, zweifelhaft, da dem Beklagten nur eine beharrliche Verteidigung vorgeworfen wird; OLG Düsseldorf v. 01.12.1994 - 8 U 137/93 - OLGR Düsseldorf 1995, 135; OLG Nürnberg v. 11.07.1995 - 11 U 267/95 - juris Rn. 92 - ZfSch 1995, 452-453; OLG Nürnberg v. 30.04.1997 - 6 U 3535/96 - juris Rn. 5 - NJWE-VHR 1997, 179-180; OLG Karlsruhe v. 23.04.1993 - 15 U 237/92 - NJW-RR 1994, 95; OLG Schleswig v. 15.01.2009 - 7 U 76/07 - NJW-RR 2009, 1325-1326: Verdächtigung der Klägerin als Simulantin; AG Dortmund v. 25.03.2009 - 421 C 12030/08 - juris Rn. 21: fehlende Unrechtseinsicht bei vorsätzlicher Körperverletzung; LG Leipzig v. 16.09.2010 - 8 S 573/09 - NZV 2011, 41 und OLG München v. 24.09.2010 - 10 U 2671/10 - juris Rn. 21, 27: Angebot eines offensichtlich geschuldeten Schmerzensgeldes trotz möglicher Spätschäden nur gegen Unterzeichnung einer endgültigen Abfindungserklärung; OLG Bremen v. 11.07.2011 - 3 U 69/10 - NJW-RR 2012, 92-94: wahrheitswidrige Behauptung eines anderweitigen Schadensgrundes.

[283] OLG Oldenburg (Oldenburg) v. 06.04.1966 - 2 U 100/64 - VersR 1967, 237.

[284] OLG Koblenz v. 12.07.1996 - 8 U 1128/95 - NJW-RR 1996, 1307-1308.

[285] OLG Koblenz v. 10.01.2008 - 5 U 1508/07 - NJW-RR 2008, 1055-1056.

[286] BGH v. 06.07.1955 - GSZ 1/55 - juris Rn. 24 - BGHZ 18, 149-168; BGH v. 25.09.1964 - VI ZR 137 u 139/63 - VersR 1964, 1299; BGH, VersR 1964, 389, wertneutral sind die Vermögensverhältnisse des Fiskus; BGH v. 16.02.1993 - VI ZR 29/92 - juris Rn. 13 - LM BGB § 847 Nr. 90 (7/1993); *Ebert* in: Erman, § 253 Rn. 27; *Küppersbusch*, Ersatzansprüche bei Personenschaden, Rn. 278; a.A. noch BGH v. 29.09.1952 - III ZR 340/51 - juris Rn. 9 - BGHZ 7, 223-231.

[287] BGH v. 06.07.1955 - GSZ 1/55 - juris Rn. 25 - BGHZ 18, 149-168; OLG Köln v. 01.02.1991 - 19 U 118/90 - juris Rn. 52 - VersR 1992, 330; Hans. OLG Bremen v. 16.03.2012 - 3 U 6/12 - juris Rn. 26; *Jaeger*, VRR 2011, 404-405; *Kreft* in: BGB-RGRK, 12. Aufl. 1989, § 847 Rn. 43.

[288] Hans. OLG Bremen v. 16.03.2012 - 3 U 6/12 - juris Rn. 26; *Jaeger*, VRR 2011, 404-405, 405.

[289] BGH v. 06.07.1955 - GSZ 1/55 - juris Rn. 40 - BGHZ 18, 149-168; *Zeuner* in: Soergel, 12. Aufl. 1999, § 847 Rn. 30.

[290] *Jaeger*, VRR 2011, 404-405; ebenfalls ablehnend: BGH v. 29.09.1952 - III ZR 340/51 - juris Rn. 14 - BGHZ 7, 223-231; OLG Köln v. 04.07.1990 - 27 U 17/90 - VersR 1992, 622-623.

[291] LG Münster v. 03.08.1990 - 6 O 97/83; OLG Köln v. 01.02.1991 - 19 U 118/90 - juris Rn. 52 - VersR 1992, 330.

[292] *Oetker* in: MünchKomm-BGB, § 253 Rn. 50; im Ergebnis ebenfalls ablehnend: *Nixdorf*, NZV 1996, 89-94; *Scheffen*, NZV 1994, 417-420.

[293] BGH v. 18.06.1973 - III ZR 207/71 - juris Rn. 22 - BGHZ 61, 101-112; *Grüneberg* in: Palandt, § 253 Rn. 18, der wie OLG München v. 08.07.1988 - 10 U 1717/88 - RuS 1989, 288-289, und OLG Karlsruhe v. 08.10.1976 - 10 U 18/76 - OLGZ 1977, 326-330, aus der gegenseitigen Pflicht zur Fürsorge aus § 1353 Abs. 2 BGB ableitet, dass der Geschädigte dann gehalten sein kann, seinen Anspruch nur teilweise oder gar nicht geltend zu machen.

c. Tatsituation

88 Auch der **Anlass der Schädigung** kann für die Bemessung von Bedeutung sein: Beispielsweise wird vertreten, dass ein eher niedriges Schmerzensgeld ausreichend ist, falls die Verletzung im Rahmen einer **Gefälligkeitsfahrt** erfolgte, weil dann die Genugtuungsfunktion in den Hintergrund tritt.[294] Allgemein hat bei **Verkehrsunfällen** der Genugtuungsgedanke nur eine eingeschränkte oder gar keine Bedeutung, insbesondere wenn eine Haftpflichtversicherung (vgl. Rn. 85) anstelle des Schädigers die Leistung erbringt, da es dann im Ergebnis um Unfallfürsorge bei modernen Zivilisationsrisiken geht.[295] Diese Überlegung wird auf Fälle **gemeinsamer Sportausübung** oder „**gemeinschaftlichen Vergnügens**" ausgedehnt.[296]

89 Ein maßgebliches Kriterium für die Bemessung des Schmerzensgeldes ist eine **Mitwirkung des Geschädigten**, sei es durch eine mitwirkende Betriebsgefahr, sei es durch Mitverschulden. Im Unterschied zum Ersatz materiellen Schadens wird bei der Bemessung des Schmerzensgeldes der Anspruch nicht quotal um den Mitwirkungsbeitrag gekürzt. Vielmehr ist die Mitwirkung des Geschädigten nur ein – wenngleich ein wichtiges – Kriterium von mehreren, deren Zusammenschau erst die Höhe eines billigen Schmerzensgeldbetrages bestimmt.[297] Ein deutlich überwiegendes Mitverschulden kann den Anspruch auf Schmerzensgeld ganz entfallen lassen.[298]

90 Bei **erkanntem Alkoholgenuss** des Fahrers kann, ohne dass dies bereits für einen Mitverschuldensbeitrag ausreicht, ebenfalls ein reduzierter Schmerzensgeldanspruch in Betracht kommen.[299]

d. Art der haftungsbegründenden Norm

91 Nachdem der Schmerzensgeldanspruch ab 01.08.2002 (vgl. Rn. 16) nicht mehr auf die Fälle der Verschuldenshaftung beschränkt ist, spricht vieles dafür – entsprechend der Differenzierung nach dem Grad des Verschuldens (vgl. Rn. 81 f.) –, die Höhe des Schmerzensgeldanspruchs auch von der **Art der haftungsbegründenden Norm** abhängig zu machen: Hat nämlich der Schädiger **durch Vertrag** besondere Rücksichtspflichten übernommen, bedeutet es für den Verletzten – jedenfalls bei vertraglich vereinbarten Hauptpflichten – eine umso größere Enttäuschung, wenn er diesen im Ergebnis doch nicht nachkommt. Bei einer Haftung ausschließlich **auf Grundlage der Gefährdungshaftung** und in Fällen

---

[294] BGH v. 06.07.1955 - GSZ 1/55 - juris Rn. 21 - BGHZ 18, 149-168, bei der Bemessung des Schmerzensgeldes kann es „auf den Anlass des Unfalles" ankommen (z.B. Entgegenkommen des Schädigers gegenüber dem Verletzten, etwa Gefälligkeitsfahrt) - dann kann ein Schmerzensgeld in üblicher Höhe „geradezu unbillig" sein; BGH v. 10.10.1963 - VII ZR 65/62 - BB 1964, 10; OLG Koblenz v. 22.10.1984 - 12 U 290/84 - VRS 67, 409-413 (1984); LG Aschaffenburg v. 27.03.1980 - 2 S 224/79 - VersR 1981, 564, sieht die Genugtuungsfunktion bei der Gefälligkeitsfahrt vollständig wegfallen; OLG Brandenburg v. 20.12.2007 - 12 U 141/07 - juris Rn. 23, „Spritztour" unter Freunden, *Ebert* in: Erman, § 253 Rn. 16; *Küppersbusch*, Ersatzansprüche bei Personenschaden, Rn. 278; *Müller*, VersR 1993, 909-916, 915; *Oetker* in: MünchKomm-BGB, § 253 Rn. 53; *Zeuner* in: Soergel, 12. Aufl. 1999, § 847 Rn. 30; a.A. OLG Hamm v. 03.03.1998 - 27 U 185/97 - NJW-RR 1998, 1179-1181; OLG Hamm v. 23.03.1998 - 6 U 191/97 - NJW-RR 1998, 1557, Gefälligkeitsfahrt allein reicht regelmäßig nicht für Minderung des Schmerzensgeldes - im konkreten Fall ging es um ein Ausweichmanöver bei auf die Fahrbahn tretendem Wild; *Grüneberg* in: Palandt, § 253 Rn. 18; *Hupfer*, JZ 1977, 781-785, 785.

[295] *Honsell*, VersR 1974, 205-207, 206; *Nehlsen-v. Stryk*, JZ 1987, 119-127, 126.

[296] Jagdausübung: LG Osnabrück v. 30.09.1959 - 4 O 15/58 - VersR 1960, 92; OLG Frankfurt v. 15.05.1975 - 14 U 246/74 - VersR 1975, 1053-1054; gemeinsame Zechtour: OLG Karlsruhe v. 11.02.1977 - 14 U 52/75 - juris Rn. 23 - Justiz 1977, 374-375; kindliche Spiele: BGH v. 18.12.1956 - VI ZR 287/55 - VersR 1957, 103, gerade bei kindlichem Spiel kann eine Festsetzung des Schmerzensgeldes nur unter Berücksichtigung aller Umstände des Einzelfalles erfolgen; *Ebert* in: Erman, § 253 Rn. 16; *Oetker* in: MünchKomm-BGB, § 253 Rn. 53.

[297] *Schiemann* in: Staudinger, § 253 Rn. 40 m.w.N; OLG Jena v. 23.10.2007 - 5 U 146/06 - MDR 2008, 975-976: hälftiger Mitverschuldensbeitrag einer 12-jährigen Gymnasiastin, die in der Silvesternacht Brandverletzungen erlitten hatte, da sie leicht entzündliche synthetische Kleidung beim Betrachten des in der Nähe gezündeten Feuerwerks getragen hatte; OLG Brandenburg v. 23.07.2009 - 12 U 29/09 - MDR 2009, 1274-1275: Mitverschulden eines Motorradfahrers, der sich angesichts fehlender Schutzkleidung an den Beinen einem erheblichen Verletzungsrisiko aussetzte.

[298] *Schiemann* in: Staudinger, § 253 Rn. 40 m.w.N.

[299] BGH v. 24.04.1979 - VI ZR 204/76 - juris Rn. 7 - BGHZ 74, 221-226; OLG Düsseldorf v. 27.06.1994 - 1 U 276/90 - RuS 1995, 293-295; hingegen geht KG Berlin v. 03.10.1988 - 12 U 291/88 - juris Rn. 55 - ZfSch 1988, 383, von einem ungeschmälerter Schmerzensgeld aus; *Küppersbusch*, Ersatzansprüche bei Personenschaden, Rn. 278.

einfacher Fahrlässigkeit ist hingegen bei der Bemessung des Schmerzensgeldanspruchs zu berücksichtigen, dass das Genugtuungsbedürfnis als Bemessungsfaktor in der Regel ausscheidet.[300] Auf den Vorrang des Ausgleichsgedankens weist auch BT-Drs. 14/7752, S. 11 hin.

e. Besondere Fallgruppen

Ursprünglich vertrat der BGH bei schwersten Schäden, die eine Wahrnehmung der eigenen Situation durch das Opfer ausschlossen, die Auffassung, dass zwar ein Schmerzensgeld zuzubilligen, dieses aber in einer symbolischen Größenordnung ausreichend sei, da ein auch nur annähernder Ausgleich ohnehin nicht erreicht werden könne und das Schmerzensgeld daher ausschließlich durch die Genugtuungsfunktion zu rechtfertigen sei.[301] Selbst von der Genugtuungsfunktion bleibt nach dieser Auffassung allerdings lediglich eine Restfunktion übrig, die allenfalls darin gesehen werden kann, dem Schädiger ein spürbares Vermögensopfer aufzuerlegen, da das Opfer nicht einmal die bezweckte Genugtuung empfinden kann.[302] Auch ein weitgehender Ausschluss oder eine starke Minderung der Wahrnehmung wurde in einer anderen Entscheidung vom BGH als Argument für eine deutliche Herabsetzung des Schmerzensgeldes wegen des weitgehenden Wegfalls seiner Funktionen herangezogen.[303]

92

Diese Rechtsprechung wurde mittlerweile aufgegeben: Bei **Schwerstschäden** spricht der BGH nun im Rahmen der Ausgleichsfunktion doch einen nicht nur symbolhaften Schmerzensgeldanspruch mit der Begründung zu, dass diese Fälle eine „eigenständige Bewertung" dessen verlangten, was „billig" i.S.v. § 253 Abs. 2 BGB ist.[304] Die aktuelle Rechtsprechung stellt dabei wesentlich darauf ab, dass eine Minderung des Schmerzensgeldes wegen der Beseitigung der Wahrnehmungsfähigkeit auf einen nur symbolischen Betrag einen krassen Gegensatz zur herausragenden Bedeutung des verfassungsrechtlich in Art. 2 Abs. 1 mit Art. 1 Abs. 1 GG verankerten Persönlichkeitsrechts bilde.[305] Der Verlust der Persönlichkeit selbst sei ein schwerer – oder genauer: der schwerste – immaterieller Schaden, der nach § 253 Abs. 2 BGB in Geld auszugleichen sei.[306] In diesem Bereich werden angesichts der dem Persönlich-

93

---

[300] Vgl. OLG Celle v. 23.01.2004 - 14 W 51/03 - NJW 2004, 1185-1186, da bei Verkehrsunfällen die Genugtuungsfunktion ohnehin weitgehend in den Hintergrund trete, sei eine Differenzierung zumindest in diesem Bereich nicht angebracht; ebenso: *Hentschel*, NZV 2002, 433-443, 437; *Wagner*, NJW 2002, 2049-2064, 2054; *Pauker*, VersR 2004, 1391-1395, 1394; *Wagner*, JZ 2004, 319-331, 321, mit der Forderung, sich von der Genugtuungsfunktion weitgehend zu verabschieden, um die vom Gesetzgeber angestrebten Rationalisierungseffekte bei der Anspruchsgrundlage nicht im Rahmen der Bemessung des Anspruchs zu konterkarieren; vgl. auch *Däubler*, JuS 2002, 625-630, 626 („Fälle gravierenden Verschuldens"); generell nach Gefährdungs- und Verschuldenshaftung differenzierend *Rauscher*, Jura 2002, 577-584, 579; *Jahnke*, ZfSch 2002, 105-111, 108; *Steiger*, DAR 2002, 377-383, 378; *Ebers/Schulze*, JuS 2004, 366-371, 367.

[301] BGH v. 16.12.1975 - VI ZR 175/74 - NJW 1976, 1147-1149; vgl. auch *Hupfer*, NJW 1976, 1792-1793, der die Entscheidung des BGH u.a. deshalb ablehnt, weil er den Sühnegedanken, der der Genugtuungsfunktion zugrunde liegt, als im bürgerlichen Recht verfehlt ablehnt. Außerdem solle nur auf Art und Schwere der Verletzungen abgestellt werden, nicht jedoch auf die subjektive Wahrnehmungsfähigkeit, da sich hierfür im Gesetz kein Anhaltspunkt finde.

[302] *Kern* in: Baltzer/Barta/Becker-Eberhard, Festschrift für Wolfgang Gitter, 1995, S. 448 und 450.

[303] BGH v. 22.06.1982 - VI ZR 247/80 - juris Rn. 12 - LM Nr. 67 zu § 847 BGB.

[304] BGH v. 13.10.1992 - VI ZR 201/91 - juris Rn. 28 - BGHZ 120, 1-9; vgl. Anm. *Giesen*, JZ 1993, 519-521, der die Entscheidung uneingeschränkt begrüßt, ja sogar den Anfang vom Ende der Genugtuungsfunktion und eine „objektiv verstandene Ausgleichsfunktion" erkennen will; eher krit. hingegen *Huber*, NZV 1998, 345-354, 347 f., der das für den Versicherer durchaus ins Gewicht fallende Schmerzensgeld bedauert, da es seine Funktion mit dem Tod des Geschädigten verloren habe; ebenfalls krit. *Kern* in: Baltzer/Barta/Becker-Eberhard, Festschrift für Wolfgang Gitter, 1995, S. 452 ff. und 456 ff., der die Rechtsprechung des BGH als dogmatisch ungenügend begründet kritisiert; *Deutsch*, NJW 1993, 784, will eine neue Funktion des Schmerzensgeldes erkennen - die „Würdefunktion". Er kritisiert vor allem die mangelnde Transparenz in der Argumentation des BGH und befürchtet eine Überforderung der Versicherer; diese Kritik hinterfragt dagegen *Müller*, VersR 1993, 909-916, 913 f., und sieht in der Entscheidung eine weitgehende Distanzierung von der Genugtuungsfunktion. Sie interpretiert die Entscheidung als eine Weiterentwicklung des Differenzbegriffs.

[305] BGH v. 13.10.1992 - VI ZR 201/91 - juris Rn. 28 - BGHZ 120, 1-9; OLG Naumburg v. 10.12.2010 - 1 W 57/10 - juris Rn. 14.

[306] BGH v. 13.10.1992 - VI ZR 201/91 - juris Rn. 29 - BGHZ 120, 1-9; OLG Stuttgart v. 09.09.2008 - 1 U 152/07 - MDR 2009, 326; OLG Naumburg v. 10.12.2010 - 1 W 57/10 - juris Rn. 14.

keitsrecht zukommenden Bedeutung im verfassungsrechtlichen Wertesystem hohe Beträge mit weiter steigender Tendenz zugesprochen.[307]

94 Diese Tendenz setzt sich nach wie vor fort: Insbesondere bei Geburtsschäden aufgrund von Behandlungsfehlern, die zu schwersten Behinderungen und einem Leben ohne jede Möglichkeit zu geistiger und körperlicher Entwicklung führen, eine autonome Befriedigung elementarster körperlicher Bedürfnisse nicht zulassen, eine verbale Kommunikation sowie eine visuelle Kontaktaufnahme ausschließen, wurden Schmerzensgelder im sechsstelligen Bereich[308] bis zu 600.000 €[309] zugebilligt.

95 Auch wenn der Schwerstgeschädigte **alsbald** nach dem schädigenden Ereignis **verstirbt**, kommt ein Schmerzensgeld grundsätzlich in Betracht.[310] Stellt die Körperverletzung hingegen keine abgrenzbare immaterielle Beeinträchtigung dar, da der **Tod sofort oder nach kurzer Zeit eintritt**, ohne dass der Verletzte sein Bewusstsein wieder erlangt, so ist es möglich, dass ein Ausgleich in Geld nicht erforderlich ist.[311] Dies ergibt sich insbesondere daraus, dass der Schmerzensgeldanspruch ein höchstpersönlicher Anspruch ist und somit nur dann besteht, wenn der Geschädigte selbst einen immateriellen Schaden erleidet.[312] Aber auch die Tatsache, dass die Verursachung des Todes bzw. eine Lebensverkürzung selbst keinen Schmerzensgeldanspruch auslösen, zeigt, dass eine gegenüber dem nachfolgenden Tod abgrenzbare Beeinträchtigung erforderlich ist.[313] Dabei spielt es auch eine wesentliche Rolle, ob der Verletzte wahrnehmungsfähig bzw. bei Bewusstsein ist.[314] Stirbt der Verletzte, so wird das Schmerzensgeld auch dann, wenn die Schädigungshandlung die Todesursache war, auf die Lebenszeit begrenzt.[315] Bei einer vorsätzlichen Körperverletzung, die nach kurzer Zeit zum Tode führt, steht allerdings die Genugtuungsfunktion im Vordergrund. Insbesondere wenn der Geschädigte die ihm zugefügten Verletzungen wahrnimmt und seinen bevorstehenden Tod bewusst miterlebt, kann auch ein höherer Schmerzensgeldbetrag angemessen sein.[316] Allerdings darf das Schmerzensgeld nicht schon mit dem Argument, dass es fortan nur noch den Erben zugutekommen kann, gekürzt werden.[317]

---

[307] LG Kassel v. 05.04.1998 - 3 O 1409/97, 600.000 DM für 54-Jährige mit Querschnittslähmung nach Unfall und mehrfachen Nachoperationen, die zum Teil kunstfehlerhaft durchgeführt wurden; OLG Köln v. 25.01.1996 - 7 O 141/95, 500.000 DM bei 17-jährigem fast komplett gelähmten Mädchen, jährliche stationäre Nachbehandlung erforderlich; OLG Düsseldorf v. 22.05.1995 - 1 U 28/94 - VRS 91, 457-460 (1996); OLG Düsseldorf v. 10.02.1992 - 1 U 218/90 - NJW-RR 1993, 156-159; diese Entscheidung kritisiert Scheffen, NZV 1994, 417-420, 420, weil durch die stetige Steigerung der Schmerzensgelder bald amerikanische Verhältnisse erreicht werden könnten und in der Folge die Risiken - zum Nachteil der Verletzten - nicht mehr versicherbar wären. Ferner: LG Berlin v. 20.11.2003 - 6 O 272/01 - VersR 2005, 1247-1249, 1247: 500.000 € für 6-Jährigen mit schwerer Hirnschädigung nach Hirnödem in Folge der Fehlbehandlung einer Diabetes-Erkrankung; OLG Stuttgart v. 09.09.2008 - 1 U 152/07 - MDR 2009, 326.

[308] OLG Naumburg v. 28.11.2001 - 1 U 161/99 - juris Rn. 124 - NJW-RR 2002, 672-674; OLG Hamm v. 16.01.2002 - 3 U 156/00 - juris Rn. 29 - NJW-RR 2002, 1604; OLG München v. 20.06.2002 - 1 U 3930/96 - OLGR München 2003, 269-270; OLG Hamm v. 21.05.2003 - 3 U 122/02 - juris Rn. 64 - MDR 2003, 1291-1292; OLG Braunschweig v. 22.04.2004 - 1 U 55/03 - juris Rn. 30 - MDR 2004, 1185; OLG Köln v. 13.02.2006 - 5 W 181/05 - juris Rn. 2; OLG Celle v. 27.02.2006 - 1 U 68/05 - VersR 2007, 543-544; OLG Stuttgart v. 09.09.2008 - 1 U 152/07 - MDR 2009, 326 mit zustimmender Anm. Jaeger, MedR 2010, 116-118: 500.000 € als „Schmerzensgeld an der obersten Grenze"; OLG Naumburg v. 10.12.2010 —1 W 57/10 juris Rn. 15; LG Münster v. 17.04.2009 - 16 O 532/07 - NJW 2010, 86-90; LG München I v. 27.07.2011 - 9 O 24797/07 - juris Rn. 88; diese Tendenz begrüßend: Zoll, r+s-Bei . 2011, 133-143, 139.

[309] KG Berlin v. 16.02.2012 - 20 U 157/10 - juris Rn. 50.

[310] BGH v. 12.05.1998 - VI ZR 182/97 - juris Rn. 19 - BGHZ 138, 388-394; LG Karlsruhe v. 23.01.2009 - NJW-RR 2009, 1620-1621; Küppersbusch, Ersatzansprüche bei Personenschaden, Rn. 290.

[311] BGH v. 12.05.1998 - VI ZR 182/97 - juris Rn. 19 - BGHZ 138, 388-394; LG Erfurt v. 07.06.2010 - 3 O 2066/09 - r+s 2010, 532-533; so auch Notthoff, RuS 2003, 309-314.

[312] Kreft in: BGB-RGRK, 12. Aufl. 1989, § 847 Rr. 35.

[313] BGH v. 12.05.1998 - VI ZR 182/97 - juris Rn. 19 - BGHZ 138, 388-394.

[314] Vgl. LG Erfurt v. 07.06.2010 - 3 O 2066/09 - r+s 2010, 532-533; Küppersbusch, Ersatzansprüche bei Personenschaden, Rn. 290.

[315] LG Karlsruhe v. 23.01.2009 - NJW-RR 2009, 1620-1621; Teichmann in: Jauernig, BGB-Kommentar, § 253 Rn. 5.

[316] Hans. OLG Bremen v. 16.03.2012 - 3 U 6/12 - juris Rn. 23: 50.000 € bei Todeseintritt nach ca. 30 Minuten infolge schwerer Misshandlungen.

[317] OLG Köln v. 14.11.1991 - 2 W 186/91 - NJW-RR 1992, 221; KG Berlin v. 26.02.1973 - 12 U 1193/72 - NJW 1974, 607; OLG München v. 16.12.1969 - 10 U 1691/68 - VersR 1970, 643-644; OLG Saarbrücken v. 22.12.1978 - 3 U 191/77 - RuS 1980, 86.

Es kann der Billigkeit entsprechen, für **Bagatellschäden kein Schmerzensgeld** zuzusprechen.[318] Dabei versteht die Rechtsprechung unter Bagatellschäden geringfügige Verletzungen des Körpers oder der Gesundheit ohne wesentliche Beeinträchtigung der Lebensführung und ohne Dauerfolgen.[319] Insbesondere bleiben geringfügige Beeinträchtigungen des Allgemeinen Persönlichkeitsrechts (vgl. Rn. 39) grundsätzlich außer Betracht.[320] Nach einer im Vordringen befindlichen Ansicht sollte durch deutlich geringere (bis auf Null reduzierte) Schmerzensgelder in diesem Bereich aus volkswirtschaftlichen und rechtspolitischen Gründen eine Erhöhung der Zahlungen bei Schwerstschäden ermöglicht werden.[321] Daher sah der Referentenentwurf des Zweiten Schadensrechtsänderungsgesetzes ursprünglich eine ausdrückliche **Bagatellklausel** in § 253 Abs. 2 BGB vor, nach der nur durch vorsätzliches Handeln verursachte oder nach Art und Dauer nicht unerhebliche Schäden zum Ersatz berechtigen sollten.[322] Der Rechtsausschuss kam bei den Beratungen jedoch zu dem Ergebnis, dass die Rechtsprechung schon nach bisheriger Rechtslage zu angemessenen Ergebnissen komme und dass ihr auch weiterhin die Möglichkeit der Fortentwicklung der Bagatellschwelle erhalten bleiben solle, die künftig auch für die Fälle aus dem Bereich des Vertrags- und Gefährdungshaftungsrechts gelte. Die Aufnahme einer Bagatellklausel wurde daher als entbehrlich aus dem Entwurf gestrichen.[323] Der BGH gesteht in einzelnen Ausnahmefällen unter dem Gesichtspunkt der Billigkeit der Entschädigung zu, dass das Ausgleichsbedürfnis wegen der Geringfügigkeit der Verletzung so gering sein kann, dass ein Ausgleich in Geld nicht erforderlich ist.[324] Nach der restriktiven Linie des BGH fallen in die Kategorie der Bagatellschäden nur solche Schäden, die der Geschädigte sich auch im Alltagsleben zuziehen kann.[325] Problematisch ist allerdings, dass der Gesetzeswortlaut weiterhin für jeden immateriellen Schaden eine Entschädigung vorsieht.[326] Um die bisherige restriktive Linie zu halten, kann sich die Rechtsprechung aber auf die ausdrückliche Billigung in den Motiven zum Zweiten Schadensrechtsänderungsgesetz[327] berufen. Ferner hat der BGH klargestellt, dass es – entgegen einer teilweise vertretenen Auffassung[328] – hinsichtlich des Vorliegens eines sog. **HWS-Syndroms** bei einer Auffahrunfall keine „Harmlosigkeitsgrenze" (kollisionsbedingte Geschwindigkeitsänderung bis etwa 10 km/h) gibt, bis zu der eine Verletzung der Halswirbelsäule aufgrund der geringen biomechanischen Kräfte ausscheidet. Vielmehr sei gem. § 286 ZPO auf die Überzeugungsbildung des Tatrichters im Einzelfall abzustellen, wobei die Darlegung des Haftungsgrundes den strengen Anforderungen des Vollbeweises unterliege.[329] Bei einer

---

[318] BGH v. 14.01.1992 - VI ZR 120/91 - juris Rn. 8 - LM BGB § 823 (F) Nr. 53 (10/1992); BGH v. 07.06.1983 - VI ZR 83/81 - juris Rn. 17 - LM Nr. 7 zu § 8 StVO 1970; OLG Köln v. 06.05.1998 - 13 W 52/97 - OLGR Köln 1998, 389-392; OLG Koblenz v. 30.06.1999 - 1 U 1285/96 - NJW 2000, 963; LG Bielefeld v. 28.04.2011 - 5 O 145/09 - juris Rn. 15; *Ebert* in: Erman, § 253 Rn. 18; *Medicus* in: Prütting/Wegen/Weinreich, § 253 Rn. 15; *Medicus/Lorenz*, Schuldrecht I (AT), Rn. 699; *Oetker* in: MünchKomm-BGB, § 253 Rn. 29 f.; *Müller*, VersR 1993, 909-916, 913; *Grüneberg* in: Palandt, § 253 Rn. 14.

[319] BGH v. 14.01.1992 - VI ZR 120/91 - juris Rn. 8 - LM BGB § 823 (F) Nr. 53 (10/1992); LG Bielefeld v. 28.04.2011 - 5 O 145/09 - juris Rn. 15.

[320] BGH v. 19.09.1961 - VI ZR 259/60 - juris Rn. 14 - BGHZ 35, 363-370 - Ginsengwurzel; BGH v. 05.03.1963 - VI ZR 55/62 - juris Rn. 16 - BGHZ 39, 124-134 - Fernsehansagerin; *Ebert* in: Erman, § 253 Rn. 18 nur für absolute Bagatellschäden.

[321] Nachweise bei *Küppersbusch*, Ersatzansprüche bei Personenschaden, Rn. 199; zum Entwurf des Zweiten Schadensrechtsänderungsgesetzes: *Huber*, DAR 2000, 20-31, 28; *Müller*, ZRP 1998, 258-261, 260.

[322] BT-Drs. 14/7752, S. 6, 14 f. und 25 f.

[323] BT-Drs. 14/8780, S. 20f.

[324] BGH v. 14.01.1992 - VI ZR 120/91 - juris Rn. 8 - LM BGB § 823 (F) Nr. 53 (10/1992); so auch schon BGH v. 07.06.1983 - VI ZR 83/81 - juris Rn. 17 - LM Nr. 7 zu § 8 StVO 1970.

[325] BGH v. 11.11.1997 - VI ZR 376/96 - juris Rn. 13 - BGHZ 137, 142-153; kritische Anm. dazu *van Bühren*, MDR 1998, 159-160, der in der starken Berücksichtigung von Bagatellschäden z.B. sogar als Ursache für Erwerbsunfähigkeit eine zu starke Belastung der Versicherungsnehmer befürchtet.

[326] *Kreft* in: BGB-RGRK, 12. Aufl. 1989, § 847 Rn. 29; *Zeuner* in: Soergel, 12. Aufl. 1999, § 847 Rn. 27.

[327] BT-Drs. 14/7752, S. 16; vor allem aber BT-Drs. 14/8780, S. 20 f.

[328] Vgl. etwa KG Berlin v. 21.10.1999 - 12 U 8303/95 - juris Rn. 40 - NJW 2000, 877-878; OLG Hamm v. 03.12.1999 - 9 U 107/97 - NJW 2000, 878-880; OLG Nürnberg v. 22.11.2001 - 8 U 214/00 - juris Rn. 30 - ZfSch 2002, 524-526.

[329] BGH v. 28.01.2003 - VI ZR 139/02 - MDR 2003, 566-567 - Heckkollision; dazu zustimmende Anm. *Jaeger*, VersR 2003, 476-479; differenzierend: *Burmann*, NZV 2003, 476-479; BGH v. 08.07.2008 - VI ZR 274/07 - SVR 2009, 96 - Frontalkollision; allgemein zum HWS-Syndrom: *Müller*, VersR 2003, 137-148; *Leppich*, Rechtliche Aspekte des Unfalldatenspeichers de lege lata und de lege ferenda, 2003, § 3 III 2 c; gegen eine „Harmlosigkeitsgrenze" aus orthopädischer und unfallanalytischer Sicht: *Becke/Castro*, ZfSch 2002, 365-367, 366; vgl. im Einzelnen *Vieweg* in: Staudinger, § 843 Rn. 17 m.w.N.

nach unfallanalytischer Erkenntnis eines Sachverständigen nur geringen biomechanischen Belastung muss der Verletzte weitere Indizien, wie z.B. Konstitution, Alter, Vorhersehbarkeit der Kollision und Sitzposition darlegen, die einen Rückschluss auf eine HWS-Distorsion zulassen.[330] In den häufig auftretenden Fällen einer HWS-Distorsion I. Grades, sofern diese zur Überzeugung der Gerichts nachgewiesen ist, wird ein Schmerzensgeld im Bereich von 1.000 € pro Monat bei einer mindestens 50%igen Erwerbsunfähigkeit als angemessen erachtet.[331]

f. Sonderfall: Verletzung des Allgemeinen Persönlichkeitsrechts

97 Bei der Verletzung des Allgemeinen Persönlichkeitsrechts ist die **Intensität der Persönlichkeitsrechtsverletzung** der wesentliche Bemessungsfaktor. In den Pressefällen darf dabei der Anspruch keine Höhe erreichen, die die Pressefreiheit unverhältnismäßig einschränkt. Der Gewinnvorteil ist aber dennoch als Bemessungsfaktor zu berücksichtigen, ohne dass dies zwingend eine vollständige Abschöpfung des Gewinnes bedeuten muss.[332]

3. Art der Entschädigung

98 Grundsätzlich kommen zwei Entschädigungsformen in Betracht: Einerseits die Zubilligung einer **einmaligen Kapitalabfindung**, andererseits eine **Rente**. Auch eine Kombination beider Varianten ist denkbar. Da der Gesetzestext keine bestimmte Entschädigungsart vorschreibt, steht dem Richter im Rahmen des § 287 ZPO grundsätzlich die Entscheidung frei, welche Form im Einzelfall der Billigkeit entspricht.[333] **Regelmäßig** wird der immaterielle Schaden aber durch einen einmaligen **Kapitalbetrag** abgegolten.[334] Er ist vor allem dann geeignet, wenn keine oder lediglich solche Dauerfolgen im Raum stehen, die bereits überschaubar sind.[335] Allerdings ist auch bei der einmaligen Kapitalabfindung ein weiteres Schmerzensgeld für Fälle möglich, in denen die weitere Entwicklung nicht vorhergesehen werden konnte.[336]

99 Eine **Geldrente** kommt vor allem in Betracht, wenn es die Umstände des Einzelfalles erfordern. Dies ist z.B. der Fall, wenn die finanziellen Verhältnisse des Schädigers eine Einmalzahlung nicht zulassen.[337] Auch die Form der Beeinträchtigung, insbesondere wenn sie schwer und von Dauer ist, kann eine Rente rechtfertigen.[338] Sie setzt in jedem Fall einen Antrag des Geschädigten voraus.[339] Kapital-

---

[330] OLG Düsseldorf v. 12.04.2011 - 1 U 151/10 - NJW 2011, 3043-3045. Nach OLG Saarbrücken v. 08.06.2010 - 4 U 468/09 - NZV 2011, 340-341 kann das Gericht, wenn das medizinisch-technische Erfahrungswissen zum Nachweis einer leichtgradigen HWS-Distorsion nicht genügt, seine Überzeugung auch aus der Glaubhaftigkeit und Plausibilität des Klägervortrags herleiten.

[331] KG Berlin v. 09.10.2008 - 12 U 173/08 - NJW 2009, 3040-3041.

[332] BGH v. 15.11.1994 - VI ZR 56/94 - juris Rn. 35 - BGHZ 128, 1-16 - Caroline v. Monaco I; *Sprau* in: Palandt, § 823 Rn. 124.

[333] BGH v. 11.12.1956 - VI ZR 286/55 - LM Nr. 10 zu § 847 BGB; BGH v. 20.12.1966 - VI ZR 46/65 - VersR 1967, 285.

[334] OLG Düsseldorf v. 03.02.1981 - 4 U 142/80 - VersR 1981, 557; OLG Celle v. 06.12.1954 - 5 U 61/54 - VersR 1955, 63; OLG Stuttgart v. 19.04.1961 - 4 U 162/60; *Medicus* in: Prütting/Wegen/Weinreich, § 253 Rn. 19; *Oetker* in: MünchKomm-BGB, § 253 Rn. 57; *Grüneberg* in: Palandt, § 253 Rn. 21; *Ebert* in: Erman, § 253 Rn. 31.

[335] Anderer Ansatz: LG Berlin v. 20.11.2003 - 6 O 272/01 - VersR 2005, 1247-1249, 1247 mit kritischer Anm. von *Jaeger*: Die ungewisse individuelle Lebenserwartung eines schwer Hirngeschädigten rechtfertige es, von einer Geldrente abzusehen, da diese den Betroffenen eher benachteiligen könnte. *Jaeger* betont dagegen, dass die individuelle, nicht dagegen eine „normale" Lebenserwartung bei der Bemessung des Schmerzensgeldes und der Kapitalisierung einer Geldrente zu Grunde zu legen und daher eine Benachteiligung des Betroffenen ausgeschlossen sei.

[336] BGH v. 04.12.1975 - III ZR 41/74 - LM Nr. 54 zu § 847 BGB; BGH v. 08.07.1980 - VI ZR 72/79 - juris Rn. 10 - LM Nr. 64 zu § 847 BGB; KG Berlin v. 24.01.1978 - 9 U 2592/76 - VersR 1979, 624-626.

[337] BGH v. 06.07.1955 - GSZ 1/55 - juris Rn. 41 - BGHZ 18, 149-168; BGH v. 11.12.1956 - VI ZR 286/55 - LM Nr. 10 zu § 847 BGB; *Kreft* in: BGB-RGRK 12. Aufl. 1989, § 847 Rn. 59; vgl. zu den Voraussetzungen der Geldrente auch *Notthoff*, VersR 2003, 966-971.

[338] BGH v. 11.12.1956 - VI ZR 286/55 - LM Nr. 10 zu § 847 BGB, bei Verlust eines Auges; OLG Frankfurt v. 21.02.1991 - 12 U 42/90 - DAR 1992, 62-63; OLG Düsseldorf v. 10.02.1992 - 1 U 218/90 - NJW-RR 1993, 156-159; OLG Nürnberg v. 12.12.2008 - 5 U 953/04 - VersR 2009, 1079-1084; *Medicus* in: Prütting/Wegen/Weinreich, § 253 Rn. 19.

[339] BGH v. 16.11.1961 - III ZR 189/60 - LM Nr. 20 zu § 847 BGB; BGH v. 21.07.1998 - VI ZR 276/97 - juris Rn. 9 - LM BGB § 847 Nr. 103 (4/1999).

und Rentenzahlung müssen dabei in einem ausgewogenen Verhältnis zueinander und zu der zu kompensierenden Verletzung stehen.[340] Die Geldrente kann, sofern es sich sowohl um eine schwerwiegende als auch voraussichtlich das ganze Leben fortdauernde Beeinträchtigung handelt, auf Lebenszeit zuerkannt werden.[341] Andernfalls ist sie auf die voraussichtliche Dauer der Beeinträchtigung zu beschränken.[342] Eine **dynamische Rente**, die sich z.B. mit dem amtlichen Lebenshaltungskostenindex ändert, ist **unzulässig**.[343] Zur Abänderungsklage vgl. Rn. 109. Nach der Rechtsprechung des BFH handelt es sich bei der Rente nicht um wiederkehrende Bezüge i.S.v. § 22 Nr. 1 EStG, so dass die Rente nicht der Steuerpflicht unterfällt und insofern kein Unterschied zur Kapitalabfindung mehr besteht.[344]

Die Rente stellt lediglich eine **besondere Erfüllungsform** des einmaligen Schmerzensgeldanspruchs dar, so dass es sich bei den jeweiligen Teilleistungen nicht um ständig wiederkehrende Leistungen i.S.d. § 197 Abs. 2 BGB handelt.[345] Der Unterschied zwischen einer Kapitalleistung auf Raten und einer Verurteilung zur Rentenleistung besteht darin, dass der Beklagte im Falle einer Verurteilung zur Rentenleistung mit dem Tod des Verletzten ex nunc frei wird, gleichgültig, wie viel er bisher geleistet hat. 100

4. Vorteilsausgleichung

Hinsichtlich des Vorteils ist zu unterscheiden, ob ein materieller oder ein immaterieller Vorteil gegeben ist: Ein **Vermögensvorteil** kann – mangels Kommensurabilität – den immateriellen Schaden des Geschädigten nicht mindern.[346] Wiegt hingegen ein **nichtvermögensrechtlicher Vorteil** der Verletzung oder ihrer Folgen den immateriellen Nachteil auf oder mindert er ihn, so ist dies zu berücksichtigen.[347] So kann beispielsweise ein bei einer verletzungsbedingten Operation in der Wunde verbliebener Fremdkörper, der sich bei fortschreitender Krebserkrankung lebensverlängernd auswirkt,[348] oder die Tatsache, dass eine durch die Verletzung erforderlich gewordene Beinamputation den Verletzten auch von einer an diesem Bein vorher bestehenden schmerzhaften Thrombose befreit,[349] einen anrechnungsfähigen Vorteil darstellen. Allerdings lässt sich bei immateriellen Schäden eine „an sich" angemessene Kompensation nur schwer bestimmen, so dass – anders als bei der Vorteilsanrechnung für materielle Schäden – nicht zuerst der Anspruch ohne Berücksichtigung des Vorteils berechnet und anschließend um den Vorteil gekürzt wird.[350] Vielmehr ist der Vorteil als Bemessungselement bei der Bestimmung der billigen Entschädigung zu berücksichtigen.[351] 101

5. Übertragbarkeit

Bis zum 30.06.1990 war gem. § 847 Abs. 1 Satz 2 BGB der Anspruch auf Ersatz des immateriellen Schadens nicht übertragbar und vererblich, es sei denn, er wurde durch Vertrag anerkannt oder eine entsprechende Klage war rechtshängig geworden. Damit sollte verhindert werden, dass Erben des Verletzten Schmerzensgeld fordern, dessen Geltendmachung überhaupt nicht in der Absicht des Erblassers lag.[352] Diese Regelung zwang Angehörige Schwerstverletzter zu einem unwürdigen „Wettlauf mit dem Tode" und stieß daher auf allgemeine Kritik.[353] 102

---

[340] *Grüneberg* in: Palandt, § 253 Rn. 21.
[341] BGH v. 02.02.1968 - VI ZR 167/66 - VerkMitt 1968, Nr. 100.
[342] BGH v. 23.11.1965 - VI ZR 151/64 - VersR 1966, 144.
[343] BGH v. 03.07.1973 - VI ZR 60/72 - LM Nr. 49 zu § 847 BGB; *Oetker* in: MünchKomm-BGB, § 253 Rn. 62.
[344] Vgl. BFH v. 25.10.1994 - VIII R 79/91 - NJW 1995, 1238-1240 zur Mehrbedarfsrente; zur Schmerzensgeldrente vgl. *Stuhrmann* in: Blümich, EStG, KStG, GewStG, § 22 EStG Rn. 66 f.; *Spindler* in: Bamberger/Roth, § 253 Rn. 64.
[345] BGH v. 06.05.1957 - III ZR 12/56 - LM Nr. 23 zu § 75 Einl PreußALR.
[346] *Oetker* in: MünchKomm-BGB, § 249 Rn. 240; *Kreft* in: BGB-RGRK, 12. Aufl. 1989, § 847 Rn. 57; LG Bonn v. 03.11.1994 - 15 O 169/94 - NJW-RR 1995, 1492-1493.
[347] *Kreft* in: BGB-RGRK, 12. Aufl. 1989, § 847 Rn. 56; *Oetker* in: MünchKomm-BGB, § 249 Rn. 239; a.A. *Hüffer*, VersR 1969, 500-502, 502.
[348] OLG Karlsruhe v. 26.03.1965 - 10 U 19/65 - VersR 1965, 794.
[349] *Kreft* in: BGB-RGRK, 12. Aufl. 1989, § 847 Rn. 56.
[350] So aber *Klimke*, VersR 1969, 111-113.
[351] *Kreft* in: BGB-RGRK, 12. Aufl. 1989, § 847 Rn. 57; *Oetker* in: MünchKomm-BGB, § 253 Rn. 55.
[352] Vgl. Motive II, S. 802; BGH v. 06.12.1994 - VI ZR 80/94 - juris Rn. 10 - LM BGB § 847 Nr. 93 (6/1995).
[353] *Stein* in: MünchKomm-BGB, 3. Aufl. 1997, § 847 Rn. 53.

§ 253

103 Durch Gesetz vom 14.03.1990[354] machte sich der Gesetzgeber diese Kritik zu eigen[355] und beschloss **mit Wirkung vom 01.07.1990** die ersatzlose Streichung von § 847 Abs. 1 Satz 2 BGB. Seither ist der Anspruch auf Ersatz immaterieller Schäden **frei übertragbar und vererblich**, obwohl er dennoch höchstpersönlicher Natur ist.[356]

V. Prozessuale Hinweise

1. Unbestimmter Klageantrag

104 Bei Klagen auf Leistung einer Geldzahlung ist im Rahmen der Bestimmtheit des Klageantrags gem. § 253 Abs. 2 Nr. 2 ZPO grundsätzlich die Angabe des begehrten Betrages erforderlich. Das nach billigem Ermessen zuzusprechende Schmerzensgeld lässt sich aber nicht wie ein materieller Schaden berechnen. Verlangt er zu viel, drohen Kostennachteile (§ 92 Abs. 1 ZPO). Verlangt er dagegen zu wenig, kann ihm das Gericht nur die eingeklagte Summe zusprechen (§ 308 Abs. 1 Satz 1 ZPO).[357] Die Rechtsprechung hat daher schon frühzeitig einen unbezifferten Klageantrag zugelassen, bei dem die Angabe einer ungefähren Größenordnung des Anspruchs oder eines Mindestbetrags genügt.[358] Durch die Angabe einer ungefähren Größenordnung oder – besser noch, da präziser – eines Mindestbetrags kann sich der Kläger Rechtsmittel offen halten, falls das Gericht einen ihn nicht zufrieden stellenden Betrag zuspricht.[359] Zudem muss der Kläger **die zur Bemessung der Höhe des Anspruchs erforderlichen tatsächlichen Grundlagen vollständig vortragen**. Begehrt der Kläger zumindest teilweise eine Rente, so muss er dies im Antrag unzweideutig geltend machen.[360] Auch vom Kläger verlangte Zinsen bedürfen wegen § 308 Abs. 1 ZPO eines gesonderten Antrags.[361] Prozesskostenhilfe ist dem Kläger in voller Höhe zu bewilligen, wenn sich der geltend gemachte Schmerzensgeldbetrag noch in einer vertretbaren Größenordnung bewegt, da die endgültige Festlegung erst in der Hauptsache erfolgt.[362] Umgekehrt ist dem Beklagten bereits deshalb Prozesskostenhilfe zu gewähren, weil seine Rechtsverteidigung wegen einer vom Kläger angegebenen überhöhten Größenordnung oder Mindestsumme Aussicht auf Erfolg bietet.[363]

2. Klageart

105 Das Schmerzensgeld ist regelmäßig mittels der **Leistungsklage** geltend zu machen, wenn die künftigen Beeinträchtigungen im Zeitpunkt der letzten mündlichen Verhandlung zu übersehen sind. Dem Verletzten fehlt dann das für eine Feststellungsklage erforderliche Feststellungsinteresse.[364] Nach dem Grundsatz der Einheitlichkeit des Schmerzensgeldes ist dessen Höhe aufgrund einer ganzheitlichen Betrachtung der den Schadensfall prägender Umstände unter Einbeziehung der absehbaren künftigen Entwicklung des Schadensbildes zu bemessen.[365] Sind jedoch in der Zukunft weitere immaterielle Schäden zu erwarten, die bisher weder erkennbar noch voraussehbar sind, kann der Kläger für diese

---

[354] BGBl I 1990, 478.
[355] BT-Drs. 11/5423, S. 1.
[356] BT-Drs. 11/5423, S. 4.
[357] *Foerste* in: Musielak, ZPO, § 253 Rn. 34; vgl. hierzu näher Rn. 107.
[358] RG v. 28.06.1888 - III 151/87 - RGZ 21, 382-388; RG v. 28.10.1884 - III 171/84 - RGZ 12, 388-393; BGH v. 31.01.1969 - VI ZR 197/67 - NJW 1969, 1427; BGH v. 13.05.1974 - III ZR 35/72 - LM Nr. 53 zu § 253 ZPO; BGH v. 28.02.1984 - VI ZR 70/82 - NJW 1984, 1807; BGH v. 30.04.1996 - VI ZR 55/95 - juris Rn. 33 - BGHZ 132, 341-353; *Oetker* in: MünchKomm-BGB, § 253 Rn. 67; *Greger* in: Zöller, ZPO, § 253 Rn. 14 und 14a; *Hartmann* in: Baumbach/Lauterbach, ZPO, § 253 Rn. 56 spricht inzwischen von gewohnheitsrechtlicher Anerkennung, krit. *Gerstenberg*, NJW 1988, 1352-1359, 1353. Ein Höchstbetrag wäre mit Rücksicht auf § 308 ZPO unklug: *Schlosser*, JZ 1996, 1082-1083.
[359] BGH v. 02.02.1999 - VI ZR 25/98 - juris Rn. 18 - BGHZ 140, 335-342; BGH v. 20.07.2001 - V ZR 170/00 - juris Rn. 11 - LM ZPO § 538 Nr. 31 (3/2002); vgl. näher Rn. 107.
[360] BGH v. 16.11.1961 - III ZR 189/60 - LM Nr. 20 zu § 847 BGB; BGH v. 21.07.1998 - VI ZR 276/97 - juris Rn. 9 - LM BGB § 847 Nr. 103 (4/1999).
[361] BGH v. 21.06.1977 - VI ZA 3/75 - juris Rn. 11 - BGHZ 1, 462-464; *Oetker* in: MünchKomm-BGB, § 253 Rn. 67.
[362] OLG Karlsruhe v. 16.02.2011 - 4 W 108/10 - NJW 2011, 2143-2145.
[363] OLG Frankfurt v. 16.07.2010 - 4 W 24/10 - MDR 2011, 65-66.
[364] BGH v. 08.07.1980 - VI ZR 72/79 - juris Rn. 14 - LM Nr. 64 zu § 847 BGB; BGH v. 24.05.1988 - VI ZR 326/87 - juris Rn. 10 - LM Nr. 76 zu § 847 BGB; *Greger* in: Zöller, ZPO, § 256 Rn. 7a m.w.N.
[365] BGH v. 20.01.2004 - VI ZR 70/03 - NJW 2004, 1243-1245, 1244; OLG Hamm v. 29.10.2007 - 6 U 34/07 - juris Rn. 12; OLG Saarbrücken v. 07.06.2011 - 4 U 451/10 - NJW 2011, 3169-3172.

die Ersatzpflicht durch eine **Feststellungsklage** gerichtlich feststellen lassen. Fehlt die Beschränkung auf immaterielle Schäden, so ist der Antrag als umfassender auszulegen.[366] Für das nach § 256 Abs. 1 ZPO erforderliche Feststellungsinteresse genügt bereits die Möglichkeit eines Schadenseintritts. Das Feststellungsinteresse ist nur dann zu verneinen, wenn aus Sicht des Geschädigten bei verständiger Würdigung kein Grund gegeben ist, mit dem Eintritt eines Schadens wenigstens zu rechnen.[367] Üblich ist etwa folgende Formulierung: „Es wird festgestellt, dass der Beklagte verpflichtet ist, dem Kläger sämtlichen zukünftigen immateriellen Schaden, der ihm aus dem Unfallereignis vom ... in ... entstehen wird, zu ersetzen, soweit die Ansprüche nicht auf Sozialversicherungsträger oder sonstige Dritte übergehen."[368] Sind die Schäden bis zu einem gewissen Zeitpunkt absehbar, so kann ein zeitlich befristeter Leistungsantrag als **Teilschmerzensgeldklage** mit einem Feststellungsantrag kombiniert werden. Eine Teilschmerzensgeldklage, die sich auf die bereits eingetretenen Verletzungsfolgen beschränkt, ist zulässig, wenn der künftige Eintritt weiterer Verletzungsfolgen ungewiss ist und die Teilforderung mit einer offenen Teilklage geltend gemacht wird.[369] Zur Abänderungsklage vgl. Rn. 109.

Bei Straftaten steht dem Verletzten bzw. seinem Erben auch das – in der Praxis allerdings kaum relevante – sog. **Adhäsionsverfahren** gem. §§ 403-406c StPO zur Verfügung, in dessen Rahmen er einen Schmerzensgeldanspruch im Strafverfahren geltend machen kann. Das Gericht gibt einem begründeten Antrag im Strafurteil statt.[370]

106

3. Urteil

Die Bestimmung des Schmerzensgeldes nach Art und Höhe ist dem Tatrichter unter Einräumung des Ermessens nach § 287 ZPO vorbehalten. Dem freien Ermessen sind allerdings insoweit Grenzen gesetzt, als das Urteil das Bemühen um eine angemessene Beziehung der Entschädigung zu Art und Dauer der Verletzung unter Berücksichtigung aller Umstände erkennen lassen muss und nicht gegen Rechtssätze, Denkgesetze und Erfahrungssätze verstoßen darf.[371] Diese Erwägungen müssen im Interesse obergerichtlicher Überprüfbarkeit auch erkennbar dargelegt werden.[372] Nach § 308 Abs. 1 Satz 1 ZPO darf das Gericht zwar nicht mehr zusprechen, als beantragt ist. Ist bei einer Schmerzensgeldklage nur eine ungefähre Größenordnung oder ein Mindestbetrag angegeben, so wird gleichwohl allgemein eine Überschreitung des angegebenen Betrags um jedenfalls bis zu 20% als zulässig erachtet.[373] Nach der Rechtsprechung des BGH sind dem Gericht durch die Angabe eines Mindestbetrages oder einer Größenordnung nach oben hin sogar keine Grenzen gesetzt.[374] Unterschreitet das Gericht den angegebenen Betrag um bis zu 20%, so kann es dem Beklagten gleichwohl nach § 92 Abs. 2 Nr. 2 ZPO die gesamten **Prozesskosten** auferlegen, da die Bestimmung der Schmerzensgeldhöhe im richterlichen Ermessen steht.[375] Der **Streitwert** bestimmt sich nach der vom Kläger angegebenen Größenordnung bzw.

107

---

[366] BGH v. 09.07.1964 - VII ZR 51/63 - VersR 1964, 1050; BGH v. 09.04.1991 - VI ZR 106/90 - juris Rn. 6 - LM BGB § 823 (Aa) (2/1992).

[367] BGH v. 09.01.2007 - VI ZR 133/06 - NJW-RR 2007, 601-602, 601; BGH v. 16.01.2001 - VI ZR 381/99 - NJW 2001, 1431-1433, 1432; *Bussmann*, MDR 2007, 446-448, 446.

[368] Vgl. auch *Schröder*, SVR 2009, 157 mit einem Muster einer Schmerzensgeldklage.

[369] BGH v. 16.05.1961 - VI ZR 112/60 - VersR 1961, 727; OLG Saarbrücken v. 07.06.2011 - 4 U 451/10 - NJW 2011, 3169-3172; *Medicus* in: Prütting/Wegen/Weinreich, § 253 Rn. 23; *Bussmann*, MDR 2007, 446-448, 446; *Berg*, NZV 2010, 63-64.

[370] BGH v. 21.08.2002 - 5 StR 291/02 - juris Rn. 3 - NJW 2002, 3560-3561; m. Anm. *Groß*, JR 2003, 258-260; LG Berlin v. 01.12.2005 - 93 Js 3567/04 Kls - NZV 2006, 389-390; zum Adhäsionsverfahren vgl. *Stöckel*, Das Adhäsionsverfahren – Durchsetzung zivilrechtlicher Forderungen im Strafverfahren in: Krause/Veelken/Vieweg, Gedächtnisschrift für Wolfgang Blomeyer, 2004, S. 829 ff.; für eine verstärkte Inanspruchnahme des Adhäsionsverfahrens bei der Geltendmachung von Schmerzensgeldforderungen: LG Köln v. 21.04.2008 - 2 O 684/06 - NStZ-RR 2009, 182-183.

[371] BGH v. 24.05.1988 - VI ZR 159/87 - juris Rn. 7 - LM Nr. 77 zu § 847 BGB.

[372] BGH v. 24.05.1988 - VI ZR 159/87 - juris Rn. 7 - LM Nr. 77 zu § 847 BGB; BGH v. 19.02.1991 - VI ZR 171/90 - juris Rn. 30 - LM Nr. 51 zu § 823 (F) BGB; BGH v. 16.06.1992 - VI ZR 264/91 - juris Rn. 18 - VersR 1992, 1410-1411.

[373] OLG Düsseldorf v. 22.06.1994 - 22 W 28/94 - NJW-RR 1995, 955; *Becker-Eberhard* in: MünchKomm-ZPO, § 253 Rn. 130; BGH v. 24.09.1991 - VI ZR 60/91 - juris Rn. 11 - LM BGB § 847 Nr. 85 (6/1992).

[374] BGH v. 30.04.1996 - VI ZR 55/95 - juris Rn. 33 - BGHZ 132, 341-353.

[375] OLG Düsseldorf v. 22.06.1994 - 22 W 28/94 - NJW-RR 1995, 955; OLG Koblenz v. 15.06.1989 - 5 U 331/88 - ZfSch 1990, 6; OLG München v. 02.03.1987 - 24 W 35/87 - NJW 1988, 1396; *Giebel* in: MünchKomm-ZPO, § 92 Rn. 21; *Hüßtege* in: Thomas/Putzo, § 92 Rn. 9; *Gerstenberg*, NJW 1988, 1352-1359, 1357 f.

§ 253

dem geforderten Mindestbetrag. Geht das Gericht über diesen Betrag hinaus, so richtet sich der Streitwert nach dem tatsächlich zugesprochenen Betrag.[376]

108 Ist dem Geschädigten bereits ein Schmerzensgeldbetrag zugesprochen worden, stellt sich häufig die Frage, ob **angesichts der Rechtskraft** des ersten Urteils ein **weiteres Schmerzensgeld** zugesprochen werden kann: Dabei ist davon auszugehen, dass die Rechtskraft des ersten Urteils gem. § 322 Abs. 1 ZPO einer erneuten Klage insoweit entgegensteht, als die geltend gemachten Schadensfolgen bereits während des ersten Prozesses eingetreten und objektiv erkennbar oder vorhersehbar waren, so dass sie bereits durch das zugesprochene Schmerzensgeld abgegolten sind.[377] Der Verletzte kann neue Folgen also nur geltend machen, wenn sie in dem vorhergehenden Verfahren objektiv nicht erkennbar waren.[378] Dies ist auch bei einem Feststellungsausspruch nicht anders, da sich dieser mangels anderer Angaben nur auf unvorhersehbare Spätschäden bezieht.[379] Für ein weiteres Schmerzensgeld nach einem **Abfindungsvergleich** ist umstritten, ob es nach den obigen Kriterien zu beurteilen ist[380] oder ob der Verletzte bewusst das Risiko von Spätfolgen in Kauf nimmt[381]. Mit einer präzise formulierten Abgeltungsklausel haben die Parteien es in der Hand, selbst zu bestimmen, ob mit dem Vergleich auch objektiv nicht erkennbare Schadensfolgen abgegolten sein sollen. Eine umfassende Abgeltungsklausel könnte beispielsweise lauten: „Damit sind sämtliche Ansprüche auf Ersatz des immateriellen Schadens, gleich ob bekannt oder unbekannt, gleich ob gegenwärtig oder künftig, gleich ob vorhersehbar oder unvorhersehbar, aus dem Unfallereignis vom … in … abgegolten und erledigt."

109 Für eine **Schmerzensgeldrente** ist grundsätzlich die Möglichkeit der **Abänderungsklage** gem. § 323 ZPO gegeben.[382] Dabei war früher allerdings umstritten, ob allein ein Anstieg des Lebenshaltungskostenindex einen hinreichenden Grund für eine Erhöhung darstellte.[383] Einerseits könne der Wert von Gesundheit und seelischem Wohlbefinden mit Vermögenswerten grundsätzlich nicht verrechnet werden; andererseits sei die durch das Schmerzensgeld geschaffene Ausgleichsmöglichkeit aber durch einen gesunkenen Geldwert gemindert. Der BGH hat mittlerweile eine Kompromisslösung gefunden: Eine Schmerzensgeldrente sei im Hinblick auf den gestiegenen Lebenshaltungskostenindex dann abänderbar, wenn eine Abwägung aller Einzelfallumstände ergebe, dass die bisher gezahlte Rente wegen einer ganz erheblichen Steigerung der Lebenshaltungskosten ihre Funktion eines billigen Schadensausgleichs nicht mehr erfülle. Dies sei bei einer unter 25% liegenden Steigerung in der Regel nicht der Fall.[384] Nach Ansicht des BGH soll dies grundsätzlich auch dann gelten, wenn der Geschädigte den vom Gericht bei der Kapitalisierung zu Grunde gelegten Gesamtbetrag aus Kapitalbetrag und Rente bereits erhalten hat. Der in Folge der Verrentung etwaig erhaltene Mehrbetrag stelle lediglich einen Ausgleich für die in diesem Falle dem Schuldner verbleibende Möglichkeit der Kapitalnutzung dar. Anders könne dies dann zu beurteilen sein, wenn sich die bei der Kapitalisierung zu Grunde gelegte Gewinnerwartung hinsichtlich der Kapitalanlage nicht erfüllen sollte.[385] Auch bei einem Vergleich über eine

---

[376] BGH v. 30.04.1996 - VI ZR 55/95 - juris Rn. 33 - BGHZ 132, 341-353; *Schiemann* in: Staudinger, § 253 Rn. 50, *Becker-Eberhard* in: MünchKomm-ZPO, § 253 Rn. 131; *Oetker* in: MünchKomm-BGB, § 253 Rn. 69.

[377] *Musielak* in: Musielak, ZPO, § 322 Rn. 52; BGH v. 14.02.2006 - VI ZR 322/04 - juris Rn. 7 - NJW-Spezial 2006, 208-209. Ausführlich dazu: *Diederichsen*, VersR 2005, 433-442 und *Berg*, NZV 2010, 63-64; zum prozesstaktischen Verhalten: *Bussmann*, MDR 2007, 446-448.

[378] BGH v. 08.07.1980 - VI ZR 72/79 - juris Rn. 10 - LM Nr. 64 zu § 847 BGB; BGH v. 07.02.1995 - VI ZR 201/94 - juris Rn. 13 - LM BGB § 847 Nr. 95 (7/1995); *Grüneberg* in: Palandt, § 253 Rn. 25.

[379] BGH v. 04.12.1975 - III ZR 41/74 - LM Nr. 54 zu § 847 BGB; BGH v. 30.01.1973 - VI ZR 4/72 - LM Nr. 45 zu § 852 BGB; *Küppersbusch*, Ersatzansprüche bei Personenschaden, Rn. 316.

[380] OLG Frankfurt v. 01.07.1977 - 3 U 152/76 - VersR 1978, 158-159.

[381] BGH v. 12.07.1983 - VI ZR 176/81 - juris Rn. 7 - LM Nr. 107 zu § 242 (Bb) BGB; *Sprau* in: Palandt, § 779 Rn. 12; *Marburger* in: Staudinger, § 779 Rn. 59; *Schröder*, SVR 2009, 277 mit einem Muster eines Mandantenschreibens.

[382] BGH v. 06.07.1955 - GSZ 1/55 - juris Rn. 41 - BGHZ 18, 149-168; BGH v. 15.05.1984 - VI ZR 155/82 - juris Rn. 12 - LM Nr. 69 zu § 847 BGB; *Oetker* in: MünchKomm-BGB, § 253 Rn. 62.

[383] Bejahend OLG Nürnberg v. 16.01.1991 - 9 U 2804/90 - RuS 1991, 306-307; a.A. *Küppersbusch*, Ersatzansprüche bei Personenschaden, Rn. 301.

[384] BGH v. 15.05.2007 - VI ZR 150/06 - NJW 2007, 2475-2476 m. Anm. *Teichmann*, NJW 2007, 2476-2477.

[385] BGH v. 15.05.2007 - VI ZR 150/06 - NJW 2007, 2475-2476, 2476; a.A. LG Hannover v. 03.07.2002 - 7 S 1820/01 - juris Rn. 25 - NJW-RR 2002, 1253-1254; m. zustimmender Anm. *Diehl*, ZfSch 2002, 431.

Rentenzahlung soll bei einer wesentlichen Änderung der wirtschaftlichen Verhältnisse unter dem Gesichtspunkt des Wegfalls der Geschäftsgrundlage (§ 313 BGB) selbst bei Abschluss des Vergleichs „zur Abgeltung aller Ansprüche" eine Anpassung möglich sein.[386]

Regelmäßig beziehen sich der Anspruch auf materiellen Schadensersatz und der auf Ersatz des immateriellen Schadens auf denselben Lebenssachverhalt und sind daher untrennbar miteinander verbunden. Ein **Teilurteil** gem. § 301 ZPO allein **hinsichtlich des Schmerzensgeldes** ohne eine Entscheidung über den Anspruch auf Ersatz der materiellen Schäden **scheidet** daher **grundsätzlich aus**, es sei denn, es ergeht bezüglich des materiellen Anspruchs zumindest ein Grundurteil.[387] **Zulässig ist es hingegen, durch Teilurteil** innerhalb des einheitlichen Schmerzensgeldanspruchs zunächst den Betrag zuzusprechen, der dem Geschädigten **jedenfalls mindestens zusteht** und später den zuzuerkennenden Betrag durch weiteres Urteil auf die Summe zu erhöhen, die aufgrund der ursprünglich zu erwartenden und zunächst noch nicht absehbaren Schäden angemessen ist.[388] Der BGH begründet dies damit, dass in Fällen, in denen das volle Schadensausmaß noch nicht absehbar ist, dem Geschädigten eine Feststellungsklage (vgl. Rn. 105) hinsichtlich der Ersatzpflicht für alle künftigen Schäden offen steht. Diese Vorgehensweise dürfte prozesstaktisch im Hinblick auf die Verjährungsunterbrechung durch Klageerhebung der regelmäßig vorzugswürdige Weg sein. Der Erlass eines **Grundurteils** nach § 304 ZPO kann im Schmerzensgeldprozess zweckmäßig sein. Bei einem Mitverschulden des Geschädigten ist darin auszusprechen, dass ein angemessenes Schmerzensgeld unter Berücksichtigung eines bestimmten prozentualen Mithaftungsanteils des Geschädigten geschuldet ist.[389]

Von dieser Konstellation zu unterscheiden sind allerdings Fallgestaltungen, bei denen über das Schmerzensgeld bereits umfassend entschieden wurde und der Geschädigte aufgrund **neuen Sachvortrags** ein weiteres Schmerzensgeld (vgl. Rn. 108) verlangt, so dass sich der bisher zuerkannte Betrag als **Teilschmerzensgeld** darstellt.[390] Zur Zulässigkeit einer Teilschmerzensgeldklage vgl. Rn. 105.

Das **Berufungsgericht** überprüft gem. §§ 513 Abs. 1, 546 ZPO die erstinstanzlich vorgenommene Bemessung des Schmerzensgeldes auf der Grundlage der nach § 529 ZPO maßgeblichen Tatsachen in vollem Umfang daraufhin, ob sie zutreffend ist. Das **Revisionsgericht** als Rechtsinstanz kann das angefochtene Urteil hingegen nur unter rein rechtlichen Gesichtspunkten überprüfen. Daher beschränkt sich seine Überprüfung darauf, ob die Bemessungsgrundlagen von Rechtsirrtum beeinflusst oder ob wesentliche entscheidungserhebliche Tatsachen außer Acht gelassen worden sind.[391] Ändert der Geschädigte in der Berufungsinstanz die Größenordnung des geforderten Schmerzensgeldes, ohne neuen Sachverhalt vorzutragen, so stellt dies keine Klageänderung dar.[392] Maßgeblich für die **Beschwer** ist die vom Kläger geäußerte Größenvorstellung bzw. der angegebene Mindestbetrag.[393] Daher fehlt es an der Beschwer, wenn dem Kläger der verlangte Mindestbetrag zugesprochen wird, selbst wenn – entgegen seiner Auffassung – ein Mitverschulden bejaht wird.[394]

---

[386] BGH v. 04.10.1988 - VI ZR 46/88 - juris Rn. 8 - BGHZ 105, 243-250, zur Unterhaltsrente gem. § 844 Abs. 2 BGB.

[387] OLG Koblenz v. 05.06.2003 - 5 U 219/03 - juris Rn. 7 - NJW-RR 2003, 1722-1723.

[388] BGH v. 20.01.2004 - VI ZR 70/03 - juris Rn. 17 - EBE/BGH BGH-Ls 227/04; BGH v. 14.02.2006 - VI ZR 322/04 - juris Rn. 7 - NJW-Spezial 2006, 208-209; ausführlich zur Schmerzensgeldteilklage: *Terbille*, VersR 2005, 37-43.

[389] *Schiemann* in: Staudinger, § 253 Rn. 50, *Reichold* in: Thomas/Putzo, § 304 Rn. 17; *Oetker* in: Münch-Komm-BGB, § 253 Rn. 70.

[390] BGH v. 20.01.2004 - VI ZR 70/03 - juris Rn. 20 - EBE/BGH BGH-Ls 227/04.

[391] BGH v. 27.11.1962 - VI ZR 10/62 - VersR 1963, 241; BGH v. 13.01.1964 - III ZR 48/63 - VersR 1964, 389; BGH v. 19.12.1969 - VI ZR 111/68 - VersR 1970, 281-284; BGH v. 08.06.1976 - VI ZR 216/74 - LM Nr. 56 zu § 847 BGB; BGH v. 12.05.1998 - VI ZR 182/97 - juris Rn. 11 - BGHZ 138, 388-394; BGH v. 19.02.1991 - VI ZR 171/90 - juris Rn. 30 - LM Nr. 51 zu § 823 (F) BGB; OLG Jena v. 16.01.2008 - 4 U 318/06 - SVR 2008, 464-465; OLG Frankfurt a.M. v. 19.08.2009 - 7 U 23/08 - NJW-RR 2009, 1684-1685; *Grüneberg* in: Palandt, § 253 Rn. 26; *Ball* in: Musielak, ZPO, § 546 Rn. 2 ff.; a.A. OLG Koblenz v. 29.06.2010 - 5 U 2010 - juris Rn. 3: nur Ermessensfehlerkontrolle.

[392] BGH v. 10.10.2002 - III ZR 205/01 - juris Rn. 13 - NJW 2002, 3769-3771.

[393] BGH v. 24.08.1991 - VI ZR 60/91 - NJW 1992, 311-312; BGH v. 30.09.2003 - VI ZR 78/03 - juris Rn. 4 - NJW-RR 2004, 102-103; *Schiemann* in: Staudinger, § 253 Rn. 49; *Oetker* in: MünchKomm-BGB, § 253 Rn. 73.

[394] BGH v. 02.10.2001 - VI ZR 356/00 - juris Rn. 7 - LM BGB § 847 Nr. 104 (8/2002); BGH v. 30.03.2004 - VI ZR 25/03 - ZfSch 2004, 354-355, 354 m. Anm. *Diehl*.

§ 254 BGB Mitverschulden

(Fassung vom 02.01.2002, gültig ab 01.01.2002)

(1) Hat bei der Entstehung des Schadens ein Verschulden des Beschädigten mitgewirkt, so hängt die Verpflichtung zum Ersatz sowie der Umfang des zu leistenden Ersatzes von den Umständen, insbesondere davon ab, inwieweit der Schaden vorwiegend von dem einen oder dem anderen Teil verursacht worden ist.

(2) ¹Dies gilt auch dann, wenn sich das Verschulden des Beschädigten darauf beschränkt, dass er unterlassen hat, den Schuldner auf die Gefahr eines ungewöhnlich hohen Schadens aufmerksam zu machen, die der Schuldner weder kannte noch kennen musste, oder dass er unterlassen hat, den Schaden abzuwenden oder zu mindern. ²Die Vorschrift des § 278 findet entsprechende Anwendung.

Gliederung

A. Grundlagen 1	d. Provokation des Schädigers 15
B. Praktische Bedeutung 2	e. Verwirklichung von Betriebs- und Stoffgefahren 16
C. Anwendungsvoraussetzungen 3	III. Schadensabwehr- und -geringhaltungspflicht 18
I. Normstruktur 3	IV. Zurechnung des Fehlverhaltens Dritter 23
II. Mitverschulden bei der Entstehung des Schadens 5	1. Rechtsprechung 24
1. Rechtsprechung 7	2. Literatur 25
2. Literatur 8	3. Die Auffassung des Autors 27
3. Die Auffassung der Autorin/des Autors ... 9	V. Die Behandlung von Nebentätern 28
4. Typische Fälle 10	D. Rechtsfolgen 32
a. Objektives Fehlverhalten des Geschädigten ... 10	E. Prozessuale Hinweise/Verfahrenshinweise 38
b. Unterlassen gebotenen Selbstschutzes 11	
c. Mangelnde Aufmerksamkeit/Vorsicht gegenüber drohenden Gefahren 14	

A. Grundlagen

1 § 254 BGB befasst sich mit den rechtlichen **Folgen gleichzeitiger Fremd- und Eigenschädigung**. Sein Grundgedanke ist der, dem Geschädigten den Teil des erlittenen Schadens zu belassen, den dieser selbst zu verantworten hat. So einleuchtend der Grundgedanke ist, so schwierig ist es, ihn in Einzelentscheidungen umzusetzen.

B. Praktische Bedeutung

2 In der gerichtlichen Praxis spielt § 254 BGB eine überaus große Rolle, weil in ihm vielfältige Möglichkeiten zur **Durchbrechung des Alles-oder-Nichts-Prinzips** angelegt sind. Seine praktische Bedeutung steht allerdings im umgekehrt proportionalen Verhältnis zu seiner theoretischen Durchdringung. Zur Orientierung in der kaum mehr überschaubaren Kasuistik lassen sich drei Problembereiche angeben: Der erste betrifft die Frage, unter welchen Voraussetzungen überhaupt dem Geschädigten ein eigener Beitrag anspruchsmindernd in Rechnung gestellt wird, der zweite die Frage nach der Anspruchskürzung durch Schädigungsbeiträge Dritter und der dritte die erst nach der positiven Beantwortung von 1 und/oder 2 auftretende Frage nach den Kriterien für ein konkret durchzuführendes Abwägungsprogramm.

C. Anwendungsvoraussetzungen

I. Normstruktur

3 Absatz 1 regelt den **Grundtatbestand**. Wenn bei der Entstehung des Schadens ein Verschulden des Beschädigten mitgewirkt hat (Wenn-Komponente oder Voraussetzungsteil), dann hängen die Verpflichtung und der Umfang des zu leistenden Ersatzes von den Umständen, insbesondere davon ab, inwieweit der Schaden vorwiegend von dem einen oder dem anderen Teil verursacht worden ist

(Dann-Komponente oder Rechtsfolgenteil). Die Wenn-Komponente ist zu eng formuliert. Der Rechtsfolgenteil eröffnet den Weg in ein Abwägungsprogramm, das für die Beteiligten jeden Wert zwischen Null und Eins annehmen kann, insgesamt aber den ganzen Schaden erfassen muss.

Absatz 2 Satz 1 verdeutlicht, dass der Beitrag des Geschädigten auch darin liegen kann, es unterlassen zu haben, den Schuldner auf die Gefahr eines ungewöhnlich hohen Schadens aufmerksam zu machen, den Schaden abzuwenden oder den Schaden zu mindern. Satz 2 ordnet die entsprechende Anwendung des § 278 BGB an. Es ist streitig, ob diese Anordnung sich auf Absatz 2 Satz 1 beschränkt oder auch für Absatz 1 gilt.

II. Mitverschulden bei der Entstehung des Schadens

Das Gesetz spricht vom Verschulden des Beschädigten. Diese Formulierung ist zu eng. Auch nicht verschuldete Eigenbeiträge des Geschädigten zu seinem Schaden können zu einer Anspruchskürzung führen. Das in Absatz 1 allein genannte „Verschulden des Beschädigten" hat einerseits zu zahllosen Spekulationen darüber geführt, ob man überhaupt von einem Verschulden gegen sich selbst reden könne.[1] Diese Spekulationen sind praktisch unergiebig geblieben. Denn auch, wenn man meint, nicht von einem Verschulden gegen sich selbst reden zu können, weil eine Selbstschädigung nicht verboten sei, muss man das die Abwägung auslösende Programm an ein „Fehlverhalten"[2] des Beschädigten knüpfen, hinter dem sich regelmäßig Verschuldensgesichtspunkte verbergen. Über eine folgenlose „façon de parler" aber lohnt das Streiten nicht. Andererseits ist man sich heute in Rechtsprechung und Lehre darüber einig, dass nicht nur ein Verschulden (Fehlverhalten) des Beschädigten, sondern auch die Verwirklichung von ihm beherrschter Betriebs- oder Stoffgefahren zu einer Kürzung seines Schadensersatzanspruchs führen können[3], sodass zum korrekten Verständnis des § 254 Abs. 1 BGB hinter „**Verschulden**" der Zusatz „**oder eine Betriebs- bzw. Stoffgefahr**" eingefügt werden muss[4].

Bei diesem Befund stehen allein **zwei dogmatische Konstruktionsprinzipien** für die Antwort auf Frage 1 ernsthaft zur Diskussion. Das eine knüpft an die **Zurechnung für Fremdschäden** an und führt zur Verantwortung für Eigenschäden genau dann, wenn dieser als Fremdschaden ersetzt werden müsste.[5] Dieses Prinzip wird – mehr oder weniger bewusst – von der Rechtsprechung verwendet. Das andere Konstruktionsprinzip befreit sich von der (hypothetischen) Fremdschadensperspektive und entwickelt eigene **auf die Frage des Selbstbehalts zugeschnittene Zurechnungskriterien**. Es wird insbesondere von *Weidner*[6] und *Esser/Schmid*[7] gegen die herrschende Meinung verfochten. Die für den Selbstbehalt dann genannten Zurechnungskriterien (*Esser/Schmidt*: Fehlverhalten, Betriebs- oder Stoffgefahr) sind aber denen der Fremdschadenszurechnung so ähnlich, dass auch hier zunächst der Eindruck einer folgenlosen Scheinkontroverse entsteht. Dennoch ist der Streit kein – im schlechten Sinne – akademischer. Denn es gibt unterschiedliche Entscheidungen je nachdem, welches der beiden Konstruktionsprinzipien man zugrunde legt.

1. Rechtsprechung

Im Rahmen des ersten, an der **Fremdschadensperspektive** ausgerichteten Prinzips ist es nur konsequent, wenn die Rechtsprechung die **Anrechnung des Fehlverhaltens durch die §§ 827, 828 BGB begrenzt**;[8] die **Billigkeitshaftung des** § 829 BGB für **anrechenbar** erklärt[9] und dem Fahrer eines Kraftfahrzeuges einen Selbstbehalt nur unter den Voraussetzungen des § 18 StVG (und nicht schon unter denen des § 7 StVG) ansinnt.[10]

---

[1] Umfassende Nachweise bei *Weidner*, Die Mitverursachung als Entlastung des Haftpflichtigen, 1970, S. 7 ff.
[2] *Weidner*, Die Mitverursachung als Entlastung des Haftpflichtigen, 1970, S. 27.
[3] BGH v. 23.06.1952 - III ZR 297/51 - BGHZ 6, 319-324.
[4] *Esser/Schmidt*, Schuldrecht AT, Teilband 2, 8. Aufl. 2000, § 35 I.
[5] Vgl. *Lange/Schiemann*, Schadensersatz, 3. Aufl. 2003, § 10 VI und VII.
[6] *Weidner*, Die Mitverursachung als Entlastung des Haftpflichtigen, 1970, S. 27 ff.
[7] *Esser/Schmidt*, Schuldrecht AT, Teilband 2, 8. Aufl. 2000, § 35 I.
[8] BGH v. 29.04.1953 - VI ZR 63/52 - BGHZ 9, 316-320.
[9] BGH v. 10.04.1962 - VI ZR 63/61 - BGHZ 37, 102-107.
[10] *Grüneberg* in: Palandt, § 254 Rn. 8, 9.

2. Literatur

8 Die Verfechter des anderen Konstruktionsprinzips entscheiden gegenteilig: keine Begrenzung der Fehlverhaltensanrechnung durch die §§ 827, 828 BGB[11], keine Anrechnung der Billigkeitshaftung aus § 829 BGB, Anrechnung der Betriebsgefahr auch zu Lasten des Fahrers[12].

3. Die Auffassung der Autorin/des Autors

9 Das von der Mindermeinung verfochtene **zweite Konstruktionsprinzip** führt zu Ergebnissen, die eher **in Einklang mit dem Grundgedanken der Schadensabnahme** stehen. Schäden, die jemand wegen seines eigenen objektiven Fehlverhaltens erleidet, muss er tragen, sei er krank, minderjährig oder gesund und volljährig. Wenn nun das eigene objektive Fehlverhalten nicht alleinige Ursache der Schäden ist, sondern mit haftungsauslösenden Fremdursachen zusammentrifft, ist die Überwälzung der Schäden auf den haftpflichtigen Dritten auch nur in Höhe seines Verantwortungsteils gerechtfertigt, und dem Geschädigten verbleibt der Teil des Schadens, der seinem eigenen Fehlverhalten zuzuschreiben ist, wiederum unabhängig von seiner (allein zur Begrenzung der Fremdverantwortung geschaffenen) Unzurechnungsfähigkeit. Das Konstruktionsprinzip der Rechtsprechung bricht mit diesen Grundgedanken und ist deshalb abzulehnen. Das Konstruktionsprinzip der Mindermeinung führt sodann unter folgenden Gesichtspunkten zum Selbstbehalt.

4. Typische Fälle

a. Objektives Fehlverhalten des Geschädigten

10 Bei der Festsetzung der Maßstäbe für ein objektives Fehlverhalten hat die Rechtsprechung erhebliche Entscheidungsspielräume. Ihre Entscheidungen grenzen – ähnlich wie die Festlegung von Sorgfaltspflichten bei der Haftungsbegründung – den Bereich ab, in dem man sich unbelastet von potentiellen Haftungs- und Selbstbehaltsrisiken frei bewegen kann. Anhaltspunkte für die Maßstäbe, deren Verletzung ein objektives Fehlverhalten begründet, lassen sich im Fremdhaftungstest gewinnen: Löst die Verletzung des betreffenden Maßstabs eine Haftpflicht für Fremdschäden aus, so rechtfertigt sie auch den anteiligen Selbstbehalt von Eigenschäden. Hier wie dort aber ist darauf zu achten, dass die Freiheit zu schadensgeneigten Gewinntätigkeiten eher eingeschränkt werden sollte als die Freiheit zur Gestaltung der persönlichen Lebensbedürfnisse. Schäden bei Sport und Spiel, die jemand erleidet oder zufügt, ohne dass er die spezifischen Spielregeln verletzt, rechtfertigen weder Haftpflicht noch Selbstbehalt.[13]

b. Unterlassen gebotenen Selbstschutzes

11 Das schadensmitursächliche Unterlassen gebotenen Selbstschutzes kann sich insbesondere bei Verkehrsunfällen haftungsmindernd auswirken. Praktisch wichtig hierbei ist das unterlassene **Anlegen von Sicherheitsgurten**. Soweit das Anlegen von Sicherheitsgurten gesetzlich vorgeschrieben ist (vgl. § 21a StVO), stellt das unterlassene Gurtanlegen unstrittig regelmäßig ein schadensminderndes Mitverschulden i.S.d. § 254 Abs. 1 BGB dar.[14] Strittig ist dagegen, ob das Nichtanlegen eines Sicherheitsgurtes ein anspruchsminderndes Mitverschulden begründen kann, wenn keine gesetzliche Gurtanlegepflicht besteht. Die Rechtsprechung lehnt dies ab.[15] Dies ist vor dem Hintergrund ihrer Konzeption der Fremdschadensperspektive konsequent. Gerade die Fälle der fehlenden gesetzlichen Gurtanlegepflicht machen indes deutlich, dass diese Perspektive verfehlt ist. Für das Anrechnen der infolge des Unterlassens des Gurtanlegens erhöhten Rechtsgutsgefährdung kann es nämlich nicht entscheidend darauf ankommen, ob die Rechtsgutsgefährdung rechtlich missbilligt war oder nicht, sondern nur darauf, ob der Geschädigte seine Rechtsgüter in für den Schadenseintritt kausaler Weise infolge des Unterlassens zumutbarer Schutzvorkehrungen einer erhöhten Gefährdung ausgesetzt und damit den Schaden in zure-

---

[11] *Esser/Schmidt*, Schuldrecht AT, Teilband 2, 3. Aufl. 2000, § 35 I 2.2.2.; *Weidner*, Die Mitverursachung als Entlastung des Haftpflichtigen, 1970, S. 55 ff.; a.A. *Medicus*, Bürgerliches Recht, 19. Aufl. 2002, Rn. 869, der seine Auffassung gegenüber der Vorauflage geändert hat.

[12] *Esser/Schmidt*, Schuldrecht AT, Teilband 2, 3. Aufl. 2000, § 35 I 2.1.; *Weidner*, Die Mitverursachung als Entlastung des Haftpflichtigen, 1970, S. 32-33.

[13] Nicht beachtet bei OLG Köln v. 14.04.1962 - 9 U 49/60 - NJW 1962, 1110 - Skilauf auf stark frequentierter Piste.

[14] Vgl. nur BGH v. 02.02.1982 - VI ZR 296/80 - BGHZ 83, 71-76; BGH v. 12.12.2000 - VI ZR 411/99 - LM BGB § 254 (Da) Nr. 75 (11/2001); *Lange/Schiemann*, Schadensersatz, 3. Aufl. 2003, § 10 IX 1 i; *Schiemann* in: Staudinger, § 254 Rn. 50.

[15] Vgl. z.B. BGH v. 12.12.2000 - VI ZR 411/99 - LM BGB § 254 (Da) Nr. 75 (11/2001).

chenbarer Weise mitherbeigeführt hat. Hat er dies infolge eines freien Willensentschlusses getan, ist es regelmäßig unbillig, den Schädiger auf den Gesamtschaden haften zu lassen, nur weil das schadensmitursächliche Verhalten des Geschädigten nicht gesetzlich untersagt war.[16] Entscheidend ist somit, ob das Gurtanlegen dem Geschädigten in der konkreten Situation zumutbar war, was im Hinblick auf die hochrangige Wertigkeit des Rechtsgutes „Gesundheit" regelmäßig zu bejahen ist, also etwa auch bei Pkws (z.B. älterer Bauart), die auf Grund gesetzlicher Vorschriften von der Gurtpflicht befreit sind, wenn diese mit Gurten „nachgerüstet" werden könnten.[17] Anders kann es aber etwa einmal liegen, wenn der Geschädigte das Gurtanlegen aus Gründen unterlassen hat, die selbst unter Berücksichtigung der hieraus resultierenden Gefahren vernünftig waren. Dies ist beispielsweise der Fall, wenn er den Gurt aus gesundheitlichen Gründen nicht anlegen konnte oder ihn abgelegt hat, weil er sich im Zeitpunkt des Unfalles um ein Unfug treibendes Kleinkind auf dem Pkw-Rücksitz oder um einen Fahrzeuginsassen mit epileptischem Anfall etc. kümmern musste. Ein eventuelles Mitverschulden durch Nichtanlegen des Sicherheitsgurtes kann durch Auslegung des § 254 BGB auch vollständig durch das grob verkehrswidrige Verhalten des Unfallverursachers verdrängt werden.[18] Zudem ist es bei einem Zweitunfall unerheblich, ob der Geschädigte beim Erstunfall die Gurtpflicht eingehalten hat, wenn er den Sicherheitsgurt ohnehin zur Sicherung der Unfallstelle des Erstunfalls ablegen musste.[19]

Im Rahmen des Stichwortes „Unterlassen gebotenen Selbstschutzes" spielt auch das Unterlassen der Verwendung eines **Sturzhelms** im Straßenverkehr eine Rolle. Hier verläuft die Diskussion ähnlich wie beim unterlassenen Gurtanlegen. Sofern eine gesetzliche Verpflichtung zum Tragen eines Schutzhelms besteht, sind sich Rechtsprechung und Literatur darin einig, dass das unterlassene Tragen des Helms, das für den eingetretenen Schaden mitursächlich geworden ist, ein relevanter Umstand i.S.d. § 254 Abs. 1 BGB sein kann.[20] Das gilt mithin gemäß § 21a Abs. 2 StVO für **alle Führer und Beifahrer von Krafträdern**. Besteht dagegen keine derartige Pflicht, was insbesondere bei **Radfahrern** praktisch wird, wird das Meinungsspektrum differenzierter. Die Rechtsprechung lehnt – aus der von ihr befürworteten Fremdschadensperspektive konsequent – mangels Bestehens einer gesetzlichen Helmtragepflicht die Anwendung des § 254 Abs. 1 BGB bei Radfahrern ohne Schutzhelm ab.[21] Die herrschende Meinung in der Literatur hält demgegenüber zwar das Kriterium der gesetzlichen Helmtragepflicht für unrichtig und will stattdessen darauf abstellen, ob die Verkehrsanschauung das Helmtragen für geboten hält, was sie in der Regel (Ausnahme: Kinder, Sportfahrer etc.) derzeit noch verneint.[22] Weder die Rechtsprechung noch die herrschende Meinung in der Literatur vermögen zu überzeugen. Nach der hier vertretenen Auffassung kommt es vielmehr entscheidend darauf an, ob der Radfahrer durch das Unterlassen einer zumutbaren Schutzvorkehrung seine Rechtsgüter in schadenskausaler Art gefährdet und damit in freiwilliger und zurechenbarer Weise den Schaden mitherbeigeführt hat. Ist dies zu bejahen, ist es nicht einzusehen, warum der Schädiger das vom Geschädigten bewusst eingegangene und gesteigerte Risiko alleine tragen soll. Mithin kann das unterlassene Tragen eines Schutzhelms auch bei einem Radfahrer einen abwägungserheblichen Gesichtspunkt begründen, wenn es schadensmitursächlich geworden ist.[23]

Aber auch außerhalb des Straßenverkehrs und bei anderen Rechtsgütern als der Gesundheit spielt unterlassener Selbstschutz, der bei objektiver Bewertung nach Lage der Dinge geboten war, bei der Quotierung nach § 254 Abs. 1 BGB eine Rolle. Die von der Rechtsprechung unter diesem Gesichtspunkt

---

[16] Ähnlich, wenn auch hinsichtlich der Zumutbarkeit zu eng *Oetker* in: MünchKomm-BGB, § 254 Rn. 41.
[17] A.A. für den Fall in rechtlich zulässiger Weise nicht mit Gurten ausgestatteter Pkws: *Lange/Schiemann*, Schadensersatz, 3. Aufl. 2003, § 10 IX 1 i (anders jedoch in Fällen längerer Leerfahrten bei Taxifahrten); *Oetker* in: MünchKomm-BGB, § 254 Rn. 41, die übersehen, dass jemand, der ein solches minder sicheres Fahrzeug besitzt oder erwirbt, erst recht seine Gesundheit in zurechenbarer Weise gefährdet, so dass nicht einzusehen ist, warum ihm dies anders als in sonstigen Fällen der Befreiung von der Gurtpflicht nicht schadensmindernd angerechnet werden sollte.
[18] Vgl. LG Saarbrücken v. 15.02.2012 - 5 O 17/11 - juris Rn. 54.
[19] Vgl. BGH v. 28.02.2012 - VI ZR 10/11.
[20] Vgl. etwa: BGH v. 25.01.1983 - VI ZR 92/81 - LM Nr. 77 zu § 286 (C) ZPO - Fahrer eines Kleinkraftrades ohne Sturzhelm; OLG Nürnberg v. 10.05.1988 - 1 U 4202/87 - VRS 77, 23-26 (1989) - Motorradbeifahrer ohne Sturzhelm; *Lange/Schiemann*, Schadensersatz, 3. Aufl. 2003, § 10 IX 1 i.
[21] OLG Hamm v. 26.09.2000 - 27 U 93/00 - MDR 2001, 330; OLG Nürnberg v. 29.07.1999 - 8 U 1893/99 - MDR 1999, 1384; OLG Nürnberg v. 23.10.1990 - 3 U 2574/90 - NJW-RR 1991, 546-547.
[22] Vgl. *Oetker* in: MünchKomm-BGB, § 254 Rn. 42.
[23] Ebenso mit abweichender Begründung: *Schiemann* in: Staudinger, § 254 Rn. 51.

beschiedenen Fälle sind zahllos, sodass eine vollständige Darstellung weder sinnvoll noch möglich ist. Die folgenden Beispiele haben daher lediglich veranschaulichenden und repräsentativen Charakter. So hat es die Rechtsprechung mit Recht als schadensminderndes Mitverschulden gewertet, wenn wertvolle Gegenstände an ungeeignetem Ort aufbewahrt worden sind[24] oder Scheckformulare und EC-Karte werden nicht sorgfältig vor unbefugtem Gebrauch gesichert[25].

c. Mangelnde Aufmerksamkeit/Vorsicht gegenüber drohenden Gefahren

14 Dem Gesichtspunkt schadensmitursächlicher mangelnder Aufmerksamkeit des Geschädigten gegenüber drohenden und vermeidbaren Gefahren kommt vor allem bei Schadensersatzansprüchen wegen **Verletzung der Verkehrssicherungspflicht** große praktische Bedeutung zu.[26] Die Rechtsprechung stellt bei der Anwendung des § 254 Abs. 1 BGB in diesen Fallkonstellationen darauf ab, ob ein sorgfältiger Mensch die Verletzung der Verkehrssicherungspflicht und die ihm daraus drohenden Gefahren erkannt hätte und ob der Verletzte bei seinem Verhalten diejenige Sorgfalt an den Tag gelegt hat, die ein vernünftig Handelnder zum Schutz seines eigenen Lebens und der eigenen Gesundheit anzuwenden pflegt.[27] Auch hier ist die Zahl entschiedener Fälle und denkbarer Fallgestaltungen so vielfältig, dass eine erschöpfende Darstellung unmöglich ist. Die folgenden Beispiele haben daher wiederum nur illustrativen Charakter. Danach missachtet in einer für § 254 Abs. 1 BGB relevanten Weise erkennbar drohende Gefahren, wer sich auf einen ersichtlich spiegelglatten Parkplatz begibt,[28] wer beim Betreten einer Gaststätte eine Stolperstelle verkennt, obwohl man beim Durchschreiten einer Tür grundsätzlich mit Unebenheiten rechnen muss,[29] wer dem Boden eines Supermarktes im Bereich der Obst- und Gemüseabteilung keine gesteigerte Aufmerksamkeit schenkt, obwohl dort nach der Lebenserfahrung immer mit rutschgefährlichen Blättern etc. zu rechnen ist[30] oder wer beim Zurücksetzen seines Pkws gegen einen Blumenkübel fährt, obwohl er dessen Vorhandensein durch vorheriges Vorbeifahren an den Kübeln hätte erkennen können.[31] Wer eine freiwillige Hilfeleistung erbittet, bei der der Helfer zu Schaden kommt, handelt widersprüchlich und damit gegen Treu und Glauben, wenn er allein aus dem Umstand, dass der Helfer seiner Bitte nachgekommen ist und sich dadurch in Gefahr begeben hat, den Vorwurf des Mitverschuldens herleitet.[32]

d. Provokation des Schädigers

15 Eine dem Geschädigten zurechenbare Provokation des Schädigers, die das schädigende Ereignis kausal mitherbeigeführt hat, kann ein erheblicher Gesichtspunkt im Rahmen des § 254 Abs. 1 BGB sein. Dies ist dann anzunehmen, wenn das dem Schädiger gegenüber an den Tag gelegte Verhalten des Geschädigten dergestalt war, dass selbst bei einem besonnenen Menschen nach der Lebenserfahrung mit hoher Wahrscheinlichkeit mit einer tätlichen Reaktion zu rechnen war.[33] In einem solchen Fall ist eine Beteiligung des Geschädigten am Haftungsrisiko nicht etwa aus moralischen Gründen, die im Rahmen des § 254 Abs. 1 BGB keine Rolle spielen dürfen, angezeigt, sondern deswegen, weil der Geschädigte auf Grund eigenen Willensentschlusses seine körperliche Unversehrtheit erhöhten Risiken ausgesetzt hat, woran er sich im Falle der Verwirklichung dieser Risiken denn auch festhalten lassen muss.[34] Eine solche haftungsmindernde Provokation ist insbesondere dann zu befürworten, wenn der Geschädigte den schadensstiftenden körperlichen Angriff des Schädigers dadurch herbeiführt, dass er ihn seinerseits an-

---

[24] Beispiele: wertvoller Kontrabass wird im unbewachten Nebenraum eines Konzertsaales abgestellt: KG Berlin v. 14.11.1984 - 24 U 3084/84 - NJW 1985, 2 37; Koffer mit wertvoller Briefmarkensammlung und teurem Brillantring wird als Reisegepäck aufgegeben: BGH v. 09.05.1957 - II ZR 327/55 - BGHZ 24, 188-200; eine Uhrenkollektion wird in dem in der Hotelgarage geparkten Pkw belassen: BGH v. 29.01.1969 - I ZR 18/67 - NJW 1969, 789.
[25] Beispiel: EC-Karte und mehrere Scheckvordrucke werden in abgestelltem Pkw zurückgelassen: LG Köln v. 20.10.1987 - 11 S 63/87 - WM 1988, 160- 63.
[26] Zur Vermeidbarkeit: vgl. *Schiemann* in: Staudinger, § 254 Rn. 56.
[27] BGH v. 20.11.1984 - VI ZR 169/83 - juris Rn. 15 - LM Nr. 24 zu § 823 (Eb) BGB.
[28] BGH v. 20.11.1984 - VI ZR 169/83 - LM Nr. 24 zu § 823 (Eb) BGB.
[29] OLG Hamm v. 16.12.1999 - 6 U 158/99 - NJW 2000, 3144-3145.
[30] OLG Köln v. 25.06.1998 - 12 U 271/97 - MDR 1999, 678.
[31] OLG Koblenz v. 21.04.1997 - 12 U 533/96 - MDR 1997, 831-832.
[32] BGH v. 09.11.2004 - X ZR 119/01 - BGHZ 161, 79-86 - NJW 2005, 418-422.
[33] Vgl. dazu etwa BGH v. 29.09.1981 - VI ZR 102/80 - VersR 1982, 69-70.
[34] OLG Köln v. 28.04.1982 - 2 U 119/81 - NJW 1982, 2260-2261.

gegriffen und dadurch in eine Notwehrlage versetzt hat. Fällt die Reaktion des Schädigers dann so aus, dass er fahrlässig sein Notwehrrecht überschreitet, kann in dem die überzogene Gegenwehr auslösenden Angriff des Geschädigten regelmäßig ein haftungsminderndes Mitverschulden gesehen werden.[35] Handelt es sich bei der Provokation um ein ehebrecherisches Verhältnis zu dem Partner/der Partnerin des Schädigers, so kommt es zur Beantwortung der Frage, inwiefern dieser Umstand ein Mitverschulden begründet, ganz auf die Umstände des Einzelfalls an. Keineswegs stellt ein Ehebruch einen Freibrief zur Verletzung des Ehebrechers dar.[36] Auch sind moralische „Verurteilungen" fehl am Platze – zumal in einer Zeit, in der die gesellschaftlichen Wertvorstellungen einem rasanten Wandel unterliegen. Entscheidend ist daher allein, inwiefern die konkrete schadensstiftende Situation geeignet war, selbst bei einem besonnenen Menschen ein Aggressionspotential freizusetzen, was etwa bei einer „in flagranti"-Situation im ehelichen Schlafzimmer und einem bis dato ahnungslosen Ehegatten regelmäßig zu bejahen sein wird.[37]

e. Verwirklichung von Betriebs- und Stoffgefahren

Der unter diesem Gesichtspunkt gerechtfertigte Selbstbehalt des Geschädigten geht über das hinaus, was ihm im Haftungsbegründungsbereich an Fremdschadensabnahmen zugemutet wird. Das Grundprinzip lautet: Jeder Nutznießer von Betrieben und Stoffen, die zwar gefährlich, wegen ihres in der Regel wirtschaftlich/technischen Nutzens, aber nicht verboten sind, muss sich seinen Schadensersatzanspruch kürzen lassen, wenn sich zusätzlich zur Fremdursache auch die spezifische Betriebs- oder Stoffgefahr schädigend ausgewirkt hat. Das gilt nicht nur für den Halter eines Kraftfahrzeugs, sondern auch für dessen Fahrer und Mitfahrer, die einen Nutzen aus dem gefährlichen Betrieb ziehen. Schließlich ist der Selbstbehalt auch bei der Verwirklichung von Gefahren solcher Betriebe und Stoffe geboten, für die ein Gefährdungshaftungstatbestand (noch) nicht geschaffen worden ist (Motorboot, Bagger auf Schienen). Das im Bereich der Haftungsbegründung der Entwicklung eines generellen Gefährdungshaftungstatbestands nur scheinbar im Wege stehende Analogieverbot kann den Selbstbehalt auf keinen Fall hindern. Dem Geschädigten verbleiben die Schäden, die einem Betrieb oder einem Stoff entspringen, welche der Geschädigte trotz ihrer Gefährlichkeit zu seinem (wirtschaftlichen) Vorteil nutzt.

16

Ein eigenständiger Zurechnungsgesichtspunkt des **Handelns auf eigene Gefahr**[38] erübrigt sich. Die Fälle, in denen dieser Gesichtspunkt eine Rolle gespielt hat, lassen sich mühelos mit Hilfe der genannten Kriterien lösen.[39] Dabei ist zu beachten, dass das bloße Sichbegeben in einen Gefahrenbereich noch keinen Selbstbehalt rechtfertigt. Vielmehr ist von Fall zu Fall darüber zu befinden, ob ein Fehlverhalten des Geschädigten oder die Gefahr eines vom Geschädigten zu seinem Vorteile genutzten Betriebes oder Stoffes sich mitschädigend ausgewirkt hat.

17

III. Schadensabwehr- und -geringhaltungspflicht

Absatz 2 hebt als ein Fehlverhalten vor dem Schadenseintritt das Versäumnis hervor, den potentiellen Schädiger auf die **Gefahr eines ungewöhnlich hohen Schadens** aufmerksam zu machen (Transport eines besonders wertvollen oder gefährlichen Guts; Bluteigenschaft). Die Frage, ob ein ungewöhnlich hoher Schaden droht, kann regelmäßig nur unter Berücksichtigung der konkreten Umstände des Einzelfalls beantwortet werden; maßgeblich ist hierbei auf die Sicht des Schädigers abzustellen.[40] Im Übrigen normiert Absatz 2 für die Zeit nach Verwirklichung des Haftungsereignisses eine **Schadensabwehr- und -minderungspflicht des Geschädigten**. Diese „Pflicht" besteht auch dann, wenn der Schädiger aus vorsätzlich begangener unerlaubter Handlung haftet.[41] Ihre Einhaltung wirkt sich als Vorteil für den Schädiger aus, der dafür die Kosten des „Vorteilsausgleichs" zu tragen hat (vgl. die

18

---

[35] BGH v. 21.02.1967 - VI ZR 151/65 - VersR 1967, 477.
[36] Zu weitgehend daher LG Paderborn v. 12.10.1989 - 1 S 197/89 - NJW 1990, 260-262, das im Fall des Ehebruchs im ehelichen Schlafzimmer ein haftungsausschließendes Mitverschulden bejaht; entsprechend wird ein Mitverschulden des Ehebrechers wegen ehewidrigen Verhaltens verneint Hans. OLG Bremen v. 25.05.2007 - 2 U 77/06 - OLGR Bremen 2007, 639-641.
[37] Insofern stellt LG Paderborn v. 12.10.1989 - 1 S 197/89 - NJW 1990, 260-262 auf die richtigen Kriterien ab; differenzierend auch OLG Köln v. 28.04.1982 - 2 U 119/81 - NJW 1982, 2260-2261.
[38] Dazu *Stoll*, Das Handeln auf eigene Gefahr, 1961.
[39] Seit BGH v. 14.03.1961 - VI ZR 189/59 - BGHZ 34, 355-367 zieht auch die Rechtsprechung § 254 BGB zur Lösung dieser Problematik heran.
[40] BGH v. 01.12.2005 - I ZR 31/04 - NJW 2006, 1426-1428.
[41] BGH v. 26.05.1964 - VI ZR 54/63 - VersR 1964, 948-949.

Kommentierung zu § 249 BGB Rn. 57). Überpflichtmäßige Anstrengungen sind nicht geschuldet. Durch sie entstehende Vorteile werden nicht schadensmindernd in Rechnung gestellt. Ihre Kosten trägt dann der Geschädigte.[42] Kein Verstoß gegen die Schadensminderung liegt vor bei Geltendmachung der Kosten für ein Gutachten zur Berechnung des Verdienstausfallschadens aus einem Verkehrsunfall, das der Geschädigte vorgerichtlich in Auftrag gegeben hat, da diese zur zweckentsprechenden Rechtsverfolgung notwendig und daher erstattungsfähig sind.[43]

19 Bei Personenschäden muss der Verletzte die Maßnahmen ergreifen, die am schnellsten und sichersten zur **Wiederherstellung seiner Gesundheit und Erwerbsfähigkeit** führen. Dazu kann eine Operation gehören, wenn diese nicht mit besonderen Gefahren und Schmerzen verbunden ist und hinreichend Erfolg verspricht; allein die Tatsache, dass eine Operation auf Grund des Krankheitsbildes medizinisch indiziert ist, genügt dagegen nicht.[44] Sind die Gebrechen nicht zu beheben, müssen die Möglichkeiten der **Umschulung** auf einen anderen Beruf wahrgenommen werden, sofern überhaupt eine Aussicht auf Erfolg der Umschulung und eine nutzbringende Tätigkeit in dem neuen Beruf besteht.[45] Auch ein Unterhaltsberechtigter, der seinen Ernährer verloren hat, muss im Rahmen des Zumutbaren seine eigene Arbeitskraft einsetzen,[46] um den Schaden zu mindern. Ebenso ist auch ein **infolge eines** fremdverschuldeten **Unfalls pensionierter Geschädigter** zum Zwecke der Schadensminderung gehalten, seine verbliebene Arbeitskraft durch Übernahme einer zumutbaren anderweitigen Tätigkeit zu verwerten[47]. Diese Obliegenheit setzt natürlich voraus, dass der Verletzte überhaupt im Hinblick auf seine Fähigkeiten, seine körperliche/seelische Verfassung, der Arbeitsmarktsituation etc. faktisch die Möglichkeit hat, seine verbliebene Arbeitskraft nutzbringend einzusetzen. Den ihm obliegenden Nachweis, dass dies nicht möglich ist, kann er etwa durch Mitteilung des Arbeitsamtes über seine Vermittlungsbemühungen/Vermittlungsfähigkeit[48] führen. Für einen diesbezüglichen substantiierten Vortrag kann auch schon eine auf den Fall des Verletzten bezogene Stellungnahme eines für den Verletzten in Frage kommenden Fachverbandes genügen.[49]

20 Ob und inwieweit den Geschädigten aus § 254 Abs. 2 BGB die Obliegenheit trifft, zum Zwecke der Schadensminderung einen **Kredit** aufzunehmen und/oder einen **Deckungskauf** durchzuführen, hängt von den Umständen des Einzelfalls ab.[50] Nach der Rechtsprechung kann dies dem Geschädigten nur ausnahmsweise angesonnen werden, weil es grundsätzlich Sache des Schädigers ist, die vom Geschädigten zu veranlassende Schadensbeseitigung zu finanzieren. Der Geschädigte hat demgemäß Anspruch auf sofortigen Ersatz seines Schadens und ist nicht „verpflichtet", den Schaden zunächst aus eigenen Mitteln zu beseitigen oder zur Vermeidung von Folgeschäden Kredit aufzunehmen.[51] Das Risiko des Schädigers, dem Geschädigten überhaupt zum Ersatz verpflichtet zu sein und daher auch vollumfänglich für Folgeschäden einstehen zu müssen, muss dieser ebenso tragen, wie es umgekehrt zu Lasten des Geschädigten geht, wenn ein anfänglicher Streit über den Haftungsgrund später zu seinen Ungunsten geklärt wird.[52] Eine Obliegenheit zur schadensmindernden Kreditaufnahme und/oder zum schadensmindernden Deckungskauf kommt in Betracht, wenn der drohende Schaden besonders hoch und die damit verbundenen wirtschaftlichen Belastungen und Risiken dem Geschädigten zumutbar sind. Die Zumutbarkeit hängt somit entscheidend von der wirtschaftlichen Lage des Geschädigten und der Solvenz des Schädigers ab.[53]

---

[42] BGH v. 16.02.1971 - VI ZR 147/69 - juris Rn. 17 - BGHZ 55, 329-334.
[43] OLG Thüringen v. 12.10.2007 - 5 U 119/07 - MDR 2008, 211.
[44] BGH v. 11.07.1953 - II ZR 126/52 - BGHZ 10, 187-196; BGH v. 15.03.1994 - VI ZR 44/93 - juris Rn. 11 - LM BGB § 254 (Dc) Nr. 50 (9/1994).
[45] BGH v. 11.07.1953 - II ZR 126/52 - BGHZ 10 187-196; BGH v. 09.10.1990 - VI ZR 291/89 - juris Rn. 18 - LM Nr. 43 zu BGB § 254 (Dc).
[46] BGH v. 13.12.1951 - III ZR 83/51 - BGHZ 4, 170-182.
[47] BGH v. 24.02.1983 - VI ZR 59/81 - LM Nr. 25 zu § 254 (Dc) BGB.
[48] BGH v. 09.10.1990 - VI ZR 291/89 - LM Nr. 43 zu BGB § 254 (Dc).
[49] BGH v. 05.12.1995 - VI ZR 398/94 - LM BGB § 254 (Dc) Nr. 52 (4/1996).
[50] BGH v. 18.02.2002 - II ZR 355/00 - NJW 2002, 2553; BGH v. 16.11.2005 - IV ZR 120/04 - NJW-RR 2006, 394.
[51] OLG Brandenburg v. 30.08.2007 - 12 U 60/07; die Schadensminderungsobliegenheit aus § 254 II umfasse aber die Pflicht, dem Schädiger rechtzeitig anzuzeigen, dass der Gläubiger ohne Kostenvorschuss zu einer zeitnahen Schadensbeseitigung nicht in der Lage ist und hierdurch weitere Kosten entstehen.
[52] BGH v. 26.05.1988 - III ZR 42/87 - juris Rn. 17 - LM Nr. 37 zu § 254 (Dc) BGB.
[53] BGH v. 26.05.1988 - III ZR 42/87 - LM Nr. 37 zu § 254 (Dc) BGB; ebenso *Oetker* in: MünchKomm-BGB, § 254 Rn. 97-101.

Allgemein besteht die Pflicht, erfolgversprechende **Rechtsbehelfe zur Schadensabwehr** geltend zu machen.[54] Sind die Erfolgsaussichten eines denkbaren Rechtsbehelfs zweifelhaft, kann dem Geschädigten das Unterlassen der Einlegung des Rechtsbehelfs nicht als Verstoß gegen die Schadensminderungspflicht entgegengehalten werden.[55]

Eine Gläubigerin mit hinreichender Geschäftserfahrung verstößt hingegen gegen ihre Schadensminderungspflicht, wenn sie trotz bekannter Zahlungsunwilligkeit durch Einschaltung eines Inkassounternehmens weitere Kosten verursacht.[56] Haften mehrere Parteien gesamtschuldnerisch ist der Kläger nicht auf Grund der Schadensminderungspflicht gehalten den gesamtschuldnerisch haftenden Verkäufer vorrangig in Anspruch zu nehmen, sondern kann den Gläubiger seiner Wahl in Anspruch nehmen.[57]

IV. Zurechnung des Fehlverhaltens Dritter

Die Regeln, nach denen der Geschädigte sich ein **Fehlverhalten Dritter** anspruchskürzend entgegenhalten lassen muss, sind in Rechtsprechung und Literatur außerordentlich umstritten.[58] Der Streit entzündet sich insbesondere an der Frage, welche Bedeutung § 254 Abs. 2 Satz 2 BGB mit seiner Verweisung auf § 278 BGB hat. Eindeutig ist allein das Gebot, § 278 BGB im Rahmen des § 254 Abs. 2 BGB anzuwenden. Wird es versäumt, den Schädiger auf die Gefahr eines ungewöhnlich hohen Schadens aufmerksam zu machen, den Schaden abzuwehren oder ihn zu mindern, so führt das zu einer Anspruchskürzung auch dann, wenn das jeweilige Versäumnis nicht dem Geschädigten selbst, sondern seinem gesetzlichen Vertreter oder einer von ihm eingesetzten Hilfsperson zum Vorwurf gereicht. Zweifelhaft ist aber, ob und wenn ja, in welchem Umfang die Verweisung auf § 278 BGB auch für § 254 Abs. 1 BGB gilt.

1. Rechtsprechung

Nach der Rechtsprechung gilt die Verweisung für Absatz 1 – allerdings nur als **Rechtsgrundverweisung**.[59] Deshalb kann § 278 BGB im Rahmen des § 254 Abs. 1 BGB nur dann zur Anwendung gelangen, wenn zwischen Schädiger und Geschädigtem ein Schuldverhältnis oder doch wenigstens eine vertragsähnliche Beziehung[60] bestanden hat. In allen anderen Fällen kommt eine Anspruchskürzung für Drittbeiträge nur unter den Voraussetzungen der §§ 31, 831 BGB in Betracht.[61] Diese Rechtsprechung liegt auf der Linie des allgemein für § 254 Abs. 1 BGB verfolgten dogmatischen Konstruktionsprinzips: Der Selbstbehalt des Geschädigten tritt genau dann ein, wenn im Verhältnis zum Dritten eine Haftung begründet wäre.

2. Literatur

Anders als bei der Anrechnung von Eigenbeiträgen folgt die Literatur dem Prinzip für die Anrechnung von Drittbeiträgen überwiegend nicht. Die einen wollen die Anrechnung vom Erfordernis des Schuldverhältnisses befreien.[62] Sie behandeln somit § 254 Abs. 2 Satz 2 BGB als für § 254 Abs. 1 BGB geltende Rechtsfolgenverweisung. Die anderen lassen § 278 BGB ausschließlich im Erfüllungsbereich zur Anwendung kommen.[63] Die verbale Differenz steht hier indessen nicht für unterschiedliche Entscheidungsvorschläge.

Lange, Larenz und *Esser/Schmidt* lehnen die Rechtsprechung aus übereinstimmenden Gründen ab und unterbreiten übereinstimmende Entscheidungsvorschläge. Testfälle sind das **Zusammentreffen einer deliktischen Schädigung mit einer Schädigung durch den** vom Geschädigten eingesetzten „Bewah-

---

[54] Vgl. z.B. BGH v. 26.01.1984 - III ZR 216/82 - juris Rn. 41 - BGHZ 90, 17-33.
[55] BGH v. 09.12.1965 - II ZR 177/63 - VersR 1966, 340-341.
[56] LG Berlin v. 08.02.2012 - 4 O 452/11- juris Rn. 2.
[57] BGH v. 22.12.2011 - VII ZR 136/11 - juris Rn. 19 - NJW 2012, 1070-1071.
[58] Überblick bei *Lange/Schiemann*, Schadensersatz, 3. Aufl. 2003, § 10 XI; *Weidner*, Die Mitverursachung als Entlastung des Haftpflichtigen, 1970, S. 58 ff. und *Magnus*, Drittmitverschulden im deutschen, englischen und französischen Recht, 1974, S. 21 ff.
[59] BGH v. 08.03.1951 - III ZR 65/50 - BGHZ 1, 248-253; BGH v. 03.07.1951 - I ZR 44/50 - BGHZ 3, 46-52; BGH v. 29.04.1953 - VI ZR 63/52 - BGHZ 9, 316-320.
[60] *Magnus*, Drittmitverschulden im deutschen, englischen und französischen Recht, 1974, S. 23.
[61] Zustimmend *Oetker* in: MünchKomm-BGB, § 254 Rn. 127-129.
[62] *Lange/Schiemann*, Schadensersatz, 3. Aufl. 2003, § 10 XI 6; *Larenz*, Schuldrecht, Band I: Allgemeiner Teil, 14. Aufl. 1987, § 31 I d.
[63] *Esser/Schmidt*, Schuldrecht AT, Teilband 2, 8. Aufl. 2000, § 35 III 1.2.

rungsgehilfen" einerseits und mit einer Schädigung **durch den gesetzlichen Vertreter** (mangelnde Aufsicht) andererseits. Der Beitrag des Bewahrungsgehilfen soll angerechnet, der des gesetzlichen Vertreters außer Acht gelassen und der deliktische Schädiger damit auf den Regress gegen den gesetzlichen Vertreter des Geschädigten (§ 426 BGB) verwiesen werden. *Larenz* erreicht das technisch durch die Rechtsfolgenverweisung, von der der gesetzliche Vertreter ausgenommen wird.[64] *Esser/Schmidt* möchten die Schaffung des Bewahrungsrisikos als anrechenbaren Umstand i.S.d. § 254 Abs. 1 BGB verstanden wissen und benötigen deshalb keine Verweisung mehr.[65] Die Außerachtlassung der deliktischen Mitbeteiligung des gesetzlichen Vertreters legitimieren die Schuldrechtslehrer mit der fehlenden Haftung des Vertretenen für die Schäden, die der Vertreter Dritten zufügt[66] und halten damit der Rechtsprechung das ihr eigene Konstruktionsprinzip vor.[67]

3. Die Auffassung des Autors

27   Letztlich vermag keines der vorgestellten Lösungsangebote zu überzeugen, weil sie alle die ausdrückliche Auseinandersetzung mit dem alternativen Regelungsmodell vermissen lassen: der Abwicklung des Konflikts nach den Gesamtschuldregeln. Am Konflikt sind ein Geschädigter und mehrere Schädiger beteiligt. Prinzipiell bestehen zwei Abwicklungsmöglichkeiten mit identischer Letztverteilung: erstens die Schädiger von vornherein schon gegenüber dem Geschädigten nur nach Maßgabe ihres Schädigungsbeitrags haften zu lassen (Teilschuldner) oder zweitens die Schädiger als Gesamtschuldner dem Schädiger gegenüber auf das Ganze (§ 421 BGB) zu verpflichten und die Anteile im Regress untereinander bestimmen zu lassen (§ 426 BGB). Die anspruchskürzende Zurechnung des Verschuldens eines Bewahrungsgehilfen führt zu einer (partiellen) Teilschuld. Eine Begründung für die Versagung des Gesamtschuldprivilegs ist damit noch nicht gegeben. Immerhin ordnet § 840 BGB für das Zusammentreffen deliktischer Haftungen die Gesamtschuld ausdrücklich an. Warum dies für das Zusammentreffen von oder mit vertraglichen Schadensersatzansprüchen anders sein sollte, ist nicht ohne weiteres einleuchtend, dienen doch sowohl die verletzten Pflichten als auch die resultierenden Ersatzansprüche alle dem Schutz ein- und desselben Interesses (Schutzzweckgesamtschuld i.S. *Ehmanns*; vgl. die Kommentierung zu § 421 BGB Rn. 15). Eine Versagung des Gesamtschuldprivilegs sollte deshalb nur in besonders begründeten Ausnahmefällen in Betracht kommen. Die arbeitsteilige Vergabe von Pflichten (etwa vom Bauherrn an Architekten, Statiker, Bauunternehmer) reicht allein nicht aus, um dem Bauherrn das Verschulden des einen gegenüber seinem Ersatzanspruch an einen anderen anzurechnen. Angerechnet werden sollte hier nur ein mögliches Auswahl- oder Überwachungsverschulden des Auftraggebers selbst. Darüber hinaus ist eine Anrechnung von Drittverschulden nur dann vertretbar, wenn der Dritte im Rahmen einer vom Geschädigten unterhaltenen Organisation tätig ist und von anderen Leistungen an die Organisationseinheit erbracht werden, die sich u.a. deshalb schädigend auswirken, weil die Organisation nicht die Vorkehrungen zur Schadensverhütung getroffen hat, die dem Geschädigten auch als Einzelperson oblegen hätten (z.B. Untersuchungs- und Rügepflichten). Die Rechtsprechung zum Bewahrungsgehilfen[68] sprengt ebenso wie die angeführte Literatur die skizzierten Ausnahmebereiche und ist deshalb abzulehnen. Für die Rechtsprechung oder besser dafür, mit *Esser/Schmidt*[69] die Schaffung eines Bewahrungsrisikos als Anrechnungsfaktor anzuerkennen, sprechen indessen Vorschriften aus speziellen Haftpflichtgesetzen (§ 4 HaftpflichtG, § 6 ProdHaftG, § 9 StVG, § 34 LuftVG, § 27 AtomG, § 32 GenTG, § 11 UmweltHG), nach denen sich der Geschädigte die Schädigungsbeiträge derer anrechnen lassen muss, die tatsächliche Gewalt über die beschädigte Sache ausüben. Der 1967 veröffentlichte Referentenentwurf des Bundesministeriums der Justiz sieht die Übernahme einer vergleichbaren Regelung in das BGB vor. Für die Annahme einer Gesamtschuld zwischen einem die Aufsichtspflicht verletzenden Elternteil und einem das Kind verletzenden Autofahrer ist schließlich auch der BGH eingetreten.[70] Diese Rechtsprechung, die hinsichtlich der Bejahung einer

---

[64] *Larenz*, Schuldrecht, Band I: Allgemeiner Teil, 14. Aufl. 1987, § 31 I d; ähnlich *Lange/Schiemann*, Schadensersatz, 3. Aufl. 2003, § 10 XI 6 b.

[65] *Esser/Schmidt*, Schuldrecht AT, Teilband 2, 3. Aufl. 2000, § 35 I.

[66] *Larenz*, Schuldrecht, Band I: Allgemeiner Teil, 14. Aufl. 1987, § 31 I d; *Esser/Schmidt*, Schuldrecht AT, Teilband 2, 8. Aufl. 2000, § 35 III 2, 3.

[67] Verletzt durch OLG Düsseldorf v. 10.04.1973 - 4 U 83/72 - NJW 1973, 1801-1802.

[68] Vgl. etwa BGH v. 03.07.1951 - I ZR 44/50 - BGHZ 3, 46-52; BGH v. 05.02.1962 - II ZR 141/60 - BGHZ 36, 329-343.

[69] *Esser/Schmidt*, Schuldrecht AT, Teilband 2, 3. Aufl. 2000, § 35 III 1.

[70] BGH v. 16.01.1979 - VI ZR 243/76 - BGHZ 73, 190-196.

Gesamtschuld auf der hier entwickelten Linie liegt, hat der BGH zwischenzeitlich zutreffend dahin präzisiert, dass eine Gesamtschuld zwischen dem Schädiger und dem die Aufsichtspflicht verletzenden Elternteil nur dann in Betracht kommt, wenn der Elternteil dem Kind gegenüber wirklich haftet, der gemilderte Haftungsmaßstab in § 1664 BGB also nicht dazu führt, dass der dem Kind entstandene Schaden dem Elternteil haftungsrechtlich nicht zugerechnet werden kann.[71]

V. Die Behandlung von Nebentätern

Ein besonderes Problem ergibt sich dann, wenn ein eigener Schädigungsbeitrag des Geschädigten mit den Beiträgen verschiedener Nebentäter zusammentrifft. Hier kann die vom Bundesgerichtshof geforderte Einzelabwägung gegen den Beitrag des Geschädigten für jeden Schädiger ein anderes Ergebnis bringen. Alle Schädiger zusammen sollen aber nicht mehr leisten müssen, als sich bei einer Gesamtschau ihrer Beteiligung im Vergleich zu der des Geschädigten ergibt.[72] Nimmt der Geschädigte mehrere Nebentäter in Anspruch, so ist seine Mitverantwortung gegenüber jedem der Schädiger gesondert nach § 254 BGB (§ 17 StVG) abzuwägen (Einzelabwägung). Zusammen haben die Schädiger jedoch nicht mehr als den Betrag aufzubringen, der bei einer Gesamtschau des Unfallgeschehens dem Anteil der Verantwortung entspricht, die sie im Verhältnis zur Mitverantwortung des Geschädigten insgesamt tragen (Gesamtabwägung). Die aus der Gesamtschau zu gewinnende Schadensquote ist stets zu ermitteln, wenn der Geschädigte gegen mehrere Schädiger gleichzeitig vorgeht oder wenn sich nach der Inanspruchnahme eines Schädigers die Frage stellt, was die übrigen Schädiger noch aufzubringen haben.[73] Akzeptiert man die Grundentscheidung des Bundesgerichtshofs[74], so begegnet man Berechnungsfragen, für die *Eibner*[75] zutreffende Formeln entwickelt hat. Unter Fortschreibung des BGH bietet auch *Sedemund* ein schlüssiges mathematisches Modell.[76]

28

Sind die Zurechnungsfaktoren für einzelne Nebentäter identisch, so werden diese Nebentäter zu einer Haftungs- bzw. Zurechnungseinheit zusammengefasst. Die von der Zurechnungseinheit zu leistende Quote errechnet sich, wenn neben der Zurechnungseinheit noch weitere Nebentäter verantwortlich sind, nach dem vorgestellten Weg. Jedes Mitglied der Zurechnungseinheit haftet dem Geschädigten gegenüber auf die so errechnete Quote. Insgesamt aber haftet die Zurechnungseinheit nur einmal auf diese Quote. Die Mitglieder können untereinander Ausgleich suchen.

29

Derartige **Zurechnungseinheiten** nimmt die Rechtsprechung z.B. zwischen Fahrer und Halter eines Kfz oder zwischen Geschäftsherrn und Gehilfen aber auch dann an, wenn bloß faktisch die Tatbeiträge mehrerer vor der Verletzung des Geschädigten zu einem schadensverursachenden Faktor verschmolzen sind.[77]

30

Insgesamt ist es unbefriedigend, wie die Rechtsprechung das Aufeinandertreffen eines eigenen Schädigungsbeitrags des Geschädigten mit den Schädigungsbeiträgen mehrerer Nebentäter behandelt. Die geforderte Einzelabwägung führt zu überaus komplizierten Rechenoperationen und steht im unerklärten Wertungswiderspruch zur Gesamtschuldhaftung der Nebentäter für den Fall, dass ein Eigenbeitrag des Geschädigten nicht anzurechnen ist. Dieser Wertungswiderspruch lässt sich nur dahin auflösen, dass auch bei einem Schädigungsbeitrag des Geschädigten der Schadensfall nach Gesamtschuldregeln abgewickelt wird. Das bedeutet zunächst, dass die Nebentäter jedenfalls auf den Teil des Schadens, der nach Abzug des den Geschädigten treffenden Selbstbehalts bleibt, gesamtschuldnerisch haften. Zugleich kann man aber auch den Geschädigten wegen seines Beitrages sich selbst gegenüber als Quasischuldner ansehen und in den Gesamtschuldnerverband einstellen.[78] Das hat für das Außenverhältnis gegenüber den Nebentätern keine Konsequenzen; denn die haften schon wegen § 254 BGB immer nur

31

---

[71] BGH v. 01.03.1988 - VI ZR 190/87 - BGHZ 103, 338-349.
[72] BGH v. 16.06.1959 - VI ZR 95/58 - BGHZ 30, 203-213; so zuletzt auch BGH v. 13.12.2005 - VI ZR 68/04 - NJW 2006, 896-899.
[73] BGH v. 13.12.2005 - VI ZR 68/04 - NJW 2006, 896-899.
[74] Dazu *Wagner* in: MünchKomm-BGB, § 840 Rn. 24 ff.; *Lange/Schiemann*, Schadensersatz, 3. Aufl. 2003, § 10 XIII 4; *Koch*, NJW 1967, 181-185; *Keuk*, Die Solidarhaftung der Nebentäter; *Selb*, JZ 1975, 193-197.
[75] *Eibner*, JZ 1978, 50-52.
[76] *Sedemund*, ZGS 2003, 337-346.
[77] Vgl. *Hartung*, VersR 1979, 97-103; *Lange/Schiemann*, Schadensersatz, 3. Aufl. 2003, § 10 XIII 4; *Oetker* in: MünchKomm-BGB, § 254 Rn. 123; *Lorenz*, Die Lehre von den Haftungs- und Zurechnungseinheiten und die Stellung des Geschädigten in Nebentäterfällen, 1979, S. 34 ff.
[78] *Lorenz*, Die Lehre von den Haftungs- und Zurechnungseinheiten und die Stellung des Geschädigten in Nebentäterfällen, 1979, S. 20 ff.

auf den um den Eigenbeitrag des Geschädigten gekürzten Schaden. Für das Innenverhältnis aber ergibt sich über eine entsprechende Anwendung des § 426 Abs. 1 Satz 2 BGB die wünschenswerte Beteiligung des Geschädigten am Ausfallrisiko eines für den Schaden mitverantwortlichen Schuldners.[79] Hinsichtlich der Behandlung von Haftungs- und Zurechnungseinheiten ist zu differenzieren. Im Außenverhältnis führt eine derartige Einheit nur dann zu einer Haftungsänderung, wenn der Beitrag eines Dritten dem Geschädigten zugerechnet werden kann. Die Zurechnungsmöglichkeiten richten sich nach den allgemeinen Kriterien und sollten darüber hinaus nicht durch Haftungs- und Zurechnungseinheiten erweitert werden. Für das Ausgleichsverhältnis ist zu fragen, welches die tragenden Gesichtspunkte für die Annahme einer Haftungs- und Zurechnungseinheit sind. Kommt die Einheit dadurch zustande, dass aufgrund von Sondervorschriften des Haftpflichtrechts (§§ 278, 831, 832 BGB oder § 7 StVG) jemand für den von einem anderen herbeigeführten Schaden einzustehen hat, dann haftet die Einheit gesamtschuldnerisch auf die Quote, die nach dem Beitrag des Handelnden bemessen wird. Ohne Sondervorschriften der genannten Art, wenn also lediglich faktisch die Tatbeiträge mehrerer vor der Verletzung des Geschädigten zu einem Verletzungsfaktor verschmolzen sind, ist für jedes Mitglied der Einheit eine besondere Quote festzusetzen, deren Summierung selbstverständlich nicht über den Beitrag der Einheit zum Gesamtschaden hinausgehen darf.[80]

D. Rechtsfolgen

32   Liegt ein zur Anspruchskürzung geeigneter Schädigungsbeitrag des Geschädigten oder eines Dritten vor, dann richtet sich der Umfang des Anspruchs nach „den Umständen", insbesondere danach, „inwieweit der Schaden vorwiegend von dem einen oder dem anderen Teile verursacht worden ist". Mit diesen Formulierungen hat der Gesetzgeber das **Abwägungsprogramm** vollständig **der Rechtsprechung überantwortet**. Denn weder lassen die unendlich vielen Umstände Relevanzregeln erkennen, noch ist es möglich, Schädigungsbeiträge nach dem Grade ihrer Ursächlichkeit für den konkreten Schaden zu gewichten. Die Ursächlichkeit der verschiedenen Beiträge ist notwendige Bedingung, um überhaupt zu einer Abwägung zu kommen; für die Durchführung der Abwägung gibt sie nichts her. Man kann allenfalls daran denken, die unabhängig vom konkreten Fall zu bestimmende generelle Geeignetheit eines Beitrags für die Schadensentwicklung als Gewichtungsmaß zugrunde zu legen. In vielen Bereichen aber fehlt das dazu erforderliche empirische Wissen. An dessen Stelle muss dann in der praktischen Entscheidungssituation das überwiegend alltagstheoretisch geprägte Judiz treten.

33   Dem theoretischen Befund entspricht die überaus reichhaltige, mit vielen variierenden Anhaltspunkten arbeitende Kasuistik. Auf deren Nachweis muss hier verzichtet werden. Vollständigkeit wäre ohnehin nicht zu erreichen. Die Aufzählung vieler unterschiedlicher Einzelentscheidungen ist darüber hinaus nicht sinnvoll, da sie keine Entscheidungsrichtlinien vermitteln kann. Demgegenüber sollen **allgemeine Leitlinien** aufgezeigt werden, die sich in der Rechtsprechung herauskristallisiert haben und bei der Lösung konkreter Einzelfälle als „**grobe Richtschnur**" dienen können. Danach ist bei der Bestimmung der von Schädiger und Geschädigten zu tragenden Haftungsquoten in Übereinstimmung mit dem Wortlaut des § 254 Abs. 1 BGB in erster Linie auf die **Verursachungsbeiträge** und erst in zweiter Linie auf das Maß des beiderseitigen Verschuldens und andere relevante Umstände abzustellen.[81] Dabei wird unter „Verursachungsbeitrag" der Grad an Wahrscheinlichkeit verstanden, mit dem das jeweils relevante Verhalten geeignet war, den letztlich eingetretenen Schaden herbeizuführen.[82] Da zur sachgerechten Anwendung dieses Maßstabs, wie bereits ausgeführt, regelmäßig das empirische Wissen fehlt, bestimmen die Gerichte den Wahrscheinlichkeitsgrad auf Grund alltagstheoretischer Plausibilitätserwägungen. Erst sekundär ist dann auf das Verschulden zurückzugreifen, wobei der Verschuldensgrad erheblich ist.

34   Dem **Abwägungsgesichtspunkt der Verschuldensschwere** wird allerdings in der Praxis häufig ein im Hinblick auf die vorstehenden Ausführungen überproportionales Gewicht beigemessen. Die Verschuldensschwere versagt selbstverständlich dort, wo unterschiedliche Betriebsgefahren aufeinander

---

[79] *Lorenz*, Die Lehre von den Haftungs- und Zurechnungseinheiten und die Stellung des Geschädigten in Nebentäterfällen, 1979, S. 49 f.

[80] *Lorenz*, Die Lehre von den Haftungs- und Zurechnungseinheiten und die Stellung des Geschädigten in Nebentäterfällen, 1979, S. 42 ff.

[81] BGH v. 14.10.1971 - VII ZR 313/69 - juris Rn. 45 - BGHZ 57, 137-153; BGH v. 13.05.1997 - XI ZR 84/96 - juris Rn. 23 - LM BGB § 254 (Ea) Nr. 27 (10/1997); vertiefend *Oetker* in: MünchKomm-BGB, § 254 Rn. 108-109.

[82] BGH v. 16.11.1993 - XI ZR 70/93 - LM BGB § 397 Nr. 9 (4/1994).

treffen. Dann können etwa Gewicht, Beweglichkeit, Größe und Geschwindigkeit eines Fahrzeugs eine Rolle spielen. Aber auch sonst sollte man der Verschuldensschwere nicht so viel Gewicht beimessen. Solange nicht ein Zusammenhang zwischen ihr und der Schadensneigung dargetan ist, begünstigt dieser Gesichtspunkt ein dem Schadensrecht fremdes Pönalisierungs- und Moralisierungselement. In der (höchstrichterlichen) Rechtsprechung werden die einzelnen Verschuldensgrade regelmäßig bei der Quotelung wie folgt zueinander ins Verhältnis gesetzt: Vorbehaltlich gravierender Verursachungsbeiträge des Geschädigten soll Vorsatz des Schädigers, der sich dann allerdings auch auf den Schaden beziehen muss, gegenüber nur fahrlässigem Verhalten des Geschädigten in der Regel so schwer ins Gewicht fallen, dass der Gesamtschaden vom Schädiger zu tragen ist.[83] Umgekehrt soll in gleicher Weise vorsätzliche Schadensverursachung auf Seiten des Geschädigten einen Anspruch des Geschädigten ausschließen, wenn der Schädiger nur fahrlässig gehandelt hat.[84] Beiderseitiger, auch auf den entstandenen Schaden bezogener Vorsatz soll sich „neutralisieren", also bei der Bestimmung der Haftungsquoten keine Rolle spielen.[85] Beiderseitige Fahrlässigkeit schließlich soll regelmäßig zur Haftungsquotelung unter entscheidender Berücksichtigung der Verursachungsbeiträge führen, es sei denn, eine Seite träfe der Vorwurf grober Fahrlässigkeit, während die andere nur leicht fahrlässig gehandelt hat. Im letzteren Fall soll der Beitrag des leicht fahrlässig Handelnden ganz hinter dem Beitrag des grob fahrlässig Handelnden zurücktreten.[86]

Bei einer Haftung des Schädigers aus Gefährdungshaftung muss der Geschädigte sich eine ihm zurechenbare **Sach- oder Betriebsgefahr** gemäß § 254 Abs. 1 BGB anspruchsmindernd entgegenhalten lassen. Soweit hierbei das StVG Anwendung findet, enthält § 17 StVG eine gegenüber § 254 Abs. 1 BGB abschließende Sonderregelung, auch soweit es um eine Haftung aus unerlaubter Handlung geht.[87] Hierbei ist immer zu bedenken, dass der Geschädigte im Anwendungsbereich des StVG sich die eigene Betriebsgefahr nur anrechnen lassen muss, wenn nicht seine eigene Gefährdungshaftung gegenüber dem Schädiger aus § 7 Abs. 1 StVG entfiele.[88] Im Rahmen der Abwägung aufeinandertreffender Betriebsgefahren hat die Rechtsprechung eine eigene Terminologie entwickelt. Wirkt sich bei der Schadensentstehung lediglich die „normale", von der potentiell gefährlichen Sache ausgehende sog. „**einfache bzw. allgemeine Betriebsgefahr**" aus, wird diese regelmäßig mit Quoten von 1/5 bis zu 1/3 in Ansatz gebracht. Das Gewicht der allgemeinen Betriebsgefahr soll dabei nach dem jeweiligen Gefahrenpotential variieren (wie z.B. Fahrzeugart, -gewicht, Mitführen eines Anhängers etc.).[89] Wird diese einfache Betriebsgefahr aber durch zusätzliche Umstände wie etwa einem Verkehrsverstoß auf Seiten eines Verkehrsteilnehmers, eine die Beweglichkeit des Fahrzeugs herabsetzende, schwere Ladung oder die Inanspruchnahme größeren Verkehrsraums (z.B. durch aus dem Fahrzeug in den Verkehrsraum ragende Gegenstände) erhöht, spricht die Rechtsprechung von einer **erhöhten Betriebsgefahr**, die mit einer höheren Quote in Ansatz gebracht wird.[90] Diese Quote kann sowohl auf Seiten des Schädigers gegenüber der nur einfachen Betriebsgefahr/leichtem Verschulden des Geschädigten[91] als auch auf Seiten des Geschädigten gegenüber der nur einfachen Betriebsgefahr/leichtem Verschulden des Schädigers[92] so hoch ausfallen, dass demgegenüber der geringfügige Anteil der Gegenseite zurücktritt. Insbesondere für den Verkehrsunfallprozess sind Quotentabellen entwickelt worden, die grobe Anhaltspunkte für die Quotelung in typischen Konstellationen geben sollen und teilweise, mit regionalen Unterschieden, in der Rechtsprechung herangezogen werden.[93]

---

[83] BGH v. 14.10.1971 - VII ZR 313/69 - juris Rn. 44 - BGHZ 57, 137-153.
[84] BGH v. 08.10.1991 - XI ZR 207/90 - juris Rn. 26 - LM BGB § 675 Nr. 173 (5/1992).
[85] *Oetker* in: MünchKomm-BGB, § 254 Rn. 112.
[86] BGH v. 25.06.1991 - X ZR 103/89 - LM BGB § 254 (F) Nr. 30 (5/1992).
[87] *Oetker* in: MünchKomm-BGB, § 254 Rn. 13.
[88] Vgl. exemplarisch BGH v. 27.06.2000 - VI ZR 126/99 - juris Rn. 17 - LM BGB § 823 (Ec) Nr. 28 (5/2001).
[89] Vgl. dazu mit zahlreichen Beispielen und Nachweisen: *Lange/Schiemann*, Schadensersatz, 3. Aufl. 2003, § 10 XII 3.
[90] Vgl. mit zahlreichen Beispielen und Nachweisen: *Lange/Schiemann*, Schadensersatz, 3. Aufl. 2003, § 10 XII 3; *Kirchhoff*, MDR 1998, 12-16; exemplarisch für die Rechtsprechung: BGH v. 27.06.2000 - VI ZR 126/99 - juris Rn. 23 - LM BGB § 823 (Ec) Nr. 28 (5/2001).
[91] BGH v. 20.04.1966 - III ZR 184/64 - NJW 1966, 1211.
[92] BGH v. 13.02.1990 - VI ZR 128/89 - juris Rn. 20 - LM Nr. 63 zu § 7 StVG.
[93] Vgl. z.B. die Quotentabellen von *Brüseken/Krumbholz/Thiermann*, NZV 2000, 441-445; *Bursch/Jordan*, VersR 1985, 512-522.

36 Umstritten ist, inwiefern noch weitere Umstände, die für das schädigende Ereignis nicht ursächlich geworden sind und es auch nicht werden konnten (wie z.B. soziale Stellung, Vermögensverhältnisse der Parteien etc.), im Rahmen des § 254 Abs. 1 BGB berücksichtigungsfähig sind. Die Rechtsprechung und die herrschende Meinung lehnen dies mit Recht ab, weil eine Berücksichtigung derartiger Faktoren zu einer in § 254 Abs. 1 BGB nicht angelegten Billigkeitsrechtsprechung führen würde.[94]

37 Das **Ergebnis der Abwägung** kann jeden Wert zwischen Null (kein Anspruch) und Eins (ungekürzter Anspruch) annehmen. Es wird nicht in bezifferten Beträgen, sondern in **Quoten** zum Ausdruck gebracht, über die gemäß § 304 ZPO vorab im **Grundurteil** entschieden werden kann. Dabei werden von der Rechtsprechung regelmäßig Haftungsquoten von weniger als 10%, gelegentlich sogar von unter 20%, nicht berücksichtigt.[95] Die 10%-Grenze, nicht aber die zu weit gehende 20%-Grenze, mag durch Bedürfnisse der Praxis gerechtfertigt sein – eine rechtliche Grundlage für diese Usance gibt es indes nicht.

E. Prozessuale Hinweise/Verfahrenshinweise

38 Die **Beweislast** für die Anspruchskürzung nach § 254 BGB trägt der Schädiger.[96] Allerdings weist die Rechtsprechung dem Geschädigten eine Mitwirkungsobliegenheit hinsichtlich solcher Umstände zu, die in seine Sphäre fallen, weil und soweit der Schädiger in diese Sphäre keinen Einblick hat.[97] Diese Mitwirkungsobliegenheit des Geschädigten spielt insbesondere bei angeblichen Verstößen gegen die Schadensminderungspflicht und hier wiederum vor allem in den Fällen des angeblichen Unterlassens zumutbarer Verwertung der Restarbeitskraft auf Seiten des Geschädigten eine große Rolle.[98] Hier wird dem Geschädigten angesonnen, darzulegen, ob und wenn ja welche Arbeitsmöglichkeiten für ihn zumutbar und durchführbar sind und welche Anstrengungen er bereits unternommen hat, um eine entsprechende Arbeitsstelle zu finden.[99] Die für die nach § 254 BGB erforderliche Abwägung erheblichen Umstände dürfen vom Gericht nur dann in die Abwägung eingestellt werden, wenn sie unstreitig oder bewiesen sind.[100]

39 Bei **Teilklagen**, bei denen die Anwendung des § 254 BGB in Betracht kommt, wird gelegentlich wie folgt differenziert: Mache der Geschädigte nur einen Teil seines Schadens geltend, um dem von ihm eingeräumten Mitverschulden Rechnung zu tragen, so sei der Mithaftungsanteil vom Gesamtschaden und nicht vom eingeklagten Schaden in Abzug zu bringen; mache der Geschädigte dagegen einen Teilbetrag unter Verwahrung gegen den Mitverschuldenseinwand geltend, so müsse der Mithaftungsanteil gegenüber dem eingeklagten Teilbetrag in Ansatz gebracht werden.[101] Dieser Auffassung kann nicht gefolgt werden. Vielmehr ist bei Teilklagen die vom Gericht für richtig gehaltene Mitverschuldensquote immer vom Gesamtschaden in Abzug zu bringen, ohne dass es dabei darauf ankommt, welche Mitverschuldensquote der die Teilklage betreibende Kläger in Ansatz bringt. Andernfalls käme man zu falschen Ergebnissen bei der Ermittlung der Reichweite der Rechtskraft der Teilklage vollumfänglich stattgebender Urteile. Sie müsste nämlich unter Zugrundelegung der hier kritisierten Auffassung divergieren, je nachdem ob der Kläger bei der Teilklage seinen Mitverschuldensanteil in Abzug gebracht hatte oder nicht: Hat er ihn in Ansatz gebracht, müsste man die Rechtskraft konsequenterweise auch auf den nicht eingeklagten Schadensanteil ausdehnen. Dies kann nicht richtig sein. Dies würde nämlich gegen den an anderer Stelle ausführlicher begründeten Grundsatz verstoßen, dass man im Zivilprozess nichts verliert, was man nicht ins Spiel eingebracht hat, aber auch nichts über das Eingesetzte hinaus gewinnt.[102] Somit könnte auch auf ein auf eine stattgebende Teilklage ergangenes Urteil, das ausdrücklich das Eingreifen einer gewissen Mitverschuldensquote bejaht, ein weiteres Teilurteil ergehen, das den Restbetrag zuspricht, ohne dass es dafür darauf ankommt, ob der Kläger im Rahmen der ersten Teilklage eine Mitverschuldensquote in Abzug gebracht hatte oder nicht. Dies ist auch nicht

---

[94] BGH v. 29.11.1977 - VI ZR 51/76 - juris Rn. 27 - LM Nr. 22 zu § 823 BGB; *Lange/Schiemann*, Schadensersatz, 3. Aufl. 2003, § 10 XII 4.
[95] Vgl. dazu: *Grüneberg* in: Palandt, § 254 Rn. 54-67.
[96] BGH v. 22.05.1984 - III ZR 18/83 - juris Rn. 63 - BGHZ 91, 243-262.
[97] BGH v. 22.05.1984 - III ZR 18/83 - juris Rn. 63 - BGHZ 91, 243-262.
[98] Vgl. z.B. BGH v. 05.12.1995 - VI ZR 398/94 - LM BGB § 254 (Dc) Nr. 52 (4/1996); BGH v. 29.09.1998 - VI ZR 296/97 - LM BGB § 254 (Dc) Nr. 55 (2/1999).
[99] BGH v. 23.01.1979 - VI ZR 103/78 - LM Nr 24 zu § 254 BGB.
[100] BGH v. 07.02.1968 - VIII ZR 139/66 - MDR 1968, 492.
[101] *Greger* in: Zöller, ZPO, 23. Aufl. 2002, § 253 Rn. 16.
[102] *Rüßmann*, ZZP 111, 399-427, 422.

unzumutbar für den Beklagten. Dieser kann sich dadurch schützen, dass er negative Feststellungswiderklage hinsichtlich des nicht geltend gemachten Teilbetrages erhebt. Ob er diesen seiner Parteidisposition unterliegenden Schritt unternimmt, ist seine Sache. Unternimmt er ihn nicht, muss er die seiner Parteidisposition entsprechende Parteiverantwortung tragen.[103]

Die Praxis hält es beim Erlass eines **Grundurteils** (§ 304 ZPO) für zulässig, die Bescheidung des Mitverschuldenseinwandes dem Betragsverfahren vorzubehalten, wenn das mitwirkende Verschulden „zweifellos" nur zu einer Minderung, nicht aber zu einer Beseitigung der Schadenshaftung führen kann.[104] Das ist dogmatisch zweifelhaft, weil das Mitverschulden zum „Grund" der Haftung gehört, dürfte indes in der Praxis nur selten in Betracht kommen, da auch der Bundesgerichtshof es mahnend für „zweckmäßiger" erklärt hat, das Mitverschulden zusammen mit dem Verschulden zu bescheiden, da sich in aller Regel die Bewertung der Quote des beiderseitigen Verschuldens-(Verursachungs-)Beitrages aus einem einheitlich zu würdigenden Schadensereignis ableitet.[105] Allerdings wäre es ein großer juristischer „Kunstfehler", wenn das das Mitverschulden ausklammernde Grundurteil in seinen Entscheidungsgründen nicht klarstellt, dass die Mitverschuldensfrage vom Gericht bewusst zu Gunsten des Betragsverfahrens offen gelassen worden ist. In diesem Fall droht das Urteil hinsichtlich des Mitverschuldenseinwandes zu Lasten des Schädigers im Betragsverfahren Bindungswirkung zu entfalten. Denn ein Grundurteil, das zum Mitverschuldenseinwand schweigt, verneint diesen implizit. Der Schädiger ist daher für den Fall, dass das Gericht im Grundurteil den Mitverschuldenseinwand nicht behandelt, gut beraten, die Entscheidungsgründe sorgfältig zu analysieren und Rechtsmittel gegen das Grundurteil einzulegen.[106] Beim Schmerzensgeldanspruch schließlich ist es üblich, im Tenor lediglich auszusprechen, dass der Anspruch dem Grunde nach unter Berücksichtigung des vom Gericht für richtig erachteten Mitverschuldensanteils gerechtfertigt ist.[107]

40

---

[103] Vgl. *Rüßmann*, ZZP 111, 399-427, 421-423.
[104] BGH v. 25.03.1980 - VI ZR 61/79 - juris Rn. 10 - BGHZ 76, 397-400.
[105] BGH v. 25.03.1980 - VI ZR 61/79 - juris Rn. 10 - BGHZ 76, 397-400.
[106] *Oetker* in: MünchKomm-BGB, § 254, Rn. 146.
[107] BGH v. 12.03.1991 - VI ZR 173/90 - NZV 1991, 305.

§ 255 BGB Abtretung der Ersatzansprüche

(Fassung vom 02.01.2002, gültig ab 01.01.2002)

Wer für den Verlust einer Sache oder eines Rechts Schadensersatz zu leisten hat, ist zum Ersatz nur gegen Abtretung der Ansprüche verpflichtet, die dem Ersatzberechtigten auf Grund des Eigentums an der Sache oder auf Grund des Rechts gegen Dritte zustehen.

Gliederung

A. Grundlagen 1	1. Gesetzgebungsgeschichte 10
I. Kurzcharakteristik 1	2. Definition 11
II. Gesetzgebungsmaterialien 2	3. Rechtsprechung 12
III. Regelungsprinzipien 3	4. Literatur 13
B. Praktische Bedeutung 4	5. Die Auffassung des Autors 14
C. Anwendungsvoraussetzungen 7	6. Abdingbarkeit 15
I. Normstruktur 7	III. Verlust eines Rechts 16
II. Verlust einer Sache 8	**D. Rechtsfolgen** 17

A. Grundlagen

I. Kurzcharakteristik

1 Die Vorschrift behandelt einen besonderen Fall einer **Schuldnermehrheit**, bei der dem Gläubiger zur Befriedigung seines Leistungsinteresses ein Herausgabeschuldner und ein zum Schadensersatz verpflichteter Schuldner gegenüberstehen. Sie ordnet implizit an, dass der zum Schadensersatz verpflichtete Schuldner trotz Bestehens eines Herausgabeanspruchs dem Ersatzgläubiger zu vollem Wertersatz verpflichtet ist, und regelt explizit das daraus resultierende Folgeproblem der drohenden Bereicherung durch einen **Zessionsregress**: Der Ersatzverpflichtete ist nur gegen Abtretung der Ansprüche des Ersatzberechtigten zum Wertersatz verpflichtet.

II. Gesetzgebungsmaterialien

2 Die Vorschrift war nicht Gegenstand der Reformbestrebungen des Schuldrechtsmodernisierungsgesetzes. Sie besteht seit dem In-Kraft-Treten des BGB unverändert.

III. Regelungsprinzipien

3 Am Grundtatbestand des § 255 BGB sind drei Personen beteiligt: der Ersatzberechtigte, der Ersatzverpflichtete und ein Dritter. Im auch dem Gesetzgeber vorschwebenden Grundfall[1] ist der Ersatzberechtigte der Eigentümer einer Sache, die vom Ersatzverpflichteten nachlässig verwahrt und infolgedessen von einem Dritten gestohlen wird. Gegen den Dritten hat der Ersatzberechtigte aufgrund seines Eigentums einen **Herausgabeanspruch** (§ 985 BGB); gegen den Ersatzverpflichteten einen **Schadensersatzanspruch** (aus Vertragsverletzung und Delikt). Ungeschriebene Voraussetzung des § 255 BGB ist, dass bei der Berechnung des gegen den Ersatzverpflichteten geltend zu machenden Schadens der Herausgabeanspruch gegen den Dritten nicht berücksichtigt wird. Der Ersatzberechtigte hat gegen den Ersatzverpflichteten einen Anspruch auf vollen Wertersatz. Wertersatz und Herausgabeanspruch würden ihn besser stellen, als er vor dem Schadensereignis gestanden hat. Die drohende Bereicherung sucht § 255 BGB zu verhindern, indem er den Ersatzberechtigten verpflichtet, auf ein einredeweise geltend zu machendes Begehren des Ersatzverpflichteten hin diesem den Herausgabeanspruch gegen den Dritten abzutreten. Die Rechtsprechung nimmt darüber hinaus eine Abtretungspflicht auch dann an, wenn der Ersatzverpflichtete schon gezahlt hat und für eine Einrede an sich kein Raum mehr ist.[2] Insgesamt verlagert § 255 BGB das Durchsetzungs- und Wiedererlangungsrisiko vom Ersatzberechtigten auf den Ersatzverpflichteten.

---

[1] Motive, Bd. II, S. 25 f.
[2] BGH v. 27.03.1969 - VII ZR 165/66 - BGHZ 52, 39-47.

B. Praktische Bedeutung

Die praktische Bedeutung der Vorschrift ist gering, wenn man ihre Anwendung auf den Fall des Aufeinandertreffens eines Schadensersatzanspruchs und eines Herausgabeanspruchs begrenzt. Sie ist überaus groß, wenn man diese Grenzen sprengt und mit der Zuordnung auch des physischen und/oder rechtlichen Untergangs (durch Zerstörung oder gutgläubigen Erwerb der Sache) zum „Verlust" den Ersatzberechtigten zur Abtretung auch anderer als Herausgabeansprüche (nämlich von Geldansprüchen aus unerlaubter Handlung oder Bereicherung) verpflichtet. Dann nämlich drohen eine uferlose Ausdehnung ihres Grundtatbestandes und die Wandlung von einer einfachen Norm des Schadensrechts für den Fall des Aufeinandertreffens eines Schadensersatzanspruchs und eines Herausgabeanspruchs zu einer **Generalregressnorm für die Fälle ungleichstufiger Schuldnermehrheiten**, bei der ein einseitiger Regress nur demjenigen gewährt wird, der dem Schaden ferner steht (im Grundfall der Verwahrer), gegen denjenigen, der dem Schaden näher steht (im Grundfall der Dieb). Der Zessionsregress nach § 255 BGB tritt in **Konkurrenz zum Gesamtschuldregress** nach § 426 BGB für die Fälle ungleichstufiger Schuldnermehrheiten.

Die Entwicklung des § 255 BGB von einer einfachen Norm des Schadensrechts zu einer Art Generalregressnorm für ungleichstufige Schuldnermehrheiten ist in der Literatur vor allem mit dem Namen *Selb* verbunden. *Selb* hat die Idee zunächst in einer kleinen Monografie[3] niedergelegt und hernach drei auch für die höchstrichterliche Rechtsprechung einflussreiche Literaturpositionen besetzt: das Handbuch des Schuldrechts,[4] den Staudinger[5] und den Münchener Kommentar[6]. Unter Berufung auf *Selb* hat der Bundesgerichtshof, nachdem er zunächst von der Ausdehnung des § 255 BGB zu einer allgemeinen Regressnorm Abstand genommen hatte,[7] in einem Fall auf § 255 BGB zurückgegriffen, in dem mit einem Aufopferungsanspruch gegen den Staat und einem Schadensersatzanspruch aus Vertrag und Delikt zwei Geldansprüche zusammentrafen, die ohne weiteres als Gesamtschulden hätten betrachtet und behandelt werden können[8]. In jüngster Zeit hat der Bundesgerichtshof § 255 BGB für die Rückabwicklung eines Verbundgeschäfts ins Spiel gebracht. Der bei seinem Eintritt in eine Fondsgesellschaft getäuschte Anleger kann bei Vorliegen eines Verbundgeschäfts nicht nur seine Beteiligung kündigen, sondern auch den Kreditvertrag rückabwickeln. Die Bank muss dem Anleger die auf Grund des Darlehensvertrages erbrachten Zins- und Tilgungsleistungen abzüglich der aus der Gesellschaftsbeteiligung erlangten Vermögensvorteile zurückgewähren. Der Anleger hat der Bank nur die Fondsbeteiligung und in entsprechender Anwendung von § 255 BGB seine Schadensersatzansprüche gegen die Gründungsgesellschafter des Fonds abzutreten.[9]

Insgesamt ist das eine Fehlentwicklung[10]. Einerseits enthält § 255 BGB gar keine Wertung für nicht gleichstufige Schuldnermehrheiten; denn er knüpft allein an einen bestehenden Herausgabeanspruch an und lässt diesen auch dem Ersatzverpflichteten zugutekommen, der dem Schaden nach gängigen Kriterien näher steht als der Herausgabepflichtige.[11] Andererseits bieten die Gesamtschuldregeln ein ausgefeiltes und flexibles Regressmodell, das allen Bedürfnissen auch nicht gleichstufiger Schuldnermehrheiten gerecht wird und immer dann eingreift, wenn der Grundtatbestand des § 255 BGB (Schadensersatzanspruch des Ersatzberechtigten gegen den Ersatzverpflichteten und Herausgabeanspruch des Ersatzberechtigten gegen den Dritten) nicht gegeben ist. Selbst das Aufeinandertreffen von Ersatzansprüchen mit einem den Herausgabeanspruch vertretenden Bereicherungsanspruch aus § 816 BGB sollte deshalb im Gesamtschuldmodell abgewickelt werden.[12]

---

[3] *Selb*, Schadensbegriff und Regreßmethoden, 1963.
[4] *Selb*, Mehrheiten von Gläubigern und Schuldnern, 1984.
[5] *Selb* in: Staudinger, 1993, § 255.
[6] Bis zur dritten Auflage 1994.
[7] BGH v. 27.03.1969 - VII ZR 165/66 - BGHZ 52, 39-47; BGH v. 29.06.1972 - VII ZR 190/71 - BGHZ 59, 97-104 – dazu *Rüßmann*, JuS 1974, 292-298.
[8] BGH v. 26.01.1989 - III ZR 192/87 - BGHZ 106, 313-323.
[9] BGH v. 14.06.2004 - II ZR 395/01 - BGHZ 159, 280-294; BGH v. 13.09.2004 - II ZR 392/02 - IBR 2004, 730; zum Problemkreis der Rückabwicklung von Fondsbeteiligungen vgl. auch BGH v. 25.04.2006 - XI ZR 193/04 - ZIP 2006, 940-946.
[10] Überblick und überzeugende Kritik bei *Müller*, Regresskonstruktionen in Schadensfällen, 1976, S. 29 ff.; *Stamm*, Regressfiguren im Zivilrecht, 2000.
[11] Beispiele bei *Müller*, Regresskonstruktionen in Schadensfällen, 1976, S. 95 ff.
[12] BGH v. 27.03.1969 - VII ZR 165/66 - BGHZ 52, 39-47; anders noch BGH v. 08.01.1959 - VII ZR 26/58 - BGHZ 30, 157-163.

C. Anwendungsvoraussetzungen

I. Normstruktur

7 Die Norm knüpft in ihren Voraussetzungen an eine Schadensersatzverpflichtung in den Fällen des Verlustes einer Sache oder eines Rechts an und gewährt dem Ersatzverpflichteten ein durch Einrede geltend zu machendes Recht auf Abtretung der dem Ersatzberechtigten auf Grund des Eigentums an der Sache oder auf Grund des Rechts gegen Dritte zustehenden Ansprüche. Sie hätte wesentlich klarer gefasst werden können und in der folgenden Fassung die gesamte problematische Entwicklung zur Generalregressnorm für ungleichstufige Schuldnermehrheiten vermeiden können: „Wer für den Verlust einer Sache Schadensersatz zu leisten hat, haftet auf das volle Wertinteresse. Er ist zum Ersatze nur gegen Übereignung der Sache verpflichtet."[13]

II. Verlust einer Sache

8 Je nach Verständnis des Begriffs Verlust eröffnet man der Vorschrift des § 255 BGB einen engen oder einen weiten Anwendungsbereich. Zu einem engen Anwendungsbereich gelangt man, wenn der Verlust ausschließlich als Besitzverlust und nicht auch als Rechtsverlust oder als Zerstörung verstanden wird. Für das enge Verständnis sprechen systematische, historische und teleologische Gesichtspunkte. Zu einem weiten Verständnis wird man nur gedrängt, wenn man zuvor den Anwendungsbereich des Gesamtschuldregresses künstlich auf gleichstufige Schuldnermehrheiten eingeschränkt hat.

9 Der Gesetzgeber des BGB verwendet die Begriffsfamilie Verlust, verloren, verlieren an verschiedenen Stellen zur Kennzeichnung des Besitzverlusts: §§ 935 Abs. 1 Satz 1, 856 Abs. 1, 965 ff. BGB. Will er die Zerstörung einer Sache erfassen, so spricht er von Untergang: §§ 292 Abs. 1, 446, 644, 645, 989 BGB. Es gibt keinen Grund anzunehmen, dass er bei § 255 BGB Verlust in einem anderen Sinne als Besitzverlust verstanden wissen wollte. Der Zessionsregress des § 255 BGB sollte nach den Vorstellungen des Gesetzgebers eine Eigentümergemeinschaft zwischen Gläubiger und Schuldner vermeiden. Er ist auf die Schwierigkeiten bei der Übertragung des dinglichen Herausgabeanspruchs aus § 985 BGB zurückzuführen, die man bei einem gesetzlichen Anspruchsübergang – wie die Gefahr der Entstehung einer Eigentümergemeinschaft – dann sah, wenn der Ersatzpflichtige nur eine Teilleistung erbrachte. Diese Schwierigkeiten bestehen aber nur, wenn es noch einen dinglichen Herausgabeanspruch gibt, nicht aber, wenn der dingliche Herausgabeanspruch durch Zerstörung der Sache oder durch Verlust des Eigentumsrechts entfällt.

1. Gesetzgebungsgeschichte

10 In der Entwicklung der Norm stand nicht die Abgrenzung dieser Art der Schuldnermehrheit von der Gesamtschuld im Vordergrund. Dass man es bei dem Aufeinandertreffen von Herausgabeanspruch und Schadensersatzanspruch mit einer Gesamtschuld zu tun haben könnte, kam dem historischen Gesetzgeber nicht in den Blick. Ihn bewegte das Problem, ob der Schadensersatzanspruch des Eigentümers gegen den Verwahrer durch die Existenz des Herausgabeanspruchs beeinträchtigt sei und wie man die Bereicherung des Ersatzberechtigten vermeiden könne. Die im Text der Norm nicht explizit zum Ausdruck gebrachte erste Entscheidung war die Entscheidung für den vollen Wertersatz des Eigentümers, die zweite Entscheidung die Entscheidung für den Zessionsregress. Als Alternative für die zweite Entscheidung hatte der gesetzliche Anspruchsübergang zur Diskussion gestanden. Sie ist wegen der Schwierigkeiten mit der Entstehung einer Eigentümergemeinschaft verworfen worden. Dem Gesetzgeber stand allein der Fall des Besitzverlustes vor Augen.

2. Definition

11 Verlust einer Sache im Sinne des § 255 BGB ist der Besitzverlust und nicht der Rechtsverlust oder die Zerstörung der Sache.

3. Rechtsprechung

12 Die Rechtsprechung hat den Verlust nicht auf den Besitzverlust beschränkt. Mit der Zuordnung auch des physischen und/oder rechtlichen Untergangs (durch Zerstörung oder gutgläubigen Erwerb der Sache) zum Verlust verpflichtete man den Ersatzberechtigten zur Abtretung auch anderer als Herausga-

---

[13] Der Formulierungsvorschlag stammt von *Stamm*, Regressfiguren im Zivilrecht, 2000, S. 94.

beansprüche.[14] Der Bundesgerichtshof schien mit den Urteilen vom 27.03.1969[15] und vom 29.06.1972[16] eine andere Entwicklung einzuleiten. In dem Sachverhalt, der dem Urteil vom 27.03.1969[17] zugrunde lag, trafen in der Person des Eigentümers ein Schadensersatzanspruch gegen den Dieb und (nach Genehmigung der Veräußerung des Abnehmers des Diebes) ein Bereicherungsanspruch aus § 816 Abs. 1 BGB zusammen. Der BGH behandelte dieses Aufeinandertreffen nach den Regeln der Gesamtschuld und lehnte es ab, das die Gesamtschuld verdrängende Abwicklungsmodell des § 255 BGB anzuwenden, weil § 255 BGB nicht zugunsten des Diebes Anwendung finden könne und es mit Blick auf den Abnehmer des Diebes an einem Schadensersatzanspruch fehle. In dem Sachverhalt, der dem Urteil vom 29.06.1972[18] zugrunde lag, trafen in der Person des Eigentümers ein deliktischer Schadensersatzanspruch gegen eine das Eigentum missachtende Bank und ein vertraglicher Schadensersatzanspruch gegen einen Geschäftsbesorger zusammen, der es übernommen hatte, den Eigentümer vor schädigenden Handlungen der Bank zu schützen. Auch hier fasst der BGH die Schulden zu einer Gesamtschuld zusammen und lehnte es ab, § 255 BGB zugunsten des aus Vertrag ersatzpflichtigen Geschäftsbesorgers anzuwenden. Das Tor zur Anerkennung der Gesamtschuld als umfassendes Modell für die Abwicklung auch ungleichstufiger Schuldnermehrheiten war weit aufgestoßen. Doch hat es der BGH an der letzten Konsequenz fehlen lassen, als er sich in einem Urteil vom 26.01.1989[19] gehindert sah, einen Aufopferungsanspruch gegen den Staat und einen vertraglichen Schadensersatzanspruch gegen eine Bank zu einer Gesamtschuld zusammenzufassen, und in der selbst geschaffenen Not Zuflucht zu einer entsprechenden Anwendung des § 255 BGB nehmen musste. Auch in einer neueren Entscheidung[20] hat sich der BGH wieder eher der entsprechenden Anwendung des § 255 BGB im Hinblick auf eine ungleichstufige Schuldnermehrheit zugewandt. In dem diesem Urteil zugrunde liegenden Sachverhalt ging es um die Haftung des Geschäftsführers einer insolvent gewordenen GmbH gegenüber einer Bank, bei der die GmbH einen Kontokorrentkredit unterhielt. Die Bank sah der BGH in diesem Zusammenhang als Neugläubigerin der GmbH an, soweit sich das von der GmbH in Anspruch genommene Kreditvolumen im Stadium der bereits eingetretenen Insolvenzverschleppung erhöhte. Der Schadensersatzanspruch eines Neugläubigers der GmbH gegen deren Geschäftsführer (§§ 823 Abs. 2 BGB, 64 Abs. 1 GmbHG) ist in einem solchen Fall nach dem BGH zwar nicht um die auf ihn entfallende Insolvenzquote zu kürzen. Dem Geschäftsführer billigt der BGH jedoch in Anwendung der §§ 255 BGB i.V.m. 273 BGB einen Anspruch auf Abtretung der entsprechenden Insolvenzforderung des Neugläubigers gegen die Gesellschaft zu.[21] Auch an diesem Beispiel wird erneut deutlich, dass sich die Gesamtschuld als umfassendes Modell für die Abwicklung auch ungleichstufiger Schuldnermehrheiten noch nicht endgültig durchsetzen konnte.

4. Literatur

Die Literatur ist gespalten. Lange Zeit beherrschte die Auffassung *Selbs* von der Generalregressnorm für ungleichstufige Schuldnermehrheiten die Szene. Ihr folgt auch heute noch *Oetker*[22]. Doch ist die Position *Selbs* nicht unwidersprochen geblieben. In Monografien haben sich *Ehmann*,[23] *Münchbach*[24] und *Stamm*[25] kritisch mit ihr auseinandergesetzt. Das ist auch in der Kommentarliteratur nicht ohne

---

[14] Nämlich von Geldansprüchen aus unerlaubter Handlung oder Bereicherung vgl. BGH v. 08.01.1959 - VII ZR 26/58 - BGHZ 30, 157-163.
[15] BGH v. 27.03.1969 - VII ZR 165/66 - BGHZ 52, 39-47.
[16] BGH v. 29.06.1972 - VII ZR 190/71 - BGHZ 59, 97-104.
[17] BGH v. 27.03.1969 - VII ZR 165/66 - BGHZ 52, 39-47.
[18] BGH v. 29.06.1972 - VII ZR 190/71 - BGHZ 59, 97-104.
[19] BGH v. 26.01.1989 - III ZR 192/87 - BGHZ 106, 313-323.
[20] BGH v. 05.02.2007 - II ZR 234/05 - BGHZ 30, 157-163; so auch OLG Düsseldorf v. 20.02.2008 - I-15 U 10/07.
[21] Vgl. auch BGH v. 08.01.2001 - II ZR 88/99 - BGHZ 146, 264-280.
[22] *Oetker* in: MünchKomm-BGB, § 255 Rn. 2.
[23] *Ehmann*, Die Gesamtschuld, 1972.
[24] *Müller*, Regresskonstruktionen in Schadensfällen, 1976.
[25] *Stamm*, Regressfiguren im Zivilrecht, 2000.

Wirkung geblieben. *Rüßmann*,[26] *Mertens*[27] und *Noack*[28] lehnen § 255 BGB als Generalregressnorm für ungleichstufige Schuldnermehrheiten dezidiert ab.

5. Die Auffassung des Autors

14 Gesetzeskonform und interessengerecht ist allein die Lösung, die das Merkmal Verlust auf den Besitzverlust und den Regelungsbereich des § 255 BGB auf das Zusammentreffen von Ersatzanspruch und Herausgabeanspruch beschränkt. Die anderen Schuldnermehrheiten sind auch als ungleichstufige Schuldnermehrheiten im Gesamtschuldmodell abzuwickeln. Auch dieses Modell verlagert das Durchsetzungsrisiko auf den Gesamtschuldner. Es hat gegenüber dem Regressmodell des § 255 BGB die Vorteile, dass erstens der Regressberechtigte nicht auf die Durchsetzung eines Übertragungsanspruchs angewiesen ist, sondern die Regressberechtigung automatisch zugewiesen bekommt, dass zweitens die Regressberechtigung nicht auf ein Alles oder Nichts reduziert ist, sondern jede Stufe zwischen 0 und 1 (zwischen Versagung des Regresses, Teilregress und Totalregress) annehmen kann.

6. Abdingbarkeit

15 Die Regelung steht zur Disposition der Parteien. Die Parteien können den Abtretungsregress ersatzlos ausschließen. Sie können vereinbaren, dass die Wiedererlangungsmöglichkeit in die Berechnung des Wertersatzes eingeht. Sie können den Abtretungsregress auf Fälle ausdehnen, für die er vom Gesetz nicht vorgesehen ist.

III. Verlust eines Rechts

16 Die Begrenzung der Abtretungspflicht auf Herausgabeansprüche gilt auch bei Rechtsverlusten. Wie im Bereich des Sachverlusts der Fortbestand der Sache wird im Bereich des Rechtsverlusts der Fortbestand des Rechts vorausgesetzt, da nur darin die Grundlage für die das Eintreibungsrisiko verlagernde Ausgleichsnorm des § 255 BGB gegeben ist. Das Recht muss sachbezogen sein. Deshalb sind alle Rechte betroffen, die zum Besitz einer Sache berechtigen, seien es persönliche oder dingliche Rechte. Die Sachbezogenheit des Rechts gewährleistet in Abhängigkeit vom Fortbestand der Sache einen vom Rechtsuntergang zu scheidenden Entzug des Rechts bei gleichzeitigem Fortbestand innerhalb der Dreiecksbeziehung.[29] Andere Konstellationen sind im Gesamtschuldmodell abzuwickeln.

D. Rechtsfolgen

17 Als Rechtsfolge ordnet § 255 BGB ein einredeweise geltend zu machendes Recht des Ersatzpflichtigen auf Abtretung der Ansprüche an, die dem Ersatzberechtigten auf Grund des Eigentums an der Sache oder auf Grund des Rechtes gegen Dritte zustehen. Bei dem Anspruch auf Grund des Eigentums geht es um den dinglichen Herausgabeanspruch aus § 985 BGB. Da der dingliche Herausgabeanspruch nicht ohne das Eigentumsrecht bestehen kann, ist die Norm unglücklich gefasst. Es geht in Wahrheit nicht um die Abtretung des Herausgabeanspruchs, sondern um die Übertragung des Eigentums an der Sache.

18 Offen gelassen hat das Gesetz die Frage, was geschehen soll, wenn die Sache nach der Ersatzleistung des Ersatzverpflichteten tatsächlich wiedererlangt wird. Unabhängig von allen konstruktiven Bemühungen, die für fast jedes Ergebnis erfolgreich eingesetzt werden können, verlangt die Antwort nach einer vorgängigen Bewertung der beteiligten Interessen. Bedenkt man, dass der zunächst eingetretene Sachverlust in der Regel auf einem Fehlverhalten des Ersatzverpflichteten beruht, sollte man dem Ersatzberechtigten die Entscheidung darüber belassen, was geschieht, wenn die Sache wiedererlangt wird. Die Geltendmachung des Ersatzanspruchs gegen den Ersatzverpflichteten hindert die freie Entscheidung nicht.[30] Entscheidet sich der Ersatzberechtigte für die Sache, muss er den erlangten Wertersatz herausgeben. Bei der Entscheidung für den Wertersatz ist dem Ersatzverpflichteten die Sache zu belassen.[31]

---

[26] *Rüßmann* in: AK-BGB, § 255 Rn. 4.
[27] *Mertens* in: Soergel, § 255 Rn. 2 f.
[28] *Noack* in: Staudinger, Vorbem. zu den §§ 420 ff. Rn. 20 f., 23a; § 421 Rn. 8 ff.
[29] *Müller*, Regresskonstruktionen in Schadersfällen, 1976, S. 99.
[30] A.A. *Müller*, Regresskonstruktionen in Schadensfällen, 1976, S. 113 ff.
[31] *Larenz*, Schuldrecht, Band I: Allgemeiner Teil, 14. Aufl. 1987, § 32 II a.E.; *Selb*, Festschrift für Karl Larenz 1973, 517-548, 547.

§ 256 BGB Verzinsung von Aufwendungen

(Fassung vom 02.01.2002, gültig ab 01.01.2002)

[1]Wer zum Ersatz von Aufwendungen verpflichtet ist, hat den aufgewendeten Betrag oder, wenn andere Gegenstände als Geld aufgewendet worden sind, den als Ersatz ihres Wertes zu zahlenden Betrag von der Zeit der Aufwendung an zu verzinsen. [2]Sind Aufwendungen auf einen Gegenstand gemacht worden, der dem Ersatzpflichtigen herauszugeben ist, so sind Zinsen für die Zeit, für welche dem Ersatzberechtigten die Nutzungen oder die Früchte des Gegenstands ohne Vergütung verbleiben, nicht zu entrichten.

Gliederung

A. Grundlagen 1	3. Sonderfall: Verwendung 10
B. Anwendungsvoraussetzungen 3	III. Verpflichtung zum Aufwendungsersatz ... 11
I. Normstruktur 3	1. Bestehen eines Aufwendungsersatzanspruchs ... 11
II. Aufwendung 4	2. Inhalt eines Aufwendungsersatzanspruchs ... 14
1. Begriffsdefinition 4	**C. Rechtsfolgen** 17
2. Die einzelnen Begriffsmerkmale 5	I. Gesetzlicher Zinsanspruch 17
a. Aufopferung eigenen Vermögens 5	II. Ausnahme bei Verbleib der Nutzungen oder Früchte beim Ersatzberechtigten 18
b. Freiwilligkeit 7	
c. Zweckrichtung 9	**D. Sonderregelung; analoge Anwendung** ... 19

A. Grundlagen

Die §§ 256, 257 BGB enthalten allgemeine Bestimmungen über den Inhalt (rechtsgeschäftlicher oder gesetzlicher) Aufwendungsersatzansprüche (zur Einordnung auch des § 258 BGB in diesen Zusammenhang vgl. die Kommentierung zu § 258 BGB Rn. 1). Sie haben keine unmittelbaren Entsprechungen in den Entwürfen zum BGB, sondern wurden – so § 257 BGB[1] – erst bei der Revision des II. Entwurfs bzw. – so § 256 BGB[2] – sogar erst im Zuge der Beratungen im Reichstag von der XII. Reichstagskommission durch Verallgemeinerung der zuvor nur für den Aufwendungsersatzanspruch des Beauftragten vorgesehenen Regeln[3] geschaffen. Das Ergebnis ist aber keine umfassende Regelung des Inhalts von Aufwendungsersatzansprüchen (so wie sie etwa für Schadensersatzansprüche in den §§ 249-255 BGB enthalten sind), sondern nur die Behandlung zweier Sonderfragen.

1

Regelungsgehalt des § 256 BGB ist dabei die Begründung eines gesetzlichen Zinsanspruchs (vgl. die Kommentierung zu § 246 BGB Rn. 24) für denjenigen, der wegen einer Aufwendung einen Ersatzanspruch hat. Ihm liegt der Gedanke zugrunde, dass dem Ersatzberechtigten mit der Aufwendung zugleich auch die weiteren Nutzungen des aufgewendeten Vermögens entgehen.[4] Zum Ausgleich der infolge der Aufwendung entgehenden Nutzungen ist der als Aufwendungsersatz zu zahlende Betrag von der Vornahme der Aufwendung an (mit 4%, § 246 BGB) zu verzinsen.

2

B. Anwendungsvoraussetzungen

I. Normstruktur

§ 256 Satz 1 BGB setzt tatbestandlich eine Aufwendung (vgl. Rn. 4) und einen anderweitig begründeten Ersatzanspruch für diese Aufwendung voraus (vgl. Rn. 11). Rechtsfolge ist – soweit die Vorausset-

3

---

[1] Vgl. § 251 E II rev., § 250 E III und Protokolle, Bd. VI, S. 152 f. = *Mugdan*, Bd. 2, S. 953; *Gröschler* in: Historisch-Kritischer Kommentar zum BGB, Bd. II/1, 2007, §§ 256-258 Rn. 27.

[2] Vgl. zu einem § 249a E den Bericht der XII. Kommission des Reichstages über den Entwurf eines BGB, Reichstags-Drs. Nr. 440 in: Stenographische Berichte über die Verhandlungen des Reichstags, Bd. CLIII, S. 1935 ff., 1964 = *Mugdan*, Bd. 2, S. 1274.

[3] Vgl. § 595 Abs. 2, 3 E I; entsprechend anwendbar auf den Verwahrer, § 621 Abs. 2 E I, und auf die eheliche Verwaltung des Ehegutes, § 1324 Abs. 1 E I.

[4] Vgl. Bericht der XII. Kommission des Reichstages über den Entwurf eines BGB, Reichstags-Drs. Nr. 440 in: Stenographische Berichte über die Verhandlungen des Reichstags, Bd. CLIII, S. 1935 ff., 1964 = *Mugdan*, Bd. 2, S. 1274, und zum Gesetzgebungsverfahren *Gröschler* in: Historisch-Kritischer Kommentar zum BGB, Bd. II/1, 2007, §§ 256-258 Rn. 24.

zungen des § 256 Satz 2 BGB (vgl. Rn. 18) nicht vorliegen – ein gesetzlicher (Neben-)Anspruch auf Verzinsung der Ersatzleistung (vgl. Rn. 17).

II. Aufwendung

1. Begriffsdefinition

4 Der in vielen Vorschriften des BGB verwendete Begriff der „Aufwendung"[5] ist (ebenso wie ihr Sonderfall „Verwendung", vgl. Rn. 10) nirgends allgemein definiert. Der historische Gesetzgeber hielt dies wegen der Geläufigkeit des Begriffs nicht für erforderlich.[6] Heute besteht weitgehend Einigkeit darüber, unter einer Aufwendung allgemein ein freiwilliges (vgl. Rn. 7) Vermögensopfer (vgl. Rn. 7) im Interesse eines anderen zur Erreichung eines bestimmten Zwecks (vgl. Rn. 9) zu verstehen.[7]

2. Die einzelnen Begriffsmerkmale

a. Aufopferung eigenen Vermögens

5 Der äußere Tatbestand einer Aufwendung besteht in der (tatsächlichen) **Aufopferung eigenen Vermögens**. Welcher Natur die aufgeopferten Vermögenswerte sind, ist dabei unerheblich. Gegenstand der Aufopferung kann daher nicht nur Geld, sondern – wie sich bereits aus dem Wortlaut von § 256 Satz 1 BGB („andere Gegenstände als Geld") ergibt – jede Sache, Forderung oder Leistung (vgl. Rn. 6) des Aufopfernden sein, soweit sie einen Vermögenswert hat. Auch die Eingehung von Verbindlichkeiten kann eine solche Aufopferung eigenen Vermögens sein (vgl. § 257 BGB). Aufgeopfert können in diesem Sinne eigene Vermögensgegenstände nicht nur durch Aus- bzw. Weggabe werden, sondern auch durch Belastung mit Rechten Dritter oder durch die Herbeiführung ihrer Verschlechterung oder ihres Untergangs.

6 Die Erbringung **eigener Arbeitsleistung** kann – wenn sie eine in Geld messbare und damit vermögenswerte Leistung darstellt – in diesem Sinne daher ebenfalls ein Vermögensopfer sein.[8] Damit ist aber noch nicht die Frage entschieden, ob für solche Arbeitsleistungen im Einzelfall Entgelt als Aufwendungsersatz verlangt werden kann. Dies hängt vielmehr allein von Sinn und Zweck der konkreten Aufwendungsersatzanspruchsnorm ab.[9] Schuldet der Leistende grundsätzlich eine unentgeltliche Tätigkeit, kommt deren Abgeltung auch nicht über einen Aufwendungsersatzanspruch in Betracht. Dies ist namentlich der Fall beim Beauftragten (§ 670 BGB)[10] und beim ehrenamtlich tätigen Vereinsvorstand (§§ 27 Abs. 3, 670 BGB)[11]. Ist dagegen unentgeltliches Tätigwerden nicht geschuldet, ist ein Aufwendungsersatzanspruch jedenfalls für zum Beruf oder Gewerbe des Tätigen gehörende Dienste möglich. Solche Fälle sind etwa die Geschäftsbesorgung ohne Auftrag (§§ 683, 670 BGB)[12], die Mangelbeseitigung in Selbstvornahme durch den Werkbesteller (§ 637 Abs. 1 BGB)[13] und – nach der ausdrückli-

---

[5] Im E I stattdessen gelegentlich auch – wie im gemeinrechtlichen Sprachgebrauch üblicher, vgl. etwa I 13 §§ 70, 71 ALR pr – „Auslagen", vgl. etwa §§ 513, 553 Abs. 1 E I.

[6] Vgl. – zum Begriff der Verwendung – Motive, Bd. III, S. 31, 411 = *Mugdan*, Bd. 3, S. 17, 229.

[7] Vgl. etwa BGH v. 15.12.1975 - II ZR 54/74 - juris Rn. 13 - BGHZ 65, 384-390, 389 = NJW 1976, 748-749, 749; BGH v. 10.11.1988 - III ZR 215/87 - juris Rn. 9 - NJW 1989, 1284-1285, 1285; BGH v. 26.04.1989 - IVb ZR 42/88 - juris Rn. 22 - NJW 1989, 2816-2818, 2818; BGH v. 18.05.1999 - XI ZR 219/98 - juris Rn. 14 - BGHZ 141, 380-390, 384 = NJW 1999, 2276-2279, 2277; BGH v. 18.04.2002 - III ZR 199/01 - juris Rn. 21 - NJW 2002, 2386-2388, 2387; *Larenz*, Schuldrecht, Band I: Allgemeiner Teil, 14. Aufl. 1987, § 13 I, S. 185; *Wolf* in: Soergel, § 256 Rn. 3; *Ebert* in: Erman, § 256 Rn. 1; *Bittner* in: Staudinger, § 256 Rn. 5; *Krüger* in: MünchKomm-BGB, § 256 Rn. 2; *Knöfler* in: NK-BGB, § 256 Rn. 2; *Zöchling-Jud* in: Prütting/Wegen/Weinreich, BGB, 7. Aufl. 2012, § 256 Rn. 3; *Grüneberg* in: Palandt, § 256 Rn. 1.

[8] So ausdrücklich BGH v. 12.10.1972 - VII ZR 51/72 - juris Rn. 11 - BGHZ 59, 328-332, 330 = NJW 1973, 46-47, 46; BGH v. 24.02.1983 - VII ZR 87/82 - juris Rn. 29 - BGHZ 87, 43-52, 50 = NJW 1983, 1556-1558, 1557; BGH v. 04.02.1999 - III ZR 268/97 - juris Rn. 20 - BGHZ 140, 355-364, 361 = NJW 1999, 1464-1467, 1466.

[9] Vgl. *Gernhuber*, Das Schuldverhältnis, 1989, § 25 I 3, S. 596 f.

[10] Vgl. BGH v. 12.10.1972 - VII ZR 51/72 - juris Rn. 14 - BGHZ 59, 328-332, 331 = NJW 1973, 46-47, 47; BGH v. 04.02.1999 - III ZR 268/97 - juris Rn. 20 - BGHZ 140, 355-364, 361 = NJW 1999, 1464-1467, 1466.

[11] Vgl. BGH v. 14.12.1987 - II ZR 53/87 - juris Rn. 7 - NJW-RR 1988, 745-749, 746 f.

[12] BGH v. 15.12.1975 - II ZR 54/74 - juris Rn. 13 - BGHZ 65, 384-390, 389 = NJW 1976, 748-749, 749; BGH v. 24.02.1983 - VII ZR 87/82 - juris Rn. 29 - BGHZ 87, 43-52, 50 = NJW 1983, 1556-1558, 1557; BGH v. 04.02.1999 - III ZR 268/97 - juris Rn. 20 - BGHZ 140, 355-364, 361 = NJW 1999, 1464-1467, 1466.

[13] BGH v. 24.02.1983 - VII ZR 87/82 - juris Rn. 29 - BGHZ 87, 43-52, 50 = NJW 1983, 1556-1558, 1557.

chen Regelung in § 1835 Abs. 3 BGB (auf die die §§ 1716 Satz 2, 1908i, 1915 Abs. 1 BGB[14] verweisen) – die Tätigkeit des Vormunds, Beistands, Einzelbetreuers und Pflegers. Entsprechend zu behandeln ist die Frage, ob eigene Gemeinkosten über einen Aufwendungsersatzanspruch erstattet werden können (eine ausdrückliche Regelung enthält § 396 Abs. 2 HGB für den Kommissionär).[15]

b. Freiwilligkeit

Mit dem Merkmal der **Freiwilligkeit** wird die Aufwendung vom Schaden (als unfreiwilliger Vermögenseinbuße) abgegrenzt (zu sog. Zufallsschäden vgl. aber Rn. 8). Freiwilligkeit setzt dabei nur die willentliche Selbstvornahme des Vermögensopfers voraus, liegt also etwa auch bei solchen Opfern vor, zu denen der Betreffende (durch Gesetz oder Rechtsgeschäft) rechtlich verpflichtet ist.[16] Aufwendungen sind daher auch Ausgaben, die sich als notwendige Folge der Zweckverfolgung ergeben, wie z.B. hierbei anfallende Steuern und Zölle[17] (die Umsatzsteuer kann indessen nur bei fehlender Vorsteuerabzugsberechtigung als Verwendung geltend gemacht werden)[18] oder Prozesskosten[19].

Erweitert hat die Rechtsprechung den Aufwendungsbegriff um sog. **Zufallsschäden**, weil der Aufwendung als freiwilligem Vermögensopfer die mit der Tätigkeit im fremden Interesse verbundene freiwillige Übernahme eines Schadensrisikos gleichzusetzen sei.[20] Hieraus folgt, dass dann aber nur solche Schäden ersatzfähig sind, die sich aus der Verwirklichung des typischen Risikos der Geschäftsbesorgung (und nicht des allgemeinen Lebensrisikos) ergeben (bei entgeltlicher Tätigkeit ist überdies zu prüfen, ob das Entgelt nicht auch solche spezifischen Risiken abdeckt). Dies ist aber richtigerweise keine Frage des Aufwendungsbegriffs, sondern eine ergänzende Auslegung der Ersatzvorschriften.[21] Ob und inwieweit auch Schäden über eine (analoge) Anwendung von Aufwendungsersatzvorschriften ausgeglichen werden können, kann sich daher nur aus dem konkreten Normzusammenhang ergeben (meist geht es um Ansprüche im Rahmen einer berechtigten Geschäftsführung ohne Auftrag im Sinne von § 683 BGB vor allem durch Nothelfer oder Retter, die bei der Hilfs- bzw. Rettungshandlung Schäden erleiden).

c. Zweckrichtung

Die Aufwendung zeichnet sich nach h.M. schließlich noch durch eine besondere Zweckrichtung aus. Zum einen muss sie **im fremden Interesse** vorgenommen werden, d.h. im Interesse desjenigen, von dem Aufwendungsersatz begehrt wird. Die Leistung von Kindesunterhalt durch ein Elternteil etwa ist daher im Verhältnis zum anderen Elternteil begrifflich keine Aufwendung, weil sie nicht in dessen, sondern im eigenen Interesse und dem des Kindes erbracht wird.[22] Zum anderen muss mit ihr eine bestimmte **Zweckerreichung** verfolgt werden. Beide finalen Elemente können nur mit Blick auf die jeweilige Aufwendungsersatznorm geprüft werden. Richtigerweise dürfte es sich daher nicht um Tatbestandsmerkmale der Aufwendung, sondern um besondere Anspruchsvoraussetzungen der jeweiligen Aufwendungsersatznormen handeln.[23]

---

[14] Zum Anspruch des Betreuers auf Verzinsung von Aufwendungsersatzansprüchen auch gegenüber der Staatskasse (§§ 1908i Abs. 1 Satz 1, 1835 Abs. 4 Satz 1 BGB) und zu dessen Festsetzungsfähigkeit vgl. BayObLG München v. 18.10.2000 - 3Z BR 314/00 - juris Rn. 5 - BtPrax 2001, 39; OLG Hamm v. 12.11.2002 -15 W 150/02 - juris Rn. 12 - FGPrax 2003, 73-75, 74.

[15] Vgl. BGH v. 15.12.1975 - II ZR 54/74 - juris Rn. 13 - BGHZ 65, 384-390, 389 = NJW 1976, 748-749, 749.

[16] Vgl. *Wolf* in: Soergel, § 256 Rn. 4; *Krüger* in: MünchKomm-BGB, § 256 Rn. 3.

[17] RG v. 01.02.1911 - V 122/10 - RGZ 75, 208-213, 212.

[18] Vgl. OLG Düsseldorf v. 16.08.1995 - 22 U 256/93 - juris Rn. 34 - NJW-RR 1996, 532-533, 533; *Schaumburg*, NJW 1974, 1734-1740, 1737.

[19] BGH v. 06.07.1977 - IV ZR 17/76 - juris Rn. 43 - BGHZ 69, 235-243, 241 = NJW 1977, 1726-1727, 1727; BGH v. 10.11.1988 - III ZR 215/87 - juris Rn. 9 - NJW 1989, 1284-1285, 1285.

[20] Vgl. etwa BGH v. 07.11.1960 - VII ZR 82/59 - juris Rn. 32 - BGHZ 33, 251-259, 257 = NJW 1961, 359-361, 360; BGH v. 27.11.1962 - VI ZR 217/61 - juris Rn. 18 - BGHZ 38, 270-281, 277 = NJW 1963, 390-393, 392; BGH v. 18.09.1984 - VI ZR 316/82 - juris Rn. 11 - NJW 1985, 269-270, 269.

[21] Die Aufnahme eines Ausgleichsanspruchs für Zufallsschäden in das Auftragsrecht wurde bereits in der II. Kommission kontrovers diskutiert und im Ergebnis abgelehnt, vgl. Protokolle, Bd. II, S. 368 f., Bd. VI, S. 190 = *Mugdan*, Bd. 2, S. 952 f.; vgl. auch *Gröschler* in: Historisch-Kritischer Kommentar zum BGB, Bd. II/1, 2007, §§ 256-258 Rn. 17 ff.

[22] BGH v. 26.04.1989 - IVb ZR 42/88 - juris Rn. 22 - NJW 1989, 2816-2818, 2818.

[23] So *Beuthien*, JuS 1987, 841-848, 842; *Gernhuber*, Das Schuldverhältnis, 1989, § 25 I 1, S. 595.

3. Sonderfall: Verwendung

10 Außer der zu einem bestimmten Zweck erfolgenden Aufwendung kennt das BGB noch die auf einen Gegenstand oder eine Sache erfolgende **Verwendung**. Eine solche Verwendung ist eine Aufwendung, die einem Gegenstand bzw. einer Sache zugutekommt und seiner bzw. ihrer Erhaltung, Wiederherstellung oder Verbesserung dient.[24] Da die Verwendung nur ein Sonderfall der Aufwendung ist, gelten die §§ 256, 257 BGB als allgemeine Vorschriften für Aufwendungsersatzansprüche in gleicher Weise für Verwendungsersatzansprüche (vgl. § 256 Satz 2 BGB).

III. Verpflichtung zum Aufwendungsersatz

1. Bestehen eines Aufwendungsersatzanspruchs

11 § 256 BGB begründet selbst keinen Aufwendungsersatzanspruch, sondern setzt das Bestehen eines solchen – anderweitig und eigenständig begründeten – Anspruchs voraus. Woraus der Aufwendungsersatzanspruch folgt, ist für die Anwendung des § 256 BGB unerheblich. Der Verzinsung nach dieser Vorschrift unterliegen daher sowohl vertragliche (vgl. Rn. 12) als auch gesetzliche Aufwendungsersatzansprüche (vgl. Rn. 13).

12 Ein Aufwendungsersatzanspruch kann zunächst **durch Rechtsgeschäft vereinbart** werden. So kann etwa der Makler nach § 652 Abs. 2 BGB den Ersatz von Aufwendungen nur verlangen, wenn dies vertraglich vereinbart wurde.

13 **Gesetzliche Aufwendungsersatzansprüche** gibt es zahlreiche. Im BGB finden sie sich etwa in den §§ 284, 304, 311a Abs. 2, 347 Abs. 2, 503 Abs. 2, 526 , 536a Abs. 2, 539 Abs. 1, 554 Abs. 4, 588 Abs. 2, 596a Abs. 2, 637 Abs. 1, 651c Abs. 3, 670[25], 683, 693, 970, 1620, 1648, 1835, 1908e Abs. 1, 1908h Abs. 1, 1978 Abs. 3, 1991 Abs. 1, 2022 Abs. 2, Abs. 3, 2124 Abs. 2, 2185, 2381 Abs. 2 BGB. Auf § 670 BGB verweisen wiederum die §§ 27 Abs. 3, 86, 675 Abs. 1, 713, 1835 Abs. 1, 2218 Abs. 1 BGB. Im HGB sind weitere Aufwendungsersatzansprüche in den §§ 87d, 110 Abs. 1 (vgl. hierzu Rn. 19), 474 HGB geregelt. Anspruch auf Ersatz von Verwendungen besteht schließlich etwa nach den §§ 292 Abs. 2, 347 Abs. 2, 459, 590b, 591 Abs. 1, 601 Abs. 2, 850, 994 Abs. 1, 999, 1049 Abs. 1, 1216, 2022 Abs. 1, 2125 Abs. 1, 2185, 2381 Abs. 1 BGB.

2. Inhalt eines Aufwendungsersatzanspruchs

14 Inhaltlich richtet sich ein Aufwendungsersatzanspruch grundsätzlich auf die **Zahlung von Geld**.[26] Ist ein anderer Gegenstand als Geld aufgewendet worden, ist daher Wertersatz in Geld für den wirtschaftlichen (Verkehrs-)Wert des aufgewendeten Gegenstands (zur Zeit[27] und am Ort der Aufwendung) zu leisten. Aufwendungsersatzansprüche dienen anders als Schadensersatzansprüche nicht einem besonderen Integritätsinteresse (vgl. § 249 Abs. 1 BGB), sondern wollen nur einen wirtschaftlichen Ausgleich für das geleistete Vermögensopfer herstellen. Anderes ergibt sich auch nicht aus § 257 Satz 1 BGB. Der dort geregelte Befreiungsanspruch als möglicher Inhalt eines Aufwendungsersatzanspruchs ist zwar ein Fall der Naturalherstellung,[28] doch handelt es sich um eine ausdrückliche Sonderregelung, aus der kein allgemeines Prinzip abgeleitet werden kann. Ein Recht zur Leistung oder Forderung von Naturalersatz kann sich daher nur im Einzelfall nach § 242 BGB ergeben.[29]

---

[24] Vgl. etwa BGH v. 24.11.1995 - V ZR 88/95 - juris Rn. 11 - BGHZ 131, 220-227, 222 f. = NJW 1996, 921-923, 922; BGH v. 18.06.1999 - V ZR 24/98 - juris Rn. 22 - NJW-RR 2000, 895-896, 896; BGH v. 14.06.2002 - V ZR 79/01 - juris Rn. 11 - NJW 2002, 3478-3480, 3479; BGH v. 16.03.2006 - III ZR 129/05 - juris Rn. 9 - BGHZ 166, 364-369, 368 = NJW 2006, 1729-1731, 1731.

[25] Als vertraglicher bzw. rechtsgeschäftlicher Aufwendungsersatzanspruch angesehen von *Gröschler* in: Historisch-Kritischer Kommentar zum BGB, Bd. II/1, 2007, §§ 256-258 Rn. 7.

[26] Vgl. BGH v. 27.02.1952 - II ZR 191/51 - juris Rn. 17 - BGHZ 5, 197-202, 199 = NJW 1952, 697-698, 697.

[27] *Seiler* in: MünchKomm-BGB, § 670 Rn. 11.

[28] Vgl. zum Schadensersatzrecht etwa BGH v. 06.04.2001 - V ZR 402/99 - juris Rn. 20 - NJW 2001, 2021-2022, 2022.

[29] So im Ergebnis auch *Larenz*, Schuldrecht, Band I: Allgemeiner Teil, 14. Aufl. 1987, § 13 I, S. 185; *Gernhuber*, Das Schuldverhältnis, 1989, § 25 II 3, S. 607 f.; *Schmidt*, Schuldrecht, 8. Aufl. 1995, Bd. I/1, § 13 III 1, S. 237; *Stadler* in: Jauernig, §§ 256, 257 Rn. 3; auf den Zweck der Ersatznorm wollen abstellen *Krüger* in: MünchKomm-BGB, § 256 Rn. 8; *Ebert* in: Erman, § 256 Rn. 6; (nur) dem Ersatzpflichtigen ein weitgehendes Wahlrecht billigt zu *Wolf* in: Soergel, § 256 Rn. 8.

Der Aufwendungsersatz umfasst nur den Wert des unmittelbaren Vermögensopfers, nicht aber etwaige „Folgeopfer".[30] Der historische Gesetzgeber hat es zwar grundsätzlich für möglich gehalten, dass bereits aufgrund des Aufwendungsersatzanspruchs „derjenige, welcher Ersatz für Aufwendungen zu verlangen berechtigt ist, auch die Verzinsung des aufgewendeten Betrages oder des zu ersetzenden Wertes der aufgewendeten Gegenstände fordern kann, da der Betrag dieser Zinsen dem Ersatzberechtigten in Folge der Aufwendung verloren geht, also als mit aufgewendet erscheint".[31] Indessen ist nicht ersichtlich, wie „Aufwendungsfolgen" unmittelbar dem tatbestandlichen Vermögensopfer zugerechnet werden könnten. Es bleibt daher nur eine pauschalierte Abgeltung durch den gesetzlichen Zinsanspruch nach § 256 Satz 1 BGB.

Ein Aufwendungsersatzanspruch entsteht – bei Vorliegen der Tatbestandsvoraussetzungen im Übrigen – mit der Vornahme der Aufwendung und ist **sofort fällig**.[32] Eine Sonderregelung für die Fälligkeit von Verwendungsersatzansprüchen aus dem Eigentümer-Besitzer-Verhältnis enthält § 1001 BGB (auf den die §§ 972, 2022 Abs. 1 Satz 2 BGB verweisen; allgemein auf die Vorschriften des Eigentümer-Besitzer-Verhältnisses verweisen außerdem die §§ 292, 2023, 2185 BGB).

C. Rechtsfolgen

I. Gesetzlicher Zinsanspruch

Die aus einem bestehenden Aufwendungsersatzanspruch folgende Geldschuld (vgl. Rn. 14) ist nach § 256 Satz 1 BGB ohne weiteres (und damit insbesondere unabhängig vom Eintritt des Verzugs[33] oder der Rechtshängigkeit) zu verzinsen. Es handelt sich um einen gesetzlichen Zinsanspruch, dessen Höhe sich aus § 246 BGB ergibt und mithin 4% beträgt. Die Verzinsung beginnt nach § 256 Satz 1 BGB mit der Vornahme der Aufwendung. Nach dem auf die Verzinsung maßgeblichen Grundsatz der Zivilkomputation beginnt der Zinslauf daher um 0 Uhr auf den Tag der Vornahme der Aufwendung folgenden Tages (vgl. die Kommentierung zu § 246 BGB Rn. 36)[34] und endet mit Ablauf des Tages, an dem der Aufwendungsersatzanspruch erfüllt wird. Eine höhere Verzinsung kann sich erst ab Eintritt von Verzug oder Rechtshängigkeit ergeben (§§ 288, 291 BGB).

II. Ausnahme bei Verbleib der Nutzungen oder Früchte beim Ersatzberechtigten

Kein Zinsanspruch besteht nach § 256 Satz 2 BGB für Verwendungen auf einen herauszugebenden Gegenstand, solange dem Ersatzberechtigten die Nutzungen (§ 100 BGB) oder Früchte (§ 99 BGB) des Gegenstandes unentgeltlich verbleiben. Zinsen auf den Ersatzanspruch und die unentgeltliche Nutzung – die den Zinsverlust wirtschaftlich kompensiert[35] – können mithin nicht kumulativ beansprucht werden. Ob der Ersatzberechtigte eine nach den Regeln einer ordnungsmäßigen Wirtschaft mögliche Nutzung aber auch tatsächlich vornimmt, ist für das Entfallen des Zinsanspruchs unerheblich.[36]

D. Sonderregelung; analoge Anwendung

Eine inhaltlich mit § 256 Satz 1 BGB identische **(Sonder-)Regelung** enthält § 110 Abs. 2 HGB für den aus § 110 Abs. 1 HGB folgenden Aufwendungsersatzanspruch des Gesellschafters einer OHG gegen die Gesellschaft. Da die allgemeinen schuldrechtlichen Regeln des BGB und mithin auch § 256 Satz 1 BGB unmittelbar auf diesen gesellschaftsrechtlichen Anspruch anwendbar sind, stellt die Norm allenfalls klar, dass für die Höhe dieses Zinsanspruchs § 352 Abs. 2 HGB (und nicht § 246 BGB) gilt,[37] und ist an sich überflüssig.

---

[30] Vgl. LSG Sachsen-Anhalt v. 16.03.2011 - L 4 P 17/06 - juris Rn. 52 - NZS 2011, 779 (Ls.).

[31] Bericht der XII. Kommission des Reichstages über den Entwurf eines BGB, Reichstags-Drs. Nr. 440 in: Stenographische Berichte über die Verhandlungen des Reichstags, Bd. CLIII, S. 1935 ff., 1964 = *Mugdan*, Bd. 2, S. 1274.

[32] Vgl. BGH v. 21.10.1999 - III ZR 319/98 - juris Rn. 22 - BGHZ 143, 9-18, 17 = NJW 2000, 422-424, 424; BGH v. 12.11.2009 - III ZR 113/09 - juris Rn. 11 - NJW-RR 2010, 333-335, 334.

[33] Vgl. BGH v. 13.01.1993 - XII ZR 212/90 - juris Rn. 38 - NJW-RR 1993, 386-390, 388.

[34] A.A. – rückwirkender Zinslauf bereits ab 0 Uhr des Tages, in dessen Verlauf die Aufwendung erst erfolgt – offenbar OLG Düsseldorf v. 21.01.2008 - 1 U 152/07 - juris Rn. 53 - NJW-RR 2008, 1199-1202, 1202; *Wolf* in: Soergel, § 256 Rn. 11; *Bittner* in: Staudinger, § 256 Rn. 12.

[35] Vgl. BGH v. 13.01.1993 - XII ZR 212/90 - juris Rn. 39 - NJW-RR 1993, 386-390, 388.

[36] *Wolf* in: Soergel, § 256 Rn. 12.

[37] So etwa *Langhein* in: MünchKomm-HGB, § 110 Rn. 24 m.w.N.

§ 256

20 **Entsprechend anwendbar** ist § 256 BGB auf öffentlich-rechtliche Aufwendungsersatzansprüche aus Geschäftsführung ohne Auftrag.[38] Ausgeschlossen ist hingegen die entsprechende Anwendung des § 256 BGB auf sozialrechtliche Erstattungsansprüche zwischen öffentlich-rechtlichen Leistungsträgern.[39]

---

[38] BVerwG v. 06.09.1988 - 4 C 5/86 - juris Rn. 22 - BVerwGE 80, 170-177, 176 = NJW 1989, 922-924, 924.
[39] BSG v. 17.11.1999 - B 6 KA 14/99 R - juris Rn. 31 - SozR 3-2500 § 75 Nr. 11.

§ 257 BGB Befreiungsanspruch

(Fassung vom 02.01.2002, gültig ab 01.01.2002)

¹Wer berechtigt ist, Ersatz für Aufwendungen zu verlangen, die er für einen bestimmten Zweck macht, kann, wenn er für diesen Zweck eine Verbindlichkeit eingeht, Befreiung von der Verbindlichkeit verlangen. ²Ist die Verbindlichkeit noch nicht fällig, so kann ihm der Ersatzpflichtige, statt ihn zu befreien, Sicherheit leisten.

Gliederung

A. Grundlagen 1	III. Fälligkeit und Verjährung des Befreiungsanspruchs 11
B. Anwendungsvoraussetzungen 2	IV. Aufrechnung und Abtretung 14
I. Normstruktur 2	D. Verfahrensrechtliche Hinweise 16
II. Eingehung einer Verbindlichkeit als Aufwendung 3	E. „Unmittelbare" bzw. „primäre" Freistellungsansprüche 19
III. Bestehen eines Aufwendungsersatzanspruchs 6	I. Inhalt des Freistellungsanspruchs 19
C. Rechtsfolgen 7	II. Einzelfälle 20
I. Anspruch auf Freistellung 7	III. Umwandlung in Zahlungsanspruch 23
II. Zahlungsanspruch? 9	IV. Ersetzungsbefugnis zur Sicherheitsleistung 25

A. Grundlagen

Die Bestimmung enthält Aussagen zum Befreiungsanspruch, aber nicht im Sinne einer allgemeinen Regelung (zu sonstigen – „unmittelbaren" oder „primären" – Befreiungsansprüchen vgl. Rn. 19), sondern nur als Sonderfall des Inhalts eines Aufwendungsersatzanspruchs (vgl. hierzu die Kommentierung zu § 256 BGB Rn. 1). Besteht die Aufwendung in der Eingehung einer Verbindlichkeit, wird hiernach der Aufwendungsersatzanspruch zu einem – „sekundären" – Anspruch auf Befreiung von der Verbindlichkeit modifiziert. Als Ausdruck eines allgemeinen Rechtsgedankens verallgemeinerungsfähig ist aber die in § 257 Satz 2 BGB enthaltene Regelung, wonach der Befreiungsschuldner dem Befreiungsgläubiger statt (vorfristiger) Befreiung auch zunächst nur Sicherheit leisten kann.

B. Anwendungsvoraussetzungen

I. Normstruktur

Tatbestandlich setzt § 257 Satz 1 BGB die Eingehung einer Verbindlichkeit als Aufwendung (vgl. Rn. 4) und das Bestehen eines anderweitig begründeten Ersatzanspruches wegen dieser Aufwendung voraus (vgl. Rn. 6). Rechtsfolge ist die inhaltliche Ausgestaltung des bestehenden Aufwendungsersatzanspruches als Anspruch auf Befreiung (vgl. Rn. 7) von der Verbindlichkeit, den der Ersatzpflichtige dann, wenn die Verbindlichkeit noch nicht fällig ist, nach § 257 Satz 2 BGB durch Sicherheitsleistung vorläufig abwenden kann (vgl. Rn. 12).

II. Eingehung einer Verbindlichkeit als Aufwendung

Der Befreiungsgläubiger muss eine Verbindlichkeit gegenüber einem Dritten (dem Drittgläubiger) eingegangen sein. Diese Eingehung einer Verbindlichkeit (vgl. Rn. 4) muss für einen bestimmten Zweck erfolgt sein, dessen Verfolgung für den Befreiungsgläubiger grundsätzlich einen Aufwendungsersatzanspruch begründet. Die Eingehung der Verbindlichkeit muss sich daher im Verhältnis zum Befreiungsschuldner als **Aufwendung** darstellen (vgl. hierzu die Kommentierung zu § 256 BGB Rn. 4).
Die „Eingehung" einer Verbindlichkeit liegt jedenfalls vor, wenn die Verbindlichkeit durch **Rechtsgeschäft** begründet wird.[1]
Ob auch **kraft Gesetzes** entstehende Verbindlichkeiten (insbes. Schadensersatzansprüche) unter § 257 BGB fallen können, ist str. Dies ist jedoch keine Frage der Auslegung des § 257 BGB, sondern eine nach der Reichweite des zugrunde liegenden Aufwendungsersatzanspruchs. Ein Befreiungsanspruch kann daher (entsprechend der Problematik der Behandlung von „Zufallsschäden", vgl. die Kommentierung zu § 256 BGB Rn. 8) jedenfalls für solche gesetzlichen Ansprüche bestehen, denen der Befrei-

---

[1] Zu Beispielen vgl. etwa *Bittner* in: Staudinger, § 257 Rn. 2; *Krüger* in: MünchKomm-BGB, § 257 Rn. 3.

ungsgläubiger im Rahmen der Tätigkeit für den Befreiungsschuldner verschuldensunabhängig ausgesetzt ist (z.B. nach § 904 Satz 2 BGB, nicht aber nach § 228 Satz 2 BGB)[2]. Darüber hinaus kann sich aus dem Rechtsverhältnis zwischen Befreiungsgläubiger und Befreiungsschuldner ergeben, dass dieser jenem auch für vom Befreiungsgläubiger verschuldete Ansprüche einzustehen hat.[3] Ein Beispiel für letzteres ist die Verpflichtung des Arbeitgebers, seinen Arbeitnehmer von Schadensersatzansprüchen Betriebsfremder für solche Schäden freizustellen, die der Arbeitnehmer – ohne vorsätzlich oder grob fahrlässig zu handeln – verursacht hat.[4]

III. Bestehen eines Aufwendungsersatzanspruchs

6   Weitere Voraussetzung ist das Bestehen eines Aufwendungsersatzanspruchs gegen den Befreiungsschuldner gerade wegen des mit der Eingehung der Verbindlichkeit verfolgten Zwecks (vgl. hierzu die Kommentierung zu § 256 BGB Rn. 11). Auf welchem Rechtsgrund dieser beruht, ist unerheblich.

C. Rechtsfolgen

I. Anspruch auf Freistellung

7   Liegen die Voraussetzungen des § 257 Satz 1 BGB vor, besteht der Aufwendungsersatzanspruch inhaltlich in einer Verpflichtung des Befreiungsschuldners, den Befreiungsgläubiger von der Inanspruchnahme (oder ggf. nur dem Risiko einer Inanspruchnahme) durch den Drittgläubiger zu befreien bzw. **freizustellen**, ihn also so zu stellen, wie er ohne die Belastung mit der eingegangenen Verbindlichkeit stehen würde.[5]

8   Hierbei handelt es sich um eine Form der Naturalrestitution.[6] Wie bei der schadensersatzrechtlichen Naturalrestitution nach § 249 Abs. 1 BGB steht es dem Befreiungsschuldner dabei frei, wie er diese Freistellung konkret bewirkt.[7] In Betracht kommen außer der schuldbefreienden Leistung an den Drittgläubiger (§ 267 Abs. 1 Satz 1 BGB, vgl. die Kommentierung zu § 267 BGB Rn. 8) etwa die Aufrechnung (§ 387 BGB) oder andere Erfüllungssurrogate, eine befreiende Schuldübernahme (§ 414 BGB), insbes. bei ungewissen Verbindlichkeiten die Leistung von Sicherheiten und ein drittbegünstigender pactum de non petendo zwischen Befreiungsschuldner und Drittgläubiger,[8] entgegen verbreiteter Ansicht[9] indessen nicht der Erlassvertrag (§ 397 BGB),[10] weil eine Forderung gegen einen Dritten nicht mit dinglicher Wirkung aufgehoben werden kann.[11]

II. Zahlungsanspruch?

9   Soweit ein Befreiungsanspruch besteht, kann weder der Befreiungsgläubiger Zahlung an sich selbst verlangen noch der Befreiungsschuldner durch Zahlung an den Befreiungsgläubiger erfüllen. Etwas anderes kann u.U. gelten, wenn die Inanspruchnahme des Befreiungsgläubigers durch den Drittgläubi-

---

[2] Vgl. *Wolf* in: Soergel, § 257 Rn. 4; *Bittner* in: Staudinger, § 257 Rn. 5.
[3] *Bittner* in: Staudinger, § 257 Rn. 3.
[4] Vgl. etwa BAG v. 26.08.1993 - 8 AZR 247/92 - juris Rn. 26; BAG v. 23.06.1988 - 8 AZR 300/85 - juris Rn. 8 - BAGE 59, 89-93, 90 = NJW 1989, 854; vgl. hierzu auch *Helm*, AcP 160, 134-155; *Bittner*, NZA 2002, 833-837.
[5] Vgl. BGH v. 11.04.1984 - VIII ZR 302/82 - juris Rn. 42 - BGHZ 91, 73-83, 76 f. = NJW 1984, 2151-2154, 2152.
[6] Vgl. *Muthorst*, AcP 209, 212-241, 214 f. m.w.N. (der von einem „Herstellungsanspruch" spricht, die Bezeichnung als „Naturalrestitution" aber als zu weitgehend bezeichnet) und die Kommentierung zu § 256 BGB Rn. 14.
[7] BGH v. 08.10.1964 - II ZR 132/64 - juris Rn. 7 - NJW 1965, 249-251, 251; BGH v. 11.04.1984 - VIII ZR 302/82 - juris Rn. 42 - BGHZ 91, 73-83, 77 = NJW 1984, 2151-2154, 2152; BGH v. 05.04.1989 - IVb ZR 35/88 - juris Rn. 18 - NJW 1989, 1920-1922, 1922; BGH v. 14.02.2000 - II ZR 155/98 - juris Rn. 11 - NJW 2000, 1641-1642, 1642; BGH v. 16.03.2000 - IX ZR 10/99 - juris Rn. 15 - NJW 2000, 1643-1644, 1644.
[8] Vgl. RG v. 27.01.1930 - VI 267/29 - RGZ 127, 126-130, 128 f.; BGH v. 18.09.1957 - V ZR 209/55 - LM § 328 BGB Nr. 15; BGH v. 21.06.1994 - XI ZR 183/93 - juris Rn. 18 - BGHZ 126, 261-266, 266 = NJW 1994, 2483-2484, 2484.
[9] Vgl. etwa *Rimmelspacher*, JR 1976, 183-187, 184; *Wolf* in: Soergel, § 257 Rn. 5; *Unberath* in: Bamberger/Roth, § 257 Rn. 4; *Krüger* in: MünchKomm-BGB, § 257 Rn. 4; *Gröschler* in: Historisch-Kritischer Kommentar zum BGB, Bd. II/1, 2007, §§ 256 -258 Rn. 11; *Schulze* in: Hk-BGB, §§ 256, 257 Rn. 4; *Grüneberg* in: Palandt, § 257 Rn. 2; *Zöchling-Jud* in: Prütting/Wegen/Weinrich, BGB, 7. Aufl. 2012, § 257 Rn. 3; *Görmer*, JuS 2009, 7-12, 8, 9; *Schlappa*, DGVZ 2011, 21-26, 21.
[10] Vgl. *Bittner* in: Staudinger, § 257 Rn. 8; *Bittner*, NZA 2002, 833-837, 834 f.; *Wagner* in: Erman, § 397 Rn. 5.
[11] Vgl. RG v. 27.01.1930 - VI 267/29 - RGZ 127, 126-130, 128 m.w.N.; BGH v. 21.06.1994 - XI ZR 183/93 - juris Rn. 18 - BGHZ 126, 261-266, 266 = NJW 1994, 2483-2484, 2484.

ger mit Sicherheit unmittelbar bevorsteht.[12] Zahlung an sich zum Zwecke der eigenen Erfüllung der Verbindlichkeit kann der Befreiungsgläubiger im Übrigen nur durch Zwangsvollstreckung aus einem Befreiungstitel erreichen (vgl. Rn. 17).

Erfüllt der Befreiungsgläubiger selbst die eingegangene Verbindlichkeit gegenüber dem Drittgläubiger, tritt bei zugrunde liegendem Aufwendungsersatzanspruch an die Stelle des Befreiungsanspruchs ein Anspruch auf Zahlung gegen den Befreiungsschuldner. Bei diesem Zahlungsanspruch handelt es sich um den ursprünglichen Aufwendungsersatzanspruch, der nach Fortfall der tatbestandlichen Voraussetzungen nicht mehr durch § 257 Satz 1 BGB inhaltlich modifiziert ist.[13] Ein solcher Aufwendungsersatzanspruch scheitert nicht etwa daran, dass die Zahlung des Befreiungsschuldners keine Aufwendung im Interesse des Befreiungsschuldners, sondern die Erfüllung einer eigenen Verpflichtung ist, weil die (nun durch Zahlung auszugleichende) Aufwendung auch dann noch die ursprünglich eingegangene Verbindlichkeit ist.[14]

10

III. Fälligkeit und Verjährung des Befreiungsanspruchs

Die **Fälligkeit** des (aufwendungsersatzrechtlichen) Befreiungsanspruchs tritt sofort mit Eingehung der Verbindlichkeit ein und ist unabhängig von der Fälligkeit der eingegangenen Verbindlichkeit (bei rechtsgeschäftlich begründeten „unmittelbaren" oder „primären" Freistellungsansprüchen kann dies anders zu beurteilen sein, vgl. Rn. 25).[15] Zu der sich hieraus ergebenden Verjährungsproblematik vgl. Rn. 13. Der Befreiungsschuldner ist dem Befreiungsgläubiger gegenüber daher verpflichtet, die Freistellung von der möglichen Inanspruchnahme durch den Drittgläubiger ggf. auch schon vor Entstehung und Fälligkeit der Verbindlichkeit herbeizuführen.[16]

11

Da dies dem Befreiungsschuldner aber u.U. nicht möglich ist,[17] gewährt ihm § 257 Satz 2 BGB (nur) für den Fall noch nicht eingetretener Fälligkeit der Verbindlichkeit die Ersetzungsbefugnis (vgl. zu dieser allgemein die Kommentierung zu § 262 BGB Rn. 15), seiner Verpflichtung durch **Sicherheitsleistung** (§§ 232-240 BGB) an den Befreiungsgläubiger vorläufig nachzukommen (der Befreiungsgläubiger hat demgegenüber keinen Anspruch auf Sicherheitsleistung, sondern kann nur die Freistellung selbst verlangen). Die Sicherheitsleistung führt nicht zu einer endgültigen Erfüllung des Befreiungsanspruchs,[18] der Befreiungsschuldner kann also nicht auf eine Verwertung der Sicherheit verweisen. Dem Verlangen auf Freistellung kann sie – bis zur Fälligkeit der Verbindlichkeit – als Einrede entgegengehalten werden.[19] Wird die Verbindlichkeit fällig, kann der Befreiungsgläubiger wiederum Freistellung verlangen.[20]

12

Der Befreiungsanspruch **verjährt** in der regelmäßigen Verjährungsfrist des § 195 BGB.[21] Der Lauf der Verjährungsfrist beginnt gem. § 199 Abs. 1 BGB mit dem Schluss des Jahres, in dem der Befreiungsanspruch entstanden ist und der Gläubiger von den den Anspruch begründenden Umständen und der Person des Schuldners Kenntnis erlangt oder ohne grobe Fahrlässigkeit hätte erlangen müssen. Setzt man, wie allgemein (vgl. nur die Kommentierung zu § 199 BGB), die Entstehung i.S.d. § 199 Abs. 1 Nr. 1 BGB auch eines Befreiungsanspruchs mit dem Eintritt seiner – von der Fälligkeit der Verbindlichkeit, von der freizustellen ist, unabhängigen (vgl. Rn. 11) – Fälligkeit gleich,[22] könnte dies dazu

13

---

[12] Vgl. RG v. 02.12.1911 - V 266/11 - RGZ 78, 26-35, 34; RG v. 12.01.1934 - II 190/33 - RGZ 143, 192-196, 194; ablehnend BGH v. 14.01.1999 - IX ZR 208/97 - juris Rn. 28 - BGHZ 140, 270-275, 273 f. = NJW 1999, 1182-1185, 1184.

[13] So auch *Krüger* in: MünchKomm-BGB, § 257 Rn. 5.

[14] BGH v. 28.04.1993 - VIII ZR 109/92 - juris Rn. 14 - NJW-RR 1993, 1227-1228, 1228; entgegen *Wolf* in: Soergel, § 257 Rn. 5, bedarf es daher keiner Konstruktion eines „umgewandelten" Befreiungsanspruchs.

[15] Vgl. BGH v. 12.11.2009 - III ZR 113/09 - juris Rn. 11 - NJW-RR 2010, 333-335, 334 m.w.N. und – allgemein zu Aufwendungsersatzansprüchen – die Kommentierung zu § 256 BGB Rn. 16.

[16] Vgl. BGH v. 11.04.1984 - VIII ZR 302/82 - juris Rn. 42 - BGHZ 91, 73-83, 77 = NJW 1984, 2151-2154, 2152; vgl. hierzu *Keller*, JR 1985, 64-65.

[17] Vgl. Motive, Bd. II, S. 542 = *Mugdan*, Bd. 2, S. 303.

[18] RG v. 22.09.1904 - VI 542/03 - RGZ 59, 10-14, 12 f.

[19] *Görmer*, NJW 2012, 263-265, 263.

[20] RG v. 22.09.1904 - VI 542/03 - RGZ 59, 10-14, 12 f.; *Rimmelspacher*, JR 1976, 89-93, 89 f.; *Wolf* in: Soergel, § 257 Rn. 13; *Bittner* in: Staudinger, § 257 Rn. 19; *Krüger* in: MünchKomm-BGB, § 257 Rn. 14.

[21] Vgl. nur *Krüger* in: MünchKomm-BGB, § 257 Rn. 7; *Bittner* in: Staudinger, § 257 Rn. 20; *Görmer*, JuS 2009, 7-12, 12; *Jagersberger*, NZG 2010, 136-138, 136; zur Rechtslage vor dem SchuldRModG vgl. BGH v. 07.03.1983 - II ZR 82/82 - juris Rn. 7 - NJW 1983, 1729.

[22] So etwa *Görmer*, JuS 2009, 7-12, 12.

führen, dass der Befreiungsanspruch verjährt ist, bevor die Verbindlichkeit, von der freizustellen ist, überhaupt fällig geworden ist. Allerdings kann der Befreiungsgläubiger den Befreiungsanspruch vor Fälligkeit der Verbindlichkeit, von der freizustellen ist, wegen der Ersetzungsbefugnis des Befreiungsschuldners aus § 257 Satz 2 BGB (vgl. Rn. 12) noch nicht uneingeschränkt klageweise durchsetzen. Verjähren kann aber nur ein Anspruch, dessen Befriedigung rechtlich verlangt werden kann.[23] Es spricht daher einiges dafür, einen Befreiungsanspruch erst dann als „entstanden" i.S.d. § 199 Abs. 1 Nr. 1 BGB anzusehen, wenn auch die Verbindlichkeit, von der zu befreien ist, fällig geworden ist.[24]

IV. Aufrechnung und Abtretung

14 Befreiungs- und Zahlungsansprüche sind nicht gleichartig im Sinne des § 387 BGB. Eine wechselseitige **Aufrechnung** ist daher nicht möglich.[25] Mit einem fälligen Befreiungsanspruch kann aber ggf. ein **Zurückbehaltungsrecht** gegen einen Zahlungsanspruch[26] oder auch einen anderen Befreiungsanspruch[27] ausgeübt werden. Umgekehrt kann ein Zurückbehaltungsrecht auch mit einem Zahlungsanspruch gegen einen Befreiungsanspruch ausgeübt werden.[28]

15 Die **Abtretung** eines Befreiungsanspruchs (und damit auch die Pfändung, § 851 ZPO, und die Verpfändung, § 1274 Abs. 2 BGB) ist nach § 399 BGB ausgeschlossen, weil sie in der Hand einer mit der Verbindlichkeit nicht belasteten Person zu einer Inhaltsänderung des Anspruchs führen würde. Zugelassen wird aber die Abtretung an den Drittgläubiger, in dessen Hand sich der Anspruch in einen unmittelbaren Zahlungsanspruch gegen den Befreiungsschuldner wandelt.[29]

D. Verfahrensrechtliche Hinweise

16 Der **Klageantrag** bei Geltendmachung eines Befreiungsanspruchs lautet, da dem Befreiungsschuldner die konkrete Art und Weise der Befreiung freisteht, nicht etwa auf Zahlung an den Drittgläubiger, son-

---

[23] Vgl. nur Motive, Bd. I, S. 307 = *Mugdan*, Bd. 1. S. 521.
[24] So jetzt ausdrücklich BGH v. 05.05.2010 - III ZR 209/09 - juris Rn. 22 - BGHZ 185, 310-322, 320 f. = NJW 2010, 2197-2200, 2199 (noch offen gelassen von BGH v. 12.11.2009 - III ZR 113/09 - juris Rn. 13 - NJW-RR 2010, 333-335, 334); bestätigt durch BGH v. 22.03.2011 - II ZR 100/09 - juris Rn. 16; BGH v. 22.03.2011 - II ZR 224/08 - juris Rn. 23 - BB 2011, 1807-1810, 1809; BGH v. 22.03.2011 - II ZR 215/09 - juris Rn. 25 - GWR 2011, 211 (Ls.); außerdem OLG Karlsruhe v. 30.06.2009 - 17 U 401/08 - juris Rn. 29 - NZG 2010, 151-154, 153; zust. *Jagersberger*, NZG 2010, 136-138; abl. *Rutschmann*, DStR 2010, 555-560, 559 f.; abl. *Peters*, ZGS 2010, 495-497, 497.
[25] BGH v. 19.06.1957 - IV ZR 214/56 - BGHZ 25, 1-11, 6 = NJW 1957, 1514-1515, 1514; BGH v. 22.02.1967 - IV ZR 331/65 - juris Rn. 34 - BGHZ 47, 157-168, 166 = NJW 1967, 1275-1279, 1278; BGH v. 06.07.1977 - IV ZR 17/76 - juris Rn. 51 - WM 1977, 1122-1126, 1126 (insoweit in BGHZ 69, 235-243 nicht abgedr.); BGH v. 28.06.1983 - VI ZR 285/81 - juris Rn. 7 - NJW 1983, 2438-2439; BGH v. 09.10.1991 - XII ZR 2/90 - juris Rn. 17 - NJW 1992, 114-115, 115; BGH v. 19.11.1998 - IX ZR 284/97 - juris Rn. 18 - NJW-RR 1999, 504-505, 505; *Wagner* in: Erman, § 387 Rn. 15; vgl. auch *von Olshausen*, AcP 182, 254-269; *Bischoff*, ZZP 120 (2007), 237-251, 244 f.; a.A. *Trinkl*, NJW 1968, 1077-1078.
[26] Vgl. BGH v. 05.03.1981 - III ZR 115/80 - juris Rn. 29 - NJW 1981, 1666-1668, 1668; BGH v. 11.04.1984 - VIII ZR 302/82 - juris Rn. 37 - BGHZ 91, 73-83, 76 = NJW 1984, 2151-2154, 2152; BGH v. 28.06.1983 - VI ZR 285/81 - juris Rn. 11 - NJW 1983, 2438-2439, 2439; BGH v. 03.05.1999 - II ZR 32/98 - juris Rn. 14 - NJW 1999, 2438-2440, 2439.
[27] Vgl. BGH v. 05.04.1989 - IVb ZR 35/88 - juris Rn. 22 - NJW 1989, 1920-1922, 1922.
[28] Vgl. BGH v. 22.02.1967 - IV ZR 331/65 - juris Rn. 34 - BGHZ 47, 157-168, 167 = NJW 1967, 1275-1279, 1278.
[29] BGH v. 22.01.1954 - I ZR 34/53 - juris Rn. 16 - BGHZ 12, 136-145, 141 = NJW 1954, 795-796, 795; BGH v. 27.02.1964 - II ZR 179/62 - juris Rn. 1 - BGHZ 41, 203-208, 205 f. = NJW 1964, 1272-1274, 1273; BGH v. 14.01.1975 - VI ZR 139/73 - juris Rn. 16 - WM 1975, 305-307, 306; BGH v. 19.09.1975 - V ZR 178/73 - juris Rn. 32 - WM 1975, 1226-1227, 1227; BGH v. 23.01.1985 - IVa ZR 66/83 - juris Rn. 52 - WM 1985, 450-453, 453; BGH v. 14.03.1985 - I ZR 168/82 - juris Rn. 18 - VersR 1985, 753-754, 754; BGH v. 12.10.1987 - II ZR 251/86 - juris Rn. 20 - NJW 1988, 1321-1324, 1324; BGH v. 28.02.1989 - XI ZR 91/88 - juris Rn. 16 - BGHZ 107, 104-111, 110 = NJW 1989, 1601-1602, 1602; BGH v. 12.03.1993 - V ZR 69/92 - juris Rn. 16 - NJW 1993, 2232-2233, 2233; BGH v. 16.09.1993 - IX ZR 255/92 - juris Rn. 14 - NJW 1994, 49-51, 50; BGH v. 13.01.2004 - XI ZR 355/02 - juris Rn. 15 - NJW 2004, 1868-1870, 1868; BGH v. 13.12.2004 - II ZR 17/03 - juris Rn. 13 - NJW 2005, 981-982, 982; BGH v. 12.11.2009 - III ZR 113/09 - juris Rn. 10 - NJW-RR 2010, 333-335, 334; BGH v. 22.03.2011 - II ZR 100/09 - juris Rn. 16; vgl. auch *Ebel*, JR 1981, 485-490.

dern lediglich auf Befreiung von der Verbindlichkeit.[30] Die Verbindlichkeit ist dabei nach Grund und Höhe eindeutig zu bezeichnen.[31] Der Klageantrag lautet daher etwa: „Der Beklagte wird verurteilt, den Kläger von seiner Verbindlichkeit aus ... gegenüber ... in Höhe von ... zu befreien." Ist der Umfang der Verbindlichkeit, von der zu befreien ist, noch nicht bestimmbar, ist anstelle der – unzulässigen – Leistungsklage nur eine entsprechende Feststellungsklage möglich.[32] Der **Streitwert** einer Klage auf Befreiung von einer Verbindlichkeit entspricht im Allgemeinen der bezifferten Verbindlichkeit ohne Zinsen und sonstige Nebenforderungen.[33] Die in der Vergangenheit offen gelassene[34] Frage, ob eine geringere Bewertung geboten ist, wenn aufgrund besonderer Umstände die Gefahr der Inanspruchnahme als fernliegend einzuschätzen ist, hat der BGH jüngst bejaht.[35] Scheidet eine Inanspruchnahme des Befreiungsgläubigers nach den Umständen sogar aus, bleibt der Befreiungsanspruch unbewertet.[36]

Die **Zwangsvollstreckung** aus einem Titel auf Befreiung erfolgt als vertretbare Handlung nach § 887 ZPO.[37] Es ist mithin ein Beschluss auf Ermächtigung zur Vornahme der Befreiung auf Kosten des Schuldners und ggf. auf Vorauszahlung des hierfür erforderlichen Betrages zu erwirken. Dieser Vorschuss wird dann wiederum als normale Geldforderung vollstreckt.

17

Im **Insolvenzverfahren** über das Vermögen des **Befreiungsschuldners** kann nicht mehr Freistellung verlangt werden, sondern der Befreiungsanspruch ist als eine nicht auf Geld gerichtete Forderung mit ihrem Wert geltend zu machen (§ 45 InsO).[38] Bei Insolvenz des **Befreiungsgläubigers** fällt der Befreiungsanspruch – ungeachtet seiner eingeschränkten Abtretbarkeit (vgl. Rn. 15) – in die Insolvenzmasse und wandelt sich um in einen Zahlungsanspruch in voller Höhe der Verbindlichkeit, von der freizustellen ist[39], während der Drittgläubiger nur eine normale Insolvenzforderung hat und daher u.U. nicht vollständig befriedigt wird.

18

E. „Unmittelbare" bzw. „primäre" Freistellungsansprüche

I. Inhalt des Freistellungsanspruchs

Neben dem Befreiungsanspruch als Sonderfall des Aufwendungsersatzanspruchs nach § 257 BGB gibt es noch eine Reihe von unmittelbar auf Freistellung gerichteten – hier als „unmittelbar" bzw. „primär" bezeichneten – Freistellungsansprüchen.[40] Solchen „unmittelbaren" bzw. „primären" Freistellungsverpflichtungen liegt nicht eine – als Aufwendung zu qualifizierende – freiwillige Eingehung einer Verbindlichkeit für Zwecke des Freistellungsschuldners zugrunde, sondern es geht unmittelbar um die –

19

---

[30] *Wolf* in: Soergel, § 257 Rn. 8; *Bittner* in: Staudinger, § 257 Rn. 13; vgl. hierzu auch *Bischof*, ZIP 1984, 1444-1453.

[31] OLG Düsseldorf v. 24.06.1982 - 18 U 39/82 - MDR 1982, 942; vgl. auch BGH v. 20.11.1990 - VI ZR 6/90 - juris Rn. 3 - NJW 1991, 634-637, 635.

[32] BGH v. 18.03.1980 - VI ZR 105/78 - juris Rn. 6 - NJW 1980, 1450-1452, 1450 (insoweit in BGHZ 76, 249-258, nicht abgedr.); BGH v. 20.01.1981 - VI ZR 202/79 - juris Rn. 3 - NJW 1981, 1318; BGH v. 04.10.2000 - VIII ZR 109/99 - juris Rn. 18 - NJW 2001, 155-157, 156; a.A. *Rimmelspacher*, JR 1976, 89-93; *Bischof*, ZIP 1984, 1444-1453, 1448 f.; *Bischoff*, ZZP 120 (2007), 237-251, 240 f.

[33] Vgl. BGH v. 06.10.1960 - VII ZR 42/59 - NJW 1960, 2336; BGH v. 21.12.1989 - VII ZR 152/88 - juris Rn. 1 - NJW-RR 1990, 958; BGH v. 30.06.2011 - IX ZR 119/08 - juris Rn. 3; OLG Hamburg v. 17.09.2007 - 6 W 65/07 - OLGR Hamburg 2008, 183-185 m.w.N.

[34] Vgl. BGH v. 21.12.1989 - VII ZR 152/88 - juris Rn. 1 - NJW-RR 1990, 958.

[35] BGH v. 14.07.2011 - III ZR 23/11 - juris Rn. 2 - NJW-RR 2012, 60-61, 60 m.w.N.

[36] Vgl. BGH v. 14.07.2011 - III ZR 23/11 - juris Rn. 3 - NJW-RR 2012, 60-61, 60 f.

[37] RG v. 20.01.1936 - VI 345/35 - RGZ 150, 77-81, 80; BGH v. 19.06.1957 - IV ZR 214/56 - BGHZ 25, 1-11, 7 = NJW 1957, 1514-1515, 1515; vgl. auch *Rimmelspacher*, JR 1976, 89-93, 91 ff.; *Rimmelspacher*, JR 1976, 183-187, 186; *Bischof*, ZIP 1984, 1444-1453, 1445; *Bischoff*, ZZP 120 (2007), 237-251, 242; *Schlappa*, DGVZ 2011, 21-26, 23 ff.; a.A. – Zwangsvollstreckung als Geldforderung nach den §§ 803-882a ZPO – *Geißler*, JuS 1988, 452-457, 456 f.

[38] Vgl. *Bittner* in: Staudinger, § 257 Rn. 16.

[39] Vgl. nur BGH v. 16.09.1993 - IX ZR 255/92 - juris Rn. 12 - NJW 1994, 49-51, 50; BGH v. 07.06.2001 - IX ZR 195/00 - juris Rn. 10 - NJW-RR 2001, 1490-1492, 1491, jeweils m.w.N.

[40] Vgl. *Wolf* in: Soergel, § 257 Rn. 2; *Bittner* in: Staudinger, § 257 Rn. 22; *Krüger* in: MünchKomm-BGB, § 257 Rn. 2; *Bischoff*, ZZP 120 (2007), 237-251, 239: Für einen sich direkt aus Gesetz oder Vertrag ergebenden Befreiungsanspruch gilt § 257 BGB nicht.

aus Gesetz (vgl. Rn. 20), als Schadensersatz (vgl. Rn. 21) oder aufgrund Vereinbarung (vgl. Rn. 22) – vom Freistellungsschuldner geschuldete Abwehr einer Inanspruchnahme des Freistellungsgläubigers durch den Drittgläubiger.

II. Einzelfälle

20 **Gesetzlich** geregelte Fälle eines „unmittelbaren" bzw. „primären" Freistellungsanspruchs sind die Freistellung des Schuldners durch den Übernehmer bei der Schuldübernahme vor Genehmigung des Gläubigers (§ 415 Abs. 3 BGB), des ausgeschiedenen Gesellschafters einer Gesellschaft bürgerlichen Rechts gegen die verbliebenen Gesellschafter (§ 738 Abs. 1 Satz 2 BGB) und des Bürgen durch den Hauptschuldner unter bestimmten Voraussetzungen (§ 775 BGB). Hierher gehören aber auch die zahlreichen gesetzlichen Regelungen, nach denen der Schuldner im Verhältnis zum Gläubiger die Lasten einer Sache oder bestimmte Kosten zu tragen hat (z.B. die §§ 261 Abs. 3, 270 Abs. 3, 369 Abs. 1, 381, 386, 403 Satz 2, 436 Abs. 1, 439 Abs. 2, 446 Satz 2, 448, 453 Abs. 2, 535 Abs. 1 Satz 3, 586a, 601 Abs. 1, 635 Abs. 2, 651j Abs. 2 Satz 2, 748, 753 Abs. 2, 798 Satz 2, 799 Abs. 2 Satz 2, 800 Satz 2, 811 Abs. 2 Satz 1, 897, 919 Abs. 3, 922 Satz 2, 923 Abs. 2, 1023 Abs. 1 Satz 1, 1035 Satz 4, 1038 Abs. 1 Satz 3, 1047, 1443 Abs. 1, 1444, 1465 Abs. 1, 1466, 1615 Abs. 2, 1615m, 1968, 2120 Satz 3, 2123 Abs. 1 Satz 2, 2320 Abs. 1, 2321, 2379, 2380 Satz 2 BGB).[41]

21 Ein „unmittelbarer" bzw. „primärer" Freistellungsanspruch kann sich auch als Inhalt eines **Schadensersatzanspruchs** nach dem Grundsatz der Naturalrestitution (§ 249 Abs. 1 BGB) ergeben.[42]

22 Schließlich kommt die unmittelbare **rechtsgeschäftliche Vereinbarung** einer „unmittelbaren" bzw. „primären" Freistellung in Betracht.[43] Häufigster Fall dürften vertragliche Regelungen über die Lastentragung sein (insbes. in Kaufverträgen).

III. Umwandlung in Zahlungsanspruch

23 Wie bei einem Befreiungsanspruch i.S.d. § 257 BGB kann auch bei einem „unmittelbaren" bzw. „primären" Freistellungsanspruch weder der Freistellungsgläubiger Zahlung an sich selbst verlangen noch der Freistellungsschuldner durch Zahlung an den Freistellungsgläubiger erfüllen. Hat der Freistellungsgläubiger den Anspruch des Drittgläubigers seinerseits bereits erfüllt, gewährt ihm der „unmittelbare" bzw. „primäre" Freistellungsanspruch als solcher keinen Erstattungsanspruch gegen den Freistellungsschuldner. Anders als in den unmittelbar von § 257 BGB erfassten Konstellationen (vgl. Rn. 10) steht dem Freistellungsgläubiger i.d.R. (anders z.B., wenn der Freistellungsanspruch Inhalt eines – dann auf Erstattung gerichteten – Schadensersatzanspruchs war) nicht ohne weiteres ein Aufwendungsersatzanspruch zur Verfügung. Ein solcher (auf Zahlung an den Befreiungsgläubiger gerichteter) **Erstattungsanspruch** kann daher nur unter den (zusätzlichen) Voraussetzungen einer Geschäftsführung ohne Auftrag, einer Rückgriffskondiktion oder eines Schadensersatzanspruchs bestehen.[44]

24 Hat der Freistellungsschuldner seine Freistellungsverpflichtung verletzt, indem er sie insbes. nicht rechtzeitig erfüllt, steht dem Freistellungsgläubiger, der hierauf vom Drittgläubiger in Anspruch genommen wird, gem. den §§ 280 Abs. 1, 286 BGB ein **Schadensersatzanspruch** auf Ersatz der geleisteten Zahlung zu.[45] Eine freiwillige Leistung des Freistellungsgläubigers an den Drittgläubiger kann allerdings nur dann zu einem Schadensersatzanspruch führen, wenn der Freistellungsgläubiger dem Freistellungsschuldner zuvor ausreichend Gelegenheit zur Prüfung und ggf. Abwehr der Forderung gegeben hat. Ist dies aber der Fall, ist der Freistellungsgläubiger nach der zugrunde liegenden Risikover-

---

[41] Vgl. etwa – zu § 436 Abs. 1 BGB – *Westermann* in: MünchKomm-BGB, § 436 Rn. 2; *Faust* in: Bamberger/Roth, § 436 Rn. 7; und zu einer vertraglichen Kostentragungsverpflichtung BGH v. 24.10.1962 - V ZR 1/61 - juris Rn. 19 - WM 1963, 122-125, 123 (in BGHZ 38, 122-130, insoweit nicht abgedr.).

[42] Vgl. nur BGH v. 04.10.2000 - VIII ZR 109/99 - juris Rn. 12 - NJW 2001, 155-157, 155 m.w.N.; *Görmer*, JuS 2009, 7-12, 8.

[43] Vgl. *Bischoff*, ZZP 120 (2007), 237-251, 248 f.; *Görmer*, JuS 2009, 7-12, 9.

[44] Vgl. etwa – wiederum zu § 436 Abs. 1 BGB – *Westermann* in: MünchKomm-BGB, § 436 Rn. 2. Soweit in BGH v. 24.10.1962 - V ZR 1/61 - juris Rn. 19 - WM 1963, 122-125, 123 (in BGHZ 38, 122-130, insoweit nicht abgedr.) offenbar davon ausgegangen wird, ein Erstattungsanspruch bestünde „ohne weiteres", steht dies nicht im Einklang mit der st. Rspr. des BGH zum Schadensersatzanspruch bei einem verletzten Freistellungsanspruch, vgl. Rn. 24.

[45] BGH v. 15.12.2010 - VIII ZR 86/09 - juris Rn. 10-14 - NJW-RR 2011, 479-480 m.w.N.

teilung von einer weiteren Prüfung der Berechtigung enthoben, und der Freistellungsschuldner kann nicht mehr einwenden, die Zahlung sei zu Unrecht erfolgt.[46]

IV. Ersetzungsbefugnis zur Sicherheitsleistung

Eine dem § 257 Satz 2 BGB entsprechende Ersetzungsbefugnis des Freistellungsschuldners zur **Sicherheitsleistung** vor Eintritt der Fälligkeit der Verbindlichkeit ist auch in den §§ 738 Abs. 1 Satz 3, 775 Abs. 2 BGB geregelt und kann auch darüber hinaus als Ausdruck eines allgemeinen Rechtsgedankens angesehen werden.[47] Bei vertraglichen Freistellungsansprüchen, die sich auf künftige oder ungewisse Verbindlichkeiten beziehen, ist allerdings zunächst durch Auslegung der Vereinbarung zu ermitteln, ob deren Fälligkeit nach dem Willen der Parteien tatsächlich – wie sonst (vgl. Rn. 11) – unabhängig von der Fälligkeit der Verbindlichkeiten, von denen freizustellen ist, eintreten soll.[48]

25

---

[46] BGH v. 24.06.1970 - VIII ZR 268/67 - NJW 1970, 1594-1596, 1595 f.; BGH v. 19.01.1983 - IVa ZR 116/81 - juris Rn. 12 - NJW 1983, 1729-1730, 1730; BGH v. 19.04.2002 - V ZR 3/01 - juris Rn. 6 - NJW 2002, 2382.
[47] Vgl. *Rimmelspacher*, JR 1976, 89-93, 89.
[48] Vgl. BGH v. 11.04.1984 - VIII ZR 302/82 - juris Rn. 44 - BGHZ 91, 73-83, 78 f. = NJW 1984, 2151-2154, 2152; *Keller*, JR 1985, 64-65; *Bischoff*, ZZP 120 (2007), 237-251, 241; *Görmer*, JuS 2009, 7-12, 10.

§ 258 BGB Wegnahmerecht

(Fassung vom 02.01.2002, gültig ab 01.01.2002)

¹Wer berechtigt ist, von einer Sache, die er einem anderen herauszugeben hat, eine Einrichtung wegzunehmen, hat im Falle der Wegnahme die Sache auf seine Kosten in den vorigen Stand zu setzen. ²Erlangt der andere den Besitz der Sache, so ist er verpflichtet, die Wegnahme der Einrichtung zu gestatten; er kann die Gestattung verweigern, bis ihm für den mit der Wegnahme verbundenen Schaden Sicherheit geleistet wird.

Gliederung

A. Grundlagen 1
B. Anwendungsvoraussetzungen 2
I. Normstruktur 2
II. Verbindung einer fremden Sache mit einer Einrichtung 3
III. Bestehendes Wegnahmerecht bei Herausgabepflicht 4
IV. Ausübung der Wegnahme 6
C. Rechtsfolgen 7
I. Anspruch auf Wiederherstellung der Hauptsache 7
II. Gestattung des Zugangs zur Hauptsache zur Ermöglichung der Wegnahme 9
D. Prozessuale Hinweise 11
E. Besonderheit im Mietrecht 12

A. Grundlagen

1 Die – erst in den revidierten, dem Bundesrat vorgelegten II. Entwurf durch Zusammenfassung bisheriger Einzelregelungen bei den verschiedenen Wegnahmerechten aufgenommene[1] – Vorschrift enthält ergänzende Regelungen für die Ausübung eines aufgrund Vereinbarung oder kraft Gesetzes bestehenden Wegnahmerechts. Ein solches Wegnahmerecht berechtigt denjenigen, der eine fremde Sache mit einer eigenen Einrichtung verbunden hat, unter bestimmten Voraussetzungen zur Wegnahme dieser Einrichtung. Das Wegnahmerecht ist jedenfalls dann, wenn die Einrichtung mit der Verbindung wesentlicher Bestandteil der (Haupt-)Sache und damit Eigentum des Eigentümers der Hauptsache wird, ein Sonderfall des Verwendungsersatzes für das in der Verbindung liegende freiwillige Vermögensopfer,[2] woraus sich die systematische Nähe zu den vorstehenden §§ 256, 257 BGB ergibt.

B. Anwendungsvoraussetzungen

I. Normstruktur

2 § 258 BGB setzt zunächst voraus, dass eine (fremde) Sache herauszugeben ist, diese (fremde) Sache mit einer (eigenen) Einrichtung verbunden worden war (vgl. Rn. 3) und deshalb in Bezug auf die Einrichtung ein Wegnahmerecht besteht (vgl. Rn. 4). Hiervon ausgehend, regelt die Vorschrift zwei Sachverhaltsvarianten: Wird das Wegnahmerecht tatsächlich ausgeübt (vgl. Rn. 6), löst dies die in § 256 Satz 1 BGB angeordnete Rechtsfolge einer Verpflichtung des Wegnahmeberechtigten zur Wiederherstellung der Sache auf eigene Kosten aus (vgl. Rn. 7). Ist dagegen die Sache bereits vor Ausübung des Wegnahmerechts in den Besitz des Herausgabeberechtigten zurückgelangt, ordnet § 256 Satz 2 HS. 2 BGB als Rechtsfolge die Verpflichtung des Herausgabeberechtigten zur (nachträglichen) Gestattung der Wegnahme an (vgl. Rn. 9), die er – zur Sicherung seines nach erfolgter Wegnahme gem. § 258 Satz 1 BGB bestehenden Herstellungsanspruchs – gem. § 258 Satz 2 BGB bis zur Leistung von Sicherheit für den mit der Wegnahme verbundenen Schaden verweigern kann (vgl. Rn. 10).

---

[1] Vgl. E I §§ 479 Abs. 3, 514 Abs. 2, 553 Abs. 2, 936 Abs. 3, 1010 Abs. 1, 1815; E II rev. § 252, E III § 251; und Protokolle, Bd. VI, S. 152 f. = *Mugdan*, Bd. 2, S. 520.

[2] Vgl. *Gröschler* in: Historisch-Kritischer Kommentar zum BGB, Bd. II/1, 2007, §§ 256-258 Rn. 12 m.w.N., der darauf hinweist, dass auch der bloße Besitzverlust, der eintritt, wenn die Einrichtung nur einfacher Bestandteil der (Haupt-)Sache wird, ein auszugleichendes Vermögensopfer darstellt.

II. Verbindung einer fremden Sache mit einer Einrichtung

Voraussetzung jedes Wegnahmerechts ist, dass jemand eine fremde Sache während der Zeit, in der er diese in Besitz hat, mit einer (eigenen) Einrichtung verbunden hat. **Einrichtung** in diesem Sinne ist eine Sache, die den wirtschaftlichen Zweck der Hauptsache (lediglich) fördert, ihr also wirtschaftlich nachgeordnet ist und nicht die wirtschaftliche Benutzbarkeit der Hauptsache erst ermöglicht.[3] Zwischen der Einrichtung und der Hauptsache muss eine körperliche **Verbindung** begründet worden sein. Ob diese nur zu einem vorübergehenden Zweck oder dauerhaft vorgenommen worden ist, spielt dabei ebenso wenig eine Rolle, wie die Frage, ob die Einrichtung durch die Verbindung Zubehör der Hauptsache oder gar deren (einfacher oder wesentlicher) Bestandteil wird. Sie darf aber nicht vollkommen in der wirtschaftlichen Zweckbestimmung der Hauptsache aufgehen, muss also ohne Zerstörung der Hauptsache abtrennbar sein.[4]

III. Bestehendes Wegnahmerecht bei Herausgabepflicht

§ 258 BGB setzt ein bestehendes Wegnahmerecht (sog. ius tollendi) desjenigen, der zur Herausgabe der mit der eigenen Einrichtung verbundenen (fremden) Sache verpflichtet ist, voraus. Ein gesetzliches Wegnahmerecht haben im Falle einer Herausgabepflicht der Wiederverkäufer (§ 459 Satz 2 BGB), der Mieter (§ 539 Abs. 2 BGB, vgl. Rn. 12), der Pächter (§ 591a BGB), der Entleiher (§ 601 Abs. 2 Satz 2 BGB), der Nießbraucher (§ 1049 Abs. 2 BGB), der Wohnungsrechtsinhaber (§§ 1093 Abs. 1 Satz 2, 1049 Abs. 2 BGB), der Pfandgläubiger (§ 1216 Satz 2 BGB), der Vorerbe (§ 2125 Abs. 2 BGB) und der mit einem Vermächtnis beschwerte Erbe (§§ 2185, 997 Abs. 1 BGB). Ein Wegnahmerecht besteht außerdem bei den gesetzlichen Verpflichtungen zur Herausgabe einer Sache aus Delikt (§§ 850, 997 Abs. 1 BGB) oder unberechtigtem (Erbschafts-)Besitz (§§ 997 Abs. 1, 2023 Abs. 2 BGB) sowie allgemein als Rechtsfolge der Rechtshängigkeit eines Anspruchs auf Herausgabe (§§ 292 Abs. 2, 997 Abs. 1, 2023 Abs. 1 BGB). Gesetzliche Wegnahmerechte bestehen auch außerhalb des BGB, so etwa das des Nutzers eines Bauwerks nach § 12 Abs. 4 SchuldRAnpG. Darüber hinaus kann ein Wegnahmerecht auch rechtsgeschäftlich vereinbart werden.[5]

Ein Wegnahmerecht berechtigt den Herausgabepflichtigen zur Trennung der Einrichtung von der Hauptsache und zur Wegnahme der abgetrennten Sache ohne Zustimmung des anderen (begründet aber kein Zurückbehaltungsrecht gegen den Anspruch auf Herausgabe).[6] Das Recht ist insoweit dinglicher Natur, als es bei zuvor durch die Verbindung erfolgtem Übergang des Eigentums an der Einrichtung auf den Herausgabeberechtigten ein Aneignungsrecht umfasst (vgl. auch die ausdrückliche Regelung in § 12 Abs. 4 Satz 2 SchuldRAnpG).[7] Korrespondierend zum Wegnahmerecht des Herausgabepflichtigen trifft den Herausgabeberechtigten eine entsprechende (passive) Duldungspflicht, nicht aber etwa eine (aktive) Herausgabepflicht.[8] Der andere ist auch nicht zur Mitwirkung bei der Vornahme der Wegnahme durch den Wegnahmeberechtigten verpflichtet.[9]

IV. Ausübung der Wegnahme

Die Rechtsfolge des § 258 Satz 1 BGB (Wiederherstellungsanspruch gegen den Herausgabepflichtigen) setzt darüber hinaus voraus, dass der zur Herausgabe der Sache Verpflichtete vor der Herausgabe der Sache sein Wegnahmerecht tatsächlich ausgeübt, die von ihm zuvor mit der Sache verbundene Ein-

---

[3] *Wolf* in: Soergel, § 258 Rn. 7; *Bittner* in: Staudinger, § 258 Rn. 3; *Krüger* in: MünchKomm-BGB, § 258 Rn. 3; *Ebert* in: Erman, § 258 Rn. 2; vgl. auch BGH v. 18.11.1968 - VIII ZR 189/66 - juris Rn. 16 - NJW 1969, 40; BGH v. 13.05.1987 - VIII ZR 136/86 - juris Rn. 17 - BGHZ 101, 37-48, 41 = NJW 1987, 2861-2863, 2861.

[4] KG v. 19.01.2006 - 8 U 22/05 - juris Rn. 45 (insoweit in KGR Berlin 2006, 375-376, nicht abgedr.); *Wolf* in: Soergel, § 258 Rn. 7.

[5] *Wolf* in: Soergel, § 258 Rn. 5; *Krüger* in: MünchKomm-BGB, § 258 Rn. 2; *Unberath* in: Bamberger/Roth, § 258 Rn. 2; *Ebert* in: Erman, § 258 Rn. 1.

[6] BGH v. 15.11.1960 - V ZR 13/59 - WM 1961, 179-181, 181.

[7] BGH v. 08.07.1981 - VIII ZR 326/80 - juris Rn. 24 - BGHZ 81, 146-152, 150 f. = NJW 1981, 2564-2565, 2565; BGH v. 13.05.1987 - VIII ZR 136/86 - juris Rn. 18 - BGHZ 101, 37-48, 42 = NJW 1987, 2861-2863, 2861; OLG Düsseldorf v. 05.10.2009 - I-24 U 17/09 - juris Rn. 6 - ZMR 2010, 959-960, 959; OLG Düsseldorf v. 04.08.2011 - I-24 U 48/11 - juris Rn. 4 - Grundeigentum 2012, 129-130, 130; *Wolf* in: Soergel, § 258 Rn. 2; *Krüger* in: MünchKomm-BGB, § 258 Rn. 6; *Unberath* in: Bamberger/Roth, § 258 Rn. 4.

[8] BGH v. 08.07.1981 - VIII ZR 326/80 - juris Rn. 24 - BGHZ 81, 146-152, 150 = NJW 1981, 2564-2565, 2565; OLG Düsseldorf v. 03.12.1998 - 10 U 191/97 - juris Rn. 41 - NZM 1999, 668.

[9] OLG München v. 24.01.1997 - 21 U 2244/96 - juris Rn. 6 - ZMR 1997, 235-236, 235.

richtung also abgetrennt hat. Anders ist dies für die Rechtsfolge des § 258 Satz 2 BGB (Gestattungsanspruch gegen den Herausgabeberechtigter), die eine (nachträgliche) Wegnahme erst ermöglichen soll und demzufolge gerade voraussetzt, dass das Wegnahmerecht noch nicht ausgeübt wird.

C. Rechtsfolgen

I. Anspruch auf Wiederherstellung der Hauptsache

7   Macht der Wegnahmeberechtigte von seinem Wegnahmerecht Gebrauch, hat der andere nach § 258 Satz 1 BGB gegen den Wegnahmeberechtigten einen Anspruch auf Wiederherstellung der Hauptsache auf dessen Kosten. Der Anspruch richtet sich nicht nur auf die vollständige Beseitigung der Einrichtung, sondern auf die Wiederherstellung des Zustandes, in dem die Hauptsache sich vor der Verbindung mit der Einrichtung befand, und damit auf Wiederinstandsetzung der Hauptsache.[10] Dies gilt auch dann, wenn der Wegnahmeberechtigte noch Eigentümer der Einrichtung ist und daher seinen Anspruch nicht nur auf ein besonderes Wegnahmerecht, sondern zugleich auch auf Eigentum stützen kann.[11]

8   Der Anspruch hat Ähnlichkeit mit dem schadensersatzrechtlichen Anspruch auf Naturalrestitution nach § 249 Abs. 1 BGB.[12] In gleicher Weise wie im Schadensersatzrecht kommt daher ein Geldausgleich bei Herstellung einer wirtschaftlich besseren Lage („Neu für Alt", vgl. die Kommentierung zu § 249 BGB Rn. 51) in Betracht.[13] Ebenso kann § 251 BGB analog angewandt werden, so dass an die Stelle der nach § 258 Satz 1 BGB geschuldeten Herstellung ein Anspruch auf Geldersatz treten kann, wenn die Herstellung unmöglich, unzureichend oder nur mit unverhältnismäßigen Mitteln durchführbar ist.[14]

II. Gestattung des Zugangs zur Hauptsache zur Ermöglichung der Wegnahme

9   Hat der Wegnahmeberechtigte die Sache noch nicht herausgegeben, ergeben sich das Wegnahmerecht und die korrespondierende Duldungspflicht unmittelbar aus der das Wegnahmerecht begründenden Vorschrift. Ist die Sache aber bereits vor Ausübung des Wegnahmerechts an den anderen (zurück-)gelangt (das Wegnahmerecht gewährt kein Zurückbehaltungsrecht im Hinblick auf die Sache, vgl. Rn. 5), ergänzt[15] § 258 Satz 2 HS. 1 BGB das Wegnahmerecht zu seiner Ermöglichung um eine Pflicht des anderen, dem Wegnahmeberechtigten (nicht notwendig in Person)[16] den **Zugang zur Sache** zu gestatten. Hierfür ist unerheblich, wie der andere in den Besitz der Sache gelangt ist.[17]

10   Zur Sicherung seines Wiederherstellungsanspruchs aus § 258 Satz 1 BGB kann er aber diesen Zugang so lange verweigern, bis ihm für den aus der Trennung an der Hauptsache entstehenden Schaden **Sicherheit geleistet** wird (zur Sicherheitsleistung vgl. die §§ 232-240 BGB). Hieraus folgt nur eine Einrede gegen den Gestattungsanspruch, nicht aber ein selbständig geltend zu machender Anspruch auf Sicherheitsleistung.[18]

D. Prozessuale Hinweise

11   Der Wegnahmeberechtigte hat gegen den Eigentümer der mit der Einrichtung verbundenen Sache keinen Anspruch auf Herausgabe der Einrichtung, sondern nur auf Duldung der Wegnahme durch den Wegnahmeberechtigten selbst. Er kann daher auch nicht auf Herausgabe, sondern nur auf Duldung kla-

---

[10] Vgl. BGH v. 09.02.1966 - VIII ZR 19/64 - WM 1966, 371-373, 372; BGH v. 05.12.1969 - V ZR 24/67 - juris Rn. 13 - NJW 1970, 754-755, 755.
[11] *Wolf* in: Soergel, § 258 Rn. 2; *Krüger* in: MünchKomm-BGB, § 258 Rn. 4; vgl. auch OLG Düsseldorf v. 03.12.1998 - 10 U 191/97 - juris Rn. 41 - NZM 1999, 668.
[12] Vgl. *Larenz*, Schuldrecht, Band I: Allgemeiner Teil, 14. Aufl. 1987, § 13 II, S. 186.
[13] *Wolf* in: Soergel, § 258 Rn. 16; *Bittner* in: Staudinger, § 258 Rn. 6.
[14] *Wolf* in: Soergel, § 258 Rn. 17; *Bittner* in: Staudinger, § 258 Rn. 5; *Krüger* in: MünchKomm-BGB, § 258 Rn. 8; *Ebert* in: Erman, § 258 Rn.4; *Unberath* in: Bamberger/Roth, § 258 Rn. 6.
[15] Vgl. *Wolf* in: Soergel, § 258 Rn. 11.
[16] Vgl. OLG München v. 24.01.1997 - 21 U 2246/96 - juris Rn. 7 - ZMR 1997, 235-236, 235.
[17] *Bittner* in: Staudinger, § 258 Rn. 7.
[18] *Wolf* in: Soergel, § 258 Rn. 18.

gen.[19] Der nach § 6 ZPO zu bewertende Streitwert der Duldungsklage ist der (i.d.R. verminderte) Verkehrswert der wegzunehmenden Einrichtung, den diese nach der Wegnahme haben würde.[20]

E. Besonderheit im Mietrecht

In der Praxis wichtigster Anwendungsfall eines Wegnahmerechts ist das des Mieters (§ 539 Abs. 2 BGB). Sowohl dieses Wegnahmerecht als auch die dieses ergänzende Duldungspflicht nach § 258 Satz 2 BGB[21] unterliegen der besonderen Verjährungsfrist von sechs Monaten ab Beendigung des Mietverhältnisses (§ 548 Abs. 2 BGB). Damit korrespondierend unterliegt als Ersatzanspruch des Vermieters auch der Wiederherstellungsanspruch nach § 258 Satz 1 BGB der kurzen Verjährung des § 548 Abs. 1 BGB.[22]

---

[19] RG v. 04.11.1924 - VI 82/24 - RGZ 109, 128-132, 129; OLG Düsseldorf v. 03.12.1998 - 10 U 191/97 - juris Rn. 43 - NZM 1999, 668.
[20] BGH v. 12.06.1991 - XII ZR 30/91 - juris Rn. 17 - NJW 1991, 3221-3222, 3222; vgl. auch BGH v. 27.07.2005 - XII ZR 67/03 - juris Rn. 7 - MietPrax-AK § 8 ZPO Nr. 6.
[21] OLG Bamberg v. 06.06.2003 - 6 U 20/03 - juris Rn. 6 - NJW-RR 2004, 227-228, 228.
[22] BGH v. 29.04.1970 - VIII ZR 29/69 - juris Rn. 13 - BGHZ 54, 34-38, 37 = NJW 1970, 1182-1183, 1183.

§ 259 BGB Umfang der Rechenschaftspflicht

(Fassung vom 02.01.2002, gültig ab 01.01.2002)

(1) Wer verpflichtet ist, über eine mit Einnahmen oder Ausgaben verbundene Verwaltung Rechenschaft abzulegen, hat dem Berechtigten eine die geordnete Zusammenstellung der Einnahmen oder der Ausgaben enthaltende Rechnung mitzuteilen und, soweit Belege erteilt zu werden pflegen, Belege vorzulegen.

(2) Besteht Grund zu der Annahme, dass die in der Rechnung enthaltenen Angaben über die Einnahmen nicht mit der erforderlichen Sorgfalt gemacht worden sind, so hat der Verpflichtete auf Verlangen zu Protokoll an Eides statt zu versichern, dass er nach bestem Wissen die Einnahmen so vollständig angegeben habe, als er dazu imstande sei.

(3) In Angelegenheiten von geringer Bedeutung besteht eine Verpflichtung zur Abgabe der eidesstattlichen Versicherung nicht.

Gliederung

A. Grundlagen ... 1	3. Kosten ... 13
B. Anwendungsvoraussetzungen ... 2	II. Abgabe der eidesstattlichen Versicherung ... 14
I. Normstruktur ... 2	1. Voraussetzungen ... 14
II. Bestehen einer Verpflichtung zur Ablegung von Rechenschaft ... 3	a. Erfüllung des Rechnungslegungsanspruchs ... 14
1. Begründung von Rechenschaftspflichten ... 3	b. Mangelnde Sorgfalt ... 15
2. Rechtliche Behandlung von Rechenschafts- und Auskunftsansprüchen ... 7	c. Ausnahmen ... 17
	2. Eidesstattliche Versicherung ... 19
C. Rechtsfolgen ... 10	D. Prozessuale Hinweise/Verfahrenshinweise ... 21
I. Rechnungslegung ... 10	I. Stufenklage ... 21
1. Geordnete Zusammenstellung der Einnahmen oder der Ausgaben ... 10	II. Streitwert ... 24
	III. Zwangsvollstreckung ... 25
2. Belegvorlage ... 12	E. Rechenschaftspflicht gegenüber Gericht ... 26

A. Grundlagen

1   Die §§ 259-261 BGB betreffen den Inhalt von Rechnungslegungs- und Auskunftsansprüchen. Solche Ansprüche dienen regelmäßig der Beschaffung von Informationen, die für die Durchsetzung anderer Ansprüche erforderlich sind, und haben daher nur eine Hilfsfunktion zur Vorbereitung der Geltendmachung solcher Hauptansprüche. Rechnungslegung und Auskunft unterscheiden sich nur graduell, wobei der Anspruch auf Rechnungslegung als der weitergehende Anspruch spezieller gegenüber dem Auskunftsanspruch ist. § 259 BGB regelt den Inhalt einer Verpflichtung zur Ablegung von Rechenschaft. Dies war im I. Entwurf noch unmittelbar in der dem heutigen § 666 BGB entsprechenden Vorschrift (nur) für die Rechenschaftspflicht des Beauftragten geschehen und wurde erst im revidierten, dem Bundesrat vorgelegten II. Entwurf verallgemeinert und in das allgemeine Schuldrecht übernommen (vgl. E I § 591, E III § 252).

B. Anwendungsvoraussetzungen

I. Normstruktur

2   § 259 BGB setzt tatbestandlich eine bestehende Rechenschaftspflicht voraus (vgl. Rn. 3). Die formalen Anforderungen an die Erfüllung einer solchen Rechenschaftspflicht präzisiert § 259 Abs. 1 BGB als Pflicht zur Mitteilung einer die geordnete Zusammenstellung der Einnahmen und Ausgaben enthaltenden Rechnung (vgl. Rn. 10) und zur Belegvorlage (vgl. Rn. 12). Besteht nach (formaler) Erfüllung dieser Pflicht Grund für die Annahme, dass die in der Rechnung enthaltenen Angaben nicht mit der erforderlichen Sorgfalt (vgl. Rn. 15) gemacht worden sind, gewährt § 259 Abs. 2 BGB – soweit es sich nicht um eine Angelegenheit von geringer Bedeutung (§ 259 Abs. 3 BGB) handelt (vgl. Rn. 17) oder ausnahmsweise das Rechtsschutzbedürfnis fehlt (vgl. Rn. 18) – zur Bekräftigung einen Anspruch auf Versicherung der Vollständigkeit der Rechnungslegung an Eides statt (vgl. Rn. 14).

II. Bestehen einer Verpflichtung zur Ablegung von Rechenschaft

1. Begründung von Rechenschaftspflichten

Die Vorschrift geht vom Bestehen einer (anderweitig bereits begründeten) Pflicht des Schuldners, über eine mit Einnahmen oder Ausgaben verbundene Verwaltung Rechenschaft abzulegen, aus. Statt von Rechenschaftsablegung wie in § 259 Abs. 1 BGB ist in anderen Vorschriften auch von „Rechnungslegung" die Rede, doch werden beide Begriffe synonym verwandt (vgl. insbes. die §§ 261, 1890 BGB). Eventuelle Unterschiede im Inhalt verschiedener Rechenschaftsablegungs- bzw. Rechnungslegungsansprüche (insbes. hinsichtlich der Frage einer Periodizität) ergeben sich aus den konkreten Anspruchsnormen und deren Zielsetzung, werden aber nicht durch die begriffliche Differenzierung im Gesetz angezeigt.[1] Rechenschaftspflichten bestehen nicht allgemein, sondern müssen konkret durch Gesetz (vgl. Rn. 4), Rechtsgeschäft (vgl. Rn. 5) oder allgemeine Rechtsgrundsätze (vgl. Rn. 6) begründet sein.

Unmittelbar aus dem **Gesetz** ergeben sich Rechenschaftspflichten nach dem BGB etwa für den Beauftragten (§ 666 BGB), den Geschäftsbesorger (§§ 675 Abs. 1, 666 BGB), den Geschäftsführer ohne Auftrag (§§ 681, 666 BGB) und den geschäftsführenden Gesellschafter (§§ 713, 666 BGB) nach der Ausführung des Auftrages, für die Gesellschafter gegenüber einem ausgeschiedenen Gesellschafter (§ 740 Abs. 2 BGB)[2], für den zur Nutzungsziehung berechtigten Pfandgläubiger (§ 1214 Abs. 1 BGB), für die Eltern gegenüber dem Kind bei Ende der Vermögenssorge (§ 1698 BGB), für den Vormund bei Beendigung des Amtes (§ 1890 BGB; entsprechend anzuwenden auf den Betreuer, § 1908i Abs. 1 BGB, und den Pfleger, § 1915 Abs. 1 BGB), für den Vorerben bei Eintritt der Nacherbfolge (§ 2130 Abs. 2 BGB) sowie für den Testamentsvollstrecker (§ 2218 BGB). Weitere Fälle (teilweise mit Verweis auf § 666 BGB) finden sich etwa in §§ 87c, 235 Abs. 3, 384 Abs. 2, 499 HGB, § 24 VerlG, § 8 Abs. 1 der Verordnung über die Pflichten der Makler, Darlehens- und Anlagenvermittler, Bauträger und Baubetreuer (Makler- und Bauträgerverordnung), § 28 Abs. 3, 4 WoEigG, § 24 Abs. 3 DepotG, § 154 ZVG, § 53 Abs. 9 BRAO, § 69 Abs. 2 StBerG, § 46 Abs. 9 PatAnwO.

Rechenschaftspflichten können auch rechtsgeschäftlich durch **Vertrag** vereinbart werden. In den in Betracht kommenden Fällen (bei denen es regelmäßig um eine Geschäftsbesorgung gehen wird) ergeben sich allerdings in der Regel solche (ggf. vertraglich modifizierbare oder konkretisierbare) Pflichten bereits aus dem Gesetz.

Aus dem **Grundsatz von Treu und Glauben** (§ 242 BGB) kann sich bei Bestehen einer Sonderrechtsbeziehung darüber hinaus auch ohne eine entsprechende vertragliche oder gesetzliche Grundlage eine (allgemeine) Rechenschaftspflicht hinsichtlich der Verwaltung fremden Vermögens oder auch der (in § 259 BGB nicht unmittelbar angesprochenen) Besorgung fremder Angelegenheiten ergeben. In der Rechtsprechung ist anerkannt, dass denjenigen, der fremde Angelegenheiten oder solche Angelegenheiten besorgt, die zugleich eigene und fremde sind, eine Rechenschaftspflicht trifft, wenn das zugrunde liegende Rechtsverhältnis es mit sich bringt, dass der Berechtigte in entschuldbarer Weise über Bestehen und Umfang seines Rechts im Ungewissen ist, der Verpflichtete hingegen in der Lage ist, unschwer solche Auskünfte zu erteilen.[3] Die hiernach erforderliche Sonderrechtsbeziehung kann sich insbes. auch aus einer deliktischen Schädigung ergeben und der Anspruch auf Rechnungslegung als nach Treu und Glauben begründeter Nebenanspruch Schadensersatzansprüche begleiten. Bei den nach Treu und Glauben begründeten Ansprüchen geht es allerdings meist weniger um Rechnungslegung als um Auskunftserteilung. Ergänzend ist daher auf die Kommentierung zu § 260 BGB Rn. 18 zu verweisen. Aus Treu und Glauben (gelegentlich aber auch aus Gewohnheitsrecht) abgeleitet wird insbes. der Rechnungslegungsanspruch als Folge von Schutzrechtsverletzungen zur Vorbereitung der Berechnung eines Schadensersatzanspruchs nach der Lizenzanalogie bzw. von Bereicherungsansprüchen.[4]

---

[1] A.A. *Lüke*, JuS 1986, 2-7, 3.
[2] Vgl. hierzu BGH v. 09.07.1959 - II ZR 252/58 - juris Rn. 18 - NJW 1959, 1963-1964, 1963.
[3] RG v. 23.04.1910 - I 217/09 - RGZ 73, 286-289, 288; BGH v. 28.10.1953 - II ZR 149/52 - juris Rn. 23 - BGHZ 10, 385-389, 386 f. = NJW 1954, 70-71, 71; vgl. hierzu *Wolf* in: Soergel, § 259 Rn. 9; *Bittner* in: Staudinger, § 259 Rn. 9 ff.; *Krüger* in: MünchKomm-BGB, § 259 Rn. 6 ff.; jeweils m.w.N.
[4] Vgl. BGH v. 13.07.1973 - I ZR 101/72 - juris Rn. 11 - NJW 1973, 1837-1838, 1837 - Nebelscheinwerfer; BGH v. 03.07.1984 - X ZR 34/83 - juris Rn. 11 - BGHZ 92, 62-69, 64 = NJW 1984, 2822-2824, 2823 - Dampffrisierstab II; BGH v. 11.04.1989 - X ZR 26/87 - juris Rn. 26 - BGHZ 107, 161-170, 167 = NJW 1989, 3283-3285, 3284 - Offenendspinnmaschine; BGH v. 25.02.1992 - X ZR 41/90 - juris Rn. 42 - BGHZ 117, 264-279, 274 f. = NJW 1992, 2292-2296, 2294 - Nicola.

2. Rechtliche Behandlung von Rechenschafts- und Auskunftsansprüchen

7 Rechnungslegungs- und Auskunftsansprüche dienen meist nicht einem allgemeinen, auch unabhängig von weiteren Rechtsfolgen bestehenden Informationsbedürfnis, sondern regelmäßig der Vorbereitung der Geltendmachung anderer, ansonsten nicht zu beziffernder oder sonst zu substantiierender Ansprüche (z.B. auf Herausgabe oder Auszahlung des Verbliebenen bzw. eines Überschusses, z.B. nach den §§ 667, 740, 1698, 1890, 2130 Abs. 1 BGB). Ungeachtet ihrer funktionellen Charakterisierung als „Hilfsansprüche" sind sie jedoch grds. **eigenständige Ansprüche**, die insbes. einer eigenen Verjährung unterliegen.[5] Zu erbringen sind Rechnungslegungs- und Auskunftsansprüche grundsätzlich am Leistungsort des Anspruchs, dessen Durchsetzung sie dienen.[6]

8 Ihre Durchsetzung erfordert allerdings das Vorliegen eines **berechtigten Informationsbedarfs**, was – wenn es sich nicht ausnahmsweise bereits aus den allgemeinen Umständen ergibt (wie etwa für den Rechnungslegungsanspruch des Mündels nach Beendigung der Vormundschaft, § 1890 BGB) – regelmäßig voraussetzt, dass das Bestehen des „Hauptanspruchs" oder seine Durchsetzbarkeit jedenfalls nicht von vornherein ausgeschlossen ist. Ein selbst unverjährter Rechnungslegungs- oder Auskunftsanspruch kann daher z.B. nicht durchgesetzt werden, wenn gegen den Hauptanspruch, dessen Geltendmachung er dient, erfolgreich die Einrede der Verjährung erhoben wurde, und kein darüber hinausgehendes Informationsinteresse besteht.[7] Hierdurch wird der Rechnungslegungs- oder Auskunftsanspruch aber nicht materiell vernichtet, sondern es handelt sich – wie denkbare Fälle eines vom Hauptanspruch unabhängigen berechtigten Informationsinteresses zeigen (etwa § 1890 BGB) – um einen Fall fehlenden Rechtsschutzinteresses.[8]

9 Eine selbständige **Abtretung** von Rechnungslegungs- und Auskunftsansprüchen ohne den von ihnen unterstützten Hauptanspruch ist aufgrund ihrer Hilfsfunktion nicht möglich.[9] Entsprechend sind auch Pfändung und Verpfändung ausgeschlossen (§ 851 Abs. 1 ZPO, § 1274 Abs. 2 BGB). Wird der Hauptanspruch abgetreten, folgt ein für ihn bestehender Rechnungslegungs- oder Auskunftsanspruch auch ohne ausdrückliche Vereinbarung in entsprechender Anwendung von § 401 Abs. 1 BGB.[10] Zusammen mit dem Hauptanspruch gehen Rechnungslegungs- und Auskunftsansprüche auch auf einen Gesamtrechtsnachfolger des ursprünglich Berechtigten bzw. Verpflichteten über, so dass insbes. Erben des ursprünglich Rechnungslegungs- oder Auskunftspflichtigen dann Rechnung legen bzw. Auskunft erteilen[11] und ggf. eine eidesstattliche Versicherung nach den §§ 259 Abs. 2, 260 Abs. 2 BGB abgeben[12] müssen. Soweit sie hierzu aufgrund fehlender eigener Kenntnis nicht in der Lage sind, kommt Unmöglichkeit und Leistungsfreiheit nach § 275 BGB in Betracht.[13]

---

[5] Vgl. BGH v. 02.11.1960 - V ZR 124/59 - juris Rn. 25 - BGHZ 33, 373-381, 379 = NJW 1961, 602-603, 604; die dort ausgesprochene Einschränkung, dass der Auskunftsanspruch nicht gleich mit der Hauptanspruch verjähre (zust. *Wolf* in: Soergel, § 259 Rn. 20), wurde später aufgegeben, vgl. BGH v. 03.10.1984 - IVa ZR 56/83 - juris Rn. 9 - NJW 1985, 384-385, 384; BGH v. 05.10.1989 - IVa ZR 198/88 - juris Rn. 16 - BGHZ 108, 393-400, 399 = NJW 1990, 180-181, 181.

[6] OLG Karlsruhe v. 21.08.1969 - 3 W 47/69 - juris Rn. 18 - NJW 1969, 1968-1969, 1696; *Wolf* in: Soergel, § 259 Rn. 19; *Bittner* in: Staudinger, § 259 Rn. 31.

[7] Vgl. BGH v. 03.10.1984 - IVa ZR 56/83 - juris Rn. 10 - NJW 1985, 384-385, 385; BGH v. 09.03.1988 - IVa ZR 272/86 - juris Rn. 7 - BGHZ 103, 333-337, 334 = NJW 1988, 1667-1668, 1667 f.; BGH v. 04.10.1989 - IVa ZR 198/88 - juris Rn. 16 - BGHZ 108, 393-400, 399 f. = NJW 1990, 180-181, 181; BGH v. 12.06.1991 - XII ZR 17/90 - juris Rn. 15 - NJW 1991, 3031-3033, 3032; BGH v. 26.05.1994 - IX ZR 39/93 - juris Rn. 72 - NJW 1994, 3102-3106, 3106 (insoweit in BGHZ 126, 138-145, nicht abgedr.).

[8] Für unbegründet hält den Rechnungslegungsanspruch *Krüger* in: MünchKomm-BGB, § 259 Rn. 19, für spätestens mit dem Hauptanspruch verjährt *Wolf* in: Soergel, § 259 Rn. 20.

[9] *Wolf* in: Soergel, § 259 Rn. 16; *Bittner* in: Staudinger, § 259 Rn. 20; *Krüger* in: MünchKomm-BGB, § 259 Rn. 17.

[10] BGH v. 16.06.2000 - BLw 30/99 - juris Rn. 9 - VIZ 2001, 51-52, 52.

[11] BGH v. 05.06.1985 - IVa ZR 257/83 - juris Rn. 16 - NJW 1985, 3068-3070, 3069.

[12] BGH v. 08.06.1988 - IVa ZR 57/87 - juris Rn. 7 - BGHZ 104, 369-374, 371 f. = NJW 1988, 2729-2730, 2729.

[13] *Bittner* in: Staudinger, § 259 Rn. 27; *Unberath* in: Bamberger/Roth, § 259 Rn. 15; *Krüger* in: MünchKomm-BGB, § 259 Rn. 17.

C. Rechtsfolgen

I. Rechnungslegung

1. Geordnete Zusammenstellung der Einnahmen oder der Ausgaben

§ 259 Abs. 1 BGB beschreibt, was der Schuldner einer Rechenschaftspflicht tun muss, um seine Rechenschaftspflicht formal ordnungsgemäß zu erfüllen. Hiernach hat er dem Berechtigten eine Rechnung mit einer **geordneten Zusammenstellung der Einnahmen oder der Ausgaben** zu erteilen. Dies erfordert eine vollständige und verständliche, der Nachprüfung zugängliche (notwendigerweise schriftliche) Kundgabe aller derjenigen Tatsachen, die für die Geltendmachung des Hauptanspruchs benötigt werden.[14] Erfüllt werden kann die Verpflichtung regelmäßig nur durch Tatsachenangaben, nicht aber durch eigene Vermutungen oder Schätzungen des Schuldners.[15]

10

Solange keine in diesem Sinne (formal) ordnungsgemäße Rechnungslegung erfolgt ist, ist der Anspruch nicht vollständig erfüllt, und der Gläubiger kann Ergänzung verlangen. Hat aber der Schuldner eine formal ordnungsgemäße, von ihm als vollständig bezeichnete und nicht erkennbar lückenhafte Rechnung gelegt, besteht kein weitergehender Anspruch des Gläubigers mehr auf ergänzende Auskunft oder Erläuterung der Aufstellung.[16] Der Gläubiger hat allein aus dem Rechnungslegungsanspruch auch keinen Anspruch auf Überprüfung der vorgelegten Aufstellung durch eigene Einsichtnahme in Unterlagen des Schuldners.[17] Allein die (ggf. zwangsweise, zur Zwangsvollstreckung vgl. Rn. 25) Durchsetzung seines Rechnungslegungsanspruches gewährleistet dem Gläubiger mithin nur eine formal ordnungsgemäße, nicht aber auch eine materiell richtige Rechnungslegung. Hieran knüpft sein ergänzender Anspruch auf Abgabe der eidesstattlichen Versicherung nach § 259 Abs. 2 BGB an.

11

2. Belegvorlage

Neben der Erteilung der Rechnung hat der Schuldner für die formale Ordnungsmäßigkeit der Erfüllung seiner Rechnungslegungsverpflichtung nach § 259 Abs. 1 BGB (nur) die (Dritt-)**Belege** vorzulegen, die (ihm selbst) üblicherweise erteilt werden.[18] Dies betrifft in erster Linie wenn nicht ausschließlich Belege zu Ausgaben, über die Rechnung zu legen ist. „Vorlage" bedeutet dabei nur, dass der Schuldner dem Gläubiger Einsicht in die Belege gewähren muss. Die (dauerhafte) Überlassung von Kopien der Abrechnungsbelege kann nicht nach § 259 Abs. 1 BGB, sondern allenfalls aufgrund von Sonderregelungen (wie z.B. § 29 Abs. 2 Satz 1 Neubaumietenverordnung 1970) verlangt werden.[19] Umfang und Grenzen der Rechenschaftspflicht sind im Übrigen nach dem Grundsatz von Treu und Glauben bestimmt.[20]

12

3. Kosten

Die Rechnungslegung hat der Schuldner – wie auch die Auskunftserteilung – grds. auf **eigene Kosten** zu erbringen.[21] Nur soweit ausnahmsweise ausdrückliche gesetzliche oder vertragliche Kostenerstattungsregelungen eingreifen, kann für die hiervon erfassten Kosten etwas anderes gelten (vgl. etwa die §§ 261 Abs. 3, 1379 Abs. 1 Satz 3, 2314 Abs. 2 BGB).

13

---

[14] Vgl. BGH v. 12.10.1979 - I ZR 160/77 - juris Rn. 23 - NJW 1980, 1275; BGH v. 16.09.1982 - X ZR 54/81 - juris Rn. 25 - GRUR 1982, 723-727, 725 - Dampffrisierstab I.

[15] Vgl. BGH v. 16.09.1982 - X ZR 54/81 - juris Rn. 30 - GRUR 1982, 723-727, 726 - Dampffrisierstab I.

[16] Vgl. BGH v. 29.01.1985 - X ZR 54/83 - juris Rn. 20 - BGHZ 93, 327-330, 329 f. = NJW 1985, 1693-1695, 1694 - Thermotransformator.

[17] Vgl. BGH v. 03.07.1984 - X ZR 34/83 - juris Rn. 12 - BGHZ 92, 62-69, 64 ff. = NJW 1984, 2822-2824, 2823 - Dampffrisierstab II.

[18] Zum Anspruch auf Vorlage von Belegen im Rahmen der Auskunft und Rechnungslegung im Fall der Verletzung eines Rechts des geistigen Eigentums vgl. jetzt ausführlich *Stjerna*, GRUR 2011, 789-795.

[19] BGH v. 08.03.2006 - VIII ZR 78/05 - juris Rn. 22 - NJW 2006, 1419-1422, 1421.

[20] Vgl. BGH v. 13.11.1997 - X ZR 132/95 - juris Rn. 60 - BGHZ 137, 162-173, 167 = NJW 1998, 3492-3497, 3494 - Copolyester II; BGH v. 07.12.1979 - I ZR 157/77 - juris Rn. 108 - GRUR 1980, 227-233, 232 - Monumenta Germaniae Historica; BGH v. 28.10.1953 - II ZR 149/52 - juris Rn. 24 - BGHZ 10, 385-389, 387 = NJW 1954, 70-71, 71; vgl. hierzu *Bittner* in: Staudinger, § 259 Rn. 29; *Krüger* in: MünchKomm-BGB, § 259 Rn. 28 ff.; jeweils m.w.N.

[21] Vgl. etwa zu den Kosten der Drittschuldnererklärung ausführlich BAG v. 31.10.1984 - 4 AZR 535/82 - juris Rn. 17 - BAGE 47, 138-144, 141 = NJW 1985, 1181-1182, 1182; BVerwG v. 08.12.1993 - BVerwG 8 C 43.91 - juris Rn. 15 - Rpfleger 1995, 261-262.

II. Abgabe der eidesstattlichen Versicherung

1. Voraussetzungen

a. Erfüllung des Rechnungslegungsanspruchs

14 Zur Erzwingung auch der materiellen Richtigkeit der Rechnungslegung gibt § 259 Abs. 2 BGB dem Gläubiger des Rechnungslegungsanspruchs einen (materiellrechtlichen) Anspruch auf Abgabe der eidesstattlichen Versicherung[22] durch den Schuldner. Dieser Anspruch entsteht erst, wenn die Rechnungslegung – formell ordnungsgemäß und äußerlich) vollständig – erfolgt ist.[23] Zuvor muss also ggf. erst der Anspruch auf (vollständige) Erfüllung des Rechnungslegungsanspruchs (ggf. im Wege der Zwangsvollstreckung, vgl. Rn. 25) durchgesetzt werden[24]. Der Schuldner ist daher seinerseits berechtigt und im Übrigen auch verpflichtet, vor Abgabe der eidesstattlichen Versicherung die erteilte Rechnungslegung zu überprüfen und ggf. zu korrigieren und zu ergänzen.[25]

b. Mangelnde Sorgfalt

15 Ein Anspruch auf Abgabe der eidesstattlichen Versicherung besteht indessen nach § 259 Abs. 2 BGB nur, wenn Grund zu der Annahme besteht, dass die Angaben über die Einnahmen **nicht mit der erforderlichen Sorgfalt** gemacht wurden. Die erforderliche Sorgfalt in diesem Sinne ist nicht nur verletzt, wenn versehentlich unrichtige oder unvollständige Angaben gemacht wurden, sondern erst recht, wenn die Rechnung mit Absicht unrichtig oder unvollständig gelegt wurde. Das Gesetz nennt in § 259 Abs. 2 BGB, anders als in § 259 Abs. 1 BGB, nur die Einnahmen, weil eine unvollständige Angabe der Ausgaben ebenso wie die Nichtvorlage von Belegen zu Ausgaben regelmäßig nur für den zur Rechnungslegung Verpflichteten schädlich sein wird. Soweit der Gläubiger aber auch ein Interesse an einer vollständigen Rechnungslegung hinsichtlich der Ausgaben (bei denen fehlende Angaben regelmäßig nicht zu einem Nachteil des Gläubigers führen) hat, erstreckt sich der Anspruch auf Abgabe der eidesstattlichen Versicherung über den Wortlaut hinaus auch auf die **Ausgaben**.[26]

16 Der Anspruch auf Abgabe der eidesstattlichen Versicherung setzt voraus, dass ein – erst nach der Rechnungslegung zu beurteilender[27] – **objektiver**[28] **und konkreter Grund** für die Annahme mangelnder Sorgfalt besteht. Hierfür genügt nicht die Feststellung, dass die Angaben in einzelnen Punkten unvollständig oder unrichtig ist; vielmehr ist der sich hieraus zunächst ergebende Verdacht mangelnder Sorgfalt entkräftet, wenn den Umständen nach anzunehmen ist, dass die mangelhafte Auskunft auf unverschuldeter Unkenntnis oder auf einem entschuldbaren Irrtum des Schuldners beruht.[29] Ein Grund für die Annahme mangelnder Sorgfalt kann sich sowohl aus dem vorprozessualen Verhalten des Schuldners (z.B. vorangegangene widersprüchliche Angaben des Schuldners[30], vorangegangenes Verweigern

---

[22] Bis zur Änderung der Vorschrift durch das Gesetz zur Änderung des Rechtspflegergesetzes, des Beurkundungsgesetzes und zur Umwandlung des Offenbarungseides in eine eidesstattliche Versicherung vom 27.06.1970, BGBl I 1970, 911, war die Ablegung eines Offenbarungseides geschuldet.

[23] BGH v. 28.10.1953 - II ZR 149/52 - juris Rn. 22 - BGHZ 10, 385-389, 386 = NJW 1954, 70-71, 71; BGH v. 16.09.1982 - X ZR 54/81 - juris Rn. 28 - GRUR 1982, 723-727, 726 - Dampffrisierstab I; OLG Hamburg v. 31.01.2002 - 3 U 72/01 - juris Rn. 41 - NJW-RR 2002, 1292; OLG Naumburg v. 04.12.2006 - 4 UF 29/06 - juris Rn. 2 - FamRZ 2007, 1813-1814; OLG Naumburg v. 12.10.2010 - 1 U 73/10 (PKH) - juris Rn. 12 m.w.N.

[24] Vgl. etwa OLG Koblenz v. 22.09.2004 - 5 W 574/04 - juris Rn. 3 - NJW-RR 2005, 160-161, 160 m.w.N.

[25] BGH v. 29.11.1995 - IV ZB 19/95 - juris Rn. 12 - WM 1996, 466-467, 466.

[26] Vgl. BGH v. 02.11.1960 - V ZR 124/59 - juris Rn. 13 - BGHZ 33, 373-381, 374 f. = NJW 1961, 602-603, 603; BGH v. 03.07.1984 - X ZR 34/83 - juris Rn. 14 - BGHZ 92, 62-69, 68 = NJW 1984, 2822-2824, 2824 - Dampffrisierstab II.

[27] Vgl. BAG v. 19.04.2005 - 9 AZR 188/04 - juris Rn. 38 - NZA 2005, 983-985, 985. Daher können für die Gewährung von Prozesskostenhilfe die Erfolgsaussichten eines Antrags auf Verurteilung zur Abgabe der eidesstattlichen Versicherung erst nach Rechnungslegung bzw. Auskunftserteilung geprüft werden, vgl. OLG Hamm v. 27.12.1979 - 2 WF 284/79 - juris Rn. 6.

[28] BGH v. 30.01.2001 - XII ZB 156/90 - juris Rn. 11 - NJW 1991, 1833-1834, 1834.

[29] BGH v. 01.12.1983 - IX ZR 41/83 - juris Rn. 11 - BGHZ 89, 137-149, 139 f. = NJW 1984, 484-487, 485.

[30] Vgl. BGH v. 25.06.1976 - IV ZR 125/75 - juris Rn. 21 - FamRZ 1978, 677-678, 678; BGH v. 24.03.1994 - I ZR 42/93 - juris Rn. 34 - BGHZ 125, 322-334, 333 f. = NJW 1994, 1958-1961, 1961 - Cartier-Armreif; OLG Karlsruhe v. 04.08.2005 - 16 UF 2/05 - juris Rn. 27.

von Angaben[31]) als auch aus der Rechnungslegung selbst (z.B. wegen deren Unplausibilität[32] oder gar Anhaltspunkten für ihre Unrichtigkeit[33], oder wenn Angaben mehrfach ergänzt bzw. berichtigt wurden[34]; kein Grund ist aber etwa, wenn der Schuldner sich aus Rechtsgründen berechtigt gehalten hat, eine bestimmte Angabe nicht aufzunehmen[35]) ergeben. Für das Vorliegen eines ausreichenden Grundes ist der Gläubiger darlegungs- und ggf. beweispflichtig.[36]

c. Ausnahmen

Trotz Vorliegens der Voraussetzungen des § 259 Abs. 2 BGB besteht kein Anspruch auf Abgabe der eidesstattliche Versicherung, wenn es sich um eine Angelegenheit von **geringer Bedeutung** handelt (§ 259 Abs. 3 BGB). Dies ist zum einen der Fall, wenn der mit Hilfe der Rechnungslegung verfolgte Hauptanspruch für den Anspruchsinhaber weder besondere wirtschaftliche noch sonstige Bedeutung hat, zum anderen aber auch dann, wenn der Grund für die Geltendmachung des Anspruchs auf eidesstattliche Versicherung keine besondere Bedeutung hat (z.B. wenn nur noch über geringe Differenzen gestritten wird)[37]. Soweit es für die Beurteilung der Bedeutung einer Tatsachenfeststellung bedarf, obliegt die Darlegungs- und Beweislast dem auf Abgabe der eidesstattlichen Versicherung in Anspruch Genommenen. Die geringe Bedeutung der Angelegenheit ist nicht nur auf Einrede zu berücksichtigen, sondern führt zur Abweisung der Klage auf Abgabe der eidesstattlichen Versicherung von Amts wegen.

17

Darüber hinaus kann die Geltendmachung des Anspruchs auf Abgabe der eidesstattlichen Versicherung wegen **fehlenden Rechtsschutzinteresses** ausgeschlossen sein. Das ist der Fall, wenn dem Gläubiger ausnahmsweise ein gesetzliches (§ 87c Abs. 4 HGB[38], § 810 BGB[39]) oder vertragliches[40] Bucheinsichtsrecht zusteht und ihn die Bucheinsicht voraussichtlich schneller, besser und ohne zusätzliche Inanspruchnahme gerichtlicher Hilfe zum Ziel führt.

18

2. Eidesstattliche Versicherung

Liegen die genannten Voraussetzungen vor, hat der Gläubiger einen selbständig einklagbaren (zur Stufenklage vgl. Rn. 21) Anspruch auf Abgabe der eidesstattlichen Versicherung (zu dessen Erfüllung vgl. § 261 BGB und die Kommentierung zu § 261 BGB sowie die §§ 410-413 FamFG). Der Anspruch kann als Hilfsanspruch nicht für sich allein abgetreten oder gepfändet werden.[41] Sowohl der Anspruch als auch die Verpflichtung geht aber bei einer Gesamtrechtsnachfolge auf den Rechtsnachfolger des Berechtigten oder Verpflichteten über.[42]

19

Die an Eides statt zu versichernde **Formel** lautet nach § 259 Abs. 2 BGB, „dass er nach bestem Wissen die Einnahmen so vollständig angegeben habe, als er dazu imstande sei". Der genaue Inhalt der abzugebenden Versicherung ist im Klageantrag zu bezeichnen und vom Prozessgericht bei Verurteilung zur Abgabe der eidesstattlichen Versicherung im Urteilstenor – innerhalb der sich aus § 259 Abs. 2 BGB

20

---

[31] Vgl. BGH v. 25.06.1976 - IV ZR 125/75 - juris Rn. 21 - FamRZ 1978, 677-678, 678; OLG Frankfurt v. 16.09.1992 - 17 U 152/91 - NJW-RR 1993, 1483-1485, 1484; OLG Frankfurt v. 06.05.2008 - 2 U 34/06 - juris Rn. 27; OLG Düsseldorf v. 17.08.2007 - I-16 U 209/06 - juris Rn. 29.

[32] Vgl. OLG Köln v. 23.11.2001 - 6 U 113/01 - juris Rn. 2 - OLGR Köln 2002, 155; OLG Bamberg v. 23.02.2007 - 7 WF 5/07 - juris Rn. 4 - FamRZ 2007, 1181-1182, 1182.

[33] BGH v. 19.10.1993 - KZR 13/92 - juris Rn. 17 - WuW/E BGH 2893-2897, 2895.

[34] Vgl. BGH v. 19.05.2004 - IXa ZB 181/03 - juris Rn. 21 - NJW-RR 2005, 221-222, 221 f.; OLG Köln v. 24.01.1997 - 6 U 91/96 - NJW-RR 1998, 126-127, 127; OLG Hamburg v. 26.05.2005 - 3 U 91/04 - juris Rn. 39 - InstGE 5, 294-304, 297 f.

[35] Vgl. OLG Düsseldorf v. 13.11.1981 - 2 UF 93/81 - FamRZ 1982, 281-282.

[36] Vgl. OLG Karlsruhe v. 13.03.1990 - 18 UF 156/89 - juris Rn. 18 - NJW-RR 1990, 712-713, 712.

[37] *Grüneberg* in: Palandt, § 259 Rn. 14.

[38] BGH v. 16.05.1960 - VII ZR 206/59 - BGHZ 32, 302-307, 304 f. = NJW 1960, 1662-1664, 1663.

[39] BGH v. 20.01.1971 - VIII ZR 251/69 - juris Rn. 14 - BGHZ 55, 201-207, 206 f. = NJW 1971, 656-657, 657.

[40] BGH v. 18.02.1998 - VIII ZR 376/96 - juris Rn. 9 - NJW 1998, 1636-1637, 1637.

[41] RG v. 07.10.1930 - VII 609/29 - HRR 1931 Nr. 107.

[42] Vgl. BGH v. 08.06.1988 - IVa ZR 57/87 - juris Rn. 7 - BGHZ 104, 369-374, 371 f. = NJW 1988, 2729-2730, 2729, zur Verpflichtung des Erbens eines Rechnungslegungspflichtigen zur Abgabe der eidesstattlichen Versicherung.

ergebenden gesetzlichen Grenzen[43] – festzulegen,[44] kann aber von dem die eidesstattliche Versicherung abnehmenden Gericht nach Zweckmäßigkeitsgesichtspunkten geändert werden (§ 261 Abs. 2 BGB, vgl. die Kommentierung zu § 261 BGB Rn. 6). Die Abgabe einer falschen eidesstattlichen Versicherung ist nach den §§ 156, 163 StGB strafbar.

D. Prozessuale Hinweise/Verfahrenshinweise

I. Stufenklage

21 Ein Anspruch auf Rechnungslegung (bzw. Auskunft nach § 260 BGB) kann durch Leistungsklage geltend gemacht werden. Ein entsprechender Leistungsantrag kann sogleich mit einem (Hilfs-)Antrag auf Verpflichtung zur Abgabe der eidesstattlichen Versicherung (§§ 259 Abs. 1, 260 Abs. 2 BGB) und einem (entgegen § 253 Abs. 2 Nr. 2 ZPO zunächst unbestimmten bzw. unbezifferten oder auch nur hinsichtlich eines Teils bestimmten bzw. eines Teilbetrages bezifferten)[45] Herausgabe- oder Zahlungsantrag dergestalt verbunden werden, dass die übrigen Anträge bis zur Rechnungslegung bzw. Auskunftserteilung vorbehalten bleiben (sog. **Stufenklage**, § 254 ZPO). Die Möglichkeit einer solchen Stufenklage lässt das Rechtsschutzinteresse für eine Feststellungsklage auf bloße Feststellung des Bestehens des Hauptanspruchs entfallen.[46]

22 Sofern die Klage nicht insgesamt abweisungsreif ist, entscheidet das Gericht über jede Stufe durch Teilurteil, nach dem das Verfahren erst auf Antrag einer der Parteien fortgesetzt wird. Der Kläger hat dann in jeder Stufe ergänzend Tatsachen zu den Anspruchsvoraussetzungen (also zu den Gründen des Verlangens einer eidesstattlichen Versicherung und zum Inhalt des Zahlungs- bzw. Herausgabeanspruchs) vorzutragen. Ungeachtet der fehlenden Bezifferung bzw. Konkretisierung und des Vorbehalts wird auch der Zahlungs- bzw. Herausgabeantrag bereits mit Zustellung der Klageschrift sogleich rechtshängig, allerdings nur in dem Umfang der später tatsächlich erfolgenden Bezifferung bzw. Konkretisierung, so dass die Verjährung auch des Zahlungs- bzw. Herausgabeanspruchs in diesem Umfang sogleich nach § 204 Abs. 1 Nr. 1 BGB gehemmt wird.

23 Ergibt die nach Durchführung der „ersten Stufe" erfolgte Rechnungslegung (bzw. Auskunftserteilung), dass ein Anspruch auf Zahlung bzw. Herausgabe tatsächlich nicht besteht, ist der vorbehaltene Zahlungs- bzw. Herausgabeanspruch von Anfang an unbegründet (sog. „stecken gebliebene" Stufenklage), so dass für eine einseitige Erklärung der Hauptsacheerledigung kein Raum ist.[47] Soweit sich der Beklagte aber mit der Erfüllung seiner Verpflichtung zur Rechnungslegung bzw. Auskunftserteilung in Verzug befand, besteht gegen ihn u.U. unter schadensersatzrechtlichen Gesichtspunkten ein materiellrechtlicher Kostenerstattungsanspruch, der ggf. nach der „ersten Stufe" anstelle des Leistungsantrages klageändernd mit einem Feststellungsantrag geltend gemacht werden kann.[48]

II. Streitwert

24 Der Streitwert einer Klage auf Rechnungslegung bzw. Auskunft oder auf Abgabe der eidesstattlichen Versicherung ist nach § 3 ZPO in Höhe eines Bruchteils des Wertes des vorzubereitenden Hauptanspruchs zu schätzen. Dies gilt jedenfalls für den (für die sachliche Zuständigkeit maßgeblichen, vgl. § 2 ZPO) **Zuständigkeitswert**, für den (für die die Berechnung der Gerichts- und Anwaltskosten maßgeblichen, vgl. § 48 Abs. 1 GKG, § 23 Abs. 1 RVG) **Gebührenstreitwert**[49] sowie für den (für die Statthaftigkeit eines Rechtsmittels maßgeblichen, vgl. § 511 Abs. 2 Nr. 1 ZPO, § 26 Nr. 8 EGZPO) **Wert der Beschwer** des unterlegenen **Rechnungslegungs- bzw. Auskunftsgläubigers**. Das Rechnungslegungs- bzw. Auskunftsinteresse des Gläubigers wird dabei mit einer Quote des Wertes des Leistungs-

---

[43] Vgl. RG v. 22.06.1929 - I 327/28 - RGZ 125, 256-261, 260.

[44] Vgl. BGH v. 29.11.1995 - IV ZB 19/95 - juris Rn. 15 - WM 1996, 466-467, 467 m.w.N.; BayObLG München v. 15.12.2004 - 2Z BR 203/04 - juris Rn. 13 - BayObLGR 2005, 319-320, 320.

[45] Vgl. BGH v. 27.03.1996 - XII ZR 83/95 - juris Rn. 19 - NJW-RR 1996, 833-835, 834 f.; BGH v. 26.04.1989 - IVb ZR 48/88 - juris Rn. 9 - BGHZ 107, 236-248, 239 = NJW 1989, 2821-2823, 2821.

[46] BGH v. 03.04.1996 - VIII ZR 3/95 - juris Rn. 40 - NJW 1996, 2097-2100, 2098.

[47] BGH v. 05.05.1994 - III ZR 98/93 - juris Rn. 8 - NJW 1994, 2895-2896, 2895 m.w.N.

[48] BGH v. 05.05.1994 - III ZR 98/93 - juris Rn. 15 - NJW 1994, 2895-2896, 2896 m.w.N., hiernach ist im Wege der Auslegung in dem – unbegründeten – Antrag des Klägers, die Erledigung der Hauptsache festzustellen und dem Beklagten die Kosten des Rechtsstreits aufzuerlegen, zugleich ein solches Begehren zu sehen. Vgl. zum Problem ausführlich *Lenz*, ZERB 2006, 375-376.

[49] BGH v. 09.08.2006 - XII ZR 165/05 - juris Rn. 13 - NJW 2006, 3060-3062, 3061 f.

anspruchs bestimmt, die i.d.R. zwischen 1/10 und 1/4 bemessen wird und umso höher anzusetzen ist, je geringer seine Kenntnisse und sein Wissen über die zur Begründung des Leistungsanspruchs maßgeblichen Tatsachen sind.[50] Für die Beschwer des zur Rechnungslegung bzw. Auskunft oder zur Abgabe der eidesstattlichen Versicherung verurteilten **Schuldners** kommt es demgegenüber nicht auf sein Interesse an der Verhinderung der Durchsetzung des Hauptanspruchs an, sondern allein auf sein Interesse, den konkreten titulierten Anspruch auf Rechnungslegung bzw. Auskunft oder auf Abgabe der eidesstattlichen Versicherung nicht zu erfüllen.[51] Dieses Interesse bemisst sich nach seinem Aufwand an Zeit und Kosten[52] für die Rechnungslegung bzw. Auskunftserteilung[53] oder die Abgabe der eidesstattlichen Versicherung[54] sowie ggf. dem Wert eines besonderen, sich aus einem durch die Erteilung der Auskunft drohenden, konkreten Nachteil ergebenden Geheimhaltungsinteresses.[55]

III. Zwangsvollstreckung

Die Zwangsvollstreckung eines Anspruchs auf Rechnungslegung bzw. Auskunft erfolgt – als nicht vertretbare Handlung – nach § 888 ZPO,[56] die Zwangsvollstreckung eines Anspruchs auf Abgabe der eidesstattlichen Versicherung nach § 889 ZPO[57] (vgl. hierzu im Übrigen die Kommentierung zu § 261 BGB Rn. 8). Soll ein nur unvollständig erfüllter Rechnungslegungs- oder Auskunftsanspruch zwangsweise durchgesetzt werden, verlangt der Verhältnismäßigkeitsgrundsatz eine Prüfung, ob die verlangte weitergehende Rechnungslegung bzw. (bestimmte) Auskunft für die Zwecke des Gläubigers überhaupt erforderlich ist und ob anstelle der Zwangsgeldanordnung nicht die Abgabe der eidesstattlichen Versicherung nach den §§ 259 Abs. 2, 260 Abs. 2, 261 BGB als milderes Mittel in Betracht kommt.[58]

25

E. Rechenschaftspflicht gegenüber Gericht

Das BGB ordnet in bestimmten Fällen für Verwalter fremden Vermögens eine Rechenschaftspflicht gegenüber einem Gericht an. Solche Rechenschaftspflichten treffen die Eltern bei Gefährdung des Kindesvermögens gegenüber dem Familiengericht (§ 1667 Abs. 1 BGB) sowie den Vormund (§§ 1840 Abs. 2-4, 1841-1843 BGB) und – durch Verweis auf die für die Vormundschaft geltenden Vorschriften – auch den Betreuer (§ 1908i Abs. 1 BGB) und den Pfleger (§ 1915 Abs. 1 BGB) gegenüber dem Vormundschaftsgericht. Für diese Rechenschaftspflichten gelten nicht die §§ 259, 261 BGB, sondern ausschließlich die jeweiligen Sonderregelungen (vgl. insbes. die §§ 1667 Abs. 1 Satz 2, Satz 3, 1841-1843 BGB). Nach § 1890 Satz 2 BGB kann die Verpflichtung des Vormunds zur Rechnungslegung nach den §§ 1890 Satz 1, 259 BGB gegenüber dem Mündel durch bloße Bezugnahme auf die nach § 1840 Abs. 2 BGB gegenüber dem Vormundschaftsgericht erfolgte Rechnungslegung erfüllt werden (Entsprechendes gilt für Betreuer und Pfleger, §§ 1908i Abs. 1, 1915 Abs. 1 BGB).

26

---

[50] Vgl. nur BGH v. 25.01.2006 - IV ZR 195/04 - juris Rn. 4 - FamRZ 2006, 619; BGH v. 22.10.2009 - IX ZR 75/07 - juris Rn. 2, jeweils m.w.N.

[51] Vgl. allgemein BGH v. 24.11.1994 - GSZ 1/94 - juris Rn. 9 - BGHZ 128, 85-92, 87 ff. = NJW 1995, 664-665, 664; *Schulte*, MDR 2000, 805-808.

[52] Zur Darlegung vgl. BGH v. 22.03.2010 - II ZR 75/09 - juris Rn. 4 ff. - NJW-RR 2010, 786-787, 786.

[53] BGH v. 27.06.2001 - IV ZB 3/01 - juris Rn. 5 - NJW-RR 2001, 1571-1572, 1571; BGH v. 29.01.2008 - X ZR 136/07 - juris Rn. 2 - WuM 2008, 160, jeweils m.w.N.

[54] BGH v. 30.03.2000 - III ZB 2/00 - juris Rn. 4 - NJW 2000, 2113-2114, 2113; OLG Brandenburg v. 11.01.2008 - 13 U 131/07 - NZM 2009, 51-52, jeweils m.w.N.

[55] Zur Darlegung vgl. BGH v. 22.03.2010 - II ZR 75/09 - juris Rn. 19 - NJW-RR 2010, 786-787, 787 m.w.N.

[56] Vgl. BGH v. 13.11.1985 - IVb ZB 112/82 - juris Rn. 8 - NJW-RR 1986, 369; BGH v. 11.05.2006 - I ZB 94/05 - juris Rn. 13 - NJW 2006, 2706-2707, 2707; BGH v. 28.11.2007 - XII ZB 225/05 - juris Rn. 13 - NJW 2008, 917-918, 917; BayObLG München v. 18.04.2002 - 2Z BR 9/02 - juris Rn. 16 - NJW-RR 2002, 1381-1383, 1382.

[57] Vgl. BGH, Urt. v. 30.03.2000 - III ZB 2/00 - juris Rn. 5 - NJW 2000, 2113-2114, 2114; OLG Celle v. 23.06.1996 - 4 W 89/95 - juris Rn. 6 - OLGR Celle 1995, 310; OLG Frankfurt v. 30.07.2003 - 3 WF 177/03 - juris Rn. 3 - FamRZ 2004, 129; BayObLG München v. 15.12.2004 - 2Z BR 203/04 - juris Rn. 14 - BayObLGR 2005, 319-320, 320.

[58] BVerfG v. 28.10.2010 - 2 BvR 535/10 - juris-Rn. 20 - GRURPrax 2011, 45 (Ls.).

§ 260 BGB Pflichten bei Herausgabe oder Auskunft über Inbegriff von Gegenständen

(Fassung vom 02.01.2002, gültig ab 01.01.2002)

(1) Wer verpflichtet ist, einen Inbegriff von Gegenständen herauszugeben oder über den Bestand eines solchen Inbegriffs Auskunft zu erteilen, hat dem Berechtigten ein Verzeichnis des Bestands vorzulegen.

(2) Besteht Grund zu der Annahme, dass das Verzeichnis nicht mit der erforderlichen Sorgfalt aufgestellt worden ist, so hat der Verpflichtete auf Verlangen zu Protokoll an Eides statt zu versichern, dass er nach bestem Wissen den Bestand so vollständig angegeben habe, als er dazu imstande sei.

(3) Die Vorschrift des § 259 Abs. 3 findet Anwendung.

Gliederung

A. Grundlagen 1	3. Rechtliche Modalitäten des Auskunftsanspruchs 12
B. Anwendungsvoraussetzungen 2	II. Abgabe der eidesstattlichen Versicherung 14
I. Normstruktur 2	1. Voraussetzungen 14
II. „Inbegriff von Gegenständen" 3	2. Eidesstattliche Versicherung 15
III. Anwendungsfälle 4	D. Prozessuale Hinweise/Verfahrenshinweise 16
1. Bestehende Verpflichtung zur Herausgabe (Absatz 1 Alternative 1) 4	E. Sonstige Auskunftsansprüche 17
2. Bestehende Verpflichtung zur Auskunftserteilung (Absatz 1 Alternative 2) 5	I. Fälle sonstiger Auskunftsansprüche 17
C. Rechtsfolgen 6	1. Verpflichtung zur Auskunft über andere Umstände 17
I. Vorlage eines Bestandsverzeichnisses 6	2. Allgemeiner Auskunftsanspruch 18
1. Bestandsverzeichnis 6	II. Inhalt sonstiger Auskunftsansprüche ... 22
2. Anspruch auf Belegvorlage? 10	

A. Grundlagen

1   Die Bestimmung regelt den Inhalt einer – anderweitig begründeten – Verpflichtung zur Erteilung von Auskunft. Wie die von § 259 BGB geregelten, weitergehenden und spezielleren Rechenschaftspflichten dienen Auskunftspflichten regelmäßig der Vorbereitung der Durchsetzung anderer Ansprüche und haben daher eine Hilfsfunktion (vgl. die Kommentierung zu § 259 BGB Rn. 1). Unmittelbar betrifft § 260 BGB allerdings nur die Verpflichtung zur Auskunft über einen „Inbegriff von Gegenständen", während die Erteilung sonstiger Auskünfte nicht ausdrücklich geregelt ist (zu sonstigen Auskunftspflichten vgl. Rn. 17). Den Rechenschafts- und Auskunftspflichten stehen die Ansprüche auf Vorlage von Sachen oder Urkunden nach den §§ 809-811 BGB nahe, in deren systematischem Zusammenhang sich die Regelung der Auskunftspflicht im I. Entwurf auch noch befand (vgl. E I § 777).

B. Anwendungsvoraussetzungen

I. Normstruktur

2   § 260 BGB setzt das Vorliegen eines „Inbegriffs von Gegenständen" (vgl. Rn. 3) voraus und regelt hieran anknüpfend zwei Anwendungsfälle, nämlich zum einen eine bestehende Verpflichtung zu dessen Herausgabe (§ 260 Abs. 1 Alt. 1 BGB, vgl. Rn. 4), zum anderen eine bestehende Verpflichtung zur Erteilung von Auskunft hierüber (§ 260 Abs. 1 Alt. 2 BGB, Rn. 5). Für beide Fälle ordnet § 260 BGB eine Pflicht des Schuldners zur Vorlage eines Verzeichnisses des Bestands an (vgl. Rn. 6). Besteht nach (formaler) Erfüllung dieser Pflicht Grund für die Annahme, dass das Bestandsverzeichnis nicht mit der erforderlichen Sorgfalt aufgestellt worden ist, gewährt § 260 Abs. 2 BGB – soweit es sich nicht um eine Angelegenheit von geringer Bedeutung (§ 260 Abs. 3 BGB i.V.m. § 259 Abs. 3 BGB) handelt – zur Bekräftigung einen Anspruch auf Versicherung der Vollständigkeit des Bestandsverzeichnisses an Eides statt (vgl. Rn. 14).

II. „Inbegriff von Gegenständen"

Ein „Inbegriff von Gegenständen" i.S.d. § 260 Abs. 1 BGB ist zunächst eine **Sachgesamtheit**, die üblicherweise unter einem gemeinsamen Namen zusammengefasst wird.[1] Beispiele hierfür sind ein Warenlager, eine Bibliothek oder ein Hofinventar. Darüber hinaus ist ein „Inbegriff von Gegenständen" aber jede durch ein **einheitliches Rechtsverhältnis zusammengefasste Mehrheit von Vermögensgegenständen** (Sachen und Forderungen), die der Berechtigte nicht einzeln bezeichnen kann,[2] wie etwa das Vermögen einer Person oder ein Nachlass.

III. Anwendungsfälle

1. Bestehende Verpflichtung zur Herausgabe (Absatz 1 Alternative 1)

Erster Anwendungsfall von § 260 BGB ist das Bestehen einer Verpflichtung zur Herausgabe eines solchen Inbegriffs von Gegenständen. Woraus sich die Herausgabepflicht ergibt, ist für die Anwendung der Vorschrift unerheblich. Unter § 260 Abs. 1 Alt. 1 BGB fallen daher etwa – ungeachtet einer eventuell darüber hinaus bestehenden Rechenschaftspflicht nach § 259 BGB bezüglich der Ausgaben und Einnahmen (vgl. die Kommentierung zu § 259 BGB Rn. 4) – die Auseinandersetzung des Gesamtgutes nach Scheidung (§ 1478 BGB) oder die Herausgabe des Kindesvermögens durch die Eltern bei Ende der Vermögenssorge (§ 1698 BGB), des Mündelvermögens durch den Vormund bei Ende der Vormundschaft (§ 1890 BGB; Entsprechendes gilt für den Betreuer, § 1908i Abs. 1 Satz 1 BGB, und den Pfleger, § 1915 Abs. 1 BGB), der Erbschaft durch den Vorerben an den Nacherben bei Eintritt der Nacherbfolge (§ 2130 Abs. 1 BGB) oder des Nachlasses durch den Testamentsvollstrecker bei Beendigung seines Amtes (§§ 2218 Abs. 1, 667 BGB).[3] Auch soweit aufgrund anderer Vorschriften (etwa den §§ 285, 812, 985, 2018 BGB oder als Folge eines Schadensersatzanspruches, § 249 Abs. 1 BGB) oder aufgrund einer rechtsgeschäftlichen Vereinbarung eine Gesamtheit von Sachen oder Forderungen herauszugeben ist, ist § 260 BGB anwendbar.

2. Bestehende Verpflichtung zur Auskunftserteilung (Absatz 1 Alternative 2)

Zweiter Anwendungsfall von § 260 BGB ist das Bestehen eines – anderweitig begründeten – Anspruchs auf Erteilung von Auskunft über den Bestand eines Inbegriffs von Gegenständen. Ein solcher Auskunftsanspruch i.S.d. § 260 Abs. 1 Alt. 2 BGB kann sich wiederum aus Gesetz oder Vertrag ergeben. Gesetzliche Auskunftsansprüche finden sich vielfach. Den in § 260 Abs. 1 Alt. 2 BGB nur angesprochenen Bestand eines Inbegriffs von Gegenständen betreffen dabei etwa die gesetzlichen Auskunftspflichten über Einkünfte und Vermögen eines Unterhaltspflichtigen (vgl. die §§ 1580, 1587e Abs. 1, 1605, 1613 Abs. 1 BGB), über den Bestand des verwalteten Vermögens (vgl. § 1891 Abs. 2 BGB), des Endvermögens (§ 1379 Abs. 1 BGB) oder des Nachlasses bzw. der Erbschaft (vgl. die §§ 2003 Abs. 2, 2011, 2012 Abs. 1, 2027, 2127, 2314 Abs. 1, 2362 Abs. 1 BGB). Zu gesetzlichen Ansprüchen auf Erteilung von Auskunft über andere Umstände als einen Inbegriff von Gegenständen vgl. Rn. 17.

C. Rechtsfolgen

I. Vorlage eines Bestandsverzeichnisses

1. Bestandsverzeichnis

Soweit ein Herausgabe- oder Auskunftsanspruch über einen Inbegriff von Gegenständen besteht, hat der Verpflichtete dem Berechtigten ein **Verzeichnis des Bestandes** vorzulegen (§ 260 Abs. 1 BGB), das dann ggf. Grundlage der Substantiierung des Herausgabeanspruchs sein kann. In dem Verzeichnis sind damit (vorbehaltlich einer abweichenden Parteivereinbarung)[4] alle zum Inbegriff der Gegenstände gehörenden Einzelgegenstände in übersichtlicher Zusammenstellung[5] aufzuführen. Soweit dies für den Zweck des Auskunftsanspruchs erforderlich ist (etwa weil er – wie der Auskunftsanspruch des Pflichtteilsberech-

---

[1] Vgl. Motive, Bd. II, S. 894 = *Mugdan*, Bd. 2, S. 499.
[2] Vgl. Motive, Bd. II, S. 894 = *Mugdan*, Bd. 2, S. 499; RG v. 04.04.1917 - I 185/16 - RGZ 90, 137-140, 139.
[3] Vgl. OLG Köln v. 05.08.2009 - 2 U 190/08 - juris Rn. 51 - ErbR 2010, 65 (Ls.).
[4] Vgl. OLG Celle v. 04.07.2005 - 4 W 137/05 - juris Rn. 9 - InVo 2006, 70-71, 71.
[5] Vgl. OLG Schleswig v. 22.06.1998 - 15 UF 128/97 - juris Rn. 11 - OLGR Schleswig 1998, 412: Es reicht nicht aus, dass sich die Auskunft aus einer Vielzahl von Schriftsätzen und außergerichtlichen Schreiben ermitteln lässt.

§ 260

tigten gegen den Erben nach § 2314 Abs. 1 Satz 1 BGB – der Berechnung eines Saldos dient), muss das Verzeichnis außer den Aktiva auch die Passiva enthalten.[6] Die aufgeführten Positionen müssen so detailliert und genau bezeichnet werden, dass dem Auskunftsberechtigten eine eigene Bewertung möglich ist.[7]

7 Eine eigene **Bewertung** der im Bestandsverzeichnis aufgeführten Gegenstände durch den Auskunftspflichtigen und eine entsprechende Wertangabe im Bestandsverzeichnis ist regelmäßig nicht geschuldet,[8] es sind vielmehr nur die wertbildenden Faktoren (aus denen sich der Auskunftsberechtigte dann ein eigenes Bild machen muss) anzugeben.[9] Einen besonderen – und gesondert geltend zu machenden – Wertermittlungsanspruch hat jedoch nach § 2314 Abs. 1 Satz 2 BGB der Pflichtteilsberechtigte gegen den Erben. Darüber hinaus kann sich bei Vorliegen besonderer Umstände aus dem Grundsatz von Treu und Glauben ausnahmsweise auch ein allgemeiner Wertermittlungsanspruch ergeben.[10]

8 Die geschuldete Vorlage eines Bestandsverzeichnisses impliziert, dass die Auskunft regelmäßig **schriftlich** (zu Ausnahmen vgl. Rn. 22) erteilt werden muss.[11] Dies ist indessen nur im Sinne einer Verkörperung zu verstehen und setzt daher nicht die Einhaltung der Schriftform des § 126 BGB voraus, so dass insbes. nicht etwa die eigenhändige Unterschrift des Auskunftsverpflichteten selbst für eine ordnungsgemäße Auskunft erforderlich ist.[12]

9 Die Auskunftserteilung ist **Wissenserklärung** und nicht Willenserklärung.[13] Die Vorschriften über Rechtsgeschäfte sind daher auf die Abgabe der Erklärung nicht anwendbar. Als Wissenserklärung ist die Auskunft eine Erklärung des Auskunftspflichtigen über sein tatsächlich vorhandenes (eigenes) Wissen. Ihre Erteilung setzt daher das Vorhandensein entsprechenden Wissens beim Auskunftspflichtigen voraus, der indessen alles Zumutbare unternehmen muss, um sich die zur Auskunftserteilung erforderliche Kenntnis zu verschaffen.[14] Die Auskunft muss auch vom Auskunftspflichtigen selbst stammen, der sich freilich bei der Erteilung Hilfspersonen bedienen darf, soweit dies zur sachgerechten Erfüllung seiner Verpflichtung erforderlich ist.[15] Bedient er sich für die Übermittlung der Auskunft einer Hilfsperson (z.B. eines Rechtsanwalts), muss sichergestellt sein, dass die Erklärung auch tatsächlich vom Auskunftspflichtigen stammt.[16]

2. Anspruch auf Belegvorlage?

10 Anders als nach § 259 Abs. 1 BGB (vgl. die Kommentierung zu § 259 BGB Rn. 12) besteht nach § 260 Abs. 1 BGB kein Anspruch auf Vorlage von **Belegen**.[17] Der Gläubiger des Auskunftsanspruchs hat da-

---

[6] Vgl. BGH v. 02.11.1960 - V ZR 124/59 - juris Rn. 11 - BGHZ 33, 373-381, 374 = NJW 1961, 602-603, 603.
[7] Vgl. OLG Düsseldorf v. 02.07.1993 - 7 W 36/93 - juris Rn. 4 - OLGR Düsseldorf 1993, 277.
[8] Vgl. BGH v. 04.10.1989 - IVa ZR 198/88 - juris Rn. 8 - BGHZ 108, 393-400, 395 f. = NJW 1990, 180-181, 180.
[9] OLG München v. 15.02.1995 - 12 WF 524/95 - juris Rn. 3 - FamRZ 1995, 737.
[10] Vgl. BGH v. 08.07.1985 - II ZR 150/84 - juris Rn. 10 - NJW 1986, 127-129, 128.
[11] BGH v. 01.12.1983 - IX ZR 41/83 - juris Rn. 9 - BGHZ 89, 137-149, 139 = NJW 1984, 484-487, 485; BGH v. 28.11.2007 - XII ZB 225/05 - juris Rn. 13 - NJW 2008, 917-918, 917.
[12] BGH v. 28.11.2007 - XII ZB 225/05 - juris Rn. 12 - NJW 2008, 917-918, 917. Zuvor war diese Frage hoch umstritten. Ebenso wie später der BGH: KG Berlin v. 12.07.1996 - 18 UF 2577/96 - FamRZ 1997, 503; OLG München v. 10.02.1998 - 2 WF 528/98 - juris En. 10 - OLGR München 1998, 82; OLG Jena v. 15.12.1998 - WF 110/98 - OLGR Jena 1999, 156; OLG Nürnberg v. 08.09.1999 - 7 UF 2427/99 - FuR 2000, 294-295; OLG Nürnberg v. 25.02.2005 - 5 U 3721/04 - juris Rn. 11 - NJW-RR 2005, 808-809, 809; OLG Zweibrücken v. 18.08.2000 - 2 UF 43/00 - juris Rn. 21 - FamRZ 2001, 763-764, 764; OLG Karlsruhe v. 23.01.2003 - 18 WF 197/02 - FamRZ 2004, 106; OLG Karlsruhe v. 19.07.2005 - 20 WF 65/05 - FamRZ 2006, 284-285; OLG Hamm v. 11.10.2004 - 11 WF 219/04 - FamRZ 2005, 1194-1195; OLG Dresden v. 09.12.2004 - 21 UF 486/04 - FamRZ 2005, 1195-1196; a.A. waren etwa OLG München v. 15.02.1995 - 12 WF 524/95 - juris Rn. 3 - FamRZ 1995, 737; OLG München v. 1.08.1995 - 12 WF 918/95 - juris Rn. 3 - FamRZ 1996, 307; OLG Hamm v. 01.03.2000 - 6 UF 51/99 - FamRZ 2001, 763; OLG Köln v. 07.05.2002 - 4 WF 59/02 - juris Rn. 4 - FamRZ 2003, 235-236, 236; OLG Brandenburg v. 07.01.2004 - 13 U 25/03 - ZERB 2004, 132-134.
[13] Vgl. BGH v. 24.03.1994 - I ZR 42/93 - juris En. 16 - BGHZ 125, 322-334, 326 = NJW 1994, 1958-1961, 1959 - Cartier-Armreif; BGH v. 28.11.2007 - XII ZE 225/05 - juris Rn. 13 - NJW 2008, 917-918, 917.
[14] Vgl. BGH v. 28.02.1989 - XI ZR 91/88 - juris Rn. 12 - BGHZ 107, 104-111, 108 = NJW 1989, 1601-1602, 1601.
[15] BGH v. 28.11.2007 - XII ZB 225/05 - juris Rn. 15 - NJW 2008, 917-918, 917; vgl. auch BGH v. 26.10.2005 - XII ZB 25/05 - juris Rn. 4 - FamRZ 2006, 33-34, 33; BGH v. 31.01.2007 - XII ZB 133/06 - juris Rn. 4 - NJW-RR 2007, 724-725, 724.
[16] BGH v. 28.11.2007 - XII ZB 225/05 - juris Rn. 18 - NJW 2008, 917-918, 918.
[17] Vgl. BGH v. 31.03.1971 - VIII ZR 198/69 - juris Rn. 10 - WM 1971, 565-567, 566; BGH v. 21.02.2002 - I ZR 140/99 - juris Rn. 43 - NJW-RR 2002, 1119-1122, 1121 - Entfernung der Herstellungsnummer III; kritisch wird die geltende Rechtslage gesehen von *Klinger/Mohr*, NJW-Spezial 2008, 71-72.

her im Regelfall (zu Ausnahmen vgl. Rn. 11) keinen Anspruch darauf, dass ihm die Richtigkeit der erteilten Auskunft nachgewiesen wird. Unterlagen sind im Rahmen der Auskunft nur dann vorzulegen, wenn sich aus ihnen die relevanten näheren Umstände des in das Verzeichnis aufzunehmenden Gegenstandes überhaupt erst ergeben, wie dies insbes. bei Bilanzen und ähnlichen Unterlagen eines aufzuführenden Unternehmens der Fall ist.[18] Solche Unterlagen dienen aber nicht dem Nachweis der Richtigkeit der erteilten Auskunft, sondern sind Teil der Auskunft selbst, weil sie es dem Auskunftsberechtigten überhaupt erst ermöglichen, sich ein Bild von dem im Bestandsverzeichnis aufgeführten Gegenstand zu machen.

Weitergehende Rechte des Auskunftsberechtigten gibt es nur in den Fällen, in denen das Gesetz abweichend von § 260 BGB ausdrücklich die Pflicht zur Vorlage von Belegen anordnet (so vor allem nach § 1605 Abs. 1 Satz 2 BGB, auf den die §§ 1361 Abs. 4 Satz 4, 1580 Satz 2 BGB verweisen, oder nach § 1379 Abs. 4 Satz 2 BGB[19]) oder dem Berechtigten ein Einsichtsrecht in Unterlagen des Verpflichteten gibt (so nach § 810 BGB, §§ 65, 87c Abs. 4, 157 Abs. 3, 166 Abs. 1, 233 Abs. 1, 498 Satz 2 HGB).[20] Auch bei sonstigen, nicht unmittelbar unter § 260 BGB fallenden Auskunftsansprüchen kann sich im Einzelfall ein Anspruch auf Vorlage von Nachweisen ergeben (vgl. Rn. 22). Soweit hiernach ein Vorlageanspruch besteht, müssen bei einer Leistungsklage auf Vorlage die betroffenen Belege im Antrag genau bezeichnet werden.[21]

3. Rechtliche Modalitäten des Auskunftsanspruchs

Zur rechtlichen Behandlung des Auskunftsanspruchs und zu seiner Abhängigkeit vom Hauptanspruch vgl. die Kommentierung zu § 259 BGB Rn. 7. **Grenzen** der Auskunftspflicht ergeben sich aus dem Gebot von Treu und Glauben.[22]

Das Bestandsverzeichnis ist grds. auf Kosten des Verpflichteten zu erstellen (vgl. die Kommentierung zu § 259 BGB Rn. 13).

II. Abgabe der eidesstattlichen Versicherung

1. Voraussetzungen

Da mit dem Auskunftsanspruch selbst nur ein formell ordnungsgemäßes, nicht aber ein inhaltlich richtiges und tatsächlich vollständiges Bestandsverzeichnis erzwungen werden kann, gibt § 260 Abs. 2 BGB dem Gläubiger einen weiteren (Hilfs-)Anspruch auf Versicherung der Vollständigkeit des Bestandsverzeichnisses an Eides statt. Dieser (materiellrechtliche) Anspruch auf Abgabe der eidesstattlichen Versicherung[23] besteht nicht von vornherein, sondern setzt voraus, dass der Auskunftsanspruch zunächst formell ordnungsgemäß erfüllt worden ist (vgl. die Kommentierung zu § 259 BGB Rn. 14), und dass sodann Grund zu der Annahme besteht, dass das Bestandsverzeichnis nicht mit der erforderlichen Sorgfalt aufgestellt wurde (vgl. die Kommentierung zu § 259 BGB Rn. 15). Ausgeschlossen ist der Anspruch auf Abgabe der eidesstattlichen Versicherung gem. § 260 Abs. 3 BGB i.V.m. § 259 Abs. 3 BGB, wenn es sich lediglich um eine Angelegenheit von geringer Bedeutung handelt (vgl. die Kommentierung zu § 259 BGB Rn. 17).

2. Eidesstattliche Versicherung

Besteht hiernach ein Anspruch auf Abgabe der eidesstattlichen Versicherung (zu dessen Übertragbarkeit vgl. die Kommentierung zu § 259 BGB Rn. 19), lautet die Formel der vom Schuldner abzugebenden Versicherung nach § 260 Abs. 2 BGB, „dass er nach bestem Wissen den Bestand so vollständig angegeben habe, als er dazu imstande sei". Der genaue Wortlaut der abzugebenden eidesstattlichen Versicherung ist im Klageantrag zu bestimmen und vom Prozessgericht im Urteilstenor (im Rahmen

---

[18] Vgl. BGH v. 06.03.1952 - IV ZR 16/51 - LM Nr. 1 zu § 260 BGB; BGH v. 02.11.1960 - V ZR 124/59 - juris Rn. 19 - BGHZ 33, 373-381, 378 = NJW 1961, 602-603, 604; BGH v. 30.10.1974 - IV ZR 41/73 - NJW 1975, 258-259; OLG Düsseldorf v. 17.05.1996 - 7 U 126/95 - NJW-RR 1997, 454-457.
[19] Vgl. hierzu *Jaeger*, FPR 2012, 91-96.
[20] Zum Anspruch auf Vorlage von Belegen im Rahmen der Auskunft und Rechnungslegung im Fall der Verletzung eines Rechts des geistigen Eigentums vgl. jetzt ausführlich *Stjerna*, GRUR 2011, 789-795.
[21] BGH v. 26.01.1983 - IVb ZR 355/81 - juris Rn. 10 - NJW 1983, 1056.
[22] Vgl. BGH v. 28.10.1953 - II ZR 149/52 - juris Rn. 24 - BGHZ 10, 385-389, 387 = NJW 1954, 70-71, 71.
[23] Bis zur Änderung der Vorschrift durch das Gesetz zur Änderung des Rechtspflegergesetzes, des Beurkundungsgesetzes und zur Umwandlung des Offenbarungseides in eine eidesstattliche Versicherung vom 27.06.1970, BGBl I 1970, 911, war die Ablegung eines Offenbarungseides geschuldet.

der sich aus § 260 Abs. 2 BGB ergebenden gesetzlichen Grenzen)[24] festzulegen,[25] doch kann das Gericht, das die eidesstattliche Versicherung abnimmt, diese Formel Zweckmäßigkeitsgesichtspunkten anpassen (§ 261 Abs. 2 BGB, vgl. die Kommentierung zu § 261 BGB Rn. 6). Zur Erfüllung des Anspruchs auf Abgabe der eidesstattlichen Versicherung vgl. im Übrigen § 261 BGB und die Kommentierung zu § 261 BGB sowie die §§ 410-413 FamFG. Die Abgabe einer falschen eidesstattlichen Versicherung ist nach den §§ 156, 163 StGB strafbar.

D. Prozessuale Hinweise/Verfahrenshinweise

16 Zur prozessualen Durchsetzung von Auskunftsansprüchen vgl. die Kommentierung zu § 259 BGB Rn. 21, zum Streitwert einer Auskunftsklage vgl. die Kommentierung zu § 259 BGB Rn. 24, und zur Zwangsvollstreckung vgl. die Kommentierung zu § 259 BGB Rn. 25.

E. Sonstige Auskunftsansprüche

I. Fälle sonstiger Auskunftsansprüche

1. Verpflichtung zur Auskunft über andere Umstände

17 Mit der auf den „Inbegriff von Gegenständen" gerichteten Auskunftspflicht im Sinne § 260 BGB ist nur ein Ausschnitt der gesetzlichen und vertraglichen Auskunftspflichten erfasst. Vielfach richten sich Auskunftsansprüche auf **andere Umstände**, die für die Rechtsbeziehungen der Parteien von Bedeutung sind. So regelt das BGB z.B. Auskunftsansprüche, die sich auf Mitteilung der zur Durchsetzung eines Rechts oder der Erwirkung einer gerichtlichen Entscheidung notwendigen Informationen (vgl. die §§ 402, 799 Abs. 2 BGB), des Inhalts eines Vertrages (vgl. § 469 Abs. 1 BGB), eigener Verpflichtungen (vgl. § 558 Abs. 4 BGB), der Gründe für eine bestimmte Erklärung (vgl. die §§ 574b Abs. 1, 595 Abs. 4, 626 Abs. 2 BGB), des Standes geführter Geschäfte (vgl. die §§ 666, 740 Abs. 2, 1435, 1799 Abs. 2, 1839, 1891 Abs. 2, 2028 Abs. 1 BGB) oder des Verbleibs von Gegenständen (vgl. die §§ 2027, 2028 Abs. 1, 2362 Abs. 1 BGB) richten.

2. Allgemeiner Auskunftsanspruch

18 In der Rechtsprechung ist darüber hinaus anerkannt, dass nach dem Grundsatz von **Treu und Glauben** ein „allgemeiner" Auskunftsanspruch als „Hilfsanspruch" zur Ermöglichung der Durchsetzung von anderen (Haupt-)Ansprüchen in solchen Sonderrechtsbeziehungen besteht, die es mit sich bringen, dass der Berechtigte entschuldbarerweise über Bestehen und Umfang seines Rechts im Ungewissen ist, der Verpflichtete hingegen zur Auskunftserteilung ohne weiteres in der Lage ist.[26]

19 Voraussetzung eines solchen allgemeinen Auskunftsanspruchs ist stets das Bestehen einer **Rechtsbeziehung**, aus der sich die Auskunftspflicht als Nebenpflicht ergibt. Solche Rechtsbeziehungen können – auch als Vertrag zugunsten Dritter[27] – vertraglicher Natur[28] sein, möglich sind nach Treu und Glauben begründete Auskunftspflichten aber auch bei – etwa durch Delikt oder ungerechtfertigte Bereicherung begründeten – gesetzlichen Schuldverhältnissen[29]. Auch über die bereits gesetzlich geregelten

---

[24] Vgl. RG v. 22.06.1929 - I 327/28 - RGZ 125, 256-261, 260.

[25] Vgl. BGH v. 29.11.1995 - IV ZB 19/95 - juris Rn. 15 - WM 1996, 466-467, 467 m.w.N.; BayObLG München v. 15.12.2004 - 2Z BR 203/04 - juris Rn. 13 - BayObLGR 2005, 319-320, 320.

[26] Vgl. etwa BGH v. 28.10.1953 - II ZR 149/52 - juris Rn. 23 - BGHZ 10, 385-389, 386 f. = NJW 1954, 70-71, 71; BGH v. 14.07.1987 - IX ZR 57/86 - juris Rn. 16 - NJW-RR 1987, 1296-1297, 1296; BGH v. 17.07.2002 - VIII ZR 64/01 - juris Rn. 9 - NJW 2002, 3771-3772, 3771; und die Kasuistik bei *Wolf* in: Soergel, § 260 Rn. 32 ff.; *Bittner* in: Staudinger, § 260 Rn. 22 ff.; *Krüger* in: MünchKomm-BGB, § 260 Rn. 21 ff.; *Grüneberg* in: Palandt, § 260 Rn. 10 ff.

[27] BGH v. 19.02.1982 - V ZR 234/81 - juris Rn. 10 - NJW 1982, 1807-1808, 1808.

[28] Vgl. etwa BGH v. 27.07.2000 - III ZR 279/99 - juris Rn. 7 - NJW-RR 2001, 705-706, 706; BGH v. 22.11.2000 - VIII ZR 40/00 - juris Rn. 11 - NJW 2001, 821-822, 822; BGH v. 06.06.2002 - I ZR 79/00 - juris Rn. 59 - NJW-RR 2002, 1565-1568, 1567 - Titelexklusivität.

[29] Vgl. etwa BGH v. 07.05.1980 - VIII ZR 120/79 - juris Rn. 16 - NJW 1980, 2463-2464, 2464; BGH v. 24.03.1994 - I ZR 42/93 - juris Rn. 29 - BGHZ 125, 322-334, 331 = NJW 1994, 1958-1961, 1960 - Cartier-Armreif; BGH v. 17.05.2001 - I ZR 291/98 - juris Rn. 30 - BGHZ 148, 26-39, 30 = GRUR 2001, 841-845, 842 f. - Entfernung der Herstellungsnummer II; zur Rechenschaftspflicht bei Schuldrechtsverletzungen vgl. die Kommentierung zu § 259 BGB Rn. 6.

Fälle kommen Auskunftsansprüche nach Treu und Glauben in Betracht in familienrechtlichen Rechtsbeziehungen[30] und in den bedingten Rechtsverhältnissen des Erbrechts, die aus dem sich u.U. gegen Schenkungsempfänger ergebenden Herausgabeanspruch des Pflichtteilsberechtigten (§ 2329 BGB)[31] oder des Nacherben (vgl. § 2113 Abs. 2 BGB)[32] folgen. Fehlt es hingegen an einer derartigen Sonderrechtsbeziehung, scheiden Auskunftsansprüche aus; eine generelle, nicht aus besonderen Rechtsgründen abgeleitete Auskunftspflicht desjenigen, der über bestimmte Kenntnisse verfügt, die für einen anderen von Interesse sind, existiert nicht.[33]

Außer zur Bezifferung von Schadensersatzansprüchen kommen nach Treu und Glauben begründete Auskunftsansprüche etwa zur Berechnung der Höhe eines Provisionsanspruchs[34], einer Konzessionsabgabe[35] oder einer Arbeitnehmererfindervergütung[36] oder zur Feststellung eines Anspruchs auf Vertragsanpassung[37] in Betracht. Voraussetzung ist stets, dass der **Hauptanspruch jedenfalls dem Grunde nach besteht**[38] und ausreichend substantiiert dargelegt wird.[39] Wird die Auskunft zum Beleg eines vertraglichen Schadensersatzanspruchs geltend gemacht, reicht der begründete Verdacht einer Vertragspflichtverletzung aus.[40] Bei Bestehen einer Sonderrechtsbeziehung kann eine Auskunftspflicht – insbes. im Wettbewerbsrecht – auch dann bestehen, wenn Schuldner des Hauptanspruchs ein Dritter ist.[41]

Der aus Treu und Glauben abgeleitete Auskunftsanspruch – der sich im Übrigen seinem Wesen nach stets nur auf Tatsachen beziehen kann[42] – besteht nur, soweit die begehrte Auskunft für den Auskunftsbegehrenden **unbedingt erforderlich** ist[43] und die Erteilung der Auskunft für den in Anspruch Genommenen **keinen unzumutbaren Aufwand** bedeutet[44]. Verlangt werden können daher insbes. nur solche

---

[30] Vgl. BGH v. 29.10.1981 - IX ZR 92/80 - juris Rn. 20 - BGHZ 82, 132-138, 137 f. = NJW 1982, 176-177, 177; BGH v. 09.12.1987 - IVb ZR 5/87 - juris Rn. 6 - NJW 1988, 1906-1907, 1906.

[31] Vgl. BGH v. 01.03.1971 - III ZR 37/68 - juris Rn. 39 - BGHZ 55, 378-380, 380 = NJW 1971, 842-843, 843; BGH v. 27.06.1973 - IV ZR 50/72 - juris Rn. 9 - BGHZ 61, 180-186, 183 = NJW 1973, 1876-1878, 1877; BGH v. 08.07.1985 - II ZR 150/84 - juris Rn. 9 - NJW 1986, 127-129, 128.

[32] Vgl. BGH v. 15.03.1972 - IV ZR 131/70 - juris Rn. 16 - BGHZ 58, 237-240, 239 = NJW 1972, 907-909, 908.

[33] Vgl. BGH v. 18.01.1978 - VIII ZR 262/76 - juris Rn. 17 - NJW 1978, 1002-1003, 1002; BGH v. 07.05.1980 - VIII ZR 120/79 - juris Rn. 15 - NJW 1980, 2463-2464; BGH v. 14.07.1987 - IX ZR 57/86 - juris Rn. 23 - NJW-RR 1987, 1296-1297, 1296; BGH v. 13.11.2001 - X ZR 134/00 - juris Rn. 37 - BGHZ 149, 165-178, 174 f. = GRUR 2002, 238-243, 241 f. - Auskunftsanspruch bei Nachbau; BGH v. 21.02.2002 - III ZR 107/01 - juris Rn. 10 - VIZ 2002, 408-410, 408; *Wolf* in: Soergel, § 260 Rn. 24; *Bittner* in: Staudinger, § 260 Rn. 18; *Grüneberg* in: Palandt, § 260 Rn. 5; *Ebert* in: Erman, § 259 , 260 Rn. 6.

[34] BGH v. 07.02.1990 - IV ZR 314/88 - juris Rn. 7 - NJW-RR 1990, 1370-1371 m.w.N.

[35] BGH v. 10.10.1990 - VIII ZR 370/89 - juris Rn. 34 - NJW-RR 1991, 176-177, 176.

[36] BGH v. 17.05.1994 - X ZR 82/92 - juris Rn. 30 - BGHZ 126, 109-124, 115 = NJW 1995, 386-389, 387; BGH v. 13.11.1997 - X ZR 132/95 - juris Rn. 60 - BGHZ 137, 162-173, 167 = NJW 1998, 3492-3497, 3494 - Copolyester II; BGH v. 13.11.1997 - X ZR 6/96 - juris Rn. 51 - NJW-RR 1998, 1755-1759, 1757 - Spulkopf.

[37] Vgl. BGH v. 13.12.2001 - I ZR 44/99 - juris Rn. 22 - NJW 2002, 2475-2477, 2476 - Musikfragmente.

[38] Vgl. BGH v. 26.01.1983 - IVb ZR 351/81 - juris Rn. 22 - NJW 1983, 2318-2321, 2320; BGH v. 08.10.1986 - IVa ZR 20/85 - juris Rn. 6 - NJW-RR 1987, 173-174, 173; BGH v. 26.11.1987 - I ZR 123/85 - juris Rn. 21 - GRUR 1988, 307-308, 308 - Gaby; BGH v. 11.06.1990 - II ZR 159/89 - juris Rn. 23 - NJW 1990, 3151-3152, 3152; BGH v. 29.09.1994 - IZR 114/84 - juris Rn. 34 - NJW-RR 1995, 424-428, 427 - Indorektal/Indohexal; BGH v. 18.01.1978 - VIII ZR 262/76 - juris Rn. 24 - NJW 1978, 1002-1003, 1003; BGH v. 15.01.1987 - IX ZR 4/86 - juris Rn. 7 - NJW 1987, 1812-1813, 1813; BGH v. 18.06.1998 - IX ZR 311/95 - juris Rn. 12 - NJW 1998, 2969-2972, 2970; BGH v. 21.01.1999 - IX ZR 429/97 - juris Rn. 14 - NJW 1999, 1033-1035, 1034; BGH v. 27.07.2000 - III ZR 279/99 - juris Rn. 8 - NJW-RR 2001, 705-706, 706; BGH v. 06.03.2001 - KZR 32/98 - juris Rn. 14 - GRUR 2001, 849-851, 851; BGH v. 21.02.2002 - I ZR 140/99 - juris Rn. 45 - NJW-RR 2002, 1119-1122, 1122 - Entfernung der Herstellungsnummer III.

[39] Vgl. BGH v. 28.11.1989 - VI ZR 63/89 - juris Rn. 7 - NJW 1990, 1358-1359, 1358.

[40] BGH v. 17.07.2002 - VIII ZR 64/01 - juris Rn. 9 - NJW 2002, 3771-3772, 3771.

[41] Vgl. BGH v. 24.03.1994 - I ZR 42/93 - juris Rn. 25 - BGHZ 125, 322-334, 329 = NJW 1994, 1958-1961, 1960 - Cartier-Armreif; BGH v. 23.02.1995 - I ZR 75/93 - juris Rn. 17 - NJW 1995, 1965-1966, 1966 - Schwarze Liste; BGH v. 17.05.2001 - I ZR 291/98 - juris Rn. 29 - BGHZ 148, 26-39, 30 = GRUR 2001, 841-845, 842 - Entfernung der Herstellungsnummer II.

[42] *Wolf* in: Soergel, § 260 Rn. 1.

[43] Vgl. BGH v. 19.01.1995 - III ZR 108/94 - juris Rn. 12 - NJW 1995, 1222-1223, 1223; BGH v. 03.04.1996 - VIII ZR 54/95 - juris Rn. 12 - NJW 1996, 2100-2102, 2101.

[44] BGH v. 13.12.2001 - I ZR 44/99 - juris Rn. 23 - NJW 2002, 2475-2477, 2476 - Musikfragmente.

Angaben, die für die Geltendmachung des Hauptanspruchs auch tatsächlich benötigt werden.[45] Kein Auskunftsanspruch besteht insbes., wenn ein anderer, näher liegender und leichterer, damit auch ohne weiteres zumutbarer Weg zur Beseitigung seiner Ungewissheit zur Verfügung steht, z.B. die Inanspruchnahme einer anderen Person, die ohne weiteres auskunftspflichtig ist[46] oder die Wahrnehmung einer bestehenden Akteneinsichtsmöglichkeit[47]. Ebenso ausgeschlossen ist ein Auskunftsverlangen, wenn der in Anspruch Genommene die Auskunft überhaupt nicht erteilen kann, etwa weil er hierzu nicht berechtigt ist.[48]

II. Inhalt sonstiger Auskunftsansprüche

22 Auch soweit solche nicht unmittelbar von § 260 BGB erfassten Auskunftsansprüche nicht durch Vorlage eines Bestandsverzeichnisses im Sinne von § 260 Abs. 1 BGB, sondern durch schlichte (u.U. auch mündliche)[49] Mitteilung der betreffenden Umstände zu erfüllen sind, können für deren Inhalt – jedenfalls soweit keine Sonderregelungen eingreifen – die §§ 260 Abs. 2, 3, 261 BGB entsprechend angewandt werden[50]. Welche Angaben zur Erfüllung solcher sonstigen Auskunftsansprüche konkret zu machen sind, richtet sich nach den Umständen des Einzelfalles. Aus den Umständen des Einzelfalls kann sich bei einem solchen aus Treu und Glauben hergeleiteten Auskunftsanspruch ergeben, dass – anders als nach § 260 BGB – auch die Vorlage bestimmter Belege geschuldet ist, weil sie etwa zur Überprüfung der Verlässlichkeit der Auskunft unbedingt erforderlich sind.[51]

---

[45] Vgl. BGH v. 29.09.1994 - I ZR 114/84 - juris Rn. 37 - NJW-RR 1995, 424-428, 427 f. - Indorektal/Indohexal.
[46] Vgl. BGH v. 18.01.1978 - VIII ZR 262/76 - juris Rn. 23 - NJW 1978, 1002-1003, 1002.
[47] Vgl. BGH v. 14.07.1987 - IX ZR 57/86 - juris Rn. 22 - NJW-RR 1987, 1296-1297, 1296.
[48] Vgl. BGH v. 04.04.1979 - VIII ZR 118/78 - juris Rn. 23 - NJW 1979, 2351-2353, 2353.
[49] Vgl. *Krüger* in: MünchKomm-BGB, § 260 Rn. 42; *Grüneberg* in: Palandt, § 260 Rn. 14.
[50] *Wolf* in: Soergel, § 260 Rn. 3; *Gernhuber*, Das Schuldverhältnis, 1989, § 24 V 1, S. 586.
[51] Vgl. BGH v. 17.05.2001 - I ZR 291/98 - juris Rn. 48 - BGHZ 148, 26-39, 37 = GRUR 2001, 841-845, 845 - Entfernung der Herstellungsnummer II; BGH v. 21.02.2002 - I ZR 140/99 - juris Rn. 43 - NJW-RR 2002, 1119-1122, 1121 f. - Entfernung der Herstellungsnummer III.

§ 261 BGB Änderung der eidesstattlichen Versicherung; Kosten

(Fassung vom 17.12.2008, gültig ab 01.09.2009)

(1) Das Gericht kann eine den Umständen entsprechende Änderung der eidesstattlichen Versicherung beschließen.

(2) Die Kosten der Abnahme der eidesstattlichen Versicherung hat derjenige zu tragen, welcher die Abgabe der Versicherung verlangt.

Gliederung

A. Grundlagen 1	III. Kosten der Abnahme der eidesstattlichen Versicherung 7
B. Anwendungsvoraussetzungen 2	D. Besonderheiten 8
C. Rechtsfolgen 3	I. Abgabe der eidesstattlichen Versicherung in der Zwangsvollstreckung 8
I. Abgabe der eidesstattlichen Versicherung vor dem Amtsgericht 3	
II. Formel der eidesstattlichen Versicherung 6	II. Entsprechende Anwendung von § 261 BGB 11

A. Grundlagen

Die Bestimmung betrifft das Verfahren einer nach den §§ 259 Abs. 2, 260 Abs. 2 BGB abzugebenden eidesstattlichen Versicherung und ergänzt hierfür die einschlägigen Vorschriften des Verfahrensrechts. Die ursprünglich in § 261 Abs. 1 BGB a.F. enthaltenen Regelungen zur Gerichtszuständigkeit sind mit dem FGG-RG mit Wirkung zum 01.09.2009 (ohne inhaltliche Änderung) durch § 411 Abs. 1 FamFG abgelöst worden; die bisherigen Absätze 2 und 3 sind dabei „aufgerückt". Geregelt wird in § 261 BGB und den jetzt in den §§ 410-413 FamFG enthaltenen Verfahrensvorschriften die **Erfüllung** einer bestehenden Verpflichtung zur Abgabe der eidesstattlichen Versicherung und damit nur die **freiwillige Abgabe** der eidesstattlichen Versicherung durch den Auskunfts- bzw. Rechenschaftspflichtigen. Die Erzwingung der eidesstattlichen Versicherung im Wege der Zwangsvollstreckung richtet sich demgegenüber nach § 889 ZPO und den weiteren Verfahrensvorschriften des 8. Buchs der ZPO (vgl. die Kommentierung zu § 259 BGB Rn. 25). 1

B. Anwendungsvoraussetzungen

Voraussetzung für die Anwendung von § 261 BGB ist mithin, dass eine **Verpflichtung** nach § 259 Abs. 2 BGB oder nach § 260 Abs. 2 BGB **zur Abgabe einer eidesstattlichen Versicherung** besteht. Ob der Schuldner hierzu bereits verurteilt wurde oder seine Verpflichtung vorprozessual erfüllen will, ist für die Anwendung des § 261 BGB und der §§ 410-413 FamFG unerheblich.[1] Entscheidend ist nur, dass die Abgabe außerhalb eines Zwangsvollstreckungsverfahrens erfolgen soll (vgl. § 261 Abs. 1 Satz 1 BGB a.F.: „sofern sie nicht vor dem Vollstreckungsgericht abzugeben ist"; bzw. § 410 Nr. 1 FamFG: „die Abgabe einer nicht vor dem Vollstreckungsgericht zu erklärenden eidesstattlichen Versicherung"). 2

C. Rechtsfolgen

I. Abgabe der eidesstattlichen Versicherung vor dem Amtsgericht

Die nach § 259 Abs. 2 BGB oder § 260 Abs. 2 BGB geschuldete Abgabe der eidesstattlichen Versicherung ist gem. § 410 Nr. 1 FamFG eine Angelegenheit der freiwilligen Gerichtsbarkeit. Nach § 23a Abs. 1 Satz 1 Nr. 2, Abs. 2 Nr. 5 GVG (wie zuvor nach § 261 Abs. 1 BGB a.F.) hat der Schuldner die eidesstattliche Versicherung vor dem **Amtsgericht** abzugeben. Die Abgabe vor einem Notar (§ 38 BeurkG, § 22 BNotO) genügt daher nicht.[2] Dies gilt auch dann, wenn es um die Richtigkeit eines (soweit nicht nach Landesrecht die Amtsgerichte zuständig sind) vom Notar zu erstellenden amtlichen Nach- 3

---

[1] Vgl. *Wolf* in: Soergel, § 261 Rn. 3; *Krüger* in: MünchKomm-BGB, § 261 Rn. 3; *Unberath* in: Bamberger/Roth, § 261 Rn. 3.

[2] OLG Zweibrücken v. 12.01.1979 - 1 U 77/78 - juris Rn. 4 - MDR 1979, 492-493, 493.

lassverzeichnisses (§ 2314 Abs. 1 Satz 3 BGB) geht. Der Notar darf daher eine eidesstattliche Versicherung des Erben nicht in das Nachlassverzeichnis aufnehmen.[3]

4 **Örtlich zuständig** ist nach § 411 Abs. 1 Satz 1 FamFG (wie zuvor nach § 261 Abs. 1 Satz 1 BGB a.F.) das Amtsgericht, in dessen Bezirk die Verpflichtung zur Auskunft oder Rechnungslegung zu erfüllen ist (vgl. hierzu die Kommentierung zu § 259 BGB Rn. 7). Hat der Schuldner seinen Wohnsitz im Inland, kann er die Versicherung nach § 411 Abs. 1 Satz 2 FamFG (wie zuvor nach § 261 Abs. 1 Satz 2 BGB a.F.) wahlweise auch vor dem Amtsgericht seines Wohnsitzes oder seines Aufenthaltsorts abgeben.

5 Das **Verfahren** einer solchen Abgabe richtet sich nach den §§ 412, 413 FamFG. Vom Gericht hinzuzuziehende Beteiligte sind gem. § 412 Nr. 1 FamFG der Schuldner („Verpflichteter") der Abgabe der eidesstattlichen Versicherung und der Gläubiger („Berechtigter"). Die Terminanberaumung kann sowohl vom Schuldner als auch vom Gläubiger beantragt werden (§ 413 Satz 1 FamFG). Zum Termin ist das persönliche Erscheinen (nur) des Schuldners anzuordnen (§ 413 Satz 2 FamFG). Nach § 413 Satz 3 FamFG gelten – außer für den Inhalt der Versicherung – die Vorschriften der ZPO über die Abnahme von Eiden (§§ 478-480, 483 ZPO) entsprechend. Funktionell zuständig für die Abnahme der eidesstattlichen Versicherung ist der Rechtspfleger (§ 3 Nr. 1 lit. b RPflG).

II. Formel der eidesstattlichen Versicherung

6 Die **Formel** der eidesstattlichen Versicherung richtet sich nach den §§ 259 Abs. 2, 260 Abs. 2 BGB, lautet also grds. dahin gehend, dass der Schuldner an Eides statt zu Protokoll versichert, „dass er nach bestem Wissen die Einnahmen" bzw. „den Bestand so vollständig angegeben habe, als er dazu imstande sei". § 261 Abs. 1 BGB ermächtigt das die eidesstattliche Versicherung abnehmende Gericht, den Wortlaut der abzugebenden Versicherung von Amts wegen zu ändern, wenn dies den Umständen nach erforderlich ist (zur Abänderung durch das Vollstreckungsgericht vgl. Rn. 9). Damit soll dem Gericht ermöglicht werden, die sehr allgemeine Formulierung aus den §§ 259 Abs. 2, 260 Abs. 2 BGB für die im Einzelfall abzugebende Versicherung zu konkretisieren.[4]

III. Kosten der Abnahme der eidesstattlichen Versicherung

7 Die **Kosten** der Abnahme der eidesstattlichen Versicherung hat nach § 261 Abs. 2 BGB (anders als die Kosten der Rechenschaftslegung oder Auskunftserteilung selbst, vgl. die Kommentierung zu § 259 BGB Rn. 13) nicht der Schuldner zu tragen, sondern der Gläubiger, weil dieser (ähnlich wie bei der Quittung, vgl. § 369 BGB) eine im Allgemeinen nicht gebotene Form der Erklärung verlangt.[5] Es handelt sich hierbei um einen materiellen Kostenerstattungsanspruch, der ggf. im Klagewege zu verfolgen ist und insbes. nicht durch die Kostengrundentscheidung eines etwaigen die Verpflichtung zur Abgabe der eidesstattlichen Versicherung aussprechenden Urteils berührt wird.[6] Die Gerichtskosten für das Verfahren zur Abnahme der eidesstattlichen Versicherung ergeben sich aus § 124 KostO.

D. Besonderheiten

I. Abgabe der eidesstattlichen Versicherung in der Zwangsvollstreckung

8 Wird die Abgabe der eidesstattlichen Versicherung aufgrund eines entsprechenden Urteils im Wege der **Zwangsvollstreckung** erzwungen, ist nach § 889 Abs. 1 Satz 2 ZPO nicht das nach § 411 Abs. 1 FamFG bestimmte Gericht zuständig, sondern das für den Wohnsitz oder Aufenthaltsort zuständige Amtsgericht, hilfsweise das Amtsgericht am Sitz des Prozessgerichts erster Instanz als Vollstreckungsgericht. Für die Abnahme verweist § 889 Abs. 1 Satz 2 ZPO wiederum auf die §§ 478-480, 483 ZPO. Erscheint der geladene (Vollstreckungs-)Schuldner nicht, kann das Prozessgericht erster Instanz auf Antrag des (Vollstreckungs-)Gläubigers einen Zwangsgeldbeschluss zur Erzwingung des Erscheinens erlassen (§§ 889 Abs. 2, 888 Abs. 1 ZPO).

---

[3] Vgl. hierzu im Einzelnen LG Oldenburg (Oldenburg) v. 21.05.2008 - 1 O 1477/05 - ZErb 2009, 1-2; *Schindler*, BWNotZ 2004, 73-78.
[4] Vgl. *Wolf* in: Soergel, § 261 Rn. 6; *Bittner* in: Staudinger, § 261 Rn. 4; *Krüger* in: MünchKomm-BGB, § 261 Rn. 4.
[5] Vgl. Protokolle, Bd. II, S. 791 f. = *Mugdan*, Bd. 2, S. 1230 f.
[6] KG Berlin v. 07.07.1992 - 1 W 2970/92 - juris Rn. 4 - NJW-RR 1993, 63-64, 64; vgl. auch BGH v. 30.03.2000 - III ZB 2/00 - juris Rn. 5 - NJW 2000, 2113-2114, 2114.

Umstritten ist, ob das Vollstreckungsgericht in analoger Anwendung von § 261 Abs. 1 BGB den Inhalt der nach dem vollstreckten Urteil abzugebenden eidesstattlichen Versicherung **ändern** kann.[7] Hierbei geht es anders als bei der unmittelbaren Anwendung der Vorschrift nicht um Zweckmäßigkeitsfragen (die schon vom Prozessgericht bei der Formulierung des Tenors zu berücksichtigen waren), sondern allein darum, ob der Schuldner gezwungen werden soll, die Richtigkeit einer bereits als unrichtig erkannten oder durch spätere Umstände unrichtig gewordenen Rechnungslegung bzw. Auskunft an Eides statt zu versichern und sich damit der Bestrafung auszusetzen. Eine Abänderung des (u.U. gar rechtskräftigen) Vollstreckungstitels durch das Vollstreckungsgericht scheidet aber schon nach allgemeinen Überlegungen aus, so dass eine derartige Analogie abzulehnen ist.[8] Dem Schuldner bleiben Rechtsbehelfe des Zwangsvollstreckungsrechts (wie insbes. die Vollstreckungsgegenklage) und ggf. der Einwand des Rechtsmissbrauchs. Der zur Abgabe der eidesstattlichen Versicherung Verurteilte ist im Übrigen ohnehin berechtigt und auch verpflichtet, die erteilte Auskunft zuvor auf Vollständigkeit und Richtigkeit zu überprüfen und ggf. zu ergänzen und zu berichtigen.[9]

Demgegenüber soll die **Kostenregelung** des § 261 Abs. 2 BGB (entsprechend?) auch für die in der Zwangsvollstreckung abgegebenen eidesstattlichen Versicherungen gelten, andererseits aber die verfahrensrechtlichen Kostenregelungen (§§ 91, 788 ZPO) nicht außer Kraft setzen, so dass nur die unmittelbar und notwendigerweise durch die Abgabe der Versicherung entstehenden Kosten vom Gläubiger zu tragen sind, nicht aber die Kosten des Rechtsstreits um die Verpflichtung zur Abgabe oder die Kosten der Erzwingung im Zwangsvollstreckungsverfahren.[10] Welche Kosten hiernach tatsächlich vom Gläubiger zu tragen sind, bleibt offen.

II. Entsprechende Anwendung von § 261 BGB

Auf eine entsprechende Anwendung von § 261 BGB verweisen im Übrigen die §§ 1605 Abs. 1, 2028 Abs. 3, 2057 BGB, § 84a Abs. 1 AMG, § 35 Abs. 1 GenTG, § 8 Abs. 4 UmweltHG. Die Kostenregelung in § 261 Abs. 2 BGB enthält keinen verallgemeinerungsfähigen Rechtsgedanken, so dass Kostenerstattungsansprüche von Auskunftspflichtigen nur bei ausdrücklicher Regelung bestehen.[11]

---

[7] So etwa OLG Bamberg v. 20.02.1969 - 1 W 6/69 - juris Rn. 6 - NJW 1969, 1304; *Wolf* in: Soergel, § 261 Rn. 7; *Unberath* in: Bamberger/Roth, § 261 Rn. 4; *Ebert* in: Erman, § 261 Rn. 2; *Schulze* in: Hk-BGB, §§ 259-261 Rn. 10; *Stadler* in: Jauernig, §§ 259-261 Rn. 11; *Grüneberg* in: Palandt, § 261 Rn. 2. Bejaht wird dies auch von BGH v. 19.05.2004 - IXa ZB 181/03 - juris Rn. 22 - NJW-RR 2005, 221-222, 222, doch dürfte dieser Entscheidung ein Sonderfall zugrunde liegen, der nicht verallgemeinerungsfähig ist (hier war nämlich die – falsche – Auskunft, deren Richtigkeit an Eides statt zu versichern war, nicht erst aufgrund der Titulierung des Auskunftsanspruchs zu erteilen, sondern bereits im Titel, einem Schiedsspruch, enthalten).

[8] So auch *Winter*, NJW 1969, 2244-2245; *Krüger* in: MünchKomm-BGB, § 261 Rn. 5; *Bittner* in: Staudinger, § 261 Rn. 5.

[9] BGH v. 29.11.1995 - IV ZB 19/95 - juris Rn. 12 - WM 1996, 466-467, 466; BGH v. 19.05.2004 - IXa ZB 181/03 - juris Rn. 20 - NJW-RR 2005, 221-222, 221.

[10] BGH v. 30.03.2000 - III ZB 2/00 - juris Rn. 5 - NJW 2000, 2113-2114, 2114; *Wolf* in: Soergel, § 261 Rn. 8; *Krüger* in: MünchKomm-BGB, § 261 Rn. 7; *Schulze* in: Hk-BGB, §§ 259-261 Rn. 10.

[11] Vgl. – zur Auskunft des Drittschuldners nach § 840 ZPO bzw. § 316 AO 1977 – BAG v. 31.10.1984 - 4 AZR 535/82 - juris Rn. 19 - BAGE 47, 138-144, 142 f. = NJW 1985, 1181-1182, 1182; BVerwG v. 08.12.1993 - 8 C 43.91 - juris Rn. 27 - Rpfleger 1995, 261-262, 262.

§ 262 BGB Wahlschuld; Wahlrecht

(Fassung vom 02.01.2002, gültig ab 01.01.2002)

Werden mehrere Leistungen in der Weise geschuldet, dass nur die eine oder die andere zu bewirken ist, so steht das Wahlrecht im Zweifel dem Schuldner zu.

Gliederung

A. Grundlagen 1	2. Gesetzliche Wahlschuldverhältnisse 9
B. Anwendungsvoraussetzungen 2	C. Rechtsfolge: Wahlrecht des Schuldners 12
I. Vorliegen einer Wahlschuld 2	D. Prozessuale Hinweise 14
II. Abgrenzung zu anderen Typen von Schuldverhältnissen 5	E. Verwandte Rechtsinstitute 15
III. Begründung der Wahlschuld 8	I. Ersetzungsbefugnis 15
1. Rechtsgeschäftliche Wahlschuldverhältnisse 8	II. Elektive Konkurrenz 18

A. Grundlagen

1 Die §§ 262-265 BGB bilden einen zusammenhängenden Regelungskomplex mit allgemeinen Regeln für die Wahlschuld (obligatio alternativa). Ihr (in der II. Kommission durch Streichungen in E I § § 207 -212 schon verminderter)[1] Umfang erscheint im Hinblick auf die Seltenheit der Wahlschuld in der Praxis unverhältnismäßig. In der pandektistischen Doktrin war aber die begriffliche Unterscheidung zwischen einfachen und alternativen Schuldverhältnissen von ähnlicher Bedeutung wie die Unterscheidung zwischen Stück- und Gattungsschulden (wobei alternative und generische Obligationen wiederum zusammengefasst wurden als unbestimmte, aber bestimmbare Schuldverhältnisse)[2], so dass die in das BGB aufgenommenen Regelungen mehr der Systematik geschuldet sind, als dass sie einem tatsächlichen Regelungsbedürfnis entsprächen. § 262 BGB beginnt diesen Normenkomplex mit einer Definition der Wahlschuld und einer Auslegungsregel dafür, wem im Zweifel das Wahlrecht zusteht.

B. Anwendungsvoraussetzungen

I. Vorliegen einer Wahlschuld

2 Eine **Wahlschuld** liegt nach § 262 BGB vor, wenn aus einem Schuldverhältnis mehrere Leistungen in der Weise geschuldet werden, dass nach späterer Wahl der wahlberechtigten Partei des Schuldverhältnisses nur die gewählte zu bewirken ist. Soweit das Gesetz formuliert, mehrere Leistungen seien „geschuldet", ist dies irreführend, weil nur die später gewählte zu „bewirken" und damit tatsächlich allein geschuldet wird. Bei der Wahlschuld besteht mithin nur eine **einzige Forderung**, die bis zur Vornahme der Wahl zwischen den zur Auswahl stehenden mehreren Leistungsinhalten aber noch nicht inhaltlich festgelegt ist.[3]

3 Die Wahlschuld hat also einen unbestimmten Inhalt, der aber durch Ausübung des Wahlrechts und der damit einhergehenden Konzentration auf einen bestimmten Inhalt bestimmbar und damit rechtlich unbedenklich (vgl. hierzu die Kommentierung zu § 241 BGB Rn. 36) ist. Die bis zur Ausübung der Wahl vorliegende Unbestimmtheit der Forderung bezieht sich meist auf den **Leistungsgegenstand** (bereits in der Pandekten-Literatur verwendetes Lehrbuchbeispiel ist der Kaufvertrag über einen Schimmel oder Rappen). Sie kann aber auch bloße **Leistungsmodalitäten** (z.B. Lieferzeit oder -art, Zahlungsweise) betreffen.[4] Voraussetzung ist allerdings, dass die zur (späteren) Wahl stehenden Möglichkeiten anfänglich konkretisiert sind.

---

[1] Vgl. Protokolle, Bd. I, S. 281 ff. = *Mugdan*, Bd. 2, S. 502 ff.

[2] Vgl. *Ziegler*, AcP 171, 193-217, 196.

[3] Vgl. – auch mit Nachweisen zu früher vertretenen Auffassungen – *Wolf* in: Soergel, § 262 Rn. 3; *Gernhuber*, Das Schuldverhältnis, 1989, § 11 I 1, 2, S. 254 ff.

[4] Motive, Bd. II, S. 6 = *Mugdan*, Bd. 2, S. 3; RG v. 25.02.1904 - VI 266/03 - RGZ 57, 138-142, 141; BGH v. 11.11.1994 - V ZR 276/93 - juris Rn. 6 - NJW 1995, 463-464, 464; *Enneccerus/Lehmann*, Recht der Schuldverhältnisse, 15. Bearb. 1958, § 7, S. 35; *Ziegler*, AcP 171, 193-217, 198; *Wolf* in: Soergel, § 262 Rn. 5; *Schmidt*, Schuldrecht, 8. Aufl. 1995, Bd. I/1, § 14 II, S. 243; *Gernhuber*, Das Schuldverhältnis, 1989, § 11 I 1, S. 254; *Bittner* in: Staudinger, § 262 Rn. 2; *Krüger* in: MünchKomm-BGB, § 262 Rn. 3; *Unberath* in: Bamberger/Roth, § 262 Rn. 2; *Stadler* in: Jauernig, § 262 Rn. 1; *Grüneberg* in: Palandt, § 262 Rn. 1; *Coester-Waltjen*, Jura 2011, 100-103, 103; a.A. *Larenz*, Schuldrecht, Band I: Allgemeiner Teil, 14. Aufl. 1987, § 11 II, S. 156.

Keine Wahlschuld liegt daher vor, wenn nur ein bestimmter Handlungserfolg geschuldet wird und es im Übrigen dem Schuldner vollkommen freigestellt ist, wie er diesen Erfolg erreicht (z.B. bei einer Naturalherstellung nach § 249 Abs. 1 BGB oder § 257 Satz 1 BGB oder bei Verpflichtung zur Leistung einer nicht näher spezifizierten Sicherheit[5]), oder wenn es nur um unterschiedliche Berechnungsarten eines Anspruchs[6] geht.

II. Abgrenzung zu anderen Typen von Schuldverhältnissen

Die Wahlschuld ist nach dem Vorstehenden dadurch charakterisiert, dass einerseits die Forderung zunächst inhaltlich unbestimmt ist, dass aber andererseits die zur Wahl stehenden Forderungsinhalte bereits mit Begründung des Schuldverhältnisses feststehen. Die **Gattungsschuld** (vgl. hierzu die Kommentierung zu § 243 BGB Rn. 2) unterscheidet sich von der Wahlschuld dadurch, dass bei ihr der Forderungsinhalt durch Festlegung der Gattung von Anfang an bestimmt ist, und nur die zur Erfüllung tatsächlich zu leistenden Gegenstände ausgewählt werden müssen. Ob eine Wahlschuld oder eine begrenzte Gattungsschuld (sog. Vorratsschuld, vgl. die Kommentierung zu § 243 BGB Rn. 5) vorliegt, hängt daher davon ab, ob die erfüllungstauglichen Leistungsgegenstände als individuell zur Auswahl stehend oder als einheitliche Gattung vereinbart werden (soll aber das Wahlrecht dem Gläubiger zustehen, handelt es sich wegen § 243 Abs. 1 BGB in jedem Falle um eine Wahlschuld).[7]

Ein **Leistungsbestimmungsrecht** nach § 315 BGB unterscheidet sich von der Wahlschuld dadurch, dass nicht feststehende Alternativen zur Auswahl stehen, sondern nach billigem Ermessen eine Bestimmung zu treffen ist. Ein Spezifikationskauf (§ 375 HGB) ist daher im Regelfall keine Wahlschuld.[8]

Abzugrenzen ist die Wahlschuld außerdem von den verwandten Rechtsinstituten der **Ersetzungsbefugnis** (vgl. hierzu Rn. 15) und der **elektiven Konkurrenz** (vgl. hierzu Rn. 18).

III. Begründung der Wahlschuld

1. Rechtsgeschäftliche Wahlschuldverhältnisse

Eine Wahlschuld kann jedenfalls durch **Rechtsgeschäft** begründet werden.[9] So ist etwa der bei einer Übersicherung sich – ausdrücklich oder durch Auslegung – aus einem Sicherungsvertrag ergebende Rückgewähranspruch des Darlehensnehmers gegen den Darlehensgeber auf Freigabe nicht benötigter Sicherheiten eine Wahlschuld, bei der der Sicherungsnehmer die Wahl hat, welche von mehreren Sicherheiten er freigibt.[10] Eine tarifvertraglich begründete Weiterbeschäftigungspflicht kann Wahlschuld sein.[11] Ein im Gesetz ausdrücklich vorgesehener Fall einer durch **Rechtsgeschäft von Todes wegen** begründeten Wahlschuld ist das Wahlvermächtnis nach § 2154 BGB (bei dem der Vermächtnisnehmer von mehreren Gegenständen wahlweise nur einen erhalten soll).

2. Gesetzliche Wahlschuldverhältnisse

Ob es überhaupt **gesetzliche Wahlschuldverhältnisse** gibt, ist umstritten.[12] Als Fälle solcher gesetzlichen Wahlschuldverhältnisse werden meist die §§ 179, 281 Abs. 1 Satz 2, 546a Abs. 1 BGB genannt, doch handelt es sich hierbei richtigerweise um Fälle elektiver Konkurrenz (vgl. Rn. 19).

---

[5] Vgl. BGH v. 15.11.1960 - V ZR 35/59 - juris Rn. 31 - BGHZ 33, 389-398, 394 = NJW 1961, 408-410, 409, und – zweifelnd – BGH v. 22.06.1995 - IX ZR 100/94 - juris Rn. 11 - NJW 1995, 3189-3190, 3190.

[6] BGH v. 18.02.1977 - I ZR 112/75 - juris Rn. 49 - WM 1977, 897-901, 900 - Prozessrechner.

[7] Vgl. *Wolf* in: Soergel, § 262 Rn. 11.

[8] BGH v. 02.02.1960 - VIII ZR 59/59 - NJW 1960, 674-675; *Wolf* in: Soergel, § 262 Rn. 13; *Krüger* in: MünchKomm-BGB, § 262 Rn. 7; *Unberath* in: Bamberger/Roth, § 262 Rn. 4; *Grüneberg* in: Palandt, § 262 Rn. 5; differenzierend *Rieble/Gutfried*, JZ 2008, 593-602.

[9] Beispiele aus der Rechtsprechung vgl. bei *Wolf* in: Soergel, § 262 Rn. 25; *Bittner* in: Staudinger, § 262 Rn. 16. Zu einer nach Wahl der erklärenden Bank auf Pfandfreistellung oder Rückzahlung des Erwerbspreises gerichteten Freistellungsverpflichtungserklärung im Rahmen von § 7 MaBV als Wahlschuld vgl. BGH v. 30.09.2004 - VII ZR 458/02 - juris Rn. 27 - BGHZ 160, 277-284, 282 f.

[10] BGH v. 09.06.1983 - III ZR 105/82 - juris Rn. 39 - NJW 1983, 2701-2703, 2703; BGH v. 03.07.2002 - IV ZR 227/01 - juris Rn. 13 - NJW-RR 2003, 45-46, 45; BGH v. 23.11.2006 - IX ZR 126/03 - juris Rn. 33 - NJW-RR 2007, 1343-1346, 1345; zust. *Madaus/Weber*, EWiR 2002, 849-850; *Rimmelspacher*, WuB I F 3 Grundpfandrechte 1.03.

[11] Vgl. LArbG Köln v. 01.06.2005 - 3 Sa 1477/04 - juris Rn. 69 - LAGE § 1 KSchG Betriebsbedingte Kündigung Nr. 74a.

[12] Generell verneint wird die Frage von *Fikentscher/Heinemann*, Schuldrecht, 10. Aufl. 2006, § 28 V I Rn. 256; nach *Gernhuber*, Das Schuldverhältnis, 1989, § 11 I 7, S. 260, ist die Wahlschuld dem BGB „gänzlich fremd geblieben", und *Ziegler*, AcP 171, 193-217, 216, stellt ein „faktisches Verschwinden gesetzlicher Wahlschuldverhältnisse" fest.

10 Gleichwohl gibt es vereinzelt echte gesetzliche Wahlschuldverhältnisse. So begründet etwa § 6 Abs. 5 ArbZG, nach dem der Arbeitgeber bei Fehlen tarifvertraglicher Ausgleichsregelungen dem Nachtarbeitnehmer für die während der Nachtzeit geleisteten Arbeitsstunden eine angemessene Zahl bezahlter freier Tage oder einen angemessenen Zuschlag auf das ihm hierfür zustehende Bruttoarbeitsentgelt zu gewähren hat, ein solches gesetzliches Wahlschuldverhältnis.[13] Gleiches gilt etwa für die von § 118 Abs. 1 Satz 1 SachenRBerG eröffnete Wahl zwischen einem einmaligen oder wiederkehrenden Entgelt für eine im Wege der Sachenrechtsbereinigung zu beanspruchende Dienstbarkeit.[14]

11 Vielfach wird die Auffassung vertreten, dass es sich auch bei dem Anspruch des Arbeitnehmers, Dienstverpflichteten oder Auszubildenden auf ein einfaches oder qualifiziertes Zeugnis (§ 109 Abs. 1 GewO, § 630 BGB, § 8 Abs. 2 BBiG) um eine gesetzliche Wahlschuld handele.[15] Dies hätte die (einzige relevante) Folge, dass die Wahl eines einfachen Zeugnisses durch den Anspruchsberechtigten seinen Anspruch auf dieses konkretisieren würde (§ 263 Abs. 2 BGB) und ein qualifiziertes Zeugnis (mangels eines ius variandi) nicht mehr verlangt werden könnte.[16] Zur Vermeidung von Härten wird von Vertretern dieser Auffassung gleichwohl unter bestimmten Voraussetzungen ein (zusätzlicher) nachvertraglicher Anspruch auf Erteilung eines (nunmehr) qualifizierten Zeugnisses konstruiert. Richtigerweise handelt es sich aber nicht um ein gesetzliches Wahlschuldverhältnis.[17] Es besteht vielmehr ein einheitlicher Zeugnisanspruch, der sich – nur auf Wunsch des Anspruchsberechtigten – auf zusätzliche Angaben zu Leistung und Verhalten erstreckt (§ 109 Abs. 1 Satz 3 GewO, § 630 Satz 3 BGB, § 8 Abs. 2 Satz 2 BBiG). Wird nur ein einfaches Zeugnis verlangt und geleistet, handelt es sich daher um eine Teilerfüllung; das nachträgliche Verlangen nach einem qualifizierten Zeugnis kann allenfalls im Einzelfall verwirkt sein.

C. Rechtsfolge: Wahlrecht des Schuldners

12 Besteht eine Wahlschuld, steht das **Wahlrecht** nach § 262 BGB (wie bei der Gattungsschuld immer, vgl. § 243 Abs. 1 BGB) „im Zweifel" dem **Schuldner** zu. Es handelt sich hierbei um eine gesetzliche Auslegungsregel,[18] die als missglückt gilt, weil meist ein Wahlrecht des **Gläubigers** interessengerechter erscheint.[19] Vorrangig ist in jedem Falle die gesetzliche bzw. rechtsgeschäftliche Bestimmung des Wahlberechtigten. Nur wenn sich eine solche nicht feststellen lässt, greift § 262 BGB zur Vermeidung eines sonst ggf. anzunehmenden Dissenses ein. Auch die Bestimmung eines **Dritten** zum Wahlberechtigten ist möglich (vgl. § 2154 Abs. 1 Satz 2 BGB); die §§ 317-319 BGB sind dann ergänzend analog anzuwenden.[20]

13 Das Wahlrecht geht als Hilfsrecht auf den jeweiligen Rechtsnachfolger des wahlberechtigten Schuldners bzw. Gläubigers über (vgl. § 401 Abs. 1 BGB). Eine Pfändung der Forderung des wahlberechtigten Gläubigers erfasst daher auch das Wahlrecht, das dann vom Vollstreckungsgläubiger ausgeübt wer-

---

[13] So BAG v. 05.09.2002 - 9 AZR 202/01 - juris Rn. 16 - BAGE 102, 309-320, 311 = NZA 2003, 563-567, 564; BAG v. 31.08.2005 - 5 AZR 545/04 - juris Rn. 20 - BAGE 115, 372-386, 376 = NZA 2006, 324-329, 326; BAG v. 01.02.2006 - 5 AZR 422/04 - juris Rn. 15 - NZA 2006, 494-496, 495; BAG v. 18.05.2011 - 10 AZR 369/10 - juris Rn. 15 - NZA-RR 2011, 581-583, 582.

[14] Brandenburgisches Oberlandesgericht v. 18.06.2009 - 5 U 70/08 - juris Rn. 46 - OLGR Brandenburg 2009, 847-849, 849; *Toussaint* in: Kimme, Offene Vermögensfragen, § 118 SachenRBerG Rn. 10.

[15] Vgl. etwa LArbG Mainz v. 31.07.2002 - 10 Sa 405/02 - juris Rn. 26; LArbG Chemnitz v. 26.03.2003 - 2 Sa 875/02 - juris Rn. 20 - LAGReport 2004, 187; *Müller-Glöge* in: Dieterich/Müller-Glöge/Preis, Erfurter Kommentar zum Arbeitsrecht, 12. Aufl. 2012, § 109 GewO Rn. 5; *Preis* in: Staudinger, § 630 Rn. 10, 54; *Fuchs* in: Bamberger/Roth, § 630 Rn. 10.

[16] So insbes. LArbG Chemnitz v. 26.03.2003 - 2 Sa 875/02 - juris Rn. 20 - LAGReport 2004, 187.

[17] So auch *Henssler* in: MünchKomm-BGB, Bd. 4, 5. Aufl. 2009, § 630 Rn. 24; vgl. im Ergebnis auch *Belling* in: Erman, § 630 Rn. 10; *Haupt* in: Leinemann, Kasseler Handbuch zum Arbeitsrecht, 2. Aufl. 2000, 6.1. Rn. 313.

[18] OLG Frankfurt v. 15.04.2006 - 8 U 238/06 - juris Rn. 26 - OLGR Frankfurt 2009, 585-587, 586; *Ebert* in: Erman, § 262 Rn. 1; *Stadler* in: Jauernig, § 262 Rn. 3; a.A. *Enneccerus/Lehmann*, Recht der Schuldverhältnisse, 15. Bearb. 1958, § 8 III 1, S. 37; *Wolf* in: Soergel, § 262 Rn. 26; *Unberath* in: Bamberger/Roth, § 262 Rn. 1; *Schulze* in: Hk-BGB, § 262 Rn. 1; *Grüneberg* in: Palandt, § 262 Rn. 2: Ergänzung des Parteiwillens. Die Möglichkeit einer strikten Trennung zwischen Auslegungsregel und Ergänzung des Parteiwillens bezweifelt *Gröschler* in: Historisch-Kritischer Kommentar zum BGB, Bd. II/1, 2007, § § 262 -265 Rn. 6 (Fn. 18).

[19] Vgl. insbes. *Ziegler*, AcP 171, 193-217, 210.

[20] *Ziegler*, AcP 171, 193-217, 199 f.; *Wolf* in: Soergel, § 262 Rn. 6; *Gernhuber*, Das Schuldverhältnis, 1989, § 11 II 2, S. 265 f.; *Bittner* in: Staudinger, § 262 Rn. 21; *Stadler* in: Jauernig, § 262 Rn. 3; a.A. *Krüger* in: MünchKomm-BGB, § 262 Rn. 4: Die §§ 262-265 BGB sind unanwendbar, wenn das Wahlrecht einem Dritten übertragen ist.

den kann.[21] Eine selbständige Übertragung des Wahlrechts und damit eine Trennung von der Wahlschuld ist demgegenüber ausgeschlossen[22] (möglich wäre nur die rechtsgeschäftliche Änderung der Wahlschuld dahin gehend, dass das Wahlrecht nunmehr einem Dritten zustehen soll).

D. Prozessuale Hinweise

Die Ausübung der Wahl kann nicht im Klagewege erzwungen werden; die Folgen der Untätigkeit des Wahlberechtigten richten sich vielmehr nach § 264 BGB. Bleibt der wahlberechtigte Schuldner untätig, muss der Gläubiger daher ggf. alternativ auf die eine oder die andere Leistung nach Wahl des Schuldners klagen[23] (wohl einziger Fall einer zulässigen alternativen Klagehäufung). Die Durchführung der Zwangsvollstreckung eines hierauf erwirkten Urteils ergibt sich aus § 264 Abs. 1 BGB (vgl. die Kommentierung zu § 264 BGB Rn. 6).

14

E. Verwandte Rechtsinstitute

I. Ersetzungsbefugnis

Von der Wahlschuld abzugrenzen ist die **Ersetzungsbefugnis** (facultas alternativa) als Recht des Schuldners, durch die Erbringung einer anderen als der geschuldeten Leistung Erfüllung zu bewirken, bzw. des Gläubigers, eine andere Leistung als die geschuldete zu verlangen. Anders als bei der Wahlschuld wird das Schuldverhältnis nicht konkretisiert, sondern hat einen zunächst feststehenden Inhalt, der bei Ausübung der Ersetzungsbefugnis nachträglich geändert wird.[24]

15

Die Ersetzungsbefugnis ist als Rechtsinstitut nicht ausdrücklich geregelt, aber seit alters her allgemein anerkannt.[25] Gesetzlich geregelte Fälle von Ersetzungsbefugnissen des **Schuldners** (sog. Abfindungsbefugnis) finden sich etwa in den §§ 244 Abs. 1[26], 251 Abs. 2[27], 257 Abs. 2, 528 Abs. 1 Satz 2[28], 775 Abs. 2, 1001 Satz 2, 1087 Abs. 2, 1973 Abs. 2 Satz 2, 1992 Abs. 2, 2170 Abs. 2 Satz 2, 2329 Abs. 2 BGB, solche des **Gläubigers** in den §§ 249 Abs. 2[29], 843 Abs. 3, 915 Abs. 1 BGB. Eine Ersetzungsbefugnis kann aber auch durch **Rechtsgeschäft** vereinbart werden (zur Vereinbarung in AGB oder Verbraucherverträgen beachte § 308 Nr. 4 BGB). So hat der BGH etwa die bei Veräußerung eines Neuwa-

16

---

[21] *Wolf* in: Soergel, § 262 Rn. 30; *Bittner* in: Staudinger, § 262 Rn. 25.
[22] *Krüger* in: MünchKomm-BGB, § 262 Rn. 14.
[23] BAG v. 10.05.2007 - 2 AZR 626/05 - juris Rn. 45 - BAGE 122, 264-279, 278 = NZA 2007, 1278-1283, 1282; BAG v. 10.05.2007 - 2 AZR 4/06 - juris Rn. 41 - EzAÜG KSchG Nr. 19; OLG Frankfurt v. 15.04.2008 - 8 U 238/06 - juris Rn. 28 - OLGR Frankfurt 2009, 585-587, 586; *Wolf* in: Soergel, § 262 Rn. 32; *Bittner* in: Staudinger, § 262 Rn. 26; *Krüger* in: MünchKomm-BGB, § 263 Rn. 9; *Ebert* in: Erman, § 262 Rn. 8.
[24] BAG v. 22.12.2009 - 3 AZR 814/07 - juris Rn. 31 - BAGE 133, 50-61, 58 = ZIP 2010, 897-901, 899; *Gernhuber*, Das Schuldverhältnis, 1989, § 11 I 5, S. 258 f.; *Krüger* in: MünchKomm-BGB, § 262 Rn. 8.
[25] Vgl. nur *Ziegler*, AcP 171, 193-217, 195; *Gröschler* in: Historisch-Kritischer Kommentar zum BGB, Bd. II/1, 2007, § § 262 -265 Rn. 16, jeweils m.w.N.
[26] Vgl. RG v. 24.01.1921 - II 13/20 - RGZ 101, 312-320, 313.
[27] Vgl. BGH v. 05.05.1990 - III ZR 213/88 - juris Rn. 13 - NJW-RR 1990, 1303-1305, 1304; BGH v. 09.12.2008 - VI ZR 173/07 - juris Rn. 14 - NJW 2009, 1066-1068, 1067; BGH v. 27.11.2009 - LwZR 11/09 - juris Rn. 11 - NL-BzAR 2010, 76-80, 77.
[28] Vgl. BGH v. 20.12.1985 - V ZR 66/85 - juris Rn. 20 - BGHZ 96, 380-384, 384 = NJW 1986, 1606-1607, 1607; BGH v. 17.01.1996 - IV ZR 184/94 - juris Rn. 17 - NJW 1996, 987-988, 988; BGH v. 28.10.1997 - X ZR 157/96 - juris Rn. 28 - BGHZ 137, 76-89, 83 = NJW 1998, 537-540, 539.
[29] Vgl. BGH v. 08.02.1952 - V ZR 122/50 - juris Rn. 11 - BGHZ 5, 105-111, 109 = NJW 1952, 619-620, 620; BGH v. 29.10.1974 - VI ZR 42/73 - juris Rn. 9 - BGHZ 63, 182-189, 184 = NJW 1975, 160-163, 161; BGH v. 20.06.1989 - VI ZR 334/88 - juris Rn. 9 - NJW 1989, 3009-3010, 3009; BGH v. 05.04.1990 - III ZR 213/88 - juris Rn. 10 - NJW-RR 1990, 1303-1305, 1304; BGH v. 06.04.1993 - VI ZR 181/92 - juris Rn. 9 - NJW 1993, 1849-1851, 1850; BGH v. 07.05.1996 - VI ZR 138/95 - juris Rn. 9 - BGHZ 132, 373-382, 377 = NJW 1996, 1958-1960, 1958; BGH v. 30.11.1999 - VI ZR 219/98 - juris Rn. 26 - BGHZ 143, 189-198, 194 = NJW 2000, 800-803, 802; BGH v. 29.04.2003 - VI ZR 393/02 - juris Rn. 7 - BGHZ 154, 395-400, 397 f. = NJW 2003, 2085-2086, 2085; BGH v. 07.12.2004 - VI ZR 119/04 - juris Rn. 16 - NJW 2005, 357-358, 358; BGH v. 12.07.2005 - VI ZR 132/04 - juris Rn. 9 - BGHZ 163, 362-369, 365 = NJW 2005, 3134-3135, 3134; BGH v. 23.05.2006 - VI ZR 192/05 - juris Rn. 9 - BGHZ 168, 43-48, 46 f. = NJW 2006, 2179-2180, 2180; BGH v. 30.05.2006 - VI ZR 174/05 - juris Rn. 7 - NJW 2006, 2320-2321, 2320; BGH v. 17.10.2006 - VI ZR 249/05 - juris Rn. 14 - BGHZ 169, 263-270, 268 = NJW 2007, 67-69, 68; BGH v. 06.03.2007 - VI ZR 120/06 - juris Rn. 9 - BGHZ 171, 287-293, 291 = NJW 2007, 1674-1676, 1675; BGH v. 10.07.2007 - VI ZR 217/06 - juris Rn. 9 - NJW 2007, 2918-2919, 2919; BGH v. 03.07.2008 - I ZR 218/05 - juris Rn. 22 - NJW-RR 2009, 103-106, 105; BGH v. 13.01.2009 - VI ZR 205/08 - juris Rn. 9 - NJW 2009, 1265-1266, 1265; BGH v. 20.10.2009 - VI ZR 53/09 - juris Rn. 13 - BGHZ 183, 21-28, 26 = NJW 2010, 606-608, 607; BGH v. 11.03.2010 - IX ZR 104/08 - juris Rn. 27 - NJW 2010, 1357-1360, 1359.

gens erfolgende Inzahlungnahme eines Gebrauchtwagens des Erwerbers durch den Kraftfahrzeughändler für einen Teil des Preises aufgrund einer von vornherein festen Vereinbarung als einheitlichen Kaufvertrag angesehen, bei dem der Käufer die Ersetzungsbefugnis hat, den vertraglich festgelegten Teil des Kaufpreises durch Hingabe des Gebrauchtwagens zu tilgen.[30] Eine tarifvertraglich vereinbarte Ersetzungsbefugnis liegt vor, wenn der Tarifvertrag Arbeitgeber und Arbeitnehmer das Recht einräumt, anstelle der vertraglich primär vorgesehenen Mehrarbeitsvergütung Ausgleich durch bezahlte Freizeit zu gewähren oder zu verlangen.[31]

17 Die §§ 262-264 BGB sind auf die Ersetzungsbefugnis weder unmittelbar noch analog anwendbar.[32] Solange die Ersetzungsbefugnis nicht ausgeübt wird, behält das Schuldverhältnis seinen ursprünglichen Inhalt. Die Schuld kann daher gefordert bzw. bewirkt werden, ohne dass die Ausübung der Ersetzungsbefugnis abzuwarten wäre (für die Wahlschuld vgl. demgegenüber § 264 BGB). Ist die Leistung unmöglich oder wird sie es, bevor die Ersetzungsbefugnis ausgeübt wurde, ist der Leistungsanspruch ausgeschlossen, auch wenn die ersatzweise geschuldete Leistung noch möglich wäre, bzw. – soweit die ersatzweise geschuldete Leistung betroffen ist – entfällt die Ersetzungsbefugnis[33] (für die Wahlschuld vgl. demgegenüber § 265 BGB). Erst ab dem Zeitpunkt der Ausübung der Ersetzungsbefugnis ändert sich der Inhalt des Schuldverhältnisses (für die Wahlschuld vgl. demgegenüber § 263 Abs. 2 BGB). Für die Ausübung der Ersetzungsbefugnis ist zu unterscheiden: Steht sie dem Gläubiger zu, bedarf es – wie bei der Wahlschuld (vgl. § 263 Abs. 1 BGB) – einer das Schuldverhältnis endgültig ändernden Gestaltungserklärung gegenüber dem Schuldner.[34] Steht sie dagegen dem Schuldner zu, wird sie (erst) durch tatsächliche Erbringung der ersatzweise geschuldeten Leistung ausgeübt.[35]

II. Elektive Konkurrenz

18 Ebenfalls abzugrenzen von der Wahlschuld ist die **elektive Konkurrenz** (alternative Gläubigerberechtigung), bei der außerhalb eines einheitlichen Schuldverhältnisses mehrere inhaltlich verschiedene, sich gegenseitig ausschließende Rechte nebeneinander bestehen, unter denen der Berechtigte auswählen kann.[36] Anders als bei der Wahlschuld oder der Ersetzungsbefugnis besteht nicht eine Forderung mit alternativem bzw. abänderbarem Inhalt, sondern dem Gläubiger stehen verschiedene miteinander konkurrierende Rechte mit jeweils unterschiedlichen Rechtsfolgen zur Verfügung, zwischen denen er wählen kann.

19 Beispiele elektiver Konkurrenz sind die Wahlmöglichkeiten des Gläubigers zwischen Erfüllung und Schadensersatz nach § 179 Abs. 1 BGB[37], zwischen Schadensersatz und Leistung nach den §§ 281 Abs. 1, 283 BGB[38], zwischen Schadensersatz und Ersatz vergeblicher Aufwendungen nach den §§ 284, 311a Abs. 2 Satz 1 BGB[39], zwischen Schadensersatz und Herausgabe des stellvertretenden commodums nach § 285 BGB[40], zwischen Erfüllung und Vertragsstrafe nach § 340

---

[30] BGH v. 18.01.1967 - VIII ZR 209/64 - juris Rn. 8 - BGHZ 46, 338-343, 340 f. = NJW 1967, 553-555, 554; BGH v. 30.11.1983 - VIII ZR 190/82 - juris Rn. 7 - BGHZ 89, 126-136, 128 = NJW 1984, 429-431, 429; BGH v. 30.10.2002 - VIII ZR 119/02 - juris Rn. 11 - NJW 2003, 505-507, 506; BGH v. 20.02.2008 - VIII ZR 334/06 - juris Rn. 13 - BGHZ 175, 286-296, 290 f. = NJW 2008, 2028-2031, 2029.

[31] BAG v. 17.01.1995 - 3 AZR 399/94 - juris Rn. 25 - BAGE 79, 104-115, 111 = NZA 1995, 1000-1003, 1001.

[32] Vgl. RG v. 17.03.1932 - IV 391/31 - RGZ 135, 127-132, 130.

[33] *Larenz*, Schuldrecht, Band I: Allgemeiner Teil, 14. Aufl. 1987, § 11 III, S. 160 f.; *Wolf* in: Soergel, § 265 Rn. 15; *Bittner* in: Staudinger, § 262 Rn. 14; *Krüger* in: MünchKomm-BGB, § 265 Rn. 15; *Schulze* in: Hk-BGB, § 262 Rn. 5, 6; *Stadler* in: Jauernig, § 262 Rn. 7, 9; *Grüneberg* in: Palandt, § 262 Rn. 8, 9.

[34] *Larenz*, Schuldrecht, Band I: Allgemeiner Teil, 14. Aufl. 1987, § 11 III, S. 161; *Wolf* in: Soergel, § 262 Rn. 20; *Krüger* in: MünchKomm-BGB, § 263 Rn. 10

[35] *Larenz*, Schuldrecht, Band I: Allgemeiner Teil, 14. Aufl. 1987, § 11 III, S. 160; *Krüger* in: MünchKomm-BGB, § 263 Rn. 10.

[36] Vgl. hierzu ausführlich *Weitnauer*, Die elektive Konkurrenz; *Pöschke*, JZ 2010, 349-354.

[37] *Hilger*, NJW 1986, 2237-2233, 2238; *Fikentscher/Heinemann*, Schuldrecht, 10. Aufl. 2006, § 28 V 1 Rn. 256; *Bittner* in: Staudinger, § 262 Rn. 10, 18; a.A. RG v. 16.02.1937 - VII 216/36 - RGZ 154, 58-64, 62; Saarländisches Oberlandesgericht Saarbrücken v. 13.11.2008 - 8 U 444/07 - juris Rn. 26 - NJW-RR 2009, 1488-1490, 1490; *Weitnauer*, Die elektive Konkurrenz, 458; *Wolf* in: Soergel, § 262 Rn. 24 m.w.N.: Wahlschuld.

[38] BGH v. 20.01.2006 - V ZR 124/05 - juris Rn. 16 - NJW 2006, 1198-1199, 1198; *Kleine/Scholl*, NJW 2006, 3462-3467, 3462; *Ernst* in: MünchKomm-BGB, § 281 Rn. 68; a.A. – zu § 280 Abs. 2 a.F. – *Wolf* in: Soergel, § 262 Rn. 24: Wahlschuld.

[39] *Kleine/Scholl*, NJW 2006, 3462-3467, 3462.

[40] BGH v. 14.12.1990 - V ZR 223/89 - juris Rn. 16 - NJW 1991, 1180-1181, 1181; *Kleine/Scholl*, NJW 2006, 3462-3467, 3462; a.A. *Enneccerus/Lehmann*, Recht der Schuldverhältnisse, 15. Bearb. 1958, § 7 S. 36: Wahlschuld.

BGB[41], zwischen Rücktritt und Minderung nach den §§ 437 Nr. 2, 634 Nr. 3 BGB[42], zwischen Mängelbeseitigung und Lieferung einer mangelfreien Sache nach § 439 Abs. 1 BGB[43], zwischen Mängelbeseitigung und Neuherstellung des Werks nach § 635 Abs. 1 BGB bei Nacherfüllungsverlangen[44], zwischen Verlangen der Nacherfüllung und Selbstvornahme nach § 637 Abs. 1 BGB[45] sowie zwischen der vereinbarten Miete und der ortsüblichen Miete bei verspäteter Rückgabe der Mietsache nach § 546a Abs. 1 BGB[46].

Die §§ 262-264 BGB sind auf die elektive Konkurrenz weder unmittelbar noch analog anwendbar.[47] Die Wahl als solche ist keine Gestaltungserklärung und führt daher grds. nicht zu einer Bindungswirkung des Gläubigers. Ob und wie lange ihm ein ius variandi (Abänderungsrecht) zur Änderung der einmal getroffenen Wahl zusteht, richtet sich nach den jeweiligen konkreten Regelungen.[48]

20

---

[41] *Ziegler*, AcP 171, 193-217, 205 f.; anders zu E I § 420 : Motive, Bd. II, S. 6 = *Mugdan*, Bd. 2, S. 3: Wahlschuld.
[42] *Bittner* in: Staudinger, § 262 Rn. 9; vgl. auch RG v. 12.04.1911 - V 433/10 - RG JW 1911, 592.
[43] *Spickhoff*, BB 2003, 589-594, 592; *Schroeter*, NJW 2006, 1761-1765; *Skamel*, ZGS 2006, 457-461; *Sutschet*, JA 2007, 161-167, 165; *Faust* in: Bamberger/Roth, § 439 Rn. 9; *Grüneberg* in: Palandt, § 262 Rn. 6; *Weidenkaff* in: Palandt, § 439 Rn. 5; a.A. (Wahlschuld) *Schellhammer*, MDR 2002, 301-308, 301; *Büdenbender*, AcP 205, 386-429; *Büdenbender* in: AnwK-BGB, § 439 Rn. 15; *Berger* in: Jauernig, § 439 Rn. 17.
[44] *Spickhoff*, BB 2003, 589-594, 592; *Sprau* in: Palandt, § 635 Rn. 4; a.A. (Wahlschuld) *Derleder*, ZWE 2003, 211-224, 213 f.
[45] *Brügmann/Kenter*, BauR 2004, 395-397.
[46] Thüringer Landesarbeitsgericht v. 25.08.2009 - 1 Sa 130/09 - juris Rn. 39; *Gernhuber*, Das Schuldverhältnis, 1989, § 11 I 7, S. 261 (zu § 557 Abs. 1 a.F.); a.A. *Wolf* in: Soergel, § 262 Rn. 24; *Bittner* in: Staudinger, § 262 Rn. 18; *Krüger* in: MünchKomm-BGB, § 262 Rn. 13: Wahlschuld.
[47] Vgl. BGH v. 20.01.2006 - V ZR 124/05 - juris Rn. 16 - NJW 2006, 1198-1199, 1198.
[48] Vgl. *Wolf* in: Soergel, § 262 Rn. 8 f.; *Krüger* in: MünchKomm-BGB, § 262 Rn. 11, § 263 Rn. 11; *Grüneberg* in: Palandt, § 262 Rn. 6; *Kleine/Scholl*, NJW 2006, 3462-3467.

§ 263 BGB Ausübung des Wahlrechts; Wirkung

(Fassung vom 02.01.2002, gültig ab 01.01.2002)
(1) Die Wahl erfolgt durch Erklärung gegenüber dem anderen Teil.
(2) Die gewählte Leistung gilt als die von Anfang an allein geschuldete.

Gliederung

A. Grundlagen 1
B. Ausübung des Wahlrechts (Absatz 1) 2
C. Rechtsfolge: rückwirkende Konzentration des Schuldverhältnisses (Absatz 2) 5
D. Ersetzungsbefugnis, elektive Konkurrenz 8

A. Grundlagen

1   Die Bestimmung regelt die Ausübung des Wahlrechts bei einer Wahlschuld (§ 263 Abs. 1 BGB) und ordnet eine rückwirkende Konzentration des Schuldverhältnisses auf den gewählten Inhalt an (§ 263 Abs. 2 BGB).

B. Ausübung des Wahlrechts (Absatz 1)

2   Besteht eine Wahlschuld (vgl. hierzu die Kommentierung zu § 262 BGB Rn. 2), wird das Wahlrecht vom Wahlberechtigten (vgl. hierzu die Kommentierung zu § 262 BGB Rn. 12) nach § 263 Abs. 1 BGB durch **Erklärung** gegenüber dem anderen am Schuldverhältnis Beteiligten ausgeübt. Die Erklärung ist eine (mit Zugang wirksam werdende) einseitige empfangsbedürftige Willenserklärung im Sinne der §§ 130-132 BGB, die ggf. auch durch schlüssiges Handeln in Kenntnis des Wahlrechts (z.B. durch Angebot oder Annahme einer wahlweise geschuldeten Leistung oder durch Leistungsklage des wahlberechtigten Gläubigers auf eine der wahlweise geschuldeten Leistungen) abgegeben werden kann.[1] Bei der Ausübung des Wahlrechts ist der Wahlberechtigte wie bei jeder Rechtsausübung an das Gebot von Treu und Glauben (§ 242 BGB) gebunden.[2] Steht das Wahlrecht einer Personenmehrheit zu oder ist es gegenüber einer Personenmehrheit auszuüben, kann es nur einheitlich ausgeübt werden.[3]

3   Die Ausübung des Wahlrechts ist, da sie auf das Schuldverhältnis unmittelbar rechtsgestaltend einwirkt, **Gestaltungserklärung**. Wie jede Gestaltungserklärung ist die Ausübung des Wahlrechts grds. bedingungs- und befristungsfeindlich und führt zum endgültigen Verbrauch des Gestaltungsrechts, kann also nicht mehr widerrufen und erneut ausgeübt werden (kein sog. ius variandi).[4] Möglich ist nur ggf. eine Anfechtung nach Maßgabe der §§ 119-124 BGB, nach deren erfolgreicher Erklärung das Wahlrecht erneut auszuüben ist.

4   § 263 Abs. 1 BGB ist **abdingbar**.[5] Die Parteien können daher insbes. die Ausübung der Wahl unter einer Bedingung oder Befristung, die Möglichkeit des Widerrufs der Wahl oder auch eine Ersetzungsbefugnis (vgl. hierzu die Kommentierung zu § 262 BGB Rn. 15) vereinbaren, die es ungeachtet der

---

[1] Vgl. *Larenz*, Schuldrecht, Band I: Allgemeiner Teil, 14. Aufl. 1987, § 11 II, S. 158; *Wolf* in: Soergel, § 263 Rn. 3; *Bittner* in: Staudinger, § 263 Rn. 2 f.; *Krüger* in: MünchKomm-BGB, § 263 Rn. 3; *Grüneberg* in: Palandt, § 263 Rn. 1.

[2] BGH v. 09.06.1983 - III ZR 105/82 - juris Rn. 39 - NJW 1983, 2701-2703, 2703.

[3] BGH v. 13.07.1972 - III ZR 107/69 - juris Rn. 5 - BGHZ 59, 187-191, 190 f. = NJW 1972, 1711-1712, 1712; *Wolf* in: Soergel, § 263 Rn. 4; *Krüger* in: MünchKomm-BGB, § 263 Rn. 6; *Grüneberg* in: Palandt, § 263 Rn. 1; vgl. auch Motive, Bd. II, S. 8 = *Mugdan*, Bd. 2, S. 5; a.A. für Gesamtschuldnerschaft *Enneccerus/Lehmann*, Recht der Schuldverhältnisse, 15. Bearb. 1958, § 8 IV 2, S. 38 f.; *Bittner* in: Staudinger, § 263 Rn. 8: Wegen der Gesamtwirkung der Erfüllung wirkt die Ausübung der Wahl nur durch einen der wahlberechtigten Gesamtschuldner bzw. -gläubiger mit dem Zeitpunkt der hierauf erfolgenden Erfüllung gegenüber allen anderen wahlberechtigten Gesamtschuldnern bzw. -gläubigern.

[4] Vgl. RG v. 16.02.1937 - VII 216/36 - RGZ 154, 58-64, 63; *Larenz*, Schuldrecht, Band I: Allgemeiner Teil, 14. Aufl. 1987, § 11 II, S. 157; *Wolf* in: Soergel, § 263 Rn. 2, 4; *Bittner* in: Staudinger, § 263 Rn. 2, 6; *Krüger* in: MünchKomm-BGB, § 263 Rn. 2, 4; *Grüneberg* in: Palandt, § 263 Rn. 1.

[5] RG v. 17.03.1932 - IV 391/31 - RGZ 136, 127-132, 130.

ausgeübten Wahl einer Partei anschließend erlaubt, die nicht gewählte Leistung zu fordern bzw. zu erbringen.[6]

C. Rechtsfolge: rückwirkende Konzentration des Schuldverhältnisses (Absatz 2)

Mit der Ausübung des Wahlrechts gilt die gewählte Leistung nach § 263 Abs. 2 BGB als die von Anfang an allein geschuldete; das Schuldverhältnis wird auf eine der wahlweise geschuldeten Leistungen konzentriert. Mit dem Zugang der Erklärung wandelt sich das alternative Schuldverhältnis mithin in ein **einfaches Schuldverhältnis** mit dem gewählten Leistungsinhalt um. Zwar wird damit erst mit der Ausübung des Wahlrechts eine konkrete Leistung geschuldet, doch bedeutet dies nicht, dass diese Leistung vor der Ausübung des Wahlrechts vom Gläubiger i.S.d. § 131 Abs. 1 InsO noch „nicht oder nicht in der Art" beansprucht werden könnte mit der Folge einer insolvenzrechtlichen Anfechtbarkeit der Erfüllung einer Wahlschuld bei Ausübung des Wahlrechts erst in kritischer Zeit; vielmehr ist jede wahlweise geschuldete Leistung kongruent.[7]

Die Umwandlung verbindet das Gesetz mit der **Fiktion der Rückwirkung**, so dass das Schuldverhältnis behandelt wird, als ob es von Anfang an einfaches Schuldverhältnis mit dem gewählten Inhalt gewesen wäre (mit der Folge rückwirkender Fälligkeit)[8]; die nicht gewählte Leistung gilt als nie geschuldet. Die Wirkungen werden allein durch den Zugang der Erklärung ausgelöst und sind endgültig. Stellt sich daher bei der späteren Leistungsbewirkung heraus, dass der gewählten Leistung eine Einrede entgegensteht, kann der Schuldner die Einrede erheben und der Gläubiger nicht mehr auf die nicht gewählte, einredefreie Leistung zurückgreifen.[9] Für den Fall der vor Ausübung des Wahlrechts gegebenen Unmöglichkeit einer der alternativ geschuldeten Leistungen wird die Rückwirkung durch § 265 BGB allerdings modifiziert (vgl. die Kommentierung zu § 265 BGB Rn. 1).

Während der Gläubiger einer Wahlschuld seine Forderung auch unabhängig von der Ausübung des Wahlrechts geltend machen kann (vgl. die Kommentierung zu § 262 BGB Rn. 14), kann der Schuldner erst mit der durch die Wahl erfolgten Fixierung der Schuld auf einen bestimmten Leistungsinhalt die Leistung bewirken.[10] Übt der wahlberechtigte Gläubiger sein Wahlrecht nicht aus, kann der Schuldner ggf. nach § 264 Abs. 2 BGB vorgehen.

D. Ersetzungsbefugnis, elektive Konkurrenz

§ 263 BGB ist weder auf die Ausübung einer **Ersetzungsbefugnis** noch auf die Ausübung der Wahl bei einer **elektiven Konkurrenz**[11] (analog) anwendbar. Zur Ausübung der Ersetzungsbefugnis vgl. die Kommentierung zu § 262 BGB Rn. 17, zur Wahl bei einer elektiven Konkurrenz vgl. die Kommentierung zu § 262 BGB Rn. 20.

---

[6] Vgl. *Wolf* in: Soergel, § 263 Rn. 6; *Krüger* in: MünchKomm-BGB, § 263 Rn. 5; *Grüneberg* in: Palandt, § 263 Rn. 2.

[7] BGH v. 29.11.2007 - IX ZR 30/07 - juris Rn. 30 - BGHZ 174, 297-314, 306 = NJW 2008, 430-435, 433; *Piekenbrock*, WM 2007, 141-151, 145.

[8] OLG München v. 02.07.1997 - 7 U 3100/97 - juris Rn. 32 - NJW-RR 1998, 1189-1191, 1190 f.

[9] Vgl. *Bittner* in: Staudinger, § 263 Rn. 12; *Krüger* in: MünchKomm-BGB, § 263 Rn. 7.

[10] Vgl. *Bittner* in: Staudinger, § 263 Rn. 13.

[11] Zu § 263 Abs. 2 BGB vgl. BGH v. 20.01.2006 - V ZR 124/05 - juris Rn. 16 - NJW 2006, 1198-1199, 1198.

§ 264 BGB Verzug des Wahlberechtigten

(Fassung vom 02.01.2002, gültig ab 01.01.2002)

(1) Nimmt der wahlberechtigte Schuldner die Wahl nicht vor dem Beginn der Zwangsvollstreckung vor, so kann der Gläubiger die Zwangsvollstreckung nach seiner Wahl auf die eine oder auf die andere Leistung richten; der Schuldner kann sich jedoch, solange nicht der Gläubiger die gewählte Leistung ganz oder zum Teil empfangen hat, durch eine der übrigen Leistungen von seiner Verbindlichkeit befreien.

(2) ¹Ist der wahlberechtigte Gläubiger im Verzug, so kann der Schuldner ihn unter Bestimmung einer angemessenen Frist zur Vornahme der Wahl auffordern. ²Mit dem Ablauf der Frist geht das Wahlrecht auf den Schuldner über, wenn nicht der Gläubiger rechtzeitig die Wahl vornimmt.

Gliederung

A. Kommentierung zu Absatz 1 1	IV. Prozessuale Hinweise 8
I. Grundlagen 1	V. Ersetzungsbefugnis, elektive Konkurrenz 9
II. Anwendungsvoraussetzungen 3	B. Kommentierung zu Absatz 2 10
1. Schuldnerwahlrecht 3	I. Grundlagen 10
2. Keine Ausübung des Wahlrechts vor Beginn der Zwangsvollstreckung 4	II. Anwendungsvoraussetzungen 11
	1. Gläubigerwahlrecht 11
III. Rechtsfolgen 6	2. Verzug mit der Vornahme der Wahl 12
1. Zwangsvollstreckung einer Leistung nach Wahl des Gläubigers 6	3. Fristsetzung zur Vornahme der Wahl 13
	III. Rechtsfolge: Übergang des Wahlrechts 14
2. Kein Untergang des Wahlrechts 7	IV. Ersetzungsbefugnis, elektive Konkurrenz 15

A. Kommentierung zu Absatz 1

I. Grundlagen

1 § 264 BGB enthält zwei selbständige und höchst unterschiedliche Regelungen zur Lösung der sich für die Wahlschuld mit Wahlrecht des Schuldners oder des Gläubigers bei **Nichtausübung des Wahlrechts** für den jeweils anderen ergebenden Probleme. Das Gesetz sieht keine bestimmte Frist für die Ausübung des Wahlrechts vor. Solange das Wahlrecht nicht ausgeübt ist, ist aber der Inhalt des Schuldverhältnisses unbestimmt und damit das Schuldverhältnis nicht ohne weiteres erfüllbar.

2 § 264 Abs. 1 BGB betrifft die **Wahlschuld mit Wahlrecht des Schuldners** (zur Wahlschuld mit Wahlrecht des Gläubigers vgl. Rn. 10) und schafft dem Gläubiger eine Möglichkeit, die Zwangsvollstreckung unabhängig von der Vornahme der Wahl durch den Schuldner zu betreiben.

II. Anwendungsvoraussetzungen

1. Schuldnerwahlrecht

3 Voraussetzung für die Anwendung des § 264 Abs. 1 BGB ist zunächst das Vorliegen einer Wahlschuld (vgl. hierzu die Kommentierung zu § 262 BGB Rn. 2), bei der das Wahlrecht dem Schuldner zusteht (vgl. hierzu die Kommentierung zu § 262 BGB Rn. 12), was nach § 262 BGB in Ermangelung von Anhaltspunkten für eine andere Regelung im Zweifel der Fall ist.

2. Keine Ausübung des Wahlrechts vor Beginn der Zwangsvollstreckung

4 Sodann ist Voraussetzung, dass der Schuldner sein Wahlrecht nicht vor dem Beginn der Zwangsvollstreckung ausübt (zur Ausübung des Wahlrechts vgl. die Kommentierung zu § 263 BGB Rn. 2). Dies setzt wiederum voraus, dass der Gläubiger im Besitz eines vollstreckbaren Titels über die Wahlschuld ist. Ein solcher Titel lautet, da vor Ausübung des Wahlrechts der Schuldinhalt nicht feststeht, auf die alternative Bewirkung der wahlweise geschuldeten Leistungen nach Wahl des Schuldners (vgl. die

Kommentierung zu § 262 BGB Rn. 14). Die Zwangsvollstreckung beginnt mit der ersten Vollstreckungshandlung des zuständigen Vollstreckungsorgans.[1]

Eine **Pflicht** des Wahlberechtigten zur Vornahme der Wahl besteht im Regelfall nicht,[2] weshalb die heutige amtliche Überschrift („Verzug des Wahlberechtigten") nicht besonders glücklich ist (vgl. auch Rn. 12). Selbst wenn ausnahmsweise eine solche Verpflichtung vereinbart wurde, ist eine Klage auf Ausübung der Wahl im Hinblick auf die Möglichkeit des § 264 Abs. 1 BGB mangels Rechtsschutzbedürfnisses unzulässig.[3] Die Verletzung einer Ausübungspflicht kann daher nur ggf. Schadensersatzansprüche auslösen.

III. Rechtsfolgen

1. Zwangsvollstreckung einer Leistung nach Wahl des Gläubigers

Folge der unterlassenen Wahl durch den Schuldner ist, dass nun der Gläubiger die Zwangsvollstreckung aus dem auf alternative Leistung lautenden Titel auf eine der Leistungen seiner Wahl richten kann (§ 264 Abs. 1 HS. 1 BGB). Hierdurch soll dem Gläubiger nur ein Weg zur Beitreibung eröffnet werden.[4] Die Einleitung der Zwangsvollstreckung ist daher nicht etwa die Ausübung des nun vom Schuldner auf den Gläubiger übergegangenen Wahlrechts.[5] Die Alternativität des Schuldverhältnisses bleibt vielmehr auch mit der Einleitung der Zwangsvollstreckung erhalten. Der Gläubiger ist daher insbes. nicht gehindert, nach einem erfolglosen Vollstreckungsversuch eine zweite Wahl zu treffen und erneut die Zwangsvollstreckung wegen einer anderen Leistung zu betreiben.[6]

2. Kein Untergang des Wahlrechts

Der Beginn der Zwangsvollstreckung führt auch nicht zum Untergang des Wahlrechts des Schuldners. Der Schuldner ist nicht gehindert, auch jetzt noch seine Wahl auszuüben, doch geschieht dies nach Beginn der Zwangsvollstreckung nicht mehr durch Erklärung nach § 263 Abs. 1 BGB, sondern nur noch durch tatsächliches Bewirken der von ihm gewählten Leistung (§ 264 Abs. 1 HS. 2 BGB; „keine Worte, sondern nur noch Taten zählen").[7] Diese Möglichkeit für den Schuldner endet erst, wenn der Gläubiger in dem von ihm eingeleiteten Zwangsvollstreckungsverfahren befriedigt wurde (die Befriedigung des Gläubigers tritt nach den §§ 815 Abs. 3, 819 ZPO bereits mit der Inbesitznahme gepfändeten Geldes oder des Versteigerungserlöses durch den Gerichtsvollzieher ein).

IV. Prozessuale Hinweise

Betreibt der Gläubiger die Zwangsvollstreckung nach § 264 Abs. 1 BGB wegen einer Leistung seiner Wahl, ist der Einwand des Schuldners, er habe eine andere Leistung – durch Abgabe einer Erklärung vor Beginn der Zwangsvollstreckung oder tatsächliches Bewirken nach deren Beginn – gewählt, durch **Vollstreckungsgegenklage** nach § 767 ZPO geltend zu machen.[8]

V. Ersetzungsbefugnis, elektive Konkurrenz

Bei den verwandten Rechtsfiguren der Ersetzungsbefugnis und der elektiven Konkurrenz stellen sich keine vergleichbaren Probleme: Bei Bestehen einer **Ersetzungsbefugnis** steht der Schuldinhalt fest und wird nur ggf. durch Ausübung der Befugnis geändert (vgl. die Kommentierung zu § 262 BGB Rn. 15), bei der **elektiven Konkurrenz** hat allein der Gläubiger es in der Hand, welches Recht er geltend machen will (vgl. die Kommentierung zu § 262 BGB Rn. 18).

---

[1] Vgl. *Wolf* in: Soergel, § 264 Rn. 5; *Bittner* in: Staudinger, § 264 Rn. 8; *Krüger* in: MünchKomm-BGB, § 264 Rn. 6; *Ebert* in: Erman, § 264 Rn. 2.
[2] Vgl. bereits Motive, Bd. II, S. 8 = *Mugdan*, Bd. 2, S. 4.
[3] *Wolf* in: Soergel, § 264 Rn. 1; *Bittner* in: Staudinger, § 264 Rn. 5; *Unberath* in: Bamberger/Roth, § 264 Rn. 2; a.A. *Krüger* in: MünchKomm-BGB, § 264 Rn. 14.
[4] Vgl. Motive, Bd. II, S. 8 = *Mugdan*, Bd. 2, S. 4.
[5] Vgl. BGH v. 22.06.1995 - IX ZR 100/94 - juris Rn. 13 - NJW 1995, 3189-3190, 3190.
[6] *Wolf* in: Soergel, § 264 Rn. 4; *Bittner* in: Staudinger, § 264 Rn. 7; *Krüger* in: MünchKomm-BGB, § 264 Rn. 5; *Ebert* in: Erman, § 264 Rn. 1.
[7] Vgl. RG v. 26.11.1902 - V 283/02 - RGZ 53, 80-85, 82; BGH v. 22.06.1995 - IX ZR 100/94 - juris Rn. 11 - NJW 1995, 3189-3190, 3190; *Wolf* in: Soergel, § 264 Rn. 3; *Bittner* in: Staudinger, § 264 Rn. 7.
[8] *Wolf* in: Soergel, § 264 Rn. 7; *Bittner* in: Staudinger, § 264 Rn. 14; *Ebert* in: Erman, § 264 Rn. 3.

B. Kommentierung zu Absatz 2

I. Grundlagen

10 § 264 Abs. 2 BGB betrifft (anders als § 264 Abs. 1 BGB, vgl. Rn. 2) die **Wahlschuld mit Wahlrecht des Gläubigers** und enthält eine Regelung für die Situation, dass der Gläubiger sein Wahlrecht nicht ausübt. Mangels Konzentration der Wahlschuld auf eine bestimmte Leistung hat der Schuldner vor Ausübung des Wahlrechts keine Möglichkeit, die geschuldete Leistung zu erbringen oder sich durch Hinterlegung bzw. Versteigerung von der Leistungspflicht zu befreien. § 264 Abs. 2 BGB ermöglicht es dem Schuldner, das Wahlrecht selbst auszuüben und so die geschuldete Leistung für die weitere Abwicklung des Schuldverhältnisses festzulegen.

II. Anwendungsvoraussetzungen

1. Gläubigerwahlrecht

11 § 264 Abs. 2 BGB setzt das Vorliegen einer Wahlschuld (vgl. hierzu die Kommentierung zu § 262 BGB Rn. 2) voraus, bei der das Wahlrecht – abweichend von der Auslegungsregel des § 262 BGB – dem Gläubiger zusteht (vgl. hierzu die Kommentierung zu § 262 BGB Rn. 12).

2. Verzug mit der Vornahme der Wahl

12 Der Gläubiger muss sich mit der Ausübung seines Wahlrechts in „Verzug" befinden. Da regelmäßig keine (erzwingbare) Pflicht zur Ausübung des Wahlrechts besteht (vgl. Rn. 5), kommt es hierfür nicht auf das Vorliegen des Schuldnerverzugs nach § 286 BGB an. Erforderlich ist vielmehr, dass der Gläubiger in der Situation des Annahmeverzugs im Sinne des § 293 BGB sein Wahlrecht nicht ausübt.[9] Zur Begründung des Annahmeverzuges muss der Schuldner alle alternativ geschuldeten Leistungen anbieten.[10] Da für die tatsächliche Leistungsbewirkung die Vornahme der Wahl und damit eine Mitwirkungshandlung des Gläubigers erforderlich ist, genügt nach § 295 Satz 1 BGB ein wörtliches Angebot.[11]

3. Fristsetzung zur Vornahme der Wahl

13 Schließlich bedarf es nach § 264 Abs. 2 Satz 1 BGB der Bestimmung einer angemessenen Frist zur Vornahme der Wahl durch den Schuldner. Die Fristsetzung kann zugleich mit dem Angebot der alternativ geschuldeten Leistungen erfolgen.[12] Eine unangemessen kurze Fristsetzung löst den Lauf einer angemessenen Frist aus.[13] Keiner Fristsetzung bedarf es ausnahmsweise, wenn der Gläubiger ernsthaft und endgültig die Ausübung der Wahl verweigert.[14]

III. Rechtsfolge: Übergang des Wahlrechts

14 Übt der Gläubiger auch hierauf sein Wahlrecht nicht aus, geht es mit Ablauf der (angemessenen) Frist nach § 264 Abs. 2 Satz 2 BGB endgültig auf den Schuldner über (Wiedereinsetzung in den vorigen Stand ist nicht möglich)[15]. Allein wahlberechtigt ist dann der Schuldner. Er kann nun seinerseits das Wahlrecht ausüben und hat bei weiterer Annahmeverweigerung des Gläubigers mit der hierdurch herbeigeführten Konzentration der Wahlschuld auf eine einzige Leistung und (erneuter) Herbeiführung des Annahmeverzuges dann auch die Möglichkeit zur Hinterlegung nach § 372 Abs. 1 Satz 1 BGB oder Versteigerung nach § 383 Abs. 1 Satz 1 BGB.[16]

---

[9] *Wolf* in: Soergel, § 264 Rn. 8; *Krüger* in: MünchKomm-BGB, § 264 Rn. 10; *Bittner* in: Staudinger, § 264 Rn. 11.

[10] *Bittner* in: Staudinger, § 264 Rn. 11.

[11] *Wolf* in: Soergel, § 264 Rn. 8; *Krüger* in: MünchKomm-BGB, § 264 Rn. 10.

[12] *Gernhuber*, Das Schuldverhältnis, 1989, § 11 III 2, S. 270 f.; *Wolf* in: Soergel, § 264 Rn. 9; *Krüger* in: MünchKomm-BGB, § 264 Rn. 11; *Bittner* in: Staudinger, § 264 Rn. 12.

[13] *Wolf* in: Soergel, § 264 Rn. 9; *Krüger* in: MünchKomm-BGB, § 264 Rn. 11.

[14] RG v. 27.05.1930 - VII 486/29 - RGZ 129, 143-146, 145; *Wolf* in: Soergel, § 264 Rn. 9; *Gernhuber*, Das Schuldverhältnis, 1989, § 11 III 2, S. 271; *Krüger* in: MünchKomm-BGB, § 264 Rn. 11; *Bittner* in: Staudinger, § 264 Rn. 12.

[15] Vgl. RG v. 14.03.1941 – II B 8/40 - RGZ 166, 268-276, 276.

[16] *Wolf* in: Soergel, § 264 Rn. 9; *Krüger* in: MünchKomm-BGB, § 264 Rn. 12.

IV. Ersetzungsbefugnis, elektive Konkurrenz

Übt der Gläubiger eine ihm zustehende **Ersetzungsbefugnis** nicht aus, berührt dies die Erfüllbarkeit der Schuld nicht, da der Schuldinhalt feststeht und nur ggf. durch Ausübung der Befugnis geändert wird (vgl. die Kommentierung zu § 262 BGB Rn. 15). Probleme des Schuldners können sich nur bei verspäteter Ausübung der Ersetzungsbefugnis ergeben, der ggf. mit dem Rechtsinstitut der Verwirkung zu begegnen ist.[17] In Fällen **elektiver Konkurrenz** (vgl. die Kommentierung zu § 262 BGB Rn. 18) hat der Schuldner keine vergleichbare Möglichkeit zur Fristsetzung.[18]

15

---

[17] Vgl. *Oetker*, NJW 1985, 345-351, 350.
[18] Vgl. BGH v. 20.01.2006 - V ZR 124/05 - juris Rn. 16 - NJW 2006, 1198-1199, 1198; *Wolf* in: Soergel, § 262 Rn. 9; *Krüger* in: MünchKomm-BGB, § 262 Rn. 11.

§ 265 BGB Unmöglichkeit bei Wahlschuld

(Fassung vom 02.01.2002, gültig ab 01.01.2002)

¹Ist eine der Leistungen von Anfang an unmöglich oder wird sie später unmöglich, so beschränkt sich das Schuldverhältnis auf die übrigen Leistungen. ²Die Beschränkung tritt nicht ein, wenn die Leistung infolge eines Umstands unmöglich wird, den der nicht wahlberechtigte Teil zu vertreten hat.

Gliederung

A. Grundlagen 1	D. Besonderheiten 7
B. Anwendungsvoraussetzungen 2	I. Analoge Anwendung bei Nichtigkeit 7
I. Wahlschuld 2	II. Ersetzungsbefugnis 8
II. Unmöglichkeit einer Leistung 3	
C. Rechtsfolge: Beschränkung des Wahlschuldverhältnisses 6	

A. Grundlagen

1 § 265 BGB regelt die Folgen der Unmöglichkeit einer der bei einer Wahlschuld wahlweise geschuldeten Leistungen vor Ausübung des Wahlrechts, indem die unmögliche Leistung aus dem Kreis der wählbaren Leistungen ausgeschlossen wird, und damit – abweichend vom Grundsatz des § 263 Abs. 2 BGB – eine Konzentration des Schuldverhältnisses gerade auf die unmögliche Leistung nicht eintreten kann. Der Gesetzgeber lehnte mit der automatischen Beschränkung des Schuldverhältnisses auf die noch möglichen Leistungen das Konzept von I 11 §§ 33-37 ALR pr ab, wonach der Wahlberechtigte bei Unmöglichkeit einer wahlweise geschuldeten Leistung an den Vertrag insgesamt nicht mehr gebunden ist, aber berechtigt bleibt, unter den verbliebenen Leistungen zu wählen.¹ Da der Wahlberechtigte aber meist ein Interesse gerade an der Wahlmöglichkeit haben wird und sich nicht zwangsweise auf eine bestimmte Leistung verweisen lassen will, gilt die Regelung allgemein als misslungen.² Sie knüpft im Übrigen unverändert an das Leistungsstörungsrecht in der Fassung vor Inkrafttreten des SchuldRModG an, so dass sie ohnehin korrigierend ausgelegt werden muss.

B. Anwendungsvoraussetzungen

I. Wahlschuld

2 Die Vorschrift betrifft – auch wenn sich dies nur aus ihrer systematischen Stellung und jetzt auch aus ihrer Überschrift ergibt – nur die Wahlschuld, die daher zunächst vorliegen muss (vgl. hierzu die Kommentierung zu § 262 BGB Rn. 2). Wurde die Wahlschuld durch Ausübung der Wahl bereits auf eine (mögliche) Leistung konzentriert, ist § 265 BGB unanwendbar. Die nach der Wahl eintretende Unmöglichkeit der Leistung ist nach allgemeinem Leistungsstörungsrecht zu beurteilen.³

II. Unmöglichkeit einer Leistung

3 Nach dem auch nach Inkrafttreten des SchuldRModG unveränderten Gesetzeswortlaut muss hinsichtlich einer der wahlweise geschuldeten Leistungen entweder anfängliche oder vom Wahlberechtigten nicht zu vertretende nachträgliche Unmöglichkeit vorliegen. Die Vorschrift knüpft damit an die §§ 306, 275, 323 BGB, § 324 BGB a.F. an und passt nicht mehr reibungslos in das geltende Leistungsstörungsrecht. Sie bedarf daher in zwei Punkten einer **korrigierenden Auslegung**:

4 Als Regelung für den Fall der Unmöglichkeit soll § 265 BGB verhindern, dass sich die hinsichtlich der unmöglichen Leistung eintretende Leistungsfreiheit des Schuldners ungeachtet der fortbestehenden

---

[1] Motive, Bd. II, S. 6 = *Mugdan*, Bd. 2, S. 3 f.
[2] *Ziegler*, AcP 171, 193-217, 211 f.; *Wolf* in: Soergel, § 265 Rn. 2; *Krüger* in: MünchKomm-BGB, § 265 Rn. 1; *Ebert* in: Erman, § 265 Rn. 1; *Bittner* in: Staudinger, § 265 Rn. 4; *Grüneberg* in: Palandt, § 265 Rn. 1; *Zöchling-Jud* in: Prütting/Wegen/Weinreich, BGB, 7. Aufl. 2012, § 265 Rn. 1.
[3] Vgl. *Grüneberg* in: Palandt, § 265 Rn. 4; *Zöchling-Jud* in: Prütting/Wegen/Weinreich, BGB, 7. Aufl. 2012, § 265 Rn. 1.

Möglichkeit der übrigen Leistungen auf das gesamte Wahlschuldverhältnis erstreckt.[4] Außer der Unmöglichkeit im Sinne von § 275 Abs. 1 BGB müssen daher auch die ebenfalls zur Leistungsfreiheit des Schuldners führenden Tatbestände in § 275 Abs. 2, 3 BGB erfasst werden. „Unmöglichkeit" im Sinne von § 265 BGB muss daher seit Inkrafttreten des SchuldRModG als **Leistungsfreiheit** nach § 275 Abs. 1-3 BGB verstanden werden.[5]

Nach dem Konzept der Vorschrift soll die Wahl einer anfänglich unmöglichen Leistung nicht die Folge der Nichtigkeit des ganzen Vertrages nach § 306 BGB a.F. haben, während der Wahlberechtigte eine Leistung, die in einer vom anderen zu vertretenden Weise nachträglich unmöglich geworden ist, noch wählen können soll, um entweder – als Gläubiger – nach § 323 BGB a.F. vorgehen oder – als Schuldner – ungeachtet der eigenen Leistungsfreiheit die Gegenleistung verlangen zu können (§ 275 BGB, § 324 BGB a.F.). Da nach § 311a BGB in der Fassung des SchuldRModG die anfängliche Unmöglichkeit nicht mehr zur Nichtigkeit des Vertrages führt, sondern Sekundäransprüche des Gläubigers zur Folge hat, wenn der Schuldner das Leistungshindernis nicht kannte und die Unkenntnis auch nicht zu vertreten hat, kann die anfängliche Unmöglichkeit nicht mehr unterschiedslos zum Ausschluss der betroffenen Leistung führen, sondern nur dann, wenn der nicht wahlberechtigte Teil die anfängliche Unmöglichkeit nicht im Sinne von § 311a Abs. 2 Satz 1 BGB zu vertreten hat.[6] **Fehlendes Vertretenmüssen des nicht wahlberechtigten Teils** muss daher nun nicht nur bei nachträglicher, sondern auch bei anfänglicher Unmöglichkeit Anwendungsvoraussetzung sein.[7] Was er zu vertreten hat, ergibt sich aus den §§ 276, 311a Abs. 2 Satz 1 BGB.

C. Rechtsfolge: Beschränkung des Wahlschuldverhältnisses

Ist eine der wahlweise geschuldeten Leistungen unmöglich und hat der nicht wahlberechtigte Teil dies nicht zu vertreten, kann sie nicht mehr gewählt werden. Das Wahlschuldverhältnis beschränkt sich auf die übrigen, noch möglichen Leistungen bzw. wird, wenn es nur noch eine mögliche Leistung gibt, zu einem einfachen Schuldverhältnis. Dieses meist nicht interessengerechte Ergebnis muss ggf. durch Auslegung der Wahlschuldvereinbarung korrigiert werden. § 265 BGB ist abdingbar.[8]

D. Besonderheiten

I. Analoge Anwendung bei Nichtigkeit

§ 265 BGB ist analog anwendbar, wenn eine der wahlweise geschuldeten Leistungen wegen **Formmangels** oder des Verstoßes gegen ein **gesetzliches Verbot** nach den §§ 125, 134 BGB nichtig ist.[9] Ob die Nichtigkeit einer Leistung wegen des Verstoßes gegen die **guten Sitten** nach § 138 BGB ebenfalls zur analogen Anwendung von § 265 BGB[10] oder zur Nichtigkeit der gesamten Wahlschuld[11] führt, ist streitig.

II. Ersetzungsbefugnis

Bei der **Ersetzungsbefugnis** (vgl. hierzu die Kommentierung zu § 262 BGB Rn. 15) führt die Unmöglichkeit der primär geschuldeten Leistung zur Leistungsfreiheit, während die Unmöglichkeit der Ersatzleistung das Schuldverhältnis nicht berührt.[12]

---

[4] Vgl. Motive, Bd. II, S. 8 f. = *Mugdan*, Bd. 2, S. 5.
[5] Ebenso *Unberath* in: Bamberger/Roth, § 265 Rn. 2; *Arnold* in: NK-BGB, § 265 Rn. 2; *Zöchling-Jud* in: Prütting/Wegen/Weinreich, BGB, 7. Aufl. 2012, § 265 Rn. 2. A.A. *Bittner* in: Staudinger, § 265 Rn. 15, 16.
[6] Ähnlich *Krüger* in: MünchKomm-BGB, § 265 Rn. 5.
[7] So auch *Arnold* in: NK-BGB, § 265 Rn. 3.
[8] Vgl. bereits Motive, Bd. II, S. 9 = *Mugdan*, Bd. 2, S. 5.
[9] OLG Köln v. 19.04.1991 - 19 U 163/90 - juris Rn. 36 - VersR 1993, 321-323, 322; *Wolf* in: Soergel, § 265 Rn. 14; *Krüger* in: MünchKomm-BGB, § 265 Rn. 14; *Ebert* in: Erman, § 265 Rn. 2; *Bittner* in: Staudinger, § 265 Rn. 5; *Grüneberg* in: Palandt, § 265 Rn. 1; a.A. *Gernhuber*, Das Schuldverhältnis, 1989, § 11 III 4, S. 272: Anwendung von § 139 BGB.
[10] So *Bittner* in: Staudinger, § 265 Rn. 5.
[11] So *Wolf* in: Soergel, § 265 Rn. 14; *Krüger* in: MünchKomm-BGB, § 265 Rn. 14; *Ebert* in: Erman, § 265 Rn. 2.
[12] *Ziegler*, AcP 171, 193-217, 203; *Wolf* in: Soergel, § 265 Rn. 15; *Krüger* in: MünchKomm-BGB, § 265 Rn. 15; *Bittner* in: Staudinger, § 265 Rn. 14.

§ 266 BGB Teilleistungen

(Fassung vom 02.01.2002, gültig ab 01.01.2002)
Der Schuldner ist zu Teilleistungen nicht berechtigt.

Gliederung

A. Grundlagen 1	E. Prozessuale Hinweise 13
I. Kurzcharakteristik 1	F. Anwendungsfelder 14
II. Regelungsprinzipien 2	I. Sachlicher Anwendungsbereich 14
III. Bezug zum UN-Kaufrecht 3	II. Persönlicher Anwendungsbereich 15
B. Praktische Bedeutung 4	III. Sonderregelungen 16
C. Anwendungsvoraussetzungen 5	IV. Ausnahmen nach Treu und Glauben ... 19
I. Teilleistung 5	V. Abdingbarkeit 21
II. Keine Teilleistung 8	VI. Zuvielleistung 22
D. Rechtsfolgen 11	

A. Grundlagen

I. Kurzcharakteristik

1   Die Vorschrift betrifft die **Art und Weise der** vom Schuldner zu erbringenden **Leistung**. Sie ordnet an, dass die Erfüllung (§ 362 Abs. 1 BGB) auch bei teilbaren Gesamtleistungen nicht in mehreren Abschnitten, sondern durch Erbringung der vollständigen Leistung zu erfolgen hat. Bietet der Schuldner nur Teilleistungen an, so bewirkt er demnach nicht die „geschuldete Leistung" im Sinne von § 362 BGB, so dass er das Schuldverhältnis auch nicht teilweise zum Erlöschen bringen kann. Dementsprechend kann der Gläubiger solche Leistungen ablehnen, ohne in Annahmeverzug zu geraten (vgl. näher dazu Rn. 11).

II. Regelungsprinzipien

2   § 266 BGB bezweckt den **Schutz des Gläubigers**. Die Vorschrift beruht auf der Überlegung, dass mit einer in Teilen erbrachten Leistung Belästigungen für den Gläubiger verbunden sind, die ihm regelmäßig nicht zugemutet werden können.[1] Dieser Gedanke zeigt zugleich Grenzen des § 266 BGB auf und macht deutlich, dass die sehr strikt formulierte Vorschrift teleologisch begründeten Einschränkungen unterliegt.[2] So muss es dem Gläubiger etwa gestattet sein, auf den ihm zugedachten Schutz zu verzichten, d.h. Teilleistungen freiwillig anzunehmen und die mit ihnen verbundenen Belästigungen in Kauf zu nehmen. Außerdem gibt es Fälle, in denen die Annahme von Teilleistungen dem Gläubiger auch gegen seinen Willen zuzumuten ist.

III. Bezug zum UN-Kaufrecht

3   Für den **internationalen Warenkauf** ist zwischen Teilleistungen des Verkäufers und solchen des Käufers zu unterscheiden: Liefert der **Verkäufer** lediglich einen Teil der Ware, so ergibt sich aus Art. 51 CISG, dass dem Käufer die Rechtsbehelfe der Art. 46-50 CISG (nur) für den fehlenden Teil zustehen. Daraus folgt inzident, dass der Käufer – anders als nach § 266 BGB – zur Zurückweisung von Teillieferungen grundsätzlich nicht berechtigt ist. Der Käufer, der die Übernahme der ihm angebotenen Teillieferung unter Hinweis auf die Unvollständigkeit ablehnt, verletzt seine Abnahmepflicht gemäß Art. 53 CISG, Art. 61 CISG. Etwas anderes gilt jedoch, wenn dem Käufer die Abnahme der Teillieferung aus besonderen Gründen unzumutbar ist oder wenn bei Anbieten der Teillieferung bereits feststeht, dass eine wesentliche Vertragsverletzung vorliegt und der Käufer daher die Aufhebung des gesamten Vertrages verlangen kann (vgl. Art. 51 Abs. 2 CISG).[3] Bietet der **Käufer** seinerseits nur einen

---

[1] Vgl. OLG Karlsruhe v. 24.04.1985 - 18 WF 33/85 - FamRZ 1985, 955-956; OLG Hamm v. 18.02.1997 - 7 WF 72/97 - FamRZ 1997, 1413-1415; BAG v. 20.02.1975 - 3 AZR 514/73 - juris Rn. 26 - BB 1975, 881.

[2] *Gernhuber*, Die Erfüllung und ihre Surrogate, 2. Aufl. 1994, § 8, 4.

[3] Näher dazu *Müller-Chen* in: Schlechtriem/Schwenzer, Kommentar zum Einheitlichen UN-Kaufrecht, 5. Aufl. 2008, Art. 51 Rn. 4.

Teil des geschuldeten Kaufpreises an, so gilt in Übereinstimmung mit § 266 BGB, dass der Verkäufer Teilzahlungen zurückweisen kann;[4] eine ausdrückliche Regelung dieser Frage findet sich im CISG allerdings nicht.

B. Praktische Bedeutung

Die praktische Bedeutung der Vorschrift ist eher **gering**.[5] § 266 BGB wird durch zahlreiche Sonderregelungen durchbrochen (vgl. Rn. 16) und von der Judikatur unter Berufung auf den Grundsatz von Treu und Glauben eingeschränkt (vgl. Rn. 19). Im Übrigen kann sie von den Parteien abbedungen werden (vgl. Rn. 21). Schließlich steht es dem Gläubiger frei, unzulässige Teilleistungen freiwillig anzunehmen (vgl. Rn. 12). Im Ergebnis kommt die Vorschrift daher nur in relativ wenigen Fällen zum Tragen.

C. Anwendungsvoraussetzungen

I. Teilleistung

Teilleistung im Sinne des § 266 BGB ist jede unvollständige Leistung,[6] d.h. jede Leistung, die hinter dem Geschuldeten objektiv zurückbleibt.[7] Dieser Begriff stimmt nicht notwendig mit der in anderem Zusammenhang gebräuchlichen Terminologie überein. Das BGB befasst sich zwar mehrfach mit Teilleistungen, regelt dabei aber unterschiedliche Aspekte und legt daher auch eine unterschiedliche Begrifflichkeit zugrunde. Dementsprechend ist heute wohl allgemein anerkannt, dass das BGB einen einheitlichen **Begriff der Teilleistung** nicht kennt und dass für die Begriffsbestimmung auf den Zweck der einzelnen Vorschrift abzustellen ist.[8] Das bedeutet etwa, dass der Begriff der Teilleistung gemäß § 266 BGB nicht mit dem Begriff der „teilbaren Leistung" im Sinne der §§ 420-432 BGB korrespondiert. Allerdings wird man annehmen müssen, dass die durch das Schuldrechtsmodernisierungsgesetz neugefassten §§ 281 Abs. 1 Satz 2, 323 Abs. 5 Satz 1, 326 Abs. 1 Satz 1 Alt. 2 BGB, die eine Teilleistung des Schuldners voraussetzen, an die Begrifflichkeit des § 266 BGB anknüpfen.

Für die Beurteilung der Vollständigkeit der Leistung ist ein **objektiver Maßstab** anzulegen. Es kommt also nicht darauf an, was der Schuldner zu schulden glaubt, sondern darauf, was er tatsächlich schuldet. § 266 BGB ist demnach auch dann anwendbar, wenn der Schuldner bei streitiger Höhe des Betrags mit einer objektiv zu geringen Leistung die Forderung in vollem Umfang erfüllen will.[9] Durfte der Schuldner jedoch in vertretbarer Würdigung der Umstände der Ansicht sein, er leiste alles, was er schulde, so kommt (trotz Vorliegens einer Teilleistung) eine Annahmepflicht des Gläubigers gemäß § 242 BGB in Betracht (vgl. dazu Rn. 19).

Von einer Teilleistung kann nur gesprochen werden, wenn die zu bewirkende Gesamtleistung überhaupt **teilbar** ist.[10] Jedoch ist die praktische Relevanz dieser Aussage gering; denn wenn es schon an der Teilbarkeit der Leistung fehlt, stellt der unzureichende Erfüllungsversuch des Schuldners eine vollständige Nichtleistung dar, die der Gläubiger erst recht nicht anzunehmen braucht. Die Rechtsfolge ist insoweit dieselbe wie bei § 266 BGB. Praktische Bedeutung hat die Teilbarkeit allerdings in den Fällen, in denen der Gläubiger ausnahmsweise zur Annahme einer Teilleistung verpflichtet ist (vgl. Rn. 16) oder in denen er sie freiwillig annimmt (vgl. Rn. 12); denn nur bei einer teilbaren Leistung kommt eine teilweise Erfüllung nach § 362 BGB in Betracht. Der Begriff der Teilbarkeit ist jedoch nicht in dem strengen Sinn der §§ 420-432 BGB zu verstehen.[11] Eine Teilleistung gemäß § 266 BGB

---

[4] *Herber/Czerwenka*, Internationales Kaufrecht, Art. 58 Rn. 11; *Hager* in: Schlechtriem, Kommentar zum Einheitlichen UN-Kaufrecht, 5. Aufl. 2008, Art. 59 Rn. 3; *Schlechtriem*, Internationales UN-Kaufrecht, 4. Aufl. 2007, Rn. 219.

[5] *Stadler* in: Jauernig, § 266 Rn. 1.

[6] *Gernhuber*, Die Erfüllung und ihre Surrogate, 2. Aufl. 1994, § 8, 1a; *Grüneberg* in: Palandt, § 266 Rn. 2; *Unberath* in: Bamberger/Roth, § 266 Rn. 3.

[7] *Bittner* in: Staudinger, § 266 Rn. 3.

[8] Grundlegend *Coing*, SJZ 1949, 532-535, 533; vgl. heute etwa *Krüger* in: MünchKomm-BGB, § 266 Rn. 2; *Ebert* in: Erman, § 266 Rn. 1; *Weber*, MDR 1992, 828-829, 828.

[9] *Grüneberg* in: Palandt, § 266 Rn. 2; *Stadler* in: Jauernig, § 266 Rn. 5, 8.

[10] *Krüger* in: MünchKomm-BGB, § 266 Rn. 7.

[11] So die herrschende Meinung; vgl. etwa *Bittner* in: Staudinger, § 266 Rn. 4; *Coing*, SJZ 1949, 532-535, 534 f.; *Ebert* in: Erman, § 266 Rn. 2; *Jud* in: Prütting/Wegen/Weinreich, § 266 Rn. 4; *Krüger* in: MünchKomm-BGB, § 266 Rn. 3.

kann vielmehr auch dann vorliegen, wenn die Leistung nach den Maßstäben der §§ 420-432 BGB als rechtlich unteilbar einzustufen wäre.[12] Wie dort lässt sich aber auch hier als Regel formulieren, dass eine Leistung dann teilbar ist, wenn sie ohne Wertminderung und Beeinträchtigung des Leistungszwecks in Teilleistungen zerlegt werden kann.[13] Diese Voraussetzung liegt typischerweise bei Geld und anderen vertretbaren Sachen vor;[14] sie kann jedoch auch bei Dienstleistungen gegeben sein.[15] **Unteilbar** ist hingegen die Herstellung eines Werkes;[16] denn dort wird nur ein einziger Erfolg geschuldet, auch wenn zu seiner Erreichung mehrere Handlungen vorgenommen werden müssen.[17] Dasselbe gilt für die Verschaffung des Eigentums an einer Sache, obwohl sie sich regelmäßig in mehreren Akten vollzieht.[18] Unteilbar sind weiterhin die Übergabe einer Sache,[19] die Rückübertragung einer Grundschuld,[20] die Naturalrestitution nach § 249 Satz 1 BGB,[21] die Erteilung einer Auskunft[22], die Pflicht zur Vorlegung eines Verzeichnisses nach § 260 BGB,[23] die Rechenschaftslegung[24] und die Unterlassung.[25] Ebenso ist die Pflicht zur Gewährung des Gebrauchs einer Mietsache regelmäßig auf eine unteilbare Leistung gerichtet;[26] eine Ausnahme hat die Rechtsprechung aber dann gemacht, wenn mehrere unterschiedlich bezeichnete Flächen bzw. Räumlichkeiten mit jeweiligen Größenangaben zur Nutzung überlassen werden.[27] Als unteilbar wird letztlich auch die nach dem Arbeitsvertrag geschuldete Tätigkeit angesehen; aus diesem Grund lehnt die arbeitsrechtliche Judikatur etwa die Anerkennung der Teilarbeitsunfähigkeit ab.[28]

II. Keine Teilleistung

8   Keine Teilleistung nach § 266 BGB ist die **Schlechtleistung** („qualitative Teilleistung"), die nach den speziellen Regelungen des Gewährleistungsrechts sowie nach den Vorschriften des allgemeinen Leistungsstörungsrechts sanktioniert wird. Aus diesem Grund muss etwa die unzulässige Teilräumung eines gemieteten Grundstücks i.S.d. § 266 BGB von der nur Schadensersatz auslösenden Schlechterfüllung des Räumungsanspruchs abgegrenzt werden.[29] Auch die **Aliudleistung** fällt nicht unter § 266 BGB; auch sie unterscheidet sich von der geschuldeten Leistung qualitativ[30] und kann nicht (wie die Teilleistung) durch weitere Leistungen zur geschuldeten Gesamtleistung ergänzt werden.[31] Die Aliudleistung wird wie ein Sachmangel behandelt (§ 434 Abs. 3 BGB) und löst entsprechende Rechte des Gläubigers (Käufers) aus.

---

[12] *Krüger* in: MünchKomm-BGB, § 266 Rn. 3.
[13] LArbG Mainz v. 04.11.1991 - 7 Sa 421/91 - juris Rn. 21 - Bibliothek BAG.
[14] RG v. 28.12.1907 - V 172/07 - RGZ 67, 273-276; BGH v. 20.02.1984 - II ZR 112/83 - juris Rn. 6 - BGHZ 90, 194-198.
[15] Vgl. RG v. 23.06.1911 - III 424/10 - JW 1911, 756.
[16] RG v. 23.06.1911 - III 424/10 - JW 1911, 756; anders für die Teilbarkeit i.S.v. § 36 VglO; BGH v. 21.10.1976 - VII ZR 335/75 - BGHZ 67, 242-252.
[17] *Krüger* in: MünchKomm-BGB, § 266 Rn. 7.
[18] BGH v. 26.01.1979 - V ZR 98/77 - juris Rn. 4 - BGHZ 73, 243-248; vgl. auch (zur Teilunmöglichkeit) BGH v. 21.01.2000 - V ZR 387/98 - juris Rn. 7 - LM BGB § 325 Nr. 32 (6/2000); und (zu den §§ 420 ff. BGB) BayObLG München v. 14.05.1992 - BReg 2 Z 139/91 - juris Rn. 25 - NJW-RR 1992, 1369-1372.
[19] Vgl. BGH v. 29.10.1975 - VIII ZR 136/74 - BGHZ 65, 226-229; BGH v. 22.11.1995 - VIII ARZ 4/95 - juris Rn. 22 - LM BGB § 556 Nr. 21 (4/1996).
[20] Vgl. BGH v. 25.11.1968 - III ZR 134/68 - WM 1969, 209.
[21] Vgl. RG v. 28.12.1907 - V 172/07 - RGZ 67, 273-276.
[22] BGH v. 06.02.1957 - V ZR 126/55 - LM Nr. 4 zu § 1042 ZPO.
[23] Offen gelassen in BGH v. 02.11.1960 - V ZR 24/59 - BGHZ 33, 373-381 für die Verpflichtung des Erben, dem Pflichtteilsberechtigten gemäß den §§ 2314, 260 BGB ein Verzeichnis der Nachlassgegenstände vorzulegen.
[24] *Krüger* in: MünchKomm-BGB, § 266 Rn. 7.
[25] *Alff* in: BGB-RGRK, § 266 Rn. 2; *Grüneberg* in: Palandt, § 266 Rn. 3.
[26] Vgl. BGH v. 24.01.1973 - VIII ZR 163/71 - LM Nr. 2 zu § 427 BGB.
[27] OLG Düsseldorf v. 14.07.1994 - 10 U 174/93 - juris Rn. 13 - MDR 1994, 1008-1009; zweifelnd dazu *Ebert* in: Erman, § 266 Rn. 3.
[28] LAG Mainz v. 04.11.1991 - 7 Sa 421/91 - Bibliothek BAG; kritisch etwa *Boecken*, NZA 1999, 673-683, 675.
[29] KG Berlin v. 19.10.2006 - 12 U 178/05 - juris Rn. 34 - ZMR 2007, 194-195.
[30] *Stadler* in: Jauernig, § 266 Rn. 6.
[31] *Grüneberg* in: Palandt, § 266 Rn. 2; *Unberath* in: Bamberger/Roth, § 266 Rn. 4.

Praktisch bedeutsam ist die Abgrenzung der Teilleistung von der **vollständigen Erfüllung eines selbständigen (Teil-)Anspruchs**. § 266 BGB greift nicht ein, wenn sich aus einem Schuldverhältnis mehrere selbständige Forderungen ergeben und der Schuldner nur einzelne davon erfüllt.[32] Eine derartige Mehrheit von Forderungen liegt etwa vor bei Ansprüchen auf wiederkehrende Leistungen wie etwa Unterhalt, Miet- oder Pachtzinsen, bei Ansprüchen aus Sukzessivlieferungsverträgen (vgl. dazu noch Rn. 21) sowie bei Ratenzahlungsansprüchen aus Kauf- oder Darlehensverträgen.[33] Die Selbständigkeit der einzelnen Leistungen hat insoweit zur Folge, dass der Gläubiger eine Rate nicht deshalb ablehnen darf, weil bereits mehrere Raten fällig sind und der Schuldner nicht auch die Rückstände tilgt.[34] Von einer Mehrheit selbständiger Forderungen ist ferner dann auszugehen, wenn der Hauptanspruch mit Nebenansprüchen zusammentrifft, die auf einer selbständigen Rechtsgrundlage beruhen. Auch in diesem Fall findet § 266 BGB keine Anwendung, so dass der Schuldner nur die Haupt- oder die Nebenforderung erfüllen kann, ohne dass der Gläubiger diese Leistung zurückweisen könnte. Dies gilt insbesondere, wenn der Gläubiger neben der Hauptleistung Zinsen bzw. Kosten verlangen kann, gleichgültig ob der Zins- bzw. Kostenanspruch auf Vertrag oder Gesetz beruht (arg. e § 367 BGB).[35] Auch der Anspruch auf Vertragsstrafe ist gegenüber der Hauptschuld selbständig.[36] Dasselbe gilt nach zutreffender Auffassung für den Anspruch auf Verzugszinsen[37] und auf den sonstigen Verzögerungsschaden.[38] Der Schuldner kann daher die Hauptschuld erfüllen, ohne zugleich den Verzugsschaden bzw. Verzugszinsen anbieten zu müssen. Etwas anderes gilt, wenn der Schuldner nach einer von ihm verschuldeten Teilunmöglichkeit nur den möglichen Teil, nicht aber den Schadensersatz für den unmöglich gewordenen Teil anbietet; denn hier handelt es sich um eine ursprünglich einheitliche Schuld, deren Zweckeinheit auch beim Schadensersatzanspruch erhalten bleibt (dazu, dass dieser Fall seit der Schuldrechtsreform überhaupt noch auftreten kann, vgl. Rn. 17).[39]

9

Keine Teilleistung, sondern vollständige Erfüllung liegt nach der Rechtsprechung des BGH vor, wenn dem Gläubiger die **durch Verwaltungsakt festgesetzte** Enteignungsentschädigung in voller Höhe angeboten wird. Der von der Enteignung Betroffene muss die Leistung deshalb auch dann annehmen, wenn er die festgesetzte und angebotene Summe für zu niedrig hält und die Festsetzung daher angefochten hat. Selbst wenn die Entschädigung später im gerichtlichen Verfahren erhöht wird und sich insoweit herausstellt, dass die ursprüngliche Festsetzung nicht korrekt war, ändert sich daran nichts. § 266 BGB trifft somit auf das rein öffentlich-rechtliche Verhältnis zwischen dem Enteigneten und dem Begünstigten nicht zu.[40] Eine Teilleistung im Sinne dieser Vorschrift ist in Enteignungsfällen daher nur dann gegeben, wenn die angebotene Zahlung hinter der festgesetzten Entschädigung zurückbleibt.[41]

10

D. Rechtsfolgen

Der Schuldner ist nach § 266 BGB zu Teilleistungen nicht berechtigt. Daraus folgt, dass der Gläubiger ein **Zurückweisungsrecht** hat. Er kann die Teilleistung ablehnen, ohne dadurch in Annahmeverzug (§ 293 BGB) zu geraten. Dies gilt unabhängig davon, ob der Schuldner die Teilleistung ausdrücklich als solche bezeichnet oder ob er sie als angeblich volle Erfüllung anbietet.[42] Für den Schuldner treten

11

---

[32] *Ebert* in: Erman, § 266 Rn. 4; *Krüger* in: MünchKomm-BGB, § 266 Rn. 5; *Stadler* in: Jauernig, § 266 Rn. 6.
[33] *Ebert* in: Erman, § 266 Rn. 4; *Grüneberg* in: Palandt, § 266 Rn. 4; *Stadler* in: Jauernig, § 266 Rn. 6.
[34] *Gernhuber*, Die Erfüllung und ihre Surrogate, 2. Aufl. 1994, § 8, 2b.
[35] *Bittner* in: Staudinger, § 266 Rn. 8; *Ebert* in: Erman, § 266 Rn. 4; *Gernhuber*, Die Erfüllung und ihre Surrogate, 2. Aufl. 1994, § 8, 2c; *Grüneberg* in: Palandt, § 266 Rn. 4; *Krüger* in: MünchKomm-BGB, § 266 Rn. 6.
[36] *Bittner* in: Staudinger, § 266 Rn. 8; *Ebert* in: Erman, § 266 Rn. 4; *Gernhuber*, Die Erfüllung und ihre Surrogate, 2. Aufl. 1994, § 8, 2c; *Stadler* in: Jauernig, § 266 Rn. 6.
[37] Vgl. dazu ausführlich *Weber*, MDR 1992, 828-829, 828 f.
[38] *Ebert* in: Erman, § 266 Rn. 4; *Eisenhardt*, JuS 1970, 489-494, 491 f.; *Gernhuber*, Die Erfüllung und ihre Surrogate, 2. Aufl. 1994, § 8, 2c; *Scherner*, JR 1971, 441-445, 443 f.; *Stadler* in: Jauernig, § 266 Rn. 6; *Unberath* in: Bamberger/Roth, § 266 Rn. 8; a.M. BAG v. 30.05.1975 - 3 AZR 280/74 - BB 1975, 1578; *Bittner* in: Staudinger, § 266 Rn. 9.
[39] *Bittner* in: Staudinger, § 266 Rn. 41; *Gernhuber*, Die Erfüllung und ihre Surrogate, 2. Aufl. 1994, § 8, 2b; *Unberath* in: Bamberger/Roth, § 266 Rn. 8; a.M. *Grüneberg* in: Palandt, § 266 Rn. 4.
[40] BGH v. 21.06.1965 - III ZR 8/64 - BGHZ 44, 52-59; BGH v. 22.05.1967 - III ZR 145/66 - juris Rn. 21 - LM Nr. 20 zu Art 14 (Eb) GG; kritisch *Schneider*, MDR 1965, 890-891, 891.
[41] BGH v. 27.09.1973 - III ZR 131/71 - BGHZ 61, 240-252.
[42] RG v. 30.01.1906 - II 255/05 - SeuffA 61, Nr. 149.

bei einer Ablehnung der Teilleistung durch den Gläubiger dieselben Rechtsfolgen ein wie bei einer vollständigen Nichtleistung. Insbesondere kann der Schuldner durch das Anbieten einer Teilleistung nicht verhindern, dass er mit dem gesamten Forderungsbetrag in Schuldnerverzug (§ 286 BGB) gerät.

12 Dem Gläubiger bleibt es allerdings unbenommen, eine grundsätzlich unzulässige Teilleistung **freiwillig anzunehmen**. In diesem Fall tritt teilweise Erfüllung nach § 362 Abs. 1 BGB ein.[43] Die Annahme der Teilleistung hat aber nicht zur Folge, dass nun auch die Gegenleistung des Gläubigers im entsprechenden Umfang fällig würde.[44] Nimmt der Gläubiger eine Teilleistung widerspruchslos an, die der Schuldner als vollständig bezeichnet, so trifft den Gläubiger die Beweislast, wenn er später geltend machen will, dass es sich lediglich um eine unvollständige Leistung gehandelt habe (§ 363 BGB).

E. Prozessuale Hinweise

13 Im Rahmen eines Prozesses kann sich § 266 BGB auf die **Kostenverteilung** auswirken. Bietet der Schuldner vorprozessual nur Teilleistungen im Sinne dieser Vorschrift an, so gibt er bezüglich des gesamten Anspruchs Veranlassung zur Erhebung der Klage. Dies hat zur Folge, dass § 93 ZPO nicht eingreift und dem Schuldner die Kosten auch hinsichtlich des sofort anerkannten Teilbetrags zur Last fallen.[45] Macht der Schuldner im Prozess geltend, dass er – abweichend von § 266 BGB – zu Teilleistungen berechtigt sei, so trifft ihn für die zugrunde liegenden Tatsachen die **Darlegungs- und Beweislast**.[46] Zur Möglichkeit einer gerichtlichen Teilleistungsbewilligung vgl. Rn. 18.

F. Anwendungsfelder

I. Sachlicher Anwendungsbereich

14 Die Bestimmung gilt nicht nur für eine **Leistung** im Sinne von § 362 BGB, sondern auch für **Leistungen an Erfüllungs statt** (§ 364 BGB) und **Leistungen erfüllungshalber**.[47] Sie ist analog anzuwenden auf die **Hinterlegung**[48] und auf die fälligkeitsbegründende **Kündigung** eines Teilbetrags.[49] Dagegen gilt sie nicht für die **Aufrechnung**. Es ist deshalb insbesondere zulässig, mit einer niedrigeren Gegenforderung gegen eine höhere Forderung aufzurechnen und den Anspruch des Gläubigers dadurch teilweise zum Erlöschen zu bringen. Würde man § 266 BGB in diesem Fall anwenden, so würden §§ 387-396 BGB weitgehend leer laufen, da sich nur selten gleich hohe Forderungen aufrechenbar gegenüberstehen. Bestätigt wird dies durch § 389 BGB, wonach die Forderungen erlöschen, „soweit sie sich decken". Streitig ist, ob der Schuldner auch mit einem Teil seiner Gegenforderung aufrechnen darf oder ob er sie ihrem ganzen Betrag nach verwenden muss. Richtigerweise wird man den Rechtsgedanken von § 266 BGB nur dann auf eine solche Teilaufrechnung (analog) anwenden können, wenn mit ihr eine Belästigung des Gläubigers verbunden ist, die diesem nicht zugemutet werden kann.[50] Das ist etwa bei hypothekarisch gesicherten Forderungen anzunehmen, bei denen die stückweise Befriedigung zu einer Vervielfältigung der Gläubigerpflichten aus §§ 1144, 1145 BGB führt.[51] Im Übrigen wird man eine Teilaufrechnung dagegen für zulässig halten müssen, da sie den Gläubiger nicht unzumutbar belastet.[52] Anders als bei Teilleistungen muss er hier nur die Aufrechnungserklärung entgegennehmen. Außerdem wird er häufig seinerseits aufrechnen und damit einen weiteren Teil des Forderungsbetrages zum Erlöschen bringen können.

---

[43] Einschränkend OLG Hamburg v. 29.11.1995 - 4 U 66/95 - juris Rn. 2 - MDR 1996, 790.

[44] LG München I v. 10.01.1991 -7 O 21037/89 - BB Beilage 1991, Nr. 3, 10.

[45] OLG Stuttgart v. 07.10.1977 - 16 WF 89/77 - juris Rn. 17 - NJW 1978, 112-113; *Ebert* in: Erman, § 266 Rn. 5; *Krüger* in: MünchKomm-BGB, § 266 Rn. 9; *Unberath* in: Bamberger/Roth, § 266 Rn. 18; a.M. *Winter*, NJW 1978, 706-707, 706 f.

[46] OLG Koblenz v. 27.10.1992 - 3 U 1868/91 - NJW-RR 1993, 250-251; *Laumen* in: Baumgärtel/Laumen/Prütting, Handbuch der Beweislast, § 266 Rn. 1.

[47] *Krüger* in: MünchKomm-BGB, § 266 Rn. 8.

[48] Vgl. BGH v. 03.11.1961 - V ZR 10/60 - LM Nr. 6 zu § 378 BGB.

[49] RG v. 11.11.1925 - V 22/25 - RGZ 111, 397-403.

[50] Herrschende Meinung: RG v. 15.05.1912 - V 59/12 - RGZ 79, 359-361; *Bittner* in: Staudinger, § 266 Rn. 21; *Grüneberg* in: Palandt, § 266 Rn. 6; *Unberath* in: Bamberger/Roth, § 266 Rn. 11.

[51] RG v. 15.05.1912 - V 59/12 - RGZ 79, 359-361; *Alff* in: BGB-RGRK, § 266 Rn. 9.

[52] Strenger aber *Gernhuber*, Die Erfüllung und ihre Surrogate, 2. Aufl. 1994, § 8, 5a (generelle Unzulässigkeit); tendenziell auch *Krüger* in: MünchKomm-BGB, § 266 Rn. 8.

II. Persönlicher Anwendungsbereich

Die Vorschrift gilt **nur für den Schuldner** (und für ablösungsberechtigte Dritte gemäß § 268 BGB),[53] **nicht für den Gläubiger**. Für diesen fehlt es an einer entsprechenden Bestimmung. Der Gläubiger kann daher – in den Grenzen von Treu und Glauben – Teilleistungen verlangen, einklagen[54] und vollstrecken.[55] Insbesondere kann er auch einen nur geringfügigen Teil seiner Forderung einfordern[56] oder auf Übereignung eines Grundstücksteils klagen, sofern der Teil vom Grundstück abgetrennt und als selbständiges Grundstück im Grundbuch eingetragen ist.[57] Der Schuldner wird durch eine Teilforderung des Gläubigers nicht unzumutbar belästigt, denn er kann stets die gesamte Leistung erbringen oder im Wege negativer Feststellungsklage klären lassen, dass er über den eingeforderten Teil hinaus nichts schuldet. Außerdem kann er den Einwand unzulässiger Rechtsausübung geltend machen, falls der Gläubiger die Grenzen von Treu und Glauben überschreitet.[58] Erhebt der Gläubiger eine Teilklage, so muss er den eingeklagten Teil natürlich auch annehmen[59] und darf ihn nicht auf den nicht eingeklagten Teil anrechnen.[60] Ebenso kann er den im Prozess aufrechnenden Schuldner nicht auf den nicht eingeklagten Forderungsteil verweisen.[61] Etwas anderes gilt allerdings, wenn der Schuldner den betreffenden Teilbetrag bereits vor Klageerhebung geleistet bzw. aufgerechnet hat. Hier kann der Gläubiger den verbleibenden Rest geltend machen und damit eine Anrechnung auf den nicht eingeklagten Forderungsteil herbeiführen.[62] Dasselbe gilt, wenn der Gläubiger die Aufrechnung selbst vornimmt, indem er die Gegenforderung von seinem Gesamtanspruch absetzt und diesen Teil nicht mehr einklagt. In diesem Fall ist die Gegenforderung verbraucht und kann vom Schuldner nicht seinerseits zur Aufrechnung im Prozess verwandt werden.[63] So wie der Gläubiger sich auf die Forderung von Teilleistungen beschränken kann, kann er auch unter dem Vorbehalt weiterer Ansprüche den mindestens geschuldeten Betrag verlangen. Der Schuldner hat kein Recht, die Erfüllung in dem mindestens geschuldeten Umfang gegenüber dem annahmebereiten Gläubiger zurückzuhalten; tut er dies doch, so gerät er durch eine auf die Teilleistung gerichtete Mahnung in Schuldnerverzug.[64]

III. Sonderregelungen

§ 266 BGB wird durch zahlreiche Sonderregelungen durchbrochen. An verschiedenen Stellen ordnet das Gesetz selbst die Zulässigkeit von Teilleistungen ausdrücklich oder implizit an, an anderen räumt es dem Gericht die Möglichkeit zur Bewilligung von Teilleistungen ein.

Kraft Gesetzes ist das Zurückweisungsrecht des Gläubigers etwa im Fall von Art. 39 Abs. 2 WG, Art. 34 Abs. 2 ScheckG ausgeschlossen. Nach diesen Vorschriften dürfen Wechsel- und Scheckinhaber eine Teilzahlung nicht zurückweisen. Hintergrund dafür ist, dass der Wechsel- bzw. Scheckinhaber gehalten ist, die Interessen der Regressschuldner zu wahren.[65] Eine entsprechende Anordnung trifft § 497 Abs. 3 Satz 2 BGB für den Darlehensgeber bei einem Verbraucherdarlehensvertrag. Die Regelung verfolgt das Ziel, dem Verbraucher bei einem notleidenden Kredit die Tilgung seiner Schuld zu erleichtern.[66] Nach § 551 Abs. 2 Satz 1 BGB darf der Mieter die Mietkaution in drei gleichen monatlichen Teilzahlungen bereitstellen. Diese Bestimmung soll den Mieter vor einer finanziellen Überforderung zu Beginn des Mietverhältnisses schützen. § 757 Abs. 1 ZPO lässt erkennen, dass der Schuldner

---

[53] BGH v. 28.09.1989 - V ZB 17/88 - juris Rn. 26 - BGHZ 108, 372-380.
[54] Vgl. nur *Bittner* in: Staudinger, § 266 Rn. 36; *Grüneberg* in: Palandt, § 266 Rn. 11.
[55] OLG Schleswig v. 04.03.1976 - 1 W 13/76 1133 Bes.
[56] *Ebert* in: Erman, § 266 Rn. 7.
[57] BGH v. 11.11.1977 - V ZR 235/74 - DRsp I(150) 244.
[58] *Ebert* in: Erman, § 266 Rn. 7.
[59] BGH v. 01.07.1971 - VII ZR 224/69 - juris Rn. 13 - BGHZ 56, 312-316; *Gernhuber*, Die Erfüllung und ihre Surrogate, 2. Aufl. 1994, § 8, 6.
[60] RG v. 26.09.1911 - III 518/10 - RGZ 80, 393-395; BGH v. 15.11.1965 - VII ZR 184/63 - WM 1966, 160-161.
[61] BGH v. 10.10.1966 - VII ZR 30/65 - LM Nr. 44 zu § 387 BGB; BGH v. 01.07.1971 - VII ZR 224/69 - juris Rn. 11 - BGHZ 56, 312-316; BGH v. 24.04.1975 - III ZR 72/72 - WM 1975, 795.
[62] RG v. 20.05.1930 - VII 558/29 - RGZ 129, 63-67; BGH v. 15.11.1965 - VII ZR 184/63 - WM 1966, 160-161.
[63] BGH v. 10.10.1966 - VII ZR 30/65 - LM Nr. 44 zu § 387 BGB; BGH v. 01.07.1971 - VII ZR 224/69 - juris Rn. 11 - BGHZ 56, 312-316; BGH v. 24.04.1975 - III ZR 72/72 - WM 1975, 795.
[64] BGH v. 06.05.1981 - IVa ZR 170/80 - juris Rn. 30 - BGHZ 80, 269-279.
[65] *Gernhuber*, Die Erfüllung und ihre Surrogate, 2. Aufl. 1994, § 8, 5b.
[66] Vgl. *Schürnbrand* in: MünchKomm-BGB, § 497 Rn. 37.

in der Zwangsvollstreckung zu Teilleistungen berechtigt ist.[67] Damit soll es dem Schuldner ermöglicht werden, den drohenden zwangsweisen Zugriff im Rahmen seiner Möglichkeiten abzuwehren. Durchbrochen wird § 266 BGB weiterhin von § 187 Abs. 2 InsO, der für die Befriedigung der Insolvenzgläubiger Abschlagsverteilungen vorsieht, so oft hinreichende Barmittel in der Insolvenzmasse vorhanden sind. Zur Zulässigkeit von Teilleistungen führt ferner der Erlass eines Teilurteils (§ 301 ZPO); denn der Schuldner muss die Möglichkeit haben, die Zwangsvollstreckung aus dem Teilurteil abzuwenden.[68] Im Arbeitsrecht führt die Teilnahme an einem zulässigen Streik zwangsläufig zu Teilleistungen des Arbeitnehmers. Da diese Teilleistungen von der Rechtsordnung gebilligt werden, ist der Arbeitgeber nicht berechtigt, ihre Annahme und Vergütung unter Hinweis auf § 266 BGB zu verweigern.[69] Schließlich darf der Gläubiger im Fall der Teilunmöglichkeit (§§ 283 Satz 2, 281 Abs. 1 Satz 2 BGB) die möglich gebliebene Teilleistung nur dann ablehnen (und Schadensersatz statt der ganzen Leistung verlangen), wenn das Interesse an der noch möglichen Teilleistung entfallen ist. Diese zum früheren Rechtszustand anerkannte Einschränkung des § 266 BGB[70] muss richtigerweise auch nach der Schuldrechtsreform noch weiter gelten. Zwar spricht § 281 Abs. 1 Satz 2 BGB, auf den § 283 Satz 2 BGB für die Unmöglichkeit verweist, nur noch von dem Fall, dass eine Teilleistung bereits bewirkt ist (anders noch §§ 280 Abs. 2, 325 Abs. 1 Satz 2 BGB a.F.). Es kann jedoch nicht angenommen werden, dass der Fall der Teilunmöglichkeit vor Erbringung der noch möglichen Teilleistung anders zu behandeln ist.[71] Vielmehr scheint der Gesetzgeber davon ausgegangen zu sein, dass die neuen Bestimmungen im Hinblick auf die Teilunmöglichkeit dem bisherigen Rechtszustand entsprechen.[72] Die Verweisung in § 283 Satz 2 BGB auf den primär für die Teilsäumigkeit geltenden § 281 Abs. 1 Satz 2 BGB ist insoweit ungenau.

18 **Kraft richterlicher Anordnung** können Teilleistungen grundsätzlich nur in den ausdrücklich vorgesehenen Fällen bewilligt werden. Dabei geht es in der Regel darum, dem Schuldner bei Erfüllungsschwierigkeiten zu helfen. Eine solche richterliche Vertragshilfe ist etwa in § 1382 BGB vorgesehen, wonach das Familiengericht die Zugewinnausgleichsforderung stunden und dabei Ratenzahlungen anordnen kann. Eine ähnliche Bestimmung enthält § 1613 Abs. 3 BGB, wonach das Gericht für rückständigen Unterhalt unter anderem eine Leistung in Teilbeträgen anordnen kann, soweit die volle Erfüllung für den Verpflichteten eine unbillige Härte bedeuten würde. Gemäß § 2331a Abs. 1 BGB kann das Nachlassgericht den Pflichtteilsanspruch gegen den Erben stunden, wenn die sofortige Erfüllung des gesamten Anspruchs den Erben wegen der Art der Nachlassgegenstände ungewöhnlich hart treffen würde. Die Stundung kann dabei mit der Anordnung von Ratenzahlungen verbunden werden. Für die Zwangsvollstreckung ist die Möglichkeit von Teilleistungsbewilligungen in §§ 813a, 813b ZPO vorgesehen. Gemäß § 813a ZPO kann der Gerichtsvollzieher die Pfandverwertung aufschieben und Ratenzahlung durch den Schuldner anordnen. Widerspricht der Gläubiger diesem Verwertungsaufschub, so kann das Vollstreckungsgericht die Verwertung gemäß § 813b ZPO auch gegen den Willen des Gläubigers aussetzen und dem Schuldner Zahlungsfristen festsetzen, sofern dies nach der Persönlichkeit und den wirtschaftlichen Verhältnissen des Schuldners sowie nach der Art der Schuld angemessen erscheint und nicht überwiegende Belange des Gläubigers entgegenstehen. Über die gesetzlich geregelten Fälle hinaus kann eine gerichtliche Teilzahlungsbewilligung in Ausnahmefällen auch auf § 242 BGB gestützt werden. Dies hat die Rechtsprechung z.B. beim Rückzahlungsanspruch des Wucherers[73] und beim Vergütungsanspruch eines Fluchthelfers[74] angenommen.

---

[67] Vgl. nur OLG Schleswig v. 04.03.1976 - 1 W 13/76 1133 Bes - juris Rn. 13; AG Saarbrücken v. 22.07.1992 - 45 M 1002/92 - DGVZ 1992, 174.

[68] BGH v. 02.04.1991 - VI ZR 241/90 - juris Rn. 10 - LM ZPO § 767 Nr. 83 (2/1992); *Keller*, EWiR 1991, 727-728, 728.

[69] BAG v. 21.03.1984 - 4 AZR 375/83 - juris Rn. 41 - NJW 1985, 2156-2158; LAG Köln v. 23.08.1991 - 12 Sa 270/91 - Bibliothek BAG.

[70] Vgl. *Wolf* in: Soergel, § 266 Rn. 18.

[71] Vgl. auch *Krüger* in: MünchKomm-BGB, § 266 Rn. 11; *Lorenz*, NJW 2003, 3097-3099; insoweit gegen LG Rottweil v. 30.06.2003 - 3 O 24/03 - NJW 2003, 3139-3140.

[72] Vgl. etwa (im Zusammenhang mit § 323 Abs. 5 Satz 1 BGB [= Abs. 4 Satz 1 des Entwurfs]) BT-Drs. 14/6040, S. 186.

[73] RG v. 30.06.1939 - V 50/38 - RGZ 161, 52-61.

[74] BGH v. 29.09.1977 - III ZR 167/75 - juris Rn. 14 - LM Nr. 68 zu § 242 (Ba) BGB.

IV. Ausnahmen nach Treu und Glauben

Nach allgemeiner Meinung muss der „schneidige Grundsatz"[75] des § 266 BGB mit Rücksicht auf den Grundsatz von Treu und Glauben eingeschränkt werden. Ausgehend vom Normzweck (vgl. Rn. 2) wird dem Gläubiger die Berufung auf § 266 BGB dann verwehrt, wenn ihm die Annahme der Teilleistung – oder Teilhinterlegung[76] – bei verständiger Würdigung der Lage des Schuldners und seiner eigenen schutzwürdigen Interessen **zuzumuten** ist.[77] Streitig ist allerdings, welcher Maßstab bei der Beurteilung der **Zumutbarkeit** anzulegen ist.[78] Praktische Bedeutung hat dies vor allem in Haftpflichtfällen erlangt, in denen sich der Versicherer und der Geschädigte nach einem Verkehrsunfall über die Höhe des zu ersetzenden Schadens streiten und der Versicherer die unstreitigen Teilbeträge an den Geschädigten überweisen will. Ob dies zulässig ist und in welchen Fällen dem Gläubiger die Annahme von Teilleistungen auch sonst zugemutet werden kann, muss letztlich durch eine Abwägung der Interessen im Einzelfall entschieden werden.[79] Im Grundsatz ist jedoch zu beachten, dass § 266 BGB eine gesetzgeberische Wertung enthält, die vom Rechtsanwender zu respektieren ist, auch wenn er sie rechtspolitisch für verfehlt hält. Man muss sich deshalb davor hüten, auf dem Weg über den Grundsatz von Treu und Glauben eine Gesetzeskorrektur vorzunehmen und somit in die Regelungsprärogative des Gesetzgebers einzugreifen. Die Gründe, wegen derer man dem Gläubiger die Annahme von Teilleistungen zumuten will, müssen daher schon von einigem Gewicht sein.[80]

19

Der Gläubiger ist nach Treu und Glauben insbesondere dann zur Annahme einer Teilleistung verpflichtet, wenn nur ein geringfügiger Betrag (sog. **Spitzenbetrag**) offen bleibt.[81] Außer in Haftpflichtfällen ist dies namentlich bei Unterhaltsansprüchen relevant geworden. Eine feste Grenze hat sich insoweit bislang nicht herausgebildet. Die Rechtsprechung sieht einen Anteil von 10-15%,[82] teilweise sogar von 20%[83] als geringfügig an. Im Schrifttum wird dagegen mit Recht zu einer zurückhaltenderen Praxis gemahnt.[84] Eine Annahmepflicht des Gläubigers ist ferner dann zu bejahen, wenn der **Schuldner** nach seiner finanziellen Lage **zur vollständigen Leistung außerstande** ist und der Gläubiger auch an der Teilleistung ein objektives Interesse hat; hier wird man es dem Schuldner wie bei der Zwangsvollstreckung (vgl. Rn. 17) zugestehen müssen, den Zugriff des Gläubigers im Rahmen seiner Möglichkeiten abzuwehren.[85] Ob der Gläubiger eine Teilleistung auch dann akzeptieren muss, wenn der Schuldner in vertretbarer Weise die **Ansicht** vertritt, **er leiste alles, was er schulde,**[86] lässt sich in dieser Allgemein-

20

---

[75] *Gernhuber*, Die Erfüllung und ihre Surrogate, 2. Aufl. 1994, § 8, 4.
[76] BGH v. 03.11.1961 - V ZR 10/60 - LM Nr. 6 zu § 378 BGB.
[77] Ständige Rechtsprechung; vgl. nur BGH v. 28.04.1954 - VI ZR 38/53 - LM Nr. 2 zu § 1 SachschadG; BGH v. 03.11.1961 - V ZR 10/60 - LM Nr. 6 zu § 378 BGB; OLG Karlsruhe v. 24.04.1985 - 18 WF 33/85 - FamRZ 1985, 955-956; OLG Jena v. 17.07.1996 - WF 16/96 - FamRZ 1997, 1016-1017; OLG Hamm v. 18.02.1997 - 7 WF 72/97 - FamRZ 1997, 1413-1415; OLG Stuttgart v. 25.03.2010 - 13 U 136/09 - juris Rn. 59; BAG v. 14.02.2012 - 3 AZB 59/11 - juris Rn. 14 - NZA 2012, 469-471; LAG Baden-Württemberg v. 22.09.2011 - 18 Ta 24/11 - juris Rn. 35.
[78] Für eine großzügige Zulassung von Teilleistungen aufgrund von § 242 BGB etwa *Ruhkopf*, VersR 1960, 13-16, 13 ff.; *Ruhkopf*, VersR 1967, 927-928; 927; *Schmidt*, VersR 1966, 226-227, 227; *Schmidt*, VersR 1967, 45-46, 46 f.; *Schmidt*, DAR 1968, 143-149, 144 f. Für einen strengeren Maßstab dagegen *Baumgärtel*, VersR 1970, 969-974, 971 ff.; *Boetzinger*, VersR 1968, 1124-1125, 1124 f.; *Roidl*, NJW 1968, 1865-1867, 1865 ff.; *Rother*, NJW 1965, 1749-1751, 1749 ff.
[79] BGH v. 27.09.1973 - III ZR 131/71 - BGHZ 61, 240-252; OLG Hamm v. 18.02.1997 - 7 WF 72/97 - FamRZ 1997, 1413-1415; *Baumgärtel*, VersR 1970, 969-974, 971; *Krüger* in: MünchKomm-BGB, § 266 Rn. 13.
[80] Ebenso *Krüger* in: MünchKomm-BGB, § 266 Rn. 13.
[81] RG, SeuffA 61 Nr. 149; BGH v. 28.04.1954 - VI ZR 38/53 - LM Nr. 2 zu § 1 SachschadG; OLG Bremen v. 15.03.1989 - 4 WF 14/89 - juris Rn. 4 - NJW-RR 1990, 6-7; OLG Karlsruhe v. 24.04.1985 - 18 WF 33/85 - FamRZ 1985, 955-956; OLG Schleswig v. 14.04.1983 - 8 WF 228/80 - SchlHA 1983, 138-139.
[82] Vgl. OLG Karlsruhe v. 24.04.1985 - 18 WF 33/85 - FamRZ 1985, 955-956; OLG Bremen v. 15.03.1989 - 4 WF 14/89 - juris Rn. 4 - NJW-RR 1990, 6-7 (15%).
[83] OLG Schleswig v. 14.04.1983 - 8 WF 228/80 - SchlHA 1983, 138-139.
[84] *Gernhuber*, Die Erfüllung und ihre Surrogate, 2. Aufl. 1994, § 8, 7 (Grenze in der Regel bei 10%); *Krüger* in: MünchKomm-BGB, § 266 Rn. 14.
[85] *Bittner* in: Staudinger, § 266 Rn. 31; *Grüneberg* in: Palandt, § 266 Rn. 8.
[86] So etwa OLG Schleswig v. 14.04.1983 - 8 WF 228/80 - SchlHA 1983, 138-139; OLG Schleswig v. 13.01.1993 - 9 W 152/92 - juris Rn. 5 - SchlHA 1993, 178-179; BAG v. 14.02.2012 - 3 AZB 59/11 - juris Rn. 14 - NZA 2012, 469-471; *Grüneberg* in: Palandt, § 266 Rn. 8; *Stadler* in: Jauernig, § 266 Rn. 10.

heit nicht beantworten. Abzulehnen ist jedenfalls die Auffassung, dass § 266 BGB von vornherein nur für unstreitige Forderungen gelte.[87] Denn wenn der Schuldner bei streitigen Forderungen immer zu Teilleistungen berechtigt wäre, dann hätte er es in der Hand, durch teilweises Bestreiten § 266 BGB auszuschalten.[88] Anderseits ist zu berücksichtigen, dass der Schuldner durchaus in entschuldbarer Weise über die Höhe der Schuld in Unkenntnis sein kann, etwa in Fällen, in denen diese von einer richterlichen Schätzung abhängt (Bemessung des Schmerzensgeldes nach § 253 BGB, Bestimmung der Mitverschuldensquote nach § 254 BGB, usw.; vgl. auch § 287 ZPO). Hier muss der Gläubiger einen vom Schuldner für angemessen erachteten Betrag jedenfalls dann annehmen, wenn diese Einschätzung vertretbar erscheint, denn die endgültige Festlegung erfolgt hier erst durch das Gericht.[89] Davon abgesehen ist aber auch in Haftpflichtfällen kein generelles Recht des Schuldners zur Erbringung von Teilleistungen anzuerkennen. Insbesondere die Tatsache, dass die Forderung des Gläubigers sich meist aus vielen Positionen zusammensetzt, in die der Schuldner teilweise keinen Einblick hat, reicht nicht aus, um die Ablehnung einer Teilleistung als treuwidrig anzusehen. Allerdings wird die Situation dadurch entschärft, dass in der Regel kein einheitlicher Schadensersatzanspruch, sondern eine Mehrheit selbständiger Forderungen (Sachschaden, Heilungskosten, Schmerzensgeld, etc.) vorliegen wird. Erfüllt der Versicherer einen dieser Ansprüche voll, dann liegt gar keine Teilleistung vor, so dass § 266 BGB bereits aus diesem Grund nicht gilt (vgl. Rn. 9).[90] Eine Annahmepflicht des Geschädigten wird man im Übrigen dann bejahen müssen, wenn er ersichtlich daran interessiert war, einen Teil seines Schadens vorschussweise ersetzt zu erhalten,[91] ferner dann, wenn beiden Parteien zur Zeit der Leistung nicht bewusst gewesen ist, dass es sich nur um eine Teilleistung handelte.[92] Dagegen kann der Gläubiger eine Teilleistung ablehnen, wenn die Annahme als Verzicht auf eine Mehrforderung gedeutet werden könnte.[93] Dies kann der Schuldner insbesondere dadurch verhindern, dass er sich beim Angebot der Teilleistung zur Nachleistung bereit erklärt, sofern ein weitergehender Anspruch bewiesen wird.[94]

V. Abdingbarkeit

21 § 266 BGB ist **abdingbar**.[95] Die Parteien können vereinbaren, dass Teilleistungen erbracht werden dürfen und zur teilweisen Erfüllung (§ 362 BGB) führen. Eine solche Vereinbarung ist sowohl ausdrücklich als auch konkludent möglich. Sie kann sich auch aus der Natur des Schuldverhältnisses ergeben. So ist etwa beim Sukzessivlieferungsvertrag die Abwicklung durch Teilleistung Vertragsinhalt;[96] allerdings werden dort in der Regel ohnehin selbständige Forderungen begründet sein, so dass § 266 BGB schon aus diesem Grund nicht eingreift (vgl. dazu Rn. 9).[97] Auch eine Abbedingung durch AGB ist nicht ausgeschlossen. Jedoch ist eine einschränkungslose, von Zumutbarkeitskriterien freie Teillieferungsklausel gemäß §§ 307, 308 Nr. 4 BGB unwirksam.[98] Soweit sich der Verwender der AGB das Recht einräumen lässt, Teillieferungen gesondert abzurechnen (Teilzahlungsklausel), liegt

---

[87] So *Heinzelmann*, NJW 1967, 534-535, 534 f.; *Leonhard*, VersR 1967, 534-536, 534 ff.
[88] OLG Hamm v. 18.02.1997 - 7 WF 72/97 - FamRZ 1997, 1413-1415; *Baumgärtel*, VersR 1970, 969-974, 971; *Ruhkopf*, VersR 1967, 927-928, 928; *Schmidt* DAR 1968, 143-149, 144.
[89] Vgl. OLG Hamm v. 14.10.1966 - 9 U 135/66 - VersR 1967, 383; LG Nürnberg-Fürth v. 10.06.1966 - 10 O 233/65 - VersR 1967, 511; *Krüger* in: MünchKomm-BGB, § 266 Rn. 15 f.
[90] *Baumgärtel*, VersR 1970, 969-974, 970 ff.; *Gernhuber*, Die Erfüllung und ihre Surrogate, 2. Aufl. 1994, § 8, 6; *Krüger* in: MünchKomm-BGB, § 266 Rn. 16
[91] OLG Nürnberg v. 24.01.1964 - 1 U 107/63.
[92] BGH v. 28.04.1954 - VI ZR 38/53 - LM Nr. 2 zu § 1 SachschadG; *Gernhuber*, Die Erfüllung und ihre Surrogate, 2. Aufl. 1994, § 8, 7.
[93] OLG Düsseldorf v. 11.01.1966 - 2 W 40/65 - VersR 1966, 1055; KG Berlin v. 17.05.1971 - 12 U 116/71 - DAR 1971, 215-216; OLG Stuttgart v. 24.11.1972 - 1 U 36/71 - VersR 1972, 448; *Gernhuber*, Die Erfüllung und ihre Surrogate, 2. Aufl. 1994, § 8, 6; *Schmidt*, VersR 1966, 226-227, 227; *Schmidt*, VersR 1967, 45-46, 46 f.; *Schmidt*, DAR 1968, 143-149, 145.
[94] OLG Nürnberg v. 13.04.1965 - 3 U 161/64 - VersR 1965, 1184; KG Berlin v. 17.05.1971 - 12 U 116/71 - DAR 1971, 215-216; *Grüneberg* in: Palandt, § 266 Rn. 8.
[95] Allgemeine Meinung; vgl. nur OLG Koblenz v. 19.02.1993 - 2 U 527/91 - NJW-RR 1993, 1078-1082; OLG Stuttgart v. 06.05.1994 - 2 U 275/93 - NJW-RR 1995, 116-117; OLG Brandenburg v. 23.03.2011 - 3 U 72/10 - juris Rn. 34; *Ebert* in: Erman, § 266 Rn. 6; *Werner*, BB 1984, 221-227, 221.
[96] Vgl. nur *Bittner* in: Staudinger, § 266 Rn. 19; *Grüneberg* in: Palandt, § 266 Rn. 5.
[97] *Krüger* in: MünchKomm-BGB, § 266 Rn. 8; *Unberath* in: Bamberger/Roth, § 266 Rn. 10.
[98] OLG Koblenz v. 19.02.1993 - 2 U 527/91 - NJW-RR 1993, 1078-1082; OLG Stuttgart v. 06.05.1994 - 2 U 275/93 - NJW-RR 1995, 116-117; OLG Stuttgart v. 22.03.1996 - 2 U 226/95 - VuR 1996, 277-279.

ein Verstoß gegen §§ 307 Abs. 2, 309 Nr. 2a BGB vor; denn sie schränkt das Leistungsverweigerungsrecht des Kunden aus § 320 BGB ein und stellt daher eine unangemessene Benachteiligung des Kunden dar.[99]

VI. Zuvielleistung

Ob und inwieweit der Gläubiger zur Annahme verpflichtet ist, wenn der Schuldner **mehr als das Geschuldete** leistet, ist im Gesetz nicht geregelt. Das Schrifttum differenziert danach, ob die angebotene Leistung teilbar ist oder nicht. Bei Unteilbarkeit kann der Gläubiger ablehnen, ohne in Annahmeverzug zu geraten. Bei Teilbarkeit muss er den geschuldeten Teil annehmen, während er den Rest zurückweisen kann. Auch insoweit ist jedoch § 242 BGB zu beachten. Eine Annahmepflicht des Gläubigers kann daher nur angenommen werden, wenn durch die Teilung keine unzumutbaren Aufwendungen entstehen und der Schuldner zur Rücknahme der Mehrleistung bereit ist.[100]

22

---

[99] OLG Stuttgart v. 22.03.1996 - 2 U 226/95 - VuR 1996, 277-279.
[100] Vgl. dazu *Krüger* in: MünchKomm-BGB, § 266 Rn. 22; *Unberath* in: Bamberger/Roth, § 266 Rn. 20; *Werner*, BB 1984, 221-227, 221 f.

§ 267 BGB Leistung durch Dritte

(Fassung vom 02.01.2002, gültig ab 01.01.2002)

(1) ¹Hat der Schuldner nicht in Person zu leisten, so kann auch ein Dritter die Leistung bewirken. ²Die Einwilligung des Schuldners ist nicht erforderlich.

(2) Der Gläubiger kann die Leistung ablehnen, wenn der Schuldner widerspricht.

Gliederung

A. Grundlagen 1	2. Leistung 7
I. Kurzcharakteristik 1	**D. Rechtsfolgen** 8
II. Regelungsprinzipien 2	I. Erlöschen des Schuldverhältnisses 8
B. Praktische Bedeutung 3	II. Rückgriff des Dritten beim Schuldner 10
C. Anwendungsvoraussetzungen 4	III. Ablehnungsrecht des Gläubigers 15
I. Keine höchstpersönliche Leistung 4	**E. Prozessuale Hinweise** 17
II. Leistung eines Dritten 5	**F. Anwendungsfelder** 18
1. Dritter 5	

A. Grundlagen

I. Kurzcharakteristik

1 Die Vorschrift betrifft die **Person des Leistenden** im Sinne des § 362 Abs. 1 BGB. Absatz 1 bestimmt, dass ein Dritter unabhängig vom Willen des Schuldners die Leistung bewirken kann, falls der Schuldner nicht in Person zu leisten hat. Die Norm räumt dem Dritten damit Tilgungsmacht für fremde Schulden ein und privilegiert den Schuldner insofern gegenüber dem Gläubiger, als der Schuldner die Leistung regelmäßig nicht selbst erbringen muss, der Gläubiger sie aber nur von ihm verlangen kann.[1] Absatz 2 macht von der Tilgungsmacht des Dritten eine Ausnahme für den Fall, dass sowohl der Gläubiger als auch der Schuldner die Intervention des Dritten in ihre Rechtsbeziehung nicht wollen. Sie bestimmt daher, dass der Gläubiger die Leistung des Dritten ablehnen kann, wenn der Schuldner ihr widerspricht.

II. Regelungsprinzipien

2 Absatz 1 beruht auf der Überlegung, dass der Gläubiger in der Regel nur an der Herbeiführung des Leistungserfolges und lediglich in zweiter Linie an der Person des Leistenden interessiert ist.[2] Dennoch ordnet die Vorschrift nichts Selbstverständliches an. Insbesondere lässt sie sich nicht zwanglos damit erklären, dass § 362 Abs. 1 BGB mit dem Begriff der „Leistung" nicht die Leistungshandlung, sondern den Leistungserfolg meint.[3] Denn der Leistungserfolg muss sich regelmäßig auf eine Leistungshandlung des Schuldners zurückführen lassen, damit die Erfüllungswirkung eintritt (vgl. die Kommentierung zu § 362 BGB Rn. 15). Hier setzt die Bedeutung des § 267 BGB an: Er gewährt einem Dritten die Befugnis, hinsichtlich der Erfüllung der Schuld mit Fremdwirkung für den Schuldner zu handeln. Dabei bringt der Normwortlaut zum Ausdruck, dass es „die Leistung", d.h. die nach dem Schuldverhältnis zu bewirkende Leistung ist, die der Dritte erbringt. Damit ist klargestellt, dass das Handeln des Dritten dem Schuldner als Erfüllung zugerechnet wird; es führt zum Erlöschen des Schuldverhältnisses, obwohl es an einer Handlung des Schuldners fehlt. § 267 Abs. 1 BGB regelt demnach einen Fall der **Fremdgeschäftsführung**. Er lässt es zu, dass sich ein Außenstehender in fremde Pflichtenverhältnisse fremdnützig einmischt, und schränkt dadurch in gewissem Umfang die Herrschaft der Parteien über ihr Schuldverhältnis ein.[4] Absatz 2 setzt dem allerdings insoweit eine Grenze, als eine derartige Einmischung nicht gegen den Willen beider Parteien des Schuldverhältnisses möglich ist.

---

[1] *Ebert* in: Erman, § 267 Rn. 1.
[2] *Alff* in: BGB-RGRK, § 267 Rn. 1; *Grüneberg* in: Palandt, § 267 Rn. 1; *Krüger* in: MünchKomm-BGB, § 267 Rn. 1; *Unberath* in: Bamberger/Roth, § 267 Rn. 1; eingehend zur Interessenlage *Gernhuber*, Die Erfüllung und ihre Surrogate, 2. Aufl. 1994, § 21 I 2.
[3] So *Weber* in: BGB-RGRK, § 362 Rn. 39.
[4] Ausführlich dazu *Beuthien*, Zweckerreichung und Zweckstörung im Schuldverhältnis, S. 39 ff.; im Anschluss daran *Kerwer*, Die Erfüllung in der Zwangsvollstreckung, 1996, S. 107 ff.

B. Praktische Bedeutung

Die Bedeutung der Vorschrift wird in der Literatur als **nicht sonderlich hoch** eingeschätzt.[5] Dabei geht man allerdings von der Vorstellung aus, dass sich die Rechtsfolge des Absatzes 1 von selbst verstehe und ein Regelungsbedürfnis nur für die Frage gegeben sei, ob der Schuldner ein Recht auf persönliche Leistung habe. Nach dem hier zugrunde gelegten Verständnis der Norm (vgl. Rn. 2) handelt es sich dabei jedoch um eine verkürzte Sichtweise. Da § 267 Abs. 1 BGB dem Handeln des Dritten Fremdwirkung für den Schuldner beilegt und dem Dritten dadurch eine besondere Rechtsmacht verleiht, die ihm sonst nicht zukäme, enthält die Vorschrift durchaus eine konstitutive Anordnung. Richtig ist allerdings, dass die Anwendung dieser Regelung in der Praxis relativ wenige Probleme bereitet. Bedeutsamer sind demgegenüber Fragen, die sich als Folgen einer Drittleistung stellen, aber nicht unmittelbar ihren Regelungsbereich betreffen, wie etwa das Problem der bereicherungsrechtlichen Rückabwicklung nach einer Drittleistung auf eine nicht bestehende oder vermeintlich eigene Schuld (vgl. Rn. 6 und die Kommentierung zu § 812 BGB Rn. 141 ff.).[6]

C. Anwendungsvoraussetzungen

I. Keine höchstpersönliche Leistung

Eine befreiende Drittleistung ist nur möglich, wenn der Schuldner nicht in Person zu leisten hat. Der höchstpersönliche Charakter einer Leistungspflicht kann sich aus dem Gesetz, einer Parteivereinbarung oder aus der Natur des Schuldverhältnisses ergeben. Er beruht meist auf einem besonders ausgeprägten Vertrauensverhältnis zwischen Gläubiger und Schuldner, das eine Leistung durch Dritte ausschließt. **Kraft Gesetzes** besteht eine höchstpersönliche Leistungspflicht im Zweifel beim Vereinsvorstand (§§ 27 Abs. 3, 664 Abs. 1 Satz 1 BGB), beim Dienstverpflichteten (§ 613 Satz 1 BGB), beim Beauftragten (§ 664 Abs. 1 Satz 1 BGB), beim Verwahrer (§ 691 Satz 1 BGB), beim geschäftsführenden Gesellschafter (§§ 713, 664 Abs. 1 Satz 1 BGB) und beim Testamentsvollstrecker (§§ 2218 Abs. 1, 664 Abs. 1 Satz 1 BGB). Bei all diesen Vorschriften handelt es sich aber nur um Auslegungsregeln, die von den Parteien abbedungen werden können. Umgekehrt können allerdings auch Pflichten, die nach dem Gesetz nicht an die Person des Schuldners gebunden sind, **kraft Parteivereinbarung** zu höchstpersönlichen Pflichten erklärt werden; denn auch § 267 Abs. 1 BGB ist dispositiv[7] und steht demnach unter dem Vorbehalt eines abweichenden Parteiwillens. Die Vereinbarung einer höchstpersönlichen Leistung ist nach allgemeinen Regeln sowohl ausdrücklich als auch stillschweigend möglich. Schließlich kann eine Pflicht des Schuldners zur Leistung in Person auch **aus der Natur des Schuldverhältnisses** folgen. Das ist anzunehmen bei Pflichten, die nicht ohne Veränderung ihres Inhalts durch einen anderen als den Schuldner erfüllt werden können, insbesondere bei Unterlassungspflichten, bei der Pflicht zur Erbringung künstlerischer oder wissenschaftlicher Leistungen, deren Wert von der Person des Leistenden abhängt,[8] sowie bei Geldstrafen, bei denen der Strafzweck verlangt, dass der Täter sie aus seinem eigenen Vermögen trägt (str.).[9] Die Verpflichtung zur höchstpersönlichen Leistung bedeutet nicht zwingend, dass der Schuldner immer selbst handeln muss. Je nach den Besonderheiten der geschuldeten Leistung kann es insbesondere zulässig sein, dass er sich bei der Leistungsbewirkung eines Erfüllungsgehilfen bedient.[10] Eine Drittleistung liegt darin natürlich nicht (vgl. Rn. 5).

II. Leistung eines Dritten

1. Dritter

Dritter im Sinne des § 267 BGB ist nur derjenige, der eine eigene Leistung auf eine fremde Schuld erbringt.[11] Eine **eigene Leistung** erbringt nicht, wer im Namen des Schuldners oder als dessen Hilfsper-

---

[5] Vgl. etwa *Krüger* in: MünchKomm-BGB, § 267 Rn. 2.
[6] So zutreffend *Krüger* in: MünchKomm-BGB, § 267 Rn. 2.
[7] *Ebert* in: Erman, § 267 Rn. 2; *Jud* in: Prütting/Wegen/Weinreich, § 267 Rn. 1; *Krüger* in: MünchKomm-BGB, § 267 Rn. 6.
[8] Vgl. dazu auch *Bittner* in: Staudinger, § 267 Rn. 4.
[9] BGH v. 31.01.1957 - II ZR 41/56 - juris Rn. 8 - BGHZ 23, 222-227; a.M. OLG Schleswig v. 22.06.2004 - 11 U 165/02 - juris Rn. 42 - SchlHA 2005, 159-161.
[10] Vgl. dazu auch *Krüger* in: MünchKomm-BGB, § 267 Rn. 4.
[11] *Grüneberg* in: Palandt, § 267 Rn. 2; vgl. OLG Hamburg v. 26.01.2000 - 14 U 169/99 - juris Rn. 5 - OLGR Hamburg 2000, 464-465; OLG Brandenburg v. 12.03.2008 - 13 U 157/06 - juris Rn. 12.

§ 267

son handelt.[12] Aus diesem Grund sind der Stellvertreter (§ 164 BGB) und der Erfüllungsgehilfe (§ 278 BGB) des Gläubigers keine Dritte im Sinne der Norm; durch sie leistet vielmehr der Schuldner selbst. Entsprechendes gilt im Fall der Erfüllungsübernahme, bei der der Übernehmer dem Schuldner zur Befriedigung des Gläubigers verpflichtet ist (vgl. §§ 415 Abs. 3, 329 BGB). Kommt der Übernehmer dieser Pflicht nach, so handelt es sich um eine Leistung des Schuldners und nicht um die eines Dritten.[13] Als Erfüllungsgehilfe des Schuldners und nicht als Dritter im Sinne des § 267 BGB wird etwa das Sozialamt angesehen, das die Mietzahlung an den Vermieter übernimmt.[14]

6   Eine Leistung **auf eine fremde Schuld** liegt vor, wenn der Leistende mit dem Willen handelt, die Verpflichtung des Schuldners zu tilgen (**Fremdtilgungswillen**).[15] Das gilt auch dann, wenn der Leistende dem Schuldner dazu verpflichtet zu sein glaubt.[16] Für die Frage, ob auf eine fremde Schuld geleistet wird, kommt es jedoch nicht auf den subjektiven Willen des Leistenden an, sondern darauf, wie der Gläubiger dessen Verhalten vom Empfängerhorizont aus verstehen durfte.[17] An einer Leistung auf eine fremde Schuld fehlt es danach, wenn jemand erkennbar in Erfüllung einer eigenen Verbindlichkeit leistet,[18] wie z.B. der andere Gesamtschuldner (§ 421 BGB),[19] der Bürge (§ 774 BGB),[20] der Drittschuldner bei der Forderungspfändung (§ 829 ZPO),[21] die Bank bei einer Garantie auf erstes Anfordern[22] oder die einen Wechsel einlösende Bank.[23] Auch der Forderungskäufer, der gegen Abtretung der Forderung an den Gläubiger zahlt, leistet sichtlich auf seine eigene Kaufpreisschuld und nicht etwa als Dritter auf die abzutretende Forderung.[24] Eine vergleichbare Situation liegt vor, wenn eine Bank im Rahmen einer Umschuldung einen Darlehensanspruch bei einer anderen Bank ablöst und sich dabei im Gegenzug den abgelösten Anspruch abtreten lässt; auch hier wird der Ablösungsbetrag nicht auf fremde Schuld, sondern auf eine eigene Verbindlichkeit erbracht.[25] Entsprechendes gilt, wenn die einen Immobilienerwerb finanzierende Bank den Darlehensbetrag direkt an den Verkäufer auszahlt; hier will sie – für den Verkäufer ersichtlich – ihre eigene Verpflichtung aus dem Darlehensvertrag gegenüber dem Kreditnehmer erfüllen und nicht etwa als Dritter i.S.d. § 267 Abs. 1 BGB dessen Kaufpreisschuld tilgen.[26] Ebenso leistet der Versicherer, der aufgrund eines Teilungsabkommens an einen anderen Versicherer zahlt, auf

---

[12] Vgl. nur *Gernhuber*, Die Erfüllung und ihre Surrogate, 2. Aufl. 1994, § 21 I 1 a; *Stadler* in: Jauernig, § 267 Rn. 6; *Unberath* in: Bamberger/Roth, § 267 Rn. 3; anders offenbar *Alff* in: BGB-RGRK, § 267 Rn. 5.

[13] BGH v. 26.10.1978 - VII ZR 71/76 - juris Rn. 11 - BGHZ 72, 246-252.

[14] LG Karlsruhe v. 14.07.1989 - 9 S 57/89 - juris Rn. 5 - ZMR 1989, 421-422; LG Mönchengladbach v. 19.02.1993 - 2 S 345/92 - ZMR 1993, 571; a.m. LG Mainz v. 18.06.2003 - 3 S 57/03 - juris Rn. 10 - WuM 2003, 629-630.

[15] BGH v. 21.12.1966 - IV ZR 294/65 - BGHZ 46, 319-327; BGH v. 23.02.1978 - VII ZR 11/76 - juris Rn. 33 - BGHZ 70, 389-398; BGH v. 08.11.1979 - VII ZR 337/78 - juris Rn. 18 - BGHZ 75, 299-306; BGH v. 04.11.1997 - VI ZR 348/96 - juris Rn. 18 - BGHZ 137, 89-106; BGH v. 08.04.2003 - XI ZR 423/01 - juris Rn. 14 - BGHReport 2003, 885-887; BGH v. 27.06.2008 - V ZR 83/07 - juris Rn. 28 - WM 2008, 1703-1707; OLG Brandenburg v. 19.02.2010 - 4 U 149/08 - juris Rn. 75; OLG Frankfurt v. 08.03.2011 - 5 U 48/10 - juris Rn. 26; LAG Düsseldorf v. 08.12.2011 - 5 Sa 756/11 - juris Rn. 104.

[16] BGH v. 28.11.1990 - XII ZR 130/89 - juris Rn. 22 - BGHZ 113, 62-70; OLG München v. 06.06.2007 - 20 U 5328/06 - juris Rn. 5; OLG Frankfurt v. 11.10.2010 - 21 U 56/08 - juris Rn. 24 - VersR 2011, 390-392.

[17] Ständige Rechtsprechung; vgl. nur BGH v. 26.09.1985 - IX ZR 180/84 - juris Rn. 62 - LM Nr. 7 zu § 267 BGB; BGH v. 26.09.1994 - II ZR 166/93 - juris Rn. 10 - LM BGB § 267 Nr. 10 (4/1995); BGH v. 04.11.1997 - VI ZR 348/96 - juris Rn. 18 - BGHZ 137, 89-106; OLG Köln v. 22.06.1999 - 15 U 170/98 - NJW 2000, 1044-1045; OLG Brandenburg v. 26.09.2007 - 13 U 154/06 - juris Rn. 13; LAG Düsseldorf v. 08.12.2011 - 5 Sa 756/11 - juris Rn. 104; a.M. aber *Krüger* in: MünchKomm-BGB, § 267 Rn. 11 m.w.N.

[18] *Alff* in: BGB-RGRK, § 267 Rn. 6; *Ebert* in: Erman, § 267 Rn. 5; *Grüneberg* in: Palandt, § 267 Rn. 2; *Unberath* in: Bamberger/Roth, § 267 Rn. 6.

[19] BGH v. 15.06.1964 - VIII ZR 305/62 - BGHZ 42, 53-59.

[20] BGH v. 15.06.1964 - VIII ZR 305/62 - BGHZ 42, 53-59; BGH v. 26.09.1985 - IX ZR 180/84 - juris Rn. 62 - LM Nr. 7 zu § 267 BGB.

[21] LG Bremen v. 18.12.1970 - 1 S 406/70 - NJW 1971, 1366.

[22] OLG Koblenz v. 21.02.2005 - 12 U 1347/03 - juris Rn. 19 - NJW-RR 2005, 1491-1493.

[23] BGH v. 01.07.1976 - VII ZR 333/75 - BGHZ 67, 75-81.

[24] BGH v. 23.06.1982 - VIII ZR 333/80 - juris Rn. 24 - LM Nr. 13 zu § 1191 BGB; OLG München v. 20.05.1987 - 15 U 6283/86 - WM 1988, 1846-1849.

[25] BGH v. 03.12.1996 - XI ZR 255/95 - juris Rn. 14 - LM BGB § 437 Nr. 9 (3/1997).

[26] BGH v. 27.06.2008 - V ZR 83/07 - juris Rn. 29 - WM 2008, 1703-1707 mit zustimmender Anmerkung von *Batereau*, EWiR 2008, 711-712, und *Kern*, DNotZ 2009, 245-251.

eine eigene, nämlich die aus dem Teilungsabkommen resultierende Pflicht.[27] Im Gegensatz dazu tilgt der Haftpflichtversicherer durch die Zahlung an den Gläubiger die Haftpflichtschuld des Versicherungsnehmers und ist daher Dritter im Sinne des § 267 BGB.[28] Am Fremdtilgungswillen fehlt es insbesondere auch dann, wenn der Leistende eine **vermeintlich eigene Schuld** erfüllen will. In diesem Fall kann seine Leistung die Verbindlichkeit des Schuldners grundsätzlich nicht zum Erlöschen bringen. Der Putativschuldner kann daher regelmäßig auch nicht den Schuldner in Rückgriff nehmen, sondern ist auf einen Bereicherungsausgleich gegen den Gläubiger angewiesen (vgl. Rn. 10).[29] Die Rechtsprechung räumt dem Leistenden allerdings – in den Grenzen des § 242 BGB – die Möglichkeit einer **nachträglichen Tilgungsbestimmung** ein; danach soll er die ursprünglich auf eine vermeintlich eigene Schuld erbrachte Leistung im Nachhinein auf die fremde Schuld beziehen und dadurch die Rechtsfolgen des § 267 BGB herbeiführen können,[30] mit der Folge, dass sein Kondiktionsanspruch sich nicht gegen den Gläubiger, sondern gegen den Schuldner richtet. Im Schrifttum wird diese Rechtsprechung teilweise kritisiert, weil der Dritte dadurch ein Wahlrecht in die Hand bekomme und er dem Schuldner eine günstige Aufrechnungslage gegenüber dem Gläubiger nehmen könne.[31] Unabhängig von dieser Frage kann der Leistende eine irrtümliche Tilgungsbestimmung prinzipiell nach § 119 BGB anfechten (zur Rechtsnatur der Tilgungsbestimmung vgl. die Kommentierung zu § 362 BGB Rn. 25).[32] Dies ist etwa dann von Bedeutung, wenn sich die Leistung eines Putativschuldners vom Empfängerhorizont als Drittleistung gemäß § 267 BGB darstellt, der Leistende sie aber nicht als solche gelten lassen, sondern beim Gläubiger kondizieren will. Schuldet der Leistende selbst, dann ist nach Auffassung des BGH auch eine **doppelte Tilgungsbestimmung** möglich, wonach zugleich die Verpflichtung des Schuldners und die eigene Verbindlichkeit des Leistenden erfüllt werden soll.[33] Auch insoweit kommt es nicht auf den inneren Willen des Leistenden, sondern auf den objektiven Erklärungswert an.[34] Ein solcher Fall liegt jedoch nicht vor bei der Erfüllung einer eigenen Schuld, durch die kraft Gesetzes zugleich eine fremde Schuld getilgt wird (vgl. etwa § 422 BGB)[35] bzw. durch die der leistende Dritte zugleich die Forderung gegen einen anderen Schuldner erwirbt.[36] Schließlich kann der Dritte bei seiner Leistung Bedingungen für den Eintritt der Tilgungswirkung setzen. Eine derartige **bedingte Tilgungsbestimmung** entspricht zwar nicht der vom Schuldner zu erbringenden Leistung und kann daher vom Gläubiger ohne Rechtsnachteile zurückgewiesen werden. Lässt er sich jedoch darauf ein, dann tritt der Leistungserfolg erst mit Erfüllung der zusätzlichen Bedingungen ein.[37]

2. Leistung

§ 267 BGB setzt voraus, dass der Dritte „die Leistung" bewirkt. **Zu Ersatzleistungen** ist er – anders als im Fall des § 268 BGB (vgl. die Kommentierung zu § 268 BGB Rn. 7) – **nicht berechtigt**.[38] Insbe-

---

[27] BGH v. 08.10.1969 - IV ZR 633/68 - NJW 1970, 134.
[28] BGH v. 28.11.1990 - XII ZR 130/89 - juris Rn. 22 - BGHZ 113, 62-70; OLG Frankfurt v. 11.10.2010 - 21 U 56/08 - juris Rn. 24 - VersR 2011, 390-392.
[29] BGH v. 04.11.1997 - VI ZR 348/96 - juris Rn. 19 - BGHZ 137, 89-106.
[30] BGH v. 14.07.1964 - VI ZR 129/63 - LM Nr. 18 zu § 17 StVG; BGH v. 18.01.1983 - VI ZR 270/80 - juris Rn. 18 - LM Nr. 35 zu § 823 (Ac) BGB; BGH v. 15.05.1986 - VII ZR 274/85 - juris Rn. 7 - NJW 1986, 2700-2701; LG Karlsruhe v. 24.01.2002 - 5 S 133/01 - MDR 2002, 570-571; offen gelassen in BGH v. 04.11.1997 - VI ZR 348/96 - juris Rn. 19 - BGHZ 137, 89-106.
[31] Vgl. nur *Bittner* in: Staudinger, § 267 Rn. 45; *Krüger* in: MünchKomm-BGB, § 267 Rn. 12; jeweils m.w.N.; vgl. dazu auch *Bloch/Muscheler*, JuS 2000, 729-740, 737.
[32] BGH v. 06.12.1988 - XI ZR 81/88 - juris Rn. 16 - BGHZ 106, 163-169; OLG Hamm v. 09.02.1988 - 26 U 109/87 - juris Rn. 57 - NJW-RR 1989, 700-702; *Canaris*, Festschrift für Larenz 1983, 799-865, 844.
[33] BGH v. 23.02.1978 - VII ZR 11/76 - juris Rn. 31 - BGHZ 70, 389-398; OLG Düsseldorf v. 16.04.2002 - 24 U 89/01 - juris Rn. 4 - OLGR Düsseldorf 2003, 213-214.
[34] BGH v. 26.10.1978 - VII ZR 71/76 - juris Rn. 10 - BGHZ 72, 246-252.
[35] *Bittner* in: Staudinger, § 267 Rn. 6; *Ebert* in: Erman, § 267 Rn. 3; *Gernhuber*, Die Erfüllung und ihre Surrogate, 2. Aufl. 1994, § 21 I 1 b.
[36] *Krüger* in: MünchKomm-BGB, § 267 Rn. 13.
[37] BGH v. 10.10.1984 - VIII ZR 244/83 - juris Rn. 25 - BGHZ 92, 280-294; BGH v. 15.07.1997 - XI ZR 145/96 - juris Rn. 12 - BGHZ 136, 246-253.
[38] OLG Hamm v. 05.11.2008 - 8 U 5/08 - juris Rn. 25; LG Düsseldorf v. 24.10.1990 - 23 S 885/89 - NJW-RR 1991, 310-311; *Alff* in: BGB-RGRK, § 267 Rn. 7; *Grüneberg* in: Palandt, § 267 Rn. 4; *Jud* in: Prütting/Wegen/Weinreich, § 267 Rn 8; *Stadler* in: Jauernig, § 267 Rn. 7.

sondere kann er nicht aufrechnen und nicht hinterlegen.[39] Der Gläubiger ist jedoch nicht daran gehindert, mit dem Dritten einen Aufrechnungsvertrag zu schließen und die Forderung gegen den Schuldner auf diese Weise einvernehmlich zum Erlöschen zu bringen.[40] Da Leistungen an Erfüllungs statt und Leistungen erfüllungshalber ohnehin von der Mitwirkung des Gläubigers abhängig sind, gelten insoweit gegenüber der Schuldnerleistung keine Besonderheiten. Der Gläubiger kann sie annehmen, muss es aber nicht.[41] Erbringt der Dritte eine Leistung erfüllungshalber (z.B. Hingabe eines Schecks oder eines Wechsels), so tritt Erfüllung nach allgemeinen Regeln (vgl. die Kommentierung zu § 362 BGB Rn. 46) erst dann ein, wenn der Gläubiger daraus Befriedigung erlangt hat. Bis dahin stehen dem Dritten alle Einwendungen aus dem Grundgeschäft (z.B. die Einrede aus § 320 BGB) zu.[42] Ebenso wie der Schuldner ist auch der Dritte nicht zu Teilleistungen berechtigt (§ 266 BGB).

D. Rechtsfolgen

I. Erlöschen des Schuldverhältnisses

8 § 267 Abs. 1 BGB räumt einem Dritten Tilgungsmacht für die Verbindlichkeit des Schuldners ein. Macht der Dritte davon Gebrauch, so wird sein Handeln dem Schuldner als eigene Erfüllung zugerechnet; es führt zum **Erlöschen des Schuldverhältnisses** nach § 362 BGB, obwohl es an einer Leistungshandlung des Schuldners fehlt. Die von § 267 BGB erlaubte Drittleistung tilgt die Schuld daher ebenso wie die Leistung durch den Schuldner selbst. Folgerichtig sind auch die sonstigen Vorschriften der §§ 362-371 BGB im Fall der Drittleistung anwendbar. So trägt der Gläubiger, der die Leistung eines Dritten als Erfüllung angenommen hat, die Beweislast, wenn er nachträglich geltend macht, die Leistung sei nicht obligationsgemäß gewesen (§ 363 BGB). Auch §§ 364, 365 BGB finden Anwendung, da der Gläubiger auch von einem Dritten Leistungen an Erfüllungs statt und erfüllungshalber (vgl. Rn. 7) annehmen kann. Erbringt der Dritte eine Leistung an Erfüllungs statt, so trifft ihn grundsätzlich die Gewährleistungspflicht nach § 365 BGB (vgl. näher die Kommentierung zu § 365 BGB Rn. 6). Stehen dem Gläubiger gegen den Schuldner mehrere Forderungen zu bzw. hat der leistende Dritte neben der Hauptleistung auch Zinsen und Kosten zu entrichten, so kann der leistende Dritte die Anrechnungsbestimmungen gemäß §§ 366, 367 BGB treffen. Schließlich finden auch die Bestimmungen über Quittung und Schuldschein auf den Fall der Drittleistung Anwendung. Der Dritte hat deshalb bei seiner Leistung Anspruch auf Erteilung einer Quittung (§ 368 BGB). Er muss dafür in entsprechender Anwendung des § 369 BGB die Kosten tragen und vorschießen und kann sie nur im Wege eines Rückgriffanspruchs (vgl. Rn. 10) vom Schuldner ersetzt verlangen. Dem leistenden Dritten kommt außerdem die Fiktion des § 370 BGB zugute. Seine Leistung löst letztlich auch den Anspruch auf Rückgabe des Schuldscheins (§ 371 BGB) aus. Dieser steht aber auch bei einer Drittleistung dem Schuldner und nicht etwa dem Dritten zu (vgl. näher die Kommentierung zu § 371 BGB Rn. 5).

9 Mit der Forderung erlöschen auch die dafür bestellten akzessorischen **Sicherheiten**, wie etwa eine Bürgschaft[43] oder ein Pfandrecht. Zulässig ist allerdings die – auch formularmäßige – Regelung, dass sich der Gläubiger verpflichtet, Sicherungsrechte an den Dritten zu übertragen, sofern dieser auf die Verbindlichkeit des Schuldners zahlt.[44] Eine **mangelhafte Drittleistung**[45] führt ebenso wie eine mangelhafte Schuldnerleistung nicht zur Erfüllung (vgl. die Kommentierung zu § 362 BGB Rn. 14). Dies gilt nach der im Zuge der Schuldrechtsreform neu gefassten Vorschrift des § 433 Abs. 1 Satz 2 BGB auch für den Stückkauf, der insoweit nicht mehr anders zu behandeln ist als der Gattungskauf. Das bedeutet, dass die mangelhafte Drittleistung lediglich ein untauglicher Erfüllungsversuch ist, der das Schuldverhältnis unberührt lässt.[46] Der Gläubiger kann daher auch weiterhin vom Schuldner die Erfül-

---

[39] OLG Celle v. 17.07.2001 - 9 U 172/00 - WM 2001, 2444-2448; OLG Hamm v. 05.11.2008 - 8 U 5/08 - juris Rn. 25; *Bittner* in: Staudinger, § 267 Rn. 28; *Ebert* in: Erman, § 267 Rn. 4; *Grüneberg* in: Palandt, § 267 Rn. 4; *Krüger* in: MünchKomm-BGB, § 267 Rn. 14; *Stadler* in: Jauernig, § 267 Rn. 7; *Unberath* in: Bamberger/Roth, § 267 Rn. 7.

[40] So im Fall BGH v. 28.09.1981 - II ZR 223/80 - BGHZ 81, 365-370.

[41] *Gernhuber*, Die Erfüllung und ihre Surrogate, 2. Aufl. 1994, § 21 I 7; vgl. auch LG Düsseldorf v. 24.10.1990 - 23 S 885/89 - NJW-RR 1991, 310-311.

[42] BGH v. 08.11.1982 - II ZR 44/82 - juris Rn. 9 - BGHZ 85, 346-350; *Bilda*, NJW 1991, 3251-3254.

[43] BGH v. 22.10.1975 - VIII ZR 80/74 - LM Nr. 5 zu § 814 BGB.

[44] OLG Koblenz v. 01.03.2007 - 5 U 1074/06 - juris Rn. 23 - ZIP 2007, 2208-2210.

[45] Vgl. dazu *Schlinker*, AcP 207 (2007), 399-424; *Kreße*, VersR 2007, 452-456.

[46] *Gernhuber*, Die Erfüllung und ihre Surrogate, 2. Aufl. 1994, § 21 I 9.

lung seiner Verbindlichkeit verlangen. Rechte gegen den Dritten, etwa auf Nacherfüllung (§ 439 BGB), stehen ihm nicht zu, da dieser außerhalb des Schuldverhältnisses steht und sich auch durch seine Leistung zu nichts verpflichtet.[47] Der Dritte haftet jedoch nach allgemeinen Regeln für Begleitschäden, die der Gläubiger infolge der Drittleistung an seinen Rechtsgütern erleidet.[48] Neben deliktischen Ansprüchen kommt eine Haftung aus „ähnlichem geschäftlichem Kontakt" (§ 311 Abs. 2 Nr. 3 BGB) in Betracht.[49] Seine mangelhafte und daher zur Erfüllung untaugliche Leistung kann der Dritte beim Gläubiger nach den Regeln über die ungerechtfertigte Bereicherung heraus verlangen.[50] In der Praxis dürfte die gesamte Problematik der mangelhaften Drittleistung nicht allzu häufig auftreten, da Drittleistungen in den meisten Fällen Geldschulden betreffen, bei denen es eine Schlechtleistung nicht gibt.

II. Rückgriff des Dritten beim Schuldner

Der Rückgriff des Dritten richtet sich nach seinem **Rechtsverhältnis zum Schuldner**. Anders als im Fall des § 268 BGB findet ein gesetzlicher Forderungsübergang nicht statt.[51] Denkbare Anspruchsgrundlagen sind § 670 BGB (Auftrag), §§ 677, 683, 670 BGB (Geschäftsführung ohne Auftrag)[52] und §§ 713, 670 BGB (Gesellschaft). Fehlt es an solchen Rechtsbeziehungen, dann kommt nur ein Anspruch aus ungerechtfertigter Bereicherung in Betracht.[53] Insoweit sind mehrere Konstellationen zu unterscheiden (vgl. dazu die Kommentierung zu § 812 BGB Rn. 141 ff.): 10

Zahlt der Dritte nach § 267 BGB **bewusst auf eine bestehende fremde Schuld**, so steht ihm unter dem Aspekt der Rückgriffskondiktion ein Bereicherungsanspruch gegen den Schuldner zu.[54] Der Schuldner hat durch die Leistung die Befreiung von einer Verbindlichkeit erlangt, so dass er deren Wert gemäß § 818 Abs. 2 BGB herauszugeben hat.[55] § 814 BGB steht dem nicht entgegen.[56] Ein Bereicherungsanspruch gegen den Gläubiger scheidet aus.[57] 11

Leistet der Dritte dagegen **auf eine nicht bestehende fremde Schuld**, so hat der vermeintliche Schuldner in Wirklichkeit nichts erlangt. Der Dritte muss seine Leistung daher im Wege der Leistungskondiktion beim Scheingläubiger kondizieren.[58] 12

Leistet der Dritte in der Annahme, selbst zu schulden, **irrtümlich auf eine fremde Schuld**, so fehlt es am Fremdtilgungswillen (vgl. Rn. 6), mit der Folge, dass der Anspruch des Gläubigers gegen den Schuldner nicht nach §§ 362, 267 BGB erlischt. Auch hier hat der Schuldner demnach nichts erlangt, so dass sich der Bereicherungsanspruch des Dritten nur gegen den Gläubiger richten kann.[59] Lässt man aber mit dem BGH eine nachträgliche Tilgungsbestimmung zu (vgl. Rn. 6), so treten mit ihr die normalen Rechtsfolgen des § 267 BGB ein und der Dritte kann im Wege der Rückgriffskondiktion beim Schuldner Regress nehmen. 13

---

[47] Vgl. dazu auch – allerdings zum alten Rechtszustand und daher nur noch eingeschränkt verwertbar – *Rieble*, JZ 1989, 830-835, 831.
[48] *Heinrichs* in: Palandt, § 267 Rn. 6; *Krüger* in: MünchKomm-BGB, § 267 Rn. 15; *Rieble*, JZ 1989, 830-835, 835.
[49] Ebenso *Kreße*, VersR 2007, 452-456, 456.
[50] A.M. *Kreße*, VersR 2007, 452-456, 455, der dem Gläubiger eine Rückgewährverpflichtung nach Rücktrittsrecht zumuten und ihm auf diese Weise den Entreicherungseinwand nach § 818 Abs. 3 BGB versagen will.
[51] *Ebert* in: Erman, § 267 Rn. 8; *Gernhuber*, Die Erfüllung und ihre Surrogate, 2. Aufl. 1994, § 21 I 9; *Grüneberg* in: Palandt, § 267 Rn. 7; *Stadler* in: Jauernig, § 267 Rn. 12; *Unberath* in: Bamberger/Roth, § 267 Rn. 13.
[52] Vgl. BGH v. 20.04.1967 - VII ZR 326/64 - BGHZ 47, 370-376; BGH v. 20.06.1968 - VII ZR 170/66 - juris Rn. 11 - WM 1968, 1201-1202.
[53] Vgl. dazu *Lorenz*, JuS 2003, 839-845, 841 f.
[54] BGH v. 23.02.1978 - VII ZR 11/76 - juris Rn. 31 - BGHZ 70, 389-398; BGH v. 22.10.1975 - VIII ZR 80/74 - LM Nr. 5 zu § 814 BGB.
[55] Vgl. OLG Karlsruhe v. 17.04.2008 - 12 U 202/07 - juris Rn. 38 - OLGR Karlsruhe 2008, 688-691; *Krüger* in: MünchKomm-BGB, § 267 Rn. 21.
[56] BGH v. 22.10.1975 - VIII ZR 80/74 - LM Nr. 5 zu § 814 BGB.
[57] BGH v. 26.10.1978 - VII ZR 71/76 - juris Rn. 6 - BGHZ 72, 246-252; LG Zweibrücken v. 31.01.1995 - 3 S 277/94 - juris Rn. 7 - NJW-RR 1995, 917-919.
[58] Ganz h.M.; vgl. nur BGH v. 28.11.1990 - XII ZR 130/89 - juris Rn. 23 - BGHZ 113, 62-70; BGH v. 29.02.2000 - VI ZR 47/99 - juris Rn. 9 - LM BGB § 267 Nr. 11 (1/2001); OLG München v. 06.06.2007 - 20 U 5328/06 - juris Rn. 6; OLG Frankfurt v. 11.10.2010 - 21 U 56/08 - juris Rn. 25 - VersR 2011, 390-392.
[59] *Canaris*, Festschrift für Larenz 1983, 799-865, 844; *Ebert* in: Erman, § 267 Rn. 11; *Grüneberg* in: Palandt, § 267 Rn. 8; *Krüger* in: MünchKomm-BGB, § 267 Rn. 23; *Unberath* in: Bamberger/Roth, § 267 Rn. 18.

14 Ist nach den vorstehenden Regeln ein Rückgriffsfall gegeben, so bewirkt die Drittleistung für den Schuldner letztlich nur einen Gläubigerwechsel. Dieser soll dadurch aber keine Nachteile erleiden. Aus Gründen des **Schuldnerschutzes** müssen deshalb die §§ 404-406 BGB analog angewandt werden.[60] Der Schuldner kann dem Dritten demnach die Einwendungen entgegenhalten, die ihm gegen den Gläubiger zustanden, auch wenn ein Forderungsübergang vom Gläubiger auf den Dritten nicht stattgefunden hat. Da mit dem Erlöschen der Forderung nach § 267 BGB auch die akzessorischen Sicherheiten untergegangen sind, ist ein Rückgriff des Dritten gegen den Bürgen des Schuldners nicht möglich.[61]

III. Ablehnungsrecht des Gläubigers

15 § 267 Abs. 2 BGB setzt der Tilgungsmacht des Dritten insoweit eine Grenze, als die Leistung nicht gegen den Willen beider Parteien möglich ist. Nach dieser Norm kann der Gläubiger die Leistung ablehnen, wenn der Schuldner ihr widerspricht. Der **Widerspruch des Schuldners** ist eine empfangsbedürftige Willenserklärung, die sowohl gegenüber dem Gläubiger als auch gegenüber dem Dritten erklärt werden kann.[62] Im Bestreiten der Schuld an sich kann ein Widerspruch gegen die Drittleistung nicht gesehen werden.[63] Liegt ein Widerspruch des Schuldners vor, so kann der Gläubiger die Leistung zurückweisen, ohne in Annahmeverzug (§ 293 BGB) zu geraten. Der Widerspruch bindet den Gläubiger jedoch nicht. Dieser ist vielmehr frei darin, ob er die Leistung trotz Widerspruchs des Schuldners annehmen will. Der Schuldner kann die Leistung des Dritten demnach nicht einseitig verhindern. Umgekehrt ist der Gläubiger ohne Widerspruch des Schuldners nicht zur Zurückweisung der Leistung befugt. Lehnt er sie dennoch ab, so gerät er in Annahmeverzug. Der Annahmeverzug wird jedoch nachträglich beseitigt, wenn der (zunächst unberechtigten) Ablehnung der Drittleistung durch den Gläubiger ein Widerspruch des Schuldners nachfolgt; die Folgen des Annahmeverzugs entfallen aber nicht rückwirkend, sondern nur mit Wirkung für die Zukunft.[64] Lediglich ausnahmsweise kann der Gläubiger eine Drittleistung auch ohne Widerspruch des Schuldners ablehnen, wenn ihm die Person des Leistenden nicht zuzumuten ist (§ 242 BGB).[65]

16 Eine besondere Konstellation ergibt sich, wenn der Gläubiger dem Schuldner eine Sache unter **Eigentumsvorbehalt** geliefert hat und ein anderer Gläubiger im Wege der Zwangsvollstreckung auf die Sache zugreifen will. In diesem Fall steht dem Gläubiger als Eigentümer grundsätzlich die Drittwiderspruchsklage nach § 771 ZPO offen, mit der er den Zugriff auf die Sache abwehren kann. Will der Vollstreckungsgläubiger dieses Hindernis aus dem Weg räumen, dann muss er die noch offen stehende Restkaufpreisforderung nach § 267 BGB an den Gläubiger bezahlen; in diesem Fall tritt die aufschiebende Bedingung ein, und der Schuldner wird Eigentümer der Sache. Gemäß § 267 Abs. 2 BGB kann der Gläubiger die Annahme des Kaufpreises allerdings ablehnen, wenn der Schuldner widerspricht. Will der Vollstreckungsgläubiger das vermeiden, so muss er das Widerspruchsrecht des Schuldners (und dadurch indirekt das Ablehnungsrecht des Gläubigers) ausschalten, indem er neben der Sache auch das dem Schuldner zustehende Anwartschaftsrecht nach § 857 ZPO pfändet (Theorie der Doppelpfändung).[66] Erst dadurch ist er vom Willen der beiden Parteien des Vorbehaltskaufs unabhängig und kann sicher sein, die Vermögensposition des Schuldners (= Vorbehaltskäufers) für sich verwerten zu können. Dieselbe Vorgehensweise ist einem Vollstreckungsgläubiger anzuraten, der auf das bei einer auflösend bedingten **Sicherungsübereignung** bestehende Anwartschaftsrecht des Schuldners zugreifen will. Ist dagegen, wie üblich, keine bedingte Rückübereignung vereinbart worden, hat der Sicherungsgeber kein Anwartschaftsrecht, sondern lediglich einen schuldrechtlichen Rückübertragungsanspruch, den der Vollstreckungsgläubiger nach § 857 ZPO pfänden kann. Auch in diesem Fall ist ein Widerspruch des Schuldners (= Sicherungsgebers) gemäß § 267 Abs. 2 BGB aber ausgeschlossen.[67]

---

[60] *Gernhuber*, Die Erfüllung und ihre Surrogate, 2. Aufl. 1994, § 21 I 10 b; *Krüger* in: MünchKomm-BGB, § 267 Rn. 24; vgl. auch OLG Karlsruhe v. 17.04.2008 - 12 U 202/07 - juris Rn. 38 - OLGR Karlsruhe 2008, 688-691; a.M. *Bloch/Muscheler*, JuS 2000, 729-740, 737.

[61] BGH v. 22.10.1975 - VIII ZR 80/74 - LM Nr. 5 zu § 814 BGB.

[62] *Bittner* in: Staudinger, § 267 Rn. 47; *Gernhuber*, Die Erfüllung und ihre Surrogate, 2. Aufl. 1994, § 21 I 8 a; *Grüneberg* in: Palandt, § 267 Rn. 5; *Krüger* in: MünchKomm-BGB, § 267 Rn. 16; *Unberath* in: Bamberger/Roth, § 267 Rn. 12.

[63] OLG Brandenburg v. 12.03.2008 - 13 U 157/06 - juris Rn. 12.

[64] *Gernhuber*, Die Erfüllung und ihre Surrogate, 2. Aufl. 1994, § 21 I 8 a.

[65] *Grüneberg* in: Palandt, § 267 Rn. 5; *Krüger* in: MünchKomm-BGB, § 267 Rn. 16.

[66] Vgl. bereits BGH v. 24.05.1954 - IV ZR 184/53 - NJW 1954, 1325-1328.

[67] OLG Celle v. 10.06.1960 - 8 U 25/60 - NJW 1960, 2196.

Ähnlich wie im Fall der Pfändung des Anwartschaftsrechts durch den Dritten verhält es sich, wenn der Schuldner sein Anwartschaftsrecht auf den Dritten übertragen hat. Auch hier hat der Schuldner seine Verfügungsmacht in Bezug auf § 267 Abs. 2 BGB verloren, so dass sein Widerspruch gegen die Leistung des Dritten unbeachtlich ist.[68]

E. Prozessuale Hinweise

Lehnt der Gläubiger die Drittleistung mit der Begründung ab, dass der Schuldner die Leistung in Person zu erbringen habe, so trägt er dafür regelmäßig die **Beweislast**.[69] Etwas anderes gilt jedoch für solche Leistungspflichten, die das Gesetz (vgl. Rn. 4) im Zweifel als höchstpersönliche ansieht. Bei diesen obliegt dem Schuldner der Beweis dafür, dass eine Drittleistung abweichend vom gesetzlichen Regelfall zulässig ist.[70]

17

F. Anwendungsfelder

§ 267 BGB gilt grundsätzlich **für alle Schuldverhältnisse**.[71] Ihren Hauptanwendungsfall hat die Vorschrift allerdings bei Geld- und Sachleistungsschulden.[72] Darüber hinaus gilt sie auch für Tilgungsleistungen im Sachenrecht, wie etwa für Zahlungen auf die Grundschuld.[73] Auch auf Schuldverhältnisse des öffentlichen Rechts, etwa für Ansprüche aus öffentlich-rechtlichen Benutzungsverhältnissen, ist die Vorschrift anwendbar.[74] Im Fall einer Arbeitsgelegenheit mit Mehraufwandsentschädigung nach § 16d SGB II (sog. „Ein-Euro-Job") erfüllt der private Leistungserbringer als Dritter analog zu § 267 BGB eine öffentlich-rechtliche Verpflichtung der Bundesagentur für Arbeit.[75] Bei der Berücksichtigung von Werbungskosten im Rahmen der Einkommensteuer entspricht es der ständigen Rechtsprechung des BFH, dass Ausgaben eines Dritten im Falle der sog. Abkürzung des Zahlungswegs gemäß § 267 Abs. 1 BGB als Aufwendungen des Steuerpflichtigen zu werten sein können.[76] Für das Steuerschuldverhältnis selbst ist die Möglichkeit der Leistung durch Dritte allerdings in § 48 AO speziell angeordnet.

18

---

[68] BGH v. 31.05.1965 - VIII ZR 302/63 - LM Nr. 3 zu § 559 BGB; BGH v. 24.10.1979 - VIII ZR 289/78 - juris Rn. 23 - BGHZ 75, 221-229; *Gernhuber*, Die Erfüllung und ihre Surrogate, 2. Aufl. 1994, § 21 I 8 b; einschränkend *Krüger* in: MünchKomm-BGB, § 267 Rn. 17.

[69] *Laumen* in: Baumgärtel/Laumen/Prütting, Handbuch der Beweislast, § 267 Rn. 1.

[70] *Laumen* in: Baumgärtel/Laumen/Prütting, Handbuch der Beweislast, § 267 Rn. 2.

[71] *Grüneberg* in: Palandt, § 267 Rn. 1; *Krüger* in: MünchKomm-BGB, § 267 Rn. 3; *Stadler* in: Jauernig, § 267 Rn. 2.

[72] *Stadler* in: Jauernig, § 267 Rn. 2.

[73] BGH v. 19.09.1969 - V ZR 59/66 - LM Nr. 6 zu § 1192 BGB; BGH v. 16.06.1989 - V ZR 85/88 - juris Rn. 7 - NJW-RR 1989, 1036-1037; *Krüger* in: MünchKomm-BGB, § 267 Rn. 3.

[74] In diesem Sinne *Grüneberg* in: Palandt, § 267 Rn. 1; *Krüger* in: MünchKomm-BGB, § 267 Rn. 3; *Stadler* in: Jauernig, § 267 Rn. 2; offen gelassen von BGH v. 20.03.1986 - III ZR 236/84 - juris Rn. 37 - LM Nr. 6 zu § 808 BGB; VG München v. 31.08.2007 - M 6b K 04.4561 - juris Rn. 17.

[75] LAG Baden-Württemberg v. 28.02.2007 - 12 Sa 53/06 - juris Rn. 21.

[76] BFH v. 23.08.1999 - GrS 2/97 - juris Rn. 54 - NJW 1999, 3577-3580; BFH v. 15.11.2005 - IX R 25/03 - juris Rn. 10 - NJW 2006, 720; BFH v. 07.02.2008 - VI R 41/05 - juris Rn. 13; BFH v. 25.11.2010 - III R 79/09 - juris Rn. 17 - NJW 2011, 1759-1760; vgl. auch FG Hamburg v. 09.07.2007 - 2 K 243/06 - juris Rn. 19 - EFG 2007, 1674-1675; *Pfützenreuter*, jurisPR-SteuerR 22/2009, Anm. 2.

§ 268 BGB Ablösungsrecht des Dritten

(Fassung vom 02.01.2002, gültig ab 01.01.2002)

(1) ¹Betreibt der Gläubiger die Zwangsvollstreckung in einen dem Schuldner gehörenden Gegenstand, so ist jeder, der Gefahr läuft, durch die Zwangsvollstreckung ein Recht an dem Gegenstand zu verlieren, berechtigt, den Gläubiger zu befriedigen. ²Das gleiche Recht steht dem Besitzer einer Sache zu, wenn er Gefahr läuft, durch die Zwangsvollstreckung den Besitz zu verlieren.

(2) Die Befriedigung kann auch durch Hinterlegung oder durch Aufrechnung erfolgen.

(3) ¹Soweit der Dritte den Gläubiger befriedigt, geht die Forderung auf ihn über. ²Der Übergang kann nicht zum Nachteil des Gläubigers geltend gemacht werden.

Gliederung

A. Grundlagen 1	I. Ablösungsrecht 7
I. Kurzcharakteristik 1	II. Gesetzlicher Forderungsübergang 8
II. Regelungsprinzipien 2	**D. Prozessuale Hinweise** 10
B. Anwendungsvoraussetzungen 3	**E. Anwendungsfelder** 11
I. Betreiben der Zwangsvollstreckung 3	I. Öffentlich-rechtliche Forderungen 11
II. Gegenstand des Schuldners 4	II. Verhältnis zu § 267 BGB 12
III. Gefahr des Rechts- oder Besitzverlustes ... 5	III. Sonderregelungen 13
C. Rechtsfolgen 7	

A. Grundlagen

I. Kurzcharakteristik

1 Die Vorschrift betrifft wie § 267 BGB die Befriedigung des Gläubigers durch einen Dritten. Anders als diese Norm räumt § 268 BGB dem Dritten aber ein eigenes **Ablösungsrecht** für den Fall ein, dass der Gläubiger gegen den Schuldner die Zwangsvollstreckung betreibt und der Dritte auf diese Weise ein Recht oder den Besitz am Gegenstand zu verlieren droht. Das Ablösungsrecht gemäß § 268 BGB verbessert die Rechtsstellung des Dritten gegenüber § 267 BGB in dreifacher Hinsicht: Zum einen ist ein Widerspruch des Schuldners unerheblich, so dass der Gläubiger die Leistung des Dritten immer annehmen muss. Zum zweiten kann sich der Dritte hier auch der Hinterlegung und der Aufrechnung zur Befriedigung des Gläubigers bedienen (§ 268 Abs. 2 BGB). Und schließlich führt seine Leistung nicht zum Erlöschen der Forderung, sondern zu einem gesetzlichen Forderungsübergang (§ 268 Abs. 3 Satz 1 BGB) und ermöglicht ihm damit einen einfachen Rückgriff gegen den Schuldner.

II. Regelungsprinzipien

2 Hintergrund der Vorschrift ist die Tatsache, dass der Dritte in dem von der Norm geregelten Fall ein **schutzwürdiges eigenes Interesse an der Erbringung der Leistung** hat. Mit Hilfe des Ablösungsrechts soll er in die Lage versetzt werden, den durch die Zwangsvollstreckung drohenden Rechts- oder Besitzverlust abzuwenden.[1] § 268 BGB dient also dazu, dem Dritten den Vollstreckungsgegenstand im Rahmen der ihm zustehenden Rechtsposition zu erhalten.[2]

B. Anwendungsvoraussetzungen

I. Betreiben der Zwangsvollstreckung

3 Voraussetzung des Ablösungsrechts ist, dass der Gläubiger die Zwangsvollstreckung in einen dem Schuldner gehörenden Gegenstand betreibt. Damit die besondere Konstellation des § 268 BGB eintritt, muss es sich um die **Zwangsvollstreckung wegen einer Geldforderung** (§§ 803-882a ZPO) han-

---

[1] *Alff* in: BGB-RGRK, § 268 Rn. 1; *Krüger* in: MünchKomm-BGB, § 268 Rn. 2; *Stadler* in: Jauernig, § 268 Rn. 1.

[2] *Krüger* in: MünchKomm-BGB, § 268 Rn. 9, 10.

deln.³ Für die Zwangsvollstreckung wegen eines dinglichen Rechts existieren Sonderregelungen (vgl. dazu Rn. 13). Anders als bei diesen muss die Zwangsvollstreckung im Fall des § 268 BGB bereits begonnen haben. Erforderlich und ausreichend ist das Vorliegen eines Vollstreckungsantrags. Nicht nötig ist, dass das Vollstreckungsorgan schon tätig geworden ist und eine Vollstreckungsmaßnahme gegen den Schuldner ergriffen hat.⁴ Andererseits reicht es jedoch nicht aus, dass die Vollstreckung droht, weil ein vollstreckbarer Titel in der Welt ist.⁵ Die Zwangsvollstreckung darf im Übrigen noch nicht beendet sein. Das Ablösungsrecht endet regelmäßig mit der Erteilung des Zuschlags an den Ersteher. Im Verteilungsverfahren kann es nicht mehr geltend gemacht werden. Denn sein Zweck, dem Dritten den Haftungsgegenstand im Rahmen der ihm zustehenden Rechtsposition zu erhalten, ist zu diesem Zeitpunkt ohnehin nicht mehr erreichbar.⁶

II. Gegenstand des Schuldners

Die Vollstreckung muss in einen „dem Schuldner gehörenden" Gegenstand betrieben werden. Das bedeutet grundsätzlich, dass der Vollstreckungsgegenstand im **Eigentum** des Schuldners stehen muss. Fehlt es an dieser Voraussetzung, so bleibt dem Dritten nur der Weg über § 267 BGB mit allen Nachteilen, die damit verbunden sind. Daraus folgt etwa, dass der Dritte kein Ablösungsrecht hat, wenn der Vorbehaltsverkäufer gegen den Vorbehaltskäufer wegen seiner Restkaufpreisforderung in die eigene Sache vollstreckt. Allerdings wird es wohl überwiegend als ausreichend angesehen, wenn der Schuldner ein **Anwartschaftsrecht** an dem Gegenstand hat und ein Gläubiger im Wege der Vollstreckung darauf zugreifen will.⁷ Hier kann der Dritte nach § 268 BGB vorgehen, wenn ihm ein Recht am Anwartschaftsrecht zusteht und er dieses Recht durch die Zwangsvollstreckung zu verlieren droht. Ist der Dritte selbst Eigentümer des Vollstreckungsgegenstandes oder besitzt er sonst ein „die Veräußerung hinderndes Recht" an ihm, so kann er gemäß § 771 ZPO die Drittwiderspruchsklage erheben und auf diese Weise einen Rechtsverlust verhindern.

III. Gefahr des Rechts- oder Besitzverlustes

Ein Ablösungsrecht setzt voraus, dass der Dritte Gefahr läuft, durch die Zwangsvollstreckung entweder ein Recht (§ 268 Abs. 1 Satz 1 BGB) oder den Besitz (§ 268 Abs. 1 Satz 2 BGB) an dem Vollstreckungsgegenstand zu verlieren. **Rechte** im Sinne des § 268 BGB sind grundsätzlich nur dingliche Rechte.⁸ Dazu gehört insbesondere auch die Zwangshypothek, die sich lediglich hinsichtlich ihrer Entstehung von einer rechtsgeschäftlich bestellten Hypothek unterscheidet, ihrem Inhalt nach aber eine gewöhnliche Sicherungshypothek ist und den für diese geltenden Bestimmungen unterliegt.⁹ Unter § 268 BGB fällt auch die Vormerkung (§ 883 ZPO); sie ist zwar kein dingliches Recht, sie verleiht dem durch sie geschützten Anspruch auf Übertragung des Eigentums aber in erheblichem Umfang dingliche Wirkung. Sie verschafft ihrem Inhaber daher ein Ablösungsrecht, wenn sie nicht in das geringste Gebot fällt.¹⁰ Hingegen begründen bloße Rechtsaussichten, die keine gesicherte Rechtsposition wie etwa ein Anwartschaftsrecht vermitteln, kein Ablösungsrecht nach § 268 BGB. Ebenso wenig genügt eine schuldrechtliche Beziehung zum Vollstreckungsgegenstand.¹¹ Aus diesem Grund kann sich z.B. der Zessionar eines Anspruchs auf Rückübertragung einer Grundschuld nicht auf diese Vorschrift berufen.¹² Dagegen hat der Teilhaber einer Miterbengemeinschaft, deren Auseinandersetzung vertraglich auf Dauer ausgeschlossen ist, ein Ablösungsrecht, wenn ein Gläubiger eines anderen Miterben dessen

---

3 *Bittner* in: Staudinger, § 268 Rn. 5; *Ebert* in: Erman, § 268 Rn. 2; *Gernhuber*, Die Erfüllung und ihre Surrogate, 2. Aufl. 1994, § 21 II 2; *Grüneberg* in: Palandt, § 268 Rn. 2; *Hintzen*, ZInsO 2003, 586-590, 590; *Krüger* in: MünchKomm-BGB, § 268 Rn. 4; *Stadler* in: Jauernig, § 268 Rn. 4; *Unberath* in: Bamberger/Roth, § 268 Rn. 4.
4 *Grüneberg* in: Palandt, § 268 Rn. 2; *Krüger* in: MünchKomm-BGB, § 268 Rn. 3.
5 *Krüger* in: MünchKomm-BGB, § 268 Rn. 3.
6 *Alff* in: BGB-RGRK, § 268 Rn. 5; *Ebert* in: Erman, § 268 Rn. 4; *Grüneberg* in: Palandt, § 268 Rn. 2; *Krüger* in: MünchKomm-BGB, § 268 Rn. 3; *Stadler* in: Jauernig, § 268 Rn. 4.
7 *Jud* in: Prütting/Wegen/Weinreich, § 268 Rn 4; *Krüger* in: MünchKomm-BGB, § 268 Rn. 5; nicht ganz eindeutig BGH v. 31.05.1965 - VIII ZR 302/63 - LM Nr. 3 zu § 559 BGB.
8 OLG Köln v. 29.02.1988 - 2 W 163/87 - Rpfleger 1988, 324-325.
9 LG Verden v. 07.03.1973 - 1 T 52/73 - Rpfleger 1973, 296.
10 BGH v. 01.03.1994 - XI ZR 149/93 - juris Rn. 3 - LM BGB § 268 Nr. 4 (7/1994); OLG Hamburg v. 11.02.2000 - 14 U 277/98 - juris Rn. 31 - MDR 2000, 1186-1187.
11 *Krüger* in: MünchKomm-BGB, § 268 Rn. 7; *Bittner* in: Staudinger, § 268 Rn. 7.
12 OLG Köln v. 29.02.1988 - 2 W 163/87 - Rpfleger 1988, 324-325.

Anteil gepfändet hat und die Zwangsversteigerung des Nachlasses betreibt (vgl. § 751 Satz 2 BGB).[13] Unbeachtlich ist der Zeitpunkt der Entstehung des Rechts. So steht etwa bei einem Grundpfandrecht das Ablösungsrecht dem Rechtsinhaber auch dann zu, wenn das Grundpfandrecht erst nach der Anordnung der Zwangsversteigerung entstanden ist.[14] Beim **Besitz** am Vollstreckungsgegenstand kann es sich sowohl um unmittelbaren als auch um mittelbaren Besitz handeln.[15] Allerdings wird man auch ohne Stütze im Wortlaut bei einer teleologischen Betrachtung fordern müssen, dass der Besitzer ein Recht zum Besitz hat, denn § 268 Abs. 1 Satz 2 BGB will den Besitz nicht um seiner selbst willen, sondern wegen des damit regelmäßig verbundenen Zuweisungsgehalts schützen.[16] Relevant ist die Vorschrift insbesondere für Mieter und Pächter, die durch die Versteigerung des Grundstücks wegen des Kündigungsrechts des Erstehers (§ 57a ZVG) Gefahr laufen, ihren Besitz zu verlieren.[17] Auch der Drittschuldner, der dem Schuldner zur Herausgabe einer Sache verpflichtet ist und der den Besitz durch eine Pfändung des Herausgabeanspruchs zu verlieren droht (§§ 847, 848 ZPO), ist berechtigt, den Gläubiger zu befriedigen.[18]

6 Das Recht bzw. der Besitz am Vollstreckungsgegenstand verschafft dem Dritten nur dann ein Ablösungsrecht, wenn durch die Zwangsvollstreckung die **Gefahr** seines Verlustes begründet wird. § 268 BGB gilt daher nicht, wenn die Vollstreckung die Position des Dritten unberührt lässt. Das ist insbesondere der Fall bei der Zwangsverwaltung eines Grundstücks, bei der der Gläubiger nicht aus der Substanz, sondern aus den Erträgen des Grundstücks befriedigt wird. Bei der Zwangsversteigerung besteht die Gefahr des Rechtsverlustes nicht für solche Rechte, die wegen ihres Ranges bestehen bleiben.[19] Soweit sie dagegen erlöschen (§ 1242 Abs. 2 BGB, §§ 44, 52, 91 ZVG), kann § 268 BGB eingreifen. Der Besitz des Mieters bzw. Pächters ist im Fall der Versteigerung eines Grundstücks deshalb gefährdet, weil dem Ersteher nach § 57a ZVG ein Kündigungsrecht zusteht. Die Gefahr besteht auch dann, wenn das Kündigungsrecht nach § 57c ZVG eingeschränkt ist.[20] Unerheblich ist, ob der Dritte mit der Befriedigung des Gläubigers den Zweck verfolgt, die Zwangsvollstreckung und damit die Gefahr eines Rechts- oder Besitzverlustes abzuwenden.[21] § 268 BGB stellt nicht auf die subjektive Willensrichtung des Ablösenden ab, die sich einer zuverlässigen Feststellung häufig entzieht, sondern knüpft im Interesse der Rechtssicherheit und Rechtsklarheit allein an objektive Merkmale an. Daher kann sich auch derjenige auf § 268 BGB berufen, der nach der Befriedigung des Gläubigers selbst die Zwangsvollstreckung betreiben, mit der Ablösung mithin nur seine Erlösaussichten verbessern möchte.[22] Voraussetzung für das Ablösungsrecht ist allein, dass sein Recht durch die Vollstreckung des anderen Gläubigers gefährdet ist. Das ist der Fall, wenn es nach den Versteigerungsbedingungen erlöschen und nicht innerhalb des geringsten Gebots bestehen bleiben würde, d.h. wenn es gleich- oder schlechterrangig ist als das abzulösende Recht.[23]

---

[13] OLG Karlsruhe v. 10.12.1991 - 18a U 230/90 - NJW-RR 1992, 713.
[14] BGH v. 05.10.2006 - V ZB 2/06 - juris Rn. 18 - NJW-RR 2007, 165-168.
[15] *Bittner* in: Staudinger, § 268 Rn. 8; *Ebert* in: Erman, § 268 Rn. 2; *Grüneberg* in: Palandt, § 268 Rn. 4; *Krüger* in: MünchKomm-BGB, § 268 Rn. 8; *Stadler* in: Jauernig, § 268 Rn. 6; *Unberath* in: Bamberger/Roth: § 268 Rn. 7.
[16] *Gernhuber*, Die Erfüllung und ihre Surrogate, 2. Aufl. 1994, § 21 II 2; *Grüneberg* in: Palandt, § 268 Rn. 4. *Krüger* in: MünchKomm-BGB, § 268 Rn. 8.
[17] *Alff* in: BGB-RGRK, § 268 Rn. 2; *Krüger* in: MünchKomm-BGB, § 268 Rn. 8; *Stadler* in: Jauernig, § 268 Rn. 6; *Unberath* in: Bamberger/Roth, § 268 Rn. 8.
[18] *Krüger* in: MünchKomm-BGB, § 268 Rn. 3; *Bittner* in: Staudinger, § 268 Rn. 9.
[19] *Ebert* in: Erman, § 268 Rn. 2; *Gernhuber*, Die Erfüllung und ihre Surrogate, 2. Aufl. 1994, § 21 II 2; *Krüger* in: MünchKomm-BGB, § 268 Rn. 9.
[20] *Krüger* in: MünchKomm-BGB, § 268 Rn. 9.
[21] H.M.: BGH v. 01.03.1994 - XI ZR 149/93 - juris Rn. 4 - LM BGB § 268 Nr. 4 (7/1994); BGH v. 10.06.2010 - V ZB 192/09 - juris Rn. 18; OLG Köln v. 14.12.1988 - 2 W 133/88 - WuB VI F § 268 BGB 1.89; OLG Celle v. 05.07.2000 - 4 W 109/00 - juris Rn. 13 - OLGR Celle 2000, 302-304; *Alff* in: BGB-RGRK, § 268 Rn. 6; *Grüneberg* in: Palandt, § 268 Rn. 4; *Krüger* in: MünchKomm-BGB, § 268 Rn. 10; *Stadler* in: Jauernig, § 268 Rn. 7; a.M. *Ebert* in: Erman, § 268 Rn. 2; *Unberath* in: Bamberger/Roth, § 268 Rn. 9.
[22] OLG Köln v. 14.12.1988 - 2 W 133/88 - WuB VI F § 268 BGB 1.89; vgl. auch BGH v. 06.10.2011 - V ZB 18/11 - juris Rn. 11.
[23] OLG Köln v. 14.12.1988 - 2 W 133/88 - WuB VI F § 268 BGB 1.89.

C. Rechtsfolgen

I. Ablösungsrecht

Liegen die Voraussetzungen des § 268 BGB vor, so ist der Dritte **berechtigt, den Gläubiger zu befriedigen**. Anders als im Fall des § 267 BGB steht ihm ein eigenes Ablösungsrecht zu. Ein Widerspruch des Schuldners (§ 267 Abs. 2 BGB) ist deshalb unbeachtlich. Der Gläubiger hat kein Zurückweisungsrecht. Lehnt er die Leistung des Dritten dennoch ab, dann gerät er in Annahmeverzug (§ 293 BGB). Im Unterschied zur einfachen Drittleistung gemäß § 267 BGB kann die Befriedigung auch durch Hinterlegung und durch Aufrechnung erfolgen (§ 268 Abs. 2 BGB). Voraussetzung ist allerdings, dass die entsprechenden gesetzlichen Voraussetzungen vorliegen.[24] Nur auf das Erfordernis der Gegenseitigkeit kann bei der Aufrechnung verzichtet werden; das ist die notwendige Folge davon, dass ein Dritter den Gläubiger befriedigen darf.[25] Auch mit einer Leistung an Erfüllungs statt kann der Dritte die Schuld tilgen; ebenso wie der Schuldner bedarf er dazu aber der Mitwirkung des Gläubigers.[26] Im Übrigen gilt auch für den ablösungsberechtigten Dritten – nicht anders als für den Schuldner –, dass er zu Teilleistungen nicht berechtigt ist (§ 266 BGB).[27] Betreibt der Gläubiger die Zwangsvollstreckung allerdings nur aus einem Teilbetrag, so kann sich auch der ablösungsberechtigte Dritte – ebenso wie der Schuldner – auf die Zahlung dieses Teilbetrags beschränken.[28]

7

II. Gesetzlicher Forderungsübergang

Macht der Dritte von seinem Ablösungsrecht Gebrauch, so geht die Forderung des Gläubigers gegen den Schuldner im Wege der Legalzession auf ihn über (§ 268 Abs. 3 Satz 1 BGB). Gemäß § 412 BGB gilt dabei insbesondere auch § 401 BGB, so dass der Dritte mit der Forderung alle Sicherungs-, Neben- und Vorzugsrechte erwirbt.[29] Der gesetzliche Forderungsübergang bietet dem Dritten die Möglichkeit eines einfachen **Rückgriffs gegen den Schuldner**; doch bleiben diesem alle Einwendungen und Einreden, die er gegen den Gläubiger geltend machen konnte, erhalten (§§ 412, 404 BGB). Ein gutgläubiger einredefreier Erwerb der Forderung kommt, da es sich um einen gesetzlichen Rechtsübergang handelt, nicht in Betracht.[30] Für den Rückgriff gegen den Schuldner stehen dem Dritten neben der übergegangenen Forderung keine eigenen Ansprüche aus Geschäftsführung ohne Auftrag oder ungerechtfertigter Bereicherung zu: Ein Anspruch aus den §§ 677, 683, 670 BGB scheitert, da der ablösende Dritte kein fremdes, sondern ein eigenes Geschäft führt; ein Anspruch aus § 812 Abs. 1 Satz 1 Alt. 2 BGB in Gestalt der sog. Rückgriffskondiktion ist schon deshalb nicht gegeben, weil der Schuldner verpflichtet bleibt und daher nichts erlangt hat.[31]

8

Ebenso wie bei etlichen anderen Legalzessionen (vgl. nur beispielhaft die §§ 426 Abs. 2 Satz 2, 774 Abs. 1 Satz 2 BGB) kann der Forderungsübergang auch hier **nicht zum Nachteil des Gläubigers** geltend gemacht werden (§ 268 Abs. 3 Satz 2 BGB).[32] Dieser darf durch den Forderungsübergang nicht schlechter gestellt werden, als wenn der Schuldner geleistet hätte und die Forderung daher erloschen wäre. Daraus folgt, dass der Dritte zurückstehen muss, wenn seine Interessen nach Ablösung und Forderungsübergang mit denen des Gläubigers kollidieren.[33] Bedeutung erlangt dies insbesondere bei einer teilweisen Befriedigung des Gläubigers durch den Dritten, die dann vorkommt, wenn der Gläubiger nur wegen eines Teilbetrages vollstreckt oder wenn er trotz § 266 BGB eine Teilleistung vom Dritten annimmt. Ist die Forderung in diesem Fall durch eine Hypothek gesichert, dann steht die Hypothek nach der Teilablösung teilweise dem Dritten (§§ 268, 412, 401 BGB) und teilweise dem Gläubiger zu.

9

---

[24] BGH v. 08.11.1994 - XI ZR 85/94 - juris Rn. 2 - ZIP 1994, 1839-1840.
[25] *Grüneberg* in: Palandt, § 268 Rn. 5; *Krüger* in: MünchKomm-BGB, § 268 Rn. 11; *Stadler* in: Jauernig, § 268 Rn. 1
[26] Vgl. auch *Bittner* in: Staudinger, § 268 Rn. 13; *Krüger* in: MünchKomm-BGB, § 268 Rn. 11.
[27] BGH v. 28.09.1989 - V ZB 17/88 - juris Rn. 26 - BGHZ 108, 372-380.
[28] OLG München v. 12.12.2007 - 34 Wx 118/07 - juris Rn. 24 - Rpfleger 2008, 253-254; vgl. auch BGH v. 29.03.2007 - V ZB 160/06, NJW 2007, 3645-3647; BGH v. 06.10.2011 - V ZB 18/11 - juris Rn. 12; *Wolfsteiner*, DNotZ 2007, 678-682.
[29] BGH v. 14.07.1966 - VIII ZR 229/64 - BGHZ 46, 14-17.
[30] *Bittner* in: Staudinger, § 268 Rn. 15; *Krüger* in: MünchKomm-BGB, § 268 Rn. 12; *Unberath* in: Bamberger/Roth, § 268 Rn. 11.
[31] *Gernhuber*, Die Erfüllung und ihre Surrogate, 2. Aufl. 1994, § 21 II 5.
[32] Zu Bedeutung, Herkunft und Reichweite des Gläubigerschutzes vgl. *Zeising*, Jura 2011, 161-166.
[33] *Krüger* in: MünchKomm-BGB, § 268 Rn. 14.

Für diesen Fall folgt nun aus § 268 Abs. 3 Satz 2 BGB, dass die dem Gläubiger verbliebene Resthypothek der übergegangenen Teilhypothek des Dritten vorgeht.[34] Der Gläubiger erhält demnach vorweg Befriedigung aus dem Grundstück, so als ob die abgelöste Teilforderung untergegangen wäre.[35] Entsprechendes gilt, wenn die Forderung nicht durch eine Hypothek, sondern durch ein Pfandrecht oder durch eine Bürgschaft gesichert ist.[36] Der Vorrang des Gläubigers beschränkt sich allerdings auf die abgelöste Forderung sowie auf die aus ihr entstandenen Sekundäransprüche (Schadensersatz, Zinsen und Kosten); andere Forderungen des Gläubigers werden von ihm nicht erfasst. Daher bleibt eine nachrangig gesicherte Forderung auch gegenüber dem übergegangenen Recht des Dritten nachrangig.[37] Im Insolvenzverfahren über das Vermögen des Schuldners darf der Dritte seine nachrangige Forderung anmelden, muss jedoch die auf ihn entfallende Quote an den Gläubiger auskehren, soweit das zu dessen Befriedigung erforderlich ist.[38] Gegen das Verbot der Schlechterstellung des Gläubigers nach § 268 Abs. 3 Satz 2 BGB verstößt es nicht, wenn der Gläubiger sich bei der Ablösung einer Grundschuld durch einen Dritten nicht auf die mit dem Schuldner getroffene Sicherungsabrede berufen kann. Der Dritte kann eine Grundschuld daher auch dann ablösen, wenn diese zugleich der Sicherung weiterer Forderungen dient und der Gläubiger die Zahlung entsprechend der Sicherungsabrede auf eine andere Forderung anrechnen will.[39]

D. Prozessuale Hinweise

10 Wer sich im Prozess auf einen Forderungsübergang nach § 268 Abs. 3 BGB beruft, trägt dafür die Beweislast.[40]

E. Anwendungsfelder

I. Öffentlich-rechtliche Forderungen

11 Die Vorschrift gilt auch für öffentlich-rechtliche Forderungen. Soweit diese abgelöst werden, gehen auch sie nach § 268 Abs. 3 BGB auf den Dritten über.[41] Mit dem Übergang werden sie jedoch aus ihrer hoheitlichen Beziehung gelöst. In der Hand des Dritten dienen sie nur noch der Durchsetzung der privatrechtlichen Rückgriffsansprüche des Dritten und erlangen daher selbst den Charakter privatrechtlicher Ansprüche.[42]

II. Verhältnis zu § 267 BGB

12 § 268 BGB verschafft dem Dritten eine wesentlich stärkere Stellung als § 267 BGB (vgl. Rn. 1). In ihren Rechtsfolgen schließen sich beide Normen gegenseitig aus. Während eine Leistung nach § 267 BGB zum Erlöschen der Forderung führt, bewirkt die Leistung nach § 268 BGB einen Forderungsübergang auf den ablösenden Dritten. Im konkreten Fall können daher nicht beide Normen gleichzeitig zum Zuge kommen. Tatbestandlich können sie indessen zugleich anwendbar sein. Da es auch keinen einleuchtenden Grund gibt, einem ablösungsberechtigten Dritten die Berufung auf § 267 BGB zu verwehren, steht diesem letztlich ein **Wahlrecht** zu, wenn die Merkmale beider Vorschriften erfüllt sind.[43] Stützt er sich auf das Ablösungsrecht, richten sich die Rechtsfolgen seiner Leistung nach § 268 BGB; leistet er hingegen nach § 267 BGB, so bestimmen sich die Rechtsfolgen nach dieser Norm. Welche

---

[34] OLG Celle v. 07.04.1989 - 4 U 57/88 - WM 990, 860-862; BGH v. 13.03.1990 - XI ZR 206/89 - WM 1990, 862.
[35] Ausführlich *Bittner* in: Staudinger, § 268 Rn. 22 ff.
[36] *Krüger* in: MünchKomm-BGB, § 268 Rn. 15; *Zeising*, WM 2010, 2204-2214, 2206.
[37] BGH v. 30.10.1984 - IX ZR 92/83 - juris Rn. 17 - BGHZ 92, 374-386 (zu § 774 Abs. 1 Satz 2 BGB); BGH v. 06.10.2011 - V ZB 18/11 - juris Rn. 16; *Früger* in: MünchKomm-BGB, § 268 Rn. 16.
[38] *Grüneberg* in: Palandt, § 268 Rn. 7; tendenziell auch BGH v. 19.12.1996 - IX ZR 18/96 - juris Rn. 15 - LM KO § 68 Nr. 7 (5/1997) (zu § 426 Abs. 2 Satz 2 BGB); a.M. *Krüger* in: MünchKomm-BGB, § 268 Rn. 17.
[39] LG Memmingen v. 16.01.1998 - 4 T 2311/97 - NJW-RR 1998, 1512-1513.
[40] *Ebert* in: Erman, § 268 Rn. 1; *Laumen* in: Baumgärtel/Laumen/Prütting, Handbuch der Beweislast, § 268 Rn. 2.
[41] BGH v. 24.02.1956 - I ZR 82/54 - NJW 1956, 1197; BGH v. 18.06.1979 - VII ZR 84/78 - juris Rn. 16 - BGHZ 75, 23-26.
[42] BGH v. 18.06.1979 - VII ZR 84/78 - juris Rn. 18 - BGHZ 75, 23-26.
[43] Ebenso wohl *Gernhuber*, Die Erfüllung und ihre Surrogate, 2. Aufl. 1994, § 21 II 1; *Krüger* in: MünchKomm-BGB, § 268 Rn. 1; abweichend offenbar *Ebert* in: Erman, § 268 Rn. 1; *Stadler* in: Jauernig, § 268 Rn. 3.

Form der Drittleistung gewollt ist, muss die Auslegung ergeben.[44] Da § 268 BGB dem Dritten eine stärkere Stellung vermittelt, wird häufig eine Inanspruchnahme dieser Vorschrift gewollt sein.

III. Sonderregelungen

Ein Ablösungsrecht Dritter kennt das Gesetz **auch in vielen anderen Fällen**. So ist etwa nach § 1142 Abs. 1 BGB der Eigentümer des mit einer Hypothek belasteten Grundstücks, der nicht auch der persönliche Schuldner ist, unter bestimmten Voraussetzungen zur Befriedigung des Gläubigers berechtigt. Anders als bei § 268 BGB ist dort allerdings nicht vorausgesetzt, dass der Gläubiger bereits die Vollstreckung in das Grundstück betreibt. Dasselbe gilt für § 1150 BGB, der auf § 268 BGB verweist und anderen Personen als dem Grundstückseigentümer ein Ablösungsrecht einräumt; in diesem Fall genügt das Befriedigungsverlangen des Gläubigers. Für das Pfandrecht an beweglichen Sachen gibt es vergleichbare Regeln. § 1223 Abs. 2 BGB betrifft das Ablösungsrecht des Verpfänders, der nicht auch persönlicher Schuldner ist. § 1249 BGB begründet ein Ablösungsrecht für jeden, der durch die Veräußerung des Pfandes ein Recht verlieren würde. Auf das Pfandrecht an Rechten finden diese Vorschriften nach § 1273 Abs. 2 BGB entsprechende Anwendung.

---

[44] *Krüger* in: MünchKomm-BGB, § 268 Rn. 1.

§ 269 BGB Leistungsort

(Fassung vom 02.01.2002, gültig ab 01.01.2002)

(1) Ist ein Ort für die Leistung weder bestimmt noch aus den Umständen, insbesondere aus der Natur des Schuldverhältnisses, zu entnehmen, so hat die Leistung an dem Ort zu erfolgen, an welchem der Schuldner zur Zeit der Entstehung des Schuldverhältnisses seinen Wohnsitz hatte.

(2) Ist die Verbindlichkeit im Gewerbebetrieb des Schuldners entstanden, so tritt, wenn der Schuldner seine gewerbliche Niederlassung an einem anderen Ort hatte, der Ort der Niederlassung an die Stelle des Wohnsitzes.

(3) Aus dem Umstand allein, dass der Schuldner die Kosten der Versendung übernommen hat, ist nicht zu entnehmen, dass der Ort, nach welchem die Versendung zu erfolgen hat, der Leistungsort sein soll.

Gliederung

A. Grundlagen 1	1. Gesetzliche Bestimmung 12
I. Kurzcharakteristik 1	2. Vertragliche Bestimmung 13
II. Gesetzgebungsmaterialien 2	III. Keine Ableitung aus den Umständen 16
III. Bezug zum UN-Kaufrecht 3	1. Allgemeines 16
B. Praktische Bedeutung 4	2. Einzelfälle 18
C. Anwendungsvoraussetzungen 5	D. Rechtsfolgen 25
I. Ort der Leistung 6	E. Prozessuale Hinweise 26
II. Keine gesetzliche oder vertragliche Bestimmung 11	F. Anwendungsfelder 27

A. Grundlagen

I. Kurzcharakteristik

1 Die Vorschrift regelt gemeinsam mit § 270 BGB den **Ort der Leistung**, d.h. den Ort, an dem der Schuldner die Leistungshandlung vorzunehmen hat, wenn er die Schuld ordnungsgemäß erfüllen will. Zur Ermittlung des Leistungsorts hat nach § 269 BGB eine dreistufige Prüfung stattzufinden. Ist der Leistungsort zwischen den Parteien vertraglich vereinbart worden oder durch eine besondere gesetzliche Vorschrift bestimmt, so ist die vertragliche oder gesetzliche Bestimmung maßgebend. Fehlt es an einer derartigen Bestimmung, so ist zu prüfen, ob der Leistungsort sich aus den Umständen, insbesondere aus der Natur des Schuldverhältnisses ableiten lässt. Nur wenn diese beiden Prüfungsschritte ein negatives Resultat ergeben, greift subsidiär die Zweifelsfallregelung des § 269 BGB ein, wonach die Leistung am Wohnsitz des Schuldners (§ 269 Abs. 1 BGB) bzw. am Ort seiner gewerblichen Niederlassung (§ 269 Abs. 2 BGB) zu erfolgen hat.

II. Gesetzgebungsmaterialien

2 Für die Festlegung des Schuldnerwohnsitzes als subsidiär eingreifendem Leistungsort war für den Gesetzgeber der Gedanke maßgeblich, dass jede andere Regelung die Verpflichtung des Schuldners verschärfen würde. Vor allem ein Abstellen auf den Gläubigerwohnsitz „enthielte in vielen Fällen für den Schuldner die Auflage einer Mehrleistung, welche über den Inhalt der rechtsgeschäftlichen oder gesetzlichen Bestimmung hinausginge und für die ein genügender Grund nicht vorhanden" sei.[1] Im Übrigen lässt sich den Gesetzesmaterialien die Mahnung des Gesetzgebers entnehmen, den Parteiwillen auch dann zu erforschen, wenn er nicht klar in den äußeren Erklärungen hervorgetreten sei, und auf die subsidiäre Regelung des Leistungsortes nicht „zu früh und daher ungebührlich" zurückzugreifen.[2]

---

[1] *Mugdan*, Recht der Schuldverhältnisse, 19.
[2] *Mugdan*, Recht der Schuldverhältnisse, 19.

III. Bezug zum UN-Kaufrecht

Beim **internationalen Warenkauf** wird der Leistungsort für die Lieferpflicht des Verkäufers in Art. 31 CISG geregelt. Wie bei § 269 BGB kommt es auch dabei primär auf die Vereinbarungen der Parteien an. Ist keine Vereinbarung getroffen, so ist zu differenzieren, ob der Kaufvertrag eine Beförderung der Ware erfordert oder nicht. Ist eine Beförderung nötig, so geht die Vorschrift von einer Schickschuld aus und erlegt dem Verkäufer die Pflicht zur Übergabe an den Beförderer auf, schreibt ihm insoweit aber keinen bestimmten Leistungsort vor. Ist keine Beförderung erforderlich, so ordnet die Bestimmung an, wo der Verkäufer die Ware bereitzustellen und der Käufer sie abzuholen hat. Maßgeblich ist in erster Linie der Ort, an dem die Ware sich befindet bzw. an dem sie zu produzieren ist, vorausgesetzt, dieser Ort war beiden Parteien bei Vertragsschluss bekannt. Anderenfalls ist Lieferort subsidiär der Ort der Niederlassung des Verkäufers. In diesen Fällen liegt somit eine Holschuld vor. Insoweit deckt sich die Regelung mit § 269 Abs. 1, 2 BGB. Zum Leistungsort für die Zahlungspflicht des Käufers vgl. die Kommentierung zu § 270 BGB Rn. 2.

3

B. Praktische Bedeutung

Die Vorschrift hat **große praktische Bedeutung**. An die Bestimmung des Leistungsortes sind zahlreiche weitere Folgen geknüpft. So setzt insbesondere eine ordnungsgemäße Erfüllung die Vornahme der Leistungshandlung am richtigen Ort voraus. Nur damit kann der Schuldner den Gläubiger in Annahmeverzug setzen und den Eintritt des Schuldnerverzugs verhindern; nur so kann er die Konkretisierung von Gattungsschulden (§ 243 Abs. 2 BGB) bewirken. Zudem hat die Bestimmung des Leistungsorts Auswirkungen auf die Kostentragung, die, soweit von den Parteien nichts anderes vereinbart ist, bei der Holschuld grundsätzlich dem Gläubiger, bei der Bringschuld dagegen dem Schuldner obliegt.[3] Bei Streitigkeiten aus Vertragsverhältnissen ist der Leistungsort Anknüpfungspunkt für den Gerichtsstand (§ 29 ZPO), wobei Vereinbarungen über den Erfüllungsort aber nur in den Fällen des § 29 Abs. 2 ZPO zuständigkeitsbegründend wirken können, also nur dann, wenn die Vertragsparteien Kaufleute, juristische Personen des öffentlichen Rechts oder öffentlich-rechtliche Sondervermögen sind. Schließlich knüpft auch die internationale Zuständigkeit der Gerichte an den Erfüllungsort an. Jedoch ist der Begriff des Erfüllungsortes in Art. 5 Nr. 1 b EuGVVO (EG-Verordnung Nr. 44/2001 = sog. Brüssel-I-VO) für Verträge über den Verkauf beweglicher Sachen und die Erbringung von Dienstleistungen autonom definiert.[4] Für andere Verträge bestimmt sich der Begriff hingegen nach dem materiellen Recht, das nach dem Kollisionsrecht des angerufenen Gerichts auf die streitige Verpflichtung anzuwenden ist.[5] Für das deutsche Recht kommen dabei §§ 269, 270 BGB zur Anwendung.

4

C. Anwendungsvoraussetzungen

Die Zweifelsfallregelung des § 269 Abs. 1 BGB greift nur ein, wenn der Leistungsort weder bestimmt noch aus den Umständen, insbesondere aus der Natur des Schuldverhältnisses, zu entnehmen ist.

5

I. Ort der Leistung

Leistungsort im Sinne der Norm ist der Ort, an dem der Schuldner die Leistungshandlung vorzunehmen hat.[6] Davon zu unterscheiden ist der Ort, an dem der Leistungserfolg und damit die Erfüllungswirkung gemäß § 362 Abs. 1 BGB eintritt (Erfolgsort). Dass § 269 BGB auf die **Leistungshandlung** abstellt und nicht den Leistungserfolg meint, wenn er von der „Leistung" spricht, ergibt sich recht deutlich aus § 270 Abs. 1, 4 BGB, wonach die Vorschriften über den Leistungsort unberührt bleiben, obwohl der

6

---

[3] BGH v. 12.01.1981 - VIII ZR 184/79 - juris Rn. 11 - BGHZ 79, 211-215.
[4] Vgl. dazu EuGH v. 25.02.2010 - C-381/08 - juris Rn. 49 - NJW 2010, 1059-1062; EuGH v. 09.06.2011 - C-87/10 - NJW 2011, 3018-3019; BGH v. 02.03.2006 - IX ZR 15/05 - NJW 2006, 1806-1808; BGH v. 23.06.2010 - VIII ZR 135/08 - NJW 2010, 3452-3454.
[5] Zum Ganzen *Stadler* in: Musielak, ZPO, Art. 5 Verordnung (EG) Nr. 44/2001 Rn. 14. Vgl. auch OLG Köln v. 01.09.2006 - 19 U 65/06 - juris Rn. 28 - OLGR Köln 2007, 224-226, sowie (zu Art. 5 Nr. 1 des LugÜ) BGH v. 27.04.2010 - IX ZR 108/09 - juris Rn. 15 - NJW 2010, 2442-2444; OLG München v. 30.06.2011 - 29 U 5499/10 - juris Rn. 76; LG München v. 21.02.2007 - 21 O 10626/06 - juris Rn. 26 - ZUM-RD 2008, 310-312; BAG v. 20.08.2003 - 5 AZR 45/03 - juris Rn. 82 - AP Nr. 1 zu Art. 5 Lugano-Abkommen.
[6] *Bittner* in: Staudinger, § 269 Rn. 2; *Ebert* in: Erman, § 269 Rn. 1; *Gernhuber*, Die Erfüllung und ihre Surrogate, 2. Aufl. 1994, § 2 I 4; *Heinrichs* in: Palandt, § 269 Rn. 1; *Stadler* in: Jauernig, § 269 Rn. 1; *Unberath* in: Bamberger/Roth, § 269 Rn. 2.

Schuldner Geld auf seine Gefahr und Kosten dem Gläubiger an dessen Wohnort zu übermitteln hat.[7] Der Leistungsort und der Erfolgsort können zusammenfallen, sie müssen es aber nicht. Sie decken sich dann, wenn die Erfüllungswirkung am Ort der Leistungshandlung eintritt. Insoweit ist zwischen den einzelnen Schuldarten (Hol-, Bring- und Schickschuld) zu unterscheiden:

7 Bei der **Holschuld** muss der Gläubiger die Leistung beim Schuldner holen. Der Schuldner ist lediglich dazu verpflichtet, die Leistung zur Abholung durch den Gläubiger bereitzuhalten. In diesem Fall decken sich Leistungs- und Erfolgsort und liegen beim Schuldner.

8 Bei der **Bringschuld** muss der Schuldner die Leistung zum Gläubiger bringen, d.h. er ist dazu verpflichtet, seine Leistungshandlung am Gläubigerwohnsitz vorzunehmen. Auch hier fallen Leistungs- und Erfolgsort zusammen, liegen aber beim Gläubiger.

9 Bei der **Schickschuld** muss der Schuldner dem Gläubiger die Leistung schicken, d.h. er muss die Leistung durch einen Akt der Übermittlung auf den Weg zum Gläubiger bringen. Dort erst tritt Erfüllung ein. Bei der Schickschuld fallen Leistungs- und Erfolgsort folglich auseinander. Während sich der Leistungsort beim Schuldner befindet,[8] liegt der Erfolgsort beim Gläubiger. Wichtigster Fall der Schickschuld ist der Versendungskauf (§ 447 BGB).

10 Den Leistungsort bezeichnet das Gesetz verschiedentlich auch als „**Erfüllungsort**" (so etwa in den §§ 447 Abs. 1, 644 Abs. 2 BGB, § 29 Abs. 2 ZPO). Das ist zumindest missverständlich, da unter „Erfüllung" regelmäßig nicht die Vornahme der Leistungshandlung, sondern der Eintritt des Leistungserfolges zu verstehen ist (vgl. die Kommentierung zu § 362 BGB Rn. 13).[9] Der Begriff des Erfüllungsortes hat sich mit dieser Bedeutung jedoch eingebürgert und ist daher zu akzeptieren. Es muss aber Klarheit bestehen, dass der Ort gemeint ist, an dem die Leistungshandlung vorzunehmen ist.

II. Keine gesetzliche oder vertragliche Bestimmung

11 Der Leistungsort kann durch eine spezielle gesetzliche Vorschrift oder durch eine vertragliche Vereinbarung bestimmt sein. In diesem Fall gilt die jeweilige Bestimmung. Ein Rückgriff auf die Zweifelsfallregelung des § 269 Abs. 1 BGB kommt nicht in Betracht.

1. Gesetzliche Bestimmung

12 Gesetzliche **Sonderregelungen** über den Leistungsort finden sich sowohl im BGB als auch in verschiedenen Spezialgesetzen. Beispiele sind § 261 Abs. 1 BGB (Abgabe der eidesstattlichen Versicherung), § 374 BGB (Hinterlegung), §§ 697, 700 Abs. 1 Satz 3 BGB (Rückgabe bei der Verwahrung), § 811 Abs. 1 BGB (Vorlegung von Sachen), § 1194, § 1200 Abs. 1 BGB (Zahlung bei Grund- und Rentenschuld), § 36 VVG (Zahlung der Versicherungsprämie), Art. 2 Abs. 2, 3 ScheckG, Art. 8 ScheckG (Scheckzahlung), Art. 2 Abs. 3 WG, Art. 75 Nr. 4 WG, Art. 76 Abs. 3 WG (Zahlung beim Wechsel).

2. Vertragliche Bestimmung

13 Sofern keine zwingende Gesetzesbestimmung eingreift, können die Parteien den Leistungsort durch **Parteivereinbarung** regeln. Erforderlich ist eine vertragliche Einigung. Bloß einseitige Erklärungen einer Partei nach Abschluss des Geschäfts reichen nicht. Sie können nur dann zu einer (nachträglichen) Bestimmung des Leistungsorts führen, wenn der andere Teil zustimmt. Eine lediglich unwidersprochene Hinnahme genügt dazu nicht, und zwar auch dann nicht, wenn eine ständige Geschäftsbeziehung besteht. Ein Vermerk über den Leistungsort auf einer Rechnung ist deshalb bedeutungslos.[10] Etwas anderes kann allenfalls nach den Grundsätzen über das kaufmännische Bestätigungsschreiben gelten. Liegen dessen Voraussetzungen vor, so ist das Schweigen des anderen Teils als Zustimmung zu einer

---

[7] Vgl. auch *Wolf* in: Soergel, § 269 Rn. 2.

[8] BGH v. 05.12.1990 - VIII ZR 75/90 - juris Rn. 11 - BGHZ 113, 106-115; für einen ähnlichen Fall allerdings offen gelassen in BGH v. 07.06.1978 - VIII ZR 146/77 - LM Nr. 90 zu Allg. Geschäftsbedingungen.

[9] Vgl. auch *Bittner* in: Staudinger, § 269 Rn. 2; *Gernhuber*, Die Erfüllung und ihre Surrogate, 2. Aufl. 1994 § 2 I 3; *Krüger* in: MünchKomm-BGB, § 269 Rn. 2; *Unberath* in: Bamberger/Roth, § 269 Rn. 2.

[10] *Alff* in: BGB-RGRK, § 269 Rn. 3; *Bittner* in: Staudinger, § 269 Rn. 17; *Ebert* in: Erman, § 269 Rn. 10; *Grüneberg* in: Palandt, § 269 Rn. 8; *Krüger* in: MünchKomm-BGB, § 269 Rn. 15; *Stadler* in: Jauernig, § 269 Rn. 4; *Unberath* in: Bamberger/Roth, § 269 Rn. 11.

nachträglichen Vereinbarung über den Leistungsort zu werten.[11] Entsprechendes gilt beim Schweigen auf die Schlussnote eines Handelsmaklers.[12]

Eine Vereinbarung über den Leistungsort kann sowohl ausdrücklich als auch stillschweigend getroffen werden.[13] Sind **ausdrückliche** Regelungen in Allgemeinen Geschäftsbedingungen enthalten, dann ist insbesondere der Vorrang der Individualabrede (§ 305b BGB) zu beachten. Leistungsortbestimmungen, die der Natur des Schuldverhältnisses widersprechen, sind gemäß § 307 Abs. 2 BGB unwirksam.[14] Eine generelle Aussage dahin, dass Vereinbarungen über den Leistungsort in Allgemeinen Geschäftsbedingungen gegenüber Verbrauchern nicht zulässig seien,[15] kann dagegen nicht getroffen werden. **Stillschweigende** Erfüllungsortvereinbarungen können etwa dann angenommen werden, wenn es einen entsprechenden Handelsbrauch bzw. eine entsprechende Verkehrssitte (§§ 346, 157 BGB) gibt.[16] Auch wenn beide Parteien den Vertrag gleich nach seinem Abschluss am selben Ort erfüllen, ist davon auszugehen, dass dieser Ort als Leistungsort vereinbart worden ist.[17]

14

Inhalt der Vereinbarung muss die Regelung des Leistungsortes sein. Insoweit ist sorgfältig zu prüfen, ob durch die Vereinbarung eines „Erfüllungsorts" nicht nur der Gerichtsstand und das anwendbare Recht geregelt werden sollen. In diesem Fall liegt keine Vereinbarung über den Leistungsort vor.[18] Ebenso kann eine von der Zweifelsfallregelung des § 269 Abs. 1 BGB abweichende Regelung nicht ohne weiteres darin gesehen werden, dass ein Bestimmungsort für die geschuldete Ware oder das geschuldete Geld festgelegt worden ist. Dies kann auch die Vereinbarung einer Schickschuld bedeuten, die den Leistungsort beim Schuldner belässt und nur den Erfolgsort regelt (vgl. Rn. 9).[19] Insbesondere bei der Geldschuld wird der Leistungsort nicht durch die Vereinbarung eines Zahlungsortes („zahlbar in X") geändert, da dadurch nur die Anordnung des § 270 Abs. 1 BGB wiederholt wird (s. § 270 Abs. 4 BGB).[20] Ebenso kann auch in der bloßen Vereinbarung einer Akkreditivbank keine Bestimmung des Leistungsortes gesehen werden.[21] Die im Handelsverkehr **typischen Klauseln** „bahnfrei" oder „franko X" betreffen in der Regel nur die Kosten und lassen den Leistungsort unberührt; entsprechendes gilt für Klauseln wie „frei Bestimmungsort" oder „frei Haus".[22] Sie können ausnahmsweise allerdings auch den Leistungsort bestimmen.[23] Eine besondere Situation besteht bei den im Überseegeschäft gebräuchlichen Transportklauseln „cif" (cost, insurance, freight) und „fob" (free on board). Bei ihnen ist regelmäßig der Abladehafen (der Hafen, von dem aus die Ware „abzuladen" und nach einem Bestimmungshafen zu liefern ist) Leistungsort.[24] Dadurch wird insoweit von der Zweifelsfallregelung des § 269 Abs. 1 BGB abgewichen, als der Schuldner verpflichtet ist, die Ware von seiner Niederlassung aus zum Verschiffungshafen zu bringen. Es trifft daher nicht zu, wenn formuliert wird, durch diese Klauseln werde der Leistungsort nicht verändert.[25] Richtig ist allerdings, dass er durch sie nicht zum Bestimmungshafen oder zur Niederlassung des Gläubigers verlegt wird. Aus dem Umstand allein, dass der

15

---

[11] *Krüger* in: MünchKomm-BGB, § 269 Rn. 16.
[12] *Bittner* in: Staudinger, § 269 Rn. 17.
[13] *Alff* in: BGB-RGRK, § 269 Rn. 3; *Ebert* in: Erman, § 269 Rn. 9; *Grüneberg* in: Palandt, § 269 Rn. 8; *Krüger* in: MünchKomm-BGB, § 269 Rn. 14; *Stadler* in: Jauernig, § 269 Rn. 4; *Unberath* in Bamberger/Roth, § 269 Rn. 9.
[14] OLG Köln v. 26.10.2007 - 6 U 32/07 - juris Rn. 54; *Bittner* in: Staudinger, § 269 Rn. 11; *Krüger* in: MünchKomm-BGB, § 269 Rn. 13.
[15] So *Stadler* in: Jauernig, § 269 Rn. 4; lediglich referierend OLG Frankfurt v. 15.03.1994 - 5 U 94/93 - NJW-RR 1995, 439-440.
[16] *Stadler* in: Jauernig, § 269 Rn. 4.
[17] *Alff* in: BGB-RGRK, § 269 Rn. 3; *Heinrichs* in: Palandt, § 269 Rn. 8; *Krüger* in: MünchKomm-BGB, § 269 Rn. 14; *Unberath* in: Bamberger/Roth, § 269 Rn. 9.
[18] BGH v. 16.06.1997 - II ZR 37/94 - juris Rn. 5 - LM EGÜbk Nr. 57 (7/1998); EuGH v. 20.02.1997 - C-106/95 - LM EGÜbk Nr. 56a (7/1997) - Mainschiffahrtsgenossenschaft.
[19] OLG Schleswig v. 04.06.1992 - 2 U 78/91 - NJW-RR 1993, 314.
[20] *Alff* in: BGB-RGRK, § 269 Rn. 4; *Grüneberg* in: Palandt, § 269 Rn. 10; *Krüger* in: MünchKomm-BGB, § 269 Rn. 17; *Stadler* in: Jauernig, § 269 Rn. 5.
[21] BGH v. 16.01.1981 - I ZR 84/78 - juris Rn. 12 - LM Nr. 9 zu § 2 ADSp; BGH v. 03.12.1992 - IX ZR 229/91 - juris Rn. 37 - BGHZ 120, 334-349.
[22] OLG Saarbrücken v. 13.10.1999 - 1 U 190/99- 37, 1 U 190/99 - NJW 2000, 670-671.
[23] BGH v. 19.09.1983 - VIII ZR 195/81 - juris Rn. 46 - LM Nr. 53 zu § 133 (C) BGB; BGH v. 11.12.1996 - VIII ZR 154/95 - juris Rn. 23 - BGHZ 134, 201-212.
[24] Zur cif-Klausel BGH v. 19.09.1983 - VIII ZR 195/81 - LM Nr. 53 zu § 133 (C) BGB; zur fob-Klausel vgl. BGH v. 17.02.1971 - VIII ZR 4/70 - BGHZ 55, 340-344; BGH v. 29.11.1972 - VIII ZR 122/71 - BGHZ 60, 5-9.
[25] So etwa *Krüger* in: MünchKomm-BGB, § 269 Rn. 17.

Schuldner die **Kosten der Versendung** übernommen hat, kann nach der ausdrücklichen Anordnung des § 269 Abs. 3 BGB nicht geschlossen werden, dass der Ort, nach dem die Versendung erfolgen soll, der Leistungsort sein und es sich mithin um eine Bringschuld handeln soll. Ebenso kann dies nicht aus der Übernahme der regelmäßig beim Gläubiger liegenden Versendungsgefahr durch den Schuldner geschlossen werden (vgl. § 447 BGB).[26] Haben die Parteien bei einem gegenseitigen Vertrag einen Leistungsort vereinbart, so ist durch Auslegung festzustellen, ob es sich um einen gemeinsamen Leistungsort für die beiderseitigen Pflichten handeln soll.

III. Keine Ableitung aus den Umständen

1. Allgemeines

16 Ist der Leistungsort weder gesetzlich bestimmt noch vertraglich vereinbart, so ist zu prüfen, ob sich aus den Umständen, insbesondere aus der **Natur des Schuldverhältnisses**, ableiten lässt, wo der Schuldner seine Leistungshandlung vorzunehmen hat. Zu den Umständen, die hier berücksichtigt werden können, gehören etwa die Art der zu erbringenden Leistung, die Verkehrssitte, örtliche Gepflogenheiten sowie eventuelle Handelsbräuche, sofern diese nicht ohnehin zur Annahme einer konkludenten Parteivereinbarung führen.

17 Ergeben sich aus einem Schuldverhältnis **mehrere Verpflichtungen**, so ist der Leistungsort grundsätzlich für jede Verpflichtung einzeln zu bestimmen. Daher können etwa für mehrere Gesamtschuldner verschiedene Leistungsorte gelten.[27] Auch bei **gegenseitigen Verträgen** ist der Leistungsort grundsätzlich für jede der im Gegenseitigkeitsverhältnis stehenden Verpflichtungen gesondert zu ermitteln. Der Umstand, dass die Leistungen Zug um Zug zu erfüllen sind, reicht für sich betrachtet zur Annahme eines gemeinsamen Leistungsorts nicht aus.[28] Allerdings hat die Judikatur bei gegenseitigen Verträgen bisher zur Annahme eines einheitlichen Leistungsorts tendiert; dieser soll sich dort befinden, wo die Leistung zu erbringen ist, die dem Vertrag das wesentliche Gepräge gibt. Nachdem sie mit diesem Grundsatz in neuerer Zeit zunehmend auf Kritik gestoßen ist,[29] hat sie ihn mittlerweile selbst eingeschränkt (insbesondere für Honoraransprüche von Rechtsanwälten und Steuerberatern; vgl. dazu Rn. 20). Die Entwicklung hierzu ist noch nicht abgeschlossen. **Nebenpflichten und Obliegenheiten** teilen im Zweifel den Erfüllungsort der Hauptpflicht.[30] Deshalb sind Auskunftspflichten,[31] Rechenschaftspflichten[32] und Vertragsstrafen[33] an dem Ort zu erfüllen, der auch für die jeweilige Hauptpflicht gilt; aus demselben Grund muss der Vermieter die Belege für die Mietnebenkostenabrechnung am Ort der Mietwohnung vorlegen.[34] Im Unterschied dazu folgen akzessorische, aber selbständige Verpflichtungen, wie z.B. die Bürgschaftsschuld, nicht der durch sie gesicherten Hauptschuld. Ihr Leistungsort

---

[26] *Grüneberg* in: Palandt, § 269 Rn. 10; *Stadler* in: Jauernig, § 269 Rn. 5.
[27] BayObLG München v. 14.01.1997 - 1Z AR 94/96 - juris Rn. 6 - NJW-RR 1997, 699.
[28] BGH v. 09.03.1995 - IX ZR 134/94 - juris Rn 13 - LM BGB § 269 Nr. 11 (7/1995); OLG Karlsruhe v. 18.10.1984 - 4 U 85/83 - NJW-RR 1986, 351-352; OLG Hamm v. 28.01.1994 - 29 U 147/92 - NJW-RR 1995, 187-188; vgl. auch OLG Schleswig v. 04.06.1992 - 2 U 78/91 - NJW-RR 1993, 314; *Gernhuber*, Die Erfüllung und ihre Surrogate, 2. Aufl. 1994, § 2 IV 2 a; a.M. OLG Stuttgart v. 12.02.1981 - 10 U 195/80 - NJW 1982, 529.
[29] Vgl. nur LG Ravensburg v. 14.02.2002 - 6 O 2342/01 - BRAK-Mitt 2002, 99-100; LG Mainz v. 02.04.2003 - 3 S 345/02 - juris Rn. 7 - NJW 2003, 1612-1613; *Prechtel*, NJW 1999, 3617-3619; *Einsiedler*, NJW 2001, 1549-1550; *Siemon*, MDR 2002, 366-369; vgl. dazu auch OLG Dresden v. 11.01.2002 - 1 AR 0228/01, 1 AR 228/01- NJW-RR 2002, 929; für die bisherige Rechtsprechung aber *Dahns*, BRAK-Mitt 2002, 100.
[30] OLG Dresden v. 23.03.2001 - 8 U 2844/00 - juris Rn. 63 - WM 2001, 1854-1859; AG Regensburg v. 04.11.1997 - 8 C 2859/97 - NJW-RR 1998, 1251; *Alff* in BGB-RGRK, § 269 Rn. 18; *Ebert* in: Erman, § 269 Rn. 4; *Heinrichs* in: Palandt, § 269 Rn. 7; *Krüger* in: MünchKomm-BGB, § 269 Rn. 19; *Stadler* in: Jauernig, § 269 Rn. 8; a.M. *Gernhuber*, Die Erfüllung und ihre Surrogate, 2. Aufl. 1994, § 2 IV 3.
[31] BGH v. 30.09.1976 - II ZR 107/74 - WM 1976, 1230-1232; BGH v. 07.05.2002 - XI ZR 197/01 - juris Rn. 21 - BGHZ 151, 5-14.
[32] OLG Karlsruhe v. 21.08.1969 - 3 W 47/69 - NJW 1969, 1968.
[33] *Ebert* in: Erman, § 269 Rn. 4; *Grüneberg* in: Palandt, § 269 Rn. 7; *Krüger* in: MünchKomm-BGB, § 269 Rn. 19; a.M. *Gernhuber*, Die Erfüllung und ihre Surrogate, 2. Aufl. 1994, § 2 IV 3 b.
[34] *Krüger* in: MünchKomm-BGB, § 269 Rn. 19.

ist vielmehr eigenständig festzulegen.[35] So ist der Erfüllungsort für die Zahlungsverpflichtung des Bürgen, wenn keine andere Vereinbarung getroffen wurde, der Wohnsitz des Bürgen zur Zeit der Entstehung des Bürgschaftsschuldverhältnisses.[36]

2. Einzelfälle

Wegen der Ortsgebundenheit der Leistung folgt beim **Bauvertrag** aus den Umständen, dass Leistungsort für die beiderseitigen Pflichten der Ort des Bauwerks ist.[37] Wird anlässlich des Erwerbs einer Immobilie im Rahmen eines Anlagemodells allerdings ein gesonderter Beratungsvertrag abgeschlossen und findet die Beratung in der Wohnung des Erwerbers statt, dann ist Leistungsort für die Beratungspflicht der Wohnsitz des Erwerbers; dort ist daher auch eine Schadensersatzklage wegen Schlechterfüllung der Beratungspflicht zu erheben.[38] Einheitlicher Leistungsort für die Pflichten aus **Ladenverkäufen** des täglichen Lebens ist der Laden,[39] für Pflichten aus **Kfz-Reparaturaufträgen** die Werkstatt,[40] für Pflichten aus dem **Gastaufnahmevertrag** der Beherbergungsort[41] und für Pflichten aus dem **Internatsschulvertrag** der Ort des Internats.[42] Auch beim **Krankenhausaufnahmevertrag** soll es nach Auffassung des BGH einen einheitlichen Erfüllungsort geben, der am Klinikort liegt;[43] eine vorzugswürdige Auffassung geht indessen davon aus; dass das vom Patienten geschuldete Honorar für die ärztliche Behandlung – unabhängig davon, ob es sich um eine stationäre oder ambulante Behandlung handelt – nicht am Behandlungsort zu entrichten ist, sondern dass Erfüllungsort in solchen Fällen der Wohnsitz des Patienten ist.[44] Erfüllungsort einer Obliegenheit des Versicherungsnehmers, sich durch einen von der Krankenversicherung beauftragten Arzt untersuchen zu lassen, ist grundsätzlich der Wohnort des Versicherungsnehmers.[45]

18

Für die Pflichten aus einem **Arbeitsvertrag** ist ein einheitlicher Erfüllungsort dort anzunehmen, wo der Arbeitnehmer seine Arbeitsleistung zu erbringen hat, also in der Regel am Betriebssitz des Arbeitgebers;[46] dies gilt auch für Betriebsrentenansprüche, weil diese auf dem Arbeitsverhältnis beruhen.[47]

19

---

[35] BayObLG München v. 27.06.2003 - 1Z AR 64/03 - MDR 2003, 1103; *Bittner* in: Staudinger, § 269 Rn. 39; *Gernhuber*, Die Erfüllung und ihre Surrogate, 2. Aufl. 1994, § 2 IV 5; *Stadler* in: Jauernig, § 269 Rn. 8.

[36] OLG München v. 03.07.2007 - 31 AR 135/07 - juris Rn. 5; OLG Brandenburg v. 29.09.2010 - 4 U 150/09 - juris Rn. 37.

[37] BGH v. 05.12.1985 - I ARZ 737/85 - juris Rn. 4 - LM Nr. 17 zu § 36 Ziff. 3 ZPO; BayObLG München v. 10.11.2003 - 1Z AR 129/03 - juris Rn. 7 - MDR 2004, 273; OLG Saarbrücken v. 02.10.1991 - 5 U 21/91 - NJW 1992, 987-988; LG Berlin v. 09.03.2010 - 49 S 139/09 - juris Rn. 3; a.M.: LG Stralsund v. 04.10.2011 - 6 O 77/11 - juris Rn. 4 f.; *Hahn*, NZBau 2006, 555-559, der allerdings aus prozessökonomischen Gründen de lege ferenda einen Gerichtsstand am Ort des Bauwerks befürwortet.

[38] OLG Schleswig v. 22.06.2005 - 2 W 99/05 - juris Rn. 2 - OLGR Schleswig 2005, 630-631.

[39] BGH v. 02.10.2002 - VIII ZR 163/01 - juris Rn. 10 - NJW-RR 2003, 192-194.

[40] OLG Düsseldorf v. 04.08.1975 - 5 U 39/75 - MDR 1976, 496; OLG München v. 22.06.2005 - 22 AR 56/05 - DAR 2006, 29-30.

[41] LG Kempten v. 17.12.1986 - S 2154/86 - BB 1987, 929.

[42] OLG Hamm v. 12.07.1989 - 25 U 254/88 - NJW-RR 1989, 1530-1531.

[43] BGH v. 08.12.2011 - III ZR 114/11 - juris Rn. 12 ff. mit Anmerkung *Altmiks*, jurisPR-MedizinR 2/2012, Anm. 1; BayObLG v. 04.08.2005 - 1Z AR 145/05 - juris Rn. 5 - MDR 2005, 1397; KG Berlin v. 30.11.2009 - 20 U 113/09 - juris Rn. 14; OLG Celle v. 14.08.1989 - 1 W 23/89 - NJW 1990, 777-778; OLG Karlsruhe v. 09.12.2009 - 13 U 126/09 - juris Rn. 5 ff.; LG München I v. 24.04.2002 - 9 S 22703/01 - NJW-RR 2003, 488-489; LG Bremen v. 20.10.2004 - 4 S 186/04 b, 4 S 186/04 - VersR 2005, 1260-1261.

[44] KG v. 05.05.2011 - 20 U 251/10 - MedR 2011, 815-818; LG Osnabrück v. 22.07.2002 - 2 O 1279/02 - NJW-RR 2003, 789-790; LG Mainz v. 02.04.2003 - 3 S 345/02 - juris Rn. 12 - NJW 2003, 1612-1613; LG Magdeburg v. 06.08.2008 - 9 O 1462/04 - juris Rn. 6 - NJW-RR 2008, 1591-1592; LG Hagen v. 06.05.2009 - 9 O 102/09 - juris Rn. 1 - MDR 2009, 675-676; *Balthasar*, JuS 2004, 571-573; *Kerwer/Voit*, MedR 2011, 818-820; *Lensing*, MedR 2009, 676-677; *Prechtel*, MDR 2006, 246-248.

[45] AG Regensburg v. 04.11.1997 - 8 C 2859/97 - NJW-RR 1998, 1251.

[46] BGH v. 05.07.1984 - III ZR 94/83 - LM Nr. 6 zu Preuß. StaatshaftungsG; OLG Dresden v. 23.03.2001 - 8 U 2844/00 - juris Rn. 64 - WM 2001, 1854-1859; BAG v. 08.12.1982 - 4 AZR 134/80 - juris Rn. 24 - BB 1983, 314-316; BAG v. 08.03.1995 - 5 AZR 848/93 - juris Rn. 13 - NJW 1995, 2373-2374; BAG v. 20.04.2004 - 3 AZR 301/03 - juris Rn. 26 - DB 2004, 2483-2484; LAG Baden-Württemberg v. 10.12.2010 - 18 Sa 33/10 - juris Rn. 66. Diese Rechtsprechung ist jedoch nicht unumstritten, vgl. dazu BGH v. 11.11.2003 - X ARZ 91/03 - juris Rn. 21 - NJW 2004, 54-56; BAG v. 12.10.1994 - 5 AS 13/94 - juris Rn. 8.

[47] BAG v. 20.04.2004 - 3 AZR 301/03 - juris Rn.26 - DB 2004, 2483-2484.

§ 269

Etwas anderes hat aber bei einer Reisetätigkeit des Arbeitnehmers zu gelten; in diesem Fall ist nach der Rechtsprechung des BAG Leistungsort der Wohnsitz des Arbeitnehmers, falls er von dort aus die Reisetätigkeit ausübt.[48] Da diese Judikatur allerdings umstritten ist und vor allem für Außendienstmitarbeiter viele Zweifelsfragen aufwirft, hat der Gesetzgeber versucht, zumindest die prozessualen Probleme zu lösen, indem er mit Wirkung ab dem 01.04.2008 einen neuen „Gerichtsstand des Arbeitsortes" in § 48 Abs. 1a ArbGG aufgenommen hat.[49] Gegenstände, die einem Arbeitnehmer im Rahmen eines Arbeitsverhältnisses überlassen werden, sind, jedenfalls sofern es sich um einfach transportierbare Gegenstände handelt, grundsätzlich am Betriebssitz zurückzugeben.[50] Die Pflicht des Arbeitgebers zur Rückgabe der Arbeitspapiere (z.B. der Lohnsteuerkarte) ist als Holschuld ebenfalls im Betrieb zu erfüllen. Der Arbeitgeber ist mithin nur verpflichtet, die Papiere nach Beendigung des Arbeitsverhältnisses im Betrieb bereitzuhalten und dem Arbeitnehmer zu übergeben; eine Pflicht zur Übersendung besteht nicht.[51]

20   Für den **Anwaltsvertrag** nahm die Judikatur lange Zeit einen gemeinsamen Leistungsort am Sitz der Kanzlei an,[52] ebenso beim Steuerberatervertrag.[53] Dies hatte zur Folge, dass die Honoraransprüche der Rechtsanwälte und Steuerberater am Kanzleisitz eingeklagt werden konnten.[54] Der Widerstand gegen diese Rechtsprechung wurde jedoch immer stärker. Etliche neuere Entscheidungen wichen davon ab und betrachteten den Wohnsitz des Mandanten als Erfüllungsort für den Honoraranspruch.[55] Dieser geänderten Auffassung hat sich schließlich auch der BGH angeschlossen. Mit Beschluss vom 11.11.2003 hat er seine frühere Ansicht ausdrücklich aufgegeben und entschieden, dass Gebührenforderungen von Rechtsanwälten in der Regel nicht am Ort des Kanzleisitzes geltend gemacht werden können.[56] Diese geänderte Rechtsprechung wurde nun konsequenterweise auf **Steuerberatungsverträge** erstreckt.[57] Für **Arztverträge** kann ebenfalls nichts anderes gelten.[58]

21   Der Erfüllungsort für die **kaufrechtliche Nacherfüllung** nach § 439 BGB ist seit Inkrafttreten der Schuldrechtsreform heftig umstritten. In Rechtsprechung und Literatur haben sich zwei Hauptmeinungen herausgebildet: Nach der einen Auffassung ist der Nacherfüllungsanspruch dort zu erfüllen, wo sich die Sache zur Zeit der Nacherfüllung bestimmungsgemäß befindet (Belegenheitsort), in der Regel also am Wohnsitz des Käufers.[59] Nach der Gegenmeinung ist der Nacherfüllungsort dagegen regelmä-

---

[48] BAG v. 12.06.1986 - 2 AZR 398/85 - juris Rn. 52 - EzA § 269 BGB Nr. 2; a.M. ArbG Lübeck v. 12.01.2001 - 6 Ca 3479/00 - juris Rn. 11.

[49] Vgl. dazu *Bergwitz*, NZA 2008, 443-446.

[50] LAG Hannover v. 04.11.2003 - 13 Sa 423/03 - juris Rn. 31 - Bibliothek BAG.

[51] LAG Köln v. 03.03.2004 - 10 Ta 6/04 - juris Rn. 4 - Bibliothek BAG.

[52] Vgl. nur BGH v. 31.01.1991 - III ZR 150/88 - juris Rn. 18 - LM Nr. 31 zu EGÜbK; ebenso BayObLG München v. 16.08.1995 - 1Z AR 35/95 - juris Rn. 6 - NJW-RR 1996, 52-53; BayObLG München v. 07.03.1996 - 1Z AR 14/96 - juris Rn. 11 - MDR 1996, 850; BayObLG München v. 21.03.2002 - 1Z AR 17/02 - AnwBl 2002, 430-431; BayObLG München v. 14.10.2002 - 1Z AR 140/02 - AnwBl 2003, 120; LG Konstanz v. 11.06.2002 - 11 S 243/01 B, 11 S 243/01 - juris Rn. 5.

[53] BayObLG München v. 07.03.1996 - 1Z AR 14/96 - juris Rn. 11 - MDR 1996, 850; OLG Stuttgart v. 24.07.2003 - 12 AR 5/03 - NJW-RR 2003, 1706-1708.

[54] Im Rahmen der internationalen Zuständigkeit nach der EuGVVO entspricht dies heute noch der geltenden Rechtslage. Art. 5 Nr. 1 lit. b EuGVVO kennt nämlich bei der Erbringung einer Dienstleistung einen einheitlichen Erfüllungsort am Ort der vertragscharakteristischen Leistung; vgl. BGH v. 02.03.2006 - IX ZR 15/05 - NJW 2006, 1806-1808.

[55] Vgl. für den Anwaltsvertrag KG Berlin v. 07.03.2003 - 28 AR 67/02 - KGR Berlin 2003, 230-232; OLG Karlsruhe v. 17.03.2003 - 15 AR 53/02 - NJW 2003, 2174-2176; LG München I v. 05.07.2001 - 13 S 8763/01 - NJW-RR 2002, 206-207; LG Ravensburg v. 14.02.2002 - 6 O 2342/01 - BRAK-Mitt 2002, 99-100; für den Steuerberatervertrag OLG Hamburg v. 05.03.2003 - 13 AR 3/03 - NJW-RR 2003, 1705-1706; LG Berlin v. 02.05.2001 - 54 S 28/01 - NJW-RR 2002, 207-208.

[56] BGH v. 11.11.2003 - X ARZ 91/03 - juris Rn. 24 - NJW 2004, 54-56; bestätigend BGH v. 04.03.2004 - IX ZR 101/03 - juris Rn. 5 - NJW-RR 2004, 932; ebenso BayObLG München v. 10.06.2005 - 1Z AR 110/05 - BauR 2005, 1524.

[57] BGH v. 16.11.2006 - IX ZR 206/03 - juris Rn. 3 - DStR 2007, 1099-1100.

[58] Ebenso LG Mannheim v. 13.03.2009 - 1 S 42/08 - juris Rn. 22 ff.; *Grüneberg* in: Palandt, § 269 Rn. 13.

[59] So etwa OLG München v. 12.10.2005 - 15 U 2190/05 - juris Rn. 31 - NJW 2006, 449-450; OLG Celle v. 10.12.2009 - 11 U 32/09 - juris Rn. 27 - MDR 2010, 372; *Westermann* in: MünchKomm-BGB, § 439 Rn. 7; vgl. auch für den Nacherfüllungsanspruch beim Werkvertrag BGH v. 08.01.2008 - X ZR 97/05 - juris Rn. 13 - BauR 2008, 829-830.

ßig mit dem Erfüllungsort der Primärleistungspflicht identisch; er liegt also im Zweifel beim Verkäufer.[60] Der BGH hat beiden Auffassungen eine Absage erteilt und die Notwendigkeit einer Einzelfallbetrachtung betont.[61] Nach Ansicht des BGH hat der Erfüllungsort der Nacherfüllung im Kaufrecht keine eigenständige Regelung erfahren, so dass er sich nach der allgemeinen Vorschrift des § 269 BGB bestimmt. Sofern vertragliche Abreden über den Erfüllungsort fehlen, sei deshalb auf die jeweiligen Umstände, insbesondere auf die Natur des Schuldverhältnisses, abzustellen. Lassen sich auch daraus keine abschließenden Erkenntnisse gewinnen, liege der Erfüllungsort letztlich an dem Ort, an dem der Verkäufer zur Zeit der Entstehung des Schuldverhältnisses seinen Wohnsitz oder seine gewerbliche Niederlassung hatte.[62] Der BGH sieht seine Lösung im Einklang mit der Verbrauchsgüterkaufrichtlinie – ohne die Frage freilich dem EuGH vorzulegen.[63] Nach seiner Auffassung fordert die Richtlinie lediglich die Unentgeltlichkeit der Nacherfüllung, also eine Kostentragungspflicht des Verkäufers, jedoch keinen umfassenden Schutz des Käufers vor Unannehmlichkeiten. Daher erfordere es die Richtlinie nicht, als Nacherfüllungsort stets den Belegenheitsort der Sache anzusehen.[64] Eine Ausnahme soll gelten, wenn dies „erhebliche Unannehmlichkeiten" für den Käufer zur Folge habe. In der Literatur ist die Entscheidung des BGH auf Kritik gestoßen,[65] wobei insbesondere bemängelt wird, dass unklar bleibe, wann die Schwelle der Erheblichkeit überschritten ist, und daher Rechtsunsicherheit entstehe.[66]

Leistungsort bei einem **Bankvertrag** ist die im Kontoeröffnungsantrag angegebene Filiale des Bankinstituts, nicht dagegen der Ort der kontoführenden Stelle.[67] Bei der sich aus den Sonderbedingungen für Wertpapiergeschäfte ergebenden Benachrichtigungspflicht handelt es sich um eine Schickschuld, die grundsätzlich am Geschäftssitz des betreffenden Kreditinstituts zu erfüllen ist.[68] Beim **Architektenvertrag** kommt es darauf an, ob der Architekt nur mit der Planung des Bauwerkes beauftragt worden ist oder ob ihm auch die Bauaufsicht übertragen worden ist. Lediglich im letzteren Fall kann davon ausgegangen werden, dass der Ort des Bauwerkes gemeinsamer Leistungsort für die gegenseitigen Verpflichtungen ist,[69] bei der bloßen Planungsleistung ist Erfüllungsort für die Leistung des Architekten in der Regel der Sitz des Büros und für die Zahlung des Honorars nach der subsidiären Regel des § 269 BGB der Wohnsitz des Schuldners.[70] Erfüllungsort für Zahlungsverpflichtungen aus **Energielieferungsverträgen** ist nach Ansicht des BGH der Ort der Energieabnahme.[71] Übernimmt der Verkäufer die **Anlieferung von Waren**, so ist in der Regel eine Bringschuld anzunehmen; Leistungsort ist folglich die Wohnung des Käufers,[72] z.B. bei der Lieferung von Heizöl, Kohle oder Möbeln.[73] Im **Versandhandel** ist dagegen im Zweifel von einer Schickschuld auszugehen; Leistungsort ist dabei der Sitz des Verkäufers;[74] dasselbe gilt für die Erfüllung im Rahmen von **Onlineauktionen**.[75] Bei der Pflicht zur Leistung von **Schadensersatz aus unerlaubter Handlung** ist Leistungsort regelmäßig der Ort der

---

[60] So etwa: OLG Köln v. 14.02.2006 - 20 U 188/05; OLG München v. 20.06.2007 - 20 U 2204/07 - juris Rn. 6 - NJW 2007 3214-3215; *Katzenstein*, ZGS 2008, 450-457; *Reinking*, NJW 2008, 3608-3612; *Skamel*, ZGS 2006, 227-231; *Unberath/Cziupka*, JZ 2008, 867-875.
[61] BGH v. 13.04.2011 - VIII ZR 220/10 - NJW 2011, 2278-2284.
[62] BGH v. 13.04.2011 - VIII ZR 220/10 - juris Rn. 29 - NJW 2011, 2278-2284.
[63] *Kritisch dazu etwa Gsell*, JZ 2011, 988-998, 995; *Staudinger/Artz*, NJW 2011, 3121-3126, 3122.
[64] BGH v. 13.04.2011 - VIII ZR 220/10 - juris Rn. 35 ff. - NJW 2011, 2278-2284.
[65] Vgl. etwa *Augenhofer/Appenzeller/Holm*, JuS 2011, 680-686; *Ayad/Schnell*, BB 2011, 1683-1684; *Eisenberg*, BB 2011, 2634-2640; *Gsell*, JZ 2011, 988-998; *Staudinger/Artz*, NJW 2011, 3121-3126.
[66] *Ayad/Schnell*, BB 2011, 1683-1684; *Eisenberg*, BB 2011, 2634-2640; *Gsell*, JZ 2011, 988-998.
[67] OLG Köln v. 22.12.1989 - 19 U 118/89 - NJW-RR 1990, 1107-1008.
[68] BGH v. 07.05.2002 - XI ZR 197/01 - juris Rn. 21 - BGHZ 151, 5-14.
[69] BGH v. 07.12.2000 - VII ZR 404/99 - juris Rn. 30 - LM EGBGB 1986 Art. 27 Nr. 9 (1/2002); OLG Celle v. 16.01.2009 - 14 W 53/08 - juris Rn. 6 f.
[70] OLG Köln v. 14.12.1993 - 22 W 43/93 - NJW-RR 1994, 986; LG Heidelberg v. 18.12.2006 - 2 O 245/06 - juris Rn. 6, 10 - BauR 2007, 601-602.
[71] BGH v. 17.09.2003 - VIII ZR 321/02 - juris Rn. 8 - NJW 2003, 3418.
[72] *Ebert* in: Erman, § 269 Rn. 12; *Grüneberg* in: Palandt, § 269 Rn. 12.
[73] OLG Oldenburg (Oldenburg) v. 12.03.1992 - 1 U 179/91 - NJW-RR 1992, 1527-1528.
[74] BGH v. 16.07.2003 - VIII ZR 302/02 - juris Rn. 10 - NJW 2003, 3341-3342; *Unberath* in: Bamberger/Roth, § 269 Rn. 25; a.M. OLG Stuttgart v. 23.10.1998 - 2 U 89/98 - NJW-RR 1999, 1576-1577; *Grüneberg* in: Palandt, § 269 Rn. 12; *Krüger* in: MünchKomm-BGB, § 269 Rn. 20; *Borges*, DB 2004, 1815-1818.
[75] *Blunk/Schwede*, MMR 2006, 63-67; a.M. AG Koblenz v. 21.06.2006 - 151 C 624/06 - juris Rn. 24, 25 - NJW-RR 2006, 1643-1645 (Holschuld); krit. zu diesem Urteil *Bausch*, ITRB 2007, 193-195.

Schädigung, u.U. aber auch der Ort, wo sich die entzogene oder beschädigte Sache ohne das schädigende Ereignis befinden würde.[76] Für **Gewinnzusagen** ergibt sich aus Sinn und Zweck des § 661a BGB, dass der Unternehmer den zugesagten Preis am Wohnsitz des Verbrauchers zu leisten hat.[77]

23 Beim **Eigentumsherausgabeanspruch** (§ 985 BGB) ist zu differenzieren: Der gutgläubige Besitzer muss die Sache dort an den Eigentümer herausgeben, wo sie sich befindet; dagegen muss der bösgläubige Besitzer, der nach Eintritt seiner Bösgläubigkeit eine Ortsveränderung der Sache veranlasst hat, die Herausgabe am ursprünglichen Standort der Sache bewirken.[78] Gemeinsamer Leistungsort für die gegenseitigen **Rückgewähransprüche** der Parteien nach Ausübung des gesetzlichen Rücktrittsrechts ist der Ort, an dem sich die Sache vertragsgemäß befindet.[79] Dasselbe gilt bei der Rückabwicklung im Wege des „großen" Schadensersatzes,[80] nicht hingegen bei anderen Rückgewährschuldverhältnissen, wie z.B. aus ungerechtfertigter Bereicherung nach der Anfechtung eines Kaufvertrags;[81] für Bereicherungsansprüche bleibt regelmäßig der Schuldnerwohnsitz maßgeblich.[82] Die Rückgabepflicht aus dem **Leihvertrag** ist in der Regel eine Bringschuld, der Leistungsort liegt demzufolge beim Gläubiger; erfolgt die Gebrauchsüberlassung jedoch überwiegend im wirtschaftlichen Interesse des Verleihers – etwa im Zuge von Vertragsanbahnungen –, dann kann im Einzelfall auch eine Schickschuld vorliegen, die der Entleiher mit der Rücksendung erfüllt.[83]

24 Aus den Umständen ergibt sich **nicht**, dass beim **Mietvertrag** der Ort des Mietgrundstücks auch Erfüllungsort für die Mietzinszahlung ist.[84] Die Einsichtnahme in Nebenkostenabrechnungen schuldet der Vermieter grundsätzlich an seinem Sitz, nur ausnahmsweise besteht ein Anspruch des Mieters auf Übersendung von Belegkopien gegen entsprechende Kostenerstattung.[85] Ebenso ist beim **Werkvertrag** nicht ohne weiteres anzunehmen, dass der Ort der Werkleistung Leistungsort für den Werklohnanspruch ist.[86] Ein einheitlicher Erfüllungsort lässt sich auch beim **Handelsvertreterverhältnis** nicht feststellen.[87] Ebenso wenig lässt sich aus den Umständen ableiten, dass beim **Bankdarlehen** das Geschäftslokal der kreditgewährenden Bank Leistungsort für die Darlehensrückzahlung ist; vielmehr muss der Schuldner an seinem Wohnsitz leisten.[88] Umgekehrt kann aber auch nicht angenommen werden, dass der Wohnsitz des Schuldners einheitlicher Leistungsort ist und die Auszahlungspflicht der Bank dort erfüllt werden muss.[89] Bei **Versteigerungen im Lebensmittelhandel** kommt es auf die jeweiligen Umstände an.[90] Schließlich bleibt es auch bei **Unterlassungspflichten** regelmäßig bei der Zweifelsfallregelung des § 269 Abs. 1 BGB; etwas anderes gilt nur dann, wenn eine Zuwiderhandlung nur an einem bestimmten Ort in Betracht kommt.[91]

---

[76] BGH v. 14.02.1952 - III ZR 126/51 - juris Rn. 7 - BGHZ 5, 138-144.
[77] BGH v. 01.12.2005 - III ZR 191/03 - juris Rn. 35 - NJW 2006, 230-234.
[78] BGH v. 12.01.1981 - VIII ZR 184/79 - juris Rn. 19 - BGHZ 79, 211-215.
[79] OLG Bamberg v. 18.08.2010 - 8 U 51/10 - juris Rn. 39 - ZGS 2011, 140-142 mit Anmerkung *Lapp*, jurisPR-ITR 21/2010, Anm. 5; vgl. (für die Wandelung nach altem Recht) BGH v. 09.03.1983 - VIII ZR 11/82 - juris Rn. 14 - BGHZ 87, 104-112; für das gesetzliche Rücktrittsrecht: OLG Nürnberg v. 25.06.1974 - 7 U 57/74 - MDR 1975, 52; a.M. LG Stralsund v. 13.10.2011 - 6 O 211/11 - juris Rn. 6; AG Hechingen v. 02.02.2012 - 2 C 463/11 - juris Rn. 11 ff.; *Stöber*, NJW 2006, 2661-2665.
[80] OLG Hamm v. 23.09.1988 - 19 W 28/88 - MDR 1989, 63.
[81] Vgl. dazu *Grüneberg* in: Palandt, § 269 Rn. 16; *Stadler* in: Jauernig, § 269 Rn. 8.
[82] *Krüger* in: MünchKomm-BGB, § 269 Rn. 44.
[83] BGH v. 19.09.2001 - I ZR 343/98 - juris Rn. 33 - LM BGB § 269 Nr. 13 (7/2002); *Jenal/Schimmel*, JA 2002, 441-444.
[84] *Stadler* in: Jauernig, § 269 Rn. 8.
[85] BGH v. 08.03.2006 - VIII ZR 78/05 - juris Rn. 25, NZM 2006, 340-343; LG Münster v. 25.11.2010 - 3 S 160/10 - WuM 2011, 30-31; LG Zwickau v. 06.12.2002 - 6 S 176/02 - juris Rn. 5 - WuM 2003, 271; a.M. LG Freiburg v. 24.03.2011 - 3 S 348/10 - juris Rn. 3 ff - Grundeigentum 2011, 693, das keinen Anspruch auf Übersendung von Fotokopien annimmt, sondern als Erfüllungsort für die Vorlage der Belege den Ort des Mietobjekts ansieht, wenn der Sitz des Vermieters weit entfernt ist; *Scheffler*, WuM 2007, 229-231.
[86] OLG Schleswig v. 04.06.1992 - 2 U 78/91 - NJW-RR 1993, 314; LG Mainz v. 02.04.2003 - 3 S 345/02 - juris Rn. 7 - NJW 2003, 1612-1613.
[87] BGH v. 22.10.1987 - I ZR 224/85 - juris Rn. 13 - LM Nr. 8 zu § 269 BGB.
[88] BayObLG München v. 31.01.1996 - 1Z AR 62/95 - juris Rn. 11 - NJW-RR 1996, 956; OLG Stuttgart v. 27.10.1992 - 9 AR 3/92 - WM 1993, 17-18.
[89] OLG Dresden v. 23.03.2001 - 8 U 2844/00 - juris Rn. 63 - WM 2001, 1854-1859.
[90] BGH v. 02.10.2002 - VIII ZR 163/01 - juris Rn. 10 - NJW-RR 2003, 192-194.
[91] BGH v. 06.11.1973 - VI ZR 199/71 - LM Nr. 3 zu § 269 BGB.

D. Rechtsfolgen

Ist der Leistungsort weder gesetzlich oder vertraglich bestimmt noch aus den Umständen zu entnehmen, so ist der **Wohnsitz** des Schuldners maßgeblich (§ 269 Abs. 1 BGB). Ist die Verbindlichkeit im Gewerbebetrieb des Schuldners entstanden, so tritt an die Stelle des Wohnsitzes der **Ort der Niederlassung** des Schuldners (§ 269 Abs. 2 BGB). Hat der Schuldner keinen Wohnsitz, so ist der Aufenthaltsort entscheidend; hat er mehrere Wohnsitze, dann kann er wählen (§ 262 BGB), an welchem Wohnsitz er leisten will.[92] Maßgeblich ist der Wohnsitz des Schuldners zur Zeit der **Entstehung des Schuldverhältnisses**. Bei bedingten bzw. befristeten Rechtsgeschäften kommt es daher auf den Zeitpunkt des Abschlusses und nicht auf den Zeitpunkt des Eintritts der Bedingung oder des Termins an; letzterer ist nur für das Wirksamwerden des Geschäfts, nicht aber für die Entstehung des Schuldverhältnisses maßgebend. Konsequenterweise ist für den Leistungsort bei der Maklerprovision der Abschluss des Maklervertrages selbst und nicht der Abschluss des die Maklerprovision auslösenden Geschäfts entscheidend.[93] Ebenso kommt es bei Dauerschuldverhältnissen nicht auf die Entstehung des einzelnen Anspruchs, sondern auf den Abschluss des Schuldverhältnisses im weiteren Sinn an;[94] dies gewährleistet, dass der Gläubiger sich auf den Leistungsort einstellen kann und ihm ein – möglicherweise häufiger – Wechsel nicht zugemutet wird.[95] Aus dem zeitlichen Anknüpfungspunkt in § 269 Abs. 1 BGB folgt grundsätzlich, dass eine nachträgliche Wohnsitzänderung bzw. Sitzverlegung für den Leistungsort bedeutungslos ist.[96] Allerdings ist bei Gesellschaftsverträgen im Zweifel anzunehmen, dass im Verhältnis von Gesellschaft und Gesellschaftern der jeweilige Sitz der Gesellschaft Leistungsort sein soll.[97] Im Übrigen können auch später noch Vereinbarungen über den Leistungsort getroffen werden.[98] Ist die Leistung am ursprünglichen Leistungsort unmöglich oder unzumutbar, so ist gemäß § 242 BGB ein neuer angemessener Leistungsort zu bestimmen.[99]

E. Prozessuale Hinweise

Da die Leistung im gesetzlichen Regelfall an dem Ort zu erfolgen hat, an dem der Schuldner seinen Wohnsitz hat, trägt derjenige die **Beweislast**, der sich auf etwas Abweichendes beruft. Er muss eine von der Zweifelsfallregelung des § 269 Abs. 1 BGB abweichende Vereinbarung beweisen bzw. die Umstände, aus denen sich etwas anderes ergeben soll.[100]

F. Anwendungsfelder

§ 269 BGB gilt für **alle Schuldverhältnisse**, auch für sachenrechtliche Ansprüche, wie etwa für den Eigentumsherausgabeanspruch aus § 985 BGB,[101] sowie für Ansprüche aus familien- oder erbrechtlichen Tatbeständen.[102] Er ist auch auf Unterlassungspflichten anwendbar, und zwar unabhängig davon, ob diese ausdrücklich vereinbart worden sind oder ob sie sich ohne spezielle Vereinbarung als Neben-

---

[92] Vgl. *Bittner* in: Staudinger, § 269 Rn. 4; *Ebert* in: Erman, § 269 Rn. 14; *Gernhuber*, Die Erfüllung und ihre Surrogate, 2. Aufl. 1994, § 2 VI 4; *Grüneberg* in: Palandt, § 269 Rn. 17; *Krüger* in: MünchKomm-BGB, § 269 Rn. 49.
[93] OLG Stuttgart v. 13.02.1987 - 2 U 53/86 - NJW-RR 1987, 1076-1077; KG Berlin v. 04.05.2000 - 10 U 5220/99 - juris Rn. 21 - KGR Berlin 2000, 232-233.
[94] BGH v. 30.03.1988 - I ARZ 192/88 - juris Rn. 3 - NJW 1988, 1914; OLG Rostock v. 23.04.2008 - 1 UH 3/08 - juris Rn. 12 - OLGR Rostock 2009, 178-179.
[95] BGH v. 30.03.1988 - I ARZ 192/88 - juris Rn. 3 - NJW 1988, 1914.
[96] BayObLG München v. 31.01.1996 - 1Z AR 62/95 - juris Rn. 11 - NJW-RR 1996, 956; KG Berlin v. 04.05.2000 - 10 U 5220/99 - juris Rn. 21 - KGR Berlin 2000, 232-233.
[97] OLG Jena v. 05.08.1998 - 4 U 1774/97 - ZIP 1998, 1496-1498; *Grüneberg* in: Palandt, § 269 Rn. 18; *Krüger* in: MünchKomm-BGB, § 269 Rn. 50.
[98] *Alff* in: BGB-RGRK, § 269 Rn. 3; *Ebert* in: Erman, § 269 Rn. 15; *Grüneberg* in: Palandt, § 269 Rn. 18; *Krüger* in: MünchKomm-BGB, § 269 Rn. 50; *Unberath* in: Bamberger/Roth, § 269 Rn. 34.
[99] BGH v. 20.05.1955 - V ZR 197/54 - BB 1955, 844.
[100] *Laumen* in: Baumgärtel/Laumen/Prütting, Handbuch der Beweislast, § 269 Rn. 1.
[101] BGH v. 12.01.1981 - VIII ZR 184/79 - juris Rn. 18 - BGHZ 79, 211-215.
[102] *Grüneberg* in: Palandt, § 269 Rn. 6.

§ 269

pflicht aus einem Schuldverhältnis ergeben.[103] Auf öffentlich-rechtliche Rechtsbeziehungen, z.B. auf dem Gebiet des Sozialrechts, ist er entsprechend anzuwenden.[104]

28 Wenn § 269 BGB vom „Ort" für die Leistung spricht, meint er grundsätzlich die (politische) Gemeinde.[105] Für sog. **Platzgeschäfte**, d.h. für Geschäfte innerhalb derselben Gemeinde, gilt die Vorschrift aber analog. Konkrete Leistungsstelle ist dann im Zweifel die Wohnung bzw. das Geschäftslokal des Schuldners.[106]

---

[103] BGH v. 06.11.1973 - VI ZR 199/71 - LM Nr. 3 zu § 269 BGB.
[104] BSG v. 05.04.2000 - B 5 RJ 38/99 R - juris Rn. 21 - SozR 3-1200 § 2 Nr. 1; VG Aachen v. 03.01.2007 - 7 K 1359/06 - juris Rn. 22.
[105] BGH v. 09.03.1983 - VIII ZR 11/82 - juris Rn. 15 - BGHZ 87, 104-112.
[106] Vgl. auch BGH v. 09.03.1983 - VIII ZR 11/82 - juris Rn. 15 - BGHZ 87, 104-112.

§ 270 BGB Zahlungsort

(Fassung vom 02.01.2002, gültig ab 01.01.2002)

(1) Geld hat der Schuldner im Zweifel auf seine Gefahr und seine Kosten dem Gläubiger an dessen Wohnsitz zu übermitteln.

(2) Ist die Forderung im Gewerbebetrieb des Gläubigers entstanden, so tritt, wenn der Gläubiger seine gewerbliche Niederlassung an einem anderen Ort hat, der Ort der Niederlassung an die Stelle des Wohnsitzes.

(3) Erhöhen sich infolge einer nach der Entstehung des Schuldverhältnisses eintretenden Änderung des Wohnsitzes oder der gewerblichen Niederlassung des Gläubigers die Kosten oder die Gefahr der Übermittelung, so hat der Gläubiger im ersteren Falle die Mehrkosten, im letzteren Falle die Gefahr zu tragen.

(4) Die Vorschriften über den Leistungsort bleiben unberührt.

Gliederung

A. Grundlagen 1	2. Verzögerungsgefahr 10
I. Kurzcharakteristik 1	III. Kostentragung des Schuldners 13
II. Bezug zum UN-Kaufrecht 2	**D. Prozessuale Hinweise** 14
B. Anwendungsvoraussetzungen 3	**E. Anwendungsfelder** 15
C. Rechtsfolgen 4	I. Allgemeines 15
I. Übermittlungspflicht des Schuldners 4	II. Abweichende Regelungen 16
II. Gefahrtragung des Schuldners 8	1. Gesetzliche Sonderregelungen 17
1. Verlustgefahr 9	2. Abweichende Parteivereinbarungen 18

A. Grundlagen

I. Kurzcharakteristik

§ 270 BGB enthält eine Auslegungsregel,[1] nach der der Schuldner Geld im Zweifel auf seine Gefahr und Kosten an den Gläubiger zu übermitteln hat. Da § 270 Abs. 4 BGB jedoch zugleich anordnet, dass der Leistungsort dadurch nicht berührt wird, und dieser sich nach § 269 Abs. 1 BGB im Zweifel beim Schuldner befindet, wurde der Norm bislang entnommen, dass Geldschulden im Zweifel Schickschulden sind, allerdings mit der Besonderheit, dass der Schuldner die Kosten der Übermittlung und die Gefahr des Verlustes zu tragen hat. Man sprach daher von einer „qualifizierten Schickschuld"[2] und wies die Verzögerungsgefahr dementsprechend dem Gläubiger zu. Zur Wahrung von Fristen und zur Vermeidung des Verzugs war es daher ausreichend, dass der Schuldner die Leistungshandlung rechtzeitig vorgenommen, das Geld also innerhalb der Frist auf den Weg zum Gläubiger gebracht hatte, auch wenn es dort erst nach Fristablauf einging. Dieses Verständnis ist jedoch, wie der EuGH mit Urteil vom 03.04.2008 klargestellt hat, für Entgeltforderungen im Geschäftsverkehr mit der Zahlungsverzugsrichtlinie (RL 2000/35/EG)[3] unvereinbar.[4] Nach diesem Urteil muss bei einer Zahlung durch Banküberweisung der geschuldete Betrag dem Konto des Gläubigers rechtzeitig gutgeschrieben sein, wenn das Entstehen von Verzugszinsen vermieden oder beendet werden soll. Zumindest in solchen

1

---

[1] Ebenso BGH v. 14.07.1958 - VII ZR 99/57 - juris Rn. 64 - BGHZ 28, 123-129; OLG Koblenz v. 13.10.1992 - 3 U 637/92 - NJW-RR 1993, 583-584; *Ebert* in: Erman, § 270 Rn. 1; *Stadler* in: Jauernig, § 270 Rn. 1; gegen eine Einordnung als Auslegungsregel und für eine Qualifizierung als dispositives Gesetzesrecht *Gernhuber*, Die Erfüllung und ihre Surrogate, 2. Aufl. 1994, § 2 VII 1 b. Die Frage ist für die praktische Rechtsanwendung jedoch ohne Belang; vgl. auch *Krüger* in: MünchKomm-BGB, § 270 Rn. 8.

[2] So noch die 4. Auflage im Einklang mit der ganz h.M.; vgl. nur *Ebert* in: Erman, § 270 Rn. 1; *Gernhuber*, Die Erfüllung und ihre Surrogate, 2. Aufl. 1994, § 2 VII 2 a *Heinrichs* in: Palandt, § 270 Rn. 1 (bis zur 67. Auflage); *Krüger*, in: MünchKomm-BGB, § 270 Rn. 1; *Wolf* in: Soergel, § 270 Rn. 1.

[3] Die Richtlinie ist mittlerweile neugefasst durch die Richtlinie 2011/7/EU v. 16.02.2011. Diese ist am 15.03.2011 in Kraft getreten und muss bis zum 16.03.2013 umgesetzt werden. Zu diesem Zeitpunkt wird die RL 2000/35/EG aufgehoben und von der RL 2011/7/EU ersetzt; vgl. dazu *Oelsner*, EuZW 2011, 940-947.

[4] EuGH v. 03.04.2008 - C-306/06 - NJW 2008, 1935-1936.

§ 270

Fällen trägt der Schuldner daher auch das Verspätungsrisiko (vgl. dazu Rn. 10 ff.). Vor diesem Hintergrund hat sich das Meinungsbild zur Einordnung der Geldschuld grundlegend gewandelt. Zu Recht spricht sich die heute h.M. gegen ein gespaltenes Verständnis der Geldschuld aus, bei dem zwischen Entgeltforderungen im Geschäftsverkehr und anderen Geldschulden unterschieden werden müsste, und plädiert dafür, die europarechtlichen Vorgaben auch auf die außerhalb der Richtlinie liegenden Bereiche zu erstrecken. Nach dieser neuen Sichtweise ist unter der „Gefahr" im Sinne des § 270 Abs. 1 BGB nicht mehr nur die Verlustgefahr, sondern auch die Verzögerungsgefahr zu verstehen, so dass beide Risiken nunmehr beim Schuldner liegen. Konsequenterweise ist die Geldschuld dann aber nicht mehr als „qualifizierte Schickschuld"[5], sondern als **(modifizierte) Bringschuld** zu begreifen.[6] Der Vorschrift des § 270 Abs. 4 BGB kommt bei diesem Verständnis nur noch insoweit Bedeutung zu, als der Gerichtsstand des Erfüllungsortes (§ 29 ZPO) – anders als üblicherweise bei der Bringschuld – beim Schuldner und nicht beim Gläubiger liegt.[7]

II. Bezug zum UN-Kaufrecht

2   Für den internationalen Warenkauf bestimmt Art. 57 Abs. 1 lit. a CISG, dass der Käufer den Kaufpreis am Ort der Niederlassung des Verkäufers zu zahlen hat, sofern er nicht verpflichtet ist, an einem anderen bestimmten Ort zu zahlen. Nach dieser Bestimmung ist die Kaufpreisschuld also im Zweifel **Bringschuld**. Ist gegen Übergabe der Ware oder gegen Übergabe von Dokumenten zu leisten, so hat der Schuldner an dem Ort zu zahlen, an dem die Übergabe stattfindet (Art. 57 Abs. 1 lit. b CISG). Im Übrigen bestimmt Art. 57 Abs. 2 CISG in Übereinstimmung mit § 270 Abs. 3 BGB, dass der Verkäufer alle mit der Zahlung zusammenhängenden Mehrkosten zu tragen hat, die durch einen Wechsel seiner Niederlassung nach Vertragsabschluss entstehen.

B. Anwendungsvoraussetzungen

3   § 270 BGB setzt eine **Geldschuld** voraus. Er gilt für alle Geldzahlungsansprüche (vgl. die Kommentierung zu § 244 BGB ff.), gleich ob Geldwert- oder Geldsummenschuld,[8] aber nicht für auf Geld gerichtete Herausgabeansprüche, wie für der Herausgabeanspruch des Beauftragten gemäß § 667 BGB[9] oder den des Kommissionärs gemäß § 384 Abs. 2 HGB.[10] Hier spricht schon die Interessenlage gegen eine Belastung des Schuldners mit der Verlustgefahr und mit den Kosten, denn er leitet das Geld im Interesse des Gläubigers an diesen weiter.[11] Für einen Verlust des Geldes haftet er deshalb nur im Rahmen der §§ 276, 278 BGB.[12] Dasselbe gilt generell für die Ablieferung von Geld, das der Schuldner im Namen des Gläubigers empfangen und getrennt aufbewahrt hat.[13] Für Herausgabeansprüche aus ungerechtfertigter Bereicherung gilt § 270 BGB nur, wenn ein Fall verschärfter Haftung vorliegt (vgl. die

---

[5] So aber *Schwab*, NJW 2011, 2833-2838 der die Richtlinienkonformität des deutschen Rechts durch ein verändertes Verständnis des § 286 BGB erreichen will; ähnlich *Heyers*, JZ 2012, 398-403.

[6] So bereits *Brox/Walker*, Allgemeines Schuldrecht, § 12 Rn. 17; *Grüneberg* in: Palandt, § 270 Rn. 1; *Gsell*, GPR 2008, 165-172; *Herresthal*, ZGS 2008, 259-266; *Hilbig*, JZ 2008, 991-993; *Knöpper*, NJW-Spezial 2009, 105-106; *Looschelders*, Schuldrecht, Allgemeiner Teil, Rn. 275; *Staudinger*, DNotZ 2009, 198-210; *Unberath* in: Bamberger/Roth, § 270 Rn. 16; *Zöchling-Jud* in: PWW, § 270 Rn. 1; LG Saarbrücken v. 17.05.2010 - 5 T 142/10 - juris Rn. 32; für eine Einordnung als modifizierte Bringschuld schon vor Erlass des EuGH-Urteils *Bittner* in: Staudinger, § 270 Rn. 3.

[7] *Bittner* in: Staudinger, § 270 Rn. 2; *Brox/Walker*, Allgemeines Schuldrecht, § 12 Rn. 17; *Grüneberg* in: Palandt, § 270 Rn. 1; *Looschelders*, Schuldrecht, Allgemeiner Teil, Rn. 275; *Zöchling-Jud* in: PWW, § 270 Rn. 1. *Staudinger* will das Verständnis der Geldschuld als Bringschuld dagegen auch auf das Prozessrecht erstrecken, und zwar sowohl bei reinen Inlands- wie auch bei grenzüberschreitenden Sachverhalten: vgl. *Staudinger*, DNotZ 2009, 198-210, 208 ff., und *Staudinger/Czaplinski*, NZM 2010, 461-465, 465.

[8] *Bittner* in: Staudinger, § 270 Rn. 5; *Ebert* in: Erman, § 270 Rn. 1; *Gernhuber*, Die Erfüllung und ihre Surrogate, 2. Aufl. 1994, § 2 VII 1 a; *Grüneberg* in: Palandt, § 270 Rn. 2; *Krüger* in: MünchKomm-BGB, § 270 Rn. 3; *Unberath* in: Bamberger/Roth, § 270 Rn. 2.

[9] Vgl. nur BGH v. 14.07.1958 - VII ZR 99/57 - juris Rn. 64 - BGHZ 28, 123-129; *Medicus*, JuS 1983, 897-903, 902.

[10] *Bittner* in: Staudinger, § 270 Rn. 6; *Ebert* in: Erman, § 270 Rn. 1; *Krüger* in: MünchKomm-BGB, § 270 Rn. 5.

[11] *Bittner* in: Staudinger, § 270 Rn. 6; *Gernhuber*, Die Erfüllung und ihre Surrogate, 2. Aufl. 1994, § 2 VII 1 a; *Krüger* in: MünchKomm-BGB, § 270 Rn. 5.

[12] *Ostler*, NJW 1975, 2273, 2274.

[13] *Gernhuber*, Die Erfüllung und ihre Surrogate, 2. Aufl. 1994, § 2 VII 1 a; *Wolf* in: Soergel, § 270 Rn. 3.

§§ 818 Abs. 4, 819 BGB). Für diesen Fall verweist das Bereicherungsrecht auf die allgemeinen Vorschriften und damit auch auf § 270 BGB.[14] Davon abgesehen wird der Schuldner jedoch nach § 818 Abs. 3 BGB von der Herausgabepflicht frei, wenn das Geld bei der Übermittlung ohne sein Verschulden verloren geht.[15] Auch die Kosten der Übermittlung braucht der Schuldner nach § 818 Abs. 3 BGB regelmäßig nicht zu tragen.[16] Keine Geldschulden im Sinne des § 270 BGB sind Ansprüche auf bestimmte Geldstücke oder auf Stücke einer bestimmten Geldsorte. Vielmehr handelt es sich bei ihnen um ganz normale Sachleistungsansprüche.[17] Dagegen sind den Geldschulden solche Schulden gleichzustellen, die zwar nicht unmittelbar auf Leistung von Geld lauten, aber faktisch nur durch Geldzahlung erfüllt werden können, wie etwa der Anspruch auf Befreiung von einer Geldverbindlichkeit.[18]

C. Rechtsfolgen

I. Übermittlungspflicht des Schuldners

Der Schuldner hat dem Gläubiger Geld im Zweifel an dessen Wohnsitz (§ 270 Abs. 1 BGB) bzw. an dessen gewerbliche Niederlassung (§ 270 Abs. 2 BGB) zu übermitteln. Man spricht insoweit vom **Zahlungsort** und meint damit den Ort, an dem der Leistungserfolg eintritt und somit die Erfüllung bewirkt wird (Erfolgsort).

Auf welche **Art und Weise** der Schuldner dem Gläubiger das Geld zu übermitteln hat, hängt in erster Linie von den Parteivereinbarungen ab. Sind mehrere Übermittlungswege zulässig, kann der Schuldner bestimmen, welchen Weg er beschreiten will.[19] Als Übermittlungsarten kommen heute etwa Banküberweisung, Scheckhingabe oder Zahlung per Kreditkarte in Betracht. Barzahlungen kommen im Distanzverkehr kaum noch vor und sind zumindest bei größeren Beträgen auch im Platzverkehr selten.[20] Ist Zahlung im Lastschriftverfahren vereinbart oder wird mit Kreditkarte, EC-Karte oder Geldkarte gezahlt, liegt regelmäßig eine Holschuld vor, mit der Folge, dass § 270 BGB keine Anwendung findet (vgl. Rn. 18). Eine Banküberweisung ist zur Tilgung einer Geldschuld nur zulässig, soweit der Gläubiger mit ihr einverstanden ist. Sein Einverständnis kann jedoch schon durch die Angabe der Kontonummer auf Rechnungen oder im Schriftverkehr zum Ausdruck kommen (vgl. die Kommentierung zu § 362 BGB Rn. 38). Eine Zahlung durch Scheck ist lediglich eine Leistung erfüllungshalber (vgl. die Kommentierung zu § 364 BGB Rn. 8) und bedarf daher ebenfalls eines Einverständnisses des Gläubigers, um als zulässige Übermittlungsart gelten zu können. Die frühere Postanweisung und ihre heutigen Weiterentwicklungen (Postbank Minuten-Service, Western Union Bargeldtransfer) sind als Leistungswege dagegen unproblematisch, da die Übergabe des geschuldeten Geldes nicht persönlich und auch nicht durch bestimmte Geldmünzen oder -scheine erfolgen muss, so dass diese Übermittlungsart als Form der Barzahlung angesehen werden kann (vgl. die Kommentierung zu § 362 BGB Rn. 37).[21]

Zu übermitteln ist das Geld an den jeweiligen **Wohnsitz des Gläubigers** (§ 270 Abs. 1 BGB) bzw., falls die Forderung im Gewerbebetrieb des Gläubigers entstanden ist, an den **Ort seiner Niederlassung** (§ 270 Abs. 2 BGB). Das gilt auch dann, wenn der Gläubiger seinen Wohnsitz bzw. seine Niederlassung nach der Entstehung des Schuldverhältnisses geändert hat. Insoweit besteht ein Unterschied gegenüber der Bestimmung des Leistungsorts gemäß § 269 BGB (vgl. die Kommentierung zu § 269 BGB Rn. 25). In diesem Fall hat der Gläubiger jedoch die mit der Verlegung verbundenen Mehrkosten bzw. die Gefahr zu tragen (§ 270 Abs. 3 BGB). Dadurch wird erreicht, dass sich die Lage des Schuldners nicht verschlechtert.[22] Bei sog. Platzgeschäften ist das Geld in die Wohnung bzw. in die Geschäfts-

---

[14] Vgl. BGH v. 25.03.1982 - VII ZR 60/81 - juris Rn. 18 - BGHZ 83, 293-301; *Gernhuber*, Die Erfüllung und ihre Surrogate, 2. Aufl. 1994, § 2 VII 1 a; *Krüger* in: MünchKomm-BGB, § 270 Rn. 5.
[15] *Grüneberg* in: Palandt, § 270 Rn. 2; *Krüger* in: MünchKomm-BGB, § 270 Rn. 5; *Wolf* in: Soergel § 270 Rn. 4.
[16] A.A. insoweit *Selb* in: Staudinger, 13. Bearb. 1995, § 270 Rn. 3; wie hier jetzt aber *Bittner* in: Staudinger, § 270 Rn. 7.
[17] *Bittner* in: Staudinger, § 270 Rn. 5; *Krüger* in: MünchKomm-BGB, § 270 Rn. 3.
[18] BGH v. 19.06.1957 - IV ZR 214/56 - BGHZ 25, 1-11.
[19] *Bittner* in: Staudinger, § 270 Rn. 13; *Grüneberg* in: Palandt, § 270 Rn. 4; *Krüger* in: MünchKomm-BGB, § 270 Rn. 11; *Stadler* in: Jauernig, § 270 Rn. 4.
[20] *Grüneberg* in: Palandt, § 270 Rn. 4; *Ebert* in: Erman, § 270 Rn. 2; *Stadler* in: Jauernig, § 270 Rn. 4.
[21] *Olzen* in: Staudinger, Vorbem. zu den § 362 ff. Rn. 19.
[22] *Stadler* in: Jauernig, § 270 Rn. 5.

räume des Gläubigers zu übermitteln.[23] Hat der Gläubiger keinen Wohnsitz, so ist an seinen tatsächlichen Aufenthaltsort zu leisten.[24]

7 **Beendet** ist die Übermittlung des Geldes, wenn der Leistungserfolg und damit Erfüllung nach § 362 Abs. 1 BGB eintritt (vgl. die Kommentierung zu § 362 BGB Rn. 37). Bei der Übermittlung eines Geldbetrages im Wege der Postanweisung (bzw. Postbank Minuten-Service, Western Union Bargeldtransfer), die Barzahlung ist (vgl. die Kommentierung zu § 362 BGB Rn. 37), tritt die Erfüllung mit Auszahlung des Geldes, d.h. mit Übereignung der erforderlichen Banknoten und Münzen an den Gläubiger ein. Im Falle einer bargeldlosen Zahlung durch Banküberweisung wird die Geldschuld in dem Zeitpunkt getilgt, in dem der überwiesene Betrag dem Konto des Gläubigers gutgeschrieben wird. Eine Zahlung durch Scheck erfolgt im Zweifel erfüllungshalber (vgl. die Kommentierung zu § 364 BGB Rn. 8), so dass Erfüllung erst mit Auszahlung oder Gutschrift eintritt.

II. Gefahrtragung des Schuldners

8 Der Schuldner hat nach § 270 Abs. 1 BGB die Gefahr der Übermittlung des Geldes zu tragen. Unter „Gefahr" im Sinne dieser Vorschrift ist nach dem gewandelten Verständnis von der Geldschuld (vgl. näher dazu Rn. 1) nicht nur die **Verlustgefahr**,[25] sondern auch die **Verzögerungsgefahr** zu verstehen.[26]

1. Verlustgefahr

9 Die Verlustgefahr (Transportgefahr, Übermittlungsgefahr) trägt grundsätzlich der **Schuldner**. Er wird von seiner Schuld nur frei, wenn der geschuldete Betrag tatsächlich beim Gläubiger eingeht, d.h. beim Verlust des Geldes muss er erneut leisten.[27] Dies gilt auch dann, wenn der Schuldner das Geld in den Hausbriefkasten des Gläubigers eingeworfen hat; denn ein Hausbriefkasten ist – zumindest bei größeren Summen – keine geeignete Empfangsvorrichtung für Bargeldbeträge.[28] Der Grund für den Verlust ist unerheblich.[29] Auch das Risiko von Geldentwertungen und Beschlagnahmen wird von § 270 BGB erfasst.[30] Jedoch kann bei ganz außergewöhnlichen Störungen, die keine der Parteien voraussehen und abwenden konnte, ausnahmsweise eine Teilung des Verlustes nach § 242 BGB gerechtfertigt sein.[31] Des Weiteren braucht der Schuldner nicht für Gefahren aus der Sphäre des Gläubigers einzustehen, so etwa nicht für die Insolvenz der Gläubigerbank.[32] Speziell ordnet § 270 Abs. 3 BGB an, dass der Gläubiger die Übermittlungsgefahr zu tragen hat, wenn sich diese durch eine nachträgliche **Verlegung des Wohnsitzes bzw. der gewerblichen Niederlassung** des Gläubigers erhöht. Wie sich dem Normwortlaut und den Gesetzesmaterialien[33] entnehmen lässt, wird in diesem Fall die Gefahr – anders als die Kosten – nicht geteilt, sondern ganz dem Gläubiger auferlegt.[34] Bleibt die Gefahr allerdings durch die Verlegung nach Art und Umfang unverändert, so obliegt sie weiterhin dem Schuldner.[35] Über den Wortlaut von § 270 Abs. 3 BGB hinaus wird man den Schuldner auch insoweit entlasten müssen, als der Gläubiger durch sein sonstiges Verhalten oder seine Anweisungen die Gefahr der Übermittlung ad-

---

[23] *Ebert* in: Erman, § 270 Rn. 11.
[24] *Alff* in: BGB-RGRK, § 270 Rn. 8; *Ebert* in: Erman, § 270 Rn. 11; *Grüneberg* in: Palandt, § 270 Rn. 7.
[25] So die früher ganz h.M.; vgl. dazu *Kerwer* in: jurisPK-BGB, 4. Aufl. 2008, § 270.
[26] So die heute h.M. vor dem Hintergrund von EuGH v. 03.04.2008 - C-306/06 - NJW 2008, 1935-1936. Vgl. dazu insbesondere *Bittner* in: Staudinger, § 270 Rn. 36; *Brox/Walker*, Allgemeines Schuldrecht, § 12 Rn. 17; *Grüneberg* in: Palandt, § 270 Rn. 5; *Looschelders*, Schuldrecht, Allgemeiner Teil, Rn. 275; *Unberath* in: Bamberger/Roth, § 270 Rn. 16; *Zöchling-Jud* in: PWW, § 270 Rn. 7.
[27] Zur Verlustgefahr bei Scheckzahlung vgl. jetzt BGH v. 12.07.2000 - VIII ZR 99/99 - LM BGB § 164 Nr. 88 (6/2001); dazu *Müller-Christmann*, WuB I D 3 Scheckverkehr 1.01; *Mues*, EWiR 2000, 1043-1044, 1043.
[28] AG Köln v. 29.06.2005 - 137 C 146/05 - NJW 2006, 1569-1571; LSG Hessen v. 02.04.1992 - L 1 Kr 242/91 - NZA 1992, 815-816; *Wiese*, NJW 2006, 1569-1571.
[29] *Alff* in: BGB-RGRK, § 270 Rn. 4; *Krüger* in: MünchKomm-BGB, § 270 Rn. 14.
[30] *Alff* in: BGB-RGRK, § 270 Rn. 4; *Ebert* in: Erman, § 270 Rn. 9; *Grüneberg* in: Palandt, § 270 Rn. 8; *Krüger* in: MünchKomm-BGB, § 270 Rn. 14; *Stadler* in: Jauernig, § 270 Rn. 6.
[31] BGH v. 06.10.1953 - I ZR 185/52 - BGHZ 10, 319-325 („steckengebliebene Ost-West-Banküberweisung").
[32] *Bittner* in: Staudinger, § 270 Rn. 21; *Grüneberg* in: Palandt, § 270 Rn. 8; *Krüger* in: MünchKomm-BGB, § 270 Rn. 14.
[33] Vgl. *Mugdan*, Recht der Schuldverhältnisse, 525.
[34] Wie hier *Ebert* in: Erman, § 270 Rn. 9 *Stadler* in: Jauernig, § 270 Rn. 6; a.M. *Alff* in: BGB-RGRK, § 270 Rn. 8.
[35] *Wolf* in: Soergel, § 270 Rn. 15.

äquat kausal erhöht hat.[36] Daher trägt er etwa das Verlustrisiko, wenn er eine falsche Bankverbindung angegeben[37] oder den Schuldner nicht über einen Wohnsitzwechsel informiert hat und ein Nachsendeauftrag den Verlust zur Folge hat.[38] Ebenso fällt es ihm zur Last, wenn er Geld vom Postamt abholen statt sich bringen lässt und das Geld dabei an einen Unbefugten ausgehändigt wird.[39] Erst recht wird der Schuldner frei, wenn der Verlust auf einem Umstand beruht, den der Gläubiger zu vertreten hat.[40] In diesem Fall liegt nämlich gar kein zufälliger Untergang vor, den eine Gefahrtragungsregel wie § 270 Abs. 1 BGB aber implizit voraussetzt. Für eine entsprechende Anwendung des § 270 Abs. 3 BGB ist dagegen kein Raum, wenn der Gläubiger nachträglich die Überweisung auf ein auswärtiges Konto verlangt und der Schuldner dem nachkommt;[41] denn der Schuldner ist nicht gezwungen, einem solchen Verlangen des Gläubigers zu entsprechen. Insoweit unterscheidet sich dieser Fall von dem des § 270 Abs. 3 BGB, für den es kennzeichnend ist, dass die Gefahrerhöhung auf einem Umstand beruht, den der Schuldner nicht beeinflussen kann.[42]

2. Verzögerungsgefahr

Nach dem **bisherigen Verständnis** von der Geldschuld als „qualifizierter Schickschuld" lag die Verzögerungsgefahr (Verspätungsgefahr) beim Gläubiger.[43] Der Schuldner hatte seine Leistung rechtzeitig erbracht, wenn er das Geld vor Fristablauf am Leistungsort abgesandt hatte (§§ 269 Abs. 1, 270 Abs. 4 BGB).[44] Das Risiko, dass das Geld trotz ordnungsgemäßer Leistungshandlung verspätet beim Gläubiger einging, hatte er nicht zu tragen. Insbesondere konnten Fehler der eingeschalteten Kreditinstitute, Beförderungsunternehmen bzw. Boten nicht zu seinen Lasten gehen. Da der Schuldner nur die Absendung des Geldes, nicht aber die Beförderung schuldete, waren die mit der Übermittlung des Geldes betrauten Personen und Institutionen nicht als Erfüllungsgehilfen des Schuldners anzusehen. Was der Schuldner im Einzelnen zu tun hatte, hing davon ab, welchen Übermittlungsweg er (zulässigerweise) wählte. Bei einer Zahlung per Postanweisung (Postbank Minuten-Service, Western Union Bargeldtransfer) leistete er rechtzeitig, wenn er das Geld vor Fristablauf am Leistungsort bei der Post eingezahlt hatte.[45] Bei der Übersendung eines Schecks genügte es, wenn der Schuldner den Scheck der Post zur Beförderung übergeben hatte. Im Überweisungsverkehr war nach h.M. seit der Neuregelung des Überweisungsrechts im Jahr 1999 erforderlich, dass der Überweisungsauftrag vor Fristablauf beim Geldinstitut eingegangen war, das Konto des Schuldners die erforderliche Deckung aufwies und der Überweisungsvertrag durch Annahme seitens der Bank rechtzeitig abgeschlossen wurde.[46] Wollten die Parteien erreichen, dass es für die Rechtzeitigkeit der Leistung auf den Zahlungseingang beim Gläubiger ankommt, dann mussten sie eine entsprechende Vereinbarung treffen (Rechtzeitigkeitsklausel) und auf diese Weise dem Schuldner das Verzögerungsrisiko auferlegen.[47]

Dieses herkömmliche Verständnis lässt sich vor dem Hintergrund der **Richtlinie 2000/35/EG** (auch nach ihrer Neufassung durch die Richtlinie 2011/7/EU) und der dazu ergangenen Rechtsprechung des **EuGH**[48] nicht mehr halten. Danach ist Art. 3 Abs. 1 lit. c der Richtlinie 2000/35/EG (bzw. Art. 3

---

[36] FG Köln v. 27.06.2003 - 14 K 5429/01 - EFG 2003, 1532-1533; *Bittner* in: Staudinger, § 270 Rn. 26; *Gernhuber*, Die Erfüllung und ihre Surrogate, 2. Aufl. 1994, § 2 VII 2 b.
[37] FG Köln v. 27.06.2003 - 14 K 5429/01 - EFG 2003, 1532-1533.
[38] *Bittner* in: Staudinger, § 270 Rn. 25.
[39] *Wolf* in: Soergel, § 270 Rn. 15.
[40] *Krüger* in: MünchKomm-BGB, § 270 Rn. 15; anders aber *Gernhuber*, Die Erfüllung und ihre Surrogate, 2. Aufl. 1994, § 2 VII 3: nur Aufrechnung mit Schadensersatzforderung.
[41] BGH v. 15.05.1952 - IV ZR 157/51 - BGHZ 6, 121-127.
[42] Vgl. *Alff* in: BGB-RGRK, § 270 Rn. 8; *Wolf* in: Soergel, § 270 Rn. 15.
[43] BSG v. 11.12.1987 - 12 RK 40/85 - juris Rn. 17 - NJW 1988, 2501-2502; OLG Koblenz v. 13.10.1992 - 3 U 637/92 - NJW-RR 1993, 583-584.
[44] Vgl. *Alff* in: BGB-RGRK, § 270 Rn. 7; *Krüger* in: MünchKomm-BGB, § 270 Rn. 17; *Wolf* in: Soergel, § 270 Rn. 17; ebenso die Vorauflage.
[45] BGH v. 26.01.1969 - IV ZR 545/68 - NJW 1969, 875.
[46] Vgl. nur OLG Karlsruhe v. 27.03.2003 - 20 (16) WF 44/02 - NJW 2003, 2922-2923; *von Westphalen*, BB 2000, 157-162.
[47] BGH v. 24.06.1998 - XII ZR 195/96 - juris Rn. 14 - BGHZ 139, 123-131; OLG Nürnberg v. 25.03.1999 - 8 U 4317/98 - juris Rn. 13 - NJW-RR 2000, 800-801; OLG Koblenz v. 13.10.1992 - 3 U 637/92 - NJW-RR 1993, 583-584.
[48] EuGH v. 03.04.2008 - C-306/06 - NJW 2008, 1935-1936.

Abs. 1 der RL 2011/7/EU) dahin auszulegen, dass bei einer Zahlung durch Banküberweisung der geschuldete Betrag dem Konto des Gläubigers rechtzeitig gutgeschrieben sein muss, um das Entstehen von Verzugszinsen zu vermeiden oder zu beenden. Diese Auslegung wird vor allem durch den Wortlaut der Richtlinie gestützt, der Verzugszinsen dann vorsieht, wenn der Gläubiger den fälligen Betrag nicht rechtzeitig „erhalten" hat. Das Urteil des EuGH zwingt zu einer richtlinienkonformen Auslegung des deutschen Rechts. Aus europarechtlicher Sicht muss diese sich allerdings nur auf solche Vorgänge beziehen, die in den (persönlichen und sachlichen) Anwendungsbereich der Richtlinie fallen. Damit fordert die Richtlinie nur insoweit eine geänderte Sichtweise, als es um Entgeltforderungen zwischen Unternehmen und die Verpflichtung zur Zahlung von Verzugszinsen geht. Das deutsche Recht steht daher vor der Frage, ob es außerhalb dieses Anwendungsbereichs alles beim Alten lassen und eine „gespaltene Rechtslage" in Kauf nehmen will, oder ob es nicht sinnvoller erscheint, das europarechtlich geforderte Ergebnis im Wege einer „überschießenden Richtlinienumsetzung" auch auf die Geldschuld im Übrigen zu erstrecken. Insoweit sprechen die Erfordernisse der Rechtssicherheit und -klarheit sowie das Bedürfnis nach einer stimmigen Systematik für eine einheitliche Auslegung des § 270 BGB. Daher sollte das Verzögerungsrisiko dem Schuldner künftig bei allen Geldschulden (auch unter Beteiligung von Verbrauchern) auferlegt und die Rechtzeitigkeit der Leistung für sämtliche Verzugsfolgen einheitlich beurteilt werden.[49] Da die Richtlinie nicht zwischen den verschiedenen Arten der Übermittlung von Geld unterscheidet, gelten die vom EuGH aufgestellten Grundsätze ohnehin nicht nur für die Banküberweisung, sondern für alle Arten der Übermittlung.[50]

12 Auf dem Boden des geänderten Verständnisses von der Geldschuld **trägt der Schuldner das Verzögerungsrisiko**. Bei Zahlung durch Scheck genügt für die Rechtzeitigkeit der Leistung daher nicht mehr die fristgerechte Hingabe des Schecks; vielmehr muss der Gläubiger den Scheck so rechtzeitig erhalten, dass er ihn vor Ablauf der Zahlungsfrist noch einlösen kann.[51] Im Überweisungsverkehr muss der Schuldner die Zahlung so rechtzeitig vornehmen, dass der Geldbetrag dem Gläubigerkonto bei ordnungsgemäßer Ausführung noch innerhalb der Zahlungsfrist gutgeschrieben werden kann. Begreift man die Geldschuld als (modifizierte) Bringschuld, so muss der Schuldner sich ein **Verschulden des von ihm eingeschalteten Kreditinstituts** gemäß § 278 BGB zurechnen lassen,[52] auch wenn dies europarechtlich offenbar nicht gefordert ist.[53] Der Schuldner wird dadurch nicht unverhältnismäßig hart getroffen, da ihm im Falle einer Verzögerung der Überweisung Ansprüche gegen sein Kreditinstitut zustehen (vgl. die §§ 675y, 675z BGB) und er sich dadurch schadlos halten kann.[54] Ein **Verschulden der Empfängerbank** hingegen muss sich der Schuldner nicht zurechnen lassen, da diese für ihn nicht Erfüllungsgehilfin im Sinne von § 278 BGB ist.[55] Der Schuldner hat – im Gegensatz zum Gläubiger – keinerlei Einfluss auf die Auswahl der Empfängerbank[56] oder das zwischen ihr und dem Gläubiger bestehende Inkassoverhältnis.[57] Der Zahlungsauftrag des Schuldners wird durch Gutschrift des Zahlbetrages beim Zahlungsdienstleister des Gläubigers beendet (vgl. § 675s Abs. 1 Satz 1 BGB). Ab diesem Zeitpunkt ist allein dieser verpflichtet, dem Gläubiger den Betrag unverzüglich verfügbar zu machen

---

[49] Ebenso *Grüneberg* in: Palandt, § 270 Rn. 6; *Herresthal*, ZGS 2008, 259-266; *Jäger*, MittBayNot 2008, 469-471, 469; *Knöpper*, NJW-Spezial 2009, 105-106, 106; *Staudinger*, DNotZ 2009, 198-210, 205; *Unberath* in: Bamberger/Roth, § 270 Rn. 16; kritisch *Scheuren-Brandes*, ZIP 2008, 1463-1465; gegen eine Erstreckung über den Anwendungsbereich der Richtlinie hinaus *Faust*, JuS 2009, 81-83; *Grothe*, WuB IV § 270 BGB 1.08; *Klimke*, VersR 2010, 1259-1265, 1262.

[50] OLG Jena v. 11.05.2011 - 2 U 1000/10 - juris Rn. 15 f.; *Faust*, JuS 2009, 81-83, 82.

[51] *Grüneberg* in: Palandt, § 270 Rn. 5; *Unberath* in: Bamberger/Roth, § 270 Rn. 17.

[52] Vgl. dazu näher *Bittner* in: Staudinger, § 270 Rn. 38; *Faust*, JuS 2009, 81-83; *Grothe*, WuB IV § 270 BGB 1.08; *Gsell*, GPR 2008, 165-172, 171; *Staudinger*, DNotZ 2009, 198-210, 207; a.M. *Grüneberg* in: Palandt, § 270 Rn. 5.

[53] EuGH v. 03.04.2008 - C-306/06 - juris Rn. 30 - NJW 2008, 1935-1936; vgl. dazu auch *Faust*, JuS 2009, 81-83, 83; *Zöchling-Jud* in: PWW, § 270 Rn. 7.

[54] *Klimke*, VersR 2010, 1259-1265, 1261; *Unberath* in: Bamberger/Roth, § 270 Rn. 16; *Zöchling-Jud* in: PWW, § 270 Rn. 7. Für Altfälle gewährt die Rechtsprechung dem Schuldner Vertrauensschutz; OLG Köln v. 21.04.2009 - 18 U 78/05 - juris Rn. 37.

[55] *Grothe*, WuB IV § 270 BGB 1.08; *Gsell*, GPR 2008, 165-172, 171; *Klimke*, VersR 2010, 1259-1265, 1261; *Köndgen*, JuS 2011, 481-489, 487; so aber offenbar *Faust*, JuS 2009, 81-83, 83.

[56] *Faust*, JuS 2009, 81-83, 82; *Grothe*, WuB IV § 270 BGB 1.08; *Klimke*, VersR 2010, 1259-1265, 1261; *Herresthal*, ZGS 2008, 259-266, 264.

[57] *Gsell*, GPR 2008, 165-172, 171.

und ihm wertzustellen (vgl. § 675t Abs. 1 BGB).[58] Somit kann der Schuldner das von ihm eingeschaltete Kreditinstitut bei Fehlern, die bis zum Zahlungseingang bei der Gläubigerbank geschehen, in Regress nehmen (vgl. die §§ 675s, 675y, 675z BGB). Hierbei hat dieses auch für das Verschulden von ihr eingeschalteter Zwischenstellen einzustehen (§ 675z Satz 3 BGB).[59] Bezüglich anschließend auftretender Verzögerungen durch den Zahlungsdienstleister des Empfängers kann sich der Gläubiger bei diesem schadlos halten (vgl. die §§ 675t, 675y, 675z BGB). Der Schuldner muss deshalb seine Überweisung so rechtzeitig vornehmen, dass die Gläubigerbank den geschuldeten Betrag noch innerhalb der Zahlungsfrist gutschreiben kann.[60] Dies abzuschätzen kann ihm auf Grund der genau geregelten Ausführungsfristen für Zahlungsdienstleister (vgl. die §§ 675n, 675s, 675t BGB) zugemutet werden.[61] Eine solche Verteilung des Verzögerungsrisikos steht mit den europarechtlichen Vorgaben in Einklang.[62] Denn die Richtlinie fordert zwar, dass der Gläubiger die Zahlung rechtzeitig erhalten muss, damit Verzug verhindert wird, aber nur, solange der Schuldner für die Verzögerung verantwortlich ist (vgl. Art. 3 Abs. 1 lit. c ii der Richtlinie 2000/35/EG bzw. Art. 3 Abs. 1 lit. b der Richtlinie 2011/7/EU).

III. Kostentragung des Schuldners

Gemäß § 270 Abs. 1 BGB hat der Schuldner auch die **Kosten der Übermittlung** des Geldes an den Gläubiger zu tragen. Insoweit besteht nicht notwendig ein Unterschied zur Schickschuld, bei der der Schuldner ebenfalls mit den Versendungskosten belastet sein kann (vgl. § 269 Abs. 3 BGB).[63] Zu den Kosten der Übermittlung im Sinne des § 270 Abs. 1 BGB gehören etwa Überweisungsgebühren, Postgebühren und Ähnliches,[64] nicht dagegen die vom Gläubiger an seine Bank zu entrichtenden Kontoführungsgebühren.[65] Deshalb muss etwa ein Arbeitnehmer die Kosten für die Unterhaltung seines Girokontos selbst tragen, auch wenn er durch eine tarifvertragliche Regelung zur Einrichtung des Gehaltskontos verpflichtet worden ist; allerdings kann der Tarifvertrag selbst vorsehen, dass der Arbeitgeber dem Arbeitnehmer die mit der bargeldlosen Gehaltszahlung verbundenen Kosten zu erstatten hat.[66] Im Übrigen ist der Gläubiger in der Regel nicht verpflichtet, zur Entgegennahme des ihm geschuldeten Betrages ein Konto zu eröffnen.[67] **Mehrkosten**, die dadurch entstehen, dass der Gläubiger nach der Entstehung des Schuldverhältnisses seinen Wohnsitz (§ 270 Abs. 1 BGB) bzw. seine Niederlassung (§ 270 Abs. 2 BGB) verlegt, treffen gemäß § 270 Abs. 3 BGB den Gläubiger.

13

D. Prozessuale Hinweise

Die **Beweislast** für die Erfüllung der Geldschuld obliegt dem Schuldner. Er hat nachzuweisen, dass das Geld beim Gläubiger bzw. einer sonstigen empfangsberechtigten Stelle angekommen ist. Es genügt nicht, dass er nachweist, es abgesendet zu haben.[68] Der Nachweis der Absendung durch eine Einzahlungsquittung oder durch den Einlieferungsschein eines Einschreibens führt auch nicht zu einer Beweislastumkehr hinsichtlich der Ankunft beim Gläubiger; denn dadurch würde dem Gläubiger der kaum zu führende negative Beweis aufgebürdet, dass ihm das Geld nicht zugegangen sei. Er begründet auch keinen Beweis des ersten Anscheins für die Ankunft des Geldes,[69] sondern kann allein im Rahmen der Beweiswürdigung berücksichtigt werden.[70] Dagegen wird für Postanweisungsabschnitte und Wertbriefeinlieferungsscheine überwiegend angenommen, dass sie eine tatsächliche Vermutung für die An-

14

---

[58] *Köndgen*, JuS 2011, 481-489, 487.
[59] Sie kann allerdings ihrerseits Schadenersatz gemäß § 676a BGB von der zwischengeschalteten Bank fordern.
[60] *Gsell*, GPR 2008, 165-172, 171; *Staudinger*, DNotZ 2009, 198-210, 207 f.
[61] Vgl. EuGH v. 03.04.2008 - C-306/06 - juris Rn. 31 - NJW 2008, 1935-1936.
[62] *Grothe*, WuB IV § 270 BGB 1.08; *Herresthal*, ZGS 2008, 259-266, 264 f.; *Klimke*, VersR 2010, 1259-1265, 1261.
[63] *Stadler* in: Jauernig, § 270 Rn. 8.
[64] *Bittner* in: Staudinger, § 270 Rn. 41; *Ebert* in: Erman, § 270 Rn. 10.
[65] BAG v. 15.12.1976 - 4 AZR 531/75 - WM 1977, 567-569.
[66] BAG v. 12.09.1984 - 4 AZR 336/82 - juris Rn. 32 - WM 1985, 176-180.
[67] FG Köln v. 12.06.2003 - 2 K 5913/02 - juris Rn. 42 - EFG 2003, 1282-1283; FG Greifswald v. 19.01.2006 - 1 K 275/02.
[68] Vgl. nur *Laumen* in: Baumgärtel/Laumen/Prütting, Handbuch der Beweislast, § 270 Rn. 2.
[69] BGH v. 27.05.1957 - II ZR 132/56 - juris Rn. 7 - BGHZ 24, 308-325; *Bittner* in: Staudinger, § 270 Rn. 44; differenzierend *Laumen* in: Baumgärtel/Laumen/Prütting, Handbuch der Beweislast, § 270 Rn. 3-6.
[70] *Laumen* in: Baumgärtel/Laumen/Prütting, Handbuch der Beweislast, § 270 Rn. 2, 7.

kunft innerhalb üblicher Frist begründen, die der Gläubiger dann zu widerlegen hat.[71] Kommt das Geld verspätet an, so hat der Schuldner die Rechtzeitigkeit der Absendung zu beweisen.[72] Schließlich trägt er auch die Beweislast, wenn er geltend macht, dass sich infolge einer Wohnsitzverlegung des Gläubigers die Kosten oder die Gefahr der Übermittlung erhöht haben.[73]

E. Anwendungsfelder

I. Allgemeines

15 Ebenso wie § 269 BGB gilt auch § 270 BGB nicht nur im Distanzverkehr, sondern auch für sog. **Platzgeschäfte**.[74] Obwohl die Norm unmittelbar nur für das Zivilrecht gilt, wird sie als Ausdruck allgemeiner Rechtsüberzeugungen angesehen und wie § 269 BGB auf **öffentlich-rechtliche Geldschulden**, z.B. auf dem Gebiet des Sozialrechts, entsprechend angewandt.[75]

II. Abweichende Regelungen

16 Unabhängig davon, ob man § 270 BGB als Auslegungsregel oder als ergänzendes dispositives Recht ansieht (vgl. Rn. 1), gilt die Vorschrift jedenfalls nur, soweit sich aus dem Gesetz oder aus einer Parteivereinbarung nicht etwas anderes ergibt.[76]

1. Gesetzliche Sonderregelungen

17 Gesetzliche Sonderregelungen finden sich sowohl im BGB als auch in besonderen Gesetzen. So ordnet etwa § 1194 BGB für die **Grundschuld** an, dass die Zahlung des Kapitals und der Zinsen und anderen Nebenleistungen, soweit nichts abweichendes bestimmt ist, an dem Ort zu erfolgen hat, an dem das Grundbuchamt seinen Sitz hat. Die §§ 797, 801 BGB, Art. 38 WG, Art. 28, 29 ScheckG sehen für die Inhaberschuldverschreibung, den Wechsel und den Scheck eine Zahlung bei Vorlegung des Papiers vor (**Präsentationspapiere**) und machen diese damit zu Holschulden. § 224 AO erklärt **Steuerschulden** zu Bringschulden, indem er anordnet, dass Zahlungen an Finanzbehörden an die zuständige Kasse zu entrichten sind. Zu Art. 57 Abs. 1 lit. a CISG vgl. bereits Rn. 2.

2. Abweichende Parteivereinbarungen

18 Abweichende Parteivereinbarungen können nicht nur ausdrücklich, sondern auch konkludent getroffen werden.[77] Ihr Vorliegen ist durch Auslegung festzustellen, wobei insbesondere auch die Umstände und speziell die Natur des Schuldverhältnisses Berücksichtigung finden können (vgl. näher dazu Kommentierung zu § 269 BGB Rn. 16).[78] Eine konkludente Abbedingung des § 270 BGB liegt etwa bei **Nachnahmesendungen** vor. Dort wird die Geldschuld zur Holschuld,[79] denn dort ermächtigt der Gläubiger den Schuldner, gegenüber der Post als Zahlstelle des Gläubigers schuldtilgend zu zahlen. Die Gefahr des Verlustes trägt deshalb der Gläubiger,[80] und zwar auch dann, wenn die Nachnahme (entsprechend der Bestimmung des Gläubigers) durch Scheck erfolgt.[81] Eine Holschuld liegt ebenfalls vor, wenn die Parteien Zahlung im **Lastschriftverfahren** vereinbart haben.[82] Dies gilt unabhängig davon, ob die Zahlung im Abbuchungsauftragsverfahren oder im Einziehungsermächtigungsverfahren erfolgen soll.

---

[71] So *Alff* in: BGB-RGRK, § 270 Rn. 10; *Krüger* in: MünchKomm-BGB, § 270 Rn. 27; a.A. *Laumen* in: Baumgärtel/Laumen/Prütting, Handbuch der Beweislast, § 270 Rn. 2.

[72] *Laumen* in: Baumgärtel/Laumen/Prütting, Handbuch der Beweislast, § 270 Rn. 9.

[73] *Alff* in: BGB-RGRK, § 270 Rn. 10.

[74] BGH v. 26.01.1969 - IV ZR 545/68 - NJW 1969, 875.

[75] BSG v. 11.12.1987 - 12 RK 40/85 - juris Rn. 18 - NJW 1988, 2501-2502; BSG v. 05.04.2000 - B 5 RJ 38/99 R - juris Rn. 21 - SozR 3-1200 § 2 Nr. 1.

[76] *Ebert* in: Erman, § 270 Rn. 1; *Grüneberg* in: Palandt, § 270 Rn. 3; *Krüger* in: MünchKomm-BGB, § 270 Rn. 8.

[77] *Ebert* in: Erman, § 270 Rn.1, § 269 Rn. 9; *Krüger* in: MünchKomm-BGB, § 270 Rn. 10.

[78] *Krüger* in: MünchKomm-BGB, § 270 Rn. 10 f.

[79] LG Karlsruhe v. 29.12.1995 - 12 O 371/95 - WM 1996, 1960-1962; und h.M.; anders aber *Gernhuber*, Die Erfüllung und ihre Surrogate, 2. Aufl. 1994, § 2 VI 2 d, VII 2 a.

[80] *Bittner* in: Staudinger, § 270 Rn. 14; *Krüger* in: MünchKomm-BGB, § 270 Rn. 11.

[81] LG Karlsruhe v. 29.12.1995 - 12 O 371/95 - WM 1996, 1960-1962.

[82] BGH v. 07.12.1983 - VIII ZR 257/82 - juris Rn. 15 - LM Nr. 5 zu § 9 (Ci) AGBG; BGH v. 30.01.1985 - IVa ZR 91/83 - juris Rn. 9 - LM Nr. 1 zu § 7 AVB f UnfallVers; OLG Stuttgart v. 02.06.2008 - 5 U 20/08 - juris Rn. 39 - MietRB 2008, 358-359; a.A. *Gernhuber*, Die Erfüllung und ihre Surrogate, 2. Aufl. 1994, § 2 VII 4 c.

In beiden Fällen tut der Schuldner das seinerseits Erforderliche, wenn er für eine hinreichende Deckung auf seinem Konto sorgt und damit sicherstellt, dass der Schuldbetrag bei Fälligkeit von seinem Konto abgebucht werden kann.[83] Die Einziehung ist Sache des Gläubigers. Dieser trägt die Gefahr des Verlustes nach erfolgter Abbuchung ebenso wie die Gefahr des verzögerten Eingangs.[84] Eine Holschuld liegt auch vor bei Zahlung mit **Kreditkarte**, **EC-Karte** oder **Geldkarte** (näher zu diesen Formen der Erfüllung einer Geldschuld vgl. die Kommentierung zu § 362 BGB Rn. 45).[85] Bei der Klausel „Kasse gegen Dokumente" ist Zahlungsort regelmäßig der Sitz der geschäftlichen Niederlassung des Schuldners.[86] Auch ohne Vereinbarung einer Holschuld kann dem Gläubiger isoliert die Verlustgefahr auferlegt werden. Dies wird man etwa annehmen können, wenn dem Schuldner eine bestimmte Art der Geldübermittlung durch den Gläubiger bindend vorgeschrieben wird.[87] Bei **gegenseitigen Verträgen** nimmt die Rechtsprechung häufig einen gemeinsamen Leistungsort an und lokalisiert diesen dort, wo die Leistung zu erbringen ist, die dem Vertrag das wesentliche Gepräge gibt (vgl. näher dazu die Kommentierung zu § 269 BGB Rn. 17). Da dies in der Regel die betreffende Sach-, Dienst- oder Werkleistung ist, liegt der Leistungsort für die Geldschuld in diesem Fall beim Gläubiger.[88] Schließlich kann auch über die **Kosten der Übermittlung** eine abweichende Vereinbarung getroffen werden.

---

[83] BGH v. 19.10.1977 - IV ZR 149/76 - juris Rn. 18 - BGHZ 69, 361-368.
[84] *Ebert* in: Erman, § 270 Rn. 1; *Grüneberg* in: Palandt, § 270 Rn. 3; *Wolf* in: Soergel, § 270 Rn. 11.
[85] *Grüneberg* in: Palandt, § 270 Rn. 3, 4; *Krüger* in: MünchKomm-BGB, § 270 Rn. 11.
[86] BGH v. 07.03.1973 - VIII ZR 214/71 - LM Nr. 7 zu § 346 (B) HGB; zurückhaltend *Krüger* in: MünchKomm-BGB, § 270 Rn. 11.
[87] *Wolf* in: Soergel, § 270 Rn. 16.
[88] *Grüneberg* in: Palandt, § 270 Rn. 3.

§ 271 BGB Leistungszeit

(Fassung vom 02.01.2002, gültig ab 01.01.2002)

(1) Ist eine Zeit für die Leistung weder bestimmt noch aus den Umständen zu entnehmen, so kann der Gläubiger die Leistung sofort verlangen, der Schuldner sie sofort bewirken.

(2) Ist eine Zeit bestimmt, so ist im Zweifel anzunehmen, dass der Gläubiger die Leistung nicht vor dieser Zeit verlangen, der Schuldner aber sie vorher bewirken kann.

Gliederung

A. Grundlagen 1	3. Speziell: Die Stundung 12
I. Kurzcharakteristik 1	a. Begriff 12
II. Bezug zum UN-Kaufrecht 2	b. Zustandekommen 13
B. Praktische Bedeutung 3	c. Beendigung 14
C. Anwendungsvoraussetzungen 4	4. Wirkung der Bestimmung (Absatz 2) ... 15
I. Zeit der Leistung 4	III. Keine Ableitung aus den Umständen ... 17
II. Keine gesetzliche oder vertragliche Bestimmung 7	1. Allgemeines 17
	2. Einzelfälle 18
1. Gesetzliche Bestimmung 8	3. Rechnungserteilung 19
2. Vertragliche Bestimmung 9	**D. Rechtsfolgen** 20
a. Wirksamkeit 9	**E. Prozessuale Hinweise** 23
b. Auslegung 10	I. Gerichtliche Leistungszeitbestimmung ... 23
c. Übertragung der Bestimmung auf eine Partei oder einen Dritten 11	II. Beweislast 24
	F. Anwendungsfelder 25

A. Grundlagen

I. Kurzcharakteristik

1 Die Vorschrift regelt in ihrem Absatz 1 die **Zeit der Leistung**, die neben dem Leistungsort eine der wesentlichen Leistungsmodalitäten darstellt. Ähnlich wie beim Leistungsort (vgl. § 269 BGB) hat auch hier eine dreistufige Prüfung stattzufinden. Ist die Leistungszeit vertraglich oder gesetzlich bestimmt, so gilt die Bestimmung. Fehlt es an einer Bestimmung, so ist zu prüfen, ob die Leistungszeit sich aus den Umständen herleiten lässt. Nur wenn beide Prüfungsschritte ein negatives Resultat ergeben, greift subsidiär § 271 Abs. 1 BGB ein, wonach der Gläubiger die Leistung sofort verlangen und der Schuldner sie sofort bewirken kann. § 271 Abs. 2 BGB enthält eine Auslegungsregel für den Fall, dass eine Leistungszeit bestimmt ist. Er stellt klar, dass eine solche Leistungszeitbestimmung im Zweifel nur zugunsten des Schuldners wirkt, d.h. der Gläubiger kann die Leistung zwar nicht vor der bestimmten Zeit verlangen, der Schuldner kann sie jedoch vorher schon bewirken.

II. Bezug zum UN-Kaufrecht

2 Für den **internationalen Warenkauf** gelten abweichende Vorschriften. Art. 33 lit. c CISG bestimmt, dass der **Verkäufer** die Lieferpflicht „innerhalb einer angemessenen Frist nach Vertragsabschluss" zu erfüllen hat, sofern ein Lieferzeitpunkt bzw. -zeitraum im Vertrag nicht bestimmt ist oder aufgrund des Vertrages bestimmt werden kann. Für den Fall, dass für die Lieferung ein Zeitpunkt festgesetzt ist, ordnet Art. 52 Abs. 1 CISG abweichend von § 271 Abs. 2 BGB an, dass der Käufer eine vorzeitige Lieferung nicht abnehmen muss. Sein Zurückweisungsrecht steht allerdings unter dem Vorbehalt von Treu und Glauben (vgl. Art. 7 Abs. 1 CISG). Der **Käufer** hat seine Zahlungspflicht mangels abweichender Parteivereinbarung Zug um Zug gegen Übergabe der Ware oder entsprechender Dokumente zu erfüllen (Art. 58 Abs. 1 und 2 CISG). Darüber hinaus räumt Art. 58 Abs. 3 CISG dem Käufer die Möglichkeit ein, den Kaufpreis erst zu zahlen, wenn er Gelegenheit zur Untersuchung der Ware hatte, sofern nicht die von den Parteien vereinbarten Lieferungs- oder Zahlungsmodalitäten dies ausschließen. Im Unterschied zu § 271 BGB gilt hier regelmäßig, dass der Verkäufer vorzeitige Zahlungen zurückweisen

kann.¹ Eine weitere Abweichung zur Rechtslage nach BGB besteht darin, dass Art. 58 Abs. 1 CISG nicht nur – wie § 320 Abs. 1 Satz 1 BGB – eine Einrede begründet, sondern eine Fälligkeitsregelung schafft, die das Gericht von Amts wegen zu berücksichtigen hat. Der Verkäufer muss also bei Begründung einer Zahlungsklage vortragen, dass er dem Käufer die Ware zur Verfügung gestellt hat.²

B. Praktische Bedeutung

Die praktische Bedeutung der Vorschrift ist **enorm**. Von der Bestimmung der Leistungszeit hängen vielfältige weitere Fragen ab. So setzen namentlich die Vorschriften über Schuldner- und Gläubigerverzug voraus, dass der Gläubiger die Leistung verlangen bzw. der Schuldner sie bewirken kann. Ohne Fälligkeit kann kein Schuldnerverzug eintreten, ohne Erfüllbarkeit kein Gläubigerverzug. Gegebenenfalls kann eine Leistung auch allein dadurch, dass sie nicht zur richtigen Zeit erbracht wird, so stark von der geschuldeten Leistung abweichen, dass die Erfüllung unmöglich wird (vgl. dazu Rn. 21). Die Bestimmung der Leistungszeit kann daher erhebliche Auswirkungen auf das Schicksal der Leistungsverpflichtung haben.³ Schließlich knüpft auch das Verjährungsrecht an § 271 BGB an; „entstanden" im Sinne von § 199 BGB ist ein Anspruch nämlich dann, wenn er im Klageweg geltend gemacht werden kann, so dass der Beginn der Verjährung regelmäßig die Fälligkeit des Anspruchs voraussetzt (vgl. dazu näher die Kommentierung zu § 199 BGB).⁴

3

C. Anwendungsvoraussetzungen

I. Zeit der Leistung

Der Begriff der Leistungszeit beinhaltet **zwei Zeitpunkte**, nämlich den der Fälligkeit und den der Erfüllbarkeit. **Fälligkeit** einer Forderung meint den Zeitpunkt, ab dem der Gläubiger die Leistung verlangen kann,⁵ der Schuldner also leisten muss. Die Fälligkeit ist Voraussetzung für den Schuldnerverzug und Anknüpfungspunkt für den Beginn der Verjährung. Vor Eintritt der Fälligkeit eines Anspruchs ist eine Leistungsklage als zurzeit unbegründet abzuweisen, falls nicht ausnahmsweise die speziellen Voraussetzungen einer Klage auf künftige Leistung (§§ 257, 258, 259 ZPO) gegeben sind. Die **Erfüllbarkeit** bezeichnet den Zeitpunkt, ab dem der Schuldner die Leistung bewirken darf,⁶ der Gläubiger sie also annehmen muss, wenn er nicht in Annahmeverzug geraten will. Sie ist auch von Bedeutung für die Frage, ab wann der Schuldner gegen die Forderung aufrechnen darf (vgl. dazu § 387 BGB).⁷ In einzelnen Fällen ist sie auch für Dritte relevant, die von einem Ablösungsrecht Gebrauch machen wollen. So setzen insbesondere §§ 1142 Abs. 1, 1223 Abs. 2 BGB für die Ablösung der Forderung durch den Grundstückseigentümer bzw. den Verpfänder voraus, dass der persönliche Schuldner zur Leistung berechtigt ist.

4

Fälligkeit und Erfüllbarkeit eines Anspruchs **fallen in der Regel zusammen** (vgl. § 271 Abs. 1 BGB). Die Erfüllbarkeit kann jedoch, wie § 271 Abs. 2 BGB zeigt, auch schon vor Fälligkeit gegeben sein. Umgekehrt liegt es bei den sog. **verhaltenen Ansprüchen**. Bei ihnen darf der Schuldner erst auf Verlangen des Gläubigers leisten, obwohl die Fälligkeit regelmäßig schon vorher gegeben ist.⁸ Jedoch hat die vor der Erfüllbarkeit liegende Fälligkeit nicht zur Folge, dass der Schuldner bereits leisten müsste (das darf er ja noch gar nicht!). Sie führt lediglich dazu, dass die Verjährung bereits zu laufen beginnt. Das Gesetz sieht verhaltene Ansprüche beispielsweise in den §§ 259 Abs. 2, 260 Abs. 2 BGB (eidesstattliche Versicherung), § 285 BGB (Herausgabe des Surrogats), § 368 BGB (Quittung), § 416 Abs. 3

5

---

¹ H.M.; vgl. nur *Hager* in: Schlechtriem/Schwenzer, Kommentar zum Einheitlichen UN-Kaufrecht, 5. Aufl. 2008, Art. 59 Rn. 3; *Herber/Czerwenka*, Internationales Kaufrecht, Art. 58 Rn. 12; *Magnus* in: Staudinger, Art. 58 CISG Rn. 31.
² *Schlechtriem*, Internationales UN-Kaufrecht, Rn. 219.
³ *Krüger* in: MünchKomm-BGB, § 271 Rn. 1.
⁴ Vgl. nur BGH v. 17.02.1971 - VIII ZR 4/70 - BGHZ 55, 340-344.
⁵ *Ebert* in: Erman, § 271 Rn. 1; *Grüneberg* in: Palandt, § 271 Rn. 1; *Krüger* in: MünchKomm-BGB, § 271 Rn. 2; *Stadler* in: Jauernig, § 271 Rn. 2.
⁶ *Ebert* in: Erman, § 271 Rn. 1; *Grüneberg* in: Palandt, § 271 Rn. 1; *Krüger* in: MünchKomm-BGB, § 271 Rn. 3; *Stadler* in: Jauernig, § 271 Rn. 3.
⁷ BGH v. 28.10.1971 - II ZR 49/70 - LM Nr. 50 zu § 387 BGB.
⁸ *Ebert* in: Erman, § 271 Rn. 1; *Grüneberg* in: Palandt, § 271 Rn. 1; *Krüger* in: MünchKomm-BGB, § 271 Rn. 4; *Stadler* in: Jauernig, § 271 Rn. 4.

§ 271

Satz 1 BGB (Mitteilung der Schuldübernahme), § 629 BGB (Freizeit zur Stellensuche), § 630 Satz 2 BGB (qualifiziertes Zeugnis) und in den §§ 695, 696 BGB (Rückforderungsrecht und Rücknahmeanspruch bei der Verwahrung) vor.

6   Die Leistungszeit im Sinne des § 271 BGB betrifft sowohl im Hinblick auf die Fälligkeit als auch in Bezug auf die Erfüllbarkeit den Zeitpunkt der **Leistungshandlung** und nicht den des Leistungserfolges.[9] Allerdings können die Parteien anderweitige Vereinbarungen treffen und die Rechtzeitigkeit der Leistung am Eintritt des Leistungserfolges orientieren.[10]

II. Keine gesetzliche oder vertragliche Bestimmung

7   Die Zeit der Leistung kann durch eine spezielle gesetzliche Norm oder durch eine vertragliche Vereinbarung bestimmt sein. In diesem Fall gilt die jeweilige Bestimmung. Ein Rückgriff auf § 271 Abs. 1 BGB kommt dann nicht in Betracht.

1. Gesetzliche Bestimmung

8   Fälle einer gesetzlichen Bestimmung der Leistungszeit enthalten insbesondere §§ 556b, 579 BGB (Mietzahlung), § 584 BGB (Kündigung des Pachtverhältnisses), § 604 BGB (Rückgabe bei der Leihe), §§ 488 Abs. 2, 609 BGB (Darlehenszinsen bzw. -entgelt), §§ 488 Abs. 3, 608 BGB (Rückerstattung des Darlehens), § 614 BGB (Vergütung beim Dienstvertrag), § 641 BGB (Vergütung beim Werkvertrag), §§ 695, 696, 699 BGB (Rückforderung, Rücknahmeanspruch und Vergütung bei der Verwahrung), § 721 BGB (Verteilung von Gewinn und Verlust bei der Gesellschaft), § 760 BGB (Entrichtung der Leibrente), §§ 1360a Abs. 2 Satz 2, 1361 Abs. 4 Satz 2, 1585 Abs. 1 Satz 2, 1612 Abs. 3 Satz 1 BGB (Zahlung von Unterhalt), § 2181 BGB (Erfüllung eines Vermächtnisses). Außerhalb des BGB finden sich Leistungszeitbestimmungen etwa in den §§ 14[11], 33 VVG[12] (Leistungen des Versicherers und Zahlung der Prämie beim Versicherungsvertrag), § 23 VerlG (Honorarzahlung), §§ 61-64 GKG (Gerichtskosten), § 7 KostO (Gebühren in Angelegenheiten der freiwilligen Gerichtsbarkeit), § 798 ZPO (Wartefrist für Vollstreckung), § 11 Satz 1 ZVG (Betagter Anspruch bei der Erlösverteilung nach einer Zwangsversteigerung), § 41 Abs. 1 InsO (Nicht fällige Forderungen bei der Verteilung der Insolvenzmasse), § 73 Abs. 2 Satz 2 GenG (Anspruch des ausscheidenden Genossen auf Auszahlung des Auseinandersetzungsguthabens),[13] § 23 SGB IV (Beitragszahlungen zur Krankenversicherung),[14] § 7 StBGebV (Vergütung des Steuerberaters)[15] sowie in § 8 RVG (Vergütung des Rechtsanwalts). Das Gesetz kann insbesondere auch vorsehen, dass die Fälligkeit des Anspruchs von einer Kündigung abhängt. Dies tut es etwa im Fall der §§ 488 Abs. 3, 608 BGB (Rückerstattung des Darlehens).

2. Vertragliche Bestimmung

a. Wirksamkeit

9   Vertragliche Leistungszeitbestimmungen sind **zulässig**, soweit das Gesetz keine zwingenden Vorgaben enthält. Sie sind aber nur wirksam, wenn der Fälligkeitszeitpunkt durch sie konkret bestimmt wird, sei es durch Festlegung eines Endtermins oder durch Bestimmung einer Frist, oder wenn er durch sie zumindest hinreichend bestimmbar festgelegt wird.[16] Vereinbarungen über die Leistungszeit können ausdrücklich oder stillschweigend getroffen werden. Bei einer Verwendung von **Allgemeinen Geschäftsbedingungen** sind die von §§ 307, 308 Nr. 1 BGB und, wenn Zug-um-Zug-Leistungen betroffen sind, § 309 Nr. 2 lit. a BGB gezogenen Grenzen zu beachten.[17] Insbesondere dürfen AGB nach

---

[9] *Bittner* in: Staudinger, § 271 Rn. 1; *Ebert* in: Erman, § 271 Rn. 3.

[10] *Bittner* in: Staudinger, § 271 Rn. 1; *Gernhuber*, Die Erfüllung und ihre Surrogate, 2. Aufl. 1994, § 3 II 1.

[11] Zur Reichweite dieser Vorschrift im Zusammenhang mit dem sog. Klinik-Card-Vertrag vgl. *Adam*, NJW 2011, 7-14, 12 f.

[12] Zum Inhalt und Bedeutung vgl. etwa OLG Köln v. 09.07.2010 - 20 U 51/10 - juris Rn. 20; OLG Köln v. 29.10.2010 - 20 U 100/10 - juris Rn. 18 f.; OLG Bamberg v. 10.11.2011 - 1 U 37/11 - juris Rn. 39; *Hadding*, VersR 2010, 697-706, 700.

[13] BGH v. 24.06.2002 - II ZR 256/01 - BGHReport 2002, 925-926.

[14] LG Hamburg v. 24.01.2003 - 303 O 357/02 - ZIP 2003, 544-545.

[15] OLG Dresden v. 29.01.2003 - 12 U 0805/02, 12 U 805/02 - StB 2003, 149-151.

[16] Vgl. auch *Bittner* in: Staudinger, § 271 Rn. 4; *Ebert* in: Erman, § 271 Rn. 8, 11; *Gernhuber*, Die Erfüllung und ihre Surrogate, 2. Aufl. 1994, § 3 III 4; *Krüger* in: MünchKomm-BGB, § 271 Rn. 7; *Stadler* in: Jauernig, § 271 Rn. 7.

[17] Vgl. dazu *Walchshöfer*, WM 1986, 1541-1545, 1541 ff.

§ 308 Nr. 1 BGB keine unangemessen langen oder nicht hinreichend bestimmten Fristen für die Erbringung einer Leistung vorsehen. Unzulässig ist danach z.B. eine Klausel, wonach der Verwender die Lieferung bis zu sechs Wochen über den individuell vereinbarten Liefertermin hinaus verschieben kann.[18] Hinreichend bestimmt ist eine Frist, sofern ein Durchschnittskunde die Fristdauer ohne Schwierigkeiten und ohne Rechtsberatung feststellen kann.[19] Entspricht eine Klausel diesen Anforderungen nicht und ist sie daher unwirksam, so gilt § 271 Abs. 1 BGB.[20]

b. Auslegung

Für die Auslegung von vertraglichen Leistungszeitbestimmungen sind die §§ 187-193 BGB heranzuziehen. Subsidiär kann außerdem auf die §§ 157, 242 BGB zurückgegriffen werden. Die Auslegung hat die Umstände des Einzelfalls und im Geschäftsverkehr insbesondere die Usancen der jeweiligen Branche zu berücksichtigen. So bedeutet die Zusicherung, gekaufte Möbel „baldigst" zu liefern, dass die Lieferung innerhalb eines Zeitraums von sechs bis acht Wochen erfolgen muss.[21] Die Klausel „schnellstmöglich" heißt, dass so schnell geliefert wird, wie es im ordnungsgemäßen Geschäftsgang des Schuldners tunlich ist.[22] Beim Verkauf eines Luxuswagens kann dies Lieferung innerhalb von zwölf Wochen bedeuten.[23] „Prompt" heißt pünktliche Lieferung im gewöhnlichen Geschäftsverkehr.[24] Bei einer Vereinbarung in einem Grundstückskaufvertrag bedeutet „zehn Tage nach „Absendung" der Mitteilung des Notars über das Vorliegen der Fälligkeitsvoraussetzungen", dass die Fälligkeit des Kaufpreises erst mit deren Zugang beim Käufer eintritt.[25] Im Handelsverkehr typisch sind sog. **Dokumentenklauseln**. Dazu zählt z.B. „Kasse gegen Faktura" bzw. „netto Kasse gegen Rechnung"; diese Klauseln bedeuten, dass Fälligkeit schon mit Aushändigung der Rechnung eintritt, ohne dass die Ware übergeben oder auch nur abgesendet sein muss, so dass der Käufer bei Empfang der Rechnung vorleistungspflichtig ist.[26] „Zahlung gegen Dokumente" bedeutet Fälligkeit bei Vorlage der Verladepapiere, etwa des Frachtbriefs,[27] und damit Leistungspflicht des Käufers ohne Rücksicht auf die Beschaffenheit der Ware. Das bedeutet nicht nur, dass der Käufer die Ware vor der Zahlung des Kaufpreises nicht untersuchen darf, und zwar auch nicht nach Eintreffen der Ware am Bestimmungsort; vielmehr ist ihm grundsätzlich verwehrt, dem Zahlungsanspruch Ansprüche oder Einwendungen wegen vertragswidriger Beschaffenheit der Ware entgegenzusetzen. Eine Grenze findet das Zahlungsverlangen des Gläubigers allerdings im Grundsatz von Treu und Glauben (§ 242 BGB).[28] Die Einräumung eines Zahlungsziels für den Besteller begründet eine Vorleistungspflicht des Unternehmers. Diese entfällt aber, wenn der Vertrag verschiedene nacheinander zu erbringende Leistungen vorsieht und die Vergütung für eine frühere Vorleistung noch nicht bezahlt ist.[29]

c. Übertragung der Bestimmung auf eine Partei oder einen Dritten

Die Parteien können die Leistungszeitbestimmung auch an eine Kündigung knüpfen[30] oder sie dem Schuldner, dem Gläubiger oder einem Dritten überlassen. Bei der Zeitbestimmung durch **Dritte** finden die §§ 317-319 BGB Anwendung. Darf der **Gläubiger** bestimmen, so gilt § 315 BGB; die Bestimmung muss daher billigem Ermessen entsprechen. Notfalls erfolgt sie durch Urteil (§ 315 Abs. 3 Satz 2 BGB). Ist das Bestimmungsrecht in das freie Belieben des Gläubigers gestellt, so wird seine Ausübung zumindest von § 242 BGB begrenzt.[31] Bedeutsamster Fall der Zeitbestimmung durch den Gläubiger ist

---

[18] BGH v. 28.06.1984 - VII ZR 276/83 - juris Rn. 19 - BGHZ 92, 24-30.
[19] *Wolf* in: Soergel, § 271 Rn. 8.
[20] *Ebert* in: Erman, § 271 Rn. 8; *Gernhuber*, Die Erfüllung und ihre Surrogate, 2. Aufl. 1994, § 3 III 4; *Krüger* in: MünchKomm-BGB, § 271 Rn. 7.
[21] OLG Nürnberg v. 13.11.1980 - 8 U 1237/80 - NJW 1981, 1104.
[22] *Gernhuber*, Die Erfüllung und ihre Surrogate, 2. Aufl. 1994, § 3 III 5; *Wolf* in: Soergel, § 271 Rn. 7.
[23] OLG Köln v. 31.07.1991 - 19 U 293/90 - NJW-RR 1992, 561.
[24] *Ebert* in: Erman, § 271 Rn. 8; *Gernhuber*, Die Erfüllung und ihre Surrogate, 2. Aufl. 1994, § 3 III 5.
[25] BGH v. 26.11.2004 - V ZR 119/04 - juris Rn.12 - MittBayNot 2005, 395-396.
[26] Vgl. dazu BGH v. 20.04.1988 - VIII ZR 1/87 - juris Rn. 10 - NJW 1988, 2608-2610.
[27] BGH v. 17.02.1971 - VIII ZR 4/70 - BGHZ 55, 340-344.
[28] BGH v. 27.01.1987 - VIII ZR 26/86 - juris Rn. 20 - NJW 1987, 2435-2437.
[29] OLG Düsseldorf v. 15.01.1993 - 22 U 172/92 - NJW-RR 1993, 1206-1207.
[30] Vgl. *Bittner* in: Staudinger, § 271 Rn. 9; *Ebert* in: Erman, § 271 Rn. 10; *Gernhuber*, Die Erfüllung und ihre Surrogate, 2. Aufl. 1994, § 3 IV 5; *Krüger* in: MünchKomm-BGB, § 271 Rn. 29; *Stadler* in: Jauernig, § 271 Rn. 8.
[31] *Bittner* in: Staudinger, § 271 Rn. 6; *Krüger* in: MünchKomm-BGB, § 271 Rn. 10.

der Kauf auf Abruf. Unterlässt der Gläubiger dabei den Abruf, gerät er in Annahmeverzug (vgl. § 295 BGB) und, da er beim Kauf zur Abnahme verpflichtet ist, auch in Schuldnerverzug. Auch eine Bestimmung durch den **Schuldner** ist an § 315 BGB zu messen. Praktische Bedeutung hat dies, wenn der Vertrag Formulierungen wie „umgehend", „möglichst bald" oder „in Kürze" enthält, um die Leistungspflicht des Schuldners zu beschreiben. Solche Klauseln gewähren dem Schuldner einen Spielraum, den er nach billigem Ermessen auszufüllen hat.[32] Ist die Leistungszeitbestimmung sogar in sein freies Belieben gestellt (z.B. durch Formulierungen wie „nach seiner Möglichkeit"), so hat er zumindest die Grenzen des § 242 BGB einzuhalten.[33] Eine unterlassene oder verzögerte Bestimmung kann zu einem Schadensersatzanspruch des Gläubigers wegen Schuldnerverzugs führen. Die Auslegung des Vertrags kann jedoch auch ergeben, dass das Bestimmungsrecht beim Verzug des Schuldners auf den Gläubiger übergeht.[34]

3. Speziell: Die Stundung

a. Begriff

12 Eine Bestimmung der Leistungszeit kann namentlich durch **Stundung** erfolgen. Stundung ist das Hinausschieben der Fälligkeit einer Forderung bei bestehenbleibender Erfüllbarkeit.[35] Sie verschafft dem Schuldner eine Einrede[36] und schließt den Schuldnerverzug für ihre Dauer aus.[37] Die Stundung beruht regelmäßig auf einer vertraglichen Vereinbarung, doch sind auch gesetzliche Moratorien (vor allem in Krisenzeiten) und richterliche Stundungen denkbar (vgl. dazu Rn. 23). Keine Stundung ist das **pactum de non petendo**, das das Versprechen des Gläubigers enthält, eine bereits fällige Forderung zeitweise nicht geltend zu machen.[38] Seine Wirkungen können unterschiedlich sein: Soll nur die prozessuale Geltendmachung ausgeschlossen sein, so gewährt das pactum de non petendo dem Schuldner eine prozesshindernde Einrede, mit der Folge, dass die Klage als zurzeit unzulässig abgewiesen wird.[39] Möglich ist allerdings auch, dass die materiellrechtliche Durchsetzung der Forderung beschränkt und dem Schuldner eine materielle Einrede gewährt werden soll; in diesem Fall ist eine Klage als zurzeit unbegründet abzuweisen. In jedem Fall wird aber nicht die Fälligkeit der Forderung, sondern lediglich ihre Durchsetzbarkeit berührt.[40] Eine Stundung ist im Zweifel auch dann nicht gegeben, wenn der Gläubiger **verspricht**, aus einem Titel bis zum Eintritt der Rechtskraft **nicht zu vollstrecken**. Eine solche Abrede ist in der Regel rein vollstreckungsrechtlicher Natur[41] und ändert nichts an der Fälligkeit der Forderung und einem möglichen Verzug. Nur in besonderen Fällen kann sie auch eine Stundung enthalten, so etwa wenn der Vermieter dem vorläufig vollstreckbar zur Räumung und Herausgabe von Gewerberaum verurteilten Mieter in einem außergerichtlichen Vergleich eine Räumungsfrist bewilligt.[42] Ebenfalls keine Stundung ist die **Zeitbestimmung** im Sinne des § 163 BGB. Durch sie wird nämlich das Wirksamwerden der Verpflichtung und nicht erst ihre Fälligkeit hinausgeschoben.[43] Auch eine **Skontoabrede** begründet in der Regel keinen Aufschub der Fälligkeit.[44] Dadurch soll regelmäßig nur ein wirtschaftlicher Anreiz zur baldigen Zahlung geschaffen werden.[45] Ebenso liegt eine Stundungsabrede nicht vor, wenn die Vertragsparteien den Zahlungszeitpunkt so festlegen, dass eine **Zug-um-Zug-Ab-**

---

[32] *Alff* in: BGB-RGRK, § 271 Rn. 5; *Ebert* in: Erman, § 271 Rn. 8; *Grüneberg* in: Palandt, § 271 Rn. 4; *Wolf* in: Soergel, § 271 Rn. 7.
[33] *Alff* in: BGB-RGRK, § 271 Rn. 5; *Bittner* in: Staudinger, § 271 Rn. 6; *Gernhuber*, Die Erfüllung und ihre Surrogate, 2. Aufl. 1994, § 3 IV 6 b; *Grüneberg* in: Palandt, § 271 Rn. 6.
[34] *Grüneberg* in: Palandt, § 271 Rn. 6.
[35] Vgl. dazu nur BGH v. 25.03.1998 - VIII ZR 298/97 - juris Rn. 10 - LM ZPO § 4 Nr. 26 (2/1999).
[36] *Krüger* in: MünchKomm-BGB, § 271 Rn. 21.
[37] *Wolf* in: Soergel, § 271 Rn. 14.
[38] *Grüneberg* in: Palandt, § 271 Rn. 13; *Krüger* in: MünchKomm-BGB, § 271 Rn. 18; *Stadler* in: Jauernig, § 271 Rn. 12; abweichend *Gernhuber*, Die Erfüllung und ihre Surrogate, 2. Aufl. 1994, § 3 V 2 a.
[39] BGH v. 14.06.1989 - IVa ZR 180/88 - juris Rn. 10 - NJW-RR 1989, 1048-1049.
[40] Insoweit abweichend *Krüger* in: MünchKomm-BGB, § 271 Rn. 18.
[41] BGH v. 11.12.1967 - III ZR 115/67 - LM Nr. 34 zu § 767 ZPO.
[42] Vgl. dazu etwa BGH v. 29.04.1987 - VIII ZR 258/86 - juris Rn. 34 - LM Nr. 36 zu § 157 (Ge) BGB.
[43] *Ebert* in: Erman, § 271 Rn. 13; *Grüneberg* in: Palandt, § 271 Rn. 13; *Stadler* in: Jauernig, § 271 Rn. 12.
[44] *Nehls*, WM 1995, 1657-1660, 1657 ff.
[45] *Bittner* in: Staudinger, § 271 Rn. 12; *Krüger* in: MünchKomm-BGB, § 271 Rn. 22.

wicklung der beiderseitigen Pflichten gewährleistet ist. Hier haben die Parteien eine Fälligkeitsbestimmung vorgenommen. Sie schiebt den Leistungszeitpunkt nicht hinaus, sondern regelt ihn.[46] Wie eine getroffene Vereinbarung einzuordnen ist, ist eine Frage der Auslegung.

b. Zustandekommen

Eine **vertragliche Stundung** kann bei Vertragsschluss[47] oder nachträglich vereinbart werden. Im letzteren Fall handelt es sich um eine Vertragsänderung, die im Fall eines formbedürftigen Geschäfts selbst der entsprechenden Form bedarf.[48] Ein solcher Fall liegt etwa dann vor, wenn der Grundstückskaufpreis nachträglich gestundet werden soll.[49] Stundungen können sowohl ausdrücklich als auch stillschweigend vereinbart werden.[50] Eine stillschweigende Stundung ist nach h.M. bei der Annahme der Leistung erfüllungshalber anzunehmen. Doch bestehen gegen diese Einordnung Bedenken (vgl. die Kommentierung zu § 364 BGB Rn. 15). Richtig ist allerdings, dass der Gläubiger auf die ursprüngliche Forderung erst dann zurückgreifen darf, wenn die Befriedigung aus dem erfüllungshalber hingegebenen Gegenstand misslingt, und dass dem Schuldner insoweit eine materiellrechtliche Einrede (und nicht nur ein Ausschluss der Klag- oder Vollstreckbarkeit) zur Seite steht. Im Übrigen kann mit einer Leistung erfüllungshalber durchaus eine Stundung verbunden werden, etwa bei einem Dreimonatsakzept.[51] Für eine später mögliche Stundung kann sich eine Bank in einem Kreditvertrag bereits im Voraus eine Vergütung in Form eines gesonderten Zinsanspruchs und einer Bearbeitungsgebühr versprechen lassen; eine derartige Vereinbarung ist auch in Allgemeinen Geschäftsbedingungen zulässig.[52]

13

c. Beendigung

Die Stundung endet zu dem **vereinbarten oder** dem **vom Gesetz angeordneten Zeitpunkt**. Ist die Forderung auf unbestimmte Zeit gestundet, so ist der Gläubiger im Zweifel berechtigt, die Zeit der Leistung nach billigem Ermessen (§§ 315, 316 BGB) zu bestimmen.[53] Bei einer Stundung bis zur Besserung der wirtschaftlichen Lage des Schuldners muss dieser ab Eintritt der Besserung unaufgefordert seiner Leistungspflicht nachkommen und gegebenenfalls auch Ratenzahlung anbieten.[54] Haben die Parteien die Stundung bis zu einem bestimmten Ereignis vereinbart (etwa Weiterverkauf der Ware, Zahlung der Abnehmer des Käufers, Regulierung des Schadens, usw.), so endet sie, wenn das Ereignis nicht in angemessener Frist eintritt oder wenn sie nicht mehr eintreten kann.[55] Bei Dauerschuldverhältnissen ist die Stundung in der Regel auf die Dauer des Bestehens des Vertragsverhältnisses beschränkt; die Stundung von Arbeitsentgelt endet daher regelmäßig, wenn der Arbeitnehmer ausscheidet.[56] Der Gläubiger kann die Stundungsvereinbarung ferner nach den Regeln über den **Wegfall der Geschäftsgrundlage** (§ 313 BGB) widerrufen und die Leistung sofort verlangen, wenn sich die Verhältnisse oder das Verhalten des Schuldners ändern und dem Gläubiger ein Festhalten an der Stundung nicht zugemutet werden kann, so etwa, wenn der Schuldner die Schuld bestreitet[57] bzw. ihre Durchsetzung auf sonstige Weise gefährdet[58] oder wenn sich seine Vermögensverhältnisse wesentlich verschlechtern.[59] Bei einer bereits bei Vertragsschluss vereinbarten Stundung kann insoweit auch § 321 BGB helfen, der aber nur eine Einrede gewährt und voraussetzt, dass der Gläubiger seinerseits noch nicht geleistet hat.

14

---

[46] BGH v. 02.04.2004 - V ZR 105/03 - juris Rn. 9 - WM 2004, 2183-2184.
[47] Vgl. dazu BGH v. 25.03.1998 - VIII ZR 298/97 - juris Rn. 10 - LM ZPO § 4 Nr. 26 (2/1999).
[48] *Ebert* in: Erman, § 271 Rn. 11; *Grüneberg* in: Palandt, § 271 Rn. 14; *Krüger* in: MünchKomm-BGB, § 271 Rn. 21.
[49] BGH v. 06.11.1981 - V ZR 138/80 - juris Rn. 16 - NJW 1982, 434-435.
[50] Vgl. BGH v. 09.12.1982 - III ZR 182/81 - juris Rn. 17 - BGHZ 86, 98-104.
[51] Vgl. BGH v. 30.10.1985 - VIII ZR 251/84 - juris Rn. 39 - BGHZ 96, 182-198.
[52] BGH v. 19.09.1985 - III ZR 213/83 - juris Rn. 33 - BGHZ 95, 362-374.
[53] BGH v. 24.10.1990 - VIII ZR 305/89 - juris Rn. 14 - NJW-RR 1991, 822-823.
[54] BGH v. 26.05.1975 - III ZR 76/72 - WM 1975, 974.
[55] Vgl. nur BGH v. 14.05.1992 - III ZR 48/91 - juris Rn. 11 - NJW-RR 1992, 1140-1141; OLG Oldenburg v. 20.12.1995 - 2 U 167/95 - juris Rn. 35 - NJW-RR 1997, 785-786.
[56] LArbG Berlin-Brandenburg v. 17.02.2012 - 10 Sa 1734/11 - juris Rn. 32.
[57] BGH v. 05.03.1981 - III ZR 115/80 - juris Rn. 17 - LM Nr. 27 zu § 242 (Bc) BGB; OLG Saarbrücken v. 21.07.2005 - 8 U 714/04 - 192, 8 U 714/04 - juris Rn. 16 - OLGR Saarbrücken 2005, 769-770.
[58] KG v. 31.03.2008 - 12 U 123/07 - juris Rn. 20.
[59] BGH v. 29.05.1974 - IV ZR 65/72 - WM 1974, 838.

§ 271

Sog. **Vorfälligkeitsklauseln**, die bei einer nicht rechtzeitigen Zahlung von Raten die gesamte Restforderung fällig stellen, sind nur bei schuldhaftem Zahlungsrückstand des Schuldners wirksam[60] und müssen deshalb in der Regel so ausgelegt werden, dass sie bei fehlendem Verschulden nicht gelten[61].

4. Wirkung der Bestimmung (Absatz 2)

15 Nach der Auslegungsregel[62] des § 271 Abs. 2 BGB wirkt eine (gesetzliche oder vertragliche) Bestimmung der Leistungszeit **im Zweifel nur zu Gunsten des Schuldners**. Die Forderung ist vor der bestimmten Zeit also nicht fällig, wohl aber erfüllbar, d.h. der Gläubiger kann die Leistung zwar nicht vom Schuldner verlangen, dieser darf sie aber bereits bewirken bzw. sie in einer den Annahmeverzug begründenden Weise anbieten. Auch kann der Schuldner schon gegen die Forderung des Gläubigers aufrechnen, denn zur Aufrechnung muss die Forderung, mit der aufgerechnet wird, fällig und diejenige, gegen die aufgerechnet wird, erfüllbar sein (vgl. dazu die Kommentierung zu § 387 BGB Rn. 38 ff., Rn. 60 (Kommentierung zu § 387 BGB Rn. 60) ff.).[63]

16 Als Auslegungsregel gilt § 271 Abs. 2 BGB allerdings nur subsidiär. Er greift daher nicht ein, wenn sich aus dem Gesetz, einer Parteivereinbarung oder den Umständen etwas anderes ergibt. Eine **abweichende Regelung** ist grundsätzlich dann anzunehmen, wenn die Zeitbestimmung auch im Interesse des Gläubigers besteht, etwa wenn dieser durch die vorzeitige Leistung ein vertragliches Recht verliert.[64] Deutlich zum Ausdruck kommt dies in § 488 Abs. 3 BGB. Aus dieser Vorschrift folgt, dass ein verzinsliches Darlehen nicht vorzeitig zurückgezahlt werden darf, ohne dass dem Schuldner ein Kündigungsrecht zur Verfügung steht.[65] Demgegenüber ist bei Teilzahlungsgeschäften zwischen einem Unternehmer und einem Verbraucher Letzterem ein Recht zur vorzeitigen Erfüllung eingeräumt worden (§ 500 Abs. 2 BGB), vom dem die Parteien auch nicht durch eine Parteivereinbarung abweichen können (§ 511 BGB). Ist für ein Darlehen ein Auszahlungsdatum vereinbart, so ist der Darlehensgeber im Zweifel trotz der Vereinbarung nicht an einer früheren Auszahlung gehindert; dies hat zur Folge, dass zulässigerweise als Zinsbeginn bei einer Sicherungshypothek der Tag der Bestellung und Bewilligung eingetragen werden kann, auch wenn das vereinbarte Auszahlungsdatum später liegt.[66] Kein Recht zur vorzeitigen Leistung besteht bei Baudarlehen mit Wohnungsbelegungsrechten,[67] bei Sparguthaben,[68] Wechsel-[69] und Hypothekenforderungen sowie bei Grundschulden.[70] Bei Ruhegehalts- und Unterhaltsansprüchen ist eine Vorauszahlung nur für eine angemessene Zeit (6 Monate) zulässig,[71] denn es ist weder verkehrsüblich, ohne Vereinbarung der Anspruch auf eine monatlich zu zahlende Leistung etwa auf Jahre im Voraus zu erfüllen, noch entspricht es dem Zweck derartiger Leistungen und den schutzwürdigen Belangen des Berechtigten, diesen zur Entgegennahme von Vorauszahlungen zu nötigen. Auch im Übrigen sind Einschränkungen der vorzeitigen Erfüllung denkbar. So dürfen etwa Warenschuldner Saisonartikel nicht vor Beginn der im Handel üblichen Umschichtung des Warenlagers liefern.[72] Ob ein Mieter berechtigt ist, die Mietsache vor Beendigung des Mietverhältnisses zurückzugeben, hat der BGH bislang offen gelassen.[73]

---

[60] BGH v. 30.10.1985 - VIII ZR 251/84 - juris Rn. 32 - BGHZ 96, 182-198.
[61] BGH v. 19.06.1985 - VIII ZR 238/84 - juris Rn. 20 - LM Nr. 1 zu § 11 Nr. 15b AGBG.
[62] Vgl. BGH v. 24.04.1975 - III ZR 147/72 - juris Rn. 25 - BGHZ 64, 278-288.
[63] Vgl. BGH v. 24.10.1962 - V ZR 1/61 - juris Rn. 34 - BGHZ 38, 122-130.
[64] BGH v. 16.06.1993 - XII ZR 6/92 - juris Rn. 13 - BGHZ 123, 49-58.
[65] A.A. jetzt *Knops*, VuR 2001, 239-245, 239 ff.
[66] BayObLG München v. 15.04.2004 - 2Z BR 079/04 - juris Rn. 11 - NJW-RR 2004, 1643-1644.
[67] Vgl. auch BGH v. 15.01.1970 - III ZR 212/66 - LM Nr. 2 zu § 609 BGB.
[68] BGH v. 24.04.1975 - III ZR 147/72 - juris Rn. 25 - BGHZ 64, 278-288.
[69] BGH v. 29.09.1969 - II ZR 51/67 - juris Rn. 10 - LM Nr. 1 zu Art 18 WG.
[70] *Bittner* in: Staudinger, § 271 Rn. 23; *Ebert* in: Erman, § 271 Rn. 16; *Grüneberg* in: Palandt, § 271 Rn. 11; *Krüger* in: MünchKomm-BGB, § 271 Rn. 35.
[71] BGH v. 16.06.1993 - XII ZR 6/92 - juris Rn. 14 - BGHZ 123, 49-58.
[72] *Gernhuber*, Die Erfüllung und ihre Surrogate, 2. Aufl. 1994, § 3 I 6 b; *Krüger* in: MünchKomm-BGB, § 271 Rn. 35.
[73] Vgl. zuletzt BGH v. 12.10.2011 - VIII ZR 8/11 - juris Rn. 19.

III. Keine Ableitung aus den Umständen

1. Allgemeines

Ist die Leistungszeit nicht gesetzlich bestimmt oder vertraglich vereinbart, so ist zu prüfen, ob sich aus den Umständen ableiten lässt, wann der Schuldner die Leistung zu erbringen hat. Zu den zu berücksichtigenden Umständen gehört ebenso wie bei § 269 BGB etwa die **Natur des Schuldverhältnisses**, ferner der mutmaßliche Wille der Parteien, die Art der Leistung und die Verkehrssitte.[74]

2. Einzelfälle

Aus den Umständen ergibt sich, dass dem Unternehmer beim **Werkvertrag** (§ 631 BGB) der für die Erstellung des Werks nötige Zeitraum eingeräumt ist.[75] Dabei hat der Unternehmer im Zweifel alsbald nach Vertragsschluss mit den Arbeiten zu beginnen und sie in angemessener Zeit zügig zu Ende zu führen. Mit Ablauf der angemessenen Fertigstellungsfrist tritt Fälligkeit ein.[76] Bedarf die Erbringung der geschuldeten Leistung jedoch einer Genehmigung, wie etwa der Baugenehmigung, so hängt der Eintritt der Fälligkeit von der Erteilung der Genehmigung ab.[77] Kann der Gläubiger neben der Herstellung einer auf seine Bedürfnisse zugeschnittenen Software die Lieferung einer zum Betrieb der Software notwendigen Dokumentation fordern, so wird dieser Anspruch erst nach Herstellung des Werkes, d.h. nach Abschluss der Arbeiten am System fällig.[78] Die Fälligkeit des Vergütungsanspruchs aus einem **Dienstvertrag** richtet sich auch dann nach § 614 BGB, wenn dieser auf die Erbringung von Pflegediensten gerichtet ist; die Fälligkeit ist damit unabhängig davon, ob eine private Pflegeversicherung besteht, wann ein Antrag auf Erstattung gestellt oder diese geleistet wird.[79] Beim Anspruch auf **Enteignungsentschädigung** ist die Fälligkeit um den Zeitraum hinausgeschoben, den die behördliche Festsetzung in Anspruch nimmt.[80] Bei einem Anspruch auf **Erschließungskosten** tritt die Fälligkeit ein, sobald die Kosten abschließend abgerechnet und auf die Grundstückserwerber umgelegt werden können.[81] Wird die Fälligkeit des **Grundstückskaufpreises** von der Vorlage eines Bauvorbescheides abhängig gemacht, so ist nach den konkreten Umständen des Einzelfalls zu bestimmen, welche Anforderungen an den Bauvorbescheid als Fälligkeitsvoraussetzung zu stellen sind.[82] Im Rahmen eines **Arbeitsvertrages** ist der Anspruch auf Zahlung einer Weihnachtsgratifikation rechtzeitig vor Weihnachten zu erfüllen. Abfindungsansprüche eines Arbeitnehmers werden erst mit dem Ausscheiden aus dem Betrieb fällig.[83] Wird die Pflicht zur Zahlung einer Abfindung gemäß §§ 9, 10 KSchG durch Urteil ausgesprochen, so wird der Abfindungsanspruch ohne Rücksicht auf die Rechtskraft bereits unmittelbar durch die richterliche Festsetzung fällig, frühestens allerdings mit dem (im Urteil festgesetzten) Ende des Arbeitsverhältnisses.[84] Für den Anspruch des Arbeitnehmers auf Jubiläumszuwendung tritt die Fälligkeit im Monat der Vollendung des Betriebsjubiläums ein.[85] Annahmeverzugslohnansprüche werden nicht mit Erhebung der Kündigungsschutzklage fällig[86], sondern in dem Zeitpunkt, in dem der Lohn bei vertragsgemäßer Abwicklung fällig werden würde.[87] Der Anspruch auf Rückzahlung der Kaution aus einem

---

[74] *Alff* in: BGB-RGRK, § 271 Rn. 3; *Grüneberg* in: Palandt, § 271 Rn. 9; *Stadler* in: Jauernig, § 271 Rn. 13.
[75] Vgl. dazu *Kühne*, BB 1988, 711-715, 713.
[76] BGH v. 08.03.2001 - VII ZR 470/99 - juris Rn. 8 - LM BGB § 271 Nr. 8 (1/2002).
[77] BGH v. 21.03.1974 - VII ZR 139/71 - LM Nr. 20 zu § 284 BGB.
[78] BGH v. 20.02.2001 - X ZR 9/99 - juris Rn. 11 - LM BGB § 631 Nr. 97 (10/2001).
[79] OLG Düsseldorf v. 15.12.2009 - I-24 U 80/09 - juris Rn. 11.
[80] Vgl. BGH v. 21.06.1965 - III ZR 8/64 - juris Rn. 21 - BGHZ 44, 52-59.
[81] BGH v. 28.09.1989 - VII ZR 298/88 - juris Rn. 13 - LM Nr. 20 zu § 198 BGB.
[82] OLG Zweibrücken v. 28.04.1998 - 8 U 93/97 - juris Rn. 49 - OLGR Zweibrücken 1998, 359-361.
[83] BAG v. 29.11.1983 - 1 AZR 523/82 - juris Rn. 20 - NJW 1984, 1650-1651; BAG v. 15.07.2004 - 2 AZR 630/03 - juris Rn. 22 - NJW 2005, 171-173; LArbG Düsseldorf v. 23.05.1989 - 16 Sa 475/89 - DB 1989, 2031-2032; vgl. auch LArbG Hannover v. 12.09.2003 - 16 Sa 621/03 - juris Rn. 37 - Bibliothek BAG; offen lassend OLG Köln v. 11.09.1985 - 2 W 107/85 - NJW-RR 1986, 159. S. dazu auch *Klar*, NZA 2003, 543-546, 546, der davon ausgeht, dass die in einem arbeitsgerichtlichen Vergleich vereinbarte Pflicht zu Zahlung einer Abfindung frühestens mit Beendigung des Arbeitsverhältnisses fällig wird.
[84] BAG v. 9.12.1987 - 4 AZR 561/87 - juris Rn. 16 - NZA 1988, 329-330, ArbuR 2007, 156.
[85] LArbG Hamm v. 21.03.2003 - 15 SA 1207/02 - juris Rn. 34.
[86] *Temming*, jurisPR-ArbR 20/2011, Anm. 2
[87] BAG v. 10.04.1963 - 4 AZR 95/62 - NJW 1963, 1517-1518; BAG v. 07.11.1991 - 2 AZR 159/91 - NZA 1992, 1025-1028; *Preis* in: ErfKomm, § 615 Rn. 80.

Mietvertrag wird erst nach Feststellung möglicher Gegenansprüche des Vermieters fällig,[88] spätestens aber mit Ablauf einer angemessenen Frist zur Prüfung und Abrechnung noch offener Ansprüche;[89] diese Frist ist jedoch nicht starr, sondern bemisst sich nach den Umständen des Einzelfalls.[90] Im fortbestehenden Mietverhältnis werden für den Mieter einer Wohnung die auf ihn abgewälzten Schönheitsreparaturen erst fällig, wenn ohne deren Ausführung die Mietsache in ihrer Substanz gefährdet wird.[91] Die Fälligkeit einer Betriebskostennachforderung ist unabhängig vom Lauf der Einwendungsfrist gemäß § 556 Abs. 3 Satz 5 BGB,[92] sie setzt aber eine formell ordnungsgemäße Abrechnung voraus;[93] Eine Prüfzeit billigt der BGH dem Mieter nicht zu.[94] Ist die Abrechnung nur einem von mehreren Gesamtschuldnern zugegangen, so tritt Fälligkeit nur diesem gegenüber ein.[95] Eine **Bürgschaftsforderung** wird grundsätzlich gemeinsam mit der Hauptforderung fällig; eine ausdrückliche Zahlungsaufforderung durch den Gläubiger ist nicht erforderlich.[96] Bei der Ausfallbürgschaft ist Fälligkeit gegeben, sobald der Gläubiger mit seiner gesicherten Forderung beim Hauptschuldner ausfällt; auch hier ist nicht notwendig, dass der Gläubiger seinen Ausfall beim Bürgen geltend macht.[97] Bei **Freistellungsansprüchen** kann sich aus den Umständen ergeben, dass sie erst dann fällig werden, wenn für den Anspruch, von dem freigestellt werden soll, Fälligkeit eintritt; das gilt etwa dann, wenn ungewiss ist, ob und in welcher Höhe dieser Anspruch überhaupt besteht.[98] Hingegen kann beim **Kauf eines** beim Händler noch **nicht vorrätigen Neufahrzeugs** nicht ohne weiteres aus den Umständen abgeleitet werden, dass eine Lieferfrist bestimmt und die Fälligkeit der Lieferverpflichtung damit hinausgeschoben ist; dass der Händler diese mangels eigener Belieferung durch den Hersteller noch nicht erfüllen kann, ändert daran nichts.[99] Im Übrigen kann sich aus den Umständen gerade auch eine **Pflicht zur sofortigen Leistung** ergeben. So muss der Verkäufer beispielsweise sofort leisten, wenn der Käufer sich im Supermarkt Waren zum Mitnehmen aussucht, an der Abendkasse Theaterkarten ersteht oder am Eingangstor des Stadions Eintrittskarten für die sogleich stattfindende Sportveranstaltung erwirbt.[100]

3. Rechnungserteilung

19 Allein aus der Tatsache, dass nach den steuerrechtlichen Vorschriften (vgl. § 14 UStG)[101] oder nach der Verkehrssitte eine Rechnung beansprucht werden kann, lässt sich grundsätzlich nicht ableiten, dass die Fälligkeit hinausgeschoben sein soll. Die Rechnungserteilung ist regelmäßig **keine Fälligkeitsvoraussetzung**;[102] denn sonst hätte es der Gläubiger in der Hand, den Beginn der Verjährung durch den

---

[88] Vgl. LG Stuttgart v. 25.02.1977 - 6 S 346/76 - juris Rn. 13 - NJW 1977, 1885-1886.
[89] Vgl. BGH v. 01.07.1987 - VIII ARZ 2/87 - BGHZ 101, 244 - NJW 1987, 2372; BGH v. 18.01.2006 - VIII ZR 71/05 - juris Rn. 9 - NJW 2006, 1422; OLG Düsseldorf v. 22.04.2005 - 24 W 16/05 - NZM 2005, 783; AG Erfurt v. 09.06.2010 - 5 C 30/10 - juris Rn. 15 ff.
[90] Vgl. BGH v. 01.07.1987 - VIII ARZ 2/87 - BGHZ 101, 244 - NJW 1987, 2372; BGH v. 18.01.2006 - VIII ZR 71/05 - juris Rn. 9 - NJW 2006, 1422; AG Erfurt v. 09.06.2010 - 5 C 30/10 - juris Rn. 20.
[91] LG Berlin v. 14.11.1996 - 61 S 309/95 - NJW-RR 1997, 968; vgl. auch BGH v. 30.05.1990 - VIII ZR 207/89 - NJW 1990, 2376-2377.
[92] Wolbers, NZM 2010, 841-848, 844.
[93] BGH v. 08.03.2006 - VIII ZR 78/05 - juris Rn. 20 - NZM 2006, 340; Wolbers, NZM 2010, 841-848, 844.
[94] BGH v. 08.03.2006 - VIII ZR 78/05 - NZM 2006, 340; vgl. auch Wolbers, NZM 2010, 841-848, 848.
[95] BGH v. 28.04.2010 - VIII ZR 263/09 - NJW 2010, 1965; Wolbers, NZM 2010, 841-848, 844.
[96] BGH v. 29.01.2008 - XI ZR 160/07 - juris Rn. 24 - NJW 2008, 1729-1732; BGH v. 08.07.2008 - XI ZR 230/07 - juris Rn. 18 - NJW-RR 2009, 378-380 (jedenfalls für den Fall der selbstschuldnerischen Bürgschaft); OLG Karlsruhe v. 20.11.2007 - 17 U 89/07 - juris Rn. 12 - WM 2008, 631-632; OLG Hamm v. 14.12.2006 - 23 U 16/06 - juris Rn. 12 - BauR 2007, 1265-1267 (auch für die „normale" Bürgschaft); zur Frage, in welchen Fällen sich aus AGB etwas anderes ergeben kann, vgl. OLG Frankfurt v. 21.02.2007 - 17 U 153/06 - juris Rn. 27 - WM 2007, 1369-1371; OLG München v. 20.07.2006 - 19 U 3419/06 - juris Rn. 20 - WM 2006, 1813-1814; OLG Dresden v. 03.11.2010 - 12 U 782/10.
[97] LG Berlin v. 05.06.2007 - 4 O 3/07 - juris Rn. 19, 31.
[98] BGH v. 11.04.1984 - VIII ZR 302/82 - juris Rn. 46 - BGHZ 91, 73-83.
[99] OLG München v. 12.11.1991 - 25 U 4121/91 - NJW-RR 1992, 818-820.
[100] Bittner in: Staudinger, § 271 Rn. 14.
[101] Vgl. dazu auch BGH v. 02.12.1992 - VIII ZR 50/92 - juris Rn. 15 - LM UStG 1991 § 14 Nr. 1 (7/1993).
[102] BGH v. 18.12.1980 - VII ZR 41/80 - juris Rn. 13 - BGHZ 79, 176-180; OLG Oldenburg v. 21.01.2009 - 5 U 24/08 - juris Rn. 17 - MDR 2009, 370-371; OLG Koblenz v. 06.09.2001 - 5 U 219/01 - juris Rn. 34 - GuT 2002, 52.

Zeitpunkt der Rechnungserteilung zu beeinflussen.[103] Der Schuldner wird dadurch nicht unzumutbar belastet; er ist ausreichend dadurch geschützt, dass er vor der Erteilung der Rechnung ein Zurückbehaltungsrecht (§ 273 BGB) hat[104] und einen eventuellen Verzögerungsschaden unter dem Gesichtspunkt des Schuldnerverzugs (§§ 280 Abs. 1, 2, 286 BGB) ersetzt verlangen kann.[105] Etwas anderes gilt allerdings für sog. **konstitutive Rechnungen**, z.B. die des Werkunternehmers (§ 16 Abs. 3 Nr. 1 VOB/B),[106] des Architekten (§ 15 Abs. 1 HOAI),[107] des Rechtsanwaltes (§ 10 Abs. 1 Satz 1 RVG) und des Arztes (§ 12 Abs. 1 GOÄ)[108], ferner für Rechnungen über Ansprüche der Vermieter für Heiz- und sonstige Nebenkosten,[109] über Nachforderungsansprüche von Versorgungsunternehmen,[110] über Ansprüche des Golfplatzbetreibers auf Zahlung einer Betriebskostenumlage[111] sowie über Entsorgungsentgelte aufgrund eines Anschluss- und Benutzungszwangs.[112] In diesen besonderen Fällen wird die Forderung erst fällig, wenn eine prüfbare Rechnung erteilt worden ist, da der Schuldner die Forderungshöhe ohne Rechnung gar nicht selbst ermitteln kann. Das gilt vor allem dann, wenn Gesetz (vgl. etwa § 10 RVG), Handelsbrauch oder Verkehrssitte die Ermittlung des Schuldbetrags ausdrücklich dem Gläubiger zuweisen.[113] Der Eintritt der Fälligkeit setzt jedoch entgegen einer in Rechtsprechung und Schrifttum vertretenen Auffassung[114] nicht voraus, dass nach Erteilung der Abrechnung zunächst eine angemessene Frist zu ihrer Überprüfung verstrichen ist.[115]

D. Rechtsfolgen

Ist die Leistungszeit weder gesetzlich oder vertraglich bestimmt noch aus den Umständen zu entnehmen, so ist der Anspruch auf die Leistung gemäß § 271 Abs. 1 BGB **sofort fällig und erfüllbar**. Der Begriff „sofort" ist nicht gleichbedeutend mit dem Begriff „unverzüglich" im Sinne von § 121 BGB. Während dieser die Berücksichtigung subjektiver Elemente gestattet und insbesondere eine angemessene Überlegungsfrist zubilligt, ist der Begriff „sofort" rein objektiv zu verstehen und an der Art des Schuldverhältnisses und den sonstigen Umständen zu messen. Der Schuldner muss demgemäß so schnell leisten, wie ihm das nach objektiven Maßstäben – unter Berücksichtigung einer etwa erforderlichen Vorbereitungszeit – möglich ist.[116] Bei der Festlegung des genauen Zeitpunkts (Tageszeit) ist § 242 BGB zu beachten. Es darf daher nicht zu unpassender Zeit geleistet werden.[117] Im Handelsverkehr ist die Leistung gemäß § 358 HGB während der gewöhnlichen Geschäftszeit zu erbringen. Das gilt auch für Nichtkaufleute (vgl. § 345 HGB). Bei Dauerschuldverhältnissen bezieht sich „sofort" auf den Beginn der Leistungshandlung.[118] 20

Leistet der Schuldner trotz Fälligkeit nicht, so führt dies bei Vorliegen der übrigen gesetzlichen Voraussetzungen zum **Schuldnerverzug** (§ 286 BGB). Liegt ein absolutes Fixgeschäft vor, dann begründet die Nichteinhaltung der Leistungszeit dauernde **Unmöglichkeit**;[119] beim relativen Fixgeschäft 21

---

[103] *Ebert* in: Erman, § 271 Rn. 4; *Krüger* in: MünchKomm-BGB, § 271 Rn. 19.
[104] OLG München v. 25.09.1987 - 7 W 2791/87 - NJW 1988, 270-271.
[105] BGH v. 12.12.1990 - VIII ZR 35/90 - juris Rn. 8 - NJW-RR 1991, 793-794.
[106] BGH v. 20.10.1988 - VII ZR 302/87 - juris Rn. 13 - BGHZ 105, 290-299.
[107] Vgl. BGH v. 19.06.1986 - VII ZR 221/85 - juris Rn. 9 - LM Nr. 38 zu § 816 BGB; OLG Frankfurt v. 02.03.2007 - 24 U 70/06 - juris Rn. 29.
[108] OLG Hamburg v. 11.03.2005 - 1 U 10/04 - juris Rn. 2 - OLGR Hamburg 2005, 457-458.
[109] BGH v. 23.11.1981 - VIII ZR 298/80 - juris Rn. 10 - LM Nr. 21 zu § 259 BGB.
[110] BGH v. 08.07.1981 - VIII ZR 222/80 - juris Rn. 24 - LM Nr. 23 zu Allg. Bedingungen der Elektrizitätsversorgungsunternehmen.
[111] OLG Düsseldorf v. 28.04.1999 - 11 U 69/98 - NJW-RR 2000, 279-284.
[112] BGH v. 15.02.2005 - X ZR 87/04 - juris Rn. 16 - NJW 2005, 1772-1773.
[113] *Gernhuber*, Die Erfüllung und ihre Surrogate, 2. Aufl. 1994, § 3 IV 7 a; *Krüger* in: MünchKomm-BGB, § 271 Rn. 20.
[114] Vgl. nur OLG Hamm v. 01.12.1981 - 7 U 117/81 - juris Rn. 6 - WuM 1982, 72-73.
[115] BGH v. 08.03.2006 - VIII ZR 78/05 - juris Rn. 20 - NJW 2006, 1419-1422.
[116] Vgl. dazu OLG München v. 25.09.1987 - 7 W 2791/87 - NJW 1988, 270-271.
[117] *Alff* in: BGB-RGRK, § 271 Rn. 2; *Ebert* in: Erman, § 271 Rn. 5; *Grüneberg* in: Palandt, § 271 Rn. 3; *Krüger* in: MünchKomm-BGB, § 271 Rn. 34; *Stadler* in: Jauernig, § 271 Rn. 14.
[118] *Ebert* in: Erman, § 271 Rn. 3; *Gernhuber*, Die Erfüllung und ihre Surrogate, 2. Aufl. 1994, § 3 II 4; *Krüger* in: MünchKomm-BGB, § 271 Rn. 33.
[119] BGH v. 30.11.1972 - VII ZR 239/71 - BGHZ 60, 14-22.

führt sie zu einem (gesetzlichen)[120] **Rücktrittsrecht** des Gläubigers (§ 323 Abs. 2 Nr. 2 BGB). Ein absolutes Fixgeschäft liegt vor, wenn die Einhaltung der Leistungszeit nach dem Zweck des Vertrages und der gegebenen Interessenlage für den Gläubiger so wesentlich ist, dass eine verspätete Leistung keine Erfüllung mehr darstellt. Beim relativen Fixgeschäft ist die Einhaltung der vereinbarten Leistungszeit zwar auch von so wesentlicher Bedeutung, dass das Geschäft mit ihr „stehen und fallen" soll, doch kann bei ihm auch später noch erfüllt werden.[121]

22 Nimmt der Gläubiger die Leistung trotz Erfüllbarkeit nicht an, so führt dies bei Vorliegen der sonstigen gesetzlichen Voraussetzungen zum **Gläubigerverzug**.

E. Prozessuale Hinweise

I. Gerichtliche Leistungszeitbestimmung

23 Die gerichtliche Stundung einer Forderung kommt grundsätzlich nur dort in Betracht, wo dies gesetzlich ausdrücklich vorgesehen ist.[122] So kann das Familiengericht gemäß § 1382 BGB die **Zugewinnausgleichsforderung** auf Antrag stunden, wenn sie vom Schuldner nicht bestritten wird und die sofortige Zahlung auch unter Berücksichtigung der Interessen des Gläubigers zur Unzeit erfolgen würde. Nach § 2331a BGB kann ein Erbe, der selbst pflichtteilsberechtigt ist, die Stundung eines **Pflichtteilsanspruchs** verlangen, wenn die sofortige Erfüllung des gesamten Anspruchs ihn wegen der Art der Nachlassgegenstände ungewöhnlich hart treffen würde. Von diesen Fällen abgesehen kann eine gerichtliche Stundung in besonderen Ausnahmefällen auch auf § 242 BGB gestützt werden. Dies hat die Rechtsprechung in der Vergangenheit etwa beim Vergütungsanspruch eines Fluchthelfers getan.[123]

II. Beweislast

24 Macht der Schuldner geltend, die ihm obliegende Leistung sei ihm **von vornherein gestundet** worden, so ist streitig, ob der Gläubiger die sofortige Fälligkeit des Anspruchs[124] oder aber der Schuldner eine die Fälligkeit hinausschiebende Vereinbarung[125] zu beweisen hat. Die Lösung dieses Problems hängt entscheidend davon ab, ob man die Fälligkeit als eine vom Gläubiger zu beweisende Anspruchsvoraussetzung oder als eine vom Schuldner zu beweisende Einrede ansieht. Die Zweifelsfallregelung des § 271 Abs. 1 BGB spricht indessen eindeutig dafür, die sofortige Fälligkeit als Regelfall zu betrachten[126] und dem Schuldner daher die Beweislast für das Vorliegen einer Ausnahme von dieser Regel aufzuerlegen. Hinzu kommt, dass es für den Gläubiger schwierig sein wird, den Beweis für die (negative) Tatsache zu führen, dass keine von § 271 Abs. 1 BGB abweichende Vereinbarung getroffen worden ist.[127] Zudem begünstigt die Gegenansicht den zahlungsunwilligen Schuldner, dem die Möglichkeit eingeräumt wird, die Beweisnot des Gläubigers auszunutzen und sich der Erfüllung seiner Verpflichtungen zu entziehen.[128] Richtigerweise sollte daher der Schuldner beweisen müssen, dass die Fälligkeit hinausgeschoben und von der Regel des § 271 Abs. 1 BGB abgewichen worden ist. Dieser Auffassung hat sich mittlerweile auch der BGH angeschlossen. Er erstreckt die daraus folgende Beweislastverteilung ausdrücklich auf die Fertigstellungsfrist im Werkvertragsrecht. Hier trage der Schuldner die Dar-

---

[120] *Ebert* in: Erman, § 323 Rn. 19; *Grüneberg* in: Palandt, § 323 Rn. 19.
[121] *Ebert* in: Erman, § 323 Rn. 19; *Grüneberg* in: Palandt, § 271 Rn. 18.
[122] *Gernhuber*, Die Erfüllung und ihre Surrogate, 2. Aufl. 1994, § 3 V 1; *Krüger* in: MünchKomm-BGB, § 271 Rn. 21; *Stadler* in: Jauernig, § 271 Rn. 9.
[123] BGH v. 29.09.1977 - III ZR 167/75 - juris Rn. 14 - LM Nr. 68 zu § 242 (Ba) BGB.
[124] Sog. Leugnungstheorie (Fälligkeit als Anspruchsvoraussetzung und Verteidigung des Schuldners als bloßes Klageleugnen); so BGH v. 18.11.1974 - VIII ZR 125/73 - LM Nr. 45 zu § 433 BGB, im Anschluss an die ständige Rechtsprechung des RG; vgl. nur: RG v. 28.04.1908 - II 529/07 - RGZ 68, 305-308; ferner etwa LG Tübingen v. 29.01.1990 - 1 S 352/89 - NJW 1990, 1185-1187; *Reinecke*, JZ 1977, 159-165, 165.
[125] Sog. Einwandstheorie (Berufung des Schuldners auf mangelnde Fälligkeit als selbstständiger Einwand); OLG München v. 25.09.1987 - 7 W 2791/87 - NJW 1988, 270-271; *Ebert* in: Erman, § 271 Rn. 18; *Gernhuber*, Die Erfüllung und ihre Surrogate, 2. Aufl. 1994, § 3 III 2; *Grüneberg* in: Palandt, § 271 Rn. 2; *Krüger* in: MünchKomm-BGB, § 271 Rn. 37; *Stadler* in: Jauernig, § 271 Rn. 17.
[126] So auch LArbG Frankfurt v. 18.06.1969 - 6 Sa 755/68 - DB 1970, 886; *Alff* in: BGB-RGRK, § 271 Rn. 10; *Ebert* in: Erman, § 271 Rn. 18; *Gernhuber*, Die Erfüllung und ihre Surrogate, 2. Aufl. 1994, § 3 III 2.
[127] So auch *Laumen* in: Baumgärtel/Laumen/Prütting, Handbuch der Beweislast, § 271 Rn. 3, der der Judikatur dennoch im Ausgangspunkt folgen und dem Gläubiger nur Beweiserleichterungen zugestehen will.
[128] *Laumen* in: Baumgärtel/Laumen/Prütting, Handbuch der Beweislast, § 271 Rn. 3.

legungs- und Beweislast dafür, wann im konkreten Fall die angemessene Fertigstellungsfrist tatsächlich abgelaufen und daher Fälligkeit eingetreten sei.[129] Unstreitig ist, dass der Schuldner die Beweislast trägt, wenn er sich auf eine **nachträgliche Stundung** beruft[130] oder wenn er Ratenzahlung im Widerspruch zum Inhalt eines schriftlichen Vertrags behauptet.[131] Steht fest, dass für die Leistung eine bestimmte Zeit vereinbart worden ist, dann greift die Auslegungsregel des § 271 Abs. 2 BGB ein, wonach der Gläubiger die Leistung im Zweifel nicht vor dieser Zeit verlangen, der Schuldner sie aber vorher bewirken kann. Macht der Gläubiger geltend, dass er die Leistung entgegen dieser Regel nicht vor der vereinbarten Zeit anzunehmen brauche, dann trägt er dafür die Beweislast.[132] Entsprechendes gilt, wenn er abweichend von § 271 Abs. 1 BGB ein Recht auf Ablehnung der Leistung vor Fälligkeit für sich beanspruchen will.[133]

F. Anwendungsfelder

Die Norm enthält keine gesetzliche Vermutung der Fälligkeit, sondern sie ist eine dispositive Ergänzungsnorm für den Fall einer fehlenden Bestimmung der Leistungszeit.[134] Sie orientiert sich insoweit am typischen Parteiwillen[135] und enthält einen allgemeinen Rechtsgedanken, der auf **Schuldverhältnisse aller Art** angewandt werden kann.[136] § 271 Abs. 1 BGB gilt demnach auch für gesetzliche Schuldverhältnisse[137] sowie für Schuldverhältnisse aus sachen-, familien- oder erbrechtlichen Tatbeständen.[138] Auch für öffentlich-rechtliche Ansprüche kann die Norm nutzbar gemacht werden, wie etwa im Erschließungs-,[139] Sozialhilfe-[140] oder Rentenversicherungsrecht.[141]

25

---

[129] BGH v. 21.10.2003 - X ZR 218/01 - juris Rn. 11 - NJW-RR 2004, 209-210; *Schott*, jurisPR-BGHZivilR 2/2004, Anm. 2.
[130] *Bittner* in: Staudinger, § 271 Rn. 31; *Ebert* in: Erman, § 271 Rn. 19; *Krüger* in: MünchKomm-BGB, § 271 Rn. 37; *Laumen* in: Baumgärtel/Laumen/Prütting, Handbuch der Beweislast, § 271 Rn. 4; *Stadler* in: Jauernig, § 271 Rn. 17.
[131] Vgl. nur BGH v. 19.03.1980 - VIII ZR 183/79 - juris Rn. 17 - LM Nr. 33 zu § 286 (A) ZPO.
[132] *Laumen* in: Baumgärtel/Laumen/Prütting, Handbuch der Beweislast, § 271 Rn. 7.
[133] *Krüger* in: MünchKomm-BGB, § 271 Rn. 38.
[134] *Alff* in: BGB-RGRK, § 271 Rn. 3; *Ebert* in: Erman, § 271 Rn. 2.
[135] *Grüneberg* in: Palandt, § 271 Rn. 2.
[136] *Ebert* in: Erman, § 271 Rn. 2; *Grüneberg* in: Palandt, § 271 Rn. 3.
[137] *Stadler* in: Jauernig, § 271 Rn. 5.
[138] *Grüneberg* in: Palandt, § 271 Rn. 3.
[139] *Wolf* in: Soergel, § 271 Rn. 1.
[140] VG Cottbus v. 23.02.2006 - 5 K 960/01 - juris Rn. 42.
[141] BSG v. 21.12.1971 - GS 4/71 - JuS 1972, 481.

§ 272 BGB Zwischenzinsen

(Fassung vom 02.01.2002, gültig ab 01.01.2002)

Bezahlt der Schuldner eine unverzinsliche Schuld vor der Fälligkeit, so ist er zu einem Abzug wegen der Zwischenzinsen nicht berechtigt.

Gliederung

A. Grundlagen 1	E. Anwendungsfelder 5
B. Anwendungsvoraussetzungen 2	I. Sonderregelungen 6
C. Rechtsfolgen 3	II. Abdingbarkeit 7
D. Prozessuale Hinweise 4	F. Arbeitshilfen 8

A. Grundlagen

1 § 272 BGB ordnet an, dass es **keinen Ausgleich des Zinsvorteils** gibt, den der Gläubiger einer unverzinslichen Forderung dadurch erlangt, dass der Schuldner vor Fälligkeit erfüllt. Diese Anordnung entspricht dem in § 813 Abs. 2 HS. 2 BGB ausgesprochenen Grundsatz, wonach die Erstattung von Zwischenzinsen nicht verlangt werden kann, wenn eine betagte Verbindlichkeit vorzeitig erfüllt wird. Hintergrund der Regelung ist, dass die Zahlung des Schuldners in diesem Fall auf seinem freien Willen beruht.[1] Der Schuldner ist daher nicht schutzbedürftig. Die Folge ist, dass der Zinsvorteil, den der Gläubiger durch die vorzeitige Zahlung erlangt, bei diesem zu verbleiben hat. Einem Umkehrschluss aus § 272 BGB lässt sich entnehmen, dass bei einer verzinslichen Schuld nach einer (berechtigten) vorzeitigen Zahlung die weitere Verzinsung entfällt.[2]

B. Anwendungsvoraussetzungen

2 Voraussetzung des § 272 BGB ist, dass der Schuldner eine **unverzinsliche Schuld vor** ihrer **Fälligkeit erfüllt**. Im Hinblick auf die Vorleistungspflicht des Werkunternehmers[3] liegt ein solcher Fall etwa vor, wenn der Besteller den Werklohn bereits vor Abnahme (§§ 640 Abs. 1, 641 Abs. 1 Satz 1 BGB) des hergestellten Werks entrichtet.[4] § 272 BGB setzt stillschweigend voraus, dass der Schuldner zu einer Leistung vor Fälligkeit überhaupt befugt ist, was jedoch der Zweifelsfallregelung des § 271 Abs. 2 BGB entspricht und bei unverzinslichen Schulden regelmäßig auch unproblematisch ist. § 272 BGB hat im Übrigen nur den Fall im Auge, dass der Schuldner wissentlich vor Fälligkeit zahlt; leistet er irrtümlich zu früh und will er daher im Nachhinein Zwischenzinsen vom Gläubiger ersetzt verlangen, so greift § 813 Abs. 2 HS. 2 BGB ein, der den Grundsatz des § 272 BGB auf diesen Fall ausdehnt.[5]

C. Rechtsfolgen

3 Der Schuldner ist **zu einem Abzug von Zwischenzinsen nicht berechtigt**. Zwischenzinsen (Interusurium) sind die Zinsen, die der gezahlte Betrag vom Zeitpunkt der Zahlung bis zum Zeitpunkt der Fälligkeit einbringt.[6] Es handelt sich also um den Vorteil, den der Gläubiger dadurch erlangt, dass er das Geld bereits vor der Fälligkeit in Händen hält und zinsbringend anlegen kann. Dieser Vorteil soll nach der Anordnung der §§ 272, 813 Abs. 2 HS. 2 BGB bei ihm verbleiben und nicht vom Schuldner in Abzug gebracht bzw. herausverlangt werden können.

---

[1] *Grüneberg* in: Palandt, § 272 Rn. 1; *Krüger* in: MünchKomm-BGB, § 272 Rn. 1, 2; *Stadler* in: Jauernig, § 272 Rn. 1; *Wolf* in: Soergel, § 272 Rn. 1.
[2] *Hammen*, DB 1991, 953-959, 958.
[3] BGH v. 20.10.1992 - X ZR 95/90 - juris Rn. 26 - LM AGBG § 8 Nr. 20 (4/1993).
[4] BGH v. 19.03.2002 - X ZR 125/00 - juris Rn. 12 - LM BGB § 272 Nr. 1 (10/2002); dazu *Krüger-Doye*, DRiZ 2002, 383-391.
[5] *Westermann/Buck-Heeb* in: Erman, § 813 Rn. 5; vgl. auch *Grüneberg* in: Palandt, § 272 Rn. 1.
[6] *Bittner* in: Staudinger, § 272 Rn. 1; *Stadler* in: Jauernig, § 272 Rn. 2.

D. Prozessuale Hinweise

Wer eine von § 272 BGB abweichende Vereinbarung (vgl. Rn. 7) behauptet, trägt hierfür die **Beweislast**.[7]

E. Anwendungsfelder

Die Vorschrift gilt **vorbehaltlich gesetzlicher und vertraglicher Sonderreglungen**. Soweit solche existieren und den Abzug von Zwischenzinsen vorsehen, erfolgt die Berechnung nach der sog. Hoffmann'schen Methode.[8] Danach vermindert sich die unverzinsliche Forderung auf die Summe, die bei Hinzurechnung der gesetzlichen Zinsen für die Zeit von der Zahlung bis zur Fälligkeit dem vollen Schuldbetrag entspricht (vgl. dazu die Berechnungsformel in Rn. 8).[9] Diese ist in den gesetzlichen Sonderregelungen (vgl. Rn. 6) ausdrücklich vorgeschrieben, kann aber auch bei vertraglicher Abbedingung des § 272 BGB angewandt werden.[10]

I. Sonderregelungen

Das BGB sieht den **Abzug von Zwischenzinsen** insbesondere für den Fall vor, dass sich der Hypothekengläubiger wegen Gefährdung der Sicherheit seiner Hypothek schon vorzeitig aus dem Grundstück befriedigen darf (§ 1133 Satz 3 BGB), sowie für den Fall, dass der Verpfänder das Pfand wegen Rechtsverletzung des Pfandgläubigers vorzeitig einlösen darf (§ 1217 Abs. 2 Satz 2 BGB). In beiden Fällen trifft der Grundgedanke (vgl. Rn. 1), dass der Schuldner freiwillig zahlt und daher keines Schutzes bedarf, nicht zu. Weitere gesetzliche Ausnahmebestimmungen finden sich in § 111 ZVG, wonach unverzinsliche betagte Ansprüche bei der Erlösverteilung in der Zwangsversteigerung nur unter Abzug von Zwischenzinsen berücksichtigt werden, sowie in § 41 Abs. 2 InsO, wonach unverzinsliche nicht fällige Forderungen in der Insolvenz mit dem gesetzlichen Zinssatz abzuzinsen sind. Im Übrigen sind nach Auffassung der Rechtsprechung Schadensersatzansprüche (im Wege der Vorteilsausgleichung) abzuzinsen, soweit Ersatz für erst in der Zukunft entstehende Nachteile zu leisten ist (z.B. gemäß § 252 BGB).[11]

II. Abdingbarkeit

§ 272 BGB ist **dispositiv**.[12] Die Parteien können daher abweichende Vereinbarungen treffen und sich auf einen Abzug von Zwischenzinsen bei vorzeitiger Zahlung einigen. Verbreitet ist in der Praxis insbesondere die Skontoabrede, für die allerdings streitig ist, ob es sich insoweit um einen Anwendungsfall des § 272 BGB[13] oder um einen Rabatt[14] handelt. Fest steht aber, dass der Schuldner ohne eine solche (ausdrückliche oder konkludente) Abrede kein Recht hat, bei sofortiger Barzahlung der mit Zahlungsziel gelieferten Ware einen Skonto abzuziehen.[15] Ein allgemeiner Handelsbrauch, der ihn dazu berechtigen würde, besteht nicht.[16]

F. Arbeitshilfen

Soweit Zwischenzinsen abgezogen werden können, richtet sich ihre Berechnung gemäß der **Hoffmann'schen Methode** nach folgender Formel.[17] Dabei bedeutet „s" die Schuldsumme, „a" die Zahl

---

[7] *Laumen* in: Baumgärtel/Laumen/Prütting, Handbuch der Beweislast, § 272 Rn. 1.

[8] Vgl. dazu BGH v. 10.10.1991 - III ZR 308/89 - juris Rn. 8 - BGHZ 115, 307-311; *Keller*, EWiR 1991, 1169-1170, 1170; *Konzelmann*, JurPC 1995, 3168-3173, 3168 ff.

[9] *Alff* in: BGB-RGRK, § 272; *Bittner* in: Staudinger, § 272 Rn. 6; *Grüneberg* in: Palandt, § 272 Rn. 2; *Krüger* in: MünchKomm-BGB, § 272 Rn. 7.

[10] *Grüneberg* in: Palandt, § 272 Rn. 2; *Ebert* in: Erman, § 272 Rn. 1.

[11] BGH v. 10.10.1991 - III ZR 308/89 - juris Rn. 7 - BGHZ 115, 307-311.

[12] *Bittner* in: Staudinger, § 272 Rn. 2; *Ebert* in: Erman, § 272 Rn. 1.

[13] So wohl *Ebert* in: Erman, § 272 Rn. 1.

[14] So wohl *Bittner* in: Staudinger, § 272 Rn. 2; *Wolf* in: Soergel, § 272 Rn. 5.

[15] *Grüneberg* in: Palandt, § 272 Rn. 1; *Krüger* in: MünchKomm-BGB, § 272 Rn. 6.

[16] *Bittner* in: Staudinger, § 272 Rn. 2; *Ebert* in: Erman, § 272 Rn. 1; *Krüger* in: MünchKomm-BGB, § 272 Rn. 6; *Stadler* in: Jauernig, § 272 Rn. 3.

[17] BGH v. 10.10.1991 - III ZR 308/89 - juris Rn. 8 - BGHZ 115, 307-311; *Keller*, EWiR 1991, 1169-1170, 1170; *Krüger* in: MünchKomm-BGB, § 272 Rn. 8.

§ 272

der Jahre und „t" die Zahl der Tage jeweils zwischen Zahlung und Fälligkeit. „x" ist der abgezinste Betrag. Zugrunde gelegt ist ein gesetzlicher Zinssatz von 4% (§ 246 BGB):

$$x = 100s : (100 + 4a) \text{ \textbf{oder} } x = 36500s : (36500 + 4t)$$

9   Zur Veranschaulichung soll folgendes **Beispiel** aus der Rechtsprechung dienen. Dabei betrugen die Schuldsumme (gerundet und in Euro umgerechnet) 340.000 € und der Vorfälligkeitszeitraum ca. sieben Jahre. Daraus ergab sich unter Zugrundelegung der obigen Formel ein abgezinster Betrag von:

$$x = (100 \times 340.000) : (100 + (4 \times 7)) = 34.000.000 : 128 = 265.625 \text{ €}$$

§ 273 BGB Zurückbehaltungsrecht

(Fassung vom 02.01.2002, gültig ab 01.01.2002)

(1) Hat der Schuldner aus demselben rechtlichen Verhältnis, auf dem seine Verpflichtung beruht, einen fälligen Anspruch gegen den Gläubiger, so kann er, sofern nicht aus dem Schuldverhältnis sich ein anderes ergibt, die geschuldete Leistung verweigern, bis die ihm gebührende Leistung bewirkt wird (Zurückbehaltungsrecht).

(2) Wer zur Herausgabe eines Gegenstands verpflichtet ist, hat das gleiche Recht, wenn ihm ein fälliger Anspruch wegen Verwendungen auf den Gegenstand oder wegen eines ihm durch diesen verursachten Schadens zusteht, es sei denn, dass er den Gegenstand durch eine vorsätzlich begangene unerlaubte Handlung erlangt hat.

(3) [1]Der Gläubiger kann die Ausübung des Zurückbehaltungsrechts durch Sicherheitsleistung abwenden. [2]Die Sicherheitsleistung durch Bürgen ist ausgeschlossen.

Gliederung

A. Grundlagen	1
I. Kurzcharakteristik	1
II. Regelungsprinzipien	2
III. Gegenstand des Zurückbehaltungsrechts	3
B. Anwendungsvoraussetzungen	4
I. Zurückbehaltungsrecht nach Absatz 1	4
1. Gegenseitigkeit der Ansprüche	4
2. Fälligkeit des Gegenanspruchs	7
3. Konnexität der Ansprüche	8
4. Kein Ausschluss des Zurückbehaltungsrechts	12
a. Ausschluss kraft Gesetzes	13
b. Ausschluss aufgrund vertraglicher Vereinbarung	14
c. Ausschluss kraft der Natur des Schuldverhältnisses	15
d. Ausschluss nach Treu und Glauben	21
II. Zurückbehaltungsrecht nach Absatz 2	22
1. Allgemeines	22
2. Einzelne Voraussetzungen	23
a. Pflicht zur Herausgabe eines Gegenstandes	23
b. Gegenanspruch auf Verwendungs- oder Schadensersatz	24
c. Keine vorsätzliche unerlaubte Handlung	25
C. Rechtsfolgen	26
I. Ausübung des Zurückbehaltungsrechts	26
II. Wirkungen des Zurückbehaltungsrechts	27
III. Abwendung des Zurückbehaltungsrechts	28
D. Prozessuale Hinweise	29
E. Anwendungsfelder	31
I. Sachlicher Anwendungsbereich	31
II. Sonderregelungen	33
1. Das kaufmännische Zurückbehaltungsrecht	33
2. Die Einrede des nichterfüllten Vertrages	34
3. Weitere Sonderfälle des Zurückbehaltungsrechts	35
III. Verhältnis zur Aufrechnung	36

A. Grundlagen

I. Kurzcharakteristik

§ 273 BGB bestimmt, unter welchen Voraussetzungen der Schuldner zur Zurückbehaltung seiner Leistung berechtigt ist. Ein **Zurückbehaltungsrecht** ist nach der Legaldefinition des § 273 Abs. 1 BGB das Recht des Schuldners, die geschuldete Leistung zu verweigern, bis die ihm gebührende Leistung bewirkt wird. Das Zurückbehaltungsrecht ist also seinem Wesen nach ein Leistungsverweigerungsrecht; es verschafft dem Schuldner eine aufschiebende Einrede, deren Ausübung zur Erfüllung Zug um Zug führt (vgl. § 274 BGB). Dagegen gewährt § 273 BGB kein Befriedigungsrecht an dem zurückbehaltenen Gegenstand.

1

II. Regelungsprinzipien

Die Regelung des § 273 BGB dient dem **Schutz des Schuldners**. Sie sichert seinen Anspruch auf die ihm gebührende Leistung[1] und übt auf den Gläubiger einen indirekten Erfüllungsdruck aus.[2] Bei dem

2

---

[1] RG v. 21.07.1936 - II 30/36 - RGZ 152, 71-75; BGH v. 05.03.1981 - III ZR 115/80 - juris Rn. 29 - LM Nr. 27 zu § 242 (Bc) BGB.
[2] *Stadler* in: Jauernig, § 273 Rn. 2.

§ 273

Zurückbehaltungsrecht handelt es sich nach Ansicht von Rechtsprechung[3] und Literatur[4] um einen Anwendungsfall des Gebotes von **Treu und Glauben** (§ 242 BGB). Er beruht auf dem Gedanken, dass derjenige treuwidrig handelt, der eine Leistung fordert, ohne die ihm obliegende Leistung erbracht zu haben.[5] Aus der Verwandtschaft des § 273 BGB mit § 242 BGB ergeben sich in mehrfacher Hinsicht Abhängigkeiten zwischen beiden Normen. So kann sich z.B. bei Fehlen der Voraussetzungen von § 273 BGB ein Zurückbehaltungsrecht unmittelbar aus § 242 BGB ergeben; umgekehrt kann bei Vorliegen der Voraussetzungen von § 273 BGB ein Zurückbehaltungsrecht wegen Vorliegens besonderer Umstände gemäß § 242 BGB ausgeschlossen sein.

III. Gegenstand des Zurückbehaltungsrechts

3   Gegenstand des Zurückbehaltungsrechts kann grundsätzlich **jede Art von Leistung** sein. Die Zurückbehaltung von Sachen ist daher ebenso möglich wie diejenige von Rechten. Auch ein Gegenstand, der keinen eigenständigen Vermögenswert besitzt und daher nicht selbständig pfändbar ist, kann zurückbehalten werden. Erforderlich ist nur, dass er den Gegenanspruch des Schuldners sichern kann. Dies ist beispielsweise der Fall bei Geld sowie bei Wert- und Legitimationspapieren (Bsp.: Hypotheken- und Grundschuldbriefe,[6] Versicherungsscheine,[7] Sparkassenbücher[8]). Auch die Abgabe von Willenserklärungen[9] und die Vornahme sonstiger Handlungen[10] (z.B. die Erbringung von Dienst- und Arbeitsleistungen,[11] die Beförderung eines Fluggastes[12]) können im Hinblick auf das Zurückbehaltungsrecht verweigert werden. Ebenso können Duldungen und Unterlassungen grundsätzlich Gegenstand eines Zurückbehaltungsrechts sein. Eine Einschränkung ergibt sich jedoch aus § 242 BGB, wenn durch die Zurückbehaltung der Unterlassungsanspruch dauernd vereitelt würde.[13]

B. Anwendungsvoraussetzungen

I. Zurückbehaltungsrecht nach Absatz 1

1. Gegenseitigkeit der Ansprüche

4   Das Zurückbehaltungsrecht setzt voraus, dass ein **Gegenanspruch des Schuldners gegen den Gläubiger** besteht. Sofortige Beweisbarkeit des Gegenanspruchs ist nicht erforderlich.[14] Nach Ansicht des BGH[15] genügt ausnahmsweise bereits eine große Wahrscheinlichkeit für das Bestehen einer Nachschusspflicht eines ausscheidenden Gesellschafters gemäß § 739 BGB zur Ausübung eines Zurückbehaltungsrechts an den vom Gesellschafter eingebrachten Gegenständen. Dieser Sonderfall ist jedoch nicht verallgemeinerungsfähig. Gleichartigkeit zwischen der Forderung des Gläubigers einerseits und der Gegenforderung des Schuldners andererseits ist nicht erforderlich. Liegt Gleichartigkeit der Forde-

---

[3] BGH v. 11.04.1984 - VIII ZR 302/82 - juris Rn. 56 - BGHZ 91, 73-83 m.w.N.; OLG Brandenburg v. 16.03.2005 - 4 U 6/04 - juris Rn. 28 - BauR 2005, 1970.

[4] *Ebert* in: Erman, § 273 Rn. 1; *Grüneberg* in: Palandt, § 273 Rn. 1; *Krüger* in: MünchKomm-BGB, § 273 Rn. 2 *Unberath* in: Bamberger/Roth, § 273 Rn. 1; *Zöchling-Jud* in: Prütting/Wegen/Weinreich, § 273 Rn. 2.

[5] RG v. 21.07.1936 - II 30/36 - RGZ 152, 71-75; RG v. 26.02.1940 - V 147/39 - RGZ 163, 62-65.

[6] RG v. 17.04.1907 - V 505/06 - RGZ 66, 24-28.

[7] RG v. 14.03.1902 - II 416/01 - RGZ 51, 83-89.

[8] RG v. 03.04.1908 - VII 249/07 - RGZ 68, 277-285.

[9] Anspruch auf Zustimmung zur Grundbuchberichtigung: BGH v. 22.01.1964 - V ZR 25/62 - BGHZ 41, 30-38; BGH v. 05.10.1979 - V ZR 71/78 - juris Rn. 17 - BGHZ 75, 288-295; Anspruch auf Freistellung von Verpflichtungen: BGH v. 11.04.1984 - VIII ZR 302/82 - BGHZ 91, 73-83.

[10] Dienstleistungen des Schiedsrichters: BGH v. 01.03.1971 - III ZR 29/68 - BGHZ 55, 366-378; Freigabe von hinterlegtem Geld: BGH v. 20.02.1984 - II ZR 12/83 - juris Rn. 7 - BGHZ 90, 194-198.

[11] BAG v. 09.05.1996 - 2 AZR 387/95 - NJW 1997, 274-276; BAG v. 02.02.1994 - 5 AZR 273/93 - juris Rn. 28 - BB 1994, 1011-1012; BAG v. 25.10.1984 - 2 AZR 417/83 - ZIP 1985, 302-305; LArbG Hannover v. 08.12.2003 - 5 Sa 1071/03 - juris Rn. 33 - Bibliothek BAG; LArbG Berlin v. 05.03.2003 - 17 Sa 2269/02 - juris Rn. 19 - Bibliothek BAG; LArbG Köln v. 20.01.2010 - 9 Sa 991/09 - juris Rn. 32; vgl. hierzu *Heiderhoff*, JuS 1998, 1087-1090, 1087.

[12] AG Bad Homburg v. 29.10.2002 - 2 C 331/02 (19), 2 C 331/02 - RRa 2003, 178-180.

[13] RG v. 21.07.1936 - II 30/36 - RGZ 152, 71-75.

[14] *Grüneberg* in: Palandt, § 273 Rn. 6; *Unberath* in: Bamberger/Roth, § 273 Rn. 13.

[15] BGH v. 29.06.1981 - II ZR 165/80 - juris Rn. 8 - LM Nr. 9 zu § 738 BGB; BGH v. 12.01.1998 - II ZR 98/96 - juris Rn. 19 - LM BGB § 140 Nr. 25 (9/1998).

rungen vor, ist vielmehr an eine Aufrechnung gemäß § 387 BGB zu denken.[16] Gegebenenfalls ist die Ausübung eines Zurückbehaltungsrechts in solchen Fällen in eine Aufrechnungserklärung umzudeuten (vgl. Rn. 36).

Zwischen dem Anspruch des Gläubigers und dem Gegenanspruch des Schuldners muss ein Gegenseitigkeitsverhältnis bestehen. Dies setzt die beiderseitige persönliche und rechtliche **Identität von Gläubiger und Schuldner** voraus, d.h. der zurückbehaltende Schuldner muss zugleich Gläubiger des Gegenanspruches, der Gläubiger des Anspruchs zugleich Schuldner des Gegenanspruchs sein.[17] Nach Treu und Glauben wird im Einzelfall eine Ausnahme vom Identitätserfordernis zugelassen, wenn faktisch dieselben Personen handeln und ein neuer Schuldner lediglich als Strohmann des alten fungiert. Angenommen wird dies etwa in Fällen, in denen durch die formale Einschaltung eines neuen Kunden ein Zurückbehaltungsrecht umgangen werden soll, um de facto eine Fortführung des Bezuges von Gas, Wasser, Strom etc. ohne Berücksichtigung bestehender Schulden zu erreichen.[18]

Stehen **auf einer Seite mehrere Personen**, so ist zu unterscheiden: § 273 BGB gilt nicht, wenn nur gegenüber einem von mehreren Mitgläubigern im Sinne von § 432 BGB ein Gegenanspruch besteht.[19] Hier fehlt es am Erfordernis der Gegenseitigkeit. Anders liegt es beim Vorliegen einer Gesamtgläubigerschaft nach § 428 BGB, da hier jeder Gläubiger die Leistung an sich selbst fordern kann. Steht der Gegenanspruch dem Schuldner gemeinschaftlich mit anderen zu (zum Beispiel in Form einer Erbengemeinschaft oder einer Forderungsgemeinschaft nach § 432 BGB), so hindert das ein Zurückbehaltungsrecht nicht.[20] Hier erfolgt eine Verurteilung des Schuldners Zug um Zug gegen Leistung des Gläubigers an die Gemeinschaft.[21] Tritt der Gläubiger seinen Anspruch an einen Dritten ab, dann steht dem Schuldner ein Zurückbehaltungsrecht gegenüber dem Zessionar zu (§ 404 BGB). Gleiches gilt nach § 334 BGB bei einem Vertrag zugunsten Dritter.[22] Tritt umgekehrt der Schuldner einen ihm zustehenden Gegenanspruch an einen Dritten ab, dann verliert er dadurch das ihm bisher zustehende Zurückbehaltungsrecht.[23] Es bleibt ihm nur dann erhalten, wenn ihm vom Zessionar (z.B. durch eine Einziehungsermächtigung) auch weiterhin das Recht zur Geltendmachung des abgetretenen Anspruchs eingeräumt wird.[24] Für den Vertrag zugunsten Dritter ergibt sich eine vergleichbare Situation aufgrund von § 335 BGB. Die zunächst bestehende Gegenseitigkeit der Ansprüche kann beim Mietvertrag dadurch entfallen, dass der Vermieter den vermieteten Wohnraum an einen Dritten veräußert. Durch eine solche Veräußerung verliert der Mieter gegenüber dem Veräußerer sein Zurückbehaltungsrecht an der rückständigen Miete wegen eines Mangels der Mietsache; denn ein Anspruch auf Mängelbeseitigung steht ihm ab der Veräußerung nur noch gegen den Erwerber zu.[25] Für den Bürgen folgt aus § 768 BGB die Möglichkeit der Geltendmachung eines Zurückbehaltungsrechts, das dem Hauptschuldner gegenüber dem Gläubiger zusteht. Gleiches gilt nach §§ 128, 129 Abs. 1 HGB im Verhältnis des Gesellschafters zur Personengesellschaft.

2. Fälligkeit des Gegenanspruchs

Der Gegenanspruch des Schuldners muss **vollwirksam, fällig und durchsetzbar** sein. Diese Voraussetzung ist nicht gegeben bei bedingten, künftigen oder mit einer Einrede behafteten Ansprüchen. Auch unvollkommene Ansprüche, etwa aus Spiel oder Wette, begründen kein Zurückbehaltungsrecht. Entsprechendes gilt für einen Anspruch, der auf eine unmöglich gewordene Leistung gerichtet ist.[26] Im Hinblick auf die Fälligkeit genügt es, wenn der Gegenanspruch mit der Erbringung der geschuldeten

---

[16] Ausnahme: BGH v. 24.10.1962 - V ZR 1/61 - BGHZ 38, 122-130.
[17] OLG Brandenburg v. 21.12.2000 - 10 WF 9/00 - OLGR Brandenburg 2002, 251-252; *Stadler* in: Jauernig, § 273 Rn. 7.
[18] LG Dresden v. 29.08.2003 - 8 S 90/03 - RdE 2004, 150-152 mit Anm. *Liebscher*.
[19] BGH v. 21.12.1984 - V ZR 204/83 - juris Rn. 10 - LM Nr. 5 zu AGB der Sparkassen.
[20] BGH v. 24.10.1962 - V ZR 1/61 - BGHZ 38, 122-130; vgl. auch OLG Brandenburg v. 08.02.2006 - 4 U 137/05 - juris Rn. 24 - BauR 2006, 1323-1325.
[21] Vgl. *Krüger* in: MünchKomm-BGB, § 273 Rn. 9.
[22] Vgl. BGH v. 09.11.1979 - V ZR 226/77 - LM Nr. 31 zu § 273 BGB.
[23] BGH v. 27.09.1984 - IX ZR 53/83 - BGHZ 92, 194-200.
[24] BGH v. 01.10.1999 - V ZR 162/98 - LM BGB § 273 Nr. 54 (3/2000).
[25] BGH v. 19.06.2006 - VIII ZR 284/05 - juris Rn. 12 - NZM 2006, 696-697; *Krapf*, jurisPR-MietR 22/2006, Anm. 3; *Schenkel*, NZM 1998, 502-504.
[26] BAG v. 11.11.1965 - 2 AZR 69/65 - juris Rn. 7 f. - BB 1966, 80.

Leistung entsteht bzw. fällig wird.[27] Dies ist etwa der Fall bei Ansprüchen auf Erteilung einer Quittung (§ 368 BGB), auf Rückgabe eines Schuldscheins (§ 371 BGB) oder auf Rückgabe der Pfandsache gegen Tilgung der Schuld.[28] Ist der Gegenanspruch noch nicht fällig, so kommt auch kein vorläufiges Zurückbehaltungsrecht in Betracht.[29] Ein erst künftig drohender Gegenanspruch begründet daher kein Zurückbehaltungsrecht.[30] So steht dem Arbeitnehmer ein Zurückbehaltungsrecht an seiner Arbeitsleistung nur dann zu, wenn er einen fälligen Lohnanspruch gegen den Arbeitgeber erworben hat, den dieser nicht erfüllt, d.h. der Arbeitgeber muss sich mit der Lohnzahlungspflicht in Verzug befinden.[31] Gemäß § 215 BGB begründet auch ein bereits verjährter Anspruch ein Zurückbehaltungsrecht, wenn die Verjährung noch nicht vollendet war, als der Anspruch des Gläubigers entstanden ist. Dabei ist unerheblich, ob der Schuldner das Zurückbehaltungsrecht vor Eintritt der Verjährung geltend gemacht hat.[32] Den Parteien steht es frei zu vereinbaren, dass das Zurückbehaltungsrecht schon vor Fälligkeit des Gegenanspruchs ausgeübt werden kann.

3. Konnexität der Ansprüche

8   Anspruch und Gegenanspruch müssen **auf demselben rechtlichen Verhältnis beruhen**. Der Wortlaut der Vorschrift ist zu eng; es ist daher eine weite Auslegung geboten.[33] Ausreichend ist, wenn zwischen den Ansprüchen ein natürlicher, wirtschaftlicher Zusammenhang aufgrund eines innerlich zusammenhängenden, einheitlichen Lebensverhältnisses besteht, so dass es dem Gebot von Treu und Glauben widerspräche, wenn der eine Anspruch ohne den anderen geltend gemacht und durchgesetzt werden könnte.[34] Es muss sich nicht um ein einheitliches Rechtsgeschäft handeln. Durch Parteiabrede kann im Übrigen auf das Merkmal der Konnexität verzichtet werden.

9   **Beispiele für konnexe Ansprüche**: Ein besonderer Fall eines konnexen Rechtsverhältnisses ist in § 273 Abs. 2 BGB geregelt. Eine hinreichend enge Verbindung besteht auch zwischen beiderseitigen Rückabwicklungsansprüchen aus fehlgeschlagenen Verträgen.[35] Doch ist hier die Saldotheorie vorrangig zu berücksichtigen.[36] Der erforderliche Zusammenhang ist ferner gegeben zwischen einem vertraglichen Erfüllungsanspruch und Schadensersatzansprüchen wegen Pflichtverletzung.[37] Weiterhin sind konnex:
- Ansprüche aus verschiedenen Verträgen, wenn eine dauernde Geschäftsverbindung besteht;[38]
- Ansprüche aus einem Wechsel oder aus einem Scheck zu Gegenansprüchen aus dem Grundverhältnis;[39]
- Anspruch auf Darlehensrückzahlung zu dem Anspruch auf Pfandrückgabe;[40]

---

[27] BGH v. 29.04.1986 - IX ZR 145/85 - juris Rn. 33 - LM Nr. 40 zu § 273 BGB; BGH v. 06.12.1991 - V ZR 229/90 - juris Rn. 12 - BGHZ 116, 244-251 m.w.N.
[28] BGH v. 14.02.1979 - VIII ZR 284/78 - BGHZ 73, 317-323.
[29] BGH v. 28.10.1988 - V ZR 94/87 - LM Nr. 12 zu § 894 BGB m.w.N.
[30] OLG Köln v. 04.07.1974 - 15 U 47/74 - MDR 1975, 51-52.
[31] LArbG Kiel v. 23.11.2004 - 5 Sa 202/04 - juris Rn. 25 - LAGE § 273 BGB 2002 Nr. 1.
[32] Streitig; wie hier BGH v. 16.06.1967 - V ZR 122/64 - BGHZ 48, 116-119 (allerdings noch vor der Geltung des heutigen § 215 BGB und im Zusammenhang mit der damals befürworteten Analogie zu § 390 Satz 2 BGB a.F.).
[33] St. Rspr., vgl. BGH v. 03.07.1991 - VIII ZR 190/90 - juris Rn. 13 - BGHZ 115, 99-105 m.w.N.; *Ebert* in: Erman, § 273 Rn. 15; *Grüneberg* in: Palandt, § 273 Rn. 9; *Unberath* in: Bamberger/Roth, § 273 Rn. 18.
[34] St. Rspr., vgl. RG v. 18.02.1908 - II 431/07 - RGZ 68, 32-35; RG v. 03.02.1912 - I 48/11 - RGZ 78, 334-337; BGH v. 27.09.1984 - IX ZR 53/83 - BGHZ 92, 194-200; BGH v. 03.07.1991 - VIII ZR 190/90 - juris Rn. 13 - BGHZ 115, 99-105.
[35] RG v. 19.10.1909 - II 662/08 - RGZ 72, 61-70; RG v. 29.01.1919 - I 252/18 - RGZ 94, 309-312; RG v. 30.06.1924 - V 648/23 - RGZ 108, 329-337.
[36] BGH v. 07.03.2002 - IX ZR 457/99 - juris Rn. 29 - BGHZ 150, 138-149; *Stadler* in: Jauernig, § 273 Rn. 9; vgl. dazu auch *Schur*, JuS 2006, 673-679.
[37] RG v. 27.04.1907 - V 434/06 - RGZ 66, 97-103.
[38] BGH v. 13.07.1970 - VII ZR 176/68 - juris Rn. 38 - BGHZ 54, 244-251 m.w.N.; OLG Düsseldorf v. 27.10.1977 - 13 U 76/77 - NJW 1978, 703-704; OLG Düsseldorf v. 11.03.2005 - I-22 U 99/04, 22 U 99/04 - juris Rn. 42 - OLGR Düsseldorf 2005, 670-672; OLG Brandenburg v. 16.03.2005 - 4 U 6/04 - juris Rn. 30 - BauR 2005, 1970; OLG München v. 16.01.2008 - 27 U 468/07 - juris Rn. 23 - BauR 2009, 259-260.
[39] BGH v. 08.11.1982 - II ZR 44/82 - BGHZ 85, 346-350; *Bulla*, JuS 1983, 755-758, 755.
[40] BGH v. 14.02.1979 - VIII ZR 284/78 - BGHZ 73, 317-323.

- Ansprüche aus zeitlich aufeinander folgenden Versorgungsverträgen, wenn diese denselben Gegenstand betreffen (z.B. die Privatwohnung);[41]
- Ansprüche aus verschiedenen Verträgen zur Energie- bzw. Wasserversorgung, die der Kunde mit demselben Energieversorgungsunternehmen geschlossen hat;[42]
- Ansprüche aus Baustromlieferungsverträgen für verschiedene Baustellen;[43]
- Anspruch auf Erhöhung des Bargebotes aus § 50 ZVG zum Anspruch auf Herausgabe des Grundschuldbriefs;[44]
- Schadensersatzanspruch wegen Lieferung eines Aliud zu Ansprüchen wegen dessen Verwertung;[45]
- gegenseitige Ansprüche aus einer aufgelösten Gemeinschaft oder Gesellschaft;[46]
- Anspruch auf Herausgabe eines abgeschleppten Pkw zu dem Anspruch auf Erstattung der Abschleppkosten;[47]
- Anspruch auf laufende Betriebskosten- und Nebenkostenvorauszahlungen zu dem Anspruch auf Vorlage einer formell ordnungsgemäßen Abrechnung;[48]
- Anspruch auf das Entgelt für die Leistung eines Unternehmers zu dem Anspruch auf Rechnungsausstellung nach § 14 UStG,[49] falls der Schuldner ein berechtigtes Interesse an der Ausstellung einer solchen Rechnung hat;[50]
- Anspruch des Auftraggebers auf Herausgabe der dem Auftragnehmer zu Erbringung der Werkleistung überlassenen Gegenstände nach vorzeitigem Vertragsende zu dem Anspruch des Auftragnehmers auf Zahlung des Werklohns;[51]
- Anspruch auf Mietzins zum Anspruch auf Auskunft hinsichtlich der ordnungsgemäßen Sicherstellung der Kautionsforderung;[52]
- Anspruch auf Zahlung der Dividende nach § 58 Abs. 4 AktG zu dem Anspruch auf Zahlung der Einlage.[53]

Konnexität ist auch zwischen vermögensrechtlichen Ansprüchen im Familienrecht anerkannt, etwa im Zusammenhang mit der Auflösung der Ehe oder der Aufhebung des Verlöbnisses,[54] insbesondere bei der Durchführung des Zugewinnausgleichs.[55] Gleiches gilt für beiderseitige Ansprüche im Rahmen der Abwicklung einer nichtehelichen Lebensgemeinschaft[56] und auch bei Lebenspartnerschaften im Sinne von § 1 Abs. 1 LPartG.

Beispiele für nichtkonnexe Ansprüche: Konnexität fehlt bei gegenseitigen Ansprüchen aus verschiedenen Rechtsverhältnissen, die in keinem inneren Zusammenhang zueinander stehen. Hierunter fallen:
- beiderseitige Ansprüche, die verschiedene Bauvorhaben betreffen, sofern keine ständige Geschäftsverbindung besteht;[57]

---

[41] BGH v. 03.07.1991 - VIII ZR 190/90 - juris Rn. 14 - BGHZ 115, 99-105 m.w.N.
[42] LG Bremen v. 04.06.2007 - 4 O 623/07 - juris Rn. 24 - GWF/Recht und Steuern 2009, 21-22; a.M. AG Lübeck v. 06.11.2006 - 22 C 2737/06 - juris Rn. 29 - WuM 2007, 391-392
[43] AG Stuttgart v. 04.02.2009 - 50 C 5307/08 - juris Rn. 6.
[44] OLG Hamm v. 27.01.1993 - 33 U 100/92 - FamRZ 1993, 247.
[45] BGH v. 20.12.1978 - VIII ZR 236/77 - juris Rn. 23 - LM Nr. 2 zu § 326 BGB.
[46] BGH v. 08.01.1990 - II ZR 115/89 - juris Rn. 6 - LM Nr. 47 zu BGB § 273.
[47] OLG Karlsruhe v. 18.11.1977 - 10 W 65/77 - juris Rn. 5 - JuS 1978, 852-853 m.w.N.
[48] BGH v. 29.03.2006 - VIII ZR 191/05 - juris Rn. 9 - NZM 2006, 533-534 mit krit. Anm. *Lammel*, jurisPR-MietR 16/2006, Anm. 5; OLG Brandenburg v. 18.04.2007 - 3 U 188/06 - juris Rn. 14; LG Itzehoe v. 01.09.2006 - 9 S 61/05 - juris Rn. 8; LG Itzehoe v. 14.01.2003 - 1 S 236/02 - ZMR 2003, 494-495.
[49] OLG Düsseldorf v. 15.05.2008 - 5 U 68/07 - juris Rn. 39 f. - OLGR Düsseldorf 2009, 418-424; OLG Brandenburg v. 22.12.2006 - 7 U 100/06 - juris Rn. 13; OLG Brandenburg v. 30.11.2007 - 7 U 94/07 - juris Rn. 52; *Hüttemann/Jacobs*, MDR 2007, 1229-1232.
[50] LG Potsdam v. 22.03.2009 - 13 T 9/09 - juris Rn. 7 - NJ 2009, 428.
[51] KG Berlin v. 03.07.2003 - 4 W 98/03 - NJW-RR 2003, 1528-1529.
[52] AG Bad Oldesloe v. 15.05.2002 - 2 C 566/01 - juris Rn. 12 - SchlHA 2002, 259-260.
[53] OLG Dresden v. 18.02.2004 - 2 U 1846/03 - juris Rn. 36 - AG 2004, 611-614.
[54] RG v. 27.11.1913 - IV 571/13.
[55] BGH v. 27.09.1984 - IX ZR 53/83 - BGHZ 92, 194-200; BGH v. 17.11.1999 - XII ZR 281/97 - LM BGB § 273 Nr. 55 (4/2000).
[56] *Krüger* in: MünchKomm-BGB, § 273 Rn. 15.
[57] OLG Naumburg v. 30.09.1996 - 1 U 76/96 - BauR 1997, 1049-1050; OLG Düsseldorf v. 11.03.2005 - I-22 U 99/04, 22 U 99/04- juris Rn. 42 - OLGR Düsseldorf 2005, 670-672.

- Anspruch auf Herausgabe des aus einer Geschäftsbesorgung Erlangten gemäß § 667 BGB zu Ansprüchen aus anderen Geschäften;[58]
- Anspruch der Bank auf Erstattung der Kosten eines Rechtsstreits gegen einen Kunden zu Ansprüchen des Kunden aus der Geschäftsverbindung mit der Bank;[59]
- Ansprüche aus dem Gesellschaftsverhältnis zu Verbindlichkeiten des Gesellschafters, die dieser wie ein Dritter gegenüber der Gesellschaft eingegangen ist;[60]
- Ansprüche aus einem Versicherungsverhältnis zu Gegenansprüchen aus versicherungsfremden Geschäften;[61]
- Anspruch auf Zahlung der Miete zu dem Anspruch auf Erteilung der Nebenkostenabrechnung;[62]
- Anspruch auf Zustimmung zur Löschung einer Eigentümergrundschuld zu Gegenansprüchen wegen getätigter Verwendungen auf das Grundstück;[63]
- Ansprüche aus einem Energieversorgungsvertrag für die Privatwohnung des Kunden zu Ansprüchen aus einem davon unabhängigen Versorgungsvertrag für dessen örtlich von der Privatwohnung getrennten Gewerbebetrieb.[64]

4. Kein Ausschluss des Zurückbehaltungsrechts

12 Das Zurückbehaltungsrecht besteht nach dem Wortlaut des § 273 Abs. 1 BGB nur, **sofern sich nicht aus dem Schuldverhältnis etwas anderes ergibt**. Es sind demnach die Besonderheiten des Schuldverhältnisses zu beachten. Solche können sich aus gesetzlichen Sonderregelungen, aus einer vertraglichen Vereinbarung, aus der Natur des Schuldverhältnisses und aus Treu und Glauben ergeben.

a. Ausschluss kraft Gesetzes

13 Der Bevollmächtigte hat kein Zurückbehaltungsrecht an der Vollmachtsurkunde, § 175 BGB. Für den Mieter und den Pächter besteht in den Situationen der §§ 570, 581 Abs. 2, 596 Abs. 2 BGB grundsätzlich kein Zurückbehaltungsrecht. Für das Zurückbehaltungsrecht des Mieters (§ 570 BGB) ist hiervon eine Ausnahme zulässig, wenn die durch das Zurückbehaltungsrecht gewährte Sicherheit nicht außer Verhältnis zu den Ansprüchen des Mieters steht. In diesen Fällen kann der gesetzliche Ausschluss des Zurückbehaltungsrechts des Mieters abbedungen werden.[65] Eine entsprechende Anwendung der für den Mieter und Pächter geltenden Vorschriften, etwa auf die Leihe oder die Vertragsabwicklung nach Anfechtung, kommt nicht in Betracht.[66] Einen weiteren Ausschluss enthält § 19 Abs. 2 GmbHG hinsichtlich ausstehender Einzahlungen auf die Stammeinlage. **Einschränkungen** des Zurückbehaltungsrechts finden sich ferner in §§ 88a Abs. 2, 369 Abs. 3 HGB, § 50 Abs. 3 Satz 2 BRAO, § 51 Abs. 2 BeamtVG sowie in §§ 30, 33 Abs. 2 Satz 2 AVBWasserV, §§ 30, 33 Abs. 2 Satz 2 AVBFernwärmeV. Danach steht den Kunden nur bei offensichtlichen Fehlern der Rechnung und nur bei Geltendmachung innerhalb von zwei Jahren ein Zurückbehaltungsrecht zu. Umgekehrt ist das Zurückbehaltungsrecht der Versorgungsunternehmen gegenüber ihren Kunden durch den Grundsatz der Verhältnismäßigkeit beschränkt.[67]

b. Ausschluss aufgrund vertraglicher Vereinbarung

14 Ein Ausschluss des Zurückbehaltungsrechts durch **individualvertragliche Vereinbarung** ist möglich.[68] Eine entsprechende Vereinbarung kann ausdrücklich oder konkludent erfolgen. Ein stillschweigender Ausschluss ist beispielsweise in der Vereinbarung einer Vorleistungspflicht oder in der Formel „netto Kasse gegen Faktura" zu erblicken.[69] Auch in der Begründung eines neuen Schuldverhältnisses

---

[58] RG v. 27.03.1939 - IV 275/38 - RGZ 160, 52-60.
[59] BGH v. 28.10.1997 - XI ZR 26/97 - LM BGB § 1911 Nr. 61 (7/1998).
[60] RG v. 29.11.1927 - II 532/26 - RGZ 118, 295-304.
[61] RG v. 27.05.1938 - VII 16/38 - RGZ 158, 6-16.
[62] OLG Koblenz v. 20.01.1994 - 5 U 494/93 - juris Rn. 26 - NJW-RR 1995, 394-395 m.w.N.
[63] BGH v. 22.01.1964 - V ZR 25/62 - BGHZ 41, 30-38.
[64] BGH v. 03.07.1991 - VIII ZR 190/90 - BGHZ 115, 99-105.
[65] BGH v. 31.01.2003 - V ZR 333/01 - juris Rn 9 - NJW 2003, 1317-1318.
[66] RG v. 12.06.1914 - III 47/14 - RGZ 85, 133-138; BGH v. 20.05.1964 - VIII ZR 56/63 - juris Rn. 18 - BGHZ 41, 341-350.
[67] Vgl. zur Stromsperre wegen Zahlungsverzugs BGH v. 03.07.1991 - VIII ZR 190/90 - BGHZ 115, 99-105.
[68] RG v. 06.06.1932 - VIII 91/32 - RGZ 136, 407-415.
[69] *Krüger* in: MünchKomm-BGB, § 273 Rn. 44.

in Kenntnis der Gegenforderung kann ein konkludenter Ausschluss des Zurückbehaltungsrechts liegen.[70] Legt ein Treuhänder bei einer Bank ein Konto an, ist der Ausschluss des Zurückbehaltungsrechts der Bank wegen Rechten gegen den Kontoinhaber als vereinbart anzusehen.[71] Vereinbaren die Parteien ein Aufrechnungsverbot, so kann darin auch der Ausschluss eines Zurückbehaltungsrechts gesehen werden, falls diesem die Wirkung einer Aufrechnung zukäme.[72] Bei der Annahme eines konkludenten Ausschlusses sind aber immer die Umstände des Einzelfalls zu berücksichtigen. In **allgemeinen Geschäftsbedingungen** ist eine Ausschluss des Zurückbehaltungsrechts wegen § 309 Nr. 2 lit. b BGB nicht möglich. Werden die AGB gegenüber einem Unternehmer verwandt, so ist der Ausschluss jedenfalls dann nach § 307 BGB nichtig, wenn der Gegenanspruch, auf den das Zurückbehaltungsrecht gestützt ist, unbestritten, rechtskräftig festgestellt oder entscheidungsreif ist.[73] Ob der Berechtigte auf sein Zurückbehaltungsrecht **einseitig verzichten** kann, ist streitig.[74] Der Frage kommt Bedeutung zu im Prozess, wenn das Recht bereits geltend gemacht worden ist. Für die Möglichkeit eines Verzichts spricht § 88a Abs. 1 HGB, wonach der Verzicht nur im Voraus ausgeschlossen ist. Die Berufung auf den Ausschluss des Zurückbehaltungsrechts kann im Einzelfall gegen **Treu und Glauben** verstoßen, etwa wenn dem Gläubiger eine schwere Vertragsverletzung zur Last fällt.[75]

c. Ausschluss kraft der Natur des Schuldverhältnisses

Eine umfassende Systematisierung der Fälle, in denen das Zurückbehaltungsrecht aufgrund der Natur des Schuldverhältnisses ausgeschlossen ist, gilt gemeinhin als unmöglich.[76] Jedoch erweisen sich einige **Kriterien für die Beurteilung im Einzelfall** als bedeutsam. So kommt ein Ausschluss des Zurückbehaltungsrechts nach der Natur des Schuldverhältnisses etwa in Betracht wegen des Zwecks des Anspruchs, der Eigenart des zurückbehaltenen Gegenstandes, des Interesses des Gläubigers an der Durchsetzung seiner Forderung oder wegen mangelnder Schutzwürdigkeit des Schuldners.[77] Anhand dieser Kriterien lassen sich viele Entscheidungen über den Ausschluss eines Zurückbehaltungsrechts in **Fallgruppen** einteilen, wobei allerdings eine klare Zuordnung nicht immer möglich ist.

15

Der **beschränkte Zweck des Zurückbehaltungsrechts** verbietet eine Zurückbehaltung, wenn hierdurch das Gläubigerrecht auf Dauer und gänzlich vereitelt würde.[78] Dies kommt insbesondere bei Leistungen mit Fixcharakter in Betracht.[79]

16

Die **besondere Zweckbestimmung des Gegenstands**, an dem ein Zurückbehaltungsrecht geltend gemacht wird, kann zu dessen Ausschluss führen.

17

- Dies ist etwa der Fall bei **Personalpapieren** wie Personalausweis, Reisepass oder Führerschein.[80] Nach der öffentlichen Zweckbestimmung dieser Papiere sollen sie dem Inhaber jederzeit zur Verfügung stehen.[81]

- Nach der hinter § 175 BGB stehenden Wertung besteht kein Zurückbehaltungsrecht an einer **Quittung** nach Begleichung der Forderung[82] und an einer **Wechselurkunde** bei unwirksamem Grundgeschäft.[83]

---

[70] BGH v. 23.05.1989 - IX ZR 57/88 - juris Rn. 22 - NJW-RR 1990, 48-50.
[71] BGH v. 25.06.1973 - II ZR 104/71 - BGHZ 61, 72-80.
[72] BGH v. 13.04.1983 - VIII ZR 320/80 - juris Rn. 18 - LM Nr. 98 zu § 322 ZPO.
[73] BGH v. 16.10.1984 - X ZR 97/83 - BGHZ 92, 312-316 m.w.N.; BGH v. 27.01.1993 - XII ZR 141/91 - NJW-RR 1993, 519-521.
[74] Dagegen *Wolf* in: Soergel, § 273 Rn. 34; dafür *Krüger* in: MünchKomm-BGB, § 273 Rn. 44.
[75] BGH v. 18.09.1967 - VII ZR 52/65 - BGHZ 48, 264-272.
[76] *Grüneberg* in: Palandt, § 273 Rn. 15; *Krüger* in: MünchKomm-BGB, § 273 Rn. 47.
[77] *Ebert* in: Erman, § 273 Rn. 21, nur bzgl. Zweck des Anspruchs und Gläubigerinteresse; *Krüger* in: MünchKomm-BGB § 273 Rn. 47; *Stadler* in: Jauernig, § 273 Rn. 12.
[78] *Stadler* in: Jauernig, § 273 Rn. 12.
[79] Vgl. etwa VG Düsseldorf v. 08.08.2007 - 16 L 1320/07 - juris Rn. 6.
[80] LG Baden-Baden v. 09.08.1977 - 1 T 76/77 - NJW 1978, 1750; sowie *Krüger* in: MünchKomm-BGB, § 273 Rn. 47; *Unberath* in: Bamberger/Roth, § 273 Rn. 30.
[81] *Krüger* in: MünchKomm-BGB, § 273 Rn. 64.
[82] *Grüneberg* in: Palandt, § 273 Rn. 15; *Unberath* in: Bamberger/Roth, § 273 Rn. 30.
[83] BGH v. 10.10.1958 - VIII ZR 141/57 - LM Nr. 7 zu § 273 BGB; BGH v. 27.04.1983 - VIII ZR 24/82 - LM Nr. 4 zu § 59 ZPO.

- An **Geschäftspapieren**, die alsbald für die Fortführung der Geschäfte benötigt werden, besteht ebenfalls kein Zurückbehaltungsrecht.[84]
- Die **Mietkaution** soll den Vermieter ohne Rücksicht auf einen Streit der Parteien über die Berechtigung von Gegenrechten des Mieters in Bezug auf dessen Vertragspflicht zur Zahlung der vereinbarten Miete schützen und ihm während und nach Beendigung des Mietverhältnisses eine erleichterte Durchsetzung seiner berechtigten Ansprüche aus dem konkreten Mietverhältnis gegen den Mieter ermöglichen. Wegen dieses bereits bei Mietbeginn aktuell werdenden Sicherungszwecks steht dem Mieter kein Zurückbehaltungsrecht an der Kaution wegen Mängeln der Mietsache zu.[85] Umgekehrt kann der Vermieter die Kaution nicht zurückbehalten, bis der Mieter einen bestehenden Prozesskostenanspruch beglichen hat, da Kosten der Rechtsverteidigung wegen unberechtigter gerichtlicher Inanspruchnahme durch den Mieter nicht unter den Sicherungszweck fallen.[86]
- Auch bei Erteilung der **Löschungsbewilligung** (§ 1144 BGB) bei Nichtentstehung der zu sichernden Darlehensforderung[87] besteht kein Zurückbehaltungsrecht (anders aber hinsichtlich der dem Schuldner durch die Löschung entstehenden Kosten)[88]. Scheitert die Erfüllung des Grundstückskaufvertrags, hat der Käufer ein Zurückbehaltungsrecht bezüglich seiner Zustimmung zur Löschung der für ihn eingetragenen Vormerkung wegen des von ihm bereits bezahlten Kaufpreisanteils.[89] Gegenüber dem Anspruch auf Löschung kann sich der Bucheigentümer dann nicht mehr auf ein Zurückbehaltungsrecht berufen, wenn über das Vermögen des Grundstückseigentümers die Insolvenz eröffnet worden ist. In diesem Fall würde ein Zurückbehaltungsrecht des Käufers aus § 273 Abs. 1 BGB, das der Durchsetzung einer rein persönlichen Gegenforderung dient, dem Grundsatz der gleichmäßigen Befriedigung aller Gläubiger widersprechen.[90]
- **Ansprüche auf Auskunft und Rechenschaftslegung** unterliegen grundsätzlich ebenfalls keinem Zurückbehaltungsrecht, da ansonsten der Zweck dieser Ansprüche vereitelt würde.[91] Anders verhält es sich, wenn sich beiderseits Auskunftsansprüche gegenüberstehen, da das Zurückbehaltungsrecht hier dem Interesse der Parteien an rascher und vollständiger Information dient.[92]
- Der Teilhaber einer Gemeinschaft kann der Zwangsversteigerung des Gegenstandes zur **Aufhebung der Gemeinschaft** gemäß § 749 BGB nicht unter Berufung auf ein Zurückbehaltungsrecht widersprechen; denn die jederzeitige Aufhebbarkeit der Gemeinschaft muss gewährleistet sein.[93] Allerdings kann sich die Durchsetzung eines solchen Anspruchs im Einzelfall als unzulässige Rechtsausübung darstellen (§ 242 BGB).[94]
- Die **Herausgabe von einzelnen Räumen einer ungeteilten Wohnung** oder eines ungeteilten Hauses nach Auflösung einer nichtehelichen Lebensgemeinschaft kann nicht unter Berufung auf Bereicherungsansprüche verweigert werden. Die Zubilligung eines Zurückbehaltungsrechts in diesem

---

[84] BGH v. 03.07.1997 - IX ZR 244/96 - juris Rn. 19 - NJW 1997, 2944-2946; *Bultmann*, ZInsO 2011, 992-996, 995.
[85] BGH v. 21.03.2007 - XII ZR 255/04 - juris Rn. 25 - NJW-RR 2007, 884-886; *Schmid*, ZfIR 2008, 198; vgl. auch *Ingendoh*, jurisPR-MietR 14/2007, Anm. 3; OLG Celle v. 23.04.1997 - 2 U 118/96 - NJW-RR 1998, 585-586; OLG Düsseldorf v. 23.03.2000 - 10 U 160/97 - NJW-RR 2001, 299-300; *Pfeilschifter*, jurisPR-MietR 26/2006, Anm. 1.
[86] LG Duisburg v. 18.05.2010 - 13 S 58/10 - juris Rn. 9 - ZGS 2010, 429.
[87] BGH v. 24.02.1978 - V ZR 182/75 - BGHZ 71, 19-23.m.w.N.
[88] *Grüneberg* in: Palandt, § 273 Rn. 15.
[89] BGH v. 28.10.1988 - V ZR 94/87 - LM Nr. 12 zu § 894 BGB; BGH v. 07.03.2002 - IX ZR 457/99 - juris Rn. 26 - BGHZ 150, 138-149; a.A. *Zimmer*, ZfIR 2009, 292-293, 293.
[90] BGH v. 07.03.2002 - IX ZR 457/99 - juris Rn. 28 - BGHZ 150, 138-149; BGH v. 22.01.2009 - IX ZR 66/07 - juris Rn. 8 - NJW 2009, 1414-1416; a.A.: *Häsemeyer*, KTS 2002, 603-613: Dem Käufer stehe im Insolvenzverfahren das allgemeine Zurückbehaltungsrecht mit der Maßgabe zu, dass er einer Löschung nur gegen Eintragung einer Sicherungshypothek für seinen Anspruch auf Rückzahlung zustimmen müsse.
[91] OLG Brandenburg v. 21.12.2000 - 10 WF 9/00 - OLGR Brandenburg 2002, 251-252; OLG Frankfurt v. 07.08.2007 - 20 W 104/07 - juris Rn. 13 - NZG 2008, 158-160; *Krüger* in: MünchKomm-BGB, § 273 Rn. 50.
[92] OLG Frankfurt v. 17.12.1984 - 3 WF 88/84 - NJW 1985, 3083 m.w.N.; *Krüger* in: MünchKomm-BGB, § 273 Rn. 50; a.A. OLG Köln v. 09.12.1986 - 14 UF 233/86 - FamRZ 1987, 714-715; OLG Brandenburg v. 21.12.2000 - 10 WF 9/00 - OLGR Brandenburg 2002, 251-252.
[93] BGH v. 19.12.1974 - II ZR 118/73 - BGHZ 63, 348-353.
[94] BGH v. 19.12.1974 - II ZR 118/73 - BGHZ 63, 348-353.

Fall käme einer Verurteilung zur Fortsetzung der nichtehelichen Lebensgemeinschaft gleich und würde damit der rechtlichen Natur dieser Lebensgemeinschaft widersprechen.[95]

Weiterhin ist ein Zurückbehaltungsrecht ausgeschlossen, wenn der Gegenstand besondere **Bedeutung für die Lebensführung des Gläubigers** hat oder ihm sein Entzug auf Dauer aus sonstigen Gründen nicht zugemutet werden kann. 18

- •. In diese Kategorie gehören etwa **Krankenunterlagen**, weil diese für die Gestaltung der weiteren Behandlung sowie zur Durchführung von Schadensersatzprozessen wegen Behandlungsfehlern von Bedeutung sein können.[96]
- •. Auch an **Verwaltungsunterlagen einer Wohnungseigentümergemeinschaft** besteht kein Zurückbehaltungsrecht, soweit diese für die ordnungsgemäße Weiterführung der Verwaltung notwendig sind.[97]
- •. Weiterhin ist ein Zurückbehaltungsrecht an **Arbeits- und Geschäftspapieren**[98] sowie an dringend benötigten **Arbeitsgeräten**[99] ausgeschlossen.
- •. An **Haustieren** des Gläubigers kann gemäß § 90a BGB ein Zurückbehaltungsrecht ausgeschlossen sein; hinsichtlich der Anforderungen an einen solchen Ausschluss ist die Rechtsprechung allerdings noch nicht einheitlich.[100]
- •. An unpfändbaren Gegenständen, an denen gem. § 562 Abs. 1 Satz 2 BGB kein Vermieterpfandrecht entsteht, besteht auch kein Zurückbehaltungsrecht, da dies eine unzulässige Umgehung des Pfändungsschutzes darstellen würde.[101]
- •. Auch an **unpfändbaren Lohn- und Gehaltsansprüchen** besitzt der Arbeitgeber kein Zurückbehaltungsrecht.[102] Denn diese dienen der Sicherung der Existenzgrundlage des Arbeitnehmers. Umgekehrt kann jedoch der Arbeitnehmer seine **Arbeitsleistung**[103] oder die Herausgabe eines auch **zur Privatnutzung überlassenen Pkw**[104] verweigern, wenn der Arbeitgeber seiner Lohnzahlungspflicht nicht nachkommt. An den für den Betrieb angeschafften Betriebsmitteln und Werkzeugen steht dem Arbeitnehmer dagegen kein Zurückbehaltungsrecht wegen rückständiger Lohnforderungen zu.[105]
- •. Von großer wirtschaftlicher Bedeutung für den Gläubiger sind **Unterhaltsansprüche** und **Ansprüche auf Altenteilsleistungen**.[106] Soweit sie den gegenwärtigen Unterhalt des Gläubigers sichern sollen, scheidet ein Zurückbehaltungsrecht des Schuldners aus. Dagegen hat der BGH ein Zurückbehaltungsrecht für den Fall der Übertragung eines landwirtschaftlichen Anwesens anerkannt, welches den späteren Lebensunterhalt des Begünstigten sichern sollte.[107]

Mangelnde Schutzwürdigkeit des Schuldners liegt zum Beispiel vor, wenn gegenüber einem Geldanspruch ein Aufrechnungsverbot besteht (so etwa nach § 394 BGB) und die Zurückbehaltung einer unzulässigen Aufrechnung gleichkommt. Auch gegenüber einem Schadensersatzanspruch aus vorsätz- 19

---

[95] OLG Brandenburg v. 22.08.1996 - 9 U 2/96 - juris Rn. 23 ff. - OLGR Brandenburg 1997, 33-35.
[96] AG Freiburg (Breisgau) v. 04.12.1989 - 3 C 4196/89 - NJW 1990, 770; *Krüger* in: MünchKomm-BGB, § 273 Rn. 57.
[97] OLG Frankfurt v. 19.05.1994 - 20 W 488/93 - OLGZ 1994, 538; OLG Hamm v. 22.02.2007 - 15 W 181/06 - juris Rn. 83.
[98] BGH v. 03.07.1997 - IX ZR 244/96 - juris Rn. 19 - NJW 1997, 2944-2946; BAG v. 20.12.1958 - 2 AZR 336/56 - NJW 1959, 453; *Bultmann*, ZInsO 2011, 992-996, 995.
[99] LArbG Düsseldorf v. 04.07.1975 - 9 Sa 334/75 - DB 1975, 2040; LArbG Hamm v. 16.01.2009 - 10 Sa 1023/08 - juris Rn. 100.
[100] LG Stuttgart v. 22.05.1990 - 21 O 161/90 - NJW-RR 1991, 446; LG Köln v. 05.01.2011 - 9 S 75/10 - juris Rn. 4; AG Bad Homburg v. 11.04.2002 - 2 C 1180/01, 2 C 1180/01 (10) - NJW-RR 2002, 894-895; einschränkend dagegen LG Mainz v. 30.04.2002 - 6 S 4/02 - NJW-RR 2002, 1181-1182.
[101] LG Berlin v. 21.01.2011 - 63 T 7/11 - juris Rn. 4 - Grundeigentum 2011, 1310; *Artz* in: MünchKomm-BGB, § 562 Rn. 13.
[102] RG v. 26.05.1914 - III 62/14 - RGZ 85, 108-120.
[103] BAG v. 20.12.1963 - 1 AZR 428/62 - NJW 1964, 883; BAG v. 25.10.1984 - 2 AZR 417/83 - ZIP 1985, 302-305; LAG Köln v. 15.09.1993 - 8 Sa 449/93 - AR-Blattei ES 1880 Nr. 1.
[104] OLG Düsseldorf v. 12.02.1986 - 11 U 76/85 - NJW 1986, 2513; LArbG Köln v. 12.06.2007 - 9 SaGa 6/07 - juris Rn. 38 - ArbuR 2008, 160; LArbG Hamm v. 16.01.2009 - 10 Sa 1023/08 - juris Rn. 101.
[105] LArbG Düsseldorf v. 04.07.1975 - 9 Sa 334/75 - DB 1975, 2040; LArbG Hamm v. 16.01.2009 - 10 Sa 1023/08 - juris Rn. 100.
[106] BGH v. 09.11.1979 - V ZR 226/77 - juris Rn. 14 - LM Nr. 31 zu § 273 BGB; einschränkend OLG Hamm v. 13.06.1995 - 1 UF 95/95 - NJW-RR 1996, 4-5.
[107] BGH v. 09.11.1979 - V ZR 226/77 - LM Nr. 31 zu § 273 BGB.

§ 273

licher rechtswidriger Handlung des Schuldners ist nach dem Rechtsgedanken von § 393 BGB ein Zurückbehaltungsrecht ausgeschlossen.[108] Dasselbe gilt für Ansprüche auf Herausgabe eines Gegenstandes, der durch unerlaubte Handlung erlangt worden ist, § 273 Abs. 2 BGB.

20 Einzelfälle: Ein Zurückbehaltungsrecht ist ferner in folgenden Fällen ausgeschlossen:
- gegenüber Ansprüchen aus Treuhandverhältnissen[109] und ähnlichen Vertrauensverhältnissen, so etwa gegenüber Ansprüchen des Auftraggebers auf Herausgabe des durch die Geschäftsbesorgung Erlangten aus § 667 BGB wegen Ansprüchen, die nicht im Zusammenhang mit dem Auftragsverhältnis stehen[110]
- gegenüber Ansprüchen auf Herausgabe des durch eine unberechtigte Geschäftsführung Erlangten, da das eigenmächtige Verhalten nicht schützenswert ist;[111]
- gegenüber dem Anspruch des Erben auf Herausgabe des Erbes wegen eines Anspruchs des Erbschaftsbesitzers auf den Pflichtteil;[112]
- gegenüber Prämienansprüchen des Versicherers;[113]
- gegenüber einer Enteignungsentschädigung bei Streit über deren endgültige Höhe;[114]
- gegenüber dem Anspruch auf Zustimmung zur Mieterhöhung gemäß § 558 BGB wegen Mängeln der Mietsache;[115]
- gegenüber dem Anspruch eines Wohnungseigentümers auf Anschluss an die Versorgungsleitungen wegen Gegenansprüchen der Wohnungseigentümergemeinschaft auf Beteiligung an den Fertigstellungskosten;[116]
- gegenüber dem Anspruch des Mieters auf Versorgung mit Wasser und Strom[117] sowie auf Bereitstellung des Fernsehempfangs.[118] Anders wird die Lage beurteilt, wenn eine Wohnungseigentümergemeinschaft gegen einzelne oder mehrere Eigentümer vorgeht, die sich im Zahlungsrückstand mit Forderungen der Gemeinschaft befinden: Hier bejaht die h.M. die Möglichkeit, eine Versorgungssperre zu verhängen. [19] Umstritten ist dies allerdings für den Fall, dass die Wohnung des Eigentümers vermietet (bzw. an ihr ein dingliches Wohnrecht bestellt) ist.[120] Der

---

[108] BAG v. 16.10.1967 - 5 AZR 464/66 - NJW 1968, 565.

[109] BGH v. 23.05.1989 - IX ZR 57/88 - juris Rn. 21 - NJW-RR 1990, 48-50; LArbG Mainz v. 18.08.2005 - 1 Sa 171/05 - Versicherung und Recht kompakt 2006, 52-53.

[110] RG v. 27.03.1939 - IV 275/38 - RGZ 160, 52-60.

[111] OLG Köln v. 05.06.1982 - 4 WF 84/82 - juris Rn. 30 - FamRZ 1982, 944-945.

[112] KG v. 30.04.1973 - 12 W 342/73 - MDR 1974, 317-318.

[113] BGH v. 18.12.1954 - II ZR 206/53 - BGHZ 16, 37-50.

[114] BGH v. 21.06.1965 - III ZR 8/64 - BGHZ 44, 52-59.

[115] OLG Frankfurt v. 29.07.1999 - 20 ReMiet 1/96 - NJW 2000, 2115-2117; LG Berlin v. 11.01.1999 - 62 S 389/98 - NJW-RR 1999, 1608-1610.

[116] OLG Hamm v. 16.03.1984 - 15 W 266/83 - juris Rn. 25 ff. - NJW 1984, 2708-2710.

[117] H.M.; OLG Saarbrücken v. 25.09.2005 - 8 W 204/05 - juris Rn. 14 - OLGR Saarbrücken 2005, 889-891; LG Göttingen v. 07.03.2003 - 5 T 282/02 - juris Rn. 4 - WuM 2003, 626-627; *Streyl*, WuM 2006, 234-237; vgl. auch *Fritz*, jurisPR-MietR 12/2006, Anm. 3 m.w.N.; *Pfeifer*, jurisPR-MietR 19/2007, Anm. 1; a.M. AG Bergheim v. 15.12.2003 - 27 C 744/03 - ZMR 2005, 55, mit dem Hinweis, dass es nicht Sache des Vermieters sei, die wirtschaftliche Not des Mieters zu tragen; AG Waldshut-Tiengen v 06.07.2009 - 7 C 131/09 - juris Rn. 7 (für die Einstellung allein der Warmwasserversorgung); *Herrlein*, NZM 2006, 527-531.

[118] AG Spandau v. 04.05.1990 - 7 C 13/90 - juris Rn. 6 ff. - WuM 1990, 311; AG Görlitz v. 04.11.2005 - 2 C 0253/05 - juris Rn. 6 - WuM 2006, 143-144.

[119] BGH v. 10.06.2005 - V ZR 235/04 - juris Rn. 10 - NJW 2005, 2622-2624 m.w.N.; OLG Oldenburg v. 03.01.2005 - 5 W 151/04 - ZMR 2005, 651-652; KG Berlin v. 08.08.2005 - 24 W 112/04 - juris Rn. 14 - NJW-RR 2006, 446-447; OLG Dresden v. 12.06.2007 - 3 W 82/07 - juris Rn. 15 - ZMR 2008, 140-142; LG München v. 08.11.2010 - 1 S 10608/10 - juris Rn. 7 ff. - WuM 2011, 128-129 bejaht die Versorgungssperre sogar für den Fall, dass der Versorgungsvertrag direkt zwischen Eigentümer und Versorger abgeschlossen ist, solange die WEG den Eigentümern die Leitungsanlage zur Verfügung stellt; *Wirth*, CuR 2006, 106-107; *Krebs*, jurisPR-MietR 17/2005, Anm. 5; *Hogenschurz*, ZfIR 2005, 762-763; vgl. auch LG Essen v. 02.03.2007 - 9 T 163/06 - juris Rn. 19 - ZMR 2007, 817 (zur Einschränkung des Versicherungsschutzes bzgl. des säumigen Eigentümers).

[120] Für die Möglichkeit einer Versorgungssperre: KG Berlin v. 26.11.2001 - 24 W 7/01 - juris Rn. 10 - NZM 2002, 221; KG Berlin v. 21.05.2001 - 24 W 94/01 - juris Rn. 38 - NZM 2001, 761-763; vgl. auch LG Berlin v. 07.12.2007 - 22 O 326/07 - juris Rn. 29 - Grundeigentum 2008, 341-343 (für den Fall eines dinglichen Wohnrechts); a.A. OLG Köln v. 15.03.2000 - 2 U 74/99 - juris Rn. 34 ff. - NZM 2000, 1026-1028; AG Charlottenburg v. 17.12.2004 - 214 C 1010/04 - juris Rn. 1 - MM 2005, 146; *Emmert*, jurisPR-MietR 15/2006, Anm. 5.

Mieter (bzw. dinglich Wohnberechtigte) kann in diesem Fall jedenfalls der Versorgungssperre die Grundlage entziehen, indem er an die Eigentümergemeinschaft das Wohngeld oder mindestens die von ihm verursachten Betriebskosten zahlt;[121]
- gegenüber dem Anspruch auf Zustimmung zur Veräußerung von Wohnungseigentum;[122]
- gegenüber dem Anspruch der Gesellschafter auf Zustimmung zur Kapitalerhöhung;[123]
- gegenüber dem Schadensersatzanspruch des Vollstreckungsschuldners aus § 717 Abs. 2 ZPO, soweit das Zurückbehaltungsrecht sich auf solche Einreden des Vollstreckungsgläubigers bezieht, die sich direkt aus dem Vollstreckungsverhältnis ergeben oder zwangsläufig aus der Vollstreckungseinleitung folgen. Unberührt vom Ausschluss des Zurückbehaltungsrecht bleiben alle materiell-rechtlichen Einreden des Vollstreckungsgläubigers;[124]
- gegenüber dem durch Kaution gesicherten Anspruch auf Mietzinszahlung, wenn ein Rechtsanspruch des Gewerberaummieters auf Austausch der verzinslichen Barkaution durch eine Bankbürgschaft besteht;[125]
- gegenüber dem Anspruch auf Erstattung von verauslagten Erschließungskosten wegen eines Mängelbeseitigungsanspruchs.[126]
- gegenüber dem Herausgabeanspruch des ehemaligen Arbeitgebers in Bezug auf Geschäftsunterlagen, auch wenn der ehemalige Arbeitnehmer vorträgt, diese für eine etwaige straf- oder zivilrechtliche Verteidigung zu benötigen; in einem derartigen Fall hat der Arbeitnehmer ohnehin einen Anspruch auf Akteneinsicht, so dass kein Erfordernis für das Zurückbehaltungsrecht besteht.[127]

d. Ausschluss nach Treu und Glauben

Die Ausübung des Zurückbehaltungsrechts kann auch in Fällen, die nicht unmittelbar auf die Natur des Schuldverhältnisses zurückzuführen sind, eine **unzulässige Rechtsausübung** nach § 242 BGB darstellen und damit nach den Grundsätzen von Treu und Glauben unwirksam sein. Dies ist etwa der Fall, 21
- wenn der Schuldner für seinen Gegenanspruch bereits ausreichende Sicherheiten hat.[128] Ob dies im Fall des Zurückbehaltungsrechts eines Arbeitnehmers an der Arbeitsleistung angenommen werden kann, wenn der Lohnanspruch durch einen bestehenden Anspruch auf Insolvenzgeld gegen die Agentur für Arbeit gesichert ist, erscheint fraglich.[129]
- wenn der Schuldner wegen einer unverhältnismäßig geringen Forderung die gesamte Leistung zurückbehalten will (Grundsatz der Verhältnismäßigkeit).[130] Insoweit kommt es auf die Umstände des Einzelfalles, insbesondere auf die Höhe der Forderung zur Zeit der Geltendmachung des Zurückbehaltungsrechts an. Besteht zu dieser Zeit kein Zurückbehaltungsrecht und verweigert der Schuldner die Herausgabe einer Sache daher unberechtigt, dann kann er sich auch später nicht auf ein Zurückbehaltungsrecht wegen einer Gegenforderung berufen, die erst infolge seiner Herausgabeverweigerung durch Aufwendungen auf die Sache entstanden ist.[131] Hinsichtlich der Verhältnismäßigkeit darf

---

[121] LG Berlin v. 07.12.2007 - 22 O 326/07 - juris Rn. 29 - Grundeigentum 2008, 341-343.
[122] BayObLG München v. 09.03.1977 - BReg 2 Z 79/76 - DB 1977, 2182.
[123] BGH v. 23.03.1987 - II ZR 244/86 - LM Nr. 4 zu § 1 GmbHG.
[124] LG Berlin v. 14.05.2003 - 6 O 515/02 - juris Rn. 31 - MDR 2003, 1200-1201.
[125] OLG Celle v. 07.04.2003 - 2 W 42/03 - OLGR Celle 2003, 221-222.
[126] OLG Celle v. 13.02.2002 - 7 U 62/01 - juris Rn. 11 - BauR 2003, 390-391.
[127] BAG v. 14.12.2011 - 10 AZR 283/10 - juris Rn. 23 - ArbRAktuell 2012, 330101.
[128] BGH v. 27.09.1984 - IX ZR 53/83 - BGHZ 92, 194-200 (Zugewinnausgleich); BAG v. 25.10.1984 - 2 AZR 417/83 - ZIP 1985, 302-305; LAG Kiel v. 23.11.2004 - 5 Sa 202/04 - juris Rn. 36 - LAGE § 273 BGB 2002 Nr. 1 (Lohnanspruch).
[129] Dafür *Blank*, ZInsO 2007, 426-431; offen gelassen von BAG v. 25.10.1984 - 2 AZR 417/83 - ZIP 1985, 302-305: Dort waren die Voraussetzungen für die Gewährung von Konkursausfallgeld noch nicht gegeben.
[130] BGH v. 08.06.2004 - X ZR 173/01 - juris Rn. 9,11 - NJW 2004, 3484-3486; OLG Düsseldorf v. 09.03.2006 - I-10 U 130/05 - juris Rn. 22 - OLGR Düsseldorf 2006, 521-523; Zurückbehaltung der Arbeitsleistung wegen geringfügiger Lohnansprüche: BAG v. 25.10.1984 - 2 AZR 417/83 - ZIP 1985, 302-305; LAG Hannover v. 08.12.2003 - 5 Sa 1071/03 - juris Rn. 33 - Bibliothek BAG; LAG Kiel v. 23.11.2004 - 5 Sa 202/04 - juris Rn. 33 - LAGE § 273 BGB 2002 Nr. 1.
[131] BGH v. 08.06.2004 - X ZR 173/01 - juris Rn. 9,11 - NJW 2004, 3484-3486.

allerdings nicht schematisch auf die Wertverhältnisse abgestellt werden.[132] Der Zweck des Zurückbehaltungsrechts, die Druckausübung auf den Schuldner, würde fehlgehen, wenn nur bei annähernder Wertgleichheit eine Ausübung des Zurückbehaltungsrechts in Betracht käme.[133]

- wenn der Arbeitnehmer seine Arbeitsleistung zurückhält, obwohl der Arbeitgeber nur mit einem verhältnismäßig geringfügigen Lohnbetrag im Rückstand ist bzw. obwohl nur eine kurzfristige Verzögerung der Lohnzahlung durch den Arbeitgeber zu erwarten ist.[134]
- wenn wegen einer unbestrittenen Forderung ein schwierig zu klärender Gegenanspruch geltend gemacht wird, der die Durchsetzung der Forderung auf unabsehbare Zeit verhindert (Fall der faktischen Vereitelung der Durchsetzung);[135] die Schwierigkeit des zu klärenden Gegenanspruches muss dabei jedoch das normale Maß übersteigen. so ist die Geltendmachung eines Zurückbehaltungsrechtes wegen Mängeln der Bauleistung nicht allein deshalb ausgeschlossen, weil die Klärung dieser Frage schwierig und zeitraubend wäre, solange sie keine größeren Anstrengungen erfordert als eine entsprechende Klärung in jedem anderen Prozess.[136]
- wenn Anspruch und Gegenanspruch in einem auffälligen Missverhältnis zueinander stehen. Das ist etwa anzunehmen, wenn der Mieter dem Mietzinsanspruch einen Anspruch auf Auskunft hinsichtlich der ordnungsgemäßen Sicherstellung der Kautionsforderung entgegenhält.[137]
- wenn die Anerkennung eines Zurückbehaltungsrechts aus § 273 Abs. 1 BGB dem Grundsatz der gleichmäßigen Befriedigung der Massegläubiger entgegensteht. Aus diesem Grunde scheidet ein Zurückbehaltungsrecht wegen ausstehender Gehaltsforderungen nach Anzeige der Masseunzulänglichkeit infolge des Vollstreckungsverbotes gemäß § 210 InsO aus.[138]
- wenn durch die Geltendmachung des Zurückbehaltungsrechts die erb-, güter- oder gemeinschaftsrechtliche Auseinandersetzung gefährdet würde.[139]

II. Zurückbehaltungsrecht nach Absatz 2

1. Allgemeines

22 § 273 Abs. 2 BGB regelt einen **speziellen Fall des Zurückbehaltungsrechts**. Danach ist der Schuldner grundsätzlich berechtigt, die Herausgabe eines Gegenstandes zu verweigern, wenn ihm wegen Verwendungen auf den Gegenstand oder wegen eines ihm durch den Gegenstand verursachten Schadens ein fälliger Gegenanspruch zusteht. Einer gesonderten Prüfung der Konnexität bedarf es in diesen Fällen nicht mehr. Im Übrigen unterliegt der Anspruch den Voraussetzungen von § 273 Abs. 1 BGB; die Einschränkung, wonach aufgrund der Natur des Schuldverhältnisses ein Zurückbehaltungsrecht ausscheidet, gilt allerdings für die Fälle von § 273 Abs. 2 BGB nicht.[140] § 1000 BGB ist neben § 273 Abs. 2 BGB anwendbar.[141]

---

[132] BGH v. 02.12.2011 - V ZR 30/11 - juris Rn. 17 - NJW 2012, 528-530.
[133] BGH v. 08.06.2004 - X ZR 173/01 - juris Rn. 11 - NJW 2004, 3484-3486; BGH v. 02.12.2011 - V ZR 30/11 - juris Rn. 17 - NJW 2012, 528-530.
[134] LAG Köln v. 15.09.1993 - 8 Sa 449/93 - juris Rn. 39 - VersR 1994, 839; LAG Hamm v. 26.11.1998 - 4 (19) Sa 1360/98 - juris - ZInsO 1999, 363; *Becker*, ArbRB 2010, 354-356.
[135] BGH v. 11.04.1984 - VIII ZR 302/82 - BGHZ 91, 73-83 m.w.N.; BGH v. 17.11.1999 - XII ZR 281/97 - NJW 2000, 948-951; OLG Brandenburg v. 16.03.2005 - 4 U 6/04 - juris Rn. 28 - BauR 2005, 1970; OLG Hamm v. 08.10.2009 - 4 U 137/09 - juris Rn. 31.
[136] BGH v. 31.03.2005 - VII ZR 369/02 - juris Rn. 10 - NJW-RR 2005, 969; *Hall*, jurisPR-BGHZivilR 30/2005, Anm. 1.
[137] AG Bad Oldesloe v. 15.05.2002 - 2 C 566/01 - juris Rn. 9 - SchlHA 2002, 259-260; a.A. LG Mannheim v. 07.03.1990 - 4 S 206/89 - NJW-RR 1991, 79-80; AG Bremen v. 22.09.1988 - 10 C 89/88 - WuM 1989, 74: Erbringt der Vermieter auf Verlangen den Nachweis gesetzeskonformer Anlagen nicht, so hat der Mieter in jedem Fall ein Zurückbehaltungsrecht.
[138] LArbG Berlin v. 24.10.2002 - 18 Sa 1251/02 - juris Rn. 39 - Bibliothek BAG.
[139] Vgl. BGH v. 27.09.1984 - IX ZR 53/83 - BGHZ 92, 194-200 m.w.N.
[140] RG v. 26.06.1926 - V 532/25 - RGZ 114, 266-268.
[141] BGH v. 05.10.1979 - V ZR 71/78 - juris Rn. 17 - BGHZ 75, 288-295.

2. Einzelne Voraussetzungen

a. Pflicht zur Herausgabe eines Gegenstandes

Die Verpflichtung zur Herausgabe bezieht sich nicht nur auf dingliche Herausgabeansprüche, sondern auf jede, auch schuldrechtliche, **Herausgabepflicht im weitesten Sinn**.[142] Unter den Begriff des Gegenstandes fallen dabei sowohl Sachen als auch Rechte.[143] Dazu gehören auch Rechtspositionen, wie etwa diejenige des Bucheigentümers eines Grundstücks. Dieser kann daher wegen seiner Verwendungen auf das Grundstück ein Zurückbehaltungsrecht gegenüber dem Anspruch auf Grundbuchberichtigung geltend machen.[144] In analoger Anwendung von § 273 Abs. 2 BGB besteht ein Zurückbehaltungsrecht auch gegenüber dem Anspruch auf Löschung einer Auflassungsvormerkung.[145] Dagegen besteht kein Zurückbehaltungsrecht gegenüber dem Anspruch auf Löschung einer zur Eigentümergrundschuld gewordenen Hypothek wegen Verwendungen auf das belastete Grundstück, weil hier der Gegenstand, den der Gläubiger herausverlangt, und der Gegenstand, auf den der Schuldner Verwendungen gemacht hat, nicht identisch sind.[146]

23

b. Gegenanspruch auf Verwendungs- oder Schadensersatz

Der Schuldner muss gegen den Gläubiger einen Gegenanspruch auf Verwendungsersatz oder auf Schadensersatz haben. Im Hinblick auf den **Verwendungsersatzanspruch** gilt ein weiter Verwendungsbegriff, der alle Aufwendungen umfasst, die einen Ersatzanspruch begründen.[147] Der Ersatzanspruch muss spätestens mit der Herausgabe des Gegenstandes fällig werden. Ist der Anspruch noch nicht fällig, so kann unter Umständen auf § 1000 BGB zurückgegriffen werden. Fälle, in denen dem Schuldner ein **Schadensersatzanspruch** zusteht, weil er durch den herauszugebenden Gegenstand zu Schaden gekommen ist, sind selten.

24

c. Keine vorsätzliche unerlaubte Handlung

Ein Zurückbehaltungsrecht nach § 273 Abs. 2 BGB ist ausgeschlossen, wenn der Schuldner den Gegenstand durch eine **vorsätzlich begangene unerlaubte Handlung** erlangt hat.[148] Dies gilt auch dann, wenn die unerlaubte Handlung einem Vertreter zur Last fällt.[149] Der Ausschluss besteht auch dann noch, wenn der Anspruch des Gläubigers aus unerlaubter Handlung verjährt ist, der Schuldner wegen desselben Sachverhalts aber aus einem anderen Rechtsgrund ersatzpflichtig ist.[150] Auf vorsätzlich begangene Vertragsverletzungen kann die Regelung nicht ausgedehnt werden.[151]

25

C. Rechtsfolgen

I. Ausübung des Zurückbehaltungsrechts

Das Zurückbehaltungsrecht begründet eine **aufschiebende** (dilatorische) **Einrede**, von der der Schuldner Gebrauch machen muss, damit sie ihre Wirkungen auslöst.[152] Die Ausübung des Zurückbehaltungsrechts erfolgt durch die Verweigerung der Leistung bis zur Erbringung der Gegenleistung. Ist die Gegenleistung bereits erbracht, so gibt es nichts mehr zurückzuhalten, und ein Zurückbehaltungsrecht kommt nicht mehr in Betracht[153]; das gilt auch dann, wenn der Schuldner die Gegenleistung aufgrund

26

---

[142] *Krüger* in: MünchKomm-BGB, § 273 Rn. 83; *Unberath* in: Bamberger/Roth, § 273 Rn. 41.
[143] RG v. 26.02.1940 - V 147/39 - RGZ 163, 62-65.
[144] RG v. 26.06.1926 - V 532/25 - RGZ 114, 266-268; RG v. 22.01.1927 - V 191/26 - RGZ 115, 35-47; RG v. 26.02.1940 - V 147/39 - RGZ 163, 62-65.
[145] RG v. 26.02.1940 - V 147/39 - RGZ 163, 62-65; BGH v. 23.05.2003 - V ZR 279/02 - juris Rn. 11 - ZIP 2003, 1406-1408.
[146] BGH v. 22.01.1964 - V ZR 25/62 - BGHZ 41, 30-38.
[147] *Krüger* in: MünchKomm-BGB, § 273 Rn. 85.
[148] RG v. 19.10.1909 - II 662/08 - RGZ 72, 61-70.
[149] BGH v. 16.05.1956 - V ZR 183/55 - LM Nr. 6 zu § 273 BGB.
[150] RG v. 02.09.1941 - VII 29/41 - RGZ 167, 257-260.
[151] OLG Koblenz v. 12.11.1976 - 8 U 548/75 - juris Rn. 94 - MDR 1977, 667; *Bittner* in: Staudinger, § 273 Rn. 118; *Ebert* in: Erman, § 273 Rn. 29; *Krüger* in: MünchKomm-BGB, § 273 Rn. 87; str.
[152] RG v. 21.07.1936 - II 30/36 - RGZ 152, 71-75; BGH v. 29.04.1986 - IX ZR 145/85 - juris Rn. 29 - LM Nr. 40 zu § 273 BGB.
[153] OLG München v. 30.11.2009 - 19 U 2672/08 - juris Rn. 12; *Grüneberg* in: Palandt, § 273 Rn. 19.

eines vorläufig vollstreckbaren Titels erbracht hat.[154] Die Verweigerung muss der Schuldner ausdrücklich oder durch schlüssiges Verhalten zum Ausdruck bringen. Dabei muss er den Gegenanspruch genau bezeichnen.[155] Dem Gläubiger muss die Berufung des Schuldners auf sein Zurückbehaltungsrecht erkennbar sein, damit er es durch Sicherheitsleistung nach § 273 Abs. 3 BGB abwenden kann.[156] Das bloße Schweigen auf die Leistungsaufforderung des Gläubigers und die Verweigerung der Leistung ohne gleichzeitige Geltendmachung des Gegenanspruchs stellt daher noch keine Ausübung des Zurückbehaltungsrechts dar.

II. Wirkungen des Zurückbehaltungsrechts

27 Die Ausübung des Zurückbehaltungsrechts hat **rechtsgestaltende Wirkung**.[157] Sie ändert den Anspruch des Gläubigers, der bisher auf eine unbeschränkte Leistung gerichtet war, insoweit, als der Gläubiger die Leistung nur noch Zug um Zug gegen Bewirkung der Gegenleistung fordern kann.[158] Demgegenüber beseitigt das Zurückbehaltungsrecht nicht die Fälligkeit des Anspruchs[159] und hemmt nicht seine Verjährung. Die Ausübung des Zurückbehaltungsrechts bewirkt aber, dass der Schuldner **nicht in Schuldnerverzug** kommt, weil der Anspruch nicht durchsetzbar ist. Auch ein Anspruch auf Prozesszinsen nach § 291 BGB ist ausgeschlossen.[160] Wird das Zurückbehaltungsrecht jedoch erst nach Eintritt des Verzugs ausgeübt, dann kann es die Verzugsfolgen nicht mehr verhindern. Zur Heilung eines bereits eingetretenen Verzugs ist vielmehr das Angebot der eigenen Leistung in Annahmeverzug begründender Weise Zug um Zug gegen Erfüllung des Gegenanspruchs erforderlich.[161] Ob im Fall des vor Verzugseintritt entstandenen, aber erst nach Verzugseintritt ausgeübten Zurückbehaltungsrechts die Folgen des Verzugs rückwirkend entfallen, ist streitig, aber im Ergebnis zu bejahen.[162] Wendet der Gläubiger das Zurückbehaltungsrecht unmittelbar durch Leistung einer Sicherheit ab (§ 273 Abs. 3 BGB), so bleibt der Verzug hingegen bestehen. Ob das Zurückbehaltungsrecht ein **Recht zum Besitz** i.S.v. § 986 BGB gibt, ist umstritten.[63] Gegen die Annahme eines Besitzrechts spricht, dass das Zurückbehaltungsrecht den Herausgabeanspruch aus § 986 BGB nicht völlig ausschließt, sondern nur eine Änderung der Leistungsart bewirkt. Darüber hinaus gewährt das Zurückbehaltungsrecht auch kein Recht zum Gebrauch des Gegenstands, was aber gerade ein Charakteristikum des Besitzrechts ist.[164] Beim Zurückbehaltungsrecht handelt es sich folglich nicht um ein Besitzrecht gemäß § 986 BGB. Da dem Zurückbehaltungsrecht keine dingliche Wirkung zukommt, entfaltet es in der **Insolvenz** keine Wirkungen.[165] Ein Absonderungsrecht steht dem Schuldner nur an solchen Sachen zu, an denen er we-

---

[154] BGH v. 11.06.2003 - VIII ZR 160/02 - juris Rn. 54 - BGHZ 155, 141-166; LAG Köln v 10.02.2006 - 11 (13) Sa 1214/05 - juris Rn. 42 - NZA-RR 2006, 660-663.

[155] BAG v. 13.03.2008 - 2 AZR 88/07 - juris Rn 50 - AP Nr. 87 zu § 1 KSchG 1969.

[156] RG v. 01.11.1911 - II 225/11 - RGZ 77, 436-440; OLG Nürnberg v. 30.03.2009 - 14 U 297/07 - juris Rn. 151 - BKR 2010, 458-465.

[157] BGH v. 29.04.1986 - IX ZR 145/85 - juris Rn. 29 - LM Nr. 40 zu § 273 BGB; *Krüger* in: MünchKomm-BGB, § 273 Rn. 91; *Larenz*, Schuldrecht, Band I: Allgemeiner Teil, 14. Aufl. 1987, § 16; *Unberath* in: Bamberger/Roth, § 273 Rn. 49.

[158] BGH v. 05.02.2003 - IV ZR 149/02 - juris Rn. 10 - BGHZ 154, 1-5; BSG v. 28.05.2003 - B 3 KR 10/02 R - juris Rn. 20 - SozR 4-2500 § 109 Nr. 1; LAG Berlin v. 24.10.2002 - 18 Sa 1251/02 - juris Rn. 43 - Bibliothek BAG; *Grüneberg* in: Palandt, § 273 Rn. 20.

[159] *Grüneberg* in: Palandt, § 273 Rn. 20; *Krüger* in: MünchKomm-BGB, § 273 Rn. 91.

[160] BGH v. 14.01.1971 - VII ZR 3/69 - BGHZ 55, 198-200; BGH v. 16.03.1973 - V ZR 118/71 - BGHZ 60, 319-323; BGH v. 21.10.2004 - III ZR 323/03 - juris Rn. 6 - NJW-RR 2005, 170-171; dazu ausführlich *Böttcher/Steinberger*, MDR 2008, 480-483.

[161] BGH v. 11.12.1970 - V ZR 42/68 - LM Nr. 8 zu § 140 BGB.

[162] Ebenso OLG München v. 25.09.1987 - 7 W 2791/87 - NJW 1988, 270-271; *Krüger* in: MünchKomm-BGB, § 273 Rn. 93; *Wolf* in: Soergel, § 273 Rn. 62; *Jahr*, JuS 1964, 125-132, 301; a.M. *Bittner* in: Staudinger, § 273 Rn. 121.

[163] Dafür BGH v. 17.03.1975 - VIII ZR 245/73 - BGHZ 64, 122-128; BGH v. 14.07.1995 - V ZR 45/94 - juris Rn. 17 - LM BGB § 100 Nr. 4 (11/1995); *Ebert* in: Erman, § 273 Rn. 33; *Grüneberg* in: Palandt, § 273 Rn. 20; *Unberath* in: Bamberger/Roth, § 273 Rn. 50; dagegen *Bittner* in: Staudinger, § 273 Rn. 122; *Krüger* in: MünchKomm-BGB, § 273 Rn. 92; *Stadler* in: Jauernig, § 273 Rn. 22; *Zöchling-Jud* in: Prütting/Wegen/Weinreich, § 273 Rn. 20.

[164] *Krüger* in: MünchKomm-BGB, § 273 Rn. 92.

[165] Zur vergleichbaren Lage für die KO: RG v. 03.04.1908 - VII 249/07 - RGZ 68, 277-285; RG v. 18.10.1935 - VII 83/35 - RGZ 149, 93-96.

gen getätigter Verwendungen ein Zurückbehaltungsrecht geltend machen kann (vgl. § 51 Nr. 2 InsO). Die **prozessualen Wirkungen** des ausgeübten Zurückbehaltungsrechts sind in § 274 BGB geregelt (vgl. die Kommentierung zu § 274 BGB).

III. Abwendung des Zurückbehaltungsrechts

Der Gläubiger kann die Ausübung des Zurückbehaltungsrechts durch **Sicherheitsleistung** abwenden (§ 273 Abs. 3 BGB). Wie die Sicherheitsleistung im Einzelnen zu erfolgen hat, richtet sich nach den §§ 232-240 BGB. Eine Sicherheitsleistung durch Bürgschaft nach § 232 Abs. 2 BGB ist allerdings ausgeschlossen (§ 273 Abs. 3 Satz 2 BGB). Das bloße Angebot einer Sicherheitsleistung reicht nicht; der Gläubiger muss die Sicherheit vielmehr vor der Leistung des Schuldners bewirken.[166] Die Vollstreckung kann unter Umständen vom Nachweis der Sicherheitsleistung abhängig gemacht werden.[167] Der Wert der Sicherung muss den vollen Betrag der berechtigten Gegenansprüche des Schuldners abdecken.[168] Ist der Schuldner aber anderweitig genügend gesichert, so reicht ausnahmsweise die Erbringung einer Sicherheit in Höhe des Wertes des herauszugebenden Gegenstandes aus.[169] § 273 Abs. 3 BGB ist im Fall des § 1000 BGB entsprechend anwendbar.[170] Bei der Einrede des nichterfüllten Vertrages nach § 320 BGB kommt die Erbringung einer Sicherheitsleistung dagegen nicht in Betracht (§ 320 Abs. 1 Satz 3 BGB).

28

D. Prozessuale Hinweise

Im Prozess wird das Zurückbehaltungsrecht **nicht von Amts wegen** berücksichtigt,[171] sondern es muss durch Einrede geltend gemacht werden. Hat der Schuldner dies bereits vorprozessual getan, so genügt es auch, wenn der Gläubiger im Rechtsstreit vorträgt, dass der Schuldner sich auf ein Zurückbehaltungsrecht berufen habe. Allein im Klageabweisungsantrag ist noch keine erstmalige Geltendmachung des Zurückbehaltungsrechts zu sehen. Diese kann sich aber unter Umständen aus dessen Begründung ergeben.[172] Ein besonderer Antrag i.S.v. § 274 BGB ist nicht erforderlich.[173] Ist das Zurückbehaltungsrecht im Prozess einmal erhoben worden, so wirkt dies in den nächsten Instanzen fort (vgl. dazu näher die Kommentierung zu § 274 BGB).[174]

29

Nach den allgemeinen Grundsätzen über die Verteilung der **Beweislast** muss derjenige das Vorliegen der Voraussetzungen des Zurückbehaltungsrechts darlegen und beweisen, der sich darauf beruft.[175] Dies umfasst den Nachweis einer fälligen Gegenforderung aus demselben rechtlichen Verhältnis.[176] Im Fall von § 273 Abs. 2 BGB wird die Konnexität unterstellt, was dem Beklagten die Beweislast erleichtert.[177] Für die Umstände, die einen Ausschluss des Zurückbehaltungsrechts begründen, liegt die Darlegungs- und Beweislast beim Gläubiger.[178] Beruft sich im einstweiligen Verfügungsverfahren der Antragsgegner auf ein ihm zustehendes Zurückbehaltungsrecht aus § 273 BGB, so hat er dessen Voraussetzungen glaubhaft zu machen.[179]

30

---

[166] RG v. 09.07.1932 - VI 205/32 - RGZ 137, 324-356.
[167] RG v. 09.07.1932 - VI 205/32 - RGZ 137, 324-356.
[168] RG v. 30.11.1927 - V 135/27 - RGZ 119, 163-170.
[169] RG v. 09.07.1932 - VI 205/32 - RGZ 137, 324-356.
[170] RG v. 09.07.1932 - VI 205/32 - RGZ 137, 324-356; BGH v. 21.06.1972 - IV ZR 110/71 - juris Rn. 15 - LM Nr. 3 zu § 1960.
[171] RG v. 01.12.1911 - II 225/11 - RGZ 77, 436-440.
[172] *Ebert* in: Erman, § 274 Rn. 1.
[173] *Grüneberg* in: Palandt, § 274 Rn. 1; a.M. noch *Alff* in: BGB-RGRK, § 274 Rn. 2 unter Berufung auf RG v. 27.11.1913 - IV 571/13.
[174] BGH v. 29.04.1986 - IX ZR 145/85 - LM Nr. 40 zu § 273 BGB.
[175] RG v. 27.11.1913 - IV 571/13; *Bittner* in: Staudinger, § 273 Rn. 131.
[176] *Ebert* in: Erman, § 274 Rn. 3.
[177] *Laumen* in: Baumgärtel/Laumen/Prütting, Handbuch der Beweislast, § 273 Rn. 2.
[178] *Bittner* in: Staudinger, § 273 Rn. 131.
[179] KG Berlin v. 03.07.2003 - 4 W 98/03 - NJW-RR 2003, 1528-1529.

E. Anwendungsfelder

I. Sachlicher Anwendungsbereich

31 Das allgemeine Zurückbehaltungsrecht ist nicht auf schuldrechtliche Ansprüche beschränkt, sondern findet auf **Ansprüche aller Art** Anwendung.[180] So ist ein Zurückbehaltungsrecht auch bei dinglichen und erbrechtlichen Ansprüchen anerkannt.[181] Bei familienrechtlichen Ansprüchen ergeben sich allerdings Besonderheiten.[182] So findet das Zurückbehaltungsrecht gegenüber nichtvermögensrechtlichen Ansprüchen keine Anwendung, wie etwa gegenüber dem Anspruch auf Herstellung der ehelichen Lebensgemeinschaft, dem Anspruch auf Herausgabe des Kindes oder dem Umgangsrecht.[183]

32 Auf **öffentlich-rechtliche Ansprüche** ist § 273 BGB entsprechend anwendbar. Dies ergibt sich daraus, dass es sich um die Ausprägung eines allgemeinen Rechtsgedankens handelt. Dabei ist jedoch stets zu prüfen, ob höherrangige Rechtsgrundsätze der Anwendung des Zurückbehaltungsrechts im konkreten Fall entgegenstehen.[184]

II. Sonderregelungen

1. Das kaufmännische Zurückbehaltungsrecht

33 Neben § 273 BGB sind speziell geregelte Zurückbehaltungsrechte zu beachten. So findet sich in § 369 HGB eine Regelung des kaufmännischen Zurückbehaltungsrechts. Dieses weicht sowohl hinsichtlich der tatbestandlichen Voraussetzungen als auch in seinen Wirkungen von § 273 BGB ab. Es besteht nur an beweglichen Sachen und Wertpapieren des Schuldners, die mit dessen Willen aufgrund von Handelsgeschäften in den Besitz des Kaufmanns gelangt sind. Darüber hinaus verzichtet § 369 HGB auf das Erfordernis der Konnexität zwischen Forderung und Gegenforderung. Dem Gläubiger steht neben dem Recht auf Zurückbehaltung das Recht zur Befriedigung aus dem zurückbehaltenen Gegenstand zu, § 371 HGB. In der Insolvenz besteht ein Recht auf abgesonderte Befriedigung (§ 51 Nr. 3 InsO). § 273 BGB ist neben § 369 HGB anwendbar, gewährt jedoch kein Befriedigungsrecht.

2. Die Einrede des nichterfüllten Vertrages

34 Das Verhältnis von § 273 BGB zur Einrede des nichterfüllten Vertrages gemäß § 320 BGB ist umstritten. Teilweise wird § 320 BGB als Unterfall des allgemeinen Zurückbehaltungsrechts eingeordnet,[185] teilweise wird er als eigenständige Regelung angesehen.[186] Für Ersteres spricht etwa die Bezugnahme von § 320 Abs. 1 Satz 3 BGB auf das allgemeine Zurückbehaltungsrecht. Die systematische Einordnung ist aber praktisch ohne Bedeutung.[187] § 320 BGB ist Ausfluss des funktionellen Synallagmas beim gegenseitigen Vertrag. Die Bindung von Leistung und Gegenleistung ist dort von vornherein tatbestandlich gegeben, während sie beim allgemeinen Zurückbehaltungsrecht nach § 273 BGB erst durch dessen Geltendmachung hergestellt wird. Eine Abwendungsbefugnis durch Leistung einer Sicherheit besteht ausdrücklich nicht (§ 320 Abs. 1 Satz 3 BGB). Die Geltendmachung der Einrede hat hingegen die gleiche Wirkung wie bei § 273 BGB, nämlich die Verurteilung zur Leistung Zug um Zug.

3. Weitere Sonderfälle des Zurückbehaltungsrechts

35 Weitere Unterfälle des allgemeinen Zurückbehaltungsrechts enthalten § 1000 BGB für den **unrechtmäßigen Besitzer** und § 2022 BGB für den **Erbschaftsbesitzer**. Anders als § 273 Abs. 2 BGB verzichten sie auf die Fälligkeit des Gegenanspruchs. Außerdem gewähren sie einen Anspruch auf Befriedigung, vgl. §§ 1003, 2022 Abs. 1 Satz 2 BGB. Die §§ 273 Abs. 3, 274 BGB finden entsprechende An-

---

[180] Allg. Ansicht, vgl. *Grüneberg* in: Palandt, § 273 Rn. 2; *Krüger* in: MünchKomm-BGB, § 273 Rn. 4; *Stadler* in: Jauernig, § 273 Rn. 3; *Unberath* in: Bamberger/Roth, § 273 Rn. 2.
[181] *Grüneberg* in: Palandt, § 273 Rn. 2; *Stadler* in: Jauernig, § 273 Rn. 3; *Unberath* in: Bamberger/Roth, § 273 Rn. 2, 4.
[182] BGH v. 27.09.1984 - IX ZR 53/83 - BGHZ 92, 194-200; *Unberath* in: Bamberger/Roth, § 273 Rn. 3.
[183] *Grüneberg* in: Palandt, § 273 Rn. 2; *Unberath* in: Bamberger/Roth, § 273 Rn. 3.
[184] OVG Hamburg v. 18.01.1977 - Bf III 4/76 - juris Rn. 56 - NJW 1977, 1251-1254; *Krüger* in: MünchKomm-BGB, § 273 Rn. 5.
[185] Vgl. nur *Grüneberg* in: Palandt, § 273 Rn. 28; *Unberath* in: Bamberger/Roth, § 273 Rn. 56.
[186] Vgl. nur *Stadler* in: Jauernig, § 273 Rn. 5.
[187] Ebenso *Bittner* in: Staudinger, § 273 Rn. 2; *Krüger* in: MünchKomm-BGB, § 273 Rn. 101; *Unberath* in: Bamberger/Roth, § 273 Rn. 56.

wendung.[188] Weitere Zurückbehaltungsrechte regeln die §§ 255 und 526 Satz 1 BGB. Für den Rechtsanwalt enthält § 50 Abs. 3 BRAO[189] und für den Steuerberater § 66 Abs. 2 StBerG ein besonderes Zurückbehaltungsrecht. Danach kann der Rechtsanwalt bzw. der Steuerberater seinem Auftraggeber die Herausgabe der Handakten verweigern, bis er wegen seiner Gebühren und Auslagen befriedigt ist. Dies gilt allerdings nur soweit, wie die Vorenthaltung der Handakten oder einzelner Schriftstücke nicht gegen Treu und Glauben verstößt.[190] Das Zurückbehaltungsrecht an den vom Mandanten überlassenen Unterlagen wegen des Vergütungsanspruchs folgt hingegen aus § 273 BGB.[191]

III. Verhältnis zur Aufrechnung

Von der Aufrechnung unterscheidet sich das Zurückbehaltungsrecht insoweit, als der verfolgte Zweck ein anderer ist. Durch Aufrechnung will der Schuldner die gleichartige Forderung seines Gläubigers erfüllen (§§ 387, 389 BGB), während die Ausübung des Zurückbehaltungsrechts auf Leistung Zug um Zug gegen Erfüllung der Gegenforderung zielt. Die Aufrechnung führt demnach zur gegenseitigen Tilgung der Forderungen, das Zurückbehaltungsrecht führt dagegen lediglich zu einer Blockade, die nur durch tatsächliche Leistung Zug um Zug aufgehoben werden kann. Daran besteht grundsätzlich kein schützenswertes Interesse. Bei Gleichartigkeit der einander gegenüberstehenden Ansprüche ist die Geltendmachung eines Zurückbehaltungsrechts daher regelmäßig in eine Aufrechnungserklärung **umzudeuten**.[192] Nur wenn ein besonderes Interesse an der Geltendmachung des Zurückbehaltungsrechts besteht, ist diese Einrede dem Schuldner trotz der Aufrechnungsmöglichkeit zuzubilligen. Ein solches Interesse wird zum Beispiel dann anerkannt, wenn der Schuldner die eigene Forderung wirtschaftlich anders verwerten will und er die damit verfolgten Zwecke sonst nicht erreichen kann.[193]

36

Besteht ein **Aufrechnungsverbot**, so hat dies nicht notwendigerweise den Ausschluss eines Zurückbehaltungsrechts zur Folge.[194] Die Ausübung des Zurückbehaltungsrechts ist vielmehr dann möglich, wenn sie allein Sicherungszwecken dient. Allerdings darf der Schutzzweck des Aufrechnungsverbots nicht umgangen werden.[195] Dies wäre etwa der Fall bei der Zurückbehaltung des Mietzinses,[196] bei der Zurückbehaltung von unpfändbaren Lohn- und Gehaltsansprüchen,[197] sowie bei der Zurückbehaltung von Schadensersatzleistungen wegen vorsätzlicher unerlaubter Handlung.[198] In solchen Fällen ist das Zurückbehaltungsrecht daher ausgeschlossen.[199]

37

---

[188] *Fikentscher/Heinemann*, Schuldrecht, 10. Aufl. 2006, Rn. 527; *Krüger* in: MünchKomm, § 273 Rn. 102; *Unberath* in: Bamberger/Roth, § 273 Rn. 55.

[189] Vgl. dazu *Stöber*, ZAP Fach 23, 689-692.

[190] BGH v. 03.07.1997 - IX ZR 244/96 - juris Rn. 21 - NJW 1997, 2944-2946; *Leibner*, NWB Fach 30, 1389-1392, 1389 ff.

[191] Vgl. OLG Düsseldorf v. 19.05.1994 - 13 U 247/93 - juris Rn. 5 - OLGR Düsseldorf 1995, 79-80.

[192] RG v. 30.09.1913 - III 233/13 - RGZ 83, 138-141; OLG Celle v. 18.09.2003 - 11 U 11/03 - juris Rn. 32 - OLGR Celle 2004, 167-171.

[193] *Krüger* in: MünchKomm-BGB, § 273 Rn. 75.

[194] BGH v. 22.02.1967 - IV ZR 331/65 - BGHZ 47, 157-168; BGH v. 28.06.1983 - VI ZR 285/81 - juris Rn. 13 - LM Nr. 66 zu § 387; BGH v. 16.06.1987 - X ZR 61/86 - juris Rn. 28 - NJW 1987, 3254-3255; OLG Nürnberg v. 30.03.2009 - 14 U 297/07 - juris Rn. 212 - BKR 2010, 458-465.

[195] BGH v. 16.06.1987 - X ZR 61/86 - juris Rn. 28 - NJW 1987, 3254-3255; OLG Hamm v. 23.11.2010 - 34 U 157/07 - juris Rn. 55.

[196] OLG Nürnberg v. 27.08.1976 - 1 U 30/76 - juris Rn. 32 - MDR 1977, 231.

[197] RG v. 26.05.1914 - III 62/14 - RGZ 85, 108-120.

[198] OLG Koblenz v. 30.10.2009 - 10 U 1110/08 - juris Rn. 54.

[199] Vgl. auch RG v. 26.05.1914 - III 62/14 - RGZ 85, 108-120; RG v. 07.12.1928 - II 252/28 - RGZ 123, 8-10; BGH v. 18.12.1954 - II ZR 206/53 - juris Rn. 10 - BGHZ 16, 37-50 m.w.N.

§ 274 BGB Wirkungen des Zurückbehaltungsrechts

(Fassung vom 02.01.2002, gültig ab 01.01.2002)

(1) Gegenüber der Klage des Gläubigers hat die Geltendmachung des Zurückbehaltungsrechts nur die Wirkung, dass der Schuldner zur Leistung gegen Empfang der ihm gebührenden Leistung (Erfüllung Zug um Zug) zu verurteilen ist.

(2) Auf Grund einer solchen Verurteilung kann der Gläubiger seinen Anspruch ohne Bewirkung der ihm obliegenden Leistung im Wege der Zwangsvollstreckung verfolgen, wenn der Schuldner im Verzug der Annahme ist.

Gliederung

A. Grundlagen 1	II. Wirkung in der Zwangsvollstreckung
B. Anwendungsvoraussetzungen 2	(Absatz 2) 7
C. Rechtsfolgen 4	D. Prozessuale Hinweise 9
I. Wirkung im Erkenntnisverfahren (Absatz 1) 4	E. Anwendungsfelder 12

A. Grundlagen

1 § 274 BGB regelt die **Wirkungen der Geltendmachung des Zurückbehaltungsrechts** nach § 273 BGB im Erkenntnisverfahren und in der Zwangsvollstreckung. Materiellrechtlich hat die Ausübung des Zurückbehaltungsrechts zur Folge, dass nur Zug um Zug gegen Empfang der Gegenleistung zu erfüllen ist (vgl. dazu auch die Kommentierung zu § 273 BGB Rn. 27). Durch § 274 Abs. 1 BGB wird dieser Gedanke auf das Prozessrecht übertragen. Die Vorschrift soll sicherstellen, dass beide Ansprüche gleichzeitig erfüllt werden, ohne dass allerdings der zurückbehaltungsweise geltend gemachte Gegenanspruch seinerseits im Wege der Zwangsvollstreckung durchgesetzt werden könnte.[1] § 274 Abs. 2 BGB verhindert, dass der Schuldner die Zwangsvollstreckung durch Annahmeverweigerung vereiteln kann.[2]

B. Anwendungsvoraussetzungen

2 Bei dem Zurückbehaltungsrecht handelt es sich um eine aufschiebende (dilatorische) Einrede. Der Schuldner muss das **Zurückbehaltungsrecht** daher **ausüben**. Eine Berücksichtigung von Amts wegen ist ausgeschlossen. Ein formeller Antrag auf Verurteilung Zug um Zug ist jedoch nicht erforderlich; es genügt vielmehr, wenn sich die Berufung auf ein Zurückbehaltungsrecht aus dem Vorbringen des Schuldners ergibt.[3] Die Geltendmachung kann auch bereits vor dem Rechtsstreit erfolgt sein; dann genügt es, wenn der Schuldner sich im Prozess hierauf beruft. Die Berufung auf die Einrede muss nicht notwendig durch den Schuldner erfolgen; auch wenn der Gläubiger im Rechtsstreit vorträgt, der Schuldner habe sich auf ein Zurückbehaltungsrecht berufen, ist die Einrede zu beachten.[4] Die Berufung auf ein Zurückbehaltungsrecht kann auch hilfsweise neben einem Klageabweisungsantrag erfolgen.[5] Die bloße Leistungsverweigerung allein stellt aber noch keine Geltendmachung des Zurückbehaltungsrechts dar. Erforderlich ist vielmehr die genaue Bezeichnung des Gegenanspruchs nach dessen Grund, Inhalt und Höhe.[6] Erst hierdurch wird die Verbindung der sich gegenüberstehenden Ansprüche hergestellt, und der Gläubiger kann seine Rechte nach § 273 Abs. 3 BGB ausüben. Daher ist in dem schlichten Antrag auf Klageabweisung noch keine Geltendmachung des Zurückbehaltungsrechts gemäß § 274 Abs. 1 BGB zu erblicken.

---

[1] *Unberath* in: Bamberger/Roth, § 274 Rn. 1; *Wolf* in: Soergel, § 274 Rn. 1.
[2] *Wolf* in: Soergel, § 274 Rn. 1.
[3] *Grüneberg* in: Palandt, § 274 Rn. 1; *Unberath* in: Bamberger/Roth, § 274 Rn. 2; a.A. noch *Alff* in: BGB-RGRK, § 274 Rn. 2, unter Berufung auf RG v. 27.11.1913 - IV 571/13.
[4] *Krüger* in: MünchKomm-BGB, § 274 Rn. 4; *Unberath* in: Bamberger/Roth, § 274 Rn. 2.
[5] *Alff* in: BGB-RGRK, § 274 Rn. 2; *Wolf* in: Soergel, § 274 Rn. 5.
[6] BGH v. 27.09.1984 - IX ZR 53/83 - BGHZ 92, 194-200.

Ist die Einrede im Prozess geltend gemacht, so ist sie **in allen Instanzen zu berücksichtigen**. Eine Wiederholung in der Berufungs- oder Revisionsinstanz ist daher nicht erforderlich.[7] Die Geltendmachung kann unter den Voraussetzungen des § 531 Abs. 2 ZPO auch erstmals in der Berufungsinstanz erfolgen.[8] § 533 ZPO, der für die Zulassung eines in der Berufungsinstanz geltend gemachten Aufrechnungseinwandes besondere Anforderungen aufstellt, findet auf das Zurückbehaltungsrecht keine analoge Anwendung.[9] Eine Geltendmachung in der Revision ist nur dann möglich, wenn die zugrunde liegenden Tatsachen bereits vom Tatrichter festgestellt worden sind.[10] Soweit ein Gericht bei seiner Entscheidung ein Zurückbehaltungsrecht aus § 273 Abs. 1 BGB übersehen hat, kann es dies nicht im Wege des Ergänzungsurteils gemäß § 321 ZPO korrigieren, wenn das Zurückbehaltungsrecht nicht nur zur Ergänzung der Verurteilung durch eine Zug-um-Zug-Einschränkung führt, sondern eine inhaltliche Veränderung des Urteilsausspruchs bewirkt, beispielsweise dadurch, dass eine ursprünglich zugunsten des Beklagten ausgesprochene Verurteilung unter Berücksichtigung des Zurückbehaltungsrechts wegfällt. Die Geltendmachung des Übergehens eines Zurückbehaltungsrechts bleibt insoweit dem Rechtsmittelverfahren vorbehalten.[11]

C. Rechtsfolgen

I. Wirkung im Erkenntnisverfahren (Absatz 1)

Nach § 274 Abs. 1 BGB hat die Geltendmachung des Zurückbehaltungsrechts nur zur Folge, dass der Schuldner zur **Erfüllung Zug um Zug** zu verurteilen ist. Eine Klageabweisung darf nicht erfolgen, es sei denn, dass die Geltendmachung des Zurückbehaltungsrechts in eine Aufrechnungserklärung umzudeuten ist (vgl. dazu die Kommentierung zu § 273 BGB Rn. 36).[12] Mit der Verurteilung Zug um Zug wird dem Klageantrag nicht voll entsprochen, so dass die Klage im Übrigen abzuweisen ist und eine Kostenquotelung erfolgt.[13] Das gilt auch bei einer Teilklage durch Urteil in einem Teilurteil; hier kann auf Teilleistung Zug um Zug gegen Erbringung der gesamten Gegenleistung erkannt werden.[14] Für eine Verurteilung Zug um Zug ist es bedeutungslos, wenn sich der Schuldner hinsichtlich seiner Gegenforderung in Annahmeverzug befindet.[15] Dieser Umstand gewinnt erst in der Zwangsvollstreckung Bedeutung (vgl. Rn. 7).

Steht dem Gläubiger gegenüber dem Gegenanspruch des Schuldners wiederum ein (dritter) Anspruch zu, der ihn zur Zurückbehaltung berechtigt, so kommt eine **doppelte Zug-um-Zug-Verurteilung** in Betracht.[16] Ein Beispiel für eine Situation, in der eine doppelte Verurteilung Zug um Zug in Frage kommt, ist, dass der Besteller gegenüber der Werklohnforderung des Unternehmers ein Zurückbehaltungsrecht wegen eines Mängelbeseitigungsanspruchs geltend machen kann, während der Unternehmer wiederum berechtigt ist, die Mängelbeseitigung so lange zurückzuhalten, bis der Besteller sich an den Kosten beteiligt.[17]

In Ausnahmefällen kann die Geltendmachung des Zurückbehaltungsrechts zur **Abweisung der Klage** führen. Dies ist namentlich dann anzunehmen, wenn die gleichzeitige Ausführung der beiderseitigen Leistungen unmöglich ist.[18] Ein solcher Fall liegt vor, wenn der Vermieter eine Nebenkostennachforderung einklagt und der Mieter ein Zurückbehaltungsrecht mit der Begründung geltend macht, dass der

---

[7] BGH v. 29.04.1986 - IX ZR 145/85 - LM Nr. 40 zu § 273 BGB.
[8] *Krüger* in: MünchKomm-BGB, § 274 Rn. 6; *Unberath* in: Bamberger/Roth, § 274 Rn. 5; *Wolf* in: Soergel, § 274 Rn. 5.
[9] Vgl. zum damaligen § 529 Abs. 5 ZPO BGH v. 18.11.1974 - II ZR 70/73 - NJW 1975, 166-168 m.w.N.
[10] BGH v. 01.02.1993 - II ZR 106/92 - juris Rn. 18 - NJW-RR 1993, 774-776; vgl. auch BayObLG München v. 28.05.1982 - RReg 1 Z 166/81 - BayOblGZ 1982, 222-235.
[11] BGH v. 05.02.2003 - IV ZR 149/02 - juris Rn. 9 - BGHZ 154, 1-5.
[12] Vgl. BGH v. 24.10.1962 - V ZR 1/61 - BGHZ 38, 122-130; *Wolf* in: Soergel, § 274 Rn. 2.
[13] BGH v. 19.12.1991 - IX ZR 96/91 - juris Rn. 10 - BGHZ 117, 1-7; *Gernhuber*, Das Schuldverhältnis, 1989, § 30 VIII 1.
[14] BGH v. 20.12.1961 - V ZR 65/60 - LM Nr. 1 zu § 322 BGB.
[15] BGH v. 06.12.1991 - V ZR 229/90 - juris Rn. 13 - BGHZ 116, 244-251 m.w.N.; OLG Köln v. 12.06.1995 - 19 U 295/94 - NJW-RR 1996, 499-500; *Gernhuber*, Das Schuldverhältnis, 1989, § 30 VIII 4.
[16] BGH v. 22.03.1984 - VII ZR 286/82 - BGHZ 90, 354-363 m.w.N.
[17] So der Sachverhalt von BGH v. 22.03.1984 - VII ZR 286/82 - BGHZ 90, 354-363.
[18] OLG Frankfurt v. 16.12.1977 - 10 U 93/76 - BB 1978, 323-325; *Grüneberg* in: Palandt, § 274 Rn. 2; *Krüger* in: MünchKomm-BGB, § 274 Rn. 9.

Vermieter ihm die Einsichtnahme in die Belege der Betriebskostenabrechnung verweigert hat. Hier würde eine Verurteilung Zug um Zug dazu führen, dass der Mieter zur Zahlung verpflichtet würde, ohne dass er die Belege einer ausführlichen Prüfung unterziehen könnte.[19] Allerdings ist allgemein anerkannt, dass das Gericht in solchen Fällen zunächst gemäß dem Grundsatz von Treu und Glauben nach einer zweckentsprechenden und angemessenen Lösung zu suchen hat.[20]

II. Wirkung in der Zwangsvollstreckung (Absatz 2)

7 Durch die Verurteilung Zug um Zug erlangt der Gläubiger eine Vollstreckungsmöglichkeit,[21] nicht hingegen der Schuldner hinsichtlich seiner Gegenleistung.[22] Gemäß § 274 Abs. 2 BGB kann die Vollstreckung bei einer Verurteilung Zug um Zug ohne gleichzeitige Erbringung der Gegenleistung erst dann beginnen, wenn sich der Schuldner im **Annahmeverzug** befindet. Sie setzt demnach voraus, dass der Gläubiger die ihm obliegende Leistung entweder anbietet oder dass durch öffentliche oder öffentlich beglaubigte Urkunden nachgewiesen wird, dass der Schuldner die Leistung erhalten hat oder im Annahmeverzug ist (vgl. §§ 756, 765 ZPO). Den erforderlichen Nachweis kann der Gläubiger dadurch erbringen, dass er vor dem Prozess oder in dessen Verlauf den Annahmeverzug herbeiführt und im Erkenntnisverfahren einen **Antrag auf Feststellung des Annahmeverzugs** stellt. Die Ausfertigung des entsprechenden Urteils erfüllt die erforderliche Form nach § 274 Abs. 2 BGB.[23] Die Stellung eines solchen Antrages ist daher in einer solchen Situation dringend anzuraten; ein rechtliches Interesse an der alsbaldigen Feststellung im Sinne des § 256 Abs. 1 ZPO ist wegen deren Bedeutung für die nachfolgende Zwangsvollstreckung gegeben.[24] Ist ein solches Feststellungsurteil nicht ergangen, genügt für den erforderlichen Nachweis gemäß § 274 Abs. 2 ZPO auch, dass sich das Vorliegen des Annahmeverzugs aus den Urteilsgründen klar ergibt.[25] Die Feststellung der Voraussetzungen bleibt den Vollstreckungsorganen überlassen.[26]

8 Hinsichtlich der Vollstreckung bei **Vorliegen einer doppelten Zug-um-Zug-Verurteilung** muss der Gläubiger grundsätzlich die ihm obliegende Leistung in einer den Annahmeverzug begründenden Weise anbieten. Dies ist allerdings nur dann erforderlich, wenn der Schuldner hinsichtlich des weiteren (dritten) Anspruchs des Gläubigers leistungsbereit ist. Sonst reicht eine Aufforderung entsprechend § 295 Satz 2 BGB, um den Schuldner in Annahmeverzug zu setzen und die Rechtsfolgen von § 274 Abs. 2 BGB herbeizuführen.[27]

D. Prozessuale Hinweise

9 Zu beachten ist, dass sich die **Rechtskraft des Urteils** lediglich auf den Klageanspruch und nicht auf den vom Schuldner geltend gemachten Gegenanspruch bezieht.[28] § 322 Abs. 2 ZPO findet keine entsprechende Anwendung.[29] Zur Erlangung einer rechtskräftigen Entscheidung über den Gegenanspruch steht dem Schuldner die Widerklage nach § 33 ZPO offen.

10 Wer sich auf das Zurückbehaltungsrecht beruft, hat dessen Voraussetzungen zu beweisen. Die **Beweislast** für das Bestehen des Gegenanspruchs trägt demzufolge im Prozess der Beklagte.[30] Dagegen ist der Kläger nach den allgemeinen Grundsätzen der Beweislastverteilung für die Umstände darlegungs- und

---

[19] LG Hannover v. 08.02.2010 - 1 S 29/09 - juris Rn. 10 m.w.N. - ZMR 2010, 450-451; AG Dortmund v. 24.11.2010 - 404 C 8753/10 - juris Rn. 12 - WuM 2011, 31-32.
[20] OLG Frankfurt v. 16.12.1977 - 10 U 93/76 - BB 1978, 323-325; *Gernhuber*, Das Schuldverhältnis, 1989, § 30 VII 6; *Krüger* in: MünchKomm-BGB, § 274 Rn. 9; *Wolf* in: Soergel, § 274 Rn. 2.
[21] Zu Problemen bei der Vollstreckung von Zug-um-Zug-Urteilen vgl. *Günther*, DGVZ 2008, 177 ff.
[22] *Grüneberg* in: Palandt, § 274 Rn. 4.
[23] OLG Koblenz v. 03.06.1992 - 7 U 1626/91 - Rpfleger 1993, 28-29.
[24] *Doms*, NJW 1984, 1340-1341, 1340; *Krüger* in: MünchKomm-BGB, § 274 Rn. 10.
[25] KG Berlin v. 13.04.1973 - 1 W 254/73 - MDR 1975, 149-150; *Gernhuber*, Das Schuldverhältnis, 1989, § 30 VIII 4; *Krüger* in: MünchKomm-BGB, § 274 Rn. 10.
[26] *Wolf* in: Soergel, § 274 Rn. 6.
[27] BGH v. 22.03.1984 - VII ZR 286/82 - BGHZ 90, 354-363; *Wolf* in: Soergel, § 274 Rn. 7.
[28] BGH v. 27.10.1982 - V ZR 177/81 - juris Rn. 11 - LM Nr. 27 zu § 571 BGB m.w.N.; BGH v. 23.09.1976 - VII ZR 14/75 - LM Nr. 83 zu VOB Teil B.
[29] *Stadler* in: Jauernig, § 274 Rn. 1.
[30] RG v. 27.11.1913 - IV 571/13.

beweispflichtig, die einen Ausschluss des Zurückbehaltungsrechts zur Folge haben (vgl. auch die Kommentierung zu § 273 BGB Rn. 29). Im Verfahren der einstweiligen Verfügung hat der Antragsgegner die Voraussetzungen eines Zurückbehaltungsrechts aus § 273 BGB glaubhaft zu machen.[31]
Der **Streitwert** richtet sich allein nach dem Wert des Anspruchs des Gläubigers und ist daher unabhängig von der Höhe des Gegenanspruchs des Schuldners.[32]

E. Anwendungsfelder

§ 274 BGB findet auch auf **vertragliche Zurückbehaltungsrechte** Anwendung, soweit nicht etwas anderes vereinbart ist. Auf die **besonderen Zurückbehaltungsrechte** gemäß §§ 1000, 2022 BGB findet § 274 BGB entsprechende Anwendung.[33]

---

[31] KG Berlin v. 03.07.2003 - 4 W 98/03 - NJW-RR 2003, 1528-1529.
[32] *Ebert* in: Erman, § 274 Rn. 7. Zur Kostenentscheidung bei Verurteilung Zug um Zug vgl. *Hensen*, NJW 1999, 395-399.
[33] *Fikentscher/Heinemann*, Schuldrecht, 10. Aufl. 2006, Rn. 527.

§ 275 BGB Ausschluss der Leistungspflicht *)

(Fassung vom 02.01.2002, gültig ab 01.01.2002)

(1) Der Anspruch auf Leistung ist ausgeschlossen, soweit diese für den Schuldner oder für jedermann unmöglich ist.

(2) ¹Der Schuldner kann die Leistung verweigern, soweit diese einen Aufwand erfordert, der unter Beachtung des Inhalts des Schuldverhältnisses und der Gebote von Treu und Glauben in einem groben Missverhältnis zu dem Leistungsinteresse des Gläubigers steht. ²Bei der Bestimmung der dem Schuldner zuzumutenden Anstrengungen ist auch zu berücksichtigen, ob der Schuldner das Leistungshindernis zu vertreten hat.

(3) Der Schuldner kann die Leistung ferner verweigern, wenn er die Leistung persönlich zu erbringen hat und sie ihm unter Abwägung des seiner Leistung entgegenstehenden Hindernisses mit dem Leistungsinteresse des Gläubigers nicht zugemutet werden kann.

(4) Die Rechte des Gläubigers bestimmen sich nach den §§ 280, 283 bis 285, 311a und 326.

*) Amtlicher Hinweis:

Diese Vorschrift dient auch der Umsetzung der Richtlinie 1999/44/EG des Europäischen Parlaments und des Rates vom 25. Mai 1999 zu bestimmten Aspekten des Verbrauchsgüterkaufs und der Garantien für Verbrauchsgüter (ABl. EG Nr. L 171 S. 12).

Gliederung

A. Grundlagen 1	3. Untergang des Leistungssubstrats/anderweitiger Erfolgseintritt 42
I. Gesetzgebungsmaterialien 1	4. Qualitative Unmöglichkeit 46
II. Europäischer Hintergrund 2	V. Absatz 2 52
III. Bezug zum UN-Kaufrecht 3	1. Voraussetzungen 53
B. Anwendungsvoraussetzungen 5	2. Verhältnis zu anderen Vorschriften 64
I. Normstruktur 5	VI. Absatz 3 68
II. Vorrang der Auslegung 7	**C. Rechtsfolgen** 72
III. Arten der Leistungshindernisse 12	I. Allgemeine Rechtsfolgen 72
IV. Unmöglichkeit gemäß Absatz 1 25	II. Rechtsfolgen bei Ausschluss des Nacherfüllungsanspruchs 74
1. Unmöglichkeit, den Leistungsgegenstand zu erbringen 27	
2. Unmöglichkeit durch Zeitablauf 39	

A. Grundlagen

I. Gesetzgebungsmaterialien

1 Regierungsentwurf BT-Drs. 14/6040, S. 126-131; Stellungnahme des Bundesrats BT-Drs. 14/6857, S. 11-12; Gegenäußerung der Bundesregierung BT-Drs. 14/6857, S. 47-49; Beschlussempfehlung und Bericht des Rechtsausschusses BT-Drs. 14/7052, S. 183.

II. Europäischer Hintergrund

2 Art. 9:102 Abs. 2 lit. a der Principles of European Contract Law (Lando) und Art. 7.2.2. lit. a der Principles of International Contracts (Unidroit) regeln die Unmöglichkeit als Grund für die Befreiung von der Primärleistungspflicht. Diese Regelungen entsprechen inhaltlich § 275 Abs. 1 BGB. Nach lit. b der genannten Vorschriften entfällt die primäre Leistungspflicht ferner, wenn deren Erfüllung dem Schuldner „unreasonable effort or expense" verursachen würde bzw. für ihn „unreasonably burdensome or expensive" wäre. Diese Regelungen stellen eine gewisse Parallele zu § 275 Abs. 2 BGB dar, gehen jedoch weiter.

III. Bezug zum UN-Kaufrecht

Das UN-Kaufrecht kommt, wie der Diskussionsentwurf zum Schuldrecht, ohne spezielle Vorschriften zur Unmöglichkeit aus. Jede Form der Unmöglichkeit wird als Fall der Nichterfüllung des Vertrages und als allgemeine Pflichtverletzung angesehen (Art. 45 ff., 61 ff. CISG). Diese Pflichtverletzung kann zu einem Rücktrittsrecht vom Vertrag nach Art. 45 Abs. 1 lit. a CISG i.V.m. Art. 49 Abs. 1 lit. a CISG für den Käufer bzw. Art. 61 Abs. 1 lit. a CISG i.V.m. Art. 64 Abs. 1 lit. a CISG für den Verkäufer führen, wenn die Pflichtverletzung nach Art. 25 CISG wesentlich ist. Ferner können Verkäufer bzw. Käufer zumindest nach erfolgloser Fristsetzung zur Erfüllung der Vertragspflichten nach Art. 45 Abs. 1 lit. a CISG i.V.m. Art. 49 Abs. 1 lit. b CISG bzw. Art. 61 Abs. 1 lit. a CISG i.V.m. Art. 64 Abs. 1 lit. b CISG vom Vertrag zurücktreten.

Eine Haftungsbefreiung, die der nicht zu vertretenden Unmöglichkeit im Schuldrecht ähnelt, enthält Art. 79 Abs. 1 CISG. Dem einheitlichen Begriff der Nichterfüllung als allgemeiner Vertragsverletzung im UN-Kaufrecht entspricht der einheitliche Entlastungstatbestand des Art. 79 CISG, der die Befreiung von der Haftung für alle Vertragsverletzungen, insbesondere die der Schlechterfüllung, erfasst. Da nur von der Haftung befreit wird, bleibt der Erfüllungsanspruch grundsätzlich bestehen,[1] solange der Gläubiger nicht die Aufhebung des Vertrags erklärt. Jedoch erlischt der Erfüllungsanspruch zumindest dann, wenn die Erfüllung z.B. wegen Zerstörung der Kaufsache dauerhaft objektiv unmöglich ist.[2]

B. Anwendungsvoraussetzungen

I. Normstruktur

§ 275 Abs. 1-3 BGB regeln Voraussetzungen, unter denen der Schuldner von seiner Leistungspflicht befreit wird. Der Anspruch auf die Leistung ist gemäß § 275 Abs. 1 BGB ohne weiteres ausgeschlossen, wenn dem Schuldner die Erbringung der Leistung nicht möglich ist. Dagegen betreffen die Regelungen in § 275 Abs. 2 und 3 BGB Fälle, in denen die Erbringung der Leistung rein tatsächlich möglich, aber dem Schuldner unzumutbar ist. In § 275 Abs. 2 und 3 BGB sind auch Fälle geregelt, die nach dem früheren Recht als – objektive oder subjektive – Unmöglichkeit angesehen wurden. So hat man eine „praktische Unmöglichkeit" dann angenommen, wenn die Leistung zwar theoretisch erbracht werden konnte, der damit verbundene Aufwand aber in einem offensichtlichen Missverhältnis zu ihrem Wert stand. Diese Fälle, die etwa den vielzitierten Ring auf dem Meeresgrund betreffen, fallen heute unter § 275 Abs. 2 oder 3 BGB und sind nicht mehr als Unmöglichkeit im Sinne des § 275 Abs. 1 BGB anzusehen. Gemäß § 275 Abs. 2 und 3 BGB ist der Anspruch des Schuldners nicht automatisch ausgeschlossen, sondern erst dann, wenn der Schuldner das ihm nach diesen Regelungen zustehende Leistungsverweigerungsrecht geltend macht.

Der § 275 Abs. 1-3 BGB regelt auch die so genannte **qualitative Unmöglichkeit**. Dies sind die Unmöglichkeit der mangelfreien Leistung sowie die Unmöglichkeit der mangelfreien Nacherfüllung im Kauf- und Werkvertragsrecht.

II. Vorrang der Auslegung

Die Auslegung vertraglicher Vereinbarungen hat Vorrang vor der Annahme der Unmöglichkeit. Dies gilt auch für die ergänzende Auslegung. Unmöglichkeit ist nicht gegeben, wenn zwar die ursprünglich vorgesehene Erfüllungsart undurchführbar geworden ist, die Leistung aber vom Schuldner in anderer Weise erbracht werden kann und die Änderung beiden Parteien zumutbar ist.[3]

Ob bei einem **Stückkauf** ein **Nachlieferungsanspruch** als Gewährleistungsanspruch besteht, richtet sich nach dem durch Auslegung zu ermittelnden Willen der Vertragsparteien bei Vertragsschluss.[4] Eine Ersatzlieferung ist möglich, wenn nach der Vorstellung der Parteien die Kaufsache im Fall ihrer Mangelhaftigkeit durch eine gleichartige und gleichwertige ersetzt werden kann. Beim Gebrauchtwagenkauf scheidet eine Nachlieferung regelmäßig aus.[5]

---

[1] *Magnus* in: Staudinger, Art. 79 CISG Rn. 57.
[2] *Magnus* in: Staudinger, Art. 79 CISG Rn. 58.
[3] OLG München v. 26.05.2004 - 7 U 3802/02 - NJW-RR 2005, 616.
[4] BGH v. 07.06.2006 - VIII ZR 209/05 - juris Rn. 23 - BGHZ 168, 64-79
[5] BGH v. 10.10.2007 - VIII ZR 330/06 - juris Rn. 21 - NJW 2008, 53-55; BGH v. 12.03.2008 - VIII ZR 253/05 - juris Rn. 21 - EBE/BGH 2008, 130-132.

9 Auch bei einem **Untergang der Sache** oder einer anderweitigen Unmöglichkeit (etwa der Unmöglichkeit, das Eigentum zu verschaffen) kommt nach teilweise vertretener Ansicht ein Anspruch auf Ersatzlieferung in Betracht.[6] Gewährleistung und Untergang der Sache könnten ohne Wertungswiderspruch nicht unterschiedlich beurteilt werden. Überwiegend wird ein Nachlieferungsanspruch bei Untergang der Sache abgelehnt.[7] Der Nachlieferungsanspruch sei ein modifizierter Erfüllungsanspruch, der nur dann entstehe, wenn eine mangelhafte Sache übergeben werde. Fehle es an der Übergabe, könne sich der ursprüngliche Erfüllungsanspruch nicht in einen Nachlieferungsanspruch umwandeln. Diese Argumente sprechen gegen eine analoge Anwendung des § 439 Abs. 1 Alt. 2 BGB. Der Nachlieferungsanspruch beim Stückkauf ist jedoch durch Auslegung zu ermitteln. Wenn nach der Vorstellung der Parteien bei Vertragsschluss die Kaufsache im Fall ihres Untergangs durch eine gleichartige und gleichwertige ersetzt werden kann, sollte auch ein Anspruch auf Ersatzlieferung bei Untergang der Sache gegeben sein.

10 Hat sich bei einem Grundstücksübertragungsvertrag der Übernehmer zur **häuslichen Pflege** des Übertragenden verpflichtet, führt eine Verschlechterung des Gesundheitszustands, die eine häusliche Pflege unmöglich macht, nicht zu der Leistungsbefreiung gemäß § 275 Abs. 1 BGB. Der Übernehmer ist regelmäßig aufgrund ergänzender Vertragsauslegung verpflichtet, sich an den Kosten einer anderweitigen Pflege zu beteiligen.[8]

11 Die Verpflichtung einer Konzertagentur zur Durchführung eines **Konzerts** mit einem bestimmten Dirigenten wird bei einem krankheitsbedingten Ausfall des Dirigenten nicht unmöglich, wenn die Aufführung mit einem gleichwertigen Ersatzdirigenten zumutbar ist.[9]

III. Arten der Leistungshindernisse

12 Die Tatbestände des § 275 Abs. 1-3 BGB unterscheiden nicht zwischen **anfänglichen** und **nachträglichen** Leistungshindernissen. Diese Unterscheidung ist nur relevant für den Schadens- und Aufwendungsersatzanspruch des Gläubigers, der sich bei anfänglicher Unmöglichkeit aus § 311a Abs. 2 BGB und bei nachträglicher Unmöglichkeit aus den §§ 280 Abs. 1 und 3, 283 (284) BGB ergibt.

13 In § 275 Abs. 1 BGB wird die **subjektive** Unmöglichkeit der **objektiven** Unmöglichkeit gleichgestellt. Die Leistungsverweigerungsrechte aus § 275 Abs. 2 Abs. 3 BGB betreffen nur subjektive Leistungshindernisse. Da auch an anderer Stelle im Gesetz nicht zwischen Unvermögen und objektiver Unmöglichkeit differenziert wird, ist die Unterscheidung entbehrlich. Auch bei anfänglicher objektiver Unmöglichkeit ist der Vertrag gemäß § 311a Abs. 1 BGB wirksam. Die nach dem früheren Recht angenommene Garantiehaftung für anfängliches Unvermögen[10] sollte für die Neuregelung nicht übernommen werden. Das Gesetz unterscheidet in § 311a Abs. 2 Satz 2 BGB nicht zwischen anfänglicher Unmöglichkeit und anfänglichem Unvermögen. Auch bei anfänglichem Unvermögen kann sich der Schuldner durch den Nachweis entlasten, dass er bei Vertragsschluss das Leistungshindernis nicht kannte und auch nicht kennen musste.

14 Rechtlich von Bedeutung ist die Unterscheidung zwischen den Leistungshindernissen, die nur einen Teil der Leistung betreffen und denen, die die Erbringung der Leistung insgesamt verhindern. Bei einem **teilweisen** Leistungshindernis kann der Gläubiger nur bei Interessenwegfall Schadensersatz statt der ganzen Leistung verlangen (§ 283 Satz 2 BGB i.V.m. § 281 Abs. 1 Satz 2 BGB) und vom ganzen Vertrag zurücktreten (§ 323 Abs. 5 Satz 1 BGB), zu teilweisen Leistungshindernissen vgl. die Kommentierung zu § 281 BGB Rn. 87.

15 Der Nacherfüllungsanspruch des Käufers aus den §§ 437 Nr. 1, 439 BGB ist eine Modifikation des ursprünglichen Erfüllungsanspruchs auf Lieferung einer mangelfreien Sache aus § 433 Abs. 1 Satz 2 BGB. Wie der Erfüllungsanspruch kann auch der Nacherfüllungsanspruch gemäß § 275 Abs. 1-3 BGB ausgeschlossen sein. Das Gleiche gilt für den Anspruch auf mangelfreie Werkerstellung aus § 633 Abs. 1 BGB und den Nacherfüllungsanspruch des Werkbestellers aus den §§ 634 Nr. 1, 635 Abs. 1 BGB. Ist der Anspruch auf mangelfreie Leistung oder der Anspruch auf Nacherfüllung gemäß § 275

---

[6] *Bitter*, ZIP 2007, 1881-1889; *Balthasar/Bolten*, ZGS 2004, 411-415.

[7] *Fest*, ZGS 2005, 18-21; *Lorenz*, ZGS 2003, 421, 422; *Faust*, ZGS 2004, 252, 256.

[8] BGH v. 22.03.2002 - V ZR 41/01 - juris Rn. 12 - NJW-RR 2002, 1081-1082; BGH v. 23.01.2003 - V ZB 48/02 - juris Rn. 7 - NJW-RR 2003, 577-578.

[9] OLG München v. 26.05.2004 - 7 U 3802/02 - NJW-RR 2005, 616.

[10] BGH v. 10.03.1995 - V ZR 7/94 - juris Rn. 9 - BGHZ 129, 103-107; BGH v. 20.12.1996 - V ZR 277/95 - juris Rn. 11 - LM BGB § 440 Nr. 11 (4/1997).

Abs. 1-3 BGB ausgeschlossen, liegt **qualitative Unmöglichkeit** vor.[11] Tritt diese vor Gefahrübergang ein, wird der Verkäufer von seiner gemäß § 433 Abs. 1 Satz 2 BGB bestehenden Pflicht zur mangelfreien Leistung frei, er bleibt aber gemäß § 433 Abs. 1 Satz 1 BGB zur Lieferung der Sache verpflichtet.[12] Vollständige Unmöglichkeit liegt dagegen vor, wenn die Beschädigung einer Sache so schwerwiegend ist, dass es sich praktisch nicht mehr um dieselbe Sache handelt.[13] Dies ist beispielsweise dann der Fall, wenn ein verkauftes Fahrzeug verrottet ist.[14] Die Nachlieferung ist auch dann unmöglich, wenn der verkaufte Fahrzeugtyp nicht mehr auf dem Markt erhältlich ist, weil er nicht mehr hergestellt wird.[15]

Im Regierungsentwurf war noch eine Regelung der **vorübergehenden Unmöglichkeit** und der vorübergehenden Unzumutbarkeit beabsichtigt. § 275 BGB enthielt in der Fassung des Regierungsentwurfs insoweit die Formulierungen „soweit und solange". Im späteren Gesetzgebungsverfahren wurde von einer Regelung der vorübergehenden Unmöglichkeit Abstand genommen. Die Probleme der vorübergehenden Unmöglichkeit seien allein mit einer Regelung in § 275 BGB noch nicht befriedigend gelöst.[16] Die Einordnung vorübergehender Leistungshindernisse sollte, wie bisher auch, Rechtsprechung und Literatur überlassen bleiben. 16

Nach der Rechtsprechung des BGH steht ein vorübergehendes Leistungshindernis einem dauernden gleich, wenn die Erreichung des Vertragszwecks durch die vorübergehende Unmöglichkeit in Frage gestellt wird und deshalb dem Vertragsgegner nach dem Grundsatz von Treu und Glauben unter billiger Abwägung der Belange beider Vertragsteile nicht zugemutet werden kann.[17] Die Beurteilung, ob diese Voraussetzungen vorliegen, ist nach dem Zeitpunkt des Eintritts des Hindernisses und nicht nach dem späteren Verlauf der Dinge zu beurteilen.[18] Ist die Leistungspflicht erloschen, weil die vorübergehende Unmöglichkeit einer dauernden gleichzusetzen war, lebt sie nicht wieder auf, wenn sich wider Erwarten doch noch die Möglichkeit der Leistungserbringung ergibt.[19] 17

Die Gleichstellung der vorübergehenden Unmöglichkeit mit einer endgültigen wird in den Embargo-Fällen regelmäßig zu bejahen sein, in denen politische Verhältnisse eine Leistung verhindern und nicht absehbar ist, ob und wann die Leistung wieder möglich wird. Die Veränderung der politischen Verhältnisse im Iran im Jahr 1978 begründete die Unmöglichkeit, eine Tierkörperverwertungsanlage in den Iran zu liefern.[20] 18

Das Fehlen einer erforderlichen behördlichen Genehmigung führt dagegen erst bei endgültiger Versagung zur Unmöglichkeit.[21] Solange jedoch die Genehmigung nicht endgültig versagt ist, steht die vorübergehende Unmöglichkeit einer dauernden nicht gleich.[22] Die fehlende Genehmigung eines genehmigungsbedürftigen Rechtsgeschäftes begründet grundsätzlich nur dessen schwebende Unwirksamkeit.[23] Der Schwebezustand kann durch das Setzen einer angemessenen Frist und nach deren Ablauf durch das Verlangen von Schadensersatz statt der Leistung oder durch die Erklärung des Rücktritts beendet werden. Bei einer Störung der Geschäftsgrundlage kann auch ohne Fristsetzung ein Anspruch auf Vertragsanpassung oder ein Rücktrittsrecht gemäß § 313 BGB bestehen.[24] 19

Bei dem Diebstahl eines verleasten Kraftfahrzeugs ist die vorübergehende Unmöglichkeit der endgültigen nicht gleichzustellen, da ein hoher Prozentsatz der entwendeten Fahrzeuge wiedererlangt wird.[25] Trägt der Leasingnehmer aufgrund Allgemeiner Geschäftsbedingungen die Gefahr für das Abhanden- 20

---

[11] *Westermann* in: Erman, vor §§ 275-292 Rn. 1; *Lorenz*, JZ 2001, 742-745, 743.
[12] *Lorenz*, JZ 2001, 742-745, 743; *Hofmann/Pammler*, ZGS 2004, 91-95, 93.
[13] *Westermann* in: Erman, § 275 Rn. 5; *Löwisch/Caspers* in: Staudinger, § 275 Rn. 12.
[14] OLG Oldenburg (Oldenburg) v. 04.06.1975 - 2 U 51/75 - NJW 1975, 1788-1790.
[15] OLG Nürnberg v. 15.12.2011 - 13 U 1161/11 - juris Rn. 45 - Verkehrsrecht aktuell 2012, 19.
[16] BT-Drs. 14/6857, S. 12; BT-Drs. 14/6857, S. 49; BT-Drs. 14/7052, S. 183.
[17] BGH v. 16.03.2005 - IV ZR 246/03 - WM 2005, 1232; BGH v. 11.03.1982 - VII ZR 357/80 - juris Rn. 10 - BGHZ 83, 197-206.
[18] BGH v. 11.03.1994 - V ZR 48/93 - juris Rn. 11 - NJW-RR 1994, 1356-1357.
[19] OLG Brandenburg v. 10.04.1997 - 5 U 84/96 - ZOV 1998, 137-138.
[20] BGH v. 11.03.1982 - VII ZR 357/80 - juris Rn. 13 - BGHZ 83, 197-206.
[21] OLG Köln v. 14.06.1996 - 19 U 8/96 - MDR 1996, 903.
[22] BGH v. 07.10.1977 - V ZR 131/75 - juris Rn. 13 - LM Nr. 6 zu § 259 ZPO.
[23] BGH v. 15.10.1992 - IX ZR 43/92 - juris Rn. 40 - LM BGB § 852 Nr. 122 (4/1993).
[24] BGH v. 10.07.1998 - V ZR 76/97 - juris Rn. 26 - VIZ 1998, 577-579; BGH v. 15.10.1992 - IX ZR 43/92 - juris Rn. 42 - LM BGB § 852 Nr. 122 (4/1993); BGH v. 12.06.1987 - V ZR 91/86 - juris Rn. 28 - BGHZ 101, 143-153.
[25] OLG München v. 13.01.1995 - 23 U 4631/94 - OLGR München 1995, 134-135.

kommen, ist die Gefahrabwälzungsklausel unwirksam, wenn dem Leasingnehmer für den Fall des Verlustes und der erheblichen Beschädigung des Leasingfahrzeugs nicht ein kurzfristiges Kündigungsrecht oder ein Lösungsrecht eingeräumt wird.[26]

21 Wird ein verkauftes Fahrzeug gestohlen, ist die vorübergehende Unmöglichkeit der dauernden gleichzustellen, wenn der Käufer selbst gewerbsmäßiger Autohändler ist und die erworbenen Kraftfahrzeuge üblicherweise kurzfristig weiterveräußert.[27]

22 Umstritten ist die Behandlung vorübergehender Leistungshindernisse, wenn sie der endgültigen Unmöglichkeit nicht gleichstehen. Dabei ist zu unterscheiden zwischen der Frage, ob der Leistungsanspruch (zeitweilig) erlischt und unter welchen Voraussetzungen dem Gläubiger Sekundärleistungsansprüche zustehen.

23 Nach der h.M. greift auch bei vorübergehender Unmöglichkeit § 275 Abs. 1-3 BGB ein.[28] Der Schuldner wird für die Zeit der Unmöglichkeit, aber auch nur so lange, von der Leistungspflicht befreit. Eine auf die Primärleistung gerichtete Klage ist als „zurzeit unbegründet" abzuweisen. Nach Beendigung des Leistungshindernisses lebt die Leistungspflicht wieder auf.

24 Ein Anspruch auf Schadensersatz statt der Leistung und ein Rücktrittsrecht stehen dem Gläubiger erst nach dem erfolglosen Ablauf einer dem Schuldner gesetzten Frist zu. Dabei macht es im Ergebnis keinen Unterschied, ob man die §§ 311a, 283, 326 BGB mit der Besonderheit für anwendbar hält, dass analog § 281 Abs. 1 Satz 1 BGB, § 323 Abs. 1 Satz 1 BGB eine Fristsetzung erforderlich ist,[29] oder ob man bei vorübergehenden Leistungshindernissen nicht die §§ 311a, 283, 326 BGB, sondern die §§ 281 und 323 BGB (analog wegen mangelnder Fälligkeit) anwendet.[30]

IV. Unmöglichkeit gemäß Absatz 1

25 Gemäß § 275 Abs. 1 BGB ist der Anspruch auf Leistung ausgeschlossen, soweit diese für den Schuldner oder für jedermann unmöglich ist. Eine Definition des Begriffs der Unmöglichkeit enthält die Vorschrift nicht.

26 Unmöglichkeit im Sinne des § 275 Abs. 1 BGB liegt vor, wenn der Schuldner die Leistung objektiv nicht erbringen kann. Dagegen betreffen die Regelungen in § 275 Abs. 2 und 3 BGB Fälle, in denen die Erbringung der Leistung rein tatsächlich möglich aber dem Schuldner unzumutbar ist. Im Einzelfall kann fraglich sein, ob eine Leistung unmöglich oder lediglich unzumutbar ist. Von relativ geringem Interesse wird dabei die Frage sein, ob der Ring auf dem Meeresboden rein tatsächlich noch zu bergen ist oder dies wegen der hohen Kosten für den Schuldner lediglich unzumutbar ist. Der Schuldner wird sich in vergleichbaren Fällen regelmäßig jedenfalls auf ein Leistungsverweigerungsrecht gemäß § 275 Abs. 2 BGB berufen. Es kann dann offen bleiben, ob die Leistungspflicht gemäß § 275 Abs. 1 BGB oder gemäß § 275 Abs. 2 BGB ausgeschlossen ist. Anders liegt es aber bei der **Erkrankung eines Arbeitnehmers**. Nimmt man an, dass diese zur Unmöglichkeit der Leistung führt, erlischt der Anspruch auf die Gegenleistung gemäß § 326 Abs. 1 Satz 1 BGB. Der Arbeitnehmer wäre auch dann, wenn er trotz seiner Erkrankung eine vertragsgemäße Leistung erbringt auf den Entgeltfortzahlungsanspruch aus § 3 Abs. 1 EFZG angewiesen, der während der Wartezeit des § 3 Abs. 3 EFZG nicht besteht. Es ist umstritten, ob die Erkrankung des Arbeitnehmers unter § 275 Abs. 1 BGB oder unter § 275 Abs. 3 BGB fällt. Vorzuziehen ist eine differenzierte Lösung, nach der Unmöglichkeit im Sinne des § 275 Abs. 1 BGB nur dann anzunehmen ist, wenn der Arbeitnehmer aufgrund seiner Erkrankung die geschuldete Leistung objektiv nicht erbringen kann.[31]

1. Unmöglichkeit, den Leistungsgegenstand zu erbringen

27 Die Unmöglichkeit beruht regelmäßig darauf, dass der **Leistungsgegenstand nicht erbracht** werden kann. Dies kann auf tatsächlichen Gründen oder auf rechtlichen Gründen beruhen.

28 Unmöglichkeit liegt insbesondere vor, wenn der **Leistungsgegenstand zerstört** oder aus anderen **Gründen tatsächlich nicht verfügbar** ist. Ist die Lieferung aus einer Gattung geschuldet, wird die Erfüllung unmöglich, wenn die gesamte Gattung untergeht bzw. auf dem Markt nicht mehr verfügbar ist. Dies ist praktisch nur bei einer beschränkten Gattungsschuld (Vorratsschuld) relevant. Regelmäßig

---

[26] BGH v. 15.07.1998 - VIII ZR 348/97 - NJW 1998, 3270.
[27] OLG Karlsruhe v. 14.09.2004 - 8 U 97/04 - NJW 2005, 989.
[28] *Löwisch/Caspers* in: Staudinger, § 275 Rn. 46; *Ernst* in: MünchKomm-BGB, § 275 Rn. 134.
[29] *Ernst* in: MünchKomm-BGB, § 275 Rn. 144 ff.; *Wieser*, MDR 2002, 858-862, 861.
[30] *Dauner-Lieb* in: AnwK-BGB, § 275 Rn. 56; *Arnold*, JZ 2002, 866-871, 868.
[31] *Gotthardt/Greiner*, DB 2002, 2049-2050, 2107.

wird Unmöglichkeit bei einer Gattungsschuld voraussetzen, dass sich das Schuldverhältnis gemäß § 243 Abs. 2 BGB auf eine bestimmte Sache konkretisiert hat oder die Leistungsgefahr gemäß § 300 Abs. 2 BGB auf den Gläubiger übergegangen ist.

Unmöglichkeit liegt auch dann vor, wenn sich die geschuldete **Sache im Eigentum und/oder Besitz eines nicht herausgabebereiten Dritten** befindet. Allein die Tatsache, dass der Schuldner nicht Eigentümer und Besitzer der geschuldeten Sache ist und auch keinen Anspruch auf ihre Übertragung besitzt, reicht allerdings nicht zur Feststellung der Unmöglichkeit. Diese liegt erst dann vor, wenn feststeht, dass der Schuldner die Verfügungsmacht nicht mehr erlangen und zur Erfüllung des geltend gemachten Anspruchs auch nicht auf die Sache einwirken kann.[32] Macht der Gläubiger den Erfüllungsanspruch geltend, ist es Sache des Schuldners, darzulegen und gegebenenfalls zu beweisen, dass ihm die Erfüllung rechtlich oder tatsächlich nicht (mehr) möglich ist. Die fehlende Verfügungsmacht indiziert noch nicht die Unmöglichkeit.[33] Der Gläubiger kann dem Schuldner eine Frist zur Erfüllung des titulierten Anspruchs gemäß § 281 BGB setzen und nach deren erfolglosem Ablauf Schadensersatz statt der Leistung verlangen. Handelt es sich allerdings um einen Anspruch auf Auflassung oder Abgabe einer Löschungsbewilligung, gilt die Erklärung gemäß § 894 Abs. 1 Satz 1 ZPO mit Rechtskraft des Urteils als abgegeben. Ein Vorgehen nach § 281 BGB scheidet aus. Zur Erfüllung ist der Schuldner nur dann zu verurteilen, wenn er im Zeitpunkt der letzten mündlichen Verhandlung noch im Grundbuch als Eigentümer eingetragen ist.[34] Bis zu dem Zeitpunkt, in dem die Unmöglichkeit feststeht, kann der Gläubiger gegenüber dem Anspruch auf die Gegenleistung die Einrede des § 320 BGB geltend machen.[35] Die Beweislastverteilung für das Vorliegen der Unmöglichkeit ist anders, wenn der Gläubiger nicht den Erfüllungsanspruch geltend macht, sondern einen Schadensersatzanspruch statt der Leistung mit deren Unmöglichkeit begründet. Der Gläubiger hat grundsätzlich die anspruchsbegründende Tatsache der Unmöglichkeit darzulegen und zu beweisen. Steht allerdings fest, dass ein Dritter Inhaber des Leistungsgegenstandes ist, ist es Sache des Schuldners, darzulegen und zu beweisen, dass er bereit und in der Lage ist, dem Gläubiger den Leistungsgegenstand zu verschaffen.[36]

Liefert der Verkäufer eine Sache, die sich im Eigentum eines Dritten befindet, soll nach teilweiser Ansicht ein Rechtsmangel i.S.d. § 435 BGB vorliegen.[37] Die fehlende Verschaffung des Eigentums ist jedoch Nichterfüllung und nicht Schlechterfüllung. Die Verpflichtung des Verkäufers zur Eigentumsübertragung ergibt sich aus § 433 Abs. 1 Satz 1 BGB und nicht aus § 433 Abs. 1 Satz 2 BGB. Bei fehlendem Eigentum sind nicht die Gewährleistungsvorschriften, sondern die Vorschriften über die Nichterfüllung anwendbar.[38]

Die Zwangsversteigerung über eine verkaufte Sache führt zur Unmöglichkeit der Übereignung.[39]

Dem Vermieter ist die Überlassung vermieteter Räumlichkeiten unmöglich, wenn sich diese im Besitz eines Dritten befinden.[40] Macht der Mieter den Anspruch auf Gebrauchsüberlassung geltend, hat der Vermieter darzulegen und gegebenenfalls zu beweisen, dass ihm die Erfüllung unmöglich ist. Solange sein Unvermögen nicht feststeht, ist der Vermieter zur Erfüllung zu verurteilen.[41]

Hat der Betreiber eines Parkplatzes eine Obhutspflicht für die abgestellten Fahrzeuge und die darin befindlichen Gegenstände übernommen, wird ihm bei einem Diebstahl von Gepäckstücken aus dem Fahrzeug die Pflicht zur Rückgabe unmöglich.[42]

---

[32] BGH v. 16.03.2005 - IV ZR 246/03 - juris Rn. 11 - WM 2005, 1232; BGH v. 26.03.1999 - V ZR 368/97 - juris Rn. 11 - BGHZ 141, 179-184; OLG Oldenburg v. 14.01.1998 - 2 U 259/97 - juris Rn. 10 - MDR 1998, 1406-1407.

[33] BGH v. 26.03.1999 - V ZR 368/97 - juris Rn. 13 - BGHZ 141, 179-184.

[34] BGH v. 26.03.1999 - V ZR 368/97 - juris Rn. 14 - BGHZ 141, 179-184.

[35] BGH v. 20.12.1996 - V ZR 277/95 - juris Rn. 13 - LM BGB § 440 Nr. 11 (4/1997).

[36] BGH v. 26.03.1999 - V ZR 368/97 - juris Rn. 12 - BGHZ 141, 179-184; BGH v. 29.01.1993 - V ZR 160/91 - juris Rn. 21 - LM BGB § 347 Nr. 13 (8/1993); BGH v. 01.10.1992 - V ZR 36/91 - juris Rn. 17 - LM BGB § 90 Nr. 1 (2/1993).

[37] OLG Karlsruhe v. 14.09.2004 - 8 U 97/04 - NJW 2005, 989; *Berger* in: Jauernig, § 435 Rn. 5; *Scheuren-Brandes*, ZGS 2005, 295.

[38] BGH v. 19.10.2007 - V ZR 211/06 - juris Rn. 27 - BGHZ 174, 61-77.

[39] BGH v. 23.06.1989 - V ZR 329/87 - juris Rn. 16 - NJW-RR 1990, 651-652.

[40] OLG Düsseldorf v. 18.09.1997 - 10 U 93/96 - ZMR 1999, 19-21; KG v. 25.09.2008 - 8 U 44/08 - NZM 2008, 889-890.

[41] OLG Düsseldorf v. 04.10.1990 - 10 U 93/90 - NJW-RR 1991, 137-138.

[42] OLG Karlsruhe v. 14.07.2004 - 1 U 46/04 - NZV 2004, 521.

34 Unmöglichkeit tritt auch dann ein, wenn die geschuldete Tätigkeit von einer anderen Person erbracht wird. Erbringt der Nachunternehmer Teile der gegenüber dem Hauptunternehmer geschuldeten Leistung aufgrund eines Vertrags direkt für den Auftraggeber, wird ihm insoweit die Leistung gegenüber dem Hauptunternehmer unmöglich.[43]

35 Kann der Schuldner persönlich geschuldete Leistungen nicht selbst erbringen, tritt Unmöglichkeit ein, wenn die Leistungspflicht höchstpersönlich ist. Ist dem Werkunternehmer die Erbringung der geschuldeten Leistung im eigenen Betrieb nicht möglich, liegt Unmöglichkeit vor, wenn der Unternehmer die Arbeiten nicht auf einen Subunternehmer übertragen darf. Gemäß § 4 Abs. 8 Nr. 1 Satz 2 VOB/B kann mit schriftlicher Zustimmung des Bestellers ein Subunternehmer eingeschaltet werden. Die Zustimmung ist gemäß § 4 Abs. 8 Nr. 1 Satz 3 VOB/B nicht notwendig bei Leistungen, auf die der Betrieb des Unternehmers nicht eingerichtet ist. Soweit die VOB nicht vereinbart sind, ist die Beauftragung eines Subunternehmers nur mit Zustimmung des Bestellers zulässig. § 4 Abs. 8 Nr. 1 Satz 2 VOB/B enthält einen allgemeinen Grundsatz.[44]

36 Der Mieter wird von einem vertraglich übernommenen Winterdienst jedenfalls dann frei, wenn ihm aus gesundheitlichen Gründen die Durchführung nicht mehr möglich ist und weder private Dritte noch gewerbliche Firmen bereit sind, die Verpflichtung zu übernehmen.[45]

37 Eine Leistung, die unter Einsatz übernatürlicher, magischer oder parapsychologischer Kräfte und Fähigkeiten erbracht werden soll, ist objektiv unmöglich.[46] Abzugrenzen sind diese Verträge von dem Angebot bloßer Lebensberatung, die eine erbringbare Leistung darstellt.

38 Die finanzielle Leistungsunfähigkeit begründet keine Unmöglichkeit. Die Vermögenslosigkeit eines Werkunternehmers führt daher nicht zur Unmöglichkeit der Nacherfüllung.[47]

2. Unmöglichkeit durch Zeitablauf

39 Durch Zeitablauf tritt Unmöglichkeit ein, wenn der Schuldner Leistungen zu erbringen hat, die nicht nachholbar sind. Dies ist der Fall bei **absoluten Fixgeschäften**. Bei diesen ist die Einhaltung der Leistungszeit so wesentlich, dass eine verspätete Leistung keine Erfüllung mehr darstellt. Absolute Fixgeschäfte liegen beispielsweise bei dem Druck und der Versendung von Prospekten nebst Einladung zum „Tag der offenen Tür" vor.[48] Der Flugbeförderungsvertrag ist nicht auf ein absolutes Fixgeschäft gerichtet.[49] Auch ein Musikproduktionsvertrag, durch den sich der Produzent verpflichtet, in jedem Jahr der Vertragslaufzeit eine bestimmte Zahl von Titeln zu produzieren, stellt kein absolutes Fixgeschäft dar.[50] Die Verpflichtung eines Steuerberaters zur Abgabe einer Steuererklärung wird nicht durch Zeitablauf unmöglich, selbst wenn bereits rechtsbeständige Steuerbescheide vorliegen.[51] Nach einer Entscheidung des OLG Frankfurt kann auch eine Verpflichtung zur Lieferung eines Software-Pakets aus einem Kaufvertrag wegen des raschen Fortschreitens der EDV-technischen Entwicklung durch Zeitablauf unmöglich werden.[52] Allein der Umstand, dass Software rasch veraltet, macht den Verkauf aber nicht zu einem absoluten Fixgeschäft.[53]

40 Bei **Mietverhältnissen** führt die Nichtgewährung des Gebrauchs für einen bestimmten Zeitabschnitt grundsätzlich zur Unmöglichkeit.[54] Soll ein Mietverhältnis allerdings erst mit der Übergabe des Miet-

---

[43] BGH v. 17.07.2007 - X ZR 31/06 - juris Rn. 21 - NJW 2007, 3488-3491; BGH v. 14.01.2010 - VII ZR 106/08 - juris Rn. 11 - NJW 2010, 1282-1284.
[44] *Wertenbruch*, ZGS 2003, 53, 59; *Peters/Jacoby* in: Staudinger, § 631 Rn. 35.
[45] BGH v. 13.01.2011 - III ZR 87/10 - juris Rn. 10 - BGHZ 188, 71-78; LG Münster v. 19.02.2004 - 8 S 425/03 - WuM 2004, 193.
[46] OLG Stuttgart v. 08.04.2010 - 7 U 191/09 - juris Rn. 16.
[47] Brandenburgisches OLG v. 11.03.2009 - 13 U 47/08 - juris Rn. 12 - IBR 2009, 388.
[48] OLG Düsseldorf v. 08.12.2000 - 22 U 104/00 - NJW-RR 2002, 633.
[49] BGH v. 28.04.2009 - Xa ZR 113/08 - juris Rn. 12 - NJW 2009, 2743; anders noch: BGH v. 30.11.1972 - VII ZR 239/71 - BGHZ 60, 14-22; OLG Düsseldorf v. 13.06.1996 - 18 U 174/95 - NJW-RR 1997, 930; OLG Frankfurt v. 20.02.1997 - 1 U 126/95 - juris Rn. 10 - NJW-RR 1997, 1136-1137.
[50] BGH v. 25.01.2001 - I ZR 287/98 - juris Rn 11 - LM BGB § 284 Nr. 47 (3/2002).
[51] BGH v. 17.10.1991 - IX ZR 255/90 - juris Rn. 21 - BGHZ 115, 382-391.
[52] OLG Frankfurt v. 04.07.1997 - 24 U 215/95 - NJW 1998, 84-85.
[53] *Löwisch/Caspers* in: Staudinger, § 275 Rn. 5.
[54] BGH v. 16.09.1987 - IVb ZR 27/86 - juris Rn. 9 - BGHZ 101, 325-336.

objekts beginnen und von da an einen bestimmten Zeitraum bestehen, begründet eine Leistungsverzögerung keine Unmöglichkeit, sondern allenfalls Verzug.[55]

In **Dienst- und Arbeitsverhältnissen** ist die ausgefallene Tätigkeit regelmäßig nicht nachholbar. Allein der Umstand, dass nicht gearbeitet wurde und die vorgesehene Arbeitszeit abgelaufen ist, führt zur Unmöglichkeit während des abgelaufenen Zeitabschnitts.[56] Auch die Verpflichtung des Arbeitgebers, einen Dienstwagen zu Privatzwecken zu überlassen, ist nicht nachholbar, sodass die Leistung wegen Zeitablaufs unmöglich wird.[57]

3. Untergang des Leistungssubstrats/anderweitiger Erfolgseintritt

Die Unmöglichkeit kann auch darauf beruhen, dass das Leistungssubstrat untergeht oder der Leistungserfolg anderweitig eintritt (das abzuschleppende Schiff geht unter oder kommt aus eigener Kraft wieder frei).

Führt der Werkbesteller oder der Gläubiger einer gemäß § 651 BGB geschuldeten Leistung den (Haupt-)Leistungserfolg selbst herbei, tritt Unmöglichkeit ein.[58] Der Unternehmer behält gemäß § 326 Abs. 2 Satz 1 Alt. 2 BGB den Anspruch auf die Gegenleistung, muss sich jedoch Ersparnisse und Vorteile gemäß § 326 Abs. 2 Satz 2 BGB anrechnen lassen.

Ob die Selbstvornahme der Mängelbeseitigung begrifflich zur Unmöglichkeit führt, kann offen bleiben. Jedenfalls hat der Besteller einen Aufwendungsersatzanspruch nur unter den Voraussetzungen des § 637 BGB. Der Käufer, der die Mängelbeseitigung selbst durchführt, hat keinen Anspruch auf Aufwendungsersatz oder Vorteilsanrechnung.[59]

Nach einer Entscheidung des OLG Hamm soll eine Verpflichtung zur häuslichen Pflege gemäß § 275 Abs. 1 BGB erlöschen, wenn die Versorgung nur noch in einem Pflegeheim gewährleistet ist.[60] Dagegen spricht, dass nach einer vorrangig vorzunehmenden (ergänzenden) Auslegung die Pflegeverpflichtung in vergleichbaren Fällen dahingehend anzupassen ist, dass der Verpflichtete sich an den Kosten der Heimpflege beteiligen muss.[61]

4. Qualitative Unmöglichkeit

Qualitative Unmöglichkeit ist die Unmöglichkeit der mangelfreien Leistung sowie die Unmöglichkeit der Nacherfüllung im Kauf- und Werkvertragsrecht.

Ist die mangelfreie Leistung nicht möglich, ist der Anspruch aus § 433 Abs. 1 Satz 2 BGB bzw. aus § 633 Abs. 1 BGB ausgeschlossen. Der Anspruch auf Eigentumsübertragung und Übergabe aus § 433 Abs. 1 Satz 1 BGB bzw. der Anspruch auf Herstellung des (mangelhaften) Werkes aus § 631 Abs. 1 BGB bleibt aber bestehen,[62] solange der Käufer bzw. Besteller nicht wegen des Mangels den Rücktritt erklärt oder Schadensersatz statt der Leistung verlangt.

Für den Fall der Unmöglichkeit der Nacherfüllung verweisen § 437 BGB und § 634 BGB weitestgehend auf die allgemeinen Vorschriften. Eine Differenzierung zwischen qualitativer und vollständiger Unmöglichkeit ist aber insbesondere im Hinblick auf den Gegenleistungsanspruch erforderlich. Gemäß § 326 Abs. 1 Satz 2 BGB erlischt der Anspruch auf die Gegenleistung nicht, wenn der Schuldner von der Nacherfüllungsverpflichtung gemäß § 275 Abs. 1-3 BGB befreit wird.

Unmöglichkeit der mangelfreien Lieferung bzw. Unmöglichkeit der Nachbesserung ist beispielsweise gegeben, wenn ein als unfallfrei verkauftes Fahrzeug schon einen Unfall hatte[63] oder ein als echt verkauftes Bild unecht ist[64]. Eine Nachbesserung ist unmöglich, wenn ein Pkw nicht aus dem vertraglich

---

[55] BGH v. 23.09.1992 - XII ZR 44/91 - juris Rn. 34 - LM BGB § 537 Nr. 47 (2/1993).
[56] BGH v. 22.05.1990 - IX ZR 208/89 - juris Rn. 7 - LM Nr. 91 zu BGB § 611; BAG v. 17.03.1988 - 2 AZR 576/87 - juris Rn. 45 - NJW 1989, 546-549.
[57] BAG v. 21.03.2012 - 5 AZR 651/10 - juris Rn. 24.
[58] BGH v. 22.09.2004 - VIII ZR 203/03 - juris Rn. 51 - NJW-RR 2005, 357.
[59] BGH v. 23.02.2005 - VIII ZR 100/04 - juris Rn. 20 - BGHZ 162, 219; BGH v. 22.06.2005 - VIII ZR 1/05 - juris Rn. 11 - MDR 2006, 141; BGH v. 07.12.2005 - VIII ZR 126/05 - juris Rn. 14 - NJW 2006, 988.
[60] OLG Hamm v. 29.02.1996 - 22 U 84/95 - juris Rn. 2 - NJW-RR 1996, 1360-1361.
[61] BGH v. 22.03.2002 - V ZR 41/01 - juris Rn. 12 - NJW-RR 2002, 1081-1082.
[62] *Lorenz*, JZ 2001, 742-745, 743; *Hofmann/Pammler*, ZGS 2004, 91-95, 93.
[63] BGH v. 10.10.2007 - VIII ZR 330/06 - juris Rn. 23 - NJW 2008, 53-55; BGH v. 12.03.2008 - VIII ZR 253/05 - juris Rn. 21 - NJW 2008, 1517-1519; OLG Schleswig v. 18.08.2005 - 5 U 11/05 - NJW-RR 2005, 1579.
[64] *Ernst* in: MünchKomm-BGB, § 275 Rn. 129.

vereinbarten Modelljahr stammt.[65] Dagegen führt die Beschädigung der Originallackierung eines Autos nicht zur Unmöglichkeit der Nachbesserung, da das Fahrzeug durch eine fachgerechte Neulackierung wieder in einen vertragsgemäßen Zustand versetzt werden kann.[66]

50 Eine Nachlieferung ist auch bei einem Stückkauf möglich, wenn nach der Vorstellung der Parteien die Kaufsache im Falle ihrer Mangelhaftigkeit durch eine gleichartige und gleichwertige ersetzt werden kann.[67] Beim Kauf eines Gebrauchtwagens liegen diese Voraussetzungen regelmäßig nicht vor.[68]

51 Beruhen Bauwerksmängel auf einem Planungsfehler, ist die Nachbesserung nicht mehr möglich, da sich der Mangel bereits im Bauwerk verkörpert hat. Das Gleiche gilt, soweit Überwachungsfehler zu Mängeln führen.[69]

V. Absatz 2

52 Die Regelung betrifft die so genannte faktische oder praktische Unmöglichkeit. Dabei handelt es sich um Fälle, in denen die Leistung zwar theoretisch möglich ist, sie aber von einem vernünftigen Gläubiger nicht ernsthaft erwartet werden kann. Als Beispiel ist im Regierungsentwurf der Ring auf dem Grund des Sees genannt.[70]

1. Voraussetzungen

53 Nach § 275 Abs. 2 BGB kann der Schuldner die Leistung verweigern, wenn diese einen Aufwand erfordert, der in einem groben Missverhältnis zu dem Leistungsinteresse des Gläubigers steht. In der Verhältnismäßigkeitsprüfung steht auf der einen Seite der Aufwand des Schuldners und auf der anderen Seite das Interesse des Gläubigers an der Leistung.

54 Mit dem Begriff des **Aufwands** werden sowohl Aufwendungen in Geld als auch Tätigkeiten und ähnliche persönliche Anstrengungen erfasst.[71] Dies ergibt sich daraus, dass in § 275 Abs. 2 Satz 2 BGB von zumutbaren Anstrengungen des Schuldners die Rede ist.[72] Der in der Abwägung zu berücksichtigende Aufwand ist der Gesamtaufwand für die Leistungserbringung, nicht etwa nur der Mehraufwand, der durch nachträglich entstandene Hindernisse erforderlich geworden ist.[73]

55 Bei der Bestimmung des **Leistungsinteresses des Gläubigers** ist davon auszugehen, welchen Wert der Gläubiger für eine vergleichbare Leistung aufwenden müsste. Das Gläubigerinteresse wird regelmäßig durch die Höhe der von ihm zu erbringenden Gegenleistung repräsentiert. Es kann aber auch schon allein durch die Marktbedingungen höher oder niedriger sein, etwa dann, wenn der Käufer einen besonders günstigen oder einen besonders ungünstigen Kauf getätigt hat. Auch der Nachweis eines durch das Leistungshindernis entgangenen Gewinns erhöht das Leistungsinteresse des Gläubigers. Gegebenenfalls sind auch immaterielle Interessen bei der Bestimmung des Leistungsinteresses zu berücksichtigen.[74] Betrifft das Leistungshindernis einen Anspruch auf Nacherfüllung, ist für die Bestimmung des Leistungsinteresses des Gläubigers von der Wertdifferenz zwischen dem Wert der Sache in mangelfreiem Zustand und dem tatsächlichen Wert der Sache auszugehen.

56 Zwischen dem Aufwand und dem Leistungsinteresse des Gläubigers muss ein **grobes Missverhältnis** bestehen. Dabei sind nicht nur die Wertverhältnisse, sondern auch der Inhalt des Schuldverhältnisses, Treu und Glauben und ein eventuelles Vertretenmüssen des Leistungshindernisses durch den Schuldner zu berücksichtigen. Nach dem Inhalt des Schuldverhältnisses kann insbesondere zu berücksichtigen sein, dass der Schuldner für den Nichteintritt des Leistungshindernisses das Risiko übernommen hat. Wer sich beispielsweise zur Bergung von Tafelsilber aus der Titanic verpflichtet, übernimmt konkludent das Risiko dafür, dass die Beschaffung wegen unvorhergesehener Schwierigkeiten aufwendi-

---

[65] OLG Nürnberg v. 21.03.2004 - 8 U 2366/04 - MDR 2005, 1047.
[66] BGH v. 20.05.2009 - VIII ZR 191/07 - juris Rn. 7 - BGHZ 181, 170-179.
[67] BGH v. 07.06.2006 - VIII ZR 209/05 - juris Rn. 18 ff. - BGHZ 168, 64-79.
[68] BGH v. 07.06.2006 - VIII ZR 209/05 - juris Rn. 18 ff. - BGHZ 168, 64-79; BGH v. 10.10.2007 - VIII ZR 330/06 - juris Rn. 23 - NJW 2008, 53-55; BGH v. 12.03.2008 - VIII ZR 253/05 - juris Rn. 21 - NJW 2008, 1517-1519.
[69] OLG Saarbrücken v. 13.08.2003 - 1 U 757/00 - IBR 2004, 329.
[70] BT-Drs. 14/6040, S. 130.
[71] BT-Drs. 14/6040, S. 130.
[72] BT-Drs. 14/6040, S. 130.
[73] *Ernst* in: MünchKomm-BGB, § 275 Rn. 83.
[74] *Löwisch/Caspers* in: Staudinger, § 275 Rn. 92; *Dauner-Lieb* in: AnwK-BGB, § 275 Rn. 44; *Stadler* in: Jauernig, § 275 Rn. 25.

ger wird als erwartet.[75] Das Vertretenmüssen wird vor allem in den Fällen der mehrfachen Veräußerung einer Sache eine Rolle spielen. Wenn jemand in Kenntnis der Rechtslage eine schon verkaufte Sache einem Dritten verkauft und übereignet, wird ihm ein erhöhter Aufwand für den Rückerwerb zuzumuten sein. Ist die Übertragung an den Dritten ohne Verschulden erfolgt, muss sich – nach einer Formulierung im Regierungsentwurf – der Schuldner „immerhin bemühen, den Vertragsgegenstand von dem Dritten zurück zu erwerben und diesem zumindest den Marktpreis, unter Umständen auch einen darüber liegenden Preis anbieten".[76] Diese Formulierung legt es nahe, anzunehmen, dass ein grobes Missverhältnis auch schon bei einer bloßen Überschreitung des Marktpreises vorliegen kann. Der Schuldner soll ja nur „unter Umständen" mehr bieten müssen. Ein grobes Missverhältnis lässt sich nicht abstrakt nach bestimmten Prozentsätzen ermitteln.[77] § 275 Abs. 2 BGB betrifft Fälle, die der Unmöglichkeit im Sinne des § 275 Abs. 1 BGB nahe stehen. Die Unverhältnismäßigkeit muss ein unmöglichkeitsähnliches Ausmaß erreicht haben.[78] Die Norm ist auf **Extremfälle** zugeschnitten.[79] Sie soll nicht ein angemessenes Wertverhältnis zwischen Schuldneraufwand und Gläubigerinteresse sichern, sondern zunächst Fälle aus dem Anwendungsbereich des § 275 BGB a.F. ausgliedern, in denen die Leistung theoretisch möglich ist, die aber nach dem früheren Recht als Unmöglichkeit behandelt wurden, weil eine dem § 275 Abs. 2 BGB entsprechende Regelung fehlte. Darüber hinaus soll die Regelung die Fälle erfassen, in denen nach dem bisherigen Recht eine Befreiung des Schuldners nach § 242 BGB i.V.m. dem Rechtsgedanken der §§ 251 Abs. 2, 633 Abs. 2 Satz 3, 651c Abs. 2 Satz 2 BGB angenommen wurde.[80] Weiterhin war nach der früheren Rechtsprechung anerkannt, dass Fälle einer unzumutbaren Leistungserschwerung zur Leistungsbefreiung gemäß § 275 BGB a.F. führen konnten.

Vor allem bei der **Vermietung** einer Sache kann bei deren Zerstörung oder Beschädigung der Vermieter von seiner Leistungspflicht gemäß § 275 Abs. 2 BGB befreit sein. Bei der Prüfung des groben Missverhältnisses ist abzuwägen zwischen dem Reparaturaufwand einerseits und dem Nutzen der Reparatur für den Mieter sowie dem Wert des Mietobjekts und den aus ihm zu ziehenden Einnahmen andererseits.[81] Ein auffälliges Missverhältnis indiziert die Überschreitung der Zumutbarkeitsgrenze.[82]

57

Zum früheren Recht hat der BGH entschieden, dass der Vermieter eines Muldenkippers durch dessen Beschädigung gemäß § 275 Abs. 1 BGB a.F. von seiner Leistungspflicht befreit war, weil die Reparaturkosten den Wert des Fahrzeugs erheblich überstiegen.[83] Nach heutigem Recht wären die Reparaturkosten zu dem Interesse des Mieters in ein Verhältnis zu setzen. Auch dann müsste ein grobes Missverhältnis bejaht werden, denn das Interesse des Mieters, diesen Muldenkipper und nicht einen anderen zu erhalten, würde zu den damaligen Reparaturkosten von 147.000 DM wohl in jedem Fall außer Verhältnis stehen. Ähnliche Fälle betreffen die Verpachtung eines landwirtschaftlichen Anwesens mit zerstörter Scheune, bei denen bezüglich der Scheune Teilunmöglichkeit angenommen oder zumindest für möglich gehalten wurde.[84] Das OLG Hamburg hat im Fall der Vermietung einer Trabrennbahn mit asbestverseuchten Wettannahmestellen und gastronomischen Einrichtungen angenommen, dass das Reparaturverlangen des Mieters gemäß § 242 BGB ausgeschlossen war, da Reparaturaufwand einerseits und der Nutzen der Reparatur für den Mieter andererseits in einem krassen Missverhältnis standen.[85]

58

Das OLG Stuttgart hat bei der teilweisen Zerstörung der Gebäude auf einem verpachteten Gaststättengrundstück Unmöglichkeit gemäß § 275 Abs. 1 BGB angenommen. Eine Pflicht des Verpächters zum Wiederaufbau bestehe nicht, ohne dass es auf die Frage der Zumutbarkeit gemäß § 275 Abs. 2 BGB ankäme.[86] Begründet wird dies lediglich mit einem Verweis auf die Rechtsprechung vor der Schuldrechtsreform, die Unmöglichkeit gemäß § 275 Abs. 1 BGB a.F. angenommen hat.

59

---

[75] *Dauner-Lieb* in: AnwK-BGB, § 275 Rn. 42.
[76] BT-Drs. 14/6040, S. 130.
[77] *Löwisch/Caspers* in: Staudinger, § 275 Rn. 96; *Löhnig*, ZGS 2005, 459, 461; *Picker*, JZ 2003, 1035.
[78] *Ernst* in: MünchKomm-BGB, § 275 Rn. 70.
[79] *Canaris*, JZ 2001, 499-528, 502.
[80] BT-Drs. 14/6040, S. 130.
[81] BGH v. 20.07.2005 - VIII ZR 342/03 - juris Rn. 16 - NJW 2005, 3284.
[82] BGH v. 21.04.2010 - VIII ZR 131/09 - juris Rn. 24.
[83] BGH v. 26.09.1990 - VIII ZR 205/89 - juris Rn. 18 - LM Nr. 44 zu § 537 BGB.
[84] BGH v. 12.01.1977 - VIII ZR 142/75 - juris Rn. 20 - LM Nr. 5 zu § 281 BGB; BGH v. 13.12.1991 - LwZR 5/91 - juris Rn. 10 - BGHZ 116, 334-339.
[85] OLG Hamburg v. 06.09.2000 - 4 U 15/00 - juris Rn. 24 - OLGR Hamburg 2001, 367-370.
[86] OLG Stuttgart v. 11.01.2010 - 5 U 119/09 - juris Rn. 26 - MDR 2010, 261, 262.

60 Auch **außerhalb des Mietrechts** war anerkannt, dass ein unverhältnismäßiger Aufwand für den Schuldner ohne Rückgriff auf die Grundsätze über den Wegfall der Geschäftsgrundlage zu einer Leistungsbefreiung führen kann. So hatte der zum Erwerb eines Grundstücks Beauftragte das Objekt vor der Weiterübertragung an den Auftraggeber an einen Dritten verkauft und eine Auflassungsvormerkung bewilligt. Der BGH entschied, dass der Herausgabeanspruch des Auftraggebers nach § 242 BGB unter Berücksichtigung des allgemeinen Rechtsgedankens aus den §§ 251 Abs. 2, 633 Abs. 2 Satz 3 BGB a.F. ausgeschlossen war, da der Dritte als Abfindung für die Aufgabe der Auflassungsvormerkung das 33-fache des Kaufpreises verlangte, den er mit dem Beauftragten vereinbart hatte. Dem Auftraggeber wurde ein Schadensersatzanspruch analog § 280 BGB a.F. zugesprochen.[87]

61 Abgelehnt wurde der Ausschluss der Leistungspflicht soweit verkaufte Stellplätze über Jahre hin unkündbar an Dritte verpachtet waren, denn dies schloss nicht aus, dass sich der Verkäufer „erforderlichenfalls unter finanziellen Opfern" mit einem der Pächter über eine vorzeitige Auflösung des Pachtvertrags einigte.[88]

62 Bei einem Tierkauf ist die Mängelbeseitigung gemäß § 275 Abs. 2 BGB ausgeschlossen, wenn sie nur durch eine aufwändige Operation durchzuführen ist, die regelmäßige Kontrolluntersuchungen erforderlich gemacht hätte.[89] Ein Reiseunternehmen ist nicht verpflichtet, dem Kunden eine Ersatzunterbringung zu verschaffen, wenn diese nahezu das Sechsfache des vereinbarten Preises kosten würde.[90]

63 Auch einem Anspruch aus § 1004 BGB kann das Leistungsverweigerungsrecht aus § 275 Abs. 2 BGB entgegenstehen. Entschieden ist dies für den Anspruch auf Beseitigung von Klärschlamm[91] und den Beseitigungsanspruch wegen eines Überbaus[92]. Bei einem vorsätzlichen oder grob fahrlässigen Überbau ist der Beseitigungsanspruch regelmäßig nicht ausgeschlossen.[93] Die Regelung des § 912 Abs. 1 BGB verdrängt das Leistungsverweigerungsrecht aus § 275 Abs. 2 BGB nicht.[94]

2. Verhältnis zu anderen Vorschriften

64 Nach der Begründung im Regierungsentwurf unterscheidet sich § 275 Abs. 2 BGB von der **Störung der Geschäftsgrundlage** dadurch, dass § 275 Abs. 2 BGB allein auf das Leistungsinteresse des Gläubigers abstellt und die eigenen Interessen des Schuldners „nicht in den Blick nimmt".[95] Die Interessen des Schuldners sind aber bei der Feststellung des Aufwands zu berücksichtigen. Andererseits ist bei der Störung der Geschäftsgrundlage gemäß § 313 BGB „unter Berücksichtigung aller Umstände des Einzelfalls" und damit auch unter Berücksichtigung des Gläubigerinteresses eine Entscheidung zu treffen.

65 Zu beachten ist, dass sich die Frage des Vorrangs einer der beiden Regelungen nur im Konkurrenzfall stellt, nämlich dann, wenn die Voraussetzungen beider Normen vorliegen und entschieden werden muss, ob und welche Rechtsfolgen vorrangig sein sollen.[96] Regelmäßig wird es aber zu dieser Rechtsfolgenkollision nicht kommen. In den auch als wirtschaftliche Unmöglichkeit bezeichneten Fällen einer Geldentwertung oder bei sonstigen dramatischen Preissteigerungen erhöht sich zwar der Gläubigeraufwand. In dem gleichen Maße steigt aber auch das Gläubigerinteresse, sodass sich das vorausgesetzte grobe Missverhältnis zwischen Aufwand und Leistungsinteresse des Gläubigers nicht ergeben kann.[97] Andererseits scheiden für die Anwendung des § 313 BGB die Fälle aus, in denen der fragliche Umstand nicht Geschäftsgrundlage geworden ist oder der Schuldner das Risiko für die Störung der Geschäftsgrundlage trägt.

---

[87] BGH v. 02.10.1987 - V ZR 140/86 - juris Rn 16 - LM Nr. 84 zu § 242 (BA) BGB.
[88] BGH v. 21.06.1974 - V ZR 164/72 - juris Rn 10 - BGHZ 62, 388-394.
[89] BGH v. 22.06.2005 - VIII ZR 281/04 - juris Rn. 26 - BGHZ 163, 234.
[90] OLG Frankfurt v. 09.03.2010 - 10 U 162/09 - juris Rn. 12.
[91] BGH v. 21.05.2010 - V ZR 244/09 - juris Rn 9 - NJW 2010, 2341-2343.
[92] BGH v. 30.05.2008 - V ZR 184/07 - juris Rn. 17 - NJW 2008, 3122-3123; OLG Stuttgart v. 19.08.2009 - 3 U 15/09 - juris Rn. 58 - OLGR Stuttgart 2009, 802-805.
[93] Brandenburgisches OLG v. 04.11.2010 - 5 U 39/09 - juris Rn. 65 - BauR 2011, 705-709; Brandenburgisches OLG v. 21.10.2010 - 5 U 103/09 - juris Rn. 47.
[94] BGH v. 18.07.2008 - V ZR 171/07 - juris Rn. 20 - NJW 2008, 3123-3125.
[95] BT-Drs. 14/6040, S. 130.
[96] *Ernst* in: MünchKomm-BGB, § 275 Rn. 19 ff.; *Löwisch/Caspers* in: Staudinger, § 275 Rn. 112 ff.
[97] *Huber/Faust*, Schuldrechtsmodernisierung, 2002, Kap. 2 Rn. 70.

Liegen (ausnahmsweise) sowohl die Voraussetzungen des § 275 Abs. 2 BGB als auch die des § 313 BGB vor, soll nach dem Regierungsentwurf § 275 Abs. 2 BGB vorrangig sein, da dieser die Grenzen der Leistungspflicht bestimme. Die Frage nach einer Anpassung des Vertrags könne sich nur stellen, wenn der Schuldner nicht schon nach § 275 BGB frei geworden sei.[98] Dagegen wird auch die Ansicht vertreten, § 275 Abs. 2 BGB und § 313 BGB konkurrierten frei miteinander. Lägen die Voraussetzungen beider Normen vor, habe der Schuldner die Wahl, ob er die Einrede erheben oder Vertragsanpassung verlangen wolle.[99] Betrachtet man die Konkurrenz rechtsfolgenorientiert, ist ein Vorrang des § 313 BGB vorzuziehen. Liegt das Leistungshindernis nicht im Risikobereich des Schuldners, kann dieser unter den weiteren Voraussetzungen des § 313 BGB Vertragsanpassung verlangen oder, soweit diese nicht möglich ist, den Rücktritt erklären. Liegt dagegen das Leistungshindernis im Risikobereich des Schuldners, kann dieser unter den Voraussetzungen des § 275 Abs. 2 BGB die Leistung verweigern. Der Schuldner ist dann gegebenenfalls zum Schadensersatz statt der Leistung verpflichtet, wenn er sich nicht gemäß § 280 Abs. 1 Satz 2 BGB entlasten kann. § 275 Abs. 2 BGB ist auf Extremfälle zugeschnitten, die der Unmöglichkeit nahe stehen. Die Voraussetzungen dieser Norm sind nicht weniger streng als die des § 313 BGB.[100] Ein Vorrang des § 313 BGB entspricht auch dem immer wieder betonten Vorrang des Wegfalls der Geschäftsgrundlage bei wirtschaftlicher Unmöglichkeit.[101]

Für den Fall, dass die Nacherfüllung nur mit unverhältnismäßigen Kosten möglich ist, enthalten **§ 439 Abs. 3 BGB** und **§ 635 Abs. 3 BGB** Sonderregeln. Die Voraussetzungen dieser Vorschriften sind geringer als die des § 275 Abs. 2 BGB, da lediglich unverhältnismäßige Kosten und nicht ein grobes Missverhältnis zwischen Aufwand und Leistungsinteresse verlangt werden. Soweit § 439 Abs. 3 BGB oder § 635 Abs. 3 BGB eingreifen, besteht für die Anwendung des § 275 Abs. 2 BGB kein Bedürfnis. § 275 Abs. 2 BGB greift aber dann ein, wenn sich aufgrund eines nicht finanziellen Aufwands ein grobes Missverhältnis ergibt.[102]

VI. Absatz 3

Nach § 275 Abs. 3 BGB kann der Schuldner eine persönlich zu erbringende Leistung verweigern, wenn sie ihm unter Abwägung des seiner Leistung entgegenstehenden Hindernisses mit dem Leistungsinteresse des Gläubigers nicht zugemutet werden kann.

Persönlich zu erbringen sind vor allem Leistungen aus Arbeits- und Dienstverträgen. Auch in Werkverträgen oder Geschäftsbesorgungsverträgen kann die persönliche Leistungserbringung vereinbart sein.

Bei der Feststellung der Unzumutbarkeit ist der Hinderungsgrund dem Leistungsinteresse des Gläubigers gegenüberzustellen. Wie in den Fällen des § 275 Abs. 2 BGB geht es um Extremfälle einer übermäßigen Leistungserschwerung.[103] Im Regierungsentwurf sind dazu zwei Fälle genannt.[104] Einmal handelt es sich um das Schulbeispiel der Sängerin, die sich weigert aufzutreten, weil ihr Kind lebensgefährlich erkrankt ist. Weiterhin ist der Fall des Arbeitnehmers genannt, der die Arbeit verweigert, weil er in der Türkei zum Wehrdienst einberufen ist und bei Nichtbefolgung des Einberufungsbefehls mit der Todesstrafe rechnen muss.[105]

Umstritten ist, ob bei einer Erkrankung des Arbeitnehmers selbst die Leistungsbefreiung gemäß § 275 Abs. 1 BGB automatisch erfolgt oder ob die Leistungspflicht gemäß § 275 Abs. 3 BGB erst dann entfällt, wenn der Arbeitnehmer sein Leistungsverweigerungsrecht geltend macht. Vorzuziehen ist eine differenzierte Lösung, nach der Unmöglichkeit im Sinne des § 275 Abs. 1 BGB nur dann anzunehmen ist, wenn der Arbeitnehmer aufgrund seiner Erkrankung die geschuldete Leistung objektiv nicht erbringen kann. Ist dagegen die Arbeitsleistung nicht schon naturgesetzlich oder rechtlich unmöglich, erfolgt eine Leistungsbefreiung gemäß § 275 Abs. 3 BGB.[106]

---

[98] BT-Drs. 14/6040, S. 176.
[99] *Löwisch/Caspers* in: Staudinger, § 275 Rn. 115; *Otto*, Jura 2002, 1-11, 5; *Schwarze*, Jura 2002, 73-83, 78.
[100] A.A. *Canaris*, JZ 2001, 499-528, 501.
[101] BT-Drs. 14/6040, S. 130; *Canaris*, JZ 2001, 499-528, 501; OLG Nürnberg v. 17.09.1998 - 8 U 1175/98 - juris Rn. 62 - OLGR Nürnberg 1999, 297-298.
[102] *Löwisch/Caspers* in: Staudinger, § 275 Rn. 116; BGH v. 22.06.2005 - VIII ZR 281/04 - juris Rn. 26 - BGHZ 163, 234.
[103] *Ernst* in: MünchKomm-BGB, § 275 Rn. 107.
[104] BT-Drs. 14/6040, S. 130.
[105] BAG v. 22.12.1982 - 2 AZR 282/82 - juris Rn. 62 - NJW 1983, 2782-2784.
[106] *Gotthardt/Greiner*, DB 2002, 2049-2050, 2107.

C. Rechtsfolgen

I. Allgemeine Rechtsfolgen

72 Gemäß § 275 Abs. 1 BGB erlischt der Anspruch des Gläubigers auf die Leistung. In den Fällen des § 275 Abs. 2 und 3 BGB ist die Leistungspflicht dagegen erst dann ausgeschlossen, wenn sich der Schuldner auf sein Leistungsverweigerungsrecht beruft.

73 Ist die Leistungspflicht gemäß § 275 Abs. 1-3 BGB ausgeschlossen, bestimmen sich die Rechte des Gläubigers gemäß § 275 Abs. 4 BGB nach den §§ 280, 283-285, 311a und 326 BGB.
- Der Anspruch des Schuldners auf die Gegenleistung ist gemäß § 326 Abs. 1 Satz 1 BGB grundsätzlich ausgeschlossen.
- Gemäß § 326 Abs. 4 BGB kann der Gläubiger eine bereits bewirkte Gegenleistung zurückverlangen.
- Der Gläubiger hat ein Rücktrittsrecht gemäß den §§ 326 Abs. 5, 323 BGB.
- Schadensersatz statt der Leistung kann der Gläubiger bei einem anfänglichen Leistungshindernis gemäß § 311a Abs. 2 BGB, bei einem nachträglichen Leistungshindernis gemäß den §§ 280 Abs. 1 und 3, 283 BGB verlangen.
- Ein Anspruch auf Ersatz vergeblicher Aufwendungen ergibt sich bei anfänglichen Leistungshindernissen aus § 311a Abs. 2 BGB, bei nachträglichen Leistungshindernissen aus den §§ 280 Abs. 1 und 3, 283, 284 BGB.
- Das stellvertretende commodum kann der Gläubiger gemäß § 285 BGB beanspruchen.

II. Rechtsfolgen bei Ausschluss des Nacherfüllungsanspruchs

74 Ist der Nacherfüllungsanspruch des Käufers bzw. Werkbestellers gemäß § 275 Abs. 1-3 BGB ausgeschlossen, ergeben sich folgende Rechtsfolgen:
- Der Anspruch auf die Gegenleistung erlischt nicht automatisch. Gemäß § 326 Abs. 1 Satz 2 BGB gilt § 326 Abs. 1 Satz 1 BGB nicht. Der Käufer kann gemäß § 437 Nr. 2 BGB i.V.m. § 441 BGB **mindern**. Dem Werkbesteller steht dieses Recht gemäß § 634 Nr. 3 BGB i.V.m. § 638 BGB zu.
- Der Käufer hat ein **Rücktrittsrecht** gemäß § 437 Nr. 2 BGB i.V.m. §§ 326 Abs. 5, 323 BGB. Der Werbesteller kann gemäß § 634 Nr. 3 BGB i.V.m. §§ 326 Abs. 5, 323 BGB zurücktreten.
- **Schadensersatz statt der Leistung** bei anfänglichen Leistungshindernissen aus § 437 Nr. 3 BGB (§ 634 Nr. 4 BGB) i.V.m. § 311a Abs. 2 BGB oder
- **Schadensersatz statt der Leistung** bei nachträglichen Leistungshindernissen aus § 437 Nr. 3 BGB (§ 634 Nr. 4 BGB) i.V.m. den §§ 280 Abs. 1 und 3, 283 BGB.
- Bei anfänglichen Leistungshindernissen können **vergebliche Aufwendungen** aus § 437 Nr. 3 BGB i.V.m. § 311a Abs. 2 BGB bzw. § 634 Nr. 4 BGB i.V.m. § 311a Abs. 2 BGB ersetzt werden,
- bei nachträglichen Leistungshindernissen sind **vergebliche Aufwendungen** gemäß § 437 Nr. 3 BGB i.V.m. § 284 BGB bzw. § 634 Nr. 4 BGB i.V.m. § 284 BGB ersatzfähig.
- § 437 BGB und § 634 BGB verweisen nicht auf **§ 285 BGB**. Da der Anspruch auf Nacherfüllung aber ein selbstständiger Erfüllungsanspruch ist, ist § 285 BGB auch auf diesen Anspruch anwendbar.[107]

---

[107] *Löwisch/Caspers* in: Staudinger, § 285 Rn. 16; *von Olshausen*, ZGS 2002, 194-200, 196.

§ 276 BGB Verantwortlichkeit des Schuldners

(Fassung vom 02.01.2002, gültig ab 01.01.2002)

(1) ¹Der Schuldner hat Vorsatz und Fahrlässigkeit zu vertreten, wenn eine strengere oder mildere Haftung weder bestimmt noch aus dem sonstigen Inhalt des Schuldverhältnisses, insbesondere aus der Übernahme einer Garantie oder eines Beschaffungsrisikos zu entnehmen ist. ²Die Vorschriften der §§ 827 und 828 finden entsprechende Anwendung.

(2) Fahrlässig handelt, wer die im Verkehr erforderliche Sorgfalt außer Acht lässt.

(3) Die Haftung wegen Vorsatzes kann dem Schuldner nicht im Voraus erlassen werden.

Gliederung

A. Grundlagen ... 1	1. Bestimmung – Inhalt des Schuldverhältnisses ... 13
I. Kurzcharakteristik ... 1	2. Gesetzliche oder vertragliche Bestimmung strengerer Haftung ... 15
II. Gesetzgebungsmaterialien ... 3	a. Übernahme einer Garantie ... 18
III. Bezug zum UN-Kaufrecht ... 4	b. Übernahme eines Beschaffungsrisikos ... 22
B. Anwendungsvoraussetzungen ... 5	c. Sonstige Risikoübernahmen ... 30
I. Normstruktur ... 5	3. Gesetzlich oder vertraglich bestimmte Haftungsmilderung ... 32
II. Vorsatz und Fahrlässigkeit ... 6	
III. Strengere oder mildere Haftung bestimmt oder dem Inhalt des Schuldverhältnisses zu entnehmen ... 13	

A. Grundlagen

I. Kurzcharakteristik

Die Vorschrift enthält eine Zurechnungsregelung. Primär bestimmt sie den Umfang des Vertretenmüssens für die Sekundärleistungsansprüche insbesondere aus den §§ 280-282 BGB. Die grundsätzliche Unterscheidung zwischen dem Vertretenmüssen ohne Verschulden, dem einfachen Verschulden (Fahrlässigkeit) und dem qualifizierten Verschulden ist jedoch für alle Anspruchsgrundlagen von Bedeutung. [1]

Vertretenmüssen setzt grundsätzlich Verschulden (Vorsatz oder Fahrlässigkeit) voraus, es kann sich aber eine strengere oder mildere Haftung auch aus dem Inhalt des Schuldverhältnisses, insbesondere der Übernahme einer Garantie oder eines Beschaffungsrisikos, ergeben. Mit der Garantieübernahme sind insbesondere die Fälle erfasst, die nach dem früheren Gewährleistungsrecht des Kauf- und Werkvertrags als Zusicherung einer Eigenschaft geregelt waren. Die Übernahme eines Beschaffungsrisikos liegt regelmäßig bei der Vereinbarung einer Gattungsschuld vor. [2]

II. Gesetzgebungsmaterialien

Regierungsentwurf BT-Drs. 14/6040, S. 131 f.; Stellungnahme des Bundesrats BT-Drs. 14/6857, S. 12; Gegenäußerung der Bundesregierung BT-Drs. 14/6857, S. 49; Beschlussempfehlung und Bericht des Rechtsausschusses BT-Drs. 14/7052, S. 184. [3]

III. Bezug zum UN-Kaufrecht

Im UN-Kaufrecht ist die Schadensersatzpflicht grundsätzlich nicht vom Verschulden abhängig. Es bestehen aber Entlastungsmöglichkeiten gemäß Art. 79 und Art. 80 CISG. Danach haftet eine Partei insbesondere dann nicht, wenn die Nichterfüllung auf einem Hinderungsgrund außerhalb ihres Einflussbereichs beruht, im Zeitpunkt des Vertragsschlusses vernünftigerweise nicht in Betracht gezogen werden konnte und weder der Hinderungsgrund noch seine Folgen von einem vernünftigen Schuldner vermieden oder überwunden werden konnten. Im Ergebnis unterscheidet sich die im UN-Kaufrecht vorgesehene Garantiehaftung mit Entlastungsmöglichkeiten wenig von dem deutschen System der Haftung für vermutetes Verschulden (§ 280 Abs. 1 Satz 2 BGB) mit einer zusätzlichen, verschuldensunabhängigen Garantiehaftung.[1] [4]

---

[1] Regierungsentwurf BT-Drs. 14/6040, S. 131.

B. Anwendungsvoraussetzungen

I. Normstruktur

5 § 276 Abs. 1 BGB bestimmt, was der Schuldner zu vertreten hat. Vorsatz und Fahrlässigkeit können dem Oberbegriff des Verschuldens zugeordnet werden. Der Begriff des Vertretenmüssens ist davon zu unterscheiden, er kann weiter, aber auch enger sein. Es kann eine strengere (verschuldensunabhängige) oder eine mildere Haftung bestimmt sein oder sich aus der Natur des Schuldverhältnisses ergeben. Das Vertretenmüssen setzt gemäß § 276 Abs. 1 Satz 2 BGB in jedem Fall die Zurechnungsfähigkeit entsprechend der §§ 827, 828 BGB voraus.

II. Vorsatz und Fahrlässigkeit

6 Die Begriffsdefinitionen für Vorsatz und Fahrlässigkeit gelten auch außerhalb des Rechts der Leistungsstörungen.

7 **Vorsatz** ist das Wissen und Wollen des Erfolgs im Bewusstsein der Rechtswidrigkeit. Dabei ist wie im Strafrecht der bedingte Vorsatz ausreichend. Bedingt vorsätzlich handelt, wer einen rechtswidrigen Erfolg für möglich hält und ihn billigend in Kauf nimmt.[2] Dagegen handelt lediglich bewusst fahrlässig, wer zwar den rechtswidrigen Erfolg für möglich hält, aber darauf vertraut, dass dieser nicht eintritt.

8 Anders als im Strafrecht gilt im Zivilrecht die Vorsatztheorie, nach der das Bewusstsein der Rechtswidrigkeit Bestandteil des Vorsatzes ist. Ein Rechtsirrtum schließt den Vorsatz aus.[3] Ist allerdings der Irrtum bei Anwendung der erforderlichen Sorgfalt vermeidbar, bleibt eine Haftung wegen Fahrlässigkeit bestehen.[4]

9 **Fahrlässigkeit** ist das Außerachtlassen der im Verkehr erforderlichen Sorgfalt. Ein Verstoß gegen das Sorgfaltsgebot liegt vor, wenn nach einem objektivierten Beurteilungsmaßstab der Handelnde in seiner konkreten Lage den drohenden Erfolg seines Verhaltens voraussehen und ihn vermeiden konnte.[5] Anders als im Strafrecht ist bei dem zivilrechtlichen Fahrlässigkeitsbegriff von einem objektiv abstrakten Maßstab auszugehen.[6]

10 Der Fahrlässigkeitsmaßstab ist nach Verkehrskreisen typisiert, deren speziellen Anschauungen und Bedürfnissen Rechnung zu tragen ist.[7] Für die Beurteilung von Sorgfaltspflichtverletzungen von **Ärzten** wird davon ausgegangen, dass ein Facharzt ein anderes Maß an Sorgfalt und Können schuldet als ein Arzt für Allgemeinmedizin.[8] Soweit ein **Heilpraktiker** invasive Behandlungsmethoden anwendet, werden an ihn die gleichen Sorgfaltsanforderungen gestellt wie an einen Allgemeinmediziner.[9] Bei **Kindern und Jugendlichen** wird auf die Verstandesreife der entsprechenden Altersgruppe abgestellt (Gruppenfahrlässigkeit).[10]

11 Zu einem Sorgfaltsverstoß gehört die Vorhersehbarkeit und Vermeidbarkeit des rechtswidrigen (bzw. pflichtwidrigen) Erfolgs. An einen unverschuldeten **Rechtsirrtum** sind strenge Maßstäbe anzulegen. Der Schuldner hat die Rechtslage sorgfältig zu prüfen, soweit erforderlich Rechtsrat einzuholen und die höchstrichterliche Rechtsprechung sorgfältig zu beachten.[11]

---

[2] BGH v. 17.09.1985 - VI ZR 73/84 - juris Rn. 16 - LM Nr. 31 zu § 676 BGB.
[3] BGH v. 12.05.1992 - VI ZR 257/91 - juris Rn. 20 - BGHZ 118, 201-209; OLG München v. 19.12.2007 - 7 U 3009/04 - juris Rn. 32 - ZIP 2008, 66-68.
[4] BGH v. 30.05.1972 - VI ZR 6/71 - juris Rn. 29 - BGHZ 59, 30-42.
[5] BGH v. 21.05.1996 - VI ZR 161/95 - juris Rn. 9 - NJW-RR 1996, 980-981.
[6] BGH v. 13.02.2001 - VI ZR 34/00 - juris Rn. 12 - LM BGB § 823 (Aa) Nr. 191 (8/2001); BGH v. 26.01.1989 - III ZR 194/87 - juris Rn. 28 - BGHZ 106, 323-336.
[7] BGH v. 31.05.1994 - VI ZR 233/93 - juris Rn. 11 - LM BGB § 276 (Cc) Nr. 36 (2/1995).
[8] BGH v. 29.01.1991 - VI ZR 206/90 - juris Rn. 24 - BGHZ 113, 297-309.
[9] BGH v. 29.01.1991 - VI ZR 206/90 - juris Rn. 24 - BGHZ 113, 297-309.
[10] BGH v. 29.04.1997 - VI ZR 110/96 - LM BGB § 276 (Bb) Nr. 15 (10/1997); OLG Düsseldorf v. 03.04.1998 - 22 U 192/97 - NJW-RR 1999, 608-609; OLG Koblenz v. 07.01.2005 - 8 U 1019/04 - OLGR Koblenz 2005, 527.
[11] BGH v. 14.06.1994 - XI ZR 210/93 - juris Rn. 20 - LM BGB § 276 (Cc) Nr. 37 (2/1995); BGH v. 04.07.2001 - VIII ZR 279/00 - juris Rn. 15 - LM BGB § 285 Nr. 18 (6/2002).

Einzelne Sonderregelungen beziehen sich auf die **grobe Fahrlässigkeit**, dem Außerachtlassen der im Verkehr erforderlichen Sorgfalt in besonders schwerem Maß (vgl. hierzu die Kommentierung zu § 277 BGB Rn. 6). Im Recht des internationalen Straßengüterverkehrs ist die grobe Fahrlässigkeit gemäß Art. 29 CMR ein dem Vorsatz gleichstehendes Verschulden[12], dies gilt aber nicht für die **bewusste Fahrlässigkeit**[13]. Der Begriff der bewussten Fahrlässigkeit kann zur Abgrenzung zwischen bedingtem Vorsatz und Fahrlässigkeit dienen, er ist selbst aber kein Terminus, von dem im deutschen Zivilrecht Rechtsfolgen abhängen.

III. Strengere oder mildere Haftung bestimmt oder dem Inhalt des Schuldverhältnisses zu entnehmen

1. Bestimmung – Inhalt des Schuldverhältnisses

Schon § 276 Abs. 1 BGB a.F. enthielt die Formulierung „soweit nicht ein anderes bestimmt ist". Die Bestimmung konnte dabei eine gesetzliche oder eine vertraglich vereinbarte sein. Daran hat sich nichts geändert. Die „Bestimmung" einer Haftungsverschärfung oder Haftungsmilderung kann nicht nur durch eine vertragliche, sondern auch eine gesetzliche Regelung erfolgen.[14] Soweit § 276 Abs. 1 Satz 1 BGB davon ausgeht, dass ein anderer Haftungsmaßstab auch „dem sonstigen Inhalt des Schuldverhältnisses ... zu entnehmen" sein kann, sind damit Fälle erfasst, in denen eine Haftungsbeschränkung oder Haftungsverschärfung zumindest konkludent vereinbart ist und die daher auch als vertragliche Bestimmungen angesehen werden können. Insbesondere die Übernahme einer Garantie oder eines Beschaffungsrisikos kann nur durch eine vertragliche Vereinbarung erfolgen. Davon wurde auch im Gesetzgebungsverfahren ausgegangen.[15]

In der Fassung des Regierungsentwurfes enthielt § 276 Abs. 1 Satz 1 BGB noch die Möglichkeit, dass sich eine strengere oder mildere Haftung auch aus der „Natur der Schuld" ergeben konnte. Damit sollte in erster Linie die Geldschuld angesprochen werden, bei der der Schuldner für seine finanzielle Leistungsfähigkeit einzustehen hat. Im weiteren Gesetzgebungsverfahren wurde diese Formulierung gestrichen, da befürchtet wurde, dass bei der Auslegung des Gesetzes über das vom Gesetzgeber Gewollte weit hinausgegangen würde.[16] Für eine Regelung der Geldschuld besteht auch kein Bedürfnis. Das Einstehenmüssen für die finanzielle Leistungsfähigkeit ergibt sich aus der Übernahme eines Beschaffungsrisikos. Mit der Zusage der Leistung übernimmt der Schuldner regelmäßig das Risiko dafür, dass er sich die zur Erfüllung erforderlichen finanziellen Mittel verschaffen kann.[17]

2. Gesetzliche oder vertragliche Bestimmung strengerer Haftung

Eine strengere Haftung als die gesetzlich vorgesehene Haftung für einfache Fahrlässigkeit ist praktisch nur als verschuldensunabhängige Haftung denkbar. Eine **gesetzliche** vom Verschulden des Schuldner unabhängige Haftung ergibt sich beispielsweise aus § 536a BGB (Haftung für anfängliche Mängel der Mietsache), § 122 BGB (Haftung des Anfechtenden), § 179 Abs. 2 BGB (Haftung des Vertreters auch bei Nichterkennbarkeit mangelnder Vertretungsmacht). Auch die Haftung des Schuldners für seine Erfüllungsgehilfen gemäß § 278 BGB ist von einem eigenen Verschulden des Schuldners unabhängig.

Individualvertraglich **vereinbarte** Haftungsverschärfungen sind bis zur Grenze der Sittenwidrigkeit wirksam.[18] Die formularmäßige Begründung einer verschuldensunabhängigen Haftung des Vertragspartners des Verwenders ist grundsätzlich gemäß § 307 Abs. 1 BGB i.V.m. § 307 Abs. 2 Nr. 1 BGB unwirksam.[19]

---

[12] BGH v. 14.07.1983 - I ZR 128/81 - BGHZ 88, 157-165.
[13] BGH v. 17.04.1997 - I ZR 131/95 - LM CMR Nr. 65/66 (4/1998).
[14] BT-Drs. 14/6040, S. 131.
[15] BT-Drs. 14/7052, S. 184: „Die Reichweite der verschärften Haftung ergibt sich daher aus der vertraglichen Vereinbarung, was die Vorschrift auch mit der Bezugnahme auf den Inhalt des Schuldverhältnisses unterstreicht."
[16] BT-Drs. 14/7052, S. 184.
[17] BT-Drs. 14/7052, S. 184.
[18] BGH v. 25.06.1991 - XI ZR 257/90 - juris Rn. 20 - BGHZ 115, 38-46; BGH v. 09.07.1992 - VII ZR 7/92 - juris Rn. 59 - BGHZ 119, 152-176.
[19] Zu § 9 AGBG: BGH v. 25.06.1991 - XI ZR 257/90 - juris Rn. 20 - BGHZ 115, 38-46; BGH v. 09.07.1992 - VII ZR 7/92 - juris Rn. 59 - BGHZ 119, 152-176.

17 Bei den vertraglich vereinbarten Haftungsverschärfungen, die sich „aus dem Inhalt des Schuldverhältnisses" ergeben, sind „insbesondere" die Übernahme einer Garantie und eines Beschaffungsrisikos hervorgehoben.

a. Übernahme einer Garantie

18 Mit einer Garantieerklärung kann der Gläubiger eine verschuldensunabhängige Haftung begründen. Eine Garantie kann auch einen anderen Inhalt haben, insbesondere kann eine selbstständige Verpflichtung gemäß § 443 BGB begründet werden. Im Rahmen des § 276 Abs. 1 Satz 1 BGB ist jedoch nur die Begründung einer verschuldensunabhängigen Haftung von Bedeutung. Die Übernahme einer Garantie im Sinne des § 276 Abs. 1 Satz 1 BGB setzt voraus, dass aus der Sicht des Schuldners der Wille des Gläubigers erkennbar wird, unabhängig vom Verschulden für die in der Garantie bestimmten Umstände haften zu wollen. Dagegen werden mit einer selbstständigen Garantie gemäß § 443 BGB Rechtsfolgen begründet, die das Gesetz nicht vorsieht. Ob eine selbstständige Garantie oder eine Garantieübernahme gemäß § 276 Abs. 1 Satz 1 BGB vorliegt, ist durch Auslegung zu ermitteln. Werden keine über die gesetzlichen Gewährleistungsansprüche hinausgehenden Rechte begründet, ist im Zweifel keine selbstständige Garantie anzunehmen.[20]

19 Die Fallgruppe der Garantieübernahme erfasst die früheren Regelungen zur Zusicherung einer Eigenschaft bei Kauf, Miete, Werkvertrag und ähnlichen sich auf eine Sache beziehenden Verträgen[21], wobei der Schwerpunkt eindeutig im Kaufrecht liegt. Die Haftung des Verkäufers für zugesicherte Eigenschaften aus § 463 BGB a.F. sollte nicht abgeschafft, sondern nur an anderer, besser passender Stelle geregelt werden. Die Rechtsprechung und Literatur zur Eigenschaftszusicherung nach früherem Recht kann für die Garantieübernahme weitestgehend übernommen werden. Die Eigenschaftszusicherung hat in der Neuregelung allerdings eine geringere Bedeutung als nach altem Recht. Der Verkäufer haftet gemäß den §§ 437 Nr. 3, 280-284 BGB, ohne dass – wie nach § 463 Satz 1 BGB a.F. – die Zusicherung eine Voraussetzung des Schadensersatzanspruchs ist. Trägt der Verkäufer keine Tatsachen vor, die ihn gemäß § 280 Abs. 1 Satz 2 BGB entlasten, kommt es auf das Bestehen einer Eigenschaftszusicherung nicht an. Die Zusicherung begründet nicht die Haftung des Verkäufers, sie schließt nur eine Enthaftung aus. Die Frage der Übernahme einer Garantie durch eine Eigenschaftszusicherung stellt sich erst, wenn der Verkäufer Tatsachen vorträgt, die ihn normalerweise gemäß § 280 Abs. 1 Satz 2 BGB entlasten würden.

20 Der Verkäufer übernimmt eine Garantie für das Vorhandensein einer Eigenschaft, wenn er erklärt, verschuldensunabhängig für alle Folgen ihres Fehlens einstehen zu wollen.[22] An die konkludente Übernahme einer Garantie sind, ebenso wie früher an die konkludente Eigenschaftszusicherung, hohe Anforderungen zu stellen.[23] Ob und inwieweit auch Mangelfolgeschäden von der Übernahme der Garantie erfasst sind, ist durch Auslegung zu ermitteln.[24]

21 Erklärt der Verkäufer auf ausdrückliche Frage, die Gesamtfahrleistung eines gebrauchten Pkw stimme mit dem Tachostand überein, liegt darin eine Beschaffenheitsgarantie.[25]

b. Übernahme eines Beschaffungsrisikos

22 Als zweite Fallgruppe, in der der Schuldner nach dem Inhalt des Schuldverhältnisses verschuldensunabhängig haftet, ist die Übernahme eines Beschaffungsrisikos genannt. Der Schuldner einer Gattungssache verspricht regelmäßig die Beschaffung des versprochenen Leistungsgegenstands und soll das Risiko für die Einhaltung dieser Zusage tragen. § 276 Abs. 1 Satz 1 Alt. 2 BGB verallgemeinert diesen Grundgedanken für alle Beschaffungsrisiken. Für den Umfang der Risikoübernahme ist letztlich der Inhalt der entsprechenden vertraglichen Vereinbarung maßgeblich.[26]

---

[20] OLG Stuttgart v. 23.11.2010 - 12 U 109/10 - juris Rn. 48 f. - NJW-RR 2011, 955-957.
[21] BT-Drs. 14/6040, S. 132.
[22] BGH v. 29.11.2006 - VIII ZR 92/06 - juris Rn. 20 - BGHZ 170, 86-99; für die Eigenschaftszusicherung gemäß § 463 BGB a.F.: BGH v. 21.04.1993 - VIII ZR 113/92 - juris Rn. 15 - BGHZ 122, 256-262; BGH v. 14.02.1996 - VIII ZR 65/95 - juris Rn. 10 - BGHZ 132, 55-63.
[23] BGH v. 20.03.1996 - VIII ZR 109/95 - juris Rn. 13 - NJW-RR 1996, 951-952; BGH v. 13.12.1995 - VIII ZR 328/94 - juris Rn. 11 - LM BGB § 459 Nr. 127 (5/1996); BGH v. 14.02.1996 - VIII ZR 89/95 - juris Rn. 16 - LM BGB § 459 Nr. 129 (7/1996).
[24] BGH v. 19.05.1993 - VIII ZR 155/92 - juris Rn. 12 - LM BGB § 249 (E) Nr. 17 (10/1993).
[25] OLG Koblenz v. 01.04.2004 - 5 U 1385/03 - NJW 2004, 1670-1671.
[26] BT-Drs. 14/6040, S. 132.

Mit der **Vereinbarung einer Gattungsschuld** übernimmt der Schuldner konkludent das Beschaffungsrisiko. Der Umfang der Risikoübernahme ergibt sich dabei aus den vertraglichen Vereinbarungen. Sind keine besonderen Abreden getroffen, haftet der Schuldner einer Gattungssache dafür, dass er sich den Leistungsgegenstand beschaffen kann. Das Beschaffungsrisiko ist dabei nicht nur das Risiko, die Sache überhaupt besorgen zu können. Auch das Risiko der verspäteten Leistung ist vom Schuldner zu tragen.[27] Die Übernahme des Beschaffungsrisikos führt aber nicht schlechthin zu einer Garantiehaftung des Schuldners, sondern nur zu einer Haftung für die Überwindung von Beschaffungshindernissen.[28] Zu diesen gehören nicht die Risiken, die nicht mit der Eigenart der Beschaffungsschuld zusammenhängen, wie beispielsweise eine unvorhergesehene Erkrankung des Schuldners. Entsprechend der Rechtsprechung zu § 279 BGB a.F. entfällt eine Haftung auch dann, wenn infolge nicht vorhersehbarer Umstände so erhebliche Leistungshindernisse eingetreten sind, dass dem Schuldner die Beschaffung nicht mehr zugemutet werden kann.[29]

23

Das Beschaffungsrisiko kann durch besondere Vereinbarungen eingeschränkt werden. Ist eine Vorratsschuld vereinbart, ist der Schuldner lediglich zur Lieferung von Sachen aus dem bei ihm vorhandenen Vorrat verpflichtet. Bei der unbeschränkten Gattungsschuld kann das übernommene Risiko durch einen **Selbstbelieferungsvorbehalt** beschränkt werden. Dieser begründet regelmäßig ein Rücktrittsrecht des Verkäufers, er schließt aber auch die Übernahme des Beschaffungsrisikos aus. Ein Selbstbelieferungsvorbehalt befreit den Verkäufer nur dann von seiner Lieferpflicht, wenn er im Zeitpunkt des Abschlusses des Kaufvertrags ein kongruentes Deckungsgeschäft abgeschlossen hat und von dem Partner dieses Geschäfts im Stich gelassen wird.[30]

24

Umstritten ist, ob der Schuldner einer Gattungsschuld auch das **Beschaffungsrisiko für eine mangelfreie Lieferung** trägt und welche Folgen eine etwaige Risikoübernahme für den Verkäufer einer mangelhaften Sache hat. Dafür, dass der Verkäufer einer Gattungssache das Risiko der Beschaffung einer mangelfreien Sache trägt, wird angeführt, dass der Verkäufer gemäß § 243 Abs. 1 BGB nur mit einer fehlerfreien Sache erfüllen könne.[31] Aus der Übernahme des Beschaffungsrisikos wird teilweise eine verschuldensunabhängige Haftung für alle Schäden angenommen, die aufgrund der mangelhaften Lieferung entstehen.[32] Dies ergebe sich daraus, dass der Bezugspunkt des Vertretenmüssens in § 280 Abs. 1 Satz 2 BGB immer nur die gleiche – einheitliche, weil identische – Pflicht des Verkäufers sei, mangelfrei gemäß § 433 Abs. 1 Satz 2 BGB zu erfüllen. Andere[33] verneinen die konkludente Übernahme des Beschaffungsrisikos durch den Schuldner einer Gattungsschuld soweit es die Mangelfreiheit der Sache betrifft. Die Annahme der Übernahme des Beschaffungsrisikos führe zu einer grundsätzlich verschuldensunabhängigen Schadensersatzhaftung des Gattungsschuldners. Dies würde gegenüber der bisherigen Rechtslage eine Haftungsverschärfung bedeuten, die nicht vom Gesetzgeber beabsichtigt sei. Vom natürlichen Sprachgebrauch könne man aus der „Übernahme eines Beschaffungsrisikos" nicht auf eine Garantie für eine ordnungsgemäße Beschaffenheit schließen. „Beschaffen" bedeute zunächst einmal „Herbeischaffen" und beziehe sich nicht auf die Qualität des zu besorgenden Gegenstands.

25

Für die Entscheidung der Frage, ob der Schuldner einer Gattungsschuld das Beschaffungsrisiko für eine mangelfreie Sache trägt und welche Konsequenzen dies für seine Haftung hat, ist der Inhalt der vertraglichen Vereinbarung entscheidend. Wörtlich genommen bedeutet das Beschaffungsrisiko zunächst nur, dass der Schuldner sich selbst die Sache verschaffen kann. Eine Auslegung nur anhand dieses Wortlauts wäre für den Gläubiger jedoch sinnlos. Mit der gebotenen Wertung ist das Beschaffungsrisiko als das Risiko anzusehen, dass der Schuldner sich die Sache zum Zweck der Erfüllung seiner gegenüber dem Gläubiger bestehenden Schuld beschaffen kann. Das Beschaffungsrisiko hat einen direkten Bezug zur Erfüllung des Vertrags mit der zu besorgenden Sache. Da der Schuldner aber gemäß § 243 Abs. 1 BGB nur mit einer mangelfreien Sache erfüllen kann, trägt er auch das Risiko, dass es ihm gelingt, eine mangelfreie Sache zu besorgen. Zu einer verschuldensunabhängigen Haftung führt dies aber nur soweit Beschaffungshindernisse auftreten und sich damit das konkret übernommene Ri-

26

---

[27] BT-Drs. 14/6040, S. 132.
[28] BT-Drs. 14/6040, S. 132.
[29] BGH v. 01.12.1993 - VIII ZR 259/92 - juris Rn. 27 - LM BGB § 279 Nr. 4 (5/1994).
[30] BGH v. 14.11.1984 - VIII ZR 283/83 - BGHZ 92, 396-403; OLG Stuttgart v. 16.02.2011 - 3 U 136/10 - juris Rn. 48 - NJW-RR 2011, 1419-1423.
[31] *Canaris*, DB 2001, 1815-1821, 1816; *Graf von Westphalen*, ZGS 2002, 154-160, 156.
[32] *Graf von Westphalen*, ZGS 2002, 154-160, 158.
[33] *Dauner-Lieb* in: AnwK-BGB, § 276 Rn. 34.

siko realisiert. Ist der Verkäufer einer Gattungssache zur Nachlieferung verpflichtet, trägt er das Risiko für die (rechtzeitige) Besorgung einer mangelfreien Sache. Ist die Nacherfüllung unmöglich oder gelingt sie während einer gemäß § 281 BGB gesetzten Frist nicht, haftet der Verkäufer verschuldensunabhängig auf Schadensersatz statt der Leistung. Im Fall des Verzugs mit der Nachlieferung kann sich der Verkäufer nicht gemäß § 286 Abs. 4 BGB mit Beschaffungsschwierigkeiten entlasten. Für sonstige Schäden aufgrund der mangelhaften Lieferung (Mangelfolgeschäden) haftet der Verkäufer einer Gattungssache nicht verschuldensunabhängig, da sich in diesen Schäden nicht das übernommene Beschaffungsrisiko realisiert.

27 Eine besondere Regelung der **Geldschulden** wurde im Gesetzgebungsverfahren letztlich abgelehnt.[34] Mit dem Leistungsversprechen übernimmt der Schuldner das Risiko dafür, dass er sich die zur Erfüllung erforderlichen finanziellen Mittel beschaffen kann. Der Schuldner hat für seine finanzielle Leistungsfähigkeit verschuldensunabhängig einzustehen.[35] Handelt es sich bei der Geldschuld um eine gesetzlich begründete Verpflichtung, scheidet die vertragliche Übernahme des Beschaffungsrisikos aus. Es ist zu prüfen, ob aus dem jeweiligen gesetzlichen Schuldverhältnis eine unbedingte Zahlungsverpflichtung besteht. Der Schuldner kann von der Verpflichtung zur Erstattung des stellvertretenden commodums frei werden, wenn er die insoweit eingetretene Unmöglichkeit nicht zu vertreten hat.[36]

28 Bei **Stückschulden** bedarf es zur Übernahme des Beschaffungsrisikos einer besonderen Abrede mit dem Schuldner.[37]

29 Die Übernahme eines Beschaffungsrisikos ist auch für andere als Sachleistungsschulden möglich, insbesondere für Verpflichtungen zur Gebrauchsüberlassung.

c. Sonstige Risikoübernahmen

30 Bei einem Architektenvertrag kann vertraglich vereinbart werden, dass der Auftraggeber das Genehmigungsrisiko trägt. Eine Risikoübernahme ist aber nur in Ausnahmefällen anzunehmen, etwa dann, wenn sich der Bauherr bewusst über die Vorschriften des öffentlichen Baurechts hinwegsetzen oder diese an die Grenze des Möglichen ausreizen will.[38] Allein die Kenntnis des Genehmigungsrisikos reicht für eine Risikoübernahme nicht aus.[39]

31 Auch wenn der Verkäufer eines Tieres dessen Züchter ist, hat er nicht schlechthin für eventuelle genetisch bedingte Fehlentwicklungen einzustehen.[40]

3. Gesetzlich oder vertraglich bestimmte Haftungsmilderung

32 Für eine mildere Haftung im Sinne des § 276 BGB sind nur die Beschränkungen der Haftung relevant, die den Grad des Verschuldens betreffen. **Gesetzliche Milderungen** des Haftungsmaßstabs sind in den Vorschriften enthalten, die eine Beschränkung auf die Sorgfalt in eigenen Angelegenheiten vorsehen: § 346 Abs. 3 Satz 1 Nr. 3 BGB (Wertersatzpflicht des Rücktrittsschuldners bei Verschlechterung oder Untergang der Sache), § 347 Abs. 1 Satz 2 BGB (Haftung für Nutzungen beim gesetzlichen Rücktrittsrecht), § 357 Abs. 1 Satz 1 BGB i.V.m. § 346 Abs. 3 Satz 1 Nr. 3 BGB (Wertersatzpflicht des Widerrufsberechtigten bei Verschlechterung oder Untergang der Sache), § 690 BGB (Haftung bei unentgeltlicher Verwahrung), § 708 BGB (Haftung der Gesellschafter im Innenverhältnis), § 1359 BGB (Verpflichtungen innerhalb des ehelichen Verhältnisses), § 1664 BGB (Eltern bei Ausübung der elterlichen Sorge), § 2131 BGB (Haftung des Vorerben in Ansehung der Verwaltung).

33 **Vertragliche Haftungsmilderungen** sind grundsätzlich zulässig. Dem Schuldner kann allerdings gemäß § 276 Abs. 3 BGB die Haftung wegen Vorsatzes nicht im Voraus erlassen werden. In Allgemeinen Geschäftsbedingungen ist § 309 Nr. 7 BGB zu beachten. Im unternehmerischen Verkehr können Haftungsbeschränkungen auf grobe Fahrlässigkeit gemäß § 307 Abs. 1 BGB unwirksam sein (vgl. die Kommentierung zu § 307 BGB).

---

[34] BT-Drs. 14/7052, S. 184.
[35] BGH v. 28.02.1989 - IX ZR 130/88 - juris Rn. 24 - BGHZ 107, 92-104; BGH v. 17.12.1998 - V ZR 200/97 - juris Rn. 37 - BGHZ 140, 223-240.
[36] BGH v. 17.12.1998 - V ZR 200/97 - juris Rn. 38 - BGHZ 140, 223-240.
[37] OLG Karlsruhe v. 14.09.2004 - 8 U 97/04 - juris Rn. 62 - NJW 2005, 989.
[38] BGH v. 25.03.1999 - VII ZR 397/97 - juris Rn. 14 - LM BGB § 631 Nr. 86 (11/1999).
[39] BGH v. 26.09.2002 - VII ZR 290/01 - juris Rn. 28 - NJW 2003, 287-288.
[40] BGH v. 22.06.2005 - VIII ZR 281/04 - juris Rn. 13 - BGHZ 163, 234-248.

Auch konkludente Haftungsbeschränkungen und Haftungsmilderungen aufgrund ergänzender Vertragsauslegung sind möglich. Jedenfalls nach der früheren Rechtsprechung ist die Haftung des Mieters für die Verursachung von Brandschäden im Verhältnis zum Vermieter auf Vorsatz und grobe Fahrlässigkeit beschränkt, wenn der Mieter sich an den Kosten der Feuerversicherung beteiligt.[41] In der neueren Rechtsprechung wird das Ergebnis der Beschränkung der Haftung des Mieters allerdings dadurch erreicht, dass ein konkludenter oder durch ergänzende Vertragsauslegung zu ermittelnder Regressverzicht des Versicherers für die Fälle angenommen wird, in denen der Wohnungsmieter einen Brandschaden durch einfache Fahrlässigkeit verursacht hat (versicherungsvertragliche Lösung).[42]   34

Überlässt ein Kraftfahrzeughändler einem Kaufinteressenten ein Fahrzeug für eine Probefahrt, ist eine stillschweigende Haftungsfreistellung für Schäden anzunehmen, die auf leichter Fahrlässigkeit beruhen.[43]   35

Im **Arbeitsrecht** ergibt sich aus dem Inhalt des Schuldverhältnisses eine mildere Haftung des Arbeitnehmers im Verhältnis zum Arbeitgeber. Die Haftungsmilderung wurde bislang mit einer analogen Anwendung des § 254 BGB begründet; dem Verschulden des Arbeitnehmers lässt sich das vom Arbeitgeber zu tragende Betriebsrisiko als ein besonderer Schadenszurechnungsgrund gegenüberstellen.[44] Ob an dieser dogmatischen Begründung festzuhalten ist, ist im Gesetzgebungsverfahren offen gelassen worden.[45] In der neueren Literatur wird als Rechtsgrundlage für die Einschränkung der Arbeitnehmerhaftung § 276 Abs. 1 Satz 1 BGB i.V.m. § 254 BGB analog genannt.[46] Voraussetzung der Haftungseinschränkung ist, dass der Schaden bei einer betrieblich veranlassten Tätigkeit entstanden ist.[47] Betrieblich veranlasst sind solche Tätigkeiten des Arbeitnehmers, die ihm arbeitsvertraglich übertragen worden sind oder die er im Interesse des Arbeitgebers für den Betrieb ausführt.[48] Folge der Haftungseinschränkung ist ein Haftungsausschluss bei leichter Fahrlässigkeit. Bei mittlerer Fahrlässigkeit kommt es zu einer Haftungsquotelung.[49] Die Quote ist nach Abwägung der Gesamtumstände zu bestimmen. Zu den Umständen, denen je nach Lage des Einzelfalles ein unterschiedliches Gewicht beizumessen ist und die im Hinblick auf die Vielfalt möglicher Schadensursachen auch nicht abschließend bezeichnet werden können, gehören der Grad des dem Arbeitnehmer zur Last fallenden Verschuldens, die Gefahrgeneigtheit der Arbeit, die Höhe des Schadens, ein vom Arbeitgeber einkalkuliertes oder durch Versicherung deckbares Risiko, die Stellung des Arbeitnehmers im Betrieb und die Höhe des Arbeitsentgelts, in dem möglicherweise eine Risikoprämie enthalten ist. Auch können u.U. die persönlichen Verhältnisse des Arbeitnehmers, wie die Dauer seiner Betriebszugehörigkeit, sein Lebensalter, seine Familienverhältnisse und sein bisheriges Verhalten zu berücksichtigen sein.[50] Grobe Fahrlässigkeit führt grundsätzlich zu einer uneingeschränkten Haftung, eine Haftungserleichterung ist jedoch „nach Abwägung aller Umstände des Einzelfalls" nicht ausgeschlossen. Dabei kann entscheidend sein, dass der Verdienst des Arbeitnehmers in einem deutlichen Missverhältnis zum Schadensrisiko der Tätigkeit steht.[51] Bei gröbster Fahrlässigkeit besteht ebenso wie bei vorsätzlichem Handeln eine uneingeschränkte Haftung.[52] Abweichend von den allgemeinen zivilrechtlichen Grundsätzen muss sich nach der Rechtsprechung des Bundesarbeitsgerichts das Verschulden des Arbeitnehmers nicht nur auf die   36

---

[41] BGH v. 26.01.2000 - XII ZR 204/97 - NJW-RR 2000, 1110.
[42] BGH v. 08.11.2000 - IV ZR 298/99 - BGHZ 145, 393-400; BGH v. 03.11.2004 - VIII ZR 28/04 - juris Rn. 14 - NJW-RR 2005, 381; BGH v. 13.09.2006 - IV ZR 378/02 - juris Rn. 14 - NJW 2006, 3712-3714; BGH v. 13.09.2006 - IV ZR 116/05 - juris Rn. 11 - NJW 2006, 3711-3712; BGH v. 13.09.2006 - IV ZR 273/05 - juris Rn. 8 - NJW 2006, 3707-3711; OLG München v. 13.01.2005 - 19 U 3792/04 - VersR 2005, 500.
[43] OLG Koblenz v. 13.01.2003 - 12 U 1360/01 - NJW-RR 2003, 1185-1186.
[44] BAG v. 12.06.1992 - GS 1/89 - juris Rn. 18 - NJW 1993, 1732-1735.
[45] BT-Drs. 14/6857, S. 48.
[46] *Walker*, JuS 2002, 736-743, 737; *Krause*, NZA 2003, 577-586, 581.
[47] BAG v. 27.09.1994 - GS 1/89 (A) - NJW 1995, 210-213.
[48] BAG v. 27.09.1994 - GS 1/89 (A) - juris Rn. 42 - NJW 1995, 210-213; BAG v. 18.04.2002 - 8 AZR 348/01 - juris Rn. 16 - NJW 2003, 377-381.
[49] BAG v. 27.09.1994 - GS 1/89 (A) - juris Rn. 16 - NJW 1995, 210-213; BAG v. 23.01.1997 - 8 AZR 893/95 - BB 1998, 107-108.
[50] BAG v. 25.09.1997 - 8 AZR 288/96 - juris Rn. 25 - NJW 1998, 1810-1812; BAG v. 28.10.2010 - 8 AZR 418/09 - juris Rn. 18 - NJW 2011, 1096-1099.
[51] BAG v. 25.09.1997 - 8 AZR 288/96 - juris Rn. 26 - NJW 1998, 1810-1812; BAG v. 12.11.1998 - 8 AZR 221/97 - NJW 1999, 966-967; LArbG Mainz v. 07.07.2003 - 7 Sa 631/03 - juris Rn. 26.
[52] BAG v. 25.09.1997 - 8 AZR 288/96 - juris Rn. 29 - NJW 1998, 1810-1812.

Pflichtverletzung, sondern auch auf den Eintritt des Schadens beziehen.[53] Der Arbeitnehmer kann sich nicht auf eine Haftungsbeschränkung berufen, wenn zu seinen Gunsten eine gesetzlich vorgeschriebene Haftpflichtversicherung eingreift.[54] Das Bestehen einer privaten Haftpflichtversicherung, mit der sich der Arbeitnehmer selbst freiwillig gegen das Risiko seiner betrieblichen Tätigkeit versichert, schließt die Berufung auf eine Haftungsmilderung dagegen nicht aus.[55] Besonderheiten gelten für die so genannte **Mankohaftung**. Dies ist die Haftung für die Differenz zwischen dem Soll- und dem Ist-Bestand, wenn dem Arbeitnehmer ein Waren- oder Kassenbestand anvertraut ist oder ihm zur Ausführung seiner Arbeit Werkzeuge oder Ausrüstungsgegenstände überlassen worden sind.[56] In diesen Fällen haftet der Arbeitnehmer uneingeschränkt, wenn er unmittelbaren Alleinbesitz an der Sache hatte. Dieser setzt zumindest den alleinigen Zugang zu der Sache und deren selbstständige Verwaltung voraus.[57] Ist der Arbeitnehmer nicht unmittelbarer Alleinbesitzer gelten die Grundsätze über die Beschränkung der Arbeitnehmerhaftung. Vertragliche Vereinbarungen, in denen der Arbeitnehmer eine uneingeschränkte Mankohaftung übernimmt, sind unwirksam, wenn und soweit dem Arbeitnehmer kein gleichwertiger Ausgleich geleistet wird.[58]

37 Bei **Gefälligkeiten** ist keine generelle Haftungsbeschränkung anzunehmen. Konkludent vereinbarte Haftungsmilderungen liegen nicht vor, da die Beteiligten bei einer Gefälligkeit überhaupt keine rechtsgeschäftlichen Vereinbarungen treffen. Auch aus § 242 BGB ist keine Haftungsfreistellung des Gefälligen zu entnehmen. Die Unentgeltlichkeit und der mit der Gefälligkeit verbundene Altruismus lassen für sich allein die Geltendmachung von Schadensersatzansprüchen durch den Begünstigten nicht als treuwidrig oder rechtsmissbräuchlich erscheinen.[59] Teilweise wird die analoge Anwendung der §§ 521, 599, 690 BGB mit der Folge einer Beschränkung der Haftung des Gefälligen auf Vorsatz und grobe Fahrlässigkeit befürwortet.[60] Die Rechtsprechung hat die analoge Anwendung dieser Vorschriften auf Ansprüche aus unerlaubter Handlung abgelehnt, da es sich bei diesen Regelungen um besonders ausgeformte Vertragsverhältnisse handelt.[61] Im Rahmen der Vertragsgestaltung stellt die Einschränkung des vertraglichen Haftungsmaßstabs ein Äquivalent für die Unentgeltlichkeit der Gebrauchsüberlassung dar. Die Haftungsbeschränkung kann daher nicht isoliert auf das Deliktsverhältnis übertragen werden.[62] Die analoge Anwendung der Haftungsmilderungen aus den §§ 521, 599 und 690 BGB auf unentgeltliche Gefälligkeiten kommt nicht in Betracht, da im Gesetz die Haftung für unentgeltlich erbrachte Leistungen unterschiedlich geregelt ist.[63]

38 In der Rechtsprechung wird in Ausnahmefällen ein Haftungsausschluss zugunsten des Gefälligen für leichte Fahrlässigkeit angenommen. Danach setzt eine Haftungsmilderung grundsätzlich voraus, dass für den Schädiger, der keinen Versicherungsschutz genießt, ein nicht hinzunehmendes Haftungsrisiko gegeben wäre und darüber hinaus besondere Umstände vorliegen, die einen Haftungsverzicht als besonders nahe liegend erscheinen lassen.[64] Das Bestehen einer Haftpflichtversicherung spricht regelmäßig gegen eine stillschweigend vereinbarte Haftungsbeschränkung.[65]

---

[53] BAG v. 18.04.2002 - 8 AZR 348/01 - juris Rn. 27 - NJW 2003, 377-381; BAG v. 25.10.2007 - 8 AZR 593/06 - juris Rn. 83 - NZA 2008, 223-228.
[54] BAG v. 25.09.1997 - 8 AZR 288/96 - juris Rn. 28 - NJW 1998, 1810-1812.
[55] BAG v. 25.09.1997 - 8 AZR 288/96 - juris Rn. 28 - NJW 1998, 1810-1812.
[56] *Walker*, JuS 2002, 736-743, 740 f.
[57] BAG v. 17.09.1998 - 8 AZR 175/97 - NJW 1999, 1049-1053.
[58] BAG v. 17.09.1998 - 8 AZR 175/97 - NJW 1999, 1049-1053.
[59] BGH v. 09.06.1992 - VI ZR 49/91 - juris Rn. 15 - LM BGB § 833 Nr. 23 (11/1992).
[60] *Medicus/Petersen*, Bürgerliches Recht, 23. Aufl. 2011, Rn. 369.
[61] BGH v. 22.06.1956 - I ZR 198/54 - BGHZ 21, 102; OLG Naumburg v. 17.04.2003 - 7 U 135/02 - juris Rn. 40 - OLGR Naumburg 2004, 162-164.
[62] BGH v. 09.06.1992 - VI ZR 49/91 - juris Rn. 19 - LM BGB § 833 Nr. 23 (11/1992).
[63] OLG Naumburg v. 17.04.2003 - 7 U 135/02 - juris Rn. 40 - OLGR Naumburg 2004, 162-164.
[64] BGH v. 09.06.1992 - VI ZR 49/91 - juris Rn. 13 - LM BGB § 833 Nr. 23 (11/1992); OLG Saarbrücken v. 14.08.1997 - 3 U 718/96 - 111, 3 U 718/96- OLGR Saarbrücken 1998, 144-145; OLG Frankfurt v. 21.06.2005 - 14 U 120/04 - juris Rn. 20 - NJW 2006, 1004-1006; OLG Hamm v. 14.05.2007 - 13 U 34/07 - juris Rn. 27 - NJW-RR 2007, 1517-1519; OLG Frankfurt v. 28.03.2007 - 13 U 62/05 - juris Rn. 53 - OLGR Frankfurt, 697-700; OLG Stuttgart v. 08.05.2008 - 13 U 223/07 - juris Rn. 21; OLG Celle v. 30.06.2010 - 14 U 33/10 - juris Rn. 19.
[65] BGH v. 14.11.2002 - III ZR 87/02 - juris Rn. 16 - BGHZ 152, 391-400.

Bei Gefälligkeiten, die einem Gefälligkeitsvertrag vergleichbar sind, können die Haftungsprivilegien aus dem entsprechenden Vertragsverhältnis analog anwendbar sein. So wurde bei einer ohne Rechtsbindungswillen übernommenen Mitnahme einer Viola § 690 BGB angewandt.[66]

Für eine Haftungsbeschränkung der Beteiligten untereinander bei der **Teilnahme an einer Sportveranstaltung** bestehen konstruktiv mehrere Möglichkeiten. Teilweise wird angenommen, erst grobe Regelverstöße könnten den Vorwurf der Fahrlässigkeit begründen.[67] Daneben werden die Möglichkeit einer Einwilligung, eines konkludenten Haftungsausschlusses, eines Handelns auf eigene Gefahr oder einer treuwidrigen Inanspruchnahme diskutiert.[68] Eine Haftungsbeschränkung bei der Teilnahme an einer Sportveranstaltung scheidet aus, wenn eine Haftpflichtversicherung für den Schädiger besteht.[69]

---

[66] OLG Karlsruhe v. 14.04.1994 - 4 U 274/93 - juris Rn. 18 - NJW 1994, 1966-1967.
[67] *Löwisch/Caspers* in: Staudinger, § 276 Rn. 45.
[68] BGH v. 01.04.2003 - VI ZR 321/02 - juris Rn. 21 - BGHZ 154, 316-326.
[69] BGH v. 29.01.2008 - VI ZR 98/07 - juris Rn. 12 - NJW 2008, 1591-1593.

§ 277 BGB Sorgfalt in eigenen Angelegenheiten

(Fassung vom 02.01.2002, gültig ab 01.01.2002)

Wer nur für diejenige Sorgfalt einzustehen hat, welche er in eigenen Angelegenheiten anzuwenden pflegt, ist von der Haftung wegen grober Fahrlässigkeit nicht befreit.

Gliederung

A. Normstruktur	1	C. Sorgfalt in eigenen Angelegenheiten	4
B. Anwendungsbereich	3	D. Grobe Fahrlässigkeit	5

A. Normstruktur

1   Die Vorschrift ist durch das Schuldrechtsreformgesetz nicht geändert worden. Allerdings wurde der Anwendungsbereich erweitert, da nunmehr bei der Wertersatzpflicht des Rücktrittschuldners (§ 346 Abs. 3 Nr. 3 BGB) und des Widerrufsberechtigten (§ 357 Abs. 1 BGB i.V.m. § 346 Abs. 3 Nr. 3 BGB) auf die Sorgfalt in eigenen Angelegenheiten verwiesen wird.

2   Im Gesetz werden als jedenfalls grundsätzlich objektive Fahrlässigkeitsmaßstäbe die (einfache) Fahrlässigkeit und die grobe Fahrlässigkeit voneinander unterschieden. Die Sorgfalt in eigenen Angelegenheiten ist demgegenüber ein subjektiver Fahrlässigkeitsmaßstab, der gemäß § 277 BGB von der Haftung wegen grober Fahrlässigkeit nicht befreit, andererseits aber auch keine strengere Haftung begründet als die wegen einfacher Fahrlässigkeit.

B. Anwendungsbereich

3   Eine Beschränkung der Haftung auf die Sorgfalt in eigenen Angelegenheiten ist gesetzlich bestimmt in § 346 Abs. 3 Satz 1 Nr. 3 BGB (Wertersatzpflicht des Rücktrittschuldners bei Verschlechterung oder Untergang der Sache), § 347 Abs. 1 Satz 2 BGB (Haftung für Nutzungen beim gesetzlichen Rücktrittsrecht), § 357 Abs. 1 Satz 1 BGB i.V.m. § 346 Abs. 3 Satz 1 Nr. 3 BGB (Wertersatzpflicht des Widerrufsberechtigten bei Verschlechterung oder Untergang der Sache), § 690 BGB (Haftung bei unentgeltlicher Verwahrung), § 708 BGB (Haftung der Gesellschafter im Innenverhältnis), § 1359 BGB (Verpflichtungen innerhalb des ehelichen Verhältnisses), § 1664 BGB (Eltern bei Ausübung der elterlichen Sorge), § 2131 BGB (Haftung des Vorerben in Ansehung der Verwaltung); zu vertraglichen Haftungsbeschränkungen vgl. die Kommentierung zu § 276 BGB Rn. 33.

C. Sorgfalt in eigenen Angelegenheiten

4   Die Sorgfalt in eigenen Angelegenheiten ist ein individuelles Maß an Fahrlässigkeit, das in dem Bereich zwischen einfacher Fahrlässigkeit und grober Fahrlässigkeit liegen kann. Der Umfang der Sorgfaltspflicht ist subjektiv zu bestimmen, wobei das gewohnheitsmäßige Verhalten und die Veranlagung des Verpflichteten zugrunde zu legen sind. Dies kann aber auch bei außergewöhnlicher Umsicht des Verpflichteten nicht zu Sorgfaltsanforderungen führen, die höher sind als der allgemeine Maßstab der leichten Fahrlässigkeit im Sinne des § 276 Abs. 2 BGB. Die Regelungen der Sorgfalt in eigenen Angelegenheiten bezwecken eine Haftungsmilderung und keine Haftungsverschärfung. § 277 BGB bestimmt die obere Grenze der Haftungsmilderung dadurch, dass jedenfalls die Haftung wegen grober Fahrlässigkeit bestehen bleibt. Hat sich der Schuldner zugleich selbst geschädigt, kann daraus gefolgert werden, dass er die eigenübliche Sorgfalt beachtet hat.[1]

D. Grobe Fahrlässigkeit

5   Der Begriff der groben Fahrlässigkeit ist gesetzlich nicht definiert. Außer in § 277 BGB ist er im BGB in den §§ 199 Abs. 1 Nr. 2, 300 Abs. 1, 309 Nr. 7 lit. b, 442, 521, 523, 524, 529, 536b, 599, 617, 676c Abs. 1, 676g Abs. 5, 680, 723 Abs. 1 Satz 3 Nr. 1, 851, 912, 932 Abs. 2, 968 BGB von Bedeutung. Au-

---

[1] OLG Zweibrücken v. 11.04.2002 - 4 U 122/01 - juris Rn. 18 - NJW-RR 2002, 1456-1457; OLG Karlsruhe v. 14.04.1994 - 4 U 274/93 - juris Rn. 19 - NJW 1994, 1966-1967.

ßerhalb des BGB ist insbesondere die Leistungsfreiheit des Versicherers gemäß § 61 VVG zu nennen. Zu vertraglichen Haftungsmilderungen und zur Beschränkung der Haftung des Arbeitnehmers gegenüber dem Arbeitgeber bei grober Fahrlässigkeit vgl. auch die Kommentierung zu § 276 BGB Rn. 36.

Grobe Fahrlässigkeit liegt vor, wenn die im Verkehr erforderliche Sorgfalt in ungewöhnlich hohem Maße verletzt wurde, wenn ganz nahe liegende Überlegungen nicht angestellt oder beiseite geschoben wurden und dasjenige unbeachtet geblieben ist, was im gegebenen Fall sich jedem aufgedrängt hätte.[2]   6

Anders als für die leichte Fahrlässigkeit i.S.d. § 276 Abs. 2 BGB gilt für den Begriff der groben Fahrlässigkeit nicht ein ausschließlich objektiver Maßstab. Es sind auch subjektive Umstände zu berücksichtigen, die im Einzelfall den schweren Vorwurf der groben Fahrlässigkeit entfallen lassen können.[3] Insbesondere bei einem Streit um die Leistungsfreiheit des Versicherers gemäß § 61 VVG wird häufig auf das so genannte Augenblicksversagen verwiesen, bei dem der Handelnde nur für eine kurze Zeit die im Verkehr erforderliche Sorgfalt außer Acht lässt. Augenblicksversagen ist aber allein kein ausreichender Grund, eine grobe Fahrlässigkeit zu verneinen, es müssen weitere, in der Person des Handelnden liegende besondere Umstände hinzukommen, die den Grund des momentanen Versagens erkennen und in milderem Licht erscheinen lassen.[4] Solche Umstände sind etwa dann anzunehmen, wenn im Rahmen eines routinemäßigen Ablaufs ein Handgriff vergessen wird.[5]   7

Dem Mieter eines Kraftfahrzeugs ist nicht in jedem Fall grobe Fahrlässigkeit vorzuwerfen, wenn er infolge Übermüdung die Gewalt über das Fahrzeug verliert. Grobe Fahrlässigkeit liegt aber dann vor, wenn er sich über erkannte deutliche Vorzeichen einer Ermüdung bewusst hinweggesetzt hat.[6] Blinkt ein vorausfahrender Lkw links, handelt der Fahrer eines Mietfahrzeugs grob fahrlässig, wenn er dennoch überholt.[7]   8

Der Kfz-Mieter, der den Fahrzeugschlüssel anlässlich einer Kneipentour in einem mitgeführten Rucksack aufbewahrt, handelt nicht grob fahrlässig.[8]   9

Eine kurze Unaufmerksamkeit wie das Anzünden einer Zigarette, der Blick auf das Display des Radios oder der Griff nach einer Flasche ist regelmäßig nicht grob fahrlässig.[9]   10

Das Überfahren einer roten Ampel ist in aller Regel grob fahrlässig, es kann aber ausnahmsweise an den objektiven oder subjektiven Voraussetzungen der groben Fahrlässigkeit fehlen.[10]   11

Grob fahrlässig ist die Teilnahme am Straßenverkehr trotz rauschmittelbedingter Fahruntüchtigkeit.[11]   12

---

[2] BGH v. 15.11.1999 - II ZR 98/98 - juris Rn. 5 - LM BGB § 135 Nr. 8 (6/2000).
[3] BGH v. 08.07.1992 - IV ZR 223/91 - juris Rn. 11 - BGHZ 119, 147-152.
[4] BGH v. 08.07.1992 - IV ZR 223/91 - juris Rn. 12 - BGHZ 119, 147-152.
[5] BGH v. 26.01.2000 - XII ZR 204/97 - juris Rn. 5 - NJW-RR 2000, 1110.
[6] OLG Düsseldorf v. 14.03.2002 - 10 U 13/01 - juris Rn. 3 - NJW-RR 2002, 1456; OLG Koblenz v. 12.01.2007 - 10 U 949/06 - juris Rn. 14 - VersR 2007, 365.
[7] OLG Rostock v 06.08.2003 - 8 U 72/03 - ZfSch 2003, 498.
[8] OLG Düsseldorf v. 27.05.2004 - I-10 U 191/03 - NJW-RR 2004, 411.
[9] OLG München v. 07.12.2005 - 20 U 3419/05 - juris Rn. 22.
[10] BGH v. 29.01.2003 - IV ZR 173/01 - juris Rn. 12 - NJW 2003, 1118-1119.
[11] OLG Hamm v. 22.03.2006 - 30 U 177/05 - juris Rn. 53 - NZV 2006, 593-596.

§ 278 BGB Verantwortlichkeit des Schuldners für Dritte

(Fassung vom 02.01.2002, gültig ab 01.01.2002)

¹Der Schuldner hat ein Verschulden seines gesetzlichen Vertreters und der Personen, deren er sich zur Erfüllung seiner Verbindlichkeit bedient, in gleichem Umfang zu vertreten wie eigenes Verschulden. ²Die Vorschrift des § 276 Abs. 3 findet keine Anwendung.

Gliederung

A. Grundlagen 1	1. Verbindlichkeit des Schuldners 17
B. Anwendungsvoraussetzungen 3	2. Willentliche Einbindung 24
I. Schuldverhältnis 3	3. Einzelfälle 26
II. Gesetzliche Vertreter 10	IV. Pflichtverletzung 45
III. Erfüllungsgehilfen 14	V. Verschulden 50

A. Grundlagen

1 Die Vorschrift begründet eine verschuldensunabhängige Garantiehaftung des Schuldners für seine Hilfspersonen. Dem Schuldner werden schuldhafte Pflichtverletzungen von Erfüllungsgehilfen und gesetzlichen Vertretern zugerechnet. Die Regelung beruht auf dem Gedanken, dass der Schuldner für seinen Geschäfts- und Gefahrenkreis gegenüber dem Gläubiger verantwortlich ist. Wenn er in diesen Pflichtenkreis Hilfspersonen einschaltet, soll er auch das mit dieser Arbeitsteilung verbundene Risiko tragen, dass der Gehilfe schuldhaft Pflichten verletzt.[1]

2 Durch das Schuldrechtsreformgesetz hat § 278 BGB lediglich eine redaktionelle Veränderung erfahren. Da der bisherige § 276 Abs. 2 BGB a.F. zu dem § 276 Abs. 3 BGB wurde, musste der Verweis in § 278 Satz 2 BGB aktualisiert werden.

B. Anwendungsvoraussetzungen

I. Schuldverhältnis

3 Die Anwendung des § 278 BGB setzt ein bestehendes Schuldverhältnis voraus. Dabei ist es unerheblich, ob es sich um ein rechtsgeschäftliches oder ein gesetzliches Schuldverhältnis handelt. Auch innerhalb rechtgeschäftsähnlicher, insbesondere vorvertraglicher Schuldverhältnisse im Sinne des § 311 Abs. 2 und 3 BGB werden schuldhafte Pflichtverletzungen von Erfüllungsgehilfen und gesetzlichen Vertretern dem Schuldner zugerechnet.

4 Keine Anwendung findet § 278 BGB dagegen dann, wenn erst durch die Verletzungshandlung ein Schuldverhältnis entsteht. Die Verletzung deliktischer **Verkehrssicherungspflichten** begründet zwar ein Schuldverhältnis, da dieses aber im Zeitpunkt der Pflichtverletzung noch nicht besteht, erfolgt keine Zurechnung gemäß § 278 BGB.[2] Nach ständiger Rechtsprechung setzt auch die Zurechnung des Mitverschuldens gemäß § 254 Abs. 1 Satz 1 BGB i.V.m. § 278 BGB ein im Zeitpunkt der Obliegenheitsverletzung schon bestehendes Schuldverhältnis voraus.[3]

5 Die Pflicht zur schonenden Ausübung der Rechte aus einer **Grunddienstbarkeit** aus § 1020 BGB begründet ein gesetzliches Schuldverhältnis, auf das § 278 BGB anwendbar ist.[4]

6 Das **nachbarrechtliche Gemeinschaftsverhältnis** begründet kein Schuldverhältnis, denn es beschränkt als besondere Ausprägung von Treu und Glauben nur die Rechtsausübung im bestimmten Umfang, reicht aber als Grundlage für selbstständige Rechte und Pflichten nicht aus. Auch die §§ 906-924 BGB begründen nur eine Schranke in der Rechtsausübung, die dem jeweiligen Nachbarn auferlegt wird. Diese allgemeine, an die Nachbarschaft gebundene Pflicht begründet ebenso wie die

---

[1] BGH v. 23.11.1995 - IX ZR 213/94 - juris Rn. 12 - BGHZ 131, 200-209; BGH v. 24.11.1995 - V ZR 40/94 - juris Rn. 12 - LM BGB § 278 Nr. 129 (3/1996).

[2] BGH v. 01.03.1988 - VI ZR 190/87 - juris Rn. 12 - BGHZ 103, 338-349; BGH v. 20.05.1980 - VI ZR 185/78 - juris Rn. 11 - LM Nr. 83 zu § 278 BGB.

[3] BGH v. 01.03.1988 - VI ZR 190/87 - juris Rn. 13 - BGHZ 103, 338-349; vgl. im Einzelnen die Kommentierung zu § 254 BGB.

[4] BGH v. 28.06.1985 - V ZR 111/84 - BGHZ 95, 144-148.

allgemeine Schadensabwendungspflicht kein gesetzliches Schuldverhältnis.[5] Im Verhältnis zwischen Nachbarn besteht dann ein Schuldverhältnis, wenn eine ausdrückliche oder konkludente Vereinbarung über die Errichtung oder Unterhaltung bestimmter Einrichtungen getroffen wurde. Allein in der Tatsache, dass ein Grundstückseigentümer an eine vorhandene halbscheidige Giebelmauer anbaut und der Nachbar dem nicht widerspricht, ist allerdings keine vertragliche Abrede zu sehen.[6]

Auch die **Rechtsgemeinschaft** begründet als solche noch kein gesetzliches Schuldverhältnis.[7] Zwischen Wohnungseigentümern besteht ein Schuldverhältnis, denn sie sind untereinander verpflichtet, das Gemeinschaftseigentum ordnungsgemäß instand zu halten oder instand zu setzen.[8]

Bei einem öffentlich-rechtlichen Vertrag gilt § 278 BGB aufgrund des allgemeinen Verweises in § 62 VwVfG. Auf nicht-vertragliche **öffentlich-rechtliche Sonderverbindungen** wird § 278 BGB angewandt, soweit diese eine dem privatrechtlichen Schuldverhältnis vergleichbare Leistungs- oder Obhutsbeziehung zum Gegenstand haben.[9] Zwischen einer Gemeinde und dem Anschlussnehmer einer gemeindlichen Abwasserkanalisation besteht regelmäßig ein öffentlich-rechtliches gesetzliches Schuldverhältnis, in dessen Rahmen § 278 BGB anwendbar ist.[10]

Zwischen einem Notar und einem Rechtssuchenden besteht grundsätzlich kein Schuldverhältnis, weil der Notar seine Amtsgeschäfte in eigener Person zu erledigen hat. Wenn ein Notar allerdings Hilfspersonen mit der selbstständigen Durchführung von Tätigkeiten beauftragt, muss er sich deren Verschulden gemäß § 278 BGB zurechnen lassen;[11] dies gilt jedenfalls bei einer selbstständigen Registereinsicht durch einen Notargehilfen.[12]

II. Gesetzliche Vertreter

Gesetzliche Vertreter im Sinne des § 278 BGB sind alle Personen, die aufgrund gesetzlicher Vorschriften mit Wirkung für andere handeln können. Dies sind zunächst Eltern, Vormund, Betreuer, Pfleger, der Ehegatte im Fall des § 1357 BGB und das Jugendamt als Beistand, weiterhin der Testamentsvollstrecker sowie Nachlass-, Insolvenz- und Zwangsverwalter.

Vorstandsmitglieder und sonstige verfassungsmäßig berufene Vertreter juristischer Personen sind nicht gesetzliche Vertreter i.S.d. § 278 BGB. Gemäß § 31 BGB gilt das Handeln der Organe als unmittelbares Handeln der juristischen Person.[13]

Unterschiedlich wird die Frage beantwortet, ob § 31 BGB die Anwendung des § 278 BGB ausschließt. Dies wird überwiegend bejaht.[14] Teilweise werden aber auch beide Normen für nebeneinander anwendbar gehalten.[15] Der BGH hat die Frage der Anwendbarkeit des § 278 BGB auf Organe juristischer Personen offen gelassen.[16] Nach dem eindeutigen Wortlaut des § 31 BGB gilt die Norm für alle zum Schadensersatz verpflichtenden Handlungen. Der Verein soll umfassend für das Verhalten seiner Organe verantwortlich sein. Mit diesem Zweck verträgt sich die in § 278 Satz 2 BGB enthaltene Möglichkeit eines Haftungsausschlusses auch für vorsätzliche Handlungen nicht. § 31 BGB ist auch bei Pflichtverletzungen in Schuldverhältnissen anwendbar. Die Anwendung des § 31 BGB schließt die gleichzeitige Anwendung des § 278 BGB aus. Da das Verhalten der Organe der juristischen Person als eigenes zugerechnet wird, ist eine Zurechnung als Fremdverhalten gemäß § 278 BGB nicht erforderlich.

---

[5] BGH v. 25.11.1965 - V ZR 185/62 - juris Rn. 8 - BGHZ 42, 374-380; BGH v. 07.07.1995 - V ZR 213/94 - juris Rn. 11 - LM BGB § 1004 Nr. 220 (1/1996); BGH v. 27.01.2006 - V ZR 26/05 - juris Rn. 5 - NJW 2006, 992-993; BGH v. 10.11.2006 - V ZR 62/06 - juris Rn. 8 - NJW 2007, 292-294; zweifelnd: BGH v. 18.04.1997 - V ZR 28/96 - juris Rn. 20 - BGHZ 135, 235-244.
[6] BGH v. 25.11.1965 - V ZR 185/62 - juris Rn. 4 - BGHZ 42, 374-380.
[7] BGH v. 26.03.1974 - VI ZR 103/72 - juris Rn. 8 - BGHZ 62, 243-250.
[8] BGH v. 22.04.1999 - V ZB 28/98 - juris Rn. 16 - BGHZ 141, 224-231.
[9] BGH v. 23.11.1995 - IX ZR 213/94 - juris Rn. 13 - BGHZ 131, 200-209; BGH v. 21.12.2005 - III ZR 148/05 - juris Rn. 9 - ZMR 2006, 349.
[10] BGH v. 19.12.2006 - III ZR 303/05 - juris Rn. 9 - NJW 2007, 1061-1062.
[11] Offen gelassen: BGH v. 30.08.2008 - III ZR 262/07 - juris Rn. 9.
[12] BGH v. 23.11.1995 - IX ZR 213/94 - juris Rn. 15 - BGHZ 131, 200-209.
[13] *Löwisch/Caspers* in: Staudinger, § 278 Rn. 115; *Hadding* in: Soergel, § 31 Rn. 4.
[14] *Hadding* in: Soergel, § 31 Rn. 4; *Grundmann* in: MünchKomm-BGB, § 278 Rn. 10.
[15] *Westermann* in: Erman, § 278 Rn. 9.
[16] BGH v. 12.07.1977 - VI ZR 159/75 - juris Rn. 23 - LM Nr. 21 zu § 31 BGB.

13 Ähnlich umstritten wie die Behandlung von Organverschulden bei Pflichtverletzungen in Schuldverhältnissen ist die Zurechnung der Pflichtverletzungen von Gesellschaftern der Gesamthandsgesellschaften. Auch insoweit ist eine analoge Anwendung des § 31 BGB vorrangig. Geschäftsführungsbefugte und/oder vertretungsberechtigte Gesellschafter stehen verfassungsmäßig berufenen Vertretern gleich. Pflichtverletzungen dieser Gesellschafter sind analog § 31 BGB als Pflichtverletzungen der Gesellschaft anzusehen. § 278 BGB kommt dagegen zur Anwendung, wenn nicht geschäftsführungsbefugte und vertretungsberechtigte Gesellschafter Pflichten aus Schuldverhältnissen verletzen.

III. Erfüllungsgehilfen

14 Erfüllungsgehilfe ist, wer mit dem Willen des Schuldners bei der Erfüllung einer diesem obliegenden Verbindlichkeit tätig wird. In der Definition des Begriffs findet sich häufig die Formulierung, der Erfüllungsgehilfe müsse mit dem Willen des Schuldners „als dessen Hilfsperson" bzw. „als sein Helfer" tätig werden.[17] Die Bezeichnung als Hilfsperson hat aber keine eigenständige Bedeutung. Jede Person, die mit Wissen und Wollen des Schuldners bei der Erfüllung einer diesem obliegenden Verbindlichkeit tätig wird, ist als dessen Hilfsperson anzusehen.[18]

15 Entscheidend für die Einstufung als Erfüllungsgehilfe ist allein die Tätigkeit im Pflichtenkreis des Schuldners mit dessen Willen. Eine Weisungsbefugnis des Schuldners ist nicht erforderlich.[19]

16 **Hilfspersonen des Erfüllungsgehilfen** sind Erfüllungsgehilfen des Schuldners, wenn dieser mit der Heranziehung einverstanden war.[20]

1. Verbindlichkeit des Schuldners

17 Der Erfüllungsgehilfe muss mit dem Willen des Schuldners in dessen Pflichtenkreis tätig sein. Dafür kommt jede Pflicht des Schuldners in Betracht, auch eine Rücksichtnahmepflicht im Sinne des § 241 Abs. 2 BGB reicht aus.

18 Die Frage, ob jemand im Pflichtenkreis des Schuldners tätig ist, ist nicht abstrakt zu entscheiden. Maßgeblich ist, ob die **konkrete Pflicht**, deren Verletzung der Hilfsperson vorgeworfen wird, in den Pflichtenkreis des Schuldners gehört. Eine Hilfsperson des Schuldners kann bezüglich bestimmter Pflichten Erfüllungsgehilfe sein, während bezüglich anderer Pflichten die Eigenschaft als Erfüllungsgehilfe zu verneinen ist. So ist ein Architekt Erfüllungsgehilfe des Bauherrn bezüglich der den Bauherrn treffenden Verpflichtung, dem Bauunternehmer Baupläne zur Verfügung zu stellen. Da der Bauherr aber keine Verpflichtung zur Bauaufsicht hat, ist der Architekt insoweit nicht als Erfüllungsgehilfe anzusehen.[21]

19 Kein Erfüllungsgehilfe ist, wer **ausschließlich eine eigene Verpflichtung gegenüber dem Schuldner** erbringt. Die **Selbstständigkeit** einer Hilfsperson schließt allerdings ihre Eigenschaft als Erfüllungsgehilfe nicht aus. Ein selbstständiger Architekt ist Erfüllungsgehilfe des Bauherrn gegenüber dem Bauunternehmer, soweit Planungs- und Koordinierungsaufgaben in Frage stehen.[22] Ein selbstständiger Makler kann Erfüllungsgehilfe seines Auftraggebers sein.[23] Der **Vorlieferant** ist nicht Erfüllungsgehilfe des Verkäufers in dessen Verhältnis zum Käufer.[24] Auch der **Hersteller** ist nicht Erfüllungsgehilfe des Verkäufers. Der Verkäufer ist nur zur Lieferung einer mangelfreien Sache verpflichtet. Bei der Erfüllung dieser Pflicht bedient er sich nicht des Herstellers, da die Herstellung der Sache nicht in den Pflichtenkreis des Verkäufers einbezogen ist.[25] Auch der Hersteller von Baumaterial ist nicht Erfüllungsgehilfe des Werkunternehmers.[26]

---

[17] BGH v. 04.03.1987 - IVa ZR 122/85 - juris Rn. 20 - BGHZ 100, 117-125.
[18] BGH v. 14.11.2000 - XI ZR 336/99 - juris Rn. 19 - LM BGB § 123 Nr. 85 (5/2001); BGH v. 24.09.1996 - XI ZR 318/95 - juris Rn. 8 - LM BGB § 278 Nr. 130 (1/1997).
[19] BGH v. 04.03.1987 - IVa ZR 122/85 - juris Rn. 20 - BGHZ 100, 117-125.
[20] OLG Hamm v. 15.06.1998 - 18 U 193/97 - NJW-RR 1999, 1123-1126.
[21] BGH v. 27.06.1985 - VII ZR 23/84 - juris Rn. 11 - BGHZ 95, 128-137; BGH v. 18.04.2002 - VII ZR 70/01 - juris Rn. 14 - NJW-RR 2002, 1175-1176.
[22] BGH v. 27.06.1985 - VII ZR 23/84 - juris Rn. 11 - BGHZ 95, 128-137.
[23] BGH v. 24.11.1995 - V ZR 40/94 - juris Rn. 13 - LM BGB § 278 Nr. 129 (3/1996).
[24] BGH v. 12.01.1989 - III ZR 231/87 - juris Rn. 16 - LM Nr. 8 zu FernmeldeO.
[25] BT-Drs. 14/6040, S. 210; BGH v. 15.07.2008 - VIII ZR 211/07 - juris Rn. 29 – BGHZ 177, 224-236; a.A. *Schroeter*, JZ 2010, 495.
[26] BT-Drs. 14/6040, S. 210; BGH v. 09.02.1978 - VII ZR 84/77 - juris Rn. 11 - LM Nr. 77 zu § 278 BGB.

Kein Erfüllungsgehilfe ist auch, wer **ausschließlich eine eigene Verpflichtung gegenüber dem Gläubiger** erbringt. Gesamtschuldner sind untereinander grundsätzlich nicht als Erfüllungsgehilfen im Verhältnis zum Gläubiger anzusehen. Der Beauftragte und der Verwahrer können mit Zustimmung des Geschäftsherrn die Ausführung eines Auftrags einem Dritten übertragen. Der Geschäftsherr haftet dann gemäß § 664 Abs. 1 Satz 2 BGB (§ 691 Satz 2 BGB) nur für das Auswahlverschulden. Der Substitut ist nicht Erfüllungsgehilfe des Geschäftsherrn, weil er die übertragenen Verpflichtungen lediglich als eigene Verpflichtungen erfüllt.[27] Die vollständige Übertragung der Verpflichtungen stellt eine Besonderheit des Auftrags- und Verwahrungsrechts dar. Die Regelung ist nicht auf andere Schuldverhältnisse übertragbar. 20

Eine Grenze des Pflichtenkreises des Schuldners stellt auch der eigene **Verantwortungsbereich des Gläubigers** dar. Soweit der Gläubiger die betreffende Leistung selbst verantworten kann und will, scheidet eine Anwendung des § 278 BGB aus.[28] 21

Aus dem **Pflichtenkreis des Schuldners** können alle Pflichten durch einen Erfüllungsgehilfen verletzt werden. Auch vorvertragliche Rücksichtnahmepflichten im Sinne des § 241 Abs. 2 BGB, insbesondere Aufklärungspflichten, können durch Erfüllungsgehilfen wahrgenommen werden.[29] Hilfspersonen des Schuldners können im vorvertraglichen Bereich durch die Inanspruchnahme besonderen persönlichen Vertrauens (§ 311 Abs. 3 BGB) eine Haftung des Schuldners sogar erst begründen.[30] Im Rahmen des § 573 Abs. 2 Nr. 1 BGB muss sich der Mieter ein schuldhaftes Verhalten seines Erfüllungsgehilfen zurechnen lassen.[31] Auch bei der Wahrnehmung von **Unterlassungspflichten** können Erfüllungsgehilfen tätig sein. Ist der Schuldner zur Unterlassung einer Anzeigenwerbung verpflichtet, ist das mit der Werbung beauftrage Presseunternehmen Erfüllungsgehilfe des Schuldners.[32] 22

Bei der Wahrnehmung von **Obliegenheiten** durch Dritte gilt § 278 BGB kraft der Verweisung in § 254 Abs. 2 Satz 2 BGB. Auch soweit Hilfspersonen des Gläubigers gemäß § 326 Abs. 2 Satz 1 BGB die Unmöglichkeit zu verantworten haben, muss sich dies der Gläubiger gemäß § 278 BGB zurechnen lassen. Für die Wahrnehmung weiterer Obliegenheiten ist § 278 BGB nicht anwendbar. Im Versicherungsrecht haftet der Versicherungsnehmer nur für solche Hilfspersonen, die als seine Repräsentanten anzusehen sind.[33] Repräsentant ist, wer in dem Geschäftsbereich, zu dem das versicherte Risiko gehört, aufgrund eines Vertretungs- oder ähnlichen Verhältnisses an die Stelle des Versicherungsnehmers getreten ist.[34] 23

2. Willentliche Einbindung

Der Gehilfe muss mit dem Willen des Schuldners in dessen Pflichtenkreis tätig sein. Dabei spielt es keine Rolle, ob und welche Rechtsbeziehungen zwischen dem Erfüllungsgehilfen und dem Schuldner bestehen.[35] 24

Nicht erforderlich ist, dass der Erfüllungsgehilfe Kenntnis davon hat, dass er eine Pflicht des Schuldners wahrnimmt.[36] Der Unterlieferant des Verkäufers, der wegen der Lieferung der Ware an den Käufer mit diesem in unmittelbare Verbindung tritt, ist bezüglich der Auslieferung Erfüllungsgehilfe des Verkäufers. 25

3. Einzelfälle

Der Baustofflieferant ist regelmäßig nicht Erfüllungsgehilfe des Werkunternehmers.[37] 26

---

[27] BGH v. 17.12.1992 - III ZR 133/91 - juris Rn. 17 - LM BGB § 664 Nr. 2 (8/1993).
[28] BGH v. 27.06.1985 - VII ZR 23/84 - juris Rn. 16 - BGHZ 95, 128-137.
[29] BGH v. 03.07.1985 - VIII ZR 102/84 - BGHZ 95, 170-185.
[30] BGH v. 26.04.1991 - V ZR 165/89 - BGHZ 114, 263-273.
[31] BGH v. 25.10.2006 - VIII ZR 102/06 - juris Rn. 15 - NJW 2007, 428-431.
[32] BGH v. 22.01.1998 - I ZR 18/96 - LM BGB § 278 Nr. 134 (2/1999).
[33] BGH v. 13.09.2006 - IV ZR 378/02 - juris Rn. 32 - NJW 2006, 3712-3714.
[34] BGH v. 21.04.1993 - IV ZR 34/92 - BGHZ 122, 250-256.
[35] BGH v. 03.07.1985 - VIII ZR 102/84 - juris Rn. 26 - BGHZ 95, 170-185.
[36] BGH v. 21.04.1954 - VI ZR 55/53 - BGHZ 13, 111-115.
[37] BGH v. 12.12.2001 - X ZR 192/00 - juris Rn. 15 - LM BGB § 130 Nr. 31 (9/2002); a.A. OLG Nürnberg v. 28.11.2002 - 13 U 323/02 - juris Rn. 20 - NJW-RR 2003, 666-667.

27 Der vom Bauherrn beauftragte Statiker ist im Regelfall nicht Erfüllungsgehilfe des Bauherrn in dessen Vertragsverhältnis mit dem Architekten.[38] Das Gleiche gilt für einen vom Bauherrn beauftragten Bodengutachter[39] oder Bauphysiker[40].

28 Der bauplanende Architekt ist nicht Erfüllungsgehilfe des Bauherrn im Verhältnis zum bauleitenden Architekten.[41] Im Verhältnis des Bauherrn zum Bauunternehmer ist der Architekt Erfüllungsgehilfe,[42] nicht aber der Vermessungsingenieur.[43]

29 Die finanzierende Bank haftet für falsche Angaben oder ein sonstiges schuldhaftes Fehlverhalten von Anlagevermittlern grundsätzlich nicht. Erfüllungsgehilfe ist der Anlagevermittler nur, soweit es den Bereich der Anbahnung des Kreditvertrags betrifft.[44]

30 Der Verkäufer eines Gesellschaftsanteils haftet auch für das Fehlverhalten derjenigen für die Gesellschaft tätigen Personen, die durch Buchungsfehler überhöhte Gewinnausweisungen in der zum Gegenstand der Vertragsverhandlungen gemachten Gewinn- und Verlustrechnung verursacht haben.[45]

31 Der im Rahmen von Bauherren-, Bauträger- oder Erwerbermodellen auftretende Vermittler ist als Erfüllungsgehilfe einer nicht in den Vertrieb eingeschalteten Bank grundsätzlich nur insoweit tätig, als sein Verhalten den Bereich der Anbahnung des Kreditvertrags betrifft. Bei Angaben zu Wert und Rentabilität des Objekts ist dies nicht der Fall. Diese Erklärungen betreffen nicht das Kreditgeschäft, sondern das zu finanzierende Geschäft und liegen damit außerhalb des Pflichtenkreises der Bank.[46]

32 Ein Makler ist grundsätzlich nicht Erfüllungsgehilfe einer Vertragspartei.[47] Etwas anderes gilt dann, wenn er mit Wissen und Wollen einer der späteren Vertragsparteien Aufgaben, die typischerweise dieser obliegen, übernimmt.[48]

33 Übergibt der Verkäufer dem Käufer zur Erfüllung einer Hinweispflicht eine vom Hersteller angefertigte Bedienungsanleitung und ist diese fehlerhaft, ist dem Verkäufer die schuldhafte Pflichtverletzung des Herstellers gemäß § 278 BGB zuzurechnen.[49]

34 Der Lieferant ist Erfüllungsgehilfe des Leasinggebers, soweit er durch die Auslieferung des Leasingguts an den Leasingnehmer im Auftrag des Leasinggebers zur Erfüllung der diesem obliegenden Gebrauchsüberlassungspflicht tätig wird.[50] Bezüglich der Erfüllung von Aufklärungspflichten ist der Lieferant nur dann Erfüllungsgehilfe des Leasinggebers, wenn er mit dessen Wissen und Wollen Vorverhandlungen mit dem Leasingnehmer über den Abschluss des Leasingvertrags führt.[51] Im Hinblick auf die vom Leasingnehmer abzugebende Übernahmebestätigung ist der Lieferant nicht Erfüllungsgehilfe des Leasinggebers.[52]

35 Wer im Interesse des Mieters die Obhut über das Mietobjekt ausübt, ist Erfüllungsgehilfe des Mieters.[53]

36 Ein Mieterschutzverein, der den Mieter darüber berät, ob er von einem Zurückbehaltungsrecht Gebrauch machen soll, ist Erfüllungsgehilfe des Mieters bei der Verpflichtung zur Zahlung der Miete.[54]

---

[38] BGH v. 04.07.2002 - VII ZR 66/01 - juris Rn. 12 - NJW-RR 2002, 1531.
[39] BGH v. 10.07.2003 - VII ZR 329/02 - juris Rn. 31 - NJW-RR 2003, 1454-1456.
[40] OLG Bamberg v 04.06.2003 - 8 U 12/02 - OLGR Bamberg 2004, 103-105.
[41] OLG Karlsruhe v. 12.08.2003 - 17 U 188/02 - NJW-RR 2004, 815-817.
[42] OLG Koblenz v. 02.10.2006 - 12 U 1056/05 - juris Rn. 23 - BauR 2007, 1106; OLG Frankfurt v. 29.04.2005 - 24 U 115/04 - juris Rn. 24 - BauR 2005, 1784-1785; OLG Schleswig v. 15.02.2010 - 5 U 132/09 - juris Rn. 14.
[43] OLG Frankfurt v. 29.04.2005 - 24 U 115/04 - juris Rn. 24 - BauR 2005, 1784-1785.
[44] BGH v. 27.06.2000 - XI ZR 210/99 - juris Rn. 15 - LM BGB § 276 (Fa) Nr. 157 (1/2001); BGH v. 18.03.2003 - XI ZR 188/02 - juris Rn. 32 - NJW 2003, 2088.
[45] BGH v. 04.06.2003 - VIII ZR 91/02 - juris Rn. 32 - NJW-RR 2003, 1192-1196.
[46] BGH v. 18.03.2003 - XI ZR 188/02 - juris Rn. 32 - NJW 2003, 2088-2091; BGH v. 29.04.2003 - XI ZR 201/02 - juris Rn. 13 - WM 2004, 21-24.
[47] OLG Stuttgart v. 24.01.2011 - 13 U 148/10 - juris Rn. 13 - NJW-RR 2011, 918-921.
[48] OLG Saarbrücken v. 14.12.2004 - 4 U 478/02 - juris Rn. 69 - OLGR Saarbrücken 2005, 163-169.
[49] OLG Düsseldorf v. 25.02.2003 - 23 U 35/02 - juris Rn. 27 - OLGR Düsseldorf 2003, 307-309.
[50] BGH v. 20.10.2004 - VIII ZR 36/03 - juris Rn. 15 - NJW 2005, 365-367; OLG Düsseldorf v. 17.06.2004 - 10 U 185/03 - NJW-RR 2005, 700.
[51] BGH v. 15.06.2011 - VIII ZR 279/10 - juris Rn. 19 - NJW 2011, 2877-2878.
[52] BGH v. 20.10.2004 - VIII ZR 36/03 - juris Rn. 15 - NJW 2005, 365-367.
[53] OLG München v. 04.07.2002 - 19 U 1801/02 - GuT 2004, 84-86; OLG Koblenz v. 14.03.2011 - 12 U 1528/09 - juris Rn. 51 - BauR 2011, 1214.
[54] BGH v. 25.10.2006 - VIII ZR 102/06 - juris Rn. 21 - NJW 2007, 428-431.

Das Jobcenter (Sozialamt), das die Miete direkt an den Vermieter des Hilfebedürftigen überweist, ist nicht Erfüllungsgehilfe des Mieters.[55] 37

Bei gestaffelten Untermietverhältnissen ist der erste Untervermieter in Bezug auf die Gebrauchsgewährungspflicht nicht Erfüllungsgehilfe des zweiten Untervermieters.[56] 38

Die Post ist Erfüllungsgehilfe des Vermieters, wenn er sie zur Beförderung einer Betriebskostenrechnung einschaltet.[57] 39

Der Teileigentümer einer Wohnungseigentumsanlage haftet für schuldhafte Pflichtverletzungen seines Mieters.[58] 40

Wohnungseigentümer sind im Verhältnis zueinander verpflichtet, das Gemeinschaftseigentum instand zu halten und instand zu setzen. Werden bei Reparaturarbeiten Schäden am Sondereigentum verursacht haften die Wohnungseigentümer für die von ihnen beauftragten Unternehmer.[59] 41

Animateure sind Erfüllungsgehilfen des Reiseveranstalters, wenn sie als dessen Mitarbeiter bezeichnet werden oder wenn sie Mitarbeiter des Betreibers der Hotelanlage sind.[60] Auch der Fahrer einer Transferfahrt vom Flughafen zum Hotel ist Erfüllungsgehilfe des Reiseveranstalters.[61] 42

Der Krankenhausträger haftet für alle Klinikmitarbeiter, die an der Erfüllung der Handlungsverpflichtung mitwirken.[62] 43

Werden Bahnanlagen, die der Fahrgast vor und nach der Beförderung benutzen muss (wie Bahnsteige), durch ein Eisenbahninfrastrukturunternehmen bereitgestellt, ist dieses Erfüllungsgehilfe des Eisenbahnverkehrsunternehmens bei der Erfüllung vertraglicher Schutzpflichten.[63] 44

IV. Pflichtverletzung

Der Schuldner hat nur für solche Pflichtverletzungen des Erfüllungsgehilfen einzustehen, die aus der Sicht eines Außenstehenden im inneren sachlichen Zusammenhang mit dem Wirkungskreis stehen, der dem Gehilfen zugewiesen ist.[64] Die Hilfsperson darf nicht nur bei Gelegenheit der Erfüllung einer Verbindlichkeit gehandelt haben, sondern das Fehlverhalten muss **in Ausübung der ihr übertragenen Hilfstätigkeit** erfolgt sein.[65] Mit dem Merkmal des inneren sachlichen Zusammenhangs werden diejenigen Risiken ausgegrenzt, die keinen Bezug zum Schuldverhältnis aufweisen, sondern der allgemeinen Lebensführung des Gehilfen angehören.[66] Der Verkäufer einer Wohnung muss sich Äußerungen eines Verhandlungsführers zurechnen lassen, die dieser in einer Anlageberatung getätigt hat, wenn die Kaufvertragsverhandlungen ohne äußeren Einschnitt in die Anlageberatung eingebettet sind.[67] 45

Selbst eine **vorsätzliche unerlaubte Handlung** des Erfüllungsgehilfen kann dem Schuldner zuzurechnen sein. Besteht ein innerer Zusammenhang zwischen dem Handeln der Hilfsperson und den ihr übertragenen Aufgaben, haftet der Geschäftsherr für eigenmächtige unerlaubte Handlungen seines Gehilfen.[68] Fälscht oder verfälscht der Angestellte eines Insolvenzverwalters einen Überweisungsauftrag, muss sich der Insolvenzverwalter dieses Verhalten zurechnen lassen, wenn der Angestellte beauftragt war, Überweisungsformulare auszufüllen und dem Insolvenzverwalter zur Unterschrift vorzulegen.[69] Ein Frachtführer haftet für das Fehlverhalten seines Mitarbeiters, wenn dieser mit Zueignungsabsicht fremdes Transportgut von dem benachbarten Relationsplatz eines anderen Frachtführers für die eigene Tour verlädt und unterschlägt.[70] 46

---

[55] BGH v. 21.10.2009 - VIII ZR 64/09 - juris Rn. 27 - NJW 2009, 3781-3783.
[56] OLG Düsseldorf v. 18.12.2003 - I-10 U 86/03, 10 U 86/03 - juris Rn. 14 - WuM 2004, 18-20.
[57] BGH v. 21.01.2009 - VIII ZR 107/08 - juris Rn. 13 - NJW 2009, 2197-2199.
[58] KG v. 15.07.2002 - 24 W 21/02 - ZMR 2002, 968.
[59] BGH v. 22.04.1999 - V ZB 28/98 - juris Rn. 16 - BGHZ 141, 224-231; OLG Hamburg v 22.12.2004 - 2 Wx 132/01 - juris Rn. 13 - ZMR 2005, 339-341.
[60] OLG Celle v. 18.04.2002 - 11 U 202/01 - juris Rn. 7 - OLGR Celle 2002, 232-233.
[61] OLG Celle v. 26.09.2002 - 11 U 237/01 - juris Rn. 40 - NJW-RR 2003, 197-200.
[62] OLG Zweibrücken v. 28.02.2012 - 5 U 8/08 - juris Rn. 79.
[63] BGH v. 17.01.2012 - X ZR 59/11 - juris Rn. 14 - NJW 2012, 1083-1084.
[64] BGH v. 26.04.1991 - V ZR 165/89 - juris Rn. 18 - BGHZ 114, 263-273.
[65] BGH v. 04.02.1997 - XI ZR 31/96 - juris Rn. 18 - LM BGB § 276 (Hb) Nr. 74 (5/1997).
[66] *Löwisch/Caspers* in: Staudinger, § 278 Rn. 53.
[67] BGH v. 26.04.1991 - V ZR 165/89 - juris Rn. 20 - BGHZ 114, 263-273.
[68] BGH v. 15.03.2012 - III ZR 148/11 - juris Rn. 19 - WM 2012, 837-839.
[69] BGH v. 19.07.2001 - IX ZR 62/00 - LM KO § 82 Nr. 35 (11/2001).
[70] OLG Köln v 19.06.2007 - 3 U 172/06 - juris Rn. 18 - VersR 2008, 419-421.

47 Hat der Schuldner Geld für den Gläubiger anzulegen, haftet er für die Veruntreuung der Gelder durch seine Hilfspersonen.[71] Ein Versicherungsunternehmen, das sich mit Vermögensanlagen befasst, muss sich die Veruntreuung von Anlegergeldern durch seinen Generalagenten zurechnen lassen.[72] Eine Bank haftet bei einem fehlgeleiteten Überweisungsauftrag für Mitarbeiter, die in der Abteilung Finanzen und Verwaltung tätig sind.[73] Empfiehlt ein selbstständiger Versicherungsvertreter eigenmächtig und unter Überschreitung seiner Kompetenzen den Kunden des Versicherers Vermögensanlagen und unterschlägt ihm von den Kunden zu Anlagezwecken ausgezahltes Bargeld, ist dieses Verhalten dem Versicherer nicht zuzurechnen.[74] Eine Sparkasse haftet nicht, wenn ein Bote von sich aus vorcodierte Überweisungsvordrucke anfordert und zur Fälschung von Überweisungsaufträgen missbraucht.[75]

48 Verfälscht eine Finanzbuchhalterin einen Scheck, handelt sie nicht in Erfüllung einer Verbindlichkeit die der Bank aus dem Scheckvertrag gegenüber dem Kunden obliegt. Entwendet oder unterschlägt die Finanzbuchhalterin aber den Scheck, begeht sie diese Pflichtverletzung in Erfüllung einer Verbindlichkeit, da sie u.a. die Aufgabe hat, bis zur ordnungsgemäßen Absendung des Schecks, diesen sicher zu verwahren.[76]

49 Eine Vermögensverwaltungsgesellschaft haftet für die von ihrem Handelsvertreter unterschlagenen Kundengelder.[77]

V. Verschulden

50 Der Erfüllungsgehilfe muss schuldhaft gehandelt haben. Bezüglich der Zurechnungsfähigkeit gemäß den §§ 276 Abs. 1 Satz 2, 827, 828 BGB ist auf die Person des Erfüllungsgehilfen abzustellen.[78] Der Sorgfaltsmaßstab des Erfüllungsgehilfen richtet sich grundsätzlich nach der Stellung des Schuldners. Tritt jedoch der Erfüllungsgehilfe mit besonderer Sachkunde auf, verstärkt dies auch die Sorgfaltspflichten des Geschäftsherrn.[79]

---

[71] BGH v. 17.12.1992 - III ZR 133/91 - juris Rn. 14 - LM BGB § 664 Nr. 2 (8/1993).
[72] BGH v. 10.02.2005 - III ZR 258/04 - juris Rn. 13 - WM 2005, 701-704.
[73] BGH v. 08.10.1991 - XI ZR 207/90 - juris Rn. 23 - LM BGB § 675 Nr. 173 (5/1992).
[74] OLG Hamm v. 27.07.2004 - 4 U 63/04 - juris Rn. 30 - VersR 2005, 104-105.
[75] BGH v. 11.10.1994 - XI ZR 238/93 - LM BGB § 278 Nr. 126 (2/1995).
[76] BGH v. 13.05.1997 - XI ZR 84/96 - juris Rn. 19 - LM BGB § 254 (Ea) Nr. 27 (10/1997).
[77] OLG Karlsruhe v. 21.05.2004 - 15 U 91/01 - juris Rn. 25 - OLGR Karlsruhe 2005, 104-107.
[78] OLG Düsseldorf v. 07.04.1995 - 3 Wx 472/94 - juris Rn. 16 - NJW-RR 1995, 1165-1166.
[79] BGH v. 26.04.1991 - V ZR 165/89 - juris Rn. 23 - BGHZ 114, 263-273.

§ 279 BGB (weggefallen)

(Fassung vom 01.01.1964, gültig ab 01.01.1980, gültig bis 31.12.2001)

Ist der geschuldete Gegenstand nur der Gattung nach bestimmt, so hat der Schuldner, solange die Leistung aus der Gattung möglich ist, sein Unvermögen zur Leistung auch dann zu vertreten, wenn ihm ein Verschulden nicht zur Last fällt.

§ 279 BGB in der Fassung vom 26.11.2001 ist durch Art. 1 Abs. 1 Nr. 8 des Gesetzes vom 26.11.2011 – BGBl I 2001, 3138 – mit Wirkung vom 01.01.2002 weggefallen.

§ 280 BGB Schadensersatz wegen Pflichtverletzung

(Fassung vom 02.01.2002, gültig ab 01.01.2002)

(1) ¹Verletzt der Schuldner eine Pflicht aus dem Schuldverhältnis, so kann der Gläubiger Ersatz des hierdurch entstehenden Schadens verlangen. ²Dies gilt nicht, wenn der Schuldner die Pflichtverletzung nicht zu vertreten hat.

(2) Schadensersatz wegen Verzögerung der Leistung kann der Gläubiger nur unter der zusätzlichen Voraussetzung des § 286 verlangen.

(3) Schadensersatz statt der Leistung kann der Gläubiger nur unter den zusätzlichen Voraussetzungen des § 281, des § 282 oder des § 283 verlangen.

Gliederung

A. Grundlagen 1	1. Speziell geregelte Pflichtverletzungen? 123
B. Anwendungsvoraussetzungen 2	2. Pflichtverletzung 125
I. Normstruktur 2	3. Vertretenmüssen 128
1. § 280 BGB im allgemeinen Schuldrecht 4	IV. Der Anspruch aus § 634 Nr. 4 i.V.m. Absatz 1 130
2. § 280 BGB im Gewährleistungsrecht des Kauf- und Werkvertrags 13	1. Pflichtverletzung 131
II. Der Anspruch aus Absatz 1 17	2. Vertretenmüssen 133
1. Schuldverhältnis 17	**C. Rechtsfolgen** 134
2. Pflichtverletzung 22	I. Rechtsfolgen des Anspruchs aus Absatz 1 134
a. Vorrangig geregelte Pflichtverletzungen 28	1. Nicht: Schadensersatz statt der Leistung 135
b. Pflichtverletzungen, die ausschließlich im vorvertraglichen Bereich möglich sind 43	2. Nicht: Schadensersatz wegen Verzögerung der Leistung 140
c. Verletzung von Leistungspflichten 47	3. Sonstige Schäden 141
d. Verletzung von Rücksichtnahmepflichten im Sinne des § 241 Abs. 2 BGB 48	a. Allgemeine Grundsätze 142
e. Beweislast 52	b. Besonderheiten bei Pflichtverletzungen vor Vertragsschluss 152
f. Einzelfälle 58	II. Rechtsfolgen des Anspruchs aus § 437 Nr. 3 i.V.m. Absatz 1 156
3. Vertretenmüssen 118	III. Rechtsfolgen des Anspruchs aus den §§ 634 Nr. 4, 280 Abs. 1 BGB 164
III. Der Anspruch aus § 437 Nr. 3 i.V.m. Absatz 1 122	

A. Grundlagen

1 **Gesetzgebungsmaterialien**: Regierungsentwurf BT-Drs. 14/6040, S. 133-137; Stellungnahme des Bundesrats BR-Drs. 338/01, S. 14, 17 = BT-Drs. 14/6857, S. 11, 12; Gegenäußerung der Bundesregierung BT-Drs. 14/6857, S. 47, 49; Beschlussempfehlung und Bericht des Rechtsausschusses BT-Drs. 14/7052, S. 184.

B. Anwendungsvoraussetzungen

I. Normstruktur

2 Im Regierungsentwurf des Schuldrechtsreformgesetzes wird § 280 Abs. 1 BGB – von § 311a Abs. 2 BGB als Sonderregel für die anfängliche Unmöglichkeit abgesehen – als „einzige Anspruchsgrundlage" für Schadensersatz aufgrund eines Vertrags oder eines anderen Schuldverhältnisses bezeichnet.[1] Dies sollte nicht wörtlich verstanden werden, denn es bestehen weiterhin spezielle Anspruchsgrundlagen – wie etwa die §§ 536a Abs. 1, 546a Abs. 1, 627 Abs. 2 Satz 2 BGB oder § 651f Abs. 1 BGB –, die durch das Schuldrechtsreformgesetz nicht aufgehoben wurden.

3 § 280 BGB ist die Grundlage der zwei bedeutendsten Anspruchssysteme für Schadensersatz. Als Norm das Allgemeinen Teils des Schuldrechts ist sie sowohl selbstständige Anspruchsgrundlage als auch Grundlage weiterer Schadensersatzansprüche, die auf Schadensersatz statt der Leistung oder auf Schadensersatz wegen Verzögerung der Leistung gerichtet sind. Durch die Verweise in den §§ 437 Nr. 3

---

[1] BT-Drs. 14/6040, S. 135.

und 634 Nr. 4 BGB ist § 280 BGB gleichzeitig eine der zentralen Normen des Gewährleistungsrechts des Kauf- und Werkvertrags. Auch insoweit besteht die Funktion als selbstständige Anspruchsgrundlage und als Grundlage weiterer Ansprüche auf Schadensersatz statt der Leistung bzw. Nacherfüllung oder Schadensersatz wegen Verzögerung der Nacherfüllung.

1. § 280 BGB im allgemeinen Schuldrecht

§ 280 Abs. 2 BGB und § 280 Abs. 3 BGB verlangen für besondere Arten des Schadensersatzes, nämlich den Schadensersatz wegen Verzögerung der Leistung und Schadensersatz statt der Leistung, „zusätzliche" Voraussetzungen, die sich aus § 286 BGB bzw. aus den §§ 281, 282 oder 283 BGB ergeben. Abhängig von der Art des zu ersetzenden Schadens hat § 280 Abs. 1 BGB zwei grundsätzlich verschiedene Funktionen. Soweit nicht Schadensersatz wegen Verzögerung der Leistung oder Schadensersatz statt der Leistung verlangt wird, enthält § 280 Abs. 1 BGB eine **selbstständige Anspruchsgrundlage**, die im Wesentlichen die früher nicht geregelten Fälle der positiven Vertragsverletzung und der culpa in contrahendo erfasst. Verlangt der Gläubiger Schadensersatz wegen Verzögerung der Leistung oder Schadensersatz statt der Leistung, kann er dies gemäß § 280 Abs. 2 BGB und § 280 Abs. 3 BGB nur unter den „zusätzlichen" Voraussetzungen des § 286 BGB oder der §§ 281, 282, 283 BGB. Für diese Ansprüche ist § 280 Abs. 1 BGB der **Grundtatbestand**, der die Grundvoraussetzungen der Haftung (Schuldverhältnis, Pflichtverletzung, Vertretenmüssen i.S.d. § 280 Abs. 1 Satz 2 BGB) enthält.

Im Anspruchssystem der §§ 280 ff. BGB ist jedoch nicht nur auf die Art des zu ersetzenden Schadens abzustellen. Von noch größerer Bedeutung ist die **Art der Pflichtverletzung**. Erst diese unterscheidet die drei in den §§ 280 ff. BGB enthaltenen Anspruchsgrundlagen auf Schadensersatz statt der Leistung.

Aus den §§ 280 ff. BGB ergeben sich folgende Schadensersatzansprüche:

- Schadensersatz statt der Leistung gemäß §§ 280 Abs. 1 und 3, 283 BGB bei einem (nachträglichen) Entfallen der Leistungspflicht gemäß § 275 Abs. 1-3 BGB,
- Schadensersatz statt der Leistung gemäß §§ 280 Abs. 1 und 3, 281 BGB im Falle des endgültigen Nichterbringens der Leistung,
- Schadensersatz statt der Leistung gemäß §§ 280 Abs. 1 und 3, 282 BGB wegen einer Verletzung der Rücksichtnahmepflicht, die dem Gläubiger die Leistung durch den Schuldner unzumutbar macht.
- Anspruch auf Schadensersatz wegen Verzögerung der Leistung aus den §§ 280 Abs. 1 und 2, 286 BGB, wobei die Pflichtverletzung der Verzug des Schuldners ist,
- Ansprüche aus § 280 Abs. 1 BGB (als selbstständige Anspruchsgrundlage) wegen Schäden, die nicht als Schadensersatz wegen Verzögerung der Leistung oder Schadensersatz statt der Leistung einzustufen sind und daher auch keine qualifizierte Pflichtverletzung voraussetzen.

Der in § 280 Abs. 2 und 3 BGB enthaltene Verweis auf die „zusätzlichen" Voraussetzungen der §§ 286 und 281, 282, 283 BGB ist nicht so zu verstehen, dass zu den Grundvoraussetzungen des § 280 Abs. 1 BGB ausschließlich kumulativ weitere Anforderungen zu stellen sind. Den §§ 280, 281, 282, 283 und 286 BGB liegt insbesondere **kein gemeinsamer Tatbestand einer Pflichtverletzung** zugrunde, zu dem für die Ansprüche auf Schadensersatz wegen Verzögerung der Leistung und Schadensersatz statt der Leistung eine zweite zusätzliche Pflichtverletzung erforderlich wäre. Vielmehr wird das allgemeine Erfordernis der Pflichtverletzung durch spezielle Formen der Pflichtverletzung ersetzt.

So setzt der Anspruch auf Ersatz des Verzögerungsschadens aus den §§ 280 Abs. 1 und 2, 286 BGB nicht eine allgemeine Pflichtverletzung und den Verzug voraus, sondern das in § 280 Abs. 1 Satz 1 BGB enthaltene allgemeine Erfordernis der Pflichtverletzung wird durch die spezielle Pflichtverletzung des Verzugs ersetzt.

Bei dem Anspruch aus den §§ 280 Abs. 1 und 3, 283 BGB ist die Pflichtverletzung die Herbeiführung eines nachträglichen Leistungshindernisses (vgl. die Kommentierung zu § 283 BGB Rn. 11).

Der Anspruch auf Schadensersatz statt der Leistung aus den §§ 280 Abs. 1 und 3, 281 BGB enthält als spezielle Pflichtverletzung die Nichterfüllung der Leistung bei Fristablauf aus anderen Gründen als der Unmöglichkeit (vgl. die Kommentierung zu § 281 BGB Rn. 7 ff.).

Der Anspruch aus den §§ 280 Abs. 1 und 3, 282 BGB setzt die Verletzung einer Pflicht nach § 241 Abs. 2 BGB voraus. Die Verletzung einer solchen nicht leistungsbezogenen Pflicht führt ausnahmsweise zu einem Schadensersatzanspruch statt der Leistung, da im Fall des § 282 BGB dem Gläubiger die Leistung durch den Schuldner nicht mehr zuzumuten ist.

Der konkrete – bei den verschiedenen Ansprüchen unterschiedliche – Tatbestand der Pflichtverletzung hat einen direkten Bezug zum Vertretenmüssen, denn nach § 280 Abs. 1 Satz 2 BGB ist für eine mögliche Entlastung des Schuldners entscheidend, ob er „die Pflichtverletzung" zu vertreten hat. Der je-

§ 280

weilige Tatbestand der Pflichtverletzung ist darüber hinaus für Art und Umfang des zu ersetzenden Schadens entscheidend, denn es ist der durch die Pflichtverletzung zurechenbar entstandene Schaden zu ersetzen.

2. § 280 BGB im Gewährleistungsrecht des Kauf- und Werkvertrags

13 Nach § 433 Abs. 1 Satz 2 BGB hat der Käufer einen Erfüllungsanspruch auf eine Leistung frei von Sach- und Rechtsmängeln. Mit Gefahrübergang wandelt sich dieser Anspruch in einen Nacherfüllungsanspruch um, soweit der Verkäufer mangelhaft leistet. Der Nacherfüllungsanspruch ist eine Modifikation des ursprünglichen Erfüllungsanspruchs. Für den Fall einer mangelhaften Leistung verweist § 437 Nr. 3 BGB auf die Schadensersatzansprüche der §§ 280 ff. BGB (und auf § 311a BGB). Die möglichen Schadensersatzansprüche des Käufers wegen eines Mangels entsprechen weitgehend den allgemeinen Schadensersatzansprüchen aus §§ 280 ff. BGB, wobei Sonderregeln wie § 440 BGB oder die besondere Verjährung gemäß § 438 BGB zu beachten sind. Sie untergliedern sich nach der Art des geltend gemachten Schadens und der Art der Pflichtverletzung.

14 Aus § 437 Nr. 3 BGB i.V.m. den §§ 280 ff. BGB ergeben sich folgende Schadensersatzansprüche (vgl. dazu im Einzelnen die Kommentierung zu § 437 BGB):
- Schadensersatz statt der Leistung im Falle nachträglicher Befreiung von der Nacherfüllungspflicht gemäß § 275 Abs. 1-3 BGB aus den §§ 437 Nr. 3, 280 Abs. 1 und 3, 283 BGB,
- Schadensersatz statt der Leistung bei endgültiger Nichtbringung der Nacherfüllung aus den §§ 437 Nr. 3, 280 Abs. 1 und 3, 281 BGB,
- Schadensersatz wegen Verzögerung der Nacherfüllung aus den §§ 437 Nr. 3, 280 Abs. 1 und 2, 286 BGB,
- Ersatz sonstiger Schäden aufgrund der mangelhaften Lieferung gemäß den §§ 437 Nr. 3, 280 Abs. 1 BGB.

15 Für die werkvertraglichen Schadensersatzansprüche des Bestellers wegen eines Mangels verweist § 634 BGB auf die §§ 280 ff. BGB (und auf § 311a BGB). Das sich daraus ergebende Anspruchssystem entspricht in seiner Struktur den Ansprüchen des Käufers.

16 Aus § 634 Nr. 4 BGB i.V.m. den §§ 280 ff. BGB ergeben sich folgende Schadensersatzansprüche (vgl. dazu im Einzelnen die Kommentierung zu § 634 BGB):
- Schadensersatz statt der Leistung
  - im Falle nachträglicher Befreiung von der Nacherfüllungspflicht gemäß § 275 Abs. 1-3 BGB aus den §§ 634 Nr. 5, 280 Abs. 1 und 3, 283 BGB,
  - bei endgültiger Nichtbringung der Nacherfüllung aus den §§ 634 Nr. 4, 280 Abs. 1 und 3, 281 BGB.
- Schadensersatz wegen Verzögerung der Nacherfüllung aus den §§ 634 Nr. 4, 280 Abs. 1 und 2, 286 BGB,
- Ersatz sonstiger Schäden aufgrund der mangelhaften Lieferung gemäß den §§ 437 Nr. 3, 280 Abs. 1 BGB.

II. Der Anspruch aus Absatz 1

1. Schuldverhältnis

17 Der Anspruch aus § 280 Abs. 1 BGB ist für alle Schuldverhältnisse anwendbar, soweit keine Sonderregeln bestehen.

18 Für die **rechtsgeschäftlichen Schuldverhältnisse** ist § 280 Abs. 1 BGB grundsätzlich uneingeschränkt anwendbar. Sonderregeln bestehen nur bezüglich bestimmter, speziell geregelter Pflichtverletzungen. Auch die Verletzung von Pflichten aus bedingten Schuldverhältnissen kann einen Anspruch aus § 280 Abs. 1 BGB begründen. Dies gilt selbst dann, wenn mangels Eintritts einer aufschiebenden Bedingung kein wirksamer Vertrag zustande kommt.[2]

19 Der Schadensersatzanspruch aus § 280 Abs. 1 BGB ist auch bei Pflichtverletzungen aus den **rechtsgeschäftsähnlichen Schuldverhältnissen** im Sinne des § 311 Abs. 2 und 3 BGB anwendbar. Er ersetzt insoweit die bis zum Inkrafttreten des Schuldrechtsreformgesetzes gesetzlich nicht geregelten Grundsätze der culpa in contrahendo. Der Vorrang speziell geregelter Pflichtverletzungen insbesondere aus

---
[2] BGH v. 29.09.1989 - V ZR 198/87 - juris Rn. 10 - LM Nr. 1 zu § 175 BGB.

dem Gewährleistungsrecht ist zu beachten. Auch nach der Vertragsabwicklung bleibt ein Schuldverhältnis mit Rücksichtnahmepflichten bestehen.[3]

Die Verletzung von Pflichten aus **gesetzlichen Schuldverhältnissen** kann Ansprüche aus § 280 Abs. 1 BGB begründen. Das nachbarrechtliche Gemeinschaftsverhältnis ist nach ständiger Rechtsprechung kein gesetzliches Schuldverhältnis.[4] 20

In nicht vertraglichen öffentlich-rechtlichen Benutzungsverhältnissen ist § 280 Abs. 1 BGB entsprechend anwendbar.[5] 21

2. Pflichtverletzung

§ 280 Abs. 1 BGB erfasst alle Pflichtverletzungen, die keiner Sonderregelung unterliegen. Grundsätzlich ist eine Differenzierung nach der Art der Pflichtverletzung ebenso entbehrlich wie eine Unterscheidung zwischen vorvertraglichen und vertraglichen Pflichten. Je nach Art der Pflichtverletzung können jedoch spezielle Regelungen vorrangig sein oder bestimmte Pflichtverletzungen auch besondere Rechtsfolgen begründen. 22

Für einen Anspruch aus § 280 Abs. 1 BGB kommt auch eine **Verletzung von Leistungspflichten** in Betracht. Der Verstoß gegen Leistungspflichten ist zwar weitgehend speziell geregelt (insbesondere im Gewährleistungsrecht und im Allgemeinen Teil als Unmöglichkeit und Leistungsverzögerung), es bleiben jedoch Lücken, die durch die Anwendung des § 280 Abs. 1 BGB zu schließen sind. Dies ist vor allem bei den Vertragstypen der Fall, für die kein Gewährleistungsrecht geregelt ist. 23

Die in § 241 Abs. 2 BGB genannten Pflichten „zur Rücksicht auf die Rechte, Rechtsgüter und Interessen des anderen Teils" lassen sich einteilen in Leistungstreuepflichten, Schutzpflichten und Aufklärungspflichten. Die Terminologie ist nicht einheitlich. Mit den verschiedenen Bezeichnungen der Pflichten sind aber keine unterschiedlichen Rechtsfolgen verbunden. Für die Anwendung des § 280 Abs. 1 BGB ist die Bezeichnung der verletzten Pflicht letztlich nicht erheblich. Pflichten zur Rücksichtnahme sind alle Pflichten aus einem Schuldverhältnis, die keine Leistungspflichten sind. 24

In vertraglichen Schuldverhältnissen besteht eine allgemeine **Aufklärungspflicht** insbesondere über Umstände, die der Vertragspartner nicht erkennt oder erkennbar unzutreffend würdigt und die zu Gefahren für seine Rechtsgüter und sein Integritäts- oder Leistungsinteressen führen, sofern diese Umstände erkennbar für den anderen Teil von wesentlicher Bedeutung sind und er nach der Verkehrsanschauung Aufklärung erwarten darf.[6] Eine Falschinformation durch positives Tun ist auch dann pflichtwidrig, wenn keine Offenbarungspflicht bestand.[7] 25

Schutzpflichten bezwecken die Erhaltung des Integritätsinteresses. Die Parteien eines Schuldverhältnisses müssen sich so verhalten, dass die Person, das Eigentum oder sonstige Rechtsgüter des anderen Teils nicht geschädigt werden.[8] Bei den Schutzpflichten handelt es sich um umfassende, allgemeine Nichtschädigungspflichten. 26

Leistungstreuepflichten sind darauf gerichtet, alles zu unterlassen, was den Vertragszweck oder den Leistungserfolg gefährden oder beeinträchtigen könnte, sowie alles Zumutbare zu tun, um den Erfolg zu ermöglichen oder zu sichern.[9] Leistungstreuepflichten bestehen bereits im Stadium der Vertragsanbahnung und dauern auch nach Vertragserfüllung als nachwirkende Vertragspflichten noch an. 27

a. Vorrangig geregelte Pflichtverletzungen

Der Anspruch aus § 280 Abs. 1 BGB regelt Bereiche, die vor Inkrafttreten des Schuldrechtsreformgesetzes von den Grundsätzen der positiven Vertragsverletzung und der culpa in contrahendo erfasst wurden. Wie diese beiden Rechtsinstitute hat § 280 Abs. 1 BGB eine Funktion als Auffangtatbestand. Den Anspruch können alle Pflichtverletzungen begründen, die keiner Sonderregelung unterliegen. 28

Spezielle Regelungen enthalten zunächst selbstständige Schadensersatzansprüche, insbesondere aus dem Besonderen Teil des Schuldrechts wie beispielsweise § 546a Abs. 1 BGB oder § 627 Abs. 2 Satz 2 BGB. Vorrangig sind auch die Gewährleistungsvorschriften im Miet- und Reisevertragsrecht. 29

---

[3] BGH v. 24.10.1989 - XI ZR 8/89 - juris Rn. 15 - LM Nr. 18 zu § 242 (Bf) BGB.
[4] BGH v. 07.07.1995 - V ZR 213/94 - juris Rn. 11 - LM BGB § 1004 Nr. 220 (1/1996).
[5] VGH Mannheim v. 16.08.2002 - 8 S 455/02 - juris Rn. 23 - NJW 2003, 1066-1068; BVerwG v. 01.03.1995 - 8 C 36/92 - juris Rn. 10 - NJW 1995, 2303-2309.
[6] BGH v. 16.10.1987 - V ZR 170/86 - juris Rn. 8 - WM 1987, 1562-1563.
[7] BGH v. 20.09.1996 - V ZR 173/95 - juris Rn. 9 - LM BGB § 276 (Fb) Nr. 77b (5/1997).
[8] BGH v. 10.03.1983 - III ZR 169/81 - juris Rn. 12 - LM Nr. 47 zu § 242 (Be) BGB.
[9] BGH v. 28.04.1982 - IVa ZR 8/81 - juris Rn. 14 - LM Nr. 40 zu § 286 (A) ZPO.

30 Die §§ 280 Abs. 2, 286 BGB und die §§ 280 Abs. 3, 281, 282, 283 BGB enthalten Spezialregelungen für die Rechtsfolgen Schadensersatz wegen Verzögerung der Leistung und Schadensersatz statt der Leistung. Damit werden zugleich auch die Pflichtverletzungen vorrangig geregelt, die als Schadensfolge nur Schadensersatz statt der Leistung oder Schadensersatz wegen Verzögerung der Leistung haben können. Die Ansprüche aus § 311 Abs. 2 BGB und den §§ 280 Abs. 1, 3, 283 BGB schließen eine alleinige Anwendung des § 280 Abs. 1 BGB wegen **Unmöglichkeit** aus, da ein durch Unmöglichkeit entstandener Schaden nur Schadensersatz statt der unmöglich gewordenen Leistung sein kann. Das gilt auch im Falle der Unmöglichkeit der Nacherfüllung, für die §§ 437 Nr. 3 und 634 Nr. 4 BGB auf § 311a Abs. 2 BGB und die §§ 280 Abs. 1 und 3, 283 BGB verweisen. Der **Verzug** scheidet als Pflichtverletzung für die alleinige Anwendung des § 280 Abs. 1 BGB aus, da ein Schaden aufgrund Verzugs immer ein Verzögerungsschaden ist, der speziell in den §§ 280 Abs. 1 und 2, 286 BGB (gegebenenfalls i.V.m. § 437 Nr. 3 BGB oder § 634 Nr. 4 BGB) geregelt ist. Auch die **Nichterfüllung** ist in den §§ 280 Abs. 1 und 3, 281 BGB speziell geregelt, da der durch die Nichterfüllung entstandene Schaden Schadensersatz statt der Leistung ist.

31 Bezüglich der **Schlechterfüllung** ist zu differenzieren. Der Schadensersatzanspruch des **Mieters** wegen eines Mangels aus § 536a Abs. 1 BGB erstreckt sich auch auf Mangelfolgeschäden und sonstige Begleitschäden. Daneben kommt ein Anspruch aus § 280 Abs. 1 BGB nicht in Betracht.[10] Bei einem **Reisevertrag** werden Begleit- und Folgeschäden gemäß § 651f Abs. 1 BGB ersetzt.[11] Dies schließt die Anwendung des § 280 Abs. 1 BGB aus.

32 Im **Kaufrecht** ist die Lieferung einer mangelhaften Sache eine Verletzung der Pflicht des Verkäufers aus § 433 Abs. 1 Satz 2 BGB. Bezüglich der Schadensersatzansprüche wegen eines Mangels verweist § 437 Nr. 3 BGB auf § 311a BGB und die §§ 280, 281 und 283 BGB. Die – abgesehen von § 437 Nr. 3 BGB – alleinige Anwendung des § 280 Abs. 1 BGB kommt aufgrund der Sonderregeln in § 280 Abs. 2 und 3 BGB nur in Betracht, soweit nicht Schadensersatz wegen Verzögerung der Leistung oder Schadensersatz statt der Leistung verlangt wird. Auch der Anspruch aus den §§ 437 Nr. 3, 280 Abs. 1 BGB stellt gegenüber der alleinigen Anwendung des § 280 Abs. 1 BGB eine Sonderregelung dar, da er an besondere Voraussetzungen (Kaufvertrag, Mangel) geknüpft ist und einer besonderen Verjährung (§ 438 BGB) unterliegt (zu diesem Anspruch vgl. Rn. 125).

33 Bezüglich **vorvertraglicher Pflichtverletzungen** regelt das Gewährleistungsrecht grundsätzlich abschließend, welche Rechtsfolgen eintreten, wenn fahrlässig falsche Angaben über die Beschaffenheit des Leistungsgegenstands gemacht oder unterlassen worden sind.[12] Daran hat sich auch dadurch nichts geändert, dass heute im Gewährleistungsrecht auf die allgemeinen Regeln verwiesen wird. Bei einer uneingeschränkten Anwendbarkeit des § 280 Abs. 1 BGB wegen der Verletzung vorvertraglicher Informationspflichten über einen Mangel könnte der Schadensersatzanspruch auch auf Herabsetzung des vereinbarten Kaufpreises und Rückzahlung des Mehrbetrags gerichtet sein.[13] Damit würden die Voraussetzungen einer Minderung unterlaufen.

34 Die Anwendung des § 280 Abs. 1 BGB ist nicht durch das Gewährleistungsrecht ausgeschlossen, wenn der Verkäufer **arglistig** gehandelt hat.[14] Die Gewährleistungsvorschriften begünstigen den Verkäufer. Für diese Privilegierung besteht bei einem arglistig Handelnden kein Anlass.[15] Überdies greifen kaufrechtliche Sonderregeln, die umgangen werden könnten, bei Vorsatz des Verkäufers nicht ein. Die Anwendbarkeit des § 280 Abs. 1 BGB führt dazu, dass der Käufer bei Arglist des Verkäufers einen Anspruch auf das negative Interesse hat.[16]

35 Das Gewährleistungsrecht schließt einen Anspruch aufgrund eines Verschuldens vor Vertragsschluss nicht aus, soweit es (noch) nicht eingreift. Soweit Angaben sich nicht auf Eigenschaften der Sache beziehen, die mängelbegründend sein können, ist § 280 Abs. 1 BGB direkt anwendbar.[17] Nach einer Entscheidung des OLG Hamm ist der Umstand, dass ein verkaufter Pkw aus Italien importiert worden ist,

---

[10] OLG Rostock v. 14.12.2006 - 3 W 52/06 - juris Rn. 15 - NJW-RR 2007, 1092-1093.
[11] BGH v. 12.03.1987 - VII ZR 37/86 - juris Rn. 75 - BGHZ 100, 158-185.
[12] BGH v. 26.04.1991 - V ZR 165/89 - juris Rn. 9 - BGHZ 114, 263-273.
[13] BGH v. 10.07.1987 - V ZR 236/85 - juris Rn. 17 - NJW-RR 1988, 10-11.
[14] BGH v. 27.03.2009 - V ZR 30/08 - juris Rn. 24 - BGHZ 180, 205-215; BGH v. 16.12.2009 - VIII ZR 38/09 - juris Rn. 20 - NJW 2010, 858-859; OLG Hamm v. 03.03.2005 - 28 U 125/04 - ZGS 2005, 315-318.
[15] *Mertens*, AcP 203, 818-854, 830.
[16] BGH v. 03.07.1992 - V ZR 97/91 - juris Rn. 14 - LM BGB § 276 Nr. 127 (2/1993); BGH v. 23.03.1990 - V ZR 16/89 - juris Rn. 12 - LM Nr. 100 zu § 459 BGB.
[17] BGH v. 12.06.1985 - VIII ZR 176/84 - juris Rn. 22 - LM Nr. 78 zu § 459 BGB.

keine dem Fahrzeug anhaftende Beschaffenheit, sodass dem Käufer bei unterlassener Aufklärung über diesen Umstand ein Schadensersatzanspruch aus den §§ 311 Abs. 2 Nr. 2, 241 Abs. 2, 280 Abs. 1 BGB zusteht.[18] Ist ein Unfallfahrzeug als solches verkauft, begründen dem Käufer verborgen gebliebene Unfallschäden keinen Mangel, wenn das Fahrzeug der vertraglichen Beschaffenheit entspricht und sich zur vertraglich vorausgesetzten Verwendung eignet, es kann aber eine Verletzung vorvertraglicher Aufklärungspflichten vorliegen.[19]

Soweit das Gewährleistungsrecht den Gefahrübergang (§ 434 Abs. 1 Satz 1 BGB) oder die Gebrauchsüberlassung (§ 536 Abs. 1 Satz 1 BGB) voraussetzt, ist § 280 Abs. 1 BGB vor diesen Zeitpunkten uneingeschränkt anwendbar. 36

Das OLG Saarbrücken hat angenommen, dass die Sperrwirkung des Gewährleistungsrechts auch dann noch eingreift, wenn der Käufer den Vertrag angefochten hat.[20] 37

Im **Werkvertragsrecht** verweist bezüglich der Schadensersatzansprüche wegen mangelhafter Werkerstellung § 634 Nr. 4 BGB auf die allgemeinen Regeln. Wie im Kaufrecht kommt die – abgesehen von den verweisenden Normen – alleinige Anwendung des § 280 Abs. 1 BGB nur in Betracht, soweit nicht Schadensersatz wegen Verzögerung der Leistung oder Schadensersatz statt der Leistung verlangt wird (zu dem Anspruch aus den §§ 634 Nr. 4, 280 Abs. 1 BGB vgl. Rn. 130). 38

Uneingeschränkt anwendbar ist § 280 Abs. 1 BGB für die Schlechtleistung in **Schuldverhältnissen, die kein Gewährleistungsrecht enthalten**.[21] In diesen Fällen handelt es sich bei der Pflichtverletzung regelmäßig um eine Verletzung von Beratungspflichten oder das Unterlassen einer Aufklärungspflicht. 39

Die Möglichkeit einer Anfechtung wegen **arglistiger Täuschung** schließt einen Schadensersatzanspruch wegen vorvertraglichen Verschuldens nicht aus. Dies gilt auch, soweit sich der Ersatzanspruch auf Vertragsaufhebung richtet.[22] Erforderlich ist allerdings, dass dem Anspruchsteller durch die Pflichtverletzung ein Vermögensschaden entstanden ist.[23] Der Schadensersatzanspruch verjährt in diesen Fällen auch nicht gemäß § 124 BGB, sondern in der Regelverjährung.[24] 40

Beruht der Schaden auf einem **Mangel der Vertretungsmacht**, ist § 179 BGB vorrangig. § 280 Abs. 1 BGB ist anwendbar, soweit der Schaden nicht auf einem Mangel der Vertretungsmacht beruht.[25] 41

Täuscht der **Versicherungsnehmer** bei Vertragsschluss über einen gefahrerheblichen Umstand, sanktionieren die §§ 19-32 VVG die Verletzung der vorvertraglichen Anzeigeobliegenheit grundsätzlich abschließend.[26] 42

b. Pflichtverletzungen, die ausschließlich im vorvertraglichen Bereich möglich sind

Bestimmte Pflichtverletzungen sind nur in vorvertraglichen Schuldverhältnissen möglich. Dies ist der Fall 43
- bei dem grundlosen Abbruch von Vertragsverhandlungen,
- bei der Verhinderung eines wirksamen Vertragsschlusses.

Vertragsverhandlungen dürfen grundsätzlich jederzeit ohne Angabe von Gründen abgebrochen werden. Ein Anspruch wegen **grundlosen Abbruchs von Vertragsverhandlungen** kommt nur in Betracht, wenn bei dem Vertragspartner das Vertrauen erweckt wurde, der beabsichtigte Vertrag werde mit Sicherheit zustande kommen.[27] Ist der in Aussicht gestellte Vertrag formbedürftig, führt der grundlose Abbruch von Vertragsverhandlungen grundsätzlich nicht zu einer Schadensersatzhaftung, da die Schadensersatzpflicht einen indirekten Zwang zum Vertragsschluss bedeuten würde, der insbesondere dem Zweck des § 311b Abs. 1 Satz 1 BGB zuwiderliefe. Nur bei einem besonders schwerwiegenden 44

---

[18] OLG Hamm v. 13.05.2003 - 28 U 150/02 - NJW-RR 2003, 1360-1361; dazu auch: *Muthers*, MDR 2004, 492-493, 492 ff.
[19] OLG Hamm v. 03.03.2005 - 28 U 125/04 - ZGS 2005, 315-318.
[20] OLG Saarbrücken v. 09.06.2009 - 4 U 47/08 - 16 juris Rn. 57 - NJW-RR 2010, 125-128.
[21] Für die pVV: BGH v. 04.03.1982 - I ZR 107/80 - juris Rn. 31 - LM Nr. 33 zu § 276 (Hb) BGB.
[22] BGH v. 26.09.1997 - V ZR 29/96 - juris Rn. 24 - LM BGB § 249 (A) Nr. 113 (4/1998); BGH v. 07.07.1998 - X ZR 17/97 - juris Rn. 21 - BGHZ 139, 177-190; a.A. *Weiler*, ZGS 2002, 249-256, 254.
[23] BGH v. 30.03.2007 - V ZR 89/06 - juris Rn. 8 - BB 2007, 1077-1078.
[24] BGH v. 26.09.1997 - V ZR 29/96 - juris Rn. 24 - LM BGB § 249 (A) Nr. 113 (4/1998).
[25] Zur c.i.c. OLG Hamm v. 05.07.1993 - 22 U 95/93 - NJW 1994, 666-667.
[26] BGH v. 07.02.2007 - IV ZR 5/06 - juris Rn. 15 - NJW-RR 2007, 826-827.
[27] BGH v. 29.03.1996 - V ZR 332/94 - juris Rn. 8 - LM BGB § 276 (Fa) Nr. 144 (8/1996); BGH v. 07.12.2000 - VII ZR 360/98 - juris Rn. 11 - LM BGB § 276 (Fb) Nr. 83 (7/2001); BGH v. 15.10.2003 - VIII ZR 329/02 - juris Rn. 13 - SVR 2004, 300.

Treueverstoß steht die Formbedürftigkeit des Vertrags einem Schadensersatzanspruch wegen grundlosen Abbruchs der Vertragsverhandlungen nicht entgegen. Voraussetzung dafür ist, dass das Vertrauen auf den späteren Vertragsschluss durch vorsätzliches Vortäuschen einer nicht vorhandenen Abschlussbereitschaft erweckt worden ist.[28] § 550 BGB enthält allerdings kein Formerfordernis in diesem Sinne.[29] Ein Anspruch auf Schadensersatz wegen grundlosen Abbruchs von Vertragsverhandlungen richtet sich nicht auf das Erfüllungsinteresse. Der Gläubiger kann nicht den Abschluss des Vertrags, sondern nur den Vertrauensschaden verlangen.[30]

45 Das pflichtwidrige **Herbeiführen eines unwirksamen Vertrags** erfolgt regelmäßig durch die Verletzung einer Aufklärungspflicht über Wirksamkeitshindernisse.[31] Die Einhaltung der Wirksamkeitsanforderungen, insbesondere der Formerfordernisse eines Vertrags fällt allerdings grundsätzlich in den Risikobereich beider Parteien.[32]

46 Fälle der pflichtwidrigen Verursachung eines unwirksamen Vertrags sind beispielsweise:
- das Herbeiführen eines gemäß § 138 Abs. 1 BGB wegen Benachteiligung des anderen Teils sittenwidrigen Vertrags[33],
- die unterlassene Aufklärung über das Fehlen einer nach dem Gemeinderecht gültigen Vollmacht[34],
- die unterlassene Aufklärung über das Fehlen einer devisenrechtlichen Genehmigung[35],
- die unterlassene Aufklärung über die Formbedürftigkeit eines Vertrags[36],
- die unterlassene Aufklärung über die Nichtigkeit eines Rechtsgeschäfts wegen Gesetzeswidrigkeit[37],
- das schuldhafte Herbeiführen eines versteckten Dissenses[38].

c. Verletzung von Leistungspflichten

47 § 280 Abs. 1 BGB kommt bei der Verletzung von Leistungspflichten als „alleinige" Anspruchsgrundlage – ohne die gemäß § 280 Abs. 2 oder Abs. 3 BGB geforderten zusätzlichen Voraussetzungen – vor allem in Betracht bei der Schlechterfüllung bei Verträgen, für die kein Gewährleistungsrecht geregelt ist. Dies sind insbesondere Verträge, die Beratungsleistungen zum Gegenstand haben (vgl. Rn. 58).

d. Verletzung von Rücksichtnahmepflichten im Sinne des § 241 Abs. 2 BGB

48 Ein Schwerpunkt der alleinigen Anwendung des § 280 Abs. 1 BGB ist die Verletzung der Pflichten, die den Schuldner gemäß § 241 Abs. 2 BGB treffen. Nur wenn der Gläubiger Schadensersatz statt der Leistung verlangt, ist der Anspruch aus der §§ 280 Abs. 1 und 3, 282 BGB wegen der Verletzung von Rücksichtnahmepflichten vorrangig.

49 **Aufklärungspflichten** bestehen vor allem vor Vertragsschluss, sind aber während der gesamten Dauer des Schuldverhältnisses von Bedeutung. Der Verkäufer, der den Käufer in einer langjährigen Geschäftsbeziehung über einen längeren Zeitraum mit Ware einer bestimmten Beschaffenheit beliefert, ist verpflichtet, dem Käufer einen Hinweis zu geben, wenn er beabsichtigt, eines der Beschaffenheitsmerkmale der Ware zu ändern.[39] Der Bauherr ist verpflichtet, den Architekten auf die Unwirksamkeit des Bauvertrags hinzuweisen, wenn der Architekt in der irrigen Annahme seiner Bevollmächtigung einen Unternehmer mit Bauarbeiten beauftragt.[40] Der Schuldner kann verpflichtet sein, auf Nachfrage

---

[28] BGH v. 29.03.1996 - V ZR 332/94 - LM BGB § 276 (Fa) Nr. 144 (8/1996); BGH v. 15.01.2001 - II ZR 127/99 - juris Rn. 6 - DStR 2001, 802-803; OLG Naumburg v. 03.04.2001 - 11 U 13/01 - juris Rn. 7 - OLGR Naumburg 2002, 244-246; OLG Stuttgart v. 02.04.2007 - 5 U 177/06 - juris Rn. 31 - WM 2007, 1743-1747.
[29] Zu § 566 BGB a.F. OLG Celle v. 24.11.1999 - 2 U 16/99 - ZMR 2000, 168-170; offen gelassen: BGH v. 22.02.2006 - XII ZR 48/03 - juris Rn. 10 - BGHReport 2006, 763-764.
[30] BGH v. 21.09.1987 - II ZR 16/87 - juris Rn. 9 - LM Nr. 12 zu § 2 GmbHG; BGH v. 03.12.1981 - III ZR 105/80 - WM 1982, 274-277.
[31] BGH v. 12.11.1986 - VIII ZR 280/85 - juris Rn. 15 - BGHZ 99, 101-110.
[32] BGH v. 06.12.1991 - V ZR 311/89 - juris Rn. 35 - BGHZ 116, 251-260.
[33] BGH v. 12.11.1986 - VIII ZR 280/85 - juris Rn. 15 - BGHZ 99, 101-110.
[34] BGH v. 20.06.1952 - V ZR 34/51 - BGHZ 6, 330-335.
[35] BGH v. 13.10.1955 - II ZR 44/54 - BGHZ 18, 248-253.
[36] BGH v. 29.01.1965 - V ZR 53/64 - LM Nr. 2 zu § 276 (Fc) BGB.
[37] OLG Düsseldorf v. 17.12.1974 - 20 U 92/74 - BB 1975, 201-202.
[38] RG v. 05.04.1922 - I 307/21 - RGZ 104, 265-269.
[39] BGH v. 13.03.1996 - VIII ZR 333/94 - juris Rn. 14 - BGHZ 132, 175-181.
[40] BGH v. 26.04.2001 - VII ZR 222/99 - juris Rn. 12 - LM BGB § 276 (Hb) Nr. 85 (5/2002).

den tatsächlichen Grund für seine Nichtleistung anzugeben, damit der Gläubiger in die Lage versetzt wird, Zahlungshindernisse zu beseitigen.[41] Der Veranstalter einer Flugpauschalreise ist verpflichtet, Reisende auf einen drohenden Hurrikan im Zielgebiet hinzuweisen.[42]

Sofern eine Partei eine durch das Schuldverhältnis bedingte Einwirkungsmöglichkeit auf die Rechtsgüter des anderen erhält, ergibt sich die Pflicht, diese Rechtsgüter nicht zu beschädigen. Diese **Schutzpflicht** aus einem Schuldverhältnis ist allerdings keine allgemeine Nichtschädigungspflicht. Für die Verletzung schuldrechtlicher Schutzpflichten sind nur solche Vorgänge relevant, die im Zusammenhang mit dem Schuldverhältnis stehen. Die Rechtsgutverletzung muss im Zusammenhang mit der durch das Schuldverhältnis begründeten erhöhten Einwirkungsmöglichkeit stehen.[43] Eine typische Schutzpflichtverletzung liegt beispielsweise in der Beschädigung der Mietsache durch den Mieter.[44]   50

Die **Leistungstreuepflicht** gebietet den Parteien, alles zu unterlassen, was den Vertragszweck oder den Leistungserfolg gefährden oder beeinträchtigen könnte sowie alles Zumutbare zu tun, um den Erfolg zu ermöglichen oder zu sichern.[45] Die Leistungstreuepflicht besteht auch nach der Erfüllung des Vertrags fort.[46]   51

e. Beweislast

Die Pflichtverletzung ist eine Anspruchsvoraussetzung, die grundsätzlich vom Gläubiger zu beweisen ist.[47] Das OLG Bremen hat angenommen, der Käufer trage die Beweislast dafür, dass ihm der Verkäufer auch dann zur Lieferung verpflichtet ist, wenn er die Kaufsache (Wein) weiterverkauft.[48] Das ist zweifelhaft, denn die Verpflichtung des Verkäufers aus § 433 Abs. 1 Satz 1 BGB besteht unabhängig davon, ob die Sache weiterverkauft werden soll oder nicht. Bestreitet der Verkäufer die Lieferungspflicht aus einem unstreitig zustande gekommenen Kaufvertrag, trägt er die Beweislast für das Nichtbestehen.   52

Soweit es die Verletzung von **Beratungs- und Aufklärungspflichten** betrifft, hat der Geschädigte darzulegen und gegebenenfalls zu beweisen, in welchem Verhalten die Pflichtverletzung zu sehen ist und wie der Verpflichtete hätte handeln sollen. Der Verpflichtete hat dann zu beweisen, dass er die geschuldete Handlung vorgenommen hat.[49] Auch bei der Verletzung von Beratungs- und Aufklärungspflichten kann eine sekundäre Darlegungslast bestehen.[50]   53

Bei der Verletzung von **Schutzpflichten** können zugunsten des Gläubigers Beweiserleichterungen nach den schon zum früheren Recht geltenden Grundsätzen zur Beweislastverteilung nach Gefahren- und Verantwortungsbereichen eingreifen.[51] Diese wurden zunächst bezüglich des Vertretenmüssens angewandt. Bei einer objektiv feststehenden und zu einem Schaden führenden Pflichtverletzung musste der Schuldner darlegen und beweisen, dass er die Pflichtverletzung nicht zu vertreten hatte, wenn die Schadensursache in seinem Verantwortungsbereich lag.[52] Dass der Schuldner die Darlegungs- und Beweislast für das Nichtvertretenmüssen trägt, ergibt sich heute schon aus § 280 Abs. 1 Satz 2 BGB.   54

---

[41] BGH v. 16.12.1994 - V ZR 114/93 - juris Rn. 18 - WM 1995, 439-442.
[42] BGH v. 15.10.2002 - X ZR 147/01 - juris Rn. 10 - NJW 2002, 3700-3701; OLG Frankfurt v. 24.04.2003 - 16 U 164/00 - NJW-RR 2003, 1139-1140.
[43] OLG Saarbrücken v. 21.05.1993 - 4 U 79/92 - NJW-RR 1995, 23-24.
[44] BGH v. 03.12.1991 - VI ZR 378/90 - juris Rn. 10 - BGHZ 116, 200-209.
[45] BGH v. 28.04.1982 - IVa ZR 8/81 - juris Rn. 14 - LM Nr. 40 zu § 286 (A) ZPO; BGH v. 19.10.1977 - VIII ZR 42/76 - juris Rn. 11 - LM Nr. 24 zu § 276 BGB.
[46] BGH v. 24.10.1989 - XI ZR 8/89 - juris Rn. 15 - LM Nr. 18 zu § 242 (Bf) BGB.
[47] BGH v. 25.03.1999 - IX ZR 283/97 - juris Rn. 7 - LM BGB § 675 Nr. 263 (9/1999).
[48] OLG Bremen v. 12.08.2009 - 1 U 20/09 - juris Rn. 31 - OLGR Bremen 2009, 757-760.
[49] BGH v. 17.12.1992 - III ZR 133/91 - juris Rn. 26 - LM BGB § 664 Nr. 2 (8/1993); BGH v. 11.05.1995 - IX ZR 130/94 - juris Rn. 9 - LM BGB § 675 Nr. 218 (11/1995); BGH v. 04.06.1996 - IX ZR 246/95 - juris Rn. 12 - LM BGB § 675 Nr. 230 (10/1996).
[50] BGH v. 24.01.2006 - XI ZR 320/04 - juris Rn. 17 ff. - NJW 2006, 1429-1432; BGH v. 23.10.2007 - XI ZR 423/06 - juris Rn. 19 - WM 2008, 112-115.
[51] BT-Drs. 14/6040, S. 136; OLG Schleswig v. 16.02.2007 - 4 U 151/06 - juris Rn. 16 - OLGR Schleswig 2007, 437-439.
[52] BGH v. 11.04.2000 - X ZR 19/98 - juris Rn. 11 - LM BGB § 276 (Ci) Nr. 57 (1/2001).

55 Die Beweislastumkehr bezieht sich auch auf den Beweis für den objektiven Pflichtverstoß des Schuldners, wenn der Gläubiger in dessen Herrschafts- und Organisationsbereich zu Schaden gekommen ist und die den Schuldner treffenden Vertragspflichten (auch) dahin gingen, den Gläubiger gerade vor einem solchen Schaden zu bewahren. Es ist beispielsweise Inhalt des Behandlungsvertrags, dass Bewegungs- und Transportmaßnahmen mit einem halbseitig gelähmten Patienten so durchgeführt werden, dass ein Sturz ausgeschlossen ist. Kommt es zu einem Sturz des Patienten, hat der Krankenhausträger aufzuzeigen und nachzuweisen, dass der Vorfall nicht auf einer Pflichtverletzung des Pflegepersonals beruht.[53] Allein aus dem Umstand, dass ein Heimbewohner im Bereich eines Pflegeheims stürzt, kann jedoch nicht auf eine schuldhafte Pflichtverletzung des Pflegepersonals geschlossen werden.[54]

56 Darüber hinaus hat sich der Schuldner hinsichtlich der objektiven Pflichtwidrigkeit zu entlasten, wenn feststeht, dass nur eine Schadensursache aus seinem Verantwortungsbereich in Betracht kommt.[55]

57 Auch soweit keine Umkehr der Beweislast stattfindet, können Beweiserleichterungen zugunsten des Gläubigers eingreifen. Ist beispielsweise eine Stützmauer aufgrund fehlender Drainage und unzureichender Gründungstiefe einsturzgefährdet, spricht ein Anscheinsbeweis für einen Verletzung der Bauaufsicht durch den Architekten.[56]

f. Einzelfälle

aa. Anlageberatung und -vermittlung

58 Anders als der Anlagevermittler schuldet der Anlageberater nicht nur eine lückenlose Information, sondern darüber hinausgehend eine fachkundige Bewertung und Beurteilung.[57]

59 Die **Anlageberatung** muss „anlegergerecht" und „objektgerecht" sein, d.h. Inhalt und Umfang der Beratungspflicht sind von Faktoren abhängig, die sich einerseits auf die Person des Kunden und andererseits auf das Anlageprojekt beziehen. Der Berater hat den Wissensstand des Kunden über Anlagegeschäfte und dessen Risikobereitschaft zu berücksichtigen, das empfohlene Anlageobjekt muss diesen Kriterien Rechnung tragen.[58] Bei einem Rechtsanwalt und Notar kann nicht vermutet werden, dass er aufgrund seiner allgemeinen Berufserfahrung über ausreichende Kenntnisse und Erfahrungen mit Optionsgeschäften verfügt.[59] Auch bei einem Wirtschaftsprüfer können ausreichende Kenntnisse und Erfahrungen mit Börsentermingeschäften nicht unterstellt werden.[60]

60 Rät ein Anlageberater zur Eingehung einer Kommanditbeteiligung an einem geschlossenen Immobilienfonds, ist er verpflichtet, darauf hinzuweisen, dass die Veräußerung eines solchen Anteils mangels eines entsprechenden Marktes nur eingeschränkt möglich ist.[61]

61 Bei einer **Anlagevermittlung** kommt ein Vertrag mit Auskunftpflichten stillschweigend dann zustande, wenn der Anlageinteressent deutlich macht, dass er auf eine (bestimmte) Anlageentscheidung bezogen die besonderen Kenntnisse und Verbindungen des Vermittlers in Anspruch nehmen will und der Anlagevermittler mit der Tätigkeit beginnt.[62] Der Anlagevermittler muss den Kunden in die Lage versetzen, das Anlagerisiko objektiv richtig zu beurteilen. Er ist verpflichtet, dem Kunden alle Informationen, die für seinen Anlageentschluss wesentliche Bedeutung haben oder haben können, wahrheitsgemäß und sorgfältig, insbesondere aber vollständig zu erteilen.[63]

---

[53] BGH v. 18.12.1990 - VI ZR 169/90 - juris Rn. 11 - LM Nr. 60 zu BGB § 276 (Hb).
[54] BGH v. 28.04.2005 - III ZR 399/04 - juris Rn. 8 - NJW 2005, 1937-1939; BGH v. 14.07.2005 - III ZR 391/04 - juris Rn. 11 - NJW 2005, 2613-2614.
[55] BGH v. 17.12.1992 - III ZR 133/91 - juris Rn. 24 - LM BGB § 664 Nr. 2 (8/1993); BGH v. 18.02.1993 - III ZR 23/92 - juris Rn. 7 - NJW-RR 1993, 795-796; BGH v. 13.12.1990 - III ZR 336/89 - juris Rn. 8 - NJW-RR 1991, 575-576; OLG Düsseldorf v. 10.11.2004 - I-15 U 31/04 - juris Rn. 27; KG v. 25.05.2004 - 14 U 37/03 - juris Rn. 8 - KGR Berlin 2005, 45-46.
[56] BGH v. 16.05.2002 - VII ZR 81/00 - juris Rn. 11 - NJW 2002, 2708-2709.
[57] BGH v. 18.01.2007 - III ZR 44/06 - juris Rn. 10 - BB 2007, 465-466.
[58] BGH v. 06.07.1993 - XI ZR 12/93 - BGHZ 123, 126-131.
[59] BGH v. 28.09.2004 - XI ZR 259/03 - juris Rn. 19 - NJW 2004, 3528-3630.
[60] BGH v. 21.10.2003 - XI ZR 453/02 - juris Rn. 24 - NJW-RR 2004, 203-206.
[61] BGH v. 18.01.2007 - III ZR 44/06 - juris Rn. 16 - WM 2007, 542-543.
[62] *BGH v. 19.10.2006 - III ZR 122/05 - juris Rn. 9 - WM 2006, 2301-2303; BGH v. 11.01.2007 - III ZR 193/05 - juris Rn. 10 - NJW 2007, 1362-1364.
[63] BGH v. 31.05.1990 - VII ZR 340/88 - juris Rn. 41 - BGHZ 111, 314-324.

Dem Anleger sind rechtliche Bedenken gegen die Durchführbarkeit des Projekts mitzuteilen.[64] Das Kapitalanlagekonzept ist anhand des Prospekts auf innere Plausibilität zu überprüfen. Falsche Angaben des Prospekts müssen ausdrücklich richtig gestellt werden, wenn sie nicht offensichtlich unwesentlich für den Anlageentschluss sind.[65] 62

Besonders strenge Anforderungen an die Aufklärungspflicht bestehen bei der Vermittlung von **Terminoptionsgeschäften**. Gewerbliche Vermittler von Börsentermingeschäften sind verpflichtet, vor Vertragsschluss den Kaufinteressenten schriftlich die Kenntnisse zu vermitteln, die sie in die Lage versetzen, den Umfang ihres Verlustrisikos und die Verringerung ihrer Gewinnchance durch den Aufschlag auf die Optionsprämie richtig einzuschätzen.[66] Es ist unter anderem unmissverständlich darauf hinzuweisen, dass höhere Aufschläge vor allem Anleger, die mehrere verschiedene Optionen erwerben, aller Wahrscheinlichkeit nach im Ergebnis praktisch chancenlos machen. Die hohen Anforderungen an die Aufklärungspflicht gelten auch für die Vermittlung von Optionsgeschäften durch eine Wertpapierhandelsbank[67] oder durch Personen, die sich vertraglich zur Betreuung des Kapitalanlegers verpflichten.[68] 63

Während die Aufklärung über die Risiken der Anlage richtig und vollständig zu sein hat, muss die Bewertung und Empfehlung eines Anlageobjekts ex ante betrachtet lediglich vertretbar sein.[69] 64

Derjenige, der eine Verletzung der Aufklärungs- und Beratungspflicht behauptet, trägt dafür die Beweislast. Bei der Anlageberatung durch Kreditinstitute besteht keine Dokumentationspflicht, aus der sich eine Beweislastumkehr oder Beweiserleichterungen ergeben könnten.[70] Nach den Grundsätzen der sekundären Beweislast kann es dem Berater obliegen, Einzelheiten darzulegen. Diese Grundsätze greifen ein, wenn die darlegungspflichtige Partei außerhalb des von ihr vorzutragenden Geschehensablaufs steht und keine Kenntnis der maßgebenden Tatsache besitzt, der Prozessgegner dagegen die wesentlichen Tatsachen kennt und es ihm zumutbar ist, nähere Angaben zu machen.[71] 65

Ein **Geschäftsbesorger**, der mit der Anlage beauftragt ist, hat den Interessenten auf eine versteckte überhöhte Innenprovision hinzuweisen, wenn sie ihm bekannt ist.[72] Eine Bank, die Fondsanteile empfiehlt, ist verpflichtet, darauf hinzuweisen, dass und in welcher Höhe sie **Rückvergütungen** von der Fondsgesellschaft erhält.[73] 66

Für den Verlust angelegter Gelder haftet der Beauftragte nicht verschuldensunabhängig auf Herausgabe gemäß § 667 BGB, sondern nur bei einer von ihm zu vertretenden Pflichtverletzung gemäß den §§ 280 Abs. 1 und 3, 283 BGB.[74] 67

bb. Prospekthaftung

Bei der Prospekthaftung ist zu unterscheiden. Die **Prospekthaftung im engeren Sinne** ist in Analogie zu den gesetzlich geregelten Prospekthaftungstatbeständen des § 45 BörsG a.F. (ab dem 01.07.2002 § 44 und der im Jahr 2005 aufgehobene § 55 BörsG), § 20 KAG a.F. und § 12 AuslInvestmG a.F. (seit dem 01.01.2004 § 127 InvG) entwickelt worden.[75] Zu den Regelungen im BörsG und InvG trat am 01.07.2005 die Regelung einer Prospekthaftung in § 13 VerkaufsprospektG. Am 01.06.2012 ist das Vermögensanlagengesetz (VermAnlG) in Kraft getreten. Die §§ 20-22 VermAnlG enthalten Regelungen der Prospekthaftung und der Haftung für ein unrichtiges Vermögensanlagen-Informationsblatt. Das VerkaufsprospektG und § 44 BörsG wurden mit In-Kraft-Treten des VermAnlG aufgehoben. § 32 VermAnlG enthält eine Übergangsregelung. 68

---

[64] BGH v. 21.03.2005 - II ZR 149/03 - juris Rn. 16 - WM 2005, 1023-1025.
[65] BGH v. 13.01.2000 - III ZR 62/99 - juris Rn. 24 - LM BGB § 675 Nr. 277 (9/2000).
[66] BGH v. 21.10.2003 - XI ZR 453/02 - juris Rn. 17 - NJW-RR 2004, 203-206; BGH v. 26.10.2004 - XI ZR 279/03 - juris Rn. 13 - WM 2005, 28-30; BGH v. 22.11.2005 - XI ZR 76/05 - juris Rn. 14 - WM 2006, 84-87.
[67] BGH v. 22.11.2005 - XI ZR 76/05 - juris Rn. 14 - WM 2006, 84-87.
[68] BGH v. 30.03.2004 - XI ZR 488/02 - juris Rn. 14 - WM 2004, 1132-1135.
[69] BGH v. 21.03.2006 - XI ZR 63/05 - juris Rn. 12 - WM 2006, 851-853.
[70] BGH v. 24.01.2006 - XI ZR 320/04 - juris Rn. 17 ff. - NJW 2006, 1429-1432.
[71] BGH v. 22.03.2004 - II ZR 75/02 - juris Rn. 12 - BGHReport 2004, 1140; BGH v. 26.09.2005 - II ZR 314/03 - juris Rn. 29 - NJW-RR 2006, 178-181.
[72] BGH v. 28.07.2005 - III ZR 290/04 - juris Rn. 27 - WM 2005, 1998-2002; zur Offenlegung der Innenprovision in einem Prospekt vgl. BGH v. 12.02.2004 - III ZR 359/02 - juris Rn. 31 ff. - BGHZ 158, 110-122.
[73] BGH v. 19.12.2006 - XI ZR 56/05 - juris Rn. 23 - WM 2007, 487-490; BGH v. 12.07.2007 - III ZR 145/06 - juris Rn. 9 - WM 2007, 1608-1609; BGH v. 12.05.2009 - XI ZR 586/07 - juris Rn. 15 - NJW 2009, 2298-2300.
[74] BGH v. 21.12.2005 - III ZR 9/05 - NJW 2006, 986-988.
[75] BGH v. 18.12.2000 - II ZR 84/99 - juris Rn. 6 - LM BGB § 195 Nr. 45 (8/2001).

§ 280

69 Die Prospekthaftung im engeren Sinne hat als Gesamtanalogie der gesetzlichen Vorschriften die Funktion, Regelungslücken zu schließen. Regelungslücken können bei dem Personenkreis der Haftenden bestehen. Nach ständiger Rechtsprechung haften nach den Grundsätzen der Prospekthaftung im engeren Sinne als so genannte **Hintermänner** alle Personen, die hinter der Gesellschaft stehen und auf ihr Geschäftsgebaren oder die Gestaltung des konkreten Anlagemodells besonderen Einfluss ausüben und deshalb Mitverantwortung tragen.[76] Soweit das VerkaufsprospektG anzuwenden ist, ist die Anwendbarkeit der Prospekthaftung im engeren Sinne fraglich, denn § 13 Abs. 1 Nr. 3 c) VerkaufsprospektG schließt die Anwendung der in § 44 Abs. 1 Satz 2 BörsG geregelten Haftung des Hintermanns ausdrücklich aus. § 20 Abs. 1 Satz 1 VermAnlG enthält dagegen wieder eine Haftung der Hintermänner („von denen der Erlass des Verkaufsprospekts ausgeht").

70 Weiterhin unterliegen der Prospekthaftung im engeren Sinne diejenigen, die mit Rücksicht auf ihre allgemein anerkannte und hervorgehobene berufliche und wirtschaftliche Stellung oder ihre Eigenschaft als **berufsmäßige Sachkenner** eine Garantenstellung einnehmen, wenn sie durch ihr nach außen in Erscheinung tretendes Mitwirken am Emissionsprospekt einen besonderen zusätzlichen Vertrauenstatbestand schaffen und Erklärungen abgeben.[77] Die Haftung der berufsmäßigen Sachkenner könnte man auch auf ein gemäß § 311 Abs. 3 BGB entstandenes Schuldverhältnis und damit auf eine Prospekthaftung im weiteren Sinne stützen. Der BGH nimmt aber eine Prospekthaftung im engeren Sinne an.[78]

71 Prospekt im Sinne der Prospekthaftung ist eine marktbezogene schriftliche Erklärung, die für die Beurteilung der angebotenen Anlage erhebliche Angaben enthält oder den Anschein eines solchen Inhalts erweckt.[79]

72 Für die **Prospekthaftung im weiteren Sinne** gelten die Grundsätze des Verschuldens bei Vertragsschluss. Die gesetzliche Regelung der Prospekthaftung schließt eine Prospekthaftung im weiteren Sinne nicht aus, weil sie nicht an die Verantwortlichkeit für einen fehlerhaften Prospekt, sondern an die Verletzung einer selbstständigen Aufklärungspflicht anknüpft.[80]

73 Der **Personenkreis** der Haftenden wird durch § 311 Abs. 2 und 3 BGB bestimmt. Aus einer Prospekthaftung im weiteren Sinne haftet derjenige, der Vertragspartner des Anlegers geworden ist oder werden sollte. Ein Schuldverhältnis kann auch zu einem Vertreter, Vermittler oder Sachwalter bestehen, wenn er in besonderem Maße persönliches Vertrauen in Anspruch genommen hat oder wenn er ein eigenes wirtschaftliches Interesse am Abschluss des Geschäfts hat. Allein durch die werbemäßige Nennung eines Namens an prominenter Stelle im Verkaufsprospekt nimmt der Namensträger kein besonders erhöhtes Vertrauen in Anspruch.[81] Das schuldhafte Verhalten von Erfüllungsgehilfen wird gemäß § 278 BGB zugerechnet. Anspruchsberechtigt sind die Anleger. Bei dem über einen Treuhänder vermittelten Beitritt zu einem Immobilienfonds ist auch der Treugeber anspruchsberechtigt, wenn er nach dem Gesellschaftsvertrag wie ein unmittelbar beitretender Gesellschafter behandelt werden soll.[82]

74 Gehaftet wird für die Verletzung von Aufklärungspflichten. Diese können durch die Vorlage eines fehlerhaften oder unvollständigen Prospekts, unterlassene Aufklärung über nach Prospektveröffentlichung eingetretene Umstände oder falsche Informationen außerhalb des Prospekts verletzt werden.[83] Die **Innenprovision** eines Anlagevermittlers muss jedenfalls dann im Prospekt ausgewiesen werden, wenn sie 15% überschreitet.[84] Einem Gründungsgesellschafter gewährte Sondervorteile müssen auch

---

[76] BGH v. 17.11.2011 - III ZR 103/10 - juris Rn. 17 - NJW 2012, 758-762.
[77] BGH v. 17.11.2011 - III ZR 103/10 - juris Rn. 19 - NJW 2012, 758-762.
[78] BGH v. 17.11.2011 - III ZR 103/10 - juris Rn. 19 - NJW 2012, 758-762.
[79] BGH v. 17.11.2011 - III ZR 103/10 - juris Rn. 21 - NJW 2012, 758-762; OLG München v. 22.05.2012 - 5 U 1725/11 - juris Rn. 56.
[80] BGH v. 23.04.2012 - II ZR 211/09 - juris Rn. 23.
[81] BGH v. 23.04.2012 - II ZR 211/09 - juris Rn. 26.
[82] BGH v. 23.04.2012 - II ZR 211/09.
[83] *Bohlken/Lange*, DB 2005, 1259-1263, 1262.
[84] BGH v. 12.02.2004 - III ZR 355/02 - juris Rn. 34 - ZflR 2004, 396; BGH v. 12.02.2004 - III ZR 359/02 - juris Rn. 31 ff. - BGHZ 158, 110-122; BGH v. 22.03.2007 - III ZR 218/06 - juris Rn. 8 - WM 2007, 873-874; BGH v. 29.05.2008 - III ZR 59/07 - juris Rn. 24.

dann offengelegt werden, wenn sie bereits vor dem Beitritt des Anlegers erfolgt sind, aber mit dem Anlageobjekt im Zusammenhang stehen.[85]

Der Erwerb muss auf dem Fehler des Prospekts beruhen.[86] Es entspricht der Lebenserfahrung, dass ein Prospektfehler für die Anlageentscheidung ursächlich geworden ist.[87] Zu ersetzen ist der Vertrauensschaden, der in aller Regel in dem vollen oder teilweisen Verlust des eingezahlten Betrags besteht. Die Ansprüche wegen vorvertraglicher Pflichtverletzungen verjähren in der Regelverjährung.[88] Eine formularmäßige generelle Verkürzung der Verjährungsfrist unabhängig von dem Haftungsmaßstab ist Verbrauchern gegenüber gemäß § 309 Nr. 7b BGB unwirksam.[89]   75

Auch wenn ein Prospekt Chancen und Risiken einer Kapitalanlage hinreichend deutlich vermittelt, ist eine Haftung des Anlagevermittlers nicht ausgeschlossen. Sie kann insbesondere dann entstehen, wenn Risiken abweichend vom Prospekt dargestellt werden.[90]   76

Neben einer Prospekthaftung kann ein Wirtschaftsprüfer aus Vertrag mit Schutzwirkung zugunsten Dritter haften.[91]   77

cc. Bankgeschäfte

Bei der **Kreditgewährung** können sich Ansprüche gegen das Kreditinstitut aus einem selbstständigen, neben die Kreditgewährung tretenden Beratungsvertrag oder aus einem vorvertraglichen Schuldverhältnis ergeben. Ein selbstständiger Beratungsvertrag kommt mit dem Kunden zu Stande, wenn im Zusammenhang mit der Anlageentscheidung tatsächlich eine Beratung stattfindet.[92]   78

Das Kreditgeschäft ist im Vergleich zum Anlagegeschäft von niedrigerer Beratungsintensität.[93] Eine Bank ist bei der Kreditgewährung regelmäßig nicht verpflichtet, den Kreditbewerber von sich aus auf mögliche Bedenken gegen die Zweckmäßigkeit der gewählten Kreditart hinzuweisen.[94] Wird allerdings statt des üblichen Ratenkredits ein Festkredit mit einer Kapitallebensversicherung kombiniert, ist die Bank verpflichtet, den Kreditnehmer über die besonderen Nachteile und Risiken dieser Vertragsverbindung aufzuklären.[95]   79

Bei steuersparenden Bauherren-, Bauträger- und Erwerbermodellen ist die kreditgebende Bank zur Risikoaufklärung nur dann verpflichtet, wenn ihre Rolle über die einer bloßen Kreditgeberin hinausgeht, wenn sie einen zu den allgemeinen wirtschaftlichen Risiken hinzutretenden besonderen Gefährdungstatbestand für den Kunden schafft oder dessen Entstehung begünstigt[96], wenn sie sich im Zusammenhang mit der Kreditgewährung sowohl an den Bauträger als auch an die einzelnen Erwerber in schwerwiegende Interessenkonflikte verwickelt oder wenn sie in Bezug auf spezielle Risiken des Vorhabens einen konkreten Wissensvorsprung vor dem Darlehensnehmer hat und dies auch erkennen kann.[97] Einen **Wissensvorsprung** hat die Bank beispielsweise dann, wenn sie weiß oder damit rechnet, dass wertbildende Faktoren durch Manipulationen verschleiert wurden oder dass der Kreditnehmer von den Geschäftspartnern arglistig getäuscht wurde.[98] Der Wissensvorsprung kann auch in der Kenntnis   80

---

[85] BGH v. 07.04.2003 - II ZR 160/02 - juris Rn. 14 - WM 2003, 1086-1089.
[86] BGH v. 08.10.2004 - V ZR 18/04 - juris Rn. 8 - NJW 2005, 820-824; für den Fall einer nicht ausgewiesenen Innenprovision BGH v. 09.02.2006 - III ZR 20/05 - juris Rn. 18 ff. - WM 2006, 668-672.
[87] BGH v. 23.04.2012 - II ZR 211/09 - juris Rn. 30.
[88] BGH v. 14.01.1985 - II ZR 41/84 - juris Rn. 19 - WM 1985, 533-534.
[89] BGH v. 23.04.2012 - II ZR 211/09 - juris Rn. 42.
[90] BGH v. 12.07.2007 - III ZR 83/06 - juris Rn. 8 - WM 2007, 1606-1608.
[91] BGH v. 08.06.2004 - X ZR 283/02 - juris Rn. 20 - NJW 2004, 3420-3423; BGH v. 15.12.2005 - III ZR 424/04 - juris Rn. 12 - NJW-RR 2006, 611-615; BGH v. 14.06.2007 - III ZR 125/06 - juris Rn. 28 - WM 2007, 1503-1507.
[92] BGH v. 13.01.2004 - XI ZR 355/02 - juris Rn. 19 - NJW 2004, 1868-1870.
[93] *Richrath*, WM 2004, 653-661, 657.
[94] BGH v. 22.03.1989 - VIII ZR 269/87 - LM Nr. 47 zu § 6 AbzG.
[95] BGH v. 09.03.1989 - III ZR 269/87 - juris Rn. 15 - LM Nr. 23 zu § 276 (Cc) BGB; BGH v. 03.04.1990 - XI ZR 261/89 - juris Rn. 26 - BGHZ 111, 117-124; OLG Koblenz v. 16.06.2000 - 10 U 1483/99 - WM 2000, 2006-2008.
[96] BGH v. 20.03.2007 - XI ZR 414/04 - juris Rn. 18 - WM 2007, 876-883.
[97] BGH v. 18.11.2003 - XI ZR 322/01 - juris Rn. 17 - WM 2004, 172-176; BGH v. 16.05.2006 - XI ZR 48/04 - juris Rn. 40 - BKR 2006, 452; BGH v. 26.09.2006 - XI ZR 283/03 - juris Rn. 26 - NJW 2007, 361-363.
[98] BGH v. 18.01.2005 - XI ZR 201/03 - juris Rn. 15 - WM 2005, 375-378.

§ 280

der Sittenwidrigkeit begründet sein.[99] Der Kenntnis steht es gleich, wenn sich dem zuständigen Mitarbeiter des Kreditinstituts die Sittenwidrigkeit aufdrängen musste.[100]

81 In Fällen des **institutionalisierten Zusammenwirkens** der kreditgebenden Bank mit dem Verkäufer oder Vertreiber eines finanzierten Objekts können sich Anleger unter erleichterten Voraussetzungen auf einen die Aufklärungspflicht auslösenden konkreten Wissensvorsprung berufen.[101] Ist der Anleger durch unrichtige Angaben der Vermittler, Verkäufer oder Fondsinitiatoren bzw. des Fondsprospekts arglistig getäuscht worden, wird bei einem institutionalisierten Zusammenwirken die Kenntnis der Bank von der arglistigen Täuschung widerleglich vermutet.[102]

82 Ein Kreditinstitut kann wegen einer **unterbliebenen Widerrufsbelehrung** gemäß § 2 Abs. 1 HWiG a.F. (§§ 312, 355 Abs. 2 BGB) haften.[103] Nach der ständigen Rechtsprechung muss allerdings zumindest für Altfälle ein Verschulden der finanzierenden Bank festgestellt werden, da keine verschuldensunabhängige Haftung bestimmt ist.[104] Inwieweit sich die in § 280 Abs. 1 Satz 2 BGB angeordnete Beweislastumkehr auf die Haftung auswirkt, ist noch nicht entschieden. Die Haftung der finanzierenden Bank setzt weiterhin voraus, dass das Fehlen der Widerrufsbelehrung für den eingetretenen Schaden kausal geworden ist.[105]

83 Anders als ein Anlagevermittler ist eine kreditgebende Bank grundsätzlich nicht verpflichtet, ungefragt über eine im finanzierten Kaufpreis einer Eigentumswohnung enthaltene Innenprovision von mehr als 15% Auskunft zu geben.[106] Eine Aufklärungspflicht besteht aber dann, wenn die versteckte Provision mitursächlich dafür ist, dass der Erwerbspreis so überhöht ist, dass die Bank von einer sittenwidrigen Übervorteilung des Käufers durch den Verkäufer ausgehen muss.[107]

84 Eine Bank treffen im **Überweisungsverkehr** grundsätzlich keine Warn- oder Schutzpflichten gegenüber dem Überweisenden und den Zahlungsempfängern. Nur ausnahmsweise ist es nach Treu und Glauben geboten, den Auftrag nicht ohne Rückfrage beim Auftraggeber auszuführen. Dies ist dann der Fall, wenn der beauftragten Bank der unmittelbar bevorstehende wirtschaftliche Zusammenbruch des Überweisungsempfängers oder der Empfangsbank bekannt ist, wenn unklar ist, ob die erteilte Weisung fortbesteht oder nicht oder wenn sich der Verdacht des Missbrauchs der Vertretungsmacht durch einen Vertreter aufdrängen muss.[108]

85 Der **Bankkunde** haftet für die durch die missbräuchliche Verwendung seiner **ec-Karte** entstandenen Schäden, wenn er seine Pflicht zur Geheimhaltung der persönlichen Kennzahl grob fahrlässig verletzt. Wird zeitnah nach dem Diebstahl einer Karte unter Verwendung der Karte und der richtigen persönlichen Geheimzahl Geld abgehoben, spricht grundsätzlich der Beweis des ersten Anscheins dafür, dass der Karteninhaber die PIN auf der Karte notiert oder gemeinsam mit dieser verwahrt hat.[109]

dd. Kauf

86 Ist die Kaufsache mangelhaft, kann neben den Gewährleistungsrechten ein Anspruch direkt aus § 280 Abs. 1 BGB dann gegeben sein, wenn die Parteien zusätzlich einen **selbstständigen Beratungsvertrag** abgeschlossen haben. Dies setzt voraus, dass die beratende Tätigkeit des Verkäufers deutlich über das hinausgeht, was im Allgemeinen als Beratung für die sachgemäße Anwendung oder den Einsatz des Kaufgegenstands geleistet wird.[110] Ein selbstständiger Beratungsvertrag kommt auch dann zu-

---

[99] BGH v. 17.10.2006 - XI ZR 205/05 - juris Rn. 16 - WM 2007, 144-116;
[100] BGH v. 29.04.2008 - XI ZR 221/07 - juris Rn. 18 - NJW-RR 2008, 1226-1228.
[101] BGH v. 26.09.2006 - XI ZR 283/03 - juris Rn. 29 - NJW 2007, 361-363.
[102] BGH v. 17.10.2006 - XI ZR 205/05 - juris Rn. 17 - WM 2007, 144-116; BGH v. 27.05.2008 - XI ZR 132/07 - juris Rn. 18.
[103] BGH v. 19.09.2006 - XI ZR 204/04 - juris Rn. 41 - BGHZ 169, 109-122; BGH v. 26.02.2008 - XI ZR 74/06 - juris Rn. 18 - NJW 2008, 1585-1589.
[104] BGH v. 26.02.2008 - XI ZR 74/06 - juris Rn. 18 - NJW 2008, 1585-1589.
[105] BGH v. 26.02.2008 - XI ZR 74/06 - juris Rn. 18 - NJW 2008, 1585-1589.
[106] BGH v. 23.03.2004 - XI ZR 194/02 - juris Rn. 30 - NJW 2004, 2378-2381.
[107] BGH v. 10.07.2007 - XI ZR 243/05 - juris Rn. 15 - NJW 2007, 3272-3273.
[108] BGH v. 22.06.2004 - XI ZR 90/03 - juris Rn. 13 - NJW-RR 2004, 1637-1639.
[109] BGH v. 05.10.2004 - XI ZR 210/03 - juris Rn. 20 ff. - BGHZ 160, 308-321.
[110] BGH v. 23.06.1999 - VIII ZR 84/98 - juris Rn. 28 - LM BGB § 477 Nr. 70 (3/2000); BGH v. 16.06.2004 - VIII ZR 258/03 - juris Rn. 12 - DB 2004, 2472-2473; BGH v. 08.10.2004 - V ZR 18/04 - juris Rn. 10 - NJW 2005, 820-824; OLG München v. 05.09.2007 - 20 U 2459/07 - juris Rn. 32.

stande, wenn der Verkäufer mit dem Käufer nicht nur über die Bedingungen des Kaufvertrags verhandelt, sondern unabhängig davon einen Rat erteilt oder Berechnungsbeispiele über Kosten und finanzielle Vorteile des Erwerbs vorlegt.[111]

Der Verkäufer kann auch eine **unselbstständige Beratungspflicht** übernommen haben. Diese stellt eine zusätzliche Nebenpflicht dar, für deren Verletzung der Verkäufer gemäß § 280 Abs. 1 BGB haftet.[112] Die Rechtsprechung zu den selbstständigen und unselbstständigen Beratungspflichten ist durch die Erweiterung der Haftung des Verkäufers nicht obsolet geworden. Es bleibt ein Unterschied, ob der Verkäufer wegen eines Mangels oder wegen der Übernahme einer Beratungspflicht haftet, insbesondere weil der Bezugspunkt des Vertretenmüssens ein anderer ist. Liefert der Verkäufer Lacke für die Beschichtung von Irokoholz, liegt ein Fehler vor, wenn diese Verwendung vertraglich vorausgesetzt ist (§ 434 Abs. 1 Satz 2 Nr. 1 BGB) und die Lacke ungeeignet sind. Macht der Käufer Schadensersatzansprüche geltend, die sich auf den Mangel stützen, kann sich der Verkäufer gemäß § 280 Abs. 1 Satz 2 BGB entlasten, wenn ihm die Probleme der Lackierung von Irokoholz unbekannt sind. Eine Entlastung scheidet aber aus, wenn der Verkäufer Beratungspflichten übernommen hat, denn dann ist der Verkäufer verpflichtet, sich über die Lackierung dieser Holzart zu informieren. Die Übernahme einer Beratungspflicht ist nicht mit einer Garantie (im Sinne des § 276 Abs. 1 Satz 1 BGB) für die Verwendbarkeit identisch. Es bleibt damit im Ergebnis ein Unterschied, ob ein Schadensersatzanspruch auf einen Mangel oder auf die Verletzung einer Beratungspflicht über die Verwendung der Kaufsache gestützt wird. 87

Auch wenn selbstständige oder unselbstständige Beratungspflichten bestehen, beschränken sich diese auf die Eigenschaften der Kaufsache, die der Verkäufer kannte oder kennen musste.[113] Eine Aufklärung über ganz entfernt liegende Risiken kann der Käufer regelmäßig nicht erwarten. Der Verkäufer kann verpflichtet sein, über baurechtliche Genehmigungspflichten zu informieren.[114] Der Verkäufer eines Bausatzes für die Selbstmontage einer Solarheizungsanlage ist zur Aufklärung verpflichtet, wenn die Montageanleitung der Herstellerin Fachkenntnisse entsprechend einer abgeschlossenen Berufsausbildung im Gas-/Wasserinstallationshandwerk verlangt.[115] 88

Hat der Verkäufer einen Makler beauftragt, verletzt er selbst seine Vertragspflichten, wenn er den Makler nicht über alle Umstände informiert, die dem Käufer zu offenbaren sind.[116] 89

Ein unberechtigtes Mängelbeseitigungsverlangen des **Käufers** stellt eine Pflichtverletzung dar, wenn der Käufer erkannt oder fahrlässig nicht erkannt hat, dass ein Mangel der Kaufsache nicht vorliegt, sondern die Ursache in seinem eigenen Verantwortungsbereich liegt.[117] 90

ee. Rechtsanwalt

Schon **vor Übernahme** des Auftrags besteht gemäß § 49b Abs. 5 BRAO eine Hinweispflicht, wenn sich die Gebühren nach dem Gegenstandswert richten. Die Verletzung dieser Pflicht kann einen Schadensersatzanspruch aus den §§ 311 Abs. 2, 280 Abs. 1 BGB begründen. Für die Verletzung der Hinweispflicht trägt der Mandant die Beweislast.[118] 91

Der Rechtsanwalt ist seinem Mandanten gegenüber grundsätzlich zu einer umfassenden und erschöpfenden Beratung verpflichtet.[119] Ein beschränktes Mandat ist nur anzunehmen, wenn der Mandant eindeutig zu erkennen gibt, dass er fachlicher Hilfe nur in einer bestimmten Art, Richtung oder Richtweite bedarf.[120] Allerdings muss der Anwalt den Mandanten auch innerhalb eines eingeschränkten 92

---

[111] BGH v. 08.10.2004 - V ZR 18/04 - juris Rn. 10 - NJW 2005, 820-824; BGH v. 15.10.2004 - V ZR 223/03 - juris Rn. 10 - NJW 2005, 983-985; BGH v. 13.10.2006 - V ZR 66/06 - juris Rn. 13 - NJW 2007, 1874-1876; BGH v. 09.11.2007 - V ZR 281/06 - juris Rn. 6 - NZM 2008, 379.

[112] Zur culpa in contrahendo: BGH v. 06.06.1984 - VIII ZR 83/83 - juris Rn. 29 - LM Nr. 41 zu § 477 BGB; BGH v. 23.07.1997 - VIII ZR 238/96 - juris Rn. 14 - LM BGB § 477 Nr. 65 (3/1998); BGH v. 16.06.2004 - VIII ZR 303/03 - NJW 2004, 234-235; OLG Frankfurt v. 31.03.2005 - 26 U 67/04 - juris Rn. 20 - OLGR Frankfurt 2005, 779-781.

[113] BGH v. 16.06.2006 - VIII ZR 303/03 - juris Rn. 14 - NJW 2004, 2301-2303.

[114] OLG München v. 21.07.2006 - 19 U 2573/06 - juris Rn. 12 - GuT 2006, 219-220.

[115] BGH v. 13.06.2007 - VIII ZR 236/06 - juris Rn. 36 - NJW 2007, 3057-3060.

[116] BGH v. 14.05.2004 - V ZR 120/03 - juris Rn. 9 - NJW-RR 2004, 1196-1198.

[117] BGH v. 23.01.2008 - VIII ZR 246/06 - juris Rn. 6 - NJW 2008, 1147-1148.

[118] BGH v. 11.10.2007 - IX ZR 105/06 - juris Rn. 10 - NJW 2008, 371-372.

[119] BGH v. 23.09.2004 - IX ZR 137/03 - juris Rn. 16 - NJW-RR 2005, 494-498.

[120] BGH v. 20.06.1996 - IX ZR 106/95 - juris Rn. 23 - LM BGB § 198 Nr. 27 (12/1996).

§ 280

Mandats vor Gefahren warnen, die ihm bekannt sind, wenn er Grund zu der Annahme hat, dass sich der Mandant der ihm drohenden Nachteile nicht bewusst ist.[121] Dies kann insbesondere dann der Fall sein, wenn Ansprüche zu verjähren drohen.[122]

93 In den Grenzen des Mandats hat der Anwalt dem Mandanten gegenüber eine Beratungspflicht und eine Pflicht zur Schadensabwendung.[123] Diese Pflichten kann der Anwalt nur dann ordnungsgemäß erfüllen, wenn er vorab den Sachverhalt möglichst genau aufklärt[124] und rechtlich überprüft.

94 Der Umfang der Pflicht zur **Sachverhaltsklärung** hängt von den gesamten Umständen, insbesondere vom Ziel des Mandanten und von dem Inhalt des Mandats ab.[125] Dabei darf der Anwalt grundsätzlich den tatsächlichen Angaben des Mandanten vertrauen und braucht keine eigenen Nachforschungen anstellen. Ist jedoch für eine zutreffende rechtliche Einordnung die Kenntnis weiterer Tatsachen erforderlich und ist deren rechtliche Bedeutung für den Mandanten nicht ohne weiteres ersichtlich, muss sich der Anwalt durch zusätzliche Fragen um eine zusätzliche Aufklärung bemühen.[126] Kann die Klage auf verschiedene rechtliche Gesichtspunkte gestützt werden, erstreckt sich die Pflicht zur Sachverhaltsaufklärung auf alle in Betracht kommenden Gründe.[127]

95 Auch die **Pflicht zur rechtlichen Prüfung** steht mit der Informationsobliegenheit des Mandanten in Wechselwirkung. Von dem Anwalt wird keine allgemeine und umfassende, sondern nur eine mandatsbezogene Rechtskenntnis erwartet.[128] Der Anwalt hat rechtshindernde Einwendungen, für die der mitgeteilte Sachverhalt Anlass gibt, selbst dann in Erwägung zu ziehen, wenn der Mandant die Wirksamkeit des Vertrags nicht anzweifelt. Liefert der vom Mandanten mitgeteilte Sachverhalt dagegen keine tatsächlichen Anhaltspunkte für rechtshindernde Einwendungen, besteht keine Pflicht zur Erforschung des Sachverhalts.[129] Die rechtliche Prüfung ist regelmäßig nach der höchstrichterlichen Rechtsprechung auszurichten.[130]

96 Im Rahmen des – unbeschränkten oder beschränkten – Mandats besteht eine Pflicht zur umfassenden und erschöpfenden **Rechtsberatung**. Dem Mandanten muss eine annähernd zutreffende Vorstellung von den Handlungsmöglichkeiten und deren Vor- und Nachteilen vermittelt werden. Nur ausnahmsweise kann eine eingeschränkte Beratung ausreichen, etwa bei besonderer Eilbedürftigkeit oder bei einem Aufwand, der außer Verhältnis zum Streitgegenstand steht.[131] Bestehen mehrere Handlungsalternativen, müssen deren jeweilige Rechtsfolgen miteinander und mit den Handlungszielen des Mandanten verglichen werden. Dabei hat der Anwalt dem Auftraggeber den sichersten Weg vorzuschlagen.[132]

97 Der Rechtsanwalt hat die allgemeine Vertragspflicht, **Schädigungen** des Auftraggebers **zu vermeiden**. Auch im Rahmen dieser Pflicht gilt das Gebot des sichersten Wegs.[133]

98 Es besteht die Pflicht, Vorkehrungen zu treffen, damit es nicht zur Verjährung kommt. Diese Pflicht setzt bereits dann ein, wenn der Anwalt Dispositionen trifft, die das Risiko der Verjährung erhöhen.[134] Verursacht der Anwalt den Eintritt der Verjährung durch Untätigkeit, wird der Zurechnungszusammenhang nicht dadurch unterbrochen, dass später ein anderer Anwalt beauftragt wird, der es fahrlässig versäumt, den Eintritt der Verjährung zu vermeiden.[135]

---

[121] BGH v. 09.07.1998 - IX ZR 324/97 - juris Rn. 10 - LM BGB § 675 Nr. 255 (3/1999).
[122] BGH v. 29.04.1993 - IX ZR 101/92 - juris Rn. 16 - LM BGB § 675 Nr. 189 (1/1994); BGH v. 29.11.2001 - IX ZR 278/00 - juris Rn. 19 - LM BGB § 675 Nr. 308 (7/2002); BGH v. 23.09.2004 - IX ZR 421/00 - juris Rn. 7 - NJW-RR 2005, 69-71; BGH v. 13.03.2008 - IX ZR 136/07 - juris Rn. 16.
[123] BGH v. 19.01.2006 - IX ZR 232/01 - juris Rn. 14 - WM 2006, 927-932.
[124] BGH v. 19.01.2006 - IX ZR 232/01 - juris Rn. 22 - WM 2006, 927-932.
[125] BGH v. 07.02.2002 - IX ZR 209/00 - juris Rn. 12 - WM 2002, 1077-1078.
[126] BGH v. 19.01.2006 - IX ZR 232/01 - juris Rn. 22 - WM 2006, 927-932.
[127] BGH v. 07.02.2002 - IX ZR 209/00 - juris Rn. 11 - WM 2002, 1077-1078.
[128] BGH v. 22.09.2005 - IX ZR 23/04 - juris Rn. 14 - NJW 2006, 501-505.
[129] BGH v. 22.09.2005 - IX ZR 23/04 - juris Rn. 17 - NJW 2006, 501-505.
[130] BGH v. 28.09.2000 - IX ZR 6/99 - juris Rn. 34 - BGHZ 145, 256, 264.
[131] BGH v. 01.03.2007 - IX ZR 261/03 - juris Rn. 11 - BGHZ 171, 261-275.
[132] BGH v. 13.03.2008 - IX ZR 136/07 - juris Rn. 14.
[133] BGH v. 23.09.2004 - IX ZR 137/03 - juris Rn. 16 - NJW-RR 2005, 494-498.
[134] BGH v. 18.03.1993 - IX ZR 120/92 - juris Rn. 19 - NJW 1993, 1779, 1782; BGH v. 23.09.2004 - IX ZR 137/03 - juris Rn. 18 - NJW-RR 2005, 494-498.
[135] BGH v. 07.04.2005 - IX ZR 132/01 - juris Rn. 15 - NJW-RR 2005, 1146-1147.

Im Prozess ist der Anwalt verpflichtet, den Versuch zu unternehmen, das Gericht zu überzeugen, dass und warum seine Auffassung zutreffend ist.[136] Allerdings ist es nicht Aufgabe eines Rechtsanwalts, das Gericht auf eine falsche Rechtsanwendung hinzuweisen. Fehler der Gerichte sind im Instanzenzug zu korrigieren und nicht durch eine Anwaltshaftung.[137] 99

Bei einem **Vergleich** hat der Anwalt für eine vollständige und richtige Niederlegung des Mandantenwillens und für einen möglichst eindeutigen Wortlaut zu sorgen.[138] Die Beratungspflicht bezieht sich auch ohne besonderen Auftrag auf die Erfolgsaussichten eines **Rechtsmittels**.[139] 100

Für Altfälle vor dem 15.12.2004 kann eine **Sekundärhaftung** des Anwalts bestehen. Hat der Anwalt vor Ablauf der Verjährung des gegen ihn bestehenden Schadensersatzanspruchs Anlass zu prüfen, ob er seine Auftraggeber durch einen Fehler geschädigt hat und muss er dabei eine durch seinen Fehler eingetretene Schädigung erkennen, entsteht die Verpflichtung, auf die Möglichkeit der eigenen Haftung und den Eintritt der Verjährung hinzuweisen.[140] Wird diese Pflicht verletzt, entsteht ein Sekundäranspruch, der darauf gerichtet ist, den Mandanten so zu stellen, als wäre die Verjährung des Primäranspruchs nicht eingetreten.[141] Bei Ablauf der Verjährung des Sekundäranspruchs entsteht kein Tertiäranspruch.[142] Zum 15.12.2004 wurde § 51b BRAO a.F. mit der Anordnung der dreijährigen Verjährung für Ansprüche des Auftraggebers gegen den Rechtsanwalt gestrichen. Diese Ansprüche unterfallen nunmehr der Regelverjährung, deren Beginn gemäß § 199 Abs. 1 Nr. 2 BGB von der Kenntnis des Auftraggebers abhängt. Damit ist auch das Bedürfnis für eine Sekundärhaftung des Rechtsanwalts entfallen.[143] 101

Eine Aufklärungspflicht über die drohende Verjährung kann auch bei der Beendigung eines Mandats bestehen.[144] 102

Die Beweislast für die Vertragsverletzung eines Rechtsanwalts trifft nach ständiger Rechtsprechung grundsätzlich den Mandanten.[145] Dies gilt auch, soweit es um negative Tatsachen geht. Hat der Mandant eine Pflichtverletzung schlüssig behauptet, reicht ein pauschales Bestreiten des Rechtsanwalts nicht. Der Anwalt muss vielmehr den Gang der Besprechung im Einzelnen schildern, insbesondere konkrete Angaben dazu machen, welche Belehrungen und Ratschläge er erteilt hat und wie darauf der Mandant reagiert hat.[146] 103

Mit einem Schadensersatzanspruch aus § 280 Abs. 1 BGB ist der Mandant so zu stellen, wie er bei pflichtgemäßem Verhalten des rechtlichen Beraters stünde.[147] Zur haftungsausfüllenden Kausalität und der Vermutung beratungsgerechten Verhaltens vgl. Rn. 144. 104

ff. Steuerberater

Der Pflichtenkreis eines **Steuerberaters** richtet sich nach Inhalt und Umfang des erteilten Mandats. Der Steuerberater ist daher nur verpflichtet, sich mit den steuerrechtlichen Pflichten zu befassen, die zur pflichtgemäßen Erledigung des ihm erteilten Auftrags zu beachten sind.[148] Allerdings besteht auch bei einem auf die Buchführung beschränkten Mandat die Pflicht, eine Anwaltskanzlei auch zum Risiko der Artveränderung freiberuflicher Tätigkeit innerhalb einer Sozietät mit gemischter, teils gewerblicher Tätigkeit zu beraten.[149] Bei einem beschränkten Mandat muss der Steuerberater vor steuerlichen Nachteilen, die außerhalb seines Mandats drohen, nicht warnen, wenn er davon ausgehen darf, der Mandant sei anderweitig fachkundig beraten.[150] 105

---

[136] BGH v. 23.09.2004 - IX ZR 137/03 - juris Rn. 16 - NJW-RR 2005, 494-498.
[137] BVerfG v. 12.08.2002 - 1 BvR 399/02 - juris Rn. 14 - NJW 2002, 2937-2938
[138] BGH v. 17.01.2002 - IX ZR 182/00 - juris Rn. 9 - LM BGB § 675 Nr. 311 (7/2002).
[139] BGH v. 17.01.2002 - IX ZR 182/00 - juris Rn. 11 - LM BGB § 675 Nr. 311 (7/2002).
[140] BGH v. 23.06.2005 - IX ZR 197/01 - juris Rn. 13 - NJW-RR 2006, 279-281.
[141] BGH v. 23.06.2005 - IX ZR 197/01 - juris Rn. 13 - NJW-RR 2006, 279-281; BGH v. 07.02.2008 - IX ZR 149/04 - juris Rn. 33 - WM 2008, 946-950.
[142] BGH v. 23.05.1985 - IX ZR 102/84 - juris Rn. 44 - BGHZ 94, 380-392.
[143] *Ellenberger* in: Palandt Überbl. v. § 194 Rn. 21; *Mansel/Budzikiewicz*, NJW 2005, 321-329, 322.
[144] KG Berlin v. 28.08.2003 - 8 U 322/02 - KGR Berlin 2004, 197.
[145] BGH v. 21.07.2005 - IX ZR 150/02 - GuT 2005, 234.
[146] BGH v. 23.11.2006 - IX ZR 21/03 - juris Rn. 6 - WM 2007, 419-423.
[147] BGH v. 19.012.006 - IX ZR 232/01 - juris Rn. 33 - WM 2006, 927-932.
[148] BGH v. 26.01.1995 - IX ZR 10/94 - juris Rn. 12 - BGHZ 128, 358-364.
[149] BGH v. 07.07.2005 - IX ZR 425/00 - juris Rn. 13 - NJW-RR 2005, 1654-1656.
[150] BGH v. 21.07.2005 - IX ZR 6/02 - juris Rn. 13 - NJW-RR 2005, 1511-1513.

106 Im Rahmen des konkreten Auftrags besteht eine umfassende Beratungs- und Aufklärungspflicht.[151] Dabei besteht auch die Pflicht, sich über neue und geänderte Rechtsnormen in Kenntnis zu setzen.[152] Kommen verschiedene steuerrechtliche Wege mit unterschiedlichen Vor- und Nachteilen in Betracht, hat der Steuerberater seinem Auftraggeber diese Möglichkeiten und die mit ihnen verbundenen Rechtsfolgen aufzuzeigen. Die Beratung soll den Mandanten in die Lage versetzen, eigenverantwortlich seine Rechte und Interessen wahren und eine Fehlentscheidung vermeiden zu können.[153] Es besteht aber keine Hinweispflicht auf Steuermodelle, die, wie das Zwei-Konten-Modell nicht generell, sondern nur in besonderen Fallkonstellationen und bei besonderer Vorgehensweise des Mandanten zu Steuervorteilen führen.[154]

107 Für Fälle vor dem 15.12.2004 kann sich eine **Sekundärhaftung** ergeben. Ein Steuerberater kann sich erneut dadurch schadensersatzpflichtig machen, dass er vor Verjährung des Regressanspruchs seinen Mandanten nicht über die Möglichkeit einer eigenen Haftung unterrichtet und über die drohende Verjährung informiert.[155] Eine diese Sekundärhaftung auslösende Informationspflicht besteht nicht, wenn der Mandant rechtzeitig vor Ablauf der Verjährung anwaltlich beraten wird oder auf anderem Wege von dem Schadensersatzanspruch und dessen Verjährung Kenntnis erhält.[156] Zum 15.12.2004 wurde die besondere Verjährungsvorschrift des § 68 StBerG a.F. gestrichen. Ansprüche des Auftraggebers gegen den Steuerberater verjähren nach der Regelverjährung, deren Beginn gemäß § 199 Abs. 1 Nr. 2 BGB von der Kenntnis des Auftraggebers abhängt. Für eine Sekundärhaftung besteht bei dieser Rechtslage kein Bedürfnis.[157]

gg. Sonstige

108 Die außergerichtliche Geltendmachung von unberechtigten Ansprüchen ist eine Verletzung von Rücksichtnahmepflichten.[158] Sie ist erst dann vom Schuldner zu vertreten, wenn er seine Rechtsposition nicht als plausibel ansehen durfte.[159]

109 Den **Vermieter** trifft grundsätzlich eine Aufklärungspflicht gegenüber dem Mieter hinsichtlich derjenigen Umstände und Rechtsverhältnisse mit Bezug auf die Mietsache, die für den Vermieter erkennbar von besonderer Bedeutung für den Entschluss des Mieters zur Eingehung des Vertrags sind und deren Mitteilung nach Treu und Glauben erwartet werden kann.[160] Dem Vermieter ist grundsätzlich keine Verletzung vorvertraglicher Pflichten vorzuwerfen, wenn Vorauszahlungen für Nebenkosten vereinbart werden, die später deutlich überschritten werden.[161]

110 Der Mieter ist zum Schadensersatz verpflichtet, wenn durch Rauchen in der Mietwohnung Verschlechterungen verursacht werden, die sich nicht mehr durch Schönheitsreparaturen beseitigen lassen.[162]

111 Ein Autovermieter, der dem Unfallgeschädigten ein Fahrzeug zu einem Tarif anbietet, der deutlich über dem Normaltarif auf dem örtlich relevanten Markt liegt, muss den Geschädigten darüber aufklären, dass die Gefahr besteht, dass die Haftpflichtversicherung nicht die vollen Mietwagenkosten übernimmt.[163]

112 Der Leasingnehmer oder Mietkäufer, der eine unrichtige Übernahmebestätigung abgibt, haftet dem Leasinggeber oder Mietverkäufer, soweit dieser im Vertrauen auf die Richtigkeit den Kaufpreis an den

---

[151] BGH v. 18.12.1997 - IX ZR 153/96 - juris Rn. 9 - LM BGB § 675 Nr. 251 (9/1998).
[152] BGH v. 15.07.2004 - IX ZR 472/00 - juris Rn. 7 - NJW 2004, 3487-3488.
[153] BGH v. 16.10.2003 - IX ZR 167/02 - juris Rn. 8 - DB 2004, 131-133.
[154] OLG Karlsruhe v. 24.03.2005 - 14 U 87/02 - OLGR Karlsruhe 2005, 643-644.
[155] BGH v. 04.04.1991 - IX ZR 215/90 - juris Rn. 25 - BGHZ 114, 150-160; OLG Düsseldorf v. 30.03.2004 - 23 U 80/03 - OLGR Düsseldorf 2004, 309-310; BGH v. 10.01.2008 - IX ZR 53/06 - juris Rn. 13 - WM 2008, 613-615; BGH v. 08.05.2008 - IX ZR 211/07 - juris Rn. 8.
[156] BGH v. 11.05.1995 - IX ZR 140/94 - juris Rn. 17 - BGHZ 129, 386-400.
[157] *Ellenberger* in: Palandt, Überbl. v. § 194 Rn. 21; *Mansel/Budzikiewicz*, NJW 2005, 321-329, 322.
[158] BGH v. 16.01.2009 - V ZR 133/08 - juris Rn. 8 - BGHZ 179, 238-249.
[159] BGH v. 16.01.2009 - V ZR 133/08 - juris Rn. 20 - BGHZ 179, 238-249.
[160] BGH v. 15.11.2006 - XII ZR 63/04 - juris Rn. 9 - NJW-RR 2007, 298-299.
[161] BGH v. 11.02.2004 - VIII ZR 195/03 - juris Rn. 9 - NJW 2004, 1102-1103; BGH v. 28.04.2004 - XII ZR 21/02 - juris Rn. 23 - NJW 2004, 2674-2675; KG v. 25.06.2007 - 8 U 208/06 - juris Rn. 6 - ZMR 2007, 963.
[162] BGH v. 05.03.2008 - VIII ZR 37/07 - juris Rn. 23 - NJW 2008, 1439-1440.
[163] BGH v. 05.10.2006 - XII ZR 50/04 - juris Rn 3 - VersR 2007, 13.

Lieferanten entrichtet und später seinen Rückzahlungsanspruch wegen Zahlungsunfähigkeit oder Vermögenslosigkeit des Lieferanten nicht verwirklichen kann.[164]

Der **Makler** ist verpflichtet, seinen Auftraggeber über alle Umstände aufzuklären, die für den Vertragsschluss von Bedeutung sein können. Stehen ihm ausreichende Informationen nicht zur Verfügung, muss er zumindest über diesen Umstand aufklären.[165] Über bekannte gravierende finanzielle Schwierigkeiten des nachgewiesenen Käufers muss der Makler ungefragt aufklären.[166] Steht einem Makler aus einem Vertrag zugunsten Dritter ein eigener Provisionsanspruch gegen den Vertragsgegner seines Kunden zu, ist er dem Vertragsgegner zur Aufklärung verpflichtet, wenn er Kenntnisse über Mängel des Vertragsgegenstands hat.[167] Der Immobilienmakler hat grundsätzlich keine Pflicht, sich mit der Finanzierung des von seinen Kunden erstrebten Geschäfts zu befassen. Es kann aber eine Aufklärungspflicht bestehen, wenn sich dem Makler ernsthafte Zweifel an der Finanzierbarkeit förmlich aufdrängen mussten.[168] 113

Der **Versicherungsmakler** hat umfassende Betreuungs- und Beratungspflichten bezüglich des von ihm vermittelten Versicherungsverhältnisses. Bei dem vorgelagerten Abschluss des Maklervertrags mit dem Kunden bestehen aber nur dann Aufklärungspflichten, wenn wegen der besonderen Umstände des Einzelfalls davon ausgegangen werden muss, dass der künftige Vertragspartner nicht hinreichend informiert ist.[169] 114

Ein mit der Objektüberwachung beauftragter **Architekt** ist verpflichtet, Abschlagsrechnungen des Bauunternehmers darauf zu überprüfen, ob die zugrunde liegenden Leistungen erbracht worden und vertragsgerecht sind. Auf Mängel muss er hinweisen, ihre Ursachen aufklären und den Bauherren über das Ergebnis der Untersuchung und seine rechtlichen Folgen unverzüglich unterrichten. Für den schlüssigen Vortrag eines Schadensersatzanspruchs gegen den bauaufsichtsführenden Architekten genügt es, wenn die sichtbaren Symptome der Baumängel beschrieben werden, auf die sich die Bauaufsicht erstreckte.[170] Zur Untersuchungs- und Beratungspflicht des Architekten gehört es auch, den Bauherrn auf Baumängel hinzuweisen. Sind Gewährleistungsansprüche des Bauherrn gegen den Architekten wegen fehlender Information verjährt, trifft den Architekten eine **Sekundärhaftung**, die Verjährung gilt als nicht eingetreten.[171] 115

Bei einer **Ausschreibung** kann der öffentliche Auftraggeber verpflichtet sein, auf eine angekündigte Rüge von Verstößen gegen das Vergaberecht hinzuweisen.[172] Andererseits stellt es eine Pflichtverletzung des Bieters dar, wenn dieser sich ernsthaft und endgültig weigert, an einem bindenden Vertragsangebot festzuhalten.[173] 116

Der Träger eines **Pflegeheims** ist verpflichtet, zum Schutz von sturzgefährdeten Heimbewohnern Schutzmaßnahmen zu ergreifen.[174] Allein aus dem Umstand, dass ein Heimbewohner im Bereich eines Pflegeheims stürzt, kann jedoch nicht auf eine schuldhafte Pflichtverletzung des Pflegepersonals geschlossen werden.[175] 117

3. Vertretenmüssen

Der Schuldner haftet nicht, wenn er die Pflichtverletzung nicht zu vertreten hat. Nach dem eindeutigen Wortlaut des § 280 Abs. 1 Satz 2 BGB trägt der Schuldner die Darlegungs- und Beweislast für das Nichtvertretenmüssen. Eine Beweislastverteilung nach Gefahren- und Verantwortungsbereichen findet 118

---

[164] BGH v. 25.03.2010 - VIII ZR 122/08 - juris Rn. 8 - BB 2010, 1289-1290.
[165] BGH v. 28.09.2000 - III ZR 43/99 - juris Rn. 6 - NJW 2000, 3642-3643; BGH v. 18.01.2007 - III ZR 146/06 - juris Rn. 12 - NJW-RR 2007, 335-337.
[166] OLG Dresden v. 22.03.2007 - 8 U 1994/06 - juris Rn. 2 - MDR 2007, 1251.
[167] BGH v. 22.09.2005 - III ZR 295/04 - juris Rn. 11 - NJW 2005, 3778-3779.
[168] OLG Köln v. 08.03.2005 - 24 U 114/04 - juris Rn. 9 - MDR 2005, 974.
[169] BGH v. 14.06.2007 - III ZR 269/06 - juris Rn. 11 - NJW-RR 2007, 1190-1192.
[170] BGH v. 06.05.2004 - IX ZR 211/00 - juris Rn. 10 f. - NJW-RR 2004, 1649-1650.
[171] BGH v. 26.10.2006 - VII ZR 133/04 - juris Rn. 10 - NJW 2007, 365-366.
[172] BGH v. 27.06.2007 - X ZR 34/04 - juris Rn. 11 - BGHZ 173, 33-40.
[173] BGH v. 24.11.2005 - VII ZR 87/04 - juris Rn. 15 - WM 2006, 247-250.
[174] OLG Dresden v. 17.01.2006 - 2 U 753/04 - juris Rn. 24 - MDR 2006, 1111-1113; OLG Hamm v. 18.10.2005 - 24 U 13/05 - juris Rn. 30; OLG Naumburg v. 31.01.2007 - 6 U 98/06 - juris Rn. 20 - OLGR Naumburg 2008, 100-201.
[175] BGH v. 28.04.2005 - III ZR 399/04 - juris Rn. 8 - NJW 2005, 1937-1939; BGH v. 14.07.2005 - III ZR 391/04 - juris Rn. 11 - NJW 2005, 2613-2614.

bezüglich des Vertretenmüssens nicht mehr statt. Sie wurde als entbehrlich angesehen. Wenn eine Verletzung der Pflichten aus einem Schuldverhältnis feststeht, ist es gerechtfertigt, von dem Schuldner zu verlangen, dass er sich entlastet.[176]

119 Eine Sonderregelung der Beweislast für die Pflichtverletzung enthält § 619a BGB. Danach hat bei der Verletzung einer Pflicht aus dem Arbeitsverhältnis der Arbeitgeber darzulegen und zu beweisen, dass der Arbeitnehmer die Pflichtverletzung zu vertreten hat (vgl. im Einzelnen die Kommentierung zu § 619a BGB).

120 Im Bereich der Arzthaftung wurde eine entsprechende Anwendung des § 282 BGB a.F. abgelehnt, soweit der Kernbereich des ärztlichen Handelns betroffen war.[177] Nach dem heutigen Recht trägt auch der Arzt die Beweislast dafür, dass er eine Pflichtverletzung nicht zu vertreten hat.[178] Allein der ausbleibende Erfolg einer Behandlung indiziert aber nicht die Verletzung ärztlicher Pflichten.[179]

121 Der Schuldner kann sich nicht entlasten, soweit er eine Garantie oder ein Beschaffungsrisiko im Sinne des § 276 Abs. 1 Satz 1 BGB übernommen hat (vgl. dazu die Kommentierung zu § 276 BGB Rn. 17). Diese Regelung führt allerdings nicht zu einer Obliegenheit des Schuldners, nach der er in jedem Fall darzulegen und zu beweisen hätte, dass er weder eine Garantie noch ein Beschaffungsrisiko übernommen hat. Die Übernahme einer Garantie oder eines Beschaffungsrisikos ist eine Replik des Gläubigers, die von ihm darzulegen und gegebenenfalls zu beweisen ist.

III. Der Anspruch aus § 437 Nr. 3 i.V.m. Absatz 1

122 Der Anspruch setzt einen wirksamen Kaufvertrag sowie das Bestehen eines Sachmangels bei Gefahrübergang (§ 434 BGB) oder eines Rechtsmangels (§ 435 BGB) voraus. Auch im Rahmen der Verweisung in § 437 Nr. 3 BGB bleiben die beiden Grundfunktionen des § 280 Abs. 1 BGB als selbstständige Anspruchsgrundlage und als Grundtatbestand weiterer spezieller Ansprüche erhalten.

1. Speziell geregelte Pflichtverletzungen?

123 Alle Ansprüche aus den §§ 437 Nr. 3, 280 ff. BGB haben gemeinsam, dass der Verkäufer seine Leistungspflicht aus § 433 Abs. 1 Satz 2 BGB durch eine mangelhafte Lieferung verletzt hat. Diese Pflichtverletzung wird schon in § 437 BGB vorausgesetzt.

124 Die für einen Anspruch aus den §§ 437 Nr. 3, 280 Abs. 1 BGB erforderliche Pflichtverletzung ist allein die mangelhafte Lieferung (vgl. Rn. 125 ff.). Im Vergleich dazu enthalten die Ansprüche aus den §§ 437 Nr. 3, 280 Abs. 1 und 3, 283 BGB, den §§ 437 Nr. 3, 280 Abs. 1 und 3, 281 BGB und den §§ 437 Nr. 3, 280 Abs. 1 und 2, 286 BGB keine spezielle Regelung der in der mangelhaften Lieferung liegenden Pflichtverletzung, sondern stellen zusätzliche Voraussetzungen neben der mangelhaften Lieferung auf. So ist beispielsweise für den Anspruch aus den §§ 437 Nr. 3, 280 Abs. 1 und 3, 283 BGB neben der mangelhaften Lieferung zusätzlich erforderlich, dass der Verkäufer nachträglich von der Nacherfüllungspflicht gemäß § 275 Abs. 1-3 BGB befreit wird. Im Verhältnis zu dem Anspruch aus den §§ 437 Nr. 3, 280 Abs. 1 BGB enthalten die anderen Schadensersatzansprüche, auf die § 437 Nr. 3 BGB verweist, keine speziellen Regelungen der Pflichtverletzung, sondern das zusätzliche Erfordernis einer besonderen Pflichtverletzung. Der Anspruch aus den §§ 437 Nr. 3, 280 Abs. 1 BGB wird durch die anderen in § 437 Nr. 3 BGB genannten Ansprüche nicht ausgeschlossen, er ist aber auf den Ersatz des Schadens beschränkt, der nicht Schadensersatz statt der Leistung oder Schadensersatz wegen Verzögerung der Leistung darstellt (vgl. dazu Rn. 156).

2. Pflichtverletzung

125 Bei dem Anspruch aus den §§ 437 Nr. 3, 280 Abs. 1 BGB wird die Pflichtverletzung teilweise nicht allein in der mangelhaften Lieferung gesehen, sondern in der zusätzlichen Verletzung einer Rücksichtnahmepflicht i.S.d. § 241 Abs. 2 BGB.[180] Als Verletzung einer Rücksichtnahmepflicht wird das Unterlassen des Hinweises auf die durch den Mangel drohenden Gefahren angesehen[181] oder der Verstoß ge-

---

[176] BT-Drs. 14/6857, S. 49.
[177] BGH v. 06.10.1998 - VI ZR 239/97 - juris Rn. 9 - LM BGB § 823 (Aa) Nr. 181 (4/1999); BGH v. 18.12.1990 - VI ZR 169/90 - juris Rn. 12 - LM Nr. 60 zu BGB § 276 (Hb).
[178] *Katzenmeier*, VersR 2002, 1066-1074, 1068 *Spickhoff*, NJW 2002, 2530-2537, 2537.
[179] BGH v. 18.12.1990 - VI ZR 169/90 - juris Rn. 12 - LM Nr. 60 zu BGB § 276 (Hb).
[180] *Otto* in: Staudinger, § 280 Rn. C 24.
[181] *Faust* in: Bamberger/Roth, § 437 Rn. 144.

gen das Verbot, mangelhafte Sachen zu liefern, die in den Schutzbereich des Integritätsinteresses fallende Rechte, Rechtsgüter und Interessen gefährden[182]. Der Verstoß gegen Schutz- und Rücksichtnahmepflichten gemäß § 241 Abs. 2 BGB tritt danach neben die eigentliche Leistungspflicht.[183]

Für den Ersatz von Schäden, die durch die mangelhafte Lieferung eintreten (Mangelfolgeschäden) ist es jedoch überflüssig, den Schadensersatzanspruch aus der Verletzung einer Rücksichtnahmepflicht i.S.d. § 241 Abs. 2 BGB herzuleiten.[184] Die für den Anspruch aus den §§ 437 Nr. 3, 280 Abs. 1 BGB erforderliche Pflichtverletzung ist nur die mangelhafte Lieferung, weil schon diese allein ursächlich für den Schaden wird. Dem entspricht es, dass schon nach der früheren Rechtsprechung die Haftung für Mangelfolgeschäden aus positiver Vertragsverletzung als eine Haftung wegen Schlechterfüllung der Leistungspflicht und nicht als Haftung wegen einer Schutzpflichtverletzung angesehen wurde.[185] 126

Neben die mangelhafte Lieferung kann als zusätzliche Pflichtverletzung die Verletzung einer Rücksichtnahmepflicht treten. Anspruchsgrundlage ist dann § 280 Abs. 1 BGB. Die Haftung tritt gegebenenfalls neben die Haftung für die Folgen der Schlechterfüllung.[186] Dies ist beispielsweise der Fall bei einer Verletzung von Beratungspflichten (vgl. Rn. 86) oder bei der Verletzung einer Schutzpflicht. 127

3. Vertretenmüssen

Der Verkäufer haftet nicht, wenn er die Pflichtverletzung nicht zu vertreten hat. Bei dem Anspruch aus den §§ 437 Nr. 3, 280 Abs. 1 BGB liegt die Pflichtverletzung in der mangelhaften Lieferung. Der Verkäufer kann sich dadurch entlasten, dass er darlegt und gegebenenfalls beweist, dass er die mangelhafte Lieferung nicht zu vertreten hat. Ein Zwischenhändler wird sich grundsätzlich entlasten können, da er keine Untersuchungspflicht bezüglich der Kaufsache hat.[187] Nach einer Entscheidung des OLG Karlsruhe soll allerdings der bloße Hinweis, Zwischenhändler zu sein, für eine Entlastung des Verkäufers nicht ausreichen.[188] Bezogen auf die Pflicht zur mangelfreien Lieferung ist der Hersteller oder der Vorlieferant auch nicht der Erfüllungsgehilfe des Verkäufers (vgl. die Kommentierung zu § 278 BGB Rn. 19). 128

Der Verkäufer kann sich nicht entlasten, wenn er eine **Garantie** im Sinne des § 276 Abs. 1 Satz 1 BGB übernommen hat (vgl. dazu die Kommentierung zu § 276 BGB Rn. 18). 129

IV. Der Anspruch aus § 634 Nr. 4 i.V.m. Absatz 1

Der Anspruch setzt einen wirksamen Werkvertrag und ein mangelhaftes Werk voraus. Für die Schadensersatzansprüche des Bestellers verweist § 634 Nr. 4 BGB auf § 311a BGB und die §§ 280, 281, 283 BGB. Auch im Rahmen dieses Verweises hat § 280 BGB die Doppelfunktion als selbstständige Anspruchsgrundlage und als Grundtatbestand weiterer spezieller Ansprüche. 130

1. Pflichtverletzung

Die für den Anspruch aus den §§ 634 Nr. 4, 280 Abs. 1 BGB erforderliche Pflichtverletzung ist der Verstoß gegen die gemäß § 633 Abs. 1 BGB bestehende Pflicht zur mangelfreien Herstellung des Werks. 131

Diese Pflichtverletzung ist schon Voraussetzung des Verweises in § 634 BGB. Die Ansprüche aus den §§ 634 Nr. 4, 311a Abs. 2 BGB sowie aus den §§ 634 Nr. 4, 280 Abs. 1 und 3, 283 BGB und den §§ 634 Nr. 4, 280 Abs. 1 und 3, 281 BGB enthalten keine speziellen Regelungen dieser Pflichtverletzung, sondern setzen zusätzlich bestimmte Pflichtverletzungen voraus. Eine Abgrenzung zwischen diesen Ansprüchen und dem Anspruch aus den §§ 634 Nr. 4, 280 Abs. 1 BGB ist erst bei den Rechtsfolgen zu treffen. 132

2. Vertretenmüssen

Gemäß § 280 Abs. 1 Satz 2 BGB haftet der Unternehmer nicht, wenn er den Mangel nicht zu vertreten hat. Eine Entlastung ist ausgeschlossen, wenn der Unternehmer ein Beschaffungsrisiko oder eine Garantie im Sinne des § 276 Abs. 1 Satz 1 BGB übernommen hat. 133

---

[182] *Otto* in: Staudinger, § 280 Rn. C 24.
[183] *Otto* in: Staudinger, § 280 Rn. C 24.
[184] *Ernst* in: MünchKomm-BGB, § 280 Rn. 53; *Lorenz*, NJW 2002, 2497-2505, 2500.
[185] BGH v. 12.12.2001 - X ZR 39/00 - juris Rn. 7 - LM BGB § 276 (Ha) Nr. 10 (10/2002).
[186] *Ernst* in: MünchKomm-BGB, § 280 Rn. 54; *Lorenz*, NJW 2002, 2497-2505, 2500.
[187] BGH v. 18.02.1981 - VIII ZR 14/80 - LM Nr. 7 zu § 276 (Ha) BGB; *Haas*, BB 2001, 1313-1321, 1317.
[188] OLG Karlsruhe v. 02.09.2004 - 12 U 144/04 - juris Rn. 24 - ZGS 2004, 432-434.

C. Rechtsfolgen

I. Rechtsfolgen des Anspruchs aus Absatz 1

134 Ersetzt wird der durch die Pflichtverletzung entstandene Schaden. Aufgrund der Regelungen in § 280 Abs. 2 und 3 BGB können mit dem Schadensersatzanspruch aus § 280 Abs. 1 BGB nur solche Schäden ersetzt werden, die nicht Schadensersatz wegen Verzögerung der Leistung oder Schadensersatz statt der Leistung darstellen.

1. Nicht: Schadensersatz statt der Leistung

135 Der Begriff „Schadensersatz statt der Leistung" ist an die Stelle der bislang verwendeten Bezeichnung „Schadensersatz wegen Nichterfüllung" getreten. Die Bezeichnung wurde geändert, da der Schadensersatzanspruch nicht an die Stelle der Erfüllung tritt, sondern an die Stelle der primär geschuldeten Leistung, die nicht mehr verlangt werden kann.[189]

136 Der Anspruch auf Schadensersatz statt der Leistung zeichnet sich dadurch aus, dass er nicht neben dem Erfüllungsanspruch geltend gemacht werden kann. Das Erbringen der Leistung und Schadensersatz statt der Leistung schließen sich zwangsläufig aus.[190]

137 Für die Frage, ob eine Schadensposition als Schadensersatz statt der Leistung gemäß § 280 Abs. 3 BGB nur unter den zusätzlichen Voraussetzungen der dort genannten Vorschriften zu ersetzen ist, ist nicht entscheidend, ob die konkrete Schadensposition auch mit einem Schadensersatzanspruch statt der Leistung ersetzt werden kann. Entscheidend ist, ob der konkrete Schaden nur dann ersetzt werden kann, wenn die Voraussetzungen eines Schadensersatzanspruchs statt der Leistung vorliegen.

138 **Typische Schäden**, die nur durch einen Schadensersatzanspruch statt der Leistung zu ersetzen sind: Entgangener Gewinn des Verkäufers, d.h. die Differenz zwischen dem Einkaufspreis (bzw. den Herstellungskosten) und dem Verkaufspreis[191], Mindererlös aus einem Deckungsverkauf des Verkäufers[192], Kosten eines vom Käufer vorgenommenen Deckungskaufes[193]. Bei dem **entgangenen Gewinn des Käufers** wegen Fehlschlagen des Weiterverkaufs ist zu differenzieren: Scheitert der Weiterverkauf schon an der Verzögerung der Leistung, handelt es sich bei dem entgangenen Gewinn um einen Verzögerungsschaden. Beruht das Fehlschlagen des Weiterverkaufs dagegen auf der endgültigen Nichterfüllung des dem Käufer zustehenden Anspruchs, kann der entgangene Gewinn nur im Rahmen eines Schadensersatzanspruchs statt der Leistung ersetzt werden.

139 Der Anspruch des Vermieters auf entgangene Mieteinnahmen nach einer vom Mieter verursachten fristlosen Kündigung ist nicht eindeutig zuzuordnen. Die Miete ist die Leistung des Mieters, entgangene Mieteinnahmen sind daher begrifflich Schadensersatz statt der Leistung.[194] Andererseits ist die Miete nach der Kündigung nicht mehr fällig. Die Pflichtverletzung liegt nicht in der Nichtleistung, sondern darin, dass der Mieter einen Grund für die fristlose Kündigung gegeben hat. Der Kündigungsschaden kann daher gemäß § 280 Abs. 1 BGB ersetzt werden.[195]

2. Nicht: Schadensersatz wegen Verzögerung der Leistung

140 Bei dem Schadensersatz wegen Verzögerung der Leistung handelt es sich um den Verzögerungsschaden oder Verzugsschaden, der bislang gemäß § 286 Abs. 1 BGB a.F. ersetzt wurde. Der Verzögerungsschaden umfasst alle Vermögensnachteile, die dadurch entstehen, dass der Schuldner nicht rechtzeitig, sondern verspätet erfüllt. Ist ein Schaden Folge einer Verzögerung der Leistung, kann er nicht gemäß § 280 Abs. 1 BGB ersetzt werden (zum so genannten Betriebsausfallschaden vgl. Rn. 162).

3. Sonstige Schäden

141 Gemäß § 280 Abs. 1 BGB sind alle Schäden ersatzfähig, die nicht als Schadensersatz statt der Leistung oder als Schadensersatz wegen Verzögerung zu bewerten sind.

---

[189] BT-Drs. 14/6040, S. 137.
[190] BGH v. 27.05.1998 - VIII ZR 362/96 - juris Rn. 18 - LM BGB § 326 (Eb) Nr. 11 (3/1999).
[191] BGH v. 22.02.1989 - VIII ZR 45/88 - juris Rn. 18 - BGHZ 107, 67-71; BGH v. 29.06.1994 - VIII ZR 317/93 - juris Rn. 9 - BGHZ 126, 305-313.
[192] BGH v. 20.05.1994 - V ZR 64/93 - juris Rn. 9 - BGHZ 126, 131-138.
[193] BGH v. 27.05.1998 - VIII ZR 362/96 - juris Rn. 18 - LM BGB § 326 (Eb) Nr. 11 (3/1999).
[194] OLG Schleswig v. 11.04.2005 - 4 U 20/05 - juris Rn. 6 - OLGR Schleswig 2005, 530-535.
[195] BGH v. 13.06.2007 - VIII ZR 281/06 - juris Rn. 9 - NJW 2007, 2474-2475.

a. Allgemeine Grundsätze

Ersetzt wird der gesamte Schaden, für den die Pflichtverletzung kausal geworden ist, soweit er mit ihr in einem Zurechnungszusammenhang steht. **142**

Für die Kausalität zwischen der Pflichtverletzung und dem Schaden trägt grundsätzlich der Gläubiger die Beweislast.[196] Bei der **Verletzung von Aufklärungs- und Beratungspflichten** ist eine Umkehr der Beweislast dann anerkannt, wenn die verletzte Pflicht gerade dazu dienen sollte, dem Vertragspartner bestimmte vertragstypische Risiken und Gefahren zu verdeutlichen.[197] **143**

Diese Rechtsprechung gilt nicht bei Verträgen mit **rechtlichen und steuerlichen Beratern**. Bei diesen besteht aber eine widerlegliche tatsächliche Vermutung dafür, dass sich der Schuldner beratungsgemäß verhalten hätte, wenn er zutreffend aufgeklärt worden wäre.[198] Dabei handelt es sich um einen Fall des Anscheinsbeweises, die Vermutung beratungsgerechten Verhaltens hat keine Umkehr der Beweislast zur Folge.[199] Dies gilt auch bei groben Beratungsfehlern.[200] Die Vermutung beratungsgerechten Verhaltens greift aber nur dann ein, wenn bei vertragsgemäßer Beratung vernünftigerweise nur eine Entscheidung nahe gelegen hätte.[201] Voraussetzung sind tatsächliche Feststellungen, die im Falle sachgerechter Aufklärung durch den Berater aus der Sicht eines vernünftig urteilenden Mandanten eindeutig eine bestimmte tatsächliche Reaktion nahegelegt hätten.[202] **144**

Auch bei der **Arzthaftung** hat der Geschädigte zu beweisen, dass sein Gesundheitsschaden auf dem Eingriff beruht, über den er mangelhaft aufgeklärt worden ist.[203] Bei groben Beratungsfehlern bestehen Beweiserleichterungen.[204] **145**

Bei Fehlern im **Vergabeverfahren** kann der Geschädigte regelmäßig nur dann Schadensersatz verlangen, wenn er bei einem rechtmäßigen Vergabeverfahren den Auftrag hätte erhalten müssen.[205] **146**

Lässt sich nicht feststellen, wer von mehreren Beteiligten den Schaden durch seine Handlung verursacht hat, findet § 830 Abs. 1 Satz 2 BGB entsprechende Anwendung.[206] **147**

Grundsätzlich sind alle kausalen Schadensfolgen dem Schädiger auch zurechenbar. Im Einzelfall kann es jedoch an dem **Zurechnungszusammenhang** zwischen der Pflichtverletzung und dem eingetretenen Schaden fehlen.[207] Eine Pflichtverletzung kann nur zum Ersatz der Schäden führen, deren Vermeidung die verletzte Pflicht bezweckt.[208] Beruht ein Schaden auf mehreren Ursachen, die von verschiedenen Personen gesetzt worden sind, haften diese grundsätzlich als Gesamtschuldner. Die Zurechenbarkeit fehlt jedoch, wenn das Eingreifen eines Dritten den Geschehensablauf so verändert, dass der Schaden bei wertender Betrachtung in keinem inneren Zusammenhang zu der vom Schuldner zu vertretenden Vertragsverletzung steht.[209] **148**

---

[196] BGH v. 09.06.1994 - IX ZR 125/93 - juris Rn. 43 - BGHZ 126, 217-226.

[197] BGH v. 16.11.1993 - XI ZR 214/92 - juris Rn. 22 - BGHZ 124, 151-163; BGH v. 09.06.1994 - IX ZR 125/93 - juris Rn. 43 - BGHZ 126, 217-226; BGH v. 26.09.1997 - V ZR 29/96 - juris Rn. 17 - LM BGB § 249 (A) Nr. 113 (4/1998).

[198] BGH v. 13.11.1997 - IX ZR 37/97 - juris Rn. 13 - LM BGB § 675 Nr. 245 (4/1998); BGH v. 09.06.1994 - IX ZR 125/93 - juris Rn. 43 - BGHZ 126, 217-226; BGH v. 21.07.2005 - IX ZR 49/02 - juris Rn. 10 - NJW 2005, 3275-3277.

[199] BGH v. 30.09.1993 - IX ZR 73/93 - juris Rn. 15 - BGHZ 123, 311-320; BGH v. 17.01.2003 - V ZR 137/02 - juris Rn. 27 - DNotZ 2003, 408-413.

[200] BGH v. 12.12.1996 - IX ZR 214/95 - juris Rn. 39 - BGHZ 134, 212-223.

[201] BGH v. 13.01.2005 - IX ZR 455/00 - juris Rn. 13 - NJW-RR 2005, 784-786; BGH v. 19.01.2006 - IX ZR 232/01 - juris Rn. 26 - ZIP 2006, 1050-1056.

[202] BGH v. 05.02.2009 - IX ZR 6/06 - juris Rn. 9 - NJW 2009, 1591-1593.

[203] BGH v. 01.10.1985 - VI ZR 19/84 - juris Rn. 19 - LM Nr. 46 zu § 286 (A) ZPO; BGH v. 26.11.1991 - VI ZR 389/90 - juris Rn. 23 - LM ZPO § 286 (G) Nr. 4 (4/1992).

[204] BGH v. 26.11.1991 - VI ZR 389/90 - juris Rn. 20 - LM ZPO § 286 (G) Nr. 4 (4/1992); BGH v 13.01.1998 - VI ZR 242/96 - juris Rn. 9 - BGHZ 138, 1-8; BGH v. 16.11.2004 - VI ZR 328/03 - juris Rn. 11 - NJW 2005, 427-429; BGH v. 08.01.2008 - VI ZR 118/06 - juris Rn. 9 - NJW 2008, 433-435; OLG München v. 11.01.2007 - 1 U 4714/06 - juris Rn. 20; OLG Koblenz v. 20.09.2007 - 5 U 899/07 - juris Rn. 5 - OLGR Koblenz 2008, 48.

[205] BGH v. 26.01.2010 - X ZR 86/08 - juris Rn. 16 - WRP 2010, 662-665.

[206] BGH v. 16.01.2001 - X ZR 69/99 - juris Rn. 16 - NJW 2001, 2538-2541; ablehnend *Henne*, VersR 2002, 685-689, 685.

[207] BGH v. 29.11.2001 - IX ZR 278/00 - juris Rn. 34 - LM BGB § 675 Nr. 308 (7/2002).

[208] BGH v. 13.02.2003 - IX ZR 62/02 - juris Rn. 8 - WM 2003, 1621-1623.

[209] BGH v. 15.11.2007 - IX ZR 44/04 - juris Rn. 11 - NJW 2008, 1309-1311.

149 Auch bei anwaltlichen Pflichtverletzungen kommt nach der Rechtsprechung des BGH eine Unterbrechung des Zurechnungszusammenhangs durch Fehler des Gerichts nur in eng begrenzten Ausnahmefällen in Betracht.[210] Dies ist beispielsweise dann der Fall, wenn der Fehler des Anwalts schlechthin ungeeignet war, die gerichtliche Fehlentscheidung hervorzurufen.[211] Es besteht allerdings eine anwaltliche Pflicht, den Mandanten vor Fehlentscheidungen des Gerichts zu bewahren. Übersehen der Anwalt und das Gericht ein für den Mandanten günstiges Urteil des BGH, wird der Zurechnungszusammenhang zwischen der anwaltlichen Pflichtverletzung und dem Schaden nicht unterbrochen.[212]

150 Der Steuerberater haftet nur für solche Schadensfolgen, zu deren Abwendung die verletzte Vertragspflicht übernommen wurde.[213] Eine Steuerberatungsgesellschaft, die bei Kapitalanlagen eine falsche Auskunft über deren steuerliche Vorteile gibt, haftet für das Ausbleiben von Steuervorteilen, aber nicht für das verloren gegangene Anlagekapital.[214]

151 Der Schadensersatzanspruch aus § 280 Abs. 1 BGB kann auf die Freistellung von Pflichten aus einem Vertrag gerichtet sein, wenn dem Anspruchsteller durch die Pflichtverletzung ein Vermögensschaden entstanden ist.

b. Besonderheiten bei Pflichtverletzungen vor Vertragsschluss

152 Bei dem **grundlosen Abbruch von Vertragsverhandlungen** ist nicht das Erfüllungsinteresse zu ersetzen, sondern nur der Schaden, der infolge des Vertrauens in den in Aussicht gestellten Vertragsschluss entstanden ist. Ein Anspruch auf das Erfüllungsinteresse besteht nicht, weil der Gläubiger sich nicht darauf verlassen konnte, dass ein Vertrag abgeschlossen werde, er konnte vielmehr nur damit rechnen, dass der Schuldner sich nicht ohne Grund von den Vertragsverhandlungen löst. Eine Haftung auf das Erfüllungsinteresse würde den Schuldner praktisch dazu zwingen, weiter zu verhandeln und nicht gewollte Verträge abzuschließen.[215] Ist der in Aussicht genommene Vertrag formbedürftig, scheidet eine Haftung auf das Erfüllungsinteresse schon wegen des Schutzzwecks der Formvorschriften aus.[216]

153 Ein Anspruch auf das positive Interesse besteht, wenn dem Bieter der Zuschlag zu Unrecht verweigert wird.[217] Die Mitteilungspflicht des aus einem Vorkaufsrecht Verpflichteten gemäß § 469 Abs. 1 BGB hat den Zweck, das Erfüllungsinteresse des Vorkaufsberechtigten zu schützen. Ihre Verletzung kann daher einen Anspruch auf das Erfüllungsinteresse begründen.[218]

154 Hat der Schuldner aufgrund einer vorvertraglichen Pflichtverletzung die **Unwirksamkeit des Vertrags** zu vertreten, ist der Gläubiger so zu stellen, wie er ohne die Pflichtverletzung gestanden hätte. Grundsätzlich ist davon auszugehen, dass ohne die Pflichtverletzung der Vertrag nicht zustande gekommen wäre. Der Geschädigte kann dann die Rückabwicklung der schon erbrachten Leistungen und Ersatz seiner Aufwendungen verlangen. Es kann aber auch sein, dass ohne das schadensbegründende Verhalten der Vertrag wirksam zustande gekommen wäre. In diesem Ausnahmefall kann der Geschädigte verlangen, wirtschaftlich so gestellt zu werden, wie er bei einem wirksamen Vertragsschluss gestanden hätte.[219] Dies gilt insbesondere dann, wenn ohne das schädigende Verhalten ein Vertrag mit einem Dritten zustande gekommen wäre. Aber auch dann, wenn ohne das schädigende Verhalten mit demselben Vertragspartner ein Vertrag zu anderen, für den Geschädigten günstigeren Bedingungen zustande gekommen wäre, ist nach der h.M. das Erfüllungsinteresse für diesen Vertrag zu ersetzen.[220]

155 Auch dann, wenn der Geschädigte einen **nachteiligen Vertrag** geschlossen hat und dieser ohne die Pflichtverletzung zu anderen, für den Betroffenen günstigeren Bedingungen zustande gekommen wäre, kann ausnahmsweise der Ersatzanspruch aus § 280 Abs. 1 BGB auf das Erfüllungsinteresse gerichtet

---

[210] BGH v. 15.11.2007 - IX ZR 44/04 - juris Rn. 11 - BGHZ 174, 205-213.
[211] BGH v. 15.11.2007 - IX ZR 44/04 - juris Rn. 19 - BGHZ 174, 205-213.
[212] BGH v. 18.12.2008 - IX ZR 179/07 - juris Rn. 21 - NJW 2009, 987-989.
[213] BGH v. 07.12.2006 - IX ZR 37/04 - juris Rn. 23 - WM 2007, 564-567.
[214] BGH v. 13.02.2003 - IX ZR 62/02 - juris Rn. 5 - WM 2003, 1621-1623.
[215] BGH v. 15.04.1981 - II ZR 105/80 - WM 1981, 787-789.
[216] BGH v. 21.09.1987 - II ZR 16/87 - juris Rn. 9 - LM Nr. 12 zu § 2 GmbHG.
[217] OLG Schleswig v. 12.10.2004 - 6 U 81/01 - juris Rn. 19 - VergabeR 2006, 568-576.
[218] BGH v. 14.12.2001 - V ZR 212/00 - juris Rn. 16 - BGHReport 2002, 751.
[219] BGH v. 22.09.2005 - VII ZR 34/04 - juris Rn. 35 - BGHZ 164, 166-176.
[220] BGH v. 24.06.1998 - XII ZR 126/96 - juris Rn. 15 - LM BGB § 276 (Fc) Nr. 25 (11/1998).

sein.[221] Dies setzt voraus, dass ein solcher Vertrag bei erfolgter Aufklärung zustande gekommen wäre, was der Geschädigte zu beweisen hat.[222]

II. Rechtsfolgen des Anspruchs aus § 437 Nr. 3 i.V.m. Absatz 1

Im Rahmen der Sachmängelgewährleistung des Kaufrechts wird gemäß den §§ 437 Nr. 3, 280 Abs. 1 BGB der Schaden ersetzt, der allein durch die mangelhafte Lieferung entstanden ist. 156

Sind mehrere Mängel ursächlich für einen Schaden und ist jeder für sich allein ausreichend, den gesamten Schaden herbeizuführen, dann sind alle Mängel als rechtlich ursächlich zu behandeln.[223] 157

Nicht ersatzfähig gemäß den §§ 437 Nr. 3, 280 Abs. 1 BGB sind Schäden, die als Schadensersatz statt der Nacherfüllung oder Schadensersatz wegen Verzögerung der Nacherfüllung einzustufen sind. Schäden, die auf der Verzögerung oder dem Ausbleiben der Nacherfüllung beruhen, sind gemäß den §§ 437 Nr. 3, 280 Abs. 2 und 3 BGB nur unter weiteren Voraussetzungen zu ersetzen. Damit beschränkt sich der Anspruch auf alle sonstigen Schäden, die allein durch die mangelhafte Lieferung verursacht worden sind. 158

Nur mit einem Anspruch auf Schadensersatz statt der Nacherfüllung zu ersetzen sind die Schäden, die ihrer Art nach an die Stelle der endgültig ausgebliebenen Nacherfüllung treten. Dies ist beim großen Schadensersatzanspruch der Geldbetrag, der einer bereits geleisteten Kaufpreiszahlung entspricht[224], beim kleinen Schadensersatzanspruch die Wertdifferenz zwischen dem Wert der mangelhaften Sache und dem Wert der Sache in mangelfreiem Zustand[225]. 159

Nur mit einem Schadensersatzanspruch wegen Verzögerung der Nacherfüllung sind Schäden zu ersetzen, die bei einer unverzüglichen Nacherfüllung vermieden worden wären und die ihrer Funktion nach Ersatz für die Verzögerung darstellen. 160

Der **Nutzungsausfall während einer Reparatur** ist durch eine unverzügliche Nacherfüllung nicht vermeidbar, da er während der Nachbesserung auftritt. Es handelt sich um einen sonstigen Schaden, der gemäß den §§ 437 Nr. 3, 280 Abs. 1 BGB ersatzfähig ist.[226] 161

Bezüglich **weiterer Betriebsausfallschäden** wie den Kosten einer vorübergehenden Ersatzanmietung oder dem entgangenen Gewinn, ist zu differenzieren. Sind diese Schäden auch durch eine unverzügliche Nacherfüllung nicht vermeidbar, handelt es sich um Mangelfolgeschäden, die gemäß § 280 Abs. 1 BGB ersatzfähig sind. Würden die Schäden im Falle einer unverzüglichen Nacherfüllung nicht entstehen, handelt es sich um Verzögerungsschäden, die grundsätzlich erst nach einer erfolglosen Mahnung bzw. Fristsetzung ersetzen werden. Treten Betriebsausfallschäden nach Ablauf einer dem Verkäufer zur Nacherfüllung gesetzten Frist auf, können sie mit einem Schadensersatzanspruch statt der Leistung ersetzt werden.[227] 162

Bei den **Gutachterkosten zur Feststellung eines Mangels** ist schon fraglich, ob sie durch eine unverzügliche Nacherfüllung vermieden worden wären, denn so lange der Mangel nicht festgestellt ist, kann der Verkäufer eine Nacherfüllung regelmäßig nur theoretisch schulden. Jedenfalls handelt es sich nicht um Schäden, die verzögerungstypisch sind oder die an die Stelle der Nacherfüllung treten. Gutachterkosten sind daher gemäß den §§ 437 Nr. 1, 280 Abs. 1 BGB zu ersetzen. Dies setzt allerdings voraus, dass der Verkäufer die mangelhafte Lieferung und nicht nur die verzögerte Nacherfüllung zu vertreten hat. Gutachterkosten können ausnahmsweise mit dem Schadensersatzanspruch statt der Leistung zu ersetzen sein, nämlich dann, wenn sie nach dem Fristablauf eingetreten sind und zur Feststellung des Schadensumfangs dienen. 163

---

[221] Für den Anspruch aus culpa in contrahendo: BGH v. 06.04.2001 - V ZR 394/99 - juris Rn. 9 - LM BGB § 276 (Fa) Nr. 163 (9/2001); BGH v. 24.06.1998 - XII ZR 126/96 - juris Rn. 15 - LM BGB § 276 (Fc) Nr. 25 (11/1998); BGH v. 02.03.1988 - VIII ZR 380/86 - juris Rn. 26 - LM Nr. 37 zu § 252 BGB.

[222] BGH v. 19.05.2006 - V ZR 264/05 - juris Rn. 22 - BGHZ 168, 35-43.

[223] BGH v. 07.05.2004 - V ZR 77/03 - juris Rn. 12 - NJW 2004, 2526-2529.

[224] BGH v. 21.04.1978 - V ZR 235/77 - juris Rn. 19 - BGHZ 71, 234-243; BGH v. 01.10.2004 - V ZR 210/03 - juris Rn. 20 - NJW-RR 2005, 10-13.

[225] BGH v. 23.06.1989 - V ZR 40/88 - juris Rn. 19 - BGHZ 108, 156-164; BGH v. 10.06.1998 - V ZR 324/97 - LM BGB § 463 Nr. 78 (3/1999).

[226] BGH v. 19.06.2009 - V ZR 93/08 - juris Rn. 11 - BGHZ 181, 317-328.

[227] BGH v. 14.04.2010 - VIII ZR 145/09 - juris Rn. 13; OLG Celle v. 16.04.2008 - 7 U 224/07 - juris Rn. 31 - NJW-RR 2008, 1635-1638.

III. Rechtsfolgen des Anspruchs aus den §§ 634 Nr. 4, 280 Abs. 1 BGB

164 Nach den §§ 634 Nr. 4, 280 Abs. 1 BGB werden die Schäden ersetzt, die allein durch die mangelhafte Erstellung des Werks eingetreten sind. Es darf sich nicht um Schadensersatz statt der Leistung oder Schadensersatz wegen Verzögerung der Leistung handeln. Unter den Schadensersatz statt der Nacherfüllung fallen Schäden, die ihrer Art nach an die Stelle der Nacherfüllung treten. Verzögerungsschäden sind in diesem Zusammenhang die Schäden, die darauf beruhen, dass die Nacherfüllung nicht unverzüglich durchgeführt wurde und ihrer Art nach Verzögerungsschäden darstellen.

165 Der so genannte **Realisierungsschaden**, der dadurch entsteht, dass er die notwendige Folge der körperlichen Realisierung eines Geisteswerks ist, wurde nach dem früheren Recht als unmittelbarer Mangelfolgeschaden angesehen.[228] Ersatzansprüche wegen dieser Schäden sollten aufgrund des engen Zusammenhangs mit der Werkleistung der kurzen Verjährung des § 638 BGB a.F. unterliegen. Nach dem heutigen Recht tritt der Ersatz eines Realisierungsschadens nicht an die Stelle der Nacherfüllung. Er stellt seiner Art nach auch keinen Verzögerungsschaden dar. Es handelt sich um einen sonstigen Schaden, der gemäß den §§ 634 Nr. 4, 280 Abs. 1 BGB ersetzt wird. Eine Fristsetzung ist entbehrlich, da der Realisierungsschaden durch eine Nachbesserung des zugrunde liegenden Geisteswerks nicht mehr zu verhindern ist.[229]

166 Auch der **Nutzungsausfall** während einer Nachbesserung ist – wie im Kaufrecht – als sonstiger Schaden anzusehen. **Gutachterkosten** zur Ermittlung des Mangels sind Mangelfolgeschäden.[230] **Weitere Mangelfolgeschäden** sind beispielsweise:[231] Brandschäden an einem Gebäude nach Arbeiten an einer Ölfeuerungsanlage, Brandschäden nach Schweiß- und Isolierungsarbeiten, Wasserschäden nach Montage einer Probeheizung, Schäden durch auslaufendes Öl als Folge fehlerhafter Schweißarbeiten an Rohrteilen, Schäden durch Absturz eines nicht ordnungsgemäß befestigten Wandregals oder die durch eine Notlandung entstandenen Schäden, die durch den fehlerhaften Einbau eines Tankanzeigegeräts in ein Flugzeug bedingt waren.

167 Folgeschäden, die durch die Nachbesserung an anderen Sachen des Bestellers entstehen, gehören nicht zum Schadensersatz statt der Leistung und sind mit dem Anspruch aus §§ 634 Nr. 4, 280 Abs. 1 BGB ersatzfähig.[232]

---

[228] BGH v. 26.03.1996 - X ZR 100/94 - juris Rn. 40 - WM 1996, 1785-1790; BGH v. 07.03.2002 - VII ZR 1/00 - juris Rn. 45 - NJW 2002, 3543-3545.
[229] BGH v. 07.03.2002 - VII ZR 1/00 - juris Rn. 40 - NJW 2002, 3543-3545.
[230] BGH v. 13.09.2001 - VII ZR 392/00 - juris Rn. 14 - LM VOB/B 1973 § 13 (C) Nr. 31 (9/2002); BGH v. 27.02.2003 - VII ZR 338/01 - juris Rn. 28 - BGHZ 154, 119-124.
[231] BGH v. 26.03.1996 - X ZR 100/94 - juris Rn. 42 - WM 1996, 1785-1790.
[232] Offengelassen: BGH v. 08.12.2011 - VII ZR 198/10 - juris Rn. 9 - NJW-RR 2012, 268-269.

§ 281 BGB Schadensersatz statt der Leistung wegen nicht oder nicht wie geschuldet erbrachter Leistung

(Fassung vom 02.01.2002, gültig ab 01.01.2002)

(1) ¹Soweit der Schuldner die fällige Leistung nicht oder nicht wie geschuldet erbringt, kann der Gläubiger unter den Voraussetzungen des § 280 Abs. 1 Schadensersatz statt der Leistung verlangen, wenn er dem Schuldner erfolglos eine angemessene Frist zur Leistung oder Nacherfüllung bestimmt hat. ²Hat der Schuldner eine Teilleistung bewirkt, so kann der Gläubiger Schadensersatz statt der ganzen Leistung nur verlangen, wenn er an der Teilleistung kein Interesse hat. ³Hat der Schuldner die Leistung nicht wie geschuldet bewirkt, so kann der Gläubiger Schadensersatz statt der ganzen Leistung nicht verlangen, wenn die Pflichtverletzung unerheblich ist.

(2) Die Fristsetzung ist entbehrlich, wenn der Schuldner die Leistung ernsthaft und endgültig verweigert oder wenn besondere Umstände vorliegen, die unter Abwägung der beiderseitigen Interessen die sofortige Geltendmachung des Schadensersatzanspruchs rechtfertigen.

(3) Kommt nach der Art der Pflichtverletzung eine Fristsetzung nicht in Betracht, so tritt an deren Stelle eine Abmahnung.

(4) Der Anspruch auf die Leistung ist ausgeschlossen, sobald der Gläubiger statt der Leistung Schadensersatz verlangt hat.

(5) Verlangt der Gläubiger Schadensersatz statt der ganzen Leistung, so ist der Schuldner zur Rückforderung des Geleisteten nach den §§ 346 bis 348 berechtigt.

Gliederung

A. Grundlagen 1	d. Nichtleistung bei Entbehrlichkeit der Fristsetzung aufgrund besonderer Umstände (Absatz 2 Alternative 2) 48
I. Kurzcharakteristik 1	
II. Gesetzgebungsmaterialien 5	e. Erneute Pflichtverletzung nach Abmahnung (Absatz 3) 56
B. Anwendungsvoraussetzungen 6	
I. Schuldverhältnis 6	III. Vertretenmüssen i.S.d. Absatzes 1 Satz 2 59
II. Pflichtverletzung 7	IV. Anspruchsausschluss bei eigener Vertragsuntreue des Gläubigers 63
1. Fälliger (und durchsetzbarer) Anspruch 12	
a. Anspruch 12	**C. Rechtsfolgen** 66
b. Fällig und durchsetzbar 14	I. Schwebezustand 66
2. Leistung nicht oder nicht wie geschuldet erbracht 16	II. Erlöschen des Erfüllungsanspruchs (Absatz 4) 72
a. Nichtleistung 16	III. Erlöschen des Gegenleistungsanspruchs 75
b. Leistung nicht wie geschuldet erbracht 19	IV. Anspruch auf Schadensersatz statt der Leistung 76
3. Nichtleistung nach Fristsetzung und Pflichtverletzungen bei Entbehrlichkeit der Fristsetzung 23	1. Allgemeine Grundsätze 76
a. Nichtleistung nach Fristsetzung 23	2. Besonderheiten des Anspruchs aus den §§ 437 Nr. 3, 280 Abs. 1 und 3, 281 BGB 88
b. Nichtleistung bei Entbehrlichkeit aufgrund Sonderregeln (§§ 437 Nr. 3, 440, 634 Nr. 4, 636 BGB) 42	a. Kleiner/großer Schadensersatzanspruch 91
	b. Ersatz weiterer Schäden 110
c. Ernsthafte und endgültige Erfüllungsverweigerung (Absatz 2 Alternative 1) 43	3. Besonderheiten des Anspruchs aus den §§ 634 Nr. 4, 280 Abs. 1 und 3, 281 BGB 116
	a. Großer Schadensersatzanspruch 116
	b. Kleiner Schadensersatzanspruch 119

§ 281

A. Grundlagen

I. Kurzcharakteristik

1 § 281 BGB ist eine der zentralen Normen des Leistungsstörungsrechts. In Verbindung mit § 280 Abs. 1 und 3 BGB ersetzte die Regelung den § 326 BGB a.F., soweit Schadensersatz verlangt wird. Anders als § 326 BGB a.F. setzt § 281 BGB keine Ablehnungsandrohung voraus. Der Anspruch auf die Leistung erlischt auch nicht mit dem Fristablauf, sondern gemäß § 281 Abs. 4 BGB erst mit dem Schadensersatzverlangen.

2 Aufgrund der Verweise in den §§ 437 Nr. 3 und 634 Nr. 4 BGB ist § 281 BGB (i.V.m. § 280 Abs. 1 und 3 BGB) zugleich die wohl wichtigste Anspruchsgrundlage für einen Schadensersatzanspruch im Gewährleistungsrecht des Kauf- und Werkvertrags. Wie alle Normen des Allgemeinen Teils des Schuldrechts, auf die in den §§ 437 und 634 BGB verwiesen wird, regelt § 281 BGB nicht nur Fälle des allgemeinen Leistungsstörungsrechts, sondern auch Fälle der Schlechtleistung.

3 Die Möglichkeit, nach einer erfolglosen Fristsetzung Schadensersatz statt der Leistung zu verlangen, besteht auch, wenn der Schuldner rechtskräftig zur Leistung verurteilt ist. § 281 BGB ersetzt insoweit die gestrichene Regelung des § 283 BGB a.F.[1]

4 Die Voraussetzungen eines Schadensersatzanspruchs statt der Leistung gemäß den §§ 280 Abs. 1 und 3, 281 BGB sind weitgehend identisch mit denen eines Rücktrittsrechts aus § 323 BGB. Kann der Gläubiger bei einem gegenseitigen Vertrag Schadensersatz statt der Leistung verlangen, so kann er regelmäßig auch zurücktreten.

II. Gesetzgebungsmaterialien

5 Gesetzesentwurf BT-Drs. 14/6040, S. 137-141; Stellungnahme des Bundesrats BR-Drs. 338/01, S. 16-19; BT-Drs. 14/6857, S. 12-13; Gegenäußerung der Bundesregierung BT-Drs. 14/6857, S. 49-50; Beschlussempfehlung und Bericht des Rechtsausschusses BT-Drs. 14/7052, S. 184-185.

B. Anwendungsvoraussetzungen

I. Schuldverhältnis

6 Ein Anspruch aus den §§ 280 Abs. 1 und 3, 281 BGB kommt in allen Schuldverhältnissen in Betracht. Der Anspruch auf Schadensersatz statt der Leistung setzt allerdings voraus, dass das Schuldverhältnis Leistungspflichten zum Inhalt hat. Innerhalb gesetzlicher Schuldverhältnisse ist § 281 BGB anwendbar, soweit keine Sonderregeln bestehen. Im Bereicherungsrecht war § 283 BGB a.F. auch für Bereicherungsansprüche mit Einschränkungen anwendbar, insbesondere durfte eine Verurteilung zum Schadensersatz wegen Nichterfüllung nicht die Regelung des § 818 Abs. 2 BGB unterlaufen.[2] Mit diesem Vorbehalt kann auch § 281 BGB auf Bereicherungsansprüche angewendet werden. § 283 BGB a.F. wurde auch auf den Herausgabeanspruch aus § 985 BGB angewandt.[3] Die Anwendung des § 281 BGB auf den Vindikationsanspruch ist jedoch bedenklich, da die im Eigentümer-Besitzer-Verhältnis enthaltene ausgewogene Regelung zu Lasten des Besitzers verändert werden würde.[4] Ob § 281 BGB auf den negatorischen Beseitigungsanspruch aus § 1004 BGB anwendbar ist, ist umstritten. Teilweise wird dies mit dem Argument verneint, der negatorische Beseitigungsanspruch sei wie der Anspruch aus § 985 BGB ein dinglicher Rechtsverwirklichungsanspruch, mit dessen dienender Funktion die Umwandlung in einen Schadensersatzanspruch nicht vereinbar sei.[5] Für die Anwendung des § 281 BGB auf den Anspruch aus § 1004 BGB besteht aber zumindest in zwei Fallgruppen ein praktisches Bedürfnis, nämlich dann, wenn der Eigentümer die Störung selbst beseitigen möchte und ihm die notwendigen Mittel fehlen und dann, wenn er bereit ist, eine Beeinträchtigung seines Eigentums hinzunehmen, dafür aber eine Entschädigung haben möchte.[6]

---

[1] *Schnur*, NJW 2002, 2518-2520, 2518 ff.; *Gsell*, JZ 2004, 110-121, 110 ff.; *Wieser*, NJW 2003, 2432-2434, 2432 ff.
[2] BGH v. 26.11.1999 - V ZR 302/98 - juris Rn. 8 - LM BGB § 283 Nr. 8 (4/2000).
[3] BGH v. 28.01.2002 - II ZR 253/00 - juris Rn. 3 - LM BGB § 985 Nr. 40 (10/2002).
[4] *Gursky*, Jura 2004, 433-438, 438; *Katzenstein*, AcP 206, 96-135; *Gebauer/Huber*, ZGS 2005, 103-110.
[5] *Gursky* in: Staudinger, § 1004 Rn. 168.
[6] OLG Karlsruhe v. 17.01.2012 - 12 U 143/11 - juris Rn. 28 f. - NJW 2012, 1520-1522.

II. Pflichtverletzung

Der Tatbestand des § 281 BGB setzt zwei Pflichtverletzungen voraus. Die erste Pflichtverletzung ist die Nichtleistung bei Fälligkeit oder die Schlechtleistung. Darüber hinaus ist als weitere Pflichtverletzung grundsätzlich erforderlich, dass der Schuldner bei Fristablauf nicht leistet oder nacherfüllt. Ist die Fristsetzung entbehrlich, liegt die Pflichtverletzung in der ernsthaften und endgültigen Erfüllungsverweigerung oder in einem anderen Umstand, der die Fristsetzung gemäß § 281 Abs. 2 BGB entbehrlich macht.

Nach ganz überwiegend in der Literatur vertretener Ansicht begründet allein der **Nichteintritt des Erfolgs** die Pflichtverletzung.[7] Auch im RegE wird die Pflichtverletzung „ganz einfach" darin gesehen, dass die geschuldete Leistung nicht erbracht wird.[8]

Der fünfte Senat des BGH hat dagegen entschieden, dass nicht mit jeder Nichterfüllung des Vertrags auch eine Pflichtverletzung des Schuldners festgestellt ist.[9] Der Verkäufer eines Grundstücks kann die Eigentumsumschreibung nicht selbst herbeiführen, er schuldet nur die **Handlungen**, die für die Umschreibung des Eigentums erforderlich sind, nicht jedoch den Erfolg selbst.

Für letztere Ansicht spricht, dass der verhaltensbezogene Begriff der Pflichtverletzung unstreitig bei der Verletzung nicht leistungsbezogener Nebenpflichten gilt. Erstreckt man ihn auch auf die Verletzung von Leistungspflichten, ergibt sich ein einheitlicher Begriff der Pflichtverletzung. Bei einem rein erfolgsbezogenen Begriff der Pflichtverletzung stellt auch die vom Gläubiger herbeigeführte Unmöglichkeit eine Pflichtverletzung des Schuldners dar, diese begriffliche Merkwürdigkeit wird bei einem verhaltensbezogenen Begriff der Pflichtverletzung vermieden. Für einen verhaltensbezogenen Begriff der Pflichtwidrigkeit spricht auch, dass die Frist durch die Vornahme der Leistungshandlung gewahrt wird. Versteht man die Pflichtverletzung als Verhalten des Schuldners, ist die Rechtsfolgenbestimmung nach allgemeinen Grundsätzen möglich. Der Schuldner haftet für alle durch sein pflichtwidriges Verhalten zurechenbar verursachten Schäden. Bei der konkreten Schadensberechnung wird verglichen, wie sich die Vermögenslage bei vertragsgemäßem Verhalten entwickelt hätte und wie sie sich tatsächlich entwickelt hat.[10]

Eine Erweiterung des verhaltensbezogenen Begriffs der Pflichtverletzung ist bei der Übernahme einer Garantie geboten. Diese erweitert nicht nur das Vertretenmüssen, sondern auch die objektive Pflichtwidrigkeit.[11]

1. Fälliger (und durchsetzbarer) Anspruch

a. Anspruch

Regelmäßig wird es sich um einen Anspruch aus einem gegenseitigen Vertrag handeln. § 281 BGB gilt jedoch auch für einseitige Verpflichtungen. Die Norm ist auch anwendbar, wenn der Schuldner rechtskräftig zur Herausgabe einer Sache verurteilt worden ist. Der Gläubiger kann Schadensersatz verlangen, ohne zunächst die Vollstreckung aus dem Herausgabetitel zu betreiben.[12] § 281 BGB ist auch auf einen Anspruch aus § 985 BGB anwendbar.[13]

Die Anwendung des § 281 BGB ist bei Rückgabeansprüchen wie der **Rückgabepflicht des Mieters aus § 546 Abs. 1 BGB** oder der Rückgabepflicht des Entleihers nicht unproblematisch. Schon im Gesetzgebungsverfahren wurde die Gefahr gesehen, dass der Vermieter dem Mieter eine Frist zur Rückgabe setzt und nach deren Ablauf Schadensersatz statt der Rückgabe verlangt. Dieser soll im Ersatz des Wertes der Mietsache gegen deren Übereignung bestehen und damit auf eine Art „Zwangsverkauf" hinauslaufen.[14] Die Schuldrechtskommission hatte eine Regelung vorgeschlagen, nach der für den Schadensersatzanspruch ein Interessenwegfall erforderlich war, wenn die Leistung in der Rückgewähr eines bestimmten Gegenstandes besteht. Von einer Übernahme dieser Regelung in das Gesetz wurde abgesehen, da es Fälle gebe, in denen das Interesse des Gläubigers an der Rückgabe fortbestehe und gleichwohl ein Schadensersatzanspruch gerechtfertigt sei. Überdies handele es sich um „recht theoretische

---

[7] *Ernst* in: MünchKomm-BGB, § 280 Rn. 12 ff.; *Grüneberg* in: Palandt, § 280 Rn. 12.
[8] BT-Drs. 14/6040, S. 135 f.
[9] BGH v. 19.10.2007 - V ZR 211/06 - juris Rn. 32 - BGHZ 174, 61-77.
[10] BGH v. 11.02.2009 - VIII ZR 328/07 - juris Rn. 20 - JZ 2010, 46-48.
[11] *Haberzettl*, Verschulden und Versprechen, 2006, S. 119.
[12] OLG Brandenburg v. 16.01.2007 - 6 U 54/06 - juris Rn. 17.
[13] *Gruber/Lösche*, NJW 2007, 2815.
[14] BT-Drs. 14/6040, S. 139.

Fallgestaltungen", und seltene Missbrauchsfälle seien mit § 242 BGB zu bewältigen.[15] Bei der Vermietung von Wohnraum wird in der Möglichkeit, nach Fristsetzung Schadensersatz statt der Leistung zu verlangen, ein erhebliches Druckmittel des Vermieters gesehen, das den Mieter von der gerichtlichen Überprüfung einer Kündigung abhalten könne.[16] Fraglich ist, ob sich bei der Vermietung von Wohn- oder Geschäftsräumen die Problematik des „Zwangsverkaufs" überhaupt stellt. Durch die Nichterfüllung der Rückgabepflicht wird das Eigentum des Vermieters regelmäßig nicht wertlos. Der Vermieter ist dann nur dafür zu entschädigen, dass er den Besitz der Sache nicht erhält.[17] Schäden wegen der Vorenthaltung des Besitzes sind Verzögerungsschäden, die gemäß den §§ 280 Abs. 1 und 2, 286 BGB zu ersetzen sind. Einen Anspruch auf Wertersatz für die Mietsache wird der Vermieter von Wohn- oder Geschäftsräumen nur dann geltend machen können, wenn und soweit auch das Eigentum wegen der Zerstörung oder Beschädigung der Mietsache wertlos geworden ist. In diesem Fall würde sich ein Anspruch aus den §§ 280 Abs. 1 und 3, 283 BGB ergeben.

b. Fällig und durchsetzbar

14 Der Schadensersatzanspruch setzt ausdrücklich die **Fälligkeit** der Leistung voraus. Anders als in § 323 Abs. 4 BGB ist in § 281 BGB keine Regelung für eine Gefährdung der Leistung vor Fälligkeit getroffen. Deren Folgen, insbesondere die der **endgültigen Leistungsverweigerung** vor Fälligkeit, sind umstritten. Teilweise wird in diesen Fällen § 282 BGB für anwendbar gehalten.[18] Die Leistungsverweigerung stelle einen Verstoß gegen die sich aus § 241 Abs. 2 BGB ergebende Leistungstreuepflicht dar. Vorzuziehen ist allerdings eine analoge Anwendung des § 323 Abs. 4 BGB, die zu einer Anwendung des § 281 BGB führt. Bei einer ernsthafter Erfüllungsverweigerung vor Fälligkeit liegt ein Fall der Nichtleistung vor und nicht lediglich ein Verstoß gegen die Leistungstreuepflicht.

15 Als ungeschriebenes Merkmal setzt § 281 BGB die **Durchsetzbarkeit** der Forderung voraus.[19] Wie im Verzugsrecht ist die Frage zu entscheiden, ob allein das Bestehen einer Einrede oder erst deren Geltendmachung einen Schadensersatzanspruch verhindert. Bei der Einrede des nichterfüllten Vertrags aus § 320 BGB verhindert allein das Bestehen sowohl den Eintritt des Verzugs als auch das Entstehen eines Schadensersatzanspruchs aus den §§ 280 Abs. 1 und 3, 281 BGB.[20] Der Schadensersatzanspruch kann allerdings dann entstehen, wenn der Schuldner die Leistung erbringt oder sie zumindest in einer den Annahmeverzug begründenden Weise anbietet.[21]

2. Leistung nicht oder nicht wie geschuldet erbracht

a. Nichtleistung

16 Soweit § 281 BGB voraussetzt, dass der Schuldner die Leistung „nicht" erbringt, sind damit begrifflich auch die Fälle der Unmöglichkeit der Leistung mit erfasst. Für diese bestehen spezielle Anspruchsgrundlagen in den §§ 283 und 311a Abs. 2 BGB.[22] § 281 BGB kann aber auch dann angewendet werden, wenn nicht feststeht, ob Unmöglichkeit vorliegt. Die Norm verfolgt auch das Ziel, dem Gläubiger in möglichst einfacher Weise Klarheit über den Fortbestand des Leistungsanspruchs oder das Entstehen eines an die Stelle der Leistung tretenden Schadensersatzanspruchs zu verschaffen.[23]

17 Anders als nach § 326 BGB a.F. setzt der Schadensersatzanspruch aus den §§ 280 Abs. 1 und 3, 281 BGB den Verzug des Schuldners nicht voraus. Die Fristsetzung enthält allerdings eine Aufforderung zur Leistung und damit eine Mahnung. Der Schuldner kommt mit der Fristsetzung in Verzug (vgl. die Kommentierung zu § 286 BGB Rn. 18). Die Fälle, in denen die Fristsetzung entbehrlich ist, begründen auch die Entbehrlichkeit der Mahnung.

---

[15] BT-Drs. 14/6040, S. 139.
[16] *Dedek* in: Henssler/Westphalen, Praxis der Schuldrechtsreform, 2. Aufl. 2003, § 281 Rn. 10.
[17] So auch *Schwab*, NZM 2003, 50-55, 50 ff.; *Novokmet/Schwab*, ZGS 2004, 187-194, 188.
[18] *Unberath* in: Bamberger/Roth, § 281 Rn. 22.
[19] BT-Drs. 14/6857, S. 47.
[20] Für den Verzug BGH v. 06.12.1991 - V ZR 229/90 - juris Rn. 17 - BGHZ 116, 244-251; BGH v. 06.05.1999 - VII ZR 180/98 - juris Rn. 9 - LM BGB § 320 Nr. 41 (2/2000).
[21] BGH v. 06.12.1991 - V ZR 229/90 - juris Rn. 17 - BGHZ 116, 244-251.
[22] BT-Drs. 14/6040, S. 138.
[23] BT-Drs. 14/6040, S. 138.

Auch eine **teilweise Nichtleistung** ist grundsätzlich ein Fall der Nichtleistung („soweit"). Der praktisch wichtigste Fall, die Teilleistung im Kaufrecht, steht nach § 434 Abs. 3 BGB einem Mangel gleich. Für die Frage, ob der Käufer Schadensersatz statt der ganzen Leistung verlangen kann, ist aber im Rahmen des § 281 BGB die Regelung über Teilleistungen (§ 281 Abs. 1 Satz 2 BGB) maßgeblich (vgl. Rn. 107).

b. Leistung nicht wie geschuldet erbracht

Die Alternative, dass der Schuldner die Leistung nicht wie geschuldet erbringt, bezieht sich auf Fälle der Mängelgewährleistung im Kauf- und Werkvertragsrecht, in denen § 437 Nr. 3 BGB und § 634 Nr. 4 BGB auf § 281 BGB verweisen.

Es können jedoch auch andere Schlechtleistungen einen Schadensersatzanspruch aus den §§ 280 Abs. 1 und 3, 281 BGB begründen. Der Anwendungsbereich des § 281 BGB ist insoweit aber stark eingeschränkt. Im Mietrecht ist die Regelung des § 536a Abs. 1 BGB vorrangig. Bei einem Reisevertrag enthält § 651f Abs. 1 BGB eine Sonderregelung. Bei den Schuldverhältnissen ohne Gewährleistungsrecht dürfte ein Anspruch auf Schadensersatz statt der Leistung allenfalls in Ausnahmefällen in Betracht kommen.

Die mangelhafte Leistung eines Rechtsanwalts oder Steuerberaters verursacht keine Schäden an dem Vertragsgegenstand (regelmäßig einer Beratungsleistung), sondern Schäden an anderen Rechtsgütern, insbesondere allgemeine Vermögensschäden. Verletzungen von Beratungspflichten begründen regelmäßig nur einen Schadensersatzanspruch aus § 280 Abs. 1 BGB, der auf Ersatz des Vertrauensschadens gerichtet ist.[24] Ausnahmsweise kann jedoch auch die zu zahlende Vergütung einen Teil des durch die Schlechterfüllung entstandenen Schadens darstellen, dies wird dann angenommen, wenn die schlecht erbrachte Dienstleistung wegen völliger Unbrauchbarkeit der Nichtleistung gleichsteht.[25]

Abweichend von der früheren Rechtslage will *Bruns*[26] eine Haftung rechtlicher Berater für das Bestehen rechtsfehlerhaft zugesagter Ansprüche – beispielsweise Steuervorteile – bejahen. Derartige Ansprüche sind aber nicht Inhalt der von einem Anwalt oder Steuerberater vertraglich versprochenen Leistung. Ihr Nichtbestehen begründet daher auch keinen Schadensersatzanspruch statt der Leistung.

3. Nichtleistung nach Fristsetzung und Pflichtverletzungen bei Entbehrlichkeit der Fristsetzung

a. Nichtleistung nach Fristsetzung

aa. Fristsetzung

Die Fristsetzung ist eine **Aufforderung zur Leistung unter Hinzufügen einer Frist**. Die Fristsetzung ist praktisch eine Mahnung plus Benennung eines Endtermins oder einer bestimmten Fristlänge.[27] Weitergehend hat das OLG Köln gefordert, der Gläubiger müsse gegenüber dem Vertragsgegner unmissverständlich zum Ausdruck bringen, dass jener mit der Aufforderung eine letzte Gelegenheit zur Erbringung der vertraglichen Leistung erhält.[28] Mit dieser Anforderung werden Elemente der Ablehnungsandrohung i.S.d. § 326 Abs. 1 BGB a.F. mit dem Begriff der Fristsetzung vermischt. Das Gesetz verlangt jedoch eindeutig keine Ablehnungsandrohung mehr. Die Fristsetzung muss auch nicht bestimmte Rechtsfolgen androhen.[29]

Die **Leistungsaufforderung** muss eindeutig und bestimmt sein. Mit der Fristsetzung muss deutlich werden, welche **konkrete Leistung** der Gläubiger vom Schuldner verlangt. Die Anforderungen an die Bestimmtheit sind unterschiedlich, je nachdem, ob der Gläubiger den ursprünglichen Erfüllungsanspruch oder einen Nacherfüllungsanspruch geltend macht. Insbesondere im Werkvertragsrecht muss eine Leistungsaufforderung zur Mängelbeseitigung genauer bestimmt sein als die Aufforderung zur Erfüllung, weil sich durch die Abnahme das Werk des Unternehmers konkretisiert hat. Ob eine Leistungs-

---

[24] BGH v. 07.05.1991 - IX ZR 188/90 - juris Rn. 20 - LM Nr. 168 zu § 675 BGB; BGH v. 16.02.1995 - IX ZR 15/94 - juris Rn. 21 - LM BGB § 249 (Hd) Nr. 45 (7/1995); BGH v. 20.11.1997 - IX ZR 286/96 - juris Rn. 6 - LM BGB § 249 (E) Nr. 19 (6/1998).

[25] OLG Düsseldorf v. 02.11.2005 - I 15 U 117/04 - juris Rn. 7 - BB 2006, 1329-1332; OLG Frankfurt v. 22.04.2010 - 22 U 153/08 - juris Rn. 37.

[26] *Bruns*, VersR 2002, 524-530, 528.

[27] *Mankowski*, ZGS 2003, 451-455, 453.

[28] OLG Köln v. 01.09.2003 - 19 U 80/03 - ZGS 2003, 392-394.

[29] *Ernst* in: MünchKomm-BGB, § 281 Rn. 31.

aufforderung bestimmt genug ist, ergibt sich aus dem Zweck der Fristsetzung. Der Schuldner soll zur ordnungsgemäßen Erfüllung angehalten werden und sich entscheiden können, ob er die Folgen der Nichterfüllung auf sich nehmen will. Da der Schuldner den Vertragsinhalt kennt, reicht im Erfüllungsstadium des Vertrags grundsätzlich die Aufforderung, die vertragliche Leistung zu bewirken.[30]

25 Bei einem Sukzessivlieferungsvertrag ist die genaue Bezeichnung der fälligen Rate erforderlich.[31]

26 Eine Zuvielforderung ist unschädlich, wenn der Schuldner die Erklärung als Aufforderung zur Bewirkung der tatsächlich geschuldeten Leistung verstehen muss und der Gläubiger auch zur Annahme der gegenüber seinen Vorstellungen geringeren Leistung bereit ist.[32]

27 Die Leistungsaufforderung des Vermieters bei nicht durchgeführten Schönheitsreparaturen muss die durchzuführenden Arbeiten genau bezeichnen und den Zustand der renovierungsbedürftigen Teile beschreiben. Dies gilt jedenfalls dann, wenn der Mieter vor seinem Auszug Schönheitsreparaturen vorgenommen hat, die der Vermieter als unvollständig erachtet.[33]

28 Verlangt der Werkbesteller **Nacherfüllung**, hat der Werkunternehmer gemäß § 635 Abs. 1 BGB das Wahlrecht zwischen Mängelbeseitigung und Neuherstellung. Die Leistungsaufforderung muss zu den Nacherfüllungsmöglichkeiten keine Erklärung enthalten, etwaige Wünsche des Bestellers sind für ihn nicht bindend. Die Aufforderung zur Nacherfüllung muss allerdings den Mangel bezeichnen. Es müssen zumindest die Symptome genannt werden, die die Abweichung von der geschuldeten Beschaffenheit begründen. Die Ursachen für den Mangel müssen nicht dargelegt werden.[34] Es reicht z.B. der Vortrag, dass die Schallschutzwerte bezüglich des Trittschalls unterschritten sind,[35] oder dass eine Heizungsanlage in unvertretbarem Maße Wasser verliert und dies mindestens zweimal pro Woche nachgefüllt werden muss, oder dass es bei Außentemperaturen unter Null Grad Celsius nicht möglich ist, im Haus die notwendige Zimmertemperatur zu erreichen.[36]

29 Der Käufer hat gemäß § 439 BGB das Wahlrecht zwischen Nachlieferung oder Mängelbeseitigung. Fordert der Käufer den Verkäufer zur Nacherfüllung auf, muss er dieses Wahlrecht ausüben, anderenfalls geht es auf den Verkäufer über.[37] Auch im Kaufrecht muss die Aufforderung zur Nacherfüllung eine Beschreibung des Mangels enthalten. Der Verkäufer muss erkennen können, was von ihm verlangt wird, und er muss einschätzen können, ob dieses Verlangen berechtigt ist. Für die Frage, ob eine Aufforderung zur Nacherfüllung hinreichend substantiiert ist, können Rechtsprechung und Literatur zu § 377 HGB herangezogen werden. Die Mängelanzeige gemäß § 377 HGB soll dem Verkäufer ermöglichen, die Beanstandungen zu prüfen und gegebenenfalls abzustellen. Sie ist insoweit mit einem Nacherfüllungsverlangen vergleichbar. Die kaufmännische Mängelrüge muss den Verkäufer in die Lage versetzen, aus seiner Sicht und Kenntnis der Dinge zu erkennen, in welchen Punkten und in welchem Umfang die gelieferte Ware als nicht vertragsgemäß beanstandet wird.[38] Es reicht die Beschreibung eines Mangels; dessen Ursachen müssen nicht aufgezeigt werden.[39] So reicht beispielsweise die Rüge, dass ein gekaufter Lkw die vereinbarte Nutzlast effektiv unterschreitet. Die Angabe der vereinbarten Nutzlast und der tatsächlichen Nutzlast ist nicht erforderlich, wenn dem Verkäufer der einschlägige Sachverhalt bekannt ist. Auch die Ursachen der Gewichtsdifferenz hat der Käufer nicht darzulegen.[40]

---

[30] BGH v. 25.03.2010 - VII ZR 224/08 - juris Rn. 16 - IBR 2010, 320.
[31] *Otto/Schwarze* in: Staudinger, § 281 Rn. B 38.
[32] BGH v. 05.10.2005 - X ZR 276/02 - juris Rn. 24 - NJW 2006, 769-771.
[33] KG v. 22.01.2007 - 12 U 28/06 - juris Rn. 8 - NJW-RR 2007, 1601; OLG Hamm v. 14.07.2009 - 28 U 14/09 - juris Rn. 29 - MietRB 2009, 330.
[34] BGH v. 21.12.2000 - VII ZR 192/98 - juris Rn. 8 - LM BGB § 134 Nr. 171 (5/2001); BGH v. 14.01.1999 - VII ZR 185/97 - juris Rn. 10 - BauR 1999, 899-901.
[35] BGH v. 28.10.1999 - VII ZR 115/97 - juris Rn. 9 - NJW-RR 2000, 309-310.
[36] BGH v. 14.01.1999 - VII ZR 185/97 - juris Rn. 10 - BauR 1999, 899-901.
[37] *Brambring*, DNotZ 2001, 590-614, 605.
[38] BGH v. 14.05.1996 - X ZR 75/94 - juris Rn. 14 - LM HGB § 377 Nr. 41 (9/1996).
[39] BGH v. 18.06.1986 - VIII ZR 195/85 - juris Rn. 18 - NJW 1986, 3136-3138.
[40] BGH v. 14.05.1996 - X ZR 75/94 - juris Rn. 18 - LM HGB § 377 Nr. 41 (9/1996).

Die Aufforderung zu einer **Erklärung über die Leistungsbereitschaft** reicht grundsätzlich nicht.[41] Hat der Schuldner allerdings vor Fälligkeit der vereinbarten Leistung erklärt, dass er nicht zu der vereinbarten Zeit liefern könne, kann – wie nach bisherigem Recht[42] – eine Frist zur Erklärung über die Erfüllungsbereitschaft gesetzt und nach erfolglosem Ablauf Schadensersatz statt der Leistung verlangt werden. 30

Die Fristsetzung wird regelmäßig die Angabe eines Endtermins oder eines bestimmten Zeitraums enthalten. Erforderlich ist dies allerdings nicht. Es reicht, wenn der Gläubiger deutlich macht, dass dem Schuldner nur ein begrenzter Zeitraum zur Verfügung steht. Das Verlangen nach „sofortiger", „unverzüglicher" oder „umgehender" Leistung beinhaltet eine wirksame Fristsetzung.[43] 31

Für die **Angemessenheit der Frist** gelten die zu § 326 BGB a.F. entwickelten Grundsätze. Die Angemessenheit der Frist bestimmt sich nach den Umständen des konkreten Vertrags, wobei die Interessen beider Vertragsparteien zu berücksichtigen sind. Einerseits hat der Gläubiger ein Interesse an alsbaldiger Klarheit darüber, ob der Schuldner die Leistung erbringen wird; andererseits soll dem Schuldner die letzte Möglichkeit gegeben werden, die Leistung tatsächlich noch zu erbringen. Die Frist muss daher so lang bemessen sein, dass der Schuldner in der Lage ist, die bereits begonnene Erfüllung zu beschleunigen und zu vollenden. Sie braucht jedoch nicht so lang zu sein, dass der Schuldner die Möglichkeit hat, erst jetzt mit der Leistungsvorbereitung, z.B. der Beschaffung von Gattungssachen, zu beginnen.[44] 32

Eine **unangemessen kurze Frist** setzt eine angemessene Frist in Lauf.[45] Nach einer Entscheidung des OLG Celle soll allerdings eine Rücktrittserklärung unwirksam sein, wenn sie zwar nach Ablauf der gesetzten, aber vor Ablauf der angemessenen Frist erklärt wird.[46] Entsprechendes müsste für das Schadensersatzverlangen gelten. Der Gläubiger kann jedoch schon vor Ablauf der angemessenen Frist wirksam Schadensersatz statt der Leistung verlangen. Diese Erklärung entfaltet dann mit Ablauf der Frist ihre Wirkung (vgl. Rn. 73). 33

Eine Zuvielforderung kann im Einzelfall zur Unwirksamkeit der Fristsetzung führen. Das kann etwa dann der Fall sein, wenn die „überzogene" Mängelrüge des Werkbestellers als Zurückweisung der geschuldeten Nacherfüllung auszulegen ist.[47] 34

Eine Fristsetzung **vor Fälligkeit** ist grundsätzlich unwirksam. Ausnahmsweise kann eine Frist vor Fälligkeit gesetzt werden, wenn bereits frühzeitig ernsthafte Zweifel an der Leistungsfähigkeit und -bereitschaft des Schuldners bestehen.[48] 35

bb. Erfolgloser Ablauf der Frist

Soweit zur Begründung des Anspruchs eine Fristsetzung erforderlich ist, setzt § 281 BGB voraus, dass die Frist erfolglos abgelaufen ist. Allerdings kann auch in den Fällen, in denen die Fristsetzung entbehrlich ist, die Erbringung der Leistung innerhalb einer bestimmten Leistungszeit erforderlich sein, insbesondere beim Fixgeschäft. 36

Vor Ablauf der Frist besteht der Schadensersatzanspruch aus den §§ 280 Abs. 1 und 3, 281 BGB grundsätzlich nicht. Der Gläubiger kann jedoch bereits vor Fristablauf Schadensersatz statt der Leistung verlangen, wenn feststeht, dass die Frist nicht eingehalten wird. Dies kann etwa dann der Fall sein, wenn der Schuldner vor dem endgültigen Ablauf der Frist noch nicht mit der Erbringung der Leistung begonnen hat und die Erfüllung in der restlichen Zeit der Frist nicht mehr möglich ist.[49] 37

---

[41] BGH v. 09.06.1999 - VIII ZR 149/98 - juris Rn. 21 - BGHZ 142, 36-46.
[42] BGH v. 10.12.1975 - VIII ZR 147/74 - LM Nr. 4 zu § 326 (Dc) BGB; BGH v. 21.10.1982 - VII ZR 51/82 - juris Rn. 24 - LM Nr. 2 zu § 5 VOB/B 1973.
[43] BGH v. 12.08.2009 - VIII ZR 254/08 - juris Rn. 10 - NJW 2009, 3153-3154.
[44] BGH v. 31.10.1984 - VIII ZR 226/83 - juris Rn. 32 - LM Nr.4 zu § 4 AGBG; BGH v. 06.12.1984 - VII ZR 227/83 - juris Rn. 16 - LM 13 zu § 9 (Cb) AGBG; OLG Düsseldorf v. 05.07.1991 - 22 U 48/91 - NJW-RR 1992, 951.
[45] BGH v. 21.06.1985 - V ZR 134/84 - juris Rn. 21 - LM Nr. 2/3 zu § 326 (Da) BGB; OLG Hamm v. 31.05.2007 - 24 U 150/04 - juris Rn. 54 - BauR 1737-1741.
[46] OLG Celle v. 30.08.2004 - 7 U 30/04 - juris Rn. 12 - NJW 2004, 472-474.
[47] BGH v. 05.10.2005 - X ZR 276/02 - juris Rn. 25 - NJW 2006, 116-118; OLG Köln v 10.03.2006 - 19 U 160/05 - juris Rn. 37 - CR 2006, 440-442.
[48] BGH v. 25.01.2001 - I ZR 287/98 - juris Rn. 19 - LM BGB § 284 Nr. 47 (3/2002).
[49] BGH v. 12.09.2002 - VII ZR 344/01 - juris Rn. 9 - NJW-RR 2003, 13-14.

38 Zur Wahrung der Frist reicht grundsätzlich die Vornahme der Leistungshandlung innerhalb des Zeitraums, sofern keine abweichende Vereinbarung vorliegt. Der Eintritt des Leistungserfolgs innerhalb der Frist ist nicht erforderlich.[50]

39 Der EuGH hat entschieden, dass bei Banküberweisungen Art. 3 Abs. 1 lit. c II der EG-Richtlinie über den Zahlungsverzug (RL 2000/25/EG) gebietet, dass für den Beginn und das Ende des Verzugs auf den Zeitpunkt abzustellen ist, in dem der Gläubiger über den geschuldeten Betrag verfügen kann.[51] Eine richtlinienkonforme Auslegung ist damit für Banküberweisungen und Eintritt/Ende des Verzugs unmittelbar geboten. § 270 Abs. 4 BGB sollte aber einheitlich dahingehend ausgelegt werden, dass allgemein für die Rechtzeitigkeit von Geldschulden auf die Zahlungseingang beim Gläubiger abzustellen ist.[52]

40 Eine Fristüberschreitung kann ausnahmsweise dann gemäß § 242 BGB unschädlich sein, wenn sie nur geringfügig ist und damit für den Gläubiger offensichtlich keine Nachteile verbunden sind.[53]

41 Umstritten sind die Rechtsfolgen einer **mangelhaften Leistung innerhalb der Frist**. Teilweise wird davon ausgegangen, dass bei einer mangelhaften Lieferung innerhalb einer wegen vollständiger Nichtleistung gesetzten Frist eine nochmalige Fristsetzung entbehrlich ist.[54] Da der Verkäufer die Sache frei von Sach- und Rechtsmängeln zu liefern habe, sei die Frist bei einer mangelhaften Lieferung erfolglos abgelaufen. Der Gläubiger könne nach Fristablauf Schadensersatz statt der Leistung verlangen, ohne wegen des Mangels eine weitere Frist setzen zu müssen. Dagegen spricht, dass der Verkäufer auch mit einer mangelhaften Leistung seine Pflicht aus § 433 Abs. 1 Satz 1 BGB erfüllt. Die Erfolglosigkeit einer Leistung richtet sich danach, ob der Schuldner dem gestellten Leistungsverlangen fristgerecht nachgekommen ist. Leidet die innerhalb der Nachfrist bewirkte Leistung an einem anderen Defizit als demjenigen, für das der Gläubiger eine Nachfrist gesetzt hat, ist die Nachfrist nicht erfolglos abgelaufen.[55]

b. Nichtleistung bei Entbehrlichkeit aufgrund Sonderregeln (§§ 437 Nr. 3, 440, 634 Nr. 4, 636 BGB)

42 Im Gewährleistungsrecht des Kauf- und Werkvertrags ist die Fristsetzung entbehrlich, wenn die Nacherfüllung wegen unverhältnismäßiger Kosten verweigert wird, fehlschlägt oder dem Berechtigten unzumutbar ist (vgl. die Kommentierung zu § 440 BGB und die Kommentierung zu § 636 BGB). Die Pflichtverletzung des Schuldners liegt in diesen Fällen neben der mangelhaften Leistung in dem Fehlschlagen und/oder Nichterbringen der Nacherfüllung.

c. Ernsthafte und endgültige Erfüllungsverweigerung (Absatz 2 Alternative 1)

43 Die ernsthafte und endgültige Erfüllungsverweigerung hat außer der Entbehrlichkeit einer Fristsetzung gemäß § 281 Abs. 2 BGB die Entbehrlichkeit der Fristsetzung gemäß § 286 Abs. 2 Nr. 3 BGB und gemäß § 323 Abs. 2 Nr. 1 BGB zur Folge. Bei einer Erfüllungsverweigerung kann der Gläubiger daher ohne weiteres Schadensersatz statt der Leistung und Schadensersatz wegen Verzögerung der Leistung verlangen und von einem gegenseitigen Vertrag zurücktreten. Mit Rücksicht auf diese nachteiligen Folgen sind an die tatsächlichen Voraussetzungen einer endgültigen Erfüllungsverweigerung strenge Anforderungen zu stellen; sie liegt nur vor, wenn der Schuldner eindeutig zum Ausdruck bringt, dass er seinen Vertragspflichten nicht nachkommen werde, und es damit ausgeschlossen erscheint, dass er sich von einer Nachfristsetzung umstimmen ließe.[56] Aus der Weigerung des Schuldners muss also zu entnehmen sein, dass dieser, wenn er vor die Wahl zwischen der Erfüllung und den Rechtsfolgen der §§ 280 Abs. 1 und 3, 281 BGB oder § 323 BGB gestellt wird, sich für die zweite Möglichkeit entscheidet.[57]

---

[50] BGH v. 06.02.1954 - II ZR 176/53 - BGHZ 12, 267-270.
[51] EuGH v. 03.04.2008 - C-306/06 - NJW 2008, 1935-1936.
[52] *Otto/Schwarze* in Staudinger, § 323 Rn. B 75.
[53] *Otto/Schwarze* in: Staudinger, § 281 Rn. B 60
[54] *Canaris*, DB 2001, 1815-1821, 1816; *Dauner-Lieb* in: AnwK-BGB, § 281 Rn. 27.
[55] *Ernst* in: MünchKomm-BGB, § 323 Rn. 86 ff.; *Grüneberg* in: Palandt, § 281 Rn. 12.
[56] BGH v. 21.12.2005 - VIII ZR 49/05 - juris Rn. 25 - BB 2006, 686-689; OLG Celle v. 26.07.2006 - 7 U 2/06 - juris Rn. 14 - NJW-RR 2007, 352, 353.
[57] BGH v. 16.03.1988 - VIII ZR 184/87 - juris Rn. 27 - BGHZ 104, 6-18; BGH v. 18.01.1991 - V ZR 315/89 - juris Rn. 22 - LM Nr. 9 zu § 415 BGB; BGH v. 15.03.1996 - V ZR 316/94 - juris Rn. 10 - LM BGB § 326 (D) Nr. 3 (8/1996); BGH v. 15.12.1998 - X ZR 90/96 - NJW-RR 1999, 560-562.

Allein das Bestreiten von Mängeln reicht nicht für eine endgültige Erfüllungsverweigerung.[58] Diese liegt auch nicht in der Verweigerung Schadensersatz zu leisten mit der Begründung, bereits erfüllt zu haben.[59] Anders ist es, wenn der Schuldner definitiv erklärt, auf keinen Fall zur Leistung oder Nacherfüllung verpflichtet zu sein.[60] Auch in dem hartnäckigen Bestreiten eines Mangels über Jahre hinweg kann eine ernsthafte und endgültige Leistungsverweigerung gesehen werden.[61]

44

Die Verweigerung der Nacherfüllung kann einen Schadensersatzanspruch statt der Leistung nur dann begründen, wenn die Erfüllungsverweigerung erfolgt, bevor der Gläubiger den Mangel selbst beseitigt hat.[62]

45

Zieht der Mieter aus, ohne Schönheitsreparaturen durchzuführen, kann darin eine ernsthafte und endgültige Erfüllungsverweigerung liegen. Dann muss aber der Vermieter dem Mieter zuvor konkret mitgeteilt haben, welche Schönheitsreparaturen durchzuführen sind.[63]

46

Von einer Erfüllungsverweigerung kann der Schuldner durch ein ordnungsgemäßes Angebot Abstand nehmen, so lange der Gläubiger nicht Schadensersatz statt der Leistung verlangt hat oder zurückgetreten ist.[64] Der Gläubiger kann allerdings in diesem Fall das Angebot zurückweisen (vgl. Rn. 69).

47

d. Nichtleistung bei Entbehrlichkeit der Fristsetzung aufgrund besonderer Umstände (Absatz 2 Alternative 2)

Die Fristsetzung ist auch dann entbehrlich, wenn besondere Umstände vorliegen, die unter Abwägung der beiderseitigen Interessen die sofortige Geltendmachung des Schadensersatzanspruchs rechtfertigen.

48

Eine Fristsetzung kann aus zeitlichen Gründen entbehrlich sein, wenn es dem Gläubiger unzumutbar ist, einen Fristablauf abzuwarten. Die ist beispielsweise beim Tierkauf anzunehmen, wenn eine unverzügliche Inanspruchnahme tierärztlicher Hilfe erforderlich ist.[65]

49

Fraglich ist, ob die Zeitüberschreitung bei einem **relativen Fixgeschäft** die Fristsetzung entbehrlich macht. Dies wird teilweise abgelehnt, da für diese Geschäfte in § 281 BGB anders als in § 323 Abs. 2 Nr. 2 BGB keine Regelung getroffen ist. Daraus kann man den Schluss ziehen, dass allein die Zeitüberschreitung bei einem relativen Fixgeschäft nur zum Rücktritt berechtigt, für den Schadensersatzanspruch statt der Leistung aber eine Fristsetzung erforderlich ist.[66] Allerdings sind im Regierungsentwurf als Beispiel für die Entbehrlichkeit aufgrund besonderer Umstände die Fälle genannt, in denen ein Zulieferer zu einem bestimmten Zeitpunkt („Just-in-time") liefern muss, damit die Produktion des Gläubigers ordnungsgemäß betrieben werden kann.[67] Just-in-time Verträge sind aber relative Fixgeschäfte. Um die Gleichheit der Voraussetzungen für ein Rücktrittsrecht und einen Schadensersatzanspruch herzustellen, wird auch eine extensive Auslegung des § 281 Abs. 2 Alt. 2 BGB befürwortet, die sich auch auf relative Fixgeschäfte erstreckt.[68] Jedenfalls ist die Zeitüberschreitung bei einem relativen Fixgeschäft zumindest ein starkes Indiz dafür, dass die Fristsetzung aufgrund besonderer Umstände entbehrlich ist.[69] Ein Fixgeschäft setzt voraus, dass der Gläubiger im Vertrag den Fortbestand seines Leistungsinteresses an die Rechtzeitigkeit der Leistung gebunden hat und somit das Geschäft mit der Einhaltung der Leistungszeit steht und fällt (vgl. die Kommentierung zu § 323 BGB Rn. 38). Bei einem solchen Rechtsgeschäft erscheint eine Fristsetzung regelmäßig sinnlos.

50

Bei gegenseitigen Verträgen kann ein **Interessenwegfall** des Gläubigers die Entbehrlichkeit der Fristsetzung begründen.[70] Die Entbehrlichkeit der Fristsetzung wegen Interessenwegfalls setzt voraus, dass der Gläubiger das Interesse am beiderseitigen Leistungsaustausch verloren hat. Dabei muss das Leistungsinteresse infolge der Nichtleistung des Schuldners entfallen sein. Hierfür ist nicht erforderlich, dass

51

---

[58] BGH v. 12.01.1993 - X ZR 63/91 - juris Rn. 14 - NJW-RR 1993, 882-883.
[59] BGH v. 18.09.1985 - VIII ZR 249/84 - juris Rn. 37 - LM Nr. 7 zu § 326 (C) BGB.
[60] *Westermann* in: Erman, § 281 Rn. 16.
[61] OLG Koblenz v. 27.04.2004 - 3 U 625/03 - BauR 2005, 154-155.
[62] BGH v. 20.01.2009 - X ZR 45/07 - juris Rn. 19 - NJW-RR 2009, 667-668.
[63] KG v. 30.10.2006 - 8 U 38/06 - juris Rn. 8 - ZGS 2007, 116-117.
[64] Zu § 326 BGB a.F.: KG v. 20.02.2003 - 8 U 86/02 - juris Rn. 4 - KGR Berlin 2004, 257.
[65] Brandenburgisches OLG v. 30.04.2009 - 12 U 196/08 - juris Rn. 19.
[66] *Ernst* in: MünchKomm-BGB, § 281 Rn. 59; *Ramming*, ZGS 2002, 412-416, 414.
[67] BT-Drs. 14/6040, S. 140.
[68] *Jaensch*, ZGS 2004, 134-141, 140; *Jaensch*, NJW 2003, 3613-3615, 3614.
[69] *Otto/Schwarze* in: Staudinger, § 281 Rn. B 113; *Unberath* in: Bamberger/Roth, § 281 Rn. 27.
[70] OLG Brandenburg v. 17.01.2008 - 5 U 106/06 - juris Rn. 27.

die Nichtleistung die alleinige Ursache des Interessenwegfalls ist, die Mitursächlichkeit reicht aus.[71] Der Gläubiger muss das Interesse am beiderseitigen Leistungsaustausch verloren haben. An einen Interessenwegfall sind strenge Anforderungen zu stellen, da anderenfalls die Regelvoraussetzung der Fristsetzung ausgehöhlt werden könnte.[72] Ein Interessenwegfall im Sinne des § 326 Abs. 2 BGB a.F. ist zu bejahen, wenn der Abnehmer des Gläubigers infolge der Lieferverzögerung die schon verkaufte Ware ablehnt.[73]

52 Auch bei einem Interessenwegfall sind die beiderseitigen Interessen abzuwägen. Es ist neben dem Wegfall des Leistungsinteresses beim Gläubiger eine Pflichtverletzung des Schuldners erforderlich. Ähnlich wie in Art. 25 CISG ist zu verlangen, dass der Schuldner den Interessenwegfall als Folge seiner Nichtleistung kannte oder erkennen musste.[74]

53 Die **Arglist** des Schuldners macht eine Fristsetzung grundsätzlich entbehrlich.[75] Hat der Schuldner bei Abschluss eines Vertrags eine Täuschungshandlung begangen, ist regelmäßig die für eine (Nach-)Erfüllung erforderliche Vertrauensgrundlage beschädigt. Setzt der Gläubiger dem Schuldner aber trotz der Arglist eine Frist, gibt er zu erkennen, dass sein Vertrauen in die ordnungsgemäße (Nach-)Erfüllung weiterhin besteht. Leistet der Schuldner daraufhin innerhalb der Frist, erlischt das Rücktrittsrecht.[76]

54 Bei einem Gewährleistungsanspruch ist die Fristsetzung entbehrlich, wenn bei einem mit einer Nachfristsetzung verbundenen Zeitverlust ein wesentlich größerer Schaden droht als bei einer vom Gläubiger sofort vorgenommenen Mängelbeseitigung.[77] Beim Kauf eines Tieres ist dies der Fall, wenn der Zustand des Tieres eine unverzügliche tierärztliche Behandlung als Notmaßnahme erforderlich erscheinen lässt, die vom Verkäufer nicht rechtzeitig veranlasst werden kann.[78]

55 Ist die Nacherfüllung nur mit unverhältnismäßigen Kosten möglich, kann sie der Käufer gemäß § 439 Abs. 3 Satz 1 BGB verweigern. Dies befreit den Käufer aber nicht von der Notwendigkeit, dem Verkäufer Gelegenheit zur Nacherfüllung zu geben. Auch bei unverhältnismäßigen Kosten der Nacherfüllung ist eine Fristsetzung nicht entbehrlich.[79]

e. Erneute Pflichtverletzung nach Abmahnung (Absatz 3)

56 Soweit nach der Art der Pflichtverletzung eine Fristsetzung nicht in Betracht kommt, tritt gemäß § 281 Abs. 3 BGB eine Abmahnung an deren Stelle. Gedacht ist dabei an die Verletzung von Unterlassungspflichten.[80] Der Verstoß gegen Unterlassungspflichten wird allerdings im Regelfall zur Unmöglichkeit führen, da das Gläubigerinteresse regelmäßig darauf gerichtet ist, dass die Zuwiderhandlung überhaupt unterbleibt.[81] Unmöglichkeit liegt beispielsweise vor, wenn die Verpflichtung besteht, an einer bestimmten Versteigerung oder Abstimmung nicht teilzunehmen und dies gleichwohl getan wird[82] oder wenn der Schuldner gegen die Verpflichtung verstoßen hat, eine Strafanzeige nicht zu erstatten oder ein Geheimnis nicht öffentlich bekanntzumachen.

57 Kann das Zuwiderhandeln rückgängig gemacht werden oder ist das Unterlassen nachholbar, tritt zumindest nach einer Mahnung Verzug des Schuldners ein. Allein in der Zuwiderhandlung kann regelmäßig noch keine ernsthafte und endgültige Leistungsverweigerung gesehen werden. Der Schuldner ist dann zum Ersatz des Verzögerungsschadens gemäß den §§ 280 Abs. 1 und 2, 286 BGB verpflichtet. Schadensersatz statt der Leistung kann der Gläubiger nach einer erfolglosen Abmahnung verlangen. Unterlassungsansprüche, die durch eine Zuwiderhandlung nicht unmöglich werden, sind beispiels-

---

[71] BGH v. 25.01.2001 - I ZR 287/98 - juris Rn. 18 - LM BGB § 284 Nr. 47 (3/2002).
[72] BGH v. 17.12.1996 - X ZR 74/95 - juris Rn. 23 - LM BGB § 284 Nr. 44a (7/1997).
[73] BGH v. 10.03.1998 - X ZR 7/96 - juris Rn. 29 - NJW-RR 1998, 1489-1492; BGH v. 24.10.1997 - V ZR 187/96 - juris Rn. 15 - LM BGB § 434 Nr. 14 (4/1998).
[74] So auch *Ernst* in: MünchKomm-BGB, § 323 Rn. 124 für die Entbehrlichkeit der Fristsetzung beim Rücktritt.
[75] BGH v. 08.12.2006 - V ZR 249/05 - juris Rn. 10 - NJW 2007, 835-837; BGH v. 09.01.2008 - VIII ZR 210/06 - juris Rn. 18 - NJW 2008, 1371.
[76] BGH v. 12.03.2010 - V ZR 147/09 - juris Rn. 9 - ZIP 2010, 886-887.
[77] BGH v. 22.06.2005 - VIII ZR 1/05 - juris Rn. 12 - ZGS 2005, 433-434.
[78] BGH v. 22.06.2005 - VIII ZR 1/05 - juris Rn. 12 - ZGS 2005, 433-434.
[79] BGH v. 21.12.2005 - VIII ZR 49/05 - juris Rn. 26 - BB 2006, 686-689.
[80] BT-Drs. 14/6857, S. 50; BT-Drs. 14/7052, S. 185.
[81] *Ernst* in: MünchKomm-BGB, § 323 Rn. 79.
[82] BGH v. 23.05.1962 - V ZR 123/60 - juris Rn. 11 - BGHZ 37, 147-154.

weise Ansprüche aus einer Alleinvertriebsvereinbarung, die den Hersteller gegenüber einem Vertragshändler verpflichtet, in einem bestimmten Absatzgebiet keinen Direktverkauf vorzunehmen und nicht an andere Händler zu liefern.[83]

Eine Abmahnung ist entbehrlich, wenn die Vertrauensgrundlage derart erschüttert ist, dass sie auch durch eine Abmahnung nicht wiederhergestellt werden kann.[84]

III. Vertretenmüssen i.S.d. Absatzes 1 Satz 2

Gemäß § 280 Abs. 1 Satz 2 BGB muss der Schuldner die Pflichtverletzung zu vertreten haben. Im Fall des § 281 BGB liegen zwei Pflichtverletzungen vor: die Nichtleistung bei Fälligkeit oder die Schlechtleistung und die Nichtleistung bei Fristablauf oder eine entsprechende Pflichtverletzung bei Entbehrlichkeit der Fristsetzung.

In der Literatur wird nahezu einhellig vertreten, dass sich das Vertretenmüssen nur auf die zweite Pflichtverletzung beziehen muss.[85] Die Pflichtverletzung, die den Schadensersatzanspruch statt der Leistung begründet, ist die Nichtleistung bei Fristablauf oder – bei Entbehrlichkeit der Fristsetzung – andere über die bloße Nichtleistung bei Fälligkeit hinausgehende Pflichtverletzungen wie die ernsthafte und endgültige Erfüllungsverweigerung. Bei dem Gewährleistungsanspruch aus den §§ 437 Nr. 3, 280 Abs. 1 und 3, 281 BGB prüft der BGH in einigen Urteilen ausschließlich das Vertretenmüssen bezüglich der in dem mangelhaften Lieferung bei Gefahrübergang liegenden Pflichtverletzung.[86]

Da die Fristsetzung eine Mahnung enthält, kommt der Schuldner mit der Fristsetzung in Verzug mit der Leistung. Gemäß § 287 BGB trifft ihn die erweiterte Haftung bei Verzug.

Fraglich ist, ob für die Bewertung des Vertretenmüssens bei Fristablauf auch ein früheres Fehlverhalten des Schuldners eine Rolle spielen kann. Dies wird teilweise unter der Voraussetzung bejaht, dass ein früherer Sorgfaltsverstoß das Risiko erhöht, dass die Möglichkeit der Nacherfüllung während der Nachfrist wegfällt und dass sich dieses Risiko verwirklicht.[87] Der BGH hat in Erwägung gezogen, dass der Schuldner analog § 311a Abs. 2 BGB haftet, wenn ein Sorgfaltspflichtverstoß vor Vertragsschluss vorliegt und der Schuldner deswegen die vom Gläubiger gesetzte Frist (ohne ein weiteres Vertretenmüssen) nicht einhalten kann.[88]

IV. Anspruchsausschluss bei eigener Vertragsuntreue des Gläubigers

Der Schadensersatzanspruch aus den §§ 280 Abs. 1 und 3, 281 BGB kann bei gegenseitigen Verträgen durch die Vertragsuntreue des Gläubigers gemäß § 242 BGB ausgeschlossen sein. Vertragsuntreues Verhalten des Gläubigers kann allerdings schon dazu führen, dass die Voraussetzungen des Schadensersatzanspruchs nicht vorliegen. Steht dem Schuldner die Einrede aus § 320 BGB zu oder ist der Gläubiger vorleistungspflichtig, fehlt es schon an einem fälligen und durchsetzbaren Anspruch. Im Falle einer ungerechtfertigten Zuvielforderung durch den Gläubiger kann es schon an einer wirksamen Fristsetzung fehlen.

Ein Ausschluss des Schadensersatzanspruchs gemäß § 242 BGB wegen eigener Vertragsuntreue des Gläubigers kommt in Betracht, wenn der Gläubiger nicht leistungsbereit ist[89] oder den Vertragszweck gefährdet, beispielsweise durch anderweitige Vermietung eines veräußerten Grundstücks.[90] Auch eine ungerechtfertigte Anfechtung kann zum Ausschluss des Anspruchs führen.[91]

---

[83] *Huber*, Leistungsstörungen, 1999 Bd. II, § 56 II 1, S. 715.
[84] BGH v. 11.02.1981 - VIII ZR 312/79 - juris Rn. 30 - LM Nr. 26 zu § 242 (Bc) BGB.
[85] *Ernst* in: MünchKomm-BGB, § 281 Rn. 47; *Katzenstein*, Jura 2005, 217-224, 221; *Reichenbach*, Jura 2003, 512-520, 517; *Lorenz*, NJW 2002, 2497-2505, 2502; auch OLG Celle v. 28.06.2006 - 7 U 235/05 - juris Rn. 39 - NJW-RR 2007, 353-355.
[86] BGH v. 15.07.2008 - VIII ZR 211/07 - juris Rn. 29 - BGHZ 177, 224-236; BGH v. 14.04.2010 - VIII ZR 145/09 - juris Rn. 29.
[87] *Ernst* in: MünchKomm-BGB § 281 Rn. 48.
[88] BGH v. 19.10.2007 - V ZR 211/06 - juris Rn. 42 - BGHZ 174, 61-77.
[89] OLG Hamm v. 20.01.2000 - 22 U 75/99 - juris Rn. 40 - MDR 2000, 635.
[90] Brandenburgisches OLG v. 01.03.2007 - 5 U 90/06 - juris Rn. 26.
[91] BGH v. 13.11.1998 - V ZR 386/97 - juris Rn. 11 - LM BGB § 242 (Cd) Nr. 362 (4/1999).

65 Allein der anderweitige Verkauf der geschuldeten Sache an einen Dritten reicht nicht aus, da der Verkauf an einen Dritten die ordnungsgemäße Erfüllung des Vertrags nicht hindert.[92] Dagegen kann die Übereignung an einen Dritten als Zeichen mangelnder Erfüllungsbereitschaft gewertet werden. Das Gleiche gilt bei der Belastung eines verkauften Grundstücks mit einer Grundschuld zugunsten des Zweitkäufers.[93]

C. Rechtsfolgen

I. Schwebezustand

66 Allein der Fristablauf führt nicht zum Erlöschen des Erfüllungsanspruchs. Der mit Fristablauf entstehende Schadensersatzanspruch statt der Leistung tritt als verhaltener Anspruch neben den Erfüllungsanspruch. Der Gläubiger hat ein Wahlrecht, ob er weiterhin Erfüllung verlangt oder Schadensersatz statt der Leistung. Regelmäßig werden auch die Voraussetzungen eines Rücktrittsrechts aus § 323 BGB gegeben sein. Für die Wahlmöglichkeiten gelten die Vorschriften über die Wahlschuld nicht. Insbesondere die zum Schutz des Schuldners dienenden Vorschriften über die Bindung des Gläubigers an die Wahl (§ 263 Abs. 2 BGB) oder über den Übergang des Wahlrechts auf den Schuldner nach fruchtloser Aufforderung an den Gläubiger zur Wahl (§ 264 Abs. 2 BGB) sind weder unmittelbar noch entsprechend anzuwenden.[94]

67 Der Erfüllungsanspruch erlischt, wenn der Gläubiger Schadensersatz statt der Leistung verlangt (§ 281 Abs. 4 BGB) oder sein Rücktrittsrecht aus § 323 BGB ausübt.

68 Der Erfüllungsanspruch erlischt auch dann, wenn **Erfüllung** eintritt. Ist der Gläubiger an der Erfüllung beteiligt, wird in der Annahme der Leistung regelmäßig auch ein Verzicht auf den Schadensersatzanspruch statt der Leistung zu sehen sein.[95] Es gibt aber auch Erfüllungsvorgänge, bei denen der Gläubiger überhaupt nicht oder jedenfalls nicht persönlich beteiligt ist. Hilfspersonen des Gläubigers werden regelmäßig nicht ermächtigt sein, einen Verzicht auf den Schadensersatzanspruch zu erklären, sodass der Anspruch nicht aus diesem Grund erlischt. Da der Gläubiger aber mit der Erfüllung die geschuldete Leistung erhält, wird teilweise angenommen, dass die Erfüllung die Befugnis, Schadensersatz statt der Leistung zu verlangen, beendet.[96] Nach der Gegenansicht hat der Gläubiger bei einer Erfüllung des Leistungsanspruchs nach Fristablauf die Möglichkeit, die bereits erbrachte Leistung zurückzuweisen und Schadensersatz statt der Leistung zu verlangen bzw. zurückzutreten.[97] Dem Gläubiger dürfe sein Wahlrecht nicht genommen werden. Für die Wahlrechtsausübung sei ihm eine kurze Bedenkzeit zu gewähren.

69 Ungeklärt sind auch die Rechtsfolgen, wenn der Schuldner nach Fristablauf seine Leistung in einer den §§ 293-295 BGB entsprechenden Weise anbietet. Wohl überwiegend wird angenommen, dass der Gläubiger in **Annahmeverzug** gerät und dieser gemäß § 242 BGB die Befugnis ausschließt, Schadensersatz statt der Leistung zu verlangen oder zurückzutreten.[98] Der Gläubiger könne seine Befugnis, Schadensersatz statt der Leistung zu verlangen auch nicht noch in dem Moment ausüben, in dem ihm die Leistung in einer den Annahmeverzug begründenden Weise angeboten werde, denn mit dem Angebot sei die Befugnis Schadensersatz statt der Leistung zu verlangen, bereits erloschen. Gegen diese Ansicht spricht, dass bereits ein (gegebenenfalls wörtliches) Angebot ausreichen soll, dem Gläubiger seine Rechte aus den §§ 281 und 323 BGB zu nehmen. Dem Gläubiger sollte zumindest im Zeitpunkt des Angebots noch das Recht zustehen, Schadensersatz statt der Leistung zu verlangen oder zurückzutreten.[99] Noch weitergehend wird teilweise angenommen, nach Fristablauf bestehe zwar der Erfüllungsanspruch fort, der Gläubiger sei aber nicht verpflichtet, die Leistung anzunehmen.[100] Verweigere

---

[92] BGH v. 20.05.1994 - V ZR 64/93 - juris Rn. 20 - BGHZ 126, 131-138.
[93] BGH v. 26.10.1973 - V ZR 204/71 - LM Nr. 4 zu § 326 (C) BGB.
[94] BGH v. 20.01.2006 - V ZR 124/05 - juris Rn. 17 - ZGS 2006, 149.
[95] *Ernst* in: MünchKomm-BGB § 281 Rn. 79.
[96] *Ernst* in: MünchKomm-BGB § 281 Rn. 82, § 323 Rn. 167 ff.
[97] *Finn*, ZGS 2004, 32-38, 37.
[98] *Ernst* in: MünchKomm-BGB § 281 Rn. 85; *Stadler* in: Jauernig § 281 Rn. 15; *Althammer*, ZGS 2005, 375, 376.
[99] *Derleder/Hoolmans*, NJW 2004, 2787-2791, 2790.
[100] *Otto/Schwarze* in: Staudinger, § 281 Rn. D 3; *Finn*, ZGS 2004, 32, 36; zu § 633 BGB a.F.: BGH v. 27.02.2003 - VII ZR 338/01 - juris Rn. 22 - BGHZ 154, 119-124.

er die Annahme, blieben der Schwebezustand und das Wahlrecht des Gläubigers bestehen. Der Schuldner könne analog § 350 BGB eine Frist setzen, innerhalb derer der Gläubiger erklären solle, ob er Sekundärleistungsrechte geltend machen wolle.

Ein **Erfüllungsverlangen des Gläubigers** nach Fristablauf schließt einen Schadensersatzanspruch statt der Leistung ebenso wenig aus wie ein Rücktrittsrecht.[101] Nur in Ausnahmefällen kann das Verlangen nach Schadensersatz statt der Leistung bzw. ein Rücktritt als eine mit dem Gebot von Treu und Glauben nicht zu vereinbarende unzulässige Rechtsausübung angesehen werden, beispielsweise dann, wenn der Rücktritt oder das Schadensersatzverlangen zur Unzeit erklärt werden, kurze Zeit nachdem der Gläubiger erneut zur Leistung aufgefordert hat.[102] 70

Ist die als Erfüllung entgegengenommene Leistung **mangelhaft**, ist für einen Anspruch auf Schadensersatz statt der Leistung grundsätzlich eine erneute Fristsetzung erforderlich. 71

II. Erlöschen des Erfüllungsanspruchs (Absatz 4)

Anders als nach § 326 BGB a.F. erlischt der Erfüllungsanspruch nicht mit dem Ablauf der Frist (bzw. der Ablehnungserklärung bei Entbehrlichkeit der Fristsetzung) sondern erst dann, wenn der Gläubiger statt der Leistung Schadensersatz verlangt hat. Das Verlangen von Schadensersatz statt der Leistung hat im Hinblick auf den Erfüllungsanspruch den Charakter eines Gestaltungsrechts, vergleichbar mit der Ausübung des Rücktrittsrechts aus § 323 Abs. 1 BGB.[103] Ein Verlangen von Schadensersatz liegt mit Sicherheit in einer Klage, es kann aber auch in vorprozessualen Erklärungen enthalten sein. Im Hinblick auf die Folge des § 281 Abs. 4 BGB ist eine eindeutige Erklärung des Gläubigers erforderlich. Diese muss den Willen erkennen lassen, dass nunmehr keine Erfüllung, sondern nur noch Schadensersatz verlangt wird. Bloße Ankündigungen, Schadensersatz statt der Leistung zu verlangen oder Rechte „bis hin zum Schadensersatz" geltend machen zu wollen, reichen nicht aus. Auch ein Schadensersatzverlangen hat nicht die Folge des Erlöschens des Erfüllungsanspruchs gemäß § 281 Abs. 4 BGB, wenn der Schuldner nicht Schadensersatz statt der Leistung verlangt, sondern einen Verzögerungsschaden oder einen sonstigen gemäß § 280 Abs. 1 BGB zu ersetzenden Schaden. Die Erklärungen des Gläubigers können mehrdeutig und auslegungsbedürftig sein. Dann besteht auch für den Gläubiger eine Unsicherheit über den Fortbestand des Erfüllungsanspruchs. Der Gesetzgeber hat aber davon abgesehen, diese Unklarheit dadurch zu beseitigen, dass das Erlöschen von der Geltendmachung einer Klage auf Schadensersatz statt der Leistung abhängig gemacht wird.[104] 72

Teilweise wird angenommen, das Schadensersatzverlangen könne erst dann wirksam erklärt werden, wenn der Schadensersatzanspruch entstanden ist.[105] Eine vorher aufschiebend bedingte Erklärung sei wegen ihrer Gestaltungswirkung unwirksam. Die Erklärung, im Falle des erfolglosen Fristablaufs Schadensersatz statt der Leistung zu verlangen, enthält aber eine zulässige Potestativbedingung.[106] Der Schuldner wird durch diese Bedingung nicht in eine ungewisse Lage versetzt, weil er weiß, wann die Frist abläuft und er es selbst in der Hand hat, den Eintritt der Bedingung zu vermeiden. 73

Im Falle der Schlechtleistung führt das Verlangen von Schadensersatz statt der Leistung lediglich zum Erlöschen des Nacherfüllungsanspruchs, wenn der Gläubiger den kleinen Schadensersatzanspruch geltend macht. Verlangt der Gläubiger Schadensersatz statt der ganzen Leistung (und ist dies nicht gemäß § 281 Abs. 1 Satz 3 BGB ausgeschlossen) erlischt der gesamte Erfüllungsanspruch. 74

III. Erlöschen des Gegenleistungsanspruchs

Nach der früheren gesetzlichen Regelung führt der Fristablauf gemäß § 326 Abs. 1 Satz 2 BGB a.F. zum Erlöschen des Leistungsanspruchs. Der Fristablauf führte ohne eine ausdrückliche gesetzliche Regelung auch zum Erlöschen des Gegenleistungsanspruchs.[107] Aufgrund seiner systematischen Stellung – nicht im Abschnitt über die Schuldverhältnisse aus Verträgen – kann § 281 BGB keine Regelung über das Erlöschen des Gegenleistungsanspruchs enthalten. Es ist aber eine Folge des Synallagmas, dass mit 75

---

[101] BGH v. 20.01.2006 - V ZR 124/05 - juris Rn. 16 - ZGS 2006, 149.
[102] BGH v. 20.01.2006 - V ZR 124/05 - juris Rn. 23 - ZGS 2006, 149.
[103] BT-Drs. 14/6040, S. 140.
[104] BT-Drs. 14/6040, S. 141.
[105] *Unberath* in: Bamberger/Roth, § 281 Rn. 51.
[106] *Ernst* in: MünchKomm-BGB, § 281 Rn. 96; *Derleder/Zänker*, NJW 2003, 2777-2783, 2779; *Wieser*, NJW 2003, 2432-2434, 2433.
[107] BGH v. 06.10.1994 - V ZR 92/94 - juris Rn. 4 - LM BGB § 326 (Ea) Nr. 15 (3/1995).

dem Erlöschen des Leistungsanspruchs gemäß § 281 Abs. 4 BGB auch der Anspruch auf die Gegenleistung erlischt.[108] Ein Rücktritt des Gläubigers – zu dem er gemäß § 323 Abs. 1 BGB berechtigt wäre – ist nicht erforderlich.[109]

IV. Anspruch auf Schadensersatz statt der Leistung

1. Allgemeine Grundsätze

76 Ausgangspunkt für die Schadensberechnung ist die Differenzhypothese. Es ist ein Gesamtvermögensvergleich zwischen der tatsächlichen aktuellen Vermögenslage und der hypothetischen Vermögenslage bei einer Leistung des Schuldners herzustellen.

77 Umstritten ist, auf welchen Zeitpunkt für die Schadensberechnung abzustellen ist. Insbesondere nach der Rechtsprechung ist der Schuldner so zu stellen, wie er bei ordnungsgemäßer Erfüllung stehen würde.[110] Ordnungsgemäß ist dabei eine Leistung, die rechtzeitig, d.h. bei Fälligkeit[111], und mangelfrei erfolgt. Bei einer konsequenten Anwendung dieser Grundsätze müssten sowohl die Kosten eines vor Fristablauf getätigten Deckungskaufs[112] als auch Verzögerungsschäden und Mangelfolgeschäden[113] mit einem Schadensersatzanspruch statt der Leistung zu ersetzen sein, denn diese Schäden wären bei rechtzeitiger und mangelfreier Leistung nicht eingetreten.

78 Es wird auch vertreten, dass für die Schadensberechnung auf den Zeitpunkt abzustellen ist, in dem der Gläubiger Schadensersatz statt der Leistung verlangt.[114] Mit dem Schadensersatzanspruch statt der Leistung seien diejenigen Schadensposten zu ersetzen, die dadurch entstünden, dass das Naturalleistungsinteresse des Gläubigers endgültig nicht mehr befriedigt werde. Die Leistung bleibe aber erst ab dem Zeitpunkt endgültig aus, ab dem sie der Schuldner nicht mehr erbringen könne (§ 283 BGB) oder erbringen dürfe (§ 281 Abs. 4 BGB). Diese Ansicht ermöglicht eine klare Abgrenzung des Schadensersatzanspruchs statt der Leistung zu dem Anspruch auf Ersatz des Verzögerungsschadens. Mit dem Letzteren sind Schäden zu ersetzen, die auf einer Leistungsverzögerung beruhen und eingetreten sind, bevor der Gläubiger gemäß § 281 Abs. 4 BGB Schadensersatz statt der Leistung verlangt. Ab diesem Zeitpunkt kann ein Verzögerungsschaden i.S.d. § 286 BGB nicht mehr entstehen, da der Leistungsanspruch erloschen ist. Problematisch an dieser Ansicht ist allerdings, dass nach ihr ein nach Fristablauf, aber vor dem Schadensersatzverlangen getätigter Deckungskauf nicht zu ersetzen ist, da mit dem Fristablauf das endgültige Ausbleiben der Leistung noch nicht feststeht. Der Gläubiger müsste zunächst Schadensersatz statt der Leistung verlangen und dann das Deckungsgeschäft tätigen und dabei feststellen, ob und in welcher Höhe ein Schaden entstanden ist.

79 Nach einer dritten Ansicht ist grundsätzlich der Schaden zu ersetzen, der durch die Nichtleistung bei Fristablauf entstanden ist. Ist die Fristsetzung entbehrlich, ist auf den Zeitpunkt abzustellen, in dem der Umstand eingetreten ist, der die Entbehrlichkeit begründet. Dafür spricht, dass gemäß den §§ 280 Abs. 1 und 3, 281 BGB der Schaden zu ersetzen ist, der **durch die Pflichtverletzung** entstanden ist. Nach § 280 Abs. 1 Satz 1 BGB kann der Gläubiger bei einer Pflichtverletzung Ersatz des „hierdurch" entstehenden Schadens verlangen. Die entscheidende Voraussetzung, die den Anspruch aus §§ 280 Abs. 1 und 3, 281 BGB begründet, ist die **Nichtleistung bei Fristablauf**. Bereits mit Fristablauf entsteht der Schadensersatzanspruch als einklagbarer Anspruch. Auch wenn erst die Geltendmachung des Schadensersatzanspruchs den Erfüllungsanspruch entfallen lässt, ist sie nicht die Pflichtverletzung des Schuldners. Mit dem Schadensersatzanspruch aus den §§ 280 Abs. 1 und 3, 281 BGB sind die Schäden zu ersetzen, die im Fall einer Leistung bei Fristablauf nicht eingetreten wären. Dazu gehören auch die Kosten eines Deckungskaufs, der nach Fristablauf aber vor dem Schadensersatzverlangen getätigt wor-

---

[108] *Otto/Schwarze* in: Staudinger, § 281 Rn. D 21.
[109] A.A. *Ernst* in: MünchKomm-BGB, § 325 Rn. 8.
[110] BGH v. 14.04.2010 - VIII ZR 145/09 - juris Rn. 16 u. 33 - NJW 2010, 2426-2429; BGH v. 11.02.2009 - VIII ZR 328/07 - juris Rn. 20 - JZ 2010, 44-46; *Otto/Schwarze* in: Staudinger, § 281 Rn. B 140; zu § 326 BGB a.F.: BGH v. 20.05.1994 - V ZR 64/93 - juris Rn. 8 - BGHZ 126, 131-138; BGH v. 27.05.1998 - VIII ZR 362/96 - juris Rn. 17 - LM BGB § 326 (Eb) Nr. 11 (3/1999); BGH v. 24.09.1999 - V ZR 71/99 - juris Rn. 9 - LM BGB § 325 Nr. 31 (1/2000); OLG Oldenburg v. 23.08.2011 - 13 U 59/11 - juris Rn. 20 - NJW-RR 2011, 1498-1500.
[111] BGH v. 20.05.1994 - V ZR 64/93 - juris Rn. 8 - BGHZ 126, 131-138.
[112] Zu § 326 BGB a.F.: BGH v. 20.05.1994 - V ZR 64/93 - juris Rn. 8 - BGHZ 126, 131-138.
[113] *Recker*, NJW 2002, 1247-1248, 1247; *Hirsch*, Jura 2003, 289-298, 294.
[114] *Lorenz*, NJW 2002, 2497, 2500; *Griegoleit/Riehm*, AcP 203, 727, 735 ff.

den ist. Anders als nach der früheren Rechtsprechung des BGH[115] sind die Kosten eines vor Fristablauf getätigten Deckungskaufs nicht ersatzfähig. Bei der Abgrenzung zu dem Anspruch auf Ersatz des Verzögerungsschadens ergeben sich Überschneidungen nur in dem Zeitraum zwischen Fristablauf und Schadensersatzverlangen. Verzögerungsschäden in dieser Zeitspanne können gemäß den §§ 280 Abs. 1 und 2, 286 BGB zu ersetzen sein, da der Erfüllungsanspruch noch besteht und die Fristsetzung eine Mahnung mit einschließt. Sie können aber auch gemäß den §§ 280 Abs. 1 und 3, 281 BGB zu ersetzen sein, da sie bei einer Leistung im Zeitpunkt des Fristablaufs nicht eingetreten wären. Für diese Alternativen der Schadensberechnung sollte ein Wahlrecht des Gläubigers bestehen.

Ist die **Fristsetzung entbehrlich**, ist für die Schadensberechnung auf den Umstand abzustellen, der die Entbehrlichkeit begründet hat. Hat der Schuldner die Leistung ernsthaft und endgültig verweigert, werden mit dem Schadensersatzanspruch statt der Leistung alle Schäden ersetzt, die auf der Nichtleistung beruhen und nach der Leistungsverweigerung eingetreten sind. 80

Bei der Berechnung des Ersatzanspruchs ist ein Gesamtvermögensvergleich geboten, bei dem die gesamte Vermögenssituation des Gläubigers zu berücksichtigen ist.[116] Auch Vorteile, die der Geschädigte durch die Nichterfüllung erlangt hat, können anzurechnen sein. Erforderlich ist dabei, dass ein innerer Zusammenhang zwischen Vor- und Nachteilen dergestalt besteht, dass sich ein bestimmter, einzelner Vorteil auch einem bestimmten, einzelnen Nachteil zuordnen lässt. Erzielt der Verkäufer bei einem Deckungsverkauf einen den Verkehrswert des Grundstücks übersteigenden Mehrerlös, ist dieser nicht auf seinen Schadensersatzanspruch anzurechnen.[117] Die Beweislast für Ersparnisse des Gläubigers trifft grundsätzlich den Schuldner.[118] 81

Für die Schadensberechnung bei gegenseitigen Verträgen sind zwei verschiedene theoretische Ansätze möglich. Nach der Austausch- oder **Surrogationstheorie** tritt der Ersatzanspruch an die Stelle des erloschenen Anspruchs des Schuldners. Dieser Anspruch ist mit der Gegenleistung auszutauschen. Die Ansprüche können durch Aufrechnung verrechnet werden. Nach der **Differenztheorie** fließt der Gegenleistungsanspruch in jedem Fall in die Berechnung des Schadensersatzanspruchs mit ein. Anstelle der erloschenen beiderseitigen Erfüllungsansprüche tritt eine einseitige Geldforderung des ersatzberechtigten Gläubigers in Höhe der Wertdifferenz zwischen dem Wert der Leistung und der Gegenleistung zuzüglich etwaiger Folgeschäden. Bei der Schadensberechnung ist danach zu unterscheiden, ob der Gläubiger die von ihm geschuldete Leistung schon erbracht hat oder nicht. 82

Hat der Gläubiger seine Gegenleistung noch nicht erbracht, kann er den Schaden nur nach der Differenztheorie berechnen. Mit dem Schadensersatzverlangen erlöschen gemäß § 281 Abs. 4 BGB sowohl der Leistungsanspruch als auch der Gegenleistungsanspruch. Das untergegangene Austauschverhältnis kann der Gläubiger nicht dadurch wiederherstellen, dass er seine Gegenleistung dem Schuldner anbietet.[119] Der Gläubiger kann allerdings das mit der Surrogationstheorie erreichbare Ergebnis dadurch erzielen, dass er zunächst seine Leistung erbringt und dann erst Schadensersatz statt der Leistung verlangt.[120] 83

Hat der Gläubiger seine Leistung bereits erbracht, kann er gemäß § 323 BGB zurücktreten und die Leistung zurückverlangen. Da gemäß § 325 BGB der Rücktritt den Schadensersatzanspruch nicht ausschließt, kann der Gläubiger darüber hinaus seinen Schaden nach der Differenzmethode berechnen.[121] Der Gläubiger kann aber auch die Gegenleistung beim Schuldner belassen und nach der Surrogationstheorie den vollständigen Wert der Leistung beanspruchen. 84

Der Schaden ist grundsätzlich **konkret** zu berechnen. Der Gläubiger muss die im Einzelfall tatsächlich erlittenen Vermögenseinbußen darlegen. Beim Deckungskauf kann der Käufer seinen Schaden auf Grundlage eines konkreten Deckungsgeschäfts berechnen. Dies gilt aber nur, wenn er eine gleichwertige und keine höherwertige Kaufsache erwirbt.[122] 85

---

[115] BGH v. 27.05.1998 - VIII ZR 362/96 - juris Rn. 18 - LM BGB § 326 (Eb) Nr. 11 (3/1999).
[116] BGH v. 24.09.1999 - V ZR 71/99 - juris Rn. 9 - LM BGB § 325 Nr. 31 (1/2000).
[117] BGH v. 06.06.1997 - V ZR 115/96 - juris Rn. 10 - BGHZ 136, 52-57.
[118] BGH v. 17.07.2001 - X ZR 71/99 - juris Rn. 20 - LM BGB § 326 (A) Nr. 39 (1/2002).
[119] Vgl. zu § 326 BGB a.F.: BGH v. 06.10.1994 - V ZR 92/94 - juris Rn. 4 - LM BGB § 326 (Ea) Nr. 15 (3/1995); BGH v. 25.06.1999 - V ZR 190/98 - juris Rn. 8 - LM BGB § 326 (Eb) Nr. 12 (11/1999).
[120] *Unberath* in: Bamberger/Roth, § 281 Rn. 35; *Grüneberg* in: Palandt, § 281 Rn. 21.
[121] *Unberath* in: Bamberger/Roth, § 281 Rn. 35; *Grüneberg* in: Palandt, § 281 Rn. 22.
[122] OLG Stuttgart v. 25.11.2011 - 3 U 173/11 - juris Rn. 33 - NJW-RR 2012, 251-252.

86 Kaufleute und Gewerbetreibende können den Schaden wahlweise auch **abstrakt** berechnen. Die abstrakte Schadensberechnung stellt eine Beweiserleichterung dar, die auf der Vermutung beruht, dass der Gläubiger jederzeit imstande gewesen wäre, das ihm entgangene Geschäft mit dieser oder einer anderen Ware zu Marktpreisen zu tätigen. Sie erlaubt es, den Schaden als Differenz zwischen dem Vertragspreis und dem Marktpreis aufzufassen. Bei Grundstücksgeschäften ist grundsätzlich keine abstrakte Schadensberechnung möglich.[123]

87 Ist die **Leistung teilweise nicht erbracht**, kann der Gläubiger gemäß § 281 Abs. 1 Satz 2 BGB Schadensersatz statt der ganzen Leistung nur verlangen, wenn er an der Teilleistung kein Interesse hat. Ein **Interessenwegfall** liegt vor, wenn die Teilleistung und die Erbringung der entsprechenden Teilgegenleistung für den Gläubiger ohne Interesse und es für ihn günstiger wäre, insgesamt einen neuen Erfüllungsanspruch zu begründen.[124] Dies ist insbesondere dann der Fall, wenn die konkreten Zwecke des Gläubigers mit der erbrachten Leistung auch nicht teilweise befriedigt werden können.[125] Ist die vom Gläubiger zu erbringende Gegenleistung nicht teilbar, ist auch die Teilleistung für ihn nicht von Interesse.[126] Die Umstände, die den Interessenwegfall begründen, sind vom Gläubiger darzulegen und gegebenenfalls zu beweisen.

2. Besonderheiten des Anspruchs aus den §§ 437 Nr. 3, 280 Abs. 1 und 3, 281 BGB

88 Im Gewährleistungsrecht des Kaufrechts verweist § 437 Nr. 3 BGB auf die §§ 280, 281 BGB. Schadensersatz statt der Leistung ist in diesen Fällen Schadensersatz statt der Nacherfüllung. Es sind die Schäden zu ersetzen, die auf der Pflichtverletzung beruhen.

89 Sieht man die Pflichtverletzung in dem Nichterbringen der Nacherfüllung bei Fristablauf zu sehen ist, sind gemäß den §§ 437 Nr. 3, 280 Abs. 1 und 3, 281 BGB alle Schäden zu ersetzen, die auf dem Nichterbringen der Nacherfüllung bei Fristablauf beruhen. In der Rechtsprechung wird allerdings auf die Verletzung der Pflicht zur mangelfreien Lieferung der Kaufsache abgestellt.[127] Der Käufer ist danach so zu stellen, wie er stünde, wenn der Vertrag ordnungsgemäß erfüllt worden wäre.[128]

90 Ersatzfähig ist zunächst, je nach Berechnungsart als großer oder kleiner Schadensersatzanspruch, der Geldbetrag, der einer bereits geleisteten Kaufpreiszahlung entspricht, oder die Wertdifferenz zwischen dem mangelhaften Kaufgegenstand und dem Kaufgegenstand in mangelfreiem Zustand. Darüber hinaus sind grundsätzlich alle weiteren Schäden zu ersetzen, für die die Pflichtverletzung ursächlich geworden ist.

a. Kleiner/großer Schadensersatzanspruch

91 Wird die Leistung nicht wie geschuldet erbracht, hat der Gläubiger grundsätzlich das Wahlrecht zwischen einem Anspruch auf Schadensersatz statt der Nacherfüllung (kleiner Schadensersatz) und einem Anspruch auf Schadensersatz statt der ganzen Leistung (großer Schadensersatz). Gemäß § 281 Abs. 1 Satz 3 BGB besteht ein Anspruch auf Schadensersatz statt der ganzen Leistung nicht, wenn die Pflichtverletzung unerheblich ist.

92 Macht der Käufer den **großen Schadensersatzanspruch** geltend, kann er die Kaufsache zurückgeben und als Mindestschaden den Geldbetrag verlangen, der einer bereits geleisteten Kaufpreiszahlung entspricht.[129]

93 Im Rahmen des Vorteilsausgleichs muss sich der Käufer eine Eigennutzung anrechnen lassen. Bei beweglichen Sachen ist die Eigennutzung grundsätzlich nach der zeitanteiligen linearen Wertminderung zu berechnen, d.h. nach einem Vergleich zwischen dem tatsächlichen Gebrauch und der voraussichtlichen Gesamtnutzungsdauer der Sache unter Berücksichtigung des Werts der Sache bzw. des vereinbarten Kaufpreises.[130]

---

[123] BGH v. 02.12.1994 - V ZR 193/93 - juris Rn. 10 - LM BGB § 249 (Hb) Nr. 15 (6/1995).
[124] BGH v. 22.05.1990 - IX ZR 208/89 - juris Rn. 11 - LM Nr. 91 zu BGB § 611.
[125] BGH v. 07.03.1990 - VIII ZR 56/89 - juris Rn. 23 - LM Nr. 1 zu § 326 (F) BGB.
[126] BGH v. 14.01.2000 - V ZR 386/98 - juris Rn. 14 - LM BGB § 497 Nr. 10 (8/2000).
[127] BGH v. 14.04.2010 - VIII ZR 145/09 - juris Rn. 33 - NJW 2010, 2426-2429.
[128] BGH v. 14.04.2010 - VIII ZR 145/09 - juris Rn. 23 - NJW 2010, 2426-2429.
[129] BGH v. 21.04.1978 - V ZR 235/77 - juris Rn. 19 - BGHZ 71, 234-243; BGH v. 01.10.2004 - V ZR 210/03 - juris Rn. 20 - NJW-RR 2005, 10-13.
[130] BGH v. 31.03.2006 - V ZR 51/05 - juris Rn. 12 - NJW 2006, 1582-1585.

Bei Eigennutzung von Immobilien ist zu unterscheiden. Beschränkt der Käufer den Schadensersatz auf die Rückabwicklung des Leistungsaustausches und die Erstattung der mit dem Vertragsschluss verbundenen Nebenkosten, muss er sich nur die ersparte Abnutzung eines andernfalls erworbenen gleichartigen Leistungsgegenstandes anrechnen lassen. Diese kann auf der Grundlage der Gesamtnutzungsdauer der Immobilie in gleichmäßigen Beträgen je abgewohntem Jahr (zeitanteilig linear) bemessen werden.[131] Verlangt der Käufer dagegen nicht nur den Leistungsaustausch, sondern auch seine Investitionsentscheidung, indem er seine Aufwendungen zur Erlangung der Gegenleistung geltend macht, muss er sich den vollen Wert der Eigennutzung anrechnen lassen.[132] Dieser entspricht dem objektiven Mietwert und damit der für das genutzte oder für ein vergleichbares Objekt üblichen Miete. Die Eigennutzung ist auch dann auf der Grundlage des Mietwerts zu berechnen, wenn der Käufer Erstattung der von ihm für die Erhaltung und Bewirtschaftung aufgewandten Kosten verlangt.[133]

94

Soweit der Gläubiger das von ihm Geleistete zurückfordert, richtet sich der Anspruch gemäß § 281 Abs. 5 BGB nach den §§ 346-348 BGB. Die örtliche Zuständigkeit für Klagen, mit denen der große Schadensersatzanspruch geltend gemacht wird, richtet sich nach dem Austauschort, d.h. dem Ort, an dem sich die Sache entsprechend der vertraglichen Vereinbarung befindet.[134]

95

Behält der Käufer die Kaufsache, kann er als **kleinen Schadensersatz** die Wertdifferenz zwischen dem Wert der mangelhaften Sache und dem Wert der Sache in mangelfreiem Zustand verlangen.[135] Den Minderwert der Kaufsache kann der Käufer auch dadurch berechnen, dass er die Kosten der Mängelbeseitigung beansprucht.[136] Der Schadensersatzanspruch des Käufers von Wohnungseigentum richtet sich bezüglich der Mängel am Gemeinschaftseigentum allerdings nur auf eine dem Miteigentumsanteil entsprechende Quote.[137]

96

Mit dem kleinen Schadensersatzanspruch kann der Käufer nicht die Finanzierungskosten verlangen, die er für den Teilbetrag des Kaufpreises hat aufwenden müssen, der auf den Minderwert entfällt.[138]

97

Sowohl der große als auch der kleine Schadensersatzanspruch richten sich bezüglich des Mangels nur auf eine Entschädigung in Geld, ein Anspruch auf Nacherfüllung ist gemäß § 281 Abs. 4 BGB ausgeschlossen.

98

Der Gläubiger kann zwischen dem kleinen und dem großen Schadensersatzanspruch grundsätzlich frei wählen. Der große Schadensersatzanspruch ist nur dann ausgeschlossen, wenn die Pflichtverletzung unerheblich ist. Es ist nicht erforderlich, dass die Geltendmachung des großen Schadensersatzanspruchs verhältnismäßig ist.[139]

99

aa. Unerhebliche Pflichtverletzung

Ein Anspruch auf Schadensersatz statt der ganzen Leistung besteht gemäß § 281 Abs. 1 Satz 3 BGB nicht, wenn die **Pflichtverletzung unerheblich** ist. Mit dieser Regelung ist ausgeschlossen, dass in Gewährleistungsfällen ein unerheblicher Mangel einen Schadensersatzanspruch statt der ganzen Leistung begründet. Auch ein Rücktritt ist in diesen Fällen gemäß § 323 Abs. 5 Satz 2 BGB ausgeschlossen. Da die Pflichtverletzung in der Nichterbringung der Nacherfüllung liegt, ist theoretisch auch die Frage der Unerheblichkeit darauf bezogen. Mit der erst aufgrund der Beschlussempfehlung des Rechtsausschusses in das Gesetz eingefügten Regelung ist jedoch die **Unerheblichkeit des Mangels** gemeint.[140] Dies ist von Bedeutung in den Fällen, in denen die Beseitigung des Mangels nur einen sehr geringen Aufwand erfordert, der Mangel aber gleichwohl erhebliche Auswirkungen hat, wie dies etwa dann der Fall ist, wenn ein geringfügiger technischer Fehler zur Funktionsunfähigkeit einer gesamten elektronischen Anlage führt.[141]

100

---

[131] BGH v. 06.10.2005 - VII ZR 325/03 - juris Rn. 14 - BGHZ 164, 235-241; BGH v. 31.03.2006 - V ZR 51/05 - juris Rn. 12 - NJW 2006, 1582-1585.
[132] BGH v. 31.03.2006 - V ZR 51/05 - juris Rn. 25 - NJW 2006, 1582-1585.
[133] BGH v. 31.03.2006 - V ZR 51/05 - juris Rn. 26 - NJW 2006, 1582-1585.
[134] OLG Bremen v. 30.10.2002 - 1 U 64/02 - OLGR Bremen 2003, 99-101.
[135] BGH v. 23.06.1989 - V ZR 40/88 - juris Rn. 19 - BGHZ 108, 156-164.
[136] BGH v. 10.06.1998 - V ZR 324/97 - LM BGB § 463 Nr. 78 (3/1999).
[137] BGH v. 23.06.1989 - V ZR 40/88 - juris Rn. 21 - BGHZ 108, 156-164.
[138] BGH v. 28.06.2002 - V ZR 188/01 - juris Rn. 3 - NJW-RR 2002, 1593.
[139] OLG Karlsruhe v. 17.02.2006 - 1 U 195/05 - juris Rn. 12 - GuT 2006, 129-131.
[140] BT-Drs. 14/7052, S. 185.
[141] BGH v. 20.10.1992 - X ZR 107/90 - juris Rn. 20 - NJW-RR 1993, 309-311.

§ 281

101 Nach dem heutigen Recht bestehen auch bei unerheblichen Mängeln ein Recht zur Minderung und ein kleiner Schadensersatzanspruch. Da nur das Rücktrittsrecht und der große Schadensersatzanspruch ausgeschlossen sind, wird teilweise vertreten, dass die Erheblichkeitsschwelle des § 281 Abs. 1 Satz 3 BGB (und § 323 Abs. 5 Satz 2 BGB) deutlich höher anzusetzen ist als nach früherem Recht.[142] Der BGH hat allerdings entschieden, dass ein Sachmangel eine unerhebliche Pflichtverletzung darstellt, wenn er im Sinne von § 459 Abs. 1 Satz 2 BGB a.F. den Wert oder die Tauglichkeit der Sache nur unerheblich mindert.[143]

102 Bei der Erheblichkeitsprüfung ist eine umfassende Interessenabwägung vorzunehmen. Dabei sind insbesondere die Möglichkeit der Mängelbeseitigung und der für sie erforderliche Aufwand zu berücksichtigen. Auch wenn die Mängelbeseitigung unmöglich ist, kann ein unerheblicher Mangel gegeben sein, wenn etwa nur geringe optische Beeinträchtigungen vorliegen, die keinerlei Einschränkungen der Gebrauchstauglichkeit zur Folge haben.[144]

103 Als unerhebliche Mängel wurden angesehen:
- Abweichung des Kraftstoffverbrauchs eines verkauften Neufahrzeugs von den Herstellerangaben um weniger als 10%,[145]
- Abweichung der tatsächlichen von der angegebenen Höchstgeschwindigkeit in Höhe von 5%,[146]
- Eigenschaft als Unfallwagen, die sich allein in einem merkantilen Minderwert auswirkt und dieser weniger als 1% des Kaufpreises beträgt,[147]
- Reparaturaufwand geringer als 2-3% des Kaufpreises,[148]
- Schäden des Kotflügels und Stoßfängers an einem verkauften Pkw, wenn die Kosten der Mängelbeseitigung gering sind,[149]
- geringfügige Lackierungsmängel,[150]
- früh reagierende Tankanzeige „geringer Treibstoff-Vorrat",[151]
- fehlerhafte Lenkradfernbedienung,[152]
- nicht ganz bündig schließende Seitentüren bei einem Kleinwagen,[153]
- geringfügiger optischer Mangel an der Front einer Einbauküche, auch wenn eine Minderung in Höhe von 5% gerechtfertigt ist.[154]

104 Als erhebliche Mängel wurden eingestuft:
- regelmäßiges grundloses Aufleuchten der Motorprüfanzeige,[155]
- Wassereintritt in einem Gebrauchtwagen,[156]
- aufgeplatzte Innenverkleidung in einem Pkw,[157]
- Lieferung eines Kraftfahrzeugs in einer anderen als der bestellten Farbe,[158]
- Lieferung eines Pkws aus einem früheren als dem angegebenen Modelljahr,[159]
- Nichtabgabe einer Bestätigung gemäß § 19 StVZO über die Zulässigkeit montierter Räder,[160]

---

[142] OLG Bamberg v. 10.04.2006 - 4 U 295/05 - juris Rn. 36; *Ernst* in: MünchKomm-BGB, § 323 Rn. 243a; *Otto/Schwarze* in: Staudinger, § 323 Rn. C 25 *Grothe* in: Bamberger/Roth, § 323 Rn. 39.
[143] BGH v. 08.05.2007 - VIII ZR 19/05 - juris Rn. 3 - NJW 2007, 2111-2112.
[144] OLG Düsseldorf v. 08.06.2005 - I-3 U 12/04, 3 U 12/04 - juris Rn. 26 - NJW 2005, 2235-2236.
[145] BGH v. 08.05.2007 - VIII ZR 19/05 - juris Rn. 3 - NJW 2007, 2111-2112.
[146] OLG Düsseldorf v. 07.09.2005 - I-3 U 8/04, 3 U 8/04 - juris Rn. 38 - NJW 2005, 3504-3505.
[147] BGH v. 12.03.2008 - VIII ZR 253/05 - juris Rn. 22 - NJW 2008, 1517-1519.
[148] OLG Düsseldorf v. 27.02.2004 - I-3 W 21/043, W 21/04 - NJW-RR 2004, 1060-1061; OLG Bamberg v. 10.04.2006 - 4 U 295/05 - juris Rn. 37.
[149] BGH v. 14.09.2005 - VIII ZR 363/04 - juris Rn. 40 - NJW 2005, 3490-3493.
[150] OLG Koblenz v. 24.01.2008 - 5 U 684/07 - juris Rn. 20 - OLGR Koblenz 2008, 256-258.
[151] OLG Düsseldorf v. 11.06.2007 - I-1 U 259/06 - juris Rn. 20.
[152] OLG Düsseldorf v. 08.01.2007 - I-1 U 177/06 - juris Rn. 31 - ZGS 2007, 157-160.
[153] OLG Düsseldorf v. 08.06.2005 - I-3 U 12/04 - juris Rn. 27 - NJW 2005, 2235-2236.
[154] KG v. 29.03.2007 - 27 U 133/06 - juris Rn. 7 - KGR 2007, 717-718.
[155] OLG Naumburg v. 13.12.2006 - 6 U 146/06 - juris Rn. 25 - OLGR Naumburg 2007, 815.
[156] BGH v. 05.11.2008 - VIII ZR 166/07 - juris Rn. 21 - NJW 2009, 508-509.
[157] OLG Saarbrücken v. 22.06.2005 - 1 U 567/04 - 167, 1 U 567/04 - juris Rn. 37 - MDR 2006, 227-228.
[158] BGH v. 17.02.2010 - VIII ZR 70/07 - juris Rn. 24 - BB 2010, 1175-1178.
[159] OLG Nürnberg v. 21.03.2005 - 8 U 2366/04 - juris Rn. 25 - NJW 2005, 2019-2021.
[160] OLG Bamberg v. 02.03.2005 - 3 U 129/04 - juris Rn. 23 - OLGR Bamberg 2005, 265-266.

- das Bestehen von mehreren Mängeln, die für sich allein unerheblich sind[161].

Handelt der Verkäufer **arglistig**, ist eine unerhebliche Pflichtverletzung regelmäßig zu verneinen.[162] 105

Die Beweislast für die Unerheblichkeit trägt der Schuldner, d.h. der Verkäufer bzw. der Werkunternehmer. 106

bb. Zuweniglieferung

Im Kaufrecht steht die Lieferung einer zu geringen Menge gemäß § 434 Abs. 3 BGB einem Sachmangel gleich. Bei dieser Gleichstellung ist zu beachten, dass sich § 434 Abs. 3 BGB nur auf so genannte verdeckte Mankolieferungen bezieht. Eine Zuweniglieferung im Sinne des § 434 BGB liegt nicht vor, wenn die vom Empfängerhorizont auszulegende Tilgungsbestimmung des Verkäufers nicht auf vollständige Vertragserfüllung, sondern auf eine Teillieferung gerichtet ist.[163] Umstritten ist, ob die Gleichstellung in § 434 Abs. 3 BGB auch im Rahmen des § 281 Abs. 1 Satz 3 BGB (und im Rahmen des § 323 Abs. 5 Satz 2 BGB) gelten. Dabei sollte eine Entscheidung jedenfalls einheitlich für den Schadensersatzanspruch und das Rücktrittsrecht erfolgen. Eine unterschiedliche Auslegung des § 281 Abs. 1 Satz 3 BGB und des § 323 Abs. 5 Satz 2 BGB könnte zu dem Ergebnis führen, dass der Schuldner nur wegen eines Teils der Leistung Schadensersatz verlangen, aber vom gesamten Vertrag zurücktreten kann.[164] 107

Teilweise wird angenommen, die Wertung des § 434 Abs. 3 BGB gelte auch im Rahmen der §§ 281 Abs. 1 und 323 Abs. 5 BGB.[165] Die Richtlinie über den Verbrauchsgüterkauf verlange, dass das Rücktrittsrecht des Käufers vom gesamten Vertrag nicht von einem Interessenwegfall abhängen dürfe und nur bei Unerheblichkeit des Mangels ausgeschlossen sei. Überdies sei es Sinn und Zweck des § 434 Abs. 3 BGB, die Unterscheidungsprobleme zwischen Schlecht-, Falsch- und Mankolieferung nachhaltig zu vermeiden. Ein Schadensersatzanspruch statt der ganzen Leistung oder ein Rücktritt vom ganzen Vertrag ist danach nur ausgeschlossen, wenn die Pflichtverletzung (d.h. die Zuweniglieferung) unerheblich ist. 108

Nach Sinn und Zweck des § 323 Abs. 5 Satz 1 BGB und § 281 Abs. 1 Satz 2 BGB ist bei einer Teilleistung ein Rücktritt vom gesamten Vertrag und ein Schadensersatzanspruch statt der gesamten Leistung jedoch nur bei Interessenwegfall gerechtfertigt. Eine Teilleistung im Sinne des § 281 Abs. 1 Satz 2 BGB und § 323 Abs. 5 Satz 1 BGB ist auch dann anzunehmen, wenn eine Zuweniglieferung gemäß § 434 Abs. 3 BGB als Mangel gilt.[166] Anderenfalls würden diese Regelungen für die praktisch häufigsten Fälle der Minderlieferung beim Kauf völlig entwertet. 109

b. Ersatz weiterer Schäden

Für den Ersatz weiterer Schäden ist von dem allgemeinen Grundsatz des Schadensrechts auszugehen, dass grundsätzlich alle Schäden ersetzt werden, für die die Pflichtverletzung kausal geworden ist. Ausnahmsweise ist der Zurechnungszusammenhang dann unterbrochen, wenn die verletzte Pflicht die Vermeidung des entstandenen Schadens nicht bezweckt.[167] Mit dem Schadensersatzanspruch aus §§ 437 Nr. 3, 280 Abs. 1 und 3, 281 BGB sind damit grundsätzlich alle Schäden zu ersetzen, für die das Nichterbringen der Nacherfüllung bei Fristablauf kausal geworden ist. Bei Entbehrlichkeit der Fristsetzung ist auf den Zeitpunkt abzustellen, in dem die Fristsetzung entbehrlich geworden ist. 110

Kann der Käufer die Sache aufgrund der nach Fristablauf fortbestehenden Mangelhaftigkeit nicht weiter veräußern, ist der **entgangene Gewinn** zu ersetzen. 111

Der **Nutzungsausfall nach Fristablauf** ist mit dem Schadensersatzanspruch statt der Leistung zu ersetzen,[168] unabhängig davon, wie man ihn vor Fristablauf behandelt. Der Nutzungsausfall vor Fristablauf ist ebenso wie andere Betriebsausfallschäden ein Verzögerungsschaden, soweit er durch eine un- 112

---

[161] OLG Düsseldorf v. 18.08.2008 - I-1 U 238/07 - juris Rn. 40.
[162] BGH v. 24.03.2006 - V ZR 173/05 - juris Rn. 13 - BGHZ 167, 19-25.
[163] *Faust* in: Bamberger/Roth, § 434 Rn. 113; *Grunewald* in: Erman, § 434 Rn. 62.
[164] *Canaris*, JZ 2001, 499-528, 501.
[165] *Ernst* in: MünchKomm-BGB, § 323 Rn. 216; *Faust* in: Bamberger/Roth, § 434 Rn. 115; *Grüneberg* in: Palandt, § 281 Rn. 38; *Westermann* in: Erman, § 281 Rn. 7.
[166] *Grigoleit/Riehm*, ZGS 2002, 115-122, 115 ff.; *Canaris*, ZRP 2001, 329-336, 334; *Kindl*, WM 2002, 1313-1325, 1320; *Thier*, AcP 203, 399-428, 426; *Windel*, Jura 2003, 793-798, 796; *Heiderhoff/Skamel*, JZ 2006, 383-392, 389.
[167] BGH v. 13.02.2003 - IX ZR 62/02 - juris Rn. 8 - NJW-RR 2003, 1035-1037.
[168] BGH v. 14.04.2010 - VIII ZR 145/09 - juris Rn. 25 - NJW 2010, 2426-2429.

verzügliche Nacherfüllung vermeidbar ist. Er ist in diesem Fall nur unter den Voraussetzungen der §§ 280 Abs. 1 und 2, 286 BGB zu ersetzen.[169] Sind diese Schäden auch bei einer unverzüglichen Nacherfüllung nicht vermeidbar, handelt es sich um sonstige Schäden, die gemäß § 280 Abs. 1 BGB ersatzfähig sind.[170]

113 **Gutachterkosten** werden nur ausnahmsweise mit dem Schadensersatzanspruch statt der Leistung zu ersetzen sein, nämlich dann, wenn sie nach dem Fristablauf eingetreten sind und zur Feststellung des Schadensumfangs dienen.

114 Hat der Käufer mangelhafte Fliesen erworben und eingebaut, sind die Kosten für die Rücknahme und Entfernung der Fliesen gemäß den §§ 280 Abs. 1 und 3, 281 BGB zu ersetzen, denn **Ausbau und Abtransport der mangelhaften Sache** gehören zur Nacherfüllungspflicht des Verkäufers.[171] Der EuGH hat entschieden, dass Art 3 Abs. 2 und 3 der Richtlinie 1999/44/EG so auszulegen sind, dass auch der **Einbau** des als Ersatz gelieferten Verbrauchsguts zur Nachlieferung gehört.[172] Mit dem Schadensersatzanspruch statt der Leistung sind daher auch die Einbaukosten zu ersetzen. Kann der Verkäufer die Nachlieferung wegen unverhältnismäßiger Kosten verweigern und schuldet er deswegen nur eine Beteiligung an die Aus- und Einbaukosten in Höhe eines angemessenen Betrags,[173] besteht auch ein Schadensersatzanspruch statt der Leistung nur in dieser Höhe, denn dem Käufer ist nur in Höhe des angemessenen Betrags ein Schaden entstanden.

115 Kommt es aufgrund des Mangels nach Fristablauf zu einer **Körperverletzung** oder zu einem **Schaden an anderen Rechtsgütern des Käufers**, ist darauf abzustellen, ob die verletzte Pflicht zur Nacherfüllung die Vermeidung des eingetretenen Schadens bezweckt. Dies wird regelmäßig zu bejahen sein. Wird beispielsweise ein Kraftfahrzeug mit defekten Bremsen geliefert, ohne dass der Verkäufer die mangelhafte Lieferung zu vertreten hat und kommt es nach Fristablauf zu einem Unfall, so wird man sagen müssen, dass die Pflicht zur Reparatur der Bremsen auch die Vermeidung der Körperschäden bezweckt. Die Pflicht zur Nacherfüllung schützt ebenso wie die Pflicht zur mangelfreien Lieferung auch das Integritätsinteresse.

3. Besonderheiten des Anspruch aus den §§ 634 Nr. 4, 280 Abs. 1 und 3, 281 BGB

a. Großer Schadensersatzanspruch

116 Der Werkbesteller kann mit dem großen Schadensersatzanspruch das Werk zurückweisen, die Bezahlung verweigern (oder eine bereits entrichtete Gegenleistung zurückfordern) und den Ersatz weiterer Schäden verlangen. Wird der Anspruch vor Abnahme geltend gemacht, geht der Werklohnanspruch unter.[174]

aa. Unerhebliche Pflichtverletzung

117 Ein Anspruch auf Schadensersatz statt der ganzen Leistung besteht gemäß § 281 Abs. 1 Satz 3 BGB nicht, wenn die **Pflichtverletzung unerheblich** ist. Die Erheblichkeit eines Mangels ist durch eine umfassende Interessenabwägung festzustellen. Das Interesse des Bestellers, die Sache nicht behalten zu müssen, ist gegen die Folgen des großen Schadensersatzes für den Unternehmer abzuwägen.[175]

bb. Leistung in zu geringer Menge

118 Gemäß § 633 Abs. 2 Satz 3 Alt. 2 BGB ist die Herstellung einer zu geringen Menge als Sachmangel zu behandeln. Ob diese Gleichstellung auch im Rahmen des § 281 Abs. 1 Satz 3 BGB gilt, ist umstritten. Teilweise wird angenommen, wegen der Gleichstellung in § 633 Abs. 2 Satz 3 Alt 2 BGB liege auch bei der teilweisen Nicht-Herstellung keine Teilleistung i.S.d. § 281 Abs. 1 Satz 2 BGB vor, sondern eine nicht wie geschuldet erbrachte Leistung i.S.d. § 281 Abs. 1 Satz 3 BGB.[176] Nach Sinn und Zweck des § 281 Abs. 1 Satz 2 BGB ist bei einer Teilleistung ein Rücktritt vom gesamten Vertrag und ein Schadensersatzanspruch statt der gesamten Leistung jedoch nur bei Interessenwegfall gerechtfertigt. Die teilweise Nicht-Herstellung des Werks ist eine Teilleistung i.S.d. § 281 Abs. 1 Satz 2 BGB.

---

[169] OLG Hamm v. 23.02.2006 - 28 U 164/05 - juris Rn. 22.
[170] OLG Hamm v. 23.02.2006 - 28 U 164/05 - juris Rn. 22.
[171] BGH v. 21.12.2011 - VIII ZR 70/08 - juris Rn. 25 - NJW 2012, 1073-1080.
[172] EuGH v. 16.06.2011 - C-64/09 und C-87/09 - Tz. 62 - NJW 2011, 2269-2274.
[173] BGH v. 21.12.2011 - VIII ZR 70/08 - juris Rn. 35 - NJW 2012, 1073-1080.
[174] BGH v. 29.06.2006 - VII ZR 86/05 - juris Rn. 13 - NJW 2006, 2912.
[175] *Ernst* in: MünchKomm-BGB § 281 Rn. 147; *Mehring*, ZGS 2009, 310, 314.
[176] *Mehring*, ZGS 2009, 310, 312.

b. Kleiner Schadensersatzanspruch

Der Werkbesteller kann mit dem kleinen Schadensersatzanspruch entweder den mangelbedingten Minderwert oder den Betrag geltend machen, der zur Beseitigung des Mangels erforderlich ist.[177] Der Anspruch auf Ersatz der Mängelbeseitigungskosten umfasst alle Aufwendungen, die für die ordnungsgemäße Herstellung des vom Unternehmer vertraglich geschuldeten Werks erforderlich sind.[178] Dazu gehören auch die Kosten einer Hotelunterbringung, die notwendig wird, um die Mängelbeseitigung durchführen zu lassen.[179] Der Anspruch auf Ersatz der Mängelbeseitigungskosten besteht fort, wenn der Besteller das Werk veräußert hat.[180]   119

Zu weiteren Besonderheiten des Schadensersatzanspruchs statt der Leistung im Werkvertragsrecht vgl. die ausführliche Kommentierung zu § 634 BGB.   120

---

[177] BGH v. 10.03.2005 - VII ZR 321/03 - juris Rn. 11 - NJW-RR 2005, 983-984.
[178] BGH v. 27.03.2003 - VII ZR 443/01 - juris Rn. 9 - BGHZ 154, 301-305.
[179] BGH v. 10.04.2003 - VII ZR 251/02 - juris Rn. 15 - NJW-RR 2003, 878-879.
[180] BGH v. 22.07.2004 - VII ZR 275/03 - juris Rn. 10 - NJW-RR 2004, 1462-1463.

§ 282 BGB Schadensersatz statt der Leistung wegen Verletzung einer Pflicht nach § 241 Abs. 2

(Fassung vom 02.01.2002, gültig ab 01.01.2002)

Verletzt der Schuldner eine Pflicht nach § 241 Abs. 2, kann der Gläubiger unter den Voraussetzungen des § 280 Abs. 1 Schadensersatz statt der Leistung verlangen, wenn ihm die Leistung durch den Schuldner nicht mehr zuzumuten ist.

Gliederung

A. Grundlagen 1	III. Verletzung einer Pflicht nach § 241 Abs. 2 BGB 8
I. Kurzcharakteristik 1	IV. Unzumutbarkeit 13
II. Gesetzgebungsmaterialien 5	V. Vertretenmüssen i.S.d. § 280 Abs. 1 Satz 2 BGB 16
B. Anwendungsvoraussetzungen 6	VI. Eigene Vertragstreue des Gläubigers 17
I. Normstruktur 6	**C. Rechtsfolgen** 18
II. Schuldverhältnis 7	

A. Grundlagen

I. Kurzcharakteristik

1   Nach früherem Recht konnte der Gläubiger bei Verletzung von Rücksichtnahmepflichten wegen positiver Vertragsverletzung ausnahmsweise Schadensersatz wegen Nichterfüllung verlangen oder zurücktreten, wenn für ihn infolge der Pflichtverletzung die Fortsetzung des Vertrags unzumutbar war.

2   Dieser Sonderfall der positiven Vertragsverletzung ist heute in den §§ 280 Abs. 1 und Abs. 3, 282 BGB für den Schadensersatzanspruch statt der Leistung und in § 324 BGB für das Rücktrittsrecht geregelt.

3   Abgesehen davon, dass § 324 BGB einen gegenseitigen Vertrag voraussetzt, wohingegen für den Anspruch aus den §§ 280 Abs. 1 und 3, 282 BGB jedes Schuldverhältnis ausreichend ist, sind die Voraussetzungen des Schadensersatzanspruchs statt der Leistung und die des Rücktrittsrechts im Fall der Verletzung von Rücksichtnahmepflichten identisch. Bei einem gegenseitigen Vertrag hat der Gläubiger das Wahlrecht zwischen dem Schadensersatzanspruch statt der Leistung und dem Rücktritt.

4   Eine inhaltliche Änderung der bisherigen Rechtslage sollte durch die Regelungen in den §§ 282 und 324 BGB nicht erfolgen. Insbesondere die bisherige Rechtsprechung zu diesen Sonderfällen der positiven Vertragsverletzung kann für die Auslegung der Neuregelungen herangezogen werden.

II. Gesetzgebungsmaterialien

5   Regierungsentwurf BT-Drs. 14/6040, S. 141 f.; Stellungnahme des Bundesrates BT-Drs. 14/6857, S. 13; Gegenäußerung der Bundesregierung BT-Drs. 14/6857, S. 50; Beschlussempfehlung und Bericht des Rechtsausschusses BT-Drs. 14/7052, S. 185 f.

B. Anwendungsvoraussetzungen

I. Normstruktur

6   § 282 BGB enthält die wesentlichen Voraussetzungen für den Anspruch auf Schadensersatz statt der Leistung aus den §§ 280 Abs. 1 und 3, 282 BGB. Neben den in § 282 BGB genannten Voraussetzungen ist ein Schuldverhältnis erforderlich und das Vertretenmüssen der Pflichtverletzung im Sinne des § 280 Abs. 1 Satz 2 BGB.

II. Schuldverhältnis

7   Der Anspruch aus den §§ 280 Abs. 1 und Abs. 3, 282 BGB setzt gemäß § 280 Abs. 1 BGB ein Schuldverhältnis voraus. Anders als bei einem Anspruch aus der alleinigen Anwendung des § 280 Abs. 1 BGB reicht jedoch für den Anspruch aus den §§ 280 Abs. 1 und Abs. 3, 282 BGB ein vorvertragliches Schuldverhältnis nicht aus. Ein Schadensersatzanspruch „statt der Leistung" kann nur bestehen, wenn ein Leistungsanspruch schon entstanden war. Dies ist bei einem vorvertraglichen Schuldverhältnis gerade nicht der Fall.[1]

---

[1] BT-Drs. 14/7052, S. 186.

III. Verletzung einer Pflicht nach § 241 Abs. 2 BGB

Die heute in § 241 Abs. 2 BGB geregelten Pflichten zur Rücksichtnahme wurden auch als Schutzpflichten oder – im Gegensatz zu den Haupt- und Nebenleistungspflichten – als sonstige Pflichten bezeichnet.

Im Gesetzgebungsverfahren wurde die **Abgrenzung** zwischen der Verletzung einer Leistungspflicht gemäß § 281 BGB und der Verletzung einer sonstigen Pflicht gemäß § 282 BGB als problematisch angesehen.[2] In nicht seltenen Fällen könne man bei der Verletzung einer sonstigen Pflicht auch die Verletzung einer auf Unterlassung des pflichtwidrigen Verhaltens gerichteten Verletzung einer Nebenleistungspflicht annehmen.[3] Abgrenzungsschwierigkeiten bei einer einzigen Pflichtverletzung haben allerdings in der bisherigen Rechtsprechung zu dem hier geregelten Sonderfall der positiven Vertragsverletzung keine oder allenfalls eine geringe Rolle gespielt. Die Unterscheidung zwischen der Verletzung einer Leistungspflicht, insbesondere durch Verzug, und der als positive Vertragsverletzung erfassten Verletzung einer sonstigen Pflicht war allerdings dann problematisch, wenn dem Schuldner beide Pflichtverletzungen vorgeworfen werden konnten. Der BGH hat ein Rücktrittsrecht wegen positiver Vertragsverletzung in einem Fall bejaht, in dem der Verkäufer nur nach vielen Mahnungen und dann nur teilweise lieferte, gleichzeitig aber andere Lieferungen in Rechnung stellte und mahnte, obwohl diese gar nicht bestellt waren.[4] Das Versenden von Rechnungen und Mahnungen für nicht erbrachte Leistungen ist keine Verletzung einer Leistungspflicht und würde unter § 282 BGB eingeordnet werden können. Da aber die Unzumutbarkeit der Leistung mit einer erheblichen Leistungsverzögerung und der Nichteinhaltung von Lieferversprechen begründet wurde,[5] lag der Schwerpunkt in der Verletzung einer Leistungspflicht. Bei einer Leistungsverzögerung ist für den Anspruch auf Schadensersatz statt der Leistung § 281 BGB anzuwenden. Verletzt der Schuldner darüber hinaus sonstige Pflichten, kann dies die Entbehrlichkeit der Fristsetzung gemäß § 281 Abs. 2 Alt. 2 BGB begründen. Auch das OLG Stuttgart[6] hat allerdings einen Fall, in dem dem Schuldner neben der Leistungsverzögerung eine sonstige Pflichtverletzung vorzuwerfen war, als positive Vertragsverletzung behandelt.

Bei einem Sukzessivlieferungsvertrag, bei dem die Gesamtmenge bestimmt ist, sind mangelhafte Lieferungen und verzögerte Lieferungen bezogen auf den Gesamtvertrag als Verletzung der Leistungstreuepflicht anzusehen.[7] Aus § 241 Abs. 2 BGB ergibt sich die Pflicht, das Vertrauen des Vertragspartners in die eigene Erfüllungsbereitschaft und -fähigkeit nicht zu erschüttern. Wiederholt mangelhafte oder verzögerte Einzellieferungen können bezogen auf den Gesamtvertrag einen Schadensersatzanspruch aus den §§ 280 Abs. 1 und 3, 282 BGB (und ein Rücktrittsrecht aus § 324 BGB) begründen.

Theoretisch reicht jede Verletzung einer Pflicht nach § 241 Abs. 2 BGB für den Schadensersatzanspruch aus den §§ 280 Abs. 1 und 3, 282 BGB aus. Da die Pflichtverletzung aber die Unzumutbarkeit der Leistung begründen muss, werden regelmäßig nur relativ schwerwiegende Pflichtverletzungen den Schadensersatzanspruch begründen können. Nach der Formulierung im Regierungsentwurf setzte § 282 BGB voraus, dass die Pflichtverletzung „wesentlich" ist. Auf dieses Erfordernis wurde später verzichtet, da dieses Kriterium in dem Element der Zumutbarkeit aufgeht und keinen eigenständigen Regelungsgehalt hat.[8]

Einzelfälle aus der bisherigen Rechtsprechung zur positiven Vertragsverletzung:

- Verstoß gegen die **Leistungstreuepflicht**, wenn der Verkäufer bei einem Neuwagen die Spoiler abmontiert und bei dem Käufer den berechtigten Verdacht erweckt, dass das Fahrzeug mit gebrauchten Teilen ausgeliefert werden wird.[9]
- Verstoß gegen die Leistungstreuepflicht dadurch, dass der Verkäufer von Gesellschaftsanteilen nachträglich die Gesellschaft unter anderem durch verbotene Konkurrenz schädigt.[10]

---

[2] BT-Drs. 14/6857, S. 13; BT-Drs. 14/6857, S. 50.
[3] BT-Drs. 14/6857, S. 50.
[4] BGH v. 19.02.1969 - VIII ZR 58/67 - LM Nr. 13 zu § 325 BGB.
[5] BGH v. 19.02.1969 - VIII ZR 58/67 - LM Nr. 13 zu § 325 BGB.
[6] OLG Stuttgart v. 11.05.1984 - 2 U 196/82 - CR 1986, 559-561.
[7] *Schwab*, ZGS 2003, 73-79, 75.
[8] BT-Drs. 14/7052, S. 186.
[9] BGH v. 19.10.1977 - VIII ZR 42/76 - juris Rn. 20 - LM Nr. 24 zu § 276 BGB.
[10] BGH v. 13.03.1996 - VIII ZR 99/94 - juris Rn. 8 - NJW-RR 1996, 949-950.

§ 282

- Verstoß gegen die Leistungstreuepflicht dadurch, dass der Käufer bei zwei miteinander verbundenen Kaufverträgen nur das für ihn vorteilhafte erste Geschäft durchführen wollte.[11]
- Verstoß gegen die Leistungstreuepflicht, wenn derjenige, der ein Alleinvertriebsrecht einräumt, Kunden direkt beliefert.[12]
- Verletzung der **Aufklärungspflicht** bezüglich der Gefahren in einem Reiseland durch einen Reiseveranstalter.[13] Die Verletzung einer solchen Aufklärungspflicht kann auch dazu führen, dass der Reisende sein Kündigungsrecht aus § 651j Abs. 1 BGB nicht ausüben kann, da er nicht ausreichend informiert ist. Der Reisende hat dann einen Schadensersatzanspruch aus § 280 Abs. 1 BGB, nach früherem Recht aus positiver Vertragsverletzung.[14]
- Die **Mitwirkungspflicht des Werkunternehmers** aus § 642 BGB ist eine Gläubigerobliegenheit, zugleich aber auch eine Pflicht des Werkbestellers.[15] Verletzt der Befrachter beim Schiffs-Chartervertrag durch wiederholte Falschangaben seine Mitwirkungspflicht aus § 642 BGB, kann der Verfrachter berechtigt sein, Schadensersatz statt der Leistung zu verlangen.[16]
- Schuldhafte unberechtigte Kündigung eines Dauerschuldverhältnisses (Hausverwaltervertrag).[17]

IV. Unzumutbarkeit

13 Dem Gläubiger muss die Leistung durch den Schuldner nicht mehr zuzumuten sein. Dabei muss die Unzumutbarkeit durch die Pflichtverletzung verursacht sein.[18] Wann dies der Fall ist, ist eine Wertungsfrage, für die es eine Rolle spielen kann, ob der Gläubiger dem Schuldner eine Abmahnung übermittelt hat.[19] Das Vorliegen oder Nichtvorliegen einer Abmahnung kann aber nur ein Indiz sein.

14 Bei besonders schwerwiegenden Pflichtverletzungen, die das Vertrauen des Gläubigers in eine vertragsgemäße Erfüllung zerstören, ist eine Abmahnung entbehrlich. Auch ein Schadensersatzanspruch aus positiver Vertragsverletzung wegen der Verletzung einer sonstigen Pflicht setzte voraus, dass der Gläubiger dem Schuldner entsprechend § 326 BGB a.F. eine Frist zur Leistung gesetzt hatte.[20] Die Fristsetzung wurde jedoch bei einer Zerstörung der Vertrauensgrundlage als entbehrlich angesehen.[21]

15 Andererseits kann bei geringfügigen Pflichtverletzungen auch der erneute Verstoß nach einer Abmahnung immer noch so unbedeutend sein, dass er die Unzumutbarkeit der Leistung für den Gläubiger nicht begründet.[22]

V. Vertretenmüssen i.S.d. § 280 Abs. 1 Satz 2 BGB

16 Ein Anspruch aus den §§ 280 Abs. 1 und Abs. 3, 282 BGB besteht nicht, wenn der Schuldner die Pflichtverletzung nicht zu vertreten hat. Bei Pflichtverletzungen, die die Unzumutbarkeit der Leistung für den Gläubiger begründen, ist allerdings schwer vorstellbar, dass sich der Schuldner gemäß § 280 Abs. 1 Satz 2 BGB entlasten kann.

VI. Eigene Vertragstreue des Gläubigers

17 Das Rücktrittsrecht aus positiver Vertragsverletzung konnte durch den Einwand der eigenen Vertragsuntreue des Gläubigers ausgeschlossen sein.[23] Auch der Schadensersatzanspruch aus den §§ 280 Abs. 1 und Abs. 3, 282 BGB kann durch eigene Vertragsuntreue des Gläubigers gemäß § 242 BGB ausgeschlossen sein, soweit wegen der Vertragsuntreue nicht schon die Unzumutbarkeit der Leistung entfällt.

---

[11] BGH v. 25.03.1958 - VIII ZR 62/57 - LM Nr. 3 zu § 276 (H) BGB.
[12] BGH v. 30.04.1986 - VIII ZR 112/85 - juris Rn. 13 - NJW 1986, 2243-2245.
[13] OLG Frankfurt v. 14.05.1981 - 3 U 211/80 - Fremdenverkehrsrechtliche Entscheidungen Zivilrecht, Nr. 295.
[14] BGH v. 15.10.2002 - X ZR 147/01 - juris Rn. 8 - NJW 2002, 3700-3701.
[15] BGH v. 16.05.1968 - VII ZR 40/66 - BGHZ 50, 175-179.
[16] BGH v. 13.11.1953 - I ZR 140/52 - BGHZ 11, 80-89.
[17] OLG Karlsruhe v. 17.01.2003 - 10 U 143/02 - ZMR 2004, 55-57.
[18] BT-Drs. 14/6040, S. 142.
[19] BT-Drs. 14/6040, S. 142; BT-Drs. 14/6857, S. 50.
[20] BGH v. 19.10.1977 - VIII ZR 42/76 - juris Rn. 24 - LM Nr. 24 zu § 276 BGB.
[21] BGH v. 13.11.1953 - I ZR 140/52 - juris Rn. 16 - BGHZ 11, 80-89; BGH v. 19.10.1977 - VIII ZR 42/76 - juris Rn. 25 - LM Nr. 24 zu § 276 BGB.
[22] BT-Drs. 14/7052, S. 186.
[23] BGH v. 07.10.1983 - V ZR 261/81 - LM Nr. 16 zu § 145 BGB.

C. Rechtsfolgen

Gemäß den §§ 280 Abs. 1 und 3, 282 BGB kann der Gläubiger Schadensersatz statt der Leistung verlangen. Für den Fall, dass der Schuldner eine Teilleistung schon bewirkt hat, fehlt – anders als in § 283 Satz 2 BGB – ein Verweis auf § 280 Abs. 1 Satz 2 BGB. Der Gläubiger kann daher in jedem Fall Schadensersatz statt der gesamten Leistung verlangen. Da die Leistung insgesamt für den Gläubiger unzumutbar ist, würde auch eine Prüfung des § 280 Abs. 1 Satz 2 BGB mit der Frage, ob der Schuldner an der Teilleistung kein Interesse hat, keinen Sinn machen.

18

§ 283 BGB Schadensersatz statt der Leistung bei Ausschluss der Leistungspflicht

(Fassung vom 02.01.2002, gültig ab 01.01.2002)

¹Braucht der Schuldner nach § 275 Abs. 1 bis 3 nicht zu leisten, kann der Gläubiger unter den Voraussetzungen des § 280 Abs. 1 Schadensersatz statt der Leistung verlangen. ²§ 281 Abs. 1 Satz 2 und 3 und Abs. 5 findet entsprechende Anwendung.

Gliederung

A. Grundlagen 1	1. Entfallen der Leistungspflicht gemäß § 275 Abs. 1-3 BGB 6
I. Kurzcharakteristik 1	2. Handlung des Schuldners 11
II. Gesetzgebungsmaterialien 4	III. Vertretenmüssen im Sinne des § 280 Abs. 1 Satz 2 BGB 15
B. Anwendungsvoraussetzungen 5	**C. Rechtsfolgen** 19
I. Schuldverhältnis 5	
II. Pflichtverletzung 6	

A. Grundlagen

I. Kurzcharakteristik

1   In Verbindung mit § 280 Abs. 1 und 3 BGB ergibt sich aus § 283 BGB ein Schadensersatzanspruch statt der Leistung im Falle eines nachträglichen Leistungshindernisses gemäß § 275 Abs. 1-3 BGB. Für Leistungshindernisse, die schon bei Vertragsschluss vorliegen, ist § 311a Abs. 2 BGB vorrangig.

2   Der Anspruch tritt an die Stelle des bisherigen § 325 BGB a.F. und des § 280 BGB a.F. Im Vergleich zu diesen Regelungen hat § 283 BGB eine erheblich größere praktische Bedeutung, da in den §§ 437 Nr. 3 und 634 Nr. 4 BGB für den Fall der nachträglichen Unmöglichkeit der Nacherfüllung auf § 283 BGB verwiesen wird.

3   Gegenüber § 281 BGB ist § 283 BGB eine vorrangige Regelung, die die Anwendung des § 281 BGB ausschließt.

II. Gesetzgebungsmaterialien

4   Regierungsentwurf BT-Drs. 14/6040, S. 142; Stellungnahme des Bundesrates BT-Drs. 14/6857, S. 13 f.; Gegenäußerung der Bundesregierung BT-Drs. 14/6857, S. 50; Beschlussempfehlung und Bericht des Rechtsausschusses BT-Drs. 14/7052, S. 186.

B. Anwendungsvoraussetzungen

I. Schuldverhältnis

5   Der Anspruch auf Schadensersatz statt der Leistung aus den §§ 280 Abs. 1 und 3, 283 BGB kann sich aus einem rechtsgeschäftlichen oder gesetzlichen Schuldverhältnis ergeben. In einem vorvertraglichen Schuldverhältnis kommt ein solcher Anspruch nicht in Betracht. Da in diesem Schuldverhältnis keine Leistungspflichten bestehen, kann es auch keinen Anspruch auf Schadensersatz statt der Leistung geben. In gesetzlichen Schuldverhältnissen ist der Anspruch aus den §§ 280 Abs. 1 und 3, 283 BGB anwendbar, soweit keine Sonderregelungen getroffen sind. Im Eigentümer-Besitzer-Verhältnis ist der Anspruch wegen Unmöglichkeit der Herausgabe speziell in § 989 BGB geregelt.

II. Pflichtverletzung

1. Entfallen der Leistungspflicht gemäß § 275 Abs. 1-3 BGB

6   Der Schuldner muss gemäß den §§ 275 Abs. 1-3 BGB von seiner Leistungspflicht befreit sein. In den Fällen des § 275 Abs. 2 und 3 BGB wird der Schuldner erst dann von der Leistungspflicht befreit, wenn er die ihm zustehende Einrede geltend macht (vgl. die Kommentierung zu § 275 BGB Rn. 5).

7   Besteht das Leistungshindernis bereits bei Vertragsschluss, ist der Schadensersatzanspruch aus § 311a Abs. 2 BGB vorrangig (vgl. die Kommentierung zu § 311a BGB).

Aufgrund des Verweises in § 437 Nr. 3 BGB haftet der Verkäufer gemäß den §§ 280 Abs. 1 und 3, 283 BGB auch dann, wenn der Verkäufer nachträglich von der Pflicht zur Nacherfüllung gemäß § 275 Abs. 1-3 BGB befreit wird („qualitative Unmöglichkeit"[1]). Für die Abgrenzung des Anspruchs aus den §§ 437 Nr. 3, 311a Abs. 2 BGB wegen anfänglicher Unmöglichkeit zu dem aus den §§ 437 Nr. 3, 280 Abs. 1 und 3, 283 BGB wegen nachträglicher Unmöglichkeit ist der Zeitpunkt entscheidend, in dem die Unmöglichkeit der Nacherfüllung eintritt.

In gleicher Weise wie der Verkäufer haftet der Werkunternehmer bei nachträglicher Unmöglichkeit der Werkerstellung gemäß §§ 634 Nr. 4, 280 Abs. 1 und 3, 283 BGB. Einem Architekten ist die Nachbesserung unmöglich, wenn sich Mängel der Planung oder Bauüberwachung bereits im Bauwerk verkörpert haben.[2]

Bei einem Verlust angelegter Gelder infolge der Insolvenz der Anlagebank haftet der Beauftragte auf Schadensersatz wegen Unmöglichkeit der Herausgabe gemäß den §§ 280 Abs. 1 und 3, 283 BGB.[3]

2. Handlung des Schuldners

Nach der überwiegend in der Literatur vertretenen Ansicht liegt die Pflichtverletzung allein in dem Entfallen der Primärleistungspflicht gemäß § 275 Abs. 1-3 BGB.[4] Ein Verhaltensverstoß des Schuldners ist danach nicht erforderlich. Gegen diese Ansicht spricht allerdings, dass auch bei einem ausschließlich vom Gläubiger verursachten Leistungshindernis begrifflich eine Pflichtverletzung des Schuldners angenommen werden müsste. Dies ist ein Widerspruch in sich, der nicht erst durch den Hinweis auf das mangelnde Vertretenmüssen des Schuldners aufgelöst werden sollte. Zu § 281 BGB hat der BGH entschieden, dass allein die Nichterfüllung nicht für die Annahme einer Pflichtverletzung ausreicht.[5] Der Schuldner sei zu einer Handlung verpflichtet und schulde nicht den Erfolg selbst. Diese Rechtsprechung ist auf den Schadensersatzanspruch aus § 283 BGB zu übertragen. Die Pflichtverletzung liegt in der Herbeiführung des Leistungshindernisses durch eine Handlung.[6] Auch in dem Urteil vom 21.12.2005 begründet der BGH bei einem Anspruch aus den §§ 280 Abs. 1 und 3, 283 BGB die Pflichtverletzung mit einem Verhalten des Schuldners (Missachtung der Pflicht zur ordnungsgemäßen Verwahrung) und nicht allein mit dem Hinweis auf die Unmöglichkeit der Herausgabe.[7]

Mit der Übernahme eines Beschaffungsrisikos oder einer Garantie erweitert der Schuldner nicht nur das Vertretenmüssen, sondern auch den Bereich der Pflichtwidrigkeit. Nur wenn der Schuldner eine uneingeschränkte Garantie für die Leistung übernommen hat, ist allein der Nichteintritt des Erfolgs pflichtwidrig.

Bei der Gewährleistungspflicht des Verkäufers ist im Fall des Schadensersatzanspruchs aus den §§ 437 Nr. 3, 280 Abs. 1 und 3, 283 BGB die den Anspruch begründende Pflichtverletzung nicht die mangelhafte Lieferung, sondern die Herbeiführung eines Leistungshindernisses bei der Nacherfüllung. Der Werkunternehmer haftet gemäß §§ 634 Nr. 4, 280 Abs. 1 und 3, 283 BGB für die Herbeiführung eines Leistungshindernisses bei der Nacherfüllung.

Gegen den hier vertretenen verhaltensbezogenen Begriff der Pflichtwidrigkeit wird insbesondere im Zusammenhang mit der Unmöglichkeit eingewandt, der Gläubiger würde mit der Darlegungs- und Beweislast für die zur Unmöglichkeit führende Handlung unangemessen belastet.[8] Probleme der Beweislast sind jedoch durch Beweislastregeln zu lösen und nicht durch Auslegung des materiellen Rechts.

III. Vertretenmüssen im Sinne des § 280 Abs. 1 Satz 2 BGB

Der Schuldner haftet nicht, wenn er die Pflichtverletzung nicht zu vertreten hat. Die Pflichtverletzung ist bei einem Anspruch aus den §§ 280 Abs. 1 und 3, 283 BGB die Nichterfüllung der Leistung aufgrund eines nachträglichen Leistungshindernisses i.S.d. § 275 Abs. 1-3 BGB.

---

[1] *Lorenz*, NJW 2002, 2497-2505, 2498.
[2] BGH v. 11.10.2007 - VII ZR 65/06 - juris Rn. 15 - NJW-RR 2008, 260-261.
[3] BGH v. 21.12.2005 - III ZR 9/05 - juris Rn. 12 - BGHZ 165, 298-305.
[4] *Otto* in: Staudinger, § 280 Rn. C 5, C 7; *Ernst* in: MünchKomm-BGB, § 283 Rn. 4; *Westermann* in: Erman, § 283 Rn. 4.
[5] BGH v. 19.10.2007 - V ZR 211/06 - juris Rn. 32 - BGHZ 174, 61-77.
[6] *Reichenbach*, Jura 2003, 512-520, 514; *Haberzettl*, Verschulden und Versprechen, 2006, S. 97.
[7] BGH v. 21.12.2005 - III ZR 9/05 - juris Rn. 12 - NJW 2006, 986-988.
[8] *Ernst* in: MünchKomm-BGB § 283 Rn. 4.

16 Hat auch der Gläubiger das Leistungshindernis zu vertreten, ist dies gemäß § 254 BGB zu berücksichtigen. Die Problematik des beiderseitigen Vertretenmüssens stellt sich nach heutigem Recht nicht mehr in der bisherigen Form, da der Schuldner seinen Anspruch auf die Gegenleistung gemäß § 326 Abs. 2 Satz 1 BGB nur dann behält, wenn der Gläubiger für die Unmöglichkeit allein oder weit überwiegend verantwortlich ist und im Fall des Annahmeverzugs vorausgesetzt wird, dass der Schuldner das Leistungshindernis nicht zu vertreten hat (vgl. die Kommentierung zu § 326 BGB).

17 Für einen Anspruch des Käufers aus den §§ 437 Nr. 3, 280 Abs. 1 und 3, 283 BGB ist nicht entscheidend, ob der Verkäufer den Mangel zu vertreten hat[9], sondern es ist darauf abzustellen, ob der Verkäufer das nachträgliche Leistungshindernis zu vertreten hat. Liefert beispielsweise der Verkäufer einen mangelhaften Pkw und wird die Nacherfüllung unmöglich, weil der Käufer einen Verkehrsunfall verursacht, ist für die Entlastung des Verkäufers gemäß § 280 Abs. 1 Satz 2 BGB nicht entscheidend, ob der Verkäufer die mangelhafte Lieferung zu vertreten hat, sondern, ob er die Unmöglichkeit der Nacherfüllung zu vertreten hat – was zu verneinen ist, wenn nicht der Mangel zu dem Unfall geführt hat.

18 Lässt sich eine vom Schuldner nicht zu vertretende Ursache des Leistungshindernisses mit hinreichender Wahrscheinlichkeit feststellen, muss der Schuldner nachweisen, dass weitere theoretisch mögliche Ursachen ausgeschlossen sind.[10] So wird vorgeschlagen, die Herbeiführung der Unmöglichkeit zu vermuten.[11] Man könnte auch die Beweislastverteilung nach Risiko- und Gefahrenbereichen auf die Verletzung von Leistungspflichten erstrecken.[12]

C. Rechtsfolgen

19 Der Gläubiger kann gemäß den §§ 280 Abs. 1 und 3, 283 BGB Schadensersatz statt der Leistung verlangen. Ausgangspunkt für die Schadensberechnung ist die Differenzhypothese. Es ist ein Gesamtvermögensvergleich zwischen der tatsächlichen aktuellen Vermögenslage und der hypothetischen Vermögenslage bei einer Leistung des Schuldners herzustellen. Dabei ist für die hypothetische Vermögenslage auf den Zeitpunkt des Eintritts des Leistungshindernisses abzustellen.

20 Beschränkt sich das Leistungshindernis auf einen **Teil der Leistung** ist gemäß § 283 Satz 2 BGB i.V.m. § 281 Abs. 1 Satz 3 BGB Schadensersatz statt der ganzen Leistung nur bei Interessenwegfall zu leisten. Schon nach der bisherigen Rechtsprechung stand die Teilunmöglichkeit der vollständigen Unmöglichkeit gleich, wenn nach Inhalt und Zweck des Vertrags nur an der vollständigen Erfüllung ein Interesse bestand.[13] Die Annahme eines teilweisen Leistungshindernisses setzt allerdings voraus, dass die Leistung teilbar ist. Bei Miet- und Pachtsachen ist dafür erforderlich, dass die Nutzung der Sache auch ohne den beeinträchtigten Teil möglich ist.[14] Zum Interessenwegfall und den Auswirkungen der §§ 434 Abs. 3 und 633 Abs. 2 Satz 3 BGB vgl. die Kommentierung zu § 281 BGB Rn. 87.

21 Ist der Anspruch des Käufers oder des Werkbestellers auf Nacherfüllung nach § 275 Abs. 1-3 BGB ausgeschlossen, richtet sich der Schadensersatzanspruch statt der Leistung wahlweise auf Schadensersatz statt der Nacherfüllung (kleiner Schadensersatz) oder auf Schadensersatz statt der ganzen Leistung (großer Schadensersatz). Der große Schadensersatzanspruch ist gemäß § 283 Satz 2 BGB i.V.m. § 281 Satz 3 BGB ausgeschlossen, wenn der Mangel nur unerheblich ist (zum Schadensersatzanspruch statt der Leistung wegen eines Mangels vgl. die Kommentierung zu § 281 BGB Rn. 91).

---

[9] A.A. *Graf von Westphalen*, ZGS 2002, 154-150, 154.
[10] BGH v. 13.12.1991 - LwZR 5/91 - juris Rn. 11 - BGHZ 116, 334-339.
[11] *Haberzettl*, Verschulden und Versprechen, 2006, S. 119.
[12] *Faust* in: Huber/Faust, Schuldrechtsmodernisierung, 2002, Kap 3, Rn. 121; *Reichenbach*, Jura 2003, 512-512, 515 Fn. 48.
[13] BGH v. 17.02.1995 - V ZR 267/93 - juris Rn. 14 - NJW-RR 1995, 853-855.
[14] BGH v. 13.12.1991 - LwZR 5/91 - juris Rn. 10 - BGHZ 116, 334-339; OLG Hamburg v. 06.09.2000 - 4 U 15/00 - juris Rn. 26 - OLGR Hamburg 2001, 367-370.

§ 284 BGB Ersatz vergeblicher Aufwendungen

(Fassung vom 02.01.2002, gültig ab 01.01.2002)

Anstelle des Schadensersatzes statt der Leistung kann der Gläubiger Ersatz der Aufwendungen verlangen, die er im Vertrauen auf den Erhalt der Leistung gemacht hat und billigerweise machen durfte, es sei denn, deren Zweck wäre auch ohne die Pflichtverletzung des Schuldners nicht erreicht worden.

Gliederung

A. Grundlagen 1	II. Aufwendungen im Vertrauen auf den Erhalt der Leistung 10
I. Kurzcharakteristik 1	III. Kein hypothetisches Fehlschlagen 14
II. Gesetzgebungsmaterialien 3	**C. Rechtsfolgen** 18
B. Anwendungsvoraussetzungen 4	
I. Voraussetzungen eines Schadensersatzanspruchs statt der Leistung 4	

A. Grundlagen

I. Kurzcharakteristik

§ 284 BGB gibt einen Anspruch auf Aufwendungsersatz, der die Schadensersatzansprüche statt der Leistung aus den §§ 280-283 BGB ergänzt. Auch Aufwendungen, die nach früherem Recht wegen mangelnder Rentabilität nicht im Rahmen eines Schadensersatzanspruchs wegen Nichterfüllung ersetzt wurden, kann der Gläubiger nunmehr gemäß § 284 BGB ersetzt verlangen. **1**

Der Aufwendungsersatzanspruch aus § 284 BGB ist nach dem Wortlaut eine Alternative, die der Gläubiger nur anstelle eines Schadensersatzanspruchs statt der Leistung wählen kann. Dann darf es aber nicht ausgeschlossen sein, dass – wie nach früherem Recht – vergebliche Aufwendungen auch im Rahmen eines Schadensersatzanspruchs statt der Leistung ersetzt werden können. Wenn man dagegen § 284 BGB neben einem Schadensersatzanspruch statt der Leistung anwendet, ist es nicht erforderlich, fehlgeschlagene Aufwendungen als Schaden zu behandeln. **2**

II. Gesetzgebungsmaterialien

Regierungsentwurf BT-Drs. 14/6040, S. 142 ff. **3**

B. Anwendungsvoraussetzungen

I. Voraussetzungen eines Schadensersatzanspruchs statt der Leistung

Der Anspruch aus § 284 BGB besteht „anstelle" eines Anspruchs auf Schadensersatz statt der Leistung. Dies bedeutet, dass für einen Anspruch auf Aufwendungsersatz die Voraussetzungen des Anspruchs auf Schadensersatz statt der Leistung vorliegen müssen. Insoweit kommen praktisch nur die in den §§ 280-283 BGB geregelten Ansprüche in Betracht. § 311a Abs. 2 BGB verweist nur bezüglich des Umfangs der zu ersetzenden Aufwendungen auf § 284 BGB. Das Erfordernis der Voraussetzungen eines Schadensersatzanspruchs statt der Leistung hat zur Folge, dass vergebliche Aufwendungen von einem – vermuteten – Vertretenmüssen des Schuldners abhängen. **4**

Schadensersatzansprüche statt der Leistung werden regelmäßig im Rahmen gegenseitiger Verträge entstehen. Die Voraussetzungen für einen Schadensersatzanspruch statt der Leistung und damit auch die für einen Aufwendungsersatzanspruch aus § 284 BGB können aber auch bei gesetzlichen Schuldverhältnissen vorliegen. Dies ist beispielsweise dann der Fall, wenn der Erbe ein Vermächtnis nicht erfüllt und der Vermächtnisnehmer im berechtigten Vertrauen auf die Erfüllung Aufwendungen vornimmt.[1] **5**

Nach ständiger Rechtsprechung zu den §§ 325, 326 BGB a.F. können vergebliche Aufwendungen des Gläubigers als Schadensersatz wegen Nichterfüllung geltend gemacht werden, wenn sie bei ordnungsgemäßer Erfüllung rentabel gewesen wären. Der Schaden liegt dabei nicht in den Aufwendungen als solchen, sondern in dem Verlust der im Fall der Vertragserfüllung bestehenden Kompensationsmög- **6**

---

[1] BT-Drs. 14/6040, S. 143.

lichkeit.[2] Für die Rentabilität besteht eine widerlegbare Vermutung (**Rentabilitätsvermutung**). Diese gilt allerdings nur in dem Austauschverhältnis zwischen Leistung und Gegenleistung. Von der Rentabilitätsvermutung nicht erfasst werden Aufwendungen für weitere Geschäfte, die der Gläubiger im Hinblick auf den Erstvertrag abgeschlossen hat.[3] Bezüglich der Rentabilität von Folgegeschäften kommt dem Gläubiger im Wirtschaftsverkehr die Darlegungs- und Beweiserleichterung des § 252 BGB zugute.[4] Nicht ersetzt wurden Aufwendungen zu ideellen Zwecken, da sie nicht rentabel sein können und gemäß § 253 Abs. 1 BGB ein immaterieller Schaden grundsätzlich nicht ersetzt wird.[5] Einem ideellen Zweck dienen beispielsweise Werbungskosten für eine politische Veranstaltung. Auch Aufwendungen für Konsumzwecke oder für Gegenstände mit Liebhaberwert sind in ihrer Rentabilität zumindest zweifelhaft. Der Kauf eines Einfamilienhauses zu Wohnzwecken ist jedenfalls dann nicht mehr wirtschaftlich rentabel, wenn bei der Immobilie kein Wertzuwachs zu erwarten ist.[6]

7   Ob § 284 BGB die Einstufung vergeblicher Aufwendungen als Schadensersatz statt der Leistung ausschließt, ist umstritten. Teilweise wird angenommen, die ausdrückliche Regelung der vergeblichen Aufwendungen in § 284 BGB schließe es aus, diese Aufwendungen als Schaden im Rahmen eines Schadensersatzanspruchs statt der Leistung zu behandeln.[7] Dafür spricht, dass im Regierungsentwurf angenommen wurde, dass die Rentabilitätsvermutung der Gefahr ausgesetzt sei, zu „methodenunehrlichen Fiktionen" Zuflucht nehmen zu müssen.[8] Darüber hinaus sollten Unsicherheiten und Zufälligkeiten in der Rentabilitätsberechnung und der Bewertung von Vorteilen aus einem Geschäft als materiell oder immateriell vermieden werden.[9] Schließlich sollte das Problem der Frustrierung von Aufwendungen, insbesondere der Vertragskosten, einheitlich gelöst werden und dafür ein einheitlicher Tatbestand geschaffen werden.[10] Überwiegend wird davon ausgegangen, dass § 284 BGB es nicht ausschließt, dass vergebliche Aufwendungen auch nach heutigem Recht als Schadensersatz statt der Leistung ersetzt werden, wenn sie bei ordnungsgemäßer Erfüllung rentabel gewesen wären.[11] Dafür spricht, dass allein die Gefahr von Fiktionen die Argumentation der Rechtsprechung zur Rentabilität nicht widerlegt. Der Anspruch aus § 284 BGB ist auch kein Schadensersatzanspruch, sondern ein Aufwendungsersatzanspruch.[12] Als solcher kann er Regelungen über Schadensersatz nicht verdrängen. Die Streitfrage kann nicht ohne Berücksichtigung der Frage entschieden werden, ob und inwieweit sich der Gläubiger mit der Wahl des Aufwendungsersatzanspruchs die Möglichkeit nimmt, Schadensersatz statt der Leistung zu verlangen. Der Gläubiger sollte nicht vor die Wahl gestellt werden, vergebliche Aufwendungen – wie die Vertragskosten – oder Schadensersatz statt der Leistung zu verlangen. Die Vertragskosten müssen ihm neben dem Ersatz sonstiger Schäden zustehen. Dieses Ziel lässt sich jedenfalls im Rahmen der Rentabilität dadurch erreichen, dass man vergebliche Aufwendungen als Schaden ersetzt. Der Schadensersatzanspruch kann sich dann beispielsweise auf Ersatz der Aufwendungen und auf einen entgangenen Gewinn richten.[13] Ersatz von Aufwendungen wie den Vertragskosten neben dem Ersatz sonstiger Schäden „statt der Leistung" ist aber auch dann möglich, wenn man die nach dem Wortlaut des § 284 BGB nahe liegende Alternativität von Schadensersatz statt der Leistung und Aufwendungsersatz verneint oder sie einschränkend auslegt (vgl. Rn. 19). Dann kann offen bleiben, ob vergebliche Aufwendungen auch weiterhin im Rahmen eines Schadensersatzanspruchs statt der Leistung ersetzt werden.

8   Der Ersatz vergeblicher Aufwendungen im Rahmen **anderer Anspruchsgrundlagen** als den Schadensersatzansprüchen statt der Leistung ist nicht durch § 284 BGB ausgeschlossen. Soweit Ansprüche geltend gemacht werden, die nicht auf Schadensersatz statt der Leistung gerichtet sind, können vergeb-

---

[2] BGH v. 15.03.2000 - XII ZR 81/97 - juris Rn. 22 - LM BGB § 249 (Ha) Nr. 55 (10/2000).
[3] BGH v. 19.04.1991 - V ZR 22/90 - juris Rn. 15 - BGHZ 114, 193-202.
[4] BGH v. 22.10.1999 - V ZR 401/98 - juris Rn. 7 - BGHZ 143, 42-51.
[5] BGH v. 10.12.1986 - VIII ZR 349/85 - juris Rn. 48 - BGHZ 99, 182-203.
[6] BT-Drs. 14/6040, S. 143.
[7] *Stoppel*, AcP 204, 81-114, 112 f.
[8] BT-Drs. 14/6040, S. 143.
[9] BT-Drs. 14/6040, S. 143.
[10] BT-Drs. 14/6040, S. 144.
[11] *Grüneberg* in: Palandt, § 281 Rn. 23; *Canaris*, JZ 2001, 499-528, 517; LG Bonn v. 30.10.2003 - 10 O 27/03 - juris Rn. 61 - NJW 2004, 74-76.
[12] BT-Drs. 14/6040, S. 144.
[13] BGH v. 17.12.2003 - XII ZR 146/00 - juris Rn. 16 - GuT 2004, 54-55; BGH v. 22.10.1999 - V ZR 401/98 - juris Rn. 17 - BGHZ 143, 42-51.

liche Aufwendungen des Schuldners auch ohne Feststellung ihrer Rentabilität als Schaden ersetzbar sein. Dies ist insbesondere der Fall bei einer Haftung auf das negative Interesse gemäß § 280 Abs. 1 BGB wegen Verschuldens bei Vertragsschluss, § 122 BGB oder § 179 Abs. 2 BGB.[14] Nutzlose Aufwendungen können auch als Mangelfolgeschaden zu ersetzen sein.[15] In diesen Fällen ergibt sich der Anspruch nach heutigem Recht aus den §§ 437 Nr. 3, 280 Abs. 1 BGB, im Werkvertragsrecht aus den §§ 634 Nr. 4, 280 Abs. 1 BGB.

Schon nach dem Wortlaut des § 284 BGB ist der Aufwendungsersatz eine Alternative zum Schadensersatz statt der Leistung, nicht zum Schadensersatz schlechthin. Ein Anspruch auf Aufwendungsersatz kann daher ohne Weiteres neben einem Anspruch auf einfachen Schadensersatz aus den §§ 437 Nr. 3, 280 Abs. 1 BGB bestehen.[16]

II. Aufwendungen im Vertrauen auf den Erhalt der Leistung

Aufwendungen werden üblicherweise definiert als freiwillige Vermögensopfer im Interesse eines anderen.[17] Diese Begriffsbestimmung passt für § 284 BGB nicht uneingeschränkt, da hier die Aufwendungen im eigenen Interesse gemacht werden. Aufwendungen im Sinne des § 284 BGB sind alle freiwilligen Vermögensopfer, die in einem Kausalzusammenhang mit der Erwartung des Erhalts der Leistung stehen.

Vergebliche Aufwendungen des Käufers einer mangelhaften Sache sind „freiwillige Vermögensopfer, die der Gläubiger im Vertrauen auf den Erhalt der Leistung erbracht hat, die sich aber wegen der Nichtleistung oder der nicht vertragsgerechten Leistung des Schuldners als nutzlos erweisen."[18]

Auch **Vertragskosten** sind fehlgeschlagene Aufwendungen. § 284 BGB ersetzt insoweit zumindest teilweise die gestrichene Regelung über den Ersatz der Vertragskosten (§ 467 Satz 2 BGB a.F., im Werkvertragsrecht anwendbar über § 634 Abs. 4 BGB a.F.). Da diese Kosten als frustrierte Aufwendungen nicht nur im Kauf- und Werkvertragsrecht auftreten können, wurde eine einheitliche Lösung in den §§ 280-286 BGB getroffen.[19] Als Folge der Einordnung in die §§ 280-286 BGB ist anders als nach § 467 Satz 2 BGB a.F. der Ersatz der Vertragskosten von einem – vermuteten – Vertretenmüssen des Schuldners abhängig. Diese Änderung rechtfertigt sich dadurch, dass § 467 Satz 2 BGB a.F. mit seinen auf Ersatz von Nachteilen gerichteten Rechtsfolgen im Recht der Wandlung ein Fremdkörper war.[20] Vertragskosten sind die mit dem Vertragsschluss verbundenen Kosten. Der Begriff der Vertragskosten im Sinne des § 467 Satz 2 BGB a.F. wurde im Hinblick auf den Sinn und Zweck der Regelung erweitert. Unter anderem wurden Transport-, Einbau- und Montagekosten als Vertragskosten angesehen.[21] Dafür besteht heute kein Anlass mehr, da der Begriff der Vertragskosten keine eigenständige Bedeutung mehr besitzt. Transport-, Einbau- und Montagekosten sind Aufwendungen im Vertrauen auf den Erhalt der Leistung. Zu diesen gehören beim Kauf eines Grundstücks auch Maklerkosten, Finanzierungskosten,[22] Erschließungs- und Vermessungskosten, Grundsteuer und die Brandversicherungssumme.[23] Ersatzfähig sind nur Aufwendungen, die der Gläubiger im Vertrauen auf den Erhalt der Leistung gemacht hat und billigerweise machen durfte. Der Hinweis auf die Billigkeit wird teilweise als überflüssig angesehen, weil sich dies schon aus § 254 BGB ergebe.[24] Jedenfalls erspart diese Formulierung Überlegungen zu der Frage, ob § 254 BGB auf den Aufwendungsersatzanspruch aus § 284 BGB anwendbar ist. Dem Gläubiger sind keine Aufwendungen zu ersetzen, die er voreilig oder zu einem Zeitpunkt tätigt, in dem ihm bereits Anzeichen für ein Scheitern des Vertrags bekannt sind.[25]

---

[14] BGH v. 10.12.1986 - VIII ZR 349/85 - juris Rn. 42 - BGHZ 99, 182-203.
[15] BGH v. 25.01.1989 - VIII ZR 49/88 - juris Rn. 29 - LM Nr. 3 zu § 469 BGB.
[16] BGH v. 20.07.2005 - VIII ZR 275/04 - juris Rn. 17 - BGHZ 163, 381-391.
[17] BGH v. 26.04.1989 - IVb ZR 42/88 - juris Rn. 22 - LM Nr. 27 zu § 1606 BGB.
[18] BGH v. 20.07.2005 - VIII ZR 275/04 - juris Rn. 19 - BGHZ 163, 381-391.
[19] BT-Drs. 14/6040, S. 144.
[20] BT-Drs. 14/6040, S. 225.
[21] BGH v. 09.03.1983 - VIII ZR 11/82 - juris Rn. 9 - BGHZ 87, 104-112.
[22] OLG Naumburg v. 12.01.2007 - 10 U 42/06 - juris Rn. 89.
[23] BGH v. 22.10.1999 - V ZR 401/98 - juris Rn. 17 - BGHZ 143, 42-51.
[24] *Canaris*, JZ 2001, 499-528, 517.
[25] *Canaris*, JZ 2001, 499-528, 517.

13 Zu den Aufwendungen für ein gekauftes Kraftfahrzeug gehören neben den Kosten für die Überführung und die Zulassung auch die Kosten für das Zubehör (z.B. Autotelefon und Navigationssystem). Diese Aufwendungen sind vergeblich, wenn der Käufer die Kaufsache wegen ihrer Mangelhaftigkeit zurückgibt oder sie jedenfalls nicht bestimmungsgemäß nutzen kann. Ob die Zubehörteile für den Käufer anderweitig verwendbar wären, ist für die Ersatzpflicht des Verkäufers grundsätzlich ohne Bedeutung.[26]

III. Kein hypothetisches Fehlschlagen

14 Der Gläubiger hat keinen Anspruch auf Aufwendungsersatz, wenn der Zweck der Aufwendungen auch ohne die Pflichtverletzung des Schuldners nicht erreicht worden wäre. Es handelt sich dabei um Aufwendungen, die auch bei ordnungsgemäßer Erfüllung verfehlt wären. Im Regierungsentwurf sind als Beispiel die Kosten für die Anmietung eines Ladenlokals zum Verkauf letztlich unverkäuflicher Kunstwerke genannt.[27]

15 Im Rahmen der wirtschaftlich motivierten Aufwendungen wird deren Zweckverfehlung durch die fehlende Rentabilität belegt. Der Gläubiger kann keinen Aufwendungsersatz verlangen, wenn nach der bisherigen Rechtsprechung die Rentabilitätsvermutung als widerlegt anzusehen wäre.[28]

16 Werden dagegen Aufwendungen aus ideellen, konsumtiven, spekulativen oder marktstrategischen Zielen getätigt, schließt die mangelnde Rentabilität den Ersatzanspruch nicht aus. Entscheidend ist, ob der konkrete Zweck der Aufwendung verfehlt worden wäre. Finanzierungskosten zum Erwerb eines Einfamilienhauses können auch dann ersetzt werden, wenn bei der Immobilie kein Wertzuwachs zu erwarten ist oder das Anmieten eines Hauses wirtschaftlich günstiger wäre.

17 Die Darlegungs- und Beweislast für das hypothetische Fehlschlagen liegt beim Schuldner. Das Merkmal ist als Ausschlussgrund formuliert.

C. Rechtsfolgen

18 Der Gläubiger kann Ersatz der vergeblichen Aufwendungen „anstelle" des Schadensersatzanspruchs verlangen. Aus dieser Formulierung wird der Schluss gezogen, dass Aufwendungsersatz gemäß § 284 BGB nur alternativ zu dem Schadensersatz statt der Leistung verlangt werden kann.[29] Dafür spricht auch der Wortlaut des § 437 Nr. 3 BGB und des § 634 Nr. 4 BGB (Schadensersatz „oder" nach § 284 BGB Ersatz vergeblicher Aufwendungen). Die Alternativität wird damit begründet, dass es im Fall des § 284 BGB und im Fall eines Schadensersatzanspruchs statt der Leistung um zwei verschiedene Differenzhypothesen gehe. Der Gläubiger könne nur verlangen, entweder so gestellt zu werden, wie der Vertrag nicht geschlossen worden wäre, oder so, wie wenn er erfüllt worden wäre.[30] Dies ist zutreffend, wenn man § 284 BGB als Schadensersatzregelung versteht. Nach der Begründung des Regierungsentwurfs geht es aber „bei dem Ersatz frustrierter Aufwendungen nicht eigentlich um ein Schadensersatzproblem, sondern um eine Frage des Aufwendungsersatzes".[31] Darüber hinaus ist anerkannt, dass vergebliche Aufwendungen und sonstige Schäden wie z.B. entgangener Gewinn nebeneinander geltend gemacht werden können.[32]

19 Vorzuziehen ist eine differenzierende Ansicht, nach der eine Kombination von Schadensersatz statt der Leistung und Aufwendungsersatz gemäß § 284 BGB möglich ist, soweit der Aufwendungsersatz nicht als Entschädigung für die ausgebliebene Leistung anzusehen ist.[33] Es muss lediglich vermieden werden, dass das gleiche Leistungsinteresse des Gläubigers doppelt befriedigt wird. Das gleichzeitige Verlangen von Schadensersatz statt der Leistung und Aufwendungsersatz ist nur für die konkret geltend gemachte Aufwendung ausgeschlossen. Danach kann der Gläubiger eine bestimmte Aufwendung, beispielsweise Notariatskosten, als Schadensersatz statt der Leistung oder als Aufwendungsersatz geltend machen. Macht er von der letzteren Möglichkeit Gebrauch, tritt der Aufwendungsersatz an die Stelle des Schadensersatzes. Damit ist aber nicht ausgeschlossen, dass andere Schadenposten daneben im Rahmen eines Schadensersatzanspruchs statt der Leistung ersetzt werden. Lässt man die Geltendma-

---

[26] BGH v. 20.07.2005 - VIII ZR 275/04 - juris Rn. 19 - BGHZ 163, 381-391.
[27] BT-Drs. 14/6040, S. 144.
[28] BT-Drs. 14/6040, S. 144.
[29] *Grüneberg* in: Palandt, § 284 Rn. 8.
[30] *Canaris*, JZ 2001, 499-528, 517.
[31] BT-Drs. 14/6040, S. 144.
[32] BGH v. 17.12.2003 - XII ZR 146/00 - juris Rn. 16 - GuT 2004, 54-55.
[33] *Stoppel*, AcP 204, 81-114, 107; *Reim*, NJW 2003, 3662-3667, 3667.

chung von Schadensersatzansprüchen statt der Leistung neben einem Aufwendungsersatzanspruch zu, können alle Aufwendungen über § 284 BGB ersetzt werden. Der Rückgriff auf die Rentabilitätsvermutung ist dann entbehrlich.

In der Entscheidung vom 20.07.2005 hat der BGH ausgeführt, dass ein Anspruch auf Aufwendungsersatz neben einem Anspruch auf (einfachen) Schadensersatz aus den §§ 437 Nr. 3, 280 Abs. 1 BGB bestehen kann, da nach dem Wortlaut des § 284 BGB das Alternativverhältnis nur zwischen Aufwendungsersatz und dem Schadensersatz statt der Leistung besteht. Die weitere Begründung lässt jedoch den Schluss darauf zu, dass die Alternativität sich nur auf bestimmte Schadensposten und nicht auf den gesamten Schadensersatzanspruch statt der Leistung beziehen soll. Danach bezweckt die Alternativstellung, „dass der Geschädigte wegen ein und desselben Vermögensnachteils nicht sowohl Schadensersatz statt der Leistung als auch Aufwendungsersatz und damit doppelte Kompensation verlangen kann."[34] Bezugspunkt ist demnach ein bestimmter Vermögensnachteil und nicht die Summe der Vermögensnachteile, die mit einem Anspruch auf Schadensersatz statt der Leistung ersetzt werden. 20

Der Aufwendungsersatzanspruch des Käufers einer mangelhaften Sache aus den §§ 437 Nr. 3, 280 Abs. 1 und 3, 281, 284 BGB ist zu kürzen, wenn der Käufer die Sache genutzt hat. Das OLG Stuttgart[35] hat die Anspruchskürzung gemäß § 287 ZPO so berechnet, dass es eine bestimmte voraussichtliche Nutzungszeit (fünf Jahre) angesetzt hat, diese zu der tatsächlichen Nutzungsdauer (ca. ein Jahr) in Verhältnis gesetzt und dann einen entsprechenden Abzug (ca. 20%) vorgenommen hat. Im Revisionsverfahren hat der BGH offengelassen, ob diese Berechnung zutreffend ist oder ob die Gebrauchsvorteile in der Weise zu berücksichtigen sind, dass die Aufwendungen des Käufers auf den Kaufpreis aufgeschlagen und die Nutzungsvergütung nach der Laufleistung aus dem um die Aufwendungen erhöhten Kaufpreis berechnet wird.[36] Die Reduzierung aufgrund der Nutzung betrifft den gesamten Aufwendungsersatzanspruch. Die Kosten für die Überführung und die Zulassung des Fahrzeugs sind davon nicht ausgenommen.[37] 21

Der Verkäufer einer mangelhaften Sache ist zum Aufwendungsersatz aus den §§ 437 Nr. 3, 280 Abs. 1 und 3, 281, 284 BGB gegebenenfalls nur Zug um Zug gegen Rückgabe der Sache verpflichtet. Der Anspruch aus § 284 BGB steht zwar nicht in einem Gegenseitigkeitsverhältnis nach § 348 BGB. Der Käufer kann aber nicht Aufwendungsersatz für eine Zubehörausstattung verlangen, ohne das Fahrzeug – samt Zusatzausstattung – an den Verkäufer herauszugeben.[38] 22

---

[34] BGH v. 20.07.2005 - VIII ZR 275/04 - juris Rn. 16 - BGHZ 163, 381-391.
[35] OLG Stuttgart v. 25.08.2004 - 3 U 78/04 - juris Rn. 52 - ZGS 2004, 434-437.
[36] BGH v. 20.07.2005 - VIII ZR 275/04 - juris Rn. 22 - BGHZ 163, 381-391.
[37] BGH v. 20.07.2005 - VIII ZR 275/04 - juris Rn. 26 - BGHZ 163, 381-391.
[38] BGH v. 20.07.2005 - VIII ZR 275/04 - juris Rn. 32 - BGHZ 163, 381-391.

§ 285 BGB Herausgabe des Ersatzes

(Fassung vom 02.01.2002, gültig ab 01.01.2002)

(1) Erlangt der Schuldner infolge des Umstands, auf Grund dessen er die Leistung nach § 275 Abs. 1 bis 3 nicht zu erbringen braucht, für den geschuldeten Gegenstand einen Ersatz oder einen Ersatzanspruch, so kann der Gläubiger Herausgabe des als Ersatz Empfangenen oder Abtretung des Ersatzanspruchs verlangen.

(2) Kann der Gläubiger statt der Leistung Schadensersatz verlangen, so mindert sich dieser, wenn er von dem in Absatz 1 bestimmten Recht Gebrauch macht, um den Wert des erlangten Ersatzes oder Ersatzanspruchs.

Gliederung

A. Grundlagen 1	II. Leistung eines Gegenstandes geschuldet 11
I. Kurzcharakteristik 1	III. Leistungsbefreiung gemäß § 275 Abs. 1-3 BGB 13
II. Gesetzgebungsmaterialien 5	IV. Erlangen eines Surrogats 18
B. Anwendungsvoraussetzungen 6	C. Rechtsfolgen 20
I. Schuldverhältnis 6	

A. Grundlagen

I. Kurzcharakteristik

1 § 285 BGB entspricht inhaltlich dem § 281 BGB a.F. Die Änderungen betreffen notwendige Anpassungen an die Terminologie anderer Vorschriften. Der Begriff der Unmöglichkeit ist durch die Leistungsbefreiung nach § 275 Abs. 1-3 BGB ersetzt worden und aus dem Schadensersatz wegen Nichterfüllung ist Schadensersatz statt der Leistung geworden.

2 Wie § 281 BGB a.F. soll § 285 BGB eine unrichtig gewordene Verteilung der Vermögenswerte ausgleichen.[1]

3 Das Schuldverhältnis als solches wird durch die Leistungsbefreiung des Schuldners gemäß § 275 Abs. 1-3 BGB nicht berührt. Dem Gläubiger soll gemäß § 285 BGB das zustehen, was im Vermögen des Schuldners an die Stelle der Leistung getreten ist. Es handelt sich um einen Fall der gesetzlich geregelten ergänzenden Vertragsauslegung.[2]

4 Soweit die Voraussetzungen des § 285 BGB nicht vorliegen, ein vergleichbarer Anspruch aber der Interessenlage der Parteien entspricht, kann eine ergänzende Vertragsauslegung eine entsprechende Nebenpflicht des Schuldners ergeben. Dies kann beispielsweise dann der Fall sein, wenn der Schuldner keinen „Gegenstand" schuldete[3] oder die Identität zwischen geschuldetem und dem ersetzten Gegenstand fehlt[4]. Eine analoge Anwendung der Regelung über das stellvertretende commodum wird mit dem Hinweis auf den Ausnahmecharakter der Vorschrift abgelehnt.[5] Wegen der Möglichkeit ergänzender Auslegung besteht zumindest kein Bedürfnis für eine Analogie. Einen Anspruch auf Abtretung der dem Verkäufer gegen einen Dritten zustehenden Gewährleistungsansprüche hat der BGH mit einer ergänzenden Vertragsauslegung begründet und nicht durch Rückgriff auf den Rechtsgedanken des § 281 BGB.[6]

II. Gesetzgebungsmaterialien

5 Regierungsentwurf BT-Drs. 14/6040, S. 144 f.; Stellungnahme des Bundesrates BT-Drs. 14/6857, S. 14; Gegenäußerung der Bundesregierung BT-Drs. 14/6857, S. 47, 50; Beschlussempfehlung und Bericht des Rechtsausschusses BT-Drs. 14/7052, S. 186.

---

[1] BGH v. 10.02.1988 - IVa ZR 249/86 - juris Rn. 19 - NJW-RR 1988, 902-904.
[2] BGH v. 25.04.1997 - LwZR 4/96 - juris Rn. 12 - BGHZ 135, 284-292; BGH v. 30.01.1987 - V ZR 32/86 - juris Rn. 14 - BGHZ 99, 385-390.
[3] OLG Dresden v. 20.08.1997 - 12 U 1040/97 - NJW-RR 1998, 373.
[4] BGH v. 19.06.1957 - IV ZR 214/56 - BGHZ 25, 1-11.
[5] OLG Dresden v. 20.08.1997 - 12 U 1040/97 - NJW-RR 1998, 373; BGH v. 19.06.1957 - IV ZR 214/56 - BGHZ 25, 1-11.
[6] BGH v. 20.12.1996 - V ZR 259/95 - LM BGB § 157 (D) Nr. 68 (3/1997).

B. Anwendungsvoraussetzungen

I. Schuldverhältnis

§ 285 BGB ist in allen Schuldverhältnissen anwendbar, soweit keine Sonderregeln bestehen. In vorvertraglichen Schuldverhältnissen wird sich die Anwendungsfrage nicht stellen, da in diesen noch keine Leistungspflichten bestehen. Eine **aufschiebend bedingte Leistungspflicht** ist ausreichend. Wird ein aufschiebend bedingter (Rück-)Übertragungsanspruch vor Eintritt der Bedingung unmöglich, kann der Gläubiger das stellvertretende commodum beanspruchen.[7]

Die **Gewährleistungsvorschriften** schließen die Anwendung des § 285 BGB jedenfalls nicht vor Gefahrübergang aus.[8] Für das frühere Recht war es umstritten, ob § 281 BGB a.F. dann anwendbar ist, wenn der Verkäufer wegen eines Mangels der Sache einen Ersatzanspruch oder einen Ersatz erlangt hatte. Der BGH hat dies in einer Entscheidung offengelassen, da der Anspruch jedenfalls gemäß § 477 BGB a.F. verjährt sei.[9] In § 437 BGB ist § 285 BGB nicht genannt. Dies spricht dafür, eine Anwendung des § 285 BGB in Gewährleistungsfällen abzulehnen. Unbilligkeiten könnten durch ergänzende Vertragsauslegung vermieden werden. Andererseits ist die nach dem bisherigen Recht bestehende Sonderstellung des Gewährleistungsrechts als besondere und abschließende Regelung dadurch relativiert, dass die §§ 437 und 634 BGB weitestgehend auf die allgemeinen Vorschriften verweisen. Dies gilt insbesondere für die Fälle der Befreiung von der Verpflichtung zur Nacherfüllung gemäß § 275 Abs. 1-3 BGB. In diesen Fällen sollte dem Käufer auch der Anspruch aus § 285 BGB zustehen.[10]

§ 285 BGB gilt auch für Verpflichtungen aus einem **Rückgewährschuldverhältnis**.[11]

Im **Bereicherungsrecht** ist mit § 818 Abs. 1 BGB eine Sonderregelung getroffen, die allerdings auf den gutgläubigen Bereicherungsschuldner zugeschnitten ist. Bei einer verschärften Haftung des Bereicherungsschuldners gehört § 285 BGB zu den allgemeinen Vorschriften, auf die § 818 Abs. 4 BGB verweist.[12]

Auf den Herausgabeanspruch aus § 985 BGB ist § 285 BGB nicht anwendbar.[13] Der Eigentümer ist durch den Anspruch aus § 816 Abs. 1 BGB auf Herausgabe des durch eine Verfügung Erlangten ausreichend geschützt. Das im Sinne des § 816 Abs. 1 BGB durch die Verfügung Erlangte ist der Gegenwert, der dem Nichtberechtigten aufgrund des seiner Verfügung zugrunde liegenden Rechtsgeschäfts zugeflossen ist.[14]

II. Leistung eines Gegenstandes geschuldet

Gegenstände sind Sachen und Rechte einschließlich der Immaterialrechtsgüter, d.h. alle geldwerten Rechtsgüter, beispielsweise auch eine subventionsähnliche abgabenrechtliche Bevorzugung.[15] Keine Gegenstände sind Handlungen und Unterlassungen. § 285 BGB greift daher nicht ein, wenn die Herstellung eines Werks geschuldet ist. Es kann sich aber ein Anspruch aus ergänzender Vertragsauslegung ergeben.[16]

Ist der ursprüngliche Erfüllungsanspruch im Zeitpunkt des Eintritts der Unmöglichkeit bereits verjährt, so ist grundsätzlich auch kein Anspruch aus § 285 BGB gegeben.[17] Etwas anderes gilt aber dann, wenn der Schuldner die ihm obliegenden Leistungshandlungen bereits vollständig erbracht hat und dann der Leistungserfolg unmöglich wird.[18] Kann der Gläubiger vom Schuldner ein weiteres Tätigwerden nicht mehr verlangen, fehlt es an einem Anspruch, der der Verjährung unterliegen könnte.

---

[7] BGH v. 30.01.1987 - V ZR 32/86 - juris Rn. 14 - BGHZ 99, 385-390.
[8] BGH v. 10.03.1995 - V ZR 7/94 - juris Rn. 10 - BGHZ 129, 103-107.
[9] BGH v. 08.03.1991 - V ZR 351/89 - juris Rn. 8 - BGHZ 114, 34-40; vgl. auch BGH v. 10.05.2006 - XII ZR 124/02 - juris Rn. 12 ff.
[10] *von Olshausen*, ZGS 2002, 194-200, 196; *Westermann* in: Erman, § 285 Rn. 5; *Emmerich* in: MünchKomm-BGB, § 285 Rn. 10; *Löwisch/Caspers* in: Staudinger, § 285 Rn. 16.
[11] BGH v. 27.10.1982 - V ZR 24/82 - juris Rn. 25 - LM Nr. 7 zu § 281 BGB.
[12] BGH v. 11.10.1979 - VII ZR 285/78 - juris Rn. 14 - BGHZ 75, 203-209.
[13] *Löwisch/Caspers* in: Staudinger, § 285 Rn. 19 ; *Emmerich* in: MünchKomm-BGB, § 285 Rn. 15.
[14] BGH v. 24.09.1996 - XI ZR 227/95 - juris Rn. 27 - LM BGB § 268 Nr. 5 (3/1997).
[15] BGH v. 25.04.1997 - LwZR 4/96 - juris Rn. 9 - BGHZ 135, 284-292.
[16] OLG Dresden v. 20.08.1997 - 12 U 1040/97 - NJW-RR 1998, 373.
[17] BGH v. 15.10.2004 - V ZR 100/04 - juris Rn. 15 - WM 2004, 2243-2446.
[18] BGH v. 15.10.2004 - V ZR 100/04 - juris Rn. 16 - WM 2004, 2243-2446.

III. Leistungsbefreiung gemäß § 275 Abs. 1-3 BGB

13 Der Schuldner muss gemäß § 275 Abs. 1-3 BGB von seiner Leistungspflicht befreit worden sein. Dabei ist es unerheblich, ob das Leistungshindernis bereits bei Vertragsschluss bestand oder erst nachträglich eingetreten ist. Auch von einem Verschulden des Schuldners ist der Anspruch aus § 285 BGB nicht abhängig.

14 Bei **Gattungsschulden** setzt die Leistungsbefreiung grundsätzlich die Konkretisierung auf eine bestimmte Sache voraus. Eine Leistungsbefreiung tritt aber auch dann ein, wenn die gesamte Gattung nicht verfügbar ist, was insbesondere bei einer Vorratsschuld der Fall sein kann.

15 Ein Anspruch auf das stellvertretende commodum besteht auch im Fall der **Teilunmöglichkeit**.[19]

16 Obwohl die Norm § 437 BGB nicht genannt ist, gilt § 285 BGB auch im Fall der Befreiung von einer **Verpflichtung zur Nacherfüllung** gemäß § 275 Abs. 1-3 BGB (vgl. Rn. 7).

17 In den Fällen des § 275 Abs. 2 und 3 BGB braucht der Schuldner erst dann nicht zu leisten, wenn er das Leistungsverweigerungsrecht geltend macht. Solange der Schuldner die Einrede nicht erhebt, kann er noch zur Leistung verurteilt werden. Dann kann er daneben nicht auch noch das Surrogat schulden.[20]

IV. Erlangen eines Surrogats

18 Der Schuldner muss für den geschuldeten Gegenstand einen Ersatz oder einen Ersatzanspruch erlangt haben. Das stellvertretende commodum kann jeder Vermögensvorteil sein, der wirtschaftlich an die Stelle der geschuldeten Leistung tritt. Regelmäßig handelt es sich um Schadensersatzansprüche gegen Dritte oder Ansprüche gegen eine Versicherung, beziehungsweise die daraus erlangten Leistungen.[21] Das Surrogat kann aber auch in Restitutionsansprüchen nach dem Vermögensgesetz[22], einem Versteigerungserlös[23] oder in der Vergütung wegen Aufgabe einer Milchreferenzmenge[24] bestehen. Stellvertretendes commodum ist auch das durch Rechtsgeschäft erlangte Entgelt, das commodum ex negotiatione.[25]

19 Das Surrogat muss „für den geschuldeten Gegenstand" erlangt worden sein. Voraussetzung dafür ist zunächst, dass zwischen dem Umstand, der zur Unmöglichkeit geführt hat und der Erlangung des commodums ein **Kausalzusammenhang** besteht.[26] Darüber hinaus ist die **Identität** zwischen dem geschuldeten und dem ersetzten Gegenstand erforderlich. Diese fehlt, wenn dem Vermieter oder Verpächter für die Miet- oder Pachtsache im Fall einer Enteignung eine Entschädigung gezahlt wird, da die Entschädigung nicht für die geschuldete Gebrauchsüberlassung gezahlt wird, sondern für den Eigentumsverlust.[27] Dagegen kann der Untermieter einen Teil der Abfindung beanspruchen, die der Hauptmieter bei vorzeitiger Vertragsbeendigung erhält.[28] Bei einer Doppelvermietung von Gewerberaum besteht die erforderliche Identität jedenfalls dann nicht, wenn der nichtbesitzende Mieter die Sache nicht in der Weise hätte nutzen dürfen wie der Zweitmieter.[29] Die Identität ist auch dann zu verneinen, wenn einem Gesellschafter seine Verpflichtung, seinen Gesellschaftsanteil auf seinen früheren Mitgesellschafter zu übertragen durch die Kündigung des Gesellschaftsvertrags, die Teilungsversteigerung und die abschließende Verteilung des Versteigerungserlöses unmöglich wird, und der Gesellschafter Wohnungs- und Teileigentum im Rahmen der Teilungsversteigerung erlangt.[30]

---

[19] BGH v. 10.03.1995 - V ZR 7/94 - juris Rn. 10 - BGHZ 129, 103-107.
[20] BT-Drs. 14/6040, S. 144.
[21] BGH v. 30.01.1987 - V ZR 32/86 - juris Rn. 14 - BGHZ 99, 385-390; BGH v. 10.03.1995 - V ZR 7/94 - juris Rn. 11 - BGHZ 129, 103-107.
[22] BGH v. 19.09.1995 - VI ZR 377/94 - juris Rn. 23 - LM BGB § 281 Nr. 12 (2/1996).
[23] BGH v. 21.05.1987 - IX ZR 77/86 - juris Rn. 32 - WM 1987, 986-989.
[24] BGH v. 25.04.1997 - LwZR 4/96 - juris Rn. 12 - BGHZ 135, 284-292.
[25] BGH v. 19.11.1984 - II ZR 6/84 - juris Rn. 20 - LM Nr. 8 zu § 281 BGB.
[26] BGH v. 24.05.2005 - II ZR 224/03 - juris Rn. 18 - WM 2005, 1183-1184; BGH v. 10.05.2006 - XII ZR 124/02 - juris Rn. 19 - NJW 2006, 2323-2326.
[27] BGH v. 19.06.1957 - IV ZR 214/56 - BGHZ 25, 1-11.
[28] BGH v. 19.11.1984 - II ZR 6/84 - juris Rn. 20 - LM Nr. 8 zu § 281 BGB.
[29] BGH v. 10.05.2006 - XII ZR 124/02 - juris Rn. 30 - NJW 2006, 2323-2326.
[30] BGH v. 25.04.2005 - II ZR 224/03 - juris Rn. 18 - WM 2005, 1183-1184.

C. Rechtsfolgen

Der Anspruch auf das stellvertretende commodum entsteht mit Geltendmachung durch den Gläubiger. Er kann mit einem Schadensersatzanspruch zusammentreffen. Der Gläubiger muss sich dann den Wert des erlangten Ersatzes oder Ersatzanspruchs gemäß § 285 Abs. 2 BGB anrechnen lassen.

Der Schuldner ist zur Herausgabe des Ersatzes, bzw. zur Abtretung des Ersatzanspruchs verpflichtet. Das Erlangte ist vollständig an den Gläubiger herauszugeben. Dies gilt auch für einen durch Rechtsgeschäft erzielten Veräußerungsgewinn. Aufwendungen des Schuldners bilden keinen Abzugsposten, der den Anspruch ohne Weiteres mindern könnte.[31]

Wird dem Schuldner die Herausgabe des Ersatzes unmöglich, haftet er gemäß den §§ 280 Abs. 1 und 3, 283 BGB. Dabei besteht keine Garantiehaftung für die eigene Zahlungsfähigkeit, da es sich bei dem Anspruch auf das stellvertretende commodum nicht um eine vertraglich begründete Zahlungsverpflichtung handelt.[32]

---

[31] BGH v. 07.02.1997 - V ZR 107/96 - juris Rn. 20 - LM EGBGB 1986 Art 233 Nr. 21 (7/1997).
[32] BGH v. 17.12.1998 - V ZR 200/97 - juris Rn. 37 - BGHZ 140, 223-240.

§ 286 BGB Verzug des Schuldners *)

(Fassung vom 02.01.2002, gültig ab 01.01.2002)

(1) ¹Leistet der Schuldner auf eine Mahnung des Gläubigers nicht, die nach dem Eintritt der Fälligkeit erfolgt, so kommt er durch die Mahnung in Verzug. ²Der Mahnung stehen die Erhebung der Klage auf die Leistung sowie die Zustellung eines Mahnbescheids im Mahnverfahren gleich.

(2) Der Mahnung bedarf es nicht, wenn

1. für die Leistung eine Zeit nach dem Kalender bestimmt ist,
2. der Leistung ein Ereignis vorauszugehen hat und eine angemessene Zeit für die Leistung in der Weise bestimmt ist, dass sie sich von dem Ereignis an nach dem Kalender berechnen lässt,
3. der Schuldner die Leistung ernsthaft und endgültig verweigert,
4. aus besonderen Gründen unter Abwägung der beiderseitigen Interessen der sofortige Eintritt des Verzugs gerechtfertigt ist.

(3) ¹Der Schuldner einer Entgeltforderung kommt spätestens in Verzug, wenn er nicht innerhalb von 30 Tagen nach Fälligkeit und Zugang einer Rechnung oder gleichwertigen Zahlungsaufstellung leistet; dies gilt gegenüber einem Schuldner, der Verbraucher ist, nur, wenn auf diese Folgen in der Rechnung oder Zahlungsaufstellung besonders hingewiesen worden ist. ²Wenn der Zeitpunkt des Zugangs der Rechnung oder Zahlungsaufstellung unsicher ist, kommt der Schuldner, der nicht Verbraucher ist, spätestens 30 Tage nach Fälligkeit und Empfang der Gegenleistung in Verzug.

(4) Der Schuldner kommt nicht in Verzug, solange die Leistung infolge eines Umstands unterbleibt, den er nicht zu vertreten hat.

*) *Amtlicher Hinweis:*

Diese Vorschrift dient zum Teil auch der Umsetzung der Richtlinie 2000/35/EG des Europäischen Parlaments und des Rates vom 29. Juni 2000 zur Bekämpfung von Zahlungsverzug im Geschäftsverkehr (ABl. EG Nr. L 200 S. 35).

Gliederung

A. Grundlagen 1	5. Entbehrlichkeit der Mahnung gemäß Absatz 2 Nr. 3 32
I. Kurzcharakteristik 1	6. Entbehrlichkeit der Mahnung gemäß Absatz 2 Nr. 4 33
II. Gesetzgebungsmaterialien 4	
III. Europäischer Hintergrund 5	IV. 30-Tage-Regelung 37
B. Voraussetzungen 7	1. Entgeltforderung 38
I. Schuldverhältnis 7	2. Rechnung/Zahlungsaufstellung 39
II. Fälliger und durchsetzbarer Anspruch 9	3. Zugang 41
III. Mahnung oder deren Entbehrlichkeit 18	4. Hinweis gegenüber Verbrauchern 44
1. Mahnung 18	5. Abdingbarkeit 47
2. Klageerhebung 24	V. Nichtleistung 48
3. Entbehrlichkeit der Mahnung gemäß Absatz 2 Nr. 1 25	VI. Kein Verzug bei Nichtvertretenmüssen 51
4. Entbehrlichkeit der Mahnung gemäß Absatz 2 Nr. 2 28	VII. Beginn und Ende des Verzugs 58
	C. Rechtsfolgen 63

A. Grundlagen

I. Kurzcharakteristik

§ 286 BGB enthält die Voraussetzungen des Verzugs und entspricht von dem Regelungsgehalt den §§ 284, 285 BGB a.F. Zwei wesentliche Änderungen sind dabei hervorzuheben. Eine Mahnung ist nach § 286 Abs. 2 Nr. 2 BGB auch dann entbehrlich, wenn eine Leistungszeit bestimmt ist, die von einem bestimmten Ereignis an berechenbar ist. Bei diesem Ereignis muss es sich nicht, wie nach § 284 Abs. 2 Satz 2 BGB a.F. um eine Kündigung handeln. Weiterhin wurde die 30-Tage-Regelung unter anderem dahingehend geändert, dass der Verzug auch schon vor Ablauf dieser Frist eintreten kann.

Die Rechtsfolgen des Verzugs ergeben sich nicht aus § 286 BGB, sondern aus den §§ 280, 287 und 288 BGB. Der Schuldner ist gemäß den §§ 280 Abs. 1 und 2, 286 BGB zum Ersatz des Verzögerungsschadens verpflichtet. § 287 BGB regelt die erweiterte Haftung des Schuldners, § 288 BGB den Anspruch auf die Verzugszinsen.

Der Anspruch auf Schadensersatz statt der Leistung aus den §§ 280 Abs. 1 und 3, 281 BGB und das Rücktrittsrecht aus § 323 BGB setzen – anders als § 326 Abs. 1 BGB a.F. – begrifflich nicht den Verzug des Schuldners voraus. Auch wenn schwer vorstellbar ist, dass der Schuldner nach einer Fristsetzung im Sinne des § 281 Abs. 1 BGB oder § 323 Abs. 1 BGB – bzw. bei Entbehrlichkeit der Fristsetzung – nicht in Verzug kommt, ist der Verzug keine Voraussetzung des Anspruchs auf Schadensersatz statt der Leistung oder des Rücktrittsrechts.

II. Gesetzgebungsmaterialien

Gesetzesentwurf BT-Drs. 14/6050, S. 145-148; Stellungnahme des Bundesrates BT-Drs. 14/6857, S. 14; Gegenäußerung der Bundesregierung BT-Drs. 14/6857, S. 50, 51; Beschlussempfehlung und Bericht des Rechtsausschusses BT-Drs. 14/7052, S. 186, 187.

III. Europäischer Hintergrund

Die Neuregelungen dienen der Umsetzung der RL 2000/35/EG des Europäischen Parlaments und Rates vom 29.06.2000 zur Bekämpfung von Zahlungsverzug im Geschäftsverkehr.

So soll die Regelung über die Entbehrlichkeit der Mahnung bei kalendermäßiger Berechenbarkeit des Leistungszeitpunkts in § 286 Abs. 2 Nr. 2 BGB der Umsetzung der Verpflichtung gemäß Art. 3 Abs. 1 lit. a RL 2000/35/EG sicherstellen, dass Zinsen ab dem Tag zu zahlen sind, der auf den vertraglich festgelegten Zahlungstermin oder das vertraglich festgelegte Ende der Zahlungsfrist folgt. Die 30-Tage-Regelung in § 286 Abs. 3 BGB beruht auf Art. 3 Abs. 1 lit. b RL 2000/35/EG. Gemäß Art. 3 Abs. 1 lit. c RL 2000/35/EG ist der Gläubiger berechtigt, bei Zahlungsverzug Zinsen geltend zu machen, wenn er seine vertraglichen und gesetzlichen Verpflichtungen erfüllt hat und den fälligen Betrag nicht rechtzeitig **erhalten** hat.[1]

B. Voraussetzungen

I. Schuldverhältnis

Die Verzugsregeln gelten grundsätzlich uneingeschränkt in rechtsgeschäftlichen Schuldverhältnissen. In gesetzlichen Schuldverhältnissen sind sie anwendbar, soweit keine Sonderregeln bestehen. Im Bereicherungsrecht tritt nach § 818 Abs. 4 BGB die Haftung nach den allgemeinen Regeln und damit auch nach den Verzugsvorschriften nur dann ein, wenn der Bereicherungsschuldner verschärft haftet. In dem gesetzlichen Schuldverhältnis zwischen dem Eigentümer und dem bösgläubigen unrechtmäßigen Besitzer gelten die Verzugsregeln gemäß § 990 Abs. 2 BGB. Zwischen Wettbewerbern entsteht durch die Abmahnung ein gesetzliches Schuldverhältnis, aufgrund dessen der abgemahnte Störer verpflichtet ist, den Abmahnenden über eine gegenüber einem Dritten wegen des gleichen Wettbewerbsverstoßes abgegebene Unterlassungserklärung aufzuklären.[2]

Auch auf **dingliche Ansprüche** sind die Verzugsvorschriften grundsätzlich anwendbar, es sei denn, dass das Sachenrecht das betreffende Rechtsverhältnis erschöpfend regelt. Auf die dinglichen Herausgabeansprüche des Eigentümers bzw. Besitzers aus den §§ 985, 1007 und 861 BGB sind die Verzugsregeln nicht anwendbar. Nur bei Bösgläubigkeit des Besitzers wird ein gesetzliches Schuldverhältnis

---

[1] EuGH v. 03.04.2008 - C-306/06 - juris Rn. 22 ff. - WM 2008, 678-681.
[2] BGH v. 19.10.1989 - I ZR 63/88 - juris Rn. 10 - LM Nr. 70 zu § 242 (Be) BGB.

begründet, für das die allgemeinen Regeln gemäß § 990 Abs. 2 BGB gelten. Auch auf den Anspruch auf Grundbuchberichtigung sind die Verzugsvorschriften nur anwendbar, wenn der Buchbesitzer bösgläubig ist.[3] Auf den Anspruch des Vormerkungsberechtigten aus § 888 BGB sollen die Verzugsregeln nicht anwendbar sein[4]; dies wird in der Literatur überwiegend anders gesehen[5]. Mit dem Beseitigungsanspruch aus § 1004 BGB kann der Störer in Verzug geraten.

II. Fälliger und durchsetzbarer Anspruch

9   Der Schuldnerverzug setzt voraus, dass der Gläubiger die Leistung verlangen kann. Der Anspruch des Gläubigers muss uneingeschränkt wirksam, fällig und durchsetzbar sein. Aufgrund eines **schwebend unwirksamen** Vertrags kann während des Schwebezustands die Leistung nicht gefordert werden und der Schuldner nicht in Verzug geraten.[6]

10 **Fälligkeit** tritt nach § 271 Abs. 1 BGB im Zweifel sofort ein. Wird der Mieter verurteilt, einem Mieterhöhungsverlangen zuzustimmen, wird die Verpflichtung zur Zahlung der erhöhten Miete erst mit Rechtskraft des Zustimmungsurteils fällig. Verzug mit den Erhöhungsbeträgen kann erst ab diesem Zeitpunkt eintreten.[7] Betriebskostennachzahlungen des Mieters werden erst nach Ablauf einer Prüfungsfrist fällig, die bei Wohnraummiete zwei Wochen beträgt.[8] Die ärztliche Vergütung wird fällig, wenn die Rechnung die formalen Voraussetzungen in § 12 Abs. 2-4 GOÄ erfüllt.[9] Auch bei einer grundlosen Erfüllungsverweigerung ist die Fälligkeit Voraussetzung des Verzugs.[10]

11 Die Durchsetzbarkeit ist in § 286 Abs. 1 BGB nicht erwähnt, sie ist jedoch ebenso wie nach bisherigem Recht eine Voraussetzung des Schuldnerverzugs. Die **Einrede des nicht erfüllten Vertrags** gemäß § 320 BGB hindert den Eintritt des Verzugs, dabei ist nach ständiger Rechtsprechung nicht erforderlich, dass diese Einrede geltend gemacht wird.[11] In Bauprozessen ist ein Verzug des Auftraggebers mit der Vergütung nicht nur insoweit ausgeschlossen, als ihm wegen Mängeln der vom Auftragnehmer erbrachten Leistungen ein Leistungsverweigerungsrecht aus § 320 BGB zusteht, Verzug des Auftraggebers tritt auch dann nicht ein, wenn der Auftragnehmer mit einer Abschlagszahlung abgerechnete Leistungen tatsächlich noch nicht erbracht hat.[12] Auch wenn dem Schuldner die Einrede aus § 320 BGB zusteht, kommt er dann in Verzug, wenn der Gläubiger seine Leistung erbringt oder sie zumindest in einer den Annahmeverzug begründenden Weise anbietet. Für den Verzugseintritt nicht ausreichend ist, dass er zur Erbringung der Gegenleistung „bereit und imstande" ist.[13]

12 Ebenso wie die Einrede aus § 320 BGB schließt allein das Bestehen der Einrede aus **§ 321 BGB** den Verzug aus, denn auch die Unsicherheitseinrede des § 321 BGB betrifft Leistungspflichten aus gegenseitigen Verträgen, die von vornherein in wechselseitiger Abhängigkeit stehen.[14]

13 Da der Verkäufer gemäß § 433 Abs. 1 Satz 2 BGB zur mangelfreien Leistung verpflichtet ist, ergibt sich die „**Mängeleinrede**" aus § 320 BGB. Auch der Anspruch auf Nacherfüllung aus § 439 BGB steht im Gegenseitigkeitsverhältnis. Der Käufer einer mangelhaften Sache kommt daher nicht in Verzug mit der Kaufpreiszahlung.

14 Beim Werkvertrag stehen der Anspruch auf mangelfreie Werkerstellung (§ 633 Abs. 1 BGB) und der Anspruch auf Nachbesserung (§ 635 BGB) im Gegenseitigkeitsverhältnis.

15 Die **Verjährungseinrede** hindert den Verzugseintritt und beendet einen bereits eingetretenen Verzug. Ob der Schuldner sich für diese Wirkungen auf die Einrede berufen muss, hat der BGH bislang offengelassen.[15]

---

[3] OLG Saarbrücken v. 17.10.1986 - 1 W 35/86 - OLGZ 1987, 221-225.
[4] BGH v. 19.01.1968 - V ZR 190/64 - BGHZ 49, 263-267.
[5] *Bassenge* in: Palandt, § 888 Rn. 4.
[6] BGH v. 20.11.1998 - V ZR 17/98 - juris Rn. 6 - LM BGB § 157 (Ge) Nr. 48 (7/1999).
[7] BGH v. 04.05.2005 - VIII ZR 94/04 - juris Rn. 11 ff. - NJW 2005, 2310-2313.
[8] KG v. 05.01.2004 - 8 U 22/03 - juris Rn. 22 - KGR Berlin 2004, 315-316.
[9] BGH v. 21.12.2006 - III ZR 117/06 - juris Rn. 12 - BGHZ 170, 252-260.
[10] BGH v. 28.09.2007 - V ZR 139/06 - juris Rn. 10 - NJW-RR 2008, 210-211.
[11] BGH v. 23.05.2003 - V ZR 190/02 - juris Rn. 21 - NJW-RR 2003, 1318-1319; BGH v. 06.12.1991 - V ZR 229/90 - juris Rn. 17 - BGHZ 116, 244-251; BGH v. 06.05.1999 - VII ZR 180/98 - juris Rn. 9 - LM BGB § 320 Nr. 41 (2/2000); BGH v. 22.06.2001 - V ZR 56/00 - juris Rn. 10 - BGHReport 2001, 817-818.
[12] BGH v. 14.01.1993 - VII ZR 185/91 - juris Rn. 14 - BGHZ 121, 210-215.
[13] BGH v. 06.12.1991 - V ZR 229/90 - juris Rn. 17 - BGHZ 116, 244-251.
[14] BGH v. 11.12.2009 - V ZR 217/08 - juris Rn. 23 - NJW 2010, 1272-1275.
[15] BGH v. 16.03.1988 - VIII ZR 184/87 - juris Rn. 21 - BGHZ 104, 6-18.

Das Leistungsverweigerungsrecht aus § 410 Abs. 1 Satz 1 BGB schließt den Verzugseintritt nur aus, wenn es geltend gemacht wird.[16]

Steht dem Schuldner ein **Zurückbehaltungsrecht** gemäß § 273 BGB zu, muss der Gläubiger nicht in jedem Fall damit rechnen, dass der Schuldner von seinem Recht Gebrauch macht. Daher schließt allein das Bestehen der Einrede des Zurückbehaltungsrechts aus § 273 BGB den Verzug nicht aus. Diese Einrede muss vom Schuldner geltend gemacht werden, damit er nicht in Verzug kommt. Die Ausübung des Zurückbehaltungsrechts ist allerdings dann entbehrlich, wenn der Gläubiger dem Gegenrecht des Schuldners im Klageantrag dadurch Rechnung trägt, dass er sogleich die Verurteilung Zug um Zug gegen Erbringung der Gegenleistung verlangt.[17]

III. Mahnung oder deren Entbehrlichkeit

1. Mahnung

Eine Mahnung ist die an den Schuldner gerichtete eindeutige und bestimmte Aufforderung, die Leistung zu erbringen.[18] Eine konkludente Leistungsaufforderung ist ausreichend. Sie kann auch darin liegen, dass die Verzugsvoraussetzungen festgestellt werden.[19] Keine Mahnung ist jedoch in der Aufforderung zu sehen, sich über die Leistungsbereitschaft zu erklären.[20] Ist der Schuldner auskunftspflichtig, reicht auch eine unbezifferte, einem zulässigen Antrag in einer Stufenklage entsprechende Mahnung.[21] Die Mahnung kann auch in der Weise befristet werden, dass sie eine Aufforderung zur Leistung ab einem bestimmten Zeitpunkt enthält („Bis zum 14.05. sind unsere Geschäftsräume geschlossen. Bitte liefern Sie am 15.05."). Im Zweifel wird aber eine Aufforderung zur sofortigen Leistung erklärt sein.[22] Auch eine **Fristsetzung** gemäß § 281 BGB enthält eine Aufforderung zur Leistung und damit eine Mahnung.[23] Dies wird mit dem Argument kritisiert, eine Fristsetzung könne auch als befristete Mahnung anzusehen sein.[24] Für den Zeitraum, in dem die Verzugsvoraussetzungen nicht vorlägen, könne der Schuldner dann zwar Schadensersatz statt der Leistung gemäß den §§ 280 Abs. 1 und 3, 281 BGB, nicht aber den Verzögerungsschaden gemäß den §§ 280 Abs. 1 und 2, 286 BGB verlangen, auch nicht als Rechnungsposten des Nichterfüllungsschadens.[25] Eine befristete Mahnung unterscheidet sich jedoch deutlich von einer Fristsetzung i.S.d. § 281 BGB. Mit einer befristeten Mahnung fordert der Gläubiger den Schuldner zu einer Leistung ab einem bestimmten Termin auf. Das ist keine Fristsetzung i.S.d. § 281 BGB. Eine Frist „zur Leistung" liegt nur vor, wenn die Leistung bis zum Ablauf der Frist erfolgen soll. Wird die Leistung bis zum Ablauf einer Frist verlangt, ist darin auch eine Aufforderung zur sofortigen Leistung enthalten.[26] Der Schuldner kommt daher schon mit der Fristsetzung in Verzug.

Die Mahnung ist keine Willenserklärung, sondern eine rechtsgeschäftsähnliche Handlung, auf die die Regeln der Willenserklärung entsprechend anwendbar sind.[27]

Die Mahnung kann grundsätzlich erst **nach Eintritt der Fälligkeit wirksam** erklärt werden. Eine vor der Fälligkeit erklärte Mahnung ist wirkungslos und erlangt auch nach Fälligkeitseintritt keine Wirkung.[28] Die Mahnung und eine die Fälligkeit begründende Handlung können aber zusammenfallen. So kann bei einer Lieferung auf Abruf der Abruf zugleich die Fälligkeit begründen und als Mahnung angesehen werden. Der Verzug tritt in diesen Fällen ausnahmsweise nicht schon mit Zugang der Mahnung, sondern erst nach Ablauf einer angemessenen Lieferfrist ein.

---

[16] BGH v. 24.11.2006 - LwZR 6/05 - juris Rn. 23 - NJW 2007, 1269-1273.
[17] BGH v. 25.11.1998 - VIII ZR 323/97 - EWiR 1999, 105.
[18] BGH v. 10.03.1998 - X ZR 70/96 - juris Rn. 12 - LM BGB § 284 Nr. 45 (1/1999).
[19] BGH v. 06.05.1981 - IVa ZR 170/80 - juris Rn. 29 - BGHZ 80, 269-279.
[20] OLG Düsseldorf v. 29.11.1996 - 22 U 116/96 - NJW-RR 1998, 1749-1750.
[21] BGH v. 06.05.1981 - IVa ZR 170/80 - juris Rn. 28 - BGHZ 80, 269-279.
[22] BGH v. 06.05.1981 - IVa ZR 170/80 - juris Rn. 28 - BGHZ 80, 269-279.
[23] BT-Drs. 14/6040, S. 138.
[24] *Ernst/Gsell*, ZIP 2001, 1389-1403, 1393.
[25] *Dedek* in: Henssler/Westphalen, Praxis der Schuldrechtsreform, 2. Aufl. 2003, § 281 Rn. 12, § 286 Rn. 16.
[26] *Otto/Schwarze* in Staudinger, § 281 Rn. B 18; *Huber*, Leistungsstörungen, 1999 Bd. II S. 430; a.A. wohl *Canaris*, JZ 2001, 499-528, 501: befristete Mahnung.
[27] BGH v. 17.09.1986 - IVb ZR 59/85 - juris Rn. 15 - NJW 1987, 1546-1548; BGH v. 22.11.2005 - VI ZR 126/04 - juris Rn. 12 - NJW 2006, 687-688.
[28] BGH v. 29.04.1992 - XII ZR 105/91 - juris Rn. 14 - LM BGB § 1585b Nr. 4 (1/1993); BGH v. 17.12.1996 - X ZR 74/95 - juris Rn. 10 - LM BGB § 284 Nr. 44a (7/1997).

21 Die in der Mahnung enthaltene Leistungsaufforderung muss sich grundsätzlich auf die Leistung im richtigen Umfang, am richtigen Ort und in der richtigen Art und Weise beziehen. Eine **Zuwenigforderung** hat grundsätzlich nur den Verzug mit der tatsächlich angeforderten Leistung zur Folge.[29]

22 Eine **Zuvielforderung** ist unschädlich, wenn der Schuldner die Erklärung des Gläubigers nach den gesamten Umständen als Aufforderung zur Erbringung der tatsächlich geschuldeten Leistung verstehen musste und der Gläubiger zur Annahme der geschuldeten Minderleistung bereit war.[30] Wegen der Schwierigkeiten bei der Berechnung einer Unterhaltsforderung kann eine Mahnung regelmäßig nicht deswegen als unwirksam angesehen werden, wenn sie eine Zuvielforderung enthält; sie ist als Aufforderung zur Bewirkung der geschuldeten Leistung zu werten.[31]

23 Die Aufforderung zu einer **anderen Leistung** stellt keine wirksame Mahnung dar. Ein Leistungsverlangen, das von den ursprünglichen Bedingungen abweicht, kann jedoch eine wirksame Mahnung enthalten, wenn offensichtlich ist, dass es dem Schuldner nicht auf die von ihm genannten Leistungsmodalitäten ankommt und er auch mit der tatsächlich geschuldeten Leistung einverstanden ist.[32]

2. Klageerhebung

24 Gemäß § 286 Abs. 1 Satz 2 BGB steht die Erhebung der Leistungsklage sowie die Zustellung eines Mahnbescheids der Mahnung gleich. Ob die Leistungsklage im Wege der Widerklage, Stufenklage[33] oder nur hilfsweise[34] geltend gemacht wird, ist unerheblich. Keinen Verzug begründen dagegen die Erhebung einer Feststellungsklage, einer Klage auf künftige Leistung i.S.d. § 257 ZPO oder die Anmeldung einer Forderung im Insolvenzverfahren. Wird die Verpflichtung zur Leistung erst durch ein Gestaltungsurteil begründet, tritt mit Rechtskraft des Urteils Verzug ein. Das gilt auch, wenn das Urteil einen bestimmten Zeitpunkt für die Leistung nicht ausdrücklich festlegt. Denn mit dem Urteil wird dem Schuldner nachdrücklich vor Augen geführt, dass er alsbald zu leisten hat.[35]

3. Entbehrlichkeit der Mahnung gemäß Absatz 2 Nr. 1

25 Wie schon nach § 284 BGB a.F. ist gemäß § 286 Abs. 2 Nr. 1 BGB die Mahnung entbehrlich, wenn der Leistungszeitpunkt nach dem Kalender bestimmt ist. Regelmäßig werden Bestimmungen des Leistungszeitpunkts vertraglich vereinbart, auch eine Bestimmung durch Gesetz oder Urteil kommt in Betracht.[36] Die kalendermäßige Bestimmung der Leistungszeit kann auch durch den Gläubiger gemäß § 315 BGB erfolgen. Die dafür grundsätzlich erforderliche Vereinbarung zwischen den Parteien ist entbehrlich, wenn öffentliche Entsorgungsleistungen aufgrund eines Anschluss- und Benutzungszwangs geschuldet werden.[37] Ist der Gläubiger nicht zur Bestimmung der Leistung gemäß § 315 BGB berechtigt, reicht die einseitige Festlegung einer Leistungszeit nicht aus.[38]

26 Eine kalendermäßige Bestimmung liegt nicht nur dann vor, wenn ein exaktes Datum für die Leistung bestimmt ist, sondern auch dann, wenn ein Leistungszeitraum festgelegt ist, wie z.B. „Ende Februar", „erste Dekade des Aprils" oder „8. Kalenderwoche"[39], „im August"[40], „während jedes Kalenderjahres"[41]. Der Verzug beginnt in diesen Fällen allerdings nicht mit dem Beginn der Zeitspanne, sondern erst mit deren Ablauf.

27 Läuft ein vertraglich vereinbarter Leistungstermin ab, ohne dass der Schuldner dies zu vertreten hat, ist grundsätzlich eine Mahnung erforderlich, um den Schuldnerverzug zu begründen.[42]

---

[29] BGH v. 26.05.1982 - IVb ZR 715/80 - juris Rn. 44 - LM Nr. 12 zu § 1578 BGB.
[30] BGH v. 05.10.2005 - X ZR 276/02 - juris Rn. 24 - NJW 2006, 769-771; Brandenburgisches OLG v. 19.05.2009 - 6 U 76/08 - juris Rn. 62; OLG Bremen v. 02.03.2009 - 3 U 38/08 - juris Rn. 17 - OLGR Bremen 2009, 353-354.
[31] BGH v. 26.01.1983 - IVb ZR 351/81 - LM Nr. 27 zu § 284 BGB; OLG Bamberg v. 29.03.1990 - 2 UF 400/89 - juris Rn. 43 - NJW-RR 1990, 903-906; BGH v. 12.07.2006 - X ZR 157/05 - juris Rn. 16 - NJW 2006, 3271-3273.
[32] OLG Koblenz v. 11.05.2006 - 5 U 1806/05 - juris Rn. 16 - DB 2006, 1728.
[33] BGH v. 06.05.1981 - IVa ZR 170/80 - juris Rn. 28 - BGHZ 80, 269-279.
[34] BGH v. 09.04.1981 - IVa ZR 144/80 - juris Rn. 29 - LM Nr. 22 zu § 284 BGB.
[35] BGH v. 04.04.2006 - X ZR 122/05 - juris Rn. 22 - BGHZ 167, 139-150.
[36] BT-Drs. 14/6040, S. 145, 146.
[37] BGH v. 15.02.2005 - X ZR 87/04 - juris Rn. 5 - NJW 2005, 1772-1773; BGH v. 19.09.2006 - X ZR 49/05 - juris Rn. 18 - Grundeigentum 2006, 1608-1611.
[38] BGH v. 25.10.2007 - III ZR 91/07 - juris Rn. 7 - BGHZ 174, 77-83.
[39] BGH v. 18.04.1996 - X ZR 93/94 - juris Rn. 12 - WM 1996, 1598-1599.
[40] BGH v. 13.01.1999 - XII ZR 208/96 - juris Rn. 35 - NJW-RR 1999, 593-595.
[41] BGH v. 25.01.2001 - I ZR 287/98 - juris Rn. 14 - NJW 2001, 2878-2880.
[42] BGH v. 22.05.2003 - VII ZR 469/01 - juris Rn. 10 - NJW-RR 2003, 1238-1239.

4. Entbehrlichkeit der Mahnung gemäß Absatz 2 Nr. 2

Die Mahnung ist gemäß § 286 Abs. 2 Nr. 2 BGB entbehrlich, wenn der Leistung ein **Ereignis** vorauszugehen hat und eine angemessene Zeit für die Leistung in der Weise bestimmt ist, dass sie sich von dem Ereignis an nach dem Kalender berechnen lässt. Eine einseitige Leistungsbestimmung durch den Gläubiger reicht wie bei der kalendermäßigen Bestimmung nicht aus. Nach § 284 Abs. 2 Satz 1 BGB a.F. war dieser Fall der Entbehrlichkeit der Mahnung darauf beschränkt, dass der Leistung eine Kündigung vorauszugehen hatte. Die heutige Gesetzesfassung ermöglicht es, auch an andere Ereignisse als die Kündigung für die kalendermäßige Berechnung anzuknüpfen. Möglich sind beispielsweise Bestimmungen der Leistungszeit wie „2 Wochen nach Kaufpreiszahlung", „3 Tage nach Abruf", „1 Woche nach Lieferung". Der Zugang einer Rechnung führt gemäß § 286 Abs. 3 BGB nach 30 Tagen zum Eintritt des Verzugs. Es ist aber auch möglich, das Ereignis des Zugangs der Rechnung mit einer kürzeren Frist als 30 Tagen zu verbinden.[43] Dies soll nach einer teilweise vertretenen Ansicht gegenüber einem Verbraucher aber nur dann wirksam sein, wenn dieser auf die Folge des Verzugseintritts analog § 286 Abs. 3 Satz 1 BGB hingewiesen wurde.[44]

28

In welchem Rahmen die Angemessenheit der Frist überprüft werden kann, ist im Einzelnen umstritten. In dem seltenen Fall einer Leistungsbestimmung durch eine Individualabrede wird nur eine Überprüfung am Maßstab des § 138 Abs. 1 BGB in Betracht kommen. Für Leistungsbestimmungen in Allgemeinen Geschäftsbedingungen wird die Auffassung vertreten, die Prüfung der Angemessenheit der Frist im Rahmen des Verzugsrechts sei entbehrlich und verstoße gegen die Zahlungsverzugsrichtlinie.[45] Andere prüfen die Angemessenheit im Rahmen des § 286 Abs. 2 Nr. 2 BGB und halten eine Prüfung der Unangemessenheit nach § 307 Abs. 2 BGB für entbehrlich.[46] Unterschiedliche Ergebnisse sollten sich daraus nicht ergeben.

29

Ist der Gläubiger Verwender der AGB, stellt sich die Frage, ob die 30-Tage-Frist des § 286 Abs. 3 BGB eine Leitbildfunktion hat. Für § 284 Abs. 3 BGB a.F. wurde teilweise angenommen, dass bei einer Verkürzung der Frist durch AGB des Gläubigers regelmäßig eine unangemessene Benachteiligung des Schuldners anzunehmen sei.[47] § 284 BGB a.F. enthielt aber keine dem § 286 Abs. 2 Nr. 2 BGB entsprechende Regelung. Letztere ist selbstständig und unabhängig von der 30-Tages-Regelung. In Allgemeinen Geschäftsbedingungen des Gläubigers sind kürzere Fristen als 30 Tage möglich, auch wenn das auslösende Ereignis der Zugang einer Rechnung sein soll. Eine Verkürzung auf 10 bis 14 Tage wird für wirksam gehalten.[48] Eine unangemessen kurze Frist setzt keine angemessene Frist in Lauf. Eine Aufrechterhaltung als angemessene Frist würde gegen das Gebot der geltungserhaltenden Reduktion verstoßen.[49]

30

Nach dem Wortlaut des § 286 Abs. 2 Nr. 2 BGB muss zwischen dem Ereignis und dem vorgesehenen Leistungstermin eine angemessene Frist liegen. In der Begründung des Regierungsentwurfs wird angenommen, dass **Leistungsbestimmungen ohne Frist**, wie beispielsweise in der Klausel „Zahlung sofort nach Lieferung" nicht zum Eintritt des Verzugs gemäß § 286 Abs. 2 Nr. 2 BGB führen, da zwischen dem Ereignis und dem vorgesehenen Leistungstermin keine Frist liegt. Bei dieser Klausel soll es sich lediglich um eine Fälligkeitsbestimmung handeln.[50] In der Literatur wird eine Anwendung des § 286 Abs. 2 Nr. 2 BGB auch bei einer Leistungsbestimmung ohne Frist befürwortet. Für § 284 Abs. 2 Nr. 2 BGB hat die h.M. angenommen, dass zwischen der Kündigung und dem Leistungszeitpunkt nicht notwendig eine Frist liegen muss. Zwar enthalte § 286 Abs. 2 Nr. 2 BGB das zusätzliche Erfordernis der „Angemessenheit" der Frist. Es sei aber nicht ausgeschlossen, dass auch das Fehlen einer Frist „angemessen" sein könne.[51] Das Erfordernis einer Frist zwischen dem Ereignis und dem Leistungszeitpunkt widerspreche auch Art. 3 Abs. 1 lit. a RL 2000/35/EG des Europäischen Parlaments und Rates vom 29.06.2000, wonach die Verzugsverzinsung am Tag nach dem vertraglich festgelegten Zahlungs-

31

---

[43] BT-Drs. 14/6040, S. 145.
[44] *Oepen*, ZGS 2002, 349-354, 353.
[45] *Schulte-Nölke* in: AnwK-BGB, § 286 Rn. 35.
[46] *Hertel*, DNotZ 2001, 910-924, 915.
[47] *Thode* in: MünchKomm-BGB, 4. Aufl. 2001, § 284 Rn. 80.
[48] *Rieder/Ziegler*, ZIP 2001, 1789-1799, 1791; *Dedek* in: Henssler/Westphalen, Praxis der Schuldrechtsreform, 2. Aufl. 2003, § 286 Rn. 9.
[49] Zur Fristbestimmung gemäß § 326 Abs. 1 BGB a.F.: OLG Hamm v. 10.01.1995 - 28 U 251/93 - NJW-RR 1995, 503-504.
[50] BT-Drs. 14/6040, S. 146.
[51] *Dedek* in: Henssler/Westphalen, Praxis der Schuldrechtsreform, 2. Aufl. 2003, § 286 Rn. 7.

termin beginnen muss.⁵² § 286 Abs. 2 Nr. 2 BGB sei richtlinienkonform dahingehend auszulegen, dass auch die Bestimmung einer „Null-Frist" ab einem bestimmten Ereignis angemessen sein könne.⁵³ Selbst wenn man Leistungsbestimmungen ohne Frist nicht unter § 286 Abs. 2 Nr. 2 BGB subsumiert, können sie gemäß § 286 Abs. 2 Nr. 4 BGB zur Entbehrlichkeit der Mahnung führen.⁵⁴

5. Entbehrlichkeit der Mahnung gemäß Absatz 2 Nr. 3

32 Bei einer ernsthaften und endgültigen Erfüllungsverweigerung war die Mahnung schon nach bisherigem Recht gemäß § 242 BGB entbehrlich. In diesem Fall wäre die Mahnung wegen offensichtlicher Zwecklosigkeit bloße Förmelei.⁵⁵ Bei einer ernsthaften und endgültigen Erfüllungsverweigerung durch den Schuldner wird der Gläubiger eher selten die Verzugsfolgen geltend machen. Näher liegt es, Schadensersatz statt der Leistung gemäß den §§ 280 Abs. 1 und 3, 281 BGB zu verlangen oder gemäß § 323 Abs. 1 BGB zurückzutreten. Erfolgt die Erfüllungsverweigerung vor Fälligkeit steht ihm das Rücktrittsrecht aus § 323 Abs. 1 BGB schon vor Fälligkeit zu (§ 323 Abs. 4 BGB); zu den Voraussetzungen einer ernsthaften und endgültigen Erfüllungsverweigerung vgl. die Kommentierung zu § 281 BGB Rn. 43.

6. Entbehrlichkeit der Mahnung gemäß Absatz 2 Nr. 4

33 Gemäß § 286 Abs. 2 Nr. 4 BGB ist die Mahnung entbehrlich, wenn besondere Umstände unter Abwägung der beiderseitigen Interessen den sofortigen Verzugseintritt rechtfertigen. Mit dieser Regelung wird die bisherige Rechtsprechung zur Entbehrlichkeit der Mahnung gemäß § 242 BGB anerkannt. Eine Ausweitung sollte aber nicht erfolgen.⁵⁶

34 In Betracht kommen etwa die Fälle der so genannten Selbstmahnung, in denen der Schuldner die Leistung zu einem bestimmten Termin ankündigt und damit einer Mahnung des Gläubigers zuvorkommt.⁵⁷

35 Die Mahnung ist auch dann entbehrlich gemäß § 286 Abs. 2 Nr. 4 BGB, wenn der Schuldner die Mahnung dadurch verhindert, dass er sich ihr entzieht⁵⁸, was beispielsweise dann der Fall ist, wenn der gesetzliche Unterhaltsschuldner seine Familienangehörigen verlässt⁵⁹.

36 Weiterhin ist eine Mahnung gemäß § 286 Abs. 2 Nr. 4 BGB in den Fällen entbehrlich, in denen sich die besondere Erfüllungsdringlichkeit bereits aus dem Vertragsinhalt ergibt.⁶⁰ Nach der bisherigen Rechtsprechung war eine Mahnung gemäß § 242 BGB entbehrlich, wenn sich der Schuldner bereits aufgrund des Vertragsinhalts darüber klar sein musste, dass er die Folgen auf sich nehmen muss, wenn er die vereinbarte Leistungszeit nicht einhält.⁶¹ Dies ist bei einer besonderen Eilbedürftigkeit der Leistung der Fall und beispielsweise zu bejahen bei der Reparatur eines Wasserrohrbruchs⁶² oder der als dringlich vereinbarten Reparatur einer Schiffsschraube⁶³.

IV. 30-Tage-Regelung

37 Unabhängig von einer Mahnung oder deren Entbehrlichkeit kann der Schuldner einer Entgeltforderung nach der 30-Tage-Regelung des § 286 Abs. 3 BGB in Verzug kommen.

1. Entgeltforderung

38 Entgeltforderungen sind Forderungen, mit denen der Gläubiger das Entgelt für eine aufgrund eines gegenseitigen Vertrags erbrachte Leistung verlangt.⁶⁴ Anders als die heutige Regelung bezog sich § 284 Abs. 3 BGB a.F. auf alle Geldforderungen. Die Beschränkung auf Entgeltforderungen ist vorgenommen worden, weil der hohe Verzugszins des § 288 BGB nur für Entgeltforderungen zu rechtfertigen

---

⁵² *Ernst/Gsell*, ZIP 2001, 1389-1403 1391.
⁵³ *Huber*, JZ 2000, 957-967, 960; a.A. *Heinrichs*, BB 2001, 157-164 158; *Oepen*, ZGS 2002, 349-354, 352.
⁵⁴ *Buhlmann/Schimmel*, MDR 2002, 609-615, 611.
⁵⁵ BGH v. 09.07.1992 - XII ZR 268/90 - juris Rn. 15 - NJW-RR 1992, 1226-1228.
⁵⁶ BT-Drs. 14/6040, S. 146.
⁵⁷ BT-Drs. 14/6040, S. 146; BGH v. 17.12.1996 - X ZR 74/95 - juris Rn. 13 - LM BGB § 284 Nr. 44a (7/1997).
⁵⁸ BT-Drs. 14/6040, S. 146.
⁵⁹ OLG Köln v. 30.01.1998 - 25 WF 216/97 - NJW-RR 1999, 4-5.
⁶⁰ OLG Saarbrücken v. 15.05.2002 - 1 U 897/01 - 203, 1 U 897/01 - juris Rn. 17 - MDR 2002, 1300-1301.
⁶¹ BGH v. 17.12.1996 - X ZR 74/95 - juris Rn. 12 - LM BGB § 284 Nr. 44a (7/1997).
⁶² BT-Drs. 14/6040, S. 146.
⁶³ BGH v. 04.07.1963 - II ZR 174/81 - LM Nr. 1 zu § 636 BGB.
⁶⁴ *Krause*, Jura 2002, 299-305, 299 f.

ist. Auch der Anknüpfungspunkt der 30-Tage-Frist, die Rechnung oder die gleichwertige Zahlungsaufstellung, ist auf Entgeltforderungen zugeschnitten.[65] Die Zahlungsverzugsrichtlinie erfordert keinen weiteren Anwendungsbereich, da sie auf Entgeltforderungen beschränkt ist.[66] Forderungen aus gesetzlichen Schuldverhältnissen stellen keine Entgeltforderungen dar. Die 30-Tage-Regelung ist nicht anwendbar auf Bereicherungsansprüche und Ansprüche aus Geschäftsführung ohne Auftrag.[67] Der Anspruch des Vermieters bei verspäteter Rückgabe der Mietsache aus § 546a BGB ist eine Entgeltforderung.[68]

2. Rechnung/Zahlungsaufstellung

Eine Rechnung ist eine gegliederte Aufstellung über eine Entgeltforderung. Aus der Rechnung muss sich nachvollziehbar ergeben, für welche Leistungen die Geldsumme gefordert wird und welche Preise dafür in Ansatz gebracht werden. Da die Rechnung dem Schuldner die Überprüfung der geschuldeten Geldsumme ermöglichen soll, muss sie schriftlich, aber nicht notwendig in der Form des § 126 BGB erteilt werden. Soweit es sich bei der Entgeltforderung um eine betragsmäßig feststehende Geldsumme handelt, wie dies häufig bei Kaufverträgen der Fall ist, muss der Anspruch genau bezeichnet werden; eine weitere Aufschlüsselung ist nicht erforderlich. 39

Eine gleichwertige Zahlungsaufstellung ist eine Aufstellung dessen, was der Gläubiger von dem Schuldner verlangt. Der in § 284 Abs. 3 BGB a.F. enthaltene Begriff der Zahlungsaufforderung wurde vermieden, um den Unterschied zur Mahnung deutlicher zu machen.[69] Da Zahlungsaufstellungen sich auf Entgeltforderungen beziehen, besteht praktisch kein Unterschied zwischen einer Rechnung und einer „gleichwertigen" Zahlungsaufstellung. 40

3. Zugang

Anders als die Mahnung kann die Rechnung oder die gleichwertige Zahlungsaufstellung vor Fälligkeit zugehen. Zwar soll die 30-Tage-Frist gemäß § 286 Abs. 3 Satz 1 BGB „nach Fälligkeit und Zugang einer Rechnung" zu laufen beginnen. Dies kann jedoch nicht im Sinne einer zeitlichen Reihenfolge von Fälligkeit und Rechnungszugang gesehen werden. Ansonsten würde es sich im Ergebnis bei der Rechnung um eine Mahnung handeln, die nach der gesetzlichen Regelung gerade nicht erforderlich sein soll. Geht die Rechnung oder die gleichwertige Zahlungsaufstellung vor Fälligkeit zu, beginnt die 30-Tage-Frist mit der Fälligkeit. 41

Ist der **Zeitpunkt des Zugangs** der Rechnung oder Zahlungsaufstellung **unsicher**, kommt der Schuldner, soweit er nicht Verbraucher ist, gemäß § 286 Abs. 3 Satz 2 BGB spätestens 30 Tage nach Fälligkeit und Empfang der Gegenleistung in Verzug. Unsicher ist der Zugangszeitpunkt, wenn er im zivilprozessualen Sinn streitig ist. In der Begründung des Regierungsentwurfs ist erwogen worden, auf diese Regelung zu verzichten. Sie ist aber aufgrund von Art. 3 Abs. 1 lit. b sublit. ii RL 2000/35/EG des Europäischen Parlaments und Rates vom 29.06.2000 zumindest für eine Zinsregelung beim Zahlungsverzug erforderlich. § 286 Abs. 3 Satz 2 BGB übernimmt insoweit den Wortlaut der Richtlinie. Da eine buchstabengetreue Anwendung zu ungereimten Ergebnissen führen kann, wird eine einschränkende Auslegung befürwortet. Der Rechtsausschuss hat angenommen, dass der Zugangszeitpunkt nicht „unsicher" ist, wenn sich die Parteien über zwei bestimmte Daten des Zugangs streiten, die außerhalb des Zeitpunkts des Empfangs der Gegenleistung liegen.[70] Ist beispielsweise zwischen den Parteien streitig, ob die Rechnung am 01.10. oder am 15.10. zugegangen ist und steht fest, dass die Lieferung am 01.07. erfolgte, würde gemäß § 286 Abs. 3 Satz 2 BGB der Verzug 30 Tage nach dem 01.07. eintreten. Es wäre dann für den Schuldner günstiger, den – an sich für ihn nachteiligen – früheren der streitigen Termine (den 01.10.) nicht mehr zu bestreiten als mit einem weiteren Bestreiten die Folgen des § 286 Abs. 3 Satz 2 BGB eintreten zu lassen.[71] Nach der vom Rechtsausschuss vertretenen Ansicht greift § 286 Abs. 3 Satz 2 BGB in diesem Fall nicht, da der Zugangszeitpunkt nicht unsicher ist.[72] Teilweise wird auch eine teleologische Reduktion des § 286 Abs. 2 Satz 2 BGB vorgeschlagen. Die Norm 42

---

[65] BT-Drs. 14/7020, S. 186.
[66] Erwägungsgrund 12 RL 2000/35/EG des Europäischen Parlaments und Rates v. 29.06.2000.
[67] *Grüneberg* in: Palandt, § 286 Rn. 27.
[68] OLG Köln v. 23.05.2006 - 3 U 203/05 - ZMR 2006, 772-773.
[69] BT-Drs. 14/6040, S. 147.
[70] BT-Drs. 14/7052, S. 186 f.
[71] *Grüneberg* in: Palandt, § 286 Rn. 30.
[72] BT-Drs. 14/7052, S. 186 f.

soll lediglich besagen, dass ab dem Empfang der Gegenleistung die Unsicherheit über den Zeitpunkt des Zugangs der Rechnung zulasten des Schuldners geht.[73] Die 30-Tage Frist beginnt danach nicht vor dem vom Gläubiger behaupteten Datum des Zugangs der Rechnung.[74]

43 § 286 Abs. 3 Satz 2 BGB erfasst auch Fälle in denen unsicher ist, ob die Rechnung oder Zahlungsaufstellung überhaupt zugegangen ist.[75] Der Wortlaut legt dies nicht unbedingt nahe. Für diese Auslegung spricht aber die Entstehungsgeschichte der Norm. In der Gegenäußerung der Bundesregierung wurde eine Regelung für den Fall vorgeschlagen, dass unsicher ist, **ob und wann** die Rechnung oder Zahlungsaufstellung zugegangen ist.[76] Der Rechtsausschuss hielt eine derartige Klarstellung nicht für erforderlich, seiner Ansicht nach umfasst die Unsicherheit über den Zeitpunkt des Zugangs auch den Fall, dass unklar bleibt, ob überhaupt eine Rechnung zugegangen ist.[77]

4. Hinweis gegenüber Verbrauchern

44 Der Verzugseintritt ohne Mahnung wirkt zulasten eines Schuldners, der Verbraucher ist, nur dann, wenn auf diese Folgen in der Rechnung oder Zahlungsaufstellung besonders hingewiesen wird.

45 Nach dem Wortlaut des Gesetzes ist ein Hinweis auch dann erforderlich, wenn **beide Vertragspartner Verbraucher** sind. Das ist zumindest bedenklich, da der Verbraucher als Gläubiger häufig nicht mit der gesetzlichen Regelung vertraut ist, auf die er seinen Vertragspartner hinweisen soll. In diesen Fällen wird auch die Schutzwürdigkeit des Schuldners bezweifelt, da es an einem Informationsgefälle fehlt.[78] Gegen ihren eindeutigen Wortlaut wird man die Regelung aber nicht auf Fälle beschränken können, in denen nur der Schuldner Verbraucher ist.

46 Welche **Anforderungen an den Hinweis** zu stellen sind, ergibt sich aus den Gesetzgebungsmaterialien nicht. Nach dem Wortlaut („diese Folgen") reicht ein Hinweis darauf, dass der Schuldner nach 30 Tagen in Verzug gerät. Der verbraucherschützende Zweck der Regelung legt allerdings nahe, auch einen Hinweis auf die Folgen des Verzugs zu verlangen. Der Gläubiger müsste dann auf die gemäß § 288 BGB geschuldeten Verzugszinsen und die Möglichkeit hinweisen, dass ein weiterer Schadensersatzanspruch entsteht.[79] Damit der Hinweis nicht als Hinausschieben der Fälligkeit oder Verzicht auf die Option, den Schuldner schon vor Ablauf der 30 Tage durch eine Mahnung in Verzug zu setzen, ausgelegt wird, sollte der Gläubiger auch klarstellen, dass eine Mahnung vor Ablauf dieser Frist den Verzug zur Folge hat.[80] Danach wären recht umfangreiche Hinweise erforderlich und man müsste sich die Frage stellen, ob es nicht wesentlich einfacher ist, dem Verbraucher gegenüber eine Leistungsbestimmung gemäß § 286 Abs. 2 Nr. 2 BGB – auch mit einer kürzeren Frist als 30 Tagen – zu treffen. Gegen die Erforderlichkeit eines Hinweises auf die Verzugsfolgen spricht der Vergleich zur Mahnung. Diese ist auch gegenüber einem Verbraucher ohne einen Hinweis auf die Folgen des Verzugs wirksam.

5. Abdingbarkeit

47 Die Parteien können von der 30-Tage-Regelung abweichende Vereinbarungen treffen. Nach § 286 Abs. 2 BGB sind fixe Termine oder andere Fristen möglich, die auch an andere Ereignisse als den Zugang der Rechnung oder Zahlungsaufstellung anknüpfen können. Die Vereinbarung kürzerer Fristen ist auch durch AGB möglich, soweit diese Fristen angemessen im Sinne des § 286 Abs. 2 Nr. 2 BGB sind. Die Vereinbarung längerer Fristen durch AGB des Schuldners wird allenfalls in engen Grenzen möglich sein, da längere Fristen dem Grundgedanken der gesetzlichen Regelung und der Zahlungsverzugsrichtlinie widersprechen.[81]

---

[73] *Oepen*, ZGS 2002, 349-354, 350.
[74] *Grüneberg* in: Palandt, § 286 Rn. 30.
[75] A.A. *Oepen*, ZGS 2002, 349-354, 350.
[76] BT-Drs. 14/6857, S. 51.
[77] BT-Drs. 14/7052, S. 187.
[78] *Mankowski*, ZGS 2002, 177-180, 177.
[79] *Buhlmann/Schimmel*, MDR 2002, 609-615 612; *Oepen*, ZGS 2002, 349-354, 350.
[80] *Oepen*, ZGS 2002, 349-354, 350.
[81] OLG Köln v. 01.02.2006 - 11 W 5/06 - juris Rn. 7 - NJW-RR 2006, 670-671.

V. Nichtleistung

48 Der Schuldner gerät in Verzug, wenn er auf eine Mahnung des Gläubigers nicht leistet. Für die Rechtzeitigkeit der Leistung ist grundsätzlich die Vornahme der Leistungshandlung entscheidend, nicht der Eintritt des Leistungserfolgs. Bei Schickschulden reicht daher die unverzügliche Versendung, um den Verzugseintritt zu verhindern.

49 Nach Art. 3 Abs. 1 lit. c sublit. ii der Verzugsrichtlinie (2000/35/EG) ist der Gläubiger berechtigt, bei Zahlungsverzug Zinsen insoweit geltend zu machen, als er den fälligen Betrag nicht rechtzeitig **erhalten** hat. Der EuGH hat entschieden, dass eine nationale Regelung, nach der es für die den Eintritt des Schuldnerverzugs vermeidende oder den eingetretenen Schuldnerverzug beendende, per Banküberweisung abgewickelte Zahlung nicht auf den Zeitpunkt der Gutschrift des Betrags auf dem Gläubigerkonto ankommt, nicht mit Art. 3 Abs. 1 lit. c sublit. ii der Richtlinie 2000/35/EG im Einklang steht.[82] Die §§ 286 und 270 BGB sind richtlinienkonform so auszulegen, dass es für die Rechtzeitigkeit einer Zahlung durch Banküberweisung auf den Zeitpunkt der Gutschrift auf dem Konto des Gläubigers ankommt.[83]

50 Auch eine mangelhafte Leistung des Schuldners ist geeignet, den Verzugseintritt zu hindern bzw. den Verzug zu beenden. Dies ist jedenfalls dann anzunehmen, wenn man die umstrittene Frage bejaht, ob der Schuldner mit einer mangelhaften Leistung eine gemäß § 281 Abs. 1 Satz 1 BGB gesetzte Frist wahren kann (vgl. die Kommentierung zu § 281 BGB).

VI. Kein Verzug bei Nichtvertretenmüssen

51 § 286 Abs. 4 BGB entspricht wörtlich dem § 285 BGB a.F. Aus der Formulierung der Vorschrift ergibt sich, dass der Schuldner die Darlegungs- und Beweislast für das Nichtvertretenmüssen trägt. Wie bisher ist das Vertretenmüssen keine Voraussetzung des Verzugs, sondern das fehlende Vertretenmüssen eine Einwendung des Schuldners.[84]

52 Der Schuldner hat den Verzug insbesondere dann nicht zu vertreten, wenn der Leistung unverschuldet tatsächliche oder rechtliche Hindernisse entgegenstehen. Leistungshindernisse dieser Art sind zum Beispiel eine schwere Krankheit des Schuldners, Unkenntnis der geänderten Anschrift des Gläubigers, Einfuhrbeschränkungen oder Beschränkungen des internationalen Zahlungsverkehrs.

53 Mangels Verantwortlichkeit des Schuldners tritt kein Verzug ein, wenn die Verspätung der Leistung darauf beruht, dass der Gläubiger eine gebotene Mitwirkungshandlung unterlassen hat.[85] Ob trotz des Unterbleibens einer gebotenen Mitwirkungshandlung Schuldnerverzug dann eintreten kann, wenn der Schuldner dies in einer von ihm zu vertretenden Weise (mit-)veranlasst hat, hat der BGH offengelassen.[86] Entsprechende Mitwirkungshandlungen sind beispielsweise die Überlassung eines vollständigen Pflichtenheftes für die Softwareerstellung. Bei einer Holschuld muss der Gläubiger zumindest anbieten, die Leistung abzuholen.[87]

54 Der Schuldner gerät mangels Vertretenmüssens auch dann nicht in Verzug, wenn er sich schuldlos über die tatsächlichen oder rechtlichen Voraussetzungen seiner Leistung im Irrtum befindet. Beauftragt der Schuldner einen Sachverständigen mit der Prüfung seiner Leistungspflicht, hat er das Verschulden des Sachverständigen gemäß § 278 BGB zu vertreten.[88]

55 Mangels Vertretenmüssens gerät der Schuldner einer Arztrechnung regelmäßig nicht in Verzug, wenn eine in Rechnung gestellte Gebührenposition nicht begründet ist, der Anspruch aber aufgrund einer anderen, nicht in Rechnung gestellten Gebührenposition (teilweise) besteht.[89]

56 Der Mieter hat die Nichtleistung der Miete nicht zu vertreten, so lange nicht nach dem Tod des Vermieters die Erben unter Bezeichnung ihrer Rechtsstellung an ihn herantreten oder er auf andere Weise Sicherheit darüber gewinnt, wer Rechtsnachfolger des Vermieters geworden ist.[90]

---

[82] EuGH v. 03.04.2008 - C-306/06 - juris Rn. 22 ff. - WM 2008, 678-681.
[83] OLG Köln v. 12.02.2009 - 18 U 101/08 - juris Rn. 31; OLG Köln v. 21.04.2009 - 18 U 78/05 - juris Rn. 31.
[84] OLG Sachsen-Anhalt v. 25.03.2010 - 1 U 108/09 - juris Rn. 43.
[85] BGH v. 23.01.1996 - X ZR 105/93 - LM BGB § 284 Nr. 44 (7/1996); BGH v. 10.03.1998 - X ZR 70/96 - juris Rn. 16 - LM BGB § 284 Nr. 45 (1/1999).
[86] BGH v. 28.06.1994 - X ZR 95/92 - juris Rn. 15 - NJW-RR 1994, 1469-1471.
[87] OLG Celle v. 03.09.2009 - 13 U 37/09 - juris Rn. 5 - MDR 2010, 398.
[88] OLG Karlsruhe v. 22.09.2004 - 14 U 173/03 - NJW 2005, 515-516.
[89] BGH v. 21.12.2006 - III ZR 117/06 - juris Rn. 16 - BGHZ 170, 252-260.
[90] BGH v. 07.09.2005 - VIII ZR 24/05 - juris Rn. 11 - NJW 2006, 51-52.

57 Bei einem Rechtsirrtum sind an die Sorgfaltspflichten bei der Prüfung der Rechtslage sehr strenge Anforderungen zu stellen. Der Schuldner muss die Rechtslage sorgfältig prüfen und gegebenenfalls Rechtsrat einholen, wobei eine unrichtige Auskunft nicht stets als Entschuldigungsgrund angesehen werden kann.[91] Der Rechtsirrtum ist danach unverschuldet, wenn sich der Schuldner auf die bisherige höchstrichterliche Rechtsprechung oder – wenn diese fehlt – auf eine gerechtfertigte herrschende Meinung verlässt. Liegt weder eine höchstrichterliche Rechtsprechung noch eine gerechtfertigte herrschende Meinung vor, handelt der Schuldner regelmäßig schuldhaft, wenn er sich einer von zwei gegenteiligen Rechtsauffassungen anschließt.[92]

VII. Beginn und Ende des Verzugs

58 Für die Verzugsfolgen, insbesondere den Zinsanspruch, ist es häufig erforderlich, den Beginn und gegebenenfalls auch das Ende des Schuldnerverzugs genau zu bestimmen.

59 Tritt der Verzug durch Mahnung ein, beginnt er grundsätzlich mit dem Zugang der Mahnung. Eine Ausnahme ist dann anzuerkennen, wenn auch die Fälligkeit erst mit der Mahnung begründet wird. Der Schuldner kommt dann erst nach Ablauf einer angemessenen Leistungsfrist in Verzug. Bei der Regulierung eines Haftpflichtschadens ist dem Schuldner eine angemessene Frist zur Prüfung von Grund und Umfang der Ersatzpflicht zuzubilligen. Vor Ablauf dieser Prüfungsfrist tritt auch trotz eventueller Mahnung Verzug gemäß § 286 Abs. 4 BGB nicht ein.[93]

60 Beruht der Verzugseintritt auf einer kalendermäßigen Bestimmung (§ 286 Abs. 2 Nr. 1 BGB) oder einer Leistungsbestimmung (§ 286 Abs. 2 Nr. 2 BGB) beginnt der Verzug mit Ablauf des Tages, an dem die Leistung spätestens zu erbringen war. Das Gleiche gilt im Falle der 30-Tage-Regelung. Soweit die Mahnung gemäß § 286 Abs. 2 Nr. 3 oder Nr. 4 BGB entbehrlich ist, beginnt der Verzug mit dem Zeitpunkt, der die Entbehrlichkeit begründet.

61 Der Verzug endet, wenn eine seiner Voraussetzungen entfällt. Ein Anspruch des Gläubigers besteht nicht mehr, wenn Unmöglichkeit eintritt oder der Gläubiger berechtigterweise den Rücktritt erklärt oder gemäß § 281 Abs. 4 BGB Schadensersatz statt der Leistung verlangt. Die Voraussetzung der Fälligkeit entfällt, wenn der Gläubiger den Anspruch stundet.[94] Entstehen nachträglich Einreden aus § 320 BGB oder § 273 BGB, ist zur Verzugsbeendigung erforderlich, dass der Schuldner seine Leistung in einer den Annahmeverzug begründenden Weise anbietet.[95] Die Voraussetzung der Nichtleistung entfällt grundsätzlich mit der Erbringung der Leistungshandlung.[96] Nach Art. 3 Abs. 1 lit. c sublit. ii der Verzugsrichtlinie (2000/35/EG) ist der Gläubiger berechtigt, bei Zahlungsverzug Zinsen insoweit geltend zu machen, als er den fälligen Betrag nicht rechtzeitig **erhalten** hat. Bei der Erfüllung von Geldschulden durch Banküberweisung endet der Verzug erst mit der Gutschrift auf dem Gläubigerkonto.[97]

62 Der Verzug endet weiterhin, wenn der Schuldner die Leistung in einer den Annahmeverzug begründenden Weise anbietet.[98] Den Ersatz des Verzögerungsschadens muss der Schuldner nicht mit anbieten. Eine Verpflichtung zum Angebot des Verzögerungsschadens wäre nicht angemessen, da der Schuldner regelmäßig nicht wissen kann, ob und in welcher Höhe ein Schaden entstanden ist.[99]

C. Rechtsfolgen

63 Folgen des Schuldnerverzugs sind der Anspruch auf Ersatz des Verzögerungsschadens aus den §§ 280 Abs. 1 und 2, 286 BGB, der Anspruch auf die Verzugszinsen aus § 288 BGB (vgl. dazu die Kommentierung zu § 288 BGB Rn. 1) und die erweiterte Haftung gemäß § 287 BGB (vgl. die Kommentierung zu § 287 BGB Rn. 1).

---

[91] BGH v. 21.02.1992 - V ZR 268/90 - BGHZ 117, 260-264; OLG Hamm v. 30.01.2006 - 22 U 146/05 - juris Rn. 10 - MDR 2006, 800.
[92] BGH v. 24.10.1984 - IVb ZR 43/83 - juris Rn. 25 - LM Nr. 30 zu § 284 BGB; BAG v. 12.11.1992 - 8 AZR 503/91 - juris Rn. 14 - DB 1993, 1037.
[93] OLG Saarbrücken v. 27.02.2007 - 4 U 470/06 - 153, 4 U 470/06 - juris Rn. 45 - MDR 2007, 1190.
[94] BGH v. 24.10.1990 - VIII ZR 305/89 - NJW-RR 1991, 822-823.
[95] BGH v. 20.12.1985 - V ZR 200/84 - juris Rn. 9 - NJW 1986, 1164-1165.
[96] BGH v. 17.12.1996 - X ZR 74/95 - juris Rn. 16 - LM BGB § 284 Nr. 44a (7/1997); OLG Frankfurt v. 07.01.1999 - 3 U 184/98 - MDR 1999, 667-668.
[97] EuGH v. 03.04.2008 - C-306/06 - Rn. 22 ff. - WM 2008, 678-681.
[98] BGH v. 17.12.1996 - X ZR 74/95 - juris Rn. 16 - LM BGB § 284 Nr. 44a (7/1997).
[99] *Ernst* in: MünchKomm-BGB, § 286 Rn. 96.

Im Rahmen des Anspruchs aus den §§ 280 Abs. 1 und 2, 286 BGB ist die Prüfung der Entlastungsmöglichkeit gemäß § 280 Abs. 1 Satz 2 BGB entbehrlich, da der Verzug gemäß § 286 Abs. 4 BGB nicht eintritt, wenn der Schuldner das Unterbleiben der Leistung nicht zu vertreten hat. 64

Gemäß den §§ 280 Abs. 1 und 2, 286 BGB ist Schadensersatz wegen Verzögerung der Leistung zu leisten. Der Gläubiger ist so zu stellen, wie er ohne die Leistungsverzögerung stehen würde. 65

Der Anspruch auf Ersatz des Verzögerungsschadens zeichnet sich im Gegensatz zu dem Anspruch auf Schadensersatz statt der Leistung dadurch aus, dass er neben den Anspruch auf Erfüllung tritt. Schadenspositionen, die an die Stelle der Leistung treten, sind nur mit einem Schadensersatzanspruch statt der Leistung ersatzfähig. Dies sind beispielsweise: der entgangene Gewinn des Verkäufers, d.h. die Differenz zwischen dem Einkaufspreis (bzw. den Herstellungskosten) und dem Verkaufspreis[100], der Mindererlös aus einem Deckungsverkauf des Verkäufers[101] oder die Kosten eines vom Käufer vorgenommenen Deckungskaufes[102]. Bei dem entgangenen Gewinn des Käufers wegen Fehlschlagen des Weiterverkaufs ist zu differenzieren: Scheitert der Weiterverkauf schon an der Verzögerung der Leistung, handelt es sich bei dem entgangenen Gewinn um einen Verzögerungsschaden. Beruht das Fehlschlagen des Weiterverkaufs dagegen auf der endgültigen Nichterfüllung des dem Käufer zustehenden Anspruchs, kann der entgangene Gewinn nur im Rahmen eines Schadensersatzanspruchs statt der Leistung ersetzt werden. Die Kosten der Ersatzvornahme bei einer Mängelbeseitigung durch den Käufer oder Werkbesteller sind Schadensersatz statt der Leistung.[103] 66

Ein Schadensersatzanspruch aus den §§ 280 Abs. 1 und 2, 286 BGB kann nur für Schäden bestehen, die während des Verzugs eintreten. Ist Unmöglichkeit eingetreten oder hat der Gläubiger berechtigterweise den Rücktritt erklärt oder Schadensersatz statt der Leistung gemäß § 281 Abs. 4 BGB verlangt, sind danach eintretende Schäden als Schadensersatz statt der Leistung anzusehen, auch wenn es sich um typische Verzögerungsschäden wie etwa Zinsverluste handelt. Nach dem Erlöschen des Leistungsanspruchs kann seine Erfüllung nicht mehr verzögert werden. 67

Der Anspruch auf den Verzögerungsschaden umfasst alle Vermögensnachteile, die dadurch entstehen, dass der Schuldner nicht rechtzeitig, sondern verspätet erfüllt. Fallgruppen des Verzögerungsschadens sind – in einer Grobeinteilung – erhöhte Aufwendungen, entgangene Vorteile und Wert- und Kursverluste. 68

Durch die Leistungsverzögerung **erhöhte Aufwendungen** des Gläubigers sind die Kosten einer gerichtlichen und außergerichtlichen **Rechtsverfolgung**.[104] 69

Die Kosten der verzugsbegründenden Mahnung gehören nicht zum Verzögerungsschaden, da sie nicht während des Verzugs entstehen. Nach Verzugseintritt entstandene vorprozessuale Mahnkosten sind als Verzögerungsschaden zu ersetzen.[105] Ersatzfähig sind die Kosten für die Einschaltung eines Rechtsanwaltes.[106] Auch dann, wenn sich ein Rechtsanwalt selbst vertritt, kann ein ersatzfähiger Schaden vorliegen.[107] Grundsätzlich wird aber der eigene Arbeitsaufwand des Geschädigten zur Durchsetzung seiner Ansprüche nach den §§ 249 ff. BGB nicht ersetzt.[108] Die Kosten eines **Inkassounternehmens** sind als Verzögerungsschaden ersatzfähig. Der Anspruch besteht wegen der Schadensminderungspflicht des Gläubigers nur bis zur Obergrenze der Sätze des RVG.[109] Bei einer Beauftragung durch ein Unternehmen oder sonst Geschäftserfahrene sollen diese Inkassokosten dann nicht ersatzfähig sein, wenn nachträglich noch ein Rechtsanwalt beauftragt werden muss.[110] Auch wenn der Gläubiger seinem Abkäufer Schadensersatz statt der Leistung gemäß den §§ 280 Abs. 1 und 3, 281 BGB schuldet, kann er 70

---

[100] BGH v. 22.02.1989 - VIII ZR 45/88 - juris Rn. 18 - BGHZ 107, 67-71; BGH v. 29.06.1994 - VIII ZR 317/93 - juris Rn. 9 - BGHZ 126, 305-313.
[101] BGH v. 20.05.1994 - V ZR 64/93 - juris Rn. 9 - BGHZ 126, 131-138.
[102] BGH v. 27.05.1998 - VIII ZR 362/96 - juris Rn. 18 - LM BGB § 326 (Eb) Nr. 11 (3/1999).
[103] Anders BGH v. 09.03.1983 - VIII ZR 11/82 - juris Rn. 12 - BGHZ 87, 104-112.
[104] BGH v. 24.05.2000 - I ZR 80/98 - juris Rn. 20 - LM CMR Nr. 76 (3/2001).
[105] BGH v. 15.10.1969 - I ZR 3/68 - juris Rn. 11 - BGHZ 52, 393-400.
[106] BGH v. 01.06.1959 - III ZR 49/58 - BGHZ 30, 154-159.
[107] BAG v. 27.07.1994 - 7 ABR 10/93 - juris Rn. 36 - ZIP 1995, 499-503.
[108] BGH v. 09.03.1976 - VI ZR 98/75 - BGHZ 66, 112-118; BGH v. 06.11.1979 - VI ZR 254/77 - juris Rn. 11 - BGHZ 75, 230-241.
[109] OLG Bamberg v. 13.10.1993 - 8 U 59/93 - NJW-RR 1994, 412-413.
[110] OLG Dresden v. 01.12.1993 - 5 U 68/93 - NJW-RR 1994, 1139-1143.

§ 286

diesen **Haftungsschaden** als Verzögerungsschaden vom Schuldner ersetzt verlangen.[111] Auch eine **Vertragsstrafe**, die der Gläubiger seinerseits an seine Abnehmer zu entrichten hat, kann als Verzögerungsschaden ersetzt werden.[112]

71 Den durch die Fertigstellung eines Gebäudes entstehenden Verzögerungsschaden kann der Gläubiger dadurch berechnen, dass er die **Finanzierungskosten** in Gestalt des auf die Verzugszeit entfallenden Zinsaufwands verlangt.[113]

72 Der durch die Bauverzögerung entstandene Schaden kann aber auch als **entgangener Gewinn** in Form eines Mietausfallschadens berechnet werden.[114] Wenn ein verspätet gelieferter Gegenstand unverkäuflich geworden ist, kann der Gläubiger entgangenen Gewinn in voller Höhe beanspruchen.[115] Auch entgangene Gewinne aus Spekulationsgeschäften mit Aktien können als Verzögerungsschaden ersatzfähig sein.[116] Den Gläubiger trifft allerdings gemäß § 254 Abs. 1 Satz 1 BGB die Obliegenheit, dem Schuldner einen Warnhinweis zu erteilen.[117] **Entgangene Nutzungsmöglichkeiten** sind jedenfalls dann zu ersetzen, wenn sie Wirtschaftsgüter von allgemeiner, zentraler Bedeutung für die eigenwirtschaftliche Lebenshaltung betreffen, wie eine Wohnung, die der Berechtigte selbst bewohnen wollte.[118] Zu der Frage, inwieweit die Vorenthaltung einer Gebrauchsmöglichkeit einen Vermögensschaden darstellt vgl. im Einzelnen die Kommentierung zu § 249 BGB.

73 Liefert der Verkäufer einen mangelhaften Pkw, ist der mangelbedingte Nutzungsausfall ein Verzögerungsschaden, soweit er auf der Verzögerung der Nacherfüllung beruht.[119]

74 Kommt es aufgrund der verzögerten Erstellung eines ärztlichen Zeugnisses nicht zum Abschluss einer Lebensversicherung, weil der Patient inzwischen gestorben ist, kann eine Haftung des Arztes bestehen, wenn die Angehörigen keine Versicherungsleistungen erhalten.[120]

75 Zu ersetzen sind auch **Wert- und Kursverluste**, die aufgrund der Verzögerung der Leistung eingetreten sind.[121]

76 Nach h.M. entsteht dem Vermieter wegen der Nichtzahlung der **Kaution** kein Verzugsschaden, da die Kaution nicht zu seinem Vermögen gehört.[122] Dies schließt aber nicht aus, dass der Anspruch auf die Kaution gemäß § 291 BGB zu verzinsen ist.[123]

---

[111] BGH v. 09.11.1988 - VIII ZR 310/87 - juris Rn. 5 - LM Nr. 28 zu § 286 Abs. 1 BGB.
[112] BGH v. 18.12.1997 - VII ZR 342/96 - juris Rn. 11 - LM VOB/B 1973 § 6 Nr. 14 (11/1998); a.A. OLG Dresden v. 07.11.1996 - 7 U 1318/96 - NJW-RR 1997, 83-84.
[113] BGH v. 14.01.1993 - VII ZR 185/91 - juris Rn. 33 - BGHZ 121, 210-215.
[114] BGH v. 14.01.1993 - VII ZR 185/91 - juris Rn. 33 - BGHZ 121, 210-215.
[115] BGH v. 04.07.2001 - VIII ZR 279/00 - juris Rn. 17 - LM BGB § 285 Nr. 18 (6/2002).
[116] BGH v. 18.02.2002 - II ZR 355/00 - juris Rn. 11 - LM BGB § 252 Nr. 85 (9/2002); OLG München v. 15.06.2011 - 15 U 4315/10 - juris Rn. 18.
[117] OLG Karlsruhe v. 22.09.2009 - 8 U 233/07 - juris Rn. 108 - GWR 2009, 400.
[118] BGH v. 21.02.1992 - V ZR 268/90 - juris Rn. 12 - BGHZ 117, 260-264.
[119] OLG Hamm v. 23.02.2006 - 28 U 164/05 - juris Rn. 22.
[120] BGH v. 22.11.2005 - VI ZR 126/04 - juris Rn. 10 - NJW 2006, 687-688.
[121] BGH v. 18.02.1976 - VIII ZR 162/74 - LM Nr. 25 zu § 282 BGB; BGH v. 19.12.1991 - III ZR 5/91 - juris Rn. 5 - BGHR BGB vor § 1/Positive Vertragsverletzung Sicherungsmaßnahmen 1; OLG München v. 09.12.1987 - 7 U 3274/87 - NJW-RR 1988, 1019-1020.
[122] OLG Düsseldorf v. 23.03.2000 - 10 U 160/97 - juris Rn. 13 - NJW-RR 2001, 299-300; a.A. OLG Rostock v. 18.12.2000 - 3 U 153/99 - juris Rn. 105 - OLGR Rostock 2001, 440-442.
[123] OLG Düsseldorf v. 23.03.2000 - 10 U 160/97 - juris Rn. 15 - NJW-RR 2001, 299-300.

§ 287 BGB Verantwortlichkeit während des Verzugs

(Fassung vom 02.01.2002, gültig ab 01.01.2002)

[1]Der Schuldner hat während des Verzugs jede Fahrlässigkeit zu vertreten. [2]Er haftet wegen der Leistung auch für Zufall, es sei denn, dass der Schaden auch bei rechtzeitiger Leistung eingetreten sein würde.

Gliederung

A. Grundlagen 1	I. Verzug des Schuldners 3
I. Kurzcharakteristik 1	II. Haftung für jede Fahrlässigkeit (Satz 1) 4
II. Gesetzgebungsmaterialien 2	III. Haftung wegen der Leistung für Zufall
B. Anwendungsvoraussetzungen ... 3	(Satz 2) 5

A. Grundlagen

I. Kurzcharakteristik

Die Vorschrift entspricht inhaltlich der bisherigen Regelung. § 287 Satz 1 BGB ist unverändert übernommen worden. Nach dem bisherigen § 287 Satz 1 BGB war der Schuldner „auch für die während des Verzugs eingetretene Unmöglichkeit der Leistung verantwortlich". Die Beschränkung auf die Unmöglichkeit ist entfallen, da der Schuldner auch für Beschädigungen des Leistungsgegenstands während des Verzugs verschuldensunabhängig haften soll.[1] Dies war schon nach dem bisherigen Recht der Fall und ist nunmehr ausdrücklich klargestellt.

1

II. Gesetzgebungsmaterialien

Regierungsentwurf BT-Drs. 14/6040, S. 148.

2

B. Anwendungsvoraussetzungen

I. Verzug des Schuldners

Die Voraussetzungen des Verzugs ergeben sich aus § 286 BGB. Die Haftungserweiterung des § 287 BGB greift auch ein, wenn der Gläubiger dem Schuldner eine Frist gemäß § 281 BGB gesetzt hat, denn die Fristsetzung enthält eine Leistungsaufforderung und damit auch eine Mahnung (vgl. die Kommentierung zu § 286 BGB Rn. 18).

3

II. Haftung für jede Fahrlässigkeit (Satz 1)

§ 287 Satz 1 BGB schließt es aus, dass sich der Schuldner für die Zeit während des Verzugs auf Haftungserleichterungen wie die Beschränkung der Haftung auf die Sorgfalt in eigenen Angelegenheiten beruft. Da der Schuldner wegen der Leistung gemäß § 287 Satz 2 BGB auch für Zufall haftet, beschränkt sich der Anwendungsbereich des § 287 Satz 1 BGB auf die Verletzung von Nebenpflichten. Die praktische Bedeutung ist gering.

4

III. Haftung wegen der Leistung für Zufall (Satz 2)

Der Schuldner haftet im Verzug wegen der Leistung auch für Zufall. Er trägt das Risiko dafür, dass er die Leistung nicht, nur teilweise oder wegen einer Beschädigung nur mangelhaft erbringen kann. Dabei sind auch Fälle erfasst, in denen sich das Leistungshindernis aus § 275 Abs. 2 oder Abs. 3 BGB ergibt.

5

Praktische Bedeutung hat § 287 Satz 2 BGB im Arbeitsrecht. Häufigster Anwendungsfall ist das Erlöschen des Urlaubsanspruchs durch Zeitablauf[2] oder Versterben des Arbeitnehmers[3] bei Verzug des Ar-

6

---

[1] BT-Drs. 14/6040, S. 148.
[2] BAG v. 18.09.2001 - 9 AZR 571/00 - juris Rn. 12; BAG v. 09.11.1999 - 9 AZR 915/98 - juris Rn. 13.
[3] BAG v. 19.11.1996 - 9 AZR 376/95 - juris Rn. 28 - NJW 1997, 2343-2344; BAG v. 22.10.1991 - 9 AZR 433/90 - juris Rn. 21 - NJW 1992, 3317-3318; kritisch bezüglich des Übergangs auf die Erben: *Hohmeister*, BB 1997, 1901-1902, 1901.

7 beitgebers mit der Urlaubsgewährung. Die Regelung greift auch dann ein, wenn der Beschäftigungsanspruch während des Schuldnerverzugs des Arbeitgebers unmöglich wird.[4]

7 Da der Schuldner nur **wegen der Leistung** haftet, findet § 287 Satz 2 BGB keine Anwendung auf Rücksichtnahmepflichten im Sinne des § 241 Abs. 2 BGB.[5]

8 **Zufall** im Sinne des § 287 Satz 2 BGB ist jeder Umstand, der nach allgemeinen Regeln weder vom Schuldner noch vom Gläubiger zu vertreten ist. Beruht das Leistungshindernis adäquat kausal auf dem Verzug, ergibt sich die Haftung des Schuldners auch ohne Anwendung des § 287 Satz 2 BGB aus den §§ 280 Abs. 1 und 3, 283 BGB bzw. aus der §§ 280 Abs. 1 und 3, 281 BGB. Der Schuldner hat auch die adäquat kausalen Folgen des Verzugs zu vertreten. Einer Anwendung des § 287 Satz 2 BGB bedarf es in diesen Fällen nicht.[6] § 287 Satz 2 BGB greift nur dann ein, wenn zwischen dem Verzug und dem Leistungshindernis kein adäquater Kausalzusammenhang besteht. Der Schuldner haftet danach bei einem rein zeitlichen Zusammenhang zwischen dem Verzug und dem zufällig eintretenden Leistungshindernis. Ist das Leistungshindernis vom Gläubiger zu vertreten, haftet der Schuldner nicht gemäß § 287 Satz 2 BGB.[7]

9 Die Haftung tritt nicht ein, wenn der Schaden auch bei rechtzeitiger Leistung eingetreten wäre. Die Beweislast dafür trägt der Schuldner. Für einen Ausschluss der Haftung ist nicht erforderlich, dass das gleiche Ereignis auch bei rechtzeitiger Leistung den Schaden verursacht hätte. Auch die hypothetische Schadensverursachung durch ein anderes Ereignis schließt die Zufallshaftung aus.

10 Folge einer Haftung gemäß § 287 Satz 2 BGB ist, dass der Schuldner verschuldensunabhängig haftet. Dies ist in erster Linie für die Ansprüche auf Schadensersatz statt der Leistung aus den §§ 280 Abs. 1 und 3, 283 BGB und den §§ 280 Abs. 1 und 3, 281 BGB von Bedeutung. Mit dem Schadensersatzanspruch statt der Leistung ist der Gläubiger so zu stellen, wie er bei ordnungsgemäßer Erfüllung gestanden hätte. In dem erforderlichen Vergleich zwischen der Vermögenslage bei ordnungsgemäßer Erfüllung und der durch die Nichterfüllung tatsächlich entstandenen Vermögenslage sind auch Folgeschäden zu berücksichtigen (vgl. die Kommentierung zu § 281 BGB Rn. 82). Eine verschuldensunabhängige Haftung für alle Folgeschäden wird teilweise als zu weitgehend angesehen. Der Vorschlag, ausgehend von der Formulierung „wegen der Leistung", die verschuldensunabhängige Haftung auf den unmittelbaren Nichterfüllungsschaden zu begrenzen,[8] lässt sich aber schwer damit vereinbaren, dass sich das Vertretenmüssen und die das Vertretenmüssen regelnden Normen nicht auf bestimmte Schadensfolgen beziehen.

---

[4] BAG v. 24.09.2003 - 5 AZR 282/02 - juris Rn. 35 - AP Nr. 3 zu § 151 BGB.
[5] BT-Drs. 14/6040, S. 148; *Hager* in: Erman, § 287 Rn. 4.
[6] *Hager* in: Erman, § 287 Rn. 3; *Ernst* in: MünchKomm-BGB, § 287 Rn. 3.
[7] *Huber*, Leistungsstörungen, 1999, Bd. II, § 34 III 2, S. 127.
[8] *Dedek* in: Henssler/Westphalen, Praxis der Schuldrechtsreform, 2. Aufl. 2003, § 287 Rn. 4.

§ 288 BGB Verzugszinsen *)

(Fassung vom 02.01.2002, gültig ab 01.01.2002)

(1) ¹Eine Geldschuld ist während des Verzugs zu verzinsen. ²Der Verzugszinssatz beträgt für das Jahr fünf Prozentpunkte über dem Basiszinssatz.

(2) Bei Rechtsgeschäften, an denen ein Verbraucher nicht beteiligt ist, beträgt der Zinssatz für Entgeltforderungen acht Prozentpunkte über dem Basiszinssatz.

(3) Der Gläubiger kann aus einem anderen Rechtsgrund höhere Zinsen verlangen.

(4) Die Geltendmachung eines weiteren Schadens ist nicht ausgeschlossen.

*) *Amtlicher Hinweis:*

Diese Vorschrift dient zum Teil auch der Umsetzung der Richtlinie 2000/35/EG des Europäischen Parlaments und des Rates vom 29. Juni 2000 zur Bekämpfung von Zahlungsverzug im Geschäftsverkehr (ABl. EG Nr. L 200 S. 35).

Gliederung

A. Grundlagen 1	II. Allgemeine Verzugszinsen 10
I. Kurzcharakteristik 1	III. Erhöhter Zinssatz gemäß Absatz 2 14
II. Gesetzgebungsmaterialien 4	IV. Höhere Zinsen aus einem anderen Rechtsgrund (Absatz 3) 19
III. Europäischer Hintergrund 5	
B. Anwendungsvoraussetzungen 6	V. Höhere Zinsen als weitergehender Schaden (Absatz 4) 20
I. Sonderregeln 7	

A. Grundlagen

I. Kurzcharakteristik

§ 288 BGB wurde bereits durch das Gesetz zur Beschleunigung fälliger Zahlungen vom 30.03.2000[1] neu gefasst. Durch das Schuldrechtsmodernisierungsgesetz ist die Vorschrift bis auf die Einfügung des § 288 Abs. 2 BGB im Wesentlichen unverändert geblieben.

Für Forderungen, die am 01.05.2000 bereits fällig waren, gilt der Verzugszinssatz von vier Prozent. Für Forderungen, die seit dem 01.05.2000 fällig geworden sind, gilt gemäß § 288 BGB in der Fassung vom 01.05.2000 i.V.m. Art. 229 § 1 Abs. 1 Satz 3 EGBGB ein Verzugszinssatz von 5 Prozentpunkten über dem Basiszinssatz. Auch die aktuelle Fassung des § 288 BGB hat als Bezugsgröße den Basiszinssatz, wobei gemäß § 288 Abs. 1 BGB wie bisher 5 Prozentpunkte über dem Basiszinssatz als Verzugszinsen geschuldet wurden (zur Höhe des jeweiligen Basiszinssatzes vgl. die Kommentierung zu § 247 BGB Rn. 12).

Ein Klageantrag kann auf die Zahlung von fünf (bzw. im Fall des § 288 Abs. 2 BGB acht) Prozentpunkten „über dem jeweiligen Basiszinssatz" gerichtet sein. Dies gilt nicht nur für künftige Zinsen, sondern auch für bereits angefallene Zinsschulden.[2] Eine Antragstellung „5% Zinsen über dem Basiszinssatz" ist dahingehend auszulegen, dass eine Verzinsung von 5 Prozentpunkten über dem Basiszinssatz begehrt wird.[3]

II. Gesetzgebungsmaterialien

Regierungsentwurf BT-Drs. 14/6040, S. 148 f.; Stellungnahme des Bundesrats BT-Drs. 14/6857, S. 14; Gegenäußerung der Bundesregierung BT-Drs. 14/6857, S. 51; Beschlussempfehlung und Bericht des Rechtsausschusses BT-Drs. 14/7052, S. 187.

---

[1] BGBl I 2000, 330.
[2] *Reichenbach*, MDR 2001, 13-14, 14.
[3] OLG Hamm v. 05.04.2005 - 21 U 149/04 - NJW 2005, 2238-2239.

III. Europäischer Hintergrund

5 Die Einfügung des § 288 Abs. 2 BGB dient der Umsetzung des Art. 3 Abs. 1 lit. d RL 2000/35/EG des Europäischen Parlaments und Rates vom 29.06.2000. Die Richtlinie fordert einen Zinssatz von sieben Prozentpunkten über dem Zinssatz für Hauptrefinanzierungsgeschäfte der Europäischen Zentralbank am jeweils ersten Bankgeschäftstag eines jeden Kalenderhalbjahres. Da dieser Zinssatz während des Gesetzgebungsverfahrens um etwa einen Punkt über dem Basiszinssatz lag, ist in § 288 Abs. 2 BGB für den Geschäftsverkehr unter Unternehmen ein Zinssatz von acht Prozentpunkten über dem Basiszinssatz bestimmt.[4]

B. Anwendungsvoraussetzungen

6 Die in § 288 Abs. 1 und 2 BGB genannten Zinssätze stehen dem Gläubiger als objektiver Mindestschaden zu, unabhängig davon, ob ihm überhaupt ein Vermögensschaden entstanden ist.[5]

I. Sonderregeln

7 Bei Verbraucherdarlehensverträgen, die durch ein Grundpfandrecht gesichert sind, beträgt der Verzugszinssatz gemäß § 497 Abs. 1 Satz 2 BGB zweieinhalb Prozentpunkte über dem Basiszinssatz. Für Verbraucherdarlehensverträge, die nicht durch ein Grundpfandrecht gesichert sind, verweist § 497 Abs. 1 Satz 1 BGB auf § 288 Abs. 1 BGB. Abweichend von der Regelung in § 288 BGB hat der Darlehensnehmer gemäß § 497 Abs. 1 Satz 3 BGB die Möglichkeit, einen niedrigeren Schaden nachzuweisen.

8 Nach § 676b Abs. 1 BGB hat das überweisende Kreditinstitut dem Überweisenden den Überweisungsbetrag für die Dauer der Verspätung zu verzinsen. Der Zinssatz beträgt fünf Prozentpunkte über dem Basiszinssatz. Gemäß § 522 BGB schuldet der Schenker keine Verzugszinsen.

9 Art. 27 Abs. 1 CMR schließt Ansprüche auf Ersatz von Verzugszinsen aus.[6] Wechsel- und Scheckforderungen sind gemäß Art. 48 Abs. 1 Nr. 2 WG bzw. Art. 45 Nr. 2, 46 Nr. 2 ScheckG zu verzinsen. Für diese Forderungen sind keine Verzugszinsen zu zahlen.[7] § 352 HGB gilt seit Inkrafttreten des Gesetzes zur Beschleunigung fälliger Zahlungen am 01.05.2000 nicht mehr für Verzugszinsen.

II. Allgemeine Verzugszinsen

10 Der Anspruch auf Verzugszinsen aus § 288 Abs. 1 BGB gilt für alle **Geldschulden**, für Geldsummenschulden (betragsmäßig festgelegte Geldschulden) ebenso wie für Geldwertschulden (auf den in Geld zu berechnenden Wert gerichtet, wie Schadensersatz- oder Wertersatzansprüche). Auf den auf die Herausgabe von Geld gerichteten Anspruch aus § 667 Alt. 2 BGB ist § 288 Abs. 1 BGB anzuwenden.[8] Auch Unterhaltsansprüche sind Geldwertschulden und gemäß § 288 Abs. 1 BGB zu verzinsen.[9] Der Arbeitnehmer kann Verzugszinsen auf die gesamte Bruttovergütung verlangen.[10] Der Zinsanspruch erstreckt sich auch auf die Mehrwertsteuer.[11] Verzugszinsen sind auch zu zahlen, wenn der Schuldner mit der Beschaffung eines langfristigen zinslosen Darlehens in Verzug gerät.[12]

11 Der BGH hat § 288 Abs. 1 Satz 1 BGB a.F. bei verzögerter Freigabe eines hinterlegten Geldbetrags entsprechend angewandt.[13]

---

[4] BT-Drs. 14/6040, S. 148 f.
[5] BGH v. 26.10.2011 - VIII ZR 30/11 - juris Rn. 12 - NJW-RR 2012, 373-374; BGH v. 20.05.1985 - VII ZR 266/84 - juris Rn. 5 - BGHZ 94, 330-335; OLG Dresden v. 30.03.2000 - 7 U 3480/99 - juris Rn. 75 - OLGR Dresden 2001, 157-160.
[6] BGH v. 24.05.2000 - I ZR 80/98 - juris Rn. 12 - LM CMR Nr. 76 (3/2001).
[7] BGH v. 28.04.1977 - II ZR 165/75 - juris Rn. 7 - LM Nr. 1 zu Art 48 WG.
[8] BGH v. 15.09.2005 - III ZR 28/05 - juris Rn. 10 - NJW 2005, 3709-3710.
[9] BGH v. 28.05.2008 - XII ZB 34/05 - juris Rn. 22 - NJW 2008, 2710-2713.
[10] BAG v. 07.03.2001 - GS 1/00 - NJW 2001, 3570-3575; OLG Dresden v. 30.03.2000 - 7 U 3480/99 - juris Rn. 75 - OLGR Dresden 2001, 157-160.
[11] BGH v. 05.12.1990 - IV ZR 187/89 - juris Rn. 21 - NJW-RR 1991, 483-484.
[12] BGH v. 26.04.1979 - VII ZR 188/78 - juris Rn. 16 - BGHZ 74, 231-235.
[13] BGH v. 25.04.2006 - XI ZR 271/05 - WM 2006, 1291-1292.

Nach h.M. hat der Vermieter wegen der Nichtzahlung der **Kaution** keinen Anspruch auf Verzugszinsen, da die Kaution nicht zu seinem Vermögen gehört.[14] Dies schließt aber nicht aus, dass der Anspruch auf die Kaution gemäß § 291 BGB zu verzinsen ist.[15]

Der grundsätzliche Verzugszinssatz von 5 Prozentpunkten über dem Basiszinssatz wurde durch das Schuldrechtsreformgesetz nicht geändert. Für die Zinsberechnung gemäß § 288 Abs. 1 BGB spielt es keine Rolle, ob gemäß Art. 229 § 5 EGBGB die Vorschrift in der ab dem 01.01.2002 geltenden Fassung oder in der ab dem 01.05.2000 geltenden Fassung anzuwenden ist.

III. Erhöhter Zinssatz gemäß Absatz 2

Entgeltforderungen sind Forderungen, mit denen der Gläubiger das Entgelt für eine aufgrund eines gegenseitigen Vertrags erbrachte Leistung verlangt.[16] Als Entgeltforderungen wurden unter anderem der Anspruch auf die Miete[17] und der Anspruch auf Nutzungsentschädigung gemäß § 546a BGB[18] angesehen. Der Ausgleichsanspruch des Handelsvertreters aus § 89b HGB ist eine Gegenleistung für die durch die Provision noch nicht voll abgegoltene Leistung des Handelsvertreters. Auch wenn es kein reiner Vergütungsanspruch ist, weil er weitgehend durch Gesichtspunkte der Billigkeit bestimmt ist, handelt es sich bei dem Ausgleichsanspruch um eine Entgeltforderung.[19]

Der Anspruch auf eine Vertragsstrafe stellt kein Entgelt für die Inanspruchnahme einer Leistung dar.[20] Der Rückzahlungsanspruch aus einem Darlehen steht nicht im Gegenseitigkeitsverhältnis und ist daher nicht gemäß § 288 Abs. 2 BGB zu verzinsen. Auch der Anspruch eines ausscheidenden Gesellschafters auf Abfindung ist keine Entgeltforderung.[21]

Auf Darlehenszinsen sind wegen des Verbots der Zinseszinsen aus § 289 BGB keine Verzugszinsen zu entrichten.

Der erhöhte Zinssatz von 8 Prozentpunkten über dem Basiszinssatz gilt nur für Rechtsgeschäfte, an denen **kein Verbraucher** beteiligt ist. Eine Einstellung dieser Regelung in das HGB schied aus, da sie nach der Richtlinie auch für Angehörige der freien Berufe gelten soll, die zwar Unternehmer sind, aber keine Kaufleute im Sinne des HGB sein können.[22] Das LArbG Berlin hat entschieden, dass dem Arbeitnehmer auf rückständiges Arbeitsentgelt der erhöhte Zinssatz des § 288 Abs. 2 BGB nicht zusteht. Das Arbeitsverhältnis sei in richtlinienkonformer Auslegung nicht als Rechtsgeschäft im Sinne des § 288 Abs. 2 BGB anzusehen, da es sich nicht um Geschäftsverkehr im Sinne des Art. 2 RL 2000/35/EG handele.[23]

Der **zeitliche Anwendungsbereich** des erhöhten Verzugszinssatzes aus § 288 Abs. 2 BGB beschränkte sich gemäß Art. 229 § 5 Satz 1 EGBGB auf Forderungen aus Schuldverhältnissen, die seit dem 01.01.2002 entstanden sind. Für Entgeltforderungen aus Dauerschuldverhältnissen ist § 288 Abs. 2 BGB gemäß Art. 229 § 5 Satz 2 EGBGB erst ab dem 01.01.2003 anwendbar. Mietzahlungsansprüche, die nach dem 01.01.2003 entstanden sind, sind gemäß § 288 Abs. 2 BGB zu verzinsen, auch wenn sie aus einem Altvertrag herrühren.[24]

---

[14] OLG Düsseldorf v. 23.03.2000 - 10 U 160/97 - juris Rn. 13 - NJW-RR 2001, 299-300; a.A. OLG Rostock v. 18.12.2000 - 3 U 153/99 - juris Rn. 105 - OLGR Rostock 2001, 440-442.
[15] OLG Düsseldorf v. 23.03.2000 - 10 U 160/97 - juris Rn. 15 - NJW-RR 2001, 299-300.
[16] BGH v. 21.04.2010 - XII ZR 10/08 - juris Rn. 23; KG v. 05.01.2004 - 8 U 22/03 - juris Rn. 25 - KGR Berlin 2004, 315-316.
[17] OLG Rostock v. 09.07.2004 - 3 U 91/04 - juris Rn. 13 - MDR 2005, 139.
[18] OLG Köln v. 23.05.2006 - 3 U 203/04 - juris Rn. 13 - ZMR 2006, 772-773.
[19] OLG München v. 17.12.2008 - 7 U 3114/08 - juris Rn. 37 - MDR 2009, 339-340; a.A. KG v. 27.08.2009 - 23 U 52/09 - juris Rn. 63 - GWR 2009, 446.
[20] OLG Hamburg v. 17.12.2003 - 5 U 83/03 - juris Rn. 20 - ZGS 2004, 237-238.
[21] OLG Karlsruhe v. 23.03.2005 - 7 U 23/04 - juris Rn. 11 - ZGS 2005, 279-280.
[22] BT-Drs. 14/6040, S. 149.
[23] LArbG Berlin v. 26.03.2004 - 8 Sa 262/04 - juris Rn. 16 - LAGReport 2004, 200-201.
[24] OLG Rostock v. 09.07.2004 - 3 U 91/04 - OLGR Rostock 2004, 369-370.

IV. Höhere Zinsen aus einem anderen Rechtsgrund (Absatz 3)

19 Gesetzliche Regelungen mit einem höheren Zinssatz als § 288 Abs. 1 oder 2 BGB bestehen zurzeit nicht. Ein Anspruch auf einen höheren Verzugszins kann sich nur aus einer vertraglichen Vereinbarung ergeben. In Darlehensverträgen können allerdings für die Zeit nach Kündigung des Darlehens die Vertragszinsen grundsätzlich nicht mehr verlangt werden. Entsprechende Vereinbarungen in Allgemeinen Geschäftsbedingungen sind unwirksam.[25]

V. Höhere Zinsen als weitergehender Schaden (Absatz 4)

20 Höhere Zinsen als die gesetzlichen Verzugszinsen gemäß § 288 Abs. 1 oder 2 BGB können als Verzögerungsschaden gemäß den §§ 280 Abs. 1 und 2, 286 BGB geltend gemacht werden. Dabei kann es sich um den Verlust von Anlagezinsen oder Aufwendungen für Kreditzinsen handeln.

21 Bei einem **Verlust von Anlagezinsen** ist der Schaden grundsätzlich konkret zu berechnen. Der Gläubiger muss sämtliche Einzelfaktoren darlegen und beweisen.[26] Die abstrakte Schadensberechnung ist grundsätzlich nur Kaufleuten und Banken möglich. Privatgläubiger können ihren Schaden abstrakt berechnen, wenn sie Gläubiger eines hohen Geldbetrags sind, den sie nach der Lebenserfahrung typischerweise angelegt hätten.[27] Bei Kreditbanken ist davon auszugehen, dass sie einen ihnen vorenthaltenen Geldbetrag im Rahmen ihres Geschäftsbetriebs gewinnbringend genutzt hätten. Es ist der marktübliche Wiederanlagezins zu ersetzen, wobei ein institutsspezifischer Durchschnittszinssatz zugrunde gelegt wird.[28]

22 Berechnet der Gläubiger die Verzugszinsen durch **Aufwendungen für Kreditzinsen**, reicht zunächst die Behauptung, er habe für die infrage kommende Zeit einen Kredit in Höhe des verlangten Zinssatzes in Anspruch genommen. Eine nähere Substantiierung ist nur zu verlangen, wenn der Schuldner die Zinsforderung anzweifelt.[29] Hat der Gläubiger den Kredit bereits vor Eintritt des Verzugs aufgenommen, ist er für seine Eigenverschuldung, den dafür gezahlten Zinssatz sowie für die Absicht, bei rechtzeitiger Zahlung des Kredits entsprechend abzutragen, darlegungs- und beweispflichtig.[30] Bei Kaufleuten, die ständig Kredite in Anspruch nehmen, reicht der Vortrag der Möglichkeit der Kreditrückführung aus, denn es entspricht dem typischen Geschehensablauf, dass rechtzeitig eingehende Zahlungen zu einer Verringerung des Kreditvolumens geführt hätten.[31]

---

[25] BGH v. 28.04.1988 - III ZR 57/87 - juris Rn. 2 - BGHZ 104, 337-351; BGH v. 08.10.1991 - XI ZR 259/90 - juris Rn. 5 - BGHZ 115, 268-274; BGH v. 08.02.2000 - XI ZR 313/98 - juris Rn. 9 - LM BGB § 252 Nr. 77 (8/2000).

[26] BGH v. 28.04.1988 - III ZR 57/87 - juris Rn. 53 - BGHZ 104, 337-351.

[27] BGH v. 06.05.1981 - IVa ZR 170/80 - juris Rn. 36 - BGHZ 80, 269-279; BGH v. 09.04.1981 - IVa ZR 144/80 - juris Rn. 34 - LM Nr. 22 zu § 284 BGB.

[28] BGH v. 28.04.1988 - III ZR 57/87 - juris Rn. 27 - BGHZ 104, 337-351; BGH v. 08.10.1991 - XI ZR 259/90 - juris Rn. 11 - BGHZ 115, 268-274.

[29] BGH v. 24.11.1976 - IV ZR 232/74 - juris Rn. 19 - LM Nr. 5 zu § 393 BGB.

[30] BGH v. 27.02.1991 - XII ZR 39/90 - juris Rn. 18 - NJW-RR 1991, 1406-1407.

[31] BGH v. 12.12.1990 - VIII ZR 35/90 - juris Rn. 16 - NJW-RR 1991, 793-794.

§ 289 BGB Zinseszinsverbot

(Fassung vom 02.01.2002, gültig ab 01.01.2002)

¹Von Zinsen sind Verzugszinsen nicht zu entrichten. ²Das Recht des Gläubigers auf Ersatz des durch den Verzug entstehenden Schadens bleibt unberührt.

A. Verbot der Zinseszinsen

Vertragliche Vereinbarungen über Zinseszinsen sind schon gemäß § 248 BGB nichtig. § 289 Satz 1 BGB erweitert dieses Verbot dahingehend, dass auch aufgrund einer gesetzlichen Regelung keine Zinseszinsen geschuldet werden. 1

Eine davon abweichende vorrangige Regelung enthält § 355 Abs. 1 HGB. Im Kontokorrent können von dem Tag des Rechnungsabschlusses an Zinsen von dem Überschuss verlangt werden, auch soweit in der Rechnung Zinsen enthalten sind. Für die Anwendung des § 355 HGB reicht es aus, dass eine Partei Kaufmann ist. In der Bankpraxis läuft das Verbot von Zinseszinsen aus § 289 Satz 1 BGB daher weitgehend leer. Die Verzinsungsmöglichkeit gemäß § 355 Abs. 1 HGB besteht allerdings nur bis zur Beendigung des Kontokorrentverhältnisses. Von dem Schlusssaldo können nur noch Verzugszinsen, aber keine Zinseszinsen mehr verlangt werden.[1] 2

Zinsen sind laufzeitabhängige, in Geld zu entrichtende Vergütungen für den Kapitalgebrauch.[2] Nicht zu den Zinsen gehören Bereitstellungszinsen und weitere nicht laufzeitabhängige Kreditkosten.[3] Ob ein Disagio den Zinsen oder den Darlehensnebenkosten zuzuordnen ist, ist durch Auslegung zu ermitteln. Regelmäßig wird es zu den laufzeitabhängigen Zinsen gehören.[4] Der **Erbbauzins** ist kein Zins im Sinne des § 289 BGB, denn er ist keine Vergütung für eine Kapitalnutzung, sondern die Gegenleistung für die Bestellung des Erbbaurechts. Gemäß § 9 Abs. 1 ErbbauRG i.V.m. § 1107 BGB finden für Erbbauzinsen die für die Zinsen einer Hypothekenforderung geltenden Vorschriften entsprechende Anwendung und damit auch § 289 BGB.[5] 3

B. Verzugsschaden

Durch das Zinseszinsverbot wird die Geltendmachung eines entsprechenden Verzugsschadens nicht ausgeschlossen. Erforderlich ist allerdings, dass die Verzugsvoraussetzungen selbstständig bezüglich der Zinsen vorliegen. Der Schuldner muss mit der Zahlung von Verzugszinsen in Verzug geraten sein.[6] Bei der Berechnung des Verzugsschadens muss der Gläubiger wegen des Zinseszinsverbots nach § 289 Satz 1 BGB die Schadenshöhe auch dann darlegen und beweisen, wenn er einen Schaden nur in Höhe der gesetzlichen Zinsen geltend macht.[7] 4

---

[1] BGH v. 13.11.1990 - XI ZR 217/89 - juris Rn. 34 - LM Nr. 40 zu BGB § 284.
[2] BGH v. 13.11.1990 - XI ZR 217/89 - juris Rn. 34 - LM Nr. 40 zu BGB § 284.
[3] BGH v. 12.12.1985 - III ZR 184/84 - juris Rn. 26 - LM Nr. 75 zu § 607 BGB.
[4] BGH v. 29.05.1990 - XI ZR 231/89 - juris Rn. 12 - BGHZ 111, 287-294; BGH v. 12.05.1992 - XI ZR 258/91 - juris Rn. 9 - LM BGB § 607 Nr. 141 (2/1993).
[5] BGH v. 04.03.1992 - IV ZR 267/90 - NJW-RR 1992, 687-688.
[6] BGH v. 09.02.1993 - XI ZR 88/92 - juris Rn. 12 - LM BGB § 289 Nr. 10 (6/1993); BGH v. 07.11.1985 - III ZR 128/84 - juris Rn. 42 - LM Nr. 32 zu § 252 BGB; BGH v. 20.05.2003 - XI ZR 235/02 - juris Rn. 23 - NJW-RR 2003, 1351-1353.
[7] BGH v. 09.02.1993 - XI ZR 88/92 - juris Rn. 14 - LM BGB § 289 Nr. 10 (6/1993).

§ 290 BGB Verzinsung des Wertersatzes

(Fassung vom 02.01.2002, gültig ab 01.01.2002)

¹Ist der Schuldner zum Ersatz des Wertes eines Gegenstands verpflichtet, der während des Verzugs untergegangen ist oder aus einem während des Verzugs eingetretenen Grund nicht herausgegeben werden kann, so kann der Gläubiger Zinsen des zu ersetzenden Betrags von dem Zeitpunkt an verlangen, welcher der Bestimmung des Wertes zugrunde gelegt wird. ²Das Gleiche gilt, wenn der Schuldner zum Ersatz der Minderung des Wertes eines während des Verzugs verschlechterten Gegenstands verpflichtet ist.

Gliederung

A. Normstruktur ... 1	C. Beginn der Verzinsung ... 5
B. Wertersatz ... 2	D. Höhe der Verzinsung ... 6

A. Normstruktur

1 Eine Verzinsungspflicht kann nur für eine Geldschuld bestehen. Herausgabeansprüche sind nicht zu verzinsen. Wandelt sich ein Anspruch auf Herausgabe eines Gegenstands jedoch in eine Wertersatzpflicht um, ist sie von diesem Zeitpunkt an gemäß § 290 BGB zu verzinsen.

B. Wertersatz

2 Der Schuldner muss Wertersatz wegen des Untergangs, der anderweitigen Unmöglichkeit der Herausgabe der Sache oder der Verschlechterung während des Verzugs schulden. Der Ersatzanspruch ergibt sich in diesen Fällen aus den §§ 280 Abs. 1 und Abs. 3, 283 BGB. Da allein der zeitliche Zusammenhang mit dem Verzug entscheidend ist, ist es unerheblich, ob die Unmöglichkeit oder die Verschlechterung auf dem Verzug beruht oder der Schuldner für Zufall gemäß § 287 BGB haftet.

3 Es ist nicht erforderlich, dass der Schuldner mit der Wertersatzpflicht in Verzug geraten ist. Eine Verzinsungspflicht aus § 290 BGB kann schon vor Eintritt des Verzugs mit dem Ersatzanspruch bestehen. Entscheidend ist nur der Verzug mit dem ursprünglichen Erfüllungsanspruch.

4 Bei einer Verschlechterung während des Verzugs tritt der zu verzinsende Wertersatzanspruch neben den Erfüllungsanspruch.

C. Beginn der Verzinsung

5 Der Wertersatzanspruch ist von dem Zeitpunkt an zu verzinsen, welcher der Bestimmung des Wertes zugrunde gelegt wird. Bei einem Anspruch auf Schadensersatz statt der Leistung orientiert sich der Anspruch am Wert des Interesses, das der Gläubiger an der ordnungsgemäßen Erfüllung **zum vorgesehenen Erfüllungszeitpunkt** hatte.[1]

D. Höhe der Verzinsung

6 Die Höhe der Verzinsung ergibt sich aus § 288 BGB. Gemäß § 288 Abs. 3 und 4 BGB sind höhere Zinsen aus einem anderen Rechtsgrund möglich.

---

[1] BGH v. 24.09.1999 - V ZR 71/99 - juris Rn. 14 - LM BGB § 325 Nr. 31 (1/2000).

§ 291 BGB Prozesszinsen

(Fassung vom 02.01.2002, gültig ab 01.01.2002)

¹Eine Geldschuld hat der Schuldner von dem Eintritt der Rechtshängigkeit an zu verzinsen, auch wenn er nicht im Verzug ist; wird die Schuld erst später fällig, so ist sie von der Fälligkeit an zu verzinsen. ²Die Vorschriften des § 288 Abs. 1 Satz 2, Abs. 2, Abs. 3 und des § 289 Satz 1 finden entsprechende Anwendung.

Gliederung

A. Grundlagen 1	II. Fällig und durchsetzbar 4
B. Anwendungsvoraussetzungen 2	III. Rechtshängigkeit 5
I. Geldschuld 2	C. Rechtsfolgen 7

A. Grundlagen

Der Anspruch auf die Prozesszinsen entspricht der Höhe nach dem Anspruch auf die Verzugszinsen aus § 288 BGB. Regelmäßig kommt der Schuldner spätestens mit der Klageerhebung oder der Zustellung des Mahnbescheids gemäß § 286 Abs. 1 Satz 2 BGB in Verzug. Der Anspruch aus § 291 BGB hat nur dann eine Bedeutung, wenn dies nicht der Fall ist, d.h. wenn bei Eintritt der Rechtshängigkeit der Anspruch noch nicht fällig war oder der Verzug nicht eintrat, weil der Schuldner das Unterbleiben der Leistung nicht zu vertreten hatte (§ 286 Abs. 4 BGB).   1

B. Anwendungsvoraussetzungen

I. Geldschuld

Der Anspruch auf Prozesszinsen aus § 291 BGB gilt für alle **Geldschulden**, für Geldsummenschulden (betragsmäßig festgelegte Geldschulden) ebenso wie für Geldwertschulden (auf den in Geld zu berechnenden Wert gerichtet, wie Schadensersatz- oder Wertersatzansprüche). Neben einem Anspruch auf Herausgabe gezogener Nutzungen aus § 818 Abs. 1 BGB besteht kein Anspruch auf Zahlung von Prozesszinsen.[1] Nach h.M. entsteht dem Vermieter wegen der Nichtzahlung der **Kaution** kein Verzugsschaden, da die Kaution nicht zu seinem Vermögen gehört.[2] Dies schließt aber nicht aus, dass der Anspruch auf die Kaution gemäß § 291 BGB zu verzinsen ist. Die Rechtshängigkeit ist ein selbstständiger Rechtsgrund für die Verpflichtung des Schuldners zur Zahlung von Prozesszinsen. Der Anspruch besteht unabhängig davon, ob eine Verzinsung vertraglich ausgeschlossen ist oder ob dem Gläubiger nach dem Inhalt des zugrunde liegenden Schuldverhältnisses überhaupt ein Schaden entstehen kann.[3]   2

Für **öffentlich-rechtliche Geldforderungen** besteht ein Anspruch auf die Prozesszinsen entsprechend § 291 BGB, soweit das jeweils einschlägige Fachgebiet keine gegenteilige Regelung trifft.[4] Dabei sind Prozesszinsen auch bei Verpflichtungsklagen zu entrichten, wenn diese auf Verpflichtung einer Behörde zum Erlass eines die Zahlung einer bestimmten Geldsumme unmittelbar auslösenden Verwaltungsakts gerichtet sind.[5] Erforderlich ist allerdings, dass der Verpflichtungsausspruch für die Geldschuld beziffert ist oder rein rechnerisch unzweifelhaft ermittelt werden kann.[6] Prozesszinsen können auch bei einer Klage auf Rückzahlung überzahlter Gebühren anfallen. Dabei stehen die Zinsen dem Gebührenschuldner nicht bereits ab Erhebung der Anfechtungsklage gegen den Gebührenbescheid, sondern erst ab Rechtshängigkeit des bezifferten Rückzahlungsanspruchs zu.[7]   3

---

[1] BGH v. 12.05.1998 - XI ZR 79/97 - juris Rn. 29 - LM BGB § 818 Abs. 1 Nr. 14 (10/1998).
[2] OLG Düsseldorf v. 23.03.2000 - 10 U 160/97 - juris Rn. 13 - NJW-RR 2001, 299-300; a.A. OLG Rostock v. 18.12.2000 - 3 U 153/99 - juris Rn. 105 - OLGR Rostock 2001, 440-442.
[3] OLG Düsseldorf v. 23.03.2000 - 10 U 160/97 - juris Rn. 15 - NJW-RR 2001, 299-300.
[4] BVerwG v. 22.02.2001 - 5 C 34/00 - juris Rn. 6 - BVerwGE 114, 61-68; BVerwG v. 09.02.2005 - 6 B 80/04 - juris Rn. 6.
[5] BVerwG v. 07.09.2000 - 3 C 31/99 - juris Rn. 34 - Buchholz 442.01 § 45a PBefG Nr 9; BVerwG v. 27.10.1998 - 1 C 38/97 - juris Rn. 14 - NJW 1999, 1201-1203.
[6] BVerwG v. 28.05.1998 - 2 C 28/97 - juris Rn. 13 - NJW 1998, 3368-3369; BVerwG v. 28.06.1995 - 11 C 22/94 - juris Rn. 10 - NJW 1995, 3135; OVG Lüneburg v. 29.09.2004 - 8 LB 172/02 - NdsRpfl 2005, 77-78.
[7] BVerwG v. 24.03.1999 - 8 C 27/97 - juris Rn. 22 - BVerwGE 108, 364-369.

II. Fällig und durchsetzbar

4 Der mit der Klage geltend gemachte Anspruch muss fällig[8] und durchsetzbar sein. Macht der Gläubiger mit einer Klage auf künftige Leistung gemäß § 257 ZPO einen noch nicht fälligen Anspruch geltend, beginnt die Zinspflicht mit der Fälligkeit. Ein Anspruch auf künftigen entgangenen Gewinn ist erst ab dem Zeitpunkt zu verzinsen, zu dem der Gewinn erzielt worden wäre.[9] Für eine einredebehaftete Forderung sind keine Prozesszinsen zu entrichten.[10]

III. Rechtshängigkeit

5 Der Anspruch aus § 291 BGB entsteht mit Rechtshängigkeit des fälligen Zahlungsanspruchs.[11] Die Geldforderung wird mit Erhebung der Leistungsklage oder Zustellung eines Mahnbescheids (§ 696 Abs. 3 ZPO) rechtshängig. Dabei reicht die hilfsweise Geltendmachung der Forderung.[12] Auch mit einer Stufenklage wird der Anspruch rechtshängig.[13] Die Erhebung einer Feststellungsklage ist nicht ausreichend.[14] Auch die Einleitung eines Arrestverfahrens reicht nicht, da der Anspruch, der durch den Arrest gesichert werden soll, nicht Streitgegenstand des Arrestverfahrens ist.[15]

6 Der Anfechtungsgegner einer Insolvenzanfechtung ist zur Zahlung von Prozesszinsen ab Eröffnung des Insolvenzverfahrens verpflichtet, da § 143 Abs. 1 Satz 2 InsO auf § 819 Abs. 1 BGB verweist.[16]

C. Rechtsfolgen

7 Der Zinssatz für Prozesszinsen beträgt 5 Prozentpunkte über dem Basiszinssatz, § 291 Satz 2 BGB i.V.m. § 288 Abs. 1 Satz 2 BGB. Das Zinseszinsverbot gilt auch bezüglich der Prozesszinsen (§ 291 Satz 2 BGB i.V.m. § 289 BGB).

8 Der Anspruch auf die Prozesszinsen steht dem Kläger entsprechend § 187 Abs. 1 BGB ab dem auf die Rechtshängigkeit des Zahlungsanspruchs folgenden Tag zu.[17]

---

[8] KG Berlin v. 21.08.2002 - 24 W 366/01 - NJW-RR 2002, 1591.
[9] BGH v. 10.10.1991 - III ZR 308/89 - juris Rn. 7 - BGHZ 115, 307-311.
[10] BGH v. 14.01.1971 - VII ZR 3/69 - BGHZ 55, 198-200; *Ernst* in: MünchKomm-BGB, § 291 Rn. 10.
[11] Saarländisches OLG v. 15.02.2012 - 1 U 93/11 - juris Rn. 65 - NJW-RR 2012, 539-540.
[12] BGH v. 24.01.1990 - VIII ZR 296/88 - juris Rn. 25 - LM Nr. 30 zu § 566 BGB.
[13] BGH v. 06.05.1981 - IVa ZR 170/80 - juris Rn. 28 - BGHZ 80, 269-279; OLG Köln v. 26.03.1999 - 19 U 108/96 - juris Rn. 218 - OLGR Köln 1999, 281-288.
[14] BGH v. 19.12.1984 - IVb ZR 51/83 - juris Rn. 8 - BGHZ 93, 183-191.
[15] BGH v. 10.10.1979 - IV ARZ 52/79 - juris Rn. 5 - LM Nr. 18 zu § 23b GVG.
[16] BGH v. 01.02.2007 - IX ZR 96/04 - juris Rn. 14 - BGHZ 171, 38-45; OLG Köln v. 20.06.2007 - 2 U 4/07 - juris Rn. 20 - WM 2007, 2153-2154.
[17] BGH v. 24.01.1990 - VIII ZR 296/88 - juris Rn. 25 - LM Nr. 30 zu § 566 BGB; BAG v. 15.11.2000 - 5 AZR 365/99 - juris Rn. 23 - NJW 2001, 1517-1519.

§ 292 BGB Haftung bei Herausgabepflicht

(Fassung vom 02.01.2002, gültig ab 01.01.2002)

(1) Hat der Schuldner einen bestimmten Gegenstand herauszugeben, so bestimmt sich von dem Eintritt der Rechtshängigkeit an der Anspruch des Gläubigers auf Schadensersatz wegen Verschlechterung, Untergangs oder einer aus einem anderen Grunde eintretenden Unmöglichkeit der Herausgabe nach den Vorschriften, welche für das Verhältnis zwischen dem Eigentümer und dem Besitzer von dem Eintritt der Rechtshängigkeit des Eigentumsanspruchs an gelten, soweit nicht aus dem Schuldverhältnis oder dem Verzug des Schuldners sich zugunsten des Gläubigers ein anderes ergibt.

(2) Das Gleiche gilt von dem Anspruch des Gläubigers auf Herausgabe oder Vergütung von Nutzungen und von dem Anspruch des Schuldners auf Ersatz von Verwendungen.

Gliederung

A. Grundlagen 1	I. Gegenstand 4
I. Kurzcharakteristik 1	II. Anspruch auf Herausgabe 5
II. Regelungsprinzipien 2	III. Rechtshängigkeit 6
B. Praktische Bedeutung 3	D. Rechtsfolgen 7
C. Anwendungsvoraussetzungen 4	

A. Grundlagen

I. Kurzcharakteristik

§ 292 BGB enthält besondere Haftungsregeln für den Schuldner, der zur Herausgabe eines Gegenstandes verpflichtet ist und es zu einem Prozess kommen lässt. Jedoch lässt die Norm abweichende Regelungen zugunsten des Gläubigers unberührt. Daher bewirkt sie durch ihre Verweisung auf die §§ 987 ff. BGB nur eine Mindesthaftung und erweitert für bestimmte Fälle den Haftungsmaßstab.

II. Regelungsprinzipien

Bei § 292 BGB handelt es sich um einen **partiellen Rechtsgrundverweis**. Daher müssen neben denen des § 292 BGB auch sämtliche Voraussetzungen der Norm, auf die verwiesen wird, mit Ausnahme des Eigentümer-Besitzer-Verhältnisses, vorliegen.

B. Praktische Bedeutung

Die Klageerhebung begründet bei Fälligkeit des Herausgabeanspruchs regelmäßig den Verzug und damit die erweiterte Haftung gemäß § 287 BGB. § 292 BGB hat daneben keine Bedeutung. Die Hauptfunktion der Vorschrift liegt in ihrer Eigenschaft als allgemeine Vorschrift im Sinne des § 818 Abs. 4 BGB.[1]

C. Anwendungsvoraussetzungen

I. Gegenstand

Gegenstände sind Sachen (als körperliche Gegenstände, § 90 BGB) und Rechte, auch Immaterialgüterrechte wie ein Patent oder ein Erbteil.[2] Als Sach- und Rechtsgesamtheiten sind auch Unternehmen als Gegenstände im Sinne des § 292 BGB anzusehen. Nicht umfasst werden Gattungssachen, da diese den Gegensatz zu einem bestimmten Gegenstand darstellen.[3]

---

[1] *Ernst* in: MünchKomm-BGB, § 292 Rn. 1.
[2] *Ernst* in: MünchKomm-BGB, § 292 Rn. 3.
[3] *Hager* in: Erman, § 292 Rn. 2.

II. Anspruch auf Herausgabe

5   Herausgabeansprüche im Sinne des § 292 Abs. 2 BGB können auch vertragliche Ansprüche auf Übergabe (§ 433 Abs. 1 Satz 1 BGB) oder Rückgabe einer Sache (§ 604 Abs. 1 BGB) sein. Auch ein Anspruch auf Rückauflassung fällt unter § 292 Abs. 2 BGB.[4] Nicht hierzu gehören aber Ansprüche auf Vorlegung von Sachen gemäß den §§ 809, 810 BGB.[5]

III. Rechtshängigkeit

6   Die Mindesthaftung des § 292 Abs. 1 BGB wird mit der Rechtshängigkeit des Herausgabeanspruchs begründet, welche sich nach den jeweiligen Prozessordnungen richtet.[6] Rechtshängigkeit kann der Anspruch nur begründen, wenn er begründet und fällig ist. Tritt die Fälligkeit erst nach Rechtshängigkeit ein, so beginnt die Haftung erst ab diesem Zeitpunkt. Entfällt aber die Rechtshängigkeit etwa durch Klagerücknahme (§ 269 ZPO) oder übereinstimmende Erledigungserklärung (mit der Kostenfolge des § 91a ZPO), so wird auch der Anspruch auf Zahlung rückwirkend beseitigt. Jedoch scheidet die Anwendung der §§ 302 Abs. 4, 696 Abs. 3, 717 Abs. 2 und 3 ZPO aus, da sie Geldschulden voraussetzen. Für eine Verschlechterung oder einen Untergang des Gegenstandes vor Eintritt der Rechtshängigkeit haftet der Schuldner nicht nach § 292 BGB.

D. Rechtsfolgen

7   Der Schuldner haftet gemäß § 292 BGB i.V.m. § 989 BGB auf **Schadensersatz**, soweit der geschuldete Gegenstand nach Rechtshängigkeit untergeht oder sich verschlechtert. Er hat grundsätzlich jede Fahrlässigkeit zu vertreten, auch wenn er aufgrund des Schuldverhältnisses nur für geringeres Verschulden einzustehen hatte. Regelmäßig wird der Schuldner allerdings im Verzug sein und gemäß § 287 BGB auch für Zufall haften. Ist der Schuldner nach Bereicherungsvorschriften zur Herausgabe des Gegenstandes verpflichtet, tritt die weitergehende Haftung bereits ab Kenntnis des fehlenden Rechtsgrundes ein (§ 819 Abs. 1 BGB).

8   Der Anspruch des Gläubigers auf Herausgabe oder Vergütung von **Nutzungen** (§ 100 BGB) richtet sich nach § 987 BGB (§ 292 Abs. 2 BGB). Für schuldhaft nicht gezogene Nutzungen ist Wertersatz zu leisten.

9   Der Anspruch auf Ersatz von **Verwendungen** richtet sich nach den §§ 994 Abs. 2, 995 BGB (§ 292 Abs. 2 BGB). Eine Ersatzpflicht besteht danach nur für notwendige Verwendungen und auch dann nur nach den Regeln der Geschäftsführung ohne Auftrag. Bei nützlichen Verwendungen steht dem Schuldner lediglich das Wegnahmerecht nach § 997 BGB zu. Da § 292 BGB auf alle Vorschriften des Eigentümer-Besitzer-Verhältnisses verweist, sind auch die §§ 1000-1003 BGB anwendbar.[7]

---

[4] BGH v. 19.05.2000 - V ZR 453/99 - juris Rn. 9 - BGHZ 144, 323-330.
[5] *Ernst* in: MünchKomm-BGB, § 292 Rn. 4.
[6] *Ernst* in: MünchKomm-BGB, § 292 Rn. 8.
[7] BGH v. 19.01.1999 - X ZR 42/97 - juris Rn. 63 - BGHZ 140, 275-285; *Ernst* in: MünchKomm-BGB, § 292 Rn. 7; *Hager* in: Erman, § 292 Rn. 4.

Titel 2 - Verzug des Gläubigers
§ 293 BGB Annahmeverzug

(Fassung vom 02.01.2002, gültig ab 01.01.2002)

Der Gläubiger kommt in Verzug, wenn er die ihm angebotene Leistung nicht annimmt.

Gliederung

A. Grundlagen 1	a. Funktionsfähiger Arbeitsplatz 42
I. Kurzcharakteristik 1	b. Keine Freistellung von Arbeitspflicht 47
II. Gesetzgebungsmaterialien 3	2. Leistungsbereitschaft des Arbeitnehmers 50
III. Bezug zum UN-Kaufrecht 4	3. Ausnahme vom Grundsatz „kein Lohn ohne Arbeit" 55
B. Praktische Bedeutung 7	a. § 615 BGB 56
C. Anwendungsvoraussetzungen 11	b. Arbeitsausfallrisiko beim Dienstberechtigten (Arbeitgeber) 57
I. Normstruktur 11	c. Ausnahme von Vergütungspflicht trotz Annahmeverzugs 61
II. Erfüllbarer Anspruch des Gläubigers 12	4. Anrechnung anderweitigen Einkommens 63
III. Ordnungsgemäßes Angebot des Schuldners 15	a. Böswillige Untätigkeit 65
IV. Keine Unmöglichkeit 22	b. Zumutbare Beschäftigungsmöglichkeit 68
1. Abgrenzung Unmöglichkeit und Annahmeverzug 23	**D. Beendigung des Annahmeverzugs** 69
2. Rechtsfolgen für die Gegenleistung 25	I. Beendigung durch Gläubiger 70
a. Unmöglichkeit 26	II. Beendigung durch Schuldner 74
b. Annahmeverzug 27	III. Sonstige Beendigungsgründe 77
c. Betriebsrisiko 28	1. Aufrechnung oder Erlass 77
V. Nichtannahme der Leistung durch den Gläubiger 29	2. Unmöglichwerden der Leistung 78
1. Annahmeverzug durch Nichtannahme 30	3. Arbeitsverhältnis 79
2. Annahmeverzug und Schuldnerverzug gleichzeitig 35	IV. Wirkung 87
VI. Annahmeverzug beim Arbeits- und Dienstvertrag (§ 615 BGB) 40	**E. Rechtsfolgen** 88
1. Erfüllbares Dienstverhältnis 41	**F. Prozessuale Hinweise/Verfahrenshinweise** 95
	G. Arbeitshilfen 103

A. Grundlagen

I. Kurzcharakteristik

Annahmeverzug (Gläubigerverzug) ist die Verzögerung der Erfüllung einer (noch möglichen) Leistung, die darauf beruht, dass der Gläubiger eine seinerseits erforderliche Mitwirkung, insbesondere die Annahme der Leistung, unterlässt. 1

Der Annahmeverzug ist das Gegenstück zum Schuldnerverzug (§§ 286 ff. BGB), setzt aber kein Verschulden voraus. Der Gläubiger ist nämlich zur Mitwirkung berechtigt, aber nicht verpflichtet.[1] Die Annahme einer Leistung ist keine Rechtspflicht des Gläubigers, sondern stellt lediglich eine Mitwirkungsverpflichtung im Sinne einer Obliegenheit dar. Annahmeverzug führt damit auch nicht zu einer Schadensersatzpflicht nach § 280 BGB. Der Schuldner hat nur einen Anspruch auf Ersatz seiner verzugsbedingten Mehrkosten, die durch das Lagern des Leistungsgegenstands oder das erneute Anbieten entstehen (§ 304 BGB). 2

II. Gesetzgebungsmaterialien

Die Schuldrechtsreform hat für den Annahmeverzug keine grundlegenden Änderungen eingeführt. Lediglich in § 296 Satz 2 BGB wurde das Wort „Kündigung" durch das Wort „Ereignis" ersetzt, damit künftig auch andere Ereignisse als die Kündigung eine kalendermäßige Berechnung ermöglichen. 3

III. Bezug zum UN-Kaufrecht

Die §§ 293-304 BGB sind nur anwendbar, wenn das deutsche materielle Recht als Vertragsstatut eingreift. Für grenzüberschreitende Kaufverträge ist das UN-Kaufrecht (CISG) zu beachten. Dieses kennt 4

---

[1] BGH v. 10.05.1988 - IX ZR 175/87 - NJW-RR 1988, 1265-1266.

§ 293

nicht das Rechtsinstitut des Annahmeverzugs. Allein die Verweisung auf deutsches Recht in den Vertragsbedingungen führt grundsätzlich zur Anwendung des UN-Kaufrechts.[2]

5 Art. 60 CISG verpflichtet den Käufer über die eigentliche Übernahme der Ware hinaus zur Vornahme aller Handlungen, die vernünftigerweise vor ihm erwartet werden können, damit dem Verkäufer die Lieferung ermöglicht wird.

6 Die Verletzung dieser Pflichten hat nach UN-Kaufrecht folgende Rechtsfolgen:
- Der Verkäufer kann
  - Erfüllung verlangen (Art. 62 CISG),
  - unter bestimmten Voraussetzungen die Aufhebung des Vertrages erklären (Art. 64 i.V.m. Art. 81 CISG),
  - Schadensersatz verlangen (Art. 61 Abs. 1b, Abs. 2 i.V.m. Art. 74-77 CISG),
  - im Falle des Spezifikationskaufes die Spezifizierung selbst vornehmen (Art. 65 CISG).
- Die Preisgefahr geht auf den Käufer über (Art. 69 CISG).

Diese Rechtsfolgen sind nach Art. 79 Abs. 1 CISG ausgeschlossen, wenn der Käufer beweist, dass seine Pflichtverletzung auf einem außerhalb seines Einflussbereiches liegenden Hinderungsgrund beruht und der Hinderungsgrund bei Vertragsabschluss weder voraussehbar noch vermeidbar war. Dem Verkäufer bleibt jedoch der Anspruch auf Ersatz seiner Aufwendungen zur Erhaltung der Ware sowie zur Einlagerung bei Dritten (Art. 87 CISG). Außerdem ist der Verkäufer zum Selbsthilfeverkauf berechtigt (Art. 88 CISG).

B. Praktische Bedeutung

7 Da die Regelungen des Annahmeverzugs in den §§ 293-304 BGB nur bei einer Obliegenheitsverletzung des Gläubigers eingreifen, hat der Annahmeverzug keine große praktische Bedeutung.

8 Die Bestimmungen des Annahmeverzugs spielen keine praktische Rolle, wenn der Schuldner den Leistungserfolg ohne Mitwirkung des Gläubigers herbeiführen kann (z.B. Zahlung auf Bankkonto, Unterlassungspflichten, Pflicht zur Abgabe einer Willenserklärung, Verpflichtung zur Geschäftsbesorgung oder Leistung an einen Dritten gemäß § 328 BGB) oder wenn die Nichtannahme der Leistung unmittelbar zur Unmöglichkeit führt (absolutes Fixgeschäft).

9 Andererseits werden nicht die Leistungsstörungen erfasst, die auf einer echten Rechtspflicht des Gläubigers beruhen. Die Rechtsfolgen einer solchen Pflichtverletzung leiten sich her aus der jeweiligen vertraglichen Vereinbarung, den gesetzlichen Vorschriften des speziellen Vertrags (z.B. Abnahmepflicht beim Kauf nach § 433 Abs. 2 BGB oder Werkvertrag nach § 640 Abs. 1 BGB) oder aus den Grundsätzen der positiven Vertragsverletzung.

10 Der Annahmeverzug ist auch bei dinglichen Ansprüchen möglich (z.B. Eigentumsherausgabe gemäß § 985 BGB, Beseitigungsanspruch gemäß § 1004 BGB), jedoch ausgeschlossen bei dinglichen Befriedigungsrechten (§§ 1113 Abs. 1, 1191 Abs. 1, 1199 Abs. 1 BGB), Grundbuchberichtigungsanspruch (§ 894 BGB) oder Zustimmungsanspruch nach § 888 BGB.

C. Anwendungsvoraussetzungen

I. Normstruktur

11 § 293 BGB bestimmt die beiden Voraussetzungen des Annahmeverzugs, nämlich Angebot der Leistung durch den Schuldner und Nichtannahme der Leistung durch den Gläubiger. Weitere Voraussetzungen sind nicht erforderlich. Die bloße Nichtannahme der ordnungsgemäß angebotenen Leistung löst den Annahmeverzug aus. Es bedarf weder einer ausdrücklichen Ablehnung des Angebots noch einer Begründung der Nichtannahme noch eines Verschuldens des Gläubigers.[3]

II. Erfüllbarer Anspruch des Gläubigers

12 Die Forderung des Gläubigers muss nicht nur bestehen, sondern auch bereits erfüllbar sein. Dies ist der Fall, wenn der Schuldner berechtigt ist, die geschuldete Leistung zu erbringen.

---

[2] BGH v. 25.11.1998 - VIII ZR 259/97 - NJW 1999, 1259-1261; OLG Stuttgart v. 31.03.2008 - 6 U 220/07 - OLGR Stuttgart 2008, 514-517.
[3] BGH v. 11.04.1957 - VII ZR 280/56 - BGHZ 24, 91-96.

Der Schuldner darf grundsätzlich sofort leisten, also schon vor Fälligkeit des Anspruchs (§ 271 Abs. 2 BGB). Eine Einschränkung dieser weitgehenden Freiheit enthält § 299 BGB; der Gläubiger soll in den dort genannten Fällen nicht andauernd zur Entgegennahme der Leistung bereit sein müssen.

Stehen gesetzliche Einschränkungen entgegen, darf der Gläubiger die Leistung ablehnen und kommt nicht in Annahmeverzug. Dies ist der Fall bei einem gesetzlichen Beschäftigungsverbot[4] oder bei einer fehlenden Erlaubnis zur Berufsausübung[5]. Ist eine öffentlich-rechtliche Genehmigung erforderlich, muss diese vorliegen, damit Annahmeverzug eintreten kann.[6]

III. Ordnungsgemäßes Angebot des Schuldners

Der Gläubiger kommt nur in Annahmeverzug, wenn der Schuldner die Leistung ordnungsgemäß dem Gläubiger angeboten hat, also das seinerseits zur Erbringung der Leistung Erforderliche getan hat. Was das ist, bestimmen die §§ 294-296 BGB in Abhängigkeit von der Art der Schuld (Bring-, Schick- oder Holschuld) und dem Verhalten des Gläubigers. Die Leistung muss so angeboten werden, dass „der Gläubiger nichts weiter zu tun braucht als zuzugreifen und die angebotene Leistung anzunehmen"[7].

Bietet der Schuldner die Leistung lediglich unter nicht vertragsgerechten Bedingungen und Vorbehalten an, bekundet er damit seine fehlende Leistungsbereitschaft, so dass der Gläubiger durch die Ablehnung des Angebots nicht in Annahmeverzug gerät.[8] Für Zug um Zug zu erbringende Leistungen bedeutet das, dass der Schuldner nur die ihm gebührende Gegenleistung verlangen darf.[9]

Folgende Formen des Angebots sind zu unterscheiden: Grundsätzlich tatsächliches Angebot (§ 294 BGB), ausnahmsweise wörtliches Angebot (§ 295 BGB) oder Entbehrlichkeit des Angebots bei kalendermäßig bestimmter Mitwirkungshandlung (§ 296 BGB).

Das Angebot muss sich an den Gläubiger richten. Das Angebot muss nicht nur bei Bringschulden, sondern auch bei Schickschulden am Wohn- oder Geschäftssitz des Gläubigers erfolgen. Erst dort kann der Gläubiger über die Annahme entscheiden.

Bei mehreren Gläubigern gelten die §§ 428, 429, 432 BGB auch für das Angebot. Die Leistung kann auch dem empfangsberechtigten Vertreter des Gläubigers angeboten werden, der durch Ablehnung Annahmeverzug herbeiführen kann.[10] Es ist umstritten, ob der Schuldner einer Ermächtigung zur Leistung an den Vertreter bedarf.[11]

Bei Nichterreichbarkeit des Gläubigers durch Hinterlegung (§§ 372 Satz 2, 378, 383 Abs. 1 Satz 1 Alt. 2, 385 BGB), öffentliche Zustellung des Angebots (§ 132 Abs. 2 BGB; § 185 ZPO) oder Bestellung eines Abwesenheitspflegers (§ 1911 BGB).

Auch ein ablösungsberechtigter Dritter kann anbieten (§§ 268, 1150, 1249 BGB). Ebenso ein sonstiger Dritter, wenn der Schuldner weder in Person zu leisten hat noch der Leistung durch den Dritten widerspricht (§ 267 BGB).

IV. Keine Unmöglichkeit

Aus § 297 BGB ergibt sich, dass der Schuldner im Zeitpunkt seines Angebots zur Leistung imstande und bereit sein muss. Deshalb schließen Unmöglichkeit der Leistung (§ 275 Abs. 1 BGB) und geltend gemachte Leistungshindernisse nach § 275 Abs. 2 und 3 BGB den Annahmeverzug aus.

1. Abgrenzung Unmöglichkeit und Annahmeverzug

Annahmeverzug liegt vor, wenn der Gläubiger zur Annahme der Leistung nicht bereit ist oder wenn ein vorübergehendes Annahme- oder Mitwirkungshindernis besteht, während von **Unmöglichkeit** auszugehen ist, wenn der Annahme der Leistung ein dauerndes Mitwirkungshindernis entgegensteht.[12]

---

[4] BAG v. 24.06.1960 - 1 AZR 96/58 - NJW 1960, 2163.
[5] BAG v. 06.03.1974 - 5 AZR 313/73 - DB 1974, 1168-1169.
[6] BGH v. 21.05.1954 - V ZR 4/53 - BGHZ 13, 324-334.
[7] BGH v. 22.03.1984 - VII ZR 286/82 - BGHZ 90, 354-363; RG v. 03.11.1914 - III 266/14 - RGZ 85, 415-416.
[8] BGH v. 08.11.1994 - XI ZR 85/94, ZIP 1994, 1839.
[9] Brandenburgisches Oberlandesgericht v. 16.01.2008 - 4 U 145/06.
[10] Bank als Zahlstelle: OLG Frankfurt v. 09.08.2007 - 26 W 37/07 - OLGR Frankfurt 2008, 277-279.
[11] *Hager* in: Erman, § 293 Rn. 4; *Ernst* in: MünchKomm-BGB, § 293 Rn. 14.
[12] BGH v. 30.11.1972 - VII ZR 239/71 - BGHZ 60, 14-22.

§ 293

24 Maßgeblich für die Abgrenzung zwischen Unmöglichkeit und Annahmeverzug ist nach heute überwiegender Auffassung (Leistungstheorie gegenüber der früheren Abstrahierungstheorie[13] und der arbeitsrechtlichen Sphärentheorie[14]), ob die fehlende Mitwirkung des Gläubigers noch **nachholbar** ist, jedoch nicht, aus wessen Einflussbereich („Sphäre") das Leistungshindernis stammt.[15] Bleibt die zurzeit fehlende Mitwirkung des Gläubigers nachholbar, dann handelt es sich um einen Fall des Verzugs. Kann die Leistung später nicht mehr erbracht werden wegen eines dauernden Mitwirkungshindernisses, dann ist Unmöglichkeit gegeben. Mit dem Unmöglichwerden der Leistung endet der Annahmeverzug.

2. Rechtsfolgen für die Gegenleistung

25 Die Abgrenzung ist wichtig wegen der unterschiedlichen Rechtsfolgen für die Gegenleistung.

a. Unmöglichkeit

26 Der Schuldner verliert seinen Anspruch auf die Gegenleistung (§ 326 Abs. 1 BGB), falls nicht der Gläubiger für das Hindernis überwiegend verantwortlich ist oder der vom Schuldner leicht fahrlässig (§ 300 Abs. 1 BGB) zu vertretende Umstand erst nach Annahmeverzug eintritt (§ 326 Abs. 2 BGB).

b. Annahmeverzug

27 Der Schuldner behält seinen Anspruch auf die Gegenleistung. Es ist unerheblich, ob der Gläubiger den Annahmeverzug zu vertreten hat. Deshalb schuldet der Gläubiger die Gegenleistung sogar dann, wenn die Leistung nach dem Annahmeverzug unmöglich geworden ist (§ 326 Abs. 2 BGB), z.B. der Auftraggeber kann kein geeignetes Grundstück mehr für eine Bebauung zur Verfügung stellen.[16]

c. Betriebsrisiko

28 Die Frage der Gegenleistung (Lohnzahlung) im Falle einer weder durch den Arbeitnehmer noch durch den Arbeitgeber verschuldeten Unmöglichkeit der Erbringung der geschuldeten Arbeitsleistung regelt sich nicht §§ 326, 615 BGB. Beim Arbeitsvertrag grenzt die Rechtsprechung nach der Sphärentheorie ab und stellt darauf ab, in wessen Gefahrenkreis die Störungsursache liegt.[17] Danach hat der Arbeitgeber die Folgen zu tragen, die sich daraus ergeben, dass die Arbeitsleistung des Arbeitnehmers und die Entgegennahme der Arbeitsleistung durch den Arbeitgeber aus Gründen unmöglich wird, die in seinem Einflussbereich liegen.[18]

V. Nichtannahme der Leistung durch den Gläubiger

29 Annahme ist die Entgegennahme der Leistung als Erfüllung bzw. Nichtbewirken der Mitwirkungshandlung (§ 293 BGB). Gleichgestellt ist nach § 298 BGB der Fall, dass der Gläubiger die Leistung wohl annehmen (oder die Mitwirkungshandlung erbringen) will, aber die Zug um Zug geschuldete Gegenleistung zurückhält. Auch die nicht vertragsgemäße Annahme ist Nichtannahme. Ist zur Bewirkung der Leistung eine Mitwirkungshandlung des Gläubigers erforderlich, steht deren Unterlassen der Nichtannahme der Leistung gleich. Eine nur vorübergehende Annahmeverhinderung löst unter den Voraussetzungen des § 299 BGB noch keinen Annahmeverzug aus.

1. Annahmeverzug durch Nichtannahme

30 Bereits die bloße Nichtannahme der ordnungsgemäß angebotenen Leistung löst den Annahmeverzug aus. Es bedarf weder einer ausdrücklichen Ablehnung des Angebots noch einer Begründung, weshalb der Gläubiger nicht annimmt. Da es sich um eine bloße Obliegenheit handelt, spielt es keine Rolle, ob der Gläubiger zur Verweigerung der Annahme berechtigt war oder ihn ein Verschulden trifft.[19] Ein Vertretenmüssen des Gläubigers im Sinne der §§ 276, 278 BGB ist deshalb nicht zu prüfen. Da der Gläubiger das Risiko einer Fehleinschätzung trägt, ist es unerheblich, ob der er die rechtlichen und tat-

---

[13] BGH v. 11.04.1957 - VII ZR 280/56 - BGHZ 24, 91-96.
[14] BAG v. 11.07.1990 - 5 AZR 557/89 - BB 1990, 2493-2494.
[15] BGH v. 30.11.1972 - VII ZR 239/71 - BGHZ 60, 14-22.
[16] OLG Karlsruhe v. 26.06.2008 - 19 U 179/06 - BauR 2008, 1494.
[17] RG v. 06.02.1923 - III 93/22 - RGZ 106, 272-278.
[18] BAG v. 13.06.1990 - 2 AZR 635/89; BAG v. 08.02.1957 - 1 AZR 338/55 - BAGE 3, 346; BAG v. 28.09.1972 - 2 AZR 506/71 - BAGE 24, 446.
[19] BGH v. 11.04.1957 - VII ZR 280/56 - BGHZ 24, 91-96.

sächlichen Verhältnisse seines Annahmeverzuges richtig erkannt hat.[20] Annahmeverzug liegt nur dann nicht vor, wenn der Gläubiger zur Ablehnung berechtigt war (z.B. unberechtigte Teilleistung § 266 BGB; Vereinbarung einer gemeinsamen Annahme mit anderen Leistungen;[21] Annahme unzumutbar bei Beleidigung durch den Arbeitnehmer[22] oder grober Verstoß gegen vertragliche Pflichten und Gefährdung der Rechtsgüter des Auftraggebers[23]).

Die Zahlungspflicht des **Mieters** entfällt grundsätzlich dann, wenn ihm die Mietsache nicht in einem zum vertragsgemäßen Gebrauch geeigneten Zustand zur Verfügung gestellt, also die entsprechende Gebrauchsmöglichkeit vom Vermieter nicht gewährt wird.[24] Trotz nicht erfolgter Gebrauchsüberlassung kann der Mieter gleichwohl zur Entrichtung des Mietzinses verpflichtet sein, wenn er sich mit der Annahme der Mietsache in Annahmeverzug befindet, weil er einen kalendermäßig bestimmten Termin zur Übernahme der Mietsache nicht wahrnimmt oder aus sonstigen in seinem Risikobereich liegenden Gründen den Gebrauch nicht ausüben kann.[25] Da den Mieter keine aktive Mitwirkungspflicht trifft, kommt er nicht in Annahmeverzug, wenn er die Wohnung für Mängelbeseitigungsarbeiten oder notwendige Instandsetzungsmaßnahmen nicht freimacht. Es obliegt dem Vermieter, den notwendigen Auf- und Abbau von Möbeln selbst vorzunehmen.[26] 31

Bei einem Vertrag über die Lieferung und Installation neu zu entwickelnder EDV-Programme tritt ein Verzug des Auftragnehmers nicht ein, wenn der Auftraggeber seine Mitwirkungspflicht in der Weise verletzt, dass er das Pflichtenheft als notwendige Voraussetzung für die zu erbringende Leistung nicht vollständig dem Auftragnehmer überlässt. Durch die unterbliebene Überlassung des Pflichtenheftes tritt vielmehr Annahmeverzug des Auftraggebers ein.[27] 32

Ein Gläubiger kommt nicht in Annahmeverzug, wenn er aus einem nicht rechtskräftigen Urteil nicht vollstreckt und die ihm nur zur Abwendung der Zwangsvollstreckung angebotene Zahlung des Schuldners zurückweist.[28] Zahlungen aufgrund eines vorläufig vollstreckbaren Urteils stellen i.d.R. nur eine vorläufige Leistung dar und erfolgen unter der aufschiebenden Bedingung der rechtskräftigen Bestätigung der zugrunde liegenden Verbindlichkeit. Die Ablehnung der angebotenen Zahlung verstößt nicht gegen das Schikaneverbot (§ 226 BGB) oder gegen Treu und Glauben (§ 242 BGB). Somit kann ein Schuldner mit der Vorbehaltsleistung nicht erreichen, dass er keine Verzugszinsen mehr zahlen muss. 33

Für den Annahmeverzug ist es ausreichend, wenn der Unternehmer die Mängelbeseitigung angeboten hat und der Besteller dieses Angebot zurückweist, weil er irrtümlich der Auffassung ist, die von ihm zurückgewiesene Nachbesserung führe nicht zu einer mangelfreien Leistung. Es ist unerheblich, ob der Besteller die Annahme verweigern darf oder schuldhaft unterlässt.[29] Der Unternehmer kann vor Fertigstellung des Werkes die Bezahlung des Werklohns verlangen, wenn der Besteller die Erfüllung des Vertrags grundlos und endgültig ablehnt. Der Unternehmer ist nicht auf die Rechte aus den §§ 642-645 BGB beschränkt, wenn der Besteller ihm obliegende Mitwirkungspflichten endgültig verweigert. Er kann in diesem Falle auch Erfüllung durch Vorauszahlung des Werklohns beanspruchen.[30] 34

2. Annahmeverzug und Schuldnerverzug gleichzeitig

Der Gläubiger kann durch die Nichtannahme der Leistung gleichzeitig in Schuldnerverzug kommen, wenn die Annahme der Leistung oder die Mitwirkungshandlung nach dem Inhalt des Schuldverhältnisses oder nach Treu und Glauben ausnahmsweise eine echte Rechts- und damit Schuldnerpflicht darstellt. Diese Leistungspflicht des Gläubigers kann sich aus dem Gesetz ergeben (§§ 433 Abs. 2, 640 35

---

[20] BGH v. 22.07.2010 - VII ZR 117/08 - NJW-RR 2011, 21.
[21] BGH v. 11.04.1991 - VII ZR 369/89 - NJW-RR 1991, 914.
[22] BAG v. 26.04.1956 - GS 1/56 - BAGE 3, 66.
[23] BAG v. 29.10.1987 - 2 AZR 144/87 - BB 1988, 914.
[24] BGH v. 01.02.1989 - VIII ZR 126/88 - NJW-RR 1989, 589-590; OLG Düsseldorf v. 05.09.2011 - 24 U 4/11 - MDR 2012, 140-141.
[25] BGH v. 14.11.1990 - VIII ZR 13/90 - NJW-RR 1991, 267-268.
[26] LG Berlin v. 23.12.2008 - 65 S 62/08 - Grundeigentum 2009, 781; a.M. LG Berlin v. 22.02.2005 - 63 S 389/04 - Grundeigentum 2005, 621.
[27] BGH v. 28.06.1994 - X ZR 95/92 - NJW-RR 1994, 1469-1471.
[28] BGH v. 15.03.2012 - IX ZR 35/11 - MDR 2012, 604-605; BGH v. 15.03.2012 - IX ZR 34/11 - ZInsO 2012, 828-830; BGH v. 22.07.2010 - VII ZR 117/08 - NJW-RR 2011, 21.
[29] BGH v. 22.07.2010 - VII ZR 117/08 - NJW-RR 2011, 21.
[30] BGH v. 16.05.1968 - VII ZR 40/66 - BGHZ 50, 175-179.

§ 293

Abs. 1 BGB, § 375 HGB; Beschäftigungspflicht des Arbeitgebers[31]) oder als Mitwirkungspflicht vereinbart werden, wie beim Kauf auf Abruf. Die Abnahmepflicht gem. § 433 Abs. 2 BGB (Kaufvertrag) ist in der Regel Nebenpflicht[32], während die Abnahmeverpflichtung nach § 640 BGB (Werkvertrag) eine Hauptpflicht darstellt[33].

36 Liegt gleichzeitig Annahmeverzug vor,[34] kann der Schuldner neben dem Ersatz von Mehraufwendungen (§ 304 BGB) mit der Leistungsklage seinen Erfüllungsanspruch auf Annahme der Leistung durchsetzen.[35] Ist die Annahmeverpflichtung eine Hauptpflicht, hat der Vertragspartner gegen den Gläubiger statt der Annahme einen Anspruch auf Schadensersatz (§ 281 BGB) und auf Ersatz aller Schäden infolge der Verzögerung (Schuldnerverzug) wegen unterbliebener Annahme (§ 280 Abs. 2 BGB). § 287 Satz 2 BGB (Haftung für Zufall) ist nicht anwendbar.[36]

37 Annahmeverzug und positive Vertragsverletzung (§ 241 Abs. 2 BGB) können zusammentreffen, wenn die Weigerung des Gläubigers, die Leistung anzunehmen oder in der erforderlichen Weise mitzuwirken, als Lossagung vom Vertrag zu werten ist oder die Erreichung des Vertragszwecks ernstlich gefährdet wird.[37]

38 Dem Schuldner kann auch ein Schadensersatzanspruch aus den §§ 281 Abs. 1 Satz 1, 281 Abs. 2 BGB zustehen, wenn das Verhalten des Gläubigers einer Erfüllungsverweigerung gleichkommt. Der Gläubiger haftet dann dem Schuldner auf das positive Interesse.

39 Ansonsten stellt die unterlassene Mitwirkungshandlung nur eine teilweise Nichtleistung im Sinne des § 281 Abs. 1 Satz 2 BGB dar, so dass Schadensersatz statt der Leistung regelmäßig ausscheidet. Der Schuldner hat eventuell ein Rücktrittsrecht nach § 323 BGB.

VI. Annahmeverzug beim Arbeits- und Dienstvertrag (§ 615 BGB)

40 Gemäß § 293 BGB kommt der Gläubiger in Verzug, wenn er die ihm angebotene Leistung nicht annimmt. Da beim Arbeits- und Dienstvertrag (als Dauerschuldverhältnis) Annahmeverzug auch Unmöglichkeit bedeutet, würde der Arbeit-/Dienstnehmer den Vergütungsanspruch verlieren (§ 326 BGB). § 615 BGB stellt klar, dass der in Annahmeverzug geratene Arbeitgeber die vereinbarte Vergütung (§ 611 BGB) zu bezahlen hat, ohne dass der Arbeitnehmer zur Nachleistung verpflichtet ist. Voraussetzung ist ein zur Erfüllung taugliches Angebot. Die Leistung muss gem. § 294 BGB so, wie sie geschuldet ist, tatsächlich angeboten werden. Der Arbeitgeber darf die geschuldete Arbeitsleistung im Rahmen des Arbeitsvertrags nach billigem Ermessen konkretisieren (§ 106 GewO). Hat er erklärt, er werde die Leistung nicht annehmen, genügt ein wörtliches Angebot des Arbeitnehmers (§ 295 Satz 1 BGB). Ergänzend kann auf die Kommentierung zu § 615 BGB verwiesen werden.[38]

1. Erfüllbares Dienstverhältnis

41 Voraussetzung für den Annahmeverzug des Gläubigers ist zwar, dass der Arbeitnehmer seine Arbeitsleistung anbietet, wobei grundsätzlich ein tatsächliches Arbeitsangebot erforderlich ist. Ein Angebot der Arbeitsleistung ist jedoch entbehrlich, soweit der Arbeitgeber seine Mitwirkungshandlung versäumt, dem Arbeitnehmer einen funktionsfähigen Arbeitsplatz zur Verfügung zu stellen.[39] Dem Arbeitgeber obliegt es als Gläubiger der geschuldeten Arbeitsleistung, dem Arbeitnehmer die Leistungserbringung zu ermöglichen. Dazu muss er den Arbeitseinsatz des Arbeitnehmers fortlaufend planen und durch Weisungen hinsichtlich Ort und Zeit der Arbeitsleistung näher konkretisieren. Kommt der Arbeitgeber dieser Obliegenheit nicht nach, gerät er in Annahmeverzug, ohne dass es eines Angebots der Arbeitsleistung durch den Arbeitnehmer bedarf.

---

[31] BAG v. 12.09.1985 - 2 AZR 324/84 - NJW 1986, 1831-1833.
[32] RG v. 09.12.1902 - II 265/02 - RGZ 53, 161-168.
[33] RG v. 26.08.1943 - II 39/43 - RGZ 171, 297-304.
[34] RG v. 23.02.1904 - II 298/03 - RGZ 57, 105-116.
[35] RG v. 09.12.1902 - II 265/02 - RGZ 53, 161-168; RG v. 22.12.1903 - II 200/03 - RGZ 56, 173-179.
[36] RG v. 29.03.1904 - II 372/03 - RGZ 57, 402-407.
[37] BGH v. 13.11.1953 - I ZR 140/52 - BGHZ 11, 80-89; BGH v. 16.05.1968 - VII ZR 40/66 - BGHZ 50, 175-179.
[38] Zusammenfassung zum Annahmeverzug des Arbeitgebers: *Schreiber*, Jura 2009, 592; *Lüderitz/Pawlak*, NZA 2011, 313.
[39] LArbG Köln v. 14.02.2001 - 8 (9) Sa 1543/99.

a. Funktionsfähiger Arbeitsplatz

Dem Arbeitgeber obliegt es als Gläubiger der geschuldeten Arbeitsleistung, dem Arbeitnehmer die Leistungserbringung zu ermöglichen. Dazu muss er den Arbeitseinsatz des Arbeitnehmers fortlaufend planen und durch Weisungen hinsichtlich Ort und Zeit der Arbeitsleistung näher konkretisieren.[40]

Nach § 106 GewO kann der Arbeitgeber Inhalt, Ort und Zeit der Arbeitsleistung nach billigem Ermessen näher bestimmen, soweit diese Arbeitsbedingungen nicht durch den Arbeitsvertrag, Bestimmungen einer Betriebsvereinbarung, eines anwendbaren Tarifvertrags oder gesetzliche Vorschriften festgelegt sind. Der Arbeitgeber ist nicht verpflichtet, bereits sein Weisungsrecht inhaltlich ausgestaltet in den Arbeitsvertrag aufzunehmen. Auch das Transparenzgebot des § 307 Abs. 1 Satz 2 BGB verlangt von dem Verwender nicht, alle möglichen Konkretisierungen der Arbeitspflicht und des Weisungsrechts ausdrücklich zu regeln. Vielmehr ist das gesetzliche Weisungsrecht Ausfluss und Folge der vertraglichen Festlegung der Arbeitspflicht.[41] Unklarheiten im Formulararbeitsvertrag über die Gestaltung des Direktionsrechts gehen zu Lasten des Arbeitgebers.[42]

Bei einer Entfernung zwischen alter und neuer Betriebsstätte von 270 Kilometern gibt es keine allgemeine Folgepflicht des Arbeitnehmers und keine entsprechende Weisungsbefugnis des Arbeitgebers.[43]

Unmöglichkeit der Leistung durch den Arbeitnehmer ist nicht schon dann anzunehmen, wenn er aus Gründen in seiner Person krankheitsbedingt nicht mehr alle Arbeiten verrichten kann, die zum Spektrum der vertraglich vereinbarten Tätigkeit zählen. Sonst bliebe außer Acht, dass der Arbeitgeber gemäß § 315 BGB sein Weisungsrecht nach billigem Ermessen auszuüben hat, wobei er auch die Interessen des Arbeitnehmers berücksichtigen muss. Für die Beurteilung des Leistungsvermögens kommt es nicht auf die subjektive Einschätzung des Arbeitnehmers, sondern nur auf die objektiven Umstände der Leistungsfähigkeit an.[44] Ist es dem Arbeitgeber ohne Vertragsänderung und ohne Auswirkungen auf die Höhe des Vergütungsanspruchs möglich und zumutbar, dem nur eingeschränkt leistungsfähigen Arbeitnehmer seiner Erkrankung angepasste Arbeiten zuzuweisen, so ist die Zuweisung anderer Arbeiten unbillig. Die Einschränkung der Leistungsfähigkeit des Arbeitnehmers steht dann dem Annahmeverzug des Arbeitgebers nicht entgegen.[45] Die Voraussetzungen des Annahmeverzugs gemäß § 615 BGB liegen jedoch nicht vor, wenn dem Arbeitgeber eine leidensgerechte Umgestaltung der Arbeit weder möglich noch zumutbar ist.[46] Er ist grundsätzlich auch nicht verpflichtet, einen Arbeitsplatz durch Versetzung eines anderen Arbeitnehmers freizumachen.[47]

Annahmeverzug liegt nur dann vor, wenn ein Arbeitnehmer seine Arbeit auf dem bisher von ihm ausgeübten Arbeitsplatz anbietet, vom Arbeitgeber aber nicht beschäftigt wird. Ist demgegenüber die Neuausübung des Direktionsrechts erforderlich, um eine Arbeitstätigkeit des Arbeitnehmers mit einer vertragsfremden, aber leidensgerechten Tätigkeit zu ermöglichen, kommt ein Schadensersatzanspruch nach § 280 Abs. 1 BGB in Betracht, wenn der Arbeitgeber schuldhaft seine Rücksichtnahmepflicht aus § 241 Abs. 2 BGB nicht erfüllt.[48]

b. Keine Freistellung von Arbeitspflicht

Hat ein Arbeitgeber den Arbeitnehmer rechtswirksam von der Arbeitspflicht befreit, etwa Urlaub erteilt oder Freizeitausgleich angeordnet, kommen für diesen Zeitraum Ansprüche des Arbeitnehmers auf Annahmeverzugslohn nicht in Betracht. Da mangels Arbeitspflicht des Arbeitnehmers dem Arbeitgeber die Gläubigerstellung fehlt, kann ein Annahmeverzug nach § 293 BGB nicht begründet werden.[49] Hat der Arbeitgeber in Kenntnis der Einführung eines allgemeinen Betriebsurlaubs einem hiervon nicht unterrichteten Arbeitnehmer Erholungsurlaub für einen außerhalb der Betriebsferien liegenden Zeitraum zugesagt, so bleibt der Lohnanspruch des Arbeitnehmers durch den Wegfall der Arbeits-

---

[40] BAG v. 19.01.1999 - 9 AZR 679/97 - BAGE 90, 329-335.
[41] BAG v. 13.06.2007 - 5 AZR 564/06 - NJW 2008, 780-782.
[42] LArbG Rheinland-Pfalz v. 24.10.2011 - 7 Sa 506/11, 7 Sa 507/11 und 7 Sa 508/11.
[43] LArbG Hessen v. 14.06.2007 - 11 Sa 296/06.
[44] LArbG Rheinland-Pfalz v. 16.02.2012 - 10 Sa 550/11.
[45] BAG v. 06.12.2001 - 2 AZR 422/00 - EzA § 1 KSchG Interessenausgleich Nr. 9.
[46] BAG v. 04.10.2005 - 9 AZR 632/04 - NJW 2006, 1691-1694.
[47] BAG v. 19.05.2010 - 5 AZR 162/09 - BAGE 134, 296-307.
[48] LArbG Köln v. 16.05.2011 - 2 Sa 1276/10; Revision rechtshängig beim BAG - 8 AZR 851/11; *Krause*, Zahlungsansprüche leistungsgeminderter Arbeitnehmer im Geflecht von Annahmeverzug und Schadensersatz, ArbuR 2011, 402.
[49] BAG v. 19.03.2002 - 9 AZR 16/01 - BB 2002, 1703-1704.

leistung während der Zeit der Betriebsruhe unberührt.[50] Eine während der Freistellung erklärte (rechtsunwirksame) fristlose Kündigung des Arbeitgebers lässt die Arbeitsbefreiung unberührt; das Arbeitsverhältnis besteht unverändert fort.[51] Der Arbeitgeber gerät jedoch in Annahmeverzug, wenn er mit der über die Erfüllung der Urlaubsansprüche hinausgehenden einseitigen Freistellung von der Arbeitspflicht die Annahme der vom Arbeitnehmer geschuldeten Arbeitsleistung ablehnt.[52]

48 Hat eine GmbH die Bestellung ihres Geschäftsführers wirksam widerrufen und an seiner Stelle einen anderen Geschäftsführer bestellt, lässt die Gesellschaft in der Regel erkennen, dass sie unter keinen Umständen zur weiteren Beschäftigung des abberufenen Geschäftsführers bereit ist. Dieser kann unter den gegebenen Umständen die Weiterzahlung seines Gehaltes fordern, ohne seine Dienste der Gesellschaft zumindest wörtlich angeboten zu haben.[53] Wird ein Trainer in der Kündigungserklärung unwiderruflich von seiner Tätigkeit freigestellt, tritt Annahmeverzug des Vereins ein, ohne dass es eines tatsächlichen oder wörtlichen Angebots des Trainers bedarf.[54]

49 Nach einem Betriebsübergang muss sich der Übernehmer des Betriebs eine zuvor erfolgte Freistellung des Arbeitnehmers von der Arbeitsleistung zurechnen lassen.[55]

2. Leistungsbereitschaft des Arbeitnehmers

50 Befindet sich der Arbeitgeber in Annahmeverzug, ist der Arbeitnehmer nicht verpflichtet, seine Arbeitskraft anzubieten.

51 Der Gläubiger kommt nicht in Annahmeverzug, wenn der Schuldner im Zeitpunkt des Angebots der Leistung nicht **leistungsfähig** oder nicht ernsthaft **leistungswillig** ist.[56] Beim Dauerschuldverhältnis muss das Leistungsangebot von dem ernstlichen Willen begleitet sein, die angebotene Leistung in dem geschuldeten zeitlichen Umfang zu erbringen. Ein tatsächliches Angebot der Leistung belegt für sich allein den ernsthaften Leistungswillen. Lehnt der Arbeitgeber die tatsächlich angebotene Arbeitsleistung unter Hinweis auf das Fehlen der Arbeitsfähigkeit ab, so verliert er auch bei unverschuldeter Fehlbeurteilung das Recht, nachträglich die Leistungsbereitschaft des Arbeitnehmers in Frage zu stellen.[57] Der Leistungswille des Arbeitnehmers fehlt nicht schon dann, wenn er die betreffende Arbeit nicht angeboten, sondern erst, wenn er sie abgelehnt hat.[58]

52 Annahmeverzug des Arbeitgebers tritt wegen fehlender Leistungsbereitschaft nicht ein, wenn der Arbeitnehmer die Forderung nach einem Verzicht auf die Wirkungen der Kündigung zur Bedingung der Arbeitsaufnahme macht.[59] Ist der Arbeitnehmer zum Zeitpunkt der fristlosen Kündigung oder später nicht leistungsbereit oder leistungsfähig, so hat er den Beginn seiner Leistungsbereitschaft oder -fähigkeit dem Arbeitgeber mitzuteilen und ihn aufzufordern, ihm eine Arbeit zuzuweisen. Der Arbeitgeber kann das Angebot des Arbeitnehmers zur Arbeitsleistung (§ 294 BGB) nicht mit der Maßgabe zurückweisen, dieser müsse erst eine „Arbeitsfähigkeitsbescheinigung" vorlegen. Nur wenn im Arbeitsvertrag oder Tarifvertrag eine Verpflichtung zur Vorlage einer Bescheinigung über dessen Arbeitsfähigkeit enthalten ist, liegt mit dem Nichtvorlegen der Bescheinigung auf das Annahmeverzug des Arbeitgebers nach den §§ 293, 296 Satz 1 BGB ausschließende Unmöglichkeit der Arbeitsleistung (§ 297 BGB) vor.[60]

53 Ausnahmsweise bedarf es der Mitteilung der Arbeitsbereitschaft und der Aufforderung nicht, wenn der Arbeitgeber nach Ausspruch der fristlosen Kündigung dem Arbeitnehmer klar und ernsthaft erklärt hat, er verzichte auf die Arbeitsleistung auch für die Zeit nach dem Ende der fehlenden Arbeitsbereitschaft.[61] Die Verzugsfolgen (§ 615 BGB) treten nach unwirksamer Arbeitgeberkündigung unabhängig davon ein, ob der arbeitsunfähig erkrankte Arbeitnehmer seine wieder gewonnene Arbeitsfähigkeit dem Arbeitgeber anzeigt.[62]

---

[50] BAG v. 01.08.1966 - 5 AZR 106/66 - BB 1966, 1228.
[51] BAG v. 23.01.2001 - 9 AZR 26/00 - NJW 2001, 1964-1965.
[52] BAG v. 06.09.2006 - 5 AZR 703/05 - BAGE 119, 232-238.
[53] BGH v. 09.10.2000 - II ZR 75/99 - NJW 2001, 287-289.
[54] LArbG Hamm v. 11.10.2011 - 14 Sa 543/11.
[55] LArbG Rheinland-Pfalz v. 11.02.2010 - 11 Sa 620 und 621/09 - ArbR 2010, 224.
[56] BAG v. 13.07.2005 - 5 AZR 578/04 - BAGE 115, 216-224.
[57] BAG v. 10.05.1973 - 5 AZR 493/72 - NJW 1973, 1948.
[58] BAG v. 27.08.2008 - 5 AZR 16/08 - NZA 2008, 1410.
[59] BAG v. 13.07.2005 - 5 AZR 578/04 - NJW 2006, 1020-1023.
[60] BAG v. 15.06.2004 - 9 AZR 483/03 - BAGE 111, 97-107.
[61] BAG v. 09.08.1984 - 2 AZR 374/83 - NJW 1985, 935-936.
[62] BAG v. 24.11.1994 - 2 AZR 179/94 - NJW 1995, 2653-2655.

Auch im ungekündigten Arbeitsverhältnis ist ein Arbeitsangebot für die Begründung des Annahmeverzugs ausnahmsweise entbehrlich, wenn die Verantwortung für die Arbeitseinteilung bei flexibler Arbeitsgestaltung allein beim Arbeitgeber liegt.[63]

3. Ausnahme vom Grundsatz „kein Lohn ohne Arbeit"

Annahmeverzug bewirkt nach allgemeinen Grundsätzen zwar eine Haftungserleichterung für den Schuldner (§ 300 Abs. 1 BGB), aber keine Leistungsbefreiung, solange nicht Unmöglichkeit eintritt (§ 275 BGB). Da beim Arbeits- und Dienstvertrag (als Dauerschuldverhältnis) Annahmeverzug auch Unmöglichkeit bedeutet, würde der Dienstnehmer den Vergütungsanspruch verlieren (§ 326 Abs. 1 BGB).

a. § 615 BGB

Bei Dienstverträgen führt Annahmeverzug gemäß § 615 Satz 1 a.E. BGB zur Befreiung von der Pflicht zur Nachleistung (Leistungsgefahr). Nach § 615 Satz 1 BGB behält der Dienstverpflichtete zugleich seinen Vergütungsanspruch (Gegenleistungsgefahr). Hierin liegt eine Erweiterung gegenüber § 326 Abs. 2 Satz 1 Alt. 2 BGB, wonach die Leistung während des Annahmeverzugs unmöglich geworden sein muss.

b. Arbeitsausfallrisiko beim Dienstberechtigten (Arbeitgeber)

Der Arbeitgeber trägt grundsätzlich das unternehmerische Risiko einer produktiven Beschäftigung (sog. Betriebs- und Wirtschaftsrisiko gem. § 615 Satz 3 BGB).[64] Deshalb muss er den Lohn auch dann zahlen, wenn er die Belegschaft ohne sein Verschulden aus betriebstechnischen Gründen nicht beschäftigen kann (**Betriebsrisiko**) oder wenn die Fortsetzung des Betriebes wegen Auftrags- oder Absatzmangels wirtschaftlich sinnlos wird (**Wirtschaftsrisiko**). Der Arbeitgeber trägt das Risiko des Arbeitsausfalls, selbst wenn er den Annahmeverzug oder die Unmöglichkeit der Leistungsannahme nicht zu vertreten hat, unabhängig davon, ob die Unmöglichkeit auf betriebsinternen Gründen beruht oder externe Ursachen hat.

Betriebsinterne Vorgänge sind Feierschichten,[65] Betriebsferien,[66] Inventur,[67] Betriebsschließung wegen Insolvenz[68] oder Brandfolgen, die der Arbeitgeber zu vertreten hat[69].

Externe Ursachen sind Risiken wie Witterungsverhältnisse[70] oder behördlich verfügte Betriebsschließung (z.B. fehlende oder widerrufene Baugenehmigung, Baueinstellungsverfügung, unaufklärbare Brandstiftungsschäden, sogar Folgen von Streikhandlungen in anderen Unternehmen[71]).

Bei unwirksamer Kündigung des Arbeitgebers gerät dieser grds. in Annahmeverzug, ausnahmsweise aber dann nicht, wenn ihm die Weiterbeschäftigung unter Berücksichtigung der dem Arbeitnehmer zuzurechnenden Umstände nach Treu und Glauben nicht zuzumuten ist.[72]

c. Ausnahme von Vergütungspflicht trotz Annahmeverzugs

Die Grundsätze des Betriebsrisikos sind nicht anwendbar, wenn die Unmöglichkeit der Beschäftigung auf das **Verhalten des Arbeitnehmers** zurückzuführen ist[73] oder das die Betriebsstörung herbeiführende Ereignis den Betrieb wirtschaftlich so schwer trifft, dass die Zahlung der vollen Löhne zu einer **Existenzgefährdung** des Betriebs führt[74].

Vom sog. Betriebs- und Wirtschaftsrisiko des Arbeitgebers ist zu trennen das besondere Risiko der Betriebsstörung durch einen legitimen **Arbeitskampf** (Arbeitskampfrisiko). Dieses Risiko ist nach den Grundsätzen der arbeitskampfrechtlichen Parität zu verteilen. Können Auswirkungen eines rechtmäßi-

---

[63] LArbG Köln v. 04.03.2010 - 6 Sa 117/10.
[64] BAG v. 10.07.1969 - 5 AZR 323/68 - NJW 1969, 1734.
[65] BAG v. 06.11.1968 - 4 AZR 186/68 - BB 1969, 444.
[66] BAG v. 03.03.1964 - 1 AZR 209/63 - BB 1964, 473.
[67] BAG v. 03.03.1964 - 1 AZR 209/63 - BB 1964, 473.
[68] BAG v. 22.10.2009 - 8 AZR 766/08 - ZIP 2010, 849-854.
[69] BAG v. 17.12.1968 - 5 AZR 149/68 - BAGE 21, 263.
[70] BAG v. 09.03.1983 - 4 AZR 301/80 - DB 1983, 1496-1497.
[71] Str. ArbG Herne v. 03.03.2010 - 1 Ca 2931/09; Berufung rechtshängig beim LArbG Hamm - 17 Sa 562/10.
[72] BAG v. 01.07.1993 - 2 AZR 88/93.
[73] BAG v. 26.04.1956 - GS 1/56 - BAGE 3, 66.
[74] BAG v. 13.06.1990 - 2 AZR 635/89; BAG v. 30.05.1963 - 5 AZR 282/62 - BB 1963, 977.

gen Streiks oder einer rechtmäßigen Aussperrung das Kräfteverhältnis der kampfführenden Parteien beeinflussen, tragen beide Seiten das Risiko. Für die betroffenen Arbeitnehmer – und zwar auch für die nichtorganisierten – bedeutet dies den Verlust der Vergütungsansprüche für die Dauer der arbeitskampfbedingten Störung.[75] Auch der zuvor unwirksam gekündigte Arbeitnehmer soll keinen Vergütungsanspruch haben.[76] Der Arbeitgeber ist nicht verpflichtet, einen bestreikten Betrieb oder Betriebsteil soweit als möglich aufrechtzuerhalten. Er kann ihn für die Dauer des Streiks ganz stilllegen mit der Folge, dass die beiderseitigen Rechte und Pflichten aus dem Arbeitsverhältnis suspendiert werden und auch arbeitswillige Arbeitnehmer ihren Lohnanspruch verlieren.[77]

4. Anrechnung anderweitigen Einkommens

63 Nach § 615 Satz 2 BGB ist der Vergütungsanspruch zu mindern um Verdienste, die der Arbeitnehmer durch den Verzug anderweitig erzielt, oder möglichen Ersatzerwerb, den er durch böswillige Untätigkeit vorwerfbar nicht erhält. Die Vorschrift ist inhaltsgleich mit § 11 Satz 1 Nr. 2 KSchG.[78] Beide Bestimmungen stellen darauf ab, ob dem Arbeitnehmer nach Treu und Glauben (§ 242 BGB) sowie unter Beachtung des Grundrechts auf freie Arbeitsplatzwahl (Art. 12 GG) die Aufnahme einer anderweitigen Arbeit zumutbar ist. Eine Anrechnung kommt auch in Betracht, wenn die Beschäftigungsmöglichkeit bei dem Arbeitgeber besteht, der sich mit der Annahme der Dienste des Arbeitnehmers im Verzug befindet; das gilt nicht, wenn es der Arbeitgeber versäumt, dem Arbeitnehmer trotz bestehenden Weisungsrechts eine Tätigkeit zuzuweisen.[79] Entsprechend dem allgemeinen Rechtsgedanken, dass der Arbeitnehmer nicht einen doppelten Lohn erhalten soll, muss er sich erzielten anderweitigen Verdienst auch anrechnen lassen, wenn er zugleich mit der Kündigung unter Fortzahlung der vereinbarten Vergütung bis zum Ablauf der Kündigungsfrist unter Verzicht auf jede Arbeitsleistung beurlaubt wird.[80]

64 Hat ein Arbeitnehmer während des Annahmeverzugs eine höherwertigere Tätigkeit als bei seinem Hauptarbeitgeber geleistet (Flugkapitän statt Co-Pilot), beschränkt sich die Anrechnung des Zwischenverdienstes nicht auf das fiktive Gehalt eines Co-Piloten. Aufwendungen, die der Arbeitnehmer im Rahmen seiner anderweitigen Tätigkeit hat, kann er gemäß §§ 683, 679, 670 BGB gegenüber seinem Hauptarbeitgeber geltend machen.[81]

a. Böswillige Untätigkeit

65 Böswillig handelt der Arbeitnehmer, dem ein Vorwurf daraus gemacht werden kann, dass er während des Annahmeverzugs trotz Kenntnis aller objektiven Umstände (Arbeitsmöglichkeit, Zumutbarkeit der Arbeit und Nachteilsfolgen für den Arbeitgeber) vorsätzlich untätig bleibt oder die Aufnahme der Arbeit bewusst verhindert.[82] Eine Anrechnung kommt auch in Betracht, wenn die Beschäftigungsmöglichkeit bei dem Arbeitgeber besteht, der sich mit der Annahme der Dienste in Verzug befindet.[83] Die Ablehnung eines Prozessbeschäftigungsangebotes ist nicht böswillig, wenn dem Arbeitnehmer nach Ausspruch einer (offensichtlich unwirksamen) fristlosen betriebsbedingten Änderungskündigung die Weiterbeschäftigung zu neuen, schlechteren Arbeitsbedingungen vor Ablauf der ordentlichen Kündigungsfrist angeboten wird.[84]

66 Allein das Unterlassen der Meldung bei der Bundesagentur für Arbeit als arbeitsuchend ist nicht böswillig, denn die Vorschriften über den Annahmeverzug begründen keine Obliegenheit des Arbeitnehmers, die Vermittlung der Bundesagentur für Arbeit in Anspruch zu nehmen.[85] Will der Arbeitgeber sein Entgeltrisiko im Annahmeverzug mindern, so muss er die hierfür erforderlichen Handlungen

---

[75] BAG v. 14.12.1993 - 1 AZR 550/93 - NJW 1994, 1300-1302.
[76] LArbG v. 05.2011 - 8 Sa 2064/10 - LAGE § 615 BGB 2002 Nr. 14; str. Revision rechtshängig beim BAG 1 AZR 567/11.
[77] BAG v. 22.03.1994 - 1 AZR 622/93 - NJW 1995, 477-478.
[78] BAG v. 11.10.2006 - 5 AZR 754/05 - NJW 2007, 2060-2062; BAG v. 16.06.2004 - 5 AZR 508/03 - BAGE 111, 123, 126.
[79] LArbG Schleswig-Holstein v. 21.01.2009 - 3 Sa 317/08.
[80] BAG v. 06.02.1964 - 5 AZR 93/63 - BAGE 15, 258; BAG v. 02.08.1971 - 3 AZR 121/71 - WM 1972, 1072.
[81] LArbG Düsseldorf v. 01.09.2005 - 5 Sa 212/05 - DB 2005, 2825-2826.
[82] BAG v. 11.10.2006 - 5 AZR 754/05 - NJW 2007, 2060-2062.
[83] BAG v. 16.06.2004 - 5 AZR 508/03 - NJW 2005, 1068-1070.
[84] LArbG Baden-Württemberg v. 01.07.2008 - 8 Sa 3/08.
[85] BAG v. 16.05.2000 - 9 AZR 203/99 - NJW 2001, 243-244; LArbG Berlin v. 03.09.2003 - 17 Sa 808/03 - MDR 2004, 401.

selbst vornehmen. Er kann z.B. den Arbeitnehmer auch über konkrete Stellenangebote informieren, ihn dadurch in Zugzwang setzen und Bewerbungen veranlassen. Der teilzeitbeschäftigte Arbeitnehmer muss sich nicht jeden im Verzugszeitraum anderweitig erzielten Verdienst anrechnen lassen, sondern nur solchen, der kausal durch das Freiwerden der Arbeitskraft ermöglicht wird.[86]

Eine Böswilligkeit liegt nicht vor, wenn ein Arbeitnehmer nach rund viereinhalb Monaten Dauer eines neuen Arbeitsverhältnisses bei einem Zwischenarbeitgeber dieses durch außerordentliche Kündigung verliert und sich diese Parteien im Nachhinein auf eine einvernehmliche Beendigung verständigen.[87] **67**

b. Zumutbare Beschäftigungsmöglichkeit

Die Untätigkeit ist nicht vorwerfbar, wenn eine angebotene oder sonst mögliche Arbeit nach den konkreten Umständen für den Arbeitnehmer **unzumutbar** ist. Die Unzumutbarkeit kann sich etwa aus der Art der Arbeit, den sonstigen Arbeitsbedingungen oder der Person des Arbeitgebers ergeben. Die Frage der Zumutbarkeit ist unter Berücksichtigung aller Umstände nach Treu und Glauben zu bestimmen.[88] Da die nicht vertragsgemäße Arbeit nicht ohne weiteres mit unzumutbarer Arbeit gleichzusetzen ist, liegt ein böswilliges Unterlassen von Erwerb auch darin, dass der Arbeitnehmer eine vertraglich nicht geschuldete Arbeitsleistung ablehnt, die der Arbeitgeber von ihm in einem unstreitig bestehenden Arbeitsverhältnis verlangt.[89] Die Zumutbarkeit für den Arbeitnehmer hängt vornehmlich von der Art der Kündigung und ihrer Begründung sowie dem Verhalten des Arbeitgebers im Kündigungsprozess ab. Bei einer betriebsbedingten oder personenbedingten Kündigung ist die vorläufige Weiterbeschäftigung dem Arbeitnehmer im Gegensatz zu einer verhaltensbedingten, insbesondere außerordentlichen Kündigung in der Regel zumutbar. Art und Schwere der gegenüber dem Arbeitnehmer erhobenen Vorwürfe können die Unzumutbarkeit der Weiterarbeit begründen, wobei die außerordentliche Kündigung regelmäßig das Ansehen des Arbeitnehmers beeinträchtigt.[90] **68**

D. Beendigung des Annahmeverzugs

Das Gesetz enthält keine Regelung über die Beendigung des Annahmeverzugs. Das ist auch nicht erforderlich. Denn ein Annahmeverzug endet, sobald seine Voraussetzungen entfallen.[91] Im Einzelnen kommen folgende Beendigungsgründe in Betracht: **69**

I. Beendigung durch Gläubiger

Das kann dadurch geschehen, dass der Gläubiger das beseitigt, was den Annahmeverzug begründet hat. Der häufigste Fall ist der, dass sich der Gläubiger gegenüber dem Schuldner wieder zur Annahme, insbesondere zu einer hierbei erforderlichen Mitwirkungshandlung, bereit erklärt; diese Bereitschaft muss aber klar und eindeutig ausgesprochen werden. So beendet das Angebot vertragsgerechter Arbeit zwecks Erfüllung des bestehenden Arbeitsvertrags den Annahmeverzug.[92] In den Fällen des § 298 BGB muss der Gläubiger die ihm obliegende Gegenleistung anbieten; eine Annahmebereitschaft unter Vorbehalt oder unter Bedingungen genügt jedoch nicht.[93] **70**

Der Gläubiger kann sich auch im Wege einer Fristsetzung mit Ablehnungsandrohung zur Annahme der geschuldeten Leistung bereit erklären. Schuldnerverzug tritt dann jedoch nicht unmittelbar mit Zugang des Mahnschreibens ein, sondern erst nach Ablauf einer angemessenen Zeit, innerhalb derer der Schuldner seine Leistung erneut anbieten kann.[94] **71**

Der Annahmeverzug ist auch beendet, wenn der Gläubiger sich im Prozess wegen Mängel auf sein Leistungsverweigerungsrecht beruft und dadurch zu erkennen gibt, dass er zum Zwecke der Mängelbeseitigung das Betreten der Baustelle wieder zulässt.[95] **72**

---

[86] LArbG Köln v. 13.12.2002 - 4 Sa 221/02.
[87] LArbG Rheinland-Pfalz v. 18.01.2005 - 2 Sa 711/04 - LAGReport 2005, 168-170.
[88] BAG v. 24.09.2003 - 5 AZR 500/02 - NJW 2004, 316-318.
[89] BAG v. 07.02.2007 - 5 AZR 422/06 - NJW 2007, 2062-2063.
[90] BAG v. 24.09.2003 - 5 AZR 500/02 - NJW 2004, 316-318.
[91] BAG v. 22.10.2009 - 8 AZR 766/08 - ZIP 2010, 849-854.
[92] BAG v. 24.09.2003 - 5 AZR 500/02 - BAGE 108, 27, 29.
[93] BAG v. 14.11.1985 - 2 AZR 98/84 - NJW 1986, 2846-2849.
[94] OLG Naumburg v. 28.09.2001 - 11 U 32/01 - OLGR Naumburg 2002, 427-428.
[95] BGH v. 08.07.2004 - VII ZR 317/02 - NJW-RR 2004, 1461-1462.

73 Der Annahmeverzug endet aber nicht allein dadurch, dass der Arbeitgeber unter Aufrechterhaltung der Kündigung die Weiterbeschäftigung während des Kündigungsrechtsstreits zu unveränderten Arbeitsbedingungen anbietet.[96] Will der Gläubiger den Verzug der Annahme beenden, muss er nicht nur die Leistung annehmen, sondern zusätzlich auch den Ersatz der dem Schuldner gemäß den §§ 304, 615 BGB zu ersetzenden Mehraufwendungen auf Verlangen des Schuldners mit anbieten.[97] Deshalb kann der Schuldner, wenn der Gläubiger sich nicht zugleich bereit erklärt, die nach den §§ 304, 615 BGB geschuldeten Beträge auszugleichen, die Beendigung des Annahmeverzuges durch Geltendmachung seines Zurückbehaltungsrechts (§§ 273, 298 BGB) verhindern.[98]

II. Beendigung durch Schuldner

74 Der Schuldner erklärt, dass er sein Angebot der Leistung zurücknimmt oder er widerspricht der Leistung durch einen Dritten (§ 267 Abs. 2 BGB). Auch der sich schon im Leistungsverzug befindliche Schuldner kann noch anbieten und dadurch den Leistungsverzug beenden und gleichzeitig Annahmeverzug begründen.

75 Der Schuldner kann bei Vorliegen der entsprechenden Voraussetzungen den Annahmeverzug beenden durch schuldbefreiende Hinterlegung (§§ 372-382 BGB, § 373 Abs. 1 HGB) oder Selbsthilfeverkauf (§§ 383-386 BGB, § 373 Abs. 2-5 HGB). Ein Erbe kann sich nicht darauf berufen, dass er berechtigt gewesen sei, den als Pflichtteil geschuldeten Betrag wegen Annahmeverzugs des Pflichtteilsberechtigten zu hinterlegen, wenn der Verzug dadurch eingetreten ist, dass der Pflichtteilsberechtigte einen ihm als Erfüllung angebotenen Betrag zu einer Zeit zurückgewiesen hat, als der Erbe dem Auskunftsverlangen des Pflichtteilsberechtigten nach § 2314 BGB noch nicht entsprochen hatte.[99]

76 Entgegen dem bisherigen Recht (§ 633 Abs. 3 BGB a.F.) setzt das Selbstvornahmerecht der Mängelbeseitigung durch den Besteller nach § 637 BGB keinen Verzug des Unternehmers voraus, sondern lässt eine Fristsetzung ausreichen. Es stellt sich deshalb nicht mehr die umstrittene Frage, ob der Auftragnehmer den Verzugseintritt dadurch beseitigen kann, dass er Nacherfüllung anbietet und der Auftraggeber in Annahmeverzug gerät, weil er das Angebot zur Mängelbeseitigung ablehnt.[100] Es kann jedoch treuwidrig sein, wenn der Besteller den Unternehmer nach erfolglosem Fristablauf nochmals zur Nacherfüllung aufgefordert hat und er dann dem Unternehmer die Nacherfüllung, wenn dieser dazu ansetzt, verweigert.[101]

III. Sonstige Beendigungsgründe

1. Aufrechnung oder Erlass

77 Der Annahmeverzug endet auch, wenn das Schuldverhältnis aus anderen Gründen erlischt etwa durch Aufrechnung (§ 389 BGB) oder Erlass (§ 397 BGB).

2. Unmöglichwerden der Leistung

78 Ist der Schuldner nach Eintritt des Annahmeverzugs nicht mehr imstande, die Leistung zu bewirken, führt dies zur Beendigung des Annahmeverzugs nach § 297 BGB, da der Anspruch des Gläubigers gemäß § 275 BGB untergeht.[102]

3. Arbeitsverhältnis

79 Besondere praktische Bedeutung hat die Beendigung des Annahmeverzugs des Arbeitgebers.

80 Entfällt das Leistungsvermögen des Arbeitnehmers, wird die vertraglich geschuldete Leistung unmöglich. Unmöglichkeit in diesem Sinne ist jedoch nicht stets schon dann anzunehmen, wenn der Arbeitnehmer aus Gründen in seiner Person nicht mehr alle Arbeiten verrichten kann, die zum Spektrum der vertraglich vereinbarten Tätigkeit zählen. Die Einschränkung der Leistungsfähigkeit des Arbeitneh-

---

[96] BAG v. 13.07.2005 - 5 AZR 578/04 - NJW 2006, 1020-1023.
[97] BGH v. 06.12.1991 - V ZR 229/90 - BGHZ 116, 244-251.
[98] BGH v. 06.12.1991 - V ZR 229/90 - BGHZ 116, 244-251; BAG v. 21.05.1981 - 2 AZR 95/79 - NJW 1982, 121-122.
[99] BGH v. 15.11.1957 - IV ZR 171/57 - LM Nr. 2 zu § 2314 BGB.
[100] *OLG Brandenburg* v. 19.11.2008 - 4 U 78/08 - BauR 2009, 700.
[101] BGH v. 27.11.2003 - VII ZR 93/01 - NJW-RR 2004, 303.
[102] BGH v. 19.12.1991 - IX ZR 96/91 - BGHZ 117, 1-7.

mers steht dem Annahmeverzug des Arbeitgebers nicht entgegen, da der Arbeitgeber dem krankheitsbedingt nur eingeschränkt leistungsfähigen Arbeitnehmer zur Beendigung des Annahmeverzugs leidensgerechte Arbeiten zuweisen muss. Die Zuweisung anderer Arbeiten ist unbillig.[103]

Zur Beendigung des Annahmeverzugs muss der Arbeitgeber dem Arbeitnehmer einen funktionsfähigen Arbeitsplatz zur Verfügung stellen und ihm Arbeit zuweisen. Es reicht nicht aus, dass auf die Existenz eines Arbeitsplatzes verwiesen wird. Die in Ausübung des Direktionsrechts des Arbeitgebers im Sinne von § 315 BGB zugewiesene Arbeit ist so zu konkretisieren, dass der Arbeitnehmer überprüfen kann, ob der Arbeitgeber sein Weisungsrecht zulässig ausübt. Der Arbeitnehmer schuldet nur die vertragsgemäße Arbeitsleistung.

Während des Annahmeverzugs des Arbeitgebers eintretende oder von diesem zu vertretende Unmöglichkeit beendet den Annahmeverzug nicht, wenn die Beschäftigung unmöglich geworden ist, weil der Arbeitnehmer nicht in der Lage war, die Leistung zu erbringen, oder es dem Arbeitgeber aus betrieblichen Gründen nicht möglich oder nicht zumutbar war, die Leistung entgegenzunehmen.

Ist der Arbeitgeber nach einer unwirksamen Kündigungserklärung mit der Annahme der Dienste des Arbeitnehmers in Verzug gekommen, so muss er zur Beendigung des Annahmeverzugs den Arbeitnehmer zur Wiederaufnahme der geschuldeten Arbeitsleistung auffordern. Außerdem muss der Arbeitgeber entsprechend § 296 BGB seine Mitwirkungspflicht erfüllen,[104] nämlich die Einrichtung eines funktionsfähigen Arbeitsplatzes und Zuweisung der Arbeit, damit der Arbeitnehmer die geschuldete Arbeitsleistung erbringen kann.[105] Die Zuweisung eines der bisherigen Tätigkeit nicht entsprechenden Arbeitsplatzes ist nicht gestattet, da der Annahmeverzug allein durch eine Rückkehr des Arbeitgebers zu dem ursprünglichen Vertragszustand beseitigt wird.[106]

Der Annahmeverzug bleibt auch bestehen, wenn ein Schichtarbeitsplatz wegfällt, aber eine Weiterbeschäftigung im normalen Schichtbetrieb allgemein möglich ist, auch wenn der Arbeitnehmer nicht mehr wechselschichttauglich ist.[107]

Der Annahmeverzug des Arbeitgebers wird nicht schon dadurch beendet, dass der Arbeitgeber vorsorglich einen für die Dauer eines Kündigungsrechtsstreits befristeten neuen Arbeitsvertrag zu den bisherigen Bedingungen oder eine durch die rechtskräftige Feststellung der Wirksamkeit der Kündigung auflösend bedingte Fortsetzung des Vertrags anbietet.[108] Erforderlich ist, dass er die weitere Durchführung des Vertrages zustimmt und die Unwirksamkeit der Kündigung anerkennt.[109]

Schließt der Arbeitnehmer während des Annahmeverzugs des Arbeitgebers einen neuen Arbeitsvertrag mit einem Dritten ab, so führt dies nicht zu einer Beendigung des Annahmeverzugs, wenn der Arbeitnehmer hiermit lediglich seiner Verpflichtung nach § 615 Satz 2 BGB nachkommt.[110]

IV. Wirkung

Die Beendigung des Annahmeverzugs wirkt nicht zurück (ex nunc-Wirkung). Die bereits eingetretenen Rechtsfolgen des Annahmeverzugs bleiben deshalb bestehen, wie etwa die gemäß § 300 Abs. 2 BGB eingetretene Konkretisierung der Gattungsschuld. Dagegen endet der Übergang der Preisgefahr auf den Gläubiger gemäß § 326 Abs. 2 Satz 1 BGB mit der Beendigung des Annahmeverzugs.

E. Rechtsfolgen

Die Rechtsfolgen des Annahmeverzugs regeln die §§ 300-304 BGB. Am wichtigsten sind die Haftungsmilderung und der Gefahrübergang bei Gattungsschulden (§ 300 BGB). Ferner führt der Annahmeverzug zum Ausschluss des Rücktrittsrechts (§ 323 Abs. 6 BGB).

---

[103] BAG v. 24.09.2003 - 5 AZR 282/02 - NZA 2003, 1332-1335.
[104] BAG v. 19.01.1999 - 9 AZR 679/97 - BB 1999, 2034-2035.
[105] BAG v. 09.08.1984 - 2 AZR 374/83 - NJW 1985, 935-936; BAG v. 09.04.1987 - 2 AZR 280/86 - ZIP 1988, 187-192.
[106] BAG v. 07.11.2002 - 2 AZR 650/00 - AP Nr. 98 zu § 615 BGB; LArbG Kiel v. 10.12.2003 - 3 Sa 395/03 - MDR 2004, 516-517.
[107] LArbG Hannover v. 08.10.2003 - 6 Sa 1926/02 - Bibliothek BAG.
[108] BAG v. 21.05.1981 - 2 AZR 95/79 - NJW 1982, 121-122; BAG v. 07.11.2002 - 2 AZR 650/00 - AP Nr. 98 zu § 615 BGB.
[109] BAG v. 14.11.1985 - 2 AZR 98/84 - NJW 1986, 2846-2849.
[110] OLG Frankfurt v. 07.05.1997 - 21 U 83/96 - NZA-RR 1998, 433-435; LArbG Rheinland-Pfalz v. 11.02.2010 - 11 Sa 620 und 621/09.

89 Im Unterschied zum Schuldnerverzug gewährt der Annahmeverzug dem Schuldner weder einen Anspruch auf Schadensersatz (allenfalls Aufwendungsersatz gemäß § 304 BGB) noch ein Recht zur Vertragsauflösung. Die Rechtsfolgen des Annahmeverzugs beruhen auf dem Gedanken, dass die Annahme der Leistung für den Gläubiger nur eine Obliegenheit darstellt. Somit führt der Annahmeverzug zu einer Entlastung des Schuldners, aber ebenso wie der Schuldnerverzug nicht zu einer Befreiung des Schuldners von seiner Leistungspflicht (Ausnahme § 615 Satz 1 BGB). Daraus ergeben sich folgende möglichen Rechtsfolgen für den Schuldner:
- Keine Befreiung des Schuldners von dessen Leistungspflicht (Ausnahme: § 615 BGB), kein Recht zur Vertragsauflösung und keine Schadensersatzpflicht des Gläubigers.
- Befreiung von der Leistungspflicht durch Recht des Schuldners zur Hinterlegung (§§ 372-382 BGB, 373 Abs. 1 HGB), Selbsthilfeverkauf nicht hinterlegungsfähiger Gegenstände (§§ 383-386 BGB, 373 Abs. 2-5 HGB) oder Recht zur Besitzaufgabe (§ 303 BGB).
- Recht zur Durchsetzung der Gegenleistung bei gegenseitigen Verträgen (§§ 320, 322 Abs. 2, 274 Abs. 2 BGB).
- Haftungserleichterung für den Leistungsgegenstand (§ 300 Abs. 1 BGB).
- Übergang der Leistungsgefahr bei Gattungsschuld (§ 300 Abs. 2 BGB).
- Übergang der Preisgefahr (Vergütungsgefahr) bei Unmöglichkeit (§§ 323 Abs. 6, 326 Abs. 2 Satz 1 BGB).
- Wegfall der Verzinsungspflicht von Geldschulden (§ 301 BGB).
- Pflicht zur Nutzungsziehung entfällt sowie Beschränkung der Nutzungsherausgabepflicht nur auf tatsächlich gezogene Nutzungen (§ 302 BGB).
- Erstattung der Mehraufwendungen (§ 304 BGB).

90 Daneben regeln verschiedene Sondervorschriften die Rechte des Schuldners:
- Übergang des Wahlrechts auf Schuldner nach Fristsetzung (§ 264 Abs. 2 BGB).
- Vergütung des Dienstberechtigten (§ 615 BGB).
- Beim Werkvertrag führt der Annahmeverzug zum Gefahrübergang (§ 644 Abs. 1 Satz 2 BGB). Die Abnahmepflicht des Bestellers ist beim Werkvertrag eine Hauptpflicht (§ 640 Abs. 1 BGB). Verletzt der Besteller sie, so liegt darin sowohl ein Annahmeverzug als Gläubiger als auch die Verletzung einer vertraglichen Hauptleistungspflicht als Schuldner. Die Rechtsfolgen sind Entschädigungsanspruch (§ 642 BGB) und Kündigungsrecht (§ 643 BGB) des Werkunternehmers bei unterlassener Mitwirkung sowie Gefahrübergang auf den Besteller (§ 644 BGB). Da die Vergütung erst bei Abnahme fällig wird (§ 641 BGB), kann der Unternehmer durch eine Fertigstellungsbescheinigung (§ 641a BGB) die Abnahmewirkung herbeiführen.
- Beim Annahmeverzug ist die Länge einer dem Schuldner zu setzenden Frist, innerhalb der die restliche Leistung zu erbringen ist, großzügiger als im Normalfall zu bemessen.[111]

91 Der Annahmeverzug befreit den Schuldner nicht von seiner Leistungspflicht, auch ein Rücktritts- oder Kündigungsrecht steht dem Schuldner allein wegen des Gläubigerverzugs nicht zu. Der Schuldner hat auch keine Rechtsbehelfe zu befürchten, wenn seine Pflichtverletzung auf dem Fehlverhalten des Gläubigers beruht.

92 Die Zahlungspflicht des Mieters entfällt grds. dann, wenn ihm die Mietsache nicht in einem zum vertragsgemäßen Gebrauch geeigneten Zustand zur Verfügung gestellt wird. Trotz nicht erfolgter Gebrauchsüberlassung kann der Mieter zur Zahlung des Mietzinses jedoch dann verpflichtet sein, wenn er sich mit der Annahme der Mietsache in Annahmeverzug befindet.[112]

93 Der Arbeitgeber trägt die Darlegungs- und Beweislast für das Unvermögen des Arbeitnehmers, im Annahmeverzugszeitraum die Arbeitsleistung zu erbringen. Dazu reicht aus, dass er Indizien vorträgt, aus denen auf Arbeitsunfähigkeit geschlossen werden kann. In Betracht kommen insbesondere Krankheitszeiten des Arbeitnehmers vor und nach dem Verzugszeitraum. Hat der Arbeitgeber solche Indizien vorgetragen, ist es Sache des Arbeitnehmers, die Indizwirkung zu erschüttern.[113]

94 Der Schuldner kann Schadensersatz beanspruchen, wenn beim Gläubiger zugleich die Voraussetzungen des Schuldnerverzugs oder der positiven Vertragsverletzung bei Verletzung einer echten Schuld-

---

[111] BGH v. 03.04.2007 - X ZR 104/04 - NJW 2007, 2761- 2762 in Bestätigung von RG v. 02.01.1924 - V 378/23 - Recht 1924, 212 Nr. 624.
[112] OLG Düsseldorf v. 05.09.2011 - 24 U 4/11 - MDR 2012, 140.
[113] BAG v. 05.11.2003 - 5 AZR 562/02 - AP Nr. 106 zu § 615 BGB.

nerpflicht vorliegen. Die Verletzung der Beschäftigungspflicht kann Schadensersatzansprüche gem. § 280 Abs. 1 BGB begründen.[114]

F. Prozessuale Hinweise/Verfahrenshinweise

Der Schuldner hat die Voraussetzungen des Annahmeverzugs darzulegen und zu beweisen, insbesondere, dass er angeboten und der Gläubiger nicht angenommen hat. 95

Bei einem wörtlichen Angebot nach § 295 BGB ist der Schuldner für alle Tatbestandsvoraussetzungen beweispflichtig. Bei einem nach § 296 BGB entbehrlichen Angebot muss der Schuldner beweisen, dass die erforderliche Mitwirkungshandlung des Gläubigers unterblieben ist. 96

Wenn der Dienstberechtigte sich gegenüber dem Vergütungsanspruch nach § 615 BGB auf eine Kündigung des Dienstverhältnisses beruft, muss er diejenigen Umstände darlegen und beweisen, aus denen sich die Berechtigung der Kündigung ergibt.[115] 97

Grundsätzlich trifft den Arbeitgeber die Behauptungs- und Beweislast für die Voraussetzungen der Anrechnungspflicht anderweitigen Einkommens. Er muss deshalb behaupten und beweisen, dass der Arbeitnehmer woanders gearbeitet hat.[116] Da der Arbeitgeber auch darlegen muss, ob und in welcher Höhe der Arbeitnehmer anrechenbare Bezüge erzielt hat, ist der Arbeitnehmer dem Arbeitgeber zur Auskunft über die Höhe seines anderweitigen Verdienstes im Verzugszeitraum verpflichtet. Wenn der Arbeitnehmer die Auskunft nicht oder nicht ausreichend erteilt, kann der Arbeitgeber die Zahlung so lange verweigern, bis er die Auskunft erhält.[117] 98

Der Annahmeverzug als bloße Rechtsfrage kann nicht Gegenstand einer isolierten Feststellungsklage sein,[118] denn unter dem in § 256 Abs. 2 ZPO genannten Rechtsverhältnis ist eine bestimmte, rechtlich geregelte Beziehung einer Person zu anderen Personen oder einer Person zu einer Sache zu verstehen[119]. Der Annahmeverzug ist aber nur Vorfrage für die Beurteilung von Rechtsfolgen.[120] Andererseits hat der Vermieter ein Interesse an der Feststellung, dass der Bürge sich mit der Annahme der Bürgschaftsurkunde in Annahmeverzug befindet, wenn er dem Bürgen gegen Zahlung des aus der Bürgschaft geschuldeten Betrages die Rückgabe der Bürgschaftsurkunde angeboten hat.[121] 99

Ein etwaiger Annahmeverzug rechtfertigt nach dem Gedanken des § 274 Abs. 2 BGB nicht die einschränkungslose Verurteilung. Das bloße Bestehen eines Leistungsverweigerungsrechts hindert den Eintritt des Schuldnerverzuges. Darauf, ob der Käufer es geltend gemacht hat, kommt es nicht an.[122] 100

Ist der Gläubiger für den Schuldner nicht erreichbar, hat er die Möglichkeit 101
- sich durch Hinterlegung zu befreien (§§ 372 Satz 2, 378, 383 Abs. 1 Satz 2, 385 BGB);
- das wörtliche Angebot öffentlich zustellen zu lassen (§ 132 Abs. 2 ZPO i.V.m. §§ 185 ff. ZPO);
- einen Abwesenheitspfleger zu bestellen (§ 1911 BGB), dem die Leistung sodann angeboten werden kann.

Erhebt der Schuldner im Prozess die Einrede des nicht erfüllten Vertrages gemäß §§ 320 Abs. 1, 322 Abs. 1 BGB, so kann der Gläubiger – abgesehen von dem Fall des § 295 BGB – nur durch ein tatsächliches Angebot seiner Leistung den Verzug des Schuldners herbeiführen.[123] 102

G. Arbeitshilfen

Prüfschema: 103

(1) Voraussetzungen des Annahmeverzugs (§§ 293-299 BGB)
    (a) Erfüllbarer Anspruch des Gläubigers (vgl. § 271 BGB)
    (b) Ordnungsgemäßes Angebot der Leistung durch den Schuldner (§§ 294-296 BGB)

---

[114] BAG v. 27.08.2008 - 5 AZR 16/08 - NZA 2008, 1410.
[115] BGH v. 10.05.1988 - IX ZR 175/87 - NJW-RR 1988, 1265-1266.
[116] BAG v. 24.10.1991 - 2 AZR 210/91.
[117] BAG v. 16.05.1969 - 3 AZR 137/68 - BAGE 22, 6, 16.
[118] BGH v. 31.05.2000 - XII ZR 41/98 - NJW 2000, 2663-2664.
[119] BGH v. 15.10.1956 - III ZR 226/55 - BGHZ 22, 43-51.
[120] BGH v. 19.04.2000 - XII ZR 332/97 - NJW 2000, 2280-2283.
[121] OLG München v. 31.07.2003 - 19 U 2298/03 - GuT 2004, 64-65.
[122] BGH v. 22.06.2001 - V ZR 56/00 - BGHReport 2001, 817-818.
[123] BGH v. 06.12.1991 - V ZR 229/90 - BGHZ 116, 244-251.

(aa) tatsächlich (§ 294 BGB)
- zur rechten Zeit
- am rechten Ort
- in der richtigen Art und Weise
(bb) wörtlich (§ 295 BGB)
(cc) entbehrlich (§ 296 BGB bzw. § 242 BGB)
(c) Leistungsvermögen des Schuldners
(aa) Leistungsbereitschaft (§ 297 BGB)
(bb) Nachholbarkeit der Leistung (sonst Unmöglichkeit)
(d) (Verschuldensunabhängige) Nichtannahme der Leistung durch den Gläubiger (§ 293 BGB) oder unberechtigte Verweigerung der Zug um Zug geschuldeten Gegenleistung (§§ 298, 320, 273 BGB)
(e) Keine Beendigung des Annahmeverzugs

(2) Rechtsfolgen (§§ 300-304 BGB)
(a) Keine Befreiung des Schuldners von dessen Leistungspflicht (Ausnahme: § 615 BGB)
(b) Kein Recht zur Vertragsauflösung (Ausnahme: echte Abnahme- oder Mitteilungspflicht verletzt)
(c) Keine Schadensersatzpflicht des Gläubigers
(d) Befreiung von der Leistungspflicht durch Recht des Schuldners zur Hinterlegung (§§ 372 ff. BGB), Versteigerung (§§ 383 ff. BGB, § 373 HGB), Selbsthilfeverkauf nicht hinterlegungsfähiger Gegenstände (§§ 383 ff. BGB, § 373 HGB) oder Recht zur Besitzaufgabe (§ 303 BGB)
(e) Recht zur Durchsetzung der Gegenleistung bei gegenseitigen Verträgen (§§ 320, 322 Abs. 2, 274 Abs. 2 BGB)
(f) Haftungserleichterung für den Leistungsgegenstand (§ 300 Abs. 1 BGB)
(g) Übergang der Leistungsgefahr bei Gattungsschuld (§ 300 Abs. 2 BGB)
(h) Übergang der Preisgefahr (Vergütungsgefahr) bei Unmöglichkeit (§§ 323 Abs. 6, 326 Abs. 2 Satz 1, 446 Abs. 3 BGB)
(i) Wegfall der Verzinsungspflicht von Geldschulden (§ 301 BGB)
(j) Pflicht zur Nutzungsziehung entfällt sowie Beschränkung der Nutzungsherausgabepflicht nur auf tatsächlich gezogene Nutzungen (§ 302 BGB)
(k) Recht zur Besitzaufgabe (§ 303 BGB)
(l) Erstattung der Mehraufwendungen (§ 304 BGB)
(m) Daneben regeln verschiedene Sondervorschriften die Rechte des Schuldners:
(aa) § 264 Abs. 2 BGB (Übergang des Wahlrechts auf Schuldner nach Fristsetzung)
(bb) § 615 BGB (Vergütung des Dienstberechtigten bei Annahmeverzug)
(cc) § 642 BGB (Entschädigungsanspruch des Werkunternehmers bei unterlassener Mitwirkung)
(dd) § 643 BGB (Kündigungsrecht des Werkunternehmers bei unterlassener Mitwirkung)
(ee) § 644 BGB (Gefahrübergang auf Besteller)
(ff) Befreiung von der Leistungspflicht durch Recht des Schuldners zur Hinterlegung (§§ 372-382 BGB, 373 Abs. 1 HGB) und Selbsthilfeverkauf nicht hinterlegungsfähiger Gegenstände (§§ 383-386 BGB, 373 Abs. 2-5 HGB)
(gg) geräumige Fristsetzung zu Gunsten des Schuldners[124]

---

[124] BGH v. 03.04.2007 - X ZR 104/04 - NJW 2007, 2761-2762.

§ 294 BGB Tatsächliches Angebot

(Fassung vom 02.01.2002, gültig ab 01.01.2002)

Die Leistung muss dem Gläubiger so, wie sie zu bewirken ist, tatsächlich angeboten werden.

Gliederung

A. Grundlagen 1	III. Ordnungsgemäßes Angebot 12
B. Anwendungsvoraussetzungen 2	IV. Entbehrlichkeit eines Angebots 23
I. Normstruktur 2	C. Prozessuale Hinweise/Verfahrenshinweise 24
II. Tatsächliches Angebot 3	

A. Grundlagen

Die Vorschrift ergänzt § 293 BGB, indem sie bestimmt, in welcher Weise die Leistung dem Gläubiger anzubieten ist. § 294 BGB präzisiert zweifach die Erfordernisse des Leistungsangebots, welches nach § 293 BGB Voraussetzung des Gläubigerverzugs ist. Danach setzt der Gläubigerverzug grundsätzlich ein tatsächliches (Ausnahmen: §§ 295, 296 BGB) und ordnungsgemäßes (zur Erfüllung geeignetes) Angebot voraus. **1**

B. Anwendungsvoraussetzungen

I. Normstruktur

Nach § 294 BGB muss die Leistung so, wie sie zu bewirken ist, tatsächlich angeboten werden.[1] Der Schuldner muss demnach die Leistungshandlung zur rechten Zeit, am rechten Ort und in der geschuldeten Art und Weise so vornehmen, dass die Leistung dem Inhalt des Schuldverhältnisses entspricht.[2] Die bloße Leistungsbereitschaft des Schuldners ohne das Angebot genügt nicht. **2**

II. Tatsächliches Angebot

Das tatsächliche Angebot ist keine zusätzlich zur Leistung zu erbringende Handlung des Schuldners, sondern der Beginn der Leistung („Anleistung"). Seiner Rechtsnatur nach ist das tatsächliche Angebot ein Realakt, so dass die Regelungen über den Zugang von Willenserklärungen (§§ 130 ff. BGB) nicht entsprechend gelten.[3] Der Schuldner muss die ihm obliegenden Leistungshandlungen (§ 241 BGB) so weit vornehmen, dass der Gläubiger durch seine Mitwirkung (Annahme) den Leistungserfolg herbeiführen kann. Der Gläubiger braucht „nichts als zuzugreifen und die angebotene Leistung anzunehmen".[4] **3**

Nur der leistungsbereite Schuldner kann ein tatsächliches Angebot abgeben.[5] Deshalb ist es unzureichend, wenn der Schuldner einer **Geldschuld** das Geld zwar bei sich hat, dem Gläubiger aber nicht zum Ausdruck bringt, dass er es bei Zustimmung dem Gläubiger aushändigen wird.[6] Ebenso unzureichend ist es, wenn der Schuldner das Geld bei seiner Bank nur bereithält[7] oder die zu leistende (Gattungs-)Sache sich noch beschaffen muss.[8] Der Gläubiger darf nicht passend vorgezähltes Geld nicht zurückweisen, wenn ein Geldwechsel verkehrsüblich und zumutbar (§ 242 BGB) ist.[9] **4**

---

[1] BGH v. 06.12.1991 - V ZR 229/90 - BGHZ 116, 244-251.
[2] OLG München v. 12.12.2007 - 34 Wx 118/07 - OLGR München 2008, 167-169.
[3] *Larenz*, Schuldrecht, Band I: Allgemeiner Teil, 14. Aufl. 1987, Kapitel 25 I a.
[4] RG v. 13.12.1924 - I 17/24 - RGZ 109, 324-331; ähnlich BGH v. 22.03.1984 - VII ZR 286/82 - BGHZ 90, 354-363; BGH v. 06.12.1991 - V ZR 229/90 - BGHZ 116, 244-251; BGH v. 18.01.1996 - IX ZR 69/95 - BGHZ 132, 6-13.
[5] BAG v. 13.07.2005 - 5 AZR 578/04 - BAGE 115, 216-224.
[6] RG v. 03.11.1914 - III 266/14 - RGZ 85, 415-416.
[7] RG v. 30.04.1924 - I 540/23 - RGZ 108, 158-160; RG v. 13.12.1924 - I 17/24 - RGZ 109, 324-331.
[8] RG v. 22.12.1903 - II 200/03 - RGZ 56, 173-179.
[9] Vgl. RG v. 13.02.1923 - II 121/22 - RGZ 106, 294-300.

5 Das bloße Anbieten der Rechnung oder des Lieferscheins ist noch kein tatsächliches Angebot der Sache.[10] Es liegt kein tatsächliches Angebot vor, wenn eine Nachnahmesendung zurückgesandt wird ohne sie vorher dem Empfänger vorzuzeigen.[11]

6 Bei einer Verpflichtung zur Übertragung von **Grundeigentum** ist das wörtliche Angebot nicht schon gemäß § 295 Satz 1 Alt. 2 BGB deswegen entbehrlich, weil es zur Bewirkung der Leistung der Mitwirkungshandlung des Gläubigers bedürfte. Grundsätzlich ist ein tatsächliches Angebot gemäß § 294 BGB durch Mitteilung eines Termins bei einem zur Auflassung bereiten Notar erforderlich, um den Annahmeverzug auszulösen.[12] Gläubigerverzug des Grundstückserwerbers tritt ein, wenn dieser dem Termin einseitig fernbleibt oder im Termin das Angebot nicht annimmt oder vor der Annahme den vereinbarten Kaufpreis nicht tatsächlich anbietet.[13]

7 Grundsätzlich sind keine weiteren Erklärungen wie vorherige Ankündigung (Ausnahme bei unbestimmter Leistungszeit gem. § 299 BGB) erforderlich. Besteht jedoch eine Verpflichtung zur Grundstücksrückübertragung, dann reicht eine bloße Bereitschaftserklärung zur Rückübertragung nicht aus. Es sind alle Maßnahmen zu ergreifen, die zur Vornahme der Übereignung erforderlich sind. Dazu gehört die Mitteilung eines Termins zur Beurkundung bei einem bereiten Notar.[14]

8 Beim **Dauerschuldverhältnis** muss das Leistungsangebot von dem ernstlichen Willen begleitet sein, die angebotene Leistung in dem geschuldeten zeitlichen Umfang zu erbringen.[15] Ist das Zustandekommen eines Aufhebungsvertrags zwischen den Arbeitsvertragsparteien streitig, und vertritt der Arbeitgeber nach Verhandlungen mit dem Arbeitnehmer die Auffassung, das Arbeitsverhältnis sei einvernehmlich beendet worden, beendet er das Arbeitsverhältnis – anders als bei einer Kündigung – nicht durch einseitige Erklärung. Ein wörtliches Angebot nach § 295 BGB genügt aus diesem Grunde zur Begründung des Annahmeverzugs des Arbeitgebers regelmäßig nicht.[16]

9 Liegt eine **Bringschuld** vor, so hat der Schuldner die geschuldete Leistung tatsächlich zum Gläubiger zu bringen. Bei einer **Schickschuld**, insbesondere bei einem Versendungskauf, muss die vom Schuldner abgesandte Ware beim Gläubiger eintreffen. Erst dann kann der Gläubiger ja über die Annahme entscheiden. Der bereits mit der Absendung eintretende Gefahrübergang nach § 447 Abs. 1 BGB ist insoweit ohne Bedeutung.[17] Bei Bring- und Schickschulden genügt Absendung nicht, weil der Gläubiger zu diesem Zeitpunkt noch nicht zugreifen und die angebotene Sache annehmen kann. Deshalb ist Andienung am Bestimmungsort erforderlich.[18]

10 Lediglich bei einer **Holschuld** genügt ein wörtliches Angebot, dass der Leistungsgegenstand zur Abholung bereit steht und im Rahmen der Abholung herausgegeben wird.[19] Ebenso genügt nach § 295 Satz 1 BGB das wörtliche Angebot, wenn der Gläubiger eindeutig und bestimmt erklärt, dass er die Leistung nicht annehmen werde.

11 Bei der **Gesamthand**sschuld muss die Leistung von allen Schuldnern angeboten werden, weil die Gesamthänder die Leistung in gesamthänderischer Verbundenheit gemeinschaftlich schulden.

III. Ordnungsgemäßes Angebot

12 Der Schuldner muss die Leistung so anbieten „wie die Leistung zu bewirken ist" (= geschuldete Leistung). Danach ist das Angebot ordnungsgemäß, wenn es erfolgt zur rechten Zeit (§ 271 BGB), am rechten Ort (§§ 269, 270 BGB; auch § 299 BGB) und mit der richtigen Beschaffenheit, in der rechten Weise, vollständig (§ 266 BGB) und vorbehaltlos.[20]

13 Bei einer **Gattungsschuld** hat der Schuldner eine Sache mittlerer Art und Güte anzubieten (§ 243 Abs. 1 BGB). Ist die Gattungsware nicht von vertragsgemäßer Beschaffenheit, kann der Gläubiger

---

[10] RG v. 15.02.1902 - II 408/01 - RGZ 50, 208-212.
[11] RG v. 16.09.1921 - II 68/21 - RGZ 102, 370-372.
[12] BGH v. 15.11.1996 - V ZR 292/95 - NJW 1997, 581-582.
[13] BGH v. 06.12.1991 - V ZR 229/90 - BGHZ 116, 244-251.
[14] BGH v. 06.12.1991 - V ZR 229/90 - BGHZ 116, 244-251.
[15] BAG v. 10.05.1973 - 5 AZR 493/72 - AP Nr. 27 zu § 615 BGB.
[16] BAG v. 07.12.2005 - 5 AZR 19/05 - NJW 2006, 1453-1454.
[17] RG v. 13.02.1923 - II 121/22 - RGZ 106, 294-300.
[18] RG v. 13.02.1923 - II 121/22 - RGZ 106, 294-300; BGH v. 22.03.1984 - VII ZR 286/82 - BGHZ 90, 354-363; OLG München v. 05.07.1996 - 21 U 1903/96 - NJW-RR 1997, 944-945.
[19] OLG Celle v. 03.09.2009 - 13 U 37/09 - MDR 2010, 398.
[20] BGH v. 28.04.1983 - I ZR 101/81 - WM 1983, 863-865.

(Käufer) auf seine Gefahr ablehnen.[21] Er gerät nicht in Annahmeverzug. Der Gläubiger braucht den Grund seiner Zurückweisung nicht anzugeben, den Mangel noch nicht einmal zu kennen.[22] Er trägt jedoch das Risiko, dass die angebotene Leistung tatsächlich vertragsgemäß ist.[23] Ist die Leistung nicht mangelhaft, gerät der Gläubiger durch die unberechtigte Zurückweisung in Annahmeverzug.

Nicht ausreichend ist somit das Angebot eines **Erfüllungssurrogats** oder einer Leistung **an Erfüllung statt** oder **erfüllungshalber**. Deshalb ist eine Zahlung mit Verrechnungsscheck unzureichend.[24] Es genügt auch nicht, wenn der Schuldner das geschuldete Geld bei sich trägt ohne seine Zahlungsbereitschaft zu bekunden. **14**

Bietet der Schuldner die Erfüllung lediglich unter **Bedingungen** und **Vorbehalten** an, gerät der Gläubiger durch die Ablehnung des Angebots nicht in Annahmeverzug.[25] Ein Vorbehalt lediglich zur Wahrung etwaiger Rückforderungsrechte nach § 814 BGB steht einem wirksamen Angebot nicht entgegen.[26] Ein Gläubiger befindet sich nicht im Annahmeverzug mit der Rücknahme eines Fahrzeugs, wenn der Schuldner die Herausgabe des Fahrzeugs nur gegen Erstattung nicht geschuldeter Leasingraten anbietet.[27] Ist ein Werk aufgrund einer unzureichenden Vorleistung eines anderen Unternehmers mangelhaft und ist der Unternehmer zur Nacherfüllung verpflichtet, hat der Besteller die erforderliche Mitwirkungshandlung vorzunehmen oder anzubieten. Dafür reicht es nicht aus, dass er pauschal die Durchführung der „notwendigen eigenen Mitwirkungshandlungen" anbietet und erklärt, er sei „insbesondere bereit, die Maßnahmen zu beauftragen und die Kosten zu bezahlen", denn der Unternehmer ist nicht verpflichtet, auch die fehlerhaften Vorleistungen des Bestellers nachzubessern.[28] **15**

Es reicht nicht aus, wenn der Schuldner seine Leistung wegen **Gegenforderungen** nur eingeschränkt anbietet. Zur Begründung des Gläubigerverzugs muss der Schuldner mindestens den Betrag der Gegenforderung angeben und den nach Abzug der behaupteten Gegenforderungen verbleibenden Rest tatsächlich anbieten.[29] **16**

Annahmeverzug liegt nicht vor, wenn der Gläubiger aus einem **vorläufig vollstreckbaren** Urteil nicht vollstreckt und die ihm nur zur Abwendung der Zwangsvollstreckung angebotene Zahlung des Schuldners zurückweist.[30] Diese Zahlung ist i.d.R. dahin zu verstehen, dass sie nur eine vorläufige Leistung darstellen soll und unter der aufschiebenden Bedingung der rechtskräftigen Bestätigung der zugrunde liegenden Verbindlichkeit erfolgt. Kann der Gläubiger die Zwangsvollstreckung aus einem vorläufig vollstreckbaren Zahlungstitel nur gegen Sicherheitsleistung betreiben, kann der Schuldner den Zahlungsverzug nicht dadurch beenden, dass er Zahlung gegen Sicherheitsleistung anbietet. Der Zahlungsverzug kann nur durch unbedingte Erfüllung des Zahlungsanspruchs gemäß § 362 BGB oder durch Zahlung zur Abwendung der Zwangsvollstreckung beendet werden. Deshalb gerät der Gläubiger durch Ablehnung eines Angebots zur Zahlung gegen Sicherheitsleistung nicht in Annahmeverzug.[31] Das Angebot, Zug um Zug gegen Sicherheitenstellung zu zahlen, kann dennoch sinnvoll sein, wenn der Gläubiger nur einen gesetzlichen Verzugszinsanspruch hat. Bietet der Schuldner in einem solchen Fall seine Leistung Zug um Zug gegen Sicherheitsbestellung an und erklärt er zugleich, die für die Sicherheitsbestellung anfallenden Kosten zu übernehmen, verletzt der Gläubiger, der dieses Angebot ablehnt, seine ihm insoweit obliegende Schadensminderungspflicht, was zur Kürzung des Verzugsschadensanspruchs über § 254 BGB führen kann.[32] **17**

---

[21] RG v. 13.02.1923 - II 121/22 - RGZ 106, 294-300; OLG Frankfurt v. 20.12.1983 - 5 U 228/82 - MDR 1984, 585.
[22] RG v. 09.06.1925 - II 411/24 - RGZ 111, 86-90.
[23] BAG v. 10.05.1973 - 5 AZR 493/72 - AP Nr. 27 zu § 615 BGB.
[24] BGH v. 28.04.1983 - I ZR 101/81 - WM 1983, 863-865.
[25] BGH v. 08.11.1994 - XI ZR 85/94 - ZIP 1994, 1839-1840.
[26] BGH v. 06.05.1982 - VII ZR 208/81 - LM Nr. 59 zu § 123 BGB.
[27] OLG Frankfurt v. 28.01.2009 - 17 U 241/08 - juris.
[28] OLG Celle v. 18.06.2008 - 14 U 147/07 - BauR 2008, 2046.
[29] RG v. 06.07.1901 - V 150/01 - RGZ 49, 38-44.
[30] BGH v. 15.03.2012 - IX ZR 35/11 - MDR 2012, 604-605; BGH v. 15.03.2012 - IX ZR 34/11 - ZInsO 2012, 828-830.
[31] OLG München v. 21.07.2004 - 15 U 2578/04 - EWiR 2005, 103.
[32] Vgl. *Walk*, EWiR 2005, 103-104.

§ 294

18 Die angebotene Leistung muss nach Art, Beschaffenheit, Menge und Güte der nach dem Schuldverhältnis geschuldeten Leistung entsprechen. Sind dem Leistungsgegenstand andere als die bestellte Sache beigemischt, kann der Gläubiger die ganze Leistung ablehnen. Er ist nicht verpflichtet, die von ihm nicht bestellten Gegenstände aufwändig heraus zu sondern. Nach Treu und Glauben gilt etwas anderes, wenn die notwendige **Aussonderung** den Gläubiger nicht unzumutbar beschwert.[33]

19 Weist die angebotene Leistung **Sach- oder Rechtsmängel** auf, kann der Gläubiger einer Stückschuld die Annahme ablehnen ohne in Verzug zu geraten. Der Gläubiger darf die Vorausleistung des Kaufpreises wegen fehlerhafter Ware nicht verweigern, wenn die Parteien eine Abnahmepflicht vereinbart haben, wie etwa bei Verwendung einer Barzahlungsklausel „cash against documents".[34]

20 Der Besteller gerät nicht in Annahmeverzug wenn der Unternehmer dem Besteller eine mangelbehaftete Sache anbietet oder dieser seine Vertragspflicht verweigert wegen groben Missverhältnisses des für die Leistung erforderlichen Aufwands zu dem Leistungsinteresse des Gläubigers.[35]

21 Der Vermieter darf die Rücknahme der Mietsache in verschlechtertem Zustand nicht ablehnen,[36] jedoch braucht der Mieter die mangelhafte Mietsache nicht abzunehmen.[37] Der Vermieter gerät auch nicht in Annahmeverzug, wenn er die Rücknahme der Miträume trotz Entgegennahme der Schlüssel bei Ende des Mietverhältnisses verweigert, weil der Mieter u.a. schrottreife Kraftfahrzeuge im Mietobjekt zurückgelassen hat.[38]

22 Ist für den Arbeitsvertrag die Betriebsstätte der Erfüllungsort, dann kommt der Arbeitgeber nicht in Annahmeverzug, wenn der Arbeitnehmer seinen Arbeitsplatz wegen schlechten Wetters, Verkehrsstörungen etc. nicht erreicht.[39] Der Arbeitgeber gerät auch nicht in Annahmeverzug, wenn er den betrunkenen Arbeitnehmer zurückweist.[40]

IV. Entbehrlichkeit eines Angebots

23 Vgl. die Kommentierung zu § 296 BGB.

C. Prozessuale Hinweise/Verfahrenshinweise

24 Ein Kläger kann dem Beklagten die Auflassung eines diesem verkauften Grundstücks nicht in einem noch nicht beschiedenen Klageantrag anbieten, wenn der Beklagte bisher nicht erklärt hat, dass er die Leistung nicht annehmen würde (§ 295 BGB). Der Kläger kann daher Annahmeverzug des Beklagten nur durch ein tatsächliches Angebot herbeiführen (§ 294 BGB) nach den vom Bundesgerichtshof[41] aufgestellten Erfordernissen. Weigert sich der Gläubiger jedoch bestimmt und eindeutig, die ihm obliegende Gegenleistung zu erbringen, reicht ein wörtliches Angebot nach § 295 BGB aus. In diesem Fall ist auf Antrag des Schuldners der Annahmeverzug des Gläubigers im Urteil festzustellen.[42]

25 Wird mit der Klageschrift die Übereignung einer Schuldverschreibung Zug um Zug wörtlich angeboten, ist das wörtliche Angebot zugleich das tatsächliche Angebot i.S.d. § 294, weil die Übereignung durch Abtretung des Herausgabeanspruchs keine körperliche Leistung verlangt, sondern die Abgabe einer Willenserklärung.[43]

26 Der Schuldner trägt die Beweislast für ein ordnungsgemäßes Angebot.

27 Der zur Nachbesserung verpflichtete Werkunternehmer, der bei einer Zug-um-Zug-Vollstreckung den Besteller in Annahmeverzug setzen will, muss das tatsächliche Angebot im Sinne von § 294 BGB durch vollständige (gleichsam abnahmefähige) Ausführung der geschuldeten Nachbesserungsarbeiten bewirken.[44]

---

[33] RG v. 09.01.1889 - I 276/88 - RGZ 23, 126-130.
[34] BGH v. 27.01.1987 - VIII ZR 26/86 - NJW 1987, 2435-2437.
[35] OLG Celle v. 27.11.2008 - 6 U 102/08 - NJW-RR 2009, 315.
[36] BGH v. 10.01.1983 - VIII ZR 304/81 - BGHZ 86, 204-211.
[37] OLG Hamm v. 01.10.1997 - 33 U 37/97 - NJW-RR 1998, 152.
[38] OLG Düsseldorf v. 29.11.2004 - I-24 U 157/04, 24 U 157/04 - OLGR Düsseldorf 2005, 105-107.
[39] BAG v. 08.12.1982 - 4 AZR 134/80 - BB 1983, 314-316.
[40] LArbG Kiel v. 28.11.1988 - 4 Sa 382/88 - DB 1989, 630-631.
[41] BGH v. 06.12.1991 - V ZR 229/90 - BGHZ 116, 244-251.
[42] BGH v. 24.03.2006 - V ZR 173/05 - ZIP 2006, 904-906.
[43] OLG Frankfurt v. 21.06.2011 - 5 U 51/10 - NZG 2011, 1158.
[44] LG Stuttgart v. 07.06.1988 - 2 T 301/88 - DGVZ 1990, 92-93.

Verweigert der Auftraggeber die Durchführung von Nachbesserungsarbeiten nur für die Dauer des Rechtsstreits, führt dies noch nicht zum Annahmeverzug, solange der Unternehmer die Nachbesserung nicht tatsächlich angeboten hat.[45]

---

[45] OLG Düsseldorf v. 20.04.2001 - 5 U 91/00 - BauR 2002, 482-484.

§ 295 BGB Wörtliches Angebot

(Fassung vom 02.01.2002, gültig ab 01.01.2002)

¹Ein wörtliches Angebot des Schuldners genügt, wenn der Gläubiger ihm erklärt hat, dass er die Leistung nicht annehmen werde, oder wenn zur Bewirkung der Leistung eine Handlung des Gläubigers erforderlich ist, insbesondere wenn der Gläubiger die geschuldete Sache abzuholen hat. ²Dem Angebot der Leistung steht die Aufforderung an den Gläubiger gleich, die erforderliche Handlung vorzunehmen.

Gliederung

A. Grundlagen ... 1	a. Verweigerung der Abnahme ... 13
I. Kurzcharakteristik ... 1	b. Nachbesserungspflicht und Annahmeverzug ... 16
II. Regelungsprinzipien ... 2	III. Wörtliches Angebot ... 27
B. Anwendungsvoraussetzungen ... 3	1. Geschäftsähnliche Handlung ... 28
I. Verweigerung der Annahme (Satz 1 Alternative 1) ... 3	2. Formlos ... 29
	3. Stillschweigend ... 30
II. Erforderliche Mitwirkungshandlung des Gläubigers (Satz 1 Alternative 2) ... 8	4. Entbehrlich ... 34
	5. Vorbehaltlose Leistungsbereitschaft ... 35
1. Mitwirkungshandlungen ... 9	6. Dauerschuldverhältnis ... 39
2. Mitwirkungspflicht beim Werkvertrag ... 12	**C. Prozessuale Hinweise/Verfahrenshinweise** ... 42

A. Grundlagen

I. Kurzcharakteristik

1 § 295 BGB enthält eine Durchbrechung des Erfordernisses eines tatsächlichen Angebots, weil bei einem ablehnenden Verhalten des Gläubigers ein tatsächliches Angebot überflüssig erscheint und deshalb ein wörtliches Angebot genügt. Einem Schuldner ist ein tatsächliches Angebot nur zumutbar, wenn er auch erwarten kann, dass seine Leistung vom Gläubiger angenommen wird. § 295 BGB verlangt zur Begründung des Gläubigerverzugs mindestens ein wörtliches Angebot des Schuldners im Gegensatz zum Schuldnerverzug. Der verweigernde Schuldner gerät bereits ohne Mahnung in Schuldnerverzug (§ 286 Abs. 2 BGB). Wegen des eindeutigen Wortlauts des § 295 Satz 1 BGB kann der beim Schuldnerverzug geltende Grundsatz der Entbehrlichkeit der Mahnung nicht auf den Gläubigerverzug angewandt werden.[1] Das wörtliche Angebot wird deshalb durch die bloße Annahmeverweigerung ohne das Hinzutreten weiterer Umstände nicht überflüssig.[2]

II. Regelungsprinzipien

2 § 295 BGB behandelt zwei Ausnahmefälle, in denen statt eines tatsächlichen Angebots ein wörtliches Angebot ausreichend ist. Dies sind eine früher erklärte ernstliche Annahmeverweigerung des Gläubigers (Satz 1 Alternative 1) oder Unterbleiben einer erforderlichen Mitwirkungshandlung des Gläubigers (Satz 1 Alternative 2). Die Unterausnahme des § 296 BGB zu dieser Fallkonstellation (berechenbare Zeit nach dem Kalender) hat die neuere Rechtsprechung des Bundesarbeitsgerichts zu einer selbstständigen Fallgruppe des Gläubigerverzugs ohne (tatsächliches und wörtliches) Angebot ausgebaut.

B. Anwendungsvoraussetzungen

I. Verweigerung der Annahme (Satz 1 Alternative 1)

3 Dies ist der Fall, wenn der Gläubiger eindeutig und bestimmt erklärt hat, dass er die Leistung des Schuldners nicht als Erfüllung annehmen werde.[3] Schlüssiges Verhalten reicht aus.[4] Die Annahmeverweigerung muss zeitlich vor dem Angebot erklärt worden sein („wenn der Gläubiger ihm erklärt hat").

---

[1] RG v. 15.02.1902 - II 408/01 - RGZ 50, 208-212.
[2] BGH v. 15.11.1996 - V ZR 292/95 - NJW 1997, 581-582.
[3] BGH v. 24.03.2006 - V ZR 173/05 - ZIP 2006, 904-906.
[4] BGH v. 14.02.1958 - VIII ZR 8/57 - MDR 1958, 335-335.

Deshalb gerät der Gläubiger nicht in Annahmeverzug, wenn der Schuldner vor dessen Annahmeverweigerung ein Angebot abgegeben hat.[5]

Ein eindeutiger **Nichtannahmewille** der zu erbringenden Gegenleistung liegt in der Beantragung der Klageabweisung durch den Gläubiger[6] oder dessen Erklärung, dass er den Vertrag „annullieren" wolle[7] oder ein entsprechendes Verhalten des Gläubigers, das auf einen entsprechenden Erklärungswillen schließen lässt.[8] Gleiches gilt für Erklärungen des Gläubigers, der Vertrag sei nicht zustande gekommen; er akzeptiere nicht den Widerruf, der ein Rückabwicklungsverhältnis begründet;[9] Verweigerung der Erfüllung, Rücktritt,[10] Ablehnung des Einverständnisses mit dem Rücktritt und Verweigerung der Rücknahme des Kaufgegenstandes[11] oder einer Kündigung;[12] bei der Rückabwicklung die Verweigerung der von ihm selbst zu erbringenden Leistung,[13] wenn er den Schuldner nicht zur Nachbesserung in die Wohnung lässt,[14] ihm Hausverbot[15] oder Baustellenverbot[16] erteilt.

Bei **Dauerschuldverhältnissen** bedeutet die ungerechtfertigte Kündigung durch den Gläubiger die Erklärung, die Leistung des Schuldners, etwa die Arbeitsleistung, nicht annehmen zu wollen.[17] Auch in der rechtswidrigen Einführung von Kurzarbeit durch einen Arbeitgeber liegt ein entsprechendes konkludentes Verhalten.[18] Ist das Zustandekommen eines Aufhebungsvertrags zwischen den Arbeitsvertragsparteien streitig, bedarf es zur Begründung des Annahmeverzugs des Arbeitgebers in der Regel eines tatsächlichen Angebots der Arbeitsleistung durch den Arbeitnehmer. Vertritt der Arbeitgeber nach Verhandlungen mit dem Arbeitnehmer die Auffassung, das Arbeitsverhältnis sei einvernehmlich beendet worden, beendet er das Arbeitsverhältnis – anders als bei einer unberechtigten fristlosen Kündigung[19] – nicht durch einseitige Erklärung. Ein wörtliches Angebot nach § 295 genügt aus diesem Grunde regelmäßig nicht.[20]

Grundsätzlich ist der Schuldner nur dann in der Lage, den Gläubiger durch ein wörtliches Angebot in Annahmeverzug zu versetzen, wenn er das zu liefernde Werk fertig gestellt hat. Ausnahmsweise braucht der Verkäufer eine Ware nicht anzufertigen oder anzuschaffen, wenn ihm das nach der Verkehrsanschauung nicht zuzumuten ist. So kann er den Besteller durch ein wörtliches Angebot der Leistung jedenfalls dann in Annahmeverzug versetzen, wenn dieser in besonders nachhaltiger Weise zum Ausdruck gebracht hat, dass er vertragsuntreu ist und die Leistung nicht annehmen will.[21]

Keine Verweigerung ist ein bloßer Vorbehalt oder ein bloßes Schweigen auf die Mitteilung des Schuldners, dass er leistungsbereit sei[22] oder die fehlende Reaktion auf die Anmahnung der Gegenleistung oder bei Bestehen eines Leistungsverweigerungsrechts.[23]

II. Erforderliche Mitwirkungshandlung des Gläubigers (Satz 1 Alternative 2)

Ob die Mitwirkungshandlung für die Erbringung der Leistung notwendig ist, ergibt sich durch Vertragsauslegung nach Treu und Glauben unter Berücksichtigung der Verkehrssitte.[24]

---

[5] RG v. 15.02.1902 - II 408/01 - RGZ 50, 208-212.
[6] OLG Hamm v. 26.10. 2006 - 22 U 33/06; LG Bielefeld v. 29.07.2008 - 5 O 25/05; OLG München v. 11.02.2010 - 23 U 3872/09.
[7] RG v. 23.02.1904 - II 298/03 - RGZ 57, 105-116.
[8] BGH v. 14.02.1958 - VIII ZR 8/57 - MDR 1958, 335-335.
[9] OLG Naumburg v. 25.07.2002 - 4 U 62/02 - OLGR Naumburg 2003, 93-94.
[10] RG v. 23.02.1904 - II 298/03 - RGZ 57, 105-116; BGH v. 20.05.2009 - VIII ZR 191/07 - NJW 2009, 2807.
[11] OLG Hamm v. 25.02.1997 - 28 U 123/96 - NJW-RR 1997, 1418-1419.
[12] BAG v. 13.07.2005 - 5 AZR 578/04 - NJW 2006, 1020-1023.
[13] BGH v. 15.11.1996 - V ZR 292/95 - NJW 1997, 581-582.
[14] OLG Schleswig v. 23.06.2000 - 1 U 165/99 - BauR 2001, 115-116.
[15] OLG Düsseldorf v. 23.07.1999 - 22 U 9/99 - NJW-RR 2000, 466-467.
[16] BGH v. 08.07.2004 - VII ZR 317/02 - NJW-RR 2004, 1461-1462.
[17] BGH v. 13.03.1986 - IX ZR 65/85 - NJW-RR 1986, 794-796; BGH v. 28.10.1996 - II ZR 14/96 - NJW-RR 1997, 537-538.
[18] BAG v. 08.03.1961 - 4 AZR 223/59 - NJW 1961, 1693; BAG v. 10.07.1969 - 5 AZR 323/68 - NJW 1969, 1734.
[19] BAG v. 24.10.1991 - 2 AZR 112/91 - NJW 1992, 932-933; BAG v. 12.07.2006 - 5 AZR 277/06 - BAGE 119, 53-58.
[20] BAG v. 07.12.2005 - 5 AZR 19/05 - NJW 2006, 1453-1454.
[21] BGH v. 14.02.1958 - VIII ZR 8/57 - MDR 1958, 335-335.
[22] *Löwisch/Feldmann* in Staudinger, § 295 Rn. 3.
[23] BGH v. 29.11.1995 - VIII ZR 32/95 - NJW 1996, 923-924.
[24] RG v. 14.08.1941 - II 49/41 - RGZ 168, 321-331.

§ 295

1. Mitwirkungshandlungen

9   Als Mitwirkungshandlungen des Gläubigers zu Bewirkung der Leistung kommen in Betracht:
- Abholung bei Holschulden;[25]
- Abnahme einer Werkleistung (§ 640 Abs. 1 BGB);
- Übernahme der Miеträume;
- Bereitstellung von Mitarbeitern[26] oder Verpackungsmaterial;
- Bestimmung von Leistung und Leistungsmodalitäten (§ 315 BGB) beim Spezifikationskauf nach § 375 HGB;[27]
- Abruf von Waren beim Kauf auf Abruf;[28]
- Ausübung des Wahlrechts nach § 263 BGB;
- Entgegennahme der Auflassung;[29]
- Zurverfügungstellung eines funktionsfähigen Arbeitsplatzes und Zuweisung von Arbeit;[30]
- Übernahme einer Mietwohnung;[31]
- Erteilung einer Rechnung, sofern der zu zahlende Betrag einer Festlegung bedarf,[32]
- Benennung von Einlieferungsstellen für Aktien.[33]

10 Weigert sich der Vermieter bei Beendigung des Mietverhältnisses die Räume zurückzunehmen, weil sie noch nicht vollständig geräumt seien, so liegt kein Vorenthalten des Mieters vor, wenn noch einzelne, die Nutzung des Mietobjekts nicht wesentlich hindernde Sachen in den Räumen geblieben sind. Der Vermieter gerät in diesem Fall in Annahmeverzug, wenn er das wörtliche Angebot des Mieters, die Schlüssel am Ort der belegenen Sache zurückzugeben, nicht annimmt.[34]

11 **Keine** Mitwirkungshandlung ist trotz der Zug-um-Zug-Verpflichtung gemäß § 368 BGB die Erteilung einer Quittung. Die Quittungserteilung ist nicht erforderlich, um die Erfüllung des Schuldverhältnisses zu ermöglichen. Da bei jedem Schuldverhältnis nach § 368 BGB eine Quittung vom Gläubiger zu erteilen ist, müsste immer ein wörtliches Angebot des Schuldners genügen.

2. Mitwirkungspflicht beim Werkvertrag

12 Auch beim Werkvertrag führt der Gläubigerverzug zum Gefahrübergang (§ 644 Abs. 1 Satz 2 BGB). Im Übrigen gelten einige Besonderheiten: Während die Abnahmepflicht gem. § 433 Abs. 2 BGB (Kaufvertrag) in der Regel eine Nebenpflicht[35] ist, stellt die Abnahmeverpflichtung nach § 640 Abs. 1 BGB eine Hauptpflicht dar.[36] Verletzt der Besteller sie, so liegt darin sowohl ein Annahmeverzug als Gläubiger als auch die Verletzung einer vertraglichen Hauptleistungspflicht als Schuldner (§§ 642, 643 BGB).

a. Verweigerung der Abnahme

13 Der Unternehmer kann die vereinbarte Vergütung erst nach Abnahme der Werkleistung verlangen (§ 641 Abs. 1 BGB). Der Unternehmer kann jedoch durch eine Fertigstellungsbescheinigung (§ 641a Abs. 1 BGB) die Abnahmewirkung herbeiführen.

14 Kann der Besteller die Beseitigung eines Mangels verlangen, so ist er berechtigt auch nach der Abnahme die Zahlung eines angemessenen Teils der Vergütung zu verweigern, mindestens in Höhe des Dreifachen der für die Beseitigung des Mangels erforderlichen Kosten (§ 641 Abs. 3 BGB).

---

[25] OLG Köln v. 30.10.2001 - 3 U 93/01 - ZMR 20, 2002, 423-425 - Einbauküche; OLG Celle v. 03.09.2009 - 13 U 37/09 - MDR 2010, 398 - Bürgschaftsurkunde.
[26] BGH v. 23.01.1996 - X ZR 105/93 - NJW 1996, 1745.
[27] RG v. 24.11.1885 - III 197/85 - RGZ 14, 243-248; RG v. 21.02.1899 - II 345/98 - RGZ 43, 101-104; BGH v. 04.07.2002 - I ZR 313/99 - NJW 2002, 3541-3543.
[28] RG v. 18.03.1910 - II 369/09 - RGZ 73, 257-252.
[29] BGH v. 06.12.1991 - V ZR 229/90 - BGHZ 116, 244-251.
[30] BAG v. 19.04.1990 - 2 AZR 591/89 - ZIP 1990, 1292-1294.
[31] BGH v. 14.11.1990 - VIII ZR 13/90 - NJW-RR 1991, 267-268.
[32] OLG Celle v. 09.07.1985 - 16 U 216/84 - NJW 1986, 327-328.
[33] BGH v. 02.06.2003 - II ZR 85/02 - BGHZ 155, 110-121.
[34] OLG Düsseldorf v. 20.05.2003 - I-24 U 49/03, 24 U 49/03 - MDR 2003, 1411-1413.
[35] RG v. 09.12.1902 - II 265/02 - RGZ 53, 161-168.
[36] RG v. 26.08.1943 - II 39/43 - RGZ 171, 297-304.

Für den Fall, dass der Auftraggeber eines Bauwerks die Bezahlung nach Abnahme wegen Mängeln verweigert, jedoch eine vom Unternehmer zu Recht geforderte Sicherheit nicht stellt, gibt § 648a Abs. 1 BGB dem Unternehmer auch in diesem Fall das Recht, Sicherheit zu verlangen. Nach fruchtlosem Ablauf einer gesetzten Nachfrist nach § 648a Abs. 5 BGB kann der Unternehmer eine um die Mängelbeseitigungskosten geminderte Vergütung verlangen. Macht der Unternehmer von dieser Möglichkeit keinen Gebrauch, kann der Besteller dem Verlangen auf Zahlung des vollen Werklohns das gesetzliche Leistungsverweigerungsrecht aus § 641 Abs. 3 BGB auch dann entgegenhalten, wenn er die Sicherheit nicht gestellt hat.[37]

b. Nachbesserungspflicht und Annahmeverzug

Grundsätzlich bestimmt der Unternehmer, auf welche Weise nachzubessern ist; eine bestimmte Art kann gefordert werden, wenn nur auf diese Weise der Mangel nachhaltig beseitigt oder der vertraglich geschuldete Zustand erreicht werden kann.[38] Verweigert der Auftraggeber die Durchführung von Nachbesserungsarbeiten nur für die Dauer eines Rechtsstreits, führt dies noch nicht zum Annahmeverzug, solange der Unternehmer die Nachbesserung nicht tatsächlich angeboten hat.[39]

Befindet sich der Unternehmer mit der Nachbesserung in Verzug, so kann er den Verzug nur durch ein tatsächliches Angebot i.S.d. § 294 BGB beenden. Erst wenn der Besteller eine Nachbesserung durch den Unternehmer ablehnt, reicht gemäß § 295 BGB ein wörtliches Nachbesserungsangebot aus, um den Annahmeverzug des Bestellers zu begründen und den eigenen Verzug zu beenden.[40]

Weist der Auftraggeber die Nachbesserung durch den Unternehmer zurück, kann er dem Werklohnanspruch nicht mehr die Einrede der mangelnden Fälligkeit wegen fehlender Abnahme entgegensetzen.[41] Fälligkeit tritt auch ein, wenn der Besteller nicht nur eine bestimmte Form der Nachbesserung verweigert, sondern überhaupt keine Nachbesserung mehr zulässt.

Auch wenn der Auftraggeber mit der Entgegennahme der angebotenen Mängelbeseitigung sich in Annahmeverzug befindet, bleibt sein Leistungsverweigerungsrecht nach § 320 BGB gegenüber dem Restwerklohnanspruch des Unternehmers grundsätzlich bestehen.[42] Das Leistungsverweigerungsrecht besteht in diesem Fall aber nur in Höhe des **einfachen** Werts der erforderlichen Nachbesserungskosten.[43] Ein Druckzuschlag mit dem mehrfachen Wert ist nicht vorzunehmen.[44]

Ein nach der Kündigung eines Bauvertrages ausgesprochenes Baustellenverbot begründet allein keine Verwirkung des Nachbesserungsanspruchs, sondern allenfalls einen Annahmeverzug des Auftraggebers. Der Auftragnehmer ist nämlich noch nach Kündigung des Bauvertrages verpflichtet, Mängel an dem von ihm bis zur Kündigung erstellten Werk zu beseitigen. Gegenüber dem Werklohnverlangen des Auftragnehmers kann der Auftraggeber das gesetzliche Leistungsverweigerungsrecht aus § 320 Abs. 1 BGB jedenfalls in Höhe des mindestens Dreifachen der Mängelbeseitigungskosten geltend machen. Eine Fristsetzung zur Mängelbeseitigung ist nicht Voraussetzung für die Ausübung des Leistungsverweigerungsrechts.[45]

Das grundsätzlich bestehende Recht eines Auftragnehmers zur Mängelbeseitigung entfällt bei Verzug des Unternehmers mit der Nachbesserung nur vorläufig. Die gemäß § 633 Abs. 3 BGB entstandenen Rechte des Auftraggebers kann ein Auftragnehmer jederzeit wieder dadurch beenden, dass er seinen Verzug beseitigt, insbesondere indem er seinerseits den Annahmeverzug des Bestellers herbeiführt.[46]

Ein Auftraggeber, welcher dem Unternehmer, der Mängelbeseitigungs- und Restarbeiten zur Fertigstellung seines Werkes vornehmen will, aus Verärgerung über mangelhafte und schleppende Arbeitsweise Hausverbot erteilt, muss auf entsprechende Aufforderung durch den Unternehmer diesem einen

---

[37] BGH v. 22.01.2004 - VII ZR 183/02 - NJW 2004, 1525-1527.
[38] BGH v. 24.04.1997 - VII ZR 110/96 - LM BGB § 633 Nr. 99 (10/1997).
[39] OLG Düsseldorf v. 20.04.2001 - 5 U 91/00 - BauR 2002, 482-484.
[40] OLG Hamm v. 05.11.1991 - 26 U 23/91 - NJW-RR 1992, 667-668.
[41] BGH v. 22.06.2001 - V ZR 56/00 - BGHReport 2001, 817-818; OLG Düsseldorf v. 29.10.1993 - 22 U 318/92 - NJW-RR 1995, 155-156.
[42] BGH v. 06.12.1991 - V ZR 229/90 - BGHZ 116, 244-251; OLG Hamm v. 23.06.1995 - 12 U 25/95 - NJW-RR 1996, 86-88.
[43] BGH v. 22.07.2010 - VII ZR 117/08 - NJW-RR 2011, 21.
[44] BGH v. 04.04.2002 - VII ZR 252/01 - NJW-RR 2002, 1025.
[45] BGH v. 08.07.2004 - VII ZR 317/02 - NJW-RR 2004, 1461-1462.
[46] OLG Oldenburg v. 16.12.1998 - 2 U 227/98 - MDR 1999, 994.

§ 295

Termin zur Wiederaufnahme der Arbeiten benennen; wenn der Auftraggeber untätig bleibt, kann der Unternehmer ihm eine Frist nach § 643 Satz 1 BGB setzen und nach deren erfolglosem Ablauf seine Vergütung gem. § 645 Abs. 1 Satz 2 BGB verlangen.[47]

23 Der Verzug des Werkunternehmers mit der Mängelbeseitigung entfällt durch den Annahmeverzug des Bestellers; das gilt auch, wenn der Unternehmer durch eine ernsthafte Erfüllungsverweigerung in Verzug geraten war, später aber die Mängelbeseitigung in einer den Annahmeverzug begründenden Weise anbietet. An die Bejahung des Verzugs mit der Mängelbeseitigung aufgrund endgültiger Erfüllungsverweigerung sind strenge Anforderungen zu stellen.[48]

24 Kann ein Auftragnehmer wegen fehlender Vorunternehmerleistungen (Bauablaufstörungen) seine Leistung nicht erbringen,[49] genügt neben einer nach § 6 Nr. 1 VOB/B etwa erforderlichen Behinderungsanzeige gemäß § 295 BGB ein wörtliches Angebot der Leistung, um den Annahmeverzug des Auftraggebers zu begründen. Für ein wörtliches Angebot kann es genügen, dass der Auftragnehmer seine Mitarbeiter auf der Baustelle zur Verfügung hält und zu erkennen gibt, dass er bereit und in der Lage ist, seine Leistung zu erbringen.[50]

25 Ist ein Werk aufgrund einer unzureichenden Vorleistung eines anderen Unternehmers mangelhaft und ist der Unternehmer zur Nacherfüllung verpflichtet, hat der Besteller die erforderlichen Mitwirkungshandlungen vorzunehmen oder anzubieten. Ein pauschales Anbieten von Mängelbeseitigungsarbeiten genügt diesen Anforderungen nicht.[51]

26 Der Werklohn ist ausnahmsweise trotz fehlender Abnahme und Abnahmereife des Werkes fällig, wenn der Auftragnehmer dem Besteller die Nachbesserung in einer den Annahmeverzug des Bestellers begründenden Weise angeboten und der Besteller das Angebot nicht angenommen hat. Ein wörtliches Angebot, die Mängelbeseitigungsarbeiten an einem bestimmten Tag auszuführen, reicht gemäß § 295 BGB aus, wenn für die Vornahme der Mängelbeseitigungsarbeiten eine Leistung des Bestellers, nämlich ein Einlassen in die Wohnung, erforderlich ist.[52]

III. Wörtliches Angebot

27 Das wörtliche Angebot ist die Mitteilung der Bereitschaft des Schuldners an den Gläubiger, die vertragsgemäße Leistung zu erbringen oder das Vorliegen der Voraussetzungen für die Vornahme der vom Gläubiger zu erbringenden Mitwirkungshandlung. Die Aufforderung an den Gläubiger zur Vornahme der Mitwirkungshandlung steht dem wörtlichen Angebot gleich (Satz 2). Da Leistungsort im Fall des Rücktritts vom Kaufvertrag gemäß §§ 437 Nr. 2, 440 BGB der Ort ist, an dem sich die Sache vertragsgemäß befindet, genügt das wörtliche Angebot des Käufers, die gekaufte Sache bei ihm abzuholen.[53]

1. Geschäftsähnliche Handlung

28 Anders als das tatsächliche Angebot (Realakt) ist das wörtliche Angebot eine zugangsbedürftige geschäftsähnliche Handlung,[54] für die die Vorschriften über Willenserklärungen (§§ 130 ff. BGB), Geschäftsfähigkeit (§§ 104 ff. BGB) und Vertretung (§§ 164 ff. BGB) entsprechend gelten[55].

2. Formlos

29 Das wörtliche Angebot ist formlos möglich. Eine ausdrückliche Erklärung oder Bezeichnung als Angebot ist nicht erforderlich.[56]

3. Stillschweigend

30 Das wörtliche Angebot kann auch stillschweigend erfolgen.

---

[47] OLG Düsseldorf v. 23.07.1999 - 22 U 9/99 - NJW-RR 2000, 466-467.
[48] OLG Düsseldorf v. 20.03.1998 - 22 U 159/97 - NJW-RR 1998, 1030-1031.
[49] BGH v. 21.10.1999 - VII ZR 185/98 - BGHZ 143, 32-41.
[50] BGH v. 19.12.2002 - VII ZR 440/01 - NJW 2003, 1601-1602.
[51] OLG Celle v. 18.06.2008 - 14 U 147/07 - BauR 2008, 2046.
[52] OLG Schleswig v. 23.06.2000 - 1 U 165/99 - BauR 2001, 115-116.
[53] OLG Köln v. 28.03.2011 - 3 U 174/10 - DAR 2011, 260.
[54] BGH v. 15.10.1998 - I ZR 111/96 - BGHZ 140, 84-94; BAG v. 21.03.1985 - 2 AZR 201/84 - NJW 1985, 2662-2663.
[55] *Löwisch/Feldmann* in: Staudinger, § 295 Rn. 23.
[56] BAG v. 26.04.1956 - GS 1/56 - BAGE 3, 66; LG Berlin v. 09.02.2007 - 96 O 62/06.

Hängt die Leistungspflicht einer Vertragspartei von einer hierfür erforderlichen Mitwirkungshandlung ab, so liegt schon in der nachdrücklichen Aufforderung, diese Mitwirkung vorzunehmen, ein wörtliches Angebot.[57] Ein wörtliches Angebot ist auch dann anzunehmen, wenn mit der Klage eine Zug-um-Zug-Verurteilung begehrt wird.[58]

Ein wörtliches Angebot genügt nach § 295 BGB, wenn der Gläubiger schon zuvor erklärt hat, er werde die Leistung nicht annehmen; hier erschiene das tatsächliche Angebot, etwa das Bereitstellen der Ware, sinnlos. Eine nur eingeschränkte Annahmebereitschaft gilt als Annahmeverweigerung, so z.B. die Erklärung des Gläubigers, er werde die Leistung zwar annehmen, seine Zug um Zug zu erbringende Gegenleistung aber nicht erfüllen.[59]

Im Gegensatz zum tatsächlichen Angebot (§ 294 BGB) kann nur der Schuldner das wörtliche Angebot abgeben, aber nicht ein leistungsberechtigter Dritter. Nur wenn der Dritte ablösungsberechtigt ist (§§ 268, 1150, 1249 BGB), kann er ebenso wie der Schuldner das Angebot wirksam erklären.[60]

4. Entbehrlich

Die Annahmeverweigerung macht das wörtliche Angebot nicht überflüssig. Bei kategorischer Annahmeverweigerung kann selbst das wörtliche Angebot nach Treu und Glauben entbehrlich sein. Ein wörtliches Angebot des Schuldners ist als bloße Förmelei dann nicht erforderlich, wenn der Gläubiger erkennen lässt, dass er unter keinen Umständen bereit ist, das Leistungsangebot anzunehmen, so dass dem Schuldner das Angebot der Leistung sinnlos erscheinen muss.[61]

5. Vorbehaltlose Leistungsbereitschaft

Ein wörtliches Angebot ist unbeachtlich, wenn der Schuldner keinen ernstlichen Willen hat, die angebotene Leistung in dem geschuldeten Umfang zu erbringen.[62]

Deshalb ist ein Angebot nur wirksam, wenn die Leistungsbereitschaft tatsächlich vorliegt[63] und der Schuldner leistungsfähig ist (§ 297 BGB), auch wenn die Leistungsfähigkeit (zunächst) noch fehlt.[64]

Das wörtliche Angebot darf auch keine (unberechtigten) Vorbehalte und Bedingungen enthalten.[65] Will sich der Schuldner auf ein Leistungsverweigerungsrecht berufen, dann muss das Angebot der Leistung die Geltendmachung des Leistungsverweigerungsrechts umfassen.[66] Die Geltendmachung des Zurückbehaltungsrechts steht unter dem Vorbehalt des Grundsatzes von Treu und Glauben[67] und wird durch den Grundsatz der Verhältnismäßigkeit beschränkt.[68]

Bei unterbliebener Mitwirkungshandlung muss der Schuldner entsprechende Leistungsvorbereitungshandlungen erbracht haben; bei Annahmeverweigerung genügt bei Lieferverträgen, dass sich der Schuldner den Leistungsgegenstand jederzeit beschaffen kann.[69] Bei Gattungsschulden ist im Gegensatz zum tatsächlichen Angebot eine vorherige Aussonderung (§ 243 Abs. 2 BGB) für die Wirksamkeit des wörtlichen Angebots an sich nicht erforderlich. Es genügt, dass der Schuldner die Ware jederzeit beschaffen kann. Die Aussonderung ist jedoch Voraussetzung für den Gefahrübergang nach § 300 Abs. 2 BGB.[70]

---

[57] BGH v. 04.07.2002 - I ZR 313/99 - NJW 2002, 3541-3543.
[58] OLG Hamm v. 05.11.1992 - 2 U 143/92 - OLGR Hamm 1993, 49.
[59] BGH v. 15.11.1996 - V ZR 292/95 - NJW 1997, 581-582.
[60] RG v. 19.12.1913 - VII 375/13 - RGZ 83, 390-393.
[61] BGH v. 09.10.2000 - II ZR 75/99 - NJW 2001, 287-289; BAG v. 09.08.1984 - 2 AZR 374/83 - NJW 1985, 935-936; OLG Brandenburg v. 24.06.2008 - 6 U 104/07 - AG 2009, 513.
[62] BAG v. 19.05. 2004 - 5 AZR 434/03 - ZTR 2004, 604-606.
[63] BAG v. 09.08.1984 - 2 AZR 374/83 - NJW 1985, 935-936; BAG v. 19.04.1990 - 2 AZR 591/89 - ZIP 1990, 1292-1294; BAG v. 02.11.1973 - 5 AZR 147/73 - BB 1974, 277; BAG v. 18.12.1974 - 5 AZR 66/74 - NJW 1975, 1336.
[64] RG v. 11.04.1902 - II 407/01 - RGZ 50, 255-270; BGH v. 14.02.1958 - VIII ZR 8/57 - MDR 1958, 335-335; BAG v. 24.10.1991 - 2 AZR 112/91 - NJW 1992, 932-933.
[65] BGH v. 08.11.1994 - XI ZR 85/94 - ZIP 1994, 1839-1840.
[66] BAG v. 07.06.1973 - 5 AZR 563/72 - DB 1973, 1605.
[67] BAG v. 25.10.1984 - 2 AZR 417/83 - DB 1985, 763.
[68] ArbG Bochum v. 17.03.2010 - 5 Ca 3204/09 - AE 2010, 142.
[69] RG v. 11.04.1902 - II 407/01 - RGZ 50, 255-270; BGH v. 14.02.1958 - VIII ZR 8/57 - MDR 1958, 335-335.
[70] H.M., RG v. 29.03.1904 - II 372/03 - RGZ 57, 402-407; a.A. *Löwisch/Feldmann* in: Staudinger, § 295 Rn. 17.

6. Dauerschuldverhältnis

39 Bei Dauerschuldverhältnissen stellt sich wegen der fortlaufenden Verpflichtungen (z.B. Miete, Gesellschaft, Arbeitsvertrag) die Frage, ob bei jeder weiteren Teilleistung der Schuldner die jeweilige Leistung erneut anbieten muss, wenn sich der Gläubiger weigert, eine Rate anzunehmen. Dies ist nicht erforderlich,[71] denn in der bisherigen Erfüllung der Verpflichtungen aus dem Dauerschuldverhältnis bringt der Schuldner zum Ausdruck, seine Leistungen auch weiterhin zu erbringen, selbst wenn der Gläubiger die Leistungen ablehnt oder eine notwendige Mitwirkungshandlung unterlässt.[72] Wird ein Dauerschuldverhältnis unberechtigt oder nicht fristgerecht vom Gläubiger gekündigt, steht noch nicht fest, ob der Schuldner die unberechtigte Kündigung akzeptieren wird. Zur Klarstellung muss der Schuldner deshalb der Kündigung widersprechen. Ein solcher Widerspruch ergibt sich aus der Geltendmachung von Entgeltansprüchen eines Geschäftsführers, sei es durch Klage[73] oder durch einfaches Schreiben.[74]

40 Nach der Kündigung eines Dienstverhältnisses genügt zur Begründung des Annahmeverzugs grundsätzlich ein wörtliches Angebot, weil die Kündigung regelmäßig die Erklärung des Dienstberechtigten enthält, er werde weitere Dienstleistungen des Verpflichteten nicht annehmen.[75] Als wörtliches Angebot kann ein Widerspruch des Gekündigten gegen die Kündigung,[76] die Erhebung der Kündigungsschutzklage[77] oder die Klage auf Gehaltsfortzahlung[78] angesehen werden. Das Angebot wirkt auf den Zeitpunkt der durch die Kündigung beabsichtigten Beendigung des Arbeitsverhältnisses zurück. Das Angebot ist entbehrlich, wenn die verpflichtete Partei erkennen lässt, sie sei unter keinen Umständen bereit, den Dienstverpflichteten weiter zu beschäftigen.[79]

41 Das wörtliche Angebot der geschuldeten Dienste durch den Dienstverpflichteten genügt aber nicht, wenn das Angebot **vor** der Kündigung des Dienstvertrages durch den Dienstberechtigten erklärt wird.[80] Ein Arbeitnehmer braucht nach Wiederherstellung seiner Gesundheit während der Urlaubszeit des Unternehmens nur seine Bereitschaft zur Erbringung seiner Dienste anzuzeigen. Dieses Angebot genügt für die Begründung eines Annahmeverzuges des Arbeitgebers. Würde der Arbeitnehmer durch Erscheinen an der Arbeitsstelle die Dienste persönlich anbieten, so könnte ihn der Arbeitgeber wegen des Urlaubs nicht beschäftigen; eines tatsächlichen Angebotes der Dienste bedarf es daher nicht.[81]

C. Prozessuale Hinweise/Verfahrenshinweise

42 In einer auf Zug-um-Zug-Leistung gerichteten Klage[82] oder Widerklage[83] liegt ein wörtliches Angebot[84].

43 Der Beklagte gerät nach § 295 BGB schon dadurch in Annahmeverzug, dass er die gekaufte Sache nicht beim Kläger abholt. Gemeinsamer Erfüllungsort für die Wandlung ist der Ort, an dem sich die Sache zur Zeit der Wandelung vertragsgemäß befindet.[85]

44 Hat eine Vertragspartei eine unbegründete fristlose Kündigung des Vertrags ausgesprochen und geht sie deshalb davon aus, zur weiteren Vertragserfüllung nicht verpflichtet zu sein, so steht ihr die Einrede des nicht erfüllten Vertrages nicht mehr zu, wenn sie von der anderen Vertragspartei auf Erfüllung in Anspruch genommen wird.[86]

---

[71] RG v. 23.06.1910 - VI 302/09 - RG JW 1910, 804.
[72] *Löwisch/Feldmann* in: Staudinger, § 295 Rn. 13.
[73] BGH v. 28.10.1996 - II ZR 14/96 - NJW-RR 1997, 537-538.
[74] BGH v. 09.10.2000 - II ZR 75/99 - LM BGB § 293 Nr. 6 (5/2001).
[75] BGH v. 13.03.1986 - IX ZR 65/85 - NJW-RR 1986, 794-796.
[76] BGH v. 28.10.1996 - II ZR 14/96 - NJW-RR 1997, 537-538; BAG v. 12.07.2006 - 5 AZR 277/06 - BAGE 119, 53-58.
[77] BAG v. 24.10.1991 - 2 AZR 112/91 - NJW 1992, 932-933.
[78] BGH v. 28.10.1996 - II ZR 14/96 - NJW-RR 1997, 537-538.
[79] BAG v. 12.07.2006 - 5 AZR 277/06 - BAGE 119, 53-58.
[80] BGH v. 20.01.1988 - IVa ZR 128/86 - NJW 1988, 1201.
[81] BAG v. 02.08.1968 - 3 AZR 219/67 - BB 1968, 1383.
[82] BGH v. 15.11.1996 - V ZR 292/95 - NJW 1997, 581-582; OLG Frankfurt v. 15.01.2008 - 8 U 247/06 - OLGR Frankfurt 2008, 482-483.
[83] BGH v. 20.05.2009 - VIII ZR 191/07 - NJW 2009, 2807.
[84] OLG Frankfurt v. 21.06.2011 - 5 U 51/10 - NZG 2011, 1158; Revision beim BGH anhängig (XI ZR 344/11).
[85] OLG Frankfurt v. 31.10.1990 - 22 U 203/89 - MDR 1991, 159.
[86] BGH v. 04.07.2002 - I ZR 313/99 - NJW 2002, 3541-3543.

Der Schuldner ist für die Erklärung des Gläubigers, er werde die Leistung nicht annehmen, darlegungs- und beweispflichtig. Ebenso trifft ihn die Beweislast dafür, dass der Gläubiger eine ihm obliegende Mitwirkungshandlung nicht vorgenommen hat.[87]

Der Gläubiger trägt für seine Behauptung die Beweislast, der Schuldner sei zur Zeit des wörtlichen Angebots nicht zur Leistung im Stande oder nicht leistungsbereit gewesen.[88]

Verweigert der Besteller die Abnahme zu Recht und ist der (Nach-)Erfüllungsanspruch auch nicht untergegangen, ist der Werklohn (noch) nicht fällig. Die auf Werklohn gerichtete Klage ist als derzeit unbegründet abzuweisen. Sie kann nach Eintritt der Fälligkeit erneut erhoben werden.

Der Unternehmer kann gemäß § 322 Abs. 2 BGB auf den Werklohn nach Erbringung der Mängelbeseitigung klagen, wenn insoweit Annahmeverzug gegeben ist. Aufgrund einer solchen Verurteilung kann der Unternehmer wie bei einer Zug um Zug zu bewirkenden Leistung seinen Anspruch auch ohne Bewirkung der ihm obliegenden Leistung vollstrecken (§ 322 Abs. 3 i.V.m. § 274 Abs. 2 BGB). Annahmeverzug setzt voraus, dass der Unternehmer die Mängelbeseitigung ordnungsgemäß angeboten hat, was er darzulegen und zu beweisen hat. Deshalb kann ausnahmsweise der Annahmeverzug Gegenstand eines besonderen Feststellungsantrags sein, weil die Feststellung der erleichterten Vollstreckung des geltend gemachten Leistungsanspruchs dient und hierzu erforderlich ist.[89]

---

[87] *Löwisch/Feldmann* in: Staudinger, § 293 Rn. 36.
[88] *Strieder in:* Baumgärtel/Laumen, Handbuch der Beweislast im Privatrecht, § 295 Rn. 1.
[89] BGH v. 31.05.2000 - XII ZR 41/98 - LM BGB § 542 Nr. 21 (10/2000).

§ 296 BGB Entbehrlichkeit des Angebots

(Fassung vom 02.01.2002, gültig ab 01.01.2002)

¹Ist für die von dem Gläubiger vorzunehmende Handlung eine Zeit nach dem Kalender bestimmt, so bedarf es des Angebots nur, wenn der Gläubiger die Handlung rechtzeitig vornimmt. ²Das Gleiche gilt, wenn der Handlung ein Ereignis vorauszugehen hat und eine angemessene Zeit für die Handlung in der Weise bestimmt ist, dass sie sich von dem Ereignis an nach dem Kalender berechnen lässt.

Gliederung

A. Grundlagen 1	1. Übergabe- oder Beurkundungstermin 4
I. Kurzcharakteristik 1	2. Dienstleistung 6
II. Normstruktur 2	3. Arzttermin 16
III. Keine Mitwirkung des Gläubigers 3	B. Prozessuale Hinweise/Verfahrenshinweise 23

A. Grundlagen

I. Kurzcharakteristik

1 § 296 BGB ergänzt § 295 Satz 1 Alt. 2 BGB. Unterlässt der Gläubiger eine termingebundene Mitwirkungshandlung, gerät er in Gläubigerverzug ohne dass es eines Angebots bedarf.[1] Die Vorschrift des § 296 Satz 2 BGB wurde im Rahmen des Schuldrechtsmodernisierungsgesetzes an § 286 Abs. 2 Nr. 2 BGB angepasst.

II. Normstruktur

2 § 296 BGB entspricht der Regelung für das fehlende Erfordernis einer Mahnung beim Schuldnerverzug (§ 286 Abs. 2 Nr. 1 und 2 BGB)[2], nämlich kalendermäßige Bestimmtheit (Satz 1) und Berechenbarkeit ab einem Ereignis (Satz 2). Außer dem Angebot (der Aufforderung) müssen die übrigen Voraussetzungen, namentlich Leistungsfähigkeit und Leistungsbereitschaft, vorliegen.

III. Keine Mitwirkung des Gläubigers

3 Gemäß § 296 BGB bedarf es, wenn für die von dem Gläubiger vorzunehmende Handlung eine Zeit nach dem Kalender bestimmt ist, eines Angebots nur dann, wenn der Gläubiger die Handlung rechtzeitig vornimmt.

1. Übergabe- oder Beurkundungstermin

4 Erscheint der Gläubiger nicht zu einem vereinbarten Übergabe- oder Beurkundungstermin[3], bedarf es keines Angebots mehr. Deshalb gerät ein Mieter auch ohne wörtliches Angebot in Annahmeverzug, wenn er den kalendermäßig bestimmten, zwischenzeitlich nicht durch anderweitige, auch stillschweigende, Vereinbarung aufgehobenen Übergabetermin nicht wahrnimmt und der Vermieter zu diesem Zeitpunkt imstande war, seine Leistung so, wie er sie schuldet, zu erbringen.[4]

5 Ist in einem notariellen Grundstückskaufvertrag vereinbart, dass der Kaufpreis vier Wochen nach Beurkundung des Vertrages fällig wird und auf ein Konto zu überweisen ist, über das Verkäufer und Käufer nur gemeinsam verfügen können, dann kommt der Verkäufer ohne ein wörtliches Angebot durch den Käufer ohne weiteres nach Ablauf von vier Wochen seit der Vertragsbeurkundung in Annahmeverzug, wenn er nur ein eigenes Konto, nicht aber ein Konto mit gemeinsamer Verfügungsbefugnis mit dem Käufer zur Zahlung des Kaufpreises eingerichtet hat.[5] Nach dem Sinn des § 296 BGB bedarf es weder eines wörtlichen Angebots der Leistung noch einer Aufforderung an den Gläubiger zur Vor-

---

[1] BAG v. 09.08.1984 - 2 AZR 374/83 - NJW 1985, 935-936.
[2] BGH v. 16.12.1994 - V ZR 114/93 - WM 1995, 439-442.
[3] BGH v. 06.12.1991 - V ZR 311/89 - BGHZ 116, 251-260.
[4] BGH v. 14.11.1990 - VIII ZR 13/90 - NJW-RR 1991, 267-268.
[5] BGH v. 16.12.1994 - V ZR 114/93 - WM 1995, 439-442.

nahme der Handlung, weil der Gläubiger die Mitwirkungshandlung nicht rechtzeitig erbracht hatte.[6] Dieser Annahmeverzug endet erst mit Änderung des Kontos des Verkäufers zu Gunsten einer gemeinsamen Verfügungsbefugnis mit dem Käufer.

2. Dienstleistung

Eine kalendermäßig bestimmte Mitwirkungshandlung ist die Obliegenheit des Arbeitgebers, dem Arbeitnehmer einen funktionsfähigen Arbeitsplatz zur Verfügung zu stellen und ihm die Dienste zuzuweisen. Kommt der Arbeitgeber dieser nicht nach, ist ein Angebot des Schuldners entbehrlich.[7] Dem Arbeitgeber obliegt dann keine Mitwirkungshandlung i.S.d. § 296 BGB, wenn keine Arbeitspflicht des Arbeitnehmers besteht. Er braucht dem Arbeitnehmer für diese Zeit keinen funktionsfähigen Arbeitsplatz zur Verfügung zu stellen.[8]

Enthält ein Arbeitsvertrag eine Klausel, wonach die Beschäftigung und die Vergütung eines Arbeitnehmers in den Wintermonaten von der jeweiligen Witterung abhängen sollen, so wird damit nicht explizit das Ruhen der Arbeitspflicht zwischen den Arbeitsvertragsparteien vereinbart. Dies erfordert eine ausdrückliche Regelung zur Nichtbeschäftigung im Arbeitsvertrag, insbesondere der Verpflichtung des Arbeitgebers, den Arbeitnehmer nur für einen eingeschränkten Zeitraum eines Jahres zu beschäftigen.[9]

Ist ein Arbeitnehmer auf Grund seiner Behinderung außerstande, seine arbeitsvertraglich geschuldete Leistung zu erbringen, besteht die vom Arbeitgeber vorzunehmende Handlung nur darin, die vom Arbeitnehmer geschuldete Leistung hinreichend zu bestimmen und durch Zuweisung eines bestimmten leidensgerechten[10] Arbeitsplatzes zu ermöglichen. Deshalb ist der Arbeitgeber zur Vermeidung von Annahmeverzugsansprüchen weder zu einer Vertragsänderung noch zum Einsatz technischer Arbeitshilfen verpflichtet.[11] Lehnt der Arbeitgeber die Beschäftigung des Arbeitnehmers grundsätzlich ab, so ist ein Angebot des Arbeitnehmers für den Annahmeverzug entbehrlich.[12]

§ 296 BGB kommt nicht zur Anwendung, wenn der Arbeitgeber von einem vermeintlichen Recht Gebrauch macht, die Arbeitszeitdauer flexibel zu bestimmen. In diesem Fall muss der Arbeitnehmer die Arbeit anbieten.[13] Dies gilt auch, wenn dem Arbeitnehmer bewusst war, dass er wegen seiner Dienstplan- und Freizeitwünsche nicht auf die vertraglich vereinbarte Wochenarbeitszeit kommt und der Arbeitgeber diesen Dienstplanwünschen ausdrücklich nachgekommen ist.[14] Liegt aber die Verantwortung für die Arbeitseinteilung allein beim Arbeitgeber, kommt dieser mit Ablauf des Kalenderjahres in Annahmeverzug, wenn die vereinbarte durchschnittliche Wochenarbeitszeit von 40 Stunden nicht mehr erreicht werden kann.[15]

Verlangt der Arbeitgeber vom Arbeitnehmer vor Wiederaufnahme der Tätigkeit ein amtsärztliches Gutachten über dessen Arbeitsfähigkeit, so erklärt er damit, ohne ein solches Gutachten den Arbeitnehmer nicht zu beschäftigen. Ein tatsächliches oder wörtliches Angebot ist für den Annahmeverzug nicht mehr erforderlich.[16]

Der Arbeitgeber gerät sowohl bei einer ordentlichen als auch außerordentlichen **Kündigung** mit Beginn des Tages in Annahmeverzug, an dem das Arbeitsverhältnis nach dem Inhalt der Kündigung enden soll, soweit der Arbeitnehmer leistungsfähig und leistungsbereit ist. Der Arbeitgeber kommt bei einer Verweigerung der Weiterbeschäftigung seiner Pflicht zur Zuweisung der Arbeit und zur Bereithaltung eines funktionsfähigen Arbeitsplatzes nicht nach. Dies ist eine nach dem Kalender bestimmte Mitwirkungshandlung, weil der Zeitpunkt durch den Ablauf der Kündigungsfrist bzw. den Zugang der Kündigung aus wichtigem Grund festgelegt ist.[17] Ein Angebot des Arbeitnehmers ist hingegen erfor-

---

[6] BGH v. 14.11.1990 - VIII ZR 13/90 - NJW-RR 1991, 267-268 (Mieter nimmt kalendermäßig bestimmten Termin zur Übernahme der Mietsache nicht wahr).
[7] BAG v. 21.01.1993 - 2 AZR 309/92 - NJW 1993, 2637-2639; BAG v. 19.01.1999 - 9 AZR 679/97 - BAGE 90, 329-335.
[8] BAG v. 27.04.2004 - 9 AZR 21/04 - BAGE 110, 224-231.
[9] BAG v. 09.07.2008 - 5 AZR 810/07 - BAGE 127, 119-125.
[10] BAG v. 04.10.2005 - 9 AZR 632/04 - NJW 2006, 1691-1694.
[11] BAG v. 04.10.2005 - 9 AZR 632/04 - NJW 2006, 1691-1694 - juris.
[12] LArbG Rheinland-Pfalz v. 27.10.2005 - 11 Sa 796/04 - juris.
[13] BAG v. 25.04.2007 - 5 AZR 504/06 - NZA 2007, 801.
[14] LAG Rheinland-Pfalz v. 28.07.2011 - 2 Sa 283/11 - juris.
[15] BAG v. 08.10.2008 - 5 AZR 715/07 - AuA 2009, 304-305.
[16] LArbG Schleswig-Holstein v. 06.09.2007 - 4 Sa 204/07 - juris.
[17] BAG v. 27.11.2008 - 8 AZR 1021/06 - ZInsO 2009, 1715-1720.

12 derlich, wenn der Arbeitgeber seine Kündigung noch vor dem Ablauf der Kündigungsfrist wieder zurückzieht und dem Arbeitnehmer die nahtlose Fortsetzung des Arbeitsverhältnisses zu den bisherigen Bedingungen anbietet.[18]

12 Bei einer unrechtmäßigen Anordnung von Kurzarbeit kommt § 296 Satz 1 BGB ebenso zur Anwendung wie bei einer unwirksamen Kündigung.[19]

13 Der Kläger eines Kündigungsschutzverfahrens ist nicht verpflichtet, nach Abschluss des Verfahrens seine Arbeitskraft von sich aus anzubieten. Um zu vermeiden, dass Annahmeverzug des Arbeitgebers bei (unberechtigter) Kündigung auch ohne wörtliches Angebot des Arbeitnehmers eintritt, muss der Arbeitgeber ihn zur Fortsetzung des Arbeitsverhältnisses auffordern und die ihm obliegende Mitwirkungshandlung vornehmen, d.h. dem Arbeitnehmer Arbeit zuweisen.[20] Hat der Arbeitgeber berechtigte Zweifel an der Arbeitsbereitschaft des Arbeitnehmers, so muss der Arbeitnehmer den Arbeitgeber auffordern, ihm Arbeit zuzuweisen.[21] Dies gilt nicht, wenn der Arbeitnehmer nach dem Dienstvertrag seine Tätigkeit weitgehend selbständig gestalten kann und nicht darauf angewiesen ist, einen Arbeitsplatz oder eine bestimmte Arbeit zugewiesen zu erhalten.[22]

14 War der Arbeitnehmer zur Zeit der Kündigung arbeitsunfähig, tritt Gläubigerverzug dann mit Wiedergenesung (unabhängig von einer entsprechenden Anzeige des Arbeitnehmers) ein.[23]

15 Ohne Kündigung bedarf es eines tatsächlichen Angebots (§ 294 BGB), ein wörtliches Angebot (§ 295 BGB) reicht nicht aus.[24] Deshalb macht das Angebot auf Abschluss eines Aufhebungsvertrages durch den Arbeitgeber ein tatsächliches Arbeitsangebot des Arbeitnehmers, der das Angebot auf Abschluss des Aufhebungsvertrages nicht angenommen hat, nicht entbehrlich.[25]

3. Arzttermin

16 Gegensätzlich sind die Auffassungen, ob § 296 BGB auch Anwendung finden kann, wenn ein Patient nicht zum vereinbarten Arzttermin erscheint.

17 Bestellt ein Arzt seine Patienten langfristig nach einem bestimmten der Behandlungsdauer entsprechenden Zeitplan (Dienstvertrag) ein und kommt ein Patient nicht zum vereinbarten Termin und können in dieser Zeit auch keine anderen Patienten behandelt werden, ist nach einer Meinung das Honorar dennoch von dem in Annahmeverzug befindlichen Patienten zu bezahlen.[26] Kann die Tätigkeit vom Arzt nachgeholt werden, ist für den neuen Termin ein erneutes Honorar fällig.

18 Nach der Gegenmeinung stellt die Festlegung eines Behandlungs- oder Besuchstermins beim Arzt grundsätzlich keine verzugsbegründende Fixierung eines Terminbeginns im Sinne von § 615 BGB dar. Terminabsprachen bei Ärzten sollen regelmäßig nur einen zeitgemäßen organisatorischen Behandlungsablauf sicherstellen, werden aber nicht dafür getroffen, um im Falle einer Verspätung zum Termin Honoraransprüche auszulösen. Ein Ausfall oder eine Verschiebung des Termins löst daher keine Ersatzansprüche des Arztes aus, wie auch andererseits der Patient keinen Ausfallersatz für Wartezeiten im ärztlichen Bereich verlangen kann.[27]

19 Anders ist es, wenn der Patient sich mit der Unterzeichnung einer Behandlungsvereinbarung ausdrücklich damit einverstanden erklärt, dass er im Falle seines unentschuldigten Nichterscheinens zu einem Termin das entgangene Honorar des Arztes (unter Abzug der ersparten Aufwendungen infolge des

---

[18] LArbG Berlin-Brandenburg v. 11.02.2010 - 25 Sa 2061/09 - juris.
[19] LArbG Chemnitz v. 03.08.2005 - 2 Sa 863/04 - juris.
[20] BAG v. 14.11.1985 - 2 AZR 98/84 - NJW 1986, 2846-2849; BAG v. 06.11.1986 - 2 AZR 714/85 - RzK I 13a Nr. 14; BAG v. 19.04.1990 - 2 AZR 591/89 - ZIP 1990, 1292-1294; LAG Rheinland-Pfalz v. 04.10.2011 - 3 Sa 234/11 - juris.
[21] BAG v. 09.08.1984 - 2 AZR 374/83 - NJW 1985, 935-936.
[22] BGH v. 13.03.1986 - IX ZR 65/85 - NJW-RR 1986, 794-796.
[23] BAG v. 19.04.1990 - 2 AZR 591/89 - ZIP 1990, 1292-1294; BAG v. 24.10.1991 - 2 AZR 112/91 - NJW 1992, 932-933; BAG v. 24.11.1994 - 2 AZR 179/94 - NJW 1995, 2653-2655.
[24] BAG v. 29.10.1992 - 2 AZR 250/92 - MDR 1994, 77.
[25] LArbG Potsdam v. 24.04.2001 - 2 Sa 326/00 - juris.
[26] LG Itzehoe v. 06.05.2003 - 1 S 264/02 - IVH 2003, 179-180; LG Konstanz v. 27.05.1994 - 1 S 237/93 - NJW 1994, 3015-3016; AG Ludwigsburg v. 23.09.2003 - 8 C 2330/03 - NJW-RR 2003, 1695; AG München v. 01.04.2009 - 163 C 33450/08 - zu Massagetermin.
[27] AG Diepholz v. 26.06.2011 - 2 C 92/11 - NJW-RR 2011, 1501; AG Dieburg v. 04.02.1998 - 21 C 831/97 - NJW-RR 1998, 1520; AG Rastatt v. 12.01.1995 - 1 C 391/94 - NJW-RR 1996, 817-818; AG Calw v. 16.11.1993 - 4 C 762/93 - NJW 1994, 3015; AG München v. 30.06.1993 - 251 C 7173/93 - NJW 1994, 3014-3015.

Zeitgewinns) zu tragen hat.[28] Damit wird eine Zahlungsverpflichtung gemäß den §§ 611, 615 BGB von der konkreten Vereinbarung abhängen. Das Schriftformerfordernis für ärztliche Honoraransprüche steht dem nicht entgegen, da dieses nur Forderungen aus erfolgten Behandlungen betrifft, aber keine Ersatzansprüche wegen Leistungsstörungen. Eine dem Patienten abverlangte Mindestabsagefrist von zwei Tagen stellt in Anbetracht von § 621 Nr. 5 HS. 2 BGB keine unangemessene Benachteiligung dar und hält einer Inhaltskontrolle nach § 307 Abs. 2 Nr. 1 BGB stand.[29]

Ohne eine verbindliche Vereinbarung kann § 296 BGB keine generelle Anwendung finden, da ansonsten die Anwendung von § 621 Nr. 5 BGB leer laufen würde. Auch müsste umgekehrt der Patient Schadensersatz beanspruchen können, wenn er beim Arzt warten muss. Es muss abgewartet werden, welcher Meinung sich die Rechtsprechung des BGH zur Herbeiführung einer einheitlichen Rechtsprechung anschließen wird. 20

Da die Stellung und die Interessenlage von Krankenhausabteilungen, die nur mit konkreten Terminabsprachen arbeiten (z.B. ambulante Operationszentren), derjenigen von niedergelassenen Vertragsärzten entspricht, ist die im vertragsärztlichen Bereich ergangene Rechtsprechung zumindest in ihren grundsätzlichen Wertungen auf den Krankenhausbereich entsprechend anzuwenden.[30] 21

Sagt ein Arzt kurzfristig eine ambulante Operation ab, haftet er deswegen nicht auf Schadensersatz, wenn die häusliche Nachbetreuung des Patienten nicht gewährleistet ist.[31] 22

B. Prozessuale Hinweise/Verfahrenshinweise

Der Schuldner, der sich zur Begründung des Annahmeverzugs auf § 296 BGB beruft, ist dafür darlegungs- und beweispflichtig, dass der Gläubiger zur Vornahme einer Handlung verpflichtet ist, dass hierfür eine bestimmte Zeit vereinbart worden ist und dass der Gläubiger seiner Mitwirkungspflicht nicht rechtzeitig nachgekommen ist. 23

Macht der Gläubiger geltend, der Schuldner sei zum entscheidenden Zeitpunkt nicht erfüllungsbereit gewesen, so trägt er dafür die Beweislast. 24

Wenn ein wörtliches Arbeitsangebot des Arbeitnehmers entbehrlich ist, muss der Arbeitnehmer seine Leistungsbereitschaft nicht nachweisen. Es ist vielmehr Sache des Arbeitgebers, den fehlenden Leistungswillen darzutun.[32] Er trägt auch die Beweislast für das Bestehen eines den Verzugslohnanspruch ausschließenden Leistungshindernisses auf Seiten des Arbeitnehmers.[33] Behauptet ein Verzugslohn verlangender Arbeitnehmer seine Arbeitsleistung wörtlich angeboten zu haben, so ist die Einlassung des beweisfällig gebliebenen Arbeitgebers, das Arbeitsverhältnis zu einem bestimmten Zeitpunkt gekündigt zu haben, als sog. gleichwertiges Parteivorbringen zur Frage des Annahmeverzuges unerheblich; da es denselben Streitgegenstand betrifft, braucht sich der Arbeitnehmer dieses Vorbringen auch nicht hilfsweise zu eigen zu machen.[34] 25

---

[28] AG München v. 11.11.1998 - 212 C 19976/98 - VuR 1998, 421-423.
[29] AG Nettetal v. 12.09.2006 - 17 C 71/03 - NJW-RR 2007, 1216 - 1219
[30] *Korthus*, KH 2005, 1110-1112.
[31] AG München v. 21.07.2011 - 275 C 9085/11 - juris.
[32] LArbG Köln v. 25.05. 2005 - 7 (11) Sa 1347/04 - NZA-RR 2006, 181-182.
[33] BAG v. 18.09.2008 - 2 AZR 1060/06 - juris.
[34] LArbG Berlin-Brandenburg v. 10.10.2008 - 6 Sa 754/08 - juris.

§ 297 BGB Unvermögen des Schuldners

(Fassung vom 02.01.2002, gültig ab 01.01.2002)

Der Gläubiger kommt nicht in Verzug, wenn der Schuldner zur Zeit des Angebots oder im Falle des § 296 zu der für die Handlung des Gläubigers bestimmten Zeit außerstande ist, die Leistung zu bewirken.

Gliederung

A. Grundlagen ... 1	b. Rechtliche Hindernisse ... 8
B. Anwendungsvoraussetzungen ... 2	2. Zeitpunkt ... 9
I. Normstruktur ... 2	3. Ausnahme ... 11
II. Schuldner zur Leistungserbringung außer Stande ... 4	4. Besonderheiten beim Arbeitsverhältnis ... 12
1. Leistungsvermögen ... 5	a. Vorübergehende Arbeitsunfähigkeit ... 14
a. Tatsächliche Hindernisse ... 6	b. Dauerhafte Arbeitsunfähigkeit ... 24
	C. Prozessuale Hinweise/Verfahrenshinweise ... 29

A. Grundlagen

1   § 297 BGB stellt klar, dass Annahmeverzug nur eintritt, wenn der Schuldner zur Leistung im Stande ist.

B. Anwendungsvoraussetzungen

I. Normstruktur

2   Unmöglichkeit der Leistung und Annahmeverzug schließen sich gegenseitig aus.[1] Es gelten die Bestimmungen über den Ausschluss der Leistungspflicht, wenn die Leistung unmöglich ist (§ 275 Abs. 1 BGB) oder der Schuldner die Leistung endgültig verweigert (§ 275 Abs. 2 und 3 BGB). Annahmeverzug ist deshalb ausgeschlossen, wenn der Schuldner nicht leistungswillig (leistungsbereit) und leistungsfähig ist.[2] § 297 BGB gilt nur für vorübergehende Leistungsunfähigkeit.

3   Die in § 297 BGB nicht ausdrücklich genannte Voraussetzung der Leistungswilligkeit ergibt sich daraus, dass ein leistungsunwilliger Schuldner sich selbst außer Stande setzt, die Leistungspflicht zu bewirken. Die subjektive Leistungsbereitschaft ist eine von dem Leistungsangebot und dessen Entbehrlichkeit unabhängige Voraussetzung, die während des gesamten Verzugszeitraums vorliegen muss.[3] Die Gefahrtragungsvorschriften in § 323 Abs. 6 Alt. 1 BGB (Nicht- oder Schlechtleistung) und in § 323 Abs. 2 Satz 1 Alt. 1 BGB (Unmöglichkeit der Leistung) spielen für den Verzug des Gläubigers keine Rolle.[4]

II. Schuldner zur Leistungserbringung außer Stande

4   Der Schuldner muss die Leistung nach objektiven Kriterien tatsächlich und rechtlich erbringen können.

1. Leistungsvermögen

5   Die Leistungsfähigkeit des Schuldners beurteilt sich nach objektiven Maßstäben. Unerheblich sind sowohl die Meinung des Schuldners, dass er leistungsfähig sei,[5] als auch die Fehleinschätzung des Gläubigers hinsichtlich der Leistungsunfähigkeit des Schuldners.[6]

---

[1] BAG v. 06.12.2001 - 2 AZR 422/00 - EzA § 1 KSchG Interessenausgleich Nr. 9.
[2] BAG v. 13.07.2005 - 5 AZR 578/04 - BAGE 115, 216-224; BAG v. 24.09.2003 - 5 AZR 591/02 - NZA 2003, 1387-1388.
[3] BAG v. 13.07.2005 - 5 AZR 578/04 - BAGE 115, 216-224; BAG v. 19.05. 2004 - 5 AZR 434/03 - ZTR 2004, 604-606.
[4] *Dötterl*, ZGS 201, 115-121.
[5] BAG v. 29.10.1998 - 2 AZR 666/97 - NJW 1999, 3432-3434; LArbG Rheinland-Pfalz v. 16.02.2012 - 10 Sa 550/11 - juris.
[6] BAG v. 10.05.1973 - 5 AZR 493/72 - NJW 1973, 1949.

a. Tatsächliche Hindernisse

Fehlende Leistungsfähigkeit liegt vor bei alkoholbedingter Arbeitsunfähigkeit,[7] gesundheitlicher Überforderung durch die zu leistende Arbeit,[8] Inhaftierung,[9] einer Behinderung, die die vertraglich geschuldete Arbeitsleistung unmöglich macht[10] oder bei einer fehlenden Mitwirkung Dritter, wenn diese nicht in den Obliegenheitsbereich des Arbeitgebers fällt.[11]

Ist Urlaub gewährt, schuldet der Arbeitnehmer keine Dienste; die Arbeitsleistung ist nach § 297 BGB unmöglich, so dass der Arbeitgeber nicht in Annahmeverzug kommen kann.[12]

b. Rechtliche Hindernisse

Der Schuldner muss über die erforderlichen Genehmigungen verfügen, etwa zur Devisenbewirtschaftung[13] oder Approbation als Arzt.[14] Annahmeverzug liegt nicht vor, solange die Tätigkeit des Arbeitnehmers einem öffentlich-rechtlichen Beschäftigungsverbot unterliegt, wie Gesundheitsvoraussetzungen für einen Bergmann,[15] nach § 8 Abs. 1 MuSchG untersagte Mehrarbeit,[16] Führerscheinentzug bei einem als Kraftfahrer angestellten Arbeitnehmer,[17] Entzug der missio canonica bei einem als Religionslehrer beschäftigten Arbeitnehmer,[18] das Fehlen der Arbeitserlaubnis nach § 284 SGB III.[19] Ein gesetzliches Beschäftigungsverbot setzt jedoch eine nach Voraussetzungen und Rechtsfolgen eindeutige Regelung voraus.[20]

2. Zeitpunkt

Maßgeblicher Zeitpunkt für die Leistungsmöglichkeit des Schuldners ist die Vornahme des tatsächlichen Angebots (§ 294 BGB), Zugang des wörtlichen Angebots beim Gläubiger (§ 295 BGB) oder der für die Mitwirkungshandlung des Gläubigers maßgebliche Termin (§ 296 BGB).

Für die Fälle des wörtlichen Angebots (§ 295 BGB) und der Entbehrlichkeit des Angebots (§ 296 BGB) ist die Bereitschaft zur sofortigen Leistung nicht erforderlich. Es genügt, wenn die Leistung so weit vorbereitet ist, dass geleistet werden kann, sobald der Gläubiger zur Annahme oder sonstigen Mitwirkung bereit ist.[21] Bei der Gattungsschuld ist daher die Aussonderung nicht notwendig.[22] Dem Annahmeverzug steht nicht entgegen, dass noch bestimmte Vorbereitungsmaßnahmen zu treffen sind, wie die Vorbereitung zum Versand[23] oder die Beschaffung[24] der Ware. Es reicht aus, wenn sich der Schuldner den Leistungsgegenstand durch einen Vertragsabschluss mit einem Dritten jederzeit verschaffen kann.[25] Bei einer hartnäckigen Annahmeverweigerung des Gläubigers genügt es unter Umständen, dass der Schuldner den Leistungsgegenstand in Kürze herstellen kann.[26]

---

[7] LArbG Schleswig-Holstein v. 28.11.1988 - 4 Sa 382/88 - DB 1989, 630-631.
[8] BAG v. 29.10.1998 - 2 AZR 666/97 - NJW 1999, 3432-3434.
[9] BAG v. 18.08.1961 - 4 AZR 132/60 - DB 1961, 1360.
[10] BAG v. 23.01.2001 - 9 AZR 287/99 - BAGE 97, 23-30.
[11] BAG v. 07.11.1958 - 1 AZR 249/58 - BAGE 7, 20.
[12] BAG v. 23.01.2001 - 9 AZR 26/00 - BAG 97, 18-22.
[13] BGH v. 21.05.1954 - V ZR 4/53 BGHZ 13, 324-334.
[14] BAG v. 06.03.1974 - 5 AZR 313/73 - DB 1974, 1168-1169.
[15] BAG v. 15.06.2004 - 9 AZR 483/03 - BAGE 111, 97-107.
[16] BAG v. 24.06.1960 - 1 AZR 96/58 - BAGE 9, 300.
[17] BAG v. 18.12.1986 - 2 AZR 34/86 - NJW 1987, 2837-2838.
[18] BAG v. 25.05.1988 - 7 AZR 506/87 - AP Nr.36 zu Art. 140 GG.
[19] BAG v. 13.01.1977 - 2 AZR 423/75 - NJW 1977, 1023-1024.
[20] BAG v. 18.03.2009 - 5 AZR 192/08 - NJW 2009, 2907.
[21] RG v. 11.04.1902 - II 407/01 - RGZ 50, 255-270.
[22] BGH v. 18.06.1975 - VIII ZR 34/74 - WM 1975, 917-920.
[23] BGH v. 18.06.1975 - VIII ZR 34/74 - WM 1975, 917-920.
[24] BGH v. 14.02.1958 - VIII ZR 8/57 - MDR 1958, 335-335.
[25] RG v. 23.01.1895 - I 351/94 - RGZ 34, 98-100; RG v. 08.11.1899 - I 292/99 - RGZ 45, 29-31; RG v. 11.04.1902 - II 407/01 - RGZ 50, 255-270.
[26] BGH v. 14.02.1958 - VIII ZR 8/57 - MDR 1958, 335-335.

3. Ausnahme

11 Ausnahmsweise kann der Annahmeverzug trotz vorübergehender Leistungsunfähigkeit des Schuldners eintreten, wenn der Gläubiger die Leistungsunfähigkeit mitverursacht hat,[27] z.B. wenn er nicht die im Vertrag vereinbarten Geräte zur Erfüllung des Auftrags einstellt.[28]

4. Besonderheiten beim Arbeitsverhältnis

12 § 297 BGB hat für den Arbeitsvertrag eine erhebliche Bedeutung. Nach § 615 BGB besteht bei Annahmeverzug des Arbeitgebers ein Anspruch auf Zahlung der Vergütung ohne dass eine Nachleistungspflicht gegeben ist. Dabei muss sich der Arbeitnehmer allerdings den Wert desjenigen anrechnen lassen, was er infolge des Unterbleibens der Arbeitsleistung erspart oder durch anderweitige Verwendung seiner Arbeitskraft erwirbt oder zu erwerben böswillig unterlässt.

13 Der Arbeitgeber kommt nach § 297 BGB nicht in Annahmeverzug, wenn der Arbeitnehmer außer Stande ist, die auf Grund des Arbeitsvertrags geschuldete Leistung zu bewirken, die der Arbeitgeber als vertragsgemäß hätte annehmen müssen. Da der Arbeitnehmer seine Arbeitsleistung nach § 613 BGB persönlich zu erbringen hat, fehlt es bei dessen Verhinderung immer an dessen Leistungsfähigkeit. Ist der Arbeitnehmer wegen eines ihm zustehenden Leistungsverweigerungsrechtes nicht leistungsbereit, so muss das Angebot der Arbeitsleistung die Geltendmachung des Leistungsverweigerungsrechts umfassen, um Gläubigerverzug zu begründen. Im Arbeitsverhältnis besteht ein Zurückbehaltungsrecht an der Arbeitsleistung auch, wenn der Arbeitgeber mit erheblichen Nebenpflichten (Fürsorge- und Rücksichtnahmepflichten) nicht nachkommt. Die Geltendmachung des Zurückbehaltungsrechts steht dabei unter dem Vorbehalt des Grundsatzes von Treu und Glauben und wird durch den Grundsatz der Verhältnismäßigkeit beschränkt.[29]

a. Vorübergehende Arbeitsunfähigkeit

14 Für die Dauer einer Krankheit[30] oder Ortsabwesenheit durch Urlaub oder aus anderen Freistellungsgründen ist dem Arbeitnehmer die Arbeitsleistung im Sinne von § 297 BGB vorübergehend rechtlich unmöglich. Deshalb kann der Arbeitgeber nicht in Annahmeverzug geraten.

aa. Krankheit

15 Krankheitsbedingte Arbeitsunfähigkeit liegt vor, wenn der Arbeitnehmer beim Arbeitgeber seine vertraglich geschuldete Tätigkeit wegen Krankheit nicht mehr ausüben kann oder nicht mehr ausüben sollte, weil die Heilung einer vorhandenen Krankheit nach ärztlicher Prognose verhindert oder verzögert wird.[31] Es bedarf einer Auslegung der Freistellungsvereinbarung, ob die Parteien nur für Zeiträume des Bestehens einer Arbeitspflicht (etwa bei späterer Genesung) die Arbeitspflicht aufheben wollten.[32]

16 Nach § 296 Satz 1 BGB obliegt es dem Arbeitgeber als Gläubiger der geschuldeten Arbeitsleistung, dem Arbeitnehmer einen funktionsfähigen Arbeitsplatz zur Verfügung zu stellen.[33] Die dem Arbeitgeber nach § 296 Satz 1 BGB obliegende Handlung besteht darin, die vom Arbeitnehmer geschuldete Leistung hinreichend zu bestimmen und durch Zuweisung eines bestimmten Arbeitsplatzes zu ermöglichen.[34]

17 Die objektive Arbeitsunfähigkeit eines Arbeitnehmers berechtigt den Arbeitgeber zur Ablehnung der Beschäftigung, wenn er den Arbeitnehmer nicht leidensgerecht beschäftigen kann. Zwar ist Unmöglichkeit in diesem Sinne nicht stets schon dann anzunehmen, wenn der Arbeitnehmer aus Gründen in seiner Person die nach dem Arbeitsvertrag geschuldete Leistung[35] nicht mehr verrichten kann. Ist es dem Arbeitgeber möglich und zumutbar, dem krankheitsbedingt nur eingeschränkt leistungsfähigen Arbeitnehmer leidensgerechte Arbeiten zuzuweisen, so ist die Zuweisung anderer Arbeiten unbillig.[36]

---

[27] BAG v. 16.03.1967 - 2 AZR 64/66 - BB 1967, 630.
[28] KG v. 29.04.2008 - 7 U 58/07 - IBR 2008, 377.
[29] ArbG Bochum v. 17.03.2010 - 5 Ca 3204/09 - AE 2010, 142.
[30] BAG v. 29.10.1998 - 2 AZR 666/97 - NJW 1999, 3432-3434.
[31] BAG v. 23.01.2008 - 5 AZR 393/07.
[32] Ziemann, jurisPR-ArbR 22/2008, Anm. 4 in Anmerkung zu BAG v. 23.01.2008 - 5 AZR 393/07.
[33] BAG v. 19.01.1999 - 9 AZR 679/97 - BAGE 90, 329-335.
[34] BAG v. 03.12.2002 - 9 AZR 481/01 - BAGE 104, 45-54; v. 23.01.2001 - 9 AZR 287/99 - BAGE 97, 23-30.
[35] BAG v. 20.01.1998 - 9 AZR 812/96 - AP BUrlG § 13 Nr. 45.
[36] BAG v. 08.11.2006 - 5 AZR 51/06 - ZTR 2007, 204-205.

Die Einschränkung der Leistungsfähigkeit des Arbeitnehmers steht dann dem Annahmeverzug des Arbeitgebers nicht entgegen.[37]

Nach Ablauf des gesetzlichen Entgeltfortzahlungszeitraums von sechs Wochen Dauer (§ 3 Abs. 1 EFZG) kann der Arbeitnehmer grundsätzlich gemäß §§ 44 ff. SGB V Krankengeld beziehen. Besteht die Leistungsunfähigkeit des Arbeitnehmers über das Ende des Entgeltfortzahlungszeitraums hinaus fort, schuldet der Arbeitgeber keine Vergütung wegen Annahmeverzugs,[38] auch bei vergleichsweiser Freistellung mit Vergütungszusage.[39] 18

Nach § 81 Abs. 4 Satz 1 Nr. 4 und 5 SGB IX haben schwerbehinderte Arbeitnehmer Anspruch auf behinderungsgerechte Gestaltung und Ausstattung ihres Arbeitsplatzes. Die schuldhafte Verletzung dieser Pflicht kann Schadensersatzansprüche des Arbeitnehmers aus § 280 Abs. 1 BGB und § 823 Abs. 2 BGB i.V.m. § 81 Abs. 4 Satz 1 SGB IX begründen. Diese sind auf Ersatz der entgangenen Vergütung gerichtet.[40] Ist ein Schwerbehinderter oder ein Gleichgestellter jedoch außerstande, die arbeitsvertraglich geschuldete Leistung zu erbringen, so gerät der Arbeitgeber nicht mit der Annahme der Dienste in Verzug. Das Schwerbehindertenrecht verpflichtet den Arbeitgeber nicht zur Entgeltfortzahlung.[41] 19

bb. Sonstige Gründe

Wird einem als Fahrer beschäftigten Arbeitnehmer der Führerschein entzogen, tritt Annahmeverzug des Arbeitgebers nur ein, wenn eine vorübergehende andere Beschäftigung möglich und zumutbar ist.[42] 20

Bedenklich ist deshalb die Auffassung[43], wonach dem Arbeitnehmer die Erbringung der Arbeitsleistung nicht nach § 297 BGB unmöglich sein soll, wenn ihm eine betriebliche Fahrerlaubnis entzogen wird. Bei offenem Ausgang eines Kündigungsrechtsstreits sollen „besondere Umstände" hinzutreten, aus denen sich im Einzelfall ein überwiegendes Interesse des Arbeitgebers ergibt, den Arbeitnehmer als Omnibusfahrer im Personennahverkehr nicht zu beschäftigen. Außer im Falle einer offensichtlich unwirksamen Kündigung[44] sollte der Sicherheit der vom Arbeitgeber zu befördernden Personen ein besonderes Gewicht beigemessen werden. 21

Kann ein Arbeitnehmer infolge eines Hausverbots nicht an seinem Arbeitsplatz eingesetzt werden und stellt der Arbeitgeber trotz der Möglichkeit, ihn anderweitig zu beschäftigen, keinen anderen Arbeitsplatz zur Verfügung, so liegt ein den Annahmeverzug ausschließendes Unvermögen bezüglich der Arbeitsleistung des Arbeitnehmers i.S.v. § 297 BGB nicht vor.[45] 22

Lehnt der Arbeitnehmer Sonntagsarbeit aus religiösen Gründen ab, ist er nach § 297 BGB außerstande, die geschuldete Leistung zu erbringen.[46] 23

b. Dauerhafte Arbeitsunfähigkeit

Beruft sich der Arbeitgeber auf die dauerhafte Arbeitsunfähigkeit, dann ist dies als Einrede der Unmöglichkeit nach § 275 BGB zu bewerten. Die Einrede des § 275 BGB gilt auch für die dem Arbeitgeber obliegende Beschäftigungspflicht. Eine objektive Arbeitsunfähigkeit des Arbeitnehmers macht es dem Arbeitgeber unmöglich, diesem eine Beschäftigung zuzuordnen.[47] 24

Ein Anspruch auf eine Leistung im Sinne des § 275 BGB ist ausgeschlossen, soweit diese für den Schuldner oder für jedermann unmöglich wird. Das Vorliegen einer objektiven Arbeitsunfähigkeit entbindet nicht nur den Arbeitnehmer nach § 275 BGB von der Pflicht zur Arbeitsleistung, sondern auch den Arbeitgeber von der Pflicht, dem Arbeitnehmer eine Beschäftigung zuzuweisen.[48] 25

---

[37] BAG v. 24.09.2003 - 5 AZR 282/02 - NZA 2003, 1332-1335; LArbG Rheinland-Pfalz v. 07.04.2009 - 3 Sa 752/08.
[38] BAG v. 23.01.2008 - 5 AZR 393/07 - NJW 2008, 1550-1551.
[39] LArbG Rheinland-Pfalz v. 23.02.2012 - 10 Sa 583/11 - juris.
[40] BAG v. 04.10.2005 - 9 AZR 632/04 - NJW 2006, 1691-1694.
[41] BAG v. 23.01.2001 - 9 AZR 287/99 - BAGE 97, 23-30.
[42] BAG v. 18.12.1986 - 2 AZR 34/86 - NJW 1987, 2837-2838; LArbG Schleswig-Holstein v. 05.01.2006 - 2 Ta 262/05.
[43] LArbG Düsseldorf v. 15.03.2007 - 11 Sa 1273/06.
[44] BAG v. 27.02.1985 - GS 1/84 - BAGE 48, 122-129.
[45] LArbG Frankfurt v. 26.04.2000 - 13 SaGa 3/00 - NZA-RR 2000, 633-634.
[46] LArbG Hamm v. 08.11.2007 - 15 Sa 271/07 - LAGE Art 4 GG Nr. 5.
[47] LArbG Hamm v. 20.12.2005 - 19 Sa 1375/05.
[48] BAG v. 17.02.1998 - 9 AZR 130/97 - BB 1998, 2477-2479.

26 Der Arbeitgeber ist berechtigt, die Annahme der angebotenen Arbeitsleistung zu verweigern, wenn ihm die Weiterbeschäftigung unter Berücksichtigung der dem Arbeitnehmer zuzurechnenden Umstände nach Treu und Glauben nicht zuzumuten ist.[49]

27 Eine den Annahmeverzug des Arbeitgebers nach den §§ 293, 296 Satz 1 BGB ausschließende Unmöglichkeit der Arbeitsleistung gemäß § 297 BGB liegt aber vor, wenn der Arbeitnehmer entgegen seiner vertraglichen Verpflichtung keine ärztliche Bescheinigung zum Nachweis seiner Arbeitsunfähigkeit vorlegt.[50] Der Arbeitgeber gerät (im ungekürdigten Arbeitsverhältnis) nicht in Annahmeverzug, wenn ihm sowohl der medizinische Dienst der Krankenkassen als auch ein Vertrauensarzt übereinstimmend mitgeteilt haben, der Arbeitnehmer sei zur vertraglich geschuldeten Tätigkeit aus gesundheitlichen Gründen nicht mehr in der Lage, und wenn der Arbeitgeber daraufhin den Arbeitnehmer nach Hause schickt, weil er einen leidensgerechten Arbeitsplatz nicht zur Verfügung stellen kann.[51] Wegen Fürsorgepflicht des Arbeitgebers kann der Arbeitnehmer zwar verlangen, dass er unter Arbeitsbedingungen beschäftigt wird, die ihn gesundheitlich nicht gefährden. Dennoch darf der Arbeitgeber die Arbeitsleistung eines arbeitswilligen und tatsächlich arbeitsfähigen Arbeitnehmers nicht ablehnen oder ihm einen anderen Arbeitsplatz zuweisen, auch wenn der Arbeitnehmer eine ärztliche Empfehlung zum Wechsel des Arbeitsplatzes vorlegt. Maßgeblich ist nämlich allein, ob der Arbeitnehmer objektiv arbeitsfähig ist.[52]

28 Eine Arbeitsunfähigkeit besteht nicht nur, wenn ein Krankheitsgeschehen den Mitarbeiter außer Stande setzt, die geschuldete Arbeit zu verrichten, sondern auch, wenn der Mitarbeiter die Arbeit nur unter der Gefahr fortsetzen könnte, dass sich sein Zustand in absehbarer Zeit verschlimmert oder wenn der Mitarbeiter die Arbeit infolge seiner Krankheit nur unter Umständen fortsetzen kann, die ihm vernünftiger Weise auf Dauer nicht zuzumuten sind.[53]

C. Prozessuale Hinweise/Verfahrenshinweise

29 Das Vorhandensein eines vorübergehenden Leistungsunvermögens oder eine fehlende Leistungsbereitschaft des Schuldners ist Voraussetzung für den Annahmeverzug; dennoch ist hierfür nicht der Schuldner, sondern der Gläubiger beweispflichtig.[54] § 297 BGB enthält eine Einwendung, deren tatbestandlichen Voraussetzungen der **Gläubiger** darzulegen und ggf. zu beweisen hat. Demnach muss der **Arbeitnehmer** (Schuldner) das Angebot seiner Dienste und die Nichtannahme durch den Arbeitgeber beweisen,[55] während der **Arbeitgeber** (Gläubiger) die Beweislast für das Leistungsunvermögen und den fehlenden Leistungswillen des Schuldners (Arbeitnehmers) trägt.[56] Durch diese Beweislastverteilung soll der Tatsache Rechnung getragen werden, dass der Schuldner, bietet er die Leistung dem Gläubiger an, damit regelmäßig seine Erfüllungsbereitschaft und -möglichkeit zum Ausdruck bringt. Auch soll damit einem schikanösen Bestreiten der Leistungsfähigkeit des Schuldners durch den Gläubiger vorgebeugt werden.

30 Verweigert der Arbeitgeber dem Arbeitnehmer nach dem Ende einer ihm von einem Arzt attestierten Arbeitsunfähigkeit die Wiederaufnahme der Arbeit, hat der Arbeitgeber in einem Rechtsstreit über die Zahlung von Annahmeverzugslohn (§§ 611 Abs. 1, 615 Satz 1 BGB) im Einzelnen darzulegen und zu beweisen, dass der Arbeitnehmer in dem fraglichen Zeitraum nach § 297 BGB objektiv nicht in der Lage war, die von ihm geschuldete Arbeitsleistung zu erbringen.[57] Wendet der Arbeitgeber ein, der Arbeitnehmer könne wegen Arbeitsunfähigkeit seine Leistung nicht in den Annahmeverzug begründenden Weise erbringen oder dem Arbeitgeber sei die Weiterbeschäftigung des Arbeitnehmers wegen dessen groben Vertragsverstoßes nicht zumutbar, hat dies der Arbeitgeber zu beweisen. Dem Gläubiger steht jedoch ein Recht auf ärztliche Untersuchung zwecks Feststellung der Arbeitsunfähigkeit des Ar-

---

[49] BAG v. 26.04.1956 - GS 1/56 - BAGE 3, 66.
[50] BAG v. 15.06.2004 - 9 AZR 483/03 - BAGE 11, 97-107.
[51] LArbG Berlin v. 09.12.2004 - 16 Sa 1967/04 - DB 2005, 264-265.
[52] BAG v. 17.02.1998 - 9 AZR 130/97 - EzA § 615 BGB Nr. 89.
[53] BAG v. 01.06.1983 - 5 AZR 468/80 - BAGE 43, 46-54.
[54] BAG v. 17.08.2011 - 5 AZR 251/10 - DB 2012, 238-239; LG Berlin v. 09.02.2007 - 96 O 62/06 - juris.
[55] BGH v. 10.05.1988 - IX ZR 175/87 - LM Nr. 5 zu BGB § 615.
[56] LArbG Rheinland-Pfalz v. 29.11.2007 - 2 Sa 670/06.
[57] BAG v. 15.06.2004 - 9 AZR 483/03 - BAGE 11, 97-107.

beitnehmers zu.[58] Der Arbeitgeber genügt der ihm obliegenden Beweislast nicht, wenn er das von ihm über die Dienstunfähigkeit seines Arbeitnehmers eingeholte ärztliche Gutachten dem Arbeitnehmer vorenthält.[59]

Zur Darlegung für das Unvermögen des Arbeitnehmers, im Annahmeverzugszeitraum die Arbeitsleistung zu erbringen, reicht aus, dass der Arbeitgeber **Indizien** vorträgt, aus denen auf Arbeitsunfähigkeit geschlossen werden kann. In Betracht kommen insbesondere Krankheitszeiten des Arbeitnehmers vor und nach dem Verzugszeitraum. Es ist dann Sache des Arbeitnehmers, die Indizwirkung zu erschüttern.[60] Trägt er dazu nichts vor, gilt die Behauptung des Arbeitgebers, der Arbeitnehmer sei während des Verzugszeitraums leistungsunfähig gewesen gemäß § 138 Abs. 3 ZPO als zugestanden.[61] 31

Der Arbeitgeber trägt zwar die Darlegungs- und Beweislast dafür, dass eine Kündigung des wegen Krankheit dauernd leistungsunfähigen Arbeitnehmers nicht durch dessen Weiterbeschäftigung auf einem leidensgerechten Arbeitsplatz vermieden werden kann. Es gilt jedoch insoweit eine **abgestufte** Darlegungs- und Beweislast. Der Umfang der Darlegungslast des Arbeitgebers hinsichtlich einer möglichen und zumutbaren Weiterarbeit auf einem leidensgerechten Arbeitsplatz hängt im Kündigungsschutzprozess davon ab, wie sich der gekündigte Arbeitnehmer auf die Kündigung einlässt. Bestreitet der Arbeitnehmer zum Beispiel nur seine dauernde Leistungsunfähigkeit, so genügt der allgemeine Vortrag des Arbeitgebers, eine Weiterbeschäftigung auf einem anderen leidensgerechten Arbeitsplatz sei nicht möglich. Es obliegt dann dem Arbeitnehmer konkret darzustellen, welche behinderungsgerechten Tätigkeiten in Betracht kommen, ob ein entsprechender Bedarf für die Beschäftigung vorhanden ist und wie er für diese Tätigkeiten qualifiziert ist.[62] Weiter hat er vorzutragen, ob und ggf. wann er im Betrieb des Arbeitgebers seine Arbeitsleistung für diese Tätigkeiten angeboten hat.[63] Erst nach einem solchen konkreten Sachvortrag des Arbeitnehmers hat der Arbeitgeber im Einzelnen darzulegen und zu beweisen, aus welchen wirtschaftlichen, organisatorischen oder technischen Gründen eine solche anderweitige Beschäftigung nicht möglich ist, wobei es genügt, wenn er beweist, dass kein entsprechender Arbeitsplatz frei ist oder durch Ausübung seines Direktionsrechts durch ihn freigemacht werden kann.[64] Es obliegt dann dem Arbeitnehmer der Nachweis, dass entgegen der Behauptung des Arbeitgebers ein freier Arbeitsplatz zur Verfügung steht oder vom Arbeitgeber frei gemacht werden kann. Eine Unzumutbarkeit der Beschäftigung des Arbeitnehmers hat der Arbeitgeber sowohl darzulegen als auch zu beweisen.[65] 32

Im Prozess um Verzugslohn gegen den Arbeitgeber reicht es nicht aus, wenn der aus gesundheitlichen Gründen nur eingeschränkt einsetzbare Arbeitnehmer sich für seine Arbeitsfähigkeit (pauschal) auf das Zeugnis eines anderen Arztes oder auf ein Sachverständigengutachten beruft, ohne sich mit den ärztlichen Äußerungen des medizinischen Dienstes und des Vertrauensarztes sowie dem Sachvortrag des Arbeitgebers zu den körperlichen Anforderungen der geschuldeten Arbeit auseinander zu setzen.[66] 33

Aus dem die Arbeitsfähigkeit bestätigenden ärztlichen Attest muss zumindest entnommen werden können, warum der Arbeitnehmer wieder arbeitsfähig ist. Das setzt voraus, dass sich der ausstellende Arzt mit der Art der zuvor gegebenen gesundheitlichen Beeinträchtigung tatsächlich befasst und auch unter Berücksichtigung der arbeitsvertraglich geschuldeten Arbeitsleistung geprüft hat, ob tatsächlich Arbeitsfähigkeit vorliegt.[67] 34

Die Darlegungs- und Beweislast für diese die Einrede der Unmöglichkeit nach § 275 Abs. 3 BGB tragenden Umstände hat der Gläubiger.[68] 35

---

[58] BAG v. 02.08.1968 - 3 AZR 219/67 - BB 1968, 1383.
[59] BAG v. 02.08.1968 - 3 AZR 219/67 - BB 1968, 1383.
[60] BAG v. 05.11.2003 - 5 AZR 562/02 - EzA-SD 2004, Nr. 3, 5-7.
[61] LArbG Schleswig-Holstein v. 06.09.2007 - 4 Sa 204/07.
[62] LArbG Düsseldorf v. 25.01.2008 - 9 Sa 991/07 - LAGE § 81 SGB IX Nr. 7.
[63] LArbG Schleswig-Holstein v. 05.01.2006 - 2 Ta 262/05.
[64] BAG v. 29.10.1998 - 2 AZR 666/97 - NJW 1999, 3432-3434.
[65] BAG v. 10.05.2005 - 9 AZR 230/04 - BAGE 114, 299-312.
[66] LArbG Berlin v. 09.12.2004 - 16 Sa 1967/04 - DB 2005, 264-265.
[67] LArbG Schleswig-Holstein v. 06.09.2007 - 4 Sa 204/07.
[68] LArbG Hamm v. 27.08.2007 - 6 Sa 751/07 - ArbuR 2008, 117-118.

§ 298 BGB Zug-um-Zug-Leistungen

(Fassung vom 02.01.2002, gültig ab 01.01.2002)

Ist der Schuldner nur gegen eine Leistung des Gläubigers zu leisten verpflichtet, so kommt der Gläubiger in Verzug, wenn er zwar die angebotene Leistung anzunehmen bereit ist, die verlangte Gegenleistung aber nicht anbietet.

Gliederung

A. Grundlagen 1
B. Anwendungsvoraussetzungen 2
I. Normstruktur 2
II. Leistung nur gegen Gegenleistung 3
C. Rechtsfolgen 10
D. Prozessuale Hinweise/Verfahrenshinweise 12

A. Grundlagen

1 § 298 BGB stellt das Nichtanbieten der Gegenleistung durch den Gläubiger der Nichtannahme der Leistung gleich.

B. Anwendungsvoraussetzungen

I. Normstruktur

2 § 298 BGB gilt nicht nur für Verpflichtungen zur Zug-um-Zug-Leistung aus gegenseitigen Verträgen (§ 320 BGB), sondern für alle Fälle eines Zurückbehaltungsrechts[1] (z.B. §§ 255, 273, 285, 410 Abs. 1, 785, 797, 1144, 1223 Abs. 2 BGB), auch für Nebenpflichten wie Erteilung einer Quittung (§ 368 BGB) oder eines Schuldscheins (§ 371 BGB). § 298 BGB gilt entsprechend, wenn der Gläubiger vorleistungspflichtig ist.[2] Nach § 298 BGB endet der Annahmeverzug nicht, solange der Schuldner wirksam ein Zurückbehaltungsrecht ausübt.[3]

II. Leistung nur gegen Gegenleistung

3 § 298 BGB setzt ein ordnungsgemäßes Leistungsangebot des Schuldners voraus sowie dessen Verlangen zur Gegenleistung. Insoweit ist das Angebot des Schuldners durch das gleichzeitige Fordern der Gegenleistung eingeschränkt. Solange der Schuldner seine Leistung nicht ordnungsgemäß angeboten hat, kann die Verweigerung der Gegenleistung keinen Annahmeverzug des Gläubigers begründen.[4] Annahmeverzug tritt ein, wenn der nicht zur Gegenleistung bereite Gläubiger das ordnungsgemäß eingeschränkte Angebot des Schuldners (Leistung nur gegen Gegenleistung) ablehnt. Das Verlangen des Schuldners stellt gleichzeitig eine Mahnung dar. Mit dem Annahmeverzug tritt daher bezüglich der Gegenleistung bei Vertretenmüssen des Gläubigers (§ 286 Abs. 4 BGB) gleichzeitig Schuldnerverzug ein.

4 § 298 BGB ist auf einen Grundstückskauf anwendbar. Ein Kläger bietet mit dem Klageantrag die ihm obliegende Leistung schon deswegen nicht wie geschuldet an, wenn er sich nur zur Übertragung des Wohnungseigentums an die Beklagte bereit erklärt.[5] Die Auflassung erfordert, dass Angebot und Annahme bei gleichzeitiger Anwesenheit der Vertragsparteien vor dem Notar erklärt werden (§ 925 BGB). Das Angebot ist daher in der Weise zu bewirken, dass der Schuldner den Termin zur Auflassung dem Gläubiger unter Wahrung einer angemessenen Frist mitteilt (§ 299 BGB analog) und zu diesem Termin bei dem bereiten Notar erscheint, um die Auflassung in der Form des § 29 Abs. 1 Satz 1 GBO in Gegenwart des Gläubigers zu erklären. Schuldet der Verkäufer Auflassung gegen Kaufpreiszahlung, so tritt Annahmeverzug des Grundstückskäufers ein, wenn dieser dem ihm mitgeteilten Termin zur Auflassung vor dem Notar einseitig fernbleibt oder wenn er zwar anwesend ist, aber nicht die Ange-

---

[1] BAG v. 26.09.2007 - 5 AZR 870/06 - BAGE 124, 141-149.
[2] BGH v. 22.03.1984 - VII ZR 286/82 - BGHZ 90, 354-363; OLG Naumburg v. 06.02.2002 - 11 W 123/01 - JurBüro 2002, 551 - 552.
[3] BAG v. 14.11.1985 - 2 AZR 98/84 - BAGE 50, 164-179.
[4] BGH v. 06.10.1994 - V ZR 92/94 - NJW 1994, 3351.
[5] BGH v. 18.12.2009 - XI ZR 181/08 - NJW 2010, 1284-1290.

botserklärung annimmt oder nicht vor deren Annahme den ihm abverlangten Kaufpreis tatsächlich anbietet (§ 298 BGB).[6]

Annahmeverzug des Schuldners kann nicht dadurch eintreten, dass der Zug um Zug zur Auflassung verpflichtete Gläubiger die Auflassung zugleich als vollmachtloser Vertreter des Schuldners erklärt und diesen schriftlich auffordert, die Auflassungserklärung gemäß § 177 BGB nachträglich unter Befreiung von den Beschränkungen des § 181 BGB zu genehmigen.[7]

Ferner liegt auch dann eine Ablehnung vor, wenn der Gläubiger die Abnahme der Leistung von unberechtigten Voraussetzungen oder von weiteren vertragswidrigen Leistungen abhängig macht. Hat die Bank bei Übernahme der Mietkautionsbürgschaft für den Mieter auf die Einreden der Anfechtbarkeit, der Aufrechenbarkeit und der Vorausklage verzichtet, begründet die Aufforderung zur Zahlung der Bürgschaftssumme Zug um Zug gegen (angebotene) Rückgabe der Originalbürgschaftsurkunde ihren Annahmeverzug. Zahlt die Bank auf die Aufforderung des Vermieters die Bürgschaftssumme nicht aus, befindet sie sich in Verzug und hat dem Vermieter die außergerichtlichen Kosten des nachfolgend mit der Durchsetzung des Anspruchs beauftragten Rechtsanwalts zu ersetzen.[8]

Erklärt sich der Schuldner einer Zug um Zug zu erbringenden Leistung zwar bereit, die ihm geschuldete Leistung anzunehmen, verweigert er aber bestimmt und eindeutig die Erfüllung der ihm obliegenden Verpflichtung, so genügt ein wörtliches Angebot der vom Gläubiger geschuldeten Leistung, um den Annahmeverzug des anderen Teils herbeizuführen. Das wörtliche Angebot liegt in der auf Zug-um-Zug-Leistung gerichteten Klageerhebung.[9]

So tritt Annahmeverzug ein, wenn der Bauherr dem Bauunternehmer auf dessen Verlangen nicht die üblichen Ausführungszeichnungen zur Verfügung stellt.[10]

Der Annahmeverzug endet erst dann, wenn der Gläubiger alle Gegenleistungen anbietet, derentwegen der Schuldner ein Zurückbehaltungsrecht ausübt.[11] § 298 BGB gilt nicht nur für die Einrede des nicht erfüllten Vertrags (§ 320 BGB), sondern auch für alle Fälle des Zurückbehaltungsrechts.[12]

C. Rechtsfolgen

Der Gläubiger gerät in Annahmeverzug hinsichtlich der Leistung. Unerheblich ist ein Verschulden des Gläubigers oder dessen ausdrücklich erklärte Weigerung, die Gegenleistung zu erbringen.

Der Gläubiger kommt damit auch in Schuldnerverzug (§ 286 BGB) hinsichtlich der Gegenleistung (Mahnung liegt im eingeschränkten Angebot), wenn er die Nichtleistung zu vertreten hat (§ 286 Abs. 4 BGB).

D. Prozessuale Hinweise/Verfahrenshinweise

Der Schuldner hat darzulegen und zu beweisen, dass er zur Erbringung seiner Leistung nur gegen eine Leistung des Gläubigers verpflichtet ist, und dass der Gläubiger es unterlassen hat, die ihm obliegende Gegenleistung anzubieten. Dem Gläubiger steht aber als Schuldner der Gegenleistung die Möglichkeit offen, gemäß § 286 Abs. 4 BGB zu beweisen, dass er an der Erbringung seiner Leistung infolge eines von ihm nicht zu vertretenden Umstandes gehindert war.

Wird wegen fehlerhafter Kapitalanlagenberatung ein Rückzahlungsanspruch Zug um Zug gegen Übernahme der Wertpapiere eingeklagt, gerät der Beklagte in Annahmeverzug, wenn er die Gegenleistung nicht angeboten hat, denn im Zug-um-Zug-Antrag in der Klageschrift liegt das wörtliche Angebot zur Übereignung der Wertpapiere.[13]

---

[6] BGH v. 06.12.1991 - V ZR 229/90 - BGHZ 116, 244-251.
[7] KG Berlin v. 18.07.1995 - 1 W 6998/94 - AGS 1996, 55-56.
[8] AG München v. 17.12.2010 - 413 C 24201/10.
[9] BGH v. 15.11.1996 - V ZR 292/95 - NJW 1997, 581-582; OLG Frankfurt v. 15.01.2008 - 8 U 247/06 - OLGR Frankfurt 2008, 482-483.
[10] BGH v. 20.02.1969 - VII ZR 175/66 - ZfBR 2000, 108.
[11] BAG v. 21.05.1981 - 2 AZR 95/79 - NJW 1982, 121-122.
[12] BAG v. 26.09.2007 - 5 AZR 870/06 - BAGE 124, 141-149.
[13] OLG Frankfurt v. 21.06.2011 - 5 U 51/10 - NZG 2011, 1158; LG Magdeburg v. 06.05.2010 - 9 O 2234/09 (600) - juris.

14 Ein vom Bürgen erhobenes Zurückbehaltungsrecht führt zwar zu dessen Verurteilung Zug um Zug.[14] Die vom Gläubiger zu erbringende Gegenleistung hat dieser aber nicht an den Bürgen, sondern an den Hauptschuldner zu bewirken.[15] Deshalb ist die Gegenleistung nicht dem Bürgen, sondern dem Hauptschuldner anzubieten.

15 Der Schuldner hat ein rechtliches Interesse an der **Feststellung** (§ 256 ZPO) des Annahmeverzugs, wenn er dadurch instand gesetzt wird, das Urteil hinsichtlich der vom Gläubiger zu leistenden Gegenleistung zu vollstrecken, ohne seine eigene Leistung tatsächlich anbieten zu müssen.[16] Hat der Schuldner für die vom Gläubiger zu erbringende Leistung bereits eine Zug-um-Zug-Verurteilung erhalten, kann er diesen Anspruch ohne Bewirkung der ihm obliegenden Leistung gemäß § 274 Abs. 2 BGB vollstrecken.[17] Durch die Feststellung des Annahmeverzuges im Urteil kann der Gläubiger das Urteil hinsichtlich der vom Beklagten Zug zu erbringenden Leistung vollstrecken, ohne seine eigene Leistung tatsächlich anbieten zu müssen. Der Nachweis des Annahmeverzugs gemäß § 274 Abs. 2 BGB i.V.m. § 756 ZPO erfolgt durch Zustellung des Urteils, einer öffentlichen Urkunde.[18] Dem Antrag auf Feststellung des Annahmeverzugs ist kein eigenständiger Wert beizumessen, da er als rechtlich unselbständiges Element mit der umstrittenen Leistungsverpflichtung wirtschaftlich identisch ist.[19]

16 Im **Vollstreckungsverfahren** ist der Nachweis des Annahmeverzugs Voraussetzung der Klauselerteilung (§ 726 Abs. 2 ZPO) oder des Vollstreckungsbeginns (§§ 756, 765 ZPO).

17 Wenn bei einer Zug-um-Zug-Verurteilung die Ordnungsgemäßheit der angebotenen Gegenleistung (z.B. Nebenkostenabrechnung) bestritten wird und der Umfang der Leistungsverpflichtung anhand des Urteils nicht eindeutig feststellbar ist, kann das Urteil nicht vollstreckt werden, da es an der Bestimmbarkeit des Leistungsinhalts fehlt.[20]

18 Der Einwand des Schuldners, die im Zug-um-Zug-Urteil als Gegenleistung konkret bezeichnete Sache sei mit einem Mangel behaftet, ist vom Gerichtsvollzieher nicht zu berücksichtigen. Materielle Einwendungen gegen den titulierten Anspruch sind nicht vom Gerichtsvollzieher zu klären, sondern nur in einem Erkenntnisverfahren.[21] Die Rüge des Schuldners, der angebotene Gegenstand habe sich seit der Übergabe an den Gläubiger derart verschlechtert, dass er ihn nicht mehr annehmen müsse, hat der Gerichtsvollzieher nur zu berücksichtigen, wenn die Mängel zu einer Identitätsänderung der angebotenen Sache geführt haben. Im Übrigen muss der Schuldner seine Einwendungen im Wege einer Vollstreckungsabwehrklage nach § 767 ZPO geltend machen.[22]

19 Nach den für die Vollstreckung von Zug-um-Zug-Urteilen einschlägigen Bestimmungen (§§ 756, 765 ZPO) reicht es aus, wenn dem Schuldner die ihm gebührende Leistung in einer den Verzug der Annahme begründenden Weise angeboten wird. Die Zug um Zug geschuldete Leistung muss lediglich so bereitgestellt werden, dass der Schuldner nur noch zuzugreifen braucht (§ 294 BGB). Die wirkliche Leistung des Gläubigers findet dagegen erst statt, wenn der Schuldner seine Pflichten vollständig erfüllt hat. Ist er dazu nicht bereit, gerät er als Gläubiger der Gegenleistung gemäß § 298 BGB auch dann in Annahmeverzug, wenn er die Gegenleistung als solche annehmen will. Während des Annahmeverzugs muss er nach § 274 Abs. 2 BGB die Vollstreckung dulden, ohne die Gegenleistung zu erhalten.[23]

20 Der **Gerichtsvollzieher** muss dafür sorgen, dass der Vollstreckungsschuldner die titelgemäße Gegenleistung des Gläubigers erhält, obwohl der Gerichtsvollzieher in Vollstreckungsersuchen grundsätzlich materiell-rechtliche Belange des Schuldners nicht wahrnimmt. Der Schuldner gerät in Annahmeverzug, wenn er nicht bereit ist, die Leistung des vollstreckenden Gläubigers anzunehmen. Der Gerichtsvollzieher kann sodann die Vollstreckung gegen ihn durchführen, ohne ihm erneut die Gegenleistung anbieten zu müssen.[24]

---

[14] BGH v. 16.01.2003 - IX ZR 171/00 - BGHZ 153, 293-302.
[15] BGH v. 18.12.2009 - XI ZR 181/08 - NJW 2010, 1284-1290.
[16] BGH v. 28.10.1987 - VIII ZR 206/86 - WM 1987, 1496-1498.
[17] BGH v. 22.03.1984 - VII ZR 286/82 - BGHZ 90, 354-363.
[18] BGH v. 28.10.1987 - VIII ZR 206/86 - WM 1987, 1496-1498.
[19] BGH v. 06.07.2010 - XI ZB 40/09 - NJW-RR 2010, 1295-1296.
[20] AG Bonn v. 20.02.1991 - 21 M 449/91 - DGVZ 1991, 91-92.
[21] BGH v. 07.07.2005 - I ZB 7/05 - MDR 2005 1311.
[22] BGH v. 07.07.2005 - I ZB 7/05 - MDR 2005 1311.
[23] BGH v. 22.03.1984 - VII ZR 286/82 - BGHZ 90, 354-363.
[24] *Geißler*, Der Annahmeverzug des Schuldners bei der Vollstreckung von Zug-um-Zug-Titeln, DGVZ 2012, 1-6.

Der **Nachweis**, dass der Schuldner wegen der ihm gebührenden Gegenleistung sich nach § 298 BGB im Annahmeverzug befindet, ist bereits dann durch öffentliche oder öffentlich beglaubigte Urkunden erbracht, wenn diese ergeben, dass der Gläubiger vom Schuldner die Leistung verlangt hat und wenn für den Gerichtsvollzieher aus anderen Anzeichen offensichtlich ist, dass der Schuldner die ihm obliegende Leistung dem Gläubiger nicht angeboten hat.[25] Wenn der Vollstreckungsschuldner bei einem durch den Gerichtsvollzieher angesetzten Termin zur Erbringung einer vom Vollstreckungsgläubiger Zug um Zug geschuldeten Mängelbeseitigung nicht anwesend ist, so begründet dies aber nur im Falle rechtzeitiger persönlicher Ladung des Vollstreckungsschuldners einen Annahmeverzug.[26]

---

[25] LG Oldenburg v. 28.04.1981 - 5 T 364/80 - DGVZ 1982, 124-125.
[26] OLG Frankfurt v. 30.08.2002 - 20 W 270/02 - EWiR 2003, 733.

§ 299 BGB Vorübergehende Annahmeverhinderung

(Fassung vom 02.01.2002, gültig ab 01.01.2002)

Ist die Leistungszeit nicht bestimmt oder ist der Schuldner berechtigt, vor der bestimmten Zeit zu leisten, so kommt der Gläubiger nicht dadurch in Verzug, dass er vorübergehend an der Annahme der angebotenen Leistung verhindert ist, es sei denn, dass der Schuldner ihm die Leistung eine angemessene Zeit vorher angekündigt hat.

Gliederung

A. Grundlagen 1	II. Zeitangemessene Ankündigung der Leistung...... 3
B. Anwendungsvoraussetzungen 2	III. Entsprechende Anwendung bei Auflassung 7
I. Vorübergehende Annahmehinderung 2	C. Prozessuale Hinweise/Verfahrenshinweise...... 8

A. Grundlagen

1 § 299 BGB schränkt für den Fall einer vorübergehenden Annahmeverhinderung des Gläubigers den Grundsatz ein, dass der Eintritt des Annahmeverzugs kein Verschulden des Gläubigers voraussetzt.[1] Dies ist eine Ausprägung von Treu und Glauben (§ 242 BGB)[2] und berücksichtigt den Umstand, dass der Gläubiger bei unbestimmter Leistungszeit keine Obliegenheit zu ständiger Annahmebereitschaft trägt. Deshalb soll bei vorübergehender Verhinderung des Gläubigers kein Annahmeverzug eintreten.

B. Anwendungsvoraussetzungen

I. Vorübergehende Annahmehinderung

2 Die Leistungszeit muss unbestimmt (§ 271 Abs. 1 BGB) oder bestimmt, der Schuldner aber zur vorzeitigen Leistung berechtigt sein (§ 271 Abs. 2 BGB). In beiden Fällen wird der Annahmeverzug durch eine vorübergehende Annahmeverhinderung (Abwesenheit,[3] Krankheit,[4] Trauerfall etc.) ausgeschlossen. Auf solche Hindernisse kann sich der Gläubiger aber nicht berufen, wenn er diese selbst herbeigeführt hat.

II. Zeitangemessene Ankündigung der Leistung

3 Annahmeverzug tritt aber dann ein, wenn der Schuldner ihm die Leistung eine angemessene Zeit vorher angekündigt hat, also so rechtzeitig, dass der Gläubiger sich noch auf die Annahme einrichten kann. Die Ankündigung für eine unzumutbare Zeit braucht der Gläubiger nicht gegen sich gelten zu lassen. Da Annahmeverzug nur bei rechtzeitiger Vorankündigung der Auslieferung eintritt, braucht der Käufer bei Versandkäufen nicht ständig auf den Postboten zu warten.[5]

4 Diese Ankündigung ist eine empfangsbedürftige geschäftsähnliche Mitteilung, für die § 130 BGB entsprechend gilt. Die Ankündigung kann auch von einem Dritten ausgehen, wenn dieser gemäß § 286 BGB zur Leistung für den Schuldner berechtigt ist.[6]

5 Hat der Gläubiger den Leistungsgegenstand innerhalb einer bestimmten Frist nach Anzeige der Bereitstellung beim Schuldner abzuholen, so ist davon auszugehen, dass Annahmeverzug erst nach Ablauf dieser Frist eintritt mit der Folge, dass der Schuldner nur noch bis zum Ablauf der Frist haftet.[7]

6 Ein Annahmeverzug entfällt nach Treu und Glauben trotz rechtzeitiger Ankündigung, wenn dem Gläubiger die Annahme nicht zuzumuten ist weil die Ankündigung zur unpassenden Zeit erfolgen soll (plötzliche Erkrankung, Todesfall, Geschäftsreise etc.).

---

[1] BGH v. 28.06.1994 - X ZR 95/92 - NJW-RR 1994, 1469-1471.
[2] OLG Hamburg v. 01.12.1911 - OLGE 28, 70-72.
[3] OLG Hamburg v. 01.12.1911 - OLGE 28, 70-72.
[4] RG JW 1903 Beilage Nr. 251.
[5] OLG Hamm v. 22.11.2011 - 4 U 98/11 - Magazindienst 2012, 184-193.
[6] *Löwisch/Feldmann* in: Staudinger, § 299 Rn. 5.
[7] *Löwisch/Feldmann* in: Staudinger, § 299 Rn. 7.

III. Entsprechende Anwendung bei Auflassung

Die Auflassung erfordert, dass Angebot und Annahme bei gleichzeitiger Anwesenheit beider Vertragsparteien vor dem Notar erklärt werden (§ 925 BGB).[8] Das Angebot ist daher in der Weise zu bewirken, dass der Schuldner den Termin zur Auflassung dem Gläubiger unter Wahrung einer angemessenen Frist mitteilt (§ 299 BGB entsprechend) und zu diesem Termin bei dem bereiten Notar erscheint, um die Auflassung in der Form des § 29 Abs. 1 Satz 1 GBO in Gegenwart des Gläubigers zu erklären. Annahmeverzug tritt sodann ein, wenn der Gläubiger entweder dem Termin fernbleibt (§ 299 BGB entsprechend) oder wenn er zwar anwesend ist, aber nicht die Angebotserklärung annimmt oder nicht vor Annahme die ihm abverlangte Gegenleistung tatsächlich anbietet (§ 298 BGB).[9]

C. Prozessuale Hinweise/Verfahrenshinweise

Der Gläubiger trägt die Beweislast dafür, dass keine Zeit für die Leistung bestimmt war sowie für seine vorübergehende Annahmeverhinderung.

Der Schuldner muss die rechtzeitige Ankündigung seiner Leistung beweisen.

Das Protokoll des Gerichtsvollziehers beweist ohne rechtzeitige persönliche Ladung des Vollstreckungsschuldners keinen Annahmeverzug, wenn der Vollstreckungsschuldner bei einem durch den Gerichtsvollzieher angesetzten Termin zur Erbringung einer Zug um Zug geschuldeten Mängelbeseitigung nicht anwesend ist. Es fehlt der Nachweis des Annahmeverzuges gem. § 765 Nr. 1 ZPO.[10]

---

[8] BGH v. 03.12.1958 - V ZR 28/57 - BGHZ 29, 6-13.
[9] BGH v. 06.12.1991 - V ZR 229/90 - BGHZ 116, 244-251.
[10] OLG Frankfurt v. 30.08.2002 - 20 W 270/02 - EWiR 2003, 733.

§ 300 BGB Wirkungen des Gläubigerverzugs

(Fassung vom 02.01.2002, gültig ab 01.01.2002)

(1) Der Schuldner hat während des Verzugs des Gläubigers nur Vorsatz und grobe Fahrlässigkeit zu vertreten.

(2) Wird eine nur der Gattung nach bestimmte Sache geschuldet, so geht die Gefahr mit dem Zeitpunkt auf den Gläubiger über, in welchem er dadurch in Verzug kommt, dass er die angebotene Sache nicht annimmt.

Gliederung

A. Grundlagen 1	2. Verzug des Gläubigers 11
B. Anwendungsvoraussetzungen 2	3. Aussonderung 12
I. Haftungserleichterung 2	4. Anzeige der Aussonderung 13
II. Gefahrübergang auf den Gläubiger bei Gattungsschulden 7	C. Rechtsfolgen 14
1. Leistungsgefahr/Preisgefahr 8	D. Prozessuale Hinweise/Verfahrenshinweise 19

A. Grundlagen

1 Neben den in anderen Rechtsvorschriften enthaltenen Rechtsfolgen des Gläubigerverzugs im Allgemeinen (vgl. die Kommentierung zu § 293 BGB) regelt § 300 BGB zwei wichtige Rechtsfolgen des Gläubigerverzugs, nämlich die Haftungserleichterung für den Schuldner während des Gläubigerverzugs (§ 300 Abs. 1 BGB) und den Übergang der Leistungsgefahr bei Gattungsschulden (§ 300 Abs. 2 BGB).

B. Anwendungsvoraussetzungen

I. Haftungserleichterung

2 Die Haftungserleichterung für den Schuldner in § 300 Abs. 1 BGB ist das Gegenstück zur Haftungsverschärfung nach § 287 BGB beim Schuldnerverzug. Geht der Leistungsgegenstand während des Gläubigerverzugs unter oder verschlechtert er sich, dann haftet der Schuldner nur für Vorsatz und grobe Fahrlässigkeit.

3 Grobe Fahrlässigkeit liegt vor, wenn die im Verkehr zu beachtende Sorgfalt in ungewöhnlich hohem Maße verletzt, ganz naheliegende Überlegungen nicht angestellt oder beiseite geschoben wurden oder das unbeachtet geblieben ist, was jedem sofort und ohne weiteres hätte einleuchten müssen.[1] Grob fahrlässig handelt ein Verkäufer, wenn er das vom Käufer nicht abgenommene Fahrzeug verrotten lässt.[2] Auch das Einfrierenlassen von Heizkörpern durch den rückgabepflichtigen Mieter ist grob fahrlässig.[3] Auch wenn einem Besitzer grds. kein Recht zusteht, die Sache zu verschrotten, darf er ausnahmsweise ohne große Fahrlässigkeit annehmen, der Eigentümer verzichte in Ansehung der nicht geringen Kosten für die Demontage und die Abholung auf die Durchsetzung seines Anspruchs und werde sich einer Vernichtung der als wertlos dargestellten Sache nicht entgegenstellen.[4]

4 § 300 Abs. 1 BGB schränkt die allgemeine Verschuldenshaftung (§ 276 BGB) zu Gunsten des Schuldners während des Gläubigerverzugs ein und erweitert die dem Gläubiger bei der Stückschuld obliegende Leistungsgefahr (§ 275 Abs. 1 i.V.m. den §§ 300 Abs. 1, 276 BGB). Für Gattungsschulden greift wegen § 276 Abs. 1 Satz 1 BGB die Haftungserleichterung nur, wenn die ganze Gattung untergegangen ist.

5 Die Haftungserleichterung betrifft nur die Hauptleistungspflicht.[5] Deshalb bezieht sich die Haftungsminderung trotz des weiten Wortlauts nur auf die Obhuts- und Aufbewahrungspflichten für den Leis-

---

[1] BGH v. 28.06.1994 - X ZR 95/92 - NJW-RR 1994, 1469-1471.
[2] OLG Oldenburg v. 04.06.1975 - 2 U 51/75 - NJW 1975, 1788-1790.
[3] BGH v. 10.01.1983 - VIII ZR 304/81 - BGHZ 86, 204-211.
[4] OLG Düsseldorf v. 17.02.1993 - 11 U 55/92 - OLGR Düsseldorf 1993, 155-157.
[5] BGH v. 28.06.1994 - X ZR 95/92 - NJW-RR 1994, 1469-1471.

tungsgegenstand.[6] Die Haftungsmilderung nach § 300 Abs. 1 BGB erstreckt sich auch auf **konkurrierende** Ansprüche, soweit sie den Leistungsgegenstand betreffen (z.B. unrechtmäßiger Selbsthilfeverkauf;[7] Beschädigung des reparierten Fahrzeugs während der Standzeit[8]), aber nicht bei Verletzung von nicht auf den Leistungsgegenstand bezogenen **sonstigen** Neben- und Sorgfaltspflichten (z.B. Erhöhung des Verschlechterungsrisikos durch Unfall bei Weiternutzung eines Autos nach Rücktritt[9]).

Die Abwägung der beiderseitigen Verursachungs- und Verschuldensanteile bei der Herbeiführung des Schadens kann dazu führen, dem Gläubiger sowohl die überwiegende Verursachung als auch das überwiegende Verschulden zuzuschreiben (**§ 254 BGB**).[10]

II. Gefahrübergang auf den Gläubiger bei Gattungsschulden

Die Gattungsschuld ist regelmäßig eine Beschaffungsschuld. Daher bleibt die Erfüllung objektiv und subjektiv möglich, solange der Schuldner zur Beschaffung imstande ist. Es ist unerheblich, ob der vom Schuldner zur Erfüllung bereits beschaffte Gegenstand untergegangen ist. Erst wenn der Schuldner einmal alles zur Leistung seinerseits Erforderliche getan hat, beschränkt sich die Schuld auf den beschafften Leistungsgegenstand. Wenn dieser untergeht, braucht der Schuldner also keinen neuen zu beschaffen.[11]

1. Leistungsgefahr/Preisgefahr

§ 300 Abs. 2 BGB betrifft nur den Übergang der Leistungsgefahr auf den Gläubiger bei Gattungsschulden, während die §§ 323 Abs. 6, 326 Abs. 2 BGB den Übergang der Gegenleistungs-(Preis-)Gefahr durch Gläubigerverzug regeln.[12]

Leistungsgefahr ist das Risiko, bei zufälligem Untergang des Leistungsgegenstandes noch einmal (mit einer gleichen Gattungssache) leisten zu müssen. Die **Preisgefahr** ist das Risiko, trotz zufälligen Untergangs des Leistungsgegenstandes zur Gegenleistung verpflichtet zu bleiben. Diese Risikoabwälzung auf den Gläubiger wird dadurch gerechtfertigt, dass er durch die Nichtannahme die Erfüllung des Vertrages hinauszögert.

Da mit dem tatsächlichen Angebot des Schuldners (§ 294 BGB) in der Regel auch eine Konkretisierung gemäß § 243 Abs. 2 BGB erfolgt und die Leistungsgefahr bereits gemäß § 243 Abs. 2 i.V.m. § 275 BGB auf den Gläubiger übergangen ist, kommt § 300 Abs. 2 BGB nur eine geringe selbständige Bedeutung zu,[13] so etwa in den Fällen der §§ 295, 296 BGB, wenn Konkretisierung noch nicht eingetreten ist (z.B. bei Bring- und Schickschuld), der Gläubiger aber schon in Annahmeverzug geraten ist. Dies ist der Fall, wenn der Gläubiger vor dem tatsächlichen Angebot des Schuldners die Annahme verweigert, dieser daraufhin die Ware aussondert und dem Gläubiger nach § 295 BGB wörtlich anbietet. Bedeutung hat die Vorschrift neben Fällen des wörtlichen Angebots ferner bei der Geldschuld, da bei dieser ein Gefahrübergang durch Konkretisierung nach § 243 Abs. 2 BGB wegen der Sonderregelung des § 270 Abs. 1 BGB nicht eintritt.[14]

2. Verzug des Gläubigers

Nicht nur der durch ein tatsächliches Angebot begründete Gläubigerverzug ist erforderlich („die angebotene Sache"). Jeder Verzug des Gläubigers mit einer Gattungsschuld reicht aus, gleich wie er begründet ist, also auch in den Fällen von § 295 oder § 296 BGB.[15]

---

[6] BGH v. 14.02.1958 - VIII ZR 8/57 - MDR 1958, 335-335; OLG Saarbrücken v. 29.06.2001 - 1 U 951/00 - NJW-RR 2002, 528-529.
[7] OLG Köln v. 06.06.1994 - 19 U 150/93 - NJW-RR 1995, 52-55.
[8] OLG Saarbrücken v. 29.06.2001 - 1 U 951/00 - NJW-RR 2002, 528-529.
[9] LG Bonn v. 19.05.2005 - 1 O 107/04 - juris.
[10] BGH v. 10.01.1983 - VIII ZR 304/81 - BGHZ 86, 204-211; OLG Oldenburg v. 04.06.1975 - 2 U 51/75 - NJW 1975, 1788-1790.
[11] BGH v. 14.02.1958 - VIII ZR 8/57 - MDR 1958, 335-335.
[12] RG v. 14.10.1921 - II 173/21 - RGZ 103, 13-16; *Löwisch/Feldmann* in: Staudinger, § 300 Rn. 15.
[13] *Löwisch/Feldmann* in: Staudinger, § 300 Rn. 16.
[14] *Löwisch/Feldmann* in: Staudinger, § 300 Rn. 18.
[15] *Ernst* in: MünchKomm-BGB, § 300 Rn. 4; a.A. *Löwisch* in: Staudinger, § 300 Rn. 22.

3. Aussonderung

12 Aussonderung der zur Erfüllung bestimmten Sache ist notwendig, auch soweit kein tatsächliches Angebot (§ 294 BGB) erfolgt ist,[16] denn erst mit der Aussonderung wird bestätigt, welcher konkrete Leistungsgegenstand betroffen ist.

4. Anzeige der Aussonderung

13 Im Falle des Gattungskaufes genügt es zum Übergang der Gefahr auf den Käufer nicht, dass nach erfolgter Ausscheidung der zu liefernden Sache der Käufer in Annahmeverzug geraten ist. Der Verkäufer muss ihm die ausgeschiedene Sache als solche anbieten.[17] Dadurch hat der Käufer die Möglichkeit, die Konsequenzen einer Annahme oder Nichtannahme der Sache nochmals zu überdenken. Ist nach § 296 BGB ein Angebot entbehrlich, dann bedarf es auch keiner Mitteilung der Aussonderung.

C. Rechtsfolgen

14 Der Schuldner wird gem. den §§ 275, 300 Abs. 1 und 2 BGB von seiner Leistungspflicht frei, wenn die von ihm erfolglos angebotene Sache während des Annahmeverzugs durch Zufall oder leichte Fahrlässigkeit des Schuldners oder seiner Hilfspersonen (§§ 276, 278 BGB) untergeht oder verschlechtert wird.

15 Bei Geldschulden trägt der Schuldner die Versendungsgefahr (§ 270 BGB). Diese geht auf den Gläubiger bei Annahmeverweigerung über. Der Gläubiger trägt im **Lastschriftverfahren** die Gefahr des Geldverlustes nach erfolgter Abbuchung ebenso wie die Gefahr des verzögerten Eingangs, wenn der Schuldner bei Fälligkeit für eine hinreichende Deckung auf seinem Konto gesorgt hat. Da der Gläubiger verpflichtet ist, von der Ermächtigung zum Einzug rechtzeitig Gebrauch zu machen, gerät er in Annahmeverzug, wenn er die Abbuchung unterlässt.[18] Der Schuldner wird jedoch nicht befreit, wenn sein Konto später nicht mehr die erforderliche Deckung aufweist.[19] § 300 Abs. 2 BGB ist nicht anwendbar, wenn die gesamte Gattung untergegangen ist. Der Schuldner wird gemäß § 275 Abs. 1 BGB wegen Unmöglichkeit von seiner Leistungspflicht frei.

16 Kann der Schuldner die vom Gläubiger bestellte Ware zu einem vereinbarten Termin nicht liefern (Bringschuld!), weil der Gläubiger nicht zu Hause ist und wird die Ware auf dem Rückweg bei einem Unfall zerstört, behält der Schuldner seinen Kaufpreisanspruch (§ 433 Abs. 2 i.V.m. § 326 Abs. 2 BGB), wenn er den Unfall nicht oder nur leicht fahrlässig (§ 300 Abs. 1 BGB) zu vertreten hatte. Er braucht auch keine neue Ware zu liefern (§ 243 Abs. 2 i.V.m. § 275 BGB). Wenn aber kein Gläubigerverzug vorlag (etwa wegen § 299 BGB) oder wenn der Schuldner den Unfall grob fahrlässig zu vertreten hat (§ 300 Abs. 1 BGB), dann muss der Schuldner erneut liefern, um den Kaufpreis zu verdienen.

17 Kann ein Arbeitnehmer den festgelegten Urlaub durch nachträgliche vom Arbeitgeber nicht zu vertretende Gründe nicht wahrnehmen, geht der Urlaubsanspruch des Arbeitnehmers wegen Unmöglichkeit ersatzlos unter (§§ 243 Abs. 2, 275 Abs. 1, 300 Abs. 2 BGB).[20] Grundsätzlich fallen alle urlaubsstörenden Ereignisse als Teil des persönlichen Lebensschicksals in den Risikobereich des einzelnen Arbeitnehmers. Nur soweit der Gesetzgeber oder die Tarifvertragsparteien besondere urlaubsrechtliche Nichtanrechnungsregeln (z.B. wegen Erkrankung im Urlaub gemäß § 9 BUrlG) setzen, sind die allgemeinen Gefahrtragungsregelungen des BGB nicht anzuwenden.[21] Der Arbeitnehmer hat auch einen Anspruch auf Nachgewährung der verlorenen Urlaubszeit gegen den Arbeitgeber, wenn er während seines Urlaubs an einem Einsatz zur Erfüllung von Verpflichtungen für die Allgemeinheit (z.B. Einsatz für das THW) teilnehmen muss.[22] Dieser Arbeitnehmer darf gegenüber anderen Arbeitnehmern nicht benachteiligt werden (§ 3 Abs. 1 Satz 1 THW-Helferrechtsgesetz). Der Arbeitgeber wiederum kann Erstattung seiner Aufwendungen beantragen (§ 3 Abs. 2 THW-Helferrechtsgesetz).

---

[16] RG v. 29.03.1904 - II 372/03 - RGZ 57, 402–407; *Larenz*, Schuldrecht, Bd. II: Besonderer Teil, 11. Aufl. 1977, § 25 II b; *Löwisch/Feldmann* in: Staudinger, § 300 Rn. 19, h.M.; a.A. *Schröder*, MDR 1973, 466-468.

[17] H.M., RG v. 29.03.1904 - II 372/03 - RGZ 57, 402–407; a.A. *Löwisch/Feldmann* in: Staudinger, § 300 Rn. 21; *Hager* in: Erman, § 300 Rn. 4; *Heinrichs* in: Palandt, § 300 Rn. 4.

[18] BGH v. 07.12.1983 - VIII ZR 257/82 - NJW 1984, 871-872.

[19] OLG Düsseldorf v.13.10.1988 - 10 U 37/88 - BB 1988, 2208-2209; a.M. *Sick*, NJ 2011, 441-449.

[20] BAG v. 21.01.1997 - 9 AZR 791/95 - AP Nr. 15 zu § 9 BUrlG.

[21] BAG v. 09.08.1994 - 9 AZR 384/92 - BAGE 77, 296-303.

[22] BAG v. 10.05.2005 - 9 AZR 251/04 - NZA 2006, 439-441.

Die Kostenbelastung des Gläubigers bei der Räumungsvollstreckung (§ 885 Abs. 2-4 ZPO) und dessen Haftung wegen zufälliger Verschlechterung oder Untergang des Mobiliars ist verfassungsrechtlich problematisch.[23]

18

D. Prozessuale Hinweise/Verfahrenshinweise

Die Haftungsbeschränkung ändert zwar das Maß der zu beobachtenden Sorgfalt, hat aber keinen Einfluss auf die Beweislastverteilung im Rahmen des § 280 Abs. 1 Satz 2 BGB. Für die Nutzungsziehung des Besitzers ist der Eigentümer darlegungs- und beweispflichtig. § 280 Abs. 1 Satz 2 BGB kehrt die Beweislast zu seinen Gunsten nicht um.[24] Da § 300 Abs. 1 BGB den Verschuldensmaßstab einschränkt, braucht der Schuldner im Rahmen des Gläubigerverzuges bei § 280 Abs. 1 Satz 2 BGB lediglich solche Tatsachen darzulegen und zu beweisen, aus denen sich ergibt, dass er die Unmöglichkeit der Leistung nicht durch grobe Fahrlässigkeit oder Vorsatz herbeigeführt hat.[25]

19

---

[23] *Schwieren*, DGVZ 2011, 41-49.
[24] OLG Düsseldorf v. 17.02.1993 - 11 U 55/92 - OLGR Düsseldorf 1993, 155-157.
[25] OLG Saarbrücken v. 29.06.2001 - 1 U 951/00 - NJW-RR 2002, 528-529; LG Oldenburg v. 26.10.1988 - 9 S 130/88 - VersR 1990, 288-289.

§ 301 BGB Wegfall der Verzinsung

(Fassung vom 02.01.2002, gültig ab 01.01.2002)

Von einer verzinslichen Geldschuld hat der Schuldner während des Verzugs des Gläubigers Zinsen nicht zu entrichten.

A. Normstruktur

1 Als Folge des Annahmeverzugs bezweckt diese Norm die Entlastung des Schuldners einer Geldschuld (§§ 244, 245 BGB), der wegen unterlassener Mitwirkungshandlung des Gläubigers nicht leisten kann. Da mit der Erfüllung einer Geldschuld die Zinspflicht endet, soll nichts anderes gelten, wenn der Gläubiger die Annahme der Leistung verweigert. § 301 BGB gilt sowohl für vereinbarte als auch gesetzliche Zinsen. Die Zinspflicht endet auch, wenn der Gläubiger die Annahme des vom Schuldner angebotenen Geldbetrages für den herauszugebenden Gegenstand ablehnt.[1]

B. Grundsatz

2 § 301 BGB befreit den Schuldner während des Annahmeverzugs endgültig von seiner Zinspflicht, führt also nicht zu einer bloßen Stundung. Verzugszinsen sind nicht zu entrichten, weil sich Schuldnerverzug und Annahmeverzug wegen derselben Leistung gegenseitig ausschließen, so dass die Voraussetzungen des § 288 BGB schon wegen § 293 BGB (Nichtannahme der angebotenen Leistung) entfallen.

3 § 301 BGB normiert nur einen Beendigungsgrund, aber **keine Anspruchsgrundlage** für Entstehung und Höhe eines Zinsanspruchs.[2] Deshalb kann sich eine Bank weder in ihren AGB das Recht ausbedingen, ohne Rücksicht auf ihren Verzugsschaden die unveränderte Weiterzahlung der Vertragszinsen zu verlangen noch steht ihr ein gesetzlicher Anspruch darauf aus den §§ 288 Abs. 1 Satz 2, 301 BGB oder analog § 557 Abs. 1 BGB zu.[3]

C. Ausnahme

4 Annahmeverzug liegt nicht vor, wenn der Gläubiger aus einem nicht rechtskräftigen Urteil nicht vollstreckt und die ihm nur zur Abwendung der Zwangsvollstreckung angebotene Zahlung des Schuldners zurückweist.[4]

5 Zieht der Schuldner während des Annahmeverzugs tatsächlich Zinsen, dann sind diese gemäß § 302 BGB herauszugeben, falls nach dem Schuldverhältnis[5] oder aus allgemeinen Vorschriften (§§ 668, 818, 987, 988, 1834 BGB) eine Verpflichtung zur Herausgabe von Nutzungen besteht.[6] Diese Bestimmungen gehen der Regelung des § 301 BGB vor. Der Schuldner soll nämlich entlastet, aber nicht bereichert werden.

6 § 301 BGB erfasst nicht den Erbbauzins, weil dieser das Entgelt für die Bestellung des Erbbaurechts ist (§ 9 Abs. 1 Satz 1 ErbbauRG). Der Erbbauzins ist daher auch nicht eine nach § 304 BGB zu ersetzende Mehraufwendung für die Erhaltung des Erbbaurechts und seiner Bestandteile.[7]

---

[1] OLG Rostock v. 16.07.2008 - 1 U 48/08 - MDR 2009, 133.
[2] BGH v. 28.04.1988 - III ZR 57/87 - BGHZ 104, 337-351.
[3] BGH v. 28.04.1988 - III ZR 57/87 - BGHZ 104, 337-351; BGH v. 08.10.1991 - XI ZR 259/90 - BGHZ 115, 268-274; a.A. ältere Rspr. und Lehre: RG v. 23.07.1936 - IV 263/35 - JW 1936, 2858, 2859; OLG München v. 25.10.1977 - 25 U 3700/76 - MDR 1978, 402; *Löwisch/Feldmann* in: Staudinger, § 300 Rn. 6 m.w.N.
[4] BGH v. 15.03.2012 - IX ZR 35/11 - MDR 2012, 604-605; BGH v. 15.03.2012 - IX ZR 34/11 - ZInsO 2012, 828-830.
[5] BGH v. 25.10.1957 - I ZR 25/57 - BGHZ 26, 7-9.
[6] *Löwisch/Feldmann* in: Staudinger, § 301 Rn. 5.
[7] BGH v. 18.05.1990 - V ZR 190/89 - LM Nr. 11 zu § 2 ErbbauVO.

§ 302 BGB Nutzungen

(Fassung vom 02.01.2002, gültig ab 01.01.2002)

Hat der Schuldner die Nutzungen eines Gegenstands herauszugeben oder zu ersetzen, so beschränkt sich seine Verpflichtung während des Verzugs des Gläubigers auf die Nutzungen, welche er zieht.

Gliederung

A. Anwendungsvoraussetzungen 1
I. Normstruktur 1
II. Entsprechende Anwendung 3
B. Prozessuale Hinweise/Verfahrenshinweise 4

A. Anwendungsvoraussetzungen

I. Normstruktur

§ 302 BGB bezweckt die Entlastung des Schuldners. Er ist nicht verpflichtet, Nutzungen (§ 100 BGB) zu ziehen. § 302 BGB ist **keine Anspruchsgrundlage** und setzt deshalb voraus, dass der Schuldner aus dem zugrunde liegenden Schuldverhältnis zur Herausgabe oder zum Ersatz tatsächlich gezogener oder möglicher Nutzungen (§ 100 BGB) verpflichtet ist. Solche Verpflichtungen sind gesetzlich geregelt etwa in den Fällen der § 292 Abs. 2 BGB (Herausgabepflicht eines Gegenstands), § 346 Abs. 1 BGB und § 347 Abs. 1 BGB (Rücktritt), § 987 Abs. 2 BGB (Eigentümer-Besitzer-Verhältnis nach Rechtshängigkeit), § 990 BGB (Eigentümer-Besitzer-Verhältnis nach Bösgläubigkeit). 1

§ 302 BGB liegt der Gedanke zu Grunde, dass dem leistungsbereiten Schuldner nicht zugemutet werden kann, sich während des Annahmeverzugs um die Ziehung von Nutzungen zu bemühen. Bei Nutzungen müssen deshalb nur die tatsächlich während des Annahmeverzugs gezogenen Nutzungen herausgegeben werden. Es kommt nicht darauf an, ob der Schuldner schuldhaft die Ziehung von Nutzungen unterlassen hat. Dies gilt **nicht** bei einem krassen Verstoß gegen Treu und Glauben, wenn etwa der Gläubiger ohne Verschulden in Annahmeverzug geraten ist und der Schuldner dies weiß.[1] 2

II. Entsprechende Anwendung

Die Rechtsprechung wendet § 302 BGB bei vorübergehender Unmöglichkeit der Leistungserbringung (kein Annahmeverzug!) entsprechend an. So kann der Gläubiger die Herausgabe der tatsächlich gezogenen Nutzungen verlangen, wenn etwa wegen devisenrechtlicher Bestimmungen zwar kein Annahmeverzug anzunehmen ist, der Schuldner während dieser Zeit aber Zinsen tatsächlich gezogen hat.[2] 3

B. Prozessuale Hinweise/Verfahrenshinweise

Macht der Gläubiger geltend, der Schuldner habe während des Annahmeverzugs tatsächlich Nutzungen gezogen – z.B. den Geldbetrag verzinslich angelegt – und verlangt er deren Herausgabe, so ist er insoweit darlegungs- und beweispflichtig. 4

---

[1] *Hager* in: Erman, § 302 Rn. 2.
[2] BGH v. 25.10.1957 - I ZR 25/57 - BGHZ 26, 7-9; a.A. *Löwisch/Feldmann* in: Staudinger, § 302 Rn. 4.

§ 303 BGB Recht zur Besitzaufgabe

(Fassung vom 02.01.2002, gültig ab 01.01.2002)

¹Ist der Schuldner zur Herausgabe eines Grundstücks oder eines eingetragenen Schiffs oder Schiffsbauwerks verpflichtet, so kann er nach dem Eintritt des Verzugs des Gläubigers den Besitz aufgeben. ²Das Aufgeben muss dem Gläubiger vorher angedroht werden, es sei denn, dass die Androhung untunlich ist.

Gliederung

A. Anwendungsvoraussetzungen ... 1	III. Keine untunliche Androhung ... 4
I. Normstruktur ... 1	B. Rechtsfolgen ... 6
II. Herausgabepflicht des Schuldners ... 2	C. Prozessuale Hinweise/Verfahrenshinweise ... 13

A. Anwendungsvoraussetzungen

I. Normstruktur

1   Da der Schuldner durch den Gläubigerverzug nicht befreit wird, kann er sich bei beweglichen Sachen durch Hinterlegung (§§ 372-386 BGB) selbst befreien. Ausgeschlossen ist die Befreiungsmöglichkeit des Schuldners durch Hinterlegung (§ 372 BGB) oder Hinterlegung des Versteigerungserlöses (§ 383 BGB) für Grundstücke und nach § 383 Abs. 4 BGB auch für eingetragene Schiffe oder Schiffsbauwerke. Deshalb gewährt § 303 BGB als Ergänzung dazu ein Recht zur Besitzaufgabe (§ 856 BGB).

II. Herausgabepflicht des Schuldners

2   § 303 BGB gilt sowohl für die Pflicht zur dinglichen Übereignung als auch für die schuldrechtliche Pflicht zur Herausgabe, wie etwa die Rückgabepflicht des Mieters nach § 546 BGB.[1] Der zur Herausgabe verpflichtete Schuldner darf nach vorheriger Androhung nur den Besitz (§ 856 BGB), nicht auch das Eigentum (§ 928 BGB) aufgeben. Durch die Besitzaufgabe wird der Schuldner von der Pflicht zur Besitzübertragung befreit, die Pflicht zu Übereignung (Auflassung gemäß den §§ 873, 925 BGB) besteht weiter.

3   Das Recht zur Besitzaufgabe erstreckt sich auch auf Zubehör (§ 97 BGB) von Grundstücken.

III. Keine untunliche Androhung

4   Die Besitzaufgabe muss vorher angedroht werden. Die empfangsbedürftige geschäftsähnliche Androhung kann bereits mit dem Angebot der Leistung verbunden werden.[2]

5   Die Androhung ist untunlich und deshalb nicht erforderlich, wenn sie mit unverhältnismäßigen Kosten oder mit einer unzumutbaren Verzögerung für den Schuldner verbunden ist.[3] Eine erforderliche öffentliche Zustellung führt zu einem erheblichen Zeitaufwand.[4]

B. Rechtsfolgen

6   Hat der Schuldner den Besitz aufgegeben, dann erlischt nach § 275 Abs. 1 BGB der Anspruch des Gläubigers auf Herausgabe des Grundstücks.[5] Eine etwaige Übereignungspflicht besteht jedoch weiter.

7   Solange der Schuldner den Besitz nicht aufgibt, besteht weiter eine Obhutspflicht, allerdings kommt dem Schuldner die Haftungsmilderung des § 300 Abs. 1 BGB zu Gute. Die Obhutspflicht des Schuldners endet erst mit der Aufgabe des Besitzes auch wenn der Schuldner dem Gläubiger mitgeteilt hat, dass er sich nicht mehr um die Sache kümmern werde.[6] Nach Besitzaufgabe ist der Schuldner nicht mehr verantwortlich für Verschlechterungen der Sache.[7]

---

[1] OLG Düsseldorf v. 21.01.1999 - 10 U 32/98 - NJW-RR 1999, 735-736.
[2] RG v. 26.02.1910 - V 182/09 - RGZ 73, 69-71.
[3] *Heinrichs* in: Palandt, § 303 Rn. 2.
[4] *Löwisch/Feldmann* in: Staudinger, § 303 Rn. 7.
[5] RG v. 26.02.1910 - V 182/09 - RG JW 1910, 283.
[6] BGH v. 10.01.1983 - VIII ZR 304/81 - BGHZ 86, 204-211.
[7] RG v. 26.02.1910 - V 182/09 - RGZ 73, 69-71.

Befindet sich der Vermieter mit der Rücknahme einer **Wohnung** im Annahmeverzug, kann der Mieter den Besitz an der Wohnung aufgeben. Dadurch, dass der Vermieter mit der Rücknahme der Mieträume in Annahmeverzug gerät, wird der Mieter in der Regel noch nicht von seiner Rückgabepflicht befreit.[8] Schuldbefreiende Wirkung tritt, von Sonderfällen abgesehen, erst durch Besitzaufgabe ein, die dem Vermieter vorher angedroht worden sein muss.[9]

Die Rückgabe der Wohnungsschlüssel ist dem Vermieter oder seinem Beauftragten anzubieten. Verweigert der Vermieter unberechtigterweise die Rücknahme der Wohnung durch Entgegennahme der Schlüssel, bedarf es weiter keiner Androhung der Besitzaufgabe.[10]

Aufgrund der ihm obliegenden Obhutspflicht muss ein Pächter Wasser führende Rohre vor dem Einfrieren und einem anschließenden „Platzen" beim Wiederauftauen bewahren. Unternimmt der Pächter trotz entsprechender Witterung nichts zur Vermeidung von Schäden, verletzt er seine Obhutspflicht grob fahrlässig.[11]

Der Schuldner haftet dem Gläubiger für Vorsatz und grobe Fahrlässigkeit (§ 300 Abs. 1 BGB), wenn er die Androhung unterlässt und ihm die Leistung nunmehr unmöglich wird (§ 283 BGB i.V.m. § 280 Abs. 1 BGB).

Wurden bewegliche Sachen auf dem Grundstück als Zubehör mit veräußert (§ 311c BGB), dann darf der Schuldner auch den Besitz an diesen beweglichen Sachen aufgeben.

C. Prozessuale Hinweise/Verfahrenshinweise

Der Schuldner trägt für die erfolgte Androhung die Beweislast. Ist eine Androhung unterblieben, so obliegt ihm der Beweis der Tatsachen, aus denen sich ergibt, dass eine Androhung untunlich war.[12]

---

[8] So OLG Düsseldorf v. 21.01.1999 - 10 U 32/98 - NJW-RR 1999, 735-736; anders OLG Düsseldorf v. 28.05.2002 - 24 U 133/01 - MDR 2002, 1244.
[9] OLG Düsseldorf v. 21.01.1999 - 10 U 32/98 - NJW-RR 1999, 735-736.
[10] AG Hannover v. 07.02.2003 - 535 C 8222/02 - WuM 2003, 335-337.
[11] OLG Düsseldorf v. 06.06.2000 - 24 U 211/99 - OLGR Düsseldorf 2001, 177-178.
[12] *Heinrichs* in: Palandt, § 303 Rn. 3.

§ 304 BGB Ersatz von Mehraufwendungen

(Fassung vom 02.01.2002, gültig ab 01 01.2002)

Der Schuldner kann im Falle des Verzugs des Gläubigers Ersatz der Mehraufwendungen verlangen, die er für das erfolglose Angebot sowie für die Aufbewahrung und Erhaltung des geschuldeten Gegenstands machen musste.

Gliederung

A. Anwendungsvoraussetzungen 1	3. Kosten des erfolglosen Angebots 11
I. Normstruktur 1	4. Ergänzende Schuldnerrechte 12
II. Notwendige Mehraufwendungen 2	III. Sonstige Mehraufwendungen 13
1. Kosten der Aufbewahrung 5	**B. Prozessuale Hinweise/Verfahrenshinweise** 17
2. Kosten der Erhaltung 7	

A. Anwendungsvoraussetzungen

I. Normstruktur

1   § 304 BGB enthält eine Anspruchsgrundlage für notwendige (arg: „machen musste") Mehraufwendungen des Schuldners während des Annahmeverzugs. Im Übrigen ist der Gläubiger weder schadensersatzpflichtig noch wandelt sich eine Bring- oder Schickschuld in eine Holschuld für den Gläubiger um.

II. Notwendige Mehraufwendungen

2   Notwendige Mehraufwendungen sind die zusätzlichen Kosten, die der Schuldner machen musste, weil der Gläubiger den Leistungsgegenstand nicht angenommen hat.[1] Nur die objektiv angemessenen (erforderlichen) Mehraufwendungen sind zu ersetzen. Diese sind nicht angemessen, wenn eine billigere Art des Angebots, der Aufbewahrung oder Erhaltung möglich war.[2]

3   Unterlässt der Besteller seine Obliegenheit, bei der Herstellung des Werkes mitzuwirken[3] und gerät er in Annahmeverzug, kann dem Unternehmer nach § 642 BGB über den Ersatz für Mehraufwendungen gemäß § 304 BGB hinaus ein Anspruch auf eine angemessene Entschädigung zustehen. Diese soll dem Unternehmer einen Ausgleich dafür bieten, dass er seine Arbeitskraft und Geschäftskapital vorgehalten hat. Nicht erfasst aber ist der entgangene Gewinn und Wagnis.[4]

4   Eine Klausel, durch die dem Möbelkäufer die Lagerkosten auferlegt werden, wenn er die Ware nicht rechtzeitig abnimmt, verstößt gegen § 309 Nr. 4 BGB, da der Verkäufer sich damit von seiner Pflicht, vor Inverzugsetzung den Käufer zu mahnen, befreit. Eine Klausel, die im Falle des Abnahmeverzuges dem Käufer die Lagerkosten nach pauschalierter Berechnung auferlegt ohne ihm den Nachweis eines geringeren Schadens zu gestatten, verstößt gegen § 309 Nr. 5 lit. b BGB.[5]

1. Kosten der Aufbewahrung

5   Kosten der Aufbewahrung sind Lagerkosten[6] oder Standplatzkosten für ein nicht abgenommenes Fahrzeug[7]. Ein Kaufmann kann die von ihm zu liefernde Ware während des Annahmeverzugs des Käufers in eigener Obhut behalten und dafür die üblichen Lagerkosten verlangen.[8] Ein Gläubiger kann auch für die Zeit nach Beendigung eines Verwahrungsvertrages die ortsüblichen Lagerkosten beanspruchen. Für die Berechnung des Mehraufwands kann es dahingestellt bleiben, ob sich der Anspruch aus § 354 Abs. 1 HGB oder § 304 BGB ergibt, wenn Gegenstand des Vertrags die Einlagerung von Waren war.[9]

---

[1] RG v. 02.03.1900 - VIa 411/99 - RGZ 45, 300-303.
[2] RG v. 02.03.1900 - VIa 411/99 - RGZ 45, 300-303.
[3] BGH v. 16.05.1968 - VII ZR 40/66 - BGHZ 50, 175 - 179.
[4] BGH v. 21.10.1999 - VII ZR 185/98 - BGHZ 143, 32-41.
[5] LG München I v. 10.04.1979 - 7 O 431/79 - EB 1979, 702.
[6] OLG Nürnberg v. 25.06.1974 - 7 U 57/74 - MDR 1975, 52.
[7] OLG Hamm v. 25.02.1997 - 28 U 123/96 - NJW-RR 1997, 1418-1419.
[8] BGH v. 14.02.1996 - VIII ZR 185/94 - NJW 1996, 1464-1465; OLG Stuttgart v. 22.12.2005 - 2 U 110/05 - juris.
[9] KG Berlin v. 25.09.2007 - 7 U 5/07 - MDR 2008, 139-140.

Lehnt der Auftraggeber die Rücknahme des Fahrzeugs nach erfolgter Reparatur ab, gerät er in Annahmeverzug und hat dem Auftragnehmer die entstandenen Aufbewahrungskosten zu bezahlen.[10]

2. Kosten der Erhaltung

Zu den Kosten der Erhaltung gehören solche, die den Leistungsgegenstand vor Beschädigung und Abhandenkommen sichern etwa Beheizung, Kühlung verderblicher Ware, Wartung einer Maschine oder Bewachung. Wird die gelagerte Ware versichert, gehören auch die Versicherungsprämien zu den Aufwendungen i.S.d. § 304 BGB.[11]

Ein Entgelt für den Einsatz der eigenen Arbeitskraft kann der Schuldner entsprechend dem Rechtsgedanken des § 1835 Abs. 3 BGB nur verlangen, wenn die Leistung zu seinem gewerblichen oder beruflichen Tätigkeitsbereich gehört,[12] **nicht** aber Entschädigung oder sogar entgangenen Gewinn[13].

Auch ein Käufer kann Ersatz der sich infolge des Mangels der Krankheit eines Pferdes als nutzlos erweisenden Aufwendungen aus § 304 BGB verlangen, wenn der Ersatzpflichtige sich nach Wandlung mit der Rücknahme im Annahmeverzug befand.[14]

Zu notwendigen Erhaltungskosten gehören **nicht** die Aufwendungen für die Wiederbeschaffung einer vor Aussonderung untergegangenen Gattungssache, da dies lediglich die Folge der beim Schuldner verbliebenen Leistungsgefahr ist.[15]

3. Kosten des erfolglosen Angebots

Zu den Kosten eines erfolglosen Angebots gehören alle Aufwendungen des Schuldners um den Leistungsgegenstand anzubieten. Dies sind bei der Holschuld die Bereitstellungskosten und bei der Bring- und Schickschuld die Kosten der Aussonderung sowie des Transports oder der Versendung, auch die Kosten einer Mahnung oder Androhung der Besitzaufgabe nach § 303 BGB, aber **nicht** Schäden, die dem Schuldner infolge des Annahmeverzugs entstehen, wie etwa Beschädigung des angebotenen Leistungsgegenstands beim Rücktransport[16], auch nicht die anfallenden Kosten für ein (angenommenes) Zweitangebot[17].

4. Ergänzende Schuldnerrechte

Der Ersatzanspruch des Schuldners ist zu verzinsen (§ 256 BGB). Der Gläubiger hat den Schuldner von Verbindlichkeiten zu befreien (§ 257 BGB), die dieser zur Erhaltung und Aufbewahrung des Leistungsgegenstandes eingegangen ist.

III. Sonstige Mehraufwendungen

Nicht notwendige (sonstige) Mehraufwendungen kann der Schuldner nur unter den Voraussetzungen der Geschäftsführung ohne Auftrag (§§ 677, 683 BGB) ersetzt verlangen, Schadensersatz gemäß § 280 Abs. 2 BGB jedoch nur, wenn sich der Gläubiger zugleich im Leistungsverzug (Schuldnerverzug) befindet sowie bei positiver Forderungsverletzung (vgl. die Kommentierung zu § 293 BGB).

Verstößt der Bauherr gegen seine Mitwirkungspflicht bei der Nachbesserung, kann der Unternehmer Verzinsung der Restwerklohnforderung unter dem Gesichtspunkt des Schadensersatzes wegen positiver Forderungsverletzung verlangen.[18]

Als Anspruchsgrundlagen für eine Mehrvergütung wegen Bauablaufstörungen kommen § 6 Nr. 6 VOB/B, § 642 BGB oder § 304 BGB in Betracht. Die Regelung des § 2 Nr. 6 VOB/B gewährt lediglich einen Vergütungsanspruch für zusätzliche Leistungen, nicht aber für zeitliche Verzögerungen, die durch vertragswidriges Verhalten des Auftraggebers verursacht worden sind.[19]

---

[10] OLG Hamm v. 11.10.2006 - 12 U 115/05 - FLF 2007, 131.
[11] *Hager* in: Erman, § 304 Rn. 2.
[12] BGH v. 07.01.1971 - VII ZR 9/70 - BGHZ 55, 128-137, zu § 683 BGB.
[13] BGH v. 21.10.1999 - VII ZR 185/98 - BGHZ 143, 32-41.
[14] OLG Hamm v. 11.04.1995 - 24 U 134/94 - NJW-RR 1996, 736-737.
[15] A.A. *Hönn*, AcP 177, 385-417, 412, 417.
[16] *Löwisch/Feldmann* in: Staudinger, § 304 Rn. 5.
[17] OLG Hamburg v. 29.01.2002 - 11 U 37/01 - WM 2002, 655-662.
[18] OLG Hamm v. 23.06.1995 - 12 U 25/95 - NJW-RR 1996, 86-88.
[19] LG Hamburg v. 12.05.2004 - 417 O 110/02 - BauR 2004, 1347.

16 Hat der Verkäufer eine dem Verderb ausgesetzte Ware auch im Interesse des im Annahmeverzug befindlichen Käufers ohne Beachtung der Bestimmungen über den Selbsthilfeverkauf freihändig verkauft und hierbei in nützlicher Geschäftsführung für den Käufer gehandelt, so muss dieser eine solche Veräußerung gegen sich gelten und sich so behandeln lassen, als habe der Verkäufer die Ware in seinem Auftrag einem Dritten veräußert und dadurch den Vertrag zum Vollzug gebracht.[20] Dieser Anspruch ist seiner Rechtsnatur nach kein Leistungsstörungsanspruch, sondern ein vertraglicher Vergütungsanspruch. Die Verwahrung durch den Verkäufer erfolgt nicht in Wahrnehmung eines überwiegenden Eigeninteresses und lässt den Anspruch daher nicht entfallen. Dem Käufer können somit bei Nichtabnahme der Ware unter Umständen hohe Ersatzpflichten drohen.

B. Prozessuale Hinweise/Verfahrenshinweise

17 Der Ersatzanspruch nach § 304 BGB ist ein selbstständiger Anspruch, den der Schuldner entweder einklagen oder gemäß § 273 BGB ein Zurückbehaltungsrecht geltend machen kann.[21] Ein späterer Untergang der Sache berührt den Anspruch nicht. Zur Beendigung des Annahmeverzugs muss der Gläubiger außer seiner Annahme (Mitwirkung) auch die Erstattung der verlangten Mehraufwendungen anbieten.

18 Der Schuldner muss seine Mehraufwendungen konkret nachweisen.[22] Nur in Ausübung eines Handelsgewerbes kann der Schuldner seine Mehraufwendungen abstrakt berechnen (§ 354 HGB).

---

[20] BGH v. 18.06.1957 - VIII ZR 218/56 - LM Nr. 5 zu § 325 BGB.
[21] *Heinrichs* in: Palandt, § 304 Rn. 2.
[22] BGH v. 14.02.1996 - VIII ZR 185/94 - NJW 1996, 1464-1465.

Abschnitt 2 - Gestaltung rechtsgeschäftlicher Schuldverhältnisse durch Allgemeine Geschäftsbedingungen *⁾

§ 305 BGB Einbeziehung Allgemeiner Geschäftsbedingungen in den Vertrag

(Fassung vom 02.01.2002, gültig ab 01.01.2002)

(1) ¹Allgemeine Geschäftsbedingungen sind alle für eine Vielzahl von Verträgen vorformulierten Vertragsbedingungen, die eine Vertragspartei (Verwender) der anderen Vertragspartei bei Abschluss eines Vertrags stellt. ²Gleichgültig ist, ob die Bestimmungen einen äußerlich gesonderten Bestandteil des Vertrags bilden oder in die Vertragsurkunde selbst aufgenommen werden, welchen Umfang sie haben, in welcher Schriftart sie verfasst sind und welche Form der Vertrag hat. ³Allgemeine Geschäftsbedingungen liegen nicht vor, soweit die Vertragsbedingungen zwischen den Vertragsparteien im Einzelnen ausgehandelt sind.

(2) Allgemeine Geschäftsbedingungen werden nur dann Bestandteil eines Vertrags, wenn der Verwender bei Vertragsschluss

1. die andere Vertragspartei ausdrücklich oder, wenn ein ausdrücklicher Hinweis wegen der Art des Vertragsschlusses nur unter unverhältnismäßigen Schwierigkeiten möglich ist, durch deutlich sichtbaren Aushang am Ort des Vertragsschlusses auf sie hinweist und

2. der anderen Vertragspartei die Möglichkeit verschafft, in zumutbarer Weise, die auch eine für den Verwender erkennbare körperliche Behinderung der anderen Vertragspartei angemessen berücksichtigt, von ihrem Inhalt Kenntnis zu nehmen,

und wenn die andere Vertragspartei mit ihrer Geltung einverstanden ist.

(3) Die Vertragsparteien können für eine bestimmte Art von Rechtsgeschäften die Geltung bestimmter Allgemeiner Geschäftsbedingungen unter Beachtung der in Absatz 2 bezeichneten Erfordernisse im Voraus vereinbaren.

*) *Amtlicher Hinweis:*
Dieser Abschnitt dient auch der Umsetzung der Richtlinie 93/13/EWG des Rates vom 5. April 1993 über missbräuchliche Klauseln in Verbraucherverträgen (ABl. EG Nr. L 95 S. 29).

Gliederung

A. Grundlagen 1	3. Aushang 57
B. Anwendungsvoraussetzungen 4	4. Hyperlink 61
I. Vertragsbedingungen 5	5. Arbeitsrecht 63
II. Vorformulierte Vertragsbedingungen 15	VII. Möglichkeit der Kenntnisnahme 64
III. Stellen der Vertragsbedingungen 20	1. Anforderungen 65
IV. Form, äußere Gestalt 30	2. Fernabsatz 70
V. Individualvereinbarungen 31	3. Lesbarkeit 81
1. Rechtsprechung 37	VIII. Einverständnis des Kunden 87
2. Praktische Hinweise 43	IX. Wirksamer Vertragsschluss 90
3. Keine Verhandlungspflicht 46	X. Änderung von AGB 91
4. Reformbestrebungen des deutschen Anwaltvereins 47	1. Grundsatz 91
	2. Klauseln zur Änderung 94
VI. Einbeziehung der AGB 48	3. Neufassung von AGB bei Einzelverträgen ... 98
1. Ausdrücklicher Hinweis 48	XI. Rahmenvereinbarungen 99
2. Zeitpunkt des Hinweises 56	XII. Verträge mit Unternehmern 101

§ 305

A. Grundlagen

1   Durch das **Gesetz zur Modernisierung des Schuldrechts** wurden die Regelungen des früheren **AGB-Gesetzes** in das BGB eingefügt. Damit trägt der Gesetzgeber der Tatsache Rechnung, dass die Regelungen über Allgemeine Geschäftsbedingungen systematisch dem Bürgerlichen Gesetzbuch zugehören. Ob die Vorschriften im Allgemeinen Schuldrecht systematisch richtig aufgehoben sind oder besser in den allgemeinen Teil eingefügt worden wären,[1] spielt für die Praxis keine Rolle.

2   Die Regelungen wurden im Wesentlichen unverändert in das BGB übernommen. **Ausdrückliche Änderungen** finden sich nur wenige. So muss der Verwender, wenn er der anderen Vertragspartei die Möglichkeit verschafft, von den AGB Kenntnis zu nehmen, auch eine für ihn **erkennbare körperliche Behinderung** der anderen Vertragspartei angemessen berücksichtigen. Bei der Frage der Einbeziehungen von Allgemeinen Geschäftsbedingungen werden Bausparkassen überhaupt nicht mehr und die Anbieter von Post- und Telekommunikationsleistungen nach § 305a Nr. 2 BGB nur noch eingeschränkt privilegiert. Ausdrücklich geregelt ist nunmehr in § 307 Abs. 1 Satz 2 BGB, dass einzelne Bestimmungen schon dann eine unangemessene Benachteiligung darstellen, wenn sie nicht **klar und verständlich** sind. Ein Haftungsausschluss für die **Verletzung von Leben, Körper und Gesundheit** wird in § 309 Nr. 7 lit. a BGB ausdrücklich untersagt. Die Regelungen des früheren § 11 Nr. 8-11 AGBG sind lediglich an die Nomenklatur des neuen Leistungsstörungsrechts angepasst und wurden in dem neuen § 309 Nr. 8 BGB zusammengefasst.

3   Neben diesen ausdrücklichen Änderungen spielen insbesondere die indirekten Änderungen eine große Rolle. Die Generalklauseln § 307 BGB und § 307 Abs. 2 Satz 1 BGB verweisen bei der Beurteilung, ob Regelungen in Allgemeinen Geschäftsbedingungen angemessen oder unangemessen sind, auf die Vorschriften des dispositiven Rechts. Durch die Schuldrechtsmodernisierung wurden gerade diese Vorschriften in wesentlichen Teilen geändert. Diese Änderungen bewirken auch Änderungen bei der Beurteilung der Angemessenheit von Allgemeinen Geschäftsbedingungen. So ergeben sich beispielsweise durch die Umsetzung der Vorschriften über den Verbrauchsgüterkauf wesentliche Änderungen bei der Abgrenzung zwischen Kaufvertrag und Werkvertrag. Diese Regelungen befinden sich außerhalb der §§ 305 ff. BGB, haben aber erhebliche Auswirkungen auf das Recht der Allgemeinen Geschäftsbedingungen. Gerade die Abgrenzung zwischen Kaufvertrag und Werkvertrag war bislang insbesondere im IT-Recht Gegenstand heftiger Auseinandersetzungen in der Literatur. Die Gerichte haben sich bis heute nicht damit auseinandersetzen müssen.

B. Anwendungsvoraussetzungen

4   Der Schutz der Klauselkontrolle soll in allen Fällen eingreifen, in denen eine Partei die grundsätzlich gegebene Vertragsfreiheit einseitig in Anspruch nimmt und dadurch möglicherweise die andere Partei unangemessen benachteiligt. Die Klauselkontrolle findet daher statt, wenn
   • Vertragsbedingungen (vgl. Rn. 5) vorliegen, die
   • für eine Vielzahl (vgl. Rn. 16) von Verträgen vorformuliert (vgl. Rn. 15) sind,
   • von einer Partei einseitig gestellt (vgl. Rn. 21) werden und
   • nicht individuell (vgl. Rn. 31) vereinbart sind.
   Diese Voraussetzungen müssen kumulativ vorliegen und sind für jede einzelne Klausel gesondert zu prüfen.[2] Klausel meint dabei jede einzelne juristische Regelung, unabhängig von Gliederung und Satzbau.

I. Vertragsbedingungen

5   Voraussetzung für die Anwendung ist, dass es sich um Vertragsbedingungen handelt. Vertragsbedingungen sind alle Regelungen, die einen Vertrag inhaltlich gestalten, d.h. die die Rechte und Pflichten der Parteien festlegen sollen.

6   Eine Vertragsbedingung ist noch nicht gegeben, wenn lediglich **unverbindliche Bitten** geäußert werden. Die Abgrenzung von verbindlichen Vertragsbedingungen zu unverbindlichem Bitten erfolgt nach dem Empfängerhorizont.[3] Soweit also der Verwender Bitten äußert, die der Kunde nach dem eindeutigen Wortlaut befolgen, aber auch missachten kann, stellen diese Bitten keine Allgemeinen Geschäfts-

---

[1] *Heinrichs* in: Palandt, vor § 305 Rn. 1.
[2] *Becker* in: Bamberger/Roth, § 305 Rn. 10.
[3] BGH v. 03.07.1996 - VIII ZR 221/95 - BGHZ 133, 184-191; BGH v. 02.07.1987 - III ZR 219/86 - BGHZ 101, 271-275.

bedingungen dar. Werden diese allgemeinen Bitten jedoch mit Sanktionen für den Fall der Missachtung verbunden, stellen jedenfalls diese Sanktionsandrohungen Allgemeine Geschäftsbedingungen dar.[4]

Vertragsbedingungen sind insbesondere dann nicht gegeben, wenn lediglich die ohne die vertragliche Bestimmung geltende Gesetzeslage wiederholt wird. Dies gilt unabhängig von der Formulierung. Wenn ein Verwender eine Einwilligung in die Verarbeitung personenbezogener Daten seiner Vertragspartner in einer vorformulierten Erklärung erteilen lässt, obwohl die Verarbeitung bereits nach § 28 Abs. 1 BDSG zulässig ist, weil sie sich ausschließlich im Rahmen der Zweckbestimmung des Vertrages bewegt, liegt darin keine Regelung.[5] Die Wiederholung einer nicht einschlägigen gesetzlichen Regelung ist dagegen als AGB anzusehen und unterliegt der Klauselkontrolle. So ist ein zeitlich begrenzter Kündigungsausschluss im Wohnungsmietvertrag wirksam, da nach der gesetzlichen Regelung ein befristeter Mietvertrag mit der gleichen Konsequenz zulässig ist.[6]

Vertragsbedingungen liegen schon dann vor, wenn der Verwender mit einer bestimmten Formulierung das Vertragsverhältnis gestalten will. Es genügt sogar, wenn lediglich beim objektiven Betrachter dieser Eindruck hervorgerufen wird. Auch unwirksame oder unverständliche Formulierungen sind daher Vertragsbedingungen im Sinne des § 305 Abs. 1 Satz 1 BGB. Die Rechtsnatur des Vertrages und seine vertragstypologische Einordnung sind für die Einstufung der Klauseln als Vertragsbedingungen unerheblich. Die Regelungen des AGB-Rechts sind sowohl auf vorvertragliche Beziehungen zwischen den Parteien, als auch auf einseitige Erklärungen im Rahmen von Vertragsverhältnissen anwendbar.

In neueren Entscheidungen im Zusammenhang mit Widerrufsbelehrung wird teilweise gefordert, dass Vertragsbedingungen auch ausdrücklich als Vereinbarung formuliert sein sollen.[7] Demgegenüber wurden vorformulierte Widerrufsbelehrungen in der Rechtsprechung des BGH bislang stets als allgemeine Geschäftsbedingungen gewertet.[8] Auch das eine nachträgliche Widerrufsbelehrung übermittelnde Begleitschreiben, das den Bezug zur ursprünglichen Vertragserklärung herstellt, ist als Bestandteil der Widerrufsbelehrung anzusehen und in die Auslegung miteinzubeziehen.[9]

Soweit der Inhalt eines Vertragsverhältnisses unmittelbar durch Gesetze oder Rechtsverordnungen festgelegt wird, unterliegen diese nicht der Kontrolle. Es ist bedauerlich, dass insbesondere für den Bereich der öffentlichen Daseinsvorsorge durch die öffentliche Hand Benutzungsverordnungen, Anschlussbedingungen und Satzungen gestaltet werden, welche den Vorgaben der §§ 305 ff. BGB nicht entsprechen. Die öffentliche Hand nutzt hier ihre Machtposition zu Lasten der Bürger aus.

Die Regelungen der Allgemeinen Geschäftsbedingungen beziehen sich in erster Linie auf gegenseitige Schuldverträge. Dazu zählen aber bereits schon die vorvertraglichen Beziehungen zwischen den Parteien. Auch einseitige rechtsgeschäftliche oder sonstige rechtserhebliche Erklärungen sind nach dem Schutzzweck von den Regelungen erfasst, soweit sie sich im Rahmen gegenseitiger Schuldverhältnisse bewegen. Auch die vom Verwender vorformulierten einseitigen rechtsgeschäftlichen oder sonstigen rechtserheblichen Erklärungen des Kunden sind erfasst. Wenn der Einzelne für einseitige Erklärungen auf vorformulierte Erklärungen des Vertragspartners, wie etwa Überweisungsformulare, Empfangsbestätigungen, Vollmachtserteilungen etc., zurückgreifen muss, wird in seine Gestaltungsfreiheit genauso eingegriffen wie bei Verwendung klassischer AGB.[10]

AGB sind auch die Regelungen der Technischen Spezifikation ISO/TS 16949:2002 und der allgemein gültigen Norm EN ISO 9001:2001 (Qualitätsmanagementsysteme-Anforderungen), die dem Qualitätsmanagement innerhalb der internationalen Automobilindustrie dienen. Diese werden in der Regel von den Automobilherstellern in deren AGB zum Vertragsbestandteil gemacht und sind damit bindend.[11]

---

[4] BGH v. 24.03.1988 - III ZR 21/87 - LM Nr. 7 zu § 10 Nr. 1 AGBG.
[5] BGH v. 11.11.2009 - VIII ZR 12/08 - Leitsatz und juris Rn. 16 ff.; anders zu Unrecht OLG Bremen v. 16.08.2001 - 5 U 23/2001, 5 U 23/2001c, 5 U 23/01, 5 U 23/01c- DuD 2002, 433-434.
[6] BGH v. 06.10.2004 - VIII ZR 2/04 - juris Rn. 10 - WuM 2004, 672-673.
[7] OLG Hamm v. 02.03.2010 - I-4 U 180/09, 4 U 180/09 - juris Rn. 28; OLG Stuttgart v. 10.12.2009 - 2 U 51/09 - juris Rn. 31; vorausgesetzt auch vom OLG Hamburg v. 24.01.2008 - 3 W 7/08 - juris Rn. 22.
[8] BGH v. 06.12.2011 - XI ZR 401/10 - juris Rn. 22 - NJW 2012, 1066-1070 unter Verweis auf BGH v. 13.01.2009 - XI ZR 118/08 - juris Rn. 16 - WM 2009, 350; BGH v. 15.12.2009 - XI ZR 141/09 - juris Rn. 13; BGH v. 30.06.1982 - VIII ZR 115/81 - WM 1982, 1027.
[9] BGH v. 06.12.2011 - XI ZR 442/10 - juris Rn. 29 und Orientierungssatz.
[10] *Becker* in: Bamberger/Roth, § 305 Rn. 13.
[11] *Helmig*, PHI 2006, 117-123.

§ 305

13 Auch die Richtlinien für Arbeitsverträge kirchlicher Träger, wie des Deutschen Caritasverbandes (DCVArbVtrRL bzw. AVR) oder des Diakonischen Werkes der Evangelischen Kirche in Deutschland (DWArbVtrRL bzw. AVR-DW) sind Allgemeine Geschäftsbedingungen, da es sich dabei um für eine Vielzahl von Verträgen vorformulierte Vertragsbedingungen handelt, die die jeweiligen kirchlichen Arbeitgeber ihren Arbeitnehmern stellen.[12] Das verfassungsrechtlich verankerte Selbstbestimmungsrecht der Kirche steht einer Kontrolle der Klauseln nach AGB-Recht nicht entgegen, § 310 Abs. 4 BGB weist insoweit keine Regelungslücke auf.[13]

14 Sogar eine durch betriebliche Übung begründete Vertragsbedingung soll nach Auffassung des BAG in den Anwendungsbereich des § 305 BGB fallen.[14]

II. Vorformulierte Vertragsbedingungen

15 Als Allgemeine Geschäftsbedingungen gelten nur vorformulierte Vertragsbedingungen. Vorformuliert sind Vertragsbedingungen, wenn sie vor Abschluss des Vertrages in der Absicht formuliert wurden, in künftigen Fällen Verwendung zu finden.

16 Es genügt nicht, wenn die Vertragsbedingungen lediglich für einmalige Verwendung vorgesehen sind.[15] Ab drei geplanten Verwendungen kann man auf jeden Fall von vorformulierten Vertragsbedingungen ausgehen.[16] Erforderlich ist lediglich, dass die Vertragsbedingungen vorher fertig formuliert wurden. Dabei muss nicht beabsichtigt sein, dass die Vertragsbedingungen gegenüber verschiedenen Vertragspartnern verwendet werden sollen.[17] Auch wenn der Verwender nicht selbst die Absicht hat, die Vertragsbedingungen ein weiteres Mal zu verwenden, beispielsweise auf Muster eines Dritten oder Formularbücher zurückgreift, handelt es sich um AGB.[18] Es ist auch nicht notwendig, dass sie an irgendeiner Stelle schriftlich niedergelegt wurden. Es genügt auch die „mündliche" Überlieferung oder die Tatsache, dass der Verwender bestimmte Klauseln „im Kopf" hat und in einer Vielzahl von Fällen verwendet.[19] Damit ist es erst recht nicht erforderlich, dass die Vertragsbedingungen gedruckt oder maschinenschriftlich vor Vertragsabschluss festgelegt werden. Es genügt vielmehr, dass diese in einen Vertrag handschriftlich eingefügt werden.

17 Es ist auch nicht erforderlich, dass die Vertragsbedingungen in jedem Vertrag Verwendung finden. Ausreichend ist, dass sie einmal formuliert wurden, um in künftigen Verträgen Verwendung zu finden. Der Verwender muss die Vertragsbedingungen nicht selbst vorformuliert haben. Vielmehr reicht es aus, wenn er auf anderweitig vorformulierte Vertragsbedingungen zurückgreift. Diese können aus einem Formularhandbuch, aus der Vertragssammlung eines Notars oder eines Wirtschaftsverbandes stammen. In diesem Fall ist es auch nicht erforderlich, dass der Verwender die Absicht der mehrfachen Verwendung dieser Vertragsbedingung hat. Es genügt vielmehr die Absicht des Formulierenden, die Vertragsbedingung für eine Vielzahl von Anwendungen zu schaffen. Ob diese Absicht vorliegt, ist im Zweifel anhand der Begleitumstände zu prüfen.[20] So hat das KG die aus einem Vertrag zwischen Bauherrn und Generalunternehmer in den Vertrag mit dem Subunternehmer direkt übernommene Vertragsstrafenregelung alleine aus diesem Grunde schon als AGB qualifiziert.[21]

18 Formularmäßige Abnahmebestätigungen, die eine Mitverkäuferin bei den von ihr getätigten Mietkaufgeschäften verwendet und die von den jeweiligen Vertragspartnern ausgefüllt und unterschrieben werden sollen, sind ebenfalls allgemeine Geschäftsbedingungen, die der Klauselkontrolle unterliegen können.[22]

---

[12] BAG v. 17.11.2005 - 6 AZR 160/05 - juris Rn. 15 - EzA-SD 2006, Nr. 13, 11; vgl. auch BAG v. 26.01.2005 - 4 AZR 171/03 - NZA 2005, 1059-1064; BAG v. 08.06.2005 - 4 AZR 412/04 - juris Rn. 47 ff. - AP Nr. 1 zu § 42 MitarbeitervertretungG-EK Rheinland-Westfalen.

[13] BAG v. 17.11.2005 - 6 AZR 160/05 - juris Rn. 18 - EzA-SD 2006, Nr. 13, 11.

[14] BAG v. 27.08.2008 - 5 AZR 821/07 - juris Rn. 21 - AP Nr. 206 zu § 1 TVG Tarifverträge: Metallindustrie; BAG v. 20.05.2008 - 9 AZR 382/07 - juris Rn. 30.

[15] Außer bei Verbraucherverträgen nach § 310 Abs. 3 Nr. 2 BGB.

[16] *Becker* in: Bamberger/Roth, § 305 Rn. 23.

[17] BGH v. 11.12.2003 - VII ZR 31/03 - ZIP 2004, 315-317.

[18] OLG Düsseldorf v. 02.04.2004 - I-14 U 213/03 14 U 213/03 - ZGS 2004, 271-275.

[19] *Westphalen*, NJW 2004, 1993-2001, 1994.

[20] *Becker* in: Bamberger/Roth, § 305 Rn. 24.

[21] KG Berlin v. 02.07.2003 - 26 U 113/02 - NJW-RR 2003, 1599-1600.

[22] BGH v. 24.03.2010 - VIII ZR 122/08 - juris Rn. 19 - NJW-RR 2010, 1436-1438.

Allgemeine Bestimmungen bei einseitigen Rechtsgeschäften, etwa die Bedingungen eines Preisausschreibens (Auslobung) sind grundsätzlich keine fähigen allgemeinen Geschäftsbedingungen.[23] Mit solchen Bestimmungen nimmt der Verwender regelmäßig nur seine eigene rechtsgeschäftliche Gestaltungsmacht in Anspruch.[24] Soweit derartige Bestimmungen allerdings Ausschlüsse oder sonstige Beschränkungen der Haftung für Verletzung von Rechtsgütern der Teilnehmer oder sonstiger in den Schutzbereich einbezogener Dritter enthalten, sind diese nicht lediglich Regelungen der eigenen Verhältnisse des Veranstalters, sondern stellen Eingriffe in die geschützten Rechtspositionen Dritter dar und unterliegen deshalb auch der Kontrolle.[25]

III. Stellen der Vertragsbedingungen

Allgemeine Geschäftsbedingungen sind Vertragsbedingungen, die eine Vertragspartei, auch Verwender genannt, der anderen Vertragspartei bei Abschluss des Vertrages stellt.

Vertragsbedingungen werden gestellt, wenn eine Partei deren Einbeziehung in den Vertrag verlangt. Es ist weder eine vorherige Vereinbarung darüber, wer die Vertragsbedingungen formulieren soll, noch ein wirtschaftliches oder sonstiges Ungleichgewicht zwischen den Parteien erforderlich. Es ist ausreichend, dass eine Partei den Wunsch äußert, bestimmte von ihr bezeichnete vorformulierte Vertragsbedingungen zu verwenden.

Vorformulierte Vertragsbedingungen werden auch dann gestellt, wenn darin Felder noch ausgefüllt werden müssen (Miethöhe, Vertragsdauer, Kündigungsfristen etc.). Weder die Möglichkeit, an bestimmten Stellen zwischen alternativen Formulierungen zu wählen, noch das ausdrückliche Angebot, auf Wunsch bestimmte Passagen zu streichen, beseitigen dieses Merkmal. Erfolgen derartige Einfügungen, ist stets bei jeder einzelnen zu prüfen, ob diese vorformuliert ist. Texte, die einmal formuliert werden, um später mehrfach Verwendung zu finden, sind auch bei handschriftlicher Einfügung vorformuliert.

Die vorformulierten Vertragsbedingungen müssen von einer **Vertragspartei** gestellt worden sein. Werden die Vertragsbedingungen von einem Dritten gestellt, muss man unterscheiden. Ist der Dritte im Auftrag einer Partei tätig, sind die von ihm vorgelegten Vertragsbedingungen als von der beauftragenden Partei gestellt anzusehen. Dies gilt ganz deutlich bei einem Rechtsanwalt, der für Mandanten tätig wird.

Wird ein von einer Partei entworfener Vertrag vom Notar verlesen, bleibt es trotz der eventuellen Belehrung über den Inhalt bei der Einstufung als AGB, gestellt durch diese Partei als den Verwender.[26] Auch wenn der Notar von einer Partei beauftragt wurde, muss sie sich das Verhalten des Notars als eigenes zurechnen lassen.[27] Gleiches gilt jedoch auch bei einem Notar, welcher beispielsweise für eine Vertragspartei regelmäßig tätig ist und den von dieser Partei präferierten Vertrag vorschlägt. Nichts anderes gilt bei einem notariellen Vertrag, der **offensichtlich** nur die Interessen einer Partei berücksichtigt.[28] Soweit der Notar von beiden Parteien beauftragt ist, fallen auch die von diesem vorgeschlagenen, vorformulierten Vertragsbedingungen nicht unter die §§ 305 ff. BGB.[29] Die von ihm vorgeschlagenen Klauseln unterliegen jedoch der Inhaltskontrolle auf der Basis des § 242 BGB.[30]

Bei **Internet-Auktionen** werden durch das jeweilige Auktionshaus Allgemeine Geschäftsbedingungen im Verhältnis zu beiden Vertragsparteien (Verkäufer und Ersteigerer) verwendet. Diese Allgemeinen Geschäftsbedingungen haben jedoch auch Regelungen zum Inhalt, welche das **Rechtsverhältnis zwischen den Parteien** regeln.[31] Da diese Bestimmungen jedoch von keiner der Parteien der jeweils anderen Partei gestellt wurden, sondern vom Auktionshaus in den jeweiligen Verträgen mit den Parteien gestellt sind, sind darin keine Allgemeinen Geschäftsbedingungen im Sinne der §§ 305 ff. BGB

---

[23] BGH v. 23.09.2010 - III ZR 246/09 - juris Rn. 13 - NJW 2011, 139-142.
[24] BGH v. 23.09.2010 - III ZR 246/09 - juris Rn. 23 - NJW 2011, 139-142; vgl. auch *Graf v. Westphalen*, NJW 2011, 2098.
[25] BGH v. 23.09.2010 - III ZR 246/09 - juris Rn. 24 - NJW 2011, 139-142.
[26] BGH v. 10.11.1989 - V ZR 201/88 - juris Rn. 11 - NJW 1990, 576.
[27] *Becker* in: Bamberger/Roth, § 305 Rn. 26.
[28] BGH v. 14.05.1992 - VII ZR 204/90 - BGHZ 118, 229-242.
[29] *Becker* in: Bamberger/Roth, § 305 Rn. 26.
[30] *Ulmer* in: Ulmer/Brandner/Hensen, § 305 Rn. 80 ff.
[31] Vgl. zu deren Einbeziehung: *Heiderhoff*, ZIP 2006, 793-798.

zu sehen[32]. Die Allgemeinen Geschäftsbedingungen des Auktionshauses sind demgegenüber lediglich für die Auslegung der von den Parteien abgegebenen Erklärungen heranzuziehen, soweit diese nicht aus sich selbst heraus ausreichend verständlich sind.[33]

26 Sofern beide Vertragsparteien unabhängig voneinander die Einbeziehung bestimmter vorformulierter Vertragsbedingungen verlangen, fehlt es am Merkmal des einseitigen Stellens dieser Vertragsbedingungen.[34] Als Beispiel hierfür kommen insbesondere allgemein bekannte Vertragsbedingungen, etwa VOB in Betracht. Es genügt jedoch nicht, dass ein Unternehmen die von seinem Vertragspartner ständig verwendeten vorformulierten Vertragsbedingungen schon im Vorgriff darauf bereits in sein Angebot einbezieht. Die Vertragsbedingungen bleiben trotzdem vom anderen Unternehmen gestellt.[35]

27 Häufig werden von den Vertragsparteien übereinstimmend Vertragsmuster vorgeschlagen. Dies ist beispielsweise bei der Einigung auf die Geltung der VOB oder die Verwendung allgemein gebräuchliche Vertragsmuster (beispielsweise ADAC-Muster Gebrauchtwagenkauf etc.) häufig der Fall. Dann ist es weder sinnvoll noch vor dem Hintergrund des Gerichts geboten, einer Partei die Verantwortung für diesen Mustervertrag zuzuweisen.[36] Allerdings kann man auch bei Fehlen eines bestimmten Verwenders einzelner Vorschriften namentlich die Regelungen über die Einbeziehung, die Auslegung und die Gültigkeit in den §§ 305c und 306 BGB analog heranziehen.[37]

28 Haben Parteien einen umfangreichen Individualvertrag ausgehandelt und einigen sich zu einem späteren Zeitpunkt darauf, diesen Vertragstext unverändert für ein identisches zweites Projekt zu verwenden, kann es am Stellen durch eine Partei fehlen, da beide Parteien nicht vor allem ihre Klauseln der anderen Seite stellen, sondern vor allem ohne lange Verhandlung zu einem fairen Vertrag kommen wollen.

29 Ein Stellen von Vertragsbedingungen liegt nicht vor, wenn die Einbeziehung vorformulierter Vertragsbedingungen in einen Vertrag auf einer freien Entscheidung desjenigen beruht, der vom anderen Vertragsteil mit dem Verwendungsvorschlag konfrontiert wird. Dazu ist es erforderlich, dass er in der Auswahl der in Betracht kommenden Vertragstexte frei ist und insbesondere Gelegenheit erhält, alternativ eigene Textvorschläge mit der effektiven Möglichkeit ihrer Durchsetzung in die Verhandlungen einzubringen.[38]

IV. Form, äußere Gestalt

30 Form und äußere Gestalt der vorformulierten Vertragsbedingungen sind für ihre Qualifizierung als Allgemeine Geschäftsbedingungen unerheblich. Dies stellt der sachlich an sich überflüssige Absatz 1 Satz 2 klar. So ist es zunächst unerheblich, ob die Allgemeinen Geschäftsbedingungen als äußerlich abgegrenzter Gesamtkomplex dargestellt sind, oder ob sie in den Vertrag, ein Angebot oder sonstigen Schriftwechsel eingearbeitet sind. Auch der Umfang der Geschäftsbedingungen ist für die Qualifikation uninteressant. Unverhältnismäßig große Länge kann lediglich im Rahmen von § 305 Abs. 2 Nr. 2 BGB eine Rolle spielen. Auch die verwendete **Schriftart** ist unerheblich.[39] Unter Schriftart ist an dieser Stelle nicht nur die Schrifttype (Arial etc.) gemeint, es ist auch unerheblich ob die Allgemeinen Geschäftsbedingungen gedruckt, in Maschinenschrift, Computerausdruck oder Handschrift vorliegen. Der Einordnung einer Klausel als Allgemeine Geschäftsbedingung steht nicht entgegen, dass diese durch maschinenschriftliche Ergänzung einer Leerstelle des im Übrigen vorgedruckten Textes entstand.[40] Auch die Form des Vertrages ist ohne Bedeutung. Bei lediglich **mündlichen** Verträgen können ebenfalls Allgemeine Geschäftsbedingungen verwendet werden. Es wird dabei allerdings ein Beweisproblem auftreten. Im Übrigen können Allgemeine Geschäftsbedingungen auch in **elektronischer Form** vorliegen. Selbst notariell beurkundete Verträge unterliegen der AGB-Kontrolle, soweit sie vorformulierte Vertragsbedingungen enthalten. Da Notare heute vielfach mit Textbausteinen und Standardverträgen arbeiten, wird dies in sehr vielen Fällen gegeben sein. Der Notar ist nach § 17 BeurkG

---

[32] BGH v. 07.11.2001 - VIII ZR 13/01 - juris Rn. 40 - BGHZ 149, 129-139.
[33] BGH v. 07.11.2001 - VIII ZR 13/01 - juris Rn. 36 - BGHZ 149, 129-139.
[34] *Roloff* in: Erman, § 305 Rn. 12.
[35] BGH v. 04.03.1997 - X ZR 141/95 - LM AGBG § 1 Nr. 28 (8/1997).
[36] *Ulmer* in: Ulmer/Brandner/Hensen, § 305 Rn. 29.
[37] *Ulmer* in: Ulmer/Brandner/Hensen, § 305 Rn. 29.
[38] BGH v. 17.02.2010 - VIII ZR 67/09 - Leitsatz und juris Rn. 18.
[39] BGH v. 23.06.2010 - VIII ZR 230/09 - juris Rn. 16 - NJW 2010, 3431-3434.
[40] BGH v. 23.06.2010 - VIII ZR 230/09 - juris Rn. 15 - NJW 2010, 3431-3434 und *v. Westphalen*, AGB-Recht im Jahr 2010, NJW 2011, 2098.

verpflichtet, die Beteiligten umfassend zu belehren. Daraus folgt jedoch keine Ausnahme von der Inhaltskontrolle von AGB.[41] Auch ein Schreiben, mit dem eine Bank auf Einwendungen ihrer Kunden gegen ein einheitlich und systematisch erhobenes pauschales Entgelt für die Rückgabe einer Lastschrift wegen fehlender Deckung des belasteten Kontos zwar nicht wort-, jedoch inhaltsgleich antwortet, wurde als AGB angesehen und der Inhaltskontrolle unterworfen.[42] Ist unklar, ob die entsprechenden Bestimmungen Allgemeine Geschäftsbedingungen oder frei ausgehandelte Vertragsbestimmungen darstellen, kann auch die äußere Form ein Indiz in die eine oder andere Richtung darstellen.[43]

V. Individualvereinbarungen

Nach § 305 Abs. 1 Satz 3 BGB sind solche Vereinbarungen von der Anwendung der §§ 305 ff. BGB ausgeschlossen, bei denen die Vertragsbedingungen zwischen den Vertragsparteien **im Einzelnen ausgehandelt** sind. Dies bezieht sich sowohl auf die einzelne Klausel, als auch auf die Vertragsparteien. Die Klausel muss genau zwischen diesen Vertragsparteien ausgehandelt sein, so dass kollektive Vereinbarungen auf Verbandsebene nicht von der Anwendung der §§ 305 ff. BGB ausgenommen sind.[44] Der BGH geht dabei davon aus, dass die ADSp den Charakter von Allgemeinen Geschäftsbedingungen im Grundsatz haben, mit einseitig aufgestellten Allgemeinen Geschäftsbedingungen eines Unternehmens aber nicht ohne weiteres gleichgestellt werden können. Allerdings ist bei der Prüfung zu berücksichtigen, dass diese Regelungen unter Mitwirkung der beteiligten Wirtschaftskreise zu Stande gekommen sind und dass sie über Jahre hinweg Anerkennung bei den beteiligten Verkehrskreisen gefunden haben.[45] Diese Umstände sind bei der Angemessenheitsprüfung im Sinne des AGB-Rechts zu berücksichtigen. Das ansonsten für Allgemeine Geschäftsbedingungen typische Machtgefälle zwischen dem Verwender einerseits und dem Kunden andererseits ist in diesem Fall nicht anzunehmen. 31

Für die Frage, ob Vertragsbedingungen im Einzelnen ausgehandelt sind, kommt es auf das **Aushandeln**, auf die **tatsächliche Verhandlung** an.[46] Dazu ist zunächst die Verhandlungsbereitschaft des Verwenders erforderlich. Diese Verhandlungsbereitschaft muss zumindest gegenüber dem Kunden unzweideutig erklärt werden und ernst gemeint sein. Indizien dafür kann das Verhalten bei früheren Vertragsabschlüssen bieten. Werden bei unterschiedlichen Vertragspartnern immer die gleichen Klauseln verwendet, spricht dies gegen Verhandlungsbereitschaft. 32

Die Frage, ob eine Individualklausel vorliegt, ist für jede Klausel einzeln zu entscheiden. Auch bei Aushandeln einzelner Vertragsbedingungen bleiben die übrigen Klauseln AGB. 33

Ohne rechtliche Bedeutung ist auch die Klausel, wonach der Vertragsinhalt in seinen sämtlichen Einzelheiten individuell ausgehandelt sei. Eine derartige Erklärung ist nach § 309 Nr. 12 lit. b BGB unwirksam.[47] Auch die ausdrückliche Aufforderung zur Änderung oder Streichung für sich alleine oder die Auswahl zwischen verschiedenen vorformulierten Bedingungen ist noch nicht als individuelles Aushandeln einzelner Bedingungen anzusehen. 34

Entscheidend für die Frage, ob ein **Aushandeln** im Sinne von Absatz 1 Satz 3 gegeben ist, ist in erster Linie derjenige Inhalt der Vertragsbedingungen, welcher Abweichungen vom dispositiven Gesetzesrecht beinhaltet. Soweit die Vertragsbedingungen lediglich das Gesetz wiederholen, ist eine Kontrolle nach §§ 305 ff. BGB ohnehin überflüssig. 35

Im Bereich der Abweichungen vom dispositiven Gesetzesrecht kommt es darauf an, dass der Verwender seine Vertragsbedingungen ernsthaft und inhaltlich zur Disposition stellt.[48] Flexibilität in grammatikalischen oder redaktionellen Fragen führt noch nicht zu individuell ausgehandelten Vertragsbedingungen. Vielmehr muss dem anderen Teil eine **Gestaltungsfreiheit gerade zur Wahrung der eigenen Interessen** eingeräumt werden. Der Vertragspartner muss die Möglichkeit erhalten, den Inhalt der Vertragsbedingungen und damit insbesondere die Rechtswirkungen der Vertragsbedingungen zu be- 36

---

[41] *Ulmer* in: Ulmer/Brandner/Hensen, § 305 Rn. 69.
[42] LG Köln v. 11.06.2003 - 26 O 100/02 - BKR 2003, 879-880.
[43] OLG Frankfurt am Main v. 13.03.2012 - 21 U 41/11 - juris Rn. 26.
[44] BGH v. 09.10.1981 - I ZR 188/79 - LM Nr. 4 zu § 54 ADSp und BGH v. 16.12.1982 - VII ZR 92/82 - BGHZ 86, 135-143.
[45] BGH v. 09.10.1981 - I ZR 188/79 - LM Nr. 4 zu § 54 ADSp und BGH v. 16.12.1982 - VII ZR 92/82 - BGHZ 86, 135-143.
[46] *Roloff* in: Erman, § 305 Rn. 18.
[47] BGH v. 28.01.1987 - IVa ZR 173/85 - BGHZ 99, 374-384.
[48] *v. Westphalen* in: Westphalen, Vertragsrecht und AGB-Klauselwerke, Vertragsrecht, Ziffer 17 Individualvereinbarung, Rn. 1, 7.

einflussen.[49] Verhandlungsbereitschaft in Bezug auf die Entgeltvereinbarung oder andere Klauseln genügt nicht als Aushandeln,[50] erst recht nicht die Möglichkeit, vom Vertrag insgesamt Abstand zu nehmen.[51] Auch ein besonderer Hinweis des Verwenders auf die Bedeutung einer Klausel macht diese noch nicht zur Individualabrede.[52] Dabei sind auch die persönlichen Voraussetzungen der Parteien, vor allem die intellektuellen Fähigkeiten und die berufliche Erfahrung und Position der Verhandlungspartner sowie das Bestehen oder Nichtbestehen eines wirtschaftlichen oder sonstigen Machtgefälles zu berücksichtigen. Bei einem Unternehmer kann man leichter von individuell ausgehandelten Vertragsbedingungen ausgehen, als bei einem Verbraucher.

1. Rechtsprechung

37 Es genügt nicht, dass der Verhandlungspartner des Verwenders das Formular kennt, insoweit keine Bedenken hat, und dass ihm der Inhalt erläutert bzw. mit ihm erörtert wird[53]. Von einem Aushandeln kann nach der Rechtsprechung des BGH in der Regel nur dann gesprochen werden, wenn der Verwender zunächst den in seinen Allgemeinen Geschäftsbedingungen enthaltenen "gesetzesfremden Kerngehalt", also die den wesentlichen Inhalt der gesetzlichen Regelung ändernden oder ergänzenden Bestimmungen, inhaltlich ernsthaft zur Disposition stellt und dem Verhandlungspartner Gestaltungsfreiheit zur Wahrung eigener Interessen einräumt mit zumindest der realen Möglichkeit, die inhaltliche Ausgestaltung der Vertragsbedingungen zu beeinflussen.[54] Wird beispielsweise bei einer Maklerprovision die Höhe zur Disposition der Parteien gestellt, ist darin noch keine Individualvereinbarung zu sehen.[55] Andererseits ist bei einer Vertragsstrafenklausel nicht zwingend erforderlich, dass der Verwender die Vertragsstrafe an sich zur Disposition stellt. Hier genügt es, den vom Gesetz abweichenden Inhalt der Klausel zum Gegenstand des Verhandelns zu machen.[56] Zwischen Unternehmen kann Aushandeln auch schon früher gegeben sein, sogar schon wenn der Verwender eine Klausel zur condicio sine qua non erklärt.[57] Insbesondere im unternehmerischen Verkehr und im Bereich von Rechtsgeschäften zwischen Großunternehmen kann ein individuelles Aushandeln einer Klausel ausnahmsweise auch dann vorliegen, wenn ein Verwender eine bestimmte Klausel für unabdingbar und unabänderlich erklärt, sofern diese Klausel zwischen den Parteien eingehend besprochen wurde und der Vertragspartner des Verwenders aufgrund der Verhandlung die Bestimmung in seinen freien rechtsgeschäftlichen Gestaltungswillen aufgenommen, sich zu eigen gemacht und als sachlich berechtigt akzeptiert hat oder wenn zwischen den Vertragspartnern über viele Aspekte eines komplexen Vertrages umfangreich und langwierig verhandelt wurde und die streitige Vertragsklausel stehen geblieben ist, weil beispielsweise an anderer Stelle des Vertrages eine Kompensation stattgefunden hat.[58]

38 Aushandeln liegt auch nicht vor, wenn der Verwender die Klausel lediglich auf den Einzelfall anpasst, sie in ihrem Regelungsgehalt aber unverändert lässt.[59]

39 „Ausgehandelt" ist eine Vertragsbedingung auch im Arbeitsrecht nur, wenn der Verwender die betreffende Klausel inhaltlich ernsthaft zur Disposition stellt und dem Vertragspartner zur Wahrung von dessen Interessen die Möglichkeit einräumt, die inhaltliche Ausgestaltung der Vertragsbedingungen zu beeinflussen. Das setzt im Arbeitsrecht und gegenüber Verbrauchern voraus, dass sich der Verwender deutlich und ernsthaft zu gewünschten Änderungen der zu treffenden Vereinbarung bereit erklärt.[60]

---

[49] BGH v. 18.11.1982 - VII ZR 305/81 - juris Rn. 12 - BGHZ 85, 305-315.
[50] BGH v. 27.03.1991 - IV ZR 90/90 - juris Rn. 15 - NJW 1991, 1678.
[51] *Roloff* in: Erman, § 305 Rn. 18.
[52] BGH v. 27.04.1988 - VIII ZR 84/87 - juris Rn. 26 - BGHZ 104, 232-239.
[53] BGH v. 03.11.1999 - VIII ZR 269/98 - juris Rn. 27 - BGHZ 143, 104-122.
[54] BGH v. 03.11.1999 - VIII ZR 269/98 - juris Rn. 27 - BGHZ 143, 104-122.
[55] BGH v. 27.03.1991 - IV ZR 90/90 - LM Nr. 14 zu § 1 AGBG.
[56] BGH v. 02.07.1998 - IX ZR 63/97 - LM BGB § 675 Nr. 256 (4/1999).
[57] BGH v. 12.05.1992 - XI ZR 258/91 - LM BGB § 607 Nr. 141 (2/1993).
[58] OLG Hamm v. 09.01.2012 - I-2 U 104/11, 2 U 104/11 - juris Rn. 123 - AbfallR 2012, 92; vgl. auch BGH v. 03.11.1999 - VIII ZR 269/98 - juris Rn. 27 - BGHZ 143, 104-122.
[59] BGH v. 10.10.1991 - VII ZR 289/90 - MDR 1992, 378.
[60] BAG v. 18.01.2006 - 7 AZR 191/05 - DB 2006, 1326.

Werden AGB, die einmal in früheren Verhandlungen zur Disposition gestellt waren, inhaltlich unverändert bei einem späteren Vertrag verwendet, ohne erneut ausdrücklich zur Disposition gestellt zu werden, sind sie dann nur noch vorformulierte Vertragsklauseln und nicht mehr privilegiert.[61] Andererseits muss für den Begriff des Aushandelns die von dem Verwender vorformulierte Bestimmung nicht tatsächlich abgeändert oder ergänzt werden.[62]

40

Aushandeln der Vertragsbedingungen im Einzelfall kann angenommen werden, wenn im Verhandlungsprotokoll das individuelle Aushandeln der Vertragsbedingungen durch gesonderte „rechtsverbindliche Unterschrift" bestätigt wird, der Vertragspartner von der hervorgehobenen Möglichkeit, diesen Absatz zu streichen, falls er unzutreffend sein sollte, keinen Gebrauch gemacht hat, der äußere Anschein des Verhandlungsprotokolls, das eine Vielzahl handschriftlicher Streichungen, Ergänzungen und Änderungen enthält, dafür spricht und schließlich beide Vertragspartner Bauunternehmen sind, die auch sonst beide oft Wert darauf legen, die VOB/B zum Vertragsbestandteil zu machen. In einem solchen Fall ist nach einer Entscheidung des Kammergerichts davon auszugehen, dass beide Vertragsparteien die Einbeziehung der VOB/B wünschten, diese einer Vertragspartei also nicht einseitig auferlegt ist und damit nicht der Klauselkontrolle unterliegt (KG Berlin v. 23.04.2010 - 7 U 117/09 - juris Rn. 19, 20).

40.1

Dass die Vertragspartnerin im Verlauf der Vertragsverhandlungen (u.a.) Einwendungen gegen die Alleinbezugsverpflichtung erhoben und von der Verwenderin eine Lockerung der Bezugsbindung erbeten hat, macht weder die entsprechende Vertragsregelung in § 11 Ziffer 11.1 noch den Franchisevertrag insgesamt zu einer Individualvereinbarung.[63] Gemäß § 305 Abs. 1 Satz 3 BGB liegen Allgemeine Geschäftsbedingungen nur dann nicht vor, wenn und soweit die Vertragsbestimmungen zwischen den Vertragsparteien im Einzelnen ausgehandelt worden sind. Erforderlich ist, dass der Verwender zu Verhandlungen über den von ihm gestellten Vertragsinhalt bereit ist und seine Verhandlungsbereitschaft dem Kunden gegenüber unzweideutig erklärt,[64] und dass es sodann auch tatsächlich zu einem Aushandeln der betreffenden Vertragsbestimmungen kommt, indem der Verwender seine Regelung ernsthaft zur Disposition stellt und dem anderen Teil eine Gestaltungsfreiheit zur Wahrung der eigenen Interessen einräumt.[65]

41

Der im Emissionsprospekt einer Fondsgesellschaft abgedruckte Mittelverwendungskontrollvertrag, der als ein dem Schutz der Anleger dienender Vertrag zugunsten Dritter ausgestaltet ist, unterliegt auch dann der Inhaltskontrolle nach dem Recht der Allgemeinen Geschäftsbedingungen, wenn er zwischen der Fondsgesellschaft (Versprechensempfänger) und dem als Mittelverwendungskontrolleur eingesetzten Wirtschaftsprüfer (Versprechender) individuell ausgehandelt wurde.[66]

42

2. Praktische Hinweise

Derjenige Vertragspartner, der den Schutz der §§ 305 ff. BGB in Anspruch nehmen möchte, muss die Eigenschaft als AGB darlegen und beweisen. Bei gedruckten oder in sonstiger Weise vervielfältigten Klauselwerken spricht der Beweis des ersten Anscheins dafür, dass es sich um vorformulierte Vertragsbedingungen handelt. Umgekehrt spricht **Handschrift** eher für eine Individualvereinbarung. Die Vermutung bezieht sich jeweils auf die Klausel, bei der die Voraussetzungen gegeben sind. Die Vermutung kann vom Vertragspartner widerlegt werden.

43

Für ein „Aushandeln" ist auch bei Vertragsverhandlungen unter Kaufleuten die Aufnahme eines Verhandlungsvermerks zu erwarten.[67] Verhandlungen lassen sich auch durch E-Mail-Verkehr und eine Anzahl unterschiedlicher Verhandlungsstände bzw. Vertragsversionen nachweisen.

44

Aushandeln bedeutet nach feststehender höchstrichterlicher Rechtsprechung nicht nur Verhandeln. Es liegt nur dann vor, wenn der Verwender den in seinen AGB enthaltenen „gesetzesfremden" Kerngehalt, also die den wesentlichen Inhalt der gesetzlichen Regelung ändernden oder ergänzenden Bestimmungen, inhaltlich ernsthaft zur Disposition stellt.[68] Wenn sich die Einbeziehung allgemeiner Geschäftsbedingungen als das Ergebnis einer freien Entscheidung des Vertragspartners darstellt, der Ver-

45

---

[61] BGH v. 08.11.1978 - IV ZR 179/77 - juris Rn. 26 - LM Nr. 94 zu Allg. Geschäftsbedingungen.
[62] BGH v. 17.05.1982 - VII ZR 316/81 - juris Rn. 10 - BGHZ 84, 109-117.
[63] OLG Düsseldorf v. 11.04.2007 - VI-U (Kart) 13/06 - juris Rn. 42.
[64] Vgl. *Heinrichs* in: Palandt, BGB, 66. Aufl., § 305 Rn. 20.
[65] OLG Düsseldorf v. 11.04.2007 - VI-U (Kart) 13/06 - juris Rn. 42.
[66] BGH v. 19.11.2009 - III ZR 108/08 - juris Rn. 12.
[67] OLG Hamburg v. 02.11.2004 - 8 U 57/04 - IBR 2005, 3.
[68] OLG Jena v. 08.12.2004 - 2 U 559/04 - OLG-NL 2005, 5-7.

tragspartner zumindest bei der Auswahl der in Betracht kommenden Vertragstexte bei den Vertragsverhandlungen frei war und Gelegenheit erhielt, alternative eigene Textvorschläge mit der effektiven Möglichkeit ihrer Durchsetzung einzubringen, fehlt es an der charakteristischen Einseitigkeit der Auferlegung (Stellen).[69]

3. Keine Verhandlungspflicht

46 Der Kunde ist nicht verpflichtet, über Klauseln zu verhandeln. Der Verwender hat keine Handhabe, seine AGB in Individualverträge zu wandeln. Vielmehr kann sich der Kunde entscheiden, die AGB im Wege der angebotenen Verhandlungen zu verbessern oder aber allein auf den Schutz der AGB-Kontrolle zu bauen.[70] Bestehen daher trotz erklärter und tatsächlicher Verhandlungsbereitschaft des Verwenders Sorgen im Hinblick auf das durch Verhandlungen mögliche Ergebnis, ist ernsthaft die Verweigerung von Verhandlungen zu überlegen. Wer sich beispielsweise einer unwirksamen Haftungsfreistellung gegenüber sieht, tut gut daran, die Klausel zu ignorieren und dadurch unbegrenzte Haftung des Verwenders zu erzielen, statt durch Verhandlungen eine wirksame Haftungsfreistellung des Verwenders zu bewirken.

4. Reformbestrebungen des deutschen Anwaltvereins

47 Auf einem Symposium von deutschem Anwaltverein (DAV) und deutschem Juristentag (DJT) im Januar 2012 wurde deutliche Kritik am AGB-Recht, insbesondere im unternehmerischen Rechtsverkehr geäußert. Insbesondere die Hürden, die die Rechtsprechung an die Annahme von Individualvereinbarungen stellt, wurden dabei kritisiert.[71] Die weitere Entwicklung bleibt abzuwarten.

VI. Einbeziehung der AGB

1. Ausdrücklicher Hinweis

48 Grundsätzlich soll der Verwender den Vertragspartner ausdrücklich darauf hinweisen, dass der Vertrag unter Verwendung der vorformulierten Vertragsbedingungen abgeschlossen werden soll. Der Hinweis kann schriftlich oder mündlich erfolgen. Wird in einem Vertrag in einer einzelnen Klausel auf die gesondert abgedruckten AGB verwiesen, ist kein zusätzlicher mündlicher **Hinweis** erforderlich.[72] Geht das Vertragsangebot vom anderen Vertragspartner aus, so ist die Annahme unter ausdrücklichem Hinweis auf die Allgemeinen Geschäftsbedingungen als Ablehnung des Angebotes, verbunden mit einem neuen Angebot zu werten. Für dieses neue Angebot ist der Hinweis auf die Einbeziehung der Allgemeinen Geschäftsbedingungen ausreichend.[73] Der Hinweis muss ausdrücklich erfolgen, darf also nicht versteckt oder missverständlich sein. Der durchschnittliche Kunde muss auch bei einer nur flüchtigen Betrachtung diesen Hinweis auf die AGB wahrnehmen können. Ausreichend ist daher ein gut erkennbarer Hinweis im Auftragsformular. In der Regel ist dagegen der bloße Abdruck der AGB auf der Rückseite des Auftrages oder in einem Katalog nicht ausreichend.

49 Der Hinweis muss klar erkennen lassen, welche Klauseln einbezogen werden sollen. Unklarheiten gehen insoweit zu Lasten des Verwenders.[74] Lautet der Hinweis „alle Angebote und Geschäfte erfolgen aufgrund unserer umseitigen ‚Allgemeinen Geschäftsbedingungen'", so werden nur die auf der Rückseite des Schreibens unter der Überschrift „Allgemeine Geschäftsbedingungen" genannten Vertragsbedingungen wirksam einbezogen. Die vor dieser Überschrift stehenden Vorbemerkungen werden durch einen solchen Hinweis nicht wirksam in den Vertrag einbezogen.[75] Entgegen der früheren Rechtsprechung des BAG ist bei nach der Schuldrechtsreform geschlossenen Verträgen ein dynamischer Verweis auf Tarifverträge nicht mehr als Gleichstellungsabrede zu sehen, sondern die tarifvertragli-

---

[69] OLG Frankfurt am Main v. 25.08.2011 - 5 U 209/09 - juris Rn. 34.
[70] *Roloff* in: Erman, § 305 BGB Rn. 19.
[71] Vgl. zum Symposium: *Schwenzer/Lübbert*, AnwBl. 1012, 292; *Kessel*, AnwBl. 2012, 293; *Kieninger*, AnwBl. 2012, 301; *Schmidt-Kessel*, AnwBl. 2012, 308; *Hannemann*, AnwBl. 1012, 314; *Frankenberger*, AnwBl. 2012, 318; *Martin*, AnwBl. 2012, 352.
[72] BGH v. 16.12.1982 - VII ZR 92/82 - juris Rn. 16 - BGHZ 86, 135-143.
[73] BGH v. 24.03.1988 - III ZR 21/87 - LM Nr. 7 zu § 10 Nr. 1 AGBG, 2108.
[74] § 305c Abs. 2 BGB.
[75] BGH v. 14.01.1987 - IVa ZR 130/85 - juris Rn. 19 - LM Nr. 108 zu § 652 BGB.

chen Regelungen sind entsprechend dem klaren Wortlaut auch nach Austritt des Arbeitgebers aus dem Tarifverbund weiter einbeziehen.[76]

Es genügt, dass auf die Vertragsbedingungen verwiesen wird. Ein ausdrücklicher Hinweis, dass es sich um AGB handele, ist nicht erforderlich. Allerdings genügt eine in einem Versicherungsantrag unter „H" aufgeführte – mit winziger, nicht hervorgehobener und schwer lesbarer Schrifttype versehene – Erklärung zum Erhalt von „Policenbedingungen" und „Poolinformationen" den Anforderungen an die Einbeziehung von allgemeinen Geschäftsbedingungen nicht.[77] 50

Dieser Hinweis auf die Vertragsbedingungen ist allerdings die Mindestvoraussetzung. Die Einbeziehung kann auch dadurch erfolgen, dass die Vertragsbedingungen, wie bei einem Individualvertrag üblich, in die Urkunde aufgenommen und unterschrieben werden.[78] 51

Wird der Vertrag mündlich, also entweder im direkten Gespräch oder über Fernkommunikationsmittel, abgeschlossen, ist ebenfalls ein mündlicher, aber genauso ausdrücklicher Hinweis auf die AGB erforderlich. Bloße Übergabe des Textes reicht in der Regel noch nicht dazu aus.[79] 52

Beim Tele-Shopping, bei dem durch eine im Fernsehen laufende Verkaufssendung der Kunde zur telefonischen Bestellung unter Bezug auf die im Fernsehen eingeblendeten Daten (Telefonnummer etc.) veranlasst wird, ist der Hinweis ebenfalls erforderlich und muss auf der gleichen Seite erfolgen, auf der über die Bestelldaten informiert wird.[80] 53

Allgemeine Reisebedingungen werden nicht wirksam in den Reisevertrag einbezogen, wenn sie dem Reisenden vor Vertragsschluss weder vollständig übermittelt wurden noch ein Hinweis auf deren Abdruck in einem Prospekt erfolgte. Die bloße Möglichkeit, sie im Reisebüro einzusehen, reicht für eine Einbeziehung nicht aus. Auch die in der Reiseanmeldung vorformulierte Erklärung, der Reisende erkenne die Reisebedingungen des Veranstalters an, führt nicht zur Einbeziehung, da dieser Erklärung nicht entnommen werden kann, ob die Reisebedingungen vorlagen oder wo sie abgedruckt waren.[81] 54

Für die Möglichkeit der Kenntnisverschaffung kann es genügen, wenn bei einer Bestellung über das Internet die Allgemeinen Geschäftsbedingungen des Anbieters über einen auf der Bestellseite gut sichtbaren Link aufgerufen und ausgedruckt werden können.[82] 55

2. Zeitpunkt des Hinweises

Der Hinweis muss bei Vertragsschluss erfolgen. Das bedeutet, dass er in unmittelbarem Zusammenhang mit den Erklärungen erfolgen muss, die zum Vertragsschluss führen. Der bloße Hinweis genügt auch bei einer ständigen Geschäftsbeziehung nicht für künftige Verträge, sondern nur für diejenigen Verträge, bei denen der Hinweis erfolgt ist. Anderenfalls müsste durch eine Rahmenvereinbarung die Geltung der Allgemeinen Geschäftsbedingungen für alle künftigen Verträge ausdrücklich vereinbart werden.[83] Der Abdruck dieses Hinweises auf einem Schriftstück oder einem Dokument, welches nach Vertragsschluss übergeben wird, wie es typischerweise bei Eintrittskarten, Fahrscheinen, Flugtickets o.Ä. der Fall ist, genügt nicht.[84] Auch die nach diesem Hinweis erfolgende, fortdauernde Entgegennahme der Leistung und deren Bezahlung durch den Vertragspartner genügen nicht.[85] In allen diesen Fällen wird der Hinweis bei der Vertragserfüllung, nicht aber beim Vertragsschluss übergeben. Etwas anderes kann gelten, wenn das entsprechende Schriftstück vor Vertragsschluss überreicht wird. Auch der Inhalt von Lieferscheinen, Empfangsbestätigungen oder Quittungen reicht nicht aus. Zum einen werden diese Schriftstücke typischerweise erst mit der Vertragserfüllung, nicht aber mit dem Vertragsabschluss übergeben. Zum anderen erwartet auch der Vertragspartner in diesen Schriftstücken keine Vertragserklärungen mehr. Außerdem gelangen solche Schriftstücke gerade in Unternehmen oft nicht mehr in die Hände von Mitarbeitern mit ausreichender Vertretungsbefugnis, um eine wirksame vertragliche Verpflichtung annehmen zu können. Davon unberührt bleibt die Möglichkeit, dass der Ver- 56

---

[76] BAG v. 19.10.2011 - 4 AZR 811/09 - juris Rn. 24 - DB 2011, 2783 m.w.N.; zum Rspr.-Wechsel: BAG v. 14.12.2005 - 4 AZR 536/04 - juris Rn. 19 - DB 2006, 1322-1325.
[77] OLG Stuttgart v. 12.05.2011 - 7 U 144/10 - juris Rn. 120 - VuR 2011, 316.
[78] *Roloff* in: Erman, § 305 Rn. 29.
[79] *Roloff* in: Erman, § 305 Rn. 28.
[80] *Roloff* in: Erman, § 305 Rn. 29.
[81] LG Düsseldorf v. 25.07.2003 - 22 S 3/02.
[82] BGH v. 14.06.2006 - I ZR 75/03 - juris Rn. 16 - NJW 2006, 2976.
[83] BGH v. 18.06.1986 - VIII ZR 137/85 - NJW-RR 1987, 112-114.
[84] BGH v. 22.02.2012 - VIII ZR 34/11 - juris Rn. 23 - BB 2012, 781-782 (Leitsatz).
[85] BGH v. 22.02.2012 - VIII ZR 34/11 - juris Rn. 23 - BB 2012, 781-782 (Leitsatz).

wender in einem derartigen Schriftstück ein Angebot auf Einbeziehung der AGB unterbreitet, bei dessen Annahme durch den Vertragspartner eine nachträgliche Einbeziehung der AGB in Betracht kommt. Bloßes Schweigen des Vertragspartners genügt für die Annahme einer nachträglichen Einbeziehung jedoch nicht.

3. Aushang

57 Nicht in allen Fällen ist ein ausdrücklicher Hinweis auf die AGB möglich. In vielen Fällen würde er auch unverhältnismäßige Schwierigkeiten bereiten. Dies ist insbesondere bei Massenverträgen der Fall, bei denen ein Hinweis schon am fehlenden persönlichen Kontakt scheitern wird. Beispiel hierfür ist die Benutzung von Automaten im weitesten Sinne, etwa Schließfächer, Parkscheinautomaten, Warenautomaten etc. In diesem Fall kommt der Vertrag schlicht durch die Inanspruchnahme der Leistung bzw. die Bedingung des Automaten zu Stande.

58 Absatz 2 Nr. 1 gestattet es, in diesen Fällen durch einen deutlich sichtbaren **Aushang** am Ort des Vertragsschlusses auf die AGB hinzuweisen.

59 Die Ausnahmeregelung ist auf alle sonstigen Rechtsgeschäfte des Massenverkehrs ausgedehnt worden, auch wenn bei diesen ein ausdrücklicher Hinweis an sich beim Vertragsschluss möglich wäre. Die Rechtsprechung geht in diesen Fällen davon aus, dass ein Hinweis eine unverhältnismäßige und überflüssige Erschwerung der Massenabfertigung darstellen würde. Gerade bei Rechtsgeschäften des täglichen Bedarfs hat sich jedoch der Hinweis auf AGB durch bloßen Aushang mittlerweile etabliert, so dass diese Ausdehnung akzeptiert werden kann. Sie betrifft etwa Kinos, Theater, Sportveranstalter, Selbstbedienungsläden und Kaufhäuser. Voraussetzung ist jedoch, dass der Hinweis deutlich sichtbar angebracht ist und der Kunde sich nicht auf die Suche danach begeben muss. Der Aushang muss daher an zentraler Stelle, am Ort und zur Zeit des Vertragsschlusses erfolgen. Wesentlich ist, dass der Kunde ohne besondere Anstrengungen im Zeitpunkt des Vertragsschlusses von der Einbeziehung der AGB Kenntnis nehmen kann. Es müssen jedoch nicht die AGB ausgehängt werden, vielmehr genügt als **Aushang ein Hinweis auf die AGB**, wenn diese selbst wiederum ohne besondere Anstrengungen des Kunden an einer bestimmten Stelle in der Nähe eingesehen werden können.

60 Zu weitgehend ist daher die Auffassung, auch bei einem telefonischen Vertragsabschluss könne der bloße Aushang der Allgemeinen Geschäftsbedingungen in den Räumen des Verwenders ausreichend sein.[86]

4. Hyperlink

61 Auch im Internet gilt, dass der Hinweis auf die AGB erforderlich, aber auch ausreichend ist. In den meisten Fällen erfolgt der Hinweis in Verbindung mit einem Hyperlink.

61.1 Ein Hyperlink alleine ist jedoch nicht ausreichend, vielmehr muss der Verwender den Vertragspartner bei Vertragsschluss ausdrücklich auf die allgemeinen Geschäftsbedingungen hinweisen (LG Wiesbaden v. 21.12.2011 - 11 O 65/11 - juris Rn. 17).

62 In der Praxis wird der Hyperlink häufig mit einer Klickbox verbunden, durch deren ausdrückliche Betätigung der Kunde bestätigen muss, dass er die AGB zur Kenntnis genommen habe. Nur bei Betätigen dieser Klickbox wird der Einkauf ermöglicht. Für die Einbeziehung der AGB wäre eine solche unmissverständliche Bestätigung genauso wenig erforderlich, wie die Kenntnisnahme von den AGB. Erforderlich, aber auch ausreichend ist der ausdrückliche Hinweis auf die AGB. Die ausdrückliche Bestätigung der Kenntnisnahme dient in erster Linie der Beweiserleichterung.[87]

5. Arbeitsrecht

63 Eine Einbeziehungskontrolle findet im Arbeitsrecht nicht statt. Gem. § 310 Abs. 4 Satz 2 HS. 2 BGB findet § 305 Abs. 2 und Abs. 3 BGB auf Arbeitsvertragsbedingungen keine Anwendung. Aufgrund dieser klaren gesetzgeberischen Entscheidung kommt auch eine analoge Anwendung der Bestimmungen zur Einbeziehungskontrolle nicht in Betracht.[88] Daher scheitern zeitlich dynamische Bezugnahmeklauseln auf jeweils geltende sonstige Regelungswerke im Arbeitsrecht nicht an der Einbeziehungskontrolle.[89]

---

[86] BGH v. 23.05.1984 - VIII ZR 27/83 - juris Rn. 19 - LM Nr. 3 zu § 9 (Cc) AGBG.
[87] BGH v. 14.06.2006 - I ZR 75/03 - juris Rn. 16 - NJW 2006, 2976.
[88] BAG v. 14.03.2007 - 5 AZR 630/06 - juris Rn. 21 - NZA 2008, 45, 47.
[89] BAG v. 14.03.2007 - 5 AZR 630/06 - juris Rn. 19 ff. - NZA 2008, 45, 46 f.

VII. Möglichkeit der Kenntnisnahme

Der Verwender muss dem Kunden die Möglichkeit verschaffen, in zumutbarer Weise vom Inhalt der vorformulierten Vertragsbedingung Kenntnis zu nehmen. 64

1. Anforderungen

Grundsätzlich muss dem Vertragspartner die Möglichkeit gegeben werden, die Geschäftsbedingungen zu lesen und dadurch zur Kenntnis zu nehmen. Bei Rechtsgeschäften unter Anwesenden ist dazu die Vorlage der Allgemeinen Geschäftsbedingungen oder zumindest das Angebot dazu notwendig. Der Hinweis, die **AGB im Buchhandel** zu erwerben oder an anderer Stelle einzusehen, genügt unter Anwesenden nicht. Auch wenn die AGB veröffentlicht oder weithin gebräuchlich sind, müssen diese dem Vertragspartner beim Vertragsschluss zugänglich gemacht werden können. 65

Wenn der Vertragspartner – was insbesondere bei gebräuchlichen oder veröffentlichten AGB in Betracht kommt – mit diesen Bedingungen beruflich häufig zu tun hat, oder wenn sein mit dem Vertragsabschluss beauftragter Vertreter mit diesen Bedingungen häufig zu tun hat, kann die dadurch erworbene Kenntnis ausreichend sein (Beispiel: Bauhandwerker oder Architekt im Hinblick auf VOB). Beim Vertragsschluss unter Abwesenden kommt die direkte Übergabe nicht in Betracht. In diesen Fällen kann die Übersendung oder das Angebot dazu ausreichend sein. Die Aufforderung, zur Einsichtnahme in die Räume des Verwenders zu kommen, ist dazu nicht ausreichend. 66

Anleihebedingungen von Inhaberschuldverschreibungen fallen nicht in den Anwendungsbereich der Norm und müssen nicht übergeben werden, um wirksam einbezogen zu sein. Ursache ist der Wille des Gesetzgebers, Teilschuldverschreibungen als fungible Wertpapiere auszugestalten. Zusätzliches Argument ist der Grundsatz, dass die Auslegung von Schuldverschreibungen für alle Stücke einheitlich und ohne Rücksicht auf Besonderheiten in der Person des einzelnen Inhabers erfolgen muss. Würde bei Weitergabe an Zweiterwerber jeweils die Geltung der Bedingungen von der Beachtung von § 305 Abs. 2 BGB abhängen, wäre dies nicht gewährleistet.[90] 67

Die Übersendung oder Aushändigung von **Auszügen** aus den AGB genügt nur für die in dem Auszug enthaltenen Klauseln. 68

Wird in den AGB auf andere Klauselwerke Bezug genommen, müssen auch diese in gleicher Weise dem Vertragspartner zugänglich gemacht werden. 69

2. Fernabsatz

Besondere Probleme stellen sich bei Rechtsgeschäften im **Fernabsatz**. Soweit solche Rechtsgeschäfte per Brief, Fax o.Ä. abgeschlossen werden, bestehen keine besonderen Probleme mit der Einbeziehung von AGB. In diesen Fällen werden die Vertragserklärungen schriftlich ausgetauscht und es ist kein Problem, auf diesem Wege auch die AGB zu übermitteln. Auch die Übermittlung per Fax ist heute nicht mehr so aufwendig und teuer, dass man gehindert wäre, Allgemeine Geschäftsbedingungen auf diesem Wege zu übermitteln. 70

Besondere Probleme können beim Vertragsabschluss per Telefon entstehen. In der Regel ist der Verwender hier nicht in der Lage, vor dem Vertragsabschluss im gleichen Medium die Möglichkeit der Kenntnisnahme der AGB zu verschaffen. Das Vorlesen kommt praktisch nur bei einzelnen Vertragsbedingungen, nicht aber bei komplexen Regelwerken in Betracht.[91] Sofern die AGB dem Kunden bereits aus einer früheren Geschäftsbeziehung vorliegen, kann auch ein bloßer Hinweis auf die bereits vorliegenden AGB genügen. Bei relativ kurzen Geschäftsbedingungen wäre auch eine Übermittlung per SMS möglich, wenn der Kunde über einen entsprechenden Anschluss verfügt und dadurch von den AGB Kenntnis nehmen kann. Viele Telefone können heute SMS empfangen, in anderen Fällen wird der Text vorgelesen. 71

Angesichts der sehr weiten Verbreitung von Internetanschlüssen wäre es auch denkbar, einem Kunden mit Zugang zum Internet während des Telefongesprächs die entsprechende Internetseite zu nennen. Wenn der Kunde über einen Anschluss verfügt, kann er unter Umständen während des Gesprächs die Seite aufrufen. Der Kunde hat dann in gleicher Weise wie auch bei einem Aushang oder bei einer Übergabe der Geschäftsbedingungen unter Anwesenden die Möglichkeit, diese vor Vertragsabschluss im Einzelnen zu studieren. Ob er von dieser Möglichkeit Gebrauch macht oder darauf verzichtet, spielt für die Einbeziehung von AGB in den Vertrag keine Rolle. Allerdings ist nicht jedem Kunden zumutbar, 72

---

[90] BGH v. 28.06.2005 - XI ZR 363/04 - NSW BGB § 793.
[91] *Basedow* in: Münch-Komm BGB, § 305 Rn. 63.

§ 305

parallel im Internet die AGB aufzurufen. Wenn der Kunde aber telefonisch die Bereitschaft erklärt, die AGB im Internet anzusehen, ist das in Zeiten von Breitbandanschlüssen in vielen Haushalten ausreichend.

73 In solchen Fällen kann der Verwender einen Kunden am Telefon auch um die Angabe seiner E-Mail-Adresse bitten und dann die AGB während des Gesprächs übersenden.

74 Der Kunde kann auch durch Individualvereinbarung auf die Einhaltung von § 305 Abs. 2 Nr. 2 BGB verzichten. Dieser **Verzicht** ist jedoch sehr vorsichtig zu handhaben. Bei der heute in der Regel gegebenen Vielzahl von Kommunikationsmöglichkeiten wird es fast immer Gelegenheit geben, dem Kunden in zumutbarer Weise auch bei einem Telefongespräch die Übersendung der AGB anzubieten. Telefax, Internet oder E-Mail sind mittlerweile so verbreitet, dass sehr viele Kunden zumindest eine dieser Kommunikationsmöglichkeiten besitzen. Der Verzicht auf § 305 Abs. 2 Nr. 2 BGB setzt daher zumindest voraus, dass der Verwender die Übersendung der AGB auf einem oder mehreren dieser Wege zumindest angeboten hat. Insbesondere für den Fall des fernmündlichen Vertragsabschlusses, aber auch für Tele-Shopping bereitet die Übersendung von Allgemeinen Geschäftsbedingungen größere Probleme. In diesen Fällen wird daher zunehmend angenommen, dass mit dem jeweiligen Kunden vereinbart werden kann, die AGB nach Vertragsabschluss zu übersenden und dadurch noch wirksam einzubeziehen.[92]

75 Anders stellt sich die Situation bei Vertragsabschlüssen über Internet dar. Die Rechtsprechung zu **Online-Vertragsabschlüssen** bezieht sich meist auf den früheren BTX-Dienst der Telekom. Die damaligen Grundsätze sind wegen der grundsätzlich anderen Nutzbarkeit, Bedienerfreundlichkeit und Übertragungsgeschwindigkeit des Internets überholt und nicht mehr heranzuziehen.[93] Zusätzlich ist problematisch, dass §§ 312c und 312e BGB besondere Informationspflichten festlegen, welche neben den Anforderungen von § 305 BGB stehen und andere Funktionen haben. Für die Einbeziehung der AGB nach § 305 BGB ist die Erfüllung der Voraussetzungen von den §§ 312c und 312e BGB nicht Voraussetzung. Ein Verstoß gegen die dort geregelten Verpflichtungen hindert nicht die Einbeziehung der AGB in den Vertrag, sondern hat andere Konsequenzen (wegen Einzelheiten vgl. die Kommentierung zu § 312c BGB und die Kommentierung zu § 312e BGB).

76 Erste Voraussetzung ist für die Einbeziehung nach § 350 Abs. 2 Nr. 1 BGB ein ausdrücklicher Hinweis. Der ausdrückliche Hinweis muss dem Vertragspartner – wie auch außerhalb des Internets – vor Abgabe der vertragskonstituierenden Willenserklärung gegeben werden.

77 Es ist nicht notwendig, dass dem Vertragspartner zwingend die AGB vor Vertragsabschluss vorgelegt werden. Nach § 305 Abs. 2 Nr. 2 BGB ist dem Kunden nur die Möglichkeit zu verschaffen, in zumutbarer Weise vom Inhalt der AGB Kenntnis zu nehmen. Dazu genügt nicht der Hinweis, dass die AGB an irgendeiner Stelle abgerufen werden können. Vielmehr muss dem Kunden die tatsächliche Möglichkeit zum Abruf zur Verfügung gestellt werden. Gängige Methode dazu ist ein **Hyperlink** auf eine entsprechende Seite. Dabei kann man heute davon ausgehen, dass der typische Internetnutzer mit Hyperlinks ohne weiteres umgehen kann. Allerdings kann man nicht verlangen, dass er sämtliche Funktionen ohne Probleme beherrscht. Häufig werden AGB in gesonderten Fenstern angeboten, in denen dann Menüleiste und grafische Symbolleiste ausgeblendet sind. Bei weitem nicht alle Nutzer des Internet wissen, dass dann ein Ausdruck mit der Tastenkombination „Strg + p" möglich ist. Eine zumutbare Kenntnisnahme der AGB setzt jedoch voraus, dass der Vertragspartner ohne spezielle Kenntnisse die AGB ausdrucken und bei sich speichern kann (vgl. dazu auch § 312e Abs. 1 Nr. 4 BGB; Kommentierung zu § 312e BGB ff.). Dies setzt voraus, dass entsprechende Menüpunkte, Buttons oder Ähnliches gesetzt sind.

78 Probleme mit der Kenntnisnahme von AGB bereitet auch das Tele-Shopping. Dabei werden Kunden durch Werbesendungen zur telefonischen Bestellung veranlasst. Zu diesem Zweck werden bei Produktpräsentationen Bestelltelefonnummern angezeigt, die die Kunden dann anrufen können, um zu bestellen. Die Kenntnisnahme der AGB ist genauso schwer wie bei anderen telefonischen Vertragsschlüssen oder früher bei BTX. Der Verwender kann daher die Übermittlung ähnlich wie bei telefonischem Vertragsabschluss (vgl. Rn. 48) gestalten.

79 Für die Einbeziehung Allgemeiner Geschäftsbedingungen ist keine bestimmte Form festgelegt. Besondere Probleme können im Bereich des Internets durch die Vorgabe entstehen, **erkennbare körperliche Behinderungen** der jeweils anderen Vertragspartei angemessen zu berücksichtigen. Hier ist insbeson-

---

[92] *Roloff* in: Erman, § 305 Rn. 36, m.w.N.; *Basedow* in: MünchKomm-BGB, § 305 Rn. 63.
[93] *Roloff* in: Erman, § 305 Rn. 29, m.w.N.; *Basedow* in: MünchKomm-BGB, § 305 Rn. 64.

dere an **Blinde** zu denken, die Schwierigkeiten beim Lesen haben. Bei in üblicher Lesehöhe von stehenden Erwachsenen ausgehängten AGB – insbesondere hinter Tresen etc. – können auch Rollstuhlfahrer, Kleinwüchsige oder Gehbehinderte Schwierigkeiten bei der Kenntnisnahme haben.[94]

Da die Kommunikation bei Bestellung über Internet asynchron erfolgt und die körperliche Behinderung der anderen Vertragspartei nicht mitgeteilt wird, könnte man die Vorschrift im E-Commerce für unanwendbar halten. Allerdings wendet sich der Anbieter im Internet an alle Nutzer des Internets. Es ist bekannt, dass sich darunter auch eine nicht unerhebliche Anzahl von Blinden und sehbehinderten Personen befindet. Für den Anbieter ist daher zwar nicht der einzelne Blinde, wohl aber die Tatsache erkennbar, dass es unter seinen Kunden auch eine Anzahl von blinden Personen gibt.[95] Problematisch wird die Einbeziehung von AGB gegenüber Blinden vor allen Dingen dann, wenn der Anbieter die AGB in einem anderen Format als sein Angebot zur Verfügung stellt. In diesem Fall kann es für den Blinden schwierig oder unmöglich sein, von den AGB Kenntnis zu nehmen. Für Blinde gibt es Möglichkeiten, normale Internetseiten (Format HTML etc.) in Brailleschrift darzustellen. Werden die AGB jedoch nur als PDF oder gar als Grafik zur Verfügung gestellt, kann eine derartige Umwandlung nicht erfolgen und die AGB werden gegenüber den Blinden nicht wirksam in den Vertrag einbezogen. Es kann vom Anbieter als angemessene Berücksichtigung der Probleme blinder Kunden verlangt werden, seine AGB in der gleichen Weise und im gleichen Format wie sein sonstiges Angebot anzubieten. Eine Bereitstellung in speziellen Formaten wird man nicht verlangen können. 80

3. Lesbarkeit

Die Geschäftsbedingungen müssen für den Durchschnittskunden mühelos lesbar sein. Geschäftsbedingungen mit einer Zeilenhöhe von einem Millimeter und einem noch kleineren Zeilenabstand, die lediglich unter der Lupe und dann nicht ohne Mühe zu lesen sind, werden mangels Möglichkeit zumutbarer Kenntnisnahme nicht Vertragsbestandteil.[96] Dies gilt auch ohne Sehbehinderung des Vertragspartners. Allgemeine Geschäftsbedingungen müssen nicht nur von der Schriftgröße und Schrifttype, sondern auch im Hinblick auf Übersichtlichkeit, Gliederung und Gesamtdarstellung so übergeben werden, dass ihre Kenntnisnahme für den Kunden zumutbar ist.[97] Zur Zumutbarkeit gehört auch, dass der Umfang der Geschäftsbedingungen in einem vernünftigen Verhältnis zur Bedeutung und zum Umfang des abzuschließenden Rechtsgeschäfts steht.[98] 81

Umfangreiche Vertragswerke sind für den Vertragspartner auch bei größerer Schrift nicht einfach zu überblicken. Eine klare Gliederung ist dann Voraussetzung dafür, dass der Leser die einzelnen Bestimmungen in angemessener Zeit finden kann, ohne den gesamten Text lesen zu müssen.[99] Die Gliederungspunkte müssen dann die jeweils darunter angeordneten Regelungen beschreiben. Außerdem ist die übliche Reihenfolge einzuhalten, wonach beispielsweise die Leistungsbeschreibung am Anfang und salvatorische Klauseln und Gerichtsstandsvereinbarungen am Ende des Textes stehen. Bei sehr umfangreichen Verträgen sollte auch eine Gliederungsübersicht vorangestellt werden. 82

Es muss deutlich werden, welche Geschäftsbedingungen Vertragsinhalt werden. Der Verweis auf die **umseitig abgedruckten AGB** reicht dann nicht, wenn auf der Rückseite für unterschiedliche Konstellationen auf unterschiedliche andere Regelwerke verwiesen wird oder wenn dort Geschäftsbedingungen abgedruckt sind, welche nicht in ihrer Gesamtheit, sondern nur in Teilen auf den konkreten Vertrag Anwendung finden.[100] Dem Kunden muss an dieser Stelle die Entscheidung abgenommen werden, welche Geschäftsbedingungen Vertragsgegenstand werden sollen. Gleiches gilt für den Fall, dass Verträge verwendet werden, welche auf eine andere Art der Vertragsgestaltung zugeschnitten sind.[101] 83

Die Prüfung, welche der Klauseln aus dem anders zugeschnittenen Vertrag auf den konkreten Einzelfall passt und welche nicht, kann dem durchschnittlichen Kunden nicht zugemutet werden. In diesem Fall werden die AGB dann wegen fehlender zumutbarer Möglichkeit der Kenntnisnahme gar nicht einbezogen. 84

---

[94] *Ulmer* in: Ulmer/Brandner/Hensen, § 305 Rn. 154b; *Roloff* in: Erman, § 305 Rn. 39.
[95] *Hennrichs* in: AnwK-Das neue Schuldrecht, § 305 Rn. 9.
[96] BGH v. 30.05.1983 - II ZR 135/82 - juris Rn. 13 - LM Nr. 22 zu § 38 ZPO.
[97] *Heinrichs* in: Palandt, § 305 Rn. 39.
[98] *Heinrichs* in: Palandt, § 305 Rn. 39.
[99] *Roloff* in: Erman, § 305 Rn. 38.
[100] BGH v. 03.07.1981 - I ZR 190/80 - ZIP 1981, 1220-1223.
[101] *Heinrichs* in: Palandt, § 305 Rn. 39.

85 Aufgrund der Neuregelung muss auch auf eine erkennbare körperliche Behinderung des Kunden in angemessener Weise Rücksicht genommen werden. Der Gesetzgeber denkt hier in erster Linie an sehbehinderte oder blinde Kunden. In diesem Fall muss der Verwender dafür sorgen, dass dem Kunden die AGB in geeigneter Weise zugänglich gemacht werden. Um die Anforderungen an die Verwender nicht zu hoch zu schrauben, müssen sie nur in angemessener Weise auf die Bedürfnisse der Kunden eingehen.[102] Dies kann durch Übergabe der Geschäftsbedingungen in elektronischer Form geschehen, wenn der Kunde in der Lage ist, diese dann zu lesen. Alternativ könnte der Verwender die AGB auch als akustische Aufzeichnung oder in Brailleschrift übergeben. Bei sehbehinderten Vertragspartnern müssen die AGB in entsprechend vergrößerter Schrift übergeben werden. Der Verwender muss auch auf Rollstuhlfahrer Rücksicht nehmen und die AGB so aushängen, dass diese auch aus dem Rollstuhl noch gelesen werden können. Ggf. muss er Rollstuhlfahrern ein Exemplar der AGB aushändigen. Nach dem Wortlaut der Vorschrift fallen nur körperliche Behinderungen unter die Regelung. Hat der Kunde aus anderen Gründen Schwierigkeiten, die Geschäftsbedingungen zur Kenntnis zu nehmen, wird dies von der Sonderregel nicht umfasst. Zu denken ist hier an Analphabeten, da fehlende Ausbildung keine körperliche Behinderung darstellt.[103] Die Grenzen können im Einzelfall fließend sein, da die Ursache des Analphabetismus möglicherweise doch nicht fehlende Bildung, sondern fehlende körperliche Befähigung sein könnte. Maßgebend muss an dieser Stelle der Sinn der gesetzlichen Regelung sein. Der Verwender soll Rücksicht nehmen, wenn für ihn erkennbar wird, dass ein Vertragspartner die Geschäftsbedingungen nicht lesen kann. In diesem Fall muss er zumutbare Maßnahmen ergreifen, um dem Kunden die Lektüre der Geschäftsbedingungen zu ermöglichen.

86 Darüber hinaus müssen Allgemeine Geschäftsbedingungen auch verständlich sein. Dieses Transparenzgebot (vgl. die Kommentierung zu § 307 BGB Rn. 76) gab es schon unter der alten Regelung. Beurteilt wird die Verständlichkeit nicht am konkreten Kunden, sondern am Maßstab eines deutschen durchschnittlichen Kunden für diese Art von Vertrag. Bestehen für einen bestimmten Kunden besondere Schwierigkeiten, die AGB zu verstehen, ist dies nur zu berücksichtigen, wenn die Probleme für den Verwender erkennbar sind und es eine Möglichkeit für ihn gibt, in angemessener Weise auf diese Probleme einzugehen.

VIII. Einverständnis des Kunden

87 Die AGB werden nur dann Bestandteil des Vertrages, wenn darüber Einigkeit zwischen den Parteien besteht. In der Regel gibt es keine Vereinbarung über die einzelnen Vertragsbedingungen. Vielmehr wird lediglich die Geltung der Vertragsbedingungen zwischen den Parteien vereinbart. Diese ausdrückliche Einbeziehung der AGB ist kein eigenständiges Rechtsgeschäft, sondern in der Regel Teil des Vertrages. Da eine Partei ohnehin die Vertragsbedingungen „gestellt" hat, genügt zur wirksamen Einbeziehung in den Vertrag das **Einverständnis** der jeweils anderen Partei. Mit dieser ausdrücklichen Regelung ist das Gesetz deutlich von der vor Inkrafttreten des AGBG geltenden Rechtsprechung abgewichen, wonach es genügte, wenn der Kunde vom Vorhandensein der AGB gewusst oder bei Anwendung gehöriger Sorgfalt hätte wissen müssen.[104] Die Regelung ist zwingendes Recht, der Kunde kann lediglich auf Absatz 2 Nr. 2 verzichten.

88 Absatz 2 gilt nicht nur für die Allgemeinen Geschäftsbedingungen, welche zusammengenommen die Vertragsbeziehungen zwischen Parteien regeln, vielmehr gilt Absatz 2 auch für einzelne AGB oder auch für Änderungen an einzelnen Klauseln von bereits früher vereinbarten AGB.

89 Die Allgemeinen Geschäftsbedingungen werden nur dann Vertragsbestandteil, wenn die andere Vertragspartei mit ihrer Geltung einverstanden ist.[105] Das Einverständnis des Kunden mit der Einbeziehung ist damit notwendige Voraussetzung für die Einbeziehung der AGB in den Vertrag. Das Einverständnis kann formfrei, ausdrücklich oder konkludent erklärt werden. Wenn der Kunde entsprechend § 305 Abs. 2 Nr. 1 BGB auf die Allgemeinen Geschäftsbedingungen hingewiesen wurde und er gemäß § 305 Abs. 2 Nr. 2 BGB in zumutbarer Weise von diesen Kenntnis nehmen konnte und anschließend – sei es auch ohne Erklärung zu den AGB – einen Vertrag abschließt, ist die konkludente Einbeziehung der AGB zu bejahen. Als wirksam angesehen wurde beispielsweise der deutlich sichtbare Hinweis im Eingangsbereich eines Einkaufszentrums, wonach die Kunden mitgebrachte Taschen vor Beginn des Einkaufs bei Mitarbeitern des Einkaufszentrums in Verwahrung geben sollten, anderenfalls der Betrei-

---

[102] Zu beachten sind daneben auch besondere Regelungen zur Barrierefreiheit.
[103] *Henrichs* in: AnwK-Das neue Schuldrecht, § 305 Rn. 10.
[104] BGH v. 05.10.1951 - I ZR 92/50 - BGHZ 3, 200-203.
[105] § 305 Abs. 2 Satz 1 letzter Halbsatz BGB.

ber des Einkaufszentrums sich die Kontrolle der Taschen vorbehielt.[106] Das gilt jedoch nur dann, wenn der Hinweis **vor Vertragsschluss** erteilt worden ist. Wenn der Verwender in einer späteren Erklärung auf seine AGB hinweist, kann allein das Schweigen des Kunden in der Regel den Vertragsschluss nicht begründen.[107] Reagiert in diesem Fall der Kunde auf den Hinweis betreffend die AGB nicht, ist darin noch nicht das Einverständnis mit deren Einbeziehung zu sehen. Werden die AGB erst auf einem späteren Schreiben erwähnt, dann liegt zu diesem Zeitpunkt bereits ein Vertrag zwischen den Parteien vor, der nicht auf Grundlage der AGB geschlossen ist. Die nachträgliche Einbeziehung der AGB erfordert jedoch eine ausdrücklich auf die Änderung des Vertrages gerichtete Willenserklärung des Kunden. Soweit sich die Erklärung des Kunden jedoch ausschließlich auf die Erfüllung bzw. Durchführung des ohne Einbeziehung von AGB geschlossenen Vertrages bezieht, kann daraus kein Änderungswille geschlossen werden. Allerdings ist auch bei nachträglicher Vertragsänderung keine ausdrückliche Erklärung zu den AGB erforderlich. Es muss jedoch aus der Erklärung und aus den Umständen erkennbar sein, dass der Kunde einer Änderung des ursprünglichen Vertrages unter Einbeziehung der Allgemeinen Geschäftsbedingungen zustimmt.

IX. Wirksamer Vertragsschluss

Nicht nur die Vereinbarung über die Einbeziehung der AGB muss wirksam sein, vielmehr muss auch als zwingende Voraussetzung überhaupt ein wirksamer Vertrag zwischen den Parteien geschlossen sein. Bei einem offenen oder versteckten Dissens über die Einbeziehung von Allgemeinen Geschäftsbedingungen fehlt es in der Regel auch am Konsens über den Vertragsabschluss. Nur wenn sich aus besonderen Umständen, etwa der einverständlichen Durchführung des Vertrages, ein gemeinsamer Wille der Parteien erkennen lässt, den Vertrag auf jeden Fall und unabhängig von einer Einigung über die AGB zu Stande kommen zu lassen, führt dieser (Teil-)Dissens zu einem wirksamen Vertrag ohne Einbeziehung von AGB. Scheitert daher der Vertragsschluss wegen fehlender Einigung der Parteien, so fehlt es auch an der wirksamen Vereinbarung der AGB. Es ist jedoch möglich, die Geltung der AGB schon vorab und unabhängig vom Vertragsschluss wirksam zu vereinbaren. Das kann aber nicht ohne weiteres angenommen werden, sondern muss durch besondere Umstände des Einzelfalls, etwa ausdrücklichen Abschluss eines Rahmenvertrages, begründet werden.

90

X. Änderung von AGB

1. Grundsatz

Die Änderung Allgemeiner Geschäftsbedingungen ist eine Vertragsänderung und nicht anders zu behandeln, als andere Vertragsänderungen auch. Im Hinblick auf die Einbeziehung der neuen Allgemeinen Geschäftsbedingungen gelten die gleichen Voraussetzungen, wie diese ursprünglich für die Einbeziehung der alten Fassung der Allgemeinen Geschäftsbedingungen gegolten haben.[108] Es ist also eine neue rechtsgeschäftliche Einigung zwischen den Parteien einschließlich ausdrücklichen Hinweises auf die AGB, etc. erforderlich.

91

Änderungen sind besonders hervorzuheben bzw. zu erläutern.[109]

92

Insbesondere bei Dauerschuldverhältnissen besteht ein besonderes praktisches Bedürfnis danach, die Allgemeinen Geschäftsbedingungen regelmäßig der neuesten Entwicklung anpassen zu können. Die vorgenannten Anforderungen der Änderungen in einem gesonderten Vertrag gestalten solche Änderungen äußerst kompliziert. Gerade bei Massengeschäften wird eine Vielzahl von Kunden auf die Anfrage nach Vertragsänderung überhaupt nicht reagieren.[110] Deshalb wird vielfach die Fortsetzung des Vertragsverhältnisses durch den Vertragspartner nach einer Mitteilung über die geänderten Allgemeinen Geschäftsbedingungen als ausreichend angesehen, um die neuen Allgemeinen Geschäftsbedingungen nunmehr zur Grundlage des Vertrages zu machen.[111]

93

---

[106] OLG Frankfurt v. 15.03.1993 - 4 U 172/91 - NJW-RR 1993, 788-791.
[107] BGH v. 29.09.1955 - II ZR 210/54 - BGHZ 18, 212-218.
[108] *Roloff* in: Erman, § 305 Rn. 43.
[109] *Roloff* in: Erman, § 305 Rn. 43.
[110] *Basedow* in: MünchKomm-BGB, § 305 Rn. 78.
[111] *Roloff* in: Erman, § 305 Rn. 43.

2. Klauseln zur Änderung

94 Um diese Schwierigkeiten bei der Änderung von AGB zu umgehen, finden sich in AGB häufig explizite Änderungsklauseln.

95 Es ist nicht zulässig, AGB in der „jeweils gültigen Fassung" zu vereinbaren.

96 Klauseln, welche dem Verwender einseitig die Änderung von AGB ohne Beteiligung oder Widerspruchsrecht des Kunden einräumen, sind unwirksam.[112] Der BGH hat eine solche Klausel in Allgemeinen Geschäftsbedingungen von Bausparkassen deshalb für zulässig gehalten, weil die Änderung ausdrücklich unter den Vorbehalt der Genehmigung durch die zuständige Behörde gestellt war.[113] Diese Rechtsprechung ist daher nicht auf andere Geschäftsbedingungen übertragbar, welche keiner behördlichen Genehmigung unterliegen.

97 Andere Klauseln räumen dem Vertragspartner ausdrücklich das Recht ein, den geänderten neuen Bedingungen zu widersprechen. Auch hier besteht jedoch das Problem, dass viele Kunden auf die entsprechende Mitteilung überhaupt nicht reagieren werden. Daher versuchen Verwender dieses Problem durch eine Klausel zu lösen, wonach die Kunden nur bis zu einem bestimmten Zeitpunkt die Möglichkeit haben, der Neuregelung zu widersprechen und andernfalls die Neuregelung als akzeptiert gilt. Eine derartige Erklärungsfiktion ist jedoch nur im Rahmen von § 308 Nr. 5 BGB (vgl. die Kommentierung zu § 308 BGB) zulässig.[114]

3. Neufassung von AGB bei Einzelverträgen

98 Auch außerhalb von Dauerschuldverhältnissen kann die Neufassung von AGB Probleme verursachen. Schließt ein Kunde immer wieder Verträge mit einem Verwender, wird er sich die AGB nicht jedes Mal neu ansehen. Wenn überhaupt, erfolgt die Lektüre der AGB beim ersten Mal. Änderungen wird dieser „Stammkunde" nicht bemerken. Es empfiehlt sich daher dringend, solche Kunden auf die Neufassung hinzuweisen. Die einfachste Möglichkeit besteht darin, den Link zu den AGB mit einem Hinweis auf die Fassung zu versehen und eine bestimmte Zeit nach Änderung mit einem besonderen Hinweis „neue AGB" (oder ähnlich) zu versehen.

XI. Rahmenvereinbarungen

99 Die Parteien können nach § 305 Abs. 3 BGB in gleicher Weise, wie dies Absatz 2 für Einzelverträge festlegt, für eine bestimmte Art von Rechtsgeschäften vorab die Geltung bestimmter Allgemeiner Geschäftsbedingungen vereinbaren. Diese Vereinbarung gilt dann für eine vorher nicht festgelegte, unbestimmte Vielzahl von nachfolgenden Vereinbarungen. Dazu reicht es allerdings noch nicht aus, dass die AGB in einer dauernden Geschäftsbeziehung mehrfach, unabhängig von einander, einbezogen worden sind. Erforderlich ist eine ausdrückliche Vereinbarung, wonach die AGB über den Einzelfall hinaus Anwendung finden sollen. Nicht notwendig ist, dass darüber ein gesonderter Vertrag geschlossen wird. Erforderlich ist jedoch, dass die Art von Rechtsgeschäften, für die die AGB einbezogen werden sollen, hinreichend konkret festgelegt wird. Ohne Begrenzung auf eine bestimmte Art von Rechtsgeschäften ist eine solche Klausel unwirksam.[115] Eine solche Fortsetzungsvereinbarung wird – wenn sie nebenbei im Rahmen eines umfangreichen Klauselwerkes an unauffälliger Stelle erfolgt – in der Regel überraschend sein.

100 Für den Bereich der Versicherungsverträge enthält § 5a VVG eine Sondervorschrift. Danach werden die AGB nachträglich Vertragsinhalt, wenn der Versicherer die notwendigen Verbraucherinformationen nachträglich übersendet und der Versicherungsnehmer nicht binnen zwei Wochen widerspricht.

XII. Verträge mit Unternehmern

101 Auf Verträge zwischen Unternehmern[116] finden § 305 Abs. 2 und 3 BGB keine Anwendung. Auch bei Verträgen zwischen Unternehmern gelten Allgemeine Geschäftsbedingungen allerdings nur dann, wenn sie in den Vertrag einbezogen werden. Die Einbeziehung erfordert entsprechende Willenserklärungen. Allein die Tatsache, dass Unternehmen in der Regel Allgemeine Geschäftsbedingungen ver-

---

[112] *Basedow* in: MünchKomm-BGB, § 305 Rn. 78.
[113] BGH v. 09.07.1991 - XI ZR 72/90 - juris Rn. 52 - NJW 1991, 2559, 2563.
[114] *Basedow* in: MünchKomm-BGB, § 305 Rn. 82.
[115] OLG Koblenz v. 30.09.2010 - 2 U 1388/09 - juris Rn. 36-38 - MMR 2010, 815-817.
[116] § 14 BGB.

wenden, bezieht diese noch nicht wirksam in einen einzelnen Vertrag ein.[117] Entscheidend ist, ob die für den Vertragsschluss konstituierenden Willenserklärungen auch die AGB wirksam einbeziehen. Dies kann ausdrücklich oder auch stillschweigend geschehen.

Soweit AGB ausdrücklich einbezogen werden, muss die Einbeziehung die betreffenden Geschäftsbedingungen hinreichend konkret bezeichnen. Der anderen Vertragspartei muss es ohne weiteres möglich sein, diejenigen Klauseln klar und unzweideutig zu identifizieren, welche einbezogen werden sollen. So werden durch die Formulierung „Vorschriften und Bedingungen der Straßenbauverwaltung von Rheinland-Pfalz" auch gegenüber einem Unternehmer die „zusätzlichen Vertragsbedingungen für die Ausführungen von Bauleistungen im Straßen- und Brückenbau (ZVB – FtB)" nicht wirksam einbezogen.[118] AGB können auch durch Rahmenvereinbarungen in den Vertrag einbezogen werden. Da gegenüber Unternehmern § 305 Abs. 3 BGB nicht gilt, kann in der Rahmenvereinbarung auch auf die jeweils gültige Fassung der AGB abgestellt werden. Jedoch gilt die jeweils neue Fassung erst dann für künftige Verträge, wenn der Verwender den Vertragspartner über die neue Fassung informiert hat. Eine Übersendung der neuen Fassung ist auch in diesem Fall nicht erforderlich.

Die Einbeziehung der AGB kann auch konkludent erfolgen. In diesem Fall muss der Verwender vor Abschluss des Vertrages erkennbar auf seine AGB verweisen. Für die Einbeziehung genügt dann, wenn der Vertragspartner ihrer Geltung nicht widerspricht.[119] Jedoch muss auch der Widerspruch nicht ausdrücklich erklärt werden. Vielmehr gelten für den Widerspruch keine höheren Anforderungen als für die Einbeziehungserklärung. Auch der Widerspruch kann daher konkludent erfolgen. Denkbar ist beispielsweise der Widerspruch durch Bezugnahme auf die eigenen AGB.

Eine ausdrückliche Einbeziehung von Allgemeinen Geschäftsbedingungen ist gegenüber einem Unternehmer auch dann wirksam, wenn die AGB dem für den Vertragsschluss maßgeblichen Schreiben nicht beigefügt waren und der Unternehmer ihren Inhalt nicht kennt. Erforderlich ist lediglich, dass dem Vertragspartner des Verwenders in zumutbarer Weise die Möglichkeit der Kenntnisnahme eingeräumt wird, wofür der Hinweis genügt, dass die Geschäftsbedingungen auf Wunsch übersandt werden.[120]

Die Bezugnahme auf die Allgemeinen Geschäftsbedingungen in Schriftstücken, welche nach Vertragsschluss ausgetauscht werden, reicht auch bei Kaufleuten nicht aus. Dies gilt insbesondere dann, wenn der Hinweis auf dem Lieferschein enthalten ist, da dieser zum einen anderen Zwecken als der Übermittlung vertragswesentlicher Erklärungen dient, zum anderen in der Regel nicht der für Vertragserklärungen zuständigen Person vorgelegt werden wird.[121] Gleiches gilt, wenn sich der Hinweis lediglich auf der Rückseite einer Rechnung befindet. Allerdings kann bei laufenden Geschäftsbeziehungen auch die wiederholte und auch für den flüchtigen Leser ohne weiteres erkennbare Bezugnahme in Rechnungen o.Ä. Schriftstücken die Geschäftsbedingungen zum Vertragsbestandteil werden lassen.[122] Die Einbeziehung gilt jedoch nur für nach Rechnungserhalt abzuschließende neue Verträge, nicht für davor abgeschlossene Verträge. Auch kaufmännische Bestätigungsschreiben können zur Einbeziehung von AGB führen. Dies kann sogar dann gelten, wenn die AGB nicht ausdrücklicher Inhalt der Vertragsverhandlungen waren. Es ist auch nicht notwendig, dass diese dem Bestätigungsschreiben beigefügt werden. Allerdings werden die Allgemeinen Geschäftsbedingungen nicht Gegenstand des Vertrages, wenn ihre Einbeziehung eine erhebliche Abweichung vom mündlich Vereinbarten darstellen würde. Das folgt zum einen aus dem Vorrang der Individualabrede, zum anderen daraus, dass die Bestätigung sich nicht auf das Gegenteil beziehen kann. Erforderlich ist die zumindest konkludente Einigung über die Einbeziehung der AGB oder der ausdrückliche Hinweis des Verwenders, auf den der Vertragspartner nicht widersprochen hat.

Auch wenn § 305 Abs. 2 BGB nicht im Rechtsverkehr zwischen Unternehmen gilt, müssen auch im Rechtsverkehr zwischen Unternehmen der jeweils anderen Vertragspartei Möglichkeiten eingeräumt werden, vom Inhalt der AGB in zumutbarer Weise Kenntnis zu nehmen. Allerdings sind die Anforderungen deutlich geringer. Die AGB müssen dem anderen Vertragspartner nicht gleichzeitig mit der zur Einbeziehung führenden Erklärung vorgelegt werden. Vielmehr genügt der Hinweis, dass diese auf Wunsch übersandt werden können. Macht die andere Vertragspartei von diesem Angebot keinen Ge-

---

[117] OLG Dresden v. 13.02.1998 - 8 U 2863/97 - NJW-RR 1999, 846-847.
[118] BGH v. 03.12.1987 - VII ZR 374/86 - BGHZ 102, 293-311.
[119] BGH v. 12.02.1992 - VIII ZR 84/91 - BGHZ 117, 190-199.
[120] OLG Naumburg v. 19.06.2003 - 2 U 68/02 - IPRspr 2003, Nr. 136, 425-434.
[121] BGH v. 07.06.1978 - VIII ZR 146/77 - LM Nr. 90 zu Allg. Geschäftsbedingungen.
[122] BGH v. 06.12.1990 - I ZR 138/89 - LM Nr. 12 zu AGBG § 2.

brauch, werden die AGB dennoch Vertragsinhalt. Fordert die andere Vertragspartei hingegen die AGB an, werden sie nur Vertragsinhalt, wenn sie auch zeitnah übermittelt werden. Der Wunsch der anderen Vertragspartei nach Übersendung der AGB kann allerdings noch nicht als Zustimmung für deren Einbeziehung interpretiert werden. Diese – auch im Rechtsverkehr zwischen Unternehmen erforderliche – Zustimmung kann als konkludente Zustimmung nur aus einer Handlung der anderen Vertragspartei entnommen werden, die angemessene Zeit nach Zugang der Geschäftsbedingungen bei dieser erfolgt. Der anderen Vertragspartei muss zur Prüfung der angeforderten AGB eine angemessene Zeit zur Verfügung gestellt werden. Nur wenn sie danach die Vertragsbeziehung fortsetzt, können die AGB als einbezogen gelten.

107 Besondere Probleme gelten bei dem Versuch beider Vertragsparteien, ihre jeweils eigenen AGB einzubeziehen und die AGB der anderen Seite abzuwehren, soweit sie den eigenen widersprechen. Die frühere Auffassung, wonach der jeweils letzte Hinweis entscheidend war, führte zu dem unsinnigen Wettlauf um das letzte Wort. Richtigerweise gelten die AGB als einbezogen, soweit sie miteinander übereinstimmen. Soweit die AGB sich widersprechen, liegt zwischen den Vertragsparteien keine übereinstimmende Willenserklärung vor. Insoweit ist von Dissens auszugehen. Allerdings erfasst dieser Dissens nicht das Vertragsverhältnis als Ganzes. Vielmehr ist davon auszugehen, dass die Parteien trotz dieser fehlenden Übereinstimmung an sich das Vertragsverhältnis begründen wollten. Der Vertrag ist daher unter Einbeziehung der übereinstimmenden AGB abgeschlossen. Soweit sich die AGB widersprechen, gilt die gesetzliche Regelung.[123]

108 Manche Geschäftsbedingungen sind so weit verbreitet, dass ihre Einbeziehung als branchenüblich anzusehen ist. Branchenüblichkeit reicht allerdings für die Einbeziehung noch nicht aus. Vielmehr werden auch branchenübliche AGB nur dann einbezogen, wenn aus den Umständen des Vertragsabschlusses der Wille der Parteien abgeleitet werden kann, die AGB einzubeziehen.[124] Die Branchenüblichkeit kann lediglich ein Indiz dafür sein, welches zur Annahme der stillschweigenden Einbeziehung führen kann.[125]

109 Bei Verträgen mit Auslandsberührung ist zunächst zu prüfen, welcher Rechtsordnung der Vertrag untersteht. Ist danach deutsches Recht anwendbar, so ist in zweiter Linie der Anwendungsbereich des **UN-Kaufrechts** (UNWaVtrÜbkG) zu prüfen. Dieses ist für alle Fälle von internationalen Warenkäufen anwendbar. Es handelt sich dabei um deutsches nationales Recht, nicht um internationale Regelungen. UN-Kaufrecht ist auch dann anwendbar, wenn nach den Regeln des internationalen Privatrechts auf die Rechtsordnung eines Staates verwiesen wird, welcher ebenfalls Vertragsstaat des Abkommens CISG (UNWaVtrÜbk) ist oder wenn durch eine vertragliche Rechtswahlklausel auf das Recht eines solchen Staates verwiesen wird. Im Anwendungsbereich des UN-Kaufrechts werden das Zustandekommen eines Vertrages und die Einbeziehung von Vertragsbedingungen nach den Art. 14 ff. beurteilt. Dort gibt es keine Regelung, wonach der bloße Hinweis auf AGB ohne deren Übergabe zu ihrer Einbeziehung in den Vertrag führt.[126] Ansonsten gelten im Anwendungsbereich des deutschen Rechts die §§ 305 ff. BGB.

110 Im internationalen Handelsverkehr muss die Erklärung, bestimmte Allgemeine Geschäftsbedingungen in den Vertrag einbeziehen zu wollen, in der Verhandlungssprache oder in einer Weltsprache erfolgen. Den Text der Allgemeinen Geschäftsbedingungen selbst braucht der Verwender der Geschäftsbedingungen hingegen allenfalls dann in der Verhandlungssprache oder in einer Weltsprache vorzulegen, wenn der Vertragspartner dies ausdrücklich von ihm verlangt.[127]

---

[123] BGH v. 23.01.1991 - VIII ZR 122/90 - juris Rn. 30 - BGHZ 113, 251-262; BGH v. 19.06.1991 - VIII ZR 149/90 - juris Rn. 26 - LM Nr. 35 zu § 377 HGB; *Heinrichs* in: AnwK-Das neue Schuldrecht, § 305 BGB Rn. 14; *Ulmer* in: Brandner/Hensen/Schmidt u.a., AGBG, 9. Aufl. 2001, § 2 Rn. 98.

[124] BGH v. 04.02.1992 - X ZR 105/90 - NJW-RR 1992, 626-627.

[125] BGH v. 20.03.1985 - VIII ZR 327/83 - juris Rn. 25 - LM Nr. 32 zu § 157 (Ga) BGB.

[126] *Piltz*, Internationales Kaufrecht, 1993, § 3 Rn. 76.

[127] OLG Naumburg v. 19.06.2003 - 2 U 68/02 - IPRspr 2003, Nr. 136, 425-434.

§ 305a BGB Einbeziehung in besonderen Fällen

(Fassung vom 07.07.2005, gültig ab 13.07.2005)

Auch ohne Einhaltung der in § 305 Abs. 2 Nr. 1 und 2 bezeichneten Erfordernisse werden einbezogen, wenn die andere Vertragspartei mit ihrer Geltung einverstanden ist,

1. die mit Genehmigung der zuständigen Verkehrsbehörde oder auf Grund von internationalen Übereinkommen erlassenen Tarife und Ausführungsbestimmungen der Eisenbahnen und die nach Maßgabe des Personenbeförderungsgesetzes genehmigten Beförderungsbedingungen der Straßenbahnen, Obusse und Kraftfahrzeuge im Linienverkehr in den Beförderungsvertrag,

2. die im Amtsblatt der Bundesnetzagentur für Elektrizität, Gas, Telekommunikation, Post und Eisenbahnen veröffentlichten und in den Geschäftsstellen des Verwenders bereitgehaltenen Allgemeinen Geschäftsbedingungen

   a) in Beförderungsverträge, die außerhalb von Geschäftsräumen durch den Einwurf von Postsendungen in Briefkästen abgeschlossen werden,

   b) in Verträge über Telekommunikations-, Informations- und andere Dienstleistungen, die unmittelbar durch Einsatz von Fernkommunikationsmitteln und während der Erbringung einer Telekommunikationsdienstleistung in einem Mal erbracht werden, wenn die Allgemeinen Geschäftsbedingungen der anderen Vertragspartei nur unter unverhältnismäßigen Schwierigkeiten vor dem Vertragsschluss zugänglich gemacht werden können.

Gliederung

A. Grundlagen 1	III. Bedingungen für Post- und Telekommunikationsleistungen 12
B. Anwendungsvoraussetzungen 4	
I. Einverständnis der anderen Vertragspartei 4	
II. Genehmigte Verkehrstarife und Beförderungsbedingungen 6	

A. Grundlagen

§ 305a BGB ersetzt den vormaligen § 23 Abs. 2 Nr. 1, 1a und 1b AGBG sowie § 23 Abs. 3 AGBG. Im Eingangssatz bei § 305a Nr. 2 BGB wurde der neue Name „**Bundesnetzagentur** für Elektrizität, Gas, Telekommunikation, Post und Eisenbahnen" anstelle der bisherigen Bezeichnung „**Regulierungsbehörde** für Telekommunikation und Post" eingefügt.[1]   1

Die Vorschrift sieht vor, dass in bestimmten Fällen AGB auch dann wirksamer Vertragsinhalt werden können, wenn die Einbeziehungserfordernisse des § 305 Abs. 2 Nr. 1 und 2 BGB nicht eingehalten werden.   2

Im Vergleich zur Vorgängerregelung ist der Anwendungsbereich der Vorschrift eingeschränkt worden. Nach der neuen Regelung sind die AGB der Bausparkassen[2] aus dem Katalog ausgenommen und die Ausnahmen für Telekommunikationsleistungsanbieter und Post[3] erheblich reduziert worden.   3

B. Anwendungsvoraussetzungen

I. Einverständnis der anderen Vertragspartei

Auch bei der erleichterten Einbeziehung nach § 305a BGB ist – wie in § 305 Abs. 2 letzter HS. BGB – das Einverständnis der anderen Vertragspartei notwendig. Der Wortlaut „wenn die andere Vertragspartei mit ihrer Geltung einverstanden ist" ist da eindeutig. Für die Einbeziehung gelten damit die all-   4

---

[1] Art. 3 Abs. 1 des Gesetzes v. 07.07.2005; BGBl I 2005, 1970 m.W.v. 13.07.2005.
[2] § 23 Abs. 3 AGBG.
[3] § 23 Abs. 2 Nr. 1a und b AGBG.

gemeinen Regeln: es muss eine ausdrückliche oder zumindest eine stillschweigende Einigung über die Einbeziehung der AGB geben.[4]

5   In der Praxis ist dieses Einverständnis aber oft nur eine Fiktion. Es handelt sich um Massengeschäfte des täglichen Lebens, bei denen die Kunden in der Regel von der Existenz von AGB ausgehen, auch wenn ihnen der Wortlaut mangels Amtsblatt der Bundesnetzagentur oft nicht zur Verfügung steht.[5] Das Einverständnis wird in der Regel aus den Umständen entnommen.[6] Der Wortlaut ist insofern misslungen, man wird dennoch insbesondere aufgrund öffentlicher Bekanntmachung in der Regel von der Inanspruchnahme der Leistung auf das Einverständnis schließen können.[7]

II. Genehmigte Verkehrstarife und Beförderungsbedingungen

6   Bei den in § 305a Nr. 1 BGB genannten Tarifen und Bedingungen[8] kann auf eine förmliche Einbeziehung verzichtet werden, da diese zwar keine Rechtsnormen sind, aber gemäß § 12 Abs. 4 AllgemEisenbahnG, § 39 Abs. 2 PBefGöffentlich bekannt gemacht werden.[9] Daneben ist auch aufgrund von § 157 BGB ein Einverständnis mit den Beförderungsbedingungen bei Inanspruchnahme anzunehmen.[10]

7   Die Genehmigung neuer Beförderungsbedingungen durch die zuständige Verkehrsbehörde verdrängt allerdings noch nicht die alten Beförderungsbedingungen, solange diese noch öffentlich ausgehängt werden.[11] In diesem Fall kann sich der Vertragspartner zu seinen Gunsten auch auf die alten Beförderungsbedingungen stützen.

8   Soweit diese Tarife und Bedingungen dagegen als Rechtsnormen erlassen werden, unterliegen sie nicht der Klauselkontrolle und müssen auch nicht in den Vertrag einbezogen werden.[12]

9   Die behördliche Kontrolle entbindet allerdings gerade nicht von der Klauselkontrolle. Im Gegenteil setzt die Norm gerade voraus, dass auch behördlich genehmigte AGB der gerichtlichen Kontrolle unterliegen.[13]

10 Vorabprüfung nach § 14e AEG hat eine Rechtskontrolle im Hinblick auf die Einhaltung „eisenbahnrechtlicher" Infrastruktur-Zugangsvorschriften zum Gegenstand, hat sich daher bei der Beurteilung von durch Nutzungsbedingungen aufgeworfenen typischen zivilrechtlichen Streitfragen, deren Klärung den Zivilgerichten vorbehalten ist, zurückzuhalten.[14]

11 § 4 Abs. 6 EIBV hebt als Schienennetz-Benutzungsbedingungen im engeren Sinne diejenigen Klauseln hervor, die besondere Bedeutung für den Zugang zum Schienennetz haben, und bestimmt deren Verbindlichkeit insoweit auch unabhängig von ihrer Einbeziehung in eine Infrastrukturnutzungsvereinbarung nach den allgemeinen Regeln der §§ 305 Abs. 2, 305a BGB.[15]

III. Bedingungen für Post- und Telekommunikationsleistungen

12 Die Befreiung von den Erfordernissen des § 305 Abs. 2 BGB besteht gemäß § 305a Nr. 2 BGB für Anbieter von Post- und Telekommunikationsleistungen nur noch dann, wenn dessen Erfordernisse aus praktischen Gründen nicht oder nur erheblich erschwert eingehalten werden können.[16]

13 Voraussetzung der Erleichterung ist, dass die Bedingungen im Amtsblatt der Bundesnetzagentur[17] veröffentlicht werden. Zudem müssen die AGB in den Geschäftsstellen bereitgehalten werden. Geschäftsstellen in diesem Sinne sind sämtliche Betriebsstätten, Niederlassungen, Filialen oder sonstige Ge-

---

[4] *Roloff* in: Erman, § 305a Rn. 2; AG Hamburg v. 08.10.2008 - 7c C 17/08 - juris Rn. 44.
[5] *Basedow* in: MünchKomm-BGB, § 305a Rn. 3
[6] *Basedow* in: MünchKomm-BGB, § 305a Rn. 3
[7] *Spindler*, CR 2004, 203-213, 206.
[8] Dazu allgemein *Hilpert*, NZV 2007, 288-290.
[9] BGH v. 04.12.1980 - VII ZR 217/80 - BGHZ 79, 111-117.
[10] *Basedow* in: MünchKomm-BGB, § 305a Rn. 3.
[11] LG Düsseldorf v. 09.11.2007 - 20 S 113/07 - juris Rn. 15.
[12] *Roloff* in: Erman, § 305a Rn. 3.
[13] *Spindler*, CR 2004, 203-213, 205.
[14] Oberverwaltungsgericht für das Land Nordrhein-Westfalen v. 28.01.2008 - 13 B 2014/07 - juris Rn. 13; kritisch *Kramer*, N&R 2008, 97-100.
[15] BVerwG v. 29.09.2011 - 6 C 17/10 - juris Rn. 28 - BVerwGE 140, 359-384.
[16] *Heinrichs* in: Palandt, § 305a Rn. 3.
[17] Vgl. zu deren Tätigkeit *Gramlich*, CR 2008, 151-161.

schäftslokale, soweit dort Verträge über die Dienstleistungen des Verwenders geschlossen werden können.[18] Unklar ist, ob der Wegfall der Formulierung „zur Einsichtnahme" eine geänderte Bedeutung mit sich bringen soll, etwa die Pflicht, auch Exemplare auszuhändigen.[19]

Bei Briefkasteneinwürfen außerhalb von Geschäftsräumen ist die ausdrückliche Einbeziehung der AGB besonders erschwert. Diese Form des Vertragsabschlusses ist daher der einzige weiter bestehende Rest der früheren Privilegien der Post. Für Briefkästen in den Geschäftsstellen gilt das Privileg nicht. 14

Ähnliche Erschwernisse gelten für Verträge über Telekommunikations-, Informations- und andere Dienstleistungen, die unmittelbar durch Einsatz von Fernkommunikationsmitteln und während deren Einsatz in einem Mal erbracht werden, also etwa bei Call-by-Call-Verfahren oder Auskunftsdiensten[20]. Ähnlich wie bei telefonischen Vertragsabschlüssen verzichtet dabei der Kunde zugunsten einer schnelleren Leistung auf die umständlichere Einbeziehung der AGB nach § 305 BGB.[21] 15

Zu beachten ist jedoch hier die ausdrücklich normierte weitere Voraussetzung, dass die Allgemeinen Geschäftsbedingungen der anderen Vertragspartei tatsächlich nur unter unverhältnismäßigen Schwierigkeiten vor dem Vertragsschluss zugänglich gemacht werden können. Es gibt insoweit keine gesetzliche Vermutung. Insbesondere bei Angeboten über Internet ist es aber sehr leicht möglich, die AGB über einen Hyperlink zugänglich zu machen. Der Verwender muss von einer solchen Möglichkeit Gebrauch machen, sonst werden die AGB nicht einbezogen.[22] 16

Soweit Telekommunikationsdienstleistungen Vertragsgegenstand sind, müssen neben der Klauselkontrolle noch die besonderen Normen der Telekommunikations-Kundenschutzverordnung (TKV) beachtet werden. 17

---

[18] *Roloff* in: Erman, § 305a Rn. 4.
[19] *Basedow* in: MünchKomm-BGB, § 305a Rn. 16.
[20] LG Koblenz v. 06.03.2007 - 6 S 316/05 - juris Rn. 20 - CR 2007, 513-514.
[21] *Roloff* in: Erman, § 305a Rn. 5.
[22] *Spindler*, CR 2004, 203-213, 206.

§ 305b BGB Vorrang der Individualabrede

(Fassung vom 02.01.2002, gültig ab 01.01.2002)

Individuelle Vertragsabreden haben Vorrang vor Allgemeinen Geschäftsbedingungen.

Gliederung

A. Grundlagen 1	3. Wirksamkeit der Individualabrede 16
B. Anwendungsvoraussetzungen 5	III. Schriftformklauseln 17
I. Anwendungsbereich 5	IV. Widerspruch zwischen AGB-Regelung und
II. Individualabrede 8	Individualabrede 20
1. Begriffe der Individualabrede 8	V. Arbeitsrecht 22
2. Form und Zeitpunkt der Individualabrede 12	

A. Grundlagen

1 § 305b BGB entspricht sowohl inhaltlich als auch sprachlich unverändert dem früheren § 4 AGBG. Der in § 305b BGB geregelte Vorrang der **Individualabrede** dokumentiert das funktionelle Rangverhältnis zwischen Individualvereinbarung und AGB[1] und entspricht dem Grundsatz der Vertragsfreiheit. AGB kommt institutionell die Funktion zu, die von den Parteien getroffenen Abreden auszufüllen oder Lücken zu schließen. Sofern ein Widerspruch zwischen Individualabrede und AGB-Klauseln besteht, sind die AGB-Klauseln daher unwirksam.[2] Dadurch wird dem der Individualvereinbarung zugrunde liegenden – tatsächlichen oder hypothetischen – Parteiwillen Rechnung getragen. Der Vorrang der individuellen Abrede vor AGB gilt zu Gunsten beider Vertragsparteien. Sowohl der Kunde, als auch der Verwender[3] können sich daher auf diesen Vorrang berufen.

2 Auch aus anderen Grundsätzen ergibt sich die gleiche Konsequenz. Bei Widerspruch zwischen zwei Klauseln ist die AGB-Klausel auch wegen § 307 Abs. 1 Satz 2 BGB unverständlich und unwirksam. Zudem ist die von den individuellen Vereinbarungen der Parteien abweichende Klausel für den Vertragspartner überraschend und auch wegen Verstoß gegen § 305c Abs. 1 BGB unwirksam. Auf diese Gründe könnte sich allerdings nur der Vertragspartner, nicht aber der Verwender selbst, berufen.

3 Im Verbandsklageprozess ist die Berufung auf den Vorrang der Individualabrede dagegen gemäß § 1 UKlaG nicht möglich.[4] Allerdings stellt eine Klausel, welche den Vorrang der Individualabrede explizit ausschließen will, eine Abweichung von wesentlichen Grundgedanken der gesetzlichen Regelung dar, was wiederum als Verstoß gegen § 307 Abs. 2 Nr. 1 BGB mit der Verbandsklage angegriffen werden kann.[5]

4 In der Richtlinie RL 93/13/EWG findet sich keine entsprechende Regelung. Lediglich Nr. 1n des Anhangs enthält eine Regelung zu Schriftformklauseln (vgl. dazu Rn. 17).

B. Anwendungsvoraussetzungen

I. Anwendungsbereich

5 Systematisch gehen die Regelungen zur Einbeziehung der AGB vor, da ein Regelungswiderspruch nur dann bestehen kann, wenn die AGB wirksam in den Vertrag einbezogen worden sind.[6] Bei Widersprüchen zwischen Individualvereinbarung und AGB gilt § 305b BGB, während für Widersprüche innerhalb der AGB allein § 305c Abs. 2 BGB maßgebend ist.[7]

---

[1] *Heinrichs* in: Palandt, § 305b Rn. 1.
[2] Nach *Ulmer* in: Ulmer/Brandner/Hensen, AGB-Recht, § 305b Rn. 1 tritt die AGB-Klausel hinter die individuelle Vereinbarung zurück, soweit diese abweichende Vereinbarungen enthält; für Unwirksamkeit der AGB in diesem Fall OLG Saarbrücken v. 12.06.2008 - 8 U 350/07 - juris Rn. 40.
[3] BGH v. 09.03.1995 - III ZR 55/94 - juris Rn. 23 - BGHZ 129, 90-98; BGH v. 20.10.1994 - III ZR 76/94 - juris Rn. 6 - NJW-RR 1995, 179-180.
[4] KG Berlin v. 29.11.2004 - 23 U 1/02 - IBR 2005, 72; *Roloff* in: Erman, § 305b Rn. 3.
[5] KG Berlin v. 29.11.2004 - 23 U 1/02 - IBR 2005, 72; *Roloff* in: Erman, § 305b Rn. 3.
[6] *Ulmer* in: Ulmer/Brandner/Hensen, AGB-Recht, § 305b Rn. 2.
[7] *Roloff* in: Erman, § 305b Rn. 2.

Im Verhältnis zur Inhaltskontrolle werden unterschiedliche Auffassungen vertreten, welcher Norm Vorrang gebührt.[8] Praktisch kommt es auf diese Frage nicht an. Bei gerichtlicher Prüfung wird in der Regel die Norm zuerst angewendet, die am schnellsten zur Unanwendbarkeit der Regelung führt.[9]

Allerdings handelt es sich nicht um eine Auslegungsregel.[10] Vielmehr wird die Norm erst im Anschluss an die Auslegung von AGB und individuellen Vereinbarungen wirksam, wenn zwischen beiden ein durch Auslegung nicht zu überbrückender Widerspruch besteht.[11] Ist beim Kauf eines Gebrauchtwagens vereinbart, dass einzelne Teile fabrikneu sein sollen, ergibt bereits die Auslegung, dass die auf die Gewährleistung für gebrauchte Gegenstände zugeschnittenen Klauseln nicht für die fabrikneuen, wohl aber für die gebrauchten Teile gelten.[12]

II. Individualabrede

1. Begriffe der Individualabrede

Der Begriff der Individualabrede entspricht weitgehend dem Begriff der im Einzelnen ausgehandelten Vertragsbedingungen in § 305 BGB.[13] Im Gegensatz zu diesen erfasst die Vorschrift aufgrund ihres Schutzzweckes daneben auch Abreden, die nicht die strengen Kriterien des § 305 BGB erfüllen.

Aus dem Umstand allein, dass hand- oder maschinenschriftliche Ergänzungen an vorformulierten AGB vorgenommen worden sind, lässt sich nicht schließen, dass dies Individualvereinbarungen sind, denn es kommt nicht auf die Art der Anfertigung des Vertrages, sondern auf die Formulierung der Klausel an. Sofern Klauseln vom Verwender wiederholt handschriftlich in bestehende AGB eingefügt werden, haben diese selbst AGB-Charakter.

Auch bei einseitigen Rechtsgeschäften und einzelnen Willenserklärung gilt der Vorrang gegenüber AGB.[14] Einseitige Erklärungen des Verwenders, die zu seinen Lasten von widersprechenden Regelungen in AGB abweichen, werden als Verzicht auf die vertraglich eingeräumte Position wirksam sein. Einseitige Handlungen ohne vertragliche Grundlage werden wohl unwirksam sein oder gar eine Vertragsverletzung darstellen. Beispiel wäre, bei Übergabe der Kaufsache einen im Kaufvertrag nicht geregelten Eigentumsvorbehalt zu erklären.

Ein verbindliches Angebot des Verwenders ist jedoch nach Annahme durch den Vertragspartner keine einseitige Erklärung, sondern eine Individualvereinbarung, die eindeutig unter den § 305b BGB fällt und die Regelung in AGB verdrängt, wonach Angebote unverbindlich sind.[15]

2. Form und Zeitpunkt der Individualabrede

Das Gesetz verlangt **keine bestimmte Form** der Individualabrede. Diese kann daher grundsätzlich mündlich[16], schriftlich[17], ausdrücklich oder stillschweigend[18] getroffen werden. Es genügt jede inhaltliche Abweichung zwischen der individuellen Vereinbarung und den allgemeinen Geschäftsbedingungen, auch wenn es keinen offenen Widerspruch gibt.[19]

Anderes gilt jedoch dann, wenn für den Vertrag gesetzliche Formvorschriften eingreifen (zu Schriftformklauseln vgl. Rn. 19). Bei § 550 BGB handelt es sich allerdings nicht um eine solche Formvorschrift, vielmehr sind dort nur die Folgen einer abweichenden Vertragsform geregelt.[20]

---

[8] Im Einzelnen *Roloff* in: Erman, § 305b Rn. 2.
[9] *Roloff* in: Erman, § 305b Rn. 2; Beispiel bei BGH v. 19.09.1983 - VIII ZR 84/82 - NJW 1984, 48, bei dem der Senat die maßgebende Klausel bereits in einer früheren Entscheidung im Rahmen der Inhaltskontrolle für unwirksam erklärt hatte und jetzt die Vereinbarkeit mit § 305b BGB (damals § 4 AGBG) unabhängig von der Frage des logischen Vorrangs nicht mehr thematisierte.
[10] *Basedow* in: MünchKomm-BGB, § 305b Rn. 2.
[11] *Basedow* in: MünchKomm-BGB, § 305b Rn. 2.
[12] Beispiel bei *Basedow* in: MünchKomm-BGB, § 305b Rn. 2 unter Verweis auf BGH v. 11.02.1958 - VIII ZR 85/57 - LM HGB [C] § 346 Nr. 8.
[13] *Ulmer* in: Ulmer/Brandner/Hensen, AGB-Recht, § 305b Rn. 10.
[14] BGH v. 09.04.1987 - III ZR 84/86 - WM 1987, 646-647.
[15] Missverständlich insoweit *Roloff* in: Erman, § 305b Rn. 4.
[16] BGH v. 09.04.1987 - III ZR 84/86 - juris Rn. 7 - LM Nr. 9 zu § 1 AGBG.
[17] Zum Bestätigungsschreiben vgl. BGH v. 20.10.1994 - III ZR 76/94 - juris Rn. 6 - NJW-RR 1995, 179-180.
[18] BGH v. 06.03.1986 - III ZR 234/84 - juris Rn. 22 - LM Nr. 5 zu § 4 AGBG; BGH v. 06.02.1996 - XI ZR 121/95 - juris Rn. 16 - NJW-RR 1996, 673-674.
[19] *Ulmer* in: Ulmer/Brandner/Hensen, AGB-Recht, § 305b Rn. 12.
[20] *Reinold/Horst*, MDR 2008, 365-372.

14 Unerheblich ist auch der Zeitpunkt der Individualabrede, diese kann daher bereits bei Vertragsschluss oder auch später getroffen werden.[21] Vollständigkeitsklauseln, mit denen der Vertragspartner erklärt, dass der Verwender ihm außerhalb der Urkunde und deren Anlagen keine Zusagen zur Beschaffenheit der Sache gemacht hat, sind unwirksam, soweit darin aus der Vermutung der Vollständigkeit und Richtigkeit der Urkunde eine unwiderlegliche Vermutung gemacht werden soll.[22] Ein individuell im Versicherungsantrag beantragter und im Versicherungsschein ausgewiesener Leistungsanspruch des Versicherungsnehmers wird weder durch die AVB noch durch von der Versicherung erstellte „Verbraucherinformationen" eingeschränkt.[23]

15 Den Parteien muss nicht bewusst sein, dass von den AGB abgewichen wird. Es genügt die Einigung auf den abweichenden Inhalt.[24]

3. Wirksamkeit der Individualabrede

16 Individuelle Vertragsabreden können nur dann Vorrang vor AGB haben, wenn sowohl die Individualvereinbarung als auch die AGB wirksam vereinbart sind. Die Wirksamkeit bestimmt sich zunächst nach den allgemeinen Vorschriften für Rechtsgeschäfte.

III. Schriftformklauseln

17 Die AGB selbst entwickeln grundsätzlich keine Relevanz für die Wirksamkeit von Individualabreden. Sofern etwa eine mündliche Abrede getroffen wird, die den AGB entgegenläuft, weil diese für Individualvereinbarungen ein Schriftformerfordernis statuieren, hat dies keinen Einfluss auf die Wirksamkeit der individuellen Abrede.[25] Denn auch hier kommt das funktionelle Verhältnis zwischen Abrede und AGB zum Tragen (vgl. Rn. 1): Individualabreden können nicht durch formularmäßige Klauseln ausgehöhlt und außer Kraft gesetzt werden.[26]

18 Einfach zu lösen ist die Vertragsänderung in Textform. § 127 Abs. 2 BGB regelt ausdrücklich, dass für die Wahrung der vertraglich vereinbarten Schriftform die telekommunikative Übermittlung ausreichend ist. Damit ist die Übermittlung in Textform gemeint.[27]

19 Bei Bestätigungsvorbehaltsklauseln, also solchen, welche die Wirksamkeit der mündlichen Abrede von einer schriftlichen Bestätigung abhängig machen, ist zu differenzieren: Sofern der Verwender selbst[28] oder dessen Generalbevollmächtigte oder Prokuristen – also Personen mit unbeschränkbarer Vertretungsmacht – die mündliche Abrede treffen, so ist die Individualvereinbarung trotz der Bestätigungsklausel bindend. Sofern die mündliche Abrede mit einem Abschlussvertreter geschlossen wurde, der aufgrund seiner erkennbar untergeordneten Stellung im Betrieb des Verwenders keine Vollmacht zum Abschluss mündlicher Vereinbarungen hatte, handelt es sich bereits aufgrund der fehlenden Vertretungsmacht nicht um eine Individualabrede, so dass die Schriftformklausel hierbei keine Rolle mehr spielt. Soll mit der Bestätigungsklausel selbst eine Beschränkung der Vertretungsmacht erreicht werden, so muss dies unmissverständlich aus den AGB hervorgehen und augenfällig hervorgehoben werden.

IV. Widerspruch zwischen AGB-Regelung und Individualabrede

20 Der inhaltliche Widerspruch zwischen AGB-Regelung und Individualabrede kann zwar direkt oder nur mittelbar bestehen, jedoch hat eine solche Unterscheidung keine praktischen Konsequenzen. Für den Vorrang der Individualabrede kommt es nur darauf an, dass ein Widerspruch besteht. So ist etwa eine formularmäßige Ersetzungsbefugnis nicht Vertragsinhalt, wenn der Kunde ausdrücklich eine be-

---

[21] BGH v. 20.10.1994 - III ZR 76/94 - NJW-RR 1995, 179-180; *Basedow* in: MünchKomm-BGB, § 305b Rn. 5; *Ulmer* in: Ulmer/Brandner/Hensen, AGB-Recht, § 305b Rn. 13.

[22] OLG Frankfurt am Main v. 30.11.2011 - 12 U 136/10 - juris Rn. 19 - IBR 2012, 150.

[23] OLG Stuttgart v. 12.05.2011 - 7 U 133/10 - juris Rn. 132 - VuR 2011, 316.

[24] *Berger* in: Prütting/Wegen/Weinreich, § 305b BGB Rn. 3; vgl. auch OLG Bamberg v. 11.05.2009 - 4 U 92/08 - juris Rn. 123.

[25] *Kötz* in: MünchKomm-BGB, § 4 Rn. 8.

[26] BGH v. 15.05.1986 - IX ZR 96/85 - juris Rn. 25 - LM Nr. 18 zu § 774 BGB; OLG Köln v. 31.07.2009 - I-6 U 224/08 - juris Rn. 123.

[27] Vgl. die Kommentierung zu § 127 BGB; *Einsele* in: MünchKomm-BGB, § 127 Rn. 10; zum gleichen Ergebnis gelangt letztlich auch das LG Berlin über Unwirksamkeit der Klausel gemäß § 305b BGB: LG Berlin v. 21.10.2005 - 63 S 167/05 - Grundeigentum 2005, 1431-1435.

[28] BGH v. 28.04.1983 - VII ZR 246/82 - juris Rn. 10 - LM Nr. 1 zu § 9 (Ca) AGBG.

stimmte Ware bestellt.[29] Genauso wird eine Klausel, nach der Liefertermine unverbindlich sein sollen, nicht Vertragsinhalt, wenn eine individualvertragliche Vereinbarung einer bestimmten Lieferzeit getroffen wurde.[30]

Bei der Beurteilung der Frage der Unverträglichkeit zwischen AGB-Regelung und Individualabrede ist zu berücksichtigen, dass zwischen diesen eine Wechselwirkung besteht. Dies folgt aus der Funktion der Individualvertragskonkretisierung der AGB. Individualabreden sind daher nicht isoliert, sondern im Gesamtzusammenhang mit den übrigen AGB-Regelungen zu sehen. Bedeutsam ist dies insbesondere bei auslegungsbedürftigen und –fähigen Abreden. Sofern aber die Auslegung der Individualvereinbarung auf Grundlage der AGB dahin führt, dass die Individualabrede konterkariert wird, greift die Regelung des § 305b BGB. Die betreffende AGB-Klausel ist unwirksam, die Individualvereinbarung hat – bei Fehlen sonstiger, eine Interpretation zulassender Anhaltspunkte – den nächstliegenden Bedeutungssinn. 21

V. Arbeitsrecht

Es bestehen keine Besonderheiten des Arbeitsrechts, die eine Abweichung vom Vorrang der Individualabrede rechtfertigen. Daher können (doppelte) Schriftformklauseln auch im Arbeitsrecht den Vorrang individueller Abreden nicht verhindern. Jedoch stellt die im Arbeitsrecht bedeutsame betriebliche Übung keine Individualabrede im Sinne des § 305b BGB dar und hat keinen Vorrang vor allgemeinen Arbeitsvertragsbedingungen.[31] Insoweit behalten (doppelte) Schriftformklauseln im Arbeitsrecht ihre Bedeutung, da mit ihnen die Entstehung einer betrieblichen Übung verhindert werden kann.[32] Die Schriftformklausel darf allerdings nicht über den grundsätzlichen Vorrang von Individualabreden gem. § 305b BGB täuschen, da eine unzutreffende Belehrung über die Rechtslage eine unangemessene Benachteiligung im Sinne von § 307 Abs. 1 BGB darstellt und zur Unwirksamkeit der Schriftformklausel führt.[33] Der Vorrang der Individualabrede wirkt sich zudem auf die Formulierung von Freiwilligkeitsvorbehalten als weiterem Instrument zur Verhinderung betrieblicher Übungen aus: Der Freiwilligkeitsvorbehalt darf nicht den Ausschluss eines Rechtsanspruchs von Ansprüchen aufgrund von Individualabreden umfassen, da anderenfalls die Regelung des § 305b BGB umgangen werden könnte.[34] 22

Ob eine Individualabrede vorliegt, bedarf insbesondere dann genauer Prüfung, wenn der Arbeitgeber bereits auf kollektivrechtlicher Rechtsgrundlage zur Leistung verpflichtet ist. Die Information des – insbesondere öffentlichen – Arbeitgebers über kollektivrechtlich geregelte Arbeitsbedingungen beinhaltet im Zweifel keine rechtsgeschäftliche Erklärung. Das gilt jedenfalls dann, wenn der Arbeitgeber sich nicht zugleich verpflichtet, solche Arbeitsbedingungen ungeachtet des Fortbestandes der kollektivrechtlichen Rechtsgrundlage auch in Zukunft beizubehalten.[35] 23

---

[29] BGH v. 09.02.1970 - VIII ZR 97/68 - LM Nr. 34 zu § 433 BGB.
[30] BGH v. 28.06.1984 - VII ZR 276/83 - BGHZ 92, 24-30.
[31] BAG v. 20.05.2008 - 9 AZR 382/07 - juris Rn. 30 - NZA 2008, 1233, 1236.
[32] BAG v. 24.06.2003 - 9 AZR 302/02 - juris Rn. 35 - NZA 2003, 1145, 1147.
[33] BAG v. 20.05.2008 - 9 AZR 382/07 - juris Rn. 39 - NZA 2008, 1233, 1237.
[34] BAG v. 14.09.2011 - 10 AZR 526/10 - juris Rn. 38 - NZA 2012, 81, 85.
[35] BAG v. 23.05.2007 - 10 AZR 402/06 - juris Rn. 19 - BeckRS 2009, 69825.

§ 305c BGB Überraschende und mehrdeutige Klauseln

(Fassung vom 02.01.2002, gültig ab 01.01.2002)

(1) Bestimmungen in Allgemeinen Geschäftsbedingungen, die nach den Umständen, insbesondere nach dem äußeren Erscheinungsbild des Vertrags, so ungewöhnlich sind, dass der Vertragspartner des Verwenders mit ihnen nicht zu rechnen braucht, werden nicht Vertragsbestandteil.

(2) Zweifel bei der Auslegung Allgemeiner Geschäftsbedingungen gehen zu Lasten des Verwenders.

Gliederung

A. Grundlagen 1	e. Widerrufsrecht 37
I. Kurzcharakteristik 1	3. Rechtsprechung 38
II. Europäischer Hintergrund 5	a. Überraschende Klauseln 38
B. Anwendungsvoraussetzungen 9	b. Nicht überraschende Klauseln 53
I. Anwendungsbereich 9	4. Beweislast 58
II. Abgrenzung zur Inhaltskontrolle 12	5. Praktische Hinweise 59
III. Überraschende Klauseln 17	IV. Unklare Regelungen 60
1. Ungewöhnlichkeit 18	1. Objektive Auslegung von AGB 60
2. Überraschungsmoment 20	2. Unklarheitenregel 67
a. Erwartungen des Vertragspartners 20	3. Einzelfälle 70
b. Umstände des Vertragsabschlusses ... 23	4. Auslegungsregel 76
c. Typische Fallkonstellationen 30	5. Arbeitsrecht 80
d. Gesetzliche Formvorschriften 36	

A. Grundlagen

I. Kurzcharakteristik

1 § 305c BGB fasst ohne Änderung die früheren §§ 3 und 5 AGBG zusammen. Die Regelung des Absatzes 1 trägt dem Umstand Rechnung, dass AGB und Individualvereinbarungen nicht gleichgestellt werden können und schützt daher das Vertrauen des Kunden, dass sich die AGB im Rahmen dessen halten, was bei Verträgen dieser Art üblicherweise zu erwarten ist.[1]

2 AGB werden vom Vertragspartner häufig nur oberflächlich zur Kenntnis genommen und flüchtig bzw. gar nicht gelesen. Daraus kann dem Vertragspartner aber typischerweise kein Vorwurf gemacht werden. Zum einen strahlen formularmäßige AGB den Anschein einer gewissen Seriosität aus, zum anderen kann der Kunde aufgrund der wirtschaftlichen Unterlegenheit regelmäßig nicht von einer Verhandlungsbereitschaft des Verwenders ausgehen. Daneben wird in einigen Fällen der Kunde eine intellektuelle Überlegenheit des Verwenders annehmen und schließlich werden die AGB häufig bereits aus Gründen der Rationalität und Zeitersparnis nicht vollständig zur Kenntnis genommen.[2] Das in Absatz 1 geregelte Überraschungsverbot soll den Vertragspartner davor schützen, dass in AGB Klauseln verwendet werden, die derart von üblichen Gestaltungen abweichen, dass er damit nicht rechnen muss. Vielmehr soll er unabhängig davon, ob er die AGB gelesen und verstanden hat oder nicht, in seinem Vertrauen darauf geschützt werden, „dass sich die einzelnen Regelungen im Großen und Ganzen im Rahmen dessen halten, was nach den Umständen bei Abschluss des Vertrages erwartet werden kann".[3]

3 Die Unklarheitenregel des Absatzes 2 fasst die in der Rechtsprechung speziell für AGB entwickelten Auslegungsregeln zusammen. Da AGB einseitig gestellt und nicht gemeinsam formuliert werden, ist die sonst geltende Bestimmung, nach §§ 133, 157 BGB den gemeinsamen Willen zu erforschen und zur Auslegungsgrundlage zu nehmen, nicht anwendbar.[4] Es gibt bei AGB keinen gemeinsamen Willen,

---
[1] BT-Drs. 7/3919, S. 19.
[2] Vgl. auch *Kötz* in: MünchKomm-BGB, § 3 En. 1.
[3] *Basedow* in: MünchKomm-BGB, § 305c Rn 1; BT-Drs. 7/3919, S. 19.
[4] *Berger* in: Prütting/Wegen/Weinreich, § 305c Rn. 12.

da sie einseitig vom Verwender gestellt werden und der Vertragspartner keinen Anteil daran hat.[5] Deshalb ist in AGB das Risiko der Unklarheit alleine dem Verwender zugewiesen. Er soll durch diese Regelung zu mehr Sorgfalt und Verständlichkeit bei der Formulierung angehalten werden.

Sowohl das Überraschungsverbot in Absatz 1 als auch die Unklarheitenregel in Absatz 2 sind Ausprägungen des Transparenzgebots.[6] Daran ändert auch die ausdrückliche Regelung des Transparenzgebots in § 307 BGB nichts. Die Regelungen stehen gleichberechtigt nebeneinander. Eine weitere Ausprägung des Transparenzgebots findet sich in § 305 BGB, wonach AGB mangels der Möglichkeit, in zumutbarer Weise von ihrem Inhalt Kenntnis zu nehmen, nicht einbezogen werden.[7] Eine Rangfolge dieser Regelungen besteht nicht. Praktisch spielt es auch keine wesentliche Rolle, ob unverständliche und unklare AGB schon nicht einbezogen werden oder an § 305c BGB scheitern. Weil das Transparenzgebot auch in Art. 5 Satz 1 RL 93/13/EWG verankert ist, ist im Zweifel eine richtlinienkonforme Auslegung notwendig.[8]

II. Europäischer Hintergrund

Abgesehen davon, dass die Regelung des Überraschungsverbots damit über das Transparenzgebot einen Bezug zur Richtlinie besitzt, gibt es in der Richtlinie RL 93/13/EWG keine entsprechende Regelung.[9]

Die Unklarheitenregel des Absatzes 2 findet ihre Entsprechung in Art. 5 Satz 2 und 3 RL 93/13/EWG.[10] Die Richtlinie ist in diesem Punkt der deutschen Rechtsprechung nachgebildet worden. Danach galt im Individualprozess im Zweifel stets die kundenfreundlichste Auslegung als maßgebend. Problematisch ist, dass die deutsche Rechtsprechung sich von dieser – in die Richtlinie übernommenen – Basis entfernt hat. Nach der neueren deutschen Rechtsprechung ist auch im Individualprozess zunächst die kundenfeindlichste Auslegung zu suchen. Erst wenn diese kundenfeindlichste Auslegung noch der Klauselkontrolle standhält, ist nach der kundenfreundlichsten Auslegung zu suchen, welche dann Basis der Entscheidung wird.[11] Durch diese Änderung wird verhindert, dass im Verbandsklageverfahren anders entschieden wird, als im Individualprozess.

Die argumentative Brücke zur alten Rechtsprechung besteht darin, dass die Geltung des dispositiven Rechts in der Regel die kundenfreundlichste Variante ist. Auf diesem Umweg wird die kundenfeindlichste Variante, bei der ein Verstoß gegen die §§ 307-309 BGB festgestellt wird, über § 306 Abs. 2 BGB unversehens zur kundenfreundlichsten Variante, nämlich der Geltung des (in der Regel für den Kunden besseren) dispositiven Gesetzesrechts.[12]

Ein Verstoß gegen die Richtlinie ist darin allerdings nicht zu sehen. Die neue Rechtsprechung führt zwar dazu, dass auch unbeanstandete Klauseln nunmehr im Individualprozess als unwirksam angesehen werden, Art. 8 RL 93/13/EWG gestattet jedoch ein höheres Schutzniveau für die Verbraucher auf Grund nationalen Rechts.[13]

B. Anwendungsvoraussetzungen

I. Anwendungsbereich

Beide Regelungen werden in § 310 Abs. 1 Satz 1 BGB nicht erwähnt, finden daher uneingeschränkt auch im unternehmerischen Verkehr Anwendung.[14] Allerdings ist bei der Frage, ab wann eine Klausel überraschend ist, die größere Erfahrung des Unternehmers angemessen zu berücksichtigen. Für die Frage der Unklarheit einer Klausel ist gegebenenfalls auch auf branchentypische Besonderheiten oder allgemeine Handelsbräuche abzustellen, wenn vor deren Hintergrund eine ansonsten unklar erscheinende Regelung vielleicht doch noch Trennschärfe gewinnt.

---

[5] *Roloff* in: Erman, § 305c Rn. 3.
[6] *Roloff* in: Erman, § 305c Rn. 4.
[7] *Roloff* in: Erman, § 305c Rn. 4.
[8] *Basedow* in: MünchKomm-BGB, § 305c Rn. 3.
[9] *Roloff* in: Erman, § 305c Rn. 7.
[10] *Roloff* in: Erman, § 305c Rn. 7.
[11] BGH v. 11.02.1992 - XI ZR 151/91 - juris Rn. 24 - NJW 1992, 1097; BGH v. 10.05.1994 - XI ZR 65/93 - juris Rn. 18 - NJW 1994, 1798.
[12] *Roloff* in: Erman, § 305c Rn. 28; *Basedow* in: MünchKomm-BGB, § 305c Rn. 20.
[13] *Basedow* in: MünchKomm-BGB, § 305c Rn. 20.
[14] BGH v. 10.11.1989 - V ZR 201/88 - NJW 1990, 576.

10 Die Regelungen gelten nicht nur für Hauptleistungspflichten, sondern auch für Regelungen zu Nebenleistungspflichten.[15]

11 Auch eine aufsichtsbehördliche Genehmigung nimmt Klauseln nicht von der Kontrolle nach § 305c BGB aus, da die Genehmigung kein Indiz für den Charakter der Norm als übliche Regelung darstellt[16] und auch keine Gewähr für klare und verständliche Sprache bietet.

II. Abgrenzung zur Inhaltskontrolle

12 Die Abgrenzung insbesondere des Überraschungsverbots zur Inhaltskontrolle ist nicht einfach. Klauseln, die in vollem Umfang der Inhaltskontrolle nach § 307 BGB standhalten, also insbesondere keine unangemessene Abweichung von wesentlichen Grundgedanken der gesetzlichen Regelung darstellen, kann man sich nur schwer als überraschend im Sinne des § 305c BGB vorstellen. Umgekehrt werden Klauseln, welche den Vertragspartner unangemessen benachteiligen, häufig auch ein Überraschungsmoment beinhalten.[17] Gesetzgeberisches Ziel der Regelung ist es, dem Vertragspartner zusätzlichen Schutz zu gewähren.

13 In der Praxis ist die Abgrenzung beider Regelungen dagegen bedeutend einfacher. Nach der Systematik des Gesetzes werden überraschende Klauseln überhaupt nicht Vertragsbestandteil und können damit auch nicht Gegenstand der Inhaltskontrolle werden. Daher ist zunächst an Hand von Absatz 1 zu prüfen, inwieweit eine Klausel überhaupt Vertragsbestandteil geworden ist. Prüfungsmaßstab sind die Umstände, insbesondere das äußere Erscheinungsbild des Vertrages.

14 Einfacher ist demgegenüber die Abgrenzung der Unklarheitenregel zur Inhaltskontrolle. Die Unklarheitenregel ist als Auslegungsregelung systematisch vorzunehmen, weil sie den Gegenstand der Inhaltskontrolle festgelegt.[18]

15 Die Norm wird ausdrücklich in § 307 Abs. 3 Satz 1 BGB nicht erwähnt. Es mag zwar vorstellbar sein, dass Geschäftsbedingungen, die nicht von Rechtsvorschriften abweichen, dennoch für den Vertragspartner überraschend sind. Die Rechtsfolge, derartige Geschäftsbedingungen nicht in den Vertrag einzubeziehen und als Ersatz die gesetzlichen Vorschriften zu verwenden, zeigt aber, dass der Fall praktisch ohne Relevanz ist. Gleiches gilt für den Fall, dass trotz Wiederholung der gesetzlichen Vorschriften der Inhalt der Regelung unklar ist. Die fehlende Erwähnung in § 307 Abs. 3 Satz 1 BGB ist daher eher auf fehlende Relevanz, als auf gesetzgeberische Absicht zurückzuführen.

16 Eine Verbandsklage kann gemäß § 1 UKlaG nur auf einen Verstoß gegen die §§ 307-309 BGB gestützt werden, so dass ein Verstoß gegen das Überraschungsverbot nur im Individualprozess geltend gemacht werden kann.[19]

III. Überraschende Klauseln

17 Das Verbot überraschender Klauseln in Absatz 1 hat zwei Tatbestandsvoraussetzungen. Zum einen muss es sich um eine ungewöhnliche Klausel handeln, zum anderen um eine Klausel, mit der der Kunde vernünftigerweise nicht zu rechnen brauchte.[20]

1. Ungewöhnlichkeit

18 Die Ungewöhnlichkeit der Klausel ist nach objektiven Maßstäben zu bestimmen[21] und nach den Gesamtumständen zu beurteilen.[22] Die Ungewöhnlichkeit ist jedoch nicht abstrakt, sondern im Hinblick auf die konkret angesprochenen Verkehrskreise zu bestimmen.[23] Maßgebend ist die Perspektive des vertragstypischen Durchschnittskunden.[24] Bei der Prüfung der Ungewöhnlichkeit ist daher auch auf die Üblichkeit bestimmter Klauseln in der jeweiligen Branche abzustellen.

---

[15] *Basedow* in: MünchKomm-BGB, § 305c Rn. 1.
[16] *Roloff* in: Erman, § 305c Rn. 5; BGH v. 27.03 1991 - IV ZR 94/90 - BGH NJW-RR 1991, 855.
[17] *Basedow* in: MünchKomm-BGB, § 305c Rn. 3.
[18] *Roloff* in: Erman, § 305c Rn. 6; *Stein* in: Soergel, § 5 AGBG Rn. 3.
[19] OLG Düsseldorf v. 30.06.2005 - I-6 U 19/05, 5 U 19/05 - NJW-RR 2005, 1692.
[20] *Roloff* in: Erman, § 305c Rn. 8.
[21] BGH v. 10.12.1998 - I ZR 162/96 - juris Rn. 42 - LM CMR Nr. 72 (7/1999).
[22] BAG v. 27.04.2000 - 8 AZR 286/99 - juris Rn. 41 - NJW 2000, 3299-3302.
[23] *Roloff* in: Erman, § 305c Rn. 9.
[24] *Berger* in: Prütting/Wegen/Weinreich, § 305c Rn. 5.

Die Ungewöhnlichkeit kann unterschiedliche Gründe haben. Sie kann sich etwa aus der Höhe des Entgelts,[25] einem Widerspruch zur Werbung des Verwenders oder etwa einer Unvereinbarkeit mit dem äußeren Erscheinungsbild des Vertrages ergeben.[26] Allein die Unbilligkeit einer Klausel sagt nichts darüber aus, ob diese auch überraschend ist.[27] Allerdings ist erhebliches Abweichen vom gesetzlichen Leitbild oder von den bisherigen Vertragsbedingungen ein Indiz für Ungewöhnlichkeit.[28] Besonderen Situationen kann allerdings auch durch besondere Gestaltungen Rechnung getragen werden. So gab es im Gebiet der ehemaligen DDR unmittelbar nach der Wiedervereinigung keinen funktionierenden Grundstücksmarkt, so dass Nachbewertungsklauseln zulässig waren.[29]

2. Überraschungsmoment

a. Erwartungen des Vertragspartners

Absatz 1 kommt nur dann zur Anwendung, wenn es sich um ungewöhnliche Klauseln handelt, mit denen der Vertragspartner nicht zu rechnen braucht. Es muss insoweit eine Diskrepanz zwischen den Erwartungen des Verwendungsgegners und dem Inhalt der Klausel bestehen, aufgrund derer der Vertragspartner mit einer solchen Klausel nicht zu rechnen braucht.[30] Der Klausel muss dabei ein **Überrumpelungs- oder Übertölpelungseffekt** innewohnen.[31]

Bei der Frage, ob eine Klausel überraschend ist, ist auf den Horizont eines Durchschnittskunden und nicht des konkreten Vertragspartners abzustellen.[32] Durchschnittskunde ist allerdings nicht im Sinne eines repräsentativen Bevölkerungsquerschnitts, sondern als Teil von typischerweise an Rechtsgeschäften dieser Art beteiligten Personenkreisen zu verstehen.[33]

Tritt ein Vertragspartner später in ein bestehendes Vertragsverhältnis ein, muss er sich vorvertraglichen Schriftverkehr der ursprünglichen Vertragsparteien auch im Hinblick auf die Frage, ob einzelne Klauseln überraschend sind, in vollem Umfang zurechnen lassen.[34]

b. Umstände des Vertragsabschlusses

Daher findet Absatz 1 keine Anwendung, wenn eine klar zu verstehende Klausel drucktechnisch so gestaltet ist, dass eine Kenntnisnahme durch den Kunden ohne Weiteres möglich und zu erwarten ist.[35] Es reicht auch nicht aus, wenn die Klausel für den Kunden unerwartet kommt. Anderes kann aber dann gelten, wenn eine solche Klausel nach den vorangegangenen Vertragsverhandlungen unter keinen Umständen zu erwarten war.[36] Ein starkes **Überraschungsmoment** ist nicht unbedingt dadurch ausgeschlossen, dass die betreffende Klausel fett gedruckt ist; erforderlich ist in der Regel ein individueller Hinweis.[37]

aa. Begründung der Überraschung

Die konkreten Umstände des Vertragsabschlusses können dazu führen, dass eine ansonsten nicht ungewöhnliche Klausel im Einzelfall als ungewöhnlich anzusehen ist. Hat der Verwender durch ausdrückliche Erklärungen oder sonstiges Verhalten während der Vertragsverhandlungen die berechtigte Erwartung geweckt, bestimmte durchaus übliche Regelungen seien im konkreten Fall nicht vorgesehen, muss der Vertragspartner auch nicht mit diesen Klauseln rechnen.[38] Übergibt der Verwender dem

---

[25] *Heinrichs* in: Palandt, § 305c Rn. 3.
[26] *Heinrichs* in: Palandt, § 305c Rn. 3 m.w.N.
[27] *Heinrichs* in: Palandt, § 305c Rn. 3 m.w.N.
[28] *Hennrichs* in: AnwK-Das neue Schuldrecht, § 305c Rn. 2.
[29] BGH v. 28.06.2002 - V ZR 140/01 - juris Rn. 13 - ZfIR 2004, 491.
[30] BGH v. 10.09.2002 - XI ZR 305/01 - juris Rn. 13 - NJW 2002, 3627-3628.
[31] BGH v. 10.11.1989 - V ZR 201/88 - juris Rn. 14 - BGHZ 109, 197-204; BGH v. 21.11.1991 - IX ZR 60/91 - juris Rn. 18 - LM AGBG § 3 Nr. 34 (5/1992); BGH v. 30.06.1995 - V ZR 184/94 - juris Rn. 9 - BGHZ 130, 150-159.
[32] BGH v. 08.05.1987 - V ZR 89/86 - juris Rn. 15 - BGHZ 101, 29-36; BGH v. 23.05.1984 - VIII ZR 27/83 - juris Rn. 32 - LM Nr. 3 zu § 9 (Cc) AGBG; BGH v. 30.06.1995 - V ZR 184/94 - juris Rn. 9 - BGHZ 130, 150-159.
[33] *Roloff* in: Erman, § 305c Rn. 10.
[34] OLG Frankfurt am Main v. 13.03.2012 - 21 U 41/11 - juris Rn. 27 - REE 2012, 97-101.
[35] BGH v. 24.09.1980 - VIII ZR 273/79 - juris Rn. 20 - LM Nr. 8 zu AGBG.
[36] BGH v. 09.04.1987 - III ZR 84/86 - juris Rn. 15 - LM Nr. 9 zu § 1 AGBG.
[37] BGH v. 04.10.1995 - XI ZR 215/94 - BGHZ 131, 55-60.
[38] *Roloff* in: Erman, § 305c Rn. 11.

Vertragspartner neue Verträge zum Ersatz bestehender Verträge und muss der Vertragspartner nicht mit neuen Bedingungen rechnen, können auch bei einem erfahrenen Vertragspartner generell übliche Klauseln überraschend sein.[39]

bb. Wegfall der Überraschung

25 Umgekehrt können die konkreten Umstände des Vertragsabschlusses allerdings auch ungewöhnlichen Klauseln die Überraschungswirkung nehmen.

26 Anders als bei der Frage der Ungewöhnlichkeit einer Klausel ist für die Frage der Überraschung auf den konkreten Vertragspartner abzustellen. Ist diesem die Klausel bekannt, kann er sich nicht auf Überrumpelung, Übertölpelung oder Überraschung berufen. Anders als bei der Inhaltskontrolle gibt es nämlich kein generelles Verbot überraschender Klauseln.[40]

27 Daher kann auch ein ausdrücklicher Hinweis des Verwenders auf eine bestimmte Klausel der darin enthaltenen Regelung das Überraschungsmoment nehmen. Dieser Hinweis kann, muss aber nicht mündlich erfolgen. Auch eine deutliche drucktechnische Hervorhebung kann ausreichend sein.[41] Der Hinweis muss umso deutlicher sein, je ungewöhnlicher die Klausel für die angesprochenen Verkehrskreise bzw. je überraschender die Regelung in der konkreten Situation ist.[42]

28 Auch die Tatsache, dass eine Klausel in einem Vertrag typischerweise enthalten ist und daher vom Vertragspartner erwartet wird, kann dazu führen, dass diese Klausel selbst unter einer Überschrift „Allgemeine Bestimmungen" nicht überraschend und auch nicht unklar eingestuft wird.[43]

cc. Notarielle Verträge

29 Bei notariellen Verträgen kommt wegen der Pflicht zur Verlesung aus den §§ 13 und 17 BeurkG sowie der umfassenden Belehrungspflicht des Notars eine Berufung auf Absatz 1 oft nicht in Betracht, es sei denn, dass etwa in der notariellen Niederschrift auf eine nicht verlesene Urkunde Bezug genommen wird.[44] Auch bei notariellen Verträgen kann jedoch ein Überraschungsmoment vorliegen.[45] Im Hinblick auf die Praxis der Verlesung von Urkunden durch Notare, wird man aber nach der Komplexität des Vertragswerks und den Vorkenntnissen des Vertragspartners differenzieren müssen. Dabei ist zu beachten, dass die reine Verlesung, insbesondere bei juristischen Laien, aber auch bei mit der Materie nicht vertrauten Juristen, keinesfalls gleichbedeutend mit dem Verstehen der Bedeutung ist. Die Belehrungspflicht des Notars allein kann jedoch eine Überraschung nicht ausschließen, wenn der Notar dieser Pflicht nicht ausreichend nachkommt.[46]

c. Typische Fallkonstellationen

30 Es lassen sich bestimmte typische Fallkonstellationen beschreiben, in denen das notwendige Überraschungsmoment angenommen werden kann.

31 Eine **besonders weite Abweichung** von den üblichen Regelungen begründet in der Regel das Überraschungsmoment. Dies ist beispielsweise gegeben, wenn der Gesamtpreis bereits ab einem Zeitpunkt zu verzinsen ist, der Monate vor dem Vertragsschluss liegt.[47]

32 Überraschend ist insbesondere die Aufnahme von **atypischen Pflichten** in den Vertrag, wie etwa die Verknüpfung eines Erbbaurechts mit einer schuldrechtlichen Ankaufsverpflichtung.[48]

33 Regelungen zur **Haftungserweiterung** sind typische überraschende Klauseln.[49]

34 Klauseln, die im **Widerspruch zu den Werbeangaben** des Verwenders oder zu dem vom Verwender gewählten **Vertragstyp** stehen, sind in aller Regel als überraschend anzusehen.[50]

---

[39] BGH v. 21.06.2001 - IX ZR 69/00 - juris Rn. 19 - WM 2001, 1520-1522.
[40] *Roloff* in: Erman, § 305c Rn. 12.
[41] *Roloff* in: Erman, § 305c Rn. 12.
[42] *Roloff* in: Erman, § 305c Rn. 12.
[43] OLG München v. 21.06.2007 - 14 U 699/06 - WM 2008, 299-302.
[44] BGH v. 14.10.1988 - V ZR 175/87 - juris Rn. 26 - LM Nr. 64 zu § 133 (C) BGB; *Heinrichs* in: Palandt, § 305c Rn. 3 m.w.N.
[45] BGH v. 17.05.1991 - V ZR 140/90 - juris Rn. 9 - BGHZ 114, 338-343.
[46] Missverständlich insoweit *Basedow* in: MünchKomm-BGB, § 305c Rn. 8.
[47] BGH v. 06.03.1986 - III ZR 195/84 - NJW 1986, 1805.
[48] *Roloff* in: Erman, § 305c Rn. 13; BGH v. 08.06.1979 - V ZR 191/76 - NJW 1979, 2387.
[49] *Roloff* in: Erman, § 305c Rn. 13.
[50] *Roloff* in: Erman, § 305c Rn. 13.

Ausdrücklich im Wortlaut der Norm genannt ist der Fall, dass eine Regelung nach dem **äußeren Erscheinungsbild** des Vertrages als ungewöhnlich einzustufen ist. Nicht in den Vertrag einbezogen wird danach beispielsweise eine Klausel an verhältnismäßig versteckter Stelle in besonders umfangreichen, in der drucktechnischen Ausgestaltung „kaum lesbaren" und nicht einmal durch Verwendung von Überschriften als Orientierungshilfe strukturierten Vertragsbedingungen.[51] Auch wenn es nicht unüblich sein dürfte, dem Mieter von Gewerberaum (Apotheke) in einem Einkaufszentrum ein Wettbewerbsverbot aufzuerlegen, wird eine solche Klausel nicht einbezogen, wenn sie in einem vom Vermieter gestellten 25-seitigen Formularmietvertrag auf der vorletzten Seite unter „Sonstiges" formuliert ist.[52]

d. Gesetzliche Formvorschriften

Hat der Gesetzgeber zum Schutz des Verbrauchers oder allgemein des Vertragspartners spezielle Formvorschriften für bestimmte Regelungen erlassen, so sind Verträge, die diese Vorgaben einhalten, in der Regel nicht als überraschend einzustufen. Ist eine Schiedsabrede entsprechend den Vorgaben des § 1031 Abs. 5 BGB in einer besonderen – wenn auch vorformulierten – und eigenhändig unterzeichneten Urkunde getroffen und enthält diese nur sich auf das schiedsrichterliche Verfahren beziehende Vereinbarungen (§ 1031 Abs. 5 Sätze 1 und 3 HS. 1 ZPO), kann eine überraschende Klausel in aller Regel nicht angenommen werden.[53]

e. Widerrufsrecht

Einige Entscheidungen („40-Euro-Klausel") bei Fernabsatzverträgen haben eine neue Kategorie von überraschenden beziehungsweise unklaren Klauseln geschaffen. Das OLG Hamburg hat eine Regelung in allgemeinen Geschäftsbedingungen als unwirksam angesehen, mit der dem Vertragspartner die Pflicht zur Tragung der Kosten für die Rücksendung von Waren bis zu 40 € auferlegt wurde. Begründet wurde dies nicht damit, dass die Regelung als solche überraschend oder unklar sei. Ein Kriterium war vielmehr die grammatikalische Ausgestaltung in Form des Indikativs („Sie haben die Kosten der Rücksendung zu tragen, ...").[54] Als weiteres Argument wurde die Tatsache angegeben, dass die Belehrung über das Widerrufsrecht, wie nach der Regelung in § 1 Abs. 4 Satz 3 BGB-InfoV vorgeschrieben, in einer hervorgehobenen und deutlich gestalteten Form (Überschrift in Großbuchstaben und Text in Fettschrift) gestaltet war.[55] Andere OLG sahen darin schon keine Regelung, da die Überschrift eine Belehrung ankündige.[56] Die bisherige Rechtsprechung des BGH sieht in Abweichung von gesetzlichen Regelungen die Basis für eine Klauselkontrolle, aber noch keinen Anlass zur Unwirksamkeit der Regelung.[57]

3. Rechtsprechung

a. Überraschende Klauseln

Von der Rechtsprechung wurden beispielsweise Klauseln als im vorgenannten Sinne überraschend angesehen, nach denen in einem Handelsvertretervertrag der Provisionsanspruch des Handelsvertreters um einen „Provisionskürzungsanteil" je zur Verfügung gestellter Kundenadresse verringert wird[58], bei denen dem Verwender bei einem Kaufvertrag die Befugnis eingeräumt wurde, neben einem Pauschalpreis auch Aufschließungskosten zu berechnen,[59] bei denen die Herstellergarantie bei einem Kaufvertrag wesentlich eingeschränkt wurde[60] oder bei denen der Vertragsgegner die Bearbeitungsgebühren oder Schätzkosten bei Nichtzustandekommen eines Kreditvertrages zahlen sollte.[61] Als überraschend angesehen wurden auch Gehaltsabtretungsklauseln in einem Mietvertrag,[62] aufgrund derer sich bei

---

[51] BGH v. 08.10.1975 - VIII ZR 81/74 - NJW 1977, 195.
[52] OLG Dresden v. 03.01.2006 - 5 U 1451/05 - OLGR Dresden 2006, 334.
[53] BGH v. 13.01.2005 - III ZR 265/03 - juris Rn. 24 - NJW 2005, 1125.
[54] OLG Hamburg v. 17.02.2010 - 5 W 10/10 - juris Rn. 4.
[55] OLG Hamburg v. 17.02.2010 - 5 W 10/10 - juris Rn. 5.
[56] OLG Hamm v. 02.03.2010 - 4 U 180/09; OLG Koblenz v. 08.03.2010 - 9 U 1283/09.
[57] BGH v. 27.01.2010 - VIII ZR 326/08 - juris Rn. 26; BGH v. 19.09.1985 - III ZR 213/83 - juris Rn. 19.
[58] OLG Saarbrücken v. 27.11.1996 - 1 U 429/96 - 71, 1 U 429/96- OLGR Saarbrücken 1997, 5-7.
[59] OLG Stuttgart v. 21.07.1998 - 12 U 50/98 - juris Rn. 9 - NJW-RR 1998, 1715.
[60] OLG Hamm v. 02.05.1983 - 2 U 284/82 - MDR 1984, 53.
[61] OLG Köln v. 29.01.1980 - 15 U 163/79 - ZIP 1980, 981-983.
[62] LG Lübeck v. 19.03.1985 - 14 S 307/84 - juris Rn. 9 - NJW 1985, 2958.

technologischen Anpassungen einer gemieteten Anlage die Mietlaufzeit um 72 Monate verlängert,[63] oder Klauseln, durch die die Temperatur einer Mietwohnung auf 18 Grad festgelegt wurde,[64] durch die der Mieter eine Abfindung in Höhe einer Monatsmiete bei auf Wunsch des Mieters vorzeitiger Beendigung des Mietvertrages entrichten sollte[65] oder aufgrund derer ein Makler eine Mindestprovision von 9.000 DM verlangen konnte.[66] Bei Bürgschaftsverträgen wurde eine Regelung als überraschend eingestuft, dass der Bürge für alle gegenwärtigen und zukünftigen Forderungen des Kreditgebers haften solle, ohne dass diese näher bezeichnet worden sind[67], sowie eine Bürgschaft auf erstes Anfordern gegenüber Privatpersonen,[68] durch die der Generalübernehmer in einem Vertrag über die Errichtung eines schlüsselfertigen Hauses bevollmächtigt ist, die Bauleistungen im Namen des Auftraggebers zu vergeben.[69] Eine Klausel über eine Zahlungsverpflichtung ist bei einem Online Branchenverzeichnis auch im Rechtsverkehr unter Kaufleuten als überraschend angesehen worden, da die Preisvereinbarung an unauffälliger Stelle im Angebot enthalten war und man bei Angeboten dieser Art kostenlose Grundeinträge nicht selten findet.[70] Eine Klausel in den an versteckter Stelle abgedruckten Vergabebedingungen eines Gewinnspiels, wonach sich die Höhe der einzelnen Gewinne nach der Anzahl der von potenziellen Gewinnern eingehenden Rückmeldungen richtet und Gewinne unter 1,50 € nicht ausgezahlt werden, wurde als nicht wirksam in das Vertragsverhältnis einbezogen und zudem für den Verbraucher überraschend eingestuft.[71] Unter der Überschrift „Wartung und Instandhaltung" ist ein (weder zeitlich noch räumlich) begrenztes Wettbewerbsverbot (sog. Kundenschutzklausel) überraschend und damit unwirksam.[72]

39 Ein Haftungsausschluss in den Allgemeinen Geschäftsbedingungen des Betreibers einer Autowaschanlage für die Beschädigung der außen an der Karosserie angebrachten Teile (wie z.B. Zierleisten, Spiegel, Antennen, sowie dadurch verursachte Lack- und Schrammschäden) ist überraschend, denn er **widerspricht dem berechtigten Vertrauen** des Kunden darauf, dass sein Fahrzeug so, wie es ist, also mitsamt den außen angebrachten Teilen, unbeschädigt aus dem Waschvorgang hervorgehen wird, und seiner korrespondierenden Erwartung, dass er Schadensersatz erhalten wird, sollte doch einmal ein Schaden auftreten und dieser vom Waschanlagenbetreiber verschuldet sein.[73] Bei einem Einheitspreisvertrag ist eine Klausel überraschend, die im weiteren Vertragstext diesen Abrechnungsmodus dadurch verändern will, dass sie eine Limitierung im Sinne eines Höchstbetrages vorsieht, denn der Einheitspreisvertrag zeichnet sich dadurch aus, dass nach tatsächlichen Massen und Einheitspreisen abgerechnet wird.[74] Eine Klausel in Allgemeinen Geschäftsbedingungen einer beim Kauf eines Gebrauchtwagens abgeschlossenen „Garantieversicherung", wonach der Kostenerstattungsanspruch von einer bereits durchgeführten Reparatur abhängig gemacht wird, stellt eine Abweichung von der gesetzlichen Grundwertung dar, wonach Schadens- und Aufwendungsersatz unabhängig davon zu gewähren ist, ob eine Reparatur tatsächlich durchgeführt wird und ist daher überraschend.[75]

40 Eine vom Generalübernehmer in einem Vertrag über die Errichtung eines schlüsselfertigen Hauses verwendete Klausel, nach der er bevollmächtigt ist, die Bauleistungen im Namen des Auftraggebers zu vergeben, ist für den Auftraggeber überraschend.[76]

41 In einem Arbeitsvertrag, der in insgesamt 19 Paragraphen neben den üblichen, auch von § 2 Abs. 1 NachwG geforderten Bestimmungen u.a. die Entgeltabtretung, Verschwiegenheitspflichten, Nebentätigkeiten, Dienstkleidung, Führungszeugnis und die Arbeitnehmerhaftung eigenständig unter geson-

---

[63] OLG Köln v. 21.01.1994 - 19 U 223/93 - juris Rn. 5 - NJW 1994, 1483.
[64] AG Berlin-Charlottenburg v. 27.05.1999 - 19 C 228/98 - MM 2000, 223; LG Göttingen v. 10.02.1988 - 2 S 160/87 - juris Rn. 4 - WuM 1989, 366.
[65] OLG Karlsruhe v. 15.02.2000 - 3 REMiet 1/99 - juris Rn. 12 - NJW-RR 2000, 1538-1540.
[66] BGH v. 06.07.1994 - IV ZR 101/93 - LM BGB § 652 Nr. 135 (12/1994).
[67] BGH v. 01.06.1994 - XI ZR 133/93 - juris Rn. 11 - BGHZ 126, 174-180; BGH v. 28.10.1999 - IX ZR 364/97 - juris Rn. 38 - BGHZ 143, 95-103.
[68] OLG Zweibrücken v. 14.04.2005 - 4 U 132/04 - NJW-RR 2005, 1652.
[69] BGH v. 27.06.2002 - VII ZR 272/01 - NJW-RR 2002, 1312-1313; dazu Anm. *Weber*, EWiR 2002, 1025-1026.
[70] AG Stuttgart v. 19.05.2003 - 8 C 576/03.
[71] OLG München v. 05.02.2004 - 19 U 4690/03 - NJW 2004, 1671-1672.
[72] OLG Hamburg v. 02.11.2004 - 8 U 57/04 - IER 2005, 3.
[73] BGH v. 30.11.2004 - X ZR 133/03 - juris Rn. 28 - Verkehrsrecht aktuell 2005, 2.
[74] BGH v. 14.10.2004 - VII ZR 190/03 - juris Rn. 13 - DB 2005, 222-223.
[75] LG Düsseldorf v. 15.10.2004 - 20 S 109/04 - DAR 2005, 688-689.
[76] BGH v. 27.06.2002 - VII ZR 272/01 - NJW-RR 2002, 1312-1313.

derten Überschriften regelt, ist eine in § 18 (also am Ende des Vertrages) unter der Überschrift „Schlussbestimmungen" formulierte Regelung überraschend und nicht wirksam einbezogen, die zunächst eine salvatorische Klausel, gefolgt von einer Schriftformklausel und einem Hinweis auf die Rechtsfolgen unwirksamer Bestimmungen enthält, und dann schließlich bestimmt, dass alle Ansprüche aus dem Arbeitsverhältnis vom Arbeitnehmer binnen einer Frist von zwei Monaten seit Fälligkeit schriftlich geltend zu machen und im Falle der Ablehnung innerhalb einer Frist von einem Monat einzuklagen sind.[77]

Bei einem Maklervertrag weicht eine erfolgsunabhängige Provision, auch in Gestalt einer Aufwendungsersatzpauschale, erheblich von dem gesetzlichen Leitbild des Makler- und des Werkvertrags ab und ist unwirksam.[78]   **42**

Eine Klausel, wonach bei Nichtverfügbarkeit des beantragten DSL-Anschlusses ein Vertrag über einen ISDN-Anschluss zustande kommt, ist, weil ein Internetzugang über ISDN wegen seiner Langsamkeit kein angemessener Ersatz für einen DSL-Zugang sein kann, überraschend und wird damit nicht Vertragsbestandteil.[79]   **43**

Eine Klausel in den Beförderungsbedingungen eines Luftfrachtführers, eine ihm wegen der Beförderung von Flugreisenden ohne die erforderlichen Einreisepapiere auferlegte Strafzahlung auf diesen Reisenden zu überbürden, ist eine überraschende und damit nach § 305c BGB unzulässige Klausel.[80]   **44**

Wird der Besucher einer Internetseite durch die zahlreiche Verwendung der Begriffe „free", „gratis" und „umsonst" in den Glauben versetzt, dort würden kostenlose Dienste angeboten, ist eine Vergütungsregelung in AGB überraschend.[81]   **45**

Werden neben ausdrücklich so bezeichneten „Allgemeinen Geschäftsbedingungen" zusätzlich „Verbraucherinformationen" im Zusammenhang mit einem Immobilienportal verwendet, bei denen unter dieser Überschrift mitgeteilt wird, die nachfolgend wiedergegebenen Informationen dienten allein der Erfüllung gesetzlicher Verpflichtungen, handelt es sich daher gleichsam um eine Art „Mogelpackung", wenn in diesen „Verbraucherinformationen" weit über die gesetzlichen Anforderungen hinausgehend für die Verwender günstige Vertragsinhalte geregelt werden. Eine in diese „Verbraucherinformationen" eingearbeitete automatische Vertragsverlängerung ist so ungewöhnlich, dass ein Verbraucher damit nicht rechnen muss. Die Klausel ist damit unwirksam (AG Kerpen v. 16.01.2012 - 104 C 427/11 - juris Rn. 19).   **45.1**

Wird eine Leistung, wie etwa ein Brancheneintrag in ein Branchenverzeichnis im Internet, häufig kostenfrei angeboten, sind Entgeltklauseln, die nach der „drucktechnischen" Gestaltung eines Formulars so unauffällig in das Gesamtbild eingefügt sind, dass sie von dem Vertragspartner des Verwenders dort nicht vermutet werden, überraschend und damit unwirksam. Auch eine umrahmte Längsspalte, die in der Überschrift den Begriff „Vergütungshinweis" und der Text die genauen Kosten enthielt, änderte daran nichts, da beides im Fließtext nicht hervorgehoben und daher ebenfalls unauffällig war (BGH v. 26.07.2012 - VII ZR 262/11 - juris Rn. 13).   **45.2**

Zu Unrecht ist dagegen eine Klausel als überraschend angesehen, die beim Projektleasing das Projektrisiko vom Leasinggeber auf den Leasingnehmer abgewälzt hatte.[82]   **46**

Die Vereinbarung einer Kündigung durch den Schulträger ohne jede Begründung, allein unter Einhaltung einer bestimmten Frist, steht im Gegensatz zum vertraglich vereinbarten Ausbildungszweck, der Ablegung des Abiturs durch den Schüler, der nicht nur durch das äußerliche Erscheinungsbild am Anfang des Vertragsformulars, nämlich durch Fettdruck hervorgehoben wird, sondern nach dessen Inhalt den wesentlichen Kern der vertraglichen Abrede bildet.[83]   **47**

Eine Vertragsstrafenklausel in einem einseitigen Text, in dem das Vertragsstrafenversprechen weder durch eine eigene Überschrift noch eine drucktechnische Hervorhebung ohne weiteres erkennbar, sondern unter „Verschiedenes" abgedruckt ist, kann überraschend sein.[84]   **48**

---

[77] BAG v. 31.08.2005 - 5 AZR 545/04 - juris Rn. 25 - MDR 2006, 522.
[78] OLG Oldenburg v. 19.05.2005 - 8 U 10/05 - NJW-RR 2005, 1287.
[79] AG Frankfurt v. 16.06.2005 - 31 C 3695/04 - 83, 31 C 3695/04- MMR 2006, 184.
[80] LG Aschaffenburg v. 01.06.2006 - 2 S 36/06 - NJW-RR 2007, 1128-1129.
[81] AG Hamm v. 26.03.2008 - 17 C 62/08.
[82] OLG Hamm v. 03.08.2007 - 12 U 158/06 - WM 2007, 2012; kritisch dazu *Habersack*, WM 2008, 809-813.
[83] OLG Frankfurt v. 08.03.2007 - 3 U 180/06.
[84] LArbG Sachsen-Anhalt v. 22.08.2007 - 4 Sa 118/07.

49 Das Aufstellen von Tafeln mit einem versteckten Hinweis auf den Rechtswegausschluss am Spielort verstößt jedenfalls gegen das Überraschungsverbot, wenn die zuvor per Zeitungsanzeige veröffentlichten Spielbedingungen einen solchen Hinweis nicht enthalten.[85]

50 Überraschend ist auch eine Klausel, die bei Widerruf von Fernabsatzverträgen eine regelmäßige Wertersatzpflicht von 100% festlegt, weil dadurch das Vertrauen des Verbrauchers in die uneingeschränkte Geltung des Widerrufsrechts enttäuscht wird.[86]

51 In der Beitrittserklärung zu einem Medienfonds ist eine Klausel überraschend, mit der der Inhalt weiterer, selbstständiger Vertragsverhältnisse zwischen dem Beitretenden und Dritten um Haftungsbeschränkungen ergänzt wird. Insbesondere braucht der beitretende Anleger nicht damit zu rechnen, dass sich die AGB das bereits bestehende Vertragsverhältnis zu seiner Anlageberaterin wegen Verletzung von Aufklärungspflichten eingeschränkt wird.[87]

52 Überraschend ist eine **Probezeitbefristung** von sechs Monaten, die ohne besondere Hervorhebung im Vertrag neben einer drucktechnisch hervorgehobenen Befristung für die Dauer eines Jahres vereinbart ist.[88] Das BAG hält den überraschenden Charakter eines **Versetzungsvorbehalts** für möglich, wenn eine bestimmte Tätigkeit vereinbart ist, sich ein diesbezüglicher Änderungsvorbehalt jedoch an einer ungewöhnlichen Vertragsposition befindet.[89] Ist arbeitsvertraglich als Entgeltbestandteil eine Garantieprovision vereinbart, ist eine in Bezug genommene allgemeine Provisionsbedingung, die eine Saldoverrechnung für einen nachfolgenden Abrechnungszeitraum vorsieht, überraschend im Sinne des § 305c BGB.[90] Überraschend ist ebenfalls eine **Ausschlussfristenregelung**, wenn sie sich am Ende eines umfassenden Vertragswerkes unter der Überschrift „Schlussbestimmungen" nach Salvatorischer Klausel und Schriftformklausel befindet.[91]

b. Nicht überraschende Klauseln

53 Als nicht überraschend wurden hingegen Klauseln eingestuft, die etwa Abtretungsverbote begründen sollten[92], die eine Vorleistungspflicht des Ersteigerers bei einer Auktion regeln[93]; die einen Selbstbelieferungsvorbehalt bei einem Handelskauf statuieren[94]; die die Bürgschaft für den Fall, dass die Hauptverbindlichkeit nichtig ist, auch auf den Anspruch aus § 812 BGB erstreckt[95], aufgrund derer der Bürge für Zinsen und Kosten haftet[96]; die die Verjährung nach VOB von zwei Jahren auf fünf Jahre erweitern[97] oder aber die den Versicherungsschutz für Reisegepäck für die Nachtzeit ausschließen[98].

54 Nicht überraschend war eine Klausel, die zum Wegfall eines Kooperationsvertrages bei Wirksamwerden der Kündigung eines für die Kooperation wesentlichen Pachtvertrages vorsah, da sich eine solche Rechtsfolge grundsätzlich auch nach der Rechtsfigur des Wegfalls der Geschäftsgrundlage ergeben könnte und der Vertragspartner damit daher auch ohne entsprechende Regelung zu rechnen hatte.[99] Bei einer Forderungsausfallversicherung ist der Ausschluss von Ansprüchen wegen Forderungsausfall bei wohnsitzlosen Schädigern weder überraschend noch unangemessen.[100]

55 Die in einem gewerblichen Mietvertrag vom Vermieter verwendete Allgemeine Geschäftsbedingung, mit der die Kosten für die „kaufmännische und technische Hausverwaltung" als sonstige Betriebskosten auf den Mieter umgelegt werden, ist nicht überraschend.[101]

---

[85] LG Frankfurt/O. v. 27.01.2004 - 6a S 121/03 - ZfWG 2006, 314-315.
[86] LG Dortmund v. 14.03.2007 - 10 O 14/07 - juris Rn. 20 - ITRB 2008, 58-59.
[87] Saarländisches Oberlandesgericht v. 15.09.2011 - 8 U 342/10 - juris Rn. 58 - BB 2011,2626.
[88] BAG v. 16.04.2008 - 7 AZR 132/07 - juris Rn. 20 - NZA 2008, 876, 877.
[89] BAG v. 25.08.2010 - 10 AZR 275/09 - juris Rn. 18 - NZA 2010, 1355, 1357.
[90] ArbG Düsseldorf v. 29.11.2011 - 2 Ca 4258/11 - juris Rn. 31.
[91] BAG v. 31.08.2005 - 5 AZR 545/04 - juris Rn. 25 - NZA 2006, 324, 326.
[92] BGH v. 24.09.1980 - VIII ZR 273/79 - juris Rn. 19 - LM Nr. 8 zu AGBG.
[93] BGH v. 23.05.1984 - VIII ZR 27/83 - juris Rn. 30 - LM Nr. 3 zu § 9 (Cc) AGBG.
[94] BGH v. 14.11.1984 - VIII ZR 283/83 - juris Rn. 12 - BGHZ 92, 396-403.
[95] BGH v. 21.11.1991 - IX ZR 60/91 - juris Rn. 13 - LM AGBG § 3 Nr. 34 (5/1992).
[96] BGH v. 12.01.1984 - IX ZR 83/82 - LM Nr. 18 zu § 766 BGB.
[97] BGH v. 26.03.1987 - VII ZR 196/86 - juris Rn. 24 - LM Nr. 23 zu § 13 (B) VOB/B 1973.
[98] OLG München v. 12.10.1982 - 25 U 1495/82 - juris Rn. 23 - NJW 1983, 53.
[99] OLG München v. 07.04.2005 - U (K) 4300/04 - juris Rn. 55 - OLGR München 2005, 546.
[100] OLG Hamm v. 26.01.2005 - 20 U 170/04 - ZfSch 2005, 509.
[101] OLG Köln v. 18.01.2008 - 1 U 40/07 - OLGR Köln 2008, 238-240.

Provisionsvorschüsse sind grundsätzlich zurückzuzahlen, sofern die tatsächlich verdienten Provisionen diese Provisionsvorschüsse nicht erreichen.[102]

Im Arbeitsrecht nicht überraschend – da im Arbeitsleben durchaus üblich und verbreitet – sind ein- oder zweistufige **Ausschlussfristen**.[103] Dies gilt aber dann nicht, wenn sich die Ausschlussfristenregelung am Ende eines umfassenden Vertragswerkes unter der Überschrift „**Schlussbestimmungen**" nach Salvatorischer Klausel und Schriftformklausel befindet.[104] Die unter der Überschrift „Beendigung des Arbeitsverhältnisses" vereinbarte Maßgabe der für den Arbeitgeber gem. § 622 Abs. 2 BGB geltenden **verlängerten Kündigungsfristen** auch für eine Kündigung durch den Arbeitnehmer ist nicht überraschend, weil verlängerte Kündigungsfristen im Arbeitsleben verbreitet und in § 622 Abs. 5 BGB ausdrücklich zugelassen sind.[105] Nicht überraschend ist des Weiteren eine Bezugnahmeklausel auf die für einen öffentlichen Arbeitgeber **einschlägigen Tarifverträge**, die drucktechnisch übersichtlich gestaltet ist.[106] Nicht überraschend sind bei hinreichender drucktechnischer Gestaltung zudem **Vertragsstrafenregelungen** bei vorfristiger Beendigung des Arbeitsverhältnisses.[107] Gleiches gilt bei entsprechender drucktechnischer Gestaltung für die **befristete** Übertragung einer **höherwertigen Tätigkeit**[108] oder für eine Vertragsstrafenabrede zur Sanktion von Verstößen gegen ein Wettbewerbsverbot.[109] Eine **Ausgleichsquittung** in einem Schreiben mit der Überschrift „Rückgabe Ihrer Unterlagen" ohne drucktechnische Hervorhebung ist überraschend.[110] Anderes gilt dagegen für den **Verzicht** auf die Erhebung einer **Kündigungsschutzklage**, wenn dieser drucktechnisch deutlich hervorgehoben ist und eine vom sonstigen Text erkennbar eigenständige Regelung enthält.[111] Nicht überraschend ist ebenfalls eine Ausgleichsquittung in einem Altersteilzeitvertrag unter der Überschrift „Abfindung", da es sich um einen Regelungszusammenhang mit der Beendigung des Arbeitsverhältnisses handelt und die Altersteilzeit auf ein Ausscheiden des Arbeitnehmers gerichtet ist.[112]

4. Beweislast

Die Beweislast trifft denjenigen, der sich auf Absatz 1 beruft. Sofern der Verwender behauptet, dass er auf eine bestimmte Klausel hingewiesen habe, ist er hierfür auch beweispflichtig.[113]

5. Praktische Hinweise

Auch in allgemeine Geschäftsbedingungen können durchaus Regelungen aufgenommen werden, welche vom üblichen Standard abweichen. Bei allen Regelungen sollte jedoch im Hinblick auf das Transparenzgebot, wie es auch in Absatz 1 ausdrücklich normiert ist, auf gute Erkennbarkeit der Regelung geachtet werden. Dazu zählt, insbesondere bei umfangreichen Klauselwerken, dass die Überschriften „sprechend" sind und einen schnellen Überblick über die Struktur der Verträge geben. Je weiter die Regelung von der gesetzlichen oder branchenüblichen Gestaltung abweicht, desto stärker muss der Hinweis auf die abweichende Regelung ausfallen. Hier können Fettschrift, farbliche Hervorhebung oder ähnliches eingesetzt werden.

IV. Unklare Regelungen

1. Objektive Auslegung von AGB

AGB sind keine Rechtsnormen, auch wenn sie von Natur aus abstrakt-generell gehalten sind. Daher gelten für ihre Auslegung die Regeln der §§ 133, 157 BGB.

---

[102] LArbG Rheinland-Pfalz v. 30.11.2007 - 9 Sa 517/07.
[103] BAG v. 25.05.2005 - 5 AZR 572/04 - juris Rn. 19 - NZA 2005, 1111, 1113.
[104] BAG v. 31.08.2005 - 5 AZR 545/04 - juris Rn. 25 - NZA 2006, 324, 326.
[105] BAG v. 28.05.2009 - 8 AZR 896/07 - juris Rn. 27 - NZA 2009, 1337, 1339.
[106] BAG v. 23.03.2011 - 10 AZR 831/00 - juris Rn. 29 - NZA 2012, 396, 399; BAG v. 28.05.2009 - 6 AZR 144/08 - juris Rn. 16 - NZA 2009, 1337, 1338.
[107] BAG v. 25.09.2008 - 8 AZR 717/07 - juris Rn. 25 - NZA 2009, 370, 372.
[108] BAG v. 14.11.2007 - 4 AZR 945/06 - juris Rn. 42 - NZA-RR 2008, 358, 361.
[109] BAG v. 14.08.2007 - 8 AZR 973/06 - juris Rn. 22 - NZA 2008, 170, 171.
[110] BAG v. 23.02.2005 - 4 AZR 139/04 - juris Rn. 49 - NZA 2005, 1193, 1198.
[111] BAG v. 06.09.2007 - 2 AZR 722/06 - juris Rn. 24 - NZA 2008, 219, 220.
[112] BAG v. 21.06.2011 - 9 AZR 203/10 - juris Rn. 35 - NZA 2011, 1338, 1340.
[113] BGH v. 18.02.1992 - XI ZR 126/91 - juris Rn. 10 - LM BGB § 1191 Nr. 51 (9/1992).

61 Sofern die Parteien übereinstimmend eine von ihrem objektiven Gehalt abweichende Auslegung annehmen, so ist diese maßgeblich.[114] Grundlage dafür ist nicht eine individuelle Auslegung, sondern der Vorrang der Individualabrede.[115] Das gemeinsame Verständnis der Parteien wird Vertragsinhalt, nicht dagegen die objektive Interpretation des Wortlauts.

62 Fehlen derartige auslegungsrelevante Umstände, so ist grundsätzlich eine objektive Auslegung vorzunehmen. Da bei AGB typischer Weise einzelfallbezogene, auslegungsrelevante Umstände fehlen, ist in der Regel eine objektive Auslegung vorzunehmen.[116] Dabei ist auf den Horizont eines rechtlich nicht vorgebildeten, verständigen und redlichen Durchschnittskunden abzustellen.[117] Nicht entscheidend ist das Auslegungsergebnis im Einzelfall, sondern, dass es als allgemeine Lösung zu angemessenen Ergebnissen führt.[118]

63 Auf konkrete Wünsche, Bedürfnisse oder besondere Anforderungen der einen oder anderen Vertragspartei ist im Rahmen dieser objektiven Auslegung keine Rücksicht zu nehmen. Bei Auslegung der Vertragsbedingungen des Deutschen Hotel- und Gaststättenverbandes e.V. (DEHOGA) darf daher beispielsweise nicht auf die durch die Notwendigkeit ständiger Betreuung der schwer behinderten Tochter bedingte besondere Lage des Vertragspartners abgestellt werden.[119]

64 Dabei sind sprachlich und sachlich zusammenhängende und vom übrigen Vertrag abtrennbare Teile jeweils gesondert auszulegen. Dies kann dazu führen, dass Teile einer Klausel der Inhaltskontrolle standhalten, abtrennbare andere Teile jedoch nicht.[120]

65 Zu berücksichtigen sind auch bei objektiver Auslegung die typischen Verhältnisse und Gebräuche bestimmter Kundengruppen, wenn sich der Vertrag typischerweise gerade an diese Gruppe richtet.[121] Es sollen entsprechend dem Charakter der AGB die individuellen Besonderheiten der jeweiligen Vertragspartner außer Betracht bleiben. Die bei Formulierung und Verwendung der AGB als Adressaten gedachte Kundengruppe und ihre Besonderheiten einzubeziehen, ändert nichts an der objektiven, neutralen Auslegung.

66 Grundsätzlich sind auch ergänzende Auslegungen der Regelungen möglich,[122] seitens des Verwenders ist dies aber äußerst restriktiv zu handhaben, da ihn die Formulierungsverantwortung trifft.[123]

2. Unklarheitenregel

67 Absatz 2 ist eine Ergänzung zu den allgemeinen Auslegungsvorschriften der §§ 133 und 157 BGB speziell für AGB. Der Hintergrund der Regelung ist, dass es im Einflussbereich des Verwenders liegt, seine AGB klar und unmissverständlich zu gestalten. Unklar sind Klauseln nicht schon dann, wenn Uneinigkeit über die Auslegung besteht, sondern es müssen nach Auslegung anhand aller in Betracht kommenden Auslegungsmethoden mindestens zwei rechtlich vertretbare Auslegungen und unbehebbare Zweifel bleiben.[124]

68 Für den Verwender kann daher auch das „Nacherzählen" des Gesetzes Probleme mit sich bringen. Schafft er einen interpretationsfähigen Wortlaut, der auch als für ihn nachteilige Abweichung von der gesetzlichen Vorschrift verstanden werden kann, riskiert er diese für ihn nachteilige Abweichung von der Norm.[125]

---

[114] BGH v. 23.01.1991 - VIII ZR 122/90 - juris Rn. 37 - BGHZ 113, 251-262.
[115] *Basedow* in: MünchKomm-BGB, § 305c Rn. 24.
[116] *Schneider*, Handbuch des EDV-Rechts, 3. Aufl. 2003, Kap. D Rn. 718.
[117] BGH v. 12.05.1980 - VII ZR 158/79 - juris Rn. 8 - BGHZ 77, 116-125; BGH v. 25.06.1992 - IX ZR 24/92 - juris Rn. 15 - LM BGB § 765 Nr. 84 (2/1993).
[118] BGH v. 08.05.1973 - IV ZR 158/71 - BGHZ 60, 377-385; BGH v. 10.12.1998 - I ZR 162/96 - juris Rn. 42 - LM CMR Nr. 72 (7/1999).
[119] BGH v. 12.05.1980 - VII ZR 158/79 – juris Rn. 9 - NJW 1980, 1947; *Basedow* in: MünchKomm-BGB, § 305c Rn. 23.
[120] *Schneider*, Handbuch des EDV-Rechts, 3. Aufl. 2003, Kap. D Rn. 718.
[121] *Basedow* in: MünchKomm-BGB, § 305c Rn. 24; OLG Düsseldorf v. 19.12.2006 - I-4 U 139/06, 4 U 139/06 - BauR 2007, 601.
[122] BGH v. 30.10.1984 - VIII ARZ 1/84 - juris Rn. 22 - BGHZ 92, 363-373; BGH v. 05.10.1992 - II ZR 172/91 - juris Rn. 38 - BGHZ 119, 305-334.
[123] *Heinrichs* in: Palandt, § 305c Rn. 17.
[124] *Roloff* in: Erman, § 305c Rn. 27.
[125] *Spindler*, CR 2004, 203-213, 205.

Von Zweifeln bei der Auslegung von AGB kann nur gesprochen werden, wenn nach Ausschöpfung der anerkannten Auslegungsmethoden nicht behebbare Zweifel verbleiben.[126]

3. Einzelfälle

Als verständlich eingestuft wurde der Ausschlusstatbestand des „Rückstaus", da ein verständiger Versicherungsnehmer die Klausel richtig interpretiert.[127] Verwenden AGB unterschiedliche Bezeichnungen für (möglicherweise, aber nicht zwingend) gleiche Sachverhalte, kann im Wege der Auslegung der richtige Inhalt ermittelt werden, solange sich dadurch kein Widerspruch zwischen beiden Regelungen ergibt.[128]

Die Formulierung „Arm im Schultergelenk" (vgl. § 7 Abs. 1 UAbs. 2 lit. a AUB 94) ist objektiv mehrdeutig, da sie sich sowohl auf die Funktionsunfähigkeit des Gelenkes selbst als auch auf die des gesamten Armes beziehen kann. Diese Mehrdeutigkeit geht gemäß § 305c Abs. 2 BGB zu Lasten des Verwenders, weshalb von der für den Vertragspartner günstigsten Auslegung auszugehen ist.[129]

Unklar war auch die Klausel: „... Wird durch den Unfall eine körperliche ... Funktion betroffen, die schon vorher dauernd beeinträchtigt war, so wird ein Abzug in Höhe dieser Vorinvalidität vorgenommen. Diese ist nach (2) zu bemessen."[130]

Die in der Versicherungsbedingung enthaltene Formulierung „für jede ... bis 10.000 € Reisepreis bezahlte Reise" lässt offen, ob es sich um den Gesamtreisepreis für alle Reiseteilnehmer handelt oder um den Reisepreis pro versicherter Person. Diese Unklarheit geht zu Lasten des Verwenders und ist so auszulegen, dass für jede bezahlte Reise bis 10.000 € zu erstatten sind.[131]

Die Klausel „Unser Vertragspartner verzichtet auf den Einwand verspäteter Mängelrüge. Bei verpackter Ware genügt die Feststellung des Mangels bei Öffnung der Verpackung bzw. Verarbeitung der verpackten Ware." lässt keine Differenzierung zwischen erkennbaren und verdeckten Mängeln zu. Verpackte Ware kann erkennbare und unverpackte Ware kann verdeckte Mängel haben. Die Klausel differenziert dazwischen nicht ausreichend und ist als unklare Klausel unwirksam.[132]

Die von einer Bank bei Darlehensvergabe erhobene Bearbeitungsgebühr ist nach dem Verständnis des Durchschnittskunden primär als Gebühr für die Bearbeitung des Darlehensantrags zu verstehen. Selbst wenn damit eine dem Kunden zugutekommende Leistung vergütet werden sollte, ist dies aus dem Wortlaut nicht zu erkennen und daher nach der Unklarheitenregelung zulasten des Verwenders zu werten.[133]

4. Auslegungsregel

Die Auslegung geht zu Lasten des Verwenders. Praktisch bedeutet dies, dass bei Verbandsklagen also von der scheinbar kundenfeindlichsten Auslegung auszugehen ist, da diese zu günstigeren Folgen für den Kunden führt.[134] Absolut fern liegende Auslegungsmöglichkeiten, von denen eine Gefährdung des Rechtsverkehrs nicht ernstlich zu befürchten ist, bleiben aber selbstverständlich außer Betracht und können folglich auch nicht zu einer Unwirksamkeit der betreffenden Klausel führen.[135]

Für den Individualprozess gilt grundsätzlich das Gleiche: Sofern der Kunde durch die Unwirksamkeit der betreffenden Klausel eine bessere Rechtsstellung erlangt, ist die Unklarheitsregel ebenfalls umgekehrt anzuwenden, also die Klausel so kundenfeindlich wie – noch in einem noch realistischen Rahmen

---

[126] BAG v. 17.01.2006 - 9 AZR 41/05 - BAGE 116, 366-374; BAG v. 09.11.2005 - 5 AZR 128/05 - BAGE 116, 185-191; BAG v. 17.10.2007 - 4 AZR 812/06 - EzA-SD 2008, Nr. 8, 13.
[127] OLG Stuttgart v. 04.03.2004 - 7 U 183/03 - RuS 2004, 196-197.
[128] OLG Düsseldorf v. 27.05.2004 - I-24 U 270/03, 24 U 270/03 - GuT 2004, 227-228.
[129] OLG Karlsruhe v. 14.10.2005 - 12 U 187/05 - ZfSch 2006, 41-42.
[130] OLG Brandenburg v. 16.12.2009 - 3 U 70/09 - juris Rn. 40.
[131] OLG Koblenz v. 22.01.2010 - 10 U 613/09 - juris Rn. 27.
[132] OLG Hamm v. 20.12.2011 - 19 U 139/11 - juris Rn. 15.
[133] OLG Frankfurt v. 27.07.2011 - 17 U 59/11 - juris Rn. 39.
[134] BGH v. 23.03.1988 - VIII ZR 58/87 - juris Rn. 19 - BGHZ 104, 82-94; BGH v. 09.07.1992 - VII ZR 7/92 - juris Rn. 72 - BGHZ 119, 152-176; BGH v. 05.11.1998 - III ZR 226/97 - LM BGB § 627 Nr. 15 (6/1999); vgl. auch OLG München v. 12.01.2012 - 23 U 2737/11 - juris Rn. 68 - ZIP 2012, 576-580.
[135] BGH v. 10.02.1993 - XII ZR 74/91 - juris Rn. 34 - LM AGBG § 9 (Bm) Nr. 18 (6/1993); BGH v. 10.05.1994 - XI ZR 65/93 - juris Rn. 18 - LM AGBG § 9 (Cg) Nr. 22 (10/1994).

§ 305c

- möglich.[136] Erst wenn sich die Klausel im ersten Schritt der Auslegung als wirksam erweist, gilt die Unklarheitsregel unmittelbar und es gilt demnach die kundenfreundlichste Auslegung.[137]

78 Die Unklarheitsregel wurde von der Rechtsprechung etwa bei unklaren Regelungen von Nebenkosten in einem Mietvertrag,[138] bei widersprüchlichen Angaben über den Umfang des Versicherungsschutzes,[139] bei Auslegung einer „Beamtenklausel" in einer BUZ-Versicherung, nach der Berufsunfähigkeit und auch bei Versetzung des Beamten in den Ruhestand wegen allgemeiner Dienstunfähigkeit infolge seines Gesundheitszustands[140] zur Anwendung gebracht. In allen diesen Fällen galt demnach die für den Verwendungsgegner günstigere Auslegung.

79 Bleiben auch nach Ausschöpfung der anerkannten Auslegungsmethode bei einem Verweis auf die Vergütungsregel des BAT nicht behebbare Zweifel, ob es sich um einen statischen oder dynamischen Verweis handelt, führt dies zu Lasten des Verwenders zu einer Auslegung als dynamischen Verweis.[141]

5. Arbeitsrecht

80 Bereits vor Erstreckung der AGB-Kontrolle auf das Arbeitsrecht war in der Rechtsprechung des BAG die so genannte Unklarheitenregel anerkannt.[142] Diese entspricht dem Rechtsgedanken des nunmehr auch für Arbeitsverhältnisse geltenden § 305c Abs. 2 BGB.[143] § 305c Abs. 2 BGB ist dagegen unanwendbar, wenn sich zwei Klauseln inhaltlich widersprechen und deshalb unwirksam sind. Die Unwirksamkeit folgt in diesem Fall daraus, dass widersprüchliche Klauseln nicht klar und verständlich im Sinne des § 307 Abs. 1 Satz 2 BGB sind, so dass nicht zwei Ergebnisse einer Auslegung im Sinne des § 305c Abs. 2 BGB als vertretbar erscheinen.[144]

81 Enthält ein Arbeitsvertrag eine unklare Bezugnahmeklausel auf Tarifverträge, so dass im Rahmen der Vertragsauslegung unterschiedliche Tarifwerke in Betracht zu ziehen sind, ist die Unklarheitenregel gleichwohl in der Regel unanwendbar. Die Frage der Günstigkeit kann in der Regel nicht abstrakt und ohne Berücksichtigung der gesamten Fallkonstruktion beantwortet werden.[145] Die Anwendung der Unklarheitenregel kann aber nicht jeweils unterschiedlich je nach dem individuellen Regelungsgegenstand oder (wegen der regelmäßig dynamischen Entwicklung jedes Tarifwerks) in Abhängigkeit von dem Zeitpunkt der Geltendmachung bei Beurteilung derselben Bezugnahmeklausel erfolgen.[146]

---

[136] OLG München v. 22.01.1997 - 7 U 4756/96 - juris Rn. 51 - NJW-RR 1998, 393-395; ähnliche Tendenz BGH v. 10.05.1994 - XI ZR 65/93 - juris Rn. 18 - LM AGBG § 9 (Cg) Nr. 22 (10/1994).
[137] *Heinrichs* in: Palandt, § 305c Rn. 20.
[138] OLG Düsseldorf v. 25.07.1991 - 10 U 1/91 - NJW-RR 1991, 1354-1355.
[139] BGH v. 05.07.1995 - IV ZR 133/94 - juris Rn. 12 - NJW-RR 1995, 1303-1305.
[140] OLG Düsseldorf v. 29.04.2003 - I-4 U 175/02, 4 U 175/02 - OLGR Düsseldorf 2004, 230-232.
[141] LAG Baden-Württemberg v. 09.10.2007 - 8 Sa 72/06; vgl. auch LArbG Düsseldorf v. 31.08.2007 - 15 Sa 724/07; LArbG Köln v. 14.01.2008 - 14 Sa 606/07.
[142] BAG v. 18.08.1998 - 1 AZR 589/97 - juris Rn. 35 - NZA 1999, 659, 661.
[143] BAG v. 10.12.2008 - 10 AZR 1/08 - juris Rn. 9 - NZA-RR 2009, 576, 578.
[144] BAG v. 10.12.2008 - 10 AZR 1/08 - juris Rn. 5 - NZA-RR 2009, 576, 577.
[145] BAG v. 29.06.2011 - 5 AZR 186/10 - juris Rn 18 - KHE 2011/126.
[146] BAG v. 29.06.2011 - 5 AZR 186/10 - juris Rn 18 - KHE 2011/126.

§ 306 BGB Rechtsfolgen bei Nichteinbeziehung und Unwirksamkeit

(Fassung vom 02.01.2002, gültig ab 01.01.2002)

(1) Sind Allgemeine Geschäftsbedingungen ganz oder teilweise nicht Vertragsbestandteil geworden oder unwirksam, so bleibt der Vertrag im Übrigen wirksam.

(2) Soweit die Bestimmungen nicht Vertragsbestandteil geworden oder unwirksam sind, richtet sich der Inhalt des Vertrags nach den gesetzlichen Vorschriften.

(3) Der Vertrag ist unwirksam, wenn das Festhalten an ihm auch unter Berücksichtigung der nach Absatz 2 vorgesehenen Änderung eine unzumutbare Härte für eine Vertragspartei darstellen würde.

Gliederung

A. Grundlagen ... 1
B. Anwendungsvoraussetzungen ... 6
I. Vertragsergänzung durch gesetzliche Vorschriften ... 12
II. Lückenschließung durch ergänzende Vertragsauslegung ... 16
III. Teilbarkeit der Regelung ... 22
IV. Abmilderung der Folgen durch Verwirkung ... 23
V. Rechtsprechung ... 24
VI. Unzumutbarkeit des Festhaltens ... 29

A. Grundlagen

§ 306 BGB entspricht sowohl inhaltlich, als auch sprachlich unverändert dem früheren § 6 AGBG und regelt die Folgen des Fehlschlagens der Einbeziehung oder der Unwirksamkeit von AGB für Bestand und Inhalt des zwischen den Vertragsparteien geschlossenen Vertrages. 1

Während § 139 BGB grundsätzlich bestimmt, dass im Zweifel die Nichtigkeit eines Teils eines Rechtsgeschäfts die Nichtigkeit des gesamten Rechtsgeschäfts zur Folge hat, kann diese Regelung für Allgemeine Geschäftsbedingungen nicht gelten. Sie berücksichtigt nicht die Interessen der Parteien. Der Kunde ist in der Regel an der Aufrechterhaltung des Rechtsgeschäfts interessiert, der Verwender wird es häufig nicht wegen Unwirksamkeit einzelner AGB-Klauseln und oft nicht einmal wegen der kompletten Nichteinbeziehung scheitern lassen wollen. Damit der Kunde nicht bereits aufgrund der Nichtigkeit einer Klausel die Rückgängigmachung des Vertrages befürchten muss, regelt § 306 BGB für AGB als lex specialis zu § 139 BGB, dass der Vertrag grundsätzlich wirksam bleibt, auch wenn AGB ganz oder teilweise nicht Vertragsbestandteil werden oder unwirksam sind.[1] 2

Die Unwirksamkeit von Vertragsklauseln kann sich auch auf damit zusammenhängende andere Klauseln auswirken. Enthält ein Mietvertrag eine wegen starrer Fristenregelung unwirksame Schönheitsreparaturklausel, so ist auch eine Quotenregelung als Teil der Schönheitsreparaturregelung von der Unwirksamkeit umfasst. Der Vermieter würde anderenfalls trotz Verwendung einer unwirksamen Klausel auf Kosten des Mieters bevorzugt.[2] 3

§ 306 BGB ist aufgrund seiner Schutzfunktion zwingendes Recht und kann weder formularmäßig noch individualvertraglich abbedungen werden. 4

Zwar steht es jedem Verwender grundsätzlich frei, sein Vertragsangebot von der Akzeptanz seiner AGB durch den Verwendungsgegner abhängig zu machen. Sofern dieser die AGB aber erkennbar nicht annehmen will, greift unmittelbar die Vermutungsregel § 154 Abs. 1 BGB ein, wodurch es zu keinem Vertragsschluss kommt. Für § 306 BGB ist in diesem Fall – mangels vertraglicher Einigung – der Anwendungsbereich nicht einmal eröffnet. 5

B. Anwendungsvoraussetzungen

Die Vorschrift bezieht sich sowohl nach ihrem Wortlaut als auch nach ihrer systematischen Stellung auf solche Fälle, in denen die Unvollständigkeit eines Vertrages in den vorformulierten Vertragsteilen liegt. Bei den nicht einbezogenen oder unwirksamen Vereinbarungen muss es sich demnach um 6

---

[1] *Heinrichs* in: Palandt, § 306 Rn. 1.
[2] AG München v. 21.10.2005 - 472 C 16292/05.

§ 306

AGB-Bestimmungen handeln. Für unwirksame Klauseln bei Individualabreden zwischen Verwender und Kunde gilt daher nicht § 306 BGB, sondern es bleibt hierfür bei der Vermutungsregelung des § 139 BGB.

7 AGB werden grundsätzlich nicht Vertragsbestandteil im Sinne von Absatz 1, wenn die Einbeziehung wegen Nichtbeachtung der Einbeziehungsvorschrift § 305 Abs. 2 BGB oder wegen des überraschenden Charakters der in Rede stehenden Klauseln an § 305c Abs. 1 BGB scheitert. Im Übrigen bleibt der Vertrag aber vorbehaltlich der Regelung des Absatzes 3 wirksam – dies selbst dann, wenn sich die Nichteinbeziehung (oder Unwirksamkeit, vgl. dazu Rn. 11) auf alle Klauseln erstreckt.[3] Nur wenn kein ausreichender Vertragsinhalt übrig bleibt, scheitert der Vertrag insgesamt.

8 Scheitert die Einbeziehung der AGB dagegen an einer entgegenstehenden Individualvereinbarung nach § 305b BGB, so bleibt diese Individualvereinbarung wirksam.

9 Sofern über die Einbeziehung der AGB ein offener Dissens besteht, ist der Vertrag hingegen aufgrund der allgemeinen Regeln unwirksam: Hier greift § 154 Abs. 1 BGB ein, da grundsätzlich gilt, dass niemand gegen seinen Willen vertraglich gebunden werden darf.

10 Ob § 306 BGB auch bei verdecktem Dissens bezüglich der AGB-Einbeziehung eingreift, wird im Schrifttum unterschiedlich beantwortet.[4] Da bei einem verdeckten Dissens die Nichteinbeziehung der AGB nicht auf einer Verletzung der Verwenderobliegenheiten beruht, dürfte in der Regel – jedenfalls bei bereits erfüllten Verträgen – die allgemeine Regelung des § 155 BGB eingreifen und zu einer Wirksamkeit im Übrigen, ggf. durch Lückenschließung durch dispositives Recht oder durch ergänzende Vertragsauslegung, führen.[5]

11 Praktisch bedeutsamer als die Nichteinbeziehung von AGB-Bestimmungen ist die Unwirksamkeit derselben. Für die Regelung des § 306 BGB ist es unerheblich, woraus die Unwirksamkeit resultiert, insbesondere ist diese nicht auf die AGB-rechtlichen Unwirksamkeitsregeln der §§ 307-309 BGB beschränkt, sondern erfasst auch die Fälle von sonstigen Gesetzesverstößen oder der Sittenwidrigkeit nach § 138 BGB.[6]

I. Vertragsergänzung durch gesetzliche Vorschriften

12 Grundsätzlich ist die aus der Nichteinbeziehung oder Unwirksamkeit resultierende Vertragslücke nach Absatz 2 unter Rückgriff auf die gesetzlichen Vorschriften zu schließen.[7] Dies kann entweder durch echte Substitution durch **gesetzliche Regelungen** oder durch ersatzlosen Wegfall der AGB-Klausel erfolgen. Als gesetzliche Regelungen kommen dabei nicht nur die allgemeinen Regelungen für den betreffenden Vertragstyp, sondern auch Regelungen des allgemeinen Vertrags- und Schuldrechts, sowie die zu Richterrecht verfestigten Rechtssätze sowohl zu dem speziellen Vertragstypus, als auch zum allgemeinen Vertrags- und Schuldrecht in Betracht.[8] Wenn etwa bei einem Kreditvertrag die AGB-mäßige Zinsregelung unwirksam ist, so ist die entstehende Lücke durch die gesetzliche Zinsregelung zu schließen.[9] Eine unwirksame Klausel kann nicht durch die Gerichte auf die gerade noch nicht als unangemessen zu bewertende Regelung reduziert werden, es gilt dann die gesetzliche Regelung.[10]

13 Durch Richterrecht entwickelte Maßstäbe sind keine derartigen gesetzesvertretenden Mindestvorgaben, sondern bloße Orientierungshilfen.[11]

14 Eine Ergänzung durch vor Reform des Schuldrechts geltende Grundsätze im Arbeitsrecht ist nicht möglich. Die Unwirksamkeit beispielsweise einer Ausschlussklausel führt auch unter Berücksichtigung der Besonderheiten bei Altverträgen im Arbeitsrecht bei Verstoß gegen § 307 BGB zu ihrem ersatzlosen Wegfall bei Aufrechterhaltung des Arbeitsvertrags im Übrigen.[12]

---

[3] *Heinrichs* in: Palandt, § 306 Rn. 3.
[4] Bejahend etwa *Schlosser* in: Staudinger, § 306 Rn. 4; verneinend *Stein* in: Soergel, § 306 Rn. 4.
[5] *Lindacher* in: Horn/Lindacher/Wolf, AGB-Gesetz, 4. Aufl. 1999, § 6 Rn. 8.
[6] BGH v. 03.05.1995 - XII ZR 29/94 - juris Rn. 22 - BGHZ 129, 297-311.
[7] BGH v. 13.01.2010 - VIII ZR 81/08 - juris Rn. 25; BGH v. 18.03.2009 - IV ZR 298/06 - juris Rn. 9.
[8] BGH v. 14.05.1996 - XI ZR 257/94 - juris Rn. 35 - BGHZ 133, 25-35.
[9] OLG Celle v. 15.03.1995 - 3 U 86/94 - NJW-RR 1995, 1133-1134.
[10] OLG Koblenz v. 30.10.2003 - 2 U 504/03 - MMR 2004, 106-107; LAG Sachsen-Anhalt v. 06.09.2007 - 10 Sa 142/07 - juris Rn. 55.
[11] LAG Sachsen-Anhalt v. 06.09.2007 - 10 Sa 142/07 - juris Rn. 56.
[12] BAG v. 19.12.2007 - 5 AZR 1008/06 - juris Rn. 28 - NZA 2008, 464-467.

Die Klausel in einem Automietvertrag, wonach der Kunde die vertraglich vereinbarte uneingeschränkte Haftungsfreistellung verliert, wenn er entgegen der Verpflichtung beim Unfall nicht die Polizei hinzuzählt, ist unwirksam, kann aber durch Heranziehung von § 28 Abs. 2 und 3 VVG geschlossen werden.[13]

II. Lückenschließung durch ergänzende Vertragsauslegung

Ausnahmsweise kann die Lückenschließung durch **ergänzende Vertragsauslegung** erfolgen.[14] Die Möglichkeit einer solchen ergänzenden Vertragsauslegung folgt nicht unmittelbar aus Absatz 2, sondern aus den Grundsätzen der allgemeinen Rechtsgeschäftslehre. Auch wenn Absatz 2 die Möglichkeit der ergänzenden Vertragsauslegung nicht ausdrücklich vorsieht, so ist sie durch die Formulierung „gesetzliche Vorschriften" auch nicht ausgeschlossen. Dennoch ist die ergänzende Vertragsauslegung äußerst **zurückhaltend** zur Anwendung zu bringen. Voraussetzung ist, dass es für den regelungsbedürftigen Punkt an einer für den betreffenden Vertragstyp heranziehbaren gesetzlichen oder richterrechtlichen Regelung fehlt oder der konkrete Vertrag so erheblich vom Normaltypus abweicht, dass eine Lückenschließung mit allgemein bestehenden Regelungen im oben genannten Sinn zu keinen vernünftigen oder sinnvollen Ergebnissen führen kann.

Die Teilbarkeit der Klausel ist mittels einer Streichung des unwirksamen Teils mit einem „blauen Stift" zu ermitteln (blue-pencil-test). Ist die verbleibende Regelung weiterhin verständlich, bleibt sie bestehen. Maßgeblich ist, ob sie mehrere sachliche Regelungen enthält und der unzulässige Teil sprachlich eindeutig abtrennbar ist.[15]

Nur dann, wenn gesetzliche Vorschriften als Ersatzregelung für die unwirksame Klausel nicht in Betracht kommen, stellt sich die Frage, ob der ersatzlose Wegfall der unwirksamen Klausel eine sachgerechte Lösung darstellt. Ist dies nicht der Fall, muss geprüft werden, ob durch ergänzende Vertragsauslegung eine interessengerechte Lösung gefunden werden kann.[16]

Eine **ergänzende Vertragsauslegung** führt das BAG (enger als der BGH) nur sehr zurückhaltend durch.[17] Sie wird bei allgemeinen Arbeitsbedingungen über die Rückzahlung von Fortbildungskosten etwa dann zugelassen, wenn eine zu lange Bindungsdauer vereinbart wird, jedoch wegen der einzelfallbezogenen Betrachtung für den Arbeitgeber objektiv schwierig war, die zulässige Bindungsdauer im Einzelfall zu bestimmen.[18] Dies gilt jedoch nicht, wenn von vornherein eine ersichtlich zu lange Bindungsdauer vereinbart wurde[19] oder die Rückzahlung nicht auf zulässige Rückzahlungstatbestände begrenzt wird[20], weil es allein dem Arbeitgeber obliegen hätte, sich gegen dieses Risiko durch eine wirksame, einschränkende Fassung der Rückzahlungsklausel abzusichern.[21]

Eine ergänzende Vertragsauslegung hat das BAG insbesondere zugelassen bei so genannten „**Altverträgen**", die vor Inkrafttreten des Schuldrechtsmodernisierungsgesetzes und der damit einhergehenden erstmaligen Eröffnung des Anwendungsbereichs der §§ 305 ff. BGB auf Arbeitsverhältnisse geschlossen worden sind und bei denen die Unwirksamkeit infolge einer Rechtskontrolle am Maßstab der §§ 305 ff. BGB nicht vorhersehbar war.[22] Einschränkend tendierten der 9. und der 10. Senat des BAG jedoch dahin, dass eine ergänzende Vertragsauslegung bei solchen „Altverträgen" ausscheidet, wenn der Arbeitgeber nicht innerhalb der vom Gesetzgeber eingeräumten Übergangsfrist bis zum 01.01.2003 versucht hat, nach Aufhebung der Bereichsausnahme für das Arbeitsrecht als unwirksam zu betrachtende Vertragsklauseln einvernehmlich anzupassen.[23] Zu Recht weist nunmehr der 5. Senat des BAG darauf hin, dass eine solche Anpassungsobliegenheit des Arbeitgebers nicht beste-

---

[13] BGH v. 14.03.2012 - XII ZR 44/10 - juris Rn. 17 - MDR 2012, 628-629.
[14] BGH v. 01.02.1984 - VIII ZR 54/83 - juris Rn. 21 - BGHZ 90, 69-85; BGH v. 03.11.1999 - VIII ZR 269/98 - juris Rn. 45 - BGHZ 143, 104-122.
[15] BAG v. 12.03.2008 - 10 AZR 152/07.
[16] BGH v. 14.03.2012 - XII ZR 44/10 - juris Rn. 25 - NSW § 306.
[17] Kritisch *Salamon*, NZA 2009, 1076, 1078; vgl. auch *Ohlendorf/Salamon*, RdA 2006, 281 ff.
[18] BAG v. 14.01.2009 - 3 AZR 900/07 - juris Rn. 29 - NZA 2009, 666, 669.
[19] BAG v. 14.01.2009 - 3 AZR 900/07 - juris Rn. 29 - NZA 2009, 666, 669.
[20] BAG v. 13.12.2011 - 3 AZR 791/09 - juris Rn. 37.
[21] BAG v. 23.01.2007 - 9 AZR 482/06 - juris Rn. 37 - NZA 2007, 748, 751.
[22] BAG v. 12.01.2005 - 5 AZR 364/04 - juris Rn. 34 - NZA 2005, 465, 468; zusammenfassend *Schlewing*, RdA 2011, 92 ff.
[23] BAG v. 11.02.2009 - 10 AZR 222/08 - juris Rn. 36 - NZA 2009, 428, 431; BAG v. 11.04.2006 - 9 AZR 610/05 - juris Rn. 37.

hen kann, weil der Arbeitgeber eine solche Anpassung einseitig überhaupt nicht durchsetzen könnte und allein der Versuch einer solchen Anpassung unzumutbar wäre – würde der Arbeitgeber doch die gesamte Belegschaft erheblich verunsichern.[24]

21 Eingeschränkt wird die Möglichkeit der ergänzenden Vertragsauslegung unter dem Gesichtspunkt eines „Altvertrags", wenn der Vertrag nach Inkrafttreten des Schuldrechtsmodernisierungsgesetzes unter Hinweis auf eine „Fortgeltung des bisherigen Arbeitsvertrags im Übrigen" ergänzt wurde. Nach Auffassung des BAG kann die Inbezugnahme der bisherigen vertraglichen Regelungen gegen die Annahme eines „Altvertrags" sprechen.[25] Neuerdings differenziert das BAG jedoch wie folgt: Wird der bisherige „Vertrag" bzw. werden die „bisherigen vertraglichen Regelungen" unter Geltung der §§ 305 ff. BGB in Bezug genommen, wird der „Altvertrag" bestätigt und der Vertrauensschutz aufgehoben; nimmt die spätere Vereinbarung hingegen nur „bisherige Arbeitsbedingungen" in Bezug, beschränkt sich dies nach Auffassung des BAG auf die materiellen Regelungsinhalte, ohne etwaig zu weit gehende Formulierungen zu erfassen.[26] Der Charakter als „Altvertrag" werde dann nicht berührt. Diese Differenzierung erscheint indessen konstruiert. Typisierte Arbeitsvertragsbedingungen werden ihre Verträge nicht willentlich in dieser Differenzierung formuliert haben. Solange Regelungen eines „Altvertrages" nicht ausdrücklich nach Inkrafttreten der §§ 305 ff. BGB nochmals inhaltlich geregelt werden, entspricht es dem Willen redlicher Vertragsparteien, bestehende Regelungen nicht anzutasten – in dieser Nichtregelung kann indessen entgegen dem BAG keine Neuregelung gesehen werden.

III. Teilbarkeit der Regelung

22 Eine sprachlich und inhaltlich abtrennbare Bestimmung bleibt bestehen,[27] wenn sie sich nach ihrem Wortlaut aus sich heraus verständlich und sinnvoll in einen inhaltlich zulässigen und einen unzulässigen Regelungsteil trennen lässt.[28] Handelt es sich bei der unwirksamen Regelung um eine einheitliche Rechtspflicht, die sich nicht in Einzelmaßnahmen oder Einzelaspekte aufspalten lässt, kommt eine Teilung nicht in Betracht.[29] Teilbar in diesem Sinne ist beispielsweise eine selbstschuldnerische und unbefristete Bürgschaft, weil auch bei Unwirksamkeit der Verpflichtung, die Bürgschaft mit einem teilweisen Verzicht auf die Einrede gemäß § 768 BGB zu versehen, eine sinnvolle Regelung und angemessene Absicherung verbleibt.[30]

IV. Abmilderung der Folgen durch Verwirkung

23 Die Folgen der durch Unwirksamkeit einer Klausel hervorgerufenen Regelungslücke auf das Gesamtgefüge der vertraglichen Beziehungen lassen sich dadurch abmildern, dass der Kunde die Unwirksamkeit der Klausel beispielsweise zu einer Preiserhöhung nur innerhalb eines bestimmten Zeitraums nach der Preiserhöhung geltend machen kann.[31]

V. Rechtsprechung

24 Die Rechtsprechung hat ergänzende Vertragsauslegungen etwa bei einer unwirksamen Preisanpassungsklausel in einem Mietvertrag über Fernmeldeanlagen,[32] einer unwirksamen Regelung der Abschlusszahlung in einem Leasingvertrag[33] und einer unwirksamen Vergütungsregelung[34] zur Schließung der Lücken eingesetzt. Kann die Verwenderin den Vertrag mit einer Frist von maximal zwölf Monaten kündigen, führt der Wegfall der unwirksamen Klausel nicht zu einem nicht mehr vertretbaren Ergebnis und ist daher nicht durch ergänzende Vertragsauslegung auszugleichen.[35] Eine Vertragslücke

---

[24] BAG v. 20.04.2011 - 5 AZR 191/10 - juris Rn. 14 - NZA 2011, 796, 797.
[25] BAG v. 18.11.2009 - 4 AZR 514/08 - juris Rn. 25 - NZA 2010, 170, 172; a.A. *Haas/Fabritius*, FA 2009, 130.
[26] BAG v. 19.10.2011 - 4 AZR 811/09 - juris Rn. 30 - DB 2011, 2783, 2784.
[27] OLG Dresden v. 20.12.2011 - 14 U 1259/11 - juris Rn. 30 - NotBZ 2012, 105-107; OLG Dresden v. 06.12.2011 - 14 U 750/11 - DNotZ 2012, 374-375.
[28] BGH v. 26.02.2009 - Xa ZR 141/07 - juris Rn. 19 - NJW 2009, 1486.
[29] BGH v. 18.02.2009 - VIII ZR 210/08 - juris Rn. 15 - NJW 2009, 1408-1410.
[30] BGH v. 12.02.2009 - VII ZR 39/08 - juris Rn. 8 f. - NJW 2009, 1664-1667.
[31] BGH v. 14.03.2012 - VIII ZR 113/11 - juris Rn. 21 - BB 2012, 1230.
[32] BGH v. 12.07.1989 - VIII ZR 297/88 - juris Rn. 22 - LM Nr. 13 zu § 6 AGBG.
[33] BGH v. 28.10.1981 - VIII ZR 302/80 - juris Rn. 46 - BGHZ 82, 121-132.
[34] OLG Düsseldorf v. 28.05.1986 - 8 U 151/85 - NJW-RR 1987, 48-51.
[35] BGH v. 15.07.2009 - VIII ZR 225/07 - juris Rn. 36 f. - NJW 2009, 2662; vgl. auch *v. Westphalen*, NJW 2010, 2254.

kann nicht durch den Rückgriff auf § 316 BGB geschlossen werden, wenn und weil dies dem Interesse der Parteien und ihrer Willensrichtung typischerweise nicht entspricht.[36] Vielmehr ist es geboten, vorrangig die Regeln über die ergänzende Vertragsauslegung heranzuziehen, wofür die den Gegenstand der Leistung und die das Verhältnis der Parteien prägenden Umstände maßgeblich sind.[37]

Eine ergänzende Vertragsauslegung muss um einen beiderseitigen Interessenausgleich – also des Verwenders und Vertragspartners – bemüht sein, da es nicht Sinn und Zweck der Regelung des § 306 BGB ist, bei Wegfall von Klauseln dem Verwender oder dem Vertragspartner übergebührliche Vorteile zu verschaffen.[38]

Häufig findet sich eine salvatorische Klausel, wonach bei Unwirksamkeit einer Vertragsbestimmung nicht das dispositive Recht, sondern eine Regelung maßgeblich sein soll, deren wirtschaftlicher Erfolg weitgehend der unwirksamen Regelung nahe kommt. Diese Klausel ist wegen Verstoßes gegen Absatz 2 nichtig[39] und im Übrigen auch mit dem Transparenzgebot unvereinbar.[40] Sie ist nur als Appell an die Parteien zu verstehen, über die Ersetzung der unwirksamen Klausel zu verhandeln und dabei eine weitgehend ähnliche Klausel zu vereinbaren.

Auch Ersatz-AGB, die nur bei Unwirksamkeit der eigentlich geplanten Klausel eingreifen sollen, sind wegen Intransparenz unwirksam.[41] Es ist für den Vertragspartner nämlich nicht erkennbar, welche Klauseln jetzt gelten. Anpassungsklauseln, durch die sich der Verwender die Möglichkeit einräumt bei Unwirksamkeit von AGB-Bestimmungen diese durch andere Regelungen zu ersetzen, können grundsätzlich nur dann wirksam sein, wenn bezüglich dieser Änderungsbefugnis sowohl die Voraussetzungen, als auch der Inhalt unmissverständlich und deutlich umschrieben sind.[42] Wegen Verstoß gegen das Verbot der geltungserhaltenden Reduktion ist auch eine Klausel unzulässig, die unwirksame Bestimmung auf das gerade noch zulässige Maß zu reduzieren. Dadurch würde das Risiko der Unwirksamkeit vom Verwender auf den Vertragspartner verlagert.

Eine nach § 9 AGBG unwirksame Gewährleistungsbürgschaft auf erstes Anfordern kann in einen Anspruch auf Gestellung einer einfachen, d.h. unwiderruflichen selbstschuldnerischen Gewährleistungsbürgschaft umgedeutet werden.[43]

VI. Unzumutbarkeit des Festhaltens

Sofern ein Festhalten am Vertrag für eine Seite oder beide Parteien, selbst unter Berücksichtigung der nach Absatz 2 vorgenommenen Änderungen, eine unzumutbare Härte darstellt, so ist der Vertrag **insgesamt unwirksam** (Absatz 3). Absatz 3 findet aber dann keine Anwendung, wenn bereits aus anderen Gründen kein wirksamer Vertrag vorliegt, etwa bei einer Gesamtnichtigkeit des Vertrages wegen sittenwidrigem Gesamtgepräge des in Rede stehenden Rechtsgeschäfts. Sofern der Vertrag bereits vollzogen wurde, wird der gebotene Kundenschutz durch das Bereicherungsrecht hergestellt.[44] Eine Gesamtnichtigkeit kommt auch dann in Betracht, wenn nach Ausgrenzung der hinfälligen AGB-Klauseln kein im zuvor (Absatz 2) genannten Sinne ergänzungsfähiger Rest mehr verbleibt.[45]

Praktisch führt die Nichtanwendbarkeit von AGB in der Regel zu einer Verbesserung der Position des Kunden. Eine unbillige Härte kann sich für ihn aber dadurch ergeben, dass der verbleibende Rest des Vertrages aufgrund der Unwirksamkeit einzelner Klauseln für den Kunden unklar ist und aufgrund die-

---

[36] BGH v. 13.04.2010 - XI ZR 197/09 - juris Rn. 18.
[37] BGH v. 13.04.2010 - XI ZR 197/09 - juris Rn. 18.
[38] BGH v. 13.11.1997 - IX ZR 289/96 - juris Rn. 11 - BGHZ 137, 153-161.
[39] OLG Celle v. 12.01.1994 - 2 U 28/93 - NJW-RR 1994, 562; KG Berlin v. 28.05.1997 - Kart U 5068/96 - NJW 1998, 829-831.
[40] *Basedow* in: MünchKomm-BGB, § 6 AGBG Rn. 29.
[41] *Basedow* in: MünchKomm-BGB, § 6 AGBG Rn. 29; offen gelassen BGH v. 29.11.1989 - VIII ZR 228/88 - juris Rn. 14 - BGHZ 109, 240-249; a.A. *Michalski/Römermann*, NJW 1994, 886-890 („Die Wirksamkeit der salvatorischen Klausel").
[42] BGH v. 17.03.1999 - IV ZR 218/97 - juris Rn. 18 - BGHZ 141, 153-159.
[43] OLG Rostock v. 19.12.2002 - 4 W 43/02 - BauR 2003, 928-929; Abgrenzung BGH v. 17.01.2002 - VII ZR 495/00 - IBR 2002, 663.
[44] *Lindacher* in: Horn/Lindacher/Wolf, AGB-Gesetz, 4. Aufl. 1999, § 6 Rn. 52.
[45] OLG Frankfurt a.M. v. 01.08.1996 - 15 U 64/95 - juris Rn. 55; AG Oldenburg v. 08.04.2010 - 25 C 19/10 - juris Rn. 26.

§ 306

ser Ungewissheit ein Streit über die bestehenden Rechte und Pflichten droht,[46] wenn etwa bei einem gesetzlich nicht geregelten Vertragstyp alle oder doch die meisten Klauseln wegfallen.[47]

31 Es ist die Regel, dass die Nichteinbeziehung oder Unwirksamkeit von AGB grundsätzlich die Rechtsposition des Verwenders verschlechtert. Da dies aber das allgemeine Verwenderrisiko ist, kann allein dieser Umstand nicht als unzumutbare Härte angesehen werden, die die Anwendung des Absatzes 3 zu seinen Gunsten bewirken könnte.[48] Anderenfalls bliebe kaum ein Anwendungsbereich für Absatz 1. Eine unzumutbare Härte seitens des Verwenders kann daher – wenn überhaupt – nur dann angenommen werden, wenn sich die Vertragsdisparität völlig einseitig zu Gunsten des Verwendungsgegners verschiebt und dadurch von einem Vertragsgleichgewicht nicht mehr gesprochen werden kann.[49]

31.1 Der EuGH hat entschieden, dass Art. 6 Abs. 1 der Richtlinie 93/13/EWG des Rates vom 05.04.1993 über missbräuchliche Klauseln in Verbraucherverträgen dahin auszulegen ist, dass sich das angerufene Gericht bei der Beurteilung der Frage, ob ein Vertrag, den ein Gewerbetreibender mit einem Verbraucher geschlossen hat und der eine oder mehrere missbräuchliche Klauseln enthält, ohne diese Klauseln bestehen kann, nicht ausschließlich auf die etwaige Vorteilhaftigkeit der Nichtigerklärung des betreffenden Vertrags in seiner Gesamtheit für eine der Parteien, im vorliegenden Fall den Verbraucher, stützen kann. Diese Richtlinie hindert allerdings einen Mitgliedstaat nicht daran, im Einklang mit dem Unionsrecht vorzusehen, dass ein Vertrag, den ein Gewerbetreibender mit einem Verbraucher geschlossen hat und der eine oder mehrere missbräuchliche Klauseln enthält, in seiner Gesamtheit nichtig ist, wenn sich erweist, dass dadurch ein besserer Schutz des Verbrauchers gewährleistet wird. Das Merkmal der unzumutbaren Härte für eine Vertragspartei ist daher richtlinienkonform so auszulegen, dass dabei die Auswirkungen auf die andere Vertragspartei mit berücksichtigt werden und insgesamt das Ziel der Richtlinie, die formale Ausgewogenheit der Rechte und Pflichten der Vertragsparteien durch eine materielle Ausgewogenheit zu ersetzen und so deren Gleichheit wiederherzustellen, im Vordergrund steht (EuGH v. 15.03.2012 - C-453/10 - GRUR 2012, 639; *Hennigs*, GRUR 2012, 641-642).

---

[46] KG Berlin v. 21.01.1998 - 11 U 6378/97 - MDR 1998, 760-762.
[47] BGH v. 06.10.1982 - VIII ZR 201/81 - juris Rn. 31 - LM Nr. 50 zu § 138 (Bb) BGB; *Heinrichs* in: Palandt, § 306 Rn. 12.
[48] OLG Frankfurt v. 22.09.1994 - 1 U 103/93 - juris Rn. 40 - NJW-RR 1995, 283-285.
[49] BGH v. 09.05.1996 - III ZR 209/95 - LM AGBG § 9 (Bc) Nr. 6 (10/1996).

§ 306a BGB Umgehungsverbot

(Fassung vom 02.01.2002, gültig ab 01.01.2002)
Die Vorschriften dieses Abschnitts finden auch Anwendung, wenn sie durch anderweitige Gestaltungen umgangen werden.

Gliederung

A. Kurzcharakteristik	1	C. Umgehung	7
B. Anwendungsbereich	2	D. Beispiele aus der Rechtsprechung	9

A. Kurzcharakteristik

§ 306a BGB entspricht der Regelung des früheren § 7 AGBG. Die Vorschrift schirmt die Regelungen über allgemeine Geschäftsbedingungen gegen jedwede Umgehungen ab, um den allgemein mit diesen Vorschriften bezweckten Schutz des wirtschaftlich Schwächeren abzusichern. Die Vorschrift war als § 7 in das AGBG (§ 7 AGBG) aufgenommen worden, weil das Umgehungsverbot des früheren § 6 AbzG außerordentlich hohe praktische Bedeutung erlangt hatte. **1**

B. Anwendungsbereich

Nicht anwendbar ist die Vorschrift auf Individualvereinbarungen, also solche, die im Sinne von § 305 BGB im Einzelnen ausgehandelt wurden. **2**

Der Anwendungsbereich ist vergleichsweise eng, da wegen der weiten Fassung der §§ 305 ff. BGB eine Umgehung kaum möglich ist.[1] Sollte eine Umgehung in Betracht kommen, kann dem bereits im Wege der Auslegung von Umgehungsverboten begegnet werden. **3**

§ 306a BGB ist demgegenüber nur nachrangig anwendbar. Insofern kommt die Umgehung von Vorschriften insbesondere bei den Klauselverboten der §§ 308, 309 BGB in Betracht. Jedoch führt dies nicht zur Anwendung des § 306a BGB, da vorrangig ein Verstoß gegen § 307 BGB in Betracht kommt.[2] **4**

Die Vorschrift wurde daher kritisiert, insbesondere weil sie Zweifel an der Art der Normsetzung wie auch an der Rechtsprechung erkennen lasse.[3] **5**

Für die Anwendung der Vorschrift kommt es auch nicht darauf an, ob der Verwender eine Absicht oder ein Bewusstsein der Umgehung hat.[4] **6**

C. Umgehung

Um eine Umgehung handelt es sich dann, wenn eine von Gesetzes wegen verbotene Regelung durch andere rechtliche Gestaltungen dennoch geregelt werden soll, die Regelung also objektiv nur den Sinn haben kann, dem gesetzlichen Verbot zu entgehen.[5] **7**

Als eine Art der Umgehung könnte die Einschaltung eines Dritten angesehen werden, mit dem die Vertragsparteien ihrerseits Vereinbarungen schließen, wonach die AGB dieses Dritten Anwendung finden, welche ihrerseits das Rechtsverhältnis zwischen den beiden Parteien regeln. Dies ist eine typische Gestaltung für so genannte Internet-Auktionen. In diesem Fall gibt das Auktionshaus in seinen Allgemeinen Geschäftsbedingungen die Regeln für die Verträge zwischen Verkäufer und Käufer vor. Das OLG Hamm hatte in seiner Entscheidung die Allgemeinen Geschäftsbedingungen des Auktionshauses zur Auslegung herangezogen, diese aber nicht anhand des damaligen AGBG geprüft.[6] Demgegenüber hat der BGH differenziert und die Prüfung auch der vom Auktionshaus gestellten AGB im Rahmen von Verträgen zwischen Käufer und Verkäufer für möglich gehalten, diese Frage jedoch letztlich nicht entschieden.[7] Tatsächlich liegt bei dieser Konstellation der Gedanke nahe, zumindest unter Rückgriff auf **8**

---

[1] *Roloff* in: Erman, BGB, § 306a Rn. 3.
[2] *Roloff* in: Erman, BGB, § 306a Rn. 4; BGH v. 28.05.1984 - III ZR 63/83 - juris Rn. 12 - NJW 1984, 2816-2818.
[3] *Schmidt* in: Ulmer/Brandner/Hensen, § 306a Rn. 1 m.w.N.
[4] *Kötz* in: MünchKomm-BGB, § 7 Rn. 2; *Roloff* in: Erman, BGB, § 306a Rn. 2.
[5] *Heinrichs* in: Palandt, § 306a Rn. 2.
[6] OLG Hamm v. 14.12.2000 - 2 U 58/00 - NJW 2001, 1142-1145.
[7] BGH v. 07.11.2001 - VIII ZR 13/01 - juris Rn. 41 - BGHZ 149, 129-139.

§ 306a

§ 306a BGB die Regelungen einer Inhaltskontrolle zu unterziehen. Insbesondere bei Verbraucherverträgen wird wegen des ausgeweiteten Schutzbereichs dieser Gedanke nahe liegen. Mittlerweile ist es nicht selten, dass bei Internet-Auktionen Unternehmer als Verkäufer auftreten.

D. Beispiele aus der Rechtsprechung

9 Eine Bank hatte unter Hinweis auf die Rechtsprechung des BGH zur Preisbelastung für Retourenbearbeitungen von Schecks und Lastschriften mangels Kontodeckung[8] eine Weisung an ihre Geschäftsstellen gegeben, „im Interesse einer gegenüber unseren Kunden gerechten Preisgestaltung einen Teil der anfallenden Kosten für Lastschrift- und Scheckübergaben" zu belasten. Diese interne Weisung stellt keine Erklärung des Verwenders, die den Vertragsinhalt regeln soll und damit keine AGB dar.[9] Ein solches internes Schreiben ist jedoch nahezu genauso wirksam wie eine vertragliche Regelung und damit als Umgehung im Sinne des § 306a BGB anzusehen.[10]

10 Als Umgehung wurde auch eine vertragliche Gestaltung angesehen, bei der ein Vertragsverhältnis in zwei getrennte Verträge aufgespalten wird, um Klauselverbote zu umgehen. Konkret ging es um ein Vertragsverhältnis über Messung, Erfassung und Abrechnung von Heiz- und Warmwasserkosten etc. Durch Aufteilung in einen Mietvertrag für die Geräte einerseits und einen Vertrag über die sonstigen Leistungen sollte das Klauselverbot des § 309 Nr. 9 lit. a BGB umgangen und eine längere Bindung des Vertragspartners erreicht werden.[11]

11 Unter dem Aspekt einer sonst drohenden Umgehung wurde auch die Preisgestaltung eines Fitnessstudios im Hinblick auf die Einhaltung der nicht zur Inhaltskontrolle gehörenden Vorschriften der §§ 305-306a BGB geprüft und für unwirksam gehalten, obwohl Preisvereinbarungen grundsätzlich nicht der Inhaltskontrolle unterliegen.[12]

---

[8] BGH v. 21.10.1997 - XI ZR 5/97 - BGHZ 137, 43 ff.; BGH v. 21.10.1997 - XI ZR 296/96 - WM 1997, 2300 ff.
[9] BGH v. 08.03.2005 - XI ZR 154/04 - juris. Rn. 18 - BGHZ 162, 294-305.
[10] BGH v. 08.03.2005 - XI ZR 154/04 - juris. Rn. 23 - BGHZ 162, 294-305.
[11] OLG Frankfurt v. 31.03.2005 - 1 U 230/04 - juris Rn. 29 - NJW-RR 2005, 1170-1174; LG Würzburg v. 11.11.2008 - 42 S 1527/08 - juris Rn. 7.
[12] LG Münster v. 92.02.2011 - 6 T 48/10 - juris Rn. 25.

§ 307 BGB Inhaltskontrolle

(Fassung vom 02.01.2002, gültig ab 01.01.2002)

(1) ¹Bestimmungen in Allgemeinen Geschäftsbedingungen sind unwirksam, wenn sie den Vertragspartner des Verwenders entgegen den Geboten von Treu und Glauben unangemessen benachteiligen. ²Eine unangemessene Benachteiligung kann sich auch daraus ergeben, dass die Bestimmung nicht klar und verständlich ist.

(2) Eine unangemessene Benachteiligung ist im Zweifel anzunehmen, wenn eine Bestimmung

1. mit wesentlichen Grundgedanken der gesetzlichen Regelung, von der abgewichen wird, nicht zu vereinbaren ist oder

2. wesentliche Rechte oder Pflichten, die sich aus der Natur des Vertrags ergeben, so einschränkt, dass die Erreichung des Vertragszwecks gefährdet ist.

(3) ¹Die Absätze 1 und 2 sowie die §§ 308 und 309 gelten nur für Bestimmungen in Allgemeinen Geschäftsbedingungen, durch die von Rechtsvorschriften abweichende oder diese ergänzende Regelungen vereinbart werden. ²Andere Bestimmungen können nach Absatz 1 Satz 2 in Verbindung mit Absatz 1 Satz 1 unwirksam sein.

Gliederung

A. Grundlagen ... 1	3. Ausdrückliche Regelungen ... 67
I. Kurzcharakteristik ... 1	IV. Einschränkung wesentlicher vertraglicher Rechte oder Pflichten (Absatz 2 Nr. 2) ... 68
II. Europäischer Hintergrund ... 4	1. Gefährdung des Vertragszwecks ... 68
III. Regelungsprinzipien ... 7	2. Natur des Vertrages ... 71
B. Praktische Bedeutung ... 8	3. Kardinalpflichten ... 73
C. Anwendungsvoraussetzungen ... 11	4. Vertragsaushöhlung ... 74
I. Normstruktur ... 11	V. Transparenzgebot (Absatz 1 Satz 2) ... 76
II. Verbot unangemessener Benachteiligung ... 14	1. Transparenzgebot ... 76
1. Europäischer Hintergrund der Regelung ... 14	2. Anforderungen an die Vertragsgestaltung ... 80
2. Geschützte Interessen ... 15	3. Rechtsprechung ... 81
3. Kontrollmaßstab ... 17	4. Grenzen der Transparenz ... 88
a. Generalklausel ... 17	5. Rechtssprache ... 93
b. Unangemessenheit ... 19	6. Vertragsinhalt ... 96
c. Unangemessene Klauseln ... 20	7. Verständnismöglichkeiten ... 97
d. Angemessene Klauseln ... 30	8. Rechtsprechung ... 101
e. Interessenabwägung ... 37	9. Benachteiligung ... 107
f. Kollektiv ausgehandelte Regelwerke ... 41	VI. Schranken der Inhaltskontrolle (Absatz 3) ... 110
g. Kombination von Klauseln ... 45	1. Europäischer Hintergrund der Regelung ... 111
III. Abweichen von wesentlichen Grundgedanken der gesetzlichen Regelung (Absatz 2 Nr. 1) ... 46	2. Leistungsbeschreibung ... 112
1. Wesentliche Grundgedanken dispositiver Normen ... 46	3. Deklaratorische Klauseln ... 120
2. Einzelfälle ... 54	VII. Verwendung gegenüber Unternehmern ... 121
	VIII. Arbeitsrecht ... 129

A. Grundlagen

I. Kurzcharakteristik

§ 307 Abs. 1 Satz 1 BGB enthält die **Generalklausel** des AGB-Rechts, die den grundlegenden Maßstab für die richterliche Kontrolle allgemeiner Geschäftsbedingungen enthält. Die Generalklausel erklärt allgemeine Geschäftsbedingungen für unwirksam, wenn sie den Vertragspartner des Verwenders **entgegen den Geboten von Treu und Glauben unangemessen benachteiligen**. Die Norm beschreibt sodann abstrakt, wann eine unangemessene Benachteiligung in der Regel gegeben ist. Unangemessene Benachteiligung ist gegeben bei wesentlichen Abweichungen von Grundgedanken der gesetzlichen

1

§ 307

1 Regelung[1], wesentlicher Einschränkung der Rechte oder Pflichten aus dem Vertrag[2], kann aber auch aus der Unklarheit der Formulierung folgen[3]. Schließlich wird festgelegt, dass nur solche AGB der Kontrolle unterliegen, die von Rechtsvorschriften abweichende oder diese ergänzende Regelungen zum Gegenstand haben.[4] Gesetzeswiederholende AGB können jedoch wegen fehlender Verständlichkeit unwirksam sein.[5]

2 Die Norm ersetzt ohne wesentliche inhaltliche Änderung die früheren §§ 8 und 9 AGBG und fügt diese zu einer „Mammutvorschrift"[6] zusammen. Ergänzt wird der Wortlaut wegen der Entscheidung des EuGH[7] durch das Transparenzgebot in § 307 Abs. 1 Satz 2 BGB (vgl. auch Rn. 76). Inhaltlich ergibt sich daraus kein großer Unterschied, da das Transparenzgebot schon bisher in der Rechtsprechung verankert war.

3 Die Norm hat durch die Schuldrechtsreform einen **deutlichen Bedeutungswandel** erfahren, dessen Ausmaß und Konsequenzen noch nicht vollständig abzusehen sind. Dies erfolgte praktisch **ohne Veränderung des Wortlauts** durch Änderung der Normen des BGB, die den Maßstab für die Angemessenheit bilden. Wichtigste Änderung gegenüber früher ist, dass insbesondere beim Verbrauchsgüterkauf wesentliche Vorschriften des neuen Schuldrechts zwingendes Recht sind und damit durch AGB nicht mehr geändert werden können. Die AGB-Kontrolle ist damit für den gesamten Bereich der **Verbraucherverträge** nahezu bedeutungslos geworden. Sie spielt nur noch bei Rechtsgeschäften zwischen Unternehmen und zwischen Verbrauchern eine Rolle. Darüber hinaus hat die Schuldrechtsreform die Systematik des BGB wesentlich verändert. Da die Generalklausel die Grundgedanken der gesetzlichen Regelung zum Maßstab der Klauselkontrolle macht, wirken sich derart fundamentale Änderungen zwangsläufig im AGB-Recht aus. Die Rechtsprechung zu den §§ 8 und 9 AGBG kann daher – anders als bei den §§ 308 und 309 BGB – nur ausnahmsweise und sehr zurückhaltend auf das neue Recht übertragen werden. In jedem Fall ist zu prüfen, ob – wie beispielsweise bei Verjährungsvorschriften – die gesetzlichen Regelungen verändert wurden. Welche Konsequenzen sich aus den Veränderungen der Schuldrechtsreform noch ergeben, wird die Zukunft zeigen. Auch die seit In-Kraft-Treten ergangene Rechtsprechung hat hier noch keine Klarheit bringen können, da sie weitgehend noch zur alten Rechtslage oder zu einzelnen Tatbeständen der §§ 308, 309 BGB erging.

II. Europäischer Hintergrund

4 Hintergrund der Vorschrift ist die **Generalklausel**.[8] Dort werden missbräuchliche Klauseln so definiert, dass sie entgegen dem Gebot von Treu und Glauben zum Nachteil des Verbrauchers ein erhebliches und ungerechtfertigtes Missverhältnis der vertraglichen Rechte und Pflichten der Vertragspartner verursachen. Diese Definition geht weit über die in den §§ 308, 309 BGB kodifizierten Klauselverbote hinaus, so dass die Generalklausel zur Schließung der Lücken zu den Vorgaben der Art. 3 Abs. 1 RL 1993/13/EWG herangezogen werden muss.[9]

5 Vom Anwendungsbereich der Richtlinie sind gemäß Art. 1 Abs. 2 RL 1993/13/EWG Vertragsklauseln, die auf **bindenden Rechtsvorschriften** oder auf Bestimmungen oder Grundsätzen **internationaler Übereinkommen** beruhen, bei denen die Mitgliedstaaten oder die Gemeinschaft – insbesondere im Verkehrsbereich – Vertragsparteien sind, ausgenommen.

6 Weitere Ausnahme von der Klauselkontrolle sind nach Art. 4 Abs. 2 RL 1993/13/EWG der Hauptgegenstand des Vertrages und die **Angemessenheit der Relation zwischen dem Preis und der Gegenleistung**. Diese Ausnahme steht allerdings unter dem Vorbehalt der klaren und verständlichen Formulierung. Missverständliche Klauseln können daher immer geprüft werden, auch soweit sie die Preisvereinbarung betreffen. Der Begriff „Hauptgegenstand" stammt aus der Vorstellungswelt romanischer Rechtsordnungen und entspricht in etwa den Hauptleistungspflichten der Parteien.[10]

---

[1] § 307 Abs. 2 Nr. 1 BGB, vgl. auch Rn. 46.
[2] § 307 Abs. 2 Nr. 2 BGB, vgl. auch Rn. 68.
[3] § 307 Abs. 1 Satz 2 BGB, vgl. auch Rn. 76.
[4] § 307 Abs. 3 Satz 1 BGB, vgl. auch Rn. 120.
[5] § 307 Abs. 3 Satz 2 BGB, vgl. auch Rn. 120.
[6] *Heinrichs* in: Palandt, § 307 Rn. 1.
[7] EuGH v. 10.05.2001 - C-144/99 - LM EWG-RL 93/13 Nr. 0a (12/2001).
[8] Art. 3 Abs. 1 RL 1993/13/EWG.
[9] *Basedow* in: MünchKomm-BGB, § 307 Rn. 2.
[10] *Basedow* in: MünchKomm-BGB, § 307 Rn. 5.

III. Regelungsprinzipien

Die Norm besteht aus einer Generalklausel in § 307 Abs. 1 Satz 1 BGB, die Basis der AGB-rechtlichen Prüfung ist. Zu dieser Generalklausel finden sich in § 307 Abs. 1 Satz 2 und Abs. 2 BGB konkretisierende Definitionen, die aber selbst noch sehr allgemein gehalten sind. Es handelt sich um eine **zentrale Wertungsklausel** im deutschen Zivilrecht, auch wenn sie aufgrund ihrer weiten Formulierung nicht der Rechtssicherheit dient.[11] Die Rechtsprechung hat zur Auslegung Fallgruppen, Klauseltypen und Vertragsarten definiert. Auch die konkreten Klauselverbote der §§ 308, 309 BGB sind letztlich Konkretisierungen der Generalklausel des § 307 BGB und beruhen auf den von der Rechtsprechung vor In-Kraft-Treten des AGBG entwickelten Grundsätzen. Ausgenommen von der Klauselkontrolle sind nach § 307 Abs. 3 BGB gesetzeswiederholende Klauseln, allerdings nur, soweit diese klar und verständlich formuliert sind.

B. Praktische Bedeutung

Die nunmehr ins BGB übernommenen Regeln der AGB-Kontrolle sind allgemeine Regelungen. Sie sind anwendbar im Bereich dispositiven Rechts. Da im Rechtsverkehr zwischen Unternehmern und Verbrauchern (B2C) weitgehend zwingendes Recht gilt, kommt der AGB-Kontrolle dort eine geringe Bedeutung zu. Zwar gehören AGB bei Verbraucherverträgen heute zum Standard, jedoch besteht aufgrund der vielen zwingenden Regelungen **kaum Gestaltungsspielraum** für AGB.

Insbesondere im Rechtsverkehr zwischen Unternehmen spielt die Klauselkontrolle nach § 307 BGB eine wichtige Rolle, da hier die konkreteren Regeln der §§ 308 und 309 BGB wegen § 310 Abs. 1 Satz 1 BGB keine Anwendung finden und entsprechende Klauseln an der Generalklausel zu messen sind.

Die Vorschriften der §§ 307, 308 Nr. 1, 309 Nr. 7a BGB sind Marktverhaltensregelungen im Sinne von § 4 Nr. 11 UWG (BGH v. 31.05.2012 - I ZR 45/11 - juris 46).

Ein weiteres Feld für die Klauselkontrolle stellen **Verträge zwischen Verbrauchern** dar. Diese bislang wenig beachteten Rechtsgeschäfte haben durch das Internet und insbesondere die Internetauktionen erhebliche wirtschaftliche Bedeutung erlangt. Noch gibt es wenig Rechtsprechung dazu und noch lehnt die Rechtsprechung die Anwendung der §§ 307, 308 und 309 BGB auf die von den Auktionshäusern gestellten AGB ab.[12]

C. Anwendungsvoraussetzungen

I. Normstruktur

Maßgebender Zeitpunkt für die Klauselkontrolle ist der Vertragsabschluss. Dieser Zeitpunkt ist in Art. 4 Abs. 1 RL 1993/13/EWG für Verbraucherverträge ausdrücklich festgelegt, gilt aber auch für andere Verträge. Soweit gesetzliche Kriterien nach Vertragsabschluss geändert werden, ist in der Regel die Frage der Rückwirkung ausdrücklich geregelt. Eine rückwirkende Anwendung neuer Kriterien ist anhand der Zulässigkeitskriterien zu prüfen. Soweit sich die Beurteilung durch die Rechtsprechung im Rahmen unveränderter Normen ergibt, liegt darin keine unzulässige Rückwirkung, weil die Gerichte veränderte Wertvorstellungen nur feststellen. Wertentscheidungen haben grundsätzlich nach den im Zeitpunkt der Vornahme des Rechtsgeschäftes gegebenen Umständen und Wertanschauungen zu erfolgen.[13]

Gegenstand der AGB-Kontrolle ist der tatsächliche Inhalt der Klausel, nicht lediglich der Teil, von dem der Verwender auch Gebrauch macht.[14] Eine unwirksame Klausel wird nicht dadurch wirksam, dass der Verwender nur in dem zulässigen Umfang von ihr Gebrauch macht.[15] Ist der objektive Inhalt der Klausel unklar, wird bereits wegen § 307 Abs. 1 Satz 2 BGB Unwirksamkeit vorliegen, sonst ist der Inhalt im Zweifel durch Auslegung zu ermitteln.

---

[11] *Basedow* in: MünchKomm-BGB, § 307 Rn. 2; *Heinrichs* in: Palandt, § 307 Rn. 2.

[12] Gegen AGB-Kontrolle OLG Hamm v. 14.12.2000 - 2 U 58/00 - juris Rn. 104 - NJW 2001, 1142-1145; zur Diskussion *Wiebe*, MMR 2001, 109-111; *Spindler*, ZIP 2001, 809-819; *Spindler*, MMR 2002, 98-99; offen insoweit BGH v. 07.11.2001 - VIII ZR 13/01 - juris Rn. 41 - BGHZ 149, 129-139.

[13] BGH v. 30.06.1983 - III ZR 114/82 - juris Rn. 19 - LM Nr. 34 zu § 138 (Bc) BGB; BGH v. 24.09.1998 - IX ZR 425/97 - juris Rn. 15 - LM BGB § 765 Nr. 129 (2/1999); *Heinrichs* in: Palandt, § 307 Rn. 3.

[14] *Basedow* in: MünchKomm-BGB, § 307 Rn. 33.

[15] *Heinrichs* in: Palandt, § 307 Rn. 4.

13 Bei der AGB-Kontrolle ist aber durchaus der Lebenszusammenhang zu berücksichtigen. AGB, die allgemein verwendet werden, können im Verhältnis zu Unternehmern wirksam und im Verhältnis zu Verbrauchern unwirksam sein.[16] Werden Allgemeine Geschäftsbedingungen für verschiedene Arten von Geschäften oder gegenüber verschiedenen Verkehrskreisen verwendet, deren Interessen, Verhältnisse und Schutzbedürfnisse generell unterschiedlich gelagert sind, so ist die Abwägung in den durch die am Sachgegenstand orientierte typische Interessenlage gebildeten Vertrags- oder Fallgruppen vorzunehmen und kann zu gruppentypisch unterschiedlichen Ergebnissen führen.[17]

II. Verbot unangemessener Benachteiligung

1. Europäischer Hintergrund der Regelung

14 Die Regelung weicht in der Formulierung von Art. 3 Abs. 1 RL 1993/13/EWG ab:
- § 307 Abs. 1 Satz 1 BGB – Bestimmungen in Allgemeinen Geschäftsbedingungen sind unwirksam, wenn sie den Vertragspartner des Verwenders entgegen den Geboten von Treu und Glauben unangemessen benachteiligen.
- Art. 3 Abs. 1 RL 1993/13/EWG – Eine Vertragsklausel, die nicht im Einzelnen ausgehandelt wurde, ist als missbräuchlich anzusehen, wenn sie entgegen dem Gebot von Treu und Glauben zum Nachteil des Verbrauchers ein erhebliches und ungerechtfertigtes Missverhältnis der vertraglichen Rechte und Pflichten der Vertragspartner verursacht.

Die Unterschiede in der sprachlichen Form führen nicht zu unterschiedlichen Kontrollmaßstäben.[18] Es ist nicht erkennbar, welche der Regelungen strengere Maßstäbe enthält. Im Bereich der Verbraucherverträge genießt Art. 3 Abs. 1 RL 1993/13/EWG Vorrang und ist im Rahmen der Auslegung zu berücksichtigen.

2. Geschützte Interessen

15 Die Generalklausel des § 307 BGB, wie auch die nachfolgenden Klauselverbote der §§ 308 und 309 BGB, schützen die Interessen der Vertragspartner. Gegenstand der Klauselkontrolle sind nur vorformulierte Vertragsbedingungen, die von der anderen Partei bei Vertragsschluss gestellt wurden.[19] Nach dem eindeutigen Wortlaut schützt § 307 BGB den Klauselverwender nicht vor den von ihm selbst eingeführten Formularbestimmungen.[20] Vielmehr sind nur solche Bedingungen unwirksam, die den Vertragspartner benachteiligen.

16 Bei der Interessenabwägung kann es nur um die Wahrnehmung eigener Interessen der Vertragspartner gehen, nicht um diejenigen Dritter, zu deren Wahrung die Vertragspartner nicht verpflichtet und daher bei der Abwägung der gegenseitigen Interessen auch nicht berechtigt sind. Soweit sich aber Interesse und Verhalten Dritter gegenüber dem Verwender auswirken, kann darin eine Berührung eigener Interessen gesehen werden.[21]

3. Kontrollmaßstab

a. Generalklausel

17 Nach der Generalklausel § 307 Abs. 1 Satz 1 BGB sind Bestimmungen in Allgemeinen Geschäftsbedingungen unwirksam, wenn sie den Vertragspartner des Verwenders entgegen den Geboten von Treu und Glauben unangemessen benachteiligen. Dabei bedeutet die Bezugnahme auf die Gebote von Treu und Glauben eine Anknüpfung an die Rechtsprechung vor In-Kraft-Treten des AGB-Gesetzes, die überwiegend auf Grundlage des § 242 BGB entwickelt worden war.[22]

18 Ausgangspunkt der Kontrolle ist das dispositive Recht. Das dispositive Recht würde auch ohne die zu prüfende Klausel oder bei deren Unwirksamkeit gelten.[23] Nur wenn die Klausel davon zum Nachteil des Vertragspartners abweicht, kann Unangemessenheit festgestellt werden.

---

[16] *Heinrichs* in: Palandt, § 307 Rn. 4.
[17] BGH v. 09.02.1990 - V ZR 200/88 - juris Rn. 14 - BGHZ 110, 241-246.
[18] *Heinrichs* in: Palandt, § 307 Rn. 6.
[19] BGH v. 02.04.1998 - IX ZR 79/97 - juris Rn. 23 - LM BGB § 765 Nr. 127 (10/1998).
[20] BGH v. 04.12.1986 - VII ZR 354/85 - juris Rn. 15 - BGHZ 99, 160-162.
[21] BGH v. 07.10.1981 - VIII ZR 214/80 - juris Rn. 19 - LM Nr. 20 zu AGBG.
[22] *Basedow* in: MünchKomm-BGB, § 307 Rn. 30.
[23] *Heinrichs* in: Palandt, § 307 Rn. 8.

b. Unangemessenheit

Eine formularmäßige Vertragsbestimmung ist unangemessen i.S.v. § 307 Abs. 1 Satz 1 BGB, wenn der Verwender durch einseitige Vertragsgestaltung missbräuchlich eigene Interessen auf Kosten seines Vertragspartners durchzusetzen versucht, ohne von vornherein auch dessen Belange hinreichend zu berücksichtigen und ihm einen angemessenen Ausgleich zuzugestehen.[24] Zur Beurteilung bedarf es der umfassenden Würdigung der Interessen beider Parteien. Die Unangemessenheit ist zu verneinen, wenn die Benachteiligung des Vertragspartners durch zumindest gleichwertige Interessen des AGB-Verwenders gerechtfertigt ist.[25]

c. Unangemessene Klauseln

Eine Klausel in den Allgemeinen Geschäftsbedingungen eines Internetproviders, wonach dieser berechtigt ist, Verträge mit einer Frist von vier Wochen zu kündigen, während für den Kunden eine Mindestvertragszeit von 12 Monaten gilt, und dieser den Vertrag frühestens zum Ablauf der Laufzeit kündigen kann, stellt wegen der treuwidrigen Ungleichbehandlung eine unangemessene Benachteiligung des Kunden dar.[26]

Ein Haftungsausschluss in den Allgemeinen Geschäftsbedingungen des Betreibers einer Autowaschanlage für die Beschädigung der außen an der Karosserie angebrachten Teile (wie z.B. Zierleisten, Spiegel, Antennen, sowie dadurch verursachte Lack- und Schrammschäden) widerspricht dem berechtigten Vertrauen des Kunden darauf, dass sein Fahrzeug so, wie es ist, also mitsamt den außen angebrachten Teilen, unbeschädigt aus dem Waschvorgang hervorgehen wird, und seiner korrespondierenden Erwartung, dass er Schadensersatz erhalten wird, sollte doch einmal ein Schaden auftreten und dieser vom Waschanlagenbetreiber verschuldet sein.[27]

Die AGB-Klausel eines Reiseveranstalters, welche die Ausschlussfrist des § 651g Abs. 1 Satz 1 BGB über ihren Anwendungsbereich hinaus ganz allgemein auch auf Ansprüche aus unerlaubter Handlung ausdehnt, benachteiligt den Reisenden unangemessen und ist daher unwirksam.[28]

Eine Klausel in Allgemeinen Geschäftsbedingungen eines Anbieters von Telekommunikationsleistungen, durch die dem Kunden nach Ablauf einer achtwöchigen Frist ab Rechnungsdatum die Beweislast für Einwendungen, die in den Anwendungsbereich von § 16 Abs. 2 und 3 TKV fallen, aufgebürdet wird, ist unwirksam.[29]

Nach ständiger Rechtsprechung des BGH sind Endrenovierungsklauseln, die den Mieter verpflichten, die Mieträume bei Beendigung des Mietverhältnisses unabhängig vom Zeitpunkt der Vornahme der letzten Schönheitsreparaturen renoviert zu übergeben, gemäß § 307 BGB unwirksam. Dies gilt auch für ähnliche Klauseln, die den Mieter verpflichten, bei Vertragsende alle von ihm angebrachten oder vom Vormieter übernommenen Bodenbeläge sowie Wand- und Deckentapeten zu beseitigen und die durch die Anbringung oder Beseitigung verursachten Schäden an Unterböden sowie Wand- oder Deckenputz zu beheben. Auch in dieser Klausel liegt eine unangemessene Benachteiligung des Mieters.[30]

Eine Preisanpassungsklausel, die bei Änderung der Preise des Vorlieferanten eine Preiserhöhung gestattet, benachteiligt den Vertragspartner unangemessen.[31] Dies gilt vor allem, wenn keine Verpflichtung zur Senkung der Preise bei Senkung der Einstandskosten vorgesehen ist. Wenn die Preisanpassungsklausel es dem Verwender ermöglicht, über die Abwälzung konkreter Kostensteigerungen hinaus den zunächst vereinbarten Preis ohne Begrenzung anzuheben und so nicht nur eine Gewinnschmälerung zu vermeiden, sondern einen zusätzlichen Gewinn zu erzielen, benachteiligt das den Vertragspartner unangemessen.[32] Einen den Kunden entgegen den Geboten von Treu und Glauben benachteiligenden Inhalt hat die Preisanpassungsklausel weiterhin dann, wenn sie nur das Recht des Klauselverwenders enthält, Erhöhungen der eigenen Kosten an die Kunden weiterzugeben, nicht aber auch spiegel-

---

[24] BGH v. 27.05.2010 - VII ZR 165/09 - juris Rn. 23; BGH v. 03.11.1999 - VIII ZR 269/98 - juris Rn. 31 - BGHZ 143, 104-122; BGH v. 08.03.1984 - IX ZR 144/83 - juris Rn. 24 - BGHZ 90, 280-287.
[25] BGH v. 27.05.2010 - VII ZR 165/09 - juris Rn. 23; BGH v. 01.02.2005 - X ZR 10/04 - NJW 2005, 1774, 1775.
[26] OLG Koblenz v. 30.10.2003 - 2 U 504/03 - MMR 2004, 106-107.
[27] BGH v. 30.11.2004 - X ZR 133/03 - juris Rn. 28 - Verkehrsrecht aktuell 2005, 2.
[28] BGH v. 07.09.2004 - X ZR 25/03 - juris Rn. 18 - NJW 2004, 3777-3778.
[29] BGH v. 24.06.2004 - III ZR 104/03 - MMR 2004, 602-604.
[30] BGH v. 05.04.2006 - VIII ZR 152/05 - WuM 2006, 308-310; *Krapf*, jurisPR-MietR 16/2006, Anm. 2.
[31] BGH v. 29.04.2008 - KZR 2/07 - juris Rn. 18 - BB 2008, 1360-1363.
[32] OLG Düsseldorf v. 05.04.2012 - I-6 U 7/11, 6 U 7/11 - juris Rn. 47.

bildlich die Verpflichtung, bei gesunkenen eigenen Kosten den Preis für die Kunden zu senken.[33] Dies gilt auch für Preisanpassungsklauseln, die es dem Verwender ermöglichen, über die Abwälzung konkreter Kostensteigerungen hinaus den zunächst vereinbarten Preis ohne Begrenzung anzuheben und so nicht nur eine Gewinnschmälerung zu vermeiden, sondern einen zusätzlichen Gewinn zu erzielen.[34] Einen den Kunden entgegen den Geboten von Treu und Glauben benachteiligenden Inhalt hat eine solche Klausel weiterhin dann, wenn sie nur das Recht des Klauselverwenders enthält, Erhöhungen der eigenen Kosten an die Kunden weiterzugeben, nicht aber auch spiegelbildlich die Verpflichtung, bei gesunkenen eigenen Kosten den Preis für die Kunden zu senken.[35]

26 Die Formularklausel, „die Sparkasse zahlt neben dem jeweils gültigen Zinssatz für S-Versicherungseinlagen …", ist wirksam, soweit sie die Vereinbarung eines variablen Zinses enthält, weil es sich dabei um eine gemäß § 307 Abs. 3 Satz 1 BGB der Klauselkontrolle nicht unterliegende Preisregelung der Parteien handelt. Sie ist aber in Bezug auf die Ausgestaltung der Variabilität nach § 308 Nr. 4 BGB unwirksam, weil sie nicht das erforderliche Mindestmaß an Kalkulierbarkeit möglicher Zinsänderungen aufweist.[36]

27 Die Klausel in den Allgemeinen Geschäftsbedingungen eines Einfamilienfertighausanbieters in Verträgen mit privaten Bauherren „Der Bauherr ist verpflichtet, spätestens acht Wochen vor dem vorgesehenen Baubeginn dem Unternehmen eine unbefristete, selbstschuldnerische Bürgschaft eines in Deutschland zugelassenen Kreditinstituts in Höhe der nach dem vorliegenden Vertrag geschuldeten Gesamtvergütung (unter Berücksichtigung von aus Sonderwünschen resultierenden Mehr- oder Minderkosten) zur Absicherung aller sich aus dem vorliegenden Vertrag ergebenden Zahlungsverpflichtungen des Bauherrn vorzulegen." ist nicht gemäß § 307 BGB unwirksam.[37]

28 Der formularmäßige Ausschluss des Kündigungsrechts aus § 627 BGB in einem Vertrag zwischen einem Profiboxer und einem sog. Boxstall, dem das Recht zur exklusiven Vermittlung von Kampfverträgen und Vermarktung des Boxers eingeräumt worden ist, ist unangemessen und unwirksam, wenn die mögliche Vertragsdauer einschließlich Verlängerungsoption sechs Jahre zuzüglich mehrerer zeitlich unbefristeter Verlängerungstatbestände beträgt.[38]

29 Eine Farbwahlklausel im Mietvertrag benachteiligt den Mieter (nur) dann nicht unangemessen, wenn sie ausschließlich für den Zeitpunkt der Rückgabe Geltung beansprucht und dem Mieter noch einen gewissen Spielraum lässt.[39]

d. Angemessene Klauseln

30 Die Klausel, dass der Gewährleistungseinbehalt durch die Bürgschaft nur einer inländischen Bank oder Versicherungsgesellschaft abgelöst werden kann, benachteiligt den Auftragnehmer nicht unangemessen, weil es in Deutschland eine Vielzahl von inländischen Banken und Versicherungsgesellschaften gibt, die gewerbsmäßig als Bürgen auftreten.[40]

31 Die Vertragsklausel, wonach die gesamtschuldnerische Haftung des Kreditkarteninhabers erst mit Rückgabe der Zusatzkarte an das Kreditunternehmen beendet ist, benachteiligt den Kreditkarteninhaber nicht unangemessen, da die Zusatzkarte auf seine Veranlassung und in seinem Interesse ausgegeben wurde.[41]

32 Eine Formularklausel im Wohnraummietvertrag, wonach der Mieter nur mit Forderungen aus dem Mietverhältnis aufrechnen kann, sofern sie unbestritten, rechtskräftig festgestellt oder entscheidungsreif sind, wobei dies nicht für Mietzinsminderungen gilt, die wegen Vorfälligkeit des Mietzinses im laufenden Monat entstanden sind, und vom Mieter diese Rückforderungen eines eventuell zu viel bezahlten Mietzinses für den laufenden Monat in den Folgemonaten zur Aufrechnung gebracht werden können, führt nicht zur Unwirksamkeit einer für sich genommen wirksamen Vorauszahlungsklausel.[42]

---

[33] OLG Düsseldorf v. 05.04.2012 - I-6 U 7/11, 6 U 7/11 - juris Rn. 47.
[34] OLG Düsseldorf v. 05.04.2012 - I-6 U 7/11, 6 U 7/11 - juris Rn. 47.
[35] OLG Frankfurt am Main v. 28.03.2012 - 19 U 238/11 - juris Leitsatz - ZIP 2012, 814-817.
[36] BGH v. 13.04.2010 - XI ZR 197/09 - juris Rn. 15, 16.
[37] BGH v. 27.05.2010 - VII ZR 165/09 - juris Leitsatz.
[38] Hanseatisches Oberlandesgericht Hamburg v. 28.03.2012 - 8 U 103/11 - juris Orientierungssatz und Rn. 87.
[39] BGH v. 22.02.2012 - VIII ZR 205/11 - juris Rn. 9.
[40] OLG Dresden v. 23.09.2004 - 12 U 1161/04 - IBR 2004, 690.
[41] OLG Oldenburg v. 19.07.2004 - 15 U 37/04 - juris Rn. 21 - NJW 2004, 2907-2908.
[42] BGH v. 14.11.2007 - VIII ZR 337/06 - Grundeigentum 2008, 113-114 in Abgrenzung zu BGH v. 26.10.1994 - VIII ARZ 3/94 - BGHZ 127, 245.

Eine Klausel, nach der das Minderungsrecht des Mieters vollständig ausgeschlossen ist, es sei denn, der Vermieter hat den Mangel grob fahrlässig oder vorsätzlich zu vertreten verstößt gegen das Äquivalenzprinzip, bewirkt eine unangemessene Risikoverlagerung zu Ungunsten des Mieters und benachteiligt den gewerblichen Mieter unangemessen.[43] 33

Die Regelung in § 13 Abs. 7 Satz 2 AKB, wonach der Kaskoversicherer die Umsatzsteuer nur dann ersetzt, wenn und soweit sie für den nicht vorsteuerabzugsberechtigten Versicherungsnehmer tatsächlich angefallen ist, ist nicht unangemessen, weil sie weder vom gesetzlichen Leitbild abweicht noch die Erreichung des Vertragszwecks gefährdet oder den Versicherungsnehmer sonst unangemessen benachteiligt.[44] 34

Eine Klausel in einem Dienstwagenvertrag, wonach sich der Arbeitgeber vorbehalten hatte, die Überlassung des Dienstwagens zu widerrufen, wenn und solange der Pkw für dienstliche Zwecke seitens des Arbeitnehmers nicht benötigt werde, was insbesondere dann der Fall sei, wenn der Arbeitnehmer nach Kündigung des Arbeitsverhältnisses von der Arbeitsleistung freigestellt werde, ist wirksam.[45] 35

Vorformulierte Vertragsbestimmungen eines Fitness-Studiovertrags, die eine Laufzeit von zwei Jahren festlegen, sind insbesondere vor dem Hintergrund der Regelung in § 309 Nr. 9a BGB nicht als unangemessen anzusehen.[46] 36

e. Interessenabwägung

Zur Beurteilung der Unangemessenheit ist eine umfassende Interessenabwägung erforderlich.[47] Dabei sind einerseits die Interessen des Verwenders an der Aufrechterhaltung, andererseits die Interessen des Vertragspartners am Wegfall der Klausel zu gewichten. Zudem sind auf der Grundlage einer generalisierenden Betrachtungsweise Art und Gegenstand, Zweck und besondere Eigenart des jeweiligen Vertrages zu berücksichtigen. Die daraus folgenden unterschiedlichen Interessen führen deshalb auch zu Differenzierungen in der Beurteilung der Angemessenheit von Vertragsbestimmungen.[48] Bei der Prüfung ist der gesamte Regelungszusammenhang, in dem die Klausel steht, zu berücksichtigen.[49] Auch das Interesse des Verwenders an **Rationalisierung** der Vertragsabwicklung durch Vereinfachung und Vereinheitlichung fließt in die Abwägung mit ein. Abweichungen von der gesetzlichen Regelung sind zu solchen Zwecken zulässig, wenn dem Vertragspartner angesichts der Rationalisierungsvorteile diese Nachteile zugemutet werden können.[50] 37

Werden Allgemeine Geschäftsbedingungen für verschiedene Arten von Geschäften oder gegenüber verschiedenen Verkehrskreisen verwendet, deren Interessen, Verhältnisse und Schutzbedürfnisse generell unterschiedlich gelagert sind, kann die Abwägung zu gruppentypisch unterschiedlichen Ergebnissen führen.[51] Diese differenzierende Betrachtungsweise wird für Verbraucherverträge noch durch § 310 Abs. 3 Nr. 3 BGB verstärkt, wonach die den Vertragsschluss begleitenden Umstände zu berücksichtigen sind. 38

Die Unangemessenheit einer Klausel kann daher nicht isoliert festgestellt werden, vielmehr ist eine Kompensation mit dem Kunden günstigen anderen Klauseln möglich. Erforderlich ist kein direkter Bezug zwischen den Klauseln.[52] Es reicht aus, dass die Gesamtschau ein ausgewogenes Verhältnis der Rechte und Pflichten ergibt. 39

Grundsätzlich können unangemessene Klauseln nicht im Hinblick auf den niedrigen Preis gerechtfertigt werden.[53] Die Rechtsprechung hat schon vor In-Kraft-Treten des AGB-Gesetzes entschieden, dass ein rechtlich unbilliges Verhalten nicht durch einen für den Kunden wirtschaftlich etwas günstigeren Preis zu rechtfertigen ist.[54] Die Anbieter sollen ihre Preise von vornherein so kalkulieren, dass sie die 40

---

[43] BGH v. 12.03.2008 - XII ZR 147/05 - juris Rn. 20.
[44] OLG Celle v. 28.03.2008 - 8 W 19/08 - OLGR Celle 2008, 391-392.
[45] BAG v. 21.03.2012 - 5 AZR 651/10 - juris Rn. 13.
[46] BGH v. 08.02.2012 - XII ZR 42/10 - juris Rn. 24 - NJW 2012, 1431-1434.
[47] *Basedow* in: MünchKomm-BGB, § 307 Rn. 31.
[48] BGH v. 08.01.1986 - VIII ARZ 4/85 - juris Rn. 15 - NJW 1986, 2102-2103.
[49] BGH v. 05.06.1997 - VII ZR 324/95 - juris Rn. 12 - BGHZ 136, 27-33; BGH v. 17.01.1989 - XI ZR 54/88 - juris Rn. 17 - BGHZ 106, 259-268.
[50] BGH v. 10.01.1996 - XII ZR 271/94 - juris Rn. 13 - LM AGBG § 9 (Bm) Nr. 23 (7/1996).
[51] BGH v. 09.02.1990 - V ZR 200/88 - juris Rn. 14 - BGHZ 110, 241-246.
[52] Zu Unrecht insoweit *Heinrichs* in: Palandt, § 307 Rn. 10.
[53] *Basedow* in: MünchKomm-BGB, § 307 Rn. 39.
[54] BGH v. 12.05.1980 - VII ZR 166/79 - juris Rn. 19 - BGHZ 77, 126-134.

gesetzlichen Leitbilder erfüllen können. Zudem ist bei der gerichtlichen Kontrolle ein „gerechter" Preis nicht zu ermitteln, so dass kaum eine Basis vorhanden ist, die Abweichung tatsächlich zu prüfen.[55] Demgegenüber erklärt Erwägungsgrund 19 RL 1993/13/EWG, der Hauptgegenstand des Vertrages und das Preis-/Leistungsverhältnis könnten bei der Beurteilung der Missbräuchlichkeit anderer Klauseln berücksichtigt werden. Wenn dem Kunden eine Tarifwahl angeboten wird, er also die ungünstige Vertragsbestimmung zu niedrigem Preis, eine angemessene zu einem höheren Preis wählen kann, könnte das Preisargument die sonst unzulässige Klausel wirksam machen. Dazu ist allerdings erforderlich, dass die Alternative nicht überteuert ist, nicht nur zum Schein angeboten wird, nicht aus anderen Gründen für den Kunden inakzeptabel ist und nicht gegen Klauselverbote des § 309 BGB verstößt.[56]

f. Kollektiv ausgehandelte Regelwerke

41 Bei kollektiv ausgehandelten Regelwerken wie VOB (Verdingungsordnung für Bauleistungen) oder ADSp (Allgemeine Deutsche Spediteurbedingungen) gelten besondere Regeln. Bei ihrer Ausarbeitung waren Interessengruppen der Besteller wie der Unternehmer beteiligt, Sie enthalten einen im Ganzen einigermaßen ausgewogenen Ausgleich der beteiligten Interessen.[57] Die ADSp haben seit nunmehr über 50 Jahren weitgehende Anerkennung bei allen beteiligten Verkehrskreisen gefunden und sind zu einer „allgemein geregelten Vertragsordnung" geworden.[58] Sind diese Regelungen insgesamt und ohne wesentliche Abweichungen einbezogen worden, kommt eine isolierte Prüfung einzelner Klauseln nicht in Betracht. Durch eine isolierte Kontrolle würde das Gesamtgefüge und damit der erzielte Interessenausgleich gestört, das mit der Inhaltskontrolle verfolgte Ziel würde verfehlt.[59] Diese Rechtsprechung ist auf BVB-IT[60] nicht übertragbar. Zum einen wurden die BVB (Besondere Vertragsbedingungen der öffentlichen Hand) nicht geschaffen, um ein allgemeines und ausgewogenes Regelwerk für die Überlassung von Computersoftware zu schaffen, sondern um den Belangen der öffentlichen Hand Rechnung zu tragen. Zum anderen kann von einer jahrzehntelangen Anerkennung bei allen beteiligten Verkehrskreisen keine Rede sein.[61] Demgegenüber wurde bei den neu geschaffenen EVB-IT (Einheitliche Vertragsbedingungen – Informationstechnologie), die die BVB nach und nach ablösen, auf eine stärkere Einbeziehung der Vertragspartner geachtet und versucht, ein ausgewogenes Regelwerk zu schaffen. Beim EVB-IT Systemvertrag wurde diese Einbeziehung allerdings nicht bis zum Ende durchgehalten, sondern die Verhandlungen abgebrochen und der Text durch die öffentliche Hand alleine fertiggestellt. Inwieweit bei den anderen – auch den noch zu schaffenden EVB-IT – die Anerkennung als ausgewogenes Regelwerk erreicht wird, muss die Zukunft zeigen.

42 Die langdauernde Anerkennung durch die beteiligten Verkehrskreise kann für die Frage der Angemessenheit und Ausgewogenheit der Gesamtregelung nur Indiz sein, aber keine konstituierende Bedeutung haben. AGB-Klauseln, die in den Kernbereich der VOB/B eingreifen, weil sie von zentralen Regelungen abweichen, sind unwirksam, etwa Bindung der Mängelrüge an eine Frist oder Pflicht zu Abschlagszahlungen ohne Nachweis.[62]

43 Obwohl § 307 BGB mit den Worten „Treu und Glauben" erkennbar an § 242 BGB anknüpft, wird die „Verkehrssitte" nicht erwähnt. Dennoch spielen bei der Frage, ob eine Klausel den Vertragspartner unangemessen benachteiligt, die im Rechtsverkehr üblichen Gepflogenheiten eine wichtige Rolle. So wurde die Abwälzung der Verpflichtung zur Vornahme der Schönheitsreparaturen auf den Mieter auch deswegen nicht als unangemessen angesehen, weil sie Verkehrssitte geworden ist.[63] Anders ist das allerdings bei Kleinreparaturen, wo noch keine entsprechende Verkehrssitte angenommen wurde[64] und bei „starrem" Fristenplan, der als unangemessen und unüblich angesehen wurde.[65] Üblichkeit alleine

---

[55] *Basedow* in: MünchKomm-BGB, § 307 Rn. 40.
[56] *Basedow* in: MünchKomm-BGB, § 307 Rn. 43.
[57] BGH v. 16.12.1982 - VII ZR 92/82 - juris Rn 28 - BGHZ 86, 135-143.
[58] BGH v. 03.11.1994 - I ZR 100/92 - juris Rn. 21 - BGHZ 127, 275-284.
[59] BGH v. 16.12.1982 - VII ZR 92/82 - juris Rn 28 - BGHZ 86, 135-143.
[60] www.kbst.bund.de (abgerufen am 08.08.2012).
[61] BGH v. 27.11.1990 - X ZR 26/90 - juris Rn. 21 - BGHZ 113, 55-62.
[62] OLG Karlsruhe v. 22.10.2003 - 7 U 49/03 - BauR 2004, 685-687.
[63] BGH v. 30.10.1984 - VIII ARZ 1/84 - juris Rn. 18 - BGHZ 92, 363-373.
[64] BGH v. 07.06.1989 - VIII ZR 91/88 - juris Rn. 22 - BGHZ 108, 1-14.
[65] BGH v. 05.04.2006 - VIII ZR 106/05 - NSW BGB § 307 Bb.

reicht indes nicht, die Unangemessenheit auszuschließen. Nur bei einer von beiden Seiten als maßgeblich und angemessen angesehenen Verkehrssitte ist eine sonst als unangemessen zu wertende Klausel ausnahmsweise wirksam.[66]

Ein wichtiger Gesichtspunkt insbesondere für Haftungsausschlussklauseln ist die Frage, ob der zu befürchtende Schaden versicherbar ist[67] und für welche Partei dies einfacher und billiger geschehen kann. So wurde der Ausschluss der Haftung des Verwenders für Schäden als unwirksam angesehen, weil sich der Kunde dagegen nicht versichern konnte.[68] Demgegenüber ist der Haftungsausschluss für Schäden, die üblicherweise vom Vertragspartner versichert werden, möglich.[69] 44

g. Kombination von Klauseln

Grundsätzlich ist die Angemessenheit bzw. Unangemessenheit für jede Klausel einzeln zu prüfen. Ausnahmsweise können jedoch sprachlich und räumlich voneinander getrennt formulierte einzelne Klauseln aufgrund einer dahinterstehenden geschlossenen Konzeption zu einer einheitlichen, die wirtschaftlichen Interessen der Vertragsparteien berücksichtigenden Gesamtbeurteilung zwingen, die dann letztlich zur Unwirksamkeit des Gesamtgefüges führen kann.[70] 45

III. Abweichen von wesentlichen Grundgedanken der gesetzlichen Regelung (Absatz 2 Nr. 1)

1. Wesentliche Grundgedanken dispositiver Normen

Durch die Regelung in § 307 Abs. 2 BGB soll die Generalklausel des Absatzes 1 konkretisiert werden. Tatsächlich liegt die Bedeutung der Kriterien aber eher in einer Anknüpfung an Fallgruppen der Rechtsprechung aus der Zeit vor dem AGBG.[71] Dabei begründen die jetzt in den §§ 308, 309 BGB verankerten Regelbeispiele lediglich die widerlegliche Vermutung der Unwirksamkeit.[72] 46

Nach § 307 Abs. 2 Nr. 1 BGB ist ein Indiz für die Unangemessenheit einer formularmäßigen Vertragsbestimmung im Sinne von § 307 Abs. 1 BGB deren Abweichung von **wesentlichen Grundgedanken dispositiver Normen**.[73] Die Regelung knüpft an zwei von der älteren Rechtsprechung entwickelte Grundsätze zur AGB-Kontrolle an. Abweichungen von zwingenden Rechtsnormen unterliegen nicht der Angemessenheitskontrolle nach den §§ 305 ff. BGB,[74] es sei denn die Abweichung führt nicht zu einem Verstoß gegen diese Norm, wohl aber gegen deren wesentliche Grundgedanken. 47

Die Rechtsprechung legt den Normen des dispositiven Rechts bei der Prüfung von AGB Ordnungs- und **Leitbildfunktion** bei.[75] Auch vertragliche Regelungen sollen sich an den darin zum Ausdruck kommenden Grundgedanken orientieren. 48

Der zweite Grundgedanke der Rechtsprechung ist, dass Vorschriften des dispositiven Rechts teilweise nur Zweckmäßigkeitserwägungen zugrunde liegen, sie vielfach aber auch **materielle Gerechtigkeit** durch angemessenen Interessenausgleich herstellen sollen.[76] Je stärker das Gerechtigkeitsgebot eine Norm prägt, desto weniger darf davon in AGB abgewichen werden. Die Abweichung von dispositiven gesetzlichen Bestimmungen, die nicht nur auf Zweckmäßigkeitserwägungen beruhen, sondern dem Gerechtigkeitsgebot Ausdruck verleihen, ist wesentliches Indiz für die Unwirksamkeit.[77] 49

Die Norm knüpft ausdrücklich nicht an die Grundsätze der gesetzlichen Regelung, sondern an die dahinter stehenden **Grundgedanken** an. Dadurch sollte zum Ausdruck kommen, dass der Gerechtigkeitsgehalt der gesetzlichen Regelung der Maßstab sein soll.[78] 50

---

[66] BGH v. 17.01.1989 - XI ZR 54/88 - juris Rn. 28 - BGHZ 106, 259-268; BGH v. 05.06.1984 - X ZR 75/83 - juris Rn. 17 - BGHZ 91, 316-320.
[67] BGH v. 23.04.1991 - XI ZR 128/90 - juris Rn. 28 - BGHZ 114, 238-247.
[68] BGH v. 24.10.2001 - VIII ARZ 1/01 - juris Rn. 27 - BGHZ 149, 89-100
[69] BGH v. 03.03.1988 - X ZR 54/86 - juris Rn. 36 - BGHZ 103, 316-332.
[70] BGH v. 28.07.2011 - VII ZR 207/09 - juris Rn. 20 - NJW-RR 2011, 1526-1528.
[71] *Basedow* in: MünchKomm-BGB, § 307 Rn. 54.
[72] *Heinrichs* in: Palandt, § 307 Rn. 25.
[73] BGH v. 04.11.1992 - VIII ZR 235/91 - juris Rn. 26 - BGHZ 120, 108-123.
[74] Anders *Roloff* in: Erman, BGB, § 307 Rn. 24.
[75] *Heinrichs* in: Palandt, § 307 Rn. 25; *Basedow* in: MünchKomm-BGB, § 307 Rn. 55 jeweils m.w.N.
[76] *Basedow* in: MünchKomm-BGB, § 307 Rn. 56.
[77] BGH v. 21.12.1983 - VIII ZR 195/82 - juris Rn. 12 - BGHZ 89, 206-218.
[78] BT-Drs. 7/5422, S. 6.

51 Die in der Literatur vertretene Ansicht, wonach darauf abzustellen ist, ob die gesetzliche Regelung einem wesentlichen Schutzbedürfnis des Vertragspartners dient oder wesentliche Ordnungsprinzipien verkörpert, führt in der praktischen Anwendung zu den gleichen Ergebnissen.[79]

52 Dispositives Recht in diesem Sinne sind nicht nur gesetzliche Einzelregelungen (z.B. Schadensersatz- oder Gewährleistungsvorschriften), sondern auch die dem Gerechtigkeitsgebot entsprechenden allgemein anerkannten Rechtsgrundsätze,[80] auch alle ungeschriebenen Rechtsgrundsätze, die Regeln des Richterrechts sowie die aufgrund ergänzender Auslegung nach den §§ 157, 242 BGB und aus der Natur des jeweiligen Schuldverhältnisses zu entnehmenden Rechte und Pflichten.[81] Fehlt eine unmittelbar einschlägige Regelung des dispositiven Rechts, kann an analog anzuwendende Normen angeknüpft werden.[82] Soweit auch solche Normen fehlen, ist die Klausel an § 307 Abs. 2 Nr. 2 BGB zu messen (vgl. Rn. 68).

52.1 Bei Verträgen zum Finanzierungsleasing ist Maßstab die gesetzliche Regelung im Mietrecht. Nur dann, wenn das Mietrecht für einzelne Konfliktlagen keine passende Regelung enthält oder die dem Mietrecht zugrundeliegende gesetzgeberische Wertentscheidung leasingtypischen Besonderheiten nicht gerecht wird, ist eine abweichende Beurteilung geboten. Wird eine Konfliktlage, die keine leasingtypische Besonderheit darstellt, abweichend von der gesetzgeberisch im Mietrecht vorgegebenen Wertentscheidung durch eine vom Leasinggeber gestellte allgemeine Geschäftsbedingung einseitig zu Lasten des Leasingnehmers gelöst, ist eine solche Klausel regelmäßig unangemessen im Sinne von § 307 Abs. 2 Nr. 1 BGB und damit nichtig (OLG Düsseldorf v. 23.11.2009 - I-24 U 60/09 - juris Rn. 8).

53 Heranzuziehen sind außerdem Normen, die im Kern andere als vertragsrechtliche Regelungen enthalten.[83] Die Rechtsprechung hat hierzu insbesondere das **BDSG** herangezogen und entschieden, dass dagegen verstoßende Klauseln unwirksam sind, weil der Gesetzgeber sich grundsätzlich für den Schutz personenbezogener Daten entschieden habe.[84] Unwirksam wegen Verstoß gegen BDSG waren auch Klauseln eines Rabattvereins über Einverständnis des Kunden mit Telefonwerbung und Datennutzung[85], über generelle Einwilligung in die Speicherung persönlicher Daten und die Weitergabe ärztlicher Befunde in einem „Betreuungsvertrag" eines Behindertenheims[86], über die Erlaubnis „Bankangaben" bei Dritten (z.B. Banken, Arbeitgeber etc.) auf „diskrete Weise" zu erfragen[87]. Unwirksam war auch eine Klausel zur allgemeinen Weitergabe von Kundendaten im Rahmen des Rabattsystems „HappyDigits", bei der lediglich eine „Opt-out"-Möglichkeit gegeben war.[88] Zu Unrecht wurde allerdings eine Klausel, wonach die Teilnahme an einem elektronischen Erinnerungsdienst im Internet, mit der Einwilligung in die Verarbeitung personenbezogener Daten gleichgesetzt wurde, für unwirksam gehalten.[89] Dabei wurde übersehen, dass die Verarbeitung der personenbezogenen Daten im Rahmen des Vertragszwecks nicht gegen § 28 Abs. 1 Nr. 1 BDSG verstößt.

2. Einzelfälle

54 Tatsächlich verstoßen aber Datenweitergabeklauseln in Versicherungsverträgen vielfach gegen den wesentlichen Grundgedanken des § 4a BDSG, dem Erfordernis der freien und informierten Einwilligung in die Datenweitergabe, und sind damit unwirksam.[90] Das Grundrecht auf Gewährleistung der Vertraulichkeit und Integrität informationstechnischer Systeme wird die Bedeutung des Datenschutzes und der Datensicherheit auch im Zivilrecht sicher erhöhen. Zulässig ist dagegen eine Klausel, wonach der Versicherer vom Versicherungsnehmer eine Ermächtigungs- und Schweigepflichtentbindungserklärung verlangen kann.[91] Grundsätzlich sind Klauseln in Formularmietverträgen über Geschäftsraum, mit denen die Ausführung von Schönheitsreparaturen auf den Mieter abgewälzt wird, wirksam, da mit

---

[79] *Roloff* in: Erman, BGB, § 307 Rn. 24;
[80] BGH v. 21.12.1983 - VIII ZR 195/82 - juris Rn. 12 - BGHZ 89, 206-218.
[81] BGH v. 10.12.1992 - I ZR 186/90 - juris Rn. 20 - BGHZ 121, 13-22.
[82] BGH v. 02.02.1984 - IX ZR 8/83 - juris Rn. 32 - LM Nr. 18 zu § 930 BGB.
[83] *Basedow* in: MünchKomm-BGB, § 307 Rn. 58.
[84] BGH v. 19.09.1985 - III ZR 213/83 - juris Rn. 22 - BGHZ 95, 362-374.
[85] LG München I v. 01.02.2001 - 12 O 13009/00 - DuD 2001, 292-294.
[86] OLG Celle v. 23.11.2000 - 13 U 73/00 - OLGR Celle 2001, 201-204.
[87] OLG Nürnberg v. 27.05.1997 - 3 U 3837/96 - juris Rn. 38 - NJW-RR 1997, 1556-1557.
[88] OLG Köln v. 14.12.2007 - 6 U 121/07 - juris Rn. 58 - Magazindienst 2008, 687-696.
[89] OLG Bremen v. 16.08.2001 - 5 U 23/2001, 5 U 23/2001c, 5 U 23/01, 5 U 23/01c- DuD 2002, 433-434.
[90] *Schwintowski*, VuR 2004, 242-250, 245.
[91] OLG Celle v. 28.02.2002 - 8 U 59/01 - OLGR Celle 2004, 350-352

ihnen regelmäßig keine unangemessene Benachteiligung des Mieters verbunden ist. Hat der Mieter die Räume in unrenoviertem Zustand übernommen, ist die Klausel aber nur zulässig, wenn ihm vom Vermieter ein angemessener Ausgleich gewährt wird.[92]

Zu den **wesentlichen Grundgedanken** des dispositiven Rechts gehört, dass jeder Rechtsunterworfene seine gesetzlichen Verpflichtungen zu erfüllen hat, ohne dafür ein gesondertes Entgelt verlangen zu können. Ein Anspruch auf Ersatz anfallender Kosten besteht nur, wenn dies im Gesetz vorgesehen ist. Klauseln, die ungeachtet dessen eine Kostenerstattung vorsehen, sind daher unwirksam. Dies gilt auch bei Klauseln in Allgemeinen Geschäftsbedingungen von Kreditinstituten, in denen ein Entgelt für die Übertragung von Wertpapieren in ein anderes Depot gefordert wird, weil die (an sich geschuldete) körperliche Herausgabe der Wertpapiere nicht möglich ist.[93] Eine Vereinbarung zur Maklerprovision entsprechend der Regelung in § 652 BGB stellt keine unangemessene Benachteiligung dar.[94] In Allgemeinen Geschäftsbedingungen für den Handelskauf ist ein Abbedingen der unverzüglichen Untersuchungs- und Rügepflicht auch bei offenen Mängeln mit wesentlichen Grundgedanken der gesetzlichen Regelungen unvereinbar und daher unwirksam nach § 307 Abs. 2 Nr. 1 BGB. Auch ein Handelsbrauch könnte die Pflicht lediglich modifizieren und ausgestalten, nicht aber beseitigen.[95]

55

Keine gesetzliche Regelung in diesem Sinne ist aber das so genannte „**Bankgeheimnis**".[96] Daher ist darin auch kein stillschweigendes Abtretungsverbot zu sehen, insbesondere nicht für den Fall, dass der Darlehensnehmer das Darlehen nicht vertragsgerecht zurückführt.

56

Kundenschutzklauseln, die einen Subunternehmer von Reinigungsverträgen in zeitlich angemessenem Umfang (zwei Jahre) daran hindern, mit den ihm durch den Hauptauftragnehmer vermittelten Kunden unter Ausschluss des Hauptauftragnehmers in unmittelbare Vertragsbeziehungen zu treten, sind auch ohne Vereinbarung einer Karenzentschädigung wirksam.[97] Eine Kundenschutzklausel ist wirksam, wenn sie in zeitlicher und gegenständlicher Hinsicht ein anerkennenswertes Bedürfnis des Verwenders zum Ausdruck bringt, zu verhindern, dass ein von ihm eingeschalteter Subunternehmer nach Beendigung seiner Tätigkeit zu ihm in der Weise in Konkurrenz tritt, dass er einen seiner Auftraggeber als Kunden abwirbt, zu dem er selbst nur aufgrund seiner Einschaltung als Subunternehmer durch den Verwender Verbindung gewinnen konnte.[98] Die Gültigkeitsbefristung auf einer Prepaid-Telefonkarte („XtraCash"), wonach ein auf der Karte vorhandenes Guthaben nach Ablauf der Befristung verfällt, benachteiligt den Telefonkunden unangemessen. Die Regelung weicht von den gesetzlichen Vorgaben des BGB ab, welches in der Regel nur die Verjährung, nicht aber andere Ausschlussfristen kennt. Eine Abweichung davon ist unzulässig, wenn weder aus Gründen der Missbrauchs- noch aus Gründen der Manipulationsgefahr ein anerkennenswertes Interesse des Telekommunikationsunternehmens an einer solchen Befristung gegeben ist.[99]

57

Eine Vertragsstrafenregelung im Arbeitsvertrag, die im Einklang mit den gesetzlichen Vorgaben in § 7 Abs. 1 TariftG steht und inhaltsgleich zur Regelung in § 8 Abs. 1 Landesvergabegesetz Niedersachsen ist, stellt keine unangemessene Benachteiligung dar.[100]

58

Es ist eine grundlegende gesetzliche Regel des privaten Schuldrechts, dass der Gläubiger das Entstehen, die Begründetheit und die Fälligkeit seiner Forderung darlegen und beweisen muss, bevor er Erfüllung verlangen kann, und dass er umgekehrt keine Leistung beanspruchen kann, wenn der Schuldner berechtigte Einwände darlegt und beweist.[101] Eine Klausel, nach der der Schuldner auch bei rechtzeitiger Mitteilung von Einwendungen gegen die Abrechnung eines Versorgungsunternehmens zur Zah-

59

---

[92] Beispiel: Erlass einer Monatsmiete – KG Berlin v. 18.03.2004 - 12 U 282/02 - NZM 2004, 424-425.
[93] BGH v. 30.11.2004 - XI ZR 49/04 - juris Rn. 14 - NJW-RR 2005, 1135-1137
[94] OLG Köln v. 22.06.2004 - 9 U 193/03 - RuS 2004, 528
[95] LG Gera v. 08.07.2004 - 1 HK O 26/04 - MDR 2004, 101-102.
[96] LG Frankfurt v. 17.12.2004 - 2-21 O 96/02 - ZIP 2005, 115-116 unter Verweis auf BGH v. 13.05.1982 - III ZR 164/80 - LM Nr. 1 zu Allg. Geschäftsbedingungen der Banken Ziff. 21, das OLG Frankfurt hatte dagegen ein Abtretungsverbot angenommen OLG Frankfurt v. 25.05.2004 - 8 U 84/04 - NJW 2004, 3266-3268, vgl. dazu auch die Kommentierung zu § 134 BGB und die Kommentierung zu § 399 BGB Rn. 22.
[97] BGH v. 30.11.2004 - X ZR 109/02 - juris Rn. 24 - WM 2005, 391-394; BGH v. 12.05.1998 - KZR 18/97 - LM GWB § 1 Nr. 51 (3/1999).
[98] OLG Köln v. 15.05.1998 - 19 U 25/98 - OLGR Köln 1998, 401-403
[99] OLG Köln v. 07.03.2003 - 6 U 137/02 - WRP 2003, 1014-1017.
[100] OLG Düsseldorf v. 06.12.2004 - VII-Verg 79/04, Verg 79/04 - IR 2005, 36-37.
[101] BGH v. 05.07.1990 - IX ZR 294/89 - LM Nr. 71 zu BGB § 765.

lung der Vergütung verpflichtet ist und mit seinen Einwendungen auf einen Rückforderungsprozess verwiesen wird, ist mit wesentlichen Grundgedanken der privatrechtlichen gesetzlichen Regelung nicht zu vereinbaren und daher unwirksam.[102]

60 Die Bürgschaft auf erstes Anfordern lockert das gesetzlich vorgesehene Akzessorietätsprinzip und kann formularmäßig lediglich in sehr eingeschränktem Umfang, im Wesentlichen allein von Unternehmen, zu deren Geschäftsbetrieb solche Erklärungen typischerweise gehören, vereinbart werden.[103] Eine Regelung, die dem Bürgen den Schutz des § 768 BGB umfassend nimmt, also auch im Rückforderungsprozess zu beachten wäre, kann deshalb generell formularmäßig nicht wirksam vereinbart werden.[104]

61 Wenn der Bürge bei Stellung einer Vertragserfüllungsbürgschaft oder Gewährleistungsbürgschaft auf die Einreden des Hauptschuldners im Sinne von § 768 BGB verzichten muss, wird dadurch das im Bürgschaftsrecht grundsätzlich geltende Akzessorietätsprinzip abbedungen. Dabei ist der Bürge noch schlechter gestellt als bei einer Bürgschaft auf erstes Anfordern, da ihm auch der Rückforderungsprozess abgeschnitten wird.[105] Dies ist mit wesentlichen Grundgedanken der gesetzlichen Regelung nicht vereinbar und schränkt die Rechte des Bürgen, die sich aus der Vertragsnatur ergeben, in unangemessener Weise ein.[106]

62 Bei der Vermietung von Telekommunikationsanlagen ist die Vereinbarung einer zehnjährigen Laufzeit in Allgemeinen Geschäftsbedingungen nicht zu beanstanden. Eine AGB-Klausel, wonach sich die reguläre Mindestvertragszeit von zehn Jahren um bestimmte Zeiträume verlängert, wenn die Anlage während der Laufzeit des Vertrages um andere Teile als „einfache Sprechapparate" erweitert wird, genügt nicht dem bei der Verwendung von AGB zu beachtenden Transparenz- und Bestimmtheitsgebot, weil nicht erkennbar ist, wann die Verlängerung eintritt.[107]

63 Die Frage, ob eine Klausel mit dem Gerechtigkeitsgehalt der maßgeblichen Normen zu vereinbaren ist, lässt sich nicht mit bloßen Vorstellungen der Gesetzgebungskörperschaften beantworten, die im Gesetz keinen Ausdruck gefunden haben, sondern allein aus dem Inhalt einer „gesetzlichen Regelung, von der abgewichen wird" unter Berücksichtigung der vertragstypischen Eigenarten des Rechtsgeschäfts entscheiden.[108]

64 Die Gesichtspunkte der Risikobeherrschung, Eigenvorsorge und der effizienteren Versicherbarkeit können eine Haftungserweiterung für Zufall in allgemeinen Geschäftsbedingungen gegenüber einer selbstständigen Betreiberin einer Postagentur rechtfertigen.[109]

65 Die Zivilprozessordnung gestattet die Zwangsvollstreckung aus Urteilen (§ 704 ZPO) und aus vollstreckbaren notariellen Urkunden (§ 794 Abs. 1 Nr. 5 ZPO) gleichermaßen, so dass der Durchführung eines Erkenntnisverfahrens vor Titulierung keine gesetzliche Leitbildfunktion im Sinne des § 9 Abs. 2 Nr. 1 AGBG (jetzt: § 307 Abs. 2 Nr. 1 BGB) zukommt.[110]

66 Eine Klausel in den allgemeinen Rechtsschutzversicherungsbedingungen, mit der die Rechtsschutzversicherten dadurch bewogen werden sollen, den von der Rechtsschutzversicherung vorgeschlagenen Rechtsanwalt zu beauftragen, dass sie dann nicht in eine ungünstigere Schadenfreiheitsklasse eingestuft werden, verletzt das in den §§ 127, 129 VVG verankerte Recht auf freie Wahl des Rechtsanwalts und ist wegen Verstoß gegen wesentliche Grundgedanken der gesetzlichen Regelung nach § 307 Abs. 2 Nr. 1 BGB unwirksam.[111]

3. Ausdrückliche Regelungen

67 Die Rechtsprechung hat teilweise auch Verstöße gegen ausdrückliche gesetzliche Regelungen als unangemessene Benachteiligung im Sinne des § 307 BGB gewertet. Beispielsweise hat das LG Berlin eine Einwilligungserklärung in die Verwendung personenbezogener Daten zu Werbezwecken in einem

---

[102] BGH v. 05.07.2005 - X ZR 60/04 - NSW BGB § 307 Bg.
[103] BGH v. 05.07.1990 - IX ZR 294/89 - WM 1990, 1410; BGH v. 2.04.1998 - IX ZR 79/97 - WM 1998, 1062, 1063.
[104] BGH v. 08.03.2001 - IX ZR 236/00 - juris Rn. 15 - BGHZ 147, 99-108.
[105] LG Wuppertal v. 18.10.2007 - 17 O 88/07 - juris Rn. 23 - ZfIR 2008, 251-253.
[106] LG Wiesbaden v. 21.03.2007 - 11 O 70/06 - juris Rn. 15 - IBR 2007, 425, OLG Köln v. 09.01.2008 - 11 U 116/07 - OLGR Köln 2008, 244-246.
[107] OLG Düsseldorf v. 31.07.2003 - 10 U 171/02 - NJW-RR 2003, 1496-1497.
[108] BGH v. 12.03.1987 - VII ZR 37/86 - juris Rn. 26 - BGHZ 100, 158-185.
[109] Brandenburgisches Oberlandesgericht v. 21.04.2008 - 3 W 18/08.
[110] BGH v. 30.03.2010 - XI ZR 200/09 - juris Rn. 27; vgl. dazu *Kraayvanger/Günther*, BB 2010, 1499-1500.
[111] OLG Bamberg v. 20.06.2012 - 3 U 236/11 - juris Rn. 66.

Abowerbecoupon als unangemessene Benachteiligung gewertet, weil diese Einwilligung entgegen der ausdrücklichen Regelung in § 4a BDSG nicht besonders hervorgehoben war.[112] In gleicher Weise wurde gewertet, dass die Vorschriften § 7 Abs. 2 Nr. 2 und 3 UWG nicht eingehalten wurden.[113] Richtigerweise hätte man die Einwilligung wegen Verstoß gegen die Vorschriften ohne Rückgriff auf § 307 BGB verwerfen können.

IV. Einschränkung wesentlicher vertraglicher Rechte oder Pflichten (Absatz 2 Nr. 2)

1. Gefährdung des Vertragszwecks

Zum Regelungszweck vgl. Rn. 46. Nach § 307 Abs. 2 Nr. 2 BGB ist die Einschränkung wesentlicher Rechte oder Pflichten, die sich aus der Natur des Vertrags ergeben, ein **Indiz für die Unangemessenheit** einer formularmäßigen Vertragsbestimmung im Sinne von § 307 Abs. 1 BGB, wenn sie die Erreichung des Vertragszwecks gefährdet.[114]

68

Auf den ersten Blick scheint die Abgrenzung zu § 307 Abs. 2 Nr. 1 BGB klar vorgegeben. Während dort das dispositive Recht Prüfungsmaßstab ist, kommt es hier auf die **Natur des Vertrages** an. Der zweite Blick zeigt, dass eine Einschränkung wesentlicher Rechte oder Pflichten bei gesetzlichen Leitbildern (Kaufvertrag, Werkvertrag etc.) auch ein Verstoß gegen § 307 Abs. 2 Nr. 1 BGB ist. Damit verbleibt als eigenständiger Regelungsbereich zunächst die Klauselkontrolle bei nicht normierten Vertragstypen.[115]

69

Grundlage der Norm war die Rechtsprechung zu den **Kardinalpflichten**.[116] Dadurch sollte verhindert werden, dass vertragswesentliche Rechte und Pflichten durch vorformulierte Klauseln ausgehöhlt werden.[117] Klauseln sind dann unwirksam, wenn wesentliche Pflichten, die sich aus der Natur des Vertrages ergeben, so eingeschränkt werden, dass die Erreichung des Vertragszwecks gefährdet ist.[118] Vor allem darf sich der Verwender – auch gegenüber einem Kaufmann – nicht formularmäßig von Pflichten freizeichnen, deren Erfüllung die ordnungsgemäße Durchführung des Vertrages überhaupt erst ermöglicht, auf deren Erfüllung der Vertragspartner daher vertraut und auch vertrauen darf.[119]

70

2. Natur des Vertrages

Die Bezugnahme auf die **Natur des Vertrages** eröffnet der Interpretation ein weites Feld und erinnert an Goethes Verdikt des „Geistes der Zeiten" im Faust, der in Wahrheit der Geist des Interpreten ist. Die Natur des Vertrages wird durch seinen Zweck und seinen Inhalt bestimmt.[120] Bei gesetzlich geregelten Vertragstypen kommen die wesentlichen Schutznormen hinzu, deren Verletzung aber zugleich Unwirksamkeit nach § 307 Abs. 2 Nr. 1 BGB mit sich bringt. Bei nicht normierten Vertragstypen ist von der üblichen Vertragsgestaltung auszugehen, soweit diese mit den Grundwerten der Rechtsordnung übereinstimmt.[121]

71

Mit der Bezugnahme auf die wesentlichen Rechte und Pflichten knüpft die Regelung an die ältere Rechtsprechung zu den **Kardinalpflichten** an.[122] Die Norm erfasst darüber hinaus auch Gestaltungsrechte.[123] Nach der Zielrichtung der Vorschrift, eine **Aushöhlung** der den typischen Vertragszweck prägenden Pflichten zu verhindern, sind jedenfalls die im Gegenseitigkeitsverhältnis stehenden Hauptpflichten eines Vertrages als wesentliche Vertragspflichten im Sinne von § 307 Abs. 2 Nr. 2 BGB anzusehen.[124]

72

---

[112] LG Berlin v. 18.11.2009 - 4 O 90/09 - juris Rn. 19.
[113] LG Berlin v. 18.11.2009 - 4 O 90/09 - juris Rn. 30.
[114] BGH v. 21.03.2002 - VII ZR 493/00 - juris Rn. 39 - BGHZ 150, 226-237.
[115] *Heinrichs* in: Palandt, § 307 Rn. 31.
[116] *Basedow* in: MünchKomm-BGB, § 307 Rn. 61.
[117] *Roloff* in: Erman, BGB, § 307 Rn. 31.
[118] BGH v. 11.11.1992 - VIII ZR 238/91 - juris Rn. 15 - WM 1993, 24-26.
[119] BGH v. 11.11.1992 - VIII ZR 238/91 - juris Rn. 15 - WM 1993, 24-26, m.w.N.
[120] *Heinrichs* in: Palandt, § 307 Rn. 32.
[121] *Heinrichs* in: Palandt, § 307 Rn. 32.
[122] *Heinrichs* in: Palandt, § 307 Rn. 33.
[123] *Heinrichs* in: Palandt, § 307 Rn. 33.
[124] BGH v. 24.10.2001 - VIII ARZ 1/01 - juris Rn. 21 - BGHZ 149, 89-100.

3. Kardinalpflichten

73 Klauseln, die das Vertragsunternehmen verschuldensunabhängig mit dem Risiko einer missbräuchlichen Verwendung der Kreditkarte und dadurch mit einem verfahrensimmanenten Risiko belasten, führen zu einer einseitigen Risikoverlagerung und sind deshalb unwirksam. Das grundsätzlich durch die Kartenunternehmen als Betreiber des Kreditkartensystems zu tragende Risiko würde sonst auf die Vertragspartner verlagert.[125] Eine Erstlaufzeit von 18 Monaten in AGB eines Fitnessstudios stellt eine unangemessene Benachteiligung des Kunden dar, wenn zum Zeitpunkt des Vertragsschlusses das Fitnessstudio noch nicht fertiggestellt ist und den Kunden keine angemessene Probezeit eingeräumt wird, da sonst die Kunden das Risiko der Ausstattung und des Kursangebots tragen.[126]

4. Vertragsaushöhlung

74 Weiteres Tatbestandsmerkmal ist, dass die Erreichung des **Vertragszwecks** gefährdet wird. Das in dieser Regelung zum Ausdruck kommende Verbot der Aushöhlung wesentlicher Vertragspflichten und -rechte besagt, dass Allgemeine Geschäftsbedingungen dem Vertragspartner nicht solche Rechtspositionen nehmen oder einschränken dürfen, die ihm der Vertrag nach seinem Inhalt und **Zweck** zu gewähren hat.[127] Gefährdung ist dabei ausreichend, eine echte Vereitelung des Zwecks ist nicht erforderlich.

75 Die Aufklärungspflicht der Prospektverantwortlichen ist für den Schutz des Investors von grundlegender Bedeutung. Auch ein Haftungsausschluss für leichte Fahrlässigkeit widerspricht der Aufgabe des Prospektes, die potentiellen Anleger verlässlich, umfassend und wahrheitsgemäß zu informieren. Als Bestandteil des Prospektes ist er deshalb unwirksam.[128]

V. Transparenzgebot (Absatz 1 Satz 2)

1. Transparenzgebot

76 Die Regelung in § 307 Abs. 1 Satz 2 BGB stellt klar, dass sich eine unangemessene Benachteiligung im Sinne von § 307 Abs. 1 Satz 1 BGB auch daraus ergeben kann, dass eine Klausel nicht klar und verständlich formuliert ist. Die Klarstellung erfolgte wegen der Entscheidung des EuGH vom 10.05.2001.[129]

77 Das **Transparenzgebot** ist schon lange Gegenstand der Rechtsprechung. Durch eine Klausel, die die Rechtslage unzutreffend darstellt und auf diese Weise dem Verwender die Möglichkeit eröffnet, begründete Ansprüche unter Hinweis auf die Klauselgestaltung abzuwehren, wird der Vertragspartner entgegen den Geboten von Treu und Glauben unangemessen benachteiligt.[130] Das Transparenzgebot verhindert, dass der Verwender aus der Schaffung von Rechtsunsicherheit Vorteile für sich zieht.[131]

78 Korrespondierende Regelungen gibt es auch an anderen Stellen des AGB-Rechts, etwa §§ 305 Abs. 2 Nr. 2 und 305c Abs. 2 BGB.[132] Die Regelungen ergänzen sich und haben teilweise unterschiedliche Zwecke und Rechtsfolgen.

79 Neben der Rechtsklarheit ist auch die Preisklarheit Ziel des Transparenzgebots.[133] Ausdrücklich geregelt ist dies in § 307 Abs. 3 Satz 2 BGB, wonach auch solche Regelungen der Inhaltskontrolle unterliegen, die keine Abweichungen von Rechtsvorschriften enthalten. So war eine in AGB enthaltene Preisanpassungsklausel für die Belieferung mit Flüssiggas wegen Verstoßes gegen das Transparenzgebot unwirksam, die dem Lieferanten das Recht einräumte, den Gaspreis unter nach Grund und Höhe der Anpassung nicht konkret voraussehbaren und nicht nachvollziehbaren Voraussetzungen zu än-

---

[125] BGH v. 25.09.2001 - XI ZR 375/00 - juris Rn. 27 - LM BGB § 437 Nr. 9a (4/2002).
[126] AG Leipzig v. 07.03.2003 - 15 C 4619/02 - ZAP EN-Nr. 636/2003.
[127] BGH v. 03.03.1988 - X ZR 54/86 - juris Rn. 33 - BGHZ 103, 316-332.
[128] OLG Stuttgart v. 05.08.2004 - 19 U 30/04 - ZIP 2005, 909.
[129] EuGH v. 10.05.2001 - C-144/99 - LM EWG-RL 93/13 Nr. 0a (12/2001); vgl. auch *Roloff* in: Erman, BGB, § 307 Rn. 18 und EuGH v. 07.05.2002 - C-478/99 - EuZW 2002, 465-466.
[130] BGH v. 23.03.1988 - VIII ZR 58/87 - juris Rn. 29 - BGHZ 104, 82-94.
[131] *Westphalen*, Vertragsrecht, Transparenzgebot Rn. 13.
[132] *Roloff* in: Erman, BGB, § 307 Rn. 18.
[133] *Westphalen*, Vertragsrecht, Transparenzgebot Rn. 12.

dern.[134] Eine Klausel in einem Gassondervertrag, die den Gasversorger berechtigt, die Gaspreise zu ändern, wenn eine Preisänderung durch seinen Vorlieferanten erfolgt, benachteiligt den Kunden entgegen den Geboten von Treu und Glauben unangemessen und ist unwirksam.[135]

2. Anforderungen an die Vertragsgestaltung

Das Transparenzgebot verpflichtet Verwender von Allgemeinen Geschäftsbedingungen, die Rechte und Pflichten des Vertragspartners möglichst klar und durchschaubar darzustellen.[136] Das Transparenzgebot erfordert, dass insbesondere alle Belastungen für den Vertragspartner erkennbar sind. 80

3. Rechtsprechung

Wenn eine Nebenabrede ihre preiserhöhende Wirkung nicht hinreichend erkennbar werden lässt, sondern sie verschleiert, kann gerade das den Ausschlag geben, die Regelung als eine unangemessene Benachteiligung des Kunden zu bewerten.[137] Auch eine vom Bürgen verwendete Klausel, die einen Übergang der Rechte aus der Bürgschaft ausschließt (mit der Folge, dass bei einer Abtretung der Hauptforderung die Bürgschaft erlischt), ist wegen Verstoßes gegen das Transparenzgebot unwirksam.[138] 81

Wird unter der Überschrift „Wartung und Instandhaltung" ein (weder zeitlich noch räumlich) begrenztes Wettbewerbsverbot (sog. Kundenschutzklausel) vereinbart, ist dies als intransparente Regelung anzusehen, da der Vertragspartner unter dieser Überschrift keine solche Regelung erwartet.[139] 82

Eine Regelung in Leasing-AGB, die die vertraglich vereinbarte Laufzeit von 36 Monaten dadurch verlängern soll, dass die Raten ab dem Monat berechnet werden, in dem die Lieferung der Waren erfolgt, während als Vertragsbeginn jeweils der 1. des darauf folgenden Kalenderquartals festgelegt wird, ist unwirksam. Diese Regelung ist überraschend und verstößt gegen das Wahrheits- und Transparenzgebot.[140] 83

Werden in den Bauvertrag einerseits die VOB/B einbezogen, während andererseits aber davon abweichende Regelungen in die Allgemeinen Geschäftsbedingungen aufgenommen werden, so verstoßen AGB-Klauseln über die Prüfbarkeit der Schlussrechnung gegen das Transparenzgebot, wenn nicht oder nur schwer durchschaubar ist, in welchem Rangverhältnis diese Regelungen zu denen der VOB/B stehen.[141] 84

Intransparent ist eine Regelung in Allgemeinen Geschäftsbedingungen, wonach der Mieter nicht berechtigt ist, ohne Zustimmung des Vermieters von der bisherigen Ausführungsart abzuweichen, weil daraus nicht erkennbar ist, ob damit auf die Grundausstattung (Wände/Decken mit Rauputz/Glattputz, Tapete/Raufaser, Paneele) verwiesen wird oder die konkrete Ausgestaltung (etwa bestimmter Farbton) im Einzelnen gemeint ist oder beides. Der Umfang der Zustimmungspflicht ist schon nicht erkennbar.[142] 85

Eine Regelung in Versicherungsbedingungen, wonach Bargeld nur „im verschlossenen Panzergeldschrank D 1, D 10, Geldschrankeinheit GE II" aufzubewahren ist, bedeutet auch für die Aufbewahrung des Schlüssels zu diesem Geldschrank eine besondere Anforderung. Wird der Schlüssel nicht entsprechend verwahrt, liegt kein versicherter Einbruchdiebstahl vor, wenn unter Verwendung des Schlüssels das Bargeld entwendet wird.[143] 86

Die Bestimmung „Behördliche Wiederherstellungsbeschränkungen bleiben unberücksichtigt" in § 11 Nr. 1 AFB 87 benachteiligt den Versicherungsnehmer wegen Verstoßes gegen das Transparenzgebot (§ 9 AGBG, jetzt § 307 Abs. 1 Satz 2 BGB) unangemessen und ist deshalb unwirksam.[144] 87

---

[134] OLG Stuttgart v. 13.01.2005 - 2 U 134/04 - NJW-RR 2005, 858-860.
[135] BGH v. 29.04.2008 - KZR 2/07 - BB 2008, 1360-1363.
[136] BGH v. 03.06.1998 - VIII ZR 317/97- juris Rn. 23 - NJW 1998, 3114-3116.
[137] BGH v. 24.11.1988 - III ZR 188/87 - juris Rn. 26 - BGHZ 106, 42-53.
[138] BGH v. 19.09.1991 - IX ZR 296/90 - juris Rn. 20 - BGHZ 115, 177-186.
[139] OLG Hamburg v. 02.11.2004 - 8 U 57/04 - IBR 2005, 3.
[140] OLG Hamm v. 01.03.2004 - 13 U 223/03 - OLGR Hamm 2004, 387-388.
[141] OLG Rostock v. 07.02.2005 - 3 U 43/04 - OLGR Rostock 2006, 343-345.
[142] LG Berlin v. 21.05.2007 - 67 S 459/06 - Grundeigentum 2007, 986 unter Verweis auf BGH v. 28.03.2007 - VIII ZR 199/06 - WuM 2007, 259-260.
[143] LG Berlin v. 22.05.2005 - 7 O 547/04 - RuS 2007, 246-247.
[144] BGH v. 30.04.2008 - IV ZR 241/04.

87.1 Intransparent und damit unwirksam ist eine Klausel in den Versicherungsbedingungen einer Reiseversicherung, die die Leistung der Versicherung „wegen Feuer oder eines elementar Ereignisses am Aufenthaltsort" verspricht. Aufenthaltsort ist zwar als Rechtsbegriff eindeutig als der Ort definiert, an dem sich eine Person tatsächlich (gewollt oder ungewollt), sei es auch nur vorübergehend, aufhält. Die Verwenderin will die Klausel demgegenüber so verstanden wissen, dass es um die politische Gemeinde geht, in der sich das Hotel oder die sonstige Unterkunft des Reisenden befindet oder in der sich der Reisende während einer Rundreise befindet. Diese Klausel, wie auch die weitere Klausel „die Anwesenheit der versicherten Person oder einer mitreisenden Risikoperson an ihrem Wohnort wegen eines dieser Ereignisse zwingend erforderlich ist" ist intransparent und ermöglicht es der Verwenderin, begründete Ansprüche der Vertragspartner unter Hinweis auf diese intransparente Klausel abzuwehren (OLG München v. 21.07.2011 - 29 U 1551/11 - juris Rn. 46).

4. Grenzen der Transparenz

88 Das **Transparenzgebot** darf den AGB-Verwender nicht überfordern.[145] Das Transparenzgebot verpflichtet den Verwender von AGB lediglich die Rechte und Pflichten seines Vertragspartners möglichst klar und durchschaubar darzustellen,[146] damit dem Durchschnittskunden die benachteiligende Wirkung einer Klausel nicht erst nach intensiver Beschäftigung oder aufgrund ergänzender Auskünfte deutlich wird.[147] Durch das Transparenzgebot wird der Verwender nicht gezwungen, jede AGB-Regelung gleichsam mit einem umfassenden Kommentar zu versehen.

88.1 Klauseln im Vertrag über ein Zins-Swap-Geschäft (hier: CMS-Swap) sind nicht intransparent, wenn der Kunde unter Anwendung der Grundrechenarten die verschiedenen Szenarien durchrechnen kann und ihm auch Rechenbeispiele, aus denen die Möglichkeiten der Entwicklung des Swap-Geschäfts hervorgehen, in der Präsentationsmappe übergeben wurden (OLG Frankfurt v. 27.12.2010 - 16 U 96/10).

89 Das Transparenzgebot verlangt nicht, aus dem Gesetz oder aus der Rechtsnatur eines Vertrages folgende Rechte ausdrücklich zu regeln oder den Vertragspartner darüber zu belehren.[148] Mögliche Missverständnisse oder Fehldeutungen des Kunden darüber, welche vertraglichen oder gesetzlichen Rechte und Ansprüche sie gegenüber ihrem Vertragspartner haben, sind dem Klauselverwender nur dann zuzurechnen, wenn die Gefahr solcher Missverständnisse oder Fehldeutungen durch eine unklare oder mehrdeutige Klauselfassung hervorgerufen oder verstärkt wird.[149]

90 Das Transparenzgebot hat nicht die Aufgabe, tatsächliche oder gefühlte Rechtsunkenntnis des Vertragspartners auszugleichen. Auch sollen nicht unterschiedliche Rechtskenntnisse ausgeglichen werden. Es soll lediglich verhindert werden, dass der Verwender durch bewusst unklare Formulierungen Vorteile gegenüber dem Vertragspartner erlangt.

91 Stromversorger sind nach § 15 Abs. 1 EEG zwar zum Ausweis der Differenzkosten berechtigt, nicht aber verpflichtet.[150]

92 Wird im Rahmen der Akquisition eines Mobilfunkkunden zu Beginn des Vertragsverhältnisses eine „Gutschrift statt Handy" ohne vorherige vertragliche Verpflichtung des Mobilfunkanbieters gewährt, ist dies nach Treu und Glauben unter Berücksichtigung der Verkehrssitte (§§ 133, 157 BGB) dahin zu verstehen, dass die künftig im Rahmen des Vertrages entstehenden Entgelte mit dem Gutschriftenbetrag verrechnet werden, dem Kunden also bis zu dessen Erreichen eine unentgeltliche Nutzung des Mobilfunknetzes des Anbieters ermöglicht wird.[151]

5. Rechtssprache

93 Der Verwender kann sich durchaus der Rechtssprache bedienen und unbestimmte Rechtsbegriffe verwenden.[152] Dem Transparenzgebot ist beispielsweise genügt, wenn (zur Rechtslage vor der Schuld-

---

[145] BGH v. 10.07.1990 - XI ZR 275/89 - juris Rn. 18 - BGHZ 112, 115-122.
[146] BGH v. 06.10.2004 - VIII ZR 215/03 - juris Rn. 28 - WuM 2004, 663-665.
[147] BGH v. 10.07.1990 - XI ZR 275/89 - juris Rn. 18 - BGHZ 112, 115-122; BGH v. 24.11.1988 - III ZR 188/87 - juris Rn. 26 - BGHZ 106, 42-53.
[148] BGH v. 14.05.1996 - XI ZR 257/94 - juris Rn. 31 - NJW 1996, 2092-2094.
[149] BGH v. 05.11.1998 - III ZR 226/97 - juris Rn. 8 - NJW 1999, 276-278.
[150] *Ripke/Schöne*, RdE 2006, 109-115.
[151] OLG Düsseldorf v. 05.12.2006 -I-20 U 182/05, 20 U 182/05 - juris Rn. 10 - MMR 2007, 388-389.
[152] BGH v. 22.03.2000 - IV ZR 23/99 - juris Rn. 11 - LM AGBG § 9 (Bk) Nr. 43 (10/2000); *Heinrichs* in: Palandt, § 307 Rn. 18.

rechtsreform) mit den Worten des Gesetzes das Wiederaufleben von Minderung und Wandelung schlicht an das „Fehlschlagen der Nachbesserung" geknüpft ist.[153]

Der Bedingungsgeber ist insbesondere nicht gehalten, die Wirkungen einer Klausel weitergehend zu erläutern, als dies der Gesetzgeber in der entsprechenden Norm für geboten erachtet hat.[154] Dem Transparenzgebot genügt es auch, wenn (notwendige) Klarstellungen in einer Fußnote oder einem späteren Absatz der gleichen Regelung erfolgen.[155] 94

Die Wiedergabe des Gesetzestextes sichert einer Klausel jedoch nicht, vor dem Transparenzgebot Bestand zu haben. Sofern die Klausel nur die tatsächlich geltende Rechtslage wiederholt, spielt dies schon deshalb keine Rolle, weil gesetzeswiederholende Klauseln nach § 307 Abs. 3 Satz 1 BGB nicht der Klauselkontrolle unterliegen. Übernimmt der Verwender jedoch Regelungen aus anderen, nicht direkt einschlägigen Gesetzen, kann dies durchaus in transparent sein. 95

6. Vertragsinhalt

Bei der Frage, ob ein Vertrag verständlich formuliert (transparent) ist, muss auch der Vertragsinhalt berücksichtigt werden. So erwartet der Verbraucher bei einem Kaufvertrag beispielsweise über Bücher einen Vertrag mit deutlich geringerer Regelungsdichte und deutlich geringerem Textumfang, als bei einem Mietvertrag über Wohnraum oder einem komplexen Leasingvertrag.[156] 96

7. Verständnismöglichkeiten

Der Verwender ist verpflichtet, bei der Formulierung von vornherein auf die Verständnismöglichkeiten des Durchschnittskunden Rücksicht zu nehmen. Soweit das ohne unangemessene Ausweitung des Textumfangs möglich ist, hat er zwischen mehreren möglichen Klauselfassungen diejenige zu wählen, bei der die kundenbelastende Wirkung einer Regelung nicht unterdrückt, sondern deutlich gemacht wird.[157] 97

Die Rechtsprechung hat dabei bislang auf die Verständnismöglichkeiten des typischerweise bei Verträgen der geregelten Art zu erwartenden Durchschnittskunden, nicht auf die Erkenntnismöglichkeiten des konkreten Vertragspartners, auch nicht auf das Verständnis eines Fachmanns, insbesondere eines Juristen, der sich eingehend mit den betreffenden AGB beschäftigt hat, abgestellt.[158] 98

Bei Verbraucherverträgen wird allerdings wegen § 310 Abs. 3 Nr. 3 BGB jetzt auch auf die Erkenntnismöglichkeiten des konkreten Vertragspartners zu achten sein.[159] 99

Anders als im Wettbewerbsrecht ist im Rahmen des Transparenzgebots auf den aufmerksamen und sorgfältigen Teilnehmer am Wirtschaftsleben und nicht auf den flüchtigen und oberflächlichen Betrachter abzustellen.[160] Beim Transparenzgebot geht es lediglich darum, ob der **sorgfältige Vertragspartner** in der Lage wäre, aus dem Text der AGB die vertraglichen Rechte und Pflichten zutreffend zu ermitteln. Eine Klausel verstößt auch dann nicht gegen das Transparenzgebot, wenn sich ihr Inhalt trotz unnötiger „Wirrnis im Text" bei Anwendung der gebotenen Aufmerksamkeit erschließen lässt.[161] Der flüchtige und oberflächliche Betrachter der AGB wird ausreichend durch § 305c Abs. 1 BGB und die speziellen Klauselverbote der §§ 308, 309 BGB geschützt. 100

8. Rechtsprechung

Klauseln betreffend die Kündigung bzw. die Beitragsfreistellung sind wegen Intransparenz unwirksam, wenn sie den Versicherungsnehmer auf etwaige wirtschaftliche Nachteile nur durch eine Verweisung auf eine auf der Rückseite des Versicherungsscheins abgedruckte Tabelle hinweisen, selbst wenn an dieser Stelle weitere Erläuterungen gegeben werden.[162] Dem Informationsbedürfnis eines (potentiellen) Versicherungsnehmers kann nur ein solcher Hinweis auf etwaige Nachteile einer Kündigung oder Beitragsfreistellung genügen, der – zumindest in den Grunddaten – auch in der jeweiligen Klausel 101

---

[153] BGH v. 02.02.1994 - VIII ZR 262/92 - juris Rn. 14 - NJW 1994, 1004-1006.
[154] BGH v. 22.03.2000 - IV ZR 23/99 - juris Rn. 28 - LM AGBG § 9 (Bk) Nr. 43 (10/2000).
[155] BGH v. 28.04.2004 - VIII ZR 230/03 - juris Rn. 23 - NJW 2004, 2087-2088.
[156] *Westphalen* in: Westphalen, Vertragsrecht, Transparenzgebot, Rn. 15.
[157] BGH v. 10.07.1990 - XI ZR 275/89 - juris Rn. 18 - BGHZ 112, 115-122.
[158] BGH v. 24.11.1988 - III ZR 188/87 - juris Rn. 27 - BGHZ 106, 42-53.
[159] Vgl. dazu die Kommentierung zu § 310 BGB; *Heinrichs* in: Palandt, § 307 Rn. 17.
[160] *Heinrichs* in: Palandt, § 307 Rn. 19.
[161] BGH v. 23.03.1995 - VII ZR 228/93 - juris Rn. 9 - NJW-RR 1995, 749.
[162] OLG Brandenburg v. 25.09.2002 - 7 U 39/02 - NJW-RR 2003, 991-995.

selbst dargestellt ist.[163] Demgegenüber kann ein bei Abschluss eines Versicherungsvertrages mitgegebenes gesondertes Merkblatt im Rahmen der Transparenzkontrolle berücksichtigt werden.[164] Eine Klausel betreffend die Abschlusskosten verstößt gegen das Transparenzgebot, wenn sie dem Versicherungsnehmer den Umfang der im Rahmen einer Verrechnung zu seinen Lasten gehenden Kostenpositionen und den Einfluss der Verrechnung dieser Kosten auf die Höhe der Rückkaufswerte im Falle einer Kündigung bzw. der beitragsfreien Versicherungssumme im Falle der Beitragsfreistellung nicht hinreichend vor Augen führt.[165]

102   Bei einer Klausel, nach der ein Preisnachlass beim Kauf eines vom Arbeitgeber produzierten Kraftfahrzeuges entfällt, wenn das Arbeitsverhältnis vor Ablauf bestimmter Fristen endet, gebietet das Transparenzgebot, dass nicht nur die Voraussetzungen für den Wegfall in den allgemeinen Geschäftsbedingungen klar und verständlich dargestellt werden, sondern auch wegen der Höhe der Forderungen des Arbeitgebers nicht erst eine intensive Beschäftigung mit den Allgemeinen Geschäftsbedingungen oder eine Nachfrage notwendig wird.[166]

103   Bei der Vermietung von Telekommunikationsanlagen ist die Vereinbarung einer zehnjährigen Laufzeit in Allgemeinen Geschäftsbedingungen nicht zu beanstanden. Eine AGB-Klausel, wonach sich die reguläre Mindestvertragszeit von zehn Jahren um bestimmte Zeiträume verlängert, wenn die Anlage während der Laufzeit des Vertrages um andere Teile als „einfache Sprechapparate" erweitert wird, genügt nicht dem bei der Verwendung von AGB zu beachtenden Transparenz- und Bestimmtheitsgebot, weil nicht erkennbar ist, wann die Verlängerung eintritt.[167]

104   Die Datenweitergabeklauseln in Versicherungsverträgen verstoßen vielfach gegen das Transparenzgebot, weil dem durchschnittlichen Kunden nicht erkennbar ist, inwieweit diese Klauseln in seine Rechte aus den §§ 28, 29, 4a BDSG nachteilig eingreifen.[168]

105   Das Transparenzgebot verlangt, dass eigenständige Regelungsbereiche in AGB nicht unter einer fremden Überschrift „versteckt", sondern mit einer eigenen, ausreichend aussagekräftigen Überschrift versehen werden.[169] Der Vertragspartner soll durch Gliederung und Überschriften in die Lage versetzt werden, sich zu bestimmten Fragen des Vertrages schnell und ohne den ganzen Vertrag Klausel für Klausel lesen zu müssen, einen Überblick zu verschaffen.

106   Die Klausel „Der Versicherungsnehmer hat, soweit seine Interessen nicht unbillig beeinträchtigt werden, alles zu vermeiden, was eine unnötige Erhöhung der Kosten oder eine Erschwerung ihrer Erstattung durch die Gegenseite verursachen könnte." ist intransparent und benachteiligt den Versicherungsnehmer unangemessen.[170]

9. Benachteiligung

107   Da das Transparenzgebot lediglich eine Konkretisierung der Generalklausel § 307 Abs. 1 Satz 1 BGB ist, bewirkt ein Verstoß nur dann die Unwirksamkeit der Klausel, wenn damit Nachteile für den Vertragspartner verbunden sind. Fehlende Transparenz ist aber immer für den Vertragspartner von Nachteil, da er gehindert wird, Verhandlungsmöglichkeiten wahrzunehmen und seine Rechte und Pflichten zu erkennen.[171] Täuschende Klauseln können es dem Verwender ermöglichen, berechtigte Ansprüche abzuwehren und unberechtigte Forderungen durchzusetzen.[172] Nur geschäftlich erfahrene Kunden werden in der Lage sein, ihrerseits Unklarheiten im Klauselwerk gegen den Verwender zu nutzen. Allerdings gilt das Transparenzgebot, wie alle Regeln der AGB-Kontrolle, nicht zugunsten des Verwenders (vgl. Rn. 15).

---

[163] OLG Brandenburg v. 25.09.2002 - 7 U 39/02 - NJW-RR 2003, 991-995.
[164] OLG Karlsruhe v. 02.02.2006 - 12 U 243/05 - NJW-RR 2006, 605-606.
[165] OLG Brandenburg v. 25.09.2002 - 7 U 39/02 - NJW-RR 2003, 991-995.
[166] LArbG Düsseldorf v. 04.03.2005 - 9 Sa 1782/04 - BB 2005, 1576.
[167] OLG Düsseldorf v. 31.07.2003 - 10 U 171/02 - NJW-RR 2003, 1496-1497.
[168] *Schwintowski*, VuR 2004, 242-250, 248.
[169] LArbG Hamm v. 10.09.2004 - 7 Sa 918/04 - Bibliothek BAG.
[170] OLG Frankfurt am Main v. 01.03.2012 - 3 U 136/11; vgl. dazu auch OLG München v. 22.09.2011 - 29 U 1360/11; OLG Celle v. 29.09.2011 - 8 U 144/11, 8 U 145/11 und 8 U 146/11; OLG Karlsruhe v. 15.11.2011 - 12 U 104/11.
[171] *Heinrichs* in: Palandt, § 307 Rn. 20.
[172] *Heinrichs* in: Palandt, § 307 Rn. 20.

Klauseln, die die Möglichkeit von Preiserhöhungen nicht auf konkret benannte Preis- und Kostensteigerungen beschränken und das Maß sowie den Zeitpunkt der Preiserhöhung nicht konkret bestimmen, verstoßen gegen das Bestimmtheitsgebot sowie gegen das Transparenzgebot und sind daher unwirksam.[173]   108

Eine Klausel in Allgemeinen Geschäftsbedingungen eines Bauvertrages, wonach der Auftraggeber berechtigt ist, die Abnahme wegen fehlender „notwendiger" bzw. „erforderlicher" Unterlagen zu verweigern, ist intransparent, benachteiligt den Auftragnehmer in unangemessener Weise und ist nach § 307 Abs. 1 BGB unwirksam.[174]   109

Die Bestimmung in den Allgemeinen Geschäftsbedingungen einer Sparkasse, wonach für die Benachrichtigung ihrer Kunden über die Nichteinlösung einer Einzugsermächtigungslastschrift ein Entgelt anfällt, ist auch auf der Grundlage des am 31.10.2009 in Kraft getretenen Zahlungsdiensterechts (§§ 675c ff. BGB) im Verkehr mit Verbrauchern weiterhin nach § 307 Abs. 1, Abs. 2 Nr. 1 BGB unwirksam (im Anschluss an die Senatsurteile v. 28.02.1989 - XI ZR 80/88 - WM 1989, 625, 626 und vom 13.02.2001 - XI ZR 197/00 - BGHZ 146, 377, 380 ff.). Das gilt jedenfalls solange, bis die Kreditwirtschaft das Einzugsermächtigungsverfahren durch Änderung ihrer Allgemeinen Geschäftsbedingungen auf das SEPA-Lastschriftmandat umgestellt haben wird (vgl. dazu Senatsurteil vom 20.07.2010 - XI ZR 236/07 - BGHZ 186, 269 Rn. 37 ff.; BGH v. 22.05.2012 - XI ZR 290/11 - juris Rn. 37).   109.1

VI. Schranken der Inhaltskontrolle (Absatz 3)

Die Hauptleistungspflichten und das Verhältnis von Leistung und Gegenleistung sind der Klauselkontrolle grundsätzlich genauso entzogen wie gesetzeswiederholende Klauseln.[175]   110

1. Europäischer Hintergrund der Regelung

Hintergrund von § 307 Abs. 3 BGB ist Art. 4 Abs. 2 RL 1993/13/EWG: Die Beurteilung der Missbräuchlichkeit der Klauseln betrifft weder den Hauptgegenstand des Vertrages noch die Angemessenheit zwischen dem Preis bzw. dem Entgelt und den Dienstleistungen bzw. den Gütern, die die Gegenleistung darstellen, sofern diese Klauseln klar und verständlich abgefasst sind. In dieser Regelung wird deutlicher als im deutschen § 307 Abs. 3 BGB zum Ausdruck gebracht, dass Leistungsbeschreibungen und das Verhältnis von Leistung und Gegenleistung nicht der Klauselkontrolle unterliegen. Allerdings soll die deutsche Regelung diesen Grundsatz ebenfalls zur Geltung bringen.[176]   111

2. Leistungsbeschreibung

Der Inhaltskontrolle entzogen sind bloße Leistungsbeschreibungen, die Art, Umfang und Güte der geschuldeten Leistung festlegen, aber die für die Leistung geltenden gesetzlichen Vorschriften unberührt lassen.[177]   112

Klauseln, die das Hauptleistungsversprechen „einschränken, verändern oder aushöhlen", ja sogar nur „ausgestalten" oder „modifizieren", unterliegen hingegen der Inhaltskontrolle.[178] Bei der im Einzelfall nicht immer einfachen[179] Abgrenzung nicht kontrollierbarer Leistungsbeschreibungen von kontrollierbaren Modifikationen oder Einschränkungen der Leistungspflicht ist vor allem auf den Schutzzweck der Inhaltskontrolle abzustellen: Durch die Inhaltskontrolle soll der Vertragspartner des Verwenders vor einseitig ausbedungener, inhaltlich unangemessener Verkürzung der vollwertigen Leistung, wie er sie nach Gegenstand und Zweck des Vertrages erwarten darf, geschützt werden.[180] Bei einem Garantievertrag für die Funktionsfähigkeit aller mechanischen und elektrischen Teile eines Fahrzeugs stellt eine Klausel, wonach unabhängig von der Kausalität jede Verletzung der vorgeschriebenen Beratungspflichten die Garantie entfallen lässt, eine unzulässige Beschränkung der versprochenen Leistung   113

---

[173] LG Leipzig v. 24.06.2004 - 10 O 694/04 - IR 2004, 251-252.
[174] OLG Rostock v. 07.02.2005 - 3 U 43/04; nachgehend BGH v. 06.10.2005 - VII ZR 59/05.
[175] *Heinrichs* in: Palandt, § 307 Rn. 54.
[176] *Basedow* in: MünchKomm-BGB, § 307 Rn. 12.
[177] BGH v. 12.03.1987 - VII ZR 37/86 - juris Rn. 55 - BGHZ 100, 158-185; BGH v. 13.07.1994 - IV ZR 107/93 - juris Rn. 15 - MDR 1995, 47-49; *Westphalen* in: Westphalen, Vertragsrecht, Leistungsbeschreibung, Rn. 7.
[178] BGH v. 29.04.2010 - Xa ZR 5/09 - juris Rn. 20.
[179] *Westphalen*, Vertragsrecht, Leistungsbeschreibung, Rn. 4 ff. mit zahlreichen Beispielen.
[180] BGH v. 12.03.1987 - VII ZR 37/86 - juris Rn. 55 - BGHZ 100, 158-185.

dar.[181] Damit verbleibt nach einer älteren Entscheidung des BGH für die der Überprüfung entzogene Leistungsbeschreibung nur der enge Bereich der Leistungsbezeichnungen, ohne deren Vorliegen mangels Bestimmtheit oder Bestimmbarkeit des wesentlichen Vertragsinhalts ein wirksamer Vertrag nicht mehr angenommen werden kann.[182] Unter Verweis auf eine Entscheidung des OLG Nürnberg hat der BGH offen gelassen, ob eine Garantieklausel durch eine negative Anspruchsvoraussetzung zulässig beschränkt werden kann.[183]

114 Die Mehrzahl der Entscheidungen zu Leistungsbeschreibungen ist auf dem Gebiet des Versicherungsrechts ergangen.[184]

115 Klauseln, die Art und den Umfang der vertraglichen Hauptleistungspflicht und den dafür zu zahlenden Preis unmittelbar regeln, unterliegen ebenfalls nicht der Kontrolle.[185] Dies gilt auch für Klauseln, die das Entgelt für eine zusätzlich angebotene Sonderleistung festlegen, wenn hierfür keine rechtlichen Regelungen bestehen.[186]

116 Eine Klausel ist nicht schon deshalb als Leistungsbeschreibung der gerichtlichen Kontrolle entzogen, weil es sich um eine **Preisnebenabrede** im Sinne der höchstrichterlichen Rechtsprechung handelt.[187] Keine Preisnebenabrede sind dagegen Klauseln, die zusätzliche Ansprüche zugunsten des Verwenders begründen. So wurde eine Klausel, die ein Entgelt bei Rücklastschriften bzw. Scheckrückgabe im Inkassoverfahren festlegte, als Regelung eines Aufwendungsersatzanspruchs angesehen und der Klauselkontrolle unterzogen.[188]

117 Der Gläubiger ist grundsätzlich berechtigt, nur einen teilbaren Teil der ihm vertraglich zustehenden Gesamtleistung vom Schuldner zu fordern, sofern dem nicht der Grundsatz von Treu und Glauben (§ 242 BGB) entgegensteht. Abweichende Klauseln in Luftverkehrsbestimmungen verstoßen gegen § 307 BGB.[189] Auch eine Verlängerungsklausel unterliegt der Kontrolle nach § 307 BGB.[190]

118 Vereinbarungen eines variablen Zinssatzes stellen Preisregelungen der Parteien dar, die gemäß § 307 Abs. 3 Satz 1 BGB nicht der Klauselkontrolle unterliegen.[191]

119 Klauseln, wonach der Vertragspartner für die Auszahlung des restlichen Guthabens nach Vertragsende ein Entgelt an den Verwender zu entrichten hat, sind keine freien Abreden, sondern unterliegen in vollem Umfang der Inhaltskontrolle.[192]

3. Deklaratorische Klauseln

120 Deklaratorische Klauseln, die lediglich die auch ohne die Klausel geltende Rechtslage wiedergeben, unterliegen nicht der Kontrolle. Rechtsvorschriften im Sinne von § 307 Abs. 3 BGB sind nicht nur die Gesetzesbestimmungen selbst, sondern auch die dem Gerechtigkeitsgebot entsprechenden allgemein anerkannten Rechtsgrundsätze,[193] d.h. auch alle ungeschriebenen Rechtsgrundsätze, die Regeln des Richterrechts oder die aufgrund ergänzender Auslegung nach den §§ 157, 242 BGB und aus der Natur des jeweiligen Schuldverhältnisses zu entnehmenden Rechte und Pflichten.[194] Der Wortlaut ist nach Sinn und Zweck der Regelung einschränkend auszulegen. Nicht jede Wiederholung einer Rechtsvorschrift erspart die Klauselkontrolle. § 307 Abs. 3 BGB entzieht vielmehr nur diejenigen Klauseln der

---

[181] BGH v. 17.10.2007 - VIII ZR 251/06 - juris Rn - Schaden-Praxis 2007, 445. 13; *Revilla*, jurisPR-VerkR 1/2008, Anm. 1; *Niebling*, DAR 2008, 22; *Bruns*, NJW 2008, 215.
[182] BGH v. 23.06.1993 - IV ZR 135/92 - juris Rn. 10 - BGHZ 123, 83-92.
[183] BGH v. 17.10.2007 - VIII ZR 251/06 - juris Rn. 13 - Schaden-Praxis 2007, 445; OLG Nürnberg v. 27.02.1997 - 8 U 3754/96 - juris Rn. 18.
[184] *Westphalen*, Vertragsrecht, Leistungsbeschreibung, Rn. 5; *Roloff* in: Erman, BGB, § 307 Rn. 42.
[185] BGH v. 24.09.1998 - III ZR 219/97 - juris Rn. 2 - NJW 1999, 864-865.
[186] BGH v. 18.04.2002 - III ZR 199/01 - juris Rn. 13 - LM AGBG § 8 Nr. 50 (11/2002).
[187] BGH v. 13.02.2001 - XI ZR 197/00 - juris Rn. 7 - BGHZ 146, 377-385.
[188] BGH v. 09.04.2002 - XI ZR 245/01 - juris Rn. 12 - BGHZ 150, 269-277.
[189] BGH v. 29.04.2010 - Xa ZR 5/09 - juris Rn. 23.
[190] BGH v. 15.04.2010 - Xa ZR 89/09 - juris Rn. 16.
[191] BGH v. 13.04.2010 - XI ZR 197/09 - juris Rn. 15.
[192] Schleswig-Holsteinisches OLG v. 27.03.2012 - 2 U 2/11 - juris Leitsatz und Rn. 88 - BB 2012, 1186-1187.
[193] BGH v. 21.12.1983 - VIII ZR 195/82 - juris Rn. 12 - BGHZ 89, 206-218.
[194] BGH v. 10.12.1992 - I ZR 186/90 - juris Rn. 20 - BGHZ 121, 13-22.

Inhaltskontrolle, die die Rechtslage wiedergeben, die ohne die AGB gelten würde.[195] Weitere Voraussetzung ist, dass die Klausel die Rechtslage zutreffend wiedergibt.[196] Ist das nicht der Fall, handelt es sich in Wahrheit nicht um eine deklaratorische Klausel. Dann enthält die Klausel vielmehr eine Regelung, die von Rechtsvorschriften abweicht.[197] Gleiches gilt, wenn die Norm, auf die die fragliche Klausel inhaltlich verweist, ihrerseits wegen Verstoßes gegen das Grundgesetz nichtig ist.[198]

Die dem Muster von Nr. 12 Abs. 6 AGB-Banken nachgebildete Klausel einer Bank, wonach die Bank berechtigt ist, „dem Kunden Auslagen in Rechnung zu stellen, die anfallen, wenn die Bank in seinem Auftrag oder seinem mutmaßlichen Interesse tätig wird (insbesondere für Ferngespräche, Porti) oder wenn Sicherheiten bestellt, verwaltet, freigegeben oder verwertet werden (insbesondere Notarkosten, Lagergelder, Kosten der Bewachung von Sicherungsgut)", weicht von der gesetzlichen Regelung zum Aufwendungsersatz ab. Gemäß § 670 BGB kann der Beauftragte lediglich solche Aufwendungen ersetzt verlangen, die er den Umständen nach für erforderlich halten darf. Das ist nach einem subjektiv-objektiven Maßstab zu beurteilen und danach anzunehmen, wenn der Beauftragte (freiwillige) Vermögensopfer erbringt, die nach seinem verständigen Ermessen zur Verfolgung des Auftragszwecks geeignet sind, notwendig erscheinen und in einem angemessenen Verhältnis zur Bedeutung der Geschäftsführung für den Geschäftsherrn stehen (BGH v. 08.05.2012 - XI ZR 437/11 - juris Rn. 21). 120.1

Regelungen, die kein Entgelt für vom Kunden auf rechtsgeschäftlicher Basis bestellte Leistungen, sondern eine Umwälzung von allgemeinen Betriebskosten, Aufwand zur Erfüllung eigener Pflichten oder von Tätigkeiten im eigenen Interesse sind, unterliegen der Klauselkontrolle. Mit der Einrichtung eines Pfändungsschutzkontos nach § 850k ZPO erfüllen Kreditinstitute eine gesetzliche Verpflichtung in diesem Sinne. Entgeltklauseln von Banken, die für ein solches Konto eine höhere Vergütung als für andere Girokonten verlangen, unterliegen der Inhaltskontrolle gemäß § 307 Abs. 3 Satz 1 BGB und stellen eine unangemessene Benachteiligung der privaten Kunden gemäß § 307 Abs. 1 BGB dar (Hanseatisches Oberlandesgericht in Bremen v. 23.03.2012 - 2 U 130/11 - juris Rn. 31, 39). 120.2

VII. Verwendung gegenüber Unternehmern

Die Generalklausel § 307 BGB gilt auch im Rechtsverkehr zwischen Unternehmen. Da die speziellen Klauselverbote insoweit nicht gelten, ist sie dort alleinige Grundlage der Kontrolle. Da die §§ 308, 309 BGB lediglich Konkretisierungen der Generalklausel sind, sind deren Grundsätze teilweise auch im Rechtsverkehr zwischen Unternehmen anwendbar. Insoweit wird auf die dortige Kommentierung verwiesen (vgl. die Kommentierung zu § 308 BGB und die Kommentierung zu § 309 BGB). Der Maßstab der Klauselkontrolle ergibt sich aus § 307 BGB i.V.m. § 310 Abs. 1 Satz 2 BGB (vgl. die Kommentierung zu § 310 BGB). Dabei sind die im Handelsverkehr geltenden Gewohnheiten und Gebräuche angemessen zu berücksichtigen. 121

§ 310 Abs. 1 BGB schränkt den Schutz der AGB-rechtlichen Regelungen für **Unternehmer, juristische Personen des öffentlichen Rechts** und öffentlich-rechtliche Sondervermögen ein. Für diese finden die §§ 305 Abs. 2 und 3, 308 und 309 BGB keine Anwendung. Der Unternehmerbegriff entspricht der Regelung in § 14 BGB. Auf die Kommentierung zu § 14 BGB wird verwiesen. Der Vertragsschluss ist Ausdruck der Entscheidung, **unternehmerisch** tätig werden zu wollen. Derjenige, der einen solchen Vertrag schließt, gibt damit dem Rechtsverkehr gleichzeitig zu erkennen, dass er sich nunmehr dem Sonderrecht der Kaufleute unterwerfen bzw. dieses für sich in Anspruch nehmen will. Es erscheint daher nur folgerichtig, den Betreffenden gleichsam beim Wort zu nehmen und seine Entscheidung dem Sonderrecht der Kaufleute zu unterstellen. Unternehmer ist auch derjenige, der vor Aufnahme einer unternehmerischen Tätigkeit einen Vertrag im Hinblick auf diese unternehmerische Tätigkeit abschließt. Der Vertragsschluss ist in diesem Fall Ausdruck der Entscheidung, künftig unternehmerisch tätig werden zu wollen und sich damit dem Sonderrecht Kaufleute zu unterwerfen. Auch für den **Existenzgründer** gilt daher nur der eingeschränkte Schutz des AGB-Rechts für Unternehmer.[199] 122

Die Inhaltskontrolle kann nicht anhand der §§ 308 und 309 BGB, sondern nur anhand von § 307 BGB vorgenommen werden. Dies könnte zu einem Wertungswiderspruch führen. Da § 307 BGB die Generalklausel zu den nicht anwendbaren §§ 308 und 309 BGB darstellt, werden an sich die in den §§ 308 123

---

[195] *Heinrichs* in: Palandt, § 307 Rn. 65.
[196] LG Karlsruhe v. 09.12.2002 - 10 O 252/02.
[197] BGH v. 14.07.1988 - IX ZR 254/87 - juris Rn. 12 - BGHZ 105, 160-167.
[198] BGH v. 14.07.1988 - IX ZR 254/87 - juris Rn. 13 - BGHZ 105, 160-167.
[199] OLG Oldenburg v. 12.11.2001 - 9 SchH 12/01 - NJW-RR 2002, 641-642; OLG Oldenburg v. 27.04.1989 - 1 U 256/88 - NJW-RR 1989, 1081-1082; OLG Koblenz v. 24.07.1986 - 6 U 677/85 - NJW 1987, 74-75.

und 309 BGB genannten Vertragsklauseln nicht mehr im Rahmen von § 307 BGB geprüft. Davon macht § 310 Abs. 1 Satz 2 BGB eine Ausnahme, weil im Anwendungsbereich von § 310 BGB die Regelungen der §§ 308 und 309 BGB nicht anwendbar sind. Dadurch soll jedoch nicht der Anwendungsbereich der Generalklausel eingeschränkt werden. Deshalb ist jeweils zu prüfen, ob die Wertungen der §§ 308 und 309 BGB auch im Rahmen von § 307 BGB anzuwenden sind und gegebenenfalls auch gegenüber Unternehmern oder der öffentlichen Hand zur Unwirksamkeit bestimmter Klauseln führen. Im Einzelnen ist dies in der Kommentierung zu § 308 BGB und in der Kommentierung zu § 309 BGB dargestellt.

124 Die Klausel in Allgemeinen Geschäftsbedingungen eines Bauvertrages, die vorsieht, dass ein Sicherheitseinbehalt von 5% der Bausumme nur durch eine Bürgschaft auf erstes Anfordern abgelöst werden kann, ist auch in Allgemeinen Geschäftsbedingungen eines öffentlichen Auftraggebers unwirksam.[200]

125 Die Klausel in einer formularmäßigen Sicherungsvereinbarung zwischen den Parteien eines Bauvertrages, nach der der Klauseladressat dem Klauselverwender eine Vertragserfüllungsbürgschaft stellen soll, in der der Bürge auf die Einrede des § 768 BGB verzichtet, ist unwirksam. Das gilt auch dann, wenn der Verzicht unter dem Vorbehalt stehen soll, dass die Einrede nicht den Bestand der Hauptforderung oder ihre Verjährung betrifft.[201]

126 Die in AGB vorgesehene Verpflichtung eines Franchisenehmers, bei Vertragsbeendigung die Telefonnummern seines Geschäfts auf den Franchisegeber zu übertragen, ist auch ohne Entschädigungsregelung i.S.v. § 90a HGB (analog) wirksam. Die Übertragungspflicht für die Telefonnummern des Geschäftsbetriebes stellt lediglich sicher, dass der Kundenstamm von demjenigen weiter genutzt werden kann, dem er bereits vor Beendigung des Vertragsverhältnisses wirtschaftlich zugeordnet war, nämlich dem Franchisesystem „I Pizza".[202]

127 Der Generalunternehmer kann eine von ihm an seinen Auftraggeber zu zahlende Vertragsstrafe nur dann auf seinen Subunternehmer abwälzen, wenn eine wirksame Vereinbarung vorliegt, insbesondere die Voraussetzungen für die Verwirkung der Vertragsstrafe (hier: Verzug) klar geregelt sind.[203]

128 § 310 Abs. 1 Satz 2 HS. 2 BGB bestimmt ausdrücklich, dass die im **Handelsverkehr geltenden Gewohnheiten und Gebräuche** angemessen zu berücksichtigen sind. Dies gilt auch ohne ausdrücklichen Hinweis selbstverständlich nur zwischen Kaufleuten. Soweit zwischen Verwender und Vertragspartner keine Beziehungen dieser Art (Handelsverkehr) bestehen, können sich auch keine entsprechenden Gewohnheiten und Gebräuche herausbilden. Soweit also Unternehmen außerhalb des Handelsrechts (Landwirte, Freiberufler etc.) Vertragspartner sind, können solche Gewohnheiten und Gebräuche nicht festgestellt und nicht herangezogen werden.

VIII. Arbeitsrecht

129 Die Bestimmungen des § 307 Abs. 2 BGB haben im Arbeitsrecht eine untergeordnete Bedeutung. Während bei § 307 Abs. 2 Nr. 1 BGB die Abweichung von dispositivem Gesetzes- oder dieses ergänzendem Richterrecht im Vordergrund steht, hat das Arbeitsrecht als Arbeitnehmerschutzrecht überwiegend zwingenden Charakter.[204] Die Bestimmung des § 307 Abs. 2 Nr. 2 BGB kann nur dort von Relevanz sein, wo ein (zumindest dispositives) gesetzliches Leitbild fehlt, was aufgrund der Vielzahl arbeitsrechtlicher Rechtsnormen und diese ergänzenden Richterrechtes praktisch selten zum Tragen kommt.

130 Das durch § 611 BGB geprägte gesetzliche Leitbild des Arbeitsvertrages ist durch das Austauschverhältnis zwischen Arbeitsleistung und Arbeitsentgelt geprägt.[205] Sein Bestandteil ist ein **Rechtsanspruch** des Arbeitnehmers auf das laufende Arbeitsentgelt.[206] Dies gilt jedoch nicht für Sonderzahlungen, die neben einer nach Zeitabschnitten bemessenen laufenden Vergütung gewährt werden.[207]

---

[200] BGH v. 09.12.2004 - VII ZR 265/03 - NJW-RR 2005, 458-460.
[201] OLG Köln v. 09.01.2008 - 11 U 116/07 - OLGR Köln 2008, 244-246.
[202] OLG Köln v. 17.09.2004 - 19 U 171/03 - OLGR Köln 2004, 426-427.
[203] OLG Düsseldorf v. 09.09.2003 - 23 U 98/02 - IBR 2005, 8.
[204] *Preis* in: Erfurter Kommentar zum Arbeitsrecht, 12. Aufl. 2012, BGB §§ 305-310, Rn. 43.
[205] BAG v. 25.04.2007 - 5 AZR 627/06 - juris Rn. 20 - NZA 2007, 853, 854.
[206] BAG v. 25.04.2007 - 5 AZR 627/06 - juris Rn. 20 - NZA 2007, 853, 854.
[207] BAG v. 18.03.2009 - 10 AZR 289/08 - juris Rn. 23 - NZA 2009, 535, 536.

Der **Änderungsschutz** des § 2 KSchG beinhaltet das gesetzliche Leitbild eines Inhaltsschutzes des Arbeitsverhältnisses vor einseitigen Eingriffen durch den Arbeitgeber.[208] Demgegenüber besteht kein gesetzliches Leitbild, nach dem etwa die Befristung einzelner Arbeitsbedingungen unzulässig wäre.[209] Gesetzliches Leitbild für den **Verfall** von Ansprüchen ist auch im Arbeitsrecht das Verjährungsrecht. Die im Rahmen des § 202 BGB mögliche Abkürzung der Verjährungsfrist wird durch das gesetzliche Leitbild des § 61b Abs. 1 ArbGG sowohl für die gerichtliche[210] als auch für die außergerichtliche[211] Geltendmachung geprägt. Die in § 615 BGB geregelte Verteilung des **Wirtschaftsrisikos** ist ein wesentlicher Grundgedanke des Arbeitsvertrags.[212] **131**

Zur Klauselkontrolle einzelner Vertragsbedingungen vgl. die Kommentierung zu § 310 BGB Rn. 53 ff. **132**

---

[208] BAG v. 09.05.2006 - 9 AZR 424/05 - juris Rn. 21 - NZA 2007, 145, 146.
[209] BAG v. 27.07.2005 - 7 AZR 486/04 - juris Rn. 53 - NZA 2006, 40, 46.
[210] BAG v. 25.05.2005 - 5 AZR 572/04 - juris Rn. 27 - NZA 2005, 1111, 1114.
[211] BAG v. 28.09.2005 - 5 AZR 52/05 - juris Rn. 36 - NZA 2006, 149, 153.
[212] BAG v. 07.12.2005 - 5 AZR 535/04 - juris, Rn. 40 - NZA 2006, 423, 427.

§ 308 BGB Klauselverbote mit Wertungsmöglichkeit

(Fassung vom 29.07.2009, gültig ab 11.06.2010)

In Allgemeinen Geschäftsbedingungen ist insbesondere unwirksam

1. (Annahme- und Leistungsfrist)

    eine Bestimmung, durch die sich der Verwender unangemessen lange oder nicht hinreichend bestimmte Fristen für die Annahme oder Ablehnung eines Angebots oder die Erbringung einer Leistung vorbehält; ausgenommen hiervon ist der Vorbehalt, erst nach Ablauf der Widerrufs- oder Rückgabefrist nach § 355 Abs. 1 bis 3 und § 356 zu leisten;

2. (Nachfrist)

    eine Bestimmung, durch die sich der Verwender für die von ihm zu bewirkende Leistung abweichend von Rechtsvorschriften eine unangemessen lange oder nicht hinreichend bestimmte Nachfrist vorbehält;

3. (Rücktrittsvorbehalt)

    die Vereinbarung eines Rechts des Verwenders, sich ohne sachlich gerechtfertigten und im Vertrag angegebenen Grund von seiner Leistungspflicht zu lösen; dies gilt nicht für Dauerschuldverhältnisse;

4. (Änderungsvorbehalt)

    die Vereinbarung eines Rechts des Verwenders, die versprochene Leistung zu ändern oder von ihr abzuweichen, wenn nicht die Vereinbarung der Änderung oder Abweichung unter Berücksichtigung der Interessen des Verwenders für den anderen Vertragsteil zumutbar ist;

5. (Fingierte Erklärungen)

    eine Bestimmung, wonach eine Erklärung des Vertragspartners des Verwenders bei Vornahme oder Unterlassung einer bestimmten Handlung als von ihm abgegeben oder nicht abgegeben gilt, es sei denn, dass

    a) dem Vertragspartner eine angemessene Frist zur Abgabe einer ausdrücklichen Erklärung eingeräumt ist und

    b) der Verwender sich verpflichtet, den Vertragspartner bei Beginn der Frist auf die vorgesehene Bedeutung seines Verhaltens besonders hinzuweisen;

6. (Fiktion des Zugangs)

    eine Bestimmung, die vorsieht, dass eine Erklärung des Verwenders von besonderer Bedeutung dem anderen Vertragsteil als zugegangen gilt;

7. (Abwicklung von Verträgen)

    eine Bestimmung, nach der der Verwender für den Fall, dass eine Vertragspartei vom Vertrag zurücktritt oder den Vertrag kündigt,

    a) eine unangemessen hohe Vergütung für die Nutzung oder den Gebrauch einer Sache oder eines Rechts oder für erbrachte Leistungen oder

    b) einen unangemessen hohen Ersatz von Aufwendungen verlangen kann;

8. (Nichtverfügbarkeit der Leistung)

die nach Nummer 3 zulässige Vereinbarung eines Vorbehalts des Verwenders, sich von der Verpflichtung zur Erfüllung des Vertrags bei Nichtverfügbarkeit der Leistung zu lösen, wenn sich der Verwender nicht verpflichtet,

a) den Vertragspartner unverzüglich über die Nichtverfügbarkeit zu informieren und

b) Gegenleistungen des Vertragspartners unverzüglich zu erstatten.

Gliederung

A. Grundlagen 1	V. Fingierte Erklärungen (Nr. 5) 78
I. Kurzcharakteristik 1	1. Fingierte Erklärungen 78
II. Europäischer Hintergrund 5	2. Zulässigkeit von Erklärungsfiktionen 85
B. Anwendungsvoraussetzungen 6	a. Angemessene Frist 86
I. Annahme- und Leistungsfrist (Nr. 1) 6	b. Hinweispflicht im Einzelfall 88
1. Annahmefrist 7	c. Berechtigtes Bedürfnis 90
2. Leistungsfrist 16	3. Beispiele aus der Rechtsprechung 91
3. Widerrufsrecht 22	a. Unzulässige Klauseln 91
4. Rechtsverkehr zwischen Unternehmen 26	b. Zulässige Klauseln 92
II. Nachfrist (Nr. 2) 28	4. Rechtsverkehr zwischen Unternehmen 94
1. Nachfrist 28	5. Arbeitsrecht 95
2. Unangemessene Länge 30	VI. Fiktion des Zugangs (Nr. 6) 96
3. Bestimmtheit 32	1. Fiktion des Zugangs 96
4. Rechtsverkehr zwischen Unternehmen 33	2. Anwendungsbereich 98
III. Rücktrittsvorbehalt (Nr. 3) 34	3. Veröffentlichungsregeln 99
1. Rücktrittsvorbehalt 34	4. Erklärungen besonderer Bedeutung 100
2. EG-Richtlinie 36	5. Rechtsfolgen 101
3. Bestimmtheit 38	6. Verträge zwischen Unternehmen 102
4. Sachlich gerechtfertigter Grund 40	7. Arbeitsrecht 103
5. Gründe in der Sphäre des Vertragspartners 44	VII. Abwicklung von Verträgen (Nr. 7) 104
6. Gründe in der Sphäre des Verwenders 46	1. Abwicklung von Verträgen 104
7. Rechtsfolge 49	2. Unangemessen hohe Vergütungen und Entgelte 108
8. Rechtsverkehr zwischen Unternehmen 51	3. Klauselbeispiele 109
IV. Änderungsvorbehalt (Nr. 4) 53	4. Rückzahlungsvereinbarung im Arbeitsrecht ... 112
1. Anwendungsbereich 53	5. Beweislast 113
2. Unwirksame Änderungsvorbehalte 61	6. Rechtsfolgen 115
3. Wirksame Änderungsvorbehalte 68	7. Rechtsverkehr zwischen Unternehmen ... 116
4. Beweislast 70	VIII. Nichtverfügbarkeit der Leistung (Nr. 8) ... 117
5. Rechtsverkehr mit Unternehmen 71	C. Rechtsfolgen 119
6. Arbeitsrecht 73	

A. Grundlagen

I. Kurzcharakteristik

Mit § 308 BGB wurde der frühere § 10 AGBG inhaltlich **unverändert** in das BGB übernommen. Lediglich der Verweis in § 308 Nr. 1 HS. 2 BGB wurde der neuen Nummerierung im BGB angepasst. 1

Systematisch sind bei Prüfung von AGB zuerst die Voraussetzungen der §§ 305, 310 BGB zu prüfen. Anschließend sind die speziellen Klauselverbote des § 309 BGB zu prüfen. Erst im nächsten Schritt ist eine – sonst wirksame – Klausel anhand von § 308 BGB zu prüfen. Im letzten Schritt ist dann die Kontrolle nach § 307 BGB vorzunehmen. 2

Inhaltlich handelt es sich um **Klauseln mit Wertungsmöglichkeit**. Die Tatsache, dass eine konkrete Klausel gegen ein Verbot des § 309 BGB verstößt, macht diese unwirksam. Demgegenüber indiziert eine Kollision mit § 308 BGB noch nicht die Unwirksamkeit. Vielmehr ist eine Wertung des gesamten Vertragsinhalts im Einzelfall vorzunehmen.[1] 3

Diese Wertung entspricht der nach § 307 BGB vorzunehmenden Wertung inhaltlich. Soweit daher eine Klausel anhand von § 308 BGB geprüft wurde, kommt eine weitere Prüfung anhand von § 307 BGB 4

---

[1] *Wurmnest* in: MünchKomm-BGB, § 308 Rn. 1.

§ 308

nicht mehr in Betracht.[2] Allerdings gilt dies nur im Rahmen des Klauselverbots aus § 308 BGB. Andere Inhalte einer Klausel sind sehr wohl noch nach § 307 BGB zu prüfen.

II. Europäischer Hintergrund

5   Den europäischen Hintergrund der Regelung bildet die RL 1993/13/EWG des Rates vom 05.04.1993. Dort sind allerdings keine Klauselverbote wie in den §§ 308, 309 BGB geregelt. Es gibt lediglich einen Anhang zur EG-RL mit einer Liste von **missbräuchlichen Klauseln**. Diese Klauseln können nach Art. 3 Abs. 3 RL 1993/13/EWG für missbräuchlich erklärt werden. Die rechtliche Qualität dieser Regelung ist unklar, der Wortlaut ist doppeldeutig.[3] Die im Anhang aufgezählten Klauseln sind am besten als Richtlinien mit Indizwirkung zu verstehen.[4] Sie geben den nationalen Gerichten eine Richtschnur zur Interpretation der §§ 307, 308 BGB. Die Klauselverbote sind daher ähnlich wie diejenigen in § 308 BGB anzuwenden.

B. Anwendungsvoraussetzungen

I. Annahme- und Leistungsfrist (Nr. 1)

6   Das Klauselverbot soll unangemessene Benachteiligungen des Kunden durch zu lange Fristen für die Annahme eines Angebots oder die Ausführung einer Leistung verhindern. Die Regelung gilt für alle Arten von Verträgen.

6.1 Die Vorschriften der §§ 307, 308 Nr. 1, 309 Nr. 7a BGB sind Marktverhaltensregelungen im Sinne von § 4 Nr. 11 UWG (BGH v. 31.05.2012 - I ZR 45/11 - juris 46).

1. Annahmefrist

7   Die Regelung betrifft Klauseln im vorvertraglichen Bereich, **Vertragsabschlussklauseln**. Gegenstand des Klauselverbots ist die Ausgestaltung der Bindungswirkung eines Antrags (§§ 147, 148 BGB). Die erste Alternative regelt den Fall, dass der Verwender seinerseits kein Angebot zum Abschluss eines Vertrages unterbreitet, sondern dem Kunden ein vorformuliertes Angebot vorlegt. Diese Konstellation ist bei Kfz-Kaufverträgen, Versicherungsverträgen etc. gängige Praxis. In diesen Fällen wird in dem vorbereiteten Angebot meist eine Frist bestimmt, innerhalb derer der Verwender das Angebot annehmen kann und der **Kunde an das Angebot gebunden** ist. Häufig sind diese Fristen durch berechtigte Interessen des Verwenders gedeckt, der vor der Annahme noch bestimmte Bearbeitungs- und Überlegungsfristen benötigt. Diese **Interessen des Verwenders** sind gegen die **Interessen des Kunden**, nicht zu lange an das Angebot gebunden zu sein, abzuwägen.

8   Durch die Annahmefrist schafft sich der Verwender einen zeitlichen Spielraum, innerhalb dessen er noch nicht leisten muss, andererseits aber der Vertragspartner nicht vom Vertrag Abstand nehmen kann. Der Vertragspartner kann ihn in dieser Zeit nicht in Verzug setzen und kann sich auch keinen anderen Lieferanten suchen.[5]

9   Unangemessen lang ist eine Frist, wenn sie die in § 147 Abs. 2 BGB bestimmte Frist erheblich übersteigt und der Verwender keine schutzwürdigen Interessen an einer derartigen Bindung besitzt, die die Interessen der Kunden am schnellen Wegfall der Bindung übersteigen.[6]

10 Eine **Bindungsfrist** von vier Wochen für den Käufer eines neuen Kfz kann angemessen sein, soweit sie notwendig ist, um eine sorgfältige ohne Zeitdruck erfolgende Bearbeitung des Antrags des Kraftfahrzeugkäufers sicherzustellen und schutzwürdige Belange des Käufers nicht überwiegen,[7] es sei denn, das Fahrzeug befindet sich bereits beim Händler[8]. Angesichts neuer Kommunikationsmöglichkeiten hält das LG Lüneburg eine vierwöchige Bindungsfrist heute generell nicht mehr für angemessen.[9] Im Möbelhandel ist eine Annahmefrist von drei Wochen zulässig,[10] nicht aber, wenn die Klausel

---

[2] *Wurmnest* in: MünchKomm-BGB, § 308 Rn. 3.
[3] *Wurmnest* in: MünchKomm-BGB, § 308 Rn. 8 ff.
[4] *Wurmnest* in: MünchKomm-BGB, § 308 Rn. 12.
[5] *Roloff* in: Erman, § 308 Rn. 1.
[6] *Wurmnest* in: MünchKomm-BGB, § 308 Nr. 1 Rn. 5.
[7] BGH v. 13.12.1989 - VIII ZR 94/89 - juris Rn. 11 - BGHZ 109, 359-364.
[8] OLG Frankfurt v. 23.07.1997 - 23 U 228/96 - NJW-RR 1998, 566-567.
[9] LG Lüneburg v. 05.07.2001 - 1 S 3/01 - NJW-RR 2002, 564.
[10] OLG Köln v. 21.05.1999 - 6 U 122/98 - NJW-RR 2001, 198-201.

unterschiedslos auch beim Verkauf vorrätiger Möbel verwendet wird[11]. Eine Frist von einem Monat für die Annahme eines Darlehensantrags ist zulässig,[12] ebenso eine Frist von 6 Wochen bei Abschluss einer Lebensversicherung[13] oder eine Frist von 4 Wochen beim Kauf eines hochwertigen technischen Geräts (Heizung im „Baukastensystem")[14]. Zwei Monate beim Abschluss eines Leasingvertrages sind zu lang,[15] eine Bindung von 20 Jahren an ein Rückkaufsangebot im sog. „Einheimischen Baurechtsmodell" ist zulässig,[16] weil durch diese lange Bindung die Bauleitplanung der Gemeinde (Verwenderin) gesichert und dem Kunden im Gegenzug Vorteile eingeräumt wurden. Die in einem Kaufangebot enthaltene und vom Bauträger vorformulierte Bindungsfrist, wonach der Erwerber das Angebot erstmals nach Ablauf von sechs Monaten widerrufen darf, ist unangemessen lang.[17] Eine Bindungsfrist von vier Monaten und drei Wochen für den Käufer einer Immobilie ist unangemessen lang und beeinträchtigt den Käufer in seiner Dispositionsfreiheit.[18] Auch eine Lieferzeit mit dem Zusatz „in der Regel" ist nicht hinreichend bestimmt und daher unwirksam.[19]

Das Klauselverbot ist entsprechend anwendbar, wenn das Zustandekommen des Vertrages an eine **aufschiebende Bedingung** geknüpft ist, die nicht vom Kunden beeinflusst werden kann.[20] Entscheidend dabei ist, dass der Kunde in gleicher Weise gebunden ist. Hat der Kunde bis zum Eintritt der Bedingung ein Recht zur Lösung vom Vertrag, besteht keine Parallele zum Klauselverbot. 11

Notwendig ist zudem, dass die **Frist ausreichend bestimmt** ist, damit ein durchschnittlicher Kunde sich ohne weiteres Klarheit über seine Verpflichtung verschaffen kann.[21] Es handelt sich insoweit um ein ähnliches Problem wie bei § 305c Abs. 2 BGB. Die Frist muss für den Vertragspartner nach Beginn, Dauer, Ende und eventuellen Verlängerungen bestimmbar sein.[22] Andernfalls tritt für den Vertragspartner praktisch die gleiche Situation wie nach der ersten Alternative ein, er ist (jedenfalls subjektiv) unangemessen lang an den Verwender gebunden. 12

Allgemeine Geschäftsbedingungen einer Bank, wonach **Fristbeginn** der einmonatigen Frist für die Bindung des Kunden an sein Angebot erst der Zugang des Angebots bei der Bank sein soll, und wonach der Vertrag bereits mit der Unterschrift seitens der Bank (und somit ohne Zugang der Annahmeerklärung beim Kunden) zustande kommen soll, benachteiligen den Kunden unangemessen.[23] 13

Auch das **Fristende** muss hinreichend bestimmt sein.[24] Nicht ausreichend bestimmt ist eine Klausel, nach der es zur Fristwahrung – abweichend von §§ 130, 148 BGB – nicht des Zugangs der Annahmeerklärung bedarf, sondern es genügt, wenn die Zusage vor Ablauf der Monatsfrist zur Post gegeben wird. Sonst würde zur Einhaltung der Frist ein Ereignis genügen, das zunächst allein in der Kenntnissphäre des Verwenders liegt, während der Vertragspartner über den Fristablauf hinaus für einen nicht exakt bestimmbaren Zeitraum im Ungewissen bliebe.[25] 14

Anstelle der unwirksamen Bindungsfrist ist die gesetzliche Regelung des § 147 BGB zugrunde zu legen.[26] 15

---

[11] BGH v. 13.09.2000 - VIII ZR 34/00 - juris Rn. 12 - BGHZ 145, 139-144.
[12] BGH v. 24.03.1988 - III ZR 21/87 - juris Rn. 28 - LM Nr. 7 zu § 10 Nr. 1 AGBG.
[13] OLG Hamm v. 12.07.1985 - 20 U 205/85 - NJW-RR 1986, 388-390.
[14] OLG Düsseldorf v. 28.12.2004 - 21 U 68/04 - juris Orientierungssatz - NJW 2005, 1515-1516.
[15] OLG Hamm v. 14.03.1986 - 4 U 197/85 - NJW-RR 1986, 927-931.
[16] OLG München v. 20.01.1998 - 25 U 4623/97 - NJW 1998, 1962-1963.
[17] OLG Brandenburg v. 30.06.2005 - 5 U 118/03 - juris Orientierungssatz - BauR 2005, 1685.
[18] BGH v. 11.06.2010 - V ZR 85/09 - juris Rn. 8 - NJW 2010, 2873-2876.
[19] OLG Frankfurt am Main v. 27.07.2011 - 6 W 55/11 - juris Rn. 8 - MMR 2011, 800.
[20] *Heinrichs* in: Palandt, § 308 Rn. 3.
[21] *Roloff* in: Erman, § 308 Rn. 6.
[22] *Wurmnest* in: MünchKomm-BGB, § 308 Nr. 1 Rn. 8.
[23] OLG München v. 23.12.2004 - 19 U 4162/04 - ZIP 2005, 160-162; BGH v. 24.03.1988 - III ZR 21/87 - LM Nr. 7 zu § 10 Nr. 1 AGBG.
[24] *Roloff* in: Erman, § 308 Rn. 6.
[25] BGH v. 24.03.1988 - III ZR 21/87 - juris Rn. 31 - MDR 1988, 649-650; *Pfeilschifter*, jurisPR-MietR 21/2005, Anm. 2.
[26] OLG Brandenburg v. 30.06.2005 - 5 U 118/03 - juris Orientierungssatz - BauR 2005, 1685; *Roloff* in: Erman, § 308 Rn. 6.

2. Leistungsfrist

16 Leistungsfristen sind diejenigen Fristen, die der Verwender bei der Erbringung seiner Leistung einzuhalten hat. An diese Fristen knüpfen die Rechte des Kunden für den Fall des Verzuges, insbesondere die §§ 281, 323, 280 Abs. 2 i.V.m. 286 BGB an. Das Klauselverbot will verhindern, dass diese Rechte der Kunden durch unangemessen lange Leistungsfristen de facto ausgehöhlt werden.[27] Das Verbot gilt für alle Arten vertraglich geschuldeter Leistungen des Verwenders.

17 Unter das Klauselverbot fallen auch Regelungen, die den gesetzlich geregelten Fristen[28] „unechte Nachfristen" vorschalten[29].

18 Die Regelung ist in engem Zusammenhang zu § 309 Nr. 8 lit. a BGB zu sehen, weil die dort festgelegte klauselfeste Möglichkeit des Vertragspartners, sich vom Vertrag zu lösen, ausgehöhlt wird, wenn der Verwender durch unangemessen lange Leistungsfristen den Eintritt des Verzuges und damit das Recht des Vertragspartners zur Kündigung verhindert.[30]

19 Eine Überschreitung der Lieferfrist um sechs Wochen darf beim Kfz-Neuwagenverkauf vom Verwender vorbehalten werden.[31] Eine Überschreitung der Lieferfrist um drei Monate ist unangemessen lang und darf beim Möbelverkauf vom Verwender nicht ausbedungen werden.[32]

20 Auch die Leistungsfrist muss **hinreichend bestimmt** sein. Der Kunde muss die Leistungsfrist selbst erkennen oder berechnen können.[33] Die Klausel darf daher nicht auf die „zur Nachbesserung erforderliche Frist" abstellen.[34] Der Fristbeginn darf weder von einem im Belieben des Verwenders stehenden, noch von einem sonstigen ungewissen Ereignis abhängig gemacht werden. Wirksam sind dagegen ungefähre Angaben („ca-Fristen").[35] Die Lieferfrist darf nicht unverbindlich sein[36] oder unter dem Vorbehalt stehen, dass sie nur bei Liefermöglichkeit des Herstellers verbindlich ist[37]. Die Klausel darf dem Verwender nicht gestatten, sich um die Einhaltung der Lieferfrist nur bemühen zu wollen[38] oder die Lieferfrist bei nicht zu vertretenden Leistungshindernissen ohne nähere Konkretisierung verlängern zu können[39].

21 Dagegen ist die Vereinbarung einer „angemessenen Frist" als bloße Wiederholung des Gesetzes (etwa § 281 BGB) unbedenklich, aber auch wirkungslos. Das Gleiche gilt im Übrigen als gesetzliche Leistungsfrist bei Unwirksamkeit der Klausel.

3. Widerrufsrecht

22 Eine Sonderregelung gilt für Verträge, in denen dem Kunden ein **Widerrufsrecht** nach den §§ 355, 356 BGB (vgl. dazu die Kommentierung zu § 355 BGB und die Kommentierung zu § 356 BGB) zusteht. In diesen Fällen kann der Kunde den zunächst wirksamen Vertrag rückwirkend beseitigen. Im Gegenzug wird dem Verwender gestattet, seine Leistungspflicht ungeachtet des Klauselverbots erst nach Fristablauf zu erbringen.

23 Bei Fernunterrichtsverträgen und teilweise bei **Fernabsatz**verträgen **beginnt** die **Widerrufsfrist** nicht mit Vertragsschluss, sondern **mit der Warenlieferung bzw. der ersten Teillieferung**. Wenn hier der Verwender die Leistungspflicht auf den Ablauf der Widerrufsfrist verschieben würde, träte nie Fälligkeit ein und der Verwender könnte seine Leistung zu einem beliebigen Zeitpunkt erbringen, während der Kunde ohne Möglichkeit der Fristsetzung vertraglich gebunden wäre.[40] Bei Fernabsatz von Dienstleistungen beginnt die Widerrufsfrist gemäß § 312d Abs. 2 HS. 2 BGB „nicht vor dem Tage des Ver-

---

[27] *Heinrichs* in: Palandt, § 308 Rn. 6.
[28] §§ 281, 323 BGB.
[29] *Heinrichs* in: Palandt, § 308 Rn. 6; BGH v. 07.10.1981 - VIII ZR 229/80 - juris Rn. 30 - BGHZ 82, 21-28; BGH v. 26.01.1983 - VIII ZR 342/81 - juris Rn. 11 - LM Nr. 4 zu § 9 (Ba) AGBG; BGH v. 27.09.2000 - VIII ZR 155/99 - juris Rn. 46 - BGHZ 145, 203-245.
[30] *Roloff* in: Erman, § 308 Rn. 7.
[31] BGH v. 07.10.1981 - VIII ZR 229/80 - juris Rn. 31 - BGHZ 82, 21-28.
[32] BGH v. 26.01.1983 - VIII ZR 342/81 - juris Rn. 10 - LM Nr. 4 zu § 9 (Ba) AGBG.
[33] BGH v. 06.12.1984 - VII ZR 227/83 - juris Rn 14 - LM Nr. 13 zu § 9 (Cb) AGBG.
[34] LG Köln v. 26.02.1992 - 8 O 108/91 - NJW-RR 1993, 437-438.
[35] *Heinrichs* in: Palandt, § 308 Rn. 8.
[36] OLG Koblenz v. 25.02.1983 - 2 U 506/82 - WM 1983, 1272-1275.
[37] OLG Saarbrücken v. 04.07.1979 - 1 U 90/78 - BB 1979, 1064-1065.
[38] OLG Oldenburg v. 12.03.1992 - 1 U 179/91 - NJW-RR 1992, 1527-1528.
[39] OLG Stuttgart v. 19.12.1980 - 2 U 122/80 - NJW 1981, 1105-1106.
[40] *Heinrichs* in: Palandt, § 308 Rn. 9.

tragschlusses", so dass dieser Zirkel nicht auftreten kann. Allerdings beginnt die Frist nach § 312d Abs. 2 HS. 1 BGB tatsächlich nicht vor Erfüllung der Informationspflichten. Dadurch hätte es der Verwender tatsächlich in der Hand, die Leistungszeit durch Erfüllung der Informationspflichten zu steuern. Beiden Folgerungen stehen Sinn und Zweck des Gesetzes entgegen.

Zulässig ist eine Verschiebung der Leistungszeit im Hinblick auf ein Widerrufsrecht daher nur, soweit analog zum Bestimmtheitsgebot für den Kunden Beginn und Ende der Frist bestimmbar sind. Die bloße Anknüpfung an das „Widerrufsrecht" reicht dazu nicht aus, da Beginn und auch Ende dieses Rechts für den Kunden im Einzelfall schwer ermittelbar sein können. Gerade die Frage, ob Informationspflichten ausreichend erfüllt sind, kann komplizierte juristische Wertungen erfordern. 24

Anstelle einer unwirksamen (unangemessenen oder unbestimmten) Leistungsfrist tritt die gesetzliche Regelung in § 271 Abs. 1 BGB, wonach der Gläubiger die Leistung sofort verlangen, der Schuldner sich sofort bewirken kann. 25

4. Rechtsverkehr zwischen Unternehmen

Auch im Rechtsverkehr zwischen Unternehmen dürfen die in § 308 Nr. 1 BGB genannten Fristen nicht unangemessen von der gesetzlichen Regelung abweichen. Dabei ist nach § 310 Abs. 1 Satz 2 BGB auf die im Handelsverkehr geltenden Gewohnheiten angemessene Rücksicht zu nehmen. Auch im Rechtsverkehr zwischen Unternehmen ist eine Interessenabwägung zwischen den Interessen des Verwenders, nicht sofort gebunden zu sein, und den Interessen des Vertragspartners, nicht zu lange im Ungewissen und dennoch gebunden zu bleiben, vorzunehmen.[41] 26

Im Handelsverkehr übliche Klauseln, etwa der Vorbehalt rechtzeitiger Selbstbelieferung, dürfen daher verwendet werden.[42] 27

II. Nachfrist (Nr. 2)

1. Nachfrist

Das Klauselverbot dient dem gleichen Zweck, wie das Verbot in § 308 Nr. 1 BGB. Es soll die zeitliche Verfügbarkeit von Leistungen transparent machen.[43] Zusätzlich verhindert das Klauselverbot Umgehungen von § 308 Nr. 1 BGB. 28

Die Regelung umfasst alle Nachfristen, die der Verwender als Schuldner für seine Leistungen ausbedingt. Regelungsgegenstand sind damit die Fristen der §§ 281, 323 und 637 BGB. Das Klauselverbot ist auf die Fristen der §§ 651c Abs. 3 und 651e Abs. 2 BGB entsprechend anzuwenden.[44] Die Vorschrift gilt nur für **echte Nachfristen**, für so genannte „unechte" Nachfristen vgl. Rn. 17. 29

2. Unangemessene Länge

Die Klausel, die die Länge der Nachfrist bestimmt, muss nach der Länge der Lieferfrist und nach der Art der verkauften Gegenstände (vorrätige oder zu bestellende) differenzieren.[45] Eine Nachfrist von 4 Wochen beim Kauf von Möbeln[46] oder einer Einbauküche ist zu lang[47]. Eine Nachfrist von 6 Wochen bei der Lieferung von Fenstern ist zu lang, sie kann als „Ersatzlieferungsfrist" ausgenutzt werden.[48] Ebenso sind 6 Wochen bei Fassadenarbeiten zu lang,[49] 4 Wochen bei Lieferung einer Zaunanlage dagegen zulässig[50]. 30

Die Nachfrist soll dem Verwender die Möglichkeit geben, die Leistung noch zu erbringen, obwohl die ursprünglich vereinbarte Leistungszeit abgelaufen ist. Die Nachfrist soll ausdrücklich keine zweite Lieferfrist oder Ersatzlieferungsfrist sein.[51] Dem Verwender soll lediglich eine letzte Möglichkeit zur Lieferung gegeben werden.[52] Die Nachfrist braucht nicht so lang zu sein, Gelegenheit bleibt, innerhalb 31

---

[41] *Roloff* in: Erman, § 308 Rn. 12.
[42] *Heinrichs* in: Palandt, § 308 Rn. 10.
[43] *Wurmnest* in: MünchKomm-BGB, § 308 Nr. 2 Rn. 1.
[44] *Heinrichs* in: Palandt, § 308 Rn. 11.
[45] BGH v. 31.10.1984 - VIII ZR 226/83 - juris Rn. 32 - LM Nr. 4 zu § 4 AGBG.
[46] BGH v. 31.10.1984 - VIII ZR 226/83 - juris Rn. 32 - LM Nr. 4 zu § 4 AGBG.
[47] OLG Düsseldorf v. 28.01.1999 - 6 U 239/97 - juris Rn. 55 - EWiR 1999, 577.
[48] BGH v. 06.12.1984 - VII ZR 227/83 - juris Rn. 17 - LM Nr. 13 zu § 9 (Cb) AGBG.
[49] OLG Stuttgart v. 25.03.1988 - 2 U 155/87 - NJW-RR 1988, 786-788.
[50] OLG Frankfurt v. 11.12.1980 - 6 U 15/80 - DB 1981, 884-885.
[51] BGH v. 06.12.1984 - VII ZR 227/83 - juris Rn. 17 - LM Nr. 13 zu § 9 (Cb) AGBG.
[52] *Roloff* in: Erman, § 308 Rn. 14.

§ 308

der Frist die Leistung erst vorzubereiten. Vielmehr ist vorauszusetzen, dass die Leistung bereits weitgehend fertig gestellt ist und dass der Verwender lediglich Gelegenheit erhalten soll, seine im Wesentlichen abgeschlossene Leistung vollends zu erbringen.[53] Die Nachfrist kann umso kürzer bemessen werden, je länger der Verwender sich in Verzug befindet.[54]

3. Bestimmtheit

32 Auch hier gilt das **Bestimmtheitsgebot**. Die Frist muss für den Vertragspartner nach Beginn, Dauer, Ende und eventuellen Verlängerungen bestimmbar sein (vgl. Rn. 12).

4. Rechtsverkehr zwischen Unternehmen

33 Auch im Rechtsverkehr zwischen Unternehmen ist das Klauselverbot über die §§ 307 Abs. 2 Nr. 1 und 310 Abs. 1 Satz 2 BGB anwendbar.

III. Rücktrittsvorbehalt (Nr. 3)

1. Rücktrittsvorbehalt

34 Das Klauselverbot gilt für alle Verträge außer Dauerschuldverhältnisse im Sinne von § 314 BGB (vgl. die Kommentierung zu § 314 BGB). Für Dauerschuldverhältnisse gilt das durch die Schuldrechtsreform kodifizierte Kündigungsrecht aus § 314 BGB.

35 § 308 Nr. 3 BGB ist die gesetzliche Regelung des Rechtsgrundsatzes **„pacta sunt servanda"**, wonach geschlossene Verträge auch einzuhalten sind. Diese Vertragsbindung stellt sicher, dass der Verwender die Freizeichnungsverbote nach § 309 Nr. 7, 8 BGB durch eine Kündigung des Vertrages unterläuft.[55] Eine aufschiebende Bedingung stellt demgegenüber kein Lösungsrecht von einer (bereits bestehenden) Leistungspflicht dar.[56]

2. EG-Richtlinie

36 Das Klauselverbot deckt sich teilweise mit den Regelungen in Anhang Nr. 1 lit. c und f RL 1993/13/EWG. Gemäß Anhang Nr. 1 lit. c RL 1993/13/EWG sind Klauseln, nach denen der Verbraucher eine verbindliche Verpflichtung eingeht, während der Verwender die Erbringung der Leistungen an eine Bedingung, deren Eintritt nur von ihm abhängt, knüpft (Potestativbedingung), unwirksam. Nach Anhang Nr. 1 lit. f RL 1993/13/EWG sind Klauseln regelmäßig unwirksam, die es dem Verwender gestatten, nach freiem Ermessen den Vertrag zu kündigen, wenn das gleiche Recht nicht auch dem Verbraucher eingeräumt wird. Untersagt wird damit die **einseitige Bindung** des Kunden bei freiem Lösungsrecht des Verwenders. Ein Änderungsvorbehalt zugunsten eines Bauträgers, wonach er eine Änderung der Ausführungsart vornehmen darf, soweit ihm dies technisch oder wirtschaftlich zweckmäßig erscheint und dadurch keine Wertminderung eintritt, ist unwirksam.[57]

37 Der ansonsten dem BGB fremde Begriff Lösungsrecht ist als umfassende Beschreibung aller Tatbestände zu verstehen, die dem Verwender eine Befreiung von der Bindung durch den Vertrag ermöglichen. Von dem Begriff werden daher Rücktritts-, Kündigungs-, Widerrufs- und Anfechtungsrechte, aufschiebende Bedingungen etc. erfasst.[58] Auch teilweise Kündigungen werden von der Norm erfasst.[59]

3. Bestimmtheit

38 Lösungsgründe müssen in der Klausel konkret angegeben werden, der Kunde muss erkennen können, unter welchen Umständen er mit einer Auflösung des Vertrags zu rechnen hat; der Begriff „Betriebs-

---

[53] BGH v. 10.02.1982 - VIII ZR 27/81 - juris Rn 52 - NJW 1982, 1279-1280.
[54] BGH v. 10.02.1982 - VIII ZR 27/81 - juris Rn 53 - NJW 1982, 1279-1280.
[55] *Roloff* in: Erman, § 308 Rn. 17.
[56] BGH v. 08.12.2010 - VIII ZR 343/09 - juris Rn. 16 - NJW 2011, 1215-1217.
[57] OLG Stuttgart v. 17.10.2002 - 2 U 37/02.
[58] *Heinrichs* in: Palandt, § 308 Rn. 14.
[59] *Roloff* in: Erman, § 308 Rn. 17.

störungen jeder Art" ist zu weit.[60] Nicht konkret genug sind auch die Formulierungen „wenn es die Umstände erfordern"[61], „aus zwingenden Gründen"[62], oder „Rücktritt aufgrund von Erkrankung"[63].

Ein Rücktrittsvorbehalt ist nach § 308 Nr. 3 BGB nur wirksam, wenn in dem Vorbehalt der Grund für die Lösung vom Vertrag mit hinreichender Deutlichkeit angegeben ist und ein sachlich gerechtfertigter Grund für seine Aufnahme in die Vereinbarung besteht.[64] 39

4. Sachlich gerechtfertigter Grund

Der Rücktrittsgrund muss durch ein überwiegendes oder zumindest **anerkennenswertes Interesse** seitens des Verwenders gerechtfertigt sein. Dies ist nicht der Fall, wenn er sich auf Umstände erstreckt, die der Verwender schon vor dem Vertragsschluss hätte erkennen können.[65] 40

Ob ein sachlich gerechtfertigter Grund als Rücktrittsgrund in der Klausel formuliert ist, beurteilt sich unter Abwägung der beiderseitigen Interessen der Vertragsparteien. Maßstab der Beurteilung sind dabei insbesondere die gesetzlich formulierten Gründe, sich vom Vertrag vorzeitig zu lösen.[66] Dies sind insbesondere Regelungen über Rücktrittsrechte (§§ 275, 281, 323 BGB ggf. i.V.m. §§ 321 Abs. 2, 437 Nr. 2, 634, 637 BGB), Kündigungsrechte (§§ 643, 649, 651e, 651j BGB) oder Anfechtungsrechte (§§ 119, 123 BGB).[67] 41

Die Gründe müssen dabei so gewichtig sein, dass das Interesse des Verwenders, sich einseitig vom Vertrag lösen zu können, das Interesse des Vertragspartners, am Vertrag festzuhalten, eindeutig überwiegt.[68] Dabei ist auch zu berücksichtigen, ob der Verwender durch Ausnutzen der Gestaltungsmöglichkeiten im Rahmen der §§ 308 Nr. 1 und 2 BGB bereits eine relativ lange Vertragsbindung des Vertragspartners herbeigeführt hat. Je länger der Verwender den Vertragspartner einseitig an den Vertrag bindet, desto strenger ist der Maßstab für ein einseitiges Lösungsrecht des Verwenders.[69] 42

Missbrauchsgefahr durch Kreditkartenbetrug ist kein ausreichender sachlicher Grund für eine Fluggesellschaft, einen Kunden, der bei Abflug nicht die zur Buchung verwendete Kreditkarte vorweisen kann, abzuweisen und auf den Neukauf eines Tickets zu verweisen.[70] 43

5. Gründe in der Sphäre des Vertragspartners

Vertragswidriges Verhalten des Vertragspartners kann einen sachlich gerechtfertigten Grund für die Lösung vom Vertrag darstellen. Jedoch sind diese Fälle weitgehend bereits gesetzlich geregelt (§§ 280, 286, 323 BGB).[71] Eine Klausel, die die Rücktrittsmöglichkeiten abweichend von den gesetzlichen Vorschriften zu Gunsten des Verwenders regelt, verstößt gegen § 308 Nr. 3 BGB und ist (auch im kaufmännischen Verkehr) unwirksam.[72] 44

Zulässig ist der Vorbehalt des Rücktritts für den Fall, dass der Kunde seine Sorgfaltspflichten gegenüber den unter Eigentumsvorbehalt gelieferten Waren verletzt.[73] Zulässig ist auch der Rücktrittsvorbehalt für den Fall, dass der Kunde falsche Angaben über seine Kreditwürdigkeit macht[74] oder dass die Kreditwürdigkeit objektiv fehlt[75]. Voraussetzung ist aber, dass durch die Verschlechterung der Vermögensverhältnisse auch der Leistungsanspruch des Verwenders gefährdet ist.[76] Dies ist bei Abgabe einer 45

---

[60] BGH v. 26.01.1983 - VIII ZR 342/81 - juris Rn. 16 - LM Nr. 4 zu § 9 (Ba) AGBG.
[61] BGH v. 20.01.1983 - VII ZR 105/81 - juris Rn. 34 - BGHZ 86, 284-299.
[62] OLG Köln v. 28.02.1997 - 19 U 194/95 - NJW-RR 1998, 926.
[63] OLG Hamm v. 18.02.1983 - 20 U 174/82 - DB 1983, 1304-1307.
[64] BAG v. 27.07.2005 - 7 AZR 488/04 - juris Leitsatz - AP Nr. 2 zu § 308 BGB.
[65] BGH v. 10.12.1986 - VIII ZR 349/85 - juris Rn. 35 - BGHZ 99, 182-203.
[66] BGH v. 26.01.1983 - VIII ZR 342/81 - juris Rn. 14 - NJW 1983, 1320-1322.
[67] *Roloff* in: Erman, § 308 Rn. 18.
[68] *Roloff* in: Erman, § 308 Rn. 18.
[69] *Wurmnest* in: MünchKomm-BGB, § 308 Nr. 3 Rn. 6.
[70] OLG Frankfurt am Main v. 08.09.2011 - 16 U 43/11 - juris Rn. 24 - MDR 2011, 1343-1344.
[71] *Roloff* in: Erman, § 308 Rn. 18.
[72] BGH v. 18.12.1985 - VIII ZR 47/85 - juris Rn. 21 - NJW 1986, 842-844.
[73] BGH v. 31.10.1984 - VIII ZR 226/83 - juris Rn. 65 - LM Nr. 4 zu § 4 AGBG.
[74] BGH v. 31.10.1984 - VIII ZR 226/83 - juris Rn. 62 - LM Nr. 4 zu § 4 AGBG; OLG München v. 09.10.2003 - 29 U 2983/03 - NJW-RR 2004, 212.
[75] OLG Koblenz v. 13.03.1981 - 2 U 244/80 - ZIP 1981, 509-512; a.A. OLG Hamm v. 18.02.1983 - 20 U 174/82 - DB 1983, 1304-1307.
[76] BGH v. 08.10.1990 - VIII ZR 247/89 - juris Rn. 41 - BGHZ 112, 279-288.

Offenbarungsversicherung der Fall.[77] Unwirksam ist eine Klausel, in der sich der Verwender für den Fall der Nichtbelieferung durch seine Zulieferer den Rücktritt vorbehält.[78]

6. Gründe in der Sphäre des Verwenders

46 In den wichtigsten Fällen gestattet bereits die gesetzliche Regelung dem Verwender, sich vom Vertrag zu lösen. Eine Erweiterung dieser bestehenden rechtlichen Möglichkeiten ist dagegen nur ausnahmsweise bei Bestehen besonderer berechtigter Interessen möglich.[79]

47 Ein Selbstbelieferungsvorbehalt ist auch in Allgemeinen Geschäftsbedingungen grundsätzlich zulässig, wenn der Verkäufer ein kongruentes Deckungsgeschäft abgeschlossen hat und von seinem Verkäufer im Stich gelassen wird.[80] Jedenfalls muss der Verwender klarstellen, dass die von ihm schuldhaft herbeigeführte Nichtbelieferung nicht zum Rücktritt berechtigt.[81] Darüber hinaus ist ein Selbstbelieferungsvorbehalt noch an § 308 Nr. 8 BGB zu messen (vgl. dazu Rn. 117).

48 Der Widerruf einer Funktionszulage eines Flugbegleiters (Coachzulage) ist bis zur Höhe von 25% des Gesamtverdienstes zulässig, wenn die ergänzende Vertragsauslegung ergibt, dass die Parteien ein Widerrufsrecht für den Fall vereinbart hätten, dass die Zusatzfunktion auf Grund einer unternehmerischen Entscheidung wegfällt.[82]

7. Rechtsfolge

49 Wegen des Verbots geltungserhaltender Reduktion sind derartige Klauseln insgesamt unwirksam. Eine Reduktion auf den gerade noch zulässigen Teil scheidet aus.

50 Lediglich bei Teilbarkeit der Klausel kommt Erhalt der wirksamen Teile in Betracht.[83] Werden mehrere Rücktrittsgründe genannt, von denen ein Teil sachlich berechtigt ist, ein anderer Teil allerdings nicht, bleibt die Klausel im Hinblick auf die sachlich berechtigten Gründe bestehen.[84]

8. Rechtsverkehr zwischen Unternehmen

51 Auch im Rechtsverkehr zwischen Unternehmen ist es nicht angemessen, sich einseitig ein Rücktrittsrecht vorzubehalten, wobei derartige Klauseln im Handelsverkehr teilweise üblich und daher nicht zu beanstanden sind.[85]

52 Die Handelsklausel „Richtige und rechtzeitige Selbstbelieferung bleibt vorbehalten" ist üblich und zulässig, greift jedoch nur Platz, wenn der Verkäufer ein kongruentes Deckungsgeschäft abgeschlossen hat und von seinem Lieferanten im Stich gelassen wird.[86] Die begründet der BGH mit der im Handelsverkehr üblichen Auslegung der Klausel: „Von einem Kaufmann kann erwartet werden, daß er diesen üblichen Regelungsgehalt der der Risikoabsicherung seines Vertragspartners dienenden Selbstbelieferungsklausel kennt."[87]

IV. Änderungsvorbehalt (Nr. 4)

1. Anwendungsbereich

53 Ähnlich wie auch § 308 Nr. 3 BGB soll diese Regelung die **einseitige Bindung des Kunden** bei fehlender Bindung des Verwenders verhindern. Auf den ersten Blick scheint das Verbot der Leistungsänderung ein Minus gegenüber dem Verbot der vollständigen Leistungsverweigerung zu sein. Bei genauerer Betrachtung zeigt sich aber die höhere Eingriffsintensität. Die Leistungsverweigerung befreit nämlich auch den Kunden von der Gegenleistungspflicht. Demgegenüber muss der Kunde beim Änderungsvorbehalt Ware entgegennehmen und bezahlen, die er nicht oder nicht so verwenden kann.[88]

---

[77] BGH v. 27.09.2000 - VIII ZR 155/99 - juris Rn. 74 - BGHZ 145, 203-245.
[78] OLG Stuttgart v. 23.01.1981 - 2 U 140/80 - ZIP 1981, 875-876.
[79] *Roloff* in: Erman, § 308 Rn. 22.
[80] BGH v. 26.01.1983 - VIII ZR 342/81 - juris Rn. 19 - WM 1983, 308-311; BGH v. 06.03.1968 - VIII ZR 221/65 - WM 1968, 510-513.
[81] BGH v. 26.01.1983 - VIII ZR 342/81 - juris Rn. 19 - WM 1983, 308-311.
[82] LArbG Düsseldorf v. 17.05.2005 - 6 (9) Sa 724/03 - Bibliothek BAG.
[83] *Heinrichs* in: Palandt, § 308 Rn. 20.
[84] BGH v. 31.10.1984 - VIII ZR 226/83 - juris Rn. 63 - WM 1985, 24-31; *Roloff* in: Erman, § 308 Rn. 28.
[85] *Roloff* in: Erman, § 308 Rn. 29.
[86] BGH v. 14.11.1984 - VIII ZR 283/83 - juris Rn 17 - NJW 1985, 738-739.
[87] BGH v. 14.11.1984 - VIII ZR 283/83 - juris Rn 17 - NJW 1985, 738-739.
[88] *Wurmnest* in: MünchKomm-BGB, § 308 Nr. 4 Rn. 1.

Das Klauselverbot betrifft alle Klauseln, die dem Verwender eine Veränderung der vertraglich versprochenen Leistung nach Inhalt, Menge und Qualität, Erfüllungsort, -zeit etc. erlauben. Dazu zählt auch die Befugnis zu Teillieferungen oder zur Lieferung von Mindermengen. Die Norm ist auf alle Verträge anwendbar.[89] Auf die Art der geschuldeten Leistung kommt es nicht an, auch Geldforderungen können umfasst sein. Soweit die Klausel lediglich übliche Toleranzmargen wiederholt, liegt in Wahrheit kein Änderungsvorbehalt, sondern eine übliche Beschreibung der geschuldeten Leistung vor.[90] Beispiele für typische Klauseln sind: „Quantitätsangaben sind freibleibend", „Angaben über Maße, Farbe u.a. sind unverbindlich" oder „technische Änderungen vorbehalten".[91]

54

Die Regelung bezieht sich ausschließlich auf die Änderung der Leistung des Verwenders. Soweit die Gegenleistung des Vertragspartners nachträglich geändert werden soll, insbesondere Preisänderungen, ist eine Inhaltskontrolle nach § 307 BGB vorzunehmen.[92] Allerdings hat der BGH eine Zinsänderungsklausel in einem Sparvertrag wegen Verstoß gegen das Klauselverbot für unwirksam gehalten, weil nicht das erforderliche Mindestmaß an Kalkulierbarkeit möglicher Zinsänderungen gegeben war.[93] Dabei wurde nicht auf die Tatsache eingegangen, dass die Zinsänderung allein die Leistung des Vertragspartners betraf.[94]

55

Auch die Veränderung von Nebenpflichten oder Erfüllungsmodalitäten wie z.B. Leistungszeit und Leistungsort oder AGB fällt unter die Regelung.[95] Änderungsvorbehalte, die sich nicht auf Teile der versprochenen Leistung beziehen, sondern etwa Leistungen des Verwenders gegenüber Dritten, fallen nicht unter das Klauselverbot.[96] Zuletzt hat das Schleswig-Holsteinische Oberlandesgericht entschieden, dass Änderungsvorbehalte, die sich nicht primär auf Leistungen, sondern auf die Gesamtheit der Vertragsbeziehungen und auch die vom Kunden zu erbringenden Leistungen beziehen, nicht nach diesem Klauselverbot, sondern ausschließlich nach § 307 Abs. 1 Satz 1, Abs. 2 Nr. 1 BGB zu beurteilen sind.[97]

56

Das Klauselverbot entspricht den Regelungen in Anhang Nr. 1 lit. j und k RL 1993/13/EWG. Anhang Nr. 1 lit. j RL 1993/13/EWG untersagt Klauseln, nach denen der Verwender die Vertragsklauseln einseitig ohne triftigen und im Vertrag aufgeführten Grund ändern kann. Anhang Nr. 1 lit. k RL 1993/13/EWG erklärt Klauseln für bedenklich, nach denen der Gewerbetreibende die Merkmale des zu liefernden Erzeugnisses oder der zu erbringenden Dienstleistung einseitig ohne triftigen Grund ändern kann. Beide Regelungen werden durch § 308 Nr. 4 BGB in Deutschland umgesetzt.

57

Änderungsvorbehalte sind dann wirksam, wenn sie für den Kunden zumutbar sind. Anhaltspunkt dafür ist Anhang Nr. 1 lit. k RL 1993/13/EWG, wo die Klausel für wirksam erklärt wird, wenn triftige Gründe für die Änderung vorliegen.

58

Eine Klausel im Versandhandel, die die Zusendung qualitativ und preislich gleichwertiger Artikel gestattet, berücksichtigt nicht, dass zahlreiche Artikel - etwa Bekleidungsgegenstände - vom Kunden nach seinen individuellen Wünschen und Bedürfnissen ausgewählt werden und ist daher unwirksam.[98] Auch die zusätzliche Einräumung eines Rückgaberechts innerhalb von 14 Tagen wahrt nicht das berechtigte Interesse des Kunden, eine solche von der Bestellung abweichende Leistung nicht als vertragsgemäße Erfüllung annehmen zu müssen und ändert daher nichts an der Unwirksamkeit der Klausel.[99] Der in den Allgemeinen Geschäftsbedingungen ausgesprochene Vorbehalt, ein in Qualität und Preis gleichwertiges Produkt liefern zu dürfen, wenn das bestellte nicht verfügbar ist, ist wegen Verstoßes gegen § 308 Nr. 4 BGB unwirksam.[100]

59

---

[89] *Heinrichs* in: Palandt, § 308 Rn. 22.
[90] *Wurmnest* in: MünchKomm-BGB, § 308 Nr. 4 Rn. 4.
[91] *Roloff* in: Erman, § 308 Rn. 31.
[92] *Roloff* in: Erman, § 308 Rn. 32.
[93] BGH v. 13.04.2010 - XI ZR 197/09 - juris Rn. 15, 16.
[94] Kritisch deshalb *Westphalen*, NJW 2011, 2098.
[95] *Schmidt* in: Ulmer/Brandner/Hensen, § 308 Nr. 4 Rn. 4.
[96] *Wurmnest* in: MünchKomm-BGB, § 308 Nr. 4 Rn. 5.
[97] Schleswig-Holsteinisches OLG v. 27.03.2012 - 2 U 2/11 - juris Rn. 68 - BB 2012, 1186-1187.
[98] BGH v. 21.09.2005 - VIII ZR 284/04 - K&R 2006, 559-562.
[99] BGH v. 21.09.2005 - VIII ZR 284/04 - K&R 2006, 559-562.
[100] LG Frankfurt v. 09.03.2005 - 2-02 O 341/04, 2/02 O 341/04, 2-2 O 341/04, 2/2 O 341/04 - juris Orientierungssatz 2 - WRP 2005, 922-924.

60 Bei langfristig angelegten Sparverträgen ist eine formularmäßige Zinsänderungsklausel, die dem Kreditinstitut eine inhaltlich unbegrenzte Zinsänderungsbefugnis einräumt, unwirksam.[101]

2. Unwirksame Änderungsvorbehalte

61 Von der Rechtsprechung wurden beispielsweise folgende Änderungsvorbehalte für **unwirksam** gehalten: Vertreterklausel in einer ärztlichen Wahlleistungsvereinbarung (Chefarztbehandlung), wenn sie auch Fälle einer vorhersehbaren Verhinderung des Chefarztes einschließt,[102] Preisänderungsklauseln in Allgemeinen Reisebedingungen, die sich an § 651a Abs. 3 und Abs. 4 BGB anlehnen, davon allerdings abweichen[103] (nicht rechtskräftig), Klausel „Preisänderungen sind nach Abschluss des Reisevertrages im Falle der Erhöhung der Beförderungskosten oder der Abgaben für bestimmte Leistungen wie Fluggebühren in dem Umfang möglich",[104] in Reisebedingungen das Recht zur Änderung der Fluggesellschaft,[105] Klausel in AGB einer Sportschule, die berechtigt, im Bedarfsfalle den Sportunterricht in andere Räume zu verlegen,[106] Klausel in einem Mobilfunkvertrag, die den Verfall eines Restguthabens des Verbrauchers im Falle des Nichtaufladens der „Free & Easy Card" innerhalb eines bestimmten Zeitfensters vorsieht,[107] Klausel, die den Versicherer berechtigt, die im Tarif vorgesehenen Gefahrenmerkmale durch andere zu ersetzen oder neue hinzuzufügen,[108] den Mobilfunkanbieter berechtigt, die Rufnummer aus technischen und betrieblichen Gründen zu ändern,[109] Änderungsvorbehalt in Versicherungsvertrag für den Fall der Unwirksamkeit oder von Zweifeln an der Wirksamkeit einzelner Klauseln[110].

62 Die Vereinbarung, wonach der Provisionsanspruch eines Handelsvertreters nur freiwillige Leistung ist und wonach ihre Zahlung der Bestimmung des Arbeitgebers unterliegt, ist unwirksam, wenn sie nicht erkennen lässt, zu welchem Zweck und in welchem Umfang der Arbeitgeber von seinem Bestimmungsrecht Gebrauch machen darf.[111]

63 Die Klausel „Sollte ein bestimmter Artikel nicht lieferbar sein, senden wir Ihnen in Einzelfällen einen qualitativ und preislich gleichwertigen Artikel (Ersatzartikel) zu." enthält einen unzulässigen Änderungsvorbehalt.[112]

64 Die pauschale Regelung in den Arbeitsverträgen mit den Lehrkräften, für die Anzahl der zu leistenden Unterrichtsstunden gelte ein bestimmter Erlass in seiner jeweils geltenden Fassung, genügt nicht den Anforderungen an eine wirksame Vereinbarung eines Bestimmungsrechts.[113]

65 Die Herabsetzung des Provisionssatzes auf der Grundlage einer formularmäßigen Änderungsvorbehaltsklausel bei Einführung neuer Tarife in den Allgemeinen Provisionsbestimmungen einer Versicherung ist unwirksam, da die Klausel gegen den Rechtsgedanken des § 308 Nr. 4 BGB verstößt und die Versicherungsvertreter unangemessen benachteiligt.[114] Unwirksam ist auch eine Zinsänderungsklausel, die nicht das erforderliche Mindestmaß an Kalkulierbarkeit möglicher Zinsänderungen aufweist.[115]

66 Ein rechtfertigender Grund für eine solche Klausel fehlt, wenn der Verwender bei ordnungsgemäßer Geschäftsführung dem Vertragspartner bereits im Zeitpunkt des Vertragsschlusses die Leistung in der geänderten Form hätte versprechen können.[116]

---

[101] BGH v. 17.02.2004 - XI ZR 140/03 - juris Leitsatz - BGHZ 158, 149-159.
[102] OLG Stuttgart v. 17.01.2002 - 2 U 147/01 - OLGR Stuttgart 2002, 153-155; LG Hamburg v. 02.02.2001 - 313 S 62/00 - NJW 2001, 3415-3416.
[103] OLG Düsseldorf v. 22.11.2001 - 6 U 29/01 - NJW 2002, 447-451.
[104] BGH v. 19.11.2002 - X ZR 253/01 - juris Rn. 16 - NJW 2003, 746-748.
[105] LG Kleve v. 17.08.2001 - 6 S 120/01 - NJW-RR 2002, 1058-1060.
[106] OLG Frankfurt v. 20.01.2000 - 1 U 207/98 - juris Rn. 2 - NJW-RR 2001, 914-915.
[107] OLG Brandenburg v. 01.12.1999 - 3 U 251/98 - VuR 2000, 147-149.
[108] OLG Celle v. 22.07.1999 - 8 U 82/98 - DAR 1999, 450-452.
[109] OLG Köln v. 15.05.1998 - 6 U 83/97 - MMR 1999, 51; OLG Schleswig v. 15.05.1997 - 2 U 37/96 - NJW-RR 1998, 54-56.
[110] BGH v. 17.03.1999 - IV ZR 218/97 - BGHZ 141, 153-159.
[111] LArbG Rostock v. 15.11.2005 - 5 Sa 4/05.
[112] BGH v. 21.09.2005 - VIII ZR 284/04 - NJW 2005, 3567-3569.
[113] LArbG Rostock v. 31.01.2006 - 5 Sa 156/05; anhängig BAG, 9 AZR 228/06.
[114] OLG München v. 06.02.2008 - 7 U 3993/07 - juris Rn. 49.
[115] BGH v. 10.06.2008 - XI ZR 211/07 - juris Rn. 15.
[116] BGH v. 30.06.2009 - XI ZR 364/08 - juris Rn. 24.

Die Klausel „Sollte A.-Internet mit der von mir gewünschten Bandbreite nicht zur Verfügung stehen, möchte ich das von mir ausgewählte Paket inkl. der ausgewählten Sprach-Extras mit der maximal verfügbaren Bandbreite erhalten." verdeutlicht nach Auffassung des LG Düsseldorf nicht ausreichend, dass „nicht zur Verfügung stehen" sich auf technische Gründe außerhalb des Einflussbereichs der Verwenderin beziehen soll.[117]

3. Wirksame Änderungsvorbehalte

Wirksam war dagegen im Mietvertrag die Klausel, wonach die „Festlegung der Größe der Individualräume" durch den Vermieter nach billigem Ermessen erfolgen sollte[118], sowie die Klausel, nach der eine nach außen unbeschränkte Vollmacht Bindungen im Innenverhältnis unterliegt[119].

Der Vorbehalt des Verwenders, die eigene Leistung zu erhöhen, fällt nicht in den Schutzbereich des in § 308 Nr. 4 BGB geregelten Verbots.[120]

4. Beweislast

Die Beweislast für die Zumutbarkeit trägt nach dem Wortlaut der Norm der Verwender.[121]

5. Rechtsverkehr mit Unternehmen

Der Grundgedanke des § 308 Nr. 4 BGB ist auch im Verkehr mit Unternehmern i.S.d. § 310 Abs. 1 Satz 1 heranzuziehen.[122]

Im Rechtsverkehr zwischen Unternehmen gelten häufig handelsübliche Mengen- und Qualitätstoleranzen. Insoweit fehlt es oft schon an einer nachteiligen Regelung (vgl. Rn. 54). Unwirksam ist die Klausel, nach der der Verwender das Recht hat, die Rabattierung jeweils nach Gutdünken neu festzulegen.[123]

6. Arbeitsrecht

Die Regelung gilt auch im Arbeitsrecht.

Ein **Anrechnungsvorbehalt** ermöglicht dem Arbeitgeber, eine übertarifliche Zulage bei einer Tariferhöhung zu kürzen. Die Anrechnung kann höchstens im Umfang der Tariferhöhung erfolgen, so dass die Anrechnung nicht zu einer Änderung der Gesamtvergütung führt. Es verschiebt sich lediglich das Verhältnis der tariflichen zu den übertariflichen Entgeltbestandteilen. Wird in Allgemeinen Geschäftsbedingungen eine Zulage unter dem Vorbehalt der Anrechnung gewährt, ohne dass Anrechnungsgründe näher bestimmt sind, führt dies nicht zur Unwirksamkeit nach § 308 Nr. 4 BGB. Eine solche Klausel verstößt auch nicht gegen das Transparenzgebot des § 307 Abs. 1 Satz 2 BGB.[124]

Der Prüfungsmaßstab des § 308 Nr. 4 BGB kommt bei einer dynamischen **Bezugnahmeklausel** auf Tarifverträge oder Rechtsverordnungen in ihrer jeweils geltenden Fassung nicht zur Anwendung. Das jeweils anzuwendende Regelungswerk steht nicht zur freien Disposition des Arbeitgebers.[125] Umstritten ist, ob dies auch bei einer sog. großen dynamischen Bezugnahmeklausel gilt. Nimmt der Anstellungsvertrag dynamisch Bezug auf ein **einseitiges Regelungswerk des Arbeitgebers**, handelt es sich um einen gemäß § 308 Nr. 4 BGB kontrollfähigen Änderungsvorbehalt.[126] Bei der Angemessenheitskontrolle gemäß § 308 Nr. 4 BGB ist nicht auf etwa bereits tatsächlich erfolgte Änderungen abzustellen, sondern auf die Möglichkeiten, die die Bezugnahmeklausel eröffnet. Ein Verstoß gegen § 308 Nr. 4 BGB liegt vor, wenn der Arbeitgeber sich ohne Angabe triftiger Gründe in der Bezugnahmeklausel vorbehält, einseitig eine Arbeits- und Sozialordnung abzuändern, in der unter anderem wesentliche Vergütungsbestandteile geregelt sind.[127]

---

[117] LG Düsseldorf v. 28.12.2011 - 12 O 501/10 - juris Rn. 32 - MMR 2012, 227-229.
[118] OLG Düsseldorf v. 17.02.2000 - 10 U 100/98 - juris Rn. 88 - NJW-RR 2000, 1681-1682.
[119] BayObLG München v. 12.09.2002 - 2Z BR 75/02 - NJW-RR 2002, 1669.
[120] BAG v. 09.11.2005 - 5 AZR 351/05 - EzA-SD 2006, Nr. 6, 6-7.
[121] *Heinrichs* in: Palandt, § 308 Rn. 23.
[122] OLG München v. 06.02.2008 - 7 U 3993/07 - juris Rn. 46.
[123] BGH v. 12.01.1994 - VIII ZR 165/92 - juris Rn. 54 - BGHZ 124, 351-371.
[124] BAG v. 01.03.2006 - 5 AZR 363/05 - juris Leitsatz - NZA 2006, 746.
[125] BAG v. 14.03.2007 - 5 AZR 630/06 - juris Rn. 25 - NZA 2008, 45, 47.
[126] BAG v. 11.02.2009 - 10 AZR 222/08 - juris Rn. 24 - NZA 2009, 428, 430.
[127] BAG v. 11.02.2009 - 10 AZR 222/08 - juris Rn. 25 - NZA 2009, 428, 430.

§ 308

76 Ein **Direktionsvorbehalt** konkretisiert das Direktionsrecht des Arbeitgebers zur Zuweisung von Arbeitsinhalt, Arbeitsort oder Arbeitsleistung. Auf diese Regelungen ist § 308 Nr. 4 BGB nicht anwendbar, da diese Bestimmung die Leistung des Arbeitgebers selbst betrifft, nicht jedoch die vom Arbeitnehmer geschuldete Gegenleistung.[128]

77 Die Vertragsklausel in einem Formulararbeitsvertrag, nach der dem Arbeitgeber das Recht zustehen soll, „übertarifliche Lohnbestandteile jederzeit unbeschränkt zu widerrufen", ist gem. § 308 Nr. 4 BGB unwirksam.[129] Der **Widerrufsvorbehalt** ist ein Änderungsvorbehalt im Sinne des § 308 Nr. 4 BGB. Der Arbeitgeber behält sich das Recht vor, eine bestimmte Leistung ganz oder teilweise mit Wirkung für die Zukunft zu widerrufen. Die Vereinbarung eines Widerrufsrechts ist gemäß § 308 Nr. 4 BGB nicht unzumutbar, wenn der Widerruf nicht grundlos erfolgen soll, sondern wegen der unsicheren Entwicklung der Verhältnisse als Instrument der Anpassung notwendig ist.[130] Auch wenn der Arbeitgeber wegen der Ungewissheit der wirtschaftlichen Entwicklung ein anerkennenswertes Interesse daran hat, bestimmte Leistungen flexibel auszugestalten, darf jedoch das Wirtschaftsrisiko nicht auf den Arbeitnehmer verlagert werden. Auch sind Eingriffe in den Kernbereich des Arbeitsvertrages nicht zulässig, da diese den Vertragsinhaltsschutz des § 2 KSchG umgehen. Die Vereinbarung eines Widerrufsvorbehalts ist zulässig, soweit der im Gegenseitigkeitsverhältnis stehende widerrufliche Teil des Gesamtverdienstes unter 25% liegt und der Tariflohn nicht unterschritten wird.[131] Der widerrufliche Teil der Arbeitsvergütung erhöht sich auf bis zu 30% des Gesamtverdienstes, wenn Zahlungen des Arbeitgebers widerruflich sein sollen, die keine unmittelbare Gegenleistung für die Arbeitsleistung darstellen (beispielsweise Ersatz für Aufwendungen).[132] Darüber hinaus bedarf es eines Widerrufsgrundes aus wirtschaftlichen Gründen oder Gründen in der Leistung oder dem Verhalten des Arbeitnehmers. Der Grad der Störung (wirtschaftliche Notlage, Nichterreichen der erwarteten Entwicklung, unterdurchschnittliche Leistungen etc.) muss den Widerruf rechtfertigen.[133] Damit der Arbeitnehmer anhand des vereinbarten Widerrufsvorbehaltes die Angemessenheit und Zumutbarkeit erkennen kann, müssen die Gründe bei der Formulierung des Widerrufsvorbehaltes genannt werden (§ 307 Abs. 1 Satz 2 BGB). Auch der Grad der Störung muss konkretisiert werden, wenn der Arbeitgeber hierauf abstellen will und nicht schon allgemein die wirtschaftliche Entwicklung, die Leistungen oder das Verhalten des Arbeitnehmers nach dem Umfang des Widerrufsvorbehaltes ausreichen und nach der Vertragsregelung auch ausreichen sollen.[134]

V. Fingierte Erklärungen (Nr. 5)

1. Fingierte Erklärungen

78 Anders als unter Kaufleuten ist **Schweigen** bei Privatleuten **nicht als Willenserklärung** zu interpretieren. Dieser Grundsatz wird durch das Klauselverbot des § 308 Nr. 5 BGB geschützt. Es ist ein wesentliches Prinzip des Privatrechts.[135] Geregelt werden nur fingierte Erklärungen des Kunden. Eigene Erklärungen darf der Verwender dagegen durchaus fingieren.[136]

79 Vom Verbot werden Klauseln erfasst, die an ein bestimmtes, in der Klausel beschriebenes Verhalten des Kunden die Fiktion einer bestimmten Erklärung knüpfen. In der Praxis wird meist das Schweigen auf eine Erklärung des Verwenders als **Zustimmung** gewertet.[137] Denkbar ist jedoch auch die Anknüpfung an positives Tun, etwa Wertung der bloßen Inbesitznahme des Werkes als fingierte Abnahmeerklärung.[138] Auch Umdeutungsklauseln, wonach Erklärungen des Kunden ein anderer oder zusätzlicher

---

[128] BAG v. 11.04.2006 - 9 AZR 557/05 - juris Rn. 31 - NZA 2006, 1149, 1151; BAG v. 09.05.2006 - 9 AZR 424/05 - juris Rn. 23 - NZA 2007, 145, 147.
[129] BAG v. 12.01.2005 - 5 AZR 364/04 - AP Nr. 1 zu § 308 BGB; *Hümmerich*, NJW 2005, 1759-1761 (zur chefärztlichen Entwicklungsklausel); gegen die Anwendung pauschaler Prozentsätze bei der Bemessung des widerruflichen Anteils des Gesamtverdienstes: *Lindemann/Preis*, ArbuR 2005, 229-232.
[130] BAG v. 12.01.2005 - 5 AZR 364/04 - juris Rn. 21 - NZA 2005, 465, 467.
[131] BAG v. 11.10.2006 - 5 AZR 721/05 - juris Rn. 23 - NZA 2007, 87, 89.
[132] BAG v. 11.10.2006 - 5 AZR 721/05 - juris Rn. 23 - NZA 2007, 87, 89.
[133] BAG v. 12.01.2005 - 5 AZR 364/04 - juris Rn. 28 - NZA 2005, 465, 468.
[134] BAG v. 20.04.2011 - 5 AZR 191/10 - juris Rn. 10 - NZA 2011, 796; BAG v. 12.01.2005 - 5 AZR 364/04 - juris Rn. 28 - NZA 2005, 465, 468.
[135] *Heinrichs* in: Palandt, § 308 Rn. 25.
[136] *Heinrichs* in: Palandt, § 308 Rn. 25.
[137] *Wurmnest* in: MünchKomm-BGB, § 308 Nr. 5 Rn. 3.
[138] BGH v. 10.11.1983 - VII ZR 373/82 - juris Rn. 14 - LM Nr. 25 zu § 320 BGB.

Erklärungswert beigelegt wird, etwa die Klausel eines Reiseveranstalters, wonach Umbuchungen innerhalb von 40 Tagen vor Reiseantritt als Rücktritt verbunden mit einer Neuanmeldung gewertet werden,[139] fallen unter das Klauselverbot.

Unanwendbar ist die Regelung, wenn sich die fingierte Erklärung mit der gesetzlichen Regelung deckt. Eine Klausel ist nicht wegen Verstoßes gegen § 308 Nr. 5 BGB unwirksam, wenn bei Wegdenken dieser Klausel kraft Gesetzes das Gleiche gelten würde, wie in der Klausel fingiert. Knüpft etwa eine Klausel die **Abnahmefiktion beim Werkvertrag an die Ingebrauchnahme**, unterliegt sie nicht dem Klauselverbot, wenn schon nach den allgemeinen Regeln eine konkludente Abnahme vorliegt. 80

Zu Unrecht wurde eine Klausel, wonach die Teilnahme an einem elektronischen Erinnerungsdienst im Internet mit der Einwilligung in die Verarbeitung personenbezogener Daten gleichgesetzt wurde, für unvereinbar mit § 308 Nr. 5 BGB gehalten.[140] Dabei wurde übersehen, dass die Verarbeitung der personenbezogenen Daten im Rahmen des Vertragszwecks bereits nach § 28 Abs. 1 Nr. 1 BDSG kraft Gesetzes zulässig ist. 81

Tatsachenbestätigungen sind in den §§ 308 Nr. 6 (Zugangsfiktion) und 309 Nr. 12 (Beweiserleichterung) BGB erfasst.[141] 82

Die Norm bezieht sich ausschließlich auf die Fiktion von Erklärungen nach Abschluss eines Vertrages. Die Fiktion des Vertragsabschlusses ist davon nicht umfasst.[142] 83

Die RL 1993/13/EWG enthält keine korrespondierende Regelung. Anhang Nr. 1 lit. i RL 1993/13/EWG betrifft nicht den hier geregelten Fall des Schweigens, sondern die Fiktion der Einbeziehung von AGB. 84

2. Zulässigkeit von Erklärungsfiktionen

Erklärungsfiktionen sind nicht generell unwirksam. Vielmehr gibt es durchaus Situationen, in denen der Vertragspartner redlicherweise eine Erklärung erwarten kann. Das Gesetz erkennt das Bedürfnis der Verwender an, von den Vertragspartnern Erklärungen zu verlangen. Zulässig ist die Fiktion einer Erklärung, wenn zwei Voraussetzungen kumulativ gegeben sind. Der Vertragspartner muss eine ausreichende Frist zur Abgabe der zu fingierenden Erklärung haben, und er muss auf die Erklärungsfiktion ausdrücklich hingewiesen werden. 85

a. Angemessene Frist

Dem Vertragspartner muss eine angemessene Frist eingeräumt werden. In dieser Frist muss er die Gelegenheit haben, die Angelegenheit zu prüfen und durch eine Erklärung den Eintritt der an sein Untätigbleiben oder sein Verhalten geknüpften Rechtsfolgen zu verhindern.[143] 86

Angemessen ist der Zeitraum dann, wenn der Kunde Zeit hat, erforderliche Informationen und Rat einzuholen, die Entscheidung sorgfältig zu überlegen, die Erklärung zu formulieren und zu übermitteln.[144] Dabei sind alle Umstände des Einzelfalles zu berücksichtigen. In der Regel werden 1-2 Wochen erforderlich sein. Ob eine Frist von zwei Wochen ausreicht, um die neuen Konditionen mit den aktuellen Angeboten anderer Anbieter zu vergleichen und alles Erforderliche zu organisieren, wurde vom BGH offen gelassen.[145] Die Frist von einem Monat bei einer Klausel zur Prüfung der Kontokorrentabrechnung war in einem Handelsvertretervertrag angemessen, da ein besonderes Interesse besteht, rasche und klare Verhältnisse zwischen den Vertragsparteien zu schaffen.[146] Die Frist sollte daher auf jeden Fall großzügig bemessen werden.[147] Zulässig ist es, in den AGB die genaue Frist offen zulassen und in Wiederholung des Gesetzestextes nur eine „angemessene" Frist vorzuschreiben. Diese ist dann im Einzelfall zu bestimmen und dem Vertragspartner vor Fristbeginn mitzuteilen (vgl. Rn. 88). 87

---

[139] Unwirksam: BGH v. 09.07.1992 - VII ZR 7/92 - juris Rn. 62 - BGHZ 119, 152-176.
[140] OLG Bremen v. 16.08.2001 - 5 U 23/2001, 5 U 23/2001c, 5 U 23/01, 5 U 23/01c - DuD 2002, 433-434.
[141] Vgl. zur Abgrenzung *Roloff* in: Erman, § 308 Rn. 41.
[142] *Roloff* in: Erman, § 308 Rn. 42.
[143] *Wurmnest* in: MünchKomm-BGB, § 308 Nr. 5 Rn. 11.
[144] *Wurmnest* in: MünchKomm-BGB, § 308 Nr. 5 Rn. 11.
[145] BGH v. 04.10.1984 - III ZR 119/83 - juris Rn. 25 - LM Nr. 264 zu § 242 (Cd) BGB.
[146] LG Frankfurt (Oder) v. 17.10.1997 - 31 O 153/96 - VersR 1998, 1238-1239.
[147] *Heinrichs* in: Palandt, § 308 Rn. 26.

§ 308

b. Hinweispflicht im Einzelfall

88 Die Klausel ist nur wirksam, wenn sich der Verwender zusätzlich verpflichtet, den Kunden bei Beginn der Frist auf die vorgesehene Bedeutung seines Verhaltens oder Untätigbleibens besonders hinzuweisen.

89 Wird der Hinweis dann trotz Verpflichtung unterlassen, bleibt die Klausel wirksam, allerdings tritt die Erklärungsfiktion nicht ein. Erfolgt der Hinweis, ohne dass der Verwender sich in den AGB dazu verpflichtet hätte, bleibt die Klausel unwirksam, eine nachträgliche Heilung ist ausgeschlossen.[148] Möglich bliebe allein, nach den Regeln über spätere Änderung von AGB die unwirksame durch eine wirksame Klausel zu ersetzen.

c. Berechtigtes Bedürfnis

90 Eine Erklärungsfiktion ist außerdem anhand von § 307 BGB zu prüfen und nur zulässig, wenn ein berechtigtes Bedürfnis bspw. ein organisatorisches Bedürfnis im Massenverkehr besteht.[149] § 308 Nr. 5 BGB regelt insoweit nur zusätzliche Voraussetzungen, stellt jedoch keine abschließende Regelung dar.[150]

3. Beispiele aus der Rechtsprechung

a. Unzulässige Klauseln

91 **Unzulässig** sind beispielsweise Klauseln, die einen Heimwerkermarkt berechtigen, die Ware zu verschrotten bzw. einer anderweitigen Verwertung zuzuführen, sofern sich der Kunde nicht innerhalb einer Frist meldet[151], die die Verbraucher mit Einwendungen gegen Rechnungen nach einem Monat ausschließen wird, wenn es an einer Verpflichtung des Verwenders fehlt, den Vertragspartner auf die Bedeutung seines Verhaltens besonders hinzuweisen,[152] die die Inbesitznahme des Werkes als fingierte Abnahmeerklärung werten.[153] Unzulässig ist auch die Klausel, wonach die Untersuchung und das Protokoll des Tierarztes bei der Ankaufsuntersuchung eines Pferdes „Nicht Beschaffenheitsvereinbarungen, sondern eigene Erklärung des Tierarztes" sei.[154] Ein Verlangen nach § 675d Abs. 3 BGB kann ebenfalls nicht zulässig in allgemeinen Geschäftsbedingungen antizipiert werden.[155]

b. Zulässige Klauseln

92 **Zulässig** sind dagegen Klauseln zur Erweiterung von Wahrnehmungsverträgen der Verwertungsgesellschaft Bild-Kunst durch Erklärungsfiktion[156], nach denen die Mitversicherung einer Berufsunfähigkeitsrente mit der Vollendung des 30. Lebensjahrs automatisch wegfällt[157], die eine Anerkenntnisfiktion enthalten, wenn der gewerbliche Mieter Beanstandungen nicht innerhalb einer bestimmten Frist vorgebracht hat, wenn sie dem Mieter eine angemessene Prüfungs- und Rügefrist einräumen und der Mieter mit der Übersendung der Abrechnung auf die Bedeutung seines Schweigens hingewiesen wird[158], Einwendungsverzichtsklausel in den Allgemeinen Geschäftsbedingungen der Deutschen Telekom[159], vereinbarte Genehmigungsklausel für Wertpapiergeschäfte, obwohl ein Depot-Betreuungsauftrag nicht besteht.[160]

---

[148] *Heinrichs* in: Palandt, § 308 Rn. 26.
[149] OLG Düsseldorf v. 19.11.1987 - 6 U 100/87 - NJW-RR 1988, 884-889.
[150] *Roloff* in: Erman, § 308 Rn. 39.
[151] OLG Frankfurt v. 18.12.1997 - 1 U 123/96 - VuR 1998, 133-136.
[152] OLG Schleswig v. 15.05.1997 - 2 U 37/96 - NJW-RR 1998, 54-56; zulässig dagegen die Klausel der Telekom, vgl. Rn. 92.
[153] BGH v. 10.11.1983 - VII ZR 373/82 - juris Rn. 14 - LM Nr. 25 zu § 320 BGB.
[154] LG Verden v. 11.02.2011 - 1 O 41/09 - juris Rn. 35
[155] LG Frankfurt am Main v. 08.04.2011 - 2-25 O 260/10, 2/25 O 260/10 - juris Rn. 56 - MDR 2011, 996-997.
[156] LG Hamburg v. 15.06.2001 - 308 S 7/00 - ZUM 2001, 711-713.
[157] BGH v. 28.03.2001 - IV ZR 180/00 - NJW-RR 2001, 1242-1244.
[158] OLG Düsseldorf v. 23.03.2000 - 10 U 160/97 - juris Rn. 96 - NJW-RR 2001, 299-300.
[159] OLG Köln v. 25.06.1997 - 27 U 130/96 - OLGR Köln 1997, 249; LG Schwerin v. 04.05.1999 - 1 O 661/98 - NJW-RR 2000, 585-586.
[160] OLG Oldenburg v. 18.10.1995 - 4 U 60/94 - WM 1996, 255-256.

Ein Dauerschuldverhältnis, bei dem eine Verlängerung über die Erstlaufzeit hinaus bereits bei Abschluss des Vertrags vereinbart wird, fällt nicht unter § 308 Nr. 5 BGB. Die Vertragsverlängerung mangels rechtzeitiger Kündigung beruht nicht auf einer fingierten Erklärung des Kunden, sondern auf der bereits bei Abschluss des Vertrages für den Fall des „Schweigens" des Kunden getroffenen Vereinbarung.[161] 93

4. Rechtsverkehr zwischen Unternehmen

Im Handelsverkehr ist das **kaufmännische Bestätigungsschreiben** ein anerkannter Fall, in dem Schweigen einen Erklärungswert besitzt. Davon unterscheiden sich jedoch die hier behandelten Klauseln. Beim Bestätigungsschreiben ist eine Vereinbarung zwischen den Parteien Voraussetzung. Der Inhalt des Bestätigungsschreibens gilt danach als Vertragsinhalt, wenn er im Wesentlichen den Gesprächsinhalt wiedergibt. Bei den Erklärungsfiktionen des § 308 Nr. 5 BGB gibt es jedoch nur eine einseitige Erklärung des Verwenders, auf die hin ein Verhalten oder Unterlassen des Kunden Erklärungswert besitzt. Der Schutz vor unangemessenen Fiktionsklauseln hat daher auch im Handelsverkehr Bedeutung. 94

5. Arbeitsrecht

Das BAG misst die die **gegenläufige betriebliche Übung** begründende Erklärung des Arbeitgebers, nunmehr unter dem Vorbehalt des Ausschlusses eines Rechtsanspruchs zu leisten, an § 308 Nr. 5 BGB.[162] Eine gem. § 308 Nr. 5 BGB erforderliche **Vereinbarung**, dass das Schweigen des Arbeitnehmers als Annahme eines Angebots des Arbeitgebers gilt, liegt nicht in dem **einseitigen** ausdrücklichen Hinweis des Arbeitgebers auf den Ausschluss des Rechtsanspruchs.[163] Darüber hinaus muss der Arbeitgeber sich in der erforderlichen Vereinbarung verpflichtet haben, den Arbeitnehmer bei Beginn der Frist auf die Bedeutung des Schweigens besonders hinzuweisen. Der Hinweis muss tatsächlich und in einer Form erfolgen, die unter normalen Umständen Kenntnisnahme gewährleistet. Gibt der Klauselverwender den Hinweis, hat er sich dazu aber nicht arbeitsvertraglich verpflichtet, tritt die Erklärungsfiktion nicht ein. Eine gegenläufige betriebliche Übung ist daher nicht mehr anzuerkennen.[164] 95

VI. Fiktion des Zugangs (Nr. 6)

1. Fiktion des Zugangs

Willenserklärungen werden gemäß § 130 BGB gegenüber Abwesenden erst mit dem Zugang wirksam. Die Beweislast für den Zugang trägt nach allgemeinen Regeln der Erklärende.[165] Nach § 309 Nr. 12 BGB ist eine Erleichterung dieser Beweislast in AGB überhaupt nicht zulässig. Davon macht § 308 Nr. 6 BGB eine Ausnahme, indem er das Verbot nur für Erklärungen von besonderer Bedeutung bestätigt, andere Erklärungen damit aber gestattet. Zugangsfiktionen erleichtern dem Verwender die Abwicklung des typischen Massengeschäftes und dienen damit auch der Kostenbegrenzung.[166] Die Regelung ist daher eine **Klauselerlaubnis** und kein Klauselverbot. Praktisch legt die Rechtsprechung den Begriff der Erklärung von besonderer Bedeutung jedoch so weit aus, dass für die Klauselerlaubnis **kaum ein Anwendungsbereich** bleibt. 96

Die RL 1993/13/EWG enthält keine entsprechende Vorschrift. 97

2. Anwendungsbereich

Die Regelung gilt ausschließlich für **Zugangsfiktionen**. Für Erklärungsfiktionen gilt § 308 Nr. 5 BGB, für Tatsachenfiktionen § 309 Nr. 12 BGB. § 308 Nr. 6 BGB gilt aber auch bei anderen Beweiserleichterungen bezüglich des Zugangs von Erklärungen, auch beim Verzicht auf den Zugang.[167] Unter die Regelung fallen auch alle Arten der Erleichterung des Zugangs, etwa die gegenseitige Empfangsvoll- 98

---

[161] BGH v. 15.04.2010 - Xa ZR 89/09 - juris Rn. 14.
[162] BAG v. 18.03.2009 - 10 AZR 281/08 - juris Rn. 17 - NZA 2009, 601, 603; BAG v. 25.11.2009 - 10 AZR 779/08 - juris Rn. 22 - NZA 2010, 283, 285.
[163] BAG v. 18.03.2009 - 10 AZR 281/08 - juris Rn. 20 - NZA 2009, 601, 603.
[164] BAG v. 18.03.2009 - 10 AZR 281/08 - juris Leitsatz - NZA 2009, 601.
[165] *Wurmnest* in: MünchKomm-BGB, AGBG § 11 Nr. 6 Rn. 1.
[166] BT-Drs. 7/5422, S. 7.
[167] *Heinrichs* in: Palandt, § 308 Rn. 32; anderer Ansicht *Wurmnest* in: MünchKomm-BGB, § 308 Nr. 6 Rn. 4, der eine solche Klausel nur an § 307 BGB messen will.

macht zweier Kreditnehmer für Erklärungen der Bank[168] und die Empfangsvollmacht für den Kreditgeber bezüglich Erklärungen des Kreditversicherers an den Kreditnehmer bei der Restschuldversicherung,[169] nicht jedoch die gegenseitige Empfangsvollmacht zweier Mieter[170]. Auch andere Bestimmungen zur Erleichterung des Zugangsnachweises fallen unter die Norm, etwa eine Bestimmung im Verwaltervertrag, wonach die Ladung zur Eigentümerversammlung wirksam ist, wenn sie an die letzte dem Verwalter bekannte Adresse des Eigentümers gerichtet ist.[171]

3. Veröffentlichungsregeln

99 Dagegen fallen Regelungen in AGB, die andere Arten der Information des Kunden vorsehen, etwa Veröffentlichung im Bundesanzeiger anstelle direkter Mitteilung an jeden einzelnen Kunden[172], nicht unter das Verbot.

4. Erklärungen besonderer Bedeutung

100 Erklärungen besonderer Bedeutung sind alle diejenigen Erklärungen, die für den Empfänger mit nachteiligen Rechtsfolgen verbunden sind. Erklärungen von besonderer Bedeutung sind etwa Rechnungsabschlüsse von Konten[173], Kündigung des Darlehens (bzw. der Hypothek)[174]. Der Anwendungsbereich der zulässigen Zugangsfiktionen ist daher sehr begrenzt.[175]

5. Rechtsfolgen

101 Klauseln, welche die Zugangsfiktion auf Erklärungen aller Art erstrecken und keine Ausnahme für Erklärungen des Verwenders von besonderer Bedeutung machen, sind insgesamt unwirksam. Allerdings muss der Verwender den Vertragspartner nicht im Detail darüber informieren, was „Erklärungen von besonderer Bedeutung" sind, sondern kann sich auf die Wiedergabe der gesetzlichen Ausnahme mit den Worten des Gesetzes beschränken.[176]

6. Verträge zwischen Unternehmen

102 Auch im Rechtsverkehr zwischen Unternehmen ist der Rechtsgedanke anwendbar. Man wird allerdings in einigen Fällen ein Bedürfnis nach schneller Vertragsabwicklung bei der Prüfung solcher Klauseln berücksichtigen müssen.[177] Daher sind im unternehmerischen Verkehr nicht alle Erklärungen, die in irgendeiner Form negative Auswirkungen haben können, als „besondere Erklärungen" im Sinne der Norm anzusehen.[178]

7. Arbeitsrecht

103 Die Vorschrift ist auch im Arbeitsrecht anwendbar. Da die Zugangsfiktion bei Erklärungen von besonderer Bedeutung unzulässig ist, erfasst § 308 Nr. 6 BGB insbesondere sämtliche Erklärungen, die für den Bestand des Arbeitsverhältnisses von Bedeutung sind. Dies gilt zunächst für die Kündigung. Aber auch Erklärungen von mittelbarer Wirkung für den Bestand des Arbeitsverhältnisses wie Abmahnungen[179] oder Anhörungen zu einer Verdachtskündigung sind nicht von minderer Bedeutung und fallen daher in den Anwendungsbereich von § 308 Nr. 6 BGB. Gleiches gilt für die Mitteilung über die Zweckerreichung bei einer Zweckbefristung, da von ihr der konkrete Beendigungszeitpunkt des zweckbefristeten Arbeitsverhältnisses abhängt.

---

[168] BGH v. 22.06.1989 - III ZR 72/88 - juris Rn. 15 - BGHZ 108, 98-109; OLG Zweibrücken v. 26.04.1983 - 2 W 23/82 - MDR 1983, 670.
[169] KG Berlin v. 03.12.1991 - 6 U 3495/90 - NJW-RR 1992, 859-861.
[170] BGH v. 10.09.1997 - VIII ARZ 1/97 - juris Rn. 32 - BGHZ 136, 314-327.
[171] BayObLG München v. 02.08.1990 - BReg 2 Z 40/90 - WuM 1991, 312-313.
[172] OLG Frankfurt v. 21.10.1993 - 16 U 198/92 - WM 1993, 2089-2090.
[173] OLG Oldenburg v. 27.03.1992 - 11 U 113/91 - NJW 1992, 1839-1840; OLG Düsseldorf v. 16.07.1987 - 6 U 327/86 - WM 1987, 1215-1218; anderer Auffassung insoweit OLG Hamburg v. 21.12.1984 - 14 U 209/83 - WM 1986, 383-386; offen gelassen bei BGH v. 04.07.1985 - III ZR 144/84 - juris Rn. 8 - LM Nr. 115 zu § 675 BGB.
[174] BayObLG v. 18.12.1979 - BReg 2 Z 11/79 - juris Rn. 23 - WM 1980, 222.
[175] *Heinrichs* in: Palandt, § 309 Rn. 33.
[176] *Roloff* in: Erman, § 308 Rn. 56.
[177] *Wurmnest* in: MünchKomm-BGB, AGBG § 1 Nr. 6 Rn. 6.
[178] *Roloff* in: Erman, § 308 Rn. 57.
[179] *Gotthardt* in: Henssler/Willemsen/Kalb, Arbeitsrechtskommentar, 3. Aufl. 2008, § 308 Rn. 8.

VII. Abwicklung von Verträgen (Nr. 7)

1. Abwicklung von Verträgen

Bei Auflösung eines Vertrages enden regelmäßig noch nicht die gegenseitigen Ansprüche der Parteien. Vielfach haben Parteien im Vertrauen auf den Fortbestand des Vertragsverhältnisses Aufwendungen getätigt, die auch bei fristgerechter Beendigung von der anderen Seite erstattet werden sollen. Gesetzliche Regelungen dazu sind etwa bei Rücktritt § 346 Satz 2 BGB, wonach für die empfangenen Leistungen Wertersatz zu leisten ist. Diese Regelung ist jedoch dispositiv und insbesondere zur Höhe des Anspruchs besteht Anlass zu vertraglichen Regelungen. 104

Das Klauselverbot ist eng verwandt mit den Regelungen in § 309 Nr. 5 und 6 BGB. Häufig hängt die Frage, ob eine vom Kunden für den Fall der Vertragsbeendigung oder -verletzung ausbedungene Zahlung als Vertragsstrafe, pauschalierter Schadensersatz, pauschalierte Vergütung für die Nutzung oder pauschalierter Ersatz von Aufwendungen anzusehen ist.[180] 105

Die Regelung korrespondiert teilweise mit Anhang 1 lit. f RL 1993/13/EWG. Danach werden Klauseln für verbotswürdig erklärt, die es dem Verwender gestatten, nach freiem Ermessen den Vertrag zu kündigen, wenn das gleiche Recht nicht auch dem Verbraucher eingeräumt wird, und es dem Verwender für den Fall, dass er selbst den Vertrag kündigt, gestatten, die Beträge einzubehalten, die für von ihm noch nicht erbrachte Leistungen bereits gezahlt wurden. Beide Normen sind nicht deckungsgleich. Soweit § 308 Nr. 7 BGB die Vorgabe aus Art. 3 Abs. 4 i.V.m. Anhang 1 lit. f RL 1993/13/EWG nicht vollständig abdeckt, ist über eine gemeinschaftsfreundliche Auslegung von § 308 Nr. 7 BGB der gewünschte Rechtszustand herbeizuführen. 106

Das Klauselverbot gilt für die Vertragsbeendigung durch Rücktritt oder Kündigung. Dabei spielt die Bezeichnung, die die Parteien dem Vorgang geben, keine Rolle. Auch Vertragsbeendigungen unter dem Titel „Annullierung, Stornierung etc." fallen unter das Klauselverbot. 107

2. Unangemessen hohe Vergütungen und Entgelte

Prüfungsmaßstab für die Angemessenheit der pauschalierten Vergütung ist jeweils das, was ohne die Klausel geschuldet würde.[181] Der Verwender darf im Rahmen der gesetzlichen Regelung pauschalieren. Die Pauschalierung entspricht dem Bedürfnis nach Rechtssicherheit, Klarheit und schneller Abwicklung von Verträgen. Dabei kommt es nicht auf die besonderen Umstände des konkreten Einzelfalles an, sondern auf die typische Sachlage bei vorzeitiger Beendigung ähnlicher Verträge.[182] Allerdings kann die Verwenderin sich nicht auf die Unwirksamkeit der Klausel berufen, auch wenn sie nach den allgemeinen Grundsätzen einen höheren Betrag verlangen könnte als nach der unwirksamen Klausel.[183] 108

3. Klauselbeispiele

Für Fertighausverträge wurden 5%[184] und 10%[185] der Auftragssumme als ohne weiteres hinnehmbar, mindestens 18% der Gesamtvergütung dagegen als äußerst zweifelhaft angesehen.[186] Eine Pauschale in Höhe von 15 % des Bruttobetrages, entsprechend 17,85 % des Nettobetrages wurde als kritisch im Hinblick auf die Frage bewertet, inwieweit diese Pauschale sich im Rahmen der nach § 649 Satz 2 BGB typischerweise zu beanspruchenden Vergütung hält.[187] Unwirksam ist ebenfalls eine Klausel, die nicht vorhandene Rechnungsgrößen enthält und dadurch unklar und unverständlich ist.[188] Als unwirksam wurde auch eine Klausel angesehen, die den Leasingnehmer insgesamt zu Leistungen verpflichtete, die nur bei einer Laufzeit von mehr als 72 Monaten zusammengekommen wären.[189] Zulässig ist dagegen eine Deaktivierungsgebühr für das Stilllegen eines Mobiltelefonanschlusses.[190] Die in den All- 109

---

[180] *Wurmnest* in: MünchKomm-BGB, § 308 Nr. 7 Rn. 1.
[181] BGH v. 10.10.1996 - VII ZR 250/94 - juris Rn. 17 - LM AGBG § 10 Ziff. 7 Nr. 7 (2/1997).
[182] BGH v. 10.03.1983 - VII ZR 301/82 - juris Rn. 31 - LM Nr. 3 zu § 8 AGBG.
[183] BGH v. 04.12.1997 - VII ZR 187/96 - juris Rn. 21 - LM BGB § 649 Nr. 31 (7/1998).
[184] BGH v. 23.03.1995 - VII ZR 228/93 - juris Rn. 13 - NJW-RR 1995, 749; BGH v. 10.03.1983 - VII ZR 302/82 - juris Rn. 33 - BGHZ 87, 112-121.
[185] BGH v. 27.04.2006 - VII ZR 175/05 - juris Rn. 20 - BauR 2006, 1131, 1132.
[186] BGH v. 08.11.1984 - VII ZR 256/83 - LM Nr. 4 zu § 10 Ziff. 7 AGBG.
[187] BGH v. 05.05.2011 - VII ZR 161/1 - juris Rn. 19 - NJW 2011, 3030-3031.
[188] BGH v. 05.05.2011 - VII ZR 181/10 - juris Rn. 34 - NJW 2011, 1954-1957.
[189] BGH v. 31.03.1982 - VIII ZR 125/81 - juris Rn. 33 - LM Nr. 32 zu § 10 AGBG.
[190] OLG Schleswig v. 19.07.2001 - 2 U 40/00 - WM 2002, 774-775.

gemeinen Versicherungsbedingungen eines privaten Rentenversicherungsvertrags zur Altersvorsorge (sog. Riester-Rente) enthaltene Klausel, dass bei Kündigung des Vertrags vom auszuzahlenden Rückkaufswert ein Stornoabzug vorgenommen wird, der durch die Multiplikation von 5% des höchsten jemals vereinbarten Jahresbeitrags mit der Anzahl der bis zum vereinbarten Rentenbeginn noch ausstehenden Jahre berechnet wird, stellt eine unangemessene Benachteiligung dar und ist unwirksam.[191] Im Bereich der Partnerschaftsvermittlung gehören zu den berücksichtigungsfähigen Kosten auch solche für „Anlaufarbeit" und Allgemeinkosten.[192]

110 Die Klausel in einem Vertrag über die Errichtung eines Fertighauses, wonach bei einer nicht vom Unternehmer (Verwender) zu vertretenden Kündigung (gleich aus welchem Grund) dieser eine pauschale Vergütung bzw. einen pauschalierten Schadensersatz in Höhe von 10% des zur Zeit der Kündigung vereinbarten Gesamtpreises zu verlangen berechtigt ist, sofern nicht der Verwender oder der Vertragspartner im Einzelfall andere Nachweise erbringen, ist wirksam, wenn der Unternehmer nicht daneben noch weitere Ansprüche geltend macht.[193]

111 Eine pauschale Abrechnung von 25% in einem Vertrag über die Errichtung eines Fertighauses ist dagegen unzulässig.[194]

4. Rückzahlungsvereinbarung im Arbeitsrecht

112 Vereinbarungen, nach denen sich ein Arbeitnehmer an den Kosten einer vom Arbeitgeber finanzierten Aus- oder Fortbildung zu beteiligen hat, soweit er vor Ablauf bestimmter Fristen aus dem Arbeitsverhältnis ausscheidet, sind grundsätzlich im Arbeitsrecht üblich und grundsätzlich zulässig (zu den Anforderungen gem. § 307 BGB vgl. die Kommentierung zu § 310 BGB Rn. 112 ff.). Eine solche Klausel muss jedoch berücksichtigen, dass dem Arbeitgeber mit der nach Abschluss der Bildungsmaßnahme erbrachten Arbeitsleistung der Wert der Bildungsmaßnahme fortlaufend zugutekommt. Der Rückzahlungsbetrag ist daher mit zunehmender Dauer des Arbeitsverhältnisses anteilig zu reduzieren, um § 308 Nr. 7 BGB standzuhalten.[195]

5. Beweislast

113 Die von § 11 Nr. 5 lit. b AGBG für Schadensersatzpauschalen geforderte **Gegenbeweismöglichkeit** gilt wegen der vergleichbaren Interessenlage analog auch für Abwicklungsregelungen im Sinne des § 10 Nr. 7 AGBG.[196] Entsprechend sind Klauseln, wonach der Reisende bei einem Rücktritt vom Flug Ersatz für Aufwendungen und Auslagen in Höhe des vollen Flugpreises zu zahlen hat, unwirksam,[197] wonach in der Gesamtvergütung eine Aufnahmegebühr von 30% als ein nicht rückzahlbarer pauschaler Teil der Vergütung enthalten ist,[198] oder nach der der Verwender eine im Voraus empfangene, nicht erfolgsabhängige Vergütung auch bei vorzeitiger Kündigung in jedem Fall behalten darf,[199] unwirksam.

114 Die Vortrags- und Beweislast im Rahmen der Angemessenheitskontrolle gemäß § 308 Nr. 7 BGB trägt zunächst der Kunde. Dazu reicht ihm der plausible Vortrag, aus dem sich ergibt, dass Kosten in der Höhe der nach der Klausel geschuldeten Pauschale bei gewöhnlichem Verlauf der Dinge so hoch nicht angefallen sein können. Sache des Verwenders ist es dann gegebenenfalls, durch konkreten Sachvortrag darzulegen, dass die Höhe der geforderten Pauschale durch Besonderheiten gerechtfertigt ist.[200]

6. Rechtsfolgen

115 Bei Unwirksamkeit der Klausel gelten die gesetzlichen Regelungen. Soweit es keine gesetzliche Regelung für den Anspruch gibt, kann der Verwender dann auch keinen Anspruch geltend machen. Führt

---

[191] LG Hamburg v. 11.07.2003 - 324 O 577/02 - VuR 2003, 455-461.
[192] BGH v. 29.05.1991 - IV ZR 187/90 - juris Leitsatz - ZAP Fach 6, 139-140.
[193] BGH v. 27.04.2006 - VII ZR 175/05 - juris Leitsatz - EBE/BGH 2006, 180-181.
[194] LG Siegen v. 19.05.2005 - 5 O 59/03 - juris Rn. 33.
[195] LAG Köln v. 27.05.2010 - 7 Sa 23/10 - juris Rn. 31 - NZA-RR 2011, 11, 12.
[196] BGH v. 08.11.1984 - VII ZR 256/83 - juris Rn. 27 - LM Nr. 4 zu § 10 Ziff. 7 AGBG.
[197] BGH v. 25.10.1984 - VII ZR 11/84 - juris Rn. 16 - LM Nr. 5 zu § 11 Ziff. 5 AGBG.
[198] OLG Nürnberg v. 27.05.1997 - 3 U 3837/96 - juris Rn. 31 - NJW-RR 1997, 1556-1557.
[199] BGH v. 25.05.1983 - IVa ZR 182/81 - juris Rn. 26 - BGHZ 87, 309-321.
[200] BGH v. 29.05.1991 - IV ZR 187/90 - juris Rn. 17 - LM BGB § 628 Nr. 10 (4/1992).

die unwirksame Regelung jedoch zu einer für den Vertragspartner günstigeren Berechnung, als die gesetzliche Regelung, kann sich der Verwender nicht auf die Unwirksamkeit berufen.[201]

7. Rechtsverkehr zwischen Unternehmen

Im Verkehr zwischen Unternehmen ist das Klauselverbot genauso wie § 309 Nr. 5 BGB anzuwenden.[202] **116**

VIII. Nichtverfügbarkeit der Leistung (Nr. 8)

Die Norm wurde im Zuge der Umsetzung der RL 1993/13/EWG in das damalige FernAbsG aufgenommen. Nichtverfügbarkeit der Leistung meint im Wesentlichen Fälle, in denen der Verwender selbst keine Lieferung erhält oder sein Lager erschöpft ist. Diese Klauseln sind zunächst an § 308 Nr. 3 BGB (vgl. Rn. 34) zu messen. Sofern diese Prüfung zur Zulässigkeit der Geschäftsbedingung führt, sind kumulativ die Voraussetzungen der § 308 Nr. 8 BGB zu prüfen. Der Abschluss eines Vertrages unter einer aufschiebenden Bedingung gemäß § 158 Abs. 1 BGB fällt nicht unter die Regelung.[203] **117**

Der Verwender muss sich in einer entsprechenden Klausel verpflichten, den Vertragspartner unverzüglich über die Nichtverfügbarkeit der vertraglich geschuldeten Leistung zu informieren und die Gegenleistungen des Vertragspartners unverzüglich zu erstatten. Anders als etwa die Vorgaben in § 308 Nr. 5 BGB handelt es sich nicht um konstitutive Regelungen. Vielmehr wäre der Verwender auch ohne Regelung in AGB genau dazu verpflichtet. Selbstbelieferungs- und Vorratsklauseln dürfen nach § 308 Nr. 8 BGB nur dann wirksam vereinbart werden, wenn diese (gesetzliche) Verpflichtung ausdrücklich im Vertrag hervorgehoben ist.[204] **118**

C. Rechtsfolgen

Da es im Rahmen von § 308 BGB immer um Wertungsentscheidungen geht, stellt sich noch eher als bei § 309 BGB die Frage, den Inhalt im Wege der geltungserhaltenden Reduktion auf das gerade noch zulässige Maß zu reduzieren.[205] Dennoch bleibt es auch insoweit dabei, dass der Verwender das Risiko der Unwirksamkeit der Klauseln trägt. Anderenfalls wäre es für den Kunden nicht erkennbar, welchen Inhalt die Klausel hat. Der Verwender von unwirksamen AGB hat dem Kunden unter Umständen Schadensersatz wegen culpa in contrahendo zu leisten.[206] Bei Unwirksamkeit der Klauseln tritt die gesetzliche Regelung an ihre Stelle. Nach der neuen Konzeption des Schuldrechts bleibt jedenfalls im Verhältnis zum Verbraucher ohnehin nur noch geringer Spielraum für Regelungen in AGB. **119**

---

[201] BGH v. 30.09.1999 - VII ZR 206/98 - juris Rn. 10 - NJW 2000, 205-206.
[202] *Heinrichs* in: Palandt, § 308 Rn. 41.
[203] OLG Köln v. 03.11.2009 - 15 U 60/09 - juris Rn. 39.
[204] *Wurmnest* in: MünchKomm-BGB, § 308 Nr. 8 Rn. 4.
[205] *Wurmnest* in: MünchKomm-BGB, § 308 Rn. 5.
[206] BGH v. 28.05.1984 - III ZR 63/83 - juris Rn. 30 - LM Nr. 1 zu § 7 AGBG.

§ 309 BGB Klauselverbote ohne Wertungsmöglichkeit

(Fassung vom 23.10.2008, gültig ab 01.01.2009)

Auch soweit eine Abweichung von den gesetzlichen Vorschriften zulässig ist, ist in Allgemeinen Geschäftsbedingungen unwirksam

1. (Kurzfristige Preiserhöhungen)

    eine Bestimmung, welche die Erhöhung des Entgelts für Waren oder Leistungen vorsieht, die innerhalb von vier Monaten nach Vertragsschluss geliefert oder erbracht werden sollen; dies gilt nicht bei Waren oder Leistungen, die im Rahmen von Dauerschuldverhältnissen geliefert oder erbracht werden;

2. (Leistungsverweigerungsrechte)

    eine Bestimmung, durch die

    a) das Leistungsverweigerungsrecht, das dem Vertragspartner des Verwenders nach § 320 zusteht, ausgeschlossen oder eingeschränkt wird oder

    b) ein dem Vertragspartner des Verwenders zustehendes Zurückbehaltungsrecht, soweit es auf demselben Vertragsverhältnis beruht, ausgeschlossen oder eingeschränkt, insbesondere von der Anerkennung von Mängeln durch den Verwender abhängig gemacht wird;

3. (Aufrechnungsverbot)

    eine Bestimmung, durch die dem Vertragspartner des Verwenders die Befugnis genommen wird, mit einer unbestrittenen oder rechtskräftig festgestellten Forderung aufzurechnen;

4. (Mahnung, Fristsetzung)

    eine Bestimmung, durch die der Verwender von der gesetzlichen Obliegenheit freigestellt wird, den anderen Vertragsteil zu mahnen oder ihm eine Frist für die Leistung oder Nacherfüllung zu setzen;

5. (Pauschalierung von Schadensersatzansprüchen)

    die Vereinbarung eines pauschalierten Anspruchs des Verwenders auf Schadensersatz oder Ersatz einer Wertminderung, wenn

    a) die Pauschale den in den geregelten Fällen nach dem gewöhnlichen Lauf der Dinge zu erwartenden Schaden oder die gewöhnlich eintretende Wertminderung übersteigt oder

    b) dem anderen Vertragsteil nicht ausdrücklich der Nachweis gestattet wird, ein Schaden oder eine Wertminderung sei überhaupt nicht entstanden oder wesentlich niedriger als die Pauschale;

6. (Vertragsstrafe)

    eine Bestimmung, durch die dem Verwender für den Fall der Nichtabnahme oder verspäteten Abnahme der Leistung, des Zahlungsverzugs oder für den Fall, dass der andere Vertragsteil sich vom Vertrag löst, Zahlung einer Vertragsstrafe versprochen wird;

7. (Haftungsausschluss bei Verletzung von Leben, Körper, Gesundheit und bei grobem Verschulden)

    a) (Verletzung von Leben, Körper, Gesundheit)

ein Ausschluss oder eine Begrenzung der Haftung für Schäden aus der Verletzung des Lebens, des Körpers oder der Gesundheit, die auf einer fahrlässigen Pflichtverletzung des Verwenders oder einer vorsätzlichen oder fahrlässigen Pflichtverletzung eines gesetzlichen Vertreters oder Erfüllungsgehilfen des Verwenders beruhen;

b) (Grobes Verschulden)

ein Ausschluss oder eine Begrenzung der Haftung für sonstige Schäden, die auf einer grob fahrlässigen Pflichtverletzung des Verwenders oder auf einer vorsätzlichen oder grob fahrlässigen Pflichtverletzung eines gesetzlichen Vertreters oder Erfüllungsgehilfen des Verwenders beruhen;

die Buchstaben a und b gelten nicht für Haftungsbeschränkungen in den nach Maßgabe des Personenbeförderungsgesetzes genehmigten Beförderungsbedingungen und Tarifvorschriften der Straßenbahnen, Obusse und Kraftfahrzeuge im Linienverkehr, soweit sie nicht zum Nachteil des Fahrgastes von der Verordnung über die Allgemeinen Beförderungsbedingungen für den Straßenbahn- und Obusverkehr sowie den Linienverkehr mit Kraftfahrzeugen vom 27. Februar 1970 abweichen; Buchstabe b gilt nicht für Haftungsbeschränkungen für staatlich genehmigte Lotterie- oder Ausspielverträge;

8. (Sonstige Haftungsausschlüsse bei Pflichtverletzung)

a) (Ausschluss des Rechts, sich vom Vertrag zu lösen)

eine Bestimmung, die bei einer vom Verwender zu vertretenden, nicht in einem Mangel der Kaufsache oder des Werkes bestehenden Pflichtverletzung das Recht des anderen Vertragsteils, sich vom Vertrag zu lösen, ausschließt oder einschränkt; dies gilt nicht für die in der Nummer 7 bezeichneten Beförderungsbedingungen und Tarifvorschriften unter den dort genannten Voraussetzungen;

b) (Mängel)

eine Bestimmung, durch die bei Verträgen über Lieferungen neu hergestellter Sachen und über Werkleistungen

aa) (Ausschluss und Verweisung auf Dritte)

die Ansprüche gegen den Verwender wegen eines Mangels insgesamt oder bezüglich einzelner Teile ausgeschlossen, auf die Einräumung von Ansprüchen gegen Dritte beschränkt oder von der vorherigen gerichtlichen Inanspruchnahme Dritter abhängig gemacht werden;

bb) (Beschränkung auf Nacherfüllung)

die Ansprüche gegen den Verwender insgesamt oder bezüglich einzelner Teile auf ein Recht auf Nacherfüllung beschränkt werden, sofern dem anderen Vertragsteil nicht ausdrücklich das Recht vorbehalten wird, bei Fehlschlagen der Nacherfüllung zu mindern oder, wenn nicht eine Bauleistung Gegenstand der Mängelhaftung ist, nach seiner Wahl vom Vertrag zurückzutreten;

cc) (Aufwendungen bei Nacherfüllung)

die Verpflichtung des Verwenders ausgeschlossen oder beschränkt wird, die zum Zwecke der Nacherfüllung erforderlichen Aufwendungen, insbesondere Transport-, Wege-, Arbeits- und Materialkosten, zu tragen;

dd) (Vorenthalten der Nacherfüllung)

der Verwender die Nacherfüllung von der vorherigen Zahlung des vollständigen Entgelts oder eines unter Berücksichtigung des Mangels unverhältnismäßig hohen Teils des Entgelts abhängig macht;

ee) (Ausschlussfrist für Mängelanzeige)

der Verwender dem anderen Vertragsteil für die Anzeige nicht offensichtlicher Mängel eine Ausschlussfrist setzt, die kürzer ist als die nach dem Doppelbuchstaben ff zulässige Frist;

ff) (Erleichterung der Verjährung)

die Verjährung von Ansprüchen gegen den Verwender wegen eines Mangels in den Fällen des § 438 Abs. 1 Nr. 2 und des § 634a Abs. 1 Nr. 2 erleichtert oder in den sonstigen Fällen eine weniger als ein Jahr betragende Verjährungsfrist ab dem gesetzlichen Verjährungsbeginn erreicht wird;

9. (Laufzeit bei Dauerschuldverhältnissen)

bei einem Vertragsverhältnis, das die regelmäßige Lieferung von Waren oder die regelmäßige Erbringung von Dienst- oder Werkleistungen durch den Verwender zum Gegenstand hat,

a) eine den anderen Vertragsteil länger als zwei Jahre bindende Laufzeit des Vertrags,

b) eine den anderen Vertragsteil bindende stillschweigende Verlängerung des Vertragsverhältnisses um jeweils mehr als ein Jahr oder

c) zu Lasten des anderen Vertragsteils eine längere Kündigungsfrist als drei Monate vor Ablauf der zunächst vorgesehenen oder stillschweigend verlängerten Vertragsdauer;

dies gilt nicht für Verträge über die Lieferung als zusammengehörig verkaufter Sachen, für Versicherungsverträge sowie für Verträge zwischen den Inhabern urheberrechtlicher Rechte und Ansprüche und Verwertungsgesellschaften im Sinne des Gesetzes über die Wahrnehmung von Urheberrechten und verwandten Schutzrechten;

10. (Wechsel des Vertragspartners)

eine Bestimmung, wonach bei Kauf-, Darlehens-, Dienst- oder Werkverträgen ein Dritter anstelle des Verwenders in die sich aus dem Vertrag ergebenden Rechte und Pflichten eintritt oder eintreten kann, es sei denn, in der Bestimmung wird

a) der Dritte namentlich bezeichnet oder

b) dem anderen Vertragsteil das Recht eingeräumt, sich vom Vertrag zu lösen;

11. (Haftung des Abschlussvertreters)

eine Bestimmung, durch die der Verwender einem Vertreter, der den Vertrag für den anderen Vertragsteil abschließt,

a) ohne hierauf gerichtete ausdrückliche und gesonderte Erklärung eine eigene Haftung oder Einstandspflicht oder

b) im Falle vollmachtsloser Vertretung eine über § 179 hinausgehende Haftung

auferlegt;

12. (Beweislast)

eine Bestimmung, durch die der Verwender die Beweislast zum Nachteil des anderen Vertragsteils ändert, insbesondere indem er

a) diesem die Beweislast für Umstände auferlegt, die im Verantwortungsbereich des Verwenders liegen, oder

b) den anderen Vertragsteil bestimmte Tatsachen bestätigen lässt;

Buchstabe b gilt nicht für Empfangsbekenntnisse, die gesondert unterschrieben oder mit einer gesonderten qualifizierten elektronischen Signatur versehen sind;

13. (Form von Anzeigen und Erklärungen)

eine Bestimmung, durch die Anzeigen oder Erklärungen, die dem Verwender oder einem Dritten gegenüber abzugeben sind, an eine strengere Form als die Schriftform oder an besondere Zugangserfordernisse gebunden werden.

Gliederung

A. Grundlagen 1	8. Darlegungs- und Beweislast 59
I. Kurzcharakteristik 1	9. Rechtsprechung 60
II. Regelungsprinzipien 3	10. Ausdrückliche Zulassung des Gegenbeweises 62
B. Anwendungsvoraussetzungen 5	11. Anwendung im Verkehr zwischen Unternehmen 66
I. Kurzfristige Preiserhöhungen (Nr. 1) 5	VI. Vertragsstrafe (Nr. 6) 67
1. Preisvereinbarungen 5	1. Vertragsstrafe 67
2. Ergänzende Prüfung 11	2. Fallgruppen unzulässiger Klauseln 75
3. Definition 12	3. Vertragsstrafe für Lösung vom Vertrag 79
4. Dauerschuldverhältnisse 13	4. Formulierung 80
5. Rechtsfolgen 14	5. Rechtsfolgen 81
6. Verträge mit Unternehmern 15	6. Verträge mit Unternehmen 82
7. Rechtsprechung 17	7. Arbeitsrecht 86
II. Leistungsverweigerungsrechte (Nr. 2) 19	VII. Haftungsausschlussklauseln (Nr. 7) 91
1. Einrede des nicht erfüllten Vertrages 19	1. Haftungsausschluss bei Verletzung von Leben, Körper, Gesundheit 91
2. Zurückbehaltungsrecht 21	2. Haftungsbegrenzung 93
3. Rechtsprechung 22	3. Gesetzliche Vertreter oder Erfüllungsgehilfen 95
4. Rechtsverkehr zwischen Unternehmen ... 26	4. Vorsätzliche oder grob fahrlässige Pflichtverletzung 96
III. Aufrechnungsverbot (Nr. 3) 27	5. Verjährungsregeln 98
1. Aufrechnungsverbot 27	6. Ausnahmeregelungen 99
2. Interpretation 29	7. Verweis auf Dritte 100
3. Insolvenzverfahren 34	8. Gewährleistungsausschluss 101
4. Allgemeine Aufrechnungsverbote 35	9. Verkehr zwischen Unternehmern 102
5. Verjährung 36	a. Grundsatz 102
6. Wertungswiderspruch gegenüber Leistungsverweigerungsrechten 37	b. Branchentypische Freizeichnungsklauseln 103
7. Rechtsverkehr zwischen Unternehmen .. 38	c. Haftungsbegrenzungen auf den typischerweise zu erwartenden Schadenumfang 106
IV. Mahnung, Fristsetzung (Nr. 4) 39	d. Haftungsbegrenzung bei versicherbaren Schäden 107
1. Mahnung, Fristsetzung 39	e. Grenzen der Freizeichnung 108
2. Verzug nach Mahnung 40	f. Freizeichnung für Fahrlässigkeit 110
3. Ähnliche Klauseln 41	10. Arbeitsrecht 111
4. Gesetzeswiederholende Klauseln 42	VIII. Sonstige Beschränkungen der Rechte aus Pflichtverletzungen (Nr. 8) 116
5. Rechtsverkehr zwischen Unternehmen .. 43	1. Grundlagen 116
a. Mahnung 44	2. Lösung vom Vertrag 118
b. Fristsetzung, Nachfrist 46	a. Recht zur Lösung vom Vertrag 118
6. Arbeitsrecht 47	b. Haftungseinschränkung 120
V. Pauschalierung von Schadensersatzansprüchen (Nr. 5) 48	c. Rechtsverkehr zwischen Unternehmen . 121
1. Abgrenzung zur Vertragsstrafe 48	
2. Beweislastumkehr 50	
3. Pauschalierung von Schadensersatz 51	
4. Kosten der Schadensverhütung 53	
5. Wertminderung 54	
6. Nachweis eines höheren Schadens 55	
7. Höhe der Pauschale 56	

§ 309

3. Einschränkung von Rechten aufgrund von Mängeln 122	X. Wechsel des Vertragspartners (Nr. 10) 181
a. Rechte aufgrund von Mängeln 122	1. Kauf-, Dienst- oder Werkverträge 181
b. Ausschluss und Verweisung auf Dritte 125	2. Vollständiger Eintritt in den Vertrag 184
c. Beschränkung auf Nacherfüllung 132	3. Europäischer Hintergrund der Regelung......... 186
d. Aufwendungen bei Nacherfüllung............. 137	4. Benennung des Dritten im Vertrag.................. 187
e. Vorenthalten der Nacherfüllung 139	5. Recht zur Vertragsbeendigung bei Eintritt eines Dritten.. 188
f. Ausschlussfrist für Mängelanzeigen 142	6. Verträge zwischen Unternehmern 189
g. Erleichterung der Verjährung................ 149	7. Arbeitsrecht.. 191
IX. Laufzeit bei Dauerschuldverhältnissen (Nr. 9)... 155	XI. Haftung des Abschlussvertreters (Nr. 11) 192
1. Dauerschuldverhältnisse............................... 155	1. Vertreter... 192
a. Lieferung von Waren 160	2. Ausdrückliche und gesonderte Erklärung......... 197
b. Dienstleistungen 161	3. Andere Gründe... 200
c. Werkleistungen 162	4. Vollmachtloser Vertreter 201
2. Ausnahmen von Nr. 9 163	5. Verträge zwischen Unternehmern 202
3. Inhalt des Klauselverbots 168	XII. Beweislast (Nr. 12)....................................... 203
a. Erstmalige Laufzeit über zwei Jahre 168	1. Beweislastregeln... 203
b. Stillschweigende Verlängerung 174	2. Tatsachenbestätigung.................................... 212
c. Überlange Kündigungsfrist..................... 175	3. Empfangsbestätigungen................................. 215
d. Generalklausel 177	4. Arbeitsrecht.. 218
e. Rechtsfolgen....................................... 179	XIII. Form von Anzeigen und Erklärungen (Nr. 13)... 220
f. Rechtsverkehr zwischen Unternehmen 180	

A. Grundlagen

I. Kurzcharakteristik

1 Die Vorschrift übernimmt mit kleinen Änderungen § 11 AGBG ins BGB.

2 Liegen die Voraussetzungen der § 305 BGB bzw. § 310 BGB über die wirksame Einbeziehung vor, erfolgt die inhaltliche Prüfung der AGB. Systematisch beginnt die Prüfung anhand von § 309 BGB, gefolgt von § 308 BGB. Erst danach erfolgt die Prüfung am Maßstab von § 307 BGB, wobei zuerst § 307 Abs. 2 BGB und danach § 307 Abs. 1 BGB geprüft werden.

II. Regelungsprinzipien

3 **Klauselverbote ohne Wertungsmöglichkeit.** Die Vorschrift untersagt bestimmte typische AGB-Klauseln, die als typischerweise besonders unausgewogen angesehen werden, ohne dass es eine Wertungsmöglichkeit gibt. Sie ergänzt somit die Regelung der §§ 308 und 307 BGB. Hauptunterschied zu § 308 BGB besteht darin, dass im ersten Halbsatz eine Wertung der Klauselverbote nicht vorgesehen ist. Dieses Prinzip wird jedoch nicht generell durchgehalten, da in einzelnen Vorschriften dennoch **unbestimmte Rechtsbegriffe** gibt, die Raum für eine richterliche Wertung belassen. Beispiele hierfür sind § 309 Nr. 5 lit. b BGB (wesentlich), § 309 Nr. 8 lit. b sublit. cc BGB (erforderlich) oder § 309 Nr. 8 lit. b sublit. dd BGB (unverhältnismäßig).

4 Es gibt keine Überschneidungen zu § 308 EGB. Demgegenüber ist § 307 BGB stets neben den Klauselverboten des § 309 BGB zu beachten. Dies gilt allerdings nur einseitig. Führt die Prüfung anhand eines speziellen Verbotes des § 309 BGB zur Unwirksamkeit, kann dies nicht nach § 307 BGB geändert werden.[1] Umgekehrt kann allerdings eine nach § 309 BGB nicht unzulässige Klausel aus anderen Gründen aufgrund einer Prüfung nach § 307 BGB unwirksam sein. Aus dem Umstand alleine, dass eine AGB-Klausel nicht in den Kernbereich der Regelung des § 309 BGB fällt, kann noch nicht geschlossen werden, dass sie auch wirksam ist.[2]

B. Anwendungsvoraussetzungen

I. Kurzfristige Preiserhöhungen (Nr. 1)

1. Preisvereinbarungen

5 Preisvereinbarungen unterliegen grundsätzlich nicht der AGB-Kontrolle. § 307 Abs. 3 BGB begrenzt die Geltung der §§ 307-309 BGB auf Bestimmungen, durch die von Rechtsvorschriften abweichende

---

[1] *Wurmnest* in: MünchKomm-BGB, § 309 Rn. 3.
[2] *Wurmnest* in: MünchKomm-BGB, § 309 Rn. 4.

oder diese ergänzende Regelungen vereinbart werden. Dies trifft für Preisvereinbarungen nur dort zu, wo eine **gesetzliche Vergütungsregelung** vorliegt.[3] Die Vereinbarung des Preises ist außerdem in den meisten Fällen Individualvereinbarung. Die Funktionsfähigkeit des Preiswettbewerbs soll nicht durch die Kontrolle nach AGB-Recht geschwächt werden. Abweichend davon sollen jedoch Klauseln, nach denen der Verwender das Recht hat, nach Vertragsschluss einseitig das vom Kunden zu zahlende Entgelt heraufzusetzen, der Kontrolle unterliegen. Nach § 309 Nr. 1 BGB sind derartige Klauseln in Verträgen über Waren oder Leistungen verboten, die innerhalb von vier Monaten nach Vertragsabschluss geliefert oder erbracht werden sollen. Die unmittelbare Bedeutung der Vorschrift ist heute relativ gering.[4] Die Mehrzahl der tatsächlich verwendeten Klauseln unterliegt ausschließlich der Inhaltskontrolle nach § 307 BGB. Der Vorschrift unterfallen mit Waren und Leistungen auch Werkleistungen. Preiserhöhungen für derartige Waren oder Leistungen sind ohne Rücksicht auf Gründe und Umfang der Preiserhöhung sowie auf eventuelle Lösungsmöglichkeiten des Vertragspartners generell untersagt. Die Regelung geht damit über die Vorgaben der RL 1993/13/EWG des Rates der Europäischen Gemeinschaften vom 05. 04 1993 über missbräuchliche Klauseln in Verbraucherverträgen hinaus.[5]

Preisänderungsvorbehalte sind bei vereinbarten Lieferungsfristen von mehr als vier Monaten grundsätzlich zulässig, wenn sie nur Leistungen erfassen, die später als vier Monate nach Vertragsschluss erbracht werden.[6] Gleiches gilt für andere Formen von Preisänderungen. Diese sind jedoch an § 307 BGB zu prüfen.

Eine in Allgemeinen Geschäftsbedingungen des Verkäufers enthaltene Bestimmung, nach der ihn **Änderungen des Umsatzsteuersatzes** zur entsprechenden Preisanpassung innerhalb von vier Monaten seit Vertragsschluss berechtigen, ist unwirksam.[7] Soweit daher eine Erhöhung der Umsatzsteuer im Raum steht, kann eine Anpassungsklausel nur gegenüber Unternehmern oder individualvertraglich vereinbart werden. Die Problematik stellt sich aber wegen Übergangsregelungen im UStG, welche die Abwälzung der höheren USt auf Altverträge ausdrücklich regeln, meist nicht.[8] Auch wenn die Klausel letztlich also mit dem UStG übereinstimmt, ist sie nicht als bloße Wiedergabe des Gesetzes zu werten, die nicht der Inhaltskontrolle unterliegt. Die in der BGH-Entscheidung[9] genannte Übergangsregelung im UStG trat erst nach Vertragsschluss in Kraft, so dass bei Vertragsabschluss noch eine der Klauselkontrolle unterworfene Regelung durch AGB gegeben war. Die spätere Übergangsregelung war absehbar, aber nicht gesichert.

Abzugrenzen von den nach § 309 Nr. 1 BGB untersagten Preisanpassungsklauseln sind so genannte **Nachbewertungsklauseln**. Dabei handelt es sich insbesondere um die von der Treuhandanstalt unmittelbar nach der Wende in ihren Verträgen verwendeten Klauseln. Damals war beiden Parteien nicht klar, wie Verkehrswert und kurzfristig zu erwartende Wertsteigerungen abzuschätzen sein würden. Die Nachbewertungsklausel in den Verträgen der Treuhand sollten Bodenspekulationen verhindern und im Endergebnis zu einem gerechten Verhältnis von Leistung und Gegenleistung führen.[10]

Bei Reiseverträgen gelten zusätzlich noch die Schutzvorschriften § 651a Abs. 3 und 4 BGB, vgl. insoweit die Kommentierung zu § 651a BGB.

Eine in Beförderungsbedingungen enthaltene Klausel, wonach der Kunde für den Fall, dass es zu einer Erhöhung einer im Flugschein ausgewiesenen Steuer, Gebühr oder Abgabe kommt und für den Fall, dass eine neue Steuer, Gebühr oder Abgabe erst nach der Ausstellung des Flugscheins erhoben wird, diese vor dem Flug bezahlen muss, verstößt gegen § 309 Nr. 1 BGB, weil auch die abzuführenden Steuern, Gebühren und Abgaben zum Beförderungsentgelt zählen.[11]

---

[3] BGH v. 09.07.1981 - VII ZR 139/80 - juris Rn. 12 - BGHZ 81, 229-247; BGH v. 30.10.1991 - VIII ZR 51/91 - juris Rn. 14 - BGHZ 115, 391-399.
[4] *Wurmnest* in: MünchKomm-BGB, § 309 Nr. 1 Rn. 1.
[5] LG München v. 22.12.2011 - 12 O 22100/11 - juris Rn. 50.
[6] BGH v. 06.12.1984 - VII ZR 227/83 - juris Rn. 10 - LM Nr. 13 zu § 9 (Cb) AGBG.
[7] BGH v. 23.04.1980 - VIII ZR 80/79 - juris Rn. 10 - BGHZ 77, 79-87; BGH v. 28.01.1981 - VIII ZR 165/79 - juris Rn. 10 - LM Nr. 10 zu AGBG.
[8] BGH v. 23.04.1980 - VIII ZR 80/79 - juris Rn. 14 - BGHZ 77, 79-87; OLG Celle v. 22.02.2001 - 13 U 105/00 - juris Rn. 9 - OLGR Celle 160-161.
[9] BGH v. 23.04.1980 - VIII ZR 80/79 - juris Rn. 14 - BGHZ 77, 79-87; OLG Celle v. 22.02.2001 - 13 U 105/00 - juris Rn. 9 - OLGR Celle 160-161.
[10] OLG Karlsruhe v. 19.03.1998 - 4 U 179/96 - juris Rn. 42 - DB 1998, 1278-1279.
[11] LG München v.19.04.2011 - 12 O 7134/11 - juris Rn. 64 - RRa 2012, 53-54.

2. Ergänzende Prüfung

11 § 309 Nr. 1 BGB unterscheidet sich im Verhältnis zur Generalklausel von den anderen einzelnen Normen des § 309 BGB. Preisanpassungsklauseln sind nämlich auch dann im Rahmen von § 307 BGB auf ihre Zulässigkeit zu prüfen, wenn diese nicht gegen § 309 Nr. 1 BGB verstoßen. Vielmehr ist die Zulässigkeit einer Preisanpassungsklausel, auch wenn sie nach § 11 Nr. 1 AGBG/§ 309 Nr. 1 BGB zulässig wäre, zusätzlich an der Generalklausel des § 307 BGB zu messen.[12] Dies kann durchaus dazu führen, dass eine nach § 309 Nr. 1 BGB zulässige Klausel aufgrund Verstoßes gegen § 307 BGB letztlich doch unzulässig ist. Kriterien für die Prüfung der Zulässigkeit derartiger Klauseln sind, inwieweit die Gründe für eine Preisanpassung angegeben sind, inwieweit die Kriterien für die Bemessung des neuen Preises feststehen und ob der anderen Vertragspartei das Recht eingeräumt wird, sich im Hinblick auf den erhöhten Preis von dem Vertrag zu lösen. Wegen der Einzelheiten vgl. die Kommentierung zu § 307 BGB.

3. Definition

12 § 309 Nr. 1 BGB verbietet jede Form von nachträglicher Änderung des festgelegten Preis-/Leistungsverhältnisses. Auch Änderungsvorbehalte, die auf Kosten- oder Lohnerhöhungen bezogen sind, fallen darunter. Von der Norm umfasst sind auch verdeckte Erhöhungsklauseln, etwa so genannte Irrtumsklauseln, soweit diese dem Verwender weitergehende Befugnisse zur nachträglichen Preisanpassung erlauben, als dies an sich der Fall ist.

4. Dauerschuldverhältnisse

13 Das Klauselverbot gilt nicht für Dauerschuldverhältnisse (zum Begriff vgl. die Kommentierung zu § 314 BGB). Zu Dauerschuldverhältnissen zählen alle Arten von Dauerschuldverhältnissen, insbesondere also Versicherungs-, Bauspar-, Darlehens-, Miet- und Pachtverträge sowie die Dienst-, Sukzessivlieferungs- und Bezugsverträge.[13]

5. Rechtsfolgen

14 Ist eine Preiserhöhungsklausel unwirksam, so verbleibt die ursprüngliche Preisvereinbarung.[14] Die Lücke kann im Wege der ergänzenden Vertragsauslegung geschlossen werden, wenn die ersatzlose Streichung der unwirksamen Klausel nicht zu einer angemessenen, den typischen Interessen des Klausel-Verwenders und des Kunden Rechnung tragenden Lösung führt. Eine unwirksame Tagespreisklausel ist durch eine Regelung zu ersetzen, die den Käufer zwar grundsätzlich zur Zahlung des bei Auslieferung gültigen Listenpreises verpflichtet, soweit dieser Preis einer nach billigem Ermessen zu treffenden Leistungsbestimmung durch den Verkäufer entspricht, die ihm aber andererseits ein Rücktrittsrecht einräumt, wenn die Preiserhöhung der Anstieg der allgemeinen Lebenshaltungskosten in der Zeit zwischen Bestellung und Auslieferung nicht unerheblich übersteigt.[15]

6. Verträge mit Unternehmern

15 Die relativ starre Regelung des § 309 Nr. 1 BGB kann im Rechtsverkehr zwischen Unternehmern nicht angewendet werden. Entsprechende Klauseln im Geschäftsverkehr zwischen Unternehmern sind daher ausschließlich nach § 307 BGB zu prüfen.[15] Dies gilt insbesondere, soweit es sich um Märkte mit spekulativer Preisbildung handelt[17], wie dies beispielsweise bei Computerbausteinen der Fall ist. Insoweit ist insbesondere die Transparenz der Preisgestaltung ein wesentliches Kriterium der Kontrolle.

16 Preisänderungsklauseln sind im Rechtsverkehr zwischen Unternehmen weitgehend üblich.[18] Keine kaufmännische Preisgleitklausel wurde bislang vom BGH für unwirksam gehalten.[19]

---

[12] Vgl. BGH v. 07.10.1981 - VIII ZR 229/80 - juris Rn. 10 - BGHZ 82, 21-28; *Roloff* in: Erman, § 309 Rn. 9.
[13] *Wurmnest* in: MünchKomm-BGB, § 309 Nr. 1 Rn. 21.
[14] *Roloff* in: Erman, § 309 Rn. 16.
[15] BGH v. 01.02.1984 - VIII ZR 54/83 - NJW 1984, 1177-1180.
[16] *Hensen* in: Ulmer/Brandner/Hensen, Rn. 21 zu § 309 Nr. 1.
[17] BGH v. 27.09.1984 - X ZR 12/84 - BGHZ 92, 200-207.
[18] *Roloff* in: Erman, § 309 Rn. 17.
[19] *Hensen* in: Ulmer/Brandner/Hensen, Rn. 21 zu § 309 Nr. 1.

7. Rechtsprechung

Kein Verstoß gegen § 309 Nr. 1 BGB lag bei einer Regelung vor, bei der die Preiserhöhung lediglich für die nach Ablauf von vier Monaten nach Vertragsschluss zu erbringenden Teilleistungen vorgesehen war. In diesem Fall lag gleichzeitig ein Dauerschuldverhältnis vor.[20] Im kaufmännischen Verkehr werden Preisanpassungsklauseln lediglich an § 307 BGB geprüft.[21]

Zulässig war die Klausel in einem Dauerschuldverhältnis, (langfristiger Werk-/Lieferungsvertrag), über in jährlichen Abschnitten zu erbringende Teilleistungen, wonach Preiserhöhungen zulässig sind, wenn der Lieferant des Unternehmens seine Preise erhöht.[22]

II. Leistungsverweigerungsrechte (Nr. 2)

1. Einrede des nicht erfüllten Vertrages

Mit § 309 Nr. 2 BGB dokumentiert der Gesetzgeber die Einschätzung, dass die §§ 273 und 320 BGB Regelungen enthalten, die von zentraler Bedeutung im Vertragsrecht sind und die Interessen der Parteien ausgewogen widerspiegeln. Deshalb sollen diese durch AGB nicht eingeschränkt werden.[23] Der Schutz des § 320 BGB darf nach § 309 Nr. 2 lit. a BGB weder ausgeschlossen noch eingeschränkt werden. Die Einrede des nicht erfüllten Vertrages ist damit im Anwendungsbereich des § 309 BGB absolut geschützt. Danach ist jede Form von Einschränkung unzulässig. Es ist auch nicht zulässig, die Einrede auf die voraussichtlichen Nachbesserungskosten zu begrenzen oder von einer schriftlichen Anzeige oder einem Anerkenntnis abhängig zu machen.[24]

Demgegenüber ist eine vertraglich vereinbarte Vorleistungspflicht nicht von § 309 Nr. 2 lit. a BGB umfasst. Eine Vorleistungspflicht, die in AGB geregelt wird, ist anhand von § 307 BGB zu prüfen.[25] Vorleistungsklauseln sind zulässig, soweit ein sachlich berechtigter Grund dafür gegeben ist. Bedenken gegen eine Vorleistungsklausel können sich insbesondere aus dem Umfang der Vorleistungspflicht ergeben. Bei Werkverträgen gibt es eine gesetzliche **Vorleistungspflicht** des Unternehmers. Dem steht mit § 632a BGB ein Anspruch auf **Abschlagszahlungen** gegenüber. Dazu sind auch vertragliche Regelungen denkbar. Diese dürfen über den Umfang von § 632a BGB hinausgehend eine Verpflichtung zu Abschlagszahlungen festlegen. Auch hier gilt jedoch, dass die Abschlagszahlungen angemessen sein müssen, insbesondere nicht die gesetzlich geregelte Vorleistungspflicht in ihr Gegenteil verkehren dürfen.

2. Zurückbehaltungsrecht

Auch das Zurückbehaltungsrecht nach § 273 BGB ist umfassend geschützt. Soweit es auf demselben Vertragsverhältnis beruht, darf es nach § 309 Nr. 2 lit. b BGB weder ausgeschlossen noch eingeschränkt werden. Ausdrücklich wird ein Beispiel im Gesetzestext erwähnt. Insbesondere darf nämlich die Anerkennung von Mängeln durch den Verwender nicht zur Voraussetzung des Zurückbehaltungsrechts gemacht werden. Zu willkürlichen Ergebnissen kann es dann kommen, wenn ein einheitlicher Lebenssachverhalt in verschiedene Verträge aufgespalten wird. Nach dem eindeutigen Wortlaut von § 309 Nr. 2 lit. b BGB ist für den Schutz des Zurückbehaltungsrechts nämlich auf den Vertrag und nicht auf den Lebenssachverhalt abzustellen.

3. Rechtsprechung

Die Rechtsprechung hat sich wiederholt mit § 309 Nr. 2 BGB, teilweise noch unter der alten Bezeichnung § 11 Nr. 2 AGBG befasst. Unwirksam war danach eine formularmäßige Befreiung des Bauträgers von der Vorleistungspflicht.[26] Demgegenüber kann die Beschränkung des Zahlungsverweigerungsrechts wirksam sein, wenn offensichtliche Fehler weiterhin zum Zahlungsaufschub oder zur Zahlungsverweigerung berechtigen.[27]

---

[20] BGH v. 29.10.1985 - X ZR 12/85 - NJW-RR 1986, 211-213.
[21] BGH v. 16.01.1985 - VIII ZR 153/83 - juris Rn. 11 - BGHZ 93, 252-264.
[22] BGH v. 29.10.1985 - X ZR 12/85 - juris Rn. 19 - NJW-RR 1986, 211-213.
[23] *Heinrichs* in: Palandt, § 309 Rn. 12.
[24] *Heinrichs* in: Palandt, § 309 Rn. 12.
[25] BGH v. 12.03.1987 - VII ZR 37/86 - juris Rn. 23 - BGHZ 100, 158-185.
[26] OLG Karlsruhe v. 19.04.2001 - 4 U 83/00 - BB 2001, 1325-1326.
[27] KG Berlin v. 22.03.2001 - 19 U 3679/00 - KGR Berlin 2001, 273-275.

23 Zulässig war demgegenüber eine Fälligkeitsvereinbarung in Form einer Klausel, nach der Kaufpreis und Preise für Nebenleistungen bei Übergabe des Kaufgegenstandes – spätestens jedoch acht Tage nach Zugang der schriftlichen Bereitstellungsanzeige – und Aushändigung und Übersendung der Rechnung zur Zahlung in bar fällig waren. Diese Klausel stellt weder einen Ausschluss noch eine Einschränkung des dem Käufer zustehenden Leistungsverweigerungsrechts nach § 320 BGB oder seines Zurückbehaltungsrechts nach § 273 BGB dar und verstößt daher auch nicht gegen § 309 Nr. 2 lit. a BGB.[28] Unwirksam ist allerdings eine in den Allgemeinen Geschäftsbedingungen enthaltene Klausel, nach der im Falle vereinbarter Lieferung und Montage 80% der Vergütung schon bei Anlieferung der Ware und die restlichen 20% nach Montage fällig werden sollen.[29]

24 Auch wenn die Vereinbarung einer Vorleistungspflicht in aller Regel die Geltendmachung der Nichterfüllungseinrede praktisch ausschließt, wird diese von § 309 Nr. 2 BGB nicht erfasst und ist daher wirksam.[30]

25 Sofern die – einmalige – Lieferung gegen Nachnahme erfolgt, kommt ein Zurückbehaltungsrecht nach § 273 BGB von vornherein nicht in Betracht.[31] Allerdings ist unter Umständen im Rahmen von § 307 BGB zu prüfen, inwieweit eine derartige Lieferung gegen Nachnahme ihrerseits gegen § 307 BGB verstößt.

4. Rechtsverkehr zwischen Unternehmen

26 Auf den Rechtsverkehr zwischen Unternehmen ist die Regelung nicht anwendbar. Vielmehr sind dort grundsätzlich Klauseln zulässig, die Leistungsverweigerungsrechte oder Zurückbehaltungsrechte einschränken.[32]

III. Aufrechnungsverbot (Nr. 3)

1. Aufrechnungsverbot

27 Nach § 309 Nr. 3 BGB ist die Möglichkeit, die Aufrechnung vertraglich auszuschließen, eingeschränkt. Die Aufrechnung gegenüber unbestrittenen oder rechtskräftig festgestellten Forderungen kann daher nicht wirksam in Allgemeinen Geschäftsbedingungen beschränkt werden. In nahezu allen anderen Fällen kann jedoch die Aufrechnung ausgeschlossen werden. Damit ist die Aufrechnung weit weniger geschützt, als die Einrede des nicht erfüllten Vertrages oder das Zurückbehaltungsrecht. Daraus können sich unter Umständen Wertungswidersprüche ergeben.

28 Soweit der Ausschluss oder die Beschränkung der Aufrechnung unzulässig ist, werden auch ähnliche Tatbestände erfasst. Insbesondere ist eine Klausel unzulässig, nach der die Aufrechnung zwar nicht ausdrücklich, aber der Sache nach ausgeschlossen ist.[33] Anderenfalls läge eine klassische Umgehung der Vorschrift vor. Unzulässig ist außerdem die Kombination von Vorauszahlungs- und Aufrechnungsverbotsklauseln, wie sie insbesondere in Mietverträgen häufig enthalten war.[34]

2. Interpretation

29 Unzulässig ist ein Aufrechnungsverbot, soweit unbestrittene und rechtskräftig festgestellte Forderungen davon umfasst werden. Die entsprechende Klausel ist jedoch interpretationsfähig.

30 Soweit unbestrittene Forderungen vom Aufrechnungsverbot ausgenommen wurden, hat die Rechtsprechung rechtskräftig festgestellte Forderungen als Unterfall der unbestrittenen Forderungen angesehen und die Klausel damit für wirksam gehalten.[35] Auch der umgekehrte Fall, wonach rechtskräftig festgestellte Forderungen vom Verbot ausgenommen waren, wurde für zulässig gehalten, weil die unbestrittenen Forderungen als Teilmenge der rechtskräftig festgestellten Forderungen angesehen wurden.[36] In beiden Fällen lag keine geltungserhaltende Reduktion der an sich unzulässigen Klausel vor. Vielmehr sah der Bundesgerichtshof die Entscheidung als zulässige Auslegung an.

---

[28] BGH v. 27.09.2000 - VIII ZR 155/99 - juris Rn. 30 - BGHZ 145, 203-245.
[29] OLG Zweibrücken v. 04.10.2001 - 4 U 115/00 - NJW-RR 2002, 274.
[30] OLG Düsseldorf v. 07.01.1999 - 10 U 214/97 - juris Rn. 22 - NJW-RR 1999, 1437-1439.
[31] BGH v. 08.07.1998 - VIII ZR 1/98 - juris Rn. 12 - BGHZ 139, 190-200.
[32] OLG Celle v. 11.11.2010 - 11 U 133/10 - juris Leitsatz und Rn. 4 - BauR 2011, 271-273.
[33] BGH v. 08.07.1998 - VIII ZR 1/98 - juris Rn. 14 - BGHZ 139, 190-200.
[34] BGH v. 26.10.1994 - VIII ARZ 3/94 - juris Rn. 22 - BGHZ 127, 245-254.
[35] BGH v. 18.04.1989 - X ZR 31/88 - juris Rn. 18 - BGHZ 107, 185-191.
[36] BGH v. 27.01.1993 - XII ZR 141/91 - juris Rn. 17 - NJW-RR 1993, 519-521.

Kein Verstoß gegen das Verbot ist jedoch, die Aufrechnung von einer vorherigen Ankündigung abhängig zu machen. Insbesondere wurde eine Klausel für wirksam angesehen, bei der die Aufrechnung gegen eine Mietzinsforderung nur gestattet war, wenn dies dem Verwender mindestens einen Monat vor Fälligkeit angezeigt wurde.[37]

Das Aufrechnungsverbot ist jedoch nicht nur dann unwirksam, wenn es gegen § 309 Nr. 3 BGB verstößt. Vielmehr wurde auch ein an sich wirksam vereinbartes Aufrechnungsverbot für unwirksam gehalten, weil die zur Aufrechnung gestellten Ansprüche entscheidungsreif waren.[38]

Stehen sich nach dem Gesetz Werklohn und Ansprüche wegen Nichterfüllung oder Schlechterfüllung aufrechenbar gegenüber, ist die Verrechnung kein gesetzlich vorgesehenes Rechtsinstitut und darf nicht dafür genutzt werden, Aufrechnungsverbote zu umgehen.[39] Allerdings ist stets sorgfältig zu prüfen, inwieweit Aufrechnungsverbote den zur Entscheidung stehenden Fall erfassen, einschränkend nach Sinn und Zweck der jeweils getroffenen Regelung ausgelegt werden müssen oder auch unter Berücksichtigung des Klauselverbots wirksam vereinbart sind.[40]

3. Insolvenzverfahren

Auch bei Eröffnung eines Insolvenzverfahrens über das Vermögen des Verwenders ist eine ansonsten wirksame Klausel über das Verbot der Aufrechnung unwirksam. Dies gilt bereits dann, wenn auf Seiten des Verwenders von Vermögensverfall auszugehen ist.[41] Grundgedanke dieser Rechtsprechung ist, dass durch den Vermögensverfall die Interessenlage beider Vertragsparteien grundlegend verändert ist und die zuvor angemessene Klausel der geänderten Interessenlage nicht mehr gerecht wird.

4. Allgemeine Aufrechnungsverbote

Allgemeine Grundsätze, die auch einem gesetzlichen oder individualvertraglichen Aufrechnungsverbot entgegenstehen würden, machen auch ein solches Verbot in Allgemeinen Geschäftsbedingungen unwirksam.[42]

5. Verjährung

Allerdings kann die Verjährung des Gegenanspruchs nicht zur Unwirksamkeit der im Übrigen wirksamen Klausel führen. Bei verjährter Gegenforderung kann zwar die Aufrechnung die einzige Möglichkeit des Vertragspartners sein, seine Forderung gegen den Verwender noch durchzusetzen. Der Lauf der Verjährungsfrist war jedoch dem Vertragspartner bekannt und es blieb ihm unbenommen, innerhalb der Frist die Verjährung durch geeignete Maßnahmen zu verhindern.[43] Damit unterscheidet sich die Konstellation deutlich vom Vermögensverfall des Verwenders, auf den der Vertragspartner keinen Einfluss hat und den er in der Regel auch nicht vorhersehen kann.

6. Wertungswiderspruch gegenüber Leistungsverweigerungsrechten

Der unterschiedliche Schutz von Leistungsverweigerungsrecht und Einrede des nicht erfüllten Vertrages einerseits und Aufrechnung andererseits ist nur schwer verständlich und führt teilweise zu merkwürdigen Ergebnissen. Sowohl die Leistungsverweigerungsrechte als auch die Aufrechnung sind Sicherungsrechte für den Vertragspartner. Die Aufrechnung führt darüber hinaus zu einer Vollstreckungsmöglichkeit. Der Unterschied besteht lediglich darin, dass der Gegenanspruch bei der Aufrechnung eine Geldforderung ist, während es sich beim Leistungsverweigerungsrecht und der Einrede des nicht erfüllten Vertrages um eine Sachforderung handelt. Dies rechtfertigt nicht die unterschiedliche Behandlung. Die unterschiedliche Behandlung widerspricht auch der Wertung von Nr. 1 lit. b des Anhangs der RL 1993/13/EWG des Rates der Europäischen Gemeinschaften.[44] Besonders deutlich werden die Wertungswidersprüche dann, wenn der Vertragspartner ursprünglich eine Sachleistungsforderung hatte (Nacherfüllung etc.) und diese Sachleistungsforderung durch eine Vertragsverletzung in ei-

---

[37] OLG Rostock v. 05.03.1999 - 3 U 80/98 - NZM 1999, 1006.
[38] OLG Koblenz v. 22.02.2001 - 5 U 1195/99 - juris Rn. 40.
[39] BGH v. 23.06.2005 - VII ZR 197/03 - juris Rn. 20 - NJW 2005, 2771.
[40] BGH v. 23.06.2005 - VII ZR 197/03 - juris Rn. 20 - NJW 2005, 2771; KG Berlin v. 16.12.2011 - 7 U 18/11 - juris Rn. 22 - NJW-RR 2012, 271-273.
[41] BGH v. 12.10.1983 - VIII ZR 19/82 - juris Rn. 8 - LM Nr. 67 zu § 387.
[42] *Roloff* in: Erman, § 309 Rn. 30.
[43] OLG Karlsruhe v. 22.11.2000 - 7 U 216/98 - juris Rn. 20 - OLGR Karlsruhe 2001, 125-127.
[44] *Heinrichs* in: Palandt, § 309 Rn. 20.

nen Schadensersatzanspruch mutiert ist. Stand dem Vertragspartner zuvor ein Leistungsverweigerungsrecht zu, verwandelt sich dies dann in eine Aufrechnungslage, die aber durch ein Aufrechnungsverbot in AGB vereitelt werden kann. Der Verwender erlangt somit durch eine Vertragsverletzung einen Vorteil gegenüber dem Vertragspartner. In solchen Fällen ist daher das Aufrechnungsverbot als unwirksam anzusehen.[45]

7. Rechtsverkehr zwischen Unternehmen

38 Aufrechnungsverbote, die dem Vertragspartner des Verwenders die Befugnis nehmen, mit einer unbestrittenen oder rechtskräftig festgestellten Forderung aufzurechnen, stellen eine besonders schwerwiegende Verkürzung der Rechte des Vertragspartners dar, die auch im Geschäftsverkehr zwischen Kaufleuten nicht hingenommen werden kann und daher unwirksam ist.[46]

IV. Mahnung, Fristsetzung (Nr. 4)

1. Mahnung, Fristsetzung

39 Die Vorschrift entspricht wörtlich dem früheren § 11 Nr. 4 AGBG. Trotzdem hat sich ihre Bedeutung auch **ohne Änderung des Wortlauts stark verändert**. Die Regelung hat nicht nur für den Anspruch auf Ersatz des Verzögerungsschadens nach § 286 Abs. 1 BGB, sondern insbesondere auch für die Rechte aus § 326 BGB große Bedeutung. Insbesondere § 326 BGB hat sich jedoch in der Neufassung stark verändert.

2. Verzug nach Mahnung

40 Durch die Regelung wird der Grundsatz, dass Verzug erst durch eine Mahnung (§ 286 BGB) eintritt, einer Modifizierung durch Allgemeine Geschäftsbedingungen entzogen.[47] Durch die Norm werden zusätzlich die §§ 281, 323, 637, 651d Abs. 3 BGB und § 651e Abs. 2 BGB der Änderung in AGB entzogen.[48]

3. Ähnliche Klauseln

41 Das Verbot umfasst auch Klauseln, die Mahnung und Fristsetzung zwar nicht ausdrücklich ausschließen, die aber das gleiche Ergebnis auf anderem Wege erzielen wollen. So können im nichtkaufmännischen Verkehr keine Fälligkeitszinsen in Allgemeinen Geschäftsbedingungen vereinbart werden.[49] Auch eine Regelung, bei der dem Vertragspartner bereits die Kosten der ersten Mahnung auferlegt wurden, war unzulässig. Die Kosten der den Verzug begründenden ersten Mahnung können nicht dem Vertragspartner auferlegt werden.[50]

4. Gesetzeswiederholende Klauseln

42 Unberührt von der Regelung bleiben solche Klauseln, welche lediglich gesetzliche Fälle wiederholen, in denen Mahnung und Fristsetzung entbehrlich sind. Durch die Schuldrechtsreform sind die Fälle zum einen zahlreicher geworden, zum anderen sind zusätzliche Generalklauseln eingeführt worden. So ist nach § 281 Abs. 2 Alt. 2 BGB die Fristsetzung dann entbehrlich, wenn besondere Umstände vorliegen, die unter Abwägung der beiderseitigen Interessen die sofortige Geltendmachung des Schadensersatzanspruches rechtfertigen. Die genaue Reichweite dieser Regelung ist noch nicht in allen Details absehbar (vgl. dazu auch die Kommentierung zu § 281 BGB). Es ist unproblematisch, wenn in Allgemeinen Geschäftsbedingungen diese Regelung wörtlich wiederholt wird. Für den Verwender kann es von Interesse sein, in diesem Punkt konkreter zu werden. Er kann dazu Regelbeispiele in den Vertrag aufnehmen. Soweit sich diese Regelbeispiele im Rahmen der gesetzlichen Regelung halten, sind sie als deren Erläuterung unproblematisch. Soweit die Regelung jedoch von der gesetzlichen Regelung abweicht, verstößt sie gegen das Verbot.

---

[45] *Wurmnest* in: MünchKomm-BGB, § 309 Nr. 2 Rn. 11.
[46] BGH v. 01.12.1993 - VIII ZR 41/93 - juris Rn. 13 - NJW 1994, 657-659; *Hensen* in: Ulmer/Brandner/Hensen, Rn. 12 zu § 309 Nr. 3.
[47] *Hensen* in: Ulmer/Brandner/Hensen, Rn. 5 zu § 309 Nr. 4.
[48] *Heinrichs* in: Palandt, § 309 Rn. 22.
[49] BGH v. 11.12.1997 - IX ZR 46/97 - juris Rn. 13 - LM AGBG § 9 (Cb) Nr. 32 (9/1998).
[50] BGH v. 31.10.1984 - VIII ZR 226/83 - juris Rn. 51 - LM Nr. 4 zu § 4 AGBG.

5. Rechtsverkehr zwischen Unternehmen

Auch im kaufmännischen Geschäftsverkehr werden Klauseln als unwirksam angesehen, die Mahnung und Fristsetzung entbehrlich machen.[51] Gerade im kaufmännischen Verkehr kann es demgegenüber notwendig sein, aufgrund der besonderen Bedeutung termingerechter Lieferung auf das Erfordernis von Mahnung und Fristsetzung zu verzichten.[52] Allerdings haben die Unternehmen in diesem Fall auch die Möglichkeit, den Vertrag als Fixgeschäft nach § 376 BGB auszugestalten und damit ebenfalls dem Verdikt des AGB-Rechts zu entgehen.

a. Mahnung

Die Erwartungen an den Umgang mit Zahlungsverpflichtungen und Fristen sind bei Unternehmen grundsätzlich anders als bei Privatpersonen. Daher kann man beim Rechtsverkehr zwischen Unternehmen im Verzicht auf das Erfordernis der Mahnung vor dem Verzug keine unangemessene Benachteiligung sehen.[53] Dies gilt insbesondere, nachdem bei Ansprüchen gemäß § 286 Abs. 3 BGB nach Ablauf der dort bestimmten Frist ohne Mahnung Verzug eintritt. Rein gesetzeswiederholende Klauseln sind ohnehin der Kontrolle entzogen.[54]

Im unternehmerischen Verkehr ist der Verzicht auf eine Mahnung jedenfalls zulässig, solange an den Verzug lediglich Folgen wie gesetzliche Zinsen und nicht etwa ein Recht auf Rücktritt oder Schadensersatz geknüpft werden.[55]

b. Fristsetzung, Nachfrist

Auch im kaufmännischen Geschäftsverkehr ist eine in Allgemeinen Geschäftsbedingungen enthaltene Klausel unwirksam, wonach der Verwender von der Obliegenheit freigestellt wird, dem anderen Vertragsteil, dem gegenüber er Rechte aus Verzug geltend machen will, eine Nachfrist zu setzen.[56] Wegen der einschneidenden Folgen, welche auch für Unternehmen mit dem Wegfall des Erfordernisses einer Nachfrist verbunden sein können und den demgegenüber geringen Aufwendungen für die Nachfristsetzung ist auch im unternehmerischen Geschäftsverkehr der Verzicht auf Nachfrist in Allgemeinen Geschäftsbedingungen unwirksam.[57]

6. Arbeitsrecht

Die Vorschrift gilt auch im Arbeitsrecht.

V. Pauschalierung von Schadensersatzansprüchen (Nr. 5)

1. Abgrenzung zur Vertragsstrafe

Die Regelungen in § 309 Nr. 5, 6 BGB betreffen eng miteinander verwandte Klauseln. § 309 Nr. 5 BGB betrifft Schadenspauschalen, während § 309 Nr. 6 BGB Vertragsstrafen regelt. Nach Auffassung des BGH ist die Abgrenzung danach vorzunehmen, welchen Zweck die Klausel verfolgt. Dient die Klausel in erster Linie dem Zweck, dem Verwender den **Nachweis einer bestimmten Schadenshöhe** zu ersparen, ist darin eine Pauschalierung von Schadensersatzansprüchen nach § 309 Nr. 5 BGB zu sehen. Liegt der Schwerpunkt der Regelung jedoch darin, Druck auf den Vertragspartner auszuüben, die **Hauptleistungspflicht** korrekt, insbesondere rechtzeitig und vollständig **zu erbringen**, liegt eine Vertragsstrafenregelung nach § 309 Nr. 6 BGB vor.[58]

Inwieweit diese Unterscheidung jedoch tatsächlich tragfähig ist, ist stark anzuzweifeln. Die Einordnung als Schadensersatzpauschale oder Vertragsstrafe hängt vielfach von redaktionellen Aspekten ab. Von der Unterscheidung hängt jedoch ab, ob die betreffende Klausel nach § 309 Nr. 6 BGB als Vertragsstrafe grundsätzlich unwirksam ist oder ob sie nach § 309 Nr. 5 BGB als Schadenspauschalierung grundsätzlich wirksam mit den dort genannten Einschränkungen ist.[59] Im Hinblick darauf ist die Ab-

---

[51] BGH v. 18.12.1985 - VIII ZR 47/85 - juris Rn. 21 - LM Nr. 22 zu § 9 (Cl) AGBG.
[52] *Wurmnest* in: MünchKomm-BGB, § 309 Nr. 4 Rn. 12.
[53] *Roloff* in: Erman, § 309 Rn. 40.
[54] *Hensen* in: Ulmer/Brandner/Hensen, Rn. 5 zu § 309 Nr. 4.
[55] *Hensen* in: Ulmer/Brandner/Hensen, Rn. 11 zu § 309 Nr. 4 m.w.N.
[56] BGH v. 18.12.1985 - VIII ZR 47/85 - juris Leitsatz - NJW 1986, 842-844.
[57] *Roloff* in: Erman, § 309 Rn. 40.
[58] BGH v. 25.11.1982 - III ZR 92/81 - juris Rn. 22 - LM Nr. 14 zu § 288.
[59] *Wurmnest* in: MünchKomm-BGB, § 309 Nr. 5 Rn. 6.

grenzung anders vorzunehmen. In allen Fällen, in denen die betreffende Klausel entweder für die dort geregelten Fälle einen **unangemessen hoher Betrag** festsetzt, oder wenn die Höhe des festgesetzten Betrages von vorn herein **keine erkennbare Relation zur Höhe des normalerweise eintretenden Schadens** aufweist, ist von einer **Vertragsstrafe** auszugehen.[60] Diese Unterscheidung entspricht auch Anhang Nr. 1 lit. e RL 1993/13/EWG des Rates der Europäischen Gemeinschaften. Soweit andererseits die Fixierung eines Schadensersatzes für den Fall der Nicht- oder Schlechterfüllung an sich vernünftig ist und deshalb nur die Höhe des Betrages einer gerichtlichen Kontrolle bedarf, ist diese als Schadenspauschalierung am Maßstabe des § 309 Nr. 5 BGB zu messen.[61]

2. Beweislastumkehr

50 Die Vorschrift enthält eine Abweichung von der sonst geltenden Regelung der § 309 Nr. 12 BGB, wonach eine Beweislastumkehr zu Gunsten des Verwenders unzulässig ist. Dies wird durch § 309 Nr. 5 BGB insofern eingeschränkt, als dass Schadensersatzpauschalen zulässig sind und nur der Verwendungsgegner die Möglichkeit erhält, den Gegenbeweis anzutreten.

3. Pauschalierung von Schadensersatz

51 Die Pauschalierung von Schadensersatz in AGB bietet die Möglichkeit, die Geschäftsabwicklung zu rationalisieren.[62] In vielen Fällen ist es praktisch außerordentlich schwierig, einen angemessenen Schadensersatz zu ermitteln. Die Voraussetzungen des Schadensersatzanspruches sind meist einfacher darzustellen als dessen Höhe. Schadensersatzpauschalierung entspricht daher einem praktischen Bedürfnis.[63] Ungeachtet dessen sind diese Klauseln jedoch nicht unbegrenzt zulässig. Vielmehr ist das schadensersatzrechtliche Bereicherungsverbot zu beachten. Dieser Vorgabe versucht § 309 Nr. 5 BGB mit den in lit. a und lit. b geregelten Einschränkungen entgegenzuwirken. Die Regelung entspricht der Bestimmung in der Nr. 1 lit. b des Anhangs der RL 1993/13/EWG des Rates der Europäischen Gemeinschaften, durch die Klauseln für missbräuchlich erklärt werden, in denen ein unverhältnismäßig hoher Entschädigungsbetrag festgelegt wird. Wenn der Verwender in seinen Einkaufsbedingungen die ihm nach den §§ 441, 638 BGB zustehende Minderung pauschaliert, ist die Regelung analog anzuwenden.[64]

52 Allerdings gestattet die Regelung dem Verwender nur, einen durch das Verhalten des Vertragspartners ausgelösten Schaden der Höhe nach zu pauschalieren.[65] Die Anspruchsgrundlage für den Schaden muss sich aus Gesetz oder einer anderen Regelung in AGB ergeben.

4. Kosten der Schadensverhütung

53 Abzugrenzen von pauschaliertem Schadensersatz sind Zahlungen, welche für Maßnahmen zur Verhütung von Schäden aufgewendet werden. Diese beispielsweise bei Jagdpacht verwendeten Regelungen sind als Preisabsprache der AGB-Kontrolle entzogen.[66]

5. Wertminderung

54 Nach dem Wortlaut der Norm wird der Anspruch auf Wertminderung gleichberechtigt neben dem pauschalierten Anspruch auf Schadensersatz erwähnt. Seit Inkrafttreten des AGBG am 01.04.1977 ist keine gerichtliche Entscheidung zu einer pauschalierten Wertminderung veröffentlicht worden.[67] Es wird deshalb gefordert, die Wertminderung aus der Norm zu streichen.[68]

---

[60] *Wurmnest* in: MünchKomm-BGB, § 309 Nr. 5 Rn. 6.
[61] *Wurmnest* in: MünchKomm-BGB, § 309 Nr. 5 Rn. 6 m.w.N.
[62] BGH v. 16.06.1982 - VIII ZR 89/81 - juris Rn. 27 - LM Nr. 2 zu § 11 Ziff. 5 AGBG.
[63] BGH v. 16.06.1982 - VIII ZR 89/81 - juris Rn. 28 - NJW 1982, 2316-2317; *Hensen* in: Ulmer/Brandner/Hensen, Rn. 10 zu § 309 Nr. 5.
[64] *Heinrichs* in: Palandt, § 309 Rn. 25.
[65] *Hensen* in: Ulmer/Brandner/Hensen, Rn. 1 zu § 309 Nr. 5.
[66] OLG Koblenz v. 13.05.2004 - 5 U 1476/03 - GuT 2004, 126-127.
[67] *Hensen* in: Ulmer/Brandner/Hensen, Rn. 13 zu § 309 Nr. 5.
[68] *Hensen* in: Ulmer/Brandner/Hensen, Rn. 13 zu § 309 Nr. 5.

6. Nachweis eines höheren Schadens

Es ist unschädlich, wenn der Verwender sich seinerseits den Nachweis eines höheren Schadens vorbehält. Dieses Recht steht ihm unabhängig von einer entsprechenden Formulierung ohnehin zu.[69] Je nach Formulierung der Klausel kann jedoch die Schadensersatzpauschale auch als verbindliche Regelung erscheinen, die dem Verwender die Geltendmachung eines höheren Schadens abschneidet.[70] Es empfiehlt sich daher, in der Klausel deutlich zu machen, dass auch ein höherer Schaden entstehen kann und ersetzt werden muss.[71]

7. Höhe der Pauschale

Die Pauschale darf den nach dem gewöhnlichen Lauf der Dinge zu erwartenden Schaden oder die gewöhnlich eintretende Wertminderung in den von der Klausel geregelten Fällen nicht übersteigen. Maßstab ist dabei derjenige Schaden bzw. die Wertminderung, welche unter Außerachtlassung der Schadenspauschalierungsklausel geltend zu machen wäre. Nur diejenigen Schadenspositionen, die der Verwender auch ohne die Klausel dem Vertragspartner auferlegen könnte, können Gegenstand der Pauschalierung sein. Es darf nicht zu einer verdeckten Hinzurechnung solcher Schadenspositionen kommen, die ohne Pauschalierung nicht geltend gemacht werden könnten. Dabei ist jedoch von einer abstrahierenden Betrachtungsweise auszugehen. Es ist nicht auf den konkreten Einzelfall abzustellen. Es ist gerade Sinn der Pauschalierung, dass nicht auf den Einzelfall abgestellt wird, sondern eine generalisierende Betrachtung gewählt wird.

Die Norm stellt dabei auf die „geregelten Fälle" ab. Geregelte Fälle sind die von dem Klauselwerk in seiner konkreten Anwendung umfassten Fälle. Die Formulierung ist § 252 Satz 2 BGB nachgebildet. Während im Rahmen von § 252 Satz 2 BGB auf die konkreten Umstände des Einzelfalles abgestellt wird,[72] soll im Rahmen von § 309 Nr. 5 lit. a BGB auf den branchentypischen Durchschnittsgewinn abgestellt werden.[73] Diese Auffassung steht im Widerspruch zur gesetzlichen Regelung. Diese stellt nämlich gerade nicht auf die jeweilige Branche, sondern auf die geregelten Fälle, also die Fälle, auf die die zu prüfende Klausel angewendet werden soll, ab. Hinzu kommt, dass die für die Prüfung der Klausel relevante Branche nicht immer leicht zu bestimmen ist.[74] Diese Schwierigkeiten werden vermieden, wenn nicht auf Branchenüblichkeit, sondern auf den Anwendungsbereich der umstrittenen Klausel abgestellt wird.

Im Arbeitsrecht hat die Pauschalierung von Schadenersatzansprüchen praktisch eine eher untergeordnete Bedeutung. Da bei einer Schadenspauschalierung gem. § 309 Nr. 5 a BGB die Pauschale den nach dem gewöhnlichen Lauf der Dinge zu erwartenden Schaden nicht übersteigen darf, sind insbesondere im Zusammenhang mit Schlechtleistung die Grundsätze der **beschränkten Arbeitnehmerhaftung** zu beachten. Die Grundsätze über die Beschränkung der Arbeitnehmerhaftung finden auf alle Arbeiten Anwendung, die durch den Betrieb veranlasst sind und aufgrund eines Arbeitsverhältnisses geleistet werden. Der Arbeitnehmer haftet bei vorsätzlich verursachten Schäden voll. Gleiches gilt grundsätzlich bei grober Fahrlässigkeit, wenngleich in Abhängigkeit der Einzelfallumstände eine Haftungserleichterung möglich ist. Bei normaler (mittlerer) Fahrlässigkeit findet eine quotale Schadensteilung zwischen Arbeitgeber und Arbeitnehmer statt, während der Arbeitnehmer bei leichtester Fahrlässigkeit überhaupt nicht haftet. Die quotale Schadensteilung richtet sich nach einer Abwägung der Gesamtumstände, insbesondere nach dem Schadensanlass und den Schadensfolgen sowie nach Billigkeits- und Zumutbarkeitsgesichtspunkten.[75] Das einzustellende Verschulden des Arbeitnehmers muss sich nicht nur auf die Pflichtverletzung, sondern auch auf den Schaden beziehen.[76] Aufgrund der vorzunehmenden Gesamtabwägung wird eine Schadenspauschalierung unter Beachtung der Vorgaben des § 309 Nr. 5 BGB praktisch nur selten möglich sein. Dies gilt beispielsweise für Bestimmungen in einer Dienstwagenordnung, die den Arbeitnehmer bei einer Beschädigung des Kfz während einer Dienst-

---

[69] BGH v. 16.06.1982 - VIII ZR 89/81 - juris Rn. 29 - LM Nr. 2 zu § 11 Ziff. 5 AGBG.
[70] OLG Koblenz v. 16.11.1999 - 3 U 45/99 - NJW-RR 2000, 872-873.
[71] *Heinrichs* in: Palandt, § 309 Rn. 25.
[72] *Heinrichs* in: Palandt, § 252 Rn. 16.
[73] BGH v. 07.10.1981 - VIII ZR 229/80 - juris Rn. 21 - BGHZ 82, 21-28; *Heinrichs* in: Palandt, § 309 Rn. 26.
[74] *Wurmnest* in: MünchKomm-BGB, § 309 Nr. 5 Rn. 12.
[75] BAG GS v. 27.09.1994 - GS 1/89 - juris Rn. 16 - NZA 1994, 1083, 1084.
[76] BAG v. 18.04.2002 - 8 AZR 348/01 - juris Rn. 27 - NZA 2003, 37, 40.

fahrt (bei Privatfahrten gelten die allgemeinen Haftungsgrundsätze) zum Ersatz des Schadens oder im Rahmen der Kaskoversicherung zum Ersatz eines vom Arbeitgeber zu leistenden Selbstbehaltes sowie einer Höherstufung nach vorherigem Schadensfreiheitsrabatt verpflichten.

8. Darlegungs- und Beweislast

59 Die Darlegungs- und Beweislast liegt im Rahmen der Klausel ausschließlich beim Verwender. Er muss darlegen und beweisen, in welchen typischer Fällen die Klausel greifen soll und wie hoch der in diesen Fällen typischerweise zu erwartende und vom Vertragspartner zu erstattende Schaden zu bemessen wäre. Dabei sind alle diejenigen Schadenspositionen zu berücksichtigen, die ein Vertragspartner im Fall des Schadenseintritts dem Verwender zu erstatten hätte. Branchenübliche Daten können, soweit vorhanden, vom Verwender herangezogen werden, um seine Darlegungen plausibel zu machen. Dies ist jedoch nicht notwendig, da es gerade nicht auf den branchenüblich zu erwartenden Schaden ankommt.

9. Rechtsprechung

60 Im Hinblick auf den Preisverfall bei der Ersatzbeschaffung von nicht zurück gegebenen Videokassetten und CDs und der leichten Feststellbarkeit der Nichtrückgabe kann an der bisherigen Rechtsprechung, die dem Videoverleiher eine Nutzungsentschädigung in Höhe der für 60 Tage anfallenden Miete zuspricht, nicht mehr festgehalten werden. Jedenfalls nach Ablauf von 30 Tagen nach Ende der vereinbarten Mietzeit steht dem Verleiher eine weitere Nutzungsentschädigung nicht mehr zu.[77]

61 Die in den Allgemeinen Geschäftsbedingungen eines Formularvertrags über den Kauf eines Neuwagens enthaltene Schadenspauschalierung in Höhe von 15% des Kaufpreises für den Fall der Nichtabnahme des Kaufgegenstandes verstößt nicht gegen § 309 Nr. 5 lit. a BGB, denn sie übersteigt nicht den im Neuwagenhandel branchentypischen Durchschnittsgewinn.[78]

10. Ausdrückliche Zulassung des Gegenbeweises

62 § 309 Nr. 5 lit. b BGB weicht von der früheren Regelung des § 11 Nr. 5 lit. b AGBG ab. Während früher dem anderen Vertragsteil nur der Nachweis eines geringeren Schadens oder einer geringeren Wertminderung nicht abgeschnitten werden durfte, muss dieser Nachweis nunmehr ausdrücklich zugelassen werden. Die bisherige Rechtsprechung zu den entsprechenden Klauseln kann daher auf neue Fälle nicht mehr herangezogen werden. Etliche Klauseln, die nach der bisherigen Rechtsprechung als wirksam angesehen wurden, sind mit der Neuregelung unvereinbar.[79] Nach neuem Recht ist ein unzweideutiger, für einen rechtsunkundigen Vertragspartner unmittelbar und ohne weitere Hilfe verständlicher Hinweis, wonach er im Schadensfall die Möglichkeit hat, den Gegenbeweis zu erbringen, erforderlich.

63 Der Wortlaut des § 309 Nr. 5 lit. b BGB verlangt nur, dass dem anderen Vertragsteil ausdrücklich der Nachweis gestattet wird, ein Schaden sei überhaupt nicht entstanden oder wesentlich niedriger als die Pauschale. Die Zulassung des Nachweises muss danach in der Klauselformulierung zwar ausdrücklich angesprochen sein. Mit welchen Formulierungen dies zu geschehen hat, insbesondere ob der Klauselverwender sich dabei zwingend des Gesetzeswortlauts bedienen muss, lässt der Gesetzestext dagegen offen.[80] Es genügt deshalb, wenn der im Klauseltext enthaltene Hinweis auf die Möglichkeit des Gegenbeweises einem rechtsunkundigen Vertragspartner ohne weiteres deutlich macht, dass darin die Möglichkeit des Nachweises, ein Schaden sei überhaupt nicht entstanden, eingeschlossen ist.[81]

---

[77] AG Gladbeck v. 19.05.2003 - 54 C 11/03 - NZM 2004, 159-160; entgegen OLG Hamm v. 10.07.1987 - 7 U 49/87 - NJW-RR 1988, 661-662 und LG Dortmund v. 28.01.1988 - 17 S 329/87 - NJW-RR 1988, 661; Anschluss AG Rastatt v. 15.06.2000 - 1 C 81/00 - NZM 2001, 1103-1104.

[78] OLG Jena v. 26.04.2005 - 8 U 702/04 - juris Orientierungssatz - DAR 2005, 399-400; a.A. LG Magdeburg v. 23.07.2003 - 5 O 1053/03: Pauschal 15% Schaden aufgrund Allgemeiner Geschäftsbedingungen können beim Neuwagenkauf dann nicht verlangt werden, wenn der nach dem gewöhnlichen Lauf der Dinge zu erwartende Schaden nicht dargelegt wird. Eine Schätzung in dieser Höhe ist nach § 287 ZPO ohne zureichende Anhaltspunkte nicht möglich.

[79] *Heinrichs* in: Palandt, § 309 Rn. 30.

[80] BGH v. 14.04.2010 - VIII ZR 123/09 - juris Rn. 18.

[81] BGH v. 14.04.2010 - VIII ZR 123/09 - juris Rn. 20.

Die Vorgabe in einem internen Rundschreiben einer Bank, wonach im Interesse einer gegenüber unseren Kunden gerechten Preisgestaltung ein Teil der anfallenden Kosten für Lastschrift- und Scheckübergaben ab sofort in Höhe von 15 DM belastet werden solle, ist unwirksam, weil sie den Kontoinhabern die Möglichkeit abschneidet, das Fehlen eines Schadens oder einen geringeren Schaden nachzuweisen.[82]   64

Was in diesem Zusammenhang unter „wesentlich" zu verstehen ist, richtet sich nach den konkreten Umständen des Einzelfalles. Für die Wirksamkeit der Klausel ist es ausreichend, wenn der Gegenbeweis für die Fälle von wesentlichen Abweichungen zugelassen wird. Es genügt hierzu die wörtliche oder sinngemäße Übernahme des Begriffs. Konkrete Grenzen müssen im Vertrag nicht genannt werden, sondern sind Auslegungssache. Insofern liegt kein Widerspruch zum Zweck von § 309 BGB vor, Klauseln ohne Wertungsmöglichkeit zu untersagen. Das Merkmal „wesentlich" ist nämlich kein gesetzliches Merkmal zur Bewertung der Klausel, sondern ein gesetzlich vorgeschriebenes Merkmal, welches die Klausel enthalten muss.   65

11. Anwendung im Verkehr zwischen Unternehmen

Das Klauselverbot findet auch im Rechtsverkehr zwischen Kaufleuten entsprechende Anwendung.[83] Grund dafür ist, dass die Klausel eine ungerechtfertigte Bereicherung des Verwenders verhindern will und dass eine solche Bereicherung auch im kaufmännischen Verkehr unangemessen wäre.[84] Ob abweichend von § 309 Nr. 5 lit. b BGB im kaufmännischen Verkehr eine ausdrückliche Zulassung des Gegenbeweises erforderlich ist, ist offen.[85] Allerdings ist die Klausel nicht bei jeder Überschreitung des nach dem gewöhnlichen Verlauf zur der Dinge zu erwartenden Schadens, sondern nur bei einer Überschreitung in einem Maße unwirksam, das unter Beachtung der im Handelsverkehr geltenden Gewohnheiten und Gebräuche als unangemessene Benachteiligung anzusehen ist.[86]   66

VI. Vertragsstrafe (Nr. 6)

1. Vertragsstrafe

§ 309 Nr. 6 BGB untersagt für die dort genannten Fallgruppen Vertragsstrafen generell und ohne Wertungsmöglichkeit. Hauptgrund der Bedenken gegen diese untersagten Vertragsstrafenklauseln ist, dass der Verwender sich hier Gewinne ohne jede Gegenleistung verschaffen kann. Hinzu kommt, dass diese Klauseln in der Regel nur einseitig zu Gunsten des Verwenders eingesetzt werden. Kritisiert wird außerdem, dass die Klauseln häufig einseitig nur die Vertragsverletzungen des Vertragspartners, nicht aber die des Verwenders sanktionieren.[87]   67

Für die Anwendung von § 309 Nr. 6 BGB ist es unerheblich, wie der Verwender die Verpflichtung des Vertragspartners bezeichnet. Maßgebend ist, dass für die in der Vorschrift genannten Vertragsverletzungen eine finanzielle Leistung des Vertragspartners verlangt wird. Ob dieses als **„Reugeld"**, **„Abstand"** oder **„Reueprovision"** bezeichnet wird, ist unerheblich.[88] Motivation für das Verbot der Vertragsstrafen ist die Überlegung, dass ein anerkennenswertes Interesse für die formularmäßige Festlegung von Vertragsstrafen in den genannten Fällen nicht erkennbar ist. Die in der Norm aufgezählten Vertragsverletzungen führen nämlich regelmäßig zu einem Schaden, der schon nach allgemeinen Regeln des BGB zu einer Ersatzpflicht des Vertragspartners führt. Daher könnte der Verwender durch eine Schadenspauschalierung nach § 309 Nr. 5 BGB seinen Interessen ausreichend Rechnung tragen.   68

Eine Vertragsklausel, wonach der Kunde eines Entsorgungsunternehmens in einem bestimmten Zeitraum eine bestimmte Menge Abfall für ein bestimmtes Entgelt anzuliefern verpflichtet und wonach dieses Entgelt auch bei Anlieferung einer geringeren Menge zu bezahlen sei (bring-or-pay-Verpflich-   69

---

[82] BGH v. 08.03.2005 - XI ZR 154/04 - juris Rn. 30 - NJW 2005, 1645-1648.
[83] BGH v. 12.01.1994 - VIII ZR 165/92 - juris Rn. 101 - BGHZ 124, 351-371.
[84] BGH v. 12.01.1994 - VIII ZR 165/92 - BGHZ 124, 351-371; BGH v. 28.05.1984 - III ZR 231/82 - juris Rn. 18 - LM Nr. 4a zu § 11 Ziff. 5 AGBG.
[85] Sie wird für überflüssig gehalten von *Heinrichs* in: Palandt, § 309 Rn. 32; *Hensen* in: Ulmer/Brandner/Hensen, Rn. 28 zu § 309 Nr. 5; a.A. *Koch*, WM 2002, 2173-2183.
[86] LG Mannheim v. 04.05.2012 - 7 O 436/11 Kart. - juris Rn. 29.
[87] *Wurmnest* in: MünchKomm-BGB, § 309 Nr. 6 Rn. 1.
[88] *Wurmnest* in: MünchKomm-BGB, § 309 Nr. 6 Rn. 2.

70 Vertragsstrafenklauseln stellen eine „im Arbeitsrecht geltende Besonderheit" im Sinne von § 310 Abs. 4 Satz 2 BGB dar und unterliegen daher keiner Kontrolle anhand von § 309 Nr. 6 BGB.[90] Vertragsstrafenklauseln unterliegen jedoch im Übrigen der Klauselkontrolle nach §§ 305 ff. BGB, insbesondere § 307 BGB. Das trifft auf Vertragsstrafenklauseln zu, die eine Übersicherung des Arbeitgebers bezwecken.[91] Die in der zweiten Auflage vertretene Ansicht ist durch die Rechtsprechung des BAG überholt.[92]

71 Soweit der Verwender für sonstige Vertragsverletzungen eine Vertragsstrafe vorsieht, wird dies durch § 309 Nr. 6 BGB nicht verboten. Diese Vertragsstrafen sind dann anhand von § 307 BGB zu überprüfen. Derartige Vertragsstrafen sind dann unwirksam, wenn sie eine unangemessene Benachteiligung des Kunden beinhalten.[93]

72 Die Einzelheiten des Vertragsstrafversprechens müssen sich an den §§ 339, 340, 341, 342, 343, 344, 345 BGB orientieren. Abweichende Regelungen sind nur insoweit zulässig, als dies durch triftige Gründe gerechtfertigt werden kann. Beispielsweise ist eine verschuldensunabhängige Vertragsstrafe abweichend von § 339 BGB nur ausnahmsweise denkbar, wenn besondere sachliche Gründe dies rechtfertigen.[94]

73 Allein die Höhe der Leistung des Kunden kann eine bestimmte Klausel zur Vertragsstrafenklausel machen. So wurde eine Zinsregelung, die 0,05% Zinsen pro Tag für den Fall des Zahlungsverzuges vorsah, allein wegen der unüblichen Höhe der Zinsen als Vertragsstrafe angesehen.[95]

74 Eine Regelung, wonach sich die „Verfallszeit" für Bonuspunkte eines Kundenbindungsprogramms im Falle der Kündigung oder Beendigung des Programms von 60 Monaten ab Flugdatum auf 6 Monate ab Kündigung verkürzt, bedeutet keine „de facto"-Vertragsstrafe.[96]

2. Fallgruppen unzulässiger Klauseln

75 Erste Fallgruppe von § 309 Nr. 6 BGB ist, dass der **Kunde Geld schuldet,** während der Verwender eine Sach- oder Dienstleistung zu erbringen hat. In diesem Fall ist die Verpflichtung des Kunden, für den Fall der Nichtabnahme der Leistung oder für den Fall verspäteter Abnahme einen Geldbetrag an den Verwender zu zahlen, als Vertragsstrafe stets unwirksam. Dies gilt unabhängig von der Höhe des vereinbarten Betrages. Unerheblich ist zudem, ob die Abnahme für den Kunden eine Hauptpflicht oder eine Nebenpflicht ist. Praktisch werden für diese Fälle meist Schadenspauschalen vereinbart.

76 Weitere Fallgruppe von § 309 Nr. 6 BGB ist **Zahlungsverzug**. Dies gilt auch für Verfallklauseln, wenn diese geleistete Anzahlungen als Verfallen bezeichnen wollen.

77 Kein Fall von § 309 Nr. 6 BGB ist das so genannte erhöhte Beförderungsentgelt für „Schwarzfahrer". Eine AGB-rechtliche Kontrolle scheitert hier meist schon daran, dass die Regelung in Rechtsnormen (§ 12 EVO) enthalten ist. Diese Vorschriften gehen dem AGB-Recht vor. Unabhängig davon handelt es sich beim erhöhten Beförderungsentgelt nicht um eine Vertragsstrafe wegen Zahlungsverzuges, sondern eine Reaktion auf Beförderungserschleichung. Es liegt damit keine Vertragsstrafe, sondern eine Schadenspauschalierung vor.

78 Eine Klausel in den Allgemeinen Geschäftsbedingungen eines Luftfahrtunternehmens, die für den Fall einer Rücklastschrift eine Bearbeitungsgebühr von 50 € pro Buchung vorsieht, stellt eine nach § 309 Nr. 5 Alt. 1 lit. a BGB unwirksame Schadenspauschalierung dar.[97] Bei den hierfür anfallenden Personalkosten handelt es sich, unabhängig davon, ob eigenes oder fremdes Personal eingesetzt wird, nicht

---

[89] LG Bochum v. 31.03.2011 - 14 O 147/10 - juris Rn. 2 - AbfallR 2011, 199.
[90] BAG v. 04.03.2004 - 8 AZR 196/03 - BAGE 110, 8-27; BAG v. 18.08.2005 - 8 AZR 65/05 - EzA-SD 2005, Nr. 25, 8-9.
[91] *Hamann*, jurisPR-ArbR 50/2005, Anm. 1.
[92] ArbG Nienburg v. 23.01.2003 - 2 Ca 624/02 - Bibliothek BAG; LArbG Stuttgart v. 10.04.2003 - 11 Sa 17/03 - DB 2003, 2551-2552; unausgesprochen LArbG Düsseldorf v. 08.01.2003 - 12 Sa 1301/02 - DB 2003, 2552-2554 und LArbG Hannover v. 31.10.2003 - 16 Sa 121/03 - Bibliothek BAG.
[93] *Wurmnest* in: MünchKomm-BGB, § 309 Nr. 6 Rn. 7.
[94] *Wurmnest* in: MünchKomm-BGB, § 309 Nr. 6 Rn. 8.
[95] KG Berlin v. 22.11.1988 - 21 U 1878/88 - juris Rn. 15 - NJW-RR 1989, 1363.
[96] LG Düsseldorf v. 19.04.2010 - 22 S 377/08 - juris Rn. 17.
[97] BGH v. 17.09.2009 - Xa ZR 40/08 - juris Leitsatz.

um einen Schaden des Verwenders durch die Rücklastschrift, sondern um Aufwendungen zur weiteren Durchführung und Abwicklung des Vertrags, die dem Verwender trotz der vorgenommenen Beschränkung auf bestimmte bargeldlose Zahlungsarten verblieben sind.[98]

3. Vertragsstrafe für Lösung vom Vertrag

Unzulässig ist auch das Versprechen einer Vertragsstrafe für den Fall, dass der Kunde sich vom Vertrag lösen möchte. Damit sind alle Fälle gemeint, in denen der Vertrag zwischen den Kunden beendet wird, etwa durch Rücktritt, Kündigung oder Widerruf. Jedoch sind nicht alle Klauseln, die eine Zahlungspflicht des Kunden für den Fall der vorzeitigen Vertragsbeendigung vorsehen, als Vertragsstrafe in diesem Sinne zu sehen. Etwa Vorfälligkeitsklauseln in Darlehensverträgen sind keine Vertragsstrafe, da mit diesen regelmäßig ein tatsächlich vorhandener Schaden, der auch auf den Kunden abwälzbar wäre, geltend gemacht wird. Es handelt sich dabei eher um eine Vertragsbeendigungsregelung.[99] Gleiches gilt für andere Fälle, in denen bei Vertragsbeendigung beispielsweise des Mietvertrages über eine Telekommunikationsanlage, eine Ablösesumme zu zahlen ist.[100]

4. Formulierung

Eine Klausel zu Vertragsstrafen muss klar und eindeutig formuliert dein, damit der Vertragspartner leicht erkennen kann, unter welchen Voraussetzungen, in welchen Fällen, wie hoch und gegebenenfalls wie oft eine Vertragsstrafe geschuldet wird. Eine Klausel, nach der der Arbeitgeber „für jeden Fall der Zuwiderhandlung eine Vertragsstrafe in Höhe von zwei durchschnittlichen Brutto-Monatseinkommen verlangen" kann und „im Falle einer dauerhaften Verletzung der Verschwiegenheitspflicht oder des Wettbewerbsverbotes jeder angebrochene Monat als eine erneute Verletzungshandlung" gilt, benachteiligt den Arbeitnehmer unangemessen.[101]

5. Rechtsfolgen

Ist eine Vertragsstrafe überhöht und die entsprechende Klausel nach § 307 BGB unwirksam, scheidet eine Herabsetzung gem. § 343 BGB aus. § 343 BGB ist damit praktisch nur noch für Individualvereinbarungen bedeutsam.[102]

6. Verträge mit Unternehmen

Im Geschäftsverkehr zwischen Unternehmen ist die Vereinbarung von Vertragsstrafen grundsätzlich zulässig.[103] Grundsätzlich greifen zwar die gleichen Argumente gegen derartige Vereinbarungen, die auch im Rechtsverkehr mit Privatleuten gelten. Allerdings sind diese bei Rechtsgeschäften zwischen Unternehmen anders zu gewichten. Zum einen werden Unternehmen in der Regel die AGB ihrer Vertragspartner genauer in Augenschein nehmen und einzelne Klauseln eher zum Gegenstand der Verhandlungen machen. Darüber hinaus gibt es im Rechtsverkehr zwischen Unternehmen häufiger Situationen, in denen die Vereinbarung von Vertragsstrafen sinnvoll und angemessen ist. So sind Situationen denkbar, in denen nicht nur die Höhe eines möglichen Schadens schwierig darzulegen und zu beweisen ist, sondern in denen auch die Ersatzpflicht dem Grunde nach aufgrund der Gesetzeslage Schwierigkeiten bereitet. In diesen Fällen lassen sich in Vertragsstrafenregelungen die Voraussetzungen klarer und einfacher definieren.[104] Vertragsstrafenregelungen sind aber im Rahmen von § 307 BGB daraufhin zu überprüfen, ob sie eine unangemessene Benachteiligung darstellen. Unzulässig sind danach insbesondere Klauseln, die das in § 339 BGB niedergelegte Verschuldenserfordernis aushebeln. Darin ist eine unangemessene Benachteiligung zu sehen, weil es sich um eine Abweichung von we-

---

[98] BGH v. 17.09.2009 - Xa ZR 40/08 - juris Rn. 13.
[99] BGH v. 19.09.1985 - III ZR 213/83 - BGHZ 95, 362-374.
[100] LG Frankfurt v. 17.09.1997 - 2/4 O 72/97, 2-04 O 72/97- Archiv PT 1998, 384-385; AG Hamburg-Altona v. 22.05.1980 - 317 C 540/79 - juris Rn. 4 - WuM 1980, 248.
[101] BAG v. 14.08.2007 - 8 AZR 973/06 - juris Rn. 28 - NJW 2008, 458; *Schramm*, NJW 2008, 1494-1496; *Bissels*, jurisPR-ArbR 4/2008, Anm. 1; kritisch *Diller*, NZA 2008, 574-576 mit eigenem Klauselvorschlag.
[102] *Wurmnest* in: MünchKomm-BGB, § 309 Nr. 6 Rn. 8.
[103] *Wurmnest* in: MünchKomm-BGB, § 309 Nr. 6 Rn. 19; *Heinrichs* in: Palandt, § 309 Rn. 38; vgl. auch BGH v. 30.06.1976 - VIII ZR 267/75 - LM Nr. 71 zu Allg. Geschäftsbedingungen.
[104] *Basedow* in: MünchKomm-BGB, § 309 Nr. 6 Rn. 14 (5. Auflage).

§ 309

83 sentlichen Grundgedanken der gesetzlichen Regelung handelt.[105] Darüber hinaus sind Vertragsstrafen unwirksam, wenn sie unverhältnismäßig hoch im Verhältnis zu der Vertragsverletzung und zu dem möglicherweise entstehenden Schaden sind.[106]

83 Insbesondere im **Baugewerbe** sind Vertragsstrafenklauseln gängig, bei denen Terminüberschreitungen mit Vertragsstrafen belegt werden, die sich nach bestimmten Zeitabschnitten (Kalendertag etc.) bemessen. So wurde beispielsweise eine Vertragsstrafe von 0,2% der Auftragssumme pro Werktag für angemessen gehalten.[107]

84 Demgegenüber hat der Bundesgerichtshof eine Vertragsstrafe von 1,5% der Auftragssumme pro Arbeitstag – und bei ausdrücklichem Hinweis auf die zuvor genannte Entscheidung – für überhöht und unwirksam angesehen.[108] Die neuere Rechtsprechung verlangt darüber hinaus auch eine sachgerechte **Begrenzung** der Vertragsstrafe schon in den Allgemeinen Geschäftsbedingungen.[109]

85 Die frühere **Treuhandanstalt** hat in den von ihr abgeschlossenen Unternehmenskaufverträgen zur Absicherung von Investitions- und Arbeitsplatzzusagen häufig Vertragsstrafenklauseln geregelt. Diese Vertragsstrafenklauseln wurden für wirksam gehalten, weil in den Klauseln der besondere gesetzliche und politische Auftrag der Treuhandanstalt zum Ausdruck gekommen ist.

7. Arbeitsrecht

86 Von den verschiedenen in § 309 Nr. 6 BGB normierten Verbotstatbeständen ist im Arbeitsrecht allein der Fall der (unberechtigten) Lösung vom Vertrag von Relevanz. Aufgrund arbeitsrechtlicher Besonderheiten ist das Klauselverbot des § 309 Nr. 6 BGB auf diesen Fall jedoch nicht anzuwenden.[110] Eine solche Besonderheit des Arbeitsrechts stellt die Regelung des § 888 Abs. 3 ZPO dar, die eine Vollstreckung der Arbeitspflicht ausschließt.[111] Prüfungsmaßstab für Vertragsstrafen ist daher § 307 BGB.

87 Hieran gemessen stellt eine Vertragsstrafenregelung eine unangemessene Benachteiligung des Arbeitnehmers gemäß § 307 Abs. 1 BGB dar, wenn sie zu einer Übersicherung des Arbeitgebers führt. Die Herabsetzung einer überhöhten Vertragsstrafe gemäß § 343 BGB kommt nicht in Betracht, da § 343 BGB nur auf wirksam vereinbarte Vertragsstrafen Anwendung findet.[112]

88 Es besteht keine generelle Höchstgrenze für eine arbeitsvertraglich vereinbarte Vertragsstrafe.[113] Die Vertragsstrafe bei vertragswidriger Beendigung des Arbeitsverhältnisses darf aber grundsätzlich die vom Arbeitnehmer während der Dauer der von ihm einzuhaltenden Mindestkündigungsfrist zu erzielende Vergütung nicht überschreiten.[114] Da die Inhaltskontrolle der Vertragsstrafenkontrolle auf die Umstände zum Zeitpunkt des Vertragsschlusses abstellt, muss die Vertragsstrafe insoweit dem Maßstab der zu diesem Zeitpunkt maßgebenden Mindestkündigungsfrist standhalten.[115] Eine gegenüber der bis zum hiernach maßgebenden rechtlich zulässigen Beendigungszeitpunkt bemessenen Vergütung liegende Vertragsstrafe ist nur ausnahmsweise angemessen im Sinne des § 307 Abs. 1 Satz 1 BGB, wenn das Sanktionsinteresse des Arbeitgebers im Fall der vertragswidrigen Nichterbringung der Arbeitsleistung vor der rechtlich zulässigen Beendigung des Arbeitsverhältnisses den Wert der Arbeitsleistung, der sich in der Arbeitsvergütung bis zur vertraglich zulässigen Beendigung des Arbeitsverhältnisses dokumentiert, aufgrund besonderer Umstände typischerweise und generell übersteigt.[116]

---

[105] § 307 Abs. 2 Nr. 1 BGB, vgl. dazu BGH v. 03.04.1998 - V ZR 6/97 - juris Rn. 23 - LM AGBG § 9 (Ch) Nr. 13 (1/1999).

[106] BGH v. 21.03.1990 - VIII ZR 196/89 - juris Rn. 34 - LM Nr. 15 zu § 9 AGBG (Bm).

[107] BGH v. 12.10.1978 - VII ZR 139/75 - juris Rn 7 - BGHZ 72, 222-229.

[108] BGH v. 12.03.1981 - VII ZR 293/79 - juris Rn 14 - LM Nr. 13 zu AGBG.

[109] BGH v. 22.10.1987 - VII ZR 167/86 - juris Rn. 14 - LM Nr. 13 zu § 9 (Bf) AGBG; BGH v. 16.07.1998 - VII ZR 9/97 - juris Rn. 6 - LM AGBG § 1 Nr. 32 (4/1999); OLG Koblenz v. 23.03.2000 - 2 U 792/99 - juris Rn. 8 - NJW-RR 2000, 1042; BGH v. 17.01.2002 - VII ZR 198/00 - juris Rn. 17 - LM AGBG § 9 (Bf) Nr. 43 (9/2002); *Kraus*, EWiR 1988, 1-2; *Bunte*, WuB IV B § 9 AGBG 2.88; *Kröll*, EWiR 2002, 507-508.

[110] BAG v. 04.03.2004 - 8 AZR 196/03 - juris Rn. 24 - NZA 2004, 727, 729; zweifelnd LAG Berlin-Brandenburg v. 21.10.2010 - 25 Sa 586/10 - juris Rn. 39.

[111] BAG v. 04.03.2004 - 8 AZR 196/03 - juris Rn. 49 - NZA 2004, 727, 731.

[112] BAG v. 28.05.2009 - 8 AZR 896/07 - juris Rn. 35 - NZA 2009, 1337, 1340; BAG v. 04.03.2004 - 8 AZR 196/03 - juris Rn. 66 - NZA 2004, 727, 734.

[113] BAG v. 25.09.2008 - 8 AZR 717/07 - juris Rn. 54 - NZA 2009, 370, 375.

[114] BAG v. 23.09.2010 - 8 AZR 897/08 - juris Rn. 25 - NZA 2011, 89, 90; BAG v. 28.05.2009 - 8 AZR 896/07 - juris Rn. 35 - NZA 2009, 1337, 1340; BAG v. 04.03.2004 - 8 AZR 196/03 - juris Rn. 62 - NZA 2004, 727, 734.

[115] BAG v. 23.09.2010 - 8 AZR 897/08 - juris Rn 22 - NZA 2011, 89, 90.

[116] BAG v. 18.12.2008 - 8 AZR 81/08 - juris Leitsatz - NZA-RR 2009, 519.

Eine Vertragsstrafe von bis zu drei Bruttomonatsgehältern für jeden Einzelfall eines Wettbewerbsverstoßes stellt in der Regel eine Übersicherung dar und benachteiligt den Arbeitnehmer unangemessen.[117] Bei der Bemessung der Vertragsstrafe für Wettbewerbsverstöße wird aber die Stellung des Arbeitnehmers im Unternehmen durch die Schadensträchtigkeit von Wettbewerbsverhandlungen individuell betrachtet werden müssen.[118]

Die Formulierung der Vertragsstrafe muss hinreichend transparent sein (§ 307 Abs. 1 Satz 2 BGB). Dies gilt zum einen für die Verletzungshandlung. Möglich ist etwa die Anknüpfung an einen Wettbewerbsverstoß oder eine Verletzung der Verschwiegenheitspflicht, nicht aber an „jede sonstige schuldhafte Vertragsverletzung".[119] Das Bestimmtheitsgebot gilt gleichermaßen für die Verwirkung der Vertragsstrafe. Unbestimmt und damit unwirksam ist etwa die Formulierung, die Vertragsstrafe sei bei einer Verletzungshandlung verwirkt und im Falle eines Dauerverstoßes gelte jeder angebrochene Monat als neue Verletzungshandlung.[120] Dem Arbeitnehmer wird bei dieser Formulierung nicht erkennbar, wie eine einzelne Verletzungshandlung von einem Dauerverstoß abzugrenzen ist.

VII. Haftungsausschlussklauseln (Nr. 7)

1. Haftungsausschluss bei Verletzung von Leben, Körper, Gesundheit

Durch das Schuldrechtsmodernisierungsgesetz wurde in § 309 Nr. 7 lit. a BGB eine neue Regelung aufgenommen. Danach ist ein Haftungsausschluss für Schäden aus der Verletzung des Lebens, des Körpers oder der Gesundheit unwirksam. Neu ist dabei jedoch nur die Regelung in § 309 Nr. 7 BGB. Inhaltlich wurde das Verbot bereits früher aus § 9 AGBG abgeleitet.[121] Die Begriffe Leben, Körper und Gesundheit sind ebenso auszulegen wie in § 823 BGB (vgl. die Kommentierung zu § 823 BGB).

Eine Klausel in Allgemeinen Reisebedingungen, mit der die gesetzliche Verjährungsfrist für die Ansprüche des Reisenden wegen eines Mangels der Reise abgekürzt wird, ist wegen Verstoßes gegen die Klauselverbote des § 309 Nr. 7 lit. a und b BGB insgesamt unwirksam, wenn die in diesen Klauselverboten bezeichneten Schadensersatzansprüche nicht von der Abkürzung der Verjährungsfrist ausgenommen werden.[122] Klauseln, die die Gewährleistung ohne Ausnahme ausschließen, erfassen auch Schadensersatzansprüche, die auf Körper und Gesundheitsschäden wegen eines vom Verkäufer zu vertretenden Mangels beruhen oder auf grobes Verschulden des Verkäufers gestützt sind. Solche Klauseln sind mit § 309 Nr. 7 BGB nicht vereinbar.[123]

2. Haftungsbegrenzung

Unzulässig ist ein Ausschluss oder auch nur eine Begrenzung der Haftung. Damit ist jede Form der Beschränkung der Haftung untersagt. Eine unzulässige Haftungsbegrenzung liegt beispielsweise auch dann vor, wenn die Verjährungsfristen abgekürzt werden.[124] Nach dem Schutzzweck der Norm gilt das Verbot auch dann, wenn durch die Klausel nicht die eigentliche Ersatzpflicht, sondern der ansonsten geltende Sorgfaltspflichtmaßstab verändert wird.[125]

Die Vorschriften der §§ 307, 308 Nr. 1, 309 Nr. 7a BGB sind Marktverhaltensregelungen im Sinne von § 4 Nr. 11 UWG (BGH v. 31.05.2012 - I ZR 45/11 - juris 46).

Es ist ebenfalls unzulässig, wenn der Verwender versucht, sich durch Allgemeine Geschäftsbedingungen von zentralen Verpflichtungen seines Vertrages zu befreien.[126]

3. Gesetzliche Vertreter oder Erfüllungsgehilfen

Eine Begrenzung der Haftung ist unwirksam, wenn sie sich auf eine fahrlässige Pflichtverletzung des Verwenders oder eine vorsätzliche oder fahrlässige Pflichtverletzung eines gesetzlichen Vertreters oder Erfüllungsgehilfen des Verwenders begründet. Der Verwender kann sich selbst wegen § 276 Abs. 3 BGB nicht von der Haftung wegen Vorsatzes entlasten. Für ihn musste daher das Klauselverbot

---

[117] BAG v. 18.08.2005 - 8 AZR 65/05 - juris Rn. 24 - NZA 2006, 34, 37.
[118] Zu möglichen Gestaltungen instruktiv *Haas/Fuhlrott*, NZA 2010, 1 ff.
[119] BAG v. 21.04.2005 - 8 AZR 425/04 - juris Rn. 34 - NZA 2005, 1053, 1056.
[120] BAG v. 14.08.2007 - 8 AZR 973/06 - juris Rn. 28 - NZA 2008, 170, 172.
[121] OLG Hamburg v. 06.06.2001 - 4 RE-Miet 1/01 - juris Rn. 28 - MDR 2001, 1106-1107.
[122] BGH v. 26.02.2009 - Xa ZR 141/07 - juris Rn. 17.
[123] OLG Oldenburg v. 27.05.2011 - 6 U 14/11 - juris Rn. 16 - MMR 2011, 656-657.
[124] OLG Düsseldorf v. 27.10.1994 - 18 U 89/94 - NJW-RR 1995, 1311-1312.
[125] *Heinrichs* in: Palandt, § 309 Rn. 44.
[126] BGH v. 19.05.2005 - III ZR 309/04 - juris Rn 15 - NJW-RR 2005, 1425-1426.

wegen vorsätzlicher Pflichtverletzung an dieser Stelle nicht wiederholt werden. Soweit es bei ihm um grobfahrlässige Pflichtverletzungen geht, überschneidet sich das Verbot jedoch mit § 309 Nr. 7 lit. b BGB. Eine Überschneidung gibt es auch bei Pflichtverletzungen des gesetzlichen Vertreters oder Erfüllungsgehilfen des Verwenders. Soweit diese vorsätzlich oder grob fahrlässig geschehen sind, ist ein Haftungsausschluss auch bereits nach der bisherigen Regelung, jetzt § 309 Nr. 7 lit. b BGB unzulässig. Tatsächlich neu ist daher nur die Regelung, soweit sie sich auf Pflichtverletzungen bezieht, die weder vorsätzlich noch grob fahrlässig herbeigeführt wurden.

4. Vorsätzliche oder grob fahrlässige Pflichtverletzung

96 Bei allen übrigen Schäden ist eine Klausel, die die Haftung für Schäden aufgrund einer vorsätzlichen oder grob fahrlässigen Pflichtverletzung des Verwenders oder seines gesetzlichen Vertreters oder Erfüllungsgehilfen ausschließt oder begrenzt, unwirksam. Für vorsätzliche Pflichtverletzungen des Verwenders ergibt sich diese Konsequenz allerdings aus § 276 Abs. 3 BGB.

97 Auch beim Privatverkauf eines gebrauchten Fahrzeuges hält ein formularmäßig vereinbarter umfassender Haftungsausschluss der Inhaltskontrolle nicht stand und ist wegen Verstoßes gegen § 309 Nr. 7 lit. a und b BGB in der Fassung vom 02.01.2002 im Ganzen nichtig.[127]

5. Verjährungsregeln

98 Eine Klausel in Gebrauchtwagenverkaufsbedingungen, die die Verjährungsfrist auf ein Jahr verkürzt, verstößt gegen die Verbote des § 309 Nr. 7 lit. a und b BGB und ist unwirksam,[128] wenn die in diesen Klauselverboten bezeichneten Schadensersatzansprüche nicht von der Abkürzung der Verjährungsfrist ausgenommen werden.[129] Eine Verkürzung der Verjährung ohne Ausnahme für vorsätzliche oder grob fahrlässige Vertragsverletzungen verstößt gegen § 309 Nr. 7 lit. b BGB und ist unwirksam.[130]

6. Ausnahmeregelungen

99 Beide Regelungen gelten nach § 309 Nr. 7 HS. 3 BGB nicht für Haftungsbeschränkungen, die in den auf der Basis des Personenbeförderungsgesetzes genehmigten Beförderungsbedingungen und Tarifvorschriften von Straßenbahnen, O-Bussen und Kraftfahrzeugen im Linienverkehr geregelt sind, soweit diese nicht zum Nachteil des Fahrgastes von der Verordnung über die Allgemeinen Beförderungsbedingungen für den Straßenbahn- und O-Bus-Verkehr sowie den Linienverkehr mit Kraftfahrzeugen vom 27.02.1970 abweichen. Das Verbot des Haftungsausschlusses für Vorsatz und grobe Fahrlässigkeit nach § 309 Nr. 7 lit. b BGB gilt zudem nicht für Haftungsbeschränkungen für staatlich genehmigte Lotterie- oder Ausspielverträge.

7. Verweis auf Dritte

100 Ist der Verkäufer eines Grundstücks nicht mit dem Werkunternehmer identisch, der auf dem verkauften Grundstück ein Gebäude zu errichten bzw. bereits ganz oder teilweise errichtet hat, kann auch in allgemeinen Geschäftsbedingungen die werkvertragliche Gewährleistung des Grundstückseigentümers ausgeschlossen werden, da dem Erwerber neben dem Anspruch gegen den Werkunternehmer kein weiterer Anspruch eingeräumt werden muss.[131]

8. Gewährleistungsausschluss

101 Die Neuregelung der Rechtsfolgen von Sachmängeln und Rechtsmängeln haben auch Auswirkungen auf die Gewährleistungsklauseln in Verträgen. Klauseln, nach denen die Gewährleistungsansprüche des Käufers undifferenziert und ohne jede Ausnahme beispielsweise innerhalb von zwölf Monaten ab

---

[127] OLG Hamm v. 10.02.2005 - 28 U 147/04 - juris Leitsatz 1 - NJW-RR 2005, 1220-1221.
[128] OLG Düsseldorf v. 25.02.2007 - I-1 U 169/07 - juris Rn. 20.
[129] BGH v. 15.11.2006 - VIII ZR 3/06 - juris Rn. 20 - NJW 2007, 674-678.
[130] Brandenburgisches OLG v. 17.11.2010 - 4 U 53/10 - juris Rn. 75; KG Berlin v. 28.04.2010 - 26 U 85/09 - juris Rn. 88; OLG München v. 17.03.2010 - 7 U 4456/09 - juris Rn. 101.
[131] OLG Hamm v. 22.12.2011 - I-21 U 57/11, 21 U 57/11 - juris Rn. 54 - IBR 2012, 266.

Gefahrübergang verjähren, erfassen damit auch die vom Klauselverbot geschützten Schadensersatzansprüche auf Ersatz eines Körper- oder Gesundheitsschadens und sind damit insgesamt unwirksam.[132]

9. Verkehr zwischen Unternehmern

a. Grundsatz

Die Klauselverbote nach § 309 Nr. 7 BGB sind nach herrschender Meinung auch im Rechtsverkehr zwischen Unternehmen anzuwenden.[133] Allerdings sind entsprechende Klauseln nicht an § 309 Nr. 7 BGB, sondern an § 307 BGB zu messen. Die Norm ist daher nicht unmittelbar und auch nicht uneingeschränkt auf den Rechtsverkehr zwischen Unternehmen anwendbar.

102

b. Branchentypische Freizeichnungsklauseln

In der Rechtsprechung ist anerkannt, dass im Rechtsverkehr zwischen Unternehmen branchentypische Freizeichnungsklauseln, die allseits gebilligt und anerkannt werden, wirksam sind.[134] Dies wurde beispielsweise angenommen für Werkverträge von Schiffswerften. Dabei waren neben der Branchenüblichkeit auch die **Versicherbarkeit** und die Besonderheiten des Vertragsverhältnisses ausschlaggebend. Das Gericht hat festgestellt, dass bei Schiffsreparaturen auf der Werft in der Regel die Besatzung an Bord bleibt und somit auch selbst Gelegenheit hat, bestimmte Gefahren in eigener Verantwortung abzuwehren.[135] Für die Wirksamkeit der Klausel aufgrund Branchenüblichkeit genügt damit noch nicht die allgemeine Verbreitung in einer speziellen Branche. Vielmehr sind weitere Gesichtspunkte vorzutragen.[136]

103

Bislang nicht Gegenstand einer gerichtlichen Entscheidung war die in **EDV-Verträgen**, insbesondere Pflegeverträgen, typische Begrenzung der Haftung auf die Pflegekosten bzw. die Vertragskosten oder ein Vielfaches derselben. Problematisch bei diesen Haftungsbeschränkungen ist jedoch, dass die Höhe der Haftungsfreizeichnung offensichtlich keine Beziehung zur Höhe der zu erwartenden Schäden hat. In den meisten Fällen wird daher eine derartige Haftungsfreizeichnung als unwirksam anzusehen sein.

104

Gegen die Annahme einer branchentypischen Freizeichnungsklausel, die allseits gebilligt und anerkannt wird, kann nach Ansicht des BGH schon die Tatsache sprechen, dass der Vertragspartner diese Klausel seit ihrer Einführung durch den Verwender missbilligt und bei der Beklagten auf eine Streichung der Klausel gedrängt hat.[137]

105

c. Haftungsbegrenzungen auf den typischerweise zu erwartenden Schadensumfang

Regelmäßig werden Haftungsbegrenzungen auf den typischerweise zu erwartenden Schadensumfang als zulässig angesehen.[138] Dabei muss jedoch berücksichtigt werden, dass der Betrag der Haftungsbegrenzung ausdrücklich zu nennen ist. Eine Begrenzung, die sich wörtlich „auf den typischerweise zu erwartenden Schaden" bezieht, beinhaltet keine tatsächliche Begrenzung. Sinnvoller Weise sollte die Klausel erkennen lassen, dass tatsächlich ein Zusammenhang zwischen den typischerweise zu erwartenden Schäden und der Höhe der Haftungsbegrenzung besteht.[139]

106

d. Haftungsbegrenzung bei versicherbaren Schäden

Eine weitere Möglichkeit der Haftungsbegrenzung besteht bei versicherbaren Schäden. Hier ist es, insbesondere im Rechtsverkehr zwischen Unternehmen, sinnvoll, einen Prämienvergleich zwischen einer Haftpflichtversicherung des Verwenders und einer Schadensversicherung des Kunden vorzunehmen.

107

---

[132] BGH v. 15.11.2006 - VIII ZR 3/06 - juris Rn. 20 - NJW 2007, 674-678; BGH v. 26.02.2009 - Xa ZR Ziffer 141/07 - juris Rn. 17 - NJW 2009, 1486-1487; BGH v. 19.09.2007 - VIII ZR 141/06 - juris Rn. 13 - NJW 2007, 3774-3776; OLG Oldenburg v. 27.05.2011 - 6 U 14/11 - juris Rn. 16 - MMR 2011, 656-657; OLG Hamm v. 13.11.2011 - 2 U 143/10 - juris Rn. 15 - MMR 2012, 94; OLG Karlsruhe v. 12.01.2009 - 1 U 198/08 - juris Rn. 31 - MDR 2009, 929; vgl. auch *Berger*, ZGS 2007, 257-260.

[133] *Heinrichs* in: Palandt, § 309 Rn. 48; *Westphalen* in: Vertragsrecht, Freizeichnungsklauseln Rn. 23.

[134] BGH v. 26.06.1997 - I ZR 248/94 - juris Rn. 21 - LM AGBG § 9 (Cf) Nr. 46 (12/1997); BGH v. 03.11.1994 - I ZR 100/92 - juris Rn. 21 - BGHZ 127, 275-284; BGH v. 20.04.1993 - X ZR 67/92 - juris Rn. 19 - BGHZ 122, 241-250.

[135] BGH v. 03.03.1988 - X ZR 54/86 - juris Rn. 34 - BGHZ 103, 316-332.

[136] BGH v. 19.02.1998 - I ZR 233/95 - juris Rn. 26 - LM AGBG § 9 (Cf) Nr. 50 (11/1998).

[137] BGH v. 25.10.1995 - VIII ZR 258/94 - juris Rn. 33 - LM AGBG § 9 (Ba) Nr. 28 (3/1996).

[138] *Heinrichs* in: Palandt, § 309 Rn. 49; a.A. *Hensen* in: Ulmer/Brandner/Hensen, Rn. 29 zu § 309 Nr. 7.

[139] BGH v. 19.01.1984 - VII ZR 220/82 - juris Rn. 19 - BGHZ 89, 363-369.

Sind die Schäden für den Verwender versicherbar, ist angesichts der eng begrenzten Möglichkeiten, eine Haftungsfreizeichnung in AGB zu vereinbaren, die Versicherung allemal der bessere Weg. Im Rahmen der Versicherung ist eine Haftungsbegrenzung auf die Versicherungssumme als zulässig anzusehen. Dies gilt jedenfalls dann, wenn die Höhe der Versicherungssumme nicht willkürlich von Seiten des Verwenders ohne Rücksicht auf die zu erwartenden Schäden angenommen wurde, sondern wenn diese Summe aufgrund sachkundiger Prüfung durch die Versicherung als der typischerweise zu erwartende Schaden festgelegt wurde. Sollte der Vergleich dazu führen, dass der Kunde zu günstigeren Konditionen als der Verwender versichern kann, kommt auch eine vollständige Haftungsfreizeichnung des Verwenders in Betracht. In diesem Fall besteht jedoch das Problem, dass der Verwender im Hinblick auf diese vollständige Haftungsfreizeichnung keine oder jedenfalls zu geringe Anstrengungen zur Schadensvermeidung unternimmt.[140] Die Klausel ist daher nur dann wirksam, wenn es andere Anreize für den Verwender zur Schadensprävention, etwa Bonus-Malus-Systeme gibt. Soweit sich die Haftungsbegrenzung auf die eigene Versicherung des Verwenders bezieht, besteht dieses Problem nicht. Die Versicherung wird die Prämie stets nach dem Risiko berechnen. Anstrengungen des Verwenders zu Schadensvermeidung führen daher stets zur Risikominimierung und damit zur Prämienreduzierung. Entsprechende Vereinbarungen lassen sich auch bei einer Schadensversicherung des Kunden installieren.

e. Grenzen der Freizeichnung

108 Auch zwischen Unternehmen ist die Begrenzung der Haftung in AGB außerordentlich schwierig geworden. Eine Haftungsfreizeichnung wegen Vorsatz kommt schon wegen § 276 Abs. 3 BGB nicht in Betracht. Bei der groben Fahrlässigkeit wird in der Regel differenziert. Eine Freizeichnung für den Verwender, seine gesetzlichen Vertreter oder leitenden Angestellten kommt nicht in Betracht.[141] Dies gilt auch, soweit den genannten Personen Verletzungen von Organisationspflichten vorgeworfen werden.[142] Offen ist bislang, inwieweit bei grober Fahrlässigkeit einfacher Erfüllungsgehilfen eine Haftungsfreizeichnung möglich ist.[143] Tatsächlich geht es hier jedoch nur um einen sehr schmalen Bereich von Fällen, da bei grobem Verschulden der Erfüllungsgehilfen in sehr vielen Fällen gleichzeitig ein Auswahl- oder Organisationsverschulden vorliegt. Soweit bezüglich dieses Ausfall- oder Organisationsverschuldens wiederum grobe Fahrlässigkeit anzunehmen ist, ist eine Haftungsfreizeichnung ohnehin unwirksam.

109 Für Haftungsfreizeichnungsklauseln verbleibt damit auch zwischen Unternehmen im Wesentlichen nur der Bereich, der nicht Vorsatz oder grobe Fahrlässigkeit umfasst, da man auch in diesem Bereich grundsätzlich darauf vertrauen kann, dass der Verwender dem Vertragspartner nicht vorsätzlich oder grob fahrlässig schädigt.[144] Auch hier gelten jedoch die Einschränkungen des § 309 Nr. 7 lit. a BGB. Es gibt keinen Grund, außer bei Schäden aufgrund Verletzung des Lebens, des Körpers oder der Gesundheit, eine Haftungsfreizeichnung für Vorsatz oder grobe Fahrlässigkeit im Verkehr zwischen Unternehmen zuzulassen.

f. Freizeichnung für Fahrlässigkeit

110 In dem nunmehr noch verbleibenden Bereich der Fahrlässigkeit gibt es eine weitere wesentliche Einschränkung. Soweit es um die Verletzung von Kardinalpflichten geht, ist nicht einmal die Freistellung von der Haftung für einfaches Verschulden von Erfüllungsgehilfen zulässig.[145] Dabei ist außerordentlich schwierig abzugrenzen, welche Pflichten im Einzelfall Kardinalpflichten bzw. vertragswesentliche Pflichten oder Hauptpflichten sind. In vielen Fällen werden sich verursachte Schäden letztlich auf eine wesentliche Verpflichtung des Vertrages zurückführen lassen. Die Gefahr, dass damit die Möglichkeiten der Haftungsfreizeichnung fast gegen Null reduziert werden, ist nicht zu übersehen.

---

[140] *Wurmnest* in: MünchKomm-BGB, § 309 Nr. 7 Rn. 25.
[141] BGH v. 29.11.1988 - X ZR 112/87 - juris Rn. 33 - NJW-RR 1989, 953-956.
[142] *Wurmnest* in: MünchKomm-BGB, § 309 Nr. 7 Rn. 21.
[143] *Wurmnest* in: MünchKomm-BGB, § 309 Nr. 7 Rn. 21; *Heinrichs* in: Palandt, § 309 Rn. 48.
[144] OLG Köln v. 16.04.2010 - 19 U 142/09 - juris Rn. 62.
[145] BGH v. 19.01.1984 - VII ZR 220/82 - juris Rn. 16 - BGHZ 89, 363-369.

10. Arbeitsrecht

Die Bestimmung findet auch im Arbeitsrecht uneingeschränkt Anwendung. Nach Auffassung des BAG gilt die Bestimmung nicht für Ausschlussfristen.[146] Hiernach handelt es sich bei arbeitsvertraglichen Vereinbarungen, nach denen nicht binnen eines gewissen Zeitraums geltend gemachte Ansprüche erlöschen, nicht um einen Haftungsausschluss oder eine Haftungsbegrenzung. Vielmehr entstehe der Anspruch uneingeschränkt und werde lediglich für den Fall fehlender Geltendmachung befristet.[147] 111

Ausschlussfristen unterliegen im Übrigen der Inhaltskontrolle gem. § 307 BGB, da keine speziellen Regelungen der §§ 308, 309 BGB eingreifen. Die Unangemessenheit der Ausschlussfrist kann sich insbesondere aus ihrer Länge ergeben. Noch nicht abschließend entschieden ist insoweit, ob die Obliegenheit einer schriftlichen Geltendmachung in der ersten oder einzigen Stufe einer Ausschlussfristenregelung einen Haftungsausschluss bzw. eine Haftungsbegrenzung im Sinne des § 309 Nr. 7 b BGB darstellt. Das BAG[148] ist der Auffassung, dass eine Formularklausel wirksam ist, die nur in außergewöhnlichen, von den Vertragsparteien nicht für regelungsbedürftig gehaltenen Fällen gegen das Gesetz verstößt, da eine am Sinn und Zweck orientierte Auslegung ergebe, dass solche Ausnahmefälle nicht erfasst werden. Der BGH[149] ist dem entgegengetreten, wobei mangels tragenden Charakters dieses Gesichtspunktes der Gemeinsame Senat der Obersten Gerichtshöfe des Bundes bislang nicht angerufen worden ist. 112

Der Haftungsausschluss der Verletzung von Leben, Körper und Gesundheit gem. § 309 Nr. 7 a BGB hat im Übrigen wegen der Haftungsfreistellung des Arbeitgebers für solche Schäden durch das Recht der gesetzlichen Unfallversicherung (§ 104 SGB VII) praktisch untergeordnete Bedeutung. Die Haftung des Arbeitgebers beschränkt sich hiernach auf Vorsatz. Praktisch bedeutsamer Anwendungsfall kann allerdings eine Gesundheitsbeeinträchtigung des Arbeitnehmers in Folge behaupteten Mobbings durch den Arbeitgeber sein. 113

Das Verbot der Haftungsbegrenzung für sonstige Schäden auf grobe Fahrlässigkeit (und Vorsatz) betrifft Sach- und Vermögensschäden. Ein denkbarer Anwendungsfall ist die Haftung des Arbeitgebers für eigene mitgebrachte Sachen des Arbeitnehmers. Der Arbeitgeber ist verpflichtet, die berechtigterweise auf das Betriebsgelände mitgebrachten Sachen des Arbeitnehmers durch zumutbare Maßnahmen vor Schädigungen durch Dritte oder andere Arbeitnehmer zu schützen und haftet bei schuldhafter Pflichtverletzung auf Schadenersatz.[150] Dies betrifft etwa mitgebrachte Kleidung oder den auf dem Firmenparkplatz geparkten Pkw des Mitarbeiters. 114

Bislang nicht geklärt ist, inwieweit die analog § 670 BGB begründete verschuldensunabhängige Haftung des Arbeitgebers für Sachschäden des Arbeitnehmers ausgeschlossen oder gemindert werden kann.[151] Zumindest im Hinblick auf Schäden, für die der Arbeitgeber zumutbare Möglichkeiten der Versicherung hätte, wird eine derartige Klausel als unangemessene Benachteiligung des Arbeitnehmers einzustufen sein. 115

VIII. Sonstige Beschränkungen der Rechte aus Pflichtverletzungen (Nr. 8)

1. Grundlagen

Gegenstand der Regelung des § 309 Nr. 8 BGB sind verschiedene **Formen der Beschränkung von Rechten**, die dem Vertragspartner aufgrund von **Pflichtverletzungen** des Verwenders zustehen. Die Vorschrift tritt an die Stelle der früheren Regelungen in § 11 Nr. 8-11 AGBG. Aufgrund der umfassenden Änderungen durch die Reform des Schuldrechts konnten die Vorschriften jedoch nicht direkt übernommen werden, sondern wurden teilweise grundlegend verändert. Da die Reform die **zugesicherten** Eigenschaften als Rechtsfigur im Kauf- und Werkvertragsrecht gestrichen hat, wurde auch das entsprechende Klauselverbot in § 11 Nr. 11 AGBG ersatzlos fallengelassen. Sachlich ergibt sich daraus aber 116

---

[146] BAG v. 25.05.2005 - 5 AZR 572/04 - juris Rn. 23 - NZA 2005, 1111, 1113.
[147] BAG v. 25.05.2005 - 5 AZR 572/04 - juris Rn. 23 - NZA 2005, 1111, 1113; BAG v. 28.09.2005 - 5 AZR 52/05 - juris Rn. 27 - NZA 2006, 149, 151 f.
[148] BAG v. 25.05.2005 - 5 AZR 572/04 - juris Rn. 23 - NZA 2005, 1111, 1113; a.A. LAG Hamm v. 11.10.2011 - 14 Sa 543/11 - NZA-RR 2012, 75 (Leitsatz).
[149] BGH v. 15.11.2006 - VIII ZR 3/06 - juris Rn. 23 - NJW 2007, 674, 676; offen gelassen von LAG Berlin-Brandenburg v. 11.08.2010 - 15 Sa 2600/09 - juris Rn. 39; dem BGH folgend LAG Hamm v. 11.10.2011 - 14 Sa 543/11 - NZA-RR 2012, 75 (Leitsatz).
[150] BAG v. 25.05.2000 - 8 AZR 518/99 - juris Rn. 14 - NZA 2000, 1052 f.
[151] *Thüsing* in: v. Westphalen, Vertragsrecht u. AGB-Klauselwerke, 1993, Arbeitsverträge, Rn. 313.

keine Änderung, da der Gesetzgeber die Garantie als Nachfolgeregelung ausgestaltet hat. Gemäß § 444 BGB kann die Haftung aus Garantien nicht beschränkt werden. Allerdings können Garantien im Rahmen von § 443 BGB mit Bedingungen versehen und es können konkrete Rechtsfolgen für die Nichteinhaltung der Garantien vorgesehen werden.[152]

117 § 309 Nr. 8 lit. a BGB ersetzt die früheren Regelungen in § 11 Nr. 8 lit. a und Nr. 9 AGBG. § 11 Nr. 8 lit. b AGBG hat keine Nachfolgeregelung gefunden, derartige Klauseln sind nur noch im Rahmen von § 307 BGB zu prüfen. § 309 Nr. 8 lit. b BGB übernimmt den Regelungsinhalt von § 11 Nr. 10 AGBG, angepasst an die neuen Grundsätze des Schuldrechts.

2. Lösung vom Vertrag

a. Recht zur Lösung vom Vertrag

118 Das Recht des Vertragspartners, sich in Folge einer vom Verwender zu vertretenden Pflichtverletzung vom Vertrag zu lösen, darf nicht ausgeschlossen oder auch nur beschränkt werden.

119 Der Begriff der Pflichtverletzung entspricht dem in § 280 BGB (weitere Einzelheiten dazu unter der Kommentierung zu § 280 BGB). Das Klauselverbot gilt nicht für Pflichtverletzungen in Form von Mängeln der Kaufsache oder des Werkes. Insoweit ist allerdings § 309 Nr. 8 lit. b BGB zu beachten. Von dieser Einschränkung abgesehen, gilt das Klauselverbot für alle Arten von Verträgen.[153] Das Recht zur Lösung vom Vertrag ist Oberbegriff für unterschiedliche Rechte, je nach Vertrag und Pflichtverletzung. Die Regelung gilt somit für Rücktritt, Kündigung, Widerruf etc.

b. Haftungseinschränkung

120 Verboten ist der **Ausschluss**, aber auch jede Form der **Einschränkung**. Eine Frist, innerhalb derer der Rücktritt zu erfolgen habe, verstößt gegen das Klauselverbot.[154] Eine Klausel, die dem Verwender einseitig die Verlängerung der Lieferfrist ermöglicht, schränkt ebenfalls die Rechte des Vertragspartners unzulässig ein.[155] Unwirksam sind auch Regelungen in den BVB, durch die bei Kündigung aus wichtigem Grund einseitig zu Gunsten des Verwenders eine Kündigungsfrist von vier Wochen festgelegt[156] oder der Anspruch auf Schadensersatz ausgeschlossen wurde[157].

c. Rechtsverkehr zwischen Unternehmen

121 Im Rechtsverkehr zwischen Unternehmen ist das Klauselverbot eingeschränkt anzuwenden.[158] Schon unabhängig von § 309 Nr. 8 lit. a BGB ist der Ausschluss des Rechts zur außerordentlichen Kündigung unwirksam. Auch sonst ist die Klausel jedenfalls über § 307 BGB zwischen Unternehmen anwendbar. Allerdings wird man Einschränkungen zulassen müssen, wenn dies im Hinblick auf Besonderheiten der Branche, des Vertragszwecks oder sonstiger Umstände geboten erscheint.[159]

3. Einschränkung von Rechten aufgrund von Mängeln

a. Rechte aufgrund von Mängeln

122 § 309 Nr. 8 lit. b BGB ersetzt die frühere Regelung in § 11 Nr. 10 AGBG. Die Neuregelung stellt klar, dass sie nur auf Verträge über die **Lieferung neu hergestellter Sachen und auf Werkverträge** Anwendung findet. Durch die Reform des Schuldrechts ist die Bedeutung der Norm aber stark zurückgegangen. Beim **Verbrauchsgüterkauf** sind die Rechte des Käufers bei Mängeln weitgehend zwingendes Recht (§§ 475, 474 BGB). Dies gilt aufgrund des neuen § 651 BGB auch für die Lieferung von herzustellenden oder zu erzeugenden Sachen. Anwendbar sind die Klauselverbote daher bei Verträgen über unbewegliche Sachen, bei Werkverträgen außerhalb von § 651 BGB und bei Verträgen zwischen Verbrauchern.[160] Der Anwendungsbereich ist damit sehr klein geworden.

---

[152] *Lapp*, ITRB 2003, 42-44.
[153] *Heinrichs* in: Palandt, § 309 Rn. 52.
[154] BGH v. 18.01.1989 - VIII ZR 142/88 - juris Rn. 14 - LM Nr. 1 zu § 11 Nr. 8a AGBG.
[155] BGH v. 28.06.1984 - VII ZR 276/83 - juris Rn. 21 - BGHZ 92, 24-30; OLG Karlsruhe v. 08.04.1981 - 1 U 60/80 - WRP 1981, 477-479.
[156] BGH v. 28.09.1989 - VII ZR 167/88 - juris Rn. 18 - LM Nr. 25 zu § 16 (D) VOB/B 1973.
[157] BGH v. 28.09.1989 - VII ZR 167/88 - juris Rn. 19 - LM Nr. 25 zu § 16 (D) VOB/B 1973.
[158] *Wurmnest* in: MünchKomm-BGB, § 309 Nr. 8 Rn. 11.
[159] *Wurmnest* in: MünchKomm-BGB, § 309 Nr. 8 Rn. 11.
[160] Vgl. *Heinrichs* in: Palandt, § 309 Rn. 53.

aa. Neu hergestellte Sachen

Neu hergestellt ist eine unglückliche Bezeichnung. Nach der Intention des Gesetzgebers sollten vor allem Verträge über gebrauchte Sachen ausgeschlossen werden, weil bei diesen das Sachmängelrisiko deutlich höher ist.[161] Daher sind auch ältere Sachen, die noch ungebraucht sind, von der Norm umfasst. Sogar gebrauchte Sachen können von der Regelung umfasst sein, soweit aufgrund des Gebrauchs regelmäßig noch kein Preisabschlag vereinbart wird.[162] Grau importierte Fahrzeuge sind als nicht neu hergestellt anzusehen, auch wenn Sie nach dem Kauf erstmals zugelassen werden.[163] Vorführwagen sind ebenfalls nicht mehr neu, soweit ein Abschlag auf den Neupreis vereinbart wird.[164] Neu sind Sachen, die zuvor noch nicht in den Verkehr gelangt und ihrem bestimmungsgemäßen Gebrauch zugeführt worden sind; auch Waren zu Discountpreisen, die noch nicht im Gebrauch waren sowie sonstige Sonderangebote stellen nach der Verkehrsauffassung neu hergestellte Waren dar.[165]

123

bb. Werkleistungen

Eigenständige Bedeutung hat die Regelung nur, wenn man unter Werkleistungen solche Werkverträge ansieht, die nicht die Herstellung neuer Sachen zum Gegenstand haben.[166]

124

b. Ausschluss und Verweisung auf Dritte

aa. Ausschluss

Nach § 309 Nr. 8 lit. b sublit. aa BGB ist zunächst der **vollständige Ausschluss** der in den §§ 437, 634 BGB geregelten Ansprüche untersagt. Dies gilt auch, soweit diese Ansprüche bezüglich von einzelnen Teilen ausgeschlossen werden. Insoweit müssen aber bei den jeweiligen Teilen die Voraussetzungen der Anwendung von § 309 Nr. 8 lit. b sublit. aa BGB vorliegen. Bei einem Vertrag über neue und gebrauchte Teile kann für die gebrauchten Teile durchaus eine abweichende Regelung vereinbart werden. Zulässig ist es auch, bestimmte Ansprüche auszuschließen, etwa die Gewährleistung auf das Recht auf Wandelung zu beschränken.[167] Im Anwendungsbereich der §§ 474, 475 BGB ist jedoch zu prüfen, ob nicht gegen § 475 BGB verstoßen wird (vgl. die Kommentierung zu § 475 BGB). Dennoch ist nicht jede Beschränkung zulässig. Die Beschränkung auf Minderung unter Ausschluss des Rücktrittsrechts wird als unzulässig angesehen.[168] Haben die Parteien wirksam Gewährleistungsansprüche des Leasingnehmers gegen den Leasinggeber ausgeschlossen und wurden zugleich dem Leasingnehmer die dem Leasinggeber gegen den Lieferanten zustehenden Gewährleistungsansprüche abgetreten, so hat der Leasinggeber im Falle der Insolvenz des Lieferanten nur für die vertraglichen Haupt- und Nebenpflichten einzustehen. Die Kosten, die dem Leasingnehmer durch einen gegen den insolvent gewordenen Lieferanten geführten Prozess entstanden sind, muss er selbst tragen.[169]

125

bb. Verweis auf Dritte

Auch der vollständige Verweis auf **Ansprüche gegen Dritte** unter Ausschluss der Ansprüche gegen den Verwender ist unzulässig. Der Verwender kann dem Kunden zusätzlich Ansprüche gegen Dritte abtreten. Er kann auch im Rahmen der ersten Alternative die Ansprüche einschränken und einzelne Ansprüche ausschließen (vgl. Rn. 125). Unzulässig ist es aber, alle Ansprüche auszuschließen und die Vertragspartner vollständig auf Dritte zu verweisen.

126

---

[161] *Wurmnest* in: MünchKomm-BGB, § 309 Nr. 8 Rn. 16.
[162] BGH v. 03.07.1985 - VIII ZR 152/84 - juris Rn. 30 - LM Nr. 10 zu § 9 (Ba) AGBG; *Wurmnest* in: MünchKomm-BGB, § 309 Nr. 8 Rn. 18.
[163] OLG München v. 19.02.1998 - 8 U 4547/97 - NJW-RR 1998, 1595.
[164] OLG Frankfurt v. 17.11.2000 - 25 U 226/99 - NJW-RR 2001, 780-781; zu weitgehend *Wurmnest* in: MünchKomm-BGB, § 309 Nr. 8 Rn. 18.
[165] OLG Düsseldorf v. 13.02.1997 - 6 U 137/96 - juris Rn. 23 - NJW-RR 1997, 1147.
[166] *Roloff* in: Erman, § 309 Rn. 89.
[167] OLG München v. 30.09.1993 - 29 U 1781/93 - NJW 1994, 1661-1662.
[168] *Heinrichs* in: Palandt, § 309 Rn. 57.
[169] OLG Köln v. 27.05.2004 - 15 U 8/04 - NJW-RR 2005, 210-211.

cc. Subsidiaritätsklauseln

127 Unzulässig sind außerdem Subsidiaritätsklauseln, die die Haftung des Verwenders von der vorherigen gerichtlichen Inanspruchnahme Dritter abhängig machen. Dagegen kann der Verwender verlangen, dass die Vertragspartner zuerst außergerichtlich einen Dritten in Anspruch zu nehmen haben, bevor sie sich an den Verwender halten können.[170] Dieser an sich zulässige Verweis wird aber dann unzulässig, wenn auch nur der Eindruck erweckt wird, der Kunde könne erst nach einem Rechtsstreit gegen den Dritten gegen den Verwender vorgehen.[171] Unzulässig sind auch Klauseln, nach denen die Haftung des Verwenders – wenn auch nur scheinbar – nur bei Vorliegen eines Ausnahmetatbestandes wieder auflebt.[172] Generell unzulässig ist die Verweisung auf die vorherige Inanspruchnahme Dritter auch bei Verträgen, bei denen es eine Kernleistung des Verwenders ist, einziger Ansprechpartner des Kunden zu sein. Dies ist vor allem bei Bauträgerverträgen anzunehmen. Dieser soll gerade gewährleisten, dass der Bauträger dem Kunden die komplette Durchführung und Abwicklung des Vertrages abnimmt.[173]

dd. Andere Formen der Beschränkung

128 Auch andere Formen der Beschränkung sind unzulässig. So ist etwa eine Klausel unzulässig, die die Haftung auf solche Mängel beschränkt, deren Beseitigung der Verwender mit zweifelsfrei begründeter Erfolgsaussicht von einem Dritten verlangen kann.[174] Unzulässig ist auch die Beschränkung auf bestimmte Arten oder Ursachen von Mängeln etwa der Ausschluss von Gewährleistung im Fall von Nacharbeiten durch Dritthandwerker.[175]

129 Die im Rahmen eines Bauträgervertrages erbrachten Leistungen sind keine Bauleistungen im Sinne des § 309 Nr. 8 lit. b sublit. bb BGB, für die der Rücktritt ausgeschlossen werden kann. Beim Bauträgervertrag liegt eine Werkleistung im Sinne des § 309 Nr. 8 lit. b BGB vor, für die der Rücktritt nicht wirksam ausgeschlossen werden kann.[176]

ee. Verkehr zwischen Unternehmen

130 Auch im Rechtsverkehr zwischen Unternehmen findet das Verbot grundsätzlich Anwendung.[177]

131 Allerdings werden sich gerade im kaufmännischen Geschäftsverkehr häufig Konstellationen finden, in den ein Ausschluss der Ansprüche wegen Gewährleistung möglich ist. Ein wichtiger Aspekt in diesem Zusammenhang ist, dass im Bereich von Individualvereinbarungen sehr oft Haftungsausschlüsse zwischen Unternehmen vereinbart werden. Die Inhaltskontrolle muss in diesem Bereich stets die **Umstände des Einzelfalles und Besonderheiten der Branche** berücksichtigen.[178] Wirksam ist daher insbesondere eine Vereinbarung, bei der die **Interessen des Kunden auf andere Weise** angemessen berücksichtigt werden. Dies kann durch Entgegenkommen beim Preis erfolgen. Bei Computerbauteilen, bei denen üblicherweise eine bestimmte Fehlerquote auftritt, wird häufig die tatsächliche Liefermenge so bemessen, dass die vertraglich geschuldete Anzahl fehlerfreier Bauteile geliefert ist.

c. Beschränkung auf Nacherfüllung

aa. Bedeutung

132 Wie bereits erwähnt, ist die Vorschrift im Bereich der zwingenden Vorschriften der §§ 475, 651 BGB bedeutungslos. Das Klauselverbot untersagt es dem Verwender, die Ansprüche des Kunden wegen Mängeln der gelieferten Sachen oder Werkleistungen insgesamt oder bezüglich einzelner Teile auf ein Recht auf Nacherfüllung zu beschränken. Eine solche Klausel ist jedoch dann zulässig, wenn dem Ver-

---

[170] *Heinrichs* in: Palandt, § 309 Rn. 57.
[171] BGH v. 06.04.1995 - VII ZR 73/94 - LM AGBG § 11 Nr. 3 Ziff. 10a (8/1995); BGH v. 04.12.1997 - VII ZR 6/97 - juris Rn. 14 - LM AGBG § 11 Ziff. 10 a Nr. 4 (9/1998).
[172] OLG Düsseldorf v. 11.10.1996 - 22 U 66/96 - NJW-RR 1997, 659-660; BGH v. 06.04.1995 - VII ZR 73/94 - LM AGBG § 11 Nr. 3 Ziff. 10a (8/1995).
[173] BGH v. 21.03.2002 - VII ZR 493/00 - juris Rn. 40 - BGHZ 150, 226-237.
[174] BGH v. 02.07.1976 - V ZR 185/74 - juris Rn. 16 - BGHZ 67, 101-104.
[175] OLG Karlsruhe v. 29.07.1983 - 15 U 85/83 - ZIP 1983, 1091-1092.
[176] LG Oldenburg v. 27.04.2004 - 1 O 3426/03 - BauR 2005, 764.
[177] BGH v. 26.06.1991 - VIII ZR 231/90 - juris Rn. 23 - LM BGB § 634 Nr. 29 (5/1992); OLG Karlsruhe v. 25.06.1993 - 15 U 56/92 - TranspR 1993, 398-400.
[178] *Wurmnest* in: MünchKomm-BGB, § 309 Nr. 10 Rn. 32.

tragspartner ausdrücklich das Recht vorbehalten wird, bei fehlschlagender Nacherfüllung zu mindern, oder wenn keine Bauleistung Gegenstand der Mängelhaftung ist, nach seiner Wahl vom Vertrag zurückzutreten.[179]

bb. Fehlschlagen der Nacherfüllung

Fehlgeschlagen in diesem Sinne ist die Nacherfüllung dann, wenn sie unmöglich ist, ernsthaft und endgültig verweigert wird, unzumutbar verzögert wird oder vergeblich versucht worden ist. Auch dann, wenn dem Kunden die Nacherfüllung wegen der Häufung von Mängeln nicht zuzumuten ist, ist die Nacherfüllung als fehlgeschlagen anzusehen. Als Verweigerung der Nacherfüllung gilt auch, wenn diese nur unter weiteren Bedingungen angeboten wird. Unzumutbar ist beispielsweise das Verlangen nach Unterzeichnung eines Reparaturauftrages, der wiederum mit Anerkenntnis der Geschäftsbedingungen verbunden ist. Wann eine Reparatur unzumutbar verzögert wird, richtet sich nach den besonderen Umständen des Einzelfalles.[180] 133

Die Nachbesserung gilt nach erfolglosem zweiten Versuch gem. § 440 Satz 2 BGB als fehlgeschlagen (vgl. weitere Einzelheiten in der Kommentierung zu § 440 BGB). 134

cc. Vorbehalt der Rechte des Vertragspartners

Die Klausel ist nur dann wirksam, wenn sie dem Kunden das Recht auf Minderung und (außer bei Bauleistungen) auf Rücktritt ausdrücklich vorbehält. Dabei müssen die Rechte nach § 309 Nr. 8 lit. b sublit. aa BGB **vollständig und richtig wiedergeben** sein. Der vor der Reform des Schuldrechts im Gesetz verwendete Begriff der „Wandelung" war vielen Laien nicht unmittelbar verständlich und konnte daher auch nicht in AGB verwendet werden. Nach der Reform des Schuldrechts kann jetzt die modernere und besser verständliche Formulierung des Gesetzes auch in AGB verwendet werden. Wählt der Verwender eine andere Formulierung, muss sie die Rechte des Kunden vollständig und richtig und in einer Form wiedergeben, die der Kunde unmittelbar versteht. Ist die Formulierung missverständlich oder einschränkend, ist die Klausel insgesamt unwirksam.[181] 135

dd. Verkehr zwischen Unternehmen

Das Klauselverbot gilt auch im Verkehr zwischen Unternehmen.[182] 136

d. Aufwendungen bei Nacherfüllung

aa. Ausschluss der Haftung für Aufwendungen der Nacherfüllung

Die Kosten der Nacherfüllung hat beim Kaufvertrag gem. § 439 Abs. 2 BGB der Verkäufer zu tragen. Beim Werkvertrag trifft diese Pflicht nach § 635 Abs. 2 BGB den Unternehmer. Das Klauselverbot des § 309 Nr. 8 lit. b sublit. cc BGB verbietet im Rahmen seines oben beschriebenen Anwendungsbereiches jegliche Änderungen dieser Vorgaben. Wegen der Einzelheiten vgl. die Kommentierung zu § 439 BGB und die Kommentierung zu § 635 BGB. 137

bb. Rechtsverkehr zwischen Unternehmen

Die Regelung gilt auch im Rechtsverkehr zwischen Unternehmen. Zwischen Unternehmen gilt jetzt zusätzlich nach § 478 BGB der Rückgriff in der Lieferkette, soweit es sich beim Letztverkauf um einen Verbrauchsgüterkauf handelt. Abweichungen davon sind nach § 478 Abs. 4 Satz 1 BGB nur insoweit zulässig, als dem Rückgriffsgläubiger ein gleichwertiger Ausgleich eingeräumt wird. Wegen der Einzelheiten vgl. die Kommentierung zu § 478 BGB. Zu eng ist hingegen die Auffassung, dass nur eine Pauschalierung des Anspruchs zulässig sei.[183] 138

e. Vorenthalten der Nacherfüllung

Der Verwender darf die Nacherfüllung nicht von der vorherigen Zahlung der vollständigen Vergütung oder eines unter Berücksichtigung des Mangels unverhältnismäßig hohen Anteils des Entgelts abhängig machen. Es handelt sich um das Gegenstück der Regel in § 309 Nr. 2 BGB. Die Norm entspricht im Grundsatz der alten Regelung in § 11 Nr. 10 lit. d AGBG. Sie wurde lediglich der neuen Systematik 139

---

[179] BGH v. 02.02.1994 - VIII ZR 262/92 - juris Rn. 14 - NJW 1994, 1004-1006.
[180] *Heinrichs* in: Palandt, § 309 Rn. 62.
[181] *Heinrichs* in: Palandt, § 309 Rn. 63.
[182] *Heinrichs* in: Palandt, § 309 Rn. 64.
[183] *Heinrichs* in: Palandt, § 309 Rn. 66; BGH v. 02.02.1994 - VIII ZR 262/92 - juris Rn. 14 - NJW 1994, 1004-1006.

140 Die praktische Bedeutung der Norm ist äußerst gering. In den meisten Fällen wird gleichzeitig eine formularmäßige Einschränkung des Leistungsverweigerungsrechts des Kunden nach § 309 Nr. 2 BGB vorliegen.[184] Nur in den seltenen Fällen, in denen der Kunde seinerseits auf Mängelbeseitigung klagt und ihm dies durch eine Vorleistungsklausel verwehrt wird, kommt die Regelung zur Anwendung.[185] Je nach Ausgestaltung der Klausel kann es schwierig sein, in abstrakten Verbandsklageverfahren festzustellen, ob ein Missverhältnis zwischen den Nachbesserungskosten und der Vorleistung des Kunden besteht. Dann können solche Klauseln teilweise wirksam sein, soweit ein derartiges Missverhältnis nicht festgestellt werden kann.

141 Im Rechtsverkehr zwischen Unternehmen ist die Klausel in der Regel nicht anwendbar. Da im Rechtsverkehr zwischen Unternehmen bereits die Vorleistungspflicht bezüglich der Hauptleistung abweichend vom Gesetz geregelt werden kann, ist nicht einzusehen, warum dies nicht auch für die Nacherfüllung gelten solle.

f. Ausschlussfrist für Mängelanzeigen

aa. Regelungszweck

142 In Allgemeinen Geschäftsbedingungen wird häufig versucht, Ausschlussfristen für die Anzeige von Mängeln zu bestimmen. Dies ist uneingeschränkt nur für offensichtliche Mängel zulässig. Insoweit ist die Regelung auch mit den §§ 475 und 651 EGB vereinbar.[186] Dazu reichen Erkennbarkeit oder Sichtbarkeit aus.[187]

bb. Untersuchungspflicht

143 Bei Mängeln, die zwar nicht offensichtlich sind, aber doch vom Kunden erkannt wurden, kann eine Frist für die Mängelanzeige vereinbart werden.[188]

cc. Frist

144 Davon unabhängig ist die Frage, wie lange eine derartige Frist sein darf. Insoweit schreibt § 309 Nr. 8 lit. b sublit. ee BGB nichts vor. Fristen sind vielmehr an § 307 BGB zu messen.[189] Es bietet sich an, die Frist nunmehr an der Regelung in § 355 BGB zu orientieren.[190] Die frühere Rechtsprechung hatte überwiegend eine Woche als ausreichend angesehen. Im Hinblick darauf, dass nunmehr in § 355 BGB eine Orientierungsmöglichkeit gegeben ist, sollte für alle derartigen Fälle eine einheitliche Frist gelten.

145 Klauseln in Allgemeinen Geschäftsbedingungen zu einem Bauvertrag, welche eine Ausschlussfrist für Mängelanzeigen für bei Abnahme erkennbare Mängel und für andere Mängel ab deren Erkennbarkeit vorschreibt, benachteiligt den Bauherrn unangemessen.[191] Eine Klausel in Allgemeinen Geschäftsbedingungen eines Internet-Versandhändlers für Computer, Computerkomponenten und -zubehör, nach der Mängel an der Ware ihm innerhalb einer Woche nach Empfang der Sendung gemeldet werden müssen, ist gemäß §§ 307 Abs. 1, 309 Nr. 8 lit. b sublit. ee unwirksam.[192] Dies ist insbesondere dann der Fall, wenn die Mängelanzeige dem Verkäufer innerhalb einer Woche auch zugegangen sein muss.[193]

dd. Verträge mit Unternehmen

146 Im Rechtsverkehr zwischen Unternehmen findet das Klauselverbot § 309 Nr. 8 lit. b sublit. ee BGB keine Anwendung. Diese gesetzgeberische Wertung zeigt schon der Blick auf § 377 HGB. Rügefristen, die im Verhältnis zwischen Unternehmen formularmäßig festgelegt werden, sind aber anhand von § 307 BGB zu überprüfen.

---

[184] *Wurmnest* in: MünchKomm-BGB, § 309 Nr. 8 Fn. 57.
[185] *Wurmnest* in: MünchKomm-BGB, § 309 Nr. 8 Fn. 57.
[186] *Heinrichs* in: Palandt, § 309 Rn. 71.
[187] *Heinrichs* in: Palandt, § 309 Rn. 71.
[188] *Wurmnest* in: MünchKomm-BGB, § 309 Nr. 8 Fn. 64; a.A. *Heinrichs* in: Palandt, § 309 Rn. 71 jeweils m.w.N.
[189] BGH v. 08.07.1998 - VIII ZR 1/98 - juris Rn. 20 - BGHZ 139, 190-200.
[190] *Heinrichs* in: Palandt, § 309 Rn. 72.
[191] BGH v. 28.10.2004 - VII ZR 385/02 - juris Rn. 20 - EBE/BGH 2005, 18-19.
[192] KG Berlin v. 04.02.2005 - 5 W 13/05 - CR 2005, 255-256.
[193] KG Berlin v. 04.02.2005 - 5 W 13/05 - CR 2005, 255-256.

Auch im Rechtsverkehr zwischen Unternehmen ist ein Verlust des Mängelrügerechts nur dann zumutbar, wenn der Besteller oder Käufer zumutbaren, zur redlichen Abwicklung des Vertrages gebotenen Obliegenheiten nicht nachgekommen ist.[194] Unwirksam ist damit eine Klausel, die auch bei **verdeckten Mängeln** eine Rügefrist von drei Tagen vorschreibt.[195] Unwirksam ist ebenfalls eine Klausel, die auch bezüglich verdeckter Mängel eine Rüge nur bei Ablieferung zulässt, da diese einem vollständigen Ausschluss der Gewährleistung für verdeckte Mängel entspricht. Allerdings sind dies Einzelfälle und es ist in jedem Fall zu prüfen, ob die Rechtsprechung darauf übertragbar ist. 147

Im kaufmännischen Geschäftsverkehr darf auch für verdeckte Mängel eine Rügefrist gesetzt werden, um eine schnelle und effektive Abwicklung der Verträge zu gewährleisten.[196] 148

g. Erleichterung der Verjährung

aa. Anwendungsbereich

Durch die Reform des Schuldrechts hat diese Vorschrift eine deutliche Veränderung erfahren. Während § 11 Nr. 10 lit. f AGBG sich auf den Wortlaut „die gesetzlichen Gewährleistungsfristen verkürzt werden" beschränkte, ist die neue Regelung wesentlich differenzierter. Dies ändert nichts daran, dass sie tatsächlich nur geringe praktische Bedeutung hat. Wie bereits oben dargestellt, spielt die Regelung im Bereich des Verbrauchsgüterkaufs im Bereich von § 651 BGB keine Rolle, weil insoweit die Verjährungsregelung der §§ 438, 634a BGB zwingend und nur im Rahmen von § 475 Abs. 2 BGB abänderbares Recht ist. Nur in ganz geringem Umfang kommt daher eine Erleichterung der Verjährung in Betracht, welche an § 309 Nr. 8 lit. b sublit. ff BGB zu messen wäre. Wie bereits oben dargestellt, handelt es sich im Wesentlichen um Verträge zwischen Verbrauchern, daneben um Verträge über Werkleistungen, die nicht unter § 651 BGB fallen, sowie Verträge über unbewegliche Sachen, wenn diese auch zugleich neu hergestellt sind. 149

bb. Bauleistungen

Soweit es sich um **Bauleistungen** handelt, darf die Verjährung nicht gegenüber § 438 Abs. 1 Nr. 2 BGB oder § 634a Abs. 1 Nr. 2 BGB erleichtert werden. Erleichtert bedeutet in diesem Fall jede Regelung, die den Eintritt der Verjährung zu befördern geeignet ist. Damit sind auch mittelbare Einflussnahmen auf die Verjährungsfrist verboten, wie etwa die Vorverlegung des Verjährungsbeginns, Nichtberücksichtigung von Hemmungs- oder Erneuerungstatbeständen.[197] 150

Keine Anwendung findet die Vorschrift auf solche Verträge über Bauleistungen, in die die **VOB/B** insgesamt einbezogen worden sind. Die Bedeutung auch dieser Regelung hat sich verändert. In der neuen Fassung der VOB/B wurde die Verjährungsfrist für Mängel an Bauwerken auf vier Jahre verlängert. Damit ist der Abstand zur gesetzlichen Regelung in § 634a Abs. 1 Nr. 2 BGB deutlich verringert worden. Ungeachtet dessen ist die Vorschrift nach wie vor mit RL 1993/13/EWG des Rates der Europäischen Gemeinschaften unvereinbar. Dieser Verstoß gegen die Richtlinie bedeutet jedoch keine Unwirksamkeit der Regelung. EG-Richtlinien entfalten nur Wirkung zwischen der EG und den Mitgliedsstaaten. Nur ausnahmsweise kann eine EG-Richtlinie unmittelbar Anwendung finden. Dies kann zum einen bei Regelungen der Fall sein, welche das Verhältnis zwischen dem Mitgliedsstaat und den Bürgern betreffen. Im Rechtsverhältnis zwischen einzelnen Marktbürgern kann eine Richtlinie dann unmittelbar Anwendung finden, wenn die nationale gesetzliche Regelung unbestimmte Rechtsbegriffe enthält und eine oder mehrere Auslegungsmöglichkeiten den Vorgaben der Richtlinie entsprechen. Voraussetzung für diese unmittelbare Anwendbarkeit ist, dass die Richtlinie entsprechend formuliert wurde und unmittelbar umsetzbar ist. Darüber hinaus muss die Umsetzungsfrist abgelaufen sein. Eine unmittelbare Anwendung kommt daher nicht in Betracht, da die Bundesrepublik nicht als Anbieter von Bauleistungen auftritt und auch keine interpretationsfähigen Vertragsklauseln vorliegen werden. Denkbar sind jedoch Schadensersatzansprüche von Bürgern, welche aufgrund dieser Regelung benachteiligt sind (vgl. dazu die Kommentierung zu § 839 BGB). 151

---

[194] BGH v. 10.10.1991 - III ZR 141/90 - juris Rn. 32 - BGHZ 115, 324-329.
[195] BGH v. 10.10.1991 - III ZR 141/90 - BGHZ 115, 324-329.
[196] *Wurmnest* in: MünchKomm-BGB, § 309 Nr. 8 Rn. 68; BGH v. 03.07.1985 - VIII ZR 152/84 - juris Rn. 32 - LM Nr. 10 zu § 9 (Ba) AGBG.
[197] *Heinrichs* in: Palandt, § 309 Rn. 75.

152 Voraussetzung für die Sonderregelung ist, dass die VOB/B als Ganzes ohne größere Änderungen in den Vertrag übernommen worden sind. Dies gilt nicht für Bauträger, da diese keine Bauleistungen im Sinne der Ausnahmeregelung erbringen.[198] Die Ausnahme gilt gleichfalls nicht für Architekten-, Statiker- und Ingenieurleistungen.[199]

153 Die isolierte Vereinbarung der Mängelhaftung nach VOB/B ist zulässig, soweit der Bauherr Verwender ist.[200]

cc. Unternehmerischer Verkehr

154 Nach der Rechtsprechung des Bundesgerichtshofes gilt das Verbot der unmittelbaren oder mittelbaren Verkürzung gesetzlicher Gewährleistungsfristen grundsätzlich auch bei der Verwendung Allgemeiner Geschäftsbedingungen im Geschäftsverkehr zwischen Kaufleuten.[201] Im konkret entschiedenen Fall sollte die Verjährung an eine Kilometerleistung von 10.000 km bei gewerblichen Lkws geknüpft werden, was nach den Feststellungen des Gerichts eine Verkürzung der Gewährleistungszeit von damals geltenden sechs Monaten auf ungefähr drei Wochen bedeutet hätte.[202] Dabei betont der BGH, dass gerade die Kürze der gesetzlichen Gewährleistungsfrist zu einem besonders strengen Maßstab im Hinblick auf eine weitere Verkürzung Anlass bietet.[203]

IX. Laufzeit bei Dauerschuldverhältnissen (Nr. 9)

1. Dauerschuldverhältnisse

155 Die Überschrift von § 309 Nr. 9 BGB scheint auf typische Dauerschuldverhältnisse wie etwa Miete, Pacht etc. zu verweisen. Tatsächlich gilt das Klauselverbot nach dem ausdrücklichen Wortlaut jedoch nur für Verträge über die regelmäßige Lieferung von Waren oder die regelmäßige Erbringung von Werk- oder Dienstleistungen.

156 Der Begriff „regelmäßig" wird dabei ersichtlich eher im Sinn von wiederkehrend als zur Beschreibung einer vorab festgelegten zeitlichen Abfolge der Leistungspflichten verwendet.[204]

157 Vom Klauselverbot sind Verträge umfasst, in denen in gleichförmigen Abständen Leistungen erbracht oder Waren geliefert werden. Beispiele hierfür sind Zeitungs-, Zeitschriftenabonnements etc.[205] Unter die Regelung fallen aber auch Verträge, bei denen die Laufzeit und die Liefermenge, nicht aber Umfang und Zeitraum der Einzellieferungen vorab feststehen.[206] Gleiches gilt für Verträge, bei denen nur die Dauer vorab festgelegt wird, etwa Bierlieferungsverträge.[207] Dabei sind Bierlieferungsverträge meist zwischen Unternehmen geschlossen, so dass sie ohnehin nicht nach dem Klauselverbot zu prüfen sind.

158 Verträge über Gebrauchsüberlassung, wie etwa Mietverträge, sind von der Anwendung ausgenommen, weil bei diesen häufig zur sinnvollen Refinanzierung eine längere Laufzeit notwendig ist.[208] Als Mietvertrag ist ein Wäscherei-Service-Vertrag einzuordnen, aufgrund dessen der Verwender auf eigene Kosten einen festen Bestand an Wäschegarnituren zu beschaffen und dem Kunden auf bestimmte Zeit wöchentlich eine bestimmte Anzahl der Garnituren (die im Eigentum verbleiben) in gereinigtem und gegebenenfalls ausgebessertem Zustand zur Verfügung zu stellen hat, weil die Gebrauchsüberlassung den Schwerpunkt des Vertrages bildete, daher nach Mietrecht zu beurteilen ist und nicht dem Klauselverbot unterliegt.[209] Gleiches gilt bei einem Sport- und Fitness-Center, das in einem Formularvertrag

---

[198] BGH v. 08.11.2001 - VII ZR 373/99 - juris Rn. 15 - LM AGBG § 11 Ziff. 10b Nr. 6 (9/2002).
[199] BGH v. 17.09.1987 - VII ZR 166/86 - juris Rn. 21 - BGHZ 101, 369-379.
[200] BGH v. 04.12.1986 - VII ZR 354/85 - juris Rn. 15 - BGHZ 99, 160-162.
[201] BGH v. 20.04.1993 - X ZR 67/92 - juris Rn. 19 - BGHZ 122, 241, 245; OLG Sachsen-Anhalt v. 21.05.2010 - 10. U 60/08 - juris Rn. 17 - WRP 2010, 1286-1292.
[202] BGH v. 20.04.1993 - X ZR 67/92 - juris Rn. 23 - BGHZ 122, 241, 245.
[203] BGH v. 20.04.1993 - X ZR 67/92 - juris Rn. 23 - BGHZ 122, 241, 245.
[204] BGH v. 04.12.1996 - XII ZR 193/95 - juris Rn. 15 - LM AGBG § 9 (Bm) Nr. 27 (3/1997); BGH v. 17.03.1993 - VIII ZR 180/92 - juris Rn. 13 - BGHZ 122, 63-70; BGH v. 11.11.1991 - II ZR 44/91 - juris Rn. 11 - LM AGBG § 23 Nr. 10 (4/1992); BGH v. 17.05.1982 - VII ZR 316/81 - juris Rn. 17 - BGHZ 84, 109-117.
[205] *Wurmnest* in: MünchKomm-BGB, § 309 Nr. 9 Rn. 8; OLG Hamburg v. 02.07.1986 - 5 U 27/86 - NJW-RR 1987, 47-48.
[206] *Wurmnest* in: MünchKomm-BGB, § 309 Nr. 9 Rn. 8.
[207] OLG Frankfurt v. 01.10.1987 - 6 U (Kart) 38/87 - BB 1988, 871.
[208] *Wurmnest* in: MünchKomm-BGB, § 309 Nr. 9 Rn. 8.
[209] OLG Celle v. 26.10.1994 - 2 U 248/93 - OLGR Celle 1995, 1-4.

die Gebrauchsüberlassung seiner Einrichtungen und daneben „Service-Leistungen" auf freiwilliger und kostenloser Basis anbietet. Auch dort liegt der Schwerpunkt im Mietrecht.[210] Ein Schlüsselfunddienstvertrag als Vertrag über die Erbringung von Dienstleistungen mit nur versicherungsvertraglichem Einschlag unterliegt nicht dem Klauselverbot.[211]

Die Ausnahme für Mietverträge gilt jedoch dann nicht, wenn ein einheitlicher Vertrag bewusst in zwei Vertragsteile unterteilt wird, von denen der mietvertragliche Teil dann in zulässiger Weise eine längere Laufzeit hat, wobei der Verwender davon ausgeht, dass der Mieter auch den dienstvertraglichen Teil über die gesamte Laufzeit des Mietvertrages gelten lassen wird.[212] 159

a. Lieferung von Waren

Lieferung von Waren umfasst alle Arten von Waren, soweit diese nicht aus anderem Grund vom Anwendungsbereich der AGB-Kontrolle ausgenommen sind, wie dies bei Elektrizität etc. nach § 310 Abs. 2 BGB der Fall ist. Unter den Warenbegriff fällt auch Software.[213] Die regelmäßige Lieferung von Software ist meist Gegenstand von Pflegeverträgen, die aber regelmäßig zwischen Unternehmen geschlossen werden. 160

b. Dienstleistungen

Dienstleistungen im Sinne des Klauselverbots sind etwa Unterrichtsverträge,[214] außerdem Ehevermittlungsverträge, Schlankheitskurse, Steuerberatungsverträge etc.[215] 161

c. Werkleistungen

Werkleistungen sind etwa Wartungsverträge.[216] 162

2. Ausnahmen von Nr. 9

Ausgenommen von der Regelung sind nach § 309 Nr. 9 lt. HS BGB Verträge über die Lieferung als **zusammengehörig verkaufter Sachen**. Diese Regelung entspricht dem früheren § 11 Nr. 12 AGBG. Der Begriff „zusammengehörig" entspricht demjenigen in § 505 Abs. 1 Nr. 1 BGB (vgl. die Kommentierung zu § 505 BGB). 163

Ausgenommen sind zudem **Versicherungsverträge**, auch wenn diese Ausnahme nur deklaratorischen Charakter haben kann.[217] 164

Verträge mit urheberrechtlichen **Verwertungsgesellschaften** sind ebenso ausdrücklich vom Klauselverbot ausgenommen worden, weil auf sie die Vorschrift in keiner Weise passen würde und die Verträge auch (bezüglich der Laufzeit) die Interessen der Parteien meist angemessen berücksichtigen.[218] 165

Ungeachtet dieser Ausnahmen ist in diesen Fällen stets eine Vereinbarkeit der Klausel mit § 307 BGB zu prüfen. 166

Neben diesen gesetzlich geregelten Ausnahmen gibt es Fälle, in denen das Klauselverbot aus systematischen Gründen nicht eingreift. Mit der Regelung sollen Kunden vor den für Dauerschuldverhältnisse typischen Gefahren der Eingehung von Verpflichtungen häufig nicht übersehbaren Umfangs geschützt werden, während Dauerschuldverhältnisse, die nach Natur der Sache im Interesse beider Teile auf eine mehrjährige Laufzeit angelegt sind, von der für AGB geltenden zeitlichen Begrenzung freizustellen sind.[219] Ausgenommen sind auch Verträge mit Verwaltern, die der Sonderregelung von § 26 Abs. 1 167

---

[210] OLG Karlsruhe v. 09.09.1988 - 10 U 62/88 - DB 1988, 2451-2452.
[211] KG Berlin v. 11.01.1994 - 5 U 6697/92 - juris Rn. 21 - NJW-RR 1994, 1267-1269.
[212] OLG Frankfurt v. 31.03.2005 - 1 U 230/04 - juris Leitsatz - OLGR Frankfurt 2005, 693-697.
[213] *Heinrichs* in: Palandt, § 309 Rn. 80.
[214] OLG Koblenz v. 18.07.2001 - 1 U 1352/98 - OLGR Koblenz 2002, 22-23; OLG Köln v. 15.07.1997 - 15 U 189/96 - MDR 1998, 1212-1215; OLG Köln v. 29.02.1996 - 18 U 116/95 - OLGR Köln 1997, 2-3.
[215] *Heinrichs* in: Palandt, § 309 Rn. 81.
[216] Fernseher: KG Berlin v. 03.06.1992 - 23 U 266/92 - VuR 1993, 99-102, EDV-Anlage: OLG Oldenburg v. 29.05.1992 - 6 U 22/92 - CR 1992, 722-723 oder Fotokopierer: OLG Köln v. 07.10.1987 - 2 W 146/87 - EWiR 1988, 7-8 oder Verträge über die Reinigung von Fenstern oder Gehwegen; *Heinrichs* in: Palandt, § 309 Rn. 82.
[217] *Heinrichs* in: Palandt, § 309 Rn. 83.
[218] *Heinrichs* in: Palandt, § 309 Rn. 83.
[219] OLG Karlsruhe v. 03.08.1989 - 11 U 154/88 - juris Rn. 16 - Justiz 1990, 356-358.

Nr. 2 WEG unterliegen, da diese Sonderregelung Vorrang hat und nur Raum für eine Kontrolle anhand von § 307 BGB lässt.[220]

3. Inhalt des Klauselverbots

a. Erstmalige Laufzeit über zwei Jahre

168 Unzulässig ist gemäß § 309 Nr. 9 lit. a BGB zunächst eine erstmalige Laufzeit des Vertrages von mehr als zwei Jahren.

169 Maßgebend für die Berechnung der Laufzeit eines Vertrages ist dabei der Vertragsabschluss, nicht der möglicherweise spätere Beginn der wechselseitigen Leistungspflichten.[221]

170 Bei Berechnung der Frist ist eine vereinbarte Probezeit, innerhalb derer das Vertragsverhältnis leichter gekündigt werden kann, nicht einzubeziehen.[222] Maßgebend ist allein der Zeitraum, für den der Kunde tatsächlich gebunden ist.

171 Das Klauselverbot erfasst auch solche Klauseln, die möglicherweise nur scheinbar eine zu lange Laufzeit vorgeben, aber auch anders interpretationsfähig sind.[223] Die Unklarheiten gehen zu Lasten des Verwenders.

172 Eine Umdeutung der Norm dahingehend, dass in – wenn auch besonderen Fällen (Softwarepflege) – eine weit über zwei Jahren hinausgehender Vertragsbindung zwingend sei, ist nicht zulässig.[224]

173 Eine vom Treunehmer verwendete Allgemeine Geschäftsbedingung in einem Treuhandvertrag über die Einrichtung eines sonstigen Zweckvermögens zur Sicherstellung der Grabpflege nach dem Tod des Treugebers, die diesem die Möglichkeit der Kündigung zu seinen Lebzeiten nimmt, verstößt gegen § 309 Nr. 9a BGB.[225]

b. Stillschweigende Verlängerung

174 Zudem ist nach § 309 Nr. 9 lit. b BGB eine stillschweigende Verlängerung eines Vertrages um jeweils mehr als ein Jahr verboten. Gleiches gilt, wenn der Verwender den Vertrag einseitig verlängern kann.[226]

c. Überlange Kündigungsfrist

175 Verboten ist weiterhin eine Kündigungsfrist von mehr als drei Monaten vor Eintritt der jeweiligen Verlängerung. Grundgedanke ist, dass die andere Vertragspartei die Möglichkeit haben soll, die automatische bzw. stillschweigende Verlängerung zu verhindern. Dabei spielt es keine Rolle, mit welcher Erklärung oder Aktion dies geschehen soll. Auch wenn die Erklärung daher statt Kündigung als Widerspruch etc. bezeichnet wird, unterfällt sie dem Klauselverbot. Die Regelung betrifft sowohl die erste als auch alle weiteren Verlängerungen. Grundsätzlich gilt, dass die Kunden nicht länger als drei Monate vor Ablauf der Vertragszeit an eine Beendigung denken müssen.

176 In einem Vertrag über die Mitgliedschaft in einem Fitnessclub ist eine formularvertragliche Abrede, nach der „Austritte nur schriftlich zum 30.09. oder 31.03. eines jeden Jahres erfolgen" können, unwirksam.[227] Unwirksam ist auch eine Klausel, nach der die Vertragslaufzeit im Einzelfall auch mehr als 24 Monate betragen kann, wenn die Laufzeit nicht transparent und eindeutig festgelegt ist.[228]

d. Generalklausel

177 Auch Laufzeitregelungen, die nicht unter das Verbot fallen, können wegen § 307 BGB unwirksam sein, wenn sie den Kunden unangemessen benachteiligen.[229] Unzulässig ist es aber, aufgrund allgemeiner Überlegungen, die sich nicht aus den Besonderheiten gerade des zu beurteilenden Vertrages erge-

---

[220] BGH v. 20.06.2002 - V ZB 39/01 - juris Rn. 39 - BGHZ 151, 164-181.
[221] BGH v. 17.03.1993 - VIII ZR 180/92 - juris Rn. 14 - BGHZ 122, 63-70; OLG Köln v. 29.02.1996 - 18 U 116/95 - OLGR Köln 1997, 2-3.
[222] BGH v. 04.11.1992 - VIII ZR 235/91 - juris Rn. 20 - BGHZ 120, 108-123.
[223] OLG Frankfurt v. 20.04.1989 - 6 U 214/87 - NJW-RR 1989, 957-958.
[224] OLG Koblenz v. 12.01.2005 - 1 U 1009/04 - CR 2005, 482-484.
[225] BGH v. 12.03.2009 - III ZR 142/08 - juris Rn. 21.
[226] *Heinrichs* in: Palandt, § 309 Rn. 83.
[227] AG Rendsburg v. 20.12.2004 - 11 C 546/04 - SchlHA 2005, 347.
[228] Oberlandesgericht des Landes Sachsen-Anhalt v. 17.02.2011 - 1 U 76/10 - juris Rn. 17 - ZNER 2011, 455-456.
[229] BGH v. 04.11.1992 - VIII ZR 235/91 - juris Rn. 23 - BGHZ 120, 108-123; OLG Köln v. 15.07.1997 - 15 U 189/96 - MDR 1998, 1212-1215.

ben, über die Generalklausel die gesetzgeberische Regelungsabsicht geradezu „auf den Kopf zu stellen".[230] Auch Beschränkungen der Kündigungsfrist, die nicht durch § 309 Nr. 9 lit. c BGB verboten sind, können wegen § 307 BGB unzulässig und unwirksam sein. Unwirksam ist damit die Beschränkung der Kündigung auf vier Zeitpunkte im Jahr, auch wenn die Drei-Monatsfrist eingehalten wird oder eine Frist von drei Monaten bei einer erstmaligen Laufzeit von sechs Monaten.[231]
Die Kündigung aus wichtigem Grund kann in AGB nicht ausgeschlossen werden,[232] muss aber in einer Kündigungsklausel nicht ausdrücklich vorbehalten werden.[233]

e. Rechtsfolgen

Klauseln, die gegen § 309 Nr. 9 BGB verstoßen, sind unwirksam, eine Reduktion auf das noch zulässige Maß kommt nicht in Betracht. Allerdings ist die Klausel häufig teilbar. So führt die wegen Verstoßes gegen § 309 Nr. 9 lit. b BGB unwirksame Verlängerungsoption nicht zur Unwirksamkeit der (zulässigen) erstmaligen Laufzeit des Vertrages. Eine Reduktion der zu langen Vertragsdauer auf das gerade noch zulässige Maß ist nicht möglich.[234] Eine teilweise Aufrechterhaltung einer unwirksamen Laufzeitklausel würde zudem dem Ziel des AGB-Gesetzes zuwiderlaufen, auf einen angemessenen Inhalt der in der Praxis verwendeten oder empfohlenen Allgemeinen Geschäftsbedingungen hinzuwirken und den Kunden die Möglichkeit sachgerechter Information über die ihnen aus dem vorformulierten Vertrag erwachsenden Rechte und Pflichten zu verschaffen.[235] Sie würde dem Klauselverwender die Möglichkeit eröffnen, bei der Aufstellung seiner Konditionen unbedenklich über die Grenze des Zulässigen hinauszugehen, ohne mehr befürchten zu müssen, als dass die Benachteiligung seines Geschäftspartners durch das Gericht auf ein gerade noch zulässiges Maß zurückgeführt wird.[236]

f. Rechtsverkehr zwischen Unternehmen

Im Rechtsverkehr zwischen Unternehmen sind die Gedanken der Regelung in § 309 Nr. 9 BGB über § 307 BGB anwendbar. Eine direkte Übernahme des Klauselverbots auf den Rechtsverkehr zwischen Unternehmen ist nicht möglich. Vielmehr muss bei Verträgen zwischen Unternehmen geprüft werden, ob nicht im Vertrag durch andere Regelungen ein Ausgleich geschaffen wird. Außerdem kann es zwischen Unternehmen besondere Umstände, wie etwa besonderer Investitionsbedarf seitens des Verwenders, geben, die eine längere Vertragsdauer rechtfertigen können.[237] Ein Orientierungspunkt dafür, welche Fristen zu unangemessener Bindung der Vertragspartner führen können, kann die Gruppenfreistellungsverordnung (GFVO Art. 12 Abs. 1 lit. c der Verordnung (EWG) Nr. 1984/83 der Kommission vom 22.06.1983 über die Anwendung von Art. 85 Abs. 3 des Vertrages auf Gruppen von Alleinbezugsvereinbarungen, ABl. 1983 L 173/5) sein.[238] Dafür spricht, dass die GFVO materiell die gleiche Abwägung zugrunde legt, die für das vorliegende Klauselverbot gilt. Zur Prüfung, ob eine unangemessene Benachteiligung vorliegt, ist eine umfassende Abwägung der schützenswerten Interessen beider Parteien im Einzelfall vorzunehmen, bei der nicht nur die auf Seiten des Verwenders getätigten Investitionen, sondern sämtliche im Vertrag begründeten gegenseitigen Rechte und Pflichten gegeneinander abzuwägen sind.[239]

X. Wechsel des Vertragspartners (Nr. 10)

1. Kauf-, Dienst- oder Werkverträge

Die Regelung in § 309 Nr. 10 BGB findet Anwendung bei allen Kauf-, Dienst- oder Werkverträgen. Sie soll verhindern, dass dem Kunden ein neuer (bekannter oder unbekannter) Vertragspartner aufgezwungen werden kann.[240]

---

[230] BGH v. 04.12.1996 - XII ZR 193/95 - juris Rn. 16 - LM AGBG § 9 (Bm) Nr. 27 (3/1997).
[231] *Heinrichs* in: Palandt, § 309 Rn. 86.
[232] BGH v. 26.05.1986 - VIII ZR 218/85 - juris Rn. 12 - LM Nr. 9 § 9 (Ci) AGBG.
[233] BGH v. 10.02.1993 - XII ZR 74/91 - juris Rn. 34 - LM AGBG § 9 (Bm) Nr. 18 (6/1993).
[234] BGH v. 03.11.1999 - VIII ZR 269/98 - juris Rn. 42 - BGHZ 143, 104-122.
[235] BGH v. 03.11.1999 - VIII ZR 269/98 - juris Rn. 42 - BGHZ 143, 104-122; BGH v. 17.05.1982 - VII ZR 316/81 - juris Rn. 22 - BGHZ 84, 109-117.
[236] BGH v. 03.11.1999 - VIII ZR 269/98 - juris Rn. 42 - BGHZ 143, 104-122; BGH v. 17.05.1982 - VII ZR 316/81 - juris Rn. 22 - BGHZ 84, 109-117.
[237] BGH v. 03.11.1999 - VIII ZR 269/98 - juris Rn. 39 - BGHZ 143, 104-122.
[238] Offen gelassen in BGH v. 03.11.1999 - VIII ZR 269/98 - juris Rn. 34 - BGHZ 143, 104-122.
[239] BGH v. 08.12.2011 - VII ZR 111/11 - juris Rn. 15 - NJW-RR 2012, 626-629.
[240] Vgl. zu Klauseln *Gottschalg*, Wohnungseigentümer 2003, 41-46.

182 Durch das Risikobegrenzungsgesetz vom 12.08.2008 sind nunmehr auch Darlehensverträge in den Anwendungsbereich aufgenommen worden. Vor der Gesetzesänderung war eine entsprechende Anwendung der Norm auf Darlehensverträge nicht möglich.[241] Das Risikobegrenzungsgesetz ist eine Reaktion auf die Praxis von Kreditgebern, Kredite auch ohne Zahlungsverzug der Schuldner an Dritte zu verkaufen. Die Ergänzung dieser Vorschrift stellt eine Absicherung des Gesetzeszwecks gegen den Versuch dar, diesen durch Einräumung von Abtretungsbefugnissen in allgemeinen Geschäftsbedingungen zu unterlaufen. Ohne die Änderung wäre ein Darlehensnehmer nur nach den allgemeinen Regeln der Klauselkontrolle gegen unangemessene Benachteiligung durch Übertragung der Darlehen geschützt. Die Gesetzesänderung stellt nunmehr in Übereinstimmung mit Art. 3 Abs. 3 i.V.m. Nr. 1p der Richtlinie 93/13/EWG des Rates vom 05.04.1993 über missbräuchliche Klauseln im Verbraucherverträgen klar, dass derartige Abtretungen nur unter den genannten einschränkenden Voraussetzungen zulässig sind.[242]

183 Schon dem Wortlaut nach kommt eine Anwendung auf Mietverträge nicht in Betracht. Der Blick auf § 566 BGB zeigt, dass ein Wechsel des Vertragspartners durch Kauf der Mietsache zulässig ist. Dies wird man aber nicht generell auf Wechsel des Vertragspartners bei Miete ausdehnen können.[243] Ein solcher Vorgang wäre an § 309 BGB zu messen.

2. Vollständiger Eintritt in den Vertrag

184 Das Klauselverbot in § 309 Nr. 10 BGB umfasst lediglich Fälle, in denen der Dritte vollständig in Rechte und Pflichten des Verwenders aus dem Vertragsverhältnis eintritt. Die Übernahme der Pflichten des Verwenders im Wege der Schuldübernahme (§ 414 BGB) soll ausreichend sein.[244] Die Abtretung einzelner Rechte des Verwenders in AGB oder ohne Regelung in AGB bleibt allerdings zulässig.

185 Unzulässig ist nur die Übertragung der Rechte und Pflichten auf einen Dritten. Dritter ist eine andere juristische oder natürliche Person, die eigenständiger Träger der Rechte und Pflichten wird. Die Delegation von Aufgaben an Erfüllungsgehilfen ist davon nicht umfasst. Da es in erster Linie um den Schutz des Vertragspartners geht, ist das bloße Hinzutreten eines Dritten unproblematisch, wenn der ursprüngliche Vertragspartner weiterhin in der Pflicht bleibt. Eine Risikoerhöhung ist darin nicht zu sehen. Auch der Wechsel der Rechtsform ist bei Personenidentität nicht unter das Klauselverbot zu fassen, da der Wechsel nicht durch AGB, sondern durch den gesellschaftsrechtlichen Vorgang begründet wird.[245] Gleiches gilt bei einem Wechsel der Gesellschafter, der sich ebenfalls gravierend auf die Risiken der Kunden auswirken kann, aber von der Regelung nach Wortlaut und Zweck nicht umfasst ist.

3. Europäischer Hintergrund der Regelung

186 Das Klauselverbot entspricht teilweise der Vorgabe in Nr. 1 lit. p im Anhang der RL 1993/13/EWG des Rates der Europäischen Gemeinschaften. Die Regelung in § 309 Nr. 10 BGB ist insofern enger, als sie nur für Kauf-, Dienst- oder Werkverträge gilt. Umgekehrt ist der Anwendungsbereich von § 309 Nr. 10 BGB allerdings auch weiter. Die Richtlinie stellt nämlich darauf ab, ob eine Verringerung der Sicherheiten für den Verbraucher mit der Regelung verbunden ist.

4. Benennung des Dritten im Vertrag

187 Die Übernahme des Vertrages ist aber zulässig, wenn der übernehmende Dritte im Vertrag bereits namentlich bezeichnet wird. Namentlich bedeutet die Bezeichnung des Dritten mit Namen und Anschrift. Die Bestimmung soll es dem Betroffenen in erster Linie ermöglichen, sich vor Vertragsabschluss oder doch jedenfalls innerhalb einer ihm etwa zustehenden Widerrufsfrist über die Zuverlässigkeit und Solvenz des Dritten Gewissheit zu verschaffen.[246]

---

[241] Vgl. dazu *Becker* in: Bamberger/Roth, Beck'sche Online-Kommentar (Stand: 01.02.2007, Edition 10), Rn. 4 zu § 309 BGB.
[242] Vgl. Bericht des Finanzausschusses (7. Ausschuss) BT-Drs. 16/9821, S. 16.
[243] Zu weitgehend *Heinrichs* in: Palandt, § 309 Rn. 90.
[244] So *Heinrichs* in: Palandt, § 309 Rn. 91.
[245] *Wurmnest* in: MünchKomm-BGB, § 309 Nr. 10 Rn. 6.
[246] BGH v. 11.06.1980 - VIII ZR 174/79 - juris Rn. 15 - LM Nr. 6 zu AGBG.

5. Recht zur Vertragsbeendigung bei Eintritt eines Dritten

Alternativ ist eine Übertragungsklausel auch dann wirksam, wenn dem Vertragspartner für den Fall der Übertragung eine Möglichkeit zur sofortigen Lösung vom Vertrag eingeräumt wird. Diese Möglichkeit muss nur für den Fall der Übertragung bestehen. Die Ausübung dieses Rechts darf keine Nachteile für den Vertragspartner mit sich bringen, da sonst unzulässiger Druck aufgebaut würde. Allerdings besteht auch keine Verpflichtung, außerhalb des Einflussbereichs des Verwenders liegende Nachteile auszugleichen, wenn etwa ein alternativer Vertragsabschluss wegen allgemeiner Preiserhöhungen nicht mehr zu den alten Konditionen möglich sein sollte. 188

6. Verträge zwischen Unternehmern

Im Rechtsverkehr zwischen Unternehmern ist das Klauselverbot nur über § 307 BGB und unter Beachtung der Einschränkungen aus § 310 Abs. 1 BGB anwendbar. Maßgebend ist danach eine Interessenabwägung zwischen den Interessen des Verwenders einerseits und des Vertragspartners andererseits. Gegen eine Übertragung spricht aus Sicht des Vertragspartners, dass dieser auf Zuverlässigkeit, Kompetenz, Kapazität, Vertrauenswürdigkeit, besonderen Ruf etc. des Verwenders gebaut hat und jetzt einen anderen Vertragspartner vorgesetzt bekommt.[247] Hierbei ist im Einzelfall zu prüfen, ob diese Interessen diejenigen des Verwenders überwiegen.[248] Gerade im Unternehmensbereich spielen aufgrund der zunehmenden Vernetzung zwischen den Unternehmen auch unternehmenspolitische Fragen, Fragen des Wettbewerbs, der Bonität etc. eine gravierende Rolle. 189

Eine Vertragsübertragungsklausel, die formularmäßig das Genehmigungserfordernis des § 415 Abs. 1 BGB ersetzen soll, ist jedenfalls dann zu beanstanden, wenn dem Kunden des Verwenders nach der Art des geschlossenen Vertrages die Person seines Vertragspartners typischerweise nicht gleichgültig sein kann, er vielmehr daran interessiert sein muss, sich für Zuverlässigkeit und Solvenz des neuen Vertragspartners vor Übertragung des Vertrages Gewissheit zu verschaffen.[249] Auf jeden Fall ist eine Prüfung der Umstände des Einzelfalls erforderlich, die auch die im Handelsverkehr geltenden Gebräuche angemessen berücksichtigt.[250] 190

7. Arbeitsrecht

Hinsichtlich des besonderen Klauselverbots des § 309 Nr. 10 BGB wird teilweise vertreten, dass seiner Anwendung auf Arbeitsverträge arbeitsrechtliche Besonderheiten gem. § 310 Abs. 4 Satz 2 BGB entgegenstünden.[251] Soweit auf die arbeitsrechtliche Besonderheit von Konzernversetzungsklauseln hingewiesen wird,[252] vermag dies nicht zu überzeugen. Die Konzernversetzungsklausel bedeutet nicht, dass ein anderes Konzernunternehmen in die Arbeitgeberstellung einrückt. Vielmehr wechselt allein der Arbeitsplatz des Arbeitnehmers in ein anderes Unternehmen. Selbst wenn in diesem Zuge das Direktionsrecht von dem anderen Konzernunternehmen ausgeübt werden sollte (konzerninterne Arbeitnehmerüberlassung), bewirkte dies nicht, dass das (fremde) Konzernunternehmen in die Rechte und Pflichten aus dem Arbeitsvertrag eintritt. Vielmehr wird in jedem Fall einer **Arbeitnehmerüberlassung** lediglich das Direktionsrecht zur Ausübung überlassen, so dass § 309 Nr. 10 BGB nicht eingreift.[253] 191

XI. Haftung des Abschlussvertreters (Nr. 11)

1. Vertreter

Bei einem Vertragsschluss durch einen Vertreter wird lediglich der Vertretene verpflichtet. Der Vertreter haftet nach § 179 BGB nur dann, wenn er keine Vertretungsmacht hat und der Vertretene auch nachträglich seine Erklärung nicht genehmigt. Der andere Vertragspartner hat also auch bei Vertretung immer nur einen Vertragspartner, einen Schuldner. 192

---

[247] Ähnlich *Heinrichs* in: Palandt, § 309 Rn. 91.
[248] *Roloff* in: Erman, § 309 Rn. 137.
[249] BGH v. 29.02.1984 - VIII ZR 350/82 - juris Rn. 14 - NJW 1985, 53-56.
[250] BGH v. 09.06.2010 - XII ZR 171/08 - juris Rn. 23 - NJW 2010, 3708-3710.
[251] *Gotthardt* in: Henssler/Willemsen/Kalb, Arbeitsrechtskommentar, 4. Aufl. 2010, § 309 Rn. 13.
[252] *Gotthardt* in: Henssler/Willemsen/Kalb, Arbeitsrechtskommentar, 4. Aufl. 2010, § 309 Rn. 13.
[253] *Kieninger* in: Müko, 5. Aufl. 2006, § 309 Nr. 10 BGB Rn. 6.

193 Eine gänzlich andere Situation tritt ein, wenn der Verwender ausdrücklich mehrere Vertragspartner verpflichten möchte. So verpflichten Autovermieter neben dem Mieter selbst häufig den zweiten, ausdrücklich benannten Fahrer. Viele Verwender verpflichten bei Eheleuten gern auch den Ehepartner ausdrücklich. Sofern der andere Teil ausdrücklich als weiterer Vertragspartner bezeichnet wird, spielt es dann keine Rolle, ob er auch an den Verhandlungen gleichwertig beteiligt war.[254] Auch wenn der Vertreter eine Doppelrolle einnimmt und für sich und den Vertretenen zeichnet, greift das Klauselverbot nicht ein. In diesem Fall muss allerdings der Wille des Handelns im eigenen Namen in einer dem § 309 Nr. 11 lit. a BGB entsprechenden Weise zum Ausdruck gebracht worden sein.

194 Die Regelung setzt eine Bestimmung voraus, durch die der Verwender einem Vertreter, der den Vertrag für den anderen Vertragsteil abschließt, eine eigene Haftung oder Einstandspflicht auferlegt und betrifft nicht den Fall, dass der Geschäftsführer einer GmbH für diese einen Franchisevertrag abschließt und zugleich als Gesellschafter im eigenen Namen eine Mithaftung für die Verbindlichkeiten der Gesellschaft aus dem Franchisevertrag übernimmt.[255]

195 Das Klauselverbot schützt alle diejenigen, die Verträge als Vertreter eines anderen abschließen. Auf die Art der Vertretungsmacht kommt es dabei nicht an. Auch Vertretung kraft Gesetzes (Eltern für ihre Kinder) und sogar fehlende Vertretungsmacht werden umfasst.

196 Die gesetzliche Haftung des vollmachtlosen Vertreters wird vom Klauselverbot nicht umfasst. Allerdings ist in diesem Fall bei einer Übernahme der gesetzlichen Regelung in den Vertrag Vorsicht geboten. Das LG Nürnberg/Fürth hat eine derartige Regelung in einer älteren Entscheidung als Ausdehnung der Haftung aus § 179 BGB interpretiert und für unzulässig gehalten.[256]

2. Ausdrückliche und gesonderte Erklärung

197 Das Klauselverbot greift dann nicht ein, wenn der Vertreter eine ausdrückliche und gesonderte Erklärung abgegeben hat, im eigenen Namen neben dem Vertretenen zu haften. Die Erklärung muss die eigene Haftung des Vertreters neben dem Vertretenen eindeutig und unmissverständlich erkennen lassen.

198 Die Erklärung muss gesondert, das heißt, getrennt vom übrigen Vertragsinhalt sein. Eine völlige Trennung von dem Vertragsformular durch Niederlegung der Verpflichtung auf einem besonderen Blatt oder eine besondere Hervorhebung durch größeren oder verstärkten Druck sind dazu nicht erforderlich.[257]

199 Schriftform ist vom Wortlaut, anders als bei § 309 Nr. 12 BGB nicht vorgesehen und damit auch nicht erforderlich.[258] Eine gesonderte Erklärung ist nicht nur schriftlich, sondern auch mündlich möglich. Bei mündlichen Erklärungen besteht allerdings ein Nachweisproblem. Die Erklärung kann daher auch in elektronischer Form mit oder ohne Signatur abgegeben werden.

3. Andere Gründe

200 Die Erfüllung der in § 309 Nr. 11 lit. a BGB gestellten Anforderungen schließt die Unwirksamkeit der Verpflichtung aus konkreten anderen Gründen (§§ 305c, 307 BGB) nicht grundsätzlich aus.[259]

4. Vollmachtloser Vertreter

201 Unzulässig sind nach § 309 Nr. 11 lit. b BGB auch Klauseln, wonach die bereits gesetzlich geregelte Haftung des vollmachtlosen Vertreters über § 179 BGB hinaus verschärft wird. Auch wenn dieses Klauselverbot auf einer Fehlinterpretation in einem Einzelfall beruhen mag,[260] sind Verschärfungen der Haftung als Klauselinhalt denkbar. Dadurch soll verhindert werden, dass der Verwender besser gestellt wird, als beim Vertreter mit Vertretungsmacht.

---

[254] BGH v. 23.03.1988 - VIII ZR 175/87 - juris Rn. 15 - BGHZ 104, 95-101.
[255] BGH v. 26.10.2005 - VIII ZR 48/05 - juris Rn. 15 - BGHZ 165, 12-28.
[256] *Wurmnest* in: MünchKomm-BGB, § 309 Nr. 11 Rn. 5 unter Hinweis auf LG Nürnberg/Fürth NJW 1962, 1513.
[257] BGH v. 27.04.1988 - VIII ZR 84/87 - juris Rn. 29 - BGHZ 104, 232-239; *Heinrichs* in: Palandt, § 309 Rn. 95.
[258] A.A. *Wurmnest* in: MünchKomm-BGB, § 309 Nr. 11 Rn. 7.
[259] BGH v. 27.04.1988 - VIII ZR 84/87 - juris Rn. 32 - BGHZ 104, 232-239.
[260] Zur Gesetzgebungsgeschichte vgl. *Wurmnest* in: MünchKomm-BGB, § 309 Nr. 11 Rn. 8.

5. Verträge zwischen Unternehmern

§ 309 Nr. 12 BGB ist als Ausprägung von § 305c BGB auch auf Verträge zwischen Unternehmern anwendbar. Häufig findet man in diesem Bereich den Versuch, eine Mithaftung von Geschäftsführern einer GmbH herbeizuführen. Da diese selbst nicht Unternehmer sind, findet dann § 309 Nr. 12 BGB direkte Anwendung.[261]

XII. Beweislast (Nr. 12)

1. Beweislastregeln

In vielen AGB versuchen Verwender, die Beweislast einseitig zu Lasten der Kunden zu verschieben. Manchmal stellt sich bei näherer Betrachtung jedoch heraus, dass Beweislastregeln lediglich die bestehende Rechtslage wiedergeben. So gibt eine Bestimmung, dass **mündliche Nebenabreden** nicht bestehen, lediglich die ohnehin eingreifende Vermutung der Vollständigkeit der Vertragsurkunde wieder und lässt dem Kunden den Gegenbeweis offen.[262] Gleiches gilt bei Übertragung der Beweislast für Schönheitsreparaturen auf den Mieter.[263] In diesen Fällen erfolgte allerdings zu Unrecht eine Prüfung anhand von § 309 Nr. 12 BGB, da es bei bloßer Wiederholung der Rechtslage an einer Regelung im Sinne von § 305 BGB fehlt. Die Prüfung, ob eine Klausel die Beweislast abweichend vom materiellen Recht regelt, ist bereits im Rahmen von § 305 BGB vorzunehmen.

Grundlage des Klauselverbots in § 309 Nr. 12 lit. a BGB ist die gesetzgeberische Annahme, dass die bestehenden Beweislastregeln ausgewogen und gerecht sind. Abweichungen von diesen Regeln sollen in AGB nicht zulässig sein. Dabei kommt es nicht darauf an, ob es sich um **gesetzliche oder richterrechtliche Beweisregeln** handelt.[264] Verboten sind alle Änderungen gesetzlicher oder von der Rechtsprechung entwickelter Beweislastregeln, Ebenso verboten ist eine Änderung der Grundsätze über den Beweis des ersten Anscheins.[265]

Bereits dann, wenn eine formularmäßige Klausel zur Folge haben kann, dass der Richter die Anforderungen an den Beweis zum Nachteil des beweispflichtigen Kunden erhöht, liegt eine maßgebliche Änderung des Anwendungsbereichs der Beweislast vor.[266]

In einem abstrakten Schuldversprechen ist zwar im Ergebnis auch eine Änderung der Beweislast enthalten, doch sollte durch § 309 Nr. 12 lit. a BGB die Möglichkeit abstrakter Schuldversprechen nicht eingeschränkt werden.[267] Ein Schuldanerkenntnis kann jedoch wegen Sittenverstoßes nach § 138 Abs. 1 BGB nichtig sein.[268]

Eine Unterwerfung unter die sofortige Zwangsvollstreckung ist ebenfalls grundsätzlich zulässig.[269] Unzulässig ist demgegenüber eine Klausel, mit der sich der Kunde der sofortigen Zwangsvollstreckung in sein gesamtes Vermögen unterwirft, und der Unternehmer berechtigt ist, sich ohne Nachweis der Fälligkeit eine vollstreckbare Ausfertigung der Urkunde erteilen zu lassen.[270]

Bei dem Regelbeispiel in § 309 Nr. 12 lit. a BGB handelt es sich um eine bloße Wiederholung der Generalklausel in § 309 Nr. 12 HS. 1 BGB ohne eigenen Regelungsinhalt.

Soweit der Verwender bestimmte Ansprüche des Kunden vollständig abschneiden kann, ist entgegen dem Wortlaut auch die mildere Variante einer Beweiserschwernis zugelassen.[271]

Die Bestimmung im Wohnraummietvertrag ist unwirksam, nach der bei Kanalverstopfungen oder Leitungsverstopfungen alle Mieter anteilig für die Kosten der Schadensbehebung haften, wenn der Verursacher nicht ermittelt werden kann.[272]

---

[261] *Wurmnest* in: MünchKomm-BGB, § 309 Nr. 11 Rn. 9; für Gesellschafter vgl. Rn. 194.
[262] BGH v. 14.10.1999 - III ZR 203/98 - juris Rn. 15 - LM AGBG § 9 (A) Nr. 9.
[263] BGH v. 03.06.1998 - VIII ZR 317/97 - juris Rn. 21 - LM BGB § 535 Nr. 159 (12/1998).
[264] *Heinrichs* in: Palandt, § 309 Rn. 100.
[265] BGH v. 08.10.1987 - VII ZR 185/86 - juris Rn. 16 - BGHZ 102, 41-53.
[266] BGH v. 20.04.1989 - IX ZR 214/88 - juris Rn. 8 - NJW-RR 1989, 817-818.
[267] BGH v. 15.01.1987 - III ZR 153/85 - juris Rn. 8 - LM Nr. 2 zu § 11 Ziff. 15 AGBG; BGH v. 18.12.1986 - IX ZR 11/86 - juris Rn. 25 - BGHZ 99, 274-288.
[268] BGH v. 15.01.1987 - III ZR 153/85 - juris Rn. 10 - LM Nr. 2 zu § 11 Ziff. 15 AGBG.
[269] BGH v. 18.12.1986 - IX ZR 11/86 - juris Rn. 25 - BGHZ 99, 274-288; *Heinrichs* in: Palandt, § 309 Rn. 100.
[270] BGH v. 27.09.2001 - VII ZR 388/00 - juris Rn. 28 - LM AGBG § 1 Nr. 38 (6/2002).
[271] *Heinrichs* in: Palandt, § 309 Rn. 100; *Basedow* in: MünchKomm-BGB, § 309 Nr. 15 Rn. 8.
[272] OLG Hamm v. 19.05.1982 - 4 REMiet 10/81 - juris Rn. 24 - NJW 1982, 2005-2008.

211 Die Klausel „Die Einwendungen sind im Rahmen eines Rückforderungsprozesses geltend zu machen" stellt allerdings keine Beweislastregel dar.[273]

2. Tatsachenbestätigung

212 Tatsachenbestätigungen sind ein Unterfall der Beweislastverschiebung.[274] Durch diese Bestätigungen erspart sich der Verwender den Nachweis von ansonsten von ihm zu beweisenden Tatsachen. Sie sind nach dem Klauselverbot auch dann unwirksam, wenn nur im Ergebnis die Beweislast zum Nachteil des Kunden verschoben wird.[275] Allerdings sind nicht alle Bestätigungen wegen Verstoßes gegen § 309 Nr. 15 lit. b BGB unwirksam, sondern nur solche, die auch eine für den Kunden nachteilige Verschiebung der Beweislast beinhalten.

213 Unzulässig sind beispielsweise die Klauseln: „Ausführlich wurde ausgehandelt, das Verbot von Eigenabschlüssen/Direktabschlüssen",[276] „Der rechtsverbindlich unterzeichnete Unternehmer erklärt, dass ihm ... die örtlichen Verhältnisse bekannt sind ...",[277] „Die anliegende Hausordnung ist Bestandteil dieses Vertrages".[278] „Der Teilnehmer erklärt, gesund, in guter körperlicher Verfassung und daher in der Lage zu sein, an einem normalen Training teilzunehmen"[279], „dass sich die Wohnung in einem zum Wohnen geeigneten Zustand befindet und dass Zubehör und Ausstattung unbeschädigt und gebrauchsfähig sind"[280].

214 Die Klausel: „Mündliche Nebenabreden bestehen nicht"[281] ist dagegen als bloße Vollständigkeitsklausel wirksam. Vollständigkeitsklauseln sind nur wirksam, soweit sie die Vermutung der Vollständigkeit und Richtigkeit der Urkunde wiederholen, verstoßen bei darüber hinausgehender Regelung einer unwiderleglichen Vermutung jedoch gegen das Klauselverbot.[282] Es verstößt auch nicht gegen § 309 Nr. 12 BGB, wenn der Kunde zu der Erklärung aufgefordert wird, er sei volljährig und unbeschränkt geschäftsfähig, da der Kunde, der sich auf Minderjährigkeit beruft, schon nach geltendem Recht beweisbelastet ist und durch die Klausel keine Beweislastumkehr eintritt.[283]

3. Empfangsbestätigungen

215 Empfangsbestätigungen sind nur auf den ersten Blick ein Unterfall der Tatsachenbestätigungen. Sie fallen tatbestandlich unter die Regelung, jedoch rechtfertigt das Bedürfnis nach z.B. vorformulierten Quittungen eine abweichende Behandlung.[284] Dabei verlangt die Regelung zum Schutz des Kunden aber eine Trennung vom übrigen Text und eine gesonderte Unterschrift.[285]

216 Nicht ausreichend getrennt ist die Unterschrift, wenn sie sich zugleich auf sonstige vertragliche Vereinbarungen bezieht.[286] Die Erklärung muss vielmehr deutlich vom sonstigen Text abgegrenzt sein.[287] Die Erklärung darf auch nicht mit sonstigen Erklärungen verbunden werden. Bereits ein Zusatz, mit dem auch die Mangelfreiheit der Ware bestätigt wird, verhindert die Einstufung als bloße Quittung gemäß § 368 BGB und damit als gesondert unterschriebenes Empfangsbekenntnis gemäß § 11 Nr. 15 lit. b Satz 2 AGBG.[288] Es fehlt schon begrifflich an einem Empfangsbekenntnis i.S.v. § 11 Nr. 15 Satz 2 AGBG, wenn nicht nur Tatsachen, also der Empfang bestimmter Leistungen, bestätigt, sondern diese zugleich rechtlich bewertet werden.[289]

---

[273] BGH v. 05.07.2005 - X ZR 60/04 30 - NJW 2005, 2919-2923; BGH v. 05.07.2005 - X ZR 99/04 - juris Rn. 29 - WuM 2005, 593-594.
[274] BGH v. 28.01.1987 - IVa ZR 173/85 - juris Rn. 26 - BGHZ 99, 374-384.
[275] *Heinrichs* in: Palandt, § 309 Rn. 101; OLG Stuttgart v. 06.05.2010 - 2 U 7/10 - juris Rn. 30 - VuR 2011, 156-157.
[276] BGH v. 28.01.1987 - IVa ZR 173/85 - juris Rn. 25 - BGHZ 99, 374-384 und OLG Stuttgart v. 28.06.1985 - 2 U 264/84 - EWiR 1985, 863-864.
[277] OLG Frankfurt v. 07.06.1985 - 6 U 148/84 - NJW-RR 1986, 245-247.
[278] BGH v. 15.05.1991 - VIII ZR 38/90 - juris Rn. 53 - LM Nr. 4 zu § 9 (Ca) AGBG.
[279] BGH v. 20.04.1989 - IX ZR 214/88 - juris Rn. 8 - NJW-RR 1989, 817-818.
[280] LG Berlin v. 28.11.1995 - 64 S 220/95 - Grundeigentum 1996, 1373-1377.
[281] BGH v. 14.10.1999 - III ZR 203/98 - juris Rn. 15 - LM AGBG § 9 (A) Nr. 9.
[282] OLG Frankfurt am Main v. 30.11.2011 - 12 U 136/10 - juris Rn. 19 - IBR 2012, 150.
[283] Brandenburgisches Oberlandesgericht v. 11.01.2006 - 7 U 52/05 - juris Leitsatz - MMR 2006, 405-407.
[284] *Wurmnest* in: MünchKomm-BGB, § 309 Nr. 12 Rn. 19.
[285] OLG Celle v. 21.06.2000 - 2 U 216/99 - juris Rn. 7 - OLGR Celle 2000, 264-266.
[286] BGH v. 29.04.1987 - VIII ZR 251/86 - juris Rn. 31 - BGHZ 100, 373-383.
[287] *Roloff* in: Erman, § 309 Rn. 152.
[288] OLG Koblenz v. 22.09.1995 - 2 U 620/94 - juris Rn. 21 - NJW 1995, 3392.
[289] OLG Köln v. 22.10.1999 - 6 U 35/99 - VersR 2000, 169-170.

Außer einer eigenhändigen Unterschrift genügt auch eine gesonderte qualifizierte elektronische Signatur (vgl. insoweit die Kommentierung zu § 126a BGB). Anders als bei § 126a BGB ist bei § 309 Nr. 12 HS. 2 BGB jedoch nicht die zusätzliche Beifügung des Namens neben der Signatur gefordert. Das ist auch nicht erforderlich, da die qualifizierte elektronische Signatur nach § 2 Nr. 3 SigG ohnehin auf einem qualifizierten Zertifikat beruhen muss. Dieses Zertifikat ist der signierten Datei beizufügen. Aus dem Zertifikat ergibt sich nach § 7 Abs. 1 Nr. 1 SigG der Name des Signaturschlüssel-Inhabers oder ein als solches erkennbares, eindeutiges Pseudonym. 217

4. Arbeitsrecht

Bedeutsam sind insbesondere die in § 309 Nr. 12 b BGB genannten Tatsachenbestätigungen. Dies gilt etwa hinsichtlich der Bestätigung in einer Aufhebungsvereinbarung, dass der Arbeitnehmer diese erst nach reiflicher Überlegung und ohne jeden Einfluss von Drohung oder Zwang unterzeichnet. Gleiches gilt für eine Klausel hinsichtlich der Aufklärung über sozialversicherungsrechtliche Folgen einer Aufhebungsvereinbarung[290] oder Regelungen im Arbeitsvertrag, die beispielsweise Bestätigungen beinhalten, eine Arbeitsordnung oder bestimmte Arbeitsanweisungen zur Kenntnis genommen zu haben. 218

Dagegen sind bestätigende Schuldanerkenntnisse nicht am Maßstab des § 309 Nr. 12 BGB, sondern an § 307 BGB zu messen, da ein bestätigendes Schuldanerkenntnis nicht die Beweislast verschiebt, sondern die materielle Rechtslage gestaltet.[291] Wird in einem Schuldanerkenntnis die Möglichkeit für den Arbeitnehmer ausgeschlossen, das Nichtbestehen des zugrunde liegenden Anspruchs geltend zu machen, liegt darin eine Abweichung von Regeln des Rechts der ungerechtfertigten Bereicherung (§§ 812 Abs. 2, 821 BGB), die eine unangemessene Benachteiligung des Arbeitnehmers darstellt.[292] 219

XIII. Form von Anzeigen und Erklärungen (Nr. 13)

Die Regelung soll verhindern, dass die Rechte der Kunden durch formale Hürden, wie etwa Formvorschriften oder Zugangserfordernisse, beschränkt werden. Gegenstand der Regelung sind alle Willenserklärungen des Kunden in Bezug auf das Vertragsverhältnis.[293] Darunter fallen außer einseitigen Rechtsgeschäften auch alle sonstigen Erklärungen. Es dürfen in AGB keine über die gesetzlichen Regelungen hinausgehenden Anforderungen gestellt werden. Das Verbot gilt auch dann, wenn die Regelung (auch) zum Vorteil des Kunden wirkt, weil durch Einschreiben der Zugangsnachweis erleichtert wird.[294] 220

Unzulässig ist danach, Schriftform für die Wirksamkeit der Rücktrittserklärung[295] oder für die Geltendmachung von Ansprüchen aus einem Reisevertrag zu verlangen.[296] Unwirksam ist auch die Klausel, wonach die Kündigung eines Fitnessstudiovertrages nur per Einschreiben zulässig sein sollte.[297] 221

Zulässig ist es, die Empfangsvollmacht für Erklärungen zu beschränken, beispielsweise die Vollmacht von Versicherungsagenten für den Empfang schriftlicher Mitteilungen betreffend das Versicherungsverhältnis auszuschließen.[298] Darin liegt auch kein Verstoß gegen § 307 BGB.[299] Zulässig ist auch, für bestimmte Erklärungen einen speziellen Adressaten, etwa eine zentrale Stelle zur Bearbeitung von Beschwerden vorzugeben. Dies ist insbesondere zur Bearbeitung von Widerrufen oder Beschwerden sinnvoll. 222

Auf Verträge zwischen Unternehmern ist die Regelung weder direkt noch analog anwendbar.[300] Dem Unternehmer kann die Einhaltung einer strengeren Form auferlegt werden, soweit es dafür vernünftige Gründe gibt.[301] 223

---

[290] *Gotthardt* in: Henssler/Willemsen/Kalb, Arbeitsrechtskommentar, 4. Aufl. 2010, § 309 Rn. 15.
[291] BAG v. 15.03.2005 - 9 AZR 502/03 - juris Leitsatz, Rn. 32 - NZA 2005, 682, 685.
[292] BAG v. 15.03.2005 - 9 AZR 502/03 - juris Leitsatz, Rn. 27 - NZA 2005, 682, 685.
[293] *Heinrichs* in: Palandt, § 309 Rn. 104.
[294] *Wurmnest* in: MünchKomm-BGB, § 309 Nr. 13 Rn. 1.
[295] KG Berlin v. 03.02.1982 - 23 U 3535/81 - Fremdenverkehrsrechtliche Entscheidungen, Zivilrecht, Nr. 330.
[296] BGH v. 22.03.1984 - VII ZR 189/83 - BGHZ 90, 363-370.
[297] LG Dortmund v. 25.10.1990 - 8 O 223/90 - VuR 1992, 163-164; AG Bremen v. 29.12.2011 - 9 C 464/11 - juris Rn. 6.
[298] BGH v. 24.03.1999 - IV ZR 90/98 - juris Rn. 69 - BGHZ 141, 137-152; OLG Karlsruhe v. 20.06.1991 - 12 U 39/91 - VersR 1992, 863-864; OLG Karlsruhe v. 20.06.1991 - 12 U 38/91 - RuS 1992, 102.
[299] So aber die Vorinstanz: OLG Hamburg v. 11.03.1998 - 5 U 211/96 - OLGR Hamburg 1998, 242-246.
[300] *Heinrichs* in: Palandt, § 309 Rn. 107.
[301] *Roloff* in: Erman, § 309 Rn. 159.

§ 309

224 Die Bestimmung findet im Arbeitsrecht generell Anwendung. Die Vereinbarung der Notwendigkeit eines Zugangs der Kündigung des Arbeitnehmers durch einen **eingeschriebenen Brief** in Abweichung von der bloßen Schriftform des § 623 BGB kommt demnach nicht in Betracht. Die Bestimmung des § 309 Nr. 13 BGB ist jedoch unter Berücksichtigung der im Arbeitsrecht geltenden Besonderheiten auf **zweistufige Ausschlussfristen** nicht anzuwenden, bei denen die Geltendmachung eines Anspruchs in der zweiten Stufe eine Klageerhebung voraussetzt. Diese Form der Geltendmachung dient seit langem der im Arbeitsleben gebotenen kurzfristigen Herstellung von Rechtssicherheit und Rechtsklarheit über die beiderseitigen Ansprüche.[302]

---

[302] BAG v. 25.05.2005 - 5 AZR 572/04 - juris Rn. 21 - NZA 2005, 1111, 1113.

§ 310 BGB Anwendungsbereich

(Fassung vom 25.06.2009, gültig ab 17.12.2009)

(1) ¹§ 305 Abs. 2 und 3 und die §§ 308 und 309 finden keine Anwendung auf Allgemeine Geschäftsbedingungen, die gegenüber einem Unternehmer, einer juristischen Person des öffentlichen Rechts oder einem öffentlich-rechtlichen Sondervermögen verwendet werden. ²§ 307 Abs. 1 und 2 findet in den Fällen des Satzes 1 auch insoweit Anwendung, als dies zur Unwirksamkeit von in den §§ 308 und 309 genannten Vertragsbestimmungen führt; auf die im Handelsverkehr geltenden Gewohnheiten und Gebräuche ist angemessen Rücksicht zu nehmen. ³In den Fällen des Satzes 1 findet § 307 Abs. 1 und 2 auf Verträge, in die die Vergabe- und Vertragsordnung für Bauleistungen Teil B (VOB/B) in der jeweils zum Zeitpunkt des Vertragsschlusses geltenden Fassung ohne inhaltliche Abweichungen insgesamt einbezogen ist, in Bezug auf eine Inhaltskontrolle einzelner Bestimmungen keine Anwendung.

(2) ¹Die §§ 308 und 309 finden keine Anwendung auf Verträge der Elektrizitäts-, Gas-, Fernwärme- und Wasserversorgungsunternehmen über die Versorgung von Sonderabnehmern mit elektrischer Energie, Gas, Fernwärme und Wasser aus dem Versorgungsnetz, soweit die Versorgungsbedingungen nicht zum Nachteil der Abnehmer von Verordnungen über Allgemeine Bedingungen für die Versorgung von Tarifkunden mit elektrischer Energie, Gas, Fernwärme und Wasser abweichen. ²Satz 1 gilt entsprechend für Verträge über die Entsorgung von Abwasser.

(3) Bei Verträgen zwischen einem Unternehmer und einem Verbraucher (Verbraucherverträge) finden die Vorschriften dieses Abschnitts mit folgenden Maßgaben Anwendung:

1. Allgemeine Geschäftsbedingungen gelten als vom Unternehmer gestellt, es sei denn, dass sie durch den Verbraucher in den Vertrag eingeführt wurden;
2. § 305c Abs. 2 und die §§ 306 und 307 bis 309 dieses Gesetzes sowie Artikel 46b des Einführungsgesetzes zum Bürgerlichen Gesetzbuche finden auf vorformulierte Vertragsbedingungen auch dann Anwendung, wenn diese nur zur einmaligen Verwendung bestimmt sind und soweit der Verbraucher auf Grund der Vorformulierung auf ihren Inhalt keinen Einfluss nehmen konnte;
3. bei der Beurteilung der unangemessenen Benachteiligung nach § 307 Abs. 1 und 2 sind auch die den Vertragsschluss begleitenden Umstände zu berücksichtigen.

(4) ¹Dieser Abschnitt findet keine Anwendung bei Verträgen auf dem Gebiet des Erb-, Familien- und Gesellschaftsrechts sowie auf Tarifverträge, Betriebs- und Dienstvereinbarungen. ²Bei der Anwendung auf Arbeitsverträge sind die im Arbeitsrecht geltenden Besonderheiten angemessen zu berücksichtigen; § 305 Abs. 2 und 3 ist nicht anzuwenden. ³Tarifverträge, Betriebs- und Dienstvereinbarungen stehen Rechtsvorschriften im Sinne von § 307 Abs. 3 gleich.

Gliederung

A. Kurzcharakteristik 1	**V. Verbraucherverträge** 16
B. Anwendungsvoraussetzungen 2	1. Gesetzgebungsgeschichte 16
I. Normstruktur 2	2. Europäischer Hintergrund der Regelung 17
II. Verwendung gegenüber einem Unternehmer etc. 4	3. Definition 18
1. Unternehmer 5	4. Internetauktionen 19
2. Öffentliche Hand 6	5. Fiktion des „Stellens" 24
III. Eingeschränkte Anwendung des AGB-Rechts 8	6. Einmalbedingungen 31
IV. Reformvorschlag des deutschen Anwaltvereins 15	7. Begleitumstände 35
	C. Bereichsausnahmen Familien- und Erbrecht 38
	D. Bereichsausnahme Gesellschaftsrecht 39

E. Bereichsausnahme Arbeitsrecht 45	10. Dienstwagenregelung 91
I. Grundlagen 45	11. Freistellungsklauseln 95
II. Einschränkungen 46	12. Freiwilligkeitsvorbehalt 96
1. Einbeziehung der AGB 47	13. Gratifikationsklauseln (Stichtags- und
2. Tarifverträge, Betriebs- und Dienstvereinbarungen als Rechtsnormen 48	Rückzahlungsregelungen) 100
3. Berücksichtigung der Besonderheiten des Arbeitsrechts 50	14. Kündigungsfrist 106
	15. Nebentätigkeitsregelung 107
III. Arbeitnehmer als Verbraucher 52	16. Netto- oder Bruttoentgeltvereinbarung 108
IV. Klauselkontrolle im Arbeitsrecht 53	17. Öffnungsklauseln für Betriebsvereinbarungen 110
1. Grundlagen zur Klauselkontrolle im Arbeitsrecht 53	18. Reisezeiten 111
2. Änderungsvorbehalt/Direktionsvorbehalt 54	19. Rückzahlung von Fort- und Ausbildungskosten 112
3. Arbeitszeitregelungen 59	20. Verschwiegenheitspflicht 117
4. Ausgleichsklausel, Ausgleichsquittung 63	21. Wettbewerbsverbot und nachvertragliches Wettbewerbsverbot 119
5. Ausschlussfristen 65	
6. Befristung von Arbeitsbedingungen 72	22. Zielerreichungsabhängige Vergütung 122
7. Beweislast 79	**F. Ungeschriebene Ausnahmen** 124
8. Bezugnahme auf Tarifverträge 80	
9. Bezugnahme von sonstigen Regelungswerken 88	

A. Kurzcharakteristik

1 Die Neuregelung fasst die früheren §§ 24, 23 Abs. 2 Nr. 2, 24a und 23 Abs. 1 AGBG zu einer Vorschrift zusammen. Lediglich die - im Einzelnen unklare - Regelung zum Arbeitsrecht ist neu. Die frühere Bereichsausnahme für das Arbeitsrecht ist weggefallen und einer in der Anwendung schwierigen Neuregelung gewichen.

B. Anwendungsvoraussetzungen

I. Normstruktur

2 Die Überschrift „Anwendungsbereich" verkürzt die Bedeutung der Norm erheblich. In Ergänzung zu § 305 Abs. 1 BGB schränken die Absätze 1, 2 und 4 den Anwendungsbereich der AGB-rechtlichen Regelungen ein, während Absatz 3 ihn auf Vertragsbedingungen erweitert, die nach § 305 BGB keine AGB sind.

3 Wie auch bisher in § 23 Abs. 1 AGBG gibt es auch im neuen AGB-Recht Bereichsausnahmen, allerdings mit einer deutlichen Veränderung bezüglich des Arbeitsrechts.

II. Verwendung gegenüber einem Unternehmer etc.

4 § 305 Abs. 1 Satz 1 BGB schränkt den Schutz der AGB-rechtlichen Regelungen für **Unternehmer, juristische Personen des öffentlichen Rechts** und **öffentlich-rechtliche Sondervermögen** ein. Für diese finden die §§ 305 Abs. 2 und 3, 308 und 309 BGB keine Anwendung.

1. Unternehmer

5 Der Unternehmerbegriff entspricht der Regelung in § 14 BGB. Auf die Kommentierung zu § 14 BGB wird verwiesen. Der Vertragsschluss ist Ausdruck der Entscheidung, **unternehmerisch** tätig werden zu wollen. Derjenige, der einen solchen Vertrag schließt, gibt damit dem Rechtsverkehr gleichzeitig zu erkennen, dass er sich nunmehr dem Sonderrecht der Kaufleute unterwerfen bzw. dieses für sich in Anspruch nehmen will. Es erscheint daher nur folgerichtig, den Betreffenden gleichsam beim Wort zu nehmen und seine Entscheidung dem Sonderrecht der Kaufleute zu unterstellen. Unternehmer ist auch derjenige, der vor Aufnahme einer unternehmerischen Tätigkeit einen Vertrag im Hinblick auf diese unternehmerische Tätigkeit abschließt.[1] Der Vertragsschluss ist in diesem Fall Ausdruck der Entscheidung, künftig unternehmerisch tätig werden zu wollen und sich damit dem Sonderrecht der Kaufleute zu unterwerfen. Der eingeschränkte Schutz des AGB-Rechts gilt daher auch für den **Existenzgrün-**

---

[1] Vgl. auch *Roloff* in: Erman, § 305 Rn. 5.

der.[2] Auch ein geschäftlich Reisender ist Unternehmer.[3] Auch der Scheinunternehmer, der sich nur als solcher ausgibt, muss sich an dem von ihm gesetzten Schein festhalten lassen.[4] Auch der gewerblich tätige Landwirt ist Unternehmer im Sinne der Vorschrift.[5] Demgegenüber ist Verbraucher, wer sich dagegen versichert, seine selbstständige berufliche Tätigkeit aus gesundheitlichen Gründen nicht mehr ausüben zu können, da es sich dabei um Gesundheitsvorsorge handelt, die zur privaten Sphäre und nicht zur gewerblichen oder selbstständigen beruflichen Tätigkeit zu zählen ist.[6]

2. Öffentliche Hand

Juristische Personen des öffentlichen Rechts sind insbesondere Gebietskörperschaften, Hochschulen, Rundfunkanstalten, Sozialversicherungsträger, Religionsgesellschaften, öffentlich-rechtliche Berufskammern, die BvS sowie Anstalten und Stiftungen des öffentlichen Rechts (vgl. auch die Kommentierung zu § 89 BGB). Die Bedeutung öffentlich-rechtlicher Sondervermögen ist nach Umwandlung von Bundesbahn und Bundespost in Aktiengesellschaften stark zurückgegangen. Es gibt insoweit noch rechtliche Sondervermögen als „Bundeseisenbahnvermögen". Weitere Sondervermögen sind der LAG-Ausgleichsfond, das ERP-Sondervermögen und andere Einrichtungen. Ähnlich wie Unternehmen benötigt auch die öffentliche Hand nicht den Schutz des AGB-Rechts. Im Gegenteil ist die öffentliche Hand häufig in der Lage, den Vertragspartnern Geschäftsbedingungen zu diktieren, welche ihrerseits nicht der Kontrolle des AGB-Rechts standhalten. 6

So ist beispielsweise eine Klausel in Allgemeinen Geschäftsbedingungen eines Bauvertrages, die vorsieht, dass ein Sicherheitseinbehalt von 5% der Bausumme nur durch eine Bürgschaft auf erstes Anfordern abgelöst werden kann, auch in Allgemeinen Geschäftsbedingungen eines öffentlichen Auftraggebers unwirksam.[7] 7

III. Eingeschränkte Anwendung des AGB-Rechts

Geschäftsbedingungen können unabhängig von § 305 Abs. 2 und 3 BGB einbezogen werden. Erforderlich ist nur eine in irgendeiner Form erklärte Willensübereinstimmung. Dies kann auch stillschweigend geschehen. Es ist auch nicht erforderlich, dass der Verwender der anderen Vertragspartei unmittelbar die Möglichkeit der Kenntnisnahme verschafft. Allerdings müssen die Geschäftsbedingungen auf Anforderung bereitgestellt werden. Die besonderen, formalisierten Einbeziehungsvoraussetzungen § 305 Abs. 2 und 3 BGB sind nicht einzuhalten, wohl aber die auch sonst für die Vereinbarung von vertraglichen Regeln einzuhaltenden Voraussetzungen.[8] 8

Die Inhaltskontrolle kann nicht anhand der §§ 308 und 309 BGB, sondern nur anhand von § 307 BGB vorgenommen werden. Dies könnte zu einem Wertungswiderspruch führen. Da § 307 BGB die Generalklausel zu den nicht anwendbaren §§ 308 und 309 BGB darstellt, werden an sich die in den §§ 308 und 309 BGB genannten Vertragsklauseln nicht mehr im Rahmen von § 307 BGB geprüft. Davon macht § 310 Abs. 1 Satz 2 BGB eine Ausnahme, weil im Anwendungsbereich von § 310 BGB die Regelungen der §§ 308 und 309 BGB nicht anwendbar sind. Dadurch soll jedoch nicht der Anwendungsbereich der Generalklausel eingeschränkt werden. Deshalb ist jeweils zu prüfen, ob die Wertungen der §§ 308 und 309 BGB auch im Rahmen von § 307 BGB anzuwenden sind und gegebenenfalls auch gegenüber Unternehmern oder der öffentlichen Hand zur Unwirksamkeit bestimmter Klauseln führen. Im Einzelnen ist dies in der Kommentierung zu § 308 BGB und der Kommentierung zu § 309 BGB dargestellt. 9

§ 310 Abs. 1 Satz 2 HS. 2 BGB bestimmt ausdrücklich, dass die im **Handelsverkehr geltenden Gewohnheiten und Gebräuche** angemessen zu berücksichtigen sind. Dies gilt auch ohne ausdrücklichen Hinweis selbstverständlich nur zwischen Kaufleuten. Soweit zwischen Verwender und Vertragspartner keine Beziehungen dieser Art (Handelsverkehr) bestehen, können sich auch keine entsprechenden Ge- 10

---

[2] OLG Oldenburg v. 12.11.2001 - 9 SchH 12/01 - NJW-RR 2002, 641-642; OLG Oldenburg v. 27.04.1989 - 1 U 256/88 - NJW-RR 1989, 1081-1082; OLG Koblenz v. 24.07.1986 - 6 U 677/85 - NJW 1987, 74-75.
[3] LG Frankfurt v. 07.03.2003 - 2/1 S 133/02, 2-01 S 133/02 - RRa 2004, 133.
[4] *Roloff* in: Erman, § 305 Rn. 5.
[5] BGH v. 08.12.2011 - VII ZR 111/11 - juris Rn. 13 - NJW-RR 2012, 626-629.
[6] BGH v. 06.07.2011 - IV ZR 217/09 - juris Rn. 20 - VersR 2012, 48-50.
[7] BGH v. 09.12.2004 - VII ZR 265/03 - NJW-RR 2005, 458-460.
[8] *Roloff* in: Erman, § 305 Rn. 6.

§ 310

11 wohnheiten und Gebräuche herausbilden. Soweit also Unternehmen außerhalb des Handelsrechts (Landwirte, Freiberufler etc.) Vertragspartner sind, können solche Gewohnheiten und Gebräuche nicht festgestellt und nicht herangezogen werden.

11 Außerhalb des Handelsverkehrs – beispielsweise im Mietrecht – erfolgt die Klauselkontrolle am Maßstab des § 307 BGB durch Prüfung der gesamten Umstände des Einzelfalles und eine Abwägung der Interessen des Verwenders einerseits und des Vertragspartners andererseits.[9] Vor diesem Hintergrund hat der BGH eine die Übertragung eines gewerblichen Mietverhältnisses gestattende Klausel für zulässig gehalten, weil keine Anhaltspunkte für ein besonderes Interesse des Mieters an der Person der Vermieterin festgestellt werden konnten und daher die Interessen der gewerblichen Vermieterin an der Umgestaltung der Beziehungen als vorrangig eingestuft wurden.[10] Die Entscheidung kann als Weichenstellung in Richtung auf eine stärkere Berücksichtigung der Besonderheiten des unternehmerischen Rechtsverkehrs angesehen werden, die der wachsenden Kritik an der strengen Rechtsprechung zu allgemeinen Geschäftsbedingungen im unternehmerischen Bereich Rechnung tragen könnte.[11]

12 Ein Verstoß gegen die Klauselverbote in § 309 BGB indiziert auch im unternehmerischen Rechtsverkehr die Unwirksamkeit der entsprechenden Klausel, selbst wenn der Gesetzgeber wie bei § 309 Nr. 8 BGB in der Begründung ausdrücklich davon ausgeht, dass das betreffende Klauselverbot vor allem außerhalb des unternehmerischen Rechtsverkehrs Bedeutung habe.[12]

13 Die Geschäftsbedingungen der Versorgungswirtschaft sind in der Regel als Rechtsnormen formuliert und unterliegen damit keiner Inhaltskontrolle nach AGB-Recht. Sie können allerdings ihrem Charakter als Rechtsnorm entsprechend ebenfalls geprüft werden. Im Rahmen dieser Prüfung können Abwägungen aus dem AGB-Recht herangezogen werden. Die genannten Vertragsbedingungen gelten jedoch gegenüber Sonderabnehmern nicht als Rechtsnormen, sondern als Vertragsbedingungen kraft Einbeziehung. Als solche unterliegen sie der Inhaltskontrolle.[13] Allerdings sind nach § 310 Abs. 2 Satz 1 BGB die §§ 308 und 309 BGB nicht anwendbar. Dadurch soll verhindert werden, dass Sonderabnehmer gegenüber Tarifabnehmern besser gestellt sind. Dies gilt nach § 310 Abs. 2 Satz 2 BGB entsprechend für Verträge über die Entsorgung von Abwasser. Praktisch spielt die Regelung keine Rolle, da die Sonderabnehmer in der Regel als Unternehmer ohnehin von den §§ 308 und 309 BGB nicht geschützt werden.

14 Verstöße gegen das Transparenzgebot entsprechen nicht den Gebräuchen und Gepflogenheiten des Handelsverkehrs und führen daher auch gegenüber einem Unternehmer zur Unwirksamkeit formularmäßiger Geschäftsbedingungen.[14] Das gilt auch dann, wenn der mit den Geschäftsbedingungen konfrontierte Unternehmer eine bedeutende Marktstellung innehat, aufgrund derer er von vornherein hätte versuchen können, andere Vertragsbedingungen auszuhandeln.[15] Auch der Ausschluss oder die Verkürzung der Haftung für vorsätzliche oder grob fahrlässig herbeigeführte Schäden entsprechen nicht den Gebräuchen und Gepflogenheiten des Handelsverkehrs, so dass entsprechende Klauseln wegen Verstoß gegen § 307 Abs. 1 BGB unwirksam sind, obwohl das Klauselverbot des § 309 Nr. 7 b) BGB im Rechtsverkehr zwischen Unternehmen nicht gilt.[16]

IV. Reformvorschlag des deutschen Anwaltvereins

15 Der deutsche Anwaltverein kritisiert insbesondere die Anwendung des strengen AGB-Rechts im unternehmerischen Rechtsverkehr.[17] Dies wird als unbefriedigende Einschränkung der unternehmerischen Freiheit wahrgenommen. Unter dem Schlagwort „deutsches Recht stärken" wird mit einem Vorschlag zur Neuregulierung von § 310 BGB versucht, die Klauselkontrolle im unternehmerischen Rechtsverkehr einzuschränken. Einerseits soll der Anwendungsbereich der Klauselkontrolle dadurch

---

[9] BGH v. 09.06.2010 - XII ZR 171/08 - juris Rn. 23 - NJW 2010, 3708.
[10] BGH v. 09.06.2010 - XII ZR 171/08 - juris Rn. 23 - NJW 2010, 3708.
[11] Vgl. *Westphalen*, NJW 2011, 2098, 2102.
[12] BGH v. 20.04.1993 - X ZR 67/92 - juris Rn. 19 - BGHZ 122, 241, 245; OLG Sachsen-Anhalt v. 21.05.2010 - 10. U 60/08 - juris Rn. 17 - WRP 2010, 1286-1292.
[13] BGH v. 06.04.2011 - VIII ZR 273/09 - juris Rn. 2 - NJW 2011, 2501-2508.
[14] BGH v. 03.08.2011 - XII ZR 205/09 - juris Rn. 16 - NJW 2012, 54-56; vgl. Dazu auch *Emmert*, jurisPR-MietR 15/2010, Anm. 1.
[15] BGH v. 03.08.2011- XII ZR 205/09 - juris Rn. 16 - NJW 2012, 54-56.
[16] OLG Köln v. 16.04.2010 - 19 U 142/09 - juris Rn. 62.
[17] *Schwenzer/Lübbert*, AnwBl. 1012, 292; *Kessel*, AnwBl. 2012, 293; *Kieninger*, AnwBl. 2012, 301; *Schmidt-Kessel*, AnwBl. 2012, 308; *Hannemann*, AnwBl. 1012, 314; *Frankenberger*, AnwBl. 2012, 318; *Martin*, AnwBl. 2012, 352.

eingeschränkt werden, dass die Anforderungen an individuelle Vereinbarungen gesenkt werden. Ausdrücklich soll geregelt werden, dass allgemeine Geschäftsbedingungen nicht vorliegen, wenn über den Vertrag zwischen den Parteien im Einzelnen verhandelt wurde oder ein früher im Einzelnen verhandelter Vertrag von den Parteien erneut verwendet werden soll.[18] Außerdem soll eine unangemessene Benachteiligung im unternehmerischen Rechtsverkehr immer dann ausgeschlossen sein, wenn „die Bedingungen unter Berücksichtigung des gesamten Inhalts des Vertrages und der den Vertragsschluss begleitenden Umstände sowie der Gegebenheiten des betroffenen Wirtschaftszweigs von vernünftiger unternehmerischer Praxis nicht erheblich abweichen".[19] Schließlich soll dem Vertragspartner die Berufung auf die Unwirksamkeit einer Klausel verwehrt sein, wenn er entgegen den Geboten von Treu und Glauben Verhandlungen entweder nicht verlangt oder ein Angebot des Verwenders zu Verhandlungen nicht angenommen hat.[20]

V. Verbraucherverträge

1. Gesetzgebungsgeschichte

§ 310 Abs. 3 BGB übernimmt inhaltlich unverändert den bisherigen § 24a AGBG. **16**

2. Europäischer Hintergrund der Regelung

§ 310 Abs. 3 BGB setzt die RL 1993/13/EWG des Rates der Europäischen Gemeinschaften vom 05.04.1993 über missbräuchliche Klauseln in Verbraucherverträgen um. **17**

3. Definition

Verbraucherverträge sind Verträge zwischen einem **Unternehmer** auf der einen Seite und einem **Verbraucher** auf der anderen Seite. Für die Abgrenzung des Unternehmers gilt § 14 BGB. Der Verbraucherbegriff definiert sich nach § 13 BGB. § 310 Abs. 3 BGB ist auf alle Verträge (vgl. die Kommentierung zu § 305 BGB) zwischen Unternehmen und Verbrauchern anzuwenden. In der RL 1993/13/EWG ist die Anwendung auf Verträge über Güter und Dienstleistungen beschränkt. Dem ist das deutsche Recht nicht gefolgt und hat darüber hinaus die Vorschriften auf alle Verbraucherverträge ausgedehnt. Dies ist EG-rechtlich problematisch. Darüber hinaus gilt die Norm auch für einseitige Rechtsgeschäfte des Unternehmers, da auch diese auf das Vertragsverhältnis einwirken. Es werden also auch Beschränkungen der von ihm erteilten Vollmacht und andere einseitige Erklärungen der Inhaltskontrolle unterworfen. **18**

4. Internetauktionen

Besondere praktische Bedeutung könnte der Regelung zu den Verbraucherverträgen im Bereich der Auktionen im Internet zukommen. Nach der Rechtsprechung sind diese Auktionen nicht als Auktionen im Sinne des Gewerberechts anzusehen. Vielmehr handelt es sich nach ständiger Rechtsprechung um Verkäufe gegen Höchstgebot. Eine als „Internet-Auktion" bezeichnete Verkaufsaktion stellt keine Versteigerung gemäß § 34b GewO dar.[21] Bei dieser Internetauktion kommt der Vertrag nicht durch den Zuschlag des Versteigerers, sondern durch Angebot und Annahme zustande. Daran ändert sich nichts durch den Umstand, dass der Verkäufer vorab seine Bereitschaft erklärt, mit dem Höchstbietenden abzuschließen. Auch in anderen Zusammenhängen (Automatenverkauf, Angebote zum Download, etc.) geben Verkäufer Angebote ab, die die Käufer nur anzunehmen brauchen. **19**

Immer häufiger trifft man die Situation an, dass im Internet bei Versteigerungen Unternehmen als Anbieter auftreten. Teilweise geschieht dies offen, teilweise verdeckt. Für die Anwendbarkeit der Vorschriften über den Verbrauchervertrag spielt diese Unterscheidung jedoch keine Rolle. Es ist nicht Tatbestandsmerkmal, dass ein Unternehmen im Rahmen seiner normalen Geschäftstätigkeit einen Vertrag abschließt. Auch Verträge, welche außerhalb des Rahmens der normalen Geschäftstätigkeit liegen, sind als Verbrauchervertrag im Sinne der Vorschrift anzusehen. Auch Verkäufe von gebrauchtem Inventar des Unternehmens sind daher, sofern auf der anderen Seite ein Verbraucher steht, als Verbrau- **20**

---

[18] DAV-Stellungnahme 23/2012, AnwBl 2012, 402.
[19] DAV-Stellungnahme 23/2012, AnwBl 2012, 402.
[20] DAV-Stellungnahme 23/2012, AnwBl 2012, 402.
[21] BGH v. 03.11.2004 - VIII ZR 375/03 - juris Rn. 9 - CR 2005, 53-56; *Baukelmann*, jurisPR-BGHZivilR 49/2004, Anm. 1; zuvor bereits: KG Berlin v. 11.05.2001 - 5 U 9586/00 - juris Rn. 10 - NJW 2001, 3272-3274; OLG Frankfurt v. 01.03.2001 - 6 U 64/00 - NJW 2001, 1434-1435; offen gelassen in BGH v. 07.11.2001 - VIII ZR 13/01 - juris Rn. 25 - BGHZ 149, 129-139.

cherverträge anzusehen. Auf die Erkennbarkeit für den Verbraucher kommt es nicht an. Auch wenn der Verbraucher erst später bemerkt, dass er von einem Unternehmer gekauft hat, liegt ein Verbrauchervertrag vor.

21 Die Abgrenzung zwischen Verbrauchern und Unternehmen kann an dieser Stelle allerdings auch fließend sein. Manche Privatleute finden schnell Gefallen an der Möglichkeit, durch Auktionen im Internet auf einfache und unkomplizierte Weise Geld zu verdienen.[22] Aus anfangs wenigen einzelnen Verkäufen werden schnell immer mehr. Für die Eigenschaft als Unternehmer kommt es nicht auf Kategorien des Gewerberechts oder Steuerrechts an. Vielmehr ist in unserem Zusammenhang ausschließlich die Abgrenzung nach § 14 BGB maßgebend. Ein gewerbliches Handeln im Sinne dieser Vorschrift ist schon bei jedem planmäßigen und dauerhaften Anbieten von Leistungen gegen ein Entgelt anzunehmen, wobei es auf die Absicht einer Gewinnerzielung nicht ankommt; auch die nebenberufliche unternehmerische Tätigkeit fällt unter § 14 BGB.[23] Im Übrigen wird auf die Kommentierung zu § 14 BGB verwiesen.

22 Soweit der Anbieter einer Internetauktion sich als Unternehmer ausgibt, ohne dies in Wahrheit zu sein, muss er sich an dieser Angabe allerdings festhalten lassen.[24] Der Vertragspartner darf auf die Richtigkeit der Angabe vertrauen. Die Eigenschaft als Unternehmer verbessert die Rechte des Verbrauchers deutlich und hat daher Einfluss auf den Vertragsschluss. Auch der Preis der Ware wird dadurch positiv beeinflusst.

23 Eine Hinweispflicht eines gewerblichen Händlers bei einer Internetauktion auf seine Händlereigenschaft besteht jedenfalls nicht aus wettbewerbsrechtlichen Gründen.[25] Allerdings ist dies eine recht einseitige Betrachtungsweise und dürfte daher vereinzelt bleiben. Unternehmer sind bei Fernabsatzverträgen nach § 312b ff. BGB verpflichtet, den Vertragspartner umfassend über die Modalitäten und Umstände des Vertrages, insbesondere auch das Bestehen eines Widerrufsrechts zu informieren. Dies geht zwangsläufig mit der Offenlegung der Unternehmereigenschaft einher, da nur Unternehmer ein Widerrufsrecht einräumen müssen. Vor diesem Hintergrund ist auch die Frage der wettbewerbsrechtlichen Einordnung nicht nur auf die Preisbildung zu reduzieren. Unternehmer, die die Unternehmereigenschaft und damit das Bestehen von Widerrufsrecht und verbraucherschützenden Regelungen der Inhaltskontrolle verbergen, verschaffen sich einen unlauteren Vorteil im Wettbewerb.

5. Fiktion des „Stellens"

24 Im Bereich der Verbraucherverträge verzichtet der Gesetzgeber in § 310 Abs. 3 Nr. 1 BGB auf das Erfordernis des Stellens der Vertragsbedingungen durch den Unternehmer. Vielmehr gelten nach dem Gesetzeswortlaut die Allgemeinen Geschäftsbedingungen als vom Unternehmer gestellt, wenn sie nicht durch den Verbraucher in den Vertrag eingeführt wurden. Von der Definition von Allgemeinen Geschäftsbedingungen nach § 305 Abs. 1 Satz 1 BGB (vgl. die Kommentierung zu § 305 BGB) bleibt hier lediglich das Merkmal vorformulierter Vertragsbedingungen übrig. Schon aufgrund der allgemeinen Regelungen sind dem Unternehmen auch solche vertraglichen Regelungen als AGB zuzurechnen, die nicht vorgedruckt, sondern jeweils handschriftlich, aber mit gleichem Wortlaut verwendet oder in einen im Übrigen vorformulierten Vertrag eingefügt werden. Auch nicht schriftlich niedergelegte Vertragsbedingungen können vorformuliert im Sinne des § 305 BGB sein, wenn sie zu diesem Zweck „im Kopf" des AGB-Verwenders oder seiner Abschlussgehilfen „gespeichert" sind.[26]

25 Die Vorschrift erweitert damit den Anwendungsbereich der Inhaltskontrolle bei Verbraucherverträgen erheblich. Dieser Bereich wird durch die Bereichsausnahmen (Abs. 4) allerdings wieder begrenzt.

26 Nach § 310 Abs. 3 Nr. 1 BGB sind insbesondere auch solche vorformulierten Vertragsbedingungen als vom Unternehmer gestellt anzusehen, welche tatsächlich nicht auf Verlangen des Unternehmers, sondern auf Vorschlag eines Dritten in den Vertrag eingefügt worden sind. Dritte können etwa Notare oder Makler sein.[27]

27 In den Kreis derjenigen, welche als Dritte in diesem Sinne in Betracht kommen, sind auch Auktionshäuser im Internet zu rechnen. Die Situation ist dort allerdings ein wenig anders, als sie bei den bisher unter § 310 Abs. 3 Nr. 1 BGB gefassten Drittbedingungen ist. Notare oder Makler schlagen den Par-

---

[22] Aus der Rspr.: AG Bad Kissingen v. 04.04.2005 - 21 C 185/04 - NJW 2005, 2463-2464.
[23] LG Kleve v. 01.09.2004 - 2 O 290/04 - juris Rn. 15.
[24] *Roloff* in: Erman, § 310 Rn. 6.
[25] OLG Oldenburg v. 20.01.2003 - 1 W 6/03 - juris Rn. 6 - NJW-RR 2003, 1061-1062.
[26] BGH v. 10.03.1999 - VIII ZR 204/98 - juris Rn. 9 - BGHZ 141, 108-115.
[27] *Heinrichs* in: Palandt, § 310 Rn. 12 m.w.N.

teien meist die von ihnen standardmäßig verwendeten Formulierungen für deren Vertrag vor. Diesen Weg geht das Auktionshaus im Internet in der Regel nicht. Vielmehr schließt es mit beiden Parteien jeweils Verträge, die als Allgemeine Geschäftsbedingungen anzusehen sind. In diesen Verträgen werden jedoch Vorgaben für das Rechtsverhältnis der Parteien untereinander im Fall eines Kaufs im Rahmen einer Versteigerung eingebaut. Dennoch ist die Rechtslage ähnlich derjenigen beim Notar. Genau betrachtet ist die Situation, der sich der Verbraucher ausgesetzt sieht, noch deutlicher. Während er nämlich beim Notar oder beim Makler durchaus von den Vorgaben dieser Dritten abweichen und durch Einigung mit dem Unternehmer eine andere Vertragsgestaltung erreichen kann, geht dies bei Internetauktionen nicht. Zugang zu den Auktionen erhält nämlich nur, wer sich vorab mit den Bedingungen des Auktionshauses einverstanden erklärt. Dies spricht dafür, die in den Allgemeinen Geschäftsbedingungen der Auktionshäuser enthaltenen Vorgaben für den Vertrag zwischen Verkäufer und Käufer als von Dritten gestellte Allgemeine Geschäftsbedingungen im Sinne von § 310 Abs. 3 Nr. 1 BGB anzusehen und in vollem Umfang der Inhaltskontrolle zu unterwerfen.

Keine Verbraucherverträge im Sinne von § 310 Abs. 3 BGB sind solche Vertragsbedingungen, die vom Verbraucher vorgeschlagen wurden. Dies liegt beispielsweise dann vor, wenn der Mietvertrag nach dem Formular des Mieterbundes oder ein Autokauf auf dem ADAC-Formular auf Vorschlag des Käufers abgeschlossen wurde.[28] Erst recht gilt dies dann, wenn die Vertragsbedingungen im Auftrag des Verbrauchers von einem Rechtsanwalt oder Notar formuliert wurden.[29] Die Beweislast dafür, dass der Verbraucher eine bestimmte Klausel oder mehrere Klauseln in den Vertrag eingeführt hat, liegt beim Unternehmer. 28

Es kommt vor, dass beide Seiten die Einbeziehung bestehender Vertragsbedingungen vorschlagen. Dies schließt jedoch noch nicht unmittelbar die Anwendbarkeit von § 310 Abs. 3 Nr. 1 BGB aus. Vielmehr muss geprüft werden, ob es sich um ein symmetrisches Vertragsverhältnis, also Gleichordnung zwischen den Vertragsparteien handelt.[30] Symmetrische Vertragsverhältnisse sind danach zum Beispiel Vermietung privater Ferienwohnungen oder Bildung von Fahrgemeinschaften. § 310 Abs. 3 Nr. 1 BGB hat demgegenüber asymmetrische Vertragsbeziehungen zum Gegenstand, bei denen auf der einen Seite ein Unternehmer, auf der anderen Seite ein Verbraucher auftritt. In diesen asymmetrischen Vertragsbeziehungen genügt es noch nicht zur Abweichung von der Fiktion des Stellens, dass ein gleichgerichteter Einbeziehungsvorschlag des Verbrauchers nachgewiesen wird.[31] Vielmehr muss dazu ein bestimmter Einfluss des Verbrauchers nachgewiesen werden. Einen derartigen Einfluss wird man bei Vertragsbedingungen einer verbraucherfreundlichen Organisation (z.B. Mieterbund) leichter annehmen, als bei neutralen Institutionen oder gar unternehmerfreundlichen Institutionen (Formular des Haus- und Grundeigentümervereins). 29

Rechtsfolge der Fiktion ist, dass auch bei Drittbedingungen der Unternehmer als Verwender angesehen wird. 30

6. Einmalbedingungen

Wesentliche Vorschriften des AGB-Rechts, nämlich § 305c Abs. 2 BGB, sowie § 306 BGB und die §§ 307-309 BGB sowie Art. 29a EGBGB finden auch auf so genannte Einmalbedingungen Anwendung, wenn der Verbraucher auf ihren Inhalt wegen der Vorformulierung keinen Einfluss mehr nehmen konnte. In Betracht kommen dabei auch Drittklauseln. Es spielt keine Rolle, von wem die Klausel vorformuliert wurde. Maßgebend ist ausschließlich, dass es eine vorformulierte Klausel ist. Es reicht, wenn die Klausel für eine einmalige Verwendung vorformuliert wurde. 31

Offen ist allerdings, wann die Klausel formuliert werden muss.[32] Abzugrenzen ist nach dem Schutzzweck der Vorschrift.[33] Daher kommt es nicht auf den Zeitpunkt der Formulierung, sondern allein darauf an, ob der Verwender dem Vertragspartner die Möglichkeit gibt, auf die Formulierungen Einfluss zu nehmen. 32

---

[28] *Heinrichs* in: Palandt, § 310 Rn. 13; BT-Drs. 13/2713, S. 7.
[29] *Heinrichs* in: Palandt, § 310 Rn. 13; *Roloff* in: Erman, § 310 Rn. 16.
[30] *Basedow* in: MünchKomm-BGB, AGBG § 24a Rn. 44.
[31] *Basedow* in: MünchKomm-BGB, AGBG § 24a Rn. 44.
[32] *Roloff* in: Erman, § 310 Rn. 16.
[33] *Roloff* in: Erman, § 310 Rn. 16.

33 Im Falle von Vertragsklauseln, die zur Verwendung in einem einzelnen Verbrauchervertrag bestimmt sind, trägt der Verbraucher die Darlegungs- und Beweislast dafür, dass die Vertragsklauseln vorformuliert worden sind und er infolge der Vorformulierung keinen Einfluss auf ihren Inhalt nehmen konnte.[34]

34 Einmalbedingungen werden nach § 310 Abs. 3 Nr. 2 BGB anhand von § 305c Abs. 2, § 306, §§ 305-307 BGB, sowie Art. 29a EGBGB gemessen. Abweichend von § 305 BGB werden im Bereich von Verbraucherverträgen damit auch Einmalbedingungen der Kontrolle nach AGB-Recht unterstellt. In der Aufzählung fehlen allerdings § 305 Abs. 2 BGB und § 305c Abs. 1 BGB. Damit sind insbesondere das Transparenzgebot und das Verbot von überraschenden Klauseln nicht in Bezug genommen. Diese Lücke soll in richtlinienkonformer Auslegung der Vorschrift geschlossen werden.[35] Eine Auslegung von § 310 Abs. 3 Nr. 2 BGB kommt jedoch wegen des klaren Wortlautes nicht in Betracht. Dies ist ganz eindeutig in Bezug auf § 305c Abs. 1 BGB. Offensichtlich hat der Gesetzgeber ganz bewusst nicht den gesamten § 305c BGB in Bezug genommen, sondern nur Absatz 2. Von einer versehentlichen Lücke, welche durch Auslegung zu schließen wäre, kann hier nicht gesprochen werden. Aufgrund des klaren Wortlautes ist auch eigentlich keine auslegungsfähige Vorschrift gegeben. Eine Einbeziehung durch Auslegung kann aber dennoch erfolgen. Durch die teilweise Überschneidung verschiedener Vorschriften des AGB-Rechts ist dies, soweit erforderlich, möglich.[36] Eine Einbeziehung von § 305 Abs. 2 Nr. 1 BGB dürfte nicht notwendig sein, weil diese Regelung auf Einmalbedingungen ersichtlich nicht passt. Bedingungen, welche nur für einen speziellen Vertrag vorgesehen sind, müssen dem Vertragspartner auf jeden Fall direkt übergeben werden. Anders können sie denknotwendig nicht einbezogen werden. Die Regelung des § 305 Abs. 2 Nr. 2 BGB kann durch richtlinienkonforme Auslegung von § 307 Abs. 1 BGB ebenfalls in ihrem Kerngehalt auch auf Einmalbedingungen angewendet werden. § 305c Abs. 1 BGB, wonach überraschende und ungewöhnliche Klauseln nicht Vertragsgegenstand werden, kann durch richtlinienkonforme Auslegung von § 307 Abs. 2 BGB einbezogen werden. Die entsprechenden Klauseln werden regelmäßig auch gegen § 307 Abs. 2 BGB verstoßen.

7. Begleitumstände

35 Grundsätzlich erfolgt die Kontrolle von Allgemeinen Geschäftsbedingungen nach einem allgemeinen und generalisierenden Maßstab. Dies gilt grundsätzlich auch bei den Einmalbedingungen. In der RL 1993/13/EWG wird jedoch im 16. Erwägungsgrund und in Art. 4 Abs. 1 eine Reihe von zusätzlichen Prüfungskriterien genannt. In Art. 4 Abs. 1 wird ausdrücklich erklärt, dass bei der Prüfung der Missbräuchlichkeit alle den Vertragsschluss begleitenden Umstände zur Beurteilung herangezogen werden. Der 16. Erwägungsgrund nennt außerdem das Kräfteverhältnis zwischen den Verhandlungspositionen der Parteien, mögliche Einwirkungen auf den Verbraucher in irgendeiner Weise, die dessen zur Zustimmung in die Klausel veranlassen sollen, sowie weitere individuelle Gesichtspunkte. Im Gegensatz zu der früheren generalisierenden Betrachtungsweise wird dadurch die AGB-Prüfung stark individualisiert und auf den konkreten Vertragsabschluss bezogen. Praktisch spielt dies nur bei der Prüfung an einem konkreten Vertrag eine Rolle, da es bei Verbandsklageverfahren an einem Vertragsabschluss fehlt, dessen Umstände einbezogen werden könnten. Gibt es aber einen Vertrag, so sind nach § 310 Abs. 2 Nr. 3 BGB die konkreten Umstände seines Abschlusses in die Prüfung mit einzubeziehen.

36 Diese Prüfung kann in beide Richtungen wirken. Es kann sein, dass eine unabhängig von den konkreten Umständen des Vertrages unwirksame Klausel aufgrund der konkreten Umstände wirksam ist, oder umgekehrt, eine an sich wirksame Klausel aufgrund der konkreten Umstände als unwirksam angesehen wird.[37] Dies gilt insbesondere bei der Prüfung anhand der §§ 308 oder 307 BGB. Es gilt aber auch im Hinblick auf die Prüfung anhand von § 309 BGB, bei dem es durchaus Beurteilungsspielräume gibt.[38]

37 Dabei kann auch das Preisargument eine Rolle spielen. Grundsätzlich ist das Preisargument bei der Prüfung von AGB nicht heranzuziehen. Allerdings kann das Preis-/Leistungsverhältnis bei der Beurteilung der Missbräuchlichkeit einer Klausel nach Erwägungsgrund 19 der Richtlinie berücksichtigt werden. Es kann sein, dass eine an sich für den Kunden ungünstige Gestaltung der Verpflichtungen des Verwenders durch einen besonders günstigen Preis ausgeglichen wird.[39] Diese Überlegung ist zumindest im Rahmen der richtlinienkonformen Auslegung des deutschen Rechts mit zu berücksichtigen.

---

[34] BGH v. 15.04.2008 - X ZR 126/06.
[35] *Heinrichs* in: Palandt, § 310 Rn. 18.
[36] *Roloff* in: Erman, § 310 Rn. 22.
[37] *Roloff* in: Erman, § 310 Rn. 25.
[38] *Basedow* in: MünchKomm-BGB, AGBG § 24a Rn. 50.
[39] *Basedow* in: MünchKomm-BGB, AGBG § 24a Rn. 52.

C. Bereichsausnahmen Familien- und Erbrecht

Im Prinzip betrifft die Bereichsausnahme sämtliche Verträge im Bereich des Familienrechts und des Erbrechts. Praktisch ist die Bedeutung dennoch gering. Nur ausnahmsweise werden dort Formularverträge benutzt. Dies gilt beispielsweise bei mehreren Betroffenen im Fall von Erbauseinandersetzungen. Auch schon vom Schutzzweck des Gesetzes her besteht für die Anwendung kein richtiges Bedürfnis. Im Bereich des Familien- und Erbrechts wird in der Regel ein symmetrisches Verhältnis zwischen den Vertragsparteien bestehen, bei dem keine Vertragspartei ein Übergewicht über die andere Vertragspartei hat, wie es sonst im Bereich des AGB-Rechts typisch ist. Insbesondere werden in diesem Bereich auf beiden Seiten Verbraucher bzw. Privatpersonen stehen, da Unternehmen keine Familie haben und nicht vererben und Unternehmer, die dies tun, als Privatleute anzusehen sind. 38

D. Bereichsausnahme Gesellschaftsrecht

Die Bereichsausnahme umfasst in diesem Fall sämtliche möglichen Gegenstände des Gesellschaftsrechts. Auch hier ist der Anwendungsbereich gering, da zwar häufiger mit Vertragsformularen gearbeitet wird, aber selten die Voraussetzungen des AGB-Rechts vorliegen. Insbesondere wird in den meisten Fällen individuell ausgehandelt oder es liegt ein beidseitiges Heranziehen der vorformulierten Vertragsbedingungen vor. Auch hier ist in den wenigsten Fällen ein asymmetrisches Verhältnis zwischen den Parteien gegeben. In überdurchschnittlich vielen Fällen werden die Verträge individuell ausgehandelt. Nicht selten werden die Verträge aus dem Bestand der Notare herangezogen. 39

Problematisch vor dem Hintergrund der RL 1993/13/EWG ist die Bereichsausnahme, soweit davon Kapitalanlagen in Form gesellschaftsrechtlicher Beteiligungen betroffen sein könnten.[40] Die Bereichsausnahme für Gesellschaftsrecht findet daher wegen richtlinienkonformer Auslegung keine Anwendung, soweit es um den Erwerb von Gesellschaftsanteilen zum Zwecke der Vermögensanlage durch Verbraucher geht.[41] 40

Genussscheinbedingungen unterliegen der Inhaltskontrolle nach dem AGBG, da sich Genussrechte in einem bestimmten geldwerten Anspruch erschöpfen und darin ihr Charakter als schuldrechtliches Gläubigerrecht zum Ausdruck kommt. Soweit sie aktienähnlich ausgestaltet sind, unterliegen sie einer an aktienrechtlichen Normen und Grundsätzen ausgerichteten Inhaltskontrolle.[42] 41

Verträge im Zusammenhang mit einer Bruchteilsgemeinschaft nach §§ 741 ff. BGB sind, soweit nicht gleichzeitig eine gesellschaftsrechtliche Verbindung der Bruchteilseigner besteht, nicht von der Bereichsausnahme umfasst.[43] 42

Gesellschaftsverträge von körperschaftlich strukturierten Publikumsgesellschaften unterliegen dagegen ebenfalls der Inhaltskontrolle, die allerdings nicht nach §§ 305 ff. BGB, sondern wie vor In-Kraft-Treten des AGBG anhand von § 242 BGB erfolgt.[44] Außerdem unterliegen die von einem Unternehmen für eine Vielzahl von Gesellschaftsverträgen mit stillen Gesellschaftern vorformulierten Vertragsbedingungen einer ähnlichen objektiven Auslegung und Inhaltskontrolle wie Allgemeine Geschäftsbedingungen.[45] 43

Nach einer Entscheidung des LG Stuttgart unterliegen formularmäßige Regelungen von Publikumsgesellschaften, soweit die Anteile lediglich als Kapitalanlage und nicht als unternehmerische Position gehalten werden, der Kontrolle am Maßstab der §§ 305 ff. BGB, zumindest unter dem Gesichtspunkt der gesellschaftsvertraglichen Treuepflicht gemäß § 242 BGB (LG Stuttgart v. 04.07.2012 - 4 S 38/12 - juris Rn. 50). 43.1

Daneben verbleibt noch die Kontrolle anhand anderer Rechtsnormen, insbesondere § 138 BGB.[46] 44

---

[40] *Roloff* in: Erman, § 310 Rn. 27.
[41] KG v. 17.09.1997 - Kart U 1885/97 - WM 1999, 731-736.
[42] BGH v. 05.10.1992 - II ZR 172/91 - juris Rn. 13 - BGHZ 119, 305-334.
[43] *Roloff* in: Erman, § 310 Rn. 30.
[44] BGH v. 21.03.1988 - II ZR 135/87 - juris Rn. 15 - NJW 1988, 1903-1906; OLG Düsseldorf v. 07.10.2004 - I-6 U 27/04, 6 U 27/04- DB 2004, 2685-2689; OLG München v. 06.04.2005 - 7 U 4782/04 - DB 2005, 1211-1212; KG Berlin v. 01.03.2001 - 2 U 2231/98 - NZG 2001, 1045-1050.
[45] BGH v. 13.09.2004 - II ZR 276/02 - juris Rn. 19 - WM 2004, 2150-2155; Brandenburgisches OLG v. 17.11.2010 - 4 U 33/10 - juris Rn. 75.
[46] OLG Frankfurt v. 23.06.2004 - 13 U 89/03 - juris Rn. 57 - DB 2004, 2573-2575.

E. Bereichsausnahme Arbeitsrecht

I. Grundlagen

45 Im früheren § 23 Abs. 1 AGBG war eine Bereichsausnahme auch für das Arbeitsrecht enthalten. Der Gesetzgeber ging zu Unrecht davon aus, im Arbeitsrecht sei der Schutz vor einseitig vorformulierten Vertragsbedingungen bereits anderweitig realisiert.[47] Diese Bereichsausnahme ist weggefallen. Auch im Arbeitsrecht ist die Anwendung vorformulierter Verträge der Regelfall; nur für leitende Angestellte spielen individuell ausgehandelte Verträge noch eine Rolle.[48]

II. Einschränkungen

46 Bei der Anwendung des AGB-Rechts auf Arbeitsverträge sind drei wesentliche Einschränkungen zu beachten.

1. Einbeziehung der AGB

47 Zunächst sind § 305 Abs. 2 und 3 BGB nicht anwendbar. Die dort geregelten Voraussetzungen für die **Einbeziehung** finden daher auf Arbeitsverträge keine Anwendung. Der Schutz dieser Vorschriften ist für Arbeitnehmer auch nicht wesentlich. Der Nachweis von Arbeitsbedingungen ist durch das NachwG geregelt.

2. Tarifverträge, Betriebs- und Dienstvereinbarungen als Rechtsnormen

48 Eine weitere Einschränkung besteht darin, dass Tarifverträge, Betriebs- und Dienstvereinbarungen Rechtsvorschriften i.S.v. § 307 Abs. 3 BGB gleichstehen. Mit dieser Ausnahme wollte der Gesetzgeber die Tarifautonomie vor gerichtlicher Überprüfung schützen.[49] Damit wird auch der Tatsache Rechnung getragen, dass bei Aushandlungen eines Tarifvertrages annähernd gleichstarke Parteien beteiligt, die Arbeitnehmer durch Gewerkschaften ausreichend geschützt und die Besonderheiten der Branche und des Tarifgebietes ausreichend berücksichtigt sind. Zudem sind Tarifverträge meist komplexe Kompromisse, bei denen Zugeständnisse an einer Stelle mit Vorteilen an anderer Stelle ausgeglichen werden. Diese Kompromisse sollten nicht durch gerichtliche Prüfung einzelner Klauseln aufgeschnürt werden.

49 Die Ausnahme gilt uneingeschränkt nur für den jeweils einschlägigen Tarifvertrag, unabhängig davon, ob er kraft Tarifbindung (§ 4 Abs. 1 TVG), Allgemeinverbindlichkeit (§ 5 TVG) oder durch globale Verweisungen im Arbeitsvertrag gilt.[50] Soweit nur einzelne Klauseln, Klauselkomplexe oder nicht einschlägige Tarifverträge, Betriebs- und Dienstvereinbarungen in AGB in Bezug genommen werden, sind diese dagegen der Inhaltskontrolle nicht mehr entzogen, da die genannten Argumente (Tarifautonomie, Ausgewogenheit etc.) nicht greifen.[51] Dass die Parteien nur einen Teil des Tarifvertrages einbeziehen, andere Teile dagegen bewusst ausgrenzen, zeigt gerade, dass sie den von den Tarifpartnern gefundenen Kompromiss nicht übernehmen wollen. Die Bereichsausnahme gilt zudem nur für die Tarifverträge selbst, nicht für arbeitsvertragliche Bezugnahmen, die auf Tarifverträge verweisen.[52]

3. Berücksichtigung der Besonderheiten des Arbeitsrechts

50 Die dritte und problematischste Einschränkung besteht darin, dass bei der Inhaltskontrolle die Besonderheiten des Arbeitsrechts angemessen zu berücksichtigen sind. Dies gilt auch für die Klauselverbote ohne Wertungsmöglichkeit des § 309 BGB. Teilweise werden die „im Arbeitsrecht geltenden Besonderheiten" auf spezielle Gegebenheiten und Inhalte des Arbeitsrechts oder Sonderarbeitsverträge beschränkt, d.h. auf Besonderheiten des jeweiligen Vertrages, wie etwa eine Befristung oder ein mit einem Tendenzunternehmen bestehendes Arbeitsverhältnis.[53] Demnach wäre eine uneingeschränkte Inhaltskontrolle am Maßstab der §§ 307 ff. BGB durchzuführen und lediglich soweit, wie ein spezielles

---

[47] *Lakies*, NZA 2004, 569-576, 569.
[48] *Lakies*, NZA 2004, 569-576, 569; *Richardi*, NZA 2002, 1057-1064, 1058.
[49] *Becker* in: Bamberger/Roth, § 310 Rn. 35.
[50] BAG v. 28.06.2007 - 6 AZR 750/06 - juris Rn. 23 - NZA 2007, 1049, 1051; BAG v. 18.09.2007 - 9 AZR 822/06 - juris Rn. 20 f. - AP Nr. 10 zu § 310 BGB; *Ebeling*, juris PR-ArbR 25/2008, Anm. 1.
[51] *Lakies*, NZA 2004, 569, 571, 572.
[52] BAG v. 15.04.2008 - 9 AZR 159/07 - juris Rn. 67 - NZA-RR 2008, 586, 593.
[53] *Birnbaum*, NZA 2003, 944, 946; *Hümmerich*, NZA 2003, 753, 762.

Arbeitsverhältnis eine Modifikation erforderte, eine nur eingeschränkte Inhaltskontrolle möglich.[54] Nach anderer Auffassung sind als die „im Arbeitsrecht geltenden Besonderheiten" zwar die Besonderheiten des Rechtsgebiets Arbeitsrecht als Ganzes heranzuziehen, jedoch seien allein die rechtlichen, nicht aber die tatsächlichen Besonderheiten berücksichtigungsfähig.[55] Das BAG wendet die Maßgabe von arbeitsrechtlichen Besonderheiten auf alle Arbeitsverträge an und berücksichtigt sowohl die rechtlichen als auch die tatsächlichen Besonderheiten.[56] Hierzu zählt bei kirchlichen Arbeitsbedingungen der Umstand, dass Arbeitsvertragsregelungen auf dem „dritten Weg" über eine paritätisch besetzte Kommission entstanden sein können.[57]

Zur Inhaltskontrolle im Arbeitsrecht vgl. Rn. 53.   51

III. Arbeitnehmer als Verbraucher

§ 310 Abs. 3 BGB findet auf Arbeitsverträge Anwendung. Der Arbeitsvertrag ist grundsätzlich Verbrauchervertrag.[58] Für die Qualifizierung eines Verbrauchers spricht der insoweit eindeutige Wortlaut des Gesetzes. Maßgebend sind die §§ 13 und 14 BGB. Nach diesen Vorschriften gibt es lediglich Unterscheidungen zwischen Verbraucher und Unternehmer. Berufstätige sind danach nur dann Unternehmer, wenn sie selbstständig sind. Alle anderen Personen, die nicht Unternehmer sind, sind Verbraucher. Das BAG stellt darauf ab, dass dem Verbraucherbegriff kein abstrakt zu bestimmender Inhalt zukommt, sondern er im Zusammenhang mit den Normen zu interpretieren ist, die auf die Eigenschaft als Verbraucher abstellen.[59] Da § 310 Abs. 3 BGB keine einschränkenden Tatbestandsmerkmale enthält, kommt der Unterscheidung vorformulierter Vertragsbedingungen, die für eine Vielzahl von Verträgen oder nur zur einmaligen Verwendung bestimmt sind, im Arbeitsrecht keine größere Bedeutung zu als im allgemeinen Vertragsrecht. Die Anwendung der maßgeblichen Kriterien aus der fehlenden Einflussnahmemöglichkeit aufgrund der Vorformulierung entfaltet auch bei Arbeitsverträgen Wirkung.   52

IV. Klauselkontrolle im Arbeitsrecht

1. Grundlagen zur Klauselkontrolle im Arbeitsrecht

Zu berücksichtigen sind nicht nur rechtliche, sondern auch tatsächliche Besonderheiten des Arbeitslebens; denn es geht um die Beachtung der dem Arbeitsverhältnis innewohnenden Besonderheiten.[60] Im Hinblick auf das Gewicht der gesetzgeberischen Vorgaben zur Inhaltskontrolle von Allgemeinen Geschäftsbedingungen können jedoch bloße Üblichkeiten nicht bereits als ausreichende tatsächliche Besonderheiten des Arbeitslebens anzusehen sein. Vielmehr ist bei diesen tatsächlichen Besonderheiten jeweils zu prüfen, ob vor dem Hintergrund der gesetzgeberischen Wertung in den §§ 305 ff. BGB die uneingeschränkte Anwendung der Inhaltskontrolle zu unangemessenen Ergebnissen führen würde.[61] Das BAG wendet die Maßgabe von arbeitsrechtlichen Besonderheiten auf alle Arbeitsverträge an und berücksichtigt sowohl die rechtlichen als auch die tatsächlichen Besonderheiten.[62] Bei kirchlichen Arbeitsbedingungen ist der Umstand zu berücksichtigen, dass Arbeitsvertragsregelungen auf dem „dritten Weg" über eine paritätisch besetzte Kommission entstanden sein können.[63]   53

---

[54] *Birnbaum*, NZA 2003, 944, 946, 948.
[55] Hessisches LAG v. 07.05.2003 - 2 Sa 53/03 - juris Rn. 37 f.
[56] BAG v. 04.03.2004 - 8 AZR 196/03 - juris Rn. 47 - NZA 2004, 727, 731 - Arbeitsrecht als Ganzes; BAG v. 25.05.2005 - 5 AZR 572/04 - juris Rn. 21 - NZA 2005, 1111, 1113 - Berücksichtigung sowohl rechtlicher als auch tatsächlicher Besonderheiten.
[57] BAG v. 22.07.2010 - 6 AZR 847/07 - juris Rn. 31 - NZA 2011, 634, 638.
[58] BAG v. 25.05.2005 - 5 AZR 572/04 - juris Rn. 39 - NZA 2005, 1111, 1115.
[59] BAG v. 25.05.2005 - 5 AZR 572/04 - juris Rn. 45 - NZA 2005, 1111, 1115.
[60] BAG v. 04.03.2004 - 8 AZR 196/03 - juris Rn. 21 - AP Nr. 3 zu § 309 BGB; BAG v. 04.03.2004 - 8 AZR 196/03 - juris Rn. 47 - AP BGB § 309 Nr. 3.
[61] *Annuß*, BB 2006, 1333-1339, 1335.
[62] BAG v. 04.03.2004 - 8 AZR 196/03 - juris Rn. 47 - NZA 2004, 727, 731; BAG v. 25.05.2005 - 5 AZR 572/04 - juris Rn. 21 - NZA 2005, 1111, 1113.
[63] BAG v. 22.07.2010 - 6 AZR 847/07 - juris Rn. 31 - NZA 2011, 634, 638.

2. Änderungsvorbehalt/Direktionsvorbehalt

54 Änderungsvorbehalte hinsichtlich der Leistungen des Arbeitgebers als Verwender unterliegen der speziellen Regelung des § 308 Nr. 4 BGB (vgl. die Kommentierung zu § 308 BGB Rn. 53). Da § 308 Nr. 4 BGB nur den Vorbehalt von Änderungen der Leistungen des Arbeitgebers, nicht jedoch auch Änderungen der vom Arbeitnehmer versprochenen Leistung umfasst, gilt für diese der Prüfungsmaßstab des § 307 Abs. 1 BGB.

55 Ein **Direktionsvorbehalt** konkretisiert das Direktionsrecht des Arbeitgebers zur Zuweisung von Arbeitsinhalt, Arbeitsort oder Arbeitsleistung. Auf derartige Regelungen ist § 308 Nr. 4 BGB nicht anwendbar, da sie die vom Arbeitnehmer geschuldete Gegenleistung betreffen.[64] Entspricht der Direktionsvorbehalt materiell der Regelung des § 106 Satz 1 GewO, benachteiligt er den Arbeitnehmer nicht unangemessen im Sinne des § 307 Abs. 1 BGB, sondern ist er der Klauselkontrolle entzogen.[65] Ergibt eine Auslegung des Direktionsvorbehaltes, dass lediglich die gesetzliche Regelung des § 106 GewO wiedergegeben wird, ist eine im Arbeitsvertrag erfolgte Bezeichnung von Arbeitsort oder -inhalt im Zweifel zudem rein deklaratorisch zu verstehen, so dass es des Direktionsvorbehalts mit Blick auf die gesetzliche Regelung nicht einmal bedarf.[66] Im Interesse hinreichender Transparenz ist in der Klausel auf den Maßstab billigen Ermessens hinzuweisen, wobei der Hinweis auf die Berücksichtigung der Belange des Arbeitnehmers dem genügen wird. Das Transparenzgebot des § 307 Abs. 1 Satz 2 BGB erfordert nicht die Benennung konkreter Gründe für das Gebrauchmachen von dem Direktionsvorbehalt.[67]

56 Ermöglicht der Direktionsvorbehalt, dem Arbeitnehmer einen Arbeitsplatz mit geringerwertiger **Tätigkeit** zuzuweisen, stellt dies eine unangemessene Benachteiligung dar, da der Arbeitgeber sich einen Eingriff in den durch § 2 KSchG geschützten Inhaltsschutz des Arbeitsverhältnisses vorbehält.[68] Dies ist auch dann der Fall, wenn der Direktionsvorbehalt vorsieht, dass der Arbeitgeber dem Arbeitnehmer „falls erforderlich" und „nach Abstimmung der beiderseitigen Interessen" eine andere Tätigkeit zuweisen kann. Diese Klausel gewährleistet nicht, dass die Zuweisung eine gleichwertige Tätigkeit zum Gegenstand haben muss.[69] Eine geltungserhaltende Reduktion der Klausel auf die Zuweisung gleichwertiger Tätigkeiten kommt nicht in Betracht.[70]

57 In der Praxis verbreitet sind darüber hinaus Regelungen, nach denen der Arbeitgeber berechtigt ist, dem Arbeitnehmer einen anderen **Arbeitsort** zuzuweisen. Da gemäß § 106 Abs. 1 GewO der Arbeitgeber den Ort der Arbeitsleistung bestimmt, benachteiligen solche Regelungen den Arbeitnehmer nicht unangemessen. Das BAG hat einen Direktionsvorbehalt zur Zuweisung eines anderen Arbeitsortes weder für unangemessen noch intransparent erachtet, auch wenn der räumliche Direktionsvorbehalt keinen Grund für seine Ausübung oder eine Ankündigungsfrist benennt.[71] Nach Auffassung des BAG ist die Angabe maßgebender Gründe nicht praktikabel, da diese zum Zeitpunkt des Vertragsschlusses nicht feststehen. Da die Ausübung des Direktionsrechtes gem. § 106 Satz 1 GewO an den Maßstab billigen Ermessens gebunden ist, wird eine einzuhaltende Ankündigungsfrist richtigerweise bei der Ausübungskontrolle zu prüfen sein. Die Ausübungskontrolle ist nicht im Rahmen der Inhaltskontrolle am Maßstab des § 307 Abs. 1 Satz 1 BGB vorwegzunehmen, so dass auch das Transparenzgebot des § 307 Abs. 1 Satz 2 BGB die Benennung bestimmter Ankündigungsfristen in der Klausel nicht erfordert.[72]

58 Bislang höchstrichterlich unentschieden ist die Behandlung von Konzernversetzungsklauseln. Diese sind nach zutreffender Ansicht nicht am Maßstab des § 309 Nr. 10 BGB (Wechsel des Vertragspartners) zu messen.[73] Die vorübergehende Ausübung des Direktionsrechts durch einen anderen Arbeitge-

---

[64] BAG v. 11.04.2006 - 9 AZR 557/05 - juris Rn. 31 - NZA 2006, 1149, 1151.
[65] BAG v. 25.08.2010 - 10 AZR 275/09 - juris Rn. 24 - NZA 2010, 1355, 1358; BAG v. 11.04.2006 - 9 AZR 557/05 - juris Rn. 35 - NZA 2006, 1149, 1151 f.
[66] *Salamon/Fuhlrott*, NZA 2011, 840, 843.
[67] BAG v. 13.04.2010 - 9 AZR 36/09 - juris Rn. 31 - AP Nr. 45 zu § 307 BGB; BAG v. 11.04.2006 - 9 AZR 557/05 - juris Rn. 39.
[68] BAG v. 09.05.2006 - 9 AZR 424/05 - juris Rn. 23 - NZA 2007, 145, 147; vgl. *Salamon/Fuhlrott*, NZA 2011, 840 ff.
[69] BAG v. 09.05.2006 - 9 AZR 424/05 - juris Rn. 23 - NZA 2007, 145, 147.
[70] BAG v. 09.05.2006 - 9 AZR 424/05 - juris Rn. 23 - NZA 2007, 145, 147.
[71] BAG v. 13.04.2010 - 9 AZR 36/09 - juris Rn. 31 - NZA 2011, 64, AP Nr. 45 zu § 307 BGB; BAG v. 13.03.2007 - 9 AZR 433/06 - juris Rn. 38.
[72] *Salamon/Fuhlrott*, NZA 2011, 840 ff.
[73] *Wurmnest* in: Müko, 6. Aufl. 2012, § 309 Nr. 10 BGB Rn. 6; *Gotthardt* in: Henssler/Willemsen/Kalb, Arbeitsrechtskommentar, 4. Aufl. 2010, § 309 Rn. 13; vgl. die Kommentierung zu § 309 BGB Rn. 191.

ber dürfte indessen keine unangemessene Benachteiligung darstellen.[74] Grenze der Ausübung des Direktionsrechts durch ein anderes Konzernunternehmen bleibt weiterhin der Arbeitsvertrag zum Vertragsarbeitgeber. Der Vertragsarbeitgeber hat dabei Gegenleistungen wie insbesondere das Entgelt zu erbringen, so dass bspw. auch das Insolvenzrisiko des Vertragspartners nicht berührt wird.

3. Arbeitszeitregelungen

Eine **befristete Änderung der Arbeitszeit** stellt eine nach § 307 Abs. 3 BGB kontrollfähige Abrede dar, weil nicht der Umfang der vom Arbeitnehmer zu erbringenden Arbeitsleistung, sondern deren zeitliche Einschränkung durch die Befristung in Rede steht.[75] Kontrollmaßstab ist nicht das TzBfG, das nur auf die Befristung des gesamten Arbeitsverhältnisses anzuwenden ist.[76] Die befristete Veränderung der Arbeitszeit stellt dann keine unangemessene Benachteiligung gem. § 307 Abs. 1 Satz 1 BGB dar, wenn ihr ein sachlicher Grund zu Grunde liegt.[77] Auszugehen ist von der Wertung des TzBfG, dass der unbefristete Vertrag der Normalfall und der befristete Vertrag die Ausnahme ist. Diese Wertung ist auf die Befristung von Arbeitsbedingungen übertragbar.[78] Es bedarf einer Angemessenheitskontrolle in Form einer Interessenabwägung, bei der jedoch das Vorliegen eines Sachgrundes im Sinne des § 14 Abs. 1 TzBfG (vorübergehender Mehrbedarf an der Arbeitsleistung) zu Gunsten des Arbeitgebers zu werten ist.[79] Allein die Ungewissheit über den künftigen Arbeitskraftbedarf genügt nicht, um die Befristung einer Arbeitszeiterhöhung zu rechtfertigen.[80] Ein Sachverhalt, der die Befristung eines Arbeitsvertrages insgesamt etwa mit dem Sachgrund der Vertretung nach § 14 Abs. 1 Satz 2 Nr. 3 TzBfG ermöglichen würde, wird in aller Regel ein überwiegendes Interesse des Arbeitgebers an der nur befristeten Erhöhung der Arbeitszeit gegenüber dem Interesse des Arbeitnehmers an der unbefristeten Vereinbarung des Umfangs der Arbeitszeit rechtfertigen.[81] Dabei soll es einerseits keine Rolle spielen, ob die Arbeitszeit befristet um mehr als 25% der unbefristet vereinbarten Wochenarbeitszeit erhöht wird, da die zur Inhaltskontrolle einer Vereinbarung von Arbeit auf Abruf entwickelten Grundsätze auf die Inhaltskontrolle der Befristung einer Arbeitszeiterhöhung nicht anwendbar sind.[82] Jedoch fordert das BAG bei einer erheblichen Erhöhung der Arbeitszeit (im konkreten Fall: Arbeitszeiterhöhung für drei Monate um 50%) als sachlichen Grund solche Umstände, die auch einen Sachgrund für die Befristung des Arbeitsverhältnisses insgesamt gem. § 14 Abs. 1 TzBfG begründen würden.[83] Umgekehrt können außergewöhnliche Umstände, die zur Unangemessenheit einer Befristung von Arbeitsbedingungen trotz Vorliegens eines Sachgrunds im Sinne des § 14 TzBfG führen, bei der Befristung einer Arbeitszeiterhöhung etwa vorliegen, wenn zum Zeitpunkt der Vereinbarung ein Sachverhalt vorlag, bei dem nach § 9 TzBfG der Arbeitnehmer Anspruch auf eine unbefristete Erhöhung seiner Arbeitszeit hatte.[84]

Die Vereinbarung von **Abrufarbeit** unterliegt der Inhaltskontrolle gem. § 307 Abs. 1 Satz 1 BGB, da sie dem Arbeitgeber das Recht einräumt, den Umfang der Arbeitszeit als Hauptleistungspflicht einzuschränken.[85] Die Vereinbarung von Arbeit auf Abruf im Sinne des § 12 TzBfG ist neben einer vertraglich vereinbarten Mindestarbeitszeit zulässig. Die bei einer Vereinbarung von Arbeit auf Abruf einseitig vom Arbeitgeber abrufbare Arbeit des Arbeitnehmers darf nicht mehr als 25% der vereinbarten wöchentlichen Mindestarbeitszeit betragen.[86] Dies ist gemäß § 307 Abs. 1 Satz 2 BGB in der Klausel klarzustellen, um eine unangemessene Benachteiligung auszuschließen.

Wird eine **Arbeitszeitflexibilisierung** unter Verwendung eines Arbeitszeitkontos geführt, in dem Minus- und Plusstunden saldiert werden, stellt es eine unangemessene Benachteiligung dar, wenn der Arbeitnehmer bei Beendigung des Arbeitsverhältnisses ein negatives Guthaben auszugleichen hat, das auf fehlenden Beschäftigungsmöglichkeiten im Betrieb beruht. In diesem Falle wälzt der Arbeitgeber

---

[74] Offen gelassen von BAG v. 13.04.2010 - 9 AZR 36/09 - juris Rn. 20 - AP Nr. 45 zu § 307 BGB.
[75] BAG v. 27.07.2005 - 7 AZR 486/04 - juris Rn. 45 - NZA 2006, 40, 45.
[76] BAG v. 15.12.2011 - 7 AZR 394/10 - juris Rn. 18.
[77] BAG v. 15.12.2011 - 7 AZR 394/10 - juris Rn. 18.
[78] BAG v. 27.07.2005 - 7 AZR 486/04 - juris Rn. 55 - NZA 2006, 40, 46.
[79] BAG v. 18.06.2008 - 7 AZR 245/07 - juris Rn. 29 - AP Nr. 52 zu § 14 TzBfG.
[80] BAG v. 27.07.2005 - 7 AZR 486/04 - juris Rn. 58 - NZA 2006, 40, 47.
[81] BAG v. 18.06.2008 - 7 AZR 245/07 - juris Rn. 29 - AP Nr. 52 zu § 14 TzBfG.
[82] BAG v. 18.06.2008 - 7 AZR 245/07 - juris Rn. 27 - AP Nr. 52 zu § 14 TzBfG.
[83] BAG v. 15.12.2011 - 7 AZR 394/10 - juris Rn. 23.
[84] BAG v. 02.09.2009 - 7 AZR 233/08 - juris Rn. 38 - NZA 2009, 1253, 1256.
[85] BAG v. 07.12.2005 - 5 AZR 535/04 - juris Rn. 34 - NZA 2006, 423, 426.
[86] BAG v. 07.12.2005 - 5 AZR 535/04 - juris Rn. 44 - NZA 2006, 423, 427 f.

in unzulässiger Weise das Wirtschaftsrisiko auf den Arbeitnehmer ab und weicht von den wesentlichen Grundgedanken der gesetzlichen Regelung des Annahmeverzugs ab.[87] Eine unangemessene Benachteiligung stellt es zudem dar, wenn eine Arbeitszeitflexibilisierung dadurch erreicht werden soll, dass der Arbeitnehmer lediglich die Vergütung im Umfang der Zahl der tatsächlich geleisteten Stunden erhält, sodass er weder mit einer monatlichen noch mindestens jährlichen festen Vergütung rechnen kann. Daher ist die arbeitsvertragliche Vereinbarung einer Arbeitszeit von 150 Stunden „im monatlichen Durchschnitt" ohne Referenzzeitraum für die Durchschnittsbetrachtung unwirksam.[88]

62 Regelungen zur Berechtigung des Arbeitgebers zur Anordnung von **Überstunden** beinhalten ein einseitiges Leistungsbestimmungsrecht des Arbeitgebers und unterliegen daher der Inhaltskontrolle gem. § 307 Abs. 1 Satz 1 BGB. Überstunden sind nach der Definition des BAG Arbeitsstunden, die über die im Rahmen der regelmäßigen Arbeitszeit voll beschäftigter Arbeitnehmer festgesetzten Arbeitsstunden hinausgehen.[89] Unzulässig ist eine pauschalierte Abgeltung von Überstunden, weil der Arbeitgeber berechtigt wird, einseitig und schrankenlos in das Austauschverhältnis von Leistung und Gegenleistung einzugreifen.[90] Zulässig ist dagegen die Abgeltung eines geringfügigen Überstundendeputats, das jedoch zur Gewährleistung einer hinreichenden Transparenz der Regelung (§ 307 Abs. 1 Satz 2 BGB) quantifiziert sein muss.[91]

4. Ausgleichsklausel, Ausgleichsquittung

63 Bei der Beendigung von Arbeitsverhältnissen ist es, wie auch bei anderen Vertragsverhältnissen, üblich, schriftlich festzuhalten, dass keine gegenseitigen Ansprüche bestehen. Dies kann, je nach Situation und Erklärungswillen der Parteien, durch Vergleich (§ 779 BGB), Erlass (§ 397 BGB), deklaratorisches oder konstitutives negatives Schuldanerkenntnis (§ 397 BGB) erfolgen.[92] Ausgleichsquittungen anlässlich der Beendigung des Arbeitsverhältnisses sind grundsätzlich weit auszulegen, um ihren Zweck, die Erzielung von Rechtsfrieden und Rechtssicherheit, zu erreichen.[93]

64 Eine Ausgleichsquittung für bis zum Stichtag eines **Betriebsübergangs** bereits entstandene Ansprüche mit dem Ziel, die Haftung des Betriebserwerbers gem. § 613a BGB zu umgehen, betrifft Forderungen aus dem Arbeitsverhältnis und damit den unmittelbaren Gegenstand selbstständiger Hauptleistungspflichten, so dass er gem. § 307 Abs. 3 BGB einer Inhaltskontrolle entzogen ist (die Unwirksamkeit ergibt sich aber unmittelbar aus den §§ 613a Abs. 1 Satz 1, 134 BGB).[94] Nach der Gegenauffassung einiger LAG ist jede Ausgleichsquittung kontrollfähig und benachteiligt den Arbeitnehmer unangemessen, wenn der Arbeitnehmer einseitig und unentgeltlich, ohne kompensatorische Gegenleistung des Arbeitgebers, auf seine Rechte und Ansprüche aus dem Arbeitsverhältnis verzichtet.[95] Jedenfalls der formularmäßige Verzicht auf eine **Kündigungsschutzklage** nach Zugang der Kündigung stellt aber auch nach Auffassung des BAG ohne kompensatorische Gegenleistung des Arbeitgebers (etwa hinsichtlich Beendigungszeitpunkt, Beendigungsart, Abfindungszahlung, Verzicht auf eigene Ersatzansprüche) eine unangemessene Benachteiligung des Arbeitnehmers dar.[96]

5. Ausschlussfristen

65 Unter Ausschluss- oder Verfallfristen versteht man Fristen, nach deren Ablauf ein Anspruch oder ein sonstiges Recht erlischt.[97] Anders als die bloß rechtshindernde Einrede der Verjährung hat der Ablauf einer Ausschlussfrist rechtsvernichtende Wirkung und ist von Amts wegen zu berücksichtigen.[98] Auch

---

[87] LAG Mecklenburg-Vorpommern v. 26.03.2008 - 2 Sa 314/07 - juris Rn. 19 - BB 2009, 558, 559.
[88] BAG v. 21.06.2011 - 9 AZR 238/10 - juris Rn. 21.
[89] BAG v. 07.12.2005 - 5 AZR 535/04 - juris Rn. 23 - NZA 2006, 423, 425.
[90] BAG v. 17.08.2011 - 5 AZR 406/10 - juris Rn. 15 - NZA 2011, 1335, 1336 f.; BAG v. 01.09.2010 - 5 AZR 517/09 - NZA 2011, 575, 576.
[91] BAG v. 17.08.2011 - 5 AZR 406/10 - juris Rn. 15 - NZA 2011, 1335, 1336 f.; BAG v. 01.09.2010 - 5 AZR 517/09 - NZA 2011, 575, 576.
[92] BAG v. 23.02.2005 - 4 AZR 139/04 - juris Rn. 47 - NZA 2005, 1193, 1197.
[93] BAG v. 19.11.2008 - 10 AZR 671/07 - juris Rn. 29 - NZA 2009, 318, 321.
[94] BAG v. 19.03.2009 - 8 AZR 722/07 - juris Rn. 17 - NZA 2009, 1091, 1092 f.
[95] LAG Düsseldorf v. 13.04.2005 - 12 Sa 154/05 - juris Rn. 55 - DB 2005, 1463, 1466; LAG Schleswig-Holstein v. 24.09.2003 - 3 Sa 6/03 - juris Rn. 41 - NZA-RR 2004, 74, 75.
[96] BAG v. 06.09.2007 - 2 AZR 722/06 - juris Rn. 37 - NZA 2008, 219, 222.
[97] BAG v. 25.05.2005 - 5 AZR 572/04 - juris Rn. 25 - NZA 2005, 1111, 1113.
[98] BAG v. 25.05.2005 - 5 AZR 572/04 - juris Rn. 25 - NZA 2005, 1111, 1113.

wenn die Ausschlussfrist durch ihre rechtsvernichtende Wirkung intensiver wirkt als die Einrede der Verjährung, dient die Ausschlussfrist doch ebenso wie das Institut der Verjährung der Herstellung von Rechtsfrieden und Rechtssicherheit.[99] Aus diesem Grund sind Ausschlussfristen in Formulararbeitsverträgen am gesetzlichen Leitbild (§ 307 Abs. 2 Nr. 1 BGB) des Verjährungsrechts zu messen.[100]

Einseitige Ausschlussfristen gehen nur zu Lasten einer Partei, während zweiseitige Ausschlussfristen beide Parteien mit ihren Ansprüchen nach Fristablauf ausschließen. Einseitige Ausschlussfristen in Formulararbeitsverträgen, die nur für den Arbeitnehmer zum Anspruchsverlust führen, widersprechen einer ausgewogenen Vertragsgestaltung und sind deshalb nach § 307 Abs. 1 Satz 1 BGB unwirksam.[101] Die einseitig den Arbeitnehmer treffende Erschwerung der Durchsetzung von Ansprüchen und der bei Fristversäumnis nur für den Arbeitnehmer vorgesehene völlige Anspruchsverlust widersprechen einer ausgewogenen Vertragsgestaltung.[102]

Einstufige Ausschlussfristen verlangen, dass Ansprüche innerhalb einer bestimmten Frist mündlich oder (in der Regel) schriftlich geltend gemacht werden. **Zweistufige Ausschlussfristen** verlangen nach erfolgloser Geltendmachung in der ersten Stufe die gerichtliche Geltendmachung binnen einer weiteren Frist als zweite Stufe. Sowohl ein- wie zweistufige Ausschlussfristen in Formulararbeitsbedingungen werden in der Rechtsprechung grundsätzlich zugelassen.[103] Zweistufigen Ausschlussfristen steht das Klauselverbot aus **§ 309 Nr. 13 BGB** nicht entgegen, trotzdem mit der gerichtlichen Geltendmachung eine strengere Form als die Schriftform verbunden ist. Im Arbeitsrecht geltende Besonderheiten (§ 310 Abs. 4 Satz 2 BGB) gebieten es, zweistufige Ausschlussfristen zuzulassen.[104] Sie dienen der seit langem im Arbeitsleben gebotenen schnellen Klärung von Ansprüchen.[105] Zu beachten ist, dass das BVerfG die Notwendigkeit einer prozessualen Geltendmachung von Ansprüchen im Zusammenhang mit einer Kündigungsschutzklage als Verstoß gegen das verfassungsrechtliche Gebot effektiven Rechtsschutzes betrachtet (Umgehung des Kostenprivilegs der Kündigungsschutzklage).[106] Noch nicht abschließend entschieden ist, ob dies bei der Klauselgestaltung für die gerichtliche Geltendmachung zur Herstellung hinreichender Transparenz durch einen Verzicht auf die zweite Stufe während der Rechtshängigkeit einer Kündigungsschutzklage berücksichtigt werden muss.

Ausschlussfristen unterliegen der Inhaltskontrolle gem. § 307 BGB, da keine speziellen Regelungen der §§ 308, 309 BGB eingreifen. Die Unangemessenheit der Ausschlussfrist kann sich insbesondere aus ihrer Länge ergeben. Gemessen an dem gesetzlichen Leitbild des Verjährungsrechts ist zwar von einer regelmäßigen Verjährungsfrist von drei Jahren auszugehen (§§ 195, 199 BGB). Jedoch lässt § 202 BGB eine Abkürzung der regelmäßigen Verjährungsfrist grundsätzlich zu, die auch in Allgemeinen Geschäftsbedingungen möglich ist. Daraus folgt die Zulässigkeit der Vereinbarung von Ausschlussfristen, die kürzer als die gesetzlichen Verjährungsfristen sind.[107] Entsprechend der Frist für die gerichtliche Geltendmachung von Entschädigungsansprüchen gem. § 61b Abs. 1 ArbGG von drei Monaten beträgt die **Mindestfrist** für die schriftliche Geltendmachung in der ersten oder einzigen Stufe einer Ausschlussfristenregelung ebenso wie für die gerichtliche Geltendmachung in einer etwaigen zweiten Stufe drei Monate.[108] Diese Mindestfrist bleibt auch nach Inkrafttreten der Regelungen des § 9 AEntG und § 8 MiArbG maßgebend, die für die speziellen Ansprüche aus diesen Gesetzen einen Ausschluss nicht vor Ablauf von sechs Monaten zulassen bzw. gänzlich untersagen.[109]

Der **Fristbeginn** für die Geltendmachung kann durch die Fälligkeit des Anspruchs ausgelöst werden, auch wenn die regelmäßige Verjährungsfrist gem. § 199 Abs. 1 BGB erst mit dem Schluss des Jahres ausgelöst würde, in dem der Anspruch entstanden ist und der Gläubiger von den den Anspruch begründenden Umständen in der Person des Schuldners Kenntnis erlangt hat oder ohne grobe Fahrlässigkeit

---

[99] BAG v. 25.05.2005 - 5 AZR 572/04 - juris Rn. 25 - NZA 2005, 1111, 1113.
[100] BAG v. 25.05.2005 - 5 AZR 572/04 - juris Rn. 25 - NZA 2005, 1111, 1113.
[101] BAG v. 21.06.2011 - 9 AZR 203/10 - juris Rn. 47 - NZA 2011, 1338, 1341; BAG v. 31.08.2005 - 5 AZR 545/04 - juris Leitsatz - NZA 2006, 324.
[102] BAG v. 21.06.2011 - 9 AZR 203/10 - juris Rn. 47 - NZA 2011, 1338, 1341; BAG v. 31.08.2005 - 5 AZR 545/04 - juris Leitsatz Rn. 29 - NZA 2006, 324, 327.
[103] BAG v. 25.05.2005 - 5 AZR 572/04 - juris Rn. 21 - NZA 2005, 1111, 1113.
[104] BAG v. 25.05.2005 - 5 AZR 572/04 - juris Rn. 21 - NZA 2005, 1111, 1113.
[105] BAG v. 25.05.2005 - 5 AZR 572/04 - juris Rn. 31 - NZA 2005, 1111, 1114.
[106] BVerfG v. 01.12.2010 - 1 BvR 1682/07 - juris Rn. 26 - NZA 2011, 354, 356.
[107] BAG v. 25.05.2005 - 5 AZR 572/04 - juris Rn. 25 - NZA 2005, 1111, 1113.
[108] BAG v. 28.09.2005 - 5 AZR 52/05 - juris Rn. 36 - NZA 2006, 149, 153.
[109] *Kortstock*, NZA 2010, 311, 313 f.

§ 310

hätte erlangen müssen. Der unterschiedliche Fristbeginn begründet bei angemessener Berücksichtigung der im Arbeitsrecht geltenden Besonderheiten (§ 310 Abs. 4 Satz 1 BGB) keine unangemessene Benachteiligung.[110] Der Begriff der Fälligkeit wird auch in Formulararbeitsbedingungen und ohne deren Unwirksamkeit herbeizuführen unter Einbeziehung des Kenntnisstandes des Gläubigers und subjektiver Zurechnungsgesichtspunkte ausgelegt, sodass der Anspruch erst dann im Sinne einer Ausschlussfrist fällig ist, wenn der Gläubiger ihn annähernd beziffern kann (entsprechend der Wertung des § 199 Abs. 1 Nr. 2 BGB).[111] Eine Klausel, die für den Beginn einer Ausschlussfrist nicht auf die Fälligkeit der Ansprüche abstellt, sondern allein an die Beendigung des Arbeitsverhältnisses anknüpft, benachteiligt den Arbeitnehmer demgegenüber unangemessen.[112]

70 Noch nicht abschließend entschieden ist, ob die Obliegenheit einer schriftlichen Geltendmachung in der ersten oder einzigen Stufe einer Ausschlussfristenregelung einen Haftungsausschluss bzw. eine Haftungsbegrenzung im Sinne des § 309 Nr. 7 b BGB darstellt. Das BAG[113] sieht in der Obliegenheit einer schriftlichen Geltendmachung weder einen Haftungsausschluss noch eine Haftungsbegrenzung, da der Anspruch uneingeschränkt entsteht und lediglich für den Fall fehlender Geltendmachung befristet wird. Darüber hinaus ist das BAG[114] der Auffassung, dass eine Formularklausel wirksam ist, die nur in außergewöhnlichen, von den Vertragsparteien nicht für regelungsbedürftig gehaltenen Fällen gegen das Gesetz verstößt, da eine am Sinn und Zweck orientierte Auslegung ergebe, dass solche Ausnahmefälle nicht erfasst werden. Der BGH[115] ist dem entgegengetreten, wobei mangels tragenden Charakters dieses Gesichtspunktes der Gemeinsame Senat der Obersten Gerichtshöfe des Bundes bislang nicht angerufen worden ist.

71 Zu beachten ist zudem, dass nach § 202 Abs. 1 BGB die Verjährung bei **Haftung wegen Vorsatzes** nicht im Voraus durch Rechtsgeschäft erleichtert werden kann. Die Regelung des § 202 Abs. 1 BGB verbietet dementsprechend eine Erleichterung bei der Haftung wegen Vorsatzes nicht nur hinsichtlich der Verjährung, sondern gilt auch für Ausschlussfristen.[116] Soweit die Ausschlussfrist Ansprüche aus der Haftung wegen Vorsatzes nach ihrem Wortlaut umfasst, ist sie teilweise nichtig. Nach Auffassung des BAG bezieht sich das gesetzliche Verbot des § 202 Abs. 1 BGB jedoch nur auf die dort genannten Fälle und sei eine Ausschlussklausel – auch ohne sprachliche und grammatikalische Teilbarkeit – hinsichtlich der Art der erfassten Ansprüche teilbar.[117] Über die Auslegungsregel des § 139 BGB gelangt das BAG zur teilweisen Aufrechterhaltung der Klausel außerhalb des Anwendungsbereichs des § 202 Abs. 1 BGB und sieht aufgrund der in dieser Regelung eindeutig gezogenen Grenze der Unwirksamkeit keine unzulässige geltungserhaltende Reduktion.[118] Dogmatisch steht diese Teilbarkeit in Widerspruch zu den Regeln des sog. Blue-Pencil-Tests, der eine Teilbarkeit im Interesse der Erkennbarkeit für den Arbeitnehmer nur bei sprachlicher und grammatikalischer Teilbarkeit zulässt.

6. Befristung von Arbeitsbedingungen

72 Während die Befristung von Arbeitsverhältnissen insgesamt den Regelungen des TzBfG bzw. spezialgesetzlichen Sonderregelungen unterliegt und die Bestimmungen über die Inhaltskontrolle gem. §§ 307-309 BGB insoweit nicht anwendbar sind, ist eine Inhaltskontrolle bei der Befristung von Arbeitsbedingungen uneingeschränkt eröffnet. Die Vorschriften des TzBfG sind auf die Befristung einzelner Arbeitsbedingungen nicht anwendbar.[119]

---

[110] BAG v. 28.09.2005 - 5 AZR 52/05 - juris Rn. 33 - NZA 2006, 149, 153.
[111] BAG v. 28.09.2005 - 5 AZR 52/05 - juris Rn. 33 - NZA 2006, 149, 153.
[112] BAG v. 01.03.2006 - 5 AZR 511/05 - juris Rn. 14 - NZA 2006, 783, 784.
[113] BAG v. 25.05.2005 - 5 AZR 572/04 - juris Rn. 23 - NZA 2005, 1111, 1113; BAG v. 28.09.2005 - 5 AZR 52/05 - juris Rn. 27 - NZA 2006, 149, 151 f.
[114] BAG v. 25.05.2005 - 5 AZR 572/04 - juris Rn. 23 - NZA 2005, 1111, 1113; a.A. LAG Hamm v. 11.10.2011 - 14 Sa 543/11 - NZA-RR 2012, 75 (Leitsatz).
[115] BGH v. 15.11.2006 - VIII ZR 3/06 - juris Rn. 23 - NJW 2007, 674, 676; offengelassen von LAG Berlin-Brandenburg v. 11.08.2010 - 15 Sa 2600/09 - juris Rn. 39 dem BGH folgend LAG Hamm v. 11.10.2011 - 14 Sa 543/11 - NZA-RR 2012, 75 (Leitsatz).
[116] BAG v. 25.05.2005 - 5 AZR 572/04 - juris Rn. 14 - NZA 2005, 1111, 1112.
[117] BAG v. 25.05.2005 - 5 AZR 572/04 - juris Rn. 14 - NZA 2005, 1111, 1112.
[118] BAG v. 28.09.2005 - 5 AZR 52/05 - juris Rn. 21 - NZA 2006, 149, 151; BAG v. 25.05.2005 - 5 AZR 572/04 - juris Rn. 15 - NZA 2005, 1111, 1112.
[119] BAG v. 15.12.2011 - 7 AZR 394/10 - juris Rn. 18; BAG v. 27.07.2005 - 7 AZR 486/04 - juris Rn 38 - NZA 2006, 40, 44.

Klauseln, die das Hauptleistungsversprechen einschränken, verändern, ausgestalten oder modifizieren, sind inhaltlich zu kontrollieren. Die befristete Änderung der synallagmatischen Pflichten aus dem Arbeitsverhältnis stellt eine solche Änderung eines Hauptleistungsversprechens dar, die einer Inhaltskontrolle unterliegt.[120] Daher sind etwa befristete Veränderungen der Vergütung oder der Arbeitszeit der Inhaltskontrolle zu unterziehen.

73

Die Befristung einer Arbeitsbedingung setzt einen sachlichen Grund für die Befristung voraus[121], welcher sich nach einer Abwägung der rechtlichen Interessen beider Vertragsteile richtet. Da die Befristungskontrolle nach § 14 Abs. 1 TzBfG für die Befristung des Arbeitsvertrages als Ganzen eine solche Interessenabwägung nicht vorsieht, sind die Prüfungsmaßstäbe des § 14 Abs. 1 TzBfG oder gar die Möglichkeit einer Befristung ohne Sachgrund gemäß § 14 Abs. 2 TzBfG nicht maßgebend.[122] Allerdings sind Umstände, die gemäß § 14 Abs. 1 TzBfG eine Befristung des Arbeitsvertrages als Ganzen mit Sachgrund rechtfertigen würden, bei der Interessenabwägung nach § 307 Abs. 1 BGB zugunsten des Arbeitgebers zu berücksichtigen.[123] Jedenfalls bei der Befristung einer Arbeitszeiterhöhung wird bei einem zugrunde liegenden Sachverhalt, der die Befristung eines Arbeitsvertrages insgesamt mit Sachgrund ermöglicht, in aller Regel ein überwiegendes Interesse des Arbeitgebers an der nur befristeten Erhöhung der Arbeitszeit gegenüber dem Interesse des Arbeitnehmers an der unbefristeten Vereinbarung des Umfangs der Arbeitszeit anzunehmen sein.[124]

74

Noch nicht abschließend geklärt ist, ob diese Prüfungsmaßstäbe auch für die **Befristung von Vergütungsbestandteilen** gelten.[125] Bei der Befristung eines Vergütungsbestandteils kann zunächst nicht vorrangig auf die Rechtsprechung zu Änderungsvorbehalten (insbesondere Widerrufsvorbehalten) zurückgegriffen werden, da bei der Befristung einer Arbeitsbedingung keine rechtsgestaltende Erklärung des Arbeitgebers über das zeitliche Ende der Leistung entscheidet.[126] Vor Inkrafttreten des Schuldrechtsmodernisierungsgesetzes wurde die Befristung von Vergütungsbestandteilen zugelassen, soweit beispielsweise nur 15% der Gesamtvergütung betroffen waren.[127] Da das BAG bei Änderungsvorbehalten einen Eingriff in den Kernbereich verneint, wenn die Tarifvergütung nicht unterschritten wird und der änderbare Teil der Vergütung unter 25% der Gesamtvergütung bleibt bzw. bei nicht im Gegenseitigkeitsverhältnis stehenden Vergütungsbestandteilen bis zu 30% der Gesamtvergütung nicht überschreitet,[128] dürfte für die Befristung von Vergütungsbestandteilen quantitativ nichts anderes gelten.

75

Die Befristung eines Vergütungsbestandteils ist von einer betrieblichen Übung und deren Verhinderung durch einen **Freiwilligkeitsvorbehalt** abzugrenzen. In seiner bisherigen Rechtsprechung hat das BAG die nur im Einzelfall erfolgende Gewährung von Vergütungsbestandteilen am Prüfungsmaßstab des Vorliegens eines wirksamen Freiwilligkeitsvorbehalts gemessen.[129] Der Freiwilligkeitsvorbehalt ist aber nur Prüfungsmaßstab für die Frage, ob eine befristete oder unbefristete Leistungsgewährung zu einer betrieblichen Übung geführt hat und der Arbeitgeber deshalb für die Zukunft wiederholt zur (befristeten oder unbefristeten) Leistung verpflichtet ist. Bei der Zusage einer von vornherein befristeten Leistung ergibt sich deren vorübergehender Charakter bereits aus der Befristung und bedarf es keines Freiwilligkeitsvorbehalts. Sofern der Arbeitgeber allerdings wiederholt und gleichförmig befristete Leistungszusagen trifft, ohne die Entstehung von Rechtsansprüchen für die Zukunft auszuschließen, kann eine betriebliche Übung entstehen. Deren Inhalt ist die Entstehung von Ansprüchen für weitere (befristete) Leistungszeiträume. Will der Arbeitgeber also wiederholt befristete Leistungszusagen erteilen, sind Rechtsansprüche für die Zukunft nur dann ausgeschlossen, wenn sowohl die Befristung der Arbeitsbedingung jeweils wirksam ist als auch die Entstehung einer betrieblichen Übung verhindert wird, beispielsweise im Wege des Freiwilligkeitsvorbehalts.

76

---

[120] BAG v. 27.07.2005 - 7 AZR 486/04 - juris Rn. 45 - NZA 2006, 40, 45.
[121] BAG v. 18.06.2008 - 7 AZR 245/07 - juris Rn. 29 - AP Nr. 52 zu § 14 TzBfG.
[122] BAG v. 18.06.2008 - 7 AZR 245/07 - juris Rn. 29 - AP Nr. 52 zu § 14 TzBfG.
[123] BAG v. 18.06.2008 - 7 AZR 245/07 - juris Rn. 29 - AP Nr. 52 zu § 14 TzBfG.
[124] BAG v. 18.06.2008 - 7 AZR 245/07 - juris Rn. 29 - AP Nr. 52 zu § 14 TzBfG.
[125] Hierzu *Willemsen/Jansen*, RdA 2010, 1, 5 ff.
[126] Vgl. BAG v. 30.07.2008 - 10 AZR 606/07 - juris Rn. 21 - NZA 2008, 1173, 1175, zum Verhältnis von Widerrufsvorbehalt zum Freiwilligkeitsvorbehalt.
[127] BAG v. 21.04.1993 - 7 AZR 297/92 - juris Rn. 20 - NZA 1994, 476, 477.
[128] BAG v. 11.10.2006 - 5 AZR 721/05 - juris Rn. 23 - NZA 2007, 87, 89.
[129] Vgl. BAG v. 30.07.2008 - 10 AZR 606/07 - juris Rn. 18 f. - NZA 2008, 1173, 1175.

77 Das Transparenzgebot des § 307 Abs. 1 Satz 2 BGB erfordert bei der Befristung einer Arbeitsbedingung nicht als Wirksamkeitsvoraussetzung, den Grund für die Befristung der Arbeitszeiterhöhung nach Art eines **Zitiergebotes** schriftlich festzulegen.[130]

78 Die **Klagefrist** des § 17 TzBfG gilt für eine Geltendmachung der Unwirksamkeit der Befristung einzelner Arbeitsbedingungen nicht.[131] Wie bei der Befristung des Arbeitsvertrages insgesamt unterfällt aber bei mehrfach aneinandergereihten befristeten Arbeitsbedingungen nur die **letzte Befristung** einer Arbeitsbedingung der Inhaltskontrolle, es sei denn, die Parteien haben in einer nachfolgenden Vereinbarung dem Arbeitnehmer (ausdrücklich oder konkludent) das Recht vorbehalten, die Wirksamkeit der vorangegangenen Befristung überprüfen zu lassen.[132] Ungeklärt ist in diesem Zusammenhang allerdings, wie sich dies auf die Geltendmachung von Ansprüchen durch den Arbeitnehmer auswirkt, deren Entstehung oder Umfang von der Wirksamkeit einer früheren Befristung einer Arbeitsbedingung abhängt und die weder verjährt noch durch eine Ausschlussfrist erloschen sind. Hier dürfte ein Anspruchsverlust des Arbeitnehmers schwerlich zu rechtfertigen sein, da dies – anders als bei dem Rechtsgedanken der Entfristungskontrolle gemäß § 17 TzBfG für das Arbeitsverhältnis als Ganzes – zu einer im Gesetz keine Grundlage findenden Obliegenheit des Arbeitnehmers führen würde, Ansprüche während der Laufzeit der streitgegenständlichen Befristung der Arbeitsbedingung geltend zu machen.

7. Beweislast

79 Arbeitsvertragliche Regelungen zur Regelung der Beweislast sind an dem besonderen Klauselverbot des § 309 Nr. 12 BGB zu messen. Dagegen sind bestätigende Schuldanerkenntnisse nicht am Maßstab des § 309 Nr. 12 BGB, sondern an § 307 BGB zu messen, da ein bestätigendes Schuldanerkenntnis nicht die Beweislast verschiebt, sondern die materielle Rechtslage gestaltet.[133]

8. Bezugnahme auf Tarifverträge

80 Nicht selten werden Tarifverträge in Arbeitsverträgen in Bezug genommen. Bedeutung hat dies insbesondere dann, wenn der entsprechende Tarifvertrag nicht kraft beiderseitiger Tarifbindung oder Allgemeinverbindlichkeitserklärung zur Geltung kommt. Hinsichtlich der Inhaltskontrolle arbeitsvertraglich in Bezug genommener Tarifverträge ist zu differenzieren:

81 Gemäß § 310 Abs. 4 Satz 1 BGB finden die §§ 305-310 BGB keine **Anwendung auf Tarifverträge**. Die Regelung des § 310 Abs. 4 Satz 1 BGB beinhaltet keine Einschränkung, dass die §§ 305-310 BGB nur dann nicht anwendbar sein sollen, wenn der Tarifvertrag kollektivrechtlich unmittelbar und zwingend gilt. Eine Inhaltskontrolle einschlägiger tarifvertraglicher Regelungen, die im Arbeitsvertrag als globales Tarifwerk in Bezug genommen worden sind, findet daher nicht statt.[134] Der Ausschluss der Inhaltskontrolle gilt gleichermaßen für die Transparenzkontrolle gemäß § 307 Abs. 1 Satz 2 BGB.[135]

82 Es ist in der Rechtsprechung bislang ungeklärt, ob dies auch bei Teilverweisungen oder bei einer Verweisung auf einen nicht einschlägigen Tarifvertrag gilt. Bei einer Teilverweisung wird die Vermutung der Angemessenheit des Tarifvertrags nicht mehr gelten, da der Tarifvertrag erst als Ganzes seine ausgleichende Wirkung entfaltet, so dass eine Inhaltskontrolle der in Bezug genommenen tariflichen Regelungen eröffnet ist.[136] Gleiches wird bei Bezugnahme eines nicht einschlägigen Tarifvertrags gelten.

83 Gemäß § 310 Abs. 4 Satz 1 BGB von der Inhaltskontrolle ausgenommen ist dagegen nicht die arbeitsvertragliche **Bezugnahmeklausel**, durch die auf Tarifverträge verwiesen wird.[137] Der Prüfungsmaßstab des § 308 Nr. 4 BGB (Änderungsvorbehalte) kommt bei einer dynamischen Verweisung auf Tarifverträge in ihrer jeweils geltenden Fassung nicht zur Anwendung, da die zeitliche Dynamik dem beiderseitigen Willen der Parteien zur Bestimmung des Umfangs der arbeitgeberseitigen Hauptleistungspflichten entspricht und das anzuwendende Tarifrecht nicht zur freien Disposition des Arbeitgebers

---

[130] BAG v. 02.09.2009 - 7 AZR 233/08 - juris Rn. 24 - NZA 2009, 1253, 1254.
[131] BAG v. 04.06.2003 - 7 AZR 406/02 - juris Rn. 12 - BB 2003, 1683, 1684.
[132] BAG v. 02.09.2009 - 7 AZR 233/08 - juris Rn. 22 - NZA 2009, 1253, 1254.
[133] BAG v. 15.03.2005 - 9 AZR 502/03 - juris Leitsatz Rn. 32 - NZA 2005, 682, 685.
[134] BAG v. 28.06.2007 - 6 AZR 750/06 - juris Rn. 22 - NZA 2007, 1049, 1051.
[135] BAG v. 28.06.2007 - 6 AZR 750/06 - juris Rn. 25 - NZA 2007, 1049, 1051.
[136] *Diehn*, NZA 2004, 129, 131.
[137] BAG v. 09.05.2007 - 4 AZR 319/06 - juris Rn. 20 - AP Nr. 8 zu § 305c BGB; BAG v. 15.04.2008 - 9 AZR 159/07 - juris Rn. 67 - NZA-RR 2008, 586, 593.

steht.[138] Umstritten ist, ob dies auch bei einer sog. großen dynamischen Bezugnahmeklausel gilt.[139] Eine große dynamische Bezugnahmeklausel liegt vor, wenn die Bezugnahmeklausel nicht nur den Tarifvertrag in seiner jeweils geltenden Fassung (zeitliche Dynamik), sondern darüber hinaus den jeweils branchenmäßig anwendbaren Tarifvertrag umfasst (fachlich-betriebliche Dynamik). Die große dynamische Bezugnahmeklausel verstößt jedoch weder gegen § 308 Nr. 4 BGB noch gegen § 307 Abs. 1 Satz 1 BGB, weil das anzuwendende Tarifrecht nicht unmittelbar zur Disposition des Arbeitgebers gestellt wird.[140] Das BAG hat insoweit offen gelassen, ob Prüfungsmaßstab § 308 Nr. 4 BGB oder § 307 Abs. 1 Satz 1 BGB ist. Richtigerweise ist die Prüfung an § 307 Abs. 1 BGB vorzunehmen, da nicht der Arbeitgeber über das fachlich anwendbare Tarifrecht entscheidet, sondern dieses (mittelbar) der branchenmäßigen Gestaltung des Betriebs nachfolgt.

Bezugnahmeklauseln verstoßen nicht etwa deswegen gegen das Transparenzgebot aus § 307 Abs. 1 Satz 2 BGB, weil aus der Bezugnahmeklausel selbst die im Wege der Bezugnahme zur Anwendung kommenden Arbeitsbedingungen nicht erkennbar wären. Bezugnahmeklauseln sind insoweit eine Besonderheit im Arbeitsrecht, die nach § 310 Abs. 4 Satz 2 BGB angemessen zu berücksichtigen ist, wie sich etwa aus der Regelung des § 2 Abs. 1 Satz 2 Nr. 10 NachwG ergibt.[141] Dies gilt auch bei einer sogenannten Teilverweisung, die lediglich bestimmte Teile eines Tarifvertrags in Bezug nimmt.[142] 84

Die **Reichweite der Bezugnahmeklausel** ist auch in einem Formulararbeitsvertrag durch Auslegung zu ermitteln. Im Zweifel ist – auch wenn dies im Wortlaut nicht ausdrücklich formuliert ist – von einer zeitlichen Dynamik auszugehen, dass der Tarifvertrag in seiner jeweils geltenden Fassung in Bezug genommen ist.[143] Eine große dynamische Bezugnahmeklausel kann dagegen nur angenommen werden, wenn sich dies aus besonderen Umständen ergibt.[144] 85

Gleiches gilt für die Annahme einer **Gleichstellungsabrede**. Nach der früheren Rechtsprechung des BAG waren bei Tarifgebundenheit des Arbeitgebers an die in Bezug genommenen Tarifverträge Bezugnahmeklauseln als sog. Gleichstellungsabreden auszulegen.[145] Diese Auslegungsregel beruhte auf der Annahme, dass eine Tarifbezugnahme durch einen tarifgebundenen Arbeitgeber nur die etwaig fehlende Tarifgebundenheit des Arbeitnehmers ersetzen sollte, um den Arbeitnehmer so zu stellen, wie er bei Tarifbindung stünde. Kraft der Gleichstellungsabrede nimmt der Arbeitnehmer an der Tarifentwicklung ebenso teil wie ein tarifgebundener Arbeitnehmer. Im Falle der Beendigung der Tarifbindung des Arbeitgebers endet kraft Gleichstellungsabrede die Teilnahme des Arbeitnehmers an der tariflichen Entwicklung ebenso wie für einen tarifgebundenen Arbeitnehmer.[146] 86

An dieser Auslegungsregel für tarifgebundene Arbeitgeber hält das BAG nicht mehr fest, weil die Tarifbindung des Arbeitgebers für den Arbeitnehmer bei Vertragsschluss nicht erkennbar ist.[147] Allerdings anerkennt das BAG einen **Vertrauensschutz** für Verträge, die vor Inkrafttreten der Schuldrechtsreform zum 01.01.2002 abgeschlossen worden sind, für die die vormalige Rechtsprechung zur Auslegung als Gleichstellungsabrede weiterhin anwendbar ist.[148] 87

9. Bezugnahme von sonstigen Regelungswerken

Für Bezugnahmeklauseln auf Betriebs- oder Dienstvereinbarungen, die gleichermaßen wie Tarifverträge in § 310 Abs. 4 Satz 1 BGB genannt sind, gilt Entsprechendes wie für die Bezugnahme von Tarifverträgen.[149] 88

---

[138] BAG v. 14.03.2007 - 5 AZR 630/06 - juris Rn. 25 - NZA 2008, 45, 47.
[139] *Reinecke*, BB 2006, 2637, 2645.
[140] BAG v. 15.04.2008 - 9 AZR 159/07 - juris Rn. 75 - NZA-RR 2008, 586, 594.
[141] BAG v. 28.05.2009 - 6 AZR 144/08 - juris Rn. 17.
[142] BAG v. 06.05.2009 - 10 AZR 390/08 - juris Rn. 26.
[143] BAG v. 17.01.2006 - 9 AZR 41/05 - juris Rn. 30 - NZA 2006, 923, 925.
[144] BAG v. 15.04.2008 - 9 AZR 159/07 - juris Rn. 60 - NZA-RR 2008, 586, 592.
[145] Nachweise bei BAG v. 14.12.2005 - 4 AZR 536/04 - juris Rn. 14 - NZA 2006, 607, 608.
[146] Nachweise bei BAG v. 14.12.2005 - 4 AZR 536/04 - juris Rn. 13 - NZA 2006, 607, 608.
[147] Grundlegend BAG v. 14.12.2005 - 4 AZR 536/04 - juris Rn. 19 - NZA 2006, 607, 609; BAG v. 18.11.2009 - 4 AZR 514/08 - juris Rn. 22 - NZA 2010, 170, 172.
[148] Nachweise bei BAG v. 14.12.2005 - 4 AZR 536/04 - juris Rn. 24 - NZA 2006, 607, 610; BAG v. 18.11.2009 - 4 AZR 514/08 - juris Rn. 18 - NZA 2010, 170, 171.
[149] Zum Ganzen ausführlich *Preis*, NZA 2010, 361 ff.

89 Nimmt der Arbeitsvertrag Bezug auf sonstige Regelungswerke, ist danach zu differenzieren, ob das in Bezug genommene Regelungswerk vom Arbeitgeber gestellt wird oder werden soll. Nimmt der Anstellungsvertrag dynamisch Bezug auf ein **einseitiges Regelungswerk des Arbeitgebers**, handelt es sich um einen gemäß § 308 Nr. 4 BGB kontrollfähigen Änderungsvorbehalt.

90 Ist dies nicht der Fall, ist die Bezugnahmeklausel am Maßstab der unangemessenen Benachteiligung des § 307 Abs. 1 Satz 1 BGB zu messen. Das im Wege der Bezugnahme auf ein externes Regelungswerk bestimmte Hauptleistungsversprechen ist nicht dadurch seitens des Arbeitgebers modifizierbar (und damit ggf. kontrollfähig), weil eine Dynamik vereinbart ist. Auch die Dynamik der Bezugnahme entspricht dem beiderseitigen Willen der Parteien zum Inhalt der Hauptleistungspflicht. Die dynamische Ausfüllung der Hauptleistungspflicht steht nicht zur freien Disposition des Arbeitgebers, sondern sie ist im obigen Beispielsfall an Regelungen des Verordnungsgebers gebunden.[150]

10. Dienstwagenregelung

91 Eine Vertragsklausel benachteiligt den Arbeitnehmer unangemessen, wenn sie ihn verpflichtet, bei Beendigung des Arbeitsverhältnisses einen ihm zur Privatnutzung überlassenen Dienstwagen zurückzugeben und dennoch für die **Restlaufzeit des Leasingvertrags** die angefallenen Raten in einem Einmalbetrag zu zahlen.[151] Dies galt schon vor der Eröffnung der Inhaltskontrolle am Maßstab des § 307 BGB für Arbeitsverträge.

92 Verpflichtet sich der Arbeitnehmer bei Beendigung des Anstellungsverhältnisses, den Leasingvertrag bei seinem neuen Arbeitgeber einzubringen oder bei seinem bisherigen Arbeitgeber einen Mitarbeiter zu finden, der firmenwagenberechtigt ist und sein Fahrzeug übernehmen möchte oder den Vertrag auf eigene Kosten aufzulösen, folgt die unangemessene Benachteiligung des Arbeitnehmers bereits daraus, dass die ersten beiden Varianten nur unter **Mitwirkung eines Dritten** möglich sind, so dass der Arbeitnehmer allein sie gar nicht erfüllen kann, und ist die dritte Variante unwirksam, weil sie die Kündigungsfreiheit des Arbeitnehmers einschränkt.[152]

93 Der Arbeitnehmer wird ebenfalls unangemessen benachteiligt, wenn eine Vertragsklausel in einem Formulararbeitsvertrag dem Arbeitnehmer **Mehrkosten** auferlegen will, die daraus entstehen, dass **aufgrund fristgerechter Kündigung** des Arbeitnehmers der für den Arbeitnehmer geleaste Dienstwagen vor Ablauf des Leasingvertrages zurückgegeben werden muss, da die Kündigungsfreiheit des Arbeitnehmers eingeschränkt wird.[153] Dies gilt auch dann, wenn dem Arbeitnehmer nur diejenigen Mehrkosten aus einem Leasingvertrag auferlegt werden sollen, die durch vom Arbeitnehmer gewünschte **Sonderausstattung** des Fahrzeugs entstehen.[154]

94 Sieht eine Dienstwagenregelung vor, dass der Arbeitgeber die **Privatnutzung des Dienstwagens jederzeit widerrufen** kann, verstößt die Regelung gegen § 308 Ziff. 4 BGB, da ein solcher Widerruf eines Sachgrundes bedarf, der aus Gründen des Transparenzgebotes in der Widerrufsklausel zu formulieren ist.[155]

11. Freistellungsklauseln

95 Der Arbeitnehmer hat einen arbeitsvertraglichen Anspruch auf vertragsgemäße Beschäftigung. Dies gilt auch nach Ausspruch einer Kündigung. Im Einzelfall kann ein überwiegendes Suspendierungsinteresse des Arbeitgebers das Interesse des Arbeitnehmers an vertragsgemäßer Beschäftigung überwiegen. Von diesem durch Richterrecht geprägten Leitbild des Arbeitsvertrages weichen Freistellungsvorbehalte ab, die voraussetzungslos die Freistellung des Arbeitnehmers zulassen, gleich ob sie die Möglichkeit der Freistellung an den Ausspruch einer Kündigung knüpfen[156] oder nicht.[157] Einzelheiten sind in der Rechtsprechung bislang ungeklärt.

---

[150] BAG v. 14.03.2007 - 5 AZR 630/06 - juris Rn. 25 - NZA 2008, 45, 47.
[151] BAG v. 09.09.2003 - 9 AZR 574/02 - juris Rn. 30 - NZA 2004, 484, 485.
[152] LAG Köln v. 19.06.2009 - 4 Sa 901/08 - juris Rn. 41 - BeckRS 2009, 68708.
[153] LAG Köln v. 10.03.2008 - 14 Sa 1331/07 - juris Rn. 28 - BeckRS 2008, 55834.
[154] LAG Berlin-Brandenburg v. 05.12.2007 - 21 Sa 1770/07 - juris Rn. 42 - BeckRS 2008, 54759; BAG v. 09.09.2003 - 9 AZR 574/02 - juris Rn. 42 - NZA 2004, 484, 486, für den Fall der betriebsbedingten Arbeitgeberkündigung und vor Inkrafttreten der Schuldrechtsreform.
[155] BAG v. 19.12.2006 - 9 AZR 294/06 - juris Rn. 26, 28 - NZA 2007, 809, 811.
[156] Hierzu ArbG Karlsruhe v. 13.08.2010 - 3 Ca 96/10 - juris Rn. 123.
[157] *Ohlendorf/Salamon*, NZA 2008, 856 ff.

12. Freiwilligkeitsvorbehalt

Freiwilligkeitsvorbehalte bezwecken, die Entstehung einer betrieblichen Übung zu verhindern. Sie beinhalten, dass der Arbeitgeber bei freiwilligen Leistungen darauf hinweist, auch bei mehrmaliger Gewährung dieser Leistung entstehe kein Rechtsanspruch des Arbeitnehmers auf weitere Leistungen in der Zukunft. Die Bestimmung des § 308 Nr. 4 BGB steht nicht entgegen, da der Arbeitgeber mit dem Freiwilligkeitsvorbehalt keine versprochene Leistung ändert oder von ihr abweicht, sondern der Freiwilligkeitsvorbehalt bereits die Entstehung eines Rechtsanspruchs und damit einer versprochenen Leistung im Sinne des § 308 Nr. 4 BGB verhindert.[158]

Ein Freiwilligkeitsvorbehalt beim **laufenden Entgelt** benachteiligt den Arbeitnehmer unangemessen, da von dem gesetzlichen Leitbild des Austauschverhältnisses von Leistung und Gegenleistung unter wechselseitig bestehenden Rechtsansprüchen abgewichen wird.[159] Zulässig sind dagegen Freiwilligkeitsvorbehalte für **Sonderzahlungen** außerhalb des laufenden Entgelts. Der Freiwilligkeitsvorbehalt bei Sonderzahlungen außerhalb des laufenden Entgelts ist mit dem gesetzlichen Leitbild des Austauschverhältnisses von Rechtsansprüchen auf Leistung sowie Gegenleistung zu vereinbaren, da der Arbeitgeber bei einer ausschließlich nach Zeitabschnitten im Sinne von § 614 Satz 2 BGB bemessenen Vergütung nicht verpflichtet ist, zusätzlich zum laufenden Arbeitsentgelt Sonderzahlungen zu leisten.[160] Sonderzahlungen außerhalb des laufenden Entgelts sind Urlaubs- oder Weihnachtsgeld[161] oder beispielsweise einmal im Kalenderjahr gewährte Jahressonderzahlungen,[162] nicht aber eine monatlich gezahlte Leistungszulage.[163] Die Zulässigkeit eines Freiwilligkeitsvorbehaltes ist nicht davon abhängig, dass die unter dem Freiwilligkeitsvorbehalt stehenden Leistungen ein bestimmtes Verhältnis zum Jahresgesamteinkommen nicht überschreiten dürfen.[164]

Der Freiwilligkeitsvorbehalt muss klar und verständlich formuliert sein, um dem Transparenzgebot zu genügen. Er muss sich dabei auf die zulässigerweise unter einen Freiwilligkeitsvorbehalt zu stellenden Leistungen beschränken. Dies erfordert, dass nach seinem Wortlaut Leistungen des laufenden Arbeitsentgeltes nicht umfasst sind. Darüber hinaus darf der Freiwilligkeitsvorbehalt nicht in Widerspruch zu vertraglich bereits eingeräumten Rechtsansprüchen stehen, da ein solcher Widerspruch in Gestalt der Einräumung eines Rechtsanspruchs einerseits und der Vereinbarung eines Freiwilligkeitsvorbehaltes andererseits nicht klar und verständlich ist.[165] In diesem Zusammenhang ist ebenfalls der Vorrang der Individualabrede gem. § 305b BGB zu berücksichtigen: Wegen der zwingenden Bestimmung des § 305b BGB ist der Freiwilligkeitsvorbehalt so zu gestalten, dass er nach seiner Formulierung Rechtsansprüche aus späteren Individualabreden nicht ausschließt.[166]

Genügt der Freiwilligkeitsvorbehalt diesen Anforderungen, brauchte er nach der bisherigen Rechtsprechung des BAG nicht bei jeder Leistung im Einzelfall wiederholt werden; ein einmaliger Freiwilligkeitsvorbehalt im Anstellungsvertrag für sämtliche zu erfassenden Leistungen genügt.[167] Das BAG hat allerdings in einer neueren Entscheidung Zweifel geäußert, ob ein einmaliger Vorbehalt im Arbeitsvertrag das Vertrauen des Arbeitnehmers in zukünftige Rechtsansprüche dauerhaft erschüttern kann, wenn der Arbeitgeber im Laufe des Arbeitsverhältnisses fortlaufend Leistungen gewährt.[168]

13. Gratifikationsklauseln (Stichtags- und Rückzahlungsregelungen)

Eine Gratifikation kann neben oder anstelle der zusätzlichen Honorierung von Arbeitsleistungen als Anreiz für Betriebstreue dienen. Einen Anreiz für zukünftige Betriebstreue schafft der Arbeitgeber, wenn er die Zahlung einer Gratifikation daran knüpft, dass der Arbeitnehmer für einen bestimmten

---

[158] BAG v. 14.09.2011 - 10 AZR 526/10 - juris Rn. 20 - NZA 2012, 81, 83; BAG v. 30.07.2008 - 10 AZR 606/07 - juris Rn. 21 - NZA 2008, 1173, 1175.
[159] BAG v. 25.04.2007 - 5 AZR 627/06 - juris Rn. 18 - NZA 2007, 853, 854.
[160] BAG v. 30.07.2008 - 10 AZR 606/07 - juris Rn. 24 - NZA 2008, 1173, 1176.
[161] BAG v. 10.12.2008 - 10 AZR 2/08 - juris Rn. 12 - AP Nr. 38 zu § 307 BGB.
[162] BAG v. 18.03.2009 - 10 AZR 289/08 - juris Rn. 27 - NZA 2009, 535, 537.
[163] BAG v. 25.04.2007 - 5 AZR 627/06 - juris Rn. 18 - NZA 2007, 853, 854.
[164] BAG v. 18.03.2009 - 10 AZR 289/08 - juris Rn. 26 - NZA 2009, 535, 536.
[165] BAG v. 10.12.2008 - 10 AZR 1/08 - juris Rn. 16 m. Anm. *Salamon*, NZA 2009, 1076.
[166] BAG v. 14.09.2011 - 10 AZR 526/10 - juris Rn. 39 - NZA 2012, 81, 85.
[167] BAG v. 30.07.2008 - 10 AZR 606/07 - juris Rn. 29.
[168] BAG v. 14.09.2011 - 10 AZR 526/10 - juris Rn. 31 - NZA 2012, 81, 84.

Bindungszeitraum dem Betrieb angehören muss. In der Praxis sind hierzu Rückzahlungs- und Stichtagsklauseln verbreitet.[169]

101 Eine **Rückzahlungsklausel** beinhaltet, dass der Arbeitnehmer die Gratifikation zurückzuzahlen hat, wenn er bis zu einem bestimmten Stichtag aus dem Arbeitsverhältnis ausscheidet. Die Rechtsprechung hat im Rahmen der Angemessenheitskontrolle gemäß § 307 Abs. 1 Satz 1 BGB Grenzen für maximal zulässige Bindungsdauern entwickelt:[170] Gratifikationen in Höhe von bis zu 100 € können den Arbeitnehmer überhaupt nicht binden. Eine am Jahresende zu zahlende Gratifikation, die über 100 €, aber unter einem Monatsgehalt liegt, kann den Arbeitnehmer bis zum Ablauf des 31.03. des Folgejahres binden (Bindungsdauer 3 Monate). Erreicht die Gratifikation einen, aber nicht den zweifachen Monatsbezug, ist eine Bindung des Arbeitnehmers bis zum 30.06. des Folgejahres möglich (Bindungsdauer bis zu 6 Monate). Ab einen zweifachen Monatsbezug ist eine Bindung über den 30.06. des Folgejahres hinaus möglich.

102 Nach bisheriger Rechtsprechung kommt es für die Rückzahlungspflicht nicht darauf an, aus welchem Beendigungsgrund das Arbeitsverhältnis endet, um eine Rückzahlungspflicht auszulösen. Auch bei einer vom Arbeitgeber zu vertretenden Beendigung des Arbeitsverhältnisses ist eine Rückzahlungspflicht nach bisheriger Rechtsprechung nicht unangemessen, da der Zweck der Belohnung künftiger Betriebstreue unabhängig vom Beendigungsgrund im Falle der Beendigung des Arbeitsverhältnisses nicht erreicht werden kann, d.h. selbst bei einer betriebsbedingten Kündigung durch den Arbeitgeber.[171]

103 **Stichtagsregelungen** beinhalten dagegen, dass der Anspruch auf die Gratifikation nur unter der Voraussetzung entsteht, dass das Arbeitsverhältnis zu einem bestimmten Stichtag – in der Regel im zeitlichen Zusammenhang mit dem Auszahlungszeitpunkt – noch besteht bzw. sich im ungekündigten Zustand befindet. Eine an den Bestand des Arbeitsverhältnisses im Bezugszeitraum anknüpfende Stichtagsklausel verstößt nicht gegen § 307 Abs. 1 Satz 1 BGB.[172]

104 Hinsichtlich einer an den **ungekündigten** Bestand des Arbeitsverhältnisses anknüpfenden Stichtagsregelung hatte das BAG entgegen seiner früheren Rechtsprechung in jüngerer Zeit Bedenken angemeldet, da aufgrund langer Kündigungsfristen die Bindungsdauern für Rückzahlungsklauseln überschritten werden können.[173] Neuerdings differenziert das BAG bei Stichtagsklauseln, die an den ungekündigten Bestand des Arbeitsverhältnisses knüpfen:[174] Handelt es sich um eine Leistung, die erbrachte Arbeitsleistungen zusätzlich vergüten soll, kann ein über den Bezugszeitraum (z.B. Geschäftsjahr) hinausreichender Bestand des Arbeitsverhältnisses nicht zur Voraussetzung des Erhalts oder Behaltens der Leistung aufgestellt werden.[175] Soll die Leistung indessen ausschließlich Betriebstreue honorieren und ergibt sich diese Ausschließlichkeit eindeutig aus der Formulierung der Klausel, benachteiligt eine auf den ungekündigten Bestand des Arbeitsverhältnisses abstellende Stichtagsregelung den Arbeitnehmer nicht unangemessen.[176] Die bisher ständige Rechtsprechung zur Zulässigkeit von über den Bezugszeitraum hinausreichenden Bestandsklauseln bei Leistungen, die sowohl Arbeitsleistung als auch Betriebstreue honorieren (Mischcharakter), hat das BAG ausdrücklich aufgegeben.[177] Diese Rechtsprechung überzeugt schon deshalb nicht, weil nicht jeder Bezug zur Arbeitsleistung ein Synallagma begründet. Insbesondere bei Zielvereinbarungen wird die Motivierung des Arbeitnehmers im Vordergrund stehen, nicht aber ein unmittelbares Austauschverhältnis.[178]

105 Eine zunehmend restriktive Rechtsprechung ist bei an die Arbeitsleistung anknüpfenden Vergütungsbestandteilen zu erwarten unter dem Gesichtspunkt des Beendigungsgrundes, auf den es nach früherer Rechtsprechung nicht ankam, was das BAG in jüngerer Zeit für kaum interessengerecht erachtet.[179]

---

[169] Zum Ganzen *Salamon*, NZA 2010, 314 ff.
[170] BAG v. 24.10.2007 - 10 AZR 825/06 - juris Rn. 24 m.w.N.
[171] BAG v. 18.01.2012 - 10 AZR 667/10 - juris Rn. 25; BAG v. 28.03.2007 - 10 AZR 261/06 - juris Rn. 18.
[172] BAG v. 18.01.2012 - 10 AZR 667/10 - juris Rn. 25; BAG v. 06.05.2009 - 10 AZR 443/08 - juris Rn. 12.
[173] BAG v. 24.10.2007 - 10 AZR 825/06 - juris Rn. 29.
[174] Vgl. zum Ganzen *Salamon*, NZA 2011, 1328 ff.
[175] BAG v. 18.01.2012 - 10 AZR 667/10 - juris Rn. 10; BAG v. 12.04.2011 - 1 AZR 412/09 - juris Rn. 25 - NZA 2011, 989, 991.
[176] BAG v. 18.01.2012 - 10 AZR 667/10 - juris Rn. 14.
[177] BAG v. 18.01.2012 - 10 AZR 612/10 - juris Rn. 28; a.A. *Salamon*, NZA 2011, 1328 ff.
[178] *Salamon*, NZA 2011, 1328, 1331; *Salamon*, NZA 2010, 314, 318.
[179] BAG v. 24.10.2007 - 10 AZR 825/06 - juris Rn. 28.

Ebenfalls offen gelassen hat das BAG bislang, ob die einschränkenden Maßgaben für Stichtagsklauseln bei einer Honorierung der Arbeitsleistung nur dann gelten, wenn die unter eine Stichtagsklausel gestellte Leistung mehr als 25% der Gesamtvergütung ausmacht.[180]

14. Kündigungsfrist

Die Unterschreitung der gesetzlich geltenden Kündigungsfristen außerhalb der im Geltungsbereich eines Tarifvertrages geltenden Regelungen ist bereits gemäß § 622 Abs. 4 BGB unwirksam. Die Wirksamkeit einer Verlängerung der Kündigungsfrist richtet sich dagegen nach § 307 Abs. 1 Satz 1 BGB. Die Verlängerung der vom Arbeitnehmer bei einer Kündigung einzuhaltenden Frist durch Bezugnahme der gemäß § 622 BGB für den Arbeitgeber geltenden gesetzlichen Kündigungsfrist benachteiligt den Arbeitnehmer grundsätzlich nicht unangemessen und die Bezugnahme auf die für den Arbeitgeber geltende gesetzliche Kündigungsfrist ist hinreichend transparent.[181] Bislang unentschieden ist, ob in bestimmten Branchen anderes gelten kann.

106

15. Nebentätigkeitsregelung

Der Arbeitgeber hat grundsätzlich ein anerkennenswertes Interesse an einer Überwachung von Nebentätigkeiten des Arbeitnehmers, um die Einhaltung des Arbeitszeitgesetzes, etwaige Wettbewerbsverstöße oder die Beeinträchtigung sonstiger betrieblicher Interessen beurteilen zu können. Eine arbeitsvertragliche Regelung, nach der eine Nebentätigkeit der Zustimmung des Arbeitgebers bedarf, stellt die Aufnahme einer beruflichen Tätigkeit unter Erlaubnisvorbehalt. Sie greift in die grundrechtlich gewährleistete Berufsfreiheit des Arbeitnehmers ein. Der Arbeitnehmer hat daher Anspruch auf Erteilung einer Zustimmung durch den Arbeitgeber zur Nebentätigkeit, wenn deren Aufnahme betriebliche Interessen nicht beeinträchtigt.[182] In der Regelung eines absoluten Nebentätigkeitsverbotes ohne Hinweis auf den Anspruch auf die Zustimmung liegt daher eine unangemessene Benachteiligung des Arbeitnehmers, da eine solche Regelung geeignet ist, den Arbeitnehmer über die wahre Rechtslage zu täuschen.[183]

107

16. Netto- oder Bruttoentgeltvereinbarung

Regelmäßig vereinbaren die Parteien eines Arbeitsvertrages eine Bruttovergütung, weil die Nettovergütung stark von individuellen Verhältnissen des Arbeitnehmers geprägt ist. Es ist zwar zulässig, eine Nettovergütungsvereinbarung zu treffen, nach der der Arbeitgeber Steuern und Beitragsanteile des Arbeitnehmers übernimmt und ihm damit zusätzlich zu der ausgezahlten Nettovergütung einen weiteren Vermögensvorteil gewährt[184], soweit Arbeitgeber und Arbeitnehmer nicht einvernehmlich zur Hinterziehung der Lohnsteuer und der Gesamtbeiträge zur Sozialversicherung zusammenwirken.[185]

108

Im Zweifel ist allerdings auch in allgemeinen Geschäftsbedingungen von einer Bruttovergütungsvereinbarung auszugehen.[186] Soweit der Arbeitgeber steuerrechtlich zulässig ein Wahlrecht zwischen einer Pauschalbesteuerung und einer Besteuerung nach individuellen Merkmalen ausübt, kann er den Arbeitnehmer intern mit der Pauschalsteuer belasten.[187] Eine Bruttovergütungsvereinbarung, die nicht gleichzeitig die Abwälzung der Pauschalsteuer auf den Arbeitnehmer ausschließt, stellt keine unangemessene Benachteiligung dar, da die Vereinbarung ausschließlich Hauptleistungspflichten des Arbeitgebers betrifft.[188]

109

17. Öffnungsklauseln für Betriebsvereinbarungen

Arbeitsverträge können insgesamt oder hinsichtlich einzelner Bestimmungen unter den Vorbehalt einer abweichenden Regelung durch Betriebsvereinbarung gestellt werden. Der Arbeitsvertrag ist hierdurch betriebsvereinbarungsoffen gestaltet, so dass das Günstigkeitsprinzip zwischen Betriebsvereinbarung und Arbeitsvertrag nicht zur Anwendung kommt. Betriebsvereinbarungen können bei einer be-

110

---

[180] BAG v. 24.10.2007 - 10 AZR 825/06 - juris Rn. 28.
[181] BAG v. 28.05.2009 - 8 AZR 896/07 - juris Rn. 32 - NZA 2009, 1337, 1340.
[182] BAG v. 11.12.2001 - 9 AZR 464/00 - juris Rn. 28 - NZA 2002, 965, 967.
[183] LAG Rheinland-Pfalz v. 29.04.2005 - 8 Sa 69/05 - juris Rn. 17.
[184] BAG v. 16.06.2004 - 5 AZR 521/03 - juris Rn. 18 - NJW, 2004, 3588, 3589.
[185] BFH v. 21.02.1992 - VI R 41/88 - juris Rn. 12 - NJW 1992, 2587, 2588.
[186] BAG v. 01.02.2006 - 5 AZR 628/04 - juris Rn. 22 - NZA 2006, 682, 683.
[187] BAG v. 01.02.2006 - 5 AZR 628/04 - juris Rn. 23 - NZA 2006, 682, 684.
[188] BAG v. 01.02.2006 - 5 AZR 628/04 - juris Rn. 25 - NZA 2006, 682, 684.

triebsvereinbarungsoffenen Arbeitsvertragsgestaltung auch zu Lasten der Arbeitnehmer wirken.[189] Das Transparenzgebot des § 307 Abs. 1 Satz 2 EGB erfordert einen klaren und verständlichen Hinweis, dass eine im Arbeitsvertrag geregelte Leistung unter dem Vorbehalt einer ablösenden Betriebsvereinbarung steht.[190]

18. Reisezeiten

111 Vergleichbar zu den Transparenzanforderungen an die Abgeltung von Überstunden bedarf die Abgeltung von Reisezeiten einer hinreichend konkreten Regelung, welche Art und welcher Umfang an Reisetätigkeit mit der Vergütung abgegolten sein soll.[191] Das BAG betrachtet Reisezeiten als Arbeitszeit im Sinne des § 611 BGB, da es sich weder um eine Arbeitspause noch um Freizeit handelt.

19. Rückzahlung von Fort- und Ausbildungskosten

112 Einzelvertragliche Vereinbarungen, nach denen sich der Arbeitnehmer an den Kosten einer vom Arbeitgeber finanzierten Ausbildung zu beteiligen hat, soweit der Arbeitnehmer vor Ablauf bestimmter Fristen aus dem Arbeitsverhältnis ausscheidet und die konkrete Maßnahme für ihn von geldwertem Vorteil ist, sind nach ständiger Rechtsprechung des BAG grundsätzlich zulässig.[192] Die Vorteile der Ausbildung und Dauer der Bindung müssen hierfür in einem angemessenen Verhältnis zueinander stehen; maßgebend sind insbesondere die Dauer der Bildungsmaßnahme sowie die Qualität der erworbenen Qualifikation.[193]

113 Das BAG geht von folgenden Grundsätzen zur **Bindungsdauer** aus, deren Überschreitung den Arbeitnehmer unangemessen benachteiligt:[194] Bei einer Fortbildungsdauer bis zu einem Monat ohne Verpflichtung zur Arbeitsleistung, aber Fortzahlung der Bezüge ist eine Bindungsdauer bis zu sechs Monaten, bei einer Fortbildungsdauer bis zu zwei Monaten eine Bindungsdauer bis zu einem Jahr, bei einer Fortbildungsdauer von drei bis vier Monaten eine Bindungsdauer bis zu zwei Jahren, bei einer Fortbildungsdauer von sechs Monaten bis zu einem Jahr keine längere Bindungsdauer als drei Jahre und bei mehr als zweijähriger Dauer der Bildungsmaßnahme eine Bindungsdauer von bis zu fünf Jahren zulässig. Entscheidend sind stets die Einzelfallumstände, so dass eine verhältnismäßig lange Bindung auch bei kürzerer Ausbildung möglich ist, wenn die Bildungsmaßnahme für den Arbeitnehmer überdurchschnittlich große Vorteile bringt oder der Arbeitgeber besonders erhebliche Mittel aufwendet.

114 Die Bindungsfrist **beginnt** grundsätzlich mit Beendigung der Bildungsmaßnahme. Problematisch sind gestreckte Bildungsmaßnahmen, bei denen der Arbeitnehmer bereits während der Dauer der Bildungsmaßnahme die erworbenen Kenntnisse zugunsten des Arbeitgebers einsetzen kann. Hier wird es nicht ohne Weiteres gerechtfertigt sein, die Bindungsfrist erst an die Beendigung der vollständigen Bildungsmaßnahme zu knüpfen, es sei denn, erst der Abschluss der Bildungsmaßnahme als solcher beinhaltet den die Bindungsfrist rechtfertigenden geldwerten Vorteil.[195]

115 Die Rückzahlungsklausel benachteiligt den Arbeitnehmer unangemessen, wenn sie nicht danach unterscheidet, ob der **Grund der Beendigung** des Arbeitsverhältnisses der Sphäre des Arbeitgebers oder der des Arbeitnehmers zuzuordnen ist.[196] Eine Rückzahlungspflicht darf nicht bei einer betriebsbedingten Kündigung ausgelöst werden oder wenn der Arbeitnehmer durch vertragswidriges Verhalten des Arbeitgebers zur Eigenkündigung veranlasst wird.[197] Vom BAG noch nicht behandelt ist die Rechtslage bei einer personenbedingten Kündigung, bei der die Beendigung des Arbeitsverhältnisses zwar in die Sphäre des Arbeitnehmers fällt, von diesem jedoch in aller Regel nicht zu vertreten ist. Da der Arbeitgeber hier nicht den Anlass für die Beendigung des Arbeitsverhältnisses setzt, wird eine Rückzah-

---

[189] BAG v. 24.08.2004 - 1 AZR 419/03 - juris Rn. 38 - NZA 2005, 51, 54; einschränkend *Preis*, NZA 2010, 361, 366.

[190] BAG v. 05.08.2009 - 10 AZR 483/08 - juris Fn. 15; *Fuhlrott/Fabritius*, EWiR 2009, 499.

[191] BAG v. 20.04.2011 - 5 AZR 200/10 - juris Rn. 16 - NZA 2011, 917, 918.

[192] BAG v. 21.07.2005 - 6 AZR 452/04 - juris Rn. 13 - NZA 2006, 542, 543.

[193] BAG v. 15.09.2009 - 3 AZR 173/08 - juris Rn. 38 - NZA 2010, 342, 344.

[194] BAG v. 15.09.2009 - 3 AZR 173/08 - juris Rn. 38 - NZA 2010, 342, 344.

[195] Vgl. BAG v. 19.01.2011 - 3 AZR 621/08 - juris Rn. 45 - NZA 2012, 85, 90, für den Fall der Eigenkündigung für Ausbildungsende.

[196] BAG v. 23.01.2007 - 9 AZR 482/06 - juris Rn. 21 - NZA 2007, 749, 750; BAG v. 11.04.2006 - 9 AZR 610/05 - juris Rn. 27 - NZA 2006, 1042, 1045.

[197] BAG v. 11.04.2006 - 9 AZR 610/05 - juris Rn. 27 - NZA 2006, 1042, 1045.

lungspflicht anzuerkennen sein.[198] Generell unzulässig ist eine Rückzahlungsklausel, wenn während der Bildungsmaßnahme ein Arbeitsverhältnis (noch) nicht besteht, der zukünftige Arbeitgeber jedoch zum Zeitpunkt der Ausbildungsvereinbarung kein Arbeitsverhältnis mit konkreten Konditionen verbindlich anbietet.[199]

Die Rückzahlungsklausel muss berücksichtigen, dass dem Arbeitgeber mit der nach Abschluss der Bildungsmaßnahme erbrachten Arbeitsleistung der Wert der Bildungsmaßnahme fortlaufend zugutekommt. Der Rückzahlungsbetrag ist daher mit zunehmender Dauer des Arbeitsverhältnisses anteilig zu reduzieren. Anderenfalls kommt ein Verstoß gegen das Klauselverbot des § 308 Nr. 7 BGB in Betracht.[200]   116

20. Verschwiegenheitspflicht

Im Arbeitsvertrag kann vereinbart werden, dass Arbeitnehmer bestimmte Betriebsgeheimnisse, die sie aufgrund ihrer Tätigkeit erfahren haben, auch nach Beendigung des Arbeitsverhältnisses nicht nutzen oder weitergeben dürfen.[201] Eine reine Verschwiegenheitsvereinbarung, die nicht gleichzeitig wie ein (nachvertragliches) Wettbewerbsverbot wirkt, ist nicht von der Zusage einer Karenzentschädigung abhängig.[202]   117

Eine Verschwiegenheitsverpflichtung kann aber nicht rechtswirksam vereinbart werden, soweit der Arbeitnehmer aufgrund gesetzlicher Bestimmungen – etwa als Zeuge ohne Zeugnisverweigerungsrecht – zur Offenbarung verpflichtet ist. Nach Auffassung des LAG Mecklenburg-Vorpommern soll eine Verschwiegenheitspflicht hinsichtlich der eigenen Arbeitsvergütung gegenüber Arbeitskollegen unangemessen benachteiligen, da ohne entsprechende Kommunikation der Arbeitnehmer an einer Geltendmachung des allgemeinen Gleichbehandlungsgrundsatzes im Rahmen der Lohngestaltung gehindert werde.[203] Dem ist schon deshalb nicht zuzustimmen, weil der allgemeine arbeitsrechtliche Gleichbehandlungsgrundsatz bei individuell ausgehandelten Vergütungen keine Anwendung findet.   118

21. Wettbewerbsverbot und nachvertragliches Wettbewerbsverbot

Da der Rechtsgedanke des § 60 HGB auf sämtliche Arbeitnehmer Anwendung findet, gilt bereits kraft Gesetzes ein Wettbewerbsverbot während der Vertragslaufzeit. Die Vereinbarung eines Wettbewerbsverbotes während der Vertragslaufzeit stellt daher keine von Rechtsvorschriften abweichende Regelung im Sinne des § 307 Abs. 2 Satz 1 BGB dar und benachteiligt den Arbeitnehmer nicht unangemessen. Überschreitet der Kreis der vom vorformulierten Wettbewerbsverbot umfassten Unternehmen diejenigen, mit denen eine tatsächliche Wettbewerbssituation besteht, kann es sich jedoch um ein (unwirksames) Nebentätigkeitsverbot handeln.   119

Die Vereinbarung des nachvertraglichen Wettbewerbsverbots ist auch in vorformulierten Arbeitsbedingungen zulässig. Die Vereinbarung des nachvertraglichen Wettbewerbsverbots muss so eindeutig formuliert sein, dass aus Sicht des Arbeitnehmers kein vernünftiger Zweifel über den Anspruch auf Karenzentschädigung bestehen kann.[204] Findet sich die Regelung über die Karenzentschädigung in der Vereinbarung nicht, genügt angesichts der Regelungsdichte der §§ 74 ff. HGB eine vertragliche Vereinbarung, nach der „im Übrigen die gesetzlichen Vorschriften der §§ 74 ff HGB gelten". Darin liegt im Zweifel die Zusage einer Karenzentschädigung in der gesetzlichen Mindesthöhe.[205]   120

Die Vereinbarung einer aufschiebenden Bedingung ist bei einem nachvertraglichen Wettbewerbsverbot nicht unüblich und nach ständiger Rechtsprechung des BAG zulässig.[206] Soll das nachvertragliche Wettbewerbsverbot beispielsweise erst nach Ablauf der Probezeit in Kraft treten, bedarf es hierzu aber einer eindeutigen Regelung.[207]   121

---

[198] LAG Niedersachsen v. 31.10.2008 - 10 Sa 346/08 - juris Rn. 77 - Beck RS 2009, 52337.
[199] BAG v. 18.11.2008 - 3 AZR 192/07 - juris Rn. 30 - NZA 2009, 435, 438.
[200] LAG Köln v. 27.05.2010 - 7 Sa 23/10 - juris Rn. 31 - NZA-RR 2011, 11, 12.
[201] *Thüsing* in: v. Westphalen, Vertragsrecht u. AGB-Klauselwerke, Arbeitsverträge, Rn. 421.
[202] *Thüsing* in: v. Westphalen, Vertragsrecht u. AGB-Klauselwerke, Arbeitsverträge, Rn. 421.
[203] LAG Mecklenburg-Vorpommern v. 21.10.2009 - 2 Sa 237/09 - juris Rn. 19.
[204] BAG v. 05.09.1995 - 9 AZR 718/93 - juris Rn. 26 - NJW 1996, 1980, 1982 für eine Vereinbarung vor Inkrafttreten des Schuldrechtsmodernisierungsgesetzes.
[205] BAG v. 28.06.2006 - 10 AZR 407/05 - juris Rn. 14 - NZA 2006, 1157, 1158 f.
[206] BAG v. 13.07.2005 - 10 AZR 532/04 - juris Rn. 23 - AP Nr. 78 zu § 74 HGB.
[207] BAG v. 13.07.2005 - 10 AZR 532/04 - juris Rn. 17 - AP Nr. 78 zu § 74 HGB.

§ 310

22. Zielerreichungsabhängige Vergütung

122 In einer Zielvereinbarung vereinbaren Arbeitgeber und Arbeitnehmer Ziele, die der Arbeitnehmer innerhalb eines bestimmten Zeitraums erreichen soll, sowie typischerweise ein zusätzliches Entgelt für den Fall, dass die Ziele ganz oder teilweise erreicht werden.[208] Regelmäßig erfolgt die Gestaltung durch eine Rahmenvereinbarung und jeweilige Einzelregelungen für die einzelnen Perioden. Die Rahmenvereinbarung regelt das Verfahren der Zielvereinbarung oder -festsetzung, die Art der zugrunde zu legenden Ziele, die Grade der Zielerreichung, die Ermittlung der Prämienhöhe sowie Modalitäten hinsichtlich der Auszahlung.[209]

123 Hinsichtlich der Angemessenheitskontrolle gemäß § 307 Abs. 1 Satz 1 BGB ist zu differenzieren: Die Rahmenvereinbarung regelt zumeist nicht selbst die Hauptleistungspflichten, sondern die Modalitäten ihrer Parametrierung. Sie unterliegt daher der Angemessenheitskontrolle gemäß § 307 Abs. 1 Satz 1 BGB. Die ausfüllenden Einzelregelungen für die jeweilige Zielperiode unterliegen dann keiner Inhaltskontrolle gemäß § 307 Abs. 1 Satz 1 BGB, wenn es sich um eine einvernehmliche Zielvereinbarung handelt. In diesem Fall wird eine Hauptleistungspflicht bestimmt, die der Angemessenheitskontrolle gemäß § 307 Abs. 3 Satz 1 BGB entzogen ist.[210] Auch die Zielvorgabe, die vom Arbeitgeber einseitig aufgestellt wird, unterliegt mangels Vereinbarungscharakter nicht der Inhaltskontrolle gemäß §§ 305 ff. BGB, wohl aber der Billigkeitskontrolle als einseitige Leistungsbestimmung nach § 315 Abs. 3 BGB.[211]

F. Ungeschriebene Ausnahmen

124 Die Bereichsausnahmen sind damit aber nicht abschließend geregelt. Vielmehr sind trotz des Wortlauts weitere Ausnahmen denkbar.[212]

125 Anleihebedingungen von **Inhaberschuldverschreibungen** stellen derartige Ausnahmen dar. Sie müssen entgegen § 305 BGB nicht übergeben werden, um dem Vertragspartner die Möglichkeit zumutbarer Kenntnisnahme zu eröffnen und wirksam in den Vertrag einbezogen zu werden. Ursache ist der Wille des Gesetzgebers, Teilschuldverschreibungen als fungible Wertpapiere auszugestalten. Zusätzliches Argument ist der Grundsatz, dass die Auslegung von Schuldverschreibungen für alle Stücke einheitlich und ohne Rücksicht auf Besonderheiten in der Person des einzelnen Inhabers erfolgen muss. Würde bei Weitergabe an Zweiterwerber jeweils die Geltung der Bedingungen von der Beachtung von § 305 Abs. 2 BGB abhängen, wäre dies nicht gewährleistet.[213]

---

[208] *Thüsing* in: v. Westphalen, Vertragsrecht und AGB-Klauselwerke, Arbeitsverträge, Rn. 459.
[209] *Thüsing* in: v. Westphalen, Vertragsrecht und AGB-Klauselwerke, Arbeitsverträge, Rn. 459.
[210] BAG v. 12.12.2007 - 10 AZR 97/07 - juris Rn. 16 - NZA 2008, 409, 411; *Salamon*, NZA 2010, 314, 315.
[211] BAG v. 12.12.2007 - 10 AZR 97/07 - juris Rn. 16 - NZA 2008, 409, 411; *Salamon*, NZA 2010, 314, 315.
[212] BGH v. 28.06.2005 - XI ZR 363/04 - juris Rn. 15 - NSW BGB § 793.
[213] BGH v. 28.06.2005 - XI ZR 363/04 - juris Rn. 17 - NSW BGB § 793.

Abschnitt 3 - Schuldverhältnisse aus Verträgen
Titel 1 - Begründung, Inhalt und Beendigung
Untertitel 1 - Begründung

§ 311 BGB Rechtsgeschäftliche und rechtsgeschäftsähnliche Schuldverhältnisse

(Fassung vom 02.01.2002, gültig ab 01.01.2002)

(1) Zur Begründung eines Schuldverhältnisses durch Rechtsgeschäft sowie zur Änderung des Inhalts eines Schuldverhältnisses ist ein Vertrag zwischen den Beteiligten erforderlich, soweit nicht das Gesetz ein anderes vorschreibt.

(2) Ein Schuldverhältnis mit Pflichten nach § 241 Abs. 2 entsteht auch durch

1. die Aufnahme von Vertragsverhandlungen,
2. die Anbahnung eines Vertrags, bei welcher der eine Teil im Hinblick auf eine etwaige rechtsgeschäftliche Beziehung dem anderen Teil die Möglichkeit zur Einwirkung auf seine Rechte, Rechtsgüter und Interessen gewährt oder ihm diese anvertraut, oder
3. ähnliche geschäftliche Kontakte.

(3) [1]Ein Schuldverhältnis mit Pflichten nach § 241 Abs. 2 kann auch zu Personen entstehen, die nicht selbst Vertragspartei werden sollen. [2]Ein solches Schuldverhältnis entsteht insbesondere, wenn der Dritte in besonderem Maße Vertrauen für sich in Anspruch nimmt und dadurch die Vertragsverhandlungen oder den Vertragsschluss erheblich beeinflusst.

Gliederung

A. Grundlagen 1	5. Einschränkungen 45
B. Kommentierung zu Absatz 1 – Vertragsfreiheit 3	6. Ende des Schuldverhältnisses 47
	7. Parteien des Schuldverhältnisses 49
I. Kurzcharakteristik 3	8. Verhältnis zu anderen Vorschriften 50
II. Rechtsgeschäftliche Schuldverhältnisse 5	II. Rechtsfolgen der c.i.c. 53
1. Verpflichtende Verträge 6	1. Grundlagen 53
2. Verfügende Verträge 7	2. Rechtsprechung 55
3. Abstrakte Verträge 9	3. Fallgruppen 59
4. Un-/Entgeltliche Verträge 10	a. Verletzung von Schutzpflichten während der Vertragsverhandlungen 60
5. Verpflichtende Verträge 12	b. Verletzung von Aufklärungspflichten 61
6. Dauerschuldverhältnisse 13	c. Verhinderung des Vertragsabschlusses ... 65
III. Änderung und Aufhebung von Schuldverhältnissen 14	d. Abbruch von Vertragsverhandlungen ohne Grund 66
IV. Typische und atypische Verträge 18	e. Öffentliche Ausschreibungen 68
V. Verbundene Verträge 21	f. Irrtum nicht erregen bzw. korrigieren 71
VI. Gemischte Verträge 26	g. Verwendung unwirksamer Klauseln 72
C. Kommentierung zu Absatz 2 27	D. Kommentierung zu Absatz 3 73
I. Verschulden bei Vertragsschluss 27	I. Einbeziehung Dritter in das Schuldverhältnis ... 73
1. Kurzcharakteristik 27	1. Normstruktur 74
2. Normstruktur 32	2. Generalklausel (Absatz 3 Satz 1) 77
3. Vertragsanbahnung und -verhandlung (Absatz 2 Nr. 1 und 2) 36	3. Besonderes persönliches Vertrauen (Absatz 3 Satz 2) 78
4. Ähnliche geschäftliche Kontakte (Absatz 2 Nr. 3) 41	II. Rechtsfolgen 89

§ 311

A. Grundlagen

1 Die Regelung § 311 BGB besteht aus zwei Teilen, die wenig miteinander verbindet.[1] Absatz 1 ist sachlich und redaktionell identisch mit dem früheren § 305 BGB a.F. Die Verschiebung war wegen der Einfügung des AGBG ins BGB erforderlich.

2 Die Reform des Schuldrechts wurde zum Anlass genommen, das Rechtsinstitut culpa in contrahendo (Verschulden bei Vertragsverhandlungen) erstmals gesetzlich zu regeln. Zu diesem Zweck wurden die Absätze 2 und 3 eingeführt. Dabei regelt Absatz 2 (vgl. dazu Rn. 27 ff.) das Recht der **vor- bzw. quasivertraglichen Verbindungen**, während Absatz 3 (vgl. dazu Rn. 73 ff.) die **Einbeziehung und Haftung Dritter** zum Gegenstand hat.

B. Kommentierung zu Absatz 1 – Vertragsfreiheit

I. Kurzcharakteristik

3 Absatz 1 ist die Grundnorm für sämtliche Schuldverhältnisse. Sie beruht auf der **Vertragsfreiheit**. Die Vertragsfreiheit gehört zu den gemeinsamen Prinzipien des Zivilrechts in allen Mitgliedsstaaten der EG.[2] Die Vorschrift begründet das Vertragsprinzip, wonach Schuldverhältnisse grundsätzlich nur zwischen den Vertragsparteien begründet, geändert oder aufgehoben werden können und wonach unbeteiligte Dritte weder berechtigt noch verpflichtet werden können.[3]

4 Die Vertragsfreiheit ist durch die Grundrechte geschützt.[4] Ausprägungen sind die positive und negative **Abschlussfreiheit** und die inhaltliche **Gestaltungsfreiheit**. Diese Gestaltungsfreiheit findet in der Praxis dort ihre Schranken, wo wirtschaftliches Ungleichgewicht die Rechte der Vertragspartner bedroht. Dies hat der Gesetzgeber insbesondere im Bereich der AGB-Kontrolle und der zwingenden Normen zum Schutz der Verbraucher berücksichtigt.

II. Rechtsgeschäftliche Schuldverhältnisse

5 Die Regelung betrifft nur **rechtsgeschäftliche Schuldverhältnisse**. Gesetzliche Schuldverhältnisse sind nicht davon betroffen. Es gibt unterschiedliche Formen von rechtsgeschäftlichen Schuldverhältnissen:

1. Verpflichtende Verträge

6 **Verpflichtende Verträge** sind Schuldverträge im engeren Sinne und werden auch obligatorische Verträge genannt. Sie begründen ein Schuldverhältnis nach § 241 BGB (vgl. die Kommentierung zu § 241 BGB).

2. Verfügende Verträge

7 **Verfügende Verträge** verändern ein Rechtsverhältnis. Hauptgruppe sind die sachenrechtlichen, dinglichen Verträge. Auch im Schuldrecht gibt es verfügende Verträge, etwa Abtretung (§ 398 BGB), Aufrechnung (§ 387 BGB), Erlass (§ 397 BGB), Forderungsabtretung (§ 398 BGB), Schuldübernahme (§ 414 BGB) etc.[5]

8 Kausale Verträge haben neben der Hauptleistungspflicht auch einen Rechtsgrund (causa). Nach altem Verständnis konnte es nur Verträge mit Rechtsgrund geben.

3. Abstrakte Verträge

9 **Abstrakte Verträge** sind demgegenüber von einem Rechtsgrund gelöst. Der Rechtsgrund findet sich in einem gesonderten kausalen Vertrag, es genügt dazu aber eine Zweckabrede. Abstrakte Verträge sind beispielsweise Schuldversprechen (§ 780 BGB) und Anerkenntnis (§ 781 BGB).

4. Un-/Entgeltliche Verträge

10 **Entgeltliche Verträge** sind dadurch gekennzeichnet, dass die Parteien wechselseitig Verpflichtungen eingehen. Dazu genügt eine Gegenleistung, eine Geldleistung muss nicht versprochen werden. In der Regel stehen die Hauptleistungspflichten im Gegenseitigkeitsverhältnis nach § 320 BGB (Synal-

---

[1] *Heinrichs* in: Palandt, § 311 Rn. 1.
[2] *Emmerich* in: MünchKomm-BGB, § 311 Rn. 10.
[3] *Emmerich* in: MünchKomm-BGB, § 311 Rn. 5.
[4] Vgl. *Kramer* in: MünchKomm-BGB, § 145 Rn. 6.
[5] *Emmerich* in: MünchKomm-BGB, § 311 Rn. 19.

lagma). Seltener ist die Erfüllung einer Hauptleistungspflicht als Bedingung (§ 158 BGB) für die andere Hauptleistungspflicht ausgestaltet. Ausnahmsweise kann eine Hauptleistungspflicht auch lediglich der Rechtsgrund des Vertrages sein.[6]

Bei **unentgeltlichen Verträgen** steht der Hauptleistungspflicht, die den Vertrag prägt, keine Vergütungspflicht gegenüber. Es gibt aber sehr wohl auch Pflichten der anderen Partei. Unentgeltliche Verträge sind nicht stets einseitig verpflichtende Verträge, es fehlt bei ihnen lediglich eine Hauptleistungspflicht der anderen Vertragspartei.[7] Manche der unentgeltlichen Verträge sind immer unentgeltlich, wie Schenkung (§ 516 BGB), Auftrag (§ 662 BGB), Leihe (§ 598 BGB), andere können auch als entgeltlich ausgestaltet sein, etwa Darlehen (§§ 488, 607 BGB) oder Bürgschaft (§ 756 BGB).

5. Verpflichtende Verträge

Man kann auch **einseitig und zweiseitig verpflichtende Verträge** unterscheiden. Dies betrifft die Hauptleistungspflichten, da bei jedem Vertrag alle Vertragspartner Nebenpflichten (Schutzpflichten etc.) haben. Daneben gibt es noch unvollkommen zweiseitig verpflichtende Verträge wie etwa Auftrag (§ 662 BGB) oder Leihe (§ 598 BGB).

6. Dauerschuldverhältnisse

Der allgemeine Teil des BGB ist vor allem auf Verträge zugeschnitten, die dem einmaligen Leistungsaustausch dienen. Darüber hinaus gibt es noch Dauerschuldverhältnisse, etwa Miete, Gesellschaft, Arbeitsvertrag. Weitere Formen sind Sukzessivlieferungsverträge, Wiederkehrschuldverhältnisse, Versicherungsverträge etc.

III. Änderung und Aufhebung von Schuldverhältnissen

Wie die Begründung geschehen auch **Änderung** und **Aufhebung** von Schuldverhältnissen grundsätzlich durch Vertrag. Daneben kommen Änderungen auch durch einen Vertrag mit einem Dritten in Betracht, so bei Veräußerung einer Mietwohnung (§ 566 BGB) bei einem Betriebsübergang (§ 613a BGB). Eine Aufhebung des Vertrages ist auch durch gerichtliche Entscheidung (z.B. im Kündigungsschutzprozess) oder durch einseitige Gestaltungsrechte möglich. Daneben kann durch Vertrag jede Form der Änderung eines Schuldverhältnisses vereinbart werden.

Formvorschriften, die für das ursprüngliche Schuldverhältnis gelten, sind auch für den Änderungsvertrag zu beachten.[8] Eine Ausnahme von diesem Grundsatz kommt dann in Betracht, wenn durch eine nachträgliche Vereinbarung nur unvorhergesehen aufgetretene Schwierigkeiten bei der Vertragsabwicklung beseitigt werden sollen und wenn die zu diesem Zweck getroffene Vereinbarung die beiderseitigen Verpflichtungen, wegen denen die Form vorgeschrieben ist, nicht wesentlich verändert.[9]

Ist die Vertragsänderung wegen Nichtbeachtung der Schriftform nichtig, so ergreift die **Nichtigkeit** dieser Vereinbarung den wirksam geschlossenen ursprünglichen Vertrag nicht, wenn die Parteien den Ursprungsvertrag lediglich abändern, nicht aber insgesamt aufheben und durch eine neue Vereinbarung ersetzen wollten.[10] Ob für den Änderungsvertrag die Formvorschriften gelten, ist vom Gesetzeszweck der Formvorschriften abzugrenzen.[11]

Bei willkürlicher Schriftform kann im Änderungsvertrag auch die Schriftformklausel geändert werden. Ob dies im Zweifel anzunehmen ist[12] oder nur bei Einigung der Parteien auch über die Formvorschrift[13], hängt von der Situation und der Schriftformklausel ab. In der Regel werden die Parteien nicht an die Schriftformklausel und deren Aufhebung denken (vgl. dazu ausführlich die Kommentierung zu § 305b BGB Rn. 20).

---

[6] *Emmerich* in: MünchKomm-BGB, § 311 Rn. 21.
[7] Missverständlich daher *Kindl* in: Erman, § 311 Rn. 9.
[8] BGH v. 29.01.1992 - XII ZR 175/90 - juris Rn. 20 - NJW-RR 1992, 654-655.
[9] BGH v. 05.04.2001 - VII ZR 119/99 - juris Rn. 20 - NJW 2001, 1932-1934.
[10] BGH v. 07.07.1992 - KZR 28/91 - juris Rn. 15 - BGHZ 119, 112-117.
[11] BGH v. 29.01.1992 - XII ZR 175/90 - juris Rn. 21 - NJW-RR 1992, 654-655.
[12] So *Heinrichs* in: Palandt, § 311 Rn. 1.
[13] *Emmerich* in: MünchKomm-BGB, § 311 Rn. 27.

IV. Typische und atypische Verträge

18 Im BGB ist eine Reihe von typischen und im Rechtsverkehr häufigen Verträgen (etwa Kauf, Miete, Werkvertrag etc.) detailliert geregelt. Eine Reihe anderer, ebenfalls häufig vorkommender Verträge, ist nur durch die Rechtsprechung und Literatur sowie die Kautelarpraxis strukturiert. Man bezeichnet die im BGB geregelten Vertragstypen daher auch als **benannte Vertragstypen.** Bei der vertragstypologischen Einordnung kommt es dabei in erster Linie auf den objektiven Vertragsinhalt, nicht aber auf die von den Parteien gewählte Bezeichnung des Vertrages an.[14]

19 Diesen benannten stehen die **unbenannten Vertragstypen** gegenüber. In ihrer rechtlichen Behandlung unterliegen die Verträge in erster Linie dem allgemeinen Schuldrecht.[15] In erster Linie ist daher auf die ausformulierten Vertragsbedingungen abzustellen. Bei derartigen, im Grundsatz durch die Rechtsprechung und Literatur anerkannten, aber nicht im Detail gesetzlich ausdifferenzierten Vertragstypen, ist daher besonderes Augenmerk auf die genaue Regelung der Vertragsbedingungen zu legen. Ergänzend ist auf die jeweilige Interessenlage und besondere Umstände des Einzelfalls abzustellen. Weiterhin ist im Rahmen von § 157 BGB auf eventuell bestehende Verkehrssitten Rücksicht zu nehmen.

20 Soweit Vertragstypen (noch) nicht derart etabliert sind, werden diese gern als atypische Verträge bezeichnet. In der Praxis spielt die Abgrenzung zu den unbenannten typischen Verträgen aber keine Rolle,[16] auch hier ist besonderer Wert auf die Ausgestaltung der Regelungen über die Rechte und Pflichten beider Parteien zu legen, da ein Rückgriff auf gesetzliche Regelungen ausscheidet. Bei den atypischen Verträgen gibt es allerdings keine Verkehrssitte, aber auch keine gerichtlichen Einordnungen, von denen man sich eventuell abgrenzen müsste.

V. Verbundene Verträge

21 Mehrere Verträge können von den Parteien auch miteinander verknüpft werden.

22 Eine häufige Form der verbundenen Verträge sind Rahmenverträge. Dabei schließen Parteien, die vorhaben, eine unbestimmte Anzahl mehr oder weniger ähnlicher Rechtsgeschäfte zu tätigen, einen übergeordneten Vertrag, der die allen folgender Verträgen gemeinsamen Regelungen enthält. Die einzelnen im Rahmen dieses Vertrages geschlossenen Verträge sind rechtlich selbständig. Soweit in diesen keine Regelung enthalten ist, gelten ergänzend der Rahmenvertrag und erst danach das dispositive Gesetzesrecht. Soweit der Einzelvertrag vom Rahmenvertrag abweichende Regelungen enthält, gilt vorrangig der Individualvertrag. Soweit es sich beim Rahmenvertrag um AGB und beim Einzelvertrag um einen Individualvertrag handelt, folgt dies aus § 305b BGB. In anderen Fällen ist durch Auslegung zu ermitteln, welche Bestimmung Vorrang hat.

23 Verträge können auch in der Weise miteinander verbunden sein, dass ein Vertrag die Geschäftsgrundlage von einem oder mehreren weiteren Verträgen ist. In diesem Fall hat jedenfalls eine Partei am isolierten Fortbestand des verbundenen Vertrages erkennbar kein Interesse. So geht man bei Neuwagenkauf und Inzahlungnahme des Gebrauchtwagens von einem einheitlichen Vertrag aus.[17] Teilweise wird diese Art der Verbindung auch für Verträge über Softwarekauf als Basis für Softwareanpassung und -pflege angenommen.

24 Auch durch eine aufschiebende oder auflösende Verbindung können Verträge miteinander verbunden werden. So bietet es sich an, bei teilweise formbedürftigen Verträgen den Abschluss des beispielsweise notariell zu beurkundenden Vertrages über GmbH-Anteile zur aufschiebenden Bedingung eines zuvor abzuschließenden anderen Vertrages zu machen.

25 Die Parteien können auch mehrere Verträge in einer einheitlichen Urkunde verbinden. So kann bei Verträgen über IT-Leistungen der Erwerb von Standardsoftware (Kaufvertrag) mit deren Anpassung (Werkvertrag) und Pflege und Betrieb oder beim Unternehmenskauf die Übertragung von Geschäftsanteilen, beweglichem und unbeweglichem Vermögen, Forderungen, gewerblichen Schutzrechten, Forderungen etc. verbunden sein. Dabei stellt sich die Frage, ob ein einheitlich zu beurteilender Vertrag

---

[14] Kindl in: Erman, § 311 Rn. 9.
[15] Kindl in: Erman, § 311 Rn. 10, wo sich auch eine umfangreiche, wenngleich nicht abschließende Liste der anerkannten unbenannten Vertragstypen findet.
[16] Kindl in: Erman, § 311 Rn. 11.
[17] BGH v. 30.11.1983 - VIII ZR 190/82 - juris Rn. 7 - BGHZ 89, 126-136.

oder nur eine gemeinsame Urkunde geschaffen wurden. Ein einheitlicher Vertrag ist nur dann anzunehmen, wenn die Teilverträge so miteinander verbunden sind, dass sämtliche Teile „miteinander stehen und fallen sollen".[18]

VI. Gemischte Verträge

Die Vertragsfreiheit erlaubt es den Parteien, Verträge beliebig zusammenzufassen und neue Vertragstypen zu ersinnen, die von den bestehenden gesetzlichen Leitbildern abweichen. Ein klassisches Beispiel ist der **Beherbergungsvertrag**, bei dem Elemente aus Mietrecht (Raum), Dienstvertrag (Service) sowie Kauf- und Werkvertrag (Speisen und Getränke) verbunden sind. Ein moderneres Beispiel ist der **Pflegevertrag** bei Software, der Dienstvertrag (Hotline, Beratung), Kaufvertrag (Update), Werkvertrag (Fehlerbehebung, neue Funktionen) und eventuell weitere Typen miteinander kombiniert. Nach anfänglichen Versuchen, für diese Fälle einheitliche Theorien zu entwickeln, orientiert man sich heute an Sinn und Zweck des einzelnen Vertrages.[19] Enthält ein gemischter Vertrag eigenständige Regelungen, die ihren Voraussetzungen und Rechtsfolgen nach jeweils nur einem der darin enthaltenen Vertragstypen zuzuordnen sind, so bestimmt sich das anzuwendende Recht nach dem Sinn und Zweck der jeweiligen Regelungen und der Interessenlage der Parteien. Dabei ist es grundsätzlich geboten, die jeweils sachnächsten Vorschriften anzuwenden, soweit sie nicht im Widerspruch zum Gesamtvertrag stehen.[20]

26

C. Kommentierung zu Absatz 2

I. Verschulden bei Vertragsschluss

1. Kurzcharakteristik

Mit der Regelung der Absätze 2 und 3 wurde erstmals das **ungeschriebene Rechtsinstitut** der c.i.c. gesetzlich geregelt.[21] Die Kommission zur Reform des Schuldrechts von 1991 hatte eine ganz knappe Bestimmung vorgeschlagen, nach der ein Schuldverhältnis mit Rechten und Pflichten bereits durch die Anbahnung eines Vertrages entstehen könne.[22] Demgegenüber ist die jetzige Regelung differenzierter. Mit der jetzigen Fassung hat der Gesetzgeber den Versuch unternommen, die bisherige Rechtsprechung ohne eine Änderung in gesetzliche Form zu gießen. In der Begründung heißt es ausdrücklich, dass das Rechtsinstitut der c.i.c. keine erkennbaren und reformbedürftigen Mängel aufweise.[23]

27

Die Verankerung dieses Rechtsgrundsatzes im BGB klärt auch eine Reihe von Fragen, die bislang durch eine vielfältige Rechtsprechung beantwortet wurden. Die Norm legt fest, dass in den genannten Fällen (Absatz 2) ein Schuldverhältnis zwischen den Parteien besteht und damit unabhängig von den späteren Hauptleistungspflichten bereits die in § 241 Abs. 2 BGB geregelten Pflichten bestehen (vgl. die Kommentierung zu § 241 BGB).[24]

28

Auch wenn der Gesetzgeber im Grundsatz keine Änderungen an dem bewährten Rechtsinstitut vornehmen wollte, so hat er doch in die Struktur grundlegend eingegriffen. Anstelle der von der Rechtsprechung entwickelten Fallgruppen definiert das Gesetz nun Situationen, in denen ein Schuldverhältnis anzunehmen ist. Diese beiden Ziele waren widersprüchlich und dementsprechend ist die Norm nur schwer zu handhaben.[25] Rechtsprechung zur Interpretation der neuen Norm ist noch nicht bekannt.

29

Die Prüfung hat damit zu beginnen, das Vorliegen dieser nun im Gesetz genannten Voraussetzungen zu prüfen. Es kann vorausgesehen werden, dass die Praxis über die bislang anerkannten Fallgruppen hinaus in weiteren Fällen ein Schuldverhältnis mit allen daraus resultierenden Rechten und Pflichten annehmen wird.

30

Die Rechtsprechung zeigt allerdings nur begrenzt Interesse, sich mit der Norm auseinanderzusetzen, und stellt schlicht Aufklärungspflichten fest, ohne diese näher zu begründen.[26]

31

---

[18] *Kindl* in: Erman, § 311 Rn. 14.
[19] *Emmerich* in: MünchKomm-BGB, § 311 Rn. 46; *Kindl* in: Erman, § 311 Rn. 16.
[20] BGH v. 19.12.2001 - XII ZR 233/99 - juris Rn. 20 - LM BGB § 558 Nr. 58 (11/2002).
[21] Zum Kodifikationsverfahren *Keller*, Schuldverhältnis und Rechtskreiseröffnung, S. 187 ff.
[22] *Emmerich* in: MünchKomm-BGB, § 311 Rn. 52.
[23] *Emmerich* in: MünchKomm-BGB, § 311 Rn. 54.
[24] *Heinrichs* in: Palandt, § 311 Rn. 21.
[25] *Keller*, Schuldverhältnis und Rechtskreiseröffnung, S.194.
[26] BGH v. 22.04.2010 - III ZR 318/08 - juris Rn. 23.

2. Normstruktur

32 Vor der Schuldrechtsreform wurden überwiegend fünf **Fallgruppen** unter den Begriff der c.i.c. subsumiert:[27]
- Verletzung von Schutzpflichten während der Vertragsverhandlungen,
- Verletzung von Aufklärungspflichten,
- Verhinderung des Vertragsabschlusses,
- Abbruch von Vertragsverhandlungen ohne Grund,
- Sachwalterhaftung Dritter (Absatz 3).

Der Gesetzgeber hat daraus drei Fallkonstellationen in Absatz 2 und die Sachwalterhaftung eigenständig in Absatz 3 (vgl. dazu Rn. 73 ff.) geregelt.

33 Während die Rechtsprechung ihre Fallgruppen im Hinblick auf die verletzten Pflichten bildete, definiert das Gesetz in Absatz 2 Nr. 1, 2 und 3 verschiedene Situationen (Vertragsanbahnung, Vertragsverhandlung und ähnliche geschäftliche Kontakte), in denen ein Schuldverhältnis mit allen Rechten und Pflichten (§ 241 Abs. 2 BGB) entsteht. Rechtsfolgen werden in der Norm nicht geregelt. Diese ergeben sich aus der Tatsache, dass ein Schuldverhältnis angenommen wird. Einzelheiten ergeben sich dann aus den übrigen Regelungen über Schuldverhältnisse, etwa § 280 BGB.[28]

34 Die Interpretation der neuen Norm ist aber noch Gegenstand heftigen Streits.[29] Grund dafür ist insbesondere, dass die Norm wenig geglückt formuliert ist und eigentlich nur vor dem Hintergrund der Geschichte und der Rechtsprechung wirklich verstanden werden kann.[30]

35 Aufgrund der neuen Normstruktur hat die Prüfung nunmehr von den im Gesetz geregelten Tatbeständen auszugehen und nicht mehr auf Basis der von der Rechtsprechung entwickelten Fallgruppen zu erfolgen.[31] Die Kodifikation führt zum Ergebnis, dass nunmehr die Gesetzeslage Ausgangspunkt der Interpretation sein muss. Die Grundlagen sind von dort aus neu zu bestimmen.[32] Die Historie ist nur insoweit von Bedeutung, als sie zum Verständnis der Normstruktur erforderlich ist. Der BGH scheint die gesetzliche Regelung zu ignorieren und argumentiert ohne Bezug zum Gesetz.[33]

35.1 Die Prospekthaftung im weiteren Sinne knüpft nach Ansicht des BGH als Anspruch aus Verschulden bei Vertragsschluss an die (vor-)vertraglichen Beziehungen zum Anleger an, wobei allgemein auf § 311 Abs. 2 BGB, nicht aber die einzelnen dort normierten Tatbestände Bezug genommen wird (BGH v. 23.04.2012 - II ZR 75/10 - juris Rn. 9).

3. Vertragsanbahnung und -verhandlung (Absatz 2 Nr. 1 und 2)

36 Nach dem Wortlaut sind in Absatz 2 Nr. 1 und 2 zwei unterschiedliche Tatbestände geregelt. Genauere Betrachtung zeigt jedoch, dass **Vertragsverhandlung** ein Fall der **Vertragsanbahnung** ist.[34] Beide Tatbestände bezeichnen den frühesten Fall, ab dem von einem Schuldverhältnis auszugehen ist. Vertragsanbahnung ist dabei weit auszulegen. Bereits mit irgendeiner Handlung zur Aufnahme von Vertragsverhandlungen entsteht das Schuldverhältnis zwischen den Parteien. Dazu genügt auch eine einseitige Handlung, durch die die andere Seite zur Aufnahme von Verhandlungen veranlasst werden soll. Auch das Rechtsverhältnis zwischen einem im Rahmen des Vergaberechts ausschreibenden Auftraggeber und den Bietern zählt dazu.[35] Außerhalb des Anwendungsbereichs von § 241a BGB reicht sogar die Zusendung unbestellter Ware aus.[36]

37 Die in Absatz 2 Nr. 2 formulierte Tatbestandsvoraussetzung Vertragsanbahnung ist der in Absatz 2 Nr. 1 normierten Aufnahme von Vertragsverhandlungen vorgelagert. Hierzu zählen alle rechtsgeschäftlichen Kontakte zwischen zwei oder mehr Parteien, die noch nicht die Stufe der Anbahnung von Vertragsverhandlungen erreichen, sehr wohl aber im Hinblick auf einen möglichen späteren Vertragsschluss erfolgen.[37] Der Tatbestand ist daher weit auszulegen.

---

[27] *Emmerich* in: MünchKomm-BGB, § 311 Rn. 59.
[28] *Heinrichs* in: Palandt, § 311 Rn. 21.
[29] Vgl. dazu *Keller*, Schuldverhältnis und Rechtskreiseröffnung, S. 23 ff.
[30] *Keller*, Schuldverhältnis und Rechtskreiseröffnung, S. 200.
[31] *Kindl* in: Erman, § 311 Rn. 19 ff.
[32] Grundlegend dazu *Keller*, Schuldverhältnis und Rechtskreiseröffnung, S. 193 ff.
[33] BGH v. 22.03.2010 - II ZR 66/08.
[34] *Emmerich* in: MünchKomm-BGB, § 311 Rn. 67; *Keller*, Schuldverhältnis und Rechtskreiseröffnung, S. 194.
[35] OLG Dresden v. 09.03.2004 - 20 U 1544/03 - NZBau 2004, 404-405.
[36] *Emmerich* in: MünchKomm-BGB, § 311 Rn. 71.
[37] *Kindl* in: Erman, § 311 Rn. 21.

Eingeschränkt wird dieser Tatbestand allerdings durch die ausdrücklich normierte weitere Anforderung, dass dem anderen Teil die Möglichkeit zur Einwirkung auf seine Rechte, Rechtsgüter und Interessen gewährt oder ihm diese anvertraut werden. Allzu hohe Anforderungen sind damit aber nicht verbunden.[38] Insbesondere muss diese Einwirkungsmöglichkeit nicht bewusst geschaffen werden. Vielmehr genügt, dass sie tatsächlich geschaffen wird. 38

Die Aufnahme von Vertragsverhandlungen nach Absatz 2 Nr. 1 schließt zeitlich in der Regel an die Vertragsanbahnung an, wenn nicht die Parteien unmittelbar zur Aufnahme der Vertragsverhandlungen schreiten. Die Abgrenzung zur Anbahnung ist schwierig, aber praktisch bedeutungslos.[39] Die Bedeutung dieses Tatbestands liegt zum einen in der Überbrückung der Zeit zwischen Vertragsanbahnung und Vertragsschluss, zum anderen in der Regelung für den Fall unmittelbarer Aufnahme von Vertragsverhandlungen. Insoweit vervollständigt sie den Tatbestand des Absatzes 2 Nr. 2. 39

Bei Aufnahme von Vertragsverhandlungen nach Absatz 2 Nr. 1 ist das zusätzliche Erfordernis der Einwirkungsmöglichkeit nicht mehr geregelt. Der Gesetzgeber setzt dies in diesem Zeitpunkt als selbstverständlich voraus.[40] 40

4. Ähnliche geschäftliche Kontakte (Absatz 2 Nr. 3)

Inwieweit für Absatz 2 Nr. 3 ein eigener Anwendungsbereich bleibt, ist umstritten. Eigentlich soll die Norm Fälle umfassen, in denen ein Vertrag noch nicht angebahnt, sondern nur vorbereitet werden soll. Richtigerweise ist dieser Fall aber unter Absatz 2 Nr. 2 zu fassen.[41] Es verbleiben Fälle geschäftlicher Kontakte, in denen kein Schuldverhältnis zwischen den Parteien angebahnt oder vorbereitet werden sollte. Man kann die Norm auch als Auffangtatbestand interpretieren.[42] Der Anwendungsbereich der Auffangnorm bleibt aber gering. 41

Anwendungsfälle dieses Tatbestandes sind Gespräche, die letztlich nur zu einem Gefälligkeitsverhältnis führen sollen oder beispielsweise die Scheckauskunft durch die bezogene Bank.[43] Auch die tatsächlich ausgeübte Ermächtigung, eigentlich dem Bankgeheimnis unterliegende Informationen über den Bankkunden an den Vermittler weiterzugeben, kann einen ähnlichen geschäftlichen Kontakt begründen, der letztlich zur Haftung für das Verhalten des Vermittlers führt.[44] 42

Aufgrund der engen Formulierung in Absatz 3 ist davon auszugehen, dass die Eigenhaftung Dritter wegen besonderen eigenen wirtschaftlichen Interesses hier bei Absatz 2 Nr. 3 einzuordnen ist. Die Rechtsprechung hat zu dieser Fallgruppe wiederholt entschieden, dass für die Anerkennung der Eigenhaftung nicht jedes, insbesondere nicht ein nur mittelbares wirtschaftliches Interesse ausreicht. Erforderlich ist vielmehr eine so enge Beziehung zum Vertragsgegenstand, dass der Verhandelnde gleichsam in eigener Sache tätig wird, so dass er als wirtschaftlicher Herr des Geschäfts anzusehen ist.[45] Beispiel ist der bei Beurkundung des von ihm vermittelten Hauptvertrages anwesende Makler, dem in diesem Vertrag ein selbständiger Provisionsanspruch gegen den Vertragspartner seines Kunden eingeräumt wird.[46] 43

Praktisch wird die Abgrenzung keine große Bedeutung erlangen. Aus der Zusammenschau der drei Tatbestände kann der gesetzgeberische Wille entnommen werden, in eher weitem und großzügigem Rahmen auch bei losen geschäftlichen Kontakten, die Entstehung von Schuldverhältnissen mit allen Rechten und Pflichten zu bejahen. 44

5. Einschränkungen

Aber nicht jeder Kontakt zwischen Personen führt zur Entstehung von Schuldverhältnissen. Alle drei Tatbestände formulieren ausdrücklich Einschränkungen. Bei Absatz 2 Nr. 1 wird der Anwendungsbereich auf Vertragsverhandlungen begrenzt. Verträge in diesem Sinn sind schuldrechtliche Verträge. Auch Absatz 2 Nr. 2 begrenzt seinen Anwendungsbereich auf Verträge. Einerseits wird der Anwen- 45

---

[38] *Kindl* in: Erman, § 311 Rn. 21.
[39] *Kindl* in: Erman, § 311 Rn. 20.
[40] *Kindl* in: Erman, § 311 Rn. 20; *Gehrlein/Grüneberg* in: Bamberger/Roth, BGB, § 311 Rn. 44.
[41] *Kindl* in: Erman, § 311 Rn. 22.
[42] *Emmerich* in: MünchKomm-BGB, § 311 Rn. 68; *Keller*, Schuldverhältnis und Rechtskreiseröffnung, S. 198 ff.
[43] *Emmerich* in: MünchKomm-BGB, § 311 Rn. 68.
[44] BGH v. 15.3.2012 - III ZR 148/11 - juris Rn. 13 - WM 2012, 837-839.
[45] BGH v. 17.06.1991 - II ZR 171/90 - juris Rn. 13 - LM 1992, Nr. 1, § 276 (Fa) BGB Nr. 118; vgl. auch BGH v. 03.04.1990 - XI ZR 206/88 - juris Rn. 18 - LM Nr. 110 zu BGB § 276 (Fa).
[46] BGH v. 22.09.2005 - III ZR 295/04 - EBE/BGH 2005, 357-358.

dungsbereich auf den Zeitraum vor Aufnahme der Vertragsverhandlungen ausgedehnt. Andererseits wird die Anwendbarkeit der Regelung auf solche Vertragsanbahnungen eingeschränkt, bei denen der eine Teil im Hinblick auf eine etwaige rechtsgeschäftliche Beziehung dem anderen Teil die Möglichkeit zur Einwirkung auf seine Rechte, Rechtsgüter und Interessen gewährt oder ihm diese anvertraut. Damit ist kompliziert ausgedrückt, was einschränkende Voraussetzung der Entstehung eines Schuldverhältnisses ist. Zum einen wird das Wort „Vertragsanbahnung", ohne zusätzliche Konturen zu gewinnen, mit der Formulierung „im Hinblick auf eine etwaige rechtsgeschäftliche Beziehung" wiederholt. Personen, die Geschäftsräume betreten, um dort kriminelle Handlungen zu begehen, tun dies sicher nicht im Hinblick auf eine etwaige rechtsgeschäftliche Beziehung. Der Gesetzgeber hat die früher streitige Frage, ob diese Personen Rechte aus einem Schuldverhältnis herleiten werden können, ablehnend entschieden. Offen ist allein die Frage, ob zufällige Passanten, die sich in einem Ladengeschäft vielleicht nur wegen Regen unterstellen oder wegen Langeweile umsehen wollen, Schutz genießen.[47]

46 Beim zweiten Teil der Einschränkung ist der entscheidende Punkt die Anforderung, dass die Möglichkeit zur Einwirkung auf Rechte, Rechtsgüter und Interessen **gewährt** oder diese dem Anderen **anvertraut** wird. Die rein tatsächliche Möglichkeit der Einwirkung begründet damit noch kein Schuldverhältnis. Dazu reicht das Betreten der Geschäftsräume aus.[48] Der Inhaber richtet diese Räume ein, um auch unentschlossene Passanten zu Nachfragern nach seinen Produkten zu machen. Eine Prüfung nach latenten Kaufabsichten ist damit nicht erforderlich. Die Einschränkung auf geschäftliche Kontakte in Absatz 2 Nr. 3 verweist wiederum – wie bereits die Bezugnahme auf „Vertrag" in Absatz 2 Nr. 1 und 2 – darauf, dass der Kontakt im Bereich rechtsgeschäftlicher Beziehungen liegen muss. Rein soziale Kontakte reichen zur Begründung eines Schuldverhältnisses nicht aus.[49] Nicht in diese Kategorie gehört der Fall des gemeinsamen Verkaufs einer Sache[50], da zwischen diesen Personen durch den Kaufvertrag auch ohne Rückgriff auf § 311 BGB ein Schuldverhältnis mit Rechten und Pflichten (etwa § 426 Abs. 2 BGB) besteht.[51]

6. Ende des Schuldverhältnisses

47 Das Schuldverhältnis endet mit Abbruch der Vertragsverhandlungen oder -anbahnung, sowie dem Ende der sonstigen geschäftlichen Kontakte. Der Abschluss des Vertrages beendet das Schuldverhältnis dagegen nach der Neuregelung nicht, sondern stellt es nur auf die vertragliche Grundlage nach Absatz 1, da jetzt auch vor Vertragsabschluss schon ein Schuldverhältnis und keine vertragsähnliche Sonderverbindung gegeben ist (vgl. dazu Rn. 1 ff.). Die Vorstellung, das Schuldverhältnis ende mit dem Abschluss des Vertrages, der Gegenstand der Verhandlungen war, gehört zum Rechtsverständnis vor der Schuldrechtsreform.[52]

48 Mit dem Ende der Vertragsverhandlungen endet das Schuldverhältnis auch dann, wenn auf einen anderen (mit dem ursprünglich vorgesehenen Vertragspartner verheirateten) Vertragspartner verwiesen wird.[53]

7. Parteien des Schuldverhältnisses

49 Parteien des Schuldverhältnisses sind im Falle von Absatz 2 Nr. 1 die in Aussicht genommenen[54], bei Absatz 2 Nr. 2 die denkbaren Vertragspartner und bei Absatz 2 Nr. 3 die Beteiligten an dem geschäftlichen Kontakt.

8. Verhältnis zu anderen Vorschriften

50 Eine Anfechtung nach den §§ 119, 123 BGB bewirkt nach § 142 BGB, dass das Rechtsgeschäft als von Anfang an nichtig angesehen wird. Nach der Anfechtung befindet sich das Schuldverhältnis wieder in dem Zustand wie vor Abgabe der angefochtenen Willenserklärung. Die Ansprüche aufgrund des Schuldverhältnisses aus Absatz 2 stehen neben den Ansprüchen aus § 122 BGB.[55] Auch fahrlässig fal-

---

[47] *Emmerich* in: MünchKomm-BGB, § 311 Rn. 70 und 92 m.w.N.
[48] *Emmerich* in: MünchKomm-BGB, § 311 Rn. 70, 71.
[49] Kritisch dazu *Keller*, Schuldverhältnis und Rechtskreiseröffnung, S. 204.
[50] BGH v. 07.07.1980 - II ZR 199/79 - juris Rn. 7 - LM Nr. 65 zu § 276 (Fa) BGB.
[51] Anders *Heinrichs* in: Palandt, § 311 Rn. 1; *Emmerich* in: MünchKomm-BGB, § 311 Rn. 3.
[52] Anders *Heinrichs* in: Palandt, § 311 Rn. 19.
[53] OLG Schleswig v. 01.07.2004 - 7 U 61/03 - NJW-RR 2005, 36-37.
[54] *Heinrichs* in: Palandt, § 311 Rn. 20; *Heinrichs* in: Palandt, § 311 Rn. 20.
[55] *Heinrichs* in: Palandt, § 119 Rn. 2; vgl. auch die Kommentierung zu § 122 BGB.

sche Angaben können im Rahmen eines Schuldverhältnisses gemäß den §§ 311, 276, 280 BGB zu einer Schadensersatzpflicht führen.[56] Aufgrund der Anerkennung des vorvertraglichen Stadiums als Schuldverhältnis in Absatz 2 gilt hierfür jetzt nichts anderes als nach Vertragsabschluss.

Die Vorschriften über die Mängelhaftung sind spezieller und gehen den allgemeinen Regelungen vor.[57] Aufgrund der Anerkennung als Schuldverhältnis gilt insoweit das Gleiche, wie nach Vertragsschluss.

Bei **dauernder Geschäftsverbindung** kann auch außerhalb der einzelnen Vertragsverhältnisse ein Schuldverhältnis bestehen.[58] Vielfach wird man einen ausdrücklichen oder konkludenten Rahmenvertrag als Grundlage heranziehen können. Die Regelung des Absatzes 2 Nr. 2 lässt jedoch keinen Zweifel, dass auch bei Kontakten im Hinblick auf weitere Geschäftsbeziehungen ein Schuldverhältnis anzunehmen ist.

II. Rechtsfolgen der c.i.c.

1. Grundlagen

Liegen die Voraussetzungen des Absatzes 2 vor, besteht schon vor bzw. ohne Vertragsschluss ein Schuldverhältnis. Dieses begründet alle Rechte und Pflichten, die mit einem Schuldverhältnis verbunden sind. Damit sind insbesondere die Nebenpflichten aus § 241 Abs. 2 BGB gemeint, die Verpflichtung zu Rücksichtnahme auf die Rechte, Rechtsgüter und Interessen der anderen Partei(en). Kommt es zu Schäden aufgrund Verletzung dieser Nebenpflichten aus dem Schuldverhältnis, entsteht ein Anspruch auf Schadensersatz. Dieser richtet sich vollständig nach den allgemeinen Vorschriften. So muss sich der Geschädigte ein eventuelles Mitverschulden nach § 254 BGB entgegenhalten lassen.[59]

Die Grundsätze gelten auch im öffentlichen Recht, beispielsweise im Erschließungsbeitragsrecht als Bundesrecht.[60]

2. Rechtsprechung

Wenn der Geschädigte an einem Vertrag festhalten will, obwohl dieser infolge der Pflichtverletzung zu für ihn ungünstigen Bedingungen zustande gekommen ist, so ist er so zu behandeln, als wäre es ihm bei Kenntnis der wahren Sachlage gelungen, den Kaufvertrag zu einem günstigeren Preis abzuschließen.[61] Der Vertragspartner hat damit Anspruch auf Anpassung des für ihn ungünstigen Vertrages. Dies kann ausnahmsweise auch bedeuten, dass das Interesse an der Erfüllung eines nicht zustande gekommenen Vertrages zu ersetzen ist. Das gilt dann, wenn ohne das schuldhafte Verhalten ein anderer, für den Geschädigten günstigerer Vertrag zustande gekommen wäre.[62]

Ein Autovermieter macht sich wegen Verschuldens bei Vertragsschluss schadensersatzpflichtig, wenn er den Unfallgeschädigten im Rahmen der Vertragsverhandlungen nicht darüber aufklärt, dass er zwei unterschiedliche Tarife anbietet, nämlich den günstigeren Normaltarif und den teureren Unfallersatztarif.[63]

Wenn ein Kreditinstitut gegenüber einem Dritten erklärt, dass eine bestimmte Kreditierung zugunsten eines gemeinsamen Kunden in Ordnung gehe, es einem bestimmten Kunden einen konkreten Kredit eingeräumt habe, oder die Finanzierung eines bestimmten Projekts gesichert sei, so handelt es sich jeweils um eine rein deklaratorische Mitteilung und somit um eine bloße Auskunft. Sie enthält keine Erklärungselemente, die auf die Eingehung einer eigenständigen Zahlungsverpflichtung der Bank hindeuten.[64]

Demgegenüber hat ein Franchisegeber nicht „die Aufgaben eines Existenzgründungsberaters" und muss den Vertragspartner namentlich nicht mit Kalkulationen versorgen, die „ein mit betriebswirtschaftlichen Grundkenntnissen vertrauter Franchisenehmer selbst erstellen kann".[65]

---

[56] Vgl. zur früheren Rechtslage BGH v. 26.04.1991 - V ZR 165/89 - juris Rn. 9 - BGHZ 114, 263-273; BGH v. 31.01.1962 - VIII ZR 120/60 - LM Nr. 5 zu § 276 (H) BGB.
[57] *Heinrichs* in: Palandt, § 311 Rn. 25 ff.
[58] *Heinrichs* in: Palandt, § 311 Rn. 32.
[59] BGH v. 12.11.1986 - VIII ZR 280/85 - juris Rn. 17 - BGHZ 99, 101-110.
[60] BVerwG v. 21.01.2010 - 9 B 66/08 – juris Rn. 16.
[61] BGH v. 06.04.2001 - V ZR 394/99 - juris Rn. 17 - LM BGB § 276 (Fa) Nr. 163 (9/2001).
[62] BGH v. 24.06.1998 - XII ZR 126/96 - juris Rn. 15 - LM BGB § 276 (Fc) Nr. 25 (11/1998).
[63] LG Mainz v. 25.08.2004 - 3 S 216/03 - Schaden-Praxis 2005, 15-16.
[64] OLG Bamberg v. 10.11.2003 - 4 U 98/03 - OLGR Bamberg 2004, 155-156.
[65] Schleswig-Holsteinisches Oberlandesgericht v. 22.01.2008 - 1 W 27/07.

§ 311

3. Fallgruppen

59 Wie bereits dargestellt, hat die Rechtsprechung nachfolgende Fallgruppen der c.i.c. entwickelt:[66]
- Verletzung von Schutzpflichten während der Vertragsverhandlungen,
- Verletzung von Aufklärungspflichten,
- Verhinderung des Vertragsabschlusses,
- Abbruch von Vertragsverhandlungen ohne Grund.

a. Verletzung von Schutzpflichten während der Vertragsverhandlungen

60 Hierher gehören die klassischen Fälle der c.i.c., in denen der potentielle Vertragspartner Körperschäden etc. erleidet.

b. Verletzung von Aufklärungspflichten

61 Bei Verhandlungen über den Abschluss eines Vertrages besteht regelmäßig die Verpflichtung, den anderen Teil über alle Umstände aufzuklären, die den Vertragszweck gefährden und für die Entschließung des Partners von wesentlicher Bedeutung sein können.[67] Dem Gründungskommanditisten einer Publikums-KG obliegt gegenüber neu eintretenden Gesellschaftern die Verpflichtung zur sachlich richtigen und vollständigen Aufklärung über das mit dem Beitritt verbundene Risiko, auch wenn für den Emissionsprospekt nicht verantwortlich ist.[68] Der Verkäufer muss den Käufer eines Bausatzes für die Selbstmontage einer Solarheizungsanlage nicht ausdrücklich darauf hinweisen, dass die Montage der Solaranlage ein gewisses handwerkliches Geschick voraussetzt. Fordert die Montageanleitung der Herstellerin für die Montage jedoch Fachkenntnisse entsprechend einer abgeschlossenen Berufsausbildung im Gas-/Wasserinstallationshandwerk, muss der Verkäufer den Käufer hierüber selbst dann unterrichten, wenn er meint, die Montageanweisung sei insoweit tatsächlich unzutreffend und rechtlich unverbindlich.[69] Wird eine Anwaltssozietät häufig von dem Gegner der Partei, die ihr ein neues Mandat anträgt, beauftragt, so muss sie auch dann auf diesen Umstand hinweisen, wenn ein tatsächlicher oder rechtlicher Zusammenhang mit den vom Gegner erteilten Aufträgen nicht besteht. Ist der Anwalt von Anfang an nicht bereit, den Mandanten auch gerichtlich gg. dem Gegner zu vertreten, so hat er dies ungefragt zu offenbaren.[70] Ein Anwalt muss vor Abschluss des Vertrages mit seinem Mandanten bzw. vor Übernahme des Mandats dem potentiellen Mandanten als Kostenvoranschlag oder in anderer Form die gewünschte Auskunft über die voraussichtliche Höhe des Honorars und der sonstigen Kosten erteilen, wenn für ihn erkennbar ist, dass der potentielle Mandant darauf Wert legt.[71]

62 Derjenige, der objektiv falsche Angaben macht, die für den Kaufentschluss von Bedeutung sind, ist nach den Grundsätzen der culpa in contrahendo gem. §§ 280 Abs. 1, 311 Abs. 2 Nr. 1 BGB zum Schadensersatz verpflichtet, da er mit seiner falschen Angabe seine Sorgfalts- und Aufklärungspflichten verletzt.[72]

63 Nach der Rechtsprechung des Bundesgerichtshofs hat der Prospekt über ein Beteiligungsangebot, der für einen Beitrittsinteressenten im Allgemeinen die einzige Unterrichtungsmöglichkeit darstellt, den Anleger über alle Umstände, die für seine Entschließung von wesentlicher Bedeutung sind oder sein können, sachlich richtig und vollständig zu unterrichten. Dazu gehört auch eine Darstellung der wesentlichen kapitalmäßigen und personellen Verflechtungen zwischen einerseits der Komplementär-GmbH, ihren Geschäftsführern und beherrschenden Gesellschaftern und andererseits den Unternehmen sowie deren Geschäftsführern und beherrschenden Gesellschaftern, in deren Hand die Beteiligungsgesellschaft die nach dem Emissionsprospekt durchzuführenden Vorhaben ganz oder wesentlich gelegt hat, und der diesem Personenkreis gewährten Sonderzuwendungen oder Sondervorteile.[73]

64 Nach der gefestigten Rechtsprechung des Bundesgerichtshofs besteht bei Vertragsverhandlungen für jeden Vertragspartner die Pflicht, den anderen Teil über solche Umstände aufzuklären, die den Vertragszweck (des anderen) vereiteln können und daher für seinen Entschluss von wesentlicher Bedeu-

---

[66] *Emmerich* in: MünchKomm-BGB, § 311 Rn. 59.
[67] BGH v. 08.06.1978 - III ZR 48/76 - juris Rn. 18 - BGHZ 71, 386-400.
[68] OLG Hamm v. 26.02.2007 - 8 U 59/05 - juris Rn. 26; OLG Hamm v. 26.02.2007 - 8 U 62/05 - juris Rn. 26.
[69] BGH v. 13.06.2007 - VIII ZR 236/06 - MDR 2007, 1180.
[70] BGH v. 08.11.2007 - IX ZR 5/06 - MDR 2008, 423-414; *Heussen*, BGHReport 2008, 423-424; *Posegga*, EWiR 2008, 237-238; *Henssler/Deckenbrock*, NJW 2008, 1275-1279.
[71] BGH v. 03.11.2011 - IX ZR 49/09 - juris Rn. 3 - BRAK-Mitt 2012, 26.
[72] OLG Saarbrücken v. 23.02.2010 - 4 U 571/07 - 190, 4 U 571/07 - juris Rn. 76.
[73] BGH v. 22.04.2010 - III ZR 318/08 - juris Rn. 24.

tung sind, sofern er die Mitteilung nach der Verkehrsauffassung erwarten kann.[74] Der Verkäufer eines Gebrauchtwagens muss den Käufer darüber aufklären, dass er das Fahrzeug kurze Zeit vor dem Weiterverkauf von einem nicht im Kraftfahrzeugbrief eingetragenen „fliegenden Zwischenhändler" erworben hat.[75]

c. Verhinderung des Vertragsabschlusses

Die Parteien müssen vor Vertragsabschluss alles vermeiden, was das Zustandekommen des Vertrages verhindern könnte, insbesondere keine Unwirksamkeitsgründe entstehen lassen und sich gegenseitig über Formvorschriften oder tatsächliche Hindernisse für den Vertragsschluss informieren. 65

d. Abbruch von Vertragsverhandlungen ohne Grund

Jeder Verhandlungspartner ist bis zum Abschluss eines Vertrages in seiner Entschließung frei ist. Ihm steht, begrenzt durch gesetzliche Vorgaben gegen Diskriminierung oder ähnliche Vorschriften, das Recht zu, Vertragsverhandlungen und Vertragsanbahnung jederzeit abzubrechen. Was in Vorbereitung eines Vertrages aufgewendet wird, geschieht auf eigene Gefahr und ohne Erstattungsmöglichkeit. Ausnahmsweise kann ein Ersatzanspruch in Betracht kommen, wenn in zurechenbarer Weise Vertrauen auf das Zustandekommen des Vertrages erweckt wird, der Abschluss des Vertrages dann aber ohne triftige Gründe verweigert wird.[76] 66

Bei formbedürftigen Verträgen kommt ein Schadensersatzanspruch wegen des Abbruchs von Vertragsverhandlungen nur bei einer vorsätzlichen Treuepflichtverletzung in Form des Vorspiegelns tatsächlich nicht vorhandener Abschlussbereitschaft in Betracht.[77] Auch die Neueröffnung eines Bieterverfahrens zu einem formbedürftigen Rechtsgeschäft (Grundstücksverkauf) begründet keine Haftung, da sonst die Formvorschrift des § 311b Abs. 1 BGB umgangen würde. Dies gilt vor allem auch vor dem Hintergrund des haushaltsrechtlichen Gebots bei einer Veräußerung von Grundstücken der öffentlichen Hand.[78] 67

e. Öffentliche Ausschreibungen

Auch bei Fehlern im Verfahren öffentlicher Ausschreibungen kommen Ersatzansprüche in Betracht. Es wird das Vertrauen des Bieters auf faire, insbesondere gleichberechtigte, Teilnahme am Ausschreibungsverfahren geschützt. Schadensersatz gebührt dem Bieter, der bei fairer und korrekter Vergabe den Zuschlag erhalten hätte.[79] 68

Dies gilt auch dann, wenn Private nach den Vorschriften über öffentliche Vergabe ausschreiben, dann aber gegen die Regularien verstoßen.[80] Die auf der Grundlage des Vergaberechts zu den Pflichten eines Ausschreibenden entwickelten Grundsätze können auf ein für den Verkauf des Grundstücks von einem Träger der öffentlichen Verwaltung gewähltes „Bieterverfahren" nicht ohne weiteres übertragen werden.[81] 69

Die Rechtsprechung, wonach regelmäßig eine Verurteilung zu Schadensersatz wegen eines Vergabefehlers des Auftraggebers nur in Betracht kommt, wenn der Kläger bei in jeder Hinsicht rechtmäßigem Vergabeverfahren den Auftrag hätte erhalten müssen, gilt auch für Fälle, in denen dem Kläger im fehlerhaften Vergabeverfahren der Zuschlag erteilt worden ist.[82] 70

---

[74] BGH v. 16.12.2009 - VIII ZR 38/09 - juris Rn. 15.
[75] BGH v. 16.12.2009 - VIII ZR 38/09 - juris Rn. 16.
[76] Brandenburgisches OLG v. 24.04.2012 - 6 W 149/11 - juris Rn. 52.
[77] LG Heidelberg v. 05.02.2010 - 7 O 276/09 - juris Leitsatz und Rn. 24.
[78] OLG Celle v. 01.12.2011 - 16 U 95/11 - juris Rn. 17 - ZfIR 2012, 75; vgl. auch BGH v. 29.03.1996 - V ZR 332/94 - juris Rn. 11.
[79] *Kindl* in: Erman, § 311 Rn. 35.
[80] BGH v. 21.02.2006 - X ZR 39/03 - BeckRS 2006, 05505; *Weise*, NJW-Spezial 2006, 261-262.
[81] BGH v. 22.02.2008 - V ZR 56/07 - EBE/BGH 2008, 164-166.
[82] BGH v. 26.01.2010 - X ZR 86/08 - juris Rn. 16.

f. Irrtum nicht erregen bzw. korrigieren

71 Zu den allgemeinen vorvertraglichen Verpflichtungen gehört es, im Rahmen der Vertragsverhandlungen beim künftigen Vertragspartner keinen Irrtum über den Inhalt des Vertrages zu erregen. Dem korrespondiert die Verpflichtung, Irrtümer richtigzustellen, die der eine Teil beim anderen hervorgerufen hat.[83]

g. Verwendung unwirksamer Klauseln

72 Auch die Verwendung unwirksamer Klauseln in allgemeinen Geschäftsbedingungen kann zum Schadensersatz verpflichten.[84] Ersatzfähig sind nur solche Schäden, deren Realisierung die verletzte Norm verhindern soll, die innerhalb des Schutzzwecks der Norm liegen.[85]

D. Kommentierung zu Absatz 3

I. Einbeziehung Dritter in das Schuldverhältnis

73 Die Verankerung der Haftung Dritter, die besonderes Vertrauen in Anspruch genommen haben, verankert dieses lange von der Rechtsprechung anerkannte Rechtsinstitut im BGB. Absatz 3 legt nunmehr fest, dass auch mit Dritten ein Schuldverhältnis bestehen kann, und dass damit unabhängig von den Parteien und deren späterem Vertrag die in § 241 Abs. 2 BGB geregelten Pflichten auch für den Dritten bestehen (vgl. die Kommentierung zu § 241 BGB).[86] Dadurch wird die Haftung für vertragsähnliche Verbindungen auch auf Dritte ausgedehnt.

1. Normstruktur

74 In Absatz 3 Satz 1 wird zunächst generalklauselartig festgeschrieben, dass auch zu Dritten, die nicht Vertragspartner werden sollen, ein Schuldverhältnis entstehen kann. In Absatz 3 Satz 2 wird dies durch ein Regelbeispiel ergänzt. Dies schreibt als Voraussetzung der Begründung eines solchen Schuldverhältnisses, dass der Dritte in besonderem Maße Vertrauen für sich in Anspruch nimmt und dadurch die Vertragsverhandlungen oder den Vertragsschluss erheblich beeinflusst. Beide Voraussetzungen müssen kumulativ vorliegen.

75 Problematisch ist insbesondere die Abgrenzung zu den Fällen in Absatz 2 Nr. 3, da auch dort kein Vertragsverhältnis zwischen den Parteien geplant ist. Man kann wohl nicht danach abgrenzen, dass bei Absatz 2 Nr. 3 überhaupt kein Vertragsverhältnis vorliegen muss, während das Regelbeispiel in Absatz 3 Satz 2 ein Vertragsverhältnis, dessen Inhalt oder Abschluss der Dritte erheblich beeinflusst hat, konstituierend ist. Jedoch ist diese Regelung nach ihrem eindeutigen Wortlaut nur ein Regelbeispiel und keine abschließende Regelung. In vielen Fällen wird sich der Anwendungsbereich beider Normen überschneiden.[87]

76 Absicht des Gesetzgebers war, die bisherige Rechtsprechung in Gesetzesform zu gießen. Dabei hat der Gesetzgeber aber auf detaillierte Regelungen verzichtet und lediglich eine Generalklausel und ein Regelbeispiel festgelegt. Dadurch soll die künftige Entwicklung möglich bleiben. Man kann dies als **Merkzettelgesetzgebung** bezeichnen.[88] Die Aussage, man könne unbedenklich, das heißt ohne Rücksicht auf die nunmehr geschriebene Norm, auf die bisherige Praxis zurückgreifen,[89] scheint aber zu weitgehend.

2. Generalklausel (Absatz 3 Satz 1)

77 Werden Vertragsverhandlungen von einem Vertreter oder unter Beteiligung eines Dritten geführt, so entsteht ein Schuldverhältnis grundsätzlich nur mit dem vorgesehenen Vertragspartner, nicht mit dem Vertreter oder anderen dem Vertragspartner zur Seite stehenden Dritten. Folglich richten Schadensersatzansprüche wegen Verschuldens bei Vertragsverhandlungen sich grundsätzlich nach § 278 BGB gegen den Vertretenen und nicht gegen den Vertreter. Nach ständiger Rechtsprechung des Bundesgerichtshofs kann ausnahmsweise jedoch auch ein Vertreter aus Verschulden bei Vertragsverhandlungen

---

[83] OLG Stuttgart v. 09.02.2010 - 10 U 76/09 - juris Rn. 69.
[84] BGH v. 11.06.2010 - V ZR 85/09 - juris Rn. 24 - WM 2010, 1514-1518; v. *Westphalen*, NJW 2011, 2098.
[85] BGH v. 11.06.2010 - V ZR 85/09 - juris Rn. 24 - WM 2010, 1514-1518; v. *Westphalen*, NJW 2011, 2098.
[86] *Heinrichs* in: Palandt, § 311 Rn. 21.
[87] *Emmerich* in: MünchKomm-BGB, § 311 Rn. 201.
[88] *Emmerich* in: MünchKomm-BGB, § 311 Rn. 201.
[89] So *Emmerich* in: MünchKomm-BGB, § 311 Rn. 201.

persönlich haften, wenn er entweder dem **Vertragsgegenstand besonders nahe steht** und bei wirtschaftlicher Betrachtung **gleichsam in eigener Sache handelt** oder wenn er gegenüber dem Verhandlungspartner in besonderem Maße persönliches Vertrauen in Anspruch genommen und dadurch die Vertragsverhandlungen beeinflusst hat.[90] Obwohl der Gesetzgeber die Rechtsprechung ohne wesentliche Änderung übernehmen wollte, hat das Kriterium der **eigenen wirtschaftlichen Interessen** keine Entsprechung im Wortlaut der Norm gefunden. Daraus muss der Schluss gezogen werden, dass diese Fallgruppe nicht zur Haftung Dritter nach Absatz 3, sondern zu Absatz 2 Nr. 3 zu rechnen ist.

3. Besonderes persönliches Vertrauen (Absatz 3 Satz 2)

Die Generalklausel wird lediglich durch ein Regelbeispiel konkretisiert. Dieses statuiert zwei Voraussetzungen einer Einbeziehung des Dritten in das Schuldverhältnis, die auch schon in der Rechtsprechung herausgearbeitet worden waren. 78

Erste Voraussetzung ist, dass der Dritte besonderes Vertrauen für sich in Anspruch nimmt. Besonderes Vertrauen bedeutet, mehr Vertrauen als üblicherweise Verhandlungsführern oder Verhandlungshelfern entgegengebracht wird.[91] Das normale Vertrauen, das man kompetenten und vertrauenswürdigen Verhandlern entgegenbringt, begründet für diese noch keine persönliche Haftung. Eine Eigenhaftung des Verhandlungsvertreters kommt vielmehr nur in Betracht, wenn er dem Geschäftspartner eine zusätzliche, von ihm persönlich ausgehende Gewähr für die Seriosität und Erfüllung des Geschäfts bietet, die für den Willensentschluss des anderen Teiles bedeutsam ist. Dafür genügt es nicht, dass ein Angestellter, der über die für seine Tätigkeit erforderliche und mehr oder weniger zu erwartende Sachkunde verfügt, auf diese hinweist oder sie mit seinem persönlichen Werdegang und eigenen Erfahrungen belegt.[92] Die Annahme, der Erfüllungsgehilfe habe Vertrauen für sich und nicht für seinen Geschäftsherrn in Anspruch genommen, lässt sich danach grundsätzlich nur rechtfertigen, wenn jener nicht nur auf seine besondere Sachkunde verweist, sondern dem Vertragspartner zusätzlich in zurechenbarer Weise den Eindruck vermittelt, er werde persönlich mit seiner Sachkunde die ordnungsgemäße Abwicklung des Geschäfts selbst dann gewährleisten, wenn der Kunde dem Geschäftsherrn nicht oder nur wenig vertraut oder sein Verhandlungsvertrauen sich als nicht gerechtfertigt erweist.[93] 79

Die Inanspruchnahme des besonderen Vertrauens allein begründet aber noch kein Schuldverhältnis. Vielmehr muss dieses besondere Vertrauen **die Vertragsverhandlungen oder den Vertragsschluss erheblich beeinflusst** haben. Es ist damit ein kausaler Zusammenhang erforderlich. Bislang wird dieses Erfordernis in der Rechtsprechung immer genannt, jedoch nicht eigenständig geprüft. Es wird auch in Zukunft nur ausnahmsweise so sein, dass der Dritte besonderes Vertrauen in Anspruch genommen hat, ohne dadurch Einfluss auf die Vertragsverhandlungen oder den Vertragsschluss zu nehmen. 80

Für den Geschäftsführer einer GmbH kann man die Inanspruchnahme besonderen Vertrauens auch dann nicht ohne weiteres annehmen, wenn er (alleiniger) Gesellschafter ist. Dem steht die gesetzliche Haftungsordnung bei der GmbH (§ 13 Abs. 1 und 2 GmbHG) entgegen, die nicht durch eine Ausweitung der Haftung ihrer gesetzlichen Vertreter aus Verschulden bei Vertragsverhandlungen umgangen werden darf. Wer mit einer GmbH in geschäftlichen Kontakt tritt, muss davon ausgehen, dass die Verpflichtungen aus dem gesetzlichen Schuldverhältnis, das durch Handeln eines gesetzlichen Vertreters der Gesellschaft bei der Anbahnung von Vertragsverhandlungen entsteht, grundsätzlich nur die vertretene Gesellschaft treffen.[94] Eine Eigenhaftung des Geschäftsführers aus Absatz 3 ist daher die Ausnahme. Grundlage dafür, dass der Verhandlungsvertreter in besonderem Maße persönliches Vertrauen in Anspruch nimmt und der Geschäftspartner es ihm auch entgegenbringt, können enge persönliche Beziehungen der Beteiligten sein.[95] Ein Schuldverhältnis entsteht damit auch zu dem Anlagevermittler, der zwar ausschließlich als Vertreter auftritt, wenn er sich um das persönliche Vertrauen des Anlegers bemüht hat, dieses mit persönlichen Zusicherungen über die Risikofreiheit und die Gewinnaussichten des offerierten Geschäfts erworben und den Anleger unter Ausnutzung dieses ihm in besonderem Maße entgegengebrachten Vertrauens zu der gewünschten Kapitalanlage bewogen hat.[96] Ein weiterer Fall dieser Art können Bankauskünfte sein, die ein Kreditinstitut einem Kunden zur Vorlage 81

---

[90] BGH v. 03.04.1990 - XI ZR 206/88 - juris Rn. 18 - LM Nr. 110 zu BGB § 276 (Fa).
[91] BGH v. 07.11.1994 - II ZR 138/92 - juris Rn. 7 - WM 1995, 108-109.
[92] BGH v. 04.07.1983 - II ZR 220/82 - juris Rn. 12 - BGHZ 88, 67-70.
[93] BGH v. 03.10.1989 - XI ZR 157/88 - juris Rn. 14 - LM Nr. 105 zu § 276 (Fa) BGB.
[94] BGH v. 03.10.1989 - XI ZR 157/88 - juris Rn. 14 - LM Nr. 105 zu § 276 (Fa) BGB.
[95] BGH v. 18.09.1990 - XI ZR 77/89 - juris Rn. 11 - LM Nr. 112 zu BGB § 276 (Fa).
[96] OLG Hamm v. 13.10.1992 - 24 U 30/92 - WM 1993, 241-243.

bei potentiellen Anlegern erteilt.[97] In diesen Fällen hat der Bundesgerichtshof bislang angenommen, dass zwischen dem Kreditinstitut und dem Dritten mit der Vorlage einer solchen Bescheinigung ein Auskunftsvertrag zustande kommt, wenn die dem Kunden zur Verfügung gestellte Bescheinigung für den Dritten bestimmt und der Bank bewusst ist, dass sie für ihn von erheblicher Bedeutung sei und er sie unter Umständen zur Grundlage wesentlicher Vermögensverfügungen machen werde.[98] Der verwaltungs- und verfügungsbefugte vorläufige Insolvenzverwalter nimmt mit der Erklärung, er garantiere für die Bezahlung der von ihm bestellten Waren, ein besonderes persönliches Vertrauen in Anspruch und beeinflusst die Entscheidung des Vertragspartners zum Vertragsabschluss mit der Gemeinschuldnerin. Er kann sich nicht mit dem Einwand entlasten, er habe nicht erkennen können, dass die Masse voraussichtlich zur Erfüllung nicht ausreichen werde.[99]

82 Voraussetzung für ein Überschreiten der Rolle als Kreditgeberin ist, dass eine Bank gleichsam als Partei des zu finanzierenden Geschäftes in nach außen erkennbarer Weise Funktionen oder Aufgaben des Veräußerers oder Vertreibers übernommen und damit einen zusätzlichen auf die übernommenen Funktionen bezogenen Vertrauenstatbestand geschaffen hat. Das Verlangen der Bank, einer Mieteinnahmegemeinschaft beizutreten, hält sich im Rahmen des Interesses der Bank, die regelmäßigen Einnahmen und damit die wirtschaftlichen Grundlagen der Bedienung des gewährten Kredits zu sichern und begründet keine Eigenhaftung der Bank.[100]

83 Die Haftung des Vorstandes einer AG wegen eines Anspruches auf Arbeitsentgelt aufgrund der Äußerung im Zuge der Arbeitsvertragsverhandlungen „er unterschreibe nur Verträge, die er auch bezahlen könne", kommt nur in Betracht, wenn darüber hinaus besondere Umstände vorliegen, die den Schluss rechtfertigen, es habe dem Parteiwillen entsprochen, dass der Vorstand persönlich für die Erfüllung des Arbeitsvertrages einstehen will.[101]

84 Eine Haftung als Garant wird in der Rechtsprechung des Bundesgerichtshofs für Personen angenommen, die mit Rücksicht auf ihre allgemein anerkannte und hervorgehobene berufliche und wirtschaftliche Stellung oder ihre Eigenschaft als berufsmäßige Sachkenner durch ihr nach außen in Erscheinung tretendes Mitwirken am Emissionsprospekt einen besonderen – zusätzlichen – Vertrauenstatbestand schaffen und Erklärungen abgeben, wobei ihre Einstandspflicht auf die ihnen selbst zuzurechnenden Prospektaussagen beschränkt ist. Fehlen allerdings eigene Erklärungen des Dritten, kommt eine Prospektverantwortlichkeit für ihn nur in Betracht, wenn er in eigener Verantwortlichkeit wichtige Schlüsselfunktionen bei der Gestaltung des konkreten Projekts wahrgenommen hat.[102]

85 Ein schwacher Insolvenzverwalter kann die Voraussetzungen der Haftung erfüllen, wenn er über seine Rolle als Vertreter der Gemeinschuldnerin hinaus eine eigene Erklärung abgibt und dadurch ein besonderes persönliches Vertrauen in Anspruch nimmt.[103]

86 Eine Immobilienerwerb finanzierende Bank, die über diese Rolle als Kreditgeberin hinaus wirtschaftliche Eigentümerin der Immobilien ist und die vorliegenden Wertgutachten nach eigener Prüfung für unrichtig hält, kann zur Aufklärung der Käufer und Kreditnehmer verpflichtet sein.[104] Eine generelle Pflicht zur Aufklärung über Nachteile und Risiken einer bestimmten Finanzierung trifft die Bank dagegen nicht.[105]

87 Ein Gutachter haftet Dritten gegenüber nur dann für ein von ihm erstattetes unrichtiges Gutachten, wenn die Grundsätze eines Vertrages mit Schutzwirkung zu Gunsten Dritter gegeben sind.[106] Für einen Vertrag mit Schutzwirkung zu Gunsten Dritter ist kein Vertragsverhältnis erforderlich, vielmehr genügt eine schuldrechtliche Sonderverbindung, die beispielsweise bei einem Pferdeturnier aufgrund des

---

[97] *Emmerich* in: MünchKomm-BGB, § 311 Rn. 73.
[98] BGH v. 05.12.2000 - XI ZR 340/99 - juris Rn. 24 - LM BGB § 676 Nr. 56 (12/2001).
[99] OLG Rostock v. 04.10.2004 - 3 U 158/03 - ZIP 2005, 220-222.
[100] OLG Celle v. 04.05.2005 - 3 U 295/04 - BKR 2005, 323.
[101] BAG v. 15.12.2005 - 8 AZR 106/05 - ZIP 2006, 1110-1112.
[102] BGH v. 17.04.2008 - III ZR 227/06 - juris Rn. 16; vorgehend Brandenburgisches Oberlandesgericht v. 02.08.2006 - 7 U 211/05.
[103] Landesarbeitsgericht Mecklenburg-Vorpommern v. 10.01.2008 - 1 Sa 134/07 - juris Rn. 60.
[104] OLG München v. 10.07.2007 - 5 U 5578/06 - WM 2007, 2322-2326; zustimmend *Häublein*, EWiR 2008, 261-262.
[105] BGH v. 21.11.2007 - XII ZR 15/06 - juris Rn. 11 - VersR 2008, 269-270.
[106] OLG Stuttgart v. 20.12.2011 - 6 U 108/11 - juris Rn. 50 - ZVertriebsR 2012, 113-114.

Rechtsverhältnisses zwischen dem Turnierveranstalter und den Turnierteilnehmern zu Gunsten der Eigentümer der Pferde bestehen kann.[107]

Für fehlerhafte oder unvollständige Angaben in dem Emissionsprospekt einer Kapitalanlage haften neben dem Herausgeber des Prospekts die Gründer, Initiatoren und Gestalter der Gesellschaft, soweit sie das Management bilden oder beherrschen sowie als so genannte Hintermänner alle Personen, die hinter der Gesellschaft stehen und auf ihr Geschäftsgebaren oder die Gestaltung des konkreten Anlagemodells besonderen Einfluss ausüben und deshalb Mitverantwortung tragen.[108] Der Prospekthaftung im engeren Sinne unterliegen darüber hinaus auch diejenigen, die mit Rücksicht auf ihre allgemein anerkannte und hervorgehobene berufliche und wirtschaftliche Stellung oder ihre Eigenschaft als berufsmäßige Sachkenner eine Garantiestellung einnehmen, sofern sie durch ihr nach außen in Erscheinung tretendes Mitwirken am Emissionsprospekt einen besonderen, zusätzlichen Vertrauenstatbestand schaffen und Erklärungen abgeben.[109] Äußerungen eines früheren Spitzenpolitikers und Inhabers eines Lehrstuhls unter anderem für Finanzrecht über die Eigenschaften einer bestimmten Kapitalanlage, insbesondere zur Qualitätssicherung für die Anleger, zu seiner eigenständigen Prüfung der Kapitalanlage und zu seinen Einfluss auf einzelne Gestaltungen, können eine Haftung begründen.[110] **88**

II. Rechtsfolgen

Sind die genannten Voraussetzungen des Absatzes 3 erfüllt, ist ein Schuldverhältnis unter Beteiligung des Dritten gegeben.[111] Zwischen den Parteien und dem Dritten bestehen danach alle Rücksichts- und Schutzpflichten, wie sie auch zwischen den Parteien untereinander bestehen. Die bisherige Rechtsprechung hat Rücksichts- und Schutzpflichten des Dritten gegenüber den Parteien angenommen und daraus in erster Linie Aufklärungs- und Warnpflichten gefolgert.[112] **89**

Aufgrund der gesetzlichen Begründung eines Schuldverhältnisses entstehen jedoch jetzt auch Rechte für den Dritten. Vertragliche Nebenpflichten, insbesondere auf Auskunft, entstehen dann auch zugunsten des Dritten. Die Konsequenzen daraus sind noch nicht absehbar. **90**

---

[107] BGH v. 23.9.2010 - III ZR 246/09 - juris Rn. 13 - NJW 2011, 139-142.
[108] BGH v. 17.11.2011 - III ZR 103/10 - juris Rn. 17 - NJW 2012, 758-762.
[109] BGH v. 17.11.2011 - III ZR 103/10 - juris Rn. 19 - NJW 2012, 758-762.
[110] BGH v. 17.11.2011 - III ZR 103/10 - juris Rn. 30 - NJW 2012, 758-762.
[111] Bzw. „entsteht" ein solches, vgl. *Emmerich* in: MünchKomm-BGB, § 311 Rn. 207.
[112] *Emmerich* in: MünchKomm-BGB, § 311 Rn. 207.

§ 311a BGB Leistungshindernis bei Vertragsschluss

(Fassung vom 02.01.2002, gültig ab 01.01.2002)

(1) Der Wirksamkeit eines Vertrags steht es nicht entgegen, dass der Schuldner nach § 275 Abs. 1 bis 3 nicht zu leisten braucht und das Leistungshindernis schon bei Vertragsschluss vorliegt.

(2) ¹Der Gläubiger kann nach seiner Wahl Schadensersatz statt der Leistung oder Ersatz seiner Aufwendungen in dem in § 284 bestimmten Umfang verlangen. ²Dies gilt nicht, wenn der Schuldner das Leistungshindernis bei Vertragsschluss nicht kannte und seine Unkenntnis auch nicht zu vertreten hat. ³§ 281 Abs. 1 Satz 2 und 3 und Abs. 5 findet entsprechende Anwendung.

Gliederung

A. Grundlagen ... 1	1. Verhältnis zu anderen Ansprüchen ... 11
I. Kurzcharakteristik ... 1	2. Vertrag ... 15
II. Gesetzgebungsmaterialien ... 4	3. Anfängliches Leistungshindernis nach § 275 Abs. 1-3 BGB ... 16
III. Regelungsprinzipien ... 5	4. Entlastungsmöglichkeit gemäß Absatz 2 Satz 2 ... 22
B. Anwendungsvoraussetzungen ... 7	C. Rechtsfolgen ... 28
I. Wirksamkeit eines Vertrags auch bei anfänglicher Unmöglichkeit ... 7	
II. Anspruch auf Schadensersatz oder Aufwendungsersatz ... 10	

A. Grundlagen

I. Kurzcharakteristik

1 § 311a BGB trat an die Stelle der §§ 306-309 BGB a.F. Die frühere Regelung wurde als unsachgemäß angesehen, insbesondere bezüglich der Nichtigkeitsfolge des § 306 BGB a.F. und der Begrenzung des Ersatzanspruchs aus § 307 BGB a.F. auf das negative Interesse.[1] Beides ist nach der Neuregelung anders. Gemäß Absatz 1 ist der Vertrag bei einem anfänglichen Leistungshindernis nach § 275 Abs. 1-3 BGB wirksam. Dies gilt auch bei anfänglicher objektiver Unmöglichkeit. Nach Absatz 2 kann der Gläubiger Schadensersatz statt der Leistung, d.h. anders als gemäß § 307 BGB a.F., Ersatz des positiven Interesses verlangen.

2 Im Gewährleistungsrecht des Kauf- und Werkvertrags wird in § 437 Nr. 3 BGB und § 634 Nr. 4 BGB für die Fälle eines anfänglichen Leistungshindernisses bezüglich der Nacherfüllung auf § 311a Abs. 2 BGB verwiesen.

3 Absatz 2 ist eine spezielle Regelung gegenüber dem Anspruch auf Schadensersatz statt der Leistung aus den §§ 280 Abs. 1 und 3, 283 BGB und dem Aufwendungsersatzanspruch aus den §§ 280 Abs. 1 und 3, 283, 284 BGB. Letztere gelten nur für den Fall, dass das Leistungshindernis erst nach Vertragsschluss eintritt.

II. Gesetzgebungsmaterialien

4 Regierungsentwurf BT-Drs. 14/6040, S. 164-166; Stellungnahme des Bundesrates BT-Drs. 14/6857, S. 17-18; Gegenäußerung der Bundesregierung BT-Drs. 14/6857, S. 54; Beschlussempfehlung und Bericht des Rechtsausschusses BT-Drs. 14/7052, S. 190.

III. Regelungsprinzipien

5 Auch wenn die Leistung schon bei Vertragsschluss gemäß § 275 Abs. 1 BGB unmöglich ist, besteht gemäß Absatz 1 ein wirksamer Vertrag. Dies ergibt sich schon aus dem Fehlen einer Nichtigkeitsanordnung. Im Hinblick auf die frühere Regelung in § 306 BGB a.F. war eine Klarstellung aber sinnvoll.

---

[1] BT-Drs. 14/6040, S. 164.

Es besteht ein **Vertrag ohne primäre Leistungspflicht**. In den – eher seltenen – Fällen des § 275 Abs. 2 und 3 BGB ist der Anspruch auf die Leistung erst dann ausgeschlossen, wenn sich der Schuldner auf sein Leistungsverweigerungsrecht beruft.

Da jedenfalls bei der anfänglichen Unmöglichkeit gemäß § 275 Abs. 1 BGB zu keinem Zeitpunkt eine Leistungspflicht des Schuldners besteht, kann die Nichtleistung nicht als eine Pflichtverletzung i.S.d. § 280 Abs. 1 BGB angesehen werden. Auch in den Fällen des § 275 Abs. 2 und 3 BGB passt die Regelung des § 280 BGB nicht, da die Erhebung der Einrede nicht als Pflichtverletzung bewertet werden kann. Bestehen schon bei Vertragsschluss Leistungshindernisse, verletzt der Schuldner keine Leistungspflichten. Ein Pflichtverstoß kann vielmehr darin zu sehen sein, dass er ein Leistungsversprechen in Kenntnis oder fahrlässiger Unkenntnis seiner fehlenden Leistungsfähigkeit abgibt. Eine solche Pflichtverletzung hätte nach den §§ 280 ff. BGB nur einen Anspruch auf das negative Interesse gemäß § 280 Abs. 1 BGB zur Folge. Für einen Anspruch auf das positive Interesse musste daher eine Sonderregelung in § 311a Abs. 2 BGB getroffen werden. Dogmatisch ist die Grundlage der Haftung nicht die Verletzung von Informationspflichten, sondern die Nichterfüllung des Leistungsversprechens.[2]

6

B. Anwendungsvoraussetzungen

I. Wirksamkeit eines Vertrags auch bei anfänglicher Unmöglichkeit

Auch bei anfänglichem Leistungshindernis gemäß § 275 Abs. 1-3 BGB ist ein Vertrag wirksam. Ebenso wie die anderen Vorschriften über Leistungshindernisse (i.S.v. § 275 Abs. 1-3 BGB) unterscheidet § 311a BGB nicht zwischen objektiver Unmöglichkeit und dem Unvermögen. Auch bei einer anfänglich objektiv unmöglichen Leistung ist ein Vertrag wirksam. Ist die Leistung gemäß § 275 Abs. 1 BGB unmöglich, entsteht ein Vertrag ohne Primärleistungspflichten. Dieser kann insbesondere Grundlage für einen Anspruch auf das Surrogat gemäß § 285 BGB und für Ersatzansprüche aus Absatz 2 sein.

7

In der Formulierung ist Absatz 1 bewusst an Art. 4.102 der Principles of European Contract Law angelehnt.[3] Auf eine Übernahme der darin enthaltenen Formulierung, dass ein Vertrag nicht allein deshalb ungültig ist, weil ein anfängliches Leistungshindernis vorliegt, ist verzichtet worden, da eine solche Regelung den im deutschen Recht üblichen Heilungsregelungen entspricht.[4] Die in Absatz 1 enthaltene Klarstellung der Wirksamkeit trotz eines anfänglichen Leistungshindernisses schließt auch ohne eine dahingehende ausdrückliche Klarstellung die Nichtigkeit des Vertrags aus einem anderen Grund, insbesondere gemäß § 134 BGB oder § 138 BGB, nicht aus.

8

Allerdings ist das **Anfechtungsrecht aus** § 119 Abs. 2 BGB **ausgeschlossen**, soweit es auf einen Irrtum über das Vorliegen eines Leistungshindernisses gestützt wird.[5] Andernfalls könnte der Schuldner durch eine Anfechtung eine Inanspruchnahme aus § 285 BGB oder Absatz 2 verhindern. Eine Anfechtung durch den Schuldner ist unzulässig, wenn sie nur das Ziel haben kann, sich etwaigen Schadensersatz- oder Gewährleistungsansprüchen zu entziehen.[6]

9

II. Anspruch auf Schadensersatz oder Aufwendungsersatz

Nach Absatz 2 kann der Gläubiger Schadensersatz statt der Leistung oder Aufwendungsersatz in dem in § 284 BGB bestimmten Umfang verlangen.

10

1. Verhältnis zu anderen Ansprüchen

Der Schadensersatzanspruch aus den §§ 280 Abs. 1 und 3, 283 BGB und der Aufwendungsersatzanspruch aus den §§ 280 Abs. 1 und 3, 283, 284 BGB greifen dem Wortlaut nach auch bei einem anfänglichen Leistungshindernis ein. § 311a Abs. 2 BGB enthält insoweit eine Spezialregelung, die die Anwendung dieser allgemeinen Regeln ausschließt. Seine Grundlage hat dies darin, dass bei anfänglicher Unmöglichkeit keine Leistungspflicht besteht, die bei Verletzung einen Schadensersatzanspruch statt der Leistung begründen könnte, und dass in den Fällen des § 275 Abs. 2 und 3 BGB die Geltendmachung des Leistungsverweigerungsrechts nicht als Pflichtverletzung angesehen werden kann. Es wird

11

---

[2] BT-Drs. 14/6040, S. 165.
[3] BT-Drs. 14/6040, S. 164.
[4] BT-Drs. 14/6040, S. 165.
[5] BT-Drs. 14/6040, S. 165; *Canaris*, JZ 2001, 499-528, 506.
[6] BT-Drs. 14/6040, S. 165; BGH v. 08.06.1988 - VIII ZR 135/87 - juris Rn. 11 - LM Nr. 29 zu BGB § 119; *Kindl* in: Erman, § 311a Rn. 12; *Ernst* in: MünchKomm-BGB, § 311a Rn. 79.

kritisiert, dass die problematische Differenzierung zwischen anfänglichen und nachträglichen Leistungshindernissen auf der Ebene des Pflichtenprogramms und damit des Vertretenmüssens bestehen bleibt.[7] Die Unterschiede zwischen einem anfänglichen und einem nachträglichen Leistungshindernis sind aber sehr gering. Die Rechtsfolgen sind identisch. In beiden Fällen besteht ein wirksamer Vertrag und es sind Ansprüche des Schuldners auf Schadensersatz statt der Leistung und auf Aufwendungsersatz gemäß § 284 BGB (bzw. gemäß § 311a Abs. 2 BGB „in dem in § 284 BGB bestimmten Umfang") möglich. Bezüglich der Teilunmöglichkeit, der qualitativen Unmöglichkeit und des Rückforderungsanspruchs für bereits erbrachte Leistungen verweist § 283 Satz 2 BGB ebenso wie § 311a Abs. 2 Satz 3 BGB auf § 281 Abs. 1 Sätze 2 und 3 und Abs. 5 BGB. Ein sachlicher Unterschied besteht nur bezüglich der Entlastungsmöglichkeiten des Schuldners nach § 280 Abs. 1 Satz 2 BGB oder § 311a Abs. 2 Satz 2 BGB. Im Hinblick auf die Darlegungs- und Beweislast des Gläubigers besteht ein Unterschied zwischen anfänglichen und nachträglichen Leistungshindernissen dagegen nicht. Der Anspruchsteller muss darlegen und gegebenenfalls beweisen, dass für einen Anspruch aus einem Schuldverhältnis ein Leistungshindernis eingetreten ist und dass er dadurch einen Schaden erlitten oder er vergebliche Aufwendungen getätigt hat. Ob es sich um ein anfängliches oder nachträgliches Leistungshindernis handelt, ist für den Sachvortrag des Gläubigers nicht entscheidend, da sich der Anspruch entweder aus § 311a Abs. 2 BGB oder aus den §§ 280 Abs. 1 und 3, 283 BGB ergibt. Dem in Anspruch Genommenen obliegt es dann, darzulegen und gegebenenfalls zu beweisen, dass er das Leistungshindernis nicht zu vertreten hat oder dass ein anfängliches Leistungshindernis vorlag und er dieses bei Vertragsschluss weder kannte noch erkennen konnte. Die Unterschiede zwischen diesen Möglichkeiten sind theoretisch bedeutsam, aber rein tatsächlich gering. Da die Entlastung durch den Schuldner ein Ausnahmefall sein wird, ist die Differenzierung zwischen anfänglichen und nachträglichen Leistungshindernissen nur von geringer praktischer Bedeutung. Kann sich der Schuldner nicht entlasten, kann seine Verurteilung alternativ auf die §§ 280 Abs. 2 und 3, 283 BGB oder § 311a Abs. 2 BGB gestützt werden.[8]

12 Im **Gewährleistungsrecht** des **Kauf- und Werkvertrags** verweisen die §§ 467 Nr. 3, 634 Nr. 4 BGB für den Fall eines anfänglichen Ausschlusses des Anspruchs auf Nacherfüllung gemäß § 275 Abs. 1-3 BGB auf Absatz 2.

13 Im **Mietrecht** wird § 311a BGB von § 536a BGB nach Gebrauchsüberlassung verdrängt, soweit kein Rechtsmangel i.S.d. § 536 Abs. 3 BGB vorliegt. Vor Gebrauchsüberlassung kann § 536a BGB eine Anwendung des Absatzes 2 nicht ausschließen, da die Gewährleistungsvorschriften des Mietrechts die Überlassung der Sache an den Mieter voraussetzen.[9] In der Literatur wird allerdings vertreten, dass sich auch schon vor Gebrauchsüberlassung ein Schadensersatzanspruch aus § 536a BGB ergeben könne.[10] Es sei nicht gerechtfertigt, den Vermieter bei einem anfänglichen Mangel vor Übergabe nur gemäß Absatz 2 mit einer Entlastungsmöglichkeit haften zu lassen. Es müsse daher auch schon vor Gebrauchsüberlassung die Garantiehaftung des § 536a Abs. 1 BGB eingreifen. Nach dem Wortlaut des Gesetzes ist jedoch für einen Schadensersatzanspruch wegen eines Sachmangels aus § 536a BGB die Überlassung der Mietsache erforderlich. Eine Anwendung der Regeln über die Sachmängelgewährleistung vor Gebrauchsüberlassung ist nur im Wege der Analogie möglich, für die es an einer Regelungslücke fehlt. Bei Rechtsmängeln ist § 536a BGB auch schon vor Gebrauchsüberlassung anwendbar, da § 536 Abs. 3 BGB die Überlassung der Mietsache nicht voraussetzt.[11]

14 Absatz 2 schließt einen Anspruch aus § 280 Abs. 1 BGB wegen einer **vorvertraglichen Pflichtverletzung** aus, soweit sich die Pflichtverletzung auf das Leistungshindernis bezieht.

2. Vertrag

15 Die Ansprüche aus Absatz 2 setzen einen wirksamen Vertrag voraus. Aus einem nichtigen Vertrag kann sich kein Anspruch aus Absatz 2 ergeben. Die Nichtigkeit wegen Verstoßes gegen ein gesetzliches Verbot und die rechtliche Unmöglichkeit aufgrund einer Verbotsnorm sind nach dem Inhalt des Verbotsgesetzes abzugrenzen. § 134 BGB greift ein, wenn sich ein gesetzliches Verbot gerade gegen

---

[7] *Dauner-Lieb* in: AnwK-BGB, § 311a Rn. 5.
[8] Vgl. BGH v. 28.11.2007 - VIII ZR 16/07 - juris Rn. 8 - NJW 2008, 911-912.
[9] OLG Rostock v. 14.12.2006 - 3 W 52/06 - juris Rn. 15 - NJW-RR 2007, 1092-1093; für das frühere Recht: BGH v. 18.06.1997 - XII ZR 192/95 - juris Rn. 17 - BGHZ 136, 102-110.
[10] *Ernst* in: MünchKomm-BGB, § 311a Rn. 20; *Reese*, JA 2003, 162-168, 167; *Ahrens*, ZGS 2003, 134-138, 136; *Timme*, NZM 2003, 703-704, 704.
[11] *Ehlert* in: Bamberger/Roth, § 536 Rn. 12; BGH v. 18.06.1997 - XII ZR 192/95 - juris Rn. 14 - BGHZ 136, 102-110.

die Vornahme des betreffenden Rechtsgeschäfts richtet. Rechtliche Unmöglichkeit liegt dagegen vor, wenn das Rechtsgeschäft selbst vorgenommen werden darf, aber das Gesetz die Erfüllung verhindert. Bezieht sich die Gesetzeswidrigkeit daher nicht auf den Vertragsschluss, sondern auf den Inhalt der Leistung, ist – soweit nicht andere Nichtigkeitsgründe vorliegen – der Vertrag wirksam und es kann sich ein Anspruch aus Absatz 2 ergeben.

3. Anfängliches Leistungshindernis nach § 275 Abs. 1-3 BGB

Absatz 2 unterscheidet sich von den §§ 280 Abs. 1 und 3, 283, 284 BGB dadurch, dass ein anfängliches Leistungshindernis vorausgesetzt wird. Nach dem Wortlaut des Absatzes 1 ist entscheidend, ob das Leistungshindernis schon **bei Vertragsschluss vorliegt**. Auch bei bedingten oder befristeten Verträgen ist auf den Zeitpunkt des Vertragsschlusses abzustellen. 16

Bei absoluten Fixgeschäften und bei anderen **für die Zukunft vorgesehenen Leistungen** kann der Fall auftreten, dass im Zeitpunkt des Vertragsschlusses eine Leistung (noch) möglich ist, aber zu dem vorgesehenen Leistungszeitpunkt ein Leistungshindernis besteht.[12] Dies ist etwa dann der Fall, wenn eine Leistung in der Zukunft erbracht werden soll und eine Gesetzesänderung die Erfüllung verhindert. In diesen Fällen ist darauf abzustellen, ob schon bei Vertragsschluss feststeht (etwa aufgrund eines abgeschlossenen Gesetzgebungsverfahrens), dass die Leistung zu dem vorgesehenen Leistungszeitpunkt nicht erbracht werden kann. Ist dies der Fall, liegt ein anfängliches Leistungshindernis vor. Das endgültige Versagen einer erforderlichen behördlichen Genehmigung führt allerdings regelmäßig nur zu einem nachträglichen Leistungshindernis.[13] 17

Andererseits kann auch der Fall auftreten, dass bei Vertragsschluss ein Leistungshindernis besteht, das später entfällt. **Vorübergehende Leistungshindernisse** haben grundsätzlich nur eine Leistungsverzögerung zur Folge (vgl. die Kommentierung zu § 275 BGB). Sie werden einem dauernden Leistungshindernis dann gleichgestellt, wenn die Erreichung des Vertragszwecks in Frage gestellt wird und deshalb dem Vertragsgegner nach Treu und Glauben unter Abwägung der Belange beider Vertragsteile die Einhaltung des Vertrags nicht zugemutet werden kann.[14] Liegen diese Voraussetzungen bei Vertragsschluss vor, können sich Ansprüche des Gläubigers aus Absatz 2 ergeben, die durch die spätere Möglichkeit der Leistung nicht entfallen. Wird im gewerblichen Pkw-Handel ein schon bei Vertragsschluss gestohlenes Auto verkauft, steht die vorübergehende Unmöglichkeit der dauernden Unmöglichkeit gleich. Da der Handel kurzfristig zu disponieren pflegt, ist dem Gläubiger ein Festhalten am Vertrag bis zum Wegfall des Leistungshindernisses nicht zuzumuten.[15] Der Käufer kann gemäß Absatz 2 Satz 2 Schadensersatz statt der Leistung verlangen, soweit sich der Verkäufer nicht entlastet. Ein eventuelles späteres Auffinden des Fahrzeugs lässt diesen Anspruch nicht entfallen. 18

In den Fällen des § 275 Abs. 2 und 3 BGB entfällt die Leistungspflicht erst mit der Geltendmachung des Leistungsverweigerungsrechts. Für die Frage, ob es sich um ein anfängliches oder um ein nachträgliches Leistungshindernis handelt, ist nicht auf den Zeitpunkt des Erlöschens der Leistungspflicht abzustellen, sondern auf den Zeitpunkt, in dem alle Umstände vorliegen, die die grobe Unverhältnismäßigkeit (§ 275 Abs. 2 BGB) oder die Unzumutbarkeit (§ 275 Abs. 3 BGB) begründen. Die Geltendmachung eines Leistungsverweigerungsrechts gemäß § 275 Abs. 2 und 3 BGB kann nicht vor Vertragsschluss erfolgen. Auch die Entlastungsmöglichkeit des Absatzes 2 Satz 2 kann sich sinnvoll nur auf die Frage beziehen, ob der Schuldner die Umstände kannte, die ein Leistungsverweigerungsrecht gemäß § 275 Abs. 2 und 3 BGB begründen. 19

Im **Gewährleistungsrecht** des Kauf- und Werkvertrags verweisen die §§ 437 Nr. 3 und 634 Nr. 4 BGB auf Absatz 2. Diese Verweise gelten für den Fall, dass der Nacherfüllungsanspruch wegen eines anfänglichen Leistungshindernisses gemäß § 275 Abs. 1-3 BGB ausgeschlossen ist. Einer der Hauptfälle ist der Verkauf eines Unfallwagens als unfallfrei.[16] 20

Für den Fall, dass der Verkäufer bzw. Werkunternehmer die Nachbesserung eines schon bei Vertragsschluss bestehenden Mangels gemäß § 439 Abs. 3 BGB bzw. § 635 Abs. 3 BGB wegen unverhältnismäßigen Aufwands verweigern kann, wird teilweise eine analoge Anwendung des Absatzes 2 befür- 21

---

[12] *Ernst* in: MünchKomm-BGB, § 311a Rn. 34.
[13] OLG Köln v. 14.06.1996 - 19 U 8/96 - MDR 1996, 903.
[14] BGH v. 11.03.1982 - VII ZR 357/80 - juris Rn. 10 - BGHZ 83, 197-206.
[15] OLG Karlsruhe v. 14.09.2004 - 8 U 97/04 - NJW 2005, 989.
[16] BGH v. 28.11.2007 - VIII ZR 16/07 - juris Rn. 12 - BGHZ 174, 290-297.

wortet.[17] In diesen Fällen bestehe zwar nach dem Wortlaut des Gesetzes ein Anspruch aus den §§ 280 Abs. 1 und 3, 281 BGB, ohne dass eine Fristsetzung erforderlich sei (§§ 440, 636 BGB), die Entlastungsregelung in § 280 Abs. 1 Satz 2 BGB passe aber auf die anfänglichen Leistungshindernisse nicht.

4. Entlastungsmöglichkeit gemäß Absatz 2 Satz 2

22 Die Ansprüche aus Absatz 2 sind abhängig vom Vertretenmüssen des Schuldners, eine Garantiehaftung für anfängliche Leistungshindernisse wurde im Gesetzgebungsverfahren als unbillig angesehen.[18] Allerdings trägt der Schuldner die Darlegungs- und Beweislast für das Nichtvertretenmüssen. Er hat darzulegen und gegebenenfalls zu beweisen, dass er das Leistungshindernis bei Vertragsschluss nicht kannte und seine Unkenntnis auch nicht zu vertreten hat.

23 Das Vertretenmüssen beurteilt sich nach § 276 BGB. Theoretisch ist bei einem Eventualvorsatz auch eine vorsätzliche Unkenntnis denkbar. Eine fahrlässige Unkenntnis wird vorliegen, wenn der Schuldner das Leistungshindernis bei Anwendung der im Verkehr erforderlichen Sorgfalt bei Vertragsschluss hätte erkennen können.[19] Das Vertretenmüssen in Absatz 2 bezieht sich auch auf die in § 276 Abs. 1 Satz 1 BGB genannten Haftungsmilderungen und Haftungsverschärfungen, insbesondere auch auf die Übernahme einer Garantie oder eines Beschaffungsrisikos.[20] Eine Haftungsmilderung ist beispielsweise bei einer Schenkung gemäß § 521 BGB anzunehmen. Der Schenker kann sich gemäß Absatz 2 Satz 2 entlasten, wenn seine Unkenntnis von der mangelnden Leistungsfähigkeit nur auf leichter Fahrlässigkeit beruht.[21] Problematischer ist die Frage, wann der Schuldner eine **Garantie** für seine Leistungsfähigkeit übernommen hat. Die Übernahme einer Garantie setzt voraus, dass aus der Sicht des Schuldners der Wille des Gläubigers erkennbar wird, unabhängig von der Kenntnismöglichkeit für seine Leistungsfähigkeit einstehen zu wollen. Da eine generelle Garantiehaftung durch die gesetzliche Regelung der Entlastungsmöglichkeit vermieden werden sollte, kann nicht angenommen werden, dass der Schuldner allein mit dem Leistungsversprechen eine Garantie für seine Leistungsfähigkeit bei Vertragsschluss übernimmt.[22] Es müssen über das Leistungsversprechen hinaus zusätzliche Anhaltspunkte für die Übernahme einer Garantie gegeben sein. Dies gilt auch bei einem Rechtskauf. Nach der Streichung des § 437 BGB a.F. mit der Garantiehaftung des Verkäufers für den Bestand des verkauften Rechts entsteht eine verschuldensunabhängige Haftung des Verkäufers eines Rechts nur bei einer entsprechenden Garantiezusage.[23]

24 Die Kenntnis und die fahrlässige Unkenntnis eines **Erfüllungsgehilfen** muss sich der Schuldner gemäß § 278 BGB zurechnen lassen. Aufgrund eigener Fahrlässigkeit des Schuldners ist eine Entlastung ausgeschlossen, wenn der Schuldner das Leistungshindernis bei Anwendung der im Verkehr erforderlichen Sorgfalt bei Vertragsschluss hätte erkennen können. Bedient sich der Schuldner bei der Einhaltung dieser Sorgfaltsobliegenheit eines Dritten, muss er sich dessen Kenntnis oder fahrlässige Unkenntnis gemäß § 278 BGB zurechnen lassen. Die Zurechnung von Kenntnissen bei einer Entlastungsregelung ist letztlich eine analoge Anwendung des § 278 BGB.[24]

25 Wird der Vertrag durch einen **Vertreter** abgeschlossen, ist gemäß § 166 Abs. 1 BGB grundsätzlich auf dessen Kenntnis oder fahrlässige Unkenntnis abzustellen. Die Zurechnung von Kenntnissen eines Vertreters gemäß § 166 Abs. 1 BGB ist nicht durch die Anwendung des § 278 BGB bei Erfüllungsgehilfen ausgeschlossen, da es sich bei den beiden Fällen um verschiedene Personen handelt. Unter den Voraussetzungen des § 166 Abs. 2 BGB ist die Kenntnis oder das Kennenmüssen des Vollmachtgebers entscheidend.

26 Für den Fall, dass sich der Schuldner gemäß Absatz 2 Satz 2 entlasten kann, wird teilweise ein **Haftung analog** zu § 122 BGB befürwortet.[25] Im Regierungsentwurf wurde die Frage offen gelassen.[26] Eine analoge Anwendung des § 122 BGB ist abzulehnen. Es fehlt an einer Regelungslücke.[27] Hat der

---

[17] *Ernst* in: MünchKomm-BGB, § 311a Rn. 83.
[18] BT-Drs. 14/6040, S. 165.
[19] BGH v. 25.11.1998 - XII ZR 12/97 - juris Rn. 3 - LM BGB § 306 Nr. 14 (6/1999).
[20] BT-Drs. 14/6857, S. 54.
[21] *Ernst* in: MünchKomm-BGB, § 311a Rn. 53.
[22] BGH v. 19.10.2007 - V ZR 211/06 - juris Rn. 38 - BGHZ 174, 61-77.
[23] BT-Drs. 14/6857, S. 54.
[24] *Ernst* in: MünchKomm-BGB, § 311a Rn. 43.
[25] *Canaris*, JZ 2001, 499-528, 507 f.; *Canaris*, DB 2001, 1815-1821, 1819.
[26] BT-Drs. 14/6040, S. 166.
[27] *Dauner-Lieb* in: AnwK-BGB, § 311a Rn. 29, *Kohler*, Jura 2006, 241, 247.

Schuldner seine Unkenntnis nicht zu vertreten, ist es gerechtfertigt, dass der Gläubiger einen eventuellen Schaden selbst trägt – soweit nicht der Schuldner Vertragspflichten verletzt. Auch bei einem nachträglichen Leistungshindernis entfällt die Schadensersatzpflicht vollständig, wenn der Schuldner sich gemäß § 280 Abs. 1 Satz 2 BGB entlastet.[28]

Hat der Schuldner die Unkenntnis nicht zu vertreten, stellt er aber nach Vertragsschluss die Unmöglichkeit der Leistung fest, hat er den Gläubiger unverzüglich von dem Leistungshindernis in Kenntnis zu setzen. Eine Verletzung dieser Pflicht begründet einen Anspruch aus § 280 Abs. 1 BGB. 27

C. Rechtsfolgen

Nach Absatz 2 Satz 1 hat der Gläubiger einen Anspruch auf **Schadensersatz statt der Leistung**. Mit diesem Schadensersatzanspruch ist der Gläubiger so zu stellen, wie er stünde, wenn der Vertrag ordnungsgemäß erfüllt worden wäre.[29] Es sind auch Nutzungsausfallschäden mit dem Anspruch aus § 311a Abs. 2 BGB zu ersetzen.[30] Dem steht nicht entgegen, dass diese Schäden, wenn die Voraussetzungen eines Schadensersatzanspruchs statt der Leistung nicht vorliegen, auch mit dem Anspruch aus § 280 Abs. 1 BGB ersetzt werden können.[31] 28

Die bei dem Ersatzanspruch aus § 281 BGB streitige Frage, ab welchem Zeitpunkt Schäden ersatzpflichtig sind, stellt sich bei dem Anspruch aus § 311a Abs. 2 BGB nicht, da für den Pflichtverstoß ausschließlich der Zeitpunkt des Vertragsschlusses in Betracht kommt. 29
Die Verpflichtung des Schuldners zum Ersatz des positiven Interesses wird als dogmatisch inkonsequent kritisiert, die gesetzliche Regelung ist aber eindeutig. Grundlage der Haftung auf das positive Interesse ist das wirksame Leistungsversprechen.

Der Käufer kann verlangen, so gestellt zu werden, wie er stünde, wenn der Verkäufer ordnungsgemäß erfüllt hätte und die Sache mangelfrei gewesen wäre.[32] 30

Betrifft das Leistungshindernis nur einen **Teil der Leistung**, findet gemäß Absatz 2 Satz 3 die Regelung des § 281 Abs. 1 Satz 2 BGB Anwendung. Der Gläubiger kann Schadensersatz statt der ganzen Leistung nur verlangen, wenn er an der Teilleistung kein Interesse hat (vgl. die Kommentierung zu § 281 BGB Rn. 87). 31

Bestehen im Kauf- und Werkvertragsrecht anfängliche **Leistungshindernisse bezüglich der Nacherfüllung**, hat der Käufer oder Werkbesteller grundsätzlich die Wahl zwischen dem kleinen und dem großen Schadensersatzanspruch (vgl. die Kommentierung zu § 281 BGB Rn. 91). Der große Schadensersatzanspruch ist ausgeschlossen, wenn der Mangel unerheblich ist (Absatz 2 Satz 3 i.V.m. § 281 Abs. 1 Satz 3 BGB), vgl. die Kommentierung zu § 281 BGB Rn. 91. 32

Verlangt der Gläubiger Schadensersatz statt der ganzen Leistung, kann der Schuldner die von ihm bereits erbrachten Leistungen (Teilleistungen oder mangelhafte Leistungen) zurückverlangen (Absatz 2 Satz 3 i.V.m. den §§ 281 Abs. 5, 346-348 BGB). 33

Wahlweise kann der Gläubiger gemäß Absatz 2 Satz 2 anstelle des Anspruchs auf Schadensersatz statt der Leistung auch **Aufwendungsersatz** in dem in § 284 BGB bestimmten Umfang geltend machen. Wie bei § 284 BGB ist die Frage zu entscheiden, ob vergebliche Aufwendungen, ihre Rentabilität im Falle ordnungsgemäßer Erfüllung vorausgesetzt, auch weiterhin als Schäden geltend gemacht werden können. Dabei ist davon auszugehen, dass es – wie nach der früheren Rechtslage – möglich sein muss, vergebliche Aufwendungen und Schadensersatz statt der Leistung zu verlangen, beispielsweise Notarkosten **und** entgangenen Gewinn.[33] Diese Rechtsfolge lässt sich dadurch erreichen, dass weiterhin vergebliche Aufwendungen im Falle ihrer hypothetischen Rentabilität als Schäden ersetzt werden, oder dass man entgegen dem Wortlaut des Absatzes 2 Satz 2 („wahlweise") einen Aufwendungsersatzanspruch neben einem Schadensersatzanspruch anerkennt (vgl. die Kommentierung zu § 284 BGB). 34

Die **weiteren Rechtsfolgen** eines anfänglichen Leistungshindernisses nach § 275 Abs. 1-3 BGB ergeben sich aus den allgemeinen Regeln. Der Anspruch auf die Gegenleistung erlischt gemäß § 326 Abs. 1 Satz 1 BGB. Der Gläubiger kann gemäß § 285 Abs. 1 BGB das stellvertretende commodum herausverlangen. Nach den §§ 325 Abs. 5, 323 BGB ist der Gläubiger zum Rücktritt berechtigt. 35

---

[28] *Ernst* in: MünchKomm-BGB, § 311a Rn. 41; *Dötsch*, ZGS 2002, 160-164, 164.
[29] BGH v. 28.11.2007 - VIII ZR 16/07 - juris Rn. 7 - BGHZ 174, 290-297.
[30] BGH v. 28.11.2007 - VIII ZR 16/07 - juris Rn. 8 - BGHZ 174, 290-297.
[31] BGH v. 19.06.2009 - VIII ZR 93/08 - juris Rn. 9, 12 ff. - BGHZ 181, 317-328.
[32] BGH v. 05.11.2010 - V ZR 228/09 - juris Rn. 32 - NJW 2011, 1217-1220.
[33] BGH v. 22.10.1999 - V ZR 401/98 - juris Rn. 17 - BGHZ 143, 42-51.

§ 311a

36 Die Verjährung der Ansprüche richtet sich grundsätzlich nach den §§ 195, 199 BGB. Für Ansprüche des Käufers oder des Werkbestellers wegen anfänglicher Unmöglichkeit der Nacherfüllung gelten die §§ 438 und 634a BGB.

§ 311b BGB Verträge über Grundstücke, das Vermögen und den Nachlass

(Fassung vom 02.01.2002, gültig ab 01.01.2002)

(1) ¹Ein Vertrag, durch den sich der eine Teil verpflichtet, das Eigentum an einem Grundstück zu übertragen oder zu erwerben, bedarf der notariellen Beurkundung. ²Ein ohne Beachtung dieser Form geschlossener Vertrag wird seinem ganzen Inhalt nach gültig, wenn die Auflassung und die Eintragung in das Grundbuch erfolgen.

(2) Ein Vertrag, durch den sich der eine Teil verpflichtet, sein künftiges Vermögen oder einen Bruchteil seines künftigen Vermögens zu übertragen oder mit einem Nießbrauch zu belasten, ist nichtig.

(3) Ein Vertrag, durch den sich der eine Teil verpflichtet, sein gegenwärtiges Vermögen oder einen Bruchteil seines gegenwärtigen Vermögens zu übertragen oder mit einem Nießbrauch zu belasten, bedarf der notariellen Beurkundung.

(4) ¹Ein Vertrag über den Nachlass eines noch lebenden Dritten ist nichtig. ²Das Gleiche gilt von einem Vertrag über den Pflichtteil oder ein Vermächtnis aus dem Nachlass eines noch lebenden Dritten.

(5) ¹Absatz 4 gilt nicht für einen Vertrag, der unter künftigen gesetzlichen Erben über den gesetzlichen Erbteil oder den Pflichtteil eines von ihnen geschlossen wird. ²Ein solcher Vertrag bedarf der notariellen Beurkundung.

Gliederung

A. Kommentierung zu Absatz 1 1	c. Aufhebungsvereinbarungen bei Bruchteilsgemeinschaften 85
I. Gesetzgebungsmaterialien 1	d. Lotterie- oder Ausspielvertrag (§ 763 BGB) 87
II. Praktische Bedeutung, Gesetzeszweck 2	e. Bürgschaftsvertrag, Schuldübernahme 90
III. Anwendungsvoraussetzungen 4	f. Verjährungsunterbrechendes Anerkenntnis 92
1. Grundstück als Vertragsgegenstand 4	g. Die Ausbietungsgarantie 93
a. Grundstücksbegriff 4	h. Pflicht zur Eigentumsübertragung aus einem sonstigen Rechtsgrund oder einem bereits bestehenden Rechtsverhältnis 102
b. Zusammengesetztes Grundstück 7	
c. Zuflurstück 10	i. Mittelbarer Zwang zum Abschluss eines Vertrages im Sinne des Absatzes 1 Satz 1 107
d. Der Grenzfeststellungsvertrag 11	
e. Zu vermessender Grundstücksteil (Teilfläche) 12	j. Vorvertragliche Vereinbarungen 115
	k. Grundstücksbezogene Treuhandverhältnisse 135
2. Eigentum am Grundstück als Vertragsobjekt; Miteigentum, grundstücksgleiche Rechte 31	
a. Grundsätze 31	IV. Anwendung des Absatzes 1 im Gesellschaftsrecht 139
b. Grundstücksbestandteile und -zubehör; Gebäudeeigentum nach ZGB DDR 36	1. Gesellschaftsverträge 139
	a. Allgemeines 139
3. Verpflichtungsvertrag 39	b. Verpflichtung zur Einbringung eines Grundstücks als Gesellschaftereinlage oder Nebenverpflichtung 140
a. Voraussetzungen; Vertragsparteien 39	
b. Freiwillige Grundstücksversteigerung 42	
c. Öffentlich-rechtliche Verträge 45	c. Der Gesellschaftszweck als Auslöser der Beurkundungsbedürftigkeit 143
d. Einseitige Rechtsgeschäfte 48	
e. Vollmacht, Genehmigung 49	d. Innengesellschaften 149
f. Vertragsschluss durch Trennung von Angebot und Annahme 57	e. Auseinandersetzungsvereinbarungen 150
	f. Umfang der Beurkundungsbedürftigkeit, Teilnichtigkeit (§ 139 BGB) 151
4. (Unmittelbarer) Inhalt des Verpflichtungsvertrages: Übertragung oder Erwerb des Eigentums an einem Grundstück 77	
	2. Übertragung von Anteilen an einer Gesamthandsgemeinschaft oder juristischen Person ... 155
a. Voraussetzungen 77	a. Grundsatz 155
b. Verpflichtung mit negativem Inhalt: kein Erwerb oder keine Veräußerung 83	b. Grundstücksverwaltungsgesellschaften 156

c. Einbringung von Grundbesitz in eine GbR zur Generationennachfolge ohne Absicht der Vermögensverwaltung, insbesondere bei Null-Beteiligungen 159
d. Heilung analog Absatz 1 Satz 2 160
3. Beitritt zu einer Grundbesitzgesellschaft mit satzungsmäßiger Erwerbs- oder Veräußerungsverpflichtung................................... 163
a. Allgemeines... 163
b. Erwerb eines bestimmten Grundstücks als Gesellschaftszweck.. 164
c. Erwerb und Veräußerung im Allgemeinen als Gesellschaftszweck.. 165
d. Geschlossener Immobilienfonds mit Anspruch auf Zuteilung von Grundstücken bzw. Eigentumswohnungen („Hamburger Modell") 156
e. Übereignung eines Grundstücks als Abfindung 158
V. Inhalt und Umfang der notariellen Beurkundung 169
1. Materiellrechtliche Grundlagen 170
2. Der materiellrechtliche Inhalt des in der Urkunde zu verkörpernden Willens................. 171
a. Der Vollständigkeitsgrundsatz 171
b. Die objektiv wesentlichen Vertragsbestandteile (essentialia negotii)................................ 172
c. Die subjektiv erforderlichen Nebenbestimmungen 180
d. Rechtsgeschäftliche Bedingungen, Rücktrittsrechte 189
e. Leistungsbestimmungsrecht 190
3. In welchem Umfang müssen die Vertragsbedingungen in der Urkunde erwähnt sein?...... 192
a. Grundsatz der Vollständigkeit der Urkunde 192
b. Unvollständigkeit bei einem offenen Einigungsmangel 193
c. Die unechte Bezugnahme bei Verweisung auf Rechtsverhältnisse, Rechtsnormen und sonstige Rechtstatsachen (Identifizierungsbehelf) 194
d. Bewusste und unbewusste Unvollständigkeit: Erläuternde Auslegung – Andeutungstheorie.. 198
e. Ergänzende Auslegung 202
f. Die irrtümliche Falschbezeichnung (falsa demonstratio)... 203
4. Zusammengesetzte Verträge 215
a. Ausgangslage 215
b. Kriterien der Beurkundungsbedürftigkeit in Rechtsprechung und Literatur 217
c. Der Verknüpfungswille 226
d. Bauwerkvertrag und Grundstückskaufvertrag 235
e. Grundstückskaufvertrag und Sanierungspflicht des Verkäufers 239
f. Mietvertrag/Pachtvertrag und Grundstückskaufvertrag 240
g. Hausverkauf und Verkauf von Inventar, Zubehör und Bestandteilen 245
h. Unternehmenskauf: Verkauf von beweglichem Anlagevermögen und Betriebsgrundstück 247

i. Grundstückskauf und Verkauf von Planungsunterlagen.. 248
j. Weitere Beispielsfälle 249
VI. Art und Weise der notariellen Beurkundung ... 250
VII. Prozessuale Bedeutung der notariellen Urkunde.. 251
VIII. Änderung und Aufhebung von Verträgen ... 252
1. Allgemeines, Abgrenzung 252
2. Änderung von Verträgen 253
a. Zeitraum vom Vertragsschluss bis zur Auflassung.. 253
b. Zeitraum nach Auflassung 259
3. Aufhebung von Verträgen 261
a. Aufhebung nach Eigentumserwerb 262
b. Aufhebung nach Entstehen eines Anwartschaftsrechts des Erwerbers............................ 263
c. Aufhebung vor Entstehen eines Anwartschaftsrechts des Erwerbers 265
IX. Rechtsfolgen fehlender oder unzureichender notarieller Beurkundung................................... 266
1. Nichtigkeit des Schuldverhältnisses 266
2. Teilnichtigkeit (§ 139 BGB) 268
a. Die bewusste Teilnichtigkeit 269
b. Die unbewusste Teilnichtigkeit 271
3. Heilung des Formmangels (Absatz 1 Satz 2) ... 272
a. Allgemeines 272
b. Objektive Voraussetzungen 273
c. Subjektive Voraussetzungen 276
d. Zeitpunkt der Heilung; Rückwirkung inter partes 278
e. Umfang der Heilung 280
f. Verhinderung der Heilung............................. 286
g. Sonderfälle der Heilung 291
4. Verhalten des Notars bei Kenntnis von der Formunwirksamkeit 298
5. Unbeachtlichkeit des Formmangels nach Treu und Glauben; Verwirkung 299
a. Grundlagen 299
b. Fallgruppen in der Rechtsprechung.............. 301
6. Schadensersatz aus einem vorvertraglichen Schuldverhältnis 305
7. Auswirkungen auf Auflassung und Vollmachten 309
8. Rückabwicklung 312
X. Bestätigung eines nichtigen Rechtsgeschäftes (§ 141 BGB) 313
XI. Internationales Privatrecht 317
1. Kollisionsrechtliche Ebene 318
a. Schuldvertragsstatut 319
b. Teilfrage der Form (Art. 11 Rom I-VO) 325
2. Materiellrechtliche Ebene 332
a. Anwendbarkeit des Absatzes 1 Satz 1 (notarielle Beurkundung) bei Verträgen über im Ausland belegene Grundstücke................. 332
b. Anwendbarkeit des Absatzes 1 Satz 2 (Heilung des Formmangels) bei Verträgen über im Ausland belegene Grundstücke......... 333
3. Das Trennungsprinzip im IPR 335
B. Kommentierung zu Absatz 2 336

I. Grundlagen 336	1. Gesetzgebungsmaterialien 401
1. Gesetzgebungsmaterialien 336	2. Regelungsprinzipien 402
2. Regelungsprinzipien 337	3. Praktische Bedeutung 405
II. Anwendungsvoraussetzungen 338	II. Anwendungsvoraussetzungen 412
1. Vertrag, durch den sich der eine Teil verpflichtet 338	1. Vertrag (Absatz 4) 412
a. Allgemeines 338	2. Noch lebender Dritter (Absatz 4) 417
b. Verfügungsverträge 339	a. Allgemeines 417
c. Gesellschaftsverträge, Anfallklauseln 340	b. Irrtumsfälle 420
2. Zu übertragen oder mit einem Nießbrauch zu belasten 343	3. Vertrag „über den Nachlass" (Absatz 4) 425
	a. Allgemeine Bestimmung 425
3. Sein künftiges Vermögen oder einen Bruchteil seines künftigen Vermögens 347	b. Verträge über die erbrechtliche Beteiligung 426
a. Vermögensbegriff 347	c. Verfügungsverträge über den Nachlass als solchen 427
b. Gesamtes künftiges Vermögen 348	d. Kreditsicherungsverträge, insbesondere Bürgschaften 428
c. Bruchteil des künftigen Vermögens 351	
III. Rechtsfolgen 352	e. Vertrag über einen Einzelgegenstand 430
C. Kommentierung zu Absatz 3 357	4. Vertrag „über den Pflichtteil aus dem Nachlass" (Absatz 4) 435
I. Grundlagen 357	
1. Gesetzgebungsmaterialien 357	5. Vertrag „über ein Vermächtnis aus dem Nachlass" (Absatz 4) 436
2. Schutzzweck 358	
3. Praktische Bedeutung 359	6. Vertrag unter künftigen gesetzlichen Erben (Absatz 5) 438
a. Unternehmensveräußerung („asset deal") 359	
b. Verschmelzung außerhalb des Umwandlungsgesetzes 360	a. Auffassung in Rechtsprechung und Literatur 438
	b. Zeitpunkt des Vertragsschlusses 442
c. Vorweggenommene Erbfolge („Verpfründungsvertrag") 361	c. Zeitpunkt des Erbfalls 456
d. Sicherungsgeschäfte 362	7. Vertrag „über den gesetzlichen Erbteil eines von ihnen" (Absatz 5) 457
e. Zusammenhang mit § 419 BGB a.F. (Vermögensübernahme) 363	a. Arten von Verträgen 457
II. Anwendungsvoraussetzungen 364	b. Gesetzlicher Erbteil 463
1. Vertrag, durch den sich der eine Teil verpflichtet 364	c. Testamentarischer Erbteil 466
a. Schuldrechtliche Verpflichtung 364	8. Verträge in Bezug auf Vermächtnisse (Absatz 5) 470
b. Betroffener Personenkreis 365	
2. Zu übertragen oder mit einem Nießbrauch zu belasten 369	9. Vertrag „über den Pflichtteil eines von ihnen" (Absatz 5) 472
3. Gegenwärtiges Vermögen 370	10. Noch lebender Dritter (Absatz 5) 474
a. Vermögensbegriff 370	11. Notarielle Beurkundung (Absatz 5) 475
b. Eigenes Vermögen („sein") 371	12. Änderungen der Vertragsgrundlagen bis zum Erbfall (Absatz 5) 478
c. Gegenwärtiges Vermögen 372	
4. Bruchteil des gegenwärtigen Vermögens 391	a. Änderung beim Vertragsgegenstand 479
5. Notarielle Beurkundung 393	b. Vorversterben des Berechtigten und Verpflichteten 482
III. Rechtsfolgen 394	
1. (Un-)Wirksamkeit des Schuldverhältnisses 395	III. Rechtsfolgen 489
2. Auswirkung auf Vollzugsgeschäfte 400	IV. Anwendungsfelder 490
D. Kommentierung zu den Absätzen 4 und 5 401	1. Internationales und interlokales Privatrecht 490
I. Grundlagen 401	2. Steuerrecht 492

A. Kommentierung zu Absatz 1

I. Gesetzgebungsmaterialien

§ 311b Abs. 1 BGB hat mit In-Kraft-Treten des Gesetzes zur Modernisierung des Schuldrechts vom 26.11.2001[1] am 01.01.2002 den bisherigen (gleich lautenden) § 313 BGB a.F. ersetzt. Inhaltlich hat sich an der bisherigen Rechtslage nichts geändert.[2] In seiner Fassung bis zum 30.06.1973 be-

---

[1] BGBl I 2001, 3138.
[2] BT-Drs. 14/6040, S. 166.

§ 311b

stimmte § 313 BGB a.F., dass nur die Verpflichtung zur Veräußerung des Eigentums an einem Grundstück der notariellen Beurkundung bedarf. Erst mit In-Kraft-Treten der Änderung zum 01.07.1973[3] wurde auch die Verpflichtung zum Erwerb des Eigentums an einem Grundstück dem Erfordernis der notariellen Beurkundung unterworfen.[4] Anders als bei der Verpflichtung zur Veräußerung (hier dient die notarielle Beurkundung dem Schutz vor übereilter Veräußerung) stand bei der Verpflichtung zum Erwerb der Schutz des Erwerbers vor benachteiligenden Vertragsklauseln im Vordergrund.[5]

II. Praktische Bedeutung, Gesetzeszweck

2   § 311b Abs. 1 Satz 1 BGB ist die wichtigste Formvorschrift des Zivilrechts. Wegen der überragenden Bedeutung des Grundeigentums für die private Bevölkerung (Eigenheim), aber auch für die Wirtschaft (Betriebsstätte) dient diese Vorschrift unterschiedlichen Zwecken, die nicht immer alle verwirklicht sein müssen. Darauf kommt es auch nicht an; die verschiedenen Funktionen sind die legislative Rechtfertigung für eine generelle Beurkundungsbedürftigkeit von Verträgen, durch welche sich jemand verpflichtet, das Eigentum an einem Grundstück zu veräußern oder zu erwerben, nicht aber tatbestandliche Voraussetzung für die Anwendbarkeit dieser Norm.[6] Dies bedeutet zum einen, dass die Ausdehnung auf Fälle außerhalb des wörtlichen Anwendungsbereichs einer besonderen Rechtfertigung für das Abweichen vom Grundsatz der Formfreiheit von Willenserklärungen bedarf. Andererseits entfällt aber auch nicht das Erfordernis der notariellen Beurkundung, wenn beispielsweise ein Bedürfnis für eine Übereilung oder besondere Beratung im konkreten Fall überhaupt nicht erforderlich ist. Beabsichtigt beispielsweise ein Notar oder ein Richter des Senats für Grundstücksrecht, Nachbarrecht und Landpachtrecht am BGH (V. Zivilsenat), eine Immobilie zu erwerben, so können sie sich dem Erfordernis der notariellen Beurkundung nicht mit der Begründung entziehen, dass sie als Fachleute auf dem Gebiet des Immobilienrechts überhaupt keiner Beratung bedürfen. Auch ist die Formvorschrift des § 311b Abs. 1 Satz 1 BGB nicht disponibel[7]; die Vertragsparteien können also nicht auf ihre Anwendbarkeit verzichten.

3   Das Erfordernis der notariellen Beurkundung nach § 311b Abs. 1 Satz 1 BGB soll zum einen die Vertragsparteien vor der übereilten Eingehung einer Verpflichtung zur Veräußerung oder zum Erwerb bewahren (Übereilungsschutz, Warnfunktion). Daneben soll durch das Verfahren der notariellen Beurkundung der Beweis (vgl. § 415 ZPO) der getroffenen Vereinbarung gesichert werden (Beweisfunktion), eine Gewähr dafür geschaffen werden, dass der Wille der Vertragsparteien richtig, vollständig und wirksam gefasst wird (Gültigkeitsgewähr) und den Vertragsparteien eine sachgemäße Beratung gegeben werden (Betreuungsfunktion).[8] § 311b Abs. 1 Satz 1 BGB ist aber keine (unmittelbare) Norm des Verbraucherschutzes. Die Vorschrift dient gleichermaßen den Interessen des Veräußerers wie des Erwerbers des Grundstücks an einem Schutz vor übereiltem Geschäftsabschluss, an sachgemäßer Beratung (§ 17 BeurkG), an der Gültigkeit und am Beweis des Vereinbarten. Schutzgegenstand ist der erklärte rechtsgeschäftliche Wille der Vertragsbeteiligten, Schutzmittel ist die Dokumentation des Vereinbarten, nicht dessen, was eine Partei besser vereinbart hätte oder auf was sie die Gegenseite zu ihrem Schutz hätte hinweisen sollen.[9]

III. Anwendungsvoraussetzungen

1. Grundstück als Vertragsgegenstand

a. Grundstücksbegriff

4   Vertragsgegenstand im Sinne des § 311b Abs. 1 Satz 1 BGB ist ein Grundstück. Der Begriff ist weder im BGB noch in der GBO definiert. Nach dem allgemeinen Sprachgebrauch versteht man darunter eine örtlich zusammenhängende, wirtschaftlich und rechtlich einheitliche Bodenfläche, die in der Natur

---

[3] BGBl I 1973, 508.
[4] *Wufka* in: Staudinger, § 311b Abs. 1 Rn. 2.
[5] *Wufka* in: Staudinger, § 311b Abs. 1 Rn. 2.
[6] BGH v. 07.10.1994 - V ZR 102/93 - juris Rn. 13 - BGHZ 127, 168-176; *Wufka* in: Staudinger, § 311b Abs. 1 Rn. 4; *Grüneberg* in: Palandt, § 311b Rn. 2.
[7] *Wufka* in: Staudinger, § 311b Abs. 1 Rn. 158.
[8] BGH v. 25.03.1983 - V ZR 268/81 - BGHZ 87, 150-156; BGH v. 26.11.1999 - V ZR 251/98 - LM BGB § 313 Nr. 151; aus der Literatur: *Kanzleiter* in: MünchKomm-BGB, § 311b Rn. 1; *Wolf* in: Soergel, § 313 a.F. Rn. 3.
[9] BGH v. 14.03.2003 - V ZR 278/01 - NJW-RR 2003, 1136-1137.

durch Hecken, Zäune, Mauern, Begrenzungssteine o.Ä. abgegrenzt ist.[10] Ein Grundstück im Rechtssinne, wie es auch von § 311b Abs. 1 Satz 1 BGB vorausgesetzt wird, ist ein räumlich abgegrenzter Teil der Erdoberfläche, der auf einem besonderen Grundbuchblatt unter einer besonderen Nummer im Verzeichnis der Grundstücke gebucht ist.[11]

Aus dem räumlich abgegrenzten Teil der Erdoberfläche wird ein Grundstück im Rechtssinne, wenn dieses in dem von den Katasterämtern geführten Liegenschaftskataster als **Flurstück** geführt wird und dieses Flurstück im Grundbuch unter einer laufenden Nummer gebucht wird. Der erste Schritt zur Verleihung des rechtlichen Charakters eines Grundstücks ist somit der Vermerk der Fläche im Liegenschaftskataster als sog. Flurstück (Katasterparzelle). Dies ist der Teil der Erdoberfläche, der von einer in sich zurücklaufenden Linie umschlossen und in der Flurkarte unter einer besonderen Nummer[12] aufgeführt wird. Flurstück und Grundstück (im Rechtssinne) sind in aller Regel identisch. Der zweite Schritt zur rechtlichen Verselbständigung eines Grundstücks ist die Buchung im Grundbuch an einer besonderen Stelle. Diese besondere Stelle ist entweder ein eigenes Grundbuchblatt (§ 3 GBO), das nur für dieses eine Grundstück geführt wird, oder wenn gemäß § 4 GBO ein gemeinschaftliches Grundbuchblatt geführt wird („Personalfolium"), die besondere Nummer, unter dem das Grundstück im Bestandsverzeichnis dieses Grundbuchblatts geführt wird.

Die Verbindung zwischen dem im Grundbuch vermerkten Grundstück im Rechtssinne und dem Flurstück wird nach § 2 Abs. 2 GBO hergestellt: Die Grundstücke werden im Grundbuch nach den in den Ländern eingerichteten amtlichen Verzeichnissen benannt (Liegenschaftskataster). Im Liegenschaftskataster sind für das Landesgebiet alle Liegenschaften (Grundstücke, grundstücksgleiche Rechte und Gebäude) zu beschreiben und nachzuweisen (vgl. § 11 Abs. 1 Satz 1 SVermKtG[13]). Das Liegenschaftskataster besteht aus dem Katasterkartenwerk und dem Katasterbuch.[14] Die Katasterkarte enthält Angaben über Grenze, Lage, Gebäudestand, Nutzungsart und Ertragsfähigkeit sowie die Nummern der Flurstücke.[15] Im Katasterbuch werden die Flurstücke nach ihrer Nummer in der Flurkarte bezeichnet und nach ihren wichtigsten Eigenschaften beschrieben.[16] Veränderungen im Bestand der Flurstücke werden im Liegenschaftskataster fortgeführt. Dies betrifft insbesondere die Vergrößerung eines Flurstücks durch Flächenzugang (Verschmelzung) oder die Verkleinerung durch Flächenabgang (Zerlegung), bei denen auch die Flurstücksnummern und -flächen verändert werden.[17] Das Katasteramt führt über die Veränderungen einen **Veränderungsnachweis** (VN), dem ein Ausschnitt aus der Flurkarte beigegeben wird.[18] Aufgrund der landesrechtlichen Anweisungen zur Fortführung des Liegenschaftskatasters wird ein Auszug des VN dem Grundbuch zugesandt, wenn Angaben im Bestandsverzeichnis berührt sind.[19] Das Grundbuchamt ist an den VN als Verwaltungsakt gebunden und hat ihn daher ohne weiteres zu vollziehen, es sei denn, die Veränderung ist zugleich rechtlicher Art.[20]

b. Zusammengesetztes Grundstück

In aller Regel stimmen Flurstück und Grundstück im Rechtssinne überein, d.h. das Grundstück besteht aus einem Flurstück („Idealgrundstück"). Ein einzelnes Flurstück kann jedoch niemals mehrere Grundstücke umfassen, da das Flurstück die kleinste Einheit für ein Grundstück ist. Dagegen kann ein Grundstück im Rechtssinne aus mehreren Flurstücken bestehen; es handelt sich dann um ein „zusammengesetztes Grundstück".[21] Im Grundbuch werden die einzelnen Flurstücke unter einer (einzigen) laufenden Nummer zusammengefasst. Ein zusammengesetztes Grundstück entsteht durch Grundstücksvereini-

---

[10] *Nowak* in: Meikel, Grundbuchrecht, 8. Aufl. 1998, § 3 Rn. 5.
[11] *Nowak* in: Meikel, Grundbuchrecht, 8. Aufl. 1998, § 3 Rn. 6.
[12] Diese werden als ganze Zahlen (z.B. Nr. 637) oder als Bruchzahlen (z.B. Nr. 637/1) geführt.
[13] Saarländisches Gesetz über die Landesvermessung und das Liegenschaftskataster (Saarländisches Vermessungs- und Katastergesetz - SVermKatG) vom 16.10.1997. Vergleichbare Regelungen bestehen in den anderen Bundesländern.
[14] *Schöner/Stöber*, Grundbuchrecht, 14. Aufl. 2008, Rn. 572; z.B. § 11 Abs. 2 Satz 1 SVermKtG.
[15] Vgl. § 11 Abs. 2 Satz 3 SVermKtG.
[16] Vgl. § 11 Abs. 2 Satz 3 SVermKtG.
[17] *Schöner/Stöber*, Grundbuchrecht, 14. Aufl. 2008, Rn. 594.
[18] *Schöner/Stöber*, Grundbuchrecht, 14. Aufl. 2008, Rn. 599.
[19] *Schöner/Stöber*, Grundbuchrecht, 14. Aufl. 2008, Rn. 600.
[20] *Bengel*, Grundbuch, Grundstück, Grenze, 5. Aufl. 2000, § 2 Rn. 50.
[21] Die rechtliche Einheit als ein Grundstück wird nur aus dem Grundbuch, nicht aber aus der Flurkarte ersichtlich.

gung (§ 890 Abs. 1 BGB, § 5 GBO)[22] oder Zuschreibung eines Grundstücks zu einem anderen (§ 890 Abs. 2 BGB, § 6 GBO)[23]. Die Notwendigkeit einer Vereinigung oder Bestandteilszuschreibung besteht beispielsweise bei der Aufteilung in Wohnungseigentum, wenn mehrere rechtlich selbständige Grundstücke in die Aufteilung einbezogen werden sollen. Wohnungseigentum kann nach § 1 Abs. 4 WEG nicht in der Weise begründet werden, dass das Sondereigentum mit Miteigentum an mehreren Grundstücken verbunden wird.

8 Gegenstand eines Grundstückskaufvertrages im Sinne des § 311b Abs. 1 Satz 1 BGB kann sowohl das zusammengesetzte Grundstück (die Einheit aller im Grundbuch unter einer laufenden Nummer gebuchten Flurstücke) als auch ein Bestandteil des zusammengesetztes Grundstücks sein. Zwar besteht im letztgenannten Fall das Grundstück im Rechtssinne zum Zeitpunkt des Vertragsschlusses noch nicht; dies ist jedoch unerheblich, da auch künftig erst entstehende Grundstücke im Rechtssinne Vertragsgegenstand eines Grundstückskaufvertrages sein können. Zur Erfüllung der Verpflichtung zur Eigentumsübertragung an einem Grundstück im Rechtssinne bedarf es somit der vorherigen Teilung des zusammengesetzten Grundstücks, weil ein zusammengesetztes Grundstück nicht mehreren Eigentümern gehören kann.[24] Die materiellrechtliche Teilungserklärung[25] sowie der grundbuchverfahrensrechtliche Antrag und die Bewilligungserklärung (§ 19 BGB) sind – auch wenn sie in der notariellen Kaufvertragsurkunde nicht ausdrücklich erwähnt sind – stillschweigend miterklärt.

9 Vom zusammengesetzten Grundstück, das aufgrund Grundstücksvereinigung oder Bestandteilszuschreibung entsteht, ist das katastertechnisch verschmolzene Grundstück zu unterscheiden. Die Katasterbehörde kann nach ihrem Ermessen die Flurstücke, die zu einem zusammenhängenden Grundstück vereinigt sind, zu einem Flurstück verschmelzen, so dass aus dem zusammengesetzten Grundstück ein Idealgrundstück wird.

c. Zuflurstück

10 Das Zuflurstück entsteht aufgrund der Abtrennung einer Teilfläche aus einem Flurstück, ohne dass dieser Teilfläche eine eigene Flurstücksnummer erteilt wird. Ein Zuflurstück wird insbesondere dann gebildet, wenn die Trennung der Teilfläche dazu dient, diese einem anderen Flurstück wieder zuzuschreiben (Flurstückszerlegung vorläufiger Natur). Es wird nicht im Liegenschaftskataster, sondern nur im Veränderungsnachweis (vgl. Rn. 6) geführt.[26] Im Grundbuch erhält das Zuflurstück eine Bezeichnung, die sich aus einem Hinweis auf das Flurstück, dem die Teilfläche zugeteilt wird, und dem Flurstück, aus dem der Teil abgetrennt wurde, zusammensetzt.[27] Grundsätzlich handelt es sich bei dem Zuflurstück **nicht** um ein Grundstück im Rechtssinne (vgl. Rn. 5), so dass es nicht im Grundbuch als selbständiges Grundstück eingetragen wird[28] und nicht Gegenstand eines Grundstückskaufvertrages im

---

[22] Durch die Vereinigung entsteht ein neues Grundstück; die bisherigen Grundstücke werden deren nicht wesentliche Bestandteile. *Bengel*, Grundbuch, Grundstück, Grenze, 5. Aufl. 2000, §§ 5, 6 Rn. 8.

[23] Das zugeschriebene Grundstück wird nicht wesentlicher Bestandteil des neuen einheitlichen Grundstücks; *Bengel*, Grundbuch, Grundstück, Grenze, 5. Aufl. 2000, §§ 5, 6 Rn. 16. Die Besonderheit der Zuschreibung besteht in der Wirkung des § 1131 BGB, wonach sich die Grundpfandrechte, die auf dem Hauptgrundstück lasten, ohne besondere Pfandunterstellung auf das Bestandteilsgrundstück erstrecken; *Bengel*, Grundbuch, Grundstück, Grenze, 5. Aufl. 2000, §§ 5, 6 Rn. 16.

[24] Grundbuchverfahrensrechtlich ist das als Grundstück im Rechtssinne veräußerte Flurstück auf ein anderes Grundbuchblatt zu übertragen, da ein gemeinschaftliches Grundbuchblatt („Personalfolium") nach § 4 GBO nur über Grundstücke desselben Eigentümers geführt werden kann.

[25] Die Teilung eines Grundstücks ist nicht ausdrücklich in einer besonderen Norm des BGB geregelt; ihre Zulässigkeit wird aber allgemein aus § 903 BGB abgeleitet. Mit In-Kraft-Treten der BauGB-Novelle zum 20.07.2004 ist das Erfordernis der baurechtlichen Teilungsgenehmigung nach § 19 BauGB a.F. entfallen. Allerdings dürfen durch die Teilung eines Grundstücks im Geltungsbereich eines Bebauungsplans keine Verhältnisse entstehen, die den Festsetzungen des Bebauungsplans widersprechen (§ 19 Abs. 2 BauGB n.F.). Unter den Begriff des Grundstücks im Sinne des § 19 BauGB (Grundstück im grundbuchrechtlichen Sinne) fällt grds. auch das zusammengesetzte Grundstück (BVerwG v. 14.12.1973 - IV C 48.72 - juris Rn. 25 - Buchholz 406.11 § 19 Nr. 30). In Ausnahmefällen kann vom grundbuchrechtlichen Begriff abgewichen werden, wenn bei Verwendung dieses Begriffs die Gefahr entstünde, dass der Sinn der Regelung „handgreiflich verfehlt würde" (BVerwG v. 14.12.1973 - IV C 48.72 - juris Rn. 25 - Buchholz 406.11 § 19 Nr. 30).

[26] *Bengel*, Grundbuch, Grundstück, Grenze, 5. Aufl. 2000, § 2 Rn. 93; *Schöner/Stöber*, Grundbuchrecht, 14. Aufl. 2008, Rn. 684.

[27] *Bengel*, Grundbuch, Grundstück, Grenze, 5. Aufl. 2000, § 2 Rn. 91. Beispiel: „zu 420/3 (aus 421/2)".

[28] *Bengel*, Grundbuch, Grundstück, Grenze, 5. Aufl. 2000, § 2 Rn. 94.

Sinne des § 311b Abs. 1 Satz 1 BGB sein kann. Das Zuflurstück wird als Grundstück im Rechtssinne nur für den grundbuchlichen Eintragungsvorgang der Abschreibung von dem bisherigen Flurstück und der Vereinigung mit einem anderen Flurstück (Vereinigung oder Bestandteilszuschreibung gemäß § 890 BGB) betrachtet.[29]

d. Der Grenzfeststellungsvertrag

Lässt sich bei einem unklaren Grenzverlauf (Grenzverwirrung, § 920 Abs. 1 BGB) die richtige Grenze nicht ermitteln, so kann jeder der vom unklaren Grenzverlauf betroffenen Grundstückseigentümer eine Grenzscheidungsklage erheben, die auf eine Grenzziehung durch gerichtliches Urteil gerichtet ist.[30] Die benachbarten Grundstückseigentümer können den Streit über den Grenzverlauf aber auch durch einen Grenzfeststellungsvertrag beilegen.[31] Sofern nur eine der Vertragsparteien bei einem solchen Vertrag den Willen hat, dass die Grenzfestlegung konstitutive Wirkung hat (also ein Teil eines Grundstücks übereignet wird), bedarf der Vertrag der notariellen Beurkundung nach § 311b Abs. 1 Satz 1 BGB.[32]

11

e. Zu vermessender Grundstücksteil (Teilfläche)

aa. Grundsätze der Bestimmtheit des Vertragsgegenstandes

Ist ein bestehendes Flurstück vermessen worden, so werden die neu entstandenen Flurstücke im katasterrechtlichen Veränderungsnachweis (vgl. Rn. 6) aufgenommen. Wurde das neue Flurstück noch nicht im Bestandsverzeichnis des Grundbuchs aufgenommen, so kann das mit der Eintragung im Grundbuch neu entstehende Grundstück im Rechtssinne auch bereits vor Buchung im Grundbuch Gegenstand eines Kaufvertrages sein. Die hinreichende Bestimmung des Grundstücks wird durch die im Veränderungsnachweis enthaltene Bezeichnung gewährleistet.[33] Ist das neu entstehende Grundstück bereits vermessen, aber noch nicht im Veränderungsnachweis katastermäßig erfasst, so kann auf die Vermessungskarte des Katasteramtes oder eines öffentlich bestellten Vermessungsingenieurs Bezug genommen werden.[34] Problematischer ist dagegen der Fall, dass das Grundstück noch nicht vermessen ist und das infolge Vermessung, katastermäßiger Erfassung und Buchung im Grundbuch neu entstehende Grundstück im Rechtssinne Gegenstand eines Kaufvertrages im Sinne des § 311b Abs. 1 Satz 1 BGB sein soll (Teilflächenkauf). Unstreitig ist, dass auch das erst neu entstehende Grundstück als künftige Sache Gegenstand eines Grundstückskaufvertrages sein kann. Es stellt sich hier aber die Frage der hinreichenden Bestimmtheit des Vertragsgegenstandes, da auf eine katastermäßige Bezeichnung nicht zurückgegriffen werden kann. Dabei ist zu unterscheiden zwischen dem materiellrechtlichen Bestimmtheitserfordernis im Sinne der §§ 145 ff. BGB und der Beurkundungsbestimmtheit[35] im Sinne des § 311b Abs. 1 Satz 1 BGB[36]; diese Grundsätze gelten auch beim **Vorvertrag**[37]. Der Unterschied zeigt sich insbesondere daran, dass ein Mangel der Beurkundungsbestimmtheit nach § 311b Abs. 1

12

---

[29] BayObLG München v. 22.01.1974 - BReg 2 Z 52/73 - Rpfleger 1974, 148-150; *Schöner/Stöber*, Grundbuchrecht, 14. Aufl. 2008, Rn. 681.
[30] *Grziwotz* in: Grziwotz/Lüke/Saller, Praxishandbuch Nachbarrecht, 2005, 2. Teil Rn. 35.
[31] Muster eines solchen Grenzfeststellungsvertrages bei *Grziwotz* in: Grziwotz/Lüke/Saller, Praxishandbuch Nachbarrecht, 2005, 6. Teil Rn. 2.
[32] OLG Nürnberg v. 20.01.1965 - 4 U 60/64 - DNotZ 1966, 33; *Grziwotz* in: Grziwotz/Lüke/Saller, Praxishandbuch Nachbarrecht, 2005, 2. Teil Rn. 49.
[33] *von Campe*, DNotZ 2000, 109-121, 114.
[34] *von Campe*, DNotZ 2000, 109-121, 114.
[35] Zu diesem Begriff: BGH v. 19.04.2002 - V ZR 90/01 - juris Rn. 19 - BGHZ 150, 334-343; BGH v. 07.02.1986 - V ZR 176/84 - BGHZ 97, 147-155; BGH v. 08.11.1968 - V ZR 58/65 - LM Nr. 35 zu § 313 BGB; BGH v. 18.04.1986 - V ZR 32/85 - LM Nr. 20/21 zu § 145 BGB.
[36] BGH v. 19.04.2002 - V ZR 90/01 - juris Rn. 19 - BGHZ 150, 334-343; *von Campe*, NotBZ 2003, 41-46, 42; *Baldus*, NotBZ 2003, 67-70, 67.
[37] BGH v. 18.04.1986 - V ZR 32/85 - juris Rn. 29 - LM Nr. 20/21 zu § 145 BGB. Entgegen der Auffassung von *Baldus*, NotBZ 2003, 67-70, 66, hat der BGH in seiner Entscheidung vom 19.04.2002 (BGH v. 19.04.2002 - V ZR 90/01 - BGHZ 150, 334-343) diese Anforderungen für den Vorvertrag nicht aufgegeben. Die klarstellenden Ausführungen des BGH zur „Beurkundungsbestimmtheit" zielen auf eine Unterscheidung zwischen inhaltlicher Bestimmtheit der vertraglichen Abrede (rechtsgeschäftlicher Bestimmtheitsgrundsatz) und hinreichender Beurkundung dieser Abrede im Kaufvertrag (Formgebot nach § 311b Abs. 1 Satz 1 BGB). Eine Unterscheidung zwischen den Anforderungen in einem Hauptvertrag und einem Vorvertrag ist darin nicht enthalten.

Satz 2 BGB geheilt werden kann, nicht dagegen ein Mangel an inhaltlicher Bestimmtheit.[38] Beim materiellrechtlichen Bestimmtheitserfordernis geht es um die Frage, ob eine Willensübereinstimmung überhaupt gegeben ist; dies ist eine Frage der allgemeinen Vertragslehre. Die Beurkundungsbestimmtheit regelt bei beurkundungsbedürftigen Rechtsgeschäften die Vorgaben, nach welchen die Willensübereinstimmung in der notariellen Urkunde zum Ausdruck gekommen sein muss. Daher sind **zwei Fallgruppen** zu unterscheiden, die die Unwirksamkeitsgründe beim Teilflächenkauf wegen unzureichender Kennzeichnung des Vertragsgegenstandes enthalten können[39]:

- Zum einen kann der Fall so liegen, dass die Vertragsparteien noch keine abschließende Festlegung der Grundstücksgrenzen vorgenommen haben. Subjektiv besteht etwa folgende Übereinstimmung: „Wir werden uns schon einig". Sofern kein Leistungsbestimmungsrecht einer Vertragspartei oder eines Dritten vereinbart wurde, liegt ein Fall eines rechtsgeschäftlichen Einigungsmangels (Dissens) vor, nicht aber Nichtigkeit nach § 125 BGB.
- Zum anderen können sich die Vertragsparteien über die genaue Grenzziehung oder ein Leistungsbestimmungsrecht nach den §§ 315 ff. BGB geeinigt, diese Willensübereinstimmung aber unzureichend in der notariellen Urkunde ausgedrückt haben (fehlende Beurkundungsbestimmtheit). Der Vertrag ist dann nach § 125 BGB nichtig.

13   Beide Bereiche sind zu unterscheiden, obwohl sie in einer Wechselwirkung zueinander stehen. Aus der Art und Weise der Beurkundung lässt sich möglicherweise ein Rückschluss auf die inhaltliche Bestimmtheit des Vertragsgegenstandes ziehen, insbesondere wenn die Beschreibung der Teilfläche in der notariellen Urkunde selbst ungenau gehalten ist.[40] Andererseits gebietet das Erfordernis der Bestimmtheit des Vertragsgegenstandes auch ein Mindestmaß an hinreichender Umschreibung in der notariellen Urkunde, damit die Beurkundungsbestimmtheit gegeben ist. Es geht also darum, dem subjektiv Gewollten in der Urkunde eine hinreichende objektive Umschreibung zu geben.

bb. Inhaltliche Bestimmtheit

14   Fehlt es an einer hinreichenden Bestimmtheit, so ist der Vertrag nach zutreffender h.M.[41] wegen Unbestimmtheit des Vertragsgegenstandes (keine Einigung nach § 145 BGB) und nicht nach § 125 BGB wegen eines Formmangels nichtig. Bevor man jedoch einen Dissens mangels Übereinstimmung über den genauen Verlauf der Teilfläche annehmen kann, ist zu prüfen, ob die Bestimmung des Vertragsgegenstandes nicht (stillschweigend) einer Vertragspartei oder einem Dritten übertragen wurde (Leistungsbestimmungsrecht), §§ 315 ff BGB.

15   Der BGH hat bisher sehr strenge Kriterien an die (inhaltliche) Bestimmtheit des Vertragsgegenstandes gestellt, insbesondere in seiner kritisierten[42] Entscheidung vom 23.04.1999.[43] Da er auch ein stillschweigend vereinbartes Leistungsbestimmungsrecht einer Vertragspartei (§ 315 BGB) nur in Ausnahmefällen angenommen hat, wenn sich die Beteiligten über die genaue Größe gerade nicht geeinigt hatten[44], könnte dies in der Praxis nicht selten zu einer Unwirksamkeit (inhaltlichen Unbestimmtheit) des Teilflächenkaufs führen. Mit seiner Entscheidung vom 19.04.2002[45], die zwar keinen Teilflächen-

---

[38] *von Campe*, NotBZ 2003, 41-46, 43; *Baldus*, NotBZ 2003, 67-70, 66, Fn. 16.
[39] Die Entscheidungen einzelner Instanzgerichte zeigen, dass diese Differenzierung oftmals nicht beachtet wird, vielmehr Kriterien der rechtsgeschäftlichen Bestimmtheit auf das Erfordernis der hinreichenden Kennzeichnung der Abrede in der notariellen Urkunde übertragen und damit beide Rechtsbereiche vermischt werden; so etwa in der Entscheidung OLG Celle v. 03.09.2001 - 4 U 39/01 - OLGR Celle 2001, 293-295. Richtig dagegen OLG Brandenburg v. 19.07.2007 - 5 U 192/06 - juris Rn. 38 - NJW-RR 2008, 254-256.
[40] Dies zeigt sich besonders in der Entscheidung BGH v. 23.04.1999 - V ZR 54/98 - NJW-RR 1999, 1030-1031, in welcher der BGH aus der – aus seiner Sicht – zu ungenauen Beschreibung der Teilfläche in der notariellen Urkunde eine inhaltliche Unbestimmtheit und damit einen Dissens wegen fehlender Einigung abgeleitet hat.
[41] BGH v. 19.04.2002 - V ZR 90/01 - juris Rn. 17 - BGHZ 150, 334-343, unter ausdrücklicher Aufgabe der früheren Rechtsprechung, die das Erfordernis hinreichend genauer Umschreibung der Teilfläche aus dem Beurkundungserfordernis hergeleitet hatte; BGH v. 23.04.1999 - V ZR 54/98 - juris Rn. 7 - NJW-RR 1999, 1030-1031; *Böhmer*, MittBayNot 1998, 329-331, 329; a.A. noch die Entscheidungen BGH v. 23.03.1979 - V ZR 24/77 - juris Rn. 16 - BGHZ 74, 116-121, und BGH v. 07.01.1988 - IX ZR 7/87 - juris Rn. 15 - LM Nr. 38 zu § 19 BNotO, die die Nichtigkeit aus § 125 BGB (Nichteinhaltung der Form des § 311b Abs. 1 Satz 1 BGB) herleiteten.
[42] *Kanzleiter*, NJW 2000, 1919-1920, 1919; *von Campe*, NotBZ 2003, 41-46, 42.
[43] BGH v. 23.04.1999 - V ZR 54/98 - NJW-RR 1999, 1030-1031. Abweichend auch LG Rostock v. 23.05.2001 - 1 S 177/00 - NJW-RR 2002, 55-56.
[44] BGH v. 06.05.1988 - V ZR 32/87 - NJW-RR 1988, 970-971.
[45] BGH v. 19.04.2002 - V ZR 90/01 - BGHZ 150, 334-343; dazu *von Campe*, NotBZ 2003, 41-46.

kauf betraf, diesem aber ähnelte (Verkauf eines noch zu begründenden Sondernutzungsrechtes, das durch Abgabe der Teilungserklärung und Eintragung im Grundbuch noch entstehen soll), hat der BGH rechtlich keine Änderung seiner Rechtsprechung herbeigeführt, jedoch eine sinnvolle und aus der Sicht der Praxis begrüßenswerte Konkretisierung seiner Leitlinien auf zwei Fallgruppen vorgenommen. Anhand des Willens der Vertragsbeteiligten nimmt der **BGH folgende Differenzierung** vor[46]:

- Geht der Wille der Vertragsbeteiligten dahin, die noch zu vermessende Teilfläche im Kaufvertrag **abschließend festzulegen**, ohne dass ein Entscheidungs- bzw. Änderungsspielraum besteht, so muss die Fläche exakt bezeichnet werden. Fehlt es daran, so liegt ein Einigungsmangel (Dissens) vor. Wird – wie in aller Regel – die Fläche in einer Planskizze eingezeichnet, so muss diese maßstabsgerecht sein.[47] Ist sie es nicht und ergeben sich hieraus Zweifelsfragen, ist die Vereinbarung inhaltlich nicht bestimmt und der Vertrag nicht zustande gekommen (§ 155 BGB). Hier zeigt sich wiederum das Zusammenspiel von inhaltlicher Bestimmtheit und Beurkundungsbestimmtheit: Sofern anhand der Urkunde oder sonstiger Auslegungsgrundsätze (es gilt die Andeutungstheorie, vgl. Rn. 199) nicht auf eine Willensübereinstimmung geschlossen werden kann, liegt ein Dissens vor.
- Haben sich die Parteien dagegen **bei Vertragsabschluss** mit einem **geringeren Bestimmtheitsgrad zufrieden gegeben** und die verbindliche Festlegung der Durchführung des Vertrags überlassen, so ist davon auszugehen, dass einer Vertragspartei das Bestimmungsrecht nach § 315 BGB zukommen soll. In diesem Fall ist das Verpflichtungsgeschäft wirksam.[48] Diese Auffassung ist die konsequente Fortsetzung der Entscheidung des V. Senats[49] zum Kiesausbeutungsrecht an einer noch zu vermessenden Teilfläche, in welcher das Gericht ein Leistungsbestimmungsrecht nach § 315 BGB aus der (bewusst) fehlenden Bestimmtheit der Teilfläche abgeleitet hatte. In konsequenter Fortsetzung dieser Rechtsprechung wird man nach § 316 BGB das Leistungsbestimmungsrecht im Zweifel dem Gläubiger des Anspruchs, also dem Erwerber der zu vermessenden Teilfläche zugestehen. Allerdings kann aus den Umständen des Vertrages auch ein anderes Ergebnis abzuleiten sein.[50]

Man wird daher in der Praxis bei fehlender Bestimmtheit des Vertragsgegenstandes nicht ohne weiteres auf eine fehlende Einigung der Vertragsparteien und damit einen fehlenden Vertragsschluss schließen können. Anhand des Willens der Vertragsparteien ist festzustellen, ob sie in der Urkunde den Vertragsgegenstand in bestimmter Weise festlegen wollten. Ist dies nicht der Fall – und dies wird nicht selten der Fall sein –[51], so haben die Vertragsparteien stillschweigend einem von ihnen das Recht zur Bestimmung der Teilfläche eingeräumt (§ 315 BGB). Ist unklar, welche Vertragspartei zur Bestimmung berechtigt ist, so ist auf die Auslegungsregel des § 316 BGB abzustellen. In Betracht kommt auch die Einräumung eines Leistungsbestimmungsrechts an den Vermesser, was sogar dann in Betracht zu ziehen ist, wenn die Vertragsparteien eine detaillierte Bezeichnung des Vertragsgegenstandes im Kaufvertrag vornehmen.[52] Auf die Maßstabsgerechtheit eines Lageplans ist nur dann entscheidend abzustellen, wenn dieser das einzige Bestimmungskriterium für die Bezeichnung der Teilfläche ist.[53]

cc. Beurkundungsbestimmtheit

Die notarielle Urkunde ist gleichsam das Spiegelbild der vertraglichen Vereinbarungen. Waren sich die Parteien bei Beurkundung des Vertrages schon über die genaue Grenzziehung der Teilfläche einig, so muss die veräußerte Teilfläche nach herkömmlicher Auffassung im Kaufvertrag so genau beschrieben sein, dass ein außenstehender Dritter aufgrund der Beschreibung die Grenzen des veräußerten Grundstücksteils einwandfrei und unschwer feststellen kann[54], genauer: dass der Vermesser in der Lage ist, anhand der Angaben im Vertrag die veräußerte Teilfläche ohne Zuhilfenahme eines weiteren Hilfsmit-

16

17

---

[46] BGH v. 19.04.2002 - V ZR 90/01 - juris Rn. 20 - BGHZ 150, 334-343; bestätigt durch BGH v. 18.01.2008 - V ZR 174/06.
[47] Dies traf im Fall BGH v. 23.04.1999 - V ZR 54/98 - NJW-RR 1999, 1030-1031 gerade nicht zu.
[48] So im Fall BGH v. 19.04.2002 - V ZR 90/01 - BGHZ 150, 334-343; vgl. auch BGH v. 18.01.2008 - V ZR 174/06.
[49] BGH v. 06.05.1988 - V ZR 32/87 - NJW-RR 1988, 970-971. Vgl. auch die Entscheidung BGH v. 23.11.2001 - V ZR 282/00 - juris Rn. 10 - LM BGB § 145 Nr. 23 (3/2002).
[50] Vgl. die Entscheidung BGH v. 23.11.2001 - V ZR 282/00 - LM BGB § 145 Nr. 23 (3/2002): dem Eigentümer sei ein Leistungsbestimmungsrecht eingeräumt; dazu *von* Campe, NotBZ 2003, 41-46, 45.
[51] Vgl. *von Campe*, NotBZ 2003, 41-46, 42; *Kanzleiter*, NJW 2000, 1919-1920, 1920.
[52] *von Campe*, NotBZ 2003, 41-46, 42, Fn. 10; *Kanzleiter*, NJW 2000, 1919-1920, 1920.
[53] *von Campe*, NotBZ 2003, 41-46, 42; *Kanzleiter*, MittBayNot 2002, 393.
[54] *von Campe*, DNotZ 2000, 109-121, 111; *Böhmer*, MittBayNot 1998, 329-331, 329; *Geißel*, MittRhNotK 1997, 333-346, 335.

tels zu vermessen.[55] Fehlt es daran, so liegt ein Beurkundungsmangel und damit Nichtigkeit nach § 125 BGB vor. Daher genügt weder die Angabe der Circa-Größe[56] noch der urkundliche Hinweis, dass sich die Vertragspartner über die Lage (gemeint ist der Grenzverlauf) einig seien[57]. Es liegt dann auch kein Fall der so genannten unschädlichen Falschbezeichnung (falsa demonstratio non nocet, vgl. Rn. 203) vor. Die Parteien haben in diesem Fall nämlich den Umfang des Beurkundungserfordernisses verkannt, nicht etwa Vereinbartes objektiv falsch bezeichnet.[58] Auch kann nicht nach den Grundsätzen der Andeutungstheorie (vgl. Rn. 199) eine Beurkundungsbestimmtheit ermittelt werden, weil der Vertragsgegenstand gerade nicht in der Urkunde ausreichend angedeutet ist.

18   Diese strenge Formel der herkömmlichen Auffassung, wonach die Teilfläche so genau beschrieben sein müsse, dass ein außenstehender Dritter aufgrund der Beschreibung die Grenzen des veräußerten Grundstücksteils einwandfrei und unschwer feststellen könne, ist in der Literatur[59] zu Recht auf Kritik gestoßen und wird auch in der Entscheidung des BGH vom 19.04.2002[60] abgelehnt. Der Beurkundungsbestimmtheit ist nicht nur dann Genüge getan, wenn ein außenstehender Dritter aufgrund der Angaben im Vertrag oder der zeichnerischen Darstellung die Grenzen der veräußerten Grundstücksteilfläche einwandfrei und unschwer feststellen kann. Vielmehr kommt es insoweit darauf an, worauf sich Verkäufer und Käufer geeinigt haben.[61] Dadurch kann zur Ermittlung des tatsächlichen Willens auch auf Umstände außerhalb der Urkunde zurückgegriffen werden, wenn sie nur in der Urkunde angedeutet sind (Andeutungstheorie, vgl. Rn. 199).[62] Aus diesem Grund ist die Erwägung des OLG Celle in seiner Entscheidung vom 03.09.2001[63], dass es auf die von den Parteien im Übrigen vorgelegten Planungsunterlagen und sonstige zwischen ihnen privat gewechselte Korrespondenz nicht ankomme, unzutreffend. Sofern der Vertragsgegenstand nach dem Willen der Vertragsparteien hinreichend bestimmt ist und dieser Wille andeutungsweise in der Urkunde Ausdruck findet, kann auf außerhalb der Urkunde liegende Umstände zurückgegriffen werden. Dabei ist in zwei Schritten vorzugehen[64]: In einem ersten Schritt ist zu prüfen, wie die Erklärung unter Berücksichtigung aller maßgebenden Umstände auszulegen ist, wobei nur Umstände zu berücksichtigen sind, die bewiesen sind (Auslegung des Rechtsgeschäfts). Hier gelten die allgemeinen Grundsätze der Rechtsgeschäftslehre zur Auslegung von Willenserklärungen nach dem objektiven Empfängerhorizont[65]. Erst danach ist zu prüfen, ob die außerhalb der Urkunde liegenden Umstände in der Urkunde einen, wenn auch unvollkommenen Ausdruck gefunden haben (ausreichende Beurkundung der Erklärung). Nicht ausreichend angedeutet ist der Vertragsgegenstand, wenn in einem gerichtlichen Vergleich (oder in einer notariellen Urkunde) lediglich formuliert ist, dass das „fragliche" oder „streitgegenständliche" Grundstück (gemeint ist die zu vermessende Teilfläche) zu übereignen ist, wenn dem Vergleich kein Lageplan als Anlage beigefügt und in dem Vergleich keine Angabe über die Größe, die Lage oder die geometrische Form enthalten ist.[66] In einem solchen Fall kann auch nicht der Akteninhalt wie die Klageschrift oder der ihr beigefügte Lageplan herangezogen werden.[67]

---

[55] *Bengel*, Grundbuch, Grundstück, Grenze, 5. Aufl. 2000, Einleitung Rn. 65.
[56] OLG Brandenburg v. 20.09.1995 - 3 U 190/94 - OLGR Brandenburg 1996, 254-257.
[57] BGH v. 18.04.1986 - V ZR 32/85 - LM Nr. 20/21 zu § 145 BGB.
[58] BGH v. 18.04.1986 - V ZR 32/85 - juris Rn. 29 - LM Nr. 20/21 zu § 145 BGB; *Bengel*, Grundbuch, Grundstück, Grenze, 5. Aufl. 2000, Einleitung Rn. 65. Vgl. ausführlich zu den Problemen der falsa demonstratio non nocet Rn. 203.
[59] *von Campe*, NotBZ 2003, 41-46, 44; *Kanzleiter*, NJW 2000, 1919-1920, 1919.
[60] BGH v. 19.04.2002 - V ZR 90/01 - BGHZ 150, 334-343.
[61] BGH v. 19.04.2002 - V ZR 90/01 - BGHZ 150, 334-343; *Kanzleiter*, NJW 2000, 1919-1920, 1920.
[62] OLG Celle v. 03.09.2001 - 4 U 39/01 - juris Rn. 33 - OLGR Celle 2001, 293-295; OLG Brandenburg v. 20.09.1995 - 3 U 190/94 - juris Rn. 39 - OLGR Brandenburg 1996, 254-257; vgl. zur Andeutungstheorie in diesem Zusammenhang *Baldus*, NotBZ 2003, 67-70, 67-68.
[63] OLG Celle v. 03.09.2001 - 4 U 39/01 - OLGR Celle 2001, 293-295. Das Gericht hält die Kriterien der rechtsgeschäftlichen Bestimmtheit und der Beurkundungsbestimmtheit nicht auseinander (vgl. dazu Rn. 12 ff.).
[64] Zum vergleichbaren Fall der Testamentsauslegung: BGH v. 08.12.1982 - IVa ZR 94/81 - juris Rn. 17 - BGHZ 86, 41-51.
[65] Vgl. *Kanzleiter* in: MünchKomm-BGB, § 311b Rn. 64.
[66] OLG Brandenburg v. 19.07.2007 - 5 U 192/06 - juris Rn. 40 - NJW-RR 2008, 254-256.
[67] OLG Brandenburg v. 19.07.2007 - 5 U 192/06 - juris Rn. 40 - NJW-RR 2008, 254-256.

Keiner Beurkundung und auch damit keiner Andeutung in der notariellen Urkunde bedarf das Leistungsbestimmungsrecht (vgl. Rn. 26) einer Vertragspartei oder eines Dritten, sofern ein solches im Wege der ergänzenden Vertragsauslegung zu ermitteln ist, da die Andeutungstheorie hier nicht gilt.[68]

19

Der Mangel der hinreichenden Beurkundung einer inhaltlich bestimmten Vereinbarung lässt sich nicht durch Umdeutung in einen Vorvertrag umgehen.[69] Nach Auffassung von *Baldus*[70] liegen zwei rechtsgeschäftliche Abreden vor, wenn die Vertragsparteien eine inhaltlich bestimmte Willensübereinstimmung getroffen haben, die in der notariellen Urkunde nur einen unzureichenden Ausdruck gefunden hat; die Beteiligten hätten in einem solchen Fall „zweimal kommuniziert und zweimal formuliert". Damit stelle sich die beurkundete Abrede als vorvertragliche Vereinbarung dar, für welche das beim Hauptvertrag geltende Erfordernis der Beurkundungsbestimmtheit nicht anwendbar sei[71], nicht aber als beurkundungsrechtlich unzureichende Wiedergabe eines einheitlichen Willens. Für eine solche Annahme fehlt es in dem vom BGH entschiedenen Fall jedoch an einem ausreichenden Anhaltspunkt.[72]

20

dd. Kriterien der Bestimmtheit des Vertragsgegenstandes

Die nachfolgenden Kriterien, nach welchen die zu vermessende Teilfläche hinreichend bestimmt wird, betreffen nicht nur die inhaltliche Bestimmtheit, sondern auch die Beurkundungsbestimmtheit. Die Beschreibung in der notariellen Urkunde kann zum einen Aufschluss darüber geben, ob überhaupt eine inhaltliche Bestimmtheit gegeben ist, zum anderen stellt sich die Frage, ob eine inhaltlich bestimmte Abrede wirksam beurkundet worden ist.

21

Grundstücksgröße als Bestimmungsfaktor: Grds. nicht geeignet zur ausreichenden Bestimmung der veräußerten Teilfläche ist die Grundstücksgröße. In aller Regel wird der Käufer an einer bestimmten geometrischen Figur interessiert sein, so dass die nach diesen Vorstellungen zu vermessende Teilfläche Vertragsgegenstand ist. Sollte die Grundstücksgröße ausnahmsweise **alleiniger** Bestimmungsfaktor für die Bezeichnung der Teilfläche sein, so müsste einer Vertragspartei oder einem Dritten ein Leistungsbestimmungsrecht (vgl. Rn. 26) nach den §§ 315-317 BGB eingeräumt werden; denn die Teilfläche wird zwingend auch durch die geometrische Figur bestimmt. Sofern der Kaufvertrag keine solchen Angaben zu einem Leistungsbestimmungsrecht enthält, reicht die bloße Angabe der Flächengröße für die notwendige Bestimmung der Teilfläche nicht aus.[73]

22

Die Grundstücksgröße kann jedoch **neben** der geometrischen Fläche als zusätzlicher Bestimmungsfaktor verwendet werden. In erster Linie wird dem Käufer zwar an einer bestimmten geometrischen Figur gelegen sein; der Vertrag kann jedoch auch vorsehen, dass eine exakte Quadratmeterzahl erreicht wird oder eine Mindestfläche bzw. Höchstfläche nicht überschritten werden darf. Der Vertragsgegenstand wird demnach sowohl nach der geometrischen Fläche als auch nach der Grundstücksgröße bestimmt. Eine exakte Quadratmeterzahl wird nicht selten bei flächengleichen Tauschverträgen gewünscht. Der Vorrang der zeichnerischen Darstellung gilt hier nicht.[74] Zur ausreichenden Bestimmung muss in dem Kaufvertrag angegeben werden, von welchem Punkt aus die der geometrischen Form nach bestimmte Fläche gemessen werden soll.[75] Die geometrische Figur tritt allerdings nicht vollständig in den Hintergrund; die Parteien haben lediglich hinsichtlich der Art und Weise der Darstellung der Teilfläche einen gewissen Gestaltungsspielraum.[76] Sieht der Kaufvertrag vor, dass eine Mindestfläche nicht unterschritten werden darf, ist dies aber tatsächlich der Fall, so wird dem Vertragsgegenstand die vereinbarte Beschaffenheit fehlen, also ein Sachmangel vorliegen (§§ 433 Abs. 1 Satz 1, 434 Abs. 1 Satz 1 BGB). Die Rechte des Käufers bestimmen sich in diesem Fall nach § 437 BGB. Daher kann der Käufer beispielsweise Nacherfüllung gemäß § 439 BGB verlangen, d.h. Neuvermessung des ursprünglichen Grund-

23

---

[68] BGH v. 16.01.1987 - V ZR 242/85 - juris Rn. 14 - NJW-RR 1987, 458-459; *Wolf* in: Soergel, § 313 a.F. Rn. 76; vgl. dazu Rn. 209.
[69] So aber *Baldus*, NotBZ 2003, 67-70, 68-69. Wie hier: *von Campe*, NotBZ 2003, 41-46, 44, Fn. 14, 16.
[70] *Baldus*, NotBZ 2003, 67-70, 68.
[71] *Baldus*, NotBZ 2003, 67-70, 69.
[72] Ablehnend auch *von Campe*, NotBZ 2003, 41-46, 44, Fn. 16.
[73] *Schöner/Stöber*, Grundbuchrecht, 14. Aufl. 2008, Rn. 864; *Böhmer*, MittBayNot 1998, 329-331, 329; BGH v. 18.04.1986 - V ZR 32/85 - juris Rn. 29 - LM Nr. 20/21 zu § 145 BGB; OLG Brandenburg v. 20.09.1995 - 3 U 190/94 - OLGR Brandenburg 1996, 254-257; OLG Celle v. 03.09.2001 - 4 U 39/01 - OLGR Celle 2001, 293-295.
[74] *Böhmer*, MittBayNot 1998, 329-331, 330.
[75] *Böhmer*, MittBayNot 1998, 329-331, 329.
[76] *Böhmer*, MittBayNot 1998, 329-331, 329.

§ 311b

stücks[77], oder nach den §§ 440, 280, 281, 283, 311a BGB Schadensersatz verlangen[78]. Hat der Verkäufer gar eine Garantie für die Grundstücksgröße abgegeben, so kann sich der Verkäufer nach § 444 BGB auf einen Haftungsausschluss nicht berufen.

24 In aller Regel ist die Grundstücksgröße jedoch keine Beschaffenheit der veräußerten Teilfläche, insbesondere bei der oftmals verwendeten Circa-Flächenangabe; der objektive Inhalt der Erklärungen geht in der Regel übereinstimmend dahin, dass die Angabe des Flächenmaßes bedeutungslos und die zeichnerische Umgrenzung allein maßgeblich sein soll.[79] Da der Kaufpreis für die noch zu vermessende Teilfläche in aller Regel anhand eines vereinbarten Quadratmeterpreises errechnet wird[80], legen die Vertragsparteien einen vorläufigen Kaufpreis fest, der nach den üblichen Voraussetzungen, aber vor Vermessung, zur Zahlung fällig ist. Die sich aufgrund der Vermessung ergebende Differenz ist nach Vorliegen des katasteramtlichen Veränderungsnachweises (vgl. Rn. 6) auszugleichen. Mehr- oder Minderflächen im Verhältnis zu der im Kaufvertrag angenommenen Größe (Circa-Flächenangabe) führen dadurch nicht zu einem Sachmangel, weil die Beschaffenheit des Leistungsgegenstandes nicht über die Quadratmeterzahl bestimmt ist[81]; dies setzt allerdings voraus, dass die Identität des Vertragsobjektes noch gewahrt ist[82].

25 **Geometrische Figur als Bestimmungsfaktor**: In nahezu allen Fällen ist die Beschreibung der geometrischen Figur der veräußerten Teilfläche entscheidender Maßstab für die hinreichende Bestimmung des Leistungsgegenstandes. Die Bestimmung kann auf unterschiedliche Weise erfolgen[83]:
- Möglich ist eine ausschließlich sprachliche Beschreibung der Teilfläche in der Urkunde. Allerdings wird dies in eher seltenen Fällen zu einer ausreichenden Konkretisierung führen, beispielsweise wenn die Grenzen der Teilflächen durch bestehende Vermessungspunkte in der Örtlichkeit weitestgehend feststehen und nur die Verbindung zwischen zwei bestehenden Vermessungspunkten gezogen werden soll.[84] Aufgrund der Beschreibung im Kaufvertrag kann auch auf Merkmale in der Natur zurückgegriffen werden (z.B. Gräben, Bäume, Hecken, Pfähle, Zäune usw.), allerdings nur, sofern sie von einer gewissen Bestandsdauer und zum Zeitpunkt des Vertragsschlusses bereits tatsächlich in der Örtlichkeit vorhanden sind.[85] In der Praxis sollte von der ausschließlichen sprachlichen Umschreibung der Teilfläche in der notariellen Urkunde möglichst keinen Gebrauch gemacht werden; als Unterstützung eines als Anlage beigefügten Lageplans kann sie jedoch sehr hilfreich sein. Probleme der Beurkundungsbestimmtheit wirft die sprachliche Beschreibung in aller Regel nicht auf, weil der Vertragsgegenstand – sofern er hinreichend bestimmt ist – in der Urkunde ausreichend angedeutet ist und damit anhand anderer Auslegungsmittel als der notariellen Urkunde die Bestimmtheit des Vertragsgegenstandes festgestellt werden kann. Da die sprachliche Beschreibung oftmals Ungenauigkeiten beinhaltet, besteht die Gefahr der nicht hinreichenden Bestimmtheit des Vertragsgegenstandes und damit eines Dissenses. Allerdings wird in vielen Fällen ein Leistungsbestimmungsrecht (vgl. Rn. 26) einer Vertragspartei oder des Vermessers nach den §§ 315-317 BGB – notfalls im Wege der ergänzenden Vertragsauslegung – zu ermitteln sein.

---

[77] Zu beachten ist der Ausschluss des Nacherfüllungsanspruchs nach § 439 Abs. 3 BGB, der insbesondere dann eine Rolle spielen kann, wenn die zusätzlichen Vermessungskosten zu dem Wert der Minderfläche außer Verhältnis stehen.

[78] Nach der Rechtslage vor In-Kraft-Treten des Schuldrechtsmodernisierungsgesetzes konnte der Käufer Schadensersatz nur verlangen, wenn die Grundstücksgröße eine zugesicherte Eigenschaft darstellte; BGH v. 22.11.1985 - V ZR 220/84 - juris Rn. 15 - BGHZ 96, 283-290.

[79] BGH v. 23.04.1999 - V ZR 54/98 - juris Rn. 6 - NJW-RR 1999, 1030-1031; BGH v. 13.06.1980 - V ZR 119/79 - WM 1980, 1013-1014.

[80] Dazu *Geißel*, MittRhNotK 1997, 333-346, 338

[81] *Geißel*, MittRhNotK 1997, 333-346, 337; vgl. dazu auch *Schöner/Stöber*, Grundbuchrecht, 15. Aufl. 2008, Rn. 874.

[82] *Schöner/Stöber*, Grundbuchrecht, 14. Aufl. 2008, Rn. 874.

[83] Vgl. dazu *von Campe*, DNotZ 2000, 109-121, 114-120; *Bengel*, Grundbuch, Grundstück, Grenze, 5. Aufl. 2000, Einleitung Rn. 65-69; BGH v. 23.04.1999 - V ZR 54/98 - juris Rn. 7 - NJW-RR 1999, 1030-1031; OLG Hamm v. 23.10.2000 - 22 U 53/2000, 22 U 53/00- juris Rn. 6 - OLGR Hamm 2001, 119-120.

[84] Bei nicht durch gerade Linien begrenzten geometrischen Figuren scheidet eine wörtliche Beschreibung als ausreichendes Bestimmtheitskriterium in aller Regel aus; *Schöner/Stöber*, Grundbuchrecht, 15. Aufl. 2008, Rn. 864.

[85] BGH v. 14.10.1988 - V ZR 73/87 - juris Rn. 16 - LM Nr. 124 zu § 313 BGB; *Bengel*, Grundbuch, Grundstück, Grenze, 5. Aufl. 2000, Einl. Rn. 65-69.

- In den meisten Fällen wird die verkaufte Teilfläche anhand der Einzeichnung in einem Lageplan, der als Anlage gemäß §§ 9 Abs. 1 Satz 3, 13 Abs. 1 Satz 1 BeurkG der Kaufvertragsurkunde beigefügt wird, näher bestimmt.[86] Dabei stellt sich die Frage, welcher Art die zeichnerische Grundlage sein muss (amtlicher Lageplan oder selbstgefertigte Zeichnungen, z.B. eines Architekten) und auf welche Art und Weise die Einzeichnung der Umgrenzungslinien und Vermessungspunkte zu erfolgen hat. Man kann diese Fragen nicht pauschal beantworten; sie hängen insbesondere davon ab, ob der Lageplan das alleinige Bezeichnungsmerkmal für die verkaufte Teilfläche darstellt oder ob zur Unterstützung auch eine Beschreibung der Umgrenzungslinien und Vermessungspunkte in dem Kaufvertrag erfolgt.[87] Man wird folgendermaßen differenzieren können:

a) Ist die Einzeichnung im Lageplan das alleinige Mittel zur Bestimmung der Teilfläche, erfolgt also keine wörtliche Umschreibung in der notariellen Urkunde, so muss der Plan zwingend maßstabsgerecht sein.[88] In aller Regel sollte man einen amtlichen Lageplan (Auszug aus der Flurkarte des Katasteramtes) mit einem Maßstab von 1:100 bis 1:1000[89] verwenden, weil diese den Maßstab vorgeben und insoweit grds. kein Fehler unterlaufen kann. Andere Pläne wie Architektenzeichnungen, Baupläne u. dgl. sollten grds. nicht verwendet werden, wenn es darauf ankommt, dass der Plan maßstabsgerecht ist. Dass man hier sehr schnell zu einer fehlenden Bestimmtheit des Vertragsgegenstandes kommen kann (oder dies zumindest von Gerichten angenommen wird), zeigt die Entscheidung des BGH vom 23.04.1999[90], der folgender Sachverhalt zugrunde lag: Mit notariell beurkundetem Vertrag verkaufte die Beklagte dem Kläger aus einem bestehenden Flurstück eine Teilfläche in einer Größe von ca. 1200 qm, wie sie in der als Anlage zur Urkunde genommenen Flurzeichnung „unmaßstäblich dargestellt und mit der vorläufigen Nr. 88 b gekennzeichnet" wurde. Nach dieser Zeichnung war das Gesamtgrundstück in drei handtuchartige Parzellen aufgeteilt. Die verkaufte Teilfläche lag in der Mitte und war an der Straßenfront mit einer Breite von „ca. 15 m" und einer Länge von „ca. 75 m" angegeben. Auf die übrigen beiden Teilflächen entfiel an der Straßenfront eine Größe von ca. 20 m und ca. 15 m. Bei einem angenommenen Maßstab von 1:500 ließ sich die Straßenfront mit 51,5 m errechnen; auf die verkaufte Teilfläche entfiel eine Breite von 14,5 m. Nach der Vermessung betrug die Länge der Straßenfront für die verkaufte Teilfläche genau 15 m und die Größe des Grundstücks 1145 qm. Wegen des Widerspruchs zwischen der Zahlenangabe und der zeichnerischen Darstellung hielt der BGH den Vertragsgegenstand für nicht hinreichend bestimmt. Auch folgte er nicht der Argumentation des Berufungsgerichtes[91], dass durch die Circa-Angabe der Breite an der Straßenfront (ca. 15 m, ca. 15 m, ca. 20 m) ein Größenverhältnis von 4:3:3 vereinbart wäre, das auf die nach Vermessung tatsächliche Größe umgerechnet werden könne[92].

b) Bei der Einzeichnung im Lageplan ist auf die Bestimmung der Umgrenzungslinien und der Vermessungspunkte[93] größte Sorgfalt zu verwenden. Dies zeigt ein Urteil des BGH aus dem Jahre 1988[94]: Der Verkäufer verkaufte eine noch zu vermessende Teilfläche von ca. 450 qm, aus einem Grundstück, wie sie auf der beigefügten Skizze rot eingezeichnet war. Der BGH hielt den Vertrag für nicht hinreichend bestimmt, weil die Trennungslinie in west-östlicher Richtung nicht maßstabsgerecht eingezeichnet war.[95] Zu bedenken ist, dass bei einem Maßstab von 1:1000 die Abweichung von einem Millimeter eine Abweichung von einem Meter in der Natur bedeutet.[96] Aus diesem Grund sollte man in der nota-

---

[86] Durch Verweisung ist in der notariellen Urkunde ausdrücklich auf den als Anlage beigefügten Lageplan zu verweisen. Die bloße Beiheftung ohne Verweisung in der Urkunde genügt den Vorschriften des Beurkundungsverfahrens nicht; *Schöner/Stöber*, Grundbuchrecht, 15. Aufl. 2008, Rn. 866.
[87] Vgl. dazu *von Campe*, DNotZ 2000, 109-121, 115-116.
[88] *von Campe*, DNotZ 2000, 109-121, 115.
[89] *von Campe*, DNotZ 2000, 109-121, 113.
[90] BGH v. 23.04.1999 - V ZR 54/98 - NJW-RR 1999, 1030-1031.
[91] Zustimmend insoweit auch *von Campe*, DNotZ 2000, 109-121, 112.
[92] BGH v. 23.04.1999 - V ZR 54/98 - juris Rn. 7 - NJW-RR 1999, 1030-1031. Sofern die Vermessung von diesem Ergebnis abweicht, führt dies aber nicht zur Unbestimmtheit des Vertrages; vielmehr handelt es sich um die Frage, ob der Verkäufer seiner Pflicht zur mangelfreien Übertragung (vgl. § 433 Abs. 1 BGB) ordnungsgemäß nachgekommen ist.
[93] BGH v. 07.01.1988 - IX ZR 7/87 - juris Rn. 13 - LM Nr. 38 zu § 19 BNotO.
[94] BGH v. 07.01.1988 - IX ZR 7/87 - LM Nr. 38 zu § 19 BNotO.
[95] BGH v. 07.01.1988 - IX ZR 7/87 - juris Rn. 14 - LM Nr. 38 zu § 19 BNotO.
[96] *von Campe*, DNotZ 2000, 109-121, 115.

§ 311b

riellen Urkunde ergänzend zu der Einzeichnung im Plan eine wörtliche Beschreibung der Vermessungspunkte und Umgrenzungslinien vorsehen.[97]

ee. Leistungsbestimmungsrecht (§§ 315-319 BGB)

26   Wegen der Schwierigkeiten bei der hinreichenden Bezeichnung der Teilfläche und den strengen Anforderungen der Rechtsprechung wird es sich in vielen Fällen, oftmals nur vorsorglich, empfehlen, einer Vertragspartei oder (aber eher selten) einem Dritten ein Leistungsbestimmungsrecht nach den §§ 315-319 BGB („Geländebestimmungsrecht") einzuräumen.[98] Sofern die Voraussetzungen für ein solches Bestimmungsrecht eingehalten sind, ist dem Bestimmtheitserfordernis genügt.[99] Die Ausübung des Bestimmungsrechts durch die Vertragspartei erfolgt nach § 315 Abs. 2 BGB durch einseitige empfangsbedürftige Willenserklärung[100] gegenüber der anderen Vertragspartei, die nicht der Form des § 311b Abs. 1 Satz 1 BGB unterliegt[101]. Die Bestimmung durch einen Dritten erfolgt nach § 318 Abs. 1 BGB durch Erklärung gegenüber einem der Vertragsschließenden; sie ist ebenfalls formfrei.[102] Für das Grundbuchverfahren (vgl. § 29 GBO) ist die Ausübung des Leistungsbestimmungsrechts nicht zu beachten.[103] Das Grundbuchamt prüft bei der Eintragung der Eigentumserwerbsvormerkung lediglich, ob der Anspruch wirksam begründet worden ist[104], d.h. ob ein bestimmter oder bestimmbarer Anspruch gegeben ist. Dazu kommt es auf die Ausübung des Leistungsbestimmungsrechts nicht an. Wird aufgrund der Auflassung die Eigentumsumschreibung beantragt, so prüft das Grundbuchamt ebenfalls nicht die ordnungsgemäße Ausübung des Leistungsbestimmungsrechts und den Zugang der Erklärung. Das Grundbuchamt prüft nach § 20 GBO die Wirksamkeit der Auflassung, nicht aber, ob diese zur Erfüllung der schuldrechtlichen Verpflichtung führt (Abstraktheit des sachenrechtlichen Verfügungsgeschäfts). Etwas anderes gilt nur scheinbar für den Fall der sog. Identitätserklärung.[105] Eine solche ist aus grundbuchverfahrensrechtlichen Gründen (vgl. § 29 GBO) erforderlich, wenn in der notariellen Kaufvertragsurkunde die Auflassung der noch zu vermessenden Teilfläche erklärt worden ist.[106] Ist der Leistungsgegenstand nicht hinreichend bestimmt, sondern erst infolge der Ausübung eines Leistungsbestimmungsrechts nach den §§ 315-319 BGB bestimmbar, so scheidet wegen des sachenrechtlichen Bestimmtheitsgrundsatzes die Auflassung der noch zu vermessenden Teilfläche vor Vermessung aus.[107] Aus diesem Grund sollte bei der Vertragsgestaltung der Teilflächenveräußerung unter Heran-

---

[97] *von Campe*, DNotZ 2000, 109-121, 116.

[98] *von Campe*, DNotZ 2000, 109-121, 116 ff.; *von Campe*, NotBZ 2003, 41-46, 46; *Kanzleiter*, MittBayNot 2002, 13-15, 15.

[99] BGH v. 23.04.1999 - V ZR 54/98 - juris Rn. 11 - NJW-RR 1999, 1030-1031; BGH v. 06.05.1988 - V ZR 32/87 - NJW 1988, 970-971; BGH v. 08.11.1985 - V ZR 113/84 - juris Rn. 14 - LM Nr. 7 zu § 4 WohnungseigentumsG; BGH v. 27.04.1979 - V ZR 218/77 - MittBayNot 1981, 233-235; *von Campe*, DNotZ 2000, 109-121, 115; *Schöner/Stöber*, Grundbuchrecht, 14. Aufl. 2008, Rn. 868.

[100] *Grüneberg* in: Palandt, § 315 Rn. 11.

[101] BGH v. 08.11.1968 - V ZR 58/65 - LM Nr. 35 zu § 313 BGB; BGH v. 27.04.1979 - V ZR 218/77 - MittBayNot 1981, 233-235; BayObLG München v. 21.11.1973 - BReg 2 Z 43/73 - BayObLGZ 1973, 309-315; *Wagner* in: AnwK-BGB § 315 Rn. 10; *von Campe*, DNotZ 2000, 109-121, 118.

[102] *Wagner* in: AnwK-BGB, § 318 Rn. 3.

[103] Unzutreffend daher *von Campe*, DNotZ 2000, 109-121, 118 Fn. 23.

[104] Die Einschränkung der Prüfungskompetenz des Grundbuchamtes, wonach diesem der zu sichernde Anspruch nicht nachzuweisen und daher auch nicht der Kaufvertrag, sondern nur die Bewilligung vorzulegen ist (Nachweise bei *Schöner/Stöber*, Grundbuchrecht, 14. Aufl. 2008, Rn. 1514), kann für die Eintragung der Vormerkung auf Sicherung des Eigentumserwerbsanspruchs einer Teilfläche aus einem Grundstück nicht gelten. Wie das BayObLG in einer anderen Entscheidung (BayObLG München v. 08.01.1998 - 2Z BR 160/97 - juris Rn. 8 - NJW-RR 1998, 522) festgestellt hat, muss bei einer Auflassungsvormerkung der Inhalt und Umfang des Anspruchs zweifelsfrei bestimmt oder bestimmbar sein. Daher erweist sich die Eintragung der Auflassungsvormerkung als inhaltlich unzulässig (vgl. § 53 Abs. 1 Satz 2 GBO), wenn der Umfang des schuldrechtlichen Übereignungsanspruchs nicht eindeutig bestimmt oder bestimmbar ist.

[105] Dazu *Schöner/Stöber*, Grundbuchrecht, 14. Aufl. 2008, Rn. 880.

[106] Zur Wirksamkeit der Auflassung eines noch nicht vermessenen Grundstücksteils vgl. BayObLG München v. 06.08.1987 - BReg 2 Z 124/86 - juris Rn. 38 - DNotZ 1988, 117-119; *Schöner/Stöber*, Grundbuchrecht, 14. Aufl. 2008, Rn. 880.

[107] Schuldrechtlich kann zwar die Verpflichtung unter Heranziehung der Leistungsbestimmung nach den §§ 315-319 BGB wirksam begründet werden. Dies gilt allerdings nicht für das sachenrechtliche Rechtsgeschäft, das einen bestimmten (nicht bestimmbaren) Gegenstand voraussetzt.

ziehung der Leistungsbestimmungsvorschriften nach den §§ 315-319 BGB die Auflassung erst nach Vermessung erklärt werden.[108]

Unterschiedlich sind die Anforderungen, die die Rechtsprechung an ein **stillschweigend vereinbartes Leistungsbestimmungsrecht** einer Vertragspartei stellt.[109] Hier hat die Entscheidung des BGH vom 19.04.2002[110] eine für die Praxis erfreuliche Konkretisierung gebracht. Anhand des Willens der Vertragsbeteiligten ist festzustellen, ob die Teilfläche in der Urkunde in bestimmter Weise festlegen wollten, so dass keiner Vertragspartei ein Leistungsbestimmungsrecht zusteht. Ist dies nicht der Fall, haben sich die Beteiligten also mit einem geringeren Konkretisierungsgrad abgegeben, so haben sie stillschweigend einem von ihnen ein Leistungsbestimmungsrecht eingeräumt. Ist unklar, wer dies ist, so kann auf die Auslegungsregel des § 316 BGB zurückgegriffen werden, wonach im Zweifel der Gläubiger (Erwerber) das Bestimmungsrecht hat. So hatte der BGH bereits in einem Fall[111] entschieden, dass der Gläubiger der Leistung (Kiesausbeutungsrecht an einer noch zu vermessenden Teilfläche) ein Leistungsbestimmungsrecht nach § 315 BGB habe. Zur Begründung zog der BGH die Vorschrift des § 316 BGB heran. Diese Vorschrift beinhaltet eine gesetzliche Auslegungsregel in zweifacher Hinsicht. Sie vervollständigt den Vertrag um die fehlende Bestimmungsvereinbarung und ergänzt insoweit § 154 Abs. 1 BGB; gleichzeitig legt sie die bestimmungsberechtigte Partei (§ 315 BGB) fest. In anderen Entscheidungen[112] lehnte der BGH die (stillschweigende) Vereinbarung eines Leistungsbestimmungsrechts einer Vertragspartei ab oder erwähnte noch nicht einmal die Möglichkeit einer solchen Abrede[113]. Aus der Entscheidung vom 19.04.2002[114] dürfte jedoch zu folgern sein, dass der BGH in Zukunft mit der Annahme eines Leistungsbestimmungsrechts bei hinreichend bestimmten Vertragsgegenstand großzügiger verfahren wird. In seiner Entscheidung vom 23.11.2001[115] hat der BGH dies bereits klar zum Ausdruck gebracht und ein Leistungsbestimmungsrecht des Bauträgers bei Errichtung von Eigentumswohnungen auf einer noch zu vermessenden Teilfläche bejaht.

27

Hat ein **Vertragspartner**[116] ein Leistungsbestimmungsrecht, so ist „im Zweifel" anzunehmen, dass die Bestimmung nach billigem Ermessen zu treffen ist (§ 315 Abs. 1 BGB). Dadurch haben die Vertragsparteien einen Gestaltungsspielraum, indem sie den Bestimmungsberechtigten stärker binden oder freier stellen können.[117]

28

Ist – wie im Regelfall – die Bestimmung nach billigem Ermessen zu treffen, so steht dem Berechtigten ein Spielraum zu. Allerdings setzt die Vereinbarung eines Leistungsbestimmungsrechts voraus, dass die Bestimmungsbefugnis im Vertrag genügend abgegrenzt und nicht in einem Ausmaß vorbehalten ist, dass ihre Tragweite und damit die von den Parteien gewollte Bindungswirkung der zu treffenden Leistungsbestimmung selbst nicht mehr bestimmbar sind.[118] Dies setzt voraus, dass die näher zu bestimmende Leistung im Vertrag „rahmenmäßig festgelegt" ist.[119] In diesem Sinne hat der BGH entschieden, dass beim Kauf eines noch zu begründenden Wohnungseigentums dem Verkäufer vertraglich das Recht vorbehalten werden kann, in der Teilungserklärung Bestimmungen zur Regelung des Gemeinschaftsverhältnisses zu treffen.[120] Für den Verkauf einer noch zu vermessenden Teilfläche wird

29

---

[108] So generell – unabhängig von der Leistungsbestimmungsabrede – *Schöner/Stöber*, Grundbuchrecht, 14. Aufl. 2008, Rn. 878.

[109] Vgl. etwa die Entscheidung OLG Celle v. 03.09.2001 - 4 U 39/01 - OLGR Celle 2001, 293-295.

[110] BGH v. 19.04.2002 - V ZR 90/01 - BGHZ 150, 334-343.

[111] BGH v. 06.05.1988 - V ZR 32/87 - NJW-RR 1988, 970-971.

[112] BGH v. 23.04.1999 - V ZR 54/98 - juris Rn. 11 - NJW-RR 1999, 1030-1031; BGH v. 08.11.1968 - V ZR 58/65 - LM Nr. 35 zu § 313 BGB.

[113] BGH v. 07.01.1988 - IX ZR 7/87 - LM Nr. 38 zu § 19 BNotO. In der Entscheidung BGH v. 14.10.1988 - V ZR 73/87 - LM Nr. 124 zu § 313 BGB wurde die Möglichkeit einer Abrede nach § 315 BGB in den Vorinstanzen nicht erörtert und erstmals in der Revision vorgetragen, so dass der BGH darüber keine eigene Auslegung vornehmen konnte.

[114] BGH v. 19.04.2002 - V ZR 90/01 - BGHZ 150, 334-343.

[115] BGH v. 23.11.2001 - V ZR 282/00 - juris Rn. 10 - LM BGB § 145 Nr. 23 (3/2002).

[116] Wird einem Dritten das Bestimmungsrecht eingeräumt (§ 317 BGB), was allerdings nur selten der Fall sein dürfte, so ist nach h.M. – ebenso wie bei § 315 BGB – die Festlegung der Kriterien für die Ausübung des billigen Ermessens erforderlich; vgl. BGH v. 27.01.1971 - VIII ZR 151/69 - BGHZ 55, 248-251.

[117] *Wagner* in: AnwK-BGB, § 315 Rn. 7, 8.

[118] BGH v. 08.11.1985 - V ZR 113/84 - LM Nr. 7 zu § 4 WohnungseigentumsG; *von Campe*, DNotZ 2000, 109-121, 117; *Geißel*, MittRhNotK 1997, 333-346, 336.

[119] OLG Düsseldorf v. 29.11.1995 - 9 U 101/95 - NJW-RR 1997, 271-272.

[120] BGH v. 08.11.1985 - V ZR 113/84 - juris Rn. 13 - LM Nr. 7 zu § 4 WohnungseigentumsG.

in der Literatur[121] als ausreichend erachtet, dass das Grundstück, aus dem die Teilfläche herausgemessen werden soll, und die herauszumessende Fläche angegeben werden. Die erste Voraussetzung ist keine Besonderheit des Leistungsbestimmungsrechts und daher überflüssig. Die Angabe der Grundstücksfläche kann jedoch nur dann ausreichen, wenn diese maßgebender Gesichtspunkt für die Bestimmung des Leistungsgegenstandes ist. Kommt es dagegen – wie in aller Regel – auf die geometrische Figur an, so wird man verlangen müssen, dass die Umgrenzungslinien oder die Vermessungspunkte grob skizziert sind. Es muss daher eine – auch vage – Angabe über die geometrische Fläche vorliegen. Andernfalls würde ein „freies Belieben" vorliegen. Bei der Beurkundung eines Teilflächenkaufvertrages sollte daher die geometrische Figur in einem als Anlage zur Urkunde beigefügten Lageplan eingezeichnet werden, auch wenn dieser nicht maßstabsgerecht ist. Ob der Bestimmungsberechtigte sein „billiges Ermessen" überschritten hat, lässt sich nur anhand des konkreten Einzelfalls beantworten; pauschale Kriterien lassen sich kaum finden.[22] Es ist daher zu empfehlen, das „billige Ermessen" zu objektivieren und die Vorgaben für die Vermessung so konkret zu fassen, dass bereits ein Abweichen von diesen Vorgaben die „Billigkeit" entfallen lässt. Ist die Bestimmung durch die Vertragspartei unbillig, so ist die getroffene Bestimmung für die andere Vertragspartei nicht bindend (§ 315 Abs. 3 Satz 1 BGB). Die fehlende Bindung kann allerdings nur auf Einrede[123] oder Klage der anderen Vertragspartei geltend gemacht werden[124]. Für die Klage gibt es keine gesetzliche Frist; jedoch kann das Recht zur Klage verwirkt werden, wenn sie nicht innerhalb angemessener Frist erhoben wurde.[125] Das Gericht setzt in seinem Urteil (Gestaltungsurteil) die Leistung verbindlich für beide Parteien fest, d.h. die Umgrenzungslinien der Teilfläche sind in dem Urteil nach den Maßstäben festzulegen, wie sie für einen bestimmten (nicht bestimmbaren) Leistungsgegenstand gelten.[126] In aller Regel wird dies dazu führen, dass die Einzeichnung in einem amtlichen Lageplan erforderlich ist, der dem Urteil beizufügen ist.

30 Die Vertragsparteien können auch vereinbaren, dass das Ermessen der bestimmungsberechtigten Partei erst bei „offenbarer" Unbilligkeit unrichtig ausgeübt wurde und daher die Leistungsbestimmung unverbindlich ist („freies Ermessen").[127] Schließlich kann – was wohl nur in ganz seltenen Fällen tatsächlich gewollt ist – die Bestimmung auch im freien Belieben einer Vertragspartei stehen. In der Kaufvertragsurkunde sollte daher ausdrücklich festgehalten werden, in welchem Umfang der bestimmungsberechtigten Person ein Ermessen zustehen soll und inwiefern dieses gerichtlich kontrollierbar ist.

2. Eigentum am Grundstück als Vertragsobjekt; Miteigentum, grundstücksgleiche Rechte

a. Grundsätze

31 Vertragsobjekt eines Vertrages im Sinne des § 311b Abs. 1 Satz 1 BGB ist das Eigentum an einem Grundstück. Das Eigentum muss zum Zeitpunkt des Vertragsschlusses nicht dem Verpflichteten zustehen. Daher ist die Verpflichtung, ein **fremdes** Grundstück zu übereignen, nach § 311b Abs. 1 Satz 1 BGB zu beurkunden.[128] Dies hat das OLG München[129] für den Fall entschieden, dass sich ein Bauunternehmer gegenüber dem Besteller verpflichtet, ein von diesem nachgewiesenes Grundstück zu erwer-

---

[121] *von Campe*, DNotZ 2000, 109-121, 117; *Geißel*, MittRhNotK 1997, 333-346, 336; *Müller*, DNotZ 1966, 77-86, 84.

[122] Richtschnur ist in erster Linie der Vertrag. Weitere Kriterien sind der Zweck der Vereinbarung, die objektiv wirtschaftliche Interessenlage der Vertragsparteien und das in vergleichbaren Fällen Übliche; *Wagner* in: AnwK-BGB, §315 Rn. 21.

[123] Beispielsweise gegenüber der Zahlungsklage des Verkäufers.

[124] *Grüneberg* in: Palandt, § 315 Rn. 17.

[125] *Grüneberg* in: Palandt, § 315 Rn. 17.

[126] Umstritten ist, ob die Entscheidung des Gerichts vom Rechtsmittelgericht voll oder nur darauf überprüft werden kann, ob alle wesentlichen Umstände beachtet worden sind, die Grenzen der Ermessensausübung eingehalten sind und von dem Ermessen ein zweckentsprechender Gebrauch gemacht worden ist; im letzteren Sinne BGH v. 24.11.1995 - V ZR 174/94 - juris Rn. 15 - LM BGB § 198 Nr. 26 (4/1996); BGH v. 10.10.1991 - III ZR 100/90 - juris Rn. 35 - BGHZ 115, 311-323.

[127] *Gottwald* in: MünchKomm-BGB, § 315 Rn. 31; dort auch zur Frage der Rechtsfolge des Überschreitens des freien Ermessens (Grenze nur nach §§ 138, 242 BGB oder gerichtliches Gestaltungsurteil wie im Fall des § 319 Abs. 1 Satz 2 BGB).

[128] *Kanzleiter* in: MünchKomm-BGB, § 311b Rn. 13; *Grüneberg* in: Palandt, § 311b Rn. 4.

[129] OLG München v. 11.07.1983 - 28 U 2652/83 - juris Rn. 3 - NJW 1984, 243.

ben. Sofern in diesem Zusammenhang die Entscheidung des OLG Nürnberg[130] zu einer Tombola (vgl. Rn. 73) zitiert wird[131], trifft dies nicht den Kern des Problems. Die Entscheidung nimmt die Tatsache, dass das als Hauptpreis ausgesetzte Grundstück nicht im Eigentum des Veranstalters stand, lediglich als Hilfsargument.

Nach h.M. muss das zu veräußernde oder erwerbende Grundstück nicht konkret bestimmt sein; es genügt für die Anwendbarkeit des § 311b Abs. 1 Satz 1 BGB, dass das Grundstück anhand bestimmter Merkmale (wenn auch aus einem größeren Kreis)[132] **konkretisierbar** ist[133]. Dieses Problem stellt sich insbesondere dann, wenn einem Dritten der Auftrag erteilt wird, im eigenen oder fremden Namen ein (nicht konkret bezeichnetes) Grundstück zu erwerben. Dagegen soll es nicht genügen, wenn irgendein Grundstück Vertragsgegenstand ist. Hier wird man jedoch differenzieren müssen: Verpflichtet sich jemand, einem anderen das Eigentum an irgendeinem Grundstück, das ihm derzeit noch nicht gehört[134], zu übertragen, so kann es an der hinreichenden Bestimmtheit der Verpflichtung fehlen. Verpflichtet sich dagegen jemand, für den Auftraggeber irgendein Grundstück zu erwerben, so ist kein Grund ersichtlich, warum eine solche Verpflichtung nicht beurkundungsbedürftig sein sollte. 32

Dem (Voll-)Eigentum am Grundstück stehen für die Anwendbarkeit des § 311b Abs. 1 Satz 1 BGB gleich: ideelle Miteigentumsanteile[135], das Wohnungs- und Teileigentum (§ 4 Abs. 3 WEG), das Erbbaurecht (§ 11 ErbbauRG), das Wohnungs- und Teilerbbaurecht[136] sowie das Sondereigentum an Gebäuden nach dem ZGB der ehemaligen DDR (Art. 231 § 5 EGBGB). Aufgrund der Verweisung in § 9 Abs. 1 BBergG gilt die Vorschrift des § 311b Abs. 1 Satz 1 BGB auch für die Verpflichtung zur Veräußerung oder zum Erwerb von Bergwerkseigentum.[137] Hinsichtlich der Besonderheiten beim Gesamthandseigentum ist auf die dortigen Ausführungen zu verweisen. 33

Obligatorische Ansprüche auf Übertragung des Eigentums an einem Grundstück fallen nach h.M. nicht in den Anwendungsbereich des § 311b Abs. 1 Satz 1 BGB. Daher bedarf die Verpflichtung zur Abtretung des Eigentumserwerbsanspruchs nicht der notariellen Beurkundung.[138] Gleiches gilt für die in Erfüllung einer entsprechenden Verpflichtung vorgenommene Abtretung des Eigentumserwerbsanspruchs.[139] Dagegen wird die Verpflichtung zur Übertragung des Anwartschaftsrechts des Auflassungsempfängers der Verpflichtung zur Übertragung des Vollrechts, d.h. des Eigentums am Grundstück, nach h.M. gleichgestellt; sie bedarf der notariellen Beurkundung[140]. 34

Nach der Sondervorschrift des § 3 Abs. 1 Satz 2 VermG bedarf die Verpflichtung zur Abtretung sowie die nach den §§ 398-413 BGB vorzunehmende Abtretung von Rückübertragungsansprüchen nach dem Vermögensgesetz der notariellen Beurkundung, wenn der Anspruch auf Rückübertragung eines Grundstücks, Gebäudes oder Unternehmens[141] gerichtet ist. Keiner Form bedürfen dagegen die Abtretung und die zugrunde liegende Verpflichtung zur Abtretung von Restitutionsansprüchen, wenn deren 35

---

[130] OLG Nürnberg v. 28.10.1965 - 2 U 81/65.
[131] So etwa bei *Kanzleiter* in: MünchKomm-BGB, § 311b Rn. 13.
[132] *Kanzleiter* in: MünchKomm-BGB, § 311b Rn. 12.
[133] *Wufka* in: Staudinger, § 313 a.F. Rn. 6; *Kanzleiter* in: MünchKomm-BGB, § 311b Rn. 12; *Heckschen*, Die Formbedürftigkeit mittelbarer Grundstücksgeschäfte, 1987, 75-76.
[134] Würde das Grundstück dem Verpflichteten bereits gehören, so wäre der Vertragsgegenstand konkretisierbar.
[135] BayObLG München v. 30.07.1998 -2Z BR 9/98 - juris Rn. 13 - NZM 1998, 973-975.
[136] *Kanzleiter* in: MünchKomm-BGB, § 311b Rn. 11.
[137] *Wufka* in: Staudinger, § 313 a.F. Rn. 23. Bergwerkseigentum ist nach § 9 Abs. 1 BBergG das ausschließliche Recht, nach den Vorschriften des BBergG die in § 8 Abs. 1 Nr. 1 bis 4 BBergG bezeichneten Tätigkeiten und Rechte auszuüben. Dabei handelt es sich um das Recht, (1) in einem bestimmten Feld (Bewilligungsfeld) die in der Bewilligung bezeichneten Bodenschätze aufzusuchen, zu gewinnen und andere Bodenschätze mitzugewinnen sowie das Eigentum an den Bodenschätzen zu erwerben, (2) die bei Anlegung von Hilfsbauen zu lösenden oder freizusetzenden Bodenschätze zu gewinnen und das Eigentum daran zu erwerben, (3) die erforderlichen Einrichtungen im Sinne des § 2 Abs. 1 Nr. 3 BBergG zu errichten und zu betreiben sowie (4) Grundabtretung zu verlangen.
[138] BGH v. 11.11.1983 - V ZR 211/82 - juris Rn. 16 - BGHZ 89, 41-48; *Kanzleiter* in: MünchKomm-BGB, § 311b Rn. 11; *Grüneberg* in: Palandt, § 311b Rn. 6.
[139] BGH v. 11.11.1983 - V ZR 211/82 - juris Rn. 21 - BGHZ 89, 41-48; *Grüneberg* in: Palandt, § 311b Rn. 6; *Schöner/Stöber*, Grundbuchrecht, 14. Aufl. 2008, Rn. 3106.
[140] BGH v. 30.04.1982 - V ZR 104/81 - juris Rn. 16 - BGHZ 83, 395-401; *Kanzleiter* in: MünchKomm-BGB, § 311b Rn. 16; *Grüneberg* in: Palandt, § 311b Rn. 6.
[141] Dies gilt auch dann, wenn zu dem Unternehmen kein Grundstück gehört; *Alfes/Weimar*, DNotZ 1992, 619-641, 626.

Inhalt auf Entschädigung gerichtet ist.[142] Eine Heilung des Formmangels tritt analog § 311b Abs. 1 Satz 2 BGB ein, wenn das Eigentum an dem Grundstück, dem Gebäude oder Unternehmen gemäß § 34 VermG oder auf sonstige Weise wirksam erworben wird (§ 3 Abs. 1 Satz 2 VermG).[143]

b. Grundstücksbestandteile und -zubehör; Gebäudeeigentum nach ZGB DDR

36 Die Verpflichtung zur Veräußerung oder zum Erwerb von Grundstücksbestandteilen (§§ 93-94 BGB) fällt nach allgemeiner Ansicht nicht unter den Anwendungsbereich des § 311b Abs. 1 Satz 1 BGB.[144] Sofern es sich um einen wesentlichen Bestandteil handelt, scheidet grds. die selbständige Veräußerung des beweglichen Gegenstandes (als dingliches Geschäft) aus, da die Eigenschaft als wesentlicher Bestandteil die Begründung eigener Rechte an diesem Gegenstand ausschließt.[145] Dagegen kann ein Kaufvertrag über den Gegenstand für den Fall, dass er künftig von der Hauptsache getrennt wird und damit Gegenstand eigener Rechte werden kann, geschlossen werden.[146] Hat beispielsweise jemand auf dem in seinem Eigentum stehenden Grundstück eine Halle errichtet und verpachtet er diese mit dem Grundstück an einen Dritten, so kann er sich gegenüber dem Pächter wirksam verpflichten, bei Beendigung des Pachtvertrages die Halle zu übereignen, insbesondere für den Fall, dass der Pächter die Halle entfernen und an einer anderen Stelle wieder aufstellen will.[147] Vertragsgegenstand ist damit nicht der wesentliche Bestandteil, sondern die künftig aufgrund noch vorzunehmender Trennung von der Hauptsache sonderrechtsfähige bewegliche Sache. Die Erfüllung des Vertrages erfolgt durch Trennung des wesentlichen Bestandteils (zunächst bleibt der abgetrennte Bestandteil nach § 953 BGB im Eigentum des abtrennenden Grundstückseigentümers) und Übereignung nach den §§ 929-932 BGB.

37 Auch der Erwerb eines Gegenstandes, der infolge Verbindung mit dem Grundstück zu dessen wesentlichem Bestandteil wird (z.B. Fertighaus), fällt für sich allein[148] nicht in den Anwendungsbereich des § 311b Abs. 1 Satz 1 BGB[149]. Gleiches gilt für Grundstückszubehör im Sinne des § 97 BGB.[150]

38 Abweichend von dem Grundsatz des § 94 BGB, dass das auf dem Grundstück aufstehende Gebäude wesentlicher Bestandteil desselben und daher nicht sonderrechtsfähig ist, regelt Art. 231 § 5 Abs. 1 Satz 1 EGBGB, dass selbständige Gebäude, Baulichkeiten und sonstige Anlagen und Anpflanzungen, die am 02.10.1990 Gegenstand eigener Rechte nach dem Zivilgesetzbuch (ZGB) der ehemaligen DDR waren[151], weiterhin nicht Bestandteil des Grundstücks, sondern sonderrechtsfähig sind[152]. Zu den wichtigsten Arten des selbständigen Gebäudeeigentums gehören[153] verliehene Nutzungsrechte (§§ 287-290 ZGB DDR), zugewiesene Nutzungsrechte (§§ 291-294 ZGB DDR), Nutzungsrechte volkseigener Betriebe (§ 459 ZGB DDR), LPG-Gebäudeeigentum (§ 27 LPGG) und Gebäude und Anlagen von Wohnungsbaugenossenschaften auf ehemals volkseigenen Grundstücken. Das Gebäudeeigentum ist in einem besonderen Gebäudegrundbuch einzutragen; diese Eintragung ist für den Fortbestand[154] allerdings

---

[142] *Krauß* in: Brambring, Beck'sches Notar-Handbuch, 3. Aufl. 2000, A IX Rn. 94.
[143] *Alfes/Weimar*, DNotZ 1992, 619-641, 626.
[144] *Kanzleiter* in: MünchKomm-BGB, § 311b Rn. 15.
[145] BGH v. 20.10.1999 - VIII ZR 335/98 - juris Rn. 17 - LM BGB § 93 Nr. 21.
[146] BGH v. 20.10.1999 - VIII ZR 335/98 - juris Rn. 17 - LM BGB § 93 Nr. 21; *Ring* in: AnwK-BGB, § 93 Rn. 34.
[147] Die Entscheidung BGH v. 20.10.1999 - VIII ZR 335/98 - LM BGB § 93 Nr. 21 betraf dagegen den Fall, dass der Pächter eine Halle auf einem fremden Grundstück errichtet hat und die Halle auch weiterhin nutzen wollte, eine Trennung vom Grundstück gerade nicht erfolgen sollte. Hier lag die Annahme eines Scheinbestandteils im Sinne des § 95 BGB sehr nahe (vom Berufungsgericht allerdings verneint).
[148] Eine Ausnahme gilt, wenn der Vertrag mit dem Grundstückskaufvertrag eine Geschäftseinheit darstellt und daher das gesamte Geschäft dem Beurkundungserfordernis unterfällt.
[149] *Kanzleiter* in: MünchKomm-BGB, § 311b Rr. 15.
[150] *Kanzleiter* in: MünchKomm-BGB, § 311b Rr. 15.
[151] Es mussten die erforderlichen öffentlichrechtlichen und zivilrechtlichen Voraussetzungen erfüllt sein; *Krauß* in: Brambring, Beck'sches Notar-Handbuch, 3. Aufl. 2000, A IX Rn. 226.
[152] Das dem zivilrechtlichen Gebäudeeigentum zugrunde liegende Nutzungsrecht ist wesentlicher Bestandteil des Gebäudes.
[153] Vgl. *Krauß* in: Brambring, Beck'sches Notar-Handbuch, 3. Aufl. 2000, A IX Rn. 218-225.
[154] Etwas anderes gilt für die rechtsgeschäftliche Veräußerung des Gebäudeeigentums, die nur möglich ist, wenn dieses im Gebäudegrundbuch eingetragen ist. Der Erwerb selbständigen Gebäudeeigentums sowie dinglicher Rechte am Gebäude der in Art. 233 § 2b EGBGB bezeichneten Art vom Nichtberechtigten ist nur möglich, wenn dieses zusätzlich im Grundstücksgrundbuch eingetragen ist (Art. 233 § 2c Abs. 3 EGBGB).

nicht konstitutiv[155]. Die Verpflichtung zur Veräußerung oder zum Erwerb eines Gebäudeeigentums bedarf nach Art. 233 § 4 Abs. 1 Satz 1 EGBGB i.V.m. § 311b Abs. 1 Satz 1 BGB der notariellen Beurkundung.

3. Verpflichtungsvertrag

a. Voraussetzungen; Vertragsparteien

Beurkundungsbedürftig ist die Verpflichtung zur Übertragung oder des Erwerbs des Eigentums an einem Grundstück, sofern sich diese aus einem Vertrag ergibt.[156] Erfüllungsgeschäfte fallen daher nicht unter den Anwendungsbereich des § 311b Abs. 1 Satz 1 BGB; ebenso wenig erbrechtliche Rechtsgeschäfte, wie beispielsweise der Erbvertrag nach den §§ 2274-2300a BGB.[157] Die Verpflichtung zur Übertragung oder zum Erwerb des Eigentums kann in einem synallagmatischen Verhältnis mit einer Verpflichtung zur Erbringung einer Gegenleistung stehen, wobei die Art der Gegenleistung unerheblich ist. Typischer Fall und Hauptanwendungsbereich ist der Grundstückskaufvertrag (Zahlung einer Geldsumme als Gegenleistung). Daneben fällt aber auch der Grundstückstausch oder der Auseinandersetzungsvertrag einer Rechtsgemeinschaft (z.B. Bruchteilsgemeinschaft, Gütergemeinschaft oder Miterbengemeinschaft, vgl. aber auch unten zur formfreien Abschichtung Rn. 78) unter den Anwendungsbereich des § 311b Abs. 1 Satz 1 BGB. Auch der außergerichtliche Vergleich[158] ist formbedürftig, wenn in ihm erstmals die Verpflichtung zur Veräußerung oder zum Erwerb des Eigentums an einem Grundstück begründet wird.[159] Weitere Beispiele für beurkundungspflichtige Verträge sind: die Verpflichtung des Nacherben, seine Zustimmung zu einer Verfügung im Sinne des § 2113 Abs. 1 BGB zu erteilen[160], es sei denn, die Verpflichtung ergibt sich aus § 2120 BGB[161]; die Verpflichtung über die Grenzfeststellung, wenn sie eine (bedingte) Verpflichtung zur Veräußerung oder zum Erwerb von Grundstücksteilflächen enthält[162]. Darüber hinaus erfasst § 311b Abs. 1 Satz 1 BGB auch einseitig verpflichtende Verträge, wie beispielsweise Schenkungen oder Ausstattungen.

39

In aller Regel sind die Vertragsparteien aus dem Vertrag im Sinne des § 311b Abs. 1 Satz 1 BGB auch anspruchsberechtigt und anspruchsverpflichtet hinsichtlich der Übertragung des Eigentums an dem Grundstück. Dieser Grundsatz wird zum einen durchbrochen bei einem Vertrag zugunsten Dritter im Sinne der §§ 328-335 BGB.[163] Beurkundungsbedürftig ist auch die Abrede in einem Gesellschaftsvertrag (und damit der gesamte Gesellschaftsvertrag), wonach sich ein Gesellschafter verpflichtet, ein Grundstück zu erwerben und dieses der Gesellschaft zur Nutzung zu überlassen.[164]

40

Auch außerhalb des Vertrages zugunsten Dritter können bei Vereinbarungen im Vorfeld eines Grundstücksveräußerungsvertrages (mag man diesen Vertrag auch als Vorvertrag bezeichnen) die Vertragsschließenden nicht mit den am Veräußerungsvertrag beteiligten Personen identisch sein, beispielsweise, wenn sich der eine Vertragspartner gegenüber dem anderen verpflichtet, auf dessen Verlangen einen Vertrag mit einem Dritten abzuschließen.[165] Da § 311b Abs. 1 Satz 1 BGB auch auf solche Verträge (entsprechend) anwendbar ist, die erst die Verpflichtung zum Abschluss eines Grundstücksveräußerungsvertrages begründen (insbesondere Vorverträge), müssen die Vertragsparteien des „Vorvertrages" nicht mit denen des später abzuschließenden „Hauptvertrages", der unmittelbar auf Übertra-

41

---

[155] *Krauß* in: Brambring, Beck'sches Notar-Handbuch, 3. Aufl. 2000, A IX Rn. 226. Unterbleibt die Eintragung, so besteht allerdings (seit dem 01.01.2001) die Gefahr des Untergangs infolge gutgläubigen „lastenfreien" Erwerbs des Grundstücks; *Krauß* in: Brambring, Beck'sches Notar-Handbuch, 3. Aufl. 2000, A IX Rn. 226.
[156] Ist die Verpflichtung gesetzlich angeordnet, so ist kein Raum für die Anwendung des § 311b Abs. 1 Satz 1 BGB; vgl. *Wufka* in: Staudinger, § 313 a.F. Rn. 45.
[157] *Kanzleiter* in: MünchKomm-BGB, § 311b Rn. 25.
[158] Der gerichtliche Vergleich ersetzt nach § 127a BGB die Form der notariellen Beurkundung.
[159] *Wufka* in: Staudinger, § 313 a.F. Rn. 78.
[160] BGH v. 12.01.1972 - IV ZR 1206/68 - LM Nr. 213 zu § 2120 BGB; *Wufka* in: Staudinger, § 313 a.F. Rn. 71.
[161] *Wufka* in: Staudinger, § 313 a.F. Rn. 71.
[162] *Wufka* in: Staudinger, § 313 a.F. Rn. 70. Zum Grenzfeststellungsvertrag vgl. Rn. 13.
[163] *Wufka* in: Staudinger, § 313 a.F. Rn. 60.
[164] OLG Hamm v. 11.01.1984 - 8 U 85/83 - MDR 1984, 843.
[165] BGH v. 07.02.1986 - V ZR 176/84 - juris Rn. 19 - BGHZ 97, 147-155; BGH v. 20.09.1984 - III ZR 47/83 - juris Rn. 27 - BGHZ 92, 164-176; *Wufka* in: Staudinger, § 313 a.F. Rn. 60; *Kanzleiter* in: MünchKomm-BGB, § 311b Rn. 32.

gung des Eigentums an einem Grundstück gerichtet ist, übereinstimmen. Ein solcher Fall ist auch dann anzunehmen, wenn jemand einem Makler die Zahlung einer Vertragsstrafe für den Fall verspricht, dass er als potentieller Käufer[166] oder Verkäufer[167] den beabsichtigten Kaufvertrag nicht abschließt[168].

b. Freiwillige Grundstücksversteigerung

aa. Die „echte" freiwillige Versteigerung

42 Im Gegensatz zur Zwangsversteigerung nach den Vorschriften des ZVG ist das Verfahren der freiwilligen Grundstücksversteigerung gesetzlich nur spärlich geregelt (vgl. § 156 BGB, Art. 134 EGBGB, § 34b GewO, § 20 Abs. 3 BNotO, § 15 BeurkG).[169] Zum einen erfasst die freiwillige Versteigerung Fälle, in denen ein Grundstückseigentümer aus freien Stücken („freiwillig") ein Grundstück einem Interessentenkreis zum Kauf anbietet, um einer möglichst hohen Kaufpreis zu erzielen.[170] Der Eigentümer hat sich anders als beim „normalen" Kaufvertrag seinen Käufer nicht ausgesucht; in dem Verfahren der freiwilligen Versteigerung soll der Käufer erst noch gefunden werden, und zwar derjenige, der das höchste Gebot abgibt. Nach ganz herrschender Auffassung erfolgt der Verkauf durch freiwillige Versteigerung nach den allgemeinen Vorschriften über Rechtsgeschäfte: Gebot und Zuschlag stellen daher rechtsgeschäftliche Willenserklärungen zu einem Kaufvertrag dar[171], wobei die Besonderheit darin besteht, dass der Zuschlag als Annahmeerklärung nicht empfangsbedürftig ist[172]. Ein Gebot erlischt, wenn ein Übergebot abgegeben oder die Versteigerung ohne Erteilung des Zuschlags geschlossen wird (§ 156 Satz 2 BGB). Bei einer freiwilligen Versteigerung eines Grundstücks findet daher die Formvorschrift des § 311b Abs. 1 Satz 1 BGB (notarielle Beurkundung) Anwendung.[173] Die Veranstaltung der Versteigerung ist allerdings nur eine Einladung, Angebote abzugeben („invitatio ad offerendum").[174] Daher hat es der Versteigerer bis zum Zuschlag in der Hand, die Versteigerung abzubrechen und von dem Abschluss eines Kaufvertrages abzusehen.[175]

43 Der Grundstückseigentümer kann die Versteigerung selbst durchführen.[176] In aller Regel bedient er sich jedoch einer dritten Person als Auktionator; dies kann auch der Notar sein.[177] Der Versteigerungsauftrag an eine dritte Person („Einlieferungsvertrag"[178]) enthält zugleich die Vollmacht, die erforderlichen Erklärungen hinsichtlich des schuldrechtlichen Kaufvertrages und der dinglichen Übertragung

---

[166] BGH v. 04.10.1989 - IVa ZR 250/88 - LM Nr. 127 zu § 313 BGB; BGH v. 01.07.1970 - IV ZR 1178/68 - LM Nr. 43 zu § 313 BGB.

[167] BGH v. 01.07.1970 - IV ZR 1178/68 - LM Nr. 43 zu § 313 BGB.

[168] Die Beurkundungsbedürftigkeit ergibt sich hier aus Gesichtspunkt der mittelbaren Verpflichtung (vgl. Rn. 111) zum Abschluss des Kaufvertrages.

[169] Vgl. *Dietsch*, NotBZ 2000, 322-328, 323.

[170] Die Treuhandanstalt hat sich in einer Vielzahl von Fällen des Verfahrens der freiwilligen Grundstücksversteigerung bedient. Allgemein zu diesem Verfahren der freiwilligen Grundstücksversteigerung *Dietsch*, NotBZ 2000, 322-328; *Limmer* in: Westermann/Mock, Festschrift für Gerold Bezzenberger zum 70. Geburtstag, 2000, 509-519.

[171] BGH v. 24.04.1998 - V ZR 197/97 - juris Rn. 6 - BGHZ 138, 339-348; BGH v. 20.10.1982 - VIII ZR 186/81 - juris Rn. 19 - LM Nr. 1 zu § 156 BGB; BGH v. 08.11.1991 - V ZR 139/90 - juris Rn. 9 - LM BGB § 440 Nr. 10 (8/1992); KG Berlin v. 18.12.2001 - 1 W 1712/00 - juris Rn. 10 - NJW-RR 2002, 883-884; *Limmer* in: Westermann/Mock, Festschrift für Gerold Bezzenberger zum 70. Geburtstag, 2000, 509, 510-511.

[172] BGH v. 24.04.1998 - V ZR 197/97 - BGHZ 138, 339-348.

[173] BGH v. 24.04.1998 - V ZR 197/97 - BGHZ 138, 339-348; KG Berlin v. 18.12.2001 - 1 W 1712/00 - NJW-RR 2002, 883-884; KG Berlin v. 18.12.2001 - 1 W 1712/00 - juris Rn. 10 - NJW-RR 2002, 883-884; DNotI-Report 1996, 209-211, 210; *Dietsch*, NotBZ 2000, 322-328, 325, *Limmer* in: Westermann/Mock, Festschrift für Gerold Bezzenberger zum 70. Geburtstag, 2000, 509, 512.

[174] *Limmer* in: Westermann/Mock, Festschrift für Gerold Bezzenberger zum 70. Geburtstag, 2000, 509, 510-511.

[175] In den Versteigerungsbedingungen kann sogar geregelt werden, dass abweichend von der dispositiven Vorschrift des § 156 BGB der Zuschlag keine Annahme des Vertragsangebotes, sondern lediglich eine Art Vorauswahl darstellt; *Limmer* in: Westermann/Mock, Festschrift für Gerold Bezzenberger zum 70. Geburtstag, 2000, 509, 511. Allerdings spielt dies bei der freiwilligen Grundstücksversteigerung keine Rolle, da die Willenserklärungen (höchstes Gebot und Zuschlag als Angebot und Annahme) noch notariell zu beurkunden sind.

[176] *Dietsch*, NotBZ 2000, 322-328, 323.

[177] *Dietsch*, NotBZ 2000, 322-328, 323; *Limmer* in: Westermann/Mock, Festschrift für Gerold Bezzenberger zum 70. Geburtstag, 2000, 509, 511.

[178] *Dietsch*, NotBZ 2000, 322-328, 323.

und die notwendigen grundbuchverfahrensrechtlichen Erklärungen im Namen des Eigentümers abzugeben.[179] Ob dieser Vertrag der notariellen Beurkundung unterliegt, hängt von der konkreten Ausgestaltung ab und ist nach den Grundsätzen zur treuhänderischen Veräußerung eines Grundstücks zu beurteilen.[180] Aus der Sicht des Auktionators als Treuhänder besteht keine Verpflichtung, das Eigentum an einem Grundstück zu erwerben oder ein eigenes Grundstück an einen Dritten zu veräußern. Allerdings kann sich aus der Sicht des Auftraggebers („Einlieferer") die Beurkundungsbedürftigkeit ergeben, wenn er durch den Auftrag so gebunden wäre, als ob der Grundstücksvertrag damit bereits geschlossen wäre. Dies ist insbesondere der Fall, wenn er dem Auktionator eine unwiderrufliche Vollmacht zur Veräußerung erteilt.[181] Ein schriftliches, bereits vor der Versteigerung gegenüber dem Versteigerer erklärtes und von diesem in der Versteigerung nur mitgeteiltes Gebot wird – aus praktischen Gründen der ordnungsgemäßen Durchführung des Versteigerungsverfahrens[182] – nicht als „Gebot" im Sinne des § 156 BGB aufgefasst, sondern als Auftrag und Vollmacht für den Versteigerer, in der Versteigerung als Vertreter des Käufers Gebote abzugeben, verbunden mit einer stillschweigend erklärten Befreiung von dem Verbot des Selbstkontrahierens nach § 181 BGB.[183] Hinsichtlich der Art und Weise der notariellen Beurkundung des Kaufvertrages sind folgende Konstellationen zu unterscheiden (vgl. dazu auch die Kommentierung zu § 128 BGB):

- Sofern der höchste Bieter und der Versteigerer mit dem Vertragsschluss einverstanden sind (Idealfall), wird der Vertrag nach den Vorschriften über die Beurkundung von Willenserklärungen gemäß §§ 6-35 BeurkG geschlossen. Insbesondere muss der gesamte Vertragstext (die Versteigerungsbedingungen) den Beteiligten in Gegenwart des Notars vorgelesen werden (§ 13 Abs. 1 Satz 1 BeurkG).[184] Im Vergleich zum „normalen" Vertragsschluss zwischen Verkäufer und Käufer bestehen daher keine Besonderheiten.

- Hat der Bieter, der das höchste Gebot abgegeben hat, sich vor Schluss der Versteigerungsverhandlung entfernt, so könnte nach allgemeinen Beurkundungsvorschriften ein Vertragsschluss nicht zustande kommen, da die Willenserklärung des Bieters nicht nach den Vorschriften über Willenserklärungen (§§ 6-35 BeurkG) beurkundet worden ist. Theoretisch könnte nach jedem Gebot ein Angebot des Bieters nach den §§ 6-35 BeurkG durch Verlesen der Angebotsurkunde beurkundet werden; ein solches Verfahren wäre jedoch viel zu umständlich und würde unnötige Kosten verursachen. Auch genügt es nicht, dass der während der Versteigerung anwesende Notar ein Protokoll nach den §§ 36-37 BeurkG über seine Wahrnehmungen anfertigt. Da die freiwillige Versteigerung einen rechtsgeschäftlichen Vertragsschluss über ein Grundstück zum Gegenstand hat, sind die Willenserklärungen zu beurkunden; dies kann nur in der Form der §§ 6-35 BeurkG, nicht aber nach den §§ 36-37 BeurkG geschehen. Von diesem Grundsatz macht § 15 Satz 2 BeurkG eine wichtige Ausnahme[185]: Entfernt sich ein Bieter mit dem höchsten Gebot vor dem Schluss der Verhandlung, so gilt die Vorschrift über die Verlesung der Niederschrift nach § 13 Abs. 1 BGB insoweit nicht. Diese Ausnahme gilt allerdings nur auf Seiten des Bieters, nicht aber für den Versteigerer. Für Letzteren gelten die §§ 6-35 BeurkG uneingeschränkt, so dass ihm die Niederschrift in vollem Umfang in Gegenwart des Notars vorgelesen werden muss. Eine ausdehnende Auslegung von § 15 Satz 2 BeurkG auf den Versteigerer verbietet der eindeutige Wortlaut dieser Vorschrift.[186] Als Ersatz für das Vorlesen der Urkunde auf Seiten des Bieters muss der Notar feststellen, dass sich der Bieter vor dem Schluss der Verhandlung entfernt hat (§ 15 Satz 2 HS. 2 BeurkG).[187] Insofern ähnelt das Beurkundungsverfahren der Beurkundung durch Anfertigung eines Tatsachenprotokolls nach den §§ 36-37 BeurkG. Weiterhin zu beachten ist, dass eine Beurkundung unter Anwendung des § 15 Satz 2 BeurkG lediglich die für das schuldrechtliche Geschäft vorgeschriebene Form (§ 311b Abs. 1 Satz 1

---

[179] *Limmer* in: Westermann/Mock, Festschrift für Gerold Bezzenberger zum 70. Geburtstag, 2000, 509, 511.
[180] Vgl. dazu *Dietsch*, NotBZ 2000, 322-328, 323-324.
[181] *Dietsch*, NotBZ 2000, 322-328, 323.
[182] BGH v. 20.10.1982 - VIII ZR 186/81 - juris Rn. 19 - LM Nr. 1 zu § 156 BGB.
[183] BGH v. 20.10.1982 - VIII ZR 186/81 - juris Rn. 20 - LM Nr. 1 zu § 156 BGB; *Joch/Kelwing*, NJW 1983, 1187-1188, 1188.
[184] DNotI-Report 1996, 209-211, 210.
[185] Diese Vorschrift gilt nur für freiwillige Versteigerungen, nicht für die Zwangsversteigerung nach dem ZVG, bei der Eigentumserwerb durch Hoheitsakt erfolgt; *Winkler*, Beurkundungsgesetz, 15. Aufl. 2003, § 15 Rn. 2.
[186] BGH v. 24.04.1998 - V ZR 197/97 - BGHZ 138, 339-348.
[187] Ohne diesen Vermerk liegt keine wirksame Beurkundung vor, so dass der Vertrag formunwirksam wäre (§ 125 Satz 1 BGB). Eine Heilung könnte nur durch Eintragung im Grundbuch eintreten (§ 311b Abs. 1 Satz 2 BGB).

BGB) erfüllt. Eine Auflassung des Grundstücks, die materiellrechtlich keiner Form bedarf[188], ist unter Anwendung des § 15 Satz 2 BeurkG nicht mitbeurkundet, da diese nicht mehr zu den Versteigerungsbedingungen gehört[189]; im Übrigen fehlte es auch an der nach § 925 Abs. 1 Satz 1 BGB erforderlichen gleichzeitigen Anwesenheit von Versteigerer und Bieter.

- Schließlich ist noch der Fall denkbar, dass der Bieter mit dem höchsten Gebot sich schlicht weigert, nach Erteilung des Zuschlags die Beurkundung nach den §§ 6-35 BeurkG vorzunehmen und damit einen rechtsgültigen Vertrag abzuschließen. Bis zur Unterschrift liegen lediglich Vertragsverhandlungen vor. Ein Teil der Literatur[190] wendet § 15 Satz 2 BeurkG auf diesen Fall entsprechend an, da sich andernfalls der Meistbietende durch einfache Weigerung aus seiner Verpflichtung lösen könne[191]. Diese Auffassung übersieht jedoch, dass der Bieter an sein Angebot auf Abschluss eines Kaufvertrages nur dann gebunden sein kann, wenn sein Angebot formwirksam beurkundet worden ist. Die Ausnahmevorschrift des § 15 Satz 2 BeurkG darf nach zutreffender h.M.[192] nicht zu Lasten des Bieters ausgedehnt werden. Bei der freiwilligen Versteigerung von Grundstücken muss dem Versteigerer bewusst sein, dass ein Vertrag nur bei formgerechter Beurkundung zustande kommt. Gegen den Bieter, der sich nach Erteilung des Zuschlags weigert, die Beurkundung vorzunehmen, kann der Versteigerer lediglich Schadensersatzansprüche aus einem vorvertraglichen Schuldverhältnis (§§ 311 Abs. 2, 280 Abs. 1 BGB) geltend machen. Will er mit einem überbotenen Bieter einen Vertrag abschließen, so steht dem nichts entgegen.[193] Dieses – aus der Sicht des Versteigerers missliche – Ergebnis lässt sich auch nicht dadurch umgehen, dass abweichend von der dispositiven Vorschrift des § 156 BGB[194] in den Versteigerungsbedingungen[195] die Anwendbarkeit des § 15 Satz 2 BeurkG für den Fall der Weigerung zur Beurkundung nach Erteilung des Zuschlags festgelegt wird. Die Regelung des § 15 BeurkG ist öffentliches Verfahrensrecht, das nicht zur Disposition der Beteiligten steht.

bb. „Freiwillige" Versteigerung eines Wohnungseigentums nach den §§ 53-58 WEG a.F. (Entziehungsversteigerung)

44   Hat ein Wohnungseigentümer sich einer so schweren Verletzung der ihm gegenüber anderen Wohnungseigentümern obliegenden Verpflichtungen schuldig gemacht, dass diesen die Fortsetzung der Gemeinschaft mit ihm nicht mehr zugemutet werden kann, so können die anderen Wohnungseigentümer von ihm die Veräußerung seines Wohnungseigentums verlangen (§ 18 Abs. 1 Satz 1 WEG). Bis zum Inkrafttreten der Änderungen des WEG Rechts durch das Gesetz vom 26.03.2007 erfolgte die Durchsetzung über das Verfahren der freiwilligen Versteigerung nach den §§ 53 ff. WEG a.F.[196] Dem Entziehungsurteil kommt jedoch – anders als dem Zuschlag in der Zwangsversteigerung (§ 90 Abs. 1 ZVG) – keine dingliche Wirkung zu.[197] Die Veräußerung im Sinne des § 18 Abs. 1 WEG, zu der der Wohnungseigentümer verurteilt wird, wird durch das Verfahren der freiwilligen Versteigerung nach den §§ 53-58 WEG a.F. umgesetzt. Wie bei der „echten" freiwilligen Versteigerung kommt durch Gebot und Zuschlag ein privatrechtlicher Kaufvertrag zwischen dem Wohnungseigentümer und dem Bieter, dem der Zuschlag erteilt wird, zustande[198], der der Formvorschrift des § 311b Abs. 1 Satz 1 BGB unterliegt. Das Urteil ersetzt nach § 19 Abs. 1 WEG die für die freiwillige Versteigerung des Woh-

---

[188] Lediglich aus grundbuchverfahrensrechtlichen Gründen bedarf es einer Beurkundung nach den §§ 6-35 BeurkG, weil die Auflassung in anderer Form nicht formgerecht für das Grundbuchverfahren nachgewiesen werden kann.
[189] *Winkler*, Beurkundungsgesetz, 15. Aufl. 2003, § 15 Rn. 12.
[190] *Röll*, MittBayNot 1981, 64-66, 66; *Winkler*, Beurkundungsgesetz, 15. Aufl. 2003, § 15 Rn. 10.
[191] *Winkler*, Beurkundungsgesetz, 15. Aufl. 2003, § 15 Rn. 10.
[192] Gutachten DNotI-Report 1996, 209-211, 210-211 (www.dnoti.de, abgerufen am 25.07.2012) m.w.N.
[193] Bei Anwesenheit des Notars kann die Beurkundung gar vor Ort vorgenommen werden.
[194] BGH v. 24.04.1998 - V ZR 197/97 - BGHZ 138, 339-348.
[195] Die Versteigerungsbedingungen werden vom Versteigerer festgelegt.
[196] Ausführlich zum Verfahren der freiwilligen Versteigerung von Wohnungseigentum aufgrund eines Einziehungsbeschlusses nach den §§ 53-58 WEG: *Heil*, MittRhNotK 1999, 73-102, vgl. auch *Heinemann* in: Anwaltkommentar, 1. Aufl. 2004, § 57 WEG Rn. 5 ff., *Götte*, BWNotZ 1992, 105-113 und *Röll*, MittBayNot 1981, 64-66.
[197] *Heil*, MittRhNotK 1999, 73-102, 75.
[198] *Heil*, MittRhNotK 1999, 73-102, 75.

nungseigentums und dessen Übertragung erforderlichen Erklärungen.[199] Der Notar, der das Versteigerungsverfahren durchführt, handelt dabei nicht als Vertreter des Wohnungseigentümers, sondern als Amtsträger, der das Bieterangebot fixiert.[200] Nach der Reform des WEG-Rechts im Jahre 2007 wird die Verpflichtung zur Veräußerung des Wohnungseigentums über das ZVG umgesetzt. Das Urteil, durch das der Wohnungseigentümer zur Veräußerung seines Wohnungseigentums verurteilt wird, berechtigt jeden Miteigentümer zur Zwangsversteigerung entsprechend den Vorschriften des Ersten Abschnitts des ZVG (§ 19 Abs. 1 Satz 1 WEG).

c. Öffentlich-rechtliche Verträge

aa. Grundregel

Verträge, durch die ein Rechtsverhältnis auf dem Gebiet des öffentlichen Rechts begründet, geändert oder aufgehoben wird (öffentlich-rechtliche Verträge, § 54 Satz 1 VwVfG), bedürfen nach § 57 VwVfG der Schriftform, sofern nicht durch Rechtsvorschrift eine andere Form vorgeschrieben ist. Als solche Rechtsvorschrift, die eine andere Form vorschreibt, wird nach ganz h.M. § 311b Abs. 1 Satz 1 BGB verstanden.[201] Aus diesem Grund fallen Verträge, in denen jemand gegenüber einem (anderen) Hoheitsträger oder der Hoheitsträger (insbesondere eine Gemeinde) sich gegenüber einem anderen zur Veräußerung oder zum Erwerb eines Grundstücks verpflichtet, in den Anwendungsbereich des § 311b Abs. 1 Satz 1 BGB. Im öffentlichen Recht finden die Vorschriften des bürgerlichen Rechts, die die Wirksamkeit eines Rechtsgeschäfts von der Wahrung bestimmter Formen abhängig machen, entsprechende Anwendung, wenn der ihnen zugrunde liegende Rechtsgedanke wegen der Gleichartigkeit der Verhältnisse auch dort eingreift. Dies ist bei § 311b Abs. 1 Satz 1 BGB der Fall.[202] Die Anwendbarkeit dieser Vorschrift wird auch nicht dadurch in Frage gestellt, dass die öffentlich-rechtliche Körperschaft (insbesondere die Gemeinde) nach öffentlichem Recht gehalten ist, die Schutzinteressen des Vertragspartners zu beachten.[203] Von praktischer Bedeutung sind städtebauliche Verträge (§ 11 Abs. 1 BauGB), dort insbesondere die freiwillige Baulandumlegung[204] und Durchführungsverträge zum Vorhaben- und Erschließungsplan[205]. Bei **Erschließungsverträgen** (§ 124 BauGB)[206] ist zu unterscheiden, ob das Eigentum an den Grundstücken von der Gemeinde an den privaten Erschließungsträger übertragen wird oder nicht: (1) Im ersten Fall gelten die Grundsätze der zusammengesetzten Rechtsgeschäfte, nach denen die Mitbeurkundung eines vom Grundstücksübertragungsvertrag abhängigen Vertrages erforderlich ist, wenn der Grundstücksübertragungsvertrag mit dem anderen Vertrag „stehen und fallen soll" (vgl. dazu Rn. 183). Die Überlassung der Erschließungsflächen an den privaten Erschließungsträger entbehrt ohne die vorangegangene Herstellung der Erschließungsanlagen jeglicher Veranlassung und ist für die Beteiligten nur in dieser Verknüpfung sinnvoll.[207] (2) Erschließt dagegen ein privater Erschließungsträger Grundstücke, die im Eigentum der Gemeinde bleiben (welche von der Gemeinde an Dritte als Bauplätze verkauft werden), so entsteht ein Dreiecksverhältnis[208]: Die Gemeinde überträgt die Durchführung und finanzielle Abwicklung der Erschließung gemäß § 124 Abs. 1 BauGB auf den Erschließungsträger. Dieser refinanziert sich privatrechtlich bei den Grundstückseigentümern, indem diese sich verpflichten, dem Erschließungsträger die ihm aus der Erfüllung des mit der Gemeinde geschlossenen Erschließungsvertrages entstehenden Kosten zu ersetzen. Der Erschließungsvertrag zwi-

45

---

[199] Es handelt sich um die Erklärungen im Hinblick auf das Zustandekommen des schuldrechtlichen Kaufvertrages, der Auflassung sowie um grundbuchverfahrensrechtliche Erklärungen; *Heil*, MittRhNotK 1999, 73-102, 75.

[200] *Heil*, MittRhNotK 1999, 73-102 75. Vgl. allgemein zur Konstruktion des Vertragsschlusses unter Berücksichtigung der Urteilswirkung des § 19 Abs. 1 WEG *Heil*, MittRhNotK 1999, 73-102, 76-79.

[201] BVerwG v. 09.11.1984 - 8 C 77/83 - BVerwGE 70, 247-259; OVG Schleswig v. 12.09.2007 - 2 LA 107/06 - juris Rn. 7 - NJW 2008, 601-603; VG Münster v. 19.01.2009 - 1 L 673/08; *Manstein*, MittRhNotK 1995, 1-21, 3; *Grüneberg* in: Palandt, § 311b Rn. 15; *Kanzleiter* in: MünchKomm-BGB, § 311b Rn. 26.

[202] BVerwG v. 09.11.1984 - 8 C 77/83 - juris Rn. 28 - BVerwGE 70, 247-259.

[203] BVerwG v. 09.11.1984 - 8 C 77/83 - juris Rn. 28 - BVerwGE 70, 247-259.

[204] Allgemein zur freiwilligen Baulandumlegung *Dieterich/Dieterich-Buchwald/Geuenich/Teigel*, Baulandumlegung, 4. Aufl. 2000, Rn. 465-510; Vertragsmuster: *Dieterich/Dieterich-Buchwald/Geuenich/Teigel*, Baulandumlegung, 4. Aufl. 2000, Rn. 498g-498k.

[205] Kurze Übersicht bei *Grziwotz* in: Brambring, Beck'sches Notar-Handbuch, 3. Aufl. 2000, A XI Rn. 45-60.

[206] BGH v. 05.05.1972 - V ZR 63/70 - DÖV 1972, 858; OVG Schleswig v. 12.09.2007 - 2 LA 107/06 - juris Rn. 8 - NJW 2008, 601-603; OLG Hamm v. 12.02.1990 - 22 U 96/89 - BauR 1991, 621-623; zum Erschließungsvertrag nach dem BBauG: OVG Koblenz v. 02.05.1977 - 6 A 52/75 - AS RP-SL 14, 422-429.

[207] OVG Schleswig v. 12.09.2007 - 2 LA 107/06 - juris Rn. 9 - NJW 2008, 601-603.

[208] BVerwG v. 01.12.2010 - 9 C 8/09 - BVerwGE 138, 244.

schen der Gemeinde und dem Erschließungsträger bedarf in diesem Fall keiner notariellen Beurkundung. Auch muss der Erschließungsvertrag in dem Grundstückskaufvertrag zwischen der Gemeinde und einem Dritten nicht mitbeurkundet werden, auch wenn nach dem Kaufvertrag der Erwerber die anfallenden Erschließungskosten einschließlich sämtlicher sonstigen Kosten und Aufwendungen in diesem Zusammenhang aufgrund des Erschließungsvertrages direkt an den Erschließungsträger zu zahlen hat. Leistungen an Dritte sind auch bei bestehendem rechtlichen Zusammenhang der Vereinbarungen nur beurkundungspflichtig, wenn sie zu den Gegenleistungen gehören, die der Käufer gegenüber dem Verkäufer übernommen hat, d.h., wenn der Verkäufer, hier die Gemeinde, einen eigenen Anspruch auf Gewährung der Leistung an den Dritten hat.[209] Erklärungen in einem **Bieterverfahren der öffentlichen Hand** für einen Grundstücksverkauf fallen in den Anwendungsbereich des § 311b Abs. 1 Satz 1 BGB.[210] Zweck eines solchen Bieterverfahrens ist die Feststellung der Ernsthaftigkeit eines bekundeten Erwerbsinteresses und die Begrenzung der Zahl der Verhandlungspartner des Verkäufers.[211]

bb. Einigung in besonderen öffentlich-rechtlichen Verfahren

46 Die Verpflichtung zur Veräußerung oder zum Erwerb von Eigentum an einem Grundstück kann auch in besonderen öffentlich-rechtlichen Verfahren geregelt sein. Dies betrifft beispielsweise Enteignungsverfahren (insbesondere zu Straßenzwecken und aus bauplanungsrechtlichen Gründen) und die amtliche Baulandumlegung (§§ 45-84 BauGB). Nach § 19 Abs. 2a FStrG kann das Entschädigungsfeststellungsverfahren „unmittelbar durchgeführt werden, wenn sich ein Beteiligter mit der Übertragung des (nach dem Plan benötigten) Eigentums schriftlich einverstanden erklärt". Vergleichbare Regelungen sehen auch die Landesstraßengesetze vor. Bei der Enteignung zur Verwirklichung eines Bebauungsplans (§§ 85-122 BauGB) hat die Enteignungsbehörde nach Einleitung des Enteignungsverfahrens auf eine Einigung zwischen den Beteiligten hinzuwirken (§ 110 Abs. 1 BauGB). Einigen sich die Parteien, so hat die Enteignungsbehörde eine Niederschrift über die Einigung aufzunehmen (§ 110 Abs. 2 Satz 1 BauGB), die von den Beteiligten zu unterschreiben ist (§ 110 Abs. 2 Satz 3 BauGB). Eine Einigung im vorbezeichneten Sinne innerhalb der Enteignungsverfahren unterliegt nicht dem Erfordernis der notariellen Beurkundung.[212]

47 Vereinbarungen **außerhalb der förmlichen Verfahren** (die auch eine „Einigung" vorsehen) unterliegen nicht der (privilegierten) Form des betreffenden Verfahrens, so dass die allgemeinen Formvorschriften gelten. Sofern die tatbestandlichen Voraussetzungen des § 311b Abs. 1 Satz 1 BGB erfüllt sind, ist diese Vorschrift anwendbar. Eine Teileinigung außerhalb des Enteignungsverfahrens über die Besitzüberlassung, Bauerlaubnis und Höhe der Enteignungsentschädigung für ein Grundstück ohne Einigung über den dem Enteignungsverfahren vorbehaltenen Übergang des Grundstücks bedarf nicht der notariellen Beurkundung nach § 311b Abs. 1 Satz 1 BGB.[213] Die Teileinigung ist für die Enteignungsbehörde bindend; das Ergebnis der Vereinbarung über die Höhe der Entschädigung ist in den Enteignungsbeschluss einzubeziehen.

d. Einseitige Rechtsgeschäfte

48 Einseitige Rechtsgeschäfte, wie beispielsweise die Auslobung (§ 657 BGB) oder das Stiftungsgeschäft (§§ 80, 82 BGB), sind zwar vom Wortlaut des § 311b Abs. 1 Satz 1 BGB nicht erfasst, fallen jedoch nach zutreffender h.M. ebenfalls in deren Anwendungsbereich.[214] Die Gesichtspunkte, die den Schutz-

---

[209] VG Bayreuth v. 27.07.2011 - B 4 K 09.870.
[210] BGH v. 22.02.2008 - V ZR 56/07 - WM 2008, 1170; Brandenburgisches Oberlandesgericht v. 24.04.2012 - 6 W 149/11 - IBR 2012, 407.
[211] BGH v. 22.02.2008 - V ZR 56/07 - WM 2008, 1170.
[212] Zu § 110 BBauG: BGH v. 22.02.1973 - III ZR 28/71 - LM Nr. 130 zu § 13 GVG; zur straßenrechtlichen Enteignung nach § 16 PrEnteigG vgl. BGH v. 14.07.1983 - III ZR 153/81 - juris Rn. 22 - BGHZ 88, 165-174, VGH Mannheim v. 10.06.1994 - 8 S 2376/93 - NJW-RR 1995, 721-722, und OLG Schleswig v. 18.02.1981 - 2 W 107/80 - SchlHA 1981, 111.
[213] BayObLG München v. 07.12.1981 - BReg 2 Z 34/81 - MDR 1982, 405; *Wufka* in: Staudinger, § 313 a.F. Rn. 72; *Grüneberg* in: Palandt, § 311b Rn. 15.
[214] *Kanzleiter* in: MünchKomm-BGB, § 311b Rn. 24; *Grüneberg* in: Palandt, § 311b Rn. 16; *Gehrlein* in: Bamberg/Roth, § 311b Rn. 9; *Wochner*, DNotZ 1996, 773-778, 773; a.A. für das Stiftungsgeschäft: Schleswig-Holsteinisches Finanzgericht v. 08.03.2012 - 3 K 118/11 - UVR 2012, 167; OLG Schleswig v. 01.08.1995 - 9 W 50/95 - juris Rn. 2 - SchlHA 1995, 303-304; so bereits die Vorinstanz LG Kiel v. 28.12.1994 - 3 T 400/94 - SchlHA 1995, 134-135; dagegen zutreffend *Wochner*, DNotZ 1996, 773-778.

zweck dieser Vorschrift ausmachen (Übereilungsschutz, Beweisfunktion, Beratung), treffen uneingeschränkt auch auf einseitige Rechtsgeschäfte zu. Dagegen ist § 311b Abs. 1 Satz 1 BGB nicht anwendbar auf Verfügungen von Todes wegen.[215]

e. Vollmacht, Genehmigung

Nach § 167 Abs. 2 BGB bedarf die Erteilung der Vollmacht nicht der Form, die für das aufgrund der Vollmacht abzuschließende Rechtsgeschäft vorgesehen ist. Diese Vorschrift bringt die Abstraktheit der Vollmacht im Hinblick auf das Grundgeschäft zum Ausdruck.[216] Dies auch für die Vollmacht zur Veräußerung oder zum Erwerb des Eigentums an einem Grundstück.[217] Nach allgemeiner Ansicht in Rechtsprechung und Literatur wird dieser Grundsatz im Wege der teleologischen Reduktion allerdings durchbrochen, wenn sich die Erteilung der Vollmacht nur als das äußere Gewand darstellt, in das die Verpflichtung zur Eigentumsübertragung oder zum Erwerb eingekleidet ist, und damit bereits eine rechtliche oder tatsächliche Bindung des Eigentümers herbeigeführt wird.[218] Diese Grundsätze gelten nicht für die Auflassungsvollmacht, weil sich aus ihr keine Bindung für das schuldrechtliche Rechtsgeschäft (Verpflichtung zur Veräußerung oder zum Erwerb) ergeben kann.[219] Allerdings kann die Auflassungsvollmacht mit dem abzuschließenden schuldrechtlichen Rechtsgeschäft eine Einheit im Sinne des § 139 BGB bilden, so dass aus diesem Grunde die Auflassungsvollmacht mitbeurkundet werden muss.[220]

49

Ob diese Voraussetzungen gegeben sind, hat das Prozessgericht unter Ausschöpfung aller Erkenntnis- und Beweismöglichkeiten jeweils im Einzelfall festzustellen.[221] Zur Konkretisierung dieser Formulierung haben Rechtsprechung und Literatur Fallgruppen herausgearbeitet, in denen die Grundstücksvollmacht der notariellen Beurkundung bedarf.

50

aa. Rechtlich unwiderrufliche Vollmacht

Eine rechtliche oder tatsächliche Bindung des Vollmachtgebers wird angenommen, wenn die Vollmacht unwiderruflich erteilt worden ist.[222] Dies gilt auch dann, wenn die Unwiderruflichkeit auf eine bestimmte Zeit beschränkt ist.[223] Sofern die Widerruflichkeit nicht ausdrücklich in der Vollmachtsurkunde erklärt ist, ist sie aus den Umständen zu ermitteln. Die Befreiung von den Beschränkungen des § 181 BGB kann ein Indiz für eine unwiderrufliche Erteilung der Vollmacht sein[224]; allerdings kann bereits aus diesen Gründen – unabhängig von der Unwiderruflichkeit – eine tatsächliche oder rechtliche Bindung eingetreten sein (vgl. Rn. 143). Einen solchen Fall der stillschweigend unwiderruflich erteilten Vollmacht hat der BGH[225] in einem Fall angenommen, in welchem die schwer kranke und an das Bett gebundene Mutter ihrem Sohn Generalvollmacht erteilt, bei der lediglich die Unterschrift öffentlich beglaubigt war, die auch zur Übertragung des Grundbesitzes der Mutter auf sich selbst berechtigt. Am nächsten Tag hatte der Sohn vor einem Notar aufgrund der Vollmacht die Übertragung des Grundbesitzes auf sich selbst erklärt. Da der Vollmachtgeber aus seiner Sicht bereits alles getan hat, was zur Übertragung des Grundbesitzes auf den Sohn erforderlich war, stellte sich für diesen die Ertei-

51

---

[215] *Gehrlein* in: Bamberg/Roth, § 311b Rn. 9.
[216] OLG Schleswig v. 25.05.2000 - 2 U 19/00 - NJW-RR 2001, 733-734; *Ackermann* in: AnwK-BGB, § 167 Rn. 34.
[217] BGH v. 21.05.1965 - V ZR 156/64 - BB 1965, 847; BGH v. 23.02.1979 - V ZR 171/77 - LM Nr. 82 zu § 313 BGB.
[218] BGH v. 11.07.1952 - V ZR 80/52 - LM Nr. 2 zu § 313 BGB; BGH v. 21.05.1965 - V ZR 156/64 - BB 1965, 847; BGH v. 22.04.1967 - V ZR 164/63 - MDR 1967, 1039; BGH v. 23.02.1979 - V ZR 171/77 - juris Rn. 11 - LM Nr. 82 zu § 313 BGB; *Tropf*, ZNotP 1998, 258-265, 261; *Ackermann* in: AnwK-BGB, § 167 Rn. 34.
[219] *Kanzleiter* in: MünchKomm-BGB, § 311b Rn. 46; *Wufka* in: Staudinger, § 313 a.F. Rn. 145.
[220] RG v. 03.12.1912 - III 187/12 - RGZ 81, 49-52; *Wufka* in: Staudinger, § 313 a.F. Rn. 146; *Kanzleiter* in: MünchKomm-BGB, § 311b Rn. 46; *Ritzinger*, BWNotZ 1987, 28-37, 32.
[221] BayObLG München v. 09.07.1980 - BReg 2 Z 39/80 - DNotZ 1981, 567-570.
[222] BGH v. 22.04.1967 - V ZR 164/63 - MDR 1967, 1039; *Ackermann* in: AnwK-BGB, § 167 Rn. 38.
[223] BGH v. 22.04.1967 - V ZR 164/63 - MDR 1967, 1039; OLG Karlsruhe v. 28.10.1985 - 4 W 75/85 - NJW-RR 1986, 100-101: mindestens für die Dauer des Bauvorhabens (Bauherrenmodell); *Tropf*, ZNotP 1998, 258-265, 261; *Ackermann* in: AnwK-BGB, § 167 Rn. 38.
[224] Vgl. BGH v. 11.07.1952 - V ZR 80/52 - LM Nr. 2 zu § 313 BGB.
[225] BGH v. 21.05.1965 - V ZR 156/64 - BB 1965, 847.

§ 311b

lung der Vollmacht bereits als Abschluss des Rechtsgeschäftes dar und unterlag daher dem Formerfordernis des § 311b Abs. 1 Satz 1 BGB.[226] Weitere Voraussetzungen, wie beispielsweise die Befreiung des Bevollmächtigten von den Beschränkungen des § 181 BGB, sind nicht erforderlich.[227]

52 Nach h.M. kann die Widerruflichkeit nur in dem der Vollmacht zugrunde liegenden kausalen Rechtsgeschäft (Auftrag, Geschäftsbesorgungsvertrag) ausgeschlossen werden.[228] Eine Vollmacht, in der die Widerruflichkeit (zeitweise) ausgeschlossen wird, ist nur zulässig, wenn aufgrund einer wirksamen Kausalvereinbarung der Begünstigte ein Interesse an der Widerruflichkeit hat. Fehlt es an einer wirksamen Kausalvereinbarung oder liegt eine solche überhaupt nicht vor, so ist die Vollmacht stets widerruflich.[229] Dies bedeutet, dass die isolierte Beurkundung der Erteilung der Vollmacht nicht ausreichend ist, um die Widerruflichkeit der Vollmacht zu begründen; stattdessen muss das Kausalgeschäft, aus dem die Widerruflichkeit abzuleiten ist, beurkundet werden.[230] Fehlt daher eine Beurkundung des Kausalgeschäftes, so ist die Vollmacht zumindest frei widerruflich.[231] Ist das Kausalgeschäft wirksam notariell beurkundet worden und enthält es die Pflicht zur Erteilung einer (unwiderruflichen) Vollmacht, so bedarf die in Erfüllung dieser Pflicht erteilte Vollmacht nicht mehr der Form des § 311b Abs. 1 Satz 1 BGB.[232] Ist die Erteilung der (unwiderruflichen) Vollmacht jedoch Bestandteil eines einheitlichen Rechtsgeschäfts (zusammen mit dem Kausalgeschäft: Auftrag bzw. Geschäftsbesorgungsvertrag), wie dies bei Bauherrenmodellen der Fall ist[233], so muss die Vollmacht zusammen mit dem Kausalgeschäft beurkundet werden; andernfalls ist sie nach § 125 BGB nichtig[234]. In aller Regel wird man nicht davon ausgehen können, dass die Vollmacht nach § 139 BGB isoliert trotz unwirksamen Kausalgeschäfts bestehen bleiben soll.[235]

bb. Faktisch unwiderrufliche Vollmacht

53 Der rechtlich unwiderruflichen Vollmacht gleich zu erachten ist der Fall, dass ein Widerruf aus tatsächlichen Gründen ausgeschlossen ist und daher die rechtlich bestehende Möglichkeit des Widerrufs unerheblich ist. Durch die faktische Unwiderruflichkeit tritt durch die Vollmachtserteilung die gleiche Bindungswirkung ein wie durch den Abschluss des Geschäftes, das aufgrund der Vollmacht abgeschlossen werden soll.[236] Ein solcher Fall ist gegeben, wenn eine Vertragsstrafe für den Fall des Widerrufs vereinbart ist, so dass der Vollmachtgeber vom Widerruf (zwar nicht aus rechtlichen aber) aus wirtschaftlichen Gründen abgehalten wird.[237] Eine faktisch unwiderrufliche Vollmacht liegt des Wei-

---

[226] Eine Heilung durch Eintragung im Grundbuch gemäß § 311b Abs. 1 Satz 2 BGB scheidet aus, da dies einen wirksamen Eigentumserwerb voraussetzt, die Auflassungserklärung aufgrund der Vollmacht aber ebenfalls unwirksam ist und zu keinem Eigentumserwerb führen kann; BGH v. 21.05.1965 - V ZR 156/64 - BB 1965, 847; OLG Schleswig v. 25.05.2000 - 2 U 19/00 - NJW-RR 2001, 733-734.

[227] BGH v. 22.04.1967 - V ZR 164/63 - MDR 1957, 1039.

[228] BGH v. 26.02.1988 - V ZR 231/86 - LM Nr. 3 zu § 168 BGB; BayObLG München v. 14.03.1996 - 2Z BR 121/95 - NJW-RR 1996, 848-849; *Schöner/Stöber* Grundbuchrecht, 14. Aufl. 2008, Rn. 3537; *Ackermann* in: AnwK-BGB § 168 Rn. 7; *Görgens*, MittRhNotK 1982, 53-59, 57-58.

[229] BGH v. 26.02.1988 - V ZR 231/86 - juris Rn 11 - LM Nr. 3 zu § 168 BGB; *Battes* in: Erman, Handkommentar BGB, 10. Aufl. 2000, § 313 a.F. Rn. 28.

[230] BGH v. 08.12.2005 - IX ZR 296/01 - IBR 2006, 174; *Schöner/Stöber*, Grundbuchrecht, 14. Aufl. 2008, Rn. 3537. Der Ausschluss der Widerruflichkeit führt dazu, dass für den Vollmachtgeber faktisch eine Pflicht zur Veräußerung bzw. zum Erwerb des Grundstücks besteht, so dass aus diesem Grund § 311b Abs. 1 Satz 1 BGB anwendbar ist.

[231] *Wufka*, DNotZ 1997, 315-319, 318-319.

[232] OLG Karlsruhe v. 28.10.1985 - 4 W 75/85 - NJW-RR 1986, 100-101; OLG Zweibrücken v. 01.03.1982 - 3 W 12/82 - Rpfleger 1982, 216; *Schöner/Stöber*, Grundbuchrecht, 14. Aufl. 2008, Rn. 3537. Zur Verwendung im Grundbuchverfahren ist jedoch nach § 29 GBO die öffentliche Beglaubigung der Vollmachtserteilung erforderlich.

[233] *Schöner/Stöber*, Grundbuchrecht, 14. Aufl. 2008, Rn. 3537.

[234] Aus diesem Grund ist in der Praxis eine einheitliche Beurkundung von Kausalgeschäft und Vollmacht zu empfehlen; *Schöner/Stöber*, Grundbuchrecht, 14. Aufl. 2008, Rn. 3539.

[235] Der BGH ließ die Frage in BGH v. 08.11.1984 - III ZR 132/83 - LM Nr. 104 zu § 313 BGB offen, weil die Vollmacht jedenfalls nach Rechtsscheinsgründen als wirksam anzusehen war.

[236] BGH v. 23.02.1979 - V ZR 171/77 - NJW 1979, 2306; Brandenburgisches Oberlandesgericht v. 14.03.2012 - 4 U 60/10.

[237] *Kanzleiter* in: MünchKomm-BGB, § 311b Rn. 45; *Rösler*, NJW 1999, 1150-1153, 1151; *Battes* in: Erman, Handkommentar BGB, 10. Aufl. 2000, § 313 a.F. Rn. 30.

teren vor, wenn die Vollmacht dazu dient, innerhalb kurzer Frist den Abschluss eines Vertrages im Wege des Selbstkontrahierens herbeizuführen.[238] Hier wird man auf die subjektive Sicht des Vollmachtgebers abstellen müssen.[239] Würde man nur auf das objektive Geschehen abstellen, so wäre praktisch jede Vollmacht hypothetisch eine faktisch unwiderrufliche, insbesondere wenn das Original der Vollmachtsurkunde sofort an den Bevollmächtigten ausgehändigt wird oder dieser – bei öffentlicher Beglaubigung – absprachegemäß das Original ausgehändigt erhalten soll. Der Bevollmächtigte dürfte überhaupt nicht sofort handeln; denn sonst besteht die Gefahr, dass eine faktische Unwiderruflichkeit anzunehmen ist. Nur wenn aus der Sicht des Vollmachtgebers die Erteilung der Vollmacht aus tatsächlichen Gründen das Rechtsgeschäft vorwegnimmt, kommt eine Anwendung des § 311b Abs. 1 Satz 1 BGB in Betracht. Dies ist beispielsweise auch dann der Fall, wenn nach dem Willen des Vollmachtgebers der Bevollmächtigte sofort handeln und sich zu einem bereits für den gleichen oder nächsten Tag anberaumten Notartermin aufmachen soll[240], jedenfalls dann, wenn dem Vollmachtgeber Ort und Termin nicht konkret bekannt sind, so dass er kaum noch Einfluss auf den Abschluss des Hauptgeschäftes nehmen kann. Nach diesen Grundsätzen der Betrachtung aus der Sicht des Vollmachtgebers ist der Entscheidung des OLG Schleswig[241] nur im Ergebnis, nicht aber in der Begründung zuzustimmen. Es ging um die Erteilung einer notariell beglaubigten Vollmacht einer schwer kranken, im Krankenhaus befindlichen 76jährigen Frau an ihren 74jährigen Bruder zum Verkauf ihres Grundstücks; der Bevollmächtigte wurde von den Beschränkungen des § 181 BGB befreit. Am nächsten Tag schloss der Bevollmächtigte mit sich selbst im Namen der Vollmachtgeberin einen Kaufvertrag. Aus der Zusammenschau der Vollmacht (Befreiung von § 181 BGB) und dem tatsächlichen Geschehen schloss das OLG auf eine faktisch unwiderrufliche Vollmacht. Dies konnte man in dem Sachverhalt eher aus der Tatsache ableiten, dass die Vollmachtgeberin einen schwer kranken und resignierten Eindruck machte und sie nicht die Kraft hatte, ihre Angelegenheiten selbst zu regeln. Daher war auch faktisch ein Widerruf ausgeschlossen, so dass die Vollmachtserteilung das Rechtsgeschäft bereits vorwegnahm und nach § 311b Abs. 1 Satz 1 BGB beurkundungsbedürftig war.[242]

cc. Rechtlich und faktisch widerrufliche Vollmacht, Befreiung von § 181 BGB

Ist die Vollmacht widerruflich erteilt, so ist anhand der konkreten Umstände des Einzelfalls festzustellen, ob mit der Bevollmächtigung schon die gleiche Bindungswirkung eintreten sollte und nach der Vorstellung des Vollmachtgebers auch eingetreten ist wie durch Abschluss des formbedürftigen Hauptvertrages, die Vollmacht also den damit in Wahrheit bereits gewollten Grundstücksübertragungsvertrag nur verdeckt.[243] Die Befreiung von den Beschränkungen des § 181 BGB ist alleine noch kein maßgebendes Kriterium für die Annahme, dass die Vollmacht das Rechtsgeschäft bereits vorwegnimmt, selbst wenn der Vollmachtgeber entschlossen ist, die Vollmacht nicht zu widerrufen.[244] Erforderlich ist vielmehr das Hinzutreten weiterer Umstände.[245] Ist die Vollmacht ausschließlich im Interesse des Bevollmächtigten erteilt, so kann dies ein zusätzliches Kriterium darstellen.[246] Gleiches gilt, wenn die Vollmacht formularmäßig von dem Bevollmächtigten verfasst wurde, so dass der Vollmacht-

54

---

[238] OLG Schleswig v. 25.05.2000 - 2 U 19/00 - NJW-RR 2001, 733-734.
[239] A.A. OLG Schleswig v. 25.05.2000 - 2 U 19/00 - NJW-RR 2001, 733-734; *Kanzleiter* in: MünchKomm-BGB, § 311b Rn. 46: objektive ex-ante-Betrachtung.
[240] Zu diesem Zwecke soll die Vollmachtsurkunde dem Vollmachtgeber auch sofort ausgehändigt werden.
[241] OLG Schleswig v. 25.05.2000 - 2 U 19/00 - NJW-RR 2001, 733-734.
[242] Vgl. auch *Wolf* in: Soergel, § 313 a.F. Rn. 32. Vgl. auch die Entscheidung BGH v. 21.05.1965 - V ZR 156/64 - BB 1965, 847, wo der BGH auf diesen Punkt abstellte, allerdings daraus auf die Unwiderruflichkeit der Vollmacht schloss. Das zutreffende Ergebnis hätte auch mit der (im konkreten Fall gegebenen) faktischen Unwiderruflichkeit begründet werden können.
[243] BGH v. 23.02.1979 - V ZR 171/77 - juris Rn. 11 - LM Nr. 82 zu § 313 BGB; OLG Schleswig v. 25.05.2000 - 2 U 19/00 - NJW-RR 2001, 733-734; *Brambring*, ZIR 2002, 184-187, 185; *Rösler*, NJW 1999, 1150-1153, 1151.
[244] BGH v. 23.02.1979 - V ZR 171/77 - LM Nr. 82 zu § 313 BGB; Brandenburgisches Oberlandesgericht v. 14.03.2012 - 4 U 60/10; BayObLG München v. 09.07.1980 - BReg 2 Z 39/80 - DNotZ 1981, 567-570.
[245] BGH v. 23.02.1979 - V ZR 171/77 - LM Nr. 82 zu § 313 BGB; BGH v. 21.05.1965 - V ZR 156/64 - BB 1965, 847; OLG Zweibrücken v. 01.03.1982 - 3 W 12/82 - Rpfleger 1982, 216; BayObLG München v. 09.07.1980 - BReg 2 Z 39/80 - DNotZ 1981, 567-570; *Ackermann* in: AnwK-BGB, § 167 Rn. 39; *Tropf*, ZNotP 1998, 258-265, 261; *Schöner/Stöber*, Grundbuchrecht, 14. Aufl. 2008, Rn. 3538.
[246] BayObLG München v. 09.07.1980 - BReg 2 Z 39/80 - DNotZ 1981, 567-570.

geber kaum relevanten Einfluss hat.[247] Auch der Gesundheitszustand des Vollmachtgebers bei Erteilung der Vollmacht (z.B. schwer kranker, bettlägeriger Vollmachtgeber, der faktisch kaum in der Lage ist, die Vollmacht zu widerrufen) kann ein bedeutsames Indiz dafür sein, dass aufgrund der Vollmachterteilung schon die gleiche Bindungswirkung eingetreten ist, wie sie durch den Hauptvertrag eintreten soll.[248] Schließlich wird auch als wichtiges Indiz gewertet, dass der vom Veräußerer bevollmächtigte Dritte nur nach Weisungen des Erwerbers handeln soll.[249]

dd. Einheitliches Rechtsgeschäft mit dem Grundstücksveräußerungsvertrag

55   Die Vollmacht ist auch dann beurkundungsbedürftig, wenn sie mit einem beurkundungsbedürftigen Rechtsgeschäft ein einheitliches Rechtsgeschäft bildet. Nach h.M. kann die Auflassungsvollmacht (zur Veräußerung oder zum Erwerb) mit dem Kausalgeschäft ein einheitliches Rechtsgeschäft im Sinne des § 139 BGB darstellen.[250] Dies betrifft sowohl das Verhältnis zwischen beurkundungsbedürftigem Geschäftsbesorgungsvertrag (insbesondere bei „Bauherrenmodellen") und Vollmacht zum Erwerb der Immobilie durch den Auftraggeber[251] als auch die dem Käufer vom Verkäufer erteilte Auflassungsvollmacht[252]. Auch eine vom Erwerber im Bauherrenmodell erteilte Vollmacht zur Belastung des Vertragsgegenstandes zum Zwecke der Finanzierung des Kaufpreises mit Darlehensmitteln und Abgabe eines vollstreckbaren Schuldanerkenntnisses („Belastungsvollmacht") kann mit dem Kausalgeschäft ein einheitliches Rechtsgeschäft im Sinne des § 139 BGB darstellen.[253] Wenn ein beurkundungsbedürftiger Treuhandvertrag die Verpflichtung zur Erteilung einer Auflassungsvollmacht enthält, so bedarf die in Erfüllung dieser Verpflichtung erteilte Vollmacht nicht mehr der notariellen Beurkundung.[254]

ee. Genehmigung

56   Die Genehmigung als nachträgliche Zustimmung (§ 184 Abs. 1 BGB) bedarf nach § 182 Abs. 2 BGB nicht der für das Rechtsgeschäft bestimmten Form. Anders als bei der Vollmacht scheidet eine teleologische Reduktion dieser Vorschrift bei formbedürftigen Hauptgeschäften nach ganz h.M. in Rechtsprechung und Literatur aus.[255] Dies gilt insbesondere auch in den Fällen, in denen die Vollmacht beurkundungsbedürftig wäre. Der BGH begründet diese Ansicht mit der Erwägung, dass bei Anwendung des § 311b Abs. 1 Satz 1 BGB auf die Genehmigung das Beurkundungserfordernis ausnahmslos gelten würde, weil sie sofort bindet und damit unwiderruflich ist.[256] Eine Unterscheidung zwischen formbedürftigen und nicht formbedürftigen Genehmigungen wäre unter diesem Gesichtspunkt nicht vorstellbar. Zudem sei angesichts einer jahrzehntelangen ständigen höchstrichterlichen Rechtsprechung und der Umsetzung in der Praxis ein Abgehen von der Kontinuität der Rechtsprechung nicht hinzunehmen.

---

[247] OLG Zweibrücken v. 01.03.1982 - 3 W 12/82 - Rpfleger 1982, 216.

[248] *Wolf* in: Soergel, § 313 a.F. Rn. 32.

[249] *Wolf* in: Soergel, § 313 a.F. Rn. 32; *Ackermann* in: AnwK-BGB, § 167 Rn. 39; *Battes* in: Erman, Handkommentar BGB, 10. Aufl. 2000, § 313 a.F. Rn. 31.

[250] BGH v. 19.12.1963 - V ZR 121/62 - BB 1964, 148-149; offen gelassen von BGH v. 08.11.1984 - III ZR 132/83 - juris Rn. 14 - LM Nr. 104 zu § 313 BGB; BGH v. 15.10.1987 - III ZR 235/86 - BGHZ 102, 60-67; OLG Hamm v. 16.05.1994 - 17 U 36/93 - NJW-RR 1994, 296-297: nachträgliche Abänderung eines Bauträgervertrages, nach deren Inhalt dem Unternehmer Vollmacht erteilt wird, alle Aufträge im Namen des Bauherrn zu vergeben; OLG Schleswig v. 25.05.2000 - 2 U 19/00 - NJW-RR 2001, 733-734; KG Berlin v. 15.01.1985 - 1 W 475/84 - OLGZ 1985, 184-188; *Wufka* in: Staudinger § 313 a.F. Rn. 146; *Wolf* in: Soergel, § 313 a.F. Rn. 73.

[251] BGH v. 15.10.1987 - III ZR 235/86 - juris Rn. 10 - BGHZ 102, 60-67.

[252] BGH v. 19.12.1963 - V ZR 121/62 - BB 1964, 148-149 zum vergleichbaren Fall der Bestellung eines Erbbaurechts.

[253] Vgl. die Entscheidung BGH v. 12.07.1979 - II ZR 18/78 - juris Rn. 37 - LM Nr. 221 zu § 242 BGB, wo der BGH rügte, dass das Berufungsgericht zu dieser Frage keine Feststellungen getroffen hatte.

[254] OLG Karlsruhe v. 28.10.1985 - 4 W 75/85 - NJW-RR 1986, 100-101; OLG Zweibrücken v. 01.03.1982 - 3 W 12/82 - Rpfleger 1982, 216.

[255] BGH v. 25.02.1994 - V ZR 63/93 - juris Rn. 13 - BGHZ 125, 218-229; OLG Köln v. 22.03.1991 - 20 U 231/90 - DB 1991, 2280; *Kanzleiter* in: MünchKomm-BGB, § 311b Rn. 39; *Wufka* in: Staudinger, § 313 a.F. Rn. 130; *Wufka*, DNotZ 1990, 339-355. Für Anwendung des § 311b Abs. 1 Satz 1 BGB: *Jauernig* in: Jauernig, BGB-Kommentar, 10. Aufl. 2003, § 178 Rn. 6; *Heckschen*, Die Formbedürftigkeit mittelbarer Grundstücksgeschäfte, 1987, 104-105.

[256] BGH v. 25.02.1994 - V ZR 63/93 - juris Rn. 13 - BGHZ 125, 218-229. Dem hält *Heckschen*, Die Formbedürftigkeit mittelbarer Grundstücksgeschäfte, 1987, 104, entgegen, dass dies gerade für die Formbedürftigkeit spreche.

Besonders zwingende Gründe für ein solches Vorgehen lägen nicht vor.[257] Die (selten anzunehmende) Verpflichtung zur Erteilung der Genehmigung ist dagegen nach h.M. formbedürftig, unterliegt also dem Erfordernis der notariellen Beurkundung nach § 311 Abs. 1 Satz 1 BGB.[258] Eine Beurkundungsbedürftigkeit besteht auch dann nicht, wenn im Urkundeneingang eines Kaufvertrages der Notar ersucht worden ist, die Genehmigung zu dem Vertrag in Urkundsform zu fassen, wenn nicht die genehmigende Partei nach Belehrung hierauf verzichtet.[259]

f. Vertragsschluss durch Trennung von Angebot und Annahme

aa. Voraussetzungen eines wirksamen Angebotes

Der Vertrag im Sinne des § 311b Abs. 1 Satz 1 BGB kann auch durch Angebot und Annahme zustande kommen (vgl. § 128 BGB). In diesem Fall sind sowohl das Angebot als auch die Annahme zu beurkunden (vgl. dazu auch die Kommentierung zu § 128 BGB). Das Angebot ist kein einseitiges Rechtsgeschäft, sondern Teil (Willenserklärung) eines Vertrages, so dass beispielsweise bei der Vertretung ohne Vertretungsmacht nicht § 180 BGB, sondern die §§ 177-179 BGB gelten. Das Angebot kann sowohl vom Veräußerer als auch vom Erwerber abgegeben werden.

Inhaltlich muss das Angebot so genau gefasst sein, dass es – sofern keine besonderen Annahmebedingungen gesetzt sind – durch ein „schlichtes Ja" angenommen werden kann. Es muss die wesentlichen Vertragsbestimmungen („essentialia negotii"), deren Inhalt nicht vom Gesetz vorgegeben ist, enthalten. Zu diesen wesentlichen Vertragsbestimmungen gehören die Identität der Vertragspartner (vgl. aber auch die Besonderheiten beim Angebot ad incertas personas, Rn. 52 und beim Angebot an den zu benennenden Dritten, vgl. Rn. 53), der Vertragsgegenstand (Hauptleistung) und bei entgeltlichen Verträgen die Gegenleistung[260]. Grundsätzlich müssen diese „essentialia negotii" bei Vertragsschluss bestimmt sein. Hinsichtlich des Vertragsgegenstandes und der Gegenleistung genügt jedoch auch die Bestimmbarkeit, d.h. die Leistungsbestimmung kann durch eine Vertragspartei (§§ 315-316 BGB) oder durch einen Dritten (§§ 317-319 BGB) erfolgen.[261] Dem Erfordernis der notariellen Beurkundung unterliegen allerdings nicht nur die essentialia negotii, sondern auch alle sonstigen Nebenbestimmungen, die nach dem Willen des Anbietenden zum Inhalt des abzuschließenden Vertrages gehören. Dies betrifft beispielsweise Regelungen über die Haftung für Rechts- und Sachmängel, Tragung der Erschließungskosten, Übergang des Besitzrechts, Art und Weise der Zahlung des Kaufpreises[262], Fälligkeit des Kaufpreises u.Ä.

Sofern Nebenabreden zur Abgabe des Angebots bestehen, die nicht unmittelbar den abzuschließenden Vertrag betreffen, sind auch diese zu beurkunden. Dies betrifft die Regelung der Übernahme der Notar- und Grundbuchkosten[263] durch den Angebotsempfänger oder auch Strafgelder für den Fall der Nichtannahme des Angebotes innerhalb einer bestimmten Frist.[264] Wird für den potentiellen Erwerber eines Grundstücks eine Eigentumserwerbsvormerkung im Grundbuch eingetragen, so wird der Veräußerer in aller Regel für den Fall der Nichtannahme des Angebotes auf Sicherung der Löschung der Vormerkung bestehen.[265]

---

[257] BGH v. 25.02.1994 - V ZR 63/93 - juris Rn. 13 - BGHZ 125, 218-229. Gegen dieses Argument *Jauernig* in: Jauernig, BGB-Kommentar, 10. Aufl. 2003, § 178 Rn. 6: „sonst ist der BGH nicht so zurückhaltend".

[258] *Wufka* in: Staudinger, § 313 a.F. Rn. 131; *Wufka*, DNotZ 1990, 339-355, 345; *Kanzleiter* in: MünchKomm-BGB, § 311b Rn. 39; *Kanzleiter* in: Brambring, FS f. Hagen, 1999, 309-319; a.A. für den Fall des § 15 Abs. 4 GmbHG: BGH v. 25.09.1996 - VIII ZR 172/95 - juris Rn. 13 - LM BGB § 162 Nr. 12 (1/1997).

[259] LG Heilbronn v. 15.05.2002 - 1b T 123/02.

[260] *Jung*, JuS 1999, 28-32.

[261] Die genaue Festlegung des Leistungsgegenstandes kann beim Teilflächenkauf eine Rolle spielen. Auch kann die Festlegung der Höhe des Kaufpreises durch einen Dritten erfolgen, beispielsweise den Gutachterausschuss. Vgl. zur Besonderheit des Angebots an den zu benennenden Dritten Rn. 67.

[262] Beispielsweise durch Ablösung grundpfandrechtlich gesicherter Darlehensverbindlichkeiten des Verkäufers.

[263] Für das Angebot entsteht eine 15/10 Gebühr nach § 37 KostO. Grundbuchkosten können entstehen, wenn zugunsten des Angebotsempfängers eine Eigentumserwerbsvormerkung im Grundbuch eingetragen wird.

[264] BGH v. 19.09.1985 - IX ZR 138/84 - juris Rn. 3 - LM Nr. 76 zu § 249 (A) BGB.

[265] Dazu *Hertel* in: Lambert-Lang/Tropf/Frenz, Handbuch der Grundstückspraxis, 2. Aufl. 2005, Teil 2 Rn. 473.

§ 311b

60 In den meisten Fällen ist das Angebot mit besonderen „Bedingungen" versehen, die einzuhalten sind, damit das Angebot wirksam angenommen werden kann (Annahmebedingung). Macht beispielsweise der Verkäufer das Angebot auf Abschluss eines Kaufvertrages, so kann er die Annahme davon abhängig machen, dass sich der Käufer in der Annahmeurkunde wegen seiner Verpflichtung zur Zahlung des Kaufpreises der sofortigen Zwangsvollstreckung unterwirft.[266] Dafür reicht es nicht aus, dass der Käufer das Angebot des Verkäufers annimmt und in dem angebotenen Kaufvertrag die einseitige Unterwerfungserklärung des Käufers (sinnwidrig) enthalten ist[267]. Weitere „Bedingung" für die Annahme des Angebots kann sein, dass das Angebot nur vor dem Notar, der das Angebot beurkundet hat, abgegeben werden kann.[268] Zu den Annahmebedingungen im weiteren Sinne wird man auch die Abtretbarkeit und Vererblichkeit der Rechtsstellung aus dem Angebot zählen können. Beide Fragen sollten ausdrücklich geregelt werden.[269] Weiterhin zählt auch die Frist, innerhalb derer das Angebot angenommen werden kann, zu den „Annahmebedingungen". Eine solche Frist wird üblicherweise im Angebot festgelegt, weil andernfalls das Angebot nur bis zu dem Zeitpunkt angenommen werden könnte, zu dem der Anbietende unter regelmäßigen Umständen mit der Annahme rechnen kann (§ 147 Abs. 2 BGB). Ist eine Annahmefrist nach § 148 BGB bestimmt, so ist im Zweifel davon auszugehen, dass das Angebot mit Ablauf der Frist erlischt.[270] In einem solchen Fall ist eine Fristverlängerung nur vor Ablauf der Frist möglich; sie bedarf der notariellen Beurkundung.[271] Die Grundsätze über die formfrei mögliche Änderung eines notariell beurkundeten Vertrages werden bei der **Fristverlängerung** nicht eingreifen.[272] Die Fristverlängerung muss nach h.M. bei einer im Grundbuch eingetragenen[273] Eigentumserwerbsvormerkung vermerkt werden, damit die Vormerkung gegenüber nachrangigen Gläubigern Wirkung entfaltet[274]. Bedeutsam ist dies, wenn das Angebot automatisch mit Ablauf der Frist erlischt[275] und für den Fall der Annahme des Angebots nach Ablauf der ursprünglichen Frist[276]. Die Annahmefrist

---

[266] *Basty* in: Kersten/Bühling, Formularbuch und Praxis der Freiwilligen Gerichtsbarkeit, 21. Aufl. 2001, § 36 Rn. 247; *Brambring* in: Brambring, Beck'sches Notar-Handbuch, 3. Aufl. 2000, A I Rn. 385; *Hertel* in: Lambert-Lang/Tropf/Frenz, Handbuch der Grundstückspraxis, 2. Aufl. 2005, Teil 2 Rn. 468.

[267] OLG Dresden v. 23.12.1998 - 6 U 2622/98 - ZNotP 1999, 123-125; BayObLG München v. 18.09.1986 - BReg 3 Z 118/86 - JurBüro 1987, 891-894; *Schöner/Stöber*, Grundbuchrecht, 14. Aufl. 2008, Rn. 902; *Weber*, MittRhNotK 1987, 37-46, 43; *Winkler*, DNotZ 1971, 354-360, 355; *Hertel* in: Lambert-Lang/Tropf/Frenz, Handbuch der Grundstückspraxis, 2. Aufl. 2005, Teil 2 Rn. 477; in diesem Sinne wohl auch OLG Köln v. 15.03.1996 - 19 U 139/95 - NJW-RR 1996, 1296-1297, obwohl dessen Leitsatz eine abweichende Auffassung zu offenbaren scheint.

[268] Sinn einer solchen Regelung ist beim Verkäuferangebot, die Löschung der Eigentumserwerbsvormerkung durch Unrichtigkeitsnachweis (§ 22 GBO) herbeiführen zu können, wenn der Angebotsempfänger das Angebot nicht binnen einer bestimmten Frist angenommen hat. Könnte die Annahme vor jedem Notar erklärt werden, so wäre der Nachweis der nicht rechtzeitigen Annahme nicht durch Bestätigung des Notars zu führen.

[269] *Hertel* in: Lambert-Lang/Tropf/Frenz, Handbuch der Grundstückspraxis, 2. Aufl. 2005 Teil 2 Rn. 463: im Zweifel nicht abtretbar und nicht vererblich. Vgl. insbesondere zum Fall des Angebots an den zu benennenden Dritten Rn. 67.

[270] *Hertel* in: Lambert-Lang/Tropf/Frenz, Handbuch der Grundstückspraxis, 2. Aufl. 2005, Teil 2 Rn. 465.

[271] OLG Karlsruhe v. 27.02.2002 - 6 U 55/99 - juris Rn. 13 - OLGR Karlsruhe 2002, 330-332; *Hertel* in: Lambert-Lang/Tropf/Frenz, Handbuch der Grundstückspraxis, 2. Aufl. 2005, Teil 2 Rn. 465.

[272] Vgl. dazu OLG Karlsruhe v. 27.02.2002 - 6 U 55/99 - juris Rn. 13 - OLGR Karlsruhe 2002, 330-332, welches das Vorliegen der Ausnahmetatbestände verneinte.

[273] Wurde die Vormerkung noch nicht eingetragen, so ist die ursprüngliche Bewilligung mit der Änderungsbewilligung beim Grundbuchamt einzureichen.

[274] OLG Frankfurt v. 02.03.1993 - 22 U 145/91 - NJW-RR 1993, 1489-1490; OLG Köln v. 13.11.1975 - 14 U 71/75 - Rpfleger 1977, 166-167; *Basty* in: Kersten/Bühling, Formularbuch und Praxis der Freiwilligen Gerichtsbarkeit, 21. Aufl. 2001, § 36 Rn. 241; a.A. *Gursky* in Staudinger, § 883 Rn. 225; *Wacke* in: MünchKomm-BGB, § 885 Rn. 2; *Wacke*, DNotZ 1995, 507-516, 514 Fn. 22. Gegen die h.M. aufgrund der Entscheidung BGH v. 26.11.1999 - V ZR 432/98 - BGHZ 143, 175-183 nunmehr auch *Schöner/Stöber*, Grundbuchrecht, 14. Aufl. 2008, Rn. 1518, und *Amann*, MittBayNot 2000, 197-201, 200.

[275] Erlischt das Angebot mit Ablauf der Frist nicht automatisch, sondern ist dem Anbietenden lediglich ein Widerrufsrecht eingeräumt, so gilt der Vormerkungsschutz auch nach Ablauf der Frist, solange der Widerruf nicht erfolgt ist.

[276] Wird das Angebot innerhalb der ursprünglichen Frist angenommen, so wäre der Vormerkungsschutz auch bei Nichtverlängerung des Angebotes gegeben, so dass nicht ersichtlich ist, warum die Vormerkung auch bei Verlängerung der Annahmefrist Schutz gegen nachrangige Eintragung entfalten soll.

kann aber auch so ausgestaltet sein, dass nicht das Angebot, sondern nur die Bindung an dieses mit Fristablauf erlischt, so dass dem Anbietenden ein Widerrufsrecht zusteht.[277] Davon zu unterscheiden ist die formlos mögliche **Rücknahme des Widerrufs eines Angebotes**, sofern der Widerruf nicht zum Erlöschen, sondern nur zur Befristung des Angebotes führt.[278] Dieser Fall ist nach Auffassung des BGH der formlos möglichen Ausübung eines Gestaltungsrechts eher vergleichbar als einer formbedürftigen Fristverlängerung. Wird dem Angebotsempfänger eine Frist zur Annahme gesetzt, so sollte weiter geregelt werden, ob die Frist bereits mit der Abgabe gewahrt ist.[279] Davon zu unterscheiden ist die Frage, ob das Angebot erst wirksam wird und damit der Vertrag erst zustande kommt, nachdem die Annahmeerklärung dem Anbietenden zugegangen ist.

Das Angebot entfaltet nur dann Wirksamkeit und Bindungswirkung, wenn es dem Angebotsempfänger **zugegangen** ist. Bedarf das Angebot der notariellen Beurkundung, so ist der Zugang erst wirksam erfolgt, wenn dem Angebotsempfänger eine Ausfertigung[280] der notariellen Urkunde so zur Kenntnis gebracht wird, dass dieser davon Kenntnis nehmen kann[281]. In Gefolgschaft einer Entscheidung des BGH[282] zu § 15 Abs. 4 GmbHG, in welcher die Zulässigkeit von Vereinbarungen hinsichtlich des Zugangs einer formbedürftigen Willenserklärung anerkannt wurde, wird auch für Angebote zu Verträgen im Sinne des § 311b Abs. 1 Satz 1 BGB nach h.M. vertreten, dass der Angebotsempfänger in der Annahmeerklärung auf den Zugang der Angebotserklärung verzichten könne[283]. In der Literatur wird die rechtliche Konstruktion in einem (stillschweigenden) Verzichtsvertrag gesehen. Der Angebotsempfänger kann in der Annahmeerklärung das (stillschweigend erklärte) Angebot auf Abschluss eines Verzichtsvertrages hinsichtlich des ordnungsgemäßen Zugangs des Angebots (stillschweigend) annehmen.[284] Diese Konstruktion wurde vom OLG Dresden[285] offensichtlich nicht bemüht[286]. Nach Ansicht des Gerichts ist lediglich die Kenntnis des Verzichtenden von dem Recht, dessen er sich durch die Verzichtserklärung begibt, erforderlich.[287] Hier könnte ggf. eine Parallele zum einseitigen, formlosen und keiner Annahme bedürftigen Verzicht auf eine Bedingung[288] bei der Abtretung eines GmbH-Anteils oder beim Eigentumsvorbehalt[289] gezogen werden.

61

---

[277] *Hertel* in: Lambert-Lang/Tropf/Frenz, Handbuch der Grundstückspraxis, 2. Aufl. 2005, Teil 2 Rn. 466; Formulierungsbeispiel bei *Basty* in: Kersten/Bühling, Formularbuch und Praxis der Freiwilligen Gerichtsbarkeit, 21. Aufl. 2001, § 36 Rn. 239M.

[278] Der Widerruf eines Angebotes kann seinerseits widerruflich ausgestaltet sein. Dem steht nicht der Grundsatz entgegen, dass die Ausübung eines Gestaltungsrechts nicht von einer Bedingung abhängig gemacht werden kann, sofern der Widerruf nicht zum Erlöschen, sondern nur zur Befristung des Angebotes führt; BGH v. 26.03.2004 - V ZR 90/03 - NJW-RR 2004, 952-954.

[279] *Hertel* in: Lambert-Lang/Tropf/Frenz, Handbuch der Grundstückspraxis, 2. Aufl. 2005, Teil 2 Rn. 467. In der Praxis wird üblicherweise für die Fristwahrung der Annahme auf die Abgabe in notariell beurkundeter Form abgestellt.

[280] BGH v. 07.06.1995 - VIII ZR 125/94 - BGHZ 130, 71-76; *Hertel* in: Lambert-Lang/Tropf/Frenz, Handbuch der Grundstückspraxis, 2. Aufl. 2005, Teil 2 Rn. 474. Die Ausfertigung vertritt nach § 47 BeurkG die Urschrift im Rechtsverkehr. In den Fällen, in denen das materielle Recht den Besitz einer Urkunde oder den Zugang einer Willenserklärung voraussetzt, reicht die Übersendung oder Aushändigung einer beglaubigten Abschrift nicht aus; *Bernhard* in: Brambring, Beck'sches Notar-Handbuch, 3. Aufl. 2000, F Rn. 231; *Armbrüster*, NJW 1996, 438-440, 438.

[281] Vgl. allgemein zu den Voraussetzungen des Zugangs von Erklärungen unter Abwesenden und Anwesenden (zumindest bei verkörperten Willenserklärungen) *Heinrichs/Ellenberger* in: Palandt, § 130 Rn. 5, 13.

[282] BGH v. 07.06.1995 - VIII ZR 125/94 - juris Rn. 12 - BGHZ 130, 71-76.

[283] OLG Dresden v. 25.06.1999 - 3 W 0570/99, 3 W 570/99- ZNotP 1999, 402-403; *Wudy*, ZNotP 1999, 394-396; *Kanzleiter*, DNotZ 1996, 931-941, 940; *Armbrüster*, NJW 1996, 438-440, 438; zweifelnd dagegen *Brambring* in: Brambring, Beck'sches Notar-Handbuch, 3. Aufl. 2000, A I Rn. 388.

[284] *Armbrüster*, NJW 1996, 438-440, 439; *Kanzleiter*, DNotZ 1996, 931-941.

[285] OLG Dresden v. 23.12.1998 - 6 U 2622/98 - ZNotP 1999, 123-125.

[286] Vgl. *Wudy*, ZNotP 1999, 394-396, 396.

[287] In der notariellen Annahmeurkunde erklärte der Angebotsempfänger, dass ihm der Inhalt des Angebots in allen Punkten bekannt sei.

[288] BGH v. 21.09.1994 - VIII ZR 257/93 - juris Rn. 14 - BGHZ 127, 129-138.

[289] BGH v. 20.05.1958 - VIII ZR 329/56 - LM Nr. 1 zu § 127 BGB.

bb. Rechtsposition des Angebotsempfängers

62 Durch das Angebot wird der Angebotsempfänger in die Lage versetzt, das Angebot anzunehmen und damit einen Vertrag zur Entstehung zu bringen. Er erwirbt daher eine für ihn vorteilhafte Rechtsposition (Annahmeposition)[290], die teilweise als Anwartschaft[291], teilweise als Gestaltungsrecht[292] oder auch nur als schlichte „sonstige Rechtsposition"[293] angesehen wird. Diese Rechtsposition ist als solche vererblich, sofern dies nicht (ausdrücklich oder stillschweigend) ausgeschlossen ist. Es gelten die Regelungen über die Forderungsabtretung entsprechend (§ 413 BGB).[294] In aller Regel wird man davon ausgehen können, dass nach § 399 Alt. 2 BGB die Rechte aus dem Angebot aufgrund einer stillschweigenden Vereinbarung nicht abtretbar sind.[295] Sofern die Abtretung jedoch nicht ausgeschlossen ist, kann der Abtretungsempfänger anstelle des Zedenten das Angebot annehmen. Die Abtretung der Ansprüche ist nicht beurkundungsbedürftig.[296] Davon zu unterscheiden ist die „Abtretung" des Angebots durch den Angebotsempfänger mit Zustimmung des Anbietenden (Eigentümer) an einen Dritten. In dieser Vereinbarung wird man eine beurkundungsbedürftige Aufhebung des bisherigen Angebots mit einem weiteren beurkundungsbedürftigen Angebot des Eigentümers an den Dritten erblicken können.[297]

63 Die Rechtsposition des Angebotsempfängers, dem die Übertragung des Eigentums an einem Grundstück bindend angeboten wird, kann durch Eintragung einer Eigentumserwerbsvormerkung im Grundbuch gesichert werden.[298] Vormerkungsschutz genießen künftige Ansprüche jedenfalls dann, wenn bereits der Rechtsboden für ihre Entstehung durch ein rechtsverbindliches Angebot soweit vorbereitet ist, dass die Entstehung des Anspruchs nur noch vom Willen des künftigen Berechtigten abhängt.[299] Problematisch kann die Vormerkbarkeit des Anspruchs dann sein, wenn die Möglichkeit der Einflussnahme des anbietenden Verkäufers auf das Schuldverhältnis, aus dem der Übereignungsanspruch erwächst, besteht. Dies kann insbesondere bei Miet- und Pachtverträgen der Fall sein, wenn der Eigentümer dem Mieter oder Pächter ein Kaufangebot unterbreitet. Hat sich der Verkäufer für den Fall der Nichtzahlung des Miet- oder Pachtzinses ein Widerrufsrecht vorbehalten, so ist der künftige Anspruch des Angebotsempfängers gleichwohl vormerkbar.[300] Dagegen hat das OLG Oldenburg[301] die Ansicht vertreten, dass der Anspruch eines Mieters aus einem Vertragsangebot nicht vormerkbar sei, wenn die Annahme erst nach Ablauf der Mietzeit von 29 Jahren erfolgen könne, weil in der Zwischenzeit Vertragsstörungen auftreten könnten, die das vorbehaltene Widerrufsrecht auslösen könnten. Diese Auffassung wird in der Literatur zu Recht abgelehnt.[302] Der BGH hat jüngst die umstrittene Frage, ob die Vormerkung zur Sicherung der künftigen Ansprüche aus einem Angebot konkurs- bzw. insolvenzfest ist, bejaht.[303] Insbesondere hat der BGH die überwiegend in der Literatur vertretene Ansicht[304] abgelehnt, nach der bei einer Vormerkung zur Sicherung künftiger Rechte der Anspruch zum Zeitpunkt der Konkurseröffnung bereits entstanden sein müsse und sich der im Vordringen begriffenen neueren Auffassung angeschlossen, nach der jedenfalls ein erst während des Konkursverfahrens durch Angebotsan-

---

[290] *Eckert* in: Bamberger/Roth, § 145 Rn. 47.
[291] *Eckert* in: Bamberger/Roth, § 145 Rn. 47.
[292] OLG Celle v. 31.07.1961 - 4 U 34/61; *Heinrichs* in: Palandt, § 145 Rn. 5; *Schulze* in: AnwK-BGB, § 145 Rn. 10.
[293] *Bork* in: Staudinger, § 145 Rn. 34.
[294] RG v. 10.06.1925 - V 511/24 - RGZ 111, 46-48; *Weber*, MittRhNotK 1987, 37-46, 42.
[295] *Weber*, MittRhNotK 1987, 37-46, 42.
[296] *Weber*, MittRhNotK 1987, 37-46, 42.
[297] OLG Düsseldorf v. 28.05.2001 - 9 U 158/00 - juris Rn. 49 - OLGR Düsseldorf 2002, 176-179.
[298] BGH v. 14.09.2001 - V ZR 231/00 - juris Rn. 8 - BGHZ 149, 1-10; BGH v. 31.10.1980 - V ZR 95/79 - juris Rn. 11 - LM Nr. 17 zu § 883 BGB; BayObLG München v. 15.12.1994 - 2Z BR 127/94 - juris Rn. 9 - NJW-RR 1995, 398-399; *Amann* in: Brambring, Beck'sches Notar-Handbuch, 3. Aufl. 2000, A I Rn. 168.
[299] BGH v. 14.09.2001 - V ZR 231/00 - juris Rn. 13 - BGHZ 149, 1-10; BGH v. 31.10.1980 - V ZR 95/79 - LM Nr. 17 zu § 883 BGB.
[300] BGH v. 31.10.1980 - V ZR 95/79 - juris Rn. 12 - LM Nr. 17 zu § 883 BGB.
[301] OLG Oldenburg v. 16.01.1987 - 5 W 59/86 - Rpfleger 1987, 294-295.
[302] *Schöner/Stöber*, Grundbuchrecht, 14. Aufl. 2008, Rn. 1489b Fn. 72; *Kerbusch*, Rpfleger 1987, 449-450, 449.
[303] BGH v. 14.09.2001 - V ZR 231/00 - BGHZ 149, 1-10.
[304] Vgl. etwa *Ludwig*, NJW 1983, 2792-2799, 2798; *Ertl*, Rpfleger 1977, 345-354, 354.

nahme entstandener Auflassungsanspruch, der zunächst als künftiger Anspruch wirksam durch eine Vormerkung gesichert war (§ 883 Abs. 1 Satz 2 BGB), an dem konkursrechtlichen Schutz nach § 24 KO bzw. § 106 InsO teilnehme.[305] Daher ist es aus insolvenzrechtlichen Gründen nicht erforderlich, einen aufschiebend bedingten Kaufvertrag in der Form des Optionsvertrages anstelle eines bindenden Angebotes abzuschließen.

cc. Änderungen des Angebotes vor Annahme

Änderungen des Angebotes vor Annahme durch den Angebotsempfänger bedürfen der notariellen Beurkundung.[306] Dies gilt insbesondere für die **Fristverlängerung**.[307] Davon zu unterscheiden ist die formlos mögliche **Rücknahme des Widerrufs eines Angebotes**, sofern der Widerruf nicht zum Erlöschen, sondern nur zur Befristung des Angebotes führt.[308] Dieser Fall ist nach Auffassung des BGH der formlos möglichen Ausübung eines Gestaltungsrechts eher vergleichbar als einer formbedürftigen Fristverlängerung.

64

Eine andere Frage ist, ob bei einer Änderung des Angebots die im Grundbuch eingetragene Eigentumserwerbsvormerkung für den Angebotsempfänger geändert werden muss, um dem Angebotsempfänger hinsichtlich des geänderten Anspruchs den Vormerkungsschutz zu erhalten. In einer früheren Entscheidung hat der BGH[309] diese Frage bejaht. Dort ging es um die Änderung der auf den Wiederkaufpreis anzurechnenden Belastungen (der Wiederkaufpreis sollte nunmehr in voller Höhe bar bezahlt werden). Nachdem der BGH in einer Entscheidung aus dem Jahre 1999[310] zur Wiederverwendung einer unwirksam gewordenen Eigentumserwerbsvormerkung die Auffassung vertreten hat, dass für die Identität des vorgemerkten Anspruchs nur die Person des Schuldners und des Gläubigers und das Anspruchsziel maßgebend seien, könnte dies dahin gehend zu verstehen sein, dass die Vormerkung bei Änderungen des Angebots nur insofern geändert werden muss, als es um Änderungen hinsichtlich der Personen des Vertrages und hinsichtlich der Identität des Anspruchs geht.[311] Sofern es ausschließlich um Änderungen der Modalitäten des Schuldverhältnisses, wie die Gegenleistung (Erhöhung oder Herabsetzung des Kaufpreises), Entstehungsvoraussetzungen, Leistungsverweigerungsrechte u. dgl. geht, bedarf es dagegen keiner Änderung der Eigentumserwerbsvormerkung im Grundbuch.[312] Freilich wird man sich über die nähere Abgrenzung streiten können.[313] So wird beispielsweise für die Fristverlängerung beim Angebot (vgl. Rn. 50) vertreten, dass diese nicht die Änderung der Eigentumserwerbsvormerkung nötig mache, wenn der Angebotsempfänger seinen Vormerkungsschutz auch dann behalten will, wenn er das Angebot nach Ablauf der ursprünglichen Frist aufgrund einer verlängerten Frist annimmt.[314] Dagegen soll die Änderung der Abrede, wonach der Wiederverkäufer bestehende Belastungen bis zur Höhe des Wiederkaufspreises unter Anrechnung auf diesen vom Wiederkäufer übernehmen soll, eine Änderung des Anspruchsinhalts sein[315], so dass der Vormerkungsschutz für diese Änderung nur bei Eintragung der Änderung der Vormerkung im Grundbuch gegeben sei.

65

---

[305] So etwa *Hertel* in: Lambert-Lang/Tropf/Frenz, Handbuch der Grundstückspraxis, 2. Aufl. 2005 Teil 2 Rn. 472; *Denck*, NJW 1984, 1009-1013, 1012; *Allerkamp*, MittRhNotK 1981, 55-64, 58; *Wagner*, NotBZ 2000, 69-78.

[306] BGH v. 01.02.1966 - V ZR 120/63 - LM Nr. 27 zu § 313 BGB; *Weber*, MittRhNotK 1987, 37-46, 42.

[307] BGH v. 26.03.2004 - V ZR 90/03 - NJW-RR 2004, 952-954; BGH v. 12.12.1962 - V ZR 111/61 - WM 1963, 407; OLG Karlsruhe v. 27.02.2002 - 6 U 55/99 - OLGR Karlsruhe 2002, 330-332.

[308] Der Widerruf eines Angebotes kann seinerseits widerruflich ausgestaltet sein. Dem steht nicht der Grundsatz entgegen, dass die Ausübung eines Gestaltungsrechts nicht von einer Bedingung abhängig gemacht werden kann, sofern der Widerruf nicht zum Erlöschen, sondern nur zur Befristung des Angebotes führt; BGH v. 26.03.2004 - V ZR 90/03 - NJW-RR 2004, 952-954.

[309] BGH v. 22.04.1959 - V ZR 193/57 - LM Nr. 6 zu § 883 BGB.

[310] BGH v. 26.11.1999 - V ZR 432/98 - juris Rn. 16 - BGHZ 143, 175-183; dazu *Amann*, MittBayNot 2000, 197-201.

[311] *Schöner/Stöber*, Grundbuchrecht, 14. Aufl. 2008, Rn. 1518; vgl. auch *Amann*, MittBayNot 2000, 197-201, 198-199.

[312] *Schöner/Stöber*, Grundbuchrecht, 14. Aufl. 2008, Rn. 1518; so bereits *Wacke*, DNotZ 1995, 507-516, 514.

[313] Vgl. die Beispielsfälle bei *Amann*, MittBayNot 2000, 197-201, 199-201.

[314] *Schöner/Stöber*, Grundbuchrecht, 14. Aufl. 2008, Rn. 1518, und *Amann*, MittBayNot 2000, 197-201, 200, gegen die bisher h.M.

[315] *Amann*, MittBayNot 2000, 197-201, 200.

§ 311b

dd. Angebot ad incertas personas

66 Zu den essentialia negotii (vgl. Rn. 58) eines Vertrages gehört die Identität der Vertragsparteien; sie müssen grds. bestimmt sein. Eine Auflockerung dieses Prinzips gilt beim Angebot[316]; denn bei diesem genügt es, dass der Angebotsempfänger bestimmbar ist. Dies ist in der Literatur nahezu einhellig anerkannt.[317] Von einer solchen Bestimmbarkeit des Angebotsempfängers wird allgemein ausgegangen, wenn ein Angebot an einen unbestimmten Personenkreis abgegeben wird (Angebot ad incertas personas).[318] Dieser Grundsatz gilt auch für Verträge im Sinne des § 311b Abs. 1 Satz 1 BGB.[319] In aller Regel wird es bei Grundstücksgeschäften dem Anbietenden aber nicht gleichgültig sein, mit wem er einen Vertrag abschließt, so dass im Einzelfall genau zu prüfen ist, ob wirklich ein entsprechender Wille vorhanden ist[320]. Daher wird ein solches Angebot oftmals nur bei Alltagsgeschäften tatsächlich gewollt sein.[321] Das OLG Karlsruhe ging in einer Entscheidung aus dem Jahre 1987[322] davon aus, dass im konkreten Fall das Angebot auf Abschluss eines Treuhand- und Geschäftsbesorgungsvertrages an einen nicht bestimmten oder bestimmbaren Personenkreis gerichtet war, insbesondere verneinte es die Voraussetzungen für ein „Geschäft für den, den es angeht".[323] Allerdings gibt es auch Fälle, in denen bei Grundstücksgeschäften ein Angebot ad incertas personas denkbar ist, wie beispielsweise beim Lotterie- und Spielvertrag (Grundstück als Hauptpreis bei einer Tombola, vgl. Rn. 87).

ee. Angebot an noch zu benennende Dritte

67 Die Person des Angebotsempfängers ist für den Anbietenden in aller Regel von zentraler Bedeutung. Ihm geht es insbesondere darum, mit einer zahlungsfähigen Person einen Vertrag abzuschließen. In seltenen Fällen kann er gar ein Angebot ad incertas personas (vgl. Rn. 66) abgeben, also an einen unbestimmten, aber bestimmbaren Personenkreis. Ein Sonderfall des bestimmbaren Personenkreises ist das Angebot an den zu benennenden Dritten. Ein Interesse an einem solchen Angebot besteht beispielsweise für Bauträger, die sich ein Grundstück „an die Hand geben lassen"[324], um potentiellen Käufern ein komplettes Angebot (Grundstück und Bauleistung) liefern zu können. Er hat in diesen Fällen allerdings kein eigenes Interesse, das Eigentum an dem Grundstück zu erwerben. Ähnlich gelagert sind Fälle, in denen sich jemand ein Angebot unterbreiten lässt, allerdings noch nicht schlüssig ist, ob er selbst von dem Angebot Gebrauch machen will oder ob er dieses Recht an einen Dritten (oftmals eine nahe, stehende Person) weitergeben will. Diese unterschiedliche Interessenlage führt hinsichtlich der rechtlichen Beurteilung eines Angebotes an einen noch zu benennenden Dritten zu einer unterschiedlichen Betrachtung. Auch die Frage der Vormerkungsfähigkeit der Rechte aus einem solchen Angebot und grunderwerbsteuerliche Fragen sind differenziert zu betrachten.

68 Die rechtliche Konstruktion des Angebotes an den noch zu benennenden Dritten ist umstritten. Herkömmlich wird zwischen folgenden Fallgestaltungen unterschieden[325]:
- „**Selbsteintrittsrecht" des Bestimmungsberechtigten**: Kann derjenige, der das Angebot veranlasst hat und den Annehmenden benennen soll, dieses selbst annehmen („Selbsteintrittsrecht"), so soll die Benennung eines Dritten als Abtretung seiner Rechtsposition aus dem Angebot („Annahmeposi-

---

[316] Gleiches gilt hinsichtlich der Person des Dritten bei einem Vertrag zugunsten Dritter im Sinne des § 328 BGB. Auch dort genügt es, dass der Dritte bestimmbar ist; vgl. *Grüneberg* in: Palandt, § 328 Rn. 2.

[317] *Eckert* in: Bamberger/Roth, § 145 Rn. 34; *Heinrichs* in: Palandt, § 145 Rn. 1; *Wolf*, Allgemeiner Teil des Bürgerlichen Rechts, 8. Aufl. 1997, § 29 Rn. 21, unter Hinweis auf die Regelung in Art. 14 Abs. 2 CISG, wonach ein Vorschlag, der nicht an eine oder mehrere bestimmte Personen gerichtet ist, grds. nur als Aufforderung zur Abgabe eines Angebotes („invitatio ad offerendum") gilt. Etwas anderes gilt jedoch, wenn die Person, die den Vorschlag macht, das Gegenteil (Angebot ad incertas personas) deutlich zum Ausdruck bringt.

[318] Vgl. die vorherige Fußnote; a.A. offenbar *Ludwig*, DNotZ 1988, 697-700, 697, wonach Bestandteil eines Angebotes sein müsse, dass der Angebotsempfänger in der notariellen Urkunde bezeichnet ist.

[319] *Wufka* in: Staudinger, § 313 a.F. Rn. 62; *Kanzleiter* in: MünchKomm-BGB, § 311b Rn. 52.

[320] *Wufka* in: Staudinger, § 313 a.F. Rn. 62.

[321] *Bork* in: Staudinger, § 145 Rn. 19.

[322] OLG Karlsruhe v. 25.03.1988 - 10 U 198/87 - DNotZ 1988, 694-697.

[323] Gemeint war damit wohl das Angebot ad incertas personas.

[324] *Schöner/Stöber*, Grundbuchrecht, 14. Aufl. 2008, Rn. 905; *Ludwig*, NJW 1983, 2792-2799, 2792-2793; *Denck*, NJW 1984, 1009-1013, 1009.

[325] Vgl. dazu *Hertel* in: Lambert-Lang/Tropf/Frenz, Handbuch der Grundstückspraxis, 2. Aufl. 2005, Teil 2 Rn. 479 ff.; ausführlich DNotI-Report 1997, 112-118; *Schöner/Stöber*, Grundbuchrecht, 14. Aufl. 2008, Rn. 906; *Wagner*, NotBZ 2000, 69-78, 74; *Wufka* in: Staudinger, § 313 a.F. Rn. 61-63.

tion") gemäß §§ 398, 413 BGB zu verstehen sein.[326] Das Benennungsrecht sei in Wirklichkeit die Bestimmung der Abtretbarkeit der Rechte aus dem Angebot. In einem solchen Fall kann für den Angebotsempfänger eine Eigentumserwerbsvormerkung im Grundbuch eingetragen werden.[327] Aufgrund der formfrei möglichen[328] Abtretung geht die Vormerkung als akzessorisches Recht auf den Zessionar über (§ 401 BGB); die Abtretung der gesicherten Forderung kann bei der Vormerkung im Grundbuch eingetragen werden[329].

- **Kein „Selbsteintrittsrecht" des Benennungsberechtigten**: Ist derjenige, der sich das Angebot „an die Hand geben lässt", nicht berechtigt, das Angebot selbst anzunehmen, so liegt nach überwiegend vertretener Auffassung zum Zeitpunkt der Abgabe der Erklärung mangels hinreichender Bestimmung des Angebotsempfängers kein rechtswirksames Angebot vor. Dieses (noch) unwirksame Angebot könne jedoch durch den Benennungsberechtigten vervollständigt werden, indem dieser einen Dritten benennt, der das Angebot annehmen kann; dieser Dritte ist dann der Angebotsempfänger.[330] Dem Benennungsrecht wird üblicherweise die (stillschweigende) Bevollmächtigung[331] des Benennungsberechtigten oder die Einräumung eines Gestaltungsrechts[332] für diesen entnommen, das Angebot zu vervollständigen. Diese Vervollständigung des Angebotes bedarf nach h.M. der notariellen Beurkundung nach § 311b Abs. 1 Satz 1 BGB.[333] Teilweise[334] wird die Vervollständigung als Ausübung eines Leistungsbestimmungsrechts nach § 315 BGB zur Konkretisierung des Angebotsempfängers verstanden; *Kanzleiter* sieht darin ein durch die Benennung durch den Dritten bedingtes Angebot[335]. Den vorstehenden Deutungen des Benennungsrechts kann nicht gefolgt werden. Man wird die Erklärung des Anbietenden als Angebot an einen grds. unbestimmten Personenkreis (Angebot ad incertas personas, vgl. Rn. 66) auslegen können. Dabei gibt der Anbietende eine Annahmebedingung[336], die darin besteht, dass das Angebot nur von demjenigen angenommen werden kann, den der Benennungsberechtigte bestimmt. Solche Annahmebedingungen (vgl. Rn. 60) sind nicht ungewöhnlich; bekanntes Beispiel ist die „Bedingung", dass sich der Käufer bei der Annahmeerklärung wegen seiner Verpflichtung zur Zahlung des Kaufpreises der sofortigen Zwangsvollstreckung unterwirft. Nach diesem Verständnis bedarf die Benennung des Annahmeberechtigten keiner Beurkundung; für das Grundbuchverfahren ist jedoch öffentliche Beglaubigung (§ 29 GBO) erforderlich. In der Praxis empfiehlt sich jedoch, solange die Streitfrage über die Rechtsnatur der Annahmeberechtigten nicht geklärt ist, die Erklärung in Übereinstimmung mit der h.M. notariell zu beurkunden.

Ein besonderes Problem des Angebotes an den noch zu benennenden Dritten bei fehlendem Selbsteintrittsrecht des Benennungsberechtigten ist die Möglichkeit der Eintragung einer **Vormerkung** und deren Insolvenzfestigkeit. Nach ganz h.M. kann dem noch zu benennenden Dritten vor Benennung eine eigene Vormerkung nicht eingeräumt werden, weil dieser noch nicht feststeht.[337] Auch kann der künf-

---

[326] *Wagner*, NotBZ 2000, 69-78, 74; *Wufka* in: Staudinger, § 313 a.F. Rn. 63; *Schöner/Stöber*, Grundbuchrecht, 14. Aufl. 2008, Rn. 905. Kritisch dazu *Basty* in: Kersten/Bühling, Formularbuch und Praxis der Freiwilligen Gerichtsbarkeit, 21. Aufl. 2001, § 36 Rn. 261, dessen Argument, dass der Benennungsberechtigte vor Annahme noch keine Rechtsposition habe, die er übertragen könne, allerdings nicht zutrifft; bereits mit Zugang des Angebots hat der Angebotsempfänger eine Rechtsposition (Annahmeposition, vgl. Rn. 62), die nach den §§ 398, 413 BGB abtretbar ist, sofern die Abtretbarkeit nicht nach § 399 Alt. 2 BGB ausgeschlossen ist.

[327] OLG Oldenburg v. 07.11.1989 - 5 U 52/89 - juris Rn. 37 - NJW-RR 1990, 273-274; *Schöner/Stöber*, Grundbuchrecht, 14. Aufl. 2008, Rn. 905; *Hertel* in: Lambert-Lang/Tropf/Frenz, Handbuch der Grundstückspraxis, 2. Aufl. 2005, Teil 2 Rn. 481.

[328] *Wufka* in: Staudinger, § 313 a.F. Rn. 63; *Ludwig*, DNotZ 1982, 724-731, 728.

[329] Erforderlich ist eine Berichtigungsbewilligung des bisherigen Vormerkungsberechtigten oder die Vorlage einer öffentlich beglaubigten oder notariell beurkundeten Abtretungserklärung des Zedenten; vgl. *Schöner/Stöber*, Grundbuchrecht, 14. Aufl. 2008, Rn. 1516.

[330] *Wagner*, NotBZ 2000, 69-78, 74; *Ludwig*, DNotZ 1982, 724-731, 728-729.

[331] *Wagner*, NotBZ 2000, 69-78, 74; *Hertel* in: Lambert-Lang/Tropf/Frenz, Handbuch der Grundstückspraxis, 2. Aufl. 2005, Teil 2 Rn. 480.

[332] *Bach*, MittRhNotK 1984, 161-167, 162.

[333] DNotI-Report 1997, 112-118, 113; *Ludwig*, DNotZ 1982, 724-731, 729; *Wufka* in: Staudinger, § 313 a.F. Rn. 61.

[334] *Bach*, MittRhNotK 1984, 161-167, 162; *Grüneberg* in: Palandt, § 311b Rn. 29-30.

[335] *Kanzleiter* in: MünchKomm-BGB, § 311b Rn. 52, Fn. 192.

[336] Dabei handelt es sich nicht um eine Bedingung im Sinne des § 158 BGB, wie dies offensichtlich der Auffassung von *Kanzleiter* in: MünchKomm-BGB, § 311b Rn. 52, Fn. 192, zugrunde liegt.

[337] BGH v. 22.12.1982 - V ZR 8/81 - juris Rn. 21 - LM Nr. 4 zu § 335 BGB; *Bach*, MittRhNotK 1984, 161-167, 164.

tige Anspruch des Dritten nicht durch Eintragung einer Vormerkung zugunsten des Benennungsberechtigten gesichert werden.[338] Nach der h.M. die in der Benennung die Vervollständigung des Angebots sieht, kann eine Vormerkung zugunsten des Dritten erst nach Benennung bestellt werden.[339] Um einen Vormerkungsschutz bereits vor Benennung des Dritten zu erreichen, wird folgende Konstruktion vorgeschlagen[340]: Der Anbietende schließt neben dem Angebot mit dem Benennungsberechtigten einen Vertrag ab, in welchem sich der Anbietende gegenüber dem Benennungsberechtigten verpflichtet, das Grundstück an den zu benennenden Dritten zu verkaufen. Dieser Vertrag bedarf nach § 311b Abs. 1 Satz 1 BGB der notariellen Beurkundung.[341] Aus dem Versprechen des Anbietenden erlangt der Benennungsberechtigte als Versprechensempfänger nach § 335 BGB einen eigenen Anspruch auf Übereignung des Grundstücks an den ihm zu benennenden Dritten, der durch Vormerkung gesichert werden kann.[342] Die maßgebenden Vereinbarungen könnten beispielsweise folgenden Wortlaut haben[343]:

70 „Der Anbietende verpflichtet sich gegenüber dem Benennungsberechtigten, einen Kaufvertrag mit dem von diesem Benannten aufgrund des in dieser Urkunde enthaltenen Verkaufsangebotes abzuschließen und diesem den nachfolgend näher bezeichneten Grundbesitz zu übereignen. Der Benennungsberechtigte erlangt durch diesen Vertrag gemäß §§ 328, 335 BGB einen eigenen Anspruch gegen den Anbietenden auf Übertragung des Eigentums an den von ihm benannten Dritten. Zur Sicherung des Anspruchs des Benennungsberechtigten gegen den Anbietenden auf Übertragung des Eigentums an dem vorbezeichneten Grundbesitz von dem Anbietenden an den von dem Benennungsberechtigten benannten Dritten wird zu Lasten des vorgenannten Grundbesitzes die Eintragung einer Vormerkung im Grundbuch bewilligt und beantragt".

71 Wie sorgfältig man den Antrag auf Eintragung der Vormerkung in solchen Fällen formulieren muss, zeigt eine Entscheidung des BayObLG[344]: Der Grundstückseigentümer ließ nach Aufteilung seines Hausanwesens in Wohnungseigentum, aber noch vor Anlegung der Wohnungsgrundbücher ein Angebot an den vom Benennungsberechtigten zu benennenden Dritten auf Abschluss des in der Anlage niedergelegten Kaufvertrags beurkunden. Die Annahme durch den Benennungsberechtigten oder die Abtretung der Rechte aus dem Angebot an diesen sei möglich. Der Grundstückseigentümer bewilligte jeweils „zur Sicherung des hiermit von den Beteiligten vereinbarten, bedingten Anspruchs des Angebotsempfängers[345] auf Bildung von Sondereigentum und auf Eigentumsverschaffung gemäß vorstehendem Angebot" die Eintragung einer Vormerkung für den Benennungsberechtigten. Das BayObLG lehnte die Eintragung der Vormerkung zu Recht ab. Durch Vormerkung gesichert werden kann nur der Anspruch des Benennungsberechtigten aus § 335 BGB auf Leistung an den zu benennenden Dritten, nicht aber – wie in dem vorstehenden Beispielsfall – der künftige eigene Anspruch des Dritten.

72 Problematisch ist, welchen Vormerkungsschutz der Dritte hat, wenn aufgrund wirksamer Annahme ein Kaufvertrag zwischen ihm und dem anbietenden Grundstückseigentümer zustande gekommen ist. Diese Frage stellt sich insbesondere dann, wenn vor Benennung des Dritten Rechte im Grundbuch (z.B.

---

[338] BGH v. 22.12.1982 - V ZR 8/81 - juris Rn. 21 - LM Nr. 4 zu § 335 BGB; BayObLG München v. 23.05.1996 - 2Z BR 22/96 - Rpfleger 1996, 502-503; BayObLG München v. 16.05.1986 - BReg 2 Z 60/85 - MittBayNot 1986, 175-176; LG Ravensburg v. 19.04.1989 - 1 T 63/89 - Rpfleger 1989, 320-321; *Schöner/Stöber*, Grundbuchrecht, 14. Aufl. 2008, Rn. 1494; *Wagner*, NotBZ 2000, 69-78, 74; a.A.: *Ludwig*, NJW 1983, 2792-2799, 2797, der eine Vormerkung für den vom Benennungsberechtigten noch zu benennenden für zulässig erachtet.

[339] DNotI-Report 1997, 112-118, 117-118; *Bach*, MittRhNotK 1984, 161-167, 164.

[340] BGH v. 22.12.1982 - V ZR 8/81 - juris Rn. 21 - LM Nr. 4 zu § 335 BGB; BayObLG München v. 16.05.1986 - BReg 2 Z 60/85 - MittBayNot 1986, 175-176 *Denck*, NJW 1984, 1009-1013, 1010; *Schöner/Stöber*, Grundbuchrecht, 14. Aufl. 2008, Rn. 906, 1494; *Wagner*, NotBZ 2000, 69-78, 74.

[341] BGH v. 22.12.1982 - V ZR 8/81 - juris Rn. 23 - LM Nr. 4 zu § 335 BGB; *Schöner/Stöber*, Grundbuchrecht, 14. Aufl. 2008, Rn. 906, 1494; *Wagner*, NotBZ 2000, 69-78, 74.

[342] BGH v. 22.12.1982 - V ZR 8/81 - juris Rn. 21 - LM Nr. 4 zu § 335 BGB; BayObLG München v. 16.05.1986 - BReg 2 Z 60/85 - MittBayNot 1986, 175-176; *Denck*, NJW 1984, 1009-1013, 1010; *Schöner/Stöber*, Grundbuchrecht, 13. Aufl. 2004, Rn. 906, 1494; *Wagner*, NotBZ 2000, 69-78, 74.

[343] Vgl. dazu auch *Wagner*, NotBZ 2000, 69-78, 74. Zu einem Formulierungsvorschlag für die Benennung des Dritten durch den Benennungsberechtigten: *Basty* in: Kersten/Bühling, Formularbuch und Praxis der Freiwilligen Gerichtsbarkeit, 21. Aufl. 2001, § 36 Rn. 268M.

[344] BayObLG München v. 23.05.1996 - 2Z BR 22/96 - Rpfleger 1996, 502-503.

[345] Durch Vormerkung gesichert werden kann nur der Anspruch des Benennungsberechtigten aus § 335 BGB auf Leistung an den zu benennenden Dritten, nicht aber der künftige eigene Anspruch des Dritten.

Sicherungshypotheken) eingetragen worden sind. Ab dem Zeitpunkt der Benennung kann für den Dritten eine eigene Vormerkung im Grundbuch eingetragen werden.[346] Diese Vormerkung schützt allerdings nicht gegen andere Eintragungen, die der eigenen Vormerkung im Grundbuch vorgehen (§ 883 Abs. 2 Satz 1 BGB). In diesen Fällen wäre der Dritte darauf angewiesen, dass der Benennungsberechtigte gegen die vormerkungswidrige[347] Verfügung vorgeht[348]. Darüber hinaus kann der Benennungsberechtigte seinen Anspruch aus § 335 BGB auf Leistung an den Dritten an diesen Dritten abtreten[349], mit der Folge, dass die akzessorische Vormerkung gemäß § 401 BGB auf den Dritten übergeht. In diesem Fall kann er die Rechte aus der Vormerkung gegenüber den Inhabern vormerkungswidriger Rechte selbst geltend machen. In aller Regel wird man annehmen können, dass der Benennungsberechtigte seinen Anspruch aus § 335 BGB bei der Benennung des Dritten stillschweigend abtritt.

Schließlich stellt sich noch die Frage, ob die Vormerkung zugunsten des Dritten auch **insolvenzfest** ist.[350] Unproblematisch ist der Fall der Insolvenz des Benennungsberechtigten als Versprechensempfänger in einem Vertrag zugunsten Dritter. Der Anspruch aus § 335 BGB gehört nicht zur Insolvenzmasse, wenn über das Vermögen des Versprechensempfängers das Insolvenzverfahren eröffnet wird.[351] Wird über das Vermögen des Anbietenden das Insolvenzverfahren eröffnet, nachdem der Anspruch aus § 335 BGB entstanden ist, aber bevor der Versprechensempfänger den Dritten benannt hat, so ist Folgendes zu beachten: Die Abtretung des Anspruchs aus § 335 BGB von dem Versprechensempfänger an den Dritten ist nicht nach § 91 Abs. 1 InsO unwirksam, weil diese Vorschrift nur den Rechtserwerb vom Gemeinschuldner, nicht aber die Abtretung des Rechts eines Gläubigers an einen Dritten erfasst.[352] Unschädlich ist aus insolvenzrechtlicher Sicht weiterhin, dass das Insolvenzverfahren noch vor Benennung des Dritten eröffnet wird. 73

Der BGH hat jüngst entschieden, dass die Vormerkung zur Sicherung der künftigen Ansprüche aus einem Angebot konkurs- bzw. insolvenzfest ist.[353] Insbesondere hat der BGH die in der Literatur vertretene Ansicht[354] abgelehnt, nach der bei einer Vormerkung zur Sicherung künftiger Rechte der Anspruch zum Zeitpunkt der Konkurseröffnung bereits entstanden sein müsse. Stattdessen genießt auch ein erst während des Konkursverfahrens durch Angebotsannahme entstandener Auflassungsanspruch, der zunächst als künftiger Anspruch wirksam durch eine Vormerkung gesichert war (§ 883 Abs. 1 Satz 2 BGB), den konkursrechtlichen Schutz nach § 24 KO bzw. § 106 InsO.[355] 74

Für die Wahl der rechtlichen Konstruktion des Benennungsrechts spielen auch **grunderwerbsteuerliche Gründe** eine Rolle.[356] Nach § 1 Abs. 1 Nr. 6, Nr. 7 GrEStG unterliegen die Verpflichtung zur Abtretung der Rechte aus einem Kaufangebot über ein Grundstück (Nr. 6) sowie die Abtretung dieser Rechte selbst (Nr. 7) der Grunderwerbsteuer. Diese Voraussetzungen können wirtschaftlich betrachtet auch dann erfüllt sein, wenn jemand das Recht hat, den Angebotsempfänger zu benennen und von diesem Recht Gebrauch macht. Entscheidend ist, ob der Benennungsberechtigte mit dem Kaufangebot 75

---

[346] In dem Vertragswerk (Vertrag zugunsten Dritter) zwischen Grundstückseigentümer und Benennungsberechtigten kann Erster Letzteren bevollmächtigen, nach Benennung des Dritten zu dessen Gunsten eine eigene Vormerkung im Grundbuch zu bewilligen. Zwar ist dann bereits eine Vormerkung zugunsten des Benennungsberechtigten eingetragen. Jedoch hindert dies nicht die Eintragung einer selbständigen Vormerkung zugunsten des Dritten; vgl. *Ludwig*, NJW 1983, 2792-2799, 2798 Fn. 33. Bei der Vertragsgestaltung (Kaufvertrag, dessen Abschluss angeboten wird) wäre jedoch auf eine dem angepasste Fälligkeitsregelung zu achten. Der Kaufpreis sollte erst fällig werden, wenn zugunsten des Dritten eine (eigene) Vormerkung im Grundbuch eingetragen ist und dieser Vormerkung keine anderen Rechte vorgehen als solche, an deren Eintragung der Dritte mitgewirkt hat.

[347] Gemeint ist die Vormerkung zugunsten des Benennungsberechtigten zur Sicherung des Anspruchs aus § 335 BGB auf Leistung an den Dritten.

[348] *Ludwig*, NJW 1983, 2792-2799, 2798.

[349] *Ludwig*, NJW 1983, 2792-2799, 2798; *Grüneberg* in: Palandt, § 335 Rn. 2.

[350] Vgl. dazu den Fall BGH v. 22.12.1982 - V ZR 8/81 - LM Nr. 4 zu § 335 BGB; *Denck*, NJW 1984, 1009-1013, 1011-1013; *Ludwig*, NJW 1983, 2792-2799, 2798.

[351] *Denck*, NJW 1984, 1009-1013, 1013.

[352] Vgl. zu § 15 KO, dem § 91 Abs. 1 InsO nachgebildet ist: RG v. 09.11.1894 - II 312.313/94 - RGZ 34, 59-63; *Denck*, NJW 1984, 1009-1013, 1011; *Ludwig*, NJW 1983, 2792-2799, 2798.

[353] BGH v. 14.09.2001 - V ZR 231/00 - BGHZ 149, 1-10.

[354] Vgl. etwa *Ludwig*, NJW 1983, 2792-2799, 2798; *Ertl*, Rpfleger 1977, 345-354, 354.

[355] So bereits die neuere Literatur vor der Entscheidung des BGH: *Hertel* in: Lambert-Lang/Tropf/Frenz, Handbuch der Grundstückspraxis, 2. Aufl. 2005 Teil 2 Rn. 472; *Denck*, NJW 1984, 1009-1013, 1012; *Allerkamp*, MittRhNotK 1981, 55-64, 58; *Wagner*, NotBZ 2000, 69-78.

[356] Vgl. dazu näher *Holland*, ZNotP 1999, 90-95; Wagner, ZFiR 2011, 182 ff.

§ 311b jurisPK-BGB / Ludwig

handeln will, es also wirtschaftlich ausnutzen will. Ein solches wirtschaftliches Interesse sei zum einen indiziert, wenn der Benennungsberechtigte ein Selbsteintrittsrecht hat (im grunderwerbsteuerlichen Sinne: „Oder-Angebot"[357]). Die Indizwirkung entfällt nur dann, wenn der Benennungsberechtigte – bzw. der hinter ihm stehende Treugeber – ausschließlich im Interesse des Grundstücksveräußerers oder des präsumtiven Erwerbers tätig geworden ist; für das Vorliegen dieser Umstände trägt der Benennungsberechtigte die Feststellungslast.[358]

76 Ist das eigene Benennungsrecht ausgeschlossen, so entfällt nicht bereits aus diesem Grunde die Steuerpflicht nach § 1 Abs. 1 Nr. 6, Nr. 7 GrEStG [359] Auch in diesen Fällen ist dem Benennungsberechtigten ein Handel mit dem Kaufangebot im Sinne einer wirtschaftlichen Verwertung ermöglicht.[360] Das wirtschaftliche Interesse an der Benennung muss aber über das Interesse an dem Vertragsschluss hinausgehen. Erschöpft sich das Interesse in dem bloßen Vertragsschluss wie bei einem Makler[361], so unterliegt die Benennung des Dritten nicht der Grunderwerbsteuer. Ein solches wirtschaftliches Interesse ist gegeben[362], wenn der Benennungsberechtigte im Hinblick auf die Ausübung des Benennungsrechts vertraglich gebunden ist und dadurch faktisch zur Ausübung des Benennungsrechts im Sinne seiner Vertragspartner (nicht der Grundstückseigentümer oder Dritte) in der Lage ist, oder wenn ihm selbst aus der Benennung des Dritten unmittelbar oder mittelbar ein wirtschaftlicher Vorteil zufließt. Dies ist u.a. der Fall, wenn der Benennungsberechtigte in einen Fertighausbetrieb eingeschaltet ist und für die Benennung eine Provision erhält[363] oder wenn er mit den Dritten Dienstverträge schließt, die ihm bei der Realisierung der Bauvorhaben erhebliche Gebühren und Provisionen einbringen.[364]

4. (Unmittelbarer) Inhalt des Verpflichtungsvertrages: Übertragung oder Erwerb des Eigentums an einem Grundstück

a. Voraussetzungen

77 Der schuldrechtliche Vertrag oder das einseitige Verpflichtungsgeschäft muss zum unmittelbaren Inhalt haben, dass der Berechtigte aus der Verpflichtung einen Anspruch auf Eigentumserwerb an einem Grundstück erhält, den er gerichtlich auch einklagen kann. Die Zwangsvollstreckung erfolgt nach § 894 ZPO; mit Rechtskraft des Urteils gilt die Auflassungserklärung als abgegeben. In aller Regel korrespondiert die Verpflichtung zur Übertragung des Eigentums mit der Verpflichtung zum Erwerb des Eigentums (Austauschvertrag). Die Verpflichtung kann jedoch auch gegenüber dem Vertragspartner in der Form eingegangen werden, dass nicht die Übertragung an den anderen oder der Erwerb von dem anderen geschuldet wird. So kann sich der Grundstückseigentümer beispielsweise gegenüber seinem Vertragspartner verpflichten, das Grundstück an einen Dritten zu veräußern.[365] Auch kann sich jemand gegenüber seinem Vertragspartner verpflichten, von einem Dritten ein Grundstück zu erwerben. Die Zwangsvollstreckung solcher Ansprüche erfolgt nicht nach § 894 ZPO, sondern nach § 888 ZPO (unvertretbare Handlung). Andere Verfügungen als die Übertragung des Eigentums, sei es im Sinne einer Veräußerung durch den Eigentümer oder im Sinne eines Erwerbs durch den Erwerber, werden von § 311b Abs. 1 Satz 1 BGB nicht erfasst. Daher ist die Verpflichtung zur Belastung eines Grundstücks nicht beurkundungsbedürftig.[366] Die Verpflichtung zum Verzicht auf ein Wiederkaufsrecht[367] ist in Anlehnung an die Grundsätze zur Aufhebung eines Kaufvertrages beurkundungsbedürftig, wenn der Wiederkaufsberechtigte ein Anwartschaftsrecht erworben hat, was nach Auffassung des BGH nur dann der Fall ist, wenn (1) die Auflassung erklärt ist, und zusätzlich (2) entweder der Auflassungsempfänger selbst den Umschreibungsantrag beim Grundbuchamt gestellt hat oder wenn zu seinen Gunsten eine

---

[357] BFH v. 22.01.1997 - II R 97/94 - BB 1997, 1244-1246; *Holland*, ZNotP 1999, 90-95, 93.
[358] BFH v. 22.01.1997 - II R 97/94 - juris Rn. 16 - BB 1997, 1244-1246; *Holland*, ZNotP 1999, 90-95, 93.
[359] *Holland*, ZNotP 1999, 90-95, 91.
[360] BFH v. 03.03.1993 - II R 89/89 - BB 1993, 1349-1350; BFH v. 06.09.1989 - II R 135/86 - BB 1989, 2173-2174; BFH v. 16.12.1981 - II R 109/80 - BB 1982, 603; BFH v. 16.04.1980 - II R 141/77 - DB 1980, 1875; BFH v. 10.07.1974 - II R 89/68 - BFHE 113, 474.
[361] Vgl. zum Angebot an einen Makler: BFH v. 23.04.1970 - II 144/64 - DB 1972, 123.
[362] Vgl. dazu die Nachweise aus der finanzgerichtlichen Rechtsprechung bei *Holland*, ZNotP 1999, 90-95, 91-92.
[363] BFH v. 16.12.1981 - II R 109/80 - BB 1982, 603.
[364] BFH v. 06.09.1989 - II R 135/86 - BB 1989, 2173-2174.
[365] Hier muss nicht notwendigerweise ein Vertrag zugunsten Dritter nach den §§ 328-335 BGB vorliegen.
[366] *Grüneberg* in: Palandt, § 311b Rn. 7.
[367] BGH v. 29.01.1988 - V ZR 146/86 - BGHZ 103, 175-183; ungenau *Grüneberg* in: Palandt, § 311b Rn. 7, der den Verzicht auf das Wiederkaufsrecht unter Bezug auf das vorgenannte Urteil des BGH generell für formfrei ansieht. Der BGH hat jedoch zum Ausdruck gebracht, dass es darauf ankommt, ob ein Anwartschaftsrecht entstanden sei.

Auflassungsvormerkung im Grundbuch eingetragen worden ist[368]. In dem vom BGH entschiedenen Fall[369] war jedoch noch keine Auflassung aufgrund des Wiederkaufsrechts erklärt, so dass auch die zur Sicherung des Anspruchs auf Übereignung aus dem Wiederkaufsrecht eingetragene Vormerkung (allein) kein Anwartschaftsrecht begründete.

Sofern die Verpflichtung nicht auf Eigentumserwerb an einem Grundstück gerichtet ist, wie beispielsweise bei der Verpflichtung zur Abtretung eines Miterbenanteils[370] (selbst wenn zum Nachlass Grundstücke gehören) oder bei Anteilen an Personengesellschaften[371], findet § 311b Abs. 1 Satz 1 BGB keine Anwendung. Nach Ansicht des BGH[372] scheidet eine Anwendung des § 311b Abs. 1 Satz 1 BGB aus, wenn ein Miterbe aus einer Erbengemeinschaft im Wege der – nach Ansicht des BGH[373] – formfrei möglichen **Abschichtung** ausscheidet, wenn zum Nachlass ein Grundstück gehört. Dies gilt auch dann, wenn die Erbengemeinschaft nur aus zwei Personen besteht und infolge des Ausscheidens der Nachlass bei dem anderen Erben zum Alleineigentum anwächst.[374] Eine Anwendung des § 311b Abs. 1 Satz 1 BGB komme bei der Abschichtung in Betracht, wenn als Abfindung das Eigentum an einem Grundstück an den ausscheidenden Miterben übertragen werden soll.[375] Entgegen der Ansicht des BGH hält ein Teil der Literatur[376] eine Anwendung des § 311b Abs. 1 Satz 1 BGB bereits dann für geboten, wenn ein Grundstück zum Nachlass gehört. 78

Ähnlich gelagert wie das Ausscheiden aus einer Erbengemeinschaft im Wege der Abschichtung ist die Anwachsung des Gesellschaftsvermögens einer Personengesellschaft bei Ausscheiden eines Gesellschafters aus einer zweigliedrigen Gesellschaft oder mehrerer Gesellschafter aus einer mehrgliedrigen Gesellschaft, so dass die Gesellschaft erlischt und das Gesellschaftsvermögen dem verbleibenden Gesellschafter nach § 738 Abs. 1 Satz 1 BGB zu Alleineigentum anwächst. Hier wird in Rechtsprechung und Literatur davon ausgegangen, dass § 311b Abs. 1 Satz 1 BGB auch bei Vorhandensein von Grundstücken im Gesellschaftsvermögen nicht anwendbar ist (näher zum Gesellschaftsrecht vgl. Rn. 139 ff.).[377] 79

Der Vertrag ist nur dann auf eine Eigentumsübertragung gerichtet, wenn Veräußerer (bisheriger Eigentümer) und Erwerber (neuer Eigentümer) personenverschieden sind, wenn also eine Änderung der Eigentumszuordnung eintreten soll (**Rechtsträgerwechsel**).[378] Im Einzelfall kann die Feststellung, ob Personenidentität oder Personenverschiedenheit vorliegt, schwierig sein, wenn die gleichen (natürlichen) Personen auf Veräußerer- und Erwerberseite auftreten. Hier wird man danach zu unterscheiden haben, in welcher rechtlichen Form das Eigentum zugeordnet ist. Zu unterscheiden ist das Alleineigentum, Bruchteilseigentum (§§ 741-758, 1008-1011 BGB) und Gesamthandseigentum. Rechtsträger des Eigentums können jeweils natürliche und juristische Personen sein. Allerdings kann derselbe Rechtsträger nicht auf Veräußerer- und Erwerberseite stehen. Ein Einzelkaufmann kann daher nicht ein Grundstück, das in seinem „Privateigentum" steht, durch Eigentumsübertragung in sein Handelsgeschäft (betriebliches Vermögen) übertragen. Selbst wenn das betriebliche Vermögen steuerlich anders behandelt wird als das Privatvermögen, bleibt zivilrechtlich dieselbe Person Rechtsträger.[379] Auch führt die betriebswirtschaftlich und steuerlich motivierte Zuordnung eines Grundstücks von der Haupt- zur Zweigniederlassung u.U. zu keinem zivilrechtlichen Rechtsträgerwechsel.[380] Gleiches gilt für die Begründung einer Innengesellschaft.[381] § 311b Abs. 1 Satz 1 BGB ist dagegen anwendbar, wenn eine Person sich verpflichtet, das in ihrem Alleineigentum stehende Grundstück an eine GmbH zu übertra- 80

---

[368] BGH v. 11.11.1983 - V ZR 211/82 - juris Rn. 18 - BGHZ 89, 41-48; BGH v. 30.04.1982 - V ZR 104/81 - juris Rn. 14 - BGHZ 83, 395-401.

[369] BGH v. 29.01.1988 - V ZR 146/86 - BGHZ 103, 175-183.

[370] Der Verpflichtungsvertrag bedarf hier allerdings nach den §§ 2371, 2385 BGB der notariellen Beurkundung.

[371] Vgl. aber auch zur Anwendung des § 311b Abs. 1 Satz 1 BGB bei Grundstücksgesellschaften (vgl. Rn. 156) unter dem Aspekt der Umgehung.

[372] BGH v. 21.01.1998 - IV ZR 346/96 - BGHZ 138, 8-14.

[373] BGH v. 21.01.1998 - IV ZR 346/96 - juris Rn. 18 - BGHZ 138, 8-14.

[374] Vgl. zu dieser Anwachsung *Edenhofer* in: Palandt, § 2042 Rn. 18.

[375] BGH v. 21.01.1998 - IV ZR 346/96 - juris Rn. 23 - BGHZ 138, 8-14; aus der Literatur: *Damrau*, ZEV 1996, 361-369, 367-368; *Grüneberg* in: Palandt, § 311b Rn. 9.

[376] *Wufka* in: Staudinger, § 313 a.F. Rn. 69; *Rieger*, DNotZ 1999, 64-78, 76-77.

[377] *Wufka* in: Staudinger, § 313 a.F. Rn. 119; *Kanzleiter* in: MünchKomm-BGB, § 311b Rn. 14; vgl. auch BGH v. 02.10.1997 - II ZR 249/96 - LM BGB § 705 Nr. 67 (7/1998).

[378] *Wufka* in: Staudinger, § 313 a.F. Rn. 37.

[379] *Wufka* in: Staudinger, § 313 a.F. Rn. 40.

[380] *Kanzleiter* in: MünchKomm-BGB, § 311b Rn. 18; *Wolf* in: Soergel, § 313 a.F. Rn. 20.

[381] BGH v. 09.10.1974 - IV ZR 164/73 - NJW 1974, 2278-2279 zur Ehegatteninnengesellschaft; *Wolf* in: Soergel, § 313 a.F. Rn. 20.

gen, selbst wenn sie deren alleiniger Gesellschafter ist. Sofern das Eigentum mehreren Personen gemeinschaftlich (als Bruchteils- oder Gesamthandseigentum) zusteht, ist die Übertragung von der einen Eigentumsform in die andere ein Rechtsträgerwechsel. Verpflichtet sich beispielsweise eine aus drei Personen bestehende Erbengemeinschaft, das zum Nachlass gehörende Grundstück in Bruchteilseigentum zu wirtschaftlich gleichen Beteiligungsquoten „umzuwandeln", so liegt ein Rechtsgeschäft vor, das auf Übertragung des Eigentums im Sinne des § 311b Abs. 1 Satz 1 BGB gerichtet ist.[382] Gleiches gilt für die Umwandlung des Gesamtgutsvermögens einer ehelichen Gütergemeinschaft gehörenden Grundstücks in Bruchteilseigentum zur Hälfte. Sollen innerhalb einer Bruchteilsgemeinschaft die Beteiligungen geändert werden, so kann dies nur durch Übertragung eines Miteigentumsanteils erfolgen; auch hier ist das Verpflichtungsgeschäft beurkundungsbedürftig. § 311b Abs. 1 Satz 1 BGB ist auch dann anwendbar, wenn die Eigentumszuordnung von einer Form der Gesamthandsgemeinschaft (Personengesellschaft, Erbengemeinschaft, eheliche Gütergemeinschaft) in eine andere Form der Gesamthandsgemeinschaft geändert werden soll, beispielsweise wenn Miterben oder in Gütergemeinschaft lebende Ehegatten das zum Nachlass bzw. zum Gesamtgut gehörende Grundstück in der Form der Gesellschaft bürgerlichen Rechts halten wollen. Gleiches gilt bei der Übertragung des Eigentums von einer Gesamthandsgemeinschaft auf eine solche identischen Typs, beispielsweise von einer GbR auf eine andere GbR, an der jeweils dieselben natürlichen Personen beteiligt sind.[383] Sofern jedoch eine identische Struktur der Gesamthandsgemeinschaften vorhanden ist, wie dies bei Personengesellschaften (GbR, OHG, KG) der Fall ist, bedeutet die Umwandlung in eine strukturidentische Personengesellschaft keinen Rechtsträgerwechsel. Aus diesem Grund ist die Verpflichtung zur Umwandlung einer GbR in eine OHG oder KG u.U. nicht nach § 311b Abs. 1 Satz 1 BGB beurkundungsbedürftig.[384] Etwas anderes würde nur gelten, wenn die Übertragung an eine andere Personengesellschaft mit den identischen Gesellschaftern erfolgen soll.

81 § 311b Abs. 1 Satz 1 BGB ist auch bei einem Wahlschuldverhältnis im Sinne des § 262 BGB anwendbar.[385] Ein solches Rechtsverhältnis liegt vor, wenn mehrere verschiedene Leistungen in der Weise geschuldet werden, dass aufgrund einer noch zu treffenden Wahl nur eine der geschuldeten Leistungen zu erbringen ist, wobei die Wahl dem Schuldner oder dem Gläubiger zustehen kann[386]; nach der Regelung des § 262 Abs. 1 BGB soll das Wahlrecht im Zweifel dem Schuldner zustehen. Mit der Wahl einer bestimmten Leistung gilt diese als die von Anfang an geschuldete (§ 263 Abs. 2 BGB). Von einem **Wahlschuldverhältnis** ist allerdings nur dann auszugehen, wenn der Schuldner der (Haupt-)Leistung zur Übertragung oder zum Erwerb des Eigentums an einem Grundstück neben einer anderen (alternativen) Leistung verpflichtet ist.[387] Ein praktischer Anwendungsfall einer solchen Wahlschuld im Sinne einer alternativen Erwerbspflicht ist die kombinierte Bietungs- oder Ausfallerstattungsverpflichtung.[388] Eine Wahlschuld liegt auch dann vor, wenn sich der Schuldner verpflichtet, als Mitgift seiner Tochter entweder zwei Grundstücke zu übereignen oder stattdessen 1.000 DM mit kleineren Nebenleistungen zu zahlen[389], oder wenn sich eine Gemeinde im (freiwilligen) Umlegungsverfahren verpflichtet, einem Grundstückseigentümer einen Bauplatz zu übertragen, der entweder im Planungsgebiet „A" oder im Planungsgebiet „B" belegen ist und in seiner Größe dem Grundstück vergleichbar ist, das der Grundstückseigentümer auf die Gemeinde übertragen hat[390]. Ein weiterer Fall einer Wahlschuld lag einer Ent-

---

[382] *Wufka* in: Staudinger, § 313 a.F. Rn. 38; *Grüneberg* in: Palandt, § 311b Rn. 8.

[383] OLG Frankfurt v. 01.03.1995 - 24 W 10/95 - OLGR Frankfurt 1995, 74-75; KG Berlin v. 16.01.1987 - 1 W 5773/86 - NJW-RR 1987, 1321-1322; *Grüneberg* in: Palandt, § 311b Rn. 8.

[384] *Wolf* in: Soergel, § 313 a.F. Rn. 20; *Kanzleiter* in: MünchKomm-BGB, § 311b Rn. 18. Zur Berichtigung des Grundbuchs bedarf es dagegen des Nachweises der Umwandlungsvereinbarung in öffentlich beglaubigter Form nach § 29 GBO; OLG Hamm v. 31.10.1983 - 15 W 134/83 - ZIP 1984, 180-182.

[385] *Kanzleiter* in: MünchKomm-BGB, § 311b Rn. 35; *Wufka* in: Staudinger, § 313 a.F. Rn. 102; *Grüneberg* in: Palandt, § 311b Rn. 12; *Wolf* in: Soergel, § 313 a.F. Rn. 25.

[386] *Heinrichs* in: Palandt, § 262 Rn. 1.

[387] Ein praktischer Anwendungsfall einer solchen Wahlschuld im Sinne einer alternativen Erwerbspflicht ist die kombinierte Bietungs- oder Ausfallerstattungsverpflichtung; vgl. dazu BGH v. 22.09.1992 - III ZR 100/91 - NJW-RR 1993, 14-15, der im konkreten Fall die Anwendbarkeit des § 311b Abs. 1 Satz 1 BGB aus dem Gesichtspunkt des faktischen Zwangs zum Erwerb ablehnte; vgl. auch OLG Köln v. 19.04.1991 - 19 U 163/90 - juris Rn. 34 - VersR 1993, 321-323; *Droste*, MittRhNotK 1995, 37-57, 43; vgl. zur Ausbietungsgarantie (vgl. Rn. 93).

[388] Vgl. dazu BGH v. 22.09.1992 - III ZR 100/91 - NJW-RR 1993, 14-15, der im konkreten Fall die Anwendbarkeit des § 311b Abs. 1 Satz 1 BGB aus dem Gesichtspunkt des faktischen Zwangs zum Erwerb ablehnte; *Droste*, MittRhNotK 1995, 37-57, 43; vgl. zur Ausbietungsgarantie (vgl. Rn. 93).

[389] RG, Gruchot 48, 970.

[390] OLG Koblenz v. 03.12.1998 - 5 U 1705/98 - juris Rn. 7 - OLGR Koblenz 1999, 391-393.

scheidung des BayObLG aus dem Jahre 2000[391] zugrunde. Dort verpflichtete sich der Erwerber eines Grundstücks gegenüber der veräußernden Gemeinde, eine Aufteilung nach dem WEG auf die Dauer von zehn Jahren nicht durchzuführen. Für den Fall des Verstoßes gegen diese Verpflichtung konnte die Gemeinde nach ihrer Wahl innerhalb von zwei Jahren ab Kenntnis vom erfolgten Verstoß gegen die Vereinbarungen verlangen, dass das Grundstück samt Gebäude bzw. das Vertragsobjekt an sie oder einen von ihr benannten Erwerber übertragen wird, oder dass der Erwerber an die Gemeinde eine Vertragsstrafe von 50.000 DM zu bezahlen hat.

Von der Wahlschuld zu unterscheiden ist die gesetzlich nicht geregelte Ersetzungsbefugnis („**facultas alternativa**").[392] Anders als bei der Wahlschuld ist die Leistung von vornherein bestimmt; jedoch haben der Gläubiger oder der Schuldner das Recht, statt der geschuldeten Leistung eine andere zu verlangen bzw. zu erbringen und damit die Forderung durch Leistung an Erfüllungs statt zum Erlöschen zu bringen. Schuldet jemand beispielsweise aus einem Rechtsgrund die Zahlung eines Geldbetrages, so kann er mit dem Gläubiger vereinbaren, dass er anstelle der Zahlung des Geldbetrages auch das Eigentum an einem Grundstück übertragen könne, um die Forderung zu erfüllen. Bei einer solchen Ersetzungsbefugnis des Schuldners besteht zwar keine (bedingte) Verpflichtung zur Übertragung des Eigentums[393], jedoch eine (bedingte) Verpflichtung zum Erwerb des Eigentums[394], so dass die Abrede notariell zu beurkunden ist. Hat der Gläubiger das Ersetzungsrecht und kann er vom Schuldner anstelle der geschuldeten Leistung die Übereignung eines Grundstücks verlangen, so besteht eine (durch Ausübung des Ersetzungsrechts bedingte) Verpflichtung des Schuldners zur Übertragung des Eigentums, die der notariellen Beurkundung bedarf.[395] Nach Ansicht des OLG Brandenburg[396] liegt im Verhältnis zwischen dem Auflassungsanspruch nach Art. 233 § 11 Abs. 3 Satz 1 EGBGB und dem Zahlungsanspruch nach Art. 233 § 11 Abs. 3 Satz 4 EGBGB eine – mit einer besonders gestalteten Erfüllungs- bzw. Abwendungsbefugnis des Schuldners verbundene – gesetzliche Ersetzungsbefugnis des Gläubigers vor. 82

b. Verpflichtung mit negativem Inhalt: kein Erwerb oder keine Veräußerung

Die Verpflichtung, ein Grundstück nicht zu veräußern oder zu erwerben (z.B. die Verpflichtung zur Nichtabgabe eines Gebots in der Zwangsversteigerung), bedarf grds. nicht der Form des § 311b Abs. 1 Satz 1 BGB.[397] Der Grund für eine solche Vereinbarung kann unterschiedlich sein. Beispielsweise kann jemandem aus psychologischen oder wirtschaftlichen Gründen daran gelegen sein, dass ein Eigentümer das Grundstück überhaupt nicht verkauft. Eine solche Situation kann vorliegen, wenn dem Nacherben daran gelegen ist, ein Nachlassgrundstück mit Eintritt des Nacherbfalls zu erhalten und den befreiten[398] Vorerben zu verpflichten, das Grundstück nicht zu verkaufen oder wenn der Erblasser sich gegenüber dem Vermächtnisnehmer verpflichtet, über das vermachte Grundstück zu Lebzeiten nicht zu verfügen (Verfügungsunterlassungsvertrag).[399] Dagegen bedarf eine (zusätzliche) Verpflichtung bei Verstoß gegen die Verfügungsunterlassungsverpflichtung das Eigentum an dem Grundstück zu übertragen, der notariellen Beurkundung.[400] 83

Das Interesse kann auch dahin gehen, dass der Grundstückseigentümer das Grundstück nicht an eine bestimmte (unliebsame) Person veräußert. Ausnahmsweise kann die Verpflichtung zur Nichtveräußerung jedoch beurkundungsbedürftig sein, wenn sie gleichsam nur die Kehrseite der positiven Verpflichtung darstellt, das Grundstück an den Vertragspartner zu verkaufen.[401] In dem vom BGH[402] entschiedenen Fall behauptete der Kläger zunächst, dass ihm der Verkauf des Grundstücks vom Beklagten mündlich zugesichert worden sei. Nachdem er den Arglisteneinwand des § 242 BGB (Unbeachtlichkeit des Formverstoßes) nicht erfolgreich geltend machen konnte, behauptete 84

---

[391] BayObLG München v. 02.03.2000 - 2Z BR 183/99 - juris Rn. 12 - BayObLGZ 2000, 60-63.
[392] *Heinrichs* in: Palandt, § 262 Rn. 7-9.
[393] *Wolf* in: Soergel, § 313 a.F. Rn. 25, *Kanzleiter* in: MünchKomm-BGB, § 311b Rn. 35, der dies aber als Grenzfall bezeichnet.
[394] *Wolf* in: Soergel, § 313 a.F. Rn. 25; *Kanzleiter* in: MünchKomm-BGB, § 311b Rn. 35.
[395] *Wolf* in: Soergel, § 313 a.F. Rn. 25.
[396] OLG Brandenburg v. 05.12.1996 - 5 U 49/96 - OLG-NL 1997, 30-36.
[397] BGH v. 10.02.1988 - IVa ZR 268/86 - BGHZ 103, 235-242; *Gehrlein* in: Bamberger/Roth, § 311b Rn. 8.
[398] Wäre der Vorerbe nicht befreit, so wäre auch eine entgeltliche Veräußerung ohne Zustimmung des Nacherben diesem gegenüber unwirksam, sofern sein Nacherbenrecht beeinträchtigt wird.
[399] BGH v. 20.03.1963 - V ZR 89/62 - NJW 1963, 1602-1604.
[400] *Gehrlein* in: Bamberger/Roth, § 311b Rn. 8.
[401] BGH v. 09.07.1965 - V ZR 63/63 - DNotZ 1966, 363; *Kanzleiter* in: MünchKomm-BGB, § 311b Rn. 20; *Gehrlein* in: Bamberger/Roth, § 311b Rn. 8.
[402] BGH v. 09.07.1965 - V ZR 63/63 - DNotZ 1966, 363.

er in der Berufungsinstanz, es sei auch vereinbart worden, das Grundstück nicht an Dritte zu veräußern. Für sich betrachtet wäre eine solche Verpflichtung nicht nach § 311b Abs. 1 Satz 1 BGB beurkundungsbedürftig. Da der Kläger jedoch selbst an dem Erwerb des Grundstücks interessiert war, war die Nichtveräußerungsverpflichtung lediglich die Kehrseite der formunwirksamen Verpflichtung zur Veräußerung des Grundstücks an den Kläger und hätte daher ebenfalls beurkundet werden müssen. Bei sog. Reservierungsvereinbarungen von Verkäufern oder Maklern trifft die Verpflichtung zur Nichtveräußerung oftmals mit einer (faktischen) Erwerbspflicht des Kaufinteressenten zusammen, so dass aus diesem Grund Beurkundungsbedürftigkeit gegeben ist. Bei solchen Vereinbarungen „reserviert" der Verkäufer dem Interessenten das Grundstück für einen bestimmten Zeitraum, innerhalb dessen er sich zur Nichtveräußerung an andere Interessenten verpflichtet. Zugleich verpflichtet sich der Kaufinteressent – dies ist gleichsam die Gegenleistung – zur Zahlung einer Vertragsstrafe[403] oder der Maklerprovision[404] für den Fall, dass er das Grundstück nicht erwirbt.

c. Aufhebungsvereinbarungen bei Bruchteilsgemeinschaften

85 Bei einer Bruchteilsgemeinschaft kann jeder Teilhaber jederzeit die Aufhebung der Gemeinschaft verlangen (§ 749 Abs. 1 BGB). Die Durchführung der Teilung ist in den §§ 752 ff. BGB geregelt. Bei der Aufhebung einer Bruchteilsgemeinschaft ist zwischen folgenden Rechtsgeschäften zu unterscheiden:
- der Aufhebungsvereinbarung, welche regelt, wann der Teilungsanspruch entsteht und fällig wird;
- der Teilungsvereinbarung, die die Art und Weise der Teilung festlegt; sie kann entsprechend den gesetzlichen Vorgaben den Verkauf des gemeinschaftlichen Gegenstandes oder die Aufteilung unter den Bruchteilseigentümern vorsehen;
- in der Verteilungsvereinbarung bestimmen die Bruchteilseigentümer die Quote des Erlöses aus einem Verkauf des gemeinschaftlichen Gegenstandes;
- die Vollzugsvereinbarung trifft Aussagen darüber, wie die Teilung des gemeinschaftlichen Gegenstandes sachenrechtlich vollzogen werden soll.

86 Die Vereinbarung über die Aufhebung der Bruchteilsgemeinschaft bedarf keiner notariellen Beurkundung, weil sich ein solcher Vertrag nicht mit den Rechtsfolgen der Aufhebung (also der Durchführung der Teilung) befasst[405] und damit keine Verpflichtung zur Übertragung oder zum Erwerb von Eigentum an einem Grundstück beinhaltet. Der Ausschluss der Aufhebung der Bruchteilsgemeinschaft nach § 749 Abs. 2 BGB bedarf ebenfalls nicht der notariellen Beurkundung.[406] Die Vereinbarung über die Teilung des Grundstücks in natura (vgl. § 752 BGB) bedarf keiner notariellen Beurkundung, da bereits ein gesetzlicher Teilungsanspruch besteht.[407] Eine Teilbarkeit in natura ist auch bei unbebauten Grundstücken möglich. Dies setzt allerdings voraus, dass sich das gemeinschaftliche Grundstück ohne Verminderung des Wertes in gleichartige, den Anteilen der Teilhaber entsprechende Teile zerlegen lässt (§ 752 Satz 1 BGB). Unbebaubare Grundstücke sind teilbar, wenn der Wert der einzelnen Grundstücke den Gesamtwert des gesamten Grundstücks erreicht und die einzelnen Grundstücke wertmäßig ungefähr gleich sind. Bei bebaubaren Grundstücken müssen die einzelnen Grundstücke zusätzlich noch bebaubar bleiben. Bebaute Grundstücke sind in der Regel nicht teilbar, da den Anteilen der Teilhaber entsprechende Teile praktisch nicht gebildet werden können. Soll die verabredete Teilung dagegen so erfolgen, dass das Grundstück geteilt (also in neue Parzellen vermessen) und dann die Teilflächen auf die Miteigentümer zu Alleineigentum übertragen werden soll, so bedarf diese Abrede der notariellen Beurkundung, wenn sie nicht den Vorgaben der gesetzlichen Teilung in natura nach § 752 BGB entspricht.[408]

---

[403] In dem Fall OLG Köln v. 14.06.1971 - 7 U 173/70 verpflichtete sich der Verkäufer zur Zahlung einer Vertragsstrafe für den Fall, dass er das Grundstück anderweitig veräußert. Die Gesamtumstände waren jedoch so angelegt, dass der Käufer, der eine „Teilnehmergebühr" unabhängig von dem tatsächlichen Kauf zu zahlen hatte, mittelbar zum Erwerb veranlasst war. Die Vereinbarung wurde jedoch zu einem Zeitpunkt geschlossen, als § 313 Satz 1 a.F. noch nicht die Verpflichtung zum Erwerb regelte. Aus heutiger Sicht wäre die Abrede dagegen beurkundungsbedürftig.

[404] So der Fall BGH v. 10.02.1988 - IVa ZR 268/86 - juris Rn. 18 - BGHZ 103, 235-242.

[405] *Gehrlein* in: Bamberger/Roth, § 749 Rn. 8.

[406] *Gehrlein* in: Bamberger/Roth, § 749 Rn. 6.

[407] BGH v. 27.10.1972 - V ZR 41/70 - WM 1973, 82-84; *Gehrlein* in: Bamberger/Roth, § 749 Rn. 9.

[408] BGH v. 27.10.1972 - V ZR 41/70 - WM 1973, 82-84; *Gehrlein* in: Bamberger/Roth, § 749 Rn. 9.

d. Lotterie- oder Ausspielvertrag (§ 763 BGB)

Nach Auffassung des OLG Nürnberg[409] ist die Verpflichtung des Veranstalters, ein als Hauptpreis ausgesetztes Grundstück an den Gewinner des entsprechenden Loses zu übereignen, nicht nach § 311b Abs. 1 Satz 1 BGB beurkundungsbedürftig. Der Veranstalter setzte als Hauptpreis einer Tombola ein Grundstück aus, wobei die Besonderheit bestand, dass er nicht Eigentümer dieses Grundstücks war. Der Gewinner des Hauptpreises bemühte sich vergeblich um Übertragung des Eigentums von dem Dritten. Das Grundstück wurde anderweitig veräußert. Daher klagte er gegen den Veranstalter auf Wertersatz, hilfsweise auf Verschaffung des Eigentums an dem Grundstück. Das OLG Nürnberg lehnte die Anwendung des § 313 BGB a.F. mit der Begründung ab, dass die Beteiligung an einer Ausspielung durch Erwerb von Losen keinen Sachkauf hinsichtlich der als Gewinn ausgesetzten Gegenstände darstelle; auch handele es sich nicht um einen aufschiebend bedingten Kauf. Aus diesem Grunde erscheine es abwegig als wirksame Voraussetzung zu verlangen, dass alle (!) Teilnehmer an der Ausspielung einen notariell zu beurkundenden Vertrag hätten abschließen müssen, um schließlich ein verfolgbares Recht auf „Ausfolgung des Gewinns", nämlich des Grundstücks und der übrigen Preise, zu erwerben. Die an der Vorstellung der Beteiligten orientierte Auslegung der Ausspielungsverträge, die der Veranstalter mit den Käufern von Losen schloss, müsse dazu führen, den Veranstalter für verpflichtet zu halten, „die Ziehung als entscheidenden Akt der Ausspielung planmäßig vorzunehmen und dafür Sorge zu tragen, dass die ermittelten Gewinner die ausgesetzten Preise erhielten. Eine Verpflichtung, das Eigentum an einem Grundstück zu übertragen, beinhalte der Ausspielungsvertrag daher nicht. Sofern der Veranstalter selbst schon Eigentümer aller oder eines Teils der als Preis ausgesetzten Gegenstände sei, treffe ihn allerdings die Pflicht zur Eigentumsübertragung. Welche Erfordernisse erfüllt sein müssten, wenn der Veranstalter ein ihm gehörendes Grundstück als Preis ausgesetzt hätte, brauche nicht entschieden zu werden, da der Veranstalter nicht Eigentümer des als Hauptpreis ausgesetzten Grundstücks sei.

Der Entscheidung des OLG Nürnberg ist nicht zu folgen.[410] Für die Anwendbarkeit des § 311b Abs. 1 Satz 1 BGB kann es nicht darauf ankommen, ob mit dem Erwerb des Loses ein (aufschiebend bedingter) Sachkauf über das Grundstück geschlossen würde. Diese Vorschrift ist auf alle Verträge anwendbar, die eine Verpflichtung zur Übertragung des Eigentums an einem Grundstück regeln. Auf die rechtliche Natur des Vertrages kommt es nicht an. Möglicherweise ging das Gericht auch davon aus, dass es für die Anwendbarkeit des § 311b Abs. 1 Satz 1 BGB darauf ankomme, ob das als Hauptpreis ausgesetzte Grundstück im Eigentum des Veranstalters oder eines Dritten steht. Dies widerspräche der ganz h.M., wonach die Verpflichtung ein fremdes Eigentum zu übertragen in den Anwendungsbereich des § 311b Abs. 1 Satz 1 BGB fällt.[411] Auch ist die Vorstellung, dass alle (!)Teilnehmer an der Ausspielung einen notariell zu beurkundenden Vertrag hätten abschließen müssen, um schließlich ein verfolgbares Recht auf „Ausfolgung des Gewinns", nämlich des Grundstücks und der übrigen Preise, zu erwerben, unzutreffend. Einen Anspruch auf Übereignung des Grundstücks kann der Gewinner des Hauptpreises dadurch erwerben, dass der Veranstalter vor Durchführung der Tombola ein notarielles Angebot beurkunden lässt.[412] Voraussetzung eines wirksamen Angebotes ist, dass der Angebotsempfänger bestimmt oder bestimmbar (z.B. beim Benennungsrecht[413]) ist. Fehlt es daran, so liegt keine wirksame Willenserklärung vor.[414] Der Adressatenkreis bei der Tombola ist bestimmbar; das Angebot gilt gegenüber jedem, der ein Los erworben hat. Allerdings wird das Angebot inhaltlich dahin gehend eingeschränkt, dass es nur gegenüber demjenigen gilt, der das auf den Preis (Grundstück) entfallende Los zieht. Eine solche Bedingung kann ohne weiteres Inhalt des Angebots sein. Die Widerruflichkeit des Angebots ist – vom Empfängerhorizont betrachtet – ausgeschlossen. Weitere Voraussetzung für ein wirksames Angebot ist der Zugang beim Angebotsempfänger. Bedarf das Angebot der notariellen Beurkundung, so ist der Zugang erst wirksam erfolgt, wenn dem Angebotsempfänger eine Ausferti-

---

[409] OLG Nürnberg v. 28.10.1965 - 2 U 81/65.
[410] So auch *Ring* in: AnwK-BGB § 311b Rn. 38.
[411] *Kanzleiter* in: MünchKomm-BGB, § 311b Rn. 13; *Grüneberg* in: Palandt, § 311b Rn. 4; OLG München v. 11.07.1983 - 28 U 2652/83 - juris Rn. 3 - NJW 1984, 243.
[412] Nicht erforderlich ist auch das Angebot auf Übereignung der sonstigen Preise, insbesondere der beweglichen Gegenstände, weil ein untrennbarer Zusammenhang mit der Verpflichtung zur Übereignung des Grundstücks nicht gegeben ist.
[413] Dazu *Wufka* in: Staudinger, § 313 a.F. Rn. 61.
[414] OLG Karlsruhe v. 25.03.1988 - 10 U 198/87 - DNotZ 1988, 694-697.

gung[415] der notariellen Urkunde so zur Kenntnis gebracht wird, dass dieser davon Kenntnis nehmen kann[416]. Der Angebotsempfänger kann nach h. M. in der Annahmeerklärung auf den Zugang der Angebotserklärung verzichten[417], genauer formuliert: er kann in der Annahmeerklärung das (stillschweigend erklärte) Angebot auf Abschluss eines Verzichtsvertrages hinsichtlich des ordnungsgemäßen Zugangs des Angebots (stillschweigend) annehmen.[418] Der Veranstalter müsste demnach bei der Tombola noch nicht einmal ausdrücklich darauf hinweisen, dass er dem Gewinner den Abschluss eines Vertrages zur Übereignung des Grundstücks anbiete; dies folgt bereits aus den Umständen, weil das Grundstück als Preis ausgesetzt ist. Auch müsste der Veranstalter keine Ausfertigung der Angebotsurkunde zur Einsichtnahme am Ort der Tombola haben, da aus der Sicht des Empfängers davon auszugehen ist, dass das Angebot ordnungsgemäß abgegeben wurde. Rechtlich bedeutet dies ein stillschweigendes Angebot auf Abschluss eines Verzichtsvertrages hinsichtlich des ordnungsgemäßen Zugangs des Angebots auf Übereignung des Grundstücks. Der Gewinner kann in der notariell zu beurkundenden Annahme des Angebotes auf Abschluss eines Vertrages über die Übereignung des Grundstücks zugleich die Annahme des Angebotes auf Abschluss des Verzichtsvertrages hinsichtlich des ordnungsgemäßen Zugangs des Angebotes erklären; jedenfalls würde die Annahme des Angebots auf Übereignung des Grundstücks auch stillschweigend die Annahme auf Abschluss des Zugangsverzichtsvertrages beinhalten.[419]

89 Der Inhaber des auf den Preis (Grundstück) entfallenden Loses erwirbt aus dem Angebot, das ihm gegenüber Bindung entfaltet, eine für ihn vorteilhafte Rechtsposition (Annahmeposition)[420], die teilweise als Anwartschaft[421], teilweise als Gestaltungsrecht[422] angesehen wird. Diese Rechtsposition erwirbt der Gewinner durch Ziehung der entsprechenden Losnummer.

e. Bürgschaftsvertrag, Schuldübernahme

90 Nach allgemeiner Ansicht unterliegt die Übernahme der Bürgschaft für die **Pflicht des Veräußerers** zur Übereignung eines Grundstücks nicht der Form des § 311b Abs. 1 Satz 1 BGB.[423] Der Bürge schuldet nicht die Übereignung des Grundstücks, auch nicht bedingt. Er haftet lediglich für die Erfüllung einer fremden Verbindlichkeit, und zwar der Übereignungspflicht des Veräußerers.[424] Gleiches gilt für die Garantiezusage.[425] Dagegen übernimmt der Dritte bei der Schuld(mit)übernahme eine eigene Verpflichtung zur Veräußerung des (fremden) Grundstücks, so dass diese notariell beurkundet werden muss.[426] Wird der Schuldübernahmevertrag zwischen Gläubiger (Veräußerer) und Übernehmer geschlossen (§ 414 BGB), so sind die Erklärungen hinsichtlich der Übernahme der Schuld zu beurkunden. Dagegen muss der Vertrag, aus dem sich die übernommene Verpflichtung zum Erwerb des Eigentums ergibt, nicht mitbeurkundet werden, weil sich die Übernahme auf eine bereits rechtsgeschäftlich begründete Verpflichtung bezieht und diese nicht erst neu begründet.[427] Die Bezeichnung der zu über-

---

[415] BGH v. 07.06.1995 - VIII ZR 125/94 - BGHZ 130, 71-76; *Hertel* in: Lambert-Lang/Tropf/Frenz, Handbuch der Grundstückspraxis, 2. Aufl. 2005, Teil 2 Rn. 474. Die Ausfertigung vertritt nach § 47 BeurkG die Urschrift im Rechtsverkehr. Nicht ausreichend ist die Übersendung oder Aushändigung einer beglaubigten Abschrift; *Armbrüster*, NJW 1996, 438-440, 438.

[416] Vgl. allgemein zu den Voraussetzungen des Zugangs von Erklärungen unter Abwesenden und Anwesenden (zumindest bei verkörperten Willenserklärungen) *Heinrichs/Ellenberger* in: Palandt, § 130 Rn. 5, 13.

[417] OLG Dresden v. 25.06.1999 - 3 W 0570/99, 3 W 570/99- ZNotP 1999, 402-403; *Wudy*, ZNotP 1999, 394-396; *Kanzleiter*, DNotZ 1996, 931-941, 940; *Armbrüster*, NJW 1996, 438-440, 438; zweifelnd dagegen *Brambring* in: Brambring, Beck'sches Notar-Handbuch, 3. Aufl. 2000, A I Rn. 388.

[418] *Armbrüster*, NJW 1996, 438-440, 439. Nähere Ausführungen zum Problem des Zugangs vgl. Rn. 61, dort auch zur Konstruktion des einseitigen Verzichts auf Zugang einer Ausfertigung.

[419] *Armbrüster*, NJW 1996, 438-440, 439.

[420] *Eckert* in: Bamberger/Roth, § 145 Rn. 47.

[421] *Eckert* in: Bamberger/Roth, § 145 Rn. 47.

[422] OLG Celle v. 31.07.1961 - 4 U 34/61; *Heinrichs* in: Palandt, § 145 Rn. 5; *Schulze* in: AnwK-BGB, § 145 Rn. 10.

[423] RG v. 03.04.1933 - VI 380/32 - RGZ 140, 216-219; *Wufka* in: Staudinger, § 313 a.F. Rn. 68.

[424] RG v. 03.04.1933 - VI 380/32 - RGZ 140, 216-219.

[425] RG v. 03.04.1933 - VI 380/32 - RGZ 140, 216-219; *Wufka* in: Staudinger, § 313 a.F. Rn. 68; *Kanzleiter* in: MünchKomm-BGB, § 311b Rn. 30; *Battes* in: Erman, Handkommentar BGB, 10. Aufl. 2000, § 313 a.F. Rn. 35.

[426] RG v. 03.04.1933 - VI 380/32 - RGZ 140, 216-219; *Kanzleiter* in: MünchKomm-BGB, § 311b Rn. 30; *Battes* in: Erman, Handkommentar BGB, 10. Aufl. 2000, § 313 a.F. Rn. 35.

[427] A.A. *Wufka* in: Staudinger, § 313 a.F. Rn. 74. Freilich sollte man in der Praxis vorsorglich einen bereits beurkundeten Vertrag im Wege der Verweisung nach § 13a Abs. 1 BeurkG zum Bestandteil des Schuldübernahmevertrages machen.

nehmenden Schuld hat deshalb nur die Bedeutung eines Identifizierungsmittels für den Gegenstand der Schuldübernahme.[428] Wird die Schuldübernahme durch Vertrag zwischen Altschuldner und Neuschuldner geschlossen, so bedarf er der Genehmigung des Gläubigers (§ 415 BGB). Diese Genehmigung bedarf nicht der notariellen Beurkundung, weil sie für den Genehmigenden keine (neue) Verpflichtung zur Veräußerung des Eigentums begründet.[429] Die Vertragsübernahme, die durch einheitlichen (dreiseitigen) Vertrag[430] zwischen den bisherigen Vertragsparteien und dem Übernehmer geschlossen wird, unterliegt – wie der BGH zutreffend entschieden hat[431] – dem Erfordernis der notariellen Beurkundung nach § 311b Abs. 1 Satz 1 BGB. Dort erwarb von dem finanziell angeschlagenen Bauträger eine mit diesem verbundene Gesellschaft das Objekt und übernahm die bereits geschlossenen Kaufverträge über die Eigentumswohnungen. Mit privatschriftlichem Schreiben gab der Übernehmer die Erklärung ab, „in alle Rechte und Pflichten aus dem Grundstückskaufvertrag vom (...) als Verkäuferin genenüber der Käuferin einzutreten". Nachdem der Käufer Erfüllung verlangte, berief sich der Übernehmer auf den Formmangel nach § 125 BGB. Diesen Einwand verwehrte der BGH dem Übernehmer jedoch nach den besonderen Grundsätzen von Treu und Glauben (§ 242 BGB). Ist die Erklärung nicht hinreichend klar formuliert[432], so wird man im Zweifel von einer Bürgschaft auszugehen haben, da nur ausnahmsweise anzunehmen ist, dass der Verpflichtete für die Übereignung selbst einstehen will.

Beistandserklärungen für die **Verpflichtungen des Erwerbers** sind dagegen differenziert zu betrachten. Sofern ausnahmsweise eine Pflicht zum Erwerb des Eigentums im Wege der Schuld(mit)übernahme übernommen wird, unterliegt diese Vereinbarung dem Erfordernis der notariellen Beurkundung.[433] Gleiches gilt für eine Vertragsübernahme.[434] Die Übernahme der Bürgschaft für die Kaufpreisschuld unterliegt als solche nicht dem Erfordernis der notariellen Beurkundung, da sie keine Pflicht zum Erwerb des Grundstücks enthält. Ist aber die Übernahme der Bürgschaft ausnahmsweise Bestandteil des abzuschließenden Grundstückskaufvertrages, so muss sie zusammen mit dem Grundstückskaufvertrag notariell beurkundet werden.[435]

f. Verjährungsunterbrechendes Anerkenntnis

Streiten sich zwei Parteien darüber, ob die eine zur Übertragung des Eigentums an einem Grundstück an die andere Partei verpflichtet ist und erkennt der (mutmaßlich) Verpflichtete die Übertragungsverpflichtung an, damit die Verjährung des Eigentumserwerbsanspruchs unterbrochen wird, so ist dieses Anerkenntnis nicht nach § 311b Abs. 1 Satz 1 BGB notariell zu beurkunden, weil dieses Anerkenntnis keine Übertragungsverpflichtung beinhaltet, sondern lediglich eine verjährungsunterbrechende Wirkung hat.[436]

g. Die Ausbietungsgarantie

Die Ausbietungsgarantie steht im Zusammenhang mit der (möglichen) Zwangsversteigerung eines Grundstücks. Dahinter verbirgt sich eine Vielzahl von Konstellationen, denen zumindest eines gemeinsam ist: das Einstehen dafür, dass der Grundpfandrechtsgläubiger mit dem Recht, auf welches sich die

---

[428] Vgl. zu einem ähnlich gelagerten Sachverhalt BGH v. 04.03.1994 - V ZR 241/92 - juris Rn. 15 - BGHZ 125, 235-238.
[429] So auch *Wufka* in: Staudinger, § 313 a.F. Rn. 74.
[430] BGH v. 27.11.1985 - VIII ZR 316/84 - juris Rn. 40 - BGHZ 96, 302-313; *Grüneberg* in: Palandt, § 398 Rn. 38.
[431] BGH v. 14.06.1996 - V ZR 85/95 - LM BGB § 313 Nr. 143 (10/1996); *Wufka* in: Staudinger, § 313 a.F. Rn. 74.
[432] Vgl. zur Auslegung der Erklärung, wonach sich jemand verpflichtet, ein Grundstück „zu verschaffen": RG v. 17.10.1911 - II 127/11 - RGZ 77, 130-132.
[433] *Kanzleiter* in: MünchKomm-BGB, § 311b Rn. 30; *Battes* in: Erman, Handkommentar BGB, 10. Aufl. 2000, § 313 a.F. Rn. 35. Unzutreffend in diesem Zusammenhang der Hinweis von *Wufka* in: Staudinger, § 313 a.F. Rn. 74; auf BGH v. 04.03.1994 - V ZR 241/92 - BGHZ 125, 235-238, da es in dieser Entscheidung nicht um die Übernahme der Verpflichtung zum Erwerb des Eigentums, sondern um andere Verpflichtungen (Eintritt in alle Rechte und Pflichten der Grundstücksordnung einschließlich des bestehenden Wärmelieferungsvertrages sowie der bestehenden Gemeinschafts- und Miteigentumsordnung für das Teilstück des Kaufgegenstandes) ging.
[434] *Wufka* in: Staudinger, § 313 a.F. Rn. 74.
[435] Vgl. einerseits den Sachverhalt in der Entscheidung BGH v. 15.01.1962 - III ZR 177/60 - LM Nr. 1 zu § 19 BNotO, andererseits den Sachverhalt RG v. 02.03.1933 - VI 350/32 - RGZ 140, 335-340; *Wufka* in: Staudinger, § 313 a.F. Rn. 74; *Battes* in: Erman, Handkommentar BGB, 10. Aufl. 2000, § 313 a.F. Rn. 35.
[436] LG Stendal v. 28.11.2006 - 22 S 90/06 - juris Rn. 30.

Garantie bezieht, aus einer Zwangsversteigerung ohne Verlust herausgeht.[437] Die unterschiedlichen rechtlichen Erscheinungsformen geben Auskunft darüber, ob die Abrede der Beurkundung nach § 311b Abs. 1 Satz 1 BGB bedarf.

aa. Anwendungsfälle

94 In der Literatur wird zwischen unselbständiger und selbständiger Ausbietungsgarantie unterschieden.[438] Die unselbständige Garantie ist Teil einer anderen Verpflichtung; bei der selbständigen Ausbietungsgarantie steht jemand, der zu dem Grundpfandrecht (insbesondere einer Bank) bisher keine rechtliche Beziehung hat, dafür ein, dass der Gläubiger mit dem Recht bei einer Zwangsversteigerung ohne Verlust bleibt.[439] Diese Unterscheidung ist für die rechtliche Einordnung und die Formbedürftigkeit allerdings ohne Belang. Folgende Beispielsfälle werden für unselbständige und selbständige Ausbietungsgarantien genannt[440]:

- Beim Verkauf einer Hypothek oder Grundschuld übernimmt der Verkäufer die Verpflichtung, den Käufer bei einem (teilweisen) Ausfall mit dem Recht in der Zwangsversteigerung so zu stellen, als ob er in vollem Umfang aus dem Erlös befriedigt worden wäre.
- Bei einem Grundstückskaufvertrag wird dem Käufer der Restkaufpreis gestundet und nach Zahlung eines Teilbetrages das Eigentum auf ihn überschrieben. Zur Absicherung des Zahlungsanspruchs des Verkäufers wird eine (Restkaufpreis-)Hypothek eingetragen. Sind vor dieser Hypothek vorrangige Grundpfandrechte im Grundbuch eingetragen (insbesondere zur Teilfinanzierung des Kaufpreises), so besteht für den Verkäufer die Gefahr, dass er bei Versteigerung des Grundstücks mit seiner Forderung zumindest teilweise ausfällt. Zur weiteren Absicherung des Anspruchs wird neben der Realsicherheit noch eine persönliche Sicherheit gewährt, indem sich der Käufer oder ein Dritter gegenüber dem Verkäufer verpflichtet, diesen bei (teilweisem Ausfall) mit der Forderung die Differenz zu ersetzen.
- Ein Grundstücksmakler erwirbt aufgrund einer Vollmacht eine Eigentumswohnung für seinen Auftraggeber und soll auch die Darlehensverträge zur Finanzierung unterzeichnen. Die Bank ist dazu nur bereit, wenn der Makler für die zu bestellenden Finanzierungsgrundpfandrechte eine Ausbietungsgarantie übernimmt.[441]
- Beim Verkauf einer Eigentumswohnung übernimmt der Käufer in Anrechnung auf den Kaufpreis die Darlehensverbindlichkeiten gegenüber der Grundpfandrechtsgläubigerin. Diese macht die Genehmigung der Schuldübernahme (§ 415 BGB) davon abhängig, dass der Verkäufer eine Ausbietungsgarantie übernimmt.[442]
- Die Grundpfandrechtsgläubigerin betreibt die Zwangsversteigerung eines Grundstücks. Ein potentieller Ersteigerer verhandelt mit der Grundpfandrechtsgläubigerin, dass er die bestehenden Darlehen übernimmt und dass das Grundpfandrecht bestehen bleibt. Der Interessent übernimmt gegenüber der Grundpfandrechtsgläubigerin die Verpflichtung, ein Gebot in der Versteigerung abzugeben. Die Bank verpflichtet sich im Gegenzug gegenüber dem Interessenten für den Fall, dass diesem der Zuschlag erteilt wird, der Schuldübernahme „zuzustimmen".[443]

bb. Ausbietungsgarantie mit schwächerer Wirkung („Ausfallgarantie")

95 Die Ausfallgarantie[444] soll den wirtschaftlichen Wert eines Grundpfandrechts (Realsicherheit) dadurch verstärken, dass ein Dritter in Form einer Personalsicherheit zusätzlich das Risiko für den Fall über-

---

[437] *Droste*, MittRhNotK 1995, 37-57, 38. Von der Ausbietungsgarantie zu unterscheiden ist das Bietabkommen („pactum de non licitando"), das darauf gerichtet ist, einzelne Bietinteressenten (in der Regel gegen Gewährung eines finanziellen Vorteils) von der Abgabe von Geboten in der Zwangsversteigerung abzuhalten; vgl. dazu *Hennings*, Die Ausbietungsgarantie, 1998, 15.

[438] *Droste*, MittRhNotK 1995, 37-57, 39; *Kiethe*, NZM 2003, 581-588, 581 f; *Hennings*, Die Ausbietungsgarantie, 1998, 13-14.

[439] *Droste*, MittRhNotK 1995, 37-57, 39.

[440] *Droste*, MittRhNotK 1995, 37-57, 39; *Hennings*, Die Ausbietungsgarantie, 1998, 13-14.

[441] Vgl. den Sachverhalt der Entscheidung BGH v. 24.10.1989 - XI ZR 8/89 - LM Nr. 18 zu § 242 (Bf) BGB; *Droste*, MittRhNotK 1995, 37-57, 39.

[442] Sachverhalt nach BGH v. 09.03.1990 - V ZR 260/88 - juris Rn. 3 - BGHZ 110, 319-322. Unklar bleibt anhand des Sachverhaltes allerdings, ob es sich um eine Ausbietungsgarantie mit schwacher oder starker Wirkung handelte.

[443] Vgl. *Droste*, MittRhNotK 1995, 37-57, 39.

[444] Muster (Sparkasse) bei *Hennings*, Die Ausbietungsgarantie, 1998, 45-46.

nimmt, dass der Grundpfandgläubiger in der Zwangsversteigerung (teilweise) ausfällt („Ausfallverhütungspflicht")[445]. Die Garantie beinhaltet keine Pflicht zur Abgabe eines Gebots im Versteigerungstermin. Aus diesem Grund ist eine notarielle Beurkundung nach § 311b Abs. 1 Satz 1 BGB nicht erforderlich.[446] Gleiches gilt, wenn der Garant sich verpflichtet, einen Dritten zu veranlassen, ein Gebot abzugeben, weil eine Bietpflicht nicht gegeben ist.[447] Eine Besonderheit stellt jedoch der Fall dar, dass der Garant faktisch zur Abgabe eines Gebotes verpflichtet ist, weil – was allen Beteiligten auch bewusst ist – der Garant wegen des unmittelbar bevorstehenden Versteigerungstermins andere Maßnahmen zur Vermeidung des Ausfalls des Grundpfandrechtsgläubigers nicht einleiten kann und ein eigenes Interesse an dem Versteigerungsobjekt hat. Hier ist die Abrede in Wirklichkeit auf eine Bietungspflicht des Garanten gerichtet, so dass sie der notariellen Beurkundung nach § 311b Abs. 1 Satz 1 BGB unterliegt.[448] Aus diesem Grund wird in der Praxis eine notarielle Beurkundung im Zweifel zu empfehlen sein, wenn nach der Formulierung des Vertrages eine faktische Verpflichtung des Garanten zum Ersteigern von vornherein nicht auszuschließen ist, und zwar auch dann, wenn die Vertragsparteien vom Abschluss einer Ausfallgarantie ausgehen.[449]

cc. Ausbietungsgarantie mit stärkerer Wirkung (reine Ausbietungsgarantie)

In der Praxis der Kreditinstitute ist die Ausbietungsgarantie mit stärkerer Wirkung die häufigste Form.[450] Bei einem Not leidenden, grundpfandrechtlich gesicherten Kredit droht die Zwangsversteigerung, und der Grundpfandgläubiger ist daran interessiert, einen potentiellen Ersteigerer an ein solches Mindestgebot zu binden, das das Grundpfandrecht in einer dem Betrage nach von vornherein fest bestimmten oder bestimmbaren Mindesthöhe ganz oder teilweise deckt.[451] Verletzt der Garant diese Pflicht, so ist er dem Grundpfandrechtsgläubiger zum Schadensersatz verpflichtet.[452] Der Garant hat seinerseits ein Interesse an dem zu versteigernden Grundstück und sichert sich durch Vereinbarung mit dem Grundpfandrechtsgläubiger die eigene Finanzierung des Erwerbs.[453] Nach einhelliger Auffassung in Rechtsprechung[454] und Literatur[455] unterliegt die Verpflichtung zur Abgabe eines Gebotes in der Zwangsversteigerung der notariellen Beurkundung nach § 311b Abs. 1 Satz 1 BGB. Unerheblich ist, dass der Eigentumserwerb nicht durch rechtsgeschäftliche Erklärung (Auflassung) erfolgt; § 311b Abs. 1 Satz 1 BGB erfasst von seinem Schutzzweck auch solche Verpflichtungen, die auf einen Eigentumserwerb gerichtet ist, der sich kraft Hoheitsakts vollzieht.[456]

96

Das Erfordernis der notariellen Beurkundung gilt auch für die Annahme des Angebots auf Abschluss eines Ausbietungsgarantievertrages.[457]

97

---

[445] *Droste*, MittRhNotK 1995, 37-57, 40; *Kiethe*, NZM 2003, 581-588, 581; *Hennings*, Die Ausbietungsgarantie, 1998, 14.

[446] BGH v. 22.09.1992 - III ZR 100/91 - juris Rn. 10 - NJW-RR 1993, 14-15; OLG Köln v. 19.04.1991 - 19 U 163/90 - juris Rn. 36 - VersR 1993, 321-323; *Droste*, MittRhNotK 1995, 37-57, 43; *Kiethe*, NZM 2003, 581-588, 581; *Hennings*, Die Ausbietungsgarantie, 1998, 21; *Husted*, NJW 1976, 972-973, 972; *Münch*, DNotZ 1991, 532-536, 533.

[447] *Droste*, MittRhNotK 1995, 37-57, 43; *Hennings*, Die Ausbietungsgarantie, 1998, 21.

[448] *Droste*, MittRhNotK 1995, 37-57, 43; *Kiethe*, NZM 2003, 581-588, 582; *Hennings*, Die Ausbietungsgarantie, 1998, 21.

[449] *Kiethe*, NZM 2003, 581-588, 582.

[450] *Hennings*, Die Ausbietungsgarantie, 1998, 35.

[451] *Droste*, MittRhNotK 1995, 37-57, 40.

[452] *Hennings*, Die Ausbietungsgarantie, 1998, 37.

[453] *Hennings*, Die Ausbietungsgarantie, 1998, 37.

[454] BGH v. 05.11.1982 - V ZR 228/80 - juris Rn. 23 - BGHZ 85, 245-252; BGH v. 09.03.1990 - V ZR 260/88 - juris Rn. 9 - BGHZ 110, 319-322; BGH v. 22.09.1992 - III ZR 100/91 - juris Rn. 9 - NJW-RR 1993, 14-15; OLG Celle v. 09.01.1991 - 3 U 14/90 - NJW-RR 1991, 866-868; OLG Celle v. 29.06.1976 - 4 U 2/76 - juris Rn. 35 - NJW 1977, 52-53; OLG Hamburg v. 12.07.2002 - 11 U 227/01 - WM 2003, 376-378.

[455] *Droste*, MittRhNotK 1995, 37-57, 42; *Wolf* in: Soergel, § 313 a.F. Rn. 18; *Wufka* in: Staudinger, § 313 a.F. Rn. 66.

[456] *Wufka* in: Staudinger, § 313 a.F. Rn. 66; *Droste*, MittRhNotK 1995, 37-57, 42; *Kanzleiter* in: Münch-Komm-BGB, § 311b Rn. 17.

[457] OLG Hamburg v. 12.07.2002 - 11 U 227/01 - WM 2003, 376-378; OLG Celle v. 09.01.1991 - 3 U 14/90 - NJW-RR 1991, 866-868; *Wufka* in: Staudinger, § 313 a.F. Rn. 66.

dd. Ausfallgarantie und reine Ausbietungsgarantie als Wahlschuld

98 Eine Besonderheit stellt der Fall dar, dass die Ausfallgarantie und die reine Ausbietungsgarantie im Wege eines Wahlschuldverhältnisses (vgl. Rn. 81) miteinander kombiniert werden. Ein solcher Fall lag der Entscheidung des BGH[458] vom 22.09.1992 zugrunde. Dort lautete die maßgebende Passage der Ausbietungsgarantie wie folgt:

99 „Der Garant kann diese Verpflichtung erfüllen:
- durch Abgabe eines gültigen Gebots im ersten Versteigerungstermin – und gegebenenfalls in den folgenden Versteigerungsterminen – in Höhe der Gesamtforderung (Kapital, Zinsen, Nebenleistungen und Kosten) der Bank zuzüglich der dem Grundpfandrecht der Bank vorgehenden Rechte und durch Zahlung im Verteilungstermin oder
- durch Zahlung der gesamten Forderung aus der Darlehensgewährung oder eines etwaigen Differenzbetrages an die Bank innerhalb von 14 Tagen nach Rechtskraft des Zuschlages."

100 Die klagende Bank nahm den Garanten wegen eines Ausfalls mit ihrem Grundpfandrecht in Höhe von 45.000 DM in der Zwangsversteigerung in Anspruch und stützte sich auf die Ausfallgarantie. Betrachtet man die alternativ geschuldeten Verpflichtungen jeweils getrennt für sich, so ist die eine (Ausfallgarantie) nicht beurkundungsbedürftig, die andere (reine Ausbietungsgarantie) dagegen beurkundungsbedürftig.[459] Daher stellt sich die Frage, ob das Rechtsgeschäft insgesamt beurkundungsbedürftig ist. Folgende Gesichtspunkte sind zu beachten:
- Zum einen kann die Ausfallgarantie selbst ausnahmsweise wegen eines mittelbaren Zwangs zur Abgabe eines Gebotes beurkundungsbedürftig sein. Im Ausgangspunkt stellte der BGH zutreffend darauf ab, dass nicht jedes Geschäft, dessen wirtschaftliche Folgen die Entschließungsfreiheit hinsichtlich eines Vertrages im Sinne des § 311b Abs. 1 Satz 1 BGB erheblich beeinträchtigen, dem Anwendungsbereich dieser Vorschrift unterliegt.[460] Auf den konkreten Fall angewendet bedeutete dies, dass eine so starke Beeinträchtigung der wirtschaftlichen Entscheidungsfreiheit des Garanten noch nicht gegeben war, so dass der Garantievertrag nicht notariell zu beurkunden war.[461] Allerdings wird man aus dem Urteil nicht pauschal ableiten können, dass Kombinationen von Ausfallgarantie und reiner Ausbietungsgarantie stets nicht beurkundungsbedürftig sind; vielmehr kommt es auf den konkreten Einzelfall und das Maß der Beeinträchtigung der Entschließungsfreiheit des Garanten im Hinblick auf die Abgabe eines Gebotes an.
- Bei einem Wahlschuldverhältnis ist das Beurkundungserfordernis auf den – für sich betrachtet – nicht beurkundungsbedürftigen Teil auszudehnen.[462] Diesen gedanklichen Zwischenschritt hat der BGH in seiner Entscheidung nicht explizit herausgehoben. Er lässt sich jedoch aus dem Zusammenhang der Entscheidungsgründe ableiten. Wenn der BGH die Unwirksamkeit der Ausfallgarantie[463] wegen Formnichtigkeit der reinen Ausbietungsgarantie unter Anwendung der §§ 265, 139 BGB[464] verneinte, lässt dies nur den Schluss zu, dass man von der Beurkundungsbedürftigkeit der Ausfallgarantie ausgehen muss.[465] Besonders klar kommt diese Konstruktion in der Entscheidung des OLG Köln aus dem Jahre 1991, der ein vergleichbarer Sachverhalt zugrunde lag, zum Ausdruck.[466] Das OLG geht davon aus, dass die Abrede über die wahlweise geschuldete Freistellung von einem Ausfall der Bank in einem Zwangsversteigerungsverfahren (Ausfallgarantie) und die Pflicht zur Abgabe eines Gebots (reine Ausbietungsgarantie) insgesamt beurkundungsbedürftig ist.[467]

---

[458] BGH v. 22.09.1992 - III ZR 100/91 - NJW-RR 1993, 14-15.
[459] BGH v. 22.09.1992 - III ZR 100/91 - juris Rn. 9 - NJW-RR 1993, 14-15.
[460] BGH v. 22.09.1992 - III ZR 100/91 - juris Rn. 12 - NJW-RR 1993, 14-15. So auch *Droste*, MittRhNotK 1995, 37-57, 44.
[461] BGH v. 22.09.1992 - III ZR 100/91 - juris Rn. 13 - NJW-RR 1993, 14-15.
[462] *Kanzleiter* in: MünchKomm-BGB, § 311b Rn 35; *Kiethe*, NZM 2003, 581-588, 583; *Zingel*, Ausbietungsgarantien - Rechtliche Probleme eines Kreditsicherungsmittels, 2001, 61.
[463] Es sei nochmals darauf hingewiesen, dass die Bank auf Ersatz des in der Zwangsversteigerung erlittenen Ausfalls klagte und der BGH daher nur die Wirksamkeit dieser Abrede prüfen musste.
[464] BGH v. 22.09.1992 - III ZR 100/91 - juris Rn 15 - NJW-RR 1993, 14-15.
[465] Jedenfalls sollte man in der Praxis eine Beurkundung des gesamten Rechtsgeschäfts vornehmen; so auch *Droste*, MittRhNotK 1995, 37-57, 44.
[466] OLG Köln v. 19.04.1991 - 19 U 163/90 - VersR 1993, 321-323.
[467] OLG Köln v. 19.04.1991 - 19 U 163/90 - juris Rn. 36 - VersR 1993, 321-323.

- Die sich anschließende Frage ist, ob bei Nichtbeurkundung des gesamten Rechtsgeschäfts oder eines Teils des Rechtsgeschäfts derjenige Teil, der für sich betrachtet nicht beurkundungsbedürftig ist, dies aber aufgrund des Zusammenhangs mit der anderen – beurkundungspflichtigen – Abrede (reine Ausbietungsgarantie) ist, in den Rechtsfolgen wiederum selbständig betrachtet werden kann. Hier hat der BGH auf die §§ 265, 139 BGB abgestellt: Ist eine von mehreren wahlweise geschuldeten Leistungen unmöglich[468], so wird nur noch die andere Leistung geschuldet, allerdings nur, wenn die verbleibende Leistung auch ohne die unwirksame vereinbart worden wäre (§ 139 BGB)[469]. Auch das OLG Köln[470] ist nach diesen Grundsätzen zur Aufrechterhaltung der Ausfallgarantie gekommen.

Die Formnichtigkeit einer privatschriftlichen Ausbietungsgarantie wird bereits mit dem Zuschlag im Zwangsversteigerungsverfahren und nicht erst mit der Eintragung ins Grundbuch **geheilt** (§ 311b Abs. 1 Satz 2 BGB).[471] Wird die Verpflichtung aus der Ausbietungsgarantie nicht eingehalten, so steht dem Grundstückseigentümer ein **Schadensersatzanspruch** nach § 280 BGB zu; er ist dabei so zu stellen, als sei das Grundstück, wie vereinbart, ersteigert und das Gebot gezahlt worden.[472]

h. Pflicht zur Eigentumsübertragung aus einem sonstigen Rechtsgrund oder einem bereits bestehenden Rechtsverhältnis

Der notariellen Beurkundung nach § 311b Abs. 1 Satz 1 BGB bedürfen schuldrechtliche Verträge, durch welche sich jemand gegenüber einem anderen verpflichtet, das Eigentum an einem Grundstück zu veräußern oder zu erwerben. Nach dem Gesetzeswortlaut ist die Pflicht zur Veräußerung oder zum Erwerb (unmittelbarer) Inhalt des Verpflichtungsgeschäftes. In den nachfolgenden Fällen haben Rechtsprechung und der überwiegende Teil der Literatur die Anwendung des § 311b Abs. 1 Satz 1 BGB trotz eines Anspruchs auf Übertragung des Eigentums an einem Grundstück abgelehnt, weil sich diese Pflicht nicht unmittelbar aus der rechtsgeschäftlichen Erklärung der Beteiligten (Auftrag, Beitritt zu einer Gesellschaft, Anfechtung oder Rücktritt), sondern aus dem mit der infolge der Erklärung ausgelösten gesetzlichen (geprägten) Rechtsverhältnis ergibt.

Trotz wiederholter Kritik aus der Literatur hat der BGH stets an seiner Rechtsprechung festgehalten, wonach die Pflicht des Beauftragten, das in mittelbarer Stellvertretung für den Auftraggeber rechtsgeschäftlich[473] oder im Wege des Zuschlags in der Zwangsversteigerung[474] erworbene Grundstück nach § 667 BGB herauszugeben, keine Pflicht darstellt, die durch Rechtsgeschäft im Sinne des § 311b Abs. 1 Satz 1 BGB begründet worden ist. Aus diesem Grund ist der **Auftrag zum Erwerb in mittelbarer Stellvertretung (Auftragserwerb)** nicht bereits aus dem Gesichtspunkt der Herausgabepflicht beurkundungsbedürftig. Allerdings kann sich eine Anwendung des § 311b Abs. 1 Satz 1 BGB unter anderen Gesichtspunkten ergeben (vgl. zu den grundstücksbezogenen Treuhandverhältnissen Rn. 127). Dieses Ergebnis begründet der BGH damit, dass die Pflicht zur Herausgabe eine Pflicht sei, die unmittelbar auf dem Gesetz und nicht aus der rechtsgeschäftlichen Vereinbarung beruhe. Den offensichtlichen Widerspruch dieser Begründung zu den Fällen der Beurkundungsbedürftigkeit bei Aufhebung eines bereits vollzogenen Grundstückskaufvertrages hat der BGH nunmehr aufgelöst. Ursprünglich hat der BGH in diesen Fällen entschieden, dass nach Vollzug des Kaufvertrages durch Umschreibung im Grundbuch die Aufhebung des schuldrechtlichen Vertrages zur Rückübereignungspflicht nach den §§ 812-822 BGB führen könne. Gleichwohl sei § 311b Abs. 1 Satz 1 BGB anwendbar, weil der Zweck der Formvorschrift, den Grundstückseigentümer auf die Wichtigkeit des Rechtsge-

---

[468] Der Unmöglichkeit im Sinne des § 265 BGB steht es gleich, wenn das Versprechen einer der alternativen Leistungen nach § 134 BGB oder § 125 BGB nichtig ist; OLG Köln v. 19.04.1991 - 19 U 163/90 - juris Rn. 37 - VersR 1993, 321-323; *Heinrichs* in: Palandt, § 265 Rn. 1; RG, Gruchot 48, 970, 973.
[469] *Heinrichs* in: Palandt, § 265 Rn. 1.
[470] OLG Köln v. 19.04.1991 - 19 U 163/90 - juris Rn. 36 - VersR 1993, 321-323.
[471] OLG Koblenz v. 01.09.1999 - 9 U 850/98 - OLGR Koblenz 2000, 79-80.
[472] OLG Koblenz v. 01.09.1999 - 9 U 850/98 - OLGR Koblenz 2000, 79-80.
[473] BGH v. 17.10.1980 - V ZR 143/79 - LM Nr. 90 zu § 313 BGB; BGH v. 07.10.1994 - V ZR 102/93 - BGHZ 127, 168-176; BGH v. 25.02.1987 - IVa ZR 263/85 - LM Nr. 115 zu § 313 BGB.
[474] BGH v. 02.05.1996 - III ZR 50/95 - juris Rn. 11 - LM BGB § 313 Nr. 141 (9/1996); BGH v. 05.11.1982 - V ZR 228/80 - juris Rn. 20 - BGHZ 85, 245-252; OLG Köln v. 22.04.1994 - 19 U 235/93 - OLGR Köln 1994, 301-304.

schäfts hinzuweisen, auch dann eingreife, wenn die Rückübertragungspflicht auf einem gesetzlichen Schuldverhältnis (ungerechtfertigte Bereicherung) beruhe.[475] In einer späteren Entscheidung zum treuhänderischen Erwerb eines Grundstücks hat der BGH[476] die Begründung für die Anwendbarkeit des § 311b Abs. 1 Satz 1 BGB bei der Aufhebung eines bereits vollzogenen Grundstückskaufvertrages geändert und nicht mehr darauf abgestellt, dass selbst bei einem gesetzlichen Schuldverhältnis wie bei der ungerechtfertigten Bereicherung eine Anwendung des § 311b Abs. 1 Satz 1 BGB geboten sei. Stattdessen sei die Anwendbarkeit dieser Vorschrift damit zu begründen, dass die Vertragsparteien in aller Regel eine rechtsgeschäftliche Rückübertragungsvereinbarung treffen.[477]

104 Allerdings ist die Formulierung, dass sich eine Verpflichtung zur Übereignung des im Wege der mittelbaren Stellvertretung erworbenen Grundstücks „aufgrund Gesetzes" ergebe, ungenau. Denn § 677 BGB ist zwar eine gesetzliche Regelung; gleichwohl bleibt die Herausgabeverpflichtung eine rechtsgeschäftliche; sie ergibt sich aus dem Auftragsvertrag. Die Tatsache, dass eine Verpflichtung zur Vornahme einer rechtlichen Handlung oder rechtsgeschäftlichen Erklärung gesetzlich ausgestaltet ist, macht aus dem Schuldverhältnis aber kein gesetzliches. Andernfalls würde sich auch die Pflicht zur Übereignung einer verkauften Sache aus einem gesetzlichen Schuldverhältnis ergeben, nur weil diese Pflicht in § 433 Abs. 1 BGB geregelt ist.[478] Daher begründet *Armbrüster*[479] die Nichtanwendbarkeit des § 311b Abs. 1 Satz 1 BGB mit einer teleologischen Reduktion dieser Vorschrift. In der Literatur wird der Auffassung des BGH überwiegend gefolgt[480]; teilweise wird sie aber unter Hinweis auf den dispositiven Charakter des § 667 BGB abgelehnt[481].

105 Eine Anwendung des § 311b Abs. 1 Satz 1 BGB hat die Rechtsprechung auch in den Fällen abgelehnt, in denen die Satzung einer Personengesellschaft bzw. Baugenossenschaft vorsah, dass eine oder mehrere zum Gesellschaftsvermögen gehörende **Grundstücke** nach einem bestimmten Verfahren **an die Gesellschafter zugeteilt** werden soll. Dies hat der BGH – in Fortführung der Rechtsprechung des RG[482] – für die (Wohnungsbau-)Genossenschaft[483] und die Grundstücks-KG in der Form des Hamburger Modell (vgl. Rn. 166)[484] entschieden. Der BGH stellte darauf ab, dass sich der Anspruch nicht erst aus der Zuteilung, sondern bereits aus der Satzung ergebe. Er zog eine Parallele zu den Auftragsfällen (Erwerbstreuhand, vgl. Rn. 136), in denen er die Pflicht zur Übereignung des Grundstücks durch den Beauftragten an den Auftraggeber nicht aus einer besonderen, der Vorschrift des § 311b Abs. 1 Satz 1 BGB unterliegenden Abrede, sondern aus der „gesetzlichen" Herausgabepflicht nach § 667 BGB ableitete. Besonders deutlich zog der BGH die Parallele in dem vergleichbar gelagerten Fall einer Grundstücks-KG (Hamburger Modell, vgl. Rn. 166).[485] Dort war vorgesehen, im Rahmen eines Kurzentrums 195 Eigentumswohnungen zu bauen und auf die zu werbenden Kommanditisten zu übertragen. Auch hier leitete der BGH den Anspruch auf Eigentumserwerb unmittelbar aus der Satzung, nicht erst aus dem Beitrittsvertrag des Kommanditisten ab. Wenn sich daher bereits ein Anspruch aus einem anderen Rechtsgrund (Satzung) ergebe, könne der Beitrittsvertrag nicht selbst die Verpflichtung

---

[475] BGH v. 30.04.1982 - V ZR 104/81 - juris Rn. 10 - BGHZ 83, 395-401.
[476] BGH v. 07.10.1994 - V ZR 102/93 - BGHZ 127, 168-176.
[477] BGH v. 07.10.1994 - V ZR 102/93 - juris Rn. 14 - BGHZ 127, 168-176.
[478] *Armbrüster*, DZWir 1997, 281-288, 283.
[479] *Armbrüster*, DZWir 1997, 281-288, 283.
[480] *Wufka* in: Staudinger, § 313 a.F. Rn. 53; *Grüneberg* in: Palandt, § 311b Rn. 18; *Kanzleiter* in: MünchKomm-BGB, § 311b Rn. 22.
[481] *Linden*, MittBayNot 1981, 169-176, 171; *Bates* in: Erman, Handkommentar BGB, 10. Aufl. 2000, § 313 a.F. Rn. 24; *Heckschen*, Die Formbedürftigkeit mittelbarer Grundstücksgeschäfte, 1987, 62-63; *Schwanecke*, NJW 1984, 1585-1591, 1587.
[482] Nachweise in BGH v. 10.11.1954 - II ZR 299.53 - BGHZ 15, 177-185.
[483] BGH v. 10.11.1954 - II ZR 299/53 - BGHZ 15, 177-185; BGH v. 18.05.1973 - V ZR 15/71 - LM Nr. 59 zu § 313 BGB; BGH v. 10.04.1978 - II ZR 61/77 - juris Rn. 11 - LM Nr. 76 zu § 313 BGB. Aus der Rechtsprechung der Instanzgerichte: OLG Karlsruhe v. 09.05.1980 - 14 U 168/78 - OLGZ 1980, 446-449.
[484] BGH v. 10.04.1978 - II ZR 61/77 - juris Rn. 11 - LM Nr. 76 zu § 313 BGB.
[485] BGH v. 10.04.1978 - II ZR 61/77 - juris Rn. 11 - LM Nr. 76 zu § 313 BGB.

zur Veräußerung des Eigentums beinhalten und aus diesem Grund[486] die Beurkundungspflicht auslösen[487].

Aus vergleichbaren Gesichtspunkten ist auch die Erklärung der Anfechtung oder des Rücktritts von einem Vertrag im Sinne des § 311b Abs. 1 Satz 1 BGB nicht beurkundungsbedürftig[488], da sie nur eine Rückabwicklung aufgrund eines gesetzlichen Schuldverhältnisses auslöst, nicht aber unmittelbar eine Verpflichtung zur Übereignung begründet.

i. Mittelbarer Zwang zum Abschluss eines Vertrages im Sinne des Absatzes 1 Satz 1

aa. Allgemeine Grundsätze

Das Gebot der notariellen Beurkundung will sowohl den Verkäufer als auch den Käufer vor einer übereilten Entscheidung hinsichtlich der Veräußerung bzw. des Erwerbs eines Grundstücks schützen. In privatschriftlicher Form ist ein Kaufvertrag sehr schnell (und möglicherweise übereilt) unterschrieben, was nicht selten unter dem Eindruck einer Besichtigung der Immobilie und dem Hinweis auf weitere Interessenten veranlasst sein kann. Der Gang zum Notar soll den Beteiligten die wirtschaftliche Bedeutung ihrer Entscheidung vor Augen halten. Insbesondere für den Käufer ist der Kauf eines Eigenheims oftmals eine einmalige Angelegenheit im Leben, so dass diese Investition sorgfältig überlegt sein will. Übereilungsschutz ist aber auch dort geboten, wo sich Erwerber und Veräußerer nicht untereinander durch einen „Vorvertrag" binden, sondern eine faktische Bindung gegenüber dritten Personen eingegangen wird. Dritte Personen können an dem Vertragsschluss ein erhebliches wirtschaftliches Eigeninteresse haben und somit versucht sein, auf die Entscheidung des Veräußerers oder Erwerbers Einfluss zu nehmen. Solche Fälle spielen dort eine Rolle, wo Dritte aufgrund vertraglicher Vereinbarung mit einem Veräußerer oder Erwerber von dem Kauf profitieren, weil dieser für sie selbst eine Provision auslöst (Makler) oder – insbesondere aus der Sicht des Erwerbers – der Kauf der Immobilie vertragliche Bedingung für eigene Dienst- oder Werkleistungen des Dritten ist (Bauverträge über ein noch zu errichtendes Haus, Finanzdienstleistungen). Eine Vielzahl höchstrichterlicher und instanzgerichtlicher Entscheidungen zeigt, dass eine solche Einflussnahme durch Vereinbarung von Strafzahlungen oder eines (oftmals pauschalierten) Aufwendungsentgelts keine Seltenheit ist. Nachdem im Jahre 1973 der Anwendungsbereich des heutigen § 311b Abs. 1 Satz 1 BGB auf den Fall der Verpflichtung zum Erwerb des Eigentums an einem Grundstück ausgedehnt wurde, kam es zu einem sprunghaften Anstieg von Rechtsstreiten über unzulässige Vereinbarungen zwischen Kaufinteressenten und dritten Personen im Hinblick auf die Entscheidungsfreiheit des Käufers. Die Gerichte haben keinen Zweifel aufkommen lassen, dass auch eine mittelbare Verpflichtung zur Veräußerung oder zum Erwerb des Eigentums an einem Grundstück den Schutzzweck des § 311b Abs. 1 Satz 1 BGB tangieren kann und somit die Abrede notariell beurkundet werden muss.[489] Die Anwendung des § 311b Abs. 1 Satz 1 BGB auf solche Vereinbarungen ist angesichts der offenkundigen Parallele zu Vorfeldvereinbarungen zwischen Veräußerer und Erwerber und der grundsätzlichen Anwendbarkeit der Vorschrift bei Verpflichtungen zum Erwerb oder zur Veräußerung gegenüber dritten Personen im Ausgangspunkt unproblematisch. Allerdings kann nicht jeder wirtschaftliche Nachteil für einen Veräußerer oder Erwerber seine Entscheidungsfreiheit in einem solchen Ausmaß beeinflussen, dass er faktisch zum Abschluss des Grundstücksveräußerungsvertrages gezwungen ist. Hier gilt es, justiziable Abgrenzungskriterien zu finden. Nach Ansicht der Rechtsprechung kann ein Vertrag nur dann nach § 311b Abs. 1 Satz 1 BGB beurkundungsbedürftig sein, wenn durch ihn ein mittelbarer Zwang zur Veräußerung oder zum Erwerb eines

---

[486] Im konkreten Fall kam der BGH gleichwohl zu einer Anwendung des § 311b Abs. 1 Satz 1 BGB auf den Beitrittsvertrag, weil – aus der Sicht des beitretenden Kommanditisten – eine Erwerbspflicht vorlag; BGH v. 10.04.1978 - II ZR 61/77 - juris Rn. 13 - LM Nr. 76 zu § 313 BGB. Diese Verpflichtung leitete der BGH nicht aus der Satzung selbst ab, obwohl diese keine Regelung für einen Kommanditisten vorsah, dem keine Eigentumswohnung zuzuteilen war. Die Beitrittserklärung, die von der Gesellschaft gegengezeichnet worden ist, enthielt aber die individuelle Bezeichnung der vom beitretenden Gesellschafter ausgewählten und von der Geschäftsführung der Kommanditgesellschaft zugewiesenen Wohnung, und sie setzte die hierfür vom Gesellschafter zu verrechnenden bzw. zu erbringenden Leistungen (Einlagebeträge und Darlehensbeträge, zu übernehmende Fremdfinanzierung) genau fest.

[487] BGH v. 10.04.1978 - II ZR 61/77 - juris Rn. 11 - LM Nr. 76 zu § 313 BGB.

[488] *Kanzleiter* in: MünchKomm-BGB, § 311b Rn. 28; *Grüneberg* in: Palandt, § 311b Rn. 17; *Wolf* in: Soergel, § 313 a.F. Rn. 41.

[489] Darüber hinaus kommt auch ein Schutz durch die §§ 305 ff. BGB und nach § 242 BGB in Betracht; *Wolf*, DNotZ 1995, 179.

Grundstücks herbeigeführt wird.[490] Dies ist der Fall, wenn sie einen Vertragsteil bereits dadurch wirtschaftlich binden, dass für den Fall des Unterbleibens des Geschäfts über den Erwerb oder die Veräußerung von Grundstücken ins Gewicht fallende wirtschaftliche Nachteile vereinbart werden.[491] Maßgebend sind der Zeitpunkt des Vertragsschlusses und die Sichtweise der Vertragsparteien.[492]

108 Zur Ermittlung wirtschaftlich ins Gewicht fallender Nachteile hat der BGH zwei Grundsätze aufgestellt[493]:

- Eine mittelbare Veräußerungs- oder Erwerbspflicht liegt vor, wenn für den Fall des Abschlusses oder Nichtabschlusses eines Grundstücksveräußerungs- oder Grundstückserwerbsvertrages eine Vertragsstrafe[494], der Verfall einer Kaufpreisanzahlung[495] oder eine erfolgsunabhängige Maklerprovision versprochen wurde[496]. Zwar wird man auf den konkreten Einzelfall abzustellen haben, insbesondere auf die (individuelle) Leistungsfähigkeit des Verpflichteten, die Höhe des zu leistenden Betrages und das Verhältnis zum Wert und zur Größe des Vertragsobjektes.[497] Jedoch hat die Rechtsprechung zur Vereinfachung eine betragsmäßige Obergrenze von 10%[498] festgelegt. Wird dagegen nur ein Ersatz von konkret nachgewiesenen oder (angemessenen) pauschalierten Aufwendungen verlangt, so ist die Abrede nicht beurkundungsbedürftig.[499]

- Auch außerhalb von Vertragsstrafen und erfolgsunabhängigen Provisionen u. dgl. kann ein wirtschaftlicher Druck auf den Veräußerer oder Erwerber ausgeübt werden, der eine Abrede im Vorfeld eines Grundstücksveräußerungsvertrages beurkundungsbedürftig macht. Allerdings sind vertragliche Vereinbarungen, die nur der Vorbereitung eines Vertrages im Sinne des § 311b Abs. 1 Satz 1 BGB dienen, auch dann nicht formbedürftig, wenn mit ihnen wirtschaftliche Belastungen verbunden sind, die nutzlos werden, wenn es nicht zu dem beabsichtigten Grundstücksvertrag kommt.[500] Ein solcher Fall der fehlenden mittelbaren Verpflichtung zur Veräußerung oder zum Erwerb eines Grundstücks ist nach Ansicht des BGH anzunehmen, wenn ein Bauwerkvertrag eine Schadenspauschale für den Fall des Widerrufs (aus wichtigem Grund) vorsehe und der Auftraggeber erst noch das Grundstück erwerben müsse.[501]

bb. Provisionen aus Maklerverträgen

109 Hauptanwendungsbereich für die Annahme einer mittelbaren Verpflichtung zur Veräußerung oder zum Erwerb sind Vereinbarungen in Maklerverträgen, nach denen der Kunde dem Makler eine Entschädigung, Provision, Vertragsstrafe o.Ä. für den Fall verspricht, dass er den Kaufvertrag nicht abschließt.[502] Diese Grundsätze sind auch auf sog. Reservierungsvereinbarungen anzuwenden, bei denen

---

[490] BGH v. 25.01.2008 - V ZR 118/07 - NJW-RR 2008, 824; BGH v. 06.12.1979 - VII ZR 313/78 - juris Rn. 12 - BGHZ 76, 43-50; so auch die Auffassung in der Literatur: *Kanzleiter* in: MünchKomm-BGB, § 311b Rn. 36; *Gehrlein* in: Bamberger/Roth, § 311b Rn. 14.

[491] BGH v. 19.09.1989 - XI ZR 10/89 - juris Rn. 6 - LM Nr. 126 zu § 313 BGB.

[492] *Wufka* in: Staudinger, § 313 a.F. Rn. 105; *Kanzleiter* in: MünchKomm-BGB, § 311b Rn. 35.

[493] Vgl. BGH v. 19.09.1989 - XI ZR 10/89 - LM Nr. 126 zu § 313 BGB. Vgl. auch *Wufka* in: Staudinger, § 313 a.F. Rn. 105.

[494] Aus der Sicht des Eigentümers: BGH v. 01.07.1970 - IV ZR 1178/68 - LM Nr. 43 zu § 313 BGB: Vertragsstrafe des Eigentümers gegenüber dem Makler in Höhe der Maklerprovision, wenn er das Grundstück nicht verkauft; aus der Sicht des Erwerbers: BGH v. 03.11.1978 - V ZR 30/77 - LM Nr. 78 zu § 313 BGB: Verfall einer an den Eigentümer geleisteten Kaufpreisanzahlung bei Nichtabschluss des Kaufvertrages.

[495] BGH v. 03.11.1978 - V ZR 30/77 - LM Nr. 78 zu § 313 BGB.

[496] Vgl. die Zusammenfassung in BGH v. 19.09.1989 - XI ZR 10/89 - juris Rn. 6 - LM Nr. 126 zu § 313 BGB.

[497] *Wufka* in: Staudinger, § 313 a.F. Rn. 105.

[498] BGH v. 10.02.1988 - IVa ZR 268/86 - BGHZ 103, 235-242; OLG Dresden v. 09.04.1997 - 8 U 2528/96 - BB 1997, 2342-2343; so auch *Kanzleiter* in: MünchKomm-BGB, § 311b Rn. 35. In früheren Entscheidungen hatte der gleiche Senat (IVa.) des BGH noch auf ca. 10-15% abgestellt: BGH v. 06.02.1980 - IV ZR 141/78 - juris Rn. 19 - LM Nr. 66 zu § 652 BGB; BGH v. 02.07.1986 - IVa ZR 102/85 - juris Rn. 9 - NJW 1987, 54-55, wo allerdings auch der Grundsatz verfestigt wird, dass aufgrund der Einzelumstände ein niedrigerer Prozentsatz ausreichen kann.

[499] OLG Koblenz v. 05.11.2009 - 5 U 339/09 - DWW 2010, 62; *Wufka* in: Staudinger, § 313 a.F. Rn. 105; *Kanzleiter* in: MünchKomm-BGB, § 311b Rn. 35.

[500] BGH v. 19.09.1989 - XI ZR 10/89 - juris Rn. 7 - LM Nr. 126 zu § 313 BGB.

[501] BGH v. 06.12.1979 - VII ZR 313/78 - BGHZ 76, 43-50.

[502] Und der Makler damit seine Provision nicht erhält.

sich der Makler eine Vergütung dafür versprechen lässt, dass er für eine bestimmte Zeit (Überlegungsfrist des Kunden) keinen anderen Interessenten vorzieht.[503] Durch solche Vereinbarungen wird in aller Regel ein unangemessener Druck auf den Interessenten ausgeübt, der seine Entscheidungsfreiheit hinsichtlich des Veräußerungs- bzw. Erwerbsvertrages maßgeblich beeinflusst. Dagegen ist die Vereinbarung der Zahlung der tatsächlich entstandenen Aufwendungen und eines angemessenen Entgelts für die durch die Weigerung des Auftraggebers zum Abschluss des Grundstückskaufvertrages ergebnislos gebliebenen Bemühungen zulässig, wobei das Honorar wesentlich unter der beim Verkauf geschuldeten Provision liegen muss.[504] Zur Feststellung, wann die Schwelle zur unzulässigen Beeinträchtigung der wirtschaftlichen Entscheidungsfreiheit überschritten ist, hat die Rechtsprechung auf einen Prozentsatz von der vereinbarten Provision abgestellt. Nachdem die Grenze ursprünglich bei etwa 10-15% lag[505], nehmen die Gerichte nunmehr eine Grenze von 10% der vereinbarten Provision an[506]. In einigen Fällen war diese Grenze so deutlich überschritten, dass die Gerichte noch nicht einmal Ausführungen zu der Höhe der Prozentzahl machen mussten.[507] Der BGH hat jedoch deutlich gemacht, dass es sich bei dieser Grenze um eine „Obergrenze" handele.[508] Daher könne auch bei Unterschreiten dieser Grenze aufgrund der konkreten Umstände eine unzulässige wirtschaftliche Beeinträchtigung der Entschließungsfreiheit angenommen werden, insbesondere aufgrund der finanziellen Verhältnisse des Kunden. Allerdings könne auch ein die Obergrenze übersteigendes Entgelt aufgrund besonderer Umstände einen wirtschaftlichen Zwang ausschließen.[509]

cc. Vermittlungsentgelte, Honorare

Die vorstehenden Grundsätze für Provisionen aus Maklerverträgen gelten entsprechend für erfolgsunabhängige **Vermittlungsentgelte**[510], die ein Anleger unabhängig von dem Zustandekommen des angestrebten Geschäfts dem Anlagevermittler zu zahlen hat, wenn das wegen seiner Höhe ganz oder zumindest weit überwiegend nur als vorweggenommene Vermittlungsprovision verstanden werden kann. Eine zwischen einem **Projektentwickler** und dem Grundstückseigentümer vereinbarte Vergütungsregelung ist geeignet, die Entschließungsfreiheit des Eigentümers hinsichtlich des Verkaufs eines Grundstücks zu beeinträchtigen, wenn er danach auch im Falle des Nichtverkaufs des Grundstücks ein Honorar in gleicher Höhe (hier: 30% aus der durch das Planungsrecht eingetretenen Wertsteigerung) zu zahlen hätte, wie es von ihm im Falle des Verkaufs zu zahlen gewesen wäre.[511]

110

dd. Vertragsstrafen, Verfallklauseln, Reservierungsvereinbarungen

Nicht selten dürften die Fälle sein, dass Verkäufer und Käufer im Vorfeld vor einem notariell beurkundeten Grundstückskaufvertrag Vereinbarungen mit gewollter Bindungswirkung treffen. Dies betrifft zum einen Anzahlungsvereinbarungen, bei denen der Käufer im Vorgriff auf den noch notariell zu beurkundenden Kaufvertrag einen Teil des Kaufpreises (in aller Regel aus Eigenmitteln) leistet. Oftmals gehen solche Vereinbarungen – bei leerstehenden Objekten – mit einer Einräumung des Besitzes an den Käufer (durch Aushändigung der Schlüssel) einher. Treffen die Parteien privatschriftlich die Vereinbarung, dass dem Verkäufer die Anzahlung verbleiben darf, wenn es nicht zu einem Kaufvertrag

111

---

[503] BGH v. 10.02.1988 - IVa ZR 268/86 - juris Rn. 19 - BGHZ 103, 235-242.
[504] BGH v. 18.12.1970 - IV ZR 1155/68 - LM Nr. 39 zu § 652 BGB. AG Hamburg-Wandsbek v. 31.01.2008 - 716c C 158/07 - WE 2008, 89: Reservierungsgebühr von 500 €, wenn die zu erwartende Provision 10.000 € beträgt.
[505] BGH v. 06.02.1980 - IV ZR 141/78 - juris Rn. 19 - LM Nr. 66 zu § 652 BGB; BGH v. 02.07.1986 - IVa ZR 102/85 - juris Rn. 9 - NJW 1987, 54-55, wo allerdings auch der Grundsatz verfestigt wird, dass aufgrund der Einzelumstände ein niedrigerer Prozentsatz ausreichen kann.
[506] BGH v. 10.02.1988 - IVa ZR 268/86 - BGHZ 103, 235-242; OLG Dresden v. 09.04.1997 - 8 U 2528/96 - BB 1997, 2342-2343; OLG Frankfurt v. 22.09.2010 - 19 U 120/10 - NotBZ 2011, 100: im konkreten Fall waren 40% der vereinbarten Provision geschuldet.
[507] BGH v. 15.03.1989 - IVa ZR 2/88 - LM Nr. 16 zu § 654 BGB: 5/12 der Provision; BGH v. 28.01.1987 - IVa ZR 45/85 - LM Nr. 114 § 313 BGB; nahezu 50% der Provision.
[508] BGH v. 02.07.1986 - IVa ZR 102/85 - NJW 1987, 54-55.
[509] BGH v. 02.07.1986 - IVa ZR 102/85 - juris Rn. 10 - NJW 1987, 54-55.
[510] BGH v. 19.09.1989 - XI ZR 10/89 - LM Nr. 126 zu § 313 BGB; BGH v. 19.09.1989 - XI ZR 9/89 - EWiR 1990, 131.
[511] OLG Zweibrücken v. 09.06.2006 - 8 U 157/05 - IBR 2006, 622. So auch die Vorinstanz LG Frankenthal v. 17.11.2005 - 3 O 55/05 - IBR 2006, 622.

kommt, wird dadurch ein wirtschaftlicher Druck auf den Käufer ausgeübt. In einer solchen **Verfallklausel** hat der BGH[512] ein unangemessenes Druckmittel zum Abschluss des Grundstückskaufvertrages gesehen, wobei das Verhältnis des verfallenen Anzahlungsbetrages (40.000 DM) zum Kaufpreis (1.200.000 DM) als unbedeutend angesehen wurde.[513] Auf **Vertragsstrafeversprechen** für den Fall des Nichtabschlusses eines Kaufvertrages[514] sowie **Reservierungsvereinbarungen**[515] zwischen einem Dritten und dem Kaufinteressenten sowie zwischen dem Verkäufer und dem Käufer sind diese Grundsätze ebenfalls anzuwenden.[516] Die Anwendbarkeit des § 311b Abs. 1 Satz 1 BGB ergibt sich nicht bereits aus der Verpflichtung, das Grundstück keinem anderen als dem Kaufinteressenten zu verkaufen; denn eine solche Verpflichtung fällt nicht in den Anwendungsbereich des § 311b Abs. 1 Satz 1 BGB.[517] Hat die Reservierungsvereinbarung nach dem Willen der Vertragsparteien die Bedeutung eines Vorkaufsrechts, so bedarf diese aus diesem Grund der notariellen Beurkundung.[518] Das OLG Düsseldorf[519] entschied, dass eine Abrede, die den Käufer zu einer Zahlung von 30.000 DM (Kaufpreis: 633.000 DM) zur pauschalen Abdeckung des Reservierungsrisikos des Verkäufers verpflichtete, nach § 311b Abs. 1 Satz 1 BGB beurkundungsbedürftig ist, weil zumindest für den Käufer der Eindruck entstand, dass bei Nichtabschluss des Kaufvertrages der Betrag „verloren" ist. In einem ähnlichen Fall hat das OLG Hamburg[520] die zulässige Höhe einer Verfallklausel an die Höhe einer etwaigen Maklerprovision angelehnt und die Grundsätze der Rechtsprechung des BGH[521] herangezogen. Der BGH nimmt – zur Verhinderung der Umgehung des Schutzzwecks des § 311b Abs. 1 Satz 1 BGB – in Kauf, dass sich nach den Umständen des Einzelfalles Zweifel ergeben können, ob der zu beurteilende Vertrag in seiner Beziehung zu einem angestrebten Vertrag über den Erwerb oder die Veräußerung von Grundstücken einem Maklervertrag entspricht, in dem eine erfolgsunabhängige Provision vereinbart ist, und dass auch Unsicherheiten in der Frage bestehen können, ob die vereinbarte Zahlung eine Höhe erreicht, die nach den Besonderheiten des Falles zu einem mittelbaren Zwang zum Abschluss eines Vertrages über den Erwerb oder die Veräußerung von Grundstücken führen kann.[522]

ee. Bauwerkverträge

112   Schließt ein Bauunternehmer mit einem Kunden einen Bauwerkvertrag (vgl. dazu auch Rn. 285) über ein zu errichtendes Haus und muss der Besteller dieses Grundstück erst erwerben, so beinhaltet nach Auffassung der Rechtsprechung die Notwendigkeit, ein Grundstück zu erwerben, keine mittelbare Verpflichtung zum Grundstückserwerb, die die Beurkundungsbedürftigkeit des Bauwerkvertrages auslösen könnte.[523] Ein möglicher Schadensersatzanspruch gegenüber dem Bauunternehmer mag zwar geeignet sein, einen gewissen wirtschaftlichen Druck auf die Entschließungsfreiheit des Bauherrn für den beabsichtigten Grundstückskauf auszuüben. Diese Ersatzpflicht würde ihn aber auch dann treffen, wenn er bei Abschluss des Bauwerkvertrages bereits Eigentümer des Grundstücks gewesen wäre oder dieses damals schon notariell gekauft hätte.[524] Wer in der Erwartung, demnächst ein bestimmtes

---

[512] BGH v. 03.11.1978 - V ZR 30/77 - LM Nr. 78 zu § 313 BGB; *Kanzleiter* in: MünchKomm-BGB, § 311b Rn. 35.
[513] Vgl. auch AG Hamburg-Altona v. 06.09.2005 - 318B C 92/05 - ZMR 2006, 80-81: Eine im Rahmen der Kaufverhandlungen über Wohnungseigentum zwischen Eigentümer und Kaufinteressent abgeschlossene Reservierungsvereinbarung unterliegt dem Formerfordernis des § 311b Abs. 1 BGB, wenn das vereinbarte Entgelt mehr als 0,3% des Kaufpreises ausmacht, weil die Überschreitung dieser Grenze zu einem erheblichen wirtschaftlichen Nachteil führt.
[514] BGH v. 12.07.1984 - IX ZR 127/83 - VersR 1984, 946-947: Zahlung einer Vertragsstrafe von 50.000 DM bei Nichtabschluss des Kaufvertrages zu einem Kaufpreis von 1.400.000 DM.
[515] BGH v. 25.01.2008 - V ZR 118/07 - NJW-RR 2008, 824.
[516] Offen gelassen von BGH v. 25.01.2008 - V ZR 118/07 - juris Rn. 10 - NJW-RR 2008, 824.
[517] BGH v. 25.01.2008 - V ZR 118/07 - NJW-RR 2008, 824.
[518] BGH v. 25.01.2008 - V ZR 118/07 - juris Rn. 9 - NJW-RR 2008, 824.
[519] OLG Düsseldorf v. 02.07.1982 - 7 U 279/81 - NJW 1983, 181-182.
[520] OLG Hamburg v. 15.02.1991 - 11 U 203/90 - NJW-RR 1992, 20-22.
[521] Mit 10-15%.
[522] BGH v. 19.09.1989 - XI ZR 9/89 - EWiR 1990, 131.
[523] BGH v. 06.12.1979 - VII ZR 313/78 - BGHZ 76, 43-50; OLG Koblenz v. 14.10.1993 - 6 U 1763/91 - DB 1994, 208-209; *Kanzleiter* in: MünchKomm-BGB, § 311b Rn. 35; *Battes* in: Erman, Handkommentar BGB, 10. Aufl. 2000, § 313 a.F. Rn. 11; *Grüneberg* in: Palandt, § 311b Rn. 13.
[524] BGH v. 06.12.1979 - VII ZR 313/78 - BGHZ 76, 43-50.

Grundstück zu erwerben bereits Verträge im Hinblick auf dieses Grundstück abschließt, handele auf eigenes Risiko, wenn der Erwerb des Grundstücks scheitert. Diesen Fall wird man jedoch differenzierter betrachten müssen[525]: Ist bei Abschluss des Bauwerkvertrages noch kein konkretes Grundstück in Aussicht, hat insbesondere der Bauunternehmer ein Grundstück nicht „an der Hand", so kann die Obliegenheit des Bestellers, dem Bauunternehmer ein Grundstück zur Verfügung zu stellen, nicht zur Beurkundungsbedürftigkeit des Vertrages führen. Wenn bereits die unmittelbare Verpflichtung, irgendein (auch nicht konkretisierbares) Grundstück zu erwerben, nicht dem Anwendungsbereich des § 311b Abs. 1 Satz 1 BGB unterliegt[526], muss dies erst recht für eine nur mittelbare Verpflichtung gelten.[527] Daher ist die Entscheidung des OLG Koblenz im Ergebnis zutreffend.[528] Wenn jedoch – wie in dem vom BGH entschiedenen Fall[529] – die Kündigung des Werkvertrages die einzige Möglichkeit für den Besteller ist, bei Nichterwerb des konkret in Aussicht stehenden Grundstücks sich vom Werkvertrag zu lösen und dies zur Zahlung einer pauschalen Vergütung von 5% der Vertragssumme führt, kann in Anlehnung an die Rechtsprechung zum Maklerrecht ein faktischer Erwerbszwang gegeben sein und der Bauwerkvertrag dem Anwendungsbereich des § 311b Abs. 1 Satz 1 BGB unterliegen.[530] Die Beurkundungsbedürftigkeit des Baubetreuungsvertrages wäre auch unter diesem Gesichtspunkt in dem vom BGH am 12.02.2009 entschiedenen Fall[531] zu bejahen gewesen. Der BGH ließ in der vorgenannten Entscheidung dagegen die Auffassung des Berufungsgerichts unbeanstandet, nach welcher der Baubetreuungsvertrag mit dem noch abzuschließenden Erbbaurechtsvertrag stehen und fallen solle und sich damit das Beurkundungserfordernis auch auf den Baubetreuungsvertrag erstrecke (Fall des zusammengesetzten Vertrages, vgl. dazu Rn. 215 ff.). Es kommt jedoch auf den jeweiligen Einzelfall an, ob tatsächlich ein mittelbarer Zwang zum Erwerb des konkreten Grundstücks besteht. Dafür könnte sprechen, dass das Bauvorhaben des Bestellers nur auf dem Grundstück, das der Bauunternehmer „an der Hand" hat, verwirklicht werden kann. Das Vorliegen einer mittelbaren Verpflichtung zur Veräußerung wird für den Fall verneint, dass der Grundstückseigentümer den Hausbau dadurch finanzieren sollte, dass er zwei noch herauszumessende Bauplätze verkauft und der Baubeginn nach Inhalt des Bauwerkvertrages erst nach Verkauf der Bauplätze erfolgen solle.[532] Der Eigentümer setzt sich hier keinem die Entscheidungsfreiheit einschränkenden Zwang aus, die Immobilie zu veräußern, um den Bauvertrag zu erfüllen.

ff. Heilung analog Absatz 1 Satz 1

Bedarf die Vereinbarung, die den mittelbaren Zwang zum Erwerb oder zur Veräußerung des Grundstücks auslöst, der notariellen Beurkundung analog § 311b Abs. 1 Satz 1 BGB, so ist es nur konsequent, wenn man die Heilungsvorschrift des § 311b Abs. 1 Satz 2 BGB entsprechend anwendet.[533] Dabei ist entsprechend den Grundsätzen zum Vorvertrag eine Heilung bereits dann anzunehmen, wenn der Grundstücks-

113

---

[525] So auch *Korte*, Handbuch der Beurkundung von Grundstücksgeschäften, Kap. 2 Rn. 42: Der Grundsatz, dass durch ein Rechtsgeschäft, welches keinen Anspruch auf Erwerb des Eigentums an einen Grundstück begründet, die Entschließungsfreiheit zum Erwerb eines Grundstücks beeinträchtigt werden kann und damit das (grds. nicht zu beurkundende) Rechtsgeschäft selbst dem Anwendungsbereich des § 311b Abs. 1 Satz 1 BGB (§ 313 BGB a.F.) unterliegt, gilt für Rechtsgeschäfte jeder Art.
[526] Vgl. dazu *Kanzleiter* in: MünchKomm-BGB, § 311b Rn. 12.
[527] Zutreffend *Kanzleiter* in: MünchKomm-BGB, § 311b Rn. 36.
[528] OLG Koblenz v. 14.10.1993 - 6 U 1763/91 - DB 1994, 208-209; *Kanzleiter* in: MünchKomm-BGB, § 311b Rn. 36; a.A. *Wolf*, DNotZ 1994, 773-775, 774-775.
[529] BGH v. 06.12.1979 - VII ZR 313/78 - BGHZ 76, 43-50. In dem Fall, welchem der Entscheidung des OLG Koblenz zugrunde lag, hatte der Auftraggeber ein freies Kündigungsrecht binnen einer Frist von 6 Monaten, bei dessen Ausübung er nicht zum Schadensersatz gegenüber dem Bauunternehmer verpflichtet war.
[530] *Wolf*, DNotZ 1994, 773-775, 774-775. Vgl. auch OLG München v. 11.07.1983 - 28 U 2652/83 - NJW 1984, 243: Verpflichtet sich der Bauherr, an den Bauunternehmer 6% des Werklohnes für den Fall zu zahlen, dass er ein ihm von dem Unternehmer nachgewiesenes Grundstück nicht erwirbt, so muss diese Erklärung notariell beurkundet werden.
[531] BGH v. 12.02.2009 - VII ZR 230/07 - NJW-RR 2009, 953.
[532] BGH v. 28.02.2002 - VII ZR 434/99 - juris Rn. 19 - NJW 2002, 1792-1793.
[533] BGH v. 04.10.1989 - IVa ZR 250/88 - juris Rn. 5 - LM Nr. 127 zu § 313 BGB; BGH v. 15.03.1989 - IVa ZR 2/88 - juris Rn. 14 - LM Nr. 16 zu § 654 BGB; BGH v. 28.01.1987 - IVa ZR 45/85 - LM Nr. 114 § 313 BGB; OLG Jena v. 04.12.2002 - 2 U 341/02 - OLG-NL 2003, 25-28 zum Maklervertrag; *Wolf* in: Soergel, § 313 a.F. Rn. 97; *Grüneberg* in: Palandt, § 311b Rn. 52.

vertrag, zu dessen Abschluss der Veräußerer oder Erwerber wirtschaftlich gezwungen war, formwirksam abgeschlossen wird.[534] Dies setzt allerdings voraus, dass die Immobilie, über die der Kaufvertrag abgeschlossen wurde, mit derjenigen, die im Maklervertrag vorgesehen war, wirtschaftlich identisch ist.[535] Nicht erforderlich ist dagegen, dass im Zeitpunkt des formgerechten Abschlusses des Grundstückskaufvertrages eine **Willensübereinstimmung** hinsichtlich des Maklervertrages zwischen Makler und Auftraggeber noch vorhanden ist.[536] Die für die Anwendung des § 311b Abs. 1 Satz 2 BGB (analog) erforderliche Willensübereinstimmung muss im Zeitpunkt der Erfüllungshandlung bestehen. Sofern ein formnichtiger Vertrag zwischen Veräußerer und Erwerber geschlossen wurde, tritt Heilung nur ein, wenn die Willensübereinstimmung hinsichtlich der Ausführung des Vertrages zum Zeitpunkt der vom Veräußerer geschuldeten Leistungshandlung, d.h. der wirksamen Auflassung besteht.[537] Für eine (entsprechende) Anwendung des § 311b Abs. 1 Satz 2 BGB auf den formnichtigen Maklervertrag bedeutet dies, dass die Willensübereinstimmung hinsichtlich der Durchführung des formnichtigen Vertrages im Zeitpunkt der Erfüllungshandlung durch den Makler besteht. Die vom Makler geschuldete Erfüllungshandlung ist jedoch nicht der Abschluss des Kaufvertrages; dies ist lediglich objektive Bedingung für das Entstehen des Anspruchs auf die Maklerprovision. Der Makler schuldet stattdessen – je nach seinem Auftrag – den Nachweis oder die Vermittlung des abzuschließenden Vertrages. Sofern also beim Nachweismakler die Willensübereinstimmung noch im Zeitpunkt des Nachweises vorhanden ist, hat der Makler das seinerseits Geschuldete getan. Auf den Abschluss des Kaufvertrages hat er ebenso wenig Einfluss wie Verkäufer und Käufer auf die Eintragung des Eigentumswechsels im Grundbuch. Aus diesem Grund verlagert die h.M. den Zeitpunkt der Willensübereinstimmung auf die Erklärung der Auflassung. Den Grund für die entsprechende Anwendung des § 311b Abs. 1 Satz 2 BGB durch Abschluss des vermittelten Kaufvertrages sah der BGH ursprünglich[538] in dem Umstand, dass sich der Verkäufer den sachenrechtlichen Konsequenzen aus der Vereinbarung mit dem Vertragspartner des Vorvertrages (Makler) mit Abschluss des Hauptvertrages (Kaufvertrag) nicht mehr habe entziehen können. Diesen Gedanken gab der BGH in einer neueren Entscheidung[539] ausdrücklich auf und begründet die Heilungswirkung bei Vorverträgen (dazu gehören auch solche, die eine mittelbare Verpflichtung zum Abschluss eines Kaufvertrages enthalten) nunmehr ausschließlich mit der Erfüllungswirkung: Da der Maklervertrag auf Abschluss des vermittelten Hauptvertrages gerichtet ist, trete Erfüllung mit dessen (formwirksamen) Abschluss analog § 311b Abs. 1 Satz 2 BGB ein.

114 Der Anspruch auf die Maklerprovision kann trotz Heilung analog § 311b Abs. 1 Satz 1 BGB nach § 654 BGB verwirkt sein. Dazu genügt jedoch noch nicht der objektive Verstoß gegen § 311b Abs. 1 Satz 1 BGB. Vielmehr muss er den Auftraggeber mit an Vorsatz grenzender Leichtfertigkeit veranlassen, eine formnichtige Verpflichtung zu unterzeichnen. Dies ist der Fall, wenn der Makler davon ausgehen muss, dass sein Auftraggeber ihm an Kenntnissen und Erfahrungen unterlegen sei, und wenn er diese Unkenntnis ausnutzt, um bei seinem Auftraggeber die irrige Vorstellung einer bereits bestehenden rechtlichen Bindung zu erwecken.[540]

j. Vorvertragliche Vereinbarungen

115 Dem Erfordernis der notariellen Beurkundung unterliegt nach dem Wortlaut des Gesetzes ein Vertrag, durch den sich jemand verpflichtet, das Eigentum an einem Grundstück zu übertragen oder zu erwerben. Bei einem solchen Vertrag haben sich die Vertragsparteien über die wesentlichen Bestimmungen des Vertrages („essentialia negotii") geeinigt. Zu diesen wesentlichen Vertragsbestimmungen gehören die Vertragspartner, der Vertragsgegenstand (Hauptleistung) und bei entgeltlichen Verträgen die Gegenleistung.[541] Grundsätzlich müssen diese „essentialia negotii" bei Vertragsschluss bestimmt sein.

---

[534] BGH v. 28.01.1987 - IVa ZR 45/85 - juris Rn. 12 - LM Nr. 114 § 313 BGB; BGH v. 18.12.1981 - V ZR 233/80 - juris Rn. 27 - BGHZ 82, 398-407; *Wufka* in: Staudinger, § 313 a.F. Rn. 325.
[535] BGH v. 28.01.1987 - IVa ZR 45/85 - juris Rn. 14 - LM Nr. 114 § 313 BGB; *Wufka* in: Staudinger, § 313 a.F. Rn. 325.
[536] BGH v. 24.06.1981 - IVa ZR 159/80 - LM Nr. 91 zu § 313 BGB; *Wolf* in: Soergel, § 313 a.F. Rn. 103; a.A.: *Wufka* in: Staudinger, § 313 a.F. Rn. 325.
[537] Vgl. dazu *Wufka* in: Staudinger, § 313 a.F. Rn. 265.
[538] BGH v. 18.12.1981 - V ZR 233/80 - BGHZ 82, 398-407.
[539] BGH v. 08.10.2004 - V ZR 178/03 - NJW 2004, 3626-3628. Dazu und insbesondere zum Sinn und Zweck der Heilung nach § 311b Abs. 1 Satz 2 BGB: Rn. 272.
[540] BGH v. 18.03.1992 - IV ZR 41/91 - NJW-RR 1992, 817-818: Verwirkung wurde bejaht; BGH v. 04.10.1989 - IVa ZR 250/88 - LM Nr. 127 zu § 313 BGB: Verwirkung wurde bejaht; BGH v. 15.03.1989 - IVa ZR 2/88 - LM Nr. 16 zu § 654 BGB: Verwirkung abgelehnt da keine Tatsachen vorgetragen wurden.
[541] *Jung*, JuS 1999, 28-32.

Hinsichtlich des Vertragsgegenstandes und der Gegenleistung genügt jedoch auch die Bestimmbarkeit, d.h. die Leistungsbestimmung kann durch eine Vertragspartei (§§ 315-316 BGB) oder durch einen Dritten (§§ 317-319 BGB) erfolgen.[542] Der Entscheidungsprozess hinsichtlich der Veräußerung oder des Erwerbs eines Grundstücks kann jedoch längere Zeit beanspruchen, insbesondere wenn der Käufer beabsichtigt, auf dem Grundstück ein oder mehrere Gebäude zu errichten und/oder eine Aufteilung in Wohnungseigentum vorzunehmen oder bei einem Unternehmenskaufvertrag (asset deal), wenn zu dem Unternehmen Grundstücke gehören. Dabei sind neben rein zivilrechtlichen Voraussetzungen oftmals auch öffentlich-rechtliche Voraussetzungen (z.B. Baugenehmigung, Auflagen) zu beachten, deren Erfüllung einige Zeit in Anspruch nehmen kann. In anderen Fällen beabsichtigt der künftige Erwerber derzeit überhaupt nicht, das Eigentum an dem Grundstück zu erwerben, will aber ein Entscheidungsrecht oder Mitspracherecht für den Fall der Veräußerung haben, das unterschiedlich stark ausgestaltet sein kann. In all diesen Fällen soll ein Vertrag zur Veräußerung bzw. zum Erwerb des Eigentums an einem Grundstück erst noch vorbereitet werden; man befindet sich im Vorfeld eines Grundstücksveräußerungsvertrages. Der Schutzzweck der notariellen Beurkundung kann auch bei solchen Vereinbarungen eingreifen. Ob und wann dies der Fall ist, lässt sich allerdings nur anhand des Einzelfalls beurteilen.

aa. Vertragliche Absichtserklärungen beim Unternehmenskaufvertrag

Insbesondere beim Unternehmenskaufvertrag wurden angloamerikanische Rechtsinstitute in die Vertragssprache und die vertragliche Gestaltungspraxis integriert. Soweit deutsches Recht anwendbar ist (vgl. etwa Art. 27-36 EGBGB), müssen diese Gestaltungen in das System des deutschen Vertragsrechts umgedeutet (transponiert) werden. Die Vorbereitung eines Unternehmenskaufvertrages durchläuft zahlreiche Stadien, in denen das endgültig abzuschließende Rechtsgeschäft immer näher konkretisiert wird. In der Regel werden Verhandlungsprotokolle (**Punktuationen**[543]) ausgetauscht, in denen das Ergebnis der Verhandlungen festgehalten wird und die bei beiden Vertragsparteien Arbeitsabläufe in Gang setzen.[544] Daneben gibt es sog. **Heads of Agreement**, die grobe Diskussionsentwürfe eines Vertrages darstellen, und Instructions to Proceed, die das weitere Vorgehen zwischen den Verhandlungspartnern abstimmen.[545] Solche Absprachen beinhalten in aller Regel keinen Rechtsbindungswillen. Es ist davon auszugehen, dass die Parteien sich noch nicht über alle Punkte des Vertrages geeinigt haben (§ 154 Abs. 1 Satz 1 BGB). Daher unterliegen derartige Absprachen nicht dem Anwendungsbereich des § 311b Abs. 1 Satz 1 BGB.[546] In einem **side letter**[547] treffen die Vertragsparteien schuldrechtliche Zusatzvereinbarungen zu dem eigentlichen Hauptvertrag. Solche Vereinbarungen kommen insbesondere im Gesellschaftsrecht oder beim Unternehmenskaufvertrag vor, bei dem der Aspekt der Geheimhaltung eine wichtige Rolle spielt.[548] Sofern der Hauptvertrag eine Verpflichtung zur Übertragung oder zum Erwerb des Eigentums an einem Grundstück beinhaltet, sind die Nebenabreden regelmäßig beurkundungsbedürftig.[549]

Schwieriger ist die Rechtslage zu beurteilen bei einem **Letter of Intent**. Dabei handelt es sich um eine einseitige Erklärung einer Vertragspartei, in welcher sie ihre Absicht bekundet, auf der Grundlage bereits erzielter Vertragsverhandlungen unter dem Vorbehalt der Einigung über noch offene Punkte einen Vertrag abzuschließen.[550] Diese Absichtserklärung kann auch von der anderen Partei gegengezeichnet sein, wobei die Abgrenzung zum Vorvertrag schwierig sein kann.[551] Typischerweise kommt dem Letter

---

[542] Die genaue Festlegung des Leistungsgegenstandes kann beim Teilflächenkauf (vgl. Rn. 13) eine Rolle spielen. Auch kann die Festlegung der Höhe des Kaufpreises durch einen Dritten erfolgen, beispielsweise den Gutachterausschuss.

[543] In englischer Terminologie: Memorandum of Understanding (MoU); *Schulze* in: AnwK-BGB, vor §§ 145-147 Rn. 31; zu einem solchen Fall LAG Düsseldorf v. 17.08.2010 - 17 Sa 1717/08.

[544] *Kösters*, NZG 1999, 623-626, 623.

[545] *Kösters*, NZG 1999, 623-626, 623.

[546] *Wagner*, NotBZ 2000, 69-78, 70; *Hertel*, BB 1983, 1824-1826, 1825.

[547] Dazu *Duhnkrack/Hellmann*, ZIP 2003, 1425-1434.

[548] *Duhnkrack/Hellmann*, ZIP 2003, 1425-1434, 1426.

[549] *Duhnkrack/Hellmann*, ZIP 2003, 1425-1434, 1429. Zu den Rechtsfolgen eines Formmangels: *Duhnkrack/Hellmann*, ZIP 2003, 1425-1434, 1430 f.

[550] Vgl. die Kommentierung zu § 145 BGB; *Kösters*, NZG 1999, 623-626, 623.

[551] *Semler* in: Hölters, Handbuch des Unternehmens- und Beteiligungskaufs, 5. Aufl. 2002, Teil VI Rn. 20; *Schulze* in: AnwK-BGB, vor §§ 145-157 Rn. 31.

of Intent keine bindende Wirkung zu.[552] Dies wird oftmals auch ausdrücklich festgehalten („no binding clause").[553] Sofern zu dem Unternehmen Grundstücke gehören, fällt der Letter of Intent daher nicht in den Anwendungsbereich des § 311b Abs. 1 Satz 1 BGB.[554] Eine Beurkundungsbedürftigkeit ergibt sich auch nicht unter dem Gesichtspunkt des mittelbaren Zwangs, wenn der Abbruch der Verhandlungen zu Schadensersatzansprüchen führen kann. Im Gegensatz zu den Fällen, in denen Vertragsstrafen vereinbart werden, falls der Kaufinteressent den Vertrag nicht abschließt, können sich Schadensersatzansprüche aus einem gesetzlichen Schuldverhältnis ergeben, insbesondere aus culpa in contrahendo.[555] Dies reicht für einen mittelbaren Zwang und die Beurkundungsbedürftigkeit aber nicht aus.[556]

118 Allerdings ist die Bezeichnung einer Erklärung im vorgenannten Sinne lediglich ein Indiz für den fehlenden Rechtsbindungswillen. Dass die Bezeichnung einer Erklärung als Letter of Intent nichts über dessen (fehlende) Bindungswirkung aussagt[557], belegt ein Urteil des OLG Frankfurt.[558] Die Parteien hatten einen Kaufvertrag über ein (gemietetes) Betriebsgrundstück geschlossen und in einem „Letter of Intent" vereinbart, dass sie auch einen Unternehmenskaufvertrag in Form des asset deals bis zu einem bestimmten Zeitpunkt und zu einem bestimmten Kaufpreis (für die im Einzelnen aufgelisteten Unternehmensgegenstände) abschließen wollen Diese Vereinbarung ist keine bloße Absichtserklärung; vielmehr handelt es sich um einen rechtlich bindenden Vorvertrag.[559] Wie schwierig im einzelnen Fall die Abgrenzung zwischen einem (noch) rechtlich unverbindlichen Letter of Intent und einem bereits rechtlich bindenden Vorvertrag sein kann, zeigt eine weitere Entscheidung des OLG Frankfurt aus dem Jahre 1998[560], in der es um Vereinbarungen im Vorfeld eines noch abzuschließenden Kaufvertrages durch einen englischen trust über ein Grundstück im Wert von 20 Mio. DM ging. Zu Recht maß das Gericht der Bezeichnung als Letter of Intent keine entscheidende Bedeutung bei und legte die Erklärung nach ihrem Zweck aus.[561] Für die Annahme eines Vorvertrages müssen jedoch besondere Anhaltspunkte gegeben sein, die das Gericht im konkreten Fall verneinte.[562]

bb. Vorvertrag

119 **Bedeutung**: Der Vorvertrag wird allgemein verstanden als ein schuldrechtlicher Vertrag, in dem sich die Vertragsparteien verpflichten, einen Hauptvertrag abzuschließen.[563] Ein Vorvertrag verpflichtet beide Parteien, an dem Aushandeln der Bedingungen des abzuschließenden Vertrages mitzuwirken.[564] Dieser Hauptvertrag ist nicht die dingliche Erfüllung der von den Parteien vorgestellten (eigentlich geschuldeten Hauptleistungen) Leistungen. Geschuldet wird aufgrund des Vorvertrages der Abschluss des Hauptvertrages.[565] Dies ist das entscheidende Kriterium zur Abgrenzung des Vorvertrages von anderen Vereinbarungen im Vorfeld des endgültigen Vertragsschlusses. Nicht entscheidend ist, dass beide Vertragsparteien gebunden und berechtigt sind; auch einseitig verpflichtende Vorverträge sind möglich.[566] Maßgebend ist, was die Vertragsparteien als Inhalt der von ihnen eingegangenen Pflichten ansehen: Schulden sie einander die jeweiligen Hauptleistungen, so handelt es sich nicht um einen Vorvertrag, selbst wenn sie diese Bezeichnung gewählt haben. Daher ist genau zu prüfen, ob nicht in Wirk-

---

[552] OLG Köln v. 21.01.1994 - 19 U 73/93 - IMBl NW 1994, 223; *Kösters*, NZG 1999, 623-626, 623; *Wolf*, DNotZ 1995, 179-203, 194.
[553] *Schulze* in: AnwK-BGB, vor §§ 145-157 Rn. 51.
[554] *Wolf*, DNotZ 1995, 179-203, 194; *Kösters*, NZG 1999, 623-626, 624.
[555] Vgl. zu dieser Problematik beim Letter of Intent *Kösters*, NZG 1999, 623-626, 624.
[556] *Wolf*, DNotZ 1995, 179-203, 195.
[557] Vgl. *Kösters*, NZG 1999, 623-626, 623.
[558] OLG Frankfurt v. 31.10.1996 - 3 U 184/94 - OLGR Frankfurt 1997, 49-50.
[559] OLG Frankfurt v. 31.10.1996 - 3 U 184/94 - OLGR Frankfurt 1997, 49-50.
[560] OLG Frankfurt v. 09.07.1998 - 3 U 61/97 - OLGR Frankfurt 2000, 112.
[561] OLG Frankfurt v. 09.07.1998 - 3 U 61/97 - juris Rn. 78 - OLGR Frankfurt 2000, 112.
[562] OLG Frankfurt v. 09.07.1998 - 3 U 61/97 - juris Rn. 75 - OLGR Frankfurt 2000, 112.
[563] BGH v. 08.06.1962 - I ZR 6/61 - LM Nr. 9 zu Verb z § 145 BGB; *Ritzinger*, NJW 1990, 1201-1208, 1201; *Wolf*, DNotZ 1995, 179-203, 181.
[564] BGH v. 12.05.2006 - V ZR 97/05 - juris Rn. 26; *Kummer*, jurisPR-BGHZivilR 27/2006, Anm 1.
[565] BGH v. 18.04.1986 - V ZR 32/85 - juris Rn. 19 - LM Nr. 20/21 zu § 145 BGB; *Wolf*, DNotZ 1995, 179-203, 182.
[566] *Kramer* in: MünchKomm-BGB, vor § 145 Fn. 43. Beispielhaft ist hier die Einräumung eines Ankaufsrechts in einem Miet- oder Pachtvertrag zugunsten des Mieters/Pächters zu nennen, wenn die genauen Modalitäten (mit Ausnahme der essentialia negotii wie dem Kaufgegenstand und dem zumindest bestimmbaren Kaufpreis) noch nicht festgelegt sind. Hier könnte man auch von einer Option (vgl. Rn. 129) sprechen, wenn man deren Inhalt nicht als auf die Begründung der Hauptleistungspflichten gerichtet ansieht. Allgemein wird jedoch die Option nur im letztgenannten Sinne (auf Abschluss des Hauptvertrages gerichtet) verstanden.

lichkeit der Hauptvertrag bereits vorliegt, wenn in der vertraglichen Vereinbarung alle Vertragsbedingungen enthalten sind.[567] Bestehen Zweifel, ob ein Vorvertrag oder der Hauptvertrag vorliegt, so ist der Annahme eines Hauptvertrages der Vorrang zu geben; denn für die Annahme eines Vorvertrages müssen besondere Gründe vorliegen.[568] Durch den Inhalt der geschuldeten Leistungen unterscheidet sich der Vorvertrag auch von der Option (vgl. Rn. 129): Die Option gibt die Möglichkeit, durch einseitige Gestaltungserklärung unmittelbar die Hauptleistungspflichten zu begründen (oder zu verlängern), wohingegen der Vorvertrag lediglich den Abschluss des Hauptvertrages, der seinerseits erst die Hauptleistungspflichten begründet, zum Inhalt hat.[569] Bei der vertraglichen Gestaltung im Bereich des Grundstücksrechts hat der Notar den Willen der Beteiligten zu ermitteln (§ 17 BeurkG) und diesen unzweideutig in der Urkunde festzuhalten. Dabei sollte der Notar sich auch der juristisch korrekten Terminologie bedienen, um nicht Unklarheiten über das tatsächlich Gewollte zu verursachen.[570]

Allgemeine Wirksamkeitsvoraussetzungen: Die Anforderungen an die Wirksamkeit des Vorvertrages und damit an seine gerichtliche Durchsetzbarkeit sind hoch, selbst wenn der Vorvertrag nicht die gleiche Vollständigkeit aufweisen muss, die für den vorgesehenen Hauptvertrag zu verlangen ist.[571] Damit soll der wesentlichen Funktion des Vorvertrags Rechnung getragen werden, eine vertragliche Bindung auch dort zu ermöglichen, wo der Inhalt des Hauptvertrags noch nicht in allen Einzelheiten festgelegt werden kann. Die Rechtsprechung verlangt, dass die wesentlichen Vertragsbestandteile des künftig abzuschließenden Hauptvertrages so bestimmt oder bestimmbar sind, dass diese in einem gerichtlichen Verfahren ohne eigenes Ermessen des Gerichts festgestellt werden können.[572] Zum einen müssen die objektiv erforderlichen wesentlichen Bestandteile des Vertrages (essentialia negotii) und die Nebenpunkte, die die Parteien subjektiv als wesentlich ansehen, bestimmt oder zumindest bestimmbar sein.[573] Für einen (Grundstücks-)Kaufvertrag bedeutet dies, dass Kaufgegenstand und Kaufpreis als (objektiv) wesentliche Vertragsbestandteile bestimmt oder bestimmbar sein müssen.[574] Haben sich die Vertragsparteien daher nicht über den Kaufpreis geeinigt und ist dieser auch nicht bestimmbar, so liegt kein wirksamer Vorvertrag vor[575], der den Vertragsparteien einen durchsetzbaren Anspruch auf Abschluss eines Hauptvertrages gewährt. Ein solcher „Vorvertrag"[576] würde, sofern eine Bindung tatsächlich gewollt ist[577], einen anderen Anspruchsinhalt haben. Die Beteiligten hätten lediglich die Pflicht, weitere Verhandlungen zur Erzielung einer Einigung über die Höhe des Kaufpreises zu treffen. Hinsichtlich des Vertragsgegenstandes kommt es ebenfalls auf die Bestimmtheit oder Bestimmbarkeit an. Ist Gegenstand des abzuschließenden Kaufvertrages ein Grundstück, so genügt die Beschreibung desselben. Problematisch wäre dagegen der Fall zu beurteilen, dass die Beteiligten verabreden, einen Kaufvertrag über eine (von zahlreichen) Eigentumswohnungen des Verkäufers abzuschließen, wenn kein Anhaltspunkt gegeben wäre, welche der Wohnungen Vertragsgegenstand sein soll und keine der Vertragsparteien ein Bestimmungsrecht hinsichtlich der Auswahl des Vertragsgegenstandes hätte. Auch beim Unternehmenskaufvertrag in der Form des asset deal kann die hinreichende Bestimmung

120

---

[567] BGH v. 08.06.1962 - I ZR 6/61 - LM Nr. 9 zu Verb z § 145 BGB; *Bork* in: Staudinger, vor §§ 145 ff. Rn. 52.
[568] BGH v. 15.03.1989 - VIII ZR 62/88 - juris Rn. 18 - LM Nr. 69 zu § 139 BGB; *Eckert* in: Bamberger/Roth, § 145 Rn. 23.
[569] *Eckert* in: Bamberger/Roth, § 145 Rn. 28.
[570] Vgl. etwa die Entscheidung BGH v. 12.05.2006 - V ZR 97/05.
[571] BGH v. 21.12.2000 - V ZR 254/99 - juris Rn. 14 - LM ZPO § 260 Nr. 20 (11/2001); BGH v. 18.04.1986 - V ZR 32/85 - juris Rn. 29 - LM Nr. 20/21 zu § 145 BGB; BGH v. 07.02.1986 - V ZR 176/84 - juris Rn. 31 - BGHZ 97, 147-155.
[572] BGH v. 20.09.1989 - VIII ZR 143/88 - juris Rn. 12 - LM Nr. 22 Vorb z § 145 BGB; zum Mietvertrag BGH v. 21.10.1992 - XII ZR 173/90 - juris Rn. 11 - LM BGB Vorb z § 145 Nr. 24 (5/1993); zum Gesellschaftsvertrag OLG Karlsruhe v. 14.06.1995 - 4 U 221/94 - NJW-RR 1996, 997-998; *Wolf*, DNotZ 1995, 179-203, 181.
[573] BGH v. 20.09.1989 - VIII ZR 143/88 - juris Rn. 13 - LM Nr. 22 Vorb z § 145 BGB; *Eckert* in: Bamberger/Roth, § 145 Rn. 23.
[574] Vgl. zum Unternehmenskaufvertrag BGH v. 20.09.1989 - VIII ZR 143/88 - juris Rn. 13 - LM Nr. 22 Vorb z § 145 BGB.
[575] RG v. 08.04.1929 - VI 701/28 - RGZ 124, 81-85. Die Beteiligten hatten vereinbart, dass die näheren Bedingungen des Kaufs dem abzuschließenden Kaufvertrag vorbehalten blieben und dass der Kaufpreis des Anwesens samt Inventar den Betrag von 40.000 Mark nicht übersteigen dürfe.
[576] Es handelt sich nicht um einen Vorvertrag im allgemein verstandenen Sinne, der einen Anspruch auf Abschluss des Hauptvertrages begründet.
[577] Die Vermutung des § 154 BGB gilt nach h.M. auch für Vorverträge; BGH v. 30.04.1992 - VII ZR 159/91 - juris Rn. 16 - LM BGB § 145 Vorb z Nr. 23 (2/1993).

problematisch sein, wenn die Beteiligten lediglich die Abrede treffen, dass das Unternehmen zu einem bestimmten oder bestimmbaren Kaufpreis verkauft werden solle. Wegen des nur schwer zu definierenden Begriffs des „Unternehmens" ist eine Einzelaufzählung in einem Vorvertrag nahezu ausgeschlossen. Dieses Problem der Bestimmtheit oder Bestimmbarkeit ist aber kein solches des Vorvertrages; auch bei dem noch abzuschließenden Hauptvertrag können einzelne „Bestandteile" des Unternehmens bei Vertragsschluss übersehen worden sein. Wenn demnach allgemein davon die Rede ist, dass der Vorvertrag nicht die gleiche Vollständigkeit aufweisen muss, die für den vorgesehenen Hauptvertrag gilt[578], ist damit nicht etwa gemeint, dass die essentialia negotii offen bleiben könnten. Vielmehr geht es darum, dass Nebenabreden, die typischerweise bei dem Hauptvertrag mitgeregelt werden, noch bewusst ungeregelt bleiben. Im Einzelfall ist jedoch genau zu prüfen, ob tatsächlich noch ein offener Einigungsmangel vorhanden ist oder ob sich nicht doch eine Bestimmbarkeit der essentialia negotii ableiten lässt, wie dies der BGH zum Teilflächenkauf (vgl. Rn. 13) entschieden hat[579]: Haben die Vertragsbeteiligten die Bezeichnung der zu vermessenden Teilfläche noch bewusst offen gelassen[580], so steht nach Ansicht des BGH im Zweifel dem Gläubiger der Gegenleistung das Bestimmungsrecht zu (§ 316 BGB)[581]. In einem weiteren Urteil kam der BGH[582] trotz einer auf den ersten Blick fehlenden Einigung über die Höhe des Kaufpreises zu deren Bestimmbarkeit: Enthält ein Kaufvorvertrag über ein Kaufeigenheim zwischen dem im öffentlich geförderten sozialen Wohnungsbau auf eigene Rechnung bauenden Bauherrn und dem Bewerber keine Bestimmung über die Höhe des künftig zu vereinbarenden Kaufpreises, so kann der Vorvertrag dahin auszulegen sein, dass der Kaufpreis im Sinne der Wohnungsbauförderungsbestimmungen angemessen sein muss. Erzielen die Vertragsparteien hinsichtlich der offen gelassenen Punkte keine Einigung, so bedeutet dies nicht, dass damit kein wirksamer Hauptvertrag zustande kommen könnte. Die offenen Punkte sind dann in erster Linie durch (ggf. ergänzende) Auslegung (§ 157 BGB) sowie unter Heranziehung des dispositiven Rechts zu ermitteln.[583] Ergänzend dazu kann das Gericht nach den Grundsätzen des billigen Ermessens den noch offenen Vertragsinhalt festlegen. Rechtsgrundlage für eine solche richterliche Ergänzung ist nach der Rechtsprechung[584] § 287 ZPO, nach a.A.[585] § 315 BGB (billiges Ermessen) analog. Für die Praxis wird man folgenden Grundsatz aufstellen können[586]: Der Vorvertrag muss den Hauptvertrag soweit konkretisieren, dass Erfüllungsklage auf Abgabe einer Willenserklärung zum Abschluss des Hauptvertrages erhoben werden kann und das Urteil nach § 894 ZPO vollstreckbar ist.

121 **Form**: Nach allgemeiner Ansicht unterliegt der Vorvertrag der Form des § 311b Abs. 1 Satz 1 BGB, wenn der in Aussicht genommene Hauptvertrag seinerseits dieser Vorschrift unterliegt.[587] Zwar ist der Vorvertrag nicht – wie der Wortlaut vorsieht – unmittelbar darauf gerichtet, dass sich jemand zur Übertragung oder zum Erwerb des Eigentums an einem Grundstück verpflichtet; geschuldet aus dem Vorvertrag ist der Abschluss des Hauptvertrages.[588] Allerdings gebietet der Schutzzweck des § 311b Abs. 1 Satz 1 BGB, auch für den Vorvertrag die notarielle Beurkundung zu verlangen.[589] Beurkundungsbedürftig sind alle Vereinbarungen, die von den Beteiligten mit bindender Wirkung getroffen wurden. Hier gelten die gleichen Maßstäbe wie bei dem noch abzuschließenden Hauptvertrag.[590] Trotz Beurkundung des Vorvertrages ist auch der noch abzuschließende Hauptvertrag in vollem Umfang beurkun-

---

[578] BGH v. 18.04.1986 - V ZR 32/85 - LM Nr. 20/21 zu § 145 BGB.
[579] BGH v. 18.04.1986 - V ZR 32/85 - LM Nr. 20/21 zu § 145 BGB.
[580] Hätten sie bereits eine Einigung erzielt und in der Urkunde lediglich festgehalten, dass sie sich über die genaue Lage und Grenzen einig seien, so wäre diese Einigung nicht ausreichend beurkundet und der Vertrag nichtig; BGH v. 18.04.1986 - V ZR 32/85 - juris Rn. 29 - LM Nr. 20/21 zu § 145 BGB.
[581] BGH v. 18.04.1986 - V ZR 32/85 - juris Rn. 30 - LM Nr. 20/21 zu § 145 BGB.
[582] BGH v. 16.02.1965 - V ZR 235/62 - LM Nr. 24 zu § 313 BGB.
[583] *Ritzinger*, NJW 1990, 1201-1208, 1204-1207.
[584] BGH v. 17.12.1952 - II ZR 19/52 - LM Nr. 3 zu § 705 BGB.
[585] So *Kramer* in: MünchKomm-BGB, vor § 145 Rn. 46 Fn. 198.
[586] *Eckert* in: Bamberger/Roth, § 145 Rn. 23.
[587] BGH v. 27.06.1988 - II ZR 143/87 - LM Nr. 18 zu GmbHG § 13; BGH v. 07.02.1986 - V ZR 176/84 - BGHZ 97, 147-155; BGH v. 12.05.2006 - V ZR 97/05 - juris Rn. 15; *Ritzinger*, NJW 1990, 1201-1208, 1203; *Wolf*, DNotZ 1995, 179-203, 182.
[588] BGH v. 18.04.1986 - V ZR 32/85 - juris Rn. 19 - LM Nr. 20/21 zu § 145 BGB; *Wolf*, DNotZ 1995, 179-203, 182.
[589] *Wufka* in: Staudinger, § 313 a.F. Rn. 98.
[590] BGH v. 07.02.1986 - V ZR 176/84 - juris Rn. 31 - BGHZ 97, 147-155; BGH v. 12.05.2006 - V ZR 97/05 - juris Rn. 16; *Wufka* in: Staudinger, § 313 a.F. Rn. 99.

dungsbedürftig[591], weil der Vorvertrag selbst noch nicht die unmittelbare Verpflichtung zur Übertragung oder zum Erwerb des Eigentums begründet. Abweichend von dem Grundsatz des § 311b Abs. 1 Satz 2 BGB, der auf den Zeitpunkt der Eintragung im Grundbuch abstellt, tritt **Heilung** beim formnichtigen Vorvertrag bereits mit dem formgültig abgeschlossenen Hauptvertrag ein.[592] Es kann allerdings nicht davon ausgegangen werden, dass nicht beurkundete Elemente eines formnichtigen Vorvertrags durch Beurkundung geheilt werden. Vielmehr wird der Vorvertrag nur insoweit geheilt, als die formlos vereinbarten Bedingungen in der richtigen Form bestätigt worden sind.[593]

Gerichtliche Durchsetzung: Kommt es zwischen den Vertragsparteien bei noch offenen Punkten nicht zur Einigung, so hat jede Vertragspartei einen Anspruch auf Abschluss eines Hauptvertrages[594], der gerichtlich eingeklagt werden kann. Für eine **Feststellungsklage** aus einem Vorvertrag, beispielsweise auf Feststellung der Höhe des Kaufpreises, besteht wegen des Vorrangs der Leistungsklage **kein Rechtsschutzbedürfnis**. Ansprüche aus einem Vorvertrag sind daher mit der Leistungsklage geltend zu machen.[595] Der **Klageantrag** kann folgende (alternative) Inhalte haben: 122

- Klage auf Annahme des vom Kläger unterbreiteten notariell beurkundeten (§ 311b Abs. 1 Satz 1 BGB) Angebotes, das der Klageschrift beigefügt wird;
- Klage auf Annahme des vom Kläger (in der Form der notariellen Beurkundung) noch abzugebenden Angebotes;[596]
- Klage auf Abgabe eines Angebotes durch den Beklagten zu einem Kaufvertrag, welcher von dem Kläger in der Klage bereits (privatschriftlich) vorformuliert ist;[597]
- Klage unmittelbar auf die aus dem Hauptvertrag geschuldete Leistung.

Die bisherige Rechtsprechung des BGH zum Rechtsschutzbedürfnis hinsichtlich einer Klage lässt sich wie folgt zusammenfassen[598]: Ist der abzuschließende **Hauptvertrag** in dem Vorvertrag **bereits vollständig ausformuliert** worden, so fehlt es an einem Rechtsschutzbedürfnis für eine Klage auf Abgabe eines Angebotes durch den Beklagten (3).[599] Hier kann der Kläger ein eigenes Angebot unterbreiten, ohne dass die Unsicherheit bestünde, dass der Beklagte sich nicht mit allen Einzelheiten einverstanden zeigte. In solchen Fällen kommt nach Ansicht des BGH nur eine Klage auf Annahme eines vom Kläger unterbreiteten Angebots in Betracht, wobei dieses Angebot in notariell beurkundeter Form der Klage beizufügen ist (1).[600] Für eine Klage auf Annahme eines vom Kläger noch in der Form der notariellen Beurkundung abzugebendem Angebot (2) würde es ebenfalls am Rechtsschutzbedürfnis fehlen, was sich aus dem Urteil des BGH vom 07.02.1986[601] mittelbar ableiten lässt. Dort hat das Gericht die Klage auf Annahme eines vom Kläger noch abzugebenden Angebotes mit der Begründung für zulässig erachtet, dass der Vorvertrag noch nicht vollständig ausformuliert worden sei. Der Kläger, dessen Angebot der notariellen Beurkundung nach § 311b Abs. 1 Satz 1 BGB bedarf, könne nicht sicher sein, ob ein von ihm in notariell beurkundeter Form abgegebenes Angebot in allen Punkten durch das Gericht gebilligt werde, so dass er gezwungen sei, eine Mehrzahl (u.U. Vielzahl) von Angeboten unterschiedlichen Inhalts beurkunden zu lassen und jedes dieser Angebote zum Gegenstand eines Hilfsantrages zu machen. Diese Zumutbarkeitserwägungen spielen jedoch keine Rolle, wenn der Vorvertrag bereits voll ausformuliert ist, so dass der Kläger ohne Risiko ein notariell beurkundetes Angebot dem Klageantrag beifügen kann. Mit Rechtskraft des Urteils gilt die Annahmeerklärung des Beklagten als abgegeben 123

---

[591] *Wufka* in: Staudinger, § 313 a.F. Rn. 100.
[592] BGH v. 15.10.1992 - VII ZR 251/91 - NJW-RR 1993, 522; *Wufka* in: Staudinger, § 313 a.F. Rn. 328.
[593] BGH v. 15.10.1992 - VII ZR 251/91 - NJW-RR 1993, 522; BGH v. 31.01.1961 - V ZR 6/60 - LM Nr. 19 zu § 313 BGB. Näher dazu unten zum Kapitel über die Heilung (vgl. dazu Rn. 293).
[594] BGH v. 18.11.1993 - IX ZR 256/92 - juris Rn. 29 - LM ZPO § 253 Nr. 105 (4/1994).
[595] BGH v. 17.06.1994 - V ZR 34/92 - juris Rn. 15 - LM ZPO § 256 Nr. 181 (11/1994).
[596] So im Fall BGH v. 21.12.2000 - V ZR 254/99 - LM ZPO § 260 Nr. 20 (11/2001).
[597] So im Fall BGH v. 12.05.2006 - V ZR 97/05.
[598] BGH v. 12.01.2001 - V ZR 468/99 - LM BGB § 145 Nr. 20 (1/2002); *Heinrichs* in: Palandt, § 145 Rn. 22; zum vergleichbaren Fall auf Bestellung einer beschränkten persönlichen Dienstbarkeit (Kiesausbeutungsrecht) aufgrund eines Vorvertrages: BGH v. 18.04.1986 - V ZR 32/85 - LM Nr. 20/21 zu § 145 BGB.
[599] BGH v. 12.01.2001 - V ZR 468/99 - juris Rn. 11 - LM BGB § 145 Nr. 20 (1/2002); ein solcher Fall lag nach Ansicht des BGH aber nicht vor; BGH v. 07.10.1983 - V ZR 261/81 - juris Rn. 27 - LM Nr. 16 zu § 145 BGB.
[600] BGH v. 07.10.1983 - V ZR 261/81 - juris Rn. 27 - LM Nr. 16 zu § 145 BGB.
[601] BGH v. 07.02.1986 - V ZR 176/84 - BGHZ 97, 147-155.

(§ 894 ZPO). Die Fiktion, die das Urteil aufstellt, ersetzt auch jede Form, die nach dem materiellen Recht für die Abgabe der Willenserklärung erforderlich ist, also auch die Form des § 311b Abs. 1 Satz 1 BGB.[602]

124 Ist dagegen der abzuschließende **Hauptvertrag** in dem Vorvertrag **noch nicht vollständig ausformuliert**, insbesondere weil Regelungen zur Haftung für Sach- und Rechtsmängel nach den §§ 434-444 BGB und/oder über den Übergang von Besitzrecht, Nutzungen und Lasten in dem Vorvertrag nicht enthalten sind[603], so stehen dem Kläger zwei Möglichkeiten zur Verfügung[604]: (a) Einerseits hat der Kläger die Möglichkeit, den Beklagten auf Annahme eines von ihm (dem Kläger) in notariell beurkundeter Form noch abzugebendem Angebot zu verklagen.[605] Die Abweichung von dem Urteil desselben Senates aus dem Jahre 1983[606], in dem der BGH bei einem vollständig ausformulierten Vorvertrag verlangte, dass der Kläger ein eigenes (notariell beurkundetes) Angebot mit seinem Klageantrag unterbreitet, lässt sich damit rechtfertigen, dass dem Kläger nicht zuzumuten ist, eine Vielzahl von möglichen Angeboten beurkunden zu lassen und diese ggf. zum Gegenstand verschiedener Hilfsanträge zu machen. (b) Daneben hat der Kläger auch die Möglichkeit einer Klage auf Abgabe eines Angebotes durch den Beklagten zu einem Kaufvertrag, welcher von dem Kläger in der Klage (typischerweise als Anlage) bereits (privatschriftlich) vorformuliert ist.[607] So kann die mehrfache Beurkundung eines Angebots vermieden werden, die notwendig wäre, wenn das zur Entscheidung angerufene Gericht die Meinung des Klägers zum Inhalt eines von ihm abgegebenen Vertragsangebots, dessen Annahme er von dem Beklagten verlangt, nicht vollständig teilt.[608] Einer notariellen Beurkundung dieses „Vertragsentwurfs" durch den Kläger bedarf es nicht. Die Angebotserklärung des Beklagten wird durch das rechtskräftige Urteil nach § 894 ZPO ersetzt, was auch hinsichtlich der Form des § 311b Abs. 1 Satz 1 BGB gilt.[609] Die eigene Annahmeerklärung kann der Kläger in notariell beurkundeter Form nachholen, im Hinblick auf die Annahmefrist nach § 147 Abs. 2 BGB allerdings nur bis zu dem Zeitpunkt, in welchem der Beklagte den Eingang der Antwort unter regelmäßigen Umständen erwarten darf.[610]

125 Wird in einem **gerichtlichen Verfahren** um den Inhalt des abzuschließenden Vertrages gestritten, so ist jede Partei des Vorvertrags berechtigt, die Erfüllung der übernommenen Verpflichtung in Gestalt einer von ihr formulierten Vertragserklärung zu verlangen und zum Gegenstand einer Klage zu machen, sofern die andere Partei ihrer Verpflichtung zu ernsthaften Verhandlungen über den Inhalt des abzuschließenden Vertrages nicht nachkommt oder eine Einigung nicht zu erzielen ist. Sache der beklagten Partei ist es sodann, einen möglicher Gestaltungsspielraum einwendungsweise durch konkrete Alternativvorschläge geltend zu machen. Dem Kläger ist es hierauf überlassen, die Abweichungen durch Änderungen des Klageantrags – gegebenenfalls hilfsweise – zum Gegenstand der Klage zu machen oder aber, mit dem Risiko der Klageabweisung, auf seinem Antrag zu beharren.[611] Der Antrag muss dem **Bestimmtheitserfordernis des** § 253 Abs. 2 Nr. 2 ZPO entsprechen, damit er nach § 894

---

[602] *Schuschke* in: Schuschke/Walker, Vollstreckung und vorläufiger Rechtsschutz, 3. Aufl. 2002, § 894 ZPO Rn. 8; *Stöber* in: Zöller, ZPO, § 890 ZPO Rn. 5. Aus diesem Grund ist auch ein Urteil, durch welches jemand zur Abgabe einer Erklärung in notarieller Form verurteilt wird, hinsichtlich dieses Zusatzes („in notarieller Form") überflüssig; vgl. OLG Köln v. 30.12.1998 - 2 Wx 23/93 - NJW-RR 2000, 880.

[603] So im Fall BGH v. 20.06.1986 - V ZR 212/84 - juris Rn. 17 - BGHZ 98, 130-135.

[604] BGH v. 20.06.1986 - V ZR 212/84 - juris Rn. 19 - BGHZ 98, 130-135.

[605] BGH v. 07.02.1986 - V ZR 176/84 - BGHZ 97, 147-155.

[606] BGH v. 07.10.1983 - V ZR 261/81 - LM Nr. 16 zu § 145 BGB.

[607] BGH v. 12.05.2006 - V ZR 97/05 - juris Rn. 7; BGH v. 12.01.2001 - V ZR 468/99 - juris Rn. 11 - LM BGB § 145 Nr. 20 (1/2002); BGH v. 20.06.1986 - V ZR 212/84 - BGHZ 98, 130-135: In diesen Fällen könnte im Prozessweg nur die Annahme eines Angebots des Klägers erzwungen werden, das notariell beurkundet worden ist. Hieraus könnte sich für den Kläger dann, wenn er nicht sicher sein kann, ob sein Angebot in allen Punkten durch das Gericht als dem Vorvertrag entsprechend gebilligt werden wird, die Notwendigkeit ergeben, vorsorglich eine Mehrzahl von Angeboten unterschiedlichen Inhalts beurkunden zu lassen und jedes dieser Angebote zum Gegenstand eines Hilfsantrags zu machen. Dies ist ihm nicht zuzumuten und begründet daher ein Rechtsschutzbedürfnis für eine Klage auf Abgabe eines Angebots durch die Gegenseite, womit der Kläger die Möglichkeit hat, vom Gericht nahegelegten Änderungen des angestrebten Vertragsinhalts durch Antragsänderung Rechnung zu tragen oder auch hinsichtlich bestimmter Einzelheiten dem Gericht eine Änderung anheim zu stellen.

[608] BGH v. 12.05.2006 - V ZR 97/05 - juris Rn. 7.

[609] *Schuschke* in: Schuschke/Walker, Vollstreckung und vorläufiger Rechtsschutz, 3. Aufl. 2002, § 894 ZPO Rn. 8; *Stöber* in: Zöller, ZPO, § 890 ZPO Rn. 5.

[610] Vgl. auch BGH v. 20.06.1986 - V ZR 212/84 - juris Rn. 19 - BGHZ 98, 130-135.

[611] BGH v. 12.05.2006 - V ZR 97/05 - juris Rn. 26.

ZPO vollstreckt werden kann.[612] Er muss daher alle Punkte enthalten, die nach Vorstellung der Beteiligten Inhalt des Hauptvertrages sein sollen[613]. Dies betrifft zum einen die essentialia negotii und diejenigen Nebenabreden, über die bereits im Vorvertrag eine Einigung erzielt worden ist. Für diejenigen Punkte, über die bisher noch keine Einigung erzielt worden ist, muss in dem Klageantrag ein Vorschlag unterbreitet werden. Ob einem Klageantrag stattgegeben werden kann, hängt davon ab, ob der unterbreitete Vorschlag den Vereinbarungen im Vorvertrag, dessen Auslegung und dem für die Erfüllung der Pflichten aus dem Vorvertrag geltenden Grundsatz von Treu und Glauben (§ 242 BGB) entspricht.[614] So kann beispielsweise Treu und Glauben dem Anspruch des Verkäufers auf Abschluss eines Kaufvertrages entgegenstehen, wenn der Käufer wegen der Mangelhaftigkeit des Grundstücks berechtigt wäre, die Leistung der Klägerin zurückzuweisen und sich vom Kauf zu lösen und nicht anzunehmen ist, dass ein umfassender Sachmängelausschluss für den Hauptvertrag vereinbart werden solle.[615] Unterlässt es eine Partei, ihre Vorschläge und Wünsche im Hinblick auf den abzuschließenden Vertrag in das Gerichtsverfahren einzubringen, so ist die Klage der anderen Partei begründet, wenn die von dieser formulierten Regelungen des abzuschließenden Vertrags den Vorgaben des Vorvertrages, dessen Auslegung sowie dem Gebot von Treu und Glauben entsprechen.[616] Die dispositiven gesetzlichen Regelungen sind dabei nicht ohne weiteres maßgebend, sondern nur dann, wenn die Auslegung des Vorvertrags ergibt, dass keine abweichende Regelung beabsichtigt ist.[617] Ist Letzteres der Fall, so wird man sich an denjenigen Regelungen und Vertragsmustern orientieren können, die für Verträge über diesen Regelungsgegenstand in der Kautelarpraxis typischerweise verwendet und empfohlen werden. So wird es der „ars notarii" entsprechen, den Übergang von Besitzrecht, Nutzungen und Lasten mit der Zahlung des Kaufpreises eintreten zu lassen. Bei einem Altbau wird man den typischen Ausschluss der Haftung des Verkäufers für Sachmängel als billig ansehen können.

Bei einer Klage aus einem formbedürftigen Vorvertrag ist zu beachten, dass sich die verlangte Vertragserklärung nicht auf die bereits vereinbarten und beurkundeten Regelungen beschränken muss und dass der weitere Vertragsinhalt **nicht** daran zu messen ist, ob in der Vorvertragsurkunde ein entsprechender Parteiwille zumindest **andeutungsweise zum Ausdruck kommt**. Diese Frage stellt sich nur, soweit der Inhalt des Hauptvertrags in dem Vorvertrag bestimmt werden sollte und darum in diesem formwirksam erklärt werden musste. Soweit dies nicht der Fall ist, kommt es nur insofern auf die formgerechte Andeutung des Parteiwillens an, als die Vorgaben des Vorvertrags, denen die mit der Klage verlangte Vertragserklärung entsprechen muss, der Beurkundung bedürfen. Der gesetzliche Maßstab von § 242 BGB und hieraus abzuleitende Pflichten der Vertragsparteien werden dagegen von dem Formerfordernis nicht berührt.[618] **126**

Die Klage auf Abgabe einer Willenserklärung zum Zustandekommen des Hauptvertrages (Angebot oder Annahme) kann **mit der Klage auf Erfüllung des Hauptvertrages verbunden** werden.[619] Dies hat der BGH für die Klage auf Annahme des Angebotes für den schuldrechtlichen Vertrag zur Bestellung einer Dienstbarkeit und der Klage auf Annahme des Angebots für den dinglichen Vertrag zur Bestellung einer Dienstbarkeit nach § 873 Abs. 1 BGB sowie der grundbuchverfahrensrechtlichen Bewilligung (§ 19 GBO) im Wege der uneigentlichen Eventualhäufung der Klageanträge entschieden.[620] Eine solche Verbindung hat der BGH in einem anderen Fall für die Klage auf Abgabe eines Angebotes durch den Beklagten (Verkäufer) und die Klage auf Erfüllung des Hauptvertrages im Wege der Auflassung aus prozessökonomischen Gründen zugelassen.[621] Grds. geht der BGH von zwei selbständigen Klagen aus, die im Wege der unechten Eventualklage verbunden werden. Wenn die Erfüllungshandlung – wie die Auflas- **127**

---

[612] BGH v. 18.11.1993 - IX ZR 256/92 - juris Rn. 27 - LM ZPO § 253 Nr. 105 (4/1994).
[613] Aus diesem Grund scheiden Teilleistungsklagen zur stückweisen Herbeiführung des Gesamtvertrages im Wege von Teilleistungen grds. aus; BGH v. 18.11.1993 - IX ZR 256/92 - juris Rn. 27 - LM ZPO § 253 Nr. 105 (4/1994).
[614] BGH v. 12.05.2006 - V ZR 97/05 - juris Rn. 26.
[615] BGH v. 21.12.2000 - V ZR 254/99 - juris Rn. 19 - LM ZPO § 260 Nr. 20 (11/2001).
[616] BGH v. 12.05.2006 - V ZR 97/05 - juris Rn. 26.
[617] BGH v. 12.05.2006 - V ZR 97/05 - juris Rn. 26. Vgl. auch den Fall BGH v. 21.12.2000 - V ZR 254/99 - juris Rn. 21 - LM ZPO § 260 Nr. 20 (11/2001), bei dem das Gericht aufgrund einer Auslegung des Vorvertrages zu dem Ergebnis kam, dass die Sachmängelhaftung im Hauptvertrag umfassend ausgeschlossen sein solle.
[618] BGH v. 12.05.2006 - V ZR 97/05 - juris Rn. 16.
[619] BGH v. 20.06.1986 - V ZR 212/84 - BGHZ 98, 130-135; BGH v. 18.04.1986 - V ZR 32/85 - LM Nr. 20/21 zu § 145 BGB.
[620] BGH v. 18.04.1986 - V ZR 32/85 - juris Rn. 22 - LM Nr. 20/21 zu § 145 BGB.
[621] BGH v. 20.06.1986 - V ZR 212/84 - juris Rn. 28 - BGHZ 98, 130-135.

sungserklärung – ebenfalls in einer Willenserklärung liegt, soll es sogar möglich sein, keinen selbständigen Antrag auf Erklärung der Auflassung durch den Beklagten zu stellen, sondern „diese Willenserklärung mit in diejenige Willenserklärung aufzunehmen, die zum Abschluss des Hauptvertrages führen soll". Im Jahre 2000 hat der BGH weiter entschieden, dass die unechte Eventualklagehäufung auch aus der Sicht des Verkäufers, der gegen den Käufer auf Abschluss des Hauptvertrages und Zahlung des Kaufpreises Zug um Zug gegen Übereignung der Kaufsache klagt, zulässig ist.[622]

128   Der BGH hat in einem besonders gelagerten Fall[623] – was er in späteren Entscheidungen auch betont hat[624] – eine **unmittelbare Klage auf Erfüllung** eines Vorvertrages durch Auflassung zugelassen. Die Besonderheit bestand darin, dass der privatschriftlich geschlossene Vorvertrag ausnahmsweise als wirksam erachtet wurde, weil es dem Eigentümer nach den Grundsätzen von Treu und Glauben (§ 242 BGB) verwehrt war, sich auf den Formmangel zu berufen. Ausnahmsweise entstand daher der Anspruch auf Auflassung unmittelbar aus dem Vorvertrag.

cc. Optionsrecht

129   Das Optionsrecht (Option) gibt dem Optionsberechtigten die Möglichkeit, durch einseitige Gestaltungserklärung vertragliche Hauptleistungspflichten zur Entstehung zu bringen oder zu verlängern.[625] Durch diese Charakterisierung wird der Unterschied zu anderen Vereinbarungen im Vorfeld des endgültigen Vertragsschlusses deutlich: Im Gegensatz zum Vorvertrag (vgl. Rn. 119) besteht aufgrund der Ausübung der Option ein Anspruch auf die vereinbarte Leistung, nicht ein Anspruch auf Abschluss eines Hauptvertrages, der seinerseits erst den Anspruch auf die Hauptleistungen begründet. Allerdings ist diese begriffliche Festlegung nicht zwingend. Stellt man beim Optionsrecht ausschließlich darauf ab, dass der Optionsberechtigte durch einseitige Gestaltungserklärung den vorgesehenen Vertrag zur Entstehung bringen kann, so kann auch ein Vorvertrag Gegenstand dieser Option sein. Bekanntes Beispiel sind die dem Mieter oder Pächter eingeräumten „Ankaufsrechte" nach Ablauf der Miet- oder Pachtzeit[626], in denen die Leistungsmodalitäten in aller Regel nicht vollständig ausformuliert sind[627]. Ob man ein solches Ankaufsrecht als einseitig bindenden Vorvertrag oder als Option bezeichnet, ist für die Beurteilung der rechtlichen Fragen irrelevant. Im Vergleich zu den Vorrechtsverträgen (vgl. Rn. 130) hat der Optionsberechtigte es selbst in der Hand, den unbedingten Vertragsschluss herbeizuführen. Bei einem Vorrechtsvertrag kann der Berechtigte den Vertragsschluss nicht aus eigenem Willen herbeiführen, ohne dass zuvor der andere Vertragspartner tätig geworden ist oder beabsichtigt, tätig zu werden (Abhängigkeit der Rechtsmacht). Die Option kann sowohl dem Käufer als auch dem Verkäufer eingeräumt sein. Sofern es sich um einen Kaufvertrag handelt, spricht man im ersten Fall von einem Ankaufsrecht[628], im zweiten Fall von einem Verkaufsrecht. Das Optionsrecht ist nur ansatzweise gesetzlich geregelt, und zwar in § 454 Abs. 1 BGB für den Kauf auf Probe (aufschiebende Bedingung der Billigung) und in § 456 Abs. 1 Satz 1 BGB für den Wiederkauf (Wiederkaufserklärung).[629] Nach h.M. unterscheidet man drei Möglichkeiten der Begründung eines Optionsrechts[630], wobei es sich nicht um verschiedene Begründungen eines einheitlichen Rechtsinstituts handelt:

- Bei der **Festofferte** unterbreitet eine Vertragspartei der anderen ein Angebot, an welches es sich über einen längeren (nicht selten mehrjährigen) Zeitraum bindet.[631] Grds. ist sogar ein unbefristetes Angebot rechtlich zulässig.[632] Da es sich um einen Vertragsschluss durch Angebot und Annahme han-

---

[622] BGH v. 21.12.2000 - V ZR 254/99 - juris Rn. 15 - LM ZPO § 260 Nr. 20 (11/2001).
[623] BGH v. 21.04.1972 - V ZR 42/70 - LM Nr. 53 zu § 313 BGB.
[624] BGH v. 20.06.1986 - V ZR 212/84 - juris Rn. 28 - BGHZ 98, 130-135; BGH v. 07.02.1986 - V ZR 176/84 - juris Rn. 39 - BGHZ 97, 147-155.
[625] *Weber*, JuS 1990, 571-575, 250; *Wagner*, NotBZ 2000, 69-78, 72; *Allerkamp*, MittRhNotK 1981, 55-64, 55.
[626] Vgl. den Fall OLG Düsseldorf v. 21.12.1994 - 9 U 208/94 - NJW-RR 1995, 718-719; das Gericht spricht von einem Ankaufsrecht; vgl. auch *Basty*, DNotZ 1996, 630-636, der von einer „Option" ausgeht, die auch in der Form des Vorvertrages ausgestaltet sein könne.
[627] Sehr oft sind diese Ankaufsrechte noch nicht einmal notariell beurkundet, so dass den Beteiligten das Problem der vollständigen Festlegung aller objektiv erforderlichen (essentialia negotii) und subjektiv als essentiell angesehenen Vertragsbestimmungen nicht bewusst ist.
[628] *Schöner/Stöber*, Grundbuchrecht, 14. Aufl. 2008, Rn. 1444a; *Wagner*, NotBZ 2000, 69-78, 72; vgl. auch BGH v. 28.09.1962 - V ZR 8/61 - LM Nr. 16 zu § 433 BGB zur Auslegung des Begriffs „Ankaufsrecht".
[629] *Wagner*, NotBZ 2000, 69-78, 72.
[630] *Wagner*, NotBZ 2000, 69-78, 73-75; *Allerkamp*, MittRhNotK 1981, 55-64, 56-61.
[631] *Wagner*, NotBZ 2000, 69-78, 73; *Allerkamp*, MittRhNotK 1981, 55-64, 56.
[632] *Allerkamp*, MittRhNotK 1981, 55-64, 56; *Wagner*, NotBZ 2000, 69-78, 73; *Weber*, JuS 1990, 571-575, 251.

delt, ist auf die dortigen Ausführungen zu verweisen. Hier zeigt sich, dass der Begriff des Optionsrechts keine eigenständige Rechtskategorie ist, sondern die Umschreibung für eine typische vertragliche Gestaltung. Das Angebot bedarf der notariellen Beurkundung nach § 311b Abs. 1 Satz 1 BGB. Der Umfang der Beurkundungsbedürftigkeit richtet sich nach allgemeinen Grundsätzen wie bei einem unmittelbar zwischen den Vertragsparteien geschlossenen Hauptvertrag.[633] Regelungen hinsichtlich der Vererblichkeit und Übertragbarkeit der Annahmeposition (vgl. Rn. 62) sind zu empfehlen.[634] Die Annahme der Festofferte bedarf ebenfalls der notariellen Beurkundung.[635]

- Auch beim **Angebotsvertrag** (Optionsvertrag) liegt – wie bei der Festofferte – ein bindendes Angebot einer Vertragspartei vor. Diesem bindenden Angebot liegt eine schuldrechtliche Verpflichtung in der Form eines Vorvertrages zugrunde, der auf Abgabe des Angebotes gerichtet ist.[636] In Erfüllung der Verpflichtung aus dem Vorvertrag unterbreitet der Anbietende dem Empfänger das Angebot.[637] Darüber hinaus werden zwischen den Vertragsparteien vertragliche Vereinbarungen getroffen, die aber nicht die Verpflichtung zur Veräußerung oder zum Erwerb des Eigentums an einem Grundstück, sondern Nebenabreden oder Bedingungen der Annahme des Vertragsangebotes betreffen.[638] Dabei geht es oftmals um Entschädigungsvereinbarungen[639] für den Fall der Nichtannahme des Angebotes oder Übernahme entstehender Notar- und Grundbuchkosten. Der Angebotsvertrag begründet für den Anbietenden auch weitere Verhaltenspflichten, sich leistungsfähig zu halten.[640] Der Angebotsvertrag bedarf in vollem Umfang der notariellen Beurkundung nach § 311b Abs. 1 Satz 1 BGB; insbesondere müssen diejenigen vertraglichen Abreden beurkundet werden, die den Optionsvertrag von der Festofferte unterscheiden.[641] Auch die Ausübung der Optionserklärung, die rechtlich die Annahme des Angebots enthält, bedarf der notariellen Beurkundung.[642]

- Das Optionsrecht kann auch durch einen von beiden Vertragsparteien geschlossenen Hauptvertrag eingeräumt werden, in welchem die Wirksamkeit unter der aufschiebenden Bedingung (§ 158 BGB)[643] der Abgabe einer Geltungserklärung (Optionserklärung) des Optionsberechtigten steht (**Hauptvertrag mit Optionsvorbehalt**)[644]. Für den Umfang der Formbedürftigkeit gelten die allgemeinen Regeln des unbedingt geschlossenen Vertrages im Sinne des § 311b

---

[633] *Allerkamp*, MittRhNotK 1981, 55-64, 56.
[634] Vgl. *Wagner*, NotBZ 2000, 69-78, 73; *Allerkamp*, MittRhNotK 1981, 55-64, 57.
[635] *Eckert* in: Bamberger/Roth, § 145 Rn. 28.
[636] So die Deutung von BGH v. 28.09.1962 - V ZR 8/61 - LM Nr. 16 zu § 433 BGB; vgl. auch *Allerkamp*, MittRhNotK 1981, 55-64, 59. Eine ähnliche Konstruktion liegt bei dem Angebot an den noch zu benennenden Dritten (vgl. Rn. 67) bei Ausschluss des Selbsteintrittsrechts der Benennungsberechtigten vor. Hier schließt der Anbietende mit dem Benennungsberechtigten einen schuldrechtlichen Vertrag zu Gunsten Dritter, bei dem er sich verpflichtet, dem noch zu benennenden Dritten ein Angebot zu machen. In Erfüllung dieser Verpflichtung wird das Angebot von dem Anbietenden in der notariellen Urkunde abgegeben.
[637] Teilweise wird die Bedeutung des Angebotsvertrages auch darin gesehen, dass die durch das Angebot begründete Rechtsposition des Angebotsempfängers (Annahmeposition, Rn. 62) nicht durch einseitige Erklärung des Anbietenden, sondern durch vertragliche Vereinbarung geschaffen wird.
[638] *Wagner*, NotBZ 2000, 69-78, 75. Teilweise wird hier auch von einem „Vorvertrag" gesprochen; *Schöner/Stöber*, Grundbuchrecht, 14. Aufl. 2008, Rn. 1445.
[639] Vgl. den Fall BGH v. 19.09.1985 - IX ZR 138/84 - LM Nr. 76 zu § 249 (A) BGB, in dem es um die Nichtbeurkundung der Erhöhung der Entschädigungssumme ging; vgl. auch *Wagner*, NotBZ 2000, 69-78, 75; *Weber*, JuS 1990, 571-575, 254.
[640] *Bork* in: Staudinger, vor § 145 Rn. 71; *Kramer* in: MünchKomm-BGB, vor § 145 Rn. 53.
[641] BGH v. 19.09.1985 - IX ZR 138/84 - LM Nr. 76 zu § 249 (A) BGB.
[642] BGH v. 12.05.2006 - V ZR 97/05 - juris Rn. 20; BGH v. 28.09.1962 - V ZR 8/61 - LM Nr. 16 zu § 433 BGB; *Wagner*, NotBZ 2000, 69-78, 75; *Allerkamp*, MittRhNotK 1981, 55-64, 60.
[643] Nach § 925 Abs. 2 BGB kann die in dem Kaufvertrag miterklärte Auflassung nicht unter einer Bedingung abgegeben werden.
[644] BGH v. 28.06.1996 - V ZR 136/95 - juris Rn. 7 - LM BGB § 313 Nr. 142 (10/1996); *Wagner*, NotBZ 2000, 69-78, 75; a.A. *Weber*, JuS 1990, 571-575, 253: Vertrag sui generis.

Abs. 1 Satz 1 BGB. Nach h.M.[645] bedarf die Ausübung der Optionserklärung nicht der notariellen Beurkundung, weil der Schutzzweck des § 311b Abs. 1 Satz 1 BGB durch die Beurkundung des bedingten Kaufvertrages gewährleistet ist.[646] Teilweise wird dieses Ergebnis auch aus § 456 Abs. 1 Satz 2 BGB abgeleitet.[647]

dd. Vorrechtsverträge

130 Die Rechtsposition des Berechtigten im Hinblick auf die Möglichkeit, einen Vertrag über ein Grundstück abzuschließen, ist bei Vorrechtsverträgen deutlich schwächer als beim Vorvertrag oder bei der Option. Hier liegt es nicht (ausschließlich) in der Macht des Berechtigten, einen wirksamen Vertrag zur Veräußerung oder den Erwerb des Eigentums an einem Grundstück herbeizuführen. Bei der Auslegung des von den Vertragsparteien tatsächlich Gewollten ist daher genau zu ermitteln, welche Rechtsposition dem Berechtigten zukommen soll. Nicht selten verwenden sie den Begriff des „Vorkaufsrechts", meinen aber in Wirklichkeit ein Ankaufsrecht (Option). Vorrechtsverträge geben dem Berechtigten erst dann die Möglichkeit tätig zu werden, wenn der Verpflichtete eine bestimmte rechtliche oder tatsächliche Handlung vorgenommen hat. Ohne dieses Handeln des Verpflichteten kann der Berechtigte sein Recht nicht ausüben. Hinsichtlich der „Intensität" des Rechts und der Person des Berechtigten ist zu unterscheiden:

131 Die stärkste Rechtsposition hat der Berechtigte beim **Vorkaufsrecht**, das als schuldrechtliches (§§ 463-473 BGB) oder dingliches Recht (§§ 1094-1104 BGB) begründet werden kann, bzw. beim schuldrechtlichen **Wiederkaufsrecht** (§§ 456-462 BGB). Hinsichtlich der rechtlichen Konstruktion ist zwischen dem schuldrechtlichen und dem dinglichen Vorkaufsrecht zu unterscheiden. Beim schuldrechtlichen Vorkaufsrecht[648] wird nach h.M.[649] ein doppelt bedingter (Vorkaufsfall und Ausübung der Vorkaufserklärung) Kaufvertrag zwischen Vorkaufsverpflichtetem und Vorkaufsberechtigtem geschlossen, der dem Anwendungsbereich des § 311b Abs. 1 Satz 1 BGB unterliegt[650]. Gleiches gilt für ein Wiederkaufsrecht[651], bei dem ebenfalls ein aufschiebend bedingter Kaufvertrag (zwischen Verkäufer/Wiederkäufer und Käufer/Wiederverkäufer) geschlossen wird.[652] Ein etwaiger Formmangel kann nach § 311b Abs. 1 Satz 2 BGB nur durch Auflassung und Eintragung im Grundbuch geheilt werden. Auch die Verpflichtung, ein schuldrechtliches Vorkaufsrecht bzw. ein Wiederkaufsrecht zu „bestellen", d.h. einen solchen aufschiebend bedingten Kaufvertrag abzuschließen, unterliegt nach den Regeln über den Vorvertrag (vgl. Rn. 119) der notariellen Beurkundung gemäß § 311b Abs. 1 Satz 1 BGB. Die Heilung einer solchen vorvertraglichen Vereinbarung tritt bereits mit Abschluss des aufschiebend bedingten Kaufvertrages (beim schuldrechtlichen Vorkaufsrecht bzw. beim Wiederkaufsrecht) ein. Beim dinglichen Vorkaufsrecht ist zwischen dem Kausalverhältnis und dem dinglichen Vollzugsgeschäft zu unterscheiden, weil das Vorkaufsrecht als dingliches Recht ausgestaltet ist. Das Vorkaufsrecht entsteht hier nicht bereits mit dem schuldrechtlichen Kausalgeschäft, sondern erst durch Einigung und Eintragung im Grundbuch nach § 873 Abs. 1 BGB.[653] Das schuldrechtliche Verpflichtungsgeschäft zur Bestellung des dinglichen Vorkaufsrechts unterliegt nach § 311b Abs. 1 Satz 1 BGB der notariellen Be-

---

[645] BGH v. 12.05.2006 - V ZR 97/05 - juris Rn. 20; BGH v. 28.06.1996 - V ZR 136/95 - juris Rn. 8 - LM BGB § 313 Nr. 142 (10/1996); Brandenburgisches OLG v 17.09.2009 - 5 U 154/08; OLG Köln v. 15.11.2002 - 19 U 74/02 - NJW-RR 2003, 375-376; *Kanzleiter* in: MünchKomm-BGB, § 311b Rn. 34; *Grüneberg* in: Palandt, § 311b Rn. 11; *Wolf*, DNotZ 1995, 179-203, 185-186 *Wagner*, NotBZ 2000, 69-78, 75; a.A. (Formbedürftigkeit nach § 311b Abs. 1 Satz 1 BGB): *Wufka* in: Staudinger, § 313 a.F. Rn. 92; *Weber*, JuS 1990, 571-575, 254.

[646] BGH v. 12.05.2006 - V ZR 97/05 - juris Rn. 20.

[647] OLG München v. 05.04.2001 - 14 U 591/00 - ZNotP 2001, 367. Kritisch dazu *Einsele*, DNotZ 1996, 835-866, 863-864: keine Verallgemeinerung der höchst problematischen Vorschriften der §§ 497 Abs. 1 Satz 2 BGB, 505 Abs. 1 Satz 2 a.F.; *Wufka* in: Staudinger, § 313 a.F. Rn. 92.

[648] Entsprechendes gilt für das Wiederkaufsrecht, das nicht als dingliches Recht begründet werden kann.

[649] Vgl. etwa *Faust* in: Bamberger/Roth, § 463 Rn. 9 mit Nachweisen zu anderen Ansichten.

[650] *Weidenkaff* in: Palandt, § 463 Rn. 2.

[651] BGH v. 27.10.1972 - V ZR 37/71 - LM Nr. 57 zu § 313 BGB; *Weidenkaff* in: Palandt, § 456 Rn. 9; *Faust* in: Bamberger/Roth, § 456 Rn. 6.

[652] BGH v. 14.01.2000 - V ZR 386/98 - juris Rn. 6 - LM BGB § 497 Nr. 10 (8/2000); BGH v. 17.12.1958 - V ZR 51/57 - BGHZ 29, 107-113; *Weidenkaff* in: Palandt, § 456 Rn. 4.

[653] Zum Zwecke der Eintragung bedarf es jedoch der Bewilligung des Grundstückseigentümers in der (verfahrensrechtlichen) Form des § 29 GBO (notariell beurkundet oder öffentlich beglaubigt).

urkundung[654]; dagegen kann die Einräumung (Begründung) des dinglichen Vorkaufsrechts als sachenrechtliches Verfügungsgeschäft formlos nach § 873 Abs. 1 BGB erfolgen[655]. Oftmals werden solche Vorkaufsrechte privatschriftlich und damit formunwirksam in Miet- oder Pachtverträgen vereinbart.[656] Dabei stellt sich die Frage, ob der Miet- oder Pachtvertrag ebenfalls formnichtig ist (Teil- oder Gesamtnichtigkeit)[657], ob es einer Vertragspartei nach Treu und Glauben (§ 242 BGB) verwehrt ist[658], sich auf den Formmangel zu berufen, ob eine Heilung des Formmangels durch Einigung über die Bestellung und Eintragung im Grundbuch analog § 311b Abs. 1 Satz 2 BGB erfolgen kann[659] und ob eine Bestätigung nach § 141 BGB des formnichtigen Miet- oder Pachtvertrages möglich ist[660]. Das Vorkaufsrecht bzw. Wiederkaufsrecht wird nach dem Wortlaut des Gesetzes (§§ 464 Abs. 1 Satz 2, 456 Abs. 1 Satz 2 BGB) durch eine Erklärung ausgeübt, die nicht der für den Kaufvertrag bestimmten Form bedarf. Vor In-Kraft-Treten des Mietrechtsreformgesetzes vom 19.06.2001[661] war umstritten, ob die Formfreiheit auch für die Ausübung des gesetzlichen Mietervorkaufsrechts nach § 570b BGB a.F. galt.[662] Der Gesetzgeber hat die Einführung einer notariellen Beurkundung für die Ausübung des Mietervorkaufsrechts abgelehnt.[663] Auch durch die (inhaltsgleiche) Neufassung der Regelungen für das rechtsgeschäftliche Vor- und Wiederkaufsrecht nach den §§ 464 Abs. 1 Satz 2, 456 Abs. 1 Satz 2 BGB durch das Schuldrechtsmodernisierungsgesetz vom 26.11.2001[664] ist geklärt, dass eine einschränkende Auslegung dieser (negativen) Formregelungen im Hinblick auf § 311b Abs. 1 Satz 1 BGB nicht in Betracht kommt[665]; die Ausübung des Vor- oder Wiederkaufsrechts bedarf daher nicht der notariellen Beurkundung.[666]

Von dem Wiederkaufsrecht nach den §§ 456-462 BGB zu unterscheiden ist eine **Wiederkaufspflicht** des ursprünglichen Verkäufers. Hat sich demnach der Verkäufer gegenüber dem Käufer verpflichtet, das verkaufte Grundstück auf Verlangen des Käufers bis zu einem festgelegten Datum zurückzukaufen, so handelt es sich nicht um eine Wiederkaufsrecht im Sinne der §§ 456-462 BGB, sondern um eine Rückkaufsverpflichtung.[667] Der Unterschied dieser Wiederkaufspflicht zum Wiederkaufsrecht liegt da-

132

---

[654] Für die Bestellung eines Vorkaufsrechts am Erbbaurecht im Hinblick auf § 11 Abs. 1 ErbbauRG, der § 311b Abs. 1 Satz 1 BGB für entsprechend anwendbar erklärt: BGH v. 07.11.1990 - XII ZR 11/89 - NJW-RR 1991, 205-207; zum Recht der ehemaligen DDR: notarielle Beurkundung nach §§ 306 Abs. 1 Satz 2 67 Abs. 1, ZGB DDR BGH v. 15.11.2000 - XII ZR 181/98 - juris Rn. 13 - NZM 2001, 236-237; BGH v. 17.05.1967 - V ZR 96/64 - DNotZ 1968, 93; *Wufka* in: Staudinger, § 313 a.F. Rn. 85; *Grüneberg* in: Palandt, § 311b Rn. 11.

[655] Zum Zwecke der Eintragung bedarf es jedoch der Bewilligung des Grundstückseigentümers in der (verfahrensrechtlichen) Form des § 29 GBO (notariell beurkundet oder öffentlich beglaubigt).

[656] OLG Koblenz v. 06.04.1995 - 5 U 135/95 - NJW-RR 1996, 744-745. Dabei stellt sich dann die Frage, ob auch der Miet- bzw. Pachtvertrag formnichtig ist und ob es einer Vertragspartei nach § 242 BGB verwehrt sein kann, sich auf den Formmangel zu berufen.

[657] KG Berlin v. 17.05.2000 - 8 U 2789/98 - KGR Berlin 2000, 399: Vermutung nach § 139 BGB zulasten der Gesamtnichtigkeit greift nicht ein; OLG Düsseldorf v. 15.07.1999 - 24 U 191/98 - ZMR 2001, 101-102: Gesamtnichtigkeit, wenn dem Vorkaufsrecht zentrale Bedeutung zukommt. Zum Recht der ehemaligen DDR BGH v. 04.05.1994 - XII ZR 12/93 - Grundeigentum 1994, 1049: Voraussetzungen der Teilnichtigkeit sind von demjenigen zu beweisen, der sich darauf beruft.

[658] OLG Düsseldorf v. 16.07.2001 - 9 U 3/01 - OLGR Düsseldorf 2002, 62-63: nur in Ausnahmefällen; OLG Koblenz v. 06.04.1995 - 5 U 135/95 - NJW-RR 1996, 744-745: auch dann nicht, wenn sich beide der Formunwirksamkeit bewusst waren.

[659] OLG Schleswig v. 07.10.1981 - 9 U 47/81.

[660] BGH v. 15.11.2000 - XII ZR 181/98 - NZM 2001, 236-237: Bestätigung nur möglich, wenn beide Vertragsparteien den Grund der Nichtigkeit kannten oder zumindest Zweifel an der Rechtsbeständigkeit des Vertrages hatten.

[661] BGBl I 2001, 1149.

[662] Vgl. dazu BGH v. 07.06.2000 - VIII ZR 268/99 - BGHZ 144, 357-364, der von der Formfreiheit der Ausübungserklärung ausging; ablehnend dagegen *Wufka* in: Staudinger, § 313 a.F. Rn. 92.

[663] BT-Drs. 14/4553 S 72; kritisch dazu *Langhein*, ZRP 2000, 473-476.

[664] BGBl I 2001, 3138.

[665] So bereits die h.M. vor In-Kraft-Treten des Schuldrechtsmodernisierungsgesetzes; z.B. BGH v. 11.12.1998 - V ZR 377/97 - juris Rn. 6 - BGHZ 140, 218-223 für das Wiederkaufsrecht; *Kanzleiter* in: MünchKomm-BGB, § 311b Rn. 34; *Wolf* in: Soergel, § 313 a.F. Rn. 27; vgl. auch zur bisherigen Rechtslage: *Wufka* in: Staudinger, § 313 a.F. Rn. 92.

[666] *Faust* in: Bamberger/Roth, § 456 Rn. 11.

[667] BGH v. 11.12.1998 - V ZR 377/97 - BGHZ 140, 218-223; vgl. dazu auch *Heinemann/Vollkommer*, JZ 2000, 50-53.

rin, dass Ersterer nicht durch Ausübung einer formfreien (vgl. Rn. 123) Gestaltungserklärung (§ 456 Abs. 1 Satz 1 BGB) zustande kommt. Stattdessen handelt es sich um einen einseitig verpflichtenden Vorvertrag auf Rückkauf des verkauften Grundstücks. Man könnte den Vertrag auch als Option (vgl. Rn. 129) bezeichnen, sofern man das charakteristische Merkmal dieses Rechts nur in der einseitigen Gestaltungsmacht sieht und nicht noch zusätzlich fordert, dass die Ausübung der Optionserklärung unmittelbar die Hauptpflichten aus dem Kaufvertrag (und nicht nur auf Abschluss eines Vorvertrages) auslösen muss. Durch Ausübung der Gestaltungserklärung (Option) sollte nach dem Willen der Vertragsbeteiligten erst ein Vorvertrag zustande kommen, der den Beteiligten den Anspruch auf die jeweiligen Hauptleistungen gibt. Wie bei der Option auf den Hauptvertrag kommen bei der Option auf einen Vorvertrag drei Gestaltungsvarianten in Betracht: Zum einen kann es sich um eine Festofferte auf Abschluss eines Vorvertrages handeln. Daneben ist auch ein Optionsvertrag möglich; schließlich kann auch ein Vorvertrag mit Optionsvorbehalt gewollt sein. In den beiden erstgenannten Fällen bedarf die Ausübung der Optionserklärung der notariellen Beurkundung nach § 311b Abs. 1 Satz 1 BGB, während dies beim aufschiebend bedingten Vorvertrag mit Optionsvorbehalt in Anlehnung an die Rechtslage bei der Option auf den Hauptvertrag nach h.M. nicht der Fall ist.[668] Ein Zustandekommen des Hauptvertrages durch Ausübung der Gestaltungserklärung (Option) nach § 456 Abs. 1 Satz 1 BGB kommt daher nicht in Betracht.[669]

133 Bei der **Vorhand** verpflichtet sich eine Vertragspartei, bei Absicht der Veräußerung[670] dem Vorhandberechtigten zuerst Gelegenheit zum Erwerb zu geben. Die Ausgestaltung der Rechtsposition kann jedoch unterschiedlich sein: Hat die Vorhand zum Inhalt, dass der Verpflichtete lediglich mit dem Vorhandberechtigten in Verhandlungen eintreten und ihm etwaige Angebote Dritter mitteilen muss, so handelt es sich um eine Verhandlungsvorhand.[671] Die Verhandlungspflicht begründet weder unmittelbar noch mittelbar die Pflicht zur Veräußerung des Eigentums an einem Grundstück, so dass sie nicht in den Anwendungsbereich des § 311b Abs. 1 Satz 1 BGB fällt.[672] Bei einer Angebotsvorhand muss der Verpflichtete dem Vorhandberechtigten ein Angebot unterbreiten.[673] Wegen der damit begründeten (mittelbaren) Pflicht zur Veräußerung ist die Abrede nach § 311b Abs. 1 Satz 1 BGB zu beurkunden.[674] Welche der beiden vorgenannten Varianten gewollt ist, muss durch Auslegung ermittelt werden.

134 Das **Andienungsrecht** gibt dem Grundstückseigentümer das Recht, durch einseitige Erklärung von dem Verpflichteten den Abschluss eines Kaufvertrages verlangen zu können. Es spielt im Bereich des Leasings eine größere Rolle, wenn der Leasinggeber nach Ablauf der Grundmietzeit das Restverwertungsrisiko auf den Leasingnehmer übertragen und somit eine Vollamortisation erreichen will. Ist Gegenstand des Leasingvertrages ein Grundstück (Immobilienleasing), so ist diese Abrede (und in aller Regel auch der gesamte Leasingvertrag) notariell zu beurkunden.[675]

k. Grundstücksbezogene Treuhandverhältnisse

aa. Formbedürftigkeit

135 In den Zeiten der blühenden Bauwirtschaft waren grundstücksbezogene Treuhandverhältnisse[676] verbreitet und damit auch Gegenstand höchstrichterlicher Entscheidungen. Dabei ging es um die steuerlich motivierten Bauherrenmodelle. Unabhängig von dieser besonderen Erscheinungsform des Immobilienerwerbs spielen grundstücksbezogene Treuhandverhältnisse auch in anderen Bereichen eine Rolle. So musste der BGH über die Formwirksamkeit privatschriftlicher oder gar mündlicher Aufträge zum Erwerb einer Immobilie durch Zuschlag in der Zwangsversteigerung entscheiden. Neben solchen Fällen der Erwerbstreuhand spielt auch – eher selten – die Übertragungstreuhand und die Vereinba-

---

[668] Vgl. die Ausführungen zur Option (Rn. 129), dort zum Hauptvertrag mit Optionsvorbehalt.
[669] BGH v. 11.12.1998 - V ZR 377/97 - juris Rn. 6 - BGHZ 140, 218-223.
[670] Was beispielsweise durch Beauftragung eines Maklers oder durch Zeitungsinserat nachweisbar ist.
[671] *Wagner*, NotBZ 2000, 69-78, 77; *Wolf*, DNotZ 1995, 179-203, 192-193; DNotI-Report 1999, 25-26, 26; *Allerkamp*, MittRhNotK 1981, 55-64, 62.
[672] OLG Hamburg v. 15.02.1991 - 11 U 203/90 - NJW-RR 1992, 20-22; *Wolf*, DNotZ 1995, 179-203, 192-193; *Wagner*, NotBZ 2000, 69-78, 77; DNotI-Report 1999, 25-26, 26.
[673] *Wagner*, NotBZ 2000, 69-78, 77; *Wolf*, DNotZ 1995, 179-203, 192-193; DNotI-Report 1999, 25-26, 26.
[674] *Wagner*, NotBZ 2000, 69-78, 77; *Wolf*, DNotZ 1995, 179-203, 192-193; DNotI-Report 1999, 25-26, 26.
[675] *Mörtenkötter*, MittRhNotK 1995, 329-349, 340. Zu einer Formfreiheit des Leasingvertrages wird man in aller Regel auch nicht nach den Grundsätzen des BGH zur einseitigen Abhängigkeit (vgl. Rn. 222) gelangen. Denn das Andienungsrecht kann sinnvollerweise nur im Zusammenhang mit dem Leasingvertrag vereinbart werden.
[676] Vgl. den guten Überblick bei *Armbrüster*, DZWir 1997, 281-288.

rungstreuhand eine Rolle. Für die Bauherrenmodelle hat die Rechtsprechung jedoch eigene Kriterien entwickelt und verstärkt auf den engen Zusammenhang mit dem Grundstückskaufvertrag im Sinne einer rechtlichen Einheit (§ 139 BGB) abgestellt[677].

Bei der **Erwerbstreuhand**[678] erteilt ein Hintermann einem Treuhänder den Auftrag, ein Grundstück in seinem Namen (in offener Stellvertretung) oder im eigenen Namen und für Rechnung des Auftraggebers (in verdeckter Stellvertretung) zu erwerben. Die Anwendbarkeit des § 311b Abs. 1 Satz 1 BGB kann sich hier aus verschiedenen Gesichtspunkten ergeben.[679] Dabei sind die beiden Rechtsgeschäfte, die den Erwerb der Immobilie betreffen können, daraufhin zu untersuchen, ob sie eine Pflicht zur Veräußerung bzw. zum Erwerb des Eigentums an einem Grundstück beinhalten. 136

- Der erste Schritt zur Ausführung des Treuhandvertrages ist der Erwerb der Immobilie durch den Treuhänder, der seine Pflicht zur Ausführung des Auftrags damit erfüllt. Der Auftrag kann insoweit nur eine Pflicht des Treuhänders zum Erwerb des Eigentums beinhalten. In den Fällen des treuhänderischen Erwerbs durch Zuschlag in der Zwangsversteigerung steht der Anwendbarkeit des § 311b Abs. 1 Satz 1 BGB nicht bereits entgegen, dass der Eigentumserwerb kraft Hoheitsakts erfolgt.[680] Umstritten ist jedoch, ob eine Erwerbspflicht im Sinne des § 311b Abs. 1 Satz 1 BGB bei einem Auftrag überhaupt bestehen kann. In der Literatur wird teilweise eine Erwerbspflicht generell verneint.[681] Nach anderer Ansicht ist dagegen zwischen einem „reinen Auftrag" und einem solchen mit zusätzlicher rechtsgeschäftlicher Erwerbsverpflichtung zu differenzieren[682]. Überwiegend wird die Ansicht vertreten, dass der Auftrag die Pflicht zum Erwerb des Grundstücks beinhaltet.[683] Die Rechtsprechung konnte die Frage der Anwendbarkeit des § 311b Abs. 1 Satz 1 BGB in aller Regel offen lassen, weil jedenfalls mit Durchführung des Auftrages, d.h. dem Eigentumserwerb, Heilung gemäß § 311b Abs. 1 Satz 2 BGB eingetreten ist.[684] In anderen Fällen wurde jedoch eine Erwerbspflicht und damit Beurkundungsbedürftigkeit angenommen.[685]

- Hat der Treuhänder den Auftrag ausgeführt, so besteht für ihn die weitere Pflicht, dasjenige, was er aus der Geschäftsbesorgung erlangt hat, an den Auftraggeber herauszugeben (§ 667 BGB). Dies begründet für ihn die Pflicht zur Übereignung des Eigentums an den Auftraggeber. Die Rechtsprechung hat gleichwohl in zahlreichen Fällen die Beurkundungsbedürftigkeit des Auftragsvertrages unter dem Gesichtspunkt der Übereignungsverpflichtung des Treuhänders an den Treugeber nach § 667 BGB abgelehnt, weil sich die Herausgabepflicht (vgl. Rn. 103) unmittelbar aus einer gesetzlichen, nicht aber einer rechtsgeschäftlichen Verpflichtung ergebe.[686] In der Literatur wird der Auf-

---

[677] Vgl. dazu *Korte*, Handbuch der Beurkundung von Grundstücksgeschäften, 1990, Kap. 9 Rn. 18 ff.
[678] Zu den vergleichbaren Konstellationen bei einer Übertragungstreuhand oder Vereinbarungstreuhand: *Armbrüster*, DZWir 1997, 281-288, 284-285.
[679] Beispielhaft dafür ist die Entscheidung BGH v. 05.11.1982 - V ZR 228/80 - BGHZ 85, 245-252 (Ersteigerungsauftrag).
[680] BGH v. 05.11.1982 - V ZR 228/80 - juris Rn. 23 - BGHZ 85, 245-252; BGH v. 09.03.1990 - V ZR 260/88 - juris Rn. 9 - BGHZ 110, 319-322; BGH v. 22.09.1992 - III ZR 100/91 - juris Rn. 9 - NJW-RR 1993, 14-15; OLG Celle v. 09.01.1991 - 3 U 14/90 - NJW-RR 1991, 866-868; OLG Celle v. 29.06.1976 - 4 U 2/76 - juris Rn. 35 - NJW 1977, 52-53; *Droste*, MittRhNotK 1995, 37-57, 42; *Wolf* in: Soergel, § 313 a.F. Rn. 18.
[681] *Steffen* in: BGB-RGRK, § 663 Rn. 30.
[682] *Wufka* in: Staudinger, § 313 a.F. Rn. 54; *Seiler* in: MünchKomm-BGB, § 662 Rn. 6.
[683] *Armbrüster*, DZWir 1997, 281-288, 282; *Wolf* in: Soergel, § 313 a.F. Rn. 42; etwas abschwächend *Kanzleiter* in: MünchKomm-BGB, § 311b Rn. 22: „in fast allen Fällen".
[684] BGH v. 17.10.1980 - V ZR 143/79 - juris Rn. 17 - LM Nr. 90 zu 313 BGB; BGH v. 02.05.1996 - III ZR 50/95 - juris Rn. 10 - LM BGB § 313 Nr. 141 (9/1996); OLG Köln v. 22.04.1994 - 19 U 235/93 - OLGR Köln 1994, 301-304.
[685] BGH v. 05.11.1982 - V ZR 228/80 - juris Rn. 26 - BGHZ 85, 245-252.
[686] BGH v. 17.10.1980 - V ZR 143/79 - LM Nr. 90 zu § 313 BGB; BGH v. 07.10.1994 - V ZR 102/93 - BGHZ 127, 168-176; BGH v. 25.02.1987 - IVa ZR 263/85 - LM Nr. 115 zu § 313 BGB; BGH v. 02.05.1996 - III ZR 50/95 - juris Rn. 11 - LM BGB § 313 Nr. 141 (9/1996); BGH v. 05.11.1982 - V ZR 228/80 - juris Rn. 20 - BGHZ 85, 245-252; OLG Köln v. 22.04.1994 - 19 U 235/93 - OLGR Köln 1994, 301-304.

fassung der BGH überwiegend gefolgt[687]; teilweise wird sie aber unter Hinweis auf den dispositiven Charakter des § 667 BGB abgelehnt[688].

- Eine eigene Verpflichtung des Auftraggebers zum Erwerb des aus der Geschäftsführung Erlangten ist gesetzlich für den Auftrag nicht ausdrücklich geregelt, ergibt sich aber aus dem Sinn des Auftrags.[689] Bei einer entgeltlichen Geschäftsbesorgung (§ 675 BGB) besteht die Abnahmeverpflichtung nach den §§ 640 Abs. 1, 675 BGB.[690] Selbst wenn man eine solche Pflicht annähme, müsste man mit der zur Herausgabepflicht des Beauftragten nach BGB § 667 überwiegend vertretenen Auffassung eine Anwendung des § 311b Abs. 1 Satz 1 BGB „aus diesem Grund" ablehnen, weil es sich – nach Vorstellung der Rechtsprechung – um eine „gesetzliche Pflicht" handeln würde.[691] Allerdings kann über die Pflicht zur Entgegennahme des vom Beauftragten aus der Geschäftsführung Erlangten hinaus eine rechtsgeschäftliche Pflicht zum Erwerb des Grundstücks bestehen. Eine solche (stillschweigend) vereinbarte Erwerbspflicht wird in der Literatur überwiegend[692] regelmäßig angenommen. Strengere Maßstäbe setzt dagegen die Rechtsprechung an, da eine Erwerbspflicht nur aufgrund der jeweiligen Umstände des Einzelfalls bejaht werden könne.[693] In einem Fall (Bauherrenmodell) hat der BGH eine Erwerbspflicht mit der Begründung angenommen, dass sich der Auftraggeber dem Treuhänder in dem Geschäftsbesorgungsvertrag gegenüber verpflichtet habe, diesem Vollmacht zum Erwerb des Grundstücks zu erteilen und diesem so das Recht zu geben, den Kaufvertrag mit unmittelbarer Wirkung für den Auftraggeber abzuschließen.[694] Einen ähnlichen Ansatzpunkt vertrat der BGH in einer früheren Entscheidung[695] und stellte darauf ab, dass die Entschließungsfreiheit des Auftraggebers hinsichtlich des Erwerbs oder Nichterwerbs nach dem Gesamtbild des Vertrages oder aus sonstigen Umständen des Falles praktisch aufgehoben sei.

bb. Heilung nach Absatz 1 Satz 2

137 Sofern der Auftrag für den Beauftragten die beurkundungsbedürftige Verpflichtung zum Erwerb des Grundstücks durch Rechtsgeschäft oder in der Versteigerung beinhaltet, wird der Formmangel durch den Eigentumserwerb nach § 311b Abs. 1 Satz 2 BGB geheilt.[696] Dies gilt auch dann, wenn der Eigentumserwerb nicht durch Rechtsgeschäft, sondern durch Hoheitsakt (Zuschlagsbeschluss in der Zwangsversteigerung) erfolgt.[697] Nach richtiger Auffassung gehört die berichtigende Eintragung im Grundbuch nicht zum Erfüllungstatbestand bei einer analogen Anwendung des § 311b Abs. 1 Satz 2 BGB, so dass die Heilung bereits mit dem Zuschlagsbeschluss (vgl. Rn. 292) eintritt.

---

[687] *Wufka* in: Staudinger, § 313 a.F. Rn. 53; *Grüneberg* in: Palandt, § 311b Rn. 18; *Kanzleiter* in: MünchKomm-BGB, § 311b Rn. 22.

[688] *Linden*, MittBayNot 1981, 169-176, 171; *Battes* in: Erman, Handkommentar BGB, 10. Aufl. 2000, § 313 a.F. Rn. 24; *Heckschen*, Die Formbedürftigkeit mittelbarer Grundstücksgeschäfte, 1987, 62-63; *Schwanecke*, NJW 1984, 1585-1591, 1587.

[689] *Armbrüster*, DZWir 1997, 281-288, 283-284; *Schwanecke*, NJW 1984, 1585-1591, 1588; a.A. *Ballhaus* in: BGB-RGRK, § 313 a.F. Rn. 30, im Hinblick auf die jederzeitige Widerruflichkeit des Auftrags (§ 671 BGB); *Wolf* in: Soergel, § 313 a.F. Rn. 42.

[690] *Schwanecke*, NJW 1984, 1585-1591, 1588; *Armbrüster*, DZWir 1997, 281-288, 283; *Wolf* in: Soergel, § 313 a.F. Rn. 42.

[691] A.A möglicherweise *Wolf* in: Soergel, § 313 a.F. Rn. 42: „... so ist der Auftrag jedenfalls (!) im Hinblick auf die – mittelbare – Erwerbsverpflichtung des Auftraggebers formbedürftig ...".

[692] *Kanzleiter* in: MünchKomm-BGB, § 311b Rn. 22; *Battes* in: Erman, Handkommentar BGB, 10. Aufl. 2000, § 313 a.F. Rn. 24b: im Hinblick auf die Verpflichtung zum Ersatz des aufgewendeten Kaufpreises; *Armbrüster*, DZWir 1997, 281-288, 284; *Schwanecke*, NJW 1984, 1585-1591, 1588; *Grüneberg* in: Palandt, § 311b Rn. 18: bedingt.

[693] BGH v. 17.10.1980 - V ZR 143/79 - juris Rn. 18 - LM Nr. 90 zu § 313 BGB; BGH v. 07.10.1994 - V ZR 102/93 - juris Rn. 19 - BGHZ 127, 168-176; BGH v. 25.02.1987 - IVa ZR 263/85 - juris Rn. 15 - LM Nr. 115 zu § 313 BGB.

[694] BGH v. 08.11.1984 - III ZR 132/83 - juris Rn. 11 - LM Nr. 104 zu § 313 BGB. Es lag also ein Fall der offenen Stellvertretung vor.

[695] BGH v. 17.10.1980 - V ZR 143/79 - juris Rn. 18 - LM Nr. 90 zu § 313 BGB. Das Vorliegen dieser Voraussetzungen wurde im konkreten Fall allerdings verneint, weil kein entsprechender Sachvortrag vorlag.

[696] BGH v. 07.10.1994 - V ZR 102/93 - juris Rn. 8 - BGHZ 127, 168-176.

[697] BGH v. 05.11.1982 - V ZR 228/80 - juris Rn. 25 - BGHZ 85, 245-252; BGH v. 02.05.1996 - III ZR 50/95 - juris Rn. 10 - LM BGB § 313 Nr. 141 (9/1996).

cc. Unbeachtlichkeit des Formverstoßes nach § 242 BGB

Bestand eine Erwerbspflicht des Beauftragten (Treuhänder) neben einer eigenständigen Erwerbspflicht des Auftraggebers, so konnte der Grundstückserwerb durch den Beauftragten (durch Rechtsgeschäft oder Zuschlagsbeschluss im Zwangsversteigerungsverfahren) nicht den Formmangel der Abrede über die Erwerbspflicht des Auftraggebers gegenüber dem Beauftragten nach § 311b Abs. 1 Satz 2 BGB heilen. Denn der Erwerb durch den Treuhänder ist nicht die Erfüllung der Verpflichtung des Auftraggebers zum Eigentumserwerb vom Beauftragten. Damit könnte sich der Beauftragte dem Herausgabeverlangen des Auftraggebers mit der Begründung entziehen, der Auftrag sei nach § 125 Satz 1 BGB nichtig. Die Rechtsprechung versagte dem Beauftragten jedoch nach § 242 BGB stets diesen Einwand der Nichtigkeit der Abrede, weil der Formzwang für die Erwerbsverpflichtung des Auftraggebers nicht dem Schutz des Beauftragten diene.[698] Es sind daher Fälle denkbar, in denen es mit Treu und Glauben schlechterdings nicht zu vereinbaren ist, wenn der Beauftragte das in Ausführung des Auftrags erworbene Eigentum unter Berufung auf eine dem Schutz des Auftraggebers dienende Formvorschrift nunmehr für sich behalten könnte.

IV. Anwendung des Absatzes 1 im Gesellschaftsrecht

1. Gesellschaftsverträge

a. Allgemeines

Der Gesellschaftsvertrag ist ein schuldrechtlicher Vertrag sowie ein Organisationsvertrag[699], durch welchen sich die Gesellschafter gegenseitig verpflichten, die Erreichung eines gemeinsamen Zwecks in der durch den Vertrag bestimmten Weise zu fördern, insbesondere die vereinbarten Beiträge zu leisten (§ 705 BGB). Der Gesellschaftsvertrag erfordert daher zwei notwendige Bestandteile[700]: den gemeinsamen Zweck sowie die Förderungspflicht (zu der in aller Regel – aber nicht notwendigerweise – eine Beitragspflicht gehört[701]). Auch Gesellschaftsverträge können eine Verpflichtung zur Veräußerung oder zum Erwerb des Eigentums an einem Grundstück beinhalten und daher dem Anwendungsbereich des § 311b Abs. 1 Satz 1 BGB unterfallen. Die Verpflichtung kann dabei einem einzelnen Gesellschafter gegenüber der Gesellschaft oder den anderen Gesellschaftern oder den Gesellschaftern untereinander auferlegt sein. Auch kann die Gesellschaft selbst verpflichtet sein, Grundbesitz an ihre Gesellschafter zu übertragen. Daher ist zwischen den einzelnen Fallkonstellationen zu differenzieren.

b. Verpflichtung zur Einbringung eines Grundstücks als Gesellschaftereinlage oder Nebenverpflichtung

aa. Gesellschafter ist Eigentümer des Grundstücks

Beurkundungspflichtig ist der Gesellschaftsvertrag, wenn sich ein Gesellschafter verpflichtet, als Sacheinlage oder als sonstige Nebenpflicht das Eigentum an einem (ihm gehörenden) Grundstück an die Gesellschaft zu übertragen (Einbringung „quoad dominium").[702] Beurkundungsbedürftig ist auch die Vereinbarung, wonach die Gesellschaft „statt der Bareinlage die Einlage eines Grundstücks akzeptieren muss; es handelt sich dann um eine bedingte Erwerbsverpflichtung.[703] Dagegen ist es nicht ausreichend, wenn sich ein Gesellschafter nur zur Einbringung des Grundstücks zur Nutzung („quoad usum")[704] verpflichtet.[705] In einem solchen Fall überlässt der Gesellschafter lediglich den Gebrauch des Grundstücks. Im Fall der Auseinandersetzung der Gesellschaft steht das Grundstück dem einbringen-

---

[698] BGH v. 05.11.1982 - V ZR 228/80 - juris Rn. 27 - BGHZ 85, 245-252; BGH v. 02.05.1996 - III ZR 50/95 - juris Rn. 13 - LM BGB § 313 Nr. 141 (9/1996); BGH v. 18.11.1993 - IX ZR 256/92 - juris Rn. 38 - LM ZPO § 253 Nr. 105 (4/1994); BGH v. 07.10.1994 - V ZR 102/93 - juris Rn. 19 - BGHZ 127, 168-176.
[699] *Heidel/Pade* in: AnwK-BGB § 705 Rn. 147.
[700] *Heidel/Pade* in: AnwK-BGB § 705 Rn. 144.
[701] *Heidel/Pade* in: AnwK-BGB § 705 Rn. 146.
[702] BGH v. 24.02.1967 - V ZR 2/65 - BB 1967, 731-732; BGH v. 01.06.1967 - II ZR 198/65; OLG Koblenz v. 04.07.1991 - 5 U 725/91 - juris Rn. 21 - NJW-RR 1992, 614-615; *Grüneberg* in: Palandt, § 311b Rn. 9; *Kanzleiter* in: MünchKomm-BGB, § 311b Rn. 40; *Wufka* in: Staudinger, § 311b Abs. 1 Rn. 112.
[703] *Wufka* in: Staudinger, § 311b Abs. 1 Rn. 112.
[704] *Sauter* in: Müller/Hoffmann, Handbuch der Personengesellschaften, 2. Aufl. 2002, § 2 Rn. 77-78.
[705] *Wufka* in: Staudinger, § 311b Abs. 1 Rn. 113.

den Gesellschafter alleine zu.[706] Eine Beurkundungspflicht besteht ebenfalls nicht, wenn sich der Gesellschafter zu einer Einbringung eines Grundstücks dem Werte nach („quoad sortem"[707]) verpflichtet.[708] Wertsteigerungen des Grundstücks stehen – anders als bei der Einbringung der Nutzung nach – der Gesellschaft zu. Daher ist die Wertsteigerung beim Abfindungsanspruch eines Gesellschafters zu berücksichtigen. Der Gesellschafter ist zwar formalrechtlich Eigentümer. Er ist im Innenverhältnis zur Gesellschaft und den übrigen Gesellschaftern aber verpflichtet, das Grundstück so zu behandeln, als wäre es Gesellschaftsvermögen.[709] Er hat daher auch Verfügungen über das Eigentum zu unterlassen, die dem Gesellschaftszweck zuwiderlaufen.[710] Die damit verbundene Verpflichtung, das Grundstück nicht an andere Personen zu veräußern, führt noch nicht zur Anwendbarkeit des § 311b Abs. 1 Satz 1 BGB (zur Verpflichtung ein Grundstück nicht zu veräußern vgl. auch Rn. 69). Soll das Grundstück aber, ohne dass es Gesellschaftsvermögen wird, der Gesellschaft zur Bewirtschaftung und Verwertung für gemeinschaftliche Rechnung überlassen werden, wobei sich die Verfügungsgewalt auch auf die Veräußerung erstreckt, ist § 311b Abs. 1 Satz 1 BGB anwendbar.[711] Eine solche Vereinbarung beinhaltet für den Gesellschafter, in dessen Eigentum sich das Grundstück befindet, die Verpflichtung an einem Verkauf mitzuwirken. Unerheblich ist, dass für eine Veräußerung erst noch eine Umwandlung des Eigentums in Wohnungseigentum nach dem WEG erforderlich ist.[712]

bb. Gesellschafter ist nicht Eigentümer des Grundstücks

141 § 311b Abs. 1 Satz 1 BGB ist auch dann anwendbar, wenn sich ein Gesellschafter verpflichtet, ein Grundstück noch zu erwerben und es zur Bewirtschaftung und Verwertung in die Gesellschaft einzubringen, selbst wenn kein Eigentumsübergang stattfindet, weil sich der Verpflichtete schuldrechtlich seiner Verfügungsgewalt über das noch zu erwerbende Grundstück in der Weise begeben soll, dass die Gesellschaft oder einzelne Gesellschafter es teilweise veräußern können.[713] In dem Fall, welcher der Entscheidung des OLG Hamm[714] zugrunde lag, verpflichtete sich ein Gesellschafter das Grundstück, für welches er ein bindendes Verkaufsangebot an der Hand hatte, zu erwerben und es der Gesellschaft für die Bebauung von Eigentumswohnungen zur Verfügung stellen. Die einzelnen Gesellschafter sollten zudem befugt sein, einzelne der Eigentumswohnungen zu veräußern. Das Gericht begründete die Anwendung des § 313 BGB a.F. mit einer Erwerbsverpflichtung des Gesellschafters (um es der Gesellschaft zur Verwertung zur Verfügung zu stellen) sowie mit einer Veräußerungsverpflichtung (Mitwirkung an einer Veräußerung noch zu bildender Eigentumswohnungen).

cc. Herausgabe an die Gesellschaft beim Auftragserwerb

142 Erwirbt ein Gesellschafter im Auftrag der Gesellschaft ein Grundstück, so ist er aus dem Auftragsrecht verpflichtet, das Grundstück an die Gesellschaft zu übertragen (§ 667 BGB, vgl. dazu Rn. 90 und Rn. 128 ff.). Die Rechtsprechung hat in zahlreichen Fällen die Beurkundungsbedürftigkeit des Auftragsvertrages unter dem Gesichtspunkt der Übereignungsverpflichtung des Treuhänders an den Treugeber nach § 667 BGB abgelehnt, weil sich die Herausgabepflicht unmittelbar aus einer gesetzlichen, nicht aber einer rechtsgeschäftlichen Verpflichtung ergebe.[715] Daneben kann aber auch die Verpflichtung zum Erwerb durch den Treuhänder beurkundungsbedürftig sein (vgl. dazu Rn. 128 ff.).

---

[706] *Rupp*, EStB 2007, 225.

[707] Bei der Einbringung dem Wert nach („quoad sortem") stehen Wertsteigerungen des Grundstücks – anders als bei der Einbringung der Nutzung nach – der Gesellschaft zu. Daher ist die Wertsteigerung beim Abfindungsanspruch eines Gesellschafters zu berücksichtigen; *Saater* in: Müller/Hoffmann, Handbuch der Personengesellschaften, 2. Aufl. 2002, § 2 Rn. 77 Fn. 106; *Schmeinck*, MittRhNotK, 97-112, 99.

[708] OLG Hamburg v. 07.02.1994 - 2 U 7/93 - NJW-RR 1996, 803-805; *Kanzleiter* in: MünchKomm-BGB, § 311b Rn. 40; *Gehrlein* in: Bamberger/Roth, § 311b Rn. 7; *Wufka* in: Staudinger, § 311b Abs. 1 Rn. 112.

[709] *Rupp*, EStB 2007, 225; dort (S. 226) auch zu grunderwerbsteuerlichen Fragen (§ 1 Abs. 2 GrEStG).

[710] *Rupp*, EStB 2007, 225.

[711] OLG Hamm v. 11.01.1984 - 8 U 85/83 - juris Rn. 5 - MDR 1984, 843; *Petzoldt*, BB 1975, 905.

[712] OLG Hamm v. 11.01.1984 - 8 U 85/83 - juris Rn. 5 - MDR 1984, 843.

[713] OLG Hamm v. 11.01.1984 - 8 U 85/83 - MDR 1984, 843; *Kanzleiter* in: MünchKomm-BGB, § 311b Rn. 17; *Schmeinck*, MittRhNotK, 97-112, 99.

[714] OLG Hamm v. 11.01.1984 - 8 U 85/83 - MDR 1984, 843.

[715] BGH v. 17.10.1980 - V ZR 143/79 - LM Nr. 90 zu § 313 BGB; BGH v. 07.10.1994 - V ZR 102/93 - BGHZ 127, 168-176; BGH v. 25.02.1987 - IVa ZR 263/85 - LM Nr. 115 zu § 313 BGB; BGH v. 02.05.1996 - III ZR 50/95 - juris Rn. 11 - LM BGB § 313 Nr. 141 (9/1996); BGH v. 05.11.1982 - V ZR 228/80 - juris Rn. 20 - BGHZ 85, 245-252; OLG Köln v. 22.04.1994 - 19 U 235/93 - OLGR Köln 1994, 301-304.

c. Der Gesellschaftszweck als Auslöser der Beurkundungsbedürftigkeit

aa. Erwerb und Veräußerung von Grundstücken

Die Abrede in einem Gesellschaftsvertrag, nach der sich die Gesellschafter untereinander unmittelbar oder mittelbar zum Erwerb eines **bestimmten** Grundstücks verpflichten, bedarf der Beurkundung nach § 311b Abs. 1 Satz 1 BGB.[716] Sofern der Erwerb eines Grundstücks und dessen Aufteilung in Wohnungseigentum vereinbart ist, muss auch die Abrede hinsichtlich der Aufteilung beurkundet werden.[717]

143

Dagegen führt die **generelle Zielsetzung** des Gesellschaftsvertrages (Gesellschaftszweck), Grundstücke zu erwerben oder zu veräußern, nicht zur Anwendbarkeit des § 311b Abs. 1 Satz 1 BGB.[718] Nach Ansicht des BGH[719] genügt die Formulierung des Gesellschaftszwecks, dass die Grundstücksgesellschaft Grundstücke verwalten und verwerten sollte, für die bereits zuvor ein notarielles Kaufangebot abgegeben war, nicht zur Anwendbarkeit des § 313 BGB a.F. In welcher Weise die in Aussicht genommene „Verwertung" geschehen soll – etwa durch Verkauf der Grundstücke an Dritte oder durch Bildung von Wohnungseigentum und dessen Übertragung auf Gesellschafter oder nur durch gewinnbringende Vermietung – sei nicht klar bestimmt. Zudem sei ein etwaiger Verkauf der Grundstücke nicht fest vereinbart, sondern soll davon abhängig sein, dass dies mit 75% der Gesellschafterstimmen beschlossen wird. Den Gesellschaftern verbleibe damit ein erheblicher Entscheidungsspielraum, zumal sie – ebenfalls mit entsprechender Stimmenmehrheit – auch den Gesellschaftszweck ändern können. Sie bedurften nach Ansicht des BGH deshalb nicht des Schutzes vor übereilter Veräußerung von Grundstücken durch notarielle Beurkundung des Vertrages. Allerdings ist stets zu beachten, dass die Formulierung einer generellen Erwerbs- oder Veräußerungspflicht nur deshalb gewählt wurde, um die notarielle Beurkundung und die damit verbundenen Kosten zu vermeiden. In diesem Fall ist die Vereinbarung nach § 117 Satz 1 BGB nichtig.[720] Das tatsächlich gewollte Rechtsgeschäft ist dann nach den §§ 117 Satz 2, 125 BGB formunwirksam.

144

Umstritten ist, ob in den Fällen der allgemeinen Erwerbspflicht ausnahmsweise eine Anwendung des § 311b Abs. 1 Satz 1 BGB geboten ist, weil **einzelne Gesellschafter von der Geschäftsführung ausgeschlossen sind oder gesellschaftsvertraglich das Mehrheitsprinzip (z.B. 75%) gilt**. Die von der Geschäftsführung ausgeschlossenen oder bei einer Beschlussfassung unterlegenen Gesellschafter sind in solchen Fällen an die Entscheidung der geschäftsführenden Gesellschafter bzw. die Mehrheit der Gesellschafter vorweg gebunden. Ein Teil der Literatur bejaht die Anwendbarkeit des § 311b Abs. 1 Satz 1 BGB mit der Begründung, die betroffenen Gesellschafter seien wie bei einer unwiderruflichen Vollmacht gebunden.[721] Nach der zutreffenden h.M.[722] scheidet eine Anwendung des § 311b Abs. 1 Satz 1 BGB jedoch aus. Nach dem neuen Verständnis der GbR im Sinne der kollektivistischen Gesamthandslehre folgt aus dem Gesellschaftsvertrag für den einzelnen Gesellschafter keine Veräußerungs- oder Erwerbspflicht, da sie durch den Abschluss eines Vertrages im Sinne des § 311b Abs. 1 Satz 1 BGB nicht unmittelbar zur Veräußerung oder zum Erwerb verpflichtet (anders als nach der früheren Lehre von der Doppelvertretung). Dieses Ergebnis folgt nunmehr eindeutig aus der Entscheidung des

145

---

[716] BGH v. 09.07.1992 - IX ZR 209/91 - NJW 1992, 3237; BGH v. 13.02.1996 - XI ZR 239/94 - juris Rn. 15 - NJW 1996, 1279-1280.

[717] *Wufka* in: Staudinger, § 311b Abs. 1 Rn. 114.

[718] OLG Köln v. 13.04.2000 - 8 U 40/99 - NZG 2000, 930; in diesem Sinne auch BGH v. 13.02.1996 - XI ZR 239/94 - LM BGB § 313 Nr. 139 (6/1996); *Gehrlein* in: Bamberger/Roth, § 311b Rn. 7; *Löbbe/Ulmer*, DNotZ 1998, 711-741, 735-736; *Wolf* in: Soergel, § 313 a.F. Rn. 49; *Wufka* in: Staudinger, § 311b Abs. 1 Rn. 114, 116; a.A. *Schwanecke*, NJW 1984, 1585-1591, 1588-1589: Beurkundungspflicht auch dann, wenn der Entschließungsfreiheit der Gesellschafter enge Grenzen gesetzt sind und ihr Ermessen im Hinblick auf den Erwerb gebunden oder gar auf Null reduziert ist.

[719] BGH v. 13.02.1996 - XI ZR 239/94 - juris Rn. 16 - LM BGB § 313 Nr. 139 (6/1996).

[720] *Wufka* in: Staudinger, § 311b Abs. 1 Rn. 116.

[721] *Heckschen*, Die Formbedürftigkeit mittelbarer Grundstücksgeschäfte, 1987, S. 138; *Schmeinck*, MittRhNotK, 97-112, 102-104; *Petzoldt*, BB 1975, 905-908, 907. Zur unwiderruflichen Vollmacht vgl. Rn. 51 ff.

[722] *Schwanecke*, NJW 1984, 1585-1591, 1589-1590; *Wufka* in: Staudinger, § 311b Abs. 1 Rn. 117; *Löbbe/Ulmer*, DNotZ 1998, 711-741, 736-740.

§ 311b   jurisPK-BGB / Ludwig

V. Zivilsenat des BGH vom 25.01.2008.[723] Der Senat entschied, dass eine Klage gegen die Gesellschafter einer GbR auf Abgabe der Willenserklärung zur Bestellung einer Grunddienstbarkeit an einem zum Gesellschaftsvermögen der GbR gehörenden Grundstück unzulässig sei. Eine solche Verpflichtung folge insbesondere nicht daraus, dass die Gesellschafter in entsprechender Anwendung von § 128 Satz 1 HGB für die Verbindlichkeiten der Gesellschaft grundsätzlich persönlich haften. Eine Haftung der Gesellschafter für diesen Anspruch scheitere daran, dass Gegenstand der von den Gesellschaftern erstrebten Leistung eine Willenserklärung der Gesellschaft, nämlich die Bestellung einer Dienstbarkeit an dem Grundstück der Gesellschaft, sei. Dass die beklagten Gesellschafter gemeinsam zur Vertretung der Gesellschaft berechtigt und damit zu der von den Klägern erstrebten Leistung in der Lage seien, führe nicht dazu, dass eine durch die Rechtskraft eines Urteils fingierte Erklärung der beklagten Gesellschafter (§ 894 ZPO) namens der Gesellschaft abgegeben wäre und damit gegen diese wirkte. Hierzu bedürfe es vielmehr einer Verurteilung der Gesellschaft. Dem stünde auch § 736 ZPO nicht entgegen.[724]

bb. Zuteilung von Grundstücken an die Gesellschafter („Hamburger Modell")

146   Die satzungsmäßige Bestimmung, wonach eines oder mehrere zum Gesellschaftsvermögen gehörende Grundstücke nach einem bestimmten Verfahren an die Gesellschafter zugeteilt werden sollen, führt nach Ansicht der Rechtsprechung nicht zur Anwendbarkeit des § 311b Abs. 1 Satz 1 BGB. Dies hat der BGH – in Fortführung der Rechtsprechung des RG[725] – für die (Wohnungsbau-)Genossenschaft[726] und die Grundstücks-KG in der Form des Hamburger Modells (vgl. Rn. 166)[727] entschieden. Die Besonderheit bei der Genossenschaft liegt darin, dass die Feststellung der Satzung – anders als bei der GmbH und der AG – nicht der Form der notariellen Beurkundung unterliegt (vgl. § 5 GenG). Bei der Wohnungsbaugenossenschaft ist der satzungsmäßige Zweck typischerweise darauf gerichtet, den Mitgliedern durch den arbeitsteiligen Selbsthilfeeinsatz aller Mitglieder zu einem Eigenheim zu verhelfen.[728] Die Vergabe der Eigenheime erfolgt durch Zuteilung (Zuweisung von Grundstücken) an die Wohnungsbaugenossen, die dem Vorstand (ggf. zusammen mit dem Aufsichtsrat) obliegt. In der ersten Entscheidung[729] prüfte der BGH nicht die Wirksamkeit der Satzung, sondern stellte fest, dass die statutarische Zuweisung von Grundstücken an die Genossen nicht der Formvorschrift des § 313 BGB a.F. unterliegt[730]. In der zweiten Entscheidung konnte der BGH auf diese Zuteilung nicht abstellen, weil eine solche gar nicht vorlag. Wegen der unmissverständlich geäußerten Absicht der Genossenschaft, das umstrittene Haus niemand anderem als dem Kläger zuzuteilen, verzichtete der BGH auf eine förmliche Zuteilung. In beiden Entscheidungen stellte der BGH darauf ab, dass sich der Anspruch nicht erst aus der Zuteilung, sondern aus der Satzung ergibt. Er zog eine Parallele zu den Auftragsfällen (Erwerbstreuhand, vgl. Rn. 136), in denen er die Pflicht zur Übereignung des Grundstücks durch den Beauftragten an den Auftraggeber nicht aus einer besonderen, der Vorschrift des § 311b Abs. 1 Satz 1 BGB unterliegenden Abrede, sondern aus der „gesetzlichen" Herausgabepflicht nach § 667 BGB ableitet. Besonders deutlich zog der BGH die Parallele in dem vergleichbar gelagerten Fall einer Grundstücks-KG (Hamburger Modell, vgl. Rn. 166).[731] Dort war vorgesehen, im Rahmen eines Kurzentrums 195 Eigentumswohnungen zu bauen und auf die zu werbenden Kommanditisten zu übertragen. Auch hier leitete der BGH den Anspruch auf Eigentumserwerb unmittelbar aus der Satzung, nicht erst aus dem Beitrittsvertrag des Kommanditisten ab. Wenn sich daher bereits ein Anspruch aus einem anderen Rechtsgrund (Satzung) ergibt, könne der Beitrittsvertrag nicht selbst die Verpflichtung zur Veräußerung des Eigentums beinhalten und

---

[723] BGH v. 25.01.2008 - V ZR 63/07 - juris Rn. 8 - NJW 2008, 1378-1380.
[724] BGH v. 25.01.2008 - V ZR 63/07 - juris Rn. 10 - NJW 2008, 1378-1380.
[725] Nachweise in BGH v. 10.11.1954 - II ZR 299/53 - BGHZ 15, 177-185.
[726] BGH v. 10.11.1954 - II ZR 299/53 - BGHZ 15, 177-185; BGH v. 18.05.1973 - V ZR 15/71 - LM Nr. 59 zu § 313 BGB; BGH v. 10.04.1978 - II ZR 61/77 - juris Rn. 11 - LM Nr. 76 zu § 313 BGB. Aus der Rechtsprechung der Instanzgerichte: OLG Karlsruhe v. 09.05.1980 - 14 U 168/78 - OLGZ 1980, 446-449.
[727] BGH v. 10.04.1978 - II ZR 61/77 - juris Rn. 11 - LM Nr. 76 zu § 313 BGB.
[728] Vgl. den Sachverhalt in der Entscheidung BGH v. 10.11.1954 - II ZR 299/53 - BGHZ 15, 177-185.
[729] BGH v. 10.11.1954 - II ZR 299/53 - BGHZ 15, 177-185.
[730] So auch OLG Karlsruhe v. 09.05.1980 - 14 U 168/78 - OLGZ 1980, 446-449.
[731] BGH v. 10.04.1978 - II ZR 61/77 - juris Rn. 11 - LM Nr. 76 zu § 313 BGB.

aus diesem Grund[732] die Beurkundungspflicht auslösen.[733] Damit musste der BGH aber auch zur Wirksamkeit der – nicht beurkundeten Satzung – Stellung nehmen. Er behalf sich damit, dass der Gesellschaftsvertrag vor In-Kraft-Treten der Neufassung des § 313 BGB a.F. am 01.07.1973[734] nicht unter den Anwendungsbereich dieser Vorschrift in ihrer alten Fassung[735] fiel. Im Übrigen äußerte er Zweifel, ob auch nach der Neufassung des § 313 BGB a.F. der Gesellschaftsvertrag beurkundungsbedürftig gewesen wäre.[736]

Diese Rechtsprechung wird in der neueren Kommentarliteratur zutreffend abgelehnt.[737] Betrifft die Verpflichtung (zumindest) ein bestimmtes oder mehrere bestimmte Grundstücke, so fällt die Satzung in den Anwendungsbereich des § 311b Abs. 1 Satz 1 BGB. Dies gilt sowohl dann, wenn aus der Satzung unmittelbar eine Übereignungspflicht folgt, als auch wenn nur ein Anspruch auf Abschluss eines Veräußerungs- oder Erwerbsvertrages besteht und die Zuteilung des Grundstücks erst noch durch einen entsprechenden Beschluss zu erfolgen hat.[738] Dieser Zuteilungsbeschluss selbst bedarf jedoch keiner notariellen Beurkundung, weil dessen Erteilung lediglich Bedingung für das Entstehen des Anspruchs ist.[739] 147

cc. Abfindungsvereinbarungen

Scheidet ein Gesellschafter aus einer Gesellschaft aus, so steht ihm eine Abfindung zu. Sieht der Gesellschaftsvertrag vor, dass die Abfindung durch Übertragung einer Eigentumswohnung erfolgen kann, ohne aber eine Verpflichtung zu einem Angebot oder einer Annahme zu begründen, so ist diese Abrede nicht beurkundungsbedürftig.[740] 148

d. Innengesellschaften

Bei einer Innengesellschaft fehlen eine nach außen in Erscheinung tretende Organisation sowie Vertretungsregeln.[741] Sie können nach h.M. auch kein gesamthänderisches Vermögen bilden.[742] Der nach außen Handelnde ist daher der alleinige Rechtsträger. Im Innenverhältnis ist er gegenüber den anderen Innengesellschaftern verpflichtet, gemeinsame Gegenstände so zu behandeln als seien sie gesamthänderisches Vermögen. Die Auseinandersetzung der Innengesellschaft erfolgt nicht durch Liquidation nach den §§ 730 ff. BGB. Die Gesellschaft ist mit ihrer Auflösung vielmehr vollbeendet. Außen- und 149

---

[732] Im konkreten Fall kam der BGH gleichwohl zu einer Anwendung des § 311b Abs. 1 Satz 1 BGB auf den Beitrittsvertrag, weil – aus der Sicht des beitretenden Kommanditisten – eine Erwerbspflicht vorlag; BGH v. 10.04.1978 - II ZR 61/77 - juris Rn. 13 - LM Nr. 76 zu § 313 BGB. Diese Verpflichtung leitete der BGH nicht aus der Satzung selbst ab, obwohl diese keine Regelung für solche Kommanditisten vorsah, denen keine Eigentumswohnung zuzuteilen war. Die Beitrittserklärung, die von der Gesellschaft gegengezeichnet worden ist, enthielt aber die individuelle Bezeichnung der vom beitretenden Gesellschafter ausgewählten und von der Geschäftsführung der Kommanditgesellschaft zugewiesenen Wohnung, und sie setzte die hierfür vom Gesellschafter zu verrechnenden bzw. zu erbringenden Leistungen (Einlagebeträge und Darlehensbeträge, zu übernehmende Fremdfinanzierung) genau fest.
[733] BGH v. 10.04.1978 - II ZR 61/77 - juris Rn. 11 - LM Nr. 76 zu § 313 BGB.
[734] BGBl I 1973, 508.
[735] Nur die Verpflichtung zur Übertragung (nicht auch des Erwerbs) des Eigentums war beurkundungsbedürftig.
[736] BGH v. 10.04.1978 - II ZR 61/77 - juris Rn. 14 - LM Nr. 76 zu § 313 BGB.
[737] *Wolf* in: Soergel, § 313 a.F. Rn. 38; *Wufka* in: Staudinger, § 313 a.F. Rn. 127; *Kanzleiter* in: MünchKomm-BGB, § 311b Rn. 24; *Gehrlein* in: Bamberger/Roth, § 311b Rn. 9; *Grüneberg* in: Palandt, § 311b Rn. 15, allerdings mit unrichtigem Hinweis auf BGH v. 10.04.1978 - II ZR 61/77 - LM Nr. 76 zu § 313 BGB, weil der BGH die Formbedürftigkeit des Beitrittsvertrages geprüft (und im Ergebnis bejaht) hat, nicht aber die Formbedürftigkeit der Satzung (wurde zwar offen gelassen, der BGH neigte aber zur Nichtanwendbarkeit des § 311b Abs. 1 Satz 1 BGB); für Anwendbarkeit des § 311b Abs. 1 Satz 1 BGB auch *Heckschen*, Die Formbedürftigkeit mittelbarer Grundstücksgeschäfte, 1987, 158, für den Fall einer Grundstücksgesellschaft in der Form des Hamburger Modells (vgl. Rn. 166).
[738] *Wolf* in: Soergel, § 313 a.F. Rn. 38.
[739] *Wufka* in: Staudinger, § 313 a.F. Rn. 128; *Kanzleiter* in: MünchKomm-BGB, § 311b Rn. 24; *Wolf* in: Soergel, § 313 a.F. Rn. 38.
[740] *Wufka* in: Staudinger, § 311b Abs. 1 Rn. 113 zum Fall OLG München v. 08.07.1993 - 1 U 7230/92 - NJW-RR 1994, 37 (dort ging es um die Formbedürftigkeit des Beitritts eines Gesellschafters zur Gesellschaft).
[741] *Timm/Schöne* in: Bamberger/Roth, § 705 Rn. 159 f.
[742] BGH v. 22.10.1990 - II ZR 247/89 - juris Rn. 8 - NJW-RR 1991, 613-615. Für die Möglichkeit der Bildung von Gesamthandsvermögen z.B. *Timm/Schöne* in: Bamberger/Roth, § 705 Rn. 138.

§ 311b

Innengesellschafter stehen sich nunmehr als Gläubiger und Schuldner eines schuldrechtlichen Auseinandersetzungsanspruchs gegenüber, bei dem die Innengesellschafter einen Anspruch gegen den nach außen Handelnden auf Abrechnung und Zahlung des Abfindungsguthabens haben.[743] Die Einzelansprüche der Gesellschafter aus dem Gesellschaftsverhältnis sind unselbständige Rechnungsposten der Auseinandersetzungsrechnung und können daher nicht mehr selbständig geltend gemacht werden.[744] Die Begründung einer Innengesellschaft hinsichtlich eines Grundstücks (z.B. unter Ehegatten) bedarf nicht der notariellen Beurkundung nach § 311b Abs. 1 Satz 1 BGB.[745] Eine Ausnahme gilt nur, wenn für den Fall der Auflösung der Innengesellschaft eine Veräußerungspflicht begründet wird[746] (z.B. wenn unter Ehegatten eine Innengesellschaft bzgl. eines Grundstücks begründet und zusätzlich vereinbart wird, dass der Eigentümer das Grundstück bei Trennung an den anderen Ehegatten zu Eigentum übertragen oder dass das Grundstück verkauft werden muss).

e. Auseinandersetzungsvereinbarungen

150 Scheidet ein Gesellschafter einer zweigliedrigen Personengesellschaft aus, so wächst das Gesellschaftsvermögen dem verbleibenden Gesellschafter an (§ 142 HGB, der auch bei der GbR entsprechend gilt[747]). Eine derartige Abrede bedarf nicht der Form des § 311b Abs. 1 Satz 1 BGB, wenn zum Gesellschaftsvermögen ein Grundstück gehört.[748] Übernimmt ein Gesellschafter beim Ausscheiden ein zum Gesellschaftsvermögen gehörendes Grundstück, ohne dass dies die Folge einer Anwachsung nach § 738 Abs. 1 Satz 1 BGB ist, so bedarf die zugrunde liegende Vereinbarung der notariellen Beurkundung.

f. Umfang der Beurkundungsbedürftigkeit, Teilnichtigkeit (§ 139 BGB)

151 Unterliegt eine Abrede des Gesellschaftsvertrages dem Anwendungsbereich des § 311b Abs. 1 Satz 1 BGB, so ist der gesamte Gesellschaftsvertrag notariell zu beurkunden.[749] Es gelten die Grundsätze des zusammengesetzten Rechtsgeschäfts (vgl. Rn. 216). Die vom BGH geforderte einseitige Abhängigkeit (vgl. Rn. 222) des Grundstücksgeschäfts von dem Gesellschaftsvertrag wird man grds. bejahen können.

152 Wird nach Abschluss des Gesellschaftsvertrages, der nicht dem Anwendungsbereich des § 311b Abs. 1 Satz 1 BGB unterliegt, eine Vereinbarung getroffen, die notariell beurkundet werden muss (**nachträgliche Änderung des Gesellschaftsvertrages**, so z.B. die Vereinbarung, dass ein Grundstück, welches der Gesellschaft zur Nutzung überlassen wurde, nunmehr in das Eigentum der Gesellschaft übertragen werden soll, oder die Abrede, dass ein bestimmtes Grundstück erworben werden soll), so bedarf lediglich diese Abrede der notariellen Beurkundung, nicht aber der gesamte Gesellschaftsvertrag.[750] Vergleichbar ist dies mit dem Fall, dass nach Abschluss eines Mietvertrages nachträglich dem Mieter ein Vorkaufsrecht eingeräumt wird. In solchen Fällen ist nicht der gesamte Mietvertrag beurkundungsbedürftig. Die Grundsätze über das zusammengesetzte Rechtsgeschäft (vgl. Rn. 216) gelten nicht. Die Mitbeurkundung eines an sich nicht beurkundungsbedürftigen Rechtsgeschäfts zusammen mit einem Vertrag im Sinne des § 311b Abs. 1 Satz 1 BGB erfasst nur solche Fälle, in denen eine Abrede über das erstmalige Zustandekommen beider Verträge besteht. Existiert jedoch bereits ein Vertragsverhältnis, ohne dass zu diesem Zeitpunkt ein beurkundungsbedürftiger Vertrag im Sinne des § 311b Abs. 1 Satz 1 BGB konkret im Raume steht, so kann das bereits bestehende Vertragsverhältnis nicht nachträglich beurkundungsbedürftig werden. Damit nicht zu verwechseln sind die Fälle, in denen das nicht beurkundungsbedürftige Rechtsgeschäft bereits im Vorgriff auf das beurkundungsbedürftige Rechtsgeschäft geschlossen wird. Beim zusammengesetzten Rechtsgeschäft spielt die zeitliche Reihenfolge (vgl. Rn. 231) des Abschlusses der Verträge keine Rolle.

---

[743] BGH v. 22.10.1990 - II ZR 247/89 - juris Rn. 8 - NJW-RR 1991, 613-615; *Timm/Schöne* in: Bamberger/Roth, § 705 Rn. 162; *Heidel/Pade* in: AnwK-BGB § 705 Rn. 195.
[744] BGH v. 22.10.1990 - II ZR 247/89 - juris Rn. 3 - NJW-RR 1991, 613-615.
[745] *Wufka* in: Staudinger, § 311b Abs. 1 Rn. 113; *Gehrlein* in: Bamberger/Roth, § 311b Rn. 7.
[746] *Gehrlein* in: Bamberger/Roth, § 311b Rn. 7.
[747] BGH v. 08.01.1990 - II ZR 115/89 - juris Rn. 4 - NJW 1990, 1171-1172.
[748] BGH v. 08.01.1990 - II ZR 115/89 - juris Rn. 4 - NJW 1990, 1171-1172.
[749] *Wufka* in: Staudinger, § 311b Abs. 1 Rn. 110 a.E.; *Binz/Mayer*, NJW 2002, 3054, 3058.
[750] A.A. *Wufka* in: Staudinger, § 311b Abs. 1 Rn. 111.

Wussten die Gesellschafter, dass die beurkundungsbedürftige Abrede formunwirksam ist (bewusste Teilnichtigkeit, vgl. Rn. 269), so wird der Gesellschaftsvertrag nach h.M. lediglich von den übrigen Vertragsbestimmungen gebildet, weil die Voraussetzungen des § 139 BGB nicht vorliegen. Diese übrigen Vertragsbestimmungen sind aber nur dann rechtswirksam, wenn sie mit diesem Inhalt von den Parteien für sich allein gewollt sind.[751] Haben die Gesellschafter den Gesellschaftsvertrag ohne die beurkundungsbedürftige Verpflichtung zur Übereignung eines Grundstücks nicht gewollt, so ist ein auf die übrigen Vertragsbestimmungen beschränkter Gesellschaftsvertrag nach den §§ 145 ff., §§ 705 ff. BGB nicht zustande gekommen (Fehlen eines wesentlichen Vertragsbestandteils).[752] 153

Bei einer unbewussten Formunwirksamkeit der gesellschaftsvertraglichen Abrede ist § 139 BGB anzuwenden. Es ist dann anhand der Gesamtumstände zu ermitteln, ob der Vertrag ohne die formunwirksame Abrede im Sinne des § 311b Abs. 1 Satz 1 BGB gültig ist.[753] 154

2. Übertragung von Anteilen an einer Gesamthandsgemeinschaft oder juristischen Person

a. Grundsatz

Die Verpflichtung zur Übertragung des Anteils an einer Gesamthandsgemeinschaft oder einer juristischen Person ist nicht nach § 311b Abs. 1 Satz 1 BGB beurkundungsbedürftig, selbst wenn Grundbesitz zum Vermögen der Gesamthand oder der juristischen Person gehört.[754] Dies gilt grds. auch dann, wenn aus einer mehrgliedrigen Gesellschaft alle Gesellschafter bis auf einen ausscheiden oder alle bisherigen Gesellschafter ihre Mitgliedschaftsrechte auf mehrere andere Personen oder auf einen Erwerber übertragen.[755] Dies ist damit zu begründen, dass die dingliche Rechtsänderung am Gesellschaftseigentum, zu dem auch ein Grundstück gehört, nicht Gegenstand des Gesellschafterbeitritts, sondern dessen Folge (Anwachsung, § 738 BGB) ist. 155

b. Grundstücksverwaltungsgesellschaften

aa. Bedeutung

Die Rechtsform der Gesellschaft bürgerlichen Rechts für das Halten und Verwalten einer konkreten Immobilie wird oftmals bei Mietobjekten gewählt. Durch das Halten der Immobilie in der Rechtsform der GbR ist ein besonders einfacher und effektiver Schutz gegen das unerwünschte Eintreten anderer Personen in die Gesellschaft zu erreichen. Wird eine Gesellschaftsbeteiligung mit Zustimmung der übrigen Gesellschafter übertragen, so kann dies wirtschaftlich einer Übereignung eines Miteigentumsanteils gleichkommen. Noch offener tritt die mögliche Umgehung der Vorschriften über die Verpflichtung zur Übertragung des Eigentums an einem Grundstück zutage, wenn die Immobilie insgesamt verkauft werden soll und sämtliche Gesellschafter ihre Gesellschaftsbeteiligung übertragen würden (anstelle der Übertragung des Eigentums durch die GbR). Wann eine Anwendung des § 311b Abs. 1 Satz 1 BGB in solchen Fällen geboten ist, wird in Rechtsprechung und Literatur unterschiedlich beantwortet. 156

bb. Rechtsprechung

Nach Ansicht der Rechtsprechung[756] kommt eine Anwendung des § 311b Abs. 1 Satz 1 BGB nur dort in Betracht, wo Grundstücksgesellschaften lediglich zu dem Zweck gegründet werden, mit Hilfe der hier verfügbaren rechtlichen Konstruktionsmöglichkeiten Grundvermögen außerhalb des Grundbuchs und ohne förmliche Zwänge beweglicher verlagern zu können (Umgehungsgeschäft). Für die An- 157

---

[751] BGH v. 29.06.1966 - V ZR 68/65 - BGHZ 45, 376-380.
[752] Vgl. BGH v. 29.06.1966 - V ZR 68/65 - juris Rn. 37 - BGHZ 45, 376-380.
[753] *Timm/Schöne* in: Bamberger/Roth, § 705 Rn. 48: regelmäßig wirksam; dagegen *Wiesner*, NJW 1984, 95, 98: regelmäßig unwirksam.
[754] BGH v. 31.01.1983 - II ZR 288/81 - juris Rn. 7 - BGHZ 86, 367-372; BGH v. 02.10.1997 - II ZR 249/96 - juris Rn. 17 - LM BGB § 705 Nr. 67 (7/1998); *Kanzleiter* in: MünchKomm-BGB, § 311b Rn. 14; *Löbbe/Ulmer*, DNotZ 1998, 711-741, 712; *Grüneberg* in: Palandt, § 311b Rn. 5.
[755] BGH v. 31.01.1983 - II ZR 288/81 - juris Rn. 7 - BGHZ 86, 367-372.
[756] BGH v. 31.01.1983 - II ZR 288/81 - juris Rn. 9 - BGHZ 86, 367-372; BGH v. 02.10.1997 - II ZR 249/96 - juris Rn. 17 - LM BGB § 705 Nr. 67 (7/1998); OLG Düsseldorf v. 14.12.2006 - 10 U 68/06 - juris Rn. 17 - NZG 2007, 510-512; OLG Hamm v. 02.12.1999 - 15 W 336/99 - juris Rn. 21 - NJW-RR 2000, 1020-1022; OLG Frankfurt v. 15.04.1996 - 20 W 516/94 - juris Rn. 9 - NJW-RR 1996, 1123-1125; zustimmend aus der Literatur: *Kanzleiter* in: MünchKomm-BGB, § 311b Rn. 14.

nahme eines Umgehungsgeschäfts reicht es jedoch nach der Rechtsprechung aus Gründen der Rechtssicherheit noch nicht aus, dass der Zweck der Gesellschaft sich auf das Halten und Verwalten von Immobilienbesitz beschränkt (Grundstücksverwaltungsgesellschaft)[757] oder wenn das gesamthänderische Vermögen ausschließlich oder überwiegend in Grundeigentum besteht.[758] Diese Auffassung hat der II. Zivilsenat – unter Bezugnahme auf seine Rechtsprechung zu § 313 BGB a.F. (§ 311b Abs. 1 BGB n.F.) – nunmehr auch für die Übertragung eines Anteils an einer GbR bestätigt, zu deren Gesellschaftsvermögen ein Anteil an einer GmbH gehört (Mitarbeiterbeteiligungsmodell).[759] Ein Umgehungsgeschäft im vorstehenden Sinne wird nur selten nachzuweisen sein. Einen solchen Ausnahmefall hat das OLG Hamm – in einer Entscheidung über eine Notarkostenrechnung – bejaht (vgl. Rn. 192).[760]

cc. Literatur

158 In der Literatur[761] wird dagegen teilweise die Auffassung vertreten, dass die Anwendung des § 311b Abs. 1 Satz 1 BGB nicht mit einer subjektiven Umgehungsabsicht, sondern ausgehend vom Gesellschaftszweck anhand objektiver Kriterien zu begründen sei. Nach Ansicht von *K. Schmidt*[762] soll dies nur für Grundstücksverwaltungsgesellschaften gelten, also solche Gesellschaften bürgerlichen Rechts, deren Zweck sich im Halten und Verwalten eines Grundstücks erschöpft, die also gerade zu dem Zweck gegründet wurden, eine leichtere „Mobilisierung des Bodens"[763] bewirken zu können. Nach anderer Ansicht[764] ist zwischen Personengesellschaften mit rein grundstücksbezogenem Gesellschaftszweck (Anwendbarkeit des § 311b Abs. 1 Satz 1 BGB) und Personengesellschaften, bei denen das Grundstück nur einen Teil des Gesellschaftsvermögens darstellt und der Gesellschafterwechsel die Fortführung des Unternehmens mit nicht spezifisch grundeigentumsbezogenem Gesellschaftszweck gewährleisten soll, zu unterscheiden. Daher ist § 311b Abs. 1 Satz 1 BGB anwendbar auf Gesellschaften zur spezifischen Nutzung von Grundstücken und Gesellschaften (grundstücksverwaltende Gesellschaften) zur Veräußerung von Grundstücken, nicht aber auf vermögensverwaltende Gesellschaften, deren Zweck nicht ausschließlich auf das Halten und Verwalten von Grundstücken gerichtet ist.[765] Die Abgrenzung zwischen grundstücksverwaltenden und vermögensverwaltenden Gesellschaften soll anhand des Gesellschaftszwecks getroffen werden. Unerheblich ist daher, dass bei einer grundstücksverwaltenden Gesellschaft neben dem Grundstück noch weitere Vermögensgegenstände (z.B. Gesellschafterkonten, auf denen Miet- und Pachtzinsen verbucht werden) vorhanden sind.[766] Auch ist die Art und Weise des Gesellschafterwechsels (Anteilsveräußerung, Eintritt, Austritt) unerheblich.[767] Maßgeblich für die Einordnung ist der im Zeitpunkt des Gesellschafterwechsels verfolgte Gesellschaftszweck.[768] Würde daher der Gesellschaftszweck auf das bloße Halten und Verwalten von Grundstücken reduziert, so wäre die nach dieser Zweckänderung begründete Verpflichtung zur Anteilsabtretung nach § 311b Abs. 1 Satz 1 BGB beurkundungsbedürftig.

---

[757] BGH v. 02.10.1997 - II ZR 249/96 - LM BGB § 705 Nr. 67 (7/1998); OLG Hamm v. 02.12.1999 - 15 W 336/99 - NJW-RR 2000, 1020-1022. So auch BGH v. 10.03.2008 - II ZR 312/06 - ZIP 2008, 876-878 zu § 15 Abs. 4 GmbHG.

[758] BGH v. 31.01.1983 - II ZR 288/81 - juris Rn. 3 - BGHZ 86, 367-372.

[759] BGH v. 10.03.2008 - II ZR 312/06 - ZIP 2008, 876-878.

[760] OLG Hamm v. 02.12.1999 - 15 W 336/99 - juris Rn. 22 - NJW-RR 2000, 1020-1022.

[761] *Schmidt*, NJW 1996, 3325-3327, 3327; *Schmidt*, ZIP 1998, 2-8; *Löbbe/Ulmer*, DNotZ 1998, 711-741, 724-729; *Schmidt*, AcP 182, 481-514, 511; *Heckschen*, Die Formbedürftigkeit mittelbarer Grundstücksgeschäfte, 1987, 153-157; *Wufka* in: Staudinger, § 311b Abs. 1 Rn. 124; *Grüneberg* in: Palandt, § 311b Rn. 5.

[762] *Schmidt*, AcP 182, 481-514, 511; *Schmidt*, NJW 1996, 3325-3327, 3327. In diesem Sinne auch *Heckschen*, Die Formbedürftigkeit mittelbarer Grundstücksgeschäfte, 1987, 157.

[763] Begriff von *K. Schmidt*, NJW 1996, 3325-3327, 3325.

[764] *Löbbe/Ulmer*, DNotZ 1998, 711-741, 724-727.

[765] *Löbbe/Ulmer*, DNotZ 1998, 711-741, 724-727.

[766] *Löbbe/Ulmer*, DNotZ 1998, 711-741, 725.

[767] *Löbbe/Ulmer*, DNotZ 1998, 711-741, 729.

[768] *Löbbe/Ulmer*, DNotZ 1998, 711-741, 727.

c. Einbringung von Grundbesitz in eine GbR zur Generationennachfolge ohne Absicht der Vermögensverwaltung, insbesondere bei Null-Beteiligungen

Ein seltener Fall der Gründung von Grundstücksgesellschaften lediglich zu dem Zweck, mit Hilfe der hier verfügbaren rechtlichen Konstruktionsmöglichkeiten Grundvermögen außerhalb des Grundbuchs und ohne förmliche Zwänge beweglicher verlagern zu können, lag der Entscheidung des OLG Hamm vom 02.12.1999[769] zugrunde. Der Antragsteller gründete 27 selbständige BGB-Gesellschaften, zu deren Vermögen jeweils Grundbesitz gehört, der ursprünglich in seinem Alleineigentum stand. In diesen Gesellschaften sind seine Eltern, seine geschiedene Ehefrau und deren Mutter in verschiedener Weise als Gesellschafter beteiligt. Er beschrieb das Motiv für die Gründung der Gesellschaften dahin, es handele sich um die Umsetzung eines von einer Wirtschaftsprüfungsgesellschaft entworfenen Steuersparmodells, durch das ein Ausscheiden der Großelterngeneration und der Gesellschaftereintritt der Generation seiner Kinder durch Übertragung von Gesellschaftsanteilen sichergestellt werden sollte, und zwar mit den steuerrechtlichen Auswirkungen einer Umgehung von Grunderwerbsteuer, Vermeidung von Erbschaftsteuer und Ausnutzung der Schenkungssteuerfreibeträge. Nach Ansicht des OLG Hamm[770] schließt das Motiv der Steuerersparnis die Absicht der Umgehung der gesetzlichen Formvorschrift nicht aus. Zweck der Gründung der Vielzahl von BGB-Gesellschaften sei nicht derjenige, Immobilienvermögen gewinnbringend zum Nutzen aller Gesellschafter zu verwalten. Die Bildung von sog. Null-Beteiligungen, die das auf diese Weise formell als Gesellschafter beteiligte Familienmitglied von jeglicher Teilhabe am Gewinn der jeweiligen Gesellschaft ausschließe, bestätige diesen Befund. Eigentlicher Hintergrund der Gründung der Gesellschaften sei es, bestehendes Immobilienvermögen durch eine Veränderung der Beteiligung an dem durch die Gesellschaftsgründung gebildeten gesamthänderischen Vermögen zu übertragen.

d. Heilung analog Absatz 1 Satz 2

Wendet man § 311b Abs. 1 Satz 1 BGB entsprechend auf die Verpflichtung zur Abtretung eines Anteils an einer Personengesellschaft an, so schließt sich die Frage an, ob und unter welchen Voraussetzungen eine Heilung des Formmangels nach § 311b Abs. 1 Satz 2 BGB eintreten kann. Überwiegend wird für eine entsprechende Anwendung dieser Vorschrift verlangt, dass der Personengesellschaftsanteil wirksam auf den Erwerber übergegangen ist und die deklaratorisch wirkende Berichtigung des Grundbuchs auf den neuen Gesellschafter erfolgt ist.[771] Dies wird damit begründet, dass Anknüpfungspunkt für die Regelung des § 311b Abs. 1 Satz 2 BGB die Eintragung im Grundbuch sei.[772]

Selbst wenn man der GbR trotz Rechtsfähigkeit die Grundbuchfähigkeit[773] abspricht und demnach die Gesellschafter im Grundbuch einzutragen sind, wäre die Auffassung, dass es zur Anwendbarkeit des § 311b Abs. 1 Satz 2 BGB auf die deklaratorisch wirkende Eintragung des Erwerbers ankomme, nicht zutreffend. Dies belegt ein Vergleich zur Anwendbarkeit des § 311b Abs. 1 Satz 2 BGB im IPR bei ausländischen Grundstücken (vgl. dazu Rn. 395). Nach ganz herrschender Auffassung in Rechtsprechung[774] und Literatur[775] gilt § 311b Abs. 1 Satz 1 BGB aber auch bei ausländischen Grundstücken. Das Tatbestandsmerkmal „Grundstück" kann daher durch ein im Ausland verwirklichtes Merkmal (Belegenheit) substituiert werden. Dafür spricht insbesondere, dass der Schutzzweck des § 311b Abs. 1 Satz 1 BGB bei ausländischen Grundstücken nicht anders zu sehen ist als bei inländischen.[776] Bei Anwendbarkeit des deutschen Rechts für den schuldrechtlichen Vertrag und das sachenrechtliche Verfügungsgeschäft (also bei der Veräußerung von in Deutschland belegenen Grundstücken) sieht § 311b Abs. 1 Satz 2 BGB vor, dass ein ohne Beobachtung der notariellen Form geschlossener Grundstückskaufvertrag seinem ganzen Inhalt nach gültig wird, wenn die Auflassung und die Eintragung in das

---

[769] OLG Hamm v. 02.12.1999 - 15 W 336/99 - NJW-RR 2000, 1020-1022.
[770] OLG Hamm v. 02.12.1999 - 15 W 336/99 - juris Rn. 22 - NJW-RR 2000, 1020-1022.
[771] *Löbbe/Ulmer*, DNotZ 1998, 711-741, 732; *Wufka* in: Staudinger, § 313 a.F. Rn. 324; *Schmidt*, NJW 1996, 3325-3327, 3327.
[772] *Löbbe/Ulmer*, DNotZ 1998, 711-741, 732.
[773] Für Grundbuchfähigkeit der GbR: *Dümig*, Rpfleger 2002, 53-59; *Steffek/Ulmer*, NJW 2002, 330-338; gegen Grundbuchfähigkeit der GbR: BayObLG München v. 31.10.2002 - 2Z BR 70/02 - NJW 2003, 70-72; *Münch*, DNotZ 2001, 535-557, 549; *Stöber*, MDR 2001, 544-546, 545; *Demharter*, Rpfleger 2001, 329-331, 331.
[774] BGH v. 04.07.1969 - V ZR 69/66 - BGHZ 52, 239-243; BGH v. 06.02.1970 - V ZR 158/69 - BGHZ 53, 189-195; BGH v. 09.03.1979 - V ZR 85/77 - BGHZ 73, 391-398; BGH v. 09.03.1979 - V ZR 85/77 - BGHZ 73, 391-398.
[775] *Heldrich* in: Palandt, Art. 11 EGBGB Rn. 6; *Spellenberg*, IPRax 1990, 295-298, 298.
[776] BGH v. 04.07.1969 - V ZR 69/66 - BGHZ 52, 239-243; *Spellenberg*, IPRax 1990, 295-298, 298.

Grundbuch erfolgen. Diese Vorschrift geht davon aus, dass sowohl der Kaufvertrag als auch die dingliche Übereignung nach den Vorschriften des deutschen Rechts erfolgen. Der Eigentumsübergang ist von dem obligatorisch wirkenden Kaufvertrag aber zu unterscheiden. Die Frage, wie das Eigentum an einem Gegenstand übergeht und ob dafür ein besonderer Eigentumsübertragungsakt erforderlich ist, beurteilt sich nicht nach dem Schuldvertragsstatut (Art. 27-36 EGBGB), sondern nach dem Sachenrechtsstatut (Art. 43-46 EGBGB). Nach Art. 43 Abs. 1 EGBGB ist das Recht des Lageortes („lex rei sitae") anwendbar. Wird das Eigentum an dem Grundstück nach dem ausländischen Lageortsrecht ebenfalls erst durch konstitutive Eintragung im Grundbuch erworben, so ist eine Substitution des Merkmals „Eintragung im Grundbuch" ohne weiteres möglich. Allerdings ist die konstitutive Grundbucheintragung – rechtsvergleichend betrachtet – ein seltener Ausnahmefall. In den meisten Rechtsordnungen geht das Eigentum – inter partes – bereits mit Abschluss des Veräußerungsvertrages über. Wenn man § 311b Abs. 1 Satz 1 BGB auf im Ausland belegene Grundstücke anwendet, muss auch eine Heilungsmöglichkeit nach § 311b Abs. 1 Satz 2 BGB analog durch Eigentumserwerb nach den Vorschriften des Rechts des Belegenheitsortes möglich sein.[777] Demnach wird bei der Anwendung des § 311b Abs. 1 Satz 2 BGB das Merkmal „wenn die Auflassung und die Eintragung in das Grundbuch erfolgen" (= Eigentumserwerb an Grundstücken nach deutschem Sachenrecht) durch den Erwerb des Eigentums an dem ausländischen Grundstück nach dem dortigen Recht ersetzt. Sieht dieses den Eigentumsübergang bereits mit Vertragsschluss vor und ist die Eintragung in einem öffentlichen Immobilienregister nicht konstitutiver Art[778], so tritt Heilung entsprechend § 311b Abs. 1 Satz 2 BGB bereits mit dem Eigentumserwerb nach dem ausländischen Lageortsrecht ein. Die in aller Regel fakultative Eintragung im öffentlichen Immobilienregister[779] ist dagegen keine Voraussetzung für die entsprechende Anwendung des § 311b Abs. 1 Satz 2 BGB.

162 Überträgt man diese Grundsätze auf den Fall des Erwerbs eines Personengesellschaftsanteils, bei dem das zugrunde liegende Kausalgeschäft ausnahmsweise der notariellen Beurkundung nach § 311b Abs. 1 Satz 1 BGB bedarf, so kann es nur auf den wirksamen sachenrechtlichen Erwerb des Personengesellschaftsanteils, nicht aber zusätzlich auf die deklaratorisch wirkende Eintragung des Erwerbers[780] ankommen. Dies bedeutet für die Praxis aber nicht, dass die Anwendung des § 311b Abs. 1 Satz 1 BGB faktisch obsolet wäre; denn in aller Regel hängt die Wirksamkeit der Anteilsabtretung noch von weiteren Voraussetzungen (Zustimmung der übrigen Gesellschafter, aufschiebende Bedingung der vollständigen Kaufpreiszahlung) ab und bis zum Eintritt derselben ist eine Heilung analog § 311b Abs. 1 Satz 1 BGB noch nicht eingetreten.

3. Beitritt zu einer Grundbesitzgesellschaft mit satzungsmäßiger Erwerbs- oder Veräußerungsverpflichtung

a. Allgemeines

163 Die Mitberechtigung der Gesellschafter am Gesellschaftsgrundstück als bloße gesetzliche Folge des Gesellschaftsvertrages begründet noch keine Formbedürftigkeit des Gesellschaftsvertrages oder der späteren Beitrittsverpflichtung.[781]

---

[777] BGH v. 09.03.1979 - V ZR 85/77 - juris Rn 21 - BGHZ 73, 391-398; BGH v. 09.03.1979 - V ZR 85/77 - BGHZ 73, 391-398.

[778] So beispielsweise die Eintragung im spanischen Immobilienregister („Registro de la Propriedad"). Das Eigentum an einem Grundstück wird im spanischen Recht aufgrund des Kaufvertrages und der Übergabe der Sache erworben (Art. 609 Abs. 2 Código civil). Die Übergabe von Grundstücken erfolgt durch Besitzeinräumung (Art. 1462 Abs. 2 Código civil). Diese kann in der Form der „traditio per cartam" vorgenommen werden, d.h. die Übergabe wird durch Errichtung der öffentlichen Urkunde fingiert, soweit nicht ausdrücklich etwas anderes vereinbart wird (Art. 1462 Abs. 2 Código civil); vgl. dazu den Fall OLG Frankfurt v. 13.02.1992 - 16 U 229/88 - IPRax 1992, 314-318.

[779] Sie dient dazu, die Eigentumsstellung (die inter partes bereits mit Wirksamkeit des Vertragsschlusses erworben wird) auch mit Wirkung inter omnes geltend machen zu können, insbesondere einen gutgläubigen Erwerb durch einen Dritten zu verhindern.

[780] Sofern man der GbR die Grundbuchfähigkeit abspricht und stattdessen die Gesellschafter im Grundbuch einzutragen sind.

[781] BGH v. 13.02.1996 - XI ZR 239/94 - juris Rn 14 - NJW 1996, 1279-1280. Allgemein dazu *Reinelt*, NJW 1992, 2052-2055.

b. Erwerb eines bestimmten Grundstücks als Gesellschaftszweck

Sofern die Satzung einer Gesellschaft als Gesellschaftszweck den Erwerb eines bestimmten Grundstücks vorsieht, bedarf der Gesellschaftsvertrag der notariellen Beurkundung (vgl. dazu Rn. 135). Tritt ein neuer Gesellschafter der Gesellschaft bei und haben die bisherigen Gesellschafter im Zeitpunkt des Beitritts nicht bereits das Grundstück zur gesamten Hand erworben oder zumindest durch wirksame Auflassungserklärung die Bindungswirkung des § 873 Abs. 2 BGB herbeigeführt, so bedarf der Beitrittsvertrag nach Ansicht des LG Stuttgart[782] der Beurkundung nach § 311b Abs. 1 Satz 1 BGB. Hat die Gesellschaft für das zu erwerbende Grundstück bereits ein notariell beurkundetes Angebot abgegeben, also alles getan, was zum Grundstückserwerb erforderlich ist, so bedarf es keiner weiteren Verpflichtungserklärungen eines beitretenden neuen Gesellschafters.[783]

164

c. Erwerb und Veräußerung im Allgemeinen als Gesellschaftszweck

Die generelle Zielsetzung des Gesellschaftsvertrages (Gesellschaftszweck), Grundstücke zu erwerben oder zu veräußern, führt nicht zur Anwendbarkeit des § 311b Abs. 1 Satz 1 BGB (vgl. dazu Rn. 136). Aus diesem Grund bedarf die Verpflichtung zum Beitritt zu einer Gesellschaft mit einer solchen generellen Zielsetzung nicht der notariellen Beurkundung.[784] Durch die Beitrittsverpflichtung wird der neu beitretende Gesellschafter weder unmittelbar noch mittelbar zum Erwerb oder zur Veräußerung eines bestimmten Grundstücks verpflichtet.

165

d. Geschlossener Immobilienfonds mit Anspruch auf Zuteilung von Grundstücken bzw. Eigentumswohnungen („Hamburger Modell")

Bei einem geschlossenen Immobilienfonds handelt es sich um einen Zusammenschluss einer Vielzahl von Kapitalanlegern, die den Erwerb bzw. die Errichtung von Wohn- oder gewerblichen Bauten (z.B. Supermarkt, Altenheim, Hotelanlage, Wohnanlage) und deren Vermietung unter Inanspruchnahme steuerlichen Vorteile zum Ziel hat.[785] Der Immobilienfonds wird in aller Regel in der Rechtsform der Gesellschaft bürgerlichen Rechts oder Kommanditgesellschaft geführt. Nach dem sog. Hamburger Modell[786] ist der Immobilienfonds auf den späteren Erwerb einzelner Wohnungen in der Form des Wohnungseigentums durch die Anleger gerichtet. So sah beispielsweise der Gesellschaftsvertrag der KG in dem vom BGH vorgenannten Fall des Hamburger Modells folgende Regelung vor:

166

- Der Kommanditist hat Anspruch auf Übereignung einer Eigentumswohnung (...).
- Der Verrechnungswert zur Übertragung eines Sondereigentums (...) entspricht dem im Prospekt angegebenen Zeichnungsbetrag. Im Zeitpunkt der Realteilung (Umwandlung eines Teiles des Gesellschaftsvermögens in Privatvermögen) erhält der Kommanditist eine Wohnung bei Übernahme der jeweils maßgeblichen Fremdfinanzierung in der am Stichtag valutierenden Höhe übertragen. Die Gesellschaft verpflichtet sich, frühestens im Zeitpunkt der Fertigstellung der Eigentumswohnungen die Realteilung zu beschließen und durchzuführen.
- Die Gesellschaft ist verpflichtet, einen für den vorgesehenen Fall der späteren Realteilung verbindlichen Aufteilungsplan laut Teilungserklärung (...) aufzustellen. Mit Abgabe der Beitrittserklärung kann der Kommanditist die gewünschte Wohnung nach Lage und Stockwerk wählen. Von diesem Zeitpunkt an hat er einen Anspruch auf Übertragung des gewählten Sondereigentums (...) für den Fall der Realteilung.

Der BGH verneinte eine Verpflichtung der KG zur Veräußerung des Eigentums im Sinne des § 311b Abs. 1 Satz 1 BGB, weil sich die Pflicht zur Veräußerung nicht aus dem rechtsgeschäftlichen Beitritt, sondern aus der diesem vorgeschalteten gesellschaftsvertraglichen Regelung ergäbe. Der BGH verglich diesen Fall mit der Verpflichtung des Beauftragten zur Herausgabe (durch Übereignung) des Grundstücks gemäß § 667 BGB (Erwerbstreuhand, vgl. Rn. 136) und dem satzungsmäßig vereinbarten Anspruch der Mitglieder einer Genossenschaft auf Übertragung eines Grundstücks. Stattdessen folge die Anwendbarkeit des § 311b Abs. 1 Satz 1 BGB aber aus der Verpflichtung des beitretenden Gesellschafters zum Erwerb der Immobilie in dem „Zeichnungsschein". Die Beitrittserklärung, die von der Gesellschaft gegengezeichnet worden ist, enthielt die individuelle Bezeichnung der vom beitretenden

167

---

[782] LG Stuttgart v. 15.08.2001 - 1 T 15/01 - juris Rn. 16.
[783] BGH v. 13.02.1996 - XI ZR 239/94 - juris Rn. 14 - NJW 1996, 1279-1280.
[784] BGH v. 13.02.1996 - XI ZR 239/94 - juris Rn. 16 - NJW 1996, 1279-1280.
[785] Vgl. *Reinelt*, NJW 1992, 2052-2055, 2052.
[786] Vgl. dazu BGH v. 10.04.1978 - II ZR 61/77 - LM Nr. 76 zu § 313 BGB.

e. Übereignung eines Grundstücks als Abfindung

168 Der Beitritt zu einer Personengesellschaft bedarf nach Ansicht des OLG München[787] auch dann nicht der notariellen Beurkundung, wenn die Satzung vorsieht, dass die Abfindung eines ausscheidenden Gesellschafters durch Übereignung einer Eigentumswohnung erfolgen kann. Da die Gesellschaft nicht zur Veräußerung und der einzelne Gesellschafter nicht zum Erwerb verpflichtet waren, könne der Beitritt formfrei erfolgen. Eine Verpflichtung zur notariellen Beurkundung kann jedoch dann gegeben sein, wenn durch die Abfindungsregelung mittelbar eine Erwerbs- oder Veräußerungsverpflichtung begründet wird (allgemein zur mittelbaren Verpflichtung Rn. 95 ff.). Dies ist möglich, wenn er durch die Nichtannahme des Grundstücks vor die Alternative gestellt ist sonst abfindungslos auszuscheiden.[788] Kann der Gesellschafter nach dem Gesellschaftsvertrag ohne weiteres auf einem normalen Liquidationsverfahren bestehen, so besteht keine mittelbare Erwerbsverpflichtung. Sollte dieses Verfahren im Einzelfall wirtschaftlich ungünstiger sein, so kann deshalb das Angebot auf Sachabfindung aber noch nicht bereits bei Beitritt zur Gesellschaft als Zwang zum Grunderwerb angesehen werden, denn es stellt den Ausscheidenden nur besser, beinhaltet aber keine Nachteile gegenüber seiner gewöhnlichen Rechtsstellung im Falle einer Auflösung oder eines Ausscheidens.[789]

V. Inhalt und Umfang der notariellen Beurkundung

169 Nach § 311b Abs. 1 Satz 1 BGB ist der Vertrag, durch den sich jemand verpflichtet, das Eigentum an einem Grundstück zu veräußern oder zu erwerben, notariell zu beurkunden. Dabei ist zu unterscheiden zwischen dem materiellen Recht, das regelt, **was** zu beurkunden ist, und dem Beurkundungsverfahrensrecht, das bestimmt, **wie** zu beurkunden ist.[790] Beurkunden bedeutet die Herstellung eines Schriftstücks durch den Notar als Organ der Rechtspflege, in welchem er die Wahrnehmung von Tatsachen bezeugt, die der Errichtende gemacht hat. Bei diesen Tatsachen kann es sich um rechtsgeschäftliche Willenserklärungen, sonstige Erklärungen oder tatsächliche Vorgänge handeln.[791]

1. Materiellrechtliche Grundlagen

170 Ausgangspunkt für die Feststellung, was Gegenstand der notariellen Beurkundung nach § 311b Abs. 1 Satz 1 BGB ist, ist das Rechtsgeschäft, vor dem diese Vorschrift handelt. Nach den Motiven des BGB[792] ist ein Rechtsgeschäft „eine Willenserklärung, gerichtet auf die Hervorbringung eines rechtlichen Erfolges, der nach der Rechtsordnung deswegen eintritt, weil er gewollt ist". Zweck eines Rechtsgeschäfts ist es, eine privatrechtliche Rechtsfolge, also eine Änderung in den rechtlichen Beziehungen einzelner Personen, herbeizuführen.[793] Durch das Verpflichtungsgeschäft, das auf die Begründung, Änderung, weitere Ausgestaltung oder Beendigung eines Schuldverhältnisses gerichtet ist[794], wird eine Rechtspflicht begründet, der ein gerichtlich einklagbarer und (in aller Regel) vollstreckbarer Anspruch gegenübersteht. Handelt es sich um ein mehrseitiges Rechtsgeschäft (Vertrag), so bestehen wechselseitige Pflichten mit wechselseitigen Ansprüchen. Dies ist der Kern des Rechtsgeschäfts, der aufgrund individueller Vereinbarung festgelegt werden muss („essentialia negotii"). Dafür bräuchte es im Grunde nur eine einzige Norm: § 305 BGB. Verpflichtungsgeschäfte lösen jedoch nicht nur die Hauptpflichten zwischen den Parteien aus. Es bedarf auch einzelner Regeln darüber, wie die Abwicklung und Erfüllung der Ansprüche zu geschehen hat und welche Rechtsfolgen bei Störungen in diesem Abwicklungsverhältnis eintreten. Zudem ist bei sachenrechtsbezogenen Verpflichtungsverträgen zu beachten, dass die Herrschaftsmacht zu einer Sache (Eigentum oder beschränkte dingliche Rechte) Rechte und Pflichten in anderen Rechtsverhältnissen auslösen kann, die kraft Gesetzes oder aufgrund anderer rechtsgeschäftlicher Vereinbarung mit der Herrschaftsmacht an der Sache verbunden sind. So obliegen

---

[787] OLG München v. 08.07.1993 - 1 U 7230/92 - NJW-RR 1994, 37.
[788] OLG München v. 08.07.1993 - 1 U 7230/92 - juris Rn. 19 - NJW-RR 1994, 37.
[789] OLG München v. 08.07.1993 - 1 U 7230/92 - juris Rn. 19 - NJW-RR 1994, 37.
[790] *Wufka* in: Staudinger, § 313 a.F. Rn. 152.
[791] *Bernhard* in: Brambring, Beck'sches Notar-Handbuch, 3. Aufl. 2000, F Rn. 7.
[792] Motive I, 126.
[793] *Flume*, BGB AT, Bd. 2, 4. Aufl. 1992, § 22; *Larenz/Wolff*, BGB-AT, 8. Aufl. 1997, § 22 Rn. 3.
[794] *Larenz/Wolff*, BGB-AT, 8. Aufl. 1997, § 23 Rn. 25.

dem Eigentümer eines Grundstücks bestimmte öffentlich-rechtliche (z.B. Streupflicht) und privatrechtliche Verpflichtungen (Verkehrssicherungspflicht). Für das auf dem Grundstück aufstehende Haus besteht typischerweise eine Feuerversicherung nach dem VVG; bei dem Erwerb eines Wohnungseigentums tritt der Erwerber in die Rechtsverhältnisse der Wohnungseigentümer ein. Im Zusammenhang mit einer Abwicklung eines Kaufvertrages stellt sich die Frage, bis zu welchem Zeitpunkt der Verkäufer und ab welchem Zeitpunkt der Käufer in diese Rechtsverhältnisse (zumindest inter partes) eintritt. Man würde von den Vertragsparteien zu viel verlangen, wenn sie alle diese Gesichtspunkte bei der Vertragsgestaltung von sich aus berücksichtigen müssten. Daher enthält das Gesetz eine Vielzahl typisierter Rechtsgeschäfte („Aktstypen"[795]), wie den Kauf-, Werk-, Dienst-, Auftrags- oder Geschäftsbesorgungsvertrag[796], die eine Regelung für die vorgenannten Materien bereithalten. Daneben sehen öffentlich-rechtliche Vorschriften vor, dass der jeweilige Eigentümer eines Grundstücks für öffentliche Lasten haftet. Zwingend geregelt werden müssen von den Vertragsparteien nur die wesentlichen Vertragsbestandteile (essentialia negotii), deren Inhalt nicht vom Gesetz vorgegeben ist und ohne die ein Rechtsgeschäft nicht denkbar ist. Zu diesen wesentlichen Vertragsbestimmungen gehören die Identität der Vertragspartner, der Vertragsgegenstand (Grundstück) und bei entgeltlichen Verträgen die Gegenleistung (Kaufpreis).[797] Weitere Regelungen müssten die Vertragsparteien nicht treffen, weil das Gesetz dafür eine Regelung vorsieht. Ist auch dies nicht der Fall, so ist im Wege der ergänzenden Vertragsauslegung der hypothetische Wille zu ermitteln.[798] In aller Regel haben die Vertragsparteien über solche Nebenbestimmungen konkrete Vorstellungen, die teils mit der gesetzlichen Regelung übereinstimmen, teils von ihr abweichen. Nur im letzten Fall bedarf es einer individuellen Vereinbarung.[799] Für den Vertragsschluss zwingend sind also die (objektiv notwendigen) essentialia negotii (Vertragsgegenstand, Gegenleistung) sowie die subjektiv essentiellen vertraglichen Nebenbestimmungen, die von der gesetzlichen Regelung abweichen. Liegt hinsichtlich dieser Regelungsgegenstände keine Willensübereinstimmung vor, so ist ein offener oder versteckter Einigungsmangel gegeben (§§ 154, 155 BGB).[800]

2. Der materiellrechtliche Inhalt des in der Urkunde zu verkörpernden Willens

a. Der Vollständigkeitsgrundsatz

Beurkunden heißt den rechtsgeschäftlichen Willen der Vertragsparteien in einer Urkunde schriftlich zu verkörpern. Aus den vorstehenden materiellrechtlichen Vorgaben (vgl. Rn. 183) lässt sich ableiten, welche rechtsgeschäftlichen Erklärungen in der Urkunde zu verkörpern sind, d.h. was Gegenstand der notariellen Beurkundung eines Vertrages im Sinne des § 311b Abs. 1 Satz 1 BGB ist. Die Rechtsprechung verwendet dafür die Formulierung, dass **„sämtliche Vereinbarungen, aus denen sich der schuldrechtliche Vertrag nach dem Willen der Beteiligten zusammensetzen soll"**, dem Formzwang unterliegen.[801] Man kann daher die notarielle Urkunde auch als ein schriftliches Spiegelbild der Vereinbarungen der Vertragsparteien bezeichnen. Dem Erfordernis der notariellen Beurkundung unterliegen daher nicht nur die essentialia negotii, sondern auch alle sonstigen essentiellen Nebenbestimmungen, also solche, die nach dem Willen des Anbietenden zum Inhalt des abzuschließenden Vertrages gehören. Dies können beispielsweise Regelungen über die Haftung für Rechts- und Sachmängel, Tragung der Erschließungskosten, Übergang des Besitzrechts, Art und Weise der Zahlung des Kaufpreises[802], Fälligkeit des Kaufpreises u.Ä. sein. Diese Nebenbestimmungen sind allerdings nur dann be-

171

---

[795] *Flume*, BGB AT, Bd. 2, 4. Aufl. 1992, § 2 1.
[796] *Flume*, BGB AT, Bd. 2, 4. Aufl. 1992, § 2 1.
[797] *Rüthers/Stadler*, Allg. Teil des BGB, 11. Aufl. 2001, § 19 Rn. 2; *Jung*, JuS 1999, 28-32.
[798] *Rüthers/Stadler*, Allg. Teil des BGB, 11. Aufl. 2001, § 18 Rn. 28.
[799] Soweit Vereinbarungen mit der gesetzlichen Regelung übereinstimmen, bedürfen sie auch keiner Beurkundung; *Wufka* in: Staudinger, § 313 a.F. Rn. 154.
[800] Bei einem Dissens über die essentialia negotii ist kein Vertrag zustande gekommen (*Rüthers/Stadler*, Allg. Teil des BGB, 11. Aufl. 2001, § 19 Rn. 38). Haben sich die Vertragsparteien über einen vertraglichen Nebenpunkt nicht geeinigt, so hängt die Rechtsfolge davon ab, ob es sich um einen offenen (§ 154 BGB) oder versteckten Dissens (§ 155 BGB) handelt.
[801] BGH v. 19.11.1982 - V ZR 161/81 - juris Rn. 15 - BGHZ 85, 315-319; BGH v. 20.09.1985 - V ZR 148/84 - juris Rn. 7 - LM Nr. 106 zu § 313 BGB; BGH v. 19.06.1998 - V ZR 133/97 - juris Rn. 13 - NJW-RR 1998, 1470; *Wufka* in: Staudinger, § 313 a.F. Rn. 155; *Grüneberg* in: Palandt, § 311b Rn. 25; *Wagner*, NotBZ 2000, 230-232, 231.
[802] Beispielsweise durch Ablösung grundpfandrechtlich gesicherter Darlehensverbindlichkeiten des Verkäufers.

urkundungsbedürftig, wenn sie nach dem Willen der Parteien notwendig zur Wirksamkeit des Rechtsgeschäftes gehören (vgl. §§ 154, 155 BGB). Zum Inhalt des Rechtsgeschäfts gehört aus materiellrechtlicher Sicht **nur der Teil, der auf die Herbeiführung von Rechtswirkungen gerichtet ist**.[803] Hieran kann es fehlen, wenn die Bezugnahme auf eine bestehende Vereinbarung nur den Charakter eines Identifizierungsbehelfs (vgl. Rn. 194) hat[804] oder wenn sie einen Punkt betrifft, den die Parteien zwar als regelungsbedürftig angesehen, zu dem sie aber noch keine endgültigen Festlegungen getroffen haben.[805] Daher kann die Feststellung, die Vertragsparteien hätten durch eine Bezugnahme auf nicht mitbeurkundete Schriftstücke, mündliche Abreden oder auf sonstige außerhalb der Urkunde liegende Umstände, einen Teil des Vereinbarten aus der notariellen Urkunde herausverlagert, nicht allein anhand der notariellen Urkunde getroffen werden.[806]

b. Die objektiv wesentlichen Vertragsbestandteile (essentialia negotii)

aa. Vertragsparteien

172   Der Vertrag muss die Vertragsparteien – Veräußerer und Erwerber – erkennen lassen.[807] Sofern die Verpflichtung besteht, das Eigentum an einen Dritten zu übereignen oder von einem Dritten zu erwerben, muss jener Dritte bezeichnet werden. Beurkundungsrechtliche Vorgaben für die Bezeichnung der Parteien sind in § 9 BeurkG und § 10 BeurkG enthalten. Die Vorschrift des § 9 Abs. 1 Nr. 1 BeurkG, wonach die Niederschrift die Bezeichnung der Beteiligten enthalten muss, betrifft lediglich die formell im Sinne des § 6 Abs. 2 BeurkG Beteiligten, die vor dem Notar Erklärungen als eigene oder in fremdem Namen abgeben, nicht aber die nur materiell an dem Rechtsgeschäft Beteiligten. Handelt daher ein Beteiligter als Vertreter, ist er formell Beteiligter und als solcher zu bezeichnen. Dagegen gehört die Erklärung, als Bevollmächtigter für einen anderen zu handeln, ebenso wie der Name des Vertretenen zum Erklärungsinhalt. Wie dessen Bezeichnung zu erfolgen hat, ist gesetzlich nicht vorgeschrieben; es genügt jede Bezeichnung, die hinreichend auf eine bestimmte Person hinweist.[808] Bei einem im Wege der freiwilligen Grundstücksversteigerung (vgl. Rn. 42) zustande gekommenen Grundstückskaufvertrag zwischen dem durch den Auktionator vertretenen Grundstückseigentümer und dem Ersteigerer des Grundstücks ist es unschädlich, dass der Grundstückseigentümer in der notariellen Urkunde nicht namentlich genannt ist, wenn das zur Versteigerung gelangte Grundstück darin nach seiner Grundbucheintragung so genau bezeichnet ist, dass die Identität des im Grundbuch eingetragenen Eigentümers durch Einsichtnahme in dieses eindeutig feststellbar ist.[809]

bb. Leistungsgegenstand (Grundstück, sonstige Leistungen)

173   Vertragsgegenstand im Sinne des § 311b Abs. 1 Satz 1 BGB ist das Grundstück im Rechtssinne (vgl. Rn. 5), wie es auch von § 311b Abs. 1 Satz 1 BGB vorausgesetzt wird, d.h. ein räumlich abgegrenzter Teil der Erdoberfläche, der in dem von den Katasterämtern geführten Liegenschaftskataster als Flurstück geführt wird und auf einem besonderen Grundbuchblatt unter einer besonderen Nummer im Verzeichnis der Grundstücke gebucht ist.[810] Von dem Erfordernis, überhaupt den Vertragsgegenstand zu bezeichnen, zu unterscheiden ist das Problem der hinreichenden Bestimmtheit bzw. Bestimmbarkeit. In aller Regel handelt es sich also um Probleme der Bestimmtheit bzw. Bestimmbarkeit des Leistungsgegenstandes, also ein allgemeines Problem des Vertragsrechts, nicht des Beurkundungsrechts.[811] Die

---

[803] BGH v. 19.11.1982 - V ZR 161/81 - juris Rn. 15 - BGHZ 85, 315-319; BGH v. 23.02.1979 - V ZR 99/77 - LM Nr. 81 zu § 313 BGB; BGH v. 30.06.2006 - V ZR 148/05; a.A. *Kulke*, ZfIR 2007, 58-60, nach dessen Ansicht das Beurkundungserfordernis für den Vertrag im ganzen gelte und nicht nur für solche Teile, die Rechtswirkungen unter den Vertragspartnern erzeugen sollen.
[804] BGH v. 23.02.1979 - V ZR 99/77 - NJW 1979, 1495; BGH v. 17.07.1998, V ZR 191/97 - NJW 1998, 3197; BGH v. 14.03.2003 - V ZR 278/01 - NJW-RR 2003, 1136, 1137.
[805] BGH v. 23.11.2001 - V ZR 282/00 - WM 2002, 202, 203.
[806] BGH v. 30.06.2006 - V ZR 148/05.
[807] KG Berlin v. 18.12.2001 - 1 W 1712/00 - juris Rn. 11 - NJW-RR 2002, 883-884; *Wufka* in: Staudinger, § 313 a.F. Rn. 167.
[808] KG Berlin v. 18.12.2001 - 1 W 1712/00 - NJW-RR 2002, 883-884; *Winkler*, Beurkundungsgesetz, 15. Aufl. 2003, § 9 Rn. 7.
[809] KG Berlin v. 18.12.2001 - 1 W 1712/00 - NJW-RR 2002, 883-884.
[810] *Nowak* in: Meikel, Grundbuchrecht, 8. Aufl. 1998, § 3 Rn. 6.
[811] Unzureichend (fehlende Beurkundung) wäre beispielsweise die Formulierung, dass den Parteien der verkaufte Gegenstand bekannt ist, ohne ihn näher zu konkretisieren.

Bezeichnung des veräußerten Grundstücks erfolgt durch Bezeichnung des Flurstücks und ggf. zusätzlich des Grundbuchblatts. Es genügt auch die Bezeichnung des Grundbuchblatts, wenn das veräußerte Grundstück dort als einziges eingetragen ist[812]; sind mehrere Flurstücke gebucht, so genügt die bloße Angabe des Grundbuchblatts dagegen nicht. Es genügt auch die Bestimmbarkeit des Vertragsgegenstandes, so etwa wenn lediglich die postalische Bezeichnung angegeben ist und eine Identifizierung möglich ist. Bei einem Wohnungseigentum genügt die Angabe des Grundbuchblatts, in welchem das veräußerte Wohnungseigentum eingetragen ist.[813] Zum Vollzug im Grundbuch ist dagegen erforderlich, dass das Grundstück nach Maßgabe des § 28 GBO bezeichnet wird.[814] Aus diesem Grund kann die Umschreibung des Eigentums an einer (zu vermessenden Teilfläche) auf einen Käufer nur erfolgen, wenn in der grundbuchlichen Bewilligung die Teilfläche nach § 28 GBO bezeichnet ist oder wenn bereits ein genehmigter Veränderungsnachweis des Katasteramtes vorliegt, der die übertragene Teilfläche katastermäßig bezeichnet.[815]

Hinsichtlich der Besonderheiten der Bezeichnung einer noch zu vermessenden Teilfläche beim **Teilflächenkauf** (vgl. Rn. 13 ff.) ist auf die dortigen Ausführungen zu verweisen. **174**

In einem **Spaltungsvertrag** nach § 126 UmwG kann vereinbart werden, dass auch noch zu vermessende Teilflächen auf den neuen Rechtsträger übergehen sollen. Zur Begründung einer wirksamen Verpflichtung genügt es, dass den Vorgaben Rechnung getragen wird, die an den Verkauf einer noch zu vermessenden Teilfläche zu stellen sind (vgl. Rn. 13 ff.). Der Eigentumserwerb wird in solchen Fällen, in denen der Spaltungsvertrag das zu übertragende Grundstück nicht nach § 28 GBO beschreibt, nicht bereits durch die Eintragung der Spaltung im Handelsregister vollzogen, sondern erst dann, wenn die Eintragung des Eigentumswechsels im Grundbuch erfolgt.[816] **175**

Angaben über ein auf dem Grundstück **aufstehendes Gebäude** sind in aller Regel nicht erforderlich, da es sich um einen wesentlichen Bestandteil des Grundstücks handelt, der nicht selbst sonderrechtsfähig ist (§§ 93, 94 BGB). Nur wenn es sich ausnahmsweise um einen sonderrechtsfähigen Scheinbestandteil (§ 95 BGB) handelt, sind Vereinbarungen darüber, ob das „Gebäude" (z.B. ein Gartenhäuschen) Gegenstand des Veräußerungsvertrages ist oder nicht, zu beurkunden. Fehlt eine Angabe im Vertrag, so ist in erster Linie auf die gesetzliche Auslegungsregel des § 311c BGB abzustellen, hilfsweise kommt eine ergänzende Vertragsauslegung in Betracht. Vergleichbare Grundsätze gelten zum Mitverkauf von **Inventar**, beispielsweise einer Einbauküche oder einer Sauna u.Ä.[817] **176**

cc. Gegenleistung

Zum notwendigen Bestandteil eines zweiseitigen Rechtsgeschäfts gehört die Bestimmung, ob eine Gegenleistung geschuldet wird, und wenn dies der Fall ist, welcher Art und ggf. in welcher Höhe diese zu erbringen ist.[818] Ist ein Kaufpreis nicht bestimmt, so kann er sich aufgrund ergänzender Vertragsauslegung oder nach den §§ 315, 316 ermitteln lassen.[819] Beurkundungsbedürftig ist auch eine Abrede, nach welcher der Käufer zusätzlich zum Kaufpreis dem Verkäufer Projektierungskosten, Planungskosten und sonstige Vorlaufkosten einschließlich Entwicklungskosten zu erstatten hat (diese machten im konkreten Fall immerhin 13% des Kaufpreises aus).[820] Beurkundungsbedürftig ist auch die Abrede, nach der eine Vertragspartei die **Maklerprovision** der anderen Vertragspartei **zu übernehmen** hat.[821] Ebenfalls beurkundungsbedürftig ist die Abrede, dass ein Teil des Kaufpreises an den Käufer vom Verkäufer zurückzuzahlen ist („**kick-back**").[822] Weil damit das unlautere Verhalten einer Vertragspartei (in der Regel ein Kreditbetrug gegenüber der finanzierenden Bank) verschleiert werden soll, wird diese Vereinbarung bei einer solchen Motivlage naturgemäß nicht mitbeurkundet. Dadurch ist der beurkundete Vertrag als Scheingeschäft nach § 117 Abs. 1 BGB nichtig und das durch diesen verdeckte, tat- **177**

---

[812] BGH v. 04.03.1994 - V ZR 241/92 - juris Rn. 12 - BGHZ 125, 235-238; *Wufka* in: Staudinger, § 313 a.F. Rn. 160.
[813] BGH v. 04.03.1994 - V ZR 241/92 - juris Rn. 12 - BGHZ 125, 235-238.
[814] BGH v. 07.12.2001 - V ZR 65/01 - NJW 2002, 1038; BGH v. 25.01.2008 - V ZR 79/07 - juris Rn. 25 - DB 2008, 517-520 (zur Spaltung nach § 126 UmwG).
[815] BGH v. 07.12.2001 - V ZR 65/01 - NJW 2002, 1038.
[816] BGH v. 25.01.2008 - V ZR 79/07 - juris Rn. 26 - DB 2008, 517-520.
[817] Vgl. *Wufka* in: Staudinger, § 313 a.F. Rn. 161.
[818] *Wufka* in: Staudinger, § 313 a.F. Rn. 162.
[819] BFH v. 30.03.2009 - II R 1/08 - MittBayNot 2009, 493.
[820] OLG München v. 08.03.2001 - 1 U 4646/00 - juris Rn. 60 - OLGR München 2002, 346-348.
[821] LG Bayreuth v. 10.05.2010 - 42 T 6/10: im konkreten Fall ging es um meine Provision in Höhe von 1.000.000 €.
[822] BGH v. 27.05.2011 - V ZR 122/10 - NJW 2011, 2953.

sächlich gewollte wegen fehlender Beurkundung nichtig (§§ 117 Abs. 2, 311b Abs. 1 Satz 1, 125 Satz 1 BGB). Dies gilt – entgegen der Auffassung des OLG Düsseldorf[823] – auch dann, wenn in dem Kaufvertrag ein Dritter als Zahlungsempfänger für den rückfließenden Betrag bestimmt wird, der seinerseits den Betrag an den Käufer wieder zurückzahlen soll, woraus sich ergibt, dass der vereinbarte Kaufpreis tatsächlich um den weiterzuleitenden Betrag niedriger ist. Bei der Rückzahlung des Teilbetrages aus dem Kaufpreis handelt es sich nicht um einen Nebenvertrag zwischen dem Zahlungsempfänger und dem Käufer, von dem der Grundstückskaufvertrag unabhängig ist.[824] Der Wortlaut des Kaufvertrages suggeriert, dass der Dritte eine Zahlungsstelle des Verkäufers ist (beispielsweise weil der Verkäufer dem Zahlungsempfänger dieser Geldbetrag schuldet oder weil er ihm den Geldbetrag im Wege einer Schenkung zuwenden will). In Wirklichkeit ist der Dritte eine Zahlungsstelle des Käufers, um den Rückfluss des Kaufpreises an ihn zu verschleiern. Entgegen der Auffassung des OLG Düsseldorf[825] handelt es um ein Scheingeschäft nach § 117 Abs. 1 BGB, welches das tatsächlich gewollte Geschäft (Verkauf zu einem um den rückfließenden Betrag niedrigeren Kaufpreis) verdeckt. Dieses tatsächlich gewollte Geschäft ist nicht beurkundet und damit nichtig (§§ 117 Abs. 2, 311b Abs. 1 Satz 1, 125 Satz 1 BGB).

178 Beim Tauschvertrag schuldet jeder Erwerber zugleich die Veräußerung des eigenen (ggf. aber auch eines fremden) Grundstücks.[826] Bei einem **Schenkungsvertrag** gehört die Abrede über die Unentgeltlichkeit zum wesentlichen Bestandteil des Vertrages. Würde der Vertrag über eine Gegenleistung überhaupt keine Aussage treffen, so könnte es an einer Einigung fehlen, wenn nicht im Wege der erläuternden Auslegung (vgl. Rn. 198) die Gegenleistung bzw. die Abrede über die Unentgeltlichkeit zu ermitteln wäre. Schuldet der Erwerber eine Gegenleistung, die zu dem Wert der Leistung in keinem Äquivalenzverhältnis steht, so handelt es sich um eine **gemischte Schenkung**. Entgegen der Auffassung des Kammergerichts[827] ist diese Abrede zu beurkunden. Das Gericht verweist bei seiner Begründung auf zwei Urteile des Reichsgerichtes, von denen eines überhaupt keinen Grundstücksveräußerungsvertrag betraf[828] und das andere[829] möglicherweise vom KG missgedeutet worden ist. Das RG ging davon aus, dass die Beurkundung des Grundstücksveräußerungsvertrages zugleich das in der Zusage der Grundstücksübertragung zu einem zu niedrigen Preis enthaltene Schenkungsversprechen enthalte. Dies spricht für eine erläuternde Auslegung. Offenbar geht das KG davon aus, dass es genüge, wenn überhaupt eine Beurkundung stattgefunden hat. Das ist jedoch unzutreffend, weil die Urkunde die rechtsgeschäftliche Vereinbarung schriftlich festzuhalten hat, und dazu gehört in erster Linie, ob und in welcher Höhe eine Gegenleistung geschuldet wird. Sind die Vertragsparteien darüber einig, dass die Gegenleistung in keinem äquivalenten Verhältnis zu dem Wert der Hauptleistung (Grundstück) steht, so ist auch diese Abrede in der Urkunde festzuhalten. Allerdings wird man im Ergebnis im Wege der erläuternden Auslegung zu einer wirksam beurkundeten Vereinbarung gelangen, weil das tatsächlich Gewollte (Abrede über die teilweise Unentgeltlichkeit) in der Urkunde zumindest angedeutet ist (Andeutungstheorie, vgl. Rn. 199).

179 Werden andere Gegenleistungen als Geldzahlungen geschuldet, beispielsweise die Einräumung eines Nießbrauchsrechts oder Wohnrechts bei Übergabeverträgen, so sind die Abreden zu beurkunden. Gleiches gilt für weitere Gegenleistungen wie beispielsweise Pflegeverpflichtungen, Rentenzahlungen oder dauernde Lasten. Sofern die Zahlung eines Geldbetrages geschuldet wird (Kaufpreis, Herauszahlung oder Geschwisterabfindung bei Übergabevertrag u.Ä.), ist die Höhe des Betrages anzugeben. Nicht ausreichend ist daher die Beurkundung der Vereinbarung, es bestehe Einigkeit über die Höhe des Kaufpreises.[830] Die Höhe ist hier nicht angedeutet, so dass nach der Andeutungstheorie (vgl. Rn. 199) das tatsächlich Gewollte nicht beurkundet ist. Gleiches gilt für den Fall, wenn in der Urkunde lediglich

---

[823] OLG Düsseldorf v. 20.02.2006 - 9 U 57/05 - DNotZ 2006, 681-682.
[824] So das OLG Düsseldorf v. 20.02.2006 - 9 U 57/05 - juris Rn. 5 - DNotZ 2006, 681-682.
[825] OLG Düsseldorf v. 20.02.2006 - 9 U 57/05 - juris Rn. 4 - DNotZ 2006, 681-682.
[826] Unerheblich wäre aber, wenn der Vertrag zwei getrennte Kaufverträge beinhalten würde. Wird tatsächlich die Zahlung eines Geldbetrages ohne Verrechnungsabrede vereinbart, so ist die Gegenleistung – nach dem Willen der Vertragsparteien – nicht etwa das Eigentum an dem (eigenen) Grundstück.
[827] KG Berlin v. 18.06.1999 - 15 U 3743/98, 15 U 3743/98 (187/99) - MDR 2000, 147-148.
[828] RG v. 07.02.1920 - V 343/19 - RGZ 98, 124-131.
[829] RG v. 15.12.1920 - V 320/20 - RGZ 101, 99-102.
[830] BGH v. 17.11.1967 - V ZR 78/66 - DNotZ 968, 480-481; *Wufka* in: Staudinger, § 313 a.F. Rn. 163.

vermerkt ist, dass der (nicht näher bezifferte) Kaufpreis bezahlt oder verrechnet sei[831]. Wurde dagegen der Kaufpreis irrtümlich in der Urkunde falsch angegeben, so kann im Wege der Auslegung der tatsächlich vereinbarte Kaufpreis ermittelt werden.

c. Die subjektiv erforderlichen Nebenbestimmungen

aa. Grundsatz

Andere Vereinbarungen, die nicht die essentialia negotii bestimmen, müssen in der Urkunde festgehalten werden, wenn eine rechtsgeschäftliche Abrede darüber besteht und diese **von der gesetzlichen Regelung abweicht**; denn was bereits nach dem Gesetz gilt, muss nicht noch rechtsgeschäftlich vereinbart werden.[832] Eine Unterscheidung zwischen wichtigen und unwichtigen vertraglichen Bestimmungen gibt es nicht;[833] es gibt auch keine Umstände von „untergeordneter Bedeutung".[834] Maßgebend ist ausschließlich, was die Vertragsbeteiligten für regelungsbedürftig halten und worüber sie eine rechtsgeschäftliche Abrede getroffen haben. Aus diesem Grund können Vereinbarungen auch dann nicht formlos getroffen werden, wenn die Beteiligten den Vertrag auch ohne sie geschlossen hätten.[835] Dies ist eine Frage der Teilnichtigkeit (§ 139 BGB) und von dem Umfang der Beurkundungsbedürftigkeit zu trennen, auch wenn sich im praktischen Ergebnis kein Unterschied ergibt. Sofern es sich um völlig bedeutungslose Regelungsbereiche handelt, ist zu erwägen, ob wirklich eine rechtsgeschäftliche Abrede darüber getroffen wurde oder ob nicht eine unverbindliche Absichtserklärung vorliegt. Dabei handelt es sich aber um Ausnahmefälle.

180

bb. Weitere Handlungen und Leistungen, insbesondere zur Baubeschreibung

Nach dem Leitbild des Grundstückskaufvertrages schuldet der Verkäufer dem Käufer die Übereignung des Grundstücks. Der Verkäufer kann sich aber auch zu weiteren Handlungen oder Leistungen – neben der Eigentumsverschaffung – verpflichten. Daher bedarf auch die Verpflichtung des Käufers zur Vornahme von Renovierungsarbeiten der Beurkundung.[836] Beim Bauträgervertrag in der Form des **noch zu errichtenden Bauwerks** oder eines **Sanierungsobjekts** sind die vom Verkäufer geschuldeten Werkleistungen in der Urkunde anzugeben. Daher wäre es nicht ausreichend, dass die Vertragsparteien in der Urkunde schlicht formulierten, dass ihnen die der Bauerrichtung oder Sanierung zugrunde liegenden Pläne und Baubeschreibung bekannt seien[837]; Pläne und Baubeschreibung sind mit zu beurkunden.[838] Auch Sonderwünsche des Erwerbers müssen beurkundet werden.[839] Da die werkvertraglich geschuldete Leistung in der Baubeschreibung festgelegt wird, ist auch diese zu beurkunden, da sie nicht nur bloße Auslegungshilfe ist, sondern die rechtsgeschäftlich geschuldete Leistung beinhaltet.[840] Auch die Baupläne und die Teilungserklärung sind Gegenstand der Beurkundung, wenn sich aus ihnen Art und Weise sowie der Umfang der werkvertraglichen Leistung ergeben.[841] Ein **Bodengutachten** (vgl. Rn. 197), das beim Verkauf noch herzustellender Eigentumswohnungen nach der Baubeschreibung zu

181

---

[831] *Wufka* in: Staudinger, § 313 a.F. Rn. 163.
[832] BGH v. 19.11.1982 - V ZR 161/81 - juris Rn. 15 - BGHZ 85, 315-319; BGH v. 23.02.1979 - V ZR 99/77 - juris Rn. 11 - LM Nr. 81 zu § 313 BGB; *Grüneberg* in: Palandt, § 311b Rn. 25; *Wagner*, NotBZ 2000, 230-232, 231.
[833] *Kanzleiter* in: MünchKomm-BGB, § 311b Rn. 50; *Wolf* in: Soergel, § 313 a.F. Rn. 59.
[834] Unrichtig daher LG Magdeburg v. 04.12.2002 - 5 O 62/02.
[835] *Kanzleiter* in: MünchKomm-BGB, § 311b Rn. 50.
[836] OLG Koblenz v. 02.10.2002 - 7 U 1426/01 - OLGR Koblenz 2003, 65-66.
[837] Sofern der Kaufpreis nach Baufortschritt bzw. Sanierungsfortschritt zu zahlen ist, sind bei einem gewerblichen Verkäufer ohnehin die besonderen Voraussetzungen der Makler- und Bauträgerverordnung zu beachten.
[838] BGH v. 10.02.2005 - VII ZR 184/04 - juris Rn. 15; BGH v. 23.09.1977 - V ZR 90/75 - BGHZ 69, 266; BGH v. 06.04.1979 - V ZR 72/74 - BGHZ 74, 346; OLG Hamburg v. 26.06.2002 - 4 U 217/98 - BauR 2003, 253-255.
[839] BGH v. 11.07.2002 - VII ZR 437/01 - ZfIR 2002, 975-976.
[840] BGH v. 23.09.1977 - V ZR 90/75 - BGHZ 69, 266-269; BGH v. 22.06.1979 - V ZR 21/78 - LM Nr. 86 zu § 313 BGB; BGH v. 04.02.1983 - V ZR 308/81 - WM 1983, 343-345; OLG Celle v. 24.04.1998 - 4 U 184/97 - OLGR Celle 1998, 349; *Basty*, Der Bauträgervertrag, 4. Aufl. 2001, Rn. 97, mit weiteren Einzelheiten; *Wufka* in: Staudinger, § 313 a.F. Rn. 161.
[841] *Wufka* in: Staudinger, § 313 a.F. Rn. 161.

beachten ist, nicht aber die vertragliche Beschaffenheit des Gebäudes bestimmt[842], bedarf dagegen keiner Beurkundung[843]. Sofern der Verkäufer die Verpflichtung übernimmt, ein Gutachten bei der Baugenehmigung zu beachten, bedarf es nicht der Aufnahme seines Inhalts in die Urkunde. Es genügt die Beurkundung der entsprechenden Verpflichtung.[844]

cc. Verkauf einer sanierten oder neu errichteten Immobilie

182 In zwei neueren Entscheidungen[845] hat der BGH die Auffassung vertreten, dass eine Baubeschreibung, die Vertragsinhalt sei, auch dann mitbeurkundet werden müsse, wenn das Gebäude bei Vertragsschluss bereits errichtet worden sei. In dem einen Fall soll der Verkäufer dem Käufer vor Vertragsschluss zugesichert haben, dass es sich bei dem Objekt um einen vollständig, bis auf die Grundmauern sanierten Altbau handele. Eine Baubeschreibung sowie die Zusicherung wurden nicht mitbeurkundet. In dem anderen Fall ging es um den Verkauf einer noch zu errichtenden Eigentumswohnung. Der Entscheidung lässt sich allerdings nicht entnehmen, ob Teile des geschuldeten Werkes bei Vertragsschluss bereits hergerichtet worden sind. Die Nichtigkeit des Vertrages kann sich daraus ergeben, dass die Vereinbarung einer Beschaffenheit im Sinne des § 633 Abs. 2 Satz 1 BGB[846] bzw. § 434 Abs. 1 BGB nicht mitbeurkundet wurde.[847] Bei einem noch zu errichtenden Bauwerk wird dies nahezu ausnahmslos der Fall sein, weil der Käufer (Besteller) vertraglich vereinbart wissen will, wie (nach der Art der Ausführung oder funktional nach der zu erwartenden Leistung) das Werk hergestellt wird. Ist das Werk aber bereits errichtet, so hat der Käufer jedoch keinen Einfluss mehr auf dessen Zusammensetzung. Aus diesem Grund muss man bei der Frage, ob eine Baubeschreibung (im Sinne einer Bestandsbeschreibung) mitbeurkundet werden muss, differenzieren[848]:

- Ist dem Käufer daran gelegen, dass der Verkäufer ihm die Verwendung bestimmter Materialien (Ausführungsart) „garantiert" oder „zusichert", insbesondere weil dies für die Höhe des Kaufpreises ausschlaggebend ist, so liegt eine Beschaffenheitsvereinbarung im Sinne des § 633 Abs. 2 Satz 1 BGB vor, die beurkundet werden muss. Ein solcher Fall wird auch in der Regel bereits dann anzunehmen sein, wenn der Verkäufer dem Käufer vor dem Vertragsschluss eine Baubeschreibung zur Verfügung gestellt hat, die bei dem Käufer ein Vertrauen in die dort beschriebene Bauausführung hervorrufen.

- Kommt es dem Käufer dagegen nur auf ein funktionsfähiges Werk ohne die vertragliche Vereinbarung einer individuellen Beschaffenheit an, so regelt § 633 Abs. 2 Satz 2 BGB bzw. § 434 Abs. 1 Satz 2 BGB den Maßstab, den der Verkäufer einhalten muss, damit ein mangelfreies Werk vorliegt. In diesem Fall bedarf es keiner Beurkundung einer Bestandsbeschreibung; denn beurkundet werden muss nur, was von der gesetzlichen Regelung abweicht (vgl. Rn. 194).

---

[842] Der Gutachter hielt in seinem Gutachten eine einwandfreie Gründung auf Streifen- oder Einzelfundamenten für nicht möglich und befürwortete eine Pfahlgründung. Die Baubeschreibung, die Gegenstand der notariellen Beurkundung war, ließ dem Verkäufer je nach den Boden- und Gebäudeverhältnissen („Bodenbeschaffenheit", „Bodenpressung", „Statik") die Wahl unter verschiedenen Gründungsmöglichkeiten („Streifen-, Einzel- und Punktfundamente") frei.

[843] BGH v. 14.03.2003 - V ZR 278/01 - NJW-RR 2003, 1136-1137; die verkauften Wohnungen waren bei Abschluss der Verträge geplant bzw. im Bau. Wegen der Bauausführung verwiesen die Verträge auf eine Baubeschreibung, die eine Anlage zu der notariell beurkundeten Teilungserklärung ist. Zur Gründung des Gebäudes enthält die Baubeschreibung Folgendes: „Herstellen der Streifen-, Einzel- und Punktfundamente gemäß Bodenbeschaffenheit und Bodenpressung bzw. Statik. Das Bodengutachten des Büros P. ist zu beachten". Das Gutachten selbst war nicht Gegenstand der notariellen Beurkundung.

[844] BGH v. 14.03.2003 - V ZR 278/01 - juris Rn. 12 - NJW-RR 2003, 1136-1137.

[845] BGH v. 16.12.2004 - VII ZR 257/03 - juris Rn. 25 - ZfIR 2005, 134-139; BGH v. 10.02.2005 - VII ZR 184/04 - juris Rn. 15.

[846] Nach Ansicht des BGH besteht auch beim Verkauf eines neu errichteten bzw. eines sanierten Bauwerks eine umfassende Herstellungsverpflichtung, auf die das Werkvertragsrecht anzuwenden ist; BGH v. 16.12.2004 - VII ZR 257/03 - juris Rn. 24 - ZfIR 2005, 134-139. Den Entscheidungen lag jedoch das Schuldrecht in der Fassung vor In-Kraft-Treten des Schuldrechtsmodernisierungsgesetzes zugrunde. Wendet man bei dem Verkauf von neu hergestellten oder sanierten Bauwerken für die Mängelansprüche statt des Werkvertragsrechts das Kaufrecht an, so ergibt sich für die Frage der Beurkundungsbedürftigkeit kein Unterschied.

[847] Die Beschaffenheitsvereinbarung bedarf der notariellen Beurkundung; *Sprau* in: Palandt, § 633 Rn. 6; *Weidenkaff* in: Palandt, § 434 Rn. 18.

[848] Vgl. auch *Schmidt*, ZfIR 2005, 306-309 und *Kilian*, MittBayNot 2008, 203-204.

dd. Sonstige Regelungen

Weitere beurkundungsbedürftige rechtsgeschäftliche Vereinbarungen zwischen den Vertragsbeteiligten sind insbesondere andere Leistungspflichten des Verkäufers als die Eigentums- und Besitzverschaffungspflicht: Schuldet der Verkäufer nach dem Willen der Vertragsbeteiligten die vollständige und besenreine Räumung des Hausanwesens, so muss auch dies beurkundet werden. Gleiches gilt für Renovierungs- und Reparaturpflichten des Verkäufers. Soll der Bauträger dem Käufer eine Mietgarantie geben, so sind die entsprechenden Vereinbarungen ebenfalls beurkundungsbedürftig.[849] **183**

Die Vereinbarung hinsichtlich der **Art und Weise der Zahlung** (Barzahlung, Scheck, Überweisung) ist beurkundungsbedürftig, wenn es sich um eine rechtsgeschäftliche Abrede handelt und nicht nur auf Zweckmäßigkeitserwägungen beruht.[850] Beurkundungspflichtig sind auch Vereinbarungen über die Tragung von Steuern, Provisionen und Finanzierungskosten[851], die Ausweisung der **Mehrwertsteuer**[852] oder Zusatzentgelte für baldige Räumung[853] bzw. Nutzungsentgelte für das Verbleiben des Verkäufers in dem verkauften Hausanwesen trotz Zahlung des Kaufpreises. **184**

Wird in dem Vertragstext die Kaufpreiszahlung bestätigt, obwohl sie erst nach der Beurkundung erfolgen soll, handelt es sich um eine **Vorausquittung**.[854] Diese falsche Beurkundung führt nach Ansicht des BGH nicht zu einem Verstoß gegen § 311b Abs. 1 Satz 1 BGB.[855] Nicht beurkundet sei lediglich der (wahre) Umstand, dass der Kaufpreis nicht gezahlt wurde. Dabei handele es sich nicht um einen Teil der Vereinbarung, sondern um eine negative Tatsache, auf die sich die Beurkundungspflicht nicht erstrecke. Auch liege kein Fall eines Scheingeschäfts nach § 117 BGB vor, da das von den Beteiligten Vereinbarte mit dem Willen übereinstimme.[856] Schwierig zu beurteilen sind die Fälle, in denen der Käufer bereits vor Beurkundung einen Teil des Kaufpreises als **Anzahlung** leistet. Dies kann zweierlei bedeuten[857]: (1) Handelt es sich um Schwarzgeld, also um einen Teil des Gesamtkaufpreises, den die Vertragsparteien zum Zwecke der „Steuerersparnis" nur mit einem um die Anzahlung reduzierten Betrag angeben, so liegt der klassische Fall des „Schwarzkaufs" vor.[858] Das objektiv Beurkundete ist nicht tatsächlich gewollt, so dass die Erklärungen nach § 117 BGB nichtig sind (Scheingeschäft). Das tatsächlich Gewollte ist dagegen nicht beurkundet und kann – da es sich um eine bewusste Falschbeurkundung handelt – nicht nach den Grundsätzen der „falsa demonstratio non nocet" als wirksam angesehen werden.[859] (2) Ist die Anzahlung Teil des Gesamtkaufpreises, der in der Urkunde vollständig und richtig angegeben wird, so muss die Verrechnungsabrede beurkundet werden[860], weil sie für den Verkäufer konstitutive Wirkung hat: Sie legt den Käufer auf die einmal vereinbarte Zweckbestimmung der Vorausleistung fest und hindert ihn daran, die Leistung auf andere Weise zu erbringen[861]. Eine beurkundungspflichtige Vorausleistung liegt auch dann vor, wenn die Zahlung vor dem Beurkundungster- **185**

---

[849] *Basty*, Der Bauträgervertrag, 4. Aufl. 2002, Rn. 95.
[850] *Wufka* in: Staudinger, § 313 a.F. Rn. 162; *Grüneberg* in: Palandt, § 311b Rn. 28; *Gehrlein* in: Bamberger/Roth, § 311b Rn. 22.
[851] *Grüneberg* in: Palandt, § 311b Rn. 28; *Gehrlein* in: Bamberger/Roth, § 311b Rn. 24.
[852] Die Vereinbarung, dass zusätzlich zum Kaufpreis Mehrwertsteuer geschuldet wird, bedarf der notariellen Beurkundung; OLG Naumburg v. 23.10.2001 - 11 U 127/01 - OLGR Naumburg 2003, 485; *Gehrlein* in: Bamberger/Roth, § 311b Rn. 22. Bei Fehlen einer entsprechenden Vereinbarung kann kein gesonderter Ausweis der Mehrwertsteuer verlangt werden; OLG Naumburg v. 23.10.2001 - 11 U 127/01 - OLGR Naumburg 2003, 485. Verpflichtet sich der Verkäufer im Grundstückskaufvertrag zur Umsatzsteueroption, so ist dies ebenfalls beurkundungsbedürftig (OLG Stuttgart v. 16.06.1993 - 4 U 23/93 - NJW-RR 1993, 1365-1366; *Wufka* in: Staudinger, § 313 a.F. Rn. 162). Nach der Neuregelung des Umsatzsteuergesetzes schuldet bei einer Umsatzsteueroption der Grundstückskäufer (als Leistungsempfänger) anstelle des Verkäufers die Umsatzsteuer, vorausgesetzt der Grundstückskäufer ist selbst Unternehmer oder juristische Person des öffentlichen Rechts (§ 13b Abs. 1 Nr. 3, Abs. 2 UStG). Außerdem ordnet das Gesetz ausdrücklich an, dass die Umsatzsteueroption im notariellen Kaufvertrag beurkundet werden muss (BGBl I 2003, 3076, 3086).
[853] *Grüneberg* in: Palandt, § 311b Rn. 28.
[854] BGH v. 20.05.2011 - V ZR 221/10 - NJW 2011, 2785.
[855] BGH v. 20.05.2011 - V ZR 221/10 - juris Rn. 7 - NJW 2011, 2785. Zustimmend *Böttcher*, DNotZ 2012, 50.
[856] BGH v. 20.05.2011 - V ZR 221/10 - juris Rn. 6 - NJW 2011, 2785.
[857] Vgl. *Wagner*, NotBZ 2000, 230-232, 231.
[858] *Wagner*, NotBZ 2000, 230-232, 231.
[859] Vgl. dazu *Wufka* in: Staudinger, § 313 a.F. Rn. 239.
[860] BGH v. 17.03.2000 - V ZR 362/98 - LM BGB § 139 Nr. 91 (1/2001); *Wagner*, NotBZ 2000, 230-232, 231-232.
[861] *Backhaus*, JuS 1985, 512-519, 518; *Wagner*, NotBZ 2000, 230-232, 231; a.A. *Waldner*, JR 1986, 194-196, 195.

§ 311b   jurisPK-BGB / Ludwig

min angewiesen ist und der Betrag dem Konto des Empfängers erst nach Vertragsschluss gutgeschrieben wurde.[862] Allerdings ist weiter festzustellen, ob der beurkundete Teil nach § 139 BGB aufrechterhalten bleibt.[863] Dies ist insbesondere dann anzunehmen, wenn die Vorauszahlung ganz leicht nachweisbar sei, beispielsweise durch eine Quittung.[864]

186 Ist im Prozess nicht sicher, ob die Vorauszahlung Bestandteil eines in Wirklichkeit höheren Kaufpreises ist, als derjenige, der in der notariellen Urkunde angegeben ist („unbewiesene Unterverbriefung"[865]), so hat sich die Rechtsprechung mit dem Hinweis begnügt, dass jedenfalls die Vereinbarung über die Anrechnung der Vorauszahlung nicht beurkundet wurde und aus diesem Grund der Vertrag formunwirksam ist.[866]

187 Die Grundsätze über die Anrechnung einer Vorauszahlung sind nach zutreffender Ansicht des BGH[867] auf die **Verrechnung** des Kaufpreisanspruchs **mit Ansprüchen auf Vergütung erbrachter Leistungen** entsprechend anwendbar. Es ging um eine Klausel, wonach der (nach Übernahme einer Darlehensverbindlichkeit des Veräußerers und eines in bar zu zahlenden Teilbetrages verbleibende) restliche Kaufpreis durch Leistungen des Erwerbers gegenüber dem Veräußerer erbracht wird. Die Verrechnungsabrede war zwar im Kaufvertrag enthalten; jedoch war diese nicht hinreichend bestimmt[868], weil sich nicht ermitteln ließ (weder aufgrund der gesetzlichen Regel der §§ 366 Abs. 2, 367 BGB noch im Wege der erläuternden Auslegung), mit welchen Forderungen des Erwerbers der Kaufpreisanspruch verrechnet werden solle. Dieser offene Einigungsmangel (§ 154 Abs. 1 BGB) könnte auch nicht durch Auflassung und Eintragung im Grundbuch geheilt werden, da es sich nicht um einen Formmangel im Sinne des § 311b Abs. 1 Satz 1 BGB handelt. In einem kurze Zeit später von demselben Senat entschiedenen Fall wurde die Verrechnungsabrede (Verrechnung des Kaufpreisanspruchs mit offenen Werklohnforderungen des Käufers gegen den Verkäufer) überhaupt nicht beurkundet.[869] Nach Ansicht des BGH handelt es sich bei der Verrechnungsabrede nicht um eine bloß deklaratorische Bezeichnung des Rechts der Parteien, die Aufrechnung zu erklären (§ 387 BGB). Die Verrechnungsabrede nimmt dem Käufer das Recht, den Kaufpreis auf andere Weise zu entrichten, und sie legt den Verkäufer auf die Aufrechnung fest.[870]

188 Enthält ein Grundstückskaufvertrag falsche Angaben zum Kaufpreis (Aufspaltung des Gesamtaufwandes in einen Kaufpreis und einen angeblichen Werklohnanspruch wegen tatsächlich nicht beabsichtigter Sanierungsarbeiten), wodurch die **Finanzbehörden über die Besteuerungsgrundlagen getäuscht werden sollen**, so ist der Vertrag gleichwohl wirksam.[871] Die Absicht einer Steuerhinterziehung lässt einen Vertrag nur dann nichtig sein, wenn diese Absicht alleiniger oder hauptsächlicher Zweck des Rechtsgeschäfts ist. Dies ist bei fehlerhafter Angaben in einem Kaufvertrag über ein Grundstück dann nicht der Fall, sofern die Begründung der Verpflichtung zur Übertragung des Grundstücks und die Verpflichtung zur Bezahlung des Kaufpreises ernstlich gewollt sind.[872]

---

[862] BGH v. 20.09.1985 - V ZR 148/84 - LM Nr. 106 zu § 313 BGB; ablehnend *Waldner*, JR 1986, 194-196.

[863] Vgl. die Entscheidungen BGH v. 19.11.1982 - V ZR 161/81 - juris Rn. 17 - BGHZ 85, 315-319, und BGH v. 20.09.1985 - V ZR 148/84 - juris Rn. 9 - LM Nr. 106 zu § 313 BGB.

[864] *Kanzleiter*, DNotZ 1986, 267-269, 268.

[865] Zu diesem Begriff *Wagner*, NotBZ 2000, 230-232, 231.

[866] BGH v. 19.11.1982 - V ZR 161/81 - juris Rn. 14 - BGHZ 85, 315-319; BGH v. 11.11.1983 - V ZR 150/82 - juris Rn. 11 - LM Nr. 101 zu § 313 BGB; vgl. zu dieser Art der „Umkehr der Beweislast" *Kanzleiter*, DNotZ 1986, 267-269, der selbst für einer Widerlegung der Vollständigkeits- und Richtigkeitsvermutung der Urkunde plädiert.

[867] BGH v. 26.02.1999 - V ZR 318/97 - juris Rn. 9 - LM BGB § 154 Nr. 12 (10/1999).

[868] BGH v. 26.02.1999 - V ZR 318/97 - juris Rn. 9 - LM BGB § 154 Nr. 12 (10/1999).

[869] BGH v. 17.03.2000 - V ZR 362/98 - LM BGB § 139 Nr. 91 (1/2001). Zustimmend *Wagner*, NotBZ 2000, 230-232.

[870] BGH v. 17.03.2000 - V ZR 362/98 - juris Rn. 10 - LM BGB § 139 Nr. 91 (1/2001).

[871] BGH v. 05.07.2002 - V ZR 229/01 - NJW-RR 2002, 1527-1528 unter Aufrechterhaltung von BGH v. 17.12.1965 - V ZR 115/63 - LM Nr. 14 zu § 138 (Aa) BGB.

[872] BGH v. 05.07.2002 - V ZR 229/01 - NJW-RR 2002, 1527-1528 unter Aufrechterhaltung von BGH v. 04.03.1993 - V ZR 121/92 - BGHR BGB § 138 Steuerhinterziehung 1; vgl. zur Frage der Teilnichtigkeit nach § 139 BGB BGH v. 05.07.2002 - V ZR 229/01 - juris Rn. 18 - NJW-RR 2002, 1527-1528.

d. Rechtsgeschäftliche Bedingungen, Rücktrittsrechte

Der Inhalt rechtsgeschäftlicher Bedingungen für den Grundstücksveräußerungsvertrag[873] oder vertraglich vereinbarter Rücktrittsrechte muss in der Urkunde ausreichend bezeichnet sein. Daher ist beispielsweise bei Rücktrittsrechten anzugeben, ob es ohne Vorliegen irgendwelcher Voraussetzungen oder nur unter bestimmten Voraussetzungen ausgeübt werden kann. Allerdings lässt sich nach der Andeutungstheorie (vgl. Rn. 199) auch auf außerhalb der Urkunde liegende Umstände zurückgreifen. Nach Ansicht des BGH genügt es, wenn in der notariellen Urkunde die (aufschiebende) Bedingung eines Kaufvertrages allgemein bezeichnet wird (behördliche Genehmigung des Gewerbebetriebs des Käufers), zum näher Vereinbarten (Genehmigung einer Autowaschanlage nach einer Planskizze des Käufers) aber keine Angaben vorhanden sind.[874] Der BGH sah den Unterschied zu den von ihm entschiedenen Fällen zur Nichtbeurkundung der Baubeschreibung und Pläne darin, dass dort die Urkunden (bewusst) aus der notariellen Urkunde herausverlagert wurden[875]; in solchen Fällen könne dem tatsächlich Gewollten auch nicht über die Andeutungstheorie Anerkennung verschafft werden.

189

e. Leistungsbestimmungsrecht

Haben sich die Vertragspartner über die essentialia negotii oder einzelne essentielle Nebenbestimmungen noch nicht geeinigt, so kann gleichwohl ein wirksamer Vertrag zustande kommen, wenn einer der Vertragsparteien oder einem Dritten das Recht eingeräumt wird, die Leistung zu bestimmen (§§ 315-319 BGB); unerheblich ist somit, ob sich das Leistungsbestimmungsrecht auf einen wesentlichen Vertragsbestandteil oder eine Nebenbestimmung bezieht.[876] Anwendungsbeispiele solcher Leistungsbestimmungsrechte sind der Teilflächenkauf, die Festlegung der Größe der Miteigentumsanteile der zu erwerbenden Eigentumswohnung durch den Bauträger beim Bauträgerkauf[877] oder die Festlegung der Höhe des zu zahlenden Kaufpreises bei einem Ankaufsrecht[878]. Ein solches Bestimmungsrecht muss jedoch in der Urkunde (was ggf. im Wege der erläuternden Auslegung zu ermitteln ist) selbst zum Ausdruck kommen.[879] Es kann sich auch aus der Auslegungsregel nach § 316 BGB (Leistungsbestimmungsrecht des Gläubigers der Leistung) ergeben.[880] Das Leistungsbestimmungsrecht ist nur dann ausreichend bestimmt, wenn die Bestimmungsbefugnis im Vertrag genügend abgegrenzt und nicht in einem Ausmaß vorbehalten ist, dass ihre Tragweite und damit die von den Parteien gewollte Bindungswirkung der zu treffenden Leistungsbestimmung selbst nicht mehr bestimmbar ist[881]. Diese Voraussetzungen liegen nach Ansicht der Rechtsprechung vor, wenn dem Bauträger im Bauträgerkaufvertrag (der vor Aufteilung in Wohnungseigentum geschlossen wird) das Recht eingeräumt wird, die Größe der Miteigentumsanteile festzulegen, wenn Lage und Größe der Räumlichkeiten ausreichend bestimmt sind.[882] Dem Formerfordernis des § 311b Abs. 1 Satz 1 BGB ist genügt, wenn das Leistungsbestimmungsrecht als solches und der mögliche Inhalt in der Urkunde zumindest andeutungsweise enthalten ist.[883] Sofern sich das Leistungsbestimmungsrecht aufgrund gesetzlicher Auslegungsregeln (vgl.

190

---

[873] Die Auflassung kann nach § 925 Abs. 2 BGB nicht unter einer Bedingung erklärt werden.
[874] BGH v. 12.07.1996 - V ZR 202/95 - LM BGB § 313 Nr. 144 (11/1996). Zustimmend *Geimer*, EWiR 1996, 831-832; kritisch zu dieser Entscheidung *Wufka* in: Staudinger, § 313 a.F. Rn. 155 und *Gschoßmann*, MittBayNot 1996, 430.
[875] BGH v. 12.07.1996 - V ZR 202/95 - juris Rn. 13 - LM BGB § 313 Nr. 144 (11/1996).
[876] BGH v. 08.11.1985 - V ZR 113/84 - juris Rn. 15 - LM Nr. 7 zu § 4 WohnungseigentumsG; *Wolf* in: Soergel, § 313 a.F. Rn. 64.
[877] BGH v. 08.11.1985 - V ZR 113/84 - juris Rn. 14 - LM Nr. 7 zu § 4 WohnungseigentumsG, gegen die Entscheidung OLG Düsseldorf v. 29.10.1980 - 3 W 331/80.
[878] BGH v. 07.04.1978 - V ZR 141/75 - BGHZ 71, 276-284.
[879] OLG Brandenburg v. 25.02.1998 - 7 U 148/97 - OLGR Brandenburg 1999, 173-175.
[880] BGH v. 18.04.1986 - V ZR 32/85 - juris Rn. 30 - LM Nr. 20/21 zu § 145 BGB; *Wufka* in: Staudinger, § 313 a.F. Rn. 168.
[881] BGH v. 08.11.1985 - V ZR 113/84 - juris Rn. 15 - LM Nr. 7 zu § 4 WohnungseigentumsG; *Wolf* in: Soergel, § 313 a.F. Rn. 64; *Gehrlein* in: Bamberger/Roth, § 311b Rn. 23.
[882] BGH v. 08.11.1985 - V ZR 113/84 - juris Rn. 15 - LM Nr. 7 zu § 4 WohnungseigentumsG; KG Berlin v. 02.03.1984 - 1 W 169/83 - OLGZ 1984, 418-424.
[883] Anlehnung an die Andeutungstheorie; *Wolf* in: Soergel, § 313 a.F. Rn. 64.

§ 311b

§ 316 BGB) ergibt, bedarf dies noch nicht einmal der Andeutung in der Urkunde, weil die Andeutungstheorie nicht bei der ergänzenden Vertragsauslegung gilt.[884]

191 Die **Ausübung** des Leistungsbestimmungsrechts unterliegt dagegen **nicht** dem Formerfordernis des § 311b Abs. 1 Satz 1 BGB[885], sofern es sich nicht um ein Rechtsgeschäft handelt, das als solches nach dem Gesetz der notariellen Beurkundung unterliegt, wie beispielsweise die Bildung von Wohnungseigentum nach § 3 WEG[886].

3. In welchem Umfang müssen die Vertragsbedingungen in der Urkunde erwähnt sein?

a. Grundsatz der Vollständigkeit der Urkunde

192 Steht der Gegenstand der notariellen Beurkundung fest, d.h. welche rechtsgeschäftlichen Erklärungen in der Urkunde zu verkörpern sind, schließt sich die Frage an, in welchem Umfang die Verkörperung zu erfolgen hat, damit man davon sprechen kann, dass die rechtsgeschäftlichen Erklärungen notariell beurkundet worden sind. Dies ist eine materiellrechtliche und keine beurkundungsverfahrensrechtliche Frage (zum Verfahrensrecht der Beurkundung vgl. Rn. 300). Der Idealfall, dass sämtliche rechtsgeschäftlichen Erklärungen in der notariellen Urkunde so formuliert sind, dass sich der rechtsgeschäftliche Wille eindeutig aus dieser ablesen lässt, wird nicht immer zu erreichen sein. Dies gilt insbesondere dann, wenn beispielsweise Leistungspflichten des Verkäufers im Zusammenhang mit der Errichtung eines Gebäudes zu beurkunden sind. Eine Abrede der Vertragsparteien kann zum Beispiel deshalb in der Urkunde unerwähnt geblieben sein, weil den Vertragspartnern nicht bewusst war, dass die Abrede nach dem Vollständigkeitsgebot ebenfalls beurkundet werden muss. Die Vertragspartner können auch schlicht vergessen haben, dem Notar vor dem Beurkundungstermin die später nicht mitbeurkundete Abrede mitzuteilen. Gelegentlich lassen die Vertragspartner aber auch bewusst eine Abrede nicht beurkunden, um Kosten oder Steuern zu „sparen".[887]

b. Unvollständigkeit bei einem offenen Einigungsmangel

193 Eine Ausnahme vom Grundsatz der Vollständigkeit der Urkunde lässt die Rechtsprechung zu, wenn die Bezugnahme einen Punkt betrifft, den die Parteien zwar als regelungsbedürftig angesehen, zu dem sie aber noch keine endgültigen Festlegungen getroffen haben.[888] Dabei kommt es nicht darauf an, ob die fehlenden Festlegungen zur inhaltlichen Unbestimmtheit des Vertrages oder zu einem Dissens (§ 154 BGB) führen.[889] Das Beurkundungserfordernis soll nur die Dokumentation des tatsächlich Vereinbarten sicherstellen, nicht dagegen auch eine inhaltlich vollständige und ausreichend bestimmte Einigung der Parteien gewährleisten.[890] Andernfalls könnte ein Vertrag im Sinne des § 311b Abs. 1 Satz 1 BGB nicht abgeschlossen werden, wenn eine Einigung über einzelne Punkte noch nicht vorliegt, obwohl die fehlende Bestimmtheit durch ein Leistungsbestimmungsrecht nach § 315 BGB überwunden werden kann.[891] Aus diesem Grund hat der BGH entschieden, dass die Formnichtigkeit eines Vertrages nicht schon damit begründet werden kann, dass in der notariellen Urkunde auf etwas mündlich Besprochenes Bezug genommen wird.[892] Diese Feststellung könne nicht anhand der notariellen Urkunde getroffen werden. So führt der BGH aus[893]: „Ob ein Schriftstück oder mündlich Besprochenes, auf das in der notariellen Urkunde verwiesen wird, zu dem Regelungsinhalt des Vertrages gehört und endgültige Festlegungen der Parteien zum Gegenstand hat, lässt sich grundsätzlich nur beurteilen, wenn dessen Inhalt bekannt ist. Zu diesem Inhalt, der sich naturgemäß nicht aus der notariellen Urkunde ergibt, muss der Tatrichter entsprechende Feststellungen treffen. Solche Feststellungen sind auch dann nicht entbehrlich, wenn der Wortlaut der notariellen Urkunde – wie hier – den Eindruck erweckt, es werde auf beurkundungsbedürftige Festlegungen der Parteien verwiesen. Da dieser Eindruck

---

[884] BGH v. 16.01.1987 - V ZR 242/85 - juris Rn. 14 - NJW-RR 1987, 458-459; *Heinrichs/Ellenberger* in: Palandt, § 133 Rn. 19; *Wolf* in: Soergel, § 313 a.F. Rn. 76.
[885] BGH v. 22.06.1973 - V ZR 160/71 - LM Nr. 7/8 zu § 1 ErbbauRG; *Wufka* in: Staudinger, § 313 a.F. Rn. 169.
[886] *Wufka* in: Staudinger, § 313 a.F. Rn. 169.
[887] Hat der Notar Kenntnis davon, so soll (gemeint ist: muss) er die Beurkundung ablehnen (§ 4 BeurkG).
[888] BGH v. 30.06.2006 - V ZR 148/05 - juris Rn. 12 - BB 2006, 1707-1709; BGH v. 23.11.2001 - V ZR 282/00 - WM 2002, 202-203.
[889] BGH v. 30.06.2006 - V ZR 148/05 - juris Rn. 12 - BB 2006, 1707-1709.
[890] BGH v. 30.06.2006 - V ZR 148/05 - juris Rn. 12 - BB 2006, 1707-1709.
[891] Wie beispielsweise in dem Fall BGH v. 23.11.2001 - V ZR 282/00 - juris Rn. 10 - WM 2002, 202-203.
[892] BGH v. 30.06.2006 - V ZR 148/05 - juris Rn. 13 - BB 2006, 1707-1709.
[893] BGH v. 30.06.2006 - V ZR 148/05 - juris Rn. 13 - BB 2006, 1707-1709.

täuschen kann, die Annahme der Formnichtigkeit eines Vertrages aber einer sicheren Tatsachengrundlage bedarf, muss sich der Tatrichter anhand des – von der für den Formmangel darlegungs- und beweispflichtigen Partei vorzutragenden – Inhalts der mündlichen Absprache oder Urkunde, auf die Bezug genommen worden ist, davon überzeugen, dass dasjenige, was nicht beurkundet worden ist, tatsächlich beurkundungsbedürftig war."

c. Die unechte Bezugnahme bei Verweisung auf Rechtsverhältnisse, Rechtsnormen und sonstige Rechtstatsachen (Identifizierungsbehelf)

aa. Eintritt in bestehende Rechtsverhältnisse

Eine weitere Ausnahme vom Grundsatz der Vollständigkeit der Urkunde hat die Rechtsprechung für den Fall vorgesehen, dass der Käufer sich verpflichtet, in bestehende Rechtsverhältnisse einzutreten. Dies betrifft Miet- oder Pachtverhältnisse (soweit nicht ein Fall des § 566 Abs. 1 BGB gegeben ist), das Verhältnis der Gemeinschaftseigentümer, die Übernahme einer Schuld sowie die Übernahme der Verpflichtungen aus einem Architektenvertrag oder Bauwerkvertrag mit einem Unternehmer[894] u.Ä. In manchen Fällen erfolgt der Eintritt bereits gesetzlich (z.B. bei Mietverhältnissen nach § 566 Abs. 1 BGB, beim Verkauf eines Erbbaurechts). Zum beurkundungsbedürftigen Inhalt eines Rechtsgeschäfts gehört nur der Teil der Erklärungen, der eine Regelung enthält, d.h. Rechtswirkungen erzeugt.[895] Aus diesem Grund bedarf bei einem Eintritt in ein bestehendes Rechtsverhältnis **nur die Abrede über eine etwaige Verpflichtung zum Eintritt in dieses Rechtsverhältnis** der notariellen Beurkundung. Dagegen ist der Inhalt von Rechtsbeziehungen, in welche der Verpflichtete eintreten soll, nicht beurkundungsbedürftig[896], weil die Vereinbarung der Kaufvertragsparteien sich auf die Übernahme schon rechtsgeschäftlich begründeter Verpflichtungen bezieht und diese nicht erst festlegt. Die Bezeichnung der zu übernehmenden Schuld hat deshalb nur die Bedeutung eines **Identifizierungsbehelfs** für den Gegenstand der Schuldübernahme.[897] Dies betrifft z.B. grundbuchlich vollzogene Teilungserklärungen, die nicht zum Gegenstand der Kaufvertragsurkunde gemacht werden müssen, weil das Rechtsverhältnis (Gemeinschaft der Wohnungseigentümer) bereits existent ist. Ebenfalls nicht mitbeurkundet werden müssen Mietverträge, wenn der Käufer eines Grundstücks nach § 566 Abs. 1 BGB in den bestehenden Mietvertrag über das gekaufte Grundstück eintritt.[898] Auch bei einer Schuldübernahme gemäß § 415 BGB durch Vereinbarung zwischen Alt- und Neuschuldner mit Genehmigung des Gläubigers muss der zugrunde liegende Darlehensvertrag nicht mitbeurkundet werden. Sofern in einem Grundstückskaufvertrag das Recht an einer **vorhandenen Baugenehmigungsplanung** mitübertragen werden soll, bedürfen die Genehmigungsunterlagen keiner Mitbeurkundung, da sich die Verpflichtung in der Übertragung der Rechte an den Planungsunterlagen erschöpft.[899]

194

Diese materiellrechtliche Differenzierung zwischen beurkundungsbedürftigen und nicht beurkundungsbedürftigen Rechtsbeziehungen hat ihre beurkundungsverfahrensrechtliche Entsprechung. Sofern das Rechtsverhältnis mit dritten Personen noch nicht wirksam zur Entstehung gelangt ist, müssen die Rechtsbeziehungen zwischen den Vertragsparteien (zugunsten Dritter) erst begründet werden; sie sind dann Gegenstand des Grundstücksveräußerungsvertrages. Dies gilt bei einer Gemeinschaftsordnung auch dann, wenn diese notariell beurkundet, aber noch nicht grundbuchlich vollzogen ist. Eine Verweisung auf solche (noch nicht rechtswirksam entstandene) Rechtsverhältnisse kann beurkundungsrechtlich nur nach § 13a BeurkG (echte Verweisung[900]) erfolgen.[901] Dies setzt voraus, dass die Urkunde, deren rechtsgeschäftliche Erklärungen durch Bezugnahme zum Inhalt der Grundstücksveräußerungsurkunde gemacht werden sollen, notariell beurkundet wurde; eine Erklärung mit öffentlicher Beglaubigung der Unterschrift der Erklärenden ist dagegen nicht ausreichend.

195

---

[894] DNotI-Report 1995, 59-61.
[895] BGH v. 30.06.2006 - V ZR 148/05 - juris Rn. 12 - BB 2006, 1707-1709; BGH v. 19.11.1982 - V ZR 161/81 - juris Rn. 15 - BGHZ 85, 315-319; BGH v. 23.02.1979 - V ZR 99/77 - juris Rn. 11 - LM Nr. 81 zu § 313 BGB; *Wolf* in: Soergel, § 313 a.F. Rn. 59.
[896] BGH v. 04.03.1994 - V ZR 241/92 - juris Rn. 15 - BGHZ 125, 235-238; *Wufka* in: Staudinger, § 313 a.F. Rn. 232; *Kanzleiter* in: MünchKomm-BGB, § 311b Rn. 49.
[897] BGH v. 04.03.1994 - V ZR 241/92 - juris Rn. 15 - BGHZ 125, 235-238.
[898] *Brambring*, DNotZ 1980, 281-306, 288; *Wufka* in: Staudinger, § 313 a.F. Rn. 232.
[899] BGH v. 17.07.1998 - V ZR 191/97 - juris Rn. 5 - NJW 1998, 3197.
[900] *Wufka* in: Staudinger, § 313 a.F. Rn. 228; *Wolf* in: Soergel, § 313 a.F. Rn. 79.
[901] *Wufka* in: Staudinger, § 313 a.F. Rn. 228.

bb. Bezugnahme auf Rechtsnormen

196 Auch Rechtsnormen einschließlich Gemeindesatzungen[902] und ähnlicher Normen wie Standardbedingungen (DIN-Normen[903], VOB/B[904], Unterhaltstabellen einzelner Oberlandesgerichte[905], BAT[906], Verfahrensnormen institutioneller Schiedsgerichte[907] oder ein veröffentlichter Index[908]) können zum Inhalt der Urkunde im Wege der Bezugnahme gemacht werden, wenn der Inhalt einer Leistungspflicht einer Vertragspartei durch diese Rechtsnormen konkretisiert werden soll. Eine Verweisung auf diese Rechtsnormen nach § 13a BeurkG käme nur in Betracht, wenn diese selbst Gegenstand einer notariellen Bezugsurkunde sind.[909] Da diese Rechtsquellen allgemein zugänglich sind, genügt aber auch eine allgemeine Verweisung auf sie, ohne dass sie selbst mitverlesen werden müssten (unechte Verweisung).[910] Nicht allgemein zugänglich sind dagegen grds. allgemeine Geschäftsbedingungen einer Vertragspartei[911]; eine Ausnahme gilt jedoch für Geschäftsbedingungen öffentlicher Versorgungsunternehmen, die Rechtsnormcharakter haben oder in ähnlicher Weise wie Rechtsnormen zustande gekommen sind[912]. Sofern zur näheren Identifizierung eines Grundstücks auf einen Flächennutzungsplan[913] oder Vorhaben- und Erschließungsplan[914] verwiesen werden soll, genügt diese unechte Verweisung nicht[915]; stattdessen ist das zu veräußernde Grundstück durch nähere Angaben in der Urkunde zu bezeichnen.

cc. Bezugnahme auf ein Bodengutachten

197 In einer neueren Entscheidung aus dem Jahre 2003 hat der BGH[916] in einer sehr feinsinnigen Differenzierung die Beurkundung eines Bodengutachtens, auf welches in der beurkundeten Baubeschreibung Bezug genommen wurde, unter Heranziehung des Identifizierungsbehelfs für entbehrlich gehalten. Zur Gründung enthielt die Baubeschreibung folgende Bestimmung: „Herstellen der Streifen-, Einzel- und Punktfundamente gemäß Bodenbeschaffenheit und Bodenpressung bzw. Statik. Das Bodengutachten des Büros P. ist zu beachten." Das Gutachten war nicht Gegenstand der Beurkundung. Der Gutachter hielt eine einwandfreie Gründung auf Streifen- oder Einzelfundamenten für nicht möglich und befürwortete eine Pfahlgründung. Spätere Gutachten eines anderen Sachverständigen hielten den Einsatz des Düsenstrahlverfahrens und Flächengründung für geeignet. Bei der Ausführung des Gebäudes wurde auf eine Pfahlgründung verzichtet. Hier lag scheinbar ein Widerspruch zwischen der Baubeschreibung und dem Bodengutachten vor. Wenn beides rechtsgeschäftlicher Inhalt der werkvertraglichen Leistungspflicht des Unternehmers geworden wäre, so hätte eine widersprüchliche Vereinbarung vorgelegen[917], die auch hätte beurkundet werden müssen. Durch Auslegung (es ist der Deutung der Vorzug zu geben, die einen Vertrag als widerspruchsfrei erscheinen lässt[918]) kam der BGH zu dem Ergebnis, dass die Beachtung des Bodengutachtens nicht Gegenstand der rechtsgeschäftlichen Vereinbarung geworden sei. Der Vertragswille der Parteien beschränkte sich darauf, den Bauunternehmer zur Beachtung dieser Umstände anzuhalten. Dies wurde beurkundet. Die Situation ist insoweit vergleich-

---

[902] *Battes* in: Erman, Handkommentar BGB, 10. Aufl. 2000, § 313 a.F. Rn. 39.

[903] *Kanzleiter* in: MünchKomm-BGB, § 311b Rn. 62.

[904] *Battes* in: Erman, Handkommentar BGB, 10. Aufl. 2000, § 313 a.F. Rn. 39; *Lichtenberger*, NJW 1984, 159-160; *Schmidt*, DNotZ 1983, 462-476, 473; *Kanzleiter* in: MünchKomm-BGB, § 311b Rn. 62.

[905] *Battes* in: Erman, Handkommentar BGB, 10. Aufl. 2000, § 313 a.F. Rn. 39; *Kanzleiter* in: MünchKomm-BGB, § 311b Rn. 62.

[906] *Wufka* in: Staudinger, § 313 a.F. Rn. 233.

[907] *Kanzleiter* in: MünchKomm-BGB, § 311b Rn. 62.

[908] *Wufka* in: Staudinger, § 313 a.F. Rn. 233.

[909] In einem Termin vor Beurkundung des Grundstücksveräußerungsvertrages wird die Bezugsurkunde nach §§ 6-35 BeurkG errichtet, welche lediglich die in Bezug zu nehmenden Rechtsvorschriften enthalten.

[910] *Kanzleiter* in: MünchKomm-BGB, § 311b Rn. 62; *Battes* in: Erman, Handkommentar BGB, 10. Aufl. 2000, § 313 a.F. Rn. 39.

[911] *Kanzleiter* in: MünchKomm-BGB, § 311b Rn. 62; *Battes* in: Erman, Handkommentar BGB, 10. Aufl. 2000, § 313 a.F. Rn. 39.

[912] *Kanzleiter* in: MünchKomm-BGB, § 311b Rn. 62.

[913] OLG Karlsruhe v. 07.02.1990 - 13 U 101/88 - DNotZ 1990, 422-425.

[914] OLG Brandenburg v. 25.02.1998 - 7 U 148/97 - OLGR Brandenburg 1999, 173-175.

[915] OLG Karlsruhe v. 07.02.1990 - 13 U 101/88 - DNotZ 1990, 422-425.

[916] BGH v. 14.03.2003 - V ZR 278/01 - NJW-RR 2003, 1136-1137.

[917] Dies kommt bei Baubeschreibungen nicht selten vor; *Schmidt*, ZfIR 2005, 404-416, 412.

[918] BGH v. 14.03.2003 - V ZR 278/01 - juris Rn. 9 - NJW-RR 2003, 1136-1137.

bar mit der bei einer Baugenehmigungsplanung, die Gegenstand der kaufrechtlichen Austauschpflicht ist. Hier hat der V. Senat die Beurkundungsbedürftigkeit verneint.[919] Mehr kann für das Gutachten, das pflichtgemäß zu beachten ist, nicht gefordert werden.[920] Hätten die Parteien, entsprechend der Stellungnahme des Gutachters und in Abweichung von der Baubeschreibung, die der Beklagten je nach den Boden- und Gebäudeverhältnissen („Bodenbeschaffenheit", „Bodenpressung", „Statik") die Wahl unter verschiedenen Gründungsmöglichkeiten („Streifen-, Einzel- und Punktfundamente") freiließ, Streifen- und Einzelfundamente ausgeschieden und/oder darüber hinaus vereinbart, dass, entsprechend der Empfehlung des Gutachters, eine Pfahlgründung vorzunehmen sei, hätten die entsprechenden Teile des Gutachtens mitbeurkundet werden müssen.[921]

d. Bewusste und unbewusste Unvollständigkeit: Erläuternde Auslegung – Andeutungstheorie

In erster Linie ist der in der Willenserklärung zum Ausdruck kommende tatsächliche Wille zu erforschen (erläuternde Auslegung).[922] Dabei geht es bei empfangsbedürftigen Willenserklärungen um die Abwägung der Interessen zwischen dem tatsächlichen Willen des Erklärenden (vgl. § 133 BGB) und dem objektiven Gehalt der Willenserklärung aus der Sicht des Erklärungsempfängers[923], wobei in der Regel letzterem der Vorzug zu geben ist.[924] Zur Ermittlung des wahren Willens „kann auf alle Umstände zurückgegriffen werden, die den Erklärungstatbestand begleiten und in einer sinngebenden Beziehung zu ihm stehen".[925] Dazu gehören Vorverhandlungen und Vorgespräche zwischen den Beteiligten, bisherige Gepflogenheiten und Gewohnheiten zwischen den Vertragsparteien, frühere Äußerungen, ggf. auch Ort, Zeit und Begleitumstände der Erklärungen.[926] Bei notariell beurkundeten Erklärungen ist ausschließlich der Wille der Vertragsparteien, nicht die in den Urkundentext eingeflossene Auffassung des Notars maßgebend.[927] Sofern keine anderen Anhaltspunkte bestehen, ist davon auszugehen, dass sich der Wille der Vertragsparteien mit den Vorstellungen des Notars deckt.[928]

198

Umstritten ist, ob die vorstehenden Grundsätze der erläuternden Auslegung auch bei **formbedürftigen Willenserklärungen** wie beispielsweise solchen, die auf den Abschluss eines Vertrages nach § 311b Abs. 1 Satz 1 BGB gerichtet sind, anwendbar sind. Dies betrifft in erster Linie die Auslegung nach dem objektiven Empfängerhorizont. Mit der weiten Möglichkeit, zur Ermittlung des wahren Willens alle Umstände heranziehen zu können, die den Erklärungstatbestand begleiten und in einer sinngebenden Beziehung zu ihm stehen[929], kollidiert das Erfordernis, die rechtsgeschäftlichen Erklärungen in einer Urkunde schriftlich zu fixieren (vgl. § 311b Abs. 1 Satz 1 BGB). Würde man ohne Einschränkung alle Umstände zur Ermittlung des in der Urkunde festzuhaltenden Willens heranziehen können, so bestünde die Gefahr, dass das Formgebot mit seinem beweisrechtlichen Sicherungszweck ausgehöhlt würde. Gleichwohl vertritt ein Teil der Literatur diese weite Auffassung und gibt der Auslegung den Vorrang vor dem Formgebot.[930] Dagegen ist nach ganz h.M. in Rechtsprechung[931] und Literatur[932] die Grenzziehung zwischen beiden Regelungsprinzipien anhand der **Andeutungstheorie** vorzunehmen: Grundsätzlich können außerhalb der Urkunde liegende Umstände zur Auslegung herangezogen werden, allerdings nur, sofern der aus diesen Umständen zu ermittelnde rechtsgeschäftliche Wille in der Urkunde,

199

---

[919] BGH v. 17.07.1998 - V ZR 191/97 - WM 1998, 1886.
[920] BGH v. 14.03.2003 - V ZR 278/01 - juris Rn. 12 - NJW-RR 2003, 1136-1137.
[921] BGH v. 14.03.2003 - V ZR 278/01 - juris Rn. 9 - NJW-RR 2003, 1136-1137.
[922] *Palm* in: Erman, Handkommentar BGB, 10. Aufl. 2000, § 133 Rn. 13.
[923] *Palm* in: Erman, Handkommentar BGB, 10. Aufl. 2000, § 133 Rn. 13.
[924] *Rüthers/Stadler*, Allg. Teil des BGB, 11. Aufl. 2001, § 18 Rn. 12.
[925] So wörtlich *Larenz/Wolff*, BGB-AT, 8. Aufl. 1997, § 28 Rn. 60.
[926] *Larenz/Wolff*, BGB-AT, 8. Aufl. 1997, § 28 Rn. 61.
[927] BGH v. 21.12.1960 - V ZR 54/60 - WM 1961, 407-410; *Wendtland* in: Bamberger/Roth, § 133 Rn. 26.
[928] BGH v. 21.12.1960 - V ZR 54/60 - WM 1961, 407-410; *Wendtland* in: Bamberger/Roth, § 133 Rn. 26.
[929] *Larenz/Wolff*, BGB-AT, 8. Aufl. 1997, § 28 Rn. 60.
[930] *Larenz/Wolff*, BGB-AT, 8. Aufl. 1997, § 28 Rn. 85, für § 311b Abs. 1 Satz 1 BGB; *Häsemeyer*, Die gesetzliche Form der Rechtsgeschäfte, 1971, S. 156.
[931] BGH v. 20.12.1974 - V ZR 132/73 - BGHZ 63, 359-364; BGH v. 25.03.1983 - V ZR 268/81 - BGHZ 87, 150-156; BGH v. 12.07.1996 - V ZR 202/95 - juris Rn. 10 - LM BGB § 313 Nr. 144 (11/1996).
[932] *Wufka* in: Staudinger, § 313 a.F. Rn. 224; *Wolf* in: Soergel, § 313 a.F. Rn. 76.

wenn auch unvollkommenen Ausdruck gefunden hat[933]. Dabei ist in zwei Schritten vorzugehen[934]: In einem ersten Schritt ist zu prüfen, wie die Erklärung unter Berücksichtigung aller maßgebenden Umstände auszulegen ist, wobei nur Umstände zu berücksichtigen sind, die bewiesen sind (Auslegung des Rechtsgeschäfts). Hier gelten die allgemeinen Grundsätze der Rechtsgeschäftslehre zur Auslegung von Willenserklärungen nach dem objektiven Empfängerhorizont.[935] Erst danach ist zu prüfen, ob die außerhalb der Urkunde liegenden Umstände in der Urkunde einen, wenn auch unvollkommenen Ausdruck gefunden haben (ausreichende Beurkundung der Erklärung). *Kanzleiter*[936] will an die in der Urkunde enthaltene Andeutung des rechtsgeschäftlichen Willens nur geringe Anforderungen stellen. Dagegen stellt *Wolf*[937] auf die objektiv mögliche Erkennbarkeit des Auslegungsergebnisses aus der Sicht des Vertragspartners, gegen den sich das Auslegungsergebnis richtet, und darauf ab, ob die unvollständige Angabe in der Urkunde auf einem „verzeihlichen" Fehler beruht. Dadurch soll verhindert werden, dass die Vertragsparteien die Aufnahme ihrer rechtsgeschäftlichen Erklärungen in der Urkunde bewusst unterlassen.[938]

200 Der Aspekt der **bewussten** bzw. **unbewussten** unvollständigen Beurkundung erscheint als zutreffendes Abgrenzungskriterium[939]: Stimmt das objektiv Gewollte mit dem Urkundeninhalt nur deshalb nicht voll überein, weil die Beteiligten davon ausgingen, die rechtsgeschäftlichen Vereinbarungen in ausreichendem Maße beurkundet zu haben, so genügt eine schlichte Andeutung dieser rechtsgeschäftlichen Vereinbarung in der Urkunde; an diese Andeutung sind geringe Anforderungen zu stellen. Haben die Beteiligten jedoch eine konkrete rechtsgeschäftliche Vereinbarung bewusst nicht in der Urkunde festgehalten, so kann auch deren Andeutung in der Urkunde dem Formerfordernis nicht genügen. Dies lässt sich anschaulich anhand der fehlenden urkundlichen Fixierung der Baubeschreibung in einem Bauträgerkaufvertrag darlegen. Ursprünglich war der BGH der Ansicht, dass die Baubeschreibung nicht Gegenstand der Beurkundung sein müsse, selbst wenn diese zwischen den Vertragsparteien Vertragsgrundlage war.[940] Diese weite Ansicht wurde damit begründet, dass in der Urkunde lediglich die „allgemeine Richtung des rechtsgeschäftlichen Willens" sowie der Hauptinhalt der Verpflichtungen, d.h. Kaufgegenstand und Kaufpreis, wenigstens „in – hinlänglich klaren – Umrissen im Text der Urkunde selbst angegeben sein müssen". Die Urkunde enthielt eine grobe Bezeichnung des herzustellenden Gebäudekomplexes und der verkauften Eigentumswohnung, wohingegen die nähere Ausführung der Baugestaltung in der nicht mitbeurkundeten Baubeschreibung enthalten war. Nur knapp drei Jahre später leitete der BGH die Wende in der Rechtsprechung zur Beurkundung der Baubeschreibungen ein und entschied, dass die bewusste Auslagerung der Baubeschreibung in eine Privaturkunde mit dem Formgebot des § 311b Abs. 1 Satz 1 BGB nicht vereinbar sei.[941] Diese Auffassung wurde in der Folgezeit mehrfach bestätigt.[942] Diese Ansicht ist zutreffend[943] und zeigt den Weg für eine einzelfallgerechte Abgrenzung. Liegt nämlich kein Fall der bewussten Nichtbeurkundung einer konkreten Vereinbarung vor, so etwa wenn der (Privat-)Verkäufer noch Renovierungs- oder Fertigstellungspflichten gegenüber dem Käufer übernommen hat und die Vertragsparteien davon ausgehen, dass ihre Abrede ohne nähere Konkretisierung ausreichend ist, genügt die Andeutung in der Urkunde. In solchen Fällen ist regelmäßig von einem (stillschweigend vereinbarten) Leistungsbestimmungsrecht des Verpflichteten

---

[933] *Heinrichs/Ellenberger* in: Palandt, § 133 Rn. 19; *Wolf* in: Soergel, § 313 a.F. Rn. 76.
[934] BGH v. 22.04.2010 - Xa ZR 73/07 - FamRZ 2010, 1330; BGH v. 12.07.1996 - V ZR 202/95 - NJW 1996, 2792.
[935] Vgl. *Kanzleiter* in: MünchKomm-BGB, § 311b Rn. 64.
[936] *Kanzleiter* in: MünchKomm-BGB, § 311b Rn. 64.
[937] *Wolf* in: Soergel, § 313 a.F. Rn. 76.
[938] *Wolf* in: Soergel, § 313 a.F. Rn. 76.
[939] In diesem Sinne auch BGH v. 12.07.1996 - V ZR 202/95 - LM BGB § 313 Nr. 144 (11/1996): Der BGH sieht das entscheidende Kriterium für die Anwendbarkeit der Andeutungstheorie darin, ob Leistungs- oder sonstige Beschreibungen bewusst aus der notariellen Urkunde herausgehalten werden (so in den Fällen der Nichtbeurkundung der Baubeschreibung bei einem zu errichtenden Gebäude: keine Anwendbarkeit der Andeutungstheorie) oder ob dies nur unbewusst erfolgte (so in dem vorgenannten Fall vom 12.07.1996: Anwendbarkeit der Andeutungstheorie); *Gehrlein* in: Bamberger/Roth, § 311b Rn. 31.
[940] BGH v. 20.12.1974 - V ZR 132/73 - BGHZ 63, 359-364.
[941] BGH v. 23.09.1977 - V ZR 90/75 - BGHZ 69, 266-269.
[942] BGH v. 06.04.1979 - V ZR 72/74 - juris Rn. 20 - BGHZ 74, 346-352; BGH v. 27.04.1979 - V ZR 175/77 - juris Rn. 9 - NJW 1979, 1498-1499; BGH v. 15.12.2000 - V ZR 241/99 - juris Rn. 9 - NJW-RR 2001, 953-954.
[943] Vgl. aus der Literatur: *Grüneberg* in: Palandt, § 311b Rn. 27; *Wufka* in: Staudinger, § 313 a.F. Rn. 161.

(§ 315 BGB) auszugehen. Darin unterscheidet sich der Fall vom Bauträgerkauf, bei dem es dem Käufer auf eine konkrete Baubeschreibung ankommt und eine entsprechende Abrede auch tatsächlich zwischen Bauträger und Käufer getroffen wird.

Wie weit die Grundsätze der Andeutungstheorie reichen, zeigt die Rechtsprechung des BGH[944] zur Konkretisierung von baurechtlichen Leistungspflichten eines Bauträgers anhand seines **Exposés**, welches über Vertriebspartner des Bauträgers den Käufern zur Verfügung gestellt wird und nicht Gegenstand der notariellen Beurkundung ist. Der Bauträger muss sich die Kenntnis seines Vertriebspartners nach § 166 Abs. 1 BGB zurechnen lassen. Dem steht nach Auffassung des BGH die Warn- und Schutzfunktion der notariellen Beurkundung nicht entgegen.[945] Die Andeutungstheorie ist auch dann anzuwenden, wenn die Vertragsparteien **bewegliche Gegenstände**, die nicht unter den Begriff des Zubehörs im Sinne des § 311c BGB fallen, zusammen mit der Immobilie verkaufen, diese Gegenstände aber versehentlich nicht in der Urkunde erwähnt werden und daher auch kein gesonderter Kaufpreis vereinbart wird (vgl. näher dazu Rn. 295). Handelt es sich bei den beweglichen Gegenständen um Zubehör im Sinne des § 97 BGB, lässt sich auf die gesetzliche Auslegungsregel des § 311c BGB zurückgreifen; denn für die ergänzende Auslegungsregel gilt die Andeutungstheorie nicht[946]. Ihre **Grenze** findet die Andeutungstheorie, wenn eine etwaige **Formnichtigkeit geheilt** worden ist (vgl. § 311b Abs. Satz 2 BGB).[947] Für die Auslegung der notariellen Urkunde sind daher auch solche Umstände zu berücksichtigen, die keine Erwähnung oder Andeutung in der beurkundeten Form gefunden haben.

201

e. Ergänzende Auslegung

Bei der ergänzenden (hypothetischen) Vertragsauslegung geht es um die Ausfüllung eines lückenhaften Vertrages. Die Lücke kann dadurch entstanden sein, dass die Vertragsparteien bewusst auf eine Regelung verzichtet haben (bewusste Lücke) oder die Regelungsbedürftigkeit eines Punktes nicht gesehen haben (unbewusste Lücke), vgl. näher dazu Rn. 295. In diesen Fällen greift allerdings schon oft eine typisierte gesetzliche Regelung ein, so beispielsweise die Regelungen über die Haftung für Sach- und Rechtsmängel (§§ 434-444 BGB), Übergang von Nutzungen (§ 100 BGB), Tragung von öffentlichen Lasten (§ 436 BGB), Übergang von Gefahr und Lasten (§ 446 BGB) oder Kosten der Beurkundung und der Eintragung im Grundbuch (§ 448 Abs. 2 BGB). Ist die Lücke auch nicht anhand solcher dispositiver Gesetzesbestimmungen zu schließen, so ist zu ermitteln, was die Vertragsparteien mit Rücksicht auf den Vertragszweck redlicherweise gewollt und vereinbart hätten, wenn sie den offenen Punkt geregelt hätten.[948] Dabei sind insbesondere Treu und Glauben sowie die Verkehrssitte zu berücksichtigen (§ 157 BGB). Die ergänzende Vertragsauslegung darf allerdings – wie es der Name sagt – nur ergänzen, nicht aber den Abschluss des Vertrages ersetzen.[949] Zu beachten ist, dass die **Andeutungstheorie** bei der ergänzenden Vertragsauslegung **nicht gilt**[950]; denn sie setzt gerade voraus, dass sich einem Vertrag bei dessen unmittelbarer Auslegung eine bestimmte Regelung nicht entnehmen lässt. Damit darf aber nicht die Andeutungstheorie insgesamt ausgehöhlt werden, so dass die ergänzende Auslegung in aller Regel nur hinsichtlich der Ergänzung von Nebenpflichten in Betracht kommen wird.[951] Eine ergänzende Vertragsauslegung[952] kann erforderlich werden, wenn der Grundstückskaufvertrag nur Regelungen hinsichtlich der öffentlich-rechtlichen Erschließungskosten getroffen hat und (erheblich höhere) Kosten für eine Privaterschließung anfallen, was für die Vertragsparteien ein nicht bekanntes und für sie auch nicht vorhersehbares Risiko darstellt.[953] Der BGH entschied im konkreten Fall, dass die Vertragsparteien die Privaterschließungskosten als redliche Partner zu gleichen

202

---

[944] BGH v. 07.05.1987 - VII ZR 366/85 - juris Rn. 33 - BGHZ 100, 391 = NJW 1988, 490.
[945] BGH v. 29.03.2000 - VIII ZR 81/99 - NJW 2000, 2272; zustimmend *Vogel*, BauR 2008, 273-281, 275.
[946] BGH v. 16.01.1987 - V ZR 242/85 - juris Rn. 14 - NJW-RR 1987, 458-459; *Heinrichs/Ellenberger* in: Palandt, § 133 Rn. 19; *Wolf* in: Soergel, § 314 a.F. Rn. 76; vgl. dazu auch die Kommentierung zu § 311c BGB Rn. 2.
[947] LG Stralsund v. 07.04.2011 - 6 O 203/10.
[948] *Rüthers/Stadler*, Allg. Teil des BGB, 11. Aufl. 2001, § 18 Rn. 28.
[949] *Larenz/Wolff*, BGB-AT, 8. Aufl. 1997, § 28 Rn. 118.
[950] BGH v. 16.01.1987 - V ZR 242/85 - juris Rn. 14 - NJW-RR 1987, 458-459; offen gelassen in BGH v. 12.05.2006 - V ZR 97/05 - juris Rn. 18; *Wolf* in: Soergel, § 313 a.F. Rn. 76; *Heinrichs/Ellenberger* in: Palandt, § 133 Rn. 19.
[951] *Wolf* in: Soergel, § 313 a.F. Rn. 76.
[952] Zu einem Fall erläuternder Auslegung: OLG Köln v. 10.12.1997 - 5 U 126/97 - NJW-RR 1998, 1167-1168.
[953] BGH v. 16.01.1987 - V ZR 242/85 - NJW-RR 1987, 458-459; BGH v. 18.02.2000 - V ZR 334/98 - juris Rn. 12 - LM BGB § 157 (D) Nr. 75 B (9/2000).

Teilen auf sich genommen hätten.[954] Eine ergänzende Vertragsauslegung ist auch dann erforderlich, wenn die Vertragsparteien übereinstimmend davon ausgehen, dass der Kaufvertrag nicht der Umsatzsteuer unterliegt.[955] In diesen Fällen liegt kein einseitiger Kalkulationsirrtum vor. Im Wege der ergänzenden Vertragsauslegung, die der Anpassung nach § 313 BGB (Wegfall der Geschäftsgrundlage) vorgeht, ist die vertragliche Lücke zu schließen.[956]

f. Die irrtümliche Falschbezeichnung (falsa demonstratio)

aa. Falsa demonstratio und Andeutungstheorie

203 Bei strenger Anwendung der Andeutungstheorie dürfte man bei einer unschädlichen (irrtümlichen) Falschbezeichnung den Grundsatz der **falsa demonstratio non nocet**[957] nicht anwenden, weil das tatsächlich Gewollte in der Urkunde nicht einmal einen noch so unvollkommenen Ausdruck findet, dass man den zulässigen Bogen von der Auslegung zum Formgebot des § 311b Abs. 1 Satz 1 BGB spannen könnte. Gleichwohl macht die ganz h.M. in diesem Fall eine Ausnahme von der Andeutungstheorie und lässt das wirklich Gewollte gelten, selbst wenn es nicht andeutungsweise seinen Ausdruck in der Urkunde gefunden hat.[958] Diese Regel lässt sich zwar nur schwer dogmatisch begründen, insbesondere im Hinblick auf die von der Rechtsprechung ebenfalls vertretene Andeutungstheorie. Diesen Widerspruch hat der BGH auch erkannt[959]; in der konkreten Entscheidung kam es aber darauf nicht an, weil er die Grundsätze der falsa demonstratio nicht für erfüllt ansah. Man kann die uneingeschränkte Geltung der falsa-demonstratio-Regel bei formbedürftigen Willenserklärungen aber als gewohnheitsrechtlich verfestigt betrachten. Die Grundsätze der „falsa demonstratio" gelten auch bei Verträgen, bei denen ein Fall des Insichgeschäfts nach § 181 BGB vorliegt.[960] Dies gilt zum einen für das gestattete Insichgeschäft als auch bei der Genehmigung durch einen vollmachtlos Vertretenen (Käufer schließt den Kaufvertrag zugleich als vollmachtloser Vertreter für den Verkäufer).[961] Im letzteren Fall hat das OLG Düsseldorf[962] entschieden, dass der zu genehmigende Vertrag mit dem Inhalt zustande kommt, den der Vertragschließende sich tatsächlich vorgestellt hat. Liegt eine irrtümliche Falschbezeichnung vor, so gilt das tatsächlich Gewollte. Hat der Vertretene Kenntnis von der irrtümlichen Falschbezeichnung, so ist die Genehmigung nur wirksam, wenn sie sich auf das tatsächlich Gewollte bezieht. Genehmigt der Vertretene dagegen nur die objektiv in der Urkunde zum Ausdruck gekommene Erklärung, so liegt keine Willensübereinstimmung vor (Dissens).[963] Die Grundsätze der falsa demonstratio gelten weiterhin für eine Zustimmung eines Dritten zu einem Vertrag im Sinne des § 311b Abs. 1 Satz 1 BGB, wie beispielsweise bei der Zustimmung des Eigentümers nach § 5 Abs. 1 ErbbauRG bei einem Erbbaurechtskaufvertrag.[964]

bb. Voraussetzungen der falsa-demonstratio-Regel

204 Drei Voraussetzungen müssen erfüllt sein, damit das tatsächlich Gewollte anstelle des in der Urkunde objektiv falsch Erklärten gilt:

---

[954] BGH v. 18.02.2000 - V ZR 334/98 - juris Rn. 3 - LM BGB § 157 (D) Nr. 75 B (9/2000). Kritisch dazu *Grziwotz*, MittBayNot 2000, 316-317, 317.

[955] BGH v. 14.01.2000 - V ZR 416/97 - LM BGB § 157 (D) Nr. 74 (9/2000): Verkauf von Bergwerkseigentum.

[956] BGH v. 14.01.2000 - V ZR 416/97 - LM BGB § 157 (D) Nr. 74 (9/2000). Der BGH hat die Sache an das Berufungsgericht zur weiteren Aufklärung zurückgewiesen.

[957] *Larenz/Wolff*, BGB-AT, 8. Aufl. 1997, § 28 Rn. 31; *Palm* in: Erman, Handkommentar BGB, 10. Aufl. 2000, § 133 Rn. 17.

[958] BGH v. 25.03.1983 - V ZR 268/81 - BGHZ 87, 150-156; BGH v. 20.12.1996 - V ZR 277/95 - juris Rn. 10 - LM BGB § 440 Nr. 11 (4/1997); BGH v. 20.11.1992 - V ZR 122/91 - juris Rn. 13 - NJW-RR 1993, 373-374; BGH v. 18.01.2008 - V ZR 174/06 - juris Rn. 12; OLG Düsseldorf v. 15.12.1993 - 9 U 96/93 - juris Rn. 24 - NJW-RR 1995, 784-785; *Wolf* in: Soergel, § 313 a.F. Rn. 77; *Wufka* in: Staudinger, § 313 a.F. Rn. 244; *Kanzleiter* in: MünchKomm-BGB, § 311b Rn. 67.

[959] BGH v. 23.03.1979 - V ZR 24/77 - juris Rn. 16 - BGHZ 74, 116-121. Vgl. auch *Hagen*, DNotZ 1984, 267-294: „Hätte der V. ZS die Frage „in der Stunde Null" zu entscheiden gehabt, wäre die Entscheidung vielleicht anders ausgefallen."

[960] BGH v. 08.03.1991 - V ZR 25/90 - juris Rn. 9 - LM Nr. 23 zu BGB § 133 (A).

[961] OLG Düsseldorf v. 15.12.1993 - 9 U 96/93 - NJW-RR 1995, 784-785.

[962] OLG Düsseldorf v. 15.12.1993 - 9 U 96/93 - NJW-RR 1995, 784-785.

[963] OLG Düsseldorf v. 15.12.1993 - 9 U 96/93 - juris Rn. 24 - NJW-RR 1995, 784-785.

[964] OLG Düsseldorf v. 18.09.2000 - 9 U 55/00 - MittRhNotK 2000, 388-389.

- Erste Voraussetzung ist, dass die Beteiligten unbewusst etwas (insbesondere den Leistungsgegenstand, d.h. das Grundstück) falsch bezeichnet haben.[965] Dies ist nicht der Fall, wenn die Beteiligten bewusst etwas anderes beurkundet haben, als sie tatsächlich wollten.
- Weiterhin muss das objektiv Erklärte, wäre es das subjektiv Gewollte, wirksam beurkundet sein. Würde beispielsweise bei einem Teilflächenkauf irrtümlich eine falsche Skizze der Urkunde als Anlage beigefügt und wäre die Bestimmung dieser zu vermessenden Teilfläche nicht ausreichend konkret, so kann das objektiv (unrichtig) Beurkundete nicht durch das tatsächlich Gewollte ersetzt werden. Das tatsächlich Gewollte kann nicht weiter gehen als das objektiv Beurkundete.
- Schließlich müsste das tatsächlich Gewollte, wäre es beurkundet worden, eine wirksame rechtsgeschäftliche Vereinbarung darstellen.[966]

cc. Falsa demonstratio und insolvenzfestes Anwartschaftsrecht

205 Wird in der Notarurkunde das verkaufte Grundstück verwechselt oder wird ein verkauftes Grundstück versehentlich nicht erwähnt, so ist nach dem Grundsatz „falsa demonstratio non nocet" auch die in der Urkunde miterklärte dingliche Einigung (Auflassung, §§ 873 Abs. 1, 925 Abs. 1 BGB) hinsichtlich des vertauschten bzw. nicht erwähnten Flurstücks wirksam erklärt. Mit Stellung des Antrags auf Eintragung beim Grundbuchamt erwirbt der Eigentümer nach Ansicht des LG Duisburg[967] ein Anwartschaftsrecht hinsichtlich des im Eintragungsantrag nicht erwähnten Grundstücks, das bei Eröffnung eines Konkursverfahrens (jetzt: Insolvenzverfahrens) „konkursfest" ist, so dass der Insolvenzverwalter nicht mehr die Erfüllung des Vertrages nach § 103 Abs. 1 InsO verlangen kann.[968]

dd. Anwendungsfälle einer falsa demonstratio

206 Als Beispiele einer unschädlichen falsa demonstratio werden u.a. genannt[969]: die falsche und/oder unvollständige Grundstücksbezeichnung, die falsche Beschreibung der Grenzlinie, die unrichtige Bezifferung von Beträgen (z.B. Kaufpreis) aufgrund eines Rechenfehlers, die versehentlich sinnentstellende Formulierung in der Urkunde oder das versehentliche Weglassen von Einzelheiten einer früheren privatschriftlichen Vereinbarung. Praktische Bedeutung hat die falsa demonstratio in den Fällen erlangt, in welchen eine irrtümliche Falschbezeichnung des verkauften Grundstücks vorlag. Über die Anwendung der falsa-demonstratio-Regel hinaus ergeben sich hier rechtliche Probleme, wenn sich der Wille der Vertragsparteien nur auf den Verkauf einer Teilfläche des Grundstücks bezieht oder das verkaufte Grundstück (oder eine Teilfläche daraus) einem Nachbarn gehört.

ee. Die Flurstücksverwechslung

207 Haben die Vertragsparteien im Kaufvertrag irrtümlich ein anderes Flurstück bezeichnet als sie tatsächlich vereinbart haben (Flurstücksverwechslung; z.B. statt Flurstück 171/2 wurde Flurstück 171/3 genannt), so ist das tatsächlich gemeinte Grundstück Vertragsgegenstand. Wurde der Erwerber im Grundbuch als Eigentümer des falsch bezeichneten Grundstücks eingetragen, so hat er an diesem mangels Einigung gemäß §§ 873 Abs. 1, 925 Abs. 1 BGB kein Eigentum erworben.[970] Mangels Eintragung im Grundbuch hat er auch kein Eigentum an dem tatsächlich gemeinten Grundstück erworben.[971] Die Auflassung nach § 925 BGB ist hinsichtlich des tatsächlich gemeinten Grundstücks wirksam; allerdings lässt sich die Falschbezeichnung grundbuchverfahrensrechtlich nur in der Form des § 29 GBO nachweisen. Dazu wird die bloße Bewilligung des Eigentümers nach § 19 GBO als Nachweis in aller Regel nicht ausreichen; stattdessen wird man die Auflassung hinsichtlich des tatsächlich gewollten Grundstücks in der Form des § 20 GBO aus grundbuchverfahrensrechtlichen Gründen wiederholen müssen.[972] Vergleichbare Grundsätze gelten, wenn eine falsche Eigentumswohnung verkauft wird (anstelle der Wohnung Nr. 3 wird die Wohnung Nr. 4 verkauft).[973]

---

[965] Wolf in: Soergel, § 313 a.F. Rn. 77.
[966] Wolf in: Soergel, § 313 a.F. Rn. 77.
[967] LG Duisburg v. 07.02.1995 - 11 O 76/94 - Rpfleger 1995, 456.
[968] Vgl. dazu Balthasar in: Nerlich/Römermann, Insolvenzordnung, § 103 Rn. 30.
[969] Wolf in: Soergel, § 313 a.F. Rn. 77.
[970] Lichtenberger in: Meikel, Grundbuchrecht, 8. Aufl. 1998, § 20 Rn. 195.
[971] Lichtenberger in: Meikel, Grundbuchrecht, 8. Aufl. 1998, § 20 Rn. 195.
[972] Lichtenberger in: Meikel, Grundbuchrecht, 8. Aufl. 1998, § 20 Rn. 195.
[973] Wufka in: Staudinger, § 313 a.F. Rn. 245.

§ 311b

ff. Das in der Notarurkunde vergessene Grundstück des Verkäufers

208 Wurde irrtümlich eine von mehreren verkauften Flurstücken in der notariellen Urkunde nicht erwähnt[974], so erstreckt sich der tatsächliche Wille auch auf das nicht erwähnte Grundstück[975]. Nach dem Grundsatz „falsa demonstratio non nocet" ist auch die dingliche Einigung (§§ 873 Abs. 1, 925 Abs. 1 BGB) hinsichtlich des nicht erwähnten Flurstücks wirksam erklärt. Es gelten die gleichen Grundsätze wie bei der vorgenannten Fallgruppe der Flurstücksverwechslung.

gg. Der objektiv nicht erklärte, aber subjektiv gewollte Mitverkauf des gesamten Nachbargrundstücks

209 Ähnlich gelagert ist der Fall, dass die Vertragsparteien einen Kaufvertrag über „ein Grundstück" geschlossen haben, das jedoch aus zwei Flurstücken besteht, und eines davon nicht dem Verkäufer gehört, ohne dass er dies positiv wusste (unbewusster Mitverkauf eines fremden Grundstücks).[976] Wird in dem Kaufvertrag nur das Flurstück angegeben, das dem Verkäufer gehört, gingen die Beteiligten aber davon aus, dass dieses Grundstück auch den Teil erfasst, der Gegenstand eines eigenständigen, im fremden Eigentum stehenden Grundstücks ist, so haben sie objektiv einen Kaufvertrag nur über das einzelne, dem Verkäufer gehörende Grundstück geschlossen. Tatsächlich wollten sie jedoch einen Kaufvertrag auch über das andere Grundstück. Nach dem Grundsatz „falsa demonstratio non nocet" ist damit ein Kaufvertrag auch über das weitere, dem Verkäufer nicht gehörende Grundstück geschlossen worden.[977] Zutreffend lehnte der BGH[978] das Vorliegen eines Sachmangels ab.[979] Er ging stattdessen von einem Fall der anfänglichen Unmöglichkeit aus, bei der der Erfüllungsanspruch so lange besteht bleibt, bis die objektive Unmöglichkeit (mangels Mitwirkungsbereitschaft des tatsächlichen Eigentümers an der Übereignung des Grundstücks an den Käufer) nicht feststeht. Diesen Erfüllungsanspruch kann der Käufer auch einredeweise geltend machen.[980]

hh. Der objektiv erklärte Verkauf des gesamten Grundstücks, aber subjektiv gewollte Verkauf einer Teilfläche des Grundstücks des Verkäufers

210 Ein Fall der falsa demonstratio ist auch bei Nichtübereinstimmen von natürlicher und katastertechnischer Grenze gegeben. In einem vom OLG Hamm[981] entschiedenen Fall wurde ein Flurstück verkauft, das der Käufer nach Eigentumserwerb zum Zwecke der Feststellung der Grundstücksgrenzen vermessen ließ. Dabei stellte sich heraus, dass die örtliche Grenze nicht mit der katastertechnischen Grenze übereinstimmte. Die wirkliche Grundstücksgrenze lag weit im Nachbargrundstück und ging sogar mitten durch das Haus des Nachbarn. Unbewusst haben die Parteien also einen Teilflächenkauf gewollt; objektiv haben sie einen Kaufvertrag über eine gesamte Parzelle beurkundet. Nach den Grundsätzen der falsa demonstratio gilt daher nicht das objektiv Erklärte (Verkauf der gesamten Parzelle), sondern das subjektiv Gewollte (Teilfläche). Das OLG hielt in einem obiter dictum[982] den Grundstückskaufvertrag hinsichtlich der gesamten Parzelle für nichtig, weil er nicht den Erfordernissen der notariellen Beurkundung entsprach. Darauf kommt es aber nicht an. Entscheidend ist, ob der Kaufvertrag über das tatsächlich Gewollte (Teilfläche) wirksam war. Das wäre aber nur dann der Fall, wenn die Vereinbarung der Vertragsparteien hinsichtlich des Teilflächenkaufs so hinreichend bestimmt gewesen wäre, dass dem strengen Bestimmtheitserfordernis beim Teilflächenkauf (vgl. Rn. 13) genügt worden wäre. Wenn die tatsächlichen Grundstücksgrenzen so eindeutig festliegen würden (z.B. Umzäunung, Mauer), könnte von einer hinreichenden Bestimmtheit ausgegangen werden. In der Praxis wird man aber eher davon ausgehen können, dass es an einer hinreichenden Bestimmtheit fehlen wird.

---

[974] Dies kann seinen Grund darin haben, dass das nicht erwähnte Flurstück in einem anderen Grundbuchblatt steht.
[975] BGH v. 25.03.1983 - V ZR 268/81 - BGHZ 87, 150-156; LG Duisburg v. 07.02.1995 - 11 O 76/94 - Rpfleger 1995, 456; *Wufka* in: Staudinger, § 313 a.F. Rn. 245.
[976] Vgl. die Entscheidung BGH v. 20.12.1996 - V ZR 277/95 - LM BGB § 440 Nr. 11 (4/1997).
[977] BGH v. 20.12.1996 - V ZR 277/95 - juris Rn. 10 - LM BGB § 440 Nr. 11 (4/1997).
[978] BGH v. 20.12.1996 - V ZR 277/95 - juris Rn. 10 - LM BGB § 440 Nr. 11 (4/1997).
[979] Nach der Rechtslage vor In-Kraft-Treten des Schuldrechtsmodernisierungsgesetzes vom 26.11.2001 (BGBl I 2001, 3138) am 01.01.2002.
[980] BGH v. 20.12.1996 - V ZR 277/95 - juris Rn. 10 - LM BGB § 440 Nr. 11 (4/1997).
[981] OLG Hamm v. 13.06.1991 - 5 U 60/91 - NJW-RR 1992, 152-153.
[982] Der Erwerber klagte gegen den Nachbarn auf Herausgabe der Mehrfläche des Grundstücks.

Ein ähnlicher Fall lag der Entscheidung des BGH[983] aus dem Jahre 1973 zugrunde. In der notariellen **211**
Urkunde wurden die „Flurstücke 76/4 plus 72/2 in einer Größe von ca. 1.600 qm" verkauft. Offensichtlich lag dem Kaufvertrag ein Grundbuchauszug neuesten Datums zugrunde, aus dem die beiden Parzellen mit einer Gesamtgröße von 3.300 qm angegeben waren. Der BGH ging davon aus, dass objektiv in der Urkunde der Verkauf der gesamten Parzellen erklärt sei, subjektiv jedoch ein Teilflächenkauf gewollt war.[984] Er gab nicht die falsa-demonstratio-Regel auf, vielmehr hat er sie im konkreten Fall angewandt. Die falsa-demonstratio-Regel besagt, dass das subjektiv Gewollte gilt, wenn in der Urkunde objektiv etwas anderes erklärt wurde. Dies ist allerdings nur ein Teilaspekt, um zu einer wirksamen Vereinbarung über das tatsächlich Gewollte zu kommen. Zusätzlich muss das tatsächlich Gewollte – isoliert betrachtet – selbst wirksam sein. Daran fehlte es jedoch, da die Vereinbarung, ein (noch zu vermessendes) Grundstück von ca. 1.600 qm zu verkaufen, dem Bestimmtheitserfordernis beim Teilflächenkauf (vgl. Rn. 13) nicht entspricht.[985] Das tatsächlich Gewollte war daher mangels hinreichender Bestimmtheit unwirksam.

Einen vergleichbaren Fall hatte der BGH im Jahre 2001 zu entscheiden.[986] Die Stadt S gewährte einem **212**
Grundstückseigentümer (E) ein schuldrechtliches Nutzungsrecht an einem Teil eines ihr gehörenden Grundstücks (Hoffläche) zur Errichtung von Parkplätzen. Diese Fläche wurde von E mit roten Pflastersteinen bedeckt. Dagegen bestand das Pflaster der übrigen Fläche des Grundstücks der Stadt aus grauen, bogenförmig verlegten Natursteinen. Die Stadt verkaufte das gesamte Grundstück an einen Dritten (K), der auch die Fläche des E in Besitz nahm. Beurkundet war zwischen der Stadt und K der Verkauf des gesamten Grundstücks, tatsächlich gewollt[987] der Verkauf einer Teilfläche aus diesem. Nachdem das Grundstück vermessen wurde und die Stadt ihre Rechte gegenüber K an E „abgetreten" hatte, klagte E in gewillkürter Prozessstandschaft gegen K auf Eintragung der Stadt an der nunmehr vermessenen Parzelle, die nicht Gegenstand des Kaufvertrages zwischen der Stadt und K hätte sein sollen (Grundbuchberichtigungsanspruch nach § 894 BGB). Der BGH kam zu dem Ergebnis, dass die Grundsätze der falsa demonstratio anwendbar wären. In der Sache ging es um die Frage, ob die Auflassung – nach dem übereinstimmenden Willen der Vertragsparteien – sich nur auf eine Teilfläche bezog oder ob sie die gesamte Parzelle erfasste. Da die Auflassung materiellrechtlich nicht beurkundungsbedürftig ist[988], gilt für die Auslegung des tatsächlichen Willens nicht die Andeutungstheorie (vgl. Rn. 199). Allerdings ist zu beachten, dass ein wirksamer Vertragsschluss nach den Grundsätzen der falsa demonstratio non nocet nicht allein aufgrund der Tatsache des Abweichens des tatsächlich Gewollten vom objektiv Beurkundeten erfolgen kann. Weitere Voraussetzung ist, dass das tatsächlich Gewollte auch – für sich betrachtet – wirksam ist. Beurkundet war der Verkauf eines Grundstücks, tatsächlich gewollt der Verkauf einer Teilfläche aus diesem. Der tatsächlich gewollte Teilflächenkauf kann jedoch nur den objektiv (falsch) erklärten Verkauf des gesamten Grundstücks „ersetzen", wenn die strengen Voraussetzungen, die der BGH[989] an die Bestimmtheit des Vertragsgegenstandes beim Teilflächenkauf (vgl. Rn. 13) stellt, eingehalten wären[990]. Dazu ist dem mitgeteilten Sachverhalt lediglich zu entnehmen, dass die Hoffläche der dem Verkäufer gehörenden Grundstücke und die von ihm

---

[983] BGH v. 23.03.1979 - V ZR 24/77 - BGHZ 74, 116-121.

[984] Denkbar wäre aber auch die Deutung, dass bereits objektiv ein Teilflächenverkauf erklärt wurde und somit das objektiv Erklärte und das subjektiv Gewollte nicht auseinanderfallen, insbesondere weil ausweislich der Urkunde (mitgeteilt im Sachverhalt der Entscheidung) ein Grundbuchauszug neuesten Datums vorlag (vgl. *Köbl*, DNotZ 1983, 598-603, 601-602). Im Ergebnis würde sich aber an der zutreffenden Entscheidung des BGH nichts ändern.

[985] BGH v. 23.03.1979 - V ZR 24/77 - juris Rn. 18 - BGHZ 74, 116-121.

[986] BGH v. 07.12.2001 - V ZR 65/01 - NJW 2002, 1038-1040; zustimmend *von Campe*, NotBZ 2003, 41-46, 45-46.

[987] Zu dieser Feststellung gelangte der BGH (als Revisionsinstanz); kritisch dazu *Waldner*, NotBZ 2002, 174-178, 175.

[988] BGH v. 25.10.1991 - V ZR 196/90 - juris Rn. 17 - NJW 1992, 1101-1103; OLG Rostock v. 28.04.2006 - 7 U 48/06 - juris Rn. 11 - NJW-RR 2006, 1162-1163; BayObLG v. 09.04.1998 - 2Z BR 64/98 - MittBayNot 1998, 339; *Schöner/Stöber*, Grundbuchrecht, 14. Aufl. 2008, Rn. 3324. Die Auflassung kann im Grundbuch jedoch nur dann vollzogen werden, wenn sie in notariell beurkundeter Form (§ 29 GBO) vorliegt; dies setzt nach h.M. ein Beurkundungsverfahren nach den §§ 6-35 BeurkG voraus: BayObLG München v. 24.01.2001 - 2Z BR 129/00 - NJW-RR 2001, 734-736; *Schöner/Stöber*, Grundbuchrecht, 14. Aufl. 2008, Rn. 3324; *Lichtenberger* in: Meikel, Grundbuchrecht, 8. Aufl. 1998 § 20 Rn. 61.

[989] BGH v. 23.04.1999 - V ZR 54/98 - NJW-RR 1999, 1030-1031.

[990] *Waldner*, NotBZ 2002, 174-178, 176.

für Parkplätze genutzte Teilfläche des Nachbargrundstücks bereits einheitlich mit roten Steinen gepflastert war, und dass das Pflaster der übrigen Hoffläche des Grundstücks des Käufers aus grauen, bogenförmig verlegten Natursteinen bestand. Am Rand der von dem Verkäufer genutzten Teilfläche des Nachbargrundstücks (das im Eigentum des Käufers stand) hatte er zur Abgrenzung von dem verbleibenden Grundstück des Käufers im Anschluss an eine auf der Grenze verlaufende halbhohe Mauer zwei massive Steinpoller setzen lassen. Es erscheint jedoch zweifelhaft – und dies hätte der BGH im Urteil zumindest näher darlegen müssen –, dass aufgrund dieser Angaben der Vertragsgegenstand hinreichend bezeichnet war. Der BGH hatte aber noch eine weitere Hürde zu überwinden, was in den Entscheidungsgründen allerdings nicht zum Ausdruck kommt. In der Entscheidung aus dem Jahre 1973 hatte der BGH die Nichtanwendbarkeit der Regeln über die falsa demonstratio insbesondere damit begründet, dass es sich nicht um eine irrtümliche Falschbezeichnung handelte, weil die Beteiligten bewusst einen Teilflächenkauf gewollt hatten.[991] Ob dies auch in dem vorliegenden Fall so war, lässt sich der Entscheidung nicht entnehmen. Dieses Hindernis ließe sich höchstens dadurch überwinden, dass man bei einem materiellrechtlich formfreien Rechtsgeschäft wie der Auflassung die bewusste Falschbezeichnung in einer notariellen Urkunde als unschädlich betrachtet. Dies kann aber nicht für das nach § 311b Abs. 1 Satz 1 BGB beurkundungsbedürftige Kausalgeschäft gelten; daher sind seine Ausführungen über die Unschädlichkeit der Falschbezeichnung beim Grundstückskaufvertrag[992] mit der Entscheidung aus dem Jahre 1973[993] nicht in Einklang zu bringen. Man kann wohl davon ausgehen, dass der BGH in dieser Entscheidung die strengen Grundsätze über die Bestimmtheit von Grundstücksteilflächen nicht aufgegeben hat. Dies dürfte auch durch die zeitlich später ergangene Entscheidung aus dem Jahre 2002[994], die zwar keinen Teilflächenkauf betraf, diesem aber sehr ähnelte (Verkauf eines noch zu begründenden Wohnungseigentums an einem einzelnen Haus), gesichert sein. Dort hat derselbe Senat die strengen Grundsätze an die Bestimmtheit der zu vermessenden Teilfläche beim Teilflächenkauf (vgl. Rn. 13) unangetastet gelassen und sie nur für den Fall der Bestimmbarkeit sinnvoll ergänzt.

ii. Der objektiv nicht erklärte, aber subjektiv gewollte Mitverkauf einer Teilfläche des Nachbargrundstücks

213 Die bisher anerkannten Grundsätze der falsa demonstratio bei einem verdeckten Teilflächenkauf bestätigte der BGH in seiner Entscheidung vom 18.01.2008.[995] Anders als in der zuvor genannten Fallgruppe gehörte das Grundstück, auf welchem sich die Teilfläche befand, nicht dem Verkäufer, sondern einem anderen Eigentümer. Die Beklagte erwarb von der Stadt ein Grundstück und bebaute es mit einem Bürogebäude, das sie mit einer parkähnlichen Gartenanlage umgeben ließ. Für das benachbarte unbebaute Grundstück, das ebenfalls der Stadt gehörte, erhielt sie eine Kaufoption. Etwa 1.000 m2 dieses Grundstücks wurden bei der Anlage des Gartens bepflanzt, was dort nicht auffiel. Die Klägerin besichtigte das Anwesen und nahm es mit Vertretern der Beklagten vom Dach des Bürogebäudes aus in Augenschein. Dem äußeren Eindruck nach wurde das Anwesen dabei durch die Gartenanlage zu dem Nachbargrundstück, einem naturbelassenen Wiesengelände, abgegrenzt. Dieser Teil des Nachbargrundstücks hob sich nach den Feststellungen des Berufungsgerichts optisch durch seinen Bewuchs und einen Hasenzaun von dem übrigen Nachbargrundstück ab, das als naturbelassenes Wiesengelände angelegt war. Die Beklagte verkaufte das Anwesen sodann an die Klägerin. Als die Stadt später das Nachbargrundstück an ein anderes Unternehmen verkaufen wollte, fiel auf, dass ein Teil der Gartenanlage auf diesem Grundstück lag. Die Klägerin erwarb die Teilfläche von der Stadt hinzu und verlangte von der Beklagten den Ersatz der Erwerbskosten. Der BGH entschied zutreffend, dass die Beklagte nach § 433 Abs. 1 BGB a.F. aus dem Kaufvertrag der Parteien verpflichtet war, der Klägerin das Eigentum auch an dem auf dem Nachbargrundstück befindlichen Teil der Gartenanlage zu verschaffen. Objektiv erklärt war der Verkauf der Parzelle, welche die Klägerin von der Stadt erworben hatte. Gewollt war zusätzlich der Mitverkauf der (im Eigentum der Stadt noch befindlichen) Teilfläche, auf welcher sich die Gartenfläche befand. Voraussetzung für die Anwendung der Regel über die falsa demonstratio ist, dass das objektiv Erklärte, wäre es das subjektiv Gewollte, wirksam beurkundet wurde. Dies führt bei einem gewollten (aber so nicht beurkundeten) Verkauf einer Teilfläche zur Anwendung über

---

[991] BGH v. 23.03.1979 - V ZR 24/77 - juris Rn. 18 - BGHZ 74, 116-121.
[992] BGH v. 07.12.2001 - V ZR 65/01 - juris Rn. 22 - NJW 2002, 1038-1040.
[993] *BGH v. 23.03.1979 - V ZR 24/77 - BGHZ 74, 116-121.*
[994] BGH v. 19.04.2002 - V ZR 90/01 - BGHZ 150, 334-343.
[995] BGH v. 18.01.2008 - V ZR 174/06 - MDR 2008, 498-499.

die Beurkundungsbestimmtheit beim Verkauf einer Teilfläche (vgl. Rn. 13 ff.). Der BGH bestätigte die in seinem Urteil vom 19.04.2002[996] aufgestellten Grundsätze, wonach die Beurkundungsbestimmtheit davon abhängt, ob die Vertragsparteien den Kaufgegenstand bei der Veräußerung einer noch zu vermessenden Grundstücksteilfläche durch eine bestimmte Grenzziehung in einer der Kaufvertragsurkunde beigefügten zeichnerischen Darstellung verbindlich festlegen wollen oder ob sie sich bei Vertragsabschluss mit einem geringeren Bestimmtheitsgrad zufrieden gegeben und die verbindliche Festlegung der Durchführung des Vertrags einem Dritten überlassen haben. Im letzteren Fall ist das Verpflichtungsgeschäft auch ohne eine maßstabsgerechte Darstellung der Teilfläche in der Kaufvertragsurkunde wirksam. Wenn eindeutig feststellbar ist, welche Fläche verkauft werden soll, können die Vertragsparteien davon absehen, die Vorgaben, anhand derer die Teilfläche bei der Durchführung später exakt festgelegt werden soll, in den Vertrag aufzunehmen. Diese Fallgestaltung nahm der BGH an und kam zur Wirksamkeit der schuldrechtlichen Abrede.[997] Die beiden Teile des Nachbargrundstücks hoben sich optisch eindeutig voneinander ab. Dass sie theoretisch durch einen Eingriff in den bisherigen Zustand hätten verändert werden können, sei unerheblich. Denn die Vertragstreuepflicht der Parteien eines Kaufvertrags verpflichtet diese wechselseitig dazu, den Kaufgegenstand nicht vertragswidrig zu verändern.

jj. Der Irrtum über die Sondereigentumsfähigkeit eines Raums

Ein Fall der falsa demonstratio liegt auch vor bei einem Irrtum über die Sondereigentumseigenschaft eines Raums bei einem verkauften Wohnungseigentum. Gingen die Vertragsparteien davon aus, dass ein im Gemeinschaftseigentum stehender Raum (z.B. Bodenraum des Dachgeschosses) tatsächlich zum Sondereigentum der verkauften Wohnung gehört, so gilt das tatsächlich Gewollte, d.h. der Verkauf unter Einschluss des Raums, der im Gemeinschaftseigentum steht.[998] Nach Ansicht des OLG Karlsruhe würde sich an der Anwendbarkeit der falsa-demonstratio-Regel auch dann nichts ändern, wenn eine Vertragspartei die Abweichung des wirklich Gewollten von der objektiven Erklärungsbedeutung möglicherweise erkannt hat.[999] Die Abweichung des objektiv Gültigen vom tatsächliche Gewollten begründet keinen Sachmangel (Verletzung der Pflicht aus § 434 Abs. 1 Satz 1 BGB)[1000], weil die Nichtzugehörigkeit des im Gemeinschaftseigentum stehenden Raums keinen Fall der Wohnflächenabweichung darstellt. Ein Sachmangel würde nur dann vorliegen, wenn die Vertragsparteien nur diejenigen Räume als vertraglich geschuldet angesehen haben, die tatsächlich zum Sondereigentum gehören, deren tatsächliche Größe von der vorgestellten abweicht. Hier gingen die Vertragsparteien jedoch davon aus, dass ein weiterer (sonderrechtsfähiger) Raum zum Sondereigentum gehört. Nach Ansicht des OLG Karlsruhe[1001] handelt es sich um einen Rechtsmangel (Verletzung der Pflicht aus § 435 Satz 1 BGB). Diese Ansicht ist unzutreffend, weil es nicht lediglich um die Reichweite von Sonder- und Abwehrrechten des Wohnungseigentümers gegenüber anderen Miteigentümern geht, wie dies bei einem Sondernutzungsrecht der Fall ist. Bei fehlendem Sondereigentum an einem Raum, der als Eigentum auch veräußert werden kann[1002], handelt es sich dagegen um eine teilweise Nichterfüllung der Pflicht aus § 433 Abs. 1 Satz 1 BGB[1003].

4. Zusammengesetzte Verträge

a. Ausgangslage

Nach allgemeiner Formulierung der Rechtsprechung unterliegen „sämtliche Vereinbarungen, aus denen sich der schuldrechtliche Vertrag nach dem Willen der Beteiligten zusammensetzen soll", dem Formzwang.[1004] Dem Erfordernis der notariellen Beurkundung unterliegen daher nicht nur die essenti-

---

[996] BGH v. 19.04.2002 - V ZR 90/01 - BGHZ 150, 334-343.
[997] BGH v. 18.01.2008 - V ZR 174/06 - juris Rn. 19 - MDR 2008, 498-499.
[998] OLG Hamm v. 08.10.1992 - 22 U 26/92 - NJW-RR 1993, 785-786; OLG Karlsruhe v. 25.09.2001 - 3A U 1/01 - juris Rn. 76 - OLGR Karlsruhe 2002, 37-40.
[999] OLG Karlsruhe v. 25.09.2001 - 3A U 1/01 - juris Rn. 79 - OLGR Karlsruhe 2002, 37-40.
[1000] OLG Hamm v. 08.10.1992 - 22 U 26/92 - NJW-RR 1993, 785-786.
[1001] OLG Karlsruhe v. 25.09.2001 - 3A U 1/01 - OLGR Karlsruhe 2002, 37-40.
[1002] Unerheblich ist, dass die Veräußerung nur an einen Miteigentümer erfolgen kann.
[1003] In diesem Sinne auch OLG Hamm v. 08.10.1992 - 22 U 26/92 - NJW-RR 1993, 785-786: teilweise Nichterfüllung.
[1004] BGH v. 19.11.1982 - V ZR 161/81 - juris Rn. 15 - BGHZ 85, 315-319; BGH v. 20.09.1985 - V ZR 148/84 - juris Rn. 7 - LM Nr. 106 zu § 313 BGB; BGH v. 19.06.1998 - V ZR 133/97 - juris Rn. 13 - NJW-RR 1998, 1470; *Wufka* in: Staudinger, § 313 a.F. Rn. 155; *Grüneberg* in: Palandt, § 311b Rn. 25; *Wagner*, NotBZ 2000, 230-232, 231.

alia negoti, sondern auch alle sonstigen wesentlichen Nebenbestimmungen, die nach dem Willen der Vertragsparteien zum Inhalt des abzuschließenden Vertrages gehören. Zum Inhalt des Rechtsgeschäfts gehört aber aus materiellrechtlicher Sicht nur der Teil, der auf die Herbeiführung von Rechtswirkungen gerichtet ist.[1005] § 311b Abs. 1 Satz 1 BGB ist nicht nur dann anwendbar, wenn die synallagmatisch verknüpften Leistungen demselben rechtlichen Typus angehören, wie dies beim Kaufvertrag der Fall ist, wo vom Verkäufer die Übereignung des Grundstücks und vom Käufer die Zahlung des Kaufpreises geschuldet wird. Ein Synallagma zwischen Leistung und Gegenleistung besteht auch dann, wenn die geschuldeten Leistungen – für sich betrachtet – jeweils einem unterschiedlichen rechtlichen Typus angehören („**gemischte Verträge**").[1006] Schuldet der Erwerber eines Grundstücks als Gegenleistung für den Erwerb des Eigentums die Vornahme einer Handlung oder einzelner Leistungen (z.B. Pflege für den Veräußerer) oder die Einräumung eines dinglichen oder schuldrechtlichen Nutzungsrechts an der veräußerten oder einer anderen Immobilie, so stehen die geschuldeten Leistungen in einem unmittelbaren Austauschverhältnis.

216 Anders liegt der Fall dagegen, wenn eine Vertragspartei, beispielsweise der Veräußerer, neben der Übereignung des Grundstücks noch eine weitere Leistung schuldet. Diese weitere Leistung kann wiederum ein Kauf sein, und zwar über ein anderes Grundstück (Verkauf von mehreren Grundstücken), über bewegliche Gegenstände (Inventar) oder über Rechte (GmbH-Anteile), aber auch Gegenstand eines anderen Vertragsverhältnisses sein (z.B. ein Werkvertrag über ein noch zu errichtendes Haus). Das weitere Vertragsverhältnis kann auch ein Dienstvertrag, Auftrag oder Geschäftsbesorgungsvertrag sein. Es kann sogar ein ganzes Bündel an Vertragsleistungen (Übereignung des Eigentums an einem Grundstück, Werkleistung, Geschäftsbesorgung) geschuldet sein. Nicht immer müssen an den verschiedenen Vertragsverhältnissen dieselben Personen beteiligt sein. Der Grundstücksveräußerungsvertrag kann mit einem weiteren Vertrag, an dem nur eine der Vertragsparteien und ein Dritter beteiligt sind, in engem Zusammenhang stehen, beispielsweise wenn der Bauunternehmer die Werkleistung liefert, das Grundstück dem Auftraggeber aber von einem Dritten übertragen werden soll. In den vorgenannten Fällen spricht man von einem **zusammengesetzten Vertrag**.[1007] Die Besonderheit in diesen Fällen besteht in Folgendem: Für sich betrachtet unterliegen diese eigenständigen Vertragsbeziehungen (Werkvertrag, Dienstvertrag, Geschäftsbesorgungsvertrag) keiner Formvorschrift, insbesondere bedürfen sie keiner notariellen Beurkundung. Der Zusammenhang mit einem Grundstücksgeschäft im Sinne des § 311b Abs. 1 Satz 1 BGB kann jedoch dazu führen, dass sie gleichsam „in den Sog" des beurkundungsbedürftigen Rechtsgeschäfts hineingezogen werden und damit ebenfalls beurkundet werden müssen, denn: Beurkundet werden müssen nach der allgemeinen Formulierung der Rechtsprechung „sämtliche Vereinbarungen, aus denen sich der schuldrechtliche Vertrag nach dem Willen der Beteiligten zusammensetzen soll" (vgl. dazu Rn. 183). Beim gemischten Vertrag lässt sich unproblematisch begründen, dass auch die Gegenleistung, die für sich betrachtet zum wirksamen Zustandekommen nicht der notariellen Beurkundung bedarf[1008], nach § 311b Abs. 1 Satz 1 BGB beurkundet werden muss. Schwierig ist dagegen, ein juristisch greifbares Kriterium dafür zu finden, wann ein an sich selbständiger und nicht beurkundungsbedürftiger Vertrag wegen des Zusammenhangs mit einem Grundstücksveräußerungsvertrag dem Beurkundungserfordernis des § 311b Abs. 1 Satz 1 BGB unterliegt.

b. Kriterien der Beurkundungsbedürftigkeit in Rechtsprechung und Literatur

217 Die Rechtsprechung verwendet seit fast unvordenklicher Zeit die **Formel des „Miteinander-Stehens-und-Fallens"**. Danach erstreckt sich der Formzwang des § 311b Abs. 1 Satz 1 BGB auch auf solche Verträge, die für sich betrachtet nicht dieser Form unterliegen, wenn Grundstücksveräußerungsvertrag und der mit ihm im Zusammenhang stehende Vertrag eine rechtliche Einheit bilden. Eine solche Einheit von an sich selbständigen Vereinbarungen ist dann anzunehmen, wenn sie nach dem Willen der Beteiligten derart voneinander abhängig sind, dass sie nicht für sich allein gelten, sondern miteinander „stehen und fallen" sollen. Die Einheitlichkeit wird nicht dadurch ausgeschlossen, dass die Rechtsgeschäfte verschiedenen juristischen Geschäftstypen angehören und an ihnen zum Teil verschiedene Personen beteiligt sind. Auch wenn nur einer der Vertragspartner einen solchen Einheitlich-

---

[1005] BGH v. 19.11.1982 - V ZR 161/81 - juris Rr. 15 - BGHZ 85, 315-319.
[1006] *Wochner* in: Thode, Immobilienrecht 2000, 55, 57; *Wufka* in: Staudinger, § 313 a.F. Rn. 171; *Lichtenberger*, DNotZ 1988, 531-545, 533.
[1007] *Wochner* in: Thode, Immobilienrecht 2000, 55, 58; *Wufka* in: Staudinger, § 313 a.F. Rn. 172; *Lichtenberger*, DNotZ 1988, 531-545, 533.
[1008] Es sei denn, es liegt ein Schenkungsvertrag zugrunde.

keitswillen erkennen lässt und der andere Partner ihn anerkennt oder zumindest hinnimmt, kann ein einheitlicher Vertrag vorliegen.[1009] Die ganz h.M.[1010] in der Literatur folgt diesen Grundsätzen der Rechtsprechung. Da der Begriff des „Miteinander-Stehens-und-Fallens" aber wenig aussagekräftig ist und man ihn als „Leerformel" bezeichnen kann[1011], ist man in der Literatur bemüht, eine griffigere Umschreibung für die rechtliche Verbindung der Verträge zu finden.[1012]

Ausgehend von der allgemeinen Rechtsgeschäftslehre, die den Maßstab dessen vorgibt, welche Abreden notariell beurkundet werden müssen, sind zwei Fragenkreise auseinanderzuhalten: Zum einen ist festzustellen, welcher Natur die Verbindung des Grundstücksvertrages mit dem anderen Vertrag sein muss, damit auch der – für sich betrachtet – nicht beurkundungsbedürftige Vertrag dem Beurkundungserfordernis des § 311b Abs. 1 Satz 1 BGB unterliegt. Dies ist eine Frage der Auslegung des objektiven Rechts, das den Maßstab für den Umfang der Beurkundungsbedürftigkeit vorgibt. Zum anderen ist festzustellen, ob der Wille der Beteiligten auf eine solche Verbindung der beiden Rechtsgeschäfte gerichtet ist, wie sie nach dem objektiven Recht vorausgesetzt wird und die Beurkundungsbedürftigkeit auslöst. Man spricht hier vom „Verknüpfungswillen".[1013] 218

Willenserklärungen sind auf die Herbeiführung eines bestimmten rechtlichen Erfolges gerichtet.[1014] Notwendige Voraussetzungen einer Willenserklärung sind der Handlungswille und der Rechtsbindungswille (Erklärungsbewusstsein).[1015] Der Geschäftswille, der ebenfalls zum inneren Tatbestand der Willenserklärung gehört[1016], gibt dem rechtlich Gewollten erst sein charakteristisches Gepräge. Er grenzt unterschiedliche Rechtsgeschäfte inhaltlich voneinander ab.[1017] Welchen Inhalt der Verknüpfungswille haben muss, damit nicht nur das Grundstücksveräußerungsgeschäft, sondern auch das mit ihm verbundene Geschäft beurkundet werden muss, wird unterschiedlich beantwortet: 219

Nach Ansicht von *Korte*[1018] hat der Verknüpfungswille ein qualitatives Element, weil er nicht nur eine Verbindung zwischen dem Grundstücksveräußerungsgeschäft und dem mit ihm verbundenen Geschäft herstellt, sondern die grds. selbständigen Vertragsverhältnisse **zu einem einheitlichen Schuldverhältnis verschmelzen** lässt, so dass diese unselbständige Bestandteile des einheitlichen Schuldverhältnisses werden. Ausgangshypothese ist, dass ein Rechtsgeschäft im Sinne des § 139 BGB erforderlich ist, damit auch das andere – vormals selbständige und nicht beurkundungsbedürftige – Rechtsgeschäft nach § 311b Abs. 1 Satz 1 BGB mitbeurkundet werden müsse. Hinsichtlich der Feststellung der Voraussetzungen eines solchen einheitlichen Rechtsgeschäftes – im Sinne des § 139 BGB und im beurkundungsrechtlichen Sinne des § 311b Abs. 1 Satz 1 BGB – geht *Korte* von einem Dualismus zwischen rechtlich selbständigen Geschäften und einem einheitlichen Rechtsgeschäft (Schuldverhältnis) aus und sieht nur Letzteres als einheitliches Rechtsgeschäft im Sinne des § 139 BGB an. So führt er beispielsweise für den Fall eines Grundstückskaufs, der im Zusammenhang mit einem Inventarkauf stand, aus[1019]: „Entweder die Verträge sind inhaltlich rechtlich selbständig, weil kein einheitliches Schuldverhältnis gewollt ist, dann ist der Inventarkauf nicht beurkundungsbedürftig. Oder es war ein Schuldverhältnis gewollt, dann lag zwischen beiden Teilen die von § 139 BGB verlangte Einheit vor mit der Folge, dass das einheitliche Geschäft insgesamt zu beurkunden gewesen wäre". Der Funktionszusam- 220

[1009] BGH v. 10.10.1986 - V ZR 247/85 - juris Rn. 10 - NJW 1987, 1069-1070; BGH v. 24.09.1987 - VII ZR 306/86 - juris Rn. 13 - BGHZ 101, 393-400; BGH v. 06.12.1979 - VII ZR 313/78 - juris Rn. 20 - BGHZ 76, 43-50; BGH v. 17.03.1988 - IX ZR 43/87 - juris Rn. 16 - LM Nr. 27 zu § 249 (A) BGB.

[1010] *Grüneberg* in: Palandt, § 311b Rn. 32; *Wolf* in: Soergel, § 313 a.F. Rn. 59, 67; *Kanzleiter* in: MünchKomm-BGB, § 311b Rn. 50; *Wufka* in: Staudinger, § 313 a.F. Rn. 173; *Battes* in: Erman, Handkommentar BGB, 10. Aufl. 2000, § 313 a.F. Rn. 46.

[1011] *Lichtenberger*, DNotZ 1988, 531-545, 536; *Wochner* in: Thode, Immobilienrecht 2000, 55, 58.

[1012] Vgl. *Opgenhoff*, RNotZ 2006, 257-270, 258 ff.

[1013] BGH v. 06.12.1979 - VII ZR 313/78 - juris Rn. 22 - BGHZ 76, 43-50; BGH v. 24.09.1987 - VII ZR 306/86 - juris Rn. 13 - BGHZ 101, 393-400; BGH v. 09.07.1992 - IX ZR 209/91 - juris Rn. 36 - LM BeurkG Nr. 41/42 (12/1992); *Wufka* in: Staudinger, § 313 a.F. Rn. 175; *Hartmann*, MittRhNotK 2000, 11-25, 15.

[1014] *Larenz/Wolff*, BGB-AT, 8. Aufl. 1997, § 24 Rn. 9; *Rüthers/Stadler*, Allg. Teil des BGB, 11. Aufl. 2001, § 17 Rn. 1.

[1015] *Rüthers/Stadler*, Allg. Teil des BGB, 11. Aufl. 2001, § 17 Rn. 6-8.

[1016] *Larenz/Wolff*, BGB-AT, 8. Aufl. 1997, § 24 Rn. 9.

[1017] *Larenz/Wolff*, BGB-AT, 8. Aufl. 1997, § 24 Rn. 9.

[1018] *Korte*, DNotZ 1984, 3-21, 13; *Korte*, Handbuch der Beurkundung von Grundstücksgeschäften, 1990, Kap 3 Rn. 17.

[1019] *Korte*, DNotZ 1984, 3-21, 8.

menhang zwischen dem Grundstücksveräußerungsgeschäft und dem mit ihm zusammentreffenden Vertrag könne, damit von einem einheitlichen Schuldverhältnis im Sinne des § 139 BGB gesprochen werden kann, nicht durch Bedingungen, Rücktrittsvorbehalte oder Abschlussverpflichtungen (Verpflichtung, einen weiteren Vertrag abzuschließen) hergestellt werden.[1020] Aus diesem Grund wird durch den Vorbehalt bei einem Werkvertrag, dass dieser nur gelten solle, wenn der Besteller ein Grundstück erwirbt, kein einheitliches Schuldverhältnis begründet, so dass der Werkvertrag nicht beurkundungsbedürftig ist.[1021] Zwar könnte in solchen Fällen auch davon gesprochen werden, dass Werkvertrag und Kaufvertrag „miteinander stehen und fallen"; jedoch handelt es sich nicht um ein einheitliches Schuldverhältnis, so dass der andere Vertrag seine rechtliche Selbständigkeit behält und nicht beurkundungsbedürftig ist.[1022]

221 Die Formel des „Miteinander-Stehens-und-Fallens" ließe sich als **einheitliches Rechtsgeschäft** im Sinne des § 139 BGB interpretieren. Dafür spricht, dass zur Feststellung eines einheitlichen Rechtsgeschäfts im Sinne dieser Vorschrift die Rechtsprechung die gleiche Formel des „Miteinander-Stehens-und-Fallens" verwendet.[1023] Auch bei Urteilen zur Anwendbarkeit des § 311b Abs. 1 Satz 1 BGB hat der BGH inzidenter die Kriterien für ein einheitliches Rechtsgeschäft im Sinne des § 139 BGB herangezogen.[1024] Vergleichbares lässt sich weiteren Urteilen entnehmen.[1025] Die Geschäftseinheit im Sinne des § 139 BGB setzt voraus, dass ein wechselseitiges Abhängigkeitsverhältnis zwischen den einzelnen Verträgen besteht. Dies bedeutet, dass im Zweifel beide Verträge (das einheitliche Rechtsgeschäft) nichtig sind, wenn auch nur einer von ihnen (und zwar gleich welcher!) unwirksam ist. Für die Anwendbarkeit des § 311b Abs. 1 Satz 1 BGB bedeutet dies, dass ein im Zusammenhang mit dem Grundstücksveräußerungsvertrag stehender Vertrag nur dann beurkundungsbedürftig ist, wenn er nicht ohne den Grundstücksveräußerungsvertrag geschlossen werden sollte und umgekehrt der Grundstücksveräußerungsvertrag nicht ohne den anderen Vertrag zustande kommen könnte; dies wäre die Konsequenz der wechselseitigen Abhängigkeit.

222 In diesem weiten Sinne wird das „Miteinander-Stehen-und-Fallen" von einem Teil der Literatur[1026] allerdings nicht verstanden. Abzustellen sei ausschließlich darauf, ob der Grundstückskaufvertrag von dem anderen Vertrag abhängig sei, nicht aber umgekehrt. Anders als bei § 139 BGB kommt es somit nur auf eine **einseitige Abhängigkeit des Grundstücksvertrages**[1027] von dem anderen Vertrag an. Diese Ansicht vertreten nunmehr explizit drei Senate (V, VII, VIII) des BGH:

- BGH v. 26.11.1999 (V. ZS)[1028]: Der Kläger kaufte durch notariell beurkundeten Kaufvertrag von den Beklagten mehrere Grundstücke. Durch eine weitere notarielle Urkunde vom gleichen Tage räumte der Beklagte zu 1 dem Kläger ein Vorkaufsrecht an einem angrenzenden Grundstück für den Fall ein, dass er es noch zu Eigentum erwerben wird. Nach Ansicht des BGH führt die Abhängigkeit der Verpflichtung zur Bestellung des Vorkaufsrechts von dem Grundstückskaufvertrag nicht dazu, dass diese Vereinbarung auch in der Urkunde über den Grundstückskaufvertrag vom gleichen Tage hätte beurkundet werden müssen.

[1020] *Korte*, DNotZ 1984, 3-21, 8-13; Korte, Handbuch der Beurkundung von Grundstücksgeschäften, 1990, Kap 3 Rn. 58-60.

[1021] Vgl. *Korte*, DNotZ 1984, 3-21, 9.

[1022] Etwas anderes gilt aber, wenn der Werkvertrag zugleich die Verpflichtung zum Grundstückserwerb enthielte. In diesem Fall ergibt sich die Beurkundungsbedürftigkeit aus dem Gesichtspunkt der mittelbaren Verpflichtung zum Grundstückserwerb.

[1023] BGH v. 09.02.1990 - V ZR 274/88 - juris Rn. 12 - BGHZ 110, 230-235; BGH v. 08.10.1990 - VIII ZR 176/89 - juris Rn. 18 - BGHZ 112, 288-296; BGH v. 25.05.1983 - VIII ZR 51/82 - juris Rn. 27 - LM Nr. 17 zu § 1 AbzG.

[1024] So etwa in BGH v. 24.11.1983 - VII ZR 34/83 - LM Nr. 6 zu § 326 (C) BGB, wo für die Auslegung des einheitlichen Geschäfts im Sinne des § 139 BGB auf Entscheidungen zum Formerfordernis nach § 311b Abs. 1 Satz 1 BGB (BGH v. 06.12.1979 - VII ZR 313/78 - BGHZ 76, 43-50; BGH v. 06.11.1980 - VII ZR 12/80 - BGHZ 78, 346-351) verwiesen wurde.

[1025] BGH v. 31.05.1974 - V ZR 111/72 - BB 1974, 1271-1272; BGH v. 10.12.1993 - V ZR 108/92 - LM BGB § 125 Nr. 46 (4/1994).

[1026] *Seeger*, MittBayNot 2003, 11-21, 12; *Wolf* in: Soergel, § 313 a.F. Rn. 67; *Kanzleiter* in: MünchKomm-BGB, § 311b Rn. 54; *Hartmann*, MittRhNotK 2000, 11-25, 14; *Warda*, MittRhNotK 1987, 173-196, 180-181.

[1027] Ausführlich dazu *Seeger*, MittBayNot 2003, 11-21; vgl. auch *Wedemann*, WM 2010, 395 ff.

[1028] BGH v. 26.11.1999 - V ZR 251/98 - juris Rn. 5 - LM BGB § 313 Nr. 151.

- BGH v. 11.10.2000 (VIII. ZS)[1029]: Der Kläger verkaufte durch notarielle Urkunde seine Geschäftsanteile an einer GmbH. Mit einer weiteren notariellen Urkunde vom gleichen Tage verkaufte der Kläger seine Betriebsgrundstücke an den Beklagten, ohne dass in der Kaufvertragsurkunde auf eine Abhängigkeit von dem Kauf der GmbH-Anteile hingewiesen wurde. Nach Ansicht des BGH genügte die Feststellung des Berufungsgerichts, dass die Abtretung der Geschäftsanteile mit der vorangehenden Veräußerung der Grundstücke „stehen und fallen" sollte, nicht, um eine rechtliche Einheit zwischen beiden Verträgen im Sinne von § 313 Satz 1 BGB a.F. (jetzt: § 311b Abs. 1 Satz 1 BGB) zu begründen.
- BGH v. 13.06.2002 (VII. ZS)[1030]: Die Vertragsparteien schlossen einen Bauwerkvertrag, der auf das in einer Annonce des Werkunternehmers genannte Grundstück, das nicht in dessen Eigentum stand, Bezug nahm. Im Bauwerkvertrag wurde die Lage des Grundstücks konkret bezeichnet; den Beklagten wurde ein Rücktrittsrecht u.a. für den Fall eingeräumt, dass ein Kaufvertrag mit dem Eigentümer nicht zustande kommen sollte. Der Kläger vermittelte den Abschluss des alsdann notariell beurkundeten Kaufvertrages über dieses Grundstück zwischen den Beklagten und dem Verkäufer. In der Folgezeit wollten die Beklagten von dem Bauvertrag, nicht aber vom Grundstückskauf Abstand nehmen. Wechselseitige Kündigungen zum Bauwerkvertrag wurden ausgesprochen. Der Kaufvertrag wurde zu den gleichen Bedingungen nochmals notariell beurkundet.[1031] Der BGH betont, dass die Abhängigkeit des Bauwerkvertrags vom Grundstückskaufvertrag nicht dazu führen kann, dass der Bauwerkvertrag notariell zu beurkunden ist.

Deutlich wird in den vorgenannten Entscheidungen die Abkehr von der Gleichstellung des einheitlichen Rechtsgeschäfts im Sinne des Formgebots des § 311b Abs. 1 Satz 1 BGB und des § 139 BGB[1032]: Die einseitige Abhängigkeit des weiteren Geschäfts vom Grundstücksvertrag genügt nicht, eine rechtliche Einheit im Sinne des Formgebots zu begründen. Diese Unterscheidung der rechtlichen Einheit im Sinne des § 139 BGB und des Formgebotes des § 311b Abs. 1 Satz 1 BGB lässt sich mit den unterschiedlichen Schutzzwecken der Vorschriften erklären. Während es bei § 139 BGB darum geht, ein einheitliches Rechtsgeschäft in den Rechtsfolgen grds. einheitlich zu behandeln (Gesamtnichtigkeit), geht es bei § 311b Abs. 1 Satz 1 BGB zunächst um die Feststellung, wann ein Rechtsgeschäft überhaupt (formwirksam) zustande gekommen ist, d.h. ob der mit dem Grundstücksvertrag zusammenhängende andere Vertrag ebenfalls der notariellen Beurkundung bedarf oder nicht. Dies lässt sich aber nach dem Schutzzweck des § 311b Abs. 1 Satz 1 BGB nur aus der Sicht des Grundstücksvertrages beurteilen.[1033] Es ist demnach ausschließlich zu fragen, ob der Grundstücksvertrag nicht ohne den anderen Vertrag geschlossen werden sollte; nur in diesem Fall bedarf der andere Vertrag ebenfalls der notariellen Beurkundung. Wäre umgekehrt nur der andere Vertrag (einseitig) von dem Grundstücksvertrag abhängig („kein wirksamer Vertrag ohne Grundstückserwerb oder -veräußerung"), so würde dies nicht zu einer beurkundungsrechtlichen Einheit beider Verträge führen; der andere Vertrag würde lediglich „anlässlich" des Grundstücksvertrages geschlossen.[1034] Daher ist aber das formelle Festhalten an dem Kriterium des „Miteinander-Stehen-und-Fallen" ungenau, weil dies eben nur aus der Sicht des Grundstücksvertrages gilt.[1035] Selbstverständlich kann auch eine wechselseitige Abhängigkeit zwischen dem Grundstücksvertrag und dem anderen Vertrag bestehen; erforderlich ist dies allerdings nicht.

223

[1029] BGH v. 11.10.2000 - VIII ZR 321/99 - juris Rn. 19 - LM ZPO § 519 Nr. 148 (3/2001).
[1030] BGH v. 13.06.2002 - VII ZR 321/00 - juris Rn. 14 - NJW 2002, 2559-2560.
[1031] Vermutlich weil die Befürchtung bestand, dass der Grundstückskaufvertrag wegen einer Abhängigkeit vom Bauwerkvertrag, der nicht mitbeurkundet wurde, nach §§ 311b Abs. 1 Satz 1, 125 Satz 1 BGB nichtig sei.
[1032] BGH v. 26.11.1999 - V ZR 251/98 - juris Rn. 5 - LM BGB § 313 Nr. 151; *Wufka* in: Staudinger, § 311b Rn. 176.
[1033] BGH v. 26.11.1999 - V ZR 251/98 - juris Rn. 5 - LM BGB § 313 Nr. 151.
[1034] A.A. *Kanzleiter* in: MünchKomm-BGB, § 311b Rn. 54, für den Fall, dass der andere Vertrag mit Rücksicht auf das in Aussicht genommene Grundstücksgeschäft zeitlich vor diesem abgeschlossen wird; dagegen BGH v. 13.06.2002 - VII ZR 321/00 - juris Rn. 15 - NJW 2002, 2559-2560. Zur zeitlichen Reihenfolge vgl. Rn. 231.
[1035] Vgl. *Wochner* in: Thode, Immobilienrecht 2000, 55, 64: „Exakter aber wäre zu formulieren, dass beurkundungsbedürftig alle Vereinbarungen sind, mit deren Geltung der Grundstückskaufvertrag steht und fällt". Ungenau ist daher auch die Formulierung in BGH v. 16.07.2004 - V ZR 222/03 - NJW 2004, 3330-3332, wonach der Verkauf der Grundstücksflächen und der Verkauf des Anlage- und Vorratsvermögens ein einheitliches Geschäft (bildeten), weil beide derart voneinander abhängig waren, dass sie miteinander „stehen und fallen" sollen.

224 Die Rechtsprechung des BGH[1036] zum Erfordernis der Mitbeurkundung eines Vertrages, der im Zusammenhang mit einem Grundstücksvertrag steht, lässt sich nunmehr wie folgt thesenartig zusammenfassen:
- Nicht erforderlich (aber möglich) ist eine wechselseitige Abhängigkeit zwischen beiden Verträgen in dem Sinne, wie es von § 139 BGB vorausgesetzt wird;
- es genügt für die Beurkundungsbedürftigkeit des anderen Vertrages, dass der Grundstücksvertrag nicht ohne diesen geschlossen werden soll (einseitige Abhängigkeit des Grundstücksvertrages von dem anderen Vertrag);
- dagegen genügt es nicht, dass nur der andere Vertrag nicht ohne den Grundstücksvertrag geschlossen werden soll (einseitige Abhängigkeit des anderen Vertrages vom Grundstücksvertrag).[1037]

225 Die vorstehenden Grundsätze gelten auch dann, wenn eine Vertragspartei ein **Angebot** zu einem nach § 311b Abs. 1 Satz 1 BGB beurkundungsbedürftigen Rechtsgeschäft macht und der angebotene Vertrag mit einem anderen Rechtsgeschäft eine Einheit bildet.[1038]

c. Der Verknüpfungswille

aa. Die subjektive Seite der Verknüpfung

226 Maßgebend für die (einseitige) Verknüpfung des Grundstücksvertrages mit einem anderen Vertrag ist der Wille der Beteiligten[1039]; es handelt sich um eine besondere Ausprägung des Geschäftswillens.[1040] Auch wenn nur einer der Vertragspartner einen solchen Einheitlichkeitswillen erkennen lässt und der andere Partner ihn anerkennt oder zumindest hinnimmt, kann ein einheitlicher Vertrag vorliegen.[1041] Die Auslegung des (Verknüpfungs-)Willens einer Vertragspartei hat vom objektiven Empfängerhorizont aus zu erfolgen.[1042] *Seeger*[1043] hat dies wie folgt umschrieben: Zum einen muss der zumindest bei einem Beteiligten vorhandene Verknüpfungswille dem anderen Beteiligten bei Auslegung der Erklärungen nach dem Empfängerhorizont erkennbar sein, und zum anderen müssen sich die Beteiligten über die Maßgeblichkeit dieses Willens einigen, wobei es genügt, dass der andere Beteiligte dies billigt oder zumindest hinnimmt.

bb. Die rechtliche Art der Verknüpfung

227 Nach Ansicht der Rechtsprechung liegt eine Verknüpfung zwischen einem Grundstücksvertrag im Sinne des § 311b Abs. 1 Satz 1 BGB und einem anderen Vertrag nur dann vor, wenn ein „rechtlicher Zusammenhang" besteht. Dies wird u.a. damit beschrieben, dass eine „rechtliche Einheit"[1044], ein „einheitlicher Vertrag" oder ein „einheitliches Rechtsgeschäft" bestehen muss.[1045] Ein bloß wirtschaftlicher Zusammenhang zwischen beiden Verträgen, wenn also das eine Geschäft für das andere Anlass war oder dieses erst ermöglicht hat[1046], genügt dagegen nicht für ein einheitliches Rechtsgeschäft im Sinne

---

[1036] BGH v. 26.11.1999 - V ZR 251/98 - LM BGB § 313 Nr. 151; BGH v. 11.10.2000 - VIII ZR 321/99 - LM ZPO § 519 Nr. 148 (3/2001); BGH v. 13.06.2002 - VII ZR 321/00 - NJW 2002, 2559-2560. Aus der Literatur: *Grüneberg* in: Palandt, § 311b Rn. 32; *Wolf* in: Soergel, § 313 a.F. Rn. 67; *Wufka*, MittBayNot 2003, 48-50; *Otto*, NotBZ 2002, 298-300.

[1037] BGH v. 26.11.1999 - V ZR 251/98 - juris Rn. 5 - LM BGB § 313 Nr. 151.

[1038] BGH v. 27.10.1982 - V ZR 136/81 - NJW 1983, 565; BGH vom 17.03.1988 - IX ZR 43/87 - NJW 1988, 2880; OLG Koblenz v. 13.02.2001 - 3 U 543/99 - NotBZ 2002, 187.

[1039] BGH v. 06.11.1980 - VII ZR 12/80 - juris Rn. 10 - BGHZ 78, 346-351; BGH v. 06.12.1979 - VII ZR 313/78 - juris Rn. 22 - BGHZ 76, 43-50; *Wufka* in: Staudinger, § 313 a.F. Rn. 175; *Kanzleiter* in: MünchKomm-BGB, § 311b Rn. 54. Ausführlich dazu *Seeger*, MittBayNot 2003, 11-21, 12 ff.

[1040] *Seeger*, MittBayNot 2003, 11-21, 12.

[1041] BGH v. 24.09.1987 - VII ZR 306/86 - juris Rn. 13 - BGHZ 101, 393-400; BGH v. 06.11.1980 - VII ZR 12/80 - juris Rn. 10 - BGHZ 78, 346-351; BGH v. 06.12.1979 - VII ZR 313/78 - juris Rn. 20 - BGHZ 76, 43-50; BGH v. 10.10.1986 - V ZR 247/85 - juris Rn. 10 - NJW 1987, 1069-1070; *Wufka* in: Staudinger, § 313 a.F. Rn. 175; *Wochner* in: Thode, Immobilienrecht 2000, 55 67.

[1042] *Seeger*, MittBayNot 2003, 11-21, 12.

[1043] *Seeger*, MittBayNot 2003, 11-21, 13.

[1044] BGH v. 26.11.1999 - V ZR 251/98 - juris Rn. 5 - LM BGB § 313 Nr. 151

[1045] Weitere Nachweise bei *Seeger*, MittBayNot 2003, 11-21, 13 und *Wufka* in: Staudinger, § 311b Rn. 173.

[1046] BGH v. 13.02.2003 - IX ZR 76/99 - juris Rn. 22 - NJW-RR 2003, 1565, 1566; OLG Saarbrücken v. 22.03.2007 - 8 U 602/06 - juris Rn. 41 - OLGR Saarbrücken 2007, 567-571.

der Rechtsprechung[1047]; die wirtschaftliche Verknüpfung kann aber ein Indiz für eine rechtliche Verknüpfung sein.[1048] Die rechtliche Verknüpfung kann durch eine Bedingung (§ 158 BGB), ein Rücktrittsrecht oder dadurch hergestellt werden, dass ein Vertrag Geschäftsgrundlage des anderen ist (§ 313 BGB) oder ein Vertrag die Verpflichtung zum Abschluss eines anderen Vertrages enthält.[1049] Umgekehrt ist eine Bedingung im Rechtssinne (§ 158 BGB) aber keine notwendige Bedingung für eine Verknüpfung.[1050] Für die Verknüpfung der Rechtsgeschäfte genügt es, dass sie – aus der Sicht des Grundstückskaufvertrages – ein einheitliches Rechtsgeschäft im Sinne des § 139 BGB darstellen. Dabei kann sich der Verknüpfungswille auf die Durchführung und/oder die Rechtsfolgen oder auch nur auf den Abschluss der zusammengesetzten Verträge beziehen.[1051]

Der andere Vertrag, von dem der Grundstücksvertrag in seinem Bestehen abhängig ist, kann sowohl zwischen denselben Vertragsparteien des Grundstücksvertrages (**Zweipersonenverhältnis**) als auch zwischen einer der Vertragsparteien und einem Dritten (**Dreipersonenverhältnis**) zu schließen sein.[1052] In beiden Fällen stellt sich die Frage, wie intensiv die rechtliche Verknüpfung zwischen dem Grundstücksvertrag und dem anderen Vertrag sein muss, damit man von einer einseitigen Abhängigkeit des Grundstücksvertrages sprechen kann. Die rechtliche Abhängigkeit kann zum einen durch Bedingungen und Rücktrittsvorbehalte hergestellt werden. Hier sind die Vertragsparteien bereit, den Grundstücksvertrag bereits zu schließen und seine Geltung von dem Zustandekommen eines weiteren Vertrages abhängig zu machen. Ob es ausreicht, die bloße Abhängigkeit von dem weiteren Vertrag zu beurkunden oder ob der Inhalt des Geschäfts feststehen muss, hängt davon ab, wie weit der rechtsgeschäftliche Wille der Vertragsparteien bereits konkretisiert ist.[1053] Maßgebend ist, ob der Inhalt des noch abzuschließenden Vertrages völlig offen sein soll oder ob eine konkrete Absprache über den Inhalt (insbesondere die essentialia negotii) bereits getroffen worden ist. Im ersten Fall müssen die Vertragsparteien über den Inhalt des abzuschließenden Geschäfts noch verhandeln. Der Abschluss dieses Geschäfts bedarf dann jedoch nicht der notariellen Beurkundung nach § 311b Abs. 1 Satz 1 BGB, weil dies lediglich der Anlass für das Bestehen bzw. Fortbestehen des Grundstücksvertrages ist. In der Regel wird aber der Fall so liegen, dass die Parteien über den anderen Vertrag bereits eine konkrete Absprache getroffen haben, so dass er mit dem Grundstücksvertrag eine rechtliche Einheit bildet und beurkundungsbedürftig ist.[1054] Soll der andere Vertrag zwischen einer der Vertragsparteien und einem Dritten geschlossen werden (**Dreipersonenverhältnis**), so wird bei gegenseitiger Abhängigkeit beider Verträge in aller Regel eine Verknüpfung durch eine Bedingung oder einen Rücktrittsvorbehalt hergestellt. Dies führt dazu, dass beim Grundstückskaufvertrag nicht der gesamte andere Vertrag beurkundet werden muss, sondern lediglich die Bedingung oder der Rücktrittsvorbehalt, wobei ein Mindestmaß an Konkretisierung des anderen Vertrages natürlich notwendig ist. Etwas anderes gilt nur dann, wenn eine Vertragspartei auf den Abschluss dieses anderen Vertrages so viel Wert legt, dass dieser in seinem gesamten Umfang mitbeurkundet werden soll. Ist beispielsweise die Übernahme der Bürgschaft durch einen Dritten für die Kaufpreisschuld des Käufers Bestandteil des abzuschließenden Grundstückskaufvertrages, so muss sie zusammen mit dem Grundstückskaufvertrag notariell beurkundet werden.[1055] Liegt eine rechtliche Einheit zwischen Grundstücksvertrag und einem anderen Vertrag einer Vertrags-

228

[1047]BGH v. 13.06.2002 - VII ZR 321/00 - juris Rn. 14 - NJW 2002, 2559-2560; BGH v. 06.11.1980 - VII ZR 12/80 - juris Rn. 10 - BGHZ 78, 346-351; *Wolf* in: Soergel, § 313 a.F. Rn. 67; *Wiesner*, NJW 1984, 95-99, 96.
[1048]OLG Saarbrücken v. 22.03.2007 - 8 U 602/06 - juris Rn. 42 - OLGR Saarbrücken 2007, 567-571.
[1049]*Seeger*, MittBayNot 2003, 11-21, 13 ff.
[1050]*Seeger*, MittBayNot 2003, 11-21, 14.
[1051]OLG Koblenz v. 13.02.2001 - 3 U 543/99 - NotBZ 2002, 187; *Wufka* in: Staudinger, § 311b Rn. 176;
[1052]BGH v. 16.09.1988 - V ZR 77/87 - juris Rn. 17 - NJW-RR 1989, 198-199; BGH v. 06.12.1979 - VII ZR 313/78 - juris Rn. 20 - BGHZ 76, 43-50; *Wolf* in: Soergel, § 313 a.F. Rn. 72; *Wochner* in: Thode, Immobilienrecht 2000, 55, 67; *Hartmann*, MittRhNotK 2000, 11-25, 14-15; *Keim*, DNotZ 2001, 827-841, 834-835.
[1053]*Wufka* in: Staudinger, § 311b Rn. 176.
[1054]*Wufka* in: Staudinger, § 311b Rn. 176: Ist aber bereits der Inhalt des Vertrages (also der Vertrag als solcher), auf den sich das Rücktrittsrecht oder die Bedingung bezieht, vom Verknüpfungswillen erfasst, muss dieser Vertrag (und nicht ein gar nicht gewolltes Rücktrittsrecht o.Ä.) mitbeurkundet werden.
[1055]Vgl. einerseits den Sachverhalt in der Entscheidung BGH v. 15.01.1962 - III ZR 177/60 - LM Nr. 1 zu § 19 BNotO, andererseits den Sachverhalt RG v. 02.03.1933 - VI 350/32 - RGZ 140, 335-340; *Battes* in: Erman, Handkommentar BGB, 10. Aufl. 2000, § 313 a.F. Rn. 35.

§ 311b

partei mit einem Dritten vor, so müssen beide Verträge notariell beurkundet werden. Eine solche rechtliche Einheit (aus der Sicht des Grundstückskaufvertrages) kann auch bei einer rechtlichen und/oder wirtschaftlichen Verflochtenheit verschiedener Vertragspartner gegeben sein.[1056]

229 Wird die Verknüpfung des Grundstücksvertrages mit dem anderen Vertrag nicht beurkundet (bei Bedingung oder Rücktrittsvorbehalten muss auch dies beurkundet werden), so liegt eine unvollständige Beurkundung des Rechtsgeschäftes vor mit der Folge, dass dieses nach den §§ 125 Satz 1, 139 BGB insgesamt nichtig ist.[1057]

cc. Feststellung des Verknüpfungswillens; Vermutungsregeln

230 Der Verknüpfungswille ist vom Gericht durch Auslegung unter Berücksichtigung der Interessen der Vertragspartner und der Umstände des Einzelfalls zu ermitteln (tatrichterliche Würdigung)[1058]; er muss jedoch in der Urkunde nicht angedeutet sein.[1059] Denn eine unvollständige Beurkundung setzt gerade voraus, dass Teile des Gewollten nicht beurkundet sind. Maßgeblich ist vielmehr allein das Vorhandensein eines solchen Willens der Beteiligten.[1060] Wenn zur Wahrung des Formgebotes (§ 311b Abs. 1 Satz 1 BGB) die rechtliche Einheit zwischen einem Grundstückskaufvertrag und einem von diesem abhängigen Vertrag – ggf. andeutungsweise – urkundlichen Ausdruck finden muss, so bedeutet dies lediglich, dass es an der erforderlichen Beurkundung fehlt, wenn die gewollte Abhängigkeit zwischen den Vereinbarungen sich im Beurkundeten nicht wiederfindet, nicht dagegen, dass in diesem Fall der rechtliche Zusammenhang zu verneinen wäre.[1061] Der rechtliche Zusammenhang kann sich daher auch aus außerhalb der Urkunde liegenden Umständen, wie beispielsweise Anzeigen, Prospekten oder Ausschreibungen ergeben.[1062] Allerdings besteht eine **Vermutung** dafür, dass der Grundstücksvertrag nicht von dem anderen Vertrag abhängig sein soll, wenn beide Verträge in getrennten Urkunden festgelegt sind.[1063] Diese Vermutung ist jedoch widerlegbar[1064] und dann widerlegt, wenn die Parteien die rechtliche Einheit übereinstimmend gewollt haben[1065], was diejenige Vertragspartei darlegen und beweisen muss, die sich auf die Formnichtigkeit des Vertrages wegen fehlender Beurkundung des anderen Vertrages, der mit dem Grundstücksvertrag zusammenhängt, beruft. Die Feststellung des gleichzeitigen Abschlusses beider Verträge ist dafür noch nicht ausreichend.[1066] Nicht ausreichend ist weiterhin, dass der andere Vertrag den Grundstücksvertrag erst vorbereiten oder ermöglichen soll.[1067] Ein besonders wichtiges Indiz ist dagegen der wirtschaftliche Zusammenhang zwischen dem Grundstücksvertrag und dem anderen Vertrag.[1068] Auch die Tatsache, dass Verträge inhaltlich aufeinander abgestimmt sind, kann ein Indiz für einen Abhängigkeitswillen darstellen (z.B. Mietvertrag und Kaufvertrag, wenn der Mietvertrag mit dem Besitzübergang aus dem Kaufvertrag zusammenfällt und ein un-

---

[1056] *Wochner* in: Thode, Immobilienrecht 2000, 55, 67; *Hartmann*, MittRhNotK 2000, 11-25, 14-15; *Keim*, DNotZ 2001, 827-841, 834-835.

[1057] BGH v. 16.09.1988 - V ZR 77/87 - juris Rn. 17 - NJW-RR 1989, 198-199; BGH v. 20.06.1980 - V ZR 84/79 - NJW 1981, 222.

[1058] BGH v. 10.10.1986 - V ZR 247/85 - juris Rn. 19 - NJW 1987, 1069-1070; BGH v. 06.11.1980 - VII ZR 12/80 - juris Rn. 11 - BGHZ 78, 346-351; BGH v. 07.12.1989 - VII ZR 343/88 - juris Rn. 24 - NJW-RR 1990, 340-342; *Wufka* in: Staudinger, § 313 a.F. Rn. 176; *Wolf* in: Soergel, § 313 a.F. Rn. 67.

[1059] BGH v. 16.09.1988 - V ZR 77/87 - juris Rn. 18 - NJW-RR 1989, 198-199; OLG Koblenz v. 13.02.2001 - 3 U 543/99 - NotBZ 2002, 187; OLG Oldenburg v. 14.12.2006 - 1 U 68/05 - juris Rn. 47. Ablehnend *Wolf* in: Soergel, § 313 a.F. Rn. 67, der nach den Grundsätzen der Andeutungstheorie (vgl. Rn. 199) eine Andeutung des Willens in einer der Urkunden verlangt.

[1060] OLG Koblenz v. 13.02.2001 - 3 U 543/99 - NotBZ 2002, 187.

[1061] OLG Koblenz v. 13.02.2001 - 3 U 543/99 - NotBZ 2002, 187.

[1062] OLG Schleswig v. 31.05.1990 - 11 U 187/88 - NJW-RR 1991, 1175; *Wufka* in: Staudinger, § 313 a.F. Rn. 177.

[1063] BGH v. 24.09.1987 - VII ZR 306/86 - juris Rn. 13 - BGHZ 101, 393-400; BGH v. 07.12.1989 - VII ZR 343/88 - juris Rn. 22 - NJW-RR 1990, 340-342; BGH v. 06.12.1979 - VII ZR 313/78 - juris Rn. 22 - BGHZ 76, 43-50.

[1064] *Wolf* in: Soergel, § 313 a.F. Rn. 70.

[1065] BGH v. 07.12.1989 - VII ZR 343/88 - NJW-RR 1990, 340-342.

[1066] *Wolf* in: Soergel, § 313 a.F. Rn. 70; *Wufka* in: Staudinger, § 313 a.F. Rn. 177. Vgl. auch OLG Koblenz v. 13.02.2001 - 3 U 543/99 - NotBZ 2002, 187.

[1067] *Wolf* in: Soergel, § 313 a.F. Rn. 70.

[1068] Zum steuerlich motivierten Mietkauf BGH v. 10.10.1986 - V ZR 247/85 - juris Rn. 14 - NJW 1987, 1069-1070; zum steuerlich motivierten Bauherrenmodell BGH v. 24.09.1987 - VII ZR 306/86 - juris Rn. 16 - BGHZ 101, 393-400; *Wolf* in: Soergel, § 313 a.F. Rn. 70; *Wufka* in: Staudinger, § 313 a.F. Rn. 177.

gewöhnlich hoher Mietpreis vereinbart ist).[1069] Sind sowohl der Grundstücksvertrag als auch der mit ihm verknüpfte Vertrag in einer Urkunde niedergelegt, so spricht eine tatsächliche Vermutung dafür, dass sie „miteinander stehen und fallen" sollen.[1070] Nach Ansicht des OLG Köln[1071] verliert die Vermutung deutlich an Gewicht, wenn der Partner des Grundstückskaufvertrages ein Dritter ist, der an dem Bauvertrag in keiner Weise beteiligt ist (Dreipersonenverhältnis, vgl. Rn. 228), weil in diesen Fällen eine formale Trennung der beiden Verträge näher liege. Es sei sogar fraglich, ob in solchen Konstellationen überhaupt eine Vermutung der rechtlichen Selbständigkeit bestünde.

dd. Zeitliche Reihenfolge der Verträge und notarielle Beurkundung

Die zeitliche Reihenfolge der Verträge ist unerheblich für die Frage der Formbedürftigkeit.[1072] Unproblematisch ist dies, wenn zunächst der Grundstückskaufvertrag und zeitlich später der andere Vertrag (z.B. der Bauwerkvertrag oder Mietvertrag) geschlossen wurde. Hängt der Grundstückskaufvertrag von dem Werkvertrag ab, so ist dieser beurkundungsbedürftig. **231**

Schwieriger ist dagegen der Fall zu beurteilen, dass der andere Vertrag (z.B. der Bauwerkvertrag[1073] oder Mietvertrag[1074]) zeitlich vor dem Grundstücksvertrag (gleichsam im Vorgriff auf diesen) geschlossen wird. **232**

- Wird der Grundstücksvertrag geschlossen und ist er in diesem Zeitpunkt von dem Bauwerkvertrag abhängig (der Erwerber will das Grundstück und das zu errichtende Haus nur „im Paket" erwerben oder der Verkäufer will das Grundstück nur verkaufen, wenn der Käufer mit ihm einen Bauwerkvertrag abschließt[1075]), so ist der Werkvertrag auch dann beurkundungsbedürftig, wenn er bereits zeitlich vor Abschluss des Grundstücksveräußerungsvertrages geschlossen wurde.[1076] Wenn zu diesem Zeitpunkt ein Verknüpfungswille besteht, muss auch der bereits geschlossene andere Vertrag zusammen mit dem Grundstückskaufvertrag beurkundet werden. Bei der Beurkundung des Vertrages genügt es in diesem Fall nicht, bloß auf den bereits abgeschlossenen anderen Vertrag (z.B. Bauwerkvertrag) zu verweisen, ohne dessen vereinbarten Inhalt zum Gegenstand der notariellen Urkunde zu machen. Die Grundsätze über den Identifizierungsbehelf (vgl. Rn. 194) sind nicht anwendbar.

- Soll der abhängige Vertrag bereits vor Abschluss des Grundstückskaufvertrages wirksam zustande kommen (beispielsweise weil zu diesem Zeitpunkt noch nicht alle Modalitäten des Grundstückskaufvertrages verhandelt wurden)[1077], so hängt das Erfordernis einer notariellen Beurkundung dieses Vertrages davon ab, ob zu diesem Zeitpunkt[1078] der in Aussicht genommene Grundstückskaufvertrag von dem bereits im Vorgriff abzuschließenden Vertrag abhängig ist.[1079] Der Wille der Parteien des erst später abzuschließenden Grundstückskaufvertrages kann hier nicht maßgeblich sein, denn dieser liegt in der Regel zum Zeitpunkt des Abschlusses des Bauvertrages noch nicht vor.[1080] Stattdessen

---

[1069] OLG München v. 24.03.1987 - 5 U 5335/86 - NJW-RR 1987, 1042; *Wufka* in: Staudinger, § 313 a.F. Rn. 177.

[1070] BGH v. 16.07.2004 - V ZR 222/03 - NJW 2004, 3330-3332. Da es nur auf die einseitige Abhängigkeit des Grundstücksvertrages von dem anderen Vertrag ankommt, wäre genauer zu formulieren, dass der Grundstücksvertrag mit dem anderen Vertrag stehen und fallen soll.

[1071] OLG Köln v. 29.06.2000 - 12 U 254/99 - juris Rn. 13 - NotBZ 2000, 419-421.

[1072] BGH v. 13.06.2002 - VII ZR 321/00 - juris Rn. 15 - NJW 2002, 2559-2560; *Pohlmann*, EWiR 2000, 323-324; *Wochner* in: Thode, Immobilienrecht 2000, 55, 64; *Otto*, NotBZ 2002, 298-300, 299; a.A. *Keim*, DNotZ 2001, 827-841, 837; *Kanzleiter* in: MünchKomm-BGB, § 311b Rn. 54, für den Fall, dass der andere Vertrag mit Rücksicht auf das in Aussicht genommene Grundstücksgeschäft zeitlich vor diesem abgeschlossen wird; dagegen BGH v. 13.06.2002 - VII ZR 321/00 - juris Rn. 15 - NJW 2002, 2559-2560.

[1073] Zu einem solchen Fall; LG Berlin v. 25.11.2004 - O 220/04 - BauR 2005, 1329-1330.

[1074] Zu einem solchen Fall OLG Koblenz v. 30.09.2005 - 5 W 595/05 - OLGR Koblenz 2006, 89-90.

[1075] Vgl. die Entscheidung OLG Stuttgart v. 17.02.2004 - 10 U 108/03.

[1076] BGH v. 12.02.2009 - VII ZR 230/07 - NJW-RR 2009, 953; *Wedemann*, WM 2010, 395, 396 f.; *Wufka* in: Staudinger, § 311b Rn. 175; *Wochner* in: Thode, Immobilienrecht 2000, 55, 64; *Otto*, NotBZ 2002, 298, 300; a.A. offenbar *Keim*, DNotZ 2001, 827-841, 837.

[1077] BGH v. 12.02.2009 - VII ZR 230/07 - NJW-RR 2009, 953.

[1078] OLG Koblenz v. 13.02.2001 - 3 U 543/99 - NotBZ 2002, 187.

[1079] BGH v. 22.07.2010- VII ZR 246/08 – BGHZ 186, 345; in diesem Sinne auch BGH v. 13.06.2002 - VII ZR 321/00 - NJW 2002, 2559-2560; OLG Koblenz v. 13.02.2001 - 3 U 543/99 - NotBZ 2002, 187; *Wochner* in: Thode, Immobilienrecht 2000, 55, 66; *Wufka* in: Staudinger, § 311b Rn. 175.

[1080] BGH v. 22.07.2010 - VII ZR 246/08 - juris Rn. 10 - BGHZ 186, 345.

ist nach Auffassung des BGH[1081] zu prüfen, „ob nach dem Willen der Bauvertragsparteien der für die Bebauung notwendige Grundstückserwerb von dem Bauvertrag in der Weise abhängen soll, dass beide Verträge miteinander stehen und fallen. Es reicht nicht aus, dass die Parteien eine Abhängigkeit des Bauvertrages vom zukünftigen Grundstückserwerb wollen. Vielmehr müssen sie gemeinsam davon ausgehen, dass dieser Grundstückserwerb nach dem Willen der Parteien des Kaufvertrages von dem Bauvertrag abhängt. Denn maßgeblich für die Beurkundungspflicht ist die Abhängigkeit des Grundstücksvertrages von einer etwaigen anderen Abrede. … Ausreichend ist, dass in dem dem Grundstückserwerb vorgezogenen Geschäft ein Verknüpfungswille vorhanden ist, der den Willen aller Beteiligten einbezieht." Diese Ansicht ist jedoch **abzulehnen** (vgl. dazu näher Rn. 238). Legt man die Auffassung der Rechtsprechung zugrunde, so ergibt sich Folgendes: Besteht eine solche Abhängigkeit, so muss der abhängige Vertrag beurkundet werden. Dazu genügt es nicht, den abhängigen Vertrag ohne Bezugnahme auf den Grundstückskaufvertrag notariell zu beurkunden. Stattdessen muss zusätzlich die Abhängigkeit von dem Grundstückskaufvertrag Gegenstand der notariellen Urkunde sein, in der Regel in Form einer aufschiebenden Bedingung oder eines Rücktrittsrechts.[1082] Wird dann später der Grundstückskaufvertrag abgeschlossen, so muss der abhängige Vertrag ebenfalls Bestandteil des Grundstückskaufvertrages sein. Wurde der abhängige Vertrag seinerseits aber bereits früher notariell beurkundet, so kann auf diese Urkunde nach § 13a BeurkG durch Verweisung Bezug genommen werden. Sind zum Zeitpunkt des Abschlusses des abhängigen Vertrages bereits alle Modalitäten des Grundstückskaufvertrages ausgehandelt, so kommt nur die gemeinsame Beurkundung beider Verträge in Betracht.[1083] Kommt der Grundstückskaufvertrag später nicht zustande[1084] und wurde er nicht notariell beurkundet, obwohl der Grundstückskaufvertrag von ihm abhängig war[1085], so bleibt es bei der Nichtigkeit des abhängigen Vertrages nach den §§ 311b Abs. 1 Satz 1, 125 Satz 1 BGB. Dies gilt auch, wenn nur ein Angebot beurkundet wurde, welches später nicht angenommen wird.[1086]

ee. Rechtliche Einheit mehrerer beurkundungsbedürftiger Rechtsgeschäfte

233 Schließen die Vertragsbeteiligten mehrere Rechtsgeschäfte, die jedes für sich beurkundungsbedürftig sind (z.B. mehrere Grundstückskaufverträge, Grundstückskaufvertrag und Verkauf eines GmbH-Anteils) und zu einer rechtlichen Einheit verbunden sind, so muss die gegenseitige Abhängigkeit nach allgemeiner Ansicht ebenfalls beurkundet werden.[1087] Ein solcher Zusammenhang besteht beispielsweise, wenn ein Käufer von einem Verkäufer mehrere Immobilien (z.B. Wohnungs- und Teileigentum) als Gesamtheit erwerben will.[1088] Dem Erfordernis der Beurkundungsbedürftigkeit der Abhängigkeit kann zum einen dadurch Rechnung getragen werden, dass beide Rechtsgeschäfte **in einer Urkunde** niedergelegt werden. Zusätzlich muss dann aber auch die Abhängigkeit zum Ausdruck kommen. Werden die einzelnen Rechtsgeschäfte **in getrennten Urkunden** beurkundet, so stellt sich die Frage, ob ein Hinweis auf die Abhängigkeit in beiden Urkunden enthalten sein muss oder ob der Hinweis in einer Urkunde genügt. Das Reichsgericht[1089] hatte im Jahre 1925 entschieden, dass es genüge, wenn der rechtliche Zusammenhang aus einer Urkunde zu entnehmen sei, da § 313 BGB a.F. nur eine einmalige formrichtige Beurkundung der Absprachen vorschreibe. Daher genüge es, wenn der rechtliche Zusammen-

---

[1081] BGH v. 22.07.2010 - VII ZR 246/08 - juris Rn. 10 - BGHZ 186, 345.

[1082] In dem Fall, welcher der Entscheidung des BGH v. 13.06.2002 - VII ZR 321/00 - NJW 2002, 2559-2560 zugrunde lag, wurde in dem Bauwerkvertrag ein Rücktrittsrecht für den Fall vereinbart, dass der Grundstückskaufvertrag nicht zustande kommt.

[1083] Zum umgekehrten Fall aus der Sicht des Grundstückskaufvertrages: *Wufka* in: Staudinger, § 311b Rn. 176.

[1084] Zu einem solchen Fall BGH v. 12.02.2009 - VII ZR 230/07 - NJW-RR 2009, 953 (Werkvertrag); OLG Dresden v. 06.10.2004 - 12 U1387/04 - NotBZ 2005, 364-365 (Mietvertrag im Vorgriff auf einen Grundstückskaufvertrag im Zweipersonenverhältnis) und LG Berlin v. 25.11.2004 - 5 O 220/04 - BauR 2005, 1329-1330 (Bauwerkvertrag im Vorgriff auf einen Grundstückskaufvertrag im Dreipersonenverhältnis).

[1085] Was beispielsweise in dem Fall, welcher vom LG Berlin v. 25.11.2004 - 5 O 220/04 - BauR 2005, 1329-1330, entschieden wurde, nicht anzunehmen war.

[1086] OLG Koblenz v. 13.02.2001 - 3 U 543/99 - NotBZ 2002, 187 (Pachtvertrag im Vorgriff auf ein notarielles Kaufangebot).

[1087] BGH v. 16.03.1988 - VIII ZR 12/87 - juris Rn. 13 - BGHZ 104, 18-26; BGH v. 11.10.2000 - VIII ZR 321/99 - juris Rn. 19 - LM ZPO § 519 Nr. 148 (3/2001); BGH v. 13.02.2003 - IX ZR 76/99 - NJW-RR 2003, 1565-1568; OLG Stuttgart v. 09.06.2000 - 5 U 181/98 - juris Rn. 34 - OLGR Stuttgart 2000, 408-411.

[1088] Vgl. dazu den Fall OLG Stuttgart v. 09.06.2000 - 5 U 181/98 OLGR Stuttgart 2000, 408-411.

[1089] JW 1925, 2602.

hang aus einer Urkunde zu entnehmen sei. In einer späteren Entscheidung[1090] hat das Reichsgericht dies jedoch offen gelassen. Auch das Kammergericht[1091] lässt es genügen, dass die Abhängigkeit der Verträge zumindest in einer der Urkunden zum Ausdruck kommt. Teilweise wird in der Rechtsprechung die Ansicht vertreten, dass der Zusammenhang in beiden Urkunden zum Ausdruck kommen müsse (Querverweis[1092]).[1093] Der BGH[1094] hat entschieden, dass an der vorstehend genannten Auffassung des RG aus dem Jahre 1925 „jedenfalls dann" kein Zweifel bestehe, wenn es sich bei dem zweiten notariell beurkundeten Vertrag um eine Ergänzung des Grundstückskaufvertrags handele. Auf diese Einschränkung weist das OLG Hamm[1095] deutlich hin: Eine Verlautbarung der Abhängigkeit in der zweiten Urkunde genüge nur dann, wenn es sich um zwei Verträge über den gleichen Gegenstand handele. Betreffen die notariellen Urkunden dagegen zwei verschiedene Gegenstände (im Fall des OLG Hamm: Verkauf einer Immobilie und eines Schiffs), so sei der zweite Vertrag keine Ergänzung des ersten. Eine Entscheidung zu dem Fall, dass der zweite Vertrag keine Ergänzung des ersten darstellt, steht dagegen noch aus.[1096] In der Literatur[1097] wird sogar die Auffassung vertreten, dass mehrere beurkundungsbedürftige Verträge nur in einer Urkunde zusammengefasst werden können. Bestehe ein Abhängigkeitszusammenhang zwischen einem Grundstücksvertrag mit einem anderen Vertrag (dies kann auch ein weiterer Grundstücksvertrag sein!), so müsste bereits in der ersten Urkunde eine solche Abhängigkeit urkundlich zum Ausdruck kommen; andernfalls wäre sie unvollständig und damit formnichtig.[1098] Würde in verfahrensrechtlich korrekter Weise in der zweiten Urkunde auf die erste Urkunde Bezug genommen, so wäre das erste Rechtsgeschäft erst mit Abschluss des zweiten Rechtsgeschäfts formell wirksam.[1099] Eine Verweisung in der ersten Urkunde auf die zweite Urkunde ist nach § 13a BeurkG nicht möglich, da die zweite Urkunde im Zeitpunkt der Errichtung der ersten Urkunde noch nicht wirksam ist. Daraus wird der Schluss gezogen, dass bei einer Abhängigkeit des Grundstücksvertrages eine Beurkundung nur in einer einzigen Urkunde erfolgen könne.[1100]

Wann und in welchem Umfang ein Abhängigkeitszusammenhang besteht, ist nicht immer einfach zu beurteilen. Dies soll im Folgenden anhand der Entscheidung des IX. Zivilsenats des BGH vom 13.02.2003[1101] erläutert werden: V verkaufte in getrennten Urkunden an K 1 einen 800/1000 Miteigentumsanteil und an K2 einen 200/1000 Miteigentumsanteil an einer Immobilie. Da der von K 2 zu zahlende Kaufpreis – im Verhältnis zu K 1 – deutlich unter dem Wert des Miteigentumsanteils lag (325.000 DM), verkaufte K 2 in weiterer notarieller Urkunde vom gleichen Tage an K 1 eine eigene Immobilie zum gleichen Kaufpreis (325.000 DM). Für K 2 war der Kauf des 200/1000 Miteigentumsanteils Voraussetzung für den Verkauf seiner eigenen Immobilie an K 1, für K 1 war der Kauf der Immobilie von K 2 Voraussetzung für den Kaufvertrag zwischen K 2 und V (obwohl er selbst an diesem Vertrag nicht beteiligt war). Damit alle Verträge zusammen unterschrieben werden, wurden sie im gleichen Termin beurkundet und vom Notar nach Verlesen „gleichzeitig" unterschrieben. Der BGH hielt es für möglich, dass der Kaufvertrag zwischen K 2 und K 1 nach den §§ 125, 311b Abs. 1 Satz 1 BGB nichtig sei, weil der „Verknüpfungswille" in diesem Kaufvertrag und möglicherweise auch im Verkauf von V an K 2 hätte beurkundet werden müssen.[1102] Der Fall zeigt, dass man mit der Annahme der Nichtigkeit eines Kaufvertrages nach § 125 BGB wegen fehlender Beurkundung der Verknüpfung zwi- **234**

[1090] AKZ 1940, 252, zitiert bei BGH v. 16.03.1988 - VIII ZR 12/87 - BGHZ 104, 18-26.
[1091] So die Auffassung von KG v. 15.12.1989 - 7 U 6443/88 - NJW-RR 1991, 688-689.
[1092] Formulierung nach OLG Stuttgart v. 09.06.2000 - 5 U 181/98 - juris Rn. 34 - OLGR Stuttgart 2000, 408-411.
[1093] OLG Hamm v. 04.07.1996 - 22 U 116/95 - OLGR Hamm 1996, 229; offen gelassen von OLG Stuttgart v. 09.06.2000 - 5 U 181/98 - juris Rn. 34 - OLGR Stuttgart 2000, 408-411.
[1094] BGH v. 16.03.1988 - VIII ZR 12/87 - BGHZ 104, 18-26.
[1095] OLG Hamm v. 04.07.1996 - 22 U 116/95 - OLGR Hamm 1996, 229.
[1096] So die Ausführungen in BGH v. 13.02.2003 - IX ZR 76/99 - juris Rn. 49 - NJW-RR 2003, 1565.
[1097] Vgl. dazu *Wufka* in: Staudinger, § 311b Abs. 1 Rn. 185.
[1098] *Wufka* in: Staudinger, § 311b Abs. 1 Rn. 185.
[1099] *Wufka* in: Staudinger, § 311b Abs. 1 Rn. 185.
[1100] *Wufka* in: Staudinger, § 311b Abs. 1 Rn. 185.
[1101] BGH v. 13.02.2003 - IX ZR 76/99 - NJW-RR 2003, 1565-1568. Zu Recht kritisch zu dieser Entscheidung: *Kanzleiter*, DNotZ 2004, 178-188.
[1102] BGH v. 13.02.2003 - IX ZR 76/99 - juris Rn. 31 - NJW-RR 2003, 1565-1568; ablehnend *Kanzleiter*, DNotZ 2004, 178-188, 185 ff.: die Verknüpfung wurde beurkundungsverfahrensrechtlich dadurch hergestellt, dass der Notar alle Urkunden nach Unterschrift durch die jeweiligen Vertragsparteien unterschrieb. Die Erwägung des BGH, auch im Vertrag zwischen V und K 2 hätte möglicherweise eine Verknüpfungsabrede beurkundet werden müssen, ist unrichtig; vgl. *Kanzleiter*, DNotZ 2004, 178-188, 184-185.

schen zwei (beurkundungsbedürftigen) Verträgen zurückhaltend sein sollte.[1103] *Kanzleiter*[1104] hat dies wie folgt umschrieben: „Zurück von der Beurkundungsbedürftigkeit der Verknüpfungsabrede zum BGB". Die Begriffe Verknüpfungsabrede oder Verknüpfungswille sind lediglich eine untechnische Umschreibung dahinter stehender juristisch relevanter Kategorien. Ob im Einzelfall eine Beurkundung der „Verknüpfung" erforderlich ist, lässt sich nur dann feststellen, wenn die richtige vertragsrechtliche Kategorie für die „Verknüpfung" ermittelt worden ist. Man muss daher zwischen den verschiedenen Fallkonstellationen des Abschlusszusammenhangs, Wirksamkeitszusammenhangs und Abwicklungszusammenhangs unterscheiden:

- Zum einen kann ein bloßer **Abschlusszusammenhang** dahin gehend bestehen, dass einzelne Vertragsbeteiligte sicherstellen wollen, dass mehrere Verträge (zeitgleich) zustande kommen.[1105] Ein solcher Fall kann insbesondere dann gegeben sein, wenn eine Person ihre eigene Immobilie verkaufen und eine neue Immobilie von einem Dritten kaufen will.[1106] Sofern beide Verträge mit der Unterschrift rechtswirksam werden, insbesondere weil es keiner (öffentlich-rechtlicher oder zivilrechtlicher) Genehmigungen bedarf, kann das Ziel auf beurkundungsverfahrensrechtlichem Wege verwirklicht werden, wenn die Beteiligten sich darauf verständigen.[1107] In solchen Fällen ist nicht anzunehmen, dass die Vertragsparteien den Fortbestand beider Kaufverträge voneinander abhängig machen wollen. Daran hätte lediglich derjenige ein Interesse, der seine eigene Immobilie verkauft und eine andere kauft. Die Vertragspartner in den jeweiligen Verträgen werden aber in aller Regel dies nicht zum Inhalt des eigenen Vertrages machen.

- Daneben kann ein **Wirksamkeitszusammenhang** in dem Sinne bestehen, dass die Verträge nur gemeinschaftlich wirksam werden sollen, unabhängig davon, welches rechtliche Schicksal sie später in der Abwicklung nehmen. Dies kann insbesondere dann der Fall sein, wenn zumindest einer der Verträge einem Genehmigungserfordernis unterliegt. Sofern in einem Vertragsverhältnis eine Vertragspartei das wirksame Zustandekommen des Vertrages davon abhängig macht, dass auch ein anderer Vertrag zustande kommt und dies nicht bereits auf beurkundungsverfahrensrechtlichem Wege wie beim Abschlusszusammenhang möglich ist (durch die gleichzeitige Beurkundung sind nicht beide Verträge rechtswirksam), können die Vertragsparteien eine rechtsgeschäftliche Bedingung oder ein vertragliches Rücktrittsrecht zum Inhalt ihrer Vereinbarung machen. Besteht Einigkeit über eine solche Abrede, so muss die Bedingtheit des schuldrechtlichen Rechtsgeschäftes[1108] beurkundet werden. Sofern die Bedingung oder das Rücktrittsrecht nicht mitbeurkundet sind, tritt Heilung des Vertrages analog § 311b Abs. 1 Satz 2 BGB mit der Wirksamkeit des anderen beurkundungsbedürftigen Rechtsgeschäftes ein, nicht erst durch Auflassung und Eintragung im Grundbuch. Würde beispielsweise der Käufer eines Grundstücks die Wirksamkeit des Vertrages davon abhängig machen, dass der Verkauf seiner eigenen Immobilie rechtswirksam zustande gekommen ist[1109], so ist der Mangel der Beurkundung der rechtsgeschäftlichen Bedingung oder eines vertraglichen Rücktrittsrechts mit der Rechtswirksamkeit des zweiten Vertrages (z.B. Erteilung einer Genehmigung) geheilt.

- Schließlich kann auch ein **Abwicklungszusammenhang** zwischen den verschiedenen Verträgen bestehen, bei der die Unwirksamkeit oder Nichtdurchführung eines Vertrages auch die Unwirksamkeit des anderen zur Folge hat (vgl. § 139 BGB). Zur Annahme eines solchen rechtsgeschäftlichen Zusammenhangs bedarf es besonderer Gründe. Der Zusammenhang kann zum einen durch eine Bedingung oder ein vertragliches Rücktrittsrecht hergestellt werden, wobei einem Rücktrittsrecht der Vorzug zu geben sein dürfte. Diese rechtsgeschäftliche Nebenabrede bedarf dann der Beurkundung nach § 311b Abs. 1 Satz 1 BGB. Daneben kann der Abwicklungszusammenhang aber auch über die Regelung des § 139 BGB hergestellt werden. Diese Vorschrift erfasst alle Arten der Unwirksamkeit des

---

[1103] Daher zu weitgehend *Keim*, DNotZ 2001, 827-841, 837: „Die Pflicht zur Beurkundung der Verknüpfungsabrede führt unabhängig davon, welcher Auffassung man folgt, dazu, dass sogar die ansonsten vollständige Beurkundung mehrerer Grundstückskaufverträge in verschiedenen Urkunden ohne gegenseitige Bezugnahme zu deren Nichtigkeit führen kann, wenn sie nach dem Willen der Beteiligten voneinander abhängig sein sollen."

[1104] *Kanzleiter*, DNotZ 2004, 178-188, 188.

[1105] LG Schwerin v. 25.01.2005 - 4 T 1/04 - NotBZ 2005, 376.

[1106] Vgl. dazu *Kanzleiter*, DNotZ 2004, 178-188, 181-182.

[1107] Vgl. dazu *Kanzleiter*, DNotZ 2004, 178-188, 181-182.

[1108] Die Auflassung kann nach § 925 Abs. 2 BGB nicht unter einer Bedingung erklärt werden.

[1109] Dieser Fall dürfte die Ausnahme sein, weil der Verkäufer in aller Regel nicht das Risiko des wirksamen Verkaufs des Grundstücks durch seinen Käufer abhängig machen will.

Rechtsgeschäftes, ob anfänglich[1110] oder nachträglich[1111]. Beispielsweise erfasst § 139 BGB auch den Fall, dass die notwendige Genehmigung zu einem Teil des Rechtsgeschäfts verweigert wird.[1112] Die Rechtsfolgen des § 139 BGB können nicht nur im Zweipersonenverhältnis, sondern auch im Dreipersonenverhältnis eintreten[1113], wenn die Einheitlichkeit zur Zeit des Vertragsabschlusses von mindestens einer Vertragspartei erkennbar gewollt und von allen übrigen Parteien hingenommen worden ist[1114]. Eine Beurkundung dieses Zusammenhangs, den § 139 BGB voraussetzt, ist nicht erforderlich, weil es sich um einen Fall der ergänzenden Vertragsauslegung handelt, bei welcher die Andeutungstheorie (vgl. Rn. 199) nicht gilt.[1115] In dem vorgenannten, vom BGH entschiedenen Fall[1116] wäre der „Verknüpfung" ohne weiteres durch die Feststellung Rechnung zu tragen, dass bei Unwirksamkeit des Vertrages über den 20/1000 Miteigentumsanteil zwischen V und K 2 auch der Vertrag über die Eigentumswohnung zwischen K 2 und K 1 nach § 139 BGB unwirksam wäre. Da die Andeutungstheorie (vgl. Rn. 199) für diesen Unwirksamkeitszusammenhang nicht gilt, bedurfte die Verknüpfungsabrede keiner Beurkundung in den jeweiligen Verträgen. Dass dieser Unwirksamkeitszusammenhang rechtsgeschäftlich auch durch eine Bedingung oder ein Rücktrittsrecht hätte hergestellt werden können, spielt keine Rolle. Die Beurkundung eines solchen Zusammenhangs ist nur dann erforderlich, wenn sich die Vertragsparteien darüber tatsächlich verständigt hätten[1117], nicht wenn dies eine von mehreren Möglichkeiten darstellt, oder anders: Beurkundet werden muss nur das, was die Parteien wollen, nicht was sie gewollt haben könnten.

Würden die Beteiligten die beurkundungsbedürftigen Rechtsgeschäfte in einer Urkunde beurkunden, so würde sich nach Auffassung der h.M. ebenfalls die Frage nach der Art und Weise der Verknüpfung der Rechtsgeschäfte stellen; die bloße Zusammenbeurkundung dürfte als solche nicht ausreichen. Sofern die Verknüpfung der Rechtsgeschäfte eine eigenständige rechtsgeschäftliche Bedeutung haben soll, muss dieser Zusammenhang ebenfalls beurkundet werden, sofern nicht ein Fall der Verknüpfung nach § 139 BGB vorliegt (vgl. dazu Rn. 277). Das Vorliegen einer Geschäftseinheit im Sinne des § 139 BGB braucht jedoch nicht beurkundet zu werden. In aller Regel wird der Sachverhalt ebenso liegen, wenn die Rechtsgeschäfte in getrennten Urkunden beurkundet sind.

d. Bauwerkvertrag und Grundstückskaufvertrag

aa. Unmittelbare und mittelbare Verpflichtung zum Grundstückserwerb

Ein Bauwerkvertrag kann aus verschiedenen Gründen beurkundungsbedürftig sein.[1118] Zum einen ist festzustellen, ob er eine **unmittelbare** Verpflichtung zur Veräußerung oder zum Erwerb des Eigentums an einem Grundstück beinhaltet.[1119] Daneben kann sich die Beurkundungsbedürftigkeit auch daraus ergeben, dass der vor dem Grundstückskaufvertrag abgeschlossene Werkvertrag eine **mittelbare Verpflichtung** (vgl. Rn. 107) zum Erwerb oder zur Veräußerung beinhaltet.[1120] Dies wurde beispielsweise verneint,

235

[1110] *Roth* in: Staudinger, § 139 Rn. 31.
[1111] *Roth* in: Staudinger, § 139 Rn. 33.
[1112] *Roth* in: Staudinger, § 139 Rn. 33.
[1113] *Roth* in: Staudinger, § 139 Rn. 43.
[1114] *Roth* in: Staudinger, § 139 Rn. 43.
[1115] Vgl. BGH v. 16.01.1987 - V ZR 242/85 - juris Rn. 14 - NJW-RR 1987, 458-459; *Wolf* in: Soergel, § 313 a.F. Rn. 76; *Heinrichs/Ellenberger* in: Palandt, § 133 Rn. 19. Sofern behauptet wird, dass die „Verknüpfungsabrede" stets beurkundet werden muss (so z.B. *Frank*, NotBZ 2003, 211-215, 214), ist dies unzutreffend.
[1116] BGH v. 13.02.2003 - IX ZR 76/99 - NJW-RR 2003, 1565-1568.
[1117] Dem in der Entscheidung BGH v. 13.02.2003 - IX ZR 76/99 - NJW-RR 2003, 1565-1568 mitgeteilten Sachverhalt ist eine solche Abrede nicht zu entnehmen.
[1118] Vgl. dazu die schulmäßige Prüfungsreihenfolge in BGH v. 06.12.1979 - VII ZR 313/78 - BGHZ 76, 43-50; vgl. auch *Wolf* in: Soergel, § 313 a.F. Rn. 73.
[1119] BGH v. 06.12.1979 - VII ZR 313/78 - juris Rn. 11 - BGHZ 76, 43-50; OLG Dresden v. 06.10.2004 - 12 U 1387/04 - juris Rn. 11 - NotBZ 2005, 364-365.
[1120] Vgl. dazu näher Rn. 99; BGH v. 06.12.1979 - VII ZR 313/78 - juris Rn. 12 - BGHZ 76, 43-50; BGH v. 28.02.2002 - VII ZR 434/99 - juris Rn. 18 - NJW 2002, 1792-1793: Die Kläger, Eigentümer eines Baugrundstücks, beabsichtigten auf diesem Grundstück ein Einfamilienhaus zu errichten. Sie konnten das geplante Bauvorhaben nur dadurch finanzieren, dass sie zwei Teilflächen von dem Grundstück abtrennten und als Bauplätze veräußerten. Die Parteien schlossen einen schriftlichen Bauvertrag. Der Bauunternehmer verpflichtete sich, auf der dem Auftraggeber verbleibenden Teilfläche ein schlüsselfertiges Einfamilienhaus zu bauen. Nach dem Verkauf einer Teilfläche begann der Bauunternehmer mit dem Bau. Später kündigte der Auftraggeber den Werkvertrag und berief sich im Prozess auf die Formnichtigkeit des Bauwerkvertrages.

wenn der Grundstückseigentümer den Hausbau dadurch finanzieren sollte, dass er zwei aus einem ihm gehörenden Baugrundstück noch herauszumessende Bauplätze verkauft und der Baubeginn nach Inhalt des Bauwerkvertrages erst nach Verkauf der Bauplätze erfolgen solle.[1121] Der Eigentümer setzt sich hier keinem die Entscheidungsfreiheit einschränkenden Zwang aus, die Immobilie zu veräußern, um den Bauvertrag zu erfüllen. Wenn die Kündigung des Werkvertrages die einzige Möglichkeit für den Besteller ist, bei Nichterwerb des konkret in Aussicht stehenden Grundstücks sich vom Werkvertrag zu lösen und dies zur Zahlung einer pauschalen Vergütung von 5% der Vertragssumme führt, kann in Anlehnung an die Rechtsprechung zum Maklerrecht ein faktischer Erwerbszwang gegeben sein und der Bauwerkvertrag beurkundungsbedürftig sein.[1122] Eine mittelbare Verpflichtung zum Erwerb eines Grundstücks hat das Brandenburgische OLG[1123] in folgendem Fall angenommen: Ein Bauunternehmer hatte einen Rahmenvertrag mit einer GmbH (welche Eigentümerin eines Grundstücks von 38.000 qm war) geschlossen, nach welchem der Bauunternehmer 5 Doppelhäuser und 25 Einfamilienhäuser auf noch zu vermessenden Teilflächen des Grundstücks errichten soll. Da sich keine Interessenten fanden, vereinbarten der Bauunternehmer und die GmbH als Grundstückseigentümerin, dass die Tochter des Geschäftsführers der GmbH (eine zu diesem Zeitpunkt 24-jährige Studentin) einen Bauplatz kauft, auf welchem der Bauunternehmer ein Musterhaus errichtet, welches für Interessenten einen besseren Anreiz für einen Kauf geben sollte. Nach Abschluss des Bauwerkvertrages zwischen der Käuferin und dem Bauunternehmer begann dieser mit dem Bau, um den Vertrieb „anzukurbeln". Etwa zwei Monate später schlossen die GmbH und die Käuferin einen Kaufvertrag über das Grundstück, bei welchem der Bauwerkvertrag nicht erwähnt wurde. Zu diesem Zeitpunkt war das Gebäude zum Teil bereits errichtet. Durch den so ausgerichteten Bauwerkvertrag musste die Käuferin das Grundstück kaufen (mittelbarer Zwang zum Grundstückserwerb). Daher bedurfte der Bauwerkvertrag der notariellen Beurkundung. Im Übrigen war der Grundstückskaufvertrag auch von dem Bauwerkvertrag abhängig, so dass er auch aus diesem Grund beurkundet werden musste (vgl. zur einseitigen Abhängigkeit Rn. 272).

bb. Rechtliche Einheit zwischen Bauwerkvertrag und Grundstücksvertrag im Zweipersonenverhältnis

236   Liegt ein Fall der mittelbaren Erwerbsverpflichtung nicht vor, so bedarf der Bauwerkvertrag nach der Rechtsprechung des BGH gleichwohl der notariellen Beurkundung nach § 311b Abs. 1 Satz 1 BGB, „wenn er mit einem Vertrag über den Erwerb eines Grundstücks eine rechtliche Einheit bildet. Eine solche besteht, wenn die Vertragsparteien den Willen haben, beide Verträge in der Weise miteinander zu verknüpfen, dass sie miteinander stehen und fallen sollen. Sind die Verträge nicht wechselseitig voneinander abhängig, ist der Bauvertrag nur dann beurkundungsbedürftig, wenn das Grundstücksgeschäft von ihm abhängt."[1124] Ist der Werkunternehmer zugleich der Grundstücksverkäufer (Zweipersonenverhältnis), so wird in aller Regel eine solche Abhängigkeit des Grundstückskaufvertrages vom Bauwerkvertrag – auf Seiten des Verkäufers und/oder des Käufers – bestehen, dies der jeweils anderen Vertragspartei auch bekannt sein und von ihr hingenommen.[1125] Besonders deutlich trat diese Abhängigkeit des Grundstückskaufvertrages vom Werkvertrag in dem Fall auf, der der Entscheidung des OLG Stuttgart vom 17.02.2004[1126] zugrunde lag. Der Verkäufer, ein Bauträger, schloss mit dem Käufer privatschriftlich einen Bauwerkvertrag neben dem notariell beurkundeten Grundstückskaufvertrag. Der Grundstückskaufpreis wurde um 100.000 DM höher angegeben, damit der Verkäufer für die von ihm bereits erbrachten Bauleistungen eine Sicherheit hatte. Im Übrigen hätte der Verkäufer das von ihm so bezeichnete „Filetgrundstück" ohne Bauverpflichtung für einen wesentlich höheren Kaufpreis verkauft.

[1121] BGH v. 28.02.2002 - VII ZR 434/99 - juris Rn. 19 - NJW 2002, 1792-1793.
[1122] Vgl. dazu näher Rn. 112. Der BGH verneinte in seiner Entscheidung v. 06.12.1979 - VII ZR 313/78 - BGHZ 76, 43-50 eine mittelbare Erwerbsverpflichtung bei einem Bauwerkvertrag, der im Vorgriff auf einen zwischen dem Auftraggeber und einem Dritten abzuschließenden Grundstückskaufvertrag geschlossen wurde; vgl. dagegen die Entscheidung des OLG München v. 11.07.1933 - 28 U 2652/83 - NJW 1984, 243.
[1123] OLG Brandenburg v. 21.03.2002 - 8 U 66/01 - OLGR Brandenburg 2003, 7-10.
[1124] BGH v. 22.07.2010 - VII ZR 246/08 - BGHZ 186, 345.
[1125] BGH v. 22.07.2010 - VII ZR 246/08 - juris Rn. 11 - BGHZ 186, 345.
[1126] OLG Stuttgart v. 17.02.2004 - 10 U 108/03 - IBR 2005, 259 (Leitsatz).

cc. Rechtliche Einheit zwischen Bauwerkvertrag und Grundstücksvertrag im Dreipersonenverhältnis

Eine rechtliche Einheit zwischen einem Bauvertrag und dem Grundstückskaufvertrag besteht nach der Rechtsprechung des BGH auch dann, wenn der Bauwerkvertrag vor dem Grundstückskaufvertrag geschlossen wird und die Parteien des Bauvertrages nicht identisch sind mit den Parteien des bevorstehenden Grundstückskaufvertrages (Dreipersonenverhältnis). Unproblematisch ist der Fall, dass der **Verknüpfungswille** zwischen den **Parteien des Grundstücksvertrages** besteht. Dies ist insbesondere dann der Fall, wenn unter dem Dach eines Gesamtangebots sowohl der Erwerb des Grundstücks als auch die Bauerrichtung angeboten worden sind[1127] oder wenn durch Vermittlung des Verkäufers ein Dritter als Werkunternehmer die Sanierung des mit dem Grundstück verkauften Gebäudes übernimmt (einheitliche Leistung).[1128] In diesen Fällen wissen die Vertragsparteien untereinander von den abzuschließenden Verträgen. Oftmals sind hier auch der Verkäufer des Grundstücks und der Bauunternehmer persönlich oder wirtschaftlich miteinander verbunden (Beispiel: die Ehefrau ist Eigentümerin, die GmbH, deren Alleingesellschaft und Alleingeschäftsführer der Ehemann der Grundstückseigentümerin ist, schließt den Bauwerkvertrag). 237

Problematisch erscheint der Fall, dass der **Verknüpfungswille** nicht zwischen den Vertragsparteien des Grundstücksvertrages besteht, sondern ausschließlich zwischen den **Parteien des Bauvertrages**. Diese Konstellation tritt auf, wenn im Vorgriff auf einen Grundstückskaufvertrag der Bauunternehmer mit dem Bauherrn einen Bauwerkvertrag schließt und zu diesem Zeitpunkt ein Kontakt zu dem Grundstückseigentümer gar nicht besteht. Auf einen (hypothetischen) Verknüpfungswillen zwischen den Parteien des Grundstückskaufvertrages lässt sich hier nicht abstellen.[1129] Hier geht es um die Fälle, dass sich der Bauherr von dem im Vorgriff auf den Grundstückskaufvertrag geschlossenen Bauwerkvertrag wieder lösen will und sich gegen eine vertragliche Schadensersatzpflicht mit dem Einwand wehrt, dass der Bauwerkvertrag wegen fehlender notarieller Beurkundung nichtig ist.[1130] Nach Ansicht des BGH ist der im Vorgriff auf den Grundstückskaufvertrag geschlossene Bauvertrag beurkundungsbedürftig, wenn die Parteien des Bauvertrages übereinstimmend davon ausgehen, dass der Grundstückserwerb nach dem Willen der Parteien des Kaufvertrages von dem Bauvertrag abhängt.[1131] Der Wille der Parteien des erst später abzuschließenden Grundstückskaufvertrages kann hier nicht maßgeblich sein, denn dieser liegt in der Regel zum Zeitpunkt des Abschlusses des Bauvertrages noch nicht vor.[1132] Stattdessen ist nach Auffassung des BGH[1133] zu prüfen, „ob nach dem Willen der Bauvertragsparteien der für die Bebauung notwendige Grundstückserwerb von dem Bauvertrag in der Weise abhängen soll, dass beide Verträge miteinander stehen und fallen. Es reicht nicht aus, dass die Parteien eine Abhängigkeit des Bauvertrages vom zukünftigen Grundstückserwerb wollen. Vielmehr müssen sie gemeinsam davon ausgehen, dass dieser Grundstückserwerb nach dem Willen der Parteien des Kaufvertrages von dem Bauvertrag abhängt. Denn maßgeblich für die Beurkundungspflicht ist die Abhängigkeit des Grundstücksvertrages von einer etwaigen anderen Abrede. ... Ausreichend ist, dass in dem dem Grundstückserwerb vorgezogenen Geschäft ein Verknüpfungswille vorhanden ist, der den Willen aller Beteiligten einbezieht." Dazu ist nach Auffassung des BGH noch nicht ausreichend, dass der Bauherr für die Durchführung eines Bauvertrages ein Grundstück benötigt.[1134] Auch nicht ausreichend ist, dass der Bauvertrag auf einem bestimmten, bereits ins Auge gefassten Grundstück ausgeführt werden 238

[1127] OLG Hamm v. 08.01.2008 - 15 W 195/07. Die Eigentümer hatten die Absicht, auf ihrem Grundstück ein Haus zu errichten, aufgegeben und beauftragten einen Werkunternehmer das geplante und genehmigte Gebäude nebst einer Grundstücksteilfläche zu verkaufen.
[1128] OLG Celle v. 15.02.2006 - 3 U 192/05 - RNotZ 2006, 190-192.
[1129] BGH v. 22.07.2010 - VII ZR 246/08 - juris Rn. 10 - BGHZ 186, 345 unter Klarstellung zu einer möglicherweise missverständlichen Formulierung in BGH v. 13.06.2002 - VII ZR 321/00 - NJW 2002, 2559.
[1130] BGH v. 12.02.2009 - VII ZR 230/07 - NJW-RR 2009, 953; BGH v. 22.07.2010 - VII ZR 246/08 - BGHZ 186, 345; LG Berlin v. 25.11.2004 - 5 O 220/04 - BauR 2005, 1329-1330; OLG Dresden v. 06.10.2004 - 12 U 1387/04 - NotBZ 2005, 364-365; OLG Köln v. 29.06.2000 - 12 U 254/99 - NotBZ 2000, 419-421; OLG Karlsruhe v. 24.05.2011 - 13 U 121/10 - IBR 2011, 468; LG Halle (Saale) v. 27.08.2010 - 5 O 837/09 - MittBayNot 2011, 168.
[1131] BGH v. 22.07.2010 - VII ZR 246/08 - juris Rn. 10 - BGHZ 186, 345.
[1132] BGH v. 22.07.2010 - VII ZR 246/08 - juris Rn. 10 - BGHZ 186, 345.
[1133] BGH v. 22.07.2010 - VII ZR 246/08 - juris Rn. 10 - BGHZ 186, 345.
[1134] BGH v. 22.07.2010 - VII ZR 246/08 - juris Rn. 11 - BGHZ 186, 345.

soll.[1135] Ein solcher Verknüpfungswille kommt nach Ansicht des BGH jedoch in Betracht, wenn der Bauunternehmer maßgeblichen Einfluss auf die Durchführung des Kaufvertrages hat.[1136] Die Vereinbarung eines Rücktrittsrechts im Bauvertrag stehe einer Verknüpfung mit dem Grundstückskaufvertrag nicht entgegen.[1137] Der BGH ließ in einer früheren Entscheidung[1138] jedoch die Begründung des Berufungsgerichts[1139], dass die rechtliche Einheit zwischen einem Baubetreuungsvertrag und einem zu dessen Durchführung erforderlichen Grundstückserwerb nur dann nicht bestehe, wenn dem Kunden das Recht eingeräumt sei, sich bis zu dem Zeitpunkt eines wirksamen Grundstückserwerbs vom Vertrag folgenlos zu lösen (was in dem zu entscheidenden Fall wegen der Kostenersatzpflicht nach einem Rücktritt nicht so war), unbeanstandet. Es bestehen **Zweifel** an der **Richtigkeit des Ansatzes** des VII. Zivilsenats zu einer Ausdehnung der Beurkundungspflicht. Dem Ergebnis, dass der Bauunternehmer keine Ansprüche wegen der Kündigung eines Bauwerkvertrages geltend machen kann, wenn der Bauwerkvertrag in Bezug auf ein vom Bauherrn zu erwerbendes Grundstück geschlossen wird, wird man in vielen Fällen durchaus zustimmen können. Dem Begründungsansatz des BGH wird man jedoch nicht folgen können, da er die Grenzen der zulässigen Auslegung verlässt. § 311b Abs. 1 Satz 1 BGB spricht von einem Vertrag, durch den sich der eine Teil verpflichtet, das Eigentum an einem Grundstück zu übertragen oder zu erwerben. Das Gesetz geht von dem Regelfall aus, dass die Vertragsparteien anspruchsberechtigt und anspruchsverpflichtet hinsichtlich der Übertragung des Eigentums an dem Grundstück sind (der Eigentümer E verkauft sein Grundstück an den Käufer K). Der Anwendungsbereich des § 311b Abs. 1 Satz 1 BGB ist nach seinem Wortlaut aber weiter gefasst. Der sich zum Erwerb oder zur Veräußerung Verpflichtende muss diese Verpflichtung nicht gegenüber dem Eigentümer des Grundstücks (Verkäufer) oder dem Erwerber des Grundstücks eingehen. Es genügt auch die Verpflichtung gegenüber einem Dritten. Dies betrifft zum einen den Fall des Vertrages zugunsten Dritter (vgl. dazu Rn. 40). Aber auch jenseits dieser Fallgruppe kann eine Verpflichtung im Sinne des § 311b Abs. 1 Satz 1 BGB gegeben sein, ohne dass der Versprechensempfänger oder der Dritte einen Anspruch auf Eigentumserwerb gegen den sich Verpflichtenden hat. So kann sich beispielsweise A gegenüber B verpflichten, von einem Dritten ein Grundstück zu Eigentum zu erwerben, weil B aufgrund einer Vereinbarung mit A einen wirtschaftlichen Vorteil von dem Grundstück hat. Die Rechtsprechung hat unter § 311b Abs. 1 Satz 1 BGB aber auch solche „Verpflichtungen" subsumiert, die als solche keine echten rechtlichen Verpflichtungen (die entweder nach § 894 Abs. 1 Satz 1 ZPO oder nach § 888 Abs. 1 Satz 1 ZPO zu vollstrecken sind) darstellen, die als solche auch nicht vollstreckbar sind. Durch einen Vertragsschluss mit einem Dritten, der im Hinblick auf die Veräußerung oder den Erwerb des Eigentums an einem Grundstück geschlossen wird, kann sich für den Käufer oder Verkäufer eines Grundstücks mittelbar ein Zwang zum Verkauf oder zum Erwerb des Grundstücks ergeben, weil die Verletzung der Pflicht aus dem mit dem Dritten geschlossenen Vertrag so erhebliche Nachteile mit sich bringt, dass der Verkäufer oder Käufer sich genötigt fühlt, den Kaufvertrag zu schließen, um die wirtschaftlichen Nachteile aus der Verletzung des mit dem Dritten geschlossenen Vertrages zu vermeiden (vgl. dazu Rn. 107). Eine solche Auslegung ist noch vom Wortlaut der Norm gedeckt. Dies wird man aber nicht mehr annehmen können, wenn ein Bauwerkvertrag, der selbst keine (unmittelbare oder mittelbare) Verpflichtung zum Erwerb oder zur Veräußerung eines Grundstücks enthält, nur deshalb beurkundungsbedürftig sein soll, weil er mit einem Vertrag zwischen dem Bauherrn und einer anderen Partei, der noch gar nicht geschlossen wurde, wechselseitig stehen und fallen soll. Der Wille der Werkvertragsparteien, dass der noch nicht getätigte Grundstückserwerb nach dem (vermuteten?) Willen der

---

[1135] BGH v. 22.07.2010 - VII ZR 246/08 - juris Rn. 11 - BGHZ 186, 345. Vgl. aber noch OLG Sachsen-Anhalt v. 20.01.2011 - 1 U 84/10 - NJW-RR 2011, 743 unter Bezugnahme auf die inzwischen insofern überholte Entscheidung des BGH v. 12.02.2009 - VII ZR 230/07 - NJW-RR 2009, 953: Wird in einem Hausbauvertrag nicht auf ein konkretes Grundstück Bezug genommen und gehen Informationen über mögliche Grundstücke nicht über eine unverbindliche Serviceleistung hinaus, so fehlt es an einer Verknüpfung zwischen Grundstückserwerb und Hausbauvertrag im Sinne des § 311b Abs. 1 Satz 1 BGB.
[1136] BGH v. 22.07.2010 - VII ZR 246/08 - juris Rn. 11 - BGHZ 186, 345. So auch OLG Karlsruhe v. 24.05.2011 - 13 U 121/10 - IBR 2011, 468. In einer Anzeige (Internet-Auftritt des gewerblichen Vermittlers) wurde ein Bauvorhaben (Fertighaus) zusammen mit einem Grundstück beworben.
[1137] BGH v. 22.07.2010 - VII ZR 246/08 - juris Rn. 9 - BGHZ 186, 345; BGH v. 12.02.2009 - VII ZR 230/07 - NJW-RR 2009, 953.
[1138] BGH v. 12.02.2009 - VII ZR 230/07 - NJW-RR 2009, 953.
[1139] LG Traunstein v. 24.10.2007 - 5 S 2374/07 - zitiert in BGH v. 12.02.2009 - VII ZR 230/07 - NJW-RR 2009, 953.

Parteien des Kaufvertrages von dem Bauvertrag abhänge, soll die Beurkundungsbedürftigkeit des Werkvertrages auslösen. Ein Vertrag, der also noch gar nicht geschlossen wurde, löst die Beurkundungsbedürftigkeit aus! § 311b Abs. 1 Satz 1 BGB erfasst jedoch nur solche Verträge, die tatsächlich geschlossen wurden. Nur aus einem bereits abgeschlossenen Vertrag kann eine Verpflichtung zur Übertragung oder zum Erwerb des Eigentums an einem Grundstück folgen. Insofern ist der Wortlaut des § 311b Abs. 1 Satz 1 BGB eindeutig. Der Wortlaut der Norm bildet zugleich auch die Grenzen der Auslegung.[1140] Ein noch nicht geschlossener Vertrag kann demnach für einen anderen, bereits geschlossenen Vertrag wegen eines hypothetischen Zusammenhangs keine Beurkundungsbedürftigkeit des anderen Vertrages auslösen. Stattdessen wird man in einem Fall, wie er der Entscheidung des BGH v. 22.07.2010[1141] zugrunde lag, den Bauwerkvertrag deshalb unter § 311b Abs. 1 Satz 1 BGB subsumieren, weil er für den Bauherrn wegen der drohenden Vergütungspflicht eine mittelbare Verpflichtung zum Erwerb des Grundstücks beinhaltet (vgl. dazu Rn. 107 und Rn. 235).

e. Grundstückskaufvertrag und Sanierungspflicht des Verkäufers

Zwischen einem Grundstückskaufvertrag und einem weiteren Vertrag, in welchem sich der Verkäufer zur Durchführung von Sanierungsleistungen an dem Gebäude verpflichtet, besteht in aller Regel eine rechtliche Einheit, welche die Abrede über die Sanierungsarbeiten beurkundungsbedürftig macht.[1142] Dies kann auch dann gelten, wenn durch Vermittlung des Verkäufers ein Dritter als Werkunternehmer die Sanierung des mit dem Grundstück verkauften Gebäudes übernimmt (einheitliche Leistung).[1143] In aller Regel hat der Käufer kein Interesse, die Immobilie in einem unsanierten Zustand zu kaufen und sich selbst um die Durchführung der Sanierungsarbeiten kümmern zu müssen. Dafür kann insbesondere sprechen, dass die Sanierungsarbeiten zu einem bestimmten Zeitpunkt fertiggestellt sein müssen, weil der Käufer dann aus seiner bisher genutzten Immobilie ausziehen muss. Ein solcher zeitlicher Umstand begründet die Abhängigkeit des Grundstückskaufvertrages von dem Werkvertrag.

f. Mietvertrag/Pachtvertrag und Grundstückskaufvertrag

aa. Mietvertrag mit Vorkaufsrecht

Vereinbaren Vermieter und Mieter, dass letzterem ein dingliches oder schuldrechtliches Vorkaufsrecht zustehen soll (in der Regel während der Laufzeit des Mietvertrages), so bedarf jedenfalls die Vereinbarung des Vorkaufsrechts der notariellen Beurkundung. Ob auch der Mietvertrag beurkundet werden muss, hängt davon ab, ob die Vereinbarung über das Vorkaufsrecht von dem Mietvertrag abhängig ist (einseitige Abhängigkeit). Im Regelfall wird dies nicht der Fall sein; das Vorkaufsrecht wird im Regelfall nur als zusätzliche Bedingung (gleichsam als „Annex") zum Mietvertrag verstanden. Ob der Mietvertrag bei Nichtbeurkundung des Vorkaufsrechts wirksam ist, hängt davon ab, ob er unabhängig von dem Vorkaufsrecht bestehen soll (§ 139 BGB).[1144] Allein der Umstand, dass der Pächter die Vornahme erheblicher Investitionen in das Pachtobjekt beabsichtigt und dies der Grund für die Vereinbarung des Vorkaufsrechts ist, reicht für die Annahme, die Parteien hätten den Pachtvertrag ohne die Vorkaufsabrede nicht geschlossen, nicht aus.[1145] Auch der BGH[1146] geht von der Anwendbarkeit des § 139 BGB aus: In einem privatschriftlich geschlossenen Mietvertrag wurde dem Mieter eine Kaufoption für das gesamte „Objekt-Gebäude einschließlich Einrichtung" eingeräumt. Der Bestand des Vertrages sollte gemäß dem Mietvertrag nicht durch die Unwirksamkeit einzelner Bestimmungen berührt werden. Nach Ansicht des BGH könne dahingestellt bleiben, ob die Vereinbarung der Kaufoption der notariel-

---

[1140] *Larenz/Wolf*, Allgemeiner Teil des Bürgerlichen Rechts, 9. Aufl. 2004, § 4 Rn. 39.
[1141] BGH v. 22.07.2010 - VII ZR 246/08 - BGHZ 186, 345.
[1142] Vgl. den Fall OLG Koblenz v. 02.10.2002 - 7 U 1426/01 - OLGR Koblenz 2003, 65-66 und Rn. 172.
[1143] OLG Celle v. 15.02.2006 - 3 U 192/05 - RNotZ 2006,190-192.
[1144] OLG Saarbrücken v. 08.10.2009 - 8 U 460/08; OLG Stuttgart v. 14.05.2007 - 5 U 19/07 - juris Rn. 35 - OLGR Stuttgart 2007, 881-886: Die Mieterin war mit der von Vermieterin gewünschten Verlängerung der Laufzeit auf 20 Jahre nur gegen Gewährung eines Vorteiles einverstanden. Dieser Vorteil lag im Ankaufsrecht, von dem die Mieterin ihre Zustimmung zum Vertragsabschluss abhängig gemacht hatte; OLG Düsseldorf v. 25.03.2003 - 24 U 100/01 - juris Rn. 17 - WuM 2005, 194-199; BGH v. 04.05.1994 - XII ZR 12/93 - DWW 1994, 283; OLG Düsseldorf v. 21.12.1994 - 9 U 208/94 - DNotZ 1996, 39; LG Dortmund v. 06.12.2001 - 11 S 162/01 - NJW-RR 2002, 1162.
[1145] OLG Saarbrücken v. 08.10.2009 - 8 U 460/08 - juris Rn. 36.
[1146] BGH v. 17.12.2008 - XII ZR 57/07 - NZM 2009, 198.

len Beurkundung bedurft hätte. Dies ist aber ohne weiteres zu bejahen. Die Vereinbarung ist nach dem Wortlaut so zu verstehen, dass für den Vermieter entweder die Verpflichtung zu Übertragung des Grundstücks einschließlich des aufstehenden Gebäudes (als dessen wesentlicher Bestandteil) oder zur Begründung eines Erbbaurechts an dem Grundstück bestand (wenn wirklich nur das Gebäude Gegenstand der Übereignung sein sollte). In beiden Fällen bedarf die Abrede der notariellen Beurkundung. Das Erfordernis der notariellen Beurkundung erstreckt sich nach Auffassung des BGH aber nicht auf den Mietvertrag im Übrigen. Der BGH nahm eine Teilnichtigkeit im Sinne des § 139 BGB an. Eine Gesamtnichtigkeit sei ausgeschlossen, weil die Vertragsparteien eine salvatorische Klausel vereinbart haben. Diese bewirke eine Umkehr der Vermutung des § 139 BGB dahin, dass derjenige, der sich auf die Gesamtnichtigkeit des Vertrages beruft, die Darlegungs- und Beweislast dafür trägt, dass die Parteien den Vertrag ohne den nichtigen Teil nicht abgeschlossen hätten. Die Beklagte hat nicht dargetan, dass das Rechtsgeschäft ohne die Vereinbarung einer Kaufoption nicht vorgenommen worden wäre. Der Senat weicht (ohne dass dies angesprochen wird) hinsichtlich der Anwendbarkeit des § 139 BGB von der Auffassung des V. Zivilsenats[1147] ab, der bei einer Kenntnis von der Teilnichtigkeit eines Vertrages die Anwendung des § 139 BGB ablehnt: Waren sich die Vertragsparteien bei Vertragsschluss der Nichtigkeit einer vertraglichen Bestimmung bewusst, so entbehre diese Vereinbarung jeder rechtsgeschäftlichen Bedeutung; daher könne man auch nicht von einer Teilnichtigkeit im Sinne des § 139 BGB sprechen (vgl. auch Rn. 269). Das Rechtsgeschäft werde lediglich von den übrigen (wirksamen) Vertragsbestimmungen gebildet. Diese sind aber nur dann rechtswirksam, wenn sie mit diesem Inhalt von den Parteien für sich allein gewollt sind, was im einzelnen Fall vom Tatrichter zu prüfen ist.[1148]

bb. Mietkaufmodell (Mietvertrag mit Kaufangebot oder Kaufoption)

241   Bei einem Mietkaufmodell[1149] liegt der Schwerpunkt des Vertrages nicht auf dem Mietvertrag (anders dagegen, wenn in einem Mietvertrag ein Vorkaufsrecht als Annex vereinbart wird, vgl. dazu Rn. 290), sondern auf dem Grundstückskaufvertrag, der erst in Zukunft zustande kommen soll, so dass der Mietvertrag den Übergangszeitraum hinsichtlich der Nutzung der Immobilie für den Käufer überbrückt. Ist der Käufer erst in Zukunft in der Lage, den Kaufpreis zu finanzieren, so kommt als Alternative zu einem Kaufvertrag der Abschluss eines Mietvertrages mit einer Kaufoption in Betracht. In aller Regel ist der Vertrag über die Kaufoption abhängig vom Mietvertrag, so dass letzterer ebenfalls der notariellen Beurkundung bedarf.[1150] Nach Ansicht des OLG Köln[1151] liegt ein einheitlicher Wille nicht vor, wenn wegen des Kaufangebotes ein niedrigerer Zins als üblich vereinbart worden ist und der Vermieter bei Scheitern des Vertrages einen Teil der Optionsvergütung hätte behalten können. Dies spricht jedoch gerade für einen einheitlichen Willen.[1152] Wird der Mietvertrag im Vorgriff auf das Kaufangebot oder den Optionsvertrag zeitlich vorher geschlossen, so bedarf er gleichwohl der notariellen Beurkundung (befristeter Mietvertrag mit einem notariellen Kaufvertragsangebot über eine Eigentumswohnung).[1153] Nicht ausreichend ist, dass der Mietvertrag zum Zeitpunkt seines Abschlusses als solcher formfrei war. Maßgebend ist die Sichtweise bei Abschluss des Grundstückskaufvertrages, ob dieser vom Mietvertrag abhängig ist (einseitige Abhängigkeit). Die Möglichkeit, den Kaufpreis erst später finanzieren zu können, lag anscheinend auch einer vertraglichen Konstruktion aus Pachtvertrag und notariell beurkundetem Kaufangebot zugrunde, über deren Wirksamkeit das OLG Koblenz[1154] zu entscheiden hatte. Am gleichen Tag schlossen der Verpächter und der Pächter einen Pachtvertrag über einen Hof, machte der Verpächter einem von dem Ehemann der Pächterin zu benennenden Dritten ein Angebot auf Kauf des Hofes und machte der Ehemann der Pächterin dem Verpächter ein inhaltsgleiches Angebot zum Kauf des Hofes. Das Grundstücksgeschäft wiederum war seinerseits abhängig von dem Pachtvertrag. Das

---

[1147] BGH v. 29.06.1966 - V ZR 68/65 - BGHZ 45, 376-380.
[1148] BGH v. 29.06.1966 - V ZR 68/65 - BGHZ 45, 376-380.
[1149] Allgemein *Keim*, RNotZ 2005, 102-109, 106-107.
[1150] BGH v. 10.10.1986 - V ZR 247/85 - juris Rn. 14 - NJW 1987, 1069-1070; *Kanzleiter* in: MünchKomm-BGB, § 311b Rn. 56; *Grüneberg* in: Palandt, § 311b Rn. 33; *Keim*, RNotZ 2005, 102-109, 106-107.
[1151] OLG Köln v. 13.04.1989 - 7 U 41/89 - MittRhNotK 1989, 191-193.
[1152] *Keim*, RNotZ 2005, 102-109, 106-107.
[1153] OLG München v. 24.03.1987 - 5 U 5335/86 - NJW-RR 1987, 1042; *Grüneberg* in: Palandt, § 311b Rn. 33. Zur zeitlichen Reihenfolge bei zusammengesetzten Verträgen vgl. Rn. 281.
[1154] OLG Koblenz v. 13.02.2001 - 3 U 543/99 - NotBZ 2002, 187. Das Motiv für die Konstruktion blieb unklar. U.a. wurde auch behauptet, dass die Aufspaltung in einen Pachtvertrag und ein Angebot dadurch begründet sei, dass der Pächter bei einem sofortigen Kauf keine Zuschüsse erhalten hätte.

OLG stellte fest, dass der Ehemann der Pächterin sich gegenüber dem Verpächter nicht durch Abgabe eines Kaufangebotes gebunden hätte, wenn nicht für die Zeit bis zum Erwerb des Objektes ein Pachtverhältnis mit seiner Ehefrau begründet worden wäre. Die anderen Vertragsbeteiligten erkannten dies und nahmen es billigend hin. Daher bedurfte der Pachtvertrag ebenfalls der notariellen Beurkundung. Infolge der aufeinander abgestimmten Annahmefristen in den beiden notariell beurkundeten Angebotserklärungen kämen diese in ihrem Zusammenwirken einem aufschiebend befristeten Kaufvertrag nahe, von dem keine Seite sich ohne Zustimmung der anderen lösen konnte.

Die Aufspaltung eines eigentlich gewollten Grundstückskaufvertrages in einen Mietvertrag oder Pachtvertrag und eine Kaufoption (Kaufangebot) kann auch dadurch bedingt sein, dass dem Abschluss des Grundstückskaufvertrages ein rechtliches oder wirtschaftliches Hindernis entgegensteht[1155]. Ein solches Hindernis kann beispielsweise ein steuerrechtliches sein, wenn bei einem Verkauf ein Veräußerungsgewinn nach § 23 EStG zu versteuern wäre. Ein rechtliches Hindernis stand einem unmittelbaren Verkauf in dem Fall entgegen, welchen das Saarländische OLG am 22.09.2006[1156] entschied. Der Eigentümer hatte sich gegenüber dem früheren Eigentümer verpflichtet, auf dem gekauften Grundstück bauliche Anlagen zu errichten, diese selbst oder durch eine andere (näher bestimmte) Gesellschaft zu nutzen und das Grundstück innerhalb einer Frist von 15 Jahren nicht weiterzuverkaufen. Der Eigentümer verpflichtete sich in einer notariell beurkundeten Ankaufsvereinbarung gegenüber der Klägerin, ihr das Grundstück auf deren – nach Ablauf der bestehenden Haltefrist (15 Jahre) innerhalb von sechs Monaten auszuübendes – Verlangen zu einem festgelegten Kaufpreis zu verkaufen. Etwa einen Monat später gestattete der Eigentümer durch gesonderten privatschriftlichen Vertrag dem Kläger das Gebäude (welches der Eigentümer aufgrund des früheren Kaufvertrages zu errichten hatte) mit Parkplätzen zu errichten. Der Gestattungsvertrag endet mit Ablauf der Ausübungsfrist für das zuvor beurkundete Ankaufsrecht. Einen weiteren Monat später vermietete der Kläger das Grundstück einschließlich des von ihr noch zu errichtenden Büro- und Betriebsgebäudes für die Dauer von 30 Jahren mit Verlängerungsoption an eine Tochtergesellschaft des Eigentümers. In Ziffer 3 der Präambel zum Mietvertrag heißt es, dass das Zustandekommen der Ankaufsrechtsvereinbarung Voraussetzung für die Gültigkeit des Mietvertrags sei. Ausführlich begründete das Saarländische OLG, dass nach dem Willen der Parteien der notariellen Ankaufsrechtsvereinbarung diese von dem Zustandekommen des Mietvertrags zwischen der Klägerin und der Tochtergesellschaft nicht abhängig sein sollte und daher bei der Ankaufsrechtsvereinbarung nicht mitbeurkundet werden musste. Die vorgenannten Zusammenhänge sprechen jedoch dafür, dass die Ankaufsrechtsvereinbarung von dem Gestattungsvertrag und dem Mietvertrag abhängig war und daher notariell beurkundet werden musste.

Der rechtliche Zusammenhang zwischen einem Optionsvertrag (Angebot) und einem Miet- oder Pachtvertrag wird oftmals dadurch sichtbar, dass die Leistungsverpflichtungen aus beiden Verträgen aufeinander abgestimmt sind, wie beispielsweise in dem Fall, den der BGH am 19.03.1988[1157] entschied. Verpächter und Pächter schlossen einen schriftlichen Pachtvertrag und zeitlich danach eine notariell beurkundete Ankaufsrechtsvereinbarung, in welcher der Pachtvertrag zwar Erwähnung findet, jedoch nicht mitbeurkundet wurde. Die Abhängigkeit der Ankaufsrechtsvereinbarung von dem Pachtvertrag[1158] begründete der BGH damit, dass einerseits im Pachtvertrag sehr hohe Pachtzinsen versprochen waren, andererseits der in der Ankaufsrechtsvereinbarung vereinbarte Kaufpreis nur ca. 1/20 des Verkehrswertes entsprach.[1159] Die Gegenleistungen in dem Pachtvertrag stellen sich damit auch als Gegenleistung aus dem Kaufvertrag dar.

[1155]Vgl. OLG Oldenburg v. 13.02.2009 - 14 U 68/08 - Info M 2009, 170.
[1156]Saarländisches OLG v. 22.09.2006 - 15 O 281/06. Vgl. auch Saarländisches OLG v. 03.04.2008 - 8 U 471/07 - 134 - OLGR Saarbrücken 2009, 724.
[1157]BGH v. 19.03.1988 - IX ZR 43/87 - NJW 1988, 2880-2882.
[1158]Bereits in dieser Entscheidung stellte der BGH ausdrücklich darauf ab, dass der Grundstückskaufvertrag von dem anderen Vertrag abhängig sein müsse, damit der andere Vertrag ebenfalls der notariellen Beurkundung unterliegt (BGH v. 17.03.1988 - IX ZR 43/87 - juris Rn. 18 - NJW 1988, 2880-2882).
[1159]BGH v. 19.03.1988 - IX ZR 43/87 - juris Rn. 18 - NJW 1988, 2880-2882: Denn nur weil die Klägerin im schriftlichen Pachtvertrag sehr hohe Pachtzinsen versprochen, die an sich den Verpächter treffenden Aufwendungen zur Erhaltung des Pachtgegenstandes übernommen und zudem eine sonst im Pachtpreis für eine Mühle enthaltene Entschädigung für Wassernutzung zugesagt hatte, war der Verpächter bereit, die Übernahme – vermeintlich bindend – zu einem Preis anzubieten, der mit 261.920 DM etwa 1/20 des von der Klägerin geschätzten Wertes der Rommelmühle und etwa der Pachtrate des Jahres 1981 entspricht. Danach liegt die gegenseitige Abhängigkeit des schriftlichen Pachtvertrags und des notariell beurkundeten Übernahmeangebots auf der Hand.

cc. Immobilienleasing

244 Ähnliche Grundsätze wie beim Mietkaufmodell (vgl. Rn. 281) gelten beim Immobilienleasing.[1160] Wird dem Leasingnehmer ein Ankaufsrecht an dem Grundstück eingeräumt, so bedarf der Leasingvertrag grundsätzlich ebenfalls der notariellen Beurkundung, weil er mit dem Ankaufsrecht eine rechtliche Einheit in dem Sinne bildet, dass das Ankaufsrecht von dem Leasingvertrag abhängig ist.[1161] Alle damit im Zusammenhang stehenden Abreden bedürfen dann der notariellen Beurkundung.

g. Hausverkauf und Verkauf von Inventar, Zubehör und Bestandteilen

245 Das auf einem verkauften Grundstück aufstehende Gebäude ist – mit Ausnahme des seltenen Falls eines Scheinbestandteils nach § 95 Abs. 1 BGB – dessen wesentlicher Bestandteil (§ 94 Abs. 1 Satz 1 BGB). Zu den wesentlichen Bestandteilen des Gebäudes gehören die zur Herstellung des Gebäudes eingefügten Sachen (§ 94 Abs. 2 BGB). Wesentliche Bestandteile einer Sache können nicht Gegenstand besonderer dinglicher Rechte sein; an ihnen kann isoliert von der Hauptsache kein Eigentum übertragen werden. Wesentliche Bestandteile eines Gebäudes sind beispielsweise die Fenster und die Fensterrahmen, die Zentralheizung oder Markisen.[1162] Umstritten ist dies beispielsweise für eine Einbauküche. Sie wird dann als wesentlicher Bestandteil gemäß § 94 Abs. 2 BGB angesehen, wenn sie nach der maßgeblichen Verkehrsanschauung zu der Immobilie gehört und von den Erwerbern eines Hauses erwartet wird.[1163] Hier soll ein regionaler Unterschied zwischen Norddeutschland (wesentlicher Bestandteil) und West- und Süddeutschland (kein wesentlicher Bestandteil) bestehen.[1164] Ist die Einbauküche kein wesentlicher Bestandteil, so wird es sich um Zubehör im Sinne des § 97 Abs. 1 BGB handeln.[1165] Gingen die Vertragsparteien irrtümlich davon aus, dass eine Einbauküche kein wesentlicher Bestandteil des Gebäudes ist (z.B. bei einem in Norddeutschland gelegenen Gebäude) und haben sie einen gesonderten privatschriftlichen Kaufvertrag über die Einbauküche geschlossen, in welchem auch ein Kaufpreis für die Einbauküche vereinbart wurde, so stellt sich die Frage, ob der Grundstückskaufvertrag nichtig ist, weil in dem notariellen Kaufvertrag nur der Kaufpreis für die Immobilie, nicht aber der (zusätzlich zu zahlende) Kaufpreis für die Einbauküche erwähnt ist. In einem solchen Fall wird der tatsächlich vereinbarte Kaufpreis im Wege der ergänzenden Auslegung zu ermitteln sein; die nach h.M. erforderliche Andeutung in der Urkunde (zur Andeutungstheorie vgl. Rn. 234) wäre gegeben.

246 Nicht wesentliche Bestandteile, Zubehör und sonstige bewegliche Gegenstände (wie z.B. Möbelstücke) können dagegen Gegenstand eines eigenständigen Kaufvertrages sein. Handelt es sich bei den beweglichen Gegenständen um Zubehör im Sinne des § 97 BGB, lässt sich auf die gesetzliche Auslegungsregel des § 311c BGB (Zubehör ist im Zweifel mitverkauft) zurückgreifen; für die ergänzende Auslegungsregel gilt die Andeutungstheorie nicht.[1166] Werden bewegliche Gegenstände, die nicht unter den Begriff des Zubehörs im Sinne der §§ 311c, 97 BGB fallen, verkauft ohne dass ein gesonderter Kaufpreis dafür vereinbart wird und ist dies versehentlich nicht in der Urkunde erwähnt, so ist diese Abrede nach den Grundsätzen der Andeutungstheorie (vgl. Rn. 234) gleichwohl wirksam (erläuternde Auslegung). Wird für die beweglichen Gegenstände ein gesonderter Kaufpreis vereinbart, so wird nicht selten ein gesonderter privatschriftlicher Kaufvertrag in der irrigen[1167] Annahme abgeschlossen, dass damit Grunderwerbsteuer „gespart" werden können. Eine einseitige Abhängigkeit des Grundstückskaufvertrages von dem gesonderten Kaufvertrag über bewegliche Gegenstände wird in der Regel nicht bestehen, so dass in solchen Fällen der Kaufvertrag über die beweglichen Gegenstände nicht beurkun-

---

[1160] Kurze Übersicht bei *Mörtenkötter*, MittRhNotK 1995, 329-349, *von Westphalen*, MittBayNot 2004, 13-16, sowie *Keim*, RNotZ 2005, 102-109, 107-108.

[1161] OLG Koblenz v. 20.02.2003 - 5 U 288/02 - GuT 2003, 45-46; *Keim*, RNotZ 2005, 102-109, 107; *von Westphalen*, MittBayNot 2004, 13-16, 15.

[1162] Nähere Aufstellung bei *Heinrichs/Ellenberger* in: Palandt, § 93 Rn. 5 ff.

[1163] LG Siegen v. 10.11.2006 - 1 O 57/04 - juris Rn. 39 - WE 2007 65.

[1164] Nähere Hinweise bei *Heinrichs/Ellenberger* in: Palandt, § 93 Rn. 5. Im Raum Osnabrück soll eine Einbauküche kein wesentlicher Bestandteil sein; LG Siegen v. 10.11.2006 - 1 O 57/04 - juris Rn. 40 - WE 2007 65.

[1165] Nachweise bei *Heinrichs/Ellenberger* in: Palandt, § 97 Rn. 11.

[1166] BGH v. 16.01.1987 - V ZR 242/85 - juris Rn. 14 - NJW-RR 1987, 458-459; vgl. auch die Kommentierung zu § 311c BGB Rn. 2.

[1167] Verkaufte bewegliche Gegenstände unterliegen nicht der Grunderwerbsteuer. Auch die Grundbuchkosten (Vormerkung, Eigentumsumschreibung) errechnen sich nur von dem Kaufpreis für die Immobilie (ohne die mitverkauften beweglichen Gegenstände). Lediglich beim Geschäftswert für die Notarkosten wird der Wert der beweglichen Gegenstände berücksichtigt.

dungsbedürftig ist.[1168] Einen solchen rechtlichen Zusammenhang hat der BGH[1169] für den Fall verneint, dass der Verkäufer eines Grundstücks auf Rentenbasis in einem daneben abgeschlossenen, nicht beurkundeten Kaufvertrag über das Inventar dieses Grundstücks mit Rücksicht auf die dem Käufer durch den Rentenverkauf eingeräumte Chance (eines günstigen Erwerbs des Grundstücks) einen den Wert des Inventars erheblich übersteigenden Kaufpreis fordert.

h. Unternehmenskauf: Verkauf von beweglichem Anlagevermögen und Betriebsgrundstück

Bei einem Unternehmenskauf wird die Abhängigkeit des Verkaufs des Betriebsgrundstücks von dem Verkauf des beweglichen Anlagevermögens anhand der steuerrechtlichen und betriebswirtschaftlichen Zusammenhänge zu ermitteln sein.[1170] Ist der Wert des mitzuübertragenden Grundstücks im Verhältnis zu dem des veräußerten Unternehmens oder aus anderen Gründen von derart untergeordneter Bedeutung, dass die Vertragspartner von vornherein überhaupt nicht in Erwägung ziehen, die Wirksamkeit des Gesamtgeschäfts von der Übertragung des Grundstücks abhängig zu machen, so bedarf lediglich die Übertragung des Grundstücks, nicht aber der Verkauf des Inventars der notariellen Beurkundung.[1171] Das Verhältnis des Wertes des Betriebsgrundstücks (unbewegliches Anlagevermögen) zu dem Wert des beweglichen Anlagevermögens kann ein Indiz darstellen. Nach den Grundsätzen der einseitigen Abhängigkeit (vgl. Rn. 222) wird man aber zur Begründung der Abhängigkeit des Grundstückskaufvertrages von dem Kauf des beweglichen Anlagevermögens nicht (alleine) darauf abstellen können, dass das Unternehmen von dem Käufer an seinem alten Standort fortgeführt werden sollte und hierfür das Grundstück mit seinen Werksgebäuden und Werksanlagen unerlässlich war.[1172] Auch ohne den Erwerb des beweglichen Anlagevermögens des bisherigen Eigentümers wird der Käufer dieses Ziel verwirklichen können, indem er sich das notwendige bewegliche Anlagevermögen von anderer Seite beschafft oder dieses selbst zur Verfügung hat. Zur Begründung der einseitigen Abhängigkeit des Erwerbs des Betriebsgrundstücks von dem Erwerb des beweglichen Anlagevermögens wird man nach den Grundsätzen der einseitigen Abhängigkeit (vgl. Rn. 222) die steuerrechtlichen und betriebswirtschaftlichen Zusammenhänge der abgeschlossenen Rechtsgeschäfte aus der Sicht des Erwerbs des Betriebsgrundstücks ermitteln müssen. Dies hat das OLG Oldenburg in seiner Entscheidung vom 14.12.2006[1173] in vorbildlicher Weise getan. Zugrunde lag der Kauf einer Autohandlung eines Vertragshändlers: Mit privatschriftlichem Kaufvertrag verkaufte ein Einzelunternehmer unter der Voraussetzung, dass das Autounternehmen der vorzeitigen Aufhebung des Vertragshändlervertrags zustimmt und mit dem Käufer einen neuen Händlervertrag für das Marktverantwortungsgebiet des Verkäufers abschließt, das im Einzelnen beschriebene Inventar des Autohauses und überließ dem Käufer den gesamten Kunden- und Datenbestand. Weiterhin war die Übernahme vorhandener Kauf- und sonstiger Verträge, der Arbeits- und Anstellungsverhältnisse und des Fahrzeugbestandes vorgesehen. Dieser Vertrag wurde unter der auflösenden Bedingung geschlossen, dass der Kaufvertrag über das Betriebsgrundstück beurkundet wird. Der Verknüpfungswille zwischen beiden Verträgen (und damit auch aus der Sicht des Grundstückskaufvertrages) lag beim Verkäufer darin, dass er den gesamten Betrieb veräußern, von seinen Schulden frei werden, seine Wohnung behalten und eine Rente bekommen wollte. Eine isolierte Veräußerung des beweglichen Anlagevermögens oder eine isolierte Veräußerung des Betriebsgrundstücks widersprach danach seinen Vorstellungen und Interessen. Auch aus steuerlichen Gründen soll der Verkäufer an einer Veräußerung des Betriebs insgesamt interessiert gewesen sein. Nach den Feststellungen des Gerichts ist es beim Verkauf der Autohandlung nicht um die „tote" Immobilie oder das „tote" Inventar gegangen, sondern der Käufer habe das (gesamte) lebende Unternehmen haben wollen. Wenn es dem Käufer darum gegangen ist, den betreffenden „Standort bzw. Markt" zu erwerben, dann dürfte daraus folgen, dass man nicht allein an dem Grundstück als solchem (das Gegenstand des Grundstückskaufvertrags war) interessiert war, sondern insbesondere auch an der Vertragshändlerstellung und dem Kundenstamm, was Gegenstand der „Präambel" und des § 8 des „In-

---

[1168] Vgl. dazu den Fall LG Siegen v. 10.11.2006 - 1 O 57/04 - juris Rn. 42 - WE 2007 65.
[1169] BGH v. 14.07.1961 - VIII ZR 57/60 - NJW 1961, 1764-1765.
[1170] Vgl. die Entscheidungen BGH v. 19.01.1979 - I ZR 172/76 - WM 1958, 458-463 und OLG Oldenburg v. 14.12.2006 - 1 U 68/05 - OLGR Oldenburg 2007, 753-756.
[1171] BGH v. 19.01.1979 - I ZR 172/76 - juris Rn. 110 - WM 1958, 458-463.
[1172] Vgl. dazu BGH v. 19.01.1979 - I ZR 172/76 - juris Rn. 110 - WM 1958, 458-463. Der BGH konnte den rechtlichen Zusammenhang zwischen dem Erwerb des Betriebsgrundstücks und dem Erwerb des beweglichen Anlagevermögens bereits unmittelbar aus den getrennt abgeschlossenen Verträgen sicher ermitteln.
[1173] OLG Oldenburg v. 14.12.2006 - 1 U 68/05 - OLGR Oldenburg 2007, 753-756.

ventarkaufvertrags" ist. Das Gericht weist noch auf einen weiteren wichtigen Aspekt hin: Bei der Übernahme des Autohauses habe aus der Sicht des Käufers keine Lücke entstehen sollen. Will er den laufenden Betrieb übernehmen, so hat er ein Interesse daran, nicht nur das Betriebsgrundstück, sondern auch alle sonstigen Vermögenswerte des Unternehmens zu erwerben. Der Erwerb des Betriebsgrundstücks ist in solchen Fällen für den Käufer betriebswirtschaftlich nicht sinnvoll und daher abhängig von dem Erwerb der sonstigen Unternehmensgegenstände. Daher muss der gesamte Unternehmenskaufvertrag notariell beurkundet werden.

i. Grundstückskauf und Verkauf von Planungsunterlagen

248 Nach Art. 10 § 3 Satz 1 MRVG ist eine Vereinbarung unwirksam, durch die der Erwerber eines Grundstücks im Zusammenhang mit dem Erwerb verpflichtet wird, bei der Planung oder Ausführung eines Bauwerks auf dem Grundstück die Leistungen eines bestimmten Ingenieurs oder Architekten in Anspruch zu nehmen (**unzulässige Architektenbindung**). Nach Art. 10 § 3 Satz 2 MRVG – der im Verhältnis zu § 139 BGB eine Spezialnorm ist[1174] – wird die Wirksamkeit des auf den Grundstückserwerb gerichteten Vertrags von der Unwirksamkeit der Architektenbindung allerdings nicht berührt. Denn der Bestand des Grundstücksgeschäftes soll nicht allein deshalb infrage gestellt werden, weil der auf eine unzulässige Architektenbindung gerichtete Vertragsteil unwirksam ist. Vielmehr soll nur der unzulässige und deshalb nichtige Vertragsteil ersatzlos entfallen, damit der Grundstückserwerber frei über sein Eigentum verfügen kann.[1175] Eine Bauverpflichtung, die im Zusammenhang mit der unwirksamen Architektenbindung steht, wird ebenfalls von Art. 10 § 3 Satz 1 MRVG erfasst und ist damit nichtig.[1176] Diejenigen Vereinbarungen, die nach Art. 10 § 3 Satz 1 MRVG unwirksam sind, brauchen nicht nach § 311b Abs. 1 Satz 1 BGB notariell beurkundet werden.[1177] Andernfalls würde der unzulässigen Architektenbindung eine Bedeutung zukommen, die sie nach Art. 10 § 3 Satz 2 MRVG gerade nicht haben soll.[1178] Sofern die Voraussetzungen einer unzulässigen Architektenbindung nach Art. 10 § 3 Satz 1 MRVG nicht vorliegen, unterliegt der Kaufvertrag über Planungsunterlagen im Zusammenhang mit einem Grundstückskauf der notariellen Beurkundung, wenn der Grundstückskaufvertrag von dem Verkauf der Planungsunterlagen abhängig ist.[1179] Eine solche Abhängigkeit besteht aus der Sicht des Verkäufers insbesondere dann, wenn er dem Architekten noch ein Honorar schuldet und die Schuld durch den Kaufpreis aus dem Verkauf der Planungsunterlagen getilgt werden soll.[1180]

j. Weitere Beispielsfälle

249 Beim „großen"[1181] **Bauherrenmodell** (Erwerb von Wohnungs- oder Teileigentum) sind regelmäßig neben dem Grundstückskaufvertrag beurkundungsbedürftig der Baubetreuungs- oder Treuhandvertrag (wirtschaftliche und technische Abwicklung des Gesamtvorhabens)[1182], der Gesellschaftsvertrag mit den Miteigentümern (Verpflichtung zur Errichtung des Projekts)[1183] sowie die dem Treuhänder erteilte Vollmacht[1184]. Die Mitbeurkundung von **Mietverträgen** spielt in folgenden Fällen eine Rolle[1185]:

[1174] OLG Hamm v. 16.12.2005 - 34 U 44/05 - juris Rn. 57 - IBR 2006, 206 (Leitsatz).
[1175] OLG Koblenz v. 23.03.2001 - 5 O 221/99.
[1176] OLG Hamm v. 16.12.2005 - 34 U 44/05 - juris Rn. 55 - IBR 2006, 206 (Leitsatz).
[1177] OLG Hamm v. 16.12.2005 - 34 U 44/05 - juris Rn. 60 - IBR 2006, 206 (Leitsatz).
[1178] OLG Hamm v. 16.12.2005 - 34 U 44/05 - juris Rn. 60 - IBR 2006, 206 (Leitsatz).
[1179] OLG Naumburg v. 21.01.2003 - 11 U 2/02 - juris Rn. 35 - NotBZ 2003, 476-477.
[1180] OLG Naumburg v. 21.01.2003 - 11 U 2/02 - juris Rn. 12 - NotBZ 2003, 476-477.
[1181] Zur Beurkundungsbedürftigkeit beim „einfachen" Bauherrenmodell (Erwerb eines Fertighauses) vgl. *Wolfsteiner*, DNotZ 1979, 579-596; näher dazu auch *Korte*, Handbuch der Beurkundung von Grundstücksgeschäften, 1990, Kap 5 Rn. 6-29; *Korte*, DNotZ 1984, 82-99, 93.
[1182] Nach Ansicht von OLG Düsseldorf v. 19.01 2001 - 22 U 53/00 - OLGR Düsseldorf 2001, 335-339 spricht der Umstand, dass dem Auftraggeber im Baubetreuungsvertrag ein Rücktrittsrecht für den Fall eingeräumt wurde, dass der notarielle Grundstückskaufvertrag mit einem Dritten nicht zustande kommt, gegen die rechtliche Einheit der beiden Verträge und damit auch gegen eine Formbedürftigkeit des Baubetreuungsvertrages.
[1183] BGH v. 22.10.1996 - XI ZR 249/95 - juris Rn. 13 - LM BGB § 164 Nr. 80 (2/1997); BGH v. 24.09.1987 - VII ZR 306/86 - BGHZ 101, 393-400: Verpflichtung zur Übernahme einer Treuhandtätigkeit, insbesondere zum Abschluss eines Grundstückskaufvertrages und zur steuerlichen Betreuung; BGH v. 07.12.1989 - VII ZR 343/88 - juris Rn. 25 - NJW-RR 1990, 340-342; *Wolf* in: Soergel, § 313 a.F. Rn. 73; *Kanzleiter* in: MünchKomm-BGB, § 311b Rn. 188-189.
[1184] BGH v. 22.10.1996 - XI ZR 249/95 - LM BGB § 164 Nr. 80 (2/1997); BGH v. 08.11.1984 - III ZR 132/83 - LM Nr. 104 zu § 313 BGB; *Grüneberg* in: Palandt, § 311b Rn. 33; *Wolf* in: Soergel, § 313 a.F. Rn. 73.
[1185] *Keim*, RNotZ 2005, 102-109, 102-103; vgl. auch KG v. 13.12.2007 - 8 U 191/06.

Übernahme bestehender Mietverhältnisse durch den Käufer[1186], Rückvermietung des Vertragsgegenstandes oder eines Teils (z.B. eine Wohnung) an den Verkäufer[1187]. Im Zweipersonenverhältnis ist ein Grundstückskaufvertrag in aller Regel abhängig von einem Darlehen, welches durch eine Vertragspartei der anderen gewährt wird. Ist ein **Darlehensversprechen**[1188] Gegenleistung für die Übereignung eines Grundstücks, so ist diese Absprache beurkundungsbedürftig.[1189] Dies gilt insbesondere, wenn der Kaufpreis gestundet und als Darlehen gewährt wird.[1190] Macht jemand seinem Darlehensgeber ein Verkaufsangebot über ein Grundstück, um ihn damit vereinbarungsgemäß für ein Darlehen abzusichern, muss auch die entsprechende Sicherungsabrede notariell beurkundet werden.[1191] Dagegen ist ein Grundstücksvertrag in aller Regel nicht von der Darlehensgewährung eines Dritten (z.B. einer Bank) abhängig (Dreipersonenverhältnis).[1192] Ggf. kann sich der Veräußerer oder Erwerber ein Rücktrittsrecht für den Fall vorbehalten, dass eine Finanzierung nicht bis zu einem bestimmten Zeitpunkt sichergestellt ist; dies führt aber nicht zu einer rechtlichen Einheit von Grundstücksveräußerungsvertrag und Darlehensvertrag, so dass letzterer auch in diesem Fall nicht mitbeurkundet werden muss (selbst wenn ein ganz bestimmtes Darlehen ins Auge gefasst ist). Beim Verkauf einer Eigentumswohnung an einen Architekten, dem der Auftrag zur Sanierung des gesamten Hausanwesens erteilt wird, in dem sich die Eigentumswohnung befindet, ist der Treuhandauftrag zur Haussanierung beurkundungsbedürftig, wenn der Verkauf der Eigentumswohnung davon abhängig ist.[1193] Bei einem verbundenen Darlehens- und Immobilienvertrag im Sinne des § 358 Abs. 3 Satz 3 BGB wird eine einseitige Abhängigkeit des Grundstückskaufvertrags von dem Darlehensvertrag nicht bereits durch das Vorliegen der objektiven Tatbestandsmerkmale eines verbundenen Geschäfts vorliegen.[1194] Für die Annahme eines zusammengesetzten Rechtsgeschäfts im Dreipersonenverhältnis (vgl. Rn. 228) ist erforderlich, dass zumindest einer der Vertragspartner einen Einheitlichkeitswillen (vgl. Rn. 226) zwischen dem Grundstücksvertrag und dem mit ihm verbundenen Vertrag erkennen lässt und der andere Partner ihn anerkennt oder zumindest hinnimmt.[1195] Selbst wenn ein solcher Verknüpfungswille bei einer Vertragspartei vorliegt, wird die andere Vertragspartei nur selten bereit sein, diese Verknüpfung anzuerkennen oder hinzunehmen.[1196] In aller Regel ist der Verkauf eines Grundstücks durch eine Brauerei von einem gleichzeitig abgeschlossenen **Bierbezugsvertrag** abhängig, so dass dieser mitbeurkundet werden muss.[1197] Bei **Erschließungsverträgen** (§ 124 BauGB), zu Einheitlichkeitswillen vgl. Rn. 45, entbehrt die Überlassung von Erschließungsflächen an einer Gemeinde durch den privaten Erschließungsträger ohne die vorangegangene Herstellung der Erschließungsanlagen durch den Erschließungsträger jeglicher Veranlassung und ist für die Beteiligten nur in dieser Verknüpfung sinnvoll.[1198] Auch eine **Schiedsabrede** nach den §§ 1029-1033 ZPO kann beurkundungsbedürftig sein, wenn der Grundstückskaufvertrag von ihr abhängig ist.[1199] Ergibt die Auslegung, dass die Vertragsparteien dem Schiedsgericht auch die Ent-

---

[1186] Beurkundet werden muss nur die Übernahme durch den Käufer, nicht aber der Mietvertrag selbst; *Keim*, RNotZ 2005, 102-109, 104; unechte Bezugnahme (vgl. Rn. 181).

[1187] Diese Vereinbarung bedarf als Teil der Gegenleistung der Beurkundung; vgl. näher dazu – auch zu abweichenden Fallgestaltungen – *Keim*, RNotZ 2005, 102-109, 104-105.

[1188] Dazu *Seeger*, MittBayNot 2003, 11-21, 19.

[1189] BGH v. 12.04.1984 - III ZR 221/83 - WM 1984, 837-838; BGH v. 27.10.1982 - V ZR 136/81 - WM 1982, 1362-1363; *Grüneberg* in: Palandt, § 311b Rn. 33.

[1190] *Seeger*, MittBayNot 2003, 11-21, 19.

[1191] BGH v. 27.10.1982 - V ZR 136/81 - WM 1982, 1362-1363.

[1192] BGH v. 07.02.1986 - V ZR 176/84 - juris Rn. 25 - BGHZ 97, 147-155; *Grüneberg* in: Palandt, § 311b Rn. 33; *Seeger*, MittBayNot 2003, 11-21, 19.

[1193] BGH v. 09.07.1993 - V ZR 144/91 - NJW-RR 1993, 1421-1422; *Grüneberg* in: Palandt, § 311b Rn. 33.

[1194] *Seeger*, MittBayNot 2003, 11-21, 19; *Vollmer*, MittBayNot 2002, 336-346, 341; *Litzenburger*, RNotZ 2002, 444, 446 f.; *Schmucker*, DNotZ 2002, 900, 905 f.; *Riemenschneider* in: Grziwotz/Koeble, Handbuch Bauträgerrecht, 2004, 3. Teil Rn. 64.

[1195] BGH v. 24.09.1987 - VII ZR 306/86 - juris Rn. 13 - BGHZ 101, 393-400; BGH v. 06.11.1980 - VII ZR 12/80 - juris Rn. 10 - BGHZ 78, 346-351; BGH v. 06.12.1979 - VII ZR 313/78 - juris Rn. 20 - BGHZ 76, 43-50; BGH v. 10.10.1986 - V ZR 247/85 - juris Rn. 10 - NJW 1987, 1069-1070; *Wufka* in: Staudinger, § 313 a.F. Rn. 175; *Wochner* in: Thode, Immobilienrecht 2000, 55, 67.

[1196] *Riemenschneider* in: Grziwotz/Koeble, Handbuch Bauträgerrecht, 2004, 3. Teil Rn. 64.

[1197] *Kanzleiter* in: MünchKomm-BGB, § 311b Rn. 55.

[1198] OVG Schleswig v. 12.09.2007 - 2 LA 107/06 - juris Rn. 9 - NJW 2008, 601-603.

[1199] BGH v. 22.09.1977 - III ZR 144/76 - juris Rn. 22 - BGHZ 69, 260-266; *Geimer* in: Zöller ZPO § 1031 Rn. 48; *Wufka* in: Staudinger, § 311b Abs. 1 Rn. 196; a.A. *Lüttmann/Breyer*, ZZP 119 (2006), 475-486: § 1031 ZPO enthalte eine abschließende Sonderregelung, mit der Folge, dass Schiedsvereinbarungen auch dann nicht notariell beurkundet werden müssten, wenn sie sich auf nach § 311b Abs. 1 Satz 1 BGB beurkundungspflichtige Hauptgeschäfte bezögen.

scheidung des Streits über die Wirksamkeit des Hauptvertrags (also des Vertrages im Sinne des § 311b Abs. 1 Satz 1 BGB) übertragen haben, so ist der Schiedsvertrag nach Ansicht des BGH[1200] selbständig und stellt in diesem Sinne keinen Bestandteil des Hauptvertrages dar. Die Wirksamkeit von Hauptvertrag und Schiedsvertrag ist in solchen Fällen jeweils gesondert zu beurteilen. Mängel, die dem Hauptvertrag anhaften, brauchen sich nicht auf den Schiedsvertrag auszuwirken und umgekehrt. Nach dem Willen der Vertragschließenden soll damit die Wirksamkeit der Schiedsabrede auch nicht davon abhängen, ob bei ihr eine für den Hauptvertrag gesetzlich vorgeschriebene Form gewahrt ist. Würde nämlich ein Mangel der für den Hauptvertrag erforderlichen Form auch die Schiedsabrede erfassen, so wäre eine Wirksamkeitsvoraussetzung des Hauptvertrages auf den Schiedsvertrag übertragen.

VI. Art und Weise der notariellen Beurkundung

250 Die Art und Weise der notariellen Beurkundung ergibt sich aus dem Beurkundungsgesetz. Insofern ist im Wesentlichen auf die Kommentierung zu § 128 BGB zu verweisen. Das Verfahren der Beurkundung richtet sich nach den §§ 6-35 BeurkG, da es um die Beurkundung von Willenserklärungen geht. Wesentliche Voraussetzungen sind das Verlesen der Urkunde in Gegenwart des Notars, die Genehmigung des Inhalts der Urkunde sowie die Unterschrift der Vertragsparteien und des Notars. Grundsätzlich müssen alle rechtsgeschäftlich erheblichen Erklärungen (essentialia negotii, subjektiv essentielle Nebenbestimmungen) in diesem Verfahren beurkundet werden. Eine Ausnahme gilt nach § 13a BeurkG, der die Bezugnahme auf Erklärungen zulässt, die in einer anderen notariellen Urkunde, die nach den Vorschriften der §§ 6-35 BeurkG errichtet worden ist[1201], enthalten sind.

VII. Prozessuale Bedeutung der notariellen Urkunde

251 Das materiellrechtliche Beurkundungserfordernis nach § 311b Abs. 1 Satz 1 BGB steht im Zusammenhang mit der Vollständigkeits- und Richtigkeitsvermutung notarieller Urkunden.[1202] Nach materiellem Recht unterliegen dem Beurkundungserfordernis alle Vereinbarungen, aus denen sich nach dem Willen der Vertragspartner das schuldrechtliche Veräußerungsgeschäft zusammensetzt.[1203] Die (formell wirksam errichtete) notarielle Urkunde beinhaltet daher die Vermutung der vollständigen und richtigen Wiedergabe der getroffenen Vereinbarungen, also aller Erklärungen in der Urkunde, die Rechtswirkungen erzeugen.[1204] Diese Vermutung ist von demjenigen zu widerlegen, der die inhaltliche Unrichtigkeit behauptet.[1205] Dazu genügt nicht bereits, dass die Beweiswirkung erschüttert ist[1206]; vielmehr muss das Gericht aufgrund eigener Würdigung (§ 286 ZPO) vom Gegenteil der in der notariellen Urkunde niedergelegten Vereinbarung überzeugt sein[1207]. Die Vollständigkeits- und Richtigkeitsvermutung setzt allerdings voraus, dass der Vertragsinhalt durch den Urkundstext bestimmt werden kann. Dies bedeutet aber nicht, dass das Beurkundete in dem Sinne eindeutig zu sein hätte, dass für eine Auslegung kein Raum mehr bleibt. Die Vermutung ist vielmehr bereits dann begründet, wenn der Urkundstext nach Wortlaut und innerem Zusammenhang unter Berücksichtigung der Verkehrssitte (§ 157 BGB) einen bestimmten Vertragsinhalt zum Ausdruck bringt.[1208] Die außerhalb der Urkunde liegenden Umstände (Begleitumstände des Vertragsabschlusses, dessen Entstehungsgeschichte, Äußerungen der Parteien außerhalb der Urkunde u.a.) bleiben hierbei allerdings außer Betracht. Sie sind Hilfsmittel zur

---

[1200] BGH v. 22.09.1977 - III ZR 144/76 - juris Rn. 22 - BGHZ 69, 260-266; ablehnend *Kanzleiter* in: MünchKomm-BGB, § 311b Rn. 55 und *Wufka* in: Staudinger, § 313 a.F. Rn. 196.

[1201] Es genügt daher keine Urkunde, bei der lediglich die Unterschriften öffentlich beglaubigt sind.

[1202] BGH v. 19.06.1998 - V ZR 133/97 - NJW-RR 1998, 1470; *Wufka* in: Staudinger, § 313 a.F. Rn. 155.

[1203] BGH v. 19.06.1998 - V ZR 133/97 - NJW-RR 1998, 1470; BGH v. 20.12.1974 - V ZR 132/73 - BGHZ 63, 359-364.

[1204] BGH v. 05.07.2002 - V ZR 143/01 - juris Rn. 7 - NJW 2002, 3164-3165; BGH v. 19.06.1998 - V ZR 133/97 - NJW-RR 1998, 1470; *Kanzleiter* in: MünchKomm-BGB, § 311b Rn. 70; *Wufka* in: Staudinger, § 313 a.F. Rn. 155; *Hefermehl* in: Soergel, § 125 Rn. 24.

[1205] BGH v. 05.07.2002 - V ZR 143/01 - juris Rn. 7 - NJW 2002, 3164-3165; *Kanzleiter* in: MünchKomm-BGB, § 311b Rn. 70.

[1206] BGH v. 19.06.1998 - V ZR 133/97 - juris Rn. 13 - NJW-RR 1998, 1470 für den Fall der Vorlage einer Quittung über eine Vorauszahlung auf den Kaufpreis.

[1207] Zu einem solchen Fall BGH v. 14.10.1988 - V ZR 73/87 - juris Rn. 23 - LM Nr. 124 zu § 313 BGB. Ungenau insoweit *Kanzleiter* in: MünchKomm-BGB, § 311b Rn. 70, der von einem „Entkräften" der Vermutung spricht und dies bei einer nicht beurkundeten Vorauszahlung annimmt, wenn der Käufer behauptet, die Zahlung sei als Anzahlung auf den Kaufpreis geleistet.

[1208] BGH v. 05.07.2002 - V ZR 143/01 - juris Rn. 7 - NJW 2002, 3164-3165.

Widerlegung der durch die Urkunde begründeten Vermutung des Geschäftsinhalts.[1209] Für unklare Regelungen greift dagegen keine Vermutung für eine bestimmte Erklärung ein. Die Beweiskraft der Urkunde wird nach § 419 ZPO auch dann eingeschränkt, wenn sie Durchstreichungen und Einschaltungen enthält, die nicht ihrerseits unter Beobachtung der gesetzlichen Form beurkundet worden sind.[1210]

VIII. Änderung und Aufhebung von Verträgen

1. Allgemeines, Abgrenzung

In einer Vielzahl von Grundstücksverträgen besteht das Bedürfnis für eine Änderung vertraglicher Bestimmungen, weil nicht geregelte Bereiche sich nachträglich als regelungsbedürftig erweisen oder getroffene Regelungen nicht zu den Gegebenheiten des Falls passen. Im Gegensatz dazu steht die Aufhebung des Vertragsverhältnisses, weil die Parteien daran nicht mehr festhalten möchten. Oftmals liegt der Grund darin, dass der Erwerber den Kaufpreis nicht finanzieren kann. Für beide Bereiche hat sich durch Rechtsprechung und Literatur ein System entwickelt, das man teilweise (insbesondere was die Änderung von Verträgen betrifft) eigentlich nicht mehr als solches bezeichnen kann. An der Schnittstelle zwischen der Änderung und Aufhebung des Vertrages liegen solche Änderungen, die die Identität des (neuen) Rechtsgeschäftes mit dem alten Rechtsgeschäft bezweifeln lassen. Dabei kann es um Änderungen quantitativer oder qualitativer Art gehen. Verpflichtet sich beispielsweise der Verkäufer zur Übereignung von drei Grundstücken und vereinbaren die Vertragsparteien nach Abschluss des Kaufvertrages, dass eines von den Grundstücken nicht mehr mitverkauft werden soll, so wäre an die „Teilaufhebung" des Vertrages zu denken, die den Regeln über die Aufhebung von Verträgen unterliegt. Dagegen spricht jedoch, dass es sich um ein einheitliches Rechtsgeschäft handelt, das in seinem Inhalt (anstelle von drei Grundstücken sollen nunmehr noch zwei Grundstücke übereignet werden) geändert wird[1211]. Eine Zerlegung des einheitlichen Rechtsgeschäfts in selbständige Teile, die dann den Grundsätzen der Aufhebung von Grundstücksverträgen unterliegen, würde daher dem Gewollten nicht entsprechen. Es handelt sich somit um eine Änderung des Vertrages. In diesem Sinne hat auch der BGH entschieden, dass die Aufhebung der Verpflichtung des Käufers, eine noch von der Stadt zu erwerbende Teilfläche an den Verkäufer zu übereignen, nicht als Teilaufhebung den Grundsätzen über die Aufhebung, sondern denjenigen über die Änderung von Grundstücksverträgen unterliegt.[1212] Dagegen soll bei einem Teilflächenkauf die Vereinbarung, dass nur noch eine geringere Fläche geschuldet werde, als teilweise Aufhebung den Grundsätzen über die Aufhebung von Grundstücksveräußerungsverträgen unterliegen.[1213] Dies ist jedoch aus den vorstehenden Gründen abzulehnen[1214]; daher ist jede „Teilaufhebung" eine Änderung des Vertrages und unterliegt den dafür geltenden Regeln über die Beurkundungsbedürftigkeit[1215].

2. Änderung von Verträgen

a. Zeitraum vom Vertragsschluss bis zur Auflassung

aa. Grundsatz: Beurkundungsbedürftigkeit

Rechtsprechung und Literatur gehen einhellig von dem Grundsatz aus, dass eine Vertragsänderung vor Auflassung[1216] beurkundungsbedürftig ist[1217]. Dies gilt für alle Vereinbarungen, mit denen der Vertrag

---

[1209] BGH v. 05.07.2002 - V ZR 143/01 - juris Rn. 7 - NJW 2002, 3164-3165.
[1210] BGH v. 15.04.1994 - V ZR 175/92 - juris Rn. 6 - LM ZPO § 415 Nr. 8 (10/1994).
[1211] A.A. *Wufka* in: Staudinger, § 313 a.F. Rn. 213, weil der Vertrag teilbar sei.
[1212] BGH v. 09.11.1979 - V ZR 38/78 - WM 1980, 166-167; *Wufka* in: Staudinger, § 313 a.F. Rn. 200.
[1213] BGH v. 18.11.1993 - IX ZR 256/92 - juris Rn. 41 - LM ZPO § 253 Nr. 105 (4/1994); zu Recht kritisch *Wufka* in: Staudinger, § 313 a.F. Rn. 213.
[1214] In diesem Sinne auch *Wufka* in: Staudinger, § 313 a.F. Rn. 213, jedenfalls wenn sich mit der Verringerung der Teilfläche deren Lage ändert oder eine Herabsetzung der Gegenleistung (Kaufpreis) verbunden ist. Nach Ansicht von *Wolf* in: Soergel, § 313 a.F. Rn. 44, unterliegt die Teilaufhebung den Regelungen über die Formbedürftigkeit von Aufhebungsverträgen.
[1215] *Wufka* in: Staudinger, § 313 a.F. Rn. 200.
[1216] Diese Fallgruppe spielt nur dann eine Rolle, wenn die Auflassung nicht bereits in der Veräußerungsurkunde mitbeurkundet ist (insbesondere beim Teilflächenkauf) oder wenn die Auflassung wegen einer noch ausstehenden Genehmigung noch nicht wirksam geworden ist.
[1217] BGH v. 08.04.1988 - V ZR 260/86 - juris Rn. 15 - LM Nr. 121 zu BGB § 313; BGH v. 06.11.1981 - V ZR 138/80 - juris Rn. 13 - NJW 1982, 434-435; BGH v. 29.03.1966 - V ZR 145/63 - BB 1966, 720; BGH v. 26.10.1973 - V ZR 194/72 - LM Nr. 63 zu § 313 BGB; *Müller*, MittRhNotK 1988, 243-254, 245; *Schwarz*, MittBayNot 1999, 55-57, 55; *Grüneberg* in: Palandt, § 311b Rn. 41.

"stehen und fallen soll", also auch für einen Vertrag, von dem der Grundstückskaufvertrag abhängig ist und der daher ebenfalls beurkundet werden muss.[1218] Von diesem Grundsatz bleibt allerdings nicht mehr viel übrig, wenn man mit der h.M.[1219] zahlreiche Ausnahmen zulässt, die das Regel-Ausnahmeverhältnis geradezu ins Gegenteil verkehren. Dies provoziert naturgemäß eine Vielzahl von Abgrenzungsschwierigkeiten, die eine Vorhersehbarkeit gerichtlicher Entscheidungen nicht mehr gewährleisten, sofern der betreffende Fall nicht bereits entschieden wurde. Die Rechtsprechung hat sich hier zum reinen "case-law" entwickelt. In der Literatur ist gegen diese Auffassung Kritik erhoben und vorgeschlagen worden, Änderungen stets für beurkundungsbedürftig zu halten, soweit sie sich nicht als vertragliche Wiederholung von gesetzlichen Ansprüchen und Verpflichtungen darstellen oder nur aus Anlass des ursprünglichen Kaufvertrages vorgenommen wurden oder entsprechend § 139 BGB von dem Vertrag abtrennbar sind.[1220] Aber auch diese Auffassung beinhaltet wiederum Kriterien, die im Einzelfall Abgrenzungsschwierigkeiten nach sich ziehen können. Ein noch strengeres Konzept verfolgt dagegen *Kanzleiter*[1221], der grds. alle Vertragsänderungen für formbedürftig hält und bei unvorhergesehenen Abwicklungsschwierigkeiten nur solche Vereinbarungen für formlos zulässig hält, die im Wege der ergänzenden Vertragsauslegung (§ 157 BGB) ohnehin zwischen den Vertragsparteien gelten würden; die Vereinbarung dessen, was bereits nach dem Gesetz gilt, bedarf keiner notariellen Beurkundung[1222]. Man wird angesichts der gefestigten Rechtsprechung in der Praxis aber nicht umhin können, sich an den Einzelfallentscheidungen zu orientieren und im Zweifel die Beurkundung der vertraglichen Änderung vornehmen. In folgenden Fallgruppen kann eine Formbedürftigkeit der Vertragsänderung zwischen Vertragsschluss und Auflassung zu verneinen sein:

bb. Keine unmittelbare oder mittelbare Verschärfung oder Erweiterung der Veräußerungs- oder Erwerbspflicht

254 Als Ausnahmetatbestand vom Erfordernis der Beurkundung einer vertraglichen Änderung wird unter Hinweis auf eine Entscheidung des BGH[1223] das Kriterium der unmittelbaren oder mittelbaren Verschärfung oder Erweiterung der Veräußerungs- oder Erwerbspflicht genannt[1224]. Es ging in der Entscheidung des BGH um die Fristverlängerung für ein vertraglich vereinbartes Rücktrittsrecht.[1225] Die formlos zulässige Verlängerung der Frist wurde allerdings nicht damit begründet, dass keine Verschärfung oder Erweiterung der Veräußerungs- und Erwerbspflicht begründet wurde. Vielmehr griff der BGH auf die Grundsätze zur formlosen Aufhebung eines Vertrages zurück. Es könne keinen wesentlichen Unterschied machen, ob durch eine nachträgliche Vereinbarung der Kaufvertrag unmittelbar aufgehoben oder lediglich einer Partei die Möglichkeit eingeräumt werde, mit einer einseitigen Willenserklärung die vertragliche Bindung zu beseitigen. Dann müssen aber auch solche Vereinbarungen formlos möglich sein, mit welchen die Frist für ein bereits bestehendes Rücktrittsrecht verlängert wird.[1226] Zweifelhaft ist, ob die unmittelbare oder mittelbare Verschärfung oder Erweiterung der Veräußerungs- oder Erwerbspflicht überhaupt als eigenständige Fallgruppe tauglich ist. Dagegen spricht, dass der BGH dies in einer früheren Entscheidung gerade abgelehnt hatte.[1227] Zudem überschneidet sich dieser Fall teilweise mit der in der Rechtsprechung herausgearbeiteten Fallgruppe der Beseitigung unvorhergesehener Abwicklungsschwierigkeiten, bei der zusätzlich vorausgesetzt wird, dass die beiderseitigen Verpflichtungen nicht wesentlich verändert werden. Daher wird man den Fall der Fristverlängerung eines vertraglich vereinbarten Rücktrittsrecht bzw. der nachträglichen Vereinbarung eines

---

[1218] OLG Braunschweig v. 23.11.2006 - 8 U 21/06 - BauR 2007, 2067-2071.
[1219] BGH v. 05.04.2001 - VII ZR 119/99 - NJW 2001, 1932-1934; BGH v. 08.04.1988 - V ZR 260/86 - LM Nr. 121 zu BGB § 313; BGH v. 09.11.1995 - V ZR 36/95 - LM BGB § 313 Nr. 138 (4/1996); *Grüneberg* in: Palandt, § 311b Rn. 42; *Wolf* in: Soergel, § 313 a.F. Rn. 81-83; *Battes* in: Erman, Handkommentar BGB, 10. Aufl. 2000, § 313 a.F. Rn. 50-53.
[1220] *Wufka* in: Staudinger, § 313 a.F. Rn. 199.
[1221] *Kanzleiter* in: MünchKomm-BGB, § 311b Rn. 58.
[1222] *Wufka* in: Staudinger, § 313 a.F. Rn. 103.
[1223] BGH v. 05.05.1976 - IV ZR 63/75 - BGHZ 66, 270-272.
[1224] *Müller*, MittRhNotK 1988, 243-254, 246; *Schwarz*, MittBayNot 1999, 55-57, 55.
[1225] BGH v. 05.05.1976 - IV ZR 63/75 - BGHZ 66, 270-272. Diese Grundsätze wurden implizit in BGH v. 08.04.1988 - V ZR 260/86 - juris Rn. 19 - LM Nr. 121 zu BGB § 313 bestätigt.
[1226] BGH v. 05.05.1976 - IV ZR 63/75 - BGHZ 66, 270-272.
[1227] BGH v. 26.10.1973 - V ZR 194/72 - LM Nr. 63 zu § 313 BGB.

Rücktrittsrechts als eigenständige Kategorie zählen müssen, nicht aber als Unterfall einer fehlenden unmittelbaren oder mittelbaren Verschärfung oder Erweiterung der Veräußerungs- oder Erwerbspflicht.[1228]

cc. Behebung von Abwicklungsschwierigkeiten

Eine weitere Ausnahme von der Beurkundungsbedürftigkeit vertraglicher Änderungen bis zur Auflassung kommt nach Ansicht der Rechtsprechung in Betracht, wenn durch eine nachträgliche Vereinbarung nur unvorhergesehen aufgetretene Schwierigkeiten bei der Vertragsabwicklung beseitigt werden sollen und die zu diesem Zweck getroffene Vereinbarung die beiderseitigen Verpflichtungen aus dem Grundstückskaufvertrag nicht wesentlich verändert.[1229] Ein Teil der Literatur[1230] kritisiert die fehlende Praktikabilität dieses Abgrenzungskriteriums und lehnt daher eine Ausnahme vom Beurkundungserfordernis ab. Stattdessen könne man durch ergänzende Vertragsauslegung (§ 157 BGB) zur Formfreiheit der Vertragsänderung kommen, weil eine Vereinbarung dessen, was ohnehin nach dem Gesetz gilt, nicht beurkundungsbedürftig ist.[1231] Dieser Auffassung ist zu folgen; denn in der hier behandelten Fallgruppe (Behebung unvorhergesehener Abwicklungsschwierigkeiten) liegt der typische Fall für eine ergänzende Vertragsauslegung vor.[1232] Unter dem Etikett der Behebung unvorhergesehener Abwicklungsschwierigkeiten dürfen jedoch nicht auch solche Vereinbarungen formfrei sein und damit der von der Rechtsprechung postulierte „Grundsatz" der Beurkundungsbedürftigkeit vertraglicher Änderungen in sein Gegenteil verkehrt werden. Das Kriterium der „unvorhergesehen aufgetretenen Schwierigkeiten bei der Vertragsabwicklung" ist so unklar, dass eine Vielzahl unterschiedlicher Fallgestaltungen dieser Kategorie zugeordnet werden können. Es stellt sich die Frage, wann eine „Schwierigkeit bei der Vertragsabwicklung" vorliegen soll[1233]? Es könnte sich um reine Unbequemlichkeiten aber auch um solche Probleme handeln, die eine sinnvolle Abwicklung des Vertrages praktisch unmöglich machen. Was ist überhaupt mit Vertragsabwicklung gemeint? Auf den ersten Blick wird man darunter die Erfüllung von Leistung (Übereignung des Grundstücks, Errichtung eines Bauwerks beim Bauträgervertrag) und Gegenleistung (Zahlung des Kaufpreises) verstehen. Die Beispiele aus der Rechtsprechung zeigen, dass die Fälle auch darüber hinausgehen. Auch ist das Merkmal der Wesentlichkeit der vertraglichen Änderung kein taugliches Unterscheidungskriterium.[1234] Die nachfolgenden Beispielsfälle aus der Rechtsprechung zeigen, wie uneinheitlich die Fallgruppe ist und dass es sich – praktisch betrachtet – um reines „case-law" handelt.

Formfrei sind danach folgende Änderungen: Festlegung eines anderen Zahlungsweges (Direktzahlung statt Zahlung auf Notaranderkonto)[1235], Übernahme von Verbindlichkeiten bei Ausübung eines Wiederkaufsrechts (Modalitäten der Kaufpreiszahlung im Rückkaufsfall)[1236], Vereinbarung, durch welche die Vertragsparteien eines Grundstückskaufvertrages die darin festgesetzte Frist für die Ausübung eines aufschiebend bedingten Wiederkaufsrechts nachträglich verlängern[1237], einvernehmliche Verlängerung einer im Grundstückskaufvertrag vereinbarten Rücktrittsfrist[1238], nachträgliche Vereinbarung einer Frist für den Baubeginn und eines Rücktrittsrechts des Erwerbers für den Fall des verspäteten Baubeginns, um die zeitgerechte Bauausführung und die fristgerechte Fertigstellung zu regeln (der

---

[1228]So auch *Hagen*, DNotZ 1984, 267-294, 278; *Wufka* in: Staudinger, § 313 a.F. Rn. 199.
[1229]BGH v. 05.04.2001 - VII ZR 119/99 - juris Rn. 20 - NJW 2001, 1932-1934; BGH v. 02.10.1987 - V ZR 42/86 - juris Rn. 16 - WM 1987, 1467-1468; BGH v. 06.11.1981 - V ZR 138/80 - juris Rn. 14 - NJW 1982, 434-435; BGH v. 06.06.1986 - V ZR 264/84 - juris Rn. 22 - NJW 1986, 2759-2761; *Grüneberg* in: Palandt, § 311b Rn. 43; *Wolf* in: Soergel, § 313 a.F. Rn. 81.
[1230]*Müller*, MittRhNotK 1988, 243-254, 247; *Wufka* in: Staudinger, § 313 a.F. Rn. 199; *Kanzleiter* in: MünchKomm-BGB, § 311b Rn. 58.
[1231]*Kanzleiter* in: MünchKomm-BGB, § 311b Rn. 58; *Müller*, MittRhNotK 1988, 243-254, 247.
[1232]Allerdings ist die Kritik von *Hagen*, DNotZ 1984, 267-294, 277-278, dass auch die Lösung über die ergänzende Vertragsauslegung nach § 157 BGB Zweifelsfragen aufwerfen kann und wird, nicht ganz unberechtigt.
[1233]Vgl. den Fall BGH v. 26.10.1973 - V ZR 194/72 - LM Nr. 63 zu § 313 BGB, wo dies verneint wurde.
[1234]*Wolf* in: Soergel, § 313 a.F. Rn. 81; *Müller*, MittRhNotK 1988, 243-254, 246; *Wufka* in: Staudinger, § 313 a.F. Rn. 199; *Kanzleiter* in: MünchKomm-BGB, § 311b Rn. 58.
[1235]BGH v. 23.01.1998 - V ZR 272/96 - juris Rn. 13 - LM BGB § 183 Nr. 5 (6/1998). Unklar ist, worin die „Abwicklungsschwierigkeit" bestand, die einen anderen Zahlungsweg rechtfertigte.
[1236]BGH v. 11.12.1998 - V ZR 377/97 - juris Rn. 7 - BGHZ 140, 218-223.
[1237]BGH v. 27.10.1972 - V ZR 37/71 - LM Nr. 57 zu § 313 BGB.
[1238]OLG Brandenburg v. 07.12.1995 - 5 U 58/95 - NJW-RR 1996, 724-727.

§ 311b   jurisPK-BGB / Ludwig

Baubeginn wurde im Kaufvertrag im Unterschied zum Fertigstellungstermin nicht geregelt)[1239], die Vereinbarung, ein Mietverhältnis als Käufer auch dann zu übernehmen, wenn es längere Kündigungsfristen als vom Käufer angenommen hat („Behebung" eines Rechtsmangels)[1240].

257 **Formbedürftig** sind nach Ansicht der Rechtsprechung: Erlass und Herabsetzung eines Teilbetrages des Kaufpreises[1241], es sei denn dies beruht auf einem berechtigten Minderungsverlangen des Käufers[1242]; Erhöhung des Kaufpreises, es sei denn, es handelt sich um eine gemäß § 242 BGB gebotene Anpassung[1243]; Vereinbarung über die Abänderung der Voraussetzungen für einen Rücktritt vom Kaufvertrag (Verlängerung der Frist für das Rücktrittsrecht für den Fall der Nichtgenehmigung durch einen vollmachtlos Vertretenen)[1244], Verlängerung der Frist zur Ausübung eines Wiederkaufsrechts[1245], Stundung der Kaufpreisforderung von nicht nur kurzfristiger Dauer, wie z.B. die Erstreckung des Stundungszeitraums von ursprünglich drei Jahren auf mehr als acht Jahre[1246] oder Stundung der Zahlung auf den Zeitpunkt des Abschlusses umfassender Instandsetzungsarbeiten an der Immobilie.[1247]

258 **Die „unechte" Vertragsänderung**: Sofern die Vertragsparteien eine Regelung treffen, die nur die gesetzliche Regelung wiederholt oder in Ausgestaltung der gesetzlichen Regelung getroffen wird, unterliegt diese nicht der Form des § 311b Abs. 1 Satz 1 BGB; denn solche Regelungen wären, wenn sie auch vor Vertragsschluss privatschriftlich oder mündlich getroffen würden, formfrei möglich. Dem Erfordernis der notariellen Beurkundung unterliegen nur solche Regelungen, die auf die Herbeiführung von Rechtswirkungen (vgl. Rn. 171) (Rechtsfolge mit rechtlicher Verbindlichkeit) gerichtet sind, nicht aber solche, die bereits gesetzlich gelten.[1248] Aus diesem Grund sind Regelungen in Ausgestaltung des gesetzlichen Minderungsrechts (beispielsweise die Herabsetzung des Kaufpreises) formfrei möglich.[1249] Weitere Beispiele formfreier Änderungen in Ausgestaltung der gesetzlichen Regelung sind: Vereinbarung über die Tragung der Erschließungskosten nach Maßgabe des § 436 Abs. 1 BGB oder über die Tragung der Vertrags- und Grundbuchkosten nach § 448 Abs. 2 BGB.

b. Zeitraum nach Auflassung

aa. Grundsatz: Formfreiheit

259 In ständiger Rechtsprechung hat der BGH[1250] entschieden, dass Änderungen nach Erklärung der Auflassung[1251] generell nicht der notariellen Beurkundung nach § 311b Abs. 1 Satz 1 BGB bedürfen. Daher bedarf auch eine nachträgliche Herabsetzung des Kaufpreises nicht der notariellen Beurkundung.[1252] Diese Ausnahme begründet die Rechtsprechung damit, dass die Veräußerungs- und Erwerbspflicht hinsichtlich des Eigentums an dem Grundstück auf beiden Seiten erfüllt sei, so dass der Schutzzweck des § 311b Abs. 1 Satz 1 BGB nicht mehr eingreife. Diese Auffassung setzt sich jedoch in Wi-

---

[1239] BGH v. 05.04.2001 - VII ZR 119/99 - juris Rn. 20 - NJW 2001, 1932-1934.
[1240] BGH v. 25.02.1972 - V ZR 74/69 - WM 1972, 556.
[1241] BGH v. 06.11.1981 - V ZR 138/80 - juris Rn. 14 - NJW 1982, 434-435; BGH v. 09.11.1979 - V ZR 38/78 - WM 1980, 166-167.
[1242] *Grüneberg* in: Palandt, § 311b Rn. 41. Die dort zitierte Entscheidung RG v. 03.10.1932 - VI 157/32 - RGZ 137, 294-297 betraf jedoch keine Minderung, sondern die Rückgängigmachung des Kaufvertrages (Wandelung).
[1243] *Grüneberg* in: Palandt, § 311b Rn. 41.
[1244] BGH v. 08.04.1988 - V ZR 260/86 - juris Rn. 16 - LM Nr. 121 zu BGB § 313.
[1245] BGH v. 09.11.1995 - V ZR 36/95 - LM BGB § 313 Nr. 138 (4/1996); vgl. dagegen BGH v. 27.10.1972 - V ZR 37/71 - LM Nr. 57 zu § 313 BGB, wo eine formlos zulässige Vereinbarung angenommen wurde.
[1246] BGH v. 06.11.1981 - V ZR 138/80 - juris Rn. 16 - NJW 1982, 434-435.
[1247] LG Dessau-Roßlau v. 15.06.2011 - 2 O 767/11.
[1248] BGH v. 19.11.1982 - V ZR 161/81 - juris Rn. 15 - BGHZ 85, 315-319; BGH v. 23.02.1979 - V ZR 99/77 - juris Rn. 11 - LM Nr. 81 zu § 313 BGB; *Wolf* in: Soergel, § 313 a.F. Rn. 59; *Wufka* in: Staudinger, § 313 a.F. Rn. 154.
[1249] *Grüneberg* in: Palandt, § 311b Rn. 41.
[1250] BGH v. 28.09.1984 - V ZR 43/83 - juris Rn. 15 - LM Nr. 103 zu § 313 BGB; BGH v. 23.03.1973 - V ZR 166/70 - BB 1973, 728-729; BGH v. 14.05.1971 - V ZR 25/69 - LM Nr. 49 zu § 313 BGB; OLG Bamberg v. 27.07.1998 - 4 U 195/97 - MDR 1999, 151-152; aus der Literatur: *Grüneberg* in: Palandt, § 311b Rn. 44; *Battes* in: Erman, Handkommentar BGB, 10. Aufl. 2000, § 313 a.F. Rn. 54.
[1251] Vertragsänderungen nach Eigentumsumschreibung (z.B. Regelung bzgl. Mängelrechten oder Verjährungsfristen) bedürfen keiner notariellen Beurkundung nach § 311b Abs. 1 Satz 1 BGB; vgl. *Battes* in: Erman, Handkommentar BGB, 10. Aufl. 2000, § 313 a.F. Rn. 54.
[1252] OLG Bamberg v. 27.07.1998 - 4 U 195/97 - MDR 1999, 151-152.

derspruch mit der Vorschrift des § 311b Abs. 1 Satz 2 BGB, wonach eine Heilung des Formmangels erst mit Auflassung und (!) Eintragung im Grundbuch erfolgt.[1253] In der Praxis wird man sich jedoch grds. darauf einstellen können, dass Änderungen nach Auflassung nicht formbedürftig sind.[1254]

bb. Ausnahmen

Allerdings gelten auch (bedeutsame) Ausnahmen vom Grundsatz der Formfreiheit der Änderung nach erklärter Auflassung. (1) Formbedürftig ist eine Rückkaufvereinbarung, selbst wenn die Auflassung bereits erklärt worden ist.[1255] (2) Eine abweichende Beurteilung ist nach Ansicht der Rechtsprechung auch dann geboten, wenn es um nachträgliche Vereinbarungen geht, die eine durch die Auflassung selbst noch nicht „erfüllte" Übereignungspflicht betreffen und diese zum Nachteil des Übertragenden maßgeblich modifizieren.[1256] In der Rechtsprechung des BGH ging es dabei um Vereinbarungen, durch welche die Voraussetzungen[1257] oder die Rechtsfolgen der Ausübung eines Wiederkaufsrechts geändert werden[1258]. Das LG Limburg[1259] hat zu dieser Fallgruppe zutreffend auch den Fall gezählt, dass die Auflassung in der Kaufvertragsurkunde bereits erklärt worden ist, der Antrag auf Umschreibung des Eigentums vom Notar aber erst nach Zahlung des Kaufpreises erfolgen soll („**gesperrte Auflassung**"). In einem solchen Fall dient die Auflassung lediglich der Vereinfachung der Vertragsabwicklung und der Vermeidung zusätzlicher Kosten: Die Vertragsparteien müssen nach Zahlung des Kaufpreises keine weitere notarielle Beurkundung für die Auflassung vornehmen. Die Mitbeurkundung der Auflassung im Kaufvertrag bedeutet jedoch noch keine vollständige Erfüllung der Pflicht zur Übertragung des Eigentums. In solchen Fällen löst die im (bedingt geschlossenen) Kaufvertrag mitbeurkundete Auflassung auch noch nicht den Anfall der Grunderwerbsteuer aus.[1260] Dagegen ist der BGH[1261] in einem solchen Fall nicht auf die Frage eingegangen, ob durch die Auflassung bereits die Veräußerungspflicht erfüllt ist. Auch das OLG Düsseldorf[1262] hat bei Mitbeurkundung der Auflassung in dem Veräußerungsvertrag – gestützt auf die Rechtsprechung des BGH zur noch nicht erfüllten Übereignungspflicht – eine Ausnahme zugelassen: Kann der Veräußerer nach freiem Belieben den Notar anweisen, den Antrag auf Umschreibung des Eigentums an dem veräußerten Grundstück beim Grundbuchamt zu stellen, so bedarf die Abänderung dieser Vereinbarung der notariellen Beurkundung. Man könnte diesen Entscheidungen eine Tendenz zu einer zurückhaltenderen Anwendung der Grundsätze über die formfrei zulässige Vertragsänderung nach Auflassung entnehmen[1263], jedenfalls für die Fälle, in denen die Auflassung in der Veräußerungsurkunde miterklärt wird und die Eigentumsumschreibung bis zur Erfüllung der Gegenleistungspflichten des Käufers (in der Regel Zahlung des Kaufpreises) durch Überwachung des Notars ausgesetzt ist[1264]. Der sichere Weg, eine formfreie Änderung des Grundstücksvertrages zu ermöglichen, ist demnach die Erklärung der Auflassung nach Erfüllung aller sonstigen Vertragspflichten.[1265]

260

[1253] So zutreffend *Wufka* in: Staudinger, § 313 a.F. Rn. 206-210; *Kanzleiter* in: MünchKomm-BGB, § 311b Rn. 59; *Wolf* in: Soergel, § 313 a.F. Rn. 85; *Kanzleiter*, DNotZ 1985, 285-287; *Müller*, MittRhNotK 1988, 243-254, 247-248; Kritisch zur Rechtsprechung des BGH auch *Hagen*, DNotZ 1984, 267-294, 278-279.

[1254] Nach Ansicht des AG Bremen v. 25.08.2011 - 9 C 420/10 - bedarf jedoch eine Abrede, nach der wegen Verschiebung des vertraglich bestimmten Übergabezeitpunkts einer Immobilie eine Aufwandsentschädigung zu zahlen ist, auch dann der notariellen Beurkundung, wenn die Auflassungserklärungen zum Zeitpunkt der Vertragsmodifizierung bereits abgegeben wurden.

[1255] BGH v. 06.05.1988 - V ZR 50/87 - juris Rn. 12 - BGHZ 104, 276-278.

[1256] Vgl. *Hagen*, DNotZ 1984, 267-294, 278.

[1257] BGH v. 27.10.1972 - V ZR 37/71 - LM Nr. 57 zu § 313 BGB.

[1258] *Hagen*, DNotZ 1984, 267-294, 278.

[1259] LG Limburg v. 12.02.1986 - 2 O 470/84 - WM 1986, 432-433.

[1260] BFH v. 10.02.2005 - II B 115/04 - MittBayNot 2005, 523.

[1261] BGH v. 28.09.1984 - V ZR 43/83 - juris Rn. 1 - LM Nr. 103 zu § 313 BGB.

[1262] OLG Düsseldorf v. 06.10.1997 - 9 U 24/97 - juris Rn. 46 - NJW 1998, 2225-2227; zustimmend: *Schwarz*, MittBayNot 1999, 55-57.

[1263] *Schwarz*, MittBayNot 1999, 55-57, 57: „tendenzielle Ausweitung der Beurkundungspflicht durch die Rechtsprechung".

[1264] Vgl. *Kanzleiter*, DNotZ 1985, 285-287.

[1265] *Schwarz*, MittBayNot 1999, 55-57, 57.

3. Aufhebung von Verträgen

261 Im Vollzug eines Grundstücksveräußerungsvertrages sind drei Abschnitte zu unterscheiden, nach deren Erreichen die Frage nach der Formbedürftigkeit eines Aufhebungsvertrages unterschiedlich beantwortet werden muss.[1266] Im Unterschied zur Änderung eines Vertrages besteht hier eine breite Übereinstimmung in Rechtsprechung und Literatur.[1267]

a. Aufhebung nach Eigentumserwerb

262 Nach ständiger Rechtsprechung des BGH bedarf die Aufhebung eines Grundstücksveräußerungsvertrages, der bereits durch Auflassung und Eintragung des Eigentumswechsels im Grundbuch vollzogen ist, der notariellen Beurkundung gemäß § 311b Abs. 1 Satz 1 BGB.[1268] Ursprünglich unterschied der BGH nicht danach, ob der Aufhebungsvertrag eine vertragliche Rückübertragungsverpflichtung enthielt oder nicht. Im ersten Fall ergebe sich die Anwendung des § 311b Abs. 1 Satz 1 BGB ohne weiteres. Aber auch bei fehlender vertraglicher Vereinbarung hinsichtlich der Rückübertragung, d.h. bei Rückabwicklung nach den Vorschriften des Bereicherungsrechts (§§ 812-822 BGB), sei eine notarielle Beurkundung geboten, weil der Zweck des § 311b Abs. 1 Satz 1 BGB, eine fachkundige Beratung zu erhalten und die Beteiligten auf die Wichtigkeit des Geschäfts hinzuweisen, auch bei Rückabwicklung nach Bereicherungsrecht eingreife.[1269] Durch diese Begründung kam der BGH jedoch in einen scheinbar unauflöslichen Konflikt zu seiner Auffassung von der Formfreiheit der Pflicht zur Herausgabe des Beauftragten nach § 667 BGB bei einer Erwerbstreuhand (vgl. Rn. 136), an der er trotz starker Kritik aus der Literatur stets festgehalten hat. Da die Revision ihm diesen Widerspruch in einem Fall der Erwerbstreuhand vorhielt, zog sich der BGH mit einem bemerkenswerten „Coup" aus der Affäre: Er nahm die Entscheidung zur Erwerbstreuhand (Verpflichtung des Beauftragten zur Herausgabe des erworbenen Grundstücks an den Auftraggeber) zum Anlass, seine Rechtsprechung zur Aufhebung grundbuchlich vollzogener Grundstücksveräußerungsverträge teilweise einzuschränken.[1270] Die Beurkundungsbedürftigkeit der Aufhebungsvereinbarung ergebe sich in diesen Fällen ausschließlich bei einer vertraglich vereinbarten Rückübereignungsverpflichtung, nicht aber, wenn die Rückabwicklung nach Bereicherungsrecht erfolgen solle. Aber auch ohne ausdrückliche Vereinbarung in der Urkunde sei im Regelfall davon auszugehen, dass eine vertragliche Rückübereignungspflicht vereinbart sei, weil dies dem (hypothetischen) Willen (§ 157 BGB) der Vertragsparteien entspreche. Nur dadurch erlangen die Vertragsparteien den Schutz der Sanktionen des Schadensersatzrechts bei Leistungsstörungen und sind nicht auf die schwächeren Ansprüche aus ungerechtfertigter Bereicherung beschränkt. Diese Klarstellung ist zu begrüßen.[1271]

b. Aufhebung nach Entstehen eines Anwartschaftsrechts des Erwerbers

263 Nach Ansicht der Rechtsprechung[1272] erlangt der Erwerber eines Grundstücks („Auflassungsempfänger") ein Anwartschaftsrecht (von dem mehraktigen Entstehungstatbestand eines Rechtes sind schon so viele Erfordernisse erfüllt, dass von einer gesicherten Rechtsposition des Erwerbers gesprochen werden kann, die der andere an der Entstehung des Rechtes Beteiligte nicht mehr einseitig zu zerstören vermag), wenn die Auflassung erklärt ist und (a) entweder der Erwerber selbst den Antrag auf Eintra-

---

[1266] BGH v. 30.04.1982 - V ZR 104/81 - BGHZ 83, 395-401; *Grüneberg* in: Palandt, § 311b Rn. 39-40; *Wufka* in: Staudinger, § 313 a.F. Rn. 212-216. Formulierungsbeispiel bei *Brambring* in: Brambring, Beck'sches Notar-Handbuch, 3. Aufl. 2000, A I Rn. 397.

[1267] Aus der Literatur *Blum*, MittRhNotK 1987, 209-219; *Müller*, MittRhNotK 1988, 243-254.

[1268] BGH v. 30.04.1982 - V ZR 104/81 - BGHZ 83, 395-401; BGH v. 05.11.1982 - V ZR 228/80 - BGHZ 85, 245-252; BGH v. 07.10.1994 - V ZR 102/93 - BGHZ 127, 168-176; aus der Literatur: *Wufka* in: Staudinger, § 313 a.F. Rn. 216; *Grüneberg* in: Palandt, § 311b Rn. 39; *Wolf* in: Soergel, § 313 a.F. Rn. 43; *Müller*, MittRhNotK 1988, 243-254, 251.

[1269] BGH v. 30.04.1982 - V ZR 104/81 - BGHZ 83, 395-401.

[1270] BGH v. 07.10.1994 - V ZR 102/93 - juris Rn. 14 - BGHZ 127, 168-176.

[1271] *Brambring* in: Brambring, Beck'sches Notar-Handbuch, 3. Aufl. 2000, A I Rn. 396; zustimmend auch *Wufka* in: Staudinger, § 313 a.F. Rn. 216; *Kanzleiter* in: MünchKomm-BGB, § 311b Rn. 60.

[1272] BGH v. 30.04.1982 - V ZR 104/81 - juris Rn. 14 - BGHZ 83, 395-401; BGH v. 18.12.1967 - V ZB 6/67 - BGHZ 49, 197-209; in der Literatur wird die Auffassung der Rechtsprechung teilweise abgelehnt; vgl. etwa *Habersack*, JuS 2000, 1145-1150; *Medicus*, DNotZ 1990, 275-289. Übersicht zu den Voraussetzungen eines Anwartschaftsrechts des Auflassungsempfängers bei *Munzig* in: Kuntze/Ertl/Herrmann/Eickmann, Grundbuchrecht, 6. Aufl. 2006, Einleitung L Rn. 6 ff.

gung als Eigentümer gestellt hat (denn nach § 17 GBO muss das Grundbuchamt diesen Antrag vor zeitlich nachfolgenden Eintragungsanträgen erledigen, so dass der Erwerber vor anderweitigen Verfügungen des Veräußerers geschützt ist), oder (b) zugunsten des Auflassungsempfängers eine Vormerkung im Grundbuch eingetragen[1273] ist, die nach den §§ 883 Abs. 2, 888 BGB Schutz vor einer anderweitigen Verfügung des Veräußerers gewährt. Aus der Gleichstellung des Anwartschaftsrechts mit dem Vollrecht „Eigentum" folgert die h.M.[1274], dass die Verpflichtung zur Aufhebung des Anwartschaftsrechts in entsprechender Anwendung des § 311b Abs. 1 Satz 1 BGB der notariellen Beurkundung bedarf. Zudem stellt der BGH auf den Gesichtspunkt der Rechtssicherheit ab: Würde man die Anwendbarkeit des § 311b Abs. 1 Satz 1 BGB davon abhängig machen, ob das Grundbuchamt bereits dem Antrag auf Eigentumsumschreibung entsprochen hat und somit die Aufhebungsvereinbarung wegen einer Rückübereignungspflicht beurkundungsbedürftig ist, so könnten die Beteiligten möglicherweise nicht sicher beurteilen, ob die Aufhebungsvereinbarung zu beurkunden ist oder nicht.[1275]

Nach h.M.[1276] wird der Formmangel analog § 311b Abs. 1 Satz 2 BGB durch Aufhebung des Anwartschaftsrechts **geheilt**. Dies kann zum einen durch Löschung der Auflassungsvormerkung erfolgen[1277], weil diese zum Tatbestand des Anwartschaftsrechts gehört und bei deren Erlöschen automatisch das Anwartschaftsrecht erlischt. Dies gilt jedoch nicht für den Fall, dass die Auflassungsvormerkung infolge der Erteilung des Zuschlags in einem Zwangsversteigerungsverfahren gelöscht wird, weil das Erlöschen nicht in Erfüllung der (formnichtigen) Verpflichtung aus dem Aufhebungsvertrag erfolgt[1278]. Die Heilung kann auch dadurch bewirkt werden, dass die Auflassung aufgehoben wird, wozu nach h.M. keine Form erforderlich ist[1279]; dies gilt auch für einen formlos möglichen Verzicht auf den Auflassungsanspruch[1280]. Allerdings ist bei der Rückabwicklung eines noch nicht grundbuchlich vollzogenen Grundstücksveräußerungsvertrages der „Umweg"[1281] über die Heilung des formnichtig abgeschlossenen Aufhebungsvertrages nicht zu empfehlen, insbesondere wenn der Kaufpreis (teilweise) gezahlt ist und eine Auflassungsvormerkung und/oder Finanzierungsgrundpfandrechte im Grundbuch eingetragen sind. Es bedarf hier einer sorgfältigen Vertragsgestaltung zur Vermeidung unsicherer Vorleistung einer Vertragspartei.[1282]

264

c. Aufhebung vor Entstehen eines Anwartschaftsrechts des Erwerbers

Nach einhelliger Auffassung in Rechtsprechung und Literatur bedarf die Vertragsaufhebung vor Entstehung eines Anwartschaftsrechts des Erwerbers keiner notariellen Beurkundung nach § 311b Abs. 1

265

[1273] Nach Ansicht von OLG Düsseldorf v. 12.11.1980 - 3 W 298/80 - DNotZ 1981, 130-133 genügt für das Entstehen eines Anwartschaftsrechts bereits (bei erklärter Auflassung) die Stellung des Antrags auf Eintragung der bindend bewilligten (hier: in notariell beurkundeter Form) Eigentumserwerbsvormerkung; zustimmend *Lehmann*, DNotZ 1987, 142-151, 143; *Pohlmann*, DNotZ 1993, 355-364, 355.

[1274] BGH v. 30.04.1982 - V ZR 104/81 - juris Rn. 17 - BGHZ 83, 395-401; BGH v. 20.11.1987 - V ZR 171/86 - NJW-RR 1988, 265; OLG Saarbrücken v. 27.01.1995 - 4 U 255/94, 4 U 255/94 - 40- NJW-RR 1995, 1105-1107; *Grüneberg* in: Palandt, § 311b BGB Rn. 40; *Wufka* in: Staudinger, § 313 a.F. Rn. 214; a.A. *Reinicke/Tiedtke*, NJW 1982, 1430-1436, 2286; *Müller-Michaels*, NJW 1994, 2742-2743.

[1275] BGH v. 30.04.1982 - V ZR 104/81 - juris Rn. 18 - BGHZ 83, 395-401.

[1276] OLG Düsseldorf v. 08.03.1989 - 9 U 171/88 - juris Rn. 29 - DNotZ 1990, 370-371; OLG Hamm v. 03.05.1990 - 22 U 147/89 - DB 1991, 2279-2280; *Wufka* in: Staudinger, § 313 a.F. Rn. 315; *Lehmann*, DNotZ 1987, 142-151, 150; *Pohlmann*, DNotZ 1993, 355-364, 361-363; *Ernst*, ZIP 1994, 605-610, 609; a.A. *Brambring*, DNotZ 1991, 150-153; *Eckardt*, JZ 1996, 934-944, 943; *Müller*, MittRhNotK 1988, 243-254, 251.

[1277] OLG Düsseldorf v. 08.03.1989 - 9 U 171/88 - juris Rn. 29 - DNotZ 1990, 370-371; OLG Hamm v. 03.05.1990 - 22 U 147/89 - DB 1991, 2279-2280; *Wufka* in: Staudinger, § 313 a.F. Rn. 315; *Lehmann*, DNotZ 1987, 142-151, 150-151; *Pohlmann*, DNotZ 1993, 355-364, 361-363, die darauf hinweist, dass in den Entscheidungen des OLG Düsseldorf und des OLG Hamm zugleich das Anwartschaftsrecht aufgehoben worden sei, so dass sich die Frage nach der Heilung durch Löschung der Auflassungsvormerkung nicht stellte; gegen die Heilung analog § 311b Abs. 1 Satz 2 BGB: *Brambring*, DNotZ 1991, 150-153; *Tiedtke*, DB 1991, 2273-2276, 2275.

[1278] OLG Saarbrücken v. 27.01.1995 - 4 U 255/94, 4 U 255/94 - 40- NJW-RR 1995, 1105-1107; *Wufka* in: Staudinger, § 313 a.F. Rn. 315.

[1279] BGH v. 30.09.1993 - IX ZR 211/92 - juris Rn. 25 - LM BGB § 675 Nr. 194 (2/1994); *Bassenge* in: Palandt, § 925 Rn. 29; *Kanzleiter* in: MünchKomm-BGB, § 925 Rn. 30.

[1280] Vgl. *Wolf* in: Soergel, § 313 a.F. Rn. 43.

[1281] *Brambring* in: Brambring, Beck'sches Notar-Handbuch, 3. Aufl. 2000, A I Rn. 396.

[1282] Vertragsmuster bei *Brambring* in: Brambring, Beck'sches Notar-Handbuch, 3. Aufl. 2000, A I Rn. 397.

Satz 1 BGB[1283], weil keine Verpflichtung zur Übertragung oder Erwerb des Eigentums bzw. zur Aufhebung eines Anwartschaftsrechts begründet wird. Formfrei möglich ist auch der Verzicht auf den Auflassungsanspruch.[1284]

IX. Rechtsfolgen fehlender oder unzureichender notarieller Beurkundung

1. Nichtigkeit des Schuldverhältnisses

266 Nach § 125 Satz 1 BGB ist ein Rechtsgeschäft, welches der durch Gesetz vorgeschriebenen Form ermangelt, nichtig. Die Form des Rechtsgeschäfts nach § 311b Abs. 1 Satz 1 BGB ist nicht eingehalten, wenn es zum einen überhaupt nicht vor einem Notar geschlossen wurde, die zwingenden Vorschriften des Beurkundungsverfahrens nicht eingehalten sind (z.B. der Notar hat die Niederschrift nicht verlesen, vgl. dazu die Kommentierung zu § 128 BGB), die essentialia negotii bzw. subjektiv essentielle Nebenbestimmungen nicht in der Urkunde enthalten sind (auch nicht unter Zuhilfenahme der Andeutungstheorie)[1285] oder bewusst unrichtig angegeben sind (bewusstes Abweichen des objektiv Erklärten vom subjektiv Gewollten; **Scheingeschäft** gemäß § 117 Abs. 1 BGB)[1286]. Hauptanwendungsfall einer solchen bewusst unrichtigen Beurkundung ist die Angabe eines niedrigeren Kaufpreises als tatsächlich vereinbart („Unterverbriefung" oder „Schwarzkauf").[1287] Sofern für eine Vertragspartei ein Vertreter auftritt und dieser mit der anderen Vertragspartei (ohne Wissen des Vertretenen[1288]) eine weitere Zahlung neben dem von dem Vertretenen gewollten Kaufpreis sich – außerhalb der Urkunde – vereinbart, liegt kein Scheingeschäft nach § 117 BGB vor, weil sich der Vertretene die zusätzliche Vereinbarung zwischen dem Vertreter bei Verträgen im Sinne des § 311b Abs. 1 Satz 1 BGB nicht nach § 166 BGB zurechnen lassen muss.[1289] Eine Wissenszurechnung nach § 166 BGB hat der BGH auch in dem Fall abgelehnt, in welchem der Vertreter des Verkäufers mit dem Käufer (ohne Wissen des Verkäufers) einen Kaufpreis in Höhe von 43.200 DM beurkunden ließ, mit dem Käufer aber tatsächlich einen Kaufpreis in Höhe von 385.000 DM vereinbarte, um die Spekulationssteuer nach § 23 EStG zu vermeiden (der Verkäufer hatte das verkaufte Grundstück erst ein Jahr vor Weiterveräußerung erworben).[1290]

267 Die Nichtigkeitsfolge tritt unabhängig vom Willen der Vertragsparteien ein (von Amts wegen zu berücksichtigen[1291]), also auch dann wenn sie den Vertrag als gültig behandelt wissen wollen[1292] oder auf die Formunwirksamkeit im Prozess „verzichten", weil die Parteiherrschaft im Zivilprozess insofern eingeschränkt ist[1293]. Auf die Nichtigkeit kann sich auch jeder Dritte berufen, was er insbesondere dann tun wird, wenn er daran ein Interesse hat.[1294] Aufgrund der Nichtigkeit des Vertrages bestehen keine Erfüllungsansprüche.

2. Teilnichtigkeit (§ 139 BGB)

268 Ist nur ein Teil des Rechtsgeschäfts nichtig, so ist das ganze Rechtsgeschäft nichtig, wenn nicht anzunehmen ist, dass es auch ohne den nichtigen Teil vorgenommen sein würde (§ 139 BGB). Hier ist zu

---

[1283] BGH v. 30.04.1982 - V ZR 104/81 - juris Rn. 13 - BGHZ 83, 395-401; BGH v. 29.01.1988 - V ZR 146/86 - juris Rn. 26 - BGHZ 103, 175-183 für den Fall des Verzichts auf ein Wiederkaufsrecht; OLG Saarbrücken v. 27.01.1995 - 4 U 255/94, 4 U 255/94 - 40- NJW-RR 1995, 1105-1107; OLG Köln v. 25.01.1995 - 19 W 3/95 - NJW-RR 1995, 1107-1108; *Wolf* in: Soergel, § 313 a.F. Rn. 43; *Wufka* in: Staudinger, § 313 a.F. Rn. 213; *Grüneberg* in: Palandt, § 311b Rn. 39.
[1284] *Wufka* in: Staudinger, § 313 a.F. Rn. 213.
[1285] *Wufka* in: Staudinger, § 313 a.F. Rn. 221, 223, 235.
[1286] *Wufka* in: Staudinger, § 313 a.F. Rn. 239.
[1287] *Wufka* in: Staudinger, § 313 a.F. Rn. 239.
[1288] In dem Fall BGH v. 07.12.2000 - IX ZR 330/99 - LM BGB § 166 Nr. 44 (8/2001) war dies die Mutter des Verkäufers.
[1289] BGH v. 07.12.2000 - IX ZR 330/99 - juris Rn. 15 - LM BGB § 166 Nr. 44 (8/2001); *Wufka* in: Staudinger, § 313 a.F. Rn. 239.
[1290] BGH v. 26.05.2000 - V ZR 399/99 - BGHZ 144, 331-335; dazu *Lorenz*, EWiR 2000, 997-998; *Grziwotz*, MDR 2000, 1309-1310; *Schubert*, JR 2001, 330-331; *Thiessen*, NJW 2001, 3025-3027.
[1291] *Wufka* in: Staudinger, § 313 a.F. Rn. 221.
[1292] BGH v. 13.12.1968 - V ZR 80/67 - LM Nr. 29 zu § 125 BGB; *Grüneberg* in: Palandt, § 311b Rn. 45.
[1293] BGH v. 21.03.1969 - V ZR 87/67 - LM Nr. 37 zu § 313 BGB; BGH v. 25.02.1966 - V ZR 126/64 - BGHZ 45, 179-186; *Grüneberg* in: Palandt, § 311b Rn. 45; *Wufka* in: Staudinger, § 313 a.F. Rn. 221.
[1294] *Hefermehl* in: Soergel, § 125 Rn. 26.

differenzieren, ob sich die Vertragsparteien der Formnichtigkeit des Teils des Rechtsgeschäfts bewusst waren oder ob sie keine Kenntnis davon hatten[1295]:

a. Die bewusste Teilnichtigkeit

Waren sich die Vertragsparteien bei Vertragsschluss der Nichtigkeit einer vertraglichen Bestimmung bewusst (bewusste Teilnichtigkeit), so entbehrt diese Vereinbarung nach Ansicht der Rechtsprechung jeder rechtsgeschäftlichen Bedeutung, daher könne man auch nicht von einer Teilnichtigkeit im Sinne des § 139 BGB sprechen.[1296] Das Rechtsgeschäft kommt von vornherein nur mit dem wirksam beurkundeten Umfang zustande.[1297] Damit sei aber noch nichts darüber gesagt, was zu geschehen habe, wenn der nach Ausscheiden des wegen Nichtbeachtung der gesetzlich vorgeschriebenen Form unwirksamen Teils des Rechtsgeschäfts noch übrig bleibende Rest mit diesem Inhalt von dem Vertragspartner nicht gewollt war.[1298] In einem solchen Fall fehle es an einem wirksamen Vertragsschluss hinsichtlich des verbleibenden Restgeschäfts.[1299] Dieser Lösung ist nur im Ergebnis, nicht in der Begründung zuzustimmen.[1300] Eine (erste) Ausnahme von diesen Grundsätzen nahm der BGH in seiner Entscheidung vom 15.11.1974[1301] vor. Aus steuerlichen Gründen verzichteten die Vertragsparteien bei Beurkundung eines Grundstückskaufvertrages auf die Aufnahme eines Wiederkaufsrechts, das sie später privatschriftlich vereinbarten. Der BGH bestätigte die Grundsätze zur Nichtanwendbarkeit des § 139 BGB bei bewusster Nichtbeurkundung eines Teils des Rechtsgeschäfts (der nichtbeurkundete Teil sei mangels rechtsgeschäftlichen Bindungswillens überhaupt nicht vereinbart und damit kein Teil eines einheitlichen Rechtsgeschäfts), schränkte sie aber in einem entscheidenden Punkt ein: Er nahm eine Heilung der (Nicht-)Vereinbarung über das Wiederkaufsrecht mit Auflassung und Eintragung des Eigentumswechsels aus dem Kaufvertrag im Grundbuch an.[1302] Er begründet dies damit, dass das Bewusstsein der (zunächst gegebenen) Formnichtigkeit einer Vereinbarung nicht notwendig den Willen ausschließe, Rechtsfolgen hervorzurufen. Damit hat er in Wirklichkeit die Regelung des § 139 BGB angewendet; denn der rechtsgeschäftliche Wille ist nicht dahingehend teilbar, dass er – solange keine Auflassung und Eintragung im Grundbuch erfolgt ist – nicht bestehe und mit Auflassung und Eintragung im Grundbuch wieder auflebt. Würde der BGH an seiner Auffassung der Nichtanwendbarkeit des § 139 BGB festhalten, so hätte er eine rechtsgeschäftliche Vereinbarung über ein Wiederkaufsrecht durch bloße Auflassung des verkauften Grundstücks und Eintragung des Eigentumswechsels im Grundbuch (also ohne jeden rechtsgeschäftlichen Willen!) begründet. Eine weitere Einschränkung des Grundsatzes der Nichtanwendbarkeit des § 139 BGB nahm der BGH in seiner Entscheidung vom 13.11.1998[1303] vor, obwohl dies nicht geboten war, weil der Entscheidung ein anders gelagerter Sachverhalt zugrunde lag.[1304] Dort ging es um eine ohne Bedingung beurkundete Vereinbarung, die die Vertragsbeteiligten nach ihrem tatsächlichen Willen nur unter einer aufschiebenden Bedingung (Finden eines zahlungsfähigen Käufers) schließen wollten. Der BGH sah die (nicht beurkundete) aufschiebende Bedingung in dem Vertrag als Teil eines einheitlichen Rechtsgeschäfts, so dass das tatsächlich beurkundete Rechtsgeschäft ohne Bedingung nach den Grundsätzen des Urteils vom 29.06.1966[1305] (das Rechtsgeschäft kommt von vornherein nur mit dem wirksam beurkundeten Umfang zustande) zu beurteilen war. Da in dem genannten Urteil zugleich aber auch festgestellt wurde, dass über das Bestehen bleiben des beurkundeten Restgeschäfts selbständig entschieden werden müsse, könne man zur Unwirksamkeit des unbedingt geschlossenen Vertrages kommen. Der Abschluss eines Vertrages unter einer aufschiebenden Bedingung ist jedoch etwas qualitativ völlig anderes als ein Vertrag ohne eine Bedingung. Daher lag auch kein Fall einer Teilnichtigkeit vor.[1306]

269

[1295] *Wufka* in: Staudinger, § 313 a.F. Rn. 235.
[1296] BGH v. 29.06.1966 - V ZR 68/65 - BGHZ 45, 376-380; *Wufka* in: Staudinger, § 313 a.F. Rn. 237; *Kanzleiter* in: MünchKomm-BGB, § 311b Rn. 71.
[1297] BGH v. 29.06.1966 - V ZR 68/65 - BGHZ 45, 376-380.
[1298] BGH v. 13.11.1998 - V ZR 379/97 - juris Rn. 9 - LM BGB § 139 Nr. 90 (3/1999); BGH v. 29.06.1966 - V ZR 68/65 - BGHZ 45, 376-380.
[1299] BGH v. 29.06.1966 - V ZR 68/65 - BGHZ 45, 376-380.
[1300] Zutreffend *Keim*, NJW 1999, 2866-2868, 2867.
[1301] BGH v. 15.11.1974 - V ZR 78/73 - LM Nr. 66 zu § 313 BGB.
[1302] BGH v. 15.11.1974 - V ZR 78/73 - LM Nr. 66 zu § 313 BGB.
[1303] BGH v. 13.11.1998 - V ZR 379/97 - LM BGB § 139 Nr. 90 (3/1999).
[1304] So zutreffend *Keim*, NJW 1999, 2866-2868, 2867.
[1305] BGH v. 29.06.1966 - V ZR 68/65 - BGHZ 45, 376-380.
[1306] *Keim*, NJW 1999, 2866-2868, 2867.

270 Aus den vorgenannten Gründen ist der von einem Teil der Literatur vertretenen Auffassung zu folgen, nach der sich die Lösung zwanglos in das Regelungssystem des § 139 BGB einfügen lässt.[1307] Allerdings ist davon auszugehen, dass der gültige Rest des Rechtsgeschäfts auch ohne die unwirksame Bestimmung gewollt ist.[1308]

b. Die unbewusste Teilnichtigkeit

271 Haben die Vertragsparteien keine Kenntnis von der Nichtigkeit eines Teils des Vertrages, so beurteilt sich nach § 139 BGB, ob das „Restgeschäft" ebenfalls unwirksam ist oder wirksam bleibt.[1309] Die Vermutung des Gesetzes spricht für die Gesamtnichtigkeit des Vertrages. Die Beweislast für den Erhaltungswillen hinsichtlich des (wirksam) beurkundeten Teils des Rechtsgeschäfts trägt derjenige, der sich auf die Wirksamkeit beruft.[1310]

3. Heilung des Formmangels (Absatz 1 Satz 2)

a. Allgemeines

272 Nach § 311b Abs. 1 Satz 2 BGB wird ein ohne Beachtung der Form geschlossener Vertrag seinem ganzen Inhalt nach gültig, wenn die Auflassung erklärt wird und die Eintragung in das Grundbuch erfolgt. Die Heilung des Formmangels spielt bei der unrichtigen oder unvollständigen Beurkundung eine Rolle; dagegen wird sie bei der Nichtbeurkundung des Kausalgeschäfts im Hinblick auf § 925a BGB (die Auflassung soll der Notar nur entgegennehmen, wenn die Urkunde über das Kausalgeschäft vorgelegt wird) von untergeordneter Bedeutung sein.[1311] § 311b Abs. 1 Satz 2 BGB stellt ausschließlich auf die Erfüllung des Kausalgeschäftes durch Eigentumserwerb an dem Grundstück ab; die Erbringung der Gegenleistung spielt keine Rolle.[1312] Unerheblich ist, ob die Verpflichtung zur Veräußerung und/oder zum Erwerb des Eigentums das Kausalgeschäft beurkundungsbedürftig macht.[1313] In seiner Entscheidung vom 08.10.2004[1314] hat der BGH den **Sinn und Zweck der Heilung** nach § 311b Abs. 1 Satz 2 BGB in Abkehr von den Erwägungen in einer früheren Entscheidung[1315] konkretisiert. Die Feststellung, welchen Zweck der Gesetzgeber mit der Heilungsvorschrift verfolge, sei bei solchen Vereinbarungen, die aufgrund einer ausdehnenden Anwendung des § 311b Abs. 1 Satz 1 BGB dem Formgebot unterliegen (z.B. Vorverträge, mittelbare Verpflichtung zum Erwerb oder zur Veräußerung), von entscheidender Bedeutung. Hier sei es konsequent, auch die Heilungsvorschrift des § 311b Abs. 1 Satz 2 BGB analog anzuwenden (vgl. dazu auch Rn. 398). In der vorgenannten Entscheidung des BGH ging es um die Frage, ob ein formnichtiger Vorvertrag aufgrund eines zwischen dem Verkäufer und einem Dritten geschlossenen (Haupt-)Vertrages gültig wird, wenn der Käufer den Abschluss mit dem Dritten vermittelt hat. Nach Ansicht des BGH kann der Formmangel beim Verpflichtungsgeschäft (Vorvertrag) nur dann geheilt werden, wenn der Abschluss des Hauptvertrages dessen Erfüllung darstellt. Dies hat der BGH im konkreten Fall zutreffend verneint und damit eine Heilung abgelehnt. In seiner Begründung musste der BGH eine Abgrenzung zu einer früheren Entscheidung[1316] vornehmen. Dort ging es um die Gültigkeit eines privatschriftlichen Maklervertrages, der eine mittelbare Verpflichtung des Auftraggebers zum Verkauf eines Grundstücks enthielt (Vertragsstrafe) und daher dem Formgebot des § 311b Abs. 1 Satz 1 BGB unterlag (mittelbare Verpflichtung, vgl. Rn. 107). Der BGH sah die Rechtfertigung für eine Heilung analog § 311b Abs. 1 Satz 2 BGB durch Abschluss des vermittelten Kaufvertrages in dem Umstand, dass sich der Verkäufer den sachenrechtlichen Konsequenzen aus der Vereinbarung mit dem Vertragspartner des Vorvertrages (Makler) mit Abschluss des Hauptvertrages (Kaufvertrag) nicht mehr habe entziehen können. Diesen Gedanken gab der BGH ausdrücklich auf und begründet die Heilungswirkung bei Vorverträgen (dazu gehören auch solche, die eine mittelbare

---

[1307]Keim, NJW 1999, 2866-2868, 2867; Mayer-Maly/Busche in: MünchKomm-BGB, § 139 Rn. 32.
[1308]Mayer-Maly/Busche in: MünchKomm-BGB, § 139 Rn. 32.
[1309]BGH v. 20.06.1980 - V ZR 84/79 - juris Rn. 3 - NJW 1981, 222; BGH v. 27.10.1982 - V ZR 136/81 - NJW 1983, 565.
[1310]Wufka in: Staudinger, § 313 a.F. Rn. 236; Kenzleiter in: MünchKomm-BGB, § 311b Rn. 71.
[1311]Wufka in: Staudinger, § 313 a.F. Rn. 262.
[1312]Wufka in: Staudinger, § 313 a.F. Rn. 263; Wolf in: Soergel, § 313 a.F. Rn. 95.
[1313]Wolf in: Soergel, § 313 a.F. Rn. 96.
[1314]BGH v. 08.10.2004 - V ZR 178/03 - NJW 2004, 3626-3628.
[1315]BGH v. 18.12.1981 - V ZR 233/80 - BGHZ 82, 398-407.
[1316]BGH v. 18.12.1981 - V ZR 233/80 - BGHZ 82, 398-407.

Verpflichtung zum Abschluss eines Kaufvertrages enthalten) nunmehr ausschließlich mit der Erfüllungswirkung: da der Maklervertrag auf Abschluss des vermittelten Hauptvertrages gerichtet ist, trete Erfüllung mit dessen (formwirksamen) Abschluss analog § 311b Abs. 1 Satz 2 BGB ein.

b. Objektive Voraussetzungen

In objektiver Hinsicht sind kumulativ eine wirksame Auflassung sowie die Eintragung des Eigentumswechsels an dem veräußerten Grundstück erforderlich.[1317] Die Erfüllung muss mit dem aus dem nichtigen Kausalgeschäft „geschuldeten" übereinstimmen; nur in diesem Fall tritt Heilung ein. Bleibt die Erfüllung hinter dem „Geschuldeten" zurück, so tritt grds. keine Heilung ein. Allerdings kann entsprechend § 139 BGB die Heilungswirkung hinsichtlich eines selbständigen Teils des Rechtsgeschäfts eintreten.[1318] Eine Teilerfüllung mit teilweiser Heilung des Kausalgeschäfts kann eintreten, wenn mehrere Grundstücke veräußert wurden und die Auflassung und Eintragung an einem Grundstück erfolgt sind.[1319] Grds. tritt eine Heilung des gesamten Rechtsgeschäfts erst mit Auflassung und Eintragung aller Grundstücke ein.[1320] Sofern es jedoch dem Erwerber oder dem Veräußerer darauf ankommt, alle Grundstücke zu erwerben bzw. zu veräußern, wird man von einer Heilung eines selbständigen Teils des Kausalgeschäfts nicht ausgehen können.[1321] Auflassung und Eintragung im Grundbuch müssen auch beim Wohnungseigentum deckungsgleich sein.[1322] Daher genügt die Eintragung eines Miteigentumsanteils ohne das dazugehörige Wohnungseigentum nicht, sofern nicht ein Fall des § 139 BGB entsprechend vorliegt.[1323] Erwogen wurde vom BGH[1324] eine teilweise Heilung für den Fall, dass die Einigung über den Eigentumserwerb hinsichtlich eines Wohnungseigentums, mit dem 11 Keller verbunden waren und mit dem eigentlich ein einzelner anderer Keller verbunden werden sollte, unter Ausschluss der vorhandenen 11 Keller erklärt, im Grundbuch aber die Eintragung ohne Änderung des Sondereigentums (also mit den 11 Kellern) eingetragen wird. Der BGH ließ offen, ob überhaupt Wohnungseigentum hätte entstehen können, wenn zwischen dem Gegenstand der Auflassung (ohne 11 Keller) und der Eintragung im Grundbuch (mit 11 Kellern) ein quantitativer und kein qualitativer Unterschied bestand. Jedenfalls hätte ein Vollzug der Teilauflassung dem Willen des Käufers nicht entsprochen, so dass eine Heilung hinsichtlich des Kaufvertrages nicht eingetreten ist.[1325] Beim Tauschvertrag ist zur Heilung eines Formmangels die Auflassung und Eintragung aller (getauschten) Grundstücke erforderlich.[1326] Die in einem Kaufvertrag enthaltene (formunwirksame) Verpflichtung zwischen den erwerbenden Miteigentümern zu Bruchteilen, das Grundstück später real zu teilen und jedem das Eigentum an einer noch zu vermessenden Teilfläche zu übertragen, wird nicht durch Eintragung des Eigentumswechsels aufgrund des Kaufvertrages geheilt.[1327]

Die Auflassung muss rechtswirksam sein, um die (formnichtige) schuldrechtliche Verpflichtung zu erfüllen. Unerheblich ist, dass der Veräußerer zu Unrecht im Grundbuch eingetragen ist und der Erwerber somit nur kraft guten Glaubens nach § 892 Abs. 1 BGB das Eigentum erwirbt.[1328] Wird die Auflassung aufgrund einer (form-)nichtigen Auflassung erklärt, so tritt keine Heilungswirkung ein.[1329] Ein solcher Fall spielt eine praktisch bedeutsame Rolle, wenn bereits die Erteilung der Vollmacht beurkundungsbedürftig war, beispielsweise weil sie unwiderruflich erteilt wurde.[1330] Dagegen erstreckt sich der Man-

---

[1317] *Wufka* in: Staudinger, § 313 a.F. Rn. 264.
[1318] BGH v. 20.10.1995 - V ZR 263/94 - LM ZPO § 322 Nr. 144 (3/1996); *Wufka* in: Staudinger, § 313 a.F. Rn. 305; *Grüneberg* in: Palandt, § 311b Rn. 48.
[1319] *Grüneberg* in: Palandt, § 311b Rn. 48; *Wufka* in: Staudinger, § 313 a.F. Rn. 305.
[1320] BGH v. 07.04.2000 - V ZR 83/99 - juris Rn. 11 - LM BGB § 139 Nr. 92 (1/2001); *Wufka* in: Staudinger, § 313 a.F. Rn. 305; *Grüneberg* in: Palandt, § 311b Rn. 48; *Wolf* in: Soergel, § 313 a.F. Rn. 98.
[1321] Zu einem solchen Fall BGH v. 07.04.2000 - V ZR 83/99 - LM BGB § 139 Nr. 92 (1/2001);
[1322] *Wufka* in: Staudinger, § 313 a.F. Rn. 305.
[1323] *Wufka* in: Staudinger, § 313 a.F. Rn. 305.
[1324] BGH v. 20.10.1995 - V ZR 263/94 - LM ZPO § 322 Nr. 144 (3/1996).
[1325] BGH v. 20.10.1995 - V ZR 263/94 - juris Rn. 11 - LM ZPO § 322 Nr. 144 (3/1996).
[1326] *Wolf* in: Soergel, § 313 a.F. Rn. 98; *Grüneberg* in: Palandt, § 311b Rn. 48.
[1327] BGH v. 03.06.2002 - II ZR 4/00 - NJW 2002, 2560-2562.
[1328] BGH v. 10.12.1971 - V ZR 90/69 - BGHZ 57, 341-344; BGH v. 24.02.1967 - V ZR 75/65 - BGHZ 47, 266-272; *Wufka* in: Staudinger, § 313 a.F. Rn. 273; *Wolf* in: Soergel, § 313 a.F. Rn. 98; *Kanzleiter* in: MünchKomm-BGB, § 311b Rn. 76.
[1329] BGH v. 21.05.1965 - V ZR 156/64 - BB 1965, 847; *Wufka* in: Staudinger, § 313 a.F. Rn. 272; *Grüneberg* in: Palandt, § 311b Rn. 47.
[1330] So im Fall BGH v. 21.05.1965 - V ZR 156/64 - BB 1965, 847.

gel der Form des § 311b Abs. 1 Satz 1 BGB wegen der Abstraktheit in aller Regel nicht auf eine in der gleichen Urkunde erteilte Auflassungsvollmacht.[1331] Sind Genehmigungen zur Wirksamkeit der Auflassung erforderlich, so tritt Heilungswirkung nur ein, wenn die Genehmigung erteilt wird.[1332] Wird die Genehmigung versagt, so tritt keine Heilungswirkung ein, selbst wenn der Versagungsbescheid später wieder aufgehoben wird.[1333] Die Auflassung muss auch objektiv[1334] in Erfüllung der „Verpflichtung" aus dem formnichtigen Kausalgeschäft erklärt werden. Eine bereits vor Abschluss des Kausalgeschäfts erklärte Auflassung führt demnach (in Verbindung mit der Eintragung des Eigentumswechsels im Grundbuch) keine Heilung herbei[1335]. Unerheblich ist dagegen, dass die Auflassung – wie dies der Regelfall ist – zugleich mit dem Kausalgeschäft erklärt wird.[1336] Wegen ihrer Abstraktheit wird sie von dem Mangel der Form des § 311b Abs. 1 Satz 1 BGB nicht berührt. Nicht ausreichend ist dagegen, dass der Erwerber später das Eigentum von einem Dritten aufgrund eines anderen Verpflichtungsvertrages erhält[1337], es sei denn, die Übertragung erfolge in Erfüllung des formnichtigen Kausalgeschäfts des Erwerbers mit dem Erstveräußerer[1338]. Eine Heilung kann auch bei einer Kettenveräußerung (A verkauft an B, der wiederum an C verkauft) in beiden Vertragsverhältnissen eintreten, wenn die direkte Auflassung vom Verkäufer an den Zweitkäufer nach dem Willen aller Beteiligten in Erfüllung beider Kausalgeschäfte erfolgen soll und die Eintragung des Zweitkäufers im Grundbuch erfolgt.[1339] Dies wird jedenfalls für den Erstvertrag dann anzunehmen sein, wenn dieser die Bestimmung enthält, dass der Erstkäufer das Grundstück an einen Dritten weiterverkaufen und an diesen auflassen soll, andererseits auch den aus diesem Kaufvertrag erzielten Erlös unmittelbar an den Verkäufer zahlen soll.[1340]

275 Die Eintragung muss mit der Auflassung und dem Veräußerungsgegenstand aus dem formnichtigen Kausalgeschäft übereinstimmen. Trägt das Grundbuchamt den Erwerber irrtümlich als Eigentümer eines anderen Grundstücks ein, so tritt keine Heilungswirkung ein[1341]; der Grundsatz „falsa demonstratio non nocet" gilt insofern nicht.[1342] Die Eintragung einer Eigentumserwerbsvormerkung ersetzt die Eintragung für den Eintritt der Heilungswirkung nicht.[1343] Dagegen schadet ein Widerspruch gegen die Eintragung nicht.[1344] Bei einem formnichtigen Erbbaurechtsvertrag heilt die Eintragung des Erbbaurechts nur den schuldrechtlichen Verpflichtungsvertrag auf Bestellung des Erbbaurechts, nicht aber zugleich die Verpflichtung, das Erbbaugrundstück nach Beendigung des Erbbaurechts an den Erbbauberechtigten zu übertragen.[1345]

c. Subjektive Voraussetzungen

276 Da die Heilung durch Erfüllung der Verpflichtung des Veräußerers erfolgt und die Erfüllung ein subjektives Element beinhaltet, ist nach allgemeiner Auffassung eine Willensübereinstimmung zur Erfüllung des nichtigen Kausalgeschäftes erforderlich. Den Vertragsparteien muss nicht bewusst sein, dass sie den formwirksamen Vertrag heilen.[1346] Der Wille muss also nicht auf die Heilung des formnichtigen

---

[1331] *Grüneberg* in: Palandt, § 311b Rn. 47.
[1332] BGH v. 08.11.1968 - V ZR 60/65 - DNotZ 1969, 350; *Grüneberg* in: Palandt, § 311b Rn. 47. Eine Mitwirkungspflicht zur Herbeiführung der Genehmigung besteht zwischen den Vertragsparteien nicht; *Wufka* in: Staudinger, § 313 a.F. Rn. 272.
[1333] *Wufka* in: Staudinger, § 313 a.F. Rn. 275.
[1334] Zum subjektiven Erfüllungswillen (Rn. 276) und dessen zeitlicher Dimension Rn. 286-287.
[1335] BGH v. 22.12.1982 - V ZR 8/81 - LM Nr. 4 zu § 335 BGB; *Grüneberg* in: Palandt, § 311b Rn. 47; *Wolf* in: Soergel, § 313 a.F. Rn. 98.
[1336] BGH v. 22.12.1982 - V ZR 8/81 - juris Rn. 3) - LM Nr. 4 zu § 335 BGB; BGH v. 17.03.1978 - V ZR 217/75 - juris Rn. 10 - LM Nr. 1 zu § 761 BGB; *Grüneberg* in: Palandt, § 311b Rn. 47; *Wufka* in: Staudinger, § 313 a.F. Rn. 294.
[1337] BGH v. 17.03.1988 - IX ZR 43/87 - juris Rn. 21 - LM Nr. 27 zu § 249 (A) BGB; *Wufka* in: Staudinger, § 313 a.F. Rn. 295.
[1338] *Wufka* in: Staudinger, § 313 a.F. Rn. 295.
[1339] RG v. 03.06.1913 - VII 560/12 - RGZ 82, 344-346; RG v. 17.04.1931 - VII 334/30 - RGZ 132, 287-292; *Wufka* in: Staudinger, § 313 a.F. Rn. 296.
[1340] RG v. 19.09.1914 - V 83/14 - RGZ 85, 272-276.
[1341] *Wufka* in: Staudinger, § 313 a.F. Rn. 291.
[1342] *Gehrlein* in: Bamberger/Roth, § 311b Rn. 34
[1343] *Wolf* in: Soergel, § 313 a.F. Rn. 98; *Wufka* in: Staudinger, § 313 a.F. Rn. 292.
[1344] *Wolf* in: Soergel, § 313 a.F. Rn. 98.
[1345] BGH v. 29.09.1972 - V ZR 170/70 - BGHZ 59, 269-274; *Wufka* in: Staudinger, § 313 a.F. Rn. 292.
[1346] *Wolf* in: Soergel, § 313 a.F. Rn. 98.

Geschäfts (Heilungswille), sondern auf die Erfüllung der Verpflichtung gerichtet sein (**Erfüllungswille**). Andererseits ist aber auch unschädlich, wenn den Vertragsparteien der Formmangel bekannt ist und durch Auflassung und Eintragung im Grundbuch geheilt wird.[1347] Auch ist nicht erforderlich, dass die einzelnen Vertragsbestimmungen den Beteiligten noch gegenwärtig sind.[1348] Die Willensübereinstimmung muss sich auf den ganzen Inhalt des Vertrages beziehen.[1349] Die Divergenz hinsichtlich einzelner vertraglicher Bestimmungen schließt demnach die Heilung aus; die Übereinstimmung hinsichtlich der „grundsätzlichen vertraglichen Regelungen" genügt nicht.[1350] Für die Heilung einer Nebenabrede gemäß § 311b Abs. 1 Satz 2 BGB kann nach Ansicht des OLG Düsseldorf[1351] der Rechtsbindungswille fehlen, wenn die Parteien auf Anraten des Notars von einer Beurkundung der Nebenabrede abgesehen haben, weil diese mangels inhaltlicher Bestimmtheit so nicht getroffen werden könne und im Übrigen nicht beurkundungsbedürftig sei. Sofern die Vertragsparteien der (möglicherweise falschen) Einschätzung des Notars folgten, dass die Vereinbarung nicht rechtsverbindlich sei, sondern lediglich eine bloße Absichtserklärung beinhalte, dürfte es in der Tat an dem für die Heilung notwendigen Rechtsbindungswillen fehlen. Dies trifft jedoch nicht für den Fall zu, dass die Beteiligten bewusst von der Beurkundung absahen, wenn es sich um eine rechtsverbindliche Nebenabrede gehandelt hat.

Nach allgemeiner Auffassung muss der Wille zur Erfüllung der Verpflichtung im vollen Umfang **bis zur Auflassung** fortbestehen.[1352] Ob eine Vermutung dafür besteht, ist umstritten.[1353] Der BGH[1354] hat diese Frage offen gelassen, neigt aber zur Bejahung der Frage, wenn ein formnichtiger Vertrag ohne weitere Zwischenschaltung eines anderen Vertrags durch Auflassung und Grundbucheintragung geheilt wird. Ist zur Wirksamkeit der Auflassung noch eine Genehmigung erforderlich, so kommt es für die Willensübereinstimmung gleichwohl auf den Zeitpunkt der Erklärung der Auflassung an.[1355] Wird die Auflassung zugleich mit dem unrichtig oder unvollständig beurkundeten und daher formunwirksamen Kaufvertrag mitbeurkundet, so kommt es auf ein Fortbestehen der Willensübereinstimmung überhaupt nicht mehr an.[1356]

d. Zeitpunkt der Heilung; Rückwirkung inter partes

Nach allgemeiner Ansicht tritt die Heilung mit dem Zeitpunkt der Auflassung und der Eintragung im Grundbuch ex nunc, also ohne Rückwirkung ein.[1357] Dies ergibt sich aus dem Wortlaut des § 311b Abs. 1 Satz 1 BGB („...wird ... gültig").[1358] Aus diesem Grund verneint die ganz h.M. den Vormerkungsschutz des Erwerbers für Verfügungen, die bis zum Zeitpunkt der Umschreibung des Eigentums

---

[1347] BGH v. 01.02.1985 - V ZR 244/83 - juris Rn. 12 - LM Nr. 105 zu § 313 BGB; BGH v. 15.11.1974 - V ZR 78/73 - LM Nr. 66 zu § 313 BGB; *Wufka* in: Staudinger, § 313 a.F. Rn. 262, 304.
[1348] *Wolf* in: Soergel, § 313 a.F. Rn. 107.
[1349] BGH v. 16.07.2004 - V ZR 222/03 - NJW 2004, 3330-3332.
[1350] BGH v. 16.07.2004 - V ZR 222/03 - NJW 2004, 3330-3332.
[1351] OLG Düsseldorf v. 15.03.1999 - 9 U 155/98 - ZNotP 2000, 160-162.
[1352] BGH v. 16.07.2004 - V ZR 222/03 - NJW 2004, 3330-3332; BGH v. 15.10.1993 - V ZR 19/92 - juris Rn. 28 - LM ZPO § 253 Nr. 103 (3/1994); BGH v. 23.03.1973 - V ZR 112/71 - BB 1973, 727; BGH v. 17.03.1978 - V ZR 217/75 - juris Rn. 10 - LM Nr. 1 zu § 761 BGB; BGH v. 09.11.1979 - V ZR 38/78 - WM 1980, 166-167; *Kanzleiter* in: MünchKomm-BGB, § 311b Rn. 76; *Wufka* in: Staudinger, § 313 a.F. Rn. 265; *Wolf* in: Soergel, § 313 a.F. Rn. 103; *Gehrlein* in: Bamberger/Roth, § 311b Rn. 35; ablehnend dagegen *Specks*, RNotZ 2002, 193-210, 202.
[1353] Gegen eine Vermutung, so dass derjenige, der die Heilung der Formnichtigkeit geltend macht, für die Fortdauer der Übereinstimmung beweispflichtig ist: *Strieder* in: Baumgärtel/Laumen, Handbuch der Beweislast im Privatrecht, § 313 a.F. Rn. 3; *Wufka* in: Staudinger, § 313 a.F. Rn. 266; *Battes* in: Erman, Handkommentar BGB, 10. Aufl. 2000, § 313 a.F. Rn. 72; für eine Vermutung: *Wolf* in: Soergel, § 313 a.F. Rn. 103; *Grüneberg* in: Palandt, § 311b Rn. 49; *Gehrlein* in: Bamberger/Roth, § 311b Rn. 35.
[1354] BGH v. 15.10.1992 - VII ZR 251/91 - juris Rn. 15 - NJW-RR 1993, 522.
[1355] *Wufka* in: Staudinger, § 313 a.F. Rn. 280.
[1356] BGH v. 17.03.1978 - V ZR 217/75 - juris Rn. 10 - LM Nr. 1 zu § 761 BGB; BGH v. 08.12.1981 - VI ZR 164/80 - juris Rn. 8 - LM Nr. 35 zu § 249 (Bb) BGB; *Wufka* in: Staudinger, § 313 a.F. Rn. 265.
[1357] BGH v. 18.12.1981 - V ZR 233/80 - BGHZ 82, 398-407; *Grüneberg* in: Palandt, § 311b Rn. 56; *Battes* in: Erman, Handkommentar BGB, 10. Aufl. 2000, § 313 a.F. Rn. 77; *Wolf* in: Soergel, § 313 a.F. Rn. 108; *Kanzleiter* in: MünchKomm-BGB, § 311b Rn. 86.
[1358] BGH v. 18.12.1981 - V ZR 233/80 - BGHZ 82, 398-407; *Gehrlein* in: Bamberger/Roth, § 311b Rn. 37; *Wolf* in: Soergel, § 313 a.F. Rn. 108.

§ 311b   jurisPK-BGB / Ludwig

eingetragen werden.[1359] Der aufgrund der Heilung wirksam werdende Anspruch wird auch nicht als künftiger Anspruch nach § 883 Abs. 1 Satz 2 BGB angesehen. Daher ist der Erwerber durch die Vormerkung auch nicht in der Insolvenz des Veräußerers nach § 106 InsO gegenüber dem Wahlrecht des Insolvenzverwalters nach § 103 InsO geschützt.[1360] Knüpft der Tatbestand einer **steuerrechtlichen** Vorschrift an einen bestimmten Zeitpunkt an (Anschaffung einer Immobilie = Übergang von Besitz, Nutzungen und Lasten) und haben die Vertragspartner unter Missachtung der Vorschrift des § 311b Abs. 1 Satz 1 BGB in einer privatschriftlichen Änderung diesen Zeitpunkt (d.h. den Übergang von Besitz, Nutzungen und Lasten) abweichend von der beurkundeten vertraglichen Vereinbarung festgelegt, so führt die Heilung dieser formnichtigen Abrede nach § 311b Abs. 1 Satz 2 BGB nicht dazu, dass die in der privatschriftlichen Änderung vereinbarte Rückwirkung auch steuerlich rückwirkend anerkannt wird.[1361]

279   Im Verhältnis der Vertragsparteien zueinander (**inter partes**) wird aus dem allgemeinen Rechtsgedanken des § 141 Abs. 2 BGB nach h.M. gefolgert, dass die Vertragsparteien im Zweifel verpflichtet sind, einander so zu stellen, als ob der Vertrag von Anfang an wirksam zustande gekommen wäre.[1362] Gleichwohl wird dieses Prinzip in einzelnen (wichtigen) Punkten durchbrochen: So ist davon auszugehen, dass die Vertragsparteien sich so stellen wollen, als ob bereits in dem Zeitraum bis zum Eintritt der Heilung (mit Auflassung und Eintragung im Grundbuch) Verzug des Erwerbers bestehen würde.[1363] Für die **Kenntnis eines Mangels**, die die Ansprüche des Käufers wegen Sach- und Rechtsmängeln ausschließt (§ 442 Abs. 1 Satz 1 BGB), wird teilweise undifferenziert der Zeitpunkt des Vertragsschlusses durch denjenigen des Eintritts der Heilung ersetzt.[1364] In diesem Fall würde dem im Zeitpunkt des Vertragsschlusses (im Hinblick auf den Mangel) gutgläubigen Käufer nachträgliche Kenntnis bis zum Zeitpunkt der Heilung schaden. Der BGH hat jedoch, worauf in der Regel nicht hingewiesen wird, zutreffend entschieden, dass dem Käufer trotz nachträglicher Kenntnis vom Mangel im Zeitraum zwischen Vertragsschluss und Eintritt der Heilung (in aller Regel Eintragung im Grundbuch) die Mängelansprüche erhalten bleiben, wenn er bei Eintritt der Heilung keine Kenntnis von dem Formmangel hatte[1365]; in diesem Fall hätte der Käufer den Eintritt der Heilung nicht verhindern können. Nunmehr hat der BGH entschieden, dass auch eine zwischen Vertragsschluss und Eintragung in das Grundbuch erlangte Kenntnis von Mängeln grundsätzlich nicht schade.[1366] Die Vertragsansprüche verjähren erst ab Eintritt der Heilung, auch soweit es Mängelansprüche des Käufers betrifft und die Übergabe bereits früher stattgefunden hat.[1367] Zu § 15 Abs. 4 GmbHG hat der BGH entschieden, dass die Gefahr des zufälligen Untergangs und der zufälligen Verschlechterung erst mit Eintritt der Heilung übergeht.[1368] Für

---

[1359] BGH v. 22.12.1982 - V ZR 8/81 - LM Nr. 4 zu § 335 BGB; BGH v. 15.05.1970 - V ZR 20/68 - BGHZ 54, 56-65; *Wolf* in: Soergel, § 313 a.F. Rn. 108; *Gehrlein* in: Bamberger/Roth, § 311b Rn. 37; *Grüneberg* in: Palandt, § 311b Rn. 56; *Wufka* in: Staudinger, § 313 a.F. Rn. 303.
[1360] BGH v. 22.12.1982 - V ZR 8/81 - juris Rn. 29 - LM Nr. 4 zu § 335 BGB.
[1361] BFH v. 20.05.2010 - IX B 18/10 - BFH/NV 2010, 1620 zum Eigenheimzulagengesetz; Finanzgericht Mecklenburg-Vorpommern v. 13.09.2007 - 2 K 460/05 zum Investitionszulagengesetz 1999.
[1362] BGH v. 18.12.1981 - V ZR 233/80 - juris Rn. 35 - BGHZ 82, 398-407; BGH v. 10.11.1978 - V ZR 181/76 - LM Nr. 79 zu § 313 BGB; BGH v. 15.05.1970 - V ZR 20/68 - BGHZ 54, 56-65; *Battes* in: Erman, Handkommentar BGB, 10. Aufl. 2000, § 313 a.F. Rn. 77; *Grüneberg* in: Palandt, § 311b Rn. 56; *Wolf* in: Soergel, § 313 a.F. Rn. 109; i.E. *Wufka* in: Staudinger, § 313 a.F. Rn. 302; a.A. *Kanzleiter* in: MünchKomm-BGB, § 311b Rn. 86.
[1363] BGH v. 10.11.1978 - V ZR 181/76 - LM Nr. 79 zu § 313 BGB; *Battes* in: Erman, Handkommentar BGB, 10. Aufl. 2000, § 313 a.F. Rn. 77; *Specks*, RNotZ 2002, 193-210, 206; a.A.: OLG Frankfurt v. 19.02.1992 - 23 U 61/91 - OLGR Frankfurt 1992, 37-38: Wird ein formnichtiger Grundstückskaufvertrag durch Eintragung des Erwerbers im Grundbuch geheilt, so steht dem Veräußerer kein Anspruch auf Verzinsung des Kaufpreises als Verzugsschaden ab dem Zeitpunkt des Vertragsschlusses zu.
[1364] Vgl. zu § 460 a.F.: OLG Hamm v. 21.01.1985 - 22 U 283/84 - NJW 1986, 136; *Battes* in: Erman, Handkommentar BGB, 10. Aufl. 2000, § 313 a.F. Rn. 77.
[1365] BGH v. 03.03.1989 - V ZR 212/87 - juris Rn. 9 - NJW 1989, 2050-2051; ebenso *Specks*, RNotZ 2002, 193-210, 206.
[1366] BGH v. 27.05.2011 - V ZR 122/10 - juris Rn. 13 - NJW 2011, 2953, a.A. *Specks*, RNotZ 2002, 193-210, 206: entscheidend ist, ob der Käufer im Zeitpunkt der Heilung Kenntnis von der Formnichtigkeit des Vertrages hatte und somit den Eintritt der Heilung hätte verhindern können.
[1367] RG v. 22.10.1931 - VI 183/31 - RGZ 134, 83-91; RG v. 10.01.1911 - III 627/09 - RGZ 75, 116-119; *Grüneberg* in: Palandt, § 311b Rn. 56; *Battes* in: Erman, Handkommentar BGB, 10. Aufl. 2000, § 313 a.F. Rn. 77; *Wolf* in: Soergel, § 313 a.F. Rn. 109; *Specks*, RNotZ 2002, 193-210, 206; auf die Störung des Äquivalenzverhältnisses im Einzelfall abstellend: *Wufka* in: Staudinger, § 313 a.F. Rn. 303.
[1368] BGH v. 25.03.1998 - VIII ZR 185/96 - BGHZ 138, 195-210.

den Eintritt der Verwirkung des Anspruchs aus einem Vertragsstrafeversprechen nach § 341 Abs. 3 BGB hat der BGH auf den Zeitpunkt der Zahlung des Kaufpreises, nicht erst auf den Zeitpunkt des Eintritts der Heilung abgestellt.[1369] Nach § 341 Abs. 3 BGB kann der Gläubiger die Strafe, die für den Fall versprochen worden ist, dass der Schuldner seine Verbindlichkeit nicht zu der vertraglich bestimmten Zeit erfüllt, nur verlangen, wenn er sich das Recht dazu bei der Annahme der Leistung vorbehält.

e. Umfang der Heilung

§ 311b Abs. 1 Satz 2 BGB heilt nur den Formmangel des § 311b Abs. 1 Satz 1 BGB. Andere (materiellrechtliche) Unwirksamkeitsgründe, wie beispielsweise die fehlende Bestimmtheit oder Bestimmbarkeit des Leistungsgegenstandes oder der Gegenleistung, fehlende Geschäftsfähigkeit, Nichtigkeit nach § 117 Satz 1 BGB (Scheingeschäft), fehlende behördliche oder vormundschaftsgerichtliche Genehmigungen, Verstoß gegen die §§ 134, 138 BGB, werden von der Heilung nicht erfasst.[1370] Die Heilung erfasst den **Vertrag nach seinem gesamten Inhalt** mit sämtlichen in ihm getroffenen Vereinbarungen, über die im Zeitpunkt der Auflassung noch eine Übereinstimmung hinsichtlich des Erfüllungswillens besteht.[1371] Besteht die Willensübereinstimmung teilweise nicht mehr, so tritt insofern auch keine Heilung ein.[1372] Das Schicksal des gesamten Rechtsgeschäfts beurteilt sich dann nach § 139 BGB.[1373] **280**

Sofern vertragliche Verpflichtungen nur **zwischen dem Veräußerer und Erwerber** bestehen, ist der Umfang der Heilung unproblematisch. Sie erfasst die essentialia negotii sowie alle sonstigen essentiellen Nebenverpflichtungen, über die eine Abrede getroffen wurde.[1374] **281**

Die Heilung erfasst nur solche vertraglichen Abreden, die zum Zeitpunkt des Abschlusses des Kaufvertrages bestanden. Sofern **nach Vertragsabschluss Vertragsabreden** getroffen werden, von denen der Grundstückskaufvertrag nach dem Willen der Vertragsparteien von Anfang abhängt, werden sie durch die zeitlich früher erklärte Auflassung nicht geheilt.[1375] Ein solcher Fall liegt auch vor, wenn ein Kaufvertrag aufgrund eines vorbehaltenen Rücktrittsrechts nachträglich unwirksam wird und der Zurücktretende vor dem Rücktritt seinen Rücktritt erklärt und sich die Vertragsparteien über die Durchführung des Vertrages einig sind. Es handelt sich in diesem Fall um eine Bestätigung des Rechtsgeschäftes im Sinne des § 141 BGB, die ebenfalls der Form des § 311b Abs. 1 Satz 1 BGB bedarf.[1376] Die in dem ursprünglichen Kaufvertrag erklärte Auflassung erfolgte nicht zur Erfüllung des durch Bestätigung formwirksam zustande gekommenen Kaufvertrages und kann demnach keine Heilung bewirken.[1377] **282**

Sind mehrere Grundstücke Gegenstand des Veräußerungsvertrages, so tritt Heilung eines selbständigen Teils des Rechtsgeschäfts (einzelnes Grundstück) ein, wenn die Auflassung und Eintragung bzgl. des betreffenden Grundstücks erfolgt sind.[1378] Sofern es jedoch dem Erwerber oder dem Veräußerer darauf ankommt, alle Grundstücke zu erwerben bzw. zu veräußern, wird man von einer Heilung eines selbständigen Teils des Kausalgeschäfts nicht ausgehen können.[1379] Bei einem **zusammengesetzten Vertrag** erfasst die Heilung auch den Teil des Geschäfts, der für sich betrachtet keiner Form unterliegt, **283**

[1369] BGH v. 18.12.1981 - V ZR 233/80 - BGHZ 82, 398-407; zustimmend *Specks*, RNotZ 2002, 193-210, 206; *Wufka* in: Staudinger, § 313 a.F. Rn. 303; a.A. *Grüneberg* in: Palandt, § 311b Rn. 56; *Reinicke/Tiedtke*, NJW 1982, 1430-1436.

[1370] *Wufka* in: Staudinger, § 313 a.F. Rn. 312; *Wolf* in: Soergel, § 313 a.F. Rn. 106; *Battes* in: Erman, Handkommentar BGB, 10. Aufl. 2000, § 313 a.F. Rn. 79; *Specks*, RNotZ 2002, 193-210, 204.

[1371] *Wufka* in: Staudinger, § 313 a.F. Rn. 304; *Wolf* in: Soergel, § 313 a.F. Rn. 106; *Battes* in: Erman, Handkommentar BGB, 10. Aufl. 2000, § 313 a.F. Rn. 78; *Specks*, RNotZ 2002, 193-210, 204; *Grüneberg* in: Palandt, § 311b Rn. 55.

[1372] *Wufka* in: Staudinger, § 313 a.F. Rn. 304.

[1373] *Wolf* in: Soergel, § 313 a.F. Rn. 107.

[1374] BGH v. 10.12.1993 - V ZR 108/92 - LM BGB § 125 Nr. 46 (4/1994) zur Heilung einer privatschriftlich getroffenen Nebenabrede.

[1375] OLG Naumburg v. 21.01.2003 - 11 U 2/02 - juris Rn. 37 - NotBZ 2003, 476-477. Die Vertragsparteien machten den Grundstückskaufvertrag von dem Verkauf eines Planungspakets abhängig. Diese Abrede bestand bereits bei Beurkundung des Kaufvertrages. Die einzelnen Vertragsmodalitäten wurden erst zeitlich nach dem Grundstückskaufvertrag privatschriftlich getroffen.

[1376] BGH v. 01.10.1999 - V ZR 168/98 - LM BGB § 141 Nr. 13 (4/2000); OLG Naumburg v. 12.11.2002 - 11 U 204/01 - JMBl ST 2003, 146-149.

[1377] OLG Naumburg v. 12.11.2002 - 11 U 204/01 - JMBl ST 2003, 146-149.

[1378] *Grüneberg* in: Palandt, § 311b Rn. 48; *Wufka* in: Staudinger, § 313 a.F. Rn. 305.

[1379] Zu einem solchen Fall BGH v. 07.04.2000 - V ZR 83/99 - LM BGB § 139 Nr. 92 (1/2001).

aber wegen der rechtlichen Einheit mit dem Grundstücksvertrag beurkundet werden muss (z.B. ein Mietvertrag bei einer Rückvermietungsverpflichtung).[1380] Problematisch ist die Behandlung solcher Fälle, in denen die Gegenleistung oder eine weitere Hauptleistung des Veräußerers – für sich betrachtet – einer **eigenständigen Formvorschrift** (notarielle Beurkundung, Schriftform) unterliegt und bezüglich dieser Verpflichtung ein Formmangel gegeben ist. Dies betrifft z.B. Leibrentenversprechen (§ 761 BGB), Bürgschaftsversprechen (§ 766 BGB), Schenkungsversprechen (§ 518 Abs. 1 Satz 1 BGB) oder die Verpflichtung zur Abtretung eines Geschäftsanteils an einer GmbH (§ 15 Abs. 4 Satz 1 GmbHG). Für ein als Gegenleistung zur Grundstücksübertragung abgegebenes Leibrentenversprechen, das nach § 761 BGB der Schriftform bedarf, vertritt die h.M. zu Recht die Auffassung, dass dieses, sofern es nicht (wirksam) beurkundet worden ist, durch Auflassung und Eintragung des veräußerten Grundstücks im Grundbuch nach § 311b Abs. 1 Satz 2 BGB geheilt wird.[1381] Gleiches gilt für ein Bürgschaftsversprechen, das zwischen den Vertragsparteien als Bürge und Hauptschuldner abgegeben wird.[1382] Sofern aber die Bürgschaft eines Dritten – beispielsweise für die Erfüllung der Kaufpreisschuld aus dem Grundstückskaufvertrag – abgegeben und mit dem Grundstückskaufvertrag eine rechtliche Einheit bilden soll[1383], führt die Auflassung und Eintragung des veräußerten Grundstücks im Grundbuch nicht zu einer Heilung des formnichtigen[1384] Bürgschaftsversprechens[1385]. Sofern die im Zusammenhang mit der Grundstücksveräußerung stehende Verpflichtung formbedürftig ist und der Formmangel durch eine eigenständige Vorschrift geheilt werden kann, darf die Heilung nach § 311b Abs. 1 Satz 2 BGB nicht dazu führen, dass die besondere Heilungsvorschrift der anderen Norm außer Kraft gesetzt wird. Aus diesem Grund scheidet die Heilung der formnichtigen (§ 15 Abs. 4 Satz 1 GmbHG) Verpflichtung zur Abtretung eines Geschäftsanteils an einer GmbH durch Auflassung und Eintragung des Eigentums an dem mitveräußerten Grundstück (§ 311b Abs. 1 Satz 2 BGB) aus, weil andernfalls die besondere Heilungsvorschrift des § 15 Abs. 4 Satz 2 GmbHG außer Kraft gesetzt würde.[1386] Nicht geheilt werden kann durch Auflassung und Eintragung die Form des Erb- oder Pflichtteilsverzichts (§ 2348 BGB). Ein solcher Fall kann bei Übergaben innerhalb der Familie eine nicht unbedeutende Rolle spielen, wenn die Eltern die Übergabe von einem Erb- oder Pflichtteilsverzicht des Erwerbers abhängig machen und der Verzicht nicht mitbeurkundet wurde. Der formwirksam (§ 2348 BGB) erklärte Erb- oder Pflichtteilsverzicht kann als erbrechtliches Verfügungsgeschäft nicht durch Auflassung und Eintragung des veräußerten Grundstücks geheilt werden.[1387]

284 Die Heilung nach § 311b Abs. 1 Satz 2 BGB erfasst auch **Vertragsänderungen**, jedenfalls solche, die vor Auflassung formunwirksam getroffen wurden.[1388] Dagegen werden nach h.M. solche Vertragsänderungen, die nach Auflassung getroffen wurden und ausnahmsweise beurkundungsbedürftig waren (z.B. Rückkaufverpflichtungen), von der Heilungswirkung des § 311b Abs. 1 Satz 2 BGB nicht erfasst.[1389]

285 Sofern in einem formnichtigen Grundstücksveräußerungsvertrag eine **Zwangsvollstreckungsunterwerfung** nach § 794 Abs. 1 Nr. 5 ZPO enthalten ist, erfasst diese auch den in dem nach § 311b Abs. 1 Satz 2 BGB geheilten Veräußerungsvertrag enthaltenen Zahlungsanspruch. Die Vollstreckungsunterwerfung bleibt von der Formnichtigkeit des Grundstückskaufvertrages unberührt; sie ist von Anfang

---

[1380]*Keim*, RNotZ 2005, 102-109, 108.
[1381]BGH v. 17.03.1978 - V ZR 217/75 - LM Nr. 1 zu § 761 BGB; *Wolf* in: Soergel, § 313 a.F. Rn. 106; *Grüneberg* in: Palandt, § 311b Rn. 55; *Wufka* in: Staudinger, § 313 a.F. Rn. 304; *Specks*, RNotZ 2002, 193-210, 204.
[1382]Beispiel: Als Gegenleistung für die Übertragung des Grundstücks verpflichtet sich der Erwerber, für die Schuld eines Dritten gegenüber dem Veräußerer zu bürgen. In diesem Sinne wohl auch *Kanzleiter* in: MünchKomm-BGB, § 311b Rn. 85, der nur ein Bürgschaftsversprechen eines Dritten nicht von der Heilung nach § 311b Abs. 1 Satz 2 BGB erfasst sehen will.
[1383]Vgl. dazu den Fall BGH v. 15.01.1962 - III ZR 177/60 - LM Nr. 1 zu § 19 BNotO.
[1384]Sofern die Bürgschaft nach dem Willen sämtlicher Vertragsbeteiligten Bestandteil des Grundstückskaufvertrages sein soll (dreiseitiger Vertrag), genügt die Form des § 766 BGB nicht; vielmehr muss das Bürgschaftsversprechen nach § 311b Abs. 1 Satz 1 BGB notariell beurkundet werden.
[1385]In diesem Sinne *Kanzleiter* in: MünchKomm-BGB, § 311b Rn. 85; *Wufka* in: Staudinger, § 313 a.F. Rn. 310; *Wolf* in: Soergel, § 313 a.F. Rn. 106.
[1386]OLG Zweibrücken v. 12.12.1984 - 3 W 160/84 - OLGZ 1985, 45-48; *Specks*, RNotZ 2002, 193-210, 204; a.A. *Kanzleiter* in: MünchKomm-BGB, § 311b Rn. 84; *Wufka* in: Staudinger, § 313 a.F. Rn. 304.
[1387]OLG Düsseldorf v. 06.07.2001 - 7 U 205/00 - NJW-RR 2002, 584; *Wufka* in: Staudinger, § 313 a.F. Rn. 312.
[1388]*Grüneberg* in: Palandt, § 311b Rn. 46.
[1389]BGH v. 06.05.1988 - V ZR 50/87 - juris Rn. 14 - BGHZ 104, 276-278; *Specks*, RNotZ 2002, 193-210, 205.

an wirksam.[1390] Daher kann der Verkäufer auch die Zwangsvollstreckung aus der notariellen Urkunde betreiben. Diese Fragen spielen bei einem „Schwarzkauf" eine Rolle, wenn also der Kaufpreis in der Notarurkunde niedriger als tatsächlich vereinbart angegeben ist. Das tatsächlich Beurkundete ist nach § 117 Abs. 1 BGB nichtig, während die durch das Scheingeschäft verdeckte Vereinbarung über den tatsächlichen Kaufpreis nach § 311b Abs. 1 Satz 2 BGB geheilt wird. Ob dem Verkäufer tatsächlich ein Anspruch zusteht, ist eine Frage des materiellen Rechts und muss vom Käufer im Wege der Vollstreckungsabwehrklage nach § 767 ZPO geltend gemacht werden.[1391] Dagegen kann eine nicht formwirksam beurkundete Zwangsvollstreckungsunterwerfung nicht nach § 311b Abs. 1 Satz 2 BGB geheilt werden; die Heilung einer unwirksamen prozessualen Erklärung durch eine materiellrechtliche Formvorschrift ist nicht möglich.

f. Verhinderung der Heilung

Will eine Vertragspartei die Heilung des formnichtigen Vertrages verhindern, so kann sie sich zum einen von der Willensübereinstimmung zur Erfüllung des Vertrages lösen. Da die h.M. für den subjektiv erforderlichen gemeinsamen Erfüllungswillen (vgl. Rn. 276) auf den Zeitpunkt der Auflassung abstellt, kommt ein Widerruf dieser Übereinstimmung ab dem Zeitpunkt der Auflassung nicht mehr in Betracht. Dies spielt eine Rolle, wenn der Grundstücksveräußerungsvertrag formunwirksam beurkundet wurde und zugleich die Auflassung enthält. Der Widerruf der Willensübereinstimmung muss nach außen hin sichtbar dokumentiert sein. 286

Jedoch kann die Auflassungserklärung nach bereicherungsrechtlichen Vorschriften herausverlangt werden.[1392] Der Kondiktionsanspruch kann sich aus § 812 Abs. 1 Satz 1 Alt. 1 BGB (condictio indebiti) ergeben.[1393] Allerdings ist der Anspruch nach § 814 BGB ausgeschlossen, wenn der Bereicherungsgläubiger in Kenntnis der Nichtschuld geleistet hat. Dem steht nicht entgegen, dass die Auflassung zugleich mit dem formnichtigen Grundstücksvertrag erklärt wird.[1394] § 814 BGB greift nur bei positiver Kenntnis vom Fehlen der Leistungsverpflichtung in einer Art „Parallelwertung in der Laiensphäre" ein.[1395] Fehlvorstellungen oder ein Irrtum über die Rechtslage schließen die Kenntnis von der Nichtschuld aus, selbst wenn der Irrtum verschuldet war.[1396] Die Beweislast für den Ausschlusstatbestand hat der Bereicherungsschuldner.[1397] Bei einer Formnichtigkeit des Veräußerungsvertrages wegen Unterverbriefung (Schwarzkauf) erscheint die Kenntnis von der Nichtschuld allerdings nahe liegend und wird von den Gerichten auch regelmäßig angenommen.[1398] 287

Ist die condictio indebiti nach § 814 BGB ausgeschlossen, so kommt daneben auch ein Anspruch aus § 812 Abs. 1 Satz 2 Alt. 2 BGB (condictio ob rem) in Betracht. Voraussetzung dafür ist, dass der Anspruchsteller in Kenntnis der Formnichtigkeit und damit der Nichtschuld in der – dann fehlgeschlagenen – Erwartung, der Empfänger der Leistung werde seine Leistung trotz des sich aus der Formnichtigkeit ergebenden Fehlens eines Anspruchs erbringen, geleistet hat.[1399] Dies setzt voraus, dass die Auflassung nicht zur Eintragung oder trotz dieser nicht zur Heilung des Formmangels geführt hat, beispielsweise weil das Kausalgeschäft an einem anderen Mangel leidet (Nachweis des Fehlschlagens des mit der Auflassung bezweckten Erfolges).[1400] An dieser Voraussetzung fehlt es jedoch, wenn durch die 288

[1390] BGH v. 01.02.1985 - V ZR 244/83 - juris Rn. 11 - LM Nr. 105 zu § 313 BGB; *Specks*, RNotZ 2002, 193-210, 206-207.
[1391] BGH v. 01.02.1985 - V ZR 244/83 - juris Rn. 11 - LM Nr. 105 zu § 313 BGB.
[1392] RG v. 30.06.1924 - V 648/23 - RGZ 108, 329-337; *Specks*, RNotZ 2002, 193-210, 209. Die Auflassung führt zwar selbst noch keine Rechtsänderung herbei, schafft aber für den Auflassungsempfänger eine Rechtslage, die ihn in den Stand setzt, die zur Vollendung des Eigentumsübergangs noch erforderliche Tätigkeit des Grundbuchamts herbeizuführen.
[1393] BGH v. 14.03.2003 - V ZR 278/01 - juris Rn. 8 - NJW-RR 2003, 1907-1908; RG v. 30.06.1924 - V 648/23 - RGZ 108, 329-337; *Specks*, RNotZ 2002, 193-210, 209. Vgl. dazu Rn. 372.
[1394] RG v. 21.09.1931 - VI 230/31 - RGZ 133, 275-279.
[1395] *Lieb* in: MünchKomm-BGB, § 814 Rn. 10.
[1396] *Lieb* in: MünchKomm-BGB, § 814 Rn. 10.
[1397] RG v. 21.09.1931 - VI 230/31 - RGZ 133, 275-279.
[1398] OLG Köln v. 23.03.2001 - 19 W 9/01 - juris Rn. 5 - OLGR Köln 2001, 286-287; OLG Naumburg v. 18.12.2002 - 11 W 306/02 - juris Rn. 9 - OLGR Naumburg 2003, 484-485.
[1399] *Lieb* in: MünchKomm-BGB, § 814 Rn. 4.
[1400] RG v. 30.06.1924 - V 648/23 - RGZ 108, 329-337.

289 Erhebung des Kondiktionsanspruchs durch den Anspruchsteller der Eintritt des bezweckten Erfolges vereitelt wird, somit durch ein stattgebendes Urteil der Kondiktionsgrund erst geschaffen wird.[1401] Die „condictio ob rem" eignet sich daher nicht für eine Kondiktion der Auflassung.[1402]

289 Sofern ein Kondiktionsanspruch aus § 812 Abs. 1 Satz 1 Alt. 1 BGB (condictio indebiti) besteht, kann der Bereicherungsgläubiger Klage auf Herausgabe des durch die Auflassung Erlangten erheben. Dieser Anspruch kann auch im Wege des einstweiligen Rechtsschutzes verfolgt werden, mit dem Ziel ein Erwerbs- oder Veräußerungsverbot im Grundbuch eintragen zu lassen und die Heilungswirkung zu verhindern[1403]; Erwerbs- und Veräußerungsverbote bilden Eintragungshindernisse[1404]. Eine entgegen dem Verbot erfolgte Eintragung des Erwerbers als Eigentümer ist dem Veräußerer gegenüber (relativ) unwirksam (§§ 135, 136 BGB), so dass keine Heilungswirkung eintritt.[1405] Dies gilt auch dann, wenn die einstweilige Verfügung durch Zustellung an den Erwerber zu einem Zeitpunkt wirksam wird, in welchem der Antrag auf Umschreibung des Eigentums bereits beim Grundbuchamt gestellt ist.[1406]

290 Ist ein Grundstückskaufvertrag formnichtig, weil durch den Käufer an den Verkäufer ein höherer als der notariell beurkundete Kaufpreis gezahlt wurde, ist es die **Pflicht des Anwalts des Verkäufers**, der das Grundstück letztlich behalten will, alles rechtlich Gebotene zu unternehmen, um die Heilung des Formmangels durch Grundbuchvollzug des Kaufvertrages, d.h. die Eintragung des Grundstückskäufers als Eigentümer, zu verhindern. Dazu darf er sich nicht auf die Zusage des beurkundenden Notars verlassen, dass dieser den Vollzug des Grundstückskaufvertrages zunächst aussetzen werde. Unterlässt es der Anwalt, geeignete Maßnahmen zur Verhinderung der Grundbucheintragung des Käufers zu ergreifen, macht er sich wegen Verletzung des Anwaltsvertrages schadensersatzpflichtig.[1407]

g. Sonderfälle der Heilung

291 Rechtsprechung und Literatur dehnen den Anwendungsbereich des § 311b Abs. 1 Satz 1 BGB über den Wortlaut hinaus auch auf andere Fälle aus, insbesondere bei Vereinbarungen im Vorfeld eines Grundstücksveräußerungsvertrages bzw. -erwerbsvertrages, wie beispielsweise bei Vorverträgen oder mittelbaren Verpflichtungen zum Grundstückserwerb. In diesen Fällen ist es nur konsequent, auch die Heilungsvorschrift des § 311b Abs. 1 Satz 2 BGB in modifizierter Weise anzuwenden, die Heilung also nicht erst mit Auflassung und Eintragung des Eigentumswechsels im Grundbuch eintreten zu lassen.[1408] Für die entsprechende Anwendung des § 311b Abs. 1 Satz 2 BGB ist Folgendes zu beachten: Die Heilung erfolgt nach dem gesetzlichen Regelfall durch die Erfüllung der Verpflichtung des Veräußerers zur Übertragung des Eigentums (Auflassung und Eintragung des Eigentumswechsels im Grundbuch). Hat die vertragliche Vereinbarung nur mittelbar eine Verpflichtung zur Veräußerung oder zum Erwerb des Eigentums an einem Grundstück zum Gegenstand, so kommt es auf die Erfüllung dieser Verpflichtung an. Sofern die Eintragung im Grundbuch keine konstitutive Wirkung hat, weil der Rechtserwerb außerhalb des Grundbuchs erfolgt, kann es auf die deklaratorisch wirkende Eintragung im Grundbuch nicht ankommen; dies wird oftmals übersehen.[1409]

292 Ist die Verpflichtung zum Erwerb des Eigentums an einem Grundstück in einem Zwangsversteigerungsverfahren beurkundungspflichtig, so führt bereits der Eigentumserwerb durch den **Zuschlag in der Zwangsversteigerung** zur Heilung eines etwaigen Formmangels.[1410] Auf eine berichtigende Grundbucheintragung kann es nicht ankommen, weil diese nicht zum Erfüllungstatbestand gehört.[1411]

[1401] RG v. 30.06.1924 - V 648/23 - RGZ 108, 329-337; *Specks*, RNotZ 2002, 193-210, 209.

[1402] *Specks*, RNotZ 2002, 193-210, 209.

[1403] OLG Köln v. 23.03.2001 - 19 W 9/01 - OLGR Köln 2001, 286-287; *Specks*, RNotZ 2002, 193-210, 209.

[1404] Zur Beachtlichkeit des Erwerbsverbots im Grundbuchverfahren: BayObLG München v. 31.01.1997 - 2Z BR 7/97 - NJW-RR 1997, 913-914.

[1405] RG v. 21.06.1927 - III 282/26 - RGZ 117, 287-296; *Wufka* in: Staudinger, § 313 a.F. Rn. 288; *Specks*, RNotZ 2002, 193-210, 209.

[1406] *Specks*, RNotZ 2002, 193-210, 209-210; *Wufka* in: Staudinger, § 313 a.F. Rn. 288.

[1407] OLG Brandenburg v. 10.10.1995 - 6 U 53/95 - VersR 1996, 1020-1021.

[1408] BGH v. 18.06.1990 - II ZR 132/89 - WM 1990, 1543-1546; *Wufka* in: Staudinger, § 313 a.F. Rn. 313.

[1409] Vgl. etwa *Wufka* in: Staudinger, § 313 a.F. Rn. 324, 331.

[1410] Vgl. zur Heilung der Formnichtigkeit einer privatschriftlichen Ausbietungsgarantie mit dem Zuschlag im Zwangsversteigerungsverfahren und nicht erst mit der Eintragung ins Grundbuch OLG Koblenz v. 01.09.1999 - 9 U 850/98 - OLGR Koblenz 2000, 79-80.

[1411] In diesem Sinne auch *Kanzleiter* in: MünchKomm-BGB, § 311b Rn. 80; *Grüneberg* in: Palandt, § 311b Rn. 52.

Sofern die Grundbuchberichtigung als Voraussetzung für die Heilung angesehen wird[1412], wird übersehen, dass damit ein unauflösbarer Widerspruch zu den Fällen der Heilung durch Eigentumserwerb aufgrund des (schuldrechtlichen) Kaufvertrages bei im Ausland belegenen Immobilien besteht. Hier verweist beispielsweise *Wufka*[1413] darauf, dass die Eintragung im spanischen Immobilienregister nicht Voraussetzung für die Heilung analog § 311b Abs. 1 Satz 2 BGB ist. Die Entscheidung des BGH vom 05.11.1982[1414], in welcher das Gericht die Heilung annahm, weil der zum Erwerb Verpflichtete das Grundstück ersteigert hat und als neuer Eigentümer in das Grundbuch eingetragen worden ist, wird unterschiedlich interpretiert. Teilweise wird dies als Bestätigung für die Aussage gewertet, dass neben dem Zuschlagsbeschluss die Eintragung des Erwerbers im Grundbuch erforderlich sei[1415]; andere hingegen gehen davon aus, dass der BGH diese Frage offen gelassen habe[1416]. Sollte er die Frage bejaht haben, wäre die Auffassung unzutreffend und im Widerspruch zu der Rechtsprechung zur Heilung bei im Ausland belegenen Immobilien.[1417]

Bei einem beurkundungsbedürftigen **Vorvertrag** tritt Heilung analog § 311b Abs. 1 Satz 2 BGB bereits mit Abschluss des Hauptvertrages ein, nicht erst mit Auflassung und Eintragung des Erwerbers im Grundbuch.[1418] Allerdings wird der Vorvertrag nur insoweit geheilt, als der Hauptvertrag seinerseits die formlos getroffenen Vereinbarungen in formwirksamer Weise regelt.[1419] Ist dies nicht der Fall, so kommt eine Heilung erst mit Auflassung und Eintragung im Grundbuch nach § 311b Abs. 1 Satz 1 BGB in Betracht.[1420] An dem notwendigen Erfüllungszusammenhang zwischen dem (formwirksamen) Vorvertrag und dem formwirksam abgeschlossenen Hauptvertrag fehlt es, wenn der Verkäufer, ohne gegenüber dem Käufer aus dem Vorvertrag dazu verpflichtet zu sein, auf Vermittlung des Käufers einen Kaufvertrag mit einem Dritten abschließt und der Dritte als Eigentümer im Grundbuch eingetragen wird.[1421] In der vorgenannten Entscheidung hat der BGH den Sinn und Zweck der Heilung (vgl. Rn. 272) nach § 311b Abs. 1 Satz 2 BGB näher konkretisiert: Der Formmangel beim Verpflichtungsgeschäft (Vorvertrag) könne nur dann geheilt werden, wenn der Abschluss des Hauptvertrages dessen Erfüllung darstelle. Dies hat der BGH im konkreten Fall zutreffend verneint und damit eine Heilung abgelehnt. Die formnichtige Verpflichtung zur Abgabe eines Verkaufsangebotes wird analog § 311b Abs. 1 Satz 2 BGB geheilt, wenn das Verkaufsangebot vollständig, d.h. mit allen wesentlichen, im Vorvertrag für den in Aussicht genommenen Grundstückskaufvertrag festgelegten Bedingungen in notariell beurkundeter Form abgegeben wird.[1422] Bis zu diesem Zeitpunkt muss die Willensübereinstimmung zwischen den Vertragsparteien bestehen.[1423] Umstritten ist, ob eine Vermutung für die Fortdauer der Willensübereinstimmung spricht, wenn ein formnichtiger Vorvertrag durch formgerechte Beurkundung des Hauptvertrages analog § 311b Abs. 1 Satz 2 BGB geheilt wird.[1424] Bei nur teilweiser Beurkundung des zunächst formlos Vereinbarten in einem notariellen Vertrag gilt eine solche Vermutung nicht. Daher ist derjenige, der die Heilung der Formnichtigkeit geltend macht, für die Fortdauer der Willensübereinstimmung zwischen dem zunächst Vereinbarten und dem im Vertrag Beurkundeten beweispflichtig.[1425]

293

[1412] *Wufka* in: Staudinger, § 313 a.F. Rn. 331; *Battes* in: Erman, Handkommentar BGB, 10. Aufl. 2000, § 313 a.F. Rn. 82; *Wolf* in: Soergel, § 313 a.F. Rn. 99.
[1413] *Wufka* in: Staudinger, § 313 a.F. Rn. 316.
[1414] BGH v. 05.11.1982 - V ZR 228/80 - juris Rn. 24 - BGHZ 85, 245-252.
[1415] So etwa *Wufka* in: Staudinger, § 313 a.F. Rn. 331.
[1416] So etwa *Kanzleiter* in: MünchKomm-BGB, § 311b Rn. 80, Fn. 321; *Wolf* in: Soergel, § 313 a.F. Rn. 99.
[1417] Dazu BGH v. 09.03.1979 - V ZR 85/77 - BGHZ 73, 391-398: Eintragung im spanischen Registro de la Propriedad nicht erforderlich.
[1418] *Grüneberg* in: Palandt, § 311b Rn. 52; *Wolf* in: Soergel, § 313 a.F. Rn. 97.
[1419] BGH v. 15.10.1992 - VII ZR 251/91 - juris Rn. 12 - NJW-RR 1993, 522; *Wufka* in: Staudinger, § 313 a.F. Rn. 328; *Specks*, RNotZ 2002, 193-210, 209; *Grüneberg* in: Palandt, § 311b Rn. 52.
[1420] *Wufka* in: Staudinger, § 313 a.F. Rn. 328.
[1421] BGH v. 08.10.2004 - V ZR 178/03 - NJW 2004, 3626-3628. Der
[1422] OLG Schleswig v. 29.07.1998 - 4 U 161/97 - MDR 1998, 1473-1474; *Wufka* in: Staudinger, § 313 a.F. Rn. 328.
[1423] OLG Schleswig v. 29.07.1998 - 4 U 161/97 - MDR 1998, 1473-1474.
[1424] Gegen eine Vermutung, so dass derjenige, der die Heilung der Formnichtigkeit geltend macht, für die Fortdauer der Übereinstimmung beweispflichtig ist: *Strieder* in: Baumgärtel/Laumen, Handbuch der Beweislast im Privatrecht, § 313 a.F. Rn. 3; *Wufka* in: Staudinger, § 313 a.F. Rn. 266; *Battes* in: Erman, Handkommentar BGB, 10. Aufl. 2000, § 313 a.F. Rn. 72; für eine Vermutung: *Wolf* in: Soergel, § 313 a.F. Rn. 103; *Grüneberg* in: Palandt, § 311b Rn. 49; wohl auch BGH v. 15.10.1992 - VII ZR 251/91 - juris Rn. 15 - NJW-RR 1993, 522.
[1425] BGH v. 15.10.1992 - VII ZR 251/91 - juris Rn. 15 - NJW-RR 1993, 522.

294 Auch die formunwirksame Verpflichtung, das Eigentum an einem Grundstück an einen Dritten zu veräußern oder von einem Dritten zu erwerben, wird mit Abschluss des Hauptvertrages geheilt.[1426] Dies gilt insbesondere für den Fall, dass sich der Eigentümer oder Erbbauberechtigte gegenüber einem Dritten verpflichtet, das Eigentum an dem Grundstück oder dem Erbbaurecht an einen noch von ihn zu benennenden Dritten zu veräußern.[1427]

295 Eine ausdehnende Anwendung des § 311b Abs. 1 Satz 2 BGB ist auch dort geboten, wo ein Vertrag der notariellen Beurkundung bedarf, weil er **mittelbar** einen **Zwang** zur Veräußerung oder zum Erwerb des Eigentums an einem Grundstück enthält. Häufigstes Beispiel sind Maklerverträge, die Strafklauseln für den Fall des Nichtabschlusses des Grundstücksvertrages enthalten. In diesen Fällen tritt bereits mit Abschluss des Grundstücksvertrages Heilung des formnichtigen Maklervertrages ein. Insofern ist auf die obigen Ausführungen zu verweisen (vgl. zum Maklervertrag Rn. 101); dort auch zur Problematik der Willensübereinstimmung.

296 Eine Heilung der formunwirksamen Verpflichtung zur Bestellung eines **dinglichen Vorkaufsrechts** (§§ 1094-1104 BGB) tritt durch dingliche Einigung (§ 873 Abs. 1 BGB) und Eintragung des Rechts im Grundbuch ein.[1428] Dagegen ist die Rechtslage beim **schuldrechtlichen Vorkaufsrecht** und beim **Wiederkaufsrecht** anders. Dies hängt mit der rechtlichen Konstruktion als aufschiebend bedingter Kaufvertrag zusammen.[1429] Ein etwaiger Formmangel kann daher nach § 311b Abs. 1 Satz 2 BGB nur durch Auflassung und Eintragung im Grundbuch geheilt werden.[1430] Die Verpflichtung, ein schuldrechtliches Vorkaufsrecht bzw. ein Wiederkaufsrecht zu „bestellen", d.h. einen solchen aufschiebend bedingten Kaufvertrag erst noch abzuschließen, unterliegt nach den Regeln über den Vorvertrag (vgl. Rn. 119) der notariellen Beurkundung gemäß § 311b Abs. 1 Satz 1 BGB. Heilung einer solchen vorvertraglichen Vereinbarung tritt dann nach den Regeln beim Vorvertrag bereits mit Abschluss des aufschiebend bedingten Kaufvertrages (beim schuldrechtlichen Vorkaufsrecht bzw. beim Wiederkaufsrecht) ein, nicht erst mit Auflassung und Eintragung des Vorkaufsberechtigten oder Wiederkaufsberechtigten im Grundbuch.[1431]

297 Sofern der Auftrag für den Beauftragten zum Grundstückserwerb im eigenen Namen und im wirtschaftlichen Interesse für den Auftraggeber (**Erwerbstreuhand**) die beurkundungsbedürftige Verpflichtung zum Erwerb des Grundstücks durch Rechtsgeschäft oder in der Versteigerung beinhaltet, wird der Formmangel durch den Eigentumserwerb nach § 311b Abs. 1 Satz 2 BGB geheilt.[1432] Dies gilt auch dann, wenn der Eigentumserwerb nicht durch Rechtsgeschäft, sondern durch Hoheitsakt (Zuschlagsbeschluss in der Zwangsversteigerung) erfolgt.[1433] Nach richtiger Auffassung gehört die berichtigende Eintragung im Grundbuch nicht zum Erfüllungstatbestand bei einer analogen Anwendung des § 311b Abs. 1 Satz 2 BGB, so dass die Heilung bereits mit dem Zuschlagsbeschluss (vgl. Rn. 292) eintritt.

4. Verhalten des Notars bei Kenntnis von der Formunwirksamkeit

298 Hat der beurkundende Notar sichere Kenntnis davon erhalten, dass die Urkunde wegen unrichtiger Beurkundung (insbesondere wegen unrichtiger Angabe des Kaufpreises) nach § 125 Satz 1 BGB nichtig ist, so liegt ein Fall vor, in welchem er bei vorheriger Kenntnis die Beurkundung nach § 4 BeurkG hätte ablehnen müssen. In diesem Fall muss der Notar nach § 14 Abs. 2 BNotO die Erteilung von Ausfertigung verweigern.[1434] Dies gilt auch dann, wenn der Käufer die Heilung des formnichtigen Kaufvertra-

---

[1426] BGH v. 18.12.1981 - V ZR 233/80 - juris Rn. 27 - BGHZ 82, 398-407; *Wolf* in: Soergel, § 313 a.F. Rn. 97; *Grüneberg* in: Palandt, § 311b Rn. 52; *Specks*, RNotZ 2002, 193-210, 206.

[1427] Für das Erbbaurecht: BGH v. 10.12.1993 - V ZR 108/92 - LM BGB § 125 Nr. 46 (4/1994).

[1428] BGH v. 17.05.1967 - V ZR 96/64 - DNotZ 1968, 93; OLG Schleswig v. 07.10.1981 - 9 U 47/81; *Wufka* in: Staudinger, § 313 a.F. Rn. 327; *Wolf* in: Soergel, § 313 a.F. Rn. 100.

[1429] Vgl. zum schuldrechtlichen Vorkaufsrecht *Mader* in: Staudinger, Vorbem. zu den §§ 504 ff. a.F. Rn. 25-30; zum Wiederkaufsrecht BGH v. 14.01.2000 - V ZR 386/98 - juris Rn. 6 - LM BGB § 497 Nr. 10 (8/2000); BGH v. 17.12.1958 - V ZR 51/57 - BGHZ 29, 107-113; *Putzo* in: Palandt, § 456 Rn. 4.

[1430] *Wufka* in: Staudinger, § 313 a.F. Rn. 327.

[1431] BGH v. 03.07.2009 - V ZR 58/08 - RNotZ 2010, 133 zum Wiederkaufsrecht. Vgl. zur Heilung des formnichtigen Vorvertrages durch Abschluss des Hauptvertrages Rn. 293.

[1432] BGH v. 07.10.1994 - V ZR 102/93 - juris Rn. 18 - BGHZ 127, 168-176.

[1433] BGH v. 05.11.1982 - V ZR 228/80 - juris Rn. 25 - BGHZ 85, 245-252; BGH v. 02.05.1996 - III ZR 50/95 - juris Rn. 10 - LM BGB § 313 Nr. 141 (9/1996).

[1434] OLG Jena v. 04.11.1998 - 6 W 677/98 - NotBZ 1998, 239-240.

ges nach § 311b Abs. 1 Satz 2 BGB durch Vorlage der Ausfertigung der Kaufvertragsurkunde zum Zwecke der Eintragung als Eigentümer im Grundbuch erreichen will.[1435] Der Notar kann seine Tätigkeit oder Untätigkeit auch in einem Vorbescheid ankündigen, gegen welchen die Vertragsparteien eine Beschwerde zum Landgericht nach § 15 BNotO einlegen können.[1436]

5. Unbeachtlichkeit des Formmangels nach Treu und Glauben; Verwirkung

a. Grundlagen

Das Prinzip der Formstrenge (Nichtigkeit gemäß § 125 BGB) kann in einzelnen Fällen mit dem Gebot der Gerechtigkeit kollidieren.[1437] Dies kann aber nicht dazu führen, dass gesetzliche Formvorschriften aus allgemeinen Billigkeitserwägungen außer Kraft gesetzt werden können; das Recht, sich auf die Formnichtigkeit zu berufen, kann daher **nicht verwirkt** werden.[1438] Nach ständiger Rechtsprechung des Bundesgerichtshofes sind gesetzliche Formvorschriften im Interesse der Rechtssicherheit grds. einzuhalten.[1439] Ausnahmen hiervon sind aus Gründen der Einzelfallgerechtigkeit nur dann statthaft, wenn die Nichtanerkennung des formnichtigen Vertrages für die betroffene Partei ein **schlechthin unerträgliches Ergebnis** auslöst.[1440] Die Rechtsprechung hat dies in zwei Fallgruppen erwogen[1441]: wenn die Nichtanerkennung des Vertrages zu einer Existenzgefährdung der betroffenen Partei führt oder bei einer besonders schweren Treupflichtverletzung des Vertragspartners. Diese Voraussetzungen liegen nicht bereits dann vor, wenn die Voraussetzungen zur Verwirkung erfüllt sind.[1442] Rechtsgrundlage ist das Gebot von Treu und Glauben (§ 242 BGB), das den Formmangel überwindet. Daher ist ein Vertrag trotz Verstoßes gegen § 311b Abs. 1 Satz 1 BGB formwirksam zustande gekommen.[1443] Bei dem Verstoß gegen Treu und Glauben handelt es sich nicht um eine Einrede des Betroffenen, sondern um eine von Amts wegen zu prüfende materiellrechtliche Frage.[1444] In der Literatur wird das Kriterium des untragbaren Ergebnisses als „Leerformel" kritisiert[1445], ebenso der strukturelle Ansatzpunkt über die Korrektur der Nichtigkeit nach § 125 BGB über § 242 BGB[1446]. Stattdessen könne der betroffenen Partei ein Schadensersatzanspruch aus einem vorvertraglichen Schuldverhältnis („culpa in contrahendo") zustehen, oder die Berücksichtigung der Formnichtigkeit könnte unter dem Gesichtspunkt des „venire contra factum proprium" unbeachtlich sein.[1447]

Die vorstehenden Grundsätze der Rechtsprechung gelten insbesondere dann, wenn es um Ansprüche auf Erfüllung formnichtiger Verträge geht, die von einer Seite bereits (teilweise) erfüllt wurden.[1448] Ein Erfüllungsanspruch wurde daher verneint, wenn der Vertrag noch von keiner Seite erfüllt war.[1449] Et-

---

[1435] OLG Jena v. 04.11.1998 - 6 W 677/98 - juris Rn. 13 - NotBZ 1998, 239-240.
[1436] Vgl. OLG München v. 08.03.2001 - 1 U 4646/00 - OLGR München 2002, 346-348 und LG Bayreuth v. 10.05.2010 - 42 T 6/10.
[1437] *Hefermehl* in: Soergel, § 125 Rn. 35.
[1438] BGH v. 16.07.2004 - V ZR 222/03 - NJW 2004, 3330-3332.
[1439] BGH v. 14.06.1996 - V ZR 85/95 - NJW 1996, 2503, 2504; BGH v. 16.07.2004 - V ZR 222/03 - NJW 2004, 3330-3332.
[1440] BGH v. 27.06.1988 - II ZR 143/87 - juris Rn. 16 - LM Nr. 18 zu GmbHG § 13; BGH v. 03.12.1958 - V ZR 28/57 - BGHZ 29, 6-13; BGH v. 27.10.1967 - V ZR 153/64 - BGHZ 48, 396-400; BGH v. 19.11.1982 - V ZR 161/81 - juris Rn. 19 - BGHZ 85, 315-319; *Palm* in: Erman, Handkommentar BGB, 10. Aufl. 2000, § 125 Rn. 23; *Wufka* in: Staudinger, § 313 a.F. Rn. 255.
[1441] *Armbrüster*, NJW 2007, 3317-3320, 3318.
[1442] BGH v. 16.07.2004 - V ZR 222/03 - NJW 2004, 3330-3332: Zur Verwirkung reicht es aus, dass von einem Recht über einen längeren Zeitraum hinweg kein Gebrauch gemacht wurde und besondere auf dem Verhalten des Berechtigten beruhende Umstände hinzutreten, die das Vertrauen rechtfertigen, das Recht werde nicht mehr geltend gemacht. Die Begründung dieses Vertrauenstatbestandes setzt mithin nicht den Eintritt eines schlechthin untragbaren Ergebnisses und insbesondere keine besonders schwere Treuepflichtverletzung voraus.
[1443] *Wufka* in: Staudinger, § 313 a.F. Rn. 255.
[1444] BGH v. 09.10.1970 - V ZR 191/67 - LM Nr. 45 zu § 313 BGB; BGH v. 03.12.1958 - V ZR 28/57 - BGHZ 29, 6-13; *Wufka* in: Staudinger, § 313 a.F. Rn. 255.
[1445] *Einsele* in: MünchKomm-BGB, § 125 Rn. 58; *Wufka* in: Staudinger, § 313 a.F. Rn. 258, 260.
[1446] *Hefermehl* in: Soergel, § 125 Rn. 41.
[1447] *Hefermehl* in: Soergel, § 125 Rn. 41.
[1448] *Hefermehl* in: Soergel, § 125 Rn. 37.
[1449] BGH v. 21.06.1961 - V ZR 194/59 - BB 1961, 1142; *Wolf* in: Soergel, § 313 a.F. Rn. 83.

was anderes mag in solchen Fällen gelten, wenn eine Vertragspartei bereits Aufwendungen in großem Umfang im Vertrauen auf die Durchführung des Vertrages gemacht hat.

b. Fallgruppen in der Rechtsprechung

301 Die Fallgruppe der **Existenzgefährdung** wurde im Höferecht entwickelt. Trotz fehlenden förmlichen Vertragsschlusses nahm die Rechtsprechung eine Bindung der Vertragsparteien, insbesondere des Übergebers an, wenn dieser nach Art und Umfang der Beschäftigung des Abkömmlings auf dem Hof diesem zu erkennen gab, ihn als Hofnachfolger ausgesucht zu haben.[1450] Es handelte sich in diesen Fällen genau genommen nicht um eine Ausnahme von der Nichtigkeit nach § 125 BGB, sondern um die Annahme einer rechtsgeschäftlichen Bindung.[1451] Die Rechtsprechungsgrundsätze zur Bindung an eine formlos vereinbarte Hofnachfolge sind – allerdings unvollständig[1452] – in § 7 Abs. 2 HöfeO gesetzlich geregelt worden, so dass auf diese außerhalb der gesetzlichen Vorschrift weiterhin zurückgegriffen werden kann, insbesondere wenn durch die formlos bindende Vereinbarung für den Begünstigten schon zu Lebzeiten des Erblassers ein Anspruch auf Übertragung des Hofs begründet werden sollte[1453]. Die Grundsätze der Bindung an eine formlos vereinbarte Hofnachfolge ist von der Rechtsprechung als Ausnahmetatbestand entwickelt worden, der weder auf Fälle außerhalb des Höferechts noch bei Grundbesitz begründet werden kann, der nicht „Hof" im Sinne der Höfeordnung ist.[1454] Der Aspekt der Existenzgefährdung zur Überwindung des Formmangels nach § 242 BGB hat in der Rechtsprechung auch außerhalb des Höferechts in einem Fall eine Rolle gespielt, in welchem ein 63jähriger „einfacher" Handwerker mit einem gemeinnützigen Wohnungsunternehmen einen privatschriftlichen Kaufanwärtervertrag abgeschlossen und fast den gesamten Kaufpreis bezahlt hatte.[1455] Weiterhin wurde unter dem Aspekt der Existenzvernichtung (neben der schweren Treuepflichtverletzung) ein Formmangel nach § 242 BGB für unbeachtlich erklärt, wenn ein Siedlungsunternehmen sich gegenüber den Siedlern auf den Formmangel berufen will.[1456]

302 Wann eine **schwere Treuepflichtverletzung** im Sinne der Rechtsprechung vorliegt, lässt sich nur anhand einzelner Fallgruppen näher konkretisieren.[1457] Entscheidende Bedeutung kommt der Tatsache zu, welche der Vertragsparteien Kenntnis von dem Formverstoß hatte.

(1) Haben beide Vertragsparteien den Formverstoß gekannt, so kann sich eine Partei nicht auf einen Verstoß gegen Treu und Glauben berufen, da sie sich ihrerseits widersprüchlich verhalten würde.[1458] Die Hoffnung, dass der Vertrag in Kenntnis der Formunwirksamkeit durchgeführt werde, ist als solches nicht ausreichend.[1459] Eine Ausnahme von diesem Grundsatz lässt die Rechtsprechung zu, wenn der „untreue" Vertragspartner ein wirtschaftlich und persönlich so bedeutendes Ansehen hat, dass er allein dadurch den Betroffenen von der Beachtung des Formzwanges abhalten kann, weil es geradezu als „unanständig" anzusehen wäre, der Ehrenerklärung, einen privatschriftlichen Vertrag ebenso wie einen notariellen Vertrag zu beachten, zu misstrauen.[1460]

(2) Haben beide Vertragsparteien die Formunwirksamkeit nicht erkannt, so verbleibt es bei der Nichtigkeit nach § 125 BGB.[1461] Dies gilt auch dann, wenn ein Vertragspartner schuldhaft (fahrlässig) die formgerechte Beurkundung verhindert oder unterlassen hat und bei dem Vertragspartner das Vertrauen

---

[1450] BGH v. 16.02.1954 - V BLw 60/53 - BGHZ 12, 286-308; BGH v. 05.02.1957 - V BLw 37/56 - BGHZ 23, 249-263; *Einsele* in: MünchKomm-BGB, § 125 Rn. 54.

[1451] *Hefermehl* in: Soergel, § 125 Rn. 39.

[1452] BGH v. 05.05.1983 - V BLw 12/82 - BGHZ 87, 237-239; BGH v. 16.10.1992 - V ZR 125/91 - BGHZ 119, 387-392; *Einsele* in: MünchKomm-BGB, § 125 Rn. 54.

[1453] BGH v. 16.10.1992 - V ZR 125/91 - juris Rn. 8 - BGHZ 119, 387-392.

[1454] BGH v. 16.10.1992 - V ZR 125/91 - juris Rn. 10 - BGHZ 119, 387-392; BGH v. 05.05.1983 - V BLw 12/82 - BGHZ 87, 237-239; BGH v. 15.03.1967 - V ZR 127/65 - BGHZ 47, 184-190; *Hefermehl* in: Soergel, § 125 Rn. 39.

[1455] BGH v. 21.04.1972 - V ZR 42/70 - LM Nr. 53 zu § 313 BGB; *Einsele* in: MünchKomm-BGB, § 125 Rn. 54.

[1456] BGH v. 18.02.1955 - V ZR 108/53 - BGHZ 16, 334-338; BGH v. 07.03.1956 - V ZR 113/54 - BGHZ 20, 172-178.

[1457] *Palm* in: Erman, Handkommentar BGB, 10. Aufl. 2000, § 125 Rn. 24-27.

[1458] *Palm* in: Erman, Handkommentar BGB, 10. Aufl. 2000, § 125 Rn. 25; *Hefermehl* in: Soergel, § 125 Rn. 45.

[1459] *Hefermehl* in: Soergel, § 125 Rn. 45.

[1460] BGH v. 27.10.1967 - V ZR 153/64 - BGHZ 48, 396-400; BGH v. 26.10.1979 - V ZR 88/77 - juris Rn. 12 - LM Nr. 5 zu § 815 BGB; *Hefermehl* in: Soergel, § 125 Rn. 45; a.A. *Palm* in: Erman, Handkommentar BGB, 10. Aufl. 2000, § 125 Rn. 25.

[1461] *Palm* in: Erman, Handkommentar BGB, 10. Aufl. 2000, § 125 Rn. 27; *Hefermehl* in: Soergel, § 125 Rn. 47.

auf die Wirksamkeit der getroffenen Vereinbarung erzeugt oder aufrechterhalten hat; hier kommt nur ein Schadensersatzanspruch wegen Verletzung der Pflichten aus einem vorvertraglichen Schuldverhältnis in Betracht[1462], der keinen Anspruch auf Übereignung des Grundstücks beinhaltet, sondern auf Entschädigung in Geld gerichtet ist[1463].

(3) Hat ein Vertragspartner den anderen über die Formbedürftigkeit des Vertrages arglistig getäuscht, so ist der Vertrag nach § 242 BGB trotz des Formmangels wie ein gültiger zu behandeln.[1464]

Einen Sonderfall der Unbeachtlichkeit des Formmangels nach § 242 BGB, der sich nicht in die vorgenannten Fallgruppen des „schlechthin untragbaren Ergebnisses" einfügen lässt, ist die **zweckwidrige Berufung auf die Formnichtigkeit**[1465], wenn sich eine Vertragspartei auf die Formnichtigkeit des Vertrages beruft, obwohl das Erfordernis der notariellen Beurkundung nicht ihn, sondern ausschließlich den Vertragspartner schützen soll und dadurch diesem ein Schaden zugefügt wird[1466]. Ein solcher Fall ist bei der Erwerbstreuhand gegeben.[1467] Bestand eine Erwerbspflicht des Beauftragten (Treuhänder) neben einer eigenständigen Erwerbspflicht des Auftraggebers, so kann der Grundstückserwerb durch den Beauftragten (durch Rechtsgeschäft oder Zuschlagsbeschluss im Zwangsversteigerungsverfahren) nicht den Formmangel der Abrede über die Erwerbspflicht des Auftraggebers gegenüber dem Beauftragten nach § 311b Abs. 1 Satz 2 BGB heilen. Denn der Erwerb durch den Treuhänder ist nicht die Erfüllung der Verpflichtung des Auftraggebers zum Eigentumserwerb vom Beauftragten. Damit könnte sich der Beauftragte dem Herausgabeverlangen des Auftraggebers mit der Begründung entziehen, der Auftrag sei nach § 125 Satz 1 BGB nichtig. Die Rechtsprechung versagte dem Beauftragten jedoch nach § 242 BGB stets diesen Einwand der Nichtigkeit der Abrede, weil der Formzwang für die Erwerbsverpflichtung des Auftraggebers nicht dem Schutz des Beauftragten diene.[1468] Es sind daher Fälle denkbar, in denen es mit Treu und Glauben schlechterdings nicht zu vereinbaren ist, wenn der Beauftragte das in Ausführung des Auftrags erworbene Eigentum unter Berufung auf eine dem Schutz des Auftraggebers dienende Formvorschrift nunmehr für sich behalten könnte. Eine zweckwidrige Berufung auf die Formnichtigkeit liegt auch vor, wenn der sich auf die Formnichtigkeit Berufende durch die Nichtbeurkundung in seinen Interessen gar nicht gefährdet ist.[1469] Die Rechtsprechung hat beispielsweise (in einer Hilfsbegründung[1470]) dem Käufer den „Einwand" der Formnichtigkeit nach § 242 BGB versagt, wenn er in weiterer notarieller Urkunde zur Sicherung des Kaufpreisanspruchs des Verkäufers einseitig ein vollstreckbares Schuldanerkenntnis abgibt.[1471]

Zu den anerkannten Fallgruppen der Unbeachtlichkeit des Formverstoßes nach Treu und Glauben (§ 242 BGB) zur Vermeidung eines schlechthin unerträglichen Ergebnisses hat die Rechtsprechung im Zuge der Wiedervereinigung eine weitere Ausnahme vom Grundsatz der Nichtigkeit eines nicht (richtig) beurkundeten Grundstücksvertrages in den Fällen zugelassen, in denen die Vertragsparteien im Hinblick auf die staatliche Reglementierung des Grundstücksverkehrs in der ehemaligen DDR anstelle eines verdeckt abgeschlossenen Grundstückskaufvertrages zur Erlangung der behördlichen Genehmigung einen Schenkungsvertrag haben beurkunden lassen und die Eintragung in das Grundbuch haben

---

[1462] BGH v. 27.06.1988 - II ZR 143/87 - juris Rn. 17 - LM Nr. 18 zu GmbHG § 13; BGH v. 29.01.1965 - V ZR 53/64 - LM Nr. 2 zu § 276 (Fc) BGB; BGH v. 21.03.1969 - V ZR 87/67 - LM Nr. 37 zu § 313 BGB; *Palm* in: Erman, Handkommentar BGB, 10. Aufl. 2000, § 125 Rn. 27.

[1463] BGH v. 29.01.1965 - V ZR 53/64 - LM Nr. 2 zu § 276 (Fc) BGB; BGH v. 21.03.1969 - V ZR 87/67 - LM Nr. 37 zu § 313 BGB; *Palm* in: Erman, Handkommentar BGB, 10. Aufl. 2000, § 125 Rn. 27; *Wolf* in: Soergel, § 313 a.F. Rn. 93.

[1464] *Palm* in: Erman, Handkommentar BGB, 10. Aufl. 2000, § 125 Rn. 26. Nach a.A. (z.B. *Hefermehl* in: Soergel, § 125 Rn. 43) besteht ein Erfüllungsanspruch aus einem vorvertraglichen Schuldverhältnis.

[1465] *Wolf* in: Soergel, § 313 a.F. Rn. 91.

[1466] *Wolf* in: Soergel, § 313 a.F. Rn. 91.

[1467] *Wolf* in: Soergel, § 313 a.F. Rn. 91. Vgl. zu den grundstücksbezogenen Treuhandverhältnissen (vgl. Rn. 135).

[1468] BGH v. 05.11.1982 - V ZR 228/80 - juris Rn. 27 - BGHZ 85, 245-252; BGH v. 02.05.1996 - III ZR 50/95 - juris Rn. 13 - LM BGB § 313 Nr. 141 (9/1996); BGH v. 18.11.1993 - IX ZR 256/92 - juris Rn. 38 - LM ZPO § 253 Nr. 105 (4/1994); BGH v. 07.10.1994 - V ZR 102/93 - juris Rn. 19 - BGHZ 127, 168-176.

[1469] *Wolf* in: Soergel, § 313 a.F. Rn. 91.

[1470] Der BGH ließ offen, ob die Anerkennung einer Kaufpreisschuld aus einem Grundstückskaufvertrag der notariellen Beurkundung nach § 781 Satz 3 BGB i.V.m. § 311b Abs. 1 Satz 1 BGB der notariellen Beurkundung bedarf: BGH v. 10.07.1987 - V ZR 284/85 - juris Rn. 10 - NJW 1988, 130-132.

[1471] BGH v. 10.07.1987 - V ZR 284/85 - NJW 1988, 130-132.

bewirken lassen.[1472] Mit vergleichbaren Erwägungen hat der BGH[1473] – entgegen der Entscheidung des Berufungsgerichts[1474] – den Formmangel nach DDR-Recht nach § 242 BGB auch in dem Fall für unbeachtlich erklärt, dass die Beteiligten zum Schein einen Kaufpreis in DDR-Mark beurkundet, in Wirklichkeit aber einen höheren Preis in DM vereinbart haben, und dem Verkäufer einen Anspruch auf Zahlung des restlichen Kaufpreises zugestanden. Trotz der Anwendbarkeit des Vertragsrechts der DDR bei Schuldverhältnissen, die vor dem Wirksamwerden des Beitritts der DDR zur Bundesrepublik entstanden sind (Art. 232 § 1 EGBGB), kann das Verhalten der Vertragsparteien an Treu und Glauben nach § 242 BGB gemessen werden.[1475] Durch die fehlende Trennung zwischen Kausalgeschäft und Erfüllungsgeschäft nach dem Recht der ehemaligen DDR konnte der Eigentumserwerb bei einem formnichtigen Vertrag nicht eintreten.[1476] Das Verhalten der Vertragsparteien ist nur vor dem Hintergrund der Preisbestimmungen des DDR-Rechts zu verstehen, welches die Beteiligten umgangen haben. Es wäre unbillig, wenn der Verkäufer sich allein wegen des eingetretenen Wandels der gesellschaftlichen Verhältnisse von einem Vertrag lösen könnte, den beide Parteien bis dahin als gültig betrachtet haben und dem in der ehemaligen DDR auch ein gewisser tatsächlicher Bestandsschutz zugutekam.[1477]

6. Schadensersatz aus einem vorvertraglichen Schuldverhältnis

305 Hat ein Vertragspartner schuldhaft (fahrlässig) die **formgerechte Beurkundung verhindert oder unterlassen** und bei dem Vertragspartner das Vertrauen auf die Wirksamkeit der getroffenen Vereinbarung erzeugt oder aufrechterhalten, so kann der andere Vertragspartner einen Schadensersatzanspruch wegen Verletzung der Pflichten aus einem vorvertraglichen Schuldverhältnis geltend machen.[1478] Bevor man einen Anspruch aus culpa in contrahendo prüft, muss jedoch festgestellt werden, ob der Vertrag nicht bereits deshalb wirksam ist, weil sich eine Vertragspartei nach § 242 BGB nicht auf die Formunwirksamkeit des Vertrages berufen kann.[1479] Eine Pflichtverletzung im vorstehenden Sinne stellt es dar, wenn eine Vertragspartei, die im Verhältnis zur anderen Vertragspartei über ein überlegenes Fachwissen verfügt (z.B. ein Wohnungsbauunternehmen), die Notwendigkeit der notariellen Beurkundung der anderen Vertragspartei vorsätzlich[1480] nicht mitteilt und die andere Vertragspartei daher auf die Wirksamkeit des Rechtsgeschäfts vertraut.[1481] Der Anspruch aus Verletzung eines vorvertraglichen Schuldverhältnisses ist grds. auf Ersatz des Vertrauensschadens (negatives Interesse) in Form von Geld gerichtet.[1482] In der vorgenannten Fallgruppe gewährt die Rechtsprechung dem Geschädigten ausnahmsweise den Ersatz des Erfüllungsinteresses, allerdings nur in Form eines Geldanspruchs[1483]; der Schadensersatzanspruch kann im Einzelfall sogar das Erfüllungsinteresse übersteigen (Geldbetrag für ein gleichwertiges Grundstück)[1484]. Ein Anspruch auf Erfüllung in natura (aus der Sicht des Käufers: auf Übereignung des Grundstücks) lehnt die Rechtsprechung ab, weil dies dem Zweck der Formvorschrift (§ 311b Abs. 1 Satz 1 BGB) widerspräche.[1485]

306 Schadensersatz aus einem vorvertraglichen Schuldverhältnis wegen **Abbruchs der Vertragsverhandlungen** kann nach der Rechtsprechung nur bei einem schweren Verstoß gegen die Pflichten zum redlichen Verhalten geltend gemacht werden; dazu ist in der Regel ein vorsätzlicher Verstoß erforder-

---

[1472] BGH v. 10.12.1993 - V ZR 158/92 - BGHZ 124, 321-327.
[1473] BGH v. 07.05.1999 - V ZR 205/98 - LM DDR-ZGB § 305 Nr. 3 (2/2000).
[1474] OLG Naumburg v. 19.05.1998 - 11 U 13/98 - OLG-NL 1999, 97-99.
[1475] BGH v. 07.05.1999 - V ZR 205/98 - juris Rn. 8 - LM DDR-ZGB § 305 Nr. 3 (2/2000).
[1476] BGH v. 10.12.1993 - V ZR 158/92 - juris Rn. 7 - BGHZ 124, 321-327.
[1477] BGH v. 10.12.1993 - V ZR 158/92 - juris Rn. 13 - BGHZ 124, 321-327.
[1478] BGH v. 27.06.1988 - II ZR 143/87 - juris Rn. 17 - LM Nr. 18 zu GmbHG § 13; BGH v. 29.01.1965 - V ZR 53/64 - LM Nr. 2 zu § 276 (Fc) BGB; BGH v. 21.03.1969 - V ZR 87/67 - LM Nr. 37 zu § 313 BGB; *Palm* in: Erman, Handkommentar BGB, 10. Aufl. 2000, § 125 Rn. 27; *Grüneberg* in: Bamberger/Roth, § 311 Rn. 68.
[1479] Vgl. dazu Rn. 299 ff. *Grüneberg* in: Bamberger/Roth, § 311 Rn. 68.
[1480] Lediglich fahrlässiges Verhalten reicht nicht aus, da andernfalls der Schutzzweck der Formvorschrift unterlaufen würde; *Krebs* in: AnwK-BGB, § 311 Rn. 56.
[1481] *Krebs* in: AnwK-BGB, § 311 Rn. 56; *Grüneberg* in: Bamberger/Roth, § 311 Rn. 68.
[1482] *Hefermehl* in: Soergel, § 125 Rn. 42.
[1483] BGH v. 29.01.1965 - V ZR 53/64 - LM Nr. 2 zu § 276 (Fc) BGB; ablehnend *Hefermehl* in: Soergel, § 125 Rn. 42.
[1484] Vgl. *Grüneberg* in: Palandt, § 311 Rn. 56.
[1485] BGH v. 29.01.1965 - V ZR 53/64 - LM Nr. 2 zu § 276 (Fc) BGB; BGH v. 21.03.1969 - V ZR 87/67 - LM Nr. 37 zu § 313 BGB; *Palm* in: Erman, Handkommentar BGB, 10. Aufl. 2000, § 125 Rn. 27; *Wolf* in: Soergel, § 313 a.F. Rn. 93.

lich.[1486] Allgemein löst der Abbruch von Vertragsverhandlungen, deren Erfolg als sicher anzunehmen war, durch einen der Verhandlungspartner einen Schadensersatzanspruch aus, wenn es an einem triftigen Grund für den Abbruch fehlt.[1487] Diese allgemeine Regel wird jedoch bei formbedürftigen Rechtsgeschäften eingeschränkt, weil sie auf einen indirekten Zwang zum Vertragsabschluss hinausliefe.[1488] Bei einem formbedürftigen Rechtsgeschäft löst der Abbruch von Vertragsverhandlungen daher auch dann keine Schadensersatzpflicht aus, wenn es an einem triftigen Grund für den Abbruch fehlt.[1489] Die Nichtigkeitsfolge eines Verstoßes gegen die Formvorschrift des § 311b Abs. 1 Satz 1 BGB hat indessen zurückzutreten, wenn sie nach den gesamten Umständen mit Treu und Glauben schlechthin nicht zu vereinbaren ist, etwa weil sie die Existenz des anderen Vertragsteils gefährdet oder ihre Geltendmachung eine besonders schwerwiegende Treupflichtverletzung bedeutet. Ein Anspruch aus Verletzung eines vorvertraglichen Schuldverhältnisses kommt daher nur in den vorgenannten Fällen in Betracht.[1490] Eine **schwerwiegende Treupflichtverletzung** liegt vor beim Vorspiegeln einer tatsächlich nicht vorhandenen Abschlussbereitschaft, aber auch dann, wenn ein Verhandlungspartner zwar zunächst eine solche, von ihm geäußerte, Verkaufsbereitschaft tatsächlich gehabt hat, im Verlaufe der Verhandlungen aber innerlich von ihr abgerückt ist, ohne dies zu offenbaren[1491], wenn er gleichsam sehenden Auges zusieht, wie der Geschädigte Vermögensopfer bringt[1492]. In solchen Fällen wird durch die Äußerung einer endgültigen Abschlussbereitschaft zu bestimmten Bedingungen dem Verhandlungspartner der Eindruck einer besonderen Verhandlungslage vermittelt, der ihn der erhöhten Gefahr nachteiliger Vermögensdispositionen aussetzt. Diese besondere Gefährdungslage begründet eine gesteigerte Vertrauensbeziehung, die den Verhandelnden zu erhöhter Rücksichtnahme auf die Interessen seines Partners verpflichtet.[1493] Bei Zugrundelegung dieser Maßstäbe führt es nicht bereits zum Bestehen eines Schadensersatzanspruchs aus culpa in contrahendo, wenn die Parteien sich bereits mündlich über die wesentlichen Inhalte eines Grundstückskaufvertrags geeinigt haben und eine Vertragspartei ohne ersichtlichen Grund vom in Aussicht genommenen Vertragsschluss Abstand nimmt.[1494] Sofern ausnahmsweise die Voraussetzungen für einen Anspruch aus culpa in contrahendo erfüllt sind, kann der Geschädigte nur Ersatz der Aufwendungen verlangen, die er im Hinblick auf das durch die andere Vertragspartei begründete Vertrauen auf den Abschluss des Kaufvertrages getätigt hat.[1495]

Die Grundsätze der Einschränkung der schadensrechtlichen Haftung bei formbedürftigen Rechtsgeschäften gelten auch dann, wenn die **öffentliche Hand** (z.B. eine Gemeinde) an den Vertragsverhandlungen beteiligt ist und die verantwortlichen Entscheidungsträger zunächst einem Grundstückskaufvertrag zugestimmt haben, der dann aber nicht zustande kommt.[1496] 307

Die Einschränkung der Haftung aus einem vorvertraglichen Schuldverhältnis gilt **nicht zugunsten eines Kreditinstituts** im Anwendungsbereich eines **Verbraucherkredites**[1497], wenn dieser zur Finanzierung einer Immobilie aufgenommen werden soll. Die erhöhten Haftungsvoraussetzungen erklären sich aus dem Schutzzweck des § 311b Abs. 1 Satz 1 BGB. Nach dem gesetzlichen Leitbild überwiegt dieser Schutz regelmäßig das Vertrauen des Partners am Zustandekommen des Vertrages. Das recht- 308

[1486] BGH v. 29.03.1996 - V ZR 332/94 - LM BGB § 276 (Fa) Nr. 144 (8/1996); OLG Koblenz v. 25.02.1997 - 3 U 477/96 - NJW-RR 1997, 974; OLG Frankfurt v. 30.10.1997 - 3 U 178/95 - MDR 1998, 957-958; *Grüneberg* in: Palandt, § 311 Rn. 31; kritisch dazu *Kaiser*, JZ 1997, 448-453.
[1487] BGH v. 29.03.1996 - V ZR 332/94 - LM BGB § 276 (Fa) Nr. 144 (8/1996).
[1488] BGH v. 29.03.1996 - V ZR 332/94 - LM BGB § 276 (Fa) Nr. 144 (8/1996).
[1489] BGH v. 29.03.1996 - V ZR 332/94 - juris Rn. 9 - LM BGB § 276 (Fa) Nr. 144 (8/1996); BGH v. 15.01.2001 - II ZR 127/99 - juris Rn. 13 - DStR 2001, 802-803; OLG Koblenz v. 25.02.1997 - 3 U 477/96 - NJW-RR 1997, 974; OLG Frankfurt v. 30.10.1997 - 3 U 178/95 - MDR 1998, 957-958; OLG Naumburg v. 03.04.2001 - 11 U 13/01 - OLGR Naumburg 2002, 244-246.
[1490] BGH v. 29.03.1996 - V ZR 332/94 - juris Rn. 11 - LM BGB § 276 (Fa) Nr. 144 (8/1996); OLG Naumburg v. 03.04.2001 - 11 U 13/01 - OLGR Naumburg 2002, 244-246; OLG Köln v. 20.12.2001 - 7 U 66/01 - OLGR Köln 2003, 39-41.
[1491] BGH v. 29.03.1996 - V ZR 332/94 - juris Rn. 13 - LM BGB § 276 (Fa) Nr. 144 (8/1996); OLG Frankfurt v. 30.10.1997 - 3 U 178/95 - MDR 1998, 957-958.
[1492] OLG Naumburg v. 03.04.2001 - 11 U 13/01 - OLGR Naumburg 2002, 244-246.
[1493] BGH v. 29.03.1996 - V ZR 332/94 - LM BGB § 276 (Fa) Nr. 144 (8/1996); OLG Naumburg v. 03.04.2001 - 11 U 13/01 - OLGR Naumburg 2002, 244-246.
[1494] OLG Köln v. 20.12.2001 - 7 U 66/01 - juris Rn. 9 - OLGR Köln 2003, 39-41.
[1495] OLG Frankfurt v. 30.10.1997 - 3 U 178/95 - juris Rn. 47 - MDR 1998, 957-958.
[1496] OLG Köln v. 20.12.2001 - 7 U 66/01 - OLGR Köln 2003, 39-41.
[1497] OLG Rostock v. 30.01.2003 - 1 U 41/01 - OLGR Rostock 2003, 384-386 zum früheren Verbraucherkreditgesetz.

fertigt es, den Abbruch der Vertragsverhandlungen in der Regel auch dann sanktionslos zu lassen, wenn es für ihn keinen triftigen Grund gibt. Im Anwendungsbereich der verbraucherkreditschützenden Vorschriften gilt das nur zugunsten des Verbrauchers. Der Kreditgeber steht außerhalb dieses Schutzbereichs. Bricht er die Verhandlungen über den von ihm als sicher hingestellten Vertrag ohne triftigen Grund ab, bleibt deshalb Raum für seine erweiterte Haftung nach den Regeln über den Schadensersatz aus einem vorvertraglichen Schuldverhältnis.[1498]

7. Auswirkungen auf Auflassung und Vollmachten

309 Die Auflassung bleibt als abstraktes Verfügungsgeschäft von einem Formmangel des Kausalgeschäfts unberührt. Insbesondere bilden Auflassung und Kausalgeschäft kein einheitliches Rechtsgeschäft im Sinne des § 139 BGB.[1499] Dagegen kann die Auflassungsvollmacht mit dem Kausalgeschäft nach h.M. ein einheitliches Rechtsgeschäft im Sinne des § 139 BGB darstellen.[1500] Dies betrifft sowohl das Verhältnis zwischen beurkundungsbedürftigem Geschäftsbesorgungsvertrag (insbesondere bei „Bauherrenmodellen") und Vollmacht zum Erwerb der Immobilie durch den Auftraggeber[1501] als auch die dem Käufer vom Verkäufer erteilte Auflassungsvollmacht[1502]. Auch eine vom Erwerber im Bauherrenmodell erteilte Vollmacht zur Belastung des Vertragsgegenstandes zum Zwecke der Finanzierung des Kaufpreises mit Darlehensmitteln und Abgabe eines vollstreckbaren Schuldanerkenntnisses („Belastungsvollmacht") kann mit dem Kausalgeschäft ein einheitliches Rechtsgeschäft im Sinne des § 139 BGB darstellen.[1503] Da Auflassung und Kausalgeschäft kein einheitliches Rechtsgeschäft im Sinne des § 139 BGB bilden, kann bei Unwirksamkeit des Kausalgeschäfts nur eine Rückübertragung des Eigentums – und nicht eine Grundbuchberichtigung – verlangt werden.

310 Die Auflassung (§§ 873 Abs. 1, 925 BGB) wurde ohne rechtlichen Grund erklärt und kann nach § 812 Abs. 1 Satz 1 BGB kondiziert werden.[1504] Ein einseitiger Widerruf kommt wegen der Bindungswirkung nach § 873 Abs. 2 BGB nicht in Betracht. Der Kondiktionsanspruch richtet sich auf die Rückgängigmachung der Auflassung, die keiner bestimmten Form bedarf. Der Anspruch geht auf die Einwilligung zur Aufhebung der Auflassung.[1505] Sofern der Kläger in seiner Klage „Aufhebung des Vertrages" begehrt, ist damit auch die in diesem Zusammenhang erklärte Auflassung erfasst. Einen anderen Sinn kann ein objektiver Empfänger dem Klageantrag mit Blick auf die gegebene Interessenlage nicht beimessen.[1506]

311 Hat der Verkäufer aufgrund einer im (nichtigen) Kaufvertrag enthaltenen Auflassungsvollmacht die Auflassung auch für den Käufer erklärt, so kann im einstweiligen Verfügungsverfahren eine Anordnung des Gerichts ergehen, nach welcher dem Verkäufer untersagt wird, das Wohnungseigentum dem Käufer zu übertragen, insbesondere einen Antrag auf Eintragung des Käufers als Eigentümer beim Grundbuchamt zu stellen oder einen solchen Antrag aufrechtzuerhalten.[1507] Das im Verfahren der einstweiligen Verfügung ausgesprochene Veräußerungsverbot beruht auf dem prozessualen Ermessen des Gerichts im einstweiligen Verfahren (§ 938 ZPO), das zwar zu dem sachlich-rechtlichen Anspruch nicht in Widerspruch stehen darf, schon mit Rücksicht auf seinen vorläufigen Charakter diesen aber (in der Regel) nicht nachzeichnet.[1508] Im Hauptsacheverfahren kann eine Klage des Käufers aber keinen

---

[1498]OLG Rostock v. 30.01.2003 - 1 U 41/01 - OLGR Rostock 2003, 384-386.
[1499]BGH v. 26.10.1990 - V ZR 22/89 - juris Rn. 22 - BGHZ 112, 376-381; BGH v. 23.02.1979 - V ZR 99/77 - juris Rn. 18 - LM Nr. 81 zu § 313 BGB; inzidenter auch BGH v. 14.03.2003 - V ZR 278/01 - juris Rn. 8 - NJW-RR 2003, 1907-1908; *Wufka* in: Staudinger, § 313 a.F. Rn. 250.
[1500]BGH v. 19.12.1963 - V ZR 121/62 - BB 1964, 148-149; offen gelassen von BGH v. 08.11.1984 - III ZR 132/83 - juris Rn. 14 - LM Nr. 104 zu § 313 BGB; BGH v. 15.10.1987 - III ZR 235/86 - BGHZ 102, 60-67; OLG Schleswig v. 25.05.2000 - 2 U 19/00 - NJW-RR 2001, 733-734; *Wufka* in: Staudinger, § 313 a.F. Rn. 146; *Wolf* in: Soergel, § 313 a.F. Rn. 73.
[1501]BGH v. 15.10.1987 - III ZR 235/86 - juris Rn. 10 - BGHZ 102, 60-67.
[1502]BGH v. 19.12.1963 - V ZR 121/62 - BB 1964, 148-149 zum vergleichbaren Fall der Bestellung eines Erbbaurechts.
[1503]Vgl. die Entscheidung BGH v. 12.07.1979 - III ZR 18/78 - juris Rn. 37 - LM Nr. 221 zu § 242 BGB, wo der BGH rügte, dass das Berufungsgericht zu dieser Frage keine Feststellungen getroffen hatte.
[1504]BGH v. 14.03.2003 - V ZR 278/01 - juris Rn. 8 - NJW-RR 2003, 1907-1908; RG v. 18.03.1925 - V 436/24 - RGZ 111, 98-102.
[1505]RG v. 18.03.1925 - V 436/24 - RGZ 111, 98-102.
[1506]OLG Naumburg v. 25.08.1998 - 11 U 60/98.
[1507]BGH v. 14.03.2003 - V ZR 278/01 - juris Rn. 8 - NJW-RR 2003, 1907-1908.
[1508]BGH v. 14.03.2003 - V ZR 278/01 - juris Rn. 8 - NJW-RR 2003, 1907-1908.

dementsprechenden Inhalt haben, ein Anspruch des Käufers, dem Verkäufer die Übertragung des Eigentums an den Wohnungen, insbesondere die Durchführung des Grundbuchverfahrens, zu untersagen, im Gesetz keine Grundlage hat.[1509] Nehmen die unter Befreiung von dem Selbstkontrahierungsverbot (§ 181 BGB) erteilten Vollmachten an der Unwirksamkeit der verpflichtenden Geschäfte teil, so ist der gegebene Rechtsbehelf die Klage auf Feststellung der Unwirksamkeit der Auflassungen.[1510]

8. Rückabwicklung

Sofern der Grundstücksveräußerungsvertrag formunwirksam ist, keine Heilung eingetreten ist und auch die Grundsätze von Treu und Glauben den Formmangel nicht überwinden können, ist der Kaufvertrag rückabzuwickeln[1511], soweit bereits Leistungen erbracht worden sind. Grundsätzlich erfolgt die Rückabwicklung über die condictio indebiti nach § 812 Abs. 1 Satz 1 BGB.[1512] Haben die Vertragsparteien eine bewusst unrichtige Beurkundung vorgenommen (bedeutsamster Fall ist der „Schwarzkauf", wenn der Kaufpreis in der Notarurkunde bewusst falsch angegeben wurde und weitere, nicht in der Urkunde angegebene Zahlungen geleistet wurden), so ist die condictio indebiti hinsichtlich geleisteter Zahlungen regelmäßig nach § 814 BGB ausgeschlossen, so dass eine Rückforderung nur aufgrund der condictio ob rem (§ 812 Abs. 1 Satz 2 Alt. 2 BGB) in Betracht kommt (Leistung des Käufers in Erwartung, der Verkäufer werde den Vertrag auch erfüllen).[1513] Ein Ausschluss des Anspruchs nach § 815 BGB kommt nur in Betracht, wenn der Eintritt des bezweckten Erfolges von Anfang an unmöglich war und der Leistende dies gewusst hat oder der Leistende den Eintritt des Erfolges wider Treu und Glauben verhindert hat.[1514] Diese Grundsätze lassen sich nach Ansicht des OLG Düsseldorf[1515] auf das Verhältnis zwischen dem Auftraggeber und dem Makler als Auftragnehmer nicht anwenden. Ist ein Grundstückskaufvertrag wegen Falschbeurkundung des Kaufpreises nichtig und greift gegenüber dem Rückzahlungsanspruch des Käufers (hinsichtlich des über den beurkundeten Kaufpreis hinaus gezahlten Kaufpreisteils) nicht die Einrede des § 815 BGB durch, so kann der Käufer dem Anspruch des Verkäufers auf Löschung der Auflassungsvormerkung die Einrede des Zurückbehaltungsrechts entgegenhalten. Dies verstößt nicht gegen Treu und Glauben (§ 242 BGB).[1516]

312

X. Bestätigung eines nichtigen Rechtsgeschäftes (§ 141 BGB)

Wird ein nichtiges Rechtsgeschäft von demjenigen, der es vorgenommen hat, bestätigt, so ist dies als erneute Vornahme zu beurteilen (§ 141 Abs. 1 BGB). Über den Wortlaut hinaus ist die Vorschrift nicht nur dann anwendbar, wenn das Rechtsgeschäft nichtig ist, sondern auch dann, wenn es aus sonstigen Gründen unwirksam ist; dazu genügt jeder Unwirksamkeitsgrund. Entscheidend ist somit, ob das Rechtsgeschäft hinsichtlich der gewollten rechtlichen Wirkungen so anzusehen ist, als ob es nicht vorgenommen worden wäre. Daher erfasst § 141 Abs. 1 BGB auch den Fall der Bestätigung eines Rechtsgeschäftes, das aufgrund Verweigerung der Genehmigung einer vollmachtlos vertretenen Vertragspartei unwirksam ist.

313

Die Bestätigung eines unwirksamen Vertrages im Sinne des § 311b Abs. 1 Satz 1 BGB bedarf der notariellen Beurkundung.[1517] Dabei genügt es, dass die Bestätigungsurkunde auf die ursprüngliche Urkunde, welche das unwirksame Rechtsgeschäft enthält, verweist. Die Bestätigung erfordert zwar eine neue Einigung der Vertragsparteien. Diese bezieht sich aber nur darauf, dass das bisher fehlerhafte Rechtsgeschäft als gültig anerkannt wird. Es braucht nicht über alle einzelnen Abmachungen des ursprünglichen Rechtsgeschäfts erneut eine Willensübereinstimmung hergestellt und erklärt zu werden;

314

[1509] BGH v. 14.03.2003 - V ZR 278/01 - juris Rn. 8 - NJW-RR 2003, 1907-1908.
[1510] BGH v. 14.03.2003 - V ZR 278/01 - juris Rn. 8 - NJW-RR 2003, 1907-1908.
[1511] Allgemein dazu *Dubischar*, JuS 2002, 131-135 und *Dubischar*, JuS 2002, 231-237; *Wischermann*, Die Rückabwicklung fehlgeschlagener Grundstückskaufverträge, 2001.
[1512] *Dubischar*, JuS 2002, 131-135, 131.
[1513] *Keim*, JuS 2001, 636-639, 636; offen gelassen von BGH v. 02.07.1999 - V ZR 167/98 - juris Rn. 5 - LM BGB § 815 Nr. 7 (3/2000).
[1514] *Keim*, JuS 2001, 636-639, 636. Vgl. dazu auch BGH v. 02.07.1999 - V ZR 167/98 - LM BGB § 815 Nr. 7 (3/2000).
[1515] OLG Düsseldorf v. 26.03.1993 - 7 U 109/92 - OLGR Düsseldorf 1993, 317-319.
[1516] OLG Köln v. 29.01.1999 - 19 U 155/98 - OLGR Köln 1999, 180-181.
[1517] BGH v. 01.10.1999 - V ZR 168/98 - LM BGB § 141 Nr. 13 (4/2000); OLG Naumburg v. 12.11.2002 - 11 U 204/01 - JMBl ST 2003, 146-149.

es genügt vielmehr, dass sich die Parteien in Kenntnis der Abreden „auf den Boden des Vertrages stellen".[1518] Mit der Bestätigung kann auch eine **Vertragsänderung oder -ergänzung** verbunden werden.[1519] Die Bestätigung erfordert nicht die erneute Vornahme des Rechtsgeschäfts, sondern gilt nur als solche im Hinblick auf die Folgen. Deshalb gehört der zu bestätigende Vertrag zumindest dann nicht zum Regelungsinhalt der Bestätigung, wenn er formgerecht abgeschlossen war. In diesem Fall reicht es vielmehr aus, dass die die Bestätigung beinhaltende Urkunde auf die Urkunde, die das zu bestätigende Rechtsgeschäft enthält, hinweist.[1520]

315 Die Verweisung auf die ursprüngliche Urkunde, die das unwirksame Rechtsgeschäft enthält, erfolgt beurkundungsverfahrensrechtlich nach § 13a BeurkG. Eine Verweisung aufgrund dieser Vorschrift setzt lediglich voraus, dass die Bezugsurkunde formell gültig ist, d.h. nach den Verfahrensvorschriften des Beurkundungsgesetzes wirksam errichtet worden ist.[1521] Materiellrechtliche Unwirksamkeitsgründe (z.B. nach den §§ 134, 138, 125 BGB) hindern die Möglichkeit der Bezugnahme dagegen nicht[1522]; daher kann auch auf eine notarielle Urkunde verwiesen werden, wenn das darin enthaltene Rechtsgeschäft wegen Beurkundung eines falschen Kaufpreises nach § 125 BGB nichtig ist.

316 Ein Fall der Bestätigung liegt auch vor, wenn ein Kaufvertrag aufgrund eines vorbehaltenen Rücktrittsrechts nachträglich unwirksam wird, der Zurücktretende sodann den „**Rücktritt vom Rücktritt**" erklärt und sich die Vertragsparteien über die Durchführung des Vertrages einig sind.[1523] Sofern die Bestätigung nicht der Form des § 311b Abs. 1 Satz 1 BGB genügt, heilt die in dem ursprünglichen Kaufvertrag erklärte Auflassung nicht den Formmangel des bestätigenden Rechtsgeschäftes (§ 311b Abs. 1 Satz 2 BGB), weil sie nicht zur Erfüllung des durch Bestätigung formunwirksam zustande gekommenen Kaufvertrages erklärt wurde.[1524] Ein **einseitiger Verzicht** auf die Wirkungen einer Rücktrittserklärung ist keine Bestätigung im Sinne des § 141 BGB und führt nicht zum Wiederaufleben des Schuldverhältnisses; dazu bedürfte es einer Bestätigung durch beide Vertragsparteien nach § 141 BGB in der Form des § 311b Abs. 1 Satz 1 BGB.[1525]

XI. Internationales Privatrecht

317 Bei der Anwendbarkeit des § 311b Abs. 1 Satz 1 BGB auf im Ausland belegene Grundstücke[1526] ist eine differenzierte Betrachtung geboten. Die kollisionsrechtliche Prüfung führt zu dem auf den Sachverhalt anwendbaren Recht (Internationales Privatrecht). Sofern ein im Ausland belegenes Grundstück Gegenstand eines Veräußerungs- oder Erwerbsvertrages ist, stellt sich die Frage, ob die Formvorschrift des § 311b Abs. 1 Satz 1 BGB anwendbar ist. Dabei geht es um die Auslegung dieser Vorschrift, d.h. ob sie mit dem Begriff Grundstück auch ein im Ausland belegenes Grundstück erfasst (Substitution).

1. Kollisionsrechtliche Ebene

318 Bevor die Frage nach der Anwendbarkeit des § 311b Abs. 1 Satz 1 BGB gestellt wird, ist auf kollisionsrechtlicher Ebene festzustellen, welches Recht für den schuldrechtlichen Vertrag und für die Form des Rechtsgeschäfts anzuwenden ist.

a. Schuldvertragsstatut

aa. Rechtsgrundlagen

319 Das auf einen Grundstücksveräußerungsvertrag (z.B. Kaufvertrag, Schenkung) anwendbare Recht bestimmt sich derzeit nach der Verordnung des Europäischen Parlaments und des Rates über das auf vertragliche Schuldverhältnisse anzuwendende Recht (Rom-I-Verordnung). Diese Verordnung, die

---

[1518] BGH v. 01.10.1999 - V ZR 168/98 - LM BGB § 141 Nr. 13 (4/2000); BGH v. 06.05.1982 - III ZR 11/81 - LM Nr. 7 zu § 138 (Ba) BGB.
[1519] BGH v. 01.10.1999 - V ZR 168/98 - LM BGB § 141 Nr. 13 (4/2000); BGH v. 06.05.1982 - III ZR 11/81 - LM Nr. 7 zu § 138 (Ba) BGB.
[1520] BGH v. 01.10.1999 - V ZR 168/98 - LM BGB § 141 Nr. 13 (4/2000).
[1521] *Winkler*, Beurkundungsgesetz, 15. Aufl. 2003, § 13a Rn. 30.
[1522] *Winkler*, Beurkundungsgesetz, 15. Aufl. 2003, § 13a Rn. 31.
[1523] OLG Naumburg v. 12.11.2002 - 11 U 204/01 - JMBl ST 2003, 146-149.
[1524] OLG Naumburg v. 12.11.2002 - 11 U 204/01 - JMBl ST 2003, 146-149.
[1525] LG Dessau-Roßlau v. 15.06.2012 - 2 O 767.11.
[1526] Vgl. dazu *Hegmanns*, MittRhNotK 1987, 1-15; *Limmer* in: Reithmann/Martiny, Internationales Vertragsrecht, 6. Aufl. 2004, Rn. 980 ff.

mit Ausnahme von Dänemark[1527] in allen europäischen Staaten gilt[1528], wird auf Verträge angewandt, die 18 Monate nach der Annahme der Verordnung geschlossen werden, also Verträge, die nach dem 06.12.2009 geschlossen werden (Art. 28 Rom-I-VO). Wie auch das EVÜ (welches durch die Rom I-VO abgelöst wurde) sieht die Rom I-VO einen Vorrang der Rechtswahl hinsichtlich des anwendbaren Rechts vor. Sofern keine Rechtswahl getroffen wurde, ist das anwendbare Recht nach objektiven Kriterien zu ermitteln.

bb. Vorrang der Rechtswahl

Nach Art. 3 Abs. 1 Satz 1 Rom I-VO gilt in erster Linie das von den Parteien gewählte Recht.[1529] Diese Rechtswahl kann ausdrücklich oder stillschweigend[1530] erfolgen. Während Art. 27 Abs. 1 Satz 2 EGBGB a.F. davon ausging, dass die Rechtswahl sich mit hinreichender Sicherheit[1531] aus den Bestimmungen des Vertrages oder aus den Umständen des Falls ergibt, muss diese nach der Rom I-VO eindeutig sein. **320**

Der Rechtswahlvertrag ist ein vom Hauptvertrag unabhängiger eigenständiger Vertrag.[1532] Das Zustandekommen und die Wirksamkeit dieses Rechtswahlvertrages beurteilen sich nach dem Recht, das anzuwenden wäre, wenn der Vertrag oder die Bestimmung wirksam wäre, also nach dem gewählten Recht (Art. 3 Abs. 5, Art. 10 Abs. 1 Rom-I-VO). Die **Form des Rechtswahlvertrages** bestimmt sich nach der allgemeinen Kollisionsnorm über die Form von Rechtsgeschäften, d.h. nach Art. 11 Rom I-VO (Art. 3 Abs. 5 Rom I-VO).[1533] Die Form des Rechtswahlvertrages ist daher unabhängig von der Form des Hauptvertrages zu beachten. Dazu genügt es, dass der Rechtswahlvertrag den Formvorschriften des abzuschließenden Hauptvertrages oder denen des Rechts am Vornahmeort (Abschluss des Rechtswahlvertrages) entspricht.[1534] Bei Verbraucherverträgen gilt das am Ort des Verbrauchers anwendbare Recht (Art. 3 Abs. 5 Rom I-VO, Art. 11 Abs. 4 Rom I-VO). Die Verweisung auf das Statut des Hauptvertrages bedeutet allerdings nicht, dass die Rechtswahlvereinbarung der Form des Hauptvertrages (z.B. § 311b Abs. 1 Satz 1 BGB) bedürfte. Nach deutschem Recht kann daher die Rechtswahlvereinbarung auch dann formfrei getroffen werden, wenn der Hauptvertrag, auf den sich die Rechtswahl bezieht, der notariellen Beurkundung nach § 311b Abs. 1 Satz 1 BGB bedarf.[1535] Der Rechtswahlvertrag enthält weder eine unmittelbare noch eine mittelbare Verpflichtung zur Veräußerung oder zum Erwerb eines Grundstücks. Auch macht die Nichtigkeit des Grundstückskaufvertrages (wegen fehlender Beurkundung nach § 311b Abs. 1 Satz 1 BGB) die Rechtswahlvereinbarung nicht unwirksam.[1536] **321**

Beispiele aus der Rechtsprechung belegen, dass die Gerichte bei Veräußerungsverträgen über im Ausland belegene Grundstücke oftmals eine **stillschweigende Rechtswahl** zugunsten des deutschen Rechts nach Art. 3 Abs. 1 Satz 1 Rom-I-VO annehmen, insbesondere wenn die Vertragsparteien beide die deutsche Staatsangehörigkeit und ihren gewöhnlichen Aufenthalt in Deutschland haben[1537]: **322**

[1527] Gemäß den Artikeln 1 und 2 des Protokolls über die Position Dänemarks im Anhang zum Vertrag über die Europäische Union und dem Vertrag zur Gründung der Europäischen Gemeinschaft beteiligt sich Dänemark nicht an der Annahme dieser Verordnung, die für Dänemark nicht bindend oder anwendbar ist (Erwägungsrund Nr. 46 der Rom-I-VO).

[1528] Art. 29 Abs. 3: Diese Verordnung ist in allen ihren Teilen verbindlich und gilt gemäß dem Vertrag zur Gründung der Europäischen Gemeinschaft unmittelbar in den Mitgliedstaaten.

[1529] Es handelt sich um einen vom Grundstücksvertrag zu trennenden Vertrag auf kollisionsrechtlicher Ebene.

[1530] Dies kann sich aus den Bestimmungen des Vertrages oder aus den Umständen des Falles ergeben.

[1531] Dazu *Martiny* in: Reithmann/Martiny, Internationales Vertragsrecht, 6. Aufl. 2004, Rn. 84.

[1532] *Ringe* in: jurisPK-BGB, 5. Aufl. 2010, Art. 3 Rom I-VO Rn. 9.

[1533] *Ringe* in: jurisPK-BGB, 5. Aufl. 2010, Art. 3 Rom I-VO Rn. 13.

[1534] Dies kann dazu führen, dass die Rechtswahlvereinbarung formgültig, der Hauptvertrag dagegen formunwirksam ist.

[1535] BGH v. 04.07.1969 - V ZR 69/66 - BGHZ 52, 239-243; BGH v. 06.02.1970 - V ZR 158/66 - BGHZ 53, 189-195; BGH v. 09.03.1979 - V ZR 85/77 - juris Rn. 11 - BGHZ 73, 391; *Looschelders*, Internationales Privatrecht, 2004, Art. 27 EGBGB Rn. 33.

[1536] BGH v. 09.03.1979 - V ZR 85/77 - juris Rn. 11 - BGHZ 73, 391.

[1537] Vgl. *Kindler*, MittBayNot 2000, 265-279, 271; KG Berlin v. 25.01.2005 - 13 U 49/04 - KGR Berlin 2005, 847-851. Zu den Kriterien einer stillschweigenden Rechtswahl *Martiny* in: Reithmann/Martiny, Internationales Vertragsrecht, 6. Aufl. 2004, Rn. 85 ff. Dazu gehören u.a. die Vereinbarung eines einheitlichen Gerichtsstandes oder Schiedsgerichts sowie eines gemeinsamen Erfüllungsortes, die Bezugnahme auf ein Recht durch Verwendung juristisch-technischer Klauseln, die Vertragssprache (allerdings nur ein schwaches Indiz) sowie die Verwendung von Formularen und Allgemeinen Geschäftsbedingungen.

- Mit einem in Frankfurt/Main im Jahre 1962 abgeschlossenen privatschriftlichen Kaufvertrag verkaufte eine deutsche Grundstücksverwertungsgesellschaft zwei in Spanien gelegene Grundstücksparzellen an den Käufer. Der Verkäufer verpflichtete sich, auf diesem Grundstück einen Bungalow zu einem Festpreis zu errichten. Bei Vertragsschluss wurden 30% des Grundstückspreises (3.750 DM) als Vertragssicherheitssumme für den Fall des vom Käufer veranlassten Rücktritts vom Kaufvertrag fällig. Nachdem der Käufer die Erfüllung des Vertrags verweigert hatte, klagte der Verkäufer auf Zahlung der Vertragssicherheitssumme von 3.750 DM. Der BGH[1538] stellte bei der Prüfung der Formwirksamkeit des Vertrages darauf ab, dass nach den Umständen des Falls von einer stillschweigenden Rechtswahl zugunsten des deutschen Rechts ausgegangen werden müsse.
- Die Parteien schlossen handschriftlich einen „vorläufigen" Kaufvertrag über eine in den Niederlanden gelegene Eigentumswohnung.[1539] In dem Vertrag heißt es u.a.: „Der endgültige Vertrag wird durch einen Notar in Holland abgeschlossen. Herr ... (Käufer) kauft von Herrn ... (Verkäufer) und seiner Ehefrau eine 3-Zimmer-Wohnung in ... für den vereinbarten Kaufpreis von 88.000 DM ... Bedenken oder Verbote seitens der holländischen Behörden gegen den Kaufvertrag dürfen nicht bestehen und sind gegebenenfalls zu beheben". Nachdem der Verkäufer die Erfüllung des Vertrages mit der Begründung verweigert hatte, dass der Kaufvorvertrag wegen fehlender notarieller Beurkundung formunwirksam sei, klagte der Käufer auf Abschluss eines notariellen Kaufvertrages über die Eigentumswohnung zum Kaufpreis von 88.000 DM. In der Revisionsbegründung machte der Käufer geltend, einer stillschweigenden Wahl des deutschen Rechts stünde entgegen, dass andernfalls die Formvorschrift des § 311b Abs. 1 Satz 1 BGB anwendbar wäre. Da die Vertragsparteien einen wirksamen Vorvertrag schließen wollten, was nach niederländischem Recht formfrei möglich wäre, wollten sie niederländisches Recht auf den Kaufvertrag angewendet wissen. Dem hat der BGH[1540] zutreffend entgegengehalten, dass das Erfordernis einer notariellen Beurkundung nach deutschem Recht nicht zwingend dafür sprechen würde, dass die Vertragsparteien niederländisches Recht auf den Kaufvertrag zur Anwendung bringen wollten. Nicht selten kommt es in der notariellen Praxis vor, dass Vertragsparteien einen Kaufvorvertrag abgeschlossen haben und die „endgültige Beurkundung" dann beim Notar vornehmen lassen. Die Anwendung des § 311b Abs. 1 Satz 1 BGB auf einen Kaufvorvertrag dürfte in der Bevölkerung nicht allgemein bekannt sein.
- Schließen zwei deutsche Parteien mit inländischem Wohnsitz in deutscher Sprache einen privatschriftlichen Kaufvertrag über ein spanisches Grundstück, so ergibt sich aus der Gesamtbetrachtung der Umstände die stillschweigende Vereinbarung der Anwendung deutschen Rechts.[1541]

cc. Objektive Anknüpfung

323   Nach Art. 4 Abs. 1 lit. d Rom I-VO unterliegen Verträge, die ein dingliches Recht an unbeweglichen Sachen sowie die Miete oder Pacht unbeweglicher Sachen zum Gegenstand haben, dem Recht des Staates, in dem die unbewegliche Sache belegen ist. Anders als nach dem EVÜ bzw. Art. 28 EGBGB a.F. handelt es sich nicht um eine widerlegbare Vermutung; vielmehr gilt nach der Rom I-VO stets die „lex rei sitae" für schuldrechtliche Grundstücksverträge. Die Kriterien zur Anwendbarkeit des Art. 28 Abs. 3 EGBGB a.F.[1542] (der nur eine widerlegliche Vermutung enthält) spielen im Anwendungsbereich der Rom I-VO keine Rolle mehr.

dd. Besonderheiten bei Verbraucherverträgen

324   Art. 6 Abs. 1 der Rom I-VO unterstellt einen Vertrag, den eine natürliche Person zu einem Zweck, der nicht ihrer beruflichen oder gewerblichen Tätigkeit zugerechnet werden kann („Verbraucher"), mit einer anderen Person geschlossen hat, die in Ausübung ihrer beruflichen oder gewerblichen Tätigkeit handelt („Unternehmer"), dem Recht des Staates, in dem der Verbraucher seinen gewöhnlichen Aufenthalt hat, sofern der Unternehmer a) seine berufliche oder gewerbliche Tätigkeit in dem Staat ausübt, in dem der Verbraucher seinen gewöhnlichen Aufenthalt hat, oder b) eine solche Tätigkeit auf irgendeiner Weise auf diesen Staat oder auf mehrere Staaten, einschließlich dieses Staates, ausrichtet und der Vertrag in den Bereich dieser Tätigkeit fällt. Nach Absatz 4 gilt dies jedoch nicht für die dort enumerativ aufgezählten Verträge, insbesondere nicht für Verträge über die Erbringung von Dienstleistungen, wenn die dem Verbraucher geschuldeten Dienstleistungen ausschließlich in einem anderen als dem

---

[1538] BGH v. 04.07.1969 - V ZR 69/66 - BGHZ 52, 239-243.
[1539] BGH v. 06.02.1970 - V ZR 158/66 - BGHZ 53, 189-195.
[1540] BGH v. 06.02.1970 - V ZR 158/66 - BGHZ 53, 189-195.
[1541] LG Heidelberg v. 25.06.2004 - 7 O 181/03 - IPRspr 2004, Nr 21, 43-46.
[1542] Vgl. dazu etwa *Limmer* in: Reithmann/Martiny, Internationales Vertragsrecht, 6. Aufl. 2004, Rn. 943 ff.

Staat erbracht werden müssen, in dem der Verbraucher seinen gewöhnlichen Aufenthalt hat, sowie für Verträge, die ein dingliches Recht an unbeweglichen Sachen oder die Miete oder Pacht unbeweglicher Sachen zum Gegenstand haben, mit Ausnahme der Verträge über Teilzeitnutzungsrechte an Immobilien im Sinne der Richtlinie 94/47/EG. Auch im Anwendungsbereich von Verbraucherverträgen kann das anwendbare Recht durch eine **Rechtswahl** bestimmt werden (Art. 6 Abs. 2 Satz 1 Rom I-VO). Die Rechtswahl darf jedoch nicht dazu führen, dass dem Verbraucher der Schutz entzogen wird, der ihm durch diejenigen Bestimmungen gewährt wird, von denen nach dem Recht, das nach Absatz 1 mangels einer Rechtswahl anzuwenden wäre (Recht des gewöhnlichen Aufenthalts des Verbrauchers), nicht durch Vereinbarung abgewichen werden darf (Art. 6 Abs. 2 Satz 2 Rom I-VO).

b. Teilfrage der Form (Art. 11 Rom I-VO)

aa. Verhältnis Hauptfrage/Teilfrage

Das Schuldvertragsstatut erfasst den äußeren Vornahmetatbestand des Rechtsgeschäfts, wie Angebot und Annahme, Abgabe und Zugang der Willenserklärungen, Bindung an ein Angebot u.Ä. Aus Art. 10 Rom I-VO (entspricht Art. 31 EGBGB a.F.) lässt sich der allgemeine Grundsatz ableiten, dass das für das Geschäft maßgebliche Recht (Geschäftsrecht, Wirkungsstatut, lex causae) das Rechtsgeschäft „von der Wiege bis zum Grabe beherrscht"[1543]. Eine Aufspaltung dieses einheitlichen Statuts erfolgt durch besondere Anknüpfung einzelner Teilfragen. Die Teilfrage betrifft einen Teil eines umfassenden Rechtsverhältnisses (z.B. ein Kaufvertrag), kann von diesem Rechtsverhältnis abgespalten und einem gesonderten Statut unterstellt werden. Während die Vorfrage ein im Tatbestand einer Kollisionsnorm oder einer Sachnorm vorausgesetztes Rechtsverhältnis betrifft, stehen Teilfragen gleichrangig nebeneinander, treten aber typischerweise nicht isoliert, sondern im Zusammenhang mit einer anderen Rechtsfrage auf.[1544] Teilfragen stellen sich typischerweise im Zusammenhang mit Willenserklärungen, gleich ob einseitige (z.B. Testament) oder zweiseitige (Vertrag). Als Teilfragen werden folgende Fälle behandelt[1545]: die Geschäftsfähigkeit nach Art. 7 EGBGB, die Form nach Art. 11 Rom I-VO bzw. Art. 11 EGBGB, die Testamentsform nach Art. 26 EGBGB, die Vertretungsmacht (zwar keine ausdrückliche Kollisionsnorm im EGBGB, aber anerkannt, dass eine selbständige Anknüpfung erfolgt), die Ehefähigkeit sowie die Testierfähigkeit. Teilfragen werden selbständig angeknüpft, also nach dem eigenen Kollisionsrecht und nicht nach dem Kollisionsrecht der Rechtsordnung, die in der Hauptsache anwendbar ist.[1546]

325

bb. Anknüpfungspunkte

Art. 11 Abs. 1 Rom I-VO sieht im Interesse eines „favor negotii" eine alternative Anknüpfung vor (Günstigkeitsprinzip).[1547] Es genügt zum einen die Einhaltung der Form des Rechts des Staates, das für das Rechtsgeschäft gilt (Geschäftsrecht); bei Schuldverträgen sind dies die Art. 3 ff. Rom I-VO. Daneben genügt auch die Einhaltung der Ortsform, d.h. der Formerfordernisse des Rechts des Staates, in dem das Geschäft geschlossen wird. Besondere Regelungen enthalten Art. 11 Abs. 2-5 Rom I-VO. Nach Art. 11 Abs. 5 Rom I-VO unterliegen obligatorische[1548] Verträge, die ein dingliches Recht oder ein Recht zur Nutzung eines Grundstücks zum Gegenstand haben, den zwingenden Formvorschriften des Staates der belegenen Sache („lex rei sitae"). Es handelt sich um solche Formvorschriften, die ohne Rücksicht auf die lex causae oder die lex loci actus ausschließliche Geltung beanspruchen; die Vorschriften müssen „international zwingend" sein. Ob die jeweilige lex rei sitae ausschließliche Geltung beansprucht, ist dem betreffenden Recht zu entnehmen. Das deutsche Recht beansprucht für schuldrechtliche Veräußerungsverträge über inländische Grundstücke diesen Anspruch nicht; § 311b Abs. 1 Satz 1 BGB ist daher keine international zwingende Norm, die sich gegenüber einem ausländischen Formstatut durchsetzen würde.[1549]

326

[1543]*Kegel/Schurig*, Internationales Privatrecht, 9. Aufl. 2004, § 17 V 1a; *Junker*, Internationales Privatrecht, 1998, Rn. 318.

[1544]*Junker*, Internationales Privatrecht, 1998, Rn. 248; *Looschelders*, Internationales Privatrecht, 2004, Vorbem. zu Art. 3-6 EGBGB Rn. 41.

[1545]*Looschelders*, Internationales Privatrecht, 2004, Vorbem. zu Art. 3-6 EGBGB Rn. 41.

[1546]*Looschelders*, Internationales Privatrecht, 2004, Vorbem. zu Art. 3-6 EGBGB Rn. 43.

[1547]*Junker*, Internationales Privatrecht, 1998, Rn. 321.

[1548]*Thorn* in: Palandt, Art. 11 Rom I-VO Rn. 16.

[1549]OLG Köln v. 08.01.1993 - 19 U 123/92 - MDR 1993, 315-316; *Kegel/Schurig*, Internationales Privatrecht, 9. Aufl. 2004, § 17 V 3 b; *Heldrich* in: Palandt, Art. 11 EGBGB Rn. 20; *Junker*, Internationales Privatrecht, 1998, Rn. 326.

cc. Rechtswahl

327 Die Möglichkeit, das auf die Form des Rechtsgeschäfts anzuwendende Recht unmittelbar zu wählen, sieht Art. 11 Rom I-VO nicht vor. Allerdings kann die anwendbare Form **mittelbar** durch **Rechtswahl** bestimmt werden.

328 (1) Soweit im Bereich des Geschäftsstatuts eine Rechtswahl möglich ist, wirkt sich diese unmittelbar auf das Formstatut nach Art. 11 Rom I-VO aus. Wird also nach Art. 3 Abs. 1 Rom I-VO das auf den Schuldvertrag anwendbare Recht gewählt, so gilt dieses Recht auch für die Geschäftsform des Art. 11 Abs. 1 Alt. 1 Rom I-VO. Eine isolierte Wahl des Formstatuts ist möglich, soweit das Geschäftsstatut eine Teilrechtswahl erlaubt. So ist beispielsweise anerkannt, dass bei Schuldverträgen eine isolierte Teilrechtswahl nach Art. 3 Abs. 1 Satz 3 Rom I-VO bezüglich der Form des Vertrages zulässig ist.[1550] Bei Schuldverträgen ist nach Art. 3 Abs. 2 Satz 1 Rom I-VO auch eine nachträgliche Rechtswahl (auch noch im Prozess) möglich. Sofern allerdings im Zeitpunkt des Vertragsabschlusses die Voraussetzungen der Form nach dem vormaligen Geschäftsstatut eingehalten wurden, bleibt der Statutenwechsel zu einem anderen Geschäftsstatut unberücksichtigt (Art. 3 Abs. 2 Satz 2 Rom I-VO). Stellt das nachträglich gewählte Recht strengere Formvoraussetzungen als das bei Vertragsabschluss geltende Geschäftsrecht auf und sind diese nicht eingehalten worden, so berührt das die Formwirksamkeit des Vertrages nicht, sofern die Voraussetzungen des bei Vertragsabschluss geltenden Rechts beachtet wurden. Dies ist bei Grundstückskaufverträgen von Bedeutung, wenn nach Vertragsabschluss in Deutschland bei Geltung ausländischen Rechts nachträglich – beispielsweise im Prozess – eine Rechtswahl zugunsten des deutschen Rechts getroffen wird. Aus Art. 3 Abs. 2 Satz 2 Rom I-VO folgt, dass hinsichtlich der Formwirksamkeit des Vertrages § 311b Abs. 1 Satz 1 BGB nicht rückwirkend anwendbar wird.[1551]

329 (2) Die Alternativanknüpfung nach Art. 11 Abs. 1 Rom I-VO ist kein zwingendes Recht, sondern soll den Parteien eine Erleichterung bringen, da sie in der Regel die Formerfordernisse ausländischer Rechtsordnungen nicht kennen. Aus diesem Grund können die Vertragsparteien auch durch eine Rechtswahl im Anwendungsbereich des Geschäftsstatuts (z.B. Art. 3 Abs. 1 Rom I-VO) das Ortsrecht abwählen.[1552] Umstritten ist, ob diese Abwahl des Ortsrechts ausdrücklich erfolgen muss oder ob es genügt, dass diese Abwahl sich aus den Umständen (konkludent) ergibt, insbesondere durch die Wahl eines Geschäftsrechts. Der BGH[1553] hat zu Art. 27 EGBGB a.F. Letzteres in folgendem Sachverhalt angenommen: Eine italienische Erschließungsgesellschaft mit deutscher Zweigniederlassung in Köln schließt mit einem in Stuttgart lebenden Käufer in Mailand einen privatschriftlichen Kaufvorvertrag über ein am Comer See gelegenes Grundstück. In diesem Vorvertrag wird u.a. vereinbart, dass für die übernommenen Verpflichtungen deutsches Recht maßgebend ist und Erfüllungsort und Gerichtsstand Köln sein soll. Vor Gericht klagt der Käufer auf Abschluss des Hauptvertrages. Geschäftsrecht war das deutsche Recht, die Form des § 311b Abs. 1 Satz 1 BGB aber nicht eingehalten.[1554] Ortsrecht war das italienische Recht, da die Vertragsparteien den Vertrag in Italien abgeschlossen haben. Nach italienischem Recht kann ein Kauf(vor)vertrag über ein Grundstück privatschriftlich abgeschlossen werden (Art. 1350 Nr. 1 Codice civile). Demnach wäre der Vorvertrag formwirksam. Der BGH[1555] ging davon aus, dass die Vertragsparteien durch die Wahl des deutschen Rechts als Geschäftsrecht die Ortsform nach Art. 11 Abs. 1 EGBGB a.F. (entspricht Art. 3 Abs. 1 Rom I-VO) stillschweigend abgewählt haben. Wegen der nicht seltenen Unklarheit über die Auswirkungen der Anwendung eines fremden Rechts müsse den Vertragsparteien das Recht zugestanden werden, für die Gesamtheit des Schuldverhältnisses, also auch für dessen Form, ausschließlich das gewählte Recht zur Anwendung kommen zu lassen. In der Literatur[1556] wird gegen die Auffassung des BGH zutreffend vorgebracht, dass die Bestimmung des Geschäftsstatuts durch Rechtswahl noch keine konkludente Abwahl des Ortsrechts beinhaltet. Würde man dieser Auffassung folgen, so wäre der „favor negotii", der insbesondere durch die Anerkennung der Ortsform verwirklicht wird, für einen Teilbereich – nämlich den der Wahl des Ge-

---

[1550] OLG Hamm v. 13.11.1995 - 22 U 170/94 - OLGR Hamm 1996, 74-76 zu Art. 27 Abs. 1 Satz 3 EGBGB a.F.; *Thorn* in: Palandt, Art. 3 Rom I-VO Rn. 10.

[1551] Zu Art. 27 Abs. 2 EGBGB a.F.: OLG Frankfurt v. 13.02.1992 - 16 U 229/88 - IPRax 1992, 314-318; *Kegel/Schurig*, Internationales Privatrecht, 9. Aufl. 2004, § 18 I 1 c.

[1552] *von Hoffmann*, Internationales Privatrecht, 7. Aufl. 2002, § 10 Rn. 10.

[1553] BGH v. 03.12.1971 - V ZR 126/69 - BGHZ 57, 337-341.

[1554] Vgl. Rn. 333 zur Anwendbarkeit des § 311b Abs. 1 Satz 1 BGB auf im Ausland belegene Grundstücke.

[1555] BGH v. 03.12.1971 - V ZR 126/69 - BGHZ 57, 337-341.

[1556] *von Hoffmann*, Internationales Privatrecht, 7. Aufl. 2002, § 10 Rn. 10; *Heldrich* in: Palandt, Art. 11 EGBGB Rn. 16.

schäftsstatuts – abgeschafft. Das Gesetz formuliert aber in Art. 11 Abs. 1 EGBGB neutral und gibt keinen Anhaltspunkt dafür, dass das Ortsrecht durch die Wahl des Geschäftsrechts abgewählt wird.

dd. Anknüpfung in fraudem legis

Sofern sich die Vertragsparteien zum Abschluss eines privatschriftlichen Vertrages (insbesondere über ein in Deutschland belegenes Grundstück) ins Ausland begeben haben, um die (aus ihrer Sicht) unbequeme Vorschrift des § 311b Abs. 1 Satz 1 BGB zu umgehen, könnte diese Umgehungshandlung nach den Grundsätzen der Anknüpfung in fraudem legis unbeachtlich sein. Nach teilweise vertretener Ansicht liegt bei einem reinen „Vertragsschlusstourismus" eine Gesetzesumgehung vor.[1557] Die Beteiligten wählen den günstigen Anknüpfungspunkt der deutschen Kollisionsnorm nur, um ein Hindernis des deutschen Rechts auszuschalten. Für solche Fälle seien die alternativen Anknüpfungspunkte nicht geschaffen worden. Dem ist mit der h.M. entgegenzuhalten, dass bei der Wahl des günstigeren Anknüpfungspunktes nicht auf die Motive der Vertragsparteien abzustellen ist. Dies würde zu einer Motivforschung und damit zur Rechtsunsicherheit führen. Stattdessen ist der Rechtssicherheit (Wirksamkeit der Anknüpfung) im Verhältnis zum Interesse an der Einhaltung bestimmter Formerfordernisse (z.B. Übereilungsschutz) der Vorrang einzuräumen.[1558]

330

ee. § 311b Abs. 1 Satz 1 BGB als international zwingende Norm?

Nach Art. 9 Rom I-VO (vgl. auch Art. 34 EGBGB a.F.) bleiben die Bestimmungen des deutschen Rechts, die ohne Rücksicht auf das auf den Vertrag anzuwendende Recht den Sachverhalt zwingend regeln (sog. international zwingende Normen), von dem nach Art. 3 ff. Rom I-VO anzuwendenden Recht unberührt. Der BGH[1559] hat aus systematischen Erwägungen eine Anwendung des Art. 34 EGBGB a.F. auf Formvorschriften (im konkreten Fall: § 766 BGB) abgelehnt. Art. 34 EGBGB a.F. beziehe sich nach ihrem mit dem Willen des Gesetzgebers übereinstimmenden Wortlaut – insoweit bewusst abweichend von der weitergehenden Sonderanknüpfung in Art. 7 Abs. 2 des EG-Schuldvertragsübereinkommens (ESÜ) – allein auf den Ersten Unterabschnitt des Fünften Abschnitts des Zweiten Kapitels EGBGB und damit nicht auf Art. 11, der zum Zweiten Abschnitt dieses Kapitels gehört. Daher scheide eine Anwendung des § 311b Abs. 1 Satz 1 BGB über Art. 34 EGBGB a.F. aus. Dieses systematische Argument gilt für die Rom I-VO nicht, da sich Art. 9 auf die gesamte Rom I-VO erstreckt, also auch auf die Kollisionsnorm über die Form nach Art. 11 Rom I-VO und damit auch das Alternativitätsprinzip nach Art. 11 einschränken kann. Gleichwohl wird man § 311b Abs. 1 Satz 1 BGB **nicht** als **zwingende Norm** im Sinne des Art. 9 Rom I-VO ansehen können. Diese Vorschrift betrifft andere, mit der Formvorschrift des § 311b Abs. 1 Satz 1 BGB nicht zu vergleichende privat- oder öffentlichrechtliche Bestimmungen, die im öffentlichen Interesse in Schuldverhältnisse eingreifen, wie es etwa bei Vorschriften des Außenwirtschaftsrechts, des GWB, des Wohnraummietrechts oder ähnlicher Gesetze der Fall ist.[1560]

331

2. Materiellrechtliche Ebene

a. Anwendbarkeit des Absatzes 1 Satz 1 (notarielle Beurkundung) bei Verträgen über im Ausland belegene Grundstücke

Wird ein Kaufvertrag über eine im Ausland belegene Immobilie in Deutschland privatschriftlich abgeschlossen und ist das Geschäftsrecht (Art. 27-36 EGBGB) das deutsche Recht[1561], so führt die Anknüpfung nach Art. 11 Abs. 1 EGBGB hinsichtlich der Form zum deutschen Recht. Die Anwendbarkeit des § 311b Abs. 1 Satz 1 BGB hängt davon ab, ob diese Vorschrift auch im Ausland belegene Grundstücke erfasst. Dies ist eine materiellrechtliche Frage; es geht um die Auslegung des Tatbestandes (Substitution). Nach heute ganz h.M. in Rechtsprechung[1562] und Literatur[1563] gilt § 311b Abs. 1 Satz 1 BGB auch

332

[1557] *Wolfsteiner*, DNotZ 1978, 532-537, 536; *Winkler*, NJW 1972, 981-988, 986.
[1558] *Junker*, Internationales Privatrecht, 1998 Rn. 188.
[1559] BGH v. 28.01.1993 - IX ZR 259/91 - BGHZ 121, 224.
[1560] Zu Art. 34 EGBGB a.F. OLG Köln v. 08.01.1993 - 19 U 123/92 - RIW 1993, 414.
[1561] Dies wird oftmals aufgrund einer stillschweigenden Rechtswahl nach Art. 3 Rom I-VO anzunehmen sein, insbesondere wenn die Vertragsparteien die deutsche Staatsangehörigkeit und ihren gewöhnlichen Aufenthalt in Deutschland haben.
[1562] BGH v. 04.07.1969 - V ZR 69/66 - BGHZ 52, 239-243; BGH v. 06.02.1970 - V ZR 158/66 - BGHZ 53, 189-195; BGH v. 09.03.1979 - V ZR 85/77 - BGHZ 73, 391-398; OLG Düsseldorf v. 14.08.1980 - 23 U 205/79 - NJW 1981, 529-530; OLG Köln v. 12.09.2000 - 3 U 16/00 - juris Rn. 40 - OLGR Köln 2001, 69-71.
[1563] *Spellenberg*, IPRax 1990, 295-298, 298.

bei ausländischen Grundstücken. Das Tatbestandsmerkmal „Grundstück" kann daher durch ein im Ausland verwirklichtes Merkmal (Belegenheit) substituiert werden. Dafür spricht insbesondere, dass der Schutzzweck der Norm bei ausländischen Grundstücken nicht anders zu sehen ist als bei inländischen.[1564]

b. Anwendbarkeit des Absatzes 1 Satz 2 (Heilung des Formmangels) bei Verträgen über im Ausland belegene Grundstücke

333 Der Eigentumsübergang ist von dem obligatorisch wirkenden Kaufvertrag zu unterscheiden. Die Frage, wie das Eigentum an einem Gegenstand übergeht und ob dafür ein besonderer Eigentumsübertragungsakt erforderlich ist, beurteilt sich nicht nach dem Schuldvertragsstatut der Art. 3 ff. Rom I-VO, sondern nach dem Sachenrechtsstatut der Art. 43-46 EGBGB.[1565] Nach Art. 43 Abs. 1 EGBGB ist das Recht des Lageortes („lex rei sitae") maßgebend, sofern nicht ausnahmsweise eine engere Beziehung zu einer anderen Rechtsordnung besteht (Art. 46 EGBGB). Wird ein Kaufvertrag über ein in Deutschland belegenes Grundstück geschlossen, so wird ein ohne Beobachtung der notariellen Form geschlossener Grundstückskaufvertrag seinem ganzen Inhalt nach gültig, wenn die Auflassung erklärt und die Eintragung des Eigentumswechsels in das Grundbuch vorgenommen wird.

334 Sofern das **Grundstück im Ausland** gelegen ist und der Eigentumserwerb nach dem Recht des Lageortes (vgl. Art. 43 Abs. 1 EGBGB) zu beurteilen ist[1566], kommt eine unmittelbare Anwendung des § 311b Abs. 1 Satz 2 BGB (Heilung des Formmangels) nicht in Betracht, wenn sich der Eigentumserwerb nach dem ausländischen Belegenheitsrecht auf andere Weise vollzieht, insbesondere wenn die Eintragung im Grundbuch keine konstitutive Wirkung hat. Wenn man aber die Formvorschrift des § 311b Abs. 1 Satz 1 BGB auf im Ausland belegene Grundstücke anwendet, muss auch eine Heilung nach § 311b Abs. 1 Satz 2 BGB durch Eigentumserwerb nach den Rechtsvorschriften des ausländischen Belegenheitsortes möglich sein. Dies lässt sich durch eine entsprechende Anwendung auf den Auslandssachverhalt erreichen.[1567] Maßgeblich ist demnach, dass – nicht wie – der Kaufvertrag vollzogen wird.[1568] Die analoge Anwendung des § 311b Abs. 1 Satz 2 BGB setzt aber voraus, dass der sachenrechtliche Erwerbstatbestand im Ausland nach dem Recht der lex rei sitae verwirklicht worden ist. Sofern die Eintragung in einem Immobilienregister keine konstitutive Wirkung hat, tritt die Heilung unabhängig von einer solchen Eintragung ein.[1569] Zur Problematik der besonderen Anknüpfung hinsichtlich der **Form** nach **Art. 11 Abs. 4 EGBGB** (und nicht nach Art. 11 Rom I-VO) vgl. Rn. 335.

3. Das Trennungsprinzip im IPR

335 Nach dem Trennungsprinzip des deutschen Rechts ist zwischen dem obligatorischen Kaufvertrag und dem dinglichen Verfügungsgeschäft zu unterscheiden. Ersterer begründet lediglich die Verpflichtung zur Eigentumsverschaffung, während letzteres den dinglichen Vollzug der Verpflichtung aus dem Kausalgeschäft herbeiführt. Andere Rechtsordnungen sehen eine solche Trennung dagegen nicht vor. So heißt es etwa im französischen Code civil in Art. 711, 1583: „La propriété s'acquirt par l'effet des obligations". Damit ist ein besonderer dinglicher Übereignungsvertrag nicht notwendig. Allerdings wirkt der Eigentumsübergang mit Abschluss des Kaufvertrages lediglich inter partes. Erst mit der Publizierung des Kaufvertrages im Immobiliarregister wirkt der Eigentumserwerb gegenüber Dritten. Im spanischen Recht gilt Folgendes: Nach Art. 609 Abs. 2 Código civil wird das Eigentum an einem Grundstück aufgrund des Kaufvertrages und der Übergabe der Sache erworben. Es gibt im spanischen Recht keinen besonderen dinglichen Vertrag. Die Übergabe von Grundstücken erfolgt durch Besitzeinräumung (Art. 1462 Abs. 2 Código civil). Die Übergabe kann jedoch auch in der Form der „traditio per

---

[1564] BGH v. 04.07.1969 - V ZR 69/66 - BGHZ 52, 239-243; *Spellenger*, IPRax 1990, 295-298, 298.

[1565] Die dem deutschen Recht eigentümliche Unterscheidung zwischen Verfügungsgeschäft und Kausalgeschäft ist auf das deutsche Internationale Privatrecht zu übertragen; *Lorenz*, ZEV 1996, 406-410, 406.

[1566] Sofern das ausländische IPR nicht ausnahmsweise auf das deutsche Recht zurück oder ein anderes Recht weiter verweist. Dies dürfte allerdings nahezu ausgeschlossen sein, weil im internationalen Sachenrecht typischerweise die Anknüpfung an die lex rei sitae erfolgt; vgl. *Looschelders*, Internationales Privatrecht, 2004, Art. 43 EGBGB Rn. 13.

[1567] BGH v. 09.03.1979 - V ZR 85/77 - juris Rn. 20 - BGHZ 73, 391-398; OLG Düsseldorf v. 14.08.1980 - 23 U 205/79 - NJW 1981, 529-530.

[1568] BGH v. 09.03.1979 - V ZR 85/77 - BGHZ 73, 391-398.

[1569] So zum spanischen Recht: BGH v. 09.03.1979 - V ZR 85/77 - juris Rn. 21 - BGHZ 73, 391-398: Eintragung im Registro de la Propriedad ist keine Voraussetzung zum Eintritt der Heilung analog § 311b Abs. 1 Satz 2 BGB.

cartam" erfolgen, bei der die Übergabe, wenn der Vertrag in einer öffentlichen Urkunde niedergelegt ist, durch die Errichtung der Urkunde fingiert wird, soweit nicht ausdrücklich etwas anderes vereinbart wird (Art. 1462 Abs. 2 Código civil). Die Eintragung des Erwerbers in das spanische Grundbuch (Registro de la Propriedad) ist nicht konstitutiv. Sie ist sogar in das Belieben der Beteiligten gestellt und soll lediglich einen Gutglaubenserwerb verhindern. Das Sachenrechtsstatut (Art. 43 EGBGB) regelt die Rechte an Sachen. Es entscheidet darüber, ob einem schuldrechtlichen Rechtsgeschäft sachenrechtliche Wirkungen zukommen oder nicht.[1570] Die Unterscheidung zwischen Verfügungsgeschäft und Kausalgeschäft (**Trennungsprinzip**) ist demnach auf das deutsche Internationale Privatrecht zu übertragen.[1571] Dabei ist zu unterscheiden, ob das Grundstück in einem Staat liegt, dessen Recht ebenfalls zwischen dem Kausalgeschäft und dem sachenrechtlichen Verfügungsgeschäft unterscheidet, oder ob das Recht des ausländischen Staates kein dem deutschen Recht vergleichbares Trennungsprinzip enthält:

- Sofern es um den Eigentumserwerb an einer Immobilie geht, die in einem Staat liegt, dessen Rechtsordnung in materiellrechtlicher Hinsicht zwischen dem Kausalgeschäft und dem sachenrechtlichen Verfügungsgeschäft unterscheidet (wie z.B. in Deutschland oder Österreich[1572]), ist diese kollisionsrechtliche Differenzierung zwingend. Sie gilt aber auch dann, wenn ein Rechtsgeschäft (Kaufvertrag oder Schenkung) sowohl schuldrechtliche als auch sachenrechtliche Wirkungen hat (wie z.B. in Frankreich oder Italien). Auch in solchen Fällen sind das schuldrechtliche Rechtsgeschäft (nach Art. 3 ff. Rom I-VO) und der sachenrechtliche Eigentumserwerb (nach Art. 43 Abs. 1 EGBGB) gesondert anzuknüpfen, was zu einem Auseinanderfallen beider Statute führen kann.[1573]
- Der Eigentumserwerb an einer Immobilie in einem ausländischen Staat, dessen Rechtsordnung das Trennungsprinzip nicht regelt, ist ausgehend von der sachenrechtlichen Anknüpfung nach Art. 43 Abs. 1 EGBGB (Erwerb des Eigentums durch das schuldrechtliche Rechtsgeschäft) zu prüfen. Wenn der Eigentumserwerb ein wirksames schuldrechtliches Rechtsgeschäft voraussetzt, ist dieses als Vorfrage gesondert kollisionsrechtlich über die Art. 3 ff. Rom I-VO[1574] anzuknüpfen.[1575] Als Teilfrage zum Hauptstatut[1576] des Schuldvertrages ist u.a. die Formwirksamkeit des schuldrechtlichen Rechtsgeschäfts über Art. 11 Rom I-VO gesondert anzuknüpfen. Dazu ein Beispiel: Ein Deutscher (V) verkauft an einen anderen Deutschen (K) ein Grundstück in Italien. Der Vertrag wird in Deutschland privatschriftlich geschlossen. Der Vertrag enthält keine Regelung zum Zeitpunkt des Eigentumsübergangs. Ist K Eigentümer des Grundstücks geworden? Ausgangspunkt der Lösung ist die Feststellung, nach welchem Recht der Eigentumserwerb zu beurteilen ist. Dies ist eine Frage des Sachenrechtsstatuts. Nach Art. 43 Abs. 1 EGBGB i.V.m. Art. 51 Abs. 2 des italienischen IPRG vom 31.05.1995[1577] ist italienisches Recht anzuwenden. Danach wird das Eigentum durch die Einigung im Kaufvertrag erworben (Art. 1376 Codice civile); die Eintragung im Hypothekenregister ist keine Wirksamkeitsvoraussetzung.[1578] Also ist weiter festzustellen, ob ein wirksamer Kaufvertrag geschlossen wurde. Dies ist eine kollisionsrechtliche Vorfrage, die selbständig, also nach dem Kollisionsrecht des EGBGB zu ermitteln ist. Die Wirksamkeit des Kaufvertrages ist also nach dem Recht zu ermitteln, welches nach Art. 3 ff. Rom I-VO anzuwenden ist. Unterstellt man, dass die Vertragspartner stillschweigend das deutsche Recht nach Art. 3 Abs. 1 Rom I-VO gewählt haben, so deutsches Recht das Geschäftsrecht. Hinsichtlich der Form des Vertrages ist jedoch nicht auf die Kollisionsnorm für schuldrechtliche Rechtsgeschäfte, also Art. 11 Abs. 1 Rom I-VO abzustellen. Hier geht es um die sachenrechtliche Wirkung des Kaufvertrages nach dem Recht des Lageortes.[1579]

[1570] *Bamberger/Roth/Spickhoff*, Art. 43 Rn. 8.
[1571] *Lorenz*, ZEV 1996, 406.
[1572] Eigentumserwerb durch Intabulation (§ 431 ABGB); *Grötsch*, MittBayNot 2001, 175, 176.
[1573] *Palandt/Thorn*, Art. 43 Rn. 4.
[1574] Nach h.M. ist die Vorfrage selbständig, d.h. nach dem Kollisionsrecht der lex fori, nicht aber nach dem Kollisionsrecht der lex causae anzuknüpfen; *Kegel/Schurig*, IPR, § 9 II 1; *von Bar/Makowski*, IPR Band I, § 7 Rn. 194 ff.
[1575] BGH v. 04.07.1969 - V ZR 69/66 - BGHZ 52, 239; *Bamberger/Roth/Spickhoff*, Art. 43 Rn. 8.
[1576] Auch wenn dieses zum Eigentumserwerb selbst wieder eine kollisionsrechtliche Vorfrage darstellt.
[1577] Die Anknüpfung nach Art. 43 Abs. 1 EGBGB ist eine Gesamtverweisung im Sinne des Art. 4 Abs. 1 EGBGB (*Bamberger/Roth/Spickhoff*, Art. 43 Rn. 17), so dass auch die Kollisionsnormen des Lageortes berufen sind. Auch das italienische Kollisionsrecht knüpft den sachenrechtlichen Eigentumserwerb an das Recht des Lageortes.
[1578] *Kindler*, MittBayNot 2000, 269, 273.
[1579] Der Kaufvertrag hat nach italienischem Recht sowohl eine schuldrechtliche als auch eine sachenrechtliche Wirkung.

Daher ist die **Form** des Kaufvertrages bzgl. seiner sachenrechtlichen Wirkung durch die Kollisionsnorm des **Art. 11 Abs. 4 EGBGB**[1580] anzuknüpfen. Die Anknüpfung der Form für Schuldverträge nach Art. 11 Rom I-VO ist demnach für die sachenrechtliche Wirkung des Vertrages nicht anzuwenden. Dies führt zur Anwendung des italienischen Rechts.[1581] Nach italienischem Recht muss der Kaufvertrag über eine Immobilie durch öffentliche Urkunde (Art. 2699 ff. Codice civile) oder in privatschriftlicher Form (Art. 2702 ff. Codice civile) abgeschlossen werden (Art. 1350 Nr. 1 Codice civile). Da der Kaufvertrag privatschriftlich geschlossen wurde, sind die Formvoraussetzungen des italienischen Rechts eingehalten, so dass der Käufer das Grundstück wirksam zu Eigentum erworben hat.

B. Kommentierung zu Absatz 2

I. Grundlagen

1. Gesetzgebungsmaterialien

336 § 311b Abs. 2 BGB hat mit In-Kraft-Treten des Gesetzes zur Modernisierung des Schuldrechts vom 26.11.2001[1582] am 01.01.2002 den bisherigen gleich lautenden § 310 BGB a.F. ersetzt. Inhaltlich hat sich an der bisherigen Rechtslage nichts geändert.

2. Regelungsprinzipien

337 Die Nichtigkeitssanktion des § 311b Abs. 2 BGB will verhindern, dass „jemand sich gewissermaßen seiner Erwerbsfähigkeit begibt und damit zugleich allen Antrieb zum Erwerbe verliert".[1583] Dies trifft zwar auf einen Vertrag über einen Bruchteil des künftigen Vermögens nicht zwingend zu; der Abschluss solcher Verträge wird für unzulässig erachtet, weil sie in der Praxis zu unabsehbaren Verwicklungen führen müssten.[1584]

II. Anwendungsvoraussetzungen

1. Vertrag, durch den sich der eine Teil verpflichtet

a. Allgemeines

338 § 311b Abs. 2 BGB erfasst nach seinem Wortlaut Verpflichtungsverträge. Unerheblich ist, ob es sich um einen gegenseitig verpflichtenden (z.B. Kaufvertrag, Übertragung des Vermögens oder eines Bruchteils gegen das Versprechen einer Leibrente oder einer Versorgung[1585]) oder nur einseitig verpflichtenden Vertrag (z.B. Schenkung) handelt.[1586] Obwohl § 311b Abs. 2 BGB von einem Vertrag, also einem zweiseitigen Rechtsgeschäft spricht, erfasst diese Vorschrift daneben aber auch schuldrechtliche Verpflichtungen, die durch einseitiges Rechtsgeschäft entstehen, wie beispielsweise bei der Auslobung nach § 657 BGB.[1587] Setzt jemand für die Vornahme einer Handlung als Belohnung sein gesamtes künftiges Vermögen zum Zeitpunkt seines Todes aus (Beispiel: „Wer mir meinen geliebten Hund wieder bringt, der bekommt nach meinem Tode mein gesamtes Vermögen als Belohnung"), so entsteht dadurch wegen Verstoßes gegen § 311b Abs. 2 BGB keine Verpflichtung. Erbverträge (§§ 1941, 2274-2300a BGB) und Eheverträge (Einbringung des gesamten Vermögens in die Gütergemeinschaft gemäß § 1416 Abs. 1 Satz 2 BGB) werden von dem Verbot des § 311b Abs. 2 BGB nicht erfasst.[1588] Diese Ausnahme gilt jedoch nicht für ehebedingte bzw. unbenannte Zuwendungen.[1589]

[1580]Die Rom I-VO enthält keine Regelungen hinsichtlich von sachenrechtlichen Verfügungsgeschäften. Art. 11 Abs. 4 Rom I-VO gilt nur für schuldrechtliche Rechtsgeschäfte.

[1581]Nach h.M. handelt es sich um eine Sachnormverweisung; *Looschelders*, IPR, Art. 11 Rn. 4.

[1582]BGBl I 2001, 3138.

[1583]Motive II, S. 186.

[1584]Motive II, S. 186; *Krüger* in: MünchKomm-BGB, § 311b Rn. 87.

[1585]*Thode* in: MünchKomm-BGB, § 310 a.F. Rn. 2.

[1586]*Wufka* in: Staudinger, § 310 a.F. Rn. 3; *Thode* in: MünchKomm-BGB, § 310 a.F. Rn. 1 mit Hinweisen auf die geschichtliche Entwicklung.

[1587]*Thode* in: MünchKomm-BGB, § 310 a.F. Rn. 2.

[1588]*Wufka* in: Staudinger, § 310 a.F. Rn. 6; *Krüger* in: MünchKomm-BGB, § 311b Rn. 88; *Thode* in: MünchKomm-BGB, § 310 a.F. Rn. 2; *Battes* in: Erman, Handkommentar BGB, 10. Aufl. 2000, § 310 a.F. Rn. 2.

[1589]*Wufka* in: Staudinger, § 310 a.F. Rn. 6.

b. Verfügungsverträge

Nach h.M. in der Literatur[1590] ist § 311b Abs. 2 BGB auf Verfügungsverträge auch nicht entsprechend anwendbar. Die Ausführungen beziehen sich auf eine Entscheidung des Reichsgerichts[1591], das die fiduziarische Abtretung aller künftiger Geschäftsforderungen „in Verfolg des Grundsatzes des § 310 BGB a.F." gemäß § 138 BGB für nichtig erachtete. Diese Passage wird dahin gehend interpretiert, dass der in § 310 BGB a.F. zum Ausdruck kommende Zweck als Anhaltspunkt für eine Sittenwidrigkeit des dinglichen Verfügungsgeschäfts angesehen werden könne. Der BGH hat in einer Entscheidung aus dem Jahre 1974[1592] unter Berufung auf die vorgenannte Entscheidung des Reichsgerichts erwogen, dass die Abtretung aller künftigen Lohn-, Gehalts- und Provisionsforderungen an alle jetzigen oder zukünftigen Arbeitgeber oder provisionspflichtigen Unternehmer in „rechtsähnlicher (wohl: analoger) Anwendung des § 310 BGB a.F." nichtig sein könne. Für eine analoge Anwendung fehlt es jedoch angesichts des klaren Wortlauts des § 311b Abs. 2 BGB an einer planwidrigen Regelungslücke. Zudem besteht auch kein Regelungsbedürfnis, da der Sicherungsvertrag, welcher der Sicherungsabtretung als causa zugrunde liegt, die Verpflichtung zur Bestellung der Sicherheit[1593] und damit zur Abtretung aller künftiger Forderungen enthält. Der Sicherungsvertrag – und nicht die in Erfüllung der Verpflichtung des Treugebers erfolgende Globalzession – ist damit gemäß § 311b Abs. 2 BGB nichtig. So ist beispielsweise anerkannt, dass die Verpflichtung zur Sicherungsübereignung (die ihren Rechtsgrund im Sicherungsvertrag hat) unter den Voraussetzungen des § 311b Abs. 2 BGB nichtig ist.[1594] Bei Nichtigkeit des Sicherungsvertrages fehlt es an einem wirksamen Rechtsgrund, so dass das in Erfüllung der vermeintlichen Verpflichtung Geleistete nach den §§ 812-822 BGB[1595] kondiziert werden kann.[1596] Auch bedarf es keiner analogen Anwendung des § 311b Abs. 2 BGB auf die Sicherungsabtretung, da der Bestimmtheitsgrundsatz sowie § 138 BGB ausreichende Schutzmechanismen darstellen.

339

c. Gesellschaftsverträge, Anfallklauseln

Nach allgemeiner Auffassung[1597] können auch Gesellschaftsverträge unter § 311b Abs. 2 BGB fallen. Als Beispiel wird die satzungsmäßige Bestimmung genannt, wonach bei Auflösung der Korporation das Vermögen an eine in der Satzung bestimmte Person fällt.[1598]

340

aa. Rechtsfähiger Verein

Beim rechtsfähigen Verein folgt der Anfall des Vermögens an eine zu bestimmende Person aus der gesetzlichen Anordnung gemäß § 45 Abs. 1 BGB. Fehlt es an einer Bestimmung, so fällt das Vereinsvermögen nach § 45 Abs. 3 BGB an den Fiskus des Bundeslandes, in dem der Verein seinen Sitz hatte, wenn er nach der Satzung nicht ausschließlich den Interessen seiner Mitglieder diente. § 45 BGB wird daher als lex specialis zu § 311b Abs. 2 BGB angesehen.[1599] Sofern die Vereinssatzung nach § 45 Abs. 1 BGB eine anfallberechtigte Person benennt, erwirbt diese einen schuldrechtlichen Anspruch auf das nach Befriedigung der Gläubiger verbleibende Vereinsvermögen unmittelbar gegen den Verein in Liquidation (**Anfallsrecht**).[1600] Bis zur Beendigung der Liquidation kann durch Satzungsänderung der

341

[1590] *Wufka* in: Staudinger, § 310 a.F. Rn. 4; *Thode* in: MünchKomm-BGB, § 310 a.F. Rn. 4; *Battes* in: Erman, Handkommentar BGB, 10. Aufl. 2000, § 310 a.F. Rn. 2; *Grüneberg* in: Palandt, § 311b Rn. 58; *Vollkommer* in: Jauernig, BGB-Kommentar, 10. Aufl. 2003, § 310 a.F. Rn. 2: entsprechende Anwendung des § 311b Abs. 2 BGB.
[1591] RG v. 01.10.1907 - VII 524/06 - RGZ 67, 166-169, 168; so auch in RG JW 1911, 576.
[1592] BGH v. 30.01.1974 - VIII ZR 4/73 - BGHZ 62, 100-102.
[1593] *Bülow*, NJW 1997, 641-643, 642 zutreffend gegen *Neuhof/Richrath*, NJW 1996, 2894-2899, die den Darlehensvertrag als Rechtsgrund für die Verpflichtung zur Bestellung der Sicherheit ansehen; *Weber*, Kreditsicherheiten, 7. Aufl. 2002, § 16 I.
[1594] *Grüneberg* in: Palandt, § 311b Rn. 61; *Wufka* in: Staudinger, § 310 a.F. Rn. 11; vgl. aber auch Rn. 351 zur Frage, ob die Verpflichtung zur Abtretung sämtlicher künftiger Forderungen bei Vermögenslosigkeit des Schuldners die Voraussetzungen des § 311b Abs. 2 BGB erfüllt.
[1595] Allerdings ist der Ausschlussgrund des § 814 BGB (positive Kenntnis von der Nichtschuld) zu beachten.
[1596] Damit kann einem etwaigen Aussonderungsbegehren des Gläubigers nach § 47 InsO im Falle der Insolvenz des Schuldners auch die Bereicherungseinrede nach § 821 BGB entgegengehalten werden.
[1597] *Battes* in: Erman, Handkommentar BGB, 10. Aufl. 2000, § 310 a.F. Rn. 3; *Krüger* in: MünchKomm-BGB, § 311b Rn. 88; *Thode* in: MünchKomm-BGB, § 310 a.F. Rn. 2; *Wufka* in: Staudinger, § 310 a.F. Rn. 3.
[1598] *Krüger* in: MünchKomm-BGB, § 311b Rn. 89.
[1599] *Wufka* in: Staudinger, § 310 a.F. Rn. 7.
[1600] *Weick* in: Staudinger, § 45 Rn. 8.

Anspruch des Begünstigten ohne dessen Mitwirkung allerdings noch entzogen werden.[1601] Rechtskonstruktiv handelt es sich um einen Erwerb sui generis, vergleichbar dem Vermögenserwerb im Erbrecht bei einem Vermächtnis (vgl. § 2174 BGB). Für den Vergleich mit dem erbrechtlichen Erwerb spricht, dass die Auflösung als „bürgerlicher Tod" des Vereins angesehen werden kann und es Bestimmungen geben muss, das Vermögen bei Auflösung dritten Personen zuwenden zu können. § 45 BGB ist demnach die dem auf natürlichen Personen zugeschnittenen Erbrecht korrespondierende Norm für Korporationen. Wie bei einem Vermächtnis kann der Anfallberechtigte den Anspruch annehmen oder ausschlagen (vgl. § 2180 BGB).[1602] Da es sich gerade nicht um einen Erwerb aufgrund rechtsgeschäftlicher Vereinbarung, beispielsweise eines Vertrages zugunsten Dritter gemäß § 328 BGB handelt, liegt dem Erwerb des Anspruchs auch keine schuldrechtliche causa zugrunde; der Rechtsgrund des Erwerbs liegt stattdessen wie beim Erwerb von Todes wegen von einer natürlichen Person in der Zuwendung selbst. Allerdings wäre auch die Konstruktion eines Vertrages zugunsten Dritter (§ 328 BGB) juristisch möglich. Dabei würde der Begünstigte im Zuwendungsverhältnis den Anspruch aufgrund der vertraglichen Vereinbarung der Vereinsmitglieder mit dem Verein erwerben, sofern es sich um einen echten Vertrag zugunsten Dritter handelt. Weiterhin würde sich die Frage stellen, ob sich die Vertragschließenden das Recht vorbehalten haben, das Recht des Dritten ohne dessen Zustimmung aufzuheben oder zu ändern (vgl. § 328 Abs. 2 BGB). Allerdings könnte das zugrunde liegende Kausalgeschäft (in der Regel eine Schenkung gemäß § 516 BGB) gemäß § 311b Abs. 2 BGB nichtig sein. In diesem Sinne dürften auch die Ausführungen des Reichsgerichtes[1603] sowie von *K. Schmidt*[1604] zu verstehen sein.

bb. Gemeinnützige GmbH

342   Gemeinnützige Einrichtungen werden zunehmend in der Rechtsform der GmbH geführt[1605], da die Anerkennung als gemeinnützige Einrichtung zahlreiche Steuervorteile hat: Sie führt zu einer vollständigen Befreiung von der Körperschaftsteuer (§ 5 Abs. 1 Nr. 9 KStG) und der Gewerbesteuer (§ 3 Nr. 6 GewStG). Zuwendungen an eine inländische Einrichtung sind von der Erbschaft- und Schenkungsteuer befreit (§ 13 Abs. 1 Nr. 16 Buchstabe b GStG), sofern diese im Zeitpunkt der Zuwendung nach der Satzung und der tatsächlichen Geschäftsführung gemeinnützigen Zwecken dient[1606]. Schließlich ist der Grundbesitz einer inländischen Körperschaft unter den gleichen Voraussetzungen von der Grundsteuer befreit (§ 3 Abs. 1 Nr. 3b GrStG). Die Anerkennung einer GmbH als gemeinnützig setzt voraus, dass in der Satzung ein Anfall des Gesellschaftsvermögens an einen Dritten nach Auflösung der Gesellschaft vorgesehen ist. Problematisch ist jedoch die rechtliche Konstruktion des Anfallsrechts, insbesondere, ob dabei § 311b Abs. 2 BGB eine Rolle spielt. Das GmbHG enthält lediglich in § 72 GmbHG eine Regelung hinsichtlich der Vermögensverteilung unter den Gesellschaftern bei Auflösung der Gesellschaft. Diese Vorschrift wird jedoch allgemein unter Hinweis auf die Entscheidung des Reichsgerichts vom 30.03.1942[1607] als abdingbar angesehen[1608], so dass auch ein Anfallsrecht für Dritte in der Satzung begründet werden könne[1609]. Rechtskonstruktiv könnte es sich bei dem Anfallsrecht um einen echten Vertrag zugunsten Dritter im Sinne des § 328 Abs. 2 BGB handeln. Gleichwohl würde sich ein Anspruch des Dritten aus einer solchen Vereinbarung nur ergeben, wenn ausdrücklich oder stillschweigend vereinbart wäre, dass den Vertragschließenden nicht die Befugnis vorbehalten sein solle, das Recht des Dritten ohne dessen Zustimmung aufzuheben oder zu ändern (vgl. § 328 Abs. 2 BGB). Es erscheint jedoch zweifelhaft, ob diese unechte Satzungsbestimmung[1610] gegen § 311b Abs. 2 BGB verstoßen würde, wie es allgemein vertreten wird[1611]. Dagegen spricht, dass der Begründung des An-

---

[1601] *Weick* in: Staudinger, § 45 Rn. 8.
[1602] *Weick* in: Staudinger, § 45 Rn. 8; in diesem Sinne ist auch die Entscheidung des Reichsgerichtes in RG v. 30.03.1942 - II 96/41 - RGZ 169, 65-84, 82 zu verstehen.
[1603] RG v. 30.03.1942 - II 96/41 - RGZ 169, 65-84, 83.
[1604] *K. Schmidt* in: Scholz, GmbHG, § 72 GmbHG Rn. 5.
[1605] Vgl. dazu *Schlüter*, GmbHR 2002, 535-541 und *Schlüter*, GmbHR 2002, 578-584.
[1606] *Schlüter*, GmbHR 2002, 535-541, 538.
[1607] RG v. 30.03.1942 - II 96/41 - RGZ 169, 65-84, 82.
[1608] *K. Schmidt* in: Scholz, GmbHG, § 72 GmbHG Rn. 2.
[1609] *K. Schmidt* in: Scholz, GmbHG, § 72 GmbHG Rn. 5.
[1610] Vgl. *K. Schmidt* in: Scholz, GmbHG, § 72 Fn. 5.
[1611] RG v. 30.03.1942 - II 96/41 - RGZ 169, 65-84, 83; in diesem Sinne auch *K. Schmidt* in: Scholz, GmbHG, § 72 Rn. 3, allerdings mit der Beschränkung auf Gesellschaften, die idealen, kulturellen, gemeinnützigen Zwecken dienen und daher steuerlich begünstigt sind, vgl. §§ 51 ff. AO; *Krüger* in: MünchKomm-BGB, § 311b Rn. 89.

spruchs des Dritten kein selbständiges Verpflichtungsgeschäft zwischen der Gesellschaft und dem Dritten zugrunde liegt, wie es § 311b Abs. 2 BGB voraussetzt. Nach § 72 GmbHG ist die Gesellschaft verpflichtet, ihr Vermögen bei Auflösung an die Gesellschafter zu übertragen. Vereinbaren nunmehr die Gesellschafter mit der Gesellschaft, dass Anspruchsempfänger eine dritte Person sein soll, so liegt dieser Vereinbarung kein Verpflichtungsgeschäft im Sinne des § 311b Abs. 2 BGB zugrunde. Gegen § 311b Abs. 2 BGB kann demnach nur der im Valutaverhältnis zugrunde liegende Verpflichtungsvertrag zwischen den Gesellschaftern und dem Dritten (in aller Regel ein Schenkungsvertrag) verstoßen. Die Begründung eines Anfallsrechts zugunsten eines Dritten in der Satzung einer GmbH wird jedoch weder ein echter noch ein unechter Vertrag zugunsten Dritter im Sinne der §§ 328-329 BGB darstellen. Vielmehr wird es sich um eine Anspruchsbegründung sui generis wie beim rechtsfähigen Verein handeln; man wird daher § 45 BGB analog auf die Begründung eines Anfallsrechts zugunsten eines Dritten anwenden können.[1612] Daher erwirbt der Begünstigte aufgrund der Satzungsbestimmung wie ein Vermächtnisnehmer mit dem Anfall des Gesellschaftsvermögens einen direkten Anspruch gegen die GmbH i.L. Der Begünstigte kann das Anfallsrecht analog § 2180 BGB annehmen oder ausschlagen.

2. Zu übertragen oder mit einem Nießbrauch zu belasten

§ 311b Abs. 2 BGB erfasst seinem Wortlaut nach die Verpflichtung zur Übertragung des gesamten oder eines Bruchteils des künftigen Vermögens sowie die Bestellung eines Nießbrauchs. Unter dem Begriff des Nießbrauchs ist nicht nur das dingliche Recht im Sinne des § 1030 BGB zu verstehen, sondern auch eine schuldrechtliche Rechtsposition, die hinsichtlich der Befugnisse und Verpflichtungen des Berechtigten dem dinglichen Recht vergleichbar ist[1613], beispielsweise wenn die Beteiligten einen schuldrechtlichen – nicht im Grundbuch einzutragenden – Nießbrauch bestellen[1614]: Entscheidend ist nicht die dingliche Rechtsposition des Erwerbers, sondern die Einschränkung der Nutzungsbefugnis auf Seiten des Verpflichteten. 343

Wegen des Rechtsträgerwechsels wird die Verpflichtung zur **Sicherungsübereignung** als Übertragung im Sinne des § 311b Abs. 2 BGB angesehen.[1615] Gleiches gilt für die Verpflichtung zur Sicherungsabtretung aller künftigen Forderungen.[1616] 344

Dagegen fällt nach allgemeiner Ansicht die Verpflichtung zur **Verpfändung** oder Übertragung des Verwaltungsrechts an einen Treuhänder nicht unter das Verbot des § 311b Abs. 2 BGB.[1617] Dies ist hinsichtlich der Verpflichtung zur Verpfändung des gesamten zukünftigen Vermögens oder eines Bruchteils davon zweifelhaft. Wirtschaftlich steht der Schuldner bei einer Verpfändung beweglicher Sachen wegen der Notwendigkeit der Übergabe der Sachen an den Gläubiger nach § 1205 Satz 1 BGB gar schlechter als bei einer Sicherungsübereignung, die gleichsam als besitzloses Pfandrecht anstelle der Verpfändung einer beweglichen Sache entwickelt wurde. Sieht man den Hauptzweck des § 311b Abs. 2 BGB darin, dass jedermann seine wirtschaftliche Freiheit erhalten bleiben solle[1618] und nicht so sehr in der Vorstellung, dass diese Vorschrift verhindern wolle, dass jemand sich gewissermaßen seiner Erwerbsfähigkeit begibt und damit zugleich allen Antrieb zum Erwerb verliert[1619], so ist der erstge- 345

[1612] In diesem Sinne auch *K. Schmidt* in: Scholz, GmbHG, § 72 Rn. 3, allerdings mit der Beschränkung auf Gesellschaften, die idealen, kulturellen, gemeinnützigen Zwecken dienen und daher steuerlich begünstigt sind.

[1613] Das Reichsgericht entschied zu § 311 a.F. im Jahre 1909 (RG v. 21.10.1909 - VI 486/08 - RGZ 72, 116-119), dass ein Vertrag, durch den sich ein Schuldner gegenüber seinen Gläubigern, verpflichtete, bis zur Befriedigung seiner Gläubiger über sein Vermögen nicht zu verfügen und dem eingesetzten Ausschuss die Verwaltung und den Nießbrauch an seinem Vermögen zum Zwecke der Tilgung der Verbindlichkeiten zu übertragen bzw. zu bestellen, nicht der notariellen Beurkundung nach § 311 a.F. bedürfte. Das Reichsgericht verneinte die Verpflichtung zur Bestellung eines Nießbrauchs im Sinne des § 1030 BGB, da die Nutzungen weiterhin dem Schuldner verbleiben sollten, nur mit der Maßgabe, dass sie zur Bezahlung seiner Schulden verwendet werden sollten. Die dem Gläubigerausschuss eingeräumte Verwaltungs- und Verfügungsgewalt sei ebenfalls nicht als Nießbrauch im Sinne des § 1030 BGB anzusehen.

[1614] Dies wurde vom BGH zu § 311 a.F. offen gelassen (BGH v. 19.06.1957 - IV ZR 214/56 - BGHZ 25, 1-11).

[1615] *Thode* in: MünchKomm-BGB, § 310 a.F. Rn. 5; *Wufka* in: Staudinger, § 310 a.F. Rn. 4; *Grüneberg* in: Palandt, § 311b Rn. 61; *Wolf* in: Soergel, § 310 a.F. Rn. 6.

[1616] Vgl. RG JW 1911, 576, das die Abtretung sämtlicher künftiger Forderungen „in Verfolg des Grundsatzes des § 310 a.F." für nichtig hielt.

[1617] RG v. 21.10.1909 - VI 486/08 - RGZ 72, 116-119, 118; *Krüger* in: MünchKomm-BGB, § 311b Rn. 91; *Thode* in: MünchKomm-BGB, § 310 a.F. Rn. 5; *Wufka* in: Staudinger, § 310 a.F. Rn. 4; *Grüneberg* in: Palandt, § 311b Rn. 61.

[1618] *Reinicke/Tiedtke*, ZIP 1989, 613-619, 614; ähnlich auch *Wufka* in: Staudinger, § 310 a.F. Rn. 1.

[1619] *Thode* in: MünchKomm-BGB, § 310 a.F. Rn. 2 unter Hinweis auf die Motive zum BGB; *Battes* in: Erman, Handkommentar BGB, 10. Aufl. 2000, § 310 a.F. Rn. 1.

nannte Zweck durch eine Verpflichtung zur Verpfändung des künftigen Vermögens – wie bei einer Verpflichtung zur Sicherungsübereignung des künftigen Vermögens – betroffen. Der Unterschied zur Sicherungsübereignung liegt lediglich darin, dass bei dieser eine Verpflichtung zur Übertragung des Vermögens besteht. Allerdings ist diese Verpflichtung durch die zugrunde liegende Sicherungsvereinbarung mit der Verwertungsabrede[1620] stark re ativiert. Zwar wird bei einer Verpfändung beweglicher Gegenstände nicht das Eigentum übertragen; jedoch lässt der Wortlaut des § 311b Abs. 2 BGB („übertragen") auch eine teleologische Interpretation dahin gehend zu, dass auch die – im Vergleich zur Sicherungsübereignung den Schuldner ggf. noch stärker belastende – Verpfändung sämtlicher künftiger beweglicher Gegenstände tatbestandlich erfasst wird.

346 Entgegen einer vereinzelt vertretenen Auffassung[1621] ist § 311b Abs. 2 BGB weder unmittelbar noch analog auf den Fall der **Begründung einer Geldschuld** (insbesondere durch Bürgschaft) anwendbar.[1622] Durch eine – den Schuldner ggf. auch finanziell überfordernde – Bürgschaft wird nicht der Anreiz zum künftigen Erwerb vollständig genommen (wenn man darin einen Hauptzweck des § 311b Abs. 2 BGB sieht[1623]), weil der Schuldner durch die Pfändungsschutzvorschrift des § 850c ZPO geschützt wird.[1624] Aus diesem Grund begibt sich der Verpflichtete auch nicht völlig seiner wirtschaftlichen Freiheit über sein Vermögen.[1625]

3. Sein künftiges Vermögen oder einen Bruchteil seines künftigen Vermögens

a. Vermögensbegriff

347 Der Begriff des Vermögens ist nicht allgemein im BGB definiert, so dass er in einzelnen Vorschriften eine unterschiedliche Bedeutung haben kann. Allgemein wird unter Vermögen im Sinne des § 311b Abs. 2 BGB die Gesamtheit der Aktiva einer Person verstanden[1626], so dass auch bei einer vertraglich vereinbarten Gegenleistung – selbst wenn sie äquivalent ist – die Anwendung der Vorschrift nicht bereits aus diesem Grunde ausgeschlossen ist.[1627]

b. Gesamtes künftiges Vermögen

348 Die Anwendung des § 311b Abs. 2 BGB setzt voraus, dass der Vertrag das gesamte künftige Vermögen oder einen Bruchteil des künftigen Vermögens zum Gegenstand hat. Die Abgrenzung zwischen einer nach § 311b Abs. 2 BGB nichtigen Verpflichtung zur Übertragung[1628] des gesamten künftigen Vermögens oder eines Bruchteils des künftigen Vermögens und einer zulässigen Verpflichtung zur Übertragung künftiger Gegenstände, beispielsweise Sachgesamtheiten, wird nach allgemeiner Ansicht anhand rein formaler Kriterien getroffen. Im Gegensatz zu § 311b Abs. 3 BGB, der den Vertrag über das gesamte gegenwärtige Vermögen betrifft, ist die Bestimmung des „künftigen Vermögens" nicht ohne weiteres zu erfassen. Dies hängt damit zusammen, dass der Zeitpunkt, zu dem das künftige Vermögen veräußert oder mit einem Nießbrauch belastet werden soll, unterschiedlich sein kann. Man muss daher zwischen verschiedenen Fallkonstellationen unterscheiden:

349 (a) Zum einen kann an einen **bestimmten Zeitpunkt** angeknüpft werden (Stichtagsprinzip). Dies kann bei natürlichen Personen deren Tod und bei juristischen Personen deren Auflösung sein, aber auch jedes sonstige feste (Kalender-)Datum oder ungewisse Ereignis. Der Veräußerer ist sodann verpflichtet,

---

[1620]*Bassenge* in: Palandt, § 930 Rn. 29 ff.
[1621]OLG Stuttgart v. 12.01.1988 - 6 U 86/87 - NJW 1988, 833-836.
[1622]So die ganz h.M. in Rechtsprechung und Literatur: BGH v. 28.02.1989 - IX ZR 130/88 - BGHZ 107, 92-104; BGH v. 16.03.1989 - III ZR 37/88 - NJW 1989, 1665-1667; OLG München v. 21.07.1988 - 30 U 391/88 - WM 1988, 1365-1366; *Wufka* in: Staudinger, § 310 a.F. Rn. 12; *Thode* in: MünchKomm-BGB, § 310 a.F. Rn. 4; *Vollkommer* in: Jauernig, BGB-Kommentar 10. Aufl. 2003, § 310 a.F. Rn. 2; *Reinicke/Tiedtke*, ZIP 1989, 613-619, 614; *Medicus*, ZIP 1989, 817-824, 818.
[1623]Vgl. etwa *Krüger* in: MünchKomm-BGB, § 311b Rn. 88.
[1624]*Reinicke/Tiedtke*, ZIP 1989, 613-619, 614.
[1625]Vgl. zu dieser – zutreffenden – Deutung des Hauptzwecks des § 311b Abs. 2 BGB *Wufka* in: Staudinger, § 310 a.F. Rn. 12 und oben zur Verpflichtung zur Verpfändung (vgl. Rn. 395) des künftigen Vermögens.
[1626]*Wufka* in: Staudinger, § 310 a.F. Rn. 9; *Krüger* in: MünchKomm-BGB, § 311b Rn. 92; *Thode* in: MünchKomm-BGB, § 310 a.F. Rn. 6; *Grüneberg* in: Palandt, § 311b Rn. 60.
[1627]*Thode* in: MünchKomm-BGB, § 310 a.F. Rn 7, für den Fall, dass der andere Teil die Schulden übernimmt.
[1628]Die nachfolgenden Überlegungen gelten entsprechend für die Belastung mit einem Nießbrauch und die Verpfändung (vgl. Rn. 395), wenn man diese entgegen der h.M. als „Übertragung" im Sinne des § 311b Abs. 2 BGB ansieht.

das Vermögen, das zum vorgesehenen Stichtag vorhanden ist, zu übertragen bzw. mit einem Nießbrauch zu belasten. Ist Stichtag des Vermögensübergangs der Zeitpunkt des Todes einer natürlichen Person[1629], so will *Egerland*[1630] diese Verträge aus teleologischen Gesichtspunkten aus dem Anwendungsbereich des § 311b Abs. 2 BGB ausnehmen, weil sich der Verpflichtete nicht seiner Vermögensfähigkeit begebe und damit nicht zugleich jede Motivation für eine Erwerbstätigkeit verliere. Dem wird man grds. beipflichten können. Da das Gesetz mit dem Erbvertrag aber eine besondere Regelung für diesen Fall getroffen hat, wird man einen solchen Vertrag nur unter den Voraussetzungen der §§ 2274-2300a BGB zulassen können.[1631] Es bedarf daher insbesondere der notariellen Beurkundung (§ 2276 Abs. 1 Satz 1 BGB), und die Verpflichtungserklärung ist höchstpersönlich, d.h. der Verpflichtete kann sich nicht wirksam vertreten lassen (§ 2274 BGB). Stellt man auf einen anderen (festen) Zeitpunkt ab, so stellt sich die Frage, wann das gesamte künftige Vermögen betroffen ist. Dabei kommt es nicht darauf an, dass ein künftig zu erwerbender Gegenstand – bezogen auf den Zeitpunkt des Vertragsabschlusses – wirtschaftlich praktisch das gesamte Vermögen ausmacht, selbst wenn sich die Beteiligten dessen bewusst sind.[1632] Eine solche Interpretation scheitert bereits daran, dass es an einem greifbaren Vergleichsmaßstab für die Ermittlung des „gesamten" künftigen Vermögens fehlt.[1633] Vergleichsmaßstab ist nicht der Zeitpunkt des Vertragsabschlusses, weil es auf das „künftige" Vermögen (zu einem bestimmten Zeitpunkt) ankommt. Ob der von den Vertragsbeteiligten[1634] ins Auge gefasste Gegenstand zum vorgesehenen (künftigen) Zeitpunkt das gesamte Vermögen ausmacht, ist zum Zeitpunkt des Vertragsschlusses völlig offen. Eine wirtschaftliche Interpretation des Begriffs „gesamtes künftiges Vermögen" ist daher mit dem Schutzzweck des § 311b Abs. 2 BGB nicht vereinbar.

(b) Ein Vertrag im Sinne des § 311b Abs. 2 BGB kann auch in der Form geschlossen werden, dass sich jemand verpflichtet, sein Vermögen mit dem jeweiligen (künftigen) Erwerb **sukzessive** an den Erwerber zu übertragen bzw. mit einem Nießbrauch zu belasten. Solche Konstellationen sind bei Sicherungsgeschäften (z.B. Abtretung aller künftiger Forderungen bzw. Übereignung aller künftigen beweglichen Gegenstände) möglich. Würde sich jemand verpflichten, sein gesamtes Vermögen, das er künftig erwirbt, jeweils mit dem Erwerb an einen Dritten zu veräußern oder mit einem Nießbrauch zu belasten, so wäre dieser Vertrag gemäß § 311b Abs. 2 BGB nichtig.[1635]

350

c. Bruchteil des künftigen Vermögens

Ein Bruchteil des Vermögens ist nach allgemeiner Auffassung nur dann Vertragsgegenstand im Sinne des § 311b Abs. 2 BGB, wenn dieser in einer Quote (z.B. die Hälfte) oder einem Prozentsatz (z.B. 50% des Vermögens) ausgedrückt wird.[1636] Dadurch scheidet ein künftig zu erwerbender Einzelgegenstand[1637], selbst wenn dieser einen nicht unerheblichen Bruchteil bzw. Prozentsatz des Vermögens ausmacht, aus dem Anwendungsbereich des § 311b Abs. 2 BGB aus.[1638] Die vorgenannte Auffassung schließt auch die Verpflichtung zur Übertragung künftiger Sachgesamtheiten oder Gegenstände vergleichbarer Art oder deren Belastung mit einem Nießbrauch vom Anwendungsbereich der Norm aus. Dies betrifft in erster Linie Sondervermögen wie beispielsweise künftige Erbschaften[1639], Fidei-

351

[1629] Vgl. den Fall BGH v. 12.11.1952 - IV ZB 93/52 - BGHZ 8, 23-34.

[1630] *Egerland*, NotBZ 2002, 233-244, 235 Fn. 15.

[1631] In diesem Sinne auch *Thode* in: MünchKomm-BGB, § 310 a.F. Rn. 2; der BGH (BGH v. 12.11.1952 - IV ZB 93/52 - BGHZ 8, 23-34) behilft sich mit einer Umdeutung (vgl. Rn. 354) nach § 140 BGB.

[1632] Vgl. *Wufka* in: Staudinger, § 311 a.F. Rn. 10 zum vergleichbaren Fall des § 311b Abs. 3 BGB.

[1633] Würde sich beispielsweise ein zur Zeit des Vertragsabschlusses vermögensloser Ehegatte gegenüber seiner Ehefrau verpflichten, das Hausgrundstück, das er künftig im Wege der vorweggenommenen Erbfolge von seinen Eltern erwerben wird, unentgeltlich zu übertragen, so würde diese Verpflichtung nicht gegen § 311b Abs. 2 verstoßen, selbst wenn es sich bei dem Hausgrundstück – derzeit – um praktisch den einzigen Vermögenswert des Ehemanns handelt.

[1634] Bei einer einseitigen Verpflichtung wie der Auslobung (vgl. Rn. 338) nach § 657 BGB kommt es ausschließlich auf die Vorstellung des Verpflichteten an.

[1635] Die Nichtigkeit eines solchen Vertrages könnte sich zudem aus § 138 BGB ergeben.

[1636] *Thode* in: MünchKomm-BGB, § 310 a.F. Rn. 7; *Wufka* in: Staudinger, § 310 a.F. Rn. 10.

[1637] Beispielsweise eine zu erwerbende Immobilie.

[1638] Eine wirtschaftliche Interpretation (vgl. Rn. 399) des Vermögensbegriffs wäre mit dem Schutzzweck des § 311b Abs. 2 BGB nicht zu vereinbaren.

[1639] BGH v. 14.04.1976 - IV ZR 61/74 - WM 1976, 744-746; *Kaufhold*, ZEV 1996, 454-457, 455; *Wufka* in: Staudinger, § 310 a.F. Rn. 13; allerdings kann hier § 311b Abs. 4 BGB und § 311b Abs. 5 BGB eingreifen. Durch die Möglichkeit, das Erbschaftsvermögen durch Nachlassverwaltung (§§ 1981-1988 BGB) oder Nachlassinsolvenz (§ 1980 BGB) vom Eigenvermögen zu trennen (*Edenhofer* in: Palandt, § 1976 Rn. 1), ist der Vertragsgegenstand hinreichend abgegrenzt.

kommissvermögen, Vermögen einer Einmanngesellschaft[1640], aber auch die Verpflichtung zur Übertragung der künftigen Einnahmen aus der Vermietung oder Verpachtung eines Grundstücks[1641] sowie zur Übertragung von Urheberrechten an künftigen Werken, wenn diese nach Art, Umfang und Zeit näher eingegrenzt sind[1642]. Eine hinreichende Konkretisierung, die die Anwendbarkeit des § 311b Abs. 2 BGB ausschließt, ist auch dann noch gegeben wenn sich jemand verpflichtet, sämtliche künftigen Geschäftsforderungen an einen anderen abzutreten.[1643] Dies gilt auch bei Vermögenslosigkeit des Schuldners[1644], da eine wirtschaftlich orientierte Auslegung (vgl. Rn. 399) des Vermögensbegriffs im Sinne des § 311b Abs. 2 BGB ausgeschlossen ist. Würde der Vertrag dagegen sämtliche Forderungen, gleich aus welchem Rechtsgrund, erfassen, so wäre ein Bruchteil des Vermögens Vertragsgegenstand, selbst wenn dieser nicht in einer Quote oder einem Prozentsatz ausgedrückt ist. In einem solchen Fall muss es ausreichen, dass Vermögen einer gesamten Gattung ohne nähere gegenständliche Differenzierung übertragen oder mit einem Nießbrauch belastet werden soll.

III. Rechtsfolgen

352 Bei Verstoß gegen § 311b Abs. 2 BGB ist der Vertrag **nichtig**, ohne dass das Gesetz eine Heilungsmöglichkeit vorsieht. Der in Ausführung des nichtigen Verpflichtungsgeschäfts geschlossene Verfügungsvertrag ist allerdings wegen der Trennung zwischen Kausal- und Verfügungsgeschäft wirksam; der Mangel des Grundgeschäfts schlägt nicht auf das Verfügungsgeschäft durch. Durch eine wirksame Verfügung tritt aber keine Heilung des nichtigen Kausalgeschäfts ein, selbst wenn für einzelne Vermögensgegenstände eine Heilungsmöglichkeit gesetzlich vorgesehen ist (z.B. §§ 311b Abs. 1 Satz 2, 518 Abs. 2 BGB, § 15 Abs. 4 GmbHG). Auch scheidet eine Heilung für das schuldrechtliche Geschäft in Bezug auf den betreffenden Einzelgegenstand aus, da die Heilung den Formmangel nach § 125 BGB, nicht aber die Nichtigkeit gemäß § 311b Abs. 2 BGB überwinden kann. Zur Herstellung eines wirksamen Rechtsgrundes und damit der Kondiktionsfestigkeit der Verfügung bedarf es daher des Abschlusses eines neuen wirksamen schuldrechtlichen Verpflichtungsgeschäfts; insofern genügt auch die Bestätigung des Rechtsgeschäfts in Bezug auf den betreffenden Einzelgegenstand gemäß § 141 Abs. 1 BGB.

353 Sofern der Verpflichtungsvertrag sowohl das gesamte gegenwärtige Vermögen oder einen Bruchteil davon als auch das gesamte künftige Vermögen oder einen Bruchteil davon erfasst, ist eine **Teilwirksamkeit** des Vertrages nach § 139 BGB bei Einhaltung der Form der notariellen Beurkundung hinsichtlich des gegenwärtigen Vermögens gegeben, wenn anzunehmen ist, dass er auch nur hinsichtlich des gegenwärtigen Vermögens oder eines Bruchteils davon geschlossen worden wäre. Diese Frage kann sich bei Sicherungsgeschäften stellen, wenn der Schuldner sich verpflichtet, dem Gläubiger sein gesamtes gegenwärtiges und künftiges Vermögen zur Sicherung der bestehenden Verbindlichkeiten zu übereignen.[1645]

354 Sofern die Verpflichtung zur Übertragung des gesamten künftigen Vermögens oder eines Bruchteils desselben zum Zeitpunkt des Todes des Verpflichteten (im Ergebnis also von dessen Erben) zu erfüllen ist, handelt es sich um eine Schenkung auf den Todesfall (vgl. § 2301 BGB), die nach § 311b Abs. 2 BGB nichtig ist. In Betracht kommt eine **Umdeutung** des nichtigen Verpflichtungsgeschäfts unter Lebenden in einen Erbvertrag nach den §§ 2274-2299 BGB.[1646] Da der Erbvertrag der notariellen Beurkundung bedarf (§ 2276 Abs. 1 Satz 1 BGB), kann sich die Frage der Umdeutung eines nach § 311b

---

[1640] *Thode* in: MünchKomm-BGB, § 310 a.F. Rn. 7.

[1641] *Thode* in: MünchKomm-BGB, § 310 a.F. Rn. 7; *Wufka* in: Staudinger, § 310 a.F. Rn. 13.

[1642] RG v. 05.04.1933 - I 175/32 - RGZ 140, 231-255, 253; *Thode* in: MünchKomm-BGB, § 310 a.F. Rn. 7; *Wufka* in: Staudinger, § 310 a.F. Rn. 14; *Battes* in: Erman, Handkommentar BGB, 10. Aufl. 2000, § 310 a.F. Rn. 4.

[1643] *Wufka* in: Staudinger, § 310 a.F. Rn. 11; *Grüneberg* in: Palandt, § 311b Rn. 60; *Wolf* in: Soergel, § 310 a.F. Rn. 9; a.A. RG v. 01.10.1907 - VII 524/06 - RGZ 67, 166-169, 168; eine andere Frage ist, ob ein solcher Vertrag gegen § 138 BGB verstößt.

[1644] Für Anwendbarkeit des § 311b Abs. 2 BGB in diesem Fall ein Teil der Literatur: *Thode* in: MünchKomm-BGB, § 310 a.F. Rn. 4.; *Battes* in: Erman, Handkommentar BGB, 10. Aufl. 2000, § 310 a.F. Rn. 4; generell für Anwendbarkeit des § 311b Abs. 2 BGB bei der Verpflichtung zur Abtretung aller künftiger Forderungen RG v. 01.10.1907 - VII 524/06 - RGZ 67, 166-169, 168 und *Vollkommer* in: Jauernig, BGB-Kommentar, 10. Aufl. 2003, § 311b Rn. 51.

[1645] Vgl. oben zur Anwendbarkeit des § 311b Abs. 2 BGB auf die Sicherungsübereignung (vgl. Rn. 344).

[1646] BGH v. 12.11.1952 - IV ZB 93/52 - BGHZ 8, 23-34; *Thode* in: MünchKomm-BGB, § 310 a.F. Rn. 11; *Wufka* in: Staudinger, § 310 a.F. Rn. 18; *Battes* in: Erman, Handkommentar BGB, 10. Aufl. 2000, § 310 a.F. Rn. 4; *Grüneberg* in: Palandt, § 311b Rn. 62.

Abs. 2 BGB nichtigen Verpflichtungsgeschäftes in einen wirksamen Erbvertrag bei lebzeitigen Übergabeverträgen stellen (vgl. den Fall des BGH vom 12.11.1952[1647]). Vorrangig vor der Umdeutung ist jedoch im Wege der Auslegung zu ermitteln, ob die Beteiligten nicht tatsächlich anstelle des lebzeitigen, auf den Todesfall hinausgeschobenen Übertragungsvertrages einen Erbvertrag abschließen wollten.[1648] Allerdings wird bei einem Übergabevertrag in aller Regel gegenwärtig vorhandenes Vermögen des Übergebers übertragen; die Verpflichtung zur Übertragung des gesamten künftigen Vermögens ist ein äußerst seltener Ausnahmefall.[1649]

Das rechtsgrundlos Geleistete kann nach den Vorschriften über die ungerechtfertigte Bereicherung (§§ 812-822 BGB) herausverlangt werden. Der Anspruch ist jedoch nach § 814 BGB ausgeschlossen, wenn der Leistende (positiv)[1650] gewusst hat, dass er zur Leistung nicht verpflichtet war. 355

Unter Geltung des § 310 BGB a.F. wurde diskutiert, ob diese Vorschrift eine Konkretisierung des § 138 BGB darstelle oder ein gesetzliches Verbot im Sinne des § 134 BGB beinhalte.[1651] Nur im letztgenannten Fall gelangte man über § 309 BGB a.F. zur Anwendbarkeit der Schadensersatznorm des § 307 BGB a.F. (Ersatz des Vertrauensschadens). § 307 BGB a.F. wurde durch das Schuldrechtsmodernisierungsgesetz ersatzlos gestrichen. Bei einem nach § 311 Abs. 2 BGB nichtigen Vertrag liegt aber ein vorvertragliches Schuldverhältnis im Sinne des § 241 Abs. 2 BGB vor[1652], so dass eine Haftung nach den allgemeinen Grundsätzen des Leistungsstörungsrechts (§§ 280-286 BGB) möglich ist. 356

C. Kommentierung zu Absatz 3

I. Grundlagen

1. Gesetzgebungsmaterialien

§ 311b Abs. 3 BGB hat mit In-Kraft-Treten des Gesetzes zur Modernisierung des Schuldrechts vom 26.11.2001[1653] am 01.01.2002 den bisherigen gleich lautenden § 311 BGB a.F. ersetzt. Inhaltlich hat sich an der bisherigen Rechtslage nichts geändert. 357

2. Schutzzweck

Im Vergleich zu Verträgen im Sinne des § 311b Abs. 2 BGB ist der Schutzgedanke abgeschwächt; Verträge im Sinne des § 311b Abs. 3 BGB sind nicht schlechthin unzulässig, sondern nur unter erschwerten (formellen) Voraussetzungen zulässig.[1654] Die Motive zum BGB (II 188) führen zu § 311b Abs. 3 BGB Folgendes aus[1655]: „Der Entw. bindet die Gültigkeit eines jeden, entgeltlichen oder unentgeltlichen Vertrages des in Abs. 2 bezeichneten Inhaltes (nicht bloß einer Schenkung) an die Einhaltung der gerichtlichen oder notariellen Form (§ 91 Abs. 2) nicht nur zur Befestigung der Rechtssicherheit, sondern auch, um die Kontrahenten bei diesen inhaltsschweren Geschäften, welche vielfach faktisch eine antizipierte Erbfolge enthalten, vor Übereilung zu schützen, zugleich, um die Umgehung der Formvorschriften für die Verfügungen von Todeswegen möglichst zu verhüten". Das Erfordernis der notariellen Beurkundung von Verträgen im Sinne des § 311b Abs. 3 BGB dient somit folgenden Zwecken: 358
- der Rechtssicherheit,

[1647] BGH v. 12.11.1952 - IV ZB 93/52 - BGHZ 8, 23-34.

[1648] Vgl. zur Vorrangigkeit der Auslegung vor der Umdeutung *Mayer-Maly/Busche* in: MünchKomm-BGB, § 140 Rn. 3.

[1649] In dem o.g. Fall (BGH v. 12.11.1952 - IV ZB 93/52 - BGHZ 8, 23-34) hielt der BGH eine Auslegung des Übergabevertrags dahin gehend für möglich, dass der Übergeber neben dem gegenwärtig vorhandenen auch noch sein künftiges Vermögen an die Tochter übertragen wollte. Eine solche Vereinbarung soll nach Ansicht des BGH den abgeschlossenen Vertrag wegen des darin enthaltenen Verstoßes gegen die Vorschrift des § 310 a.F. möglicherweise gänzlich zu Fall bringen. Diese Ausführung dürften auf die Anwendung des § 139 BGB und die mögliche Aufrechterhaltung der wirksamen Übertragung des gegenwärtigen Vermögens (vgl. § 311 a.F.) nach § 139 BGB (Teilwirksamkeit, vgl. Rn. 353) hindeuten.

[1650] *Sprau* in: Palandt, § 814 Rn. 3.

[1651] Vgl. *Wufka* in: Staudinger, § 310 a.F. Rn. 17; *Thode* in: MünchKomm-BGB, § 310 a.F. Rn. 10.

[1652] Vgl. zur Anwendbarkeit der culpa in contrahendo bei unwirksamen Verträgen: *Grüneberg* in: Palandt, § 311 Rn. 38.

[1653] BGBl I 2001, 3138.

[1654] *Krüger* in: MünchKomm-BGB, § 311b Rn. 98.

[1655] Nachweis bei *Mugdan*, Bd. 2, 103 f.

- dem Schutz des Verpflichteten vor einem übereilten Abschluss eines Vertrages; niemand soll formlos ein so inhaltsschweres Geschäft, ohne sich über dessen Bedeutung klar geworden zu sein, schließen können (Warnfunktion)[1656],
- der Vermeidung der Umgehung der erbrechtlichen Formvorschriften.

In der Rechtsprechung des Reichsgerichts findet sich der Hinweis, dass der Schutzzweck des § 311b Abs. 3 BGB nicht berührt sei, wenn die übertragenen Gegenstände das gesamte Vermögen des Übertragenden bilden, diese aber im Vertrag im Einzelnen bezeichnet seien. Dann könne er über die Tragweite des Geschäfts nicht mehr im Unklaren sein.[1657]

3. Praktische Bedeutung

a. Unternehmensveräußerung („asset deal")

359 Die meisten veröffentlichten Entscheidungen des Reichsgerichts betrafen die Übertragung von Unternehmen, und zwar in der Form des Kaufs des Aktivvermögens, ggf. mit Übernahme der Verbindlichkeiten. Typischerweise ging es in den Fällen um die Haftung des Übernehmers für die in dem veräußerten Geschäft begründeten Verbindlichkeiten. Diese Haftung konnte sich aus der Vermögensübernahme nach § 419 BGB a.F. oder aus der handelsrechtlichen Haftungsvorschrift des § 25 HGB ergeben. Für die Anwendbarkeit des § 311b Abs. 3 BGB bei der Unternehmensveräußerung sind folgende Fälle zu unterscheiden: (1) Verkauf des Unternehmens eines Einzelkaufmanns, (2) Verkauf des Aktivvermögens einer Personengesellschaft, (3) Verkauf des Aktivvermögens einer Kapitalgesellschaft (Abgrenzung zum Anteilskauf – „share deal").[1658] Hier liegt heute der der Hauptanwendungsfall des § 311b Abs. 3 BGB.

b. Verschmelzung außerhalb des Umwandlungsgesetzes

360 Rechtsfähige Vereine im Sinne des § 21 BGB sind verschmelzungsfähige Rechtsträger nach § 3 Abs. 1 Nr. 4 UmwG. Die Fusion zweier rechtsfähiger[1659] Vereine kann zum einen im Wege der Gesamtrechtsnachfolge nach den Vorschriften des Umwandlungsgesetzes (§§ 4-35 UmwG, §§ 99-104a UmwG) erfolgen. Dies setzt einen notariell beurkundeten Verschmelzungsvertrag (§ 6 UmwG) sowie notariell zu beurkundende Verschmelzungsbeschlüsse der Mitgliederversammlungen der an der Verschmelzung beteiligten Vereine voraus (§ 13 Abs. 3 Satz 1 UmwG). Die Fusion von Vereinen kann auch außerhalb des Umwandlungsgesetzes durch Einzelrechtsnachfolge stattfinden.[1660] Dies ist zum einen möglich durch Auflösung eines Vereins unter Aufnahme der Mitglieder durch den anderen Verein („Übertragungsmodell").[1661] Der Vertrag, in welchem sich der aufzulösende Verein zur Übertragung seines gesamten Vereinsvermögens gegenüber dem aufnehmendem Verein verpflichtet, fällt nach allgemeiner Auffassung[1662] unter § 311b Abs. 3 BGB und bedarf daher der notariellen Beurkundung. Eine weitere Möglichkeit zur Fusion zweier rechtsfähiger Vereine besteht darin, dass beide Vereine aufgelöst werden und ein neuer Verein gegründet wird („Auflösungs- und Neugründungsmodell"). Sofern in den einzelnen Vereinssatzungen der neu gegründete Verein als Anfallberechtigter im Sinne des § 45 BGB bestimmt worden ist, sind die Voraussetzungen des § 311b Abs. 3 BGB nicht gegeben, da es sich bei dem Erwerb des Anspruchs nicht um eine rechtsgeschäftliche Verpflichtung im Sinne dieser Vorschrift handelt.[1663]

c. Vorweggenommene Erbfolge („Verpfründungsvertrag")

361 Eltern wollen oftmals ihr „gesamtes Vermögen" zu Lebzeiten auf die nächste Generation übertragen und somit die Erbfolge zu Lebzeiten vorwegnehmen. Oftmals reicht auch die geringe Rente der Eltern

---

[1656] RG v. 03.02.1919 - IV 323/18 - RGZ 94, 314-318, 316; *Wufka* in: Staudinger, § 311b Abs. 3 Rn. 1.
[1657] RG v. 03.02.1919 - IV 323/18 - RGZ 94, 314-318, 317.
[1658] Näher dazu *Böttcher/Grewe*, NZG 2005, 950-954; *Müller*, NZG 2007, 201-206; *Kiem*, NJW 2006, 2363-2368; *Heckschen*, NZG 2006, 772-777; *Morshäuser*, WM 2007, 337; *Klöckner*, DB 2008, 1083-1089.
[1659] Nichtrechtsfähige Vereine sind nicht nach dem UmwG verschmelzungsfähig (*Stöber*, Handbuch zum Vereinsrecht, 8. Aufl. 2000, Rn. 772).
[1660] Diese Möglichkeit wird durch das Umwandlungsgesetz nicht ausgeschlossen, kommt aber praktisch nur für kleine Vereine in Betracht (vgl. *Stöber*, Handbuch zum Vereinsrecht, 8. Aufl. 2000, Rn. 817); vgl. zur Bedeutung des Umwandlungsgesetzes für die Verschmelzung von Vereinen: *Hadding* in: Soergel, vor § 21 Rn. 60; eine Vermögensübertragung nach den §§ 174-189 UmwG ist für rechtsfähige Vereine nicht vorgesehen.
[1661] *Wufka* in: Staudinger, § 311b Abs. 3 Rn. 6; *Stöber*, Handbuch zum Vereinsrecht, 8. Aufl. 2000, Rn. 818.
[1662] *Wufka* in: Staudinger, § 311b Abs. 3 Rn. 6; Hans. OLG Hamburg v. 15.11.1971 - 2 W 104/71 - MDR 1972, 236.
[1663] Vgl. zur Konstruktion des Rechtserwerbs beim Anfallrecht nach § 45 Abs. 1 BGB Rn. 351, vgl. Rn. 341.

für die Bestreitung eines angemessenen Lebensabends nicht aus, so dass eine Rentenzahlung als Versorgungsleistung vom Erwerber versprochen wird. Einen solchen Fall hatte das Reichsgericht im Jahre 1919 zu entscheiden.[1664] Dort übertrug die Tante an ihre Nichte ihr gesamtes Vermögen gegen Zahlung einer monatlichen Rente. Obwohl § 1 des Vertrages das „gesamte Vermögen" näher bezeichnete, verneinte das Reichsgericht die Anwendbarkeit des § 311b Abs. 3 BGB, weil nicht das „Vermögen als Gesamtheit", sondern die einzelnen näher bezeichneten Vermögensgegenstände Vertragsgegenstand gewesen seien, selbst wenn diese das „gesamte Vermögen" ausmachen.[1665]

d. Sicherungsgeschäfte

Praktische Bedeutung kann § 311b Abs. 3 BGB schließlich auch bei Sicherungsgeschäften erlangen, insbesondere der Verpflichtung zur sicherungsweisen Übereignung des gesamten Vermögens oder einzelner Vermögensgegenstände oder der Abtretung aller gegenwärtigen und/oder künftigen Forderungen (vgl. dazu auch Rn. 399). Zur Absicherung von Geschäftsverbindlichkeiten eines Unternehmers verlangt der Gläubiger oftmals die sicherungsweise Abtretung aller gegenwärtigen und/oder künftigen (vgl. dazu auch Rn. 399) Forderungen. Die Verpflichtung zur Übertragung des Vermögens beruht auf dem Sicherungsvertrag (vgl. dazu auch Rn. 399), der ggf. nach § 311b Abs. 3 BGB notariell beurkundet werden muss.

362

e. Zusammenhang mit § 419 BGB a.F. (Vermögensübernahme)

In den meisten Gerichtsentscheidungen tauchte § 311 BGB a.F. als Vorfrage für eine wirksame Vermögensübernahme im Sinne des § 419 BGB a.F. auf. Zwar wurde betont, dass § 311 BGB a.F. einen anderen Zweck verfolge als § 419 BGB a.F. und daher – insbesondere im Hinblick auf die Auslegung des Begriffs „gegenwärtiges Vermögen" – anders auszulegen sei[1666]; jedoch wurde diese Abgrenzung oftmals nicht eingehalten und die Nichtanwendbarkeit des § 311 BGB a.F. bei Herausnahme einzelner werthaltiger Vermögensgegenstände damit begründet, dass andernfalls der Erwerber für die auf dem ausgenommenen Gegenstand lastenden Verbindlichkeiten wegen der Vermögensübernahme gemäß § 419 BGB a.F. hafte. Der Schutzzweck des § 311 BGB a.F. wurde zum Teil sogar darin gesehen, vor den Haftungsfolgen des § 419 a.F. zu warnen.[1667] Mit dem Außer-Kraft-Treten des § 419 BGB a.F. am 01.01.1999 ist eine solche Interpretation nicht mehr möglich.

363

II. Anwendungsvoraussetzungen

1. Vertrag, durch den sich der eine Teil verpflichtet

a. Schuldrechtliche Verpflichtung

Das Erfordernis der notariellen Beurkundung nach § 311b Abs. 3 BGB betrifft schuldrechtliche Verpflichtungsverträge, wobei die Art des Vertrages und der Gegenleistung unerheblich sind. Hier gelten die gleichen Grundsätze wie bei § 311b Abs. 2 BGB (vgl. dazu Rn. 398). Erfasst sind auch einseitige Verpflichtungen, wie beispielsweise das Schuldversprechen.[1668] Nach allgemeiner Ansicht fallen Verfügungsgeschäfte nicht unter § 311b Abs. 3 BGB[1669], ebenso nicht Erbverträge[1670] und Eheverträge[1671].

364

[1664] RG v. 03.02.1919 - IV 323/18 - RGZ 94, 314-318.

[1665] Wie dies in der Entscheidung aus dem Jahre 1908 (RG v. 22.06.1908 - VI 394/07 - RGZ 69, 283-292) der Fall war.

[1666] RG v. 11.11.1910 - II 609/09 - RGZ 76, 1-4, 4.

[1667] *Knieper*, MDR 1970, 979-982, 981.

[1668] *Wufka* in: Staudinger, § 311b III Rn. 2.

[1669] *Grüneberg* in: Palandt, § 311b Rn. 64; *Wufka* in: Staudinger, § 311b Abs. 3 Rn. 4; vgl. aber Rn. 336 zur Rechtsprechung des RG und des BGH zu § 310 a.F., wonach die Abtretung aller künftiger Forderungen „in Verfolg des Grundsatzes des § 310 a.F." nichtig sein kann. Der zugrunde liegende Sicherungsvertrag enthält die Verpflichtung zur Bestellung der Sicherheit und kann daher beurkundungsbedürftig sein.

[1670] *Wufka* in: Staudinger, § 311b Abs. 3 Rn. 4.

[1671] *Wufka* in: Staudinger, 311b Abs. 3 Rn. 4; zu denken wäre hier an die Vereinbarung der Gütergemeinschaft, bei der das Vermögen des Ehemanns und das Vermögen der Ehefrau durch die Gütergemeinschaft gemeinschaftliches Vermögen beider Ehegatten (Gesamtgut) wird (§ 1416 Abs. 1 Satz 1 BGB). Allerdings bedarf es nach § 1416 Abs. 2 BGB keiner rechtsgeschäftlichen Übertragung. Die Vereinbarung der Gütergemeinschaft durch Ehevertrag (§ 1415 BGB) bedarf nach § 1410 BGB der notariellen Beurkundung.

§ 311b

Für Umwandlungen nach dem Umwandlungsgesetz vom 01.01.1995 gelten ausschließlich die Formvorschriften dieses Gesetzes, die eine Spezialregelung zu § 311b Abs. 3 BGB enthalten.[1672]

b. Betroffener Personenkreis

aa. Natürliche Personen

365 Unbestritten ist, dass natürliche Personen Adressaten von Verpflichtungsgeschäften im Sinne des § 311b Abs. 3 BGB sind. Dies ergibt sich bereits daraus, dass nach dem Willen des Gesetzgebers die Vorgängervorschrift § 311 BGB a.F. einer Umgehung erbrechtlicher Vorschriften vorbeugen will; dies betrifft natürliche Personen.

bb. Juristische Personen

366 § 311b Abs. 3 BGB gilt nach h.M. nicht nur für Verpflichtungen von natürlichen Personen, sondern auch für solche durch juristische Personen[1673] In der gesellschaftsrechtlichen Literatur wird dagegen teilweise die Ansicht vertreten, dass § 311b Abs. 3 BGB auf den Verkauf des gesamten Vermögens einer juristischen Person – entgegen der Rechtsprechung des Reichsgerichts[1674] – überhaupt nicht anwendbar sei.[1675] Bei der Auslegung der Norm sei zu berücksichtigen, ob es sich bei dem Normadressaten um eine natürliche oder eine juristische Person handele. Diese Auffassung ist abzulehnen. Der Wortlaut des § 311b Abs. 3 BGB gibt keinen Anhaltspunkt für eine Differenzierung zwischen natürlichen und juristischen Personen. Zutreffend weist *Hüffer*[1676] zum Verkauf des gesamten Vermögens einer AG auf die Rechtsprechung des RG und die Anwendbarkeit des § 311 BGB a.F. hin. Der Gesetzgeber hat bei der Neufassung des § 361 AktG a.F. von einer besonderen Regelung wie in § 361 Abs. 1 Satz 4 AktG a.F. in Verbindung mit § 341 Abs. 1 AktG a.F. verzichtet, wonach der schuldrechtliche (!) Vertrag zur Übertragung des gesamten Vermögens einer Aktiengesellschaft der notariellen Beurkundung bedurfte, weil sich dieses Erfordernis bereits aus § 311 BGB a.F. ergebe.[1677] Vgl. im Übrigen Rn. 390 zur Besonderheit des Unternehmenskaufs in der Form des asset deal.

cc. Personengesellschaften

367 Unter Berufung auf eine Entscheidung des Reichsgerichtes aus dem Jahre 1909[1678] wird in der Literatur die Auffassung vertreten, dass die Veräußerung des Vermögens einer **Personenhandelsgesellschaft** (OHG bzw. KG) nicht unter § 311b Abs. 3 BGB falle, da es sich um ein „Sondervermögen" einer natürlichen oder juristischen Person handele.[1679] Die h.M. in der Literatur[1680] bejaht dagegen zu Recht die Anwendbarkeit des § 311b Abs. 3 BGB. Gesteht man den Personenhandelsgesellschaften eine Teilrechtsfähigkeit zu, so wird man die Nichtanwendbarkeit des § 311b Abs. 3 BGB nicht mit dem Argu-

---

[1672] *Wufka* in: Staudinger, § 311b Abs. 3 Rn. 5; *Thode* in: MünchKomm-BGB, § 311 a.F. Rn. 7.
[1673] RG v. 11.11.1910 - II 609/09 - RGZ 76, 1-4, 2; RG v. 09.07.1932 - VI 205/32 - RGZ 137, 324-356, 348; *Wufka* in: Staudinger, § 311b Abs. 3 Rn. 7; *Grüneberg* in: Palandt, § 311b Rn. 64; *Thode* in: MünchKomm-BGB, § 311 a.F. Rn. 7; *Hüffer*, Aktiengesetz, 6. Aufl. 2004, § 179a Rn. 16; *Müller*, NZG 2007, 201-206, 203; *Palzer*, Jura 2011, 917, 920.
[1674] RG v. 22.06.1908 - VI 394/07 - RGZ 69, 283-292; RG v. 11.11.1910 - II 609/09 - RGZ 76, 1-4; RG v. 19.05.1913 - VI 30/13 - RGZ 82, 273-278; RG v. 09.07.1932 - VI 205/32 - RGZ 137, 324-356.
[1675] *Kiem*, NJW 2006, 2363-2368, 2366; *Beisel/Klumpp*, Der Unternehmenskauf, 4. Aufl. 2003, Rn. 75, unter Hinweis auf die Entscheidung des Reichsgerichts (RG v. 09.07.1932 - VI 205/32 - RGZ 137, 324-356, 348), welche aber genau das Gegenteil aussagte. Nach Ansicht von *Klöckner*, DB 2008, 1083-1089, 1087, scheide eine Anwendung des § 311b Abs. 3 BGB auf die Veräußerung des gesamten Vermögens einer juristischen Person aus, weil das Recht der Kapitalgesellschaften ausreichende Instrumente zur Wahrung des Übereilungsschutzes enthalte und damit der Schutzzweck des § 311b Abs. 3 BGB nicht betroffen sei.
[1676] *Hüffer*, Aktiengesetz, 7. Aufl. 2006, § 179a Rn. 16.
[1677] BT-Drs. 12/6699, S. 177 re. Sp. Gegen diese Argumentation *Böttcher/Grewe*, NZG 2005, 950-954, 954; der Begriff des Gesellschaftsvermögens im Sinne des § 179 AktG sei nicht deckungsgleich mit dem Vermögensbegriff des § 311b Abs. 3 BGB.
[1678] RG v. 01.02.1910 - 99/09 III - JW 1910, 242 Nr. 30.
[1679] *Battes* in: Erman, Handkommentar BGB, 10. Aufl. 2000, § 311 a.F. Rn. 5; *Ballhaus* in: BGB-RGRK, § 311 a.F. Rn. 4.
[1680] *Wufka* in: Staudinger, § 311b Abs. 3 Rn. 7; *Böttcher/Grewe*, NZG 2005, 950-954, 952; *Klöckner*, DB 2008, 1083-1089, 1087; *Müller*, NZG 2007, 201-206, 206; *Morshäuser*, WM 2007, 337, 340; *Heckschen*, NZG 2006, 772-777, 773.

ment des Sondervermögens begründen können. Richtigerweise ist die Gesellschaft[1681] selbst Träger des Gesamthandsvermögens, nicht ihre Gesellschafter[1682]. Die Gesellschafter sind nur mittelbar über ihre Mitgliedschaft am Gesamthandsvermögen beteiligt.[1683] Zwar ist die Gesamthand keine juristische Person, doch ist sie ein rechtlich von den Gesellschaftern verselbständigter Personenverband.[1684] Daher kann über die Gegenstände des Gesellschaftsvermögens nur die Gesellschaft als Berechtigte verfügen.[1685] Aus diesem Grund ist es nicht zutreffend, das Vermögen einer Personenhandelsgesellschaft als „Sondervermögen" der einzelnen Gesellschafter zu betrachten, mit der Folge, dass die Veräußerung des gesamten Vermögens einer OHG oder KG in aller Regel nicht (nahezu) das gesamte Vermögen des einzelnen Gesellschafters ausmachen würde. Da die Gesamthand selbst Inhaber des Gesellschaftsvermögens ist, liegen die Voraussetzungen des § 311b Abs. 3 BGB vor, wenn das gesamte Vermögen der Gesellschaft, beispielsweise im Wege des Unternehmenskaufs, veräußert wird. Ein Unterschied zum Verkauf des gesamten Vermögens durch eine juristische Person besteht demnach nicht.

Die gleichen Grundsätze wie bei der OHG und der KG gelten auch für die **Gesellschaft bürgerlichen Rechts**, wenn man dieser mit der neueren „kollektivistischen Gesamthandslehre" nach der jüngsten Rechtsprechung des BGH[1686] eine „beschränkte Rechtssubjektivität"[1687] oder „bloße Rechtsfähigkeit"[1688] zugesteht und sie in ihrer Struktur einer OHG gleichstellt[1689]. Die Gesellschafter haben keine dingliche Berechtigung am Gesellschaftsvermögen, vielmehr lediglich einen „Wertanteil", dessen Höhe durch das Verhältnis der Kapitalanteile bestimmt wird[1690], die keine sachenrechtlichen Anteile darstellen, sondern nur durch Kapitalkonten erfassbare Rechnungsgrößen sind[1691]. Der Gesellschaftsanteil ist deshalb nichts anderes als die Mitgliedschaft in dem mit Rechtsfähigkeit ausgestatteten Verband „Gesellschaft bürgerlichen Rechts"[1692]. Die Vorstellung von dem „Sondervermögen der einzelnen Gesellschafter" trifft daher auch bei der Gesellschaft bürgerlichen Rechts nicht zu, so dass bei der Veräußerung des gesamten Vermögens der Gesellschaft § 311b Abs. 3 BGB anwendbar ist. 368

2. Zu übertragen oder mit einem Nießbrauch zu belasten

§ 311b Abs. 3 BGB erfasst seinem Wortlaut nach die Verpflichtung zur Übertragung des gesamten oder eines Bruchteils des künftigen Vermögens sowie die Bestellung eines Nießbrauchs. Unter dem Begriff des Nießbrauchs ist nicht nur das dingliche Recht im Sinne des § 1030 BGB zu verstehen, sondern auch eine schuldrechtliche Rechtsposition, die hinsichtlich der Befugnisse und Verpflichtungen des Berechtigten dem dinglichen Recht vergleichbar ist[1693], beispielsweise wenn die Beteiligten einen schuldrechtlichen – nicht im Grundbuch einzutragenden – Nießbrauch bestellen[1694]: Entscheidend ist 369

[1681]Der von den einzelnen Gesellschaftern verselbständigte Verbund der Gesamthänder; *K. Schmidt*, Gesellschaftsrecht, 4. Aufl. 2002, § 8 IV 2a.

[1682]*K. Schmidt*, Gesellschaftsrecht, 4. Aufl. 2002, § 8 IV 2a.

[1683]*Habersack* in: Staub, GroßKomm-HGB, § 124 HGB Rn. 6.

[1684]*Habersack* in: Staub, GroßKomm-HGB, § 124 HGB Rn. 4; eine juristische Person ist dagegen dadurch charakterisiert, dass es sich um eine einzelne Person als Rechtsträger handelt (Einpersonenrechtsträger). Bei der rechtlich verselbständigten Gesamthand ist der Rechtsträger eine aus den einzelnen Gesellschaftern bestehende Gruppe (Mehrpersonenrechtsträger).

[1685]*Habersack* in: Staub, GroßKomm-HGB, § 124 HGB Rn. 8.

[1686]BGH v. 29.01.2001 - II ZR 331/00 - BGHZ 146, 341-361.

[1687]BGH v. 29.01.2001 - II ZR 331/00 - juris Rn. 7 - BGHZ 146, 341-361; *Scholz*, NZG 2002, 153-163, 154; die GbR wird von Gesetzes wegen als insolvenzfähig angesehen (§ 11 Abs. 2 Nr. 1 InsO).

[1688]*Peifer*, NZG 2001, 296-300, 297.

[1689]So ausdrücklich BGH v. 29.01.2001 - II ZR 331/00 - juris Rn. 10 - BGHZ 146, 341-361.

[1690]*Schmidt*, NJW 2001, 993-1003, 998.

[1691]*Schmidt*, NJW 2001, 993-1003, 998.

[1692]*Schmidt*, NJW 2001, 993-1003, 998.

[1693]Das Reichsgericht entschied im Jahre 1909 (RG v. 21.10.1909 - VI 486/08 - RGZ 72, 116-119), dass ein Vertrag, durch den sich ein Schuldner gegenüber seinen Gläubigern, verpflichtete, bis zur Befriedigung seiner Gläubiger über sein Vermögen nicht zu verfügen und dem eingesetzten Ausschuss die Verwaltung und den Nießbrauch an seinem Vermögen zum Zwecke der Tilgung der Verbindlichkeiten zu übertragen bzw. zu bestellen, nicht der notariellen Beurkundung nach § 311 a.F. bedürfte. Das Reichsgericht verneinte die Verpflichtung zur Bestellung eines Nießbrauchs im Sinne des § 1030 BGB, da die Nutzungen weiterhin dem Schuldner verbleiben sollten, nur mit der Maßgabe, dass sie zur Bezahlung seiner Schulden verwendet werden sollten. Die dem Gläubigerausschuss eingeräumte Verwaltungs- und Verfügungsgewalt sei ebenfalls nicht als Nießbrauch im Sinne des § 1030 BGB anzusehen.

[1694]Dies wurde vom BGH offen gelassen (BGH v. 19.06.1957 - IV ZR 214/56 - BGHZ 25, 1-11).

nicht die dingliche Rechtsposition des Erwerbers, sondern die Einschränkung der Nutzungsbefugnis auf Seiten des Verpflichteten. Die Verpflichtung zur Sicherungsübertragung fällt nach allgemeiner Auffassung ebenfalls unter § 311b Abs. 3 BGB[1695]; entgegen der h.M.[1696] erfüllt auch die Verpfändung des gesamten Vermögens bzw. eines Bruchteils des gesamten Vermögens die Voraussetzungen des § 311b Abs. 3 BGB.

3. Gegenwärtiges Vermögen

a. Vermögensbegriff

370 Wie auch bei § 311b Abs. 2 BGB stellt sich bei § 311b Abs. 3 BGB die Frage nach der Auslegung des Vermögensbegriffs. Darunter kann zum einen das Aktivvermögen verstanden werden, wie auch der Vermögenswert, der nach Abzug der Schulden übrig bleibt (reines Vermögen).[1697] Nach herkömmlicher Auffassung ist der Begriff des Vermögens im ersteren Sinne, also als Gesamtheit der Aktiva ohne Passiva zu verstehen.[1698] Besondere Bedeutung kommt dieser Auslegung zu, wenn es um die Feststellung geht, ob von der Übertragung ausgenommene Gegenstände von „untergeordneter Bedeutung" sind, so dass man gleichwohl von der Übertragung des „gesamten Vermögens" ausgehen könne. So hat das Reichsgericht im Jahre 1913[1699] entschieden, dass der von der Veräußerung des gesamten Vermögens einer Gewerkschaft ausgenommene Grundbesitz nicht deshalb als Vermögensgegenstand von „untergeordneter Bedeutung" anzusehen sei, weil dieser durch Hypotheken über den Grundbesitzwert hinaus belastet sei.[1700]

b. Eigenes Vermögen („sein")

371 Unter Hinweis auf eine Entscheidung des Reichsgerichtes aus dem Jahre 1913[1701] wird allgemein die Ansicht vertreten, dass die Verpflichtung, das gesamte Vermögen einer dritten Person zu übertragen, nicht unter § 311b Abs. 3 BGB fällt.[1702] Grundsätzlich ist dieser Auffassung beizupflichten; jedoch ist zweifelhaft, ob das Reichsgericht den Fall richtig entschieden hat. Der Entscheidung lag folgender Sachverhalt zugrunde: Der alleinige Gesellschafter einer GmbH verkaufte sämtliche Aktiva der Gesellschaft. In dem Kaufvertrag war der Gesellschafter als Verkäufer aufgeführt. Selbst wenn man der Ansicht des Reichsgerichtes folgt, dass der Alleingesellschafter tatsächlich das Vermögen der Gesellschaft verkaufen wollte und nicht in Wirklichkeit die Gesellschaft selbst Vertragspartner war (was bei der Einpersonengesellschaft nahe liegt), müsste wegen der engen wirtschaftlichen Verflechtung zwischen Gesellschaft und deren Alleingesellschafter die Formvorschrift des § 311b Abs. 3 BGB von ihrem Schutzzweck her anzuwenden sein.

c. Gegenwärtiges Vermögen

372 Nach dem Wortlaut des Gesetzes muss das „gegenwärtige Vermögen" Vertragsgegenstand sein. Dies bedeutet zum einen eine Abgrenzung zur Verpflichtung zur Übertragung des künftigen Vermögens im Sinne des § 311b Abs. 2 BGB. Die Formulierung hat zum anderen auch eine „quantitative Komponente": Gegenstand des Verpflichtungsgeschäfts muss das **gesamte Vermögen** sein. Dies lässt sich zum einen vom Wert des Vermögens her interpretieren. Legt man diese Annahme zugrunde, so könnte auch die Verpflichtung zur Übertragung eines einzelnen Vermögensgegenstandes dem Anwendungsbereich des § 311b Abs. 3 BGB unterliegen, wenn er nur objektiv vom Wert das gesamte Vermögen ausmacht. Ein anderes Verständnis geht von der Gesamtheit aller Vermögensgegenstände aus. Danach

---

[1695] *Wufka* in: Staudinger, § 311b Abs. 3 Rn. 3; vgl. dazu auch Rn. 344.
[1696] Dazu *Wufka* in: Staudinger, § 311b Abs. 3 Rn. 3 und Rn. 395 (Verpflichtung zur Verpfändung).
[1697] Vgl. RG v. 22.06.1908 - VI 394/07 - RGZ 69, 283-292, 285.
[1698] RG v. 22.06.1908 - VI 394/07 - RGZ 69, 283-292, 285; RG v. 12.11.1908 - VI 633/07 - RGZ 69, 416-422; RG v. 19.05.1913 - VI 30/13 - RGZ 82, 273-278, 277; *Wufka* in: Staudinger, § 311b Abs. 3 Rn. 9; *Thode* in: MünchKomm-BGB, § 311 a.F. Rn. 5; *Wolf* in: Soergel, § 310 a.F. Rn. 5.
[1699] RG v. 19.05.1913 - VI 30/13 - RGZ 82, 273-278, 277.
[1700] Allerdings trägt die Begründung des Reichsgerichts diese Auffassung seit dem Außerkrafttreten des § 419 a.F. nicht mehr, da das Gericht darauf abstellte, dass der Erwerber bei Annahme eines Vermögensgegenstandes von untergeordnetem Wert auch für die auf dem ausgenommenen Grundbesitz gesicherte Hypothekenforderung durch Vermögensübernahme haften würde.
[1701] RG v. 26.04.1912 - II 515/11 - RGZ 79, 232-285.
[1702] *Battes* in: Erman, Handkommentar BGB, 10. Aufl. 2000, § 311 a.F. Rn. 5; *Grüneberg* in: Palandt, § 311b Rn. 66; *Wufka* in: Staudinger, § 311b Abs. 3 Rn. 8.

ist der Anwendungsbereich des § 311b Abs. 3 BGB nur dann betroffen, wenn der Vertrag darauf gerichtet ist, alle Vermögensgegenstände zu übertragen, ohne diese einzeln zu bezeichnen. Schwierig ist die Abgrenzung, wenn der Vertrag einzelne (nicht notwendig alle) Vermögensgegenstände aufzählt. Dies muss nicht zwingend bedeuten, dass der Vertrag stets ein solcher über Einzelgegenstände ist; auch hier kann ein Vertrag über die Gesamtheit des Vermögens vorliegen, bei dem nur einzelne (werthaltige) Vermögensgegenstände stellvertretend für die Gesamtheit im Vertrag erwähnt sind. Die zu dem vorgenannten Problem ergangenen Gerichtsentscheidungen (in der Regel solche des Reichsgerichtes), auf die die heutige Literatur Bezug nimmt, scheinen (unbewusst) eine Differenzierung zwischen der Veräußerung des gesamten Vermögens durch eine Privatperson einerseits und durch eine juristische Person andererseits vorzunehmen.

aa. Die Entscheidungen des Reichsgerichtes und des Bundesgerichtshofes

373 In der ersten Entscheidung des Reichsgerichts aus dem Jahre 1909 (VI. Zivilsenat)[1703] zur Anwendbarkeit des § 311 BGB a.F. ging es um die Übernahme eines Handelsgeschäfts von einer Aktiengesellschaft in Form des „asset deal". Die Radeberger Exportbierbrauerei verkaufte durch schriftlichen Vertrag ihre gesamten Geschäftsaktiva einschließlich des Rechts auf Fortführung der Firma, unter Ausschluss einiger Grundstücke, über die die AG anderweitig verfügte. Das RG stellte folgenden ersten Grundsatz auf: „Insbesondere braucht und pflegt das Handelsgeschäft, das Geschäftsvermögen des Einzelkaufmanns, sein ganzes Vermögen nicht zu erschöpfen; dagegen liegt regelmäßig der Fall der §§ 311, 419 BGB a.F. vor, wenn eine juristische Person ihr Vermögen, das eben ein geschäftliches Zweckvermögen ist, veräußert (§ 303 HGB a.F.)".

374 Noch im gleichen Jahr entschied der gleiche Senat (VI. Zivilsenat) des Reichsgerichts[1704] einen Fall zur Veräußerung des gesamten Vermögens durch eine natürliche Person. Der Metzger Johann Sch. verkaufte und übertrug „seine sämtlichen, das Landgut zu S. umfassenden Immobilien zum Werte von 15.200 M, sowie sämtliche vorhandenen Mobilien und Moventien, Vieh- und Feldinventarium zum Werte von 6.000 M." Das RG entschied: „Die Wirksamkeit von Rechtsgeschäften, welche die Veräußerung eines einzelnen Vermögensstücks oder auch einer Mehrheit von solchen, die von den Beteiligten speziell ins Auge gefasst und bezeichnet sind, zum Gegenstand haben, wird durch die Bestimmung des § 311 BGB a.F. nicht berührt. Sie sind, sofern die sonstigen etwa in Betracht kommenden Formvorschriften beobachtet sind, oder ihr Mangel geheilt ist, gültig, auch wenn die einzelnen veräußerten Gegenstände tatsächlich das ganze Vermögen des Veräußerers ausmachen, und sich die Beteiligten dessen bewusst sind".[1705]

375 In der zweiten Entscheidung zum Unternehmenskauf in der Form des „asset deal" ging es um die Übernahme des gesamten Aktivvermögens einer GmbH, die danach aufgelöst wurde, wobei sich der Erwerber zur Befriedigung der Gläubiger der GmbH verpflichtete. Das Reichsgericht (II. Zivilsenat) entschied, dass § 311 BGB a.F. auch dann anzuwenden sei, wenn die Vermögensgegenstände, die das gesamte Aktivvermögen der Gesellschaft ausmachen, einzeln bezeichnet sind.[1706] Damit setzte sich das Reichsgericht in Widerspruch zur Entscheidung aus dem Jahre 1908 (VI. Zivilsenat)[1707], in welcher es um die Veräußerung des gesamten Vermögens einer Privatperson ging. Der Widerspruch schien dem Senat nicht aufzufallen; jedenfalls erfolgt kein Hinweis auf die abweichende Beurteilung beim „asset deal" durch eine juristische Person.

376 Die dritte Entscheidung zum Unternehmenskauf (VII. Zivilsenat[1708]) bestätigte die beiden zuvor getroffenen Entscheidungen[1709], wonach § 311 BGB a.F. bei dem Verkauf des gesamten Vermögens einer Gesellschaft anwendbar sei und nicht dadurch ausgeschlossen werde, dass einzelne verhältnismäßig unbedeutende Vermögensgegenstände[1710] ausgenommen seien.

[1703] RG v. 22.06.1908 - VI 394/07 - RGZ 69, 283-292.
[1704] RG v. 12.11.1908 - VI 633/07 - RGZ 69, 416-422.
[1705] RG v. 12.11.1908 - VI 633/07 - RGZ 69, 416-422, 420.
[1706] RG v. 11.11.1910 - II 609/09 - RGZ 76, 1-4, 3; das RG prüfte jedoch weiter die Möglichkeit der Umdeutung (vgl. Rn. 354) nach § 140 BGB in Einzelgeschäfte über bewegliche Gegenstände, die keiner Form unterliegen.
[1707] RG v. 12.11.1908 - VI 633/07 - RGZ 69, 416-422.
[1708] RG v. 19.05.1913 - VI 30/13 - RGZ 82, 273-278.
[1709] RG v. 22.06.1908 - VI 394/07 - RGZ 69, 283-292 und RG v. 12.11.1908 - VI 633/07 - RGZ 69, 416-422.
[1710] Es handelte sich um Kalivertträge und den Vertrag mit einer weiteren Person.

377 In der zweiten Entscheidung[1711] zur Übertragung des gesamten Vermögens einer Privatperson ging es um eine lebzeitige Übergabe im Wege des Verpfründungsvertrages. Der privatschriftlich geschlossene Vertrag enthielt folgende „Präambel" in § 1: „Mein gesamtes Vermögen besteht in nominell 10.000 M 4% Hamburger Rente, welche zurzeit ungefähr 9.000 M Kurswert besitzen, und einem alten Hausstand, der höchstens 1.000 M wert ist. Da ich von 400 M Zinsen meines Vermögens nicht leben kann, habe ich mich entschlossen, mit meiner Nichte ... einen Leibrentenvertrag dahin zu schließen, dass ich ihr mein vorstehend genanntes Vermögen, also die 10.000 M Wertpapiere und den Hausstand, zu Eigentum übergebe, wohingegen sie sich verpflichtet, mir bis an das Ende meines Lebens 1.000 M zu zahlen". Der IV. Zivilsenat des Reichsgerichtes begründete die Nichtanwendbarkeit des § 311 BGB a.F. wie folgt: Die Veräußerin habe in dem Vertrag zwar erwähnt, dass die übertragenen Gegenstände ihr Vermögen als Gesamtheit ausmachten, sie wolle aber nicht ihr Vermögen als Gesamtheit, sondern die bezeichneten Gegenstände übertragen. Der Senat führt aus, dass sich das Berufungsgericht zu Recht auf die Rechtsprechung des Reichsgerichtes berufe, wonach ein Vertrag, der die Veräußerung einer Mehrheit von Vermögensgegenständen zum Gegenstand hat, durch die Vorschrift des § 311 BGB a.F. nicht berührt werde, auch wenn die veräußerten Gegenstände zusammen das ganze Vermögen des Veräußerers ausmachen und die Beteiligten sich dessen bewusst sind. In einem solchen Falle sei der Übertragungswille nur bezüglich der namhaft gemachten Gegenstände erklärt, so dass beim Vorhandensein weiterer Vermögensstücke diese nicht mitveräußert sind, während sie bei der Übertragung des Vermögens als Ganzes dazu gehören würden.[1712] Der IV. Zivilsenat stellte offensichtlich auf die Entscheidung des VI. Zivilsenats vom 12.11.1908[1713] ab, in welcher es ebenfalls um die Veräußerung des gesamten Vermögens durch eine natürliche Person ging. Dabei übersah er aber offensichtlich die Entscheidung des VI. Zivilsenats vom 22.06.1908[1714] sowie die Entscheidung des II. Zivilsenats vom 11.11.1910[1715], in welcher die Anwendbarkeit des § 311 BGB a.F. durch die besondere Bezeichnung der einzelnen Vermögensstücke nicht in Frage gestellt wurde.

378 Der VI. Zivilsenat setzte in der Entscheidung vom 09.07.1932[1716] seine Rechtsprechung zur Anwendbarkeit des § 311 BGB a.F. bei der Veräußerung des gesamten Vermögens durch eine juristische Person fort. Zwischen dem bisher regierenden Herzog Ernst II von Sachsen-Altenburg, zugleich als Vertreter des herzoglichen Hauses Sachsen-Altenburg, und dem Freistaat Sachsen-Altenburg, vertreten durch das Staatsministerium in Altenburg, wurde folgender privatschriftlicher Vertrag geschlossen: „Das gesamte zum Domänenfideikommiss[1717] des herzoglichen Hauses gehörige Vermögen, insbesondere ..., mit Ausnahme eines Teiles der Wertpapiere, Hypotheken oder Schuldbuchforderungen in Höhe von ..., geht mit der Vollziehung des Vertrages auf den Freistaat Sachsen-Altenburg mit allen Rechten, aber auch mit allen darauf ruhenden Lasten und Verpflichtungen ... eigentümlich über ...". Das Reichsgericht war der Auffassung[1718], dass der Vertrag wegen Verstoßes gegen § 311 BGB a.F. nichtig sei (§ 125 Satz 1 BGB). Diese Vorschrift sei zwar dann nicht anwendbar, wenn es um die Übertragung eines Sondervermögens (z.B. Fideikommissvermögen), im Gegensatz zum gesamten Vermögen, gehe, wohl aber dann, wenn eine juristische Person die Verpflichtung zur Übertragung ihres Vermögens eingeht.[1719] Unerheblich sei, dass einzelne Gegenstände von verhältnismäßig untergeordneter Bedeutung – wie etwa ein Teil der Schlosseinrichtung – von der Übertragung ausgenommen werden.[1720]

379 Eher beiläufig äußerte sich das Reichsgericht (IV. Zivilsenat) in seiner Entscheidung vom 12.01.1933[1721] zur Anwendbarkeit des § 311 BGB a.F., in welcher es um die Verpflichtung eines Ehe-

---

[1711] RG v. 03.02.1919 - IV 323/18 - RGZ 94, 314-318.
[1712] RG v. 03.02.1919 - IV 323/18 - RGZ 94, 314-318.
[1713] RG v. 12.11.1908 - VI 633/07 - RGZ 69, 416-422.
[1714] RG v. 22.06.1908 - VI 394/07 - RGZ 69, 283-292.
[1715] RG v. 11.11.1910 - II 609/09 - RGZ 76, 1-4.
[1716] RG v. 09.07.1932 - VI 205/32 - RGZ 137, 324-356.
[1717] Dabei handelt es sich um eine juristische Person, für die der Herzog als Vertreter auftrat; vgl. RG v. 09.07.1932 - VI 205/32 - RGZ 137, 324-356, 348.
[1718] RG v. 09.07.1932 - VI 205/32 - RGZ 137, 324-356, 347 ff.
[1719] RG v. 09.07.1932 - VI 205/32 - RGZ 137, 324-356, 348 unter Hinweis auf RG v. 22.06.1908 - VI 394/07 - RGZ 69, 283-292, RG v. 11.11.1910 - II 609/09 - RGZ 76, 1-4 und RG v. 13.05.1929 - II 313/28 - RGZ 124, 279-309, 294.
[1720] RG v. 09.07.1932 - VI 205/32 - RGZ 137, 324-356, 349.
[1721] RG v. 12.01.1933 - IV 353/32 - RGZ 139, 199-205.

paars zur sicherungsweisen Übertragung des gesamten lebenden und toten Wirtschaftsinventars ihres landwirtschaftlichen Betriebes, der Vorräte, des Aufwuchses sowie der gesamten Einrichtungs- und Gebrauchsgegenstände ihrer Wohnung ging. Das Reichsgericht bestätigte den in seiner Entscheidung aus dem Jahre 1919[1722] getroffenen Grundsatz, dass § 311 BGB a.F. nicht bereits dann erfüllt ist, wenn die einzelnen Vermögensstücke nur zusammen tatsächlich das ganze oder nahezu das ganze Vermögen ausmachen.

Der Bundesgerichtshof[1723] setzte die Rechtsprechung des Reichsgerichts zur Veräußerung des gesamten Vermögens oder eines Bruchteils desselben durch natürliche Personen fort. Der Erbe eines umfangreichen Vermögens überließ einem Dritten die Verwaltung und Nutznießung an dem zur Erbschaft gehörenden Allodialvermögen, zu denen insbesondere Grundstücke gehörten. Der BGH hielt § 311 BGB a.F. nicht für anwendbar, weil sich die Vereinbarung auf einzelne bestimmte Vermögensgegenstände bezog, die lediglich unter einer Sammelbezeichnung zusammengefasst waren; damit sei nicht das gesamte oder ein Bruchteil des Vermögens betroffen. Die Form des § 311 BGB a.F. habe ihren Grund darin, dass derjenige vor übereilten und unüberlegten Handlungen geschützt werden solle, der die in der Vorschrift genannten Verträge über sein ganzes gegenwärtiges Vermögen oder über einen Bruchteil dieses ganzen Vermögens schließen wolle. Dieser Schutz sei notwendig, da der Vertragschließende in solchen Fällen oft keine sichere Vorstellung über den Umfang der von ihm eingegangenen Verpflichtung habe. Diese Voraussetzung treffe aber nicht zu, wenn die den Gegenstand des Vertrags bildenden Vermögensteile in dem Vertrag selbst bezeichnet sind. Dazu sei nicht unbedingt erforderlich, dass die einzelnen Vermögensgegenstände namentlich benannt werden, sondern es genüge, wenn ihre konkrete Bestimmung sich aus dem Inhalt des Vertrages einwandfrei ergebe.[1724] In zwei späteren Urteilen führte der BGH diese Rechtsprechung fort und entschied, dass bei der Veräußerung nur einzelner Gegenstände § 311 BGB a.F. nicht anwendbar sei, und zwar auch dann, nicht wenn diese objektiv das ganze Vermögen ausmachten.[1725] Im zuletzt genannten Fall verpflichtete sich ein Kaufmann zur Übereignung von acht Pkws. 380

bb. Analyse der Rechtsprechung

Alle Entscheidungen, die die Veräußerung des Vermögens einer juristischen Person (insbesondere beim Unternehmenskauf im Wege des „asset deal") betreffen, kamen zu einer Anwendung des § 311 BGB a.F., und zwar auch dann, wenn die Vermögensgegenstände im Einzelnen bezeichnet sind.[1726] Weiterhin unerheblich ist nach diesen Entscheidungen, dass einzelne Vermögensgegenstände von „untergeordneter Bedeutung" ausgenommen sind.[1727] Über § 140 BGB (Umdeutung) solle der Vertrag über diese Gegenstände aber aufrechterhalten bleiben können, sofern die Form hinsichtlich dieser Gegenstände eingehalten sei. Der BGH entschied nur Fälle, in denen natürliche Personen Veräußerer waren. Er musste sich bisher nicht mit der Frage beschäftigen, ob § 311b Abs. 3 BGB bei der Veräußerung des gesamten Vermögens einer juristischen Person, insbesondere beim „asset deal" durch eine Kapitalgesellschaft, anwendbar ist, und zwar auch dann, wenn die Vermögensgegenstände im Einzelnen aufgeführt sind.[1728] 381

War Veräußerer eine natürliche Person, so kamen die Entscheidungen ausnahmslos zu dem Ergebnis, dass § 311 BGB a.F. nicht anwendbar sei, insbesondere weil in den zugrunde liegenden Fällen nicht das Vermögen „als Gesamtheit", sondern einzeln aufgezählte Vermögensgegenstände Vertragsgegenstand waren, selbst wenn diese das gesamte Vermögen ausmachten und den Beteiligten dies auch bewusst war.[1729] Vergleicht man beispielsweise die Entscheidungen des II. Zivilsenats des Reichsgerichtes vom 11.11.1910[1730] (Unternehmenskauf) und des IV. Zivilsenats vom 03.02.1919[1731] (Verkauf durch Privatperson), so kommt man zu folgender Übereinstimmung: Objektiv wurde jeweils das ge- 382

[1722] RG v. 03.02.1919 - IV 323/18 - RGZ 94, 314-318.
[1723] BGH v. 19.06.1957 - IV ZR 214/56 - BGHZ 25, 1-11.
[1724] BGH v. 19.06.1957 - IV ZR 214/56 - BGHZ 25, 1-11.
[1725] BGH v. 05.05.1958 - VII ZR 102/57 - BB 1958, 648; BGH v. 30.10.1990 - IX ZR 9/90 - juris Rn. 36 - NJW 1991, 353-355.
[1726] So ausdrücklich RG v. 11.11.1910 - II 609/09 - RGZ 76, 1-43; BGH v. 05.05.1958 - VII ZR 102/57 - WM 1958, 756.
[1727] Zu beachten ist, dass Verbindlichkeiten, die auf den ausgenommenen Gegenständen (insbesondere Grundstücken) lasten, bei der Feststellung der „untergeordneten Bedeutung" (vgl. Rn. 370) nicht berücksichtigt werden dürfen; RG v. 19.05.1913 - VI 30/13 - RGZ 82, 273-278, 277.
[1728] Vgl. insofern die Entscheidung RG v. 11.11.1910 - II 609/09 - II 609/09-4, 3.
[1729] RG v. 12.11.1908 - VI 633/07 - RGZ 69, 416-422, 420.
[1730] RG v. 11.11.1910 - II 609/09 - II 609/09-4.
[1731] RG v. 03.02.1919 - IV 323/18 - RGZ 94, 314-318.

samte Vermögen veräußert. In der privatschriftlich errichteten Veräußerungsurkunde wurden die Gegenstände, die das gesamte Vermögen ausmachten, jeweils im Einzelnen beschrieben. Auch war den Vertragsparteien bewusst, dass das gesamte Vermögen übertragen werden soll. Wo liegt nun der Unterschied? Man könnte erwägen, dass das Reichsgericht in seiner späteren Entscheidung vom 03.02.1919 seine Rechtsprechung geändert hätte. Dagegen spricht jedoch, dass die widersprüchlichen Entscheidungen von unterschiedlichen Senaten getroffen wurden. Der IV. Zivilsenat hätte sich auch in Widerspruch zur Entscheidung des VI. Zivilsenats aus dem Jahre 1913[1732] gesetzt. Zudem hat der VI. Zivilsenat im Jahre 1932[1733] die Entscheidungen zur Anwendbarkeit des § 311 BGB a.F. beim Verkauf des gesamten Vermögens durch juristische Personen bestätigt. Auch wurde in den Entscheidungen niemals auf den scheinbaren Widerspruch der Ergebnisse hingewiesen. Denkbares Kriterium einer Unterscheidung zwischen dem Verkauf des gesamten Vermögens durch eine Kapitalgesellschaft in der Form des „asset deal" und dem Verkauf durch eine natürliche Person (Sicherungsübertragung, Verpfründungsvertrag) könnte demnach sein, dass beim Unternehmenskauf typischerweise – mit Ausnahme der ausdrücklich ausgenommenen Gegenstände – alle Aktiva veräußert werden sollen, was in aller Regel durch eine entsprechende Klausel zum Ausdruck gebracht wird.[1734] Eine solche Differenzierung deutet sich auch in der Entscheidung des Reichsgerichtes vom 03.02.1919[1735] an: „In einem solchen Falle ist der Übertragungswille nur bezüglich der namhaft gemachten Gegenstände erklärt, so dass beim Vorhandensein weiterer Vermögensgegenstände diese nicht mitveräußert sind, während sie bei der Übertragung des Vermögens als Ganzes dazu gehören müssen". Typischerweise folgt einer Veräußerung des gesamten Aktivvermögens einer juristischen Person deren Erlöschen durch Liquidation, so dass die Rechtsperson gleichsam „von der Bildfläche verschwindet"; bei natürlichen Personen ist dies dagegen nicht der Fall. Die Abgrenzungsschwierigkeiten, die die Kriterien der Rechtsprechung mit sich bringen, zeigt eine Entscheidung des V. Zivilsenats aus dem Jahre 1921.[1736] In dem zugrunde liegenden Fall übertrug jemand in zwei gesonderten Urkunden sein gesamtes Vermögen an seinen Bruder. Der V. Zivilsenat bestätigte die Rechtsprechung der anderen Zivilsenate, wonach hinsichtlich der Anwendbarkeit des § 311 BGB a.F. danach zu differenzieren sei, „ob der Wille der Vertragsparteien darauf gerichtet ist, dass alles Vermögen, das etwa außer den von ihnen ins Auge gefassten und als Gegenstand der Übertragungspflicht bezeichneten Vermögensgegenständen noch vorhanden sein könnte, gleichfalls auf den Erwerber übertragen werden sollte"[1737]. Das Gericht wies die Auffassung des Berufungsgerichtes zurück, dass bereits aus der Tatsache der Übertragung in getrennten Urkunden die Nichtanwendbarkeit des § 311 BGB a.F. folge. Es müsse festgestellt werden, ob aus den mündlichen Verhandlungen, bei denen nach Angaben von Zeugen Begriffe wie „die Übernahme des gesamten Besitzes" oder „die Übernahme des Besitzes" oder „die Übernahme der Vermögensobjekte" gefallen seien, zu entnehmen sein, „dass die Vertragsparteien die Übertragung des Vermögens als eines Ganzen ins Auge gefasst hatten". In diesem Fall würde es der Anwendbarkeit des § 311 BGB a.F. nicht entgegenstehen, dass in den einzelnen Urkunden die Vermögenswerte, die das gesamte Vermögen ausmachten, besonders aufgeführt und bezeichnet sind.[1738] Bemerkenswert ist, dass der V. Zivilsenat auf die Rechtsprechung zur Übertragung des gesamten Vermögens durch eine juristische Person[1739] verwies, bei der die Senate stets zur Anwendung des § 311 BGB a.F. kamen. Dagegen stellte der IV. Zivilsenat im Jahre 1919[1740] fest, dass durch die Einzelbezeichnung der Vermögensgegenstände die Anwendbarkeit des § 311 BGB a.F. auch dann ausgeschlossen sei, wenn diese objektiv das gesamte Vermögen ausmachten. Nimmt man die vorgenannten Kriterien des V. Zivilsenats als Maßstab, so würde eine Anwendung des § 311b Abs. 3 BGB bei natürlichen Personen immer ausgeschlossen sein, denn stets werden Vermögensgegenstände zurückbehalten, die nicht vom Veräußerungsgeschäft erfasst sein sollen, wie beispielsweise die Kleider und sonstige persönliche Gebrauchsgegenstände des Veräußerers. Nur

---

[1732] RG v. 19.05.1913 - VI 30/13 - RGZ 82, 273-278.

[1733] RG v. 09.07.1932 - VI 205/32 - RGZ 137, 324-356.

[1734] Etwa in dem Sinne, dass sämtliche nicht ausdrücklich (in der Anlage zum Unternehmenskauf) bezeichneten Gegenstände gleichwohl mitverkauft sind, sofern sie als zum Unternehmen zugehörig anzusehen sind; vgl. dazu Böttcher/Grewe, NZG 2005, 950-954, 953.

[1735] RG v. 03.02.1919 - IV 323/18 - RGZ 94, 314-318, 315.

[1736] RG WarneyerRspr 1922 Nr. 47.

[1737] RG WarneyerRspr 1922 Nr. 47, S. 52.

[1738] RG WarneyerRspr 1922 Nr. 47, S. 52, 53.

[1739] RG v. 11.11.1910 - II 609/09 - II 609/09-4.

[1740] RG v. 03.02.1919 - IV 323/18 - RGZ 94, 314-318.

wenn der Wille der Beteiligten darauf gerichtet wäre, diese nicht ausdrücklich[1741] erwähnten Gegenstände mitzuübertragen, könnte man davon sprechen, dass das Vermögen als Ganzes („in Bausch und Bogen") zu übertragen sei.

Die Kriterien der Rechtsprechung der einzelnen Senate des Reichsgerichtes sowie des BGH zur Anwendung des § 311b Abs. 3 BGB lassen sich wie folgt zusammenfassen: 383
- Notwendig ist die Übertragung des Vermögens „als Gesamtheit"[1742], was das RG und der BGH als Übertragung „in Bausch und Bogen"[1743] umschrieben; davon zu unterscheiden ist die Übertragung einzelner Vermögensgegenstände, selbst wenn diese objektiv das gesamte Vermögen ausmachen[1744]; die Abgrenzung zwischen einer Übertragung in Bausch und Bogen und einer Übertragung von Einzelgegenständen liegt im Willen des Veräußernden;
- die Anwendung des § 311b Abs. 3 BGB wird nicht dadurch ausgeschlossen, dass die Vermögensgegenstände, die das gesamte zu übertragene Aktivvermögen ausmachen und als Gesamtheit übertragen werden sollen, einzeln bezeichnet sind;[1745]
- § 311b Abs. 3 BGB ist auch dann anzuwenden, wenn einzelne verhältnismäßig unbedeutende Vermögensgegenstände von der Verpflichtung zur Übertragung ausgenommen sind.[1746]

cc. Die Auffassungen in der Literatur

Die h.L. in der Literatur[1747] folgt der Rechtsprechung des RG und BGH, die hinsichtlich der Anwendbarkeit des § 311b Abs. 3 BGB anhand des Willens der Vertragsparteien danach differenziert, ob der Wille dahin ging, das gesamte Vermögen „in Bausch und Bogen" zu übertragen (dann sei § 311b Abs. 3 BGB anwendbar, selbst wenn die Gegenstände einzeln aufgeführt sind) oder ob nur Einzelgegenstände veräußert werden sollen, selbst wenn sie objektiv das gesamte Vermögen ausmachen (dann ist § 311b Abs. 3 BGB nicht anwendbar); denn in diesen Fällen sei der Schutzzweck des § 311b Abs. 3 BGB nicht berührt, da der Übertragende sich der Tragweite des Geschäfts bewusst sei.[1748] 384

Dagegen ist nach Ansicht von *Grziwotz*[1749] und *Heckschen*[1750] eine Unterscheidung zwischen der Übertragung des Vermögens im Ganzen (Anwendbarkeit des § 311b Abs. 3 BGB) und der Übertragung des gesamten Vermögens (keine Anwendbarkeit des § 311b Abs. 3 BGB) mit dem Schutzzweck der Vorschrift nicht vereinbar. Deshalb sei § 311b Abs. 3 BGB auch dann anwendbar, wenn der Vertrag die Übertragung einzeln aufgezählter Gegenstände erfasst, die objektiv das gesamte oder nahezu gesamte Vermögen ausmachen und dies auch dem anderen Vertragsteil bekannt ist. 385

Schließlich wird in der gesellschaftsrechtlichen Literatur noch die Ansicht[1751] vertreten, dass § 311b Abs. 3 BGB nicht anwendbar ist, wenn die zu veräußernden Gegenstände einzeln aufgeführt sind, auch wenn eine Übertragung des gesamten Vermögens im gesamten gewollt sei, was insbesondere durch eine „Catch-All-Klausel" zum Ausdruck gebracht werde. Diese Auffassung nimmt u.a. Bezug auf die 386

[1741] Unschädlich soll es dagegen sein, dass einzelne Vermögensgegenstände von „untergeordneter Bedeutung" (vgl. Rn. 370) ausdrücklich von der Übertragung ausgenommen werden; vgl. *Wufka* in: Staudinger, § 311b Abs. 3 Rn. 13.

[1742] RG v. 12.11.1908 - VI 633/07 - RGZ 69, 416-422, 420.

[1743] RG v. 03.02.1919 - IV 323/18 - RGZ 94, 314-318; BGH v. 30.10.1990 - IX ZR 9/90 - juris Rn. 36 - NJW 1991, 353-355.

[1744] OLG München v. 15.02.2012 - 3 U 3885/11 - juris Rn. 22; RG v. 12.11.1908 - VI 633/07 - RGZ 69, 416-422, 420; RG v. 03.02.1919 - IV 323/18 - RGZ 94, 314-318, 315; BGH v. 05.05.1958 - VII ZR 102/57 - BB 1958, 648; BGH v. 30.10.1990 - IX ZR 9/90 - juris Rn. 36 - NJW 1991, 353-355; FG Münster v. 27.04.1978 - VII 2005/76 E - juris Rn. 24 - DStR 1978, 677.

[1745] RG v. 11.11.1910 - II 609/09 - II 609/09-4, 3; RG WarneyerRspr 1922 Nr. 47, S. 52, 53.

[1746] RG v. 19.05.1913 - VI 30/13 - RGZ 82, 273-278.

[1747] *Wufka* in: Staudinger, § 311b Abs. 3 Rn. 10; *Thode* in: MünchKomm-BGB, § 311 a.F. Rn. 6; *Grüneberg* in: Palandt, § 311b Rn. 66; *Ballhaus* in: BGB-RGRK, § 311 a.F. Rn. 3; *Gehrlein* in: Bamberger/Roth, § 311b Rn. 44; *Wolf*, JZ 1997, 1087-1094, 1088; *Ring* in: AnwK-BGB § 311b Rn. 83.

[1748] *Ring* in: AnwK-BGB, 2005, § 311b Rn. 83 unter Verweis auf RG v. 03.02.1919 - IV 323/18 - RGZ 94, 314-318.

[1749] *Grziwotz* in: Erman, Handkommentar BGB, 11. Aufl. 2004, § 311b Rn. 91.

[1750] *Heckschen*, NZG 2006, 772-777, 775 ff.

[1751] *Böttcher/Grewe*, NZG 2005, 950-954, 953; *Müller*, NZG 2007, 201-206, 204-205; *Palzer*, Jura 2011, 917, 921.

Auffassung des Reichsgerichts, dass bei einer Übertragung einzelner Vermögensgegenstände § 311 BGB a.F. selbst dann nicht anwendbar sei, wenn diese objektiv das gesamte Vermögen ausmachen.[1752]

dd. Die Übertragung des gesamten Vermögens „in Bausch und Bogen"

387 Folgt man der von der Rechtsprechung und h M. in der Literatur zutreffend vertretenen Differenzierung zwischen der Übertragung des gesamten Vermögens „in Bausch und Bogen" und der Übertragung einzeln aufgezählter Vermögenswerte, die in ihrer Gesamtheit das gegenwärtige Vermögen einer Vertragspartei ausmachen, so stellt sich die Frage, wann das Vermögen „in Bausch und Bogen" übertragen werden soll und ob dies durch eine Einzelaufzählung der Gegenstände verhindert werden kann. Diese Redewendung bedeutet vollständig, ganz und gar, rundweg, absolut oder pauschal. Sie entstammt dem Vermessungswesen: Wenn man Grenzen absteckte, war alles, was über die Grenze hinaus verlief, der Bausch (aufbauschen), was innerhalb der Grenze lief, der Bogen. Bausch bedeutet also Landgewinn, Bogen Landverlust.[1753] Akzeptiert man etwas in Bausch und Bogen, so heißt das: man findet sich sowohl mit Gewinn als auch mit Verlust ab. Im Kaufrecht des römischen Rechts unterschied man beim Verkauf eines Ganzen, das sich aus mehreren Quantitäten zusammensetzt, zwischen dem Kauf nach Zahl, Maß oder Gewicht („emtio ad mensuram") und einem Kauf, bei dem ein Preis für das Ganze bestimmt war und eine Zuzahlung oder Zumessung nicht notwendig war („emtio in aversione").[1754] Im deutschen Recht bedeutet der Ausdruck „in Bausch und Bogen", „es werde bloß auf das Ganze gesehen, dies möchte mehr oder weniger seyn, als die Kontrahenten glaubten, so solle darauf nichts ankommen. Es wird dadurch ausgedrückt, dass schlechterdings von einem bestimmten Maaße abgesehen ist. ... Wenn ein Ganzes, welches zwar im allgemeinen hinlänglich bezeichnet, jedoch in Rücksicht dessen, was im Einzelnen dazu gehört, nicht bestimmt ist, den Gegenstand eines Kaufvertrages abgiebt, folglich eine Quantität gar nicht zur Sprache kommt, und von Gewährung eines Maaßes nicht die Rede sein kann, so heißt dies im gemeinen Leben: ein Kauf in Bausch und Bogen, oder ein Kauf, wie alles steht und liegt".[1755] Diese Vorstellung dürfte bei der Gesetzgebung eine Rolle gespielt haben.[1756] Wendet man diese Grundsätze auf die Übertragung des gegenwärtigen (gesamten) Vermögens an, so muss die Verpflichtung zur Übertragung oder zur Bestellung eines Nießbrauchs alle Vermögenswerte als Gesamtheit erfassen. Sofern die Vertragsparteien einzelne Vermögensgegenstände nicht bedacht haben, sind diese gleichwohl von der Verpflichtung erfasst. Bei einem entgeltlichen Vertrag wird gleichwohl nur ein Pauschalpreis[1757] für die Gesamtheit vereinbart. Legt man dieses enge Verständnis zugrunde, so erklärt sich, warum das Reichsgericht in den Fällen, in denen eine Privatperson ihr (objektiv) gesamtes Vermögen veräußerte, eine Anwendung des § 311 BGB a.F. (§ 311b Abs. 3 BGB) ablehnte. Die Vermögensgegenstände, die in dem jeweiligen Vertrag nicht erwähnt wurden, waren von der Übertragungsverpflichtung nicht betroffen. Auf diesen Aspekt weist die Entscheidung des Reichsgerichtes vom 03.02.1919[1758] hin: „In einem solchen Falle ist der Übertragungswille nur bezüglich der namhaft gemachten Gegenstände erklärt, so dass beim Vorhandensein weiterer Vermögensgegenstände diese nicht mitveräußert sind, während sie bei der Übertragung des Vermögens als Ganzes dazu gehören müssen". Stellt man auf diesen subjektiven Willen ab[1759], so lässt sich die Übertragung des gesamten

---

[1752] RG v. 12.11.1908 - VI 633/07 - RGZ 69, 416-422, 420; RG v. 03.02.1919 - IV 323/18 - RGZ 94, 314-318, 315; BGH v. 05.05.1958 - VII ZR 102/57 - BB 1958, 648; BGH v. 30.10.1990 - IX ZR 9/90 - juris Rn. 36 - NJW 1991, 353-355; FG Münster v. 27.04.1978 - VII 2005/76 E - juris Rn. 24 - DStR 1978, 677.

[1753] *Albert*, Ueber Remissionsentsagung des Pächters, und Verpachtung in Bausch und Bogen, ohne Gewähr, 1821, S. 96.

[1754] *Albert*, Ueber Remissionsentsagung des Pächters, und Verpachtung in Bausch und Bogen, ohne Gewähr, 1821, S. 82 f.

[1755] *Albert*, Ueber Remissionsentsagung des Pächters, und Verpachtung in Bausch und Bogen, ohne Gewähr, 1821, S. 97.

[1756] Bei einer fehlenden Bezeichnung der übertragenen Vermögensgegenstände besteht die Gefahr, dass der Veräußerer keine sichere Vorstellung über den Umfang der von ihm eingegangenen Verpflichtung hat und ihm daher durch die notarielle Beurkundung der Umfang vor Augen gehalten werden soll; in diesem Sinne BGH v. 19.06.1957 - IV ZR 214/56 - BGHZ 25, 1-11 *Wufka* in: Staudinger, § 311b Abs. 3 Rn. 11.

[1757] Das Wort „pauschal" leitet sich von dem Wort „Bausch" ab.

[1758] RG v. 03.02.1919 - IV 323/18 - RGZ 94, 314-318, 315.

[1759] So auch *Ring* in: AnwK-BGB § 311b Rn. 83.

Vermögens „in Bausch und Bogen" auch nicht dadurch vermeiden, dass man die Gesamtheit der veräußerten Gegenstände (soweit wie möglich) einzeln auflistet.[1760] Entgegen der Auffassung von *Klöckner*[1761] kommt es daher nicht darauf an, wie der Vertrag formuliert ist.[1762]

ee. Die Übertragung einzelner Gegenstände als Übertragung des gesamten Vermögens im Sinne des Absatzes 3?

Es scheint ein Wertungswiderspruch zwischen den Entscheidungen des RG, die die Veräußerung durch natürliche Personen und durch juristische Personen betreffen, zu bestehen. Einerseits genügt zur Anwendung des § 311b Abs. 3 BGB die Verpflichtung zur Übertragung einzelner, im Vertrag aufgeführter Vermögensgegenstände selbst dann nicht, wenn diese objektiv das gesamte Vermögen ausmachen.[1763] Andererseits wird die Anwendung dieser Vorschrift nicht dadurch ausgeschlossen, dass die Vermögensgegenstände, die das gesamte zu übertragene Aktivvermögen ausmachen und als Gesamtheit übertragen werden sollen, einzeln bezeichnet sind.[1764] Der Unterschied zwischen beiden Aussagen scheint zu verwischen, wenn in einem Vertrag über die Übertragung des gesamten Vermögens dieses im Wesentlichen bezeichnet ist, wie dies insbesondere bei Unternehmenskäufen in Form des „asset deal" der Fall ist.[1765] Betrifft die Verpflichtung zur Übertragung einzelne, im Vertrag aufgeführte Vermögensgegenstände, die objektiv das gesamte Vermögen des Verpflichteten ausmachen[1766], so stellt sich die Frage, ob der Schutzzweck des § 311b Abs. 3 BGB nicht auch in diesem Fall eingreift (zum Schutzzweck des § 311b Abs. 3 BGB vgl. Rn. 358). Die Einzelaufzählung der Vermögensgegenstände bewirkt keinen Übereilungsschutz; dieser wäre nur durch das Verfahren der notariellen Beurkundung gewährleistet.[1767] Auch spielt der Gesichtspunkt der „Inhaltsschwere" des Geschäfts (vgl. dazu Rn. 418) bei der Übertragung einzelner Vermögensgegenstände, die das gesamte Vermögen ausmachen, eine Rolle. Gleichwohl wird man § 311b Abs. 3 BGB nicht anwenden können, wenn Gegenstand der Verpflichtung nur einzeln aufgezählte Vermögensgegenstände sind, nicht aber die Gesamtheit des Vermögens „in Bausch und Bogen".[1768] Entscheidender Gesichtspunkt für die Anwendung des § 311b Abs. 3 BGB ist, dass die Gesamtheit des Vermögens übertragen werden soll, also in abstracto[1769] die Gefahr besteht, dass der sich Verpflichtende über den Umfang der Verpflichtung im Unklaren ist. Dies ist nicht der Fall, wenn ausschließlich einzeln aufgeführte Gegenstände veräußert werden sollen[1770], selbst wenn diese in der Addition das gesamte Vermögen ausmachen. Die Abgrenzung zwischen einer Übertragung „in Bausch und Bogen" (§ 311b Abs. 3 BGB anwendbar) und einer Übertragung von Einzelgegenständen, die objektiv (nahezu) das gesamte Vermögen ausmachen (§ 311b Abs. 3 BGB nicht anwendbar), ist daher anhand des Willens der Vertragsparteien (§§ 133, 157 BGB) zu treffen.[1771]

388

[1760] So aber die vorherrschende Auffassung in der gesellschaftsrechtlichen Literatur; *Böttcher/Grewe*, NZG 2005, 950-954, 953; *Müller*, NZG 2007, 201-206, 204-205.

[1761] *Klöckner*, DB 2008, 1083-1089, 1088.

[1762] Nach Ansicht von *Klöckner*, DB 2008, 1083-1089, 1088, soll § 311b Abs. 3 BGB nur dann anwendbar sein, wenn wie in der Entscheidung des RG vom 09.07.1932 - VI 205/32 - RGZ 137, 324-356, der Vertrag so formuliert ist, dass zunächst die Veräußerung des gesamten Vermögens festgehalten wird und sodann als Erläuterung die Einzelgegenstände aufgeführt werden („Das gesamte ... gehörende Vermögen, insbesondere ..."). Werden dagegen die Einzelgegenstände zum Vertragsgegenstand gemacht und sodann eine Catch-All-Klausel angehängt, so handele es sich nicht um eine Übertragung „in Bausch und Bogen".

[1763] RG v. 12.11.1908 - VI 633/07 - RGZ 69, 416-422, 420; RG v. 03.02.1919 - IV 323/18 - RGZ 94, 314-318, 315; BGH v. 30.10.1990 - IX ZR 9/90 - juris Rn. 36 - NJW 1991, 353-355.

[1764] RG v. 11.11.1910 - II 609/09 - II 609/09-4, 3; RG WarneyerRspr 1922 Nr. 47, S. 52, 53.

[1765] Dazu insbesondere *Böttcher/Grewe*, NZG 2005, 950-954.

[1766] Vgl. den Fall RG v. 03.02.1919 - IV 323/18 - RGZ 94, 314-318; vgl. dazu Rn. 437.

[1767] Näher dazu *Heckschen*, NZG 2006, 772-777, 776-777.

[1768] OLG München v. 15.02.2012 - 3 U 3885/11 - juris Rn. 22.

[1769] Die Einzelaufzählung der zum Gesamtvermögen gehörenden Gegenstände schließt die Anwendbarkeit des § 311b Abs. 3 BGB nicht aus; RG v. 11.11.1910 - II 609/09 - II 609/09-4, 3; RG WarneyerRspr 1922 Nr. 47, S. 52, 53.

[1770] RG v. 03.02.1919 - IV 323/18 - RGZ 94, 314-318, 317.

[1771] *Ring* in: AnwK-BGB § 311b Rn. 83.

§ 311b

ff. Anwendung des Absatzes 3 beim Unternehmenskauf (asset deal)

389 Bei einem Verkauf des Vermögens einer juristischen Personen oder Personengesellschaft (vgl. dazu Rn. 366 ff.) stellt sich für die Vertragsparteien die praktisch bedeutsame Frage, ob der Vertrag nach § 311b Abs. 3 BGB notariell beurkundet werden muss. Auf der Grundlage der h.M., nach welcher bei einer (subjektiv gewollten) Übertragung des gesamten Vermögens „in Bausch und Bogen" auch die Einzelauflistung der Gegenstände die Anwendung des § 311b Abs. 3 BGB nicht verhindert (zur Anwendbarkeit des § 311b Abs. 3 BGB trotz Einzelauflistung Rn. 383), wird man demnach die gebotene notarielle Beurkundung nicht dadurch vermeiden können, dass man in dem Vertrag die zu übertragenden Gegenstände einzeln auflistet. Insbesondere dann, wenn der Vertrag eine – in der Vertragspraxis gängige – Formulierung verwendet, wonach nicht aufgelistete Vermögensgegenstände des Unternehmens ebenfalls von dem schuldrechtlichen Rechtsgeschäft erfasst sein sollen (Auffangklausel, Catch-All-Klausel), stellt sich die Frage, ob es sich dadurch um eine Übertragung „in Bausch und Bogen" handelt, bei der nach h.M. die Einzelauflistung der zu übertragenden Gegenstände die Anwendbarkeit des § 311b Abs. 3 BGB nicht ausschließt. Dazu wird die Auffassung[1772] vertreten, dass bei einer „Catch-All-Klausel" eine pauschale Verpflichtung zur Übertragung „in Bausch und Bogen" nicht erfüllt sei. Ihre Einbeziehung in den Vertrag im Anschluss an die Auflistung der Einzelgegenstände verdeutliche vielmehr, dass die Verpflichtung sich nicht auf das gesamte Vermögen beziehe.[1773] Die Verwendung einer Catch-All-Klausel spricht jedoch für das Gegenteil, d.h. dass eine Übertragung in Bausch und Bogen im Sinne der Rechtsprechung des Reichsgerichts vorliegt.[1774]

390 In der gesellschaftsrechtlichen Literatur wird die Ansicht vertreten, dass § 311b Abs. 3 BGB nach seinem Sinn und Zweck auf die Veräußerung des gesamten Vermögens einer juristischen Person nicht anzuwenden sei, weil das Recht der Kapitalgesellschaften ausreichende Instrumente zur Wahrung des Übereilungsschutzes enthalte und damit der Schutzzweck des § 311b Abs. 3 BGB nicht betroffen sei (vgl. dazu Rn. 366). Jedenfalls für einen Unternehmenskaufvertrag in der Form eines asset deal ist dies abzulehnen. Einen solchen definiert der BGH folgendermaßen: „Nach der gefestigten Rechtsprechung des Bundesgerichtshofes ist ein Unternehmenskauf anzunehmen, wenn nicht nur einzelne Wirtschaftsgüter, sondern ein Inbegriff von Sachen, Rechten und sonstigen Vermögenswerten übertragen werden soll und der Erwerber dadurch in die Lage versetzt wird, das Unternehmen als solches weiterzuführen. Daß in dem Vertrag die verschiedenen Gegenstände namentlich aufgeführt werden, ist ebenso unschädlich wie der Umstand, daß einzelne Güter von der Übertragung ausgeschlossen sein sollen. Ob nach diesen Kriterien ein Unternehmenskauf vorliegt oder nicht, läßt sich nicht abstrakt-formelhaft, sondern nur auf Grund einer wirtschaftlichen Gesamtbetrachtung beurteilen."[1775] Bei Verhandlungen über den Kauf eines Unternehmens oder von GmbH-Geschäftsanteilen trifft den Verkäufer nach der Rechtsprechung des BGH im Hinblick auf die wirtschaftliche Tragweite des Geschäfts und die regelmäßig erschwerte Bewertung des Kaufobjekts durch den Kaufinteressenten diesem gegenüber eine gesteigerte Aufklärungs- und Sorgfaltspflicht.[1776] Dieser Folge kann sich der Verkäufer nicht dadurch entziehen, dass er einzelne Gegenstände des Unternehmens in dem Vertrag auflistet. Aus diesem Grund lässt sich auch ableiten, dass die notarielle Beurkundung beiden Vertragsparteien diese Inhaltsschwere des Geschäfts vor Augen führen soll.

4. Bruchteil des gegenwärtigen Vermögens

391 Eine rechnerische Bestimmung eines Bruchteils des Vermögens im Sinne des § 311b Abs. 3 BGB ist nicht möglich. Stellt man auf den einzelnen Gegenstand oder mehrere Gegenstände ab, so ist eine Feststellung, wann dies einen Bruchteil des Vermögens darstellt, nahezu unmöglich. Diese Passage des Gesetzes ist daher wegen mangelnder Praktikabilität verfehlt. Eine Anwendung wird daher nur dann in

---

[1772] *Klöckner*, DB 2008, 1083-1089, 1088; *Böttcher/Grewe*, NZG 2005, 950-954, 954.
[1773] *Klöckner*, DB 2008, 1083-1089, 1088.
[1774] So auch *Heckschen*, NZG 2006, 772-777, 775.
[1775] BGH v. 28.11.2001 - VIII ZR 37/01 - NJW 2002, 1042.
[1776] BGH v. 28.11.2001 - VIII ZR 37/01 - NJW 2002, 1042; BGH v. 04.04.2001 - VIII ZR 32/00 - NJW 2001, 2163.

Betracht kommen, wenn der Vertragsgegenstand – im wörtlichen Sinne – mit einem Bruchteil zum Ausdruck gebracht wird.[1777]

Aus diesem Grund hat der BGH in seiner Entscheidung vom 19.06.1957[1778] zu Recht entschieden, dass die Verpflichtung zur Bestellung eines Nießbrauchsrechts an einem Allodialvermögen[1779] nicht von § 311 BGB a.F. erfasst wird, weil sich die Vereinbarung auf einzelne bestimmte Vermögensgegenstände bezog, die lediglich unter einer Sammelbezeichnung zusammengefasst waren. Damit war weder das gesamte[1780] noch ein Bruchteil des Vermögens betroffen. Nicht unter § 311b Abs. 3 BGB fällt – sofern es sich nicht um das (nahezu) gesamte Vermögen handelt – auch die Übertragung mehrerer Gegenstände unter einer Sammelbezeichnung, z.B. „der Hausrat" oder „die Bibliothek"[1781], ebenso nicht die Übertragung einer angefallenen Erbschaft[1782] oder das Unternehmen eines Einzelkaufmanns[1783]. 392

5. Notarielle Beurkundung

Der Vertrag bzw. das einseitige Rechtsgeschäft, in welchem sich jemand verpflichtet, sein gesamtes Vermögen oder einen Bruchteil davon zu übertragen oder dieses mit einem Nießbrauch zu belasten, bedarf zu seiner Wirksamkeit der notariellen Beurkundung. Bei einem Vertrag müssen die Erklärungen beider Parteien beurkundet werden, also auch die Erklärung des Erwerbers.[1784] § 311b Abs. 3 BGB verlangt keine gleichzeitige Anwesenheit der Vertragsparteien, so dass ein Vertrag auch durch Angebot und Annahme zustande kommen kann (§ 128 BGB, vgl. dazu auch die Kommentierung zu § 128 BGB). 393

III. Rechtsfolgen

Sofern das Erfordernis der notariellen Beurkundung nicht (in vollem Umfang) eingehalten ist, stellt sich die Frage, welche rechtlichen Folgen mit diesem Fehler verbunden sind. Dies betrifft in erster Linie die Wirksamkeit des schuldrechtlichen Vertrages, aber auch die Auswirkung auf in Erfüllung der (vermeintlichen) Verpflichtung vorgenommene Erfüllungsgeschäfte. 394

1. (Un-)Wirksamkeit des Schuldverhältnisses

Sofern die Form der notariellen Beurkundung nicht eingehalten ist, ist der schuldrechtliche Vertrag gemäß § 125 Satz 1 BGB nichtig. Somit hat der Erwerber keinen Anspruch auf die versprochene Leistung, der Veräußerer keinen Anspruch auf eine etwaige Gegenleistung. Allerdings sind Korrekturen dieses Ergebnisses möglich: 395

Eine **Heilung** des Formmangels durch Vollzug der unwirksamen schuldrechtlichen Verpflichtung gemäß § 311b Abs. 3 BGB kommt grds. nicht in Betracht, da es an einer gesetzlichen Grundlage fehlt.[1785] Eine (gegenständlich beschränkte) Heilung kommt jedoch in Betracht, wenn zu dem veräußerten gesamten Vermögen Grundbesitz gehört und der Formmangel hinsichtlich des Grundstücks nach § 311b 396

[1777] Bevor man die Anwendbarkeit des § 311 Abs. 3 BGB prüft, muss zunächst festgestellt werden, ob hier überhaupt ein bestimmter bzw. bestimmbarer Leistungsgegenstand vorhanden ist. Solche Verträge dürften in der Praxis äußerst selten sein.

[1778] BGH v. 19.06.1957 - IV ZR 214/56 - BGHZ 25, 1-11; der Erbe eines umfangreichen Vermögens überließ einem Dritten die Verwaltung und Nutznießung an dem zur Erbschaft gehörenden Allodialvermögen, zu denen insbesondere Grundstücke gehörten.

[1779] Privatvermögen einer fürstlichen Familie im Unterschied zum fiskalischen Besitz (Staatsgut). In Deutschland setzte im 16. Jahrhundert die Umwandlung von Lehen in freies Eigentum unter Mitwirkung des Lehensbeteiligten gegen Abfindung an den Lehnsherrn ein (Allodifikation). Der Begriff Allod leitet sich vom mittelhochdeutschen alod (freier Besitz) ab; vgl. Brockhaus, Die Enzyklopädie, 20. Aufl., 404.

[1780] Sofern jedoch das Allodialvermögen (nahezu) das gesamte Vermögen ausgemacht hätte, wäre § 311 Abs. 3 BGB anwendbar gewesen.

[1781] *Wufka* in: Staudinger, § 311b Abs. 3 Rn. 16.

[1782] *Wufka* in: Staudinger, 311b Abs. 3 Rn. 17; *Thode* in: MünchKomm-BGB, § 311 a.F. Rn. 7; die Verpflichtung zur Erbteilsübertragung (Verkauf oder ähnliche Verträge, § 2385 BGB) bedarf jedoch nach § 2371 BGB der notariellen Beurkundung.

[1783] RG WarnRspr 1917 Nr. 49; *Wufka* in: Staudinger, § 311b Abs. 3 Rn. 17.

[1784] *Wufka* in: Staudinger, § 311b Abs. 3 Rn. 18; *Thode* in: MünchKomm-BGB, § 311 a.F. Rn. 4.

[1785] So die h.M; *Wufka* in: Staudinger, § 311b Abs. 3 Rn. 20; *Thode* in: MünchKomm-BGB, § 311 a.F. Rn. 9; *Grüneberg* in: Palandt, § 311b Rn. 68; *Battes* in: Erman, Handkommentar BGB, 10. Aufl. 2000, § 311 a.F. Rn. 6.

Abs. 1 Satz 1 BGB durch Eintragung im Grundbuch geheilt wird.[1786] Der Formmangel des § 311b Abs. 3 BGB wird jedoch nicht aufgrund der Eintragung im Grundbuch gemäß § 311b Abs. 1 Satz 2 BGB geheilt; die Aufrechterhaltung der Veräußerung des Grundstücks kann sich nur in Anwendung des § 139 BGB ergeben. Hinsichtlich der weiteren mitveräußerten Vermögensgegenstände verbleibt es dagegen bei der Formnichtigkeit nach § 125 BGB. Hier kommt auch eine Umdeutung (vgl. Rn. 354) in formfreie Einzelübertragungen nach § 140 BGB nicht in Betracht.[1787]

397 Die Aufrechterhaltung eines selbständigen Teils des Rechtsgeschäfts kommt nur dann in Betracht, wenn ein Teil eines zusammengesetzten Rechtsgeschäfts nichtig ist und der formwirksame Teil für sich betrachtet bestehen kann. Dies ist nicht der Fall, wenn das gesamte Geschäft nicht beurkundet wurde; hier handelt es sich nicht um eine Teil- sondern um eine Gesamtnichtigkeit. Wurde ein Teil beurkundet (z.B. das Grundstücksgeschäft), der andere Teil hingegen nicht, kann der formwirksame Grundstückskaufvertrag[1788] nach § 139 BGB aufrechterhalten werden, wenn dies dem Willen der Beteiligten entspricht. Beim Unternehmenskaufvertrag im Wege des „asset deal" wird dies in aller Regel aber nicht der Fall sein, da es dem Erwerber darauf ankommt, sämtliche wesentlichen Betriebsvermögenswerte zu erwerben, so dass mit dem Erwerb der Betriebsgrundstücke allein das Ziel nicht verwirklicht wäre.

398 Für die Vertragsparteien kann bei einem „asset-deal" (vgl. dazu Rn. 419) die Nichtbeurkundung des Verkaufs anderer Vermögenswerte als der Betriebsgrundstücke gefährlich sein: Der fehlenden Beurkundung kann im Hinblick auf § 311b Abs. 1 Satz 1 BGB noch dadurch begegnet werden, dass die Verpflichtung zur Veräußerung des Grundbesitzes nicht von der Veräußerung anderer Gegenstände des Unternehmens abhängig ist.[1789] Sofern es sich jedoch um die Veräußerung des gesamten Vermögens im Sinne des § 311b Abs. 3 BGB handelt, bedarf der Vertrag aus diesem Grunde der notariellen Beurkundung, und eine Heilungsmöglichkeit ist nicht vorgesehen.

399 Eine **Umdeutung** (§ 140 BGB) setzt Gesamtnichtigkeit des Rechtsgeschäfts voraus. Die Rechtsprechung des Reichsgerichtes, die bei der Veräußerung des gesamten Vermögens durch juristische Personen zur Anwendbarkeit des § 311 BGB a.F. gelangte, hielt eine Umdeutung des formnichtigen Gesamtgeschäfts in wirksame formfreie Einzelübertragungen für möglich, insbesondere wenn die Beteiligten die Vermögenswerte im Einzelnen näher bezeichnet haben.[1790] In der Literatur wird diese Möglichkeit zum Teil unkritisch bejaht.[1791] Würde man die Umdeutung in formfrei wirksame Einzelgeschäfte zulassen, so würde dies im Ergebnis zu einer Umgehung des § 311b Abs. 3 BGB führen.[1792] Aus diesem Grund wird man eine Umdeutung nach § 140 BGB generell ablehnen müssen.

[1786] *Thode* in: MünchKomm-BGB, § 311 a.F. Rn. 9; *Wufka* in: Staudinger, § 311b Abs. 3 Rn. 22; *Battes* in: Erman, Handkommentar BGB, 10. Aufl. 2000, § 311 a.F. Rn. 6; dieser Fall dürfte in der Praxis aber eigentlich nicht vorkommen, da der Notar nach § 925a BGB die Auflassung nur entgegennehmen soll, wenn die nach § 311b Abs. 1 Satz 1 BGB erforderliche notarielle Urkunde über den Vertrag vorgelegt oder gleichzeitig errichtet wird. Ohne Beurkundung des Grundgeschäfts wird daher der Notar die Beurkundung der Auflassung ablehnen. Wird das Grundgeschäft zugleich mitbeurkundet, so kann ein neuer eigenständiger Rechtsgrund vorliegen. Besteht der Wille zur Übertragung des gesamten Vermögens unverändert fort, wird die Verpflichtung bezüglich sonstiger Vermögensgegenstände aber nicht mitbeurkundet, so kann der Grundstücksveräußerungsvertrag nach § 311b Abs. 1 Satz 1 BGB wegen unvollständiger Beurkundung formnichtig sein, der Mangel würde – hinsichtlich des Grundstücksgeschäfts – aber nach § 311b Abs. 1 Satz 2 BGB durch Eintragung im Grundbuch geheilt. Eine Heilung des Vertrages über das sonstige Vermögen würde nicht nach § 311b Abs. 1 Satz 1 BGB eintreten, weil der Verstoß gegen die Formvorschrift nach § 311b Abs. 3 BGB weiterhin bestünde, der aber nicht gemäß § 311b Abs. 1 Satz 2 BGB geheilt werden kann.
[1787] A.A. *Battes* in: Erman, Handkommentar BGB, 10. Aufl. 2000, § 311 a.F. Rn. 6.
[1788] Sofern nicht die sonstigen Verpflichtungen auch nach § 311b Abs. 1 Satz 1 BGB beurkundungsbedürftig sind.
[1789] Sog. einseitige Abhängigkeit (vgl. Rn. 222); BGH v. 26.11.1999 - V ZR 251/98 - juris Rn. 5 - LM BGB § 313 Nr. 151; BGH v. 11.10.2000 - VIII ZR 321/99 - juris Rn. 19 - LM ZPO § 519 Nr. 148 (3/2001); BGH v. 13.06.2002 - VII ZR 321/00 - juris Rn. 14 - NJW 2002, 2559-2560.
[1790] RG v. 11.11.1910 - II 609/09 - II 609/09-4, 3.
[1791] *Thode* in: MünchKomm-BGB, § 311 a.F. Rn. 9; *Grüneberg* in: Palandt, § 311b Rn. 68.
[1792] So zutreffend *Wufka* in: Staudinger, § 311b Abs. 3 Rn. 24, *Lange*, AcP 138, 149-164, 161; *Grziwotz* in: Erman, Handkommentar BGB, 11. Aufl. 2004, § 311b Fn. 92.

2. Auswirkung auf Vollzugsgeschäfte

Die in Ausführung des Vertrages vorgenommenen dinglichen Verfügungsgeschäfte bleiben von dem Verstoß gegen § 311b Abs. 3 BGB unberührt.[1793] Die bereits erbrachten Leistungen sind daher nach den Vorschriften über die ungerechtfertigte Bereicherung (Leistungskondiktion gemäß § 812 Abs. 1 Satz 1 BGB) zurückzugewähren, sofern nicht der Kondiktionsausschluss nach § 814 BGB eingreift.[1794]

400

D. Kommentierung zu den Absätzen 4 und 5

I. Grundlagen

1. Gesetzgebungsmaterialien

§ 311b Abs. 4 BGB und § 311b Abs. 5 BGB haben mit In-Kraft-Treten des Gesetzes zur Modernisierung des Schuldrechts vom 26.11.2001[1795] am 01.01.2002 den bisherigen gleich lautenden § 312 BGB a.F. ersetzt. Inhaltlich hat sich an der bisherigen Rechtslage nichts geändert.

401

2. Regelungsprinzipien

§ 311b Abs. 4 BGB enthält ein grundsätzliches Verbot von Verträgen über den Nachlass eines noch lebenden Dritten sowie über den Pflichtteil und ein Vermächtnis aus dem Nachlass eines noch lebenden Dritten. Davon macht § 311b Abs. 5 BGB eine Ausnahme, indem er Verträge zwischen künftigen gesetzlichen Erben über bestimmte Regelungsmaterien (gesetzlicher Erbteil sowie Pflichtteil) zulässt, allerdings nur in der Form der notariellen Beurkundung; für solche Verträge hat sich allgemein der Begriff „Erbschaftsvertrag" eingebürgert.[1796] § 311b Abs. 4 BGB und § 311b Abs. 5 BGB stehen damit in einem **Regel-Ausnahme-Verhältnis**.[1797] Die Motive zum BGB begründen die Ausnahme des § 311b Abs. 5 BGB mit einem Bedürfnis, zwischen künftigen gesetzlichen Erben Regelungen zu treffen, die in gewissen Grenzen üblich sind, wie etwa bei „Gutsübergaben, Auswanderungen, Abfindungen von Geschwistern".[1798]

402

Der heutige Schutzzweck des § 311b Abs. 4 BGB ist umstritten. Diese Vorschrift wurde vom Gesetzgeber mit sittlichen und volkswirtschaftlichen Erwägungen in Anlehnung an das römische Recht gerechtfertigt. Nach den Motiven[1799] spielten folgende Erwägungen eine Rolle[1800]:

403

- Verträge über den Nachlass eines noch lebenden Dritten sind sittlich verwerflich, weil die Vertragsparteien mit dem Ableben des künftigen Erblassers spekulieren und gar auf seinen baldigen Tod hoffen;
- der Erblasser könnte sich in seiner Testierfreiheit eingeschränkt fühlen, falls er von einem Erbschaftsvertrag Kenntnis erlange und damit sich genötigt fühlen, die Abrede nicht durch eine Verfügung von Todes wegen hinfällig zu machen;
- in wirtschaftlicher Hinsicht sind Verträge nach § 311b Abs. 4 BGB bedenklich, weil auf Seiten des künftigen Erben die Gefahr der leichtfertigen Vermögensverschleuderung bestünde und andererseits der Vertragspartner die Gelegenheit zur Ausbeutung des Leichtsinns hätte.

Der BGH hat dies in seinen Entscheidungen noch bis ins Jahre 1988[1801] ohne irgendeinen Zweifel bestätigt. Verträge über den Nachlass eines noch lebenden Dritten seien im Hinblick auf die Spekulationsgefahr gefährlich und sittlich anstößig und führten in den meisten Fällen zu leichtsinniger Vermögensverschleuderung und zur Ausbeutung des Leichtsinns. Unter Bezugnahme auf *Wufka*[1802] und *Da-*

404

[1793] *Thode* in: MünchKomm-BGB, § 311 a.F. Rn. 8.
[1794] *Thode* in: MünchKomm-BGB, § 311 a.F. Rn. 8; *Grüneberg* in: Palandt, § 311b Rn. 68.
[1795] BGBl I 2001, 3138.
[1796] BGH v. 23.11.1994 - IV ZR 238/93 - juris Rn. 9 - LM BGB § 312 Nr. 7 (4/1995); *Grüneberg* in: Palandt, § 311b Rn. 74; *Limmer*, DNotZ 1998, 927-940, 927; *Thode* in: MünchKomm-BGB, § 312 a.F. Rn. 14.
[1797] *Limmer*, DNotZ 1998, 927-940, 931; *Wufka* in: Staudinger, § 312 a.F. Rn. 26; *Thode* in: MünchKomm-BGB, § 312 a.F. Rn. 13; *Henssler*, RNotZ 2010, 221-242, 23.
[1798] Motive II, S. 185.
[1799] Motive II, S. 182-185.
[1800] *Krüger* in: MünchKomm-BGB, § 311b Rn. 108; *Thode* in: MünchKomm-BGB, § 312 a.F. Rn. 2.
[1801] BGH v. 11.05.1988 - IVa ZR 325/86 - juris Rn. 7 - BGHZ 104, 279-285; BGH v. 05.02.1958 - IV ZR 274/57 - BGHZ 26, 320-330; BGH v. 04.07.1962 - V ZR 14/61 - BGHZ 37, 319-331.
[1802] *Wufka* in: Staudinger, § 312 a.F. Rn. 2.

§ 311b

niels[1803] hat der BGH im Jahre 1994[1804] und 1995[1805] jedoch entschieden, dass der Gedanke der sittlichen Verwerflichkeit eines Vertrages über den Nachlass eines noch lebenden Dritten durch die Entwicklung der Rechtsprechung in den Hintergrund getreten sei. Dieser Ansicht wird in der Literatur teilweise ausdrücklich gefolgt.[1806] In der Kommentarliteratur wird teilweise aber auch weiter auf die vom Gesetzgeber angeführten Gesichtspunkte, also auch denjenigen der sittlichen Verwerflichkeit, abgestellt.[1807] Erstaunlicherweise erfolgt in jüngster Zeit im Zusammenhang mit der Anwendbarkeit des § 311b Abs. 4 BGB auf Bürgschaftsverträge eine Rückbesinnung auf die sittliche Verwerflichkeit von Vereinbarungen über den Nachlass eines noch lebenden Dritten als Schutzzweck des § 311b Abs. 4 BGB[1808], in bewusster Abkehr von der zunehmend in Rechtsprechung und Literatur vertreten Auffassung, § 311b Abs. 4 BGB wolle ausschließlich oder überwiegend einen Schutz vor leichtfertiger Vermögensverschleuderung bieten. Diese Rückbesinnung auf den Aspekt der sittlichen Verwerflichkeit (der rechtsvergleichend betrachtet keinen Ausnahmefall darstellt) der Vereinbarungen über den Nachlass noch lebender Dritter ist zutreffend.

3. Praktische Bedeutung

405 Verträge über den Nachlass eines noch lebenden Dritten im weitesten Sinne (also auch über den Pflichtteil und Vermächtnisse) können in zahlreichen Erscheinungsformen geschlossen werden[1809]:

- vorweggenommene Erbteils-, Pflichtteils- oder Vermächtnisübertragungen (Abtretung des künftigen Erbteils);
- Pflichtteilsregelungsverträge (z.B. Verzicht, Anrechnung);
- Vermächtnisregelungsverträge (z.B. Abfindung);
- Erbrechtsgestaltungsverträge (z.B. Verpflichtung zur Annahme oder Ausschlagung der Erbschaft; Verzicht auf Anfechtung einer Verfügung von Todes wegen);
- Nachlassgegenstandsverträge (z.B. Bestellung eines Nießbrauchs oder Wohnungsrechts an einem Nachlassgrundstück);
- Anrechnungs- und Ausgleichsverträge (vertragliche Regelung der Ausgleichung nach den §§ 2050-2057a BGB).

406 Die zahlreichen Probleme hinsichtlich der Auslegung des § 311b Abs. 4 BGB und der Ausnahmevorschrift des § 311b Abs. 5 BGB lassen sich einfach dadurch umgehen, dass man ein dem wirtschaftlichen Ziel entsprechendes Ergebnis durch einen Vertrag mit dem künftigen Erblasser abschließt. Dabei handelt es sich um folgende Verträge:

407 **Zuwendungsverträge**: Der Erblasser kann eine Vermögensverteilung mit den beteiligten Personen selbst vornehmen. Dabei stehen ihm folgende vertragliche[1810] Gestaltungsmittel zur Verfügung:

- Erbvertrag (§§ 2274-2299 BGB);
- Schenkung auf den Todesfall;
- Vertrag zugunsten Dritter auf den Todesfall (§§ 328, 331 BGB).

408 **Zuwendungsverzichtsverträge**: Sofern der künftige Erblasser durch Verfügung von Todes wegen Vermögenswerte einer bestimmten Person zugedacht hat oder wenn eine Person kraft Gesetzes erb- oder pflichtteilsberechtigt ist, kann durch notariell zu beurkundenden (§§ 2348, 2352 Satz 2 BGB) Vertrag mit dem künftigen Erblasser ein Verzicht – in der Regel gegen Abfindung – vereinbart werden. Die erbrechtlichen Gestaltungsmittel sind:

- Verzicht auf das gesetzliche Erbrecht (Erbverzicht), § 2346 Abs. 1 BGB;
- Verzicht auf das Pflichtteilsrecht (Pflichtteilsverzicht), § 2346 Abs. 2 BGB;

[1803] *Daniels*, Verträge mit Bezug auf den Nachlass eines noch lebenden Dritten, 1973, S. 50.
[1804] BGH v. 23.11.1994 - IV ZR 238/93 - juris Rn. 15 - LM BGB § 312 Nr. 7 (4/1995).
[1805] BGH v. 25.10.1995 - IV ZR 83/95 - juris Rn. 17 - LM BGB § 242 (Cd) Nr. 342 (4/1996).
[1806] *Limmer*, DNotZ 1998, 927-940, 929-930; *Kaufhold*, ZEV 1996, 454-457, 455; *Grüneberg* in: Palandt, § 311b Rn. 69.
[1807] *Krüger* in: MünchKomm-BGB, § 311b Rn. 108; *Thode* in: MünchKomm-BGB, § 312 a.F. Rn. 2; *Battes* in: Erman, Handkommentar BGB, 10. Aufl. 2000, § 312 a.F. Rn. 1.
[1808] *Kulke*, ZEV 2000, 298-304, 299-300; *Schanbacher*, WM 2001, 74-76, 75-76; *Tiedemann*, NJW 2000, 192-193, 193; *Forthauser*, MittBayNot 1997, 265-269, 268-269.
[1809] *Limmer*, DNotZ 1998, 927-940, 928.
[1810] Neben den vertraglichen Gestaltungsmitteln kommt auch die (einseitige) letztwillige Verfügung in Betracht.

- Verzicht auf eine testamentarische oder (an einen Dritten gemachte[1811]) erbvertragliche Zuwendung (Zuwendungsverzicht), § 2352 BGB.

Durch Beteiligung des Erblassers können insbesondere solche Verträge geschlossen werden, die unter die Ausnahmevorschrift des § 311b Abs. 5 BGB fallen. Der Vorteil der Regelung mit dem künftigen Erblasser liegt darin, dass der Vertrag verfügende Wirkung hat, während ein Vertrag im Sinne des § 311b Abs. 5 BGB nur schuldrechtliche Wirkung entfaltet. Darüber hinaus kann zumindest beim Erbverzicht und Pflichtteilsverzicht die Wirkung des Verzichts auf die Abkömmlinge des Verzichtenden erstreckt werden (§ 2349 BGB).[1812] **409**

In der Literatur wird dem Erbschaftsvertrag nach § 312 Abs. 2 BGB a.F. gegenüber einer erbrechtlichen Gestaltung durch den künftigen Erblasser auch noch in folgendem Fall eine eigenständige Bedeutung eingeräumt[1813]: Die Eltern übertragen einen Bauplatz an eines von drei Kindern, wissen aber noch nicht, wie der weitere Grundbesitz unter den beiden anderen Kindern verteilt werden soll. Jedenfalls soll das Kind, das den Bauplatz erhalten hat, keine Ansprüche bei der Erbauseinandersetzung hinsichtlich des restlichen Grundbesitzes haben. *Schwarz*[1814] unterstellt, dass die Eltern den Rat des Notars, durch testamentarische Regelung (Vorausvermächtnis an die beiden anderen Kinder) Vorsorge zu treffen, ausschlagen und empfiehlt stattdessen einen Vertrag zwischen den Kindern – unter Mitwirkung der Eltern (!) – hinsichtlich der künftigen Erbauseinandersetzung. Die Eltern würden von dieser Gestaltung sicherlich schnell Abstand nehmen, wenn man ihnen die Probleme bei Vorversterben eines Kindes erläutert. Die zutreffende Lösung ist daher ein Vorausvermächtnis an die beiden anderen Kinder. **410**

Ist der künftige Erblasser rechtlich nicht in der Lage oder ist er nicht willens, an einer Vereinbarung mit den künftigen gesetzlichen Erben mitzuwirken, so kommt nur eine Vereinbarung nach § 311b Abs. 5 BGB unter den künftigen gesetzlichen Erben in Betracht. Die rechtliche Fähigkeit zur Mitwirkung an einer Nachlassverteilung fehlt dem künftigen Erblasser, wenn er geschäftsunfähig ist oder wenn er an eine erbrechtliche Verfügung in einem gemeinschaftlichen Testament (§ 2270 BGB) oder einem Erbvertrag (§ 2278 BGB) gebunden ist.[1815] **411**

II. Anwendungsvoraussetzungen

1. Vertrag (Absatz 4)

Nach allgemeiner Ansicht erfasst die Nichtigkeit einer Vereinbarung im Sinne des § 311b Abs. 4 BGB den **schuldrechtlichen Vertrag**.[1816] Auf den Rechtsgrund kommt es dabei nicht an.[1817] Im Ergebnis ist man auch darüber einig, dass **dingliche Verfügungsgeschäfte** unwirksam sind.[1818] Soweit über eine künftige erbrechtliche Rechtsposition zu Lebzeiten des künftigen Erblassers noch nicht verfügt werden kann, ergibt sich die Unwirksamkeit des Verfügungsgeschäfts bereits aus allgemeinen erbrechtlichen Grundsätzen.[1819] Nach Ansicht des BGH ist – von der Ausnahmeregelung des § 312 Abs. 2 BGB a.F. abgesehen – jeglicher Vertrag über den Nachlass eines noch lebenden Dritten oder einen Anteil an am **412**

[1811] Ein Zuwendungsverzicht durch den begünstigten Vertragspartner eines Erbvertrages scheidet dagegen aus. Hier ist nur eine Aufhebung des Erbvertrages nach den §§ 2290-2292 BGB möglich.

[1812] Beim Zuwendungsverzicht soll eine Erstreckung des Verzichts auf die Abkömmlinge des Verzichtenden nach h.M. mangels eines Verweises in § 2352 BGB auf § 2349 BGB nicht möglich sein (vgl. *Reul*, MittRhNotK 1997, 373-388, 385).

[1813] *Schwarz*, BWNotZ 1995, 139-142; zustimmend *Limmer*, DNotZ 1998, 927-940, 929.

[1814] *Schwarz*, BWNotZ 1995, 139-142, 140.

[1815] Für diesen Fall will ein Teil der Literatur den Anwendungsbereich des § 311b Abs. 5 Satz 1 BGB erweitern, d.h. auf alle Fälle, in denen der künftige Erblasser seine Testierfreiheit durch bindende Verfügungen verloren hat; vgl. etwa *Battes* in: Erman, Handkommentar BGB, 10. Aufl. 2000, § 312 a.F. Rn. 4; *Daniels*, Verträge mit Bezug auf den Nachlass eines noch lebenden Dritten, 1973, S. 110; *Wiedemann*, NJW 1968, 769-773, 771.

[1816] *Wufka* in: Staudinger, § 312 a.F. Rn. 3; *Thode* in: MünchKomm-BGB, § 312 a.F. Rn. 4.

[1817] *Ballhaus* in: BGB-RGRK, § 312 a.F. Rn. 2; *Thode* in: MünchKomm-BGB, § 312 a.F. Rn. 4.

[1818] BGH v. 04.07.1962 - V ZR 14/61 - BGHZ 37, 319-331; *Wufka* in: Staudinger, § 312 a.F. Rn. 3; *Thode* in: MünchKomm-BGB, § 312 a.F. Rn. 4; *Ballhaus* in: BGB-RGRK, § 312 a.F. Rn. 2, 4; *Daniels*, Verträge mit Bezug auf den Nachlass eines noch lebenden Dritten, 1973, S. 58-61; *Henssler*, RNotZ 2010, 221-242, 224 f.

[1819] Vgl. etwa BGH v. 04.07.1962 - V ZR 14/61 - BGHZ 37, 319-331 für den Fall der Abtretung des künftigen Erbteils durch einen Schlusserben bei einem Berliner Testament; *Krüger* in: MünchKomm-BGB, § 311b Rn. 111.

§ 311b

Nachlass unwirksam.[1820] Aus diesem Grund erfasst das Verbot des § 311b Abs. 4 BGB auch die – aus erbrechtlichen Gründen zulässige[1821] – Abtretung des künftigen Pflichtteilsanspruchs aus § 2174 BGB.

413 Nicht unter das Verbot des § 311b Abs. 3 BGB fallen Eheverträge (güterrechtliche Verträge) und Erbverträge nach den §§ 2274-2299 BGB.[1822] Dagegen hat der BGH auf eine Scheidungsvereinbarung zwischen Ehegatten, in welcher sich der Ehemann für den Fall des Ablebens seines Vaters verpflichtete, von dem ihm im Erbwege zufallenden Nettozuwachs 10% an die Ehefrau zu zahlen[1823], § 311b Abs. 4 BGB zurecht angewandt.[1824]

414 Umstritten ist die Anwendung des § 311b Abs. 4 BGB auf **Vollmachten**. Dabei wird der Fall der Erteilung einer Vollmacht zum Abschluss von Rechtsgeschäften über den Nachlass eines noch lebenden Dritten für den Zeitraum ab dem Erbfall diskutiert. Die Vollmacht hat in solchen Fällen in aller Regel den Zweck, das Verbot des § 311b Abs. 4 BGB zu umgehen. In der Literatur wird überwiegend vertreten, dass die Erteilung einer Vollmacht grds. nicht gegen § 311b Abs. 4 BGB verstößt. Eine Ausnahme sei nur dann geboten, wenn die Vollmachtserteilung auf eine Umgehung des Verbots nach § 311b Abs. 4 BGB hinauslaufe, insbesondere wenn die Vollmacht unwiderruflich erteilt werde.[1825] Eine andere Ansicht[1826] kommt in aller Regel zu vergleichbaren Ergebnissen, indem sie die Nichtigkeit des der Vollmacht zugrunde liegenden Kausalgeschäfts wegen Geschäftseinheit im Sinne des § 139 BGB auf die Vollmacht durchschlagen lässt und somit ebenfalls zur Nichtigkeit der Vollmacht gelangt, und zwar unabhängig davon, ob diese unwiderruflich oder widerruflich erteilt worden ist. Ein vergleichbares Problem hat sich in jüngster Vergangenheit am Beispiel des Verstoßes eines Geschäftsbesorgungsvertrages gegen das Rechtsberatungsgesetz gestellt. Hier stellte sich die Frage, ob die zur Durchführung des Vertrages erteilte Vollmacht ebenfalls nichtig ist.[1827]

415 Ein bindendes **Angebot** des künftigen Erben, Pflichtteilsberechtigten oder Vermächtnisnehmers ist gemäß § 311b Abs. 4 BGB unwirksam.[1828] Wenn bereits der Vertrag nichtig ist, muss dies auch für die einzelne, auf dieses Rechtsgeschäft gerichtete Willenserklärung gelten. Sieht man den Schutzzweck des § 311b Abs. 4 BGB auch darin, aus Pietätsgründen Verträge über den Nachlass eines noch lebenden Dritten zu untersagen und nicht ausschließlich in dem Schutz des künftigen Erben vor leichtfertiger Vermögensverschleuderung, so ist auch ein Angebot eines Dritten an den künftigen Erben zu Lebzeiten des künftigen Erblassers nichtig.[1829]

416 Der Erhebung einer **Feststellungsklage** nach § 256 ZPO steht das Verbot des § 311b Abs. 4 BGB entgegen.[1830] Wenn man dem Kläger gestattete, seine Rechte am Nachlass bereits jetzt durch eine Feststellungsklage zu sichern, würde das zur Anerkennung einer Dispositionsbefugnis über Vermögensbestandteile führen, die § 311b Abs. 4 BGB ausdrücklich versagt. Diese Vorschrift verweigert jedwedem Vertrag über den Nachlass eines lebenden Dritten grundsätzlich die Anerkennung.

[1820] BGH v. 04.07.1962 - V ZR 14/61 - BGHZ 37, 319-331.

[1821] Vgl. zur Zulässigkeit der Abtretung des künftigen Pflichtteilsanspruchs (nicht des Pflichtteilsrechts) *Wufka* in: Staudinger, § 312 a.F. Rn. 32; *Kuchinke*, JZ 1990, 601-602, 602; *Wolf* in: Soergel, § 312 a.F. Rn. 13; *Battes* in: Erman, Handkommentar BGB, 10. Aufl. 2000, § 312 a.F. Rn. 4; *Krüger* in: MünchKomm-BGB, § 311b Rn. 121.

[1822] *Wufka* in: Staudinger, § 312 a.F. Rn. 3; *Daniels*, Verträge mit Bezug auf den Nachlass eines noch lebenden Dritten, 1973, S. 61-67.

[1823] BGH v. 05.02.1958 - IV ZR 274/57 - BGHZ 26, 320-330.

[1824] *Henssler*, RNotZ 2010, 221-242, 224.

[1825] *Thode* in: MünchKomm-BGB, § 312 a.F. Rn. 6; *Battes* in: Erman, Handkommentar BGB, 10. Aufl. 2000, § 312 a.F. Rn. 3; *Grüneberg* in: Palandt, § 311b Rn. 71; *Daniels*, Verträge mit Bezug auf den Nachlass eines noch lebenden Dritten, 1973, S. 68.

[1826] *Wufka* in: Staudinger, § 312 a.F. Rn. 5; *Wolf* in: Soergel, § 312 a.F. Rn. 6.

[1827] Die h.M. nimmt Unwirksamkeit der Vollmacht wegen Geschäftseinheit nach § 139 BGB an: BGH v. 14.05.2002 - XI ZR 155/01 - NJW 2002, 2325-2327; *Ganter*, WM 2001, 195-196; *Hermanns*, DNotZ 2001, 6-14, 8-9; dagegen hat der III. Zivilsenat des BGH (BGH v. 11.10.2001 - III ZR 182/00 - LM RechtsberatG § 1 Nr. 64 (4/2002)) eine unmittelbare Nichtigkeit der Vollmacht wegen Verstoßes gegen das Rechtsberatungsgesetz angenommen.

[1828] *Wufka* in: Staudinger, § 312 a.F. Rn. 6; *Daniels*, Verträge mit Bezug auf den Nachlass eines noch lebenden Dritten, 1973, S. 69.

[1829] Für Zulässigkeit eines solchen Angebots dagegen DNotI-Report 2002, 145-146: Der Zweck des § 311b Abs. 4 BGB erschöpfe sich darin, den künftigen Erben vor einer wirtschaftlich unvernünftigen Veräußerung des künftigen Vermögens zu schützen.

[1830] OLG Koblenz v. 26.09.2002 - 5 U 1940/01 - juris Rn. 12 - ZERB 2002, 325-328.

2. Noch lebender Dritter (Absatz 4)

a. Allgemeines

Die Nichtigkeit des Vertrages nach § 311b Abs. 4 BGB setzt voraus, dass dieser noch zu Lebzeiten des künftigen Erblassers geschlossen wird. Dies ist auch dann der Fall, wenn der künftige Erblasser zum Zeitpunkt des Vertragsschlusses noch nicht geboren ist.[1831] § 311b Abs. 4 BGB erfasst auch den Fall, dass jemand alle ihm künftig anfallenden Erbschaften an einen Dritten überträgt (beispielsweise weil er auswandert).[1832] 417

Die **Zustimmung** des künftigen Erblassers ist irrelevant, führt also nicht zur Wirksamkeit des Vertrages.[1833] Allerdings ist bei Einhaltung der Form der notariellen Beurkundung die Umdeutung in ein erbrechtliches Geschäft mit dem Erblasser selbst (z.B. Erbvertrag, Erb- und Pflichtteilsverzicht, Zuwendungsverzicht) möglich.[1834] 418

Hat der Erblasser **Nacherbfolge** angeordnet, so ist mit seinem Tode der Vorerbe zunächst Erbe des Vermögens (§ 2100 BGB). Mit dem Eintritt des Nacherbfalls erbt der Nacherbe von dem Erblasser, nicht von dem Vorerben. Verträge, die ein Nacherbe nach dem Erbfall, also nach dem Tod des Erblassers und vor Eintritt des Nacherbfalls, schließt, fallen nicht unter das Verbot des § 311b Abs. 4 BGB, da es sich nicht um einen Vertrag über den Nachlass eines „noch lebenden" Dritten handelt.[1835] Hauptanwendungsfall ist die Übertragung des Nacherbenanwartschaftsrechts durch den Nacherben, insbesondere an einen weiteren Mitnacherben. Da dem Nacherben ab dem Erbfall ein übertragbares Anwartschaftsrecht zugestanden wird[1836], kann er auch in dinglicher Hinsicht einen wirksamen Vertrag über den Nachlass schließen. Sieht man den Schutzzweck (vgl. Rn. 403) des § 311b Abs. 4 Satz 1 BGB ausschließlich darin, den künftigen Erben vor einer leichtfertigen und unüberlegten Verschleuderung seines Vermögens zu bewahren[1837], so wäre durchaus an eine entsprechende Anwendung dieser Vorschrift auf Verträge durch Nacherben im Zeitraum zwischen dem Erbfall und dem Nacherbfall zu denken; aus der Sicht dieser in neuerer Zeit überwiegend vertretenen Auffassung wäre dies geradezu ein typischer Anwendungsfall für eine Unwirksamkeit der Vereinbarung nach § 311b Abs. 4 Satz 1 BGB. Dies zeigt, dass das bloße Abstellen auf den Schutz vor leichtfertiger Vermögensverschleuderung der Bedeutung des § 311b Abs. 4 BGB nicht gerecht wird. 419

b. Irrtumsfälle

Problematisch ist die Behandlung von Irrtumsfällen, wenn sich die subjektive Vorstellung beider Vertragsparteien oder einer von ihnen mit den objektiven Tatsachen nicht deckt. In der Literatur wird ganz überwiegend auf die subjektive Vorstellung der Vertragsparteien, ob der Dritte noch lebe oder bereits tot sei[1838], abgestellt. § 311b Abs. 4 BGB soll demnach nicht anwendbar sein, wenn die Vertragsparteien irrtümlich den Dritten für tot hielten. Umgekehrt soll ein Vertrag nichtig sein, wenn der Dritte 420

[1831] *Wufka* in: Staudinger, § 312 a.F. Rn. 19.

[1832] *Thode* in: MünchKomm-BGB, § 312 a.F. Rn. 6; *Ballhaus* in: BGB-RGRK, § 312 a.F. Rn. 2; *Wufka* in: Staudinger, § 312 a.F. Rn. 19.

[1833] BGH v. 04.07.1962 - V ZR 14/61 - BGHZ 37, 319-331; BGH v. 11.05.1988 - IVa ZR 325/86 - juris Rn. 13 - BGHZ 104, 279-285; *Krüger* in: MünchKomm-BGB, § 311b Rn. 117; *Wufka* in: Staudinger, § 312 a.F. Rn. 2; *Thode* in: MünchKomm-BGB, § 312 a.F. Rn. 11; *Battes* in: Erman, Handkommentar BGB, 10. Aufl. 2000, § 312 a.F. Rn. 1; *Grüneberg* in: Palandt, § 311b Rn. 71.

[1834] *Krüger* in: MünchKomm-BGB, § 311b Rn. 117; *Battes* in: Erman, Handkommentar BGB, 10. Aufl. 2000, § 312 a.F. Rn. 1.

[1835] BGH v. 04.07.1962 - V ZR 14/61 - BGHZ 37, 319-331; *Grüneberg* in: Palandt, § 311b Rn. 70; *Krüger* in: MünchKomm-BGB, § 311b Rn. 114; *Thode* in: MünchKomm-BGB, § 312 a.F. Rn. 8; *Wufka* in: Staudinger, § 312 a.F. Rn. 14; *Wolf* in: Soergel, § 312 a.F. Rn. 8.

[1836] *Edenhofer* in: Palandt, § 2100 Rn. 10.

[1837] BGH v. 23.11.1994 - IV ZR 238/93 - juris Rn. 15 - LM BGB § 312 Nr. 7 (4/1995); *Wufka* in: Staudinger, § 312 a.F. Rn. 2; *Limmer*, DNotZ 1998, 927-940, 929-930; *Kaufhold*, ZEV 1996, 454-457, 455; *Grüneberg* in: Palandt, § 311b Rn. 69.

[1838] *Wufka* in: Staudinger, § 312 a.F. Rn. 18; *Thode* in: MünchKomm-BGB, § 312 a.F. Rn. 10; *Battes* in: Erman, Handkommentar BGB, 10. Aufl. 2000, § 312 a.F. Rn. 3; die Ansicht von *Daniels*, Verträge mit Bezug auf den Nachlass eines noch lebenden Dritten, 1973, S. 69, dass der Vertrag wegen anfänglicher Unmöglichkeit nichtig sei, ist nach der Neufassung des Schuldrechts nicht mehr zutreffend (vgl. § 311a BGB).

bereits verstorben ist, dieser aber in der Vorstellung der Vertragsparteien noch lebt. Man wird die Irrtumsfälle nicht so pauschal lösen können; vielmehr ist eine Differenzierung zwischen dem beiderseitigen und dem einseitigen Irrtum geboten.

aa. Beiderseitiger Irrtum

421 Kein Fall des Irrtums liegt vor, wenn die Vertragsbeteiligten wissen, dass ein für tot Erklärter tatsächlich lebt; ein solcher Vertrag ist unter den Voraussetzungen des § 311b Abs. 4 BGB nichtig.[1839] Gingen beide Vertragsparteien davon aus, dass der Dritte verstorben ist, obwohl er tatsächlich noch lebt (beiderseitiger Irrtum), so ist § 311b Abs. 4 BGB nach h.M. in der Literatur nicht anwendbar[1840], weil es auf die subjektive Vorstellung der Vertragsparteien ankomme, ob der Dritte noch lebe oder bereits tot sei[1841]. Dieser Auffassung wird man aber nur dann folgen können, wenn man den Schutzzweck des § 311b Abs. 4 BGB darin sieht, dass Verträge über den Nachlass eines noch lebenden Dritten sittlich verwerflich sind. In diesem Fall lässt sich begründen, dass den Vertragsparteien in subjektiver Hinsicht ein solcher Vorwurf nicht gemacht werden kann, so dass der Vertrag nicht gemäß § 311b Abs. 4 BGB nichtig ist. Sieht man den Schutzzweck des § 311b Abs. 4 BGB ausschließlich darin, dass der künftige Erbe vor einer leichtsinnigen Vermögensverschleuderung und einer Ausbeutung solchen Leichtsinns geschützt werden soll[1842], so würde man diesen Schutz des Erben aufgeben, wenn er sich beispielsweise zur Veräußerung der gesamten Erbschaft verpflichtet. Die vorgenannte Auffassung in der Literatur wird man dahingehend zu ergänzen haben, dass zur Anwendung des § 311b Abs. 4 BGB **neben** den objektiven Voraussetzungen ein subjektives Element erforderlich ist: Ähnlich wie bei der Sittenwidrigkeit nach § 138 Abs. 1 BGB bedarf es bei beiden Parteien des Bewusstseins der Tatsachen, die die objektiven Voraussetzungen des § 311b Abs. 4 BGB begründen.[1843]

422 Gingen die Vertragsparteien dagegen davon aus, dass der Dritte noch lebe, während er in Wirklichkeit bereits verstorben ist, so soll nach der subjektiven Betrachtung der h.M. der Vertrag gleichwohl gemäß § 311b Abs. 4 BGB nichtig sein.[1844] Dieser Auffassung kann bereits deshalb nicht gefolgt werden, weil sie praktisch keinen Sinn machen würde. Ein solcher Vertrag wäre wohl immer in ein zulässiges Rechtsgeschäft über den Nachlass des bereits Verstorbenen gemäß § 140 BGB umzudeuten. Dies entspräche auch dem Willen der Beteiligten, da kein vernünftiger Vertragspartner ein Interesse daran hat, dass der Vertrag nur als solcher über den Nachlass eines noch lebenden Dritten abgeschlossen würde. Es kommt den Beteiligten vielmehr auf den wirtschaftlichen und rechtlichen Erfolg an, der mittels einer Umdeutung immer zu erreichen wäre. Dies zeigt, dass das ausschließliche Abstellen auf die subjektive Vorstellung der Vertragsparteien unzutreffend ist. Vielmehr ist ein Vertrag nach § 311b Abs. 4 BGB nur dann nichtig, wenn er die objektiven tatbestandlichen Voraussetzungen erfüllt und beide Parteien sich dessen bewusst sind.[1845]

bb. Einseitiger Irrtum

423 Haben die Vertragsparteien unterschiedliche Vorstellungen darüber, ob der Dritte noch lebt oder nicht (einseitiger Irrtum), so soll es nach Auffassung des Reichsgerichtes[1846] gar nicht auf die Anwendbarkeit des § 311b Abs. 4 BGB ankommen; wegen Dissenses (§ 155 BGB) liege bereits kein Vertragsschluss vor. Der Entscheidung lag folgender Sachverhalt zugrunde: Der Erblasser hatte in einem Testament seine Stiefkinder zu Erben eingesetzt und seiner Mutter ein Rentenvermächtnis zugewandt. Die schwer

---

[1839] *Wufka* in: Staudinger, § 312 a.F. Rn. 18. *Ballhaus* in: BGB-RGRK, § 312 a.F. Rn. 2.

[1840] *Ballhaus* in: BGB-RGRK, § 312 a.F. Rn. 2.

[1841] *Wufka* in: Staudinger, § 312 a.F. Rn. 18; *Thode* in: MünchKomm-BGB, § 312 a.F. Rn. 10; *Battes* in: Erman, Handkommentar BGB, 10. Aufl. 2000, § 312 a.F. Rn. 3.

[1842] Mit diesem alleinigen Schutzzweck wird in der neueren Literatur begründet, dass Verträge über Einzelgegenstände (vgl. Rn. 430) aus dem Nachlass nicht vom Verbot des § 311b Abs. 4 BGB erfasst werden.

[1843] Das Abstellen auf die subjektive Komponente zeigt, dass die Leugnung der sittlichen Verwerflichkeit als Schutzzweck des § 311b Abs. 4 BGB unzutreffend ist.

[1844] *Wufka* in: Staudinger, § 312 a.F. Rn. 18; *Thode* in: MünchKomm-BGB, § 312 a.F. Rn. 10; *Battes* in: Erman, Handkommentar BGB, 10. Aufl. 2000, § 312 a.F. Rn. 3; *Grüneberg* in: Palandt, § 311b Rn. 71.

[1845] Das bloße Abstellen auf die subjektive Vorstellung der Vertragsparteien ist im Übrigen auch nicht mit einer Reduzierung des Schutzzwecks des § 311b Abs. 4 BGB auf den Fall der leichtfertigen Verschleuderung des Nachlasses vereinbar. Eine solche Auffassung ist nur dann haltbar, wenn man den Schutzzweck des § 311b Abs. 4 BGB auch darin sieht, dass er eine verwerfliche Gesinnung der Vertragsbeteiligten sanktionieren will.

[1846] RG v. 19.09.1918 - IV 157/18 - RGZ 93, 297-300.

kranke Mutter verzichtete in notarieller Urkunde gegenüber den testamentarischen Erben (vertreten durch deren Rechtsanwalt) auf ihren Pflichtteil. Zu diesem Zeitpunkt war ihr Sohn bereits seit drei Wochen tot, was ihr die Stiefkinder und der Rechtsanwalt aber verschwiegen haben. Die Mutter ging demnach davon aus, dass ihr Sohn noch lebe und sie somit einen Vertrag im Sinne des § 311b Abs. 4 Satz 2 BGB schließe. Das Reichsgericht ging davon aus, dass mangels Willensübereinstimmung ein Vertrag nicht zustande gekommen sei. Der Vertreter der Erben konnte das Vertragsangebot der Mutter nur als solches verstehen, das auf den Abschluss eines Vertrages im Sinne des § 312 Abs. 1 BGB a.F. gerichtet war. Seine Annahmeerklärung war dagegen auf einen Vertrag über den Nachlass einer bereits verstorbenen Person gerichtet, so dass ein Dissens vorliege. Diese Begründung des offensichtlich gewünschten Ergebnisses ist jedoch unzutreffend: Die Beteiligten haben einen Vertrag über den Pflichtteilsanspruch geschlossen, und zwar in der Form des Verzichts auf diesen (Erlassvertrag). Der Vertrag im Sinne des § 311b Abs. 4 Satz 2 BGB ist keine eigenständige rechtliche Kategorie; Vertragsgegenstand ist jeweils der Pflichtteilsanspruch. Beide Vertragsparteien wollten den Verzicht auf den Pflichtteilsanspruch, und beide haben dies auch erklärt. Die fehlende Übereinstimmung im Willen bestand lediglich darin, dass die Mutter davon ausging, dass der Anspruch noch nicht entstanden sei, weil der Sohn nach ihrer Vorstellung noch lebte. Diese Tatsache ändert aber nichts am Vertragsgegenstand, denn der Wille der Beteiligten kann nicht ernsthaft darauf gerichtet sein, einen nichtigen Vertrag abzuschließen. Die Tatsache, ob der Dritte noch lebt oder nicht, ist daher nicht Inhalt des Rechtsgeschäfts, sondern eine außenstehende objektive Bedingung der Nichtigkeit des Rechtsgeschäfts. Das vom Reichsgericht gewünschte Ergebnis hätte auch auf andere Weise erzielt werden können, indem man den Vertrag wegen der besonderen Umstände für sittenwidrig (§ 138 Abs. 1 BGB) erachtet oder die Anfechtung des Vertrages wegen arglistiger Täuschung durch Verschweigen von Tatsachen (§ 123 Abs. 1 BGB) zulässt.[1847]

Ist der Dritte noch nicht verstorben, nimmt aber eine Vertragspartei irrig den Tod des Dritten an, so liegt in objektiver Hinsicht ein Vertrag über den Nachlass eines „noch lebenden Dritten" vor, so dass der Vertrag nach § 311b Abs. 4 BGB nichtig ist. Auf die Fehlvorstellung der einen Vertragspartei kommt es nicht an. **424**

3. Vertrag „über den Nachlass" (Absatz 4)

a. Allgemeine Bestimmung

Die Auslegung des Merkmals „über den Nachlass" gehört zu den Hauptproblemen bei der Anwendung des § 311b Abs. 4 BGB. Dies hängt damit zusammen, dass der Gesetzgeber eine Vielzahl von Fallgruppen erfassen wollte, dabei aber kein besonders klares Abgrenzungskriterium verwendet hat. Der Begriff des „Nachlasses" ist gesetzlich nicht definiert, wird aber in einzelnen Vorschriften des Erbrechts (§§ 2038 Abs. 1 Satz 1, 2039 Satz 1 BGB) verwendet. In der Literatur wird unter dem Begriff des „Nachlasses" das auf den oder die Erben übergegangene Vermögen als Inbegriff der Gegenstände verstanden.[1848] In Abgrenzung zu dem eher rechtlich geprägten Begriff der „Erbschaft", der in § 1922 Abs. 1 BGB als das Vermögen der verstorbenen Person bezeichnet wird[1849], versteht man unter dem Nachlass den Bestand des Vermögens (wirtschaftliche Betrachtung)[1850]. Bei einer streng wörtlichen Auslegung dürften daher unter § 311b Abs. 4 BGB nur solche Verträge fallen, die den Bestand des Vermögens des Erblassers zum Gegenstand haben. Die Verpflichtung zur Ausschlagung der Erbschaft würde bei einem solch engen Verständnis überhaupt nicht von dem Verbot des § 311b Abs. 4 BGB erfasst, weil nicht das Aktivvermögen des Erblassers, sondern die (rechtliche) Beteiligung des Erben an diesem Vermögen (Erbschaftsbeteiligung) Vertragsgegenstand ist. Daher ist der Begriff „über den Nachlass" weit auszulegen. Die Vorschrift erfasst alle Verträge, die irgendeine Verpflichtung in **425**

[1847] Die erforderliche Kausalität zwischen Täuschung und der Willenserklärung ist bereits dann gegeben, wenn der Getäuschte die Willenserklärung ohne die Täuschung überhaupt nicht, mit einem anderen Inhalt oder zu einem anderen Zeitpunkt abgegeben hätte (*Heinrichs/Ellenberger* in: Palandt, § 123 Rn. 24); in dem vom Reichsgericht entschiedenen Fall ist zumindest davon auszugehen, dass die Mutter die Erklärung nicht zu dem gegebenen Zeitpunkt (drei Wochen nach dem Tod ihres Sohnes) abgegeben hätte.
[1848] *Kuchinke*, Lehrbuch des Erbrechts, 5. Aufl. 2001, § 5 I.
[1849] Die Abgrenzung wird nicht scharf durchgeführt. So spricht beispielsweise § 2033 Abs. 1 Satz 1 BGB von dem Anteil an dem Nachlass, während § 2371 BGB den Erbschaftskauf zum Gegenstand hat.
[1850] *Kuchinke*, Lehrbuch des Erbrechts, 5. Aufl. 2001, § 5 I; vgl. auch *Leipold*, Erbrecht, 14. Aufl. 2002, Rn. 23, der unter dem Begriff des Nachlasses in erster Linie das vorhandene Aktivvermögen des Erblassers versteht.

§ 311b

Bezug auf den Nachlass oder die erbrechtliche Beteiligung eines künftigen Erben haben.[1851] Nicht dazu gehört beispielsweise ein Vertrag, durch welchen sich ein Vermächtnisnehmer gegenüber den Erben verpflichtet, zu Lebzeiten des Erblassers von diesem keine (weiteren) Zuwendungen anzunehmen.[1852]

b. Verträge über die erbrechtliche Beteiligung

426 § 311b Abs. 4 BGB erfasst alle Verträge, mit denen auf die erbrechtliche Beteiligung eines künftigen gesetzlichen oder testamentarischen Erben eingewirkt werden soll. Dies betrifft schuldrechtliche Verpflichtungen und auch die entsprechenden erbrechtlichen Rechtsgeschäfte, obgleich diese in aller Regel vor Eintritt des Erbfalls bereits aus allgemeinen erbrechtlichen Gründen unwirksam sind.[1853] Nichtig sind daher die Verpflichtung zur Annahme oder Ausschlagung der Erbschaft[1854], zum Verzicht auf die Anfechtung eines Testamentes[1855] oder Erbvertrages sowie Abreden über die gegenständliche Verteilung des Nachlasses unter künftigen Erben.[1856]

c. Verfügungsverträge über den Nachlass als solchen

427 Der künftige Nachlass selbst, also das künftige Vermögen des Erblassers, kann Gegenstand eines Vertrages im Sinne des § 311b Abs. 4 BGB sein. So wäre beispielsweise ein Erbschaftskauf gemäß §§ 2371-2384 BGB zu Lebzeiten des Erblassers nichtig. Gegenstand des Veräußerungsvertrages kann auch ein Bruchteil des Nachlasses sein.[1857] Nichtig ist daher die Verpflichtung zur Übertragung des Erbteils gemäß § 2033 BGB an dem künftigen Nachlass. Es genügt auch, dass ein bestimmter Prozentsatz oder eine sonst zu bestimmende Quote aus dem Nachlass Vertragsgegenstand ist. Ein solcher Fall war Gegenstand einer Entscheidung des BGH[1858]: Ein in Scheidung lebendes Ehepaar schloss einen gerichtlichen Vergleich, in welchem sich der Ehemann für den Fall des Ablebens seines Vaters verpflichtete, von dem ihm im Erbwege zufallenden Nettozuwachs 10% an die Ehefrau zu zahlen. Der Vater hatte den Sohn auf den Pflichtteil gesetzt (Wert von 2 Mio. DM). Der BGH verwarf den Einwand der geschiedenen Ehefrau, dass die Vertragsbestimmung lediglich eine Zahlungsverpflichtung des Ehemanns zum Inhalt habe. Entscheidend sei, dass die Höhe der geschuldeten Summe von der Höhe des Nachlasses abhängig war. Dagegen hat der BGH in einem anderen Fall[1859], in dem es um eine privatschriftliche[1860] Verpflichtung eines künftigen Erben gegenüber seiner Schwester über die Zahlung einer festen Monatsrente in Höhe von 200 RM ging, einen Verstoß gegen § 311b Abs. 4 BGB verneint, weil hier – in Anlehnung an die Auffassung zur Zulässigkeit von Verträgen über Einzelgegenstände (vgl. Rn. 430) – eine feste Rente versprochen wurde. Diese Ansicht ist jedoch abzulehnen.[1861] Allgemein wird man aus den vorstehenden Ausführungen folgenden Grundsatz für die Anwendbarkeit des

---

[1851] Vgl. auch *Ballhaus* in: BGB-RGRK, § 312 a.F. Fn. 2; *Thode* in: MünchKomm-BGB, § 312 a.F. Rn. 4.
[1852] BGH v. 30.03.1977 - IV ZR 190/75 - WM 1977, 689-691; *Krüger* in: MünchKomm-BGB, § 311b Rn. 118.
[1853] Beispielsweise kommt eine Ausschlagung der Erbschaft erst ab dem Erbfall in Betracht.
[1854] In der Regel wird diese gegen Entgelt erfolgen. In solchen Abfindungsfällen wird oftmals auch die Verpflichtung zur Übertragung des künftigen Erbteils unter testamentarischen Miterben, die nicht zugleich auch gesetzliche Erben sind (in diesem Fall ist § 311b Abs. 5 BGB zu beachten), in Betracht kommen. Die Abtretung des künftigen Erbteils zu Lebzeiten des Erblassers kommt dagegen nicht in Betracht, da diese erbrechtliche Position erst ab dem Erbfall übertragen werden kann; BGH v. 04.07.1962 - V ZR 14/61 - BGHZ 37, 319-331; BGH v. 11.05.1988 - IVa ZR 325/86 - juris Rn. 6 - BGHZ 104, 279-285; *Wolf* in: Soergel, § 312 a.F. Rn. 13; *Ballhaus* in: BGB-RGRK, § 312 a.F. Rn. 6; a.A. *Wufka* in: Staudinger, § 312 a.F. Rn. 33 und *Daniels*, Verträge mit Bezug auf den Nachlass eines noch lebenden Dritten, 1973, S. 118 ff.
[1855] *Thode* in: MünchKomm-BGB, § 312 a.F. Rn. 4.
[1856] Soweit nicht die Ausnahmevorschrift des § 311b Abs. 5 BGB eingreift. Es handelt sich um solche Vereinbarungen, die bei Abkömmlingen einer Ausgleichung zugänglich wären oder die der Erblasser durch Teilungsanordnung (§ 2048 BGB) oder Vorausvermächtnis (§ 2150 BGB) anordnen könnte.
[1857] BGH v. 05.02.1958 - IV ZR 274/57 - BGHZ 26, 320-330; BGH v. 30.03.1960 - V ZR 176/58 - LM Nr. 3 zu 312 BGB; *Wufka* in: Staudinger, § 312 a.F. Rn. 10; *Thode* in: MünchKomm-BGB, § 312 a.F. Rn. 7.
[1858] BGH v. 05.02.1958 - IV ZR 274/57 - BGHZ 26, 320-330.
[1859] BGH v. 10.01.1951 - II ZR 18/50 - LM Nr. 1 zu § 138 (Cd) BGB; die Ausführungen zu § 312 Abs. 1 a.F. sind nicht veröffentlicht, teilweise aber in der Entscheidung vom 05.02.1958 (BGH v. 05.02.1958 - IV ZR 274/57 - BGHZ 26, 320-330) mitgeteilt.
[1860] Da der Vertrag nicht notariell beurkundet war, kann eine Anwendung des § 312 Abs. 2 a.F. nicht in Betracht, obwohl die sonstigen Voraussetzungen dieser Vorschrift (gesetzliche Erben, Vereinbarung über den gesetzlichen Erbteil) vorlagen.
[1861] Dazu näher beim Problem des Vertrages über Einzelgegenstände (vgl. Rn. 430).

§ 311b Abs. 4 BGB ableiten können: Ein Vertrag „über den Nachlass" eines noch lebenden Dritten liegt immer dann vor, wenn eine Verpflichtung vorliegt, die nach dem Willen der Parteien mit Mitteln des Nachlasses erfüllt werden soll. Dies ist zum einen der Fall, wenn der Nachlass als solcher Vertragsgegenstand ist, zum anderen, wenn das Risiko der wirtschaftlichen Erfüllbarkeit der Verpflichtung von der Höhe des Nachlasses abhängig ist.

d. Kreditsicherungsverträge, insbesondere Bürgschaften

§ 311b Abs. 4 BGB erfasst im Gegensatz zu § 311b Abs. 2 BGB und zu § 311b Abs. 3 BGB Verträge jeglicher Art.[1862] Daher werden auch Verpflichtungen in Bezug auf die Bestellung von Sicherheiten erfasst, beispielsweise die Verpflichtung zur Verpfändung der Erbschaft oder eines Erbteils[1863] oder eines konkreten Vermögensgegenstandes[1864], zur Sicherungsübereignung bzw. -abtretung einer künftigen Erbschaft[1865] oder eines einzelnen Gegenstandes[1866]. Aufgrund der Erwägungen des BGH in seiner Entscheidung aus dem Jahre 1998[1867] zur Sittenwidrigkeit von **Bürgschaften** naher Angehöriger wird neuerdings auch die Wirksamkeit von Personalsicherheiten im Hinblick auf § 311b Abs. 4 BGB untersucht. Der Entscheidung lag folgender Sachverhalt zugrunde: Die Ehefrau übernahm eine Bürgschaft bis zur Höhe von 1 Mio. DM für die Verbindlichkeiten ihres Ehemanns aus der Geschäftsverbindung mit einer Bank. Zum Zeitpunkt des Vertragsabschlusses verfügte die Ehefrau über kein eigenes Einkommen oder Vermögen. Die Bank wusste jedoch, dass die Mutter der Ehefrau Eigentümerin eines Grundstücks war und sie daher in Zukunft Vermögen im Wege der Erbschaft erwerben könnte. Der BGH entschied, dass die grundsätzliche Sittenwidrigkeit des Bürgschaftsvertrages nicht dadurch beseitigt werde, dass die Ehefrau die Aussicht habe, in Zukunft einmal Erbin ihrer Mutter zu werden. Diese Aussicht sei keine Rechtsposition, sondern begründe lediglich eine tatsächliche Hoffnung. Für die Beurteilung, ob und in welchem Maße der Bürge durch die von ihm übernommene Verpflichtung finanziell überfordert wird, hat der Vermögenserwerb durch eine spätere Erbschaft zunächst außer Betracht zu bleiben.[1868] Sittenwidrigkeit sei jedoch zu verneinen, wenn der Gläubiger und der Bürge bei Übernahme der Haftung davon ausgehen durften, dass der Bürge Vermögen als Erbe oder im Wege der vorweggenommenen Erbfolge erwerben werde und dann möglicherweise in der Lage sei, die Verbindlichkeit zu tilgen.[1869] In dem entschiedenen Fall war jedoch die künftige Erbschaft nicht Gegenstand der Verhandlungen zwischen der Ehefrau und der Bank; die Bank hat nach eigenen Angaben von dem Ehemann davon erfahren, dass die Ehefrau das einzige Kind der Mutter sei. Der BGH führt dann weiter aus, dass die Parteien vertraglich vereinbaren können, bestimmte Arten eines sonstigen späteren Vermögenserwerbs, insbesondere Erbschaften des Bürgen, zu erfassen. In einem solchen Fall sei die Bürgschaft nicht als sittenwidrig zu erachten. Diese Grundsätze wird der BGH nach eigener Aussage in dem Urteil aus dem Jahre 1998 für Bürgschaften ab dem 01.01.1999 anwenden.[1870] Nach Ansicht von *Tiedtke*[1871] kann eine Sittenwidrigkeit des Bürgschaftsvertrages im Hinblick auf eine zu erwartende Erbschaft nur dann zu verneinen sein, wenn (1) eine möglichst genaue Konkretisierung auf einen bestimmten Erbfall vorgenommen wird (Person des künftigen Erblassers; aus welchen Gründen kann der Bürge erwarten, Erbe zu werden; angemessenes Verhältnis zwischen dem Wert der Erbschaft und der

428

[1862] *Wufka* in: Staudinger, § 312 a.F. Rn. 4; *Thode* in: MünchKomm-BGB, § 312 a.F. Rn. 4; *Kulke*, ZEV 2000, 298-304, 300.
[1863] *Wufka* in: Staudinger, § 312 a.F. Rn. 4; *Limmer*, DNotZ 1998, 927-940, 933; *Kulke*, ZEV 2000, 298-304, 300.
[1864] So etwa *Kulke*, ZEV 2000, 298-304, 304; sein Hinweis auf *Wufka* und *Limmer* ist jedoch nicht zutreffend, da beide Autoren bei Verträgen über Einzelgegenstände aus dem Nachlass die Anwendbarkeit des § 311b Abs. 4 BGB ablehnen.
[1865] *Kulke*, ZEV 2000, 298-304, 300; *Kaufhold*, ZEV 1996, 454-457, 455.
[1866] *Kulke*, ZEV 2000, 298-304, 300; anders dagegen die Autoren, die eine Anwendung des § 311b Abs. 4 BGB bei Verträgen über Einzelgegenstände (vgl. Rn. 430) ablehnen.
[1867] BGH v. 08.10.1998 - IX ZR 257/97 - LM BGB § 765 Nr. 132 (3/1999).
[1868] BGH v. 08.10.1998 - IX ZR 257/97 - juris Rn. 10 - LM BGB § 765 Nr. 132 (3/1999); BGH v. 23.01.1997 - IX ZR 69/96 - juris Rn. 23 - BGHZ 134, 325-332.
[1869] BGH v. 08.10.1998 - IX ZR 257/97 - juris Rn. 18 - LM BGB § 765 Nr. 132 (3/1999); BGH v. 23.01.1997 - IX ZR 69/96 - juris Rn. 23 - BGHZ 134, 325-332.
[1870] BGH v. 08.10.1998 - IX ZR 257/97 - juris Rn. 25 - LM BGB § 765 Nr. 132 (3/1999).
[1871] *Tiedtke*, NJW 1999, 1209-1213, 1212-1213.

Höhe der Bürgenhaftung) oder (2) die Haftung des Bürgen gegenständlich oder betragsmäßig auf den Wert der ihm zufallenden Erbschaft beschränkt und in zeitlicher Hinsicht auf den Zeitpunkt des Erbfalls hinausgeschoben wird.

429 In der Literatur werden solche Vereinbarungen im Bürgschaftsvertrag nach § 311b Abs. 4 BGB teilweise für nichtig erachtet.[1872] Erstaunlich an der Begründung ist die Rückbesinnung auf die sittliche Verwerflichkeit von Vereinbarungen über den Nachlass eines noch lebenden Dritten als Schutzzweck des § 311b Abs. 4 BGB[1873], in bewusster Abkehr von der zunehmend in der Literatur vertreten Auffassung, § 311b Abs. 4 BGB wolle ausschließlich oder überwiegend einen Schutz vor leichtfertiger Vermögensverschleuderung bieten.[1874] Andere hingegen lehnen die Anwendbarkeit des § 311b Abs. 4 BGB generell ab[1875] bzw. unter der Voraussetzung, dass die Verpflichtung nicht den Wert des Nachlasses ausschöpft und dadurch praktisch alle Nachlassaktiva erfasst[1876]. Der Auffassung in der Literatur, dass der Bürgschaftsvertrag gemäß § 311b Abs. 4 BGB nichtig ist, ist zu folgen. Die Vorschrift ist vom Wortlaut (Vertrag „über den Nachlass") bewusst weit gefasst und betrifft daher auch Vereinbarungen in Bürgschaftsverträgen, die auf eine Haftung mit dem gesamten Nachlass oder einem Bruchteil desselben zielen. Auf eine betragsmäßige Einschränkung der Haftung kommt es nicht an[1877]; vielmehr erfasst § 311b Abs. 4 BGB jeden Vertrag über den Nachlass eines Dritten, und zwar auch dann, wenn die aus dem Nachlass zu erfüllende Verpflichtung der Höhe nach konkret bezeichnet und damit für den Schuldner überschaubar ist. Wie in der Literatur zur Anwendbarkeit des § 311b Abs. 4 BGB bei Bürgschaftsverträgen zutreffend hingewiesen wird[1878], will § 311b Abs. 4 BGB die Spekulation mit dem Tod eines Menschen verhindern und verbietet daher Verträge über den Nachlass eines noch lebenden Dritten schlechthin. Darüber hinaus verstößt die vorgenannte Vereinbarung auch gegen § 138 Abs. 1 BGB. Der BGH hat mit der Konkretisierung der Haftung auf eine bestimmte Erbschaft im Bürgschaftsvertrag lediglich den Aspekt der krassen Überforderung im Rechtsverhältnis zwischen dem Gläubiger und dem Bürgen geregelt (sittenwidriges Verhalten gegenüber dem Geschäftspartner[1879]). Ein Rechtsgeschäft kann aber auch dann gemäß § 138 Abs. 1 BGB nichtig sein, wenn ein sittenwidriges Verhalten gegenüber der Allgemeinheit oder einem Dritten vorliegt, wenn also der Gesamtcharakter des Rechtsgeschäfts anstößig ist.[1880] Dies trifft auf Vereinbarungen, wonach eine künftige Erbschaft eines vermögens- und einkommenslosen Angehörigen als Haftungsmasse für eine eventuelle Inanspruchnahme aus einer Bürgschaft dienen soll, in Bezug auf den noch lebenden künftigen Erblasser ohne weiteres zu. Daher ist der Einschätzung von *Schanbacher*[1881] über die „Aussichtslosigkeit des neuen Konzepts" des BGH beizupflichten.

[1872]*Kulke*, ZEV 2000, 298-304; *Schanbacher*, WM 2001, 74-76; *Tiedemann*, NJW 2000, 192-193; *Forthauser*, MittBayNot 1997, 265-269, 268-269; *Grziwotz* in Erman, Handkommentar BGB, 11. Aufl. 2004, § 311b Rn. 95.

[1873]*Kulke*, ZEV 2000, 298-304, 299-300; *Schanbacher*, WM 2001, 74-76, 75-76; *Tiedemann*, NJW 2000, 192-193, 193; *Forthauser*, MittBayNot 1997, 265-269, 268-269.

[1874]*Limmer*, DNotZ 1998, 927-940, 931; *Kaufhold*, ZEV 1996, 454-457; *Wufka* in: Staudinger, § 312 a.F. Rn. 2; auch der BGH (BGH v. 23.11.1994 - IV ZR 238/93 - juris Rn. 15 - LM BGB § 312 Nr. 7 (4/1995)) hat ausdrücklich erklärt, dass der Aspekt der sittlichen Verwerflichkeit durch einen Wandel der Rechtsprechung in den Hintergrund getreten sei. Durch das ausschließliche Abstellen auf den Schutz vor leichtfertiger Vermögensverschleuderung wird teilweise auch zu begründen versucht, warum Verträge über Einzelgegenstände (vgl. Rn. 430) aus dem Nachlass nicht vom Anwendungsbereich des § 311b Abs. 4 BGB erfasst seien, selbst wenn sie wirtschaftlich (nahezu) das gesamte Vermögen des künftigen Erblassers ausmachen.

[1875]*Wufka* in: Staudinger, § 312 a.F. Rn. 15; *Krüger* in: MünchKomm-BGB, § 311b Rn. 115; *Grüneberg* in: Palandt, § 311b Rn. 71; die ratio legis treffe hier ebenso wenig wie bei Verträgen über Einzelgegenstände (vgl. Rn. 430) und zahlenmäßig bezifferten Beträgen (z.B. Renten) zu, da die Bürgschaft der Höhe nach begrenzt sein müsse; andernfalls ist die Bürgschaft wegen Verstoßes gegen das „Verbot der Fremddisposition" (§ 767 Abs. 1 Satz 3 BGB) gemäß § 307 Abs. 1 BGB unwirksam (vgl. BGH v. 28.10.1999 - IX ZR 364/97 - BGHZ 143, 95-103).

[1876]*Grüneberg* in: Palandt, § 311b Rn. 71.

[1877]So aber *Wufka* in: Staudinger, § 312 a.F. Rn. 15.

[1878]*Kulke*, ZEV 2000, 298-304, 299-300; *Schanbacher*, WM 2001, 74-76, 75-76; *Tiedemann*, NJW 2000, 192-193, 193; *Forthauser*, MittBayNot 1997, 265-269, 268-269.

[1879]Vgl. dazu *Grüneberg* in: Palandt, § 311b Rn. 24.

[1880]*Grüneberg* in: Palandt, § 311b Rn. 40.

[1881]*Schanbacher*, WM 2001, 74-76, 75.

e. Vertrag über einen Einzelgegenstand

aa. Rechtsprechung und h.L.

Nach Ansicht der Rechtsprechung[1882] und der h.M. in der Literatur[1883] verstößt ein Vertrag über einen Einzelgegenstand aus dem Nachlass nicht gegen § 311b Abs. 4 BGB, es sei denn, dass der Gegenstand oder die einzeln aufgeführten Gegenstände – im Zeitpunkt des Vertragsschlusses (nicht des Erbfalls)[1884] – den Nachlass praktisch erschöpfen („Erschöpfungstheorie") oder wenn durch die Aufzählung verschleiert werden soll, dass eine Beteiligung am Nachlass beabsichtigt ist. Für die Beurteilung, ob der Gegenstand den Nachlass praktisch erschöpft, sei der Zeitpunkt des Vertragsschlusses und nicht der Erbfall maßgebend.[1885] Aus diesem Grund sei es unerheblich, ob der künftige Erblasser noch weiteres Vermögen hinzuerwerben oder verlieren werde.[1886] Begründet wird die Herausnahme von Verträgen über Einzelgegenstände damit, dass bereits der Wortlaut des § 311b Abs. 4 BGB (Vertrag über „den Nachlass") gegen eine Anwendung auf solche Verträge spreche und der gesetzgeberische Zweck in solchen Fällen nicht einschlägig sei.

430

bb. Neue Auffassung in der Literatur

In der Literatur mehren sich die Stimmen[1887], die die Auffassung der Rechtsprechung zur Erschöpfungstheorie ablehnen und generell jeden Vertrag über einen Einzelgegenstand oder über einzelne Gegenstände vom Anwendungsbereich des § 311b Abs. 4 BGB ausnehmen. Sieht man den Schutzzweck dieser Vorschrift ausschließlich darin, dass sie den künftigen Erben vor einer leichtfertigen Vermögensverschleuderung schützen will, so wäre diesem Schutz durch eine ausreichende Konkretisierung des Vertragsgegenstandes Genüge getan.[1888] Der Gedanke der sittlichen Anstößigkeit des Vertrages sei durch die Entwicklung der Rechtsprechung in den Hintergrund getreten[1889], so dass die Anwendbarkeit des § 311b Abs. 4 BGB auf einen Vertrag über einen Einzelgegenstand, der praktisch den gesamten Nachlass erschöpft (Erschöpfungstheorie), nicht zu begründen sei.

431

cc. Kritik

Das von der neueren Auffassung in der Literatur gegen die Erschöpfungstheorie der h.M. vorgebrachte Argument der Widersprüchlichkeit ließe sich dadurch entkräften, dass man die Anwendung des § 311b Abs. 4 BGB auch deshalb ablehnt, weil der Wortlaut der Vorschrift nicht den Fall des Vertrages über einen Einzelgegenstand erfasse.[1890] Die Begründung mit dem Schutzzweck des § 311b Abs. 4 BGB wäre dann lediglich ein unbeachtliches Hilfsargument. In diesem Fall ließe sich der Vertrag über einen Einzelgegenstand als ein Vertrag im Sinne des § 311b Abs. 4 BGB interpretieren, wenn er nahezu den gesamten Nachlass ausmacht, weil dies auf eine Umgehung des Verbots des § 311b Abs. 4 BGB hinausliefe. Die Anwendbarkeit des § 311b Abs. 4 BGB ergäbe sich daher nicht aus einer unmittelbaren, wortlautgemäßen Anwendung, sondern unter dem Gesichtspunkt der Gesetzesumgehung. Aber auch diese Argumentation ist nicht schlüssig, weil der BGH auf den Zeitpunkt des Vertragsschlusses abstellt. Der Vertrag über den Nachlass als solchen, insbesondere in Form des Erbschaftskaufs oder der Erbteilsabtretung, erfasst die gesamte Beteiligung des künftigen Erben im Zeitpunkt des Erbfalls.

432

[1882] BGH v. 05.02.1958 - IV ZR 274/57 - BGHZ 26, 320-330; BGH v. 30.03.1960 - V ZR 176/58 - LM Nr. 3 zu § 312 BGB.

[1883] *Thode* in: MünchKomm-BGB, § 312 a.F. Rn. 9; *Krüger* in: MünchKomm-BGB, § 311b Rn. 115; *Ballhaus* in: BGB-RGRK, § 312 a.F. Rn. 3; *Grüneberg* in: Palandt, § 311b Rn. 71; *Kulke*, ZEV 2000, 298-304, 302; *Henssler*, RNotZ 2010, 221-242, 225 f.

[1884] *Kulke*, ZEV 2000, 298, 302.

[1885] *Thode* in: MünchKomm-BGB, § 312 a.F. Rn. 9.

[1886] *Thode* in: MünchKomm-BGB, § 312 a.F. Rn. 9.

[1887] *Wufka* in: Staudinger, § 312 a.F. Rn. 11; *Battes* in: Erman, Handkommentar BGB, 10. Aufl. 2000, § 312 a.F. Rn. 2; *Limmer*, DNotZ 1998, 927-940, 934; *Kaufhold*, ZEV 1996, 454-457, 455-456; *Daniels*, Verträge mit Bezug auf den Nachlass eines noch lebenden Dritten, 1973, S. 51; *Blomeyer*, FamRZ 1974, 421-428, 424; *Damrau*, ZErb 2004, 206-210, 214; *Henssler*, RNotZ 2010, 221-242, 226 f.

[1888] *Limmer*, DNotZ 1998, 927-940, 934.

[1889] So nunmehr auch der BGH (BGH v. 23.11.1994 - IV ZR 238/93 - juris Rn. 15 - LM BGB § 312 Nr. 7 (4/1995); *Wufka* in: Staudinger, § 312 a.F. Rn. 11; *Battes* in: Erman, Handkommentar BGB, 10. Aufl. 2000, § 312 a.F. Rn. 2; *Limmer*, DNotZ 1998, 927-940, 930.

[1890] Darauf stellt der BGH in seiner Entscheidung aus dem Jahre 1958 ab (BGH v. 05.02.1958 - IV ZR 274/57 - BGHZ 26, 320-330).

Wenn der Erblasser im Vergleich zum Zeitpunkt des Vertragsschlusses noch weiteres Vermögen hinzuerwirbt, ist die Vergleichbarkeit mit dem Erbschaftskauf oder der Erbteilsübertragung nicht mehr gegeben. Vielmehr würde es sich dann wiederum um einen schlichten – nicht von § 311b Abs. 4 BGB erfassten – Vertrag über einen Einzelgegenstand handeln.

433 Aber auch der neueren Auffassung in der Literatur, die generell eine Anwendbarkeit des § 311b Abs. 4 BGB bei Verträgen über Einzelgegenstände ablehnt, ist nicht zu folgen. Träfe sie zu, so wäre nicht zu erklären, welchen Sinn die Unzulässigkeit des Vertrages „über ein Vermächtnis aus dem Nachlass" nach § 311b Abs. 4 BGB haben sollte, weil es hier in aller Regel um die Zuwendung eines Einzelgegenstandes oder um rechnerisch bestimmte Zahlungsverpflichtungen geht.[1891] Verpflichtet sich jemand, den Anspruch aus einem Vermächtnis über einen Einzelgegenstand (beispielsweise ein Grundstück), an einen Dritten abzutreten, so wäre dieser Vertrag nach dem Wortlaut des § 311b Abs. 4 BGB nichtig. Würden die Vertragsparteien den Vertrag geschickter formulieren und stattdessen nicht den Anspruch gegen den Erben auf Übereignung des Grundstücks gemäß § 2174 BGB, sondern das Grundstück selbst zum Vertragsgegenstand machen, so müsste der Vertrag, sofern er nach § 311b Abs. 1 Satz 1 BGB notariell beurkundet wird, wirksam zustande gekommen sein, wenn man mit der neueren Auffassung in der Literatur den Schutzzweck des § 311b Abs. 4 BGB ausschließlich darin sieht, dass einer leichtfertigen Vermögensverschleuderung vorgebeugt werden solle. Durch geschickte Formulierung wäre das Verbot des § 311b Abs. 4 BGB elegant umgangen.[1892] Welchen Zweck soll dann § 311b Abs. 4 Satz 2 BGB noch haben?[1893] Diese Vorschrift wäre in ihrem Anwendungsbereich lediglich auf Fälle des Universal- oder Bruchteilvermächtnisses beschränkt. Der praktische Regelfall ist jedoch die Zuwendung eines Einzelgegenstandes oder eines Geldbetrages, auch in Form der Rente. Zwei Beispiele sollen diesen Widerspruch erläutern: Zum derzeitigen Vermögen des künftigen Erblassers gehört eine Immobilie (Wert: 50%). Ein Bekannter hat Interesse an der Immobilie und weiß, dass der Sohn, dem diese nach dem Tode des Vaters zukommen wird, das Grundstück nach dem Tode des Vaters veräußern wird. Daher möchte er sich durch Vertrag mit dem Sohn das Grundstück bereits zu Lebzeiten des Vaters sichern. Zwei Fallkonstellationen sollen unterschieden werden: (1) Der künftige Erblasser setzt in seinem Testament seinen Sohn zum alleinigen Erben ein und vermacht seiner Lebensgefährtin sein gesamtes sonstiges (bewegliches) Vermögen (Wert: 50%). (2) Der künftige Erblasser bestimmt in seinem Testament seine Lebensgefährtin zur Alleinerbin und vermacht seinem Sohn die Immobilie. Im ersten Fall käme man sowohl nach der h.M. als auch nach der neueren Auffassung in der Literatur zur Wirksamkeit des Vertrages, weil § 311b Abs. 4 Satz 1 BGB keine Verträge über Einzelgegenstände erfasse, zumindest nicht, wenn sie nicht den hypothetischen Nachlass zum Zeitpunkt des Vertragsschlusses praktisch erschöpfen. Im zweiten Fall wäre der Vertrag gemäß § 311b Abs. 4 Satz 2 BGB nichtig. Damit würde die Nichtigkeit des Vertrages von der Testamentsgestaltung des Vaters abhängen, obwohl in beiden Fällen wirtschaftlich das gleiche Ergebnis erzielt wird. Ein solcher Widerspruch ist nicht zu rechtfertigen, weder unter dem Aspekt der leichtsinnigen Verschleuderung des künftigen Vermögens noch unter dem Aspekt der sittlichen Verwerflichkeit. Was für den Sohn als Vermächtnisnehmer gilt, muss für ihn auch als Erben gelten.

434 Somit hat § 311b Abs. 4 Satz 1 BGB nur dann einen sinnvollen Anwendungsbereich, wenn man generell auch Verträge über Einzelgegenstände der Vorschrift zuordnet. Ein schuldrechtlicher Vertrag „über den Nachlass" eines noch lebenden Dritten liegt vor, wenn ein Nachlassgegenstand selbst Gegenstand des Vertrages ist, also wenn dieser an einen Dritten übertragen oder (z.B. mit einem Nießbrauch) belastet werden soll, oder wenn die Verpflichtung mittels der Nachlassgegenstände erfüllt werden soll und diese Abrede Vertragsgegenstand ist. Dies ist auch dann anzunehmen, wenn der Verpflichtete nur scheinbar eine eigene Verpflichtung eingeht, in Wirklichkeit aber seine Leistungsfähigkeit von der Höhe des Nachlasses abhängen soll (Kriterium der Leistungsfähigkeit des Schuldners).

[1891] Etwas anderes mag für ein Universal- oder Bruchteilvermächtnis gelten.

[1892] Eine solche Differenzierung wird sogar für zulässig erachtet (*Limmer*, DNotZ 1998, 927-940, 936); man müsste dann – bei „ungeschickter Formulierung" – den Vertrag in dem Sinne auslegen, dass nicht der Vermächtnisanspruch gemäß § 2174 BGB, sondern der Vermächtnisgegenstand vertraglicher Gegenstand ist; jedenfalls käme eine Umdeutung gemäß § 140 BGB in einen solchen Vertrag in Betracht.

[1893] Nach Ansicht von *Daniels*, Verträge mit Bezug auf den Nachlass eines noch lebenden Dritten, 1973, S. 52-55, ist § 312 Abs. 1 S. 2 a.F. dahin gehend einzuschränken, dass er nur auf Bruchteilvermächtnisse, nicht aber auf Vermächtnisse über Einzelgegenstände anwendbar ist.

4. Vertrag „über den Pflichtteil aus dem Nachlass" (Absatz 4)

Ein (nichtiger) Vertrag über den Pflichtteil aus dem Nachlass liegt vor, wenn der künftige Pflichtteilsanspruch abgetreten[1894] oder eine entsprechende Verpflichtung vereinbart wird. Weiterhin erfasst § 311b Abs. 4 Satz 2 BGB Verträge, durch welche sich ein Pflichtteilsberechtigter gegenüber einer anderen als den in § 311b Abs. 5 BGB genannten Personen verpflichtet, keine Pflichtteilsansprüche geltend zu machen[1895]; unerheblich ist, ob diese Vereinbarung als Verzicht auf das Pflichtteilsrecht[1896] oder als antizipierter Erlass der mit dem Erbfall entstehenden Pflichtteilsforderung (§ 2317 BGB)[1897] konstruiert ist. Ein gegenstandsbezogener Verzicht fällt ebenfalls unter § 311b Abs. 4 Satz 2 BGB und ist nicht nach den Grundsätzen des Vertrages über einen Einzelgegenstand (vgl. Rn. 430) zulässig.[1898] Bei dem Verzicht auf Pflichtteilsergänzungsansprüche (§§ 2325-2332 BGB) ist zu differenzieren: Der Verzicht auf den Anspruch gegen den oder die Erben nach § 2325 Abs. 1 BGB ist nach § 311b Abs. 4 Satz 1 BGB nichtig. Der Aspekt des Vertrages über einen Einzelgegenstand (vgl. Rn. 430) kommt hier nicht in Betracht, weil es sich bei dem Pflichtteilsergänzungsanspruch in Abgrenzung zum ordentlichen Pflichtteilsanspruch nach § 2303 Abs. 1 BGB um einen eigenständigen Anspruch handelt, nicht nur um eine besondere Richtung eines einheitlichen Anspruchs. Beide Ansprüche bestehen selbständig nebeneinander und entstehen unabhängig voneinander.[1899] Daher ist der Pflichtteilsergänzungsanspruch typischerweise auf einen Einzelgegenstand bezogen. Dagegen ist eine Verfügung über den subsidiären Anspruch gegen den Beschenkten nach § 2329 Abs. 1 BGB[1900] kein Vertrag „über den Pflichtteil aus dem Nachlass eines noch lebenden Dritten" im Sinne des § 311b Abs. 4 Satz 1 BGB. Dieser Anspruch richtet sich nicht gegen den Erben, sondern entsteht unmittelbar in der Person des Beschenkten und ist subsidiär zu dem Anspruch gegen die Erben nach § 2325 Abs. 1 BGB.

435

5. Vertrag „über ein Vermächtnis aus dem Nachlass" (Absatz 4)

Der Begriff des Vertrages „über das Vermächtnis" ist weit auszulegen. Gemeint sind alle Vereinbarungen, die den künftigen Anspruch gemäß § 2174 BGB oder den vermachten Gegenstand betreffen. Demgemäß sind beispielsweise Verträge über ein Vermächtnis aus dem Nachlass eines noch lebenden Dritten solche, mit denen sich der künftige Vermächtnisnehmer verpflichtet, seinen mit dem Erbfall entstehenden Anspruch (vgl. § 2176 BGB) zu diesem Zeitpunkt an einen Dritten abzutreten. Die dingliche Vorausabtretung des mit dem Erbfall entstehenden Anspruchs ist bereits aus erbrechtlichen Gründen unwirksam, weil der Vermächtnisnehmer vor dem Erbfall weder einen Anspruch noch eine rechtlich gesicherte Anwartschaft besitzt.[1901] Unwirksam ist auch ein Vertrag, mit dem sich der Vermächtnisnehmer verpflichtet, das Vermächtnis nach dem Erbfall (vgl. § 2180 Abs. 2 Satz 1 BGB) anzunehmen oder auszuschlagen[1902] oder auf den Vermächtnisanspruch im Wege des Erlassvertrages gemäß § 397 BGB zu verzichten.

436

In Anlehnung an die Auffassung zur Herausnahme von Einzelgegenständen aus dem Anwendungsbereich des § 311b Abs. 4 Satz 1 BGB will ein Teil der Literatur eine teleologische Reduktion des § 311b Abs. 4 Satz 2 BGB dahingehend vornehmen, dass von dieser Vorschrift nur Verträge über Bruchteils-

437

[1894] Der Pflichtteilsanspruch kann bereits vor dem Erbfall als künftiger Anspruch abgetreten werden; *Haas* in: Staudinger, § 2317 Rn. 18; *Thode* in: MünchKomm-BGB, § 312 a.F. Rn. 15.

[1895] Beispiel: Der künftige Erblasser hat seine Lebensgefährtin zur alleinigen Erbin eingesetzt. Sein einziger Sohn verpflichtet sich gegenüber dieser bereits zu Lebzeiten des künftigen Erblassers, keine Pflichtteilsansprüche geltend zu machen.

[1896] Vgl. *Damrau*, ZEV 1995, 425-427, 426.

[1897] Zur Zulässigkeit: BGH v. 13.11.1996 - IV ZR 62/96 - BGHZ 134, 60-66; *Haas* in: Staudinger, § 2317 Rn. 18.

[1898] So auch *Wufka* in: Staudinger, § 312 a.F. Rn. 16, der grds. von der Zulässigkeit von Verträgen über Einzelgegenstände ausgeht.

[1899] BGH v. 09.03.1988 - IVa ZR 272/86 - juris Rn. 14 - BGHZ 103, 333-337; *Edenhofer* in: Palandt, § 2325 Rn. 2.

[1900] Beispiel: Der künftige Erblasser schenkt seiner Ehefrau zweiter Ehe eine Immobilie. Die Kinder aus erster Ehe, die testamentarisch als Erben eingesetzt sind, verzichten auf den Anspruch gegen die Stiefmutter aus § 2329 Abs. 1 BGB.

[1901] *Wolf* in: Soergel, § 2176 Rn. 2; *Johannsen* in: BGB-RGRK, § 2174 Rn. 5; nach Ansicht von *Schlichting* in: MünchKomm-BGB, § 2174 Rn. 14, ist eine Abtretung des Vermächtnisanspruchs zu Lebzeiten des künftigen Erblassers gemäß § 312 Abs. 1 a.F. nichtig (allerdings mit unzutreffendem Hinweis auf die Entscheidung des BGH vom 11.05.1988 (BGH v. 11.05.1988 - IVa ZR 325/86 - BGHZ 104, 279-285), der sich zu dieser Frage nicht geäußert hat.

[1902] BGH v. 16.05.1956 - IV ZR 339/55 - LM Nr. 1 zu § 312 BGB.

vermächtnisse oder Universalvermächtnisse erfasst werden.[1903] Sofern aus einem Vermächtnis, das aus mehreren Gegenständen besteht, ein einzelner Gegenstand veräußert wird, soll der Vertrag wirksam sein.[1904] Mit der h.M.[1905] ist diese Ansicht abzulehnen, da sie keinen Anhaltspunkt im Gesetz findet und dem Gesetzgeber bei der Formulierung der Vorschrift durchaus bewusst gewesen sein dürfte, dass Vermächtnisse in der Praxis typischerweise Einzelgegenstände erfassen.[1906] Nach Ansicht von *Limmer*[1907] ist zwischen dem (unzulässigen) Vertrag über das Vermächtnis selbst und dem (zulässigen) Vertrag über den Gegenstand des Vermächtnisses zu unterscheiden. Dieser Auffassung kann nicht gefolgt werden, weil damit das Verbot des § 311b Abs. 4 Satz 2 BGB auf einfachste Weise umgangen werden könnte. Sofern die Beteiligten den Vertrag „ungeschickt" formuliert haben, weil Vertragsgegenstand der Vermächtnisanspruch und nicht der Einzelgegenstand ist, wäre ihnen mit der Umdeutung (§ 140 BGB) zu helfen. Damit wäre im Ergebnis jeder Vertrag über das Vermächtnis wirksam und § 311b Abs. 4 Satz 2 BGB hätte keine Bedeutung mehr.

6. Vertrag unter künftigen gesetzlichen Erben (Absatz 5)

a. Auffassung in Rechtsprechung und Literatur

438 Der Wortlaut des § 311b Abs. 5 Satz 1 BGB ist unklar bzw. juristisch ungenau[1908], da der Status als künftiger gesetzlicher Erbe von einer Reihe unsicherer Ereignisse abhängt. Nach Ansicht des Reichsgerichtes[1909] soll die Vorschrift, für die § 649 I 12 ALR[1910] das Vorbild lieferte, den Gegensatz zu den dem Erblasser fremden Personen kennzeichnen. Demnach gehörten zum privilegierten Personenkreis die Verwandten des Erblassers (also in sämtlichen Erbordnungen), dessen Ehegatte sowie der Fiskus (vgl. § 1936 BGB). Der BGH hat in seinen Entscheidungen aus dem Jahre 1988[1911] und 1994[1912] dahinstehen lassen, ob der weiten Auffassung des Reichsgerichtes zu folgen ist, da die Vertragsparteien zum Zeitpunkt des Vertragsschlusses zu den hypothetischen gesetzlichen Erben (Abkömmlinge) gehörten.

439 Die Literatur hat die Aussagen in der Rechtsprechung aufgenommen und folgt fast einhellig der weiten Interpretation des Reichsgerichtes.[1913] Typischerweise werden folgende Umschreibungen zur Skizzierung der eigenen Auffassung verwendet:

- Die Vertragschließenden müssen im Zeitpunkt des Vertragsschlusses zu dem Kreis der gemäß §§ 1924-1936 BGB bzw. § 10 LPartG berufenen Erben gehören[1914];
- dagegen ist unerheblich, ob die Vertragschließenden beim Erbfall wirklich gesetzliche Erben werden[1915];

[1903] So *Daniels*, Verträge mit Bezug auf den Nachlass eines noch lebenden Dritten, 1973, S. 54: Bruchteilsvermächtnisse; *Wufka* in: Staudinger, § 312 a.F. Rn. 17.

[1904] *Wufka* in: Staudinger, § 312 a.F. Rn. 17.

[1905] *Wolf* in: Soergel, § 312 a.F. Rn. 5; *Grüneberg* in: Palandt, § 311b Rn. 70; *Thode* in: MünchKomm-BGB, § 312 a.F. Rn. 7; *Battes* in: Erman, Handkommentar BGB, 10. Aufl. 2000, § 312 a.F. Rn. 3.

[1906] *Limmer*, DNotZ 1998, 927-940, 936.

[1907] *Limmer*, DNotZ 1998, 927-940, 936.

[1908] RG v. 26.02.1920 - IV 385/19 - RGZ 98, 330-335.

[1909] RG v. 26.02.1920 - IV 385/19 - RGZ 98, 330-335.

[1910] Preußisches Allgemeines Landrecht.

[1911] BGH v. 11.05.1988 - IVa ZR 325/86 - juris Rn. 8 - BGHZ 104, 279-285; das Reichsgericht hat diesen Kreis in seiner grundlegenden Entscheidung RG v. 26.02.1920 - IV 385/19 - RGZ 98, 330-335 sehr weit gezogen und darunter sämtliche (auch die entferntesten) Verwandten des Erblassers, seinen Ehegatten und sogar den Fiskus verstanden. Diese Auffassung ist im Schrifttum auf Widerspruch gestoßen (vgl. *Daniels*, Verträge mit Bezug auf den Nachlass eines noch lebenden Dritten, 1973, S. 30 ff., 90).

[1912] BGH v. 23.11.1994 - IV ZR 238/93 - juris Rn. 0 - LM BGB § 312 Nr. 7 (4/1995)

[1913] BGH v. 16.05.1956 - IV ZR 339/55 - LM Nr. 1 zu § 312 BGB; RG v. 26.02.1920 - IV 385/19 - RGZ 98, 330-335; *Wufka* in: Staudinger, § 312 a.F. Rn. 24; *Krüger* in: MünchKomm-BGB, § 311b Rn. 120; *Grüneberg* in: Palandt, § 311b Rn. 73; *Battes* in: Erman, Handkommentar BGB, 10. Aufl. 2000, § 312 a.F. Rn. 4; a.A. *Daniels*, Verträge mit Bezug auf den Nachlass eines noch lebenden Dritten, 1973, S. 90.

[1914] *Thode* in: MünchKomm-BGB, § 312 a.F. Rn. 13; *Ballhaus* in: BGB-RGRK, § 312 a.F. Rn. 6; *Wolf* in: Soergel, § 312 a.F. Rn. 10.

[1915] *Thode* in: MünchKomm-BGB, § 312 a.F. Rn. 7; *Ballhaus* in: BGB-RGRK, § 312 a.F. Rn. 6; *Wolf* in: Soergel, § 312 a.F. Rn. 11.

- weiterhin unerheblich ist, dass der Versprechensempfänger vor oder nach Abschluss des Vertrages als testamentarischer Erbe eingesetzt worden ist[1916].

Eine einschränkende Interpretation des Merkmals „künftige gesetzliche Erben" nimmt *Daniels*[1917] vor. Zum Vertragsschluss über den Nachlass eines noch lebenden Dritten sollen lediglich diejenigen berechtigt sein, die zur Zeit des Vertragsschlusses als präsumtive gesetzliche Erben des Dritten bei dessen Tod anzusehen sind.[1918] Daher könnte sich beispielsweise der Sohn des künftigen Erblassers nicht gegenüber dem Bruder des Erblassers verpflichten, seinen Erbteil oder einen Teil nach dem Tod des künftigen Erblassers zu übertragen, da der Bruder des Erblassers zum Zeitpunkt des Vertragsschlusses nicht der hypothetische gesetzliche Erbe ist.[1919] Eine Ausnahme will *Daniels* in den Fällen machen, in denen ein nächstberechtigter gesetzlicher Erbe mit einem durch ihn selbst ausgeschlossenen entfernteren gesetzlichen Erben des Erblassers einen Vertrag nach § 311b Abs. 5 Satz 1 BGB schließen will. Meist handelt es sich in solchen Fällen um eine Erbteilsübertragung.[1920] 440

Diese Kriterien können bei der konkreten Anwendung auf den Fall wiederum Zweifel aufwerfen. Dies hängt damit zusammen, dass „Verträge über den gesetzlichen Erbteil" so vielschichtig sind, dass eine Einheitslösung möglicherweise zu kurz greift. Es ist daher anhand verschiedener Konstellationen zu differenzieren: 441

b. Zeitpunkt des Vertragsschlusses

aa. Generelle Zugehörigkeit zu dem Personenkreis der §§ 1924-1936 BGB (externe Abgrenzung)

Die Personen, die einen nach § 311b Abs. 5 Satz 1 BGB zulässigen Vertrag schließen, müssen im Zeitpunkt des Vertragsschlusses zu dem Personenkreis gehören, der in den §§ 1924-1936 BGB, § 10 LPartG bestimmt ist. Mit dem Erfordernis, dass die Vertragsparteien **zum Zeitpunkt des Vertragsabschlusses** abstrakt zum Personenkreis der gesetzlichen Erben im Sinne der §§ 1924-1936 BGB, § 10 LPartG gehören müssen, scheiden auch Verträge unter Beteiligung solcher Personen aus, die erst nach Vertragsschluss zum Kreis der gesetzlichen Erben gehören, selbst wenn die Aufnahme in den Kreis der gesetzlichen Erben beabsichtigt ist, beispielsweise durch bevorstehende Heirat oder Adoption.[1921] Schließt beispielsweise die Lebensgefährtin mit dem einzigen Kind des Erblassers einen Vertrag über den gesetzlichen Erbteil am Nachlass des noch lebenden Vaters des Kindes[1922], so wird der Vertrag nicht nachträglich dadurch wirksam, dass die Lebensgefährtin noch vor dem Tode mit dem Dritten die Ehe schließt und damit nach § 1931 Abs. 1 BGB zum Kreis der gesetzlichen Erben gehört. In gleicher Weise wäre es auch unerheblich, dass ein Vertragspartner nach Vertragsschluss von dem noch lebenden Dritten adoptiert würde. Sofern durch testamentarische Bestimmung einem nach ausländischen Recht adoptierten Kind die Rechtsstellung eines gesetzlichen Erben eingeräumt worden ist (Art. 22 Abs. 3 EGBGB)[1923], gehört dieses Kind, wenn die Verfügung zum Zeitpunkt des Vertragsschlusses bereits vorgenommen wurde, zum Personenkreis der §§ 1924-1936 BGB. 442

bb. Bezug zur hypothetischen gesetzlichen Erbfolge (interne Abgrenzung)

Ausgangspunkt; eigene Auffassung: Zum Personenkreis der gesetzlichen Erben gehören beispielsweise die Abkömmlinge des Erblassers, dessen Eltern und deren Abkömmlinge sowie der Ehegatte. Aber auch weit entfernte Verwandte aus der dritten, vierten und einer noch weiteren Erbordnung sind potentiell gesetzliche Erben des künftigen Erblassers. Schließlich kommt auch noch nach § 1936 BGB der Fiskus als gesetzlicher Erbe in Betracht, wenn keine Verwandten Erben werden. Folgt man der weiten Interpretation des Reichsgerichtes[1924] und der überwiegend in der Literatur vertretenen Ansicht[1925], 443

[1916] *Thode* in: MünchKomm-BGB, § 312 a.F. Rn. 7; *Ballhaus* in: BGB-RGRK, § 312 a.F. Rn. 6; *Wolf* in: Soergel, § 312 a.F. Rn. 10.
[1917] *Daniels*, Verträge mit Bezug auf den Nachlass eines noch lebenden Dritten, 1973, S. 86-90.
[1918] *Daniels*, Verträge mit Bezug auf den Nachlass eines noch lebenden Dritten, 1973, S. 87.
[1919] Der Sohn des künftigen Erblassers (gesetzlicher Erbe in der ersten Erbordnung) verdrängt den Bruder des künftigen Erblassers (gesetzlicher Erbe in der zweiten Erbordnung), vgl. § 1930 BGB.
[1920] *Daniels*, Verträge mit Bezug auf den Nachlass eines noch lebenden Dritten, 1973, S. 88.
[1921] *Daniels*, Verträge mit Bezug auf den Nachlass eines noch lebenden Dritten, 1973, S. 79-80, 87-88.
[1922] Beispiel: Verpflichtung zur Abtretung des Erbteils.
[1923] Dazu *Ludwig*, RNotZ 2002, 353-383, 379-383.
[1924] RG v. 26.02.1920 - IV 385/19 - RGZ 98, 330-335.
[1925] Statt vieler: *Thode* in: MünchKomm-BGB, § 312 a.F. Rn. 13.

wonach die Vertragsbeteiligten zum Zeitpunkt des Vertragsschlusses lediglich zum Kreis der gesetzlichen Erben gehören müssen, so wären Verträge zwischen diesen Personen zulässig, selbst wenn sie niemals zusammen gesetzliche Erben werden können, weil sie in unterschiedlichen Erbordnungen stehen (vgl. § 1930 BGB). Zwar würde eine Abrede über die Erbauseinandersetzung zwischen ihnen keinen Sinn machen, da sie nicht zusammen gesetzliche Erben werden können; jedoch könnte ein gesetzlicher Erbe in der ersten Erbordnung sich gegenüber einem gesetzlichen Erben in der vierten Erbordnung verpflichten, an diesen seinen Erbteil nach dem Tode des künftigen Erblassers zu veräußern.[1926] Folgt man der einschränkenden Auffassung von *Daniels*[1927], so wäre ein solcher Vertrag nicht gemäß § 311b Abs. 5 Satz 1 BGB wirksam, weil der Erbe aus der vierten Erbordnung zum Zeitpunkt des Vertragsschlusses nicht hypothetischer gesetzlicher Erbe ist.

444 Die entscheidende Frage ist: Wer kann mit wem einen nach § 311b Abs. 5 Satz 1 BGB zulässigen Vertrag schließen? Der folgende Fragenkatalog soll die Problematik des unklar gefassten Wortlauts[1928] erläutern:

- Müssen die Vertragsparteien zum Zeitpunkt des Vertragsschlusses – hypothetisch betrachtet – die gesetzlichen Erben sein?
- Müssen die Vertragsparteien der gleichen gesetzlichen Erbordnung angehören, damit sie im Erbfall zumindest theoretisch als gesetzliche Erben berufen sein können?
- Können innerhalb derselben gesetzlichen Ordnung auch die vor- und nachrangigen Personen innerhalb eines Stammes Vertragspartner sein?
- Müssen die Vertragsparteien theoretisch (noch) zur gesetzlichen Erbfolge gelangen können, d.h. stellt § 311b Abs. 5 Satz 1 BGB inhaltlich auf die Möglichkeit der Berufung zur gesetzlichen Erbfolge oder personell auf den in den §§ 1924-1936 BGB umschriebenen Personenkreis (Abkömmlinge, Eltern und deren Abkömmlinge, usw.) ab?
- Schadet die testamentarische Erbeinsetzung der Vertragsparteien zum Zeitpunkt des Vertragsabschlusses?

445 Die Lösung kann nur anhand des Regelungszwecks des § 311b Abs. 5 BGB gefunden werden. Die Ausnahmeregelung schien dem Gesetzgeber in gewissen Grenzen innerhalb der Familie bei Gutsübergaben, Auswanderungen, Abfindungen von Geschwistern u. dgl. geboten[1929]. Zum Zwecke der vorweggenommenen Erbauseinandersetzung zwischen künftigen gesetzlichen Erben sollten diese auch ohne Mitwirkung des künftigen Erblassers, insbesondere wenn dieser dazu aus tatsächlichen (Geschäftsunfähigkeit) oder rechtlichen Gründen (erbrechtliche Bindung an eine Verfügung in einem gemeinschaftlichen Testament oder Erbvertrag) nicht in der Lage ist.[1930] Es geht bei den Erbschaftsverträgen nach § 311b Abs. 5 BGB also darum, eine Regelung darüber zu treffen, wer Erbe oder wie der Nachlass zwischen den Miterben auseinander gesetzt werden soll. Das Ergebnis, das mit solchen Verträgen mit einem „spezifisch erbrechtlichen" Charakter erzielt wird, könnte auch durch den Erblasser selbst mittels erbrechtlicher Gestaltungsinstrumente erreicht werden. Es handelt sich dabei insbesondere um (1) die Auseinandersetzung des Nachlasses (**Teilungsvertrag**) und (2) um die Verpflichtung zur Annahme oder Ausschlagung der Erbschaft (**Entsagungsvertrag**)[1931]. Daneben kommt noch die Erbteilsübertragung (§ 2033 BGB) in Betracht, die entweder den Charakter eines Erbverzichts („Entsagung") zugunsten eines anderen gesetzlichen Erben (gleichberechtigt innerhalb derselben Erbordnung, vorgehende und nachfolgende Personen in der gleichen Linie, oder Person) oder der wirtschaftlichen Verwertung des künftigen Erbteils an einen Dritten (selbst wenn dieser zum Personenkreis der §§ 1924-1936 BGB gehört) hat.

[1926]Beispiel: Der Sohn ist künftiger gesetzlicher Alleinerbe des Nachlasses, zu dem im Wesentlichen eine Immobilie gehört, an der ein weit entfernter gesetzlicher Erbe aus der vierten Erbordnung großes Interesse hat. Um sich bereits zu Lebzeiten einen Zugriff auf die Immobilie zu sichern, will er den gesetzlichen Erben vertraglich daran binden.

[1927]*Daniels*, Verträge mit Bezug auf den Nachlass eines noch lebenden Dritten, 1973, S. 87.

[1928]Vgl. *Daniels*, Verträge mit Bezug auf den Nachlass eines noch lebenden Dritten, 1973, S. 102: „in der Formulierung misslungen".

[1929]*Wufka* in: Staudinger, § 312 a.F. Rn. 23.

[1930]*Limmer*, DNotZ 1998, 927-940, 927; *Wufka* in: Staudinger, § 312 a.F. Rn. 23.

[1931]Vgl. die Regelung in § 649 I 12 ALR; dazu *Daniels*, Verträge mit Bezug auf den Nachlass eines noch lebenden Dritten, 1973, S. 83.

446 Vor diesem Hintergrund wird man den Begriff „**künftige gesetzliche Erben**" im folgenden Sinne zu interpretieren haben: Die Vereinbarung müsste, wäre der Erbfall zum Zeitpunkt des Vertragsschlusses eingetreten (hypothetische Betrachtung), als Erbauseinandersetzung zwischen gleichberechtigten (Mit-)Erben oder als Verzicht (Ausschlagung) auf die erbrechtliche Rechtsstellung zugunsten eines gleichberechtigten (Anwachsung) oder nachrangigen (Repräsentationsprinzip) Erben möglich sein. Vorstehende Interpretation führt zu einem eingeschränkten Anwendungsbereich des § 311b Abs. 5 Satz 1 BGB. Wie jedoch die veröffentlichten Gerichtsentscheidungen zeigen, ging es in den genannten Fällen auch immer nur um solche Konstellationen, die von dem vorstehenden eingeschränkten Anwendungsbereich umfasst waren (Verträge zwischen den Kindern des künftigen Erblassers oder Vertrag zwischen einem Elternteil und dem Ehegatten des künftigen Erblassers).[1932]

447 **Vereinbarungen von gradgleichen Verwandten innerhalb derselben Erbordnung**: Unproblematisch sind Vereinbarungen zwischen gradgleichen Verwandten innerhalb derselben Erbordnung. Sofern sie gesetzliche Erben werden, können sie Vereinbarungen hinsichtlich der Nachlassverteilung oder das Ausscheiden eines Erben zugunsten des anderen Erben vereinbaren. In einigen Entscheidungen[1933] ging es um Vereinbarungen, in denen eines der Kinder seinen Erbteil an ein anderes Kind übertrug oder sich zumindest dazu verpflichtete. Diesen Fall hatte der Gesetzgeber bei der Schaffung des § 312 Abs. 2 BGB a.F. sicherlich im Auge. Denkbar wäre auch eine Vereinbarung, wonach sich ein Kind gegenüber einem anderen Kind des Erblassers verpflichtet, die Erbschaft nach dem Tode des künftigen Erblassers auszuschlagen.[1934] Infolge der Ausschlagung fällt die Erbschaft nach § 1953 Abs. 2 BGB demjenigen an, welcher berufen sein würde, wenn der Ausschlagende zur Zeit des Erbfalls nicht gelebt hätte. Hat der Ausschlagende eigene Kinder, so treten diese an dessen Stelle, so dass der mit der Ausschlagung bezweckte Erfolg, das andere Kind zum Alleinerben zu machen, nicht eintreten würde.

448 Nach der herrschenden Auffassung in der Literatur, die lediglich verlangt, dass die Vertragspartner zu dem in den §§ 1924-1936 BGB genannten Personenkreis gehören, wäre auch ein Vertrag zwischen gradgleichen Verwandten, die zum Zeitpunkt des Vertragsschlusses nicht die hypothetischen gesetzlichen Erben wären. Würden beispielsweise zwei Enkelkinder des künftigen Erblassers eine Vereinbarung hinsichtlich der Verteilung des Nachlasses für den Fall treffen, dass sie gesetzliche[1935] Erben werden[1936], so wäre dieser Vertrag nach § 311b Abs. 5 Satz 1 BGB wirksam. Nach Ansicht von *Daniels*[1937],

---

[1932] RG v. 20.03.1907 - V 398/06 - RGZ 65, 364-367: Der Sohn übertrug an seine Schwester seinen Erbteil am Nachlass des noch lebenden Vaters in notarieller Urkunde; RG v. 26.02.1920 - IV 385/19 - RGZ 98, 330-335: Die Erblasserin errichtete mit ihrem Ehemann ein gemeinschaftliches Testament, in dem sie sich gegenseitig als alleinige Erben einsetzten. Die Mutter der Ehefrau schloss mit dem Schwager (Ehemann) einen notariellen Vertrag, in welchem sie auf ihren Pflichtteilsanspruch am Nachlass ihrer Tochter gegen Abfindung verzichtete; BGH v. 16.05.1956 - IV ZR 339/55 - LM Nr. 1 zu § 312 BGB: Ehegatten haben sich in einem Berliner Testament gegenseitig zu alleinigen Erben eingesetzt und eines ihrer Kinder als alleinigen Schlusserben bestimmt. Die anderen Kinder haben zur Abfindung ein grundbuchlich gesichertes Rentenvermächtnis (Reinerträge aus der Ziegelei und des Landwirtschaftsgutes) erhalten. Die Kinder schlossen zu Lebzeiten der Mutter einen Abfindungsvertrag, wonach die Klägerin auf die Ansprüche aus dem Rentenvermächtnis und etwaige weitere Ansprüche gegenüber dem Vermögen der noch lebenden Mutter verzichtet, mit Ausnahme etwaiger weiterer von der Mutter ausgesetzter Vermächtnisse; BGH v. 24.10.1973 - IV ZR 3/72 - LM Nr. 9 zu § 140 BGB: In einem notariellen gemeinschaftlichen Testament setzte sich ein Ehepaar gegenseitig zu Alleinerben ein. Nacherben hinsichtlich des Vermögens, das beim Tode des Längstlebenden vom beiderseitigen Nachlass noch vorhanden sei, sind die drei Kinder. Zur Abgeltung der Ansprüche einer Tochter übertrug diese ihren Erbteil als Nacherbin und Erbin nach ihrer Mutter zu gleichen Teilen auf die anderen Kinder und die Mutter. Die Geschwister hatten eine Abfindung von jeweils 4.000 DM zu zahlen. Die weichende Tochter verzichtete zusätzlich auf ihr gesetzliches Erbrecht nach der noch lebenden Mutter; BGH v. 11.05.1988 - IVa ZR 325/86 - BGHZ 104, 279-285: Ehegatten hatten ein Berliner Testament errichtet, in dem sie sich gegenseitig als Alleinerben und ihre drei Kinder zu Schlusserben eingesetzt haben. Ein Sohn hatte an die Schwester zu Lebzeiten der Mutter entgeltlich seinen gesetzlichen Erbteil am Nachlass der Mutter „abgetreten".
[1933] Vgl. die vorhergehende Fußnote.
[1934] Vgl. dazu *Damrau*, ZEV 1995, 425-427, 426.
[1935] Vgl. unten zum Problem der Vereinbarung über den testamentarischen Erbteil (vgl. Rn. 466).
[1936] Was beispielsweise für den Fall sinnvoll wäre, dass der Vater oder die Mutter (Kind des künftigen Erblassers), durch die sie als gradfernere Verwandte von der gesetzlichen Erbfolge ausgeschlossen werden (§ 1924 Abs. 2 BGB), im Erbfall nicht gesetzliche Erben werden (z.B. durch Vorversterben, Erbverzicht oder Erbausschlagung).
[1937] *Daniels*, Verträge mit Bezug auf den Nachlass eines noch lebenden Dritten, 1973, S. 87.

der grds. nur Verträge zwischen solchen Personen für zulässig hält, die zum Zeitpunkt des Vertragsschlusses hypothetisch die gesetzlichen Erben wären, scheidet eine Vereinbarung zwischen entfernteren gesetzlichen Erben in derselben Erbordnung aus.[1938] Er begründet dies mit einem fehlenden zwingenden Grund für eine solche Vereinbarung, weil § 311b Abs. 5 BGB möglichst erfüllbare Verträge zulassen will[1939], was bei noch nicht einmal zum Zeitpunkt des Vertragsschlusses hypothetischen gesetzlichen Erben weniger wahrscheinlich ist. Dem wird man entgegenhalten können, dass § 311b Abs. 5 BGB nicht auf den Grad der Wahrscheinlichkeit der Erfüllbarkeit abstellt. Zu Recht weist *Wufka*[1940] darauf hin, dass oftmals ein großes Bedürfnis besteht, die nächste Generation von gesetzlichen Erben (insbesondere die Enkelkinder des künftigen Erblassers) in die Vereinbarung über die Auseinandersetzung des Nachlasses für den Fall des Wegfalls eines vorrangigen gesetzlichen Erben mit einzubinden. Dies betrifft zum einen Vereinbarungen zwischen den gradgleichen gesetzlichen Erben für den Fall des Wegfalls sämtlicher gradnäherer gesetzlicher Erben als auch für Vereinbarungen zwischen gradnäheren und gradentfernteren Erben innerhalb derselben Erbordnung (z.B. Kind und Enkelkind).

449 **Vereinbarungen von gradverschiedenen Personen innerhalb derselben Erbordnung**: Zulässig sind auch Vereinbarungen zwischen gradverschiedenen gesetzlichen Erben innerhalb derselben Erbordnung, beispielsweise wenn Vater und Sohn über den Nachlass des Großvaters eine Vereinbarung treffen.[1941] Naturgemäß kann es sich bei gesetzlicher Erbfolge nicht um eine Auseinandersetzung des Nachlasses handeln, da Vater und Sohn nicht gleichzeitig gesetzliche Erben des Großvaters sein können. Jedoch sind Vereinbarungen hinsichtlich der Erbfolge möglich. Beispielsweise kann der Vater zugunsten seines Sohnes die Erbschaft ausschlagen. Möglich ist – anstelle einer Ausschlagung der Erbschaft – auch die Übertragung des Nachlasses im Ganzen oder zu einem Bruchteil auf den Sohn, weil dies im Ergebnis die gleiche „Entsagungswirkung" hat. Auch nach der engen Ansicht von *Daniels*[1942] sind solche Verträge ausnahmsweise zulässig.

450 Solche Vereinbarungen sind aber nicht nur zwischen gradverschiedenen Personen des gleichen Stammes (z.B. Vater und Sohn wie in dem vorgenannten Beispiel), sondern auch mit dem gegenwärtigen gesetzlichen Erben unmittelbar folgenden gesetzlichen Erben des anderen Stammes möglich. Aus diesem Grund kann das Kind A auch mit dem Sohn oder der Tochter des Kindes B – insbesondere für den Fall, dass das Kind B vor dem künftigen Erblasser verstirbt – einen Vertrag nach § 311b Abs. 5 Satz 1 BGB schließen. Für die Zulässigkeit einer solchen vorsorgenden Vereinbarung spricht ein praktisches Bedürfnis, wenn die Familienstämme nach dem künftigen Erblasser nicht nur in der ersten Generation (Kinder) den Vertrag abschließen, sondern vorsorglich auch die folgende Generation (Enkelkinder) für den Fall des Vorversterbens in die Vertragsgestaltung einbeziehen.[1943]

451 **Vereinbarungen von Personen in unmittelbar vor- und nachfolgender gesetzlicher Erbordnung (§ 1930 BGB)**: Bei Verträgen zwischen Personen in unterschiedlichen Erbordnungen kommen Vereinbarungen über das gesetzliche Erbrecht in der Form der vorgezogenen Erbauseinandersetzungsvereinbarung nicht in Betracht, da solche Personen nicht zusammen gesetzliche Erben sein können.[1944] Möglich sind daher lediglich sog. Entsagungsvereinbarungen, in denen ein vorrangiger gesetzlicher Erbe zugunsten eines nachrangigen gesetzlichen Erben in einer höheren Erbordnung auf sein Erbrecht verzichtet. Dies kann zum einen die Verpflichtung zur Erbausschlagung sein. Denkbar wäre aber auch die Verpflichtung zur Übertragung des Erbteils mit dem Tode des künftigen Erblassers. Da die Übertragung des gesetzlichen Erbteils oder der gesamten Erbschaft nur zwischen – zum Zeitpunkt des Vertragsabschlusses – gleichrangigen gesetzlichen Erben oder zwischen einem vorrangigen und dem – zum Zeitpunkt des Vertragsschlusses – unmittelbar nachrangigen gesetzlichen Erben möglich ist, kommt eine Verpflichtung zur Übertragung des Erbteils anstelle der Verpflichtung zur Ausschlagung der Erbschaft nur zwischen den vorgenannten Personen in Betracht. Aus diesem Grund kann sich beispielsweise der Sohn des künftigen Erblassers nicht wirksam gegenüber einer Person aus der vierten

---

[1938] *Daniels*, Verträge mit Bezug auf den Nachlass eines noch lebenden Dritten, 1973, S. 88.

[1939] *Daniels*, Verträge mit Bezug auf den Nachlass eines noch lebenden Dritten, 1973, S. 86.

[1940] *Wufka* in: Staudinger, § 312 a.F. Rn. 24.

[1941] *Wiedemann*, NJW 1968, 769-773, 771.

[1942] *Daniels*, Verträge mit Bezug auf den Nachlass eines noch lebenden Dritten, 1973, S. 88-89: „meist Erbteilsübertragungen".

[1943] *Wufka* in: Staudinger, § 312 a.F. Rn. 24.

[1944] Vgl. unten zur Frage, ob beim Zusammentreffen von gesetzlichen und testamentarischen Erben (vgl. Rn. 469) unterschiedlicher Erbordnungen eine Vereinbarung nach § 311b Abs. 5 BGB getroffen werden kann.

Erbordnung verpflichten, seinen Erbteil nach dem Tode des künftigen Erblassers die Erbschaft oder einen Bruchteil davon an den entfernten Verwandten zu übertragen, wenn dieser zum Zeitpunkt des Vertragsschlusses nicht der unmittelbar nachfolgende gesetzliche Erbe wäre. Folgt man dagegen der weiten Auffassung des Reichsgerichtes[1945] und der herrschenden Auffassung in der Literatur[1946], so wäre ein solcher Vertrag nach § 311b Abs. 5 Satz 1 BGB wirksam, weil lediglich verlangt wird, dass die Personen generell zu dem in den §§ 1924-1936 BGB genannten Personenkreis gehören.

Der **Fiskus** scheidet als Vertragspartner im Sinne des § 311b Abs. 5 Satz 1 BGB generell aus, obwohl er zum Kreis der gesetzlichen Erben gehört.[1947] Zwar wäre auch hier – theoretisch – ein Vertrag zwischen dem einzigen lebenden Verwandten des künftigen Erblassers und mit dem unmittelbar nachfolgenden Fiskus in der Form der Verpflichtung zur Erbausschlagung oder der Übertragung der Erbschaft möglich; jedoch greift der Sinn und Zweck des § 311b Abs. 5 Satz 1 BGB (vorgezogene Auseinandersetzung des Nachlasses innerhalb der Familie) bei Beteiligung des Fiskus nicht ein. Nach den Kriterien des Reichsgerichtes[1948] und der herrschenden Auffassung in der Literatur[1949] wäre auch ein Vertrag zwischen einem gesetzlichen Erben der ersten Erbordnung und dem Fiskus möglich. So könnte sich beispielsweise der Sohn des künftigen Erblassers gegenüber dem Fiskus verpflichten, an diesen nach dem Tode des Erblassers ein Nachlassgrundstück zu übertragen. Ob die Rechtsprechung dem folgen würde, erscheint jedoch angesichts der Äußerungen des BGH in seinen Entscheidungen vom 11.05.1988[1950] und vom 23.11.1994[1951] zweifelhaft. 452

Ausschluss von der gesetzlichen Erbfolge zum Zeitpunkt des Vertragsschlusses: Die Anwendbarkeit des § 311b Abs. 5 Satz 1 BGB wird nicht dadurch berührt, dass eine der Vertragsparteien zum Zeitpunkt des Vertragsschlusses aufgrund eines Erbverzichts oder auf sonstige Weise von der gesetzlichen Erbfolge ausgeschlossen ist.[1952] Der Entscheidung des BGH aus dem Jahre 1994[1953] lag ein Sachverhalt zugrunde, in welchem die Tochter gegenüber der Mutter in notarieller Urkunde auf ihr gesetzliches Erbrecht zugunsten ihres Bruders verzichtete, weil sie zu diesem Zeitpunkt überschuldet war. Sie behauptete, dass zwischen sämtlichen Beteiligten eine weitere mündliche Abrede bestand, dass der Bruder ihr nach dem Tode die Hälfte des Nachlasses zuwende, damit beide Kinder wirtschaftlich gleichstehen. Konstruiert man den vorgenannten Fall so, dass sich die wirtschaftliche Situation der Tochter entscheidend verbessert hat, so dass der Grund für deren Ausschluss von der gesetzlichen Erbfolge entfallen ist, so könnten Sohn und Tochter in notarieller Form einen Vertrag nach § 311b Abs. 5 Satz 1 BGB schließen, wonach die Tochter so zu stellen ist, als ob sie neben ihrem Bruder gesetzliche Erbin geworden wäre.[1954] 453

Vertrag zugunsten Dritter: Die Einschränkungen des Personenkreises gemäß § 311b Abs. 5 Satz 1 BGB lassen sich nicht durch die Konstruktion eines Vertrages zugunsten Dritter umgehen.[1955] Dies gilt nicht nur für den echten Vertrag zugunsten Dritter, sondern auch für den unechten Vertrag zugunsten Dritter, bei dem der Versprechensempfänger keinen eigenen Anspruch auf die Leistung erlangt.[1956] Dagegen sind Verträge zugunsten Dritter zulässig, sofern der Versprechende mit diesem Dritten selbst einen Erbschaftsvertrag gemäß § 311b Abs. 5 Satz 1 BGB abschließen könnte, wie dies bei Vereinbarungen innerhalb derselben Erbordnung (vgl. Rn. 449) möglich ist. Beispiel: Kind A verpflichtet sich gegenüber Kind B, seinen künftigen Erbteil am Nachlass des Vaters gegen Zahlung eines bestimmten Be- 454

[1945] RG v. 26.02.1920 - IV 385/19 - RGZ 98, 330-335.
[1946] Statt vieler: *Thode* in: MünchKomm-BGB, § 312 a.F. Rn. 13.
[1947] Zutreffend *Wufka* in: Staudinger, § 312 a.F. Rn. 24; a.A: RG v. 26.02.1920 - IV 385/19 - RGZ 98, 330-335.
[1948] RG v. 26.02.1920 - IV 385/19 - RGZ 98, 330-335.
[1949] Statt vieler: *Thode* in: MünchKomm-BGB, § 312 a.F. Rn. 13.
[1950] BGH v. 11.05.1988 - IVa ZR 325/86 - juris Rn. 8 - BGHZ 104, 279-285.
[1951] BGH v. 23.11.1994 - IV ZR 238/93 - juris Rn. 9 - LM BGB § 312 Nr. 7 (4/1995).
[1952] BGH v. 23.11.1994 - IV ZR 238/93 - juris Rn. 9 - LM BGB § 312 Nr. 7 (4/1995); *Wufka* in: Staudinger, § 312 a.F. Rn. 24.
[1953] BGH v. 23.11.1994 - IV ZR 238/93 - juris Rn. 9 - LM BGB § 312 Nr. 7 (4/1995); *Wufka* in: Staudinger, § 312 a.F. Rn. 24.
[1954] Einen solchen Vertrag wird man allerdings nur dann in Betracht ziehen, wenn eine Aufhebung des Erbverzichtsvertrages zwischen Mutter und Tochter aus tatsächlichen oder rechtlichen Gründen nicht in Betracht kommt.
[1955] *Wufka* in: Staudinger, § 312 a.F. Rn. 28; *Daniels*, Verträge mit Bezug auf den Nachlass eines noch lebenden Dritten, 1973, S. 93; *Kaufhold*, ZEV 1996, 454-457, 457.
[1956] *Wufka* in: Staudinger, § 312 a.F. Rn. 28; a.A: *Kaufhold*, ZEV 1996, 454-457, 457.

trages nach dem Tode des künftigen Erblassers zu übertragen. Da Kind B ein noch minderjähriges Kind hat, verpflichtet sich Kind A für den Fall des Vorversterbens von Kind B diesem gegenüber im Wege eines Vertrages zugunsten des Enkelkindes (nach Kind B), seinen Erbteil zu übertragen.

455 **Testamentarische Erbeinsetzung zum Zeitpunkt des Vertragsschlusses**: Unerheblich ist auch, dass eine der Vertragsparteien oder beide zum Zeitpunkt des Vertragsschlusses als testamentarische Erben eingesetzt worden sind.[1957] Maßgebend ist ausschließlich, dass sie hypothetisch zum Kreis der gesetzlichen Erben innerhalb einer Erbordnung gehören. Vertragsgegenstand kann in diesem Fall auch der aufgrund testamentarischen Erbrechts bestehende Erbteil sein.[1958]

c. Zeitpunkt des Erbfalls

456 Ein Erbschaftsvertrag ist nach § 311b Abs. 5 Satz 1 BGB zulässig, wenn die Vertragschließenden zum Zeitpunkt des Vertragsschlusses die vorstehend beschriebene persönliche Eigenschaft aufweisen. Nicht erforderlich ist, dass die Personen auch tatsächlich zur gesetzlichen Erbfolge gelangen[1959], sei es dass der Erblasser ein abweichendes Testament errichtet hat oder ein gesetzlicher Erbe auf sein Erbrecht verzichtet hat. Unerheblich ist, dass ein Vertrag im Sinne des § 311b Abs. 5 Satz 1 BGB dann nicht mehr erfüllbar ist.[1960] Es ist zu unterscheiden zwischen der Nichtigkeit des Vertrages nach § 311 Abs. 4 Satz 1 BGB (weil die Ausnahmevorschrift nach § 311b Abs. 5 Satz 1 BGB nicht eingreift) und der Nichterfüllbarkeit des Vertrages (Unmöglichkeit).[1961]

7. Vertrag „über den gesetzlichen Erbteil eines von ihnen" (Absatz 5)

a. Arten von Verträgen

457 § 311b Abs. 5 Satz 1 BGB erfasst gegenständlich alle Verträge, die einen „spezifisch erbrechtlichen" Charakter haben, d.h. solche Verträge, die die Frage, wer Erbe wird, und die Auseinandersetzung des Nachlasses unter den tatsächlich zur Erbfolge berufenen Personen zum Gegenstand haben; diese Verträge könnten auch mit dem Erblasser durch erbrechtliche Gestaltungsinstrumente geschlossen werden. Es handelt sich dabei um (1) die Auseinandersetzung des Nachlasses (**Teilungsvertrag**), sowie (2) die Verpflichtung zur Annahme oder Ausschlagung der Erbschaft (**Entsagungsvertrag**). Auch in „negativer" Form sind solche Verträge zulässig, also einen Nachlass nicht auseinander zu setzen oder eine Erbschaft nicht anzunehmen oder nicht auszuschlagen.[1962]

458 Zur Auseinandersetzung des Nachlasses gehören beispielsweise Verträge über die gegenständliche Zuteilung einzelner Nachlassgegenstände oder die Anrechnung lebzeitiger Zuwendungen an einen von mehreren Erben (entspricht der Ausgleichung nach den §§ 2050 ff. BGB).[1963] So können beispielsweise die Kinder des künftigen Erblassers als dessen gesetzliche Erben eine Vereinbarung darüber schließen, dass die Pflegeleistungen eines Kindes gegenüber dem künftigen Erblasser bei der Verteilung des Nachlasses in Anrechnung zu bringen sind. Zulässig sind auch Vereinbarungen über die Festsetzung des Wertes einzelner Nachlassgegenstände. Weiterhin zulässig ist beispielsweise eine Vereinbarung, dass einer von mehreren Erben das Recht erhält, das zum Nachlass gehörende Hausgrundstück gegen Erbringung einer Gegenleistung oder auch ohne Gegenleistung[1964] zu erwerben.

[1957] *Wufka* in: Staudinger, § 312 a.F. Rn. 25; *Battes* in: Erman, Handkommentar BGB, 10. Aufl. 2000, § 312 a.F. Rn. 4; *Thode* in: MünchKomm-BGB, § 312 a.F. Rn. 13; *Wolf* in: Soergel, § 312 a.F. Rn. 11.
[1958] *Thode* in: MünchKomm-BGB, § 312 a.F. Rn. 14.
[1959] *Wufka* in: Staudinger, § 312 a.F. Rn. 25; *Battes* in: Erman, Handkommentar BGB, 10. Aufl. 2000, § 312 a.F. Rn. 4.
[1960] Beispiel: Eines von drei Kindern (A) verpflichtet sich zu Lebzeiten gegenüber einem Geschwisterkind (B), seinen Erbteil nach dem Tode des Vaters an das Geschwisterkind zu übertragen. Hat der Erblasser testamentarisch die Kinder (B) und (C) als Erben eingesetzt, so kann A die Verpflichtung nicht mehr erfüllen, da er kein Erbe geworden ist.
[1961] *Wufka* in: Staudinger, § 312 a.F. Rn. 25.
[1962] *Damrau*, ZErb 2004, 206-214, 211.
[1963] LG Bonn v. 13.03.2011 - 7 O 82/10 - FamRZ 2011, 1900; *Mayer*, ZEV 1996, 441-447, 444; *Schwarz*, BWNotZ 1995, 139-142, 141; *Krüger* in: MünchKomm-BGB, § 311b Rn. 120.
[1964] Vgl. auch unten zur Frage, ob § 311b Abs. 5 Satz 1 BGB eine betragsmäßige Obergrenze (vgl. Rn. 467) enthält.

Als „Entsagungsvertrag" kommt die Verpflichtung[1965] zur Ausschlagung der Erbschaft nach dem Tode des künftigen Erblassers in Betracht[1966]. Zulässig ist auch eine Verpflichtung, ein Testament nicht anzufechten[1967] oder eine Erbschaft nicht auszuschlagen.[1968] 459

Gegenstand einer Vereinbarung im Sinne des § 311b Abs. 5 Satz 1 BGB kann auch der Erbteil selbst oder ein Bruchteil davon sein, so dass insbesondere die Verpflichtung zur Übertragung des Erbteils oder eines Bruchteils davon unter künftigen gesetzlichen Erben zulässig ist. Eine solche Regelung wird man gegenüber der Verpflichtung zur Ausschlagung der Erbschaft vorziehen, wenn sich ein Kind des künftigen Erblassers gegenüber einem anderen Kind verpflichtet, seinen Erbteil zu übertragen, wenn Ziel der Vereinbarung ist, das erwerbende Kind zum alleinigen Inhaber des Nachlasses[1969] zu machen und der übertragende künftige Erbe selbst Kinder hat, die bei Ausschlagung der Erbschaft aufgrund der Wirkung des § 1953 Abs. 1 BGB selbst Erbe würden (vgl. § 1924 Abs. 3 BGB).[1970] 460

Verträge nach § 311b Abs. 5 Satz 1 BGB können grds. nur verpflichtender (obligatorischer) Natur sein[1971], weil erbrechtliche Verträge mit rechtsbegründender oder rechtsändernder Wirkung (Verfügungswirkung) nicht möglich sind. Eine Ausnahme gilt nach h.M. für die Verfügung über den mit dem Erbfall entstehenden Pflichtteilsanspruch (§ 2317 BGB).[1972] Dagegen kann das vom mit dem Erbfall entstehenden Pflichtteilsanspruch zu trennende Pflichtteilsrecht selbst nicht Gegenstand einer Vereinbarung nach § 311b Abs. 5 Satz 1 BGB sein.[1973] Nach h.M. ist die antizipierte Übertragung des künftigen Erbteils nicht möglich.[1974] 461

Das Erfüllungsgeschäft zu einem verpflichtenden Vertrag im Sinne des § 311b Abs. 5 Satz 1 BGB muss nicht erst nach dem Tode des künftigen Erblassers geschlossen werden. Zulässig ist daher auch ein Vertrag zwischen künftigen gesetzlichen Erben, in welchem sich einer von ihnen gegenüber dem anderen verpflichtet, mit dem künftigen Erblasser zu dessen Lebzeiten einen Erbverzicht abzuschließen.[1975] 462

b. Gesetzlicher Erbteil

Bezugspunkt eines Erbschaftsvertrages nach § 311b Abs. 5 Satz 1 BGB ist der gesetzliche Erbteil. Der Begriff des „Erbteils" ist in § 1922 Abs. 2 BGB gesetzlich definiert als Anteil eines Miterben am Nachlass. Da der Begriff des Nachlasses den Bestand des Vermögens des Erblassers meint[1976], ist der Erbteil der Anteil eines von mehreren Erben am Vermögen des Erblassers. Die vermögensrechtliche Beziehung der einzelnen Erben zueinander besteht in der Form der Gesamthandsgemeinschaft (vgl. § 2033 BGB).[1977] Von dem Anteil an dem Vermögen des Erblassers zu unterscheiden ist die Rechtsstellung als 463

[1965] Die Ausschlagung selbst kann erst erklärt werden, sobald der Erbfall eingetreten ist (§ 1946 BGB). Dagegen kann der Nacherbe die Erbschaft bereits vor Eintritt des Nacherbfalls – frühestens nach Eintritt des Erbfalls – ausschlagen (§ 2142 Abs. 1 BGB).

[1966] Dazu *Damrau*, ZEV 1995, 425-427; *Daniels*, Verträge mit Bezug auf den Nachlass eines noch lebenden Dritten, 1973, S. 117. zur Frage, ob durch eine etwaige betragsmäßige Obergrenze (vgl. Rn. 467) für einen Vertrag im Sinne des § 311b Abs. 5 Satz 1 BGB der Gestaltungsspielraum eingeschränkt ist; *Damrau*, ZEV 1995, 425-427, 426-427.

[1967] *Ballhaus* in: BGB-RGRK, § 312 a.F. Rn. 6.

[1968] *Damrau*, ZErb 2004, 206-214, 211.

[1969] Nicht zum alleinigen Erben, da die Übertragung der Miterbenanteils nichts an der Erbenstellung ändert. Daher haftet der übertragende Erbe auch weiterhin für die Nachlassschulden.

[1970] Wollen der übertragende Erbe und dessen Abkömmlinge nicht für die Nachlassschulden mithaften, so käme nur ein Erbschaftsvertrag zwischen dem erwerbenden Kind einerseits mit dem verzichtenden Kind und dessen eigenen Kindern andererseits in Betracht. In diesem Fall sollte aber auszuschließen sein, dass das Enkelkind im Zeitpunkt des Todes des Erblassers eigene Kinder hat.

[1971] *Krüger* in: MünchKomm-BGB, § 311b Rn. 121; *Grüneberg* in: Palandt, § 311b Rn. 70; *Ballhaus* in: BGB-RGRK, § 312 a.F. Rn. 6; *Damrau*, ZErb 2004, 206-214, 213.

[1972] *Wufka* in: Staudinger, § 312 a.F. Rn. 32; *Battes* in: Erman, Handkommentar BGB, 10. Aufl. 2000, § 312 a.F. Rn. 4; *Wolf* in: Soergel, § 312 a.F. Rn. 13.

[1973] *Wufka* in: Staudinger, § 312 a.F. Rn. 32.

[1974] BGH v. 11.05.1988 - IVa ZR 325/86 - juris Rn. 6 - BGHZ 104, 279-285; *Krüger* in: MünchKomm-BGB, § 311b Rn. 121; *Wolf* in: Soergel, § 312 a.F. Rn. 13; *Ballhaus* in: BGB-RGRK, § 312 a.F. Rn. 6; a.A: *Wufka* in: Staudinger, § 312 a.F. Rn. 33.

[1975] *Daniels*, Verträge mit Bezug auf den Nachlass eines noch lebenden Dritten, 1973, S. 116.

[1976] *Brox*, Erbrecht, 20. Aufl. 2003, Rn. 10.

[1977] *Brox*, Erbrecht, 20. Aufl. 2003, Rn. 469.

gesetzlicher Erbe, mit der besondere Rechte und Pflichten verbunden sind. Der Erbe haftet nach § 1967 Abs. 1 BGB für die Nachlassverbindlichkeiten und trägt nach § 1968 BGB die Beerdigungskosten. Auch die Anfechtungsvorschriften nach den §§ 2078-2083 BGB sind auf den „Erben" ausgerichtet (vgl. § 2081 Abs. 1 BGB). In aller Regel treffen die Rechtsstellung als Erbe und Inhaber des Nachlasses überein. Ein Auseinanderfallen tritt jedoch ein, wenn ein Miterbe seinen Anteil an dem Nachlass an einen Dritten überträgt. Infolge einer solchen Übertragung erlangt der Dritte jedoch nicht die Rechtsstellung als Miterbe, sondern lediglich die vermögensrechtliche Beteiligung am Nachlass. Übertragungsgegenstand bei der Erbteilsveräußerung ist daher die vermögensrechtliche Stellung des Miterben in der Erbengemeinschaft zum Zeitpunkt der Verfügung.[1978] Die Erbenstellung ist dagegen nicht veräußerlich und verbleibt daher bei dem übertragenden Miterben.[1979] Aus diesem Grund wird auch nach der Erbteilsübertragung auf einen Dritten dieser nicht in den Erbschein aufgenommen[1980] und haftet der veräußernde Miterbe – neben dem Erwerber (§§ 2382 Abs. 1 Satz 1, 2385 BGB) – weiter für die Nachlassschulden[1981].

464 Grundsätzlich wird die vermögensrechtliche Beteiligung (Anteil) am Nachlass durch eine abstrakte Quote ausgedrückt, die in den §§ 1924-1931 BGB näher festgelegt ist.[1982] Eine Veränderung dieses quotenmäßig ausgedrückten Anteils tritt bei Anwendung der Ausgleichungsregelungen (§§ 2050-2057a BGB) ein[1983]: Aufgrund der Ausgleichung haben die Erben keine veränderten abstrakten gesetzlichen Erbschaftsquoten, sondern eine Teilungsquote, die die von den gesetzlichen Erbschaftsquoten verschiedene wirtschaftliche (finanzielle) Beteiligung am Nachlass genauer widerspiegelt. Die Teilungsquote bezieht sich auf den gesamten Nachlass, nicht nur auf Geld. Bei der abweichenden Teilungsquote handelt es sich aber nicht um eine erhöhte Beteiligung an der Gesamthandsgemeinschaft. Ausgleichungsrecht und -pflicht umschreiben stattdessen ein an die Miterbenanteile gebundenes gesetzliches Schuldverhältnis unter den aktiv und passiv Beteiligten.[1984] Die Ausgleichungsbeteiligung hängt allerdings mit dem Erbteil untrennbar zusammen, so dass sie auch auf den Erwerber und Erben eines Abkömmlings übergeht.[1985] Wegen der bloß „verdinglichten" schuldrechtlichen Rechtsstellung beurteilt sich beispielsweise die Stimmberechtigung innerhalb der Erbengemeinschaft[1986] nach der abstrakten Quote der Erbbeteiligung, nicht nach der veränderten Teilungsquote.

465 Im Zusammenhang mit der Gleichstellung des testamentarischen Erbteils (vgl. Rn. 466) mit dem gesetzlichen Erbteil im Sinne des § 311b Abs. 5 Satz 1 BGB ist die Frage aufgetaucht, ob der gesetzliche Erbteil eine betragsmäßige Obergrenze für die Zulässigkeit von Erbschaftsverträgen darstellt. Dieses Problem könnte sich dann auch bei der gesetzlichen Erbfolge stellen, wenn eine Ausgleichung nach den §§ 2050-2057a BGB vorzunehmen ist. Folgendes Beispiel soll dies erläutern: Der Erblasser hat zwei Kinder. Kind A hat zu Lebzeiten eine ausgleichspflichtige Schenkung in Höhe von 200.000 € erhalten. Der Nachlass, der praktisch nur aus einem Hausgrundstück besteht, beträgt 200.000 €. Die Ausgleichung führt hier dazu, dass der Nachlass ausschließlich dem Kind B zusteht.[1987] Haben A und B zu Lebzeiten des Erblassers einen Vertrag geschlossen, wonach das Kind A das Hausgrundstück gegen Zahlung des vollen Gegenwertes (wegen der Ausgleichspflicht!) erwerben kann, so wäre – wirtschaftlich betrachtet – der Vertrag über den gesamten Nachlass (der dem Kind B aufgrund der Ausgleichung zusteht) geschlossen und die Grenze der abstrakten Beteiligungsquote (1/2) überschritten. Die Zuläs-

---

[1978] Brox, Erbrecht, 20. Aufl. 2003, Rn. 474.
[1979] BGH v. 22.04.1971 - III ZR 46/68 - BGHZ 56, 115-123; Brox, Erbrecht, 20. Aufl. 2003, Rn. 475.
[1980] Brox, Erbrecht, 20. Aufl. 2003, Rn. 475.
[1981] Brox, Erbrecht, 20. Aufl. 2003, Rn. 475.
[1982] So bestimmt beispielsweise § 1924 Abs. 4 BGB, dass Kinder zu gleichen Teilen erben. Bei Erbeinsetzung aufgrund Verfügung von Todes wegen ergibt sich die Beteiligungshöhe aus der Verfügung selbst.
[1983] BGH v. 30.10.1985 - IVa ZR 26/84 - juris Rn. 22 - BGHZ 96, 174-181.
[1984] Brox, Erbrecht, 20. Aufl. 2003 Rn. 536; Wufka in: Staudinger, § 2050 Rn. 5.
[1985] Brox, Erbrecht, 20. Aufl. 2003, Rn. 536.
[1986] Auch der Erbteilserwerber ist stimmberechtigt; Edenhofer in: Palandt, § 2038 Rn. 10.
[1987] Die lebzeitige Zuwendung an Kind A ist dem Nachlass hinzuzurechnen, so dass sich ein Fiktivnachlass in Höhe von 400.000 € ergibt. Von diesem Fiktivnachlass sind die abstrakten Teilungsquoten (§ 1924 Abs. 4 BGB: jedes Kind erbt die Hälfte) zu bilden. Danach ist die ausgleichspflichtige Zuwendung (200.000 €) dem Empfänger der Zuwendung (Kind A) vom fiktiven Ausgleichserbteil (200.000 €) abzuziehen. Kind A hat demnach einen tatsächlichen Anteil von 0. Der Nachlass in Höhe von 200.000 € steht also ausschließlich dem Kind B zu.

sigkeit eines Vertrages wie in dem vorstehenden Beispielsfall sollte jedoch außer Frage stehen. Es zeigt sich, dass die Auffassung von der betragsmäßigen Obergrenze für die Zulässigkeit von Erbschaftsverträgen nach § 311b Abs. 5 Satz 1 BGB unzutreffend ist.

c. Testamentarischer Erbteil

Bis zur Entscheidung des BGH aus dem Jahre 1988[1988] bestand in der Praxis eine große Unsicherheit darüber, ob ein Erbschaftsvertrag auch dann wirksam ist, wenn Vertragsgegenstand nicht ein gesetzlicher, sondern ein testamentarischer Erbteil ist. Der BGH hat in der vorgenannten Entscheidung[1989] zu Recht den testamentarischen Erbteil dem gesetzlichen Erbteil im Sinne des § 311b Abs. 5 Satz 1 BGB gleichgestellt. Dieser Auffassung wird in der Literatur einhellig gefolgt.[1990] Die Entscheidung des BGH lässt jedoch auch weiterhin Fragen offen. **466**

Zum einen entnimmt der BGH dem Merkmal „gesetzlicher Erbteil" eine betragsmäßige Obergrenze[1991] für die Zulässigkeit von Erbschaftsverträgen. Dieser Auffassung wird in der Literatur überwiegend gefolgt.[1992] Nach Ansicht von *Wolf*[1993] ist dies damit zu begründen, dass die Vermögenswerte, die die Quote des gesetzlichen Erbteils übersteigen, wegen ihres unsicheren und spekulativen Charakters auch unter gesetzlichen Erben nicht zum Gegenstand rechtsgeschäftlicher Verpflichtungen gemacht werden sollten. Eine solche Betrachtung vermag jedoch nicht zu überzeugen, wie insbesondere der Vergleich zur Ausgleichung (vgl. Rn. 464) bei gesetzlicher Erbfolge zeigt. Gerade bei einer Ausgleichung nach den §§ 2050-2057a BGB ist zu Lebzeiten des Erblassers (wenn ein Vertrag nach § 311b Abs. 5 Satz 1 BGB geschlossen wird) überhaupt nicht absehbar, wie hoch die von der abstrakten Beteiligungsquote abweichende reale Teilungsquote sein wird. Würde man der Ansicht des BGH und der h.L. folgen, so könnten auch bei gesetzlicher Erbfolge Verträge nach § 311b Abs. 5 Satz 1 BGB aufgrund einer Ausgleichung unzulässig sein. Würde man diese Konsequenz tatsächlich ziehen, so wäre ein erhebliches Maß an Rechtsunsicherheit die Folge.[1994] Dies belegt im besonderen Maße das Beispiel von *Damrau*[1995] hinsichtlich der Verpflichtung zur Erbausschlagung. Danach soll die Verpflichtung zur Erbausschlagung unwirksam werden, wenn der Verpflichtete vom künftigen Erblasser mit einer höheren testamentarischen Quote als der gesetzlichen Erbquote zum Erben eingesetzt wird. Eine Reduktion der Verpflichtung auf die Höhe des gesetzlichen Erbteils scheidet bei der Ausschlagung aus, da eine Teilausschlagung unzulässig ist (§ 1950 BGB).[1996] Ein überzeugender Grund für eine solche betragsmäßige Begrenzung des Anwendungsbereichs des § 311b Abs. 5 Satz 1 BGB ist nicht ersichtlich. **467**

Ein Teil der Literatur[1997] will eine ausdehnende Anwendung des § 311b Abs. 5 Satz 1 BGB in solchen Fälle vornehmen, in denen der künftige Erblasser aufgrund einer bindenden Verfügung von Todes wegen (§§ 2270, 2271, 2289 BGB) seine Testierfreiheit verloren hat. Einschränkend will *Daniels*[1998] Verträge auch über solche Erbteile zulassen, die aufgrund bindender Verfügung von Todes wegen bestehen, weil diese ohnehin nicht mehr geändert werden können. Noch weiter geht die Auffassung von **468**

[1988] BGH v. 11.05.1988 - IVa ZR 325/86 - BGHZ 104, 279-285.

[1989] BGH v. 11.05.1988 - IVa ZR 325/86 - juris Rn. 14 - BGHZ 104, 279-285.

[1990] *Krüger* in: MünchKomm-BGB, § 311b Rn. 119; *Thode* in: MünchKomm-BGB, § 312 a.F. Rn. 14; *Wufka* in: Staudinger, § 312 a.F. Rn. 34; *Battes* in: Erman, Handkommentar BGB, 10. Aufl. 2000, § 312 a.F. Rn. 4.

[1991] BGH v. 11.05.1988 - IVa ZR 325/86 - juris Rn. 14 - BGHZ 104, 279-285.

[1992] *Damrau*, ZEV 1995, 425-427, 426; *Wufka* in: Staudinger, § 312 a.F. Rn. 34; *Grüneberg* in: Palandt, § 311b Rn. 74; *Wolf* in: Soergel, § 312 a.F. Rn. 12.

[1993] *Wolf* in: Soergel, § 312 a.F. Rn. 12.

[1994] Das gleiche Problem stellte sich auch bei testamentarischer Erbfolge (vgl. § 2052 BGB) wie beispielsweise in dem Fall, der der Entscheidung des BGH (BGH v. 11.05.1988 - IVa ZR 325/86 - BGHZ 104, 279-285) zugrunde lag. Läge eine ausgleichspflichtige Zuwendung an den Erwerber des Erbteils vor, so wäre die Verpflichtung zur Abtretung des Erbteils nur bis zur Höhe der gesetzlichen Erbquote (1/2) zulässig. Würde bei einem Nachlass von 100.000 € eine Teilungsquote von 60.000 € zugunsten der Schwester und 40.000 € zugunsten des Bruders bestehen, so wäre die Verpflichtung zur Übertragung des Erbteils nur in Höhe von 50.000 € wirksam. Die Schwester wäre noch mit 10.000 € am Nachlass beteiligt. Ein überzeugender Grund für ein solches Ergebnis ist nicht ersichtlich.

[1995] *Damrau*, ZEV 1995, 425-427, 426.

[1996] Allerdings müsste auch die Möglichkeit der Umdeutung (§ 140 BGB) in eine Verpflichtung zur Erbteilsübertragung, nach h.M. begrenzt auf die Höhe der gesetzlichen Erbquote, in Betracht gezogen werden.

[1997] *Battes* in: Erman, Handkommentar BGB, 10. Aufl. 2000, § 312 a.F. Rn. 4; *Wiedemann*, NJW 1968, 769-773, 771.

[1998] *Daniels*, Verträge mit Bezug auf den Nachlass eines noch lebenden Dritten, 1973, S. 110.

§ 311b

Limmer[1999], der eine betragsmäßige Obergrenze auf die Höhe der abstrakten gesetzlichen Erbquote generell ablehnt. Im Interesse der Rechtssicherheit ist dieser letztgenannten Auffassung von *Limmer* zu folgen. Gerade das Beispiel der Ausgleichung (vgl. Rn. 464) bei gesetzlicher Erbfolge zeigt, dass die tatsächliche Höhe der Beteiligung eines Erben bei der Nachlassteilung[2000] keine Auswirkung auf die Zulässigkeit eines Erbschaftsvertrages nach § 311b Abs. 5 Satz 1 BGB haben kann.

469 Die Ausdehnung des Anwendungsbereichs des § 311b Abs. 5 Satz 1 BGB führt zwar – entgegen der h.M. – nicht zu einer betragsmäßigen Begrenzung für die Zulässigkeit von Erbschaftsverträgen; jedoch gilt die Begrenzung in persönlicher Hinsicht auf die zum Zeitpunkt des Vertragsschlusses hypothetischen gesetzlichen Erben bzw. die aufgrund des Wegfalls eines vorrangigen gesetzlichen Erben unmittelbar nachfolgenden gesetzlichen Erben auch für den Fall des Zusammentreffens von gesetzlichen und testamentarischen Erben. Sollten die engen Voraussetzungen des persönlichen Anwendungsbereichs nicht gegeben sein, insbesondere wenn gesetzliche und testamentarische Erben unterschiedlicher Erbordnungen zusammentreffen, so sind Erbschaftsverträge nicht nach § 311b Abs. 5 Satz 1 BGB zulässig. In diesem einschränkenden Sinne ist auch die vorstehend genannte Entscheidung des BGH[2001] zu interpretieren.

8. Verträge in Bezug auf Vermächtnisse (Absatz 5)

470 Der Wortlaut des § 311b Abs. 5 Satz 1 BGB erwähnt nicht das Vermächtnis. Daraus wird teilweise der Schluss gezogen, dass Vereinbarungen über das Vermächtnis oder den mit dem Erbfall entstehenden Anspruch (§ 2174 BGB) auch unter künftigen gesetzlichen Erben generell unzulässig seien.[2002] Dagegen wird in der neueren Literatur zunehmend die Auffassung vertreten, dass auch Vermächtnisse ebenso wie testamentarische Erbteile Gegenstand eines Erbschaftsvertrages nach § 311b Abs. 5 Satz 1 BGB sein können[2003]; dieser Auffassung ist zu folgen. Überzeugend hat *Limmer*[2004] dargelegt, dass oftmals aus wirtschaftlichen oder steuerlichen Gründen eine erbrechtliche Gestaltung durch Vermächtnis gewählt wird, um ein Ergebnis zu erreichen, das auch aufgrund einer Teilungsanordnung hätte getroffen werden können. Diese Zufälligkeiten sind kein taugliches Kriterium für eine Differenzierung innerhalb des Anwendungsbereichs des § 311b Abs. 5 Satz 1 BGB. Für die Einbeziehung des Vermächtnisses in den Anwendungsbereich der Erbschaftsverträge spricht auch die Existenz der „gesetzlichen Vermächtnisse" (§§ 1932, 1969 BGB).[2005] Obwohl keine Verfügung von Todes wegen vorliegt, könnte zu Lebzeiten des Erblassers eine Vereinbarung über diese Ansprüche nicht wirksam zwischen dem Ehegatten und den sonstigen gesetzlichen Erben getroffen werden. Es ist jedoch kein Grund ersichtlich, warum Vereinbarungen zwischen dem (künftigen) überlebenden Ehegatten und den kraft gesetzlicher Erbfolge berufenen Verwandten über diesen gesetzlichen Anspruch nicht nach § 311b Abs. 5 Satz 1 BGB zulässig sein sollten. Zwar ist das Vermächtnis in § 311b Abs. 5 BGB nicht ausdrücklich erwähnt; jedoch handelt es sich bei einer Vereinbarung zwischen dem überlebenden Ehegatten und den

---

[1999] *Limmer*, DNotZ 1998, 927-940, 937-938.

[2000] Wenn man die Begrenzung der Erbschaftsverträge auf die Höhe der Beteiligung am Nachlass aufgrund gesetzlicher Erbfolge abstellt, so kann dies nur auf die von der abstrakten Erbquote zu unterscheidende Teilungsquote ankommen, da letztere die reale wirtschaftliche Beteiligung am Nachlass ausdrückt. Die abstrakte Erbquote stimmt, sofern keine Ausgleichung vorzunehmen ist, mit der Teilungsquote überein. Wohl aus diesem Grund wird auf die gesetzliche Erbquote als Betragsobergrenze abgestellt. Wie aber das Beispiel der Ausgleichung (vgl. Rn. 464) zeigt, müsste man auch bei gesetzlicher Erbfolge in solchen Fällen zu einer (teilweisen) Unwirksamkeit von Erbschaftsverträgen kommen. Unerheblich ist, dass bei Ausgleichung trotz einer abweichenden Teilungsquote die gesetzliche Erbquote weiterhin Bedeutung erlangt, beispielsweise für die Haftung für Nachlassverbindlichkeiten oder die Teilhabe an den Früchten der Erbschaft (§ 2038 Abs. 1 Satz 1, § 743 Abs. 1 BGB); denn für eine etwaige Unwirksamkeit eines Erbschaftsvertrages kommt es nur auf die Höhe der realen Beteiligung am Aktivnachlass an.

[2001] BGH v. 11.05.1988 - IVa ZR 325/86 - juris Rn. 14 - BGHZ 104, 279-285.

[2002] BGH v. 16.05.1956 - IV ZR 339/55 - LM Nr. 1 zu § 312 BGB; *Thode* in: MünchKomm-BGB, § 312 a.F. Rn. 3, 14; *Ballhaus* in: BGB-RGRK, § 312 a.F. Rn. 6; *Gehrlein* in: Bamberger/Roth, § 311b Rn. 52; *Damrau*, ZErb 2004, 206-214, 211.

[2003] *Wufka* in: Staudinger, § 312 a.F. Rn. 37; *Krüger* in: MünchKomm-BGB, § 311b Rn. 120; *Grüneberg* in: Palandt, § 311b Rn. 74; *Limmer*, DNotZ 1998, 927-940, 936; *Wiedemann*, NJW 1968, 769-773, 771; *Daniels*, Verträge mit Bezug auf den Nachlass eines noch lebenden Dritten, 1973, S. 110.

[2004] *Limmer*, DNotZ 1998, 927-940, 936.

[2005] Nach den §§ 1932 Abs. 2, 1969 Abs. 2 BGB sind die Vorschriften über die Vermächtnisse auf den „Voraus" sowie den „Dreißigsten" entsprechend anwendbar.

Verwandten als gesetzliche Erben um eine Vereinbarung hinsichtlich der gegenständlichen Verteilung des Nachlasses, die nach dem Willen des Gesetzgebers zwischen den gesetzlichen Erben zulässig sein soll. Bei einer nicht streng wörtlichen, sondern teleologischen Auslegung wird man § 311b Abs. 5 Satz 1 BGB dahingehend verstehen können, dass er alle Verträge über die Auseinandersetzung des Nachlasses erlaubt. Vereinbarungen über ein Vermächtnis, die eine vergleichbare Regelung wie eine Vereinbarung über den gesetzlichen Erbteil zum Gegenstand haben, sind daher als „Minus" ebenfalls zulässig.

Wenn der BGH[2006] einen Vertrag über einen testamentarischen Erbteil (vgl. Rn. 466) trotz des eindeutigen Wortlauts des § 311b Abs. 5 Satz 1 BGB zulässt, gibt es keinen Grund, dies nicht auch für solche Verträge über Vermächtnisse anzunehmen, bei denen es um die Verteilung des Nachlasses unter den gesetzlichen Erben geht. Was die gesetzlichen Erben hinsichtlich der Nachlassverteilung regeln könnten, muss auch dann gelten, wenn der Erblasser den Nachlass durch Vermächtnis verteilt hat. Das (Gegen-)Argument, dass durch eine solche Vereinbarung unzulässigerweise in den Willen des Erblassers eingegriffen würde, ist nach der Entscheidung des BGH zur Vereinbarung über den testamentarischen Erbteil entkräftet. Stellt man Verträge über ein Vermächtnis demnach den Verträgen über einen testamentarischen Erbteil gleich, so gilt auch hier, dass die betragsmäßige Obergrenze (vgl. Rn. 467) des gesetzlichen Erbteils als einschränkendes Korrektiv nicht gilt.[2007] 471

9. Vertrag „über den Pflichtteil eines von ihnen" (Absatz 5)

Das Gesetz gewährt einem Abkömmling einen schuldrechtlichen Anspruch in Höhe der Hälfte des gesetzlichen Erbteils, wenn er durch Verfügung von Todes wegen von der gesetzlichen Erbfolge ausgeschlossen ist (§ 2303 Abs. 1 BGB). Ist dem Abkömmling ein Erbteil hinterlassen, der geringer ist als die Hälfte des gesetzlichen Erbteils, so kann der Pflichtteilsberechtigte von den Miterben als (Zusatz-)Pflichtteil den Wert des an der Hälfte fehlenden Teiles verlangen (§ 2305 BGB). Ist er dagegen lediglich mit einem Vermächtnis bedacht, so kann er dieses ausschlagen und stattdessen den Pflichtteil verlangen (§ 2307 Abs. 1 Satz 1 BGB). Nimmt der Abkömmling dagegen das Vermächtnis an, so muss er sich den Wert des Vermächtnisses auf seinen Pflichtteil „anrechnen" lassen (§ 2307 Abs. 1 Satz 2 BGB). Die Auswirkung lebzeitiger Zuwendungen auf den Pflichtteil wird durch die §§ 2315, 2316, 2325-2330 BGB geregelt: Die Anrechnung der eigenen Zuwendung auf den eigenen Pflichtteil bestimmt sich nach § 2315 BGB. Bei Zuwendungen an andere Abkömmlinge oder sonstige Personen kann sich entweder eine Erhöhung des Pflichtteils durch Ausgleichung gemäß § 2316 BGB[2008] oder durch einen eigenständigen Pflichtteilsergänzungsanspruch nach den §§ 2325-2330 BGB ergeben, der ein eigenständiger (außerordentlicher) Anspruch ist und daher von dem ordentlichen Pflichtteil nach den §§ 2303-2324 BGB zu unterscheiden ist. 472

Vor Eintritt des Erbfalls hat der Abkömmling ein Pflichtteilsrecht, auf das er auch durch Vertrag mit dem künftigen Erblasser verzichten kann (§ 2346 Abs. 2 BGB). Davon zu unterscheiden ist der mit dem Erbfall entstehende Pflichtteilsanspruch (vgl. § 2317 BGB), der aus dem Pflichtteilsrecht entspringt.[2009] § 311b Abs. 5 Satz 1 BGB lässt sowohl Vereinbarungen hinsichtlich des Pflichtteilsrechts als auch hinsichtlich des mit dem Erbfall entstehenden Pflichtteilsanspruchs zu. Ein Vertrag über das Pflichtteilsrecht kommt nur in Betracht, wenn der Pflichtteilsberechtigte auf sein Pflichtteilsrecht durch einen Vertrag mit dem künftigen Erblasser verzichtet.[2010] In aller Regel werden Vereinbarungen „über den Pflichtteil" den mit dem Erbfall entstehenden Pflichtteilsanspruch betreffen. Dabei kann es sich u.a. um folgende Verträge handeln: 473

- Verzicht auf den Pflichtteilsanspruch[2011], und zwar durch Erlass der mit dem Erbfall entstehenden Forderung; der Verzicht auf den Pflichtteilsanspruch kann nach h.M. auch bereits zu Lebzeiten des künftigen Erblassers erklärt werden[2012];

[2006]BGH v. 11.05.1988 - IVa ZR 325/86 - BGHZ 104, 279-285.
[2007]In diesem Sinne auch *Limmer*, DNotZ 1998, 927-940, 936; anders dagegen (für betragsmäßige Obergrenze des gesetzlichen Erbteils): *Wufka* in: Staudinger, § 312 a.F. Rn. 37; *Krüger* in: MünchKomm-BGB, § 311b Rn. 120; *Grüneberg* in: Palandt, § 311b Rn. 74.
[2008]Nur bei Zuwendung an andere Abkömmlinge.
[2009]*Edenhofer* in: Palandt, § 2317 Rn. 1.
[2010]Vgl. zur Zulässigkeit dieser Konstruktion *Daniels*, Verträge mit Bezug auf den Nachlass eines noch lebenden Dritten, 1973, S. 116.
[2011]*Daniels*, Verträge mit Bezug auf den Nachlass eines noch lebenden Dritten, 1973, S. 117.
[2012]*Wufka* in: Staudinger, § 312 a.F. Rn. 32; *Battes* in: Erman, Handkommentar BGB, 10. Aufl. 2000, § 312 a.F. Rn. 4.

- Abtretung des Pflichtteilsanspruchs, die bereits zu Lebzeiten des künftigen Erblassers als antizipierte Verfügung erklärt werden kann[2013];
- Vereinbarungen hinsichtlich der Höhe des Pflichtteilsanspruchs: Anrechnung von lebzeitigen Zuwendungen bzw. Aufhebung der vom künftigen Erblasser angeordneten Anrechnung (vgl. § 2315 BGB);
- Vereinbarungen hinsichtlich der Ausgleichung lebzeitiger Zuwendungen bzw. der Aufhebung der Ausgleichungsregelung;
- Herausnahme einzelner Gegenstände bei der Berechnung der Höhe des Pflichtteilsanspruchs in Anlehnung an einen gegenständlich beschränkten Pflichtteilsverzicht[2014];
- Vereinbarungen hinsichtlich der im Innenverhältnis zu tragenden Pflichtteilslast (§§ 2318-2322 BGB).

10. Noch lebender Dritter (Absatz 5)

474 Tatbestandsvoraussetzung für die Anwendbarkeit des § 311b Abs. 5 Satz 1 BGB ist, dass der künftige Erblasser zum Zeitpunkt des Vertragsschlusses noch lebt. Insofern kann auf die Ausführungen zu § 311b Abs. 4 BGB verwiesen werden. Auf Vereinbarungen zwischen mehreren Nacherben im Zeitraum zwischen dem Erbfall und dem Eintritt des Nacherbfalls findet § 311b Abs. 5 Satz 1 BGB keine Anwendung, da es sich nicht um einen Fall des Vertrages zu Lebzeiten des künftigen Erblassers handelt.

11. Notarielle Beurkundung (Absatz 5)

475 Als Ausnahme zu § 311b Abs. 4 BGB, der die Nichtigkeit des Vertrages bestimmt, sieht § 311b Abs. 5 Satz 2 BGB vor, dass Verträge zwischen künftigen gesetzlichen Erben wirksam sind, wenn sie notariell beurkundet werden. Der Vertrag kann auch dadurch zustande kommen, dass zunächst das Angebot und später die Annahme beurkundet werden (§ 128 BGB). Das Erfordernis der notariellen Beurkundung gilt auch dann, wenn der künftige Erblasser dem Erbschaftsvertrag zustimmt[2015], weil das Erfordernis der notariellen Beurkundung nicht nur Warnfunktion hat, sondern auch die fachkundige Beratung durch den Notar gewährleisten will[2016]. Sofern die Beteiligten eine „Vertragskombination" aus Erbverzichtsvertrag bzw. Zuwendungsverzichtsvertrag mit dem künftigen Erblasser und einem Vertrag nach § 311b Abs. 5 BGB unter den künftigen gesetzlichen Erben wünschen[2017], sind beide Verträge zu beurkunden[2018].

476 Das Formerfordernis nach § 311b Abs. 5 BGB gilt nach § 167 Abs. 2 BGB nicht für eine Vollmacht zum Abschluss eines Erbschaftsvertrages[2019], es sei denn, dass sich aus der schuldrechtlichen causa zur Vollmacht unmittelbare oder mittelbare Bindungen des Vollmachtgebers ergeben, die die Erteilung der Vollmacht dem Abschluss eines Rechtsgeschäftes im Sinne des § 311b Abs. 5 BGB wirtschaftlich gleichkommen lassen[2020].

477 Bei Nichteinhaltung der Form ist der Vertrag nichtig (§ 125 Satz 1 BGB). Eine **Heilung** des Vertrages durch Erfüllung kommt **nicht** in Betracht.[2021] In besonderen Ausnahmefällen, wenn ein Vertrauensmissbrauch gegeben ist, der die Existenzvernichtung der betroffenen Partei nach sich zieht, kann die Berufung auf den Formmangel nach den Grundsätzen von Treu und Glauben § 242 BGB verwehrt sein.[2022] Bei Erbschaftsverträgen in der ehemaligen DDR hat der BGH den Formmangel der fehlenden notariellen Beurkundung gemäß § 311b Abs. 5 Satz 2 BGB unter dem Gesichtspunkt von Treu und Glauben überwunden. Er begründete diese Ansicht damit, dass bei Beurkundung vor einem staatlichen

---

[2013]Wufka in: Staudinger, § 312 a.F. Rn. 32; *Battes* in: Erman, Handkommentar BGB, 10. Aufl. 2000, § 312 a.F. Rn. 4.
[2014]*Wufka* in: Staudinger, § 312 a.F. Rn. 37.
[2015]BGH v. 23.11.1994 - IV ZR 238/93 - juris Rn. 11 - LM BGB § 312 Nr. 7 (4/1995); LG Bonn v. 13.03.2011 - 7 O 82/10 - FamRZ 2011, 1900; *Wufka* in: Staudinger, § 312 a.F. Rn. 38.
[2016]BGH v. 23.11.1994 - IV ZR 238/93 - juris Rn. 16 - LM BGB § 312 Nr. 7 (4/1995).
[2017]Dies dürfte allerdings nur selten sinnvoll sein.
[2018]BGH v. 23.11.1994 - IV ZR 238/93 - juris Rn. 12 - LM BGB § 312 Nr. 7 (4/1995).
[2019]*Thode* in: MünchKomm-BGB, § 312 a.F. Rn. 16; *Wufka* in: Staudinger, § 312 a.F. Rn. 39.
[2020]*Wufka* in: Staudinger, § 312 a.F. Rn. 39.
[2021]LG Bonn v. 13.03.2011 - 7 O 82/10 - FamRZ 2011, 1900; *Wufka* in: Staudinger, § 312 a.F. Rn. 40.
[2022]BGH v. 23.11.1994 - IV ZR 238/93 - juris Rn. 18 - LM BGB § 312 Nr. 7 (4/1995); *Wufka* in: Staudinger, § 312 a.F. Rn. 40.

Notariat der DDR die wahre Absicht eines Erbschaftsvertrages (Umgehung devisenrechtlicher Vorschriften der DDR) hätte offen gelegt werden müssen, so dass eine Beurkundung abgelehnt worden wäre.[2023]

12. Änderungen der Vertragsgrundlagen bis zum Erbfall (Absatz 5)

Die zum Zeitpunkt des Vertragsschlusses hypothetischen gesetzlichen Erben, insbesondere die Kinder des künftigen Erblassers, müssen bei der Vertragsgestaltung den Fall berücksichtigen, dass bis zum Eintritt des Erbfalls die Grundlagen der vertraglichen Vereinbarung wegfallen können. 478

a. Änderung beim Vertragsgegenstand

Die Vertragspartner legen in aller Regel die vermutete Rechtslage beim künftigen Erbfall ihrer vertraglichen Gestaltung zugrunde. Allerdings können sich im Zeitpunkt zwischen Vertragsschluss und Eintritt des Erbfalls Veränderungen der Voraussetzungen ergeben. Denkbar ist beispielsweise, dass ein weiterer gesetzlicher Erbe hinzutritt (z.B. durch Eheschließung, Geburt oder Adoption) oder wegfällt (z.B. Scheidung, Vorversterben eines Kindes ohne eigene Abkömmlinge), der die Höhe des gesetzlichen Erbteils oder Pflichtteils, der Vertragsgegenstand ist, verändert. Die Änderung ist von Bedeutung, wenn eine Gegenleistung für einen Verzicht oder eine Übertragung geleistet werden soll. Durch Auslegung des Vertrages ist zu ermitteln, ob die Beteiligten hinsichtlich des Vertragsgegenstandes auf den Zeitpunkt des Vertragsschlusses oder den Zeitpunkt des Erbfalls abgestellt haben.[2024] 479

Auch kann der künftige Erblasser die Pläne der künftigen gesetzlichen Erben „durchkreuzen" und durch Testament beide von der Erbfolge ausschließen, so dass beispielsweise die Verpflichtung zur Abtretung eines künftigen Erbteils ins Leere geht. In einem solchen Fall wird man eine Vertragsanpassung unter dem Gesichtspunkt des Wegfalls der Geschäftsgrundlage vornehmen können.[2025] 480

Wertänderungen des Nachlasses begründen grds. keinen Anspruch auf Vertragsanpassung[2026], weil die Vertragsbeteiligten die Unsicherheit über den tatsächlichen Bestand des Nachlasses bei der Vertragsgestaltung einkalkulieren. Hat sich beispielsweise ein Erbe verpflichtet, seinen Erbteil gegen einen bestimmten Betrag an einen anderen künftigen gesetzlichen Erben zu übertragen, so sind die Vertragsparteien bei der Vertragsgestaltung von einer fiktiven Höhe des Nachlasses ausgegangen. Der künftige Nachlass kann sich jedoch erhöhen oder verringern; dies ist dem Erbschaftsvertrag nach § 311b Abs. 5 BGB immanent.[2027] Haben sich jedoch die Umstände, die zur Grundlage des Vertrags geworden sind, nach Vertragsschluss schwerwiegend verändert und hätten die Parteien den Vertrag nicht oder mit anderem Inhalt geschlossen, wenn sie die Veränderung vorausgesehen hätten, so kann eine Anpassung des Vertrages verlangt werden, soweit einem Teil unter Berücksichtigung aller Umstände des Einzelfalls, insbesondere der vertraglichen oder gesetzlichen Risikoverteilung, das Festhalten am unveränderten Vertrag nicht zugemutet werden kann (§ 313 Abs. 1 BGB).[2028] 481

b. Vorversterben des Berechtigten und Verpflichteten

Stirbt der aus der Vereinbarung Berechtigte oder Verpflichtete vor dem künftigen Erblasser, so stellt sich die Frage, ob der Rechtsnachfolger den Anspruch erwirbt bzw. die Verpflichtung auf ihn übergeht. In der Literatur wird die Auffassung vertreten, dass die Verpflichtung nicht auf die Erben des zur erbrechtlichen Verfügung Verpflichteten übergeht[2029], weil sich der Verpflichtete nur hinsichtlich seines eigenen Erbrechts nach dem künftigen Erblasser verpflichten könne. Trete ein Ersatzerbe an Stelle des Weggefallenen, so habe dieser ein eigenes Erbrecht, das aufgrund der Vereinbarung des Weggefallenen nicht beeinträchtigt werden könne. Dagegen soll der Anspruch des aus dem Erbschaftsvertrag Be- 482

[2023]BGH v. 20.03.1996 - IV ZR 366/94 - juris Rn. 20 - LM BGB § 203 Nr. 29 (8/1996).
[2024]*Wufka* in: Staudinger, § 312 a.F. Rn. 40.
[2025]*Grüneberg* in: Palandt, § 311b Rn. 74; *Wiedemann*, NJW 1968, 769-773, 773; nach Ansicht von *Wufka* in: Staudinger, § 312 a.F. Rn. 44, ist der Vertrag wegen Nichteintritts einer Bedingung gegenstandslos.
[2026]*Grüneberg* in: Palandt, § 311b Rn. 74; BFH v. 15.06.1997 - IV B 126/95 - juris Rn. 2 - NJW-RR 1998, 1379-1380.
[2027]BFH v. 15.06.1997 - IV B 126/95 - juris Rn. 5 - NJW-RR 1998, 1379-1380.
[2028]*Damrau*, ZErb 2004, 206-214, 213.
[2029]*Wufka* in: Staudinger, § 312 a.F. Rn. 41, *Daniels*, Verträge mit Bezug auf den Nachlass eines noch lebenden Dritten, 1973, S. 140.

günstigten (hinsichtlich der „erbrechtlichen Leistung") vererblich sein, allerdings mit der Einschränkung, dass die Erben ausschließlich zum Kreis der gesetzlichen Erben im Sinne des § 311b Abs. 5 Satz 1 BGB gehörten.[2030]

aa. Erbfolge nach dem Verpflichteten

483 Hinsichtlich der Rechtsnachfolge nach dem zur erbrechtlichen Verfügung Verpflichteten ist der vorgenannten Ansicht zu folgen: Die von dem vorverstorbenen gesetzlichen Erben eingegangene Verpflichtung geht nicht als eigene Nachlassschuld auf seine Erben über. Für den Fall der Ausgleichung (§ 2051 BGB) und Pflichtteilsanrechnung (§§ 2315 Abs. 3, 2051 BGB) sieht das Gesetz eine Ausnahmeregelung vor, indem es anordnet, dass die Zuwendungen auch zu Lasten des an dessen Stelle tretenden Abkömmlings wirken. Ausgleichungsrecht und -pflicht umschreiben ein an die Miterbenanteile gebundenes gesetzliches Schuldverhältnis unter den aktiv und passiv Beteiligten.[2031] Die Ausgleichungsbeteiligung hängt mit dem Erbteil untrennbar zusammen, so dass sie auch auf den Erwerber und Erben eines Abkömmlings übergeht.[2032] Eine weitere Regelung einer Drittwirkung enthält § 2349 BGB: Der Erbverzicht und der Pflichtteilsverzicht (§ 2346 BGB) können auch auf die Abkömmlinge des Verzichtenden erstreckt werden. Die vorstehenden Drittwirkungen beruhen jedoch auf besonderen gesetzlichen Regelungen, so tritt der nachfolgende Abkömmling bei der Ausgleichung und Pflichtteilsanrechnung in ein gesetzliches Schuldverhältnis ein. Bei einem Erbschaftsvertrag kann eine solche Drittwirkung lediglich auf vertraglichem Wege begründet werden. Da der nachfolgende Abkömmling ein eigenes gesetzliches Erbrecht hat, kann ihm ohne gesetzliche Grundlage nicht eine Verpflichtung auferlegt werden, die er nicht selbst eingegangen ist. Hier gilt das Prinzip des Verbots von Verträgen zu Lasten Dritter. In zahlreichen Fällen ist dieses Ergebnis auch offenkundig: Hat beispielsweise das Kind A des künftigen Erblassers gegenüber dem Kind B verpflichtet, die Erbschaft auszuschlagen, so kann bei Vorversterben des Kindes A nicht dessen eigenes Kind (Enkelkind) verpflichtet sein, seinerseits die Erbschaft auszuschlagen. Gleiches gilt beispielsweise für die Verpflichtung, ein Testament nicht anzufechten.

bb. Erbfolge nach dem Berechtigten

484 Hinsichtlich der Rechtsnachfolge nach dem erbrechtlich begünstigten gesetzlichen Erben ist die Rechtslage schwieriger zu beurteilen. Jedenfalls ist die Auffassung, dass die Rechtsposition generell an solche Personen vererbt werden kann, die zum Kreis der gesetzlichen Erben des künftigen Erblassers gehören[2033], nicht zutreffend. Dieser Auffassung liegt die unrichtige Vorstellung zugrunde, dass Verträge generell zwischen künftigen gesetzlichen Erben des künftigen Erblassers geschlossen werden könnten. Richtigerweise ist jedoch eine Einschränkung des Personenkreises dahingehend vorzunehmen, dass nur Verträge über die Auseinandersetzung des Nachlasses gleichrangiger gesetzlicher Erben oder Entsagungsverträge zwischen dem zum Zeitpunkt des Vertragsschlusses hypothetischen gesetzlichen Erben und dem unmittelbar folgenden gesetzlichen Erben zulässig sind (vgl. dazu Rn. 441 ff.). Dies soll anhand der folgenden Beispiele verdeutlicht werden:

- Gegenständliche Verteilung des Nachlasses (z.B. Übernahmerecht): Kind A und Kind B vereinbaren, dass Kind B einen Anspruch hat, das zum Nachlass gehörende Grundstück gegen Zahlung des hälftigen Verkehrswertes bei der Auseinandersetzung des Nachlasses zu erwerben. Kind B verstirbt und wird testamentarisch von einem entfernten gesetzlichen Erben (vierte Erbordnung) des künftigen Erblassers beerbt. Kind A und der testamentarische Erbe des Kindes B hätten einen Vertrag über die Nachlassverteilung des künftigen Erblassers selbst nie wirksam schließen können. Aus diesem Grund kann auch der Anspruch nicht vererblich sein.
- Anspruch auf Ausschlagung der Erbschaft: Kind A verpflichtet sich gegenüber Kind B, die Erbschaft auszuschlagen. Kind B verstirbt und wird testamentarisch von einem entfernten gesetzlichen Erben des künftigen Erblassers beerbt. Ein solcher Vertrag hätte zwischen Kind A und dem entfernten Verwandten selbst aber nie geschlossen werden können. Daher ist die Anspruchsposition nicht vererblich.

[2030] *Wufka* in: Staudinger, § 312 a.F. Rn. 43, *Daniels*, Verträge mit Bezug auf den Nachlass eines noch lebenden Dritten, 1973, S. 140.

[2031] *Brox*, Erbrecht, 20. Aufl. 2003 Rn. 536.

[2032] *Brox*, Erbrecht, 20. Aufl. 2003, Rn. 536.

[2033] *Wufka* in: Staudinger, § 312 a.F. Rn. 43, *Daniels*, Verträge mit Bezug auf den Nachlass eines noch lebenden Dritten, 1973, S. 140.

- Anspruch auf Übertragung des Erbteils: Kind A verpflichtet sich gegenüber Kind B, nach dem Tode des Vaters seinen Erbteil zu übertragen. Kind B verstirbt und wird testamentarisch von seiner Ehefrau beerbt. Gesetzlicher Erbe des Vaters ist das Enkelkind. Eine Verpflichtung des A gegenüber der Schwägerin wäre nach § 311b Abs. 4 Satz 1 BGB nichtig, da diese nicht zum Personenkreis des § 311b Abs. 5 Satz 1 BGB gehört. Anders könnte der Fall dagegen zu beurteilen sein, wenn das Kind B von seinem eigenen Kind (Enkelkind des Vaters) beerbt wird. Zwischen diesem und dem Kind A hätte ein wirksamer Erbschaftsvertrag nach § 311b Abs. 5 Satz 1 BGB geschlossen werden können.

Man wird für die Praxis folgenden Grundsatz aufstellen können: Eine Vererblichkeit des Anspruchs wird nur in Betracht kommen, wenn der Erbe im Zeitpunkt des Erbfalls nach dem Vorverstorbenen (nicht des künftigen Erblassers im Sinne des § 311b Abs. 5 BGB) mit dem Vertragspartner einen Erbschaftsvertrag nach § 311b Abs. 5 Satz 1 BGB hätte abschließen können (hypothetische Betrachtung). Ist dies der Fall, so wird jedoch im Einzelfall genau zu prüfen sein, ob einer Vererblichkeit entgegensteht, dass die Vereinbarung ausschließlich an die Vertragsparteien gebunden ist und daher ein Übergang der Berechtigung auf eine andere Person nicht vom Willen der Vertragschließenden getragen ist. Von einem Willen zur Vererblichkeit wird man eher ausgehen können, wenn Kinder des künftigen Erblassers einen Erbschaftsvertrag abgeschlossen haben und Erben des vorverstorbenen Vertragspartners dessen Abkömmlinge sind. **485**

Sofern jedoch auch der Verpflichtete vorverstirbt, so erlischt ein vererbter Anspruch, da eine Rechtsnachfolge nach dem Verpflichteten nicht in Betracht kommt. Der Erbe des Berechtigten kann daher keinen eigenen Anspruch gegen den Erben des Verpflichteten haben. **486**

cc. Praktische Auswirkungen, vertragliche Gestaltung

Für die Praxis ist zu beachten, dass Gegenleistungen des Begünstigten aufgrund des künftigen Erwerbs oder des Verzichts des Verpflichteten nicht vor Eintritt des Erbfalls erbracht werden sollten. Vereinbarungen, wie sie einem vom BGH entschiedenen Fall[2034] zugrunde lagen, sollten daher tunlichst vermieden werden, weil der künftige gesetzliche Erbteil vor Eintritt des Erbfalls kein besonders sicherer Vermögenswert ist. **487**

Die Überlegungen, die bei Vertragsgestaltung anzustellen sind, sollen anhand eines Beispiels dargestellt werden: Kind A verpflichtet sich zu Lebzeiten des Vaters gegenüber Kind B, seinen Erbteil nach dem Tode des Vaters an Kind B zu übertragen. Beide haben jeweils ein Kind; es ist unwahrscheinlich, dass weitere Kinder hinzukommen werden. Sollte ein Kind vorversterben, so soll das an seine Stelle tretende Kind (Enkelkind) die gleiche Rechtsposition wie der Vorverstorbene haben. **488**
- Sind die Kinder bereits volljährig, so können sie bei der Vertragsgestaltung mitwirken und einen eigenen Vertrag mit dem jeweils anderen Kind des Erblassers oder dem jeweiligen Enkelkind schließen.
- Sind die Kinder noch minderjährig, so ist zu unterscheiden: Will man den Fall des Vorversterbens des Verpflichteten absichern, so müsste der Verpflichtete eine eigene Verfügung von Todes wegen errichten, in welcher er seine Erben durch Verschaffungsvermächtnis dem Erbschaftsvertrag entsprechend verpflichtet.[2035] Diese Lösung ist allerdings nur dann erfolgreich, wenn der Erbe zu dem Personenkreis gehört, der zum Zeitpunkt des Vorversterbens des Vertragspartners (nicht des künftigen Erblassers) nach § 311b Abs. 5 Satz 1 BGB einen Erbschaftsvertrag abschließen könnte (hypothetische Betrachtung). Eine vertragliche Absicherung für den Fall des Vorversterbens des Berechtigten lässt sich durch ausdrückliche Klarstellung in der Vereinbarung erreichen, dass der Anspruch auf das Enkelkind vererblich ist. Vorsorglich sollte im Wege eines Vertrages zugunsten Dritter (vgl. Rn. 454) dem Enkelkind eine entsprechende vertragliche Rechtsstellung eingeräumt werden. Dabei kann der Inhalt des Anspruchs dahingehend eingeschränkt werden, dass von dem Anspruch nur Zug um Zug gegen Erbringung der zwischen Kind A und Kind B vereinbarten Gegenleistung Gebrauch gemacht werden kann.

III. Rechtsfolgen

Nichtigkeit (Absatz 4): Sofern die tatbestandlichen Voraussetzungen des § 311b Abs. 4 BGB erfüllt sind, ist der Vertrag nichtig. Wie bereits an anderer Stelle dargelegt, erfasst diese Vorschrift nicht nur schuldrechtliche Verpflichtungsgeschäfte, sondern auch dingliche Verfügungsgeschäfte (vgl. Rn. 412). **489**

[2034] BGH v. 11.05.1988 - IVa ZR 325/86 - BGHZ 104, 279-285: Die Schwester trat ihren gesetzlichen Erbteil am Nachlass ihrer noch lebenden Mutter an ihren Bruder gegen eine Abfindung von 9.000 DM ab.
[2035] *Wufka* in: Staudinger, § 312 a.F. Rn. 41.

Allerdings kommt eine Umdeutung (§ 140 BGB) in ein formwirksames Rechtsgeschäft in Betracht.[2036] Bei einer zu Lebzeiten des künftigen Erblassers unwirksamen dinglichen Übertragung des künftigen Erbteils nimmt die Rechtsprechung Nichtigkeit nach § 311b Abs. 4 Satz 1 BGB an, selbst wenn der Vertrag zwischen künftigen gesetzlichen Erben (§ 311b Abs. 5 Satz 1 BGB) geschlossen wird.[2037] Sofern der künftige Erblasser nicht mitgewirkt hat, liegt aber gleichwohl – unter den Voraussetzungen des § 311b Abs. 5 Satz 1 BGB – eine wirksame schuldrechtliche Verpflichtung zur Übertragung des Erbteils vor.[2038] War der künftige Erblasser an dem Vertrag beteiligt, so kommt die Umdeutung in einen Erbverzichtsvertrag (§ 2346 Abs. 1 BGB) oder Zuwendungsverzichtsvertrag (§ 2352 BGB)[2039] in Betracht. Einer Umdeutung in einen Vertrag nach § 311b Abs. 3 BGB steht in aller Regel der Gedanke der Umgehung des Verbots nach § 311b Abs. 4 BGB entgegen.[2040]

IV. Anwendungsfelder

1. Internationales und interlokales Privatrecht

490 Nach allgemeiner Ansicht[2041] sind verpflichtende Verträge über den Nachlass eines noch lebenden Dritten nicht erbrechtlich (Art. 25 EGBGB), sondern schuldrechtlich (Art. 27-36 EGBGB) zu qualifizieren, jedenfalls sofern sie weder auf die Erbfolge selbst Einfluss nehmen noch die für die Nachlassabwicklung maßgebenden Regeln verändern. Dieser Auffassung ist auch der BGH[2042] in einer Entscheidung aus dem Jahre 1995 zum innerdeutschen Kollisionsrecht gefolgt, indem er eine Vereinbarung über den Nachlass eines noch lebenden Dritten nicht als erbrechtlich im Sinne der Art. 235 §§ 1 und 2 EGBGB, sondern als schuldrechtlichen Vertrag gemäß Art. 232 § 1 EGBGB angesehen hat. Offenbar wollte der BGH damit zur Anwendung der zum Zeitpunkt des Vertragsschlusses (1986) in der ehemaligen DDR geltenden devisenrechtlichen Bestimmungen kommen.[2043] Das gleiche Ergebnis hätte sich aber auch bei erbrechtlicher Qualifikation des Erbschaftsvertrages ergeben. Als kollisionsrechtliche „Eingriffsnorm" wären die devisenrechtlichen Bestimmungen der ehemaligen DDR auch unabhängig vom Erbstatut anwendbar gewesen. Eingriffsnormen einer Rechtsordnung setzen sich immer gegenüber den Normen einer anderen Rechtsordnung durch. Sofern die Eingriffsnormen der Rechtsordnung entstammen, die auch das anwendbare Recht des Hauptstatuts beherrscht, tritt die kollisionsrechtliche Bedeutung als Eingriffsnorm nicht in Erscheinung. Dieser kollisionsrechtliche Zusammenhang folgt aus dem Rechtsgedanken des Art. 31 Abs. 1 EGBGB a.F., der eine Ausprägung des allgemeinen Grundsatzes darstellt, dass das für jedes Rechtsgeschäft maßgebliche Recht („Wirkungsstatut") das Geschäft „von der Wiege bis zum Grabe beherrscht".[2044] Dies gilt für alle Rechtsgeschäfte, auch für erbrechtliche.[2045] Ist beispielsweise deutsches Recht das Hauptstatut, so kann es keinem Zweifel unterliegen, dass auch alle deutschen Verbotsgesetze anwendbar sind. Ist dagegen im Hauptstatut eine andere Rechtsordnung anwendbar als diejenige, zu der ein besonderes Verbotsgesetz gehört, so tritt der Charakter dieser Vorschrift als Eingriffsnorm in Erscheinung. Kommt man zur Anwendung des deutschen Erbrechts, so können sich gegenüber dem Erbstatut die devisenrechtlichen Bestimmungen der ehemaligen DDR durchsetzen. Der BGH hat im Bereich des (deutschen) Schuldvertragsrechts ausländischen Eingriffsnormen über die Generalklausel des § 138 BGB oder über die Unmöglichkeitsre-

---

[2036] *Wufka* in: Staudinger, § 312 a.F. Rn. 46; *Ballhaus* in: BGB-RGRK, § 312 a.F. Rn. 5; *Thode* in: Münch-Komm-BGB, § 312 a.F. Rn. 18.
[2037] BGH v. 24.10.1973 - IV ZR 3/72 - LM Nr. 9 zu § 140 BGB; kritisch zur Lösung des BGH und zu anderen Lösungsmöglichkeiten *Blomeyer*, FamRZ 1974, 421-428. Der BGH wendet § 311b Abs. 4 Satz 1 BGB auch auf erbrechtliche Verfügungsgeschäfte („dingliche Verträge") an, wohingegen die Ausnahmevorschrift des § 311b Abs. 5 BGB grds. nur auf schuldrechtliche Verträge anwendbar ist (eine Ausnahme gilt für die antizipierte Abtretung des künftigen Pflichtteilsanspruchs; vgl. *Wufka* in: Staudinger, § 312 a.F. Rn. 32).
[2038] Vgl. den Fall BGH v. 04.07.1962 - V ZR 14/61 - BGHZ 37, 319-331.
[2039] Vgl. den Fall BGH v. 24.10.1973 - IV ZR 3/72 - LM Nr. 9 zu § 140 BGB.
[2040] BGH v. 05.02.1958 - IV ZR 274/57 - BGHZ 26, 320-330.
[2041] *Dörner* in: Staudinger, Art. 25 EGBGB Rn. 400.
[2042] BGH v. 25.10.1995 - IV ZR 83/95 - juris Rn. 8 - LM BGB § 242 (Cd) Nr. 342 (4/1996).
[2043] BGH v. 25.10.1995 - IV ZR 83/95 - juris Rn. 11 - LM BGB § 242 (Cd) Nr. 342 (4/1996).
[2044] *Kegel/Schurig*, Internationales Privatrecht, 9. Aufl. 2004, § 17 V 1a; *Junker*, Internationales Privatrecht, 1998, Rn. 318.
[2045] *Spellenberg* in: MünchKomm-BGB, vor Art. 11 EGBGB Rn. 5-6.

geln Geltung verschafft.[2046] In der Literatur wird die Anwendung einer ausländischen Eingriffsnorm überwiegend über eine ungeschriebene Einzelkollisionsnorm begründet, die von der gebündelten allgemeinen Kollisionsnorm (z.B. Art. 25 EGBGB) im Wege der Sonderanknüpfung abzuspalten ist.[2047]

Die herrschende Auffassung, dass Verträge über den Nachlass eines noch lebenden Dritten grds. schuldvertragsrechtlich und nicht erbrechtlich zu qualifizieren ist, ist nur teilweise zutreffend. Richtig an dieser Auffassung ist, dass die allgemeinen rechtsgeschäftlichen Voraussetzungen (Vertragsschluss durch Angebot und Annahme, Abgabe und Zugang von Willenserklärungen u.Ä.) nach dem Schuldvertragsstatut zu beurteilen ist. Das Schuldvertragsstatut entscheidet jedoch nicht über Zulässigkeit und mögliche Verbote von Verträgen über den Nachlass eines noch lebenden Dritten. Die enge Beziehung des Vertrages mit dem künftigen Nachlass spricht in dieser Hinsicht für einen spezifisch erbrechtlichen Charakter.[2048] Würde man der h.M. folgen und auch die Frage der Zulässigkeit eines Vertrages über den Nachlass eines noch lebenden Dritten dem Schuldvertragsstatut unterstellen, so hätten die künftigen Erben die Möglichkeit der freien Rechtswahl nach Art. 3 Rom I-VO und könnten ein ausländisches Verbot ohne weiteres umgehen. Damit könnten die künftigen Erben bei Wahl des deutschen Rechts Abreden über eine künftige Nachlassverteilung nach den Vorschriften des § 311b Abs. 5 Satz 1 BGB treffen, die ggf. noch nicht einmal dem Erblasser unter Geltung eines ausländischen Erbstatuts möglich wären. Eine solch weitgehende Gestaltungsfreiheit der künftigen Erben ist abzulehnen. Dies belegt auch folgendes Beispiel: Würde man Verträge über den Nachlass eines noch lebenden Dritten schuldrechtlich qualifizieren, so könnten die Beteiligten sogar bei einem künftigen Erblasser mit deutscher Staatsangehörigkeit die Verbotsnorm des § 311b Abs. 4 Satz 1 BGB durch Wahl eines günstigeren ausländischen Rechts umgehen. Ist somit hinsichtlich der Frage der Zulässigkeit eines Vertrages über den Nachlass eines noch lebenden Dritten erbrechtlich zu qualifizieren, so ist analog Art. 26 Abs. 5 Satz 1 EGBGB das Erbstatut des noch lebenden Dritten maßgebend, das im Zeitpunkt des Vertragsschlusses anwendbar wäre („hypothetisches Erbstatut").[2049]

491

2. Steuerrecht

Schließen künftige gesetzliche Erben nach § 311b Abs. 5 BGB einen Vertrag, in welchem einer von ihnen einen auf seine künftigen gesetzlichen Ansprüche gegen Zahlung eines Geldbetrages verzichtet, so handelt es sich bei der Zahlung des Geldbetrages um eine freigebige Zuwendung im Sinne des § 7 Abs. 1 Nr. 1 ErbStG[2050], nicht um die Gegenleistung für den Verzicht.[2051] Die Steuerklasse nach § 15 Abs. 1 ErbStG richtet sich nicht nach dem Verhältnis der Vertragsparteien zueinander, sondern nach dem Verhältnis des Verzichtenden zu dem künftigen Erblasser.[2052] Wird die Abfindung durch Übereignung eines Grundstücks geleistet, so ist der Erwerb nach § 3 Nr. 2 GrEStG grunderwerbsteuerfrei.[2053]

492

[2046] Vgl. etwa die Borax-Entscheidung BGH v. 21.12.1960 - VIII ZR 1/60 - BGHZ 34, 169-178; BGH v. 08.05.1985 - IVa ZR 138/83 - juris Rn. 20 - BGHZ 94, 268-275; BGH v. 20.11.1990 - VI ZR 6/90 - juris Rn. 16 - LM Nr. 5 zu BGB § 826 (C).

[2047] Dazu – auch kritisch zum Begriff der „Eingriffsnorm" – *Schurig*, RabelsZ 54, 217-250, 233; *Martiny* in: MünchKomm-BGB, Art. 34 EGBGB Rn. 48.

[2048] In diesem Sinne auch *Schotten*, Das Internationale Privatrecht in der notariellen Praxis, 1995, Rn. 330.

[2049] Zutreffend *Schotten*, Das Internationale Privatrecht in der notariellen Praxis, 1995, Rn. 330.

[2050] BFH v. 25.01.2001 - II R 22/98 - BStBl 2001 II S. 456.

[2051] Im Sinne eines entgeltlichen Vertrages noch FG München v. 07.07.1997 - 4 K 2747/93 - ZEV 1998, 237. Zu den ertragsteuerlichen Konsequenzen *Götz*, NWB Fach 10, 3835-3838, 3838.

[2052] BFH v. 25.01.2001 - II R 22/98 - BStBl 2001 II, 456; a.A. FG v. 17.02.2011 - 3 K 4815/08 Erb - ZEV 2011, 614; Revision anhängig beim BFH.

[2053] *Götz*, NWB Fach 10, 3835-3838, 3838.

§ 311c BGB Erstreckung auf Zubehör

(Fassung vom 02.01.2002, gültig ab 01.01.2002)

Verpflichtet sich jemand zur Veräußerung oder Belastung einer Sache, so erstreckt sich diese Verpflichtung im Zweifel auch auf das Zubehör der Sache.

Gliederung

A. Grundlagen 1	1. Begriff des Zubehörs 4
B. Praktische Bedeutung 2	2. Analoge Anwendung auf Bestandteile und Rechte 5
C. Anwendungsvoraussetzungen 3	
I. Verpflichtung zur Veräußerung oder Belastung einer Sache 3	III. Im Zweifel erstreckt sich die Verpflichtung auf das Zubehör der Sache 8
II. Zubehör der Sache 4	

A. Grundlagen

1 **Gesetzgebungsmaterialien**: § 311c BGB hat mit In-Kraft-Treten des Gesetzes zur Modernisierung des Schuldrechts vom 26.11.2001[1] am 01.01.2002 den bisherigen gleich lautenden § 314 BGB a.F. ersetzt. Inhaltlich hat sich an der bisherigen Rechtslage nichts geändert.[2]

B. Praktische Bedeutung

2 § 311c BGB ist eine widerlegbare[3] Auslegungsregel und Beweislastnorm. Der Zweck dieser Norm besteht darin, die wirtschaftliche Einheit von Hauptsache und Zubehör zu erhalten.[4] Bei formbedürftigen Rechtsgeschäften, insbesondere solchen nach § 311b Abs. 1 Satz 1 BGB, hat § 311c BGB die Bedeutung, dass Zubehör in der Urkunde nur aufgeführt werden muss, soweit es nicht mitveräußert wird.[5] Sofern die Vertragsparteien mitverkauftes Zubehör in der notariellen Urkunde nicht erwähnt haben, lässt sich im Wege der ergänzenden Vertragsauslegung auf die gesetzliche Auslegungsregel des § 311c BGB zurückgreifen; denn für die ergänzende Auslegungsregel gilt die **Andeutungstheorie** (vgl. dazu die Kommentierung zu § 311b BGB) **nicht**[6]. Daher muss ein Inventarverzeichnis nicht der notariellen Urkunde beigefügt werden.[7] Nur sofern von der gesetzlichen Regel abgewichen werden soll, ist diese Vereinbarung beurkundungsbedürftig.[8]

C. Anwendungsvoraussetzungen

I. Verpflichtung zur Veräußerung oder Belastung einer Sache

3 § 311c BGB erfasst schuldrechtliche Verpflichtungsverträge, deren Inhalt auf die Veräußerung oder Belastung einer Sache (unbeweglich oder beweglich) gerichtet ist. Der Verpflichtungsvertrag kann einseitig (Schenkung) oder gegenseitig sein; auf die Art des Schuldverhältnisses kommt es nicht an.[9] Daher ist die Auslegungsregel bei Kaufverträgen, Tauschverträgen oder auch Schenkungsverträgen anwendbar. Belastungsgeschäfte sind beispielsweise die Bestellung einer Hypothek oder Grundschuld. Über den Wortlaut hinaus findet § 311c BGB auch auf einseitige Verpflichtungsgeschäfte Anwendung[10], nicht aber auf Verfügungsgeschäfte[11]; bei Letzteren greift die Vermutungsregel des § 926 Abs. 1 Satz 2 BGB ein. § 311c BGB gilt auch nicht (analog) für erbrechtliche Rechtsgeschäfte; für das

---

[1] BGBl I 2001, 3138.
[2] *Grüneberg* in: Palandt, § 311c Rn. 1.
[3] *Wufka* in: Staudinger, § 311c Rn. 1; *Kanzleiter* in: MünchKomm-BGB, § 311c Rn. 1.
[4] BGH v. 23.10.1968 - VIII ZR 228/66 - LM Nr. 1 zu § 98 BGB; *Wufka* in: Staudinger, § 311c Rn. 1.
[5] BGH v. 29.09.1999 - XII ZR 313/98 - juris 60 - LM BGB § 566 Nr. 38 (3/2000); *Wufka* in: Staudinger, § 311c Rn. 1.
[6] BGH v. 16.01.1987 - V ZR 242/85 - juris Rn. 14 - NJW-RR 1987, 458-459; *Wolf* in: Soergel, § 314 a.F. Rn. 76.
[7] OLG Celle v. 01.04.1998 - 4 W 53/98 - NJW-RR 1998, 1168.
[8] *Wufka* in: Staudinger, § 311c Rn. 1.
[9] *Wufka* in: Staudinger, § 311c Rn. 3.
[10] *Wufka* in: Staudinger, § 311c Rn. 3.
[11] *Wufka* in: Staudinger, § 311c Rn. 4.

Vermächtnis gilt die Vermutung des § 2164 BGB. Der Inhalt des Verpflichtungsgeschäftes ist auf die Veräußerung oder die Belastung einer Sache gerichtet. § 311c BGB ist jedoch auf Gebrauchsüberlassungsverträge, wie Miet- und Pachtverträge, entsprechend anwendbar.[12] Daher ist im Zweifel das im Zeitpunkt des Vertragsschlusses vorhandene Zubehör eines Pachtobjektes (z.B. Hotel), also auch das Hotelinventar, mitverpachtet.[13] Anders als bei § 926 Abs. 1 Satz 2 BGB greift die Vermutungsregel des § 311c BGB auch dann ein, wenn das Zubehör dem Veräußerer oder dem Belastenden nicht gehört[14], weil ein Verpflichtungsgeschäft über fremdes Eigentum unbedenklich ist.

II. Zubehör der Sache

1. Begriff des Zubehörs

Zubehör ist nach § 97 Satz 1 BGB eine bewegliche Sache, die, ohne Bestandteil der Hauptsache zu sein, dem wirtschaftlichen Zweck der Hauptsache zu dienen bestimmt ist und zu ihr in einem dieser Bestimmung entsprechenden räumlichen Verhältnis steht, es sei denn, sie ist im Verkehr nicht als Zubehör anzusehen (§ 97 Satz 2 BGB). Nach *Wolf*[15] kommt eine entsprechende Anwendung des § 311c BGB in Betracht, wenn ein räumliches Verhältnis im Sinne des § 97 BGB nicht besteht. Erläuternde Beispiele enthält § 98 BGB für gewerbliches und landwirtschaftliches Inventar. Die Zubehöreigenschaft muss im Zeitpunkt des Vertragsschlusses bestehen, damit die Vermutungsregel des § 311c BGB eingreift.[16]

2. Analoge Anwendung auf Bestandteile und Rechte

Der gesetzlichen Regelung liegt folgende Vorstellung zugrunde: Haben die Vertragsparteien bei einer wirtschaftlichen Einheit nur die Hauptsache (nicht aber einen dieser als Zubehör untergeordneten beweglichen Gegenstand) als Vertragsgegenstand bezeichnet, so entspricht es der Lebenserfahrung, dass sich der Vertrag auf die wirtschaftliche Einheit (bestehend aus Hauptsache und Zubehör) beziehen soll.[17] § 311c BGB umschreibt diese wirtschaftliche Verbindung zwischen der Hauptsache und dem Zubehör. Eine solche enge wirtschaftliche Verbindung kann auch dann bestehen, wenn der Hauptgegenstand und/oder der Nebengegenstand ein Recht oder Bestandteil einer Sach- oder Rechtsgesamtheit ist. In diesen Fällen stellt sich die Frage, ob § 311c BGB analog anwendbar ist.[18]

Auf **Bestandteile** ist § 311c BGB nach h.M. nicht analog anwendbar.[19] Allerdings will *Wolf*[20] hier mit einem eigenen Erfahrungssatz arbeiten und Bestandteile (z.B. Firma des Kaufmanns, Warenzeichen[21]) in das Verpflichtungsgeschäft mit einbeziehen. Nach teilweise vertretener Ansicht scheidet eine entsprechende Anwendung des § 311c BGB auf **Rechte**, die dem wirtschaftlichen Zweck der Hauptsache zu dienen bestimmt sind, aus.[22] Andere hingegen sehen in dieser Vorschrift einen analogiefähigen Rechtssatz.[23] Die Rechtsprechung hat dies nicht generell entschieden; nach Ansicht des BGH[24] kommt eine analoge Anwendung des § 311c BGB auf solche Rechte allenfalls dort in Betracht, wo sie mit der

---

[12] BGH v. 17.12.2008 - XII ZR 57/07 - NZM 2009, 198; BGH v. 16.02.2000 - XII ZR 258/97 - NZM 2000, 548; BGH v. 29.09.1999 - XII ZR 313/98 - LM BGB § 566 Nr. 38 (3/2000); BGH v. 17.09.1975 - VIII ZR 157/74 - BGHZ 65, 86-89; *Wolf* in: Soergel, § 314 a.F. Rn. 3; *Kanzleiter* in: MünchKomm-BGB, § 311c Rn. 2.
[13] BGH v. 29.09.1999 - XII ZR 313/98 - LM BGB § 566 Nr. 38 (3/2000).
[14] OLG Düsseldorf v. 13.05.1992 - 11 U 81/91 - NJW 1992, 3246; *Wolf* in: Soergel, § 314 a.F. Rn. 3; *Grüneberg* in: Palandt, § 311c Rn. 1; *Wufka* in: Staudinger, § 311c Rn. 4.
[15] *Wolf* in: Soergel, § 314 a.F. Rn. 5.
[16] BGH v. 29.09.1999 - XII ZR 313/98 - juris Rn. 59 - LM BGB § 566 Nr. 38 (3/2000); *Wufka* in: Staudinger, § 311c Rn. 8; *Ring* in: AnwK-BGB, § 311c Rn. 2; *Gehrlein* in: Bamberger/Roth, § 311c Rn. 1.
[17] *Harke*, ZfIR 2004, 891-895, 892.
[18] Ausführlich dazu *Harke*, ZfIR 2004, 891-895.
[19] *Wufka* in: Staudinger, § 311c Rn. 12; *Wolf* in: Soergel, § 314 a.F. Rn. 6.
[20] *Wolf* in: Soergel, § 314 a.F. Rn. 6; gegen jeden Erfahrungssatz *Wufka* in: Staudinger, § 311c Rn. 12.
[21] Dagegen *Wufka* in: Staudinger, § 311c Rn. 11.
[22] *Kanzleiter* in: MünchKomm-BGB, § 311c Rn. 4; *Wufka* in: Staudinger, § 311c Rn. 9; *Kohler*, DNotZ 1991, 362-373, mit ausführlicher Begründung; *Uhlig*, DNotZ 1991, 669-673, 671.
[23] *Grüneberg* in: Palandt, § 311c Rn. 1; *Wolf* in: Soergel, § 314 a.F. Rn. 5; *Harke*, ZfIR 2004, 891-895, 892; so wohl auch *Grziwotz* in: Erman, Handkommentar BGB, § 311c Rn. 2: allgemeiner Erfahrungssatz.
[24] BGH v. 30.03.1990 - V ZR 113/89 - juris Rn. 20 - BGHZ 111, 110-117.

7 Gegen eine entsprechende Anwendung des § 311c BGB spricht, dass Rechte, die dem wirtschaftlichen Zweck der veräußerten oder belasteten Sache dienen, ein Rechtsverhältnis mit einem Dritten voraussetzen. Die Übertragung der Rechte macht für den Veräußerer nur Sinn, wenn er seinerseits aus den Verpflichtungen gegenüber dem Dritten freigestellt wird. Da dies nicht automatisch mit der Veräußerung erfolgt, ist nicht davon auszugehen, dass er seine Rechte abtreten will, ohne sichergestellt zu haben, aus den eigenen Verpflichtungen entlassen zu sein. Daher kann auch keine gesetzliche Vermutungsregel für die Mitveräußerung bestehen. Aus diesem Grund ist § 311c BGB nicht analog anwendbar auf die **Beteiligung** des Veräußerers einer Eigentumswohnung an der **Instandhaltungsrücklage** der Eigentümergemeinschaft.[27] Für eine entsprechende Anwendung fehlt es an einer analogiefähigen Basis. Der Anteil an der Instandhaltungsrücklage geht auf den Erwerber mit dessen Eintritt in die Eigentümergemeinschaft automatisch über[28], so dass eine Vermutungsregel, ob eine Sache oder ein Recht im Zweifel mitveräußert ist, keinen Sinn macht[29]. Eine entsprechende Anwendung des § 311c BGB scheidet auch aus für den Anspruch des Veräußerers gegen den Voreigentümer auf **Freistellung** von der ihm obliegenden Verpflichtung zur Zahlung von **Erschließungskosten**[30], weil dieser Freistellungsanspruch nicht der veräußerten Sache, sondern dem veräußernden Eigentümer zugute kommt und es bereits aus diesem Grund an einer analogiefähigen Basis fehlt[31]. Hier kann evtl. im Wege der ergänzenden Vertragsauslegung eine Abtretung der entsprechenden Ansprüche in Betracht kommen. Eine analoge Anwendung des § 311c BGB scheidet auch aus bei **Betriebslieferrechten für Zuckerrüben**[32], bei dem Recht auf Anlieferung und Abnahme einer bestimmten Milchmenge („**Milchkontingent**")[33] sowie bei **schuldrechtlichen Ver- und Entsorgungsrechten** wie z.B. Geh- und Fahrtrechten oder Wasserbezugsrechten[34].

III. Im Zweifel erstreckt sich die Verpflichtung auf das Zubehör der Sache

8 Die Vermutung spricht dafür, dass Zubehör bei einem Veräußerungsvertrag mitveräußert ist und bei einer Belastung einer Sache in den Haftungsverband fällt. Der Begünstigte (Erwerber der Sache, Erwerber des Rechtes oder Pfandes an einer Sache) muss lediglich die Tatsachen behaupten und beweisen, aus denen sich die Vermutungswirkung ergibt (Vermutungsbasis[35]), also die Tatsachen, aus denen sich ergibt, dass sich ein Dritter gegenüber dem Begünstigten zur Veräußerung oder Belastung verpflichtet hat. Dies wird in aller Regel unproblematisch sein. Ob eine Sache Zubehör ist, ist eine Rechtsfrage (die sich nach § 97 BGB beurteilt) und keine darzulegende und zu beweisende Tatsache.[36] Hierfür gilt also nicht die Vermutung des § 311c BGB.[37] Der Begünstigte hat die Zubehöreigenschaft zu be-

---

[25] RG v. 19.12.1925 - I 60/25 - RGZ 112, 242-249; so auch *Wolf* in: Soergel, § 314 Rn. 5; *Grüneberg* in: Palandt, § 311c Rn. 1.
[26] So auch RG v. 09.10.1911 - VI 473/10 - RGZ 77, 333-336; *Wolf* in: Soergel, § 314 a.F. Rn. 5; *Ballhaus* in: BGB-RGRK, § 314 a.F. Rn. 1; a.A. *Kanzleiter* in: MünchKomm-BGB, § 311c Rn. 4; *Wufka* in: Staudinger, § 311c Rn. 10.
[27] So aber OLG Düsseldorf v. 20.04.1994 - 9 U 220/93 - NJW-RR 1994, 1038-1039; *Grüneberg* in: Palandt, § 311c Rn. 1. Wie hier: *Kanzleiter* in: MünchKomm-BGB, § 311c Rn. 5; *Wufka* in: Staudinger, § 311c Rn. 11.
[28] KG Berlin v. 15.02.1988 - 24 W 3007/87 - juris Rn. 5 - NJW-RR 1988, 844-845; *Wufka* in: Staudinger, § 311c Rn. 11; *Kanzleiter* in: MünchKomm-BGB, § 311c Rn. 5.
[29] *Wufka* in: Staudinger, § 311c Rn. 11.
[30] BGH v. 12.03.1993 - V ZR 69/92 - LM BGB § 249 (Cb) Nr. 45 (10/1993), *Wufka* in: Staudinger, § 311c Rn. 10; *Grüneberg* in: Palandt, § 311c Rn. 1; *Wufka* in: Staudinger, § 311c Rn. 10; a.A. OLG Hamm v. 09.03.1992 - 22 U 130/90 - OLGR Hamm 1992, 225-227, für den Fall, dass der Veräußerer einer Eigentumswohnung gegen den Hersteller der Wohnanlage einen Anspruch auf Freistellung von einer Erschließungsbeitragsschuld hat.
[31] BGH v. 12.03.1993 - V ZR 69/92 - LM BGB § 249 (Cb) Nr. 45 (10/1993).
[32] BGH v. 30.03.1990 - V ZR 113/89 - BGHZ 111, 110-117; *Uhlig*, DNotZ 1991, 669-673; *Wufka* in: Staudinger, § 311c Rn. 10; *Grüneberg* in: Palandt, § 311c Rn. 1; *Kanzleiter* in: MünchKomm-BGB, § 311c Rn. 4.
[33] *Uhlig*, DNotZ 1991, 669-673, 671-672; *Kanzleiter* in: MünchKomm-BGB, § 311c Rn. 4; *Wufka* in: Staudinger, § 311c Rn. 10. Zur Milch-Garantiemengen-VO *Uhlig*, MittBayNot 1987, 227-231.
[34] *Kohler*, DNotZ 1991, 362-373, 364-370; *Wufka* in: Staudinger, § 311c Rn. 10.
[35] *Rosenberg/Schwab/Gottwald*, Zivilprozessrecht, 15. Aufl. 1993, § 14 I 4.
[36] *Wufka* in: Staudinger, § 311c Rn. 2.
[37] *Wufka* in: Staudinger, § 311c Rn. 2.

haupten und zu beweisen[38], d.h. dass die Sache dem wirtschaftlichen Zweck der Hauptsache zu dienen bestimmt ist und zu ihr in einem entsprechenden räumlichen Verhältnis steht.[39] Erst wenn dies der Fall ist, kann er sich auf die Vermutung des § 311c BGB berufen.[40] Der Veräußerer bzw. der Belastende kann die Vermutung des § 311c BGB jedoch widerlegen, indem er den Beweis des Gegenteils (§ 292 ZPO) erbringt.[41] Er muss also die Unwahrheit der vermuteten Tatsache, d.h. die Abrede über die Mitveräußerung bzw. die Mitbelastung des Zubehörs, darlegen und beweisen.[42] Dabei wird auf die Umstände des Einzelfalls, insbesondere die Verkehrsanschauung abgestellt. Die Anforderungen an den Beweis des Gegenteils sind nicht allzu hoch anzusetzen: Je höher der Wert des Zubehörs, desto geringer sind die Anforderungen an den Beweis des Gegenteils.[43] Gelingt der Beweis des Gegenteils nicht, so kommt eine Anfechtung wegen Irrtums nach § 119 BGB in Betracht.[44]

---

[38] *Holch* in: MünchKomm-BGB, § 97 Rn. 32.
[39] *Holch* in: MünchKomm-BGB, § 97 Rn. 32; nach *Wolf* in: Soergel, § 314 a.F. Rn. 5, kommt eine entsprechende Anwendung des § 311c BGB in Betracht, wenn ein räumliches Verhältnis im Sinne des § 97 BGB nicht besteht.
[40] *Wolf* in: Soergel, § 313 a.F. Rn. 8.
[41] Vgl. dazu *Rosenberg/Schwab/Gottwald*, Zivilprozessrecht, 15. Aufl. 1993, § 14 I 4.
[42] Vgl. *Rosenberg/Schwab/Gottwald*, Zivilprozessrecht, 15. Aufl. 1993, § 14 I 4; *Strieder* in: Baumgärtel/Laumen, Handbuch der Beweislast im Privatrecht, § 314 Rn. 1.
[43] *Strieder* in: Baumgärtel/Laumen, Handbuch der Beweislast im Privatrecht, § 314 Rn. 1; *Wolf* in: Soergel, § 314 a.F. Rn. 8; *Kanzleiter* in: MünchKomm-BGB, § 311c Rn. 6.
[44] *Kanzleiter* in: MünchKomm-BGB, § 311c Rn. 7; *Wolf* in: Soergel, § 314 a.F. Rn. 8.

§ 312

Untertitel 2 - Besondere Vertriebsformen *)

§ 312 BGB Widerrufsrecht bei Haustürgeschäften

(Fassung vom 29.07.2009, gültig ab 11.06.2010)

(1) ¹Bei einem Vertrag zwischen einem Unternehmer und einem Verbraucher, der eine entgeltliche Leistung zum Gegenstand hat und zu dessen Abschluss der Verbraucher

1. durch mündliche Verhandlungen an seinem Arbeitsplatz oder im Bereich einer Privatwohnung,
2. anlässlich einer vom Unternehmer oder von einem Dritten zumindest auch im Interesse des Unternehmers durchgeführten Freizeitveranstaltung oder
3. im Anschluss an ein überraschendes Ansprechen in Verkehrsmitteln oder im Bereich öffentlich zugänglicher Verkehrsflächen

bestimmt worden ist (Haustürgeschäft), steht dem Verbraucher ein Widerrufsrecht gemäß § 355 zu. ²Dem Verbraucher kann anstelle des Widerrufsrechts ein Rückgaberecht nach § 356 eingeräumt werden, wenn zwischen dem Verbraucher und dem Unternehmer im Zusammenhang mit diesem oder einem späteren Geschäft auch eine ständige Verbindung aufrechterhalten werden soll.

(2) ¹Der Unternehmer ist verpflichtet, den Verbraucher gemäß § 360 über sein Widerrufs- oder Rückgaberecht zu belehren. ²Die Belehrung muss auf die Rechtsfolgen des § 357 Abs. 1 und 3 hinweisen. ³Der Hinweis ist nicht erforderlich, soweit diese Rechtsfolgen tatsächlich nicht eintreten können.

(3) Das Widerrufs- oder Rückgaberecht besteht unbeschadet anderer Vorschriften nicht bei Versicherungsverträgen oder wenn

1. im Falle von Absatz 1 Nr. 1 die mündlichen Verhandlungen, auf denen der Abschluss des Vertrags beruht, auf vorhergehende Bestellung des Verbrauchers geführt worden sind oder
2. die Leistung bei Abschluss der Verhandlungen sofort erbracht und bezahlt wird und das Entgelt 40 Euro nicht übersteigt oder
3. die Willenserklärung des Verbrauchers von einem Notar beurkundet worden ist.

*) *Amtlicher Hinweis:*

Dieser Untertitel dient der Umsetzung
1. der Richtlinie 85/577/EWG des Rates vom 20. Dezember 1985 betreffend den Verbraucherschutz im Falle von außerhalb von Geschäftsräumen geschlossenen Verträgen (ABl. EG Nr. L 372 S. 31),
2. der Richtlinie 97/7/EG des Europäischen Parlaments und des Rates vom 20. Mai 1997 über den Verbraucherschutz bei Vertragsabschlüssen im Fernabsatz (ABl. EG Nr. L 144 S. 19) und
3. der Artikel 10, 11 und 18 der Richtlinie 2000/31/EG des Europäischen Parlaments und des Rates vom 8. Juni 2000 über bestimmte rechtliche Aspekte der Dienste der Informationsgesellschaft, insbesondere des elektronischen Geschäftsverkehrs, im Binnenmarkt ("Richtlinie über den elektronischen Geschäftsverkehr", ABl. EG Nr. L 178 S. 1).

Gliederung

A. Grundlagen	**B. Widerrufsrecht (Absatz 1 Satz 1)** 10
I. Überblick	I. Anwendungsvoraussetzungen 10
II. Entstehungsgeschichte 5	1. Vertrag zwischen Unternehmer und Verbraucher über entgeltliche Leistung 10
III. Europäischer Hintergrund 9	

a. Vertrag 10	f. Widerrufsfrist (§ 360 Abs. 1 Satz 2 Nr. 4 BGB) 102
b. Unternehmer 11	g. Amtliche Muster (§ 360 Abs. 3 Sätze 1 und 2 BGB) 107
c. Verbraucher 24	
d. Entgeltliche Leistung 31	h. Formale Gestaltung 111
2. Bestimmung des Verbrauchers zum Abschluss des Vertrages 42	i. Abweichungen von den Mustern 112
3. Haustürsituationen 49	j. Sprache 115
a. Mündliche Verhandlungen am Arbeitsplatz oder im Bereich einer Privatwohnung 49	k. Vertragliche Gewährung eines Widerrufsrechts 116
b. Vom Unternehmer durchgeführte Freizeitveranstaltung 59	II. Satz 2 122
	III. Satz 3 123
c. Überraschendes Ansprechen an bestimmten Orten 70	**E. Ausnahmen (Absatz 3)** 126
	I. Versicherungsverträge 127
II. Rechtsfolge 81	II. Vorhergehende Bestellung 128
1. Ausübung des Widerrufsrechts 81	1. Bestellung 130
2. Weitere Folgen 84	2. Zweck der Bestellung 133
a. Rückabwicklung 84	3. Provozierte Bestellung 138
b. Schadensersatz 91	III. Vollzogene Kleingeschäfte 139
C. Rückgaberecht (Absatz 1 Satz 2) 94	IV. Notarielle Beurkundung 144
D. Belehrung (Absatz 2) 95	**F. Prozessuale Hinweise** 150
I. Satz 1 96	I. Darlegungs- und Beweislast 150
1. Pflicht zur Belehrung 96	II. Außergerichtliches Streitbeilegungsverfahren 154
2. Regelung in § 360 BGB 97	
a. Überblick 97	III. Gerichtsstand 155
b. Deutlichkeitsgebot (§ 360 Abs. 1 Satz 1 BGB) 98	1. Mahnverfahren 155
	2. Streitiges Verfahren 156
c. Recht zum Widerruf (§ 360 Abs. 1 Satz 2 Nr. 1 BGB) 99	a. Klagen des Verbrauchers gegen den Unternehmer 156
d. Ausübung des Widerrufs (§ 360 Abs. 1 Satz 2 Nr. 2 BGB) 100	b. Klagen des Unternehmers gegen den Verbraucher 166
e. Adressat des Widerrufs (§ 360 Abs. 1 Satz 2 Nr. 3 BGB) 101	IV. Zwangsvollstreckung 167
	G. Übergangsrecht 168

A. Grundlagen

I. Überblick

Haustürgeschäfte sind mit den Fernabsatzverträgen und den Verträgen im elektronischen Geschäftsverkehr in einem neu geschaffenen Untertitel mit der Überschrift „Besondere Vertriebsformen" zusammengefasst. Alle drei Vertriebsformen haben ihre Grundlage in europäischen Richtlinien. Während die Haustürgeschäfte zuvor im HTürGG und die Fernabsatzverträge zuvor im FernAbsG geregelt waren und beide Verbraucherschutzrecht darstellen, sind die Vorschriften über die Verträge im elektronischen Geschäftsverkehr eine Neuschöpfung der Schuldrechtsmodernisierung, welche auch auf Verträge zwischen Unternehmern Anwendung finden.[1]   **1**

Das Haustürwiderrufsrecht knüpft an die im Gesetz enumerativ geregelten „Haustürsituationen" an, wobei der im Gesetz definierte Begriff „Haustürgeschäft" zu eng ist, da § 312 BGB nicht auf Geschäfte an der Haustür beschränkt ist. Gemeinsames Merkmal ist der Vertragsschluss außerhalb der Geschäftsräume des Unternehmers, eine vom Unternehmer ausgehende Initiative zu den Vertragsverhandlungen und eine fehlende Vorbereitung hierauf seitens des Verbrauchers. In solchen Fällen hat sich erfahrungsgemäß häufig die Gefahr realisiert, dass Verbraucher Gegenstände gekauft haben, für die sie keinen Bedarf hatten und deren Anschaffungskosten ihre finanzielle Leistungsfähigkeit überstieg.   **2**

Die durch den Überraschungseffekt gestörte Vertragsparität wird durch die klassischen Instrumente des Verbraucherschutzes kompensiert, nämlich Informationspflichten des Unternehmers und ein Widerrufsrecht des Verbrauchers, welches unter besonderen Voraussetzungen durch ein Rückgaberecht ersetzt werden kann. Der Verbraucher hat damit die Möglichkeit, nach dem Vertragsschluss seine Ent-   **3**

---

[1] Überblick bei *Grigoleit*, NJW 2002, 1151-1158 und *Thüsing* in: Staudinger, Vorbem. zu §§ 312, 312a Rn. 3 ff., 14 ff.

scheidung nochmals zu überdenken und sich innerhalb einer bestimmten Frist gegebenenfalls vom Vertrag zu lösen, ohne hierfür eine Begründung angeben zu müssen. Die Informationspflichten sollen sicherstellen, dass der Verbraucher sich seiner Rechte bewusst ist. Der Verbraucher wird damit vor übereilten und unüberlegten Geschäftsabschlüssen geschützt. Die Vorschriften sind halbzwingend (§ 312i Satz 1 BGB) und dürfen nicht umgangen werden (§ 312i Satz 2 BGB). Sie gelten auch dann, wenn der Verbraucher im konkreten Fall mangels Überrumpelungseffekt nicht schutzbedürftig ist, denn der Gesetzgeber hat sich zur Stärkung der Verbraucherrechte für eine Typisierung entschieden. Entscheidend ist die abstrakte Gefahr. Andererseits darf das Umgehungsverbot nicht dazu benutzt werden, den Anwendungsbereich des Rechts der Haustürgeschäfte auf solche Situationen zu erweitern, die der Gesetzgeber bewusst oder eindeutig ausgeklammert hat.

4   Das Konkurrenzverhältnis zu anderen Widerrufsrechten regelt § 312a BGB. Prozessual ergänzt wird der Verbraucherschutz des Haustürwiderrufsrechts durch einen besonderen Gerichtsstand, der dem Verbraucher bei Klagen gegen ihn einen ausschließlichen Gerichtsstand an seinem Wohnsitz verschafft (§ 29c ZPO). §§ 312, 312a BGB werden international-privatrechtlich flankiert von Art. 6 Rom I-VO und Art. 46b EGBGB.[2]

II. Entstehungsgeschichte

5   Einige Unternehmer räumten ihren Kunden bereits vor Bestehen gesetzlicher Regelungen zum Recht der Haustürgeschäfte ein Widerrufsrecht auf vertraglicher Grundlage ein. Jenseits dessen wurden die Kunden nur lückenhaft nach den allgemeinen gesetzlichen Regeln geschützt, beispielsweise durch die Anfechtungsregeln[3] oder bei Nichtigkeit des Vertrages wegen Gesetzesverstoßes (insbesondere in den Fällen der §§ 55 Abs. 1, 56 Abs. 1 Nr. 6 GewO in der bis zum 31.12.1990 geltenden Fassung (im Reisegewerbe abgeschlossene oder vermittelte Darlehensverträge) oder bei Sittenwidrigkeit.[4]

6   Die Vorarbeiten für das Recht der Haustürgeschäfte reichen bis in das Jahr 1975 zurück. Sie orientierten sich zunächst am Widerrufsrecht nach dem Abzahlungsgesetz. Erste – im Ergebnis jedoch vergebliche – Gesetzesinitiativen gingen auf die Länder Bayern[5] und Bremen[6] zurück. Weitere vergebliche Initiativen folgten. Erst ein Entwurf des Bundesrates führte schließlich zum gewünschten Erfolg. Das Gesetz konnte nach Diskussionen um den sachlichen Anwendungsbereich und die Beweislastverteilung am 14.11.1985 vom Bundestag verabschiedet und am 16.01.1986 im Bundesgesetzblatt verkündet werden.

7   Am 01.05.1986 trat somit als Vorgängerregelung zu §§ 312, 312a BGB das HTürGG als Sonderprivatrecht außerhalb des BGB in Kraft.[7] Es wurde zum 01.10.2000 im Zuge der Einführung des Fernabsatzgesetzes und der damit verbundenen Harmonisierung der verbraucherschutzrechtlichen Widerrufsrechte reformiert: An die Stelle der schwebenden Unwirksamkeit des Vertrages bis zum Erlöschen des

---

[2]   Hierzu z.B. OLG Frankfurt v. 22.05.2007 - 9 U 12/07 - NJW-RR 2007, 1357-1358 (zur Anwendbarkeit türkischen Rechts auf einen Kaufvertrag über einen Teppich, den ein deutscher Reisender während einer Türkeireise schließt, sowie zu Art. 29 Abs. 1 Nr. 3 EGBGB und Art. 34 EGBGB); BGH v. 26.10.1993 - XI ZR 42/93 - NJW 1994, 262-265; OLG Düsseldorf v. 26.10.1999 - 21 U 48/99 - MDR 2000, 575-576; OLG Naumburg v. 31.03.1998 - 9 U 1489/97 (259), 9 U 1489/97 - OLGR Naumburg 1999, 172-173; OLG Stuttgart v. 18.05.1990 - 2 U 191/89 - NJW-RR 1990, 1081-1083; LG Bielefeld v. 27.05.1999 - 20 S 185/98 - NJW-RR 1999, 1282-1284; LG Limburg v. 02.05.1990 - 3 S 407/89 - NJW 1990, 2206-2207; LG Konstanz v. 17.06.1992 - 6 S 47/92 - NJW-RR 1992, 1332-1333; LG Hamburg v. 21.02.1990 - 2 S 82/89 - NJW-RR 1990, 495-497; LG Tübingen v. 30.03.2005 - 5 O 45/03 - NJW 2005, 1513-1515; LG Düsseldorf v. 05.12.1990 - 23 S 380/89 - NJW 1991, 2220-2221; LG Koblenz v. 13.06.1989 - 6 S 43/89 - IPRspr 1989, Nr. 43, 97-99; LG Stade v. 19.04.1989 - 2 S 1/89 - IPRspr 1989, Nr. 39, 87-88; AG Bremen v. 29.11.1990 - 5 C 309/90 - VuR 1991, 32-34; vgl. auch Oberster Gerichtshof Wien v. 13.09.2001 - 6 Ob 15/01a - ZfRV 2002, 72 und Oberster Gerichtshof Wien v. 14.09.1995 - 2 Ob 559/95 - ZfRV 1996, 26-27; *Thode*, WuB IV E Art. 29 EGBGB 1.91; *Langenfeld*, IPRax 1993, 155-157 und *Staudinger*, NJW 2001, 1974-1978.

[3]   BGH v. 08.02.1979 - III ZR 2/77 - LM Nr. 53 zu § 123 BGB.

[4]   Vgl. BGH v. 10.03.1982 - VIII ZR 74/81 - LM Nr. 28 zu § 138 (Aa) BGB und BGH v. 10.03.1982 - VIII ZR 222/81 - NJW 1982, 1457-1458.

[5]   BR-Drs. 384/75.

[6]   BR-Drs. 394/75.

[7]   Zum Erlass vgl. *Löwe*, ZIP 1985, 1363-1363 und *Knauth*, WM 1986, 509-517; informativ: *Michalski*, Jura 1996, 169-175.

Widerrufsrechts trat die schwebende Wirksamkeit; die Widerrufsfrist wurde von einer auf zwei Wochen verlängert.[8]

Zum 01.01.2002 wurde das HTürGG im Zuge der Schuldrechtsreform[9] im Wesentlichen durch die §§ 312, 312a BGB ersetzt; das Widerrufsrecht befindet sich nunmehr in § 355 BGB, das Rückgaberecht in § 356 BGB und der Gerichtsstand für Haustürgeschäfte in § 29c ZPO. Entfallen ist § 2 HTürGG. Neu eingefügt wurde die Belehrungspflicht nach § 312 Abs. 2 BGB. Zuletzt wurden zum 01.08.2002 § 312a BGB und zum 11.06.2010 § 312 Abs. 2 BGB[10] geändert.

III. Europäischer Hintergrund

Das deutsche Haustürwiderrufsrecht ist vor bzw. parallel zu der Richtlinie 85/577/EWG entstanden. Diese Richtlinie wurde ersetzt durch die Richtlinie 2011/83/EU, die bis zum 13.12.2013 in nationales Recht umzusetzen ist.

B. Widerrufsrecht (Absatz 1 Satz 1)

I. Anwendungsvoraussetzungen

1. Vertrag zwischen Unternehmer und Verbraucher über entgeltliche Leistung

a. Vertrag

Ein Vertrag ist ein Rechtsgeschäft, welches aus zwei oder mehreren inhaltlich übereinstimmenden wechselseitig abgegebenen Willenserklärungen besteht (§§ 145 ff. BGB). Wird der Vertrag notariell beurkundet, ist Absatz 3 Nr. 3 zu beachten. Es kommt nicht darauf an, ob der Unternehmer oder Verbraucher das Vertragsangebot oder die Annahme erklärt. Nicht nur der Vertrag zur Begründung einer Schuld, sondern auch ein Änderungsvertrag oder ein Aufhebungsvertrag können unter das Haustürwiderrufsrecht fallen. Für einseitige Erklärungen ist ein Widerrufsrecht nicht vorgesehen.[11]

b. Unternehmer

aa. Definition

Unternehmer ist gemäß § 14 Abs. 1 BGB eine natürliche oder juristische Person oder eine rechtsfähige Personengesellschaft i.S.v. § 14 Abs. 2 BGB, die bei Abschluss eines Rechtsgeschäfts in Ausübung ihrer gewerblichen oder selbständigen beruflichen Tätigkeit handelt (vgl. hierzu die Kommentierung zu § 14 BGB).

Ein Beispiel für einen Unternehmer als natürliche Person ist z.B. der Kaufmann, der ein Handelsgewerbe betreibt (§ 1 HGB). Unternehmer sind – ungeachtet der Terminologie „Gewerbetreibender" gemäß Art. 2 Ss. 2 der Richtlinie 85/577/EWG – aber auch die Angehörigen der sog. freien Berufe, beispielsweise Rechtsanwälte, Ärzte oder Architekten.

Zu den Unternehmern können gemäß § 14 Abs. 2 BGB auch rechtsfähige Personengesellschaften gehören. Ein Beispiel hierfür aus dem Kapitalanlagerecht sind Publikumsgesellschaften, auch wenn sie als Gesellschaft bürgerlichen Rechts organisiert sind. Der Einordnung als Unternehmer steht nicht entgegen, dass an der Gesellschaft Verbraucher beteiligt sind.[12] Die Einordnung der Gesellschafter ist von der Einordnung der Gesellschaft unabhängig.

Eine gewerbliche oder selbständige berufliche Tätigkeit erfordert eine planvolle und auf gewisse Dauer angelegte Tätigkeit. Nur wenn der Unternehmer einen gewissen organisatorischen Mindestaufwand betreibt, kann eine planvolle Tätigkeit angenommen werden (vgl. die Kommentierung zu § 14 BGB). Die Verwaltung eigenen Vermögens stellt daher z.B. so lange keine gewerbliche Tätigkeit dar, wie sie nicht den für eine zumindest partielle gewerbliche Tätigkeit erforderlichen zeitlichen und organisatorischen Aufwand erfordert.[13]

Für die Frage, ob das Vermieten die Eigenschaft als Unternehmer i.S.v. § 14 BGB begründet, kommt es insbesondere auf die Planmäßigkeit und den Umfang der Geschäfte an. Beispiele:

---

[8] BGBl I 2000, 897.
[9] *Ring*, BuW 2003, 554-560.
[10] BGBl I 2009, 2355.
[11] BAG v. 09.06.2011 - 2 AZR 418/10 - juris Rn. 16 - NZA-RR 2012, 129-130.
[12] AG Bamberg v. 16.09.2010 - 0105 C 2425/09, 105 C 2425/09 - juris Rn. 47.
[13] BGH v. 23.10.2001 - XI ZR 63/01 - NJW 2002, 368-370; vgl. die Kommentierung zu § 14 BGB.

- kein Unternehmer bei Vermieten einer Gewerbehalle (OLG Stuttgart[14])
- kein Unternehmer bei Vermieten von acht Wohnungen in einem Objekt (LG Waldshut-Tiengen[15])
- kein Unternehmer beim gelegentlichen Vermieten eines Standplatzes für eine Werbetafel auf einem Privatgrundstück (LG Koblenz[16]).

16 Möchte ein Unternehmer einen Gegenstand anlässlich eines Haustürgeschäfts kaufen und ihn sowohl privat als auch beruflich nutzen, so kommt es für die Bestimmung des Zwecks des Geschäfts auf den Schwerpunkt der beabsichtigten Nutzung zum Zeitpunkt der Vornahme des Geschäfts an. Auf Verträge zwischen Unternehmern findet das Haustürwiderrufsrecht keine Anwendung.

bb. Zurechnung der von einem Dritten geschaffenen Haustürsituation

17 Art. 2 der Richtlinie 85/577/EWG setzt für die objektive Zurechnung der von einem Dritten geschaffenen Haustürsituation voraus, dass dieser Dritte im Namen und für Rechnung des Gewerbetreibenden in die Aushandlung oder den Abschluss des Vertrags eingeschaltet war.[17] Der Konkretisierung bedarf insbesondere die mit der Formulierung „im Namen und für Rechnung" beschriebene wirtschaftliche Beziehung zwischen dem Dritten und dem Gewerbetreibenden, um die Zurechnung des Handelns eines Dritten in der Haustürsituation zu rechtfertigen.

18 Wenn der Unternehmer nicht selbst die Verhandlungen mit dem Verbraucher führt, sondern einen Dritten als Verhandlungsführer einschaltet, muss er – so der BGH (II. Zivilsenat[18] und XI. Zivilsenat[19]) unter Aufgabe seiner früheren Rechtsprechung[20] nunmehr im Anschluss an die Rechtsprechung des EuGH[21] – in richtlinienkonformer Auslegung von § 312 BGB von der in der Person des Verhandlungsführers bestehenden Haustürsituation keine Kenntnis haben, und es kommt auch nicht darauf an, ob den Vertragspartner an seiner Unkenntnis ein Verschulden trifft; vielmehr ist die § 312 BGB immer dann anwendbar, wenn objektiv eine Haustürsituation bestanden hat.

19 An dem rechtlichen und wirtschaftlichen Zusammenhang zwischen der Tätigkeit des Dritten in der Haustürsituation und dem Gewerbe des Unternehmers (Handeln „im Namen und für Rechnung") fehlt es nach dem BGH unter Berücksichtigung des Schutzzwecks der Richtlinie 85/577/EWG, wenn das Handeln des Dritten allein auf selbstbestimmten Aufträgen bzw. Weisungen des Kunden beruht, so dass die von dem Dritten geschaffene Haustürsituation dem Unternehmer nicht zuzurechnen ist.[22]

20 An dem rechtlichen und wirtschaftlichen Zusammenhang zwischen der Tätigkeit eines Vermittlers einer kreditfinanzierten Kapitalanlage in der Haustürsituation und der finanzierenden Bank fehlt es nach dem BGH ferner dann, wenn der Vermittler nicht im Namen und für Rechnung der Bank gehandelt hat, weil diese in den Vertrieb der Kapitalanlage nicht eingebunden war, sondern als Hausbank des Verbrauchers auf dessen Wunsch um die Finanzierung gebeten worden ist.[23]

---

[14] OLG Stuttgart v. 17.03.2010 - 3 U 160/09.
[15] LG Waldshut-Tiengen v. 30.04.2008 - 1 S 27/07 - DWW 2008, 259-260.
[16] LG Koblenz v. 10.01.2011 - 5 U 1353/10 - juris Rn. 10 - NJW-RR 2011, 1203-1204; LG Koblenz v. 16.02.2011 - 5 U 1353/10.
[17] EuGH v. 25.10.2005 - C-350/03 - NJW 2005, 3551-3554.
[18] BGH v. 12.12.2005 - II ZR 327/04 - NJW 2006, 497-498 mit Anm. *Scheuch*, jurisPR-BGHZivilR 5/2006, Anm. 1; vorgehend OLG Schleswig v. 22.04.2004 - 5 U 62/03 - WM 2004, 1959-1966.
[19] BGH v. 14.02.2006 - XI ZR 255/04 - ZIP 2006, 652-654, mit Anm. *Nassall*, jurisPR-BGHZivilR 15/2006, Anm. 1.
[20] BGH v. 12.11.2002 - XI ZR 3/01 - NJW 2003, 424-426; BGH v. 21.01.2003 - XI ZR 125/02 - NJW 2003, 1390-1392 mit Anm. *Mankowski*, WuB IV D § 1 HTürGG 6.03, *Medicus*, EWiR 2003, 481-482 und *Radke*, JA 2003, 529-531; BGH v. 15.07.2003 - XI ZR 162/00 - BKR 2003, 747-750; BGH v. 20.01.2004 - XI ZR 460/02 - NJW-RR 2004, 1126-1128 mit Anm. *Hall*, jurisPR-BGHZivilR 12/2004, Anm. 2 (vorgehend OLG Dresden v. 15.11.2002 - 8 U 2987/01 - BKR 2003, 114-122); BGH v. 14.06.2004 - II ZR 395/01 - NJW 2004, 2731-2735; BGH v. 15.11.2004 - II ZR 375/02 - NJW-RR 2005, 635-637 mit Anm. *Schott*, jurisPR-BGHZivilR 6/2005, Anm. 4; BGH v. 30.05.2005 - II ZR 319/04 - NJW 2005, 2545-2546.
[21] EuGH v. 25.10.2005 - C-229/04 - NJW 2005, 3555 - Crailsheimer Volksbank; zur Vorlage an den EuGH vgl. OLG Bremen v. 27.05.2004 - 2 U 20/2002, 23.02 und 53/02 - NJW 2004, 2238-2243; vgl. auch EuGH v. 25.10.2005 - C-350/03 - NJW 2005, 3551-3554 - Schulte; zur Vorlage an den EuGH vgl. LG Bochum v. 29.07.2003 - 1 O 795/02 - NJW 2003, 2612-2615.
[22] BGH v. 10.06.2008 - XI ZR 348/07 - NJW 2008, 3423-3425.
[23] BGH v. 23.09.2008 - XI ZR 266/07 - WM 2008, 2162-2165.

Besorgt hingegen der in den Vertrieb der Kapitalanlage eingebundene Dritte zwar im Auftrag des Anlegers die Finanzierung der vermittelten Kapitalanlage, wird die konkrete Bank dabei aber nach Empfehlungen, bestehenden geschäftlichen Verbindungen oder freiem Ermessen des Dritten bestimmt, so ist eine auf seinem Handeln beruhende Haustürsituation der Bank zuzurechnen.[24]

21

Nach dem BGH soll es nicht ausreichen, dass der Verbraucher in seiner Privatwohnung eine Vertragserklärung unterschreibt, die ihm von seinem Ehegatten auf Veranlassung des Unternehmers vorgelegt worden ist, denn § 312 BGB soll den Verbraucher nur von dem Druck und der Überraschung durch die andere Vertragspartei, nicht aber vor den Überredungskünsten eines mit dem Unternehmer nicht verbundenen Dritten schützen.[25]

22

Grundsätzlich ist es unerheblich, wer für den Unternehmer die Verhandlungen führt. Nach dem BGH genügt es, dass jemand, der allgemein werbend für einen anderen tätig ist, einen eigenen Angehörigen in dessen Privatwohnung mit dem Vorschlag überrascht, mit dem Anderen ein Rechtsgeschäft abzuschließen.[26] Gleiches gilt, wenn der Verbraucher in einer Privatwohnung einen Vertrag abschließt (im Fall: Bürgschaft), die ihm von seinem Nachbarn auf Veranlassung des Unternehmers vorgelegt worden ist und der Nachbar somit auf Veranlassung des Unternehmers handelt.[27] Das LG Verden hat einem Unternehmer z.B. auch die Herstellung des Kontakts durch den Sohn des Verbrauchers zugerechnet, der bei dem Unternehmer ein Praktikum absolvierte.[28]

23

c. Verbraucher

Verbraucher (vgl. Art. 2 Ss. 1 der Richtlinie 85/577/EWG, vormals nach HTürGG „Kunde") ist gemäß § 13 BGB jede natürliche Person, die ein Rechtsgeschäft zu einem Zweck abschließt, der weder ihrer gewerblichen noch ihrer selbständigen beruflichen Tätigkeit zugerechnet werden kann (vgl. hierzu die Kommentierung zu § 13 BGB). Auf Verträge zwischen Verbrauchern findet das Haustürwiderrufsrecht keine Anwendung. Es ist unlauter, wenn ein Unternehmer fälschlich als Verbraucher auftritt (Ziffer 22 von Anhang I der Richtlinie 2005/29/EG).

24

aa. Personenmehrheiten

Nicht nur einzelne natürliche Personen können Verbraucher sein, auch Personenmehrheiten (z.B. Gesamthänder oder Miteigentümer), nicht aber juristische Personen oder rechtsfähige Personengesellschaften i.S.v. § 14 Abs. 2 BGB (vgl. hierzu die Kommentierung zu § 14 BGB ff.), z.B. eine (Außen-)Gesellschaft bürgerlichen Rechts (§§ 705 ff. BGB), die OHG, die KG, die Partnerschaft oder die EWIV. Verbraucher kann aber im Einzelfall auch der Zusammenschluss mehrerer natürlicher Personen in einer Gesellschaft des bürgerlichen Rechts sein.[29] Eine Wohnungseigentümergemeinschaft ist sowohl rechtsfähig[30] als auch kein Verbraucher i.S.v. § 13 BGB mehr, soweit sie bei der Verwaltung des gemeinschaftlichen Eigentums am Rechtsverkehr teilnimmt.[31]

25

bb. Zweck des Geschäfts

Der Zweck des Geschäfts darf nicht der gewerblichen oder selbständigen beruflichen Tätigkeit zugerechnet werden können. Wird die Ware oder Dienstleistung sowohl gewerblich wie auch privat genutzt, so ist für die Einordnung als Unternehmer oder als Verbraucher auf den erklärten Parteiwillen, also den durch Auslegung zu ermittelnden Inhalt des Vertrages abzustellen. Entscheidend ist daher das Auftreten gegenüber dem Vertragspartner bei objektiver Würdigung.[32]

26

cc. Existenzgründer

Nach der Rechtsprechung des BGH liegt Unternehmer- und nicht Verbraucherhandeln schon dann vor, wenn das betreffende Geschäft im Zuge der Aufnahme einer gewerblichen oder selbständigen berufli-

27

---

[24] BGH v. 23.09.2008 - XI ZR 266/07 - WM 2008, 2162-2165.
[25] BGH v. 09.03.1993 - XI ZR 179/92 - LM HWiG Nr. 12 (7/1993).
[26] BGH v. 17.09.1996 - XI ZR 164/95 - BGHZ 133, 254-264.
[27] KG Berlin v. 19.01.1996 - 4 U 3641/94 - NJW 1996, 1480-1481.
[28] LG Verden v. 14.07.2005 - 4 O 600/04 - VuR 2005, 298-300.
[29] So in einem verbraucherkreditrechtlichen Fall BGH v. 23.10.2001 - XI ZR 63/01 - BGHZ 149, 80-89.
[30] BGH v. 02.6.2005 - V ZB 32/05 - NJW 2005, 2061-2069.
[31] LG Rostock v. 16.02.2007 - 4 O 322/06 - NZM 2007, 370-371.
[32] So zum Verbrauchsgüterkauf OLG Celle v. 04.04.2007 - 7 U 193/06 - ZGS 2007, 354-356.

chen Tätigkeit (sog. Existenzgründung) geschlossen wird.[33] Das Gesetz stellt nicht auf das Vorhandensein oder Nichtvorhandensein geschäftlicher Erfahrung, etwa aufgrund einer bereits ausgeübten gewerblichen oder selbständigen beruflichen Tätigkeit, ab; vielmehr kommt es darauf an, ob das Verhalten der Sache nach dem privaten – dann Verbraucherhandeln – oder dem gewerblich-beruflichen Bereich – dann Unternehmertum – zuzuordnen ist. Beispiele für Rechtsgeschäfte im Zuge einer Existenzgründung: Miete von Geschäftsräumen, Abschluss eines Franchisevertrags oder Kauf eines Anteils an einer freiberuflichen Gemeinschaftspraxis.[34] Der BGH unterscheidet ferner zwischen Geschäften, die im Zuge einer Existenzgründung vorgenommen werden, und solchen, die diese Gründung erst vorbereiten sollen oder ihr vorgelagert sind; im konkreten Fall verneinte das Gericht ein Handeln als Unternehmer, weil das Geschäft erst die betriebswirtschaftlichen Grundlagen für eine Existenzgründung ermitteln sollte. Unerheblich war, ob subjektiv die Entscheidung zu einer Existenzgründung bereits festgestanden hatte; jedenfalls war das Geschäft objektiv noch nicht Bestandteil der Existenzgründung gewesen.[35]

dd. Arbeitnehmer

28 Arbeitnehmer, die berufsbezogene Geschäfte vornehmen, sind ebenfalls Verbraucher;[36] davon zu unterscheiden ist die Frage, ob einem Arbeitnehmer bei einem Abschluss von Verträgen mit dem Arbeitgeber das Widerrufsrecht zusteht.

ee. Widerrufsberechtigung

29 Widerrufsberechtigt ist gemäß Absatz 1 Satz 1 der Verbraucher, der zu der Vertragserklärung unter den Umständen des Absatzes 1 Satz 1 Nr. 1-3 bestimmt worden ist. Dies muss nicht notwendigerweise die Person sein, der die Ausübung des Widerrufsrechts zusteht. Dieses Recht kann z.B. von dem Verbraucher auf seinen Rechtsnachfolger (z.B. Erben) übergehen. Auch wenn sich der Verbraucher bei Vertragsabschluss von einem Dritten vertreten, stellt sich die Frage nach der Berechtigung zur Ausübung des Widerrufsrechts (sog. doppelter Verbraucherbegriff). Hierfür gilt Folgendes:

- Nicht der Vertretene, sondern der Vertreter muss sich in der Haustürsituation gemäß Absatz 1 Satz 1 befunden haben.[37]
- Da die Erklärung gemäß § 164 BGB den Vertretenen trifft, ist der Vertretene widerrufsberechtigt.
- Ob neben dem Vertretenen auch dem Vertreter ein Widerrufsrecht zusteht, ist eine Frage des Umfangs der Vertretungsmacht.
- Ob der Vertretene dem Vertreter die Vollmacht in einer Haustürsituation gemäß Absatz 1 Satz 1 erteilt hat, ist für die Widerruflichkeit des Hauptvertrages ohne Bedeutung.[38]
- Handelt der Vertreter ohne Vertretungsmacht und verweigert der vertretene Verbraucher die Genehmigung (§ 179 BGB), so steht dem Vertreter die Ausübung des Widerrufsrechts zu, denn ihn treffen nicht nur die vertraglichen Pflichten, sondern er ist auch Inhaber der vertraglichen Rechte.[39] Ist der Vertreter Verbraucher, der Vertretene aber Unternehmer, so kommt es entsprechend den allgemeinen Regeln für die Widerrufsberechtigung des vollmachtlosen Vertreters nur auf dessen Person an, so dass er – wenn die weiteren Voraussetzungen vorliegen – zum Widerruf berechtigt ist.[40]

30 Wird ein Ehegatte in einer Haustürsituation gemäß Absatz 1 Satz 1 zum Abschluss eines Vertrages bestimmt und der andere Ehegatte zugleich nach Maßgabe von § 1357 BGB mit verpflichtet, so steht das Widerrufsrecht beiden Ehegatten zu.[41]

---

[33] BGH v. 24.02.2005 - III ZB 36/04 - NJW 2005, 1273-1275 (betreffend die Frage eines Formzwangs für eine Schiedsvereinbarung).
[34] BGH v. 24.02.2005 - III ZB 36/04 - NJW 2005, 1273-1275.
[35] BGH v. 15.11.2007 - III ZR 295/06 - NSW BGB § 312 (BGH-intern).
[36] Vgl. zu dieser Frage u.a. *Holtkamp*, AuA 2002, 250-254 und *Mohr*, AcP 204, 660-696.
[37] OLG Dresden v. 06.06.2001 - 8 U 2694/00 - WM 2003, 1802-1809.
[38] St. Rspr., BGH v. 02.05.2000 - XI ZR 150/99 - BGHZ 144, 223-232; BGH v. 24.04.2001 - XI ZR 40/00 - NJW 2001, 1931-1932; BGH v. 07.01.2003 - X ARZ 362/02 - NJW 2003, 1190-1191.
[39] BGH v. 13.03.1991 - XII ZR 71/90 - LM Nr. 7 zu HWiG.
[40] AG Reutlingen v. 15.04.1988 - 4 C 2164/87 - NJW-RR 1988, 826-827.
[41] *Cebulla/Pützhoven*, FamRZ 1996, 1124-1131.

d. Entgeltliche Leistung

Entgelt ist jeder vermögenswerte Vorteil. Auf den Wert bzw. die Höhe kommt es nicht an. Allerdings ist das Widerrufsrecht gemäß Absatz 3 Nr. 2 bei vollzogenen Kleingeschäften ausgeschlossen, bei denen das Entgelt 40 € nicht übersteigt. **31**

Typischerweise handelt es sich bei Verträgen, die eine entgeltliche Leistung zum Gegenstand haben, um gegenseitige Verträge i.S.v. § 320 BGB. Entgeltlich kann der Vertrag auch sein, wenn der Verbraucher Nebenpflichten (z.B. die Kostentragung hinsichtlich der Versand- oder Verpackungskosten) übernimmt oder die Leistung einem Dritten zugutekommt (insbesondere bei der Ausgestaltung als Vertrag zugunsten Dritter). **32**

§ 312 BGB ist nicht anwendbar, wenn der Verbraucher eine Leistung erhält, ohne selbst hierfür etwas geben zu müssen, d.h. bei ihn einseitig begünstigenden Verträgen wie dem Auftrag, der Leihe, der Schenkung oder Spenden sowie bei dinglichen Rechtsgeschäften. **33**

aa. Typische Fälle

Verträge, die eine entgeltliche Leistung zum Gegenstand haben, sind z.B. Kaufverträge (§ 433 BGB)[42], insbesondere ein Verbrauchsgüterkauf (§ 474 BGB), Tauschverträge (§ 480 BGB), Mietverträge, insbesondere Mieterhöhungen, die Vereinbarung einer Betriebskostenvorauszahlung anstelle einer Betriebskostenpauschale[43] oder Mietaufhebungsverträge[44], insbesondere bei Verzicht auf die Rückzahlung der Mietkaution[45], Dienstverträge (§ 611 BGB), Werkverträge (§ 631 BGB)[46], worunter typischerweise Verträge mit Handwerkern fallen, Werklieferungsverträge (§ 651 BGB), Reiseverträge (§ 651a BGB), Maklerverträge (§ 652 BGB), Partnerschaftsvermittlungsverträge (§ 656 BGB)[47] oder Geschäftsbesorgungsverträge (§ 675 BGB)[48]. Bei Versicherungsverträgen ist das Widerrufsrecht gemäß Absatz 3 ausgeschlossen. Gleiches gilt gemäß § 312a BGB für Teilzeit-Wohnrechteverträge, Verbraucherdarlehensverträge, bestimmte Verträge über Zahlungsaufschübe, Finanzierungsleasingverträge, Teilzahlungsgeschäfte und Fernunterrichtsverträge. **34**

bb. Arbeitsrechtliche Verträge

Besondere Probleme ergeben sich bei arbeitsrechtlichen Verträgen. Zum Teil wurde Arbeitnehmern als Verbrauchern insbesondere beim Abschluss von Aufhebungsverträgen am Arbeitsplatz (Haustürsituation gemäß Absatz 1 Satz 1 Nr. 1) mit dem Arbeitgeber als Unternehmer ein Widerrufsrecht zuerkannt.[49] Das Bundesarbeitsgericht[50] hat diese Auffassung jedoch abgelehnt und die überwiegende **35**

---

[42] Zum Teppichkauf vgl. z.B. BGH v. 12.06.1991 - VIII ZR 178/90 - LM HWiG Nr. 9 (5/1992); zum Kauf eines Wohnungsnutzungsrechts vgl. z.B. BGH v. 03.11.1998 - XI ZR 346/97 - WM 1998, 2463-2465.

[43] AG Löbau v. 29.07.2004 - 4 C 0641/03, 4 C 641/03 - WuM 2004, 610-611; vgl. auch *Emmert*, jurisPR-MietR 2/2005, Anm. 3; im Anschluss an OLG Koblenz v. 09.02.1994 - 4 W-RE 456/93 - NJW 1994, 1418-1420.

[44] Vgl. LG Karlsruhe v. 06.06.2003 - 4 O 181/02 - DWW 2003, 337-338; LG Berlin v. 19.06.2001 - 64 S 168/00 - Grundeigentum 2001, 1676; LG Köln v. 03.05.2001 - 1 S 264/00 - NJW-RR 2001, 1377-1379; OLG Braunschweig v. 15.09.1999 - 1 RE-Miet 2/99 - NJW-RR 2000, 63-65; AG Hannover v. 20.04.1999 - 555 C 19039/98 - WuM 2001, 155; LG Zweibrücken v. 27.10.1998 - 3 S 122/98 - NJW-RR 1999, 808-809; AG Stuttgart v. 30.03.1996 - 30 C 200/95 - WuM 1996, 467-468; AG Waiblingen v. 05.05.1995 - 13 C 631/95 - WuM 1996, 137-138; OLG Koblenz v. 09.02.1994 - 4 W-RE 456/93 - NJW 1994, 1418-1420; LG Heidelberg v. 23.04.1993 - 5 S 231/92 - WuM 1993, 397-398 und AG Berlin-Wedding v. 01.08.1990 - 17 C 124/90 - MM 1991, 105.

[45] AG Tempelhof-Kreuzberg v. 23.08.2006 - 4 C 124/06 - Grundeigentum 2007, 523-525.

[46] Zu einem Vertrag über die Nachbesserung im Rahmen eines Werkvertrages LG Münster v. 04.04.2008 - 16 O 64/08.

[47] OLG Stuttgart v. 25.05.1990 - 2 U 245/89 - NJW-RR 1990, 1135-1137.

[48] Zu einem Geschäftsbesorgungsvertrag mit versicherungsvertraglichen Elementen (Schlüssel-Funddienst) vgl. BGH v. 29.09.1994 - I ZR 172/92 - LM HWiG Nr. 17 (3/1995).

[49] ArbG Frankfurt (Oder) v. 29.05.2002 - 6 Ca 500/02 - ZIP 2002, 2190-2192 (mit abl. Anm. *Mankowski*, EWiR 2003, 15-16); *Schleusener*, NZA 2002, 949-952; *Hoß*, ArbRB 2002, 181-183; *Gaul/Otto*, DB 2002, 2049-2050.

[50] BAG v. 27.11.2003 - 2 AZR 135/03 - NJW 2004, 2401-2407 mit zust. Anm. *Pfaff*, FA 2004, 10-11; *Leder/Thüsing*, BB 2004, 42-45; *Hümmerich*, NZA 2004, 809-817; *Lembke*, NJW 2004, 2941-2944 (vorgehend LArbG Potsdam v. 30.10.2002 - 7 Sa 386/02 - ZIP 2003, 1214-1217; im Anschluss hieran auch BAG v. 22.04.2004 - 2 AZR 281/03 - BAGReport 2004, 325-328 mit Anm.

Rechtsprechung der Instanzgerichte[51] und die überwiegende Auffassung im Schrifttum im Ergebnis bestätigt.[52] Dem ist zuzustimmen, methodisch ist eine teleologische Reduktion der Vorschrift geboten. Auch wenn sich der Arbeitgeber in einem Aufhebungsvertrag zur Zahlung einer Abfindung verpflichtet, liegt darin weder ein Vertriebsgeschäft noch aus Sicht des Arbeitnehmers ein entgeltliches Geschäft vor.

cc. Bürgschaften

36 Bürgschaften[53] können Verträge über eine entgeltliche Leistung darstellen. Nach anfänglich abweichender Rechtsprechung des BGH (IX. Zivilsenat[54], mit Zweifeln XI. Zivilsenat[55]) und auf Vorlage[56] hat der EuGH in der „Dietzinger"-Entscheidung[57] das Problem geklärt: Nach Art. 2 Ss. 1 der Richtlinie 85/577/EWG fällt ein Bürgschaftsvertrag, der von einer nicht im Rahmen einer Erwerbstätigkeit handelnden natürlichen Person geschlossen wird, nicht in den Geltungsbereich der Richtlinie 85/577/EWG, wenn er die Rückzahlung einer Schuld absichert, die der Hauptschuldner im Rahmen seiner Erwerbstätigkeit eingegangen ist. Zwar kann ein Bürgschaftsvertrag grundsätzlich unter die Richtlinie 85/577/EWG fallen, doch folgt aus dem Wortlaut von Art. 1 der Richtlinie 85/577/EWG und dem akzessorischen Charakter der Bürgschaft, dass unter die Richtlinie 85/577/EWG nur eine Bürgschaft für eine Verbindlichkeit fallen kann, die ein Verbraucher im Rahmen eines Haustürgeschäfts gegenüber einem Gewerbetreibenden als Gegenleistung für Waren oder Dienstleistungen eingegangen ist. Da die Richtlinie 85/577/EWG außerdem nur die Verbraucher schützen soll, kann sie nur einen Bürgen erfassen, der sich gemäß Art. 2 Ss. 1 der Richtlinie 85/577/EWG zu einem Zweck verpflichtet hat, der nicht seiner beruflichen oder gewerblichen Tätigkeit zugerechnet werden kann. Dem ist der Bundesgerichtshof gefolgt.[58]

37 Der BGH fordert allerdings für die Bürgschaft weder eine doppelte Verbrauchereigenschaft noch eine doppelte Haustürsituation.[59] D.h.: Das Widerrufsrecht des Verbrauchers als Bürge wird nicht dadurch ausgeschlossen, dass ein gewerblicher Kredit abgesichert werden soll. Das Widerrufsrecht hängt mithin nicht von der Verbrauchereigenschaft des persönlichen Schuldners oder einer auf diesen bezogenen Haustürsituation ab. Die Überrumpelungsgefahr droht einem Bürgen immer, wenn er sich selbst in einer Haustürsituation befindet, und besteht unabhängig davon, ob die Hauptschuld ein Verbraucherdarlehen oder ein gewerblicher Kredit ist und ob der Hauptschuldner ebenfalls durch eine Haustürsituation

---

[51] Rechtsprechung (nicht nur zu Aufhebungsverträgen): LArbG Potsdam v. 30.10.2002 - 7 Sa 386/02 - ZIP 2003, 1214-1217 mit zust. Anm. *Mengel*, BB 2003, 1278-1280; *Lakies*, NJ 2003, 389 und *Kellermann*, JA 2003, 834-836; LArbG Köln v. 12.12.2002 - 10 Sa 177/02 - Bibliothek BAG mit Anm. *Klaas*, EWiR 2003, 1129-1130; LArbG Rostock v. 29.01.2003 - 2 Sa 492/02 - Bibliothek BAG; LArbG Köln v. 06.02.2003 - 10 Sa 948/02 - ZIP 2003, 2089-2090; ArbG Kasse v. 10.02.2003 - 3 Ca 505/02 - Bibliothek BAG; LArbG Hamm v. 01.04.2003 - 19 Sa 1901/02 - DB 2003, 1443-1445 mit Anm. *Mestwerdt*, jurisPR-ArbR 8/2003 Anm. 6; LArbG Mainz v. 03.04.2003 - 6 Sa 109/03 - Bibliothek BAG; LArbG Rostock v. 11.06.2003 - 2 Sa 64/03 - Bibliothek BAG; LArbG Frankfurt v. 03.07.2003 - 14 Sa 1863/02 - Bibliothek BAG; LArbG Mainz v. 23.07.2003 - 9 Sa 444/03 - Bibliothek BAG; LArbG Hamm v. 09.10.2003 - 11 Sa 515/03 - ZIP 2004, 476-479; LArbG Kiel v. 25.06.2003 - 2 Ta 154/03.

[52] Vgl. nur *Brors*, DB 2002, 2046-2048 und *Kienast/Schmiedl*, DB 2003, 1440-1443; zu einem Widerrufsrecht des Arbeitnehmers bei Entgeltverzicht in der betrieblichen Altersversorgung: *Blumenstein/Noe*, BetrAV 2004, 139-140 und *Jaeger*, BetrAV 2004, 62-64; ferner *Müller/Straßburger*, BetrAV 2004, 239-242.

[53] Überblick bei *Zahn*, ZIP 2006, 1069-1074.

[54] So ausdrücklich BGH v. 24.01.1991 - IX ZR 174/90 - BGHZ 113, 287-290 mit abl. Anm. *Klingsporn*, NJW 1991, 2259-2260.

[55] BGH v. 09.03.1993 - XI ZR 179/92 - LM HWiG Nr. 12 (7/1993).

[56] BGH v. 11.01.1996 - IX ZR 56/95 - LM HWiG Nr. 23 (6/1996) mit Anm. *Edelmann*, WiB 1996, 398-399.

[57] EuGH v. 17.03.1998 - C-45/96 - LM HWiG Nr. 30a (7/1998) mit Anm. *Graf von Westphalen*, DStR 1998, 620; *Pfeiffer*, EWiR 1998, 465-466 und *Kulke*, JR 1999, 485-495.

[58] BGH v. 14.05.1998 - IX ZR 56/95 - BGHZ 139, 21-28 mit Anm. *Reinicke/Tiedtke*, DB 1998, 2001-2004 und *Lorenz*, NJW 1998, 2937-2940.

[59] BGH v. 10.01.2006 - XI ZR 169/05 - BGHZ 165, 363-371 [betreffend die Verpfändung von Wertpapieren]; unter Verweis auf BGH v. 26.09.1995 - XI ZR 199/94 - BGHZ 131, 1-7 [betreffend die Bestellung einer Grundschuld]; BGH v. 27.02.2007 - XI ZR 195/05 - NSW HWiG § 1 a.F. (BGH-intern); BGH v. 02.05.2007 - XII ZR 109/04 - NSW BGB § 312 (BGH-intern); ebenso *Grüneberg* in: Palandt, BGB, § 312 Rn. 8, *Ulmer* in: MünchKomm-BGB, § 312 Rn. 22 und *Tiedtke*, NJW 2001, 1015; a.A. OLG Frankfurt v. 23.05.2006 - 9 U 45/05 - OLGR Frankfurt 2006, 897 und LArbG Köln v. 12.12.2002 - 10 Sa 177/02 - BKR 2003, 754-757.

zum Vertragsschluss bestimmt worden ist. Auch die Akzessorietät der Bürgschaft rechtfertigt keine andere Beurteilung: Sie eröffnet dem Bürgen zwar die Möglichkeit, sich analog § 770 BGB auf ein etwaiges Widerrufsrecht des Hauptschuldners zu berufen, macht aber die Begründung eines eigenen Widerrufsrechts des Bürgen nicht von der Verbrauchereigenschaft des Hauptschuldners oder einer auf diesen bezogenen Haustürsituation abhängig. Der Bürgschaftsvertrag begründet ein eigenes Schuldverhältnis und unter den Voraussetzungen des § 312 BGB ein eigenes Widerrufsrecht des Bürgen. Der Bürge, der in einer Haustürsituation einen gewerblichen Zwecken dienenden Kredit verbürgt, darf nicht schlechter stehen als derjenige, der in einer solchen Situation den Kreditvertrag als Mithaftender unterzeichnet.

Die Grundsätze für Bürgschaften gelten auch für sonstige Sicherungsgeschäfte. Schuldanerkenntnisse sind zwar einseitig verpflichtende Erklärungen; mangels einer Leistung der anderen Vertragspartei sind solche Verträge ebenso entgeltlich wie Bürgschaften. Die Verpflichtung zur Bestellung einer Sicherungsgrundschuld kann ebenfalls ein entgeltlicher Vertrag sein,[60] nicht jedoch die abstrakte Bestellung der Grundschuld.[61] Dasselbe gilt für die Bestellung eines Pfandrechts und anderer akzessorischer Sicherungsrechte.[62]   **38**

dd. Immobilienverträge

Zur Frage, ob das Recht der Haustürgeschäfte auch auf Immobilienkreditverträge Anwendung findet, und zur Heininger-Entscheidung des EuGH[63] vgl. die Kommentierung zu § 312a BGB. Immobilienbau-, Immobilienverkauf- und Immobilienmietverträge fallen zwar nach Art. 3 Abs. 2 der Richtlinie 85/577/EWG nicht ihren Schutzbereich, nach Art. 8 der Richtlinie 85/577/EWG ist der nationale Gesetzgeber aber nicht gehindert, den Schutz des Verbrauchers über die Richtlinie 85/577/EWG hinaus auszuweiten. Der BGH hat die Anwendbarkeit von § 312 BGB auf Verträge über den Bau von Immobilien bestätigt.[64]   **39**

ee. Gesellschaftsrechtliche Verträge

Ein Vertrag über den Beitritt zu einer Gesellschaft, der der Kapitalanlage dient, stellt einen Vertrag über eine entgeltliche Leistung dar.[65] Auf Vorlage des BGH[66] („FRIZ I") hin hat der EuGH[67] bestätigt, dass die Richtlinie 85/577/EWG auf einen Vertrag anwendbar sein kann, der den Beitritt eines Verbrauchers zu einem geschlossenen Immobilienfonds in Form einer Personengesellschaft betrifft, wenn der Zweck eines solchen Beitritts vorrangig nicht darin besteht, Mitglied dieser Gesellschaft zu werden, sondern Kapital anzulegen.   **40**

Bei dem Beitritt zu einem Verein handelt es sich nicht um einen Vertrag über eine entgeltliche Leistung, wenn die mit der Vereinsmitgliedschaft verknüpften entgeltlichen Vorteile dem Vereinszweck entsprechende übliche Mitgliedervorteile sind.[68] Anders ist die Rechtslage, wenn zwischen dem Verein   **41**

---

[60] So BGH v. 26.09.1995 - XI ZR 199/94 - BGHZ 131, 1-7 und OLG Hamm v. 24.08.1998 - 5 U 58/98 - WM 1999, 73-74.
[61] OLG Koblenz v. 29.01.1998 - 11 U 1690/96 - NJW-RR 1999, 1178-1179.
[62] BGH v. 10.01.2006 - XI ZR 169/05 - NJW 2006, 845-847.
[63] EuGH v. 13.12.2001 - C-481/99 - LM EWG-RL 85/577 Nr. 3a (4/2002).
[64] BGH v. 22.03.2007 - VII ZR 268/05 - NSW BGB § 312 (BGH-intern) im Anschluss an BGH v. 19.11.1998 - VII ZR 424/97 - BauR 1999, 257; Überblick zur Rspr. zu Haustürgeschäften bei Bauverträgen bei *Hildebrandt*, ZfIR 2007, 621-622.
[65] BGH v. 22.05.2012 - II ZR 14/10 - juris Rn. 18 - WM 2012, 1474-1479; vgl. auch OLG Köln v. 22.07.2009 - 27 U 5/09 - juris Rn. 21; OLG Rostock v. 01.03.2001 - 1 U 122/99 - WM 2001, 1413-1415; zu einer weiteren Konstellation des Erwerbs von Anteilen an einer Publikumsgesellschaft vgl. OLG Köln v. 14.08.1989 - 7 U 205/88 - NJW-RR 1989, 1339-1341; zu einem Beitritt zu einer Genossenschaft, wobei der Widerruf auch noch nach Eintragung des Beitretenden in die beim Registergericht geführte Liste der Genossen zulässig ist, vgl. LG Bonn v. 27.11.1997 - 8 S 115/97 - MDR 1998, 337-338 mit Anm. *Mankowski*, EWiR 1998, 461-462; zum Beitritt zu einer stillen Gesellschaft vgl. LG Duisburg v. 14.10.2008 - 8 O 51/07.
[66] BGH v. 05.05.2008 - II ZR 292/06 - WM 2008, 1026-1030 mit Anm. *Hertel*, jurisPR-BKR 6/2008, Anm. 3; vgl. ferner BGH v. 12.07.2010 - II ZR 292/06 - NJW 2010, 3096-3097 [FRIZ II]; OLG Brandenburg v. 18.05.2011 - 7 U 145/09; AG Bamberg v. 16.09.2010 - 0105 C 2425/09, 105 C 2425/09 - DStR 2011, 585.
[67] EuGH v. 15.04.2010 - C-215/08.
[68] OLG Karlsruhe v. 27.06.1990 - 6 U 2/90 - NJW 1991, 433-434.

und seinen Mitgliedern Verträge über Leistungen geschlossen werden, die nicht schon aufgrund der Mitgliedschaft beansprucht werden können (z B. bei Buch- oder Freizeitclubs).[69]

2. Bestimmung des Verbrauchers zum Abschluss des Vertrages

42 Erforderlich ist wie in § 123 Abs. 1 BGB ein „Bestimmen" des Verbrauchers zum Vertragsschluss, d.h. ein kausaler Zurechnungszusammenhang zwischen Haustürsituation und Vertragsschluss, und zwar nach Maßgabe von Absatz 1 Satz 1 Nr. 1 „durch" mündliche Verhandlungen, nach Maßgabe von Absatz 1 Satz 1 Nr. 2 „anlässlich" einer Freizeitveranstaltung und nach Maßgabe von Absatz 1 Satz 1 Nr. 3 „im Anschluss" an den Kontakt mit dem Unternehmer.

43 Die Darlegungs- und Beweislast hierfür trägt der Verbraucher. Nach dem BGH reicht es aus, dass der spätere Vertrag ohne die besonderen Umstände der ersten Kontaktaufnahme nicht oder nicht so wie geschehen zustande gekommen wäre.[70] Nach dem BGH kann der Verbraucher ferner auch dann zu einer auf den Abschluss eines Vertrages gerichteten Erklärung bestimmt worden sein, wenn er den Besuch eines Unternehmers zum Anlass genommen hat, Änderungswünsche zu einem bestehenden Vertrag zu äußern und anschließend ein neuer Vertrag geschlossen wurde.[71] Der eigene Vortrag des Verbrauchers kann aber auch ein Bestimmen ausschließen, so in einem Fall, in dem der Verbraucher erklärte, er hätte bestimmte Fondsanteile nicht gekauft, wenn sie ihm nicht von seinem Neffen angeboten worden wären.[72]

44 Ein enger zeitlicher Zusammenhang zwischen der Verhandlung und der Vertragserklärung ist nach dem BGH nicht erforderlich.[73] Er stellt jedoch ein starkes **Indiz**, u.U. sogar einen **Anscheinsbeweis**[74] für das Bestimmen dar; die von einem engen zeitlichen Zusammenhang ausgehende Indizwirkung nimmt mit einem zunehmenden zeitlichen Abstand ab und kann nach einer gewissen Zeit ganz entfallen.[75] Umgekehrt kann eine große zeitliche Distanz zwischen der Verhandlung und der Vertragserklärung ein starkes Indiz gegen ein Bestimmen darstellen. In diesem Fall sind substantiierte Darlegungen zur Fortdauer der Überrumpelung erforderlich.

45 Welcher Zeitraum erforderlich ist und welche Bedeutung möglicherweise auch anderen Umständen im Rahmen der Kausalitätsprüfung zukommt, ist eine Frage der Würdigung des konkreten **Einzelfalles**, die jeweils dem **Tatrichter** obliegt.[76] Dabei ist zu beachten, dass es keinen Rechtssatz gibt, nach dem mit Ablauf einer bestimmten Frist die Kausalität ohne Rücksicht auf die Umstände des Einzelfalls entfällt.[77] Es gibt insbesondere keinen Rechtssatz, dass die Vermutung der Ursächlichkeit einer Haustürsituation für den späteren Abschluss eines Darlehensvertrages ohne Rücksicht auf die konkreten Umstände des Einzelfalls bei einer Zeitspanne von drei Wochen zwischen Hausbesuch und Vertragsschluss entfällt.[78]

46 Beispiele: im konkreten Fall kein Fortwirken mehr nach drei Wochen (BGH)[79], nach einem Monat (OLG Düsseldorf)[80], nach sechs Wochen (OLG Köln)[81], nach acht Wochen (OLG Brandenburg)[82],

---

[69] Zu einem Widerrufsrecht bei (Förder-)Mitgliedschaften in Nonprofit-Organisationen *Voigt*, Non Profit Law Yearbook 2004, 223-232.
[70] BGH v. 16.01.1996 - XI ZR 116/95 - BGHZ 131, 385-392.
[71] BGH v. 19.11.1998 - VII ZR 424/97 - LM HWiG Nr. 32 (6/1999) mit zust. Anm. *Mankowski*, EWiR 1999, 75-76.
[72] BGH v. 10.07.2007 - XI ZR 243/05 - EBE/BGH 2007, 306-307.
[73] BGH v. 20.05.2003 - XI ZR 248/02 - WM 2003, 1370; BGH v. 09.05.2006 - XI ZR 119/05 - BB 2006, 1409-1412.
[74] Bei einem Abschluss des Vertrages in engem zeitlichen und räumlichen Zusammenhang zu der Haustürsituation – etwa bei Unterzeichnung eines Vertrages mit einem Fitnessstudio-Betreiber während einer Freizeitveranstaltung in Gestalt einer Gewinnabholungsveranstaltung in dem Fitness-Studio selbst – soll nach LG Koblenz zu Gunsten des Verbrauchers ein Anscheinsbeweis für das Vorliegen des erforderlichen Zurechnungszusammenhangs sprechen (LG Koblenz v. 02.10.2007 - 6 S 19/07).
[75] BGH v. 16.01.1996 - XI ZR 116/95 - NJW 1996, 926-929; BGH v. 21.01.2003 - XI ZR 125/02 - NJW 2003, 1390-1392.
[76] BGH v. 21.01.2003 - XI ZR 125/02 - NJW 2003, 1390-1392; BGH v. 18.03.2003 - XI ZR 188/02 - NJW 2003, 2088-2091.
[77] BGH v. 18.12.2007 - XI ZR 76/06 - WM 2008, 292-295.
[78] BGH v. 24.03.2009 - XI ZR 456/07.
[79] BGH v. 09.05.2006 - XI ZR 119/05 - BB 2006, 1409-1412.
[80] OLG Düsseldorf v. 07.04.2006 - I-16 U 113/05.
[81] OLG Köln v. 20.06.2000 - 22 U 215/99 - WM 2000, 2139-2145.
[82] OLG Brandenburg v. 13.12.2006 - 3 U 130/05.

nach neun Wochen (OLG Frankfurt)[83], nach sechs Monaten (OLG Frankfurt)[84], nach zwei Jahren (OLG Frankfurt)[85], nach fünf Jahren (OLG Frankfurt)[86].

Maßgebend für die Feststellung des Zurechnungszusammenhangs ist, ob die **Überraschungswirkung** noch **fortdauert**. 47

- Nach einer Entscheidung des OLG Hamm soll es daran fehlen, wenn schon eine Geschäftsverbindung bestanden hat und die Unterschrift am Arbeitsplatz oder in der Privatwohnung lediglich den formalen Schlussakt bildet.[87]
- Nach einer Entscheidung des OLG Frankfurt kann ausreichen, dass die Überraschungssituation und die Beeinträchtigung der Entschließungsfreiheit auch nach vier bis sechs Wochen dadurch fortwirken, dass der Vertreter Finanzunterlagen zur Prüfung erhalten und auf deren Grundlage vereinbarungsgemäß ein Anlagenkonzept erarbeitet hat.[88] Das OLG Koblenz hat eine Zeitspanne von zehn Wochen ausreichen lassen, wobei der Verbraucher im Anschluss an sein Gespräch mit dem Unternehmer ein schriftliches Vertragsangebot erhalten hatte.[89]
- Das OLG Brandenburg hat bei einem Zeitabstand von etwas mehr als drei Wochen zwischen den Verhandlungen und der Vertragsunterzeichnung zwar einerseits die Indizwirkung für das Fortwirken des Überraschungsmoments schwinden sehen, jedoch andererseits noch kein Gegenindiz angenommen.[90]

Der Zurechnungszusammenhang zwischen Haustürsituation und Abschluss des Vertrages kann **unterbrochen** werden[91], z.B. durch eine notarielle Beurkundung (des finanzierten Geschäfts), da aufgrund der Aufklärung durch den Notar der Schutzzweck des Haustürwiderrufsrechts vor Übereilung entfällt.[92] 48

3. Haustürsituationen

a. Mündliche Verhandlungen am Arbeitsplatz oder im Bereich einer Privatwohnung

aa. Mündliche Verhandlungen

Die Verhandlung (vgl. § 311 Abs. 2 Nr. 1 BGB) muss mündlich sein, eine fernmündliche Verhandlung reicht nicht aus.[93] Wie sich aus den Tatbestandsmerkmalen „am" und „im Bereich" ergibt, ist die unmittelbare Anwesenheit des Unternehmers am Arbeitsplatz des Verbrauchers erforderlich. Auf Vertragsabschlüsse am Telefon oder mit anderen Fernkommunikationsmitteln, z.B. E-Mail[94], findet Fernabsatzrecht Anwendung. 49

Der Begriff „mündliche Verhandlungen" ist weit auszulegen.[95] Sie beginnen, sobald der Verbraucher mit dem Ziel eines Vertragsschlusses werbend angesprochen wird.[96] Eine Wechselrede oder ein Aushandeln i.S.v. § 305 Abs. 1 Satz 2 BGB ist nicht erforderlich. Wo der Verbraucher die durch Verhandlungen in der Privatwohnung veranlasste Vertragserklärung abgibt, ist nicht ausschlaggebend; er kann sie auch später in Abwesenheit des Unternehmers oder dessen Vertreters[97] oder sogar in dessen Geschäftsräumen abgeben.[98] Umgekehrt kann ein Widerrufsrecht auch bei einer Erstansprache im Ge- 50

---

[83] OLG Frankfurt v. 21.10.2003 - 9 U 121/01 - NJW-RR 2004, 60 mit Anm. *Kehl*, EWiR 2004, 367-368.
[84] OLG Frankfurt v. 19.12.2006 - 9 U 35/05 - OLGR Frankfurt 2007, 825-829.
[85] OLG Frankfurt v. 06.10.2004 - 9 U 47/04 - OLGR Frankfurt 2005, 77-78.
[86] OLG Frankfurt v. 24.01.2007 - 9 U 5/06 - VuR 2007, 152-154.
[87] OLG Hamm v. 16.03.1994 - 11 U 56/93 - NJW 1994, 2159.
[88] OLG Frankfurt v. 03.02.2005 - 21 AR 150/04 - OLGR Frankfurt 2005, 568-569.
[89] OLG Koblenz v. 10.01.2011 - 5 U 1353/10 - NJW-RR 2011, 1203-1204.
[90] OLG Brandenburg v. 31.01.2007 - 3 W 67/05 - OLGR Brandenburg 2007, 473-474.
[91] OLG Naumburg v. 15.06.2006 - 2 U 133/05.
[92] LG Heidelberg v. 20.05.2008 - 2 O 115/06; OLG Jena v. 28.03.2006 - 5 U 742/05 - ZIP 2006, 946-947; vgl. bereits OLG Jena v. 13.01.2004 - 5 U 250/03 - OLGR Jena 2005, 238.
[93] BGH v. 16.01.1996 - XI ZR 57/95 - BGHZ 132, 1-5; a.A. zur Rechtslage vor Inkrafttreten des Fernabsatzrechts *Klingsporn*, NJW 1997, 1546-1548.
[94] BAG v. 04.10.2005 - 9 AZR 598/04 - NZA 2006, 545-551 mit Anm. *Beckmann*, jurisPR-ArbR 9/2005, Anm. 5.
[95] BGH v. 18.10.2004 - II ZR 352/02 - NJW-RR 2005, 180-183.
[96] BGH v. 16.01.1996 - XI ZR 116/95 - NJW 1996, 926-929; OLG Bamberg v. 31.05.2007 - 1 U 171/06 - WM 2007, 1836-1839.
[97] BGH v. 17.09.1996 - XI ZR 197/95 - NJW 1996, 3416-3417.
[98] BGH v. 18.10.2004 - II ZR 352/02 - NJW-RR 2005, 180-183.

schäftslokal des Unternehmers und Fortführung der Verhandlungen in der Privatwohnung oder am Arbeitsplatz des Verbrauchers bestehen, sofern die Fortsetzungsverhandlung nicht auf einer vorhergehenden Bestellung i.S.v. § 312 Abs. 3 Nr. 1 BGB beruht; eine andere Sichtweise ist weder mit dem Wortlaut, der den Begriff der „Verhandlungen" nicht auf deren Beginn verengt, noch mit Sinn und Zweck der Vorschrift vereinbar.[99]

bb. Am Arbeitsplatz des Verbrauchers

51 Arbeitsplatz ist – wie in § 312b Abs. 3 Nr. 5 BGB – der Ort, an dem der Verbraucher als Arbeitnehmer oder Selbständiger[100] schwerpunktmäßig seine Berufstätigkeit ausübt. Ein Bereich in der Nähe des Arbeitsplatzes auf dem Betriebsgelände[101], z.B. die Kantine oder das Personalbüro[102], reicht aus.[103]

52 Entscheidend ist der Arbeitsplatz des Verbrauchers. Das Ansprechen am Arbeitsplatz eines Dritten, der zu demjenigen des Verbrauchers keine Verbindung aufweist, wird im Unterschied zur Privatwohnung eines Dritten vom Wortlaut der Nr. 1 („seinem Arbeitsplatz") nicht erfasst. Eine erweiternde Auslegung dieses Merkmals kommt auch im Hinblick auf die Richtlinie 85/577/EWG nicht in Betracht. Art. 1 Abs. 1 der Richtlinie 85/577/EWG beschränkt den Anwendungsbereich ebenfalls auf Verträge, die anlässlich eines Besuchs des Gewerbetreibenden beim Verbraucher „an seinem Arbeitsplatz" geschlossen werden, während es für Vertragsschlüsse in der Wohnung ausreichend ist, wenn diese mit dem Verbraucher „in seiner oder in der Wohnung eines anderen Verbrauchers" zustande kommen.[104]

cc. Im Bereich einer Privatwohnung

53 Zur Privatwohnung gehört der gesamte räumliche Wohnbereich, der dem Verbraucher oder anderen zum dauernden Aufenthalt dient.[105] Dies umfasst nicht nur der Eingangsbereich bzw. die Haustür (die dem Haustürgeschäft den Namen gab) oder den Hausflur, sondern alle Räume in der Wohnung, ferner auch den Garten[106] und andere zugehörige Anlagen wie Garagen und private Parkplätze, da hier die private Sphäre dominiert, gegebenenfalls auch den Bereich einer Baustelle auf dem eigenen Grundstück.[107] Entscheidend ist, dass der Verbraucher an diesen Orten auf ein werbemäßiges Ansprechen nicht eingestellt ist und sich in seiner Entschließungsfreiheit typischerweise eingeengt fühlt, weil er sich dem von anderer Seite initiierten Gespräch nicht ohne weiteres durch Weggehen entziehen kann.[108]

54 Auf die Eigentumsverhältnisse kommt es nicht an. Privatwohnung ist auch die Mietwohnung oder ein Hotelzimmer des Verbrauchers.

55 Es kann sich auch um die Privatwohnung eines Dritten handeln,[109] wenn etwa dieser seine Wohnung als Verhandlungsort zur Verfügung stellt.[110]

56 Es darf sich zwar grundsätzlich nicht um die Privatwohnung des Unternehmers handeln,[111] auch diese kommt aber ebenso wie die eines vom Unternehmer eingeschalteten Vermittlers in Betracht, wenn sie

---

[99] OLG Dresden v. 23.02.2007 - 8 U 63/07, 8 U 0063/07 - WM 2007, 1065-1067.

[100] OLG Düsseldorf v. 06.05.1999 - 6 U 127/98 - BB 1999, 1784-1785.

[101] BGH v. 02.05.2007 - XII ZR 109/04 - NJW 2007, 2110-2111.

[102] BAG v. 27.11.2003 - 2 AZR 135/03 - NJW 2004, 2401-2407.

[103] *Hahn* in: Wilmer/Hahn, Fernabsatzrecht, 2. Aufl. 2005, § 312 Rn. 5; *Grüneberg* in: Palandt, § 312 Rn. 14.

[104] So ausdrücklich BGH v. 27.02.2007 - XI ZR 195/05 - NJW 2007, 2106-2110; vorgehend OLG Stuttgart v. 22.06.2005 - 9 U 34/05 und LG Ravensburg v. 20.01.2005 - 6 O 399/04.

[105] BGH v. 10.01.2006 - XI ZR 169/05 - NJW 2006, 845-847 mit Anm. *Baukelmann*, jurisPR-BGHZivilR 8/2006, Anm. 1.

[106] BT-Drs. 10/2876, S. 11; zu einem Fall, in dem ein Mitarbeiter eines Maler- und Dachdeckerunternehmens unangemeldet einen Hauseigentümer in dessen Wohnung aufsuchte, vgl. BGH v. 04.07.2002 - I ZR 55/00 - NJW 2002, 3396-3399.

[107] AG Ettenheim v. 20.04.2004 - 1 C 270/03 - NJW-RR 2004, 1429-1430 zu einem Vertrag über die Bestellung von Fenstern und Türen, zu dem der Auftraggeber nach vorherigem Anruf des Vertreters bei dessen Ehefrau auf einer (von der Privatwohnung räumlich getrennten) Baustelle veranlasst worden war.

[108] BGH v. 16.01.1996 - XI ZR 116/95 - NJW 1996, 926-929.

[109] OLG Hamm v. 24.07.1990 - 21 U 37/90 - NJW-RR 1991, 121-122.

[110] BGH v. 15.11.2004 - II ZR 375/02 - NJW-RR 2005, 635-637 mit Anm. *Schott*, jurisPR-BGHZivilR 6/2005, Anm. 4; BT-Drs. 10/2876, S. 11.

[111] BGH v. 30.03.2000 - VII ZR 167/99, NJW 2000, 3498 f.

der Verbraucher nicht bewusst zu Zwecken eines geschäftlichen Kontakts aufgesucht hat.[112] Erfasst werden auch sog. Party-Verkäufe,[113] wenn eine von dem Unternehmer gewonnene Privatperson Bekannte in ihre Wohnung einlädt und dort Leistungen des Unternehmers angeboten werden.[114]

Vermietet der Unternehmer eine Wohnung an den Verbraucher, so ist diese Wohnung die Privatwohnung des Verbrauchers, nicht des Unternehmers.[115] Eine Sonderkonstellation liegt vor, wenn der Verbraucher einen Teil seines Wohnhauses an einen Unternehmer als Geschäftsraum vermietet hat, denn dann befindet sich der Geschäftsraum in unmittelbarer Nähe der Privatwohnung. Wie der BGH entschieden hat, ist dies aber unerheblich, denn der Geschäftsraum gehört nicht zum Wohnbereich und ist nicht zum dauernden Aufenthalt bestimmt. In ihm dominiert nicht die private, sondern die geschäftliche Sphäre. In Betracht kommt eine Umgehung i.S.v. § 312f Satz 2 BGB, welche der BGH im entschiedenen Fall jedoch verneint hat.[116]

Wie sich aus der Formulierung „im Bereich" ergibt, ist die unmittelbare Anwesenheit des Unternehmers in der Privatwohnung des Verbrauchers erforderlich. Der Anlass des Besuchs des Unternehmers ist unerheblich.[117] Fordert der Verbraucher den Unternehmer zum Verlassen der Wohnung auf und kommt der Unternehmer dem nicht nach, so begründet dies einen Wettbewerbsverstoß (vgl. Ziffer 25 von Anhang I der Richtlinie 2005/29/EG).

b. Vom Unternehmer durchgeführte Freizeitveranstaltung

aa. Freizeitveranstaltung

Eine Freizeitveranstaltung ist ein zeitlich begrenztes Ereignis (Veranstaltung), welches nach dem Gesamtbild ein Freizeiterlebnis vermitteln soll und bei dem dieses Freizeiterlebnis und die Absatzhandlungen des Unternehmers organisatorisch so miteinander verbunden sind, dass aus der Sicht des Verbrauchers die Zielsetzung des Unternehmers in den Hintergrund tritt[118] bzw. dass der Kunde im Hinblick auf die Ankündigung und die Durchführung der Veranstaltung in eine freizeitlich unbeschwerte Stimmung versetzt wird und sich dem auf einen Geschäftsabschluss gerichteten Angebot nur schwer entziehen kann.[119]

Zweck der Vorschrift ist es, eine Bindung des Verbrauchers an rechtsgeschäftliche Erklärungen in einer Situation zu vermeiden, in der für ihn der Geschäftszweck hinter die vom Veranstalter herbeigeführte freizeitliche Stimmung und Erwartungshaltung zurücktritt, Preis- und Qualitätsvergleich praktisch nicht möglich sind und die Gelegenheit zu ruhiger Überlegung und Umkehr, wenn überhaupt, nur eingeschränkt gegeben ist.[120] Die Erfassung jeglicher Freizeitveranstaltungen in diesem Sinne geht über die Regelung in Art. 1 Abs. 1 der Richtlinie 85/577/EWG hinaus („während eines vom Gewerbe-

---

[112] BGH v. 13.06.2006 - XI ZR 432/04 - WM 2006, 1669-1673; ebenso vorgehend OLG Stuttgart v. 09.03.2004 - 6 U 166/03 - ZIP 2004, 891-900. In dem zugrunde liegenden Fall hatte der Unternehmer den Verbraucher aus privatem Anlass eingeladen und erst im Laufe des Besuchs auf die Möglichkeit einer Kapitalanlage in Gestalt einer steuersparenden Beteiligung an einer GbR angesprochen. Ein Verbraucher sei - so der BGH - in einer solchen Situation nicht auf ein werbemäßiges Ansprechen eingestellt und habe aus Gründen der Höflichkeit gegenüber seinem Gastgeber auch nicht die Möglichkeit, ohne weiteres die Wohnung zu verlassen und sich jederzeit aus freiem Entschluss der Einwirkung durch den Vermittler zu entziehen. Dies enge ihn in seiner Entscheidungsfreiheit ein und berge in besonderem Maße die Gefahr der Überrumpelung in sich. Die Entscheidung des BGH ändert nichts daran, dass das Widerrufsrecht gemäß § 312 Abs. 1 Satz 1 Nr. 1 BGB ausgeschlossen ist, wenn der Verbraucher den Unternehmer in dessen Privatwohnung zu geschäftlichen Zwecken aufsucht.
[113] BT-Drs. 10/2876, S. 11.
[114] *Thüsing* in: Staudinger, § 312 Rn. 91.
[115] Vgl. nur OLG Koblenz v. 09.02.1994 - 4 W-RE 456/93 - NJW 1994, 1418-1420.
[116] BGH v. 10.01.2006 - XI ZR 169/05 - NJW 2006, 845-847.
[117] BGH v. 19.11.1998 - VII ZR 424/97 - LM HWiG Nr. 32 (6/1999).
[118] BGH v. 21.06.1990 - I ZR 303/88 - LM Nr. 3 zu HWiG; OLG Düsseldorf v. 31.05.1996 - 14 U 129/95 - NJW-RR 1996, 1269; OLG Frankfurt v. 16.01.1990 - 14 U 172/88 - NJW-RR 1990, 374-376; OLG Stuttgart v. 13.07.1988 - 13 U 268/87 - NJW-RR 1988, 1323-1324; *Tonner*, WuB IV D § 1 HWiG 1.04; *Schmidt-Kessel*, EWiR 2004, 217-218.
[119] BGH v. 28.10.2003 - X ZR 178/02 - NJW 2004, 362-364; BGH v. 10.7.2002 - VIII ZR 199/01- NJW 2002, 3100-3103.
[120] BT-Drs. 10/2876, S. 6 ff., S. 11 ff.

treibenden außerhalb von dessen Geschäftsräumen organisierten Ausflugs"). Wenn eine „verdeckte" Freizeitveranstaltung vorliegt, ist Absatz 1 Satz 1 wegen einer Umgehung gemäß § 312f Satz 2 BGB dennoch anwendbar.[121]

61 Typische Beispiele für Freizeitveranstaltungen sind Ausflüge, auf denen den Verbrauchern Gegenstände zum Kauf angeboten werden, insbesondere sog. **„Kaffeefahrten"** bzw. „Butterfahrten",[122] aber auch während einer Luxuskreuzfahrt kann eine Freizeitveranstaltung stattfinden.[123]

62 Zu den Freizeitveranstaltungen zählen ferner typischerweise sog. **Gewinnabholungsveranstaltungen**, in denen der Unternehmer einen Verbraucher unter dem Vorwand zu einem Gespräch bestellt, um Gewinne abzuholen, und bei denen er dem Verbraucher den Abschluss eines Vertrages (z.B. den Kauf einer Ware oder die Erbringung einer Dienstleistung) anbietet.[124]

63 Beispiele zur Gewinnabholung in Gestalt eines Probe-Trainings in **Fitness-Studios**:
- Das AG Eschweiler hat eine Freizeitveranstaltung in Gestalt einer Gewinnabholungsveranstaltung in einem Fall bejaht, in dem ein Kunde im Rahmen einer Veranstaltung vor einem Einkaufscenter ein zweiwöchiges Probeabonnement für ein Fitness-Studio gewonnen und anschließend bei Einlösung des Probe-Trainings im Fitness-Studio einen Vertrag zur Unterschrift vorgelegt bekommen hat.[125]
- Das AG Bad Iburg hat den Widerruf eines Vertrages zur Nutzung eines Fitness-Studios bejaht, weil der Verbraucher anlässlich einer Freizeitveranstaltung ähnlich einer Gewinnabholungsveranstaltung zum Vertragsschluss bestimmt worden war, nachdem der Verbraucher durch einen Flyer zu einem „Tag der offenen Tür" – mit der Werbung, der Gutschein sei nur an diesem Tag einlösbar – eingeladen worden war und er an diesem „Tag der offenen Tür" (d.h. der Freizeitveranstaltung) einen über den Gutschein hinaus gehenden Basisvertrag zur Nutzung des Fitness-Studios unterzeichnet hatte.[126]
- Das LG Koblenz hat einen im Rahmen eines ersten Probe-Trainings mit einem Fitnessstudio abgeschlossenen Vertrag über eine Mitgliedschaft als Haustürgeschäft qualifiziert, weil der Kunde das Fitnessstudio aufgrund einer Gewinnbenachrichtigung nebst Gutschein das Probe-Training aufgesucht hatte.[127]
- Nach dem LG Dresden ist ein derartiges „gewonnenes" kostenloses Probe-Training auch dann eine Freizeitveranstaltung i.S.v. § 312 Abs. 1 Nr. 2 BGB, wenn das Probe-Training ausschließlich mit dem Gewinner durchgeführt wird.[128]

64 Die Rechtsprechung hat ferner Verkäufe bei Filmvorführungen[129], einen Wanderlagerverkauf in Hotels und Gaststätten mit Bewirtung der als „Gäste" eingeladenen Verbraucher[130], ein von einem Unternehmer veranstaltetes gemütliches Beisammensein bei Kaffee und Kuchen in einem Kaffeehaus zum Zwe-

---

[121] Vgl. z.B. OLG Hamburg v. 20.12.1996 - 14 U 134/95 - OLGR Hamburg 1997, 165-167.
[122] *Grüneberg* in: Palandt, § 312 Rn. 18; zu einem vom Unternehmer veranstalteten gemütlichen Beisammensein bei Kaffee und Kuchen in einem Kaffeehaus OLG Stuttgart v. 14.07.1989 - 2 U 25/89 - NJW-RR 1989, 1144-1145 bzw. in einem Hotel AG Altenkirchen v. 13.12.1988 - 2 C 624/88 - MDR 1989, 357; vgl. aber AG Gummersbach v. 07.07.1988 - 2 C 253/88 - MDR 1988, 1058-1059 (keine Freizeitveranstaltung); zur wettbewerbsrechtlichen Beurteilung vgl. z.B. LG Ravensburg v. 01.03.1999 - 2 KfH O 313/99; ferner LG Heilbronn v. 09.10.1997 - 3 KfH O 429/97; OLG Celle v. 21.05.1997 - 13 U 143/96 - OLGR Celle 1997; 203; OLG Frankfurt v. 11.01.1996 - 6 U 185/94 - WRP 1996, 643-646; OLG Hamm v. 10.10.1995 - 4 U 66/95 - VuR 1996, 97-98; OLG Bamberg v. 27.12.1984 - 3 W 155/84 - WRP 1985, 344-345; OLG Celle v. 23.03.1982 - 13 W 2/82 - WRP 1982, 329-329; zur Strafbarkeit eines Veranstalters von „Kaffeefahrten" nach § 4 Abs. 1 UWG a.F. wegen nicht eingehaltener Versprechen von Gewinnen sowie von Verpflegungsleistungen vgl. BGH v. 15.08.2002 - 3 StR 11/02 - NJW 2002, 3415-3417 mit Anm. *Fluskat*, WRP 2003, 18-29.
[123] AG Limburg v. 17.11.2004 - 4 C 917/04 (11), 4 C 917/04 - RRa 2005, 31-34.
[124] OLG Karlsruhe v. 24.01.1997 - 3 U 28/96 - NJW-RR 1997, 433-434; KG v. 14.02.1994 - 25 U 4545/93 - NJW-RR 1994, 951-952; OLG Hamburg v. 20.12.1996 - 14 U 134/95 - OLGR Hamburg 1997, 165-167.
[125] AG Eschweiler v. 14.07.2005 - 26 C 93/05 - VuR 2005, 398.
[126] AG Bad Iburg v. 06.03.2007 - 4 C 61/07.
[127] LG Koblenz v. 02.10.2007 - 6 S 19/07.
[128] LG Dresden v. 20.05.2009 - 8 S 515/08 - juris Rn. 14.
[129] LG Hanau v. 22.10.1993 - 1 O 1123/93 - NJW 1995, 1100-1101.
[130] BGH v. 21.06.1990 - I ZR 303/88 - LM Nr. 3 zu HWiG.

cke einer Warenpräsentation[131] und eine kostenlose Weinprobe mit Abendessen[132] als Freizeitveranstaltungen qualifiziert.

Keine Freizeitveranstaltungen sind hingegen reine Verkaufsveranstaltungen, wie sie typischerweise auf Einkaufszentren, Basaren oder Flohmärkten zu finden sind. **65**

Abgrenzungsprobleme entstehen bei Produktpräsentationen außerhalb der gewöhnlichen Verkaufszeiten. Nach Auffassung des LG Siegen handelt es sich bei der **Besichtigung eines Musterhauses** außerhalb der gewöhnlichen Verkaufszeiten an einem Sonntag nicht um eine Freizeitveranstaltung, weil nach dem Gesamtbild kein Freizeiterlebnis vermittelt würde.[133] Das LG Itzehoe bejahte in einem solchen Fall jedoch eine entsprechende Anwendung der Vorschrift, denn auch in einer solchen Situation wollten die Verbraucher, die Informationen über die Ausstattung eines Hauses und die Möglichkeiten zur Errichtung eines solchen suchen und die hierzu ein Musterhaus besuchen, regelmäßig nicht sogleich einen Vertrag über die Errichtung eines solchen Musterhauses abschließen.[134] Gegen eine entsprechende Anwendung der Vorschrift spricht allerdings die enumerative Aufzählung der Situationen in Absatz 1, so dass es an einer planwidrigen Regelungslücke fehlen dürfte. Unter Umständen kommt im Einzelfall eine Umgehung i.S.v. § 312f Satz 2 BGB in Betracht. **66**

Abgrenzungsprobleme bereiten ferner Werbeaktivitäten gegenüber Verbrauchern auf **Verbrauchermessen** oder -ausstellungen, auf denen mit Freizeit- und Verkaufsangeboten typischerweise zu rechnen ist. Für die Qualifikation als Freizeitveranstaltung müssen die Freizeit- und Verkaufsangebote derart organisatorisch miteinander verwoben sein, dass der Verbraucher im Hinblick auf die Ankündigung und die Durchführung der Veranstaltung „in eine freizeitlich unbeschwerte Stimmung versetzt wird und sich dem auf einen Geschäftsabschluss gerichteten Angebot nur schwer entziehen kann".[135] Als Freizeitveranstaltungen hat die Rechtsprechung die „Mittelsachsenschau Riesa 1994"[136] und die Internationale Luft- und Raumfahrtausstellung Berlin 2006 (ILA 2006)[137] bewertet. Abgelehnt hat die Rechtsprechung eine Qualifikation als Freizeitveranstaltung bei den folgenden Veranstaltungen: „Mannheimer Maimarkt"[138], „Haus, Garten und Freizeit" (Leipzig)[139], „HAFA 2000"[140], „Hessentag 2000"[141], „Grüne Woche" (Berlin)[142], „Consumenta 2002"[143], Ausstellung „Du und Deine Welt"[144], Regionalmesse „SIVA"[145], Ausstellung „Harz & Heide"[146], „Saarmesse"[147], „Welt der Familie"[148] (Saarbrücken), Messe „Dresdner Herbst 2003"[149]. **67**

---

[131] OLG Stuttgart v. 14.07.1989 - 2 U 25/89 - NJW-RR 1989, 1144-1145.
[132] LG Braunschweig v. 22.05.1989 - 7 S 254/88 - NJW-RR 1989, 1147-1148.
[133] LG Siegen v. 19.05.2005 - 5 O 59/03.
[134] LG Itzehoe v. 20.01.2005 - 7 O 212/04.
[135] BGH v. 28.10.2003 - X ZR 178/02 - NJW 2004, 362-364.
[136] OLG Dresden v. 28.02.1997 - 8 U 2263/96 - NJW-RR 1997, 1346-1347.
[137] AG Bremen v. 15.06.2007 - 21 C 91/07, 21 C 0091/07; der Besuch der ILA 2006 habe „der Unterhaltung, Wissensgewinnung und des Bestaunens technischer Errungenschaften" gedient. Unerheblich sei, dass die ILA 2006 zum Teil auch eine Leistungsschau gewesen sei, denn die Verbraucher seien nicht an dem Erwerb einer der in der Werbung für den Besuch angepriesenen Fluggeräte und technischen Errungenschaften interessiert gewesen. D.h.: An den Tagen, an denen die ILA 2006 auch für Verbraucher geöffnet gewesen sei, habe sich die Leistungsschau in eine Freizeitveranstaltung umgewandelt.
[138] OLG Karlsruhe v. 02.05.1990 - 1 U 325/89 - Justiz 1991, 84.
[139] AG Auerbach v. 02.10.2003 - 2 C 0420/03, 2 C 420/03.
[140] OLG Stuttgart v. 17.03.2003 - 6 U 232/02 - OLGR Stuttgart 2003, 257-259.
[141] www.hessentag.de (abgerufen am 25.09.2012); BGH v. 27.04.2005 - VIII ZR 125/04 - NSW HWiG § 1 (BGH-intern); anders die Vorinstanz OLG Jena v. 07.04.2004 - 2 U 794/02 - OLG-NL 2004, 125-127.
[142] BGH v. 10.07.2002 - VIII ZR 199/01 - NJW 2002, 3100-3103 („vom Zweck der Leistungsschau geprägte Veranstaltung"); BGH v. 26.03.1992 - I ZR 104/90 - NJW 1992, 1889-1890; ebenso OLG Brandenburg v. 11.07.2001 - 7 U 186/00 - NJW-RR 2001, 1635-1637.
[143] www.consumenta.de (abgerufen am 25.09.2012); AG Nürnberg v. 08.01.2004 - 20 C 6996/03.
[144] www.du-und-deine-welt.de (abgerufen am 25.09.2012); LG Hamburg v. 25.02.2004 - 318 S 89/02.
[145] BGH v. 28.10.2003 - X ZR 178/02 - NJW 2004, 362-364.
[146] OLG Braunschweig v. 15.12.2005 - 1 U 18/05 - MDR 2006, 1096-1097; ebenso vorgehend LG Braunschweig v. 15.04.2004 - 4 S 643/03.
[147] OLG Saarbrücken v. 30.11.2006 - 8 U 692/05 - 195, 8 U 692/05 - OLGR Saarbrücken 2007, 265-267.
[148] LG Saarbrücken v. 07.04.2011 - 2 S 108/10 - juris Rn. 4 (ebenso vorgehend AG St. Wendel v. 17.06.2010 - 15 C 600/09 - juris Rn. 60).
[149] AG Kamenz v. 07.04.2004 - 1 C 1098/03.

bb. Durchführung durch einen Dritten zumindest auch im Interesse des Unternehmers

68 Zumindest auch im Interesse des Unternehmers führt ein Dritter eine Freizeitveranstaltung durch, wenn er weiß und duldet, dass der Unternehmer im Rahmen der Freizeitveranstaltung Werbe- und Verkaufsbemühungen entfaltet.[150] Einem Veranstalter, der Messeplätze an mit dem Ausstellungshintergrund nicht zusammenhängende gewerbliche Verkäufer vermietet, muss etwa nach Auffassung des AG Bremen nach der allgemeinen Lebenserfahrung unterstellt werden, dass er auch an dem Erfolg der Geschäfte seiner Platzmieter interessiert ist, zumal diese mit der Platzmiete einen Teil der Kosten der Veranstaltung refinanzieren.[151]

cc. Vertragsschluss anlässlich der Freizeitveranstaltung

69 „Anlässlich" erfordert über das bloße Bestimmen hinaus einen Anlass, d.h. einen hinreichenden räumlichen oder sachlichen Bezug zur Willenserklärung des Verbrauchers.[152] Nach einer Entscheidung des OLG Stuttgart ist eine Erklärung anlässlich der Freizeitveranstaltung abgegeben, wenn der Verbraucher in unmittelbarem Anschluss an diese Veranstaltung von Mitarbeitern des Veranstalters in seiner Wohnung aufgesucht und dort zur Abgabe der Erklärung veranlasst wird.[153] Nach einer Entscheidung des OLG Saarbrücken ist maßgebend, ob die durch die Freizeitveranstaltung (im Fall: Pelzmodenschau in einem Kurhotel) verursachte Stimmungslage fortbesteht; dies könne auch bei einem Vertragsabschluss am folgenden Vormittag (im Fall: 12 bis 15 Stunden) nach der Veranstaltung, zumindest bei einem Ferienaufenthalt, noch angenommen werden, da der Kunde in der Zwischenzeit durch lästige Alltagsgeschäfte noch nicht aus seiner Ferienstimmung, die durch das Freizeiterlebnis gefördert wurde, herausgerissen worden sei.[154]

c. Überraschendes Ansprechen an bestimmten Orten

aa. Im Anschluss an ein überraschendes Ansprechen

70 „Überraschend" bedeutet für den Verbraucher subjektiv unerwartet. Daran fehlt es, wenn der Verbraucher damit rechnen musste, von einem Unternehmer angesprochen zu werden, etwa bei dem Besuch eines Volksfestes oder bei dem Ansprechen von einem Marktstand aus.

71 „Ansprechen" ist eine mündliche Kontaktaufnahme. Das Ansprechen muss vom Unternehmer ausgehen. Ein Kauf, der vom Verbraucher ausgeht, z.B. an einem Straßenkiosk oder in einer Eisdiele, fällt daher nicht unter § 312 BGB.

72 „Im Anschluss" setzt über das bloße Bestimmen hinaus einen hinreichend engen zeitlichen Zusammenhang voraus. Dies hat das LG Mühlhausen in einem Fall verneint, in dem der Vertrag erst 1,5 Stunden nach dem überraschenden Ansprechen abgeschlossen wurde.[155]

bb. In Verkehrsmitteln

73 Verkehrsmittel i.S.v. Absatz 1 Satz 1 Nr. 3 Var. 1 sind
- alle Arten von Transportmitteln zum Personenverkehr,
- die – ebenso wie die Verkehrsflächen (Var. 2) – öffentlich zugänglich, d.h. grundsätzlich für jedermann und nicht nur für einen geschlossenen Personenkreis zugänglich sind.[156]

74 Verkehrsmittel können solche zu Lande (z.B. Bus und Bahn, auch Taxi), zu Wasser (z.B. Schiffe und Fähren) oder in der Luft (z.B. Flugzeuge) sein. Kein öffentliches Verkehrsmittel ist der private Pkw oder die Mitfahrgelegenheit, die über eine Mitfahrzentrale ermöglicht wird.[157]

---

[150] BGH v. 12.06.1991 - VIII ZR 178/90 - LM HWiG Nr. 9 (5/1992), im Fall Teppichkauf anlässlich der in einen Tagesausflug eingebundenen Besichtigung einer Teppichknüpferei im Rahmen der von einem deutschen Reiseunternehmen veranstalteten Türkeireise; mit der Forderung, der Unternehmer müsse einen besonderen Einfluss auf die Freizeitveranstaltung des Dritten haben, *Hahn* in: *Wilmer/Hahn*, Fernabsatzrecht, 2. Aufl. 2005, § 312 Rn. 11.

[151] AG Bremen v. 15.06.2007 - 21 C 91/07, 21 C 0091/07.

[152] Als nicht hinreichend hat z.B. das AG Andernach einen bloß räumlichen und zeitlichen Zusammenhang eines gewerblichen Angebots (im Fall: eines Reiseveranstalters) mit den Deutschen Leichtathletik Meisterschaften angesehen (AG Andernach v. 17.09.2004 - 6 C 332/04 - RRa 2005, 67-68).

[153] OLG Stuttgart v. 14.07.1989 - 2 U 25/89 - NJW-RR 1989, 1144-1145.

[154] OLG Saarbrücken v. 20.09.1994 - 7 U 113/94 - 17, 7 U 113/94 - NJW 1995, 141-142.

[155] LG Mühlhausen v. 24.05.2007 - 1 S 7/07.

[156] *Thüsing* in: Staudinger, § 312 Rn. 112.

[157] *Thüsing* in: Staudinger, § 312 Rn. 112; *Grüneberg* in: Palandt, § 312 Rn. 21.

cc. Im Bereich öffentlich zugänglicher Verkehrsflächen

Öffentlich zugängliche Verkehrsflächen i.S.v. Absatz 1 Satz 1 Nr. 3 Var. 2 (§ 1 HTürGG i.d.F. bis 30.09.2000: „öffentlich zugängliche Verkehrswege") sind 75
- öffentlich zugängliche Flächen, d.h. Orte, die allgemein und nicht nur für einen abgegrenzten und geschlossenen Personenkreis zugänglich sind, unabhängig von der Erhebung eines Entgelts für die Nutzung (z.B. Maut),
- die ihrer wesentlichen Zweckbestimmung nach dem Verkehr, d.h. der Fortbewegung dienen.[158]

Öffentlich zugänglich sind nicht nur z.B. öffentliche Straßen, Plätze oder Parks, sondern gegebenenfalls auch private Wege, sofern der Zugang zu ihnen nicht beschränkt ist.[159] 76

Der Grund der Fortbewegung auf der öffentlich zugänglichen Verkehrsfläche ist unerheblich. Hierzu gehören auch Orte, an denen der Verbraucher Verkehrsmittel wechselt oder verlässt, z.B. Bahnhöfe einschließlich Bahnsteigen, Bus- und Straßenbahnhaltestellen, Taxistände, Flughäfen sowie Parkplätze, Parkhäuser und Autobahnrastplätze.[160] 77

Erfasst sind ferner z.B. Flächen privater Unternehmen in Einkaufszentren, Einkaufspassagen oder Einkaufsgalerien außerhalb der Geschäftsräume selbst.[161] 78

Keine öffentlich zugänglichen Verkehrsflächen sind hingegen z.B. die zum Durchgang in den Messehallen einer Verkaufsausstellung bestimmten Flächen,[162] ferner private Sport-, Park- und Campingplätze[163] sowie öffentlich zugängliche Gebäude wie Kinos, Theater, Hotelhallen und Museen[164]. 79

Eine Haustürsituation nach Abs. 1 Satz 1 Nr. 2 kann mit einer Haustürsituation nach Abs. 1 Satz 1 Nr. 3 zusammentreffen, wenn der Verbraucher anlässlich einer Freizeitveranstaltung und zugleich im Anschluss an ein überraschendes Ansprechen im Bereich öffentlich zugänglicher Verkehrsflächen zum Vertragsschluss bestimmt wird, etwa wenn die Veranstaltung zum Teil auf einem öffentlich zugänglichen Platz stattfindet.[165] 80

II. Rechtsfolge

1. Ausübung des Widerrufsrechts

Dem Verbraucher steht gemäß Absatz 1 Satz 1 vorbehaltlich Absatz 3 und § 312a BGB ein Widerrufsrecht nach § 355 BGB zu. Dabei handelt es sich um ein Gestaltungsrecht, welches der Verbraucher durch form- und fristgerechte Abgabe einer Willenserklärung gegenüber dem Unternehmer ausüben kann. 81

Die Widerrufserklärung muss nicht formell als „Widerruf" bezeichnet sein. Es genügt, dass der Verbraucher zum Ausdruck bringt, dass er einen etwaigen Vertrag nicht gelten lassen will.[166] Das kann auch durch eine Erklärung der Anfechtung wegen arglistiger Täuschung bzw. Irrtums geschehen.[167] Ein Widerruf kann im Falle der Beteiligung an einer Kapitalanlagegesellschaft aber nicht nachträglich in eine Lösung wegen Fehlens der Voraussetzungen der §§ 293 f. AktG umgedeutet werden.[168] 82

Form und Frist ergeben sich aus § 355 BGB, die Rechtsfolgen des Widerrufs aus § 357 BGB. Der Unternehmer hat den Verbraucher hierüber gemäß § 312 Abs. 2 BGB i.V.m. § 355 BGB zu belehren. Fehlt es an einer ordnungsgemäßen Widerrufsbelehrung gemäß den §§ 312 Abs. 2, 355 BGB, erlischt das Widerrufsrecht nicht (§ 355 Abs. 3 Satz 3 BGB), es droht ein „ewiges Widerrufsrecht", dem zeit- 83

---

[158] *Thüsing* in: Staudinger, § 312 Rn. 119.
[159] *Thüsing* in: Staudinger, § 312 Rn. 121; BT-Drs. 10/2876, S. 12.
[160] *Thüsing* in: Staudinger, § 312 Rn. 119.
[161] LG Dresden v. 10.10.2006 - 13 S 299/06 - NJW-RR 2007, 1352-1353; a.A. AG Chemnitz v. 30.08.2005 - 18 C 2718/05.
[162] OLG Stuttgart v. 17.03.2003 - 6 U 232/02 - OLGR Stuttgart 2003, 257-259.
[163] *Thüsing* in: Staudinger, § 312 Rn. 122; *Grüneberg* in: Palandt, § 312 Rn. 21; *Knauth*, WM 1986, 509-517.
[164] *Thüsing* in: Staudinger, § 312 Rn. 120; *Grüneberg* in: Palandt, § 312 Rn. 21.
[165] AG Bremen v. 15.06.2007 - 21 C 91/07, 21 C 0091/07.
[166] BGH v. 21.10.1992 - VIII ZR 143/91 - NJW 1993, 128-129; BGH v. 25.04.1996 - X ZR 139/94 - NJW 1996, 1964-1965, jeweils zum AbzG.
[167] BGH v. 02.05.2007 - XII ZR 109/04 - NSW BGB § 312 (BGH-intern).
[168] BGH v. 08.05.2006 - II ZR 123/05 - NJW-RR 2006, 1182-1184.

liche Grenzen nur durch die Verwirkung (§ 242 BGB) gesetzt sind.[169] Das OLG Stuttgart hat eine Verwirkung des Widerrufsrechts abgelehnt, obwohl der Kläger erst mehr als 10 Jahre nach dem Rechtsgeschäft den Widerruf erklärt hat.[170]

2. Weitere Folgen

a. Rückabwicklung

84 Im Falle eines wirksamen Widerrufs kann der Verbraucher von dem Unternehmer gemäß § 357 Abs. 1 Satz 1 BGB i.V.m. § 346 Abs. 1 BGB Rückgewähr seiner Leistung (z.B. einer Geldzahlung) verlangen, und zwar gemäß § 357 Abs. 1 BGB i.V.m. § 348 BGB i.V.m. § 320 BGB Zug um Zug gegen Rückgewähr der von dem Unternehmer erbrachten Leistung (z.B. der Verschaffung von Eigentum und Besitz an einer Ware).

85 Können die Leistungen wegen der Natur des Erlangten nicht zurückgewährt werden (wie z.B. bei Dienstleistungen), ist gemäß § 357 Abs. 1 Satz 1 BGB i.V.m. § 346 Abs. 2 Satz 1 Nr. 1 BGB Wertersatz zu leisten. Wertersatz ist gemäß § 357 Abs. 1 Satz 1 BGB i.V.m. § 346 Abs. 2 Nr. 3 BGB ferner zu leisten, wenn der empfangene Gegenstand sich verschlechtert hat oder untergegangen ist; wie dabei die durch die bestimmungsgemäße Ingebrauchnahme entstandene Verschlechterung zu behandeln ist, richtet sich nach Maßgabe von § 357 Abs. 3 BGB i.V.m. § 346 Abs. 2 Nr. 3 BGB.

86 Nach dem BGH ist bei der Rückabwicklung eines widerrufenen Darlehensvertrages, der mit einem finanzierten Fondsanteilserwerb ein verbundenes Geschäft im Sinne von § 9 VerbrKrG bildet, mit dem Sinn und Zweck der Regelungen nicht zu vereinbaren, wenn der Anleger nach Rückabwicklung der kreditfinanzierten Fondsbeteiligung besser stünde als er ohne diese Beteiligung gestanden hätte. Es entspricht daher der Billigkeit, dass unverfallbare und nicht anderweitig erzielbare Steuervorteile den Rückforderungsanspruch des Darlehensnehmers gegen die finanzierende Bank in entsprechender Anwendung des Rechtsgedankens der Vorteilsausgleichung mindern.[171]

87 Die Grundsätze über die Abwicklung einer fehlerhaften Gesellschaft stehen der Anwendbarkeit des Widerrufsrechts nicht entgegen.[172] Der Widerruf entfaltet Wirkung nur für die Zukunft.

88 Der seinen Beitritt widerrufende Gesellschafter kann nicht seine Einlage zurückverlangen, sondern hat – wie bei einer Kündigung – nur Anspruch auf sein Auseinandersetzungsguthaben zum Stichtag des Wirksamwerdens des Widerrufs, um den Schutzbedürfnissen insbesondere der anderen Gesellschafter Rechnung zu tragen.

89 Dieser Grundsatz gilt nicht nur dann, wenn die Auseinandersetzungsbilanz ein Guthaben ergibt, so dass der seinen Beitritt widerrufende Gesellschafter einen Zahlungsanspruch gegen die Gesellschaft hat, sondern auch dann, wenn die Auseinandersetzungsbilanz eine Schuld ergibt, so dass ein Zahlungsanspruch der Gesellschaft besteht.[173]

90 Wie der EuGH[174] unter Berücksichtigung der Umstände eines konkreten Falles bestätigt hat, verstößt es nicht gegen Art. 5 Abs. 2 der Richtlinie 85/577, dass im Falle des Widerrufs eines in einer Haustürsituation erklärten Beitritts zu einem geschlossenen Immobilienfonds in Form einer Personengesellschaft der Verbraucher gegen diese Gesellschaft einen Anspruch auf sein Auseinandersetzungsguthaben geltend machen kann, der nach dem Wert seines Anteils im Zeitpunkt des Ausscheidens aus diesem Fonds berechnet wird, und dass er dementsprechend möglicherweise weniger als den Wert seiner Einlage zurückerhält oder sich an den Verlusten des Fonds beteiligen muss.

---

[169] Zur Verwirkung des Widerrufsrechts z.B. OLG München v. 27.03.2012 - 5 U 4557/11; OLG Rostock v. 01.03.2001 - 1 U 122/99 - WM 2001, 1413-1415 sowie OLG Koblenz v. 05.04.2005 - 3 U 822/04 - OLGR Koblenz 2005, 501-505.

[170] OLG Stuttgart v. 20.11.2006 - 6 U 23/06 - OLGR Stuttgart 2007, 576-580.

[171] BGH v. 24.04.2007 - XI ZR 17/06 - BGHZ 172, 147-157; Abweichung von BGH v. 14.06.2004 - II ZR 385/02 - WM 2004, 1527; BGH v. 18.10.2004 - II ZR 352/02 - WM 2004, 2491 und BGH v. 31.01.2005 - II ZR 200/03 - WM 2005, 547.

[172] BGH v. 29.11.2004 - II ZR 6/03 - NJW-RR 2005, 627-629; OLG Rostock v. 01.03.2001 - 1 U 122/99 - WM 2001, 1413-1415.

[173] OLG Köln v. 14.06.2007 - 18 U 117/05; a.A. OLG München v. 23.11.2006 - 8 U 3479/06 - DStR 2007, 452.

[174] EuGH v. 15.04.2010 - C-215/08, auf Vorlage von BGH v. 05.05.2008 - II ZR 292/06 - WM 2008, 1026-1030 (mit Anm. *Hertel*, jurisPR-BKR 6/2008, Anm. 3).

b. Schadensersatz

Ungeachtet des Vorliegens einer Haustürsituation bzw. des Bestehens eines Widerrufsrechts nach § 312 BGB oder eines Rechts zur Anfechtung (§ 123 BGB) bzw. des Ablaufs der Anfechtungsfrist (§ 124 BGB) kann dem Verbraucher ein Anspruch auf Schadensersatz in Gestalt der Rückgängigmachung eines Vertrages wegen Verschuldens bei Vertragsverhandlungen gemäß §§ 280 Abs. 1 Satz 1, 311 Abs. 2 Nr. 1, 249 Abs. 1 BGB wegen Täuschung zustehen.[175]   91

Es stellt sich ferner die Frage, ob der Verbraucher wegen einer nicht oder nicht ordnungsgemäß erteilten Widerrufsbelehrung einen Schadensersatzanspruch gegen den Unternehmer geltend machen kann. Hierzu hat der BGH im Falle des Erwerbs einer werthaltigen Eigentumswohnung durch ein Darlehen entschieden, dass der Schutzzweck der Widerrufsbelehrung auch unter Berücksichtigung der Rechtsprechung des EuGH nicht darin bestehe, den über sein Widerrufsrecht nicht belehrten Darlehensnehmer mit Hilfe des Schadensersatzrechts so zu stellen, als wenn das Darlehen sofort widerrufen und eine Eigenfinanzierung vorgenommen worden wäre.[176]   92

Ein Verbraucher, der sein Widerrufsrecht ausgeübt hat, kann von dem Unternehmer grundsätzlich nicht unter dem Gesichtspunkt des Verschuldens bei Vertragsverhandlungen auf Schadensersatz in Anspruch genommen werden.[177]   93

C. Rückgaberecht (Absatz 1 Satz 2)

Gemäß Absatz 1 Satz 2 kann der Unternehmer dem Verbraucher anstelle des Widerrufsrechts ein Rückgaberecht einräumen, wenn zwischen dem Verbraucher und dem Unternehmer im Zusammenhang mit diesem oder einem späteren Geschäft – anders als etwa gemäß § 312d Abs. 1 Satz 2 BGB – auch eine ständige Verbindung aufrechterhalten werden soll. Die Einräumung eines Rückgaberechts setzt voraus, dass auch die weiteren Voraussetzungen des § 356 BGB erfüllt sind.   94

D. Belehrung (Absatz 2)

Durch Art. 1 Nr. 3 des Gesetzes zur Umsetzung der Verbraucherkreditrichtlinie, des zivilrechtlichen Teils der Zahlungsdiensterichtlinie sowie zur Neuordnung der Vorschriften über das Widerrufs- und Rückgaberecht vom 29.07.2009[178] wurde § 312 Abs. 2 BGB mit Wirkung zum 11.06.2010 geändert.   95

I. Satz 1

1. Pflicht zur Belehrung

Gemäß § 312 Abs. 2 Satz 1 BGB ist der Unternehmer verpflichtet, den Verbraucher gemäß § 360 BGB über sein Widerrufs- oder Rückgaberecht zu belehren. Ausweislich der Gesetzesbegründung[179] soll mit der Änderung mit Blick auf die Rechtsprechung des EuGH in Sachen „Schulte"[180] und „Crailsheimer Volksbank"[181] ausdrücklich klargestellt werden, dass der Unternehmer zur Belehrung verpflichtet ist. Die neue Formulierung soll auch klarstellen, dass im Fall fehlender oder nicht ordnungsgemäßer Belehrung ein Schadensersatzanspruch gemäß § 280 Abs. 1 Satz 1 BGB in Betracht kommt.   96

2. Regelung in § 360 BGB

a. Überblick

Hinsichtlich der an eine ordnungsgemäße Belehrung zu stellenden Anforderungen nimmt § 312 Abs. 2 Satz 1 BGB auf den neuen § 360 BGB Bezug, wo im Einzelnen bestimmt wird, welche Angaben die Widerrufs- bzw. Rückgabebelehrung enthalten muss. Der Mindestinhalt von § 360 BGB wird durch § 312 Abs. 2 Satz 2 und 3 BGB ergänzt.   97

---

[175] BGH v. 10.01.2006 - XI ZR 169/05 - BGHZ 165, 363-371 (im Fall: bewusste Verharmlosung des Risikos der Verpfändung von Wertpapieren).
[176] BGH v. 19.09.2006 - XI ZR 242/05 - ZIP 2006, 2210-2212.
[177] BGH v. 26.09.1995 - XI ZR 199/94 - BGHZ 131, 1-7.
[178] BGBl I 2009, 2355.
[179] BT-Drs. 16/11643, S. 69.
[180] EuGH v. 25.10.2005 - C-350/03 - NJW 2005, 3551-3554 mit Anm. *Derleder*, BKR 2005, 442-450, *Schneider*, BB 2005, 2714.
[181] EuGH v. 25.10.2005 - C-229/04 - NJW 2005, 3555.

b. Deutlichkeitsgebot (§ 360 Abs. 1 Satz 1 BGB)

98 Die Widerrufsbelehrung muss gemäß § 360 Abs. 1 Satz 1 BGB deutlich gestaltet sein und dem Verbraucher entsprechend den Erfordernissen des eingesetzten Kommunikationsmittels seine wesentlichen Rechte deutlich machen.[182]

c. Recht zum Widerruf (§ 360 Abs. 1 Satz 2 Nr. 1 BGB)

99 Die Widerrufsbelehrung muss gemäß § 360 Abs. 1 Satz 2 Nr. 1 BGB einen Hinweis auf das Recht zum Widerruf enthalten. Nicht ausreichend ist eine Widerrufsbelehrung, die lediglich über die Pflichten des Verbrauchers im Falle des Widerrufs, nicht jedoch über dessen wesentliche Rechte informiert.[183]

d. Ausübung des Widerrufs (§ 360 Abs. 1 Satz 2 Nr. 2 BGB)

100 Die Widerrufsbelehrung muss gemäß § 360 Abs. 1 Satz 2 Nr. 2 BGB einen Hinweis darauf enthalten, dass der Widerruf keiner Begründung bedarf und in Textform oder durch Rücksendung der Sache innerhalb der Widerrufsfrist erklärt werden kann. Unzulässig ist die Vorgabe der Schriftform[184] anstelle der Textform. Nach dem OLG München ist die Formulierung „in Textform" auch ohne die im Muster vorgesehene Erläuterung ausreichend.[185] Die auch ergänzende Angabe einer Telefonnummer ist unzulässig, weil die Gefahr besteht, dass der Verbraucher irrtümlich annehmen könne, er könne sein Widerrufsrecht auch telefonisch ausüben.[186]

e. Adressat des Widerrufs (§ 360 Abs. 1 Satz 2 Nr. 3 BGB)

101 Die Widerrufsbelehrung muss gemäß § 360 Abs. 1 Satz 2 Nr. 3 BGB einen Hinweis auf den Namen und die ladungsfähige Anschrift desjenigen enthalten, gegenüber dem der Widerruf zu erklären ist. Erforderlich ist eine zustellungsfähige Anschrift, eine Postfachanschrift[187] ist nicht mehr ausreichend.

f. Widerrufsfrist (§ 360 Abs. 1 Satz 2 Nr. 4 BGB)

102 Die Widerrufsbelehrung muss gemäß § 360 Abs. 1 Satz 2 Nr. 4 BGB einen Hinweis auf Dauer und Beginn der Widerrufsfrist sowie darauf enthalten dass zur Fristwahrung die rechtzeitige Absendung der Widerrufserklärung oder der Sache genügt.

103 Beispiele für unzulässige Belehrungen:
- Fristbeginn „nicht jedoch, bevor die auf Abschluss des Vertrages gerichtete Willenserklärung vom Auftraggeber abgegeben wurde",[188]
- Fristbeginn „ab heute",[189]
- Fristbeginn – wie im Fernabsatzrecht nach § 312d Abs. 2 BGB – „mit Eingang der Ware beim Empfänger",[190]

---

[182] Hierzu z.B. BGH v. 27.04.1994 - VIII ZR 223/93 - NJW 1994, 1800-1801; BGH v. 16.11.1995 - I ZR 175/93 - NJW-RR 1996, 471-472; BGH v. 25.04.1996 - X ZR 139/94 - NJW 1996, 1964-1965; BGH v. 31.10.2002 - I ZR 132/00 - NJW-RR 2003, 1481-1482; KG v. 17.02.2004 - 14 U 334/02 - KGR Berlin 2004, 477-478; OLG Hamm v. 30.04.2003 - 8 U 166/02 - VuR 2003, 303-305.

[183] BGH v. 12.04.2007 - VII ZR 122/06 - NSW BGB § 312 (BGH-intern)).

[184] Zur Belehrung „Ich weiß, dass ich meinen Beitrittsantrag innerhalb von zwei Wochen ohne Angabe von Gründen schriftlich widerrufen kann": LG Ravensburg v. 18.08.2006 - 4 O 191/06, unter Verweis auf AG Siegburg v. 29.05.2001 - 8a C 63/01 - NJW-RR 2002, 129-130.

[185] OLG München v. 22.06.2004 - 13 U 2315/04 - NJW-RR 2005, 573-574.

[186] OLG Frankfurt a.M. v. 17.06.2004 - 6 U 158/03.

[187] BGH v. 11.04.2002 - I ZR 306/99 - NJW 2002, 2391-2394 mit Anm. *Mankowski*, EWiR 2002, 701-702 und *van Look*, WuB IV A § 355 BGB (2002) 1.03; ebenso OLG Koblenz v. 21.07.2005 - 2 U 44/05 - NJW 2005, 3430-3431 und LG Kassel v. 10.11.2006 - 8 O 1859/06 - WM 2007, 499-501.

[188] BGH v. 04.07.2002 - I ZR 55/00 - NJW 2002, 3396-3399 mit zust. Anm. *van Look*, WuB IV A § 355 BGB (2002) 1.03 und krit. Anm. *Allmendinger*, EWiR 2002, 937-938; OLG Jena v. 05.02.2003 - 7 U 1305/01 - OLG-NL 2003, 77-80; BGH v. 04.07.2002 - I ZR 31/00 - BGHReport 2002, 1016.

[189] BGH v. 27.04.1994 - VIII ZR 223/93 - NJW 1994, 1800-1801 (Leitsatz 2: „Die Bezeichnung des Fristbeginns mit den Worten ‚ab heute' entbehrt auch dann der notwendigen Klarheit, wenn die Widerrufsbelehrung am selben Tag unterzeichnet wird, an dem auch die Vertragsurkunde ausgehändigt wird, weil diese Formulierung beim Käufer den unzutreffenden (vgl. § 187 Abs. 1 BGB) Eindruck nahe legt, bei der Fristberechnung werde dieser Tag mitgezählt").

[190] LG Dortmund v. 11.07.2003 - 17 S 30/03 - NJW 2003, 3355-3356.

- Festlegung eines Fristendes unter Angabe eines konkreten Datums, nach dem die Erklärung des Widerrufs „nicht mehr möglich" ist,[191]
- Fristwahrung nur, wenn der Verbraucher zuvor auch eine Reklamationsnummer eingeholt hat,[192]
- „Zur Fristwahrung genügt die rechtzeitige Absendung des Widerrufs (…)" mit dem Klammerzusatz „(Datum des Poststempels)",[193]
- kein Hinweis erfolgt, dass bereits die rechtzeitige Absendung der Widerrufserklärung ausreichend ist[194].

Wird die Widerrufsbelehrung vor Zustandekommen des Vertrages erteilt (insbesondere bei Abgabe des Antrags durch den Verbraucher, dessen Annahme durch den Unternehmer zu einem späteren Zeitpunkt erfolgen soll), so beginnt die Widerrufsfrist nach OLG Karlsruhe nicht vor diesem Zeitpunkt, d.h. erst mit der Annahme des Antrags.[195] Würde die Frist bereits vor Zustandekommen des Vertrages mit Aushändigung der Widerrufsbelehrung beginnen, so wäre es möglich, dass die Widerrufsfrist bereits abgelaufen ist, bevor der Unternehmer die Annahme des Antrags des Verbrauchers erklärt hat. Die dem Verbraucher eingeräumte Widerrufsfrist zum Überdenken seiner Entscheidung kann nur dann ihren Zweck erfüllen, wenn der Verbraucher weiß, dass der Vertrag zustande gekommen ist. 104

Wird die Ware bewusst erst nach Ablauf der durch Aushändigung der Widerrufsbelehrung in Gang gesetzten Widerrufsfrist versandt und dem Verbraucher dadurch bewusst die Möglichkeit genommen, den Widerruf durch Rücksendung der Ware auszuüben, so soll darin nach AG Freiburg eine unzulässige Umgehung i.S.v. § 312g Satz 2 BGB liegen, mit der Folge, dass die Widerrufsfrist erst mit Erhalt der Ware beginnt.[196] 105

Im Falle des Kaufs auf Probe ist zu beachten, dass die Widerrufsfrist – so der BGH – erst mit Ablauf der Billigungsfrist beginnt.[197] Dies ist in den Gestaltungshinweisen zu dem amtlichen Muster berücksichtigt. 106

g. Amtliche Muster (§ 360 Abs. 3 Sätze 1 und 2 BGB)

Die dem Verbraucher gemäß § 355 Abs. 3 Satz 1 BGB mitzuteilende Widerrufsbelehrung genügt gemäß § 360 Abs. 3 Satz 1 BGB den Anforderungen des § 360 Abs. 1 BGB und den diesen ergänzenden Vorschriften (z.B. § 312 Abs. 2 BGB), wenn das Muster der Anlage 1 zum EGBGB in Textform verwendet wird. 107

Die dem Verbraucher gemäß § 356 Abs. 2 Satz 2 BGB i.V.m. § 355 Abs. 3 Satz 1 BGB mitzuteilende Rückgabebelehrung genügt gemäß § 360 Abs. 3 Satz 2 BGB den Anforderungen des § 360 Abs. 2 BGB und den diesen ergänzenden Vorschriften (z.B. § 312 Abs. 2 BGB), wenn das Muster der Anlage 2 zum EGBGB in Textform verwendet wird. 108

Mit der Überführung der Muster von der BGB-InfoV in das EGBGB und damit ein formelles Gesetz hat die Kritik am amtlichen Muster keine Grundlage mehr. Hinsichtlich der Frage des Wertersatzes entsprechen die amtlichen Muster allerdings noch nicht der Entscheidung des EuGH, wonach die deutschen Vorschriften zum Wertersatz teilweise nicht richtlinienkonform sind.[198] 109

Mit Blick auf die Fiktion in § 360 Abs. 3 Satz 1 und 2 BGB ist es empfehlenswert, das amtliche Muster inhaltlich unverändert zu übernehmen und gemäß den amtlichen Gestaltungshinweisen nur die für die endgültige Festlegung des Textes erforderlichen Anpassungen vorzunehmen. Weicht der Unternehmer hiervon ab, so wird der Vertrauensschutz aufgehoben.[199] In der Rechtsprechung wird dabei zur Erhaltung des Vertrauensschutzes die vollständige und unveränderte Verwendung des amtlichen Musters gefordert.[200] 110

---

[191] LG Duisburg v. 08.03.2007 - 8 O 401/06.
[192] So zum Fernabsatzrecht OLG Jena v. 08.03.2006 - 2 U 990/05 - GRUR-RR 2006, 283-285.
[193] OLG Oldenburg v. 09.03.2006 - 1 U 134/05 - BB 2006, 1077-1079.
[194] LG Ravensburg v. 18.08.2006 - 4 O 191/06.
[195] OLG Karlsruhe v. 09.05.2006 - 8 U 12/06 - OLGR Karlsruhe 2006, 649-650; vgl. auch die Kommentierung zu § 355 BGB Rn. 34.
[196] AG Freiburg (Breisgau) v. 25.08.2006 - 2 C 1484/05.
[197] So zum Fernabsatzrecht BGH v. 17.03.2004 - VIII ZR 265/03 - NJW-RR 2004, 1058-1059.
[198] EuGH v. 03.09.2009 - C-489/07 - NJW 2009, 3015-3016.
[199] LG Stuttgart v. 30.09.2005 - 38 O 79/05 KfH - MMR 2006, 341-343.
[200] BGH v. 12.04.2007 - VII ZR 122/06 - NJW 2007, 1946-1947; OLG Düsseldorf v. 30.10.2007 - I-20 U 107/07 - VuR 2008, 55-59; OLG Stuttgart v. 04.02.2008 - 2 U 71/07 - MMR 2008, 616-619; OLG München v. 26.06.2008 - 29 U 2250/08 - OLGR München 2008, 609-612.

§ 312

h. Formale Gestaltung

111 Das Gesetz schreibt für die deutliche Gestaltung i.S.v. § 360 Abs. 1 Satz 1 BGB keine Einzelheiten hinsichtlich Buchstabengröße oder sonstiger grafischer Mittel vor. Entscheidend kommt es darauf an, ob die Gesamtbetrachtung im Einzelfall ergibt, dass die Belehrung gegenüber dem übrigen Inhalt der Urkunde so hervorgehoben ist, dass die Aufmerksamkeit des Kunden darauf gelenkt wird. Mögliche Mittel hierfür sind Fettdruck, Schriftgröße, Zeilenabstand, Anordnung auf dem Formular, farbliche Gestaltung, Einrahmung usw. So können z.B. die Buchstaben der Belehrung größer als im übrigen Text oder die Belehrung andersfarbig gedruckt werden. Die Widerrufsbelehrung kann auf einem gesonderten Blatt überreicht werden. Das Gesetz will verhindern, dass die Belehrung im Vertragstext und im sonstigen Formularinhalt untergeht.[201] Nach Auffassung des LG Kassel soll es unzulässig sein, wenn die Widerrufsbelehrung nicht mit den dick gedruckten Worten „Widerrufsbelehrung" bzw. „Widerrufsrecht" überschrieben ist.[202]

i. Abweichungen von den Mustern

112 Der Unternehmer darf gemäß § 360 Abs. 3 Satz 3 BGB unter Beachtung von § 360 Abs. 1 Satz 1 BGB in Format und Schriftgröße von den Mustern abweichen und Zusätze wie die Firma oder ein Kennzeichen des Unternehmers anbringen.

113 Um die vom Gesetz bezweckte Verdeutlichung des Rechts zum Widerruf nicht zu beeinträchtigen, darf die Widerrufsbelehrung grundsätzlich keine anderen als die gesetzlich vorgesehenen Informationen enthalten. Ergänzungen sind zulässig, soweit sie den Inhalt der Widerrufsbelehrung verdeutlichen. Die Belehrung darf keine Zusätze enthalten, die den Verbraucher ablenken, verwirren oder zu Missverständnissen führen.

114 Es wird beispielsweise als zulässig erachtet,
- wenn die Widerrufsbelehrung von dem „Käufer" spricht, während dieser in der Bestellurkunde als „Besteller" bezeichnet wird; auch für den juristischen Laien ist erkennbar, dass er als Besteller die vereinbarte Sache kauft;[203]
- wenn die Widerrufsbelehrung mit einer optisch getrennten und vom Verbraucher gesondert zu unterschreibenden Empfangsbestätigung verbunden wird.[204]

j. Sprache

115 Die Widerrufsbelehrung hat zwar grundsätzlich in deutscher Sprache zu erfolgen. Etwas anderes muss jedoch dann gelten, wenn die Verhandlungen in einer anderen Sprache geführt werden oder der Vertrag in einer Sprache abgefasst ist, derer der Kunde allein mächtig ist. In diesen Fällen kann nämlich, für die andere Vertragspartei erkennbar, durch eine in deutscher Sprache formulierte Widerrufsbelehrung der mit ihr verfolgte Informationszweck nicht erreicht werden. Es gilt der Grundsatz "Verhandlungssprache = Formularsprache" (vgl. zur polnischen Sprache LG Köln[205] und zur russischen Sprache AG Peine[206]).

k. Vertragliche Gewährung eines Widerrufsrechts

116 Der Unternehmer kann mit dem Verbraucher die Gewährung eines Widerrufsrechts für den Verbraucher vereinbaren. Die Parteien können für die nähere Ausgestaltung und für die Rechtsfolgen auf die Vorschriften für das gesetzliche Widerrufsrecht verweisen[207] und für die Belehrung hierüber das amtliche Muster verwenden.[208]

---

[201] LG Kassel v. 02.02.2007 - 1 S 395/06 - NJW 2007, 3136-3137 unter Berufung auf OLG Stuttgart v. 31.08.1992 - 6 U 69/92 - NJW 1992, 3245-3246 zu § 7 Abs. 2 Satz 2 VerbrKrG.
[202] LG Kassel v. 02.02.2007 - 1 S 395/06 - NJW 2007, 3136-3137.
[203] LG Kassel v. 02.02.2007 - 1 S 395/06 - NJW 2007, 3136-3137.
[204] BGH v. 13.01.2009 - XI ZR 118/08 - WM 2009, 350-353.
[205] LG Köln v. 08.03.2002 - 32 S 66/01 - NJW-RR 2002, 1491 mit zust. Anm. *Mankowski*, EWiR 2002, 801-802.
[206] AG Peine v. 23.02.2006 - 5 C 405/05.
[207] BGH v. 22.05.2012 - II ZR 88/11 - ZIP 2012, 1509-1512 - juris Rn. 11; OLG Köln v. 22.07.2009 - 27 U 5/09 - juris Rn. 25.
[208] Zu Problemen der Auslegung der Widerrufsbelehrung in solchen Fällen LG Siegen v. 22.01.2007 - 3 S 120/06 - NJW 2007, 1826-1827 und AG Hamburg-Wandsbek v. 20.10.2006 - 716c C 135/06.

Wenn der Unternehmer ohne gesetzliche Verpflichtung hierzu ein Widerrufsrecht gewährt, ist er frei, dieses Widerrufsrecht abweichend von den gesetzlichen Regelungen auszugestalten.[209] **117**

Ob einer Widerrufsbelehrung, die keine Beschränkung darauf enthält, dass sie nur in gesetzlich vorgesehenen Fällen gelten soll, die Vereinbarung eines vertraglichen Widerrufsrecht entnommen werden kann, hat der BGH bislang offen gelassen.[210] Dies hätte nämlich zur Folge, dass es auf die Voraussetzungen des gesetzlichen Widerrufsrechts nicht mehr ankäme und die betreffenden Vorschriften letztlich leer liefen.[211] Das OLG München[212] und das OLG Hamburg[213] haben derartige Widerrufsbelehrungen für sich genommen nicht als vertragliche Gewährung eines Widerrufsrechts ausgelegt. **118**

Ob die Erteilung einer – objektiv nicht erforderlichen – nachträglichen Widerrufsbelehrung (bzw. Zweitbelehrung) als Gewährung eines voraussetzungslosen vertraglichen Widerrufsrechts verstanden werden kann, hat der BGH ebenfalls offen gelassen.[214] Man kann argumentieren, für die Zweitbelehrung könne nichts anderes gelten als für die Erstbelehrung.[215] Das OLG Dresden[216] und das OLG Hamm[217] haben die Übersendung einer Zweitbelehrung als Angebot auf Vereinbarung eines vertraglichen Widerrufsrechts ausgelegt. Das OLG Nürnberg hat eine solche Auslegung abgelehnt.[218] **119**

Eine für den Verbraucher vorteilhafte Abweichung von den amtlichen Mustern kann nach den Umständen des Einzelfalles jedenfalls als vertragliche Gewährung eines über die gesetzlichen Vorgaben hinausgehenden Widerrufsrechts ausgelegt werden. So kann z.B. eine Widerrufsbelehrung, die eine längere Widerrufsfrist als die gesetzliche vorsieht, als vertragliche Verlängerung der Widerrufsfrist ausgelegt werden.[219] **120**

Für die Auslegung der Widerrufsbelehrung als Teil einer Erklärung des Unternehmers kommt es darauf an, wie sie der Erklärungsempfänger – nach dem BGH als unbefangener durchschnittlicher Verbraucher[220] – nach Treu und Glauben unter Berücksichtigung der Verkehrssitte verstehen musste. Entscheidend ist dabei nicht der Wille des Erklärenden, sondern der durch normative Auslegung zu ermittelnde objektive Erklärungswert seines Verhaltens. Da Widerrufsbelehrungen in der Regel vorformuliert sind und rechtlich Allgemeine Geschäftsbedingungen i.S.v. § 305 BGB darstellen[221], erfolgt eine objektive Auslegung. Wenn nach Ausschöpfung aller in Betracht kommenden Auslegungsmethoden Zweifel verbleiben und mindestens zwei Auslegungsmöglichkeiten rechtlich vertretbar sind, kommt die Unklarheitenregel des § 305c Abs. 2 BGB zur Anwendung.[222] **121**

II. Satz 2

Gemäß § 312 Abs. 2 Satz 1 BGB muss die Belehrung auf die Rechtsfolgen des § 357 Abs. 1 und 3 BGB hinweisen. Ein solcher Hinweis ist in § 360 BGB nicht vorgesehen. Die Vorschrift entspricht im Wesentlichen § 312 Abs. 2 BGB a.F., wobei auf das Wort „erforderliche" mit Blick auf die nunmehr in Satz 1 ausdrücklich enthaltene Belehrungspflicht verzichtet wurde.[223] **122**

---

[209] OLG Köln v. 22.07.2009 - 27 U 5/09 - juris Rn. 25.
[210] BGH v. 22.05.2012 - II ZR 88/11 - juris Rn. 12 - ZIP 2012, 1509-1512; BGH v. 06.12.2011 - XI ZR 401/10 - juris Rn. 17 - NJW 2012, 1066-1070.
[211] BGH v. 06.12.2011 - XI ZR 401/10 - juris Rn. 17 - NJW 2012, 1066-1070.
[212] OLG München v. 28.06.2010 - 24 U 129/00 - WM 2003, 1324-1328.
[213] OLG Hamburg v. 19.06.2009 - 11 U 210/06 - juris Rn. 121.
[214] BGH v. 06.12.2011 - XI ZR 401/10 - juris Rn. 19 - NJW 2012, 1066-1070; BGH v. 06.12.2011 - XI ZR 442/10 - juris Rn. 24 - GWR 2012, 88.
[215] *Maier*, VuR 2011, 225-226; *Lindner*, EWiR 2011, 43-44.
[216] OLG Dresden v. 28.05.2009 - 8 U 1530/08 - juris Rn. 27.
[217] OLG Hamm v. 27.09.2010 - 31 U 125/09, I-31 U 125/09 - juris Rn. 25.
[218] OLG Nürnberg v. 09.11.2010 - 14 U 659/10 - BKR 2011, 63-65.
[219] BGH v. 13.01.2009 - XI ZR 118/08 - NJW-RR 2009, 709-711; LG Traunstein v. 25.05.2007 - 5 S 629/07.
[220] BGH v. 23.06.2009 - XI ZR 156/08 - juris Rn. 19 - NJW 2009, 3020-3022.
[221] BGH v. 06.12.2011 - XI ZR 442/10 - juris Rn. 29 - GWR 2012, 88 m.w.N.
[222] BGH v. 06.12.2011 - XI ZR 442/10 - juris Rn. 30 - GWR 2012, 88 m.w.N.; BGH v. 07.12.2010 - XI ZR 3/10 - juris Rn. 30; BGH v. 05.05.2010 - III ZR 209/09 - juris Rn. 14.
[223] BT-Drs. 16/11643, S. 69.

§ 312

III. Satz 3

123 Gemäß § 312 Abs. 2 Satz 3 BGB ist der Hinweis nach Satz 2 BGB nicht erforderlich, soweit diese Rechtsfolgen tatsächlich nicht eintreten können. Ausweislich der Gesetzesbegründung handelt es sich dabei um eine Klarstellung. Hingegen hatte das LG Koblenz in einer Entscheidung aus dem Jahr 2006 den Hinweis zwingend für erforderlich gehalten.[224]

124 Die Rechtsfolgen können z.B. tatsächlich nicht eintreten, wenn die beiderseitigen Leistungen erst nach Ablauf der Widerrufsfrist erbracht werden.[225]

125 Die Einschränkung der Pflicht zur Belehrung über bestimmte Rechtsfolgen ist europarechtlich unbedenklich, da Art. 4 der Richtlinie 85/577/EWG eine Belehrung über die Rechtsfolgen des Widerrufs überhaupt nicht verlangt.[226]

E. Ausnahmen (Absatz 3)

126 Das Widerrufsrecht besteht gemäß Absatz 3 unbeschadet anderer Vorschriften, insbesondere § 312a BGB[227] nicht in den folgenden vier Fällen.

I. Versicherungsverträge

127 Gemäß Absatz 3 (zuvor § 6 HTürGG, vgl. Art. 3 Abs. 2 lit. d der Richtlinie 85/577/EWG) besteht das Widerrufsrecht nicht bei Versicherungsverträgen. Maßgeblich ist die Definition gemäß § 1 VVG.[228] Bei gemischten Verträgen mit Versicherungselementen ist erforderlich, dass der Versicherungszweck überwiegt.[229] Dies hat der BGH für einen Vertrag über einen Schlüssel-Funddienst mit einer Kostendeckungszusage für den Fall des endgültigen Verlustes verneint.[230] Der Verbraucher wird bei dem Direktvertrieb von Versicherungen durch das Widerrufsrecht gemäß § 8 VVG geschützt.

II. Vorhergehende Bestellung

128 Gemäß Absatz 3 Nr. 1 (zuvor § 1 Abs. 2 Nr. 1 HTürGG, vgl. Art. 1 Abs. 1 Ss. 2 der Richtlinie 85/577/EWG) besteht das Widerrufs- oder Rückgaberecht nicht, wenn im Falle von Absatz 1 Satz 1 Nr. 1 die mündlichen Verhandlungen, auf denen der Abschluss des Vertrags beruht, auf vorhergehende Bestellung des Verbrauchers geführt worden sind.

129 Die Vorschrift ist dem Reisegewerbe entnommen. Nach § 134 BGB i.V.m. § 55 Abs. 1 GewO, § 56 Abs. 1 Nr. 6 GewO in der bis zum 31.12.1990 geltenden Fassung war ein im Reisegewerbe abgeschlossener oder vermittelter Darlehensvertrag nichtig. Die Rechtsprechung zu dieser Norm kann zwar immer noch zur Auslegung herangezogen werden, eine schematische Übernahme ist jedoch nicht möglich.

1. Bestellung

130 Eine Bestellung i.S.v. § 312 Abs. 3 Nr. 1 BGB ist eine geschäftsähnliche Handlung, durch die der Verbraucher den Unternehmer zu konkreten Vertragsverhandlungen an den Arbeitsplatz oder in eine Wohnung einlädt.[231] Eine Bestellung ist damit ohne Bindungswirkung und jederzeit widerrufbar. Sie ist nicht formbedürftig. Auch das Kommunikationsmedium ist unerheblich. Die Bestellung kann z.B. mündlich, telefonisch, per E-Mail, per Brief oder durch Ankreuzen auf einem Formular erfolgen.[232]

---

[224] LG Koblenz v. 20.12.2006 - 12 S 128/06 - MMR 2007, 190-191.
[225] BT-Drs. 16/11643, S. 69.
[226] BT-Drs. 16/11643, S. 69.
[227] BT-Drs. 14/7052, S. 191.
[228] Hierzu *Claussen*, JR 1991, 360-364; *Koch*, VersR 1991, 725-731 und *Teske*, NJW 1991, 2793-2804.
[229] *Thüsing* in: Staudinger, § 312 Rn. 137; *Grüneberg* in: Palandt, § 312 Rn. 26.
[230] BGH v. 29.09.1994 - I ZR 172/92 - LM HWiG Nr. 17 (3/1995); a.A. vorgehend KG Berlin v. 10.07.1992 - 5 U 4473/90 - DB 1993, 2174-2175
[231] Definition gemäß BGH v. 25.10.1989 - VIII ZR 345/88 - NJW 1990, 181-184; OLG Dresden v. 23.02.2007 - 8 U 63/07, 8 U 0063/07- WM 2007, 1065-1067.
[232] *Thüsing* in: Staudinger, § 312 Rn. 143 und 145.

Erforderlich ist die Bestellung einer Person, nämlich des Unternehmers (vgl. § 55 Abs. 1 GewO und § 126 Abs. 3 Nr. 1 InvestmG), nicht einer Ware oder Dienstleistung (vgl. § 312e Abs. 1 Satz 1 Nr. 3 BGB), durch den Verbraucher bzw. einen durch diesen entsprechend § 164 BGB ermächtigten Dritten. Die Bestellung durch Dritte ohne eine solche Ermächtigung, auch Angehörige, reicht nicht aus, die eines Ehegatten nur nach Maßgabe von § 1357 BGB.[233]

Inhalt der Bestellung ist die Aufforderung des Unternehmers, den Verbraucher zwecks mündlicher Verhandlungen aufzusuchen, und zwar an den Arbeitsplatz oder in den Bereich der Privatwohnung des Verbrauchers. Absatz 3 Nr. 1 gilt nur für den Fall des Absatzes 1 Satz 1 Nr. 1, nicht aber für Absatz 1 Satz 1 Nr. 2[234] oder Absatz 1 Satz 3. Die Bestellung muss vor dem Besuch erfolgen, eine nachträgliche Genehmigung ist nicht möglich.

2. Zweck der Bestellung

Ob eine Bestellung i.S.v. § 312 Abs. 3 Nr. 1 BGB vorliegt, hängt in erster Linie nicht vom Wortverständnis, sondern mit Blick auf den Schutzzweck der Norm von den Umständen des Einzelfalles ab, die zum Vertragsabschluss geführt haben.[235] Ein Verhalten des Verbrauchers stellt nur dann eine Bestellung dar, wenn der Verbraucher – so in richtlinienkonformer Auslegung („ausdrücklicher Wunsch des Verbrauchers", Art. 1 Abs. 1 Ss. 2 ii) der Richtlinie 85/577/EWG) – eindeutig zum Ausdruck gebracht hat, dass er aus freien Stücken den Besuch des Unternehmers an einem konkreten Ort zu einem konkreten Zeitpunkt zwecks konkreter Vertragsverhandlungen wünscht.[236]

Nicht ausreichend sind nach der Rechtsprechung z.B.

- ein nur allgemein geäußertes bzw. unverbindliches Interesse an einer Warenpräsentation bzw. an näheren Informationen über das Warensortiment des Unternehmers[237] oder am Preis einer Ware oder Leistung;[238]
- die Einladung zur Erörterung eines Kostenvoranschlags[239] oder zu einer „unverbindlichen und kostenlosen Beratung"[240];
- eine Anfrage des Verbrauchers aufgrund der Werbeanzeige einer Partnervermittlung in einer Tageszeitung, wonach der Vertreter die Wohnung des Verbrauchers aufsucht und ihm erst dann die Einzelheiten eines Partnervermittlungsvertrages bekannt gibt[241];
- dass die Ehefrau des den Vertrag schließenden Verbrauchers nach Einwurf von Werbematerial in den Briefkasten der Eheleute den Unternehmer um einen Hausbesuch bittet, wenn Gegenstand dieses Besuchs nicht Verhandlungen über ein zumindest grob umrissenes Waren- oder Dienstleistungsangebot, sondern lediglich eine Information über die Leistungen des Unternehmers sein sollte (im konkreten Fall: Widerruf eines Vertrages über den Einbau einer Heiztherme, welcher für den Verbraucher nicht dringlich war und mit erheblicher finanzieller Belastung (Aufnahme eines Darlehens i.H.v. 10.000 €) verbunden gewesen wäre).[242]

Eine vorhergehende Bestellung kann nach dem BGH z.B. zu bejahen sein, wenn eine Bank sich auf Veranlassung eines – vom Kreditsuchenden eingeschalteten – Kreditvermittlers telefonisch bei dem Kreditsuchenden meldet und ihn veranlasst, sich mit einem Hausbesuch einverstanden zu erklären.[243] In der Rechtsprechung wurde eine Bestellung z.B. bejaht,

---

[233] Zu § 55 GewO BGH v. 22.01.1991 - XI ZR 111/90 - NJW 1991, 923-925.
[234] OLG Koblenz v. 24.01.1991 - 5 U 881/90 - NJW-RR 1991, 1020-1021.
[235] OLG Düsseldorf v. 11.10.2007 - I-24 U 75/07, 24 U 75/07 - MDR 2008, 133-134.
[236] *Thüsing* in: Staudinger, § 312 Rn. 145; OLG Jena v. 02.11.1993 - 5 U 312/93 - OLG-NL 1994, 78-80.
[237] BGH v. 25.10.1989 - VIII ZR 345/88 - NJW 1990, 181-184; OLG Köln v. 24.10.2001 - 11 U 73/00 - MDR 2002, 751-752; OLG Frankfurt v. 15.03.1989 - 7 U 197/87 - NJW-RR 1989, 1342-1343; OLG Karlsruhe v. 27.10.1987 - 17 U 103/87 - BB 1988, 1072-1073.
[238] OLG Düsseldorf v. 11.10.2007 - I-24 U 75/07, 24 U 75/07 - MDR 2008, 133-134.
[239] BGH v. 01.03.1990 - VII ZR 159/89 - NJW 1990, 1732-1733; OLG Stuttgart v. 04.03.1988 - 2 U 304/87 - NJW 1988, 1986-1988; OLG Jena v. 24.07.2002 - 2 U 1478/01 - VuR 2003, 100-103; a.A. AG Hamburg v. 21.01.1988 - 22b C 19/87 - NJW-RR 1988, 824-824.
[240] OLG Nürnberg v. 13.06.2006 - 3 U 596/06.
[241] LG Arnsberg v. 24.02.1992 - 3 S 159/91 - NJW-RR 1992, 692-693; vgl. auch AG Schöneberg v. 15.09.1987 - 12 C 276/87 - NJW-RR 1988, 115-117.
[242] OLG Brandenburg v. 02.04.2009 - 5 U 53/08 - juris Rn. 37-39.
[243] BGH v. 06.10.1988 - III ZR 94/87 - NJW 1989, 584-585.

- in einem Fall, in dem sich ein Verbraucher als Existenzgründer aufgrund einer Zeitungsanzeige bei dem Unternehmer als Franchisenehmer beworben hatte; der Verbraucher hatte nach Auffassung des Gerichts hinreichend Gelegenheit gehabt, sich auf die Vertragsverhandlungen vorzubereiten, da diese auf seinen ausdrücklichen Wunsch hin geführt wurden, [244] und

- in einem Fall, in dem ein Anlageinteressent von sich aus und unaufgefordert einen für eine Bank tätigen Immobilienmakler im Hof des gemeinsam bewohnten Hauses angesprochen hatte, der Makler daraufhin in groben Zügen das Anlageobjekt erläutert und der Makler den Verbraucher später in dessen Wohnung zwecks weiterer Information über das zu erwerbende Objekt aufsuchte[245].

136 Ein vorheriger Kontakt zwischen dem Verbraucher und dem Unternehmer schließt eine spätere Bestellung nicht aus. Hier kommt es auf den Einzelfall an, etwa bei einem Hausbesuch im Anschluss an eine Terminvereinbarung auf einer Messe[246] oder bei einer bestehenden Geschäftsverbindung[247]. Eine Bestellung kann auch dann vorliegen, wenn vor dem Besuch des Unternehmers in den Räumlichkeiten des Verbrauchers Beratungen in den Räumlichkeiten des Unternehmers stattgefunden hatten, dabei noch umfangreiche Detailfragen offen geblieben waren und auch noch nicht über Preise gesprochen worden war.[248] Nach dem OLG Bamberg kann sich eine Bestellung auch aus einem laufenden Steuerberatungsvertrag ergeben, wenn es zu den essentiellen und wiederkehrenden Aufgaben des Steuerberaters gehört, seinen Mandanten rechtzeitig vor dem jeweiligen Jahresende auf dessen steuerliche Situation, insbesondere die ihn betreffende Steuerlast und die gesetzlich zulässigen Möglichkeiten zu deren „Vermeidung", hinzuweisen.[249]

137 Der Zweck der beabsichtigten Vertragsverhandlung und der Gegenstand der tatsächlich durchgeführten Vertragsverhandlung müssen sich decken.[250] Andernfalls kann sich der Verbraucher nicht hinreichend auf den Besuch vorbereiten, so dass die Überrumpelungsgefahr nicht ausgeschlossen wird.[251] Der Ausschlusstatbestand des § 312 Abs. 3 Nr. 1 BGB scheidet daher aus, wenn der Unternehmer zum Zwecke des Abschlusses eines Vertrages über eine bestimmte Ware oder Dienstleistung zum Verbraucher bestellt wird und anschließend in der Haustürsituation einen Vertrag über eine andere Ware oder Dienstleistung schließt.[252] Mit anderen Worten: Eine Bestellung i.S.v. § 312 Abs. 3 Nr. 1 BGB liegt nicht vor, wenn das in der „Haustürsituation" unterbreitete und zum Vertragsschluss führende Angebot des Unternehmers von dem Gegenstand der Einladung des Verbrauchers nicht unerheblich abweicht und dieser damit vorher weder gerechnet hat noch rechnen musste.[253] So hat der BGH z.B. eine solche Bestellung verneint,

- wenn der Unternehmer in die Privatwohnung des Verbrauchers zum Zweck der Erörterung der steuerlichen Situation des Verbrauchers bestellt tatsächlich aber über die Überarbeitung des Unternehmenskonzepts des Verbrauchers für eine Existenzgründung verhandelt wurde[254] oder

- wenn der Verbraucher die Vermittlung einer bestimmten, in einer Zeitungsannonce beschriebenen Partnerin erwartet und dann ein von diesem konkreten Partnerwunsch gelöster allgemeiner Partnervermittlungsvertrag abgeschlossen wird.[255]

---

[244] LG Krefeld v. 04.10.2007 - 3 O 243/06.

[245] OLG München v. 29.07.2002 - 31 U 4034/98 - WM 2003, 69-70.

[246] OLG Stuttgart v. 14.07.1989 - 2 U 25/89 - NJW-RR 1989, 1144-1145; OLG Stuttgart v. 30.01.1998 - 2 U 193/97 - MDR 1998, 956-957.

[247] Für einen Ausschluss des Widerrufsrechts: LG Hannover v. 30.12.1987 - 8 S 336/87 - MDR 1988, 583-583; dagegen *Thüsing* in: Staudinger, § 312 Rn. 149;

[248] Betreffend einen Fall, in dem ein Verbraucher einen Unternehmer wegen der Errichtung eines Wintergartens im Nachgang zu Verhandlungen in den Räumlichkeiten des Unternehmers zu Vertragsverhandlungen in seine Privaträume bestellt hatte: OLG Bamberg v. 22.07.2005 - 3 U 19/05 - IBR 2006, 321; Nichtzulassungsbeschwerde zurückgewiesen durch BGH v. 23.02.2006 - VII ZR 219/05 - IBR 2006, 321.

[249] OLG Bamberg v. 31.05.2007 - 1 U 171/06 - DStR 2008, 123.

[250] LG Hamburg v. 11.11.1987 - 17 S 328/87 - NJW-RR 1988, 824-825; LG Köln v. 04.05.1988 - 13 S 32/88.

[251] OLG Karlsruhe v. 27.10.1987 - 17 U 103/87 - BB 1988, 1072-1073; LG Karlsruhe v. 04.12.1987 - 7 O 315/87 - VuR 1988, 271-272; LG Münster v. 24.06.1987 - 10 O 49/87 - NJW 1987, 2879-2880.

[252] BGH v. 19.11.1998 - VII ZR 424/97 - WM 1999, 31-33.

[253] BGH v. 15.04.2010 - III ZR 218/09 (ebenso vorgehend LG Stuttgart v. 22.07.2009 - 5 S 35/09 - VuR 2009, 436-437).

[254] BGH v. 15.11.2007 - III ZR 295/06 - NSW BGB § 312 (BGH-intern).

[255] BGH v. 15.04.2010 - III ZR 218/09.

3. Provozierte Bestellung

Geht die Initiative zu dem Besuch bei dem Verbraucher vom Unternehmer aus, so ist Absatz 3 Nr. 1 mangels einer Bestellung nicht erfüllt, das Widerrufsrecht ist nicht ausgeschlossen.[256] An einer Bestellung fehlt es aber, wenn der Unternehmer den Verbraucher dazu veranlasst, ihn zu bestellen (sog. provozierte Bestellung),[257] z.B. **138**

- wenn der Unternehmer bei dem Verbraucher **telefonisch** nachfragt, ob ein Besuch erwünscht sei,[258] etwa wenn ein Anlagevermittler den Verbraucher anruft und diesem anbietet, bei einem Hausbesuch ein „Steuersparmodell" vorzustellen;[259] eine provozierte Bestellung liegt auch dann vor, wenn der Verbraucher vorher auf einer Werbeantwortkarte um Zusendung von Prospekten, Katalogen oder sonstiger Werbung gebeten und dabei seine Telefonnummer angegeben hat;[260]
- wenn der Verbraucher nach der Anforderung von Informationsmaterial mit einer vorgedruckten Postkarte eine ihm vom Unternehmer daraufhin zugesandte **weitere Antwortkarte** mit dem Vordruck zurücksendet, der Verbraucher habe die Preise geprüft und wünsche konkrete Vertragsverhandlungen, und der Unternehmer zugleich durch das Versprechen von Werbegeschenken Einfluss auf die Willensentscheidung des Verbrauchers zur Rücksendung der zweiten Antwortkarte nimmt;[261]
- wenn der Unternehmer bei einem ersten unbestellten Besuch mit dem Verbraucher einen **zweiten Termin** in dessen Privatwohnung vereinbart;[262] dies soll selbst dann gelten, wenn der Verbraucher dem Unternehmer bei einem ersten Besuch mitteilt, er habe keine Zeit, der Unternehmer könne aber noch einmal „vorbeikommen".[263]

III. Vollzogene Kleingeschäfte

Gemäß Absatz 3 Nr. 2 (zuvor § 1 Abs. 2 Nr. 2 HTürGG, vgl. Art. 3 Abs. 1 der Richtlinie 85/577/EWG) besteht das Widerrufs- oder Rückgaberecht nicht, wenn die Leistung bei Abschluss der Verhandlungen sofort erbracht und bezahlt wird und das Entgelt 40 € nicht übersteigt. **139**

Vertragsverhandlungen (vgl. § 311 Abs. 2 Nr. 1 BGB) sind abgeschlossen, wenn sich die Parteien geeinigt haben. **140**

Leistung ist die erforderliche Handlung zur vollständigen Erfüllung des Anspruchs des Verbrauchers auf Lieferung der Ware oder Erbringung der sonstigen Dienstleistung, Zahlung die erforderliche Handlung zur vollständigen Erfüllung des Anspruchs des Unternehmers, z.B. durch Übergabe von Bargeld. **141**

Die Erfüllung muss sofort (vgl. § 859 Abs. 3 BGB), d.h. wie bei Bargeschäften des täglichen Lebens üblich, unmittelbar im Anschluss an den Abschluss der Verhandlungen erfolgen. Eine spätere, aber unverzügliche Zahlung (vgl. § 121 Abs. 1 Satz 1 BGB) wäre nicht ausreichend. **142**

Die Grenze des Entgelts von 40 € (bis zum 30.09.2000 80 DM, gemäß Artikel 3 Absatz 1 der Richtlinie 85/577/EWG Höchstgrenze von 60 ECU) ist absolut und dient der Rechtssicherheit.[264] Es kommt ebenso wie in § 357 Abs. 2 Satz 2 BGB nicht auf den objektiven Wert des Vertragsgegenstands, sondern auf die vereinbarte Vergütung einschließlich MwSt. an, d.h. den Gesamtbetrag, den der Verbraucher zu zahlen verpflichtet ist. Eine Aufteilung eines an sich einheitlichen Geschäfts in meh- **143**

---

[256] OLG Frankfurt v. 02.12.1988 - 2 U 138/88 - NJW-RR 1989, 494-495; LG Tübingen v. 06.11.1987 - 2 O 257/87 - NJW-RR 1988, 821-823; LG Aachen v. 13.03.1987 - 5 S 23/87 - NJW 1987, 1831-1832; AG Frankfurt v. 19.05.1988 - 32 C 585/88 - 84 - VuR 1989, 83-84; LG Aurich v. 27.08.1990 - 1 S 611/89 - NdsRpfl 1991, 12.

[257] BGH v. 25.10.1989 - VIII ZR 345/88 - NJW 1990, 181-184; OLG Stuttgart v. 24.11.1989 - 2 U 149/89 - NJW-RR 1990, 501-502; OLG Hamburg v. 09.06.1988 - 3 U 8/88 - NJW-RR 1988, 1326; OLG Köln v. 29.04.1988 - 19 U 307/87 - NJW 1988, 1985-1986; vgl. ferner zur GewO BGH v. 15.06.1989 - III ZR 9/88 - NJW 1989, 3217-3218; OLG Koblenz v. 25.08.1989 - 5 W 357/89 - NJW-RR 1990, 56-57; OLG Naumburg v. 16.04.2002 - 11 U 258/01 - OLGR Naumburg 2002, 505-506.

[258] LG Duisburg v. 08.03.2007 - 8 O 401/06.

[259] OLG Stuttgart v. 20.11.2006 - 6 U 23/06 - OLGR Stuttgart 2007, 576-580.

[260] BGH v. 25.10.1989 - VIII ZR 345/88 - NJW 1990, 181-184; LG Zweibrücken v. 23.02.1988 - 3 S 250/87 - NJW-RR 1988, 823-824; OLG Köln v. 29.04.1988 - 19 U 307/87 - NJW 1988, 1985-1986; LG Dortmund v. 03.09.1987 - 17 S 161/87 - NJW-RR 1988, 316.

[261] OLG Dresden v. 08.11.1995 - 8 U 833/95 - NJW-RR 1996, 758-759.

[262] OLG Brandenburg v. 17.06.1997 - 6 U 302/96 - MDR 1998, 206-207; OLG Köln v. 21.06.1989 - 6 U 31/89 - VuR 1990, 56-58.

[263] LG Lüneburg v. 13.10.1995 - 3 O 408/94 - VuR 1997, 63-66.

[264] *Thüsing* in: Staudinger, § 312 Rn. 167.

§ 312

rere Teile unter 40 € oder die Verlagerung des über 40 € hinaus gehenden Preises in Nebenkosten wäre eine unzulässige Umgehung (§ 312f Satz 2 BGB).[265] Die Vereinbarung einer Wertgrenze oberhalb von 40 € wäre gemäß § 312f Satz 1 BGB unwirksam, denn sie würde zu einem vertraglichen Ausschluss des Widerrufsrechts führen. Zulässig – da zum Vorteil des Verbrauchers – wäre hingegen die Vereinbarung einer Wertgrenze unterhalb von 40 €, denn der Unternehmer würde den Anwendungsbereich des Widerrufsrechts damit über das Gesetz hinaus erweitern.

IV. Notarielle Beurkundung

144 Gemäß Absatz 3 Nr. 3 (zuvor § 1 Abs. 2 Nr. 3 HTürGG) besteht das Widerrufs- oder Rückgaberecht nicht, wenn die Willenserklärung von einem Notar beurkundet worden ist.

145 Maßgeblich ist die notarielle Beurkundung der Willenserklärung, zu der der Verbraucher zum Zwecke des Vertragsschlusses gemäß Absatz 1 Satz 1 bestimmt worden ist. Die notarielle Beurkundung der Vollmacht, die der Verbraucher seinem Vertreter erteilt, führt nicht zum Ausschluss des Rechts zum Widerruf des von dem Vertreter mit dem Unternehmer geschlossenen Vertrages, wenn dieser nicht notariell beurkundet wird.[266]

146 In richtlinienkonformer Auslegung ist die Vorschrift nur auf Willenserklärungen anwendbar, die dem Abschluss von Verträgen über Immobilien dienen.[267] Die Richtlinie 85/577/EWG sieht nämlich keine generelle Ausnahme für notariell beurkundete Willenserklärungen vor, sondern nur für Verträge über Immobilien (Art. 3 Abs. 2 lit. a der Richtlinie 85/577/EWG). Absatz 3 Nr. 3 ist insofern in seiner Funktion vergleichbar mit § 312b Abs. 3 Nr. 4 BGB.

147 Es ist unerheblich, ob die Willenserklärung bzw. der Vertrag über Immobilien zu seiner Wirksamkeit der notariellen Beurkundung (insbesondere gemäß § 311b Abs. 1 Satz 1 BGB) bedarf oder nicht.[268] Wird eine nicht beurkundungsbedürftige Willenserklärung beurkundet, so ist mit Blick auf § 312f Satz 2 BGB im Einzelfall zu prüfen, ob dadurch die Voraussetzungen des Absatzes 3 Nr. 3 und damit der Ausschluss des Widerrufsrechts herbeigeführt werden soll (verdeckte Umgehung).[269]

148 Die notarielle Beurkundung (vgl. hierzu die Kommentierung zu § 128 BGB) muss formell ordnungsgemäß gemäß §§ 9 ff. BeurkG durchgeführt worden sein.[270] Der Gesetzgeber ist nämlich davon ausgegangen, dass es im Falle einer notariellen Beurkundung an der Überraschung und Übervorteilung des Kunden fehle. Der Notar ist nämlich im Rahmen der Beurkundung zur Aufklärung des Verbrauchers verpflichtet (§ 17 BeurkG). Der Gesetzgeber hat zum 01.08.2002 mit § 17 Abs. 2a BeurkG sogar eine besondere Bestimmung für Verbraucherverträge aufgenommen: In diesen Fällen soll er darauf hinwirken, dass die rechtsgeschäftlichen Erklärungen des Verbrauchers von diesem persönlich oder durch eine Vertrauensperson vor dem Notar abgegeben werden und der Verbraucher ausreichend Gelegenheit erhält, sich vorab mit dem Gegenstand der Beurkundung auseinander zu setzen; bei Verbraucherverträgen, die der Beurkundungspflicht nach § 311b Abs. 1 Satz 1 BGB (z.B. Grundstückskaufvertrag) und § 311 Abs. 3 BGB (Verpflichtung zur Übertragung des gegenwärtigen Vermögens bzw. Bestellung eines Nießbrauchs hieran) unterliegen, geschieht dies im Regelfall dadurch, dass dem Verbraucher der beabsichtigte Text des Rechtsgeschäfts zwei Wochen vor der Beurkundung zur Verfügung gestellt wird.[271]

149 Ist die Beurkundung formell ordnungsgemäß durchgeführt worden, kommt es grundsätzlich nicht darauf an, ob die Belehrung auch tatsächlich ihren Zweck erreicht hat. Eine richtlinienkonform einschränkende Auslegung ist nach bestrittener Ansicht in Fällen erforderlich, in denen die notarielle Beurkun-

---

[265] *Thüsing* in: Staudinger, § 312 Rn. 167; *Grüneberg* in: Palandt, § 312 Rn. 31; *Hahn* in: Wilmer/Hahn, Fernabsatzrecht, 2. Aufl. 2005, § 312 Rn. 19.
[266] *Thüsing* in: Staudinger, § 312 Rn. 172.
[267] *Thüsing* in: Staudinger, § 312 Rn. 170; *Grüneberg* in: Palandt, § 312 Rn. 31; *Hahn* in: Wilmer/Hahn, Fernabsatzrecht, 2. Aufl. 2005, § 312 Rn. 19; offen gelassen von BGH v. 02.05.2000 - XI ZR 150/99 - NJW 2000, 2268-2270.
[268] Zum Fall des Beitritts zu einem Immobilienfonds und in diesem Zusammenhang erfolgten notariellen Beurkundung von Darlehensverträgen vgl. *Habersack*, ZIP 2001, 353-358.
[269] Vgl. hierzu die Kommentierung zu § 312f BGB ff.; OLG Stuttgart v. 30.03.1999 - 6 U 141/98 - WM 1999, 2305-2310 mit Bespr. *Tiedtke*, MittBayNot 2000, 85-88.
[270] OLG Stuttgart v. 30.03.1999 - 6 U 141/98 - WM 1999, 2305-2310 mit Bespr. *Tiedtke*, MittBayNot 2000, 85-88.
[271] Allgemein zu § 17 Abs. 2a BeurkG vgl. *Fischer*, VuR 2002, 309-316; zur Verbraucher-Unternehmer-Eigenschaft in der notariellen Verhandlung vgl. *Pützhoven*, NotBZ 2002, 273-279.

dung ihren Zweck nicht erreichen kann.[272] Umstritten ist insbesondere, ob Absatz 3 Nr. 3 auf sog. Bauherrn- und Erwerbermodelle Anwendung findet. Dagegen wird angeführt, dass die Belehrung des Notars, der typischerweise nur mit einem Teil des Vorgangs befasst sei, den Verbraucher nicht hinreichend aufklären und warnen könne.[273]

F. Prozessuale Hinweise

I. Darlegungs- und Beweislast

Der Verbraucher trägt die Darlegungs- und Beweislast für das Vorliegen der das Widerrufsrecht begründenden Umstände, insbesondere auch dafür, dass der Unternehmer ihn zu dem Abschluss des Vertrages bestimmt hat.[274] Er trägt auch die Darlegungs- und Beweislast dafür, dass ein Vertrag nach dem Inkrafttreten des HTürGG abgeschlossen wurde.[275] **150**

Der Unternehmer kann die vom Verbraucher dargelegten Tatsachen bestreiten. Wie der BGH entschieden hat, ist das Bestreiten einer Haustürsituation durch eine daran nicht beteiligte Bank kein unzulässiges pauschales Bestreiten; ein substantiiertes Bestreiten kann von ihr nur gefordert werden, wenn der Beweis der Haustürsituation dem kreditnehmenden Verbraucher nicht möglich oder nicht zumutbar ist, während die Bank alle wesentlichen Tatsachen kennt und es ihr zumutbar ist, nähere Angaben zu machen.[276] **151**

Der Unternehmer trägt die Darlegungs- und Beweislast für die Tatsachen, die den Beginn der Widerrufsfrist begründen (§ 355 Abs. 2 Satz 4 BGB), die die ordnungsgemäße Gestaltung der Widerrufs- oder Rückgabebelehrung betreffen und die einen Ausschluss des Widerrufs- oder Rückgaberechts begründen (Absatz 3, § 312a BGB).[277] **152**

Er trägt ferner die Darlegungs- und Beweislast für das Vorliegen einer vorhergehenden Bestellung i.S.v. § 312 Abs. 3 Nr. 1 BGB.[278] Der Unternehmer muss insbesondere substantiiert darlegen, wann und wie der Verbraucher ihn bestellt hat[279] und dass keine provozierte Bestellung vorliegt[280]. Eine Bestätigung durch den Verbraucher, dass er den Unternehmer bestellt hat (z.B. durch die Erklärung, dass „die mündlichen Verhandlungen auf vorhergehende Bestellung des Kunden geführt worden" seien), verstößt gegen § 312f Satz 1 BGB[281] und stellt in AGB eine gemäß § 309 Nr. 12 lit. b BGB unzulässige Tatsachenbestätigung dar[282]. **153**

---

[272] *Grüneberg* in: Palandt, § 312 Rn. 31; *Hahn* in: Wilmer/Hahn, Fernabsatzrecht, 2. Aufl. 2005, § 312 Rn. 19; OLG Stuttgart v. 30.03.1999 - 6 U 141/98 - WM 1999, 2305-2310 mit Bespr. *Tiedtke*, MittBayNot 2000, 85-88; OLG Karlsruhe v. 16.05.2002 - 11 U 10/01 - BKR 2002, 593-596 mit Anm. *Althammer*, BKR 2003, 280-286; a.A. nunmehr OLG Karlsruhe v. 09.09.2003 - 8 U 72/03 - ZIP 2004, 946-950.

[273] *Thüsing* in: Staudinger, § 312 Rn. 173; *Grüneberg* in: Palandt, § 312 Rn. 31.

[274] BGH v. 29.09.2004 - IV ZR 71/04 - FamRZ 2004, 1865-1866.

[275] BGH v. 14.01.1991 - II ZR 190/89 - BGHZ 113, 222-227; ebenso vorgehend OLG Köln v. 14.08.1989 - 7 U 205/88 - NJW-RR 1989, 1339-1341; abl. Anm. *Boecken*, DB 1992, 461-463.

[276] BGH v. 07.11.2006 - XI ZR 438/04 - ZIP 2007, 762-763.

[277] So zur vorhergehenden Bestellung LG München v. 15.05.2003 - 22 O 305/03 - BKR 2003, 806-807 mit Anm. *Frisch*, EWiR 2003, 1253-1254; vgl. auch OLG Jena v. 02.11.1993 - 5 U 312/93 - OLG-NL 1994, 78-80.

[278] BGH v. 15.04.2010 - III ZR 218/09; BGH v. 06.10.1988 - III ZR 94/87 - NJW 1989, 584-585; OLG Brandenburg v. 02.04.2009 - 5 U 53/08 - MDR 2009, 1330-1331; OLG Düsseldorf v. 26.02.2009 - I-24 U 184/08, 24 U 184/08- OLGR Düsseldorf 2009, 569-571; OLG Jena v. 24.07.2002 - 2 U 1478/01 - VuR 2003, 100-103; OLG Köln v. 24.10.2001 - 11 U 73/00 - MDR 2002, 751-752; OLG Dresden v. 30.11.1999 - 8 U 1687/99 - MDR 2000, 755-756; OLG Zweibrücken v. 27.01.1992 - 7 U 101/91 - NJW-RR 1992, 565-566; OLG Düsseldorf v. 11.07.1991 - 8 U 84/90 - NJW-RR 1992, 506-507.

[279] OLG Düsseldorf v. 11.07.1991 - 8 U 84/90 - NJW-RR 1992, 506-507.

[280] AG Schöneberg v. 15.09.1987 - 12 C 276/87 - NJW-RR 1988, 115-117.

[281] Vgl. hierzu die Kommentierung zu § 312f BGB ff.; AG Ettenheim v. 20.04.2004 - 1 C 270/03 - NJW-RR 2004, 1429-1430.

[282] *Thüsing* in: Staudinger, § 312 Rn. 177; OLG Schleswig v. 27.10.2000 - 1 U 39/00 - BauR 2002, 1855-1857; so bereits zur Rechtslage nach dem HTürGG und AGBG OLG Dresden v. 30.11.1999 - 8 U 1687/99 - MDR 2000, 755-756 und OLG Zweibrücken v. 27.01.1992 - 7 U 101/91 - NJW-RR 1992, 565-566.

II. Außergerichtliches Streitbeilegungsverfahren

154 Wenn der Streitwert 750 € nicht übersteigt, ist zu prüfen, ob vor Klageerhebung gemäß § 15a Abs. 1 Nr. 1 EGZPO i.V.m. dem jeweiligen Landesrecht ein obligatorisches Güteverfahren durchgeführt werden muss. Ist durch Landesrecht ein solches Verfahren vorgeschrieben, so muss der Einigungsversuch der Klageerhebung vorausgehen. Er kann nicht nach der Klageerhebung nachgeholt werden. Eine ohne den Einigungsversuch erhobene Klage ist als unzulässig abzuweisen.[283] Dies gilt in der Rechtsmittelinstanz auch dann, wenn erstinstanzlich ein Sachurteil ergangen ist.[284] Der Ausnahmekatalog des § 15a Abs. 2 EGZPO eröffnet Möglichkeiten, das Güteverfahren zu umgehen, z.B. gemäß § 15a Abs. 2 Nr. 5 EGZPO bei Durchführung eines Mahnverfahrens nach den §§ 688 ff. ZPO.

III. Gerichtsstand

1. Mahnverfahren

155 Findet ein Mahnverfahren statt, so ergibt sich die örtliche Zuständigkeit aus § 689 Abs. 1 ZPO. Gemäß § 689 Abs. 1 Satz 1 ZPO ist ausschließlich das Amtsgericht zuständig, bei dem der Antragsteller seinen allgemeinen Gerichtsstand hat. Hat der Antragsteller im Inland keinen allgemeinen Gerichtsstand, so ist gemäß § 689 Abs. 1 Satz 2 ZPO das Amtsgericht Schöneberg in Berlin ausschließlich zuständig; hat der Antragsgegner im Inland keinen allgemeinen Gerichtsstand, so gilt § 703d ZPO. Diese Regelungen gelten auch, soweit in anderen Vorschriften eine andere ausschließliche Zuständigkeit bestimmt ist (§ 689 Abs. 1 Satz 3 ZPO).

2. Streitiges Verfahren

a. Klagen des Verbrauchers gegen den Unternehmer

156 Der Verbraucher kann den Unternehmer gemäß §§ 12 f., 17 ZPO an seinem Geschäftssitz verklagen (allgemeiner Gerichtsstand). In Betracht kommen ferner besondere Gerichtsstände, z.B. der Niederlassung gemäß § 21 ZPO, des Erfüllungsorts gemäß § 29 ZPO oder der unerlaubten Handlung gemäß § 32 ZPO. Diese Gerichtsstände sind jedoch in der Praxis aufgrund des zusätzlichen besonderen Gerichtsstands für Haustürgeschäfte gemäß § 29c ZPO (zuvor § 7 HTürGG) von geringerer Bedeutung. Bei Kapitalanlagen ist § 32b ZPO zu beachten.

aa. § 29c ZPO

157 Für Klagen aus Haustürgeschäften ist gemäß § 29c Abs. 1 Satz 1 ZPO das Gericht zuständig, in dessen Bezirk der Verbraucher zur Zeit der Klageerhebung (§ 253 Abs. 1 ZPO) seinen Wohnsitz, in Ermangelung eines solchen seinen gewöhnlichen Aufenthalt hat. Verklagt der Verbraucher mehrere Unternehmer, so ist daher mit Blick auf den gemeinschaftlichen besonderen Gerichtsstand gemäß § 29c ZPO ein Antrag des Verbrauchers auf Zuständigkeitsbestimmung gemäß § 36 Abs. 1 Nr. 3 ZPO unzulässig.[285]

158 Hat der Verbraucher seinen Anspruch abgetreten und klagt der Zessionär, so steht diesem der Gerichtsstand des § 29 Abs. 1 Satz 1 ZPO nicht zur Verfügung; anders als § 23a ZPO und § 30 ZPO gibt § 29c ZPO das Forum für eine bestimmte Person (Verbraucher) und nicht für den Anspruch; die Verbrauchereigenschaft ist persönliche Voraussetzung für das Vorliegen eines Haustürgeschäfts.[286]

159 „Klagen aus Haustürgeschäften" i.S.v. § 29c Abs. 1 Satz 1 ZPO sind ohne Rücksicht auf die Anspruchsgrundlage alle Klagen, mit denen Ansprüche geltend gemacht werden, die sich auf ein Haustürgeschäft i.S.v. Absatz 1 gründen.[287] Hierzu gehören Ansprüche auf Erfüllung, Ansprüche nach Erklärung des Widerrufs auf Rückgewähr und sämtliche Folgeansprüche aus dem Haustürgeschäft, beispielsweise Ansprüche, die sich aus der Schlechterfüllung solcher Geschäfte oder aus Verschulden bei

---

[283] BGH v. 23.11.2004 - VI ZR 336/03 - BGHZ 161, 145-151 mit Anm. *Baukelmann*, jurisPR-BGHZivilR 52/2004, Anm. 1; hierzu auch *Lauer*, NJW 2004, 1280; ferner BGH v. 13.12.2006 - VIII ZR 64/06 - NJW 2007, 519-520 zu § 1 Abs. 1 Nr. 1 HessSchlG a.F.

[284] OLG Saarbrücken v. 14.12.2006 - 8 U 724/05-204, 8 U 724/05 - NJW 2007, 1292-1294; a.A. LG Marburg v. 13.04.2005 - 5 S 81/04 - NJW 2005, 2866 im Hinblick auf den Rechtsgedanken der §§ 513 Abs. 2, 545 Abs. 2 ZPO.

[285] OLG Frankfurt v. 03.02.2005 - 21 AR 150/04 - OLGR Frankfurt 2005, 568-569.

[286] OLG München v. 30.01.2009 - 25 U 3097/07 - juris Rn. 23.

[287] BGH v. 07.01.2003 - X ARZ 362/02 - NJW 2003, 1190-1191.

Vertragsschluss ergeben, bei der gebotenen weiten Auslegung der Vorschrift nach BGH auch deliktische Ansprüche, z.B. aus § 826 BGB.[288] Der Sinn und Zweck der Vorschrift besteht nämlich darin, den Verbraucher im Prozessfall davor zu bewahren, seine Rechte bei einem möglicherweise weit entfernten Gericht geltend machen zu müssen, obwohl es der andere Vertragspartner gewesen ist, der am Wohnsitz des Verbrauchers die Initiative zu dem Vertragsschluss ergriffen hat.[289] Nach OLG Celle ist der besondere Gerichtsstand für Haustürgeschäfte auch dann eröffnet, wenn der Verbraucher bei einem Haustürgeschäft während eines laufenden Rechtsstreits auf Ansprüche nach Widerruf übergehen könne.[290]

Ein „Haustürgeschäft" liegt vor, wenn die Voraussetzungen der Legaldefinition in § 312 Abs. 1 Satz 1 BGB erfüllt sind. Es reicht daher aus, dass die Tatsachen schlüssig dargelegt sind, welche ein Haustürgeschäft i.S.v. § 312 Abs. 1 Satz 1 BGB begründen.[291] Sind die Voraussetzungen einer Haustürsituation nicht dargelegt, so ist die örtliche Zuständigkeit nach § 29c ZPO nicht begründet. 160

Unerheblich ist nach vorzugswürdiger Ansicht, ob das Widerrufs- bzw. Rückgaberecht etwa nach § 312 Abs. 3 BGB[292] oder § 312a BGB[293] ausgeschlossen ist.[294] 161

Nach anderer Auffassung ist § 29c ZPO nicht anwendbar, wenn eine der Ausnahmen des § 312 Abs. 3 BGB oder § 312a BGB erfüllt ist.[295] Das Argument, dass die Verweisung des § 29c Abs. 1 Satz 1 ZPO den gesamten § 312 BGB umfasse, überzeugt aber nicht. Diese Auffassung stellt eine teleologische Einschränkung dar, die weder vom Wortlaut noch vom Willen des Gesetzgebers gedeckt ist.[296] 162

Für Versicherungsverträge (§ 312 Abs. 3 BGB) hat der Gesetzgeber mit Wirkung zum 01.01.2008 nach dem Vorbild des § 29c ZPO unter Ersetzung von § 48 VVG a.F. in § 215 VVG eine besondere Regelung geschaffen. Für Klagen aus dem Versicherungsvertrag oder der Versicherungsvermittlung ist auch das Gericht zuständig, in dessen Bezirk der Versicherungsnehmer zur Zeit der Klageerhebung seinen Wohnsitz, in Ermangelung eines solchen seinen gewöhnlichen Aufenthalt hat (§ 215 Abs. 1 Satz 1 ZPO). Für Klagen gegen den Versicherungsnehmer ist dieses Gericht ausschließlich zuständig (§ 215 Abs. 1 Satz 2 ZPO). § 33 Abs. 2 ZPO ist auf Widerklagen der anderen Partei nicht anzuwenden (§ 215 Abs. 2 ZPO). Eine von § 215 Abs. 1 ZPO abweichende Vereinbarung ist zulässig für den Fall, dass der Versicherungsnehmer nach Vertragsschluss seinen Wohnsitz oder gewöhnlichen Aufenthalt aus dem Geltungsbereich des VVG verlegt oder sein Wohnsitz oder gewöhnlicher Aufenthalt im Zeitpunkt der Klageerhebung nicht bekannt ist (§ 215 Abs. 3 ZPO). 163

bb. § 32b ZPO

Hat der Verbraucher einen Vertrag über eine Kapitalanlage widerrufen, zu dessen Abschluss der Verbraucher in einer Haustürsituation bestimmt worden ist, so sind bei der Bestimmung des zuständigen Gerichts für die Klage des Verbrauchers die ausschließlichen Zuständigkeiten nach § 32b ZPO und § 71 Abs. 2 Nr. 3 GVG zu prüfen.[297] § 71 Abs. 2 Nr. 3 GVG bestimmt eine ausschließliche erstinstanzliche sachliche Zuständigkeit der Landgerichte „für Schadensersatzansprüche auf Grund falscher, irreführender oder unterlassener öffentlicher Kapitalmarktinformationen". Gemäß § 32b Abs. 1 Nr. 1 ZPO 164

---

[288] BGH v. 07.01.2003 - X ARZ 362/02 - NJW 2003, 1190-1191.
[289] BR-Drs. 384/75, S. 26.
[290] OLG Celle v. 15.04.2004 - 4 AR 23/04 - NJW 2004, 2602-2603.
[291] OLG Köln v. 06.04.2005 - 5 W 37/05 - OLGR Köln 2005, 553-555; KG Berlin v. 29.05.2008 - 2 AR 20/08 - KGR Berlin 2008, 749-751; KG Berlin v. 29.05.2008 - 2 AR 25/08 - KGR Berlin 2008, 751-753; zur Darlegungs- und Beweislast in materiell-rechtlicher Hinsicht vgl. Rn. 150 ff.
[292] LG Traunstein v. 27.05.2004 - 1 O 4692/03 - RuS 2005, 135; LG Landshut v. 10.01.2003 - 74 O 1269/02 - NJW 2003, 1197 für eine Klage aus einem Vertrag über eine Gebäudeversicherung.
[293] So der ausdrückliche Wille des Gesetzgebers, vgl. BT-Drs. 14/7052, S. 191, auch mit dem rechtspolitischen Gedanken der Rechtsvereinheitlichung und Vereinfachung für die Gerichte und der Stärkung des Verbraucherschutzes; anders zur vorgehenden Regelung in § 7 Abs. 1 HTürGG unter Verweis auf eine fehlende Grundlage in der Richtlinie 85/577/EWG BGH v. 09.04.2002 - XI ZR 32/99 - BGHZ 150, 264-269 mit Anm. *Mankowski*, EWiR 2002, 579-580 und *Artz/Bülow*, WuB IV D § 7 HWiG 1.02; ebenso die vorgehenden Instanzen LG München v. 13.08.1998 - 26 O 4433/98 und OLG München v. 20.11.1998 - 21 U 5242/98 sowie OLG Stuttgart v. 12.08.1997 - 6 U 78/97 - OLGR Stuttgart 1997, 77-78.
[294] Ebenso *Vollkommer* in: Zöller, ZPO, § 29c Rn. 4.
[295] OLG Jena v. 26.11.2008 - 4 U 554/07; OLG München v. 30.05.2006 - 25 U 1806/06 - VersR 2006, 1517-1518; LG Berlin v. 23.12.2004 - 7 O 353/04 - VersR 2005, 1259-1260.
[296] OLG Köln v. 06.04.2005 - 5 W 37/05 - OLGR Köln 2005, 553-555.
[297] Zum Gerichtsstand bei fehlgeschlagener Kapitalanlage z.B. *Cuypers*, WM 2007, 1446-1456.

ist für Klagen, mit denen der „Ersatz eines auf Grund falscher, irreführender oder unterlassener öffentlicher Kapitalmarktinformationen verursachten Schadens" geltend gemacht wird, das Gericht ausschließlich am Sitz des betroffenen Emittenten, des betroffenen Anbieters von sonstigen Vermögensanlagen oder der Zielgesellschaft zuständig. Dies gilt gemäß § 32b Abs. 1 Satz 2 ZPO nicht, wenn sich dieser Sitz im Ausland befindet. Gemäß § 32b Abs. 2 ZPO können die Länder die Zuständigkeit für mehrere Landgerichtsbezirke bei einem Landgericht konzentrieren. Der ausschließliche Gerichtsstand des § 32b ZPO (u.U. am Sitz des Unternehmers) geht dem durch § 29c Abs. 1 Satz 2 ZPO eröffneten besonderen Gerichtsstand am Sitz des Verbrauchers vor.

165 Praktische Bedeutung kann dies etwa für den Vertrieb von Anlagen des sog. grauen Kapitalmarkts haben. Wie der BGH[298] auf Vorlage des OLG Düsseldorf gemäß § 36 Abs. 3 ZPO entschieden hat, erfasst § 32b Abs. 1 Satz 1 Nr. 1 ZPO – entgegen der Auffassung des OLG München[299] – auch Ansprüche wegen Informationen über Anlagen auf dem sog. grauen Kapitalmarkt. Zu den öffentlichen Kapitalmarktinformation i.S.v. § 1 Abs. 1 Satz 3 KapMuG gehören nach Auffassung des Bundesgerichtshofs auch Informationen über solche Kapitalanlagen, für die eine Prospektpflicht gesetzlich nicht geregelt ist. Wie der Bundesgerichtshof weiter entschieden hat, findet § 32b Abs. 1 Satz 1 Nr. 1 ZPO allerdings keine Anwendung auf Ansprüche wegen der Verletzung eines Anlageberatungsvertrages, auch wenn bei der Beratung auch auf öffentliche Kapitalmarktinformationen Bezug genommen wurde.[300]

b. Klagen des Unternehmers gegen den Verbraucher

166 Für Klagen des Unternehmers gegen den Verbraucher ist das Gericht gemäß § 29c Abs. 1 Satz 2 ZPO ausschließlich zuständig. Gemäß § 40 Abs. 2 Satz 1 Nr. 2 ZPO ist daher eine Gerichtsstandsvereinbarung unzulässig. Gleiches gilt gemäß § 40 Abs. 2 Satz 2 ZPO für ein rügeloses Verhandeln des Verbrauchers zur Hauptsache. Als Ausnahme hierzu ist gemäß § 29c Abs. 3 ZPO eine von § 29c Abs. 1 ZPO abweichende Vereinbarung zulässig, wenn der Verbraucher nach Vertragsschluss seinen Wohnsitz oder gewöhnlichen Aufenthalt aus dem Geltungsbereich der ZPO verlegt oder sein Wohnsitz oder gewöhnlicher Aufenthalt im Zeitpunkt der Klageerhebung nicht bekannt ist.[301]

IV. Zwangsvollstreckung

167 Die schwebende Wirksamkeit des Vertrages nach § 355 Abs. 1 Satz 1 BGB führt dazu, dass der Verbraucher, der einen Widerruf erst nach rechtskräftiger Verurteilung zur Zahlung erklärt, bei einer Vollstreckungsgegenklage nicht nach § 767 Abs. 2 ZPO präkludiert ist.[302] Gemäß § 767 Abs. 1 ZPO sind die Einwendungen von dem Schuldner bei dem Prozessgericht des ersten Rechtszuges geltend zu machen. Dabei handelt es sich gemäß § 802 ZPO um eine ausschließliche Zuständigkeit. Diese hat gegenüber § 29c ZPO Vorrang, auch wenn § 29c ZPO im Erkenntnisverfahren unberücksichtigt geblieben ist.[303]

G. Übergangsrecht

168 Das HTürGG ist am 01.05.1986 in Kraft getreten. Es findet – mit Ausnahme der Regelung über den Gerichtsstand – keine Anwendung auf Verträge, die vor diesem Zeitpunkt geschlossen wurden. Mit dem Inkrafttreten des HTürGG ist für danach abgeschlossene Verträge kein Raum mehr für die Anwendung des § 56 GewO i.V.m. § 134 BGB.[304]

---

[298] BGH v. 30.01.2007 - X ARZ 381/06 - NJW 2007, 1364-1365 mit Anm. *Stürner*, jurisPR-BGHZivilR 13/2007, Anm. 3; bestätigt durch BGH v. 07.02.2007 - X ARZ 423/06 - NJW 2007, 1365-1366 mit Anm. *Stürner*, jurisPR-BGHZivilR 14/2007, Anm. 3.

[299] OLG München v. 10.11.2006 - 31 AR 114/06 - NJW 2007, 163-165; OLG München v. 27.07.2006 - 31 AR 70/06 - ZIP 2006, 1699-1700.

[300] BGH v. 30.01.2007 - X ARZ 381/06 - NJW 2007, 1364-1365 mit Anm. *Stürner*, jurisPR-BGHZivilR 13/2007, Anm. 3; a.A. zuvor OLG Koblenz v. 12.10.2006 - 4 SmA 21/06 - NJW 2006, 3723-3724 mit zust. Anm. *Stöber*, NJW 2006, 3724-3725; OLG Nürnberg v. 07.08.2006 - 3 AR 1681/06 - BB 2006, 2212-2213; LG Hildesheim v. 17.08.2006 - 6 O 167/06 - BB 2006, 2212-2213.

[301] Vgl. zu einer unzulässigen Gerichtsstandsvereinbarung AG Hamburg v. 22.05.1997 - 16b C 1773/96 - VuR 1998, 346-348 und LG Lüneburg v. 13.10.1995 - 3 O 408/94 - VuR 1997, 63-66.

[302] Zur früheren Rechtslage, nach welcher der Vertrag schwebend unwirksam und der Widerruf damit eine rechtshindernde Einwendung war, vgl. BGH v. 16.10.1995 - II ZR 298/94 - BGHZ 131, 82-90.

[303] *Vollkommer* in: Zöller, ZPO, § 29c Rn. 5a.

[304] OLG München v. 12.09.1990 - 20 U 4549/89 - NJW-RR 1990, 1528-1529.

Auf Verträge, die vor dem 01.10.2000 abgeschlossen wurden, ist das HTürGG in der bis dahin geltenden Fassung anzuwenden (§ 9 Abs. 3 HTürGG a.F.). **169**

Auf Schuldverhältnisse, die vor dem 01.01.2002 entstanden sind, ist das HTürGG gemäß Art. 229 § 5 Satz 1 EGBGB, soweit nicht ein anderes bestimmt ist, in der bis zu diesem Tag geltenden Fassung anzuwenden. Maßgeblicher Zeitpunkt für die Abgrenzung ist die Entstehung des Schuldverhältnisses, d.h. des Wirksamwerdens von Angebot und Annahme.[305] **170**

Dies gilt gemäß Art. 229 § 5 Satz 2 EGBGB für Dauerschuldverhältnisse mit der Maßgabe, dass anstelle des HTürGG vom 01.01.2003 das BGB in der dann geltenden Fassung anzuwenden ist. Auf die nach dem 31.12.2001 begründeten Dauerschuldverhältnisse sind die Vorschriften der Schuldrechtsmodernisierung sofort anwendbar.[306] Art. 229 § 5 Satz 2 EGBGB gilt nicht für den Entstehungstatbestand, etwa das Zustandekommen eines Vertrages in einer Haustürsituation und ein sich hieraus ergebendes Widerrufsrecht, sowie die Voraussetzungen seines Erlöschens.[307] **171**

Wie der BGH bestätigt hat, sind die durch das OLG-Vertretungsänderungsgesetz vom 23.07.2002 eingeführten Widerrufsregelungen für Verbraucherverträge nur anwendbar auf Haustürgeschäfte, die nach dem 01.08.2002 abgeschlossen worden sind, und auf andere Schuldverhältnisse, die nach dem 01.11.2002 entstanden sind. Art. 229 § 9 EGBGB (Überleitungsvorschrift zum OLG-Vertretungsänderungsgesetz vom 23.07.2002) ist lex specialis zu Art. 229 § 5 Satz 2 EGBGB.[308] **172**

Für § 312 Abs. 2 BGB i.d.F. von Art. 1 Nr. 3 des Gesetzes zur Umsetzung der Verbraucherkreditrichtlinie, des zivilrechtlichen Teils der Zahlungsdiensterichtlinie sowie zur Neuordnung der Vorschriften über das Widerrufs- und Rückgaberecht vom 29.07.2009[309] gilt die Übergangsregelung gemäß Art. 229 § 22 Abs. 2 EGBGB, wonach – soweit andere als die in Art. 229 § 22 Abs. 1 EGBGB geregelten Schuldverhältnisse vor dem 11.06.2010 entstanden sind – auf sie das BGB und die BGB-InfoV jeweils in der bis dahin geltenden Fassung anzuwenden sind. Wie in der Gesetzesbegründung klargestellt wird, ist es grundsätzlich nicht gerechtfertigt, auf am Stichtag bereits bestehende Schuldverhältnisse das neue Recht anzuwenden, das zum Zeitpunkt der Entstehung des Schuldverhältnisses noch nicht galt und deshalb auch noch nicht beachtet werden konnte.[310] **173**

---

[305] OLG Celle v. 28.03.2007 - 9 U 98/06 - OLGR Celle 2007, 401-403 (im entschiedenen Fall kam der Vertrag ausweislich des „Zeichnungszertifikats" über eine Anlage am 31.03.2000 zustande, d.h. vor dem 01.01.2002, so dass das HTürGG anzuwenden war).

[306] Zum Haustürwiderrufsrechts bei vor dem 01.01.2002 entstandenen Schuldverhältnissen vgl. *Schaffelhuber*, WM 2005, 765-772; zum Übergangsrecht nach Art. 229 § 5 Satz 2 EGBGB bei einem Aufhebungsvertrag betreffend einen Arbeitsvertrag vgl. LArbG Köln v. 18.12.2002 - 8 Sa 979/02 - DB 2003, 1447.

[307] OLG Stuttgart v. 20.11.2006 - 6 U 23/06 - OLGR Stuttgart 2007, 576-580.

[308] BGH v. 13.06.2006 - XI ZR 94/05 - NJW 2006, 3349-3350.

[309] BGBl I 2009, 2355.

[310] BT-Drs. 16/11643, S. 119/120.

§ 312a BGB Verhältnis zu anderen Vorschriften

(Fassung vom 15.12.2003, gültig ab 01.01.2004)

Steht dem Verbraucher zugleich nach Maßgabe anderer Vorschriften ein Widerrufs- oder Rückgaberecht nach § 355 oder § 356 dieses Gesetzes, nach § 126 des Investmentgesetzes zu, ist das Widerrufs- oder Rückgaberecht nach § 312 ausgeschlossen.

Gliederung

A. Grundlagen
I. Funktion
II. Gesetzesgeschichte 3
III. Richtlinienkonforme Auslegung 4
B. Anwendungsvoraussetzungen 8
I. Konkurrenzverhältnis zum Widerrufsrecht bei Fernabsatzverträgen 9
II. Konkurrenzverhältnis zum Widerrufsrecht bei Verbraucherdarlehensverträgen 13
III. Konkurrenzverhältnis zu weiteren Widerrufsrechten 16
C. Rechtsfolge 19
D. Prozessuales 20

A. Grundlagen

I. Funktion

1   Die Vorschrift regelt das Konkurrenzverhältnis des Widerrufs- bzw. Rückgaberechts bei Haustürgeschäften zu anderen Widerrufs- bzw. Rückgaberechten des Verbraucherschutzrechts. Während das Recht der Haustürgeschäfte ähnlich wie das Fernabsatzrecht an die Umstände des Vertragsschlusses anknüpft, ist für andere Vorschriften, die Widerrufsrechte begründen, z.B. bei Teilzeit-Wohnrechteverträgen und Verbraucherdarlehensverträgen, der Inhalt des Vertrages maßgeblich. Daraus resultieren unterschiedliche Anforderungen an die konkrete Ausgestaltung des jeweiligen Widerrufsrechts (z.B. in Bezug auf den Fristbeginn und den Inhalt der Widerrufsbelehrung). § 312a BGB ergänzt § 312 Abs. 3 BGB, wonach Versicherungsverträge vom Anwendungsbereich des Rechts der Haustürgeschäfte ausgenommen sind, denn insoweit besteht ein gesondertes Widerrufsrecht nach Maßgabe von § 8 VVG. Gesetzliche Konkurrenzvorschriften wie § 312 Abs. 3 BGB und § 312a BGB dienen dazu, in Fällen, in denen mehrere Widerrufsrechte anwendbar wären, Anwendungs- und Auslegungsprobleme zu vermeiden.[1]

2   Unberührt von § 312a BGB bleiben andere als die in der Vorschrift benannten Widerrufs- und Rückgaberechte des Verbrauchers, etwa eventuell bestehende Rechte zur Anfechtung, zur Kündigung oder zum Rücktritt. Unberührt bleiben ferner Vorschriften, welche die Nichtigkeit des Rechtsgeschäfts anordnen, z.B. gemäß § 134 BGB oder § 138 BGB. Ein Vertrag ist nicht bereits generell deswegen gemäß § 138 Abs. 1 BGB nichtig, weil er unter einem der in § 312 Abs. 1 BGB aufgeführten Umstände („Haustürsituation") zustande gekommen ist. Das würde zu einem Wertungswiderspruch führen, weil der Verbraucher die Wahl haben soll, ob er das ihm nach Maßgabe von § 312 BGB zustehende Widerrufsrecht ausübt oder nicht. Das Haustürwiderrufsrecht steht der Anwendung des § 138 BGB aber nicht entgegen, wenn der Verstoß gegen die guten Sitten unter anderen Aspekten begründet wird, etwa weil der Unternehmer konkret die Unerfahrenheit und Unterlegenheit des Verbrauchers ausgenutzt hat.

II. Gesetzesgeschichte

3   § 312a BGB wurde als Nachfolgeregelung zu § 5 Abs. 2 und 3 HTürGG mit Wirkung zum 01.01.2002 durch das Schuldrechtsmodernisierungsgesetz in das BGB eingefügt.[2] Zum 01.08.2002 wurde die Norm durch das Gesetz zur Änderung des Rechts der Vertretung durch Rechtsanwälte vor den Oberlandesgerichten vom 23.07.2002 geändert.[3] Gemäß Art. 229 § 9 Abs. 1 Satz 1 EGBGB ist § 312a BGB in der seit diesem Datum geltenden Fassung, soweit nichts anderes bestimmt ist, nur auf Haustürgeschäfte anwendbar, die nach dem 01.08.2002 abgeschlossen worden sind, einschließlich ihrer Rückab-

---

[1] BT-Drs. 14/9266, S. 44.
[2] So der Gesetzesentwurf, BT-Drs. 14/6040, S. 167.
[3] BGBl I 2002, 2850; berichtigt durch BGBl I 2002, 4410.

wicklung und andere Schuldverhältnisse, die nach dem 01.11.2002 entstanden sind. Eine zweite Änderung erfolgte mit Wirkung zum 01.01.2004 durch das Investmentmodernisierungsgesetz im Zuge der Einführung des Investmentgesetzes.[4]

III. Richtlinienkonforme Auslegung

Wie der EuGH[5] auf Vorlage des BGH[6] entschieden hat („Heininger"), hatte § 5 HTürGG bzw. § 312a BGB in der zum 01.01.2002 in Kraft getretenen Fassung gegen die Richtlinie 85/577/EWG verstoßen. § 312a BGB hatte nämlich dazu geführt, dass trotz des Vorliegens eines Haustürgeschäfts kein Widerrufsrecht bestand. Bedeutsam war dies für die in § 491 Abs. 2 BGB und § 491 Abs. 3 BGB bzw. zuvor im VerbrKrG geregelten Ausnahmen vom Anwendungsbereich der Verbraucherdarlehensverträge. So wurde bei grundpfandrechtlich gesicherten Verbraucherdarlehen (Realkreditverträgen), insbesondere in den sog. Schrottimmobilienfällen, kein Widerrufsrecht nach § 495 BGB gewährt. Für den Fall, dass der Darlehensvertrag zugleich ein Haustürgeschäft war, existierte damit überhaupt kein Widerrufsrecht.

Bedenken gegen die Vereinbarkeit der Norm mit der Richtlinie 85/577/EWG bestanden bereits während des Gesetzgebungsverfahrens zu § 312a BGB. Zu diesem Zeitpunkt war die Vorlage beim EuGH bereits anhängig, seine Entscheidung wurde aber erst nach der Verabschiedung des Schuldrechtsmodernisierungsgesetzes veröffentlicht. Die durch die Entscheidung erforderlich gewordenen Änderungen vollzog der Gesetzgeber mit Wirkung zum 01.08.2002 durch Art. 25 Nr. 3 des Gesetzes zur Änderung des Rechts der Vertretung durch Rechtsanwälte vor den Oberlandesgerichten vom 23.07.2002.[7] Eine vergleichbare Konkurrenzregelung der verschiedenen Widerrufsrechte hat der Gesetzgeber in § 312d Abs. 5 BGB geschaffen.[8]

Von der Neuregelung werden jedoch nicht die Altfälle erfasst. Die deutschen Gerichte haben sich daher auch nach der Heininger-Entscheidung und der Gesetzesänderung weiterhin mit vergleichbaren Fällen von Verbrauchern zu befassen. Insofern ist eine richtlinienkonforme Auslegung von § 5 HTürGG bzw. § 312a BGB erforderlich.[9] Der BGH hat mit Entscheidung vom 09.04.2002[10] ein bei fehlender Widerrufsbelehrung zeitlich unbefristetes Widerrufsrecht anerkannt; die Einzelheiten hinsichtlich der Folgen, insbesondere bei verbundenen Verträgen, sind nur zum Teil höchstrichterlich geklärt. So erfordert die Richtlinie 85/577/EWG nach dem BGH jedenfalls keinen Schutz des Verbrauchers vor den Folgen des finanzierten Geschäfts wegen unterbliebener Widerrufsbelehrung, wenn das finanzierte Geschäft vor dem Darlehensvertrag abgeschlossen wurde.[11] Die richtlinienkonforme Auslegung von § 312a BGB ist im Übrigen nicht auf das Konkurrenzverhältnis der Widerrufsrechte nach der Richtlinie 85/577/EWG und Verbraucherdarlehensverträgen beschränkt, sondern ist auch bei einer Konkurrenz des Widerrufsrechts nach der Richtlinie 85/577/EWG zu anderen Widerrufsrechten zu berücksichtigen.

---

[4] BGBl I 2003, 2676; vgl. Art. 7 des Gesetzes zur Modernisierung des Investmentwesens und zur Besteuerung von Investmentvermögen (Investmentmodernisierungsgesetz) v. 19.12.2003.

[5] EuGH v. 13.12.2001 - C-481/99 - LM EWG-RL 85/577 Nr. 3a (4/2002) mit zahlreichen Anm., u.a. *Edelmann*, BKR 2002, 80-84; *Hoffmann*, ZIP 2002, 145-152; *Habersack/Mayer*, WM 2002, 253-308; *Großerichter/Hochleitner/Wolf*, WM 2002, 529-535; *Koch*, WM 2002, 1593-1601; *Methner/Reiter*, VuR 2002, 316-320; *Staudinger*, NJW 2002, 653-656.

[6] BGH v. 30.11.1999 - XI ZR 91/99 - LM HWiG Nr. 33a (4/2000).

[7] BGBl I 2002, 2850.

[8] Zum Ganzen *Meinhof*, NJW 2002, 2373-2375.

[9] *Grüneberg* in: Palandt, § 312a Rn. 1; BGH v. 12.11.2002 - XI ZR 25/00 - ZIP 2003, 160-163 mit Anm. *Roth*, WuB IV D § 1 HWiG 3.03, *Fritz*, EWiR 2003, 975-976, *Edelmann*, WuB IV D § 3 HWiG 1.03 und *Häuser*, EWiR 2003, 423-424.

[10] BGH v. 09.04.2002 - XI ZR 91/99 - BGHZ 150, 248-263 mit Anm. *Rohe*, BKR 2002, 575-579, *Staudinger*, JuS 2002, 953-956, *Staudinger*, ZAP Fach 8, 357-358, *Derleder*, ZBB 2002, 202-211, *Loßack*, VuR 2002, 280-281 und *Knott*, WM 2003, 49-55; BGH v. 10.09.2002 - XI ZR 151/99 - NJW 2003, 199-200; BGH v. 12.11.2002 - XI ZR 3/01 - NJW 2003, 424-426; OLG Karlsruhe v. 09.09.2003 - 8 U 72/03 - OLGR Karlsruhe 2004, 60-63; BVerfG v. 09.10.2003 - 1 BvR 693/02 - NJW 2004, 151-152 mit Anm. *Derleder*, EWiR 2004, 285-286; BGH v. 08.06.2004 - XI ZR 167/02 - NJW 2004, 2744-2745.

[11] BGH v. 16.05.2006 - XI ZR 6/04 - ZGS 2006, 203-204.

§ 312a

7   Nach Auffassung des OLG Dresden[12] in Übereinstimmung mit der zu § 5 Abs. 2 HTürGG und § 7 Abs. 2 VerbrKrG ergangenen Rechtsprechung des BGH[13] ist auch § 312a BGB in der seit dem 01.01.2002 geltenden Fassung des Schuldrechtsmodernisierungsgesetzes einschränkend dahin auszulegen, dass Verbraucherverträge insoweit nicht den „Regelungen über Verbraucherdarlehensverträge" unterliegen, als diese kein gleich weit reichendes Widerrufsrecht vorsehen, wie es im Falle eines Haustürgeschäfts gegeben wäre.

B. Anwendungsvoraussetzungen

8   § 312a BGB setzt voraus, dass einem Verbraucher (§ 13 BGB) zugleich (d.h. neben einem Widerrufs- bzw. Rückgaberecht nach § 312 BGB) nach Maßgabe anderer Vorschriften ein Widerrufs- oder Rückgaberecht nach §§ 355, 356 BGB oder nach § 126 InvestmG zusteht.

I. Konkurrenzverhältnis zum Widerrufsrecht bei Fernabsatzverträgen

9   Ein Widerrufsrecht nach § 355 BGB kann dem Verbraucher gemäß § 312d Abs. 1 Satz 1 BGB bei Fernabsatzverträgen zustehen. Gemäß § 312d Abs. 1 Satz 2 BGB ist auch die Vereinbarung eines Rückgaberechts (§ 356 BGB) möglich.

10 Die Voraussetzungen eines Haustürgeschäfts (was insbesondere eine „Haustürsituation" gemäß § 312 Abs. 1 Satz 1 BGB erfordert) und eines Fernabsatzvertrags (was insbesondere den Einsatz eines Fernkommunikationsmittels gemäß § 312b Abs. 2 BGB erfordert) sind typischerweise nicht „zugleich" i.S.v. § 312a BGB erfüllt. Gleichwohl sind Fälle denkbar, in denen der Verbraucher in einer Haustürsituation zum Abschluss des Vertrages bestimmt wird, der Vertrag aber durch ein Fernkommunikationsmittel geschlossen wird.

11 Sind die Voraussetzungen des § 312b Abs. 1 BGB erfüllt und steht dem Verbraucher zugleich ein Widerrufsrecht nach § 312 BGB zu, ist das Widerrufsrecht nach § 312 BGB gleichwohl nicht gemäß § 312a BGB ausgeschlossen,
    * wenn das Recht der Fernabsatzgeschäfte gemäß § 312b Abs. 3 BGB nicht anwendbar ist oder
    * wenn das Widerrufsrecht nach § 312d Abs. 1 Satz 1 BGB gemäß § 312d Abs. 4 BGB ausgeschlossen ist.

12 Das Widerrufsrecht nach § 312 BGB bleibt gemäß § 312a BGB ausgeschlossen, wenn dem Verbraucher das Widerrufsrecht nach § 312d Abs. 1 Satz 1 BGB zusteht, dieses aber gemäß § 312d Abs. 3 BGB erlischt. In einem solchen Fall lebt das Widerrufsrecht nach § 312 BGB nicht auf.

II. Konkurrenzverhältnis zum Widerrufsrecht bei Verbraucherdarlehensverträgen

13 Ein Widerrufsrecht nach § 355 BGB kann dem Verbraucher gemäß § 495 Abs. 1 BGB bei Verbraucherdarlehensverträgen zustehen.

14 Gleichwohl bleibt das Widerrufsrecht nach § 312 BGB bestehen,
    * wenn die Vorschriften über Verbraucherdarlehensverträge gemäß § 491 Abs. 2 BGB nicht anwendbar sind (z.B. beim Abschluss eines Verbraucherdarlehensvertrages, bei dem der Nettodarlehensbetrag weniger als 200 € beträgt (§ 491 Abs. 2 Nr. 1 BGB), in einem Haustürgeschäft (§ 312 BGB)) oder
    * wenn das Widerrufsrecht nach § 495 Abs. 1 BGB gemäß § 495 Abs. 3 BGB nicht besteht.

15 Nach dem Erlöschen des vorrangigen Widerrufsrechts nach § 495 Abs. 1 BGB lebt das Widerrufsrecht nach § 312 Abs. 1 BGB nicht wieder auf; der Umstand, dass die Möglichkeit des Widerrufs nach § 495 Abs. 1 BGB bestand, sperrt die Anwendbarkeit des § 312 BGB.[14]

III. Konkurrenzverhältnis zu weiteren Widerrufsrechten

16 Ein Widerrufsrecht nach § 355 BGB kann dem Verbraucher ferner zustehen:
    * gemäß § 485 Abs. 1 BGB bei einem Teilzeit-Wohnrechtevertrag (§ 481 BGB), einem Vertrag über ein langfristiges Urlaubsprodukt (§ 481a BGB) sowie einem Vermittlungsvertrag oder einem Tauschsystemvertrag (§ 481b BGB);

---

[12] OLG Dresden v. 25.04.2007 - 12 U 2211/06 - MDR 2007, 1246-1247.
[13] BGH v. 09.04.2002 - XI ZR 91/99 - NJW 2002, 881; BGH v. 08.06.2004 - XI ZR 167/02 - NJW 2004, 2744; BGH v. 18.10.2004 - II ZR 352/02 - NJW-RR 2005, 180.
[14] OLG Brandenburg v. 08.07.2009 - 4 U 152/08 - juris Rn. 58.

- gemäß § 506 Abs. 1 BGB i.V.m. § 495 Abs. 1 BGB bei Verträgen, durch die ein Unternehmer einem Verbraucher einen entgeltlichen Zahlungsaufschub oder eine sonstige entgeltliche Finanzierungshilfe gewährt (gemäß § 508 Abs. 1 BGB auch Vereinbarung eines Rückgaberechts möglich);
- gemäß § 510 Abs. 1 BGB bei Ratenlieferungsverträgen;
- gemäß § 4 Abs. 1 Satz 1 FernUSG bei Fernunterrichtsverträgen.

Das Widerrufsrecht gemäß § 126 InvestmG (als Nachfolgeregelung zu den Widerrufsrechten gemäß §§ 11 Abs. 1, 15h Satz 1 AuslInvestmG und nach § 23 KAGG) verweist nicht auf § 355 BGB und musste daher gesondert in § 312a BGB aufgeführt werden.

Das Widerrufsrecht bei Versicherungsverträgen nach § 8 VVG verweist zwar nicht auf § 355 BGB, musste aber nicht aufgeführt werden, weil hierfür in § 312 Abs. 3 BGB bereits eine Konkurrenzregelung besteht.

C. Rechtsfolge

Rechtsfolge ist der Ausschluss des Widerrufsrechts nach § 312 Abs. 1 Satz 1 BGB bzw. des Rückgaberechts nach § 312 Abs. 1 Satz 2 BGB.

D. Prozessuales

Die Darlegungs- und Beweislast für Tatsachen, welche die rechtlichen Voraussetzungen des § 312a BGB begründen, trägt der Unternehmer.

§ 29c ZPO bleibt anwendbar. Näheres zum Verhältnis von § 312a BGB und § 29c ZPO in der Kommentierung zu § 312 BGB Rn. 166.

§ 312b BGB Fernabsatzverträge

(Fassung vom 17.01.2011, gültig ab 23.02.2011)

(1) ¹Fernabsatzverträge sind Verträge über die Lieferung von Waren oder über die Erbringung von Dienstleistungen, einschließlich Finanzdienstleistungen, die zwischen einem Unternehmer und einem Verbraucher unter ausschließlicher Verwendung von Fernkommunikationsmitteln abgeschlossen werden, es sei denn, dass der Vertragsschluss nicht im Rahmen eines für den Fernabsatz organisierten Vertriebs- oder Dienstleistungssystems erfolgt. ²Finanzdienstleistungen im Sinne des Satzes 1 sind Bankdienstleistungen sowie Dienstleistungen im Zusammenhang mit einer Kreditgewährung, Versicherung, Altersversorgung von Einzelpersonen, Geldanlage oder Zahlung.

(2) Fernkommunikationsmittel sind Kommunikationsmittel, die zur Anbahnung oder zum Abschluss eines Vertrags zwischen einem Verbraucher und einem Unternehmer ohne gleichzeitige körperliche Anwesenheit der Vertragsparteien eingesetzt werden können, insbesondere Briefe, Kataloge, Telefonanrufe, Telekopien, E-Mails sowie Rundfunk, Tele- und Mediendienste.

(3) Die Vorschriften über Fernabsatzverträge finden keine Anwendung auf Verträge

1. über Fernunterricht (§ 1 des Fernunterrichtsschutzgesetzes),
2. über die Teilzeitnutzung von Wohngebäuden, langfristige Urlaubsprodukte sowie auf Vermittlungsverträge oder Tauschsystemverträge (§§ 481 bis 481b),
3. über Versicherungen sowie deren Vermittlung,
4. über die Veräußerung von Grundstücken und grundstücksgleichen Rechten, die Begründung, Veräußerung und Aufhebung von dinglichen Rechten an Grundstücken und grundstücksgleichen Rechten sowie über die Errichtung von Bauwerken,
5. über die Lieferung von Lebensmitteln, Getränken oder sonstigen Haushaltsgegenständen des täglichen Bedarfs, die am Wohnsitz, am Aufenthaltsort oder am Arbeitsplatz eines Verbrauchers von Unternehmern im Rahmen häufiger und regelmäßiger Fahrten geliefert werden,
6. über die Erbringung von Dienstleistungen in den Bereichen Unterbringung, Beförderung, Lieferung von Speisen und Getränken sowie Freizeitgestaltung, wenn sich der Unternehmer bei Vertragsschluss verpflichtet, die Dienstleistungen zu einem bestimmten Zeitpunkt oder innerhalb eines genau angegebenen Zeitraums zu erbringen,
7. die geschlossen werden
   a) unter Verwendung von Warenautomaten oder automatisierten Geschäftsräumen oder
   b) mit Betreibern von Telekommunikationsmitteln auf Grund der Benutzung von öffentlichen Fernsprechern, soweit sie deren Benutzung zum Gegenstand haben.

(4) ¹Bei Vertragsverhältnissen, die eine erstmalige Vereinbarung mit daran anschließenden aufeinander folgenden Vorgängen oder eine daran anschließende Reihe getrennter, in einem zeitlichen Zusammenhang stehender Vorgänge der gleichen Art umfassen, finden die Vorschriften über Fernabsatzverträge nur Anwendung auf die erste Vereinbarung. ²Wenn derartige Vorgänge ohne eine solche Vereinbarung aufeinander folgen, gelten die Vorschriften über Informationspflichten des Unternehmers nur für den ersten Vorgang. ³Findet jedoch länger als ein Jahr kein Vorgang der gleichen Art mehr statt, so gilt der nächste Vorgang als der erste Vorgang einer neuen Reihe im Sinne von Satz 2.

(5) Weitergehende Vorschriften zum Schutz des Verbrauchers bleiben unberührt.

Gliederung

A. Grundlagen 1	2. Veräußerung von Grundstücken 86
I. Kurzcharakteristik 1	3. Veräußerung von grundstücksgleichen
1. Überblick 1	Rechten 87
2. Verbraucherschutz 2	4. Dingliche Rechte 88
3. Kritik 3	5. Errichtung von Bauwerken 89
II. Gesetzesgeschichte 4	V. Hauslieferung von Haushaltsgegenständen
B. Kommentierung zu Absatz 1 14	des täglichen Bedarfs 90
I. Verträge zwischen einem Unternehmen und	1. Lieferung 91
einem Verbraucher 15	2. Lieferner 92
1. Vertrag 15	3. Lebensmittel, Getränke oder sonstige Haus-
2. Parteien 16	haltsgegenstände des täglichen Bedarfs ... 95
a. Überblick 16	4. Am Wohnsitz, am Aufenthaltsort oder am
b. Unternehmer 17	Arbeitsplatz eines Verbrauchers 99
c. Verbraucher 26	5. Im Rahmen häufiger und regelmäßiger
II. Gegenstand des Vertrages 32	Fahrten 100
1. Lieferung von Waren 32	VI. Bestimmte zu reservierende Dienstleis-
a. Lieferung 32	tungen 102
b. Ware 33	1. Erbringung von Dienstleistungen 103
2. Erbringung von Dienstleistungen 43	a. Abgrenzung zur Lieferung von Waren ... 104
a. Dienstleistung 43	b. Abgrenzung zur Vermittlung 105
b. Erbringung durch den Unternehmer 50	2. Bestimmter Zeitpunkt bzw. Zeitraum ... 107
III. Unter ausschließlicher Verwendung von	3. Privilegierte Bereiche 108
Fernkommunikationsmitteln 51	a. Unterbringung 109
IV. Für den Fernabsatz organisiertes Vertriebs-	b. Beförderung 113
oder Dienstleistungssystem 56	c. Lieferung von Speisen und Getränken ... 118
C. Kommentierung zu Absatz 2 61	d. Freizeitgestaltung 119
I. Legaldefinition 62	VII. Warenautomaten, automatisiere Geschäfts-
II. Sonderprobleme 63	räume, öffentliche Fernsprecher 126
III. Beispiele 68	1. Warenautomaten und automatisierte
D. Kommentierung zu Absatz 3 70	Geschäftsräume 126
I. Verträge über Fernunterricht 71	2. Öffentliche Fernsprecher 129
II. Verträge über die Teilzeitnutzung von Wohn-	**E. Kommentierung zu Absatz 4** 132
gebäuden 77	**F. Kommentierung zu Absatz 5** 139
III. Verträge über Versicherungen und deren	**G. Prozessuale Hinweise** 140
Vermittlung 80	**H. Auslandsbezug** 144
IV. Bestimmte Immobiliengeschäfte 83	**I. Übergangsrecht** 149
1. Überblick 83	

A. Grundlagen

I. Kurzcharakteristik

1. Überblick

Das Fernabsatzrecht ist aus dem Recht des Versandhandels hervorgegangen und in seiner gesetzlichen **1**
Ausgestaltung durch die §§ 312b ff. BGB ein verhältnismäßig junges Rechtsgebiet. Es ist wie das
Recht der Haustürgeschäfte und der Verträge im elektronischen Geschäftsverkehr eine der besonderen
Vertriebsformen, die alle auf europäischen Richtlinien beruhen, und die der Gesetzgeber im Zuge der
Schuldrechtsreform in einem neu geschaffenen Titel im BGB zusammengefasst hat. Das Fernabsatzrecht ist dabei wie das Recht der Haustürgeschäfte Verbraucherschutzrecht und daher nur anwendbar,
wenn ein Vertrag zwischen einem Unternehmer und einem Verbraucher geschlossen wird. Zudem
wurde das Fernabsatzrecht wie auch das Recht der Haustürgeschäfte und das Recht der Allgemeinen
Geschäftsbedingungen aus Nebengesetzen in das Bürgerliche Gesetzbuch integriert. Zusammen mit
dem Recht der Verträge im elektronischen Geschäftsverkehr (§ 312g BGB) und den Formvorschriften
über die elektronische Form (§ 126a BGB) und Textform (§ 126b BGB) bildet es den Kern der bürgerlich-rechtlichen Vorschriften für den E-Commerce.

2. Verbraucherschutz

2 Das Fernabsatzrecht dient – so die Gesetzesbegründung – dem „Schutz der Verbraucher vor irreführenden und aggressiven Verkaufsmethoden im Fernabsatz".[1] Es ergänzt den bereits bestehenden wettbewerbsrechtlichen Schutz des Verbrauchers. Der Verbraucher ist in den Fällen des Fernabsatzes schutzbedürftig, weil er dem Unternehmer nicht physisch begegnet. Das hat zwei Konsequenzen: Er kann sich über den Vertragspartner und die Ware oder Dienstleistung vor Vertragsschluss nicht unmittelbar informieren; aufgrund der Distanz zum Unternehmer kann er seine Rechte gegebenenfalls nur unter erschwerten Bedingungen durchsetzen. Zur Kompensation dieser beiden Nachteile hat der Gesetzgeber dem Unternehmer Informationspflichten auferlegt (§ 312c BGB) und dem Verbraucher ein Widerrufsrecht gewährt, um sich von dem Vertrag zu lösen, wenn er sich nach einer Bedenkzeit nicht dazu entscheiden kann, die Ware zu behalten oder die Dienstleistung in Anspruch zu nehmen (§ 312d Abs. 1 Satz 1 BGB). Anstelle des Widerrufsrecht kann der Unternehmer dem Verbraucher unter bestimmten Voraussetzungen ein Rückgaberecht einräumen (§ 312d Abs. 1 Satz 2 BGB).

3. Kritik

3 Aus der Sicht des Verbrauchers sollen die Informationen die Orientierung auf dem Markt und die Entscheidung über den Vertragsschluss erleichtern. Allerdings droht die beabsichtigte Transparenz ob des Umfangs und der starken Formalisierung der zu erteilenden Informationen verloren zu gehen. Aus der Sicht des Unternehmers ist unbedingte Sorgfalt bei der Gestaltung der Werbung und der Vertragsunterlagen erforderlich. Damit ist ein gewisser zeitlicher und finanzieller Aufwand verbunden. Wer als Unternehmer an dieser Stelle spart, schafft aber durch die Gefahr von Abmahnungen und unzufriedenen Kunden, die von ihrem Widerrufsrecht Gebrauch machen, Kostenrisiken an anderer Stelle. Wer sich also für den Vertrieb von Waren oder Dienstleistungen im Wege des Fernabsatzes entscheidet, muss die Kosten für den Verbraucherschutz einrechnen.[2] Indem das Vertrauen der Verbraucher in den Fernabsatz und insbesondere in den E-Commerce gestärkt wird, sollen sich für Unternehmer aber neue Geschäftsfelder und Märkte eröffnen.

II. Gesetzesgeschichte

4 Das Fernabsatzrecht hat seinen Ursprung in einer europäischen Richtlinie aus dem Jahre 1997, der sog. Fernabsatz-Richtlinie (Richtlinie 97/7/EG).[3] Diese wurde in Deutschland durch das am 30.06.2000 in Kraft getretene Fernabsatzgesetz (FernAbsG) umgesetzt.[4] In verfassungsrechtlicher Hinsicht handelt es sich bei dem Fernabsatzrecht um Regelungen zur Berufsausübung i.S.v. Art. 12 Abs. 1 Satz 2 GG, an deren Verfassungsmäßigkeit derzeit aber keine Zweifel bestehen. Eine Verfassungsbeschwerde eines Versandhandelsunternehmens gegen das Fernabsatzrecht hat das Bundesverfassungsgericht unter Hinweis auf den Grundsatz der Subsidiarität nicht zur Entscheidung angenommen.[5] In Österreich wurde die Richtlinie 97/7/EG durch Einfügung der §§ 5a ff. in das Konsumentenschutzgesetz umgesetzt.[6]

5 Dem FernAbsG war keine lange Lebensdauer beschieden. Es wurde zum 01.01.2002 im Zuge der Schuldrechtsreform aufgehoben (Art. 6 Nr. 7 des „Gesetzes zur Modernisierung des Schuldrechts"[7]).[8] Die Vorschriften über den Fernabsatz wurden zusammen mit den Regelungen über andere besondere Vertriebsformen in das BGB integriert (Art. 1 Nr. 13 des „Gesetzes zur Modernisierung des Schuldrechts"). Sie sind nunmehr im Wesentlichen in den §§ 312b, 312c, 312d und 312i BGB zu finden. Zur

---

[1] BT-Drs. 14/2658, S. 15.
[2] BT-Drs. 14/2658, S. 2.
[3] Richtlinie 97/7/EG des Europäischen Parlaments und des Rates vom 20.05.1997 über den Verbraucherschutz bei Vertragsabschlüssen im Fernabsatz (ABl. EG Nr. L 144, S. 19).
[4] Art. 1 des „Gesetzes über Fernabsatzverträge und andere Fragen des Verbraucherrechts sowie zur Umstellung von Vorschriften auf Euro" (BGBl I 2000, 897); Gesetzesmaterialien (im Internet als PDF-Dokumente kostenfrei abrufbar auf der Web-Site des Deutschen Bundestages): (1) Begründung des Gesetzesentwurfs der Bundesregierung (BT-Drs. 14/2658); (2) Stellungnahme des Bundesrates und Gegenäußerung der Bundesregierung (BT-Drs. 14/2920); (3) Beschlussempfehlung des Rechtsausschusses (BT-Drs. 14/3195).
[5] BVerfG v. 06.07.2000 - 1 BvR 1125/99 - FamRZ 2000, 1277-1280 mit Anm. *Hantke*, VR 2002, 143-144.
[6] Das Konsumentenschutzgesetz findet sich im Rechtsinformationssystem von Österreich unter www.ris.bka.gv.at/ (abgerufen am 25.09.2012).
[7] BGBl I 2000, 3137.
[8] Hierzu *Ring*, BuW 2002, 864-873; *Micklitz*, EuZW 2001, 133-143 und *Frings*, VuR 2002, 390-398.

Entlastung der Vorschriften im BGB wurden die Regelungsdetails in § 1 der BGB-Informationspflichten-Verordnung (BGB-InfoV) ausgelagert.[9] Durch Art. 25 Nr. 4 des OLG-Vertretungsänderungsgesetz (OLGVertrÄndG)[10] wurde § 312d BGB geändert.[11]

In der Richtlinie 97/7/EG aus dem Jahr 1997 war der Bereich der Finanzdienstleistungen nicht geregelt worden. Den besonderen Anforderungen an diese Geschäfte sollte unter Berücksichtigung des Grünbuchs „Finanzdienstleistungen – Wahrung der Verbraucherinteressen" aus dem Jahr 1996 mit einer besonderen Richtlinie Rechnung getragen werden. Am 23.09.2002 ist eine zweite Fernabsatz-Richtlinie (Richtlinie 2002/65/EG) in Kraft getreten, um diese Lücke zu schließen. Die Umsetzungsfrist endete am 09.10.2004. Die Vorschriften der Richtlinie 2000/31/EG (E-Commerce-Richtlinie) werden weder von der Richtlinie 97/7/EG noch von der Richtlinie 2002/65/EG berührt. 6

In Deutschland wurde die Richtlinie 2002/65/EG durch Änderungen in den §§ 312b ff. BGB und im VVG umgesetzt. Die Bundesregierung hatte im Januar 2004 einen Gesetzesentwurf zur Umsetzung der Richtlinie 2002/65/EG und zur Ergänzung der §§ 312b ff. BGB vorgelegt.[12] Das Gesetz zur Änderung der Vorschriften über Fernabsatzverträge bei Finanzdienstleistungen vom 02.12.2004 trat am 08.12.2004 in Kraft.[13] Gesetzesmaterialien: BR-Drs. 84/04, BT-Drs. 15/2946, BT-Drs. 15/3483, BT-Drs. 15/3870, BR-Drs. 644/04, BT-Drs. 15/4062, BR-Drs. 815/04.[14] 7

In Österreich wurde die Richtlinie 2002/65/EG durch ein Sondergesetz (FernFinG) umgesetzt.[15] Wie der EuGH im Rahmen eines Vertragsverletzungsverfahrens entschieden hat, hat das Großherzogtum Luxemburg gegen seine Verpflichtungen aus Art. 21 Abs. 1 der RL 2002/65/EG verstoßen, weil es zum Ablauf der Umsetzungsfrist (09.10.2004) nicht die Rechts- und Verwaltungsvorschriften erlassen hatte, die erforderlich waren, um dieser Richtlinie nachzukommen.[16] 8

Aufgrund der Kritik in Rechtsprechung und Literatur änderte der deutsche Gesetzgeber mit der Dritten Verordnung zur Änderung der BGB-Informationspflichtenverordnung vom 04.03.2008[17] mit Wirkung zum 01.04.2008 die BGB-InfoV einschließlich der amtlichen Muster für die Widerrufs- und Rückgabebelehrung.[18] 9

Am 04.08.2009 sind durch das „Gesetz zur Bekämpfung unerlaubter Telefonwerbung und zur Verbesserung des Verbraucherschutzes bei besonderen Vertriebsformen" vom 29.07.2009[19] Änderungen in § 312d BGB in Kraft getreten; zudem wurde § 312f BGB neu eingefügt, der alte § 312f BGB wurde zu § 312g BGB. Die Änderungen sind europarechtlich zulässig, denn Art. 14 der Richtlinie gestattet den 10

---

[9] Verordnung über Informationspflichten nach bürgerlichem Recht (BGB-Informationspflichten-Verordnung – BGB-InfoV, BGBl I 2002, 342); erlassen auf der Grundlage von Art. 240 EGBGB. Ohne Auswirkungen auf das Fernabsatzrecht blieb die „Erste Verordnung zur Änderung der BGB-Informationspflichten-Verordnung", BGBl I 2002, 1141.

[10] Gesetz zur Änderung des Rechts der Vertretung durch Rechtsanwälte vor den Oberlandesgerichten, BGBl 2002 I, 2850.

[11] Hierzu *Meinhof*, NJW 2002, 2373-2375.

[12] Hierzu *Knöfel*, ZGS 2004, 182-187; *Ehrhardt-Rauch*, VuR 2003, 341-343; *Härting/Schirmbacher*, DB 2003, 1777-1782; *Cristea*, Kreditwesen 2002, 58-61 und *Hartmann*, Bank 1999, 163-167.

[13] BGBl I 2004, 3102.

[14] Literatur zur Umsetzung der Richtlinie 2002/65/EG über den Fernabsatz von Finanzdienstleistungen: *Domke*, BB 2007, 341-343; *Felke/Jordans*, NJW 2005, 710-712; *Nocke*, FLF 2005, 73-77; *Kocher*, DB 2004, 2679-2684; *Fischer*, ZAP 2005, Fach 8, 401-406; *Held/Schulz*, BKR 2005, 270-275; *Rott*, BB 2005, 53-64; *Härting/Schirmbacher*, CR 2005, 48-53; *Vander*, MMR 2005, 139-144; *Rössel*, ITRB 2004, 236-240; zum Referentenentwurf: *Felke/Jordans*, WM 2004, 166-171; *Knöfel*, ZGS 2004, 182-187; *Schneider*, VersR 2004, 696-705; *Härting/Schirmbacher*, DB 2003, 1777-1782; *Ehrhardt-Rauch*, VuR 2003, 341-343; speziell zum Versicherungsrecht: *Münch*, ZVersWiss 2004, 775-787; zu IPR-Fragen: *Heiss*, IPRax 2003, 100-104.

[15] Bundesgesetz über den Fernabsatz von Finanzdienstleistungen an Verbraucher, findet sich im Rechtsinformationssystem von Österreich unter www.ris.bka.gv.at/ (abgerufen am 25.09.2012).

[16] EuGH v. 07.12.2006 - C-127/06.

[17] BGBl I 2008, 282; hierzu *Lejeune*, CR 2008, 226-231, *Rössel*, ITRB 2008, 136-141, *Faustmann*, ZGS 2008, 147-148.

[18] Vgl. hierzu auch die Bekanntmachung im Bundesanzeiger v. 14.03.2008 (Nr. 42), S. 957 ff. der Begründung zur Dritten Verordnung zur Änderung der BGB-Informationspflichten-Verordnung, ferner den Diskussionsentwurf, sowie die Stellungnahme des Bundesverbands Informationswirtschaft, Telekommunikation und neue Medien e.V. (BITKOM), www.bitkom.org/files/documents/BITKOM-Stellungnahme_Widerrufsbelehrung_2007.pdf (abgerufen am 25.09.2012).

[19] BGBl I 2009, 2413-2415.

§ 312b

Mitgliedstaaten, strengere Bestimmungen zu erlassen oder aufrechtzuerhalten, um ein höheres Schutzniveau für die Verbraucher sicherzustellen. Wesentliche Gesetzesmaterialien: Bericht des Bundesministeriums der Justiz vom 26.06.2007[20]; Referentenentwurf vom 13.03.2008;[21] Gesetzesentwurf der Bundesregierung vom 31.10.2008 („Entwurf eines Gesetzes zur Bekämpfung unerlaubter Telefonwerbung und zur Verbesserung des Verbraucherschutzes bei besonderen Vertriebsformen")[22]; Stellungnahme des Nationalen Normenkontrollrates[23]; Stellungnahme des Bundesrates[24]; Gegenäußerung der Bundesregierung[25].[26]

11 Mit dem Gesetz zur Umsetzung der Verbraucherkreditrichtlinie, des zivilrechtlichen Teils der Zahlungsdiensterichtlinie sowie zur Neuordnung der Vorschriften über das Widerrufs- und Rückgaberecht vom 29.07.2009[27] wurden mit Wirkung zum 11.06.2010 § 312c BGB und § 312d BGB geändert sowie – aufgrund anhaltender Kritik an den amtlichen Mustern für die Widerrufs- und Rückgabebelehrung – die fernabsatzrechtlichen Bestimmungen der BGB-InfoV aufgehoben und ins EGBGB überführt.

12 Mit Wirkung zum 04.08.2012 wurden unter Berücksichtigung der Entscheidung des EuGH zum Wertersatz in Sachen Messner[28] § 312e BGB und § 312f BGB geschaffen.

13 Die Richtlinie wurde ersetzt durch die Richtlinie 2011/83/EU, die gemäß Art. 28 Abs. 1 bis zum 13.12.2013 in nationales Recht umzusetzen und jedenfalls ab dem 13.06.2014 anzuwenden ist.

B. Kommentierung zu Absatz 1

14 § 312b Abs. 1 BGB (vormals § 1 Abs. 1 FernAbsG) ist als Definitionsnorm formuliert.[29] Danach sind Fernabsatzverträge
- Verträge zwischen einem Unternehmer und einem Verbraucher
- über die Lieferung von Waren oder über die Erbringung von Dienstleistungen,
- die unter ausschließlicher Verwendung von Fernkommunikationsmitteln abgeschlossen werden,
- es sei denn, dass der Vertragsschluss nicht im Rahmen eines für den Fernabsatz organisierten Vertriebs- oder Dienstleistungssystems erfolgt.

I. Verträge zwischen einem Unternehmen und einem Verbraucher

1. Vertrag

15 Ein Vertrag ist ein Rechtsgeschäft, welches aus zwei oder mehreren inhaltlich übereinstimmenden wechselseitig abgegebenen Willenserklärungen besteht (§§ 145 ff. BGB). Erfasst wird nicht nur der erstmalige Abschluss eines Vertrages, sondern auch die wesentliche Änderung eines Vertrages.[30]

---

[20] Bericht des Bundesministeriums der Justiz vom 26.06.2007.
[21] www.bmj.bund.de/ (Gesetz zur Bekämpfung unerlaubter Telefonwerbung, abgerufen am 25.09.2012).
[22] BT-Drs. 16/10734, S. 1 ff.
[23] BT-Drs. 16/10734, S. 17.
[24] BT-Drs. 16/10734, S. 18 ff.
[25] BT-Drs. 16/10734, S. 23 ff.
[26] Vgl. ferner: Antrag u.a. der Fraktion der FDP (BT-Drs. 16/8544); Änderungsantrag u.a. der Fraktion DIE LINKE (BT-Drs. 16/12426) [allerdings ohne Relevanz für die fernabsatzrechtlichen Vorschriften]; Beschlussempfehlung und Bericht des Rechtsausschusses (BT-Drs. 16/12406); Entschließungsantrag u.a. der Fraktion BÜNDNIS 90/DIE GRÜNEN (BT-Drs. 16/12455); Gesetzesbeschluss des Bundestages vom 26.03.2009 (BR-Drs. 353/09).
[27] BGBl I 2009, 2355.
[28] EuGH v. 03.09.2009 - C-489/07 - NJW 2009, 3015-3016 mit Anm. *Lapp*, jurisPR-ITR 19/2009, Anm. 2, auf Vorlage des AG Lahr v. 26.10.2007 - 5 C 138/07 - MMR 2008, 270-271 (mit Anm. *Faustmann*).
[29] Die Definition ist eng an die Fernabsatz-Richtlinie angelehnt. Gemäß Art. 2 Nr. 1 bezeichnet der Ausdruck „Vertragsabschluss im Fernabsatz" jeden zwischen einem Lieferer und einem Verbraucher geschlossenen, eine Ware oder eine Dienstleistung betreffenden Vertrag, der im Rahmen eines für den Fernabsatz organisierten Vertriebs- bzw. Dienstleistungssystems des Lieferers geschlossen wird, wobei dieser für den Vertrag bis zu dessen Abschluss einschließlich des Vertragsabschlusses selbst ausschließlich eine oder mehrere Fernkommunikationstechniken verwendet." Gemäß Art. 2 (6) des Vorschlags der Richtlinie des Europäischen Parlaments und des Rates über Rechte der Verbraucher vom 08.10.2008 (KOM (2008) 614) wird als „Fernabsatzvertrag" definiert „jeder Kauf- oder Dienstleistungsvertrag, bei dessen Abschluss der Gewerbetreibende ausschließlich ein oder mehrere Fernkommunikationsmittel verwendet".
[30] OLG Koblenz v. 28.03.2012 - 9 U 1166/11.

2. Parteien

a. Überblick

Parteien des Vertrages müssen ein Unternehmer und ein Verbraucher sein. Auf Verträge zwischen Verbrauchern z.b. bei einer Online-Auktion, bei der ein Verbraucher seinen privaten PKW[31] an einen anderen Verbraucher verkauft, findet das Fernabsatzrecht keine Anwendung. Gleiches gilt für Verträge zwischen Unternehmern, z.B. bei einem Vertrag zwischen einem Rechtsanwalt und einem Architekten findet das Fernabsatzrecht keine Anwendung, sofern beide in Ausübung ihrer selbständigen beruflichen Tätigkeit handeln. Ob der Anwendungsbereich des Fernabsatzrechts für Verträge von Rechtsanwälten mit ihren Mandanten anwendbar ist, hängt daher zunächst davon ab, ob der Mandant Verbraucher oder Unternehmer ist.[32] Die besonderen Pflichten, die bei den sog. „Verträgen im elektronischen Geschäftsverkehr" i.S.v. § 312g BGB zu beachten sind, gelten auch für Verträge zwischen Unternehmern. Da der Unternehmer bei der Verwendung von Fernkommunikationsmitteln nicht immer sicher erkennen kann, ob er den Vertrag mit einem Verbraucher schließt, empfiehlt es sich, entweder getrennte Vertriebswege für Unternehmer und Verbraucher als Kunden einzurichten oder bei Einrichtung lediglich eines Vertriebsweges in den Vertragsbedingungen alle Vorgaben des Fernabsatzrechts vorsorglich aufzunehmen. Der Unternehmer kann das Fernabsatzrecht durch eine solche Vereinbarung auch auf Verträge mit einem Unternehmer anwenden. Er kann in solchen Fällen aber die Anwendung des Fernabsatzrechts auch auf Verträge mit Verbrauchern beschränken.

b. Unternehmer

aa. Definition

Unternehmer ist gemäß § 14 Abs. 1 BGB eine natürliche oder juristische Person oder eine rechtsfähige Personengesellschaft i.S.v. § 14 Abs. 2 BGB, die bei Abschluss eines Rechtsgeschäfts in Ausübung ihrer gewerblichen oder selbständigen beruflichen Tätigkeit handelt. Der Begriff ist richtlinienkonform auszulegen, wobei Art. 2 Nr. 1 der Richtlinie 97/7/EG den Begriff „Lieferer"[33] und Art. 2 lit. a der Richtlinie 2002/65/EG den Begriff „Anbieter"[34] verwendet.

bb. Planvolle, auf gewisse Dauer angelegte Tätigkeit

Eine gewerbliche oder selbständige berufliche Tätigkeit erfordert eine planvolle und auf gewisse Dauer angelegte Tätigkeit.

Probleme ergeben sich in der Praxis z.B. dann, wenn Online-Auktionen von Einzelpersonen dazu genutzt werden, sich, unter Umständen auch nebenberuflich, eine wirtschaftliche Existenz aufzubauen. Von der in Erwägungsgrund 29 der Richtlinie 2002/65/EG angelegten Möglichkeit der Erweiterung

---

[31] Zum Fahrzeugverkauf im Fernabsatz vgl. *Döhmer,* SVR 2006, 131-134.
[32] *Schöttle,* Anwaltliche Rechtsberatung via Internet, Diss. Saarbrücken 2004, S. 120/121.
[33] Gemäß Art. 2 Nr. 3 der Richtlinie 97/7EG ist „Lieferer" jede natürliche oder juristische Person, die beim Abschluss von Verträgen im Sinne der Fernabsatzrichtlinie im Rahmen ihrer gewerblichen oder beruflichen Tätigkeit handelt. Gemäß Art. 2 (2) des Vorschlags der Richtlinie des Europäischen Parlaments und des Rates über Rechte der Verbraucher vom 08.10.2008 (KOM (2008) 614) wird als „Gewerbetreibender" definiert „jede natürliche oder juristische Person, die bei von dieser Richtlinie erfassten Verträgen zu Zwecken handelt, die ihrer gewerblichen, geschäftlichen, handwerklichen oder beruflichen Tätigkeit zugerechnet werden können, sowie jede Person, die im Namen oder im Auftrag eines Gewerbetreibenden handelt". In ihrem Grünbuch „Die Überprüfung des gemeinschaftlichen Besitzstands im Verbraucherschutz" vom 08.02.2007 (Ziffer 4.1) hat die Europäische Kommission aufgrund unterschiedlicher Umsetzung in den Mitgliedstaaten rechtspolitischen Handlungsbedarf festgestellt. Dies gilt etwa für Fälle, in denen die Zuordnung zum privaten oder beruflichen Bereich nicht eindeutig ist, etwa wenn ein Arzt ein Auto kauft und dies gelegentlich auch für Patientenbesuche nutzt. Zudem können beispielsweise Ein-Personen-Unternehmen oder kleine Betriebe in einer ähnlichen Lage sein wie Verbraucher, etwa wenn sie Waren oder Dienstleistungen einkaufen, weshalb sich die Frage stellt, ob sie nicht bis zu einem gewissen Grad auch einen Verbraucherschutz genießen sollten.
[34] Darin liegt allerdings keine inhaltliche Abweichung gegenüber dem in der Richtlinie 97/7/EG verwendeten Begriff des „Lieferers". In der englischen Fassung der Richtlinie 97/7/EG und der Richtlinie 2002/65/EG wird z.B. einheitlich der Begriff „supplier" verwendet. „Anbieter" i.S.d. Richtlinie 2002/65/EG ist gemäß Art. 2 lit. c Richtlinie 2002/65/EG jede natürliche Person oder juristische Person des öffentlichen oder privaten Rechts, die im Rahmen ihrer gewerblichen oder beruflichen Tätigkeit Dienstleistungen aufgrund von Fernabsatzverträgen erbringt.

§ 312b

der Schutzbereichs auf gemeinnützige Organisationen oder Existenzgründer hat der deutsche Gesetzgeber keinen Gebrauch gemacht, die Richtlinie hindert die Mitgliedstaaten aber nicht daran, im Einklang mit den gemeinschaftlichen Rechtsvorschriften den Schutz der Richtlinie auf gemeinnützige Organisationen oder Personen auszuweiten, die Dienstleistungen in Anspruch nehmen, um Unternehmer zu werden.[35]

20 In solchen Fällen stellt sich die Frage, unter welchen Voraussetzungen eine solche Person, etwa ein Anbieter, der in größerem Umfang als Verkäufer an Versteigerungen teilnimmt, zum Unternehmer wird. Als Unternehmer muss er nämlich die Bieter entsprechend den Vorgaben des Fernabsatzrechts informieren, dem Käufer steht ein Widerrufsrecht zu, und ein Unternehmer unterliegt als Verkäufer anderen Maßstäben bei der Gewährleistung.[36]

21 Indizien[37] für eine solche planvolle, auf gewisse Dauer angelegte Tätigkeit können sein:
- Durchführung einer hinreichend großen Anzahl von Geschäften (Umstandsmoment) über einen längeren Zeitraum hinweg (Zeitmoment)[38]; sofern dies dargelegt wird, muss der Verkäufer substantiiert bestreiten, weswegen seine Tätigkeit dennoch planvoll und auf eine gewisse Dauer angelegt sein soll;[39]
- Verkauf oder Weiterverkauf von Neuware, gleichartiger Waren oder regelmäßig neuer Waren im Unterschied zum Verkauf gebrauchter eigener Gegenstände;[40]
- Verwendung von gewerblich gestalteten AGB;[41]
- Bezeichnung als „Händler"[42] bzw. Betreiben eines Shops;[43]
- Anmeldung eines Gewerbes nach § 14 GewO;[44]
- Bezeichnung als „Powerseller" bei eBay,[45] wobei hierfür auch eine Umkehr der Beweislast[46] oder – sofern noch weitere Indizien hinzutreten – sogar ein Anscheinsbeweis[47] angenommen wird; damit sich ein Verkäufer bei eBay als „Powerseller" qualifizieren und die Qualifizierung aufrechterhalten kann, muss er ständig bestimmte Kriterien erfüllen u.a. gegenüber eBay den Nachweis eines bestimmten Handelsvolumens oder einer bestimmten Anzahl von verkauften Artikeln erbringen.[48]

---

[35] Zur neueren Rechtsprechung des BGH zu Existenzgründern vgl. *Prasse*, MDR 2005, 961-963.
[36] Überblick bei *Holthusen/Szcesny*, K&R 2005, 302-308.
[37] Überblick bei *Rohlfing*, MMR 2006, 271-275.
[38] LG Hof v. 29.08.2003 - 22 S 28/03 - CR 2003. 854-855 mit Anm. *Mankowski*, VuR 2004, 79-85 und *Kaestner/Tews*, WRP 2004, 391-400; AG Detmold v. 27.04.2004 - 7 C 117/04 - MMR 2004, 638.
[39] AG Wernigerode v. 22.02.2007 - 10 C 659/06 - MMR 2007, 402-403 zur Tätigkeit eines über eBay tätigen Verkäufers mit 1378 Einträgen.
[40] LG Schweinfurt v. 30.12.2003 - 110I O 32/03 - WRP 2004, 654; OLG Zweibrücken v. 28.06.2007 - 4 U 210/06 - WRP 2007, 1005-1007 zur Einlassung, auf Flohmärkten oder selbst günstig im Internet erworbene Waren gelegentlich weiterzuveräußern; OLG Frankfurt v. 03.12.2007 - 6 W 184/07; AG Ibbenbüren v. 21.07.2005 - 12 C 208/04.
[41] LG Mainz v. 06.07.2005 - 3 O 184/04 - NJW 2006, 783; vgl. aber AG Detmold v. 27.04.2004 - 7 C 117/04 - MMR 2004, 638 (Verwendung von AGB ohne Hinzutreten weiterer Indizien zur Darlegung nicht ausreichend).
[42] Das Fehlen eines ausdrücklichen Hinweises auf die Händlereigenschaft eines Anbieters bei Internetauktionen (hier: eBay) soll – nach zweifelhafter Auffassung des OLG Oldenburg – nicht wettbewerbswidrig sein (OLG Oldenburg v. 20.01.2003 - 1 W 6/03 - NJW-RR 2003, 1061-1062, ebenso die Vorinstanz LG Osnabrück v. 06.11.2002 - 12 O 2957/02 - VuR 2003, 116-117 mit Anm. *Woitke*, VuR 2003, 117-119 und *Becker*, JurPC Web-Dok. 115/2003); vgl. hierzu nunmehr Ziffer 22 des Anhangs I der Richtlinie 2005/29/EG.
[43] OLG Zweibrücken v. 28.06.2007 - 4 U 210/06 - WRP 2007, 1005-1007.
[44] OLG Zweibrücken v. 28.06.2007 - 4 U 210/06 - WRP 2007, 1005-1007.
[45] OLG Frankfurt v. 21.03.2007 - 6 W 27/07 - MMR 2007, 378-379; OLG Frankfurt v. 27.07.2004 - 6 W 54/04 - GRUR 2004, 1042; OLG Frankfurt v. 22.12.2004 - 6 W 153/04 - GRUR-RR 2005, 319; LG Schweinfurt v. 30.12.2003 - 110I O 32/03 - WRP 2004, 65; AG Radolfzell v. 29.07.2004 - 3 C 553/03 - NJW 2004, 3342; AG Bad Kissingen v. 04.04.2005 - 21 C 185/04 - NJW 2005, 2463-2464.
[46] OLG Koblenz v. 17.10.2005 - 5 U 1145/05 - NJW 2006, 1438 mit Anm. 1 *Schmidt-Räntsch*, WuB IV D § 312b BGB 1.06.
[47] LG Mainz v. 06.07.2005 - 3 O 184/04 - NJW 2006, 783 mit Anm. *Roggenkamp*, jurisPR-ITR 4/2006, Anm. 4 und *Mankowski*, CR 2006, 132-134 (als Vorinstanz zu OLG Koblenz v. 17.10.2005 - 5 U 1145/05 - NJW 2006, 1438), im Fall zusätzlich zu der Selbstbezeichnung als „PowerSeller" mindestens 252 Geschäfte im Zeitraum von 2 Jahren und 7 Monaten sowie gewerblich gestalteten Versteigerungsbedingungen.
[48] Einzelheiten finden sich auf der Website von eBay unter http://pages.ebay.de/powerseller/kriterien.html (abgerufen am 25.09.2012).

Beispiele aus der Rechtsprechung: 22
- Ja bei PowerSeller und zusätzlich 228 Käuferbewertungen (OLG Karlsruhe);[49]
- Ja bei 484 (bewerteten) Geschäften binnen eines Jahres und bei einem Anbieten von 369 Artikeln im Zeitpunkt des Verfahrensbeginns (OLG Frankfurt);[50]
- Ja im Falle einer über eBay tätigen Verkäuferin, die zum einen in einem Monat mehr als 100 Artikel angeboten hatte (davon 3/5 Kinderbekleidung, wovon mehr als 1/3 als neu gekennzeichnet war) und die zum anderen innerhalb von ca. 4 1/2 Monaten 76 solcher Kleidungsstücke gekauft und kurze Zeit nach dem Kauf zu einem höheren Preis wieder über eBay zum Verkauf angeboten hatte, ungeachtet dessen, dass die Verkäuferin Mutter von vier Kindern war und zum Teil auch Kleidung für ihre eigenen Kinder kaufte bzw. Kleidung ihrer eigenen Kinder verkaufte (LG Berlin);[51]
- Ja bei 25 Bewertungen eines Verkäufers innerhalb von zwei Monaten (LG Hanau);[52]
- Ja bei Verkauf von 552 Artikeln in einem Zeitraum von etwa sechs Wochen (OLG Hamm);[53]
- Nein im Falle eines über eBay tätigen Verkäufers von Modeartikeln mangels Erfüllung der Kriterien eines Powersellers trotz mehr als 1.700 Käuferbewertungen (LG Coburg);[54]
- Nein im Falle eines Verkäufers von antikem Spielzeug mit nur 82 Umsätzen und Einlassung, es handele sich um ein Hobby (LG München I).[55]

cc. Keine Gewinnerzielungsabsicht erforderlich

Wie der BGH[56] zum Verbrauchsgüterkauf gemäß § 474 BGB und das OLG Zweibrücken[57] zum Fernabsatzrecht bestätigt haben, ist bei richtlinienkonformer Auslegung der §§ 14, 312b BGB für die Unternehmereigenschaft keine Absicht erforderlich, mit dem geschäftlichen Handeln (vgl. § 14 MarkenG[58] oder § 3 BuchpreisbindG[59]) Gewinn zu erzielen.[60] Wer z.B. über Versteigerungsplattformen im Internet Waren verkauft, verliert nicht dadurch seine Unternehmereigenschaft, dass er dabei nur niedrige Preise erzielt.[61] Unternehmer i.S.v. § 14 BGB sind nicht nur Gewerbetreibende, sondern auch 23

---

[49] OLG Karlsruhe v. 27.04.2006 - 4 U 119/04 - CR 2006, 689-692.
[50] OLG Frankfurt v. 21.03.2007 - 6 W 27/07 - MMR 2007, 378-379.
[51] LG Berlin v. 05.09.2006 - 103 O 75/06 - MMR 2007, 401-401.
[52] LG Hanau v. 28.09.2006 - 5 O 51/06 - MMR 2007, 339-339
[53] OLG Hamm v. 15.03.2011 - I-4 U 204/10, 4 U 204/10 - juris Rn. 49 - MMR 2011, 537-538.
[54] LG Coburg v. 19.10.2006 - 1 HK O 32/06 - K&R 2007, 106-107.
[55] LG München I v. 07.08.2008 - 34 S 20431/04 - ZUM-RD 2009, 360-361.
[56] BGH v. 29.03.2006 - VIII ZR 173/05 - BGHZ 166, 2250-2254.
[57] OLG Zweibrücken v. 28.06.2007 - 4 U 210/06 - WRP 2007, 1005-1007.
[58] OLG Frankfurt v. 08.09.2005 - 6 U 252/04 - GRUR-RR 2006, 48-50 mit Anm. *Ernst*, jurisPR-ITR 5/2006, Anm. 5; OLG Frankfurt v. 16.08.2004 - 6 W 128/04 - OLGR Frankfurt 2004, 423-424, wonach zur Beurteilung eines Handelns im geschäftlichen Verkehr bei Angeboten über eBay ebenfalls der Umfang der getätigten Verkäufe bzw. Versteigerungen maßgeblich ist (im Fall als ausreichend angesehen: Nachweis von mindestens 27 Verkäufen im April 2003 und mindestens 168 Verkäufen „seit Januar 2003"); vgl. zum MarkenG auch LG Berlin v. 09.11.2001 - 103 O 149/01 - CR 2002, 371-372 (Verkauf von Privateigentum im Rahmen von Internet-Versteigerungen).
[59] Bei dem Verkauf von Büchern ist – auch bei Internet-Auktionen – § 3 BuchpreisbindG zu beachten: „Wer gewerbs- oder geschäftsmäßig Bücher an Letztabnehmer verkauft, muss den nach § 5 BuchpreisbindG festgesetzten Preis einhalten. Dies gilt nicht für den Verkauf gebrauchter Bücher." Der Buchpreisbindung unterliegen mithin nicht nur „gewerbsmäßig" handelnde Verkäufer, ausreichend ist danach auch ein „geschäftsmäßig" Handeln. Nach der amtlichen Begründung (BT-Drs. 14/9196, S. 10) handelt gewerbsmäßig, wer „berufsmäßig in der Absicht dauernder Gewinnerzielung geschäftlich tätig wird", und geschäftsmäßig, wer „auch ohne Gewinnerzielungsabsicht die Wiederholung gleichartiger Tätigkeiten zum wiederkehrenden Bestandteil seiner Beschäftigung macht". OLG Frankfurt v. 15.06.2004 - 11 U 18/2004 (Kart), 11 U 18/04 (Kart) - NJW 2004, 2098-2100 hat ein solches geschäftsmäßiges Handeln in einem Fall bejaht, in dem eine Privatperson 48 jeweils als „ungelesen" oder „neu" bzw. „völlig neu" bezeichnete und damit auch nicht „gebrauchte" Bücher in einem Zeitraum von sechs Wochen bei eBay im Rahmen von Internet-Auktionen zum Kauf angeboten hatte. Ein gewerbsmäßiges Handeln hat das Gericht abgelehnt, weil keine Umstände für eine Gewinnerzielungsabsicht vorlagen und der Verkäufer insbesondere nur einen durchschnittlichen Preis von ca. 6 € erzielt hatte.
[60] *Thüsing* in: Staudinger, § 312b Rn. 8; *Wendehorst* in: MünchKomm-BGB, § 312d Rn. 11.
[61] OLG Zweibrücken v. 28.06.2007 - 4 U 210/06 - WRP 2007, 1005-1007.

§ 312b

Selbständige, insbesondere auch die Angehörigen der sog. freien Berufe, beispielsweise Rechtsanwälte, Ärzte oder Architekten.[62]

dd. Bei Abschluss des Rechtsgeschäfts in Ausübung der beruflichen Tätigkeit

24 § 14 BGB setzt ferner voraus, dass der Gewerbetreibende oder Selbständige bei Abschluss des Rechtsgeschäfts in Ausübung seiner beruflichen Tätigkeit handelt. Möchte er z.B. eine Ware (z.B. einen Computer) erwerben und diese sowohl privat als auch beruflich nutzen, so kommt es für die Bestimmung des Zwecks des Geschäfts auf den Schwerpunkt der beabsichtigten Nutzung zum Zeitpunkt der Vornahme des Geschäfts an, wie er in dem erklärten Parteiwillen zum Ausdruck kommt. Entscheidend ist daher das Auftreten gegenüber dem Vertragspartner bei objektiver Würdigung.[63] Dabei ist zu berücksichtigen, dass auch Geschäftsleute private Geschäfte tätigen können.[64]

25 Nach der Rechtsprechung des BGH liegt Unternehmer- und nicht Verbraucherhandeln schon dann vor, wenn das betreffende Geschäft im Zuge der Aufnahme einer gewerblichen oder selbständigen beruflichen Tätigkeit (sog. Existenzgründung) geschlossen wird.[65] Entscheidend ist die – objektiv zu bestimmende – Zweckrichtung des Verhaltens. Das Gesetz stellt nicht auf das Vorhandensein oder Nichtvorhandensein geschäftlicher Erfahrung, etwa aufgrund einer bereits ausgeübten gewerblichen oder selbständigen beruflichen Tätigkeit, ab; vielmehr kommt es darauf an, ob das Verhalten der Sache nach dem privaten – dann Verbraucherhandeln – oder dem gewerblich-beruflichen Bereich – dann Unternehmertum – zuzuordnen ist. Beispiele für Rechtsgeschäfte im Zuge einer Existenzgründung: Miete von Geschäftsräumen, Abschluss eines Franchisevertrags oder Kauf eines Anteils an einer freiberuflichen Gemeinschaftspraxis.[66] Der BGH unterscheidet weiter zwischen Geschäften, die im Zuge einer Existenzgründung vorgenommen werden, und solchen, die diese Gründung erst vorbereiten sollen oder ihr vorgelagert sind.[67]

c. Verbraucher

aa. Definition

26 Verbraucher ist gemäß § 13 BGB jede natürliche Person, die ein Rechtsgeschäft zu einem Zweck abschließt, der weder ihrer gewerblichen noch ihrer selbständigen beruflichen Tätigkeit zugerechnet werden kann (vgl. hierzu die Kommentierung zu § 13 BGB). Der Begriff ist richtlinienkonform auszulegen.[68]

bb. Natürliche Person

27 Nur natürliche Personen können Verbraucher sein, nicht aber juristische Personen oder rechtsfähige Personengesellschaften i.S.v. § 14 Abs. 2 BGB. Eine rechtsfähige Personengesellschaft ist eine Personengesellschaft, die mit der Fähigkeit ausgestattet ist, Rechte zu erwerben oder Verbindlichkeiten einzugehen. Beispiele: die (Außen-)Gesellschaft bürgerlichen Rechts (§§ 705 ff. BGB), die OHG, die KG, die Partnerschaft oder die EWIV. Verbraucher kann aber im Einzelfall auch der Zusammenschluss mehrerer natürlicher Personen in einer Gesellschaft des bürgerlichen Rechts sein.[69]

---

[62] Zum Wesen der freien Berufe vgl. § 1 Abs. 2 des Partnerschaftsgesellschaftsgesetzes: „Die Freien Berufe haben im allgemeinen auf der Grundlage besonderer beruflicher Qualifikation oder schöpferischer Begabung die persönliche, eigenverantwortliche und fachlich unabhängige Erbringung von Dienstleistungen höherer Art im Interesse der Auftraggeber und der Allgemeinheit zum Inhalt."

[63] LG Essen v. 09.09.2010 - 6 O 132/10; AG Siegburg v. 23.02.2005 - 117 C 262/04 - NJW-RR 2005, 1583; AG Münster v. 06.02.2007 - 6 C 4090/06; ferner zum Verbrauchsgüterkauf OLG Celle v. 04.04.2007 - 7 U 193/06 - ZGS 2007, 354-356.

[64] BGH v. 22.04.1993 - I ZR 75/91 - GRUR 1993, 761.

[65] BGH v. 24.02.2005 - III ZB 36/04 - NJW 2005, 1273-1275 (betreffend die Frage eines Formzwangs für eine Schiedsvereinbarung).

[66] BGH v. 24.02.2005 - III ZB 36/04 - NJW 2005, 1273-1275.

[67] BGH v. 15.11.2007 - III ZR 295/06 - NSW BGB § 312 (BGH-intern)).

[68] Gemäß Art. 2 Nr. 2 Richtlinie 97/7/EG bzw. Art. 2 lit. d Richtlinie 2002/65/EG ist „Verbraucher" jede natürliche Person, die beim Abschluss von Verträgen im Sinne der Fernabsatzrichtlinie zu Zwecken handelt, die nicht ihrer gewerblichen oder beruflichen Tätigkeit zugerechnet werden können. Vgl. Art. 2 (1) des Vorschlags der Richtlinie des Europäischen Parlaments und des Rates über Rechte der Verbraucher vom 08.10.2008 (KOM (2008) 614).

[69] So in einem verbraucherkreditrechtlichen Fall BGH v. 23.10.2001 - XI ZR 63/01 - BGHZ 149, 80-89.

Keine Verbraucher – da juristische Personen – sind der eingetragene nichtwirtschaftliche Verein (§ 21 BGB) und die rechtsfähige Stiftung (§ 80 BGB). Eine analoge Anwendung von § 13 BGB auf diese Fälle ist abzulehnen[70]

28

cc. Zweck des Geschäfts

Der Zweck des Geschäfts darf nicht der gewerblichen oder selbständigen beruflichen Tätigkeit zugerechnet werden können. Der Wortlaut des § 13 BGB lässt nicht erkennen, ob für die Abgrenzung von Verbraucher- und Unternehmerhandeln allein objektiv auf den von der handelnden Person verfolgten Zweck abzustellen ist, ob es für die Zurechnung des Handelns auf die dem Vertragspartner erkennbaren Umstände ankommt. Aus der vom Gesetzgeber gewählten negativen Formulierung des zweiten Halbsatzes der Vorschrift des § 13 BGB wird deutlich, dass rechtsgeschäftliches Handeln einer natürlichen Person grundsätzlich als Verbraucherhandeln anzusehen ist und etwa verbleibende Zweifel, welcher Sphäre das konkrete Handeln zuzuordnen ist, zugunsten der Verbrauchereigenschaft zu entscheiden sind. Eine Zurechnung entgegen dem mit dem rechtsgeschäftlichen Handeln objektiv verfolgten Zweck kommt daher nur dann in Betracht, wenn die dem Vertragspartner erkennbaren Umstände eindeutig und zweifelsfrei darauf hinweisen, dass die natürliche Person in Verfolgung ihrer gewerblichen oder selbständigen beruflichen Tätigkeit handelt.[71]

29

Zwar trägt der Verbraucher die Darlegungs- und Beweislast dafür, dass nach dem von ihm objektiv verfolgten Zweck ein seinem privaten Rechtskreis zuzuordnendes Rechtsgeschäft vorliegt.[72] Unsicherheiten und Zweifel aufgrund der äußeren, für den Vertragspartner erkennbaren Umstände des Geschäfts gehen indes nach der negativen Formulierung des Gesetzes in § 13 BGB nicht zu Lasten des Verbrauchers. Bei einem Vertragsschluss mit einer natürlichen Person ist daher grundsätzlich von Verbraucherhandeln auszugehen. Anders ist dies nur dann, wenn Umstände vorliegen, nach denen das Handeln aus der Sicht des anderen Teils eindeutig und zweifelsfrei einer gewerblichen oder selbständigen beruflichen Tätigkeit zuzurechnen ist.[73]

30

Eine Bestellung zu privaten Zwecken kann nach dem BGH daher auch bei Angabe einer beruflichen Lieferadresse (z.B. der Kanzleianschrift) vorliegen.[74] In diesem Sinne hat das AG Siegburg ein Handeln als Verbraucher in einem Fall bejaht, in dem die Voraussetzungen für den Betrieb des bestellten Gegenstandes (Anschluss für Satelliten-Anlage) in den geschäftlichen Räumen (einer Anwaltskanzlei) nicht vorhanden waren und die Bestellung in der Eingabemaske ohne Markierung des Feldes „Gewerbetreibender" erfolgte.[75] Arbeitnehmer, die berufsbezogene Geschäfte vornehmen, sind insoweit ebenfalls Verbraucher.

31

II. Gegenstand des Vertrages

1. Lieferung von Waren

a. Lieferung

Lieferung ist jede Handlung, die darauf gerichtet ist, dem Verbraucher Besitz zu verschaffen.

32

b. Ware

aa. Definition

Waren sind alle beweglichen körperlichen Sachen des Handelsverkehrs.

33

Sofern geistige Leistungen z.B. auf einem Datenträger verkörpert sind und dieser Gegenstand des Handelsverkehrs ist, unterfallen sie den Verträgen über die Lieferung von Waren.[76]

34

---

[70] Vgl. die Kommentierung zu § 13 BGB; zur Einordnung eines Idealvereins als Kunde i.S.d. HTürGG vgl. AG Hamburg v. 30.07.1987 - 22b C 191/87 - WM 1988, 1609-1610.
[71] BGH v. 30.09.2009 - VIII ZR 7/09 - NJW 2009, 3780-3781 (vorgehend LG Hamburg v. 16.12.2008 - 309 S 96/08 - MMR 2009, 350-351 mit Anm. *Ernst*, jurisPR-ITR 12/2009, Anm. 4 und AG Hamburg-Wandsbek v. 13.06.2008 - 716a C 11/08 - MMR 2008, 844).
[72] BGH v. 11.07.2007 - VIII ZR 110/06 - NJW 2007, 2619-2621.
[73] BGH v. 30.09.2009 - VIII ZR 7/09 - NJW 2009, 3780-3781.
[74] BGH v. 30.09.2009 - VIII ZR 7/09 - NJW 2009, 3780-3781.
[75] AG Siegburg v. 23.02.2005 - 117 C 262/04 - NJW-RR 2005, 1583.
[76] Zu der Abgrenzung zu Dienstleistungen vgl. *Thüsing* in: Staudinger, § 312b Rn. 16.

35 Davon abzugrenzen sind geistige Leistungen wie Gutachten oder sonstige Beratungsleistungen, die zwar verkörpert, aber nicht Gegenstand des Handelsverkehrs sind. Sie stellen keine Waren, sondern Dienstleistungen dar.[77]

36 Nur bewegliche Sachen gehören zu den Waren, nicht aber Grundstücke. Das Fernabsatzrecht ist ungeachtet dessen ohnehin auf die in § 312b Abs. 3 Nr. 4 BGB aufgeführten Immobiliengeschäfte (z.B. Kaufvertrag über Erwerb eines Grundstücks) nicht anwendbar.

bb. Wasser, Gas, Strom

37 Typischerweise handelt es sich bei Verträgen über die Lieferung von Waren um Kaufverträge über körperliche Gegenstände. Der Aggregatszustand der Ware spielt keine Rolle. Zu den Waren gehören daher Gas sowie Wasser und andere Flüssigkeiten; Gleiches gilt auch für Fernwärme oder Strom.[78] Daran wird sich im Grundsatz durch die Richtlinie 2011/83/EU nichts ändern, wie sich aus Art. 2 Nr. 3, Art. 3 Abs. 1 Satz 2, Art. 6 Abs. 2, Art. 8 Abs. 8, Art. 9 Abs. 2 lit. c Art. 14 Abs. 4 lit. a sowie Erwägungsgrund 25 ergibt.

38 Der BGH hat dem EuGH im Jahr 2009 die Frage zur Vorabentscheidung vorgelegt, ob bei solchen Energielieferverträgen de lege lata das Widerrufsrecht nach Art. 6 Abs. 3 Spiegelstrich 3 Fall 3 der Richtlinie 1997/7/EG (vgl. § 312d Abs. 1 Nr. 1 BGB) ausgeschlossen ist.[79] Das Verfahren wurde durch Anerkenntnisurteil im Jahr 2010 beendet.[80]

39 Nach Auffassung des AG Hamburg[81] handelt es sich bei Telekommunikationsverträgen über Dienstleistungen wegen des Zugangs zum Internet unter funktionaler Betrachtung um Verträge sui generis, die ihren Schwerpunkt – wie Verträge über die Lieferung von Strom, Gas, Wasser usw. – in der Lieferung von Waren i.S.d. §§ 312b ff. BGB haben und damit überwiegend kaufrechtlicher Struktur im Sinne der §§ 433, 453 BGB folgen.

cc. Besonders geregelte Warentypen

40 Verträge über die Lieferung von Lebensmitteln, Getränken oder sonstigen Haushaltsgegenständen des täglichen Bedarfs sind unter den Voraussetzungen von § 312b Abs. 3 Nr. 5 BGB vom Anwendungsbereich des Fernabsatzrechts ausgenommen.

41 Bei Fernabsatzverträgen über die Lieferung von Audio- oder Videoaufzeichnungen oder von Software auf einem Datenträger ist im Falle der Entsiegelung aber das Widerrufsrecht ausgeschlossen (§ 312d Abs. 4 Nr. 2 BGB). Gleiches gilt für Zeitungen, Zeitschriften und Illustrierte (§ 312d Abs. 4 Nr. 3 BGB)[82] sowie unter den Voraussetzungen des § 312d Abs. 4 Nr. 6 BGB für Edelmetalle oder andere Rohstoffe.

42 Beim Vertrieb von Waren insbesondere im Internet sind ggf. gesetzliche Beschränkungen zu beachten, z.B. betreffend Im- und Export, gemäß dem Jugendschutz[83] und für Tabakwaren[84].

---

[77] Zu einer Persönlichkeitsanalyse LG Hamburg v. 31.01.2012 - 312 O 93/11 - juris Rn. 54 mit Anm. *Schöttler*, jurisPR-ITR 6/2012, Anm. 3.

[78] BGH v. 18.03.2009 - VIII ZR 149/08 - CR 2009, 455-457, u.a. unter Verweis auf BGH v. 02.07.1969 - VIII ZR 172/68 - WM 1969, 1017 und den europarechtlichen Warenbegriff nach EuGH v. 27.04.1994 - C-393/92 - Slg. 1994, I S. 1477; *Thüsing* in: Staudinger, § 312b Rn. 15; einschränkend *Wendehorst* in: MünchKomm-BGB, § 312b Rn. 32.

[79] BGH v. 18.03.2009 - VIII ZR 149/08 - CR 2009, 455-457 (vorgehend LG Aachen v. 16.05.2008 - 5 S 233/07 und AG Aachen v. 22.11.2007 - 80 C 124/07).

[80] BGH v. 20.04.2010 - VIII ZR 149/08.

[81] AG Hamburg v. 21.06.2007 - 6 C 177/07.

[82] Zum Abschluss eines Zeitschriftenabonnementvertrages via Internet vgl. OLG München v. 25.01.2001 - 29 U 4113/00 - NJW 2001, 2263-2265; speziell zu Ratenlieferungsverträgen im Fernabsatz vgl. *Peukert*, VuR 2002, 347-353.

[83] Zum Weinversandhandel und Jugendschutz *Ernst-Spoenle*, ZLR 2007, 114-124.

[84] Hierzu OLG Hamburg v. 26.09.2007 - 5 U 36/07 - mit Anm. *Lapp*, jurisPR-ITR 7/2008, Anm. 2 und OLG Karlsruhe v. 18.10.2007 - 19 U 184/06 mit Anm. *Ernst*, jurisPR-ITR 7/2008, Anm. 3. Nach LG Koblenz v. 13.08.2007 - 4 HK O 120/07 - MMR 2007, 725-726 (mit abl. Anm. *Liesching*) soll der Versand von Tabakwaren auf Bestellung über das Internet nicht den jugendschutzrechtlichen Beschränkungen für die Abgabe in der Öffentlichkeit nach § 10 JuSchG unterliegen.

2. Erbringung von Dienstleistungen
a. Dienstleistung
aa. Definition

Der Begriff der Dienstleistung ist europarechtskonform auszulegen. Dienstleistungen i.S.v. Art. 57 Abs. 1 AEUV (vormals Art. 50 EGV) sind Leistungen, die in der Regel gegen Entgelt erbracht werden, soweit sie nicht den Vorschriften über den freien Waren- und Kapitalverkehr und über die Freizügigkeit der Personen unterliegen. Als Dienstleistungen gelten gemäß Art. 57 Abs. 2 AEUV insbesondere gewerbliche, kaufmännische, handwerkliche und freiberufliche Tätigkeiten. In der Systematik des Fernabsatzrechts werden Finanzdienstleistungen und sonstige Dienstleistungen unterschieden.

43

bb. Finanzdienstleistungen

Das Fernabsatzrecht ist seit dem 08.12.2004 auch auf Finanzdienstleistungen anwendbar, die Bereichsausnahme in § 312b Abs. 3 Nr. 3 BGB a.F. wurde aufgehoben. Gemäß § 312b Abs. 1 Satz 2 BGB sind Finanzdienstleistungen Bankdienstleistungen sowie Dienstleistungen im Zusammenhang mit einer Kreditgewährung, Versicherung, Altersversorgung von Einzelpersonen, Geldanlage oder Zahlung. Der Begriff ist richtlinienkonform und – wie Erwägungsgrund 14 der Richtlinie 2002/65/EG klarstellt – weit auszulegen.[85]

44

Insbesondere ist der Begriff bereits ausweislich der Gesetzesmaterialien[86] nicht identisch mit dem Begriff der Finanzdienstleistungen gemäß § 1 Abs. 1a KredWG.

45

Zu Finanzdienstleistungen gehören gemäß § 312b Abs. 1 Satz 2 BGB Bankdienstleistungen sowie Dienstleistungen im Zusammenhang mit einer Kreditgewährung. Der Begriff der Bankdienstleistungen ist nicht identisch mit dem Begriff der Bankgeschäfte i.S.v. § 1 Abs. 1 KredWG, dies bereits deswegen, weil das Fernabsatzrecht anders als das Bankaufsichtsrecht nur Dienstleistungen gegenüber Verbrauchern zum Gegenstand hat. Ungeachtet dessen werden einige der bankaufsichtsrechtlich erlaubten Tätigkeiten typischerweise auch gegenüber Verbrauchern erbracht, z.B.

46

- Einlagengeschäfte (§ 1 Abs. 1 Satz 2 Nr. 1 KredWG),
- Kreditgeschäfte (§ 1 Abs. 1 Satz 2 Nr. 2 KredWG; zum Verbraucherdarlehensvertrag vgl. §§ 491 ff. BGB[87]),
- Depotgeschäfte (§ 1 Abs. 1 Satz 2 Nr. 5 KredWG), d.h. die Verwahrung und Verwaltung von Wertpapieren für andere (zum Begriff der Wertpapierdienstleistungen vgl. § 2 Abs. 3 WpHG)[88],

---

[85] Grundlage ist Art. 2 lit. b der Richtlinie 2002/65/EG. Beispiele für Finanzdienstleistungen lassen sich dem Katalog in Anhang II der Richtlinie 1997/7/EG sowie den Regelungen in Art. 6 Abs. 2 und 3 der Richtlinie 2002/65/EG betreffend den Ausschluss des Widerrufsrechts in den dort bestimmten Fällen entnehmen. Gemäß Art. 2 (13) des Vorschlags der Richtlinie des Europäischen Parlaments und des Rates über Rechte der Verbraucher vom 08.10.2008 (KOM (2008) 614) wird als „Finanzdienstleistung" definiert „jede Bankdienstleistung sowie jede Dienstleistung im Zusammenhang mit einer Kreditgewährung, Versicherung, Altersversorgung von Einzelpersonen, Geldanlage oder Zahlung".
[86] BT-Drs. 15/2946, S. 18.
[87] Zum Verbraucherdarlehensvertrag im Fernabsatz *Dörrie*, ZBB 2005, 121-135.
[88] Zu Aufklärungspflichten bei Wertpapierkäufen in einer Direktbank OLG Karlsruhe v. 28.10.2003 - 17 U 124/02 - NJW-RR 2004, 1052-1053 = JurPC Web-Dok. 161/2004. Der Bundesrat schlug in seiner Stellungnahme zum Gesetzesentwurf vor, in § 312b Abs. 1 Satz 2 BGB die Wörter „sowie mit Wertpapieren" anzufügen, und zwar mit folgender Begründung (BT-Drs. 15/2946, S. 32): „Nach § 312b Abs. 3 Nr. 3 BGB gehören u. a. Wertpapierdienstleistungen zu den Finanzgeschäften. Die im Gesetzentwurf gewählte Bezeichnung ,Geldanlage' entspricht zwar Artikel 2 Buchstabe b der Richtlinie, deckt aber den bisher genannten Bereich der Wertpapierdienstleistungen nur teilweise ab. Zur vollständigen Erfassung der Finanzdienstleistungen dürften daher Wertpapiergeschäfte einzubeziehen sein. Damit wird auch gewährleistet, dass eine unterschiedliche Auslegung der Begriffe ,Geldanlage' bei europäischen und deutschen Gerichten nicht zu einer Rechtsschutzlücke für deutsche Verbraucher führt." Die Bundesregierung lehnte diesen Vorschlag des Bundesrates in ihrer Gegenäußerung ab (BT-Drs. 15/2946, S. 37): „Die Bundesregierung vermag sich dem in der Prüfbitte liegenden Vorschlag des Bundesrates nicht anzuschließen. Die Formulierung in § 312b Abs. 1 Satz 2 BGB entspricht – wie vom Bundesrat zutreffend eingeräumt – wörtlich dem umzusetzenden Artikel 2 Buchstabe b der Richtlinie. Diese Vorschrift enthält eine abschließende Umschreibung dessen, was unter Finanzdienstleistungen zu verstehen ist. Im Rahmen der Umsetzungsgesetzgebung muss diese Richtlinienvorgabe, nicht die bisher geltende Vorschrift des § 312b Abs. 3 Nr. 3 BGB, auf die der Bundesrat abstellt, Bezugspunkt sein. Eine Veränderung der in der Richtlinie enthaltenen Formulierung liefe dabei der Zielsetzung der Aufnahme einer Definition in § 312b Abs. 1 Satz 2 BGB zuwider: Geschaffen werden soll eine den Vorgaben der Richtlinie entsprechende fernabsatzrechtspezifische Definition des Begriffs ,Finanzdienstleistungen', da jene sich mit dem bekannten Begriff der Finanzdienstleistungen aus § 1 Abs. 1a KWG nicht gänzlich deckt. Die Befürchtung, dass unerwünschte Lücken im Anwendungsbereich auftreten könnten, wird hier nicht geteilt. Soweit ,Wertpapiere' erfasst werden sollen, wird dies durch die Begriffe „Bankdienstleistungen" und „Geldanlage" (vgl. engl.: „investment"; frz.: „investissement") abgedeckt sein."

§ 312b

- Girogeschäfte (§ 1 Abs. 1 Satz 2 Nr. 9 KredWG), d.h. die Durchführung des bargeldlosen Zahlungsverkehrs und des Abrechnungsverkehrs (einschließlich z.B. des Online-Banking[89]).

47 Zu den Finanzdienstleistungen i.S.v. § 312b Abs. 1 Satz 2 BGB gehören wie erwähnt Dienstleistungen im Zusammenhang mit einer Kreditgewährung (gegenüber Verbrauchern). Der Darlehensnehmer eines Verbraucherdarlehensvertrages hat gemäß § 495 Abs. 1 BGB ein Widerrufsrecht nach § 355 BGB, so dass das Widerrufsrecht nach § 312d Abs. 1 BGB gemäß § 312d Abs. 5 Satz 1 BGB nicht besteht. Ferner sind bei Verbraucherdarlehensverträgen das (auch nicht durch die elektronische Form ersetzbare) Schriftformerfordernis des § 492 BGB und die besondere Rechtsfolge bei Formmängeln nach § 494 BGB zu beachten.

48 Zu Finanzdienstleistungen gehören gemäß § 312b Abs. 1 Satz 2 BGB ferner Versicherungen, wobei die §§ 312b ff. BGB gemäß § 312b Abs. 3 Nr. 3 BGB auf Verträge über Versicherungen i.S.d. VVG und deren Vermittlung nicht anwendbar sind. Hierfür hat der Gesetzgeber in den §§ 48a ff. VVG spezielle Regelungen geschaffen. Versicherungsgeschäfte unterfallen ferner dem VAG, nicht aber dem KredWG, denn gemäß § 2 Abs. 1 Nr. 4 KredWG gelten (vorbehaltlich § 2 Abs. 2 und 3 KredWG) private und öffentlich-rechtliche Versicherungsunternehmen nicht als Kreditinstitute. Sowohl Versicherungen als auch Kreditinstitute unterliegen aber der Aufsicht der Bundesanstalt für Finanzdienstleistungsaufsicht.[90]

cc. Sonstige Dienstleistungen

49 Verträge über die Erbringung von Dienstleistungen sind z.B.

- Dienstverträge, z.B. der Zugang zu Datenbanken oder Abrufdienste[91] (§§ 611 ff. BGB; Fernabsatzrecht aber gemäß § 312b Abs. 3 Nr. 1 BGB nicht anwendbar auf Verträge über Fernunterricht und nach Maßgabe von § 312b Abs. 3 Nr. 6 BGB nicht anwendbar auf Verträge über die Erbringung von Dienstleistungen in den Bereichen Lieferung von Speisen und Getränken), ferner auch
- Werkverträge (§ 631 BGB; Fernabsatzrecht aber gemäß § 312b Abs. 3 Nr. 4 BGB nicht anwendbar auf Verträge über die Errichtung von Bauwerken),
- Mietverträge, z.B. auch Internet-Hosting-Verträge[92] (§ 535 BGB; Fernabsatzrecht aber nach Maßgabe von § 312b Abs. 3 Nr. 6 BGB nicht anwendbar auf bestimmte Verträge über die Erbringung von Dienstleistungen in den Bereichen Unterbringung und Beförderung),
- Reiseverträge (§ 651 BGB; Fernabsatzrecht aber nach Maßgabe von § 312b Abs. 3 Nr. 6 BGB nicht anwendbar auf bestimmte Verträge über die Erbringung von Dienstleistungen in den Bereichen Unterbringung und Beförderung),
- Partnervermittlungsverträge,[93] auch Verträge über die Erstellung einer Persönlichkeitsanalyse im Zusammenhang mit einer Partnervermittlung,[94]
- Maklerverträge (§ 652 BGB; Fernabsatzrecht aber gemäß § 312b Abs. 3 Nr. 3 BGB nicht anwendbar auf die Vermittlung von Versicherungen, zu Finanzdienstleistungen vgl. § 312b Abs. 1 Satz 2 BGB) und

---

[89] Speziell hierzu *Koch/Maurer*, WM 2002, 2481-2494; zum Vertragsschluss beim Online-Banking vgl. ferner OLG Koblenz v. 02.10.2003 - 7 U 152/03 - ZIP 2004, 353-356.
[90] www.bafin.de (abgerufen am 25.09.2012).
[91] Zu einem Faxabrufdienst LG Frankfurt v. 14.02.2002 - 2/3 O 422/01, 2-03 O 422/01- NJW-RR 2002, 1468-1469.
[92] AG Düsseldorf v. 27.10.2004 - 56 C 6812/03; AG Charlottenburg v. 11.01.2002 - 208 C 192/01 - CR 2002, 297-298; LG Hamburg v. 21.12.2000 - 310 O 425/00 - CR 2001, 475-476; LG Itzehoe v. 19.01.2001 - 7 O 25/01 - CR 2001, 788; ferner LG München I v. 28.6.2000 -20 T 2446/00 - CR 2000, 703 und OLG Celle v. 12.05.1999 - 13 U 38/99 - CR 1999, 523; anders OLG Düsseldorf v. 26.02.2003 -18 U 192/02 - CR 2003, 581 für exklusive Zuweisung eines bestimmten Servers; offen gelassen von LG Karlsruhe v. 12.01.2007 - 13 O 180/04 KfH I - CR 2007, 396-398.
[93] AG Schöneberg v. 27.01.2010 - 104a C 413/09.
[94] LG Hamburg v. 31.01.2012 - 312 O 93/11 - juris Rn. 54 mit Anm. *Schöttler*, jurisPR-ITR 6/2012, Anm. 3.

- Geschäftsbesorgungsverträge jeder Art (§ 675 BGB), z.B. auch Verträge mit Rechtsanwälten[95] (auch Abschluss im Wege der „Versteigerung"[96] oder mittels Rechtsanwalts-Hotline[97]) und Steuerberatern[98],
- Spiele und Wetten (§ 762 BGB) sowie Lotterie- und Ausspielverträge (§ 763 BGB), wobei bei Verträgen über die Erbringung von Wett- und Lotterie-Dienstleistungen das Widerrufsrecht ausgeschlossen ist (§ 312d Abs. 4 Nr. 4 BGB).

b. Erbringung durch den Unternehmer

Die Dienstleistung muss nach der Systematik des Fernabsatzrechts vom Unternehmer, nicht vom Verbraucher erbracht werden. Die Bürgschaft eines Verbrauchers stellt daher keine unter § 312b BGB fallende (Finanz-)Dienstleistung dar.[99] Gleiches gilt für den Schuldbeitritt eines Verbrauchers.[100]   50

III. Unter ausschließlicher Verwendung von Fernkommunikationsmitteln

Gemäß § 312b Abs. 2 BGB sind Fernkommunikationsmittel Kommunikationsmittel, die zur Anbahnung oder zum Abschluss eines Vertrages zwischen einem Verbraucher und einem Unternehmer ohne gleichzeitige körperliche Anwesenheit der Vertragsparteien eingesetzt werden können (vgl. hierzu Rn. 61 ff.).   51

Der Vertrag wird unter ausschließlicher Verwendung von Fernkommunikationsmitteln geschlossen, wenn sowohl für die Vertragsanbahnung als auch für den Antrag auf Abschluss des Vertrages (§ 145 BGB) als auch für die Annahme dieses Antrags (§§ 146 ff. BGB) Fernkommunikationsmittel (§ 312b Abs. 2 BGB) eingesetzt werden.[101]   52

Unternehmer und Verbraucher müssen bei Vertragsanbahnung, Antrag und Annahme nicht dieselben Mittel einsetzen. Beispiel: Der Unternehmer unterrichtet den Verbraucher auf seiner Web-Site über ein Produkt; der Verbraucher bestellt die Ware telefonisch; der Unternehmer bestätigt die Bestellung per E-Mail.   53

Lediglich eine Vertragsanbahnung mit Fernkommunikationsmitteln ist nicht ausreichend. Daher ist im Einzelfall zu klären, ob in einer auf diesem Wege getroffenen Terminvereinbarung (z.B. bei einem Rechtsanwalt oder Friseur) oder Reservierung (z.B. eines Hotelzimmers oder eines Tischs im Restaurant) bereits ein Vertragsabschluss liegt. Fernabsatzrecht ist z.B. anwendbar, wenn der Mandant auf eine E-Mail hin eine erste Auskunft erhält und zur weiteren Beratung in der Kanzlei erscheint, nicht jedoch, wenn der Mandant zunächst einen Besprechungstermin vereinbart und der Vertrag mit dem Rechtsanwalt erst in den Kanzleiräumen zustande kommt.[102]   54

Wenn Unternehmer und Verbraucher vor dem Vertragsschluss mit Fernkommunikationsmitteln bereits persönlichen Kontakt hatten, kommt es mit Blick auf den Schutzzweck des Fernabsatzrechts auf die Qualität dieses Kontakts an. Entscheidend ist, ob sich der Verbraucher während des Anbahnungskontakts über alle für den Vertragsschluss wesentlichen Umstände informiert hat und der Vertrag im unmittelbaren zeitlichen Zusammenhang mit diesem persönlichen Kontakt zustande gekommen ist.   55

---

[95] Hierzu AG Wiesloch v. 16.11.2001 - 1 C 282/01 - JZ 2002, 671 mit Anm. *Bürger*, JZ 2002, 671-672; vgl. auch *Müller*, ZAP Fach 23, 587-600 und *Bürger*, NJW 2002, 465-470; zur Gestaltung von Anwalts-Homepages vgl. *Hansen*, ZGS 2003, 261-269 und *Axmann/Degen*, NJW 2006, 1457-1463; ferner *Schöttle*, NJW 2005, 1979-1982 und *Etzkorn/Kremer*, K&R 2008, 273-278.

[96] BVerfG v. 19.02.2008 - 1 BvR 1886/06 - NJW 2008, 533-534 mit Anm. *Heckmann*, jurisPR-ITR 10/2008, Anm. 2.

[97] Zu Rechtsanwalts-Hotlines vgl. BGH v. 26.09.2002 - I ZR 102/00 - DStR 2003, 1852-185 und BGH v. 26.09.2002 - I ZR 44/00 - NJW 2003, 819-822; BGH v. 30.09.2004 - I ZR 261/02 - NJW 2005, 1266-1268; hierzu auch *Holzapfel*, Rechtliche Probleme der Rechtsberatung per Hotline und Online, Diss. 2002; zur Eintragungsfähigkeit der Marke „anwaltstelefon.de" vgl. BPatG v. 30.09.2003 - 24 W (pat) 28/03.

[98] Zur Steuerberater-Hotline BGH v. 30.09.2004 - I ZR 89/02 - NJW 2005, 1268-1271, Leitsatz 2: „Der Steuerberater, der sich an einer Steuerberater Hotline beteiligt, verstößt damit nicht gegen berufsrechtliche Verbote. Insbesondere verstößt es nicht gegen § 13 Nr. 2 StBGebV, wenn ein Steuerberater, der von einem ihm nicht näher bekannten Mandanten um telefonische Beratung gebeten wird, hierfür eine im Minutentakt berechnete Zeitgebühr vereinbart."

[99] OLG Dresden v. 30.01.2009 - 8 U 1540/08.

[100] *Wendehorst* in: MünchKomm BGB, § 312b Rn. 41

[101] Zum Vertragsschluss über eine Bestell-Hotline und Vorlage des Vertrags bei Übergabe vgl. OLG Schleswig v. 03.07.2003 - 7 U 240/01 - NJW 2004, 231-232.

[102] *Schöttle*, Anwaltliche Rechtsberatung via Internet, Diss. Saarbrücken 2004, S. 120.

§ 312b

- Wenn ein Vertreter den Verbraucher bei der Vertragsanbahnung hinreichend informiert und der Vertrag daraufhin geschlossen wird, ist das Fernabsatzrecht nicht anwendbar:[103] in einem solchen Fall ist aber das Recht der Haustürgeschäfte zu prüfen, welches ebenfalls Informationspflichten statuiert und ein Widerrufsrecht gewährt (§§ 312 und 312a BGB).
- Liegen zwischen dem Vertragsabschluss mittels des Fernkommunikationsmittels und dem persönlichem Kontakt mehr als eineinhalb Monate, ist ein unmittelbar zeitlicher Zusammenhang nach dem AG Frankfurt nicht mehr gegeben.[104]
- An einem unmittelbaren Zusammenhang fehlt es ferner, wenn ein Verbraucher lediglich zu Besichtigungszwecken ein Kaufhaus aufsucht, um die Ware zu betrachten, den Vertrag aber später online über die Web-Site des Kaufhauses schließt.[105] In diesem Sinne hat es z.B. das LG Wuppertal für unerheblich gehalten, dass der Verbraucher beim Kauf eines Neuwagens das Modell vor Abschluss des Kaufvertrages bei einem anderen Händler besichtigt hatte.[106]
- Eine ausschließliche Verwendung von Fernkommunikationsmitteln liegt nach dem AG Saarbrücken allerdings nicht vor, wenn sich der Käufer eines Pkws diesen vor Abschluss des Vertrages (per Fax) – d.h. im Rahmen der Vertragsanbahnung – bei dem Verkäufer angeschaut und ihn Probe gefahren hat. Der Käufer hat sich damit persönlich über alle für ihn wesentlichen Umstände vor Ort bei dem Verkäufer informiert.[107]

IV. Für den Fernabsatz organisiertes Vertriebs- oder Dienstleistungssystem

56 In den Gesetzesmaterialien wird ausdrücklich der Rechtsprechung die Aufgabe zugewiesen, Abgrenzungskriterien für die Frage zu entwickeln, unter welchen Voraussetzungen ein Vertragsschluss „nicht im Rahmen eines für den Fernabsatz organisierten Vertriebs- oder Dienstleistungssystems" erfolgt.[108] Ein Tätigwerden auf gelegentlicher Basis soll nach Erwägungsgrund 18 der Richtlinie 2002/65/EG nicht ausreichend sein.

57 Ein Vertriebs- oder Dienstleistungssystem ist für den Fernabsatz organisiert, wenn der Unternehmer in personeller und sachlicher Ausstattung innerhalb seines Betriebes die Voraussetzungen geschaffen hat, um regelmäßig im Fernabsatz zu tätigende Geschäfte zu bewältigen.[109]

58 Aufwändige Maßnahmen sind für eine solche Organisation nicht erforderlich. Als ausreichend werden beispielsweise angesehen:
- Werbemaßnahmen, die auf die Möglichkeit einer telefonischen Bestellung und Zusendung der Waren hinweisen, und ein Telefonanschluss,[110]
- Zeitungsanzeigen mit Angabe einer Bestell-Telefonnummer oder
- die Unterhaltung einer Web-Site im Internet mit Bestellmöglichkeit per Telefon, Telefax oder E-Mail.

59 Andererseits scheiden solche Geschäfte aus dem Anwendungsbereich des Fernabsatzrechts aus, die unter gelegentlichem und eher zufälligem Einsatz von Fernkommunikationsmitteln geschlossen werden. Das ist nach einem Beispiel aus der Gesetzesbegründung der Fall, wenn der Inhaber eines Geschäfts ausnahmsweise eine telefonische Bestellung entgegennimmt und die Ware dem Kunden nicht in seinem Ladenlokal übergibt, sondern ausnahmsweise per Post versendet.[111]

60 Beispiele aus der Rechtsprechung:
- Das LG Stendal hat ein für den Fernabsatz organisiertes Vertriebs- oder Dienstleistungssystem in einem Fall bejaht, in dem ein Unternehmer pro Jahr ungefähr 10 bis 20 Kraftfahrzeuge unter ausschließlicher Verwendung von Telefax (und Internet) verkauft hatte, ohne dass die Verbraucher das Fahrzeug vor Vertragsschluss besichtigt hätten. Eine umfassende Standardisierung war nach Auffassung des Gerichts für das Vertriebssystem nicht erforderlich, so dass es unerheblich ist, ob Geschäfte unter dem ausschließlichen Einsatz von Fernkommunikationsmitteln quantitativ eine Ausnahme

---

[103] BT-Drs. 14/2658, S. 30.
[104] AG Frankfurt v. 06.06.2011 - 31 C 2577/10 (17) - MMR 2011, 804.
[105] *Schmittmann*, K&R 2003, 385 (386).
[106] LG Wuppertal v. 24.06.2008 - 5 O 13/08.
[107] AG Saarbrücken v. 09.11.2005 - 42 C 204/05; offen gelassen bei Neuwagenkauf von LG Köln v. 15.05.2008 - 37 O 1054/07
[108] BT-Drs. 14/2658, S. 31.
[109] BT-Drs. 14/2658, S. 30.
[110] Beispiel nach BT-Drs. 14/2658, S. 31.
[111] Beispiel nach BT-Drs. 14/2658, S. 30.

darstellen. Auch die Tatsache, dass die Art des Vertragsschlusses dem ausdrücklichen Wunsch des Verbrauchers entsprochen hatte, führt nach Auffassung des Gerichts nicht dazu, dass sein Berufen auf einen Fernabsatzvertrag als rechtsmissbräuchlich im Sinne des § 242 BGB zu bewerten wäre. Dass sich der durch das Fernabsatzrecht geschützte Verbraucher seines Rechtes auf Besichtigung der Ware vor Abschluss des Vertrages – sei es aus Bequemlichkeit oder aus Unwissenheit – begebe, begründe – so das Gericht – für sich genommen noch nicht den Vorwurf eines rechtsmissbräuchlichen Verhaltens. Dies wäre nur dann anzunehmen, wenn aus seinem Verhalten auf das bewusste Herbeiführen einer Rechtsausnutzungssituation geschlossen werden könnte, wofür im Streitfall indes keine zureichenden Anknüpfungstatsachen bestanden.[112]

- Das AG Minden hat ein für den Fernabsatz organisiertes Vertriebs- oder Dienstleistungssystem verneint, nachdem der Unternehmer substantiiert dargelegt hatte, dass er nur Ladenverkäufe betreibe und der Verbraucher die gekaufte Ware auch in dem Laden abgeholt hatte. Das Gericht hat ein Bestreiten des Verbrauchers mit Nichtwissen nicht für zulässig gehalten.[113]

C. Kommentierung zu Absatz 2

§ 312b Abs. 2 BGB enthält eine Legaldefinition des Begriffs „Fernkommunikationsmittel".[114] Dieser wird im Fernabsatzrecht in den §§ 312b Abs. 1, 357 Abs. 3 Satz 2 BGB, Art. 246 § 1 Abs. 1 HS. 1 und Nr. 11 EGBGB, Art. 246 Abs. 1 Satz 1 Nr. 1, Abs. 2 Satz 1 EGBGB, ferner im Recht der Allgemeinen Geschäftsbedingungen in § 305a Nr. 2 BGB, im Fernunterrichtsschutzgesetz in § 3 Abs. 2 Nr. 4 FernUSG und § 3 Abs. 3 Nr. 2 FernUSG sowie im Gewaltschutzgesetz in § 1 Abs. 1 Satz 3 Nr. 4 GewSchG und § 1 Abs. 2 Nr. 2 GewSchG verwendet.

61

I. Legaldefinition

Fernkommunikationsmittel sind Kommunikationsmittel (d.h. technische Hilfsmittel, die den Austausch von Erklärungen ermöglichen), die zur Anbahnung eines Vertrages (z.B. durch Aufforderung zur Abgabe eines Angebots (invitatio ad offerendum)) oder zum Abschluss eines Vertrages (§§ 145 ff. BGB) zwischen einem Verbraucher (§ 13 BGB) und einem Unternehmer (§ 14 BGB) ohne gleichzeitige körperliche Anwesenheit der Vertragsparteien eingesetzt werden können.

62

II. Sonderprobleme

An letzterem fehlt es bei Rechtsgeschäften, die unter Einschaltung von **Stellvertretern** abgeschlossen werden. Zwar sind dabei die vertretenen Parteien nicht gleichzeitig körperlich anwesend, an ihre Stelle tritt jedoch gemäß § 164 BGB der Vertreter; der Vertreter ist zudem eine Person und damit kein Kommunikationsmittel. Bei der Einschaltung von Vertretern bedarf der Verbraucher außerdem nicht des Schutzes des Fernabsatzrechts.[115]

63

Noch nicht abschließend geklärt ist die Rechtslage bei der Einschaltung eines **Boten**. Auch der Bote ist eine Person und damit kein technisches Hilfsmittel bzw. Kommunikationsmittel, die Regeln über die Stellvertretung sind aber nicht auf ihn anwendbar: Der Bote überbringt die Willenserklärung des Unternehmers, gibt aber keine eigene Willenserklärung im Namen des Unternehmers ab. In der Literatur wird aber vielfach vertreten, der Verbraucher bedürfe nicht des Schutzes durch das Fernabsatzrecht, wenn ihm eine Person gegenübertritt.[116]

64

Wie der BGH entschieden hat, stellt jedenfalls die Einschaltung des **Postident-2-Verfahrens** der Deutschen Post AG zur Einholung der Unterschrift des Verbrauchers unter ein Vertragsformular einen Einsatz von Fernkommunikationsmitteln dar, denn der mit der Ausführung betraute Postmitarbeiter kann

65

---

[112] LG Stendal v. 23.01.2007 - 22 S 138/06.

[113] AG Minden v. 22.08.2006 - 21 C 50/06.

[114] In Art. 2 (7) des Vorschlags der Richtlinie des Europäischen Parlaments und des Rates über Rechte der Verbraucher vom 08.10.2008 (KOM (2008) 614) wird als „Fernkommunikationsmittel" definiert: „jedes Kommunikationsmittel, das ohne gleichzeitige körperliche Anwesenheit des Gewerbetreibenden und des Verbrauchers für den Abschluss eines Vertrags zwischen diesen Parteien eingesetzt werden kann".

[115] Ebenso *Thüsing* in: Staudinger, § 312b Rn. 31 m.w.N.

[116] *Thüsing* in: Staudinger, § 312b Rn. 32 m.w.N.; *Hahn* in: Wilmer/Hahn, Fernabsatzrecht, 2. Aufl. 2005, § 312b Rn. 27.

§ 312b

66 und soll keine Auskünfte über Vertragsinhalt und -leistung geben.[117] Diese Konstellation unterscheidet sich nicht von dem Vertragsschluss durch den Austausch von Briefen.

66 Etwas anderes dürfte dann gelten, wenn die eingeschaltete Person nicht darauf beschränkt ist, Willenserklärungen und Waren zu überbringen und entgegenzunehmen, sondern in der Lage und damit beauftragt ist, dem Verbraucher in einem persönlichen Gespräch nähere Auskünfte über die angebotene Ware oder Dienstleistung zu geben. Dies kann beispielsweise bei Vermittlern, Verhandlungsgehilfen oder sonstigen Repräsentanten des Unternehmens, die wegen der Einzelheiten der Leistung Rede und Antwort stünden, der Fall sein.[118]

67 Bei der Entscheidung, ob das Fernabsatzrecht auch bei der Einschaltung von Vertriebsmittlern anwendbar ist, wird eine **richtlinienkonforme Auslegung** erforderlich sein. Wie Erwägungsgrund 19 der Richtlinie 2002/65/EG klarstellt, soll das Fernabsatzrecht gleichermaßen Anwendung finden, wenn sich eine der Absatzphasen unter Mitwirkung eines Vermittlers vollzieht. Mit Rücksicht auf die Art und den Umfang dieser Mitwirkung sollten die einschlägigen Bestimmungen der Richtlinie unabhängig von der Rechtsstellung des Vermittlers auch auf diesen anwendbar sein.

III. Beispiele

68 Zu den vom Gesetz in Anlehnung an Anhang I der der Richtlinie 97/7/EG genannten Beispielen für Fernkommunikationsmittel gehören

- Briefe (vgl. zum Vertragsschluss § 127 Abs. 2 Satz 1 BGB), wobei Anhang I der Richtlinie 97/7/EG die Pressewerbung mit Bestellschein, Drucksachen ohne Anschrift, Drucksachen mit Anschrift und den vorgefertigten Standardbrief nennt,
- Kataloge,
- Telefonanrufe (vgl. zum Vertragsschluss § 147 Abs. 1 Satz 2 BGB), wobei Anhang I der Richtlinie 97/7/EG zwischen telefonischer Kommunikation mit einer Person als Gesprächspartner und telefonischer Kommunikation mit Automaten als Gesprächspartner (Voice-Mail-System, Audiotext) differenziert sowie darüber hinaus das Bildtelefon aufführt,
- Telekopien (auch Telefax oder – wie in Anhang I der Richtlinie 97/7/EG – als Fernkopie bezeichnet),
- E-Mails (in Anhang I der Richtlinie 97/7/EG ebenso wie in § 6 Satz 1 Nr. 2 TDG als „elektronische Post" bezeichnet),
- Rundfunk (Legaldefinition in § 2 RStV), wobei in Anhang I der Richtlinie 97/7/EG sowohl Hörfunk als auch Fernsehen, insbesondere Teleshopping, genannt werden, sowie
- Teledienste (vormals Legaldefinition in § 2 Abs. 1 TDG)[119] und Mediendienste (vormals Legaldefinition in § 2 Abs. 1 MedDStV), d.h. die Kommunikationsmittel des elektronischen Geschäftsverkehrs (§ 312g BGB). An die Stelle der Begriffe „Teledienst" und „Mediendienst" ist der Begriff „Telemedien" getreten. TDG und MedDStV werden durch das Telemediengesetz und den Staatsvertrag für Rundfunk und Telemedien (Rundfunkstaatsvertrag (RStV)) ersetzt. Telemedien sind nach der Legaldefinition in § 1 Abs. 1 S. 1 TMG „alle elektronischen Informations- und Kommunikationsdienste, soweit sie nicht Telekommunikationsdienste nach § 3 Nr. 24 TKG, die ganz in der Übertragung von Signalen über Telekommunikationsnetze bestehen, telekommunikationsgestützte Dienste nach § 3 Nr. 25 TKG oder Rundfunk nach § 2 RStV sind". Der Gesetzgeber hat zwar die Begriffe „Teledienst" und „Mediendienst" in § 312b Abs. 2 BGB nicht durch „Telemedien" ersetzt, Telemedien sind aber ebenfalls Fernkommunikationsmittel i.S.v. § 312b Abs. 2 BGB.

69 Die Aufzählung ist nicht abschließend, wie auch Erwägungsgrund 9 der Richtlinie 97/7/EG klarstellt. Die gesetzliche Definition erlaubt es, auch Internet-Telefonie oder M-Commerce unter Verwendung von SMS oder UMTS zu erfassen.

---

[117] BGH v. 21.10.2004 - III ZR 380/03 - NJW 2004, 3699-3701 mit Anm. *Nassall*, jurisPR-BGHZivilR 48/2004, Anm. 3; *Wendehorst*, JZ 2005, 359-361; *Lorenz*, EWiR 2005, 157-158; *Rössel*, ITRB 2005, 53; *Fischer*, BB 2004, 2601-2602; *Schulte-Nölke*, LMK 2005, 20-21; *Wieske*, TranspR 2005, 206-208 und *Saenger*, BGHReport 2005, 3-4; vorgehend OLG Schleswig v. 03.07.2003 - 7 U 240/01.

[118] *Nassall*, jurisPR-BGHZivilR 48/2004, Anm. 3.

[119] Zu Verkaufsangeboten auf der Internet-Plattform eBay und der Einordnung als Teledienst i.s.v. § 2 Abs. 2 Nr. 5 TDG a.F. OLG Karlsruhe v. 27.04.2006 - 4 U 119/04 - CR 2006, 689-692.

D. Kommentierung zu Absatz 3

Nicht alle Fernabsatzverträge fallen gemäß der Vorgabe in Art. 3 Abs. 1 der Richtlinie 97/7/EG in den Anwendungsbereich des Fernabsatzgesetzes. Der Gesetzgeber hat in § 312b Abs. 3 BGB (vormals § 1 Abs. 3 FernAbsG) für bestimmte Fälle Ausnahmen vorgesehen. Dies hindert den Unternehmer nicht daran, mit dem Verbraucher auch in diesen Fällen die Anwendbarkeit des Fernabsatzrechts zu vereinbaren. § 312b Abs. 3 BGB ist gemäß § 312i Satz 1 BGB zu Gunsten des Verbrauchers abdingbar. 70

I. Verträge über Fernunterricht

Gemäß § 312b Abs. 3 Nr. 1 BGB (vormals § 1 Abs. 3 Nr. 1 FernAbsG) finden die Vorschriften über Fernabsatzverträge keine Anwendung auf Verträge über Fernunterricht gemäß § 1 FernUSG. Eine Überführung der Vorschriften des Fernunterrichtsrechts in das Fernabsatzgesetz war nicht sachdienlich, da das FernUSG neben verbraucherschutzrechtlichen Regelungen[120] auch gewerberechtliche Regelungen enthält, da der Fernunterricht einer besonderen staatlichen Aufsicht unterliegt.[121] Zudem steht dem Veranstalter (Unternehmer) beim Fernunterricht als Teilnehmer nicht notwendigerweise ein Verbraucher gegenüber; die Regelungen des FernUSG gelten auch etwa für den Vertrag des Arbeitgebers, der zu Gunsten seines Arbeitnehmers den Fernunterrichtsvertrag abschließt (§ 328 BGB). In diesem Fall ist der Arbeitnehmer zwar nicht Teilnehmer, aber Lernender i.S.v. § 1 Abs. 1 Nr. 1 FernUSG. 71

Fernunterricht ist gemäß der Legaldefinition in § 1 Abs. 1 FernUSG die auf vertraglicher Grundlage erfolgende, entgeltliche Vermittlung von Kenntnissen und Fähigkeiten, bei der der Lehrende und der Lernende ausschließlich oder überwiegend räumlich getrennt sind und der Lehrende oder sein Beauftragter den Lernerfolg überwachen. 72

Das FernUSG findet keine Anwendung auf bloße Kaufverträge über Lehrmaterialien, da es dabei an einer Vermittlung von Kenntnissen und Fähigkeiten fehlt. Das FernUSG setzt aber nicht voraus, dass der Vertrag zwischen einem Unternehmer und einem Verbraucher zustande kommt; es gilt auch für Verträge, die zwischen Unternehmern geschlossen werden,[122] z.B. den Vertrag eines Dienstleiters mit einem Unternehmen über die Weiterbildung der Betriebsangehörigen. 73

Die erforderliche ausschließliche oder überwiegend räumliche Trennung von Lehrendem und Lernendem liegt vor, wenn die wesentliche Vermittlung der Lehrinhalte durch fernkommunikative Unterrichtsmethoden erfolgen soll. Präsenzveranstaltungen sind mithin zulässig, wenn diese bei wertender Betrachtung nicht überwiegen.[123] 74

Von Verträgen, die dem Kunden lediglich den Zugriff auf online angebotene Lehrprogramme gewähren, unterscheiden sich Fernunterrichtsverträge dadurch, dass der Lehrende den Lernerfolg überprüfen muss. 75

Bei Fernabsatzverträgen ist die Schriftform (§ 126 Abs. 1 und 2 BGB) zu beachten, die gemäß § 3 Abs. 1 FernUSG für die auf den Vertragsschluss gerichtete Willenserklärung des Teilnehmers vorgeschrieben ist. Der Abschluss eines Fernunterrichtsvertrags via E-Mail ist daher nichtig (§ 125 Satz 1 BGB). Kommt der Vertrag formgerecht zustande, so steht dem Teilnehmer gemäß § 4 Abs. 1 Satz 1 FernUSG ein Widerrufsrecht nach § 355 BGB zu. Gemäß § 4 Abs. 1 Satz 2 FernUSG beginnt die Widerrufsfrist abweichend von § 355 Abs. 2 Satz 1 BGB nicht vor Zugang der ersten Lieferung des Fernlehrmaterials.[124] 76

II. Verträge über die Teilzeitnutzung von Wohngebäuden

Gemäß § 312b Abs. 3 Nr. 2 BGB (vormals § 1 Abs. 3 Nr. 2 FernAbsG) finden die Vorschriften über Fernabsatzverträge keine Anwendung auf Verträge über die Teilzeitnutzung von Wohngebäuden gemäß § 481 BGB (vormals Teilzeitwohnrechte-Gesetz, basierend auf der Timesharing-Richtlinie[125]). 77

---

[120] Zur Vertragsgestaltung bei Fortbildungsmaßnahmen in Form von Präsenzunterricht (insbesondere Bedingungen für die Absage des Teilnehmers vor Beginn der Veranstaltung und gestaffelt zu entrichtende Gebühren) vgl. *Ammermann*, VuR 2005, 41-45.

[121] Weitere Informationen hierzu auf der Web-Site der Staatlichen Zentralstelle für Fernunterricht (ZFU), www.zfu.de (abgerufen am 25.09.2012).

[122] *Bülow*, NJW 1993, 2837-2840.

[123] *Thüsing* in: Staudinger, § 312b Rn. 65.

[124] Überblick bei *Fischer*, VuR 2002, 193-197.

[125] Richtlinie 94/47/EG des Europäischen Parlaments und des Rates vom 26.10.1994 zum Schutz der Erwerber im Hinblick auf bestimmte Aspekte von Verträgen über den Erwerb von Teilzeitnutzungsrechten an Immobilien (ABl. EG Nr. L 280 S. 82).

§ 312b

78 Teilzeit-Wohnrechteverträge sind gemäß § 481 Abs. 1 Satz 1 BGB Verträge, durch die ein Unternehmer einem Verbraucher gegen Zahlung eines Gesamtpreises das Recht verschafft oder zu verschaffen verspricht, für die Dauer von mindestens drei Jahren ein Wohngebäude jeweils für einen bestimmten oder zu bestimmenden Zeitraum des Jahres zu Erholungs- oder Wohnzwecken zu nutzen. Das Recht kann gemäß § 481 Abs. 1 Satz 2 BGB ein dingliches oder anderes Recht sein und insbesondere auch durch eine Mitgliedschaft in einem Verein oder einen Anteil an einer Gesellschaft eingeräumt werden. Gemäß § 481 Abs. 2 BGB kann das Recht auch darin bestehen, die Nutzung eines Wohngebäudes jeweils aus einem Bestand von Wohngebäuden zu wählen. Einem Wohngebäude steht dabei gemäß § 481 Abs. 3 BGB ein Teil eines Wohngebäudes gleich. Das Fernabsatzrecht ist nicht ausgeschlossen, wenn eine der Voraussetzungen fehlt, z.B. wenn die Mindestdauer von drei Jahren unterschritten wird oder wenn das Gebäude nicht zur Erholungs- oder Wohnzwecken genutzt werden soll.

79 Für Teilzeit-Wohnrechteverträge hat der Gesetzgeber gegenüber dem Fernabsatzrecht speziellere Vorschriften geschaffen (§§ 481 BGB bis 487 BGB (i.V.m. § 2 BGB-InfoV)); vgl. hierzu die Kommentierung zu § 481 BGB. Zu beachten ist, dass solche Verträge der Schriftform bedürfen (§ 484 Abs. 1 Satz 1 BGB), wobei der Abschluss des Vertrages in elektronischer Form ausgeschlossen ist (§ 484 Abs. 1 Satz 2 BGB i.V.m. § 126a BGB). Ferner muss der Unternehmer im Recht der Teilzeit-Wohnrechteverträge vergleichbar dem Recht der Fernabsatzverträge Informationspflichten gegenüber dem Verbraucher erfüllen und das Widerrufsrecht des Verbrauchers berücksichtigen (§ 485 Abs. 1 BGB i.V.m. § 355 BGB).

III. Verträge über Versicherungen und deren Vermittlung

80 Gemäß § 312b Abs. 3 Nr. 3 BGB finden die Vorschriften des Fernabsatzrechts keine Anwendung auf Verträge über Versicherungen sowie deren Vermittlung. Die Vorschrift wurde im Zuge der Umsetzung der Richtlinie 2002/65/EG neu gefasst. Der Gesetzgeber hatte sich dabei entschlossen, eigenständige Regelungen über den Fernabsatz von Versicherungen in das VVG zu übernehmen.[126] Diese Regelungen wurden im Rahmen der VVG-Reform zum 01.01.2008 vereinheitlicht.

81 Bei gemischten Verträgen mit Versicherungselementen ist erforderlich, dass der Versicherungszweck überwiegt. Dies hat der BGH zu der Parallelregelung in § 312 Abs. 3 BGB für einen Vertrag über einen Schlüssel-Funddienst mit einer Kostendeckungszusage für den Fall des endgültigen Verlustes verneint.[127]

82 An einem Vertrag über eine Versicherung fehlt es ferner dann, wenn der Vertrag zur Vorbereitung des Abschlusses einer Versicherung dient. So gilt die Ausnahme des § 312b Abs. 3 Nr. 3 BGB nicht für Verträge zur Erstellung einer Analyse zur Senkung der Beiträge zur privaten Krankenversicherung.[128]

IV. Bestimmte Immobiliengeschäfte

1. Überblick

83 Gemäß § 312b Abs. 3 Nr. 4 BGB (vormals § 1 Abs. 3 Nr. 4 FernAbsG, basierend auf Art. 3 Abs. 1 Ss. 4 der Richtlinie 97/7/EG[129]) finden die Vorschriften des Fernabsatzrechts keine Anwendung auf Verträge über die Veräußerung von Grundstücken und grundstücksgleichen Rechten, die Begründung, Veräußerung und Aufhebung von dinglichen Rechten an Grundstücken und grundstücksgleichen Rechten sowie über die Errichtung von Bauwerken.

84 § 312b Abs. 3 Nr. 4 BGB nennt anders als § 312b Abs. 3 Nr. 3 BGB nicht die Vermittlungstätigkeit. Daraus wird der Schluss gezogen, dass die Ausnahme des § 312b Abs. 3 Nr. 4 BGB nicht für die Vermittlung der genannten Immobiliengeschäfte z.B. per Telefon oder Internet gilt.[130]

---

[126] Zu den Neuregelungen zum Vertrieb von Versicherungsprodukten im Fernabsatz *Schimikowski*, ZfV 2005, 279-283; zur Rechtslage vor Umsetzung der Richtlinie 2002/65/EG vgl. *Ebers/Micklitz*, VersR 2002, 641-660; *Hirschberg*, VersR 2002, 1083-1084 und *Leverenz*, VersR 2002, 1318-1331. Zu den Auswirkungen von § 312g BGB auf Versicherungsverträge im Internet vgl. *Leverenz*, VersR 2003, 698-707.

[127] BGH v. 29.09.1994 - I ZR 172/92 - LM HWiG Nr. 17 (3/1995); a.A. vorgehend KG Berlin v. 10.07.1992 - 5 U 4473/90 - DB 1993, 2174-2175.

[128] AG Hannover v. 22.08.2006 - 561 C 5828/06 - NJW 2007, 781-782.

[129] Vgl. Art. 20 (1) (a) des Richtlinienvorschlags über die Rechte der Verbraucher (KOM (2008) 614) (Ausnahme für Fernabsatzverträge, „die den Verkauf von Immobilien betreffen oder im Zusammenhang mit anderen Rechten an Immobilien stehen, mit Ausnahme von Verträgen über deren Vermietung oder über Arbeiten im Zusammenhang mit Immobilien").

[130] Hierzu *Neises*, NZM 2000, 889-894.

Für den Bereich der Telemedien als Fernkommunikationsmittel ist ergänzend zu § 312b Abs. 3 Nr. 4 BGB § 3 Abs. 3 Nr. 3 TMG (vormals § 4 Abs. 3 Nr. 3 TDG bzw. § 5 Abs. 3 Nr. 3 MedDStV) zu beachten. Danach bleiben gesetzliche Vorschriften über die Form des Erwerbs von Grundstücken und grundstücksgleichen Rechten sowie der Begründung, Übertragung, Änderung oder Aufhebung von dinglichen Rechten an Grundstücken und grundstücksgleichen Rechten vom Herkunftslandprinzip nach § 3 Abs. 1 und 2 TMG (vormals § 4 Abs. 1 und 2 TDG bzw. § 5 Abs. 1 und 2 MedDStV) unberührt. 85

2. Veräußerung von Grundstücken

Verträge über die Veräußerung von Grundstücken werden in der Regel nicht im Wege des Fernabsatzes geschlossen. Ein Vertrag, durch den sich der eine Teil verpflichtet, das Eigentum an einem Grundstück zu übertragen oder zu erwerben, bedarf nämlich der notariellen Beurkundung, wobei allerdings eine Heilung des Formmangels durch Eintragung des Rechts in das Grundbuch möglich ist (§ 311b Abs. 1 BGB i.V.m. § 128 BGB). Zudem verlangen die §§ 873, 925 Abs. 1 Satz 1 BGB bei der Auflassung die gleichzeitige Anwesenheit beider Vertragsparteien. 86

3. Veräußerung von grundstücksgleichen Rechten

Verträge über die Veräußerung von grundstücksgleichen Rechten sind ebenfalls von dem Anwendungsbereich des Fernabsatzrechts ausgenommen. Grundstücksgleiche Rechte sind Rechte, die wie Grundstücke behandelt werden, etwa das Erbbaurecht (§ 11 Abs. 1 ErbbauRG) oder das Bergwerkseigentum (§ 9 Abs. 1 Satz 2 BBergG). 87

4. Dingliche Rechte

Ausgenommen sind ferner Verträge über die Begründung, Veräußerung und Aufhebung von dinglichen Rechten an Grundstücken und grundstücksgleichen Rechten. Hierzu gehören die in den §§ 1018 ff. BGB aufgeführten Rechte, z.B. die Grunddienstbarkeiten, Nießbrauch, beschränkte persönliche Dienstbarkeiten, Hypotheken und Grundschulden. Es ist umstritten, ob das Wohnungseigentum ein grundstücksgleiches Recht[131] oder ein dingliches Recht[132] ist; es unterfällt jedenfalls der Bereichsausnahme.[133] 88

5. Errichtung von Bauwerken

Ausgenommen sind ferner Verträge über die Errichtung eines Bauwerks (Vgl. hierzu die Kommentierung zu § 634a BGB und die Kommentierung zu § 648 BGB), nicht aber Verträge über der Errichtung nachfolgende Vorhaben, z.B. über die Renovierung, den Umbau oder den Abriss eines Bauwerks. Eine analoge Anwendung scheidet mangels planwidriger Regelungslücke sowie bei europarechtskonformer Auslegung aus, die Vorschrift ist nach überwiegender Auffassung restriktiv auszulegen.[134] 89

V. Hauslieferung von Haushaltsgegenständen des täglichen Bedarfs

Gemäß § 312b Abs. 3 Nr. 5 BGB (vormals § 1 Abs. 3 Nr. 5 FernAbsG, basierend auf Art. 3 Abs. 2 Ss. 1 der Richtlinie 97/7/EG[135]) sind die Vorschriften des Fernabsatzrechts nicht anwendbar auf Verträge über die Lieferung von Lebensmitteln, Getränken oder sonstigen Haushaltsgegenständen des täglichen Bedarfs, die am Wohnsitz, am Aufenthaltsort oder am Arbeitsplatz eines Verbrauchers von Unternehmern im Rahmen häufiger und regelmäßiger Fahrten geliefert werden. Bei diesen Verträgen über Hauslieferungen ist die Angabe von Informationen nicht nötig und ein Widerrufsrecht typischerweise nicht zweckmäßig.[136] 90

---

[131] So z.B. *Saenger* in: Erman, § 312b Rn. 14.
[132] So z.B. *Lütcke*, Fernabsatzrecht, 2002, § 312b Rn. 109.
[133] Für grundstücksgleiches Recht *Thüsing* in: Staudinger, § 312b Rn. 71; für dingliches Recht *Lütcke*, Fernabsatzrecht, 2002, § 312b Rn. 108; zur Bedeutung des Fernabsatzrechts für die Wohnungswirtschaft vgl. *Mankowski*, ZMR 2002, 317-326.
[134] *Saenger* in: Erman, § 312b Rn. 15; *Lütcke*, Fernabsatzrecht, 2002, § 312b Rn. 115; *Thüsing* in: Staudinger, § 312b Rn. 72 m.w.N.
[135] Vgl. Art. 20 (1) (d) des Richtlinienvorschlags über die Rechte der Verbraucher (KOM (2008) 614) (Ausnahme für Fernabsatzverträge, „die Lieferungen von Lebensmitteln oder Getränken durch einen Gewerbetreibenden betreffen, der in der Nähe seiner Geschäftsräume häufig und regelmäßig Verkaufsfahrten unternimmt").
[136] BT-Drs. 14/2658, S. 33.

1. Lieferung

91 Gegenstand müssen Verträge über die Lieferung bestimmter Waren sein. Dadurch ist die Vorschrift von § 312b Abs. 3 Nr. 6 BGB abzugrenzen, die lediglich Dienstleistungen betrifft, z.B. auch in dem Bereich Lieferung von Speisen und Getränken.

2. Liefernder

92 § 312b Abs. 3 Nr. 5 BGB findet jedenfalls Anwendung, wenn der Unternehmer, mit dem der Verbraucher den Fernabsatzvertrag geschlossen hat, die Lieferung vornimmt oder von seinen Mitarbeitern vornehmen lässt.

93 Der BGH hat offen gelassen, ob die Vorschrift auch dann eingreift, wenn dieser Unternehmer die Haushaltsgegenstände von einem anderen Unternehmer an den Verbraucher liefern lässt.[137] Hierfür spricht, dass in der Vorschrift nicht die Formulierung „von dem Unternehmer", sondern die Formulierung „von Unternehmern" verwendet wird. In der Richtlinie 97/7EG wird zudem nicht die Formulierung „von dem Lieferer" (Art. 2 Nr. 1 der Richtlinie 97/7/EG), sondern die Formulierung „von Händlern" verwendet (Art. 3 Abs. 2 Unterabs. 1 der Richtlinie 97/7/EG).

94 Die Beauftragung von Logistikunternehmen wie der Deutschen Post reicht allerdings nicht aus.[138] Die Regelung gilt nicht für den herkömmlichen Versandhandel. Diese Einschränkung der Ausnahmebestimmung liefe ansonsten weitgehend leer. Dann wäre der gesamte Versandhandel von Haushaltsgegenständen des täglichen Bedarfs den Vorschriften des Fernabsatzrechts von vornherein entzogen. Dies widerspräche aber dem mit diesen Bestimmungen verfolgten Ziel des Verbraucherschutzes.[139]

3. Lebensmittel, Getränke oder sonstige Haushaltsgegenstände des täglichen Bedarfs

95 Bei den zu liefernden Waren muss es sich um Haushaltsgegenstände des täglichen Bedarfs handeln. Beispielhaft werden im Gesetz Lebensmittel und Getränke und in den Gesetzesmaterialien[140] die Lieferung von Brötchen durch einen Bäcker oder von Milch durch ein Milchgeschäft genannt.

96 Der Begriff „Haushaltsgegenstand" ist richtlinienkonform auszulegen. Er wird im deutschen Recht z.B. in § 1361a BGB, § 1369 BGB und § 1370 BGB im Sinne von Gegenstand des ehelichen Haushalts bzw. in § 13 LPartG, ferner in § 1640 BGB und in § 1969 BGB verwendet.

97 Der Haushaltsgegenstand muss „dem täglichen Bedarf" dienen. Es ist umstritten, welche Waren konkret hierzu gehören, etwa nur Verbrauchsgüter bzw. alltägliche Gebrauchsartikel[141] bzw. nur Gegenstände, die der Verbraucher in regelmäßigen, kürzeren Abständen erneut anschafft.[142]

98 Nicht hierzu gehören nach der Rechtsprechung:
- Zeitungen und Zeitschriften (BGH[143] unter Hinweis auf die ansonsten entbehrliche Regelung in § 312d Abs. 4 Nr. 3 BGB),
- eine Digitalkamera (LG Kleve[144]),
- ein antiquarischer Cognac (LG Potsdam[145]).

4. Am Wohnsitz, am Aufenthaltsort oder am Arbeitsplatz eines Verbrauchers

99 Die Lieferung muss an den Wohnsitz (§ 7 BGB), Aufenthaltsort (nicht aber den gewöhnlichen oder ständigen Aufenthaltsort) oder Arbeitsplatz des Verbrauchers im Rahmen häufiger und regelmäßiger Fahrten (als Konkretisierung des bereits nach § 312b Abs. 1 Satz 1 BGB erforderlichen für den Fernabsatz organisierten Vertriebssystems) geliefert werden. Es kann dabei nicht darauf ankommen, ob der einzelne Verbraucher ein solches Angebot häufiger oder weniger häufig wahrnimmt. Entscheidend muss die Ausgestaltung des Angebots sein. Die Ausnahme soll daher z.B. nach den Gesetzesmaterialien vorliegen, wenn sich der Verbraucher vom Bäcker jeden Morgen seine Brötchen oder vom Milch-

---

[137] BGH v. 09.06.2011 - I ZR 17/10.
[138] BGH v. 09.06.2011 - I ZR 17/10.
[139] BGH v. 09.06.2011 - I ZR 17/10.
[140] BT-Drs. 14/3195, S. 30.
[141] *Lütcke*, Fernabsatzrecht, 2002, § 312b Rn. 118.
[142] *Thüsing* in: Staudinger, § 312b Rn. 76; *Wendehorst* in: MünchKomm-BGB, § 312b Rn. 81.
[143] BGH v. 09.06.2011 - I ZR 17/10.
[144] LG Kleve v. 22.11.2002 - 5 S 90/02 - MMR 2003, 424-425.
[145] LG Potsdam v. 27.10.2010 - 13 S 33/10 - juris Rn. 15.

geschäft seine Milch liefern lässt. Die Ausnahme könnte nach den Gesetzesmaterialien auch greifen, wenn sich ein Verbraucher jede Woche seinen Wocheneinkauf an Lebensmitteln vom Lebensmittelhändler liefern lässt.[146]

5. Im Rahmen häufiger und regelmäßiger Fahrten

Die Lieferung muss im Rahmen häufiger und regelmäßiger Fahrten erfolgen. Erforderlich sind (Liefer-)"Fahrten", die Übersendung per Post reicht nicht aus. 100

Die Fahrten müssen „häufig und regelmäßig" sein. Wiederkehrende Lieferungen (z.B. von Heizöl) reichen nicht aus, wenn sie nicht häufig (sondern z.B. nur einmal im Jahr) erfolgen. 101

VI. Bestimmte zu reservierende Dienstleistungen

§ 312b Abs. 3 Nr. 6 BGB (vormals § 1 Abs. 3 Nr. 6 FernAbsG, basierend auf Art. 3 Abs. 2 Ss. 2 der Richtlinie 97/7/EG[147]) sind die Vorschriften des Fernabsatzrechts nicht anwendbar auf Verträge über die Erbringung von Dienstleistungen in den Bereichen Unterbringung, Beförderung, Lieferung von Speisen und Getränken sowie Freizeitgestaltung, wenn sich der Unternehmer bei Vertragsschluss verpflichtet, die Dienstleistungen zu einem bestimmten Zeitpunkt oder innerhalb eines genau angegebenen Zeitraums zu erbringen. Die Vorschriften über Fernabsatzverträge finden keine Anwendung auf primär touristische Dienstleistungen. Verbraucher sind in diesem Bereich zum Teil durch die Informationspflichten des Reisevertragsrechts geschützt (§§ 651a ff. BGB i.V.m. §§ 4-8 BGB-InfoV; basierend auf der Richtlinie 90/314/EWG (sog. Pauschalreise-Richtlinie)).[148] Der Anwendungsbereich von § 312b Abs. 3 Nr. 6 BGB geht aber über den Anwendungsbereich der Pauschalreise-Richtlinie weit hinaus. 102

1. Erbringung von Dienstleistungen

Erforderlich sind Verträge über die Erbringung von Dienstleistungen. 103

a. Abgrenzung zur Lieferung von Waren

Es ist umstritten, ob § 312b Abs. 3 Nr. 6 BGB auch auf Verträge über die Lieferung von Waren Anwendung findet. Dafür spricht, dass die Vorschrift ausdrücklich die Erbringung von Dienstleistungen im Bereich der Lieferung von Speisen und Getränken umfasst[149] und dass der Begriff der Dienstleistung in diesem Zusammenhang auch die Lieferung von Waren umfassen könnte. Dagegen spricht die ausschließliche Nennung des Begriffs „Dienstleistung" in § 312b Abs. 3 Nr. 6 BGB und die Abgrenzung zu § 312b Abs. 3 Nr. 5 BGB. Bei wertender Betrachtung wird § 312b Abs. 3 Nr. 6 BGB daher nicht auf Verträge anwendbar sein, bei denen die Lieferung von Waren und nicht die zusätzlichen Dienstleistungselemente im Vordergrund stehen. 104

---

[146] BT-Drs. 14/3195, S. 30.

[147] Im Vorschlag der Richtlinie des Europäischen Parlaments und des Rates über Rechte der Verbraucher vom 08.10.2008 (KOM (2008) 614) ist ein entsprechender Ausschluss in Art. 20 (3) vorgesehen: „Die Artikel 8 bis 19 gelten nicht für Fernabsatzverträge über die Erbringung von Dienstleistungen in den Bereichen Unterbringung, Beförderung, Mietwagen, Lieferung von Speisen und Getränken sowie Freizeitgestaltung, sofern diese Verträge einen bestimmten Erfüllungszeitpunkt oder -zeitraum vorsehen." Hierzu ferner Erwägungsgrund (36) des Richtlinienvorschlags: „Die Geltung eines Widerrufsrechts kann bei bestimmten Dienstleistungen im Zusammenhang mit Unterbringung, Beförderung und Freizeit mitunter nicht zweckmäßig sein. Der Abschluss entsprechender Verträge impliziert die Bereitstellung von Kapazitäten, die der Gewerbetreibende im Fall eines Widerrufs möglicherweise nicht mehr anderweitig nutzen kann. Die Mitgliedstaaten können deshalb für diese Fernabsatzverträge eine Befreiung von den Bestimmungen über die Information der Verbraucher und das Widerrufsrecht vorsehen."

[148] Richtlinie 90/314/EWG des Rates vom 13.06.1990 über Pauschalreisen Amtsblatt Nr. L 158, S. 59. Weitere Informationen auf der Website der Deutschen Gesellschaft für Reiserecht e.V. (www.dgfr.de, abgerufen am 25.09.2012); zur Bedeutung des Fernabsatzrechts bei Reiseverträgen *Kamanabrou*, WM 2000, 1417-1426 und *Ramming*, ZGS 2003, 60-64.

[149] AG München v. 02.12.2005 - 182 C 26144/05 - MMR 2007, 743 (zur Vermittlung von Eintrittskarten zu einer Veranstaltung des Gastronomen *Witzigmann* im Spiegelzelt).

b. Abgrenzung zur Vermittlung

105 Privilegiert wird der Anbieter einer Dienstleistung i.S.v. § 312b Abs. 3 Nr. 6 BGB. Es stellt sich die Frage, ob dieses Privileg auch für Vermittler wie z.B. Weiterverkäufer bzw. Zwischenhändler von Tickets gilt. § 312b Abs. 3 Nr. 6 BGB nimmt anders als § 312b Abs. 3 Nr. 3 BGB nicht ausdrücklich auch die Vermittlungstätigkeit vom Anwendungsbereich des Fernabsatzrechts aus. Es ist umstritten, ob bzw. in welchen Fallkonstellationen § 312b Abs. 3 Nr. 6 BGB auch die Vermittlung von Dienstleistungen umfasst:
- Das LG Berlin hat die (unmittelbare) Anwendbarkeit des Fernabsatzrechts im Zusammenhang mit der Vermittlung von Reisedienstleistungen verneint.[150] Demgegenüber hat das AG Köln die Anwendbarkeit des Fernabsatzrechts bei der Vermittlung von Pauschalreisen bejaht.[151]
- Das AG München hat die Anwendbarkeit des Fernabsatzrechts im Zusammenhang mit der Vermittlung von Eintrittskarten für eine Veranstaltung ebenfalls verneint.[152]
- Das AG Wernigerode hat die Anwendbarkeit des Fernabsatzrechts hingegen im Zusammenhang mit der Versteigerung von Tickets zur Fußball-WM 2006 über eBay bejaht.[153]

106 Eine Vermittlungstätigkeit ist eine Dienstleistung, es stellt sich allerdings die Frage, ob sie bei wertender Betrachtung und richtlinienkonformer Auslegung in den relevanten Bereichen erfolgt. Nach Auffassung von *Faustmann*[154] kann das Beschaffen einer Eintrittskarte für eine Freizeitveranstaltung auf Wunsch des Verbrauchers eine Dienstleistung im Bereich der Freizeitgestaltung darstellen, bei der der Beschaffende vergleichbar schutzwürdig wie der Veranstalter ist.

2. Bestimmter Zeitpunkt bzw. Zeitraum

107 Der Unternehmer muss sich bei Vertragsschluss verpflichten, die Dienstleistungen zu einem bestimmten Zeitpunkt oder innerhalb eines genau angegebenen Zeitraums zu erbringen. In dem ersten Vorschlag der Richtlinie wurde noch die Formulierung „Dienstleistungen, bei denen Reservierungen vorgenommen werden" verwendet.
Beispiele:
- „genau angegebener Zeitraum" bejaht bei Erwerb einer Bahnfahrkarte, die den Verbraucher innerhalb eines Zeitraums von 11 Wochen zu zwei einfachen Bahnfahrten seiner Wahl berechtigt (OLG Frankfurt[155]);
- „genau angegebener Zeitraum" verneint bei Gutschein mit zeitlich beschränkter Gültigkeitsdauer (Einlösungsfrist) von einem Jahr, ein Fahrzeug (im Fall: Ferrari) anzumieten (AG Hamburg[156]).

3. Privilegierte Bereiche

108 Die Dienstleistung muss in einem der vier – bereits in Art. 3 Abs. 2 Ss. 2 der Richtlinie 97/7/EG – enumerativ festgelegten vier Bereiche erfolgen, d.h. Unterbringung, Beförderung, Lieferung von Speisen und Getränken oder Freizeitgestaltung.

a. Unterbringung

109 Der Begriff „Unterbringung" (der z.B. auch in § 651l Abs. 2 Nr. 1 BGB verwendet wird) ist richtlinienkonform auszulegen.

110 Wesentliches Element der Unterbringung ist ihr vorübergehender Charakter. Sie ist von der Überlassung von Wohnraum durch Vermietung von Immobilien zu unterscheiden (Art. 3 Abs. 1 Ss. 4 der Richtlinie 97/7/EG).

111 Erforderlich ist die Unterbringung einer Person, die Lagerung von Sachen bzw. Unterbringung von Tieren wird von der Ausnahme nicht erfasst.

---

[150] LG Berlin v. 07.07.2004 - 33 O 130/03 - RRa 2005, 220-222; *Ramming*, ZGS 2003, 60-64.
[151] AG Köln v. 27.02.2012 - 142 C 431/11 - juris Rn. 15.
[152] AG München v. 02.12.2005 - 182 C 26144/05 - MMR 2007, 743 (zur Vermittlung von Eintrittskarten zu einer Veranstaltung des Gastronomen *Witzigmann* im Spiegelzelt), bestätigt durch LG München I v. 13.03.2006 - 13 S 674/06 und BGH v. 27.06.2007 - VII ZR 326/06.
[153] AG Wernigerode v. 22.02.2007 - 10 C 659/06 - MMR 2007, 402-403 mit Anm. *Faustmann*, MMR 2007, 403-404.
[154] *Faustmann*, MMR 2007, 743-744.
[155] OLG Frankfurt v. 15.04.2010 - 6 U 49/09.
[156] AG Hamburg v. 07.06.2006 - 644 C 100/06 - VuR 2008, 79.

Typische Beispiele für Dienstleistungen im Bereich Unterbringung sind Aufenthalte in einem Hotel oder Ferienclub. 112

b. Beförderung

Der Begriff „Beförderung" bedeutet Transport an einen Ort. Er ist richtlinienkonform auszulegen, wobei die verschiedenen Sprachfassungen der Richtlinie zu berücksichtigen sind.[157] Verträge über Dienstleistungen im Bereich Beförderung sind insbesondere Beförderungsverträge, sie sind jedoch nicht hierauf beschränkt, sondern umfassen auch damit im Zusammenhang stehende Dienstleistungen. Der Begriff „Beförderungsvertrag" wird im deutschen Recht und auch Verbraucherschutzrecht häufig verwendet, etwa in § 651a BGB und § 305a BGB (vgl. auch § 309 Nr. 7 BGB). 113

Typischer Fall einer Dienstleistung im Bereich Beförderung ist der organisierte Personentransport. Auf das eingesetzte Verkehrsmittel kommt es dabei nicht an. Die Beförderung kann zu Lande erfolgen, wie im Falle des öffentlichen Personennahverkehrs (z.B. Bus- oder U-Bahn-Ticket) oder -fernverkehrs (z.B. Bahn-Ticket[158]) oder auch im Falle organisierter Fahrten privater Veranstalter (etwa Busfahrten von der Stadtrundfahrt bis zur Ferienreise). Die Beförderung kann ferner zu Wasser erfolgen (etwa bei der Buchung von Schiffsreisen oder auch einer Fähre zum Übersetzen) und in der Luft (etwa bei der Buchung von Flug-Tickets). 114

Auf den Zweck der Beförderung kommt es nicht an, denn weder das Gesetz noch die Richtlinie enthalten hierzu Vorgaben. Die Beförderung muss insbesondere nicht der einzige Zweck der Dienstleistung sein. Die Ausnahme ist ferner nicht auf touristische Dienstleistungen[159] oder Pauschalreisen begrenzt, insbesondere auch nicht auf den Bereich, der durch das Reisevertragsrecht (§ 651a BGB) geregelt wird.[160] 115

Problematisch ist, ob und gegebenenfalls in welchem Umfang auch die Beförderung von Sachen (z.B. von Briefen oder Paketen durch die Post oder von Möbeln durch Umzugsunternehmen) von § 312b Abs. 3 Nr. 6 BGB umfasst ist.[161] Die Formulierung in der Richtlinie und im Gesetz schließt dies nicht aus. Der Vergleich mit der ersten Variante der Vorschrift „Unterbringung" (einer Person im Unterschied zur „Lagerung" einer Sache) legt es nahe, dass es sich um die Beförderung einer Person handeln muss. Da die Regelung nicht auf Beförderungsverträge beschränkt ist, sondern Verträge „im Bereich" Beförderung umfasst, kann die Beförderung einer Sache im Zusammenhang mit der Beförderung einer Person umfasst sein (also z.B. die Mitbeförderung von Gepäck oder Sportgeräten bei einer Reise).[162] 116

Die Beförderung muss nicht durch den Unternehmer selbst erfolgen. Wie der EuGH (entgegen dem Schlussantrag der Generalanwältin) entschieden hat, umfasst Art. 3 Abs. 2 Ss. 2 der Richtlinie 97/7/EG auch Automietverträge (im Fall: die Reservierung von Mietwagen bei dem Unternehmen easycar), d.h. das Bereitstellen von Beförderungsmitteln ohne eine im Auftrag des Unternehmers befördernde Person. Im gewöhnlichen Sprachgebrauch bezeichnet der Begriff „Beförderung" nicht nur die Verbringung von Personen oder Waren von einem Ort zu einem anderen, sondern auch die Arten des Transports und die für die Verbringung dieser Personen und Waren eingesetzten Mittel.[163] 117

c. Lieferung von Speisen und Getränken

Typisches Beispiel für Dienstleistungen im Bereich der Lieferung von Speisen und Getränken sind sog. Catering-Services. Anders als § 312b Abs. 3 Nr. 5 BGB erfasst § 312b Abs. 3 Nr. 6 BGB nicht die bloße Lieferung von Lebensmitteln und Getränken. Bei gemischten Warenlieferungen und Dienstleistungen kommt es auf den Schwerpunkt der vertraglichen Leistung an. 118

---

[157] Vgl. z.B. span.: „contratos de suministro de servicios de transporte", franz.: „contrats de fourniture de services de transports", engl.: „contracts for the provision of transport".
[158] OLG Frankfurt v. 15.04.2010 - 6 U 49/09.
[159] OLG Frankfurt v. 15.04.2010 - 6 U 49/09.
[160] BT-Drs. 14/2658, S. 33.
[161] Dagegen *Schmidt-Ränsch* in: Bamberger/Roth, BGB, 2003, § 312b Rn. 47, *Lütcke*, Fernabsatzrecht, 2002, § 312b Rn. 128.
[162] Vgl. auch *Wendehorst* in: MünchKomm-BGB, 4. Aufl. 2003, § 312b Rn. 87.
[163] EuGH v. 10.03.2005 - C-336/03 - CR 2005, 651 mit Anm. *Junker*, CR 2005, 653-655; *Ultsch*, ZEuP 2006, 173-189; *Günther*, ITRB 2005, 176 und *Mietzel*, MMR 2005, 368-370.

d. Freizeitgestaltung

119 Die Formulierung „Dienstleistungen in den Bereichen Freizeitgestaltung" hat der Gesetzgeber wörtlich aus Art. 3 Abs. 2 Ss. 2 der Richtlinie 97/7/EG übernommen.[164] Nach Halbsatz 2 der Vorschrift kann sich der Lieferer bei Freizeitveranstaltungen unter freiem Himmel das Recht vorbehalten, Art. 7 Abs. 2 der Richtlinie 97/7/EG nicht anzuwenden.

120 Der Begriff „Freizeitgestaltung" wird im deutschen Verbraucherschutzrecht auch in § 12 Abs. 1 FernUSG verwendet und steht dem in der Richtlinie ebenfalls verwendeten Begriff der „Freizeitveranstaltung" i.S.v. § 312 Abs. 1 Satz 1 Nr. 2 BGB nahe. Freizeit ist freie Zeit, d.h. Zeit, die nicht durch berufliche oder diesen gleich zu stellende Pflichten in Anspruch genommen ist, sondern beispielsweise für kulturelle oder sportliche Zwecke zur Verfügung steht.

121 Es ist unerheblich, ob die Dienstleistung im Bereich Freizeitgestaltung im Zusammenhang mit den anderen in § 312b Abs. 3 Nr. 6 BGB genannten Dienstleistungen (d.h. in den Bereichen Unterbringung, Beförderung, Lieferung von Speisen und Getränken) erbracht werden soll.

122 Fernabsatzverträge über die Erbringung von Dienstleistungen zur Freizeitgestaltung sind daher beispielsweise Verträge über die Bestellung vor Karten für kulturelle oder sportliche Veranstaltungen, z.B. die Online-Bestellung von Opern-, Theater-, Konzert-, Kino- oder Museumskarten oder von Tickets für Sportveranstaltungen (z.B. ein Fußballspiel). Handelt es sich bei der Veranstaltung um ein – ggf. virtuelles – Gewinnspiel-Turnier, so ist von dem Vertrag über die Teilnahme an der Veranstaltung der konkrete Spielvertrag zu unterscheiden, bei dem Fernabsatzrecht anwendbar sein kann und bei dem ggf. das Widerrufsrecht gemäß § 312d Abs. 4 Nr. 4 BGB ausgeschlossen ist.

123 Dienstleistungen im Bereich Freizeitgestaltung werden ferner z.B. auch beim Besuch eines Freizeitparks oder in einem Fitness-Studio in Anspruch genommen. Das Fernabsatzrecht ist dann aber nur ausgeschlossen, wenn sich der Unternehmer bei Vertragsschluss verpflichtet, die Dienstleistung zu einem bestimmten Zeitpunkt oder innerhalb eines genau angegebenen Zeitraums zu erbringen.

124 Die Frage, ob die Zurverfügungstellung eines Dialer-Programms, welches durch Einsatz eines 0190-Wahlprogramms den Zugriff auf Internet-Datenbanken pornographisch-erotischen Inhalts zulässt, eine Dienstleistung im Bereich Freizeitgestaltung darstellt, hat das LG Berlin in einer Entscheidung zwar aufgeworfen, aber im Ergebnis offen gelassen.[165]

125 Bei SMS-basierten Mehrwertdiensten wie Handy-Klingeltonangeboten handelt es sich nicht um Dienstleistungen im Bereich Freizeitgestaltung i.S.v. § 312b Abs. 3 Nr. 6 BGB.[166]

VII. Warenautomaten, automatisierte Geschäftsräume, öffentliche Fernsprecher

1. Warenautomaten und automatisierte Geschäftsräume

126 Gemäß § 312b Abs. 3 Nr. 7 lit. a BGB (vormals § 1 Abs. 3 Nr. 7 lit. a FernAbsG, basierend auf Art. 3 Abs. 1 Ss. 2 der Richtlinie 97/7/EG[167]) ist das Fernabsatzrecht nicht anwendbar auf Verträge, die unter Verwendung von Warenautomaten oder automatisierten Geschäftsräumen geschlossen werden.

127 Warenautomaten (vgl. § 17 Abs. 5 LSchlG) sind Maschinen, die den sofortigen Leistungsaustausch von Ware und Zahlung ermöglichen, ohne von Verkäuferseite durch Personal bedient werden zu müssen.[168] Beispiele hierfür sind die Automaten mit Lebensmitteln, Getränken oder auch Zigaretten. Hier kommt aber in der Regel ohnehin mangels Verwendung eines Fernkommunikationsmittels kein Fernabsatzvertrag zustande.

128 Der Begriff Geschäftsraum ist gegenständlich zu verstehen (vgl. die §§ 305a Nr. 2 lit. a, 580a Abs. 1, 978 Abs. 1 BGB). Automatisierte Geschäftsräume können beispielsweise Münzwaschsalons oder öffentlich zugängliche E-Mail-Terminals in Internet-Cafés oder Kaufhäusern sein. Informationspflichten sind für solche Verträge nicht zweckmäßig, ein Widerrufsrecht wäre wegen der sofortigen Er-

---

[164] Englische Fassung: „leisure services"; spanische Fassung: „servicios de esparcimiento"; französische Fassung: „services de loisirs".

[165] LG Berlin v. 28.05.2002 - 102 O 48/02 - MMR 2002, 630.

[166] *Mankowski*, VuR 2006, 209-218.

[167] Ebenso Art. 20 (1) (b) des Richtlinienvorschlags über die Rechte der Verbraucher (KOM (2008) 614) (Ausnahme für Fernabsatzverträge, „die unter Verwendung von Warenautomaten oder automatisierten Geschäftsräumen geschlossen werden").

[168] *Hahn* in: Wilmer/Hahn, Fernabsatzrecht, 2. Aufl. 2005, § 312b Rn. 48.

füllung schwer durchführbar.[169] Nach LG Hamburg ist eine entsprechende Anwendung der Vorschrift auf „virtuelle Geschäftsräume" nicht möglich, etwa wenn ein Internet-Provider auf seiner Web-Site den Abschluss von Providerverträgen anbietet.[170]

2. Öffentliche Fernsprecher

§ 312b Abs. 3 Nr. 7 lit. b BGB (vormals § 1 Abs. 3 Nr. 7 lit. b FernAbsG, basierend auf Art. 3 Abs. 1 Ss. 3 der Richtlinie 97/7/EG[171]) sind die Vorschriften des Fernabsatzrechts ferner nicht anwendbar auf Verträge, die mit Betreibern von Telekommunikationsmitteln auf Grund der Benutzung von öffentlichen Fernsprechern geschlossen werden, soweit sie deren Benutzung zum Gegenstand haben. **129**

Beispiele für solche öffentlichen Fernsprecher sind Münz- oder Kartentelefone. Die Regelung soll für öffentliche Faxgeräte entsprechend gelten.[172] **130**

Der Vertragsschluss muss „auf Grund" der Benutzung von öffentlichen Fernsprechern erfolgen. Hierunter fallen nicht der Verkauf von Telefonkarten und sonstiger Prepaid-TK-Leistungen zur zukünftigen Nutzung der Telekommunikationsdienstleistungen. **131**

E. Kommentierung zu Absatz 4

Im Rahmen der Umsetzung der Richtlinie 2002/65/EG hat der Gesetzgeber[173] – ohne Beschränkung auf Finanzdienstleistungen – in § 312b Abs. 4 BGB eine Sonderregelung für Verträge mit gleichartigen Folgevorgängen eingefügt. **132**

Bei Vertragsverhältnissen, die eine erstmalige Vereinbarung mit daran anschließenden aufeinander folgenden Vorgängen oder eine daran anschließende Reihe getrennter, in einem zeitlichen Zusammenhang stehender Vorgänge der gleichen Art umfassen, finden die Vorschriften über Fernabsatzverträge gemäß § 312b Abs. 4 Satz 1 BGB (basierend auf Art. 1 Abs. 2 der Richtlinie 2002/65/EG) nur Anwendung auf die erste Vereinbarung. **133**

Wenn Vorgänge gemäß § 312b Abs. 4 Satz 2 BGB ohne eine solche Vereinbarung aufeinander folgen, gelten die Vorschriften über Informationspflichten des Unternehmers gemäß § 312b Abs. 4 Satz 2 BGB (basierend auf Art. 1 Abs. 3 Satz 1 der Richtlinie 2002/65/EG) nur für den ersten Vorgang. **134**

Findet länger als ein Jahr kein Vorgang der gleichen Art mehr statt, so gilt gemäß § 312b Abs. 4 Satz 3 BGB (basierend auf Art. 1 Abs. 3 Satz 2 der Richtlinie 2002/65/EG) der nächste Vorgang als der erste Vorgang einer neuen Reihe i.S.v. § 312b Abs. 4 Satz 2 BGB. **135**

Der Gesetzgeber hat als Beispiel hierfür Verträge über Girokonten oder Depots genannt, bei denen eine Vereinbarung geschlossen wird, die dann in einem zeitlichen Zusammenhang durch Einzelüberweisungsverträge bzw. Einzelanschaffungen auf das Depot „ausgefüllt" wird; dies erleichtere für den Unternehmer die Abwicklung erheblich.[174] Gemäß Erwägungsgrund 17 der Richtlinie 2002/65/EG gelten als „erste Dienstleistungsvereinbarung" beispielsweise eine Kontoeröffnung, der Erwerb einer Kreditkarte oder der Abschluss eines Portfolioverwaltungsvertrags; als „Vorgänge" gelten beispielsweise Einzahlungen auf das eigene Konto oder Abhebungen vom eigenen Konto, Zahlungen per Kreditkarte oder Transaktionen im Rahmen eines Portfolioverwaltungsvertrags. **136**

Abzugrenzen sind diese Einzelvorgänge – so der Gesetzgeber[175] – von etwaigen Zusatzvereinbarungen, die die erste Vereinbarung um neue Komponenten erweitern. Gemäß Erwägungsgrund 17 der Richtlinie 2002/65/EG ist die Erweiterung einer ersten Vereinbarung um neue Komponenten, z.B. um die Möglichkeit, ein elektronisches Zahlungsinstrument zusammen mit dem vorhandenen Bankkonto zu benutzen, nicht ein „Vorgang", sondern ein Zusatzvertrag, auf den diese Richtlinie Anwendung findet. Zeichnungen neuer Anteile desselben Investmentfonds gelten als „aufeinander folgende Vorgänge der gleichen Art". **137**

Nicht von § 312b Abs. 4 BGB erfasst sind ferner Erweiterungen oder Verlängerungen bestehender Verträge.[176] **138**

---

[169] BT-Drs. 14/2658, S. 33.
[170] LG Hamburg v. 21.12.2000 - 310 O 425/00 - CR 2001, 475-476.
[171] Ebenso Art. 20 (1) (c) des Richtlinienvorschlags über die Rechte der Verbraucher (KOM (2008) 614) (Ausnahme für Fernabsatzverträge, „die mit Betreibern von Telekommunikationsmitteln aufgrund der Benutzung von öffentlichen Fernsprechern geschlossen werden").
[172] *Lütcke*, Fernabsatzrecht, 2002, § 312b Rn. 139; *Saenger* in: Erman, § 312b Rn. 23.
[173] BT-Drs. 15/2946, S. 5.
[174] BT-Drs. 15/2946, S. 19.
[175] BT-Drs. 15/2946, S. 19.
[176] *Härting/Schirmbacher*, CR 2005, 48-53.

§ 312b

F. Kommentierung zu Absatz 5

139 Gemäß § 312b Abs. 5 BGB bleiben weitergehende Vorschriften zum Schutz des Verbrauchers unberührt.[177] Die Vorschrift entspricht § 1 Abs. 4 FernAbsG a.F.[178] und dient der Umsetzung von Art. 13 der Richtlinie 97/7/EG.[179] Es gilt das Günstigkeitsprinzip.[180] Für Informationspflichten ist die Konkurrenzregel in § 312c Abs. 4 BGB, für das Widerrufsrecht die Konkurrenzregel in § 312d Abs. 5 BGB zu beachten.

G. Prozessuale Hinweise

140 Die Darlegungs- und Beweislast hat der Gesetzgeber zwischen Unternehmer und Verbraucher verteilt. Macht der Verbraucher gegen den Unternehmer z.B. einen Anspruch auf Rückzahlung der Vergütung geltend[181], so trägt Verbraucher grundsätzlich die Darlegungs- und Beweislast, wobei hinsichtlich der Frage der Unternehmereigenschaft Beweiserleichterungen in Betracht kommen und der Unternehmer die Darlegungs- und Beweislast dafür trägt,
- dass der Vertragsschluss nicht im Rahmen eines für den Fernabsatz organisierten Vertriebs- oder Dienstleistungssystems erfolgt ist (wie sich aus der Formulierung „es sei denn" in § 312b Abs. 1 Satz 1 BGB ergibt),
- dass Tatsachen vorliegen, die den Ausschluss des Fernabsatzrechts gemäß § 312b Abs. 3 BGB begründen,
- dass Tatsachen vorliegen, die den Ausschluss des Widerrufsrechts nach § 312d Abs. 4 oder 5 BGB begründen,[182]
- dass bzw. ob, wann und mit welchem Inhalt dem Verbraucher eine Widerrufsbelehrung zugegangen ist und er die Informationspflichten nach § 312c BGB i.V.m. § 1 BGB-InfoV erfüllt hat; gemäß § 355 Abs. 2 Satz 4 BGB trifft den Unternehmer die Beweislast, wenn der Fristbeginn streitig ist.

141 Anders als für Haustürgeschäfte (§ 29c ZPO) gibt es für Fernabsatzverträge keinen besonderen bzw. ausschließlichen Gerichtsstand. *Woitkewitsch* plädiert hingegen für einen Verbrauchergerichtsstand auch bei Fernabsatzgeschäften, und zwar im Wege einer teleologischen Auslegung von § 29 ZPO und insbesondere durch eine analoge Anwendung von § 29c ZPO; die Interessenlage des Verbrauchers beim Fernabsatzgeschäft sei mit derjenigen des Verbrauchers beim Haustürgeschäft vergleichbar.[183]

142 Nach LG Kleve und AG Hannover soll Erfüllungsort (§ 29 Abs. 1 ZPO) des fernabsatzrechtlichen Rückabwicklungsverhältnisses stets der Wohnort des Verbrauchers sein.[184]

143 Die schwebende Wirksamkeit des Vertrages führt dazu, dass der Verbraucher, der einen Widerruf erst nach rechtskräftiger Verurteilung zur Zahlung erklärt, bei einer Vollstreckungsgegenklage nicht nach § 767 Abs. 2 ZPO präkludiert ist.

H. Auslandsbezug

144 Der Vertrieb im Wege des Fernabsatzes ermöglicht grenzüberschreitende Verträge über Warenlieferungen oder Dienstleistungen. Schließt beispielsweise ein Verbraucher in Deutschland Verträge mit einem ausländischen Unternehmen, so stellt sich die Frage, ob das deutsche Fernabsatzrecht überhaupt anwendbar ist. Die Entscheidung, das Recht welchen Staates auf internationale Sachverhalte anwend-

---

[177] Hierzu BT-Drs. 15/2946, S. 5 und 19/20.
[178] § 1 Abs. 4 FernAbsG lautet: „Dieses Gesetz ist insoweit nicht anzuwenden, als andere Vorschriften für den Verbraucher günstigere Regelungen, insbesondere weitergehende Informationspflichten, enthalten."
[179] Art. 13 Richtlinie 97/7/EG lautet: „(1) Die Bestimmungen dieser Richtlinie gelten, soweit es im Rahmen von Rechtsvorschriften der Gemeinschaft keine besonderen Bestimmungen gibt, die bestimmte Vertragstypen im Fernabsatz umfassend regeln. (2) Enthalten spezifische Rechtsvorschriften der Gemeinschaft Bestimmungen, die nur gewisse Aspekte der Lieferung von Waren oder der Erbringung von Dienstleistungen regeln, dann sind diese Bestimmungen und nicht die Bestimmungen der vorliegenden Richtlinie für diese bestimmten Aspekte der Verträge im Fernabsatz anzuwenden."
[180] BT-Drs. 14/2658, S. 33.
[181] Zu einer erfolgreichen Verfassungsbeschwerde, weil ein Amtsgericht Parteivortrag zum Widerruf nach Fernabsatzrecht willkürlich übergangen und nachfolgend einer Anhörungsrüge nicht abgeholfen hat, vgl. BVerfG v. 15.12.2008 - 1 BvR 69/08.
[182] Vgl. nur OLG Frankfurt v. 28.11.2001 - 9 U 148/01 - OLGR Frankfurt 2002, 33-38.
[183] *Woitkewitsch*, CR 2006, 284-288.
[184] LG Kleve v. 22.11.2002 - 5 S 90/02 - NJW-RR 2003, 196-197; AG Hannover v. 26.02.2008 - 519 C 9119/07.

bar ist, hängt von dem Kollisionsrecht desjenigen Staates ab, dessen Gerichte sich mit dem Fall zu befassen haben. Klagt der Verbraucher vor einem deutschen Gericht, so bestimmt sich nach dem deutschen Kollisionsrecht, ob deutsches Fernabsatzrecht oder vielleicht ausländisches Recht anwendbar ist.[185]

Bei Verbraucherverträgen ist die Freiheit zur Gerichtsstandswahl (vgl. nur Art. 17 EuGVVO) und zur Rechtswahl u.a. nach Maßgabe von Art. 6 Rom-I-VO und Art. 46b EGBGB[186] eingeschränkt. Das Herkunftslandprinzip nach § 3 Abs. 1 und 2 TMG gilt gemäß § 3 Abs. 3 Nr. 2 TMG nicht für die Vorschriften für vertragliche Schuldverhältnisse in Bezug auf Verbraucherverträge. 145

Der Inlandsbezug i.S.v. Art. 15 Abs. 1 lit c. EuGVVO kann auch durch eine Web-Site im Internet hergestellt werden. Entscheidend ist, ob die Web-Site bestimmungsgemäß in dem Staat des gewöhnlichen Aufenthalts des Verbrauchers abrufbar war bzw. ob die Werbung bestimmungsgemäß via Internet dort verbreitet wird.[187] Die Ermittlung des bestimmungsgemäßen Abrufgebiets ist ein Problem, welches auch aus dem Internationalen Deliktsrecht und Immaterialgüterrecht bekannt ist.[188] 146

Ein wichtiges Kriterium hierfür ist die verwendete Sprache. Wer beispielsweise die deutsche Sprache für Werbung auf seiner Web-Site verwendet, spricht damit jedenfalls Verbraucher in Deutschland, Österreich und der Schweiz an, gegebenenfalls auch in Liechtenstein und Luxemburg. Für die Gestaltung des Online-Shops folgt insofern eine Vorgabe aus § 312g Abs. 1 Satz 1 Nr. 2 BGB i.V.m. Art. 246 § 3 Nr. 4 EGBGB. Danach hat der Unternehmer den Kunden über die für den Vertragsschluss zur Verfügung stehenden Sprachen zu informieren. Bei Fernabsatzverträgen über Finanzdienstleistungen muss der Unternehmer den Verbraucher gemäß Art. 246 § 1 Abs. 2 Nr. 6 EGBGB über die Sprachen informieren, in welchen die Vertragsbedingungen und die Vorabinformationen mitgeteilt werden, sowie die Sprachen, in welchen sich der Unternehmer verpflichtet, mit Zustimmung des Verbrauchers die Kommunikation während der Laufzeit des Vertrages zu führen. 147

Bei Fernabsatzverträgen über Finanzdienstleistungen hat der Unternehmer den Verbraucher gemäß § 312c Abs. 1 BGB i.V.m. § 1 Abs. 2 Nr. 4 BGB-InfoV ferner über die Mitgliedstaaten der EU informieren, deren Recht er der Aufnahme von Beziehungen zum Verbraucher vor Abschluss des Fernabsatzvertrages zugrunde legt. Gemäß § 312c Abs. 1 BGB i.V.m. § 1 Abs. 2 Nr. 5 BGB-InfoV muss er den Verbraucher außerdem über eine Vertragsklausel über das auf den Fernabsatzvertrag anwendbare Recht oder über das zuständige Gericht informieren. 148

I. Übergangsrecht

Auf Schuldverhältnisse, die bis zum Ablauf des 07.12.2004 entstanden sind, finden gemäß Art. 229 § 11 Abs. 1 Satz 1 EGBGB das BGB und die BGB-InfoV in der bis zu diesem Tag geltenden Fassung Anwendung. Dies gilt gemäß Art. 229 § 11 Abs. 1 Satz 2 EGBGB für Vertragsverhältnisse i.S.d. § 312b Abs. 4 Satz 1 BGB mit der Maßgabe, dass es auf die Entstehung der erstmaligen Vereinbarung ankommt.[189] 149

Auf Schuldverhältnisse, die vor dem 01.01.2002 entstanden sind, ist das FernAbsG gemäß Art. 229 § 5 Satz 1 EGBGB, soweit nicht ein anderes bestimmt ist, in der bis zu diesem Tag geltenden Fassung anzuwenden. Dies gilt gemäß Art. 229 § 5 Satz 2 EGBGB für Dauerschuldverhältnisse mit der Maßgabe, dass anstelle des FernAbsG vom 01.01.2003 das BGB in der dann geltenden Fassung anzuwenden ist. 150

---

[185] Zu Einzelfragen des Internationalen Privatrechts bei Fernabsatzverträgen vgl. *Staudinger*, RIW 2000, 416-421; *Wagner*, IPRax 2000, 249-258; *Staudinger*, ZfRV 2000, 93-105; *Jayme/Kohler*, IPRax 2000, 454-465, *Freitag/Leible*; ZIP 1999, 1296-1301 und *Thorn*, IPRax 1999, 1-9.

[186] Durch das Gesetz zur Änderung der Vorschriften über Fernabsatzverträge bei Finanzdienstleistungen wurde mit Wirkung zum 08.12.2004 Art. 29a Abs. 4 Nr. 5 EGBGB eingefügt, wonach zu den Verbraucherschutzrichtlinien im Sinne der Vorschrift auch die RL 2002/65/EG über den Fernabsatz von Finanzdienstleistungen gehört.

[187] Vgl. zum Inlandsbezug i.S.d. Art. 15 Abs. 1c EuGVVO bei Internet-Werbung BGH v. 30.03.2006 - VII ZR 249/04 - NJW 2006, 1672-1674 mit Anm. *Nassall*, jurisPR-BGHZivilR 19/2006, Anm. 4.

[188] Zu Lösungsvorschlägen *Junker*, Anwendbares Recht und internationale Zuständigkeit bei Urheberrechtsverletzungen im Internet, Diss. Saarbrücken 2001 (www.upress.uni-kassel.de/online/frei/978-3-933146-78-6.volltext.frei.pdf, abgerufen am 25.09.2012).

[189] Verkaufsprospekte, die vor dem Ablauf des 07.12.2004 hergestellt wurden und die der Neufassung der BGB-InfoV nicht genügen, durften gemäß Art. 229 § 11 Abs. 2 EGBGB bis zum 31.03.2005 aufgebraucht werden, soweit sie ausschließlich den Fernabsatz von Waren und Dienstleistungen betreffen, die nicht Finanzdienstleistungen sind.

§ 312b

Auf die nach dem 31.12.2001 begründeten Dauerschuldverhältnisse sind die Vorschriften der Schuldrechtsmodernisierung sofort anwendbar. Zu beachten ist ferner die Änderung von § 312d BGB zum 01.08.2002 durch das OLG-Vertretungsänderungsgesetz.

151 Das FernAbsG trat am 30.06.2000 in Kraft und war anwendbar auf Verträge, die am 30.06.2000 oder danach bis zum 31.12.2001 abgeschlossen wurden. Da die neuen Informationspflichten nach dem Fernabsatzrecht eine Überarbeitung von Verkaufsprospekten erforderlich machten, sah § 6 FernAbsG eine Aufbrauchfrist für vor dem 01.10.2000 hergestellte Prospekte vor, die bis zum 31.03.2001 galt.

§ 312c BGB Unterrichtung des Verbrauchers bei Fernabsatzverträgen

(Fassung vom 29.07.2009, gültig ab 11.06.2010)

(1) Der Unternehmer hat den Verbraucher bei Fernabsatzverträgen nach Maßgabe des Artikels 246 §§ 1 und 2 des Einführungsgesetzes zum Bürgerlichen Gesetzbuche zu unterrichten.

(2) Der Unternehmer hat bei von ihm veranlassten Telefongesprächen seine Identität und den geschäftlichen Zweck des Kontakts bereits zu Beginn eines jeden Gesprächs ausdrücklich offenzulegen.

(3) Bei Finanzdienstleistungen kann der Verbraucher während der Laufzeit des Vertrags jederzeit vom Unternehmer verlangen, dass ihm dieser die Vertragsbestimmungen einschließlich der Allgemeinen Geschäftsbedingungen in einer Urkunde zur Verfügung stellt.

(4) Weitergehende Einschränkungen bei der Verwendung von Fernkommunikationsmitteln und weitergehende Informationspflichten auf Grund anderer Vorschriften bleiben unberührt.

Gliederung

A. Grundlagen 1	b. Nr. 2 116
B. Kommentierung zu Absatz 1 5	c. Nr. 3 117
I. Art. 246 § 1 EGBGB 5	d. Nr. 4 118
1. Zeitpunkt 6	e. Nr. 5 119
2. Art und Weise der Darstellung 7	f. Nr. 6 120
a. Überblick 7	g. Nr. 7 121
b. Beispiele 8	h. Nr. 8 122
3. Angabe des geschäftlichen Zwecks ... 26	6. Art. 246 § 1 Abs. 3 EGBGB 123
4. Informationen nach Art. 246 § 1 Abs. 1 EGBGB 27	a. Satz 1 124
	b. Satz 2 126
a. Nr. 1 27	II. Art. 246 § 2 EGBGB 128
b. Nr. 2 37	1. Art. 246 § 2 Abs. 1 EGBGB 128
c. Nr. 3 41	a. Textform 129
d. Nr. 4 50	b. Zeitpunkt 130
e. Nr. 5 66	c. Mitzuteilende Informationen nach Art. 246 § 2 Abs. 1 Satz 2 EGBGB 133
f. Nr. 6 72	
g. Nr. 7 77	2. Art. 246 § 2 Abs. 2 EGBGB 139
h. Nr. 8 87	a. Satz 1 139
i. Nr. 9 94	b. Satz 2 143
j. Nr. 10 103	3. Art. 246 § 2 Abs. 3 EGBGB 145
k. Nr. 11 108	a. Satz 1 145
l. Nr. 12 110	b. Satz 2 146
5. Informationen nach Art. 246 § 1 Abs. 2 EGBGB 113	C. Kommentierung zu Absatz 2 148
	D. Kommentierung zu Absatz 3 152
a. Nr. 1 113	E. Kommentierung zu Absatz 4 158

A. Grundlagen

§ 312c BGB (vgl. Art. 4 und 5 der Richtlinie 97/7/EG und Art. 3 bis 5 der Richtlinie 2002/65/EG) begründet in Verbindung mit Art. 246 §§ 1 und 2 EGBGB Informationspflichten des Unternehmers gegenüber dem Verbraucher, neben dem Widerrufs- bzw. Rückgaberecht eine der beiden Säulen des verbraucherschützenden Fernabsatzrechts.[1] Die Informationspflichten bestehen auch dann, wenn das Widerrufsrecht beispielsweise nach § 312d Abs. 4 BGB ausgeschlossen, aber Fernabsatzrecht im Übrigen anwendbar ist.

1

---

[1] Überblick bei *Hoenike/Hülsdunk*, MMR 2002, 415-420; *Wüstenberg*, TMR 2004, 65-73.

§ 312c

2 Die Nichterfüllung von Informationspflichten hat gemäß § 312d Abs. 2 BGB Auswirkungen auf den Beginn der Widerrufsfrist und nach Maßgabe von § 355 Abs. 4 Satz 3 BGB auch Auswirkungen auf das Ende der Widerrufsfrist.

3 Der Unternehmer ist bei Verletzung der Informationspflichten Unterlassungsansprüchen ausgesetzt. Solche ergeben sich etwa aus § 2 Abs. 1 UKlaG i.V.m. § 2 Abs. 2 Nr. 1 UKlaG und § 8 Abs. 1 UWG i.V.m. § 3 UWG i.V.m. § 4 Nr. 11 UWG, ggf. auch § 4 Nr. 2 UWG und § 5 UWG.[2]

4 Darüber hinaus können nach Maßgabe der allgemeinen Vorschriften Schadensersatzansprüche gegen den Unternehmer bestehen. In der Regel haben solche Ansprüche aber keine Vertragsaufhebung zur Folge. Anders kann die Rechtslage bei einer Täuschung des Verbrauchers sein. In solchen Fällen kommt auch eine Anfechtung des Vertrages in Betracht (§ 142 Abs. 1 BGB i.V.m. § 123 BGB).

B. Kommentierung zu Absatz 1

I. Art. 246 § 1 EGBGB

5 Bei Fernabsatzverträgen muss der Unternehmer dem Verbraucher gemäß Art. 246 § 1 Abs. 1 und 2 EGBGB rechtzeitig vor Abgabe von dessen Vertragserklärung bestimmte Informationen in einer dem eingesetzten Fernkommunikationsmittel entsprechenden Weise klar und verständlich und unter Angabe des geschäftlichen Zwecks zur Verfügung stellen.

1. Zeitpunkt

6 Die Informationen müssen rechtzeitig vor Abgabe der Vertragserklärung des Verbrauchers erfolgen (vormals § 312c Abs. 1 Satz 1 BGB; vgl. Art. 3 Abs. 1 der Richtlinie 97/7/EG). Zwischen Erteilung der Information und Abschluss des Vertrages soll dem Verbraucher eine ausreichende Zeitspanne bleiben, er soll nicht unter zeitlichen Druck geraten, sondern in Kenntnis der übermittelten Informationen eine informierte Entscheidung treffen.[3] Dabei sind die Umstände des Einzelfalles, insbesondere die Besonderheiten des eingesetzten Fernkommunikationsmittels zu berücksichtigen.[4] Bei Werbung im Fernsehen oder Hörfunk, in der eine Kontaktadresse zur Bestellung angegeben wird, muss der Unternehmer Vorabinformationen noch nicht mitteilen.[5] Anders ist die Rechtslage aber beispielsweise, wenn der Verbraucher eine Werbeanzeige mit Bestellformular erhält.[6]

2. Art und Weise der Darstellung

a. Überblick

7 Die Informationen müssen in einer dem eingesetzten Fernkommunikationsmittel entsprechenden Weise klar und verständlich erfolgen (sog. Transparenzgebot; vormals § 312c Abs. 1 Satz 1 BGB). Maßstab ist der durchschnittlich aufmerksame und verständige Durchschnittsverbraucher.[7] Weitere Transparenzgebote enthalten z.B. § 307 Abs. 1 Satz 2 BGB[8] und § 5 Abs. 1 TMG (vormals § 6 Satz 1 TDG, § 10 Abs. 1 MedDStV) und die PAngV.

---

[2] So z.B. LG Stuttgart v. 11.03.2003 - 20 O 12/03 - NJW-RR 2004, 911-913; LG Köln v. 06.03.2003 - 33 O 67/03 - ZAP EN-Nr. 297/2003; OLG Frankfurt v. 23.01.2003 - 6 U 148/02 - MMR 2003, 403-404; LG Hamburg v. 02.05.2001 - 315 O 268/01 - WRP 2001, 1254; LG Itzehoe v. 19.01.2001 - 7 O 25/01 - CR 2001, 788; LG München II v. 08.11.2000 - 2 HKO 6494/00 - WRP 2001, 326; LG Berlin v. 29.08.2000 - 97 O 138/00 - WRP 2001, 326 und LG Duisburg v. 01.02.2001 - 21/41 O 169/00 - WRP 2001, 981-983 zur fehlenden Belehrung über das Bestehen eines Widerrufs- bzw. Rückgaberechts.

[3] BT-Drs. 14/2658, S. 38; *Hahn* in: Wilmer/Hahn, Fernabsatzrecht, 2. Aufl. 2005, § 312c Rn. 8.

[4] BT-Drs. 14/2946, S. 20.

[5] OLG Hamburg v. 23.12.2004 - 5 U 17/04 - MMR 2005, 318-321.

[6] *Grüneberg* in: Palandt, § 312c Rn. 5.

[7] *Thüsing* in: Staudinger, § 312c Rn. 28.

[8] Zum Verhältnis § 307 Abs. 1 Satz 2 BGB und dem fernabsatzrechtlichen Transparenzgebot OLG Köln v. 24.02.2006 - 6 U 213/05; offen gelassen von BGH v. 05.10.2005 - VIII ZR 382/04 - NJW 2006, 211-214; hierzu *Thüsing* in: Staudinger, § 312c Rn. 32 und ferner OLG München v. 26.06.2008 - 29 U 2250/08 - OLGR München 2008, 609-612.

b. Beispiele

aa. Übersichtlichkeit

Die Informationen müssen übersichtlich dargestellt sein. Die Informationen müssen an gut wahrnehmbarer Stelle zu finden sein.[9] Es ist dem Verbraucher nicht zuzumuten, sich die Informationen selbst zusammenzusuchen. So reicht es nicht aus, wenn sich die Identität des Unternehmers und die Angabe des Vertretungsberechtigten auf unterschiedlichen Web-Seiten befinden.[10] Es ist aber nicht erforderlich, dass die Angaben auf der Startseite bereitgehalten werden oder im Laufe eines Bestellvorgangs zwangsläufig aufgerufen werden müssen.[11]

Nach dem KG Berlin reicht es für die Erfüllung der Informationspflicht bei einem Vertragsschluss im Internet aus, wenn die Widerrufsbelehrung in AGB eingebettet ist und dabei die Information klar und verständlich erfolgt, ohne zugleich eine „hervorgehobene und deutlich gestaltete Form" aufzuweisen. Letzteres ist erst für die Erfüllung der Pflicht gemäß § 312c Abs. 1 BGB i.V.m. Art. 246 § 2 Abs. 3 Satz 2 EGBGB erforderlich.[12]

Das Transparenzgebot gilt insbesondere für die Informationen über den Preis, wobei ergänzend die PAngV zu berücksichtigen ist. Eine klare und verständliche Information des Verbrauchers über zusätzlich zum Warenpreis anfallende Liefer- und Versandkosten im Online-Warenhandel kann – so der BGH – auch erfolgen, ohne dass die Versandkosten noch einmal in einer – auf der für die Bestellung eingerichteten Internetseite unmittelbar vor Abschluss des Bestellvorgangs erscheinenden – „Bestell-Übersicht" neben dem Warenpreis der Höhe nach ausgewiesen werden müssen.[13] Nach OLG Hamburg muss sich der Preis bei der Bewerbung von Angeboten im Internet-Versandhandel entweder in unmittelbarer räumlicher Nähe zu den beworbenen Artikeln befinden, oder der Nutzer muss jedenfalls in unmittelbarer räumlicher Nähe zu der Werbung unzweideutig zu dem Preis mit allen seinen Bestandteilen einschließlich der Angaben nach § 1 Abs. 2 PAngV hingeführt werden. Es genügt nicht, wenn am oberen Bildschirmrand auf die Web-Seiten „Allgemeine Geschäftsbedingungen" und „Service" hingewiesen werde, auf denen sich die Angaben nach § 1 Abs. 2 PAngV finden ließen. Auch genügt es nicht, wenn der Kunde während des Bestellvorgangs darüber informiert wird, dass der Preis die Umsatzsteuer enthält.[14]

Erfüllt der Unternehmer seine Pflicht zur klaren und verständlichen Information über den Preis nicht, kann dies nicht nur einen Verstoß gegen § 312c Abs. 1 BGB i.V.m. Art. 246 § 1 Abs. 1 Nr. 7 EGBGB darstellen. Unter Umständen wird die Information über den Preis nicht Bestandteil des Vertrages. Versteckt sich die Zahlungspflicht für eine kostenpflichtige Leistung im Internet in den Allgemeinen Geschäftsbedingungen, kann diese Klausel ungewöhnlich und überraschend und damit gemäß § 305c Abs. 1 BGB unwirksam sein, wenn nach dem Erscheinungsbild der Web-Site mit einer kostenpflichtigen Leistung nicht gerechnet werden musste.[15]

bb. Schriftbild

Nicht klar und verständlich ist die Information ferner dann, wenn sie in kleiner Schrift an versteckter Stelle einer Werbeanzeige erscheint und der Verbraucher nach Sachlage keine Veranlassung hat, nach weiteren Angaben zu suchen, weil er annimmt, die vollständigen Informationen bereits erhalten zu haben.[16]

cc. Sprache

Es gilt der Grundsatz Verhandlungssprache = Vertragssprache.[17] Dabei ist Art. 246 § 1 Abs. 2 Nr. 6 EGBGB zu berücksichtigen (vgl. auch Erwägungsgrund 8 der Richtlinie 97/7/EG).

---

[9] So bereits zum Transparenzgebot nach § 6 TDG BT-Drs. 14/6098, S. 21.
[10] So zu § 6 Satz 1 Nr. 1 TDG LG Berlin v. 17.09.2002 - 103 O 102/02 - JurPC Web-Dok. 118/2003.
[11] BGH v. 20.07.2006 - I ZR 228/03 mit Anm. *Nassall*, jurisPR-BGHZivilR 44/2006, Anm. 2.
[12] KG v. 18.07.2006 - 5 W 156/06 - NJW 2006, 3215-3217.
[13] BGH v. 05.10.2005 - VIII ZR 382/04 - NJW 2006, 211-214 mit Anm. *Taeger*, jurisPR-ITR 3/2006, Anm. 5.
[14] OLG Hamburg v. 12.08.2004 - 5 U 187/03 - Magazindienst 2005, 49-54.
[15] Z.B. AG München v. 16.01.2007 - 161 C 23695/06 - CR 2007, 816.
[16] OLG Hamburg v. 27.03.2003 - 5 U 113/02 - NJW 2004, 1114-1116; zur Rechtslage nach dem Konsumentenschutzgesetz in Österreich vgl. OGH v. 23.09.2003 - 4 Ob 175/03v - WRP 2004, 520.
[17] *Thüsing* in: Staudinger, § 312c Rn. 35.

dd. Internet-Links

14 Im Einzelfall zu klären ist, ob ein Link auf eine andere Web-Seite mit Informationen den Anforderungen an die Klarheit und Verständlichkeit genügt.[18] Während das OLG Karlsruhe[19] und das OLG Frankfurt[20] einen Link als nicht ausreichend angesehen haben, haben der BGH[21] und das OLG München[22] sogar einen doppelten Link ausreichen lassen.

15 Wenn man einen Link ausreichen lässt[23], wird dieser entsprechend § 5 TMG leicht erkennbar, unmittelbar erreichbar und ständig verfügbar sein müssen. Das ist nach OLG Hamburg z.B. nicht der Fall, wenn der Link nicht eindeutig bezeichnet ist („backstage") und erst durch ein Scrollen des Bildschirms gefunden werden kann.[24] Nach OLG Hamm ist es nicht ausreichend, dass die Widerrufsbelehrung unter dem Link „mich" unter der Rubrik „Angaben zum Verkäufer" abrufbar ist[25] (ebenso OLG Jena[26], a.A. LG Traunstein[27]). Nach dem OLG Frankfurt ist bei der Verlinkung der Widerrufsbelehrung erforderlich, dass die Kennzeichnung des Links hinreichend klar erkennen lässt, dass überhaupt eine Widerrufsbelehrung aufgerufen werden kann (Erfordernis eines „sprechenden Links").[28] Für nicht zumutbar gehalten haben das OLG München ein Scrollen über mehrere Bildschirmseiten[29] und das OLG Brandenburg ein Scrollen über sieben Bildschirmseiten bis zur achten Seite, von wo durch zweimaliges Klicken auf einen entsprechenden Link die Information zur Verfügung gestellt wird[30].

ee. Verweis auf andere Fernkommunikationsmittel

16 Es stellt sich die Frage, ob ein Verweis des Verbrauchers auf ein anderes Fernkommunikationsmittel ausreichend ist. Das Fernabsatzrecht verpflichtet den Verbraucher nicht dazu, weitere Fernkommunikationsmittel bereitzuhalten.[31] Hat der Unternehmer aber ohnehin eine Werbeseite im Fernsehtext und der Verbraucher Zugang hierzu, erscheint der Hinweis auf dieses Angebot und die Aufnahme der Informationspflichten in dieses Angebot zumutbar. Unzulässig ist aber ein Verweis des Verbrauchers auf eine kostenpflichtige Servicenummer des Unternehmers.[32]

ff. Fernsehtext

17 Bei einem Verweis von einer Seite des Fernsehtexts zu einer anderen Seite ist ein deutlich sichtbarer Hinweis auf die Nummer der in Bezug genommenen Seite erforderlich.

18 Fernsehtext ist z.B. beim Teleshopping[33] oder interaktiven Fernsehen[34] geeignet, um ergänzende Textinformationen bereitzustellen. Im Einzelfall ist zu klären, ob ein Verweis auf den Fernsehtext ausreichend und für den Verbraucher zumutbar ist.[35] Der Umstand, dass Fernsehen aus Informationen in Ton und Bild (einschließlich Text) besteht und Fernsehtext nur Textinformationen enthält, begründet jedenfalls keine Unzumutbarkeit für den Verbraucher. Wie der BGH in einem wettbewerbsrechtlichen Fall zu irreführender Werbung entschieden hat, ist bei einer Fernsehwerbung ein schriftlich eingeblendeter aufklärender Hinweis nicht bereits deshalb grundsätzlich unbeachtlich, weil er von nur zuhörenden Fernsehteilnehmern nicht wahrgenommen wird. Fernsehwerbung besteht, wie dem durchschnittlichen

---

[18] Hierzu *Ott*, WRP 2003, 945-955 und *Ott*, MMR 2004, 322-323.
[19] OLG Karlsruhe v. 27.03.2002 - 6 U 200/01 - WRP 2002, 849-851.
[20] OLG Frankfurt v. 17.04.2001 - 6 W 37/01 - DB 2001, 1610-1611.
[21] BGH v. 20.07.2006 - I ZR 228/03 mit Anm. *Nassall*, jurisPR-BGHZivilR 44/2006, Anm. 2.
[22] OLG München v. 11.09.2003 - 29 U 2681/03 - OLGR München 2003, 385-387.
[23] Vgl. z.B. LG Essen v. 04.06.2003 - 44 O 18/03 - JurPC Web-Dok. 312/2003 und LG München I v. 23.07.2003 - 1 HK O 1755/03 - JurPC Web-Dok. 246/2003.
[24] OLG Hamburg v. 20.11.2002 - 5 W 80/02 - MMR 2003, 105-107.
[25] OLG Hamm v. 14.04.2005 - 4 U 2/05 - NJW 2005, 2319-2320 mit Anm. *Mankowski*, EWiR 2005, 589-590.
[26] OLG Jena v. 08.03.2006 - 2 U 990/05 - GRUR-RR 2006, 283-285.
[27] LG Traunstein v. 18.05.2005 - 1 HKO 5016/04 - ZUM 2005, 663-664.
[28] OLG Frankfurt v. 14.12.2006 - 6 U 129/06 - NJW-RR 2007, 482-484.
[29] OLG München v. 12.02.2004 - 29 U 4564/03 - JurPC Web-Dok. 136/2004.
[30] OLG Brandenburg v. 13.06.2006 - 6 U 121/05 - OLGR Brandenburg 2006, 955-957.
[31] *Thüsing* in: Staudinger, § 312c Rn. 22.
[32] *Thüsing* in: Staudinger, § 312c Rn. 22; *Lütcke*, Fernabsatzrecht, 2002, § 312c Rn. 65.
[33] Zur Einbeziehung von AGB im Fernsehmarketing *von Münch*, MMR 2006, 202-206.
[34] *Hoenike/Szodruch*, K&R 2007, 628-635; hierzu ferner *Reinemann*, ZUM 2006, 523-530, *Gercke*, ZUM 2005, 879-883, *Zimmer*, Media Perspektiven 2000, 110-126 und *Zimmer*, Media Perspektiven 2000, 438-450.
[35] Nicht ausreichend nach *Lütcke*, Fernabsatzrecht, 2002, § 312c Rn. 67.

Verbraucher bekannt ist, grundsätzlich aus Bild und Ton, so dass dem Verbraucher für seine geschäftliche Entscheidung wesentliche Informationen auch durch nur eingeblendete, nicht gesprochene Hinweise gegeben werden können.[36]

gg. M-Commerce

Im Einzelfall zu klären ist die Frage, bis zu welchem Umfang dem Verbraucher bei Fernkommunikationsmitteln mit begrenzten Bildschirmdarstellungsmöglichkeiten, etwa im M-Commerce (d.h. beim mobilen E-Commerce, z.B. per Mobiltelefon) die Wahrnehmung der Informationen zumutbar ist.[37]

Nach den bereits zum früheren Btx-Dienst entwickelten Maßstäben mussten die Informationen auf dem Bildschirm leicht lesbar sein, und sie durften nicht umfangreich sein.[38] Umfangreiche Klauselwerke, die aus vielen Textseiten bestehen und nicht übersichtlich gegliedert sind, sollten hingegen nicht einbezogen werden können, weil dem Kunden die seitenlange Lektüre von Klauseln nicht zugemutet werden könne.[39]

Bei der Konkretisierung der Anforderungen des Transparenzgebots im M-Commerce ist zu berücksichtigen, dass die Informationspflichten „in einer dem Fernkommunikationsmittel entsprechenden Weise" klar und verständlich zu erfüllen sind. Die Maßstäbe anderer Fernkommunikationsmittel dürfen daher nicht ohne weiteres übertragen werden.[40]

Auch wenn neuere mobile Endgeräte wie iPhone und iPad größere Komfortabilität bieten und die Lade- und Übermittlungszeiten nicht mehr mit früheren Verhältnissen vergleichbar sind, bleibt zu beachten, dass die Bildschirmgröße des Endgeräts vielfach nur beschränkten Raum für Texte in einer zumutbaren Schriftgröße bietet.

Rechtsprechung zum M-Commerce:
- Nach LG Hannover ist es nicht ausreichend, dass die Preisangabe in einer SMS je nach Handy-Modell und eingestellter Schriftgröße erst nach mehrmaligem Herunterscrollen sichtbar wird; hierauf muss sich der Unternehmer einstellen.[41]
- Nach OLG Frankfurt wird bei einem Zugriff auf eBay über WAP[42] die Einblendung der Informationen auf einer externen Grafikdatei den gesetzlichen Anforderungen nicht gerecht, wenn diese Einblendung bei einem Zugriff aus technischen Gründen nicht erfolgt.[43]
- Nach LG Köln[44] genügt der über das mobile Endgerät angezeigte Verweis auf die Unvollständigkeit des Angebots und auf weitere Informationen im Internet nicht dem Transparenzgebot. Danach wäre zumindest ein hinreichend aussagekräftiger und unmissverständlicher Hinweis erforderlich, welche Informationen der Nutzer an welcher Stelle unschwer auffinden kann.

Beim M-Commerce stellen sich jenseits des Transparenzgebots weitere Probleme:
- Erfüllung der Textform nach Art. 246 § 2 Abs. 1 EGBGB,
- Hervorgehobene und deutlich gestaltete Form i.S.v. Art. 246 § 2 Abs. 3 Satz 2 EGBGB,
- Speichermöglichkeit der Vertragsbestimmungen und AGB in wiedergabefähiger Form gemäß § 312g Abs. 1 Satz 1 Nr. 4 BGB,
- Einbeziehung der AGB gemäß § 305 BGB.

---

[36] BGH v. 11.09.2008 - I ZR 58/06.
[37] Taeger/Rose, K&R 2007, 233-239; Rössel, ITRB 2006, 235-239; Kessel/Kuhlmann/Passauer/Schiek, K&R 2004, 519-527; Pauly, MMR 2005, 811-816; Ranke, MMR 2002, 509-515; vgl. auch Krassnigg, Medien und Recht 2005, 150-154, Fallenböck, Medien und Recht 2004, 440-443 und Tschoepe, TMR 2002, 5-13.
[38] OLG Köln v. 21.11.1997 - 19 U 128/97 - NJW-RR 1998, 1277.
[39] LG Aachen v. 24.01.1991 - 6 S 192/90 - NJW 1991, 2159.
[40] Thüsing in: Staudinger, § 312c Rn. 31.
[41] LG Hannover v. 21.06.2005 - 14 O 158/04 - MMR 2005, 714-715; zur Widerrufsbelehrung bei SMS Funk/Zeifang, ITRB 2005, 121-123.
[42] Abk. für Wireless Application Protocol.
[43] OLG Frankfurt v. 06.11.2006 - 6 W 203/06 - ITRB 2008, 2.
[44] LG Köln v. 06.08.2009 - 31 O 33/09 mit Anm. Krieg, jurisPR-ITR 1/2010, Anm. 4 (zu eBay-WAP-Portal).

25 Ein Verzicht des Verbrauchers auf die Anforderungen der §§ 312c, 312g BGB ist auch im M-Commerce nicht zulässig (§ 312g Satz 1 BGB).

3. Angabe des geschäftlichen Zwecks

26 Gemäß Art. 246 § 1 Abs. 1 EGBGB hat der Unternehmer dem Verbraucher den geschäftlichen Zweck des Kontakts anzugeben (vormals § 312c Abs. 1 Satz 1 BGB und § 2 Abs. 1 Satz 1 FernAbsG; vgl. Art. 4 Abs. 2 Satz 1 der Richtlinie 97/7/EG; vgl. ferner für vom Unternehmer veranlasste Telefongespräche die Sonderregelung in § 312c BGB). Damit wird klargestellt, dass eine Verschleierung des geschäftlichen Zwecks unzulässig ist.

4. Informationen nach Art. 246 § 1 Abs. 1 EGBGB

a. Nr. 1

27 Der Unternehmer muss gemäß Art. 246 § 1 Abs. 1 Nr. 1 EGBGB Informationen über seine Identität zur Verfügung stellen, anzugeben ist auch das öffentliche Unternehmensregister, bei dem der Rechtsträger eingetragen ist, und die zugehörige Registernummer oder gleichwertige Kennung (vormals § 1 Abs. 1 Nr. 1 BGB-InfoV; vgl. zum ersten Halbsatz Art. 4 Abs. 1 lit. a der Richtlinie 97/7/EG und Art. 3 Abs. 1 lit. a der Richtlinie 2002/65/EG sowie zum zweiten Halbsatz Art. 3 Abs. 1 lit. d der Richtlinie 2002/65/EG).

28 Eine entsprechende Regelung für Fernabsatzverträge über Versicherungen enthält § 1 Abs. 1 Nr. 1 VVG-InfoV.

aa. Identität des Unternehmers

29 Die Information über die Identität einer natürlichen Person erfordert die Nennung des Namens. Name i.S.v. § 12 BGB ist u.a. der bürgerliche Name, der in Deutschland aus dem Familiennamen und mindestens einem (ausgeschriebenen) Vornamen besteht. Um die Identifizierung zu gewährleisten, darf zumindest ein Vorname nicht fehlen, seine Abkürzung (z.B. mit dessen Anfangsbuchstaben) ist nicht ausreichend.[45] Gleiches gilt für die Angabe eines Pseudonyms anstelle des bürgerlichen Namens.[46]

30 Bei juristischen Personen oder Personengesellschaften (z.B. OHG oder KG) ist die Firma einschließlich der Rechtsform bzw. der ordnungsgemäßen gesellschaftsrechtlichen Bezeichnung anzugeben.[47] Die bloße Angabe einer Abteilung des Unternehmens ist nicht ausreichend (so OLG Hamburg zur Angabe „Cinema Leseservice" in einem Filmkalender der Zeitschrift „Cinema"[48]).

31 Der Verbraucher muss bereits im Vertragsanbahnungsstadium zuverlässige Kenntnis darüber erhalten, mit wem genau er es zu tun hat und gegen wen er notfalls seine Klage würde richten kann (§ 253 Abs. 2 Nr. 1 ZPO). Ein Verstoß gegen die Pflicht zur Angabe der Identität stellt einen Verstoß gegen § 4 Nr. 11 UWG dar und ist – nach allerdings bestrittener Ansicht[49] – in der Regel geeignet, den Wettbewerb zum Nachteil der Mitbewerber und der Verbraucher nicht nur unerheblich i.S.v. § 3 UWG zu beeinträchtigen.[50]

32 Eine vergleichbare Pflicht zur Information über die Identität ergibt sich für Anbieter von Telemedien aus § 5 Abs. 1 Nr. 1 TMG und § 55 Abs. 1 RStV (vormals § 6 Satz 1 Nr. 1 TDG und § 10 Abs. 1

---

[45] KG v. 13.02.2007 - 5 W 34/07 - KGR Berlin 2007, 407-408; ferner zu § 6 Satz 1 Nr. 1 TDG a.F. LG Düsseldorf v. 17.05.2006 - 12 O 496/05 - CR 2006, 858.

[46] LG Braunschweig v. 14.04.2004 - 9 O 493/04 (420), 9 O 493/04 - GRUR-RR 2005, 25-27 („Zwergsterne").

[47] Zu § 5 Abs. 1 Nr. 1 TMG: LG Essen v. 19.09.2007 - 44 O 79/07 - MMR 2008, 196.

[48] OLG Hamburg v. 27.03.2003 - 5 U 113/02 - NJW 2004, 1114-1116.

[49] LG Braunschweig v. 14.04.2004 - 9 O 493/04 (420), 9 O 493/04 - GRUR-RR 2005, 25-27 („Zwergsterne"); zu § 6 TDG a.F.: LG Kassel v. 15.12.2005 - 11 O 4148/05 - GRUR-RR 2006, 416-416 unter Hinweis darauf, dass ein Vertragsschluss per Internet und eine Kontaktaufnahme nicht möglich waren; zu § 15b GewO OLG Brandenburg v. 10.07.2007 - 6 U 12/07 - JurPC Web-Dok. 123/2007 im Falle einer unterlassenen Angabe von Vor- und Nachname eines Unternehmensinhabers in Geschäftsbriefen: Im Regelfall werde sich ein Verbraucher vor einem Vertragsabschluss keine Gedanken darüber machen, welche natürliche Person Inhaber einer Handelsfirma sei.

[50] KG v. 13.02.2007 - 5 W 34/07 - KGR Berlin 2007, 407-408; LG Frankfurt a.M. v. 02.07.2003 - 2/6 O 446/02 - JurPC Web-Dok. 100/2005.

MedDStV),[51] für Verträge mit Anbietern von Telekommunikationsdiensten für die Öffentlichkeit aus § 43a Satz 1 Nr. 1 TKG.

bb. Unternehmensregister

Mit Wirkung zum 01.01.2007 sind die gesetzlichen Regelungen über die Einführung des Unternehmensregisters in Kraft getreten.[52] Grundlage hierfür ist § 8b HGB. Das Unternehmensregister findet sich im Internet unter www.unternehmensregister.de[53]. 33

Bei Unternehmern, die in ausländischen Registern eingetragen sind, aber ihre geschäftliche Tätigkeit im Inland entfalten, ist nach LG Frankfurt das vergleichbare Gesellschaftsregister anzugeben.[54] 34

Die gleichwertige Kennung ist derzeit ohne Bedeutung, kann bei Einführung einer einheitlichen Wirtschaftsnummer relevant werden.[55] 35

Eine vergleichbare Informationspflicht ergibt sich für Anbieter von Telemedien aus § 5 Abs. 1 Nr. 4 TMG (vormals § 6 Satz 1 Nr. 4 TDG und § 10 Abs. 2 Nr. 4 MDStV). 36

b. Nr. 2

Der Unternehmer muss gemäß Art. 246 § 1 Abs. 1 Nr. 2 EGBGB Informationen über die Identität eines Vertreters des Unternehmers in dem Mitgliedstaat zur Verfügung stellen, in dem der Verbraucher seinen Wohnsitz hat, wenn es einen solchen Vertreter gibt, oder die Identität einer anderen gewerblich tätigen Person als dem Anbieter, wenn der Verbraucher mit dieser geschäftlich zu tun hat, und die Eigenschaft, in der diese Person gegenüber dem Verbraucher tätig wird (vormals § 1 Abs. 1 Nr. 2 BGB-InfoV; vgl. Art. 3 Abs. 1 Nr. 1 lit. b und c der Richtlinie 2002/65/EG). 37

Eine entsprechende Regelung für Fernabsatzverträge über Versicherungen enthält § 1 Abs. 1 Nr. 2 VVG-InfoV. 38

Der Begriff des „Vertreters" ist richtlinienkonform auszulegen. Er ist nicht notwendigerweise mit dem des Stellvertreters i.S.v. §§ 164 ff. BGB identisch. Es handelt sich um einen Unterfall der „gewerblich tätigen Person" im Sinne des zweiten Halbsatzes von Art. 246 § 1 Abs. 1 Nr. 2 EGBGB. Der Vertreter des Unternehmers ist der Repräsentant des Unternehmers, der dem Verbraucher in dem Staat gegenübertritt, in dem der Verbraucher seinen Wohnsitz hat. Es kann sich z.B. um eine Beschwerdestelle als Empfangsboten handeln. 39

Eine „andere gewerbliche Person", mit der der Verbraucher „geschäftlich zu tun hat", ist ein anderer Unternehmer, den der Unternehmer zur Vertragsanbahnung oder Vertragsdurchführung eingeschaltet hat, und welche dem Verbraucher zu diesem Zweck gegenübertritt. Ein Beispiel hierfür ist eine Spedition, derer sich der Unternehmer zur Auslieferung einer im Fernabsatz bestellten Ware bedient. 40

c. Nr. 3

Der Unternehmer muss gemäß Art. 246 § 1 Abs. 1 Nr. 3 EGBGB Informationen über die ladungsfähige Anschrift des Unternehmers und jede andere Anschrift zur Verfügung stellen, die für die Geschäftsbeziehung zwischen diesem, seinem Vertreter oder einer anderen gewerblich tätigen Person gemäß Nr. 2 und dem Verbraucher maßgeblich ist, bei juristischen Personen, Personenvereinigungen 41

---

[51] § 6 TDG und § 10 MedDStV wurden zum 28.02.2007 aufgehoben und mit Wirkung zum 01.03.2007 durch § 5 des Telemediengesetzes (TMG; als Art. 1 des Gesetzes zur Vereinheitlichung von Vorschriften über bestimmte elektronische Informations- und Kommunikationsdienste (Elektronischer-Geschäftsverkehr-Vereinheitlichungsgesetz – ElGVG) v. 26.02.2007, BGBl I 2007, 179) und § 55 Abs. 1 des Staatsvertrags für Rundfunk und Telemedien (Rundfunkstaatsvertrag (RStV)) ersetzt und zum Teil inhaltlich modifiziert. Die bisherige Unterscheidung zwischen Telediensten und Mediendiensten ist entfallen, maßgeblich ist nunmehr der Begriff der Telemedien i.S.v. § 1 Abs. 1 Satz 1 TMG. zum Verhältnis zwischen TMG und RStV vgl. § 1 Abs. 4 TMG und § 60 Abs. 1 RStV. § 55 Abs. 1 RStV erfasst – anders als zuvor § 10 Abs. 1 MedDStV – nur „Telemedien, die nicht ausschließlich persönlichen oder familiären Zwecken dienen". Diese haben gemäß § 55 Abs. 1 Nr. 1 RStV Namen und Anschrift sowie gemäß § 55 Abs. 1 Nr. 2 RStV bei juristischen Personen auch Namen und Anschrift des Vertretungsberechtigten verfügbar zu halten. Zur Gesetzesbegründung vgl. insbesondere BT-Drs. 16/3078.

[52] Gesetz über elektronische Handelsregister und Genossenschaftsregister sowie das Unternehmensregister/EHUG vom 10.11.2006; BGBl I 2006, 2553 ff.

[53] Abgerufen am 25.09.2012.

[54] LG Frankfurt v. 28.03.2003 - 3-12 O 151/02 - MMR 2003, 597-598 (in Cardiff/Wales eingetragene Ltd.).

[55] BT-Drs. 15/2946, S. 25. Bei der Überführung von § 6 Satz 1 Nr. 6 TDG a.F. in § 5 Abs. 1 Nr. 6 TMG wurde die Pflicht zur Angabe der Wirtschafts-Identifikationsnummer nach § 139c AO aufgenommen (hierzu *Weyand*, Information StW 2005, 499-501).

§ 312c

oder Personengruppen auch den Namen eines Vertretungsberechtigten (vormals § 1 Abs. 1 Nr. 3 BGB-InfoV; vgl. Art. 4 Abs. 1 lit. a der Richtlinie 97/7/EG und Art. 3 Abs. 1 Nr. 1 lit. a der Richtlinie 2002/65/EG).

42 Eine entsprechende Regelung für Fernabsatzverträge über Versicherungen enthält § 1 Abs. 1 Nr. 3 VVG-InfoV.

43 Für Anbieter von Telemedien ergibt sich eine vergleichbare – wenngleich nicht deckungsgleiche – Pflicht bereits aus § 5 Abs. 1 Nr. 1 TMG (vormals § 6 Satz 1 Nr. 1 TDG und § 10 Abs. 1 MedStV).

aa. Ladungsfähige Anschrift

44 Zur Angabe der ladungsfähigen Anschrift sind Straße, Postleitzahl und Ort, gegebenenfalls auch das Land anzugeben. Ladungsfähig ist nicht die Postfachanschrift.[56]

45 Ein Verstoß gegen die Pflicht zur Angabe der ladungsfähigen Anschrift stellt einen Verstoß gegen § 4 Nr. 11 UWG dar und ist in der Regel geeignet, den Wettbewerb zum Nachteil der Mitbewerber und der Verbraucher nicht unerheblich i.S.v. § 3 UWG zu beeinträchtigen.[57]

bb. Andere Anschrift

46 Die „andere" – als die ladungsfähige – Anschrift ist nur eine solche, die für die Geschäftsbeziehung zwischen dem Unternehmer, seinem Vertreter oder einer anderen gewerblich tätigen Person gemäß Nr. 2 und dem Verbraucher „maßgeblich" ist. Das ist insbesondere die Anschrift einer Beschwerdestelle, die der Unternehmer dem Verbraucher benennt, damit dieser dort seine Rechte (z.B. Gewährleistung) geltend machen kann. „Anschrift" erfasst nur die Postanschrift, richtigerweise nicht aber z.B. die Angabe einer Telefon- oder Telefax-Nummer[58] oder E-Mail-Adresse. Die Rechtslage ist insoweit nicht mit § 5 Abs. 1 Nr. 2 TMG[59] (basierend auf Art. 5 Abs. 1 lit. c der Richtlinie 2000/31/EG) vergleichbar. Ungeachtet dessen kann der Unternehmer unter anderen rechtlichen Aspekten verpflichtet sein, dem Verbraucher über die Anschrift hinaus Kommunikationsdaten zur Verfügung zu stellen.

cc. Name eines Vertretungsberechtigten

47 Bei juristischen Personen, Personenvereinigungen oder Personengruppen ist der Name eines Vertretungsberechtigten anzugeben.

48 Der Begriff des Namens ist ebenso zu verstehen wie in Art. 246 § 1 Abs. 1 Nr. 1 EGBGB. Benennt der Unternehmer den Vertreter nicht mit vollem Namen, sondern lediglich mit dem Familiennamen nebst einem vorangestellten ersten Buchstaben des Vornamens, so ist die Informationspflicht nicht erfüllt. Umstritten ist, ob ein solcher Verstoß geeignet ist, den Wettbewerb zum Nachteil der Mitbewerber und der Verbraucher mehr als nur unerheblich i.S.v. § 3 UWG zu beeinträchtigen (dafür zu § 5 Abs. 1 Nr. 1 TMG OLG Düsseldorf[60]; dagegen KG Berlin[61]).

49 Vertretungsberechtigt ist jedenfalls der gesetzliche Vertreter. Nach dem Wortlaut würde auch die Angabe eines rechtsgeschäftlich bestellten Vertreters ausreichen, z.B. die Angabe eines Prokuristen oder Generalbevollmächtigten. Nach Sinn und Zweck der Vorschrift, dem Verbraucher die gerichtliche Geltendmachung von Ansprüchen zu ermöglichen, muss die Auslegung die jeweils anwendbaren Vorschriften über die Zustellung berücksichtigen, insbesondere §§ 170, 171 ZPO. Gemäß § 170 Abs. 1 ZPO ist bei prozessfähigen Personen ar ihren gesetzlichen Vertreter zuzustellen. Ist der Zustellungsadressat keine natürliche Person, genügt gemäß § 170 Abs. 2 ZPO die Zustellung an den „Leiter". Bei mehreren gesetzlichen Vertretern oder Leitern genügt gemäß § 170 Abs. 3 ZPO die Zustellung an einen von ihnen.

---

[56] Vgl. auch OLG Hamburg v. 27.03.2003 - 5 U 113/02 - NJW 2004, 1114-1116.
[57] OLG Jena v. 08.03.2006 - 2 U 990/05 - GRUR-RR 2006, 283-285.
[58] OLG Hamburg v. 05.07.2007 - 5 W 77/07 - Magazindienst 2008, 379-380 mit Anm. *Antoine*, ITRB 2008, 130.
[59] EuGH v. 16.10.2008 - Rs. C-298/07 - MMR 2009, 25-28 nach Vorlagebeschluss des BGH v. 26.04.2007 - I ZR 190/04 - MMR 2007, 505-507; zu § 6 Satz Nr. 2 TDG a.F. für eine solche Pflicht zur Angabe der Telefonnummer: OLG Köln v. 13.02.2004 - 6 U 109/03 - JurPC Web-Dok. 159/2004 und OLG Oldenburg v. 12.05.2006 - 1 W 29/06 - NJW-RR 2007, 189-189; LG Coburg v. 09.03.2006 - 1 HK O 95/05 - CR 2007, 59; BT-Drs. 14/6098, S. 21; gegen die Pflicht zur Angabe einer Telefonnummer: OLG Hamm v. 17.03.2004 - 20 U 222/03 - MMR 2004, 549-551; Telefaxnummer neben E-Mail-Adresse ausreichend nach dem Österreichischen OGH v. 18.11.2003 - 4 Ob 219/03i - MMR 2004, 599.
[60] OLG Düsseldorf v. 04.11.2008 - I-20 U 125/08 - MMR 2009, 266-267.
[61] KG Berlin v. 11.04.2008 - 5 W 41/08 - MMR 2008, 541-545.

d. Nr. 4

Der Unternehmer muss gemäß Art. 246 § 1 Abs. 1 Nr. 4 EGBGB die wesentlichen Merkmale der Ware oder Dienstleistung sowie Informationen darüber zur Verfügung stellen, wie der Vertrag zustande kommt (vormals § 1 Abs. 1 Nr. 4 BGB-InfoV; vgl. Art. 4 Abs. 1 lit. b der Richtlinie 97/7/EG und Art. 3 Abs. 1 Nr. 2 lit. a der Richtlinie 2002/65/EG). 50

Eine entsprechende Regelung für Fernabsatzverträge über Versicherungen enthalten § 1 Abs. 1 Nr. 6 und Nr. 12 VVG-InfoV. Gemäß § 1 Abs. 1 Nr. 12 VVG-InfoV ist insbesondere die Dauer der Frist anzugeben, während der der Antragsteller an den Antrag gebunden sein soll. Kommt der Vertrag auf andere Weise zustande als angegeben, so bleibt die objektive Rechtslage maßgeblich.[62] 51

aa. Wesentliche Merkmale der Ware oder Dienstleistung

Erforderlich für die Angabe der wesentlichen Merkmale der Ware oder Dienstleistung ist eine Leistungsbeschreibung, aus der der Verbraucher die für seine Entscheidung zum Vertragsschluss maßgeblichen Merkmale entnehmen kann.[63] 52

Wesentliche Merkmale der Ware oder Dienstleistung können durch Spezialgesetze definiert sein, so z.B. für Verträge mit Anbietern von Telekommunikationsdiensten für die Öffentlichkeit in § 43a Satz 1 Nr. 2 TKG. Aus § 3 Abs. 3 LMKV ergibt sich aber z.B. keine Verpflichtung, bei in Fertigverpackungen gelieferten Lebensmitteln bereits im Internet Stoffe und Zusatzstoffe und das Mindesthaltbarkeitsdatum anzugeben.[64] 53

Soweit – wie im Regelfall – eine gesetzliche Vorgabe fehlt, ist im Einzelfall unter Berücksichtigung des in der Branche Üblichen zu klären, welche Merkmale wesentlich sind. Maßgeblich ist dabei die Perspektive eines verständigen Verbrauchers. 54

Beispiele aus der Rechtsprechung: 55

- Werden mehrere Gegenstände verkauft, so muss deren Anzahl feststehen (so LG Kleve in einem Fall betreffend Angelzubehör, in dem im Text fünf Pilker (künstliche Fischköder) genannt und auf einem daneben stehenden Foto sechs Pilker abgebildet waren).[65]
- Zu den wesentlichen Merkmalen eines Internet-Dienstes zur Weiterleitung von Lottotipps an eine Lottogesellschaft gehört z.B. die Information, dass der Unternehmer nicht selbst das Lottounternehmen ist, sondern die Lottotipps nur weitergibt.[66]

Je bedeutsamer für die Entscheidung des Verbrauchers der Preis ist, desto mehr preisbildende Merkmale sind für den Verbraucher maßgeblich, um die Ware oder Dienstleistung mit Konkurrenzprodukten zu vergleichen. Ein Produkt- oder Preisvergleich ist zur Erfüllung der Informationspflicht aber nicht erforderlich. 56

Soweit der Unternehmer vor Vertragsschluss über wesentliche Merkmale der Ware oder Dienstleistung informiert, können diese Angaben über die Beschaffenheit der Ware oder Leistung Gegenstand des Vertrages werden, wie es etwa für Kaufverträge nach Maßgabe von § 434 Abs. 1 Satz 3 BGB vorgesehen ist. In der Beschaffenheitsangabe liegt nicht notwendigerweise zugleich die Übernahme einer Garantie der Beschaffenheit, etwa nach Maßgabe von § 443 BGB. Soweit es sich um unzutreffende Angaben handelt, hat der Unternehmer seine Informationspflicht nicht erfüllt, darin kann zugleich eine irreführende Werbung i.S.v. § 5 Abs. 1 Satz 2 Nr. 2 UWG liegen. 57

Wie der BGH klargestellt hat, ist Werbung in Katalogen grundsätzlich unverbindlich. Unternehmen (im Fall: ein Mobilfunkanbieter) dürfen daher in ihren Katalogen damit werben, dass „Änderungen und Irrtümer vorbehalten sind". Eine solche Klausel bringt lediglich die auch ohne ausdrücklichen Vorbehalt bestehende Rechtslage zum Ausdruck, dass die im Katalog enthaltenen Angaben zu den Produkten und deren Preisen und Eigenschaften – ebenso wie die Abbildungen – nicht ohne Weiteres Vertragsinhalt werden, sondern insoweit vorläufig und unverbindlich sind, als die Katalogangaben durch die Beklagte vor oder bei Abschluss des Vertrages noch korrigiert werden können. Der Hinweis verdeutlicht 58

---

[62] *Grüneberg* in: Palandt, BGB-InfoV § 1 Rn. 3.
[63] LG Magdeburg v. 29.08.2002 - 36 O 115/02 (014), 36 O 115/02 - NJW-RR 2003, 409-410.
[64] OLG Düsseldorf v. 12.06.2008 - I-20 U 105/08.
[65] LG Kleve v. 02.03.2007 - 8 O 128/06, aufgrund des Verstoßes gegen § 312c Abs. 1 Satz 1 BGB i.V.m. § 1 Abs. 1 Nr. 4 BGB-InfoV einen wettbewerbsrechtlichen Unterlassungsanspruch eines Mitbewerbers gemäß § 8 Abs. 1, Abs. 3 Nr. 1 UWG i.V.m. § 3 UWG § 4 Nr. 11 BGB bejahend.
[66] OLG Karlsruhe v. 27.03.2002 - 6 U 200/01 - WRP 2002, 849-851.

damit, dass erst die bei Vertragsschluss abgegebenen Willenserklärungen und nicht schon die Katalogangaben oder -abbildungen für den Inhalt eines Vertrages über die im Katalog angebotenen Produkte maßgebend sind.[67]

bb. Informationen darüber, wie der Vertrag zustande kommt

59 Der Unternehmer muss angeben, durch welche Erklärungshandlung nach seiner Auffassung der Vertrag zustande kommen soll,[68] d.h. welche Erklärung die Annahme eines Antrags darstellt.

60 Beispiele:
- die Rücksendung einer Postkarte des Verbrauchers an den Unternehmer oder eine schriftliche Auftragsbestätigung des Unternehmers an den Verbraucher[69]
- eine unverzügliche elektronische Bestätigung des Unternehmers per E-Mail oder eine spätere gesonderte E-Mail des Unternehmers (mit Blick auf § 312g Abs. 1 Satz 1 Nr. 3 BGB),
- ein Verzicht auf den Zugang der Annahmeerklärung nach Maßgabe von § 151 BGB,
- bei „Versteigerungen" z.B. der Zuschlag oder der Ablauf der Bietfrist oder etwa die Option „Sofortkauf".[70]

61 Der Unternehmer muss dem Verbraucher nicht die gesetzlichen Vorschriften (§§ 145 ff. BGB) erklären. Ausreichend ist eine Erläuterung für einen verständigen Verbraucher. Auf Sonderfälle wie § 150 Abs. 2 BGB kann verzichtet werden. Kommt der Vertrag nicht zustande, wie es der Unternehmer nach Maßgabe von Art. 246 § 1 Abs. 1 Nr. 4 EGBGB erläutert hat, ist die objektive Rechtslage maßgeblich.

62 Soweit ein Unternehmer seine Waren über die Plattform eBay zum Verkauf anbietet, muss er eigene Informationen darüber, wie der Vertrag zustande kommt, nicht erteilen. Der potentielle Kunde als Mitglied bei eBay unterwirft sich im Rahmen der Begründung seiner Mitgliedschaft den AGB von eBay und erhält bereits darüber die erforderlichen Informationen.[71]

63 Im Unterschied zur Informationspflicht nach § 312c Abs. 1 BGB i.V.m. Art. 246 § 1 Abs. 1 Nr. 4 EGBGB stellt die Informationspflicht nach § 312g Abs. 1 Satz 1 Nr. 2 BGB i.V.m. Art. 246 § 3 Nr. 1 EGBGB auf „die einzelnen technischen Schritte, die zu einem Vertragsschluss führen", ab.

cc. Exkurs: Allgemeine Geschäftsbedingungen

64 Soweit Angaben zum Zustandekommen des Vertrages AGB i.S.v. § 305 Abs. 1 BGB darstellen, bleibt die Prüfung der Wirksamkeit der Regelung nach den §§ 307 ff. BGB von § 312c BGB unberührt.

65 Unwirksam wegen eines Verstoßes gegen § 308 Nr. 1 BGB sind z.B. die folgenden Klauseln:
- „… bei Bestellungen durch das Internet ist die Absendung der Bestellung bindend. Wir sind berechtigt, das darin liegende Vertragsangebot innerhalb von vier Wochen durch Zusendung einer Auftragsbestätigung anzunehmen."[72]
- Das Angebot des Bestellers wird durch das Versenden der bestellten Ware angenommen, die Lieferung erfolgt aber erst, wenn alle bestellten Produkte lieferbar sind.[73]

e. Nr. 5

66 Der Unternehmer muss gemäß Art. 246 § 1 Abs. 1 Nr. 5 EGBGB Informationen über die Mindestlaufzeit des Vertrags zur Verfügung stellen, wenn dieser eine dauernde oder regelmäßig wiederkehrende Leistung zum Inhalt hat (vormals § 1 Abs. 1 Nr. 5 BGB-InfoV; vgl. Art. 4 Abs. 1 lit. i der Richtlinie 97/7/EG und Art. 3 Abs. 1 Nr. 3 lit. b der Richtlinie 2002/65/EG[74]).

67 Eine entsprechende Regelung für Fernabsatzverträge über Versicherungen enthält § 1 Abs. 1 Nr. 14 VVG-InfoV, eine Regelung für Verträge mit Anbieter von Telekommunikationsdiensten für die Öffentlichkeit § 43a Satz 1 Nr. 7 TKG.

---

[67] BGH v. 04.02.2009 - VIII ZR 32/08 - NJW 2009, 1337-1340.
[68] *Wilmer* in: Wilmer/Hahn, Fernabsatzrecht, 2. Aufl. 2005, BGB-InfoV § 1 Rn. 9.
[69] LG Magdeburg v. 29.08.2002 - 36 O 115/02 (014), 36 O 115/02 - NJW-RR 2003, 409-410.
[70] Zur „Sofortkauf"-Option bei eBay z.B. AG Moers v. 11.02.2004 - 532 C 109/03 - NJW 2004, 1330-1331; LG Kiel v. 11.02.2004 - 1 S 153/03 - SchlHA 2004, 308-309; LG Saarbrücken v. 07.01.2004 - 2 O 255/03 - MMR 2004, 556-557.
[71] LG Frankenthal v. 14.02.2008 - 2 HK O 175/07, 2 HKO 175/07.
[72] OLG Frankfurt v. 09.05.2007 - 6 W 61/07 - OLGR Frankfurt 2007, 585-586.
[73] OLG Hamm v. 26.02.2008 - 4 U 172/07.
[74] Zur Entstehung BT-Drs. 14/2920, S. 3 und BT-Drs. 15/2946, S. 25.

Die Informationspflicht besteht bei Dauerschuldverhältnissen (vgl. z.B. § 309 Nr. 9 BGB und § 314 BGB) und Wiederkehrschuldverhältnissen (vgl. z.B. § 312d Abs. 2 BGB und § 510 BGB). 68

Enthält der Vertrag keine Mindestlaufzeit, ist darauf hinzuweisen. Ist zur Beendigung des Vertrages eine Kündigung erforderlich, so ist auch die Länge der Kündigungsfrist anzugeben.[75] 69

Bei der Vereinbarung einer Laufzeit für ein Dauerschuldverhältnis in AGB sind u.a. § 307 BGB, § 308 Nr. 3 BGB und § 309 Nr. 9 BGB zu beachten. Ist die vertragliche Regelung unwirksam, so ist die Information des Unternehmers fehlerhaft und damit die Informationspflicht nach Art. 246 § 1 Abs. 1 Nr. 5 EGBGB nicht erfüllt. 70

Anders als bei einem Verstoß gegen die fernabsatzrechtlichen Informationspflichten hat der Gesetzgeber in § 451 Abs. 3 Satz 3 TKG angeordnet, dass der Vertrag nicht entsteht, wenn der Teilnehmer den Erhalt der Informationen nach § 451 Abs. 3 Satz 1 TKG nicht bestätigt. Diese Vorschrift betrifft allerdings nur Dauerschuldverhältnisse, bei denen für die Entgeltansprüche des Anbieters jeweils der Eingang elektronischer Nachrichten beim Teilnehmer maßgeblich ist. Der Gesetzgeber sah als Anwendungsfall hierfür etwa Abonnement-Verträge für Handy-Klingeltöne. 71

f. Nr. 6

Der Unternehmer muss gemäß Art. 246 § 1 Abs. 1 Nr. 6 EGBGB Informationen über einen Vorbehalt, eine in Qualität und Preis gleichwertige Leistung (Ware oder Dienstleistung) zu erbringen, und einen Vorbehalt, die versprochene Leistung im Fall ihrer Nichtverfügbarkeit nicht zu erbringen, zur Verfügung stellen (vormals § 1 Abs. 1 Nr. 6 BGB-InfoV; vgl. Art. 7 Abs. 3 Satz 2 der Richtlinie 97/7/EG[76]). 72

Eine entsprechende Regelung für Fernabsatzverträge über Versicherungen existiert nicht. 73

Praktisch bedeutsam sind z.B. eine auf einen bestimmten Vorrat beschränkte Gattungsschuld („Nur solange der Vorrat reicht") oder der Vorbehalt der Selbstbelieferung durch Lieferanten. 74

Bei der Vereinbarung eines Ersetzungsvorbehalts in AGB ist § 308 Nr. 4 BGB, bei der Vereinbarung eines Vorbehalts bei Nichtverfügbarkeit der Leistung in AGB ist § 308 Nr. 8 BGB zu beachten. Ist die vertragliche Regelung unwirksam, so ist die Information des Unternehmers fehlerhaft und damit die Informationspflicht nach Art. 246 § 1 Abs. 1 Nr. 6 EGBGB nicht erfüllt. 75

Beispiele für unwirksame Klauseln: 76

- „Sollte ein bestimmter Artikel nicht lieferbar sein, senden wir Ihnen in Einzelfällen einen qualitativ und preislich gleichwertigen Artikel (Ersatzartikel) zu. (…) Auch diesen können Sie bei Nichtgefallen innerhalb von 14 Tagen zurückgeben. Sollte ein bestellter Artikel oder Ersatzartikel nicht lieferbar sein, sind wir berechtigt, uns von der Vertragspflicht zur Lieferung zu lösen (…)"[77] (unwirksam gemäß §§ 307 Abs. 1, 308 Nr. 4 BGB).
- Änderungsvorbehalt für den Fall, dass wider Erwarten trotz rechtzeitiger Disposition aus vom Händler nicht zu vertretenden Gründen die bestellte Ware nicht verfügbar ist, soweit die Formulierung auch bei bloßer Leistungsverzögerung den Änderungsvorbehalt eingreifen lässt.[78]

g. Nr. 7

Der Unternehmer muss gemäß Art. 246 § 1 Abs. 1 Nr. 7 EGBGB Informationen über den Gesamtpreis der Ware oder Dienstleistung einschließlich aller damit verbundenen Preisbestandteile sowie alle über den Unternehmer abgeführten Steuern oder, wenn kein genauer Preis angegeben werden kann, seine Berechnungsgrundlage, die dem Verbraucher eine Überprüfung des Preises ermöglicht, zur Verfügung stellen (vormals § 1 Abs. 1 Nr. 7 BGB-InfoV vgl. Art. 4 Abs. 1 lit. c der Richtlinie 97/7/EG und Art. 3 Abs. 1 Nr. 2 lit. b der Richtlinie 2002/65/EG[79]). 77

Eine entsprechende Regelung für Fernabsatzverträge über Versicherungen enthält § 1 Abs. 1 Nr. 7 VVG-InfoV. 78

---

[75] *Grüneberg* in: Palandt, BGB-InfoV § 1 Rn. 4.
[76] Keine Entsprechung in der Richtlinie 2002/65/EG; zur Entscheidung des Gesetzgebers, die Pflicht auch auf Finanzdienstleistungen auszudehnen, vgl. BT-Drs. 15/2946, S. 25.
[77] BGH v. 21.09.2005 - VIII ZR 284/04 - K&R 2006, 559-562.
[78] OLG Frankfurt v. 10.11.2005 - 1 U 127/05 - MMR 2006, 325-326.
[79] Zu den Änderungen der Vorschrift durch die Umsetzung der Richtlinie 2002/65/EG vgl. BT-Drs. 15/2946, S. 25/26.

§ 312c

aa. Gesamtpreis

79 Anzugeben ist der Gesamtpreis. Nach dem LG Bonn ist beispielsweise ein Anbieter, der ein Grundwerk (Loseblattwerk) mit Ergänzungslieferungen im Fernabsatz vertreibt, verpflichtet, den Preis der Ware einschließlich aller Vertragsbestandteile mitzuteilen; es reicht hierzu nicht aus, lediglich den Preis für das Grundwerk und den Preis pro Seite der Ergänzungslieferungen anzugeben.[80]

bb. Preisbestandteile

80 Preisbestandteile sind die Bestandteile des Gesamtpreises mit Ausnahme der Steuern. Aus der Pflicht zur Angabe des Gesamtpreises einschließlich aller Preisbestandteile folgt keine Pflicht zum Ausweis aller oder einzelner Preisbestandteile.

cc. Steuern

81 Eine über den Unternehmer abgeführte Steuer stellt die Umsatzsteuer dar.

dd. Berechnungsgrundlage

82 Wenn kein genauer Preis angegeben werden kann (z.B. weil dies dem Unternehmer nicht möglich oder nicht zumutbar ist), hat der Unternehmer die Berechnungsgrundlage hierfür anzugeben. Diese muss vollständig alle Berechnungsfaktoren und Preisbestandteile ausweisen, um einem verständigen Verbraucher die Überprüfung, d.h. Berechnung des Gesamtpreises zu ermöglichen.

ee. Exkurs: Preisangabenverordnung

83 Die Informationspflichten nach der Preisangabenverordnung (PAngV) bleiben gemäß § 312c Abs. 4 BGB unberührt. Ebenso wie Art. 246 1 Abs. 1 Nr. 7 EGBGB verlangt § 1 Abs. 1 Satz 1 PAngV die Angabe eines Endpreises einschließlich der Umsatzsteuer und sonstiger Preisbestandteile.

84 Für die Frage, welcher Endpreis anzugeben ist, kommt es auf die Verkehrsauffassung an. **Beispiele**:
- Eine Internet-Werbung für die Vermittlung von Neuwagen mit Endpreisen, in denen Überführungskosten nicht enthalten sind, verstößt gegen die §§ 3, 4 Nr. 11 UWG i.V.m. § 1 Abs. 1 Satz 1 PAngV.[81]
- Wird der Verkauf eines Mobiltelefons zusammen mit einer Prepaid-Card einschließlich eines festen Startguthabens beworben, so besteht – so der BGH – keine Verpflichtung, außer dem Paketpreis für Mobiltelefon und Prepaid-Card auch die Tarife für die Nutzung der Card anzugeben. Ist das Mobiltelefon mit einem SIM-Lock verriegelt, so ist auf die Dauer der Verriegelung und die Kosten einer vorzeitigen Freischaltung hinzuweisen.[82]

85 Sofern insbesondere nicht die Ausnahmen nach § 9 Abs. 3 PAngV i.V.m. § 312b Abs. 3 Nr. 1, § 312b Abs. 3 Nr. 2, § 312b Abs. 3 Nr. 3, § 312b Abs. 3 Nr. 4 BGB bzw. § 312b Abs. 3 Nr. 7 BGB eingreifen, ist gemäß § 2 Abs. 1 Satz 1 Nr. 1 PAngV zudem anzugeben, dass die Preise die Umsatzsteuer und sonstigen Preisbestandteile enthalten. Es muss also etwa ein Hinweis „Preis incl. Mehrwertsteuer" aufgenommen werden. Fehlt die Angabe des Inklusivpreises, kann dies wettbewerbswidrig sein, wobei im Einzelfall die Bagatellklausel (§ 3 UWG) zu prüfen ist.[83] Umgekehrt kann auch eine zu deutliche Angabe des „Inklusivpreises" unter dem Aspekt der Werbung mit Selbstverständlichkeiten irreführend gemäß § 5 Abs. 1 UWG sein.[84] Wird auf die im Preis enthaltene Umsatzsteuer nicht auf derselben Internet-Seite mit dem Preisangebot hingewiesen, so kommt es nach OLG Hamburg auf die Umstände

---

[80] LG Bonn v. 17.01.2002 - 14 O 178/01 - VuR 2002, 257-259.
[81] OLG Schleswig v. 23.01.2007 - 6 U 65/06 - OLGR Schleswig 2007, 192-193.
[82] BGH v. 05.11.2008 - I ZR 55/06.
[83] § 3 UWG im konkreten Fall verneint von OLG Jena v. 08.03.2006 - 2 U 990/05 - GRUR-RR 2006, 283-285 und KG v. 11.05.2007 - 5 W 116/07 - KGR Berlin 2007, 697-698; vgl. ferner OLG Hamburg v. 15.02.2007 - 3 U 253/06 - OLGR Hamburg 2007, 825-827.
[84] BGH v. 22.02.1990 - I ZR 146/88 - GRUR 1990, 027-1028 [inkl. MwSt. I]; BGH v. 22.02.1990 - I ZR 201/88 - GRUR 1990, 1028-1029 [inkl. MwSt. II]; BGH v. 05.07.1990 - I ZR 217/88 - GRUR 1990, 1029-1030 [inkl. MwSt. III].

des Einzelfalles an, ob der Verstoß gegen § 1 Abs. 2 Satz 1 Nr. 1 PAngV gemäß §§ 3, 4 Nr. 11 UWG unlauter ist oder als Bagatellfall einzustufen wäre.[85]

Internet-Auktionen über Waren bei eBay stellen Versteigerungen i.S.v. § 9 Abs.1 Nr. 5 PAngV dar mit der Folge, dass die PAngV keine Anwendung findet.[86] Die Vorschriften der PAngV sind aber bei Angeboten im Rahmen der Kategorie „sofort kaufen" bei eBay anzuwenden, da in diesem Fall zum Festpreis verkauft wird und unstreitig keine Versteigerung stattfindet.[87]

86

h. Nr. 8

Der Unternehmer muss gemäß Art. 246 § 1 Abs. 1 Nr. 8 EGBGB Informationen über gegebenenfalls zusätzlich anfallende Liefer- und Versandkosten sowie einen Hinweis auf mögliche weitere Steuern oder Kosten, die nicht über den Unternehmer abgeführt oder von ihm in Rechnung gestellt werden, zur Verfügung stellen (vormals § 1 Abs. 1 Nr. 8 BGB-InfoV; vgl. Art. 4 Abs. 1 lit. d der Richtlinie 97/7/EG und Art. 3 Abs. 1 Nr. 2 lit. d der Richtlinie 2002/65/EG[88]).

87

aa. Liefer- und Versandkosten

Liefer- und Versandkosten sind Kosten, die durch den Transport der Ware zum Verbraucher entstehen. Sie werden nicht als Preisbestandteil i.S.v. Art. 246 § 1 Abs. 1 Nr. 7 EGBGB betrachtet. Sie sind insbesondere auch dann anzugeben, wenn die Lieferung ins Ausland erfolgt.[89]

88

Soweit die Liefer- und Versandkosten nicht genau angegeben werden können, ist – entsprechend Art. 246 § 1 Abs. 1 Nr. 7 EGBGB sowie § 2 Abs. 2 Satz 3 PAngV – die Berechnungsgrundlage anzugeben, die dem Verbraucher eine Ermittlung der Liefer- und Versandkosten ermöglicht.

89

bb. Weitere Steuern

Während nach Art. 246 § 1 Abs. 1 Nr. 7 EGBGB eine Pflicht besteht, über alle über den Unternehmer abgeführten Steuern zu informieren, ergibt sich aus Art. 246 § 1 Abs. 1 Nr. 8 EGBGB eine Pflicht, auf mögliche weitere Steuern, die nicht über den Unternehmer abgeführt oder von ihm in Rechnung gestellt werden, hinzuweisen.

90

cc. Weitere Kosten

Die Kosten, welche der Unternehmer in Rechnung stellt, sind bereits nach Art. 246 § 1 Abs. 1 Nr. 7 EGBGB in den Gesamtpreis einzuberechnen. Auf Kosten, welche nicht der Unternehmer, sondern ein Dritter in Rechnung stellt, ist nach Art. 246 § 1 Abs. 1 Nr. 7 EGBGB hinzuweisen.

91

dd. Exkurs: Preisangabenverordnung

Ebenso wie Art. 246 § 1 Abs. 1 Nr. 8 EGBGB verlangt § 2 Abs. 1 Satz 2 PAngV – soweit gemäß § 9 Abs. 3 PAngV anwendbar – die Angabe, in welcher Höhe gegebenenfalls solche Liefer- und Versandkosten anfallen. Gemäß § 2 Abs. 1 Satz 1 Nr. 2 PAngV ist zudem eine klarstellende Angabe erforderlich, ob diese Kosten anfallen (z.B. ein Hinweis „versandkostenfrei"). Dabei sind die Anforderungen an die Darstellungsweise zu beachten.[90]

92

Nach dem BGH[91] verstößt ein Unternehmer mit seinem Internet-Angebot nicht gegen § 1 Abs. 1 Satz 2 PAngV i.V.m. § 1 Abs. 2 Satz 1 Nr. 2 PAngV i.V.m. § 1 Abs. 6 PAngV, wenn auf einer Web-Seite neben der Abbildung der Ware nur deren Preis genannt wird und nicht schon auf derselben Web-Seite darauf hingewiesen wird, dass der Preis die Umsatzsteuer enthält und zusätzlich zu dem Preis Liefer- und Versandkosten anfallen. Nach Auffassung des BGH ist Verbrauchern bekannt, dass im Versand-

93

---

[85] OLG Hamburg v. 15.02.2007 - 3 U 253/06. Es seien Fallgestaltungen denkbar, in denen auf der Internet-Unterseite, zu der man beim Anklicken des einzelnen Preis-Angebots auf einer Internet-Seite gelangt, sodann deutlich und unübersehbar die Angabe erfolgt, dass in den Preisen die Umsatzsteuer enthalten ist; in so einem Fall könne sich der Verkehr in seiner (häufig selbstverständlichen) Annahme nur bestätigen sehen, dass der angegebene Preis ein Inklusivpreis sei.

[86] OLG Hamburg v. 15.02.2007 - 3 U 253/06 - OLGR Hamburg 2007, 825-827; LG Hof v. 26.01.2007 - 24 O 12/07 - MMR 2007, 460-461; Köhler in: Hefermehl/Köhler/Bornkamm, 24. Aufl. 2006, Wettbewerbsrecht, PAngV § 9 Rn. 6.

[87] KG v. 11.05.2007 - 5 W 116/07 - KGR Berlin 2007, 697-698.

[88] Zu den Änderungen der Vorschrift durch die Umsetzung der Richtlinie 2002/65/EG vgl. BT-Drs. 15/2946, S. 26.

[89] OLG Hamm v. 28.03.2007 - 4 W 19/07 - OLGR Hamm 2008, 121-122.

[90] OLG Hamburg v. 12.08.2004 - 5 U 187/03 - Magazindienst 2005, 49-54.

[91] BGH v. 04.10.2007 - I ZR 143/04 - DB 2007, 2705-2707.

handel neben dem Endpreis üblicherweise Liefer- und Versandkosten anfallen. Verbraucher gehen auch als selbstverständlich davon aus, dass die angegebenen Preise die Umsatzsteuer enthalten. Nach dem BGH kann es daher genügen, wenn die durch § 1 Abs. 2 PAngV geforderten Angaben jedenfalls alsbald sowie leicht erkennbar und gut wahrnehmbar auf einer gesonderten Internet-Seite gemacht werden, die vor Einleitung des Bestellvorgangs notwendig aufgerufen werden muss. Das OLG Köln hat es als unzureichend angesehen, wenn der Verbraucher die Versandkosten erst erreicht, wenn er virtuell einen Warenkorb gefüllt hat.[92] Nach dem OLG Hamburg soll beim Sofortkauf via eBay die Angabe auf einer nicht zwangsläufig aufzurufenden Unterseite nicht ausreichen.[93] Das OLG Hamburg hat es außerdem nicht als ausreichend betrachtet, dass die Information nur über einen Link „mehr Info" neben der Produktbezeichnung und weiteren drei Bildschirmseiten auffindbar ist.[94]

i. Nr. 9

94 Der Unternehmer muss gemäß Art. 246 § 1 Abs. 1 Nr. 9 EGBGB Informationen über die Einzelheiten hinsichtlich der Zahlung und der Lieferung oder Erfüllung zur Verfügung stellen (vormals § 1 Abs. 1 Nr. 9 BGB-InfoV; vgl. Art. 4 Abs. 1 lit. e der Richtlinie 97/7/EG und Art. 3 Abs. 1 Nr. 2 lit. f der Richtlinie 2002/65/EG).

95 Eine entsprechende Regelung für Fernabsatzverträge über Versicherungen enthält § 1 Abs. 1 Nr. 9 VVG-InfoV.

aa. Zahlung

96 Zu den Einzelheiten hinsichtlich der Zahlung gehören aus der Sicht eines verständigen Verbrauchers insbesondere Informationen,
- wann die Zahlung erfolgen soll (Angabe eines Zahlungsziels), und
- wie und an wen die Zahlung erfolgen kann.

97 Angaben zu den Rechtsfolgen eines Zahlungsverzugs sind nicht erforderlich.

bb. Lieferung

98 Zu den Einzelheiten hinsichtlich der Lieferung gehören aus der Sicht eines verständigen Verbrauchers insbesondere Informationen,
- wann die Lieferung erfolgt (Lieferfrist bzw. -zeitraum),
- wo und wie die Lieferung erfolgt (Abholung oder Versendung),
- wer ggf. die Gefahr trägt, und
- ob die Lieferung unter Eigentumsvorbehalt erfolgt.

99 Der Unternehmer muss die Erwartungen des Verbrauchers und branchenüblichen Umstände berücksichtigen. Beispiele:
- Fehlt eine besondere Angabe zum Lieferzeitpunkt, so darf der Durchschnittsverbraucher nach dem BGH von einem Internet-Versandhaus erwarten, dass die beworbene Ware unverzüglich versandt werden kann. Auf eine abweichende Lieferfrist muss in solchen Fällen unmissverständlich hingewiesen werden. Der Verkehr erwartet bei Angeboten im Internet, die anders als Angebote in einem Versandhauskatalog ständig aktualisiert werden können, mangels anderslautender Angaben die sofortige Verfügbarkeit der beworbenen Ware. Die Rücksichtnahme auf diese Erwartung des Verkehrs belastet den Unternehmer, der einen Versandhandel betreibt und sein Warenangebot im Internet bewirbt, nicht in unzumutbarer Weise. Es bleibt ihm unbenommen, durch geeignete Zusätze auf einen bestimmten Angebotszeitraum oder Lieferfristen hinzuweisen, wenn er nicht in der Lage ist, eine Nachfrage tagesaktuell zu erfüllen.[95]
- Die Angabe von Versandkosten in einem Internetangebot bei eBay besagt nicht, dass der Käufer die Ware nur auf dem Versandweg beziehen kann. Das gilt auch dann nicht, wenn als Zahlungsmethode nur „Überweisung" angegeben ist. Die Abholung beim Verkäufer ist nur bei einer entsprechenden Parteivereinbarung ausgeschlossen. Dafür ist der Verkäufer beweispflichtig.[96]

---

[92] OLG Köln v. 06.08.2004 - 6 U 93/04 - Magazindienst 2004, 1262-1267.
[93] OLG Hamburg v. 15.02.2007 - 3 U 253/06 - OLGR Hamburg 2007, 825-827.
[94] OLG Hamburg v. 03.02.2005 - 5 U 128/04 - CR 2005, 366-368.
[95] BGH v. 07.04.2005 - I ZR 314/02 - NJW 2005, 2229-2231; im Anschluss daran auch LG Osnabrück v. 01.09.2005 - 18 O 472/05 - ITRB 2006, 134.
[96] AG Koblenz v. 21.06.2006 - 151 C 624/06 - NJW-RR 2006, 1643-1645.

cc. Erfüllung

Während sich der Begriff „Lieferung" auf Waren bezieht, wird durch den Begriff „Erfüllung" die Informationspflicht auch auf Dienstleistungen erstreckt. Zu den Einzelheiten hinsichtlich der Erfüllung gehören aus der Sicht eines verständigen Verbrauchers insbesondere Informationen, 100
- wann die Dienstleistung erbracht wird, und
- wo und wie die Dienstleistung erbracht wird.

dd. Exkurs: Allgemeine Geschäftsbedingungen

Ist die vertragliche Regelung unwirksam, so ist die Information des Unternehmers fehlerhaft und damit die Informationspflicht nach Art. 246 § 1 Abs. 1 Nr. 9 EGBGB nicht erfüllt. Unwirksam sind z.B. die folgenden Klauseln: 101
- „Teillieferungen sind zulässig" (unwirksam gemäß § 307 Abs. 2 Nr. 1 BGB, § 308 Nr. 4 BGB)[97],
- „Teilabrechnungen sind zulässig" (unwirksam gemäß § 307 Abs. 2 Nr. 1 BGB, § 309 Nr. 2 lit. a BGB)[98],
- Lieferfrist in AGB gegenüber Verbrauchern mit der Angabe „in der Regel" (nicht hinreichend bestimmt i.S.v. § 308 Nr. 1 BGB)[99],
- Vereinbarung der Gefahrtragung des Käufers[100] (unwirksam wegen eines Verstoßes gegen § 474 Abs. 1 BGB)[101].

---

[97] KG v. 25.01.2008 - 5 W 344/07, 1 - Magazindienst 2008, 351-355 mit Anm. *Berger*, jurisPR-ITR 5/2008, Anm. 5, wobei auch die Wettbewerbswidrigkeit bejaht wird (§ 4 Nr. 11 UWG; ebenso KG v. 03.04.2007 - 5 W 73/07 - NJW 2007, 2266-2268; entgegen OLG Hamburg v. 13.11.2006 - 5 W 162/06 - NJW 2007, 2264-2266 mit Anm. *Dembowski*, jurisPR-WettbR 2/2007, Anm. 2).

[98] Vgl. die Kommentierung zu § 266 BGB Rn. 21 und *Schmidt* in: Ulmer/Brandner/Hensen, AGB-Recht, 10. Aufl. 2006, § 308 Nr. 4 Rn. 10a; zur Unwirksamkeit einer solchen Klausel in AGB eines Möbelkaufvertrags vgl. OLG Koblenz v. 19.02.1993 - 2 U 527/91 - NJW-RR 1993, 1078-1082; zur Unwirksamkeit einer solchen Klausel in AGB eines Hardware- und Software-Lieferanten OLG Stuttgart v. 06.05.1994 - 2 U 275/93 - NJW-RR 1995, 116-117 und OLG Stuttgart v. 22.03.1996 - 2 U 226/95 - VuR 1996, 277-279. Es kann dahinstehen, ob bereits die Abweichung vom gesetzlichen Leitbild des § 266 BGB (wonach der Schuldner zu Teilleistungen nicht berechtigt ist) eine unangemessene Benachteiligung begründet; § 266 BGB soll nämlich nur verhindern, dass der Gläubiger durch mehrfache Leistungen und deren jeweilige Entgegennahme belästigt wird. Eine Teilabrechnungsklausel ist gemäß § 307 Abs. 2 Nr. 1 BGB und § 309 Nr. 2a BGB unwirksam, denn sie schränkt das Leistungsverweigerungsrecht des Kunden aus § 320 BGB ein und stellt daher eine unangemessene Benachteiligung des Kunden dar (vgl. die Kommentierung zu § 266 BGB Rn. 21). Teillieferungen und Teilabrechnungen lösen Verzugsfolgen zu Lasten des Verbrauchers aus, ohne dass dieser sein Interesse an der Zurückhaltung des Kaufpreises bis zur Gesamtlieferung gemäß § 320 BGB geltend machen kann. Gemäß § 309 Nr. 2a BGB sind Regelungen in AGB aber schlechthin unwirksam, wenn das Leistungsverweigerungsrecht nach § 320 BGB ausgeschlossen oder auch nur eingeschränkt würde. Darüber hinaus schränkt eine Teillieferungs- und Teilabrechnungsklausel nach der kundenfeindlichsten Auslegung auch das Recht des Verbrauchers ein, im Fall einer – auch Nachfristsetzung – pflichtwidrig nicht rechtzeitig erbrachten Restleistung vom Vertrag insgesamt zurückzutreten, wenn er an der Teilleistung kein Interesse hätte (§ 323 BGB).

[99] KG v. 03.04.2007 - 5 W 73/07 - juris Rn. 4 - NJW 2007, 2266-2268 zu folgender Klausel: „Eine Übergabe an den Paketdienst erfolgt in der Regel 1-2 Tage nach Zahlungseingang, bei kundenspezifischen Anfertigungen ca. 7 Tage - 10 Tagen nach Zahlungseingang."; ebenso OLG Frankfurt v. 10.11.2005 - I U 127/05 - MMR 2006, 325-326 und OLG Frankfurt v. 27.07.2011 - 6 W 55/11 - juris Rn. 4 - MMR 2011, 800 zu der Klausel „Die Lieferung erfolgt in der Regel innerhalb von 2 Werktagen nach Zahlungseingang"; a.A. LG Hamburg v. 12.11.2008 - 312 O 733/08 - juris Rn. 2 zu der Klausel „Die Lieferung erfolgt in der Regel sofort nach Zahlungseingang".

[100] LG Bad Kreuznach v. 13.11.2002 - 3 O 202/02 - VuR 2003, 80-81; LG Coburg v. 09.03.2006 - 1 HK O 95/05 - CR 2007, 59 zur Klausel „Bei Schäden geht die Gefahr zu Lasten des Käufers, nicht des Verkäufers. Daher versenden wir nur versichert. Falls ein unversichertes Päckchen verloren geht, haben Sie Pech gehabt. Ich bitte das zu berücksichtigen, wenn Sie auf unversicherten Versand bestehen"; LG Landau (Pfalz) v. 17.02.2006 - HK O 97/05, HKO 97/05 - WRP 2006, 779 zur Klausel „Versand auf Risiko des Käufers".

[101] Gemäß § 474 Abs. 2 BGB findet beim Verbrauchsgüterkauf die Gefahrtragungsregel für den Versendungskauf nach § 447 BGB keine Anwendung, d.h. es bleibt bei der Gefahrtragung des Käufers nach § 446 BGB (vgl. die Kommentierung zu § 447 BGB Rn. 12). Bei einem Verbrauchsgüterkauf geht die Vergütungsgefahr daher auch dann, wenn der Verkäufer auf Verlangen des Käufers die verkaufte Sache nach einem anderen Ort als dem Erfüllungsort versendet, erst auf den Käufer über, wenn dieser den Besitz an der Sache erlangt hat (§ 446 Satz 1 BGB) oder in Annahmeverzug geraten ist (§ 446 Satz 3 BGB). Dabei kann dahin stehen, ob sich die Unwirksamkeit aus § 475 Abs. 1 BGB oder aus § 307 Abs. 1 BGB ergibt, § 474 Abs. 2, 447 BGB kommt jedenfalls Leitbildfunktion zu.

ee. Exkurs: Wettbewerbsrecht

102 Angaben zur Lieferung dürfen nicht irreführend i.S.v. § 5 UWG sein. Eine Irreführung liegt in der Regel nicht in der Angabe „unversicherter Versand",[102] der verständige Verbraucher gelangt dadurch zu der Vorstellung, dass er entgegen § 474 BGB die Gefahr trägt. Anders kann dies zu beurteilen sein, wenn der Unternehmer neben einem unversicherten Versand optional auch einen teureren versicherten Versand anbietet, ohne den Verbraucher darauf aufmerksam zu machen, dass der Unternehmer als Verkäufer in jedem Fall die Versandgefahr trägt.[133]

j. Nr. 10

103 Der Unternehmer muss gemäß Art. 246 § 1 Abs. 1 Nr. 10 EGBGB Informationen zur Verfügung stellen über das Bestehen oder Nichtbestehen eines Widerrufs- oder Rückgaberechts sowie die Bedingungen, Einzelheiten der Ausübung, insbesondere den Namen und die Anschrift desjenigen, gegenüber dem der Widerruf zu erklären ist, und die Rechtsfolgen des Widerrufs oder der Rückgabe einschließlich Informationen über den Betrag, den der Verbraucher im Fall des Widerrufs oder der Rückgabe gemäß § 357 Abs. 1 BGB für die erbrachte Dienstleistung zu zahlen hat (vormals § 1 Abs. 1 Nr. 10 BGB-InfoV; vgl. Art. 4 Abs. 1 lit. f der Richtlinie 97/7/EG und Art. 3 Abs. 1 Nr. 3 lit. a und d der Richtlinie 2002/65/EG).

104 Eine entsprechende Regelung für Fernabsatzverträge über Versicherungen enthält § 1 Abs. 1 Nr. 13 VVG-InfoV.

aa. Amtliches Muster

105 Zur Erfüllung seiner Informationspflicht über das Widerrufs- oder Rückgaberecht kann der Unternehmer die im EGBGB für die Belehrung über das Widerrufs- oder Rückgaberecht vorgesehenen Muster verwenden. Mit der Überführung der Muster von der BGB-InfoV in das EGBGB und damit ein formelles Gesetz hat die Kritik am amtlichen Muster keine Grundlage mehr.

bb. Bestehen oder Nichtbestehen

106 Der Unternehmer muss darüber informieren, ob das Widerrufsrecht besteht oder nicht besteht. Das Widerrufsrecht besteht z.B. nicht, wenn es gemäß § 312d Abs. 4 BGB ausgeschlossen ist. Nach dem BGH besteht keine Pflicht, für jeden im Fernabsatz angebotenen Artikel gesondert anzugeben, ob dem Verbraucher insoweit ein Rückgaberecht zusteht. Eine Belehrung, die dem Verbraucher die Beurteilung überlässt, ob die von ihm erworbene Ware unter einen Ausschlusstatbestand fällt, hält der BGH nicht für missverständlich. Der Unternehmer ist nicht verpflichtet, sämtliche in § 312d Abs. 4 BGB enthaltenen Ausschlusstatbestände aufzuführen. Das gilt insbesondere dann, wenn sie von vornherein in dem Geschäftsbetrieb des Unternehmers nicht relevant werden können.[104]

107 Eine Widerrufsbelehrung mit dem einleitenden Satz „Verbraucher haben das folgende Widerrufsrecht" verstößt nicht gegen § 312c Abs. 1 BGB i.V.m. Art. 246 § 1 Abs. 1 Nr. 10 EGBGB.[105]

k. Nr. 11

108 Der Unternehmer muss gemäß Art. 246 § 1 Abs. 1 Nr. 11 EGBGB Informationen zur Verfügung stellen über alle spezifischen zusätzlichen Kosten, die der Verbraucher für die Benutzung des Fernkommunikationsmittels zu tragen hat, wenn solche zusätzlichen Kosten durch den Unternehmer in Rechnung gestellt werden (vormals § 1 Abs. 1 Nr. 11 BGB-InfoV; vgl. Art. 4 Abs. 1 lit. g der Richtlinie 97/7/EG und Art. 3 Abs. 1 Nr. 2 lit. g der Richtlinie 2002/65/EG).

109 Beispiele für solche Zusatzkommunikationskosten sind Verbindungskosten für die Nutzung von Telefon oder Internet, insbesondere bei der Nutzung von Mehrwertdiensten.

---

[102] LG Hamburg v. 18.01.2007 - 315 O 457/06 - MMR 2007, 461 (zumindest beim Verkauf geringwertiger Sachen); LG Bückeburg v. 22.04.2008 - 2 O 62/08 - ITRB 2008, 202-203 (auch nicht irreführend unter dem Aspekt der Werbung mit Selbstverständlichkeiten).

[103] LG Saarbrücken v. 15.09.2006 - 7 I O 94/06 - WRP 2007, 578.

[104] BGH v. 09.12.2009 - VIII ZR 219/08 - NJW 2010, 989-993 mit Anm. *Höppner*, jurisPR-ITR 6/2010, Anm. 2 (vorgehend OLG München v. 26.06.2008 - 29 U 2250/08 - MMR 2008, 677-679 mit Anm. *Spindler*, jurisPR-BKR 6/2008, Anm. 5).

[105] BGH v. 09.11.2011 - I ZR 123/10 - NJW 2012, 1814-1817 mit Anm. *Ernst*, jurisPR-WettbR 6/2012, Anm. 2.

l. Nr. 12

Der Unternehmer muss gemäß Art. 246 § 1 Abs. 1 Nr. 12 EGBGB Informationen über eine Befristung der Gültigkeitsdauer der zur Verfügung gestellten Informationen, beispielsweise die Gültigkeitsdauer befristeter Angebote, insbesondere hinsichtlich des Preises, zur Verfügung stellen (vormals § 1 Abs. 1 Nr. 12 BGB-InfoV; vgl. Art. 4 Abs. 1 lit. h der Richtlinie 97/7/EG und Art. 3 Abs. 1 Nr. 2 lit. e der Richtlinie 2002/65/EG[106]). 110

Eine entsprechende Regelung für Fernabsatzverträge über Versicherungen enthält § 1 Abs. 1 Nr. 10 VVG-InfoV. 111

Unberührt von § 312c BGB bleibt die Frage, ob die Information wettbewerbsrechtlich zulässig ist. So hat das OLG Stuttgart etwa die Bewerbung einer Preisreduzierung durch einen Lebensmittel-Discounter im Internet unter der Bezeichnung „billiger" für unlauter gehalten, weil die Reduzierung bereits im Zeitpunkt der Werbung als eine befristete geplant war und die Befristung weniger als 1 Monat betrug. Die in einem solchen Fall notwendige Information über die Befristung wurde nicht hinreichend dadurch erbracht, dass in einer weiteren Internetseite zwar auf die Befristung hingewiesen wird, auf diesen Hinweis aber nicht deutlich in der die Preisreduzierung mitteilenden Seite aufmerksam gemacht wurde.[107] 112

5. Informationen nach Art. 246 § 1 Abs. 2 EGBGB

a. Nr. 1

Der Unternehmer muss gemäß Art. 246 § 1 Abs. 1 Nr. 1 EGBGB Informationen über die Hauptgeschäftstätigkeit des Unternehmers und die für seine Zulassung zuständige Aufsichtsbehörde zur Verfügung stellen (vormals § 1 Abs. 2 Nr. 1 BGB-InfoV). Für Versicherungsverträge vgl. die Regelung in § 1 Abs. 1 Nr. 4 VVG-InfoV und § 1 Abs. 1 Nr. 20 VVG-InfoV. 113

aa. Hauptgeschäftstätigkeit

Die Hauptgeschäftstätigkeit muss für einen verständigen Verbraucher hinreichend konkret beschrieben werden. Ausreichend kann die Angabe sein, wofür der Unternehmer eine Zulassung erhalten hat.[108] 114

bb. Aufsichtsbehörde

Zur Zulassungsbedürftigkeit vgl. z.B. § 34c GewO, § 32 KWG und § 8 ZAG (Bundesanstalt für Finanzdienstleistungsaufsicht (BaFin)[109]. Vgl. für Telemedien die Pflicht zur Angabe der Aufsichtsbehörde gemäß § 5 Abs. 1 Nr. 3 TMG (vormals § 6 Satz 1 Nr. 3 TDG).[110] 115

b. Nr. 2

Der Unternehmer muss gemäß Art. 246 § 1 Abs. 1 Nr. 2 EGBGB gegebenenfalls den Hinweis erteilen, dass sich die Finanzdienstleistung auf Finanzinstrumente bezieht, die wegen ihrer spezifischen Merkmale oder der durchzuführenden Vorgänge mit speziellen Risiken behaftet sind oder deren Preis Schwankungen auf dem Finanzmarkt unterliegt, auf die der Unternehmer keinen Einfluss hat, und dass in der Vergangenheit erwirtschaftete Erträge kein Indikator für künftige Erträge sind (vormals § 1 Abs. 2 Nr. 2 BGB-InfoV). Vgl. hierzu die Regelung zum Ausschluss des Widerrufsrechts nach § 312d Abs. 4 Nr. 6 BGB sowie die Informationspflichten nach § 31 WpHG). Eine vergleichbare Regelung für Versicherungsverträge enthält § 1 Abs. 1 Nr. 11 VVG-InfoV. 116

---

[106] Zu der Änderung der Vorschrift durch die Umsetzung der Richtlinie 2002/65/EG vgl. BT-Drs. 15/2946, S. 26.
[107] OLG Stuttgart v. 08.02.2007 - 2 U 136/06 - WRP 2007, 694-697 mit Anm. *Seichter*, jurisPR-WettbR 4/2007, Anm. 4.
[108] *Härting/Schirmbacher*, CR 2005, 48-53 wollen die Angabe eines Bereichs der Definition nach § 312b Abs. 1 Satz 2 BGB ausreichen lassen.
[109] www.bafin.de (abgerufen am 25.09.2012).
[110] Kein Wettbewerbsverstoß bei Fehlen der Angaben zur Aufsichtsbehörde (§ 6 Satz 1 Nr. 3 TDG) nach OLG Koblenz v. 25.04.2006 - 4 U 1587/05 mit Anm. *Roggenkamp*, jurisPR-ITR 6/2006, Anm. 5; ebenso OLG Hamburg v. 03.04.2007 - 3 W 64/07 - Magazindienst 2008, 665-667.

c. Nr. 3

117 Der Unternehmer muss gemäß Art. 246 § 1 Abs. 1 Nr. 3 EGBGB Informationen über die vertraglichen Kündigungsbedingungen einschließlich etwaiger Vertragsstrafen zur Verfügung stellen (vormals § 1 Abs. 2 Nr. 3 BGB-InfoV). Zu den vertraglichen Kündigungsbedingungen gehören insbesondere Informationen über

- eine Mindestlaufzeit des Vertrages (vgl. hierzu Art. 246 § 1 Abs. 1 Nr. 5 EGBGB),
- Voraussetzungen der ordentlichen Kündigung, insbesondere Kündigungsfrist,
- Möglichkeit einer außerordentlichen Kündigung,
- Formbedürftigkeit der Kündigung,
- Adressat der Kündigung,
- Rechtsfolgen der Kündigung.

Zu Vertragsstrafen (§§ 339 ff. BGB) in AGB vgl. § 309 Nr. 6 BGB, ferner § 308 Nr. 7 BGB. Zur parallelen Regelung für Versicherungsverträge vgl. § 1 Abs. 1 Nr. 15 VVG-InfoV.

d. Nr. 4

118 Der Unternehmer muss gemäß Art. 246 § 1 Abs. 1 Nr. 4 EGBGB mitteilen, das Recht welcher Mitgliedstaaten der Europäischen Union der Unternehmer der Aufnahme von Beziehungen zum Verbraucher vor Abschluss des Fernabsatzvertrags zugrunde legt (vormals § 1 Abs. 2 Nr. 4 BGB-InfoV). Zur parallelen Regelung für Versicherungsverträge vgl. § 1 Abs. 1 Nr. 16 VVG-InfoV. Gegenstand der Informationspflicht ist das Statut für die Vertragsanbahnung, nicht das auf den Vertrag oder für das Zustandekommen des Vertrages anwendbare Recht. Es handelt sich um die subjektive Einschätzung des Unternehmers, eine einseitige Festlegung des anwendbaren Rechts ist nicht wirksam.[111] Die Angabe der Rechtsordnung ist ausreichend, die Angabe oder Wiedergabe einzelner anwendbarer Vorschriften ist nicht erforderlich.[112]

e. Nr. 5

119 Der Unternehmer muss gemäß Art. 246 § 1 Abs. 1 Nr. 5 EGBGB Informationen über eine Vertragsklausel über das auf den Fernabsatzvertrag anwendbare Recht und über das zuständige Gericht zur Verfügung stellen (vormals § 1 Abs. 2 Nr. 5 BGB-InfoV). Zur parallelen Regelung für Versicherungsverträge vgl. § 1 Abs. 1 Nr. 17 VVG-InfoV. Im Bereich der Telemedien berührt das Herkunftslandprinzip (§ 3 Abs. 1 und 2 TMG; vormals § 4 Abs. 1 und 2 TDG bzw. § 5 Abs. 1 und 2 MedDStV) gemäß § 3 Abs. 3 Nr. 1 TMG (vormals § 4 Abs. 3 Nr. 1 TDG bzw. § 5 Abs. 3 Nr. 1 MedDStV) nicht die Freiheit der Rechtswahl und gemäß § 3 Abs. 3 Nr. 2 TMG (vormals § 4 Abs. 3 Nr. 2 TDG bzw. § 5 Abs. 3 Nr. 2 MedDStV) nicht die Vorschriften für vertragliche Schuldverhältnisse in Bezug auf Verbraucherverträge.

f. Nr. 6

120 Der Unternehmer muss gemäß Art. 246 § 1 Abs. 1 Nr. 6 EGBGB Informationen über die Sprachen zur Verfügung stellen, in welchen die Vertragsbedingungen und die in dieser Vorschrift genannten Vorabinformationen mitgeteilt werden, sowie die Sprachen, in welchen sich der Unternehmer verpflichtet, mit Zustimmung des Verbrauchers die Kommunikation während der Laufzeit dieses Vertrags zu führen (vormals § 1 Abs. 2 Nr. 6 BGB-InfoV).[113] Zur parallelen Regelung für Versicherungsverträge vgl. § 1 Abs. 1 Nr. 18 VVG-InfoV. Zur Informationspflicht über die für den Vertragsschluss zur Verfügung stehenden Sprachen bei Verträgen im elektronischen Geschäftsverkehr vgl. § 312g Abs. 1 Satz 1 Nr. 2 BGB i.V.m. Art. 246 § 3 Nr. 4 EGBGB.

---

[111] *Thüsing* in: Staudinger, § 312c Rn. 83; *Heiss*, IPRax 2003, 100-104.

[112] *Thüsing* in: Staudinger, § 312c Rn. 84.

[113] Gemäß Ziffer 8 von Anhang I der RL 2005/29/EG gilt es als unlauter, Verbrauchern, mit denen der Gewerbetreibende vor Abschluss des Geschäfts in einer Sprache kommuniziert hat, bei der es sich nicht um eine Amtssprache des Mitgliedstaats handelt, in dem der Gewerbetreibende niedergelassen ist, eine nach Abschluss des Geschäfts zu erbringende Leistung zuzusichern, diese Leistung anschließend aber nur in einer anderen Sprache zu erbringen, ohne dass der Verbraucher eindeutig hierüber aufgeklärt wird, bevor er das Geschäft tätigt.

g. Nr. 7

Der Unternehmer muss gemäß Art. 246 § 1 Abs. 1 Nr. 7 EGBGB Informationen über einen möglichen Zugang des Verbrauchers zu einem außergerichtlichen Beschwerde- und Rechtsbehelfsverfahren und gegebenenfalls die Voraussetzungen für diesen Zugang zur Verfügung stellen (vormals § 1 Abs. 2 Nr. 7 BGB-InfoV). Zur zuständigen Schlichtungsstelle vgl. § 14 Abs. 1 Satz 1 Nr. 2 UKlaG i.V.m. § 14 Abs. 3 UKlaG. Zur parallelen Regelung für Versicherungsverträge vgl. § 1 Abs. 1 Nr. 19 VVG-InfoV. 121

h. Nr. 8

Der Unternehmer muss gemäß Art. 246 § 1 Abs. 1 Nr. 8 EGBGB Informationen über das Bestehen eines Garantiefonds oder anderer Entschädigungsregelungen zur Verfügung stellen, die nicht unter die Richtlinie 94/19/EG des Europäischen Parlaments und des Rates vom 30.05.1994 über Einlagensicherungssysteme (ABl. EG Nr. L 135 S. 5) und die Richtlinie 97/9/EG des Europäischen Parlaments und des Rates vom 3. März 1997 über Systeme für die Entschädigung der Anleger (ABl. EG Nr. L 84 S. 22) fallen (vormals § 1 Abs. 2 Nr. 8 BGB-InfoV). Hierunter fallen z.B. die Sicherungseinrichtungen der regionalen Sparkassen- und Giroverbände oder der Deutschen Volks- und Raiffeisenbanken[114]. Für Versicherungsverträge vgl. die parallele Regelung in § 1 Abs. 1 Nr. 5 VVG-InfoV. 122

6. Art. 246 § 1 Abs. 3 EGBGB

Art. 246 § 1 Abs. 3 EGBGB (vormals § 1 Abs. 3 BGB-InfoV) sieht eine Möglichkeit vor, die Informationspflichten bei Fernabsatzverträgen über Finanzdienstleistungen einzuschränken. 123

a. Satz 1

Bei Telefongesprächen (vgl. auch § 312c Abs. 2 BGB) hat der Unternehmer dem Verbraucher nur Informationen nach Art. 246 § 1 Abs. 1 EGBGB zur Verfügung zu stellen, wobei eine Angabe gemäß Art. 246 § 1 Abs. 1 Nr. 3 EGBGB nur erforderlich ist, wenn der Verbraucher eine Vorauszahlung zu leisten hat (vgl. Art. 3 Abs. 3 der Richtlinie 2002/65/EG). 124

Nach Ansicht des Gesetzgebers wird die ladungsfähige Anschrift des Unternehmers (Art. 246 § 1 Abs. 1 Nr. 3 EGBGB) nur benötigt, um einen möglichen Rückzahlungsanspruch geltend zu machen.[115] 125

b. Satz 2

Art. 246 § 1 Abs. 3 Satz 1 EGBGB gilt nur, wenn 126
- der Unternehmer den Verbraucher darüber informiert hat, dass auf Wunsch weitere Informationen übermittelt werden können und welcher Art diese Informationen sind, und
- der Verbraucher ausdrücklich auf die Übermittlung der weiteren Informationen vor Abgabe seiner Vertragserklärung verzichtet hat.

Hierfür trägt der Unternehmer die Darlegungs- und Beweislast.[116] 127

II. Art. 246 § 2 EGBGB

1. Art. 246 § 2 Abs. 1 EGBGB

Gemäß Art. 246 § 2 Abs. 1 EGBGB hat der Unternehmer dem Verbraucher die in Art. 246 § 2 Abs. 1 Satz 2 EGBGB bestimmten Informationen in Textform mitzuteilen, wobei hinsichtlich des Zeitpunkts zwischen Finanzdienstleistungen (Nr. 1) und sonstigen Dienstleistungen sowie der Lieferung von Waren (Nr. 2) differenziert wird (vgl. zur Rechtsgrundlage für die Informationspflicht in Bezug auf Finanzdienstleistungen Art. 5 Abs. 1 der Richtlinie 2002/65/EG). 128

a. Textform

Die Mitteilung in Textform (§ 126b BGB) soll dem Verbraucher zusätzlichen Schutz gewähren, da die – so Erwägungsgrund 13 der Richtlinie 97/7/EG – mit Hilfe elektronischer Technologien verbreiteten Informationen häufig nicht beständig sind.[117] 129

---

[114] *Grüneberg* in: Palandt, BGB-InfoV § 1 Rn. 16.
[115] BT-Drs. 15/2946, S. 26/27.
[116] *Rott*, BB 2005, 53-64.
[117] BT-Drs. 15/2946, S. 21.

§ 312c

b. Zeitpunkt

aa. Finanzdienstleistungen

130 Bei Finanzdienstleistungen müssen die Informationen mitgeteilt werden:
- rechtzeitig vor Abgabe der Vertragserklärung des Verbrauchers oder,
- wenn auf Verlangen des Verbrauchers der Vertrag telefonisch oder unter Verwendung eines anderen Fernkommunikationsmittels geschlossen wird, das die Mitteilung in Textform vor Vertragsschluss nicht gestattet: unverzüglich nach Abschluss des Fernabsatzvertrags (vgl. Art. 5 Abs. 2 der Richtlinie 2002/65/EG).[118]

bb. Sonstige Dienstleistungen und Lieferung von Waren

131 Bei sonstigen Dienstleistungen und bei der Lieferung von Waren müssen die Informationen „alsbald[119], spätestens bis zur vollständigen Erfüllung des Vertrags, bei Waren spätestens bis zur Lieferung an den Verbraucher" mitgeteilt werden (vgl. Art. 5. Abs. 1 Satz 1 der Richtlinie 97/7/EG).

132 Die Vorschrift regelt den spätesten Zeitpunkt; es ist zulässig, die Informationen bereits vor Vertragsschluss in Textform zu erteilen.[120]

c. Mitzuteilende Informationen nach Art. 246 § 2 Abs. 1 Satz 2 EGBGB

aa. Nr. 1

133 Mitzuteilen sind die Vertragsbestimmungen einschließlich der Allgemeinen Geschäftsbedingungen (vgl. § 312g Abs. 1 Satz 1 Nr. 4 BGB).

bb. Nr. 2

134 Mitzuteilen sind die in Art. 246 § 1 Abs. 1 EGBGB genannten Informationen.

cc. Nr. 3

135 Bei Finanzdienstleistungen sind auch die in Art. 246 § 1 Abs. 2 EGBGB genannten Informationen mitzuteilen.

dd. Nr. 4

136 Bei der Lieferung von Waren und sonstigen Dienstleistungen sind ferner mitzuteilen:
- die in Art. 246 § 1 Abs. 2 Nr. 3 EGBGB genannten Informationen bei Verträgen, die ein Dauerschuldverhältnis betreffen und für eine längere Zeit als ein Jahr oder für unbestimmte Zeit geschlossen sind, sowie
- Informationen über Kundendienst und geltende Gewährleistungs- und Garantiebedingungen.

137 Hinsichtlich der vertraglichen Kündigungsbedingungen sind Angaben zur Mitteilung der Voraussetzungen, Form und Frist der Kündigung sowie des Empfängers erforderlich.[121] Unklar ist, ob auch ein Hinweis auf das Kündigungsrecht aus wichtigem Grund erteilt werden muss. Ist keine Vertragsstrafe vorgesehen, so muss darauf nicht hingewiesen werden.[122]

138 Besteht kein Kundendienst und ist keine Garantie vereinbart, so sind Angaben hierzu nicht erforderlich. Unklar ist, ob und in welchem Umfang Informationen zu Gewährleistungsbedingungen erforderlich sind, wenn der Unternehmer nicht von den gesetzlichen Vorschriften abweicht.[123]

---

[118] Hierzu BT-Drs. 15/2946, S. 21.
[119] Die ursprünglich im Regierungsentwurf verwendete Formulierung „unverzüglich" (vgl. § 121 Abs. 1 Satz 1 BGB) ist nicht Gesetz geworden.
[120] BT-Drs. 15/2946, S. 21.
[121] *Grüneberg* in: Palandt, BGB-InfoV § 1 Rn. 21.
[122] Vgl. im Übrigen zu einer Vertragsstrafe für „Spaßbieter" bei Online-Auktionen: AG Bremen v. 20.10.2005 - 16 C 168/05 - CR 2006, 136-137 mit Anm. *Wenn*, CR 2006, 137-138.
[123] *Grüneberg* in: Palandt, BGB-InfoV § 1 Rn. 22 m.w.N.; nach AG Kamen v. 03.11.2004 - 3 C 359/04 - CR 2005 146-147 soll die Formulierung, dass die Ware nach EU-Recht ohne Garantie verkauft wird, einen wirksamen Gewährleistungsausschluss darstellen.

2. Art. 246 § 2 Abs. 2 EGBGB

a. Satz 1

Eine Mitteilung nach Art. 246 § 2 Abs. 1 Satz 1 Nr. 2 EGBGB i.V.m. Art. 246 § 2 Abs. 1 Satz 2 EG- **139**
BGB (vormals § 312c Abs. 2 Satz 2 BGB) ist entbehrlich bei Dienstleistungen, die unmittelbar durch Einsatz von Fernkommunikationsmitteln erbracht werden, sofern diese Leistungen in einem Mal erfolgen und über den Betreiber der Fernkommunikationsmittel abgerechnet werden (vgl. § 312d Abs. 4 Nr. 7 BGB).

Die Ausnahme gilt nur für Dienstleistungen, nicht für Waren.[124] Sie ist beispielsweise für Mehrwert- **140**
dienste, etwa telefonische Ansagedienste oder Faxabrufdienste, oder das Herunterladen von Software im Internet von Bedeutung.

Die Leistungen müssen in einem Mal erfolgen. Das ist der Fall, wenn sich die vertragliche Bindung auf **141**
den einmaligen Leistungsaustausch beschränkt. Beispiele hierfür sind Verträge mit telefonischen Auskunftsdiensten, mit elektronischen Datenbanken oder mit Netzbetreibern, die auf Call-by-Call-Basis Einzelverbindungen zur Verfügung stellen. Dabei muss letztlich die Verkehrsauffassung entscheiden, was noch als einmaliger Leistungsaustausch anzusehen ist.

Eine Abrechnung der Leistungen über den Betreiber des Fernkommunikationsmittels erfolgt typischer- **142**
weise, wenn das Inkasso mit den üblichen Telefonkosten des Verbrauchers über die Telefonrechnung erfolgt. Nach Auffassung von *Wendehorst* soll die Ausnahme nur dann eingreifen, wenn nicht nur die Abrechnung im eigentlichen Sinne, sondern auch die Bezahlung über den Betreiber des Kommunikationsmittels und nicht etwa per Kreditkarte erfolgt.[125] Nach Auffassung von *Mankowski* fehlt es an einer Abrechnung über den Betreiber des Fernkommunikationsmittels, wenn bei der Inanspruchnahme eines Mehrwertdienstes (wie dem Abruf von Handy-Klingeltönen) Direktabbuchungen vom Guthaben einer Prepaid-Karte oder später über die Kreditkarte erfolgen.[126]

b. Satz 2

Der Verbraucher muss sich im Fall von Art. 246 § 2 Abs. 2 Satz 1 EGBGB (vormals § 312c Abs. 2 **143**
Satz 3 BGB) über die Anschrift der Niederlassung des Unternehmers informieren können, bei der er Beanstandungen vorbringen kann.

Die Information muss nicht in Textform zur Verfügung gestellt werden. Ausreichend sind eine telefo- **144**
nische Ansage oder ein Verweis auf eine Web-Site im Internet.[127]

3. Art. 246 § 2 Abs. 3 EGBGB

a. Satz 1

Zur Erfüllung seiner Informationspflicht gemäß Art. 246 § 1 Satz 2 Nr. 2 EGBGB in Verbindung mit **145**
Art. 246 § 1 Abs. 1 Nr. 10 EGBGB über das Bestehen eines Widerrufs- oder Rückgaberechts kann der Unternehmer die in den Anlagen 1 und 2 für die Belehrung über das Widerrufs- oder Rückgaberecht vorgesehenen Muster in Textform verwenden.

b. Satz 2

Soweit die nach Art. 246 § 2 Abs. 1 Satz 2 Nr. 2 EGBGB i.V.m. Art. 246 § 1 Abs. 1 Nr. 3 und 10 EG- **146**
BGB, nach Art. 246 § 2 Abs. 1 Satz 2 Nr. 3 EGBGB i.V.m. mit Art. 246 § 1 Abs. 2 Nr. 3 EGBGB und nach Art. 246 § 2 Abs. 1 Satz 2 Nr. 4 lit. b EGBGB mitzuteilenden Informationen in den Vertragsbestimmungen einschließlich der Allgemeinen Geschäftsbedingungen enthalten sind, bedürfen sie einer hervorgehobenen und deutlich gestalteten Form.

An dieser Form fehlt es z.B., wenn die Widerrufsbelehrung unauffällig in die Allgemeinen Geschäfts- **147**
bedingungen eingebettet ist.[128]

---

[124] Zur Neuregelung BT-Drs. 15/2946, S. 21.
[125] *Wendehorst* in: MünchKomm-BGB, 4. Aufl. 2004, § 312c Rn. 115.
[126] *Mankowski*, VuR 2006, 209-218.
[127] Zur Werbefaxversendung ohne die erforderlichen Angaben vgl. LG Frankfurt v. 14.02.2002 - 2/3 O 422/01, 2-03 O 422/01- NJW-RR 2002, 1468-1469.
[128] OLG Frankfurt v. 14.12.2006 - 6 U 129/06 - NJW-RR 2007, 482-484.

C. Kommentierung zu Absatz 2

148 Für von dem Unternehmer veranlasste Telefongespräche sind § 312c Abs. 2 BGB und Art. 246 § 1 Abs. 3 EGBGB zu beachten (vgl. Art. 4 Abs. 3 der Richtlinie 97/7/EG).

149 Der Unternehmer hat bei von ihm veranlassten Telefongesprächen gemäß § 312c Abs. 2 BGB seine Identität (vgl. Art. 246 § 1 Abs. 1 Nr. 1 EGBGB) und den geschäftlichen Zweck des Kontakts bereits zu Beginn eines jeden Gesprächs ausdrücklich offenzulegen (vgl. auch § 5 Abs. 1 VVG-InfoV).

150 Damit soll eine Überrumpelung des Verbrauchers verhindert werden. Es ist daher nicht zulässig, die Identität oder den geschäftlichen Zweck des Vertrages erst im Laufe des Telefonats zu offenbaren, etwa nachdem der Verbraucher selbst bereits Erklärungen abgegeben hat. Ausreichend ist, dass der Unternehmer unmittelbar nach der Begrüßung hierauf hinweist.[129]

151 Für von dem Verbraucher veranlasste Telefongespräche (z.B. Anrufe bei Hotlines) gelten die allgemeinen Regeln (vgl. Art. 3 Abs. 3 lit. a der Richtlinie 2002/65/EG und Erwägungsgrund 12 der Richtlinie 97/7/EG).[130]

D. Kommentierung zu Absatz 3

152 Gemäß § 312c Abs. 3 BGB kann der Verbraucher bei Finanzdienstleistungen während der Laufzeit des Vertrags jederzeit vom Unternehmer verlangen, dass ihm dieser die Vertragsbestimmungen einschließlich der Allgemeinen Geschäftsbedingungen in einer Urkunde zur Verfügung stellt. Diese Vorschrift wurde mit Wirkung zum 08.12.2004 neu eingefügt und übernimmt wie die entsprechende Regelung für Fernabsatzverträge über Versicherungen (§ 43b Abs. 5 VVG) im Wesentlichen wörtlich Art. 5 Abs. 3 Satz 1 der Richtlinie 2002/65/EG. Die konkrete Formulierung der Norm war im Gesetzgebungsverfahren umstritten, die Bundesregierung setzte sich gegen den Bundesrat[131] mit ihrer ursprünglich vorgeschlagenen Formulierung durch.[132]

153 Der Anspruch besteht nur bei Fernabsatzverträgen über Finanzdienstleistungen, eine entsprechende Anwendung für andere Fernabsatzverträge scheidet mangels einer planwidrigen Regelungslücke aus.[133]

154 Der Anspruch ist gerichtet auf die Zurverfügungstellung der Vertragsbestimmungen einschließlich der Allgemeinen Geschäftsbedingungen (vgl. § 312g Abs. 1 Satz 1 Nr. 4 BGB und § 305 Abs. 1 BGB) in einer Urkunde (vgl. § 126 Abs. 1 BGB).[134] Die Urkunde muss nicht unterschrieben sein.[135]

155 Der Unternehmer darf dem Verbraucher – so bereits die Gesetzesbegründung – für die Erfüllung des Anspruchs keine Kosten berechnen.[136] Die Vereinbarung einer Kostenpauschale in den AGB des Finanzdienstleisters wäre unwirksam.

156 Der Verbraucher kann die Aushändigung der Urkunde gemäß § 312c Abs. 3 BGB nicht mehrfach verlangen, der Anspruch erlischt gemäß § 362 BGB mit der erstmaligen Aushändigung.[137] Die Vereinbarung einer Kostenpauschale in den AGB des Finanzdienstleisters für die zweite Überlassung wäre insofern wirksam.

157 Eine § 312c Abs. 3 BGB vergleichbare Vorschrift enthält für den Vertrieb von Investmentanteilen § 121 Abs. 1 Sätze 3 und 4 InvG. Danach können die Verkaufsunterlagen in Papierform erstellt oder auf einem dauerhaften Datenträger, zu dem der Anleger Zugang hat, gespeichert werden; der Anleger kann jederzeit verlangen, die Verkaufsunterlagen in Papierform zu erhalten. Der Erwerber ist darauf hinzuweisen, wo im Geltungsbereich des Gesetzes und auf welche Weise er die Verkaufsunterlagen kostenlos erhalten kann.[138]

---

[129] *Thüsing* in: Staudinger, § 312c Rn. 14.
[130] BT-Drs. 15/2946, S. 20.
[131] BT-Drs. 15/2946, S. 32; Vorschlag des Bundesrates: „(3) Bei Finanzdienstleistungen kann der Verbraucher während der Laufzeit des Vertrages einmal vom Unternehmer die kostenfreie Vorlage der Vertragsbestimmungen einschließlich der Allgemeinen Geschäftsbedingungen in Papierform verlangen."
[132] BT-Drs. 15/2946, S. 5.
[133] BT-Drs. 15/2946, S. 20/21.
[134] BT-Drs. 15/2946, S. 20/21.
[135] BT-Drs. 15/2946, S. 20/21; BT-Drs. 15/2946, S. 32; BT-Drs. 15/2946, S. 37.
[136] BT-Drs. 15/2946, S. 20/21; BT-Drs. 15/2946, S. 32; BT-Drs. 15/2946, S. 37.
[137] BT-Drs. 15/2946, S. 32; BT-Drs. 15/2946, S. 37.
[138] Zu den Rechten und Pflichten nach § 121 InvG und zum Fernabsatz von Investmentanteilen vgl. *Kugler/Lochmann*, BKR 2006, 41-50.

E. Kommentierung zu Absatz 4

Gemäß § 312c Abs. 4 BGB bleiben weitergehende Einschränkungen bei der Verwendung von Fernkommunikationsmitteln und weitergehende Informationspflichten auf Grund anderer Vorschriften unberührt. **Beispiele**:

- Informationspflichten des allgemeinen Wettbewerbsrechts (§§ 3 ff. UWG).
- Informationspflichten des Arzneimittel- und Heilmittelwerberechts (AMG und HWG);[139] gemäß § 1 Abs. 6 HWG findet das HWG keine Anwendung beim elektronischen Handel mit Arzneimitteln auf das Bestellformular und die dort aufgeführten Angaben, soweit diese für eine ordnungsgemäße Bestellung sind.[140]
- Informationspflichten für Telemedien (§§ 5 und 6 TMG; vormals §§ 6, 7 TDG und § 10 MedDStV).
- Informationspflichten nach Jugendschutzrecht (insbesondere JMStV).
- Informationspflichten nach Datenschutzrecht (z.B. § 13 Abs. 1 Satz 1 TMG; vormals § 4 Abs. 1 Satz 1 TDDSG bzw. § 18 Abs. 1 MedDStV).
- Informationspflichten nach Preisangabenrecht (zu den Anforderungen an den Endpreis gegenüber Letztverbrauchern vgl. § 1 Abs. 1 PAngV und – als zusätzliches Erfordernis bei einem Angebot zum Abschluss eines Fernabsatzvertrages – § 1 Abs. 2 PAngV, wobei § 1 Abs. 2 PAngV gemäß § 9 Abs. 3 PAngV nicht auf die in § 312b Abs. 3 Nr. 1-4 und 7 BGB genannten Verträge anzuwenden ist).[141]
- Informationspflichten im elektronischen Geschäftsverkehr gemäß oder § 312g Abs. 1 Satz 1 BGB.[142]
- Informationspflichten nach dem Telekommunikationsrecht, z.B. des Anbieters von Telekommunikationsdiensten für die Öffentlichkeit gemäß § 43a Satz 1 TKG.[143]
- Informationspflichten nach der Energieverbrauchskennzeichnungsverordnung (EnVKV).[144]
- Informationspflichten nach der Verordnung über Verbraucherinformationen zu Kraftstoffverbrauch und CO_2-Emissionen neuer Personenkraftwagen (Pkw-EnVKV[145]).

§ 312c Abs. 4 BGB ergänzt § 312b Abs. 5 BGB.[146] Eine entsprechende Regelung im Recht der Verträge im elektronischen Geschäftsverkehr enthält § 312g Abs. 6 Satz 1 BGB.

---

[139] Vgl. zu § 1 UWG a.F. i.V.m. § 2 AMG, § 21 AMG, § 73 AMG, § 3a HWG die Entscheidung BGH v. 11.07.2002 - I ZR 34/01 - BGHZ 151, 286-300; mit Anm. *Kisseler*, LMK 2003, 92-93.

[140] Hierzu z.B. OLG Naumburg v. 24.03.2006 - 10 U 58/05 (HS), 10 U 58/05 - MMR 2006, 467-469.

[141] Zur Preisangabenpflicht bei der Bewerbung von Auskunftsdienstleistungen im TK-Sektor vgl. *Quantius*, WRP 2002, 901-905.

[142] BT-Drs. 15/2946, S. 44.

[143] § 43a Satz 1 TKG gilt gemäß § 43a Satz 2 TKG nicht für Teilnehmer, die keine Verbraucher sind und mit denen der Anbieter von Telekommunikationsdiensten für die Öffentlichkeit eine Individualvereinbarung getroffen hat. Ausweislich der Gesetzgebungsmaterialien war eine Anlehnung an die Informationspflichten des Fernabsatzrechts beabsichtigt: „Mit den Regelungen werden (…) die europarechtlichen Vorgaben der Richtlinie 2002/22/EG (…), die bereits durch die geltende TKV und allgemeine Vorschriften – wie z.B. die §§ 312 ff. BGB und BGB-InfoV – umgesetzt sind, weiter konkretisiert. (…) Die Regelung ist vergleichbar mit den Vorgaben in der BGB-InfoV, insoweit gelten auch die gleichen Rechtsfolgen, für den Fall, dass die Vorschriften nicht eingehalten werden" (BT-Drs. 15/5213, S. 19 und 21).

[144] Sie betreffen bestimmte in einer Anlage zur EnVKV aufgeführte Haushaltsgeräte, wenn diese für den Endverbraucher zum Kauf, zum Abschluss eines Mietvertrages oder ähnlicher entgeltlicher Gebrauchsüberlassung angeboten oder ausgestellt werden. Ein Verstoß gegen die Kennzeichnungspflicht nach EnVKV stellt einen Verstoß gegen § 4 Nr. 11 UWG dar, denn die Vorschriften sind auch dazu bestimmt, im Interesse der Marktteilnehmer das Marktverhalten zu regeln (OLG Hamburg v. 08.06.2006 - 3 W 99/06 - VuR 2007, 69-70 zu einem Fall von Werbung im Internet).

[145] Hierzu im Überblick u.a. *Hoffmann*, UPR 2007, 58-61 und *Hoffmann*, NZV 2004, 504-505. Ein Verstoß gegen die Pkw-EnVKV stellt einen Verstoß gegen eine gesetzliche Vorschrift dar, die auch dazu bestimmt ist, im Interesse der Marktteilnehmer das Marktverhalten zu regeln, § 4 Nr. 11 UWG (OLG Oldenburg v. 14.09.2006 - 1 U 41/06 - GRUR-RR 2007, 83-85; LG Berlin v. 17.01.2006 - 15 O 302/05; *Goldmann*, WRP 2007, 38-44). Das einmalige Angebot eines einzelnen Neuwagens im Internet ohne Angabe von Kraftstoffverbrauch und CO_2-Emissionen überschreitet nach Auffassung des LG Heidelberg aber noch nicht die Bagatellgrenze des § 3 UWG (LG Heidelberg v. 26.04.2005 - 11 O 30/05 KfH - SVR 2005, 420 mit Anm. *Benz*, SVR 2005, 420-421).

[146] BT-Drs. 15/2946, S. 22.

160 Erwirbt ein Anleger Investmentanteile i.S.d. InvG mittels eines Fernkommunikationsmittels i.S.v. § 312b Abs. 2 BGB, finden gemäß § 121 Abs. 2 InvG die Vorschriften über Fernabsatzverträge gemäß den § 312b-312d BGB mit der Maßgabe entsprechend Anwendung, dass hinsichtlich der Informationspflicht zusätzlich die Vorschriften über die Verkaufsprospekte und die Vertragsbedingungen oder die Satzung nach dem InvG zu beachten sind. Es ist anzunehmen, dass der Gesetzgeber damit klarstellen wollte, dass die investmentrechtlichen Vorgaben mit Blick auf das Fernabsatzrecht keine abschließende Regelung darstellen.[147]

---

[147] Vgl. *Kugler/Lochmann*, BKR 2006, 41-50.

§ 312d BGB Widerrufs- und Rückgaberecht bei Fernabsatzverträgen

(Fassung vom 27.07.2011, gültig ab 04.08.2011)

(1) ¹Dem Verbraucher steht bei einem Fernabsatzvertrag ein Widerrufsrecht nach § 355 zu. ²Anstelle des Widerrufsrechts kann dem Verbraucher bei Verträgen über die Lieferung von Waren ein Rückgaberecht nach § 356 eingeräumt werden.

(2) Die Widerrufsfrist beginnt abweichend von § 355 Abs. 3 Satz 1 nicht vor Erfüllung der Informationspflichten gemäß Artikel 246 § 2 in Verbindung mit § 1 Abs. 1 und 2 des Einführungsgesetzes zum Bürgerlichen Gesetzbuche, bei der Lieferung von Waren nicht vor deren Eingang beim Empfänger, bei der wiederkehrenden Lieferung gleichartiger Waren nicht vor Eingang der ersten Teillieferung und bei Dienstleistungen nicht vor Vertragsschluss.

(3) Das Widerrufsrecht erlischt bei einer Dienstleistung auch dann, wenn der Vertrag von beiden Seiten auf ausdrücklichen Wunsch des Verbrauchers vollständig erfüllt ist, bevor der Verbraucher sein Widerrufsrecht ausgeübt hat.

(4) Das Widerrufsrecht besteht, soweit nicht ein anderes bestimmt ist, nicht bei Fernabsatzverträgen

1. zur Lieferung von Waren, die nach Kundenspezifikation angefertigt werden oder eindeutig auf die persönlichen Bedürfnisse zugeschnitten sind oder die auf Grund ihrer Beschaffenheit nicht für eine Rücksendung geeignet sind oder schnell verderben können oder deren Verfalldatum überschritten würde,

2. zur Lieferung von Audio- oder Videoaufzeichnungen oder von Software, sofern die gelieferten Datenträger vom Verbraucher entsiegelt worden sind,

3. zur Lieferung von Zeitungen, Zeitschriften und Illustrierten, es sei denn, dass der Verbraucher seine Vertragserklärung telefonisch abgegeben hat,

4. zur Erbringung von Wett- und Lotterie-Dienstleistungen, es sei denn, dass der Verbraucher seine Vertragserklärung telefonisch abgegeben hat,

5. die in der Form von Versteigerungen (§ 156) geschlossen werden,

6. die die Lieferung von Waren oder die Erbringung von Finanzdienstleistungen zum Gegenstand haben, deren Preis auf dem Finanzmarkt Schwankungen unterliegt, auf die der Unternehmer keinen Einfluss hat und die innerhalb der Widerrufsfrist auftreten können, insbesondere Dienstleistungen im Zusammenhang mit Aktien, Anteilsscheinen, die von einer Kapitalanlagegesellschaft oder einer ausländischen Investmentgesellschaft ausgegeben werden, und anderen handelbaren Wertpapieren, Devisen, Derivaten oder Geldmarktinstrumenten, oder

7. zur Erbringung telekommunikationsgestützter Dienste, die auf Veranlassung des Verbrauchers unmittelbar per Telefon oder Telefax in einem Mal erbracht werden, sofern es sich nicht um Finanzdienstleistungen handelt.

(5) ¹Das Widerrufsrecht besteht ferner nicht bei Fernabsatzverträgen, bei denen dem Verbraucher bereits auf Grund der §§ 495, 506 bis 512 ein Widerrufs- oder Rückgaberecht nach § 355 oder § 356 zusteht. ²Bei Ratenlieferungsverträgen gelten Absatz 2 und § 312e Abs. 1 entsprechend.

(6) (weggefallen)

§ 312d

Gliederung

A. Kommentierung zu Absatz 1 1
I. Widerrufsrecht 1
1. Überblick 1
2. Auslegung der Erklärung 4
3. Teilwiderruf 5
4. Widerrufsrecht bei Anfechtbarkeit oder Unwirksamkeit des Vertrages 5
II. Rückgaberecht 9
B. Kommentierung zu Absatz 2 9
I. Kurzcharakteristik 9
II. Gesetzgebungsgeschichte 10
III. Anwendungsvoraussetzungen 11
1. Erfüllung der Informationspflichten 11
2. Lieferung von Waren 14
3. Wiederkehrende Lieferung gleichartiger Waren 13
4. Dienstleistungen 22
5. Sonderfälle 23
a. Kauf auf Probe 23
b. Verträge im elektronischen Geschäftsverkehr 24
IV. Berechnung der Widerrufsfrist 25
C. Kommentierung zu Absatz 3 31
I. Kurzcharakteristik 31
II. Gesetzgebungsgeschichte 32
III. Anwendungsvoraussetzungen 35
1. Dienstleistung 35
2. Vertrag von beiden Seiten vollständig erfüllt 37
3. Auf ausdrücklichen Wunsch des Verbrauchers 33
D. Kommentierung zu Absatz 4 43
I. Bestimmte Warenlieferungen 45
1. Waren nach Kundenspezifikationen angefertigt oder auf die persönlichen Bedürfnisse zugeschnitten 47
2. Nicht für eine Rücksendung geeignete Waren 53
3. Schnell verderbliche Waren 64
4. Waren, deren Verfalldatum überschritten würde 67
II. Entsiegelte Datenträger mit Audio- oder Videoaufzeichnungen oder Software 72
1. Zweck 73
2. Audioaufzeichnungen 74
3. Videoaufzeichnungen 75
4. Software 76
5. Datenträger 79

6. Entsiegelung 80
a. Definition 80
b. Versiegelter Datenträger 81
c. Entsiegelung durch den Verbraucher 89
7. Abweichende Vereinbarungen 90
III. Zeitungen, Zeitschriften und Illustrierten 92
1. Zeitung 93
2. Zeitschrift 94
3. Illustrierte 96
4. Abgrenzung zu anderen Produkten 98
5. Ausnahme bei telefonischer Abgabe der Vertragserklärung des Verbrauchers 101
6. Abweichende Bestimmungen 105
IV. Wett- und Lotterie-Dienstleistungen 106
1. Zweck 107
2. Richtlinienkonforme Auslegung 108
3. Definition 109
a. Gewährung einer Gewinnchance 110
b. Leistung eines Einsatzes 111
c. Spekulatives Element 112
4. Ausnahme bei telefonischer Abgabe der Vertragserklärung des Verbrauchers 114
V. Versteigerungen 116
VI. Waren und Finanzdienstleistungen, deren Preis unbeeinflussbaren Schwankungen auf dem Finanzmarkt unterliegt 122
1. Lieferung von Waren 123
2. Erbringung von Finanzdienstleistungen 126
3. Finanzmarkt 128
4. Kein Einfluss des Unternehmers auf Preisschwankungen 130
VII. Telekommunikationsgestützte Dienst 132
1. Telekommunikationsgestützter Dienst 133
2. Unmittelbar per Telefon oder Telefax in einem Mal erbracht 134
3. Auf Veranlassung des Verbrauchers 136
4. Sofern es sich nicht um Finanzdienstleistungen handelt 139
E. Kommentierung zu Absatz 5 140
I. Satz 1 141
II. Satz 2 145
1. Entsprechende Anwendung von § 312d Abs. 2 BGB 145
2. Entsprechende Anwendung von § 312e Abs. 1 BGB 148

A. Kommentierung zu Absatz 1

I. Widerrufsrecht

1. Überblick

1 Gemäß § 312d Abs. 1 Satz 1 BGB (zuvor § 3 Abs. 1 Satz 1 FernAbsG[1], vgl. Art. 6 der Richtlinie 97/7/EG bzw. Art. 6 der Richtlinie 2002/65/EG) steht dem Verbraucher bei einem Fernabsatzvertrag ein Widerrufsrecht nach § 355 BGB zu. Für im Wege des Fernabsatzes abgeschlossene

---

[1] Hierzu BT-Drs. 14/6040, S. 169.

Versicherungsverträge ergibt sich das Widerrufsrecht aus § 8 Abs. 1 Satz 1 VVG.² Bei dem Widerrufsrecht nach § 312d Abs. 1 Satz 1 BGB handelt es sich – wie § 312 Abs. 1 Satz 1 BGB bei Haustürgeschäften – um ein Gestaltungsrecht, welches der Verbraucher durch Abgabe einer Willenserklärung gegenüber dem Unternehmer ausüben kann.

Der Widerruf bedarf keiner Begründung (§ 355 Abs. 1 Satz 2 BGB). Die Erklärung muss gemäß § 355 Abs. 1 Satz 2 BGB in Textform i.S.v. § 126b BGB erfolgen. Eine telefonische Erklärung reicht nicht aus. Bei beweglichen Sachen ist die Rücksendung der gelieferten Gegenstände ausreichend (§ 355 Abs. 1 Satz 2 BGB). Entscheidet sich der Verbraucher hierfür, hat er die Waren auf Kosten (auch per Nachnahme) und Gefahr des Unternehmers zurückzusenden, wenn Paketversand möglich ist (§ 357 Abs. 2 Satz 1 BGB).

Die Widerrufserklärung ist empfangsbedürftig. Der Verbraucher muss darlegen und ggf. beweisen, dass und mit Blick auf die Frist wann er die Erklärung abgesandt hat und dass sie dem Unternehmer gemäß § 130 BGB zugegangen ist.

2. Auslegung der Erklärung

Die Erklärung des Verbrauchers stellt einen Widerruf dar, wenn sie die zu widerrufende Erklärung und den Willen, diese zu widerrufen, enthält (§§ 133, 157 BGB). Sie muss nicht ausdrücklich als „Widerruf" bezeichnet werden, das Fehlen einer Bezeichnung und auch eine Falschbezeichnung schaden nicht. Die Bezeichnung des Widerrufs als „Kündigung" reicht aus, soweit der Verbraucher jedenfalls zum Ausdruck bringt, dass er das bestehende Vertragsverhältnis auf keinen Fall fortsetzen möchte.³ Für den Unternehmer muss erkennbar sein, dass ein bestimmtes Vertragsverhältnis beendet werden soll. Nicht ausreichend sind z.B.:

- Erklärung, „eine Rücksendung" zu haben, soweit nicht erkennbar ist, zu welchem Zweck die Rücksendung erfolgt,⁴
- Verweigerung der Zahlung,
- Anzeige eines Mangels an der Kaufsache.

3. Teilwiderruf

Umstritten ist, ob und unter welchen Voraussetzungen ein Teilwiderruf wirksam ist. Jedenfalls bei Verträgen über eine aus objektiver Sicht teilbare Leistung steht dem Verbraucher das Recht zu, im Wege des Teilwiderrufs seine Willenserklärung auf Teile der von ihm bestellten Lieferung oder Leistung zu beschränken, da anderenfalls bei Sammelbestellungen mehrerer Personen oder gleichzeitiger Bestellung mehrerer Vertragsgegenstände das Widerrufsrecht und der Verbraucherschutz erheblich eingeschränkt wären.⁵

4. Widerrufsrecht bei Anfechtbarkeit oder Unwirksamkeit des Vertrages

Das Widerrufsrecht des Verbrauchers besteht nach dem BGH auch bei einem anfechtbaren oder unwirksamen Vertrag.⁶ Dementsprechend hat der Verbraucher ein Wahlrecht, ob er einen Fernabsatzvertrag nach den §§ 312d, 355 BGB mit der Rechtsfolge einer Rückabwicklung nach den §§ 357, 346 ff. BGB widerruft oder ob er den Vertrag – gegebenenfalls – wegen Irrtums oder arglistiger Täuschung gemäß §§ 119 ff., 142 BGB anficht und sich damit für eine bereicherungsrechtliche Rückabwicklung nach den §§ 812 ff. BGB entscheidet. Gleiches gilt, wenn der Vertrag bereits aus anderen Gründen, z.B. – wie im vom BGH entschiedenen Fall eines Fernabsatzvertrages, der den Kauf eines Radarwarngeräts zum Gegenstand hatte⁷ – gemäß § 138 BGB unwirksam ist.⁸ Der BGH lehnt eine formale Argumentation ab, wonach nur ein wirksamer Vertrag widerrufen werden könne.⁹ Es ist anerkannt, dass

---

² Zuvor geregelt in § 48c Abs. 1 VVG; zum Widerrufsrecht des Versicherungsnehmers nach der VVG-Reform vgl. z.B. *Schimikowski*, jurisPR-VersR 6/2007, Anm. 3.
³ AG Wuppertal v. 01.12.2008 - 32 C 152/08 - JurPC Web-Dok. 24/2009.
⁴ AG Schopfheim v. 19.03.2008 - 2 C 14/08 - MMR 2008, 427.
⁵ AG Wittmund v. 27.03.2008 - 4 C 661/07 (II).
⁶ BGH v. 25.11.2009 - VIII ZR 318/08 - NJW 2010, 610-612 mit Anm. *Krenberger*, jurisPR-VerkR 6/2010, Anm. 4; noch offen gelassen von BGH v. 17.03.2004 - VIII ZR 265/03 - NJW-RR 2004, 1058-1059.
⁷ BGH v. 25.11.2009 - VIII ZR 318/08 - NJW 2010, 610-612; zur Sittenwidrigkeit eines Vertrages zum Kauf eines Radarwarngeräts vgl. auch BGH v. 23.02.2005 - VIII ZR 129/04 - NJW 2005, 1490-1491 (unmittelbare Vorbereitungshandlung für Verstoß gegen § 23 Abs. 1 b StVO).
⁸ BGH v. 25.11.2009 - VIII ZR 318/08 - NJW 2010, 610-612.
⁹ BGH v. 25.11.2009 - VIII ZR 318/08 - NJW 2010, 610-612.

§ 312d

auch nichtige Rechtsgeschäfte angefochten werden können (sog. Doppelwirkungen im Recht).[10] Für den Widerruf eines nichtigen Vertrages gilt unter dogmatischem Gesichtspunkt nichts anderes als für dessen Anfechtung.[11] Der Sinn des Widerrufsrechts besteht darin, dem Verbraucher ein an keine materiellen Voraussetzungen gebundenes, einfach auszuübendes Recht zur einseitigen Loslösung vom Vertrag in die Hand zu geben, das neben und unabhängig von den allgemeinen Rechten besteht, die jedem zusteht, der einen Vertrag schließt. Der Schutzzweck des Widerrufsrechts gebietet es, dem Verbraucher die Möglichkeit zu erhalten, sich von dem geschlossenen Vertrag auf einfache Weise durch Ausübung des Widerrufsrechts zu lösen, ohne mit dem Unternehmer in eine rechtliche Auseinandersetzung über die Nichtigkeit des Vertrages eintreten zu müssen.[12]

7 Ein Ausschluss des Widerrufsrechts wegen unzulässiger Rechtsausübung des Verbrauchers (§ 242 BGB) kommt nur ausnahmsweise in Betracht. Die Kenntnis des Verbrauchers von der Vertragsnichtigkeit z.B. gemäß § 138 BGB ist hierfür nicht ausreichend.[13]

II. Rückgaberecht

8 Gemäß § 312d Abs. 1 Satz 2 BGB kann der Unternehmer dem Verbraucher anstelle des Widerrufsrechts bei Verträgen über die Lieferung von Waren ein Rückgaberecht nach Maßgabe von § 356 BGB einräumen.[14]

B. Kommentierung zu Absatz 2

I. Kurzcharakteristik

9 Der Beginn der Widerrufsfrist gemäß § 355 Abs. 3 Satz 1 BGB wird für den Fernabsatz durch § 312d Abs. 2 BGB modifiziert. Für im Wege des Fernabsatzes abgeschlossene Versicherungsverträge enthält § 8 Abs. 2 VVG (vormals § 48c Abs. 2 VVG) eine Sonderregelung.

II. Gesetzgebungsgeschichte

10 § 312d Abs. 2 BGB wurde mit Wirkung zum 11.06.2010 durch Art. 1 Nr. 5 des Gesetzes u.a. zur Neuordnung der Vorschriften über das Widerrufs- und Rückgaberecht[15] geändert. Ausweislich der Gesetzesbegründung soll die Neufassung der Vorschrift der redaktionellen Anpassung der Verweisungen dienen und zu einer Vereinfachung des Wortlauts führen.

III. Anwendungsvoraussetzungen

1. Erfüllung der Informationspflichten

11 Die Widerrufsfrist beginnt nicht vor Erfüllung der Informationspflichten gemäß Art. 246 § 2 i.V.m. § 1 Abs. 1 und 2 EGBGB. Jeder auch nur geringfügige Verstoß hat zur Folge, dass die Frist – unabhängig von den anderen Varianten von § 312d Abs. 2 BGB – nicht zu laufen beginnt. Nach § 312c Abs. 1 BGB i.V.m. Art. 246 § 1 Abs. 1 Nr. 10 EGBGB muss der Unternehmer den Verbraucher auch über das Bestehen oder Nichtbestehen eines Widerrufsrechts belehren.

12 Die Erfüllung der Informationspflichten kann nachgeholt werden. Der Beginn der Frist ist bis dahin lediglich gehemmt. Dies ergibt sich bereits aus der Formulierung „beginnt nicht vor der Erfüllung der Informationspflichten" in § 312d Abs. 2 BGB (vgl. auch Art. 6 Abs. 1 der Richtlinie 97/7/EG und Art. 6 Abs. 1 Satz 3 Ss. 2 der Richtlinie 2002/65/EG).[16]

13 Die Widerrufsfrist erlischt zwar gemäß § 355 Abs. 4 Satz 1 BGB spätestens sechs Monate nach Vertragsschluss. Abweichend hiervon erlischt es aber gemäß § 355 Abs. 4 Satz 3 BGB nicht, wenn der Verbraucher nicht entsprechend den Anforderungen des § 360 Abs. 1 BGB in Textform über sein Widerrufsrecht belehrt worden ist, bei Fernabsatzverträgen über Finanzdienstleistungen ferner nicht,

---

[10] BGH v. 21.06.1955 - V ZR 53/54 - WM 1955, 1290-1291.
[11] BGH v. 25.11.2009 - VIII ZR 318/08 - NJW 2010, 610-612.
[12] BGH v. 25.11.2009 - VIII ZR 318/08 - NJW 2010, 610-612.
[13] BGH v. 25.11.2009 - VIII ZR 318/08 - NJW 2010, 610-612.
[14] Vgl. die Kommentierung zu § 356 BGB. Zur Ausgestaltung des Widerrufs- und Rückgaberechts im Fernabsatzrecht vgl. z.B. *Meller-Hannich*, Jura 2003, 369-375; *Brönneke*, MMR 2004, 127-133; *Fischer*, ZAP Fach 2, 351-360; *Artz*, BKR 2002, 603-609; *Martis/Meirhof*, MDR 2004, 4-13 und *Häuser*, ITRB 2003, 17-19.
[15] BGBl I 2010, 2355.
[16] Hierzu *Domke*, BB 2005, 228-230.

wenn der Unternehmer seine Mitteilungspflichten gemäß Art. 246 § 2 Abs. 1 Satz 1 Nr. 1 und Satz 2 Nr. 1-3 EGBGB nicht ordnungsgemäß erfüllt hat. In diesen Fällen droht ohne Nachholung der Erfüllung der Informationspflichten und in den Grenzen der Verwirkung ein „ewiges Widerrufsrecht".

2. Lieferung von Waren

Die Widerrufsfrist beginnt bei der (einmaligen) Lieferung von Waren nicht vor deren Eingang beim Empfänger (ebenso § 355 Abs. 4 Satz 2 BGB). Eine vertragliche Vorverlegung, etwa auf den Zeitpunkt der Auslieferung durch den Unternehmer, ist gemäß § 312i Satz 1 BGB unwirksam.[17]

Empfänger ist der Verbraucher selbst oder eine vom Verbraucher bestimmte andere Person. Kauft z.B. ein Verbraucher für einen Dritten im Internet ein Geschenk und veranlasst er durch Bestimmung bei der Bestellung, dass der Unternehmer das Geschenk direkt an den Dritten liefert, so ist der Dritte Empfänger i.S.v. § 312d Abs. 2 BGB.[18]

Eingang ist wie Ablieferung i.S.v. § 438 Abs. 2 BGB zu verstehen und setzt daher mit Blick auf den Sinn und Zweck des Fernabsatzrechts voraus, dass der Unternehmer dem Verbraucher in Erfüllung des Fernabsatzvertrages die Ware so überlässt, dass dieser sie an dem Ort, an dem sie sich befindet, überprüfen kann.[19] Das bedeutet:

- Im Falle einer Schickschuld muss der Empfänger die Ware angenommen haben; der Eingang wird bei Annahmeverzug nicht fingiert.[20]
- Eine Abgabe der Ware an einen nicht bevollmächtigten Nachbarn ist nicht ausreichend; entscheidend bleibt der Eingang beim Empfänger.[21]

Liefert der Unternehmer eine mangelhafte Ware (peius), so hindert dies den Fristbeginn nicht, denn Mangelfreiheit der Ware ist für den Eingang nicht erforderlich.[22] Liefert der Unternehmer eine andere als die bestellte Ware (aliud), so ist umstritten, ob die Widerrufsfrist auch in diesem Fall beginnt[23] oder nicht.[24] Liefert der Unternehmer nur einen Teil der Ware (Teillieferung), so soll dies dem Fristbeginn nach OLG Frankfurt entgegenstehen.[25]

3. Wiederkehrende Lieferung gleichartiger Waren

Die Widerrufsfrist beginnt bei der wiederkehrenden Lieferung gleichartiger Waren nicht vor Eingang der ersten Teillieferung.

Eine Teillieferung ist eine Teilleistung, d.h. die nur teilweise Erfüllung der vertraglichen Lieferverpflichtung.

Wiederkehrend ist eine Lieferung von Waren, wenn sie aufgrund desselben Vertrages mehrfach erfolgt. Typischer Fall für solche Sukzessivlieferungen ist ein Ratenlieferungsvertrag i.S.v. § 510 BGB.

Gleichartig sind Waren, wenn sie von der gleichen Art und Beschaffenheit sind, ohne notwendigerweise identisch zu sein. Entscheidend ist, dass der Verbraucher bereits aus der ersten Teillieferung auf die Eigenschaften der restlichen Lieferung schließen kann.[26] Ein Beispiel hierfür ist die Lieferung eines mehrbändigen Lexikonwerks, ein Gegenbeispiel die regelmäßige Lieferung unterschiedlicher Bücher durch einen Buchclub.[27] Während bei der wiederkehrenden Lieferung gleichartiger Waren für den Beginn der Widerrufsfrist der Empfang der ersten Teillieferung genügt, muss bei Lieferungen nicht gleichartiger Waren die Leistung vollständig erbracht sein.[28]

---

[17] LG Arnsberg v. 25.03.2004 - 8 O 33/04 -WRP 2004, 792.
[18] So auch *Thüsing* in: Staudinger, § 312d Rn. 24.
[19] LG Köln v. 20.03.2007 - 31 O 13/07 - CR 2008, 130; zur Ablieferung vgl. die Kommentierung zu § 438 BGB Rn. 60; zur Ablieferung von Software: BGH v. 22.12.1999 - VIII ZR 299/98 - NJW 2000, 1415-1417.
[20] *Thüsing* in: Staudinger, § 312d Rn. 21.
[21] AG Winsen v. 28.06.2012 - 22 C 1812/11.
[22] *Heckmann* in: jurisPK-Internetrecht, 2. Aufl. 2009, Kap. 4.1 Rn. 159; *Thüsing* in: Staudinger, § 312d Rn. 22.
[23] *Wendehorst* in: MünchKomm-BGB, § 312d Rn. 75.
[24] *Thüsing* in: Staudinger, § 312d Rn. 23.
[25] OLG Frankfurt v. 28.11.2001 - 9 U 148/01 - OLGR Frankfurt 2002, 33-38.
[26] BT-Drs. 14/2658, S. 43.
[27] *Thüsing* in: Staudinger, § 312d Rn. 27.
[28] OLG Frankfurt v. 28.11.2001 - 9 U 148/01 - OLGR Frankfurt 2002, 33-38.

§ 312d

4. Dienstleistungen

22 Die Widerrufsfrist beginnt bei Dienstleistungen nicht vor dem Tag des Vertragsabschlusses. Das Widerrufsrecht erlöscht bei Dienstleistungen nach Maßgabe von § 312d Abs. 3 BGB sowie § 355 Abs. 4 Satz 1 BGB.

5. Sonderfälle

a. Kauf auf Probe

23 Im Falle eines Kaufs auf Probe (§ 454 BGB) beginnt die Widerrufsfrist des Verbrauchers nach dem BGH nicht vor dem Zeitpunkt, zu dem der Kaufvertrag durch Billigung des Verbrauchers nach Maßgabe von § 455 BGB bindend geworden ist. Erst die Billigung des Käufers macht den zunächst auf Probe abgeschlossenen Kaufvertrag voll wirksam.[29]

b. Verträge im elektronischen Geschäftsverkehr

24 Bei Verträgen im elektronischen Geschäftsverkehr ist ergänzend gemäß § 312e Abs. 3 Satz 2 BGB zu beachten, dass die Widerrufsfrist abweichend von § 355 Abs. 3 Satz 1 BGB nicht vor Erfüllung der in § 312e Abs. 1 Satz 1 BGB geregelten Pflichten beginnt.

IV. Berechnung der Widerrufsfrist

25 Gemäß § 355 Abs. 2 Satz 1 BGB (zuvor § 3 Abs. 1 Satz 2 FernAbsG) beträgt die Widerrufsfrist grundsätzlich **14 Tage** (zu den Richtlinienvorgaben vgl. Art. 6 Abs. 1 Satz 1 der Richtlinie 97/7/EG (sieben Werktage) bzw. Art. 6 Abs. 1 der Richtlinie 2002/65/EG (14 Kalendertage)).

26 Nach der am 11.06.2010 in Kraft getretenen Neuregelung in § 355 Abs. 2 Satz 2 BGB steht bei Fernabsatzverträgen eine **unverzüglich nach Vertragsschluss in Textform mitgeteilte Widerrufsbelehrung** einer solchen bei Vertragsschluss gleich, wenn der Unternehmer den Verbraucher gemäß Art. 246 § 1 Abs. 1 Nr. 10 EGBGB unterrichtet hat.

27 Wird die Widerrufsbelehrung dem Verbraucher nach dem gemäß § 355 Abs. 2 Satz 1 BGB oder § 355 Abs. 2 Satz 2 BGB maßgeblichen Zeitpunkt mitgeteilt, beträgt die Widerrufsfrist gemäß § 355 Abs. 2 Satz 3 BGB **einen Monat**. Dies gilt gemäß § 355 Abs. 2 Satz 4 BGB auch dann, wenn der Unternehmer den Verbraucher über das Widerrufsrecht gemäß Art. 246 § 2 Abs. 1 Satz 1 Nr. 2 EGBGB zu einem späteren als dem in § 355 Abs. 2 Satz 1 BGB oder § 355 Abs. 2 Satz 2 BGB genannten Zeitpunkt unterrichten darf.

28 Das Widerrufsrecht erlischt nach Maßgabe von § 312d BGB und § 355 Abs. 4 BGB.

29 Zur Fristwahrung genügt gemäß § 355 Abs. 1 Satz 2 BGB die rechtzeitige Absendung durch den Verbraucher; ob der Zugang nach Ablauf der Widerrufsfrist erfolgt, ist damit unerheblich. Geht die Widerrufserklärung aber bei der Übermittlung bzw. beim Transport verloren, fehlt es an einem Zugang i.S.v. § 130 BGB und damit an einem Widerruf. Die Darlegungs- und Beweislast für den Zugang der Widerrufserklärung trägt der Verbraucher.

30 Nach Auffassung von *Domke* soll die Widerrufsfrist bei Fernabsatzverträgen über Finanzdienstleistungen bei Widerrufsbelehrung nach Vertragsschluss in richtlinienkonformer Auslegung bzw. im Wege der teleologischen Reduktion von § 312d Abs. 1 Satz 1 BGB i.V.m. § 355 Abs. 2 Satz 2 BGB nicht einen Monat, sondern nur zwei Wochen betragen. Dies ergebe sich aus Art. 6 Abs. 1 der Richtlinie 2002/65/EG und dem in Erwägungsgrund 13 niedergelegten Vollharmonisierungsgebot.[30]

C. Kommentierung zu Absatz 3

I. Kurzcharakteristik

31 § 312d Abs. 3 BGB regelt das Erlöschen des Widerrufsrechts bei Fernabsatzverträgen über Dienstleistungen. Eine Parallelregelung für Fernabsatzverträge über Versicherungen enthält § 8 Abs. 3 Satz 2 VVG (vormals § 48c Abs. 3 VVG).

---

[29] BGH v. 17.03.2004 - VIII ZR 265/03 - NJW-RR 2004, 1058-1059 mit Anm. *Schulte-Nölke*, LMK 2004, 138-139.
[30] *Domke*, BB 2006, 61-62; *Domke*, BB 2007, 341-343.

II. Gesetzgebungsgeschichte

§ 312d Abs. 3 BGB wurde durch das Telefonwerbungsbekämpfungsgesetz mit Wirkung zum 04.08.2009 neu gefasst. Ausweislich der Gesetzesbegründung soll durch die Neufassung die alte Regelung in § 312d Abs. 3 Nr. 1 BGB (a.F.) (eingeführt im Zuge der Umsetzung von Art. 6 Abs. 2 lit. c der Richtlinie 2002/65/EG[31]) von Finanzdienstleistungen auf alle Dienstleistungen erstreckt werden.[32]   32

Nach § 312d Abs. 3 Nr. 2 BGB (a.F.) (vormals § 3 Abs. 1 Satz 3 FernAbsG, vgl. Art. 6 Abs. 3 Satz 1 der Richtlinie 97/7/EG[33]) war das Erlöschen des Widerrufsrechts zu einem früheren Zeitpunkt möglich. Nach Auffassung des Gesetzgebers hatte diese Regelung „kritikwürdige Geschäftsmodelle gerade auch im Zusammenhang mit unerlaubter Telefonwerbung und sogenannten Kostenfallen im Internet erleichtert".[34]   33

Mangels Übergangsvorschrift ist § 312d Abs. 3 Nr. 2 BGB (a.F.) mit Wirkung zum 04.08.2009 außer Kraft getreten. Nach Auffassung des LG Koblenz[35] soll diese alte Fassung jedoch aus Gründen des Vertrauensschutzes auf Verträge, die **vor** dem 04.08.2009 abgeschlossen wurden, weiter anzuwenden sein. Hierfür spricht auch die Kombination von § 312d Abs. 3 BGB und § 312d Abs. 6 BGB. Dem Unternehmer war es nicht möglich, den Verbraucher vor dem 04.08.2009 entsprechend § 312d Abs. 6 BGB (n.F.) zu belehren, da diese Belehrung vor dem 04.08.2009 nicht gesetzeskonform gewesen wäre, mit der Folge, dass sämtliche so abgeschlossenen Verträge widerruflich wären.   34

Für Verträge, die seit dem 04.08.2009 geschlossen wurden, ist die Regelung verbindlich und zur Vermeidung der Verletzung der Informationspflicht nach § 312c Abs. 1 BGB i.V.m. Art. 246 § 1 Abs. 1 Nr. 10 EGBGB i.V.m. Art. 246 § 2 Abs. 1 Nr. 2 EGBGB auch die entsprechend geänderte Widerrufsbelehrung erforderlich.[36]   35

III. Anwendungsvoraussetzungen

1. Dienstleistung

§ 312d Abs. 3 BGB erfordert eine Abgrenzung von Waren und Dienstleistungen.[37] Zwischen Finanzdienstleistungen und sonstigen Dienstleistungen muss nach der Gesetzesänderung zum 04.08.2009 nicht mehr differenziert werden.   36

2. Vertrag von beiden Seiten vollständig erfüllt

Erforderlich ist die vollständige Erfüllung, und zwar von beiden Vertragsparteien. Entscheidend ist für die Erfüllung i.S.v. § 362 BGB stets der Leistungserfolg, nicht die Vornahme der Leistungshandlung. Bei Ratenlieferungsverträgen reicht für die Erfüllung nicht die erste Teillieferung aus. Für die vollständige Erfüllung muss zudem auch der Verbraucher vollständig die Vergütung geleistet haben.   37

3. Auf ausdrücklichen Wunsch des Verbrauchers

Erforderlich ist ferner ein ausdrücklicher Wunsch des Verbrauchers. § 312d Abs. 3 Nr. 2 BGB (a.F.) forderte eine ausdrückliche „Zustimmung", ohne dass sich aus der unterschiedlichen Terminologie Unterschiede ergeben.   38

Es ist unerheblich, ob sich der Verbraucher bei Äußerung des Wunsches dessen bewusst ist, dass er damit sein Widerrufsrecht verliert, weil er beispielsweise nicht über das Bestehen eines Widerrufs-   39

---

[31] Danach ist das Widerrufsrecht bei Verträgen ausgeschlossen, die auf ausdrücklichen Wunsch des Verbrauchers von beiden Seiten bereits voll erfüllt sind, bevor der Verbraucher sein Widerrufsrecht ausübt.

[32] BT-Drs. 16/10734, S. 9-10.

[33] Danach kann der Verbraucher, sofern die Parteien nichts anderes vereinbart haben, das Widerrufsrecht bei Verträgen zur Erbringung von Dienstleistungen nicht ausüben, deren Ausführung mit Zustimmung des Verbrauchers vor Ende der Frist von sieben Werktagen gemäß Art. 6 Abs. 1 der Richtlinie 97/7/EG begonnen hat.

[34] BT-Drs. 16/10734, S. 9-10.

[35] LG Koblenz v. 10.02.2010 - 12 S 197/09.

[36] LG Kiel v. 09.07.2010 - 14 O 22/10 (keine Übergangsfrist).

[37] Nach dem Willen des Gesetzgebers soll davon das Herunterladen von Software oder Texten aus dem Internet erfasst werden (BT-Drs. 14/2658, S. 43). Zumindest bei dem Herunterladen von Software wird es sich aber in der Regel um die Lieferung einer Ware handeln.

rechts informiert war.[38] Durch die Zustimmung des Verbrauchers entfallen aber nicht die Informationspflichten nach § 312c BGB.[39]

40 Der Wunsch muss „ausdrücklich" geäußert werden. Das bloße Dulden bzw. widerspruchslose Hinnehmen bzw. Gewährenlassen der Erfüllung ist nicht ausreichend.[40] Auch wenn es sich um einen Formalismus handeln mag, so ist dieser – entgegen der Auffassung des Bundesrats zu § 312d Abs. 3 BGB – nicht unnötig, denn er schafft Rechtssicherheit für beide Parteien und schützt den Verbraucher.

41 Eine ausdrückliche Erklärung kann beispielsweise durch eine mündliche Erklärung am Telefon oder eine elektronische Erklärung per E-Mail erfolgen. Umstritten ist, inwieweit eine ausdrückliche Erklärung der Übersendung der unterzeichneten Vertragsunterlagen und damit aktivem Handeln des Verbrauchers entnommen werden kann.[41] Richtigerweise können konkludente Erklärungen nicht ausreichen.[42]

42 Eine Klausel in AGB des Unternehmers „Es entspricht dem ausdrücklichen Wunsch des Verbrauchers, dass der Vertrag von beiden Seiten vollständig erfüllt wird" oder vergleichbare Formulierungen für antizipierte bzw. provozierte Zustimmungen sind unwirksam, sei es[43] gemäß § 312f Satz 1 BGB aufgrund einer zum Nachteil des Verbrauchers von § 312d Abs. 3 BGB abweichenden Vereinbarung[44], sei es aufgrund einer unangemessenen Benachteiligung des Verbrauchers gemäß § 307 Abs. 1 BGB[45], sei es aufgrund einer gemäß § 308 Nr. 5 BGB unzulässigen Fiktion der Erklärung.[46]

D. Kommentierung zu Absatz 4

43 § 312d Abs. 4 BGB (vormals § 3 Abs. 2 FernAbsG, vgl. Art. 6 Abs. 3 der Richtlinie 97/7/EG bzw. Art. 6 Abs. 2 und 3 der Richtlinie 2002/65/EG) enthält sieben Fälle, in denen das Widerrufsrecht gemäß § 312d Abs. 1 Satz 1 BGB ausgeschlossen ist. Das Fernabsatzrecht bleibt im Übrigen anwendbar, der Unternehmer muss insbesondere die Informationspflichten gemäß § 312c BGB erfüllen. Einen Ausschluss des Widerrufsrechts für Fernabsatzverträge über Versicherungen enthält § 8 Abs. 3 VVG (vormals § 48c Abs. 4 VVG).

44 Der Unternehmer darf Ausschlussgründe abbedingen oder modifizieren, soweit dies keine nach § 312f Satz 1 BGB dem Verbraucher nachteilhafte Abweichung von § 312d Abs. 4 BGB darstellt.

45 Der Unternehmer ist verpflichtet, in der Unterrichtung gemäß § 312c Abs. 1 BGB i.V.m. Art. 246 § 1 Abs. 1 Nr. 10 EGBGB den Verbraucher darüber zu informieren, ob ein Widerrufsrecht besteht oder nicht. Besteht ein Widerrufsrecht und teilt der Unternehmer dies dem Verbraucher nicht mit, so hat der Unternehmer seine Informationspflicht nicht erfüllt, so dass der Lauf der Widerrufsfrist nicht beginnt (§ 312d Abs. 2 BGB). Besteht zwar gemäß § 312d Abs. 4 BGB eigentlich kein Widerrufsrecht, teilt der Unternehmer dem Verbraucher aber mit, ein solches bestünde, so kann dies als vertragliche Vereinbarung eines Widerrufsrecht auszulegen sein.[47]

I. Bestimmte Warenlieferungen

46 § 312d Abs. 4 Nr. 1 BGB (vormals § 2 Abs. 3 Nr. 1 FernAbsG, vgl. Art. 6 Abs. 3 Satz 3 der Richtlinie 97/7/EG) enthält einen Ausschluss des Widerrufsrechts für bestimmte Warenlieferungen. Auf Dienstleistungen ist die Vorschrift nicht anwendbar.

---

[38] BGH v. 16.03.2006 - III ZR 152/05 - EBE/BGH 2006, 162-165; a.A. AG Wuppertal v. 01.12.2008 - 32 C 152/08 - JurPC Web-Dok. 24/2009.
[39] LG Hamburg v. 21.12.2000 - 310 O 425/00 - CR 2001, 475-476.
[40] LG Trier v. 10.10.2006 - 1 S 100/06.
[41] Ausdrückliche Zustimmung nach LG Trier v. 10.10.2006 - 1 S 100/06; keine ausdrückliche Zustimmung nach AG Hannover v. 22.08.2006 - 561 C 5828/06.
[42] So auch *Alexander*, JuS 2010, 1070, 1071.
[43] Für einen Verstoß sowohl gegen § 312i Satz 1 BGB als auch § 307 BGB *Hahn* in: *Wilmer/Hahn*, Fernabsatzrecht, 2. Aufl. 2005, § 312d Rn. 17.
[44] AG Hannover v. 22.08.2006 - 561 C 5828/06; *Schöttle*, Anwaltliche Rechtsberatung via Internet, Diss. Saarbrücken 2004, 283.
[45] AG Hannover v. 22.08.2006 - 561 C 5828/06 - NJW 2007, 781-782; *Thüsing* in: Staudinger, § 312d Rn. 35.
[46] Hierfür *Lütcke*, Fernabsatzrecht, 2002, § 312d Rn. 58; *Fuchs*, ZIP 2000, 1273-1287.
[47] So auch z.B. AG St. Wendel v. 04.10.2006 - 4 C 234/06.

1. Waren nach Kundenspezifikationen angefertigt oder auf die persönlichen Bedürfnisse zugeschnitten

Den nach Kundenspezifikation angefertigten Waren und den auf die persönlichen Bedürfnisse angefertigten Waren ist gemeinsam, dass beide individuell für den Verbraucher angefertigt wurden. Beide Varianten sind daher schwer voneinander zu unterscheiden. Ein typischer Fall ist der Werklieferungsvertrag nach § 651 BGB, bei dem die vom Verbraucher bestellte Ware erst nach Vertragsschluss aufgrund der Anweisungen des Verbrauchers hergestellt wird. Es ist hingegen nicht ausreichend, dass der Verbraucher bei der Bestellung zwischen verschiedenen gleichartigen Ausfertigungen wählen kann oder dass der Unternehmer die Ware für einen Verbraucher bei einem Lieferanten bestellt.[48] Die Kundenspezifikation muss vielmehr die Weiterverkaufsmöglichkeit für den Unternehmer einschränken. Dies trifft beispielsweise auf Leiterplatten zu, die der Unternehmer nach spezifizierten Größenangaben seiner Kunden anfertigt.[49]

47

Der BGH hat für die Anfertigung nach Kundenspezifikation die folgenden Kriterien aufgestellt:[50]

48

- Eine Anfertigung nach Kundenspezifikation setzt voraus, dass der Unternehmer die Ware auf **Weisung** des Kunden herstellt; der Verbraucher muss hierzu durch seine Bestellung die Herstellung der Ware veranlassen und zu diesem Zweck genauere Angaben über deren Beschaffenheit machen.
- Es darf ferner nicht möglich sein, die Ware ohne erhebliche Schwierigkeiten oder Preisnachlässe anderweitig abzusetzen (**wirtschaftliche Komponente**) und die Ware ohne Einbuße an Substanz und Funktionsfähigkeit ihrer Bestandteile und mit verhältnismäßig geringem Aufwand wieder in den Zustand vor der Anfertigung zurückzuversetzen (**technische Komponente**).

Anderenfalls wäre das Widerrufsrecht allein davon abhängig, ob ein und dieselbe Ware vorrätig gehalten oder erst auf Bestellung nach Bedarf produziert wird. Es läge dann in der Hand des Unternehmers, das Widerrufsrecht des Verbrauchers auszuschließen. Der Verbraucherschutz liefe in weiten Branchen des Fernabsatzes leer, in denen es technisch möglich und betriebswirtschaftlich wegen der Verringerung der Lagerhaltungskosten und des Absatzrisikos auch vorteilhaft ist, standardisierte Massenware erst auf Bestellung zu produzieren.[51]

49

Besteht ein Computer daher lediglich aus verschiedenen individuell zusammengesetzten Serienbauteilen, die ohne Substanzverlust wieder ausgebaut und anderweitig verwendet werden können, so ist das Widerrufsrecht nicht ausgeschlossen.[52]

50

Wie das LG Stendal entschieden hat, ist beim **Kauf von Neu- und Gebrauchtfahrzeugen** im Wege des Fernabsatzes das Widerrufsrecht nicht nach § 312d Abs. 4 Nr. 1 BGB ausgeschlossen, denn ein Kraftfahrzeug mag zwar ein individueller Kaufgegenstand sein, es ist aber regelmäßig im Wesentlichen nicht nach der Kundenspezifikation angefertigt oder allein auf dessen individuelle Bedürfnisse zugeschnitten, da es grundsätzlich anderweitig ohne nennenswerten Verlust infolge individueller Kundenwünsche abgesetzt werden kann.[53] Ein ggf. von dem Verbraucher zu ersetzender Wertverlust, insbesondere eines Neuwagens, geht erst mit der bestimmungsgemäßen Ingebrauchnahme einher, etwa mit der Erstzulassung.[54]

51

---

[48] So LG Memmingen v. 10.12.2003 - 1H O 2319/03 - ITRB 2004, 198-199 (Aufschrift auf der Rechnung „Dieser Artikel wird speziell für Sie bestellt und kann nicht storniert oder zurückgegeben werden" nicht ausreichend).

[49] LG Essen v. 04.06.2003 - 44 O 18/03 - JurPC Web-Dok. 312/2003; LG München I v. 23.07.2003 - 1 HK O 1755/03 - JurPC Web-Dok. 246/2003. Soweit der Unternehmer anbot, gegen entsprechende Vergütung einen sog. E-Test aller Leiterplatten vorzunehmen, begründete dies nach Auffassung des Gerichts kein gesondertes Widerrufsrecht, denn bei dieser erweiterten Funktionskontrolle handelte es sich nur um eine Nebenleistung zur Fertigung des Produkts und damit um einen Teil der widerrufsrechtsfreien Gesamtleistung.

[50] BGH v. 19.03.2003 - VIII ZR 295/01 - BGHZ 154, 239-247 mit Anm. *van Look*, WuB IV A § 312d BGB (2002) 1.03, *Wendehorst*, EWiR 2003, 711-712; *Woitke*, VuR 2003, 355-356; *Fischer*, DB 2003, 1103-1105; *Herbert*, JA 2003, 737-739 und *Schulte-Nölke*, LMK 2003, 181-182; vgl. auch OLG Frankfurt v. 28.11.2001 - 9 U 148/01 - OLGR Frankfurt 2002, 33-38 mit Anm. *Schirmbacher*, CR 2002, 642-643.

[51] BGH v. 19.03.2003 - VIII ZR 295/01 - BGHZ 154, 239-247.

[52] AG Schönebeck v. 24.10.2007 - 4 C 328/07; AG Köpenick v. 25.08.2010 - 6 C 369/09 - MMR 2010, 753 (zur Ausstattung eines Notebooks nach dem Baukastensystem nach Wunsch des Kunden).

[53] LG Stendal v. 23.01.2007 - 22 S 138/06.

[54] BT-Drs. 14/6040, S. 199 f.; *Heckmann* in: jurisPK-Internetrecht, 2. Aufl. 2009, Kap. 4.1 Rn. 191.

52 Gleiches gilt regelmäßig auch für standardisierte **Ersatzteile** aus der Massenfertigung. Handelt es sich hingegen um eine Sonderanfertigung eines speziellen Teils, so kommt ein Ausschluss des Widerrufsrechts in Betracht. Das hat z.B. das AG St. Wendel im Falle eines mit einem besonderen Endrohr versehenen Sport-Auspuffs für einen Pkw angenommen.[55]

2. Nicht für eine Rücksendung geeignete Waren

53 Für die Feststellung, ob eine Ware für eine Rücksendung geeignet ist, kommt es nach dem Wortlaut auf deren **Beschaffenheit** an. Diese bildet der Ausgangspunkt für die Entscheidung, ob eine Rücksendung möglich ist oder nicht.[56]

54 An der Eignung zur Rücksendung fehlt es jedenfalls dann, wenn dieselbe Ware zurückzugeben wäre, dies aber **tatsächlich unmöglich** ist. Soweit ein Fernabsatzvertrag über den Erwerb von Heizöl nicht bereits nach § 312d Abs. 4 Nr. 6 BGB ausgeschlossen ist, so ergibt sich der Ausschluss aus § 312d Abs. 4 Nr. 1 BGB, wenn das **Heizöl** zur Rücksendung ungeeignet ist, weil es durch Vermischung mit anderem Heizöl im Tank des Verbrauchers die nach den einschlägigen DIN-Normen erforderlichen Eigenschaften verliert.[57]

55 An der Eignung zur Rücksendung fehlt es jedenfalls nicht schon deshalb, weil die Ware **zerbrechlich** ist (z.B. Vasen). In solchen Fällen sind entsprechende Vorsichtsmaßnahmen zu treffen. Die Kosten der Rücksendung trägt grundsätzlich der Unternehmer (§ 357 Abs. 2 Satz 2 BGB).

56 Umstritten ist, in welchen anderen Fällen als der tatsächlichen Unmöglichkeit eine Ware nicht für eine Rücksendung geeignet ist. Nach Auffassung des BGH[58] und unter Berücksichtigung der Gesetzesbegründung[59] kommen Fälle in Betracht, in denen ein Widerrufsrecht und die Rücksendung der Ware für den Unternehmer nicht **zumutbar** sind. Nach Auffassung von *Becker* und *Föhlisch* soll etwa maßgeblich sein, ob eine Beschaffenheit der Ware vorliegt, die bei Bestehen des Widerrufsrechts und der Rücksendung deren Eignung so verändert, dass sich nach einer Interessenabwägung unzumutbare Nachteile für den Unternehmer ergeben.[60]

57 So schließt die Beschaffenheit der Ware die Eignung zur Rücksendung aus, wenn es dem Verbraucher möglich ist, sich **innerhalb der Widerrufsfrist den wirtschaftlichen Wert vollständig zuzuführen**. An der Möglichkeit einer solchen „rückstandsfreien" Rückgabe fehlt es nach der Gesetzesbegründung beispielsweise bei wissenschaftlichen oder literarischen Werken, soweit sie digital vertrieben und als Ware eingeordnet werden (wie etwa Online-Zeitungen), oder bei Software, soweit sie als Ware eingeordnet wird und sie sich der Verbraucher über das Internet herunterlädt und auf seiner Festplatte speichert.[61] In Fällen, in denen es sich nicht um die Lieferung einer Ware, sondern um die Erbringung einer Dienstleistung handelt, ist das Widerrufsrecht zwar nicht ausgeschlossen; es erlischt aber eventuell nach § 312d Abs. 3 BGB. Fraglich ist, ob Dateien wie Handy-Klingeltöne nicht für eine Rücksendung geeignete „Waren" i.S.v. § 312d Abs. 4 Nr. 1 Var. 2 BGB darstellen oder ob es sich dabei um „Dienstleistungen" i.S.v. § 312d Abs. 3 BGB handelt.[62]

58 Es ist in der Rechtsprechung anerkannt, dass die **Wertminderung** der Ware mit Blick auf Entstehungsgeschichte und Systematik der Richtlinie 97/7/EG nicht ausreichend ist, um einen Ausschluss des Widerrufsrechts zu begründen. Das hat die Rechtsprechung beispielsweise für elektronische Bauteile wie RAM-Bausteine, Motherboards und Speichermedien entschieden.[63] Der Verbraucher hat dann ggf. Wertersatz für eine durch die bestimmungsgemäße Ingebrauchnahme der Sache entstandene Verschlechterung zu leisten (§ 357 Abs. 3 Satz 1 BGB). Zwar ist die Durchsetzung von Wertersatzansprüchen wegen einer Verschlechterung der Ware gegen Verbraucher für den Unternehmer mit Risiken

---

[55] AG St. Wendel v. 04.10.2006 - 4 C 234/06.
[56] BGH v. 18.03.2009 - VIII ZR 149/08 - CR 2009, 455-457.
[57] Vgl. BT-Drs. 14/2658, S. 44, BT-Drs. 14/2920, S. 4 und BT-Drs. 14/2920, S. 14 f.
[58] BGH v. 18.03.2009 - VIII ZR 149/08 - CR 2009, 455-457; BGH v. 19.03.2003 - VIII ZR 295/01 - NJW 2003, 1665-1667.
[59] BT-Drs. 14/2658, S. 44.
[60] *Becker/Föhlisch*, MMR 2008, 3751 (3752).
[61] BT-Drs. 14/2658, S. 44.
[62] *Mankowski/Schreier*, VuR 2006, 209-218 und *Taeger/Rose*, K&R 2007, 233-239.
[63] OLG Dresden v. 23.08.2001 - 8 U 1535/01 - NJW-RR 2001, 1710-1711.

verbunden. Dennoch ist es unzulässig, die Ausübung des Widerrufsrechts davon abhängig zu machen, dass die Ware unbenutzt oder ohne Gebrauchsspuren[64] bleibt.

Ebenso unzulässig ist die Forderung danach, dass die Ware **originalverpackt** bleibt.[65] Die Originalverpackung hat lediglich für den Ausschluss des Widerrufs- bzw. Rückgaberechts nach § 312d Abs. 4 Nr. 2 BGB Bedeutung, weil die Entfernung der Verpackung in der Regel eine Entsiegelung des Datenträgers darstellt. 59

Bei **Kleidungsstücken** lässt sich ein Ausschluss des Widerrufs- bzw. Rückgaberechts in der Regel nicht damit begründen, dass die bestimmungsgemäße Benutzung, d.h. das Tragen der Kleidungsstücke, dazu führt, dass sie wegen des damit verbundenen Wertverlustes gemäß § 312d Abs. 4 Nr. 1 BGB auf Grund ihrer Beschaffenheit nicht für eine Rücksendung geeignet wären. Dies gilt nach OLG Frankfurt auch für Unterwäscheartikel.[66] Das Fernabsatzrecht will durch die Einräumung eines Widerrufsrechts dem Verbraucher gerade die Möglichkeit verschaffen, die Ware zu testen. Die fehlende Eignung der Ware für die Rücksendung ist daher nicht davon abhängig, ob der Verbraucher die Ware nutzt oder nicht. Nach der Systematik des Gesetzes führt die Wertminderung zu einem Ersatzanspruch des Unternehmers, lässt aber das Widerrufsrecht des Verbrauchers unberührt. Sofern der Unternehmer ein Kleidungsstück (etwa einen Anzug oder ein Kleid) für den Verbraucher nach Maß und damit nach Kundenspezifikation angefertigt hat, ist das Widerrufsrecht nach § 312d Abs. 4 Nr. 1 BGB ausgeschlossen.[67] 60

Für Fernabsatzverträge über den Verkauf von **Medikamenten** hat das AG Köln entschieden, dass ein Medikament, ob apothekenpflichtig oder nicht, keine besondere Beschaffenheit hat, die es zur Rücksendung ungeeignet macht. An der Eignung fehlt es insbesondere nicht deswegen, weil es vor der Versendung gefahrbringenden Manipulationen ausgesetzt worden sein könnte.[68] Nach anderer Auffassung soll das Widerrufsrecht bei Arzneimitteln mangels Verkehrsfähigkeit stets ausgeschlossen sein, wenn aus Gründen der Arzneimittelsicherheit diese nicht ein zweites Mal in Verkehr gebracht werden dürfen.[69] 61

Für Fernabsatzverträge über den Verkauf von **Kontaktlinsen- und -pflegemitteln**, die sich innerhalb der Umverpackung wiederum in gesonderten Verpackungen befinden, hat das OLG Hamburg einen Ausschluss des Fernabsatzrechts nach § 312d Abs. 4 Nr. 1 BGB abgelehnt. Offen gelassen hat das Gericht die Frage, wie der Fall zu beurteilen wäre, wenn die Kontaktlinsen und Kontaktlinsenpflegemittel unter hygienischen Gesichtspunkten beeinträchtigt werden könnten.[70] Auch wenn das Widerrufsrecht nicht ausgeschlossen ist, so bleibt die erwähnte Möglichkeit, Wertersatz zu fordern. 62

Die Auffassungen zu **Kosmetika** sind unterschiedlich: 63

- Nach Auffassung des OLG Köln[71] sind geöffnete oder benutzte Kosmetikprodukte nicht bereits „auf Grund ihrer Beschaffenheit" zur Rücksendung ungeeignet. Aus der natürlichen Beschaffenheit von in geeigneter Verpackung ausgelieferten Cremes oder Parfüms ergäben sich weder ein unvertretbarer Aufwand noch besondere Schwierigkeiten einer „rückstandslosen" Rückgabe.

---

[64] OLG Hamm v. 15.10.2007 - 4 W 148/07 - MMR 2008, 178 zur Klausel „Waren mit Gebrauchsspuren sind vom Umtausch ausgeschlossen"; LG Regensburg v. 15.03.2007 - 1 HK O 2719/06 - WRP 2007, 1020 zur Klausel: „Von der Rücknahme ausgeschlossen ist benutzte oder beschädigte Ware".

[65] LG Arnsberg v. 25.03.2004 - 8 O 33/04 - WRP 2004, 792; OLG Jena v. 08.03.2006 - 2 U 990/05 - GRUR-RR 2006, 283-285; OLG Frankfurt v. 14.12.2006 - 6 U 129/06 - OLGR Frankfurt 2007, 420-423; LG Stuttgart v. 29.05.2006 - 37 O 44/06 KfH - WRP 2006, 1156; LG Düsseldorf v. 17.05.2006 - 12 O 496/05 - CR 2006, 858: „(…) der Käufer ist verpflichtet, die Ware in einwandfreiem Zustand in der Original-Verpackung und mit Original-Rechnung an uns zurückzusenden"; LG Coburg v. 09.03.2006 - 1 HK O 95/05 - CR 2007, 59: „Rücknahme nur in der Originalverpackung und mit vollständigem Zubehör"; LG Frankfurt a.M. v. 09.03.2005 - 2-02 O 341/04 - WRP 2005, 922-924: Rücksendung der Ware in Originalverpackung samt Innenverpackung; OLG Hamm v. 15.10.2007 - 4 W 148/07 - MMR 2008, 178: „Die Rücksendung der Ware hat in der unbeschädigten Originalverpackung der Ware einschließlich eventueller Beipackzettel zu erfolgen" und „Bei (…) fehlender Originalverpackung tritt das Widerrufsrecht nicht in Kraft".

[66] OLG Frankfurt v. 14.12.2006 - 6 U 129/06 - OLGR Frankfurt 2007, 420-423.

[67] LG Arnsberg v. 25.03.2004 - 8 O 33/04 - WRP 2004, 792.

[68] AG Köln v. 31.05.2007 - 111 C 22/07 - NJW 2008, 236-237 mit Anm. *Mand*, NJW 2008, 190-192 und *Mand/Koenen*, WRP 2007, 1405-1411.

[69] *Becker/Föhlisch*, MMR 2008, 3751 (3754/3755).

[70] OLG Hamburg v. 20.12.2006 - 5 U 105/06 - OLGR Hamburg 2007, 916-917.

[71] OLG Köln v. 27.04.2010 - I-6 W 43/10, 6 W 43/10 - juris Rn. 5 - MMR 2010, 683-684.

§ 312d

- Nach Auffassung des LG Wuppertal soll das Widerrufsrecht bei Kosmetika hingegen ausgeschlossen sein; mit Öffnen des Behältnisses beginne bereits die bestimmungsgemäße Ingebrauchnahme i.S.v. § 357 Abs. 3 Satz 1 BGB, mangels Marktfähigkeit sei dann ggf. Wertersatz i.H.v. 100 % zu leisten.[72]
- Nach einer differenzierenden Auffassung soll das Widerrufsrecht jedenfalls dann ausgeschlossen sein, wenn Kosmetika nach der Benutzung unverkäuflich sind, wie z.B. bei angebrochenen Cremes, deren Primärverpackung geöffnet wurde, Rouge oder Puder, aus dem Teile entnommen wurden oder Lippenstifte oder Deoroller, die zum direkten Auftragen auf den Körper verwendet wurden; das Widerrufsrecht soll hingegen weiterhin bei Produkten wie Parfum-Flakons bestehen, bei denen üblicherweise ohne Hautkontakt durch Sprüher Substanz entnommen wird, denn diese könnten z.B. wieder aufgefüllt werden.[73]

3. Schnell verderbliche Waren

64 Schnell verderblich ist eine Ware, wenn bei objektiver Betrachtung unter Berücksichtigung der Dauer des Transports und der Verweildauer beim Verbraucher bei Lieferung an den Verbraucher ein verhältnismäßig erheblicher Teil ihrer Gesamtlebensdauer abgelaufen wäre und sie nach Ablauf dieser Gesamtlebensdauer typischerweise verdirbt, d.h. unbrauchbar bzw. ungenießbar wird.[74] Dabei kommt es nicht auf die Dauer der tatsächlichen Verwendbarkeit, sondern auf die Dauer der Verwendbarkeit und Absetzbarkeit nach der Verkehrsauffassung an.[75]

65 Anhaltspunkte für die Auslegung des Begriffs „verderblich" i.S.v. § 312d Abs. 4 Nr. 1 BGB gibt die Auslegung des Begriffs in anderen zivilrechtlichen Vorschriften wie § 237 BGB, § 383 BGB, § 966 Abs. 2 BGB, § 980 Abs. 2 BGB und von § 1218 BGB[76] sowie von § 419 Abs. 3 HGB und ferner in öffentlich-rechtlichen Vorschriften wie § 2 Abs. 1 Nr. 2 LMHV, § 3 Abs. 1 Nr. 4 LMKV oder § 9 Abs. 6 Nr. 2 PAngV.

66 Schnell verderblich sind beispielsweise Früchte, Milchprodukte und vergleichbare Lebensmittel. Aber auch andere Waren als Lebensmittel können unter die Vorschrift fallen, beispielsweise Schnittblumen.[77] Bei Kosmetika kommt es auf den Einzelfall an.[78] Nicht zu den schnell verderblichen Waren gehören

- Kontaktlinsen und Pflegemittel hierfür (OLG Hamburg[79]),
- Wein und Spirituosen (zu einem Cognac des Jahrgangs 1919 LG Potsdam[80]).

Bei dem Vertrieb von Lebensmitteln und Getränken im Wege des Fernabsatzes ist vor der Beurteilung, ob das Widerrufsrecht nach § 312d Abs. 4 Nr. 1 BGB ausgeschlossen ist, zu prüfen, ob die Vorschriften des Fernabsatzrechts mit Blick auf § 312b Abs. 3 Nr. 5 BGB überhaupt Anwendung finden.

4. Waren, deren Verfalldatum überschritten würde

67 Ein Verfalldatum ist eine zeitliche Grenze, bis zu der eine Handlung, z.B. der Konsum eines Produkts ausgeführt sein muss. Insbesondere Arzneimittel, wie sie über Internet-Versand-Apotheken vertrieben werden, sowie Medizinprodukte, Kosmetika oder Lebensmittel können nach Maßgabe öffentlich-rechtlicher Vorschriften solche Daten tragen. Der Ausschluss des Widerrufsrechts für Waren, deren Verfalldatum überschritten würde, ergänzt die öffentlich-rechtlichen Vorschriften.

68 Für Fertigarzneimittel ergibt sich die Pflicht zur Angabe des Verfalldatums aus § 10 Abs. 1 Nr. 9 AMG. Gemäß § 8 Abs. 2 AMG ist es verboten, Arzneimittel in den Verkehr zu bringen, deren Verfalldatum abgelaufen ist.

---

[72] LG Wuppertal v. 22.08.2006 - 14 O 87/06.
[73] *Becker/Föhlisch*, MMR 2008, 3751 (3755/3756).
[74] In Anlehnung an LG Potsdam v. 27.10.2010 - 13 S 33/10 - MMR 2011, 171-172.
[75] So LG Potsdam v. 27.10.2010 - 13 S 33/10 - MMR 2011, 171-172.
[76] Zur Pfändung und Verwertung verderblicher Warenvorräte *Fleischmann/Rupp*, Rpfleger 1987, 8-11.
[77] *Thüsing* in: Staudinger, § 312d Rn. 54.
[78] OLG Köln v. 27.04.2010 - I-6 W 43/10, 6 W 43/10 - MMR 2010, 683-684 - juris Rn. 6 mit dem Hinweis, es bestehe kein Lebenserfahrungssatz, dass Kosmetikprodukte generell „schnell verderblich" seien, sobald mit ihrer Benutzung begonnen oder ihre Primärverpackung geöffnet worden sei.
[79] OLG Hamburg v. 20.12.2006 - 5 U 105/06 - WRP 2007, 916-917.
[80] LG Potsdam v. 27.10.2010 - 13 S 33/10 - MMR 2011, 171-172.

Das Verfalldatum bei Medizinprodukten ist gemäß § 4 Abs. 1 Nr. 2 MPG das Datum, bis zu dessen Ablauf eine gefahrlose Anwendung des Medizinprodukts nachweislich möglich ist. Nach Ablauf dieses Datums ist es gemäß § 4 Abs. 1 MPG verboten, das Medizinprodukt in den Verkehr zu bringen.

Bei Lebensmitteln wird das Verfalldatum nach Maßgabe von § 7a LMKV als Verbrauchsdatum bezeichnet: Es ist bei in mikrobiologischer Hinsicht sehr leicht verderblichen Lebensmitteln anzugeben, die nach kurzer Zeit eine unmittelbare Gefahr für die menschliche Gesundheit darstellen könnten. Davon zu unterscheiden ist das Mindesthaltbarkeitsdatum, welches nach Maßgabe von § 7 LMKV angibt, bis zu welchem Datum das Lebensmittel unter angemessenen Aufbewahrungsbedingungen seine spezifischen Eigenschaften behält.

Das Verfalldatum muss in Übereinstimmung mit anerkannten technischen Normen festgesetzt sein.[81] Die Überschreitung des Verfalldatums schließt das Widerrufsrecht nicht aus, wenn der Unternehmer es individuell unter anderen Aspekten festgelegt hat, etwa um das Widerrufsrecht zu unterlaufen.

II. Entsiegelte Datenträger mit Audio- oder Videoaufzeichnungen oder Software

Gemäß § 312d Abs. 4 Nr. 2 BGB (vormals § 2 Abs. 3 Nr. 2 FernAbsG, vgl. Art. 6 Abs. 3 Satz 4 der Richtlinie 97/7/EG) besteht das Widerrufsrecht nicht bei Fernabsatzverträgen zur Lieferung von Audio- oder Videoaufzeichnungen oder von Software, sofern die gelieferten Datenträger vom Verbraucher entsiegelt worden sind.

1. Zweck

Die Vorschrift dient dem Schutz von Urheberrechten.[82] Hätte der Verbraucher in diesen Fällen ein Widerrufsrecht, könnte er sich Musik, Filme oder Computerprogramme privat kopieren, seine Erklärung zum Abschluss des Vertrages vor Fristende widerrufen und das gezahlte Geld zurückverlangen.

2. Audioaufzeichnungen

Audioaufzeichnungen sind Aufnahmen von Tönen. Typischer Fall hierfür sind Musik-DVDs; hieran können Urheberrechte der Komponisten und Textdichter nach § 2 Abs. 1 Nr. 2 UrhG sowie insbesondere Leistungsschutzrechte von ausübenden Künstlern nach § 73 UrhG und von Tonträgerherstellern nach § 85 UrhG bestehen. Unter Audioaufzeichnungen fallen aber außerdem auch alle anderen Aufnahmen, z.B. von Reden (§ 2 Abs. 1 Nr. 1 UrhG) oder auch urheberrechtlich nicht geschützten Geräuschen.

3. Videoaufzeichnungen

Videoaufzeichnungen sind Aufnahmen von bewegten Bildern. Typische Fälle hierfür sind Video-DVDs; hieran können Urheberrechte nach § 2 Abs. 1 Nr. 6 UrhG i.V.m. § 88 UrhG sowie verschiedene Leistungsschutzrechte bestehen. Fotografien und Dia-Aufnahmen werden von der Vorschrift nicht erfasst.

4. Software

Software ist wie in § 2 Abs. 1 Nr. 1 UrhG i.V.m. § 69a UrhG zu verstehen.

Erfasst ist nur die Software selbst, nicht aber das Ergebnis der Benutzung der Software.[83]

§ 312d Abs. 4 Nr. 2 BGB ist nicht auf Hardware anwendbar. Wie das LG Düsseldorf bestätigt hat, ist daher ein Ausschluss des Widerrufsrechts durch die folgende Klausel unwirksam: „Bei elektronischen Geräten mit Flachdisplay (…) oder bei anderen elektronischen Geräten, deren empfindliche Bauteile und Komponenten durch Schutzfolien, Schutzhüllen oder Ähnliches geschützt sind, ist der Umtausch oder die Rückgabe nach erfolgtem Entfernen dieser Schutzvorrichtungen und eventuellen Beschädigungen (wie z.B. Kratzern) auf den geschützten Komponenten ausgeschlossen."[84]

5. Datenträger

Ein Datenträger ist eine bewegliche Sache, die zur Speicherung von Daten dient, hier der Speicherung der Audio- oder Videoaufzeichnungen bzw. Software. Die Regelung gilt aufgrund des Erfordernisses der Lieferung des Datenträgers nur für den Offline-Vertrieb. Im Falle des Online-Vertriebs kann das

---

[81] *Thüsing* in: Staudinger, § 312d Rn. 56.
[82] BT-Drs. 14/2658, S. 44.
[83] LG Hamburg v. 31.01.2012 - 312 O 93/11 - juris Rn. 57 mit Anm. *Schöttler*, jurisPR-ITR 6/2012, Anm. 3.
[84] LG Düsseldorf v. 17.05.2006 - 12 O 496/05 - CR 2006, 858.

§ 312d jurisPK-BGB / Junker

Widerrufsrecht aber nach § 312d Abs. 4 Nr. 1 BGB oder nach § 312d Abs. 3 BGB ausgeschlossen sein. Der Bundesrat wollte zur Klarstellung der Rechtslage in Nr. 2 nach „entsiegelt" die Formulierung „oder vom Unternehmer online übermittelt" einfügen.[85] Die Bundesregierung hat in ihrer Gegenäußerung ausgeführt, die Richtlinie selbst ließe die Ausnahme nicht ausdrücklich zu, eine Aufnahme in den Gesetzestext sei daher nicht notwendig.

6. Entsiegelung

a. Definition

80 Entsiegelt ist der Datenträger, wenn der Verbraucher vor der bestimmungsgemäßen Nutzung eine Versiegelung entfernt hat.

b. Versiegelter Datenträger

81 Der Datenträger muss dem Verbraucher versiegelt geliefert werden. Ist der gelieferte Datenträger von Anfang an unversiegelt, so liegt kein Fall des § 312d Abs. 4 Nr. 2 BGB vor.

aa. Versiegeln

82 Versiegeln ist nicht als das Versehen mit einem Siegel im öffentlich-rechtlichen Sinne zu verstehen, sondern als ein Vorgang des Verschließens als eine erkennbar zur Wahrung der Urheberrechte geschaffene Sperre.[86]

83 Versiegeln im technischen Sinne bezeichnet das luftdichte Verschließen einer Sache. Ein typisches Beispiel für eine solche Versiegelung ist das Verschweißen eines Datenträgers in Folie.

84 Ein Versiegeln kann auch mit Hilfe eines Siegels in Gestalt eines speziellen Aufklebers erfolgen. Das LG Dortmund hat das Verschließen der Schutzhülle mittels eines einfachen Klebstreifens nicht als ausreichend für eine Versiegelung angesehen, weil der Klebstreifen aus Sicht des Verbrauchers nur dazu dient, zu verhindern, dass die Datenträger (CDs bzw. DVDs) während des Versands aus der Schutzhülle fallen. Aus Sicht des Verbrauchers ist der Klebstreifen nicht als Warnhinweis zu verstehen, dass er beim Öffnen der Ware diese möglicherweise werde behalten müssen.[87]

85 Keine Versiegelung i.S.v. § 312d Abs. 4 Nr. 2 BGB stellt das bloße Verschließen eines Briefumschlags oder Pakets dar, soweit dies zum Versand der Ware erforderlich ist. Für den Verbraucher ist nicht ersichtlich, dass das bloße Öffnen des Briefumschlags oder Pakets – auch wenn deren Inhalt durch Aufschrift oder Fensterumschlag erkennbar wäre – zur Wahrung von Urheberrechten dienen und ein Widerrufs- bzw. Rückgaberecht bezüglich der Ware ausschließen könnte.[88]

bb. Versiegelung des Datenträgers

86 Wird Computerhardware zusammen mit Software in einem verschweißten Paket ausgeliefert, so stellt das Öffnen des Pakets keine Entsiegelung der Software dar. Soll für den Fall der Verwendung der Software das Widerrufsrecht ausgeschlossen werden, so muss der Unternehmer nach dem AG Aachen einen dem Paket beigefügten Datenträger mit Software gesondert versiegeln.[89] Nach dem AG Schönebeck fehlt es bei einem einheitlichen Vertrag über eine Hardware-/Software-Paket bereits an einem Fernabsatzvertrag über die Lieferung von Software i.S.v. § 312d Abs. 4 Nr. 2 BGB, wenn der Schwerpunkt des Vertrages auf der Lieferung der Hardwarekomponenten liegt.[90]

cc. Elektronische Versiegelung

87 Umstritten ist, ob und unter welchen Voraussetzungen eine elektronische Versiegelung z.B. von Software möglich ist. Ein Passwort kann ebenso wie eine mechanische Sperre in Gestalt des Verschweißens einer CD-ROM den Zugang zu der Software verhindern. Wie das LG Frankfurt/Main entschieden hat, soll zumindest ein BIOS-Passwort keine solche elektronische Versiegelung bewirken, denn dieses diene lediglich der Sicherheit des berechtigten Benutzers, um zu verhindern, dass die BIOS-Einstellungen unbefugt verändert werden.[91]

---

[85] BT-Drs. 14/2920, S. 4.
[86] Ähnlich *Heckmann* in: jurisPK-Internetrecht, Kap. 4.1 Rn. 141.
[87] LG Dortmund v. 26.10.2006 - 16 O 55/06.
[88] LG Dortmund v. 26.10.2006 - 16 O 55/06.
[89] AG Aachen v. 28.06.2004 - 80 C 238/04.
[90] AG Schönebeck v. 24.10.2007 - 4 C 328/07.
[91] LG Frankfurt v. 18.12.2002 - 2/1 S 20/02, 2-01 S 20/02- CR 2003, 412-413.

Auf Online-Angebote findet § 312d Abs. 4 Nr. 2 BGB keine Anwendung, so dass sich die Frage einer elektronischen Entsiegelung durch Eingabe eines Passworts zur Authentifizierung vor dem Herunterladen einer Datei nicht stellt; es fehlt an der für die Vorschrift erforderlichen Lieferung des Datenträgers. 88

c. Entsiegelung durch den Verbraucher

Die Entsiegelung des Datenträgers muss durch den Verbraucher erfolgen. Das ist z.B. relevant in Fällen, in denen der Unternehmer den Datenträger selbst entsiegelt und dem Verbraucher anschließend die Software als Teil einer PC-Anlage zur Verfügung stellt.[92] 89

7. Abweichende Vereinbarungen

Der Unternehmer kann dem Verbraucher vertraglich ein Widerrufsrecht auch für versiegelte Datenträger gewähren. 90

Der Ausschluss des Widerrufsrechts für den Fall, dass der Verbraucher ein Produkt entsiegelt, welches nicht unter § 312d Abs. 4 Nr. 2 BGB fällt, ist hingegen unwirksam. Die Formulierung der Widerrufsbelehrung muss dementsprechend erkennen lassen, dass das Widerrufsrecht nur im Fall der Entsiegelung der in § 312d Abs. 4 Nr. 2 BGB aufgezählten Produkte ausgeschlossen ist.[93] 91

III. Zeitungen, Zeitschriften und Illustrierten

Gemäß § 312d Abs. 4 Nr. 3 BGB (vormals § 2 Abs. 3 Nr. 3 FernAbsG, vgl. Art. 6 Abs. 3 Satz 5 der Richtlinie 97/7/EG) besteht das Widerrufsrecht nicht bei Fernabsatzverträgen zur Lieferung von Zeitungen, Zeitschriften und Illustrierten, es sei denn, dass der Verbraucher seine Vertragserklärung telefonisch abgegeben hat. Die Ausnahme im zweiten Halbsatz wurde mit Wirkung zum 04.08.2009 durch Art. 1 Abs. 2 lit. b aa des Telefonwerbungsbekämpfungsgesetzes eingefügt. 92

1. Zeitung

Zeitungen sind regelmäßig, meist täglich erscheinende Druckerzeugnisse mit vielseitigem Inhalt, bei denen die tagesaktuelle Berichterstattung über Ereignisse in Politik, Wirtschaft oder Kultur im Vordergrund steht. 93

2. Zeitschrift

Zeitschriften sind periodisch, jedoch in der Regel nicht täglich erscheinende Druckerzeugnisse, die mit Beiträgen eine bestimmte Zielgruppe meist über ein bestimmtes Themengebiet informiert oder unterhält. 94

Es wird vertreten, dass § 312d Abs. 3 Nr. 3 BGB nur auf solche Zeitschriften anwendbar ist, bei denen die Aktualität im Vordergrund steht, also etwa nicht auf Reisezeitschriften oder Zeitschriften mit Kochrezeptsammlungen.[94] Nach der Bedeutung des Begriffs „Zeitschrift" muss dies aber nicht der Fall sein. 95

3. Illustrierte

Illustrierten sind Zeitungen oder Zeitschriften mit einem hohen Bildanteil, in der Regel mit Vorrang von Abbildungen vor dem Text. 96

Eine analoge Anwendung auf Kalender, d.h. Verzeichnisse der einzelnen Tage, Wochen und Monate eines Jahres in ihrer zeitlichen Aufeinanderfolge kommt nicht in Betracht,[95] auch wenn der Kalender einen hohen Bildanteil aufweist. 97

4. Abgrenzung zu anderen Produkten

Anders als die Preisbindungsregelung in § 30 Abs. 1 GWB enthält § 312d Abs. 4 Nr. 3 BGB keine Erweiterung auf Produkte, die Zeitungen oder Zeitschriften reproduzieren oder substituieren. 98

---

[92] AG Hoyerswerda v. 22.11.2007 - 1 C 356/07.
[93] LG Bielefeld v. 09.08.2006 - 17 O 86/06; OLG Hamm v. 15.10.2007 - 4 W 148/07 - MMR 2008, 178: „Eingeschweißte Ware wird durch das Öffnen der Verpackung entsiegelt und ist vom Umtausch ausgeschlossen. Ware mit entfernten oder geöffneten Garantiesiegeln sind vom Umtausch ausgeschlossen."
[94] *Heckmann* in: jurisPK-Internetrecht, Kap. 4.1 Rn. 146 m.w.N.
[95] OLG Hamburg v. 27.03.2003 - 5 U 113/02 - NJW 2004, 1114-1116.

§ 312d

99 § 312d Abs. 4 Nr. 3 BGB gilt nach bestrittener Ansicht[96] nur für Druckerzeugnisse, nicht aber für Online-Medien,[97] z.B. Online-Zeitungen oder den kostenpflichtigen Abruf von Zeitungsartikeln in Online-Archiven. In diesen Fällen kann das Widerrufsrecht aber nach § 312d Abs. 4 Nr. 1 BGB ausgeschlossen sein bzw. nach § 312d Abs. 3 BGB erlöschen.

100 § 312d Abs. 4 Nr. 3 BGB gilt nicht für Bücher.[98] Wer beim Kauf eines Buches im Fernabsatz von seinem Widerrufsrecht Gebrauch macht, muss aber damit rechnen, dass er die Kosten für die Rücksendung zu tragen (§ 357 Abs. 2 Satz 3 BGB) und gegebenenfalls Wertersatz für Beschädigungen zu leisten hat (§ 357 Abs. 3 BGB). Ein Buch darf daher aus der Folie genommen werden und durchgeblättert werden. Der Unternehmer muss den Verbraucher nach Maßgabe von § 357 BGB darauf hinweisen, dass eine darüber hinaus gehende Nutzung, die einen Verkauf als „neu" unmöglich macht, zu einem von ihm zu tragenden Wertverlust führen kann.[99]

5. Ausnahme bei telefonischer Abgabe der Vertragserklärung des Verbrauchers

101 Zum Schutz des Verbrauchers vor Vertragsabschlüssen per Telefon bleibt es bei dem Widerrufsrecht, wenn der Verbraucher seine Vertragserklärung telefonisch abgegeben hat.

102 Dabei war dem Gesetzgeber bewusst, dass der Verbraucher dem Unternehmer nach Ausübung des Widerrufsrechts nur einen Gegenstand zurückgeben kann, der für den Unternehmer bzw. die Unternehmerin wirtschaftlich weitgehend wertlos ist. Der Gesetzgeber sah jedoch mit Blick auf den Missbrauch beim Telefonvertrieb von Zeitschriften, Zeitungen und Illustrierten per Telefonwerbung einen überwiegenden Bedarf, dem Verbraucher das Widerrufsrecht zu belassen.[100]

103 Unter „telefonisch" im Sinne der Vorschrift ist „fernmündlich" zu verstehen. Auch Internet-Telefonie reicht hierfür aus, nicht jedoch die Übermittlung einer Nachricht per SMS oder E-Mail, auch wenn hierfür ein Mobiltelefon verwendet wird.

104 Die Ausnahme ist vereinbar mit Art. 6 Abs. 3 der Richtlinie 97/7/EG, denn Art. 14 der Richtlinie erlaubt es den Mitgliedstaaten ausdrücklich, strengere Bestimmungen zu erlassen oder aufrechtzuerhalten, um ein höheres Schutzniveau für Verbraucher sicherzustellen.

6. Abweichende Bestimmungen

105 Das Widerrufsrecht besteht nicht, soweit etwas anderes bestimmt ist (vgl. § 312d Abs. 4 und § 312d Abs. 5 Satz 1 BGB).[101] Sofern es sich um ein Abonnement von Zeitungen, Zeitschriften oder Illustrierten und damit um einen Ratenlieferungsvertrag handelt, kann gemäß § 510 Abs. 1 Satz 1 BGB ein Widerrufsrecht gemäß § 355 BGB bestehen.[102] Dies gilt gemäß § 510 Abs. 1 Satz 2 BGB nicht in dem in § 491 Abs. 2 und 3 BGB bestimmten Umfang und damit insbesondere, wenn der Nettobetrag (gemäß § 510 Abs. 1 Satz 3 BGB) im Sinne der Summe aller vom Verbraucher bis zum frühestmöglichen Kündigungszeitpunkt zu entrichtenden Teilzahlungen) weniger als 200 € beträgt.

IV. Wett- und Lotterie-Dienstleistungen

106 Gemäß § 312d Abs. 4 Nr. 4 BGB (vormals § 2 Abs. 3 Nr. 4 FernAbsG, vgl. Art. 6 Abs. 3 Satz 6 Richtlinie 97/7/EG) besteht das Widerrufsrecht nicht bei Fernabsatzverträgen zur Erbringung von Wett- und Lotterie-Dienstleistungen, es sei denn, dass der Verbraucher seine Vertragserklärung telefonisch abgegeben hat. Die Ausnahme im zweiten Halbsatz wurde mit Wirkung zum 04.08.2009 durch Art. 1 Abs. 2 lit. b bb des Telefonwerbungsbekämpfungsgesetzes eingefügt.

1. Zweck

107 Die Vorschrift dient dem Schutz vor Spekulation mit dem Widerrufsrecht. Hätte der Verbraucher in diesen Fällen ein Widerrufsrecht, könnte er den Vertrag widerrufen, wenn er die Wette verloren oder bei der Lotterie nichts gewonnen hätte, und seinen Einsatz zurückverlangen.

---

[96] *Wendehorst* in: MünchKomm-BGB, § 312d Rn. 39.
[97] *Thüsing* in: Staudinger, § 312d Rn. 62.
[98] *Thüsing* in: Staudinger, § 312d Rn. 62.
[99] BT-Drs. 14/6040, S. 200.
[100] BT-Drs. 16/10734, S. 10-11.
[101] Zum Abschluss eines Zeitschriftenabonnementvertrages via Internet vgl. OLG München v. 25.01.2001 - 29 U 4113/00 - NJW 2001, 2263-2265; speziell zu Ratenlieferungsverträgen im Fernabsatz vgl. *Peukert*, VuR 2002, 347-353.
[102] BT-Drs. 14/2658, S. 44.

2. Richtlinienkonforme Auslegung

Da die Begriffe „Wett-Dienstleistung" und „Lotterie-Dienstleistung" dem Art. 6 Abs. 3 Spiegelstrich 6 der Richtlinie 97/7/EG entnommen sind[103], sind sie richtlinienkonform auszulegen, d.h. es kann nicht ohne weiteres auf die Bedeutung der Begriffe „Wette" (gemäß § 762 Abs. 1 BGB) und „Lotterie" (gemäß § 763 Satz 1 BGB, § 287 StGB, § 33h Nr. 2 GewO oder nach dem Glücksspielstaatsvertrag) zurückgegriffen werden. So ist der Lotterievertrag nach deutschem Recht lediglich ein Unterfall des Glücksspielvertrages, bei dem der Veranstalter mit mehreren Teilnehmern Verträge abschließt, in denen er verspricht, gegen Einsätze nach Maßgabe eines Spielplans Gewinne an die spielplanmäßig ermittelten Gewinner zu leisten. Maßgeblich für die Definition von Wett-Dienstleistung und Lotterie-Dienstleistung i.S.v. § 312d Abs. 4 Nr. 4 BGB ist weder die formale Bezeichnung noch die rechtliche Qualifikation nach nationalem Recht.

3. Definition

Betroffen sind jedenfalls Fernabsatzverträge zwischen einem Unternehmer als Veranstalter und einem Verbraucher als Teilnehmer, die ein spekulatives Element aufweisen, bei denen der Verbraucher einen Einsatz leistet und bei denen er hierfür eine Gewinnchance erhält.

a. Gewährung einer Gewinnchance

Der Unternehmer muss dem Teilnehmer eine Gewinnchance gewähren. Ein Widerrufsrecht besteht daher nicht bei Verträgen zur Vermittlung von Wett- und Lotterie-Dienstleistungen, zur Weiterleitung von Lotto-Scheinen an die veranstaltende Lotteriegesellschaft[104] oder über den Beitritt zu einer „Tippgemeinschaft"[105].

b. Leistung eines Einsatzes

Rechtsgeschäfte, bei denen es an einem Einsatz fehlt (z.B. Gratisverlosungen), werden nicht von § 312d Abs. 4 Nr. 4 BGB erfasst, insoweit fehlt es auch an einem Schutzbedürfnis des Verbrauchers. Der eingesetzte Vermögenswert muss nicht als „Einsatz" bezeichnet sein, sondern kann auch in einem Eintrittsgeld, Warenkaufpreis oder Clubbeitrag versteckt sein. Die Kosten, die für die Teilnahme anfallen (etwa das Transportentgelt für eine Postkarte oder die Kosten eines Telefonanrufs, soweit es sich nicht um einen Mehrwertdienst handelt), wird man auch bei europarechtskonformer Auslegung nicht ohne weiteres als Einsatz ansehen können.

c. Spekulatives Element

Wett- und Lotterie-Dienstleistungen sind gegenüber anderen Rechtsgeschäften mit spekulativen Elementen abzugrenzen, insbesondere Versteigerungen i.S.v. § 312d Abs. 4 Nr. 5 BGB sowie den in § 312d Abs. 4 Nr. 6 BGB aufgeführten Rechtsgeschäften.

Bislang nicht geklärt ist, welche Auswirkungen die in § 762 BGB und § 763 BGB getroffene Wertung auf § 312d Abs. 4 Nr. 4 BGB hat (unvollkommene Verbindlichkeiten). Nach einer Ansicht soll die Vorschrift im Wege der teleologischen Reduktion nur auf solche Verträge anzuwenden sein, bei denen der Verbraucher zur Leistung verpflichtet ist, wie insbesondere bei staatlich genehmigten Lotterien oder Ausspielungen.[106] Nach Auffassung von *Wendehorst* soll das Widerrufsrecht solange bestehen, wie die Ziehung noch nicht erfolgt ist.[107] Nach Auffassung von *Bahr* soll § 312d Abs. 4 Nr. 4 BGB über den Wortlaut hinaus auch bei allen sonstigen Glücksspielen Anwendung finden, die über eine staatliche Konzession verfügen.[108] Nach Auffassung von *Klam* soll das Widerrufsrecht aufgrund des Zwecks über den Wortlaut hinaus bei allen Spielverträgen mit einem spekulativen Element – wie etwa auch Online-Casino-Glücksspielen – ausgeschlossen sein.[109]

---

[103] Vgl. engl. „gaming and lottery services", frz. „services de paris et de loteries" und span. „servicios de apuestas y loterías".
[104] OLG Karlsruhe v. 27.03.2002 - 6 U 200/01 - WRP 2002, 849-851.
[105] *Geiger*, NJW 2007, 3030-3037.
[106] *Thüsing* in: Staudinger, § 312d Rn. 65; vgl. auch *Grüneberg* in: Palandt, § 312d Rn. 12.
[107] *Wendehorst* in: MünchKomm-BGB, § 312d Rn. 44.
[108] *Bahr*, Glücks- und Gewinnspielrecht, 2. Aufl. 2006, Rn. 278.
[109] *Klam*, Die rechtliche Problematik von Glücksspielen im Internet, 2002, 183.

§ 312d

4. Ausnahme bei telefonischer Abgabe der Vertragserklärung des Verbrauchers

114 Zum Schutz des Verbrauchers vor Vertragsabschlüssen per Telefon bleibt es bei dem Widerrufsrecht, wenn der Verbraucher seine Vertragserklärung telefonisch abgegeben hat. Das Widerrufsrecht kann aber gemäß § 312d Abs. 3 BGB ausgeschlossen sein.

115 Unter „telefonisch" im Sinne der Vorschrift ist – wie in § 312d Abs. 4 Nr. 3 BGB – „fernmündlich" zu verstehen. Auch Internet-Telefonie reicht hierfür aus, nicht jedoch die Übermittlung einer Nachricht per SMS oder E-Mail, auch wenn hierfür ein Mobiltelefon verwendet wird.

V. Versteigerungen

116 Gemäß § 312d Abs. 4 Nr. 5 BGB (vormals § 2 Abs. 3 Nr. 5 FernAbsG, vgl. Art. 6 Abs. 1 Satz 5 der Richtlinie 97/7/EG) besteht das Widerrufsrecht nicht bei Fernabsatzverträgen, die in der Form von Versteigerungen (§ 156 BGB) geschlossen werden. Der Gesetzgeber hat sich damit entschieden, Versteigerungen anders als noch im Referentenentwurf vorgesehen[110] nicht aus dem Anwendungsbereich des Fernabsatzrechts herauszunehmen, aber das Widerrufsrecht auszuschließen. Die Informationspflichten nach § 312c BGB bleiben damit bestehen.[111]

117 Nur auf Versteigerungen durch Unternehmer gegenüber Verbrauchern findet das Fernabsatzrecht Anwendung, nicht aber beispielsweise auf Versteigerungen zwischen Unternehmern oder zwischen Verbrauchern. Versteigerungen von Nicht-Unternehmern sind ferner auch Versteigerungen durch den Staat (vgl. z.B. das Auktionshaus der Zollverwaltung[112]).

118 Ferner findet die Vorschrift nur auf Versteigerungen i.S.v. § 156 BGB Anwendung und damit nicht – so bereits der Rechtsausschuss[113] und nun auch der BGH[114] nach Unsicherheiten in der Instanzrechtsprechung[115] – auf „Versteigerungen", die als Kauf gegen Höchstgebot ausgestaltet sind.

119 Bei Versteigerungen i.S.v. § 156 Satz 1 BGB kommt der Vertrag erst durch den Zuschlag zustande. Ein Gebot erlischt gemäß § 156 Satz 2 BGB, wenn ein Übergebot abgegeben oder die Versteigerung ohne Erteilung des Zuschlags geschlossen wird. Die Endgültigkeit des Zuschlags ist das Wesensmerkmal einer solchen Versteigerung, das auch bei einer Versteigerung im Fernabsatz erhalten bleiben soll (vgl. hierzu die Kommentierung zu § 156 BGB).

120 Von Versteigerungen i.S.v. § 156 BGB zu unterscheiden sind solche Auktionen, bei denen der Verkäufer nicht frei bleibt, ein Gebot durch Zuschlag anzunehmen, sondern sich von vornherein bindet, zum höchsten im angegebenen Zeitraum eingehenden Gebot zu verkaufen (Kaufvertrag gegen Höchstgebot). In diesen Fällen bleibt das Widerrufsrecht grundsätzlich bestehen.[116] Der BGH hat dies mit der ausdrücklichen Bezugnahme im Gesetzestext auf § 156 BGB und dem Charakter der Vorschrift als eine – grundsätzlich eng auszulegende – Ausnahmebestimmung begründet. Darüber hinaus fordere

---

[110] BT-Drs. 14/2658, S. 4, 33 (§ 1 Abs. 3 Nr. 7 lit. c FernAbsG-E).

[111] Zu Versteigerungen im Internet vgl. z.B. *Merten*, GewArch 2006, 55-58 und *Wimmer-Leonhardt*, JR 2005, 353-359.

[112] www.zoll-auktion.de.

[113] BT-Drs. 14/3195, S. 30.

[114] BGH v. 03.11.2004 - VIII ZR 375/03 - NJW 2005, 53-56 mit Anm. *Koch*, ITRB 2005, 67-69; *Leible*, DSWR 2005, 60-62; *Nägele*, VuR 2005, 114-115; *Fischer*, VuR 2005, 91-96; *Borges*, EWiR 2005, 199-200; *Borges*, DB 2005, 319-397; *Paefgen*, RIW 2005, 178-187; *Braun*, CR 2005, 113-118; *Hoeren/Müller*, NJW 2005, 948-950; *Schmidt-Bendun/Staudinger*, BB 2005, 732-734; *Spindler*, MMR 2005, 40-44; *Härting*, BGHReport 2005, 72-73; *Schlegel*, MDR 2005, 133-135; *Stern*, CR 2005, 57-59; *Wiebe*, CR 2005, 56-57; *Micus*, JA 2005, 741-745; *Geiger/Herberger*, VuR 2005, 248-251; *Baukelmann*, jurisPR-BGHZivilR 49/2004, Anm. 1; *Lange*, WuB IV D § 312d BGB 1.05.

[115] LG Konstanz v. 28.07.2004 - 11 S 31/04 - NJW-RR 2004, 1635-1637; AG Menden v. 10.11.2003 - 4 C 183/03 - NJW 2004, 1329-1330; AG Itzehoe v. 18.05.2004 - 57 C 361/04 - CR 2004, 705-706 und LG Memmingen v. 23.06.2004 - 1H O 1016/04 - NJW 2004, 2389-2391; a.A. AG Osterholz-Scharmbeck v. 23.08.2002 - 3 C 415/02 - ITRB 2003, 239-240 und AG Bad Hersfeld v. 22.03.2004 - 10 C 153/04 (70), 10 C 153/04 - MMR 2004, 500 mit ablehnender Anm. *Trinks*, MMR 2004, 500-502; LG Hof v. 26.04.2002 - 22 S 10/02 - CR 2002, 844; AG Schwäbisch Gmünd v. 25.07.2002 - 8 C 130/01 - ITRB 2003, 239-240; AG Kehl v. 19.04.2002 - 4 C 716/01 - NJW-RR 2003, 1060-1061.

[116] Hierzu BGH v. 07.11.2001 - VIII ZR 13/01 - BGHZ 149, 129-139; vgl. auch *Michel*, JurPC 2001, Web-Dok 63/2001 und *Reich/Rüßmann*, K&R 2000, 116-119. Zum Vertragsschluss bei Internet-Auktionen einschließlich der zu erfüllenden Informationspflichten vgl. auch *Melber/Teuber*, MDR 2004, 185-190 und *Kaestner/Tews*, WRP 2004, 509-515.

auch der Zweck des im Interesse des Verbraucherschutzes geschaffenen Widerrufsrechts eine enge Auslegung der Ausschlussregelung, da der Verbraucher, der einen Gegenstand bei einer Internet-Auktion von einem gewerblichen Anbieter erwirbt, den gleichen Risiken ausgesetzt und in gleicher Weise schutzbedürftig ist wie bei anderen Vertriebsformen des Fernabsatzes.[117] Mangels planwidriger Regelungslücke kommt auch eine analoge Anwendung der Vorschrift nicht in Betracht.[118]

Für Versteigerungen sind ergänzend die öffentlich-rechtlichen Rahmenbedingungen zu beachten. Wer gewerbsmäßig fremde bewegliche Sachen, fremde Grundstücke oder fremde Rechte versteigern will, benötigt eine Erlaubnis (§ 34b GewO; Versteigerungs-VO). 121

VI. Waren und Finanzdienstleistungen, deren Preis unbeeinflussbaren Schwankungen auf dem Finanzmarkt unterliegt

Gemäß § 312d Abs. 4 Nr. 6 BGB (vgl. Art. 6 Abs. 3 Satz 2 der Richtlinie 97/7/EG und Art. 6 Abs. 2 lit. a der Richtlinie 2002/65/EG) besteht das Widerrufsrecht nicht bei Fernabsatzverträgen, 122
- die die Lieferung von Waren oder die Erbringung von Finanzdienstleistungen zum Gegenstand haben,
- deren Preis auf dem Finanzmarkt Schwankungen unterliegt,
- auf die der Unternehmer keinen Einfluss hat und
- die innerhalb der Widerrufsfrist auftreten können.

Unterliegt der Preis Schwankungen, die weder der Unternehmer noch der Verbraucher beeinflussen kann, so tragen beide Vertragsparteien in gleicher Weise das Risiko, dass ihre Einschätzung sich als fehlerhaft erweist. Ein Widerrufsrecht würde dieses Risiko einseitig dem Unternehmer aufbürden und wäre mit dem spekulativen Charakter dieser Art von Verträgen nicht vereinbar. Demgegenüber tritt der Schutzzweck der Widerrufsvorschriften zurück.[119] Mit der Ausnahme soll also verhindert werden, dass der Verbraucher ohne eigenes Risiko und auf Kosten des Unternehmers spekuliert. Anderenfalls könnte er während der Widerrufsfrist die Entwicklung des erworbenen Finanzprodukts beobachten und bei einem zwischenzeitlich eingetretenen ungünstigen Verlauf der Anlage durch Widerruf einen Verlust vermeiden, während er im umgekehrten Fall am Vertrag festhalten und so vom gestiegenen Risiko des Unternehmers profitieren kann.[120]

1. Lieferung von Waren

Waren, deren Preis auf dem Finanzmarkt Schwankungen unterliegt, sind z.B. Edelmetalle wie Gold und die an den Warenbörsen gehandelten Börsenwaren, insbesondere Getreide, Kaffee, Soja, Erdöl oder Erdgas. 123

Umstritten ist, ob § 312d Abs. 4 Nr. 6 BGB nur auf spekulative Käufe Anwendung findet.[121] Nach Auffassung des LG Duisburg sollen aber Fernabsatzverträge über den Erwerb von Heizöl generell und damit auch für den Fall des Erwerbs zu Verbrauchszwecken hierunter fallen.[122] 124

Anders als § 312d Abs. 4 Nr. 6 BGB gilt die Informationspflicht nach Art. 246 § 1 Abs. 2 Nr. 2 EGBGB nicht für Waren, die Anwendungsbereiche der Vorschriften sind nicht deckungsgleich. 125

2. Erbringung von Finanzdienstleistungen

Typisches Beispiel ist der Aktienkauf im Internet. Als Beispiele für Finanzdienstleistungen sind in der Vorschrift genannt: Dienstleistungen im Zusammenhang mit Aktien, Anteilsscheinen, die von einer Kapitalanlagegesellschaft oder einer ausländischen Investmentgesellschaft ausgegeben werden, und anderen handelbaren Wertpapieren, Devisen, Derivaten oder Geldmarktinstrumenten. In Art. 6 Abs. 2 lit. a der Richtlinie 2002/65/EG sind ferner genannt: Finanztermingeschäfte (Futures) einschließlich gleichwertiger Instrumente mit Barzahlung, Zinstermingeschäfte (FRA), Zins- und Devisenswaps sowie Swaps auf Aktien- oder Aktienindexbasis („equity swaps"), Kauf- oder Verkaufsoptionen auf alle in diesem Buchstaben genannten Instrumente einschließlich gleichwertiger Instrumente mit Barzahlung. 126

---

[117] BGH v. 03.11.2004 - VIII ZR 375/03 - NJW 200, 53-56.
[118] So auch LG Konstanz v. 28.07.2004 - 11 S 31/04 - NJW-RR 2004, 1635-1637; vgl. aber *Janal*, JurPC Web-Dok. 4/2005; *Hoffmann*, ZIP 2004, 2337-2339 und *Höpfner/Hoffmann*, EWS 2003, 107-114.
[119] BT-Drs. 15/2946, S. 22/23; vgl. auch BT-Drs. 14/2658, S. 44.
[120] OLG Karlsruhe v. 13.09.2011 - 17 U 104/10 - juris Rn. 27 - WM 2012, 213-218.
[121] *Heckmann* in: jurisPK-Internetrecht, 2. Aufl. 2009, Kap. 4.1 Rn. 150.
[122] LG Duisburg v. 22.05.2007 - 6 O 408/06 - MMR 2008, 356.

127 Ein Beispiel für solche Finanzdienstleistungen sind damit auch Investmentanteile i.S.d. InvG, etwa Anteile an Hedge-Fonds.[123] Das Widerrufsrecht nach § 126 InvG ist dem Haustürwiderrufsrecht nachgebildet. Auch wenn beim Fernabsatz von Investmentanteilen i.S.d. InvG das Widerrufsrecht gemäß § 312d Abs. 4 Nr. 6 BGB ausgeschlossen ist, so bleiben – wie § 121 Abs. 2 InvG klarstellt – zusätzlich zu den speziellen Informationspflichten des InvG auch die Informationspflichten nach § 312c BGB zu beachten.

3. Finanzmarkt

128 Der Finanzmarkt umfasst sämtliche Märkte, an denen regelmäßig Finanzdienstleistungen erbracht werden, insbesondere Finanzprodukte gehandelt werden.[124] Hierzu gehören nicht nur der regulierte Markt, sondern auch der Freiverkehr und der Telefonhandel.[125]

129 Es ist nicht erforderlich, dass der Vertrag über die Ware oder Finanzdienstleistung am Finanzmarkt (z.B. an der Börse) geschlossen wird.[126] Ausreichend ist eine Veräußerung aus eigenem Bestand oder die Emission eigener Zertifikate.[127]

4. Kein Einfluss des Unternehmers auf Preisschwankungen

130 Der Unternehmer hat keinen Einfluss auf Schwankungen des Preises am Finanzmarkt, wenn er keinen so maßgeblichen Einfluss auf die dortige Preisentwicklung hat, dass der Charakter eines Spekulationsgeschäfts verloren geht, weil eine unternehmerbestimmte und keine drittbestimmte Preisbildung stattfindet.[128]

131 Für die Frage, worauf sich die Preisschwankungen beziehen müssen, stellen das OLG Hamm[129] und das OLG Düsseldorf[130] (ferner auch das LG Krefeld[131] und z.B. *Winneke*[132]; offen gelassen von OLG Schleswig[133]) auf den Preis des Wertpapiers selbst ab, dies mit der Folge, dass der Ausschluss des Widerrufsrechts z.B. nicht für Zertifikate in der Zeichnungsphase gilt, weil der Emittent den Ausgabepreis bestimmt. Nach Auffassung des OLG Karlsruhe[134] soll es hingegen mit Blick auf den Normzweck und aufgrund eines Vergleichs mit den ebenfalls als Regelbeispiel benannten Derivaten darauf ankommen, dass der vom Zertifikat jeweils in Bezug genommene Basiswert den Schwankungen des Finanzmarkts unterliegt.

VII. Telekommunikationsgestützte Dienste

132 Mit Wirkung zum 04.08.2009 wurde durch Art. 1 Abs. 2 lit. b ee des Telefonwerbungsbekämpfungsgesetzes eine weitere Ausnahmeregelung eingefügt. Der Ausschluss des Widerrufsrechts erfasst nach § 312d Abs. 4 Nr. 7 BGB Fernabsatzverträge zur Erbringung telekommunikationsgestützter Dienste, die auf Veranlassung des Verbrauchers unmittelbar per Telefon oder Telefax in einem Mal erbracht werden, sofern es sich nicht um Finanzdienstleistungen handelt. Nach der Gesetzesbegründung[135] soll mit dem neuen Ausnahmetatbestand dem Umstand Rechnung getragen werden, dass bei den erfassten Mehrwertdiensten sowohl die Erteilung eines Hinweises auf die Wertersatzpflicht als auch die Belehrung des Verbrauchers über sein Widerrufsrecht in Textform mit erheblichen Schwierigkeiten verbunden ist.

1. Telekommunikationsgestützter Dienst

133 Der Begriff „telekommunikationsgestützte Dienste" ist in § 3 Nr. 25 TKG definiert. In der Gesetzesbegründung wird ausdrücklich auf diese Definition Bezug genommen.[136]

---

[123] Hierzu *Kugler/Lochmann*, BKR 2006, 41-50.
[124] In Anlehnung an OLG Karlsruhe v. 13.09.2011 - 17 U 104/10 - juris Rn. 30 - WM 2012, 213-218.
[125] OLG Karlsruhe v. 13.09.2011 - 17 U 104/10 - juris Rn. 30 - WM 2012, 213-218.
[126] OLG Karlsruhe v. 13.09.2011 - 17 U 104/10 - juris Rn. 31 - WM 2012, 213-218.
[127] OLG Karlsruhe v. 13.09.2011 - 17 U 104/10 - juris Rn. 31 - WM 2012, 213-218.
[128] OLG Karlsruhe v. 13.09.2011 - 17 U 104/10 - juris Rn. 30 - WM 2012, 213-218.
[129] OLG Hamm v. 14.03.2011 - I-31 U 162/10, 31 U 162/10 - WM 2011, 1412-1415.
[130] OLG Düsseldorf v. 22.07.2011 - I-17 U 117/10, 17 U 117/10 - juris Rn. 30 - ZIP 2012, 419-422.
[131] LG Krefeld v. 14.10.2010 - 3 O 49/10 - juris Rn. 42 - BKR 2011, 32-37.
[132] *Winneke*, BKR 2010, 321-327.
[133] OLG Schleswig v. 27.01.2012 - 5 U 70/11; vgl. auch LG Hamburg v. 18.08.2011 - 330 O 314/10.
[134] OLG Karlsruhe v. 13.09.2011 - 17 U 104/10 - juris Rn. 33 - WM 2012, 213-218.
[135] BT-Drs. 16/12406, S. 14.
[136] BT-Drs. 16/12406, S. 14.

2. Unmittelbar per Telefon oder Telefax in einem Mal erbracht

Die Ausnahme erfasst nur solche telekommunikationsgestützten Dienste, die unmittelbar per Telefon oder Telefax in einem Mal erbracht werden (vgl. auch Art. 246 § 2 Abs. 2 Satz 1 EGBGB). Die Leistung wird in einem Mal erbracht, wenn sich die vertragliche Bindung auf den einmaligen Leistungsaustausch beschränkt. Durch die Formulierungen „unmittelbar" und „in einem Mal" wird hervorgehoben, dass die Inhaltsleistung noch während der vom Verbraucher hergestellten Telefon- oder Telefaxverbindung vollständig erbracht werden muss.

134

Andere telekommunikationsgestützte Dienste, wie etwa Online-Datenbanken, sind – so die Gesetzesbegründung[137] – nicht privilegiert, weil bei ihnen die Erteilung eines Hinweises auf die Wertersatzpflicht und die Belehrung des Verbrauchers über sein Widerrufsrecht in Textform regelmäßig problemlos möglich ist. Für eine analoge Anwendung der Vorschrift fehlt es damit an einer Regelungslücke.

135

3. Auf Veranlassung des Verbrauchers

Die Veranlassung der Ausführung der Dienstleistung durch den Verbraucher war nach § 312d Abs. 3 Nr. 2 Alt. 2 BGB (a.F.) für das Erlöschen des Widerrufsrechts relevant.

136

Veranlassen erfordert objektiv ein aktives Handeln des Verbrauchers über den bloßen Vertragsschluss hinaus und mit Blick auf den Schutzzweck des Fernabsatzrechts zudem ein subjektives Element in Gestalt eines Bewusstseins der Veranlassung, unbewusste Verursachungen reichen nicht aus.[138]

137

Der neue Ausnahmetatbestand ist mit der Richtlinie 97/7/EG vereinbar. Gemäß Art. 6 Abs. 3 Ss. 1 dieser Richtlinie kann der Verbraucher – sofern die Parteien nichts anderes vereinbart haben – das Widerrufsrecht nicht (mehr) ausüben, wenn der Unternehmer bei Dienstleistungsverträgen mit Zustimmung des Verbrauchers mit der Ausführung der Dienstleistung begonnen hat, bevor die Widerrufsfrist abgelaufen ist. Diese Voraussetzungen sind bei telekommunikationsgestützten Diensten, die auf Veranlassung des Verbrauchers unmittelbar per Telefon oder Telefax in einem Mal erbracht werden, immer erfüllt. In der Richtlinie 97/7/EG ist nicht von einer ausdrücklichen Zustimmung die Rede. Deshalb steht die Veranlassung durch den Verbraucher seiner (konkludenten) Zustimmung gleich. Zudem läuft bei Dienstleistungen, die auf Veranlassung des Verbrauchers unmittelbar per Telefon oder Telefax in einem Mal erbracht werden, die Widerrufsfrist nicht ab, bevor der Unternehmer seine Leistung erbracht hat.[139]

138

4. Sofern es sich nicht um Finanzdienstleistungen handelt

Ausgenommen von dem Ausschluss des Widerrufsrechts sind telekommunikationsgestützte Dienste, bei denen es sich um Finanzdienstleistungen handelt, denn insoweit ist der deutsche Gesetzgeber an die Vorgaben in Art. 6 Abs. 2 lit. c der Richtlinie 2002/65/EG gebunden.[140]

139

E. Kommentierung zu Absatz 5

§ 312d Abs. 5 BGB wurde sowohl durch das Telefonwerbungsbekämpfungsgesetz als auch durch das Gesetz u.a. zur Neuordnung der Vorschriften über das Widerrufs- und Rückgaberecht geändert.

140

I. Satz 1

Gemäß § 312d Abs. 5 Satz 1 BGB besteht das Widerrufsrecht nicht bei Fernabsatzverträgen, bei denen dem Verbraucher bereits auf Grund der §§ 495, 506-512 BGB ein Widerrufs- oder Rückgaberecht nach § 355 BGB oder § 356 BGB zusteht. Die Vorschrift wurde im Zuge der Gesetzesänderungen jeweils redaktionell angepasst.

141

§ 312d Abs. 5 Satz 1 BGB regelt ebenso wie § 312a BGB für Haustürgeschäfte die Frage, welches Widerrufsrecht zur Anwendung kommt, wenn die Voraussetzungen verschiedener Widerrufsrechte vorliegen: Fernabsatzrecht ist danach subsidiär.

142

---

[137] BT-Drs. 16/12406, S. 14.
[138] Nach *Mankowski/Schreier*, VuR 2006, 209-218, liegt das erforderliche Bewusstsein vor, wenn der Vertrag nach der objektiven Interessenlage auf einen sofortigen Leistungsaustausch gerichtet ist; nicht ausreichend soll jedoch sein, dass eine Erfüllung während der Widerrufsfrist der typische Ablauf ist, soweit noch eine Restwahrscheinlichkeit besteht, dass dies nicht geschieht, und der Verbraucher keinen Einfluss auf deren Realisierung hat.
[139] BT-Drs. 16/12406, S. 14.
[140] BT-Drs. 16/12406, S. 14.

§ 312d

143 Bei Haustürgeschäften wird eine Kollision der Widerrufsrechte durch § 312a BGB ausgeschlossen, bei Fernunterrichtsverträgen durch § 312b Abs. 3 Nr. 1 BGB und bei Versicherungsverträgen durch § 312b Abs. 3 Nr. 3 BGB.

144 Der Verbraucher kann den Vertrag zwar nicht aufgrund des Widerrufsrechts nach Fernabsatzrecht, statt dessen aber aufgrund eines anderen vorrangigen Widerrufsrechts (z.B. gemäß § 355 BGB i.V.m. § 495 BGB) widerrufen. Ungeachtet dessen bleibt der Unternehmer bei allen Fernabsatzverträgen verpflichtet, den Verbraucher nach Maßgabe von § 312c BGB i.V.m. Art. 246 §§ 1 und 2 EGBGB zu unterrichten.

II. Satz 2

1. Entsprechende Anwendung von § 312d Abs. 2 BGB

145 Gemäß § 312d Abs. 5 Satz 2 BGB gilt die Vorschrift über den Beginn des Widerrufsrechts nach § 312d Abs. 2 BGB bei Ratenlieferungsverträgen entsprechend.

146 Die Regelung wurde im Zuge des Gesetzes zur Neuordnung des Widerrufs- und Rückgaberechts geändert. Nicht mehr erfasst werden Verträge, die in den Anwendungsbereich der Verbraucherkreditrichtlinie fallen, mithin Darlehensverträge und entgeltliche Finanzierungshilfen, denn das wäre unvereinbar mit Art. 14 Abs. 1 Satz 2 der Verbraucherkreditrichtlinie, diese knüpft für den Fristbeginn nicht an die in § 312d Abs. 2 BGB genannten Voraussetzungen an.[141] Ratenlieferungsverträge sind von der Richtlinie nicht erfasst. Gleiches gilt für Ratenlieferungsverträge mit Existenzgründern. Andere Existenzgründerdarlehen sollen dagegen nach dem Willen des Gesetzgebers – obwohl die Richtlinienvorgabe diese Verträge nicht erfasst – den Verbraucherdarlehen grundsätzlich gleichgestellt bleiben, so dass Absatz 2 für Existenzgründerdarlehen nicht mehr gelten soll.[142]

147 Während die Frist für das Widerrufsrecht gemäß § 355 BGB grundsätzlich mit Erteilung der Widerrufsbelehrung beginnt, beginnt sie bei dem Widerrufsrecht nach Fernabsatzrecht gemäß § 312d Abs. 2 BGB erst mit Erfüllung aller Informationspflichten nach § 312c Abs. 2 BGB. Dieser Fristbeginn ist durch beide Fernabsatzrichtlinien für alle in deren Anwendungsbereich fallenden Verträge vorgegeben.

2. Entsprechende Anwendung von § 312e Abs. 1 BGB

148 Gemäß § 312d Abs. 5 Satz 2 BGB gilt die Vorschrift über den Wertersatz nach § 312e Abs. 1 BGB bei Ratenlieferungsverträgen entsprechend. Der Gesetzgeber hat dies damit begründet, die Situation der Verbraucher sei in diesen Fällen dieselbe wie bei anderen Fernabsatzverträgen.[143] Eine entsprechende Anwendung auf Verbraucherdarlehensverträge und entgeltliche Finanzierungshilfen kommt nicht in Betracht, denn der Gesetzgeber hat sich ausweislich der Gesetzesbegründung unter Berücksichtigung der Richtlinien gegen eine Erstreckung auf diese Verträge entschieden.[144]

---

[141] BT-Drs. 16/11643, S. 69/70.
[142] BT-Drs. 16/11643, S. 69/70.
[143] BT-Drs. 17/5097, S. 14.
[144] BT-Drs. 17/5097, S. 14.

§ 312e BGB Wertersatz bei Fernabsatzverträgen

(Fassung vom 27.07.2011, gültig ab 04.08.2011)

(1) ¹Bei Fernabsatzverträgen über die Lieferung von Waren hat der Verbraucher abweichend von § 357 Absatz 1 Wertersatz für Nutzungen nach den Vorschriften über den gesetzlichen Rücktritt nur zu leisten,

1. soweit er die Ware in einer Art und Weise genutzt hat, die über die Prüfung der Eigenschaften und der Funktionsweise hinausgeht, und
2. wenn er zuvor vom Unternehmer auf diese Rechtsfolge hingewiesen und nach § 360 Absatz 1 oder 2 über sein Widerrufs- oder Rückgaberecht belehrt worden ist oder von beidem anderweitig Kenntnis erlangt hat.

²§ 347 Absatz 1 Satz 1 ist nicht anzuwenden.

(2) Bei Fernabsatzverträgen über Dienstleistungen hat der Verbraucher abweichend von § 357 Absatz 1 Wertersatz für die erbrachte Dienstleistung nach den Vorschriften über den gesetzlichen Rücktritt nur zu leisten,

1. wenn er vor Abgabe seiner Vertragserklärung auf diese Rechtsfolge hingewiesen worden ist und
2. wenn er ausdrücklich zugestimmt hat, dass der Unternehmer vor Ende der Widerrufsfrist mit der Ausführung der Dienstleistung beginnt.

Gliederung

A. Grundlagen 1	2. Nr. 2 17
B. Kommentierung zu Absatz 1 (Waren) 4	a. Zweck 17
I. Satz 1 4	b. Rechtsfolgenhinweis und Belehrung 18
1. Nr. 1 5	c. Anderweitige Kenntniserlangung 20
a. Zweck 5	d. Beweislast 21
b. Besitz der Ware 6	II. Satz 2 22
c. Prüfung der Eigenschaften und der Funktionsweise der Ware 7	C. Kommentierung zu Absatz 2 (Dienstleistungen) 24
d. Beweislast 14	

A. Grundlagen

Kurzcharakteristik: § 312e BGB wurde mit Wirkung zum 04.08.2011 als Art. 1 Nr. 2 des Gesetzes zur Anpassung der Vorschriften über den Fernabsatz bei Widerruf von Fernabsatzverträgen und über verbundene Verträge vom 27.07.2011 eingeführt.[1] Zur Gesetzesbegründung vgl. BT-Drs. 17/5097 und BT-Drs. 17/5819.   1

Absatz 1 enthält Regelungen für Fernabsatzverträge über die Lieferung von Waren und dient der richtlinienkonformen Umsetzung der Anforderungen des EuGH[2] an ein effektives Widerrufsrecht.[3] Absatz 2 betrifft Fernabsatzverträge über die Erbringung von Dienstleistungen und entspricht § 312d Abs. 6 BGB a.F.[4]   2

Für eine entsprechende Anwendung des Absatzes 1 auf andere Widerrufsrechte fehlt es an einer planwidrigen Regelungslücke. Die Anregung des Bundesrates, Absatz 1 auch auf andere Widerrufsrechte anzuwenden,[5] wurde von der Bundesregierung abgelehnt,[6] der Bundestag ist dem gefolgt.   3

---

[1] BGBl I 2011, 1600; hierzu *Hullen*, jurisPR-ITR 18/2011, Anm. 2 und *Wendehorst*, NJW 2011, 2551.
[2] EuGH v. 03.09.2009 - C-489/07 - NJW 2009, 3015-3016 mit Anm. *Lapp*, jurisPR-ITR 19/2009, Anm. 2, auf Vorlage des AG Lahr v. 26.10.2007 - 5 C 138/07 - MMR 2008, 270-271 (mit Anm. *Faustmann*).
[3] BT-Drs. 17/5097, S. 11.
[4] BT-Drs. 17/5097, S. 11.
[5] BT-Drs. 17/5097, S. 23.
[6] BT-Drs. 17/5097, S. 26.

§ 312e

B. Kommentierung zu Absatz 1 (Waren)

I. Satz 1

4   Bei Fernabsatzverträgen über die Lieferung von Waren hat der Verbraucher abweichend von § 357 BGB Wertersatz für Nutzungen nach den Vorschriften über den gesetzlichen Rücktritt nur zu leisten,
- soweit er die Ware in einer Art und Weise genutzt hat, die über die Prüfung der Eigenschaften und der Funktionsweise hinausgeht (Absatz 1 Satz 1 Nr. 1), und
- wenn er zuvor vom Unternehmer auf diese Rechtsfolge hingewiesen und nach § 360 Absatz 1 oder 2 über sein Widerrufs- oder Rückgaberecht belehrt worden ist oder von beidem anderweitig Kenntnis erlangt hat (Absatz 1 Satz 1 Nr. 2).

1. Nr. 1

a. Zweck

5   Verbraucher haben beim Erwerb von Waren im Wege des Fernabsatzes typischerweise keine Möglichkeit, die Ware vor Abschluss des Vertrags in Augenschein zu nehmen. Das Ausprobieren und Testen der gelieferten Ware dient daher dem Zweck der effektiven Wahrnehmung des ihnen von der Richtlinie 97/7/EG gewährten Widerrufsrechts.[7]

b. Besitz der Ware

6   Die Entgegennahme und der bloße Besitz der Ware sind keine Nutzung, sondern vielmehr notwendige Bedingungen für die Prüfung der Eigenschaften und die Funktionsweise der Ware.[8]

c. Prüfung der Eigenschaften und der Funktionsweise der Ware

7   Für die Beurteilung, was im Einzelfall vom Tatbestandsmerkmal der Prüfung der Funktionsweise und der Eigenschaften der Ware umfasst ist, lässt sich ausweislich der Gesetzesbegründung mit Blick auf den Zweck der Regelung daran anknüpfen, was ein Verbraucher beim Testen und Ausprobieren der gleichen Ware in einem Ladengeschäft typischerweise hätte tun können.[9] Der Verbraucher darf mit der Ware grundsätzlich so umgehen und sie so ausprobieren, wie er das in einem Geschäft hätte tun dürfen.[10]

8   Der Umstand, dass bei einer Prüfung der Ware zu Hause die im stationären Handel ggf. vorhandenen Beratungs-, Vergleichs- und Vorführmöglichkeiten fehlen, soll nach der Gesetzesbegründung durch angemessene Prüfungsmöglichkeiten zu Hause ausgeglichen werden können.[11]

9   Je nach Art der Ware kann für die Prüfung – so die Gesetzesbegründung – eine Ingebrauchnahme erforderlich sein.[12] Dies kann im Einzelfall dazu führen, dass der Verbraucher für eine Prüfung durch Ingebrauchnahme auch dann keinen Wertersatz leisten muss, wenn die Ware einen nahezu vollständigen Wertverlust erfahren hat.[13]

10   Ob eine Ware in einer Art und Weise genutzt wird, die über die Prüfung der Eigenschaften und der Funktionsweise hinausgeht und ob der Verbraucher die Ware in einem Ladengeschäft hätte testen und ausprobieren dürfen, ist nicht aus der Sicht des betroffenen Unternehmers zu beurteilen, sondern nach der Verkehrsauffassung, die im jeweiligen Einzelfall zu ermitteln ist.

11   Beispiele für eine zur Prüfung notwendige Nutzung:
- Anprobieren eines Kleidungsstücks zu Hause, ggf. auch mehrfach innerhalb der Widerrufsfrist[14],
- Befüllen und Probeliegen eines Wasserbetts[15],
- Aufbau von Möbeln, die im zerlegten Zustand angeliefert werden[16],

---

[7] BT-Drs. 17/5097, S. 15.
[8] BT-Drs. 17/5097, S. 15.
[9] BT-Drs. 17/5097, S. 15.
[10] BT-Drs. 17/5097, S. 15.
[11] BT-Drs. 17/5097, S. 15.
[12] BT-Drs. 17/5097, S. 15.
[13] BT-Drs. 17/5097, S. 15.
[14] BT-Drs. 17/5097, S. 15.
[15] BT-Drs. 17/5097, S. 15; zu § 357 a.F. BGH v. 03.11.2010 - VIII ZR 337/09 - juris Rn. 26 mit Anm. *Junker*, jurisPR-ITR 3/2011, Anm. 4.
[16] Zu § 357 a.F. BT-Drs. 14/6040, S. 199.

- Aufschlagen und bloßes Durchblättern eines Buchs[17],
- beim Kauf eines Pkws jedenfalls das Ausprobieren der Instrumente und das Fahren auf nichtöffentlicher Verkehrsfläche[18].

Beispiele für eine nicht mehr zur Prüfung notwendige Nutzung: 12
- Mitnahme einer Fotokamera in den Urlaub[19],
- Tragen eines Kleidungsstücks zum vorgesehenen Anlass (z.B. eines Kommunionskleids am Weißen Sonntag[20]),
- Zulassung eines Pkws[21].

Gegenstände, bei denen eine Prüfung durch bestimmungsgemäße Ingebrauchnahme oder ein Öffnen der Verpackung nach der Verkehrssitte nicht üblich ist, sollen nach der Gesetzesbegründung weder im Ladengeschäft noch zu Hause geprüft werden dürfen.[22] Beispiele: 13
- Hygieneartikel[23],
- verschweißte Medikamente[24],
- verpackte Lebensmittel.

d. Beweislast

Die Beweislast für die Voraussetzungen von Nr. 1 und insbesondere dafür, dass eine Nutzung im Einzelfall über die Prüfung der Eigenschaften und der Funktionsweise der Ware hinausgeht, trägt ausweislich der Gesetzesbegründung und richtlinienkonform im Interesse der Effektivität des Widerrufsrechts der Unternehmer.[25] 14

Für den dazu erforderlichen Nachweis soll dem Unternehmer – so die Gesetzesbegründung – im Einzelfall der Beweis des ersten Anscheins zugutekommen können. Weise die Ware beispielsweise deutliche bzw. erhebliche Gebrauchsspuren auf, spreche die allgemeine Lebenserfahrung dafür, dass dies typische Folge einer intensiven Nutzung und nicht lediglich einer Prüfung sei.[26] 15

Jenseits dessen – insbesondere wenn die Ware keine solchen Gebrauchsspuren aufweist – ist der Unternehmer typischerweise auf Indizien angewiesen.[27] 16

2. Nr. 2

a. Zweck

Weiß der Verbraucher, dass er seine Vertragserklärung widerrufen kann und die Ware in diesem Fall zurückgeben muss, kann von ihm erwartet werden, zunächst sorgsam mit der Ware umzugehen. Eine sofortige vollständige Nutzung der Ware, die zu einem erheblichen Wertverlust führen kann, wäre in diesem Fall treuwidrig.[28] 17

b. Rechtsfolgenhinweis und Belehrung

Der Anspruch des Unternehmers auf Nutzungsersatz setzt daher voraus, dass der Unternehmer den Verbraucher auf diese Rechtsfolge hingewiesen und über sein Widerrufs- bzw. Rückgaberecht gemäß § 360 Abs. 1 oder Abs. 2 BGB belehrt hat. 18

---

[17] Zu § 357 a.F. BT-Drs. 14/6040, S. 199.
[18] Zu § 357 a.F. BT-Drs. 14/6040, S. 199.
[19] BT-Drs. 17/5097, S. 15.
[20] BT-Drs. 17/5097, S. 15.
[21] Zu § 357 a.F. BT-Drs. 14/6040, S. 199.
[22] BT-Drs. 17/5097, S. 15.
[23] BT-Drs. 17/5097, S. 15.
[24] BT-Drs. 17/5097, S. 15.
[25] BT-Drs. 17/5097, S. 15.
[26] BT-Drs. 17/5097, S. 15; kritisch hierzu *Hullen*, jurisPR-ITR 18/2011, Anm. 2.
[27] BT-Drs. 17/5097, S. 15. – Beispiel aus der Gesetzesbegründung: „Wird etwa ein Kommunionskleid nach dem Weißen Sonntag zurückgesandt, kann gegebenenfalls auch aus den Umständen geschlossen werden, dass es getragen und nicht nur anprobiert wurde, auch wenn das Kleid keine erheblichen Gebrauchsspuren aufweist."
[28] BT-Drs. 17/5097, S. 15.

§ 312e

19 Der Hinweis ist formlos möglich. Der Bundesrat hatte zwar im Gesetzgebungsverfahren die Textform als Formerfordernis für den Hinweis angeregt[29], die Bundesregierung hat dies jedoch nicht für sinnvoll gehalten[30].

c. Anderweitige Kenntniserlangung

20 Dem steht der Fall gleich, dass der Verbraucher von beidem anderweitig Kenntnis erlangt hat. Für die Auslegung dieses Auffangtatbestandes hat wiederum der Zweck der Regelung entscheidende Bedeutung.

d. Beweislast

21 Die Beweislast dafür, dass der Verbraucher auf die Rechtsfolge des Wertersatzes hingewiesen und über sein Widerrufsrecht belehrt worden ist oder dass er anderweitig Kenntnis von beidem erlangt hat, trägt der Unternehmer.[31]

II. Satz 2

22 Gemäß § 312e Abs. 1 Satz 2 BGB ist § 347 Abs. 1 Satz 1 BGB nicht anzuwenden. Zweck der Vorschrift ist es nach der Gesetzesbegründung, klarzustellen, dass Verbraucher in den in Frage kommenden Konstellationen für nicht gezogene Nutzungen grundsätzlich keinen Wertersatz leisten müssen.[32] Gemäß § 347 Abs. 1 Satz 1 BGB wäre der Verbraucher dem Unternehmer gegenüber zum Wertersatz verpflichtet, wenn der Verbraucher Nutzungen entgegen den Regeln einer ordnungsmäßigen Wirtschaft nicht zieht, obwohl ihm das möglich gewesen wäre.

23 Bei einer Nutzung, die über die Prüfung der Eigenschaften und der Funktionsweise der Ware hinausgeht, so dass § 312e Abs. 1 Satz 1 BGB nicht anwendbar ist, kann Wertersatz aber grundsätzlich – wie in der Gesetzesbegründung klargestellt ist – weiterhin entsprechend der sog. Wertverzehrstheorie zu leisten sein.[33]

C. Kommentierung zu Absatz 2 (Dienstleistungen)

24 Gemäß § 312e Abs. 2 BGB (vormals § 312d Abs. 6 BGB[34]; basierend auf Art. 7 Abs. 3 der Richtlinie 2002/65/EG) hat der Verbraucher bei Fernabsatzverträgen über Dienstleistungen (vor dem 04.08.2009: nur Finanzdienstleistungen[35]) abweichend von § 357 Abs. 1 BGB Wertersatz für die erbrachte Dienstleistung nach den Vorschriften über den gesetzlichen Rücktritt (§§ 346 ff. BGB, insbesondere § 346 Abs. 2 Nr. 1 BGB und § 346 Abs. 3 BGB) nur zu leisten,

- wenn er vor Abgabe seiner Vertragserklärung auf diese Rechtsfolge hingewiesen worden ist (§ 312e Abs. 2 Nr. 1 BGB) und
- wenn er ausdrücklich zugestimmt hat, dass der Unternehmer vor Ende der Widerrufsfrist mit der Ausführung der Dienstleistung beginnt (§ 312e Abs. 2 Nr. 2 BGB).

25 Eine ähnliche Regelung für Fernabsatzverträge über Versicherungen enthält § 9 VVG (vormals § 48c Abs. 5 VVG). Vergleichbar ist ferner die Regelung für Teilzeit-Wohnrechteverträge in § 485 Abs. 5 BGB.[36]

---

[29] BT-Drs. 17/5097, S. 23 mit der Anregung des Bundesrates, der Hinweis des Unternehmers an den Verbraucher auf die Wertersatzpflicht für Nutzungen solle in Textform erfolgen und ein unverzüglich nach Vertragsschluss in Textform mitgeteilter Hinweis einem solchen bei Vertragsschluss gleichstehen, wenn der Unternehmer den Verbraucher rechtzeitig vor Abgabe von dessen Vertragserklärung in einer dem eingesetzten Fernkommunikationsmittel entsprechenden Weise über die Wertersatzpflicht unterrichtet hat.

[30] BT-Drs. 17/5097, S. 26.

[31] BT-Drs. 17/5097, S. 15.

[32] BT-Drs. 17/5097, S. 16.

[33] BT-Drs. 17/5097, S. 16.

[34] Zur Übernahme in § 312e BGB vgl. BT-Drs. 17/5097, S. 16 mit dem Hinweis, dass die Änderung der besseren Lesbarkeit dient und rein redaktioneller Natur ist.

[35] Mit dem Telefonwerbungsbekämpfungsgesetz hatte der Gesetzgeber den Anwendungsbereich von § 312d Abs. 6 BGB mit Wirkung zum 04.08.2009 von Finanzdienstleistungen auf alle Dienstleistungen ausgeweitet. Ausweislich der Gesetzesbegründung handelt es sich dabei um eine Folgeänderung zu der Neufassung von § 312d Abs. 3 BGB (BT-Drs. 16/10734, S. 11-12).

[36] BT-Drs. 15/2946, S. 23.

Anders als § 312e Abs. 1 Abs. 1 Satz 1 Nr. 2 BGB ist nach § 312e Abs. 2 BGB nicht erforderlich, dass der Verbraucher über sein Widerrufsrecht belehrt worden ist bzw. dass er davon sowie von seiner Wertersatzpflicht anderweitig Kenntnis erlangt hat. Eine Anregung des Bundesrates[37] zur Angleichung an § 312e Abs. 1 Nr. 1 BGB hat die Bundesregierung unter Hinweis auf die Vorgaben der Richtlinie 97/7/EG und der Richtlinie 2002/65/EG abgelehnt.[38] 26

Verlangt der Unternehmer Wertersatz, hat er die Voraussetzungen dafür darzulegen und zu beweisen, insbesondere dass und wann er auf die Wertersatzpflicht hingewiesen hat und dass der Verbraucher dann der Ausführung der Dienstleistung ausdrücklich zugestimmt hat.[39] 27

---

[37] BT-Drs. 17/5097, S. 24.
[38] BT-Drs. 17/5097, S. 26.
[39] BT-Drs. 16/10734, S. 11-12.

§ 312f BGB Zu Fernabsatzverträgen über Finanzdienstleistungen hinzugefügte Verträge

(Fassung vom 27.07.2011, gültig ab 04.08.2011)

[1]Hat der Verbraucher seine Willenserklärung, die auf den Abschluss eines Fernabsatzvertrags über eine Finanzdienstleistung gerichtet ist, wirksam widerrufen, so ist er auch nicht mehr an seine Willenserklärung hinsichtlich eines hinzugefügten Fernabsatzvertrags gebunden, der eine weitere Dienstleistung des Unternehmers oder eines Dritten auf der Grundlage einer Vereinbarung zwischen dem Unternehmer und dem Dritten zum Gegenstand hat.[2] § 357 gilt für den hinzugefügten Vertrag entsprechend; § 312e gilt entsprechend, wenn für den hinzugefügten Vertrag ein Widerrufsrecht gemäß § 312d besteht oder bestand.

Gliederung

A. Grundlagen 1	2. Hinzugefügter Fernabsatzvertrag 4
B. Kommentierung zu Satz 1 3	II. Rechtsfolge Widerrufsdurchgriff 6
I. Anwendungsvoraussetzungen 3	C. Kommentierung zu Satz 2 8
1. Widerruf in Bezug auf Fernabsatz über eine Finanzdienstleistung 3	I. Entsprechende Anwendung von § 357 BGB 9
	II. Entsprechende Anwendung von § 312e BGB ...10

A. Grundlagen

1 § 312f BGB wurde mit Wirkung zum 04.08.2011 als Art. 1 Nr. 3 des Gesetzes zur Anpassung der Vorschriften über den Fernabsatz bei Widerruf von Fernabsatzverträgen und über verbundene Verträge vom 27.07.2011 eingeführt.[1] Zur Gesetzesbegründung vgl. BT-Drs. 17/5097 und BT-Drs. 17/5819.

2 Die Vorschrift dient nach der Gesetzesbegründung der Klarstellung, dass eine Art. 6 Abs. 7 Unterabs. 2 der Richtlinie 2002/65/EG entsprechende Regelung Anwendung im innerstaatlichen Recht findet.[2]

B. Kommentierung zu Satz 1

I. Anwendungsvoraussetzungen

1. Widerruf in Bezug auf Fernabsatz über eine Finanzdienstleistung

3 Satz 1 setzt voraus, dass der Verbraucher seine Willenserklärung, die auf den Abschluss eines Fernabsatzvertrags über eine Finanzdienstleistung gerichtet ist, wirksam widerrufen hat. Die Vorschrift gilt lediglich für Finanzdienstleistungen, nicht für sonstige Dienstleistungen und auch nicht für Waren; insoweit bleibt es bei den allgemeinen Regeln.

2. Hinzugefügter Fernabsatzvertrag

4 Weitere Voraussetzung ist, dass der Verbraucher eine Willenserklärung hinsichtlich eines hinzugefügten Fernabsatzvertrages abgegeben hat, der eine weitere Dienstleistung des Unternehmers oder eines Dritten auf der Grundlage einer Vereinbarung zwischen dem Unternehmer und dem Dritten zum Gegenstand hat.

5 In der Gesetzesbegründung findet sich ebenso wenig wie in der Richtlinie eine Definition des Begriffs, unter welchen Voraussetzungen ein Fernabsatzvertrag „hinzugefügt" ist. Der Bundesrat hat im Gesetzgebungsverfahren die Prüfung angeregt, wie der Begriff „hinzugefügter Vertrag" zu definieren ist und wie dieser vom „verbundenen Vertrag" (§ 358 Abs. 3 BGB), vom „genau angegebenen Vertrag" (§ 359a Abs. 1 BGB) und vom „Vertrag über eine Zusatzleistung" (§ 359a Abs. 2 BGB) abzugrenzen ist.[3] Die Bundesregierung hat in ihrer Gegenäußerung mitgeteilt, aus ihrer Sicht sei eine Legaldefini-

---

[1] BGBl I 2011, 1600.
[2] BT-Drs. 17/5097, S. 16.
[3] BT-Drs. 17/5097, S. 24 und 25.

tion des Begriffs weder sinnvoll noch erforderlich.[4] Durch eine von der Richtlinie losgelöste Definition bestünde daher die Gefahr einer fehlerhaften bzw. unvollständigen Umsetzung. Ob ein „hinzugefügter Vertrag" vorliegt, soll nach der Bundesregierung daher abschließend von der Rechtsprechung unter Berücksichtigung der Umstände des jeweiligen Einzelfalls entschieden werden. Bei der Beurteilung der Frage, ob ein hinzugefügter Vertrag vorliegt, kann es nach der Gesetzesbegründung insbesondere darauf ankommen,
- ob die betroffenen Verträge zueinander im Verhältnis von Haupt- und Nebenvertrag im Sinne eines Zusatzvertrags stehen und
- ob beide Verträge in einem engen zeitlichen Zusammenhang geschlossen wurden.[5]

II. Rechtsfolge Widerrufsdurchgriff

Der Verbraucher ist nicht mehr an seine Willenserklärung hinsichtlich des hinzugefügten Fernabsatzvertrags gebunden. 6

Soweit eine Vertragskonstellation sowohl die Voraussetzungen für einen hinzugefügten Vertrag i.S.v. § 312f BGB als auch die eines „verbundenen Vertrages" i.S.v. § 358 Abs. 3 BGB, eines „genau angegebenen Vertrages" i.S.v. § 359a Abs. 1 BGB und eines „Vertrages über eine Zusatzleistung" i.S.v. § 359a Abs. 2 BGB erfüllt, bleiben nach der Gesetzesbegründung weitergehende Rechtsfolgen aus letzteren von § 312f BGB unberührt.[6] 7

C. Kommentierung zu Satz 2

§ 312f Satz 2 BGB regelt die Rückabwicklung im Falle des Widerrufsdurchgriffs hinsichtlich des hinzugefügten Vertrages. 8

I. Entsprechende Anwendung von § 357 BGB

§ 312f Satz 2 HS. 1 BGB ordnet eine entsprechende Anwendung von § 357 BGB für den hinzugefügten Vertrag an. 9

II. Entsprechende Anwendung von § 312e BGB

§ 312f Satz 2 HS. 1 BGB ordnet eine entsprechende Anwendung von § 312e BGB an, wenn für den hinzugefügten Vertrag ein Widerrufsrecht gemäß § 312d BGB besteht oder bestand. 10

Erforderlich ist ein Widerrufsrecht nach § 312d BGB, ein Widerrufsrecht nach § 8 VVG bei Versicherungsverträgen oder nach anderen Vorschriften ist nicht ausreichend. 11

Erforderlich ist des Weiteren, dass ein solches Widerrufsrecht besteht oder bestand. Das Erlöschen des Widerrufsrechts nach § 312d Abs. 3 BGB oder der Ablauf der Widerrufsfrist sind unschädlich. Nicht erfasst sind hingegen Fälle, in denen ein Widerrufsrecht nie bestand, weil z.B. Fernabsatzrecht gemäß § 312b Abs. 3 BGB nicht anwendbar ist. 12

---

[4] BT-Drs. 17/5097, S. 26.
[5] BT-Drs. 17/5097, S. 26 und 27.
[6] BT-Drs. 17/5097, S. 16.

§ 312g BGB Pflichten im elektronischen Geschäftsverkehr

(Fassung vom 10.05.2012, gültig ab 01.08.2012)

(1) ¹Bedient sich ein Unternehmer zum Zwecke des Abschlusses eines Vertrags über die Lieferung von Waren oder über die Erbringung von Dienstleistungen der Telemedien (Vertrag im elektronischen Geschäftsverkehr), hat er dem Kunden

1. angemessene, wirksame und zugängliche technische Mittel zur Verfügung zu stellen, mit deren Hilfe der Kunde Eingabefehler vor Abgabe seiner Bestellung erkennen und berichtigen kann,
2. die in Artikel 246 § 3 des Einführungsgesetzes zum Bürgerlichen Gesetzbuche bestimmten Informationen rechtzeitig vor Abgabe von dessen Bestellung klar und verständlich mitzuteilen,
3. den Zugang von dessen Bestellung unverzüglich auf elektronischem Wege zu bestätigen und
4. die Möglichkeit zu verschaffen, die Vertragsbestimmungen einschließlich der Allgemeinen Geschäftsbedingungen bei Vertragsschluss abzurufen und in wiedergabefähiger Form zu speichern.

²Bestellung und Empfangsbestätigung im Sinne von Satz 1 Nr. 3 gelten als zugegangen, wenn die Parteien, für die sie bestimmt sind, sie unter gewöhnlichen Umständen abrufen können.

(2) ¹Bei einem Vertrag im elektronischen Geschäftsverkehr zwischen einem Unternehmer und einem Verbraucher, der eine entgeltliche Leistung des Unternehmers zum Gegenstand hat, muss der Unternehmer dem Verbraucher die Informationen gemäß Artikel 246 § 1 Absatz 1 Nummer 4 erster Halbsatz und Nummer 5, 7 und 8 des Einführungsgesetzes zum Bürgerlichen Gesetzbuche, unmittelbar bevor der Verbraucher seine Bestellung abgibt, klar und verständlich in hervorgehobener Weise zur Verfügung stellen. ²Diese Pflicht gilt nicht für Verträge über die in § 312b Absatz 1 Satz 2 genannten Finanzdienstleistungen.

(3) ¹Der Unternehmer hat die Bestellsituation bei einem Vertrag nach Absatz 2 Satz 1 so zu gestalten, dass der Verbraucher mit seiner Bestellung ausdrücklich bestätigt, dass er sich zu einer Zahlung verpflichtet. ²Erfolgt die Bestellung über eine Schaltfläche, ist die Pflicht des Unternehmers aus Satz 1 nur erfüllt, wenn diese Schaltfläche gut lesbar mit nichts anderem als den Wörtern „zahlungspflichtig bestellen" oder mit einer entsprechenden eindeutigen Formulierung beschriftet ist.

(4) Ein Vertrag nach Absatz 2 Satz 1 kommt nur zustande, wenn der Unternehmer seine Pflicht aus Absatz 3 erfüllt.

(5) ¹Absatz 1 Satz 1 Nr. 1 bis 3 und die Absätze 2 bis 4 finden keine Anwendung, wenn der Vertrag ausschließlich durch individuelle Kommunikation geschlossen wird. ²Absatz 1 Satz 1 Nr. 1 bis 3 und Satz 2 findet keine Anwendung, wenn zwischen Vertragsparteien, die nicht Verbraucher sind, etwas anderes vereinbart wird.

(6) ¹Weitergehende Informationspflichten auf Grund anderer Vorschriften bleiben unberührt. ²Steht dem Kunden ein Widerrufsrecht gemäß § 355 zu, beginnt die Widerrufsfrist abweichend von § 355 Abs. 3 Satz 1 nicht vor Erfüllung der in Absatz 1 Satz 1 geregelten Pflichten.

Gliederung

A. Grundlagen ....
I. Überblick ....
II. Entstehungsgeschichte 3
III. Europäischer Hintergrund 6

B. Exkurs: Vertragsschluss im E-Commerce 8	II. Kommentierung zu Absatz 2 106
I. Abgabe und Zugang elektronischer Erklärungen 9	1. Vertrag im elektronischen Geschäftsverkehr ... 107
II. Angebot und Annahme 14	a. Vertrag 107
III. Unwirksamkeit 21	b. Über Waren und Dienstleistungen 108
C. Kommentierung zu Absatz 1 Satz 1 24	c. Im elektronischen Geschäftsverkehr 109
I. Vertrag im elektronischen Geschäftsverkehr 24	2. Abweichungen im Vergleich zu Absatz 1 111
1. Vertragsparteien 25	a. Zwischen Unternehmer und Verbraucher 111
2. Vertragsgegenstand 26	b. Entgeltliche Leistung 112
3. Telemedien 27	3. Pflichtinformationen 113
a. Telemedien 28	4. Unmittelbar, bevor der Verbraucher seine Bestellung abgibt 116
b. Keine Anwendung auf Verteildienste 30	a. Bestellung 116
c. Abgrenzung zum Telekommunikationsrecht 31	b. Unmittelbar 117
d. Abgrenzung zu Fernkommunikationsmitteln..... 32	5. Klar und verständlich in hervorgehobener Weise 123
4. Zweckbestimmung 33	III. Kommentierung zu Absatz 2 Satz 2 127
II. Pflichten des Unternehmers 34	IV. Kommentierung zu Absatz 3 128
1. Technische Mittel zur Erkennung und Berichtigung von Eingabefehlern 35	1. Satz 1 129
2. Informationspflichten 44	a. Ausdrücklich 130
a. Technische Schritte zum Vertragsschluss 45	b. Gestaltung 131
b. Speicherung und Zugänglichkeit des Vertragstextes 50	2. Satz 2 133
	a. Schaltfläche 134
c. Technische Mittel betreffend Eingabefehler 57	b. Beschriftung 138
d. Sprachen 63	c. Eindeutig 139
e. Verhaltenskodizes 64	d. Mit nichts anderem 144
3. Unverzügliche elektronische Empfangsbestätigung 69	e. Gut lesbar 145
a. Definition 70	V. Kommentierung zu Absatz 4 146
b. Beispiele für Formulierungen 71	F. Kommentierung zu Absatz 5 150
c. Vergleich mit dem Telekommunikationsrecht... 75	I. Individuelle Kommunikation 150
4. Abrufen und Speichern der Vertragsbestimmungen 76	1. Überblick 150
	2. Anwendungsvoraussetzungen 151
III. Folgen von Verstößen 88	a. Kommunikation 151
1. Wirksamkeit des Vertrages 88	b. Individuell 152
2. Anfechtbarkeit des Vertrages 90	c. Ausschließlich 155
3. Verletzung einer vertraglichen Nebenpflicht 95	II. Abdingbarkeit 156
4. Beginn der Widerrufsfrist 96	G. Kommentierung zu Absatz 6 162
5. Wettbewerbsrecht; Unterlassungsklagen 97	I. Weitergehende Informationspflichten (Absatz 6 Satz 1) 162
D. Kommentierung zu Absatz 1 Satz 2 98	II. Beginn der Widerrufsfrist (Absatz 6 Satz 2) ... 164
E. Pflichten bei Verbraucherverträgen 105	H. Übergangsrecht 167
I. Überblick 105	

A. Grundlagen

I. Überblick

Regelungen für Verträge im elektronischen Geschäftsverkehr enthalten seit dem 01.01.2002 die §§ 312g und 312i BGB. Diese Verträge sind neben den Haustürgeschäften (§§ 312 und 312a BGB) und den Fernabsatzverträgen (§§ 312b-312f BGB) die dritte besondere Vertriebsform im Sinne des BGB. § 312g BGB stellt zusammen mit den Formvorschriften in § 126a BGB und § 126b BGB und dem Fernabsatzrecht (§§ 312b ff. BGB) den Kern der Vorschriften des BGB für den elektronischen Geschäftsverkehr dar. Dabei ist nicht jeder Fernabsatzvertrag auch ein Vertrag im elektronischen Geschäftsverkehr; das Recht der Fernabsatzverträge ist mit dem Recht der Verträge im elektronischen Geschäftsverkehr aber durch § 312g Abs. 6 Satz 2 BGB verbunden. § 312g BGB legt dem Unternehmer Pflichten auf, welche dieser im Geschäftsverkehr mit Verbrauchern gegebenenfalls zusätzlich zu den Pflichten nach Fernabsatzrecht zu beachten hat.

II. Entstehungsgeschichte

Anders als die Bestimmungen für Haustürgeschäfte und Fernabsatzverträge sind die Bestimmungen für Verträge im elektronischen Geschäftsverkehr eine Neuschöpfung des Schuldrechtsmodernisierungsgesetzes, dies aber zugleich zur Umsetzung der E-Commerce-Richtlinie (vgl. Rn. 8 ff.). Gesetzgebungsmaterialien: BT-Drs. 14/6040, BT-Drs. 14/6857 und BT-Drs. 14/7052.

§ 312g

4 Zum 11.06.2010 wurde die Vorschrift in Absatz 1 Satz 1 Nr. 2 und in Absatz 3 Satz 2 (nunmehr Absatz 6 Satz 2) redaktionell geändert.[1]

5 Eine wesentliche inhaltliche Ergänzung der Vorschrift erfolgte zum 01.08.2012 durch die Neuschaffung der Einfügung der Absätze 2-4 (sog. Button-Lösung).[2] Nachdem eine Initiative des Bundesrates in der 16. Legislaturperiode, im Rahmen des „Gesetzes zur Bekämpfung unerlaubter Telefonwerbung und zur Verbesserung des Verbraucherschutzes bei besonderen Vertriebsformen" einen neuen Absatz 1a[3] zum Schutz vor Kostenfallen im Internet einzufügen[4], nach Zurückweisung in der Gegenäußerung der Bundesregierung[5] noch erfolglos geblieben war, wurde der Schutz von Verbrauchern vor Kostenfallen im Internet in der darauf folgenden Legislaturperiode nach einem neuen Anlauf – diesmal der Bundesregierung[6] – auf Grundlage eines neuen und erweiterten Entwurfs nach Änderung auf Initiative des Bundesrats in der durch den Rechtsausschuss geänderten Fassung[7] am 02.03.2012 vom Bundestag beschlossen.

III. Europäischer Hintergrund

6 Die Regelungen über Verträge im elektronischen Geschäftsverkehr in den Absätzen 1, 5 und 6 dienen der Umsetzung von Art. 9 Abs. 1[8] sowie Art. 10 und 11[9] der sog. E-Commerce-Richtlinie (Richtlinie 2000/31/EG).[10]

---

[1] Vgl. Art. 1 Nr. 6 lit. a und b des Gesetzes zur Umsetzung der Verbraucherkreditrichtlinie, des zivilrechtlichen Teils der Zahlungsdiensterichtlinie sowie zur Neuordnung der Vorschriften über das Widerrufs- und Rückgaberecht vom 29.07.2009 (BGBl I 2009, 2355). Bei der Änderung der Verweisung in § 312g Abs. 1 Satz 1 Nr. 2 BGB handelt es sich lediglich um eine redaktionelle Anpassung, denn die im elektronischen Geschäftsverkehr zu beachtenden Pflichten ergaben sich ab dem 11.06.2010 aus Art. 246 § 3 EGBGB. Ebenso handelte es sich bei der Änderung der Verweisung in § 312g Abs. 6 Satz 2 BGB um eine redaktionelle Anpassung, denn ab dem 11.06.2010 ergab sich aus § 355 Abs. 3 Satz 1 BGB, wann die Widerrufsfrist grundsätzlich beginnt (BT-Drs. 16/11643, S. 70).

[2] Art. 1 des Gesetzes zur Änderung des Bürgerlichen Gesetzbuchs zum besseren Schutz der Verbraucherinnen und Verbraucher vor Kostenfallen im elektronischen Geschäftsverkehr und zur Änderung des Wohnungseigentumsgesetzes vom 10.05.2012 (BGBl I 2012, 1084), gemäß Art. 3 Abs. 2 des Gesetzes in Kraft ab dem 01.08.2012.

[3] Der Vorschlag lautete: „Der auf eine entgeltliche Gegenleistung gerichtete Vertrag im elektronischen Geschäftsverkehr wird nur wirksam, wenn der Verbraucher vor Abgabe seiner Bestellung vom Unternehmer einen Hinweis auf die Entgeltlichkeit und die mit dem Vertrag verbundenen Gesamtkosten in deutlicher, gestaltungstechnisch hervorgehobener Form erhalten und die Kenntnisnahme dieses Hinweises in einer von der Bestellung gesonderten Erklärung bestätigt hat."

[4] BT-Drs. 16/10734, S. 18-19.

[5] BT-Drs. 16/10734, S. 23.

[6] BT-Drs. 17/7745.

[7] BT-Drs. 17/8805.

[8] Art. 9 Abs. 1 Satz 1 der Richtlinie 2000/31/EG verpflichtet die Mitgliedstaaten dazu, sicherzustellen, dass ihr Rechtssystem den Abschluss von Verträgen auf elektronischem Wege ermöglicht. Dazu gehört gemäß Art. 9 Abs. 1 Satz 2 der Richtlinie 2000/31/EG insbesondere, dass ihre für den Vertragsabschluss geltenden Rechtsvorschriften weder Hindernisse für die Verwendung elektronische Verträge bilden noch dazu führen, dass diese Verträge aufgrund des Umstandes, dass sie auf elektronischem Wege zustande gekommen sind, keine rechtliche Wirksamkeit oder Gültigkeit haben. Nach Erwägungsgrund 35 der Richtlinie 2000/31/EG sollte die Möglichkeit der Mitgliedstaaten unberührt bleiben, allgemeine oder spezifische rechtliche Anforderungen für Verträge, die auf elektronischem Wege erfüllt werden können, insbesondere Anforderungen für sichere elektronische Signaturen, aufrechtzuerhalten oder festzulegen. Nach Erwägungsgrund 37 der Richtlinie 2000/31/EG betrifft die Verpflichtung der Mitgliedstaaten, Hindernisse für die Verwendung elektronisch geschlossener Verträge zu beseitigen, nur Hindernisse, die sich aus rechtlichen Anforderungen ergeben, nicht jedoch praktische Hindernisse, die dadurch entstehen, dass in bestimmten Fällen elektronische Mittel nicht genutzt werden können. Der deutsche Gesetzgeber hat im Ergebnis von besonderen Regelungen für das Zustandekommen von Verträgen im elektronischen Geschäftsverkehr abgesehen. Die bereits vorhandenen Vorschriften des Bürgerlichen Gesetzbuchs wurden als ausreichend erachtet.

[9] Art. 10 und 11 der Richtlinie 2000/31/EG verpflichten die Mitgliedstaaten dazu, bei Verträgen im elektronischen Geschäftsverkehr besondere Pflichten für die Diensteanbieter vorzusehen. Das ist in § 312g Abs. 1 BGB geschehen.

[10] Richtlinie 2000/31/EG des Europäischen Parlaments und des Rates vom 08.06.2000 über bestimmte rechtliche Aspekte der Dienste der Informationsgesellschaft, insbesondere des elektronischen Geschäftsverkehrs, im Binnenmarkt (ABl. EG Nr. L 178, S. 1).

Die neu eingefügten Absätze 2-4 nehmen Art. 8 der Richtlinie 2011/83/EU vorweg, die bis zum 13.12.2013 umzusetzen ist. 7

B. Exkurs: Vertragsschluss im E-Commerce

Verträge im elektronischen Geschäftsverkehr werfen einige spezielle Fragen auf.[11] Dies gilt bereits für den Vertragsschluss (§ 311 Abs. 1 BGB i.V.m. den §§ 145 ff. BGB). 8

I. Abgabe und Zugang elektronischer Erklärungen

Eine Willenserklärung kann auch elektronisch abgegeben werden, beispielsweise per E-Mail, durch das Anklicken eines Links auf einer Web-Seite, das Anklicken eines Schaltfelds mit einer Aufschrift („Button") oder auch automatisiert durch Sniper-Software[12] und Software-Agenten.[13] Es reicht für die Erklärung eines Menschen aus, dass der elektronisch ausgeführte Erklärungsakt auf einen menschlichen Willen zurückzuführen ist. Ein Computer trifft keine eigene Entscheidung, die Erklärung wird mit Hilfe eines Computers abgegeben. Dies gilt auch dann, wenn die Herstellung der individuellen Erklärung einer Software überlassen wird und somit kein konkreter Rechtsfolgewille besteht. 9

Erforderlich ist ein Erklärungsbewusstsein. Daran kann es z.B. bei der verdeckten Installation eines Web-Dialers im Internet in der Regel fehlen.[14] Insbesondere kommt dem Schließen eines Dialog-Felds oder z.B. eines Pop-Up-Fensters nicht ohne weiteres ein rechtlich erheblicher Erklärungswert zu.[15] Ungeachtet dessen, ob ein Vertrag zustande kommt, sind die Informationspflichten nach Fernabsatzrecht (§ 312c BGB i.V.m. Art. 246 § 1 EGBGB) und für Verträge im elektronischen Geschäftsverkehr (§ 312g Abs. 1 Satz 1 Nr. 2 BGB i.V.m. Art. 246 § 3 EGBGB) zu beachten.[16] 10

Bei einem Vertrag im elektronischen Geschäftsverkehr zwischen einem Unternehmer und einem Verbraucher, der eine entgeltliche Leistung des Unternehmers zum Gegenstand hat, ist seit dem 01.08.2012 § 312g Abs. 2-4 BGB zu beachten. Ein solcher Vertrag kommt gemäß § 312g Abs. 4 BGB nur zustande, wenn der Unternehmer die in § 312g Abs. 3 BGB aufgeführten Pflichten erfüllt hat (sog. Button-Lösung). 11

Bei der Abgabe einer Willenserklärung ist eine Stellvertretung gemäß § 164 BGB möglich. Voraussetzung hierfür ist eine ausreichende Vertretungsmacht des Erklärenden, welche sich aus Gesetz oder Vertrag ergeben kann. Bei Internet-Geschäften kann die Identifizierung desjenigen, der eine Erklärung abgibt, und im Falle der Abgabe einer Erklärung in fremdem Namen der Nachweis der Vertretungsmacht schwierig sein. In Betracht kommt ein Nachweis mit Hilfe von – allerdings derzeit nicht sehr verbreiteten – qualifizierten elektronischen Signaturen. Hierfür hat der Gesetzgeber in § 5 SigG entsprechende Voraussetzungen geschaffen. Danach kann ein qualifiziertes Zertifikat auf Verlangen des Antragstel- 12

---

[11] Vgl. z.B. *Pierson/Seiler*, JurPC 2003, Web-Dok. 217/2003; *Dörner*, AcP 202, 363-396; *Ulmer*, CR 2002, 208-213; *Dethloff*, Jura 2003, 730-738.

[12] Hierzu LG Berlin v. 11.02.2003 - 15 O 704/02 - K&R 2003, 294-296 = JurPC Web-Dok. 38/2004.

[13] Hierzu z.B. *Bock*, CR 2001, 249-259, *Cornelius*, MMR 2002, 353-358 und *Denk/Paul/Roßnagel/Schnellenbach-Held*, NZBau 2004, 131-135.

[14] Hierzu AG Bühl v. 30.09.2003 - 3 C 260/03 - MMR 2003, 801-802; AG Berlin-Wedding v. 01.09.2003 - 17 C 263/03 - MMR 2003, 802; AG Gelsenkirchen v. 19.08.2003 - 14 C 38/03 - MMR 2003, 802-803.

[15] AG Waiblingen v. 19.11.2003 - 7 C 1577/03; zu Pop-Up-Fenstern und Datenschutzrecht vgl. die Mitteilung der EU-Kommission ABl. EG Nr. C 155 E vom 03.07.2003, S. 148.

[16] LG Berlin v. 28.05.2002 - 102 O 48/02 - MMR 2002, 630, mit Anm. *Rössel*, ITRB 2003, 26-27; LG Köln v. 03.07.2003 - 31 O 287/03 - MMR 2003, 676-677; mit Anm. *Katko*, CR 2003, 931-933; LG Berlin v. 28.05.2002 - 102 O 48/02 - MMR 2002, 630; AG Kamenz v. 15.02.2005 - 1 C 0208/04, 1 C 208/04; zur Anwendung von § 241a BGB auf Dialer: LG Gera v. 24.03.2004 - 1 S 386/03 - CR 2004, 543-544; zu Informationspflichten nach Telekommunikationsrecht: - KG v. 28.06.2005 5 U 19/05 - GRUR-RR 2006, 103-105; LG Mannheim v. 19.03.2004 - 7 O 47/04 - MMR 2004, 493-495; zur Darlegungs- und Beweislast: BGH v. 20.10.2005 - III ZR 37/05 - MMR 2006, 27-29; BGH v. 04.03.2004 - III ZR 96/03 - NJW 2004, 1590-1593; BGH v. 22.11.2001 - III ZR 5/01 - NJW 2002, 361-363; ferner z.B. LG Trier v. 26.07.2005 - 1 S 40/05, 1 S 40 / 05 - BGHZ 158, 201 ff.; LG Itzehoe v. 21.03.2005 - 1 S 162/04; AG Hannover v. 24.02.2005 - 551 C 15010/04 - MMR 2005, 555-556; AG Trier v. 10.12.2004 - 32 C 515/04 - NJW-RR 2005, 921-922; LG Duisburg v. 21.10.2004 - 5 S 77/04 - MMR 2005, 195; LG Osnabrück v. 27.08.2004 - 12 S 45/04 - MMR 2004, 824-825; AG Moers v. 30.06.2004 - 532 C 17/04 - K&R 2004, 499-500; AG Königswinter v. 30.04.2004 - 10 C 136/03 - CR 2004, 602; LG Konstanz v. 28.04.2004 - 11 S 3/04 E, 11 S 3/04- ZUM-RD 2005, 189-190; zum Widerruf einer Dialer-Registrierung: VG Köln v. 18.03.2005 - 11 K 7198/04 - MMR 2005, 561-564.

lers Angaben über seine Vertretungsmacht für eine dritte Person sowie berufsbezogene oder sonstige Angaben zu seiner Person (sog. Attribute) enthalten (§ 5 Abs. 2 Satz 1 SigG). Hinsichtlich der Angaben über die Vertretungsmacht ist die Einwilligung der dritten Person nachzuweisen (§ 5 Abs. 2 Satz 2 SigG). Angaben über die Vertretungsmacht für eine dritte Person dürfen nur bei Nachweis dieser Einwilligung in ein qualifiziertes Zertifikat aufgenommen werden (vgl. hierzu die Kommentierung zu § 126a BGB).

13   Eine empfangsbedürftige Willenserklärung wird erst bei ihrem Zugang wirksam, wenn sie in Abwesenheit des Empfängers abgegeben wird. Das ist dann der Fall, wenn sie so in den Machtbereich des Empfängers gelangt, dass bei Annahme gewöhnlicher Verhältnisse damit zu rechnen ist, er könne Kenntnis nehmen. § 312g Abs. 1 Satz 2 BGB enthält eine Zugangsfiktion für die Bestellung (eine Willenserklärung) und die Empfangsbestätigung (eine Wissenserklärung) und wird ergänzt durch § 312g Abs. 1 Satz 1 Nr. 3 BGB.

II. Angebot und Annahme

14   Die Regelung zu den Pflichten des Unternehmers bei einem Abschluss von Verträgen im elektronischen Geschäftsverkehr unterscheidet in § 312g BGB die Abgabe einer Bestellung gemäß § 312g Abs. 1 Satz 1 Nr. 1 BGB und die Bestätigung des Zugangs der Bestellung (Empfangsbestätigung) gemäß § 312g Abs. 1 Satz 1 Nr. 3 BGB. Das Gesetz hat damit aber noch keine Entscheidung darüber getroffen, welche Bedeutung die Bestellung und die Empfangsbestätigung für den Vertragsschluss haben. Gemäß § 312g Abs. 1 Satz 1 Nr. 2 BGB i.V.m. Art. 246 § 3 Nr. 1 EGBGB muss der Unternehmer den Kunden über die einzelnen technischen Schritte, die zu einem Vertragsschluss führen, informieren. Kommt er dieser Informationspflicht nach, dürften sich zahlreiche der folgenden Auslegungsprobleme, insbesondere zwischen Angebot und invitatio ad offerendum sowie zwischen Annahme i.S.v. § 146 BGB und Empfangsbestätigung i.S.v. § 312g Abs. 1 Satz 1 Nr. 3 BGB, nicht stellen. Die Erläuterung des Zustandekommens des Vertrages in den Allgemeinen Geschäftsbedingungen dürfte hierzu nicht ausreichen, denn die Informationen müssen dem Kunden rechtzeitig vor der Abgabe der Bestellung klar und verständlich mitgeteilt werden. Vielmehr dürfte in der Regel eine gesonderte Belehrung vor Vertragsschluss erforderlich sein.

15   Ob es sich bei der Präsentation des Waren- oder Dienstleistungsangebots eines Unternehmens auf seiner Web-Seite bereits um ein Angebot i.S.v. § 145 BGB handelt oder lediglich um eine Aufforderung zur Abgabe eines Angebots durch den Kunden (invitatio ad offerendum), ist im Einzelfall durch Auslegung zu ermitteln. Es kommt darauf an, wie der Empfänger den erklärten Inhalt nach Treu und Glauben und unter Berücksichtigung der Verkehrssitte verstehen darf (§ 133 BGB i.V.m. § 157 BGB). In der Regel handelt es sich danach bei einer Web-Seite um bloße Werbung, ein Rechtsbindungswille kann dieser regelmäßig nicht entnommen werden. Das kann aber im Einzelfall anders sein, je nach Gestaltung etwa bei der Einstellung einer Web-Seite mit einem Verkaufsangebot in einer Internet-Auktion.[17]

16   Ein Antrag erlischt gemäß § 146 BGB, wenn er dem Antragenden gegenüber abgelehnt oder wenn er nicht diesem gegenüber nach den §§ 147, 148 BGB oder § 149 BGB rechtzeitig angenommen wird. Hinsichtlich der Annahmefrist ist gemäß § 147 BGB zwischen einem Antrag gegenüber einer anwesenden Person und einem Antrag gegenüber einer abwesenden Person zu differenzieren.

17   Nur sofort angenommen werden können einem Anwesenden gemachte Anträge, wozu auch solche gehören, die mittels Fernsprecher oder einer sonstigen technischen Einrichtung von Person zu Person gemacht werden (§ 147 Abs. 1 BGB). Durch das Gesetz zur Anpassung der Formvorschriften des Privatrechts und anderer Vorschriften an den modernen Rechtsgeschäftsverkehr wurde in § 147 Abs. 1 Satz 2 BGB nach den Wörtern „mittels Fernsprechers" die Formulierung „oder einer sonstigen technischen Einrichtung" eingefügt, um der Möglichkeit eines Vertragsabschlusses mittels neuer Kommunikationstechniken Rechnung zu tragen. Als Beispiele für solche technischen Einrichtungen sind in der Gesetzesbegründung Videokonferenzen und Chats aufgeführt, bei denen die potentiellen Vertragspartner „unmittelbar und ohne nennenswerten Zeitverlust miteinander kommunizieren, sofort auf Äußerungen der anderen Person reagieren und gegebenenfalls Nachfragen stellen können".

---

[17] Vgl. nur BGH v. 07.11.2001 - VIII ZR 13/01 - BGHZ 149, 129-139; vgl. die Entscheidungen der Vorinstanzen OLG Hamm v. 14.12.2000 - 2 U 58/00 - NJW 2001, 1142-1145 und LG Münster v. 21.01.2000 - 4 O 424/99 - JurPC 60/2000.

Fehlt es an dieser Unmittelbarkeit der Kommunikation von Person zu Person wie beispielsweise bei der Übermittlung einer E-Mail, so handelt es sich um einen Antrag gegenüber einem Abwesenden. Ein solcher einem Abwesenden gemachter Antrag kann bis zu dem Zeitpunkt angenommen werden, in welchem der Antragende den Eingang der Antwort unter regelmäßigen Umständen erwarten darf (§ 147 Abs. 2 BGB, vgl. hierzu die Kommentierung zu § 147 BGB). Die Übermittlungszeiten fallen bei Vertragsschlüssen im Internet regelmäßig nicht ins Gewicht, so dass sich die gesetzliche Annahmefrist nach der dem Empfänger zuzugestehenden Bearbeitungs- und Überlegungszeit bemisst. Unsicherheiten lassen sich in der Praxis dadurch vermeiden, dass man von der Möglichkeit des § 148 BGB Gebrauch macht und für die Annahme des Antrags eine Frist bestimmt (vgl. hierzu die Kommentierung zu § 148 BGB).

18

Die Annahme ist grundsätzlich eine empfangsbedürftige Willenserklärung. Gemäß § 151 Satz 1 BGB kommt ein Vertrag aber auch durch die Annahme des Antrags zustande, ohne dass die Annahme dem Antragenden gegenüber erklärt zu werden braucht, wenn eine solche Erklärung nach der Verkehrssitte nicht zu erwarten ist oder der Antragende auf sie verzichtet hat. Eine solche Verkehrssitte besteht beispielsweise bei der Bestellung von Waren im Versandhandel, unabhängig davon, ob es sich um eine herkömmliche oder um eine elektronische Bestellung im Fernabsatz handelt. Die entscheidende Betätigung des Annahmewillens liegt in dem Absenden der bestellten Ware.[18]

19

Einen Sonderfall der Annahme stellt ferner der Zuschlag bei Versteigerungen dar (§ 156 BGB). Zwar gibt es auch im Internet Versteigerungen in diesem Sinne. Bei Vertragsschlüssen im Wege von „Versteigerungen" auf Auktionsplattformen wie eBay handelt es sich jedoch regelmäßig um Kaufverträge gegen Höchstgebot, u.a. mit der Folge, dass bei Anwendbarkeit des Fernabsatzrechts das Widerrufsrecht nach § 312d Abs. 4 Nr. 5 BGB nicht ausgeschlossen ist.

20

III. Unwirksamkeit

Verträge im Internet können aus den verschiedensten Gründen unwirksam sein. So ist beispielsweise die Willenserklärung eines Geschäftsunfähigen nichtig (§ 105 Abs. 1 BGB). Geschäftsunfähig sind unter anderem Kinder, die das siebente Lebensjahr noch nicht vollendet haben (§ 104 Nr. 1 BGB). Minderjährige Kinder und Jugendliche sind bis zur Vollendung ihres achtzehnten Lebensjahres in der Geschäftsfähigkeit beschränkt (§ 106 BGB). Bei elektronischen Vertragsschlüssen fehlen regelmäßig Möglichkeiten, um zuverlässig das Alter des Vertragspartners zu überprüfen. Die Einholung von Zusicherungen der Volljährigkeit ist nicht ausreichend, ihre Einholung unter Androhung einer Strafanzeige wegen Betrugs kann zudem wettbewerbswidrig sein.[19] In Betracht kommt auch hier ein Nachweis mit Hilfe einer qualifizierten elektronischen Signatur. Gemäß § 5 Abs. 2 Satz 1 SigG kann ein qualifiziertes Zertifikat Angaben zu der Person des Antragstellers enthalten. Möglich ist daher auch die Angabe des Geburtsdatums. Dabei gilt der Grundsatz, dass der Zertifizierungsdiensteanbieter den Antragsteller zuverlässig zu identifizieren hat (§ 5 Abs. 1 Satz 1 SigG). Diese Vorgehensweise ist um ein Vielfaches sicherer als die Abfrage von Kreditkarten, denn diese müssen nicht in gleichem Maße wie elektronische Signaturen unter Verschluss gehalten werden, so dass auch eine fremde Kreditkarte (beispielsweise die der Eltern) genommen werden kann, um den „Schutz" zu umgehen.

21

Nichtig ist eine Willenserklärung ferner dann, wenn sie nicht die gesetzlichen oder vertraglich vereinbarten Formerfordernisse erfüllt (§ 125 BGB, vgl. hierzu die Kommentierung zu § 125 BGB und die Kommentierung zu § 127 BGB).

22

Eine Willenserklärung ist des Weiteren gemäß § 142 Abs. 1 BGB als von Anfang an nichtig anzusehen, wenn ein Anfechtungsgrund nach den §§ 119, 120 BGB oder § 123 BGB bestand und die Erklärung fristgerecht angefochten wurde. Wird einem Verbraucher durch Fernabsatzrecht ein Widerrufsrecht nach § 355 BGB i.V.m. § 312d Abs. 1 Satz 1 BGB eingeräumt, so ist er an seine auf den Abschluss des Vertrages gerichtete Willenserklärung nicht mehr gebunden, wenn er sie fristgerecht widerrufen hat (zum Fristbeginn vgl. auch § 312g Abs. 6 Satz 2 BGB).

23

---

[18] LG Gießen v. 04.06.2003 - 1 S 413/02 - NJW-RR 2003, 1206-1207, vgl. ferner die Kommentierung zu § 151 BGB.

[19] LG Mannheim v. 12.05.2009 - 2 O 268/08 - CR 2009, 818-820 zur Klausel „Sollten Sie bei der Angabe Ihres Geburtsdatums (…) falsche Angaben gemacht haben, liegt ein Betrugsdelikt vor. Eine Strafanzeige behalten wir uns diesbezüglich vor."

C. Kommentierung zu Absatz 1 Satz 1

I. Vertrag im elektronischen Geschäftsverkehr

24 Ein Vertrag im elektronischen Geschäftsverkehr liegt gemäß der Legaldefinition in § 312g Abs. 1 Satz 1 BGB vor, wenn sich ein Unternehmer zum Zwecke des Abschlusses eines Vertrages über die Lieferung von Waren oder über die Erbringung von Dienstleistungen mit einem Kunden Telemedien bedient.

1. Vertragsparteien

25 Adressat der Pflichten des § 312g BGB ist der Unternehmer i.S.v. § 14 BGB (vgl. hierzu die Kommentierung zu § 14 BGB; in der Terminologie der Richtlinie 2000/31/EG „Diensteanbieter"[20]). Vertragspartner des Unternehmers ist der Kunde[21] (vgl. auch § 675a BGB; in der Terminologie der Richtlinie 2000/31/EG „Nutzer"[22]) und damit anders als im Fernabsatzrecht nicht notwendigerweise ein Verbraucher i.S.v. § 13 BGB.

2. Vertragsgegenstand

26 Gegenstand des Vertrages kann – wie im Fernabsatzrecht – sowohl die Lieferung von Waren als auch die Erbringung von Dienstleistungen sein. Die Differenzierung spielt für § 312g Abs. 1 BGB keine Rolle. Ausschlusstatbestände für bestimmte Waren oder Dienstleistungen sind nicht vorgesehen, auch Versicherungsverträge fallen unter § 312g BGB. Die Differenzierung hat allerdings für die Pflicht aus § 312g Abs. 2 Satz 1 BGB Bedeutung, denn diese gilt gemäß § 312g Abs. 2 Satz 2 BGB nicht für die in § 312b Abs. 1 Satz 2 BGB genannten Finanzdienstleistungen.

3. Telemedien

27 Der Unternehmer muss sich eines Telemediums bedienen (in der Terminologie der Richtlinie 2000/31/EG: „Dienste der Informationsgesellschaft"[23]).

a. Telemedien

28 Der Begriff der Telemedien ist in § 1 Abs. 1 Satz 1 TMG gesetzlich definiert. Der Gesetzgeber hat ausdrücklich an diese Definition angeknüpft.[24]

29 Im Nachgang zur Ablösung des TDG und des MedDStV durch das TMG und den RStV hat der Gesetzgeber zum 01.08.2012 auch den Begriff der Teledienste (i.S.v. § 2 Abs. 1 TDG a.F.) und Mediendienste (i.S.v. § 2 Abs. 1 MedDStV a.F.) in § 312g Abs. 1 BGB durch den Begriff der Telemedien ersetzt. Eine inhaltliche Änderung ist damit ausweislich der Gesetzesbegründung nicht verbunden.[25]

b. Keine Anwendung auf Verteildienste

30 Nach der Begründung zu dem Gesetzesentwurf zu § 312g BGB soll die Vorschrift aus teleologischen Überlegungen und mit Blick auf eine an der Richtlinie 2000/31/EG orientierte Auslegung nicht auf Medien- und Teledienste in Gestalt von Verteildiensten (§ 2 Satz 1 Nr. 4 TMG; § 3 Nr. 3 TDG a.F. bzw. § 3 Nr. 3 MedDStV a.F.) anwendbar sein. Dies betrifft insbesondere Fernsehtext, Radiotext und vergleichbare Textdienste i.S.v. § 2 Abs. 2 Nr. 3 MedDStV a.F., darüber hinaus auch Datenverteildienste nach § 2 Abs. 1 Nr. 2 MedDStV a.F. und Teleshopping-Angebote i.S.v. § 2 Abs. 2 Nr. 1 MedDStV a.F. Der Anwendungsbereich des § 312g BGB sei beschränkt auf solche Dienste, die der

---

[20] Nach der Begriffsbestimmung in Art. 2 lit. b der E-Commerce-Richtlinie ist darunter „jede natürliche oder juristische Person, die einen Dienst der Informationsgesellschaft anbietet", zu verstehen.

[21] BT-Drs. 14/7052, S. 298.

[22] Nutzer ist nach der Begriffsbestimmung in Art. 2 lit. d der Richtlinie 2000/31/EG „jede natürliche oder juristische Person, die zu beruflichen oder sonstigen Zwecken einen Dienst der Informationsgesellschaft in Anspruch nimmt, insbesondere um Informationen zu erlangen oder zugänglich zu machen". Nach Erwägungsgrund 20 der Richtlinie 2000/31/EG umfasst der Begriff des Nutzers eines Dienstes alle Arten der Inanspruchnahme von Diensten der Informationsgesellschaft sowohl durch Personen, die Informationen in offenen Netzen wie dem Internet anbieten, als auch durch Personen, die im Internet Informationen für private oder berufliche Zwecke suchen.

[23] Art. 2 lit. a der Richtlinie 2000/31/EG verweist auf die Begriffsbestimmung in Art. 1 Nr. 2 der Richtlinie 98/34/EG in der Fassung der Richtlinie 98/48/EG.

[24] BT-Drs. 17/7745, S. 9/10.

[25] BT-Drs. 17/7745, S. 9/10.

Kunde individuell elektronisch und zum Zwecke einer Bestellung abrufen könne.[26] Der Anwendungsbereich des § 312g BGB wäre damit auf Abrufdienste beschränkt (§ 3 Nr. 4 TDG a.F. bzw. § 3 Nr. 4 MedStV a.F.). Typische Fälle sind Angebote von Waren und Dienstleistungen in elektronisch abrufbaren Datenbanken mit interaktivem Zugriff und unmittelbarer Bestellmöglichkeit (§ 2 Abs. 2 Nr. 5 TDG a.F.).

c. Abgrenzung zum Telekommunikationsrecht

Abgrenzungsprobleme zwischen dem Telemedienrecht und dem Telekommunikationsrecht entstehen aufgrund einer zum 01.09.2007 in Kraft getretenen Gesetzesänderung dadurch, dass nach § 3 Nr. 11a TKG als „Kurzwahl-Datendienste" solche Kurzwahldienste definiert werden, „die der Übermittlung von nichtsprachgestützten Inhalten mittels Telekommunikation dienen und die keine Telemedien sind". Nach Auffassung von *Taeger/Rose*[27] unterliegen Kurzwahldienste, wie etwa der mobile Klingeltonvertrieb, den Vorschriften des TKG, nicht dem Telemedienrecht. Die Abgrenzung ist von praktischer Bedeutung. Für Vertragsschlüsse im elektronischen Geschäftsverkehr, d.h. bei der Nutzung von Telemedien, gilt § 312g BGB, für Kurzwahldienste gilt u.a. § 45l TKG. Gemäß § 45l Abs. 3 Satz 3 TKG entsteht ein Dauerschuldverhältnis für Kurzwahldienste nicht, wenn der Teilnehmer den Erhalt der Informationen nach § 45l Abs. 3 Satz 1 TKG nicht bestätigt; dennoch geleistete Zahlungen des Teilnehmers an den Anbieter sind zurückzuzahlen.

31

d. Abgrenzung zu Fernkommunikationsmitteln

Bei Telemedien handelt es sich um Fernkommunikationsmittel i.S.v. § 312b Abs. 2 BGB. Nicht erfasst werden andere Fernkommunikationsmittel, wie z.B. Briefe oder Telefax[28] oder Telefonanrufe[29] (zum Vertragsschluss mittels individueller Kommunikation vgl. § 312g Abs. 2 Satz 1 BGB).

32

4. Zweckbestimmung

Der Unternehmer muss sich des Telemediums „zum Zwecke des Abschlusses" des Vertrages bedienen. Der Unternehmer kann sich seinen Pflichten nach § 312g BGB nicht dadurch entziehen, dass er die Annahme auf anderem als elektronischem Wege – z.B. per Brief – erklärt. Es reicht aus, wenn der Unternehmer sich zur Abgabe einer invitatio ad offerendum eines Telemediums bedient und der Kunde daraufhin eine Bestellung auf elektronischem Wege abgibt.

33

II. Pflichten des Unternehmers

§ 312g Abs. 1 Satz 1 BGB enthält einen Katalog der Pflichten, die der Unternehmer im Falle des Abschlusses eines Vertrags im elektronischen Geschäftsverkehr zu beachten hat. Der Kunde kann aus dem abgeschlossenen Vertrag auch noch später die nachträgliche Erfüllung der Informationspflichten verlangen, soweit diese dann noch sinnvoll beansprucht werden kann, z.B. die Information über Verhaltenskodizes, denen sich der Unternehmer unterworfen hat (§ 312g Abs. 1 Satz 1 Nr. 2 BGB i.V.m. Art. 246 § 3 Nr. 5 EGBGB), oder die Zur-Verfügung-Stellung der Vertragsbedingungen in wiedergabefähiger Form (§ 312g Abs. 1 Satz 1 Nr. 4 BGB).

34

1. Technische Mittel zur Erkennung und Berichtigung von Eingabefehlern

Gemäß § 312g Abs. 1 Satz 1 Nr. 1 BGB (vgl. Art. 11 Abs. 2 Richtlinie 2000/31/EG) hat der Unternehmer dem Kunden angemessene, wirksame und zugängliche technische Mittel zur Verfügung zu stellen, mit deren Hilfe der Kunde Eingabefehler vor Abgabe seiner Bestellung erkennen und berichtigen kann. Gemäß § 312g Abs. 1 Satz 1 Nr. 2 BGB i.V.m. Art. 246 § 3 Nr. 3 EGBGB muss der Unternehmer den Kunden auch über das Bestehen und die Art dieser technischen Mittel informieren.

35

Eingabefehler sind insbesondere Irrtümer, die durch ein Verschreiben, Vertippen oder Verklicken entstehen. Die Anfechtbarkeit der Vertragserklärung durch den Kunden gemäß § 119 Abs. 1 BGB wird durch § 312g Abs. 1 Satz 1 Nr. 1 BGB nicht ausgeschlossen. Der Kunde kann einen Eingabefehler erkennen, wenn ihm der Unternehmer vor der verbindlichen Abgabe der Bestellung eine Zusammenfassung seiner Angaben bzw. die Ergebnisse seiner Eingaben anzeigt.

36

---

[26] BT-Drs. 14/6040, S. 171.
[27] *Taeger/Rose*, K&R 2007, 233-239.
[28] AG Bonn v. 19.08.2008 - 15 C 127/08 - CR 2008, 740-741.
[29] BT-Drs. 14/6040, S. 171.

37 Der BGH hat es dahinstehen lassen, ob bei einem Internet-Spielvertrag die nach dem Registrierungsprogramm des Unternehmers gegebene Möglichkeit einer Registrierung ohne Bestimmung eines Limits als Eingabefehler zu qualifizieren ist, zu dessen Erkennung und Berichtigung der Unternehmer dem Kunden angemessene, wirksame und zugängliche technische Mittel zur Verfügung stellen müsste.[30] In erster Instanz hatte das LG Koblenz einen Eingabefehler bejaht und die vom Unternehmer zur Verfügung gestellten technischen Mittel nicht für gesetzeskonform gehalten.[31]

38 Welche technischen Mittel der Unternehmer dem Kunden konkret zur Verfügung stellen muss, hängt von dem konkreten Telemedium ab.[32]

39 Die technischen Mittel sind angemessen, wenn sie für den Unternehmer keine unzumutbare wirtschaftliche Belastung verursachen.

40 Sie sind wirksam, wenn sie aus Sicht eines Kunden mit durchschnittlichen Fähigkeiten dazu geeignet sind, Eingabefehler (z.B. Auswahl eines falschen Artikels oder Irrtum über den Preis) zu erkennen und zu korrigieren.

41 Sie sind zugänglich, wenn ein Kunde mit durchschnittlichen Fähigkeiten in der Lage ist, auf sie zuzugreifen. Die Anforderungen hieran dürfen nicht überspannt werden.[33]

42 Der Pflicht nach § 312g Abs. 1 Satz 1 Nr. 1 BGB muss der Unternehmer spätestens vor Abgabe der Bestellung, d.h. zum Zeitpunkt der Eröffnung der verbindlichen Bestellmöglichkeit nachkommen, also etwa, sobald er seinen Warenkatalog ins Internet stellt und mit einem elektronisch abrufbaren Bestellformular versieht.

43 Erfüllt der Unternehmer seine Pflicht nach § 312g Abs. 1 Satz 1 Nr. 1 BGB nicht und erklärt der Kunde gemäß § 119 BGB wirksam die Anfechtung, so steht dem Unternehmer unter analoger Anwendung von § 122 Abs. 2 BGB kein Schadensersatzanspruch gemäß § 122 Abs. 1 BGB gegen den Kunden zu.

2. Informationspflichten

44 Gemäß § 312g Abs. 1 Satz 1 Nr. 2 BGB hat der Unternehmer dem Kunden die in Art. 246 § 3 EGBGB (vormals Rechtsverordnung nach Art. 241 EGBGB, d.h. § 3 BGB-InfoV; vgl. Art. 10 der Richtlinie 2000/31/EG) bestimmten Informationen rechtzeitig vor Abgabe von dessen Bestellung klar und verständlich mitzuteilen. Im Interesse einer besseren Lesbarkeit hat der Gesetzgeber wie im Falle von § 312c Abs. 1 Satz 1 Nr. 1 BGB und § 312c Abs. 2 Satz 1 BGB darauf verzichtet, den Katalog der Informationspflichten in das BGB aufzunehmen.

a. Technische Schritte zum Vertragsschluss

45 Gemäß Art. 246 § 3 Nr. 1 EGBGB (vormals § 3 Nr. 1 BGB-InfoV; vgl. Art. 10 Abs. 1a der Richtlinie 2000/31/EG) muss der Unternehmer bei Verträgen im elektronischen Geschäftsverkehr den Kunden über die einzelnen technischen Schritte informieren, die zu einem Vertragsschluss führen. Die Informationspflicht wird bereits durch die bloße Kontaktaufnahme zwischen Unternehmer und Verbraucher ausgelöst, und zwar unabhängig davon, ob es zu einem Vertragsschluss kommt.[34]

46 Zu einem Vertragsschluss führen zwei Willenserklärungen, ein Angebot und dessen Annahme (§§ 145 ff. BGB). Daher muss der Unternehmer verdeutlichen, welche Verhaltensweisen Willenserklärungen darstellen. So stellt das Warenangebot auf der Web-Seite des Unternehmers i.d.R. noch kein verbindliches Angebot dar, sondern lediglich eine invitatio ad offerendum. Der Unternehmer ermöglicht dem Kunden i.d.R., ein verbindliches Angebot abzugeben. Der Unternehmer nimmt dann dieses Angebot durch die Zusendung einer E-Mail an, mit der er zugleich den Empfang des Angebots bestätigt (vgl. hierzu auch § 312g Abs. 1 Satz 1 Nr. 3 BGB).

47 **Beispiel:**
„Die Warenpräsentation in unserem Online-Shop stellt lediglich eine Aufforderung an den Kunden dar, Angebote zum Abschluss eines Kaufvertrages über die präsentierten Waren abzugeben.
Der Kunde kann aus unserem Sortiment Waren auswählen und diese durch einen Klick auf die Funktion „In den Warenkorb" in einem so genannten Warenkorb sammeln.
Klickt der Kunde auf die Funktion „Jetzt bestellen", gibt er ein verbindliches Angebot zum Kauf der im Warenkorb befindlichen Waren ab (Bestellung). Der Kunde ist an seine Bestellung 14 Tage ab Abgabe der Bestellung gebunden.

---

[30] BGH v. 03.04.2008 - III ZR 190/07 - NJW 2008, 2026-2028.
[31] LG Koblenz v. 26.06.2007 - 6 S 342/06.
[32] Zu Korrekturhilfen beim Online-Vertragsschluss *Kimke*, CR 2005, 582-591.
[33] Für den Bereich der Mehrwertdienste *Härting*, CR 2003, 204-207.
[34] LG Magdeburg v. 29.08.2002 - 36 O 115/02 (014), 36 O 115/02 - NJW-RR 2003, 409-410.

Nach dem Absenden der Bestellung erhält der Kunde per E-Mail von uns eine automatische Eingangsbestätigung, die den Inhalt der Bestellung des Kunden wiedergibt. Diese Zugangsbestätigung stellt keine verbindliche Annahme der Bestellung dar, sondern dokumentiert lediglich, dass die Bestellung bei uns eingegangen ist.
Der Vertrag kommt erst durch den Zugang unserer Annahmeerklärung beim Kunden zustande. Wir erklären die Annahme durch eine per E-Mail übersandte Auftragsbestätigung. Wir sind berechtigt, die Bestellung des Kunden innerhalb von 14 Tagen nach deren Abgabe durch den Kunden anzunehmen. Ein Schweigen auf die Bestellung des Kunden stellt keine Annahme dar."

Ein Unternehmer, der über die Plattform eBay seine Waren zum Verkauf anbietet, muss eigene Informationen über die technischen Schritte, die zum Vertragsschluss führen, nicht erteilen. Der potentielle Kunde als Mitglied bei eBay unterwirft sich im Rahmen der Begründung seiner Mitgliedschaft den AGB von eBay und erhält bereits darüber die erforderlichen Informationen,[35] insbesondere gemäß §§ 9 ff. der AGB von eBay.

Soweit die Informationspflicht durch Aufnahme in AGB erfüllt wird, sind die §§ 305 ff. BGB zu beachten. Eine in AGB enthaltene Klausel „Die Annahme Ihrer Bestellung erfolgt durch Versendung der Ware" verstößt weder gegen § 308 Nr. 1 BGB noch gegen § 307 Abs. 2 Nr. 1 BGB.[36]

b. Speicherung und Zugänglichkeit des Vertragstextes

Gemäß Art. 246 § 3 Nr. 2 EGBGB (vormals § 3 Nr. 2 BGB-InfoV; vgl. Art. 10 Abs. 1b der Richtlinie 2000/31/EG) muss der Unternehmer bei Verträgen im elektronischen Geschäftsverkehr den Kunden darüber informieren, ob der Vertragstext nach dem Vertragsschluss von dem Unternehmer gespeichert wird und ob er dem Kunden zugänglich ist.

Diese Information ist erforderlich, damit der Kunde den Vertragstext ggf. rechtzeitig abrufen und speichern kann, wenn der Vertragstext nach dem Vertragsschluss nicht mehr zugänglich sein sollte.

Beispiele:
- „Der Vertragstext wird von uns nach Vertragsschluss gespeichert. Er ist dann aber nicht mehr online zugänglich."
- „Der Vertragstext wird bei uns nicht gespeichert und kann nach Abschluss des Vertrages nicht mehr abgerufen werden. Sie können den Vertragstext aber unmittelbar nach dem Absenden der Bestellung abspeichern oder ausdrucken."

Gemäß § 312g Abs. 1 Satz 1 Nr. 4 BGB hat der Unternehmer dem Kunden die Möglichkeit zu verschaffen, die Vertragsbestimmungen einschließlich der Allgemeinen Geschäftsbedingungen jedenfalls bei (nicht notwendigerweise aber auch nach) Vertragsschluss abzurufen und in wiedergabefähiger Form zu speichern.

Nicht ausreichend ist nach LG Stuttgart[37] der Verweis in AGB,
- dass die „für die Geschäftsabwicklung nötigen Daten unter Einhaltung der geltenden datenschutzrechtlichen Bestimmungen" gespeichert würden und
- dass der Kunde nach Vertragsschluss die Gelegenheit habe, den Vertrag „für sich zu speichern".

Ein Unternehmer, der über die Plattform eBay seine Waren zum Verkauf anbietet, muss eigene Informationen über die Speicherung und Zugänglichkeit des Vertragstextes nicht erteilen. Der potentielle Kunde als Mitglied bei eBay unterwirft sich im Rahmen der Begründung seiner Mitgliedschaft den AGB von eBay und erhält bereits darüber die erforderlichen Informationen.[38]

Im Verhältnis zwischen Unternehmern kann die Informationspflicht abbedungen werden (§ 312g Abs. 2 Satz 2 BGB); § 312g Abs. 1 Satz 1 Nr. 4 BGB ist hingegen nicht dispositiv.

c. Technische Mittel betreffend Eingabefehler

Gemäß Art. 246 § 3 Nr. 3 EGBGB (vormals § 3 Nr. 3 BGB-InfoV; vgl. Art. 10 Abs. 1c der Richtlinie 2000/31/EG) muss der Unternehmer bei Verträgen im elektronischen Geschäftsverkehr den Kunden darüber informieren, wie er mit den gemäß § 312g Abs. 1 Satz 1 Nr. 1 BGB zur Verfügung gestellten technischen Mitteln Eingabefehler vor Abgabe seiner Vertragserklärung erkennen und be-

---

[35] LG Frankenthal v. 14.02.2008 - 2 HK O 175/07, 2 HKO 175/07.
[36] LG Essen v. 13.02.2004 - 16 O 416/02 - NJW-RR 2003, 1207-1208.
[37] LG Stuttgart v. 11.03.2003 - 20 O 12/03 - NJW-RR 2004, 911-913.
[38] LG Frankenthal v. 14.02.2008 - 2 HK O 175/07, 2 HKO 175/07.

58 Bei Bestellungen über Online-Formulare reicht – so das OLG Hamburg – für die Erfüllung der Informationspflicht nach Art. 246 § 3 Nr. 3 HS. 1 EGBGB („Erkennen von Eingabefehlern") der Hinweis darauf, dass die Eingabe nach Anklicken des Bestell-Buttons noch einmal überprüft werden kann,[39] und für die Erfüllung der Informationspflicht nach Art. 246 § 3 Nr. 3 HS. 2 EGBGB („Berichtigen von Eingabefehlern"), wie der Kunde verfahren soll, wenn sich die Angaben als falsch erweisen.[40]

59 Das OLG Hamburg hat es dahinstehen lassen, ob es bei einfachen Formularen, deren Ausfüllen keinen größeren Aufwand erfordert, ausreichend ist, wenn statt eines „Korrektur"-Buttons lediglich die Funktion „Eingabe löschen" oder „Abbruch" vorgehalten wird.[41]

60 Umstritten ist, ob ein Unternehmer, der über die Plattform eBay seine Waren zum Verkauf anbietet, eigene Informationen über technische Mittel betreffend Eingabefehler erteilen muss.

61 Das OLG Hamburg hält es nicht für ausreichend, dass das Erkennen und Berichtigen von Eingabefehlern bei der „Sofort Kaufen"-Funktion von eBay dadurch gewährleistet werde, dass der Kunde vor dem wirksamen Kauf eine Übersichtsseite zur Kontrolle angezeigt bekomme, mit deren Hilfe er alle Einzelheiten der Bestellung kontrollieren und den Bestellvorgang gegebenenfalls abbrechen könne; dem Kunden werde die Option „Abbrechen" nicht gleichberechtigt neben dem „Kaufen"-Button zur Verfügung gestellt; der Kunde soll gerade nicht darauf verwiesen sein, in Eigeninitiative außerhalb der vom Unternehmer zur Verfügung gestellten Eingabemaske nach Wegen zu suchen, seine Eingaben zu korrigieren oder den Vorgang wenigstens ganz abbrechen zu können.[42]

62 Das LG Frankenthal hält eine gesonderte Information bei eBay hingegen nicht für erforderlich, weil sich der Kunde als Mitglied bei eBay im Rahmen der Begründung seiner Mitgliedschaft den AGB von eBay unterwerfe, welche bereits die erforderlichen Informationen enthielten.[43]

d. Sprachen

63 Gemäß Art. 246 § 3 Nr. 4 EGBGB (vormals § 3 Nr. 4 BGB-InfoV; basierend auf Art. 10 Abs. 1d der Richtlinie 2000/31/EG) muss der Unternehmer bei Verträgen im elektronischen Geschäftsverkehr den Kunden über die für den Vertragsschluss zur Verfügung stehenden Sprachen informieren (vgl. hierzu im Fernabsatzrecht auch Art. 246 § 2 Abs. 2 Nr. 6 EGBGB).[44]

e. Verhaltenskodizes

64 Gemäß Art. 246 § 3 Nr. 5 EGBGB (vormals § 3 Nr. 5 BGB-InfoV; vgl. Art. 10 Abs. 2 der Richtlinie 2000/31/EG und Erwägungsgrund 49) muss der Unternehmer bei Verträgen im elektronischen Geschäftsverkehr den Kunden über sämtliche einschlägigen Verhaltenskodizes, denen sich der Unternehmer unterwirft, sowie die Möglichkeit eines elektronischen Zugangs zu diesen Regelwerken informieren.

65 Der Begriff „Verhaltenskodex" umfasst in Anlehnung an § 2 Abs. 1 Nr. 5 UWG „Vereinbarungen oder Vorschriften über das Verhalten von Unternehmern, zu welchem diese sich in Bezug auf Wirtschaftszweige oder einzelne geschäftliche Handlungen verpflichtet haben, ohne dass sich solche Verpflichtungen aus Gesetzes- oder Verwaltungsvorschriften ergeben".

66 Diese Informationspflicht besteht nur dann, wenn sich der Unternehmer einem solchen Verhaltenskodex unterwirft. Die Möglichkeit eines elektronischen Zugangs kann je nach Medium, z.B. im Internet mittels eines Internet-Links oder bei interaktivem Fernsehen mittels einer Fernsehtextseite, geschaffen werden.[45]

---

[39] OLG Hamburg v. 14.05.2010 - 3 W 44/10 - juris Rn. 11 - MMR 2010, 696-697.
[40] OLG Hamburg v. 14.05.2010 - 3 W 44/10 - juris Rn. 12 - MMR 2010, 696-697.
[41] OLG Hamburg v. 14.05.2010 - 3 W 44/10 - juris Rn. 13 - MMR 2010, 696-697.
[42] OLG Hamburg v. 14.05.2010 - 3 W 44/10 - juris Rn. 14 - MMR 2010, 696-697.
[43] LG Frankenthal v. 14.02.2008 - 2 HK O 175/07, 2 HKO 175/07.
[44] Zur Anfechtung eines Vertrages wegen fehlerhaften Verständnisses englischer Begriffe AG Berlin-Schöneberg v. 31.03.2005 - 9 C 516/04 - MMR 2005, 637.
[45] Weitere Hinweise bei *Vander*, K&R 2003, 339-344.

Verhaltenskodizes spielen ferner im datenschutzrechtlichen Bereich eine besondere Rolle. Dies gilt etwa für Erklärungen zum Datenschutz auf Web-Sites („Privacy Policy"), soweit diese über die gesetzliche Informationspflicht gemäß § 13 Abs. 1 TMG (vormals § 4 Abs. 1 TDDSG bzw. § 18 Abs. 1 MedDStV) hinausgehen.

Die unlautere Werbung mit Verhaltenskodizes ist wettbewerbsrechtlich sanktioniert. Unwahre oder sonstige zur Täuschung geeignete Angaben über die Einhaltung eines verbindlichen Verhaltenskodexes sind nach Maßgabe von § 5 Abs. 1 Satz 2 Nr. 6 UWG irreführend, wenn der Unternehmer auf diese Bindung hinweist. Unlauter sind ferner die unwahre Angabe eines Unternehmers, zu den Unterzeichnern eines Verhaltenskodexes zu gehören (Anhang zu § 3 Abs. 3 UWG, Nr. 1; vgl. Ziffer 1 von Anhang I der Richtlinie 2005/29/EG) oder ein Verhaltenskodex sei von einer öffentlichen oder anderen Stelle gebilligt (Anhang zu § 3 Abs. 3 UWG, Nr. 3); vgl. Ziffer 3 von Anhang I der Richtlinie 2005/29/EG.

3. Unverzügliche elektronische Empfangsbestätigung

Gemäß § 312g Abs. 1 Satz 1 Nr. 3 BGB (basierend auf Art. 11 Abs. 1 Ss. 1 der Richtlinie 2000/31/EG) hat der Unternehmer dem Kunden den Zugang von dessen Bestellung unverzüglich (vgl. § 121 Abs. 1 Satz 1 BGB, d.h. ohne schuldhaftes Zögern) auf elektronischem Wege zu bestätigen. Bestellung und Empfangsbestätigung i.S.v. § 312g Abs. 1 Satz 1 Nr. 3 BGB gelten gemäß § 312g Abs. 1 Satz 2 BGB als zugegangen, wenn die Parteien, für die sie bestimmt sind, sie unter gewöhnlichen Umständen abrufen können.

a. Definition

Die elektronische Empfangsbestätigung als solche stellt keine Willenserklärung, sondern eine reine Wissenserklärung dar, deren Zugang sich nach § 312g Abs. 1 Satz 2 BGB bestimmt. § 312g Abs. 1 Satz 1 Nr. 3 BGB regelt nicht den Vertragsschluss, also weder die Abgabe eines Angebots noch die Abgabe einer Annahmeerklärung. Die Empfangsbestätigung kann aber mit einer Willenserklärung verbunden werden. Die Empfangsbestätigung ist auch vorab möglich und sinnvoll. Im Unterschied zur Annahme hat sie nämlich in jedem Fall unverzüglich, d.h. ohne schuldhaftes Zögern (§ 121 Abs. 1 Satz 1 BGB), zu erfolgen.

b. Beispiele für Formulierungen

Ob sich einer Erklärung nach Auslegung gemäß §§ 133, 157 BGB ein Rechtsbindungswille des Unternehmers entnehmen lässt, hängt maßgeblich von der Formulierung der Erklärung ab.[46]

Beispiele aus der Rechtsprechung für **Empfangsbestätigungen**:

- Mitteilung „Vielen Dank für Ihre E-Mail. Wir werden Ihren Auftrag umgehend bearbeiten" (AG Butzbach)[47];
- Mitteilung „Wir wünschen Ihnen viel Freude mit der Sie in Kürze erreichenden Bestellung" mit dem Zusatz „Keine Auftragsbestätigung" (LG Gießen)[48];
- Auslegung von Auto-Reply unter Rückgriff auf AGB-Klausel „Der eigentliche Vertrag kommt dann so zu Stande, dass wir die Bestellung bestätigen, wodurch wir in ein Kaufangebot einwilligen" (AG Wolfenbüttel)[49];
- Mitteilung „Wir senden Ihre Bestellung an die bei dem jeweiligen Artikel angegebene Adresse" (LG Hamburg)[50];
- Mitteilung „Wir haben Ihre Bestellung wie folgt aufgenommen" (LG Hamburg); nichts anderes ergebe sich daraus, dass per E-Mail die Angaben „lieferbar" und „kommt in 1 Woche" übersendet worden seien, nachdem der Kunde den Button „Lieferauskunft einholen" angeklickt habe, worauf-

---

[46] LG Berlin v. 24.05.2007 - 16 O 149/07 - MMR 2007, 734-736; Überblick über die Rechtsprechung bei *Stockmarl/Wittwer*, CR 2005, 118-126.
[47] AG Butzbach v. 14.06.2002 - 51 C 25/02 (71), 51 C 25/02 - NJW-RR 2003, 54-55 mit Anm. *Winter*, VuR 2003, 36-37.
[48] LG Gießen v. 04.06.2003 - 1 S 413/02 - NJW-RR 2003, 1206-1207.
[49] AG Wolfenbüttel v. 14.03.2003 - 17 C 477/02 - MMR 2003, 492 mit Anm. *Mankowski*, EWiR 2003, 961-962.
[50] LG Hamburg v. 04.06.2004 - 306 O 440/03 - EWiR 2004, 739.

73 Beispiele aus der Rechtsprechung für eine **Annahmeerklärung**:
- Mitteilung „Sehr geehrter Kunde, Ihr Auftrag wird jetzt unter der Kundennummer (...) von unserer Versandabteilung bearbeitet (...) Wir bedanken uns für den Auftrag (...)" (BGH)[52];
- Mitteilung „Wir haben Ihre Bestellung wie folgt aufgenommen: (...) Wir senden Ihre Bestellung an die bei dem jeweiligen Artikel angegebene Adresse (...)" (AG Hamburg-Barmbek)[53];
- Aufführung der bestellten Gegenstände mit Preis (AG Westerburg)[54];
- Mitteilung, der Unternehmer werde den Auftrag des Kunden bald „ausführen" (LG Köln); die „Ausführung" eines Auftrages liege – so das Gericht – in seiner Erledigung bzw. Erfüllung, während unter „Bearbeitung" eines Auftrages – wie in dem vom AG Butzbach entschiedenen Fall – auch z.B. dessen Weitergabe zwecks Prüfung verstanden werden könne[55];
- Mitteilung „Vielen Dank für Ihren Auftrag, den wir so schnell als möglich ausführen werden" (OLG Frankfurt)[56].

Oben im Text „Normalservice an Kontoanschrift lieferbar, kommt in 1 Woche" auf dem Bildschirm erschienen sei[51].

74 Wenn der Unternehmer lediglich den Zugang bestätigen möchte, sich die Annahme des Angebotes aber noch offen halten will, sollte er dies mit Blick auf die uneinheitliche Rechtsprechung eindeutig klarstellen. Es ist zu empfehlen, die Erklärungen möglichst eindeutig zu formulieren, um spätere Streitigkeiten zu vermeiden.
Beispiel für Bestellbestätigung gemäß § 2 der AGB bei amazon.de:
„Wenn Sie eine Bestellung bei Amazon.de aufgeben, schicken wir Ihnen eine E-Mail, die den Eingang Ihrer Bestellung bei uns bestätigt und deren Einzelheiten aufführt (Bestellbestätigung). Diese Bestellbestätigung stellt keine Annahme Ihres Angebotes dar, sondern soll Sie nur darüber informieren, dass Ihre Bestellung bei uns eingegangen ist. Ein Kaufvertrag kommt erst dann zustande, wenn wir das bestellte Produkt an Sie versenden und den Versand an Sie mit einer zweiten E-Mail (Versandbestätigung) bestätigen."

c. Vergleich mit dem Telekommunikationsrecht

75 Eine „Empfangsbestätigung" ist nicht nur in § 312g BGB, sondern auch bei Vertragsschlüssen nach dem Telekommunikationsrecht vorgesehen (sog. **Handshake-Verfahren**), dies allerdings nicht ausnahmslos und mit anderen Rechtsfolgen als im Falle des für das Telemedienrecht geltenden § 312g Abs. 1 Satz 1 Nr. 3 BGB.[57]
- So entsteht nach § 45l Abs. 3 Satz 3 TKG ein **Dauerschuldverhältnis für Kurzwahldienste** nicht, wenn der Teilnehmer den Erhalt der Informationen nach § 45l Abs. 3 Satz 1 TKG (Information über die wesentlichen Vertragsbestandteile) nicht bestätigt.
- Außer im Falle des § 45l TKG hat derjenige, der den vom Endnutzer zu zahlenden Preis für die Inanspruchnahme eines Kurzwahl-Datendienstes festlegt, nach § 66c Abs. 1 Satz 1 TKG vor Beginn der Entgeltpflichtigkeit den für die Inanspruchnahme dieses Dienstes zu zahlenden Preis einschließlich der Umsatzsteuer und sonstiger Preisbestandteile **ab einem Preis von 2 €** pro Inanspruchnahme deutlich sichtbar und gut lesbar anzuzeigen und sich vom Endnutzer den Erhalt der Information bestätigen zu lassen. Der Endnutzer ist gemäß § 66g Nr. 2 TKG zur Zahlung eines Entgelts nicht verpflichtet, wenn und soweit nach Maßgabe des § 66c TKG nicht vor Beginn der Inanspruchnahme über den erhobenen Preis informiert wurde und keine Bestätigung des Endnutzers erfolgt. Ein Verstoß ist ferner nach § 149 Abs. 1 Nr. 13e TKG bußgeldbewehrt.

---

[51] LG Hamburg v. 09.07.2004 - 317 S 130/03 - NJW-RR 2004, 1568-1569, a.A. die I. Instanz AG Hamburg-Barmbek v. 03.12.2003 - 811B C 61/03 - NJW-RR 2004, 412-413; vgl. auch LG Hamburg v. 15.11.2004 - 328 S 24/04 - MMR 2005, 121, AG Hamburg-Barmbek v. 15.07.2004 - 822 C 208/03 - MMR 2004, 772-774 und AG Hamburg-Barmbek v. 21.11.2003 - 820 C 111/03 - NJW-RR 2004, 1284-1285 (Empfangsbestätigung, keine Annahme).

[52] BGH v. 26.01.2005 - VIII ZR 79/04 - NJW 2005, 976-977 mit Anm. *Geisler*, jurisPR-BGHZivilR 10/2005, Anm. 3.

[53] AG Hamburg-Barmbek v. 15.07.2004 - 822 C 208/03 - MMR 2004, 772-774.

[54] AG Westerburg v. 14.03.2003 - 21 C 26/03 - CR 2003, 699-700.

[55] LG Köln v. 16.04.2003 - 9 S 289/02 - MMR 2003, 481-482.

[56] OLG Frankfurt v. 20.11.2002 - 9 U 94/02 - MDR 2003, 677-678.

[57] Hierzu *Härting/Kuon*, ITRB 2007, 98-99; *Mayer/Möller*, MMR 2007, 559-563; *Taeger/Rose*, K&R 2007, 233-239; *Vander*, NJW 2007, 2580-2686.

4. Abrufen und Speichern der Vertragsbestimmungen

Gemäß § 312g Abs. 1 Satz 1 Nr. 4 BGB (vgl. Art. 10 Abs. 3 der Richtlinie 2000/31/EG) hat der Unternehmer dem Kunden die Möglichkeit zu verschaffen, die Vertragsbestimmungen einschließlich der Allgemeinen Geschäftsbedingungen bei Vertragsschluss abzurufen und in wiedergabefähiger Form zu speichern.

Vertragsbestimmungen sind alle bindenden Inhalte des Vertrages, wobei hierzu nicht sämtliche, unter Umständen auch nach § 312c BGB zu erteilende Informationen gehören, sondern nur der eigentliche Vertragstext und die Allgemeinen Geschäftsbedingungen (§ 305 BGB).[58]

Unter welchen Voraussetzungen Allgemeine Geschäftsbedingungen einbezogen sind, ergibt sich ausschließlich aus den §§ 305 und 305a BGB, nicht aber aus § 312g Abs. 1 Satz 1 Nr. 4 BGB.[59] Nach § 305 Abs. 2 BGB setzt die wirksame Einbeziehung von AGB voraus, dass der Verwender dem anderen Vertragsteil die Möglichkeit verschafft, in zumutbarer Weise von ihrem Inhalt Kenntnis zu nehmen.

Wie der BGH entschieden hat, kann es hierfür genügen, dass bei einer Bestellung über das Internet die AGB des Anbieters über einen auf der Bestellseite gut sichtbaren Link aufgerufen und ausgedruckt werden können.[60] Die Verwendung von Links und deren Darstellung gehört zu den in dem Medium Internet üblichen Gepflogenheiten.[61]

Ernst weist darauf hin, dass Unternehmer zur Anzeige ihrer AGB zum Teil Formate verwenden, die zusätzlich zum Internet-Browser ein spezielles Anzeigeprogramm (für pdf-Dokumente z.B. einen pdf-Reader) erfordern. Nach Auffassung von *Ernst* kann es dann an einer zumutbaren Möglichkeit zur Kenntnisnahme fehlen, denn ein solches Programm sei nicht bei jedem Nutzer verfügbar; daran ändere sich auch nichts, wenn das Anzeigeprogramm kostenlos im Internet verfügbar sei. An einer zumutbaren Möglichkeit zur Kenntnisnahme könne es ferner dann fehlen, wenn die Anzeige der AGB in einem gesonderten Browser-Fenster (z.B. Pop-Up) ohne Druckbutton erfolgt.[62]

§ 305 Abs. 2 und 3 BGB findet gemäß § 310 Abs. 1 Satz 1 BGB keine Anwendung auf Allgemeine Geschäftsbedingungen, die gegenüber einem Unternehmer verwendet werden. Auch bei Verträgen zwischen Unternehmern gelten AGB allerdings nur dann, wenn sie in den Vertrag einbezogen werden.

Beispiel für eine Formulierung zur Einbeziehung von AGB im unternehmerischen Verkehr (z.B. per Brief oder E-Mail):

„Die Bestellung erfolgt auf Basis unserer Allgemeinen Geschäftsbedingungen (Version: … / Stand: …), welche in Kopie beigefügt und im Internet unter … abrufbar sind und Ihnen auf Wunsch jederzeit übersandt werden können." (zu den Anforderungen an die Einbeziehung von AGB im unternehmerischen Verkehr im Einzelnen vgl. die Kommentierung zu § 305 BGB Rn. 101 ff.).

Durch Erfüllung der Anforderungen nach § 312g Abs. 1 Satz 1 Nr. 4 BGB kann der Unternehmer gegenüber einem Verbraucher zugleich seinen Obliegenheiten aus § 305 Abs. 2 BGB genügen. Die Vorschrift geht allerdings insoweit über die Einbeziehungsvoraussetzungen nach AGB-Recht hinaus, als sie die nicht abdingbare Verpflichtung aufstellt, die Vertragsbedingungen dem Unternehmen durch die Möglichkeit des Abrufs zur Verfügung zu stellen. Die Verfügbarkeit des Vertragstextes dient nämlich der Beweissicherung, die gerade bei elektronischen Erklärungen eine besondere Bedeutung hat.[63]

Sonderprobleme ergeben sich für die Einbeziehung von AGB bei Telemedien unter dem Aspekt eines barrierefreien Zugangs nach § 305 Abs. 2 Nr. 2 BGB.[64]

Besondere Probleme entstehen ferner beim M-Commerce, wenn etwa das Abrufen oder Abspeichern technisch nicht durchführbar ist, weil etwa beim Vertragsschluss mittels SMS das Mobiltelefon als Empfangsgerät über eingeschränkte Möglichkeiten zur Speicherung verfügt. Technische Hindernisse alleine vermögen allerdings eine teleologische Reduktion von § 312g Abs. 1 Satz 1 Nr. 4 BGB nicht

---

58 Speziell zur Einbeziehung von AGB und zur Erfüllung von Informationspflichten im M-Commerce vgl. *Ranke*, MMR 2002, 509-515, zur Einbeziehung der VOB/B und VOB/C in Bauverträge *Tempel*, NZBau 2003, 465-470.
59 Zur Einbeziehung von AGB im Internet z.B. LG Essen. v. 13.02.2004 - 16 O 416/02 - JurPC Web-Dok. 287/2003; OLG Hamburg v. 13.06.2002 - 3 U 168/00 - JurPC Web-Dok. 288/2002.
60 BGH v. 14.06.2006 - I ZR 75/03 - BB 2006, 1990-1992 mit Anm. *Nassall*, jurisPR-BGHZivilR 40/2006, Anm. 2; OLG Hamburg v. 13.06.2002 - 3 U 168/00 - MMR 2002, 677-679; vgl. auch die Kommentierung zu § 305 BGB Rn. 77.
61 LG Lübeck v. 22.04.2008 - 11 O 9/08 - juris Rn. 30-31 - MMR 2008, 554-555.
62 *Ernst*, jurisPR-ITR 10/2006, Anm. 2.
63 OLG Hamburg v. 13.06.2002 - 3 U 168/00 - WM 2003, 581-584 = JurPC Web-Dok. 288/2002.
64 Vgl. hierzu die Kommentierung zu § 305 BGB; *Basedow* in: MünchKomm-BGB, § 305 Rn. 68.

zu begründen. Nach Auffassung von *Mankowski* kann die Verpflichtung nach § 312g Abs. 1 Satz 1 Nr. 4 BGB beim Vertragsschluss mittels SMS unter Inkaufnahme eines Medienbruchs durch einen Verweis auf die Internet-Seite des Unternehmers erfüllt werden.[65] Nach Auffassung von *Funk/Zeifang* kommt ferner die Übersendung an den Kunden per E-Mail in Betracht.[66] Die Pflicht kann jedenfalls nicht durch Übersendung per Fax erfüllt werden.

86 Da sich der Richtlinie 2000/31/EG nicht entnehmen lässt, wann der Unternehmer die Pflicht zu erfüllen hat, wurde im Gesetzgebungsverfahren zunächst vorgeschlagen, auf die Parallelbestimmung in § 312c Abs. 2 BGB über Fernabsatzverträge zurückzugreifen und zu bestimmen, dass die Vertragsbestimmungen alsbald nach Vertragsschluss, spätestens bis zur vollständigen Erfüllung des Vertrags, bei Waren spätestens bei Lieferung für den Kunden abrufbar und speicherbar sein müssen. Auf die Kritik des Bundesrates hin wurde jedoch davon abgesehen und der Zeitpunkt mit Blick auf die technischen Möglichkeiten im elektronischen Geschäftsverkehr vorverlegt.

87 Vor diesem gesetzgeberischen Hintergrund soll die Pflicht nach § 312g Abs. 1 Satz 1 Nr. 4 BGB nicht unbedingt exakt im oder bis zum Zeitpunkt des Vertragsschlusses erfüllt werden müssen, d.h. bei Zugang der zweiten auf Vertragsschluss gerichteten und korrespondierenden Willenserklärung. Vielmehr müsse dem Kunden die Möglichkeit während einer angemessenen Zeitspanne eingeräumt werden, die spätestens bei Zugang der zweiten korrespondierenden Willenserklärung beginnt und frühestens nach vollständiger Leistungserbringung endet.[67]

III. Folgen von Verstößen

1. Wirksamkeit des Vertrages

88 Ein Vertrag, bei dem die Pflicht nach § 312g Abs. 2 Satz 1 BGB zu erfüllen ist, kommt gemäß § 312g Abs. 4 BGB nur zustande, wenn der Unternehmer die Pflicht nach § 312g Abs. 3 BGB erfüllt.

89 Im Übrigen enthält § 312g BGB selbst keine Sanktionen für Verstöße gegen die normierten Informationspflichten. Erfüllt der Unternehmer eine oder mehrere der in § 312g Abs. 1 oder 2 BGB aufgestellten Pflichten nicht, so lässt dies die Wirksamkeit des Vertrages grundsätzlich unberührt.[68] Die Sanktionen bei einem Pflichtenverstoß richten sich nach den allgemeinen Bestimmungen des Schuldrechts.

2. Anfechtbarkeit des Vertrages

90 Unter Umständen ist der Vertrag nach den §§ 119 ff. BGB anfechtbar. Im Falle eines Erklärungsirrtums kann der Kunde seine Willenserklärung gemäß § 119 Abs. 1 BGB mit der Folge der Nichtigkeit gemäß § 142 Abs. 1 BGB anfechten.[69] Dies muss jedoch unverzüglich, d.h. ohne schuldhaftes Zögern erfolgen (§ 121 BGB). Es droht zudem eine Schadensersatzpflicht nach § 122 BGB. Steht einem Verbraucher ein Widerrufsrecht nach Fernabsatzrecht zu (§ 312d Abs. 1 BGB i.V.m. § 355 BGB), so ist dessen Ausübung regelmäßig günstiger als eine Anfechtung.

91 Die Anfechtungserklärung kann wie jede Willenserklärung auch elektronisch und damit beispielsweise per E-Mail abgegeben werden (§ 143 Abs. 1 BGB). Sie muss den Gegenstand des Kaufvertrags bezeichnen. Das war in einem vom AG Westerburg zu entscheidenden Fall problematisch, da die Anfechtungserklärung ausdrücklich drei andere Kaufgegenstände aufführte, ohne jedoch den streitgegenständlichen zu erwähnen.[70]

92 Um Erklärungsirrtümer (§ 119 Abs. 1 BGB) durch Vertippen zu vermeiden und Eingabefehler zu erkennen und zu berichtigen, hat der Gesetzgeber dem Unternehmer die Pflicht nach § 312g Abs. 1 Satz 1 Nr. 1 BGB auferlegt. Dennoch hatte sich die Rechtsprechung bereits mehrfach mit Fällen zu beschäftigen, in denen ein Vertragspartner den Kaufpreis versehentlich fehlerhaft angegeben hatte und sich daraufhin von dem Vertrag durch Anfechtung zu lösen versuchte.[71]

---

[65] *Mankowski*, VuR 2006, 209-218.
[66] *Funk/Zeifang*, ITRB 2005, 121-123.
[67] *Kessel/Kuhlmann/Passauer/Schriek*, K&R 2004, 519-527.
[68] BGH v. 03.04.2008 - III ZR 190/07 - NJW 2008, 2026-2028; ebenso vorgehend LG Koblenz v. 26.06.2007 - 6 S 342/06.
[69] Zum Verhältnis von Anfechtung und § 312g BGB z.B. *Löhnig*, JA 2003, 516-522.
[70] AG Westerburg v. 14.03.2003 - 21 C 26/03 - CR 2003, 699-700.
[71] Überblick bei *Härting*, ITRB 2004, 61-64.

Der BGH[72] und das OLG Frankfurt[73] bejahten ein Anfechtungsrecht gemäß §§ 119, 120 BGB bei per Internet geschlossenen Kaufverträgen, in denen aufgrund eines Fehlers bei der Datenübertragung mittels der Software des Warenwirtschaftssystems der Verkaufspreis versehentlich zu niedrig bezeichnet war. Zwar war der Irrtum in der Erklärungshandlung nicht dem Unternehmer selbst unterlaufen, da er den von ihm festgelegten Verkaufspreis zutreffend in das Warenwirtschaftssystem eingegeben hatte. Die Verfälschung des ursprünglich richtig Erklärten auf dem Weg zum Empfänger durch eine unerkannt fehlerhafte Software ist aber als Irrtum in der Erklärungshandlung anzusehen. Es besteht kein Unterschied, ob sich der Erklärende selbst verschreibt beziehungsweise vertippt oder ob die Abweichung vom gewollten Erklärungstatbestand auf dem weiteren Weg zum Empfänger eintritt. Anderer Auffassung war das LG Köln[74] in einem anders gelagerten Fall einer fehlerhaften Einstellung der Preise auf der Web-Site.[75]

93

Nicht anfechtbar sind hingegen Erklärungen, die aufgrund fehlerhaften Datenmaterials abgegeben werden, weil z.B. ein Software-Update oder eine Aktualisierung der Preistabelle nicht erfolgt ist. Dabei handelt es sich um einen unbeachtlichen Motivirrtum.

94

3. Verletzung einer vertraglichen Nebenpflicht

In Betracht kommt ferner ein Anspruch des Kunden gegen Unternehmer wegen Verletzung einer vertraglichen Nebenpflicht, gegebenenfalls wegen Verschuldens bei Vertragsverhandlungen aus § 280 Abs. 1 Satz 1 BGB i.V.m. § 311 Abs. 2 BGB (culpa in contrahendo). Dieser ist auf Vertragsaufhebung gerichtet, soweit der fehlerhaft zustande gekommene Vertrag bei pflichtgemäßem Verhalten des Unternehmers nicht geschlossen worden wäre (§ 249 BGB). War die Pflichtverletzung des Unternehmers für den Abschluss oder ungünstigen Abschluss des Vertrags nicht ursächlich, versäumt der Anbieter es beispielsweise lediglich, den Kunden über die für den Vertragsschluss zur Verfügung stehenden, aber nicht genutzten Sprachen oder über die Verhaltenskodizes, denen er sich unterworfen hat, oder darüber zu unterrichten, ob der Vertragstext nach dem Vertragsschluss speicherbar ist, wird man nach der Gesetzesbegründung hieraus einen Anspruch des Kunden auf Rückabwicklung oder Anpassung des Vertrags nicht ableiten können.

95

4. Beginn der Widerrufsfrist

Steht dem Kunden ein Widerrufsrecht bei Verbraucherverträgen nach § 355 BGB zu (insbesondere bei Fernabsatzverträgen gemäß § 312d Abs. 1 BGB), so beginnt die Widerrufsfrist gemäß § 312g Abs. 6 Satz 2 BGB nicht vor Erfüllung der Pflichten aus § 312g Abs. 1 Satz 1 BGB. Ein eigenes Widerrufsrecht gewährt § 312g BGB selbst aber im Unterschied zu § 312 Abs. 1 Satz 1 BGB (Haustürgeschäfte) oder § 312d Abs. 1 Satz 1 BGB (Fernabsatzverträge) nicht.

96

5. Wettbewerbsrecht; Unterlassungsklagen

Verstöße gegen die Pflichten aus § 312g BGB können wettbewerbsrechtlich und nach dem UKlaG (§ 2 Abs. 1 UKlaG und § 2 Abs. 2 Nr. 2 UKlaG) sanktioniert sein.[76]

97

D. Kommentierung zu Absatz 1 Satz 2

Gemäß § 312g Abs. 1 Satz 2 BGB (vgl. Art. 11 Abs. 1 Ss. 2 der Richtlinie 2000/31/EG) gelten Bestellung und Empfangsbestätigung i.S.v. § 312g Abs. 1 Satz 1 Nr. 3 BGB als zugegangen, wenn die Parteien, für die sie bestimmt sind, sie unter gewöhnlichen Umständen abrufen können.

98

Die Bestellung ist eine empfangsbedürftige Willenserklärung, die in der Regel als Angebot, aber gegebenenfalls auch als Annahme, dem Abschluss eines Vertrages dient. Die Empfangsbestätigung ist eine Wissenserklärung, mit der der Unternehmer dem Kunden anzeigt, dass er die Bestellung erhalten hat.

99

---

[72] BGH v. 26.01.2005 - VIII ZR 79/04 - NJW 2005, 976-977 mit Anm. *Geisler*, jurisPR-BGHZivilR 10/2005, Anm. 3 (vorgehend AG Herford v. 21.08.2003 - 12 C 574/03 - CR 2003, 934-935).

[73] OLG Frankfurt v. 20.11.2002 - 9 U 94/02 - MDR 2003, 677-678.

[74] LG Köln v. 16.04.2003 - 9 S 289/02 - MMR 2003, 481-482.

[75] Vgl. zur Anfechtung bei falscher Kaufpreisauszeichnung im Internet im Überblick *Kocher*, JA 2006, 144-147 und *Keller*, K&R 2005, 167-174.

[76] Hierzu *Ulmer*, ITRB 2002, 135-139.

§ 312g

100 Die Vorschrift soll ausweislich des Regierungsentwurfs[77] in Anlehnung an die Rechtsprechung[78] für den elektronischen Geschäftsverkehr im Sinne einer Zugangsfiktion[79] kodifizieren, was unter Zugang i.S.v. § 130 BGB zu verstehen ist. Der Bundesrat hielt sie daher für verzichtbar.[80] Eine Erklärung ist zugegangen, wenn sie so in den Machtbereich des Empfängers gelangt ist, dass dieser unter gewöhnlichen Umständen die Möglichkeit hat, vom Inhalt der Erklärung Kenntnis zu nehmen.

101 Entscheidend ist die Konkretisierung, wann die Erklärungen unter gewöhnlichen Umständen abgerufen werden können. Unter gewöhnlichen Umständen ist bei Unternehmern, die im Rechtsverkehr mit ihrer E-Mail-Adresse auftreten, mit einem Abruf an Werktagen, d.h. von Montag bis Freitag, zwischen 9:00 Uhr und 18:00 Uhr in regelmäßigen Abständen zu rechnen. Wird die E-Mail am Wochenende oder an Feiertagen auf dem Server des Providers gespeichert, so ist unter gewöhnlichen Umständen damit zu rechnen, dass der Unternehmer zu Beginn des folgenden Werktags die E-Mail abruft.[81]

102 Von Verbrauchern kann bestenfalls ein täglicher Abruf des E-Mail-Kontos erwartet werden. Es darf insbesondere nicht unterstellt werden, dass Verbraucher Ihre privaten E-Mails während der üblichen Arbeitszeiten abrufen.

103 Problematisch ist, wie technische Störungen beim Zugang zu behandeln sind. Dabei kommt es darauf an, in wessen Sphäre die Störung auftritt. Störungen in der Sphäre des Empfängers können beispielsweise dadurch auftreten, dass die Speicherkapazität des E-Mail-Kontos des Empfängers erschöpft ist oder dass eine E-Mail durch eine Filter-Software des Empfängers (z.B. zum Schutz vor E-Mails mit Schadsoftware wie Viren oder zum Schutz vor unerwünschter E-Mail-Werbung (Spam)) gelöscht oder in einen separaten Ordner zur weiteren Prüfung verschoben wird.

104 Auf prozessuale Erklärungen ist § 312g Abs. 1 Satz 2 BGB nicht anwendbar. Für deren Zugang enthält § 130a Abs. 3 ZPO eine eigene Regelung: Danach ist ein elektronisches Dokument eingereicht, sobald die für den Empfang bestimmte Einrichtung des Gerichts es aufgezeichnet hat.

E. Pflichten bei Verbraucherverträgen

I. Überblick

105 Die Einführung der Absätze 2-4 stellt eine Reaktion des Gesetzgebers auf das Unterschieben kostenpflichtiger Verträge (u.a. sog. Abo-Fallen) bei Vertragsschlüssen im Internet dar. Zwar besteht bereits nach allgemeinen Regeln Schutz vor untergeschobenen und ungewollten Vertragsschlüssen. Verbraucher können danach allerdings nicht hinreichend sicher beurteilen, ob ein elektronischer Vertrag doch nicht wirksam zustande gekommen ist bzw. ob die geltend gemachte Entgeltforderung tatsächlich besteht.[82] Aufgrund der Unsicherheit und zur Vermeidung weiteren Aufwands haben Verbraucher daher im Ergebnis unberechtigte Zahlungsansprüche beglichen. Der Gesetzgeber hat mit Einführung der Absätze 2-4 die Rechtslage für den Verbraucher vereinfacht, und zwar durch Einführung von Informationspflichten für den Unternehmer und das Erfordernis einer ausdrücklichen Bestätigung der Zahlungspflicht durch den Verbraucher. Der Verbraucher soll damit vor Täuschung oder Überrumpelung aufgrund einer unklaren, irritierenden oder überraschenden Gestaltung des Bestellprozesses geschützt werden.[83] Er kann auch als juristischer Laie vergleichsweise einfach beurteilen, ob ein Vertrag zustande gekommen ist oder nicht, und unberechtigte Zahlungsansprüche vergleichsweise einfach abwehren.

---

[77] BT-Drs. 14/6040, S. 171.

[78] Unter Bezugnahme zum einen auf BGH v. 03.11 1976 - VIII ZR 140/75 - BGHZ 67, 271-279 („Zugegangen ist eine Willenserklärung, sobald sie derart in den Machtbereich des Empfängers gelangt, dass bei Annahme gewöhnlicher Verhältnisse damit zu rechnen ist, er könne von ihr Kenntnis erlangen") und zum anderen auf BGH v. 13.02.1980 - VIII ZR 5/79 - LM Nr. 15 zu § 130 BGB („Zugegangen ist eine wie hier unter Abwesenden abgegebene Willenserklärung, sobald sie derart in den Machtbereich des Empfängers gelangt, dass bei Annahme gewöhnlicher Verhältnisse damit zu rechnen ist, er könne von ihr Kenntnis erlangen").

[79] BT-Drs. 14/6040, S. 171.

[80] BT-Drs. 14/6857, S. 20; vgl. aber die Gegenäußerung der Bundesregierung BT-Drs. 14/6857, S. 56.

[81] *Herwig*, MMR 2001, 145-149; *Dietrich*, K&R 2002, 138-142; *Ultsch*, NJW 1997, 3007-3009; *Wietzorek*, MMR 2007, 156-159.

[82] BT-Drs. 17/7745, S. 6.

[83] BT-Drs. 17/7745, S. 7.

II. Kommentierung zu Absatz 2

Absatz 2 Satz 1: Bei einem Vertrag im elektronischen Geschäftsverkehr zwischen einem Unternehmer und einem Verbraucher, der eine entgeltliche Leistung des Unternehmers zum Gegenstand hat, muss der Unternehmer dem Verbraucher bestimmte Informationen unmittelbar bevor der Verbraucher seine Bestellung abgibt klar und verständlich in hervorgehobener Weise zur Verfügung stellen. **106**

1. Vertrag im elektronischen Geschäftsverkehr

a. Vertrag

Erforderlich ist ein Vertrag. Nicht erfasst sind einseitige Willenserklärungen des Verbrauchers, wie zum Beispiel – so die Gesetzesbegründung – Weisungen im Rahmen laufender Vertragsbeziehungen, etwa die Erteilung von Zahlungsaufträgen im Online-Banking.[84] **107**

b. Über Waren und Dienstleistungen

Erforderlich ist ein Vertrag über eine Ware oder Dienstleistung. In der Gesetzesbegründung wird klargestellt, dass auch Verträge, die über eBay oder vergleichbare Internetauktionsplattformen geschlossen werden, mit umfasst sind.[85] **108**

c. Im elektronischen Geschäftsverkehr

Der Begriff des elektronischen Geschäftsverkehrs entspricht dem des § 312g Abs. 1 BGB. Erfasst werden nur solche Verträge, die ausschließlich unter Einsatz elektronischer Kommunikationsmittel zustande kommen, nicht also zum Beispiel Verträge, die telefonisch abgeschlossen werden. Auch E-Mail und andere Formen der elektronischen Nachrichtenübermittlung, so zum Beispiel Instant Messaging oder Chat (Kommunikation über das Internet in Echtzeit, entweder im Browser oder mithilfe spezieller Programme), sind unter Umständen den Telemedien zuzuordnen.[86] **109**

Verträge, die durch wechselseitige E-Mail-Kommunikation geschlossen werden, können also unter Absatz 2 fallen. Der Anwendungsbereich wird aber durch Absatz 5 eingeschränkt.[87] **110**

2. Abweichungen im Vergleich zu Absatz 1

a. Zwischen Unternehmer und Verbraucher

Die Pflichten des Absatzes 2 gelten nur für Verträge zwischen Unternehmern (§ 14 BGB) und Verbrauchern (§ 13 BGB), nicht für Verträge zwischen Unternehmern.[88] Die Anregung des Bundesrates, die Pflicht auf alle Verträge mit Kunden wie in Absatz 1 zu erstrecken, zumal Unternehmern kein Widerrufsrecht nach § 312d BGB zusteht,[89] hat der Gesetzgeber nach der Gegenäußerung der Bundesregierung nicht übernommen.[90] Die Pflichten gelten daher z.B. nicht für Bestellungen eines Unternehmers bei einem anderen Unternehmen als Lieferanten. **111**

b. Entgeltliche Leistung

Erfasst sind nur solche Verträge, bei denen der Unternehmer dem Verbraucher eine entgeltliche Leistung schuldet, bei denen also der Unternehmer als Anbieter einer Ware oder der Dienstleistung auftritt.[91] **112**

3. Pflichtinformationen

Die Pflichtinformationen umfassen: **113**
- die wesentlichen Merkmale der Ware oder Dienstleistung (Art. 246 § 1 Abs. 1 Nr. 4 HS. 1 EGBGB),
- die Mindestlaufzeit des Vertrags, wenn dieser eine dauernde oder regelmäßig wiederkehrende Leistung zum Inhalt hat (Art. 246 § 1 Abs. 1 Nr. 5 EGBGB),

---

[84] BT-Drs. 17/7745, S. 10.
[85] BT-Drs. 17/7745, S. 10.
[86] BT-Drs. 17/7745, S. 10.
[87] BT-Drs. 17/7745, S. 10.
[88] BT-Drs. 17/7745, S. 10.
[89] BT-Drs. 17/7745, S. 15.
[90] BT-Drs. 17/7745, S. 18.
[91] BT-Drs. 17/7745, S. 10.

- den Gesamtpreis der Ware oder Dienstleistung einschließlich aller damit verbundenen Preisbestandteile sowie alle über den Unternehmer abgeführten Steuern oder, wenn kein genauer Preis angegeben werden kann, seine Berechnungsgrundlage, die dem Verbraucher eine Überprüfung des Preises ermöglicht (Art. 246 § 1 Abs. 1 Nr. 7 EGBGB), und
- gegebenenfalls zusätzlich anfallende Liefer- und Versandkosten sowie einen Hinweis auf mögliche weitere Steuern oder Kosten, die nicht über den Unternehmer abgeführt oder von ihm in Rechnung gestellt werden (Art. 246 § 1 Abs. 1 Nr. 8 EGBGB).

114 Diese Pflichtinformationen sind auch bei Verträgen zur Verfügung zu stellen, auf die die Vorschriften über Fernabsatzverträge wegen § 312b Abs. 3 und Abs. 4 BGB keine Anwendung finden und auf die die Vorschriften des Art. 246 § 1 EGBGB daher nicht unmittelbar anwendbar sind.[92]

115 Bei Internet-Auktionen erfordert die Pflichtinformation über den Gesamtpreis (Art. 246 § 1 Abs. 1 Nr. 7 EGBGB) die Angabe des persönlichen Höchstgebots des Verbrauchers.[93]

4. Unmittelbar, bevor der Verbraucher seine Bestellung abgibt

a. Bestellung

116 Der Begriff der Bestellung erfasst nach der Gesetzesbegründung – unabhängig von der rechtlichen Einordnung im Einzelnen – jede verbindliche Erklärung des Verbrauchers, eine Ware erwerben oder eine Dienstleistung in Anspruch nehmen zu wollen.[94] Die Bestellung erfolgt nach Maßgabe von Absatz 3 in der Regel über eine Schaltfläche (Bestell-Button).

b. Unmittelbar

117 Die Informationen gemäß Satz 1 müssen „unmittelbar", bevor der Verbraucher bestellt, d.h. bevor der Verbraucher etwa einen Bestell-Button betätigt, gegeben werden. Die Anforderung der Unmittelbarkeit hat dabei nach der Gesetzesbegründung sowohl einen zeitlichen wie auch einen räumlichen Aspekt.[95] Der Bundesrat hat im Gesetzgebungsverfahren mit Blick auf den im allgemeinen Sprachgebrauch eher zeitlich verstandenen Begriff „bevor" angeregt, dies durch die Einfügung der Wörter „zeitlich und räumlich" klarzustellen.[96] Dem ist der Gesetzgeber nach der Gegenäußerung der Bundesregierung allerdings unter Hinweis auf die Richtlinie 2011/83/EU nicht gefolgt.

118 Die Informationen müssen direkt im zeitlichen Zusammenhang mit der Abgabe der Bestellung durch den Verbraucher gegeben werden, also zum Abschluss des Bestellprozesses, wenn der Verbraucher seine vertragsrelevante Willenserklärung abgibt.[97]

119 Nicht ausreichend ist die Bereitstellung der Informationen bereits am Beginn oder im Verlaufe des Bestellprozesses, zum Beispiel noch bevor der Verbraucher seine Adressdaten und etwaige Zahlungsinformationen angegeben hat, denn der Verbraucher soll die Möglichkeit haben, die relevanten Informationen direkt zum Zeitpunkt seiner Bestellung zur Kenntnis zu nehmen.[98]

120 Die Informationen müssen ferner im räumlich-funktionalen Zusammenhang mit der Abgabe der Bestellung stehen. Wenn die Bestellung über eine Schaltfläche erfolgt, müssen die Informationen in räumlicher Nähe zu der Schaltfläche für die Bestellung angezeigt werden, damit das Merkmal der Unmittelbarkeit erfüllt ist.[99]

121 Die Aufmerksamkeit des Verbrauchers, der im Begriff ist, die Schaltfläche zu betätigen, soll sich auch auf diese Informationen richten, ohne dass trennende Gestaltungselemente davon ablenken oder den Eindruck erwecken, zwischen den Vertragsinformationen und der Bestellschaltfläche bestünde kein innerer sachlicher Zusammenhang. Es soll dem Verbraucher bewusst werden, dass die in den Informationen erläuterte Zahlungspflicht gerade dann eintritt, wenn er die Schaltfläche betätigt. Diese Anforderung ist nach der Gesetzesbegründung nur dann erfüllt, wenn die Informationen und die Schaltfläche

---

[92] BT-Drs. 17/7745, S. 10.
[93] BT-Drs. 17/7745, S. 10.
[94] BT-Drs. 17/7745, S. 10.
[95] BT-Drs. 17/7745, S. 10.
[96] BT-Drs. 17/7745, S. 15.
[97] BT-Drs. 17/7745, S. 10.
[98] BT-Drs. 17/7745, S. 10.
[99] BT-Drs. 17/7745, S. 10.

bei üblicher Bildschirmauflösung gleichzeitig zu sehen sind, ohne dass der Verbraucher scrollen muss.[100]

Nicht ausreichend ist es, 122

- wenn die Informationen erst über einen gesonderten Link erreichbar sind[101] oder
- wenn die Informationen nur einem gesondert herunterzuladenden Dokument entnehmbar sind[102] oder
- wenn die Informationen unterhalb der Bestellschaltfläche angeordnet sind und erst durch Scrollen sichtbar werden.[103]

5. Klar und verständlich in hervorgehobener Weise

Die Informationen müssen „klar" sein. Nach der Gesetzesbegründung müssen sie sich dementsprechend in unübersehbarer Weise vom übrigen Text und den sonstigen Gestaltungselementen abheben und sie dürfen nicht im Gesamtlayout des Internetauftritts oder dem sonstigen Online-Angebot untergehen. Schriftgröße, Schriftart und Schriftfarbe müssen so gewählt sein, dass die Informationen nicht versteckt, sondern klar und einfach erkennbar sind. Die Darstellung muss im Wesentlichen auf die in Satz 1 bezeichneten Informationen beschränkt bleiben; diese sollen von sonstigen Informationen deutlich abgesetzt und gut erfassbar sein.[104] 123

Die Angaben müssen „verständlich" sein, d.h. nach der Gesetzesbegründung in ihrem Aussagegehalt unmissverständlich sowie sprachlich klar und eindeutig formuliert, sie dürfen keine verwirrenden oder ablenkenden Zusätze enthalten.[105] 124

Im Gesetzgebungsverfahren wurde zudem ergänzt, dass die Bereitstellung der Informationen „in hervorgehobener Weise" erfolgen muss, um den Gleichlauf mit Art. 8 Abs. 2 Satz 1 Richtlinie 2011/83/EU herzustellen.[106] 125

Eine solche Hervorhebung kann z.B. erfolgen durch: 126

- Fettdruck,
- farbliche Markierung,
- Einrahmung.

III. Kommentierung zu Absatz 2 Satz 2

Gemäß § 312g Abs. 2 Satz 2 BGB gilt die Pflicht nach § 312g Abs. 2 Satz 1 BGB nicht für Verträge über die in § 312b Abs. 1 Satz 2 BGB genannten Finanzdienstleistungen. Der Gesetzgeber hat eine Anwendbarkeit auch für Finanzdienstleistung mit Blick auf Sonderregelungen nicht für sachgerecht und im Übrigen auch nicht für richtlinienkonform gehalten.[107] 127

IV. Kommentierung zu Absatz 3

§ 312g Abs. 3 BGB regelt, wie der Unternehmer bei einem Vertrag i.S.v. § 312g Abs. 2 Satz 1 BGB die Bestellsituation für den Verbraucher gestalten muss, damit nach § 312g Abs. 4 BGB ein Vertrag zustande kommt.[108] 128

1. Satz 1

Gemäß § 312g Abs. 3 Satz 1 BGB hat der Unternehmer die Bestellsituation bei einem Vertrag nach Absatz 2 Satz 1 so zu gestalten, dass der Verbraucher mit seiner Bestellung ausdrücklich bestätigt, dass er sich zu einer Zahlung verpflichtet. 129

---

[100] BT-Drs. 17/7745, S. 10.
[101] BT-Drs. 17/7745, S. 11.
[102] BT-Drs. 17/7745, S. 11.
[103] BT-Drs. 17/7745, S. 18.
[104] BT-Drs. 17/7745, S. 11.
[105] BT-Drs. 17/7745, S. 11.
[106] BT-Drs. 17/8805, S. 7.
[107] BT-Drs. 17/7745, S. 11.
[108] BT-Drs. 17/7745, S. 11.

§ 312g

a. Ausdrücklich

130 Die Bestätigung muss „ausdrücklich" erfolgen, d.h. es bedarf einer Erklärung des Verbrauchers, die sich gerade auf den Umstand der Zahlungspflichtigkeit bezieht.[109]

b. Gestaltung

131 Wenn die Abgabe der Bestellung die Betätigung einer Schaltfläche erfordert, liegt eine ausdrückliche Bestätigung nur dann vor, wenn diese Schaltfläche den Anforderungen von § 312g Abs. 3 Satz 2 BGB entspricht.[110]

132 Ausweislich der Gesetzesbegründung soll die Vorschrift offen für den Fall sein, dass zukünftig andere Bestellmöglichkeiten für Online-Plattformen entwickelt werden.[111] In diesem Fall soll die Gestaltungsvorgabe nach § 312g Abs. 3 Satz 2 BGB jedoch als Maßstab für die Anforderungen an eine ausdrückliche Bestätigung der Zahlungspflicht herangezogen werden.[112]

2. Satz 2

133 § 312g Abs. 3 Satz 2 BGB knüpft an die Pflicht des Unternehmers aus § 312g Abs. 3 Satz 1 BGB an. Erfolgt die Bestellung über eine Schaltfläche, ist die Pflicht des Unternehmers aus Satz 1 nur erfüllt, wenn diese Schaltfläche gut lesbar mit nichts anderem als den Wörtern „zahlungspflichtig bestellen" oder mit einer entsprechenden eindeutigen Formulierung beschriftet ist.

a. Schaltfläche

134 Eine Schaltfläche ist allgemein ein Element einer grafischen Benutzeroberfläche (auch als „Button" bezeichnet). Schaltfläche i.S.v. § 312g Abs. 3 BGB ist – so die Gesetzesbegründung – jedes grafische Bedienelement, das es dem Anwender erlaubt, eine Aktion in Gang zu setzen oder dem System eine Rückmeldung zu geben.[113]

135 Der Gesetzgeber hatte bei der Einführung der Button-Lösung zum einen Online-Shops mit grafischen Oberflächen im World Wide Web, die der Verbraucher mit einem Browser aufrufen kann, und zum anderen „Programmoberflächen im Display eines Smartphones oder einer Spielekonsole" vor Augen. Um seine Vertragserklärung abzugeben, muss der Verbraucher mit Elementen dieser grafischen Oberfläche interagieren; dabei ist es für die Abgabe einer Bestellung erforderlich, eine Schaltfläche zu betätigen.[114]

136 Nach der Gesetzesbegründung sollen nicht nur klassische Buttons, sondern auch andere Bedienelemente, die eine ähnliche Funktion wie ein solcher Button haben, unter den Begriff der „Schaltfläche" fallen. Das ist etwa der Fall, wenn – so die Gesetzesbegründung – „für die Auslösung der Bestellung des Verbrauchers kein virtueller Bedienknopf, sondern ein anderes grafisches Bedienelement – zum Beispiel ein Hyperlink (Bereich in einer Webseite, der durch Anklicken zu weiteren Informationen führt) oder ein Auswahlkasten (Checkbox) – verwendet wird".[115]

137 Die Abgrenzung von Schaltflächen zu anderen Bestellmöglichkeiten ist von erheblicher Bedeutung, weil der Unternehmer bei der Verwendung einer Schaltfläche die strenge Gestaltungsvorgabe nach § 312g Abs. 3 Satz 2 BGB mit Blick auf § 312g Abs. 4 BGB zwingend erfüllen muss.[116]

b. Beschriftung

138 Die Schaltfläche muss beschriftet werden, d.h. mit Worten versehen werden. Daraus folgt, dass die Darstellung eines grafischen Symbols oder die Wiedergabe eines akustischen Signals nicht ausreichend ist.

c. Eindeutig

139 Die Beschriftung muss mit den Wörtern „zahlungspflichtig bestellen" oder mit einer entsprechenden eindeutigen Formulierung erfolgen.

---

[109] BT-Drs. 17/7745, S. 11.
[110] BT-Drs. 17/7745, S. 11.
[111] BT-Drs. 17/7745, S. 11.
[112] BT-Drs. 17/7745, S. 11.
[113] BT-Drs. 17/7745, S. 12.
[114] BT-Drs. 17/7745, S. 11.
[115] BT-Drs. 17/7745, S. 12.
[116] BT-Drs. 17/7745, S. 11.

"Entsprechend eindeutig" ist die Formulierung, wenn sie den Verbraucher eindeutig und unmissverständlich darüber informiert, dass seine Bestellung eine finanzielle Verpflichtung auslöst.[117] Ausweislich der Gesetzesbegründung muss die Formulierung in der Eindeutigkeit ihrer Aussage der Formulierung „zahlungspflichtig bestellen" mindestens ebenbürtig sein.[118]

Nicht entsprechend eindeutig ist die Beschriftung nach der Gesetzesbegründung beispielsweise in den folgenden Fällen:[119]
- Verwendung der Schaltfläche nicht ausschließlich zur Abgabe der Bestellung, sondern zugleich auch zur Bestätigung von anderen Angaben (doppelfunktionale Schaltfläche), etwa der Angabe von persönlichen Kontaktdaten wie Name, E-Mail- Adresse, Postanschrift etc., die erforderlich sind, um sich so auf der Seite bzw. in dem Online-Shop anzumelden;
- Beschriftungen ohne Hinweis auf die Bestellung, z.B. „Anmeldung" oder „Weiter";
- Beschriftung ohne Hinweis auf die Zahlungspflicht, z.B. „bestellen" oder „Bestellung abgeben".

Entsprechend eindeutig ist die Formulierung nach der Gesetzesbegründung hingegen in den folgenden Fällen:[120]
- „kostenpflichtig bestellen";
- „zahlungspflichtigen Vertrag schließen";
- „kaufen";
- bei eBay oder vergleichbaren Internetauktionsplattformen: „Gebot abgeben" oder „Gebot bestätigen" ausreichend, weil dem Verbraucher bei der Nutzung von Internetauktionsplattformen – schon weil er sein Gebot beziffern muss – ohne weiteres klar sein muss, dass er die Auktionsware bezahlen muss, wenn er den Zuschlag erhält.

Die Vorschrift sieht nicht zwingend die Verwendung der deutschen Sprache vor. Richtet sich das Angebot an Verbraucher, die in einer anderen als der deutschen Sprache kommunizieren, muss die Formulierung ebenfalls entsprechend eindeutig sein, d.h. sowohl die Funktion der Erklärung als Bestellung als auch deren Entgeltpflichtigkeit erkennen lassen.

d. Mit nichts anderem

Neben den Wörtern „zahlungspflichtig bestellen" bzw. einer entsprechend unmissverständlichen Formulierung darf die Schaltfläche mit keinen weiteren Zusätzen versehen werden. Der Verbraucher soll durch ergänzenden Text nicht von der entscheidenden Information abgelenkt werden.[121]

e. Gut lesbar

Die Schrift auf der Schaltfläche muss „gut lesbar" sein, d.h. der Verbraucher soll – so die Gesetzesbegründung – die Beschriftung bei üblicher Bildschirmauflösung gut erkennen können. Durch das Tatbestandsmerkmal „gut lesbar" soll verhindert werden, dass unseriöse Unternehmer den Sinn und Zweck der Vorschrift durch Wahl einer besonders kleinen, praktisch nicht mehr lesbaren Schriftgröße oder durch eine kontrastarme Gestaltung der Schaltfläche (zum Beispiel dunkelrote Schrift auf rotem Hintergrund) umgehen. Etwaige grafische Elemente auf der Schaltfläche dürfen vom Text nicht ablenken.[122]

V. Kommentierung zu Absatz 4

Gemäß § 312g Abs. 4 BGB kommt ein Vertrag nach § 312g Abs. 2 Satz 1 BGB nur zustande, wenn der Unternehmer seine Pflicht aus § 312g Abs. 3 BGB erfüllt.

Die Fassung der Vorschrift geht auf einen Änderungsvorschlags des Bundesrats zurück.[123] Nach dem Gesetzesentwurf der Bundesregierung sollte die Erfüllung der Pflicht aus § 312g Abs. 3 BGB „Voraussetzung für das Zustandekommen eines Vertrages" nach § 312g Abs. 2 Satz 1 BGB sein.[124] Nach der Begründung des Bundesrates handelt es sich um „eine redaktionelle Änderung, die sich am gängigen Formulierungsstil des BGB orientiert, die Beweislastverteilung klarer fasst und die Verständlichkeit

---

[117] BT-Drs. 17/7745, S. 11.
[118] BT-Drs. 17/7745, S. 12.
[119] BT-Drs. 17/7745, S. 12; vgl.a. BT-Drs. 17/7745, S. 6.
[120] BT-Drs. 17/7745, S. 12.
[121] BT-Drs. 17/7745, S. 12.
[122] BT-Drs. 17/7745, S. 12.
[123] BT-Drs. 17/7745, S. 15.
[124] BT-Drs. 17/7745, S. 12.

§ 312g

erhöht".[125] Die Bundesregierung hat dem Änderungsvorschlag in ihrer Gegenäußerung zugestimmt.[126] Die Darlegungs- und Beweislast für die Erfüllung der Pflicht aus § 312g Abs. 3 BGB trägt mithin der Unternehmer.

148 Die Norm ist nicht als rechtsvernichtende Einwendung, sondern als Voraussetzung für das Zustandekommen des Vertrages formuliert.[127] Erfüllt der Unternehmer seine Pflicht aus § 312g Abs. 3 BGB nicht, kommt ein Vertrag insgesamt nicht zustande; der Unternehmer kann vom Verbraucher das Entgelt nicht verlangen. Fehlt es an einer ausdrücklichen Bestätigung nach § 312g Abs. 3 Satz 1 BGB oder ist im Falle von § 312g Abs. 3 Satz 2 BGB die Schaltfläche für die Bestellung nicht den Anforderungen entsprechend beschriftet, kommt es zu keinem Vertragsschluss.[128] In der Gesetzesbegründung wird diese „scharfe Rechtsfolge" damit begründet, dass diese Vorschrift eine „vergleichbare Schutzwirkung wie eine Formvorschrift" hat.[129] § 312g Abs. 3 und 4 BGB dienen dem Schutz der Verbraucher vor Irreführung und Übereilung aufgrund der besonderen Situation im Internet bzw. bei der Nutzung sonstiger elektronischer Medien.[130]

149 *Kirschbaum* wendet ein, eine Interpretation als Voraussetzung für das Zustandekommen des Vertrages führe zu Konsequenzen, die mit dem Zweck der Norm nicht vereinbar seien, und schlägt vor, die Norm als gesetzliche Vermutung zu interpretieren: Würden die Pflichten nach Absatz 3 nicht erfüllt, gelte der Vertrag nicht als wirksam zustande gekommen.[131]

F. Kommentierung zu Absatz 5

I. Individuelle Kommunikation

1. Überblick

150 Gemäß § 312g Abs. 5 Satz 1 BGB (vormals Absatz 2; vgl. Art. 10 Abs. 4 und Art. 11 Abs. 3 der Richtlinie 2000/31/EG) finden § 312g Abs. 1 Satz 1 Nr. 1-3 BGB und § 312g Abs. 2-4 BGB keine Anwendung, wenn der Vertrag ausschließlich durch individuelle Kommunikation geschlossen wird. Der Ausnahmetatbestand wurde im Zuge der Einführung der Button-Lösung auch auf Verträge i.S.v. § 312g Abs. 2-4 BGB erstreckt. Er verweist nicht auf die Pflicht des Unternehmers nach § 312g Abs. 1 Satz 1 Nr. 4 BGB, dem Kunden die Möglichkeit zu verschaffen, die Vertragsbestimmungen einschließlich der Allgemeinen Geschäftsbedingungen bei Vertragsschluss abzurufen und in wiedergabefähiger Form zu speichern.

2. Anwendungsvoraussetzungen

a. Kommunikation

151 Kommunikation ist der Austausch von Informationen.

b. Individuell

152 Individuell im Sinne der Vorschrift ist die Kommunikation nur dann, wenn Nachrichten ausschließlich zielgerichtet zwischen den potentiellen Vertragspartnern ausgetauscht werden (Punkt-zu-Punkt-Kommunikation), ohne dass – abseits dieser Nachrichtenstrecke – auf weitere Informationsquellen Bezug genommen wird.[132]

153 Beispiele für eine derartige individuelle Kommunikation vergleichbar einem Brief oder per Telefon, insbesondere per E-Mail, etwa die Übersendung eines Angebots durch den Unternehmer an den Kunden per E-Mail[133] oder SMS[134]. Ein Vertragsschluss durch wechselseitige Zusendung von E-Mails oder per SMS bleibt damit weiterhin möglich.[135]

---

[125] BT-Drs. 17/7745, S. 15.
[126] BT-Drs. 17/7745, S. 18.
[127] BT-Drs. 17/7745, S. 12.
[128] BT-Drs. 17/7745, S. 12.
[129] BT-Drs. 17/7745, S. 12.
[130] BT-Drs. 17/7745, S. 12.
[131] *Kirschbaum*, MMR 2012, 8-12.
[132] BT-Drs. 17/7745, S. 12.
[133] BT-Drs. 17/7745, S. 12.
[134] *Funk/Zeifang*, ITRB 2005, 121-123; BT-Drs. 17/7745, S. 12.
[135] BT-Drs. 17/7745, S. 12.

Von der Punkt-zu-Punkt-Kommunikation zu unterscheiden sind Angebote an eine unbegrenzte Zahl nicht individualisierter Kunden, etwa mittels der Web-Site eines Online-Shops, oder Verteildienste i.S.v. § 2 Satz 1 Nr. 4 TMG, d.h. Telemedien, die im Wege einer Übertragung von Daten ohne individuelle Anforderung gleichzeitig für eine unbegrenzte Anzahl von Nutzern erbracht werden. Nach Auffassung von *Mankowski* fehlt es daher bei dem automatisierten Vertrieb von Produkten über SMS bzw. Mehrwertdienste (wie dem Abruf von Handy-Klingeltönen) an einer individuellen Kommunikation i.S.v. § 312g Abs. 2 Satz 1 BGB.[136]

c. Ausschließlich

Nach der Gesetzesbegründung darf der Rahmen des Kommunikationsmediums nicht verlassen werden, indem zum Beispiel wegen vertragsrelevanter Informationen auf eine Internet-Seite des Unternehmers verlinkt wird.[137]

II. Abdingbarkeit

Gemäß § 312g Abs. 5 Satz 2 BGB (vgl. Art. 10 Abs. 1 und 2 und Art. 11 Abs. 1 und 2 der Richtlinie 2000/31/EG) finden § 312g Abs. 1 Satz 1 Nr. 1-3 und Satz 2 BGB keine Anwendung, wenn zwischen Vertragsparteien, die nicht Verbraucher sind, etwas anderes vereinbart wird. Es ist noch nicht gerichtlich geklärt, ob dies wirksam durch AGB geschehen kann[138] oder ob eine Individualvereinbarung (ausreichend auch in Form einer Rahmenvereinbarung) erforderlich ist. Die Vorschrift stellt eine Ausnahme von § 312i Satz 1 BGB dar, wonach der Unternehmer von § 312g BGB nicht zum Nachteil des Kunden abweichen darf.

Unabdingbar bleibt die Pflicht des Unternehmers nach § 312g Abs. 1 Satz 1 Nr. 4 BGB, dem Kunden die Möglichkeit zu verschaffen, die Vertragsbestimmungen einschließlich der Allgemeinen Geschäftsbedingungen bei Vertragsschluss abzurufen und in wiedergabefähiger Form zu speichern.

Abdingbar ist die Pflicht gemäß § 312g Abs. 1 Satz 1 Nr. 1 BGB, technische Mittel zum Erkennen und Berichtigen von Eingabefehlern zur Verfügung zu stellen, ferner die gemäß § 312g Abs. 1 Satz 1 Nr. 2 BGB i.V.m. Art. 246 § 3 EGBGB erforderlichen Informationspflichten und gemäß § 312g Abs. 1 Satz 1 Nr. 3 BGB die Pflicht zur Bestätigung des Zugangs einer Bestellung.

Anders als im Fall von § 312g Abs. 5 Satz 1 BGB ist nach § 312g Abs. 5 Satz 2 BGB auch die Zugangsregelung in § 312g Abs. 1 Satz 2 BGB abdingbar. In EDI-Verträgen zwischen Unternehmern („Electronic Data Interchange")[139] sind daher Klauseln über den Zugang von Erklärungen zulässig, die von § 312g Abs. 1 Satz 2 BGB abweichen.

Beispiele für Klauseln über den Zugang:
- „Ein Vertrag kommt zu dem Zeitpunkt und an dem Ort zustande, an dem die Nachricht, die die Annahme des Angebots darstellt, das Computersystem des Anbieters erreicht."
- „Die elektronisch übermittelten Erklärungen gelten dem Empfänger als zugegangen, sobald sie in fehlerfreier Form in der Art und Weise gespeichert sind, dass sie vom Empfänger jederzeit und ohne besondere Mühewaltung abgerufen werden können."

Beispiel nach § 8 des Deutschen EDI-Rahmenvertrages:[140]
„(1) Eine Nachricht ist dem Empfänger im Wege der Nachrichtenübermittlung dann zugegangen, wenn sie bei der Kommunikationseinrichtung des Empfängers eingegangen ist und bei der Kommunikationseinrichtung des Senders eine automatische Empfangsbestätigung durch die Kommunikationseinrichtung des Empfängers erfolgt ist.
(2) Eine Nachricht ist dem Empfänger im Wege des Nachrichtenabrufs dann zugegangen, wenn sie in dem dafür vorgesehenen Teil der Kommunikationseinrichtung des Senders zum Abruf bereitgestellt und von dem Empfänger dort abgerufen worden ist und bei der Kommunikationseinrichtung des Sen-

---

[136] *Mankowski*, VuR 2006, 209-218.
[137] BT-Drs. 17/7745, S. 12.
[138] *Boente/Riehm*, Jura 2002, 222-230.
[139] Weitere Informationen zu UN/EDIFACT (United Nations Directories for Electronic Data Interchange for Administration, Commerce and Transport) unter der URL www.unece.org/trade/untdid/welcome.htm (abgerufen am 26.07.2012).
[140] Mustervereinbarung für die Abwicklung elektronischer Transaktionen aus dem Jahr 1994; zum EDI-Rahmenvertrag vgl. *Kilian*, CR 1994, 657-660, zu Rechtsfragen des EDI vgl. *Fritzemeyer/Heun*, CR 1992, 129-133 und *Fritzemeyer/Heun*, CR 1992, 198-203.

ders eine automatische Abrufbestätigung durch die Kommunikationseinrichtung des Empfängers erfolgt ist.

(3) Werden Mehrwertdienste eingeschaltet, so ist eine Nachricht dem Empfänger zugegangen, wenn im Wege der Nachrichtenübermittlung die Nachricht in die Mailbox des Mehrwertdienstes des Empfängers eingegangen ist und bei der Kommunikationseinrichtung des Senders eine Bestätigung durch dessen Mehrwertdienst erfolgt ist.

(4) Geht die Nachricht außerhalb der Geschäftszeiten zu, gilt sie mit Beginn der Geschäftszeit des nächstfolgenden Arbeitstages beim Empfänger als zugegangen.

(5) Zusätzlich zu den in den Abs. 1 und 2 genannten Bestätigungen kann der Sender mit der Nachrichtenübermittlung eine gesonderte Empfangsbestätigung vom Empfänger und der Empfänger mit dem Nachrichtenabruf eine gesonderte Abrufbestätigung vom Sender verlangen. Die gesonderte Bestätigung muss bis zum Schluss der Geschäftszeit des der Nachrichtenübermittlung oder des Nachrichtenabrufs folgenden Arbeitstages dem Sender/Empfänger zugegangen sein. Eine gemäß diesem Absatz zu bestätigende Nachricht gilt, ohne den gemäß Abs. 1, 2 und 4 festgelegten Zugangszeitpunkt zu verändern, nur in diesem Falle als wirksam übermittelt oder wirksam abgerufen."

G. Kommentierung zu Absatz 6

I. Weitergehende Informationspflichten (Absatz 6 Satz 1)

162 Gemäß § 312g Abs. 6 Satz 1 BGB (vormals Absatz 3 Satz 1) bleiben weitergehende Informationspflichten aufgrund anderer Vorschriften unberührt (z.B. nach § 312c BGB, der PAngV, § 5 TMG (vormals § 6 TDG und § 10 MedDStV)). Diese Konkurrenzregelung hat – wie z.B. auch § 312c Abs. 4 BGB – lediglich deklaratorische Bedeutung.[141]

163 Wer z.B. Fernabsatzverträge im elektronischen Geschäftsverkehr schließt, muss sowohl die Pflichten nach § 312c BGB als auch die Pflichten nach § 312g Abs. 1 Satz 1 Nr. 2 BGB erfüllen. Die Pflicht des Unternehmers gemäß § 312c BGB i.V.m. Art. 246 § 1 Abs. 1 Nr. 4 EGBGB, den Verbraucher bei Fernabsatzverträgen darüber zu informieren, wie der Vertrag zustande kommt, kann sich mit der Pflicht des Unternehmers gemäß § 312g Abs. 1 Satz 1 Nr. 2 BGB i.V.m. Art. 246 § 3 Nr. 1 EGBGB überschneiden, bei Verträgen im elektronischen Geschäftsverkehr den Kunden über die einzelnen technischen Schritte zu informieren, die zu einem Vertragsschluss führen.

II. Beginn der Widerrufsfrist (Absatz 6 Satz 2)

164 Steht dem Kunden ein Widerrufsrecht nach anderen Vorschriften gemäß § 355 BGB zu, beginnt die Widerrufsfrist abweichend von § 355 Abs. 3 Satz 1 BGB nicht vor Erfüllung der in § 312g Abs. 1 Satz 1 BGB geregelten Pflichten.

165 Diese Regelung ergänzt für Fernabsatzverträge die Regelungen zum Fristbeginn gemäß § 312d Abs. 2 BGB. D.h.: Die Widerrufsfrist beginnt nicht vor Erfüllung der Pflichten sowohl nach § 312c BGB als auch nach § 312g Abs. 1 Satz 1 BGB. Umstritten ist, ob jegliche Pflichtverletzung den Beginn des Laufs der Widerrufsfrist verhindert, oder ob der Lauf der Widerrufsfrist dennoch beginnt, wenn die Pflichtverletzung für die Ausübung des Widerrufsrechts ohne Bedeutung ist.[142] Nach dem AG Hamburg findet § 312g Abs. 6 Satz 2 BGB bei einem Verstoß gegen die Pflicht nach § 312g Abs. 1 Satz 1 Nr. 4 BGB[143] Anwendung, nach dem OLG Hamm bei einem Verstoß gegen die Informationspflicht nach § 312g Abs. 1 Satz 1 Nr. 2 BGB i.V.m. Art. 246 § 3 Nr. 2 BGB.[144]

166 Für im Wege des Fernabsatzes geschlossene Versicherungsverträge enthält § 8 Abs. 4 VVG (vormals § 48b Abs. 6 Satz 2 VVG) eine parallele Regelung zu § 312g Abs. 6 Satz 2 BGB. § 312g Abs. 6 Satz 2 BGB wäre nicht unmittelbar anwendbar, denn bei Fernabsatzverträgen über Versicherungen richtet sich das Widerrufsrecht nicht nach § 355 BGB, sondern nach § 8 Abs. 1 Satz 1 VVG (vormals § 48c Abs. 1 VVG).

---

[141] BT-Drs. 14/6040, S. 172.

[142] Hierfür *Thüsing* in: Staudinger, § 312e Rn. 62 (für eine teleologische Reduktion), *Grüneberg* in: Palandt, § 312e Rn. 11 (mit dem Beispiel des Verstoßes gegen § 3 Nr. 5 BGB-InfoV, Verhaltenskodizes); auch von *Schneider*, K&R 2001, 344-248 als zu harte Sanktion kritisiert.

[143] AG Hamburg v. 13.04.2006 - 6 C 649/05; vgl. auch AG Hamburg v. 17.06.2011 - 7c C 69/10 - juris Rn. 37.

[144] OLG Hamm v. 15.03.2011 - I-4 U 204/10, 4 U 204/10 - juris Rn. 65 - MMR 2011, 537-538.

H. Übergangsrecht

Gemäß Art. 229 § 5 Satz 1 EGBGB sind auf Schuldverhältnisse, die vor dem **01.01.2002** entstanden sind, das Bürgerliche Gesetzbuch und die Verordnung über Kundeninformationspflichten, soweit nichts anderes bestimmt ist, in der bis zu diesem Tag geltenden Fassung anzuwenden.[145] 167

Für § 312g Abs. 1 Satz 2 Nr. 2 BGB und § 312g Abs. 6 Satz 2 BGB i.d.F. von Art. 1 Nr. 6 des Gesetzes zur Umsetzung der Verbraucherkreditrichtlinie, des zivilrechtlichen Teils der Zahlungsdiensterichtlinie sowie zur Neuordnung der Vorschriften über das Widerrufs- und Rückgaberecht vom 29.07.2009[146] gilt die Übergangsregelung gemäß Art. 229 § 22 Abs. 2 EGBGB, wonach – soweit andere als die in Art. 229 § 22 Abs. 1 EGBGB geregelten Schuldverhältnisse vor dem **11.06.2010** entstanden sind – auf sie das BGB und die BGB-InfoV jeweils in der bis dahin geltenden Fassung anzuwenden sind. Wie in der Gesetzesbegründung klargestellt wird, ist es grundsätzlich nicht gerechtfertigt, auf am Stichtag bereits bestehende Schuldverhältnisse das neue Recht anzuwenden, das zum Zeitpunkt der Entstehung des Schuldverhältnisses noch nicht galt und deshalb auch noch nicht beachtet werden konnte.[147] 168

Die Regelungen in § 312g Abs. 2-4 BGB in der Fassung gemäß Art. 1 des Gesetzes zur Änderung des Bürgerlichen Gesetzbuchs zum besseren Schutz der Verbraucherinnen und Verbraucher vor Kostenfallen im elektronischen Geschäftsverkehr und zur Änderung des Wohnungseigentumsgesetzes[148] treten zum **01.08.2012** in Kraft. Eine Übergangsvorschrift ist im Gesetz nicht vorgesehen. Die Pflichten gemäß § 312g Abs. 2 und 3 BGB gelten ab dem 01.08.2012, 00:00 Uhr. 169

---

[145] Die Vorschrift ist dispositiv: Die Parteien können vereinbaren, dass auf ein vor dem 01.01.2002 entstandenes Schuldverhältnis neues Recht und auf ein später entstandenes altes Recht anzuwenden ist; soweit eine solche Klausel durch AGB vereinbart werden soll, ist zu beachten, dass Art. 229 § 5 EGBGB Leitbildfunktion i.S.v. § 307 Abs. 2 Nr. 1 BGB hat.
[146] BGBl I 2009, 2355.
[147] BT-Drs. 16/11643, S. 119/120.
[148] BGBl I 2012, 1084.

§ 312h BGB Kündigung und Vollmacht zur Kündigung

(Fassung vom 27.07.2011, gültig ab 04.08.2011)

Wird zwischen einem Unternehmer und einem Verbraucher nach diesem Untertitel ein Dauerschuldverhältnis begründet, das ein zwischen dem Verbraucher und einem anderen Unternehmer bestehendes Dauerschuldverhältnis ersetzen soll, und wird anlässlich der Begründung des Dauerschuldverhältnisses von dem Verbraucher

1. die Kündigung des bestehenden Dauerschuldverhältnisses erklärt und der Unternehmer oder ein von ihm beauftragter Dritter zur Übermittlung der Kündigung an den bisherigen Vertragspartner des Verbrauchers beauftragt oder

2. der Unternehmer oder ein von ihm beauftragter Dritter zur Erklärung der Kündigung gegenüber dem bisherigen Vertragspartner des Verbrauchers bevollmächtigt,

bedarf die Kündigung des Verbrauchers oder die Vollmacht zur Kündigung der Textform.

Gliederung

A. Grundlagen 1	b. „Ersetzen" 27
I. Kurzcharakteristik 1	II. Kündigung des Altvertrages 29
II. Regelungszusammenhang......................... 7	1. „Wird anlässlich der Begründung des Dauerschuldverhältnisses von dem Verbraucher" 29
1. Anlass für die Gesetzesänderung............ 7	
2. Wettbewerbsrechtlicher Schutz 8	2. Übermittlung der Kündigung des Verbrauchers (Nr. 1) 30
3. Zivilrechtlicher Schutz............................ 11	
a. Neuvertrag 11	a. „Die Kündigung des bestehenden Dauerschuldverhältnisses erklärt" 30
b. Altvertrag 12	
III. Gesetzesmaterialien 16	b. „Und der Unternehmer oder ein von ihm beauftragter Dritter" 31
B. Anwendungsvoraussetzungen 17	
I. Begründung eines Neuvertrages zur Ersetzung eines Altvertrages 17	c. „Zur Übermittlung der Kündigung an den bisherigen Vertragspartner des Verbrauchers beauftragt" 35
1. „Wird zwischen einem Unternehmer und einem Verbraucher nach diesem Untertitel ein Dauerschuldverhältnis begründet" (Neuvertrag) 18	3. Vollmacht zur Kündigung im Namen des Verbrauchers (Nr. 2)................................. 37
	C. Rechtsfolge 38
a. Dauerschuldverhältnis........................... 18	I. „Bedarf die Kündigung des Verbrauchers oder die Vollmacht zur Kündigung der Textform".... 38
b. Zwischen Unternehmer und Verbraucher........ 22	
c. Begründung nach diesem Unterabschnitt 23	II. Folgen eines Formverstoßes 42
2. „Das ein zwischen dem Verbraucher und einem anderen Unternehmer bestehendes Dauerschuldverhältnis ersetzen soll" (Altvertrag)................ 25	1. Unwirksamkeit.. 42
	2. Kündigungserklärung (Nr. 1) 44
a. „Anderer Unternehmer" (Drei-Personen-Verhältnis) 25	3. Kündigungsvollmacht (Nr. 2) 47

A. Grundlagen

I. Kurzcharakteristik

1 § 312h BGB wurde mit Wirkung zum 04.08.2009 als Art. 1 Nr. 3 des Gesetzes zur Bekämpfung unerlaubter Telefonwerbung und zur Verbesserung des Verbraucherschutzes bei besonderen Vertriebsformen vom 29.07.2009 eingeführt.[1] Die Vorschrift begründet in ihrem Anwendungsbereich ein gesetzliches Textformerfordernis für Kündigungen und Kündigungsvollmachten. Sie setzt voraus, dass ein Unternehmer mit einem Verbraucher unter Verwendung besonderer Vertriebsformen ein Dauerschuldverhältnis begründet, das ein zwischen dem Verbraucher und einem anderen Unternehmer bestehendes

---
[1] BGBl I 2009, 2413.

Dauerschuldverhältnis ersetzen soll, z.B. die Überredung des Verbrauchers am Telefon oder an der Haustür, den Telefon- oder Stromanbieter zu wechseln.[2]

In zeitlicher Hinsicht ist die Vorschrift nur auf Kündigungen und Kündigungsvollmachten anwendbar, die seit dem 04.08.2009 erklärt bzw. abgegeben wurden.

In sachlicher Hinsicht ist die Vorschrift nicht auf telefonisch abgeschlossene Verträge oder den Fernabsatz beschränkt, sondern sie umfasst auch Haustürgeschäfte und Verträge im elektronischen Geschäftsverkehr.

In personaler Hinsicht erfordert sie die Beteiligung eines Verbrauchers als Kunden sowie zweier Unternehmer (Drei-Personen-Verhältnis).[3]

Die zu übermittelnde Kündigung oder die Vollmacht zur Kündigung bedarf zu ihrer Wirksamkeit der Textform. Dies dient dem Zweck, das „Unterschieben" von Verträgen zu erschweren und den Verbrauchern vor Augen zu führen, dass sie bei Widerruf des neu abgeschlossenen Vertrages an die Kündigung des bestehenden Dauerschuldverhältnisses gebunden bleiben. Der Gesetzgeber sah die Gefahr, dass Verbraucher von einem Recht zum Widerruf des Neuvertrages keinen Gebrauch machen, wenn der Altvertrag erst einmal gekündigt ist. Die Textform bleibt zwar hinter der Schriftform zurück, wie sie für § 174 BGB gefordert wird, so dass das Risiko besteht, dass Verbrauchern Kündigungen oder Kündigungsvollmachten in Textform „untergeschoben" werden, ohne dass eine Überprüfung durch die Unterschrift des Verbrauchers möglich wäre. Für die Erfüllung der Warnfunktion reicht die Textform nach Auffassung des Gesetzgebers jedoch aus.[4] Zu beachten ist, dass die vom Verbraucher unmittelbar gegenüber dem Vertragspartner erklärte Kündigung nach wie vor formlos möglich ist, soweit nicht kraft Gesetzes oder Rechtsgeschäfts ein konstitutives Formerfordernis besteht.

§ 312h BGB dient dem Verbraucherschutz.[5] Eine Abweichung von der Vorschrift zum Nachteil des Verbrauchers ist unwirksam, es handelt sich insoweit gemäß § 312i Satz 1 BGB um zwingendes Recht; auch das Umgehungsverbot des § 312i Satz 2 BGB findet Anwendung.

II. Regelungszusammenhang

1. Anlass für die Gesetzesänderung

Anlass für die Gesetzesänderung waren aggressive Praktiken zur Abwerbung von Verbrauchern auf umkämpften Märkten, insbesondere in der Telekommunikationsbranche. Um einem Verbraucher den Wechsel zu erleichtern, bieten Unternehmen an, die Kündigung des Verbrauchers an den alten Dienstleister zu übermitteln oder sich vom Verbraucher eine Kündigungsvollmacht erteilen zu lassen, um dem alten Dienstleister im Namen des Verbrauchers die Kündigung zu erklären. Soweit dem Verbraucher der Anbieterwechsel (d.h. der Abschluss des Neuvertrages und die Kündigung des Altvertrages) bewusst ist, ist dies nicht zu beanstanden. Nach Einschätzung des Gesetzgebers fand aber in einem nicht mehr tolerierbaren Umfang Missbrauch statt. So wurden in der Telekommunikationsbranche im Anschluss an Werbetelefonate die Anschlüsse von Verbrauchern auf neue Betreiber umgestellt (Carrier Preselection), ohne dass der Verbraucher einen Auftrag für einen Neuvertrag erteilt und die Kündigung des Altvertrages veranlasst hatte (sog. „Slamming"[6]). Der Verbraucher erfuhr davon erst durch die Übersendung einer „Auftragsbestätigung" oder durch die erste Rechnung des neuen Dienstleisters.[7]

2. Wettbewerbsrechtlicher Schutz

„Slamming" ist wettbewerbswidrig und stellt insbesondere eine gezielte Behinderung des Mitbewerbers (§ 4 Nr. 10 UWG) und eine Irreführung (§ 5 UWG) dar.[8]

Anders ist dies bei der bloßen Kündigungshilfe, d.h. der Unterstützung des Verbrauchers bei der Kündigung des Vertrages zu dem alten Dienstleister durch das abwerbende Unternehmen. Es gehört zum Wesen des Wettbewerbs, dass Kunden abgeworben werden. Das Wettbewerbsrecht gewährt keinen Bestandsschutz für Verträge. Ein Unternehmen hat keinen Anspruch auf Erhaltung seines Kundenstamms. Es würde dem Ziel des Leistungswettbewerbs zuwiderlaufen, einen Anbieterwechsel zu er-

---

[2] BT-Drs. 16/10734, S. 12.
[3] BT-Drs. 16/10734, S. 12.
[4] BT-Drs. 16/10734, S. 12.
[5] BT-Drs. 16/10734, S. 12.
[6] Abgeleitet vom englischen Begriff „to slam", d.h. zuschlagen.
[7] BT-Drs. 16/10734, S. 7.
[8] LG Hamburg v. 27.03.2008 - 312 O 340/07 - CR 2008, 712-713.

schweren.⁹ Eine Kündigungshilfe ist wettbewerbsrechtlich allerdings unzulässig, soweit im Einzelfall besondere Umstände hinzutreten, welche die Unlauterkeit begründen, z.B. indem der Verbraucher irregeführt (§ 5 UWG) oder er – etwa bei einer Überrumpelung – in seiner Entscheidungsfreiheit unangemessen unsachlich beeinträchtigt (§ 4 Nr. 1 UWG) wird.¹⁰

10 Eine Kündigungshilfe ist besonders effizient wenn das abwerbende Unternehmen dem Verbraucher ein vorbereitetes Kündigungsschreiben (welches der Verbraucher z.B. nach Einfügung des Kündigungstermins nur noch unterzeichnen muss) oder eine vorbereite Kündigungsvollmacht vorlegt. Die Überlassung vorformulierter Kündigungsschreiben hat die höchstrichterliche Rechtsprechung ausdrücklich gebilligt.¹¹

3. Zivilrechtlicher Schutz

a. Neuvertrag

11 In Fällen des „Slamming" stellt sich bereits die Frage, ob rechtlich überhaupt ein Neuvertrag zustande gekommen ist (§§ 145 ff. BGB). Soweit der neue Dienstleister einen Zahlungsanspruch gegen den Verbraucher geltend macht, so trifft die Darlegungs- und Beweislast für das Zustandekommen des Vertrages zunächst diesen Dienstleister. Der Verbraucher kann zudem ggf. die Anfechtung wegen Irrtums (§ 119 BGB) oder wegen Täuschung (§ 123 BGB) erklären und nach Maßgabe des Rechts der Haustürgeschäfte und Fernabsatzverträge sein Widerrufsrecht ausüben.¹²

b. Altvertrag

aa. Rechte des Verbrauchers

12 Wurde dem Verbraucher eine Kündigungserklärung oder eine Kündigungsvollmacht untergeschoben, so ist die Erklärung nicht wirksam, wenn der Verbraucher eine solche Erklärung nicht bewusst abgegeben hat. Ist die Kündigungserklärung dem alten Dienstleister noch nicht zugegangen, ist ein Widerruf der Kündigungserklärung nach Maßgabe von § 130 Abs. 1 Satz 2 BGB möglich. Ist die Kündigungserklärung zugegangen, kann der Verbraucher diese unter Umständen nach Maßgabe der §§ 119, 123 BGB anfechten. Ein Widerruf der Kündigung oder der Vollmacht zur Kündigung durch den Verbraucher ist aber nicht wirksam,¹³ und zwar weder nach dem Recht der Haustürgeschäfte noch nach Fernabsatzrecht, denn es handelt sich nicht um Verträge, sondern um einseitige Rechtsgeschäfte.

bb. Zurückweisung der Kündigung gemäß § 174 BGB

13 Erklärt der neue Dienstleister gegenüber dem alten Dienstleister die Kündigung im Namen des Verbrauchers, so kann der alte Dienstleister die Kündigung nach Maßgabe von § 174 Satz 1 BGB unverzüglich zurückweisen, soweit der Dienstleister keine Vollmachtsurkunde vorlegt, und damit die Unwirksamkeit der Kündigung bewirken.

14 Diese Regelung schützt nicht den Verbraucher, sondern den alten Dienstleister. Er kann nach eigenem Ermessen je nach Interessenlage die Kündigung zurückweisen, ist aber hierzu nicht verpflichtet. Es kann ihm zudem aus kartellrechtlichen Gründen versagt sein, sich auf die Vorschrift zu berufen.¹⁴

15 Die Ausstellung von Vollmachtsurkunden stellt insbesondere im elektronischen Geschäftsverkehr ein erhebliches Hindernis für die Abwicklung der Geschäftsprozesse dar. Für die Strombranche wird unter Ziffer I.7 der Anlage zum Beschluss der Bundesnetzagentur BK6-06-009 (Geschäftsprozesse zur Kundenbelieferung mit Elektrizität – GPKE) für ein automatisiertes Verfahren empfohlen, auf den Versand von Vollmachten in der Regel zu verzichten und sie nur in begründeten Einzelfällen vorlegen zu lassen sowie in diesen Fällen Vollmachten elektronisch auszutauschen.¹⁵ Ungeachtet des Beschlusses der Bundesnetzagentur bleibt § 174 BGB anwendbar.¹⁶

---

[9] *Müller-Bidinger/Seichter* in: Ullmann, jurisPK-UWG, § 4 Nr. 10 UWG Rn. 31 m.w.N.
[10] *Müller-Bidinger/Seichter* in: Ullmann, jurisPK-UWG, § 4 Nr. 10 UWG Rn. 32.
[11] BGH v. 07.04.2005 - I ZR 140/02 - GRUR 2005, 603-604 - Kündigungshilfe; hierzu *Fischer*, WRP 2005, 1230-1233.
[12] BT-Drs. 16/10734, S. 12.
[13] BT-Drs. 16/10734, S. 12.
[14] BT-Drs. 16/10734, S. 12; BGH v. 10.10.2006 - KZR 26/05 - GRUR 2007, 256-259 - Preselection.
[15] Abrufbar auf der Web-Site der Bundesnetzagentur unter der URL http://www.bundesnetzagentur.de/.
[16] *Schöne* in: Graf von Westphalen, Vertragsrecht und AGB – Klauselwerke, Stromlieferverträge (Stand: April 2009), Rn. 155q.

III. Gesetzesmaterialien

„Entwurf eines Gesetzes zur Bekämpfung unerlaubter Telefonwerbung und zur Verbesserung des Verbraucherschutzes bei besonderen Vertriebsformen" vom 31.10.2008: BT-Drs. 16/10734, S. 5 ff.; Begründung des Gesetzesentwurfs der Bundesregierung: BT-Drs. 16/10734, S. 12; Stellungnahme des Nationalen Normenkontrollrats: BT-Drs. 16/10734, S. 17; Stellungnahme des Bundesrates: BT-Drs. 16/10734, S. 19; Gegenäußerung der Bundesregierung: BT-Drs. 16/10734, S. 23.

B. Anwendungsvoraussetzungen

I. Begründung eines Neuvertrages zur Ersetzung eines Altvertrages

Die Vorschrift setzt zunächst voraus, dass zwischen einem Unternehmer und einem Verbraucher nach den §§ 312 ff. BGB ein Dauerschuldverhältnis begründet wird, das ein zwischen dem Verbraucher und einem anderen Unternehmer bestehendes Dauerschuldverhältnis ersetzen soll.

1. „Wird zwischen einem Unternehmer und einem Verbraucher nach diesem Untertitel ein Dauerschuldverhältnis begründet" (Neuvertrag)

a. Dauerschuldverhältnis

Der Begriff des Dauerschuldverhältnisses ist wie in § 314 BGB zu verstehen. In der Gesetzesbegründung werden als Beispiele ausdrücklich Telekommunikationsverträge sowie Energielieferungsverträge[17] genannt.

Ein Dauerschuldverhältnis ist ein Schuldverhältnis, das sich nicht in einmaligen Erfüllungshandlungen erschöpft, sondern eine Verpflichtung zu einem fortlaufenden Tun, Unterlassen, Verhalten oder wiederkehrenden Leistungen begründet, wodurch während der Laufzeit des Dauerschuldverhältnisses ständig neue Erfüllungs-, Neben- und Schutzpflichten entstehen (vgl. die Kommentierung zu § 314 BGB). § 312h BGB kann daher in verschiedenen Lebensbereichen Bedeutung gewinnen, z.B. bei Versicherungsverträgen, Bankverträgen (z.B. Girokonto-Verträgen oder Darlehensverträgen), Mietverträgen, Dienstverträgen (z.B. Unterrichtsverträgen) und ggf. auch Arbeitsverträgen (z.B. bei der Abwerbung eines Arbeitnehmers, soweit der Arbeitnehmer als Verbraucher qualifiziert wird), ferner gemischte Verträge wie z.B. Verträge mit Fitness-Studios, die sowohl miet- als auch dienstvertragliche Elemente aufweisen. Zu den Dauerschuldverhältnissen gehören auch Telekommunikationsverträge wie z.B. über die Bereitstellung eines Telefonanschlusses oder den Zugang zum Internet.

Ratenlieferungsverträge i.S.v. § 510 Abs. 1 Satz 1 Nr. 1 BGB (d.h. im Sinne echter Sukzessivlieferungsverträge) sind keine Dauerschuldverhältnisse. Sie haben die Lieferung mehrerer als zusammengehörend verkaufter Sachen in Teilleistungen zum Gegenstand. Bei ihnen ist die Gesamtmenge der Leistung von Anfang an bestimmt, es wird lediglich in mehreren Teilen (Raten) geleistet. Das Zeitmoment hat für den Umfang der Leistungspflicht keine Bedeutung (vgl. die Kommentierung zu § 314 BGB).

Zu den Dauerschuldverhältnissen gehören hingegen Dauerlieferungsverträge (d.h. Bezugsverträge), welche nach Maßgabe von § 510 Abs. 1 Satz 1 Nr. 2 BGB die regelmäßige Lieferung von Sachen gleicher Art zum Gegenstand oder nach Maßgabe von § 510 Abs. 1 Satz 1 Nr. 3 BGB 1 die Verpflichtung zum wiederkehrenden Erwerb oder Bezug von Sachen zum Gegenstand haben. Bei ihnen steht die zu liefernde (Gesamt-)Menge nicht schon bei Vertragsschluss fest, sondern entwickelt sich erst im Laufe der Vertragsabwicklung (vgl. die Kommentierung zu § 314 BGB). Beispiel hierfür sind Verträge über die Lieferung von Strom, Gas oder Wasser und ggf. Verträge über das Abonnement von Zeitungen oder Zeitschriften.

b. Zwischen Unternehmer und Verbraucher

Erfasst werden nur Verträge zwischen einem Unternehmer (§ 14 BGB) und einem Verbraucher (§ 13 BGB). Auf Verträge ausschließlich zwischen Unternehmern oder auf Verträge ausschließlich zwischen Verbrauchern findet § 312h BGB keine Anwendung.

---

[17] BT-Drs. 16/10734, S. 7.

§ 312h

c. Begründung nach diesem Unterabschnitt

23 Erfasst werden nur Verträge nach dem Unterabschnitt der §§ 312 ff. BGB, d.h. Haustürgeschäfte (§§ 312, 312a BGB), Fernabsatzverträge (§§ 312b-312f BGB) und Verträge im elektronischen Geschäftsverkehr (§ 312g BGB), letztere jedoch nur soweit der Kunde Verbraucher ist. Eine analoge Anwendung auf Verträge im elektronischen Geschäftsverkehr zwischen Unternehmern scheidet mangels planwidriger Regelungslücke aus. Nach der Gesetzesbegründung besteht für eine Anwendung auf sämtliche Vertragsverhältnisse, die im elektronischen Geschäftsverkehr zustande kommen, kein Bedürfnis.[18]

24 Der Verweis auf den Unterabschnitt (§§ 312 ff. BGB) mag Zweifel begründen, ob auch Verträge erfasst sind, die vom Anwendungsbereich des Unterabschnitts ausgenommen sind. Nicht ausreichend ist der bloße Ausschluss des Widerrufsrechts (z.B. gemäß § 312 Abs. 3 BGB oder gemäß § 312d Abs. 4 BGB), die Frage stellt sich nur, wenn Verträge von dem Anwendungsbereich insgesamt ausgenommen sind, namentlich in den in § 312b Abs. 3 BGB aufgeführten Fällen. Von praktischer Bedeutung ist dies etwa für Versicherungsverträge (im Fernabsatzrecht gemäß § 312b Abs. 3 Nr. 2 BGB, im Recht der Haustürgeschäfte gemäß § 312 Abs. 3 BGB). Der Wortlaut „Begründung" legt nahe, dass es nur auf den Abschluss der Verträge unter Verwendung der besonderen Vertriebsformen ankommt. Hierfür spricht auch der Verbraucherschutz als Schutzzweck des § 312h BGB.

25 Nur der Neuvertrag muss unter Verwendung der besonderen Vertriebsformen begründet worden sein. Ob auch der Altvertrag unter Verwendung der besonderen Vertriebsformen abgeschlossen wurde, ist unerheblich.

2. „Das ein zwischen dem Verbraucher und einem anderen Unternehmer bestehendes Dauerschuldverhältnis ersetzen soll" (Altvertrag)

a. „Anderer Unternehmer" (Drei-Personen-Verhältnis)

26 Wie aus dem Wort „anderen" in § 312h BGB ersichtlich wird, setzt die Vorschrift ein Drei-Personen-Verhältnis voraus, d.h. neben dem Verbraucher einen Dienstleister nach dem Altvertrag und einen Dienstleister nach dem Neuvertrag. Erfasst wird nur der Wechsel des Dienstleisters, nicht aber der Wechsel des Tarifs oder sonstiger Konditionen bei demselben Dienstleister.

b. „Ersetzen"

27 Der Neuvertrag muss dazu bestimmt sein, den Altvertrag zu „ersetzen", d.h. die nach dem Neuvertrag geschuldete Dienstleistung muss der Dienstleistung des Altvertrages aus Sicht eines verständigen Verbrauchers entsprechen.

28 Nicht von § 312h BGB erfasst werden daher Fälle, in denen sich ein Verbraucher z.B. von einem Berater in Vermögensangelegenheiten betreuen lässt und durch dessen Vermittlung der Verbraucher z.B. einen Vertrag über ein Girokonto mit einer Bank begründet und bei dieser Gelegenheit einen Versicherungsvertrag mit einem Versicherer aus einem anderen Finanzkonzern kündigt.

II. Kündigung des Altvertrages

1. „Wird anlässlich der Begründung des Dauerschuldverhältnisses von dem Verbraucher"

29 „Anlässlich" erfordert wie in § 312 Abs. 1 Satz 1 Nr. 2 BGB, aber unter Berücksichtigung des Schutzzwecks des § 312h BGB, einen hinreichenden zeitlichen und sachlichen Bezug zur Begründung des Dauerschuldverhältnisses.

2. Übermittlung der Kündigung des Verbrauchers (Nr. 1)

a. „Die Kündigung des bestehenden Dauerschuldverhältnisses erklärt"

30 Die Vorschrift setzt weiter voraus, dass anlässlich der Begründung des Dauerschuldverhältnisses von dem Verbraucher die Kündigung des bestehenden Dauerschuldverhältnisses erklärt und der Unternehmer oder ein von ihm beauftragter Dritter zur Übermittlung der Kündigung an den bisherigen Vertragspartner des Verbrauchers beauftragt wird.

---

[18] BT-Drs. 16/10734, S. 12.

b. „Und der Unternehmer oder ein von ihm beauftragter Dritter"

Der Unternehmer wird in vielen Fällen nicht selbst auftreten. In diesen Fällen ist dem Handeln des Unternehmers das Handeln eines „von ihm beauftragten Dritten" gleichgestellt.

Der Bundesrat forderte in seiner Stellungnahme zum Gesetzesentwurf der Bundesregierung, die Wörter „von ihm beauftragter" zu streichen. In den Anwendungsbereich des § 312h BGB sollten alle Fälle einbezogen werden, in denen ein Dritter mit der Übermittlung der Kündigung an den bisherigen Vertragspartner des Verbrauchers beauftragt worden ist. Dabei sollte es nach Auffassung des Bundesrats keine Rolle spielen, ob der Dritte vom Unternehmer förmlich beauftragt wurde, eine Beauftragung durch einen Kunden vorgibt oder beispielsweise als unabhängiger Vermittler auftritt. Die Streichung des Zusatzes „von ihm beauftragter" sollte dazu dienen, Umgehungsmöglichkeiten zu verhindern und Auslegungsschwierigkeiten zu vermeiden.[19]

In ihrer Gegenäußerung lehnte die Bundesregierung den Vorschlag des Bundesrats ab. Die Streichung würde nach ihrer Auffassung dazu führen, dass die Vorschrift auch dann anzuwenden ist, wenn gegenüber dem bisherigen Vertragspartner des Verbrauchers eine „im Lager des Verbrauchers stehende Person" – etwa ein Familienangehöriger – auftritt. Eine Einbeziehung solcher Fälle in den Anwendungsbereich der Norm erschien der Bundesregierung nicht sachgerecht, denn der Verbraucher sei nicht schutzbedürftig, wenn er sich zur Kündigung einer ihm nahestehenden Person bedient. Das Textformerfordernis würde in diesen Fällen den Anbieterwechsel unnötig erschweren. Die Formulierung „oder ein von ihm beauftragter Dritter" muss nach dem Verständnis der Bundesregierung auch nicht zwingend dahin ausgelegt werden, dass der Beziehung ein Auftragsverhältnis im Rechtssinne zugrunde liegen muss.[20]

Nach der Klarstellung in den Gesetzesmaterialien ist die Beauftragung i.S.v. § 312f BGB nicht mit einem Auftrag i.S.d. §§ 662 ff. BGB identisch. Ausreichend ist jedes andere Rechtsgeschäft, auf dessen Grundlage der Unternehmer dem Dritten eine Weisung zur Übermittlung erteilen kann, z.B. ein Dienst- oder Arbeitsvertrag (§§ 611 ff. BGB) oder ein Handelsvertretervertrag (§§ 84 ff. HGB).

c. „Zur Übermittlung der Kündigung an den bisherigen Vertragspartner des Verbrauchers beauftragt"

Gegenstand der Beauftragung ist die „Übermittlung der Kündigung" an den bisherigen Vertragspartner. Der Übermittelnde ist in der Regel (Erklärungs-)Bote. Im Unterschied zum Stellvertreter gibt er keine eigene Kündigungserklärung im Namen des Verbrauchers ab, sondern er überbringt die Kündigungserklärung des Verbrauchers und damit eine für ihn fremde Erklärung.

Wie die Erklärung übermittelt werden soll, ist unerheblich. Auch die Beauftragung des Dritten, die Kündigung des Verbrauchers telefonisch gegenüber dem bisherigen Vertragspartner zu übermitteln, wird von der Vorschrift erfasst; bei telefonischer Übermittlung ist das Textformerfordernis nicht gewahrt. Erklärt der Unternehmer selbst die Kündigung per Telefon, so wird der Telekommunikationsdienstleister dadurch nicht zum beauftragten Dritten. Im Falle der unrichtigen Übermittlung kann der Verbraucher nach Maßgabe von § 120 BGB ein Recht zur Anfechtung ausüben.

3. Vollmacht zur Kündigung im Namen des Verbrauchers (Nr. 2)

Alternativ zur Übermittlung der Kündigungserklärung des Verbrauchers erfasst § 312h BGB auch den Fall, dass anlässlich der Begründung des Dauerschuldverhältnisses von dem Verbraucher der Unternehmer oder ein von ihm beauftragter Dritter zur Erklärung der Kündigung gegenüber dem bisherigen Vertragspartner des Verbrauchers bevollmächtigt wird.

C. Rechtsfolge

I. „Bedarf die Kündigung des Verbrauchers oder die Vollmacht zur Kündigung der Textform"

Ist durch Gesetz Textform vorgeschrieben, so muss gemäß § 126b BGB die Erklärung in einer Urkunde oder auf andere zur dauerhaften Wiedergabe in Schriftzeichen geeignete Weise abgegeben, die Person des Erklärenden genannt und der Abschluss der Erklärung durch Nachbildung der Namensunterschrift oder anders erkennbar gemacht werden.

---

[19] BT-Drs. 16/10734, S. 19.
[20] BT-Drs. 16/10734, S. 23.

39 Die Erklärung der Kündigung oder Erteilung der Kündigungsvollmacht zur Kündigung fernmündlich per Telefon reicht hierzu mangels Eignung zur dauerhaften Wiedergabe in Schriftzeichen nicht aus, auch wenn das Gespräch aufgezeichnet wird.

40 Eine Eignung zur dauerhaften Wiedergabe in Schriftzeichen liegt hingegen vor, wenn etwa bei Haustürgeschäften ein unterzeichnetes Schriftstück ausgehändigt oder im Fernabsatz die Erklärung per Brief, Telefax, E-Mail oder SMS übersandt wird.

41 Ausreichend kann ferner sein, wenn der Verbraucher im elektronischen Geschäftsverkehr eine Kündigungsvollmacht über ein Online-Formular auf einer Website abgibt und der Unternehmer die Erklärung speichert. Das vermindert zwar für alle Vertragsparteien den Aufwand und kann z.B. in der Strombranche auch konform zu Ziffer I.7 der Anlage zum Beschluss BK6-06-009 der Bundesnetzagentur ausgestaltet werden. Der Nachteil dieses Verfahrens kann jedoch darin liegen, im Streitfall festzustellen, ob die Kündigungsvollmacht von der als Aussteller angegebenen Person oder von einem Dritten erteilt wurde.

II. Folgen eines Formverstoßes

1. Unwirksamkeit

42 § 312h BGB begründet ein gesetzliches Formerfordernis. Wird die Textform nicht eingehalten, so ist die Kündigung oder Vollmacht zur Kündigung gemäß § 125 Satz 1 BGB nichtig.[21]

43 Eine Heilung dieses Formmangels, z.B. durch Erfüllung des Vertrages, ist gesetzlich nicht vorgesehen. Eine analoge Anwendung von Vorschriften über die Heilung von Formmängeln scheidet mangels planwidriger Regelungslücke und wegen des mit § 312h BGB bezweckten Verbraucherschutzes aus.

2. Kündigungserklärung (Nr. 1)

44 Ist die Kündigungserklärung nichtig, bleibt das ursprüngliche Dauerschuldverhältnis bestehen.

45 Der Verbraucher kann die Kündigung bestätigen. Wird ein nichtiges Rechtsgeschäft von demjenigen, welcher es vorgenommen hat, bestätigt, so ist die Bestätigung gemäß § 141 Abs. 1 BGB als erneute Vornahme zu beurteilen. Die Bestätigung als erneute Vornahme der Kündigung bedarf daher ebenfalls der Textform. § 141 BGB enthält anders als die Regelung über die Bestätigung eines anfechtbaren Rechtsgeschäfts (§ 144 Abs. 2 BGB) zudem keine Regelung, wonach die Bestätigung nicht der für das Rechtsgeschäft bestimmten Form bedürfte. Auf die Frage, ob es sich zumindest bei der Bestätigung der Kündigung um einen Fall der Umgehung gemäß § 312i Satz 2 BGB handelt und daher die Bestätigung der Textform bedürfte, kommt es mithin nicht an.

46 Es wäre denkbar, die formnichtige Kündigungserklärung des Verbrauchers in ein Angebot auf Abschluss eines Aufhebungsvertrages umzudeuten. Entspricht ein nichtiges Rechtsgeschäft den Erfordernissen eines anderen Rechtsgeschäfts, so gilt gemäß § 140 BGB das letztere, wenn anzunehmen ist, dass dessen Geltung bei Kenntnis der Nichtigkeit gewollt sein würde. Mit Blick auf Interessenlage und Schutzzweck von § 312h BGB besteht aber kein Anlass zur Annahme, dass der Verbraucher anstelle einer formnichtigen Kündigung ein Angebot auf Abschluss eines Aufhebungsvertrages wollen sollte. Sollte der Verbraucher dies im Einzelfall doch wollen, wäre zu prüfen, ob in der Umdeutung nicht eine Umgehung nach § 312i Satz 2 BGB läge.

3. Kündigungsvollmacht (Nr. 2)

47 Ist die Kündigungsvollmacht unwirksam, so fehlt es dem Vertreter an Vertretungsmacht. Gemäß § 180 Satz 1 BGB ist bei einem einseitigen Rechtsgeschäft - wie der Kündigung - eine Vertretung ohne Vertretungsmacht unzulässig.

48 Hat derjenige, welchem gegenüber die Kündigung vorzunehmen war, die von dem Vertreter behauptete Vertretungsmacht bei der Vornahme des Rechtsgeschäfts – d.h. hier der Kündigung – nicht beanstandet oder ist er damit einverstanden gewesen, dass der Vertreter ohne Vertretungsmacht handle, so finden gemäß § 180 Satz 2 BGB die Regeln nach den §§ 177 ff. BGB entsprechende Anwendung.

49 Der Verbraucher als der Vertretene kann entsprechend § 177 Abs. 1 BGB die Genehmigung der Kündigung erteilen. Bis zur Genehmigung ist die Kündigung schwebend unwirksam, d.h. der Altvertrag besteht weiter. Die Genehmigung wirkt gemäß § 184 Abs. 1 BGB auf den Zeitpunkt der Vornahme des Rechtsgeschäfts zurück.

---

[21] BT-Drs. 16/10734, S. 12.

Der nach dem Altvertrag beauftragte Dienstleister kann den Vertretenen – d.h. den Verbraucher – zur Erklärung über die Genehmigung auffordern. In diesem Fall kann die Erklärung nur ihm gegenüber erfolgen, und eine vor der Aufforderung dem Vertreter gegenüber erklärte Genehmigung oder Verweigerung der Genehmigung wird unwirksam (§ 180 Satz 2 BGB i.V.m. § 177 Abs. 2 Satz 1 BGB). Die Genehmigung kann zudem nur bis zum Ablauf von zwei Wochen nach dem Empfang der Aufforderung erklärt werden; wird sie nicht erklärt, so gilt sie als verweigert (§ 180 Satz 2 BGB i.V.m. § 177 Abs. 2 Satz 2 BGB). Als Vertreter ohne Vertretungsmacht haftet der nach dem Neuvertrag beauftragte Dienstleister gegenüber dem nach dem Altvertrag beauftragten Dienstleister entsprechend § 179 BGB. 50

Die Genehmigung bedarf gemäß § 182 Abs. 2 BGB nicht der für das Rechtsgeschäft bestimmten Form, d.h. sie bedarf nicht der Textform nach § 312h BGB. Damit sind auch eine mündliche oder fernmündliche Genehmigung und auch eine konkludente Genehmigung möglich. Der Verbraucher könnte dem mit dem Neuvertrag beauftragten Dienstleister beispielsweise telefonisch die Kündigungsvollmacht erteilen und unter den Voraussetzungen des § 180 Satz 2 BGB i.V.m. § 177 BGB wäre anschließend eine telefonische Genehmigung durch den Verbraucher möglich. 51

Im Falle einer Umgehung des Formzwangs für die Kündigungsvollmacht nach Maßgabe von § 312i Satz 2 BGB kann allerdings auch die Genehmigung der Textform bedürfen. 52

Es stellt sich die Frage, ob sich generell eine Textformbedürftigkeit der Genehmigung im Wege einer analogen Anwendung von § 312h BGB oder einer teleologischen Reduktion von § 182 Abs. 2 BGB begründen lässt. Die Rechtsprechung steht der Begründung von Formerfordernissen für die Genehmigung von Rechtsgeschäften und damit einer Aushebelung von § 182 Abs. 2 BGB zurückhaltend gegenüber.[22] Zweifelhaft ist im vorliegenden Fall bereits, ob insoweit eine planwidrige Regelungslücke vorliegt. Jedenfalls erscheint ein Formzwang für die Genehmigung zur Erreichung des bezweckten Verbraucherschutzes in Anbetracht der §§ 177 ff. BGB, insbesondere auch § 177 Abs. 2 Satz 1 BGB nicht als erforderlich. 53

---

[22] Vgl. z.B. BGH v. 25.02.1994 - V ZR 63/93 - NJW 1994, 1344-1347, wonach ein durch einen vollmachtslosen Vertreter abgeschlossener Kaufvertrag über ein Grundstück vom Vertretenen formlos genehmigt werden kann; vgl. ferner BGH v. 25.01.1989 - IVb ZR 44/88 - NJW 1989, 1728-1729, wonach die Genehmigung eines Ehevertrages formlos erfolgen kann.

§ 312i BGB Abweichende Vereinbarungen

(Fassung vom 27.07.2011, gültig ab 04.08.2011)

¹Von den Vorschriften dieses Untertitels darf, soweit nicht ein anderes bestimmt ist, nicht zum Nachteil des Verbrauchers oder Kunden abgewichen werden. ²Die Vorschriften dieses Untertitels finden, soweit nicht ein anderes bestimmt ist, auch Anwendung, wenn sie durch anderweitige Gestaltungen umgangen werden.

Gliederung

A. Grundlagen 1	4. Soweit nicht ein anderes bestimmt ist 26
B. Keine Abweichung zum Nachteil (Satz 1) 2	III. Rechtsfolge 29
I. Überblick 2	C. Umgehungsverbot (Satz 2) 32
II. Anwendungsvoraussetzungen 3	I. Überblick 32
1. Abweichung 3	II. Anwendungsvoraussetzungen 33
2. Vorschriften dieses Untertitels 4	1. Umgehung 33
3. Zum Nachteil des Verbrauchers oder Kunden ... 6	2. Recht der Haustürgeschäfte 35
a. Ausschluss des Widerrufs- bzw. Rückgaberechts durch Vereinbarung oder Verzicht oder Vergleich 7	a. Verdeckung der Entgeltlichkeit 35
	b. Verdeckung einer Haustürsituation 36
b. Bestätigung von Tatsachen, die den Ausschluss des Widerrufs- bzw. Rückgaberechts begründen 16	c. Erschleichung eines Ausschlusstatbestands 41
	d. Erschleichung des Fristablaufs 42
c. Vereinbarungen über die Beschränkung des Widerrufs- bzw. Rückgaberechts 17	3. Fernabsatzrecht 43
	a. Verdeckung der Ausrichtung des Vertriebssystems 43
d. Vereinbarungen über die Widerrufs- bzw. Rückgabefrist 19	b. Verdeckung eines Fernkommunikationsmittels 44
e. Vereinbarung über Rücksendekosten im Fernabsatz 20	c. Erschleichung eines Ausschlusstatbestandes 45
	4. Rechte der Verträge des elektronischen Geschäftsverkehrs 46
f. Vereinbarung über Hinsendekosten im Fernabsatz 23	III. Rechtsfolge 47
	D. Übergangsrecht 48

A. Grundlagen

1 § 312i BGB (vormals § 312f BGB bzw. § 312g BGB) sichert durch die halbzwingende Ausgestaltung der Verbraucher- bzw. Kundenschutzregelungen (Satz 1) und mittels eines Umgehungsverbots (Satz 2) die Rechte des Verbrauchers bzw. Kunden bei Haustürgeschäften, Fernabsatzverträgen und Verträgen im elektronischen Geschäftsverkehr. Die Vorschrift geht auf § 5 Abs. 1 und 2 FernAbsG und § 5 Abs. 1 und 4 HTürGG zurück[1] und dient der Umsetzung von Art. 12 Abs. 1 der Richtlinie 97/7/EG und Art. 12 Abs. 1 der Richtlinie 2002/65/EG.

B. Keine Abweichung zum Nachteil (Satz 1)

I. Überblick

2 Satz 1 setzt eine Abweichung von den §§ 312 ff. BGB zum Nachteil des Verbrauchers oder Kunden voraus. Soweit in § 312g Abs. 2 Satz 2 BGB nichts Abweichendes bestimmt ist, hat eine solche Abweichung die Unwirksamkeit der Regelung zur Folge. Vereinbarungen, die den Verbraucher oder Kunden begünstigen, sind wirksam. Eine Parallelvorschrift für Fernabsatzverträge über Versicherungen enthält § 18 VVG (vormals § 48d Satz 1 VVG). Eine solche halbzwingende Ausgestaltung von Normen zugunsten des Verbrauchers ist ein klassisches Mittel des Verbraucherschutzrechts (§§ 475 Abs. 1 Satz 1, 487 Satz 1, 511 Satz 1 und 651m Satz 1 BGB).

II. Anwendungsvoraussetzungen

1. Abweichung

3 Eine Abweichung ist jede Differenz bezogen auf die jeweilige gesetzliche Bestimmung, und zwar unabhängig davon, ob diese durch eine Vereinbarung oder durch den einseitigen Verzicht des Verbrau-

---

[1] Vgl. BT-Drs. 14/6040, S. 174.

chers erfolgt.[2] Eine Saldierung von Vor- und Nachteilen ist unzulässig, etwa eine Verlängerung der Widerrufsfrist als Gegenleistung für eine unbegrenzte Übernahme der Kosten für den Fall der Rücksendung (entgegen § 357 Abs. 2 Satz 3 BGB).

2. Vorschriften dieses Untertitels

Vorschriften dieses Untertitels sind die §§ 312-312h BGB, also die Vorschriften über Haustürgeschäfte, Fernabsatzverträge und Verträge im elektronischen Geschäftsverkehr. Hinzu kommen die ergänzenden Bestimmungen über Informationspflichten gemäß Art. 246 § 1 und 2 EGBGB (Fernabsatz) sowie Art. 246 § 3 EGBGB (Verträge im elektronischen Geschäftsverkehr). 4

In richtlinienkonformer Auslegung kommt eine entsprechende Anwendung von Satz 1 auf andere Vorschriften in Betracht, die der Umsetzung der Richtlinie 97/7/EG dienen,[3] etwa die §§ 355 ff. BGB (Vorschriften über Widerruf und Rückgabe) oder § 241a BGB (unbestellte Leistungen, vgl. Art. 9 der Richtlinie 97/7/EG). 5

3. Zum Nachteil des Verbrauchers oder Kunden

Eine Regelung weicht zum Nachteil des Verbrauchers oder Kunden von den maßgeblichen Vorschriften ab, wenn diese ihn im Vergleich zur Gesetzeslage rechtlich schlechter stellt. Umgekehrt ist eine Abweichung zu Gunsten des Kunden bzw. Verbrauchers zulässig, etwa wenn dem Verbraucher ein Widerrufsrecht eingeräumt wird, obwohl ihm nach § 312 Abs. 3 BGB (Haustürgeschäfte) oder § 312d Abs. 4 BGB (Fernabsatzverträge) keines zustünde, oder wenn die Widerrufsfrist verlängert und der Verbraucher dadurch besser gestellt wird. Ob eine Abweichung zum Nachteil vorliegt oder nicht, ist eine Rechtsfrage. Beispiele: 6

a. Ausschluss des Widerrufs- bzw. Rückgaberechts durch Vereinbarung oder Verzicht oder Vergleich

Stets wirksam ist eine Vereinbarung über den Ausschluss des Widerrufsrechts oder ein (einseitiger) Verzicht hierauf (z.B. „Ich verzichte auf mein Widerrufsrecht"), wenn das Widerrufsrecht von vornherein nicht besteht oder – etwa nach Ablauf der Widerrufsfrist – nicht mehr besteht, denn es fehlt in diesem Fall an der für § 312i Satz 1 BGB erforderlichen Abweichung von der Rechtslage zum Nachteil des Verbrauchers. 7

Stets unwirksam ist eine solche Vereinbarung jedenfalls aufgrund der Abweichung von der Rechtslage zum Nachteil des Verbrauchers dann, wenn das Widerrufsrecht besteht und der Ausschluss vor oder bei Zustandekommen des Vertrages vereinbart wird.[4] Dabei kommt es nicht darauf an, ob die Vereinbarung in derselben Urkunde wie der Vertrag, auf den sich das Widerrufsrecht bezieht, oder in einer gesonderten Urkunde enthalten ist oder ob der Verbraucher über das Widerrufsrecht belehrt wurde oder nicht. 8

Nicht geklärt ist bislang die Rechtslage, wenn das Widerrufsrecht besteht und der Ausschluss nach Zustandekommen des Vertrages vereinbart wird. Die Vereinbarung über den Ausschluss des Widerrufsrechts führt nämlich zu einer Verkürzung der Widerrufsfrist. 9

Unwirksam ist eine Vereinbarung über den Ausschluss des Widerrufsrechts jedenfalls dann, wenn dies nach Vertragsschluss erfolgt und der Unternehmer den Verbraucher nicht vor der Vereinbarung ordnungsgemäß über sein Widerrufsrecht belehrt hat. 10

Umstritten ist die Rechtslage, wenn der Unternehmer den Verbraucher ordnungsgemäß über sein Widerrufsrecht belehrt hat. In der Literatur wird zum Teil argumentiert, dass der Verbraucher auch freiwillig von der Ausübung seines Widerrufsrechts absehen kann und dann bei wertender Betrachtung auch verbindlich auf dieses Recht verzichten können müsse.[5] Dagegen spricht jedoch, dass der Ver- 11

---

[2] Anders als in § 5 FernAbsG wird in der Formulierung in § 312i Satz 1 BGB nicht der Begriff „Vereinbarung" verwendet. Noch zur alten Rechtslage: LG Fulda v. 26.02.1987 - 4 O 394/86 - NJW-RR 1987, 1460-1461, wobei dieser Entscheidung die Konstellation der „gleichzeitigen" Unterzeichnung von Vertrag und Verzicht auf die Widerrufsbelehrung zugrunde lag; OLG Dresden v. 23.08.2001 - 8 U 1535/01 - NJW-RR 2001, 1710-1711.

[3] *Thüsing* in: Staudinger, § 312f Rn. 6.

[4] LG Mannheim v. 12.05.2009 - 2 O 268/08 - CR 2009, 818-820 zur Formulierung „Ich akzeptiere die AGB und die Datenschutzerklärung und verzichte auf mein Widerrufsrecht", mit zust. Anm. *Mankowski*, CR 2009, 820-822.

[5] *Thüsing* in: Staudinger, § 312f Rn. 10 und 11; *Lütcke*, Kommentar zum Fernabsatzrecht, § 312f Rn. 3; *Härting*, FernAbsG, § 5 Rn. 5.

braucher in seiner Entscheidung, ob er das Widerrufsrecht ausübt oder davon absieht, bis zum Ablauf der Widerrufsfrist nicht gebunden sein soll, damit ihm die volle Widerrufsfrist für die Entscheidung zur Verfügung steht. Auch in den zugrunde liegenden EG-Richtlinien (z.B. Art. 12 Abs. 1 der Richtlinie 97/7EG) ist keine Ausnahme für den Fall des Verzichts in Kenntnis des Widerrufsrechts und auch keine Möglichkeit einer Verkürzung der Widerrufsfrist vorgesehen. In der Literatur wird daher vertreten, eine Vereinbarung über den Ausschluss des Widerrufsrechts bzw. die Verkürzung der Widerrufsfrist sei auch bei Kenntnis des Verbrauchers unwirksam.[6] Es ist jedoch denkbar, dass die Berufung auf die Unwirksamkeit einer solchen Vereinbarung im Einzelfall gegen Treu und Glauben verstößt (§ 242 BGB).

12   Wenn man der Auffassung folgt, dass eine Vereinbarung über den Ausschluss des Widerrufsrechts gemäß § 312i Satz 1 BGB unwirksam ist, so ändert sich daran auch nichts, wenn der Unternehmer mit dem Verbraucher eine Gegenleistung hierfür vereinbart oder wenn die Parteien die Vereinbarung individuell aushandeln.

13   Wenn das Bestehen des Widerrufsrechts in tatsächlicher und/oder rechtlicher Hinsicht streitig ist, stellt sich die Frage, unter welchen Voraussetzungen der Unternehmer und der Verbraucher einen Vergleich (§ 779 BGB) über den Ausschluss des Widerrufsrechts wirksam vereinbaren können. In Anlehnung an eine Entscheidung des OLG Stuttgart[7] und Teile der Literatur[8] stellt ein Vergleich, bei dem der Verbraucher auf sein Widerrufsrecht verzichtet, bei wertender Betrachtung unter folgenden Voraussetzungen keine nachteilhafte Abweichung i.S.v. § 312i Satz 1 BGB dar:

- Es liegt ein Streit oder eine Ungewissheit der Parteien über das Bestehen des Widerrufsrechts vor. Ein Streit bzw. eine solche Ungewissheit scheidet aus, wenn der Unternehmer den Verbraucher über das Widerrufsrecht nicht ordnungsgemäß belehrt hat. Nicht ausreichend ist ein Streit oder Ungewissheit über die Folgen der Ausübung des Widerrufsrechts.
- Der Streit oder die Ungewissheit der Parteien über das Bestehen des Widerrufsrechts wird im Wege gegenseitigen Nachgebens beseitigt. Das Nachgeben des Verbrauchers liegt in dem Verzicht auf sein Widerrufsrecht bzw. der Abkürzung der Widerrufsfrist, das Nachgeben des Unternehmers kann z.B. im Verzicht auf einen Teil einer Forderung gegen den Verbraucher oder in der Gewährung einer sonstigen Gegenleistung an den Verbraucher für den Verzicht liegen.

14   Bei wertender Betrachtung liegt keine Abweichung von den gesetzlichen Vorschriften vor, weil es dem von den EG-Richtlinien und auch von § 312i Satz 1 BGB bezweckten Verbraucherschutz zuwiderlaufen würde, den Verbraucher in einen Rechtsstreit bzw. ein Gerichtsverfahren mit allen damit verbundenen Risiken und Kosten zu zwingen.[9]

15   Von der Frage, ob eine Vereinbarung über den Ausschluss des Widerrufsrechts bzw. ein Verzicht hierauf gemäß § 312i Satz 1 BGB unwirksam ist, ist die Frage zu trennen, ob darin ein Umgehungsgeschäft i.S.v. § 312i Satz 2 BGB liegt.

b. Bestätigung von Tatsachen, die den Ausschluss des Widerrufs- bzw. Rückgaberechts begründen

16   Unwirksam sind Vereinbarungen zur Bestätigung von Tatsachen, die den Ausschluss des Widerrufs- oder Rückgaberechts begründen. Beispiele:

- „Der Vertragspartner bestätigt, **Unternehmer** i.S.v. § 14 BGB zu sein." Das Widerrufsrecht steht bei Haustürgeschäften und Fernabsatzverträgen nur Verbrauchern, nicht aber Unternehmern zu.
- „Die mündliche Verhandlung, auf der der Abschluss des Vertrages beruht, ist auf **vorhergehende Bestellung** des Verbrauchers durchgeführt worden."[10] Die vorhergehende Bestellung würde bei einem Haustürgeschäft zum Ausschluss des Widerrufs nach § 312 Abs. 3 Nr. 1 BGB führen.

Die Unwirksamkeit solcher Klauseln kann sich zudem aus § 309 Nr. 12 BGB ergeben.

---

[6] *Wendehorst* in: MünchKomm-BGB, § 312i Rn. 8 *Stadler* in: Jauernig, BGB, § 312i Rn. 2; *Grüneberg* in: Palandt, BGB, § 312g Rn. 2.
[7] OLG Stuttgart v. 20.11.2006 - 6 U 23/06 - OLGR Stuttgart 2007, 576-580.
[8] *Thüsing* in: Staudinger, § 312f Rn. 12; *Wendehorst* in: MünchKomm-BGB, § 312i Rn. 10.
[9] OLG Stuttgart v. 20.11.2006 - 6 U 23/06 - OLGR Stuttgart 2007, 576-580.
[10] AG Ettenheim v. 20.04.2004 - 1 C 270/03 - NJW-RR 2004, 1429-1430.

c. Vereinbarungen über die Beschränkung des Widerrufs- bzw. Rückgaberechts

Unwirksam sind Vereinbarungen, welche die Ausübung des Widerrufs- bzw. Rückgaberechts erschweren, indem zusätzliche Voraussetzungen oder zusätzliche Ausschlussgründe vereinbart werden. Unwirksam sind daher Klauseln in Fernabsatzverträgen, wonach bei der Rückabwicklung eines Vertrages auf Grund Widerrufs die Ware „nur in der **Originalverpackung** und mit vollständigem Zubehör" zurückgenommen werden kann.[11] Unwirksam sind ferner Klauseln, wonach die Ausübung des Widerrufs- bzw. Rückgaberechts unmittelbar oder mittelbar davon abhängig gemacht wird, dass die Ware in einem „im Original, ungetragenen, unbeschädigten Zustand"[12] bzw. „unbenutzt und unbeschädigt und in Originalverpackung"[13] bzw. „in einwandfreiem Zustand in der Original-Verpackung und mit Original-Rechnung"[14] zurückgesandt wird.

17

Das LG Hamburg hat hingegen die Klausel „Wir bitten Sie, die Ware in ihrer Originalverpackung an uns zurückzusenden" für wirksam gehalten, weil ein verständiger Verbraucher diese als unverbindliches Ersuchen und nicht als Einschränkung des Widerrufsrechts verstehen soll.[15]

18

d. Vereinbarungen über die Widerrufs- bzw. Rückgabefrist

Unwirksam sind Vereinbarungen zur Verkürzung der Widerrufs- bzw. Rückgabefrist. Unwirksam sind insbesondere Klauseln in Fernabsatzverträgen, die zu einer Abbedingung von § 312d Abs. 2 BGB führen sollen, wonach die Widerrufsfrist bei der Lieferung von Waren nicht vor dem Tag ihres Eingangs beim Empfänger beginnt. Beispiele:

19

- „Der Unternehmer behält sich die Lieferung der Ware erst nach Ablauf der Widerrufsfrist vor."
- „Der Lauf der Widerrufsfrist beginnt mit der **Auslieferung der Ware**."[16] Die Vorverlagerung auf den Zeitpunkt der Auslieferung mag dem Unternehmer zwar die Berechnung der Widerrufsfrist erleichtern, die Klausel stellt jedoch eine Verkürzung der Widerrufsfrist und damit eine Benachteiligung des Verbrauchers dar.
- „Der Lauf der Widerrufsfrist beginnt mit dem **Rechnungsdatum**."[17] Das Rechnungsdatum mag – wie der Zeitpunkt der Auslieferung – für den Unternehmer zur Berechnung der Frist praktisch sein, ist aber kein geeigneter Anknüpfungspunkt. Wird die Rechnung mit der Ware versendet, so liegt der vertraglich vereinbarte Fristbeginn vor dem gesetzlichen Fristbeginn. Die Verkürzung der Widerrufsfrist stellt wiederum eine Benachteiligung des Verbrauchers dar.
- „Wir gewähren 14 Tage Rücknahmegarantie **ab Erhalt der Waren (Poststempel)**."[18] Maßgeblich für den Fristbeginn ist das Absendedatum, nicht das Übergabedatum.

e. Vereinbarung über Rücksendekosten im Fernabsatz

Gemäß Art. 6 Abs. 1 Satz 2 und Abs. 2 Satz 2 der Richtlinie 97/7/EG sind die einzigen Kosten, die dem Verbraucher infolge der Ausübung seines Widerrufsrechts auferlegt werden können, die unmittelbaren Kosten der Rücksendung der Waren. Darauf basiert § 357 Abs. 2 Satz 3 BGB: Wenn ein Widerrufsrecht nach § 312d Abs. 1 Satz 1 BGB besteht, dürfen dem Verbraucher die regelmäßigen Kosten der Rücksendung vertraglich auferlegt werden, wenn der Preis der zurückzusendenden Sache einen Betrag von 40 € (Bruttopreis) nicht übersteigt oder wenn bei einem höheren Preis der Sache der Verbraucher die Gegenleistung oder eine Teilzahlung zum Zeitpunkt des Widerrufs noch nicht erbracht hat, es sei denn, dass die gelieferte Ware nicht der bestellten entspricht.

20

Notwendige Voraussetzung von § 357 Abs. 2 Satz 3 BGB ist eine vertragliche Auferlegung der Kosten. Die Widerrufsbelehrung als solche reicht hierfür nicht aus.[19]

21

---

[11] LG Coburg v. 09.03.2006 - 1 HK O 95/05 - CR 2007, 59; ebenso OLG Jena v. 08.03.2006 - 2 U 990/05 - GRUR-RR 2006, 283-285 und LG Düsseldorf v. 17.05.2006 - 12 O 496/05 - CR 2006, 858.
[12] LG Konstanz v. 05.05.2006 - 8 O 94/05 KfH - WRP 2006, 1156.
[13] LG Dortmund v. 08.05.2008 - 18 O 118/07.
[14] LG Düsseldorf v. 17.05.2006 - 12 O 496/05 - juris Rn. 17 - WRP 2006, 1270-1272.
[15] LG Hamburg v. 06.01.2011 - 327 O 779/10.
[16] LG Arnsberg v. 25.03.2004 - 8 O 33/04 - WRP 2004, 792.
[17] LG Waldshut-Tiengen v. 07.07.2003 - 3 O 22/03 KfH - WRP 2003, 1148.
[18] LG Konstanz v. 05.05.2006 - 8 O 94/05 KfH - WRP 2006, 1156.
[19] OLG Hamm v. 02.03.2010 - 4 U 174/09; OLG Hamm v. 05.01.2010 - I-4 U 197/09, 4 U 197/09; OLG Koblenz v. 08.03.2010 - 9 U 1283/09; OLG Stuttgart v. 10.12.2009 - 2 U 51/09; a.A. LG Frankfurt v. 04.12.2009 - 3-12 O 123/09.

§ 312i

22 Vereinbarungen, die von § 357 Abs. 2 Satz 3 BGB zum Nachteil des Verbrauchers abweichen, sind gemäß § 312i Satz 1 BGB unwirksam. Beispiele:
- die generelle Auferlegung der Rücksendekosten zu Lasten des Verbrauchers unabhängig von den Voraussetzungen des § 357 Abs. 2 Satz 3 BGB,
- der Ausschluss bestimmter Positionen der Rücksendekosten, zu denen nicht nur die Portokosten, sondern auch z.B. die Kosten für die Verpackung gehören.

f. Vereinbarung über Hinsendekosten im Fernabsatz

23 Gemäß Art. 6 Abs. 2 Satz 1 der Richtlinie 97/7/EG hat der Unternehmer dem Verbraucher im Falle der berechtigten Ausübung des Widerrufsrechts „die vom Verbraucher geleisteten Zahlungen kostenlos zu erstatten". Damit es sich um mehr als ein bloß formales Recht handelt, müssen die Kosten, die, wenn überhaupt, vom Verbraucher im Fall der Ausübung des Widerrufsrechts getragen werden, gemäß Erwägungsgrund 14 Satz 3 der Richtlinie 97/7EG auf die unmittelbaren Kosten der Rücksendung der Waren begrenzt werden. Auf Vorlage des BGH[20] hin hat der EuGH[21] daher entschieden, dass Art. 6 Abs. 1 Unterabs. 1 Satz 2 und Abs. 2 der Richtlinie 97/7/EG dahin auszulegen ist, dass diese Richtlinienvorschrift einer nationalen Regelung entgegensteht, nach der der Lieferer in einem im Fernabsatz abgeschlossenen Vertrag dem Verbraucher die Kosten der Zusendung der Ware auferlegen darf, wenn dieser sein Widerrufsrecht ausübt.

24 Aufgrund dessen darf – wie der BGH[22] bestätigt hat – der Unternehmer den Verbraucher im Falle des berechtigten Widerrufs nicht mit diesen Hinsendekosten (d.h. den anteiligen Versandkosten bei vollständiger Rückgabe der Ware, z.B. in Form einer Versandkostenpauschale) belasten. Der Unternehmer kann dem Verbraucher auch keinen Wertersatzanspruch für die Versendung an den Verbraucher nach § 346 Abs. 2 Satz 1 Nr. 1 BGB entgegenhalten.

25 Diese Auffassung wurde zuvor bereits vom OLG Karlsruhe vertreten: Es hielt insbesondere die dogmatische Konstruktion eines selbständigen Versendungsvertrages neben dem Kaufvertrag für ein unzulässiges Umgehungsgeschäft.[23] Andernfalls bestünde auch gerade bei geringwertigen Waren die Gefahr, dass der Verbraucher von der Ausübung seiner Widerrufs- und Rückgaberechte abgehalten wird; dies würde dem von der Fernabsatz-Richtlinie bezweckten Schutz widersprechen.[24] Das OLG Nürnberg war hingegen anderer Auffassung: Es sei allein Aufgabe der am konkreten Vertragsverhältnis beteiligten Personen, das Problem der anteiligen Versandkosten zu klären.[25]

4. Soweit nicht ein anderes bestimmt ist

26 Gemäß § 312 Abs. 1 Satz 2 BGB kann dem Verbraucher anstelle des Widerrufsrechts nach § 355 BGB ein Rückgaberecht nach § 356 BGB eingeräumt werden, wenn zwischen dem Verbraucher und dem Unternehmer im Zusammenhang mit diesem oder einem späteren Geschäft auch eine ständige Verbindung aufrechterhalten werden soll.

27 Gemäß § 312d Abs. 1 Satz 2 BGB kann dem Verbraucher bei Verträgen über die Lieferung von Waren anstelle des Widerrufsrechts ein Rückgaberecht nach § 356 BGB eingeräumt werden.

28 Gemäß § 312g Abs. 5 Satz 2 BGB können Unternehmer untereinander die Informationspflichten gemäß § 312g Abs. 1 Satz 1 Nr. 1-3 BGB und die Zugangsregelung gemäß § 312g Abs. 1 Satz 2 BGB abbedingen oder hiervon abweichende Vereinbarungen treffen. Auch zwischen Unternehmern unabdingbar ist allerdings die Dokumentationspflicht gemäß § 312g Abs. 1 Satz 1 Nr. 4 BGB.

III. Rechtsfolge

29 An die Stelle der nachteilhaften Vereinbarung tritt nach Satz 1 die gesetzliche Regelung.

---

[20] BGH v. 01.10.2008 - VIII ZR 268/07 - NJW 2009, 66-68.
[21] EuGH v. 15.04.2010 - C-511/08 - ZIP 2010, 839-841 mit Anm. *Höhne*, jurisPR-ITR 11/2010, Anm. 2.
[22] BGH v. 07.07.2010 - VIII ZR 268/07 - juris Rn. 14 - NJW 2010, 2651-2652.
[23] OLG Karlsruhe v. 05.09.2007 - 15 U 226/06 - MMR 2008, 46-49 mit Anm. *Wenn*, jurisPR-ITR 13/2007, Anm. 4; ebenso in erster Instanz LG Karlsruhe v. 19.12.2005 - 10 O 794/05 - MMR 2006, 245-246; vgl. ferner OLG Frankfurt v. 28.11.2001 - 9 U 148/01 - CR 2002, 638-642 und LG Hamburg v. 02.12.2005 - 406 O 127/05.
[24] LG Karlsruhe v. 19.12.2005 - 10 O 794/05 - MMR 2006, 245-246 mit Anm. *Kazemi*, MMR 2006, 246-247; vgl. ferner *Brönneke*, MMR 2004, 127-133.
[25] OLG Nürnberg v. 05.10.2004 - 3 U 2464/04 - OLGR Nürnberg 2006, 250-251.

Dies ergibt sich für **AGB** ausdrücklich aus § 306 Abs. 2 BGB. Handelt es sich um AGB, bleibt der Vertrag gemäß § 306 Abs. 1 BGB im Übrigen bestehen, es sei denn, das Festhalten an ihm würde gemäß § 306 Abs. 3 BGB eine unzumutbare Härte für eine Vertragspartei darstellen, was in der Regel nicht der Fall sein wird.

Auch bei **Individualvereinbarungen** wird die Teilnichtigkeit nicht zur Vollnichtigkeit führen (§ 139 BGB), auch hier bleibt der Vertrag – gegebenenfalls analog § 306 BGB – im Übrigen bestehen, denn ansonsten würde der Verbraucher bzw. Kunde unangemessen benachteiligt: Satz 1 bezweckt einen einseitigen Schutz des Verbrauchers bzw. Kunden, dieser Schutz würde ihm entzogen, wenn nicht nur die nachteiligen Vereinbarungen unwirksam wären, sondern er daneben auch die Vorteile des Vertrages verlieren würde.[26]

C. Umgehungsverbot (Satz 2)

I. Überblick

Gemäß Satz 2 finden die Vorschriften des Untertitels „Besondere Vertriebsformen" (vgl. hierzu Rn. 3), soweit nicht ein anderes bestimmt ist, auch Anwendung, wenn sie durch anderweitige Gestaltungen umgangen werden (vormals § 312f Satz 2 BGB bzw. § 312g Satz 2 BGB, 5 Abs. 1 HTürGG und § 5 Abs. 2 FernAbsG). Ein solches Umgehungsverbot stellt ein klassisches Mittel des Verbraucherschutzrechts dar. Entsprechende Vorschriften finden sich dementsprechend in § 306a BGB (vormals § 7 AGBG), § 475 Abs. 1 Satz 2 BGB, § 487 Satz 2 BGB (vormals § 9 TzWrG), § 511 Satz 2 BGB (vormals § 506 Satz 2 BGB und § 18 Satz 2 VerbrKrG), § 655e Abs. 1 Satz 2 BGB, § 8 FernUSG und § 66l TKG. Kein ausdrückliches Umgehungsverbot enthalten § 651m BGB und § 18 VVG.

II. Anwendungsvoraussetzungen

1. Umgehung

Eine Umgehung ist das Ergebnis einer anderweitigen rechtlichen Gestaltung, durch die eine wirtschaftliche Situation herbeigeführt wird, die der durch das Gesetz verbotenen Situation entspricht.[27] Eine objektiv vorhandene Umgehung ist ausreichend; eine subjektive Umgehungsabsicht ist nicht erforderlich.[28]

Ob eine Umgehung vorliegt oder nicht, ist eine Rechtsfrage.[29] Bei Umgehungsgeschäften lässt sich zwischen Tatbestandsvermeidung und Tatbestandserschleichung unterscheiden.

- Bei einer **Tatbestandsvermeidung** ist verdeckt, dass Tatsachen vorliegen, die die Anwendbarkeit der §§ 312 ff. BGB begründen.
- Bei einer **Tatbestandserschleichung** entsteht der Eindruck, dass Tatsachen vorliegen, die der Anwendbarkeit der §§ 312 ff. BGB entgegenstehen (z.B. durch Herbeiführung eines Ausschlusstatbestandes gemäß §§ 312 Abs. 3, 312b Abs. 3 oder 312d Abs. 4 BGB).

2. Recht der Haustürgeschäfte

a. Verdeckung der Entgeltlichkeit

Verträge über unentgeltliche Leistungen fallen gemäß § 312 Abs. 1 Satz 1 BGB nicht in den Anwendungsbereich des Haustürwiderrufsrechts. Es wurde daher vielfach versucht, durch Vereins- oder Genossenschaftsbeitritte die Vorschriften des Haustürwiderrufsrechts zu umgehen, etwa bei Timesharing-Verträgen[30] oder Flugrettungsvereinen[31]. Es ist im Einzelfall zu prüfen, ob die Beitrittserklärun-

---

[26] *Thüsing* in: Staudinger, § 312f Rn. 13.
[27] Ähnlich *Zerres*, MDR 2004, 1334, 1334.
[28] *Thüsing* in: Staudinger, § 312f Rn. 15; *Zerres*, MDR 2004, 1334, 1335.
[29] Überblick zum Recht der Haustürgeschäfte bei *Zerres*, MDR 2004, 1334-1339.
[30] Zum Beitritt zu einem Verein im Zusammenhang mit Timesharing-Verträgen und Feriendauerwohnrechten: AG Hamburg v. 22.05.1997 - 16b C 1773/96 - VuR 1998, 346-348; OLG Celle v. 11.09.1996 - 20 U 86/95 - NJW-RR 1997, 504-505; LG Lüneburg v. 13.10.1995 - 3 O 408/94 - VuR 1997, 63-66; LG Berlin v. 04.07.1995 - 35 O 18/95 - VuR 1996, 55-57; LG Darmstadt v. 01.06.1994 - 9 O 739/93 - VuR 1994, 266-269; LG Hanau v. 22.10.1993 - 1 O 1123/93 - NJW 1995, 1100-1101.
[31] Zum Beitritt zu Flugrettungsvereinen: OLG München v. 18.05.1995 - 29 U 6014/94 - NJW 1996, 263-264; OLG München v. 17.01.1991 - 29 U 5325/90 - ZIP 1991, 756-758; hingegen verneint von OLG Karlsruhe v. 27.06.1990 - 6 U 2/90 - NJW 1991, 433-434.

gen bei wirtschaftlicher Betrachtungsweise zumindest mittelbar auf eine entgeltliche Leistung gerichtet sind.[32]

b. Verdeckung einer Haustürsituation

aa. Privatwohnung

36 Die Umgehung kann der Verdeckung einer Haustürsituation des § 312 Abs. 1 Satz 1 BGB dienen. Für eine Umgehung ist es nicht bereits ausreichend, dass sich ein Unternehmer mit einem Verbraucher anstelle in dessen Privatwohnung (§ 312 Abs. 1 Satz 1 Nr. 1 BGB) an einem anderen Orten trifft, z.B. auf einer privaten Baustelle,[33] in einer öffentlichen Gaststätte,[34] in der Privatwohnung eines Dritten oder des Unternehmers[35] oder im Urlaubshotel[36] bzw. in der Hotelhalle[37]. Ein Umgehungsgeschäft kann aber beispielsweise dann vorliegen, wenn sich die Parteien an einem solchen Ort treffen, um anschließend die Privatwohnung des Verbrauchers für die Aushandlung weiterer Einzelheiten aufzusuchen.[38]

37 Kein Umgehungsgeschäft liegt z.B. bei einem gemeinsamen Essen von bereits miteinander bekannten Geschäftspartnern[39] vor. Gleiches gilt für der Abschluss eines Maklervertrages zwischen Immobilienmakler und Verkäufer, wenn dieser in der nach dem Auszug des Verkäufers leer geräumten, untervermieteten, als Verkaufsobjekt betretenen Doppelhaushälfte zustande kommt.[40] Der BGH hat ferner ein Umgehungsgeschäft in einem Fall abgelehnt, in dem ein Ehemann als persönlicher Schuldner seine Ehefrau zur Abgabe einer Verpfändungserklärung zu Gunsten des Unternehmers aus der gemeinsamen Wohnung in seine Geschäftsräume bestellt hat.[41]

bb. Arbeitsplatz

38 Eine Umgehung des Tatbestands des Ansprechens am Arbeitsplatz des Verbrauchers (§ 312 Abs. 1 Satz 1 Nr. 1 BGB) durch das Ansprechen am Arbeitsplatz eines Dritten setzt nach dem BGH voraus, dass der Verbraucher durch die Vertragsanbahnung ebenso überrascht worden ist, wie wenn sie am eigenen Arbeitsplatz erfolgt wäre. Es genügt – wie auch die Entstehungsgeschichte des § 1 Abs. 1 HTürGG a.F. zeigt[42] – nicht allein die „Überrumpelung" des Verbrauchers; der Verbraucher muss sich vielmehr in einer arbeitsplatztypischen „Befangenheitssituation" befinden.[43]

cc. Freizeitveranstaltung

39 Das LG Dresden hat für eine Umgehung des Tatbestands des Ansprechens bei einer Freizeitveranstaltung dementsprechend gefordert, dass sich der Verbraucher auf Veranlassung des Unternehmers in einer freizeittypischen „Unbeschwertheitssituation" befindet.[44]

40 Vor In-Kraft-Treten der Vorschriften über das Fernabsatzrecht wurde auch der Abschluss eines Kaufvertrags beim **Teleshopping** zum Teil als Umgehungsgeschäft eingestuft.[45]

---

[32] LG Bielefeld v. 24.07.1997 - 22 T 39/97 - VuR 1998, 124; LG Bonn v. 27.11.1997 - 8 S 115/97 - MDR 1998, 337-338; AG Hamburg v. 22.07.1997 - 20a C 12/97 - VuR 1997, 365-366; AG Berlin-Köpenick v. 19.03.1997 - 17 C 79/96 - WM 1997, 1753-1755; AG Dieburg v. 24.10.1996 - 22 C 840/96 - VuR 1997, 293-294.

[33] OLG Zweibrücken v. 04.07.1994 - 7 U 164/93 - NJW 1995, 140-141; LG Landau (Pfalz) v. 07.06.1993 - 4 O 1074/92 - EWiR 1993, 1003.

[34] LG Wiesbaden v. 01.07.1996 - 1 S 434/95 - WuM 1996, 698-699.

[35] LG Görlitz v. 14.05.1993 - 1 O 151/93, 1 O 015 /93- VuR 1993, 301-303.

[36] LG Limburg v. 22.06.1988 - 3 S 482/87 - NJW-RR 1989, 119-120.

[37] OLG Frankfurt v. 19.01.1994 - 7 U 26/93 - NJW 1994, 1806-1807; OLG Dresden v. 14.12.1994 - 8 U 1123/94 - NJW 1995, 1164.

[38] OLG Dresden v. 14.12.1994 - 8 U 1123/94 - NJW 1995, 1164.

[39] BGH v. 17.10.1996 - IX ZR 30/96 - LM HWiG Nr. 28a (3/1997).

[40] LG Hechingen v. 14.02.2003 - 3 S 80/02 - AIZ A 121 Bl 95.

[41] BGH v. 10.01.2006 - XI ZR 169/05 - NJW 2006, 845-847 mit Anm. *Baukelmann*, jurisPR-BGHZivilR 8/2006, Anm. 1 und *Derleder*, EWiR 2006, 195-196.

[42] BT-Drs. 10/2876, S. 9, 10.

[43] BGH v. 27.02.2007 - XI ZR 195/05 - NSW HWiG § 5 (BGH-intern).

[44] LG Dresden v. 20.05.2009 - 8 S 515/08 - juris Rn. 18.

[45] So z.B. *Waldenberger*, BB 1996, 2365-2371 oder *Ruoff*, NJW-CoR 2000, 38-42; für eine analoge Anwendung der Vorschriften des Haustürwiderrufsrechts *Cichon*, CR 1998, 773-776 und *Bermanseder*, MMR 1998, 342-345.

c. Erschleichung eines Ausschlusstatbestands

Eine unzulässige Umgehung kann auch dann vorliegen, wenn die Ausnahmen gemäß § 312 Abs. 3 BGB herbeigeführt werden sollen, indem etwa nicht beurkundungsbedürftige Rechtsgeschäfte **notariell beurkundet** werden (§ 312 Abs. 3 Nr. 3 BGB).[46] Alleine die Beurkundung eines nicht beurkundungspflichtigen Geschäfts reicht zur Umgehung allerdings nicht aus, zumal gerade die Beurkundung einen hinreichenden Übereilungsschutz gewähren soll.[47]

41

d. Erschleichung des Fristablaufs

Eine unzulässige Umgehung liegt nach Auffassung des AG Freiburg in der **Versendung der Ware nach Ablauf der Widerrufsfrist**, die durch Aushändigung der Widerrufsbelehrung gemäß § 355 Abs. 2 Satz 1 BGB in Gang gesetzt wird, um dem Verbraucher dadurch bewusst die Möglichkeit zu nehmen, den Widerruf durch Rücksendung der Ware auszuüben. In diesem Fall, der nur die Lieferung von Waren betrifft, soll die Widerrufsfrist – wie im Fernabsatzrecht in § 312d Abs. 2 BGB ausdrücklich vorgesehen – abweichend von § 355 Abs. 2 Satz 1 BGB nicht vor dem Tage des Eingangs der Ware beim Empfänger beginnen.[48]

42

3. Fernabsatzrecht

a. Verdeckung der Ausrichtung des Vertriebssystems

Wie in der Gesetzesbegründung zum Fernabsatzgesetz klargestellt wurde, liegt eine Umgehung nicht bereits darin, dass sich ein Unternehmer dazu entscheidet, seine Leistungen nicht in einem ausschließlich auf die Verwendung von Fernkommunikationsmitteln ausgerichteten System zu vertreiben.[49] Eine Umgehung setzt daher Maßnahmen voraus, die eine solche tatsächlich bestehende Ausrichtung des Vertriebssystems verschleiern sollen.

43

b. Verdeckung eines Fernkommunikationsmittels

Die Verwendung eines Fernkommunikationsmittels (§ 312b Abs. 2 BGB) kann nicht dadurch umgangen werden, dass der Vertragsschluss unter Mitwirkung eines Repräsentanten des Unternehmers oder unter Mitwirkung der Deutschen Post AG über das Postident-2-Verfahren zustande kommt. Verträge, die auf telefonische Bestellung bei einer „Bestellhotline" zu Stande kommen, fallen auch dann in den Schutzbereich der Vorschriften über den Fernabsatz, wenn zusammen mit der Auslieferung der Ware dem Verbraucher durch einen Mitarbeiter eines Logistikunternehmens ein schriftlicher Vertrag zur Unterschrift vorgelegt wird.[50]

44

c. Erschleichung eines Ausschlusstatbestandes

Eine unzulässige Umgehung kann auch dann vorliegen, wenn die Ausnahmen gemäß § 312d Abs. 4 BGB herbeigeführt werden sollen. Die systematische Nutzung von Versteigerungen i.S.v. § 312d Abs. 4 Nr. 5 BGB ist hierfür nicht ausreichend, denn der Gesetzgeber hat das Widerrufsrecht für derartige Versteigerungen bewusst ausgeschlossen. Diese Entscheidung darf ihrerseits nicht durch § 312i Satz 2 BGB umgangen werden.[51]

45

4. Rechte der Verträge des elektronischen Geschäftsverkehrs

Eine Umgehung des § 312g BGB kommt etwa in Betracht, wenn der Unternehmer die Verwendung von Telemedien zum Abschluss des Vertrages verdecken möchte. Die Erschleichung des Ausschlusstatbestands des § 312g Abs. 2 Satz 1 BGB liegt bei Konstruktionen vor, bei denen der Eindruck eines Vertragsschlusses ausschließlich durch individuelle Kommunikation erweckt wird.

46

III. Rechtsfolge

Die Vorschriften, die durch anderweitige Gestaltungen umgangen werden sollen, finden Anwendung.

47

---

[46] OLG Karlsruhe v. 16.05.2002 - 11 U 10/01 - BKR 2002, 593-596; OLG Stuttgart v. 29.06.1999 - 6 U 169/98 - WM 1999, 2310-2315.
[47] *Thüsing* in: Staudinger, § 312f Rn. 17.
[48] AG Freiburg (Breisgau) v. 25.08.2006 - 2 C 1484/05.
[49] BT-Drs. 14/2658, S. 45.
[50] OLG Schleswig v. 03.07.2003 - 7 U 240/01 - NJW 2004, 231-232.
[51] *Thüsing* in: Staudinger, § 312f Rn. 17; a.A.: *Heiderhoff*, MMR 2001, 640-643.

§ 312i

D. Übergangsrecht

48 Auf Schuldverhältnisse, die vor dem 01.01.2002 entstanden sind, sind gemäß Art. 229 § 5 Satz 1 EGBGB das Fernabsatzgesetz (§ 5 Abs. 1 FernAbsG bzw. § 5 Abs. 2 FernAbsG) und das Gesetz über den Widerruf von Haustürgeschäften und ähnlichen Geschäften (§ 5 Abs. 1 HTürGG bzw. § 5 Abs. 4 HTürGG), soweit nicht ein anderes bestimmt ist, in der bis zu diesem Tag geltenden Fassung anzuwenden. § 5 Abs. 1 FernAbsG bzw. § 5 Abs. 2 FernAbsG ist am 30.06.2000 in Kraft getreten. Das FernAbsG findet gemäß § 6 Abs. 1 FernAbsG keine Anwendung auf Verträge, die vor diesem Datum abgeschlossen wurden. § 5 Abs. 1 HTürGG bzw. § 5 Abs. 4 HTürGG ist gemäß § 9 Abs. 1 HTürGG am 01.05.1986 in Kraft getreten; seine Vorschriften finden gemäß § 9 Abs. 2 Satz 1 HTürGG keine Anwendung auf Verträge, die vor seinem In-Kraft-Treten geschlossen worden sind; auf Verträge, die vor dem 01.10.2000 abgeschlossen worden sind, ist das Gesetz gemäß § 9 Abs. 3 HTürGG in der bis dahin geltenden Fassung anzuwenden.

Untertitel 3 - Anpassung und Beendigung von Verträgen

§ 313 BGB Störung der Geschäftsgrundlage

(Fassung vom 02.01.2002, gültig ab 01.01.2002)

(1) Haben sich Umstände, die zur Grundlage des Vertrags geworden sind, nach Vertragsschluss schwerwiegend verändert und hätten die Parteien den Vertrag nicht oder mit anderem Inhalt geschlossen, wenn sie diese Veränderung vorausgesehen hätten, so kann Anpassung des Vertrags verlangt werden, soweit einem Teil unter Berücksichtigung aller Umstände des Einzelfalls, insbesondere der vertraglichen oder gesetzlichen Risikoverteilung, das Festhalten am unveränderten Vertrag nicht zugemutet werden kann.

(2) Einer Veränderung der Umstände steht es gleich, wenn wesentliche Vorstellungen, die zur Grundlage des Vertrags geworden sind, sich als falsch herausstellen.

(3) [1]Ist eine Anpassung des Vertrags nicht möglich oder einem Teil nicht zumutbar, so kann der benachteiligte Teil vom Vertrag zurücktreten. [2]An die Stelle des Rücktrittsrechts tritt für Dauerschuldverhältnisse das Recht zur Kündigung.

Gliederung

A. Grundlagen 1	VI. Schwerwiegende Änderung oder falsche Vorstellung 48
I. Kurzcharakteristik 1	1. Schwerwiegende Änderung 48
II. Gesetzgebungsmaterialien 2	2. Äquivalenzstörung 49
III. Europäischer Hintergrund 4	3. Leistungserschwernisse 50
IV. Regelungsprinzipien 9	4. Zweckstörung 54
V. Vorrang der Artt. 79, 80 CISG 14	VII. Maßgeblichkeit für den Geschäftswillen 56
VI. Verhältnis zu anderen Vorschriften 15	VIII. Unzumutbarkeit des Festhaltens an der unmodifizierten Vertragsbindung 57
B. Praktische Bedeutung 29	1. Systematischer Standort der Zumutbarkeitsprüfung 57
C. Anwendungsvoraussetzungen 30	2. Maßstab 60
I. Normstruktur 30	3. Keine Ausübungsfrist 71
II. Grundlage des Vertrags 34	**D. Rechtsfolgen** 72
1. Rechtsprechung 34	I. Vertragsanpassung 72
2. Literatur 35	II. Rücktrittsrecht 75
3. Die Auffassung des Autors 36	III. Neuverhandlungspflicht oder -obliegenheit? ... 78
4. Abdingbarkeit und Grundlagenvereinbarungen 37	**E. Prozessuale Hinweise** 80
III. Umstände 39	**F. Anwendungsfelder** 86
IV. Wesentliche Vorstellungen der Parteien (Absatz 2) 43	I. Erfasste Rechtsgebiete 86
V. Kein Vertragsbestandteil 45	II. Übergangsrecht 96

A. Grundlagen

I. Kurzcharakteristik

Die Vorschrift enthält seit dem In-Kraft-Treten des Schuldrechtsmodernisierungsgesetzes eine **ausdrückliche gesetzliche Regelung** der bereits zuvor in der Rechtsprechung anerkannten Lehre von der Geschäftsgrundlage.[1] Das Gesetz erkennt damit die Geltung dieser richterrechtlich aus § 242 BGB entwickelten Doktrin nunmehr ausdrücklich an.

II. Gesetzgebungsmaterialien

Die erstmalige ausdrückliche Kodifikation des Rechtsinstituts des Wegfalls der Geschäftsgrundlage durch die zum 01.01.2002 in Kraft getretene Schuldrechtsreform zielt nicht auf eine Modifikation der

---

[1] Etwa BGH v. 04.10.1982 - GSZ 1/82 - juris Rn. 11 - BGHZ 85, 64-75.

bisherigen Rechtslage, sondern knüpft ausdrücklich an die bereits vor dem 01.01.2002 allgemein **anerkannte Praxis** an.[2]

3   Schon die **Motive** zum BGB führen ausdrücklich aus, dass die Ablehnung der gemeinrechtlichen Clausula-Lehre eine durch den Einzelfall veranlasste Prüfung, ob einer Partei aufgrund veränderter Umstände ein Rücktrittsrecht zustehe, nicht ausschließe.[3] Dass sich die in der Literatur vor allem von *Oertmann* entwickelte Geschäftsgrundlagenlehre[4] in der Rechtsentwicklung gleichwohl durchsetzen konnte, widerspricht also nicht dem Plan des Gesetzes. Praktisch wurde diese Entwicklung vor allem durch die Geldentwertung in den zwanziger Jahren des 20. Jahrhunderts angestoßen.[5] § 313 BGB erkennt diese Rechtsentwicklung normativ an.

III. Europäischer Hintergrund

4   Schon die Wurzeln der Geschäftsgrundlagenlehre in der gemeinrechtlichen Doktrin, nach der jeder Vertrag eine ungeschriebene „clausula rebus sic stantibus" enthalte, sowie in Windscheids Lehre von der Voraussetzung legen nahe, dass es sich um ein nicht auf Deutschland beschränktes Rechtsinstitut handelt. Dementsprechend kennen auch **andere europäische Rechtsordnungen** Regelungen der Geschäftsgrundlagenstörung oder solche zu einzelnen ihrer Aspekte – etwa Artt. 1467 ff. des italienischen Codice civile zum Problem übermäßig belastender Verträge, die zugleich als Ausdruck des allgemeinen Grundsatzes gedeutet werden, dass Verträge die ungeschriebene Voraussetzung ihrer Durchführbarkeit enthalten („Presuppozizione"). Eine auf Treu und Glauben Bezug nehmende Vorschrift, die zur gerichtlichen Vertragsanpassung beim Eintritt unvorhergesehener Umstände befugt, findet sich ferner im niederländischen Burgerlijk Wetboek Art. 6:258. Manche Rechtsordnungen (Österreich, Schweiz, Großbritannien) lösen die fraglichen Sachverhalte richterrechtlich. In Frankreich wird die Einschränkung der Vertragsbindung wegen unvorhergesehener Ereignisse von der Rechtsprechung jedenfalls im Grundsatz abgelehnt.[6]

5   Zu finden sind Anklänge des Rechtsinstituts der Geschäftsgrundlagenstörung oder vergleichbare Grundsätze ferner in den in Europa durch verschiedene Institutionen erarbeiteten Vertragsrechtsgrundsätzen. Mit einem Einzelaspekt beschäftigt sich Art. 4:105 der **Principles of European Contract Law**. Danach ist das Gericht bei einem beiderseitigen Irrtum auf Verlangen einer Vertragspartei zur Vertragsanpassung befugt, was funktionell mit dem Eingreifen des § 313 BGB in den Fällen des beiderseitigen Motivirrtums vergleichbar erscheint. Vor allem jedoch findet sich in Art. 6:111 eine Regelung zur Vertragsaufhebung oder Vertragsanpassung im Falle veränderter Umstände. In den **UNIDROIT-Principles of International Commercial Contracts** enthält Art. 6.2.2 eine weitergehende Regelung, die den Gesamtkomplex des Einflusses von „Hardship" auf die Vertragsbindung behandelt.

6   Der akademische Entwurf eines **Gemeinsamen Referenzrahmens für das Europäische Vertragsrecht** („Draft Common Frame of Reference" oder „DCFR") unterscheidet scharf zwischen den Fällen einer nachträglichen Änderung von Umständen einerseits und einem anfänglichen Fehlen vorausgesetzter Umstände. Die Vorschrift über die Änderung von Umständen (Art. III.-1:110 DCFR) gilt nur, wenn diese Änderung nach Vertragsschluss eingetreten ist. Fälle des anfänglichen Fehlens der Geschäftsgrundlage werden nach Irrtumsregeln behandelt. Für die Störung der Geschäftsgrundlage nach Vertragsschluss setzt Art. III.-1:110 voraus, dass es sich um eine so belastende und ungewöhnliche Änderung von Umständen handelt, dass es offensichtlich unangemessen wäre, den Schuldner an seiner Verpflichtung festzuhalten. Hierfür wiederum ist zunächst erforderlich, dass vom Schuldner vernünftigerweise nicht erwartet werden konnte, die Möglichkeit oder das Ausmaß der Änderung bei Vertragsschluss in Betracht zu ziehen. Ferner darf der Schuldner nicht das Risiko der Änderung übernommen haben oder sich so behandeln lassen müssen, als habe er es übernommen. Schließlich muss er versucht haben, durch Verhandlungen eine Vertragsanpassung zu erreichen. Sind diese Voraussetzungen erfüllt, so sieht die Bestimmung eine Vertragsaufhebung oder -anpassung durch richterliche Gestaltung vor. Die Irrtumsregel in Art. II.-7:201 begründet ein Recht zur Vertragsaufhebung in folgenden Fällen, die in Deutschland ins Anwendungsfeld des § 313 BGB fallen können: wenn beide Parteien einem gemeinschaftlichen Irrtum unterliegen; ferner, wenn eine Partei sich über einen Umstand irrt und die andere

---

[2] BT-Drs. 14/6040, S. 175.
[3] Motive, Bd. 2, S. 199; daran anknüpfend RG v. 23.01.1905 - VII 554/04 - RGZ 60, 56-65.
[4] *Oertmann*, Die Geschäftsgrundlage: Ein neuer Rechtsbegriff, 1921.
[5] Grundlegend RG v. 03.02.1922 - II 640/21 - RGZ 103, 328-334; ferner z.B. RG v. 02.10.1923 - II 165/23 - RGZ 107, 19-22.
[6] Rechtsvergleichender Überblick etwa bei *Riesenhuber*, BB 2004, 2697-2702, 2697.

Partei das erkannte oder dies von ihr erwartet werden konnte. In jedem Fall ist Voraussetzung für ein Aufhebungsrecht, dass der Vertrag ohne den Irrtum nur mit einem in erheblicher Weise abweichenden Inhalt oder gar nicht abgeschlossen worden wäre. Dies muss außerdem der anderen Vertragspartei bekannt sein oder für sie erkennbar sein. Zudem ist ein Recht zur Vertragsaufhebung bei unentschuldigten oder in die Risikosphäre einer Partei fallenden Irrtümern ausgeschlossen.

In dem für das BGB auslegungsvorgreiflichen **europäischen Richtlinienrecht** findet sich schon wegen der Primärzuständigkeit der Mitgliedstaaten für das Zivilrecht keine Regelung, die als Kodifikation der Geschäftsgrundlagenlehre gelten könnte. Lediglich vereinzelte Vorschriften berühren Randbereiche der Geschäftsgrundlagenlehre. So ordnet Art. 6 Abs. 1 Richtlinie 93/13/EWG über missbräuchliche Klauseln in Verbraucherverträgen an, dass die vertragliche Bindung von der Unverbindlichkeit einer missbräuchlichen Klausel unberührt bleibt, soweit der Vertrag ohne diese bestehen kann. Die Anwendung von § 313 BGB scheidet in einem solchen Fall (von der vorgreiflichen Maßgeblichkeit von § 306 BGB einmal abgesehen) aus. Art. 9 Richtlinie 97/5/EG über grenzüberschreitende Überweisungen regelt die Befreiung von Verbindlichkeiten in den Fällen der höheren Gewalt.

Der jetzt vorliegende Entwurf eines **Gemeinsamen Europäischen Kaufrechts** enthält ebenfalls ausdrückliche Regelungen zur Geschäftsgrundlagenstörung. Eine Vorschrift zur objektiven Änderung von Umständen enthält Art. 89 GEKR-E. Ferner umfasst die Irrtumsregel in Art. 48 GEKR-E bestimmte Fälle der Grundlagenstörung, da die Vorschrift – bei Vorliegen zusätzlicher Voraussetzungen – auch bloße Motiv- und Kalkulationsirrtümer und insbesondere den gemeinsamen Grundlagenirrtum erfasst. Ein Rückgriff auf nationales Recht ist insoweit nicht zulässig.

IV. Regelungsprinzipien

Ein Kernproblem der Lehre von der Geschäftsgrundlage, das freilich auch einen Vorteil und einen Grund für ihren durchschlagenden Erfolg bildet, ist die **Unbestimmtheit** und damit die Anpassungsfähigkeit ihres Konzepts. Ob man die Anwendung der Geschäftsgrundlagenlehre wegen dieser Unbestimmtheit als Fall der **Rechtsanwendung oder der richterlichen Vertragsgestaltung** ansieht, ist in erster Linie eine theoretisch-konzeptionelle Frage. Normativ geht § 313 BGB heute jedenfalls davon aus, dass ein Fall der Gesetzesanwendung vorliegt. Praktisch liegt die (auch durch § 313 BGB nicht gelöste) Hauptaufgabe im Umgang mit der Vorschrift in ihrer Konkretisierung. Dazu trägt ein Blick auf nachstehende Regelungsprinzipien bei:

Nach den Grundsätzen der Vertragstreue und Vertragsbindung – „**pacta sunt servanda**" – müssen Verträge so gehalten werden, wie sie geschlossen wurden. Deshalb trägt jede Partei grundsätzlich selbst das Risiko, dass sich ihre beim Vertragsschluss zugrunde gelegten Vorstellungen als falsch erweisen oder ihre Beweggründe infolge einer Änderung von Umständen enttäuscht werden.[7] Fehlvorstellungen sind nur ausnahmsweise relevant. Ihrer Bewältigung dient in erster Linie die Irrtumsanfechtung nach den §§ 119 ff. BGB und den §§ 142 ff. BGB, die freilich nur unter engen Voraussetzungen zulässig ist. Geänderte Umstände können ferner insbesondere nach der Unmöglichkeitsregel des § 275 BGB zum Freiwerden von der Leistung bzw. bei faktischer Unmöglichkeit oder Unzumutbarkeit zu einer Einrede führen. Ansonsten bleiben Vorstellungen, Beweggründe (Motive) und Kalkulationen danach grundsätzlich unbeachtlich. Legen jedoch beide Parteien dem Vertrag gemeinsam eine bestimmte Erwartung zugrunde, deren Enttäuschung nicht in den Risikobereich einer Partei fällt, so geht die in § 313 BGB verankerte Geschäftsgrundlagenlehre davon aus, dass die unmodifizierte Aufrechterhaltung der Vertragsbindung nicht angemessen ist.[8] Insofern zielt die Geschäftsgrundlagenlehre vor allem auf den Schutz der dem Vertrag gemeinsam zugrunde gelegten subjektiven **Parteierwartungen**. Diesen kommt im Anwendungsbereich von § 313 BGB Vorrang vor einem unveränderten („formalen") Festhalten am Vertrag zu. Allerdings soll der Vertrag auch bei Enttäuschung dieser Erwartungen möglichst weiter Geltung entfalten. Primäre Rechtsfolge der Geschäftsgrundlagenstörung ist daher die Vertragsanpassung; ist diese unter Berücksichtigung des Parteiwillens nicht möglich, so besteht ein Rücktrittsrecht.

Bei der Schaffung des BGB hat sich der Gesetzgeber aus Gründen der Rechtsklarheit und Rechtssicherheit bewusst gegen eine Übernahme der These entschieden, dass jeder Vertrag eine ungeschriebene „clausula rebus sic stantibus" enthalte.[9] Vielmehr wurden lediglich in **einzelnen Vorschriften** Ausprägungen dieser Lehre kodifiziert.[10] Das betrifft insbesondere die Regelung zum Irrtum über die Ver-

---

[7] Etwa BGH v. 08.05.2002 - XII ZR 8/00 - juris Rn. 22 - LM BGB § 535 Nr. 171 (10/2002).
[8] Z.B. BGH v. 22.01.1993 - V ZR 165/91 - LM BGB § 242 (Bb) Nr. 142 (9/1993).
[9] Motive, Bd. 2, S. 199.
[10] Motive, Bd. 2, S. 199, S. 315, S. 843; ferner Protokolle, Bd. 1, S. 631.

gleichsgrundlage in § 779 BGB. Mit Fragen des unmodifizierten Festhaltens an der Vertragsbindung bei verschlechterten Vermögensverhältnissen beschäftigen sich: die Unsicherheitseinrede in § 321 BGB (vgl. Rn. 23), das außerordentliche Darlehenskündigungsrecht in § 490 BGB, die Bürgschaftsvorschrift des § 775 BGB. Die Schenkungsgrundlage wird behandelt von den §§ 519, 528 und 530 BGB; andere nennen auch § 527 BGB.[11] Eine besondere Regel gilt für Verlöbnisgeschenke bei Auflösung des Verlöbnisses (§ 1301 BGB). Bei Landpachtverträgen ist eine Anpassung nach § 593 BGB möglich. Die Relevanz des Kostenanschlags als Vertragsgrundlage behandelt § 650 BGB. Für die Kündigung von Reiseverträgen aufgrund höherer Gewalt gilt § 651j BGB. Ähnliche Funktionen übernimmt auch die condictio causa data causa non secuta (auch condictio ob rem oder Impensen- bzw. Zweckverfehlungskondiktion) in § 812 Abs. 1 Satz 2 BGB.[12] Im Erbrecht regeln die §§ 2077, 2078 Abs. 2, 2079 BGB Geschäftsgrundlagenprobleme. Als besondere Ausprägung der Geschäftsgrundlagenlehre lassen sich die Vorschriften über die Bindungswirkung des gemeinschaftlichen Ehegattentestaments in den §§ 2265 ff. BGB begreifen.[13]

12 Ein ähnliches, aber doch von der Geschäftsgrundlagenlehre verschiedenes Regelungsanliegen verfolgen die verschiedenen Vorschriften über die **außerordentliche Kündigung** (§§ 314, 543, 569, 594e, 605, 626, 723 Abs. 1 Satz 2 BGB).

13 **Außerhalb des BGB** ist auf die Anpassungsvorschrift in § 41 VVG hinzuweisen. Aus dem Arbeitsrecht kann etwa § 16 BetrAVG genannt werden. Eine Anpassungsregel für urheberrechtliche Nutzungsverträge enthält jetzt auch § 32a UrhG, der – allerdings ohne Rücksicht auf die Vorhersehbarkeit – einen Anspruch auf Vertragsänderung bei unangemessen geringer Beteiligung des Urhebers an dem Werk vorsieht. Hinzuweisen ist ferner auf § 32 DMBilG zur Anpassung von in der DDR noch der staatlichen Preiskontrolle unterliegenden Verträgen.[14]

V. Vorrang der Artt. 79, 80 CISG

14 Fragen der Geschäftsgrundlagenstörung sind in Art. 79 CISG und Art. 80 CISG angesprochen. Diesen Vorschriften kommt Vorrang gegenüber dem nationalen Recht zu; im Anwendungsbereich des UN-Kaufrechts ist § 313 BGB nicht anwendbar.[15]

VI. Verhältnis zu anderen Vorschriften

15 Gesetzlichen Sonderregeln (vgl. Rn. 11) kommt gegenüber § 313 BGB grundsätzlich der Vorrang zu. Dies aber nur, soweit deren Regelungsbereich und -zweck reicht. Siehe auch unter Risikoverteilung (vgl. Rn. 60). Im Einzelnen sind insbesondere folgende Konkurrenz- und Abgrenzungsfragen zu beantworten:

16 Mit den Vorschriften über die **Irrtumsanfechtung** überschneidet sich die Vorschrift insofern, als der gemeinsame Irrtum auch zur Grundlagenstörung führen kann. Kein Problem wirft dies beim gemeinsamen Motivirrtum (vgl. Rn. 44) auf, weil dieser allein nach § 313 BGB, nicht aber nach den Irrtumsregeln beachtlich ist. In anderen Fällen des gemeinsamen Irrtums kann es zu Überschneidungen kommen. Das **Konkurrenzverhältnis zu den Irrtumsregeln** ist für diese Fälle streitig. Teilweise wird ein Vorrang von § 119 BGB angenommen[16]; dagegen spricht aber, dass den Anfechtenden beim zur Anfechtung berechtigenden gemeinsamen Irrtum unter dieser Prämisse – anders als im Falle des allein von § 313 BGB erfassten gemeinsamen Motivirrtums – die Schadensersatzpflicht nach § 122 BGB trifft. Für diese Ungleichbehandlung gibt es keinen Grund. Deshalb ist von einer freien Konkurrenz des § 313 BGB mit der Irrtumsanfechtung auszugehen.[17]

17 Eine Sonderregel zur ausnahmsweisen Beachtlichkeit eines Motivirrtums enthält die werkvertragliche Kündigungsregel bei wesentlicher **Überschreitung des Kostenanschlags** gemäß § 650 BGB. Die Geschäftsgrundlage wird hier gebildet durch das im Kostenanschlag zum Ausdruck gekommene Verhält-

---

[11] *Wolf*, Allgemeiner Teil des Bürgerlichen Rechts, 3. Aufl. 1997, § 38 Rn. 6.
[12] Motive, Bd. 2, S. 199.
[13] Eingehend *Pfeiffer*, FamRZ 1993, 1266-1282, 1268 f.
[14] BGH v. 10.03.1993 - VIII ZR 238/92 - juris Rn. 28 - BGHZ 122, 32-46.
[15] *Lüderitz/Dettmeier* in: Soergel, CISG vor Art. 79, 80 Rn. 5.
[16] *Krebs* in: Nomos-Kommentar zum BGB, § 313 Rn. 12; *Medicus/Petersen*, Bürgerliches Recht, 23. Aufl. 2011, Rn. 162.
[17] Vgl. *Wolf*, Allgemeiner Teil des Bürgerlichen Rechts, 8. Aufl. 1997, § 38 Rn. 5.

nis zwischen Leistung und Gegenleistung[18], für die aber § 650 BGB als Sonderregel § 313 BGB verdrängt.

Zum Vorrang der **ergänzenden Vertragsauslegung** gegenüber § 313 BGB vgl. Rn. 46.

Das Verhältnis zu den neueren Regeln zum Schutz der rechtsgeschäftlichen Entscheidungsfreiheit des **Verbrauchers** (Informationspflichten, Widerrufsrechte) lässt sich dahin charakterisieren, dass es diesen Mechanismen um den Schutz vor und bei dem Abschluss des Vertrags geht, wohingegen es § 313 BGB ohne Beschränkung des Anwendungsbereichs auf Verbrauchergeschäfte um den Schutz vor nachträglichen bzw. erst nachträglich hervortretenden Beeinträchtigungen geht.[19]

Ungeachtet der ursprünglichen Herleitung der Geschäftsgrundlagenlehre aus dem allgemeinen **Grundsatz von Treu und Glauben** (§ 242 BGB), genießt § 313 BGB als nunmehr geltende gesetzliche Regelung innerhalb seines Anwendungsbereichs Vorrang vor § 242 BGB. Dieser wird aber dadurch begrenzt, dass § 313 BGB nicht in Betracht kommt, soweit die Parteien eine bestimmte künftige Entwicklung zwar für möglich hielten, aber gegenüber nicht hinnehmbaren Folgen dieser Entwicklung (bewusst) keine vertragliche Vorsorge getroffen haben. Deshalb macht § 313 BGB eine Inhaltskontrolle von Verträgen, soweit diese nach §§ 307-309 BGB oder ausnahmsweise nach § 242 BGB in Betracht kommt, nicht obsolet.[20]

Im Verhältnis zur **Unmöglichkeit** und ähnlichen Erscheinungen gilt: Die scharf konturierten Tatbestände in § 275 Abs. 1 BGB haben Vorrang vor § 313 BGB. Das gilt auch für § 275 Abs. 2 BGB, der aber nur die Fälle faktischer, nicht aber diejenigen wirtschaftlicher Unmöglichkeit (vgl. Rn. 51) erfasst. Die Fälle der Unzumutbarkeit höchstpersönlich zu erbringender Leistungen regelt § 275 Abs. 3 BGB abschließend. § 313 BGB bleibt aber von Bedeutung, wenn die Leistung außerhalb der Fälle faktischer Unmöglichkeit und außerhalb höchstpersönlicher Verpflichtungen unzumutbar ist.

Im Verhältnis zur **außerordentlichen Kündigung von Dauerschuldverhältnissen** nach § 314 BGB stellt sich die Frage, ob § 314 BGB als Spezialregel den Vorrang genießt oder ob beide Vorschriften nebeneinanderstehen. Festzuhalten ist dabei zunächst, dass § 313 BGB seinem Wortlaut nach auch auf Dauerschuldverhältnisse anwendbar ist. Vereinfacht wird die Abgrenzung der Vorschriften freilich dadurch, dass die lösungswillige Partei zur Beendigung von Dauerschuldverhältnissen in jedem Fall die Kündigung erklären muss; ein Rücktritt scheidet aus (§ 313 Abs. 3 Satz 2 BGB). Allerdings kommt bei einem gleichwohl erklärten Rücktritt die Umdeutung in eine Kündigung in Betracht. Um tatbestandliche Überschneidungen von § 313 BGB mit § 314 BGB zu vermeiden, kommen zwei Wege in Betracht: Legt man eine äußerlich-funktionelle Abgrenzung zugrunde, ließe sich die Überschneidung dadurch auflösen, dass man § 314 BGB jedenfalls bei der **Auflösung von Dauerschuldverhältnissen** auch dem Maßstab nach den Vorrang einräumt. Hierfür ließe sich anführen, dass die Rechtsprechung schon vor der Schuldrechtsreform von einem Vorrang der Kündigung vor der Anwendung der Geschäftsgrundlagenlehre ausging.[21] § 313 Abs. 3 Satz 2 BGB ist Ausdruck dieses Vorrangs, indem er für diese Fälle auf § 314 BGB verweist.[22] Allerdings handelt es sich nach Wortlaut und System des Gesetzes nur um eine Abgrenzung auf der Rechtsfolgenseite, die eine inhaltliche Koordination nicht erübrigt; denn ein tatbestandlicher Vorrang des § 314 BGB besteht nach dem Gesetz nicht. Damit sind zwei Fragen aufgeworfen: Die inhaltliche (tatbestandliche) Abgrenzung der Gründe für die Lösung vom Vertrag sowie die Geltung der Kündigungsfrist des § 314 Abs. 3 BGB bei einer Verweisung gemäß § 313 Abs. 3 Satz 2 BGB. Zur **tatbestandlichen Abgrenzung** wird in der Rechtsprechung formuliert, die außerordentliche Kündigung nach § 314 BGB erfasse das in seinem Kern unabdingbare vertragsimmanente Recht zur Auflösung, durch welches das Prinzip der Vertragstreue von vornherein nicht berührt wird; dagegen erfasse § 313 BGB das auf besondere Ausnahmefälle beschränkte Recht, sich von den vertraglich übernommenen Verpflichtungen zu lösen.[23] In einem ähnlichen Sinne heißt es im Schrifttum, die Vorschriften unterschieden sich bereits tatbestandlich: § 314 BGB erfasse lediglich Fälle der Pflichtverletzung und des sonst zerrütteten Vertrauens, ansonsten gelte § 313 BGB.[24] Zum praktisch selben

---

[18] BGH v. 21.12.2010 - X ZR 122/07 - juris Rn. 23 - NJW 2011, 989-993.
[19] *Rösler*, ZGS 2003, 383-391, 391.
[20] BGH v. 11.02.2004 - XII ZR 265/02 - juris Rn. 33 - BGHZ 158, 81-110.
[21] Etwa BGH v. 09.10.1996 - VIII ZR 266/95 - juris Rn. 17 - BGHZ 133, 363-370.
[22] Regierungsbegründung zum Schuldrechtsmodernisierungsgesetz, BT-Drs. 14/6040, S. 177; weitergehend *v. Hase*, NJW 2002, 2278, 2280.
[23] BGH v. 09.03.2010 - VI ZR 52/09 - juris Rn. 24 - NJW 2010, 1874-1877.
[24] *Krebs*, Nomos-Kommentar zum BGB, § 313 Rn. 23.

Ergebnis kommt man allerdings auch, wenn man davon ausgeht, dass die Vorschriften tatbestandlich nebeneinanderstehen. Diese Maßgabe entspricht jedenfalls dem Umstand, dass das Gesetz keine Vorrangregel kennt. Unproblematisch ist zudem die Feststellung, dass es bei Vorliegen der Voraussetzungen eines Auflösungsrechts nach § 313 Abs. 3 BGB keiner eigenständigen Prüfung eines wichtigen Grundes mehr bedarf: Die außerordentliche Kündigung knüpft typischerweise an Umstände an, die ihren Ausgangspunkt in der Sphäre des Kündigungsgegners haben. Dementsprechend ist die durch das Merkmal des wichtigen Grundes vorgesehene Hürde typischerweise niedriger als diejenige für das Eingreifen der Geschäftsgrundlagenlehre. Für diese Fälle gilt: Die Voraussetzungen des wichtigen Grundes liegen also ohnehin vor, wenn § 313 Abs. 3 BGB eingreift. Der Ursprung des wichtigen Grundes in der Sphäre des Kündigungsadressaten ist aber nur der Regelfall. Wird der wichtige Grund aus Vorgängen hergeleitet, die dem Einfluss des Kündigungsgegners entzogen sind und aus der eigenen Interessensphäre des Kündigenden herrühren, so rechtfertigt dies in Ausnahmefällen ebenfalls die fristlose Kündigung, wenn die Voraussetzungen gegeben sind, die nach der Rechtsprechung zum Wegfall oder zur wesentlichen Veränderung der Geschäftsgrundlage führen.[25] Auch für diese Fälle gilt mithin, dass die Voraussetzungen des wichtigen Grundes in § 313 BGB bereits enthalten sind. Ein inhaltliches Abgrenzungsproblem besteht demnach ohnehin nur für Auflösungsgründe, deren Ursache weder der einen noch der anderen Vertragspartei zuzurechnen sind. Hier können in der Tat beide Vorschriften greifen, lassen sich aber tatbestandlich doch unterscheiden: § 313 BGB verlangt Änderungen gegenüber dem subjektiven Erwartungsbild der Parteien beim Vertragsschluss; § 314 BGB stellt allein auf die Unzumutbarkeit der zukünftigen Fortsetzung ab. Hinsichtlich einer etwaigen **Kündigungsfrist** ist umstritten, ob § 313 Abs. 3 Satz 2 BGB eine reine Rechtsfolgenverweisung darstellt oder ob in den betroffenen Fällen neben dem festgestellten Auflösungstatbestand auch die „angemessene Frist" des § 314 Abs. 3 BGB zu beachten ist. Der Systematik des Gesetzes entspricht die Anwendung der Kündigungsfrist besser. Das hierzu vorgebrachte Bedenken, das Fristerfordernis passe nicht zu dem auf Verhandlungen über eine Anpassung zielenden § 313 BGB[26], wird durch das Gesetz selbst bereits berücksichtigt. Denn was „angemessen" im Sinne des Gesetzes ist, muss stets unter Beachtung aller Umstände – Anpassungsversuch, schleichender Eintritt einer Grundlagenstörung – beurteilt werden. Anders liegen die Konkurrenzverhältnisse bei der **Vertragsanpassung**. Die Auflösung eines Vertrags durch Kündigung ist eine Ausnahme, die nur als ultima ratio in Betracht kommt. Dementsprechend gilt auch bei Dauerschuldverhältnissen, dass die Auflösung nur in Betracht kommt, wenn keine Anpassung möglich ist. Deshalb bleibt bei der Vertragsanpassung der Mechanismus des § 313 BGB uneingeschränkt anwendbar; es bedarf also in diesen Fällen keiner außerordentlichen Änderungskündigung.[27] Vielmehr hat die Regel des § 313 Abs. 3 Satz 1 BGB Vorrang.[28]

23 Die **Unsicherheitseinrede** des § 321 BGB ist eine besondere Ausprägung der Geschäftsgrundlagenlehre. § 321 BGB ist damit zwar eine gegenüber § 313 BGB speziellere und damit vorrangige Regelung. Diese sollte, ohne dass diese Frage abschließend geklärt wäre, gleichwohl nicht als abschließende Spezialregelung der Rechtsfolgen einer Vermögensverschlechterung eines Vertragspartners gesehen werden. § 321 BGB erfasst lediglich die besonderen Probleme, die im Falle einer Vorleistungspflicht einer Seite infolge der Vermögensverschlechterung auftreten. Auch ohne Vorleistungspflicht kann die Vermögensverschlechterung die Vertragsdurchführung unzumutbar gefährden, ohne dass das Prinzip der Zug-um-Zug-Leistung (§ 320 BGB) oder etwaige Zurückbehaltungsrechte (§ 273 BGB) demgegenüber hinreichenden Schutz böten. Namentlich bei Dauerschuldverhältnissen oder bei komplexen Lieferbeziehungen mit einer Fülle weiterer Vertragspflichten kann es zur Unzumutbarkeit eines unveränderten Fortbestehens der Vertragsbindung führen, wenn die zukünftige Leistungsfähigkeit einer Vertragspartei ernsthaft in Frage gestellt ist. In solchen Fällen ist das **Fortbestehen einer hinreichenden Leistungsfähigkeit** des Vertragspartners als Geschäftsgrundlage anzusehen.[29] Die Schuldrechtsreform hat von einer über § 321 BGB hinausgehenden Regelung zwar bewusst abgesehen. Der Gesetzgeber

---

[25] BGH v. 13.12.1995 - XII ZR 185/93 - BGHR BGB § 242 Geschäftsgrundlage 54; die Fälle sind aber eine Ausnahme, weil Veränderungen, die in der Sphäre der lösungswilligen Partei selbst wurzeln, von dieser meist hingenommen werden müssen, vgl. BGH v. 21.12.2010 - X ZR 122/07 - juris Rn. 27 - NJW 2011, 989-993.

[26] *Krebs*, Nomos Kommentar zum BGB, § 314 Rn. 23.

[27] Regierungsbegründung zum Schuldrechtsmodernisierungsgesetz, BT-Drs. 14/6040, S. 177; weitergehend *v. Hase*, NJW 2002, 2278, 2280.

[28] Regierungsbegründung zum Schuldrechtsmodernisierungsgesetz, BT-Drs. 14/6040, S. 177.

[29] RG v. 28.01.1905 - VII 554/04 - RGZ 60, 56-65.

ging allerdings davon aus, dass sich die fraglichen Fälle durch ein „großzügiges Verständnis" des § 321 BGB lösen lassen. Danach sollen auch bloße Vorbereitungshandlungen schon als Vorleistung gelten.[30] Gegenüber einer solchen wortlautfernen Auslegung des § 321 BGB erscheint indes eine Anwendung des § 313 BGB vorzugswürdig. Namentlich in der Insolvenz des Vertragspartners gelten bei § 313 BGB sodann die gleichen Grundsätze wie bei § 321 BGB: Die Insolvenz des Vertragspartners als solche begründet keine Geschäftsgrundlagenstörung, weil ein etwaiges Erfüllungsverlangen des Insolvenzverwalters Masseschulden begründet und seine persönliche Haftung besteht. Allerdings können Fälle bleiben, in denen hierdurch das primäre Leistungsinteresse des Gläubigers gleichwohl in unzumutbarer Weise gefährdet erscheint, so dass § 313 BGB eingreift. Bei den Rechtsfolgen ist dann in der Regel eine Anpassung nach dem Vorbild des Mechanismus aus § 321 BGB geboten. Der Gläubiger kann seine Leistung verweigern, sofern nicht der Schuldner Sicherheit leistet.

Die Vorschriften zur **Sach- und Rechtsmangelhaftung** dienen einer eigenständigen Risikoabgrenzung und haben damit Vorrang vor § 313 BGB. So ist etwa im Anwendungsbereich der mietvertraglichen Sachmangelvorschriften eine Anwendung der Regeln über die Geschäftsgrundlagenstörung grundsätzlich ausgeschlossen.[31] Verbindungen bestehen insofern, als die Auflösung des Kaufvertrags zwischen Lieferant und Leasinggeber aufgrund eines Rücktritts des Leasingnehmers aufgrund abgetretenen Rechts zum Wegfall der Geschäftsgrundlage des **Leasingvertrags** zwischen Leasinggeber und Leasingnehmer führt.[32] Hieran hat sich auch durch die Schuldrechtsreform nichts geändert.[33] 24

Die Vorschrift des § 779 BGB zum **Irrtum über die Vergleichsgrundlage** regelt einen Sonderfall der Grundlagenstörung. § 779 BGB schließt allerdings die Anwendung des § 313 BGB auf Vergleichsverträge nicht aus, soweit die Voraussetzungen des § 779 BGB nicht vorliegen.[34] Das betrifft insbesondere Fälle, in denen es nicht um einen gemeinsamen Irrtum über die ursprüngliche tatsächliche Vergleichsgrundlage geht, sondern die Geschäftsgrundlage des Vergleichs durch spätere Entwicklungen berührt wird. Soweit dagegen die Voraussetzungen des § 779 BGB vorliegen, ist der Vergleich kraft Gesetzes unwirksam. Für die Anwendung, insbesondere die Rechtsfolgen des § 313 BGB ist dann kein Raum. 25

Gegenüber der **Zweckverfehlungskondiktion** in § 812 Abs. 1 Satz 2 BGB kommt § 313 BGB der Vorrang zu. Zur Abgrenzung vgl. die Ausführungen zur Zweckstörung (vgl. Rn. 55). 26

Eine besondere Ausprägung der Geschäftsgrundlagenregelung enthalten auch die Regeln über die Bindungswirkung **wechselseitiger Verfügungen in einem gemeinschaftlichen Testament**. Die Verfügung des einen Ehegatten bildet die Grundlage derjenigen des (jeweils) anderen.[35] 27

Für den Fall der **Mengenänderung beim Einheitspreis-Bauvertrag** enthält § 2 Nr. 3 VOB/B eine besondere Regelung der Geschäftsgrundlagenstörung[36]; eine Anwendung des § 313 BGB ist aber nicht schlechthin ausgeschlossen[37]. 28

B. Praktische Bedeutung

Die praktische Bedeutung der Geschäftsgrundlagenlehre beruht vor allem auf ihrer **Auffangfunktion** zur Bewältigung von Sachverhalten, die durch die scharf konturierten Tatbestände des Irrtums- und Leistungsstörungsrechts nicht erfasst werden und bei denen gleichwohl ein starres „pacta sunt servanda" nicht überzeugen würde. Das zeigt sich einmal – im Rahmen der sog. großen Geschäftsgrundlage – bei der Bewältigung grundstürzender Umwälzungen und Totalkatastrophen (Zusammenbruch Deutschlands nach dem Zweiten Weltkrieg, Hyperinflation der zwanziger Jahre des 20. Jahrhunderts, Zusammenbruch der DDR, Revolutionen im Ausland). Im Bereich der Störung des individuellen Interessenausgleichs („kleine Geschäftsgrundlage") geht es im Kern um die Fälle der Bewältigung der Unrichtigkeit gemeinsam dem Vertrag zugrunde gelegter Erwartungen. 29

---

[30] BT-Drs. 14/6040, S. 179 f.
[31] BGH v. 21.02.2008 - III ZR 200/07 - RdL 2008, 124-126; vgl. auch BGH v. 16.02.2000 - XII ZR 279/97 - NJW 2000, 1714-1718.
[32] BGH v. 10.11.1993 - VIII ZR 119/92 - LM BGB § 535 Nr. 141/142 (4/1994); BGH v. 25.10.1989 - VIII ZR 105/88 - BGHZ 109, 139-144.
[33] *Schmalenbach/Sester*, WM 2002, 2184-2192, 2186.
[34] BGH v. 08.12.1999 - I ZR 230/97 - juris Rn. 22 - NJW 2000, 2497.
[35] *Pfeiffer*, FamRZ 1993, 1266 ff.
[36] BGH v. 26.01.2012 - VII ZR 19/11 - juris Rn 18 - NJW 2012, 1348-1350.
[37] BGH v. 23.03.2011 - VII ZR 216/08 - NJW-RR 2011, 886-887.

C. Anwendungsvoraussetzungen

I. Normstruktur

30 Die Vorschrift enthält keine Definition der Geschäftsgrundlage, sondern setzt diese mit dem Merkmal „Umstände, die zur **Grundlage** des Vertrags geworden sind" in ihrem Absatz 1 vielmehr – jedenfalls teilweise – voraus. Insofern erschließt sich die vollständige Struktur der Geschäftsgrundlagenlehre erst aus der Zusammenschau der Vorschrift mit der allgemein praktizierten Definition des Merkmals Grundlage. Die Funktion dieses Merkmals innerhalb des § 313 BGB lässt sich – in Abgrenzung zu anderen Tatbestandsmerkmalen der Vorschrift – auch als „tatsächliches Element" umschreiben.

31 Absatz 1 sieht sodann als weitere Voraussetzung vor, dass sich diese Umstände nach Vertragsschluss „schwerwiegend verändert" haben (Störungsalternative 1). Die schwerwiegende **Veränderung** muss ferner von solcher Art sein, dass die Parteien den Vertrag nicht geschlossen hätten, wenn sie diese vorausgesehen hätten („hypothetisches Element"). Schließlich verlangt § 313 Abs. 1 BGB, dass ein Festhalten am unveränderten Vertrag unzumutbar ist („normatives Element").

32 Nach § 313 Abs. 2 BGB steht es einer Veränderung der Umstände gleich, wenn sich wesentliche **Vorstellungen**, die ebenfalls Grundlage des Vertrages geworden sein müssen, als **falsch** erweisen (Störungsalternative 2). Absatz 2 ist mithin so zu verstehen, dass anstelle der schwerwiegenden Veränderung bestimmter Umstände die Unrichtigkeit bestimmter subjektiver Vorstellungen der Parteien als Grundlage des Vertrags angesprochen ist. Alle übrigen Merkmale des Absatz 1 müssen auch bei Absatz 2 vorliegen.

33 Die scharfe **Unterscheidung** zwischen den in Absatz 1 erfassten objektiven Umständen und den durch Absatz 2 erfassten subjektiven Vorstellungen ist allerdings geeignet, bei der Rechtsanwendung in folgendem Punkt in die Irre zu führen: Auch die objektiven Umstände werden nicht kraft ihrer objektiven Bedeutung zur Grundlage des Vertrags, sondern – wie die nachstehende Darstellung des Merkmals der Grundlage (vgl. Rn. 34) zeigt – erst dadurch, dass der Geschäftswille der Parteien auf der Vorstellung aufbaut, diese Umstände würden auch zukünftig vorhanden sein bzw. bestehen bleiben. Auch insofern erweist sich, dass das Rechtsinstitut der Geschäftsgrundlage primär an dem jedenfalls auch durch subjektive Züge gekennzeichneten Kriterium der Parteierwartung (vgl. Rn. 11) ausgerichtet ist.

II. Grundlage des Vertrags

1. Rechtsprechung

34 Die allgemeine **Definition** der Geschäftsgrundlage geht auf *Oertmann* zurück. Sie lautet in der von einer ständigen Rechtsprechung vertretenen Formel: Die Geschäftsgrundlage eines Vertrags wird gebildet durch die nicht zum eigentlichen Vertragsinhalt gehörenden, beim Vertragsschluss bestehenden gemeinsamen Vorstellungen beider Parteien oder die dem Geschäftspartner erkennbaren und von ihm nicht beanstandeten Vorstellungen einer Partei vom Vorhandensein oder dem zukünftigen Eintritt gewisser Umstände, sofern der Geschäftswille der Parteien auf dieser Vorstellung aufbaut.[38]

2. Literatur

35 Im Schrifttum wird diese subjektive Formel vor allem deshalb kritisiert, weil sie zu **unbestimmt** sei. Zudem habe die Rechtsprechung das Merkmal der Vorstellungen dahin verstanden, dass es nicht auf bestimmte konkrete Vorstellungen ankomme, sondern auch unspezifische Vorstellungen von der Stabilität der allgemeinen Rahmenbedingungen des Vertrags zur Einordnung eines Umstands als Geschäftsgrundlage ausreichten. Das Merkmal sei daher ungeeignet. Es komme vielmehr auf eine Risikokoordnung nach Maßgabe des Vertrags und seiner ergänzenden Auslegung an.[39]

3. Die Auffassung des Autors

36 Der Gesetzgeber hat die in der Rechtsprechung entwickelte Formel bei der Schaffung der Vorschrift zwar nicht übernommen, aber wohl doch gebilligt, ihr jedenfalls nicht widersprochen.[40] Das Anliegen, das mit der Kritik an der Formel der Rechtsprechung verfolgt wird, kann auch verwirklicht werden, wenn man diese Formel zugrunde legt: Ob der Geschäftswille der Parteien von bestimmten Vorstellun-

---

[38] Vgl. etwa BGH v. 15.12.1983 - III ZR 226/82 - juris Rn. 36 - BGHZ 89, 226-239.
[39] Jüngst etwa die repräsentative Analyse von *Köhler* in: Canaris/Heldrich/Hopt u.a., 50 Jahre Bundesgerichtshof, 2000, S. 295, 298.
[40] BT-Drs. 14/6040, S. 174.

gen ausgeht, ist eine Frage der **Deutung des Erklärungsverhaltens der Parteien**. Insofern gleicht das Problem der Ermittlung der Geschäftsgrundlage strukturell demjenigen der Auslegung von Willenserklärungen.[41] Das Merkmal des Geschäftswillens und der hierauf aufbauenden Parteivorstellungen bzw. Parteierwartungen darf daher nicht in einem ausschließlich subjektiven Sinne missverstanden werden. Vielmehr werden subjektive Parteierwartungen – wie auch sonst der Parteiwille – dadurch maßgebend, dass sie beiden Parteien gemeinsam sind oder nach den Umständen (objektiver Erklärungshorizont) eine Bindung beider Parteien an diese Vorstellungen angemessen ist. Mit dieser Maßgabe bringt die Formel der Rechtsprechung das Richtige zum Ausdruck. An ihr kann daher festgehalten werden.

4. Abdingbarkeit und Grundlagenvereinbarungen

Zwar sind die Grundsätze über die Geschäftsgrundlagenstörung nicht im eigentlichen Sinne abdingbar. Da allerdings Vorstellungen, die Vertragsinhalt geworden sind, nicht zur Geschäftsgrundlage gehören, können die Parteien eine Anwendung von § 313 BGB bezüglich eines bestimmten Regelungsgegenstandes dadurch ausschließen, dass sie eine **vertragliche Vereinbarung** zu diesem treffen. Haben die Parteien für einen bestimmten Umstand oder eine bestimmte Entwicklung eine vertragliche Bestimmung vereinbart, so begründet es keine Grundlagenstörung, wenn diese Entwicklung eintritt. Anders kann es jedoch dann liegen, wenn die getroffene Bestimmung die Änderung der Umstände zwar tatbestandlich erfasst, aber der betreffende Fall bei ihrer Abfassung nicht ins Kalkül gezogen wurde und dem Vertrag auch objektiv keine Risikozuordnung zu entnehmen ist.[42] Die vertragliche Formulierung von Anpassungstatbeständen darf zudem nicht zur Umgehung der im **zwingenden Gesetzesrecht** geregelten gesetzlichen Risikozuweisungen führen.[43] 37

Die Parteien können allerdings vertraglich regeln, unter welchen Voraussetzungen eine Vertragsanpassung oder Vertragsaufhebung geboten ist. Steht die Bindung an das vertragliche Äquivalenzverhältnis unter unvorhersehbaren oder unvorhergesehenen Umständen im Vordergrund, so kann man von einer **Loyalitätsklausel** sprechen. Werden hingegen Umstände, in denen eine Anpassung in Betracht zu ziehen ist, beschrieben, so handelt es sich um eine **Revisions- oder Anpassungsklausel**. Ein besonderer Fall der Revisions- oder Anpassungsklausel stellen **Wertsicherungs- und Spannungsklauseln** dar (vgl. dazu die Kommentierung zu § 244 BGB). Häufig werden solche Klauseln mit bestimmten Rechtsfolgen, etwa einer Neuverhandlungspflicht, verknüpft (vgl. Rn. 78).[44] Allgemeine Leitlinien für den Inhalt dieser Klauseln lassen sich nur schwer formulieren. Welcher Parteiwille sich mit einer derartigen Abrede verbindet, bedarf deshalb regelmäßig der Klärung im Wege der Auslegung.[45] Es kann sich um eine bloße deklaratorische Wiederholung des Regelungsgehalts des § 313 BGB handeln. Das kann dann der Fall sein, wenn der Vertrag auf einem Muster aus dem anglo-amerikanischen Rechtskreis beruht, so dass er eine Geltung des § 313 BGB nicht selbstverständlich voraussetzt. Oft dienen solche Klauseln auch der Festlegung, dass ein bestimmter Umstand Geschäftsgrundlage eines Vertrags ist.[46] Selbst wenn keine Abweichung von § 313 BGB gewollt ist, kommt einer solchen Bestimmung meist zumindest die Funktion einer „Kann-Adresse" an das Gericht oder – bei Langzeitverträgen oft: das Schiedsgericht – zu mit der Folge, dass das Vorliegen einer Grundlagenstörung sorgfältig zu erwägen ist. Haben die Parteien für den Fall der Änderung bestimmter Umstände oder Enttäuschung von Erwartungen eine vertragliche Regelung getroffen, so wird diese typischerweise keinen Raum für § 313 BGB lassen; es kommt freilich stets auf die Auslegung der vertraglichen Regelung an.[47] 38

III. Umstände

Als Geschäftsgrundlage kommen in erster Linie die in § 313 Abs. 1 BGB angesprochenen objektiven Umstände in Betracht – sog. **objektive Geschäftsgrundlage**. Demgegenüber werden die Fälle der **subjektiven Geschäftsgrundlage** durch das Merkmal der Vorstellungen in § 313 Abs. 2 BGB erfasst. Solche Umstände können Tatsachen sein. Das gilt selbst für subjektive Einschätzungen und Befindlichkeiten, wenn sie eine Grundlage des Vertrags bilden. So hat die Rechtsprechung etwa das Vorliegen 39

---

[41] Vgl. z.B. BGH v. 21.09.2011 - XII ZR 173/09 - juris Rn. 29 - NJW 2012, 1356.
[42] Vgl. BGH v. 30.04.2009 - I ZR 42/07 - juris Rn. 72 - BGHZ 181, 77-98.
[43] BGH v. 30.09.2004 - VII ZR 456/01 - juris Rn. 36 - BGHZ 160, 267-277.
[44] BGH v. 30.09.2004 - VII ZR 456/01 - BGHZ 160, 267-277.
[45] BGH v. 19.12.1989 - IVb ZR 91/88 - juris Rn. 8 - LM Nr. 127 zu § 134 BGB.
[46] BGH v. 30.09.2004 - VII ZR 456/01 - juris Rn. 31 - BGHZ 160, 267-277; BGH v. 07.03.2012 - XII ZR 179/09 - juris Rn. 4 - FamRZ 2012, 772-776.
[47] BGH v. 23.03.2011 - VII ZR 216/08 - NJW-RR 2011, 886-887: § 313 BGB neben § 2 Abs. 3 VOB/B anwendbar.

eines Zerwürfnisses als mögliche Grundlagenstörung bei Grundstücksübertragungen gegen Wohnrechtsgewährung und Versorgungsversprechen angesehen.[48] Aber auch eine bestimmte Rechtslage kommt in Betracht, so dass ein Rechtsirrtum oder nicht vorhergesehene Gesetzes- oder Rechtsprechungsänderungen im Rahmen der sonstigen Voraussetzungen als Grundlagenstörung einzuordnen sein können.[49] Ein typischer Anwendungsfall sind Prozessvergleiche über Dauerschuldverhältnisse: Weil dem Prozessvergleich oft eine Erörterung der Sach- und Rechtslage mit dem Gericht vorausgeht, schließen die Parteien den Vergleich vielfach auf der Grundlage der gegenwärtigen Rechtslage oder einer gefestigten höchstrichterlichen Rechtsprechung.[50] Freilich ist zu beachten, dass die Geschäftsgrundlagenlehre auch in den Fällen der Störung der objektiven Geschäftsgrundlage einen subjektiven Einschlag aufweist, der darauf beruht, dass es allein die Parteien sind, die einen Umstand zur Grundlage des Vertrags erheben. In der Definition des Merkmals der Grundlage kommt dies darin zum Ausdruck, dass diese an Vorstellungen der Parteien vom Vorhandensein (bzw. dem zukünftigen Eintritt) bestimmter Umstände anknüpft. Dem entspricht es, dass die von den Parteien zur Grundlage ihrer Einigung erhobenen Umstände im Wege der Auslegung zu ermitteln sind. Vgl. auch Parteierwartung (vgl. Rn. 11).

40 Als Umstände können sowohl – „**große Geschäftsgrundlage**" – die für den Rechts- und Wirtschaftsverkehr im Allgemeinen maßgebenden Verhältnisse angesehen werden. Eine Störung der großen Geschäftsgrundlage kommt in erster Linie bei grundstürzenden Umwälzungen und Totalkatastrophen (Zusammenbruch Deutschlands nach dem Zweiten Weltkrieg, Hyperinflation der zwanziger Jahre des 20. Jahrhunderts, Zusammenbruch der DDR, Revolutionen im Ausland) in Betracht.[51]

41 Ferner können auch lediglich für die einzelne Rechtsbeziehung maßgebende Umstände als „**kleine Geschäftsgrundlage**" Bedeutung erlangen. Als kleine Geschäftsgrundlage kommen aber auch sonst alle nicht zur großen Geschäftsgrundlage zählenden Umstände in Frage. Das betrifft zunächst den Vertragsgegenstand[52], aber auch die vertragliche Gegenleistung. So kann etwa eine ständige schleichende Geldentwertung, die über die Jahre das bei langfristigen Verpflichtungen (Unterhalts- und Rentenzahlungen, Erbpacht) vertraglich vorausgesetzte Äquivalenzverhältnis verschiebt, zu einer Geschäftsgrundlagenstörung führen. Auch Umstände in der Person des Vertragspartners können dies bewirken, allerdings nur dann, wenn diese für die Vertragsdurchführung von erheblicher Bedeutung sind.[53]

42 Dem **Zeitpunkt** ihres Vorliegens nach meint § 313 Abs. 1 BGB mit dem Merkmal der objektiven Umstände solche, die bei Vertragsschluss gegeben waren und sich zu einem für die Vertragsdurchführung relevanten Zeitpunkt verändert haben. Dagegen sollen Vorstellungen der Parteien vom zukünftigen Eintritt von Umständen durch § 313 Abs. 2 BGB erfasst werden.

IV. Wesentliche Vorstellungen der Parteien (Absatz 2)

43 Dieses Merkmal zielt auf die Fälle der Störung der **subjektiven Geschäftsgrundlage**. Es muss sich entweder um gemeinsame Vorstellungen der Parteien oder um Vorstellungen lediglich einer Partei handeln, die aber der anderen Vertragspartei erkennbar waren und von ihr nicht beanstandet wurden. Die bloße Mitteilung bestimmter Vorstellungen durch eine Vertragspartei reicht aber nicht aus, wenn sie nicht dazu führt, dass sich die Gegenseite zu deren Richtigkeit bestimmte Vorstellungen macht.[54]

---

[48] BGH v. 23.09.1994 - V ZR 113/93 - NJW-RR 1995, 77-78; BGH v. 20.03.1981 - V ZR 152/79 - WM 1981, 657-658; einschränkend BGH v. 19.01.2007 - V ZR 163/06 - NJW 2007, 1884-1887

[49] BGH v. 10.12.1998 - III ZR 241/97 - LM BGB § 242 (Bb) Nr. 173 (7/1999); BGH v. 25.11.2009 - XII ZR 8/08 - juris Rn. 28 -NJW 2010, 440-443.

[50] BGH v. 25.11.2009 - XII ZR 8/08 - juris Rn. 28 - NJW 2010, 440-443; BGH v. 21.09.2011 - XII ZR 173/09 - juris Rn. 29 - NJW 2012, 1356: Prozessvergleiche über Unterhaltszahlungen.

[51] Beispielsweise BGH v. 14.10.1992 - VIII ZR 91/91 - juris Rn. 37 - BGHZ 120, 10-28 (Zusammenbruch der DDR); RG v. 02.12.1919 - VII 303/19 - RGZ 98, 18-22 (Revolution November 1918); ferner RG v. 22.10.1918 - II 187/18 - RGZ 94, 68-71 (Weltkrieg); RG v. 15.10.1918 - III 104/18 - RGZ 94, 45-51; vgl. aber auch BGH v. 30.09.1952 - I ZR 83/52 - BGHZ 7, 238-244 (fortdauernde Zahlungsfähigkeit des Deutschen Reiches nicht Geschäftsgrundlage für Darlehensaufnahme von Rüstungsunternehmen); RG v. 21.03.1916 - II 473/15 - RGZ 88, 172-178: kriegsbedingte Preissteigerung keine Grundlagenstörung.

[52] *BGH v. 30.01.2004 - V ZR 92/03 - NJW-RR 2004, 735-736*: Größe eines noch nicht vermessenen Grundstücks.

[53] RG v. 28.01.1905 - VII 554/04 - RGZ 60, 56-65.

[54] BGH v. 11.05.2001 - V ZR 492/99 - juris Rn. 13 - LM BGB § 157 (D) Nr. 79 (10/2001).

Liegen von vornherein gemeinsame Vorstellungen vor, kommt es auf deren Konkretheit nicht notwendig an; es kann – insbesondere bei der „großen Geschäftsgrundlage" – ausreichen, wenn die Parteien bestimmte Umstände als selbstverständlich ansehen.[55]

Mit dem Merkmal der Parteivorstellungen sollen insbesondere die Fälle des gemeinsamen Grundlagenirrtums bzw. **gemeinsamen Motivirrtums** beider Vertragsparteien erfasst und deren Einordnung als Fall der Geschäftsgrundlagenstörung klargestellt werden.[56] Auf die Art des Motivs kommt es nicht an. Der Irrtum kann auch in einer fehlerhaften Beurteilung der Rechtslage liegen;[57] er kann sich folglich auch daraus ergeben, dass sich eine zunächst zutreffende Beurteilung der Rechtslage aufgrund einer **Änderung der Rechtsprechung** als unzutreffend erweist.[58] Die bloße einseitige Offenlegung von Kalkulationsgrundlagen reicht hingegen nicht.[59]

V. Kein Vertragsbestandteil

Als Geschäftsgrundlage kommt nur in Betracht, was **kein Vertragsbestandteil** ist. Was Bestandteil des Vertrags ist, bestimmt sich nach Gesetz und Vereinbarung. Soweit Gesetz oder die Parteien durch Vereinbarung einen Gesichtspunkt abschließend geregelt haben, scheidet eine Anwendung der Grundsätze über die Geschäftsgrundlagenstörung aus.[60] Insofern setzt § 313 BGB eine „doppelte Lücke" voraus.[61] Als abschließende Vorschriften des Gesetzes kommen insbesondere solche Vorschriften in Frage, die das fragliche Anpassungsproblem bereits einer Regelung zuführen.[62] Allerdings ist es möglich, dass eine von den Parteien als abschließend gemeinte Regelung sich gerade aufgrund der Unvorhersehbarkeit der Störung nachträglich doch als offen für eine Anwendung von § 313 BGB erweist.[63]

Dies führt insbesondere zu einem **Vorrang der Vertragsauslegung** vor der Vertragsanpassung nach § 313 Abs. 1 BGB.[64] Dies gilt auch für die ergänzende Vertragsauslegung, selbst wenn sie von der Anpassung im Einzelfall nur schwer unterscheidbar ist. Konzeptionell ist die **Abgrenzung zur ergänzenden Vertragsauslegung** nach dem Maßstab der Änderung vorzunehmen. Soweit sich für einen fehlerhaft ungeregelten Punkt ein hypothetischer Parteiwille ermitteln lässt, ist eine ergänzende Vertragsauslegung geboten. Deshalb ist im Falle der Unwirksamkeit einer Vertragsbestimmung und des Erfordernisses einer Lückenschließung zunächst eine ergänzende Auslegung zu versuchen.[65] Soweit dies nicht der Fall ist, erfolgt eine Anpassung nach richterlichen Maßstäben im Rahmen von § 313 BGB.[66]

Auch die **Abgrenzung von Vertragsinhalt und Geschäftsgrundlage** bestimmt sich nach den Regeln der Auslegung. Der Umstand, dass die Parteien eine bestimmte Angabe in ihren Vertrag aufgenommen haben, bedeutet lediglich, dass dieser im technischen Sinne Vertragsinhalt ist. Die Parteien können aber

---

[55] BGH v. 24.11.1995 - V ZR 164/94 - juris Rn. 24 - BGHZ 131, 209-219.
[56] BT-Drs. 14/6040, S. 176; das Reichsgericht hatte diese Fälle noch der Irrtumsanfechtung zugeordnet, RG v. 04.12.1920 - I 216/20 - RGZ 101, 51-53 u. RG v. 12.11.1919 - I 114/19 - RGZ 97, 138-140, hierfür ist kein Raum mehr.
[57] BGH v. 28.04.2005 - III ZR 351/04 - BGHZ 163, 42-53: Zahlungspflicht der gesetzlichen Krankenkasse als Grundlage des Krankenhausaufnahmevertrags; BGH v. 24.03.2010 - VIII ZR 160/09 - NJW 2010, 1663-1664: irrtümliche Anwendung der Vorschriften über preisgebundenen Wohnraum auf Mieterhöhungen; BGH v. 07.12.2010 - XI ZR 3/10 - juris Rn. 34 - Schwäbisch Hall: kontinuierliches Neugeschäft zur Aufrechterhaltung des Sparer-Kassen-Leistungsverhältnisses bei der Bausparkasse.
[58] BGH v. 02.05.1972 - VI ZR 47/71 - BGHZ 58, 355-364; BGH v. 17.12.1955 - IV ZR 219/55 - LM Nr. 6 zu § 826 (Fa) BGB.
[59] BGH v. 11.05.2001 - V ZR 492/99 - juris Rn. 13 - LM BGB § 157 (D) Nr. 79 (10/2001); ferner BGH v. 28.02.2002 - I ZR 318/99 - juris Rn. 16 - NJW 2002, 2312-2313.
[60] BGH v. 04.10.1995 - XI ZR 83/94 - juris Rn. 27 - BGHZ 131, 44-55.
[61] *Teichmann* in: Soergel, § 242 Rn. 221.
[62] BGH v. 01.06.1994 - V ZR 278/92 - juris Rn. 32 - BGHZ 126, 150-165; BGH v. 24.03.2010 - VIII ZR 177/09 - juris Rn 24 - BGHZ 184, 114-124: § 28 Abs. 4 II. BV.
[63] *Köhler* in: Canaris/Heldrich/Hopt u.a., 50 Jahre Bundesgerichtshof, 2000, S. 295, 301.
[64] Z.B. BGH v. 26.05.2010 - XII ZR 143/08 - juris Rn. 13 - BGHZ 186, 1-13.
[65] BGH v. 18.11.2011 - V ZR 31/11 - NJW 2012, 526-528.
[66] BGH v. 11.10.2005 - XI ZR 395/04 - juris Rn. 24 - BGHZ 164, 286-296; BGH v. 11.05.2001 - V ZR 492/99 - juris Rn. 13 - LM BGB § 157 (D) Nr. 79 (10/2001); hiervon ausgehend z.B. auch BGH v. 17.01.2002 - III ZR 315/00 - LM BGB § 249 (Gb) Nr. 31 (10/2002), wo vorrangig eine ergänzende Auslegung und lediglich „im Übrigen" eine Anpassung nach der Geschäftsgrundlagenlehre versucht wird.

im Vertrag auch bestimmte Umstände zur Geschäftsgrundlage erheben. Deshalb ist im Zweifel durch Auslegung zu klären, ob etwa Angaben zum Vertragsgegenstand oder Leistungsumfang als Vertragsinhalt gemeint sind oder nur die Festlegung einer Geschäftsgrundlage gewollt ist.[67]

VI. Schwerwiegende Änderung oder falsche Vorstellung

1. Schwerwiegende Änderung

48 Das Merkmal der schwerwiegenden Änderung bezieht sich auf Fälle der Störung der objektiven Geschäftsgrundlage („Umstände"). Zwar entscheidet über das Vorliegen einer Geschäftsgrundlagenstörung letztlich das Ausmaß und die Zumutbarkeit der Enttäuschung der vertraglich zugrunde gelegten Risikoerwartung und insofern ein subjektives Element. Das Merkmal „schwerwiegend" bringt aber zum Ausdruck, dass eine relevante Störung auch in subjektiver Hinsicht nur vorliegen kann, wenn die Störung ein **hinreichendes Gewicht** hat. Dies setzt regelmäßig voraus, dass ansonsten ein untragbares, mit Recht und Gerechtigkeit unvereinbares Ergebnis herbeigeführt würde.[68]

2. Äquivalenzstörung

49 Zu den typischen Fallkonstellationen gehören zunächst die Äquivalenzstörungen. Diese Fallgruppe kann vorliegen, wenn unvorhergesehene Ereignisse zu einer nicht mehr hinnehmbaren Verschiebung des wirtschaftlichen Gleichgewichts führen.[69] Dies kann etwa in Fällen der Geldentwertung gegeben sein. Die schleichende Geldentwertung kann namentlich bei langfristig übernommenen Zahlungsverpflichtungen, insbesondere – aber keineswegs nur – solchen mit Versorgungscharakter, (auch unter Berücksichtigung des grundsätzlich geltenden Nominalprinzips) zu nicht mehr hinnehmbaren Äquivalenzstörungen führen. Dies kommt in Betracht bei Erbbauzinsen im Falle eines Kaufkraftschwundes von über 60%.[70] Bei Verträgen mit Versorgungscharakter kann schon bei Erreichen einer niedrigeren Schwelle eine Grundlagenstörung vorliegen. Auch außerhalb der Geldentwertungsfälle können die Parteien bestimmte wirtschaftliche Rahmenbedingungen zur Grundlage des Vertrags machen, wenn sie diese nicht zum Vertragsbestandteil erheben. Das kann neben objektiven Rahmenbedingungen auch die geschäftlichen Verhältnisse des Vertragspartners betreffen.[71]

3. Leistungserschwernisse

50 Eine weitere zentrale Fallgruppe bilden die Leistungserschwernisse. Zu dieser Fallgruppe zählen Sachverhalte, bei denen aufgrund nachvertraglicher Ereignisse die Erfüllung der Verbindlichkeit für eine Vertragspartei **unzumutbar erschwert** wird.[72]

51 Die Behandlung der Fallgruppe der Leistungserschwernis im Rahmen von § 313 BGB bedarf der Abgrenzung zum Anwendungsbereich von § 275 Abs. 2 BGB. In den Anwendungsbereich der letztgenannten Vorschrift fallen insbesondere die Fälle der sog. faktischen Unmöglichkeit, die vorliegt, wenn eine Leistung zwar nicht im naturwissenschaftlich-technischen Sinne unmöglich, aber für praktische Zwecke undurchführbar ist (Schulbeispiel: Dem Juwelier fällt der bereits verkaufte Ring in einen See; dessen Trockenlegung wäre zwar technisch möglich, muss aber für praktische Zwecke ausscheiden). Demgegenüber sind die Fälle der sog. wirtschaftlichen Unmöglichkeit dadurch gekennzeichnet, dass es zu Lasten einer Vertragspartei zu einer unvorhersehbaren wirtschaftlichen Erschwerung der Leistung gekommen ist, welche die Grenzen des nach dem Vertrag Zumutbaren überschreitet (dies kann etwa bei einer unvorhersehbaren „Explosion" eines Rohstoffpreises oder sonstigen unvorhersehbaren Beschaffungshindernissen der Fall sein).[73]

52 Die Fälle der sog. wirtschaftlichen Unmöglichkeit sind auch nach der Schuldrechtsreform grundsätzlich den Regeln über die Geschäftsgrundlagenstörung zuzuordnen. § 275 Abs. 2 BGB ist demgegenüber nicht anwendbar. Denn diese Vorschrift setzt ein **Missverhältnis** zwischen dem Leistungsinteresse des Gläubigers und dem Aufwand des Schuldners voraus; hingegen liegt in den Fällen der wirt-

---

[67] BGH v. 30.06.2011 - VII ZR 13/10 – juris Rn. 24 - NJW 2011, 3287-3291.
[68] Vgl. BGH v. 19.04.2001 - I ZR 283/98 - juris Rn. 68 - BGHZ 147, 244-262 (allerdings zu den besonderen Verhältnissen bei Nutzungsrechten bei Filmwerken).
[69] BT-Drs. 14/6040, S. 174.
[70] BGH v. 18.09.1992 - V ZR 116/91 - BGHZ 119, 220-224; BGH v. 30.03.1984 - V ZR 119/83 - BGHZ 91, 32-37.
[71] BGH v. 07.12.2010 - XI ZR 3/10 - juris Rn. 34 - Schwäbisch Hall: kontinuierliches Neugeschäft zur Aufrechterhaltung des Sparer-Kassen-Leistungsverhältnisses bei der Bausparkasse.
[72] BT-Drs. 14/6040, S. 174.
[73] BGH v. 01.12.1993 - VIII ZR 259/92 - juris Rn. 27 - LM BGB § 279 Nr. 4 (5/1994).

schaftlichen Unmöglichkeit, etwa aufgrund drastisch gestiegener Rohstoffpreise, nicht nur ein erhöhter Aufwand für den Schuldner, sondern zugleich ein in ebensolchem Maße gestiegenes Leistungsinteresse des Gläubigers vor. Es fehlt also an dem in § 275 Abs. 2 BGB vorausgesetzten Missverhältnis zwischen Aufwand und Leistungsinteresse. Zudem ist eine Anwendung der für ein Freiwerden von der Leistung strengeren Anforderungen des § 313 BGB auch sachgerecht. Bei Dienstverträgen kann eine unvorhergesehene Verlängerungen der Laufzeit des Dienstverhältnisses dann zu einem Missverhältnis führen, wenn die Vergütung nicht nach Zeitabschnitten bemessen wird.[74]

Das Kernproblem der wirtschaftlichen Unmöglichkeit liegt in der **Bestimmung des Zumutbaren**. Ausgangspunkt der Beurteilung ist das Prinzip der Vertragstreue. Den Parteien ist ein Festhalten am Vertrag auch unter geänderten Umständen grundsätzlich zumutbar. Nur das nach den Gerechtigkeitsgedanken schlechthin Untragbare kann als wirtschaftliche Unmöglichkeit eingeordnet werden.[75] Dabei ist aber zu berücksichtigen, dass es im Grundsatz Sache des Lieferanten ist, sich rechtzeitig mit den von ihm weiterveräußerten Waren einzudecken; insoweit eingegangene (spekulative) Risiken hat er zu tragen.[76] Anders kann es liegen, wenn schon aus dem Vertrag oder seinen Begleitumständen ersichtlich ist, dass nur bestimmte Beschaffungsanstrengungen geschuldet werden.[77] Unzumutbar wird ein Festhalten am Vertrag meist nur dann sein, wenn eine Vorsorge gegenüber dem störenden Ereignis ausscheidet. Von großer Bedeutung ist deshalb die Vorhersehbarkeit.[78] Eine Rolle spielt ferner die anderweitige Abwendbarkeit. War die Leistungserschwerung zwar bei Vertragsschluss unvorhersehbar, hätte der Lieferant sich jedoch vor ihrem Wirksamwerden rechtzeitig eindecken können, so muss ihm die Preiserhöhung zugemutet werden.[79] Ebenso kann bedeutsam werden, ob der Schuldner die ihm möglichen Beschaffungsversuche unternommen hat.[80] Dabei werden die zumutbaren Anstrengungen auch durch den Geschäftszuschnitt des Schuldners beeinflusst.[81] 53

4. Zweckstörung

Die Fallgruppe der Zweckstörung kann eingreifen, wenn ein bestimmter **Leistungszweck** oder eine bestimmte Verwendung bzw. Verwendbarkeit des Vertragsgegenstands dem Vertrag nach der Interessenlage in einer für beide Parteien bindenden Weise zugrunde liegt.[82] Dieser Fallgruppe ist das bekannte Schulbeispiel zuzuordnen, in dem ein Vertrag über die Vermietung eines Fensterplatzes geschlossen wird, von dem aus die Vorbeifahrt der englischen Queen während eines Besuchs in Deutschland zu sehen sein soll; wird die Erreichung dieses Zwecks durch die Verlegung der Fahrtstrecke nach Vertragsschluss vereitelt, so liegt eine Geschäftsgrundlagenstörung vor. Hier fehlt der vertraglich vorausgesetzte „Platzwert".[83] Auch die Änderung familiärer Verhältnisse kann zu Zweckstörungen führen (Fortbestand der Ehe als Grundlage des zinslosen Darlehens an Schwiegersohn).[84] 54

Die Fallgruppe der Zweckstörung bedarf der **Abgrenzung zu** § 812 Abs. 1 Satz 2 Fall 2 BGB. Sie fällt auch deswegen schwer, weil die Regelung der besagten Fälle (condictio ob rem bzw. condictio causa data, causa non secuta, auch: Impensenkondiktion oder Zweckverfehlungskondiktion) einer Zeit entstammt, in der die Geschäftsgrundlagenlehre in Deutschland noch nicht anerkannt war. Nach dem heutigen Stand der Rechtsentwicklung gilt: Die Geschäftsgrundlagenlehre greift ein, soweit die Erreichung eines bestimmten Zwecks in der von § 313 BGB vorausgesetzten Weise gemeinsam erwartet und damit Vertragsgrundlage wurde. Demgegenüber erfasst die Zweckverfehlungskondiktion Fälle, in denen der Leistende mit seiner Zuwendung einen bestimmten – typischerweise tatsächlichen – Leistungszweck verfolgt. Allerdings verlangt die Rechtsprechung darüber hinaus, dass dieser Leistungs- 55

---

[74] BGH v. 30.09.2004 - VII ZR 456/01 - BGHZ 160, 267-277.
[75] BGH v. 11.03.1993 - I ZR 27/91 - juris Rn. 15 - LM BGB § 242 (Bb) Nr. 145 (9/1993): Verteuerung der Produktionskosten einer Fernsehserie von 23 Mio. DM auf 29,5 Mio. DM nicht ausreichend.
[76] RG v. 21.03.1916 - II 473/15 - RGZ 88, 172-178.
[77] RG v. 07.12.1917 - II 286/17 - RGZ 91, 312-313.
[78] Vgl. BGH v. 01.06.1979 - V ZR 80/77 - juris Rn. 12 - BGHZ 74, 370-378.
[79] BGH v. 08.02.1978 - VIII ZR 221/76 - juris Rn. 19 - LM Nr. 91 zu § 242 (Bb) BGB.
[80] BGH v. 01.12.1993 - VIII ZR 259/92 - juris Rn. 29 - LM BGB § 279 Nr. 4 (5/1994).
[81] Vgl. etwa RG v. 25.02.1919 - II 353/18 - RGZ 95, 41-45.
[82] BT-Drs. 14/6040, S. 174.
[83] Vgl. BGH v. 20.03.1967 - VIII ZR 237/64 - LM Nr. 51 zu § 242 (Bb) BGB - zum Platzwert eines Aufstellortes bei Spielautomaten.
[84] BGH v. 05.02.1973 - III ZR 203/71 - FamRZ 1973, 252-253 - behandelt als Fall der ergänzenden Auslegung.

zweck zwischen den Parteien vereinbart wurde. Dies wird aber (im Ergebnis richtig) im Rahmen einer stillschweigenden Einigung schon dann bejaht, wenn der Zweck erkennbar von einer Seite verfolgt wird und die andere Seite dem nicht widerspricht.[85]

VII. Maßgeblichkeit für den Geschäftswillen

56 Geschäftsgrundlage sind nur diejenigen Umstände und Vorstellungen, auf denen der Geschäftswille der Parteien aufbaut. Wie § 313 BGB ausdrücklich voraussetzt, kann die Vorschrift nur eingreifen, wenn die Parteien den Vertrag bei Kenntnis der Störung nicht oder jedenfalls nur mit einem anderen Inhalt geschlossen hätten. Erforderlich ist mit anderen Worten die äquivalente **Kausalität** des Vorliegens bestimmter Umstände oder Vorstellungen für den Abschluss des Vertrags mit diesem bestimmten Inhalt. An dieser kann es beispielsweise fehlen, wenn eine Seite der anderen zwar ihre Kalkulation mitteilt, diese aber für die Bildung des Vertragswillens der anderen Seite ohne Belang ist.[86]

VIII. Unzumutbarkeit des Festhaltens an der unmodifizierten Vertragsbindung

1. Systematischer Standort der Zumutbarkeitsprüfung

57 Eine Anpassung oder Auflösung des Vertrags wegen einer Grundlagenstörung kommt nur in Betracht, wenn ein Festhalten am unveränderten Vertrag unzumutbar ist. Dies ist im Lichte des **Prinzips der Vertragstreue** zu beurteilen. Die Bindung an Verträge ist grundsätzlich zumutbar. Das Rechtsinstitut der Geschäftsgrundlagenlehre greift deshalb grundsätzlich nur **subsidiär** ein, wenn der Partei „anders nicht geholfen werden kann"[87].

58 Die Zumutbarkeit hängt vor allem von der **Abwägung** mit den erkennbaren Vertragserwartungen der Parteien sowie mit anderen Gütern ab. Einem Erb- oder Zuwendungsverzicht kann nach Eintritt des Erbfalles wegen des Gebots der Rechtssicherheit nicht mehr entgegengehalten werden, ihm fehle die Geschäftsgrundlage.[88] Die These, dass dem Merkmal der Zumutbarkeit in § 313 BGB eine Schlüsselstellung zukomme,[89] verdient nur insofern Zustimmung, als sie das Prinzip der Maßgeblichkeit der subjektiven Parteivorstellungen nicht aushöhlt.

59 Mit dem Merkmal der Zumutbarkeit stellt das Gesetz auf einen Maßstab ab, der – jedenfalls begrifflich – auch für die **außerordentliche Kündigung** von Dauerschuldverhältnissen nach § 314 BGB (vgl. auch die Kommentierung zu § 314 BGB) gilt. Deshalb, aber auch wegen der vergleichbaren Rechtsfolgen beider Vorschriften ist auf eine harmonische Auslegung beider Rechtsinstitute zu achten. Zwischen den Anwendungsbereichen beider Rechtsinstitute besteht ein nahtloser, praktisch nicht immer ganz klarer Übergang. Nach früherer Rechtslage fanden zudem beide Rechtsinstitute ihre normative Grundlage in § 242 BGB. Trotz dieser Abgrenzungsprobleme lässt sich als Leitlinie formulieren: Das Recht zur außerordentlichen Kündigung kommt in erster Linie bei einem Fehlverhalten des Kündigungsgegners oder bei der Realisierung von Umständen in Betracht, die in dessen Risikobereich fallen. Hingegen zielen die Grundsätze zum Wegfall der Geschäftsgrundlage auf die Berücksichtigung äußerer, in die Risikosphäre keiner Partei fallender Umstände. Eine außerordentliche Kündigung von Dauerschuldverhältnissen aus Gründen, die nicht der Risikosphäre des Kündigungsadressaten entstammen, ist daher nur zulässig, wenn die Voraussetzungen des Wegfalls der Geschäftsgrundlage vorliegen.[90]

2. Maßstab

60 Die Unzumutbarkeit ist nach der ausdrücklichen Anordnung in Absatz 1 unter **Berücksichtigung aller Umstände** des Einzelfalles zu beurteilen. In besonderem Maße zu berücksichtigen ist die vertragliche und gesetzliche Risikoverteilung, d.h. die vertragstypische Risikozuweisung durch das Gesetz selbst sowie die Vereinbarungen der Parteien.[91]

61 Zur **vertraglichen Risikoverteilung** gehört in erster Linie, dass die Parteien als Kehrseite ihrer durch das Prinzip der Privatautonomie begründeten Rechtsmacht grundsätzlich das Risiko der Enttäuschung ihrer mit dem Vertrag verbundenen Erwartungen selbst zu tragen haben. Insbesondere trägt jede Partei

---

[85] BGH v. 09.07.2008 - XII ZR 179/05 - juris Rn. 34 - BGHZ 177, 193-211.
[86] BGH v. 17.01.2003 - V ZR 127/02 - juris Rn. 19 - ZfIR 2003, 263.
[87] *Rösler*, ZGS 2003, 383-391, 387.
[88] BGH v. 04.11.1998 - IV ZR 327/97 - LM BGB § 2352 Nr. 5 (3/1999).
[89] *Rösler*, ZGS 2003, 383-391, 388.
[90] BGH v. 29.11.1995 - XII ZR 230/94 - juris Rn. 9 - LM BGB § 242 (Bb) Nr. 164 (4/1996).
[91] BGH v. 25.02.1993 - VII ZR 24/92 - juris Rn. 54 - BGHZ 121, 379-396.

innerhalb einer marktwirtschaftlichen Ordnung das Risiko, dass sich ihre Markterwartungen als unrichtig erweisen.[92] Das Risiko der Verwendbarkeit oder der Absetzbarkeit der vertragsgegenständlichen Leistung trägt deshalb grundsätzlich der Sachleistungsgläubiger. Umgekehrt muss der Geldleistungsgläubiger diejenigen Marktrisiken tragen, die für seine Leistung von Bedeutung sind.[93] Das gilt namentlich für die Risiken der Zinsentwicklung. Auch das Scheitern einer vorgesehenen Finanzierung führt grundsätzlich nicht zum Wegfall der Geschäftsgrundlage.[94] Nichts anderes gilt, wenn eine Seite irrig meint, ihr vertraglich geschuldetes Entgelt sei durch eine Versicherung gedeckt.[95] Ebenso gehen bei einem Austauschvertrag mit der beiderseitigen Leistungserbringung die Chance wie das Risiko der zukünftigen Wertentwicklung grundsätzlich auf den jeweiligen Vertragspartner über.[96] Dasselbe gilt grundsätzlich für die mit einem Vertrag verbundenen sonstigen **Kalkulationen**. Die Auskömmlichkeit einer Kalkulation, vor allem mit Blick auf den Umfang der erforderlichen Arbeiten, fällt grds. in den Risikobereich des Anbieters. Das gilt namentlich für die Kosten der selbst benötigten Leistungen anderer[97], aber auch etwa in steuerlicher Hinsicht[98] oder im Hinblick auf den unveränderten Fortbestand bestimmter staatlicher Leistungen.[99] Lediglich ausnahmsweise können die Kalkulationsgrundlagen zugleich Geschäftsgrundlage im Sinne des § 313 BGB sein. Das wird etwa bei Bauverträgen mit Pauschalpreisabrede dann angenommen, wenn der Bauherr bestimmte einzelne Angaben zu den erforderlichen Mengen oder Massen gemacht hat und diese nach den Umständen dazu dienten, der anderen Partei eine gewisse Gewähr für eine verlässliche Kalkulationsgrundlage zu bieten.[100]

Ausdruck einer objektiven Risikozuordnung ist damit zuerst der **Inhalt des Vertrags**. Zwar muss in erster Linie diejenige Partei, deren vertraglich bestimmte Leistungspflicht durch die Änderung erschwert wird, die daraus resultierenden Lasten tragen. Freilich zielt § 313 BGB darauf, diejenigen Fälle zu definieren, in denen ein Festhalten an den vertraglichen Pflichten nicht zumutbar ist, weil die Übernahme der Pflicht nicht gleichbedeutend mit der Übernahme des in Rede stehenden Risikos ist. Auch für die Frage, ob die Pflichtenübernahme zugleich eine Risikoübernahme bedeutet, ist der Vertragsinhalt bedeutsam. Haben die Parteien für die Änderung der Umstände eine Regelung (oder den Fall ihres anfänglichen Fehlens) getroffen, so begründet es in der Regel keine Grundlagenstörung, wenn diese Änderung eintritt oder die betreffenden Umstände fehlen. Anders kann es jedoch dann liegen, wenn die getroffene Bestimmung die Änderung der Umstände zwar tatbestandlich erfasst, aber der betreffende Fall bei ihrer Abfassung nicht ins Kalkül gezogen wurde und dem Vertrag auch objektiv keine Risikozuordnung zu entnehmen ist.[101] Namentlich bei komplexeren Verträgen oder bei Vergleichen ist der **Gesamtinhalt** des Vertrags in den Blick zu nehmen; zielt ein Vergleich auf ein ausgewogenes Geben und Nehmen, muss die Vertragsanpassung dies beachten und darf insbesondere für die Gegenseite kein unzumutbares Ergebnis hervorrufen.[102] Seine Bedeutung für die Risikozuordnung gewinnt der Vertragsinhalt oft auch erst im Lichte der **Umstände des Vertragsabschlusses**. So spricht bei Dauerschuldverhältnissen typischerweise ein günstiger Preis, den eine Seite als Entgegenkommen für ihre Bereitschaft zur längerfristigen Bindung erhalten hat, dafür, dass auch das mit der langfristigen Bindung verbundene Risiko, jedenfalls soweit die veränderten Umstände in ihrer Sphäre wurzeln, von ihr zu tragen ist.[103] Eine Grundlagenstörung kommt demgegenüber dann in Betracht, wenn eine Vertragsregelung unwirksam ist, so dass sie ihren Zweck nicht erreichen kann, und auch keine ergänzende Auslegung möglich ist.[104]

62

---

[92] Jüngst etwa BGH v. 05.06.2002 - XII ZR 220/99 - juris Rn. 17 - BGHZ 151, 53-63; BGH v. 08.05.2002 - XII ZR 8/00 - juris Rn. 12 - LM BGB § 535 Nr. 171 (10/2002).
[93] BGH v. 31.05.2006 - VIII ZR 159/05 - NJW 2006, 2771-2773: Leerstandsrisiko bei der Miete.
[94] BGH v. 14.10.1992 - VIII ZR 91/91 - juris Rn. 36 - BGHZ 120, 10-28.
[95] BGH v. 28.04.2005 - III ZR 351/04 - juris Rn. 30 - BGHZ 163, 42-53.
[96] BGH v. 24.11.1995 - V ZR 164/94 - juris Rn. 27 - BGHZ 131, 209-219; BGH v. 17.06.1992 - XII ZR 253/90 - juris Rn. 10 - LM BGB § 242 Nr. 139 (2/1993).
[97] BGH v. 10.09.2009 - VII ZR 82/08 - BGHZ 182, 218-231.
[98] BGH v. 11.05.2001 - V ZR 492/99 - juris Rn. 13 - LM BGB § 157 (D) Nr. 79 (10/2001); ferner BGH v. 28.02.2002 - I ZR 318/99 - juris Rn. 16 - NJW 2002, 2312-2313.
[99] BGH v. 12.02.2008 - VI ZR 154/07 - juris Rn. 11 ff., Abfindungsvergleich.
[100] BGH v. 30.06.2011 - VII ZR 13/10 - juris Rn. 24 - NJW 2011, 3287-3291.
[101] Vgl. BGH v. 30.04.2009 - I ZR 42/07 - juris Rn. 72 - BGHZ 181, 77-98.
[102] BGH v. 25.11.2009 - XII ZR 8/08 - juris Rn. 28 - NJW 2010, 440-443 - Unterhaltsvergleich.
[103] BGH v. 11.11.2010 - III ZR 57/10 - juris Rn. 13 - NJW-RR 2011, 916-918.
[104] BGH 18.11.2011 - V ZR 31/11 - NJW 2012, 526-528.

63 Von Bedeutung ist ferner der **Vertragszweck**. So übernimmt bei der Vereinbarung eines Staffelmietvertrags jede Seite grundsätzlich das Risiko, dass sich der Marktpreis abweichend von der vereinbarten Mietstaffel entwickelt.[105] Allerdings ist eine Berufung auf nach dem Leistungsaustausch eingetretene Umstände nicht schlechthin ungeeignet, zu einer Grundlagenstörung zu führen.[106] Anders liegt es namentlich dann, wenn der gemeinsame Vertragswille – z.B. beim Kauf von Bauerwartungsland – gerade auf einer bestimmten zukünftigen Entwicklung aufbaut.[107]

64 Die **gesetzliche Risikoverteilung** wird insbesondere durch die Vorschriften des Vertragsrechts über Leistungsstörungen, Gefahrtragung und Sachmangelhaftung bestimmt. Deren Wertungen dürfen deshalb nicht durch Anwendung der Geschäftsgrundlagenlehre ausgehebelt werden. Das gilt grundsätzlich ebenso für Vorschriften außerhalb der genannten Materien.[108] Soweit das Gesetz – insbesondere durch den das gesamte Schuldrecht beherrschenden Grundsatz der Vertragstreue – von einer bestimmten Risikoverteilung ausgeht, liegt in der Realisierung dieses Risikos prinzipiell keine Grundlagenstörung. So folgt aus dem für Geldschulden geltenden Nominalprinzip, dass Geldentwertung in der Regel hinzunehmen ist und ohne entsprechende Parteivereinbarung nicht in jeden Vertrag eine Wertsicherungsklausel hineingelesen werden darf[109]; anderes gilt nur bei schwerwiegenden Äquivalenzstörungen (vgl. näher Rn. 49). Ebenso weist bei der Unwirksamkeit Allgemeiner Geschäftsbedingungen § 306 BGB grundsätzlich dem Verwender das Risiko der Unwirksamkeit und der daraus erwachsenden Folgen zu.[110] Anders kann es dann liegen, wenn sonst ein untragbares, mit Recht und Gerechtigkeit schlechthin unvereinbares Ergebnis einträte.[111] Auch beim Zusammenbruch der DDR nahm die Rechtsprechung an, dies führe nicht für sich zu einem Wegfall der Geschäftsgrundlage der unter planwirtschaftlichen Rahmenbedingungen geschlossene Verträge; vielmehr komme dies nur unter den vorgenannten strengen Voraussetzungen in Frage.[112]

65 Von erheblicher Bedeutung für die Risikotragung ist die **Vorhersehbarkeit** einer bestimmten Entwicklung. Zwar schließt der Umstand, dass die Parteien eine bestimmte spätere Entwicklung vorausgesehen haben oder voraussehen konnten, die Anwendung des § 313 BGB nicht schlechthin aus. Bei einer voraussehbaren Änderung der Verhältnisse wird ein Festhalten am Vertrag aber meist zumutbar sein, zumal wenn die Partei infolge der Voraussehbarkeit Vorkehrungen für eine Änderung hätte treffen können.[113]

66 Ferner kann es darauf ankommen, in wessen **Sphäre** die **Ursache** der Änderung von durch die Parteien vorausgesetzten Umständen liegt. Im Allgemeinen wird man der betroffenen Partei es eher zumuten können, eine ganz oder überwiegend in ihrer Sphäre wurzelnde Änderung hinzunehmen.[114] Allerdings ist ein Eingreifen des § 313 BGB auch in solchen Fällen nicht schlechthin ausgeschlossen.[115]

67 In diesem Zusammenhang steht auch die Bedeutung einer verkehrsüblichen **vertraglichen Gestaltungspraxis**. Wird ein bestimmter Punkt üblicherweise vertraglich geregelt, so spricht dies bei Fehlen einer Regelung dagegen, dass der betreffende Punkt eine Grundlage des Vertrags darstellt. Ausgeschlossen ist das freilich nicht. So kann die Erwartung, ein abgefundener, ausgeschiedener Gesellschafter werde keinen Wettbewerb betreiben, auch ohne ausdrückliches Wettbewerbsverbot Grundlage eines Abfindungsvertrags sein, wenn sie offen erkennbar dem Vertrag zugrunde liegt.[116]

68 Zu den maßgebenden Umständen zählen auch die **Beherrschbarkeit und Beeinflussung** der Änderung der Umstände durch die Parteien. Soweit die Änderung eines Umstands von einer Partei steuerbar oder beherrschbar ist, fällt eine Änderung grundsätzlich in deren Risikosphäre. Hat eine Partei die fragliche Änderung der Umstände selbst herbeigeführt, kann sie sich in der Regel nicht auf eine Störung

---

[105] BGH v. 08.05.2002 - XII ZR 8/00 - juris Rn. 12 - LM BGB § 535 Nr. 171 (10/2002).
[106] BGH v. 17.06.1992 - XII ZR 253/90 - juris Rn. 10 - LM BGB § 242 Nr. 139 (2/1993).
[107] Vgl. BGH v. 01.06.1979 - V ZR 80/77 - juris Rn. 13 - BGHZ 74, 370-378.
[108] BGH v. 08.04.2003 - XI ZR 423/01 - BGH-Report 2003, 885-887 zu § 417 Abs. 2 BGB.
[109] BGH v. 29.10.2010 - V ZR 48/10 - juris Rn. 29 - NJW 2011, 515-518.
[110] BGH v. 09.07.2008 - VIII ZR 181/07 - juris Rn. 20 - BGHZ 177, 186-193.
[111] BGH v. 19.04.2001 - I ZR 283/98 - juris Rn. 68 - BGHZ 147, 244-262; BGH v. 24.11.1995 - V ZR 164/94 - juris Rn. 26 - BGHZ 131, 209-219.
[112] BGH v. 25.02.1993 - VII ZR 24/92 - juris Rn. 56 - BGHZ 121, 379-396.
[113] BT-Drs. 14/6040, S. 175 f.
[114] BGH v. 21.12.2010 - X ZR 122/07 - juris Rn. 27 - NJW 2011, 989-993.
[115] BGH v. 13.12.1995 - XII ZR 185/93 - BGHR BGB § 242 Geschäftsgrundlage 54.
[116] BGH v. 08.02.2006 - VIII ZR 304/04 - NJW-RR 2006, 1037-1039.

der Geschäftsgrundlage berufen.[117] Umgekehrt führt es aber auch nicht notwendig zum Vorliegen einer Geschäftsgrundlagenstörung, wenn der betreffende Umstand von der anderen Seite beeinflussbar war, solange diese sich im Rahmen der ihr zustehenden Handlungsoptionen bewegt.[118]

Entstammt ein Umstand danach dem **Risikobereich einer Partei**, so schließt dieser Umstand eine Anwendung der Grundsätze über die Geschäftsgrundlagenstörung grundsätzlich aus. Allerdings ist zu beachten, dass Risikogesichtspunkte im Rahmen von § 313 BGB einen Bestandteil des Zumutbarkeitskriteriums darstellen. Es ist deshalb nicht schlechthin ausgeschlossen, dass die Verwirklichung des „an sich" in den Risikobereich einer Partei fallenden Umstands zu einer Grundlagenstörung führt. Allerdings wird dies regelmäßig nur bei Existenzgefährdung für diese Partei in Betracht kommen.[119] 69

Dem Risikobereich keiner Partei sind etwa die Fälle **höherer Gewalt** zuzuordnen. Als höhere Gewalt ist ein von außen kommendes, trotz Sorgfalt vernünftigerweise nicht vorhersehbares und unabwendbares Ereignis anzusehen,[120] das etwa bei Naturkatastrophen, von dritter Seite verursachten Störungen oder politischen Umwälzungen zu bejahen sein kann.[121] 70

3. Keine Ausübungsfrist

Eine besondere Ausübungsfrist für die Rechte aus der Grundlagenstörung ist in § 313 BGB nicht vorgesehen.[122] Die Frist des § 314 Abs. 3 BGB lässt sich nicht starr im Wege der Analogie auf § 313 BGB übertragen. Ein unangemessenes Zuwarten kann im Rahmen der Zumutbarkeit berücksichtigt werden. Im Übrigen unterliegen die Ansprüche aus § 313 BGB der regelmäßigen Verjährung und nach § 242 BGB den allgemeinen Grundsätzen über die Verwirkung. 71

D. Rechtsfolgen

I. Vertragsanpassung

Primäre Rechtsfolge der Geschäftsgrundlagenstörung ist die **Vertragsanpassung**. Im Maßstab für die Vertragsanpassung spiegeln sich damit diejenigen Kriterien, die schon für die Entscheidung über die Notwendigkeit der Anpassung Maß geben. Bei der Anpassung ist deshalb zunächst der Inhalt der vertraglichen Einigung zu berücksichtigen. Die Vertragsanpassung richtet sich in den Fällen der Äquivalenzstörung primär an dem Ziel der Wiederherstellung des vertraglichen Äquivalenzverhältnisses aus. Rahmenbedingungen des Ausgangsvertrags – etwa die Dauer der Unkündbarkeit eines anzupassenden Mietvertrags – sind zu beachten.[123] Neben dem Ziel der Wahrung des Äquivalenzverhältnisses sind, der Herkunft der Geschäftsgrundlagenlehre aus § 242 BGB wie dem Wortlaut des § 313 BGB entsprechend, allgemeine Zumutbarkeitserwägungen zu berücksichtigen. Allerdings gilt in deren Rahmen kein im Vergleich zur Vertragsaufhebung abgesenkter Maßstab für die Feststellung der Unzumutbarkeit. Die Grundlagenstörung muss so schwer wiegen, dass ein Festhalten am unveränderten Vertrag untragbar und damit nicht mehr zumutbar ist.[124] Außerdem können auch Erwägungen des Vertrauensschutzes zugunsten des Anpassungsgegners eingreifen.[125] Allerdings kommt zwingenden gesetzlichen Regelungen Vorrang gegenüber allgemeinen Zumutbarkeitserwägungen zu.[126] Fehlt jeder Anhaltspunkt und beruht die Störung auf der Verwirklichung eines keiner Partei zuzuordnenden Risikos, kann auch eine hälftige Aufteilung in Betracht kommen.[127] 72

---

[117] BGH v. 30.04.2009 - I ZR 42/07 - juris Rn. 71 - BGHZ 181, 77-98.
[118] BGH v. 17.03.2010 - XII ZR 108/08 - NJW-RR 2010, 1016-1017: „Mieterstruktur" eines Gebäudes keine Geschäftsgrundlage des Mietvertrags über das im EG gelegene Café.
[119] BGH v. 08.05.2002 - XII ZR 8/00 - juris Rn. 22 - LM BGB § 535 Nr. 171 (10/2002).
[120] BGH v. 12.03.1987 - VII ZR 172/86 - juris Rn. 11 - BGHZ 100, 185-190 zu § 651j BGB.
[121] Vgl. etwa BGH v. 23.11.1989 - VII ZR 60/89 - BGHZ 109, 224-230 - Reaktorunfall in Tschernobyl; BGH v. 08.02.1984 - VIII ZR 254/82 - juris Rn. 20 - LM Nr. 108 zu § 242 (Bb) BGB - Revolution im Iran.
[122] Str., wie hier etwa *Rösler*, ZGS 2003, 383-391, 389; a.A. *Rögler* in: Schimmel/Buhlmann, Frankfurter Handbuch zum neuen Schuldrecht, 2002, D IV Rn. 33.
[123] BGH v. 01.06.1994 - V ZR 278/92 - juris Rn. 27 - BGHZ 126, 150-165.
[124] BGH v. 01.02.2012 - VIII ZR 307/10 - juris Rn. 31 - MDR 2012, 390-39.
[125] BGH v. 24.03.2010 - VIII ZR 160/09 - juris Rn. 22 - NJW 2010, 1663-1664.
[126] BGH v. 28.04.2005 - III ZR 351/04 - juris Rn. 31 - BGHZ 163, 42-53.
[127] BGH v. 08.02.1984 - VIII ZR 254/82 - juris Rn. 22 - LM Nr. 108 zu § 242 (Bb) BGB; diesen Gedanken sogar als generelle Regel für undurchführbare Verträge einordnend *Köhler* in: Canaris/Heldrich/Hopt u.a., 50 Jahre Bundesgerichtshof, 2000, S. 295, 323.

73 Praktisch im Vordergrund steht allerdings die bereits erwähnte **Wahrung des Äquivalenzverhältnisses**. Haben die Parteien beispielsweise die Gegenleistung für unterschiedliche Teilleistungen oder einzelne Aspekte der Leistung vertraglich getrennt, so kann hieran bei einer Anpassung angeknüpft werden, wenn gerade dieser Aspekt von der Grundlagenstörung betroffen ist. Dabei ist aber zu berücksichtigen, dass der Wert einer ganzen Leistung höher sein kann, als derjenige der Summe aller Teile. Soweit es auf einen Teilgewinn aus einem teilweise nicht realisierbaren Geschäft ankommt, kann das Gericht erforderlichenfalls nach § 287 ZPO eine Gewinnschätzung vornehmen.[128] Der Umfang der Anpassung von Erbpachtzinsen an die Entwicklung der Kaufkraft bestimmt sich daher nach dem vereinbarten Wertverhältnis zwischen Bodenwert und Erbbauzins. Sie wird allerdings – um den Erbbauberechtigten nicht des aus dem Zeitpunkt des Vertragsschlusses folgenden Vorteils zu berauben – durch die allgemeine Entwicklung der wirtschaftlichen Verhältnisse begrenzt.[129] Bei Fortführung von in der DDR abgeschlossenen Verträgen kann die gebotene Anpassung in einer Annäherung an die unter marktwirtschaftlichen Bedingungen geschlossenen Verträge liegen.[130] Weitere Maßgaben können sich aus dem **Zweck des Rechtsverhältnisses und der Anpassung** ergeben. Der (ausnahmsweise) Ausgleich von Zuwendungen nach Ende der nichtehelichen Lebensgemeinschaft zielt nicht auf eine nachträgliche Bezahlung, sondern auf angemessene Beteiligung an dem gemeinsam Erarbeiteten. Er wird deshalb sowohl durch den objektiven Wert der Zuwendung als auch durch die noch vorhandene Vermögensmehrung begrenzt.[131] Beruht die Geschäftsgrundlagenstörung darauf, dass die Parteien einen **kraft Gesetzes anwendbaren Anpassungsmechanismus** nicht beachtet oder für unanwendbar gehalten haben, so wird die mögliche Anpassung typischerweise durch diesen gesetzlichen Mechanismus begrenzt; zusätzliche Schranken können sich durch Zumutbarkeits- und Vertrauensgesichtspunkte ergeben.[132]

74 Die Vertragsanpassung tritt nicht kraft Gesetzes ein, sondern ist nunmehr als **Anspruch auf Anpassung** ausgestaltet. Außerprozessual soll damit eine Verhandlungslösung zwischen den Parteien ermöglicht werden; es ergeben sich aber auch prozessuale Konsequenzen (vgl. Rn. 80). Durch die Abkehr vom Konzept der Anpassung kraft Gesetzes stellt sich erstmals die Frage nach der Anspruchsinhaberschaft, die das Gesetz in Absatz 1 nicht ausdrücklich beantwortet. Sie steht grundsätzlich der durch die Störung benachteiligten Partei zu. Allerdings dürfen dadurch die Rechte der anderen Vertragspartei nicht beeinträchtigt werden; sie ist deshalb nicht daran gehindert, unmittelbar die Rechte aus dem zugunsten der einen Seite angepassten Vertrag geltend zu machen.

II. Rücktrittsrecht

75 Ist eine Vertragsanpassung unmöglich oder einer der Vertragsparteien unzumutbar, so ist in § 313 Abs. 3 BGB als (hilfsweise) eingreifende Rechtsfolge ein **Rücktrittsrecht** des benachteiligten Teils vorgesehen. Maßgebend sind die Rücktrittsvorschriften in den §§ 346 ff. BGB.

76 Bei Dauerschuldverhältnissen tritt nach § 313 Abs. 3 BGB an die Stelle des Rücktritts die **Kündigung**. Ausnahmsweise hat die Rechtsprechung die Bindung an eine wettbewerbsrechtliche Unterlassungserklärung dann ohne Kündigung nach Treu und Glauben als beendet angesehen, wenn dem Berechtigten der gesicherte Anspruch eindeutig nicht mehr zusteht.[133] Bei **Finanzierungsleasingverträgen** hatte die Rechtsprechung bis zur Schuldrechtsreform angenommen, die Wandelung des Kaufvertrags zwischen dem Lieferanten und dem Leasinggeber durch den Leasingnehmer aufgrund abgetretenen Rechts begründe ohne weiteres einen Wegfall der Geschäftsgrundlage des Leasingvertrags.[134] Geht man von der Einordnung des Leasingvertrags als Dauerschuldverhältnis aus, so könnte dies zur Annahme führen, dass nunmehr lediglich eine Kündigung für die Zukunft möglich wäre – was allerdings nicht interessengerecht erscheint. Dem könnte man durch eine korrigierende Auslegung gerecht werden; gesetzesnäher erscheint es, zunächst eine Anpassung des Vertrags (mit Reduktion der Leasingraten auf null)

---

[128] BGH v. 08.02.1984 - VIII ZR 254/82 - juris Rn. 22 - LM Nr. 108 zu § 242 (Bb) BGB.
[129] BGH v. 18.09.1992 - V ZR 116/91 - BGHZ 119, 220-224.
[130] BGH v. 01.06.1994 - V ZR 278/92 - juris Rn. 32 - BGHZ 126, 150-165.
[131] BGH v. 09.07.2008 - XII ZR 179/05 - juris Rn. 45 - BGHZ 177, 193-211.
[132] BGH v. 24.03.2010 - VIII ZR 160/09 - juris Rn. 23 - NJW 2010, 1663-1664: irrtümliche Zugrundelegung einer Wohnraumpreisbindung.
[133] BGH v. 26.09.1996 - I ZR 265/95 - juris Rn. 45 - BGHZ 133, 316-330 - Altunterwerfung I; anders aber etwa im Falle BGH v. 06.07.2000 - I ZR 243/97 - juris Rn. 20 - LM UWG § 13 Nr. 106 (2/2001) - Altunterwerfung IV.
[134] *Rösler*, ZGS 2003, 383-391, 391.

nach § 313 Abs. 1 BGB anzunehmen (sobald der Leasingnehmer aufgrund des erklärten Rücktritts klageweise gegen den Lieferanten vorgeht[135]), wobei alsdann eine Kündigungserklärung nachfolgen muss.[136]

Die Geltendmachung einer Geschäftsgrundlagenstörung zur Rechtsverteidigung führt zu einer aus § 313 BGB i.V.m. § 242 BGB, namentlich aus dem Verbot unzulässiger Rechtsausübung („dolo agit, qui petit, quod statim redditurus est"), folgenden Einrede.[137] Soweit eine in der Literatur vertretene Gegenansicht aufgrund der Anspruchskonstruktion in § 313 Abs. 1 BGB ein bloßes Zurückbehaltungsrecht des Vertragspartners nach § 273 BGB annimmt,[138] überzeugt das nicht, weil § 273 BGB seinem Sinn nach nicht passt: Der Kläger erreichte zwar eine Verurteilung, allerdings nur Zug um Zug gegen seine Zustimmung zur Änderung des titulierten Anspruchs, was den Beklagten nach erfolgter Zustimmung wiederum zur Vollstreckungsabwehrklage veranlassen müsste.

III. Neuverhandlungspflicht oder -obliegenheit?

Der Vertragsanpassung ist dem Wortlaut der Vorschrift nach **keine Pflicht oder Obliegenheit zu Neuverhandlung** vorgeschaltet.[139] Eine solche Neuverhandlungspflicht oder -obliegenheit war vor In-Kraft-Treten des Schuldrechtsreformgesetzes 2002 überwiegend abgelehnt worden.[140] Indessen heißt es in den Gesetzesmaterialien, „(i)nsbesondere sollen die Parteien zunächst selbst über die Anpassung verhandeln".[141] Daraus kann jedoch nicht darauf geschlossen werden, dass die Geltendmachung eines Anspruchs auf Anpassung ausgeschlossen ist, wenn der Vertragspartner seine Mitwirkung an solchen Verhandlungen verweigert, oder dass dem Vertragspartner in diesem Fall ein Schadensersatzanspruch zusteht.[142] Vielmehr gehen Wortlaut und Materialien einschränkungslos und ausdrücklich davon aus, dass der Anpassungsanspruch ohne weiteres besteht. Dass die Parteien zunächst verhandeln müssen, ist nach diesem Konzept, das in den zitierten Materialien klar hervortritt, eine bloße Folge der durch das Gesetz gewählten Anspruchskonzeption, die an die Stelle der früher praktizierten unmittelbaren Vertragsänderung kraft Gesetzes getreten ist. Im Ergebnis bedeutet dies: Ein Anspruch auf Änderung kann bei verweigerter Verhandlung unmittelbar durchgesetzt werden.[143] Ebenso sind Schadensersatzansprüche denkbar; diese können allerdings ebenfalls – ohne den „Umweg" einer Durchsetzung der Verhandlungspflicht – unmittelbar an den Verzug oder die verweigerte Mitwirkung bei der geschuldeten Anpassung anknüpfen.[144] Zum Rücktritt oder zur Kündigung berechtigt die verweigerte Mitwirkung bei der Anpassung als solche dementsprechend regelmäßig nicht; vielmehr müssen die Voraussetzungen des § 313 Abs. 3 BGB vorliegen.[145]

Den Parteien steht es frei, die Neuverhandlung durch eine **Neuverhandlungsklausel** zu verlangen, was namentlich bei Langzeitverträgen einer häufigen Praxis entspricht. Dabei können sie eine echte Neuverhandlungspflicht begründen[146] oder eine Neuverhandlungsobliegenheit zur Voraussetzung eines vertraglichen oder in § 313 BGB begründeten Anpassungsanspruchs erheben. Nicht untypisch ist es, dass die Parteien bestimmte Umstände definieren, die mithin als Geschäftsgrundlagenstörung anzusehen sind und alsdann eine Neuverhandlungspflicht auslösen. Ist eine Neuverhandlungspflicht vorgesehen, kann die Verweigerung der Verhandlung als Pflichtverletzung einen Schadensersatzanspruch auslösen. Bei verweigerter Verhandlung durch den Anpassungsgegner kann, je nach Auslegung des Vertrags, aber auch ein unmittelbarer Anspruch auf Anpassung bestehen.[147]

---

[135] BGH v. 16.06.2010 - VIII ZR 317/09 - NJW 2010, 2798-2800.
[136] Zum Ganzen *Schmalenbach/Sester*, WM 2002, 2184-2192, 2185 f.
[137] *Dauner-Lieb/Dötsch*, NJW 2003, 921-927; S. 922 f; *Rösler*, ZGS 2003, 383-391, 390.
[138] *Baldus/Schmidt-Kessel*, NJW 2002, 2076-2078.
[139] So die unter früherem Recht entwickelte Lehre von den Neuverhandlungspflichten, dazu *Horn*, AcP 181, 255-288; kritisch *Köhler* in: Canaris/Heldrich/Hopt u.a., 50 Jahre Bundesgerichtshof, 2000, S. 295, 324; *Martinek*, AcP 198, 329-400.
[140] Vgl. etwa BGH v. 21.11.1968 - VII ZR 89/66 - LM Nr. 57 zu § 242 (Bb) BGB.
[141] Regierungsbegründung zum Schuldrechtsmodernisierungsgesetz, BT-Drs. 14/6040, S. 176, l. Sp.
[142] So aber etwa *Riesenhuber*, BB 2004, 2697-2702, 2699.
[143] BGH v. 30.09.2011 - V ZR 17/11- NJW 2012, 373-376.
[144] BGH v. 30.09.2011 - V ZR 17/11- juris Rn. 33 - NJW 2012, 373-376; *Dauner-Lieb/Dötsch*, NJW 2003, 921-927, 925.
[145] BGH v. 30.09.2011 - V ZR 17/11- NJW 2012, 373-376.
[146] So in BGH v. 30.09.2004 - VII ZR 456/01 - BGHZ 160, 267-277.
[147] BGH v. 30.09.2004 - VII ZR 456/01 - juris Rn. 42 - BGHZ 160, 267-277.

E. Prozessuale Hinweise

80 Wird die Rechtsfolge des Absatz 1 geltend gemacht, so ist der Anspruch auf Vertragsanpassung gerichtet. Gleichwohl braucht eine Klage nicht den Umweg eines Antrags auf Zustimmung zu einer bestimmten Vertragsgestaltung zu beschreiben. Vielmehr kann unmittelbar die aus dem angepassten Vertrag herzuleitende Rechtsfolge geltend gemacht, also **unmittelbar auf Leistung** aus dem angepassten Vertrag geklagt werden. Das wurde bislang schon angenommen und aus einer kraft Gesetzes eintretenden Vertragsanpassung hergeleitet.[148] Die Möglichkeit einer unmittelbaren Leistungsklage besteht aber nach Treu und Glauben auch zukünftig, sofern der Vertragspartner seine Zustimmung zu Anpassung verweigert.[149] Insofern findet hier die frühere Handhabung bei der Wandelung nach § 462 BGB a.F. (unmittelbare Möglichkeit der Klage „aus Wandelung") eine Fortsetzung.[150] Im Interesse der Effektivität des Rechtsschutzes kann es hierfür nicht darauf ankommen, zu wessen Gunsten der Vertrag anzupassen ist; sonst wäre es dem Beklagten möglich, sich durch Nichtgeltendmachung des Anpassungsanspruchs eine dauerhafte Einrede gegen die aus der Anpassung resultierenden Rechte des Klägers zu verschaffen.[151]

81 Wegen der kraft Gesetzes eintretenden Vertragsanpassung hatte die Rechtsprechung bislang angenommen, einem lediglich auf Zustimmung zur Vertragsanpassung gerichteten Klagebegehren fehle das **Rechtsschutzbedürfnis**[152]. Eine vorhergehende Klage auf Zustimmung zur Anpassung wird unter der neuen Rechtslage im Schrifttum teilweise für zulässig gehalten, da die Grundlagenstörung sich auf andere als den geltend gemachten Anspruch auswirken könne, was wiederum Auswirkungen auf den eingeklagten Anspruch haben könne[153]. Das lag aber schon unter dem alten Recht so und rechtfertigt alleine keine abweichende Handhabung. Zudem liegt das eigentliche Problem in der Frage, ob dem Kläger trotz der bei § 313 BGB bestehenden Abwägungsunsicherheiten im Hinblick auf das ihn nach § 91 ZPO treffende Kostenrisiko ein unbestimmter Klageantrag zumutbar ist. Im Ergebnis ist aber angesichts der Neufassung des Gesetzes die Verneinung des Rechtsschutzbedürfnisses nicht mehr angezeigt; der Kläger wird sich im eigenen Interesse regelmäßig für eine unmittelbare Leistungsklage entscheiden; das Gericht kann, soweit es dies für geboten hält, nach § 139 ZPO hierauf hinwirken. Im Übrigen ist es Sache des Klägers, seine Rechte möglichst effektiv zu verfolgen. Ein Rechtsschutzbedürfnis kann nach dem Gesetz nur noch verneint werden, wenn der Kläger sich schikanös verhalten sollte.

82 Ob dem Kläger wegen seines **Kostenrisikos** unter Durchbrechung des § 253 Abs. 2 ZPO die Stellung eines unbestimmten Antrags gestattet werden sollte[154], ist zweifelhaft. Angesichts der Erfahrungen mit der alten Rechtslage kann ein zwingendes Bedürfnis hierfür nicht festgestellt werden. Dem Kläger ist durch eine angemessene Handhabung von § 139 ZPO und § 264 ZPO zu helfen.

83 Haben sich bei einem gerichtlich protokollierten **Unterhaltsvergleich** die Umstände in einer nach § 313 BGB relevanten Weise geändert, so ist § § 239 FamFG zu beachten.[155] Es bedarf einer Abänderungsklage, wobei der Abänderungsantrag zwar auf prozessuale Gestaltung gerichtet ist, aber zugleich einen Leistungsantrag umfasst.[156] Aufgrund der materiell-rechtlichen Rechtsnatur des Vergleichsvertrags ergibt sich der Umfang der Abänderung aus dem materiellen Recht (jetzt ausdrücklich: § 239 Abs. 2 FamFG), was zur Anwendung der Geschäftsgrundlagenlehre führt.[157]

84 Die **Beweislast** für das Vorliegen einer Grundlagenstörung trifft grundsätzlich diejenige Partei, die sich auf ein Rücktrittsrecht oder einen Anspruch auf Vertragsanpassung zu ihren Gunsten beruft.

---

[148] Grundlegend BGH v. 19.11.1971 - V ZR 103/69 - NJW 1972, 152; ferner etwa BGH v. 30.03.1984 - V ZR 119/83 - BGHZ 91, 32-37; vgl. auch BGH v. 21.11.1968 - VII ZR 89/66 - LM Nr. 57 zu § 242 (Bb) BGB.
[149] Hiervon ausgehend BT-Drs. 14/6040, S. 176; BGH v. 28.04.2005 - III ZR 351/04 - BGHZ 163, 42-53; *Rösler*, ZGS 2003, 383-391, 386, Fn. 41.
[150] *Baldus/Schmidt-Kessel*, NJW 2002, 2076-2078, 2077; *Riesenhuber*, BB 2004, 2697-2702, 2698.
[151] Im Ergebnis wie hier *Baldus/Schmidt-Kessel*, NJW 2002, 2076-2078, 2076.
[152] BGH v. 30.03.1984 - V ZR 119/83 - BGHZ 91, 32-37.
[153] *Baldus/Schmidt-Kessel*, NJW 2002, 2076-2078, 2077; dagegen etwa *Rösler*, ZGS 2003, 383-391, 389.
[154] *Baldus/Schmidt-Kessel*, NJW 2002, 2076-2078, 2077; vgl. auch *Riesenhuber*, BB 2004, 2697-2702.
[155] Zur zeitlichen Anwendbarkeit im Verhältnis zu § 323 Abs. 4 ZPO a.F. vgl. Art. 111 FGG-RG.
[156] BGH v. 03.05.2001 - XII ZR 62/99 - juris Rn. 18 - LM ZPO § 511 Nr. 69 (11/2001).
[157] BGH v. 04.10.1982 - GSZ 1/82 - BGHZ 85, 64-75; BGH v. 05.09.2001 - XII ZR 108/00 - juris Rn. 29 - BGHZ 148, 368-383.

Die Frage, ob ein bestimmter Umstand als Geschäftsgrundlage anzusehen ist, unterliegt der **tatrichterlichen Beurteilung**; diese ist für das Revisionsgericht bindend (§ 559 Abs. 2 ZPO). Diese Bindung greift allerdings nicht ein, wenn das Tatgericht gesetzliche oder allgemein anerkannte Auslegungsregeln, Denkgesetze oder Erfahrungssätze verletzt oder wesentliche Umstände des Sachverhalts nicht berücksichtigt hat.[158]

F. Anwendungsfelder

I. Erfasste Rechtsgebiete

Die Lehre von der Geschäftsgrundlage gilt nach § 313 BGB für das **vertragliche Schuldrecht**. Bei Ehegattenbürgschaft hatte der IX. Zivilsenat des BGH im Zusammenhang mit der Begrenzung der Haftung vermögensloser mithaftender Ehegatten zunächst angenommen, mit dem Scheitern der Ehe falle die Geschäftsgrundlage der Bürgschaft weg, sofern diese auf den Schutz vor Vermögensverschiebungen zwischen den Ehegatten ziele.[159] Für Bürgschaften ab dem 01.01.1999 verlangte der IX. Zivilsenat eine ausdrückliche vertragliche Haftungsbegrenzung zur Vermeidung der Sittenwidrigkeit.[160] Der nunmehr ausschließlich zuständige XI. Zivilsenat des BGH sieht diese Fragen ausschließlich als Problem der Sittenwidrigkeit nach § 138 BGB (vgl. die Kommentierung zu § 138 BGB).

Die Geltung für das vertragliche Schuldrecht schließt Verträge auf **besonderen Rechtsgebieten** oder im Rahmen **besonderer Regulierungsmechanismen** ein. Dazu zählen z.B.: Architektenverträge im Hinblick auf das Preisrecht der HOAI,[161] Mietverträge mit Blick auf eine irrtümlich angenommene Preisbindung,[162] Bausparkassenverträge,[163] Krankenhausaufnahmeverträge,[164] Verträge über Nutzungsrechte an Filmwerken,[165] wettbewerbsrechtlich veranlasste Unterlassungsverpflichtungen[166].

Bei **gesetzlichen Schuldverhältnissen** scheidet eine Anwendung von § 313 BGB grundsätzlich aus, da deren Entstehung nicht auf einem Vertragsschluss und damit verbundenen Erwartungen oder Vorstellungen der Partei beruht.[167] Anders kann es liegen, soweit die Parteien zur Abwicklung gesetzlicher Schuldverhältnisse Abreden treffen.

Die Geschäftsgrundlagenlehre kann aber auch für Verträge auf anderen Rechtsgebieten des Zivilrechts bedeutsam sein. Im **Sachenrecht** ist § 313 BGB unter anderem heranzuziehen für die Anpassung von Erbbauzins an den Kaufkraftschwund.[168] Bei Kostenverteilungsschlüsseln innerhalb einer Wohnungseigentumsgemeinschaft nach dem WEG kann eine Änderung dann verlangt werden, wenn der geltende Kostenverteilungsschlüssel bei Anlegung eines strengen Maßstabs zu grob unbilligen, mit Treu und Glauben (§ 242 BGB) nicht zu vereinbarenden Ergebnissen führt.[169]

Die Regelung gilt ferner im **Familienrecht** etwa für **Unterhaltsvereinbarungen** sowie Unterhaltsvergleiche.[170] Hier werden die Parteien die Anwendung der Geschäftsgrundlagenregel typischerweise dadurch steuern, dass sie in die Unterhaltsvereinbarung eine Anpassungsregelung oder – im Falle eines

---

[158] BGH v. 08.02.2006 - VIII ZR 304/04 - NJW-RR 2006, 1037-1039; BGH 01.02.2012 - VIII ZR 307/10 - juris Rn. 26 - MDR 2012, 390-391.
[159] BGH v. 25.04.1996 - IX ZR 177/95 - BGHZ 132, 328-341; BGH v. 05.01.1995 - IX ZR 85/94 - BGHZ 128, 230-240.
[160] BGH v. 08.10.1998 - IX ZR 257/97 - LM BGB § 765 Nr. 132 (3/1999).
[161] BGH v. 30.09.2004 - VII ZR 456/01 - BGHZ 160, 267-277.
[162] Z.B. BGH v. 24.03.2010 - VIII ZR 160/09 - NJW 2010, 1663-1664.
[163] BGH v. 07.12.2010 - XI ZR 3/10 - juris Rn. 34 - Schwäbisch Hall: kontinuierliches Neugeschäft zur Aufrechterhaltung des Sparer-Kassen-Leistungsverhältnisses bei der Bausparkasse.
[164] BGH v. 28.04.2005 - III ZR 351/04 - BGHZ 163, 42-53: Zahlungspflicht der Krankenkasse als Grundlage des Aufnahmevertrags.
[165] BGH v. 19.04.2001 - I ZR 283/98 - juris Rn. 67 - BGHZ 147, 244-262; BGH v. 22.09.2011 - I ZR 127/10 - juris Rn. 48 - GRUR 2012, 496.
[166] BGH v. 26.09.1996 - I ZR 265/95 - BGHZ 133, 316-330; BGH v. 06.07.2000 - I ZR 243/97 - LM UWG § 13 Nr. 106 (2/2001).
[167] *Rösler*, ZGS 2003, 383-391.
[168] BGH v. 30.03.1984 - V ZR 119/83 - BGHZ 91, 32-37.
[169] BGH v. 13.07.1995 - V ZB 6/94 - juris Rn. 24 - BGHZ 130, 304-313; BGH 25.09.2003 - V ZB 21/03 - juris Rn. 12 - BGHZ 156, 193-206; BGH v. 07.10.2004 - V ZB 22/04 - juris Rn. 14 - BGHZ 160, 354-368.
[170] BGH v. 04.10.1982 - GSZ 1/82 - BGHZ 85, 64-75; BGH v. 05.09.2001 - XII ZR 108/00 - juris Rn. 29 - BGHZ 148, 368-383; BGH v. 13.07.2011 - XII ZR 84/09 - NJW 2011, 3089-3093.

Vergleichs – eine ausdrückliche Vergleichsgrundlage aufnehmen. Das Fehlen einer ausdrücklichen Vergleichsgrundlage bedeutet aber nicht, dass eine Anwendung des § 313 BGB ausscheidet. Die Rechtsprechung verlangt sogar eine ausdrückliche Vereinbarung, um eine Anwendung des § 313 BGB im Falle geänderter Verhältnisse auszuschließen.[171] Anders als bei Vereinbarungen und Vergleichen scheidet die Anwendung des § 313 BGB bei einseitig errichteten Jugendamtsurkunden dagegen in der Regel aus.[172] Bei **Eheverträgen** kommt eine Grundlagenstörung dann in Frage, wenn der tatsächliche Verlauf und die Gestaltung des Lebens der Ehegatten von denjenigen Vorstellungen abweichen, die sie den Bestimmungen des Ehevertrags bei seinem Abschluss zugrunde gelegt hatten.[173] Insbesondere die neueren Einschränkungen der Unterhaltspflicht geschiedener Ehegatten können dazu führen, dass die Geschäftsgrundlage nachehelicher Unterhaltsvereinbarungen wegfällt.[174]

91 Außerdem ergibt sich eine beachtliche Zahl von Fällen aus dem Bedürfnis der Rückabwicklung ehebedingter („unbenannter") Zuwendungen nach der **Scheidung**, die nicht nach den Grundsätzen des Bereicherungsausgleichs wegen Zweckverfehlung, sondern nach denjenigen zur Geschäftsgrundlagenstörung zu behandeln sind.[175] Vergleichbare Grundsätze gelten für Zuwendungen zum Zwecke einer vorweggenommenen Erbfolge.[176] Die Zuwendung kann auch in einer Mitarbeit eines Ehegatten im Betrieb des anderen liegen;[177] typisch sind auch Fälle der Mithilfe beim Eigenheimbau: Erbringt ein Ehegatte während einer bestehenden Ehe in erheblichem Maße Leistungen, die nach deren Scheitern ohne Ausgleich allein dem anderen zugutekommen, kann hierin eine Geschäftsgrundlagenstörung liegen; das Bestehen der Ehe kann hier als Geschäftsgrundlage der Leistung fungieren. Grund und Umfang des Anspruchs hängen von einer Fülle von Faktoren ab, zu denen insbesondere die Dauer der Ehe, das Alter der Parteien, Art und Umfang der erbrachter Leistungen, die Höhe der dadurch bedingten und noch vorhandenen Vermögensmehrung und die sonstigen Einkommens- und Vermögensverhältnisse zählen.[178] Zu berücksichtigen ist auch, inwieweit die entsprechenden Zuwendungen dem Anspruchsteller während der Ehe in der vorgesehenen Art und Weise selbst zugutegekommen sind.[179] Vorrangig sind allerdings (bei gesetzlichem Güterstand) grundsätzlich die speziellen Regelungen des Zugewinnausgleichs. Soweit diese eingreifen, ist für eine Anwendung des § 313 BGB in der Regel kein Raum;[180] eine andere Beurteilung kommt nur zur Vermeidung „schlechthin nicht tragbarer Ergebnisse" in Betracht.[181] Ein Ausgleichanspruch wird regelmäßig ausscheiden, wenn ein Ehegatte wenigstens Ausgleich in Höhe des halben Wertes seiner Zuwendung zurückerhält.[182] Eine Geschäftsgrundlagenstörung wird daher in erster Linie in den Fällen der Gütertrennung zu erwägen sein. Greifen andere gesetzliche Ausgleichregeln ein, so reicht es nicht aus, wenn der Wert des Ausgleichanspruchs hinter dem Wert der Zuwendung erheblich zurückbleibt Vielmehr müssen weitere Umstände hinzutreten, etwa eine Notbedarfslage des Zuwendenden[183]. Denkbar ist eine Anwendung ausnahmsweise auch in den Fällen eines Güterstandswechsels.[184] Ihrer Reichweite nach gelten diese Überlegungen auch für unbenannte Zuwendung unter Verlobten.[185] Soweit die Eltern des einen Ehegatten ihrem Schwiegersohn

---

[171] BGH v. 25.11.2009 - XII ZR 8/08 - juris Rn. 29 - NJW 2010, 440-443.
[172] BGH v. 04.05.2011 - XII ZR 70/09 - BGHZ 189 284-299.
[173] BGH v. 02.02.2011 - XII ZR 11/09 - juris Rn. 16 - NJW 2011, 2969-2972.
[174] BGH v. 25.01.2012 - XII ZR 139/09 - NJW 2012, 1209-1212.
[175] BGH v. 08.07.1982 - IX ZR 99/80 - juris Rn. 9 - BGHZ 84, 361-370; BGH v. 02.10.1991 - XII ZR 145/90 - juris Rn. 5 - BGHZ 115, 261-267; ferner BGH v. 28.10.1998 - XII ZR 255/96 - LM BGB § 242 (Bb) Nr. 171 (4/1999); BGH v. 04.02.1998 - XII ZR 160/96 - LM DDR-ZGB § 45 Nr. 45 (6/1998).
[176] BGH v. 22.09.2010 - XII ZR 69/09 - juris Rn. 9 - BGHZ 187, 82-86.
[177] BGH v. 02.10.1991 - XII ZR 145/90 - BGHZ 115, 261-267.
[178] BGH v. 08.07.1982 - IX ZR 99/80 - juris Rn. 21 - BGHZ 84, 361-370; BGH v. 13.07.1994 - XII ZR 1/93 - juris Rn. 13 - BGHZ 127, 48-57.
[179] BGH v. 12.04.1995 - XII ZR 58/94 - juris Rn. 12 - BGHZ 129, 259-267.
[180] BGH v. 02.10.1991 - XII ZR 145/90 - juris Rn. 11 - BGHZ 115, 261-267; BGH v. 21.07.2010 - XII ZR 104/08 - juris Rn. 13 - NJW-RR 2010, 1513-1515.
[181] BGH v. 23.04.1997 - XII ZR 20/95 - juris Rn. 7 - LM BGB § 242 (D) Nr. 142 (11/1997); BGH v. 21.10.1992 - XII ZR 182/90 - juris Rn. 13 - BGHZ 119, 392-402.
[182] BGH v. 02.10.1991 - XII ZR 145/90 - juris Rn. 16 - BGHZ 115, 261-267; BGH v. 07.09.2005 - XII ZR 209/02 - juris Rn. 51 - BGHZ 164, 69-87.
[183] BGH v. 21.10.1992 - XII ZR 182/90 - juris Rn. 21 - BGHZ 119, 392-402 ; BGH v. 21.10.1992 - XII ZR 182/90 - juris Rn. 13 - BGHZ 119, 392-402.
[184] BGH v. 23.04.1997 - XII ZR 20/95 - LM BGB § 242 (D) Nr. 142 (11/1997).
[185] BGH v. 02.10.1991 - XII ZR 145/90 - juris Rn. 8 - BGHZ 115, 261-267.

bzw. ihrer Schwiegertochter gegenüber Zuwendungen oder Schenkungen vornehmen, gelten ebenfalls die Grundsätze über die Geschäftsgrundlagenstörung;[186] nichts anderes gilt allgemein unter Familienangehörigen[187]. Die Rechtsprechung hat es dabei auch für möglich gehalten, dass die von den Schwiegereltern erbrachte Leistung deren Kind als eigene zugerechnet wird und der entsprechende Ausgleichsbetrag ohne Abtretung geltend gemacht wird.[188] Allerdings gilt für das Verhältnis von Schwiegereltern zum Schwiegerkind nicht der Grundsatz, dass eine Ausgleichung ausscheidet, wenn der Berechtigte wenigstens einen hälftigen Ausgleich in Höhe des halben Wertes seiner Leistung erhält, da die Grundsätze über den Zugewinnausgleich zwischen Schwiegereltern und Schwiegerkind nicht anwendbar sind.[189] Kein hälftiger Ausgleich liegt zudem darin, dass die Schwiegereltern dem eigenen Kind ein Geschenk in gleicher Höhe gemacht haben.[190]

Bei der **heterologen Insemination** kommt durch das Einverständnis zwischen den Ehegatten über deren Vornahme ein Vertrag zugunsten der Kinder zustande, durch den sich der Ehemann verpflichtet, für diese wie ein leiblicher Vater zu sorgen. Die Geschäftsgrundlage dieses Vertrags kann entfallen, wenn jede persönliche Beziehung zwischen Unterhaltsberechtigten und Unterhaltsverpflichteten zerbricht. Hierfür reicht eine Scheidung aber nicht aus, weil sich dann nur ein Risiko realisiert, das auch bei leiblichen Kindern besteht. Anders liegt es hingegen, wenn eine erfolgreiche Ehelichkeitsanfechtungsklage hinzukommt, die das persönliche Band vollständig trennt. Hat sie allerdings der Verpflichtete selbst erhoben, so kann er einen Wegfall der Geschäftsgrundlage nicht geltend machen.[191] 92

Bei einer **nichtehelichen Lebensgemeinschaft** stehen die persönlichen Beziehungen im Vordergrund; die Partner haben sich gegen eine Verrechtlichung ihres Zusammenlebens entschieden. Folglich besteht hier nicht nur in persönlicher, sondern auch in wirtschaftlicher Hinsicht keine Rechtsgemeinschaft. Falls keine abweichende Vereinbarung vorliegt, werden persönliche und wirtschaftliche Leistungen grundsätzlich nicht, auch nicht nach den Regeln über den Wegfall der Geschäftsgrundlage, ausgeglichen.[192] Das gilt insbesondere für solche Leistungen oder Zuwendungen, die der Verwirklichung des gemeinsamen Zusammenlebens dienen, gleichviel ob es sich um regelmäßige Leistungen oder um größere Einmalbeträge zu diesem Zweck handelt[193]. Ob es bei Leistungen anders liegt, die über die Verwirklichung des gemeinsamen Zusammenlebens hinausgehen und die im Vertrauen auf den Fortbestand der Lebensgemeinschaft erfolgt sind, hatte die Rechtsprechung lange Zeit offengelassen.[194] Richtigerweise kann ein Anspruch nur in Betracht kommen, wenn trotz der angesprochenen Ausgangslage eine grundlagenrelevante und nicht in den Risikobereich einer Partei fallende Störung einer gemeinsamen Erwartung zu bejahen ist. Solche Ansprüche kommen also nur dann in Betracht, wenn die Zuwendungen in schutzwürdigem Vertrauen auf den Fortbestand der Beziehung erfolgt sind.[195] Auszugleichen sind also nur Zuwendungen, die sich – in Erwartung eines dauerhaften Zusammenlebens – in einer über das Ende der Lebensgemeinschaft fortwährenden Vermögensmehrung niederschlagen, worunter auch Arbeitsleistungen im Betrieb des Partners fallen können.[196] Geboten ist zudem eine umfassende Zumutbarkeitsprüfung.[197] 93

---

[186] BGH v. 28.10.1998 - XII ZR 255/96 - juris Rn. 10 - LM BGB § 242 (Bb) Nr. 171 (4/1999); BGH v. 03.02.2010 - XII ZR 189/06 - juris Rn. 31 - BGHZ 184, 190-209; BGH v. 21.07.2010 - XII ZR 180/09 - NJW 2010, 2884-2886.
[187] BGH v. 25.05.1992 - II ZR 232/91 - juris Rn. 8 - LM BGB § 242 Nr. 138 (2/1993).
[188] BGH v. 02.10.1991 - XII ZR 145/90 - juris Rn. 9 - BGHZ 115, 261-267.
[189] BGH v. 03.02.2010 - XII ZR 189/06 - juris Rn. 31 - BGHZ 184, 190-209.
[190] BGH v. 20.07.2011 - XII ZR 149/09 - NJW 2012, 523-526: Schenkung eines je hälftigen Immobilien-Miteigentumsanteils.
[191] Zum Ganzen BGH v. 03.05.1995 - XII ZR 29/94 - BGHZ 129, 297-311; BGH v. 03.05.1995 - XII ZR 89/94 - LM BGB § 242 (Bb) Nr. 155 (9/1995).
[192] BGH v. 06.10.2003 - II ZR 63/02 - NJW 2004, 58-59.
[193] BGH v. 09.07.2008 - XII ZR 179/05 - juris Rn. 40 - BGHZ 177, 193-211.
[194] BGH v. 31.10.2007 - XII ZR 261/04 - juris Rn. 22 - NJW 2008, 443-445.
[195] BGH v. 31.10.2007 - XII ZR 261/04 - NJW 2008, 443-445.
[196] BGH v. 09.07.2008 - XII ZR 179/05 - juris Rn. 41 - BGHZ 177, 193-211.
[197] BGH v. 06.07.2011 - XII ZR 190/08 - NJW 2011, 2880-2883.

94 Eine Anwendung auf **einseitige Rechtsgeschäfte** wird in aller Regel verneint. Im Erbrecht wurde dies etwa für **Vermächtnisse** ausgesprochen.[198] Ob überhaupt je eine andere Beurteilung möglich ist, wird angezweifelt.[199] Daran ist zutreffend, dass bei einseitigen Rechtsgeschäften dem Gebot der Rechtssicherheit wegen der in der Befugnis zur Vornahme einseitiger Rechtsgeschäfte liegenden Rechtsmacht ein hoher Rang zukommt und Unsicherheiten deshalb zu vermeiden sind. Ebenso kann ein gemeinsamer Geschäftswille unterschiedlicher Vertragsparteien bei der Vornahme einseitiger Rechtsgeschäfte schwerlich vorliegen. In Betracht kommt dies aber möglicherweise dann, wenn eine Partei ein einseitiges Rechtsgeschäft im Einvernehmen mit der anderen Partei anstelle einer sonst möglichen vertraglichen Abrede vorgenommen hat. Im Übrigen ist auch bei einseitigen Rechtsgeschäften vorstellbar, dass der Geschäftswille erkennbar auf bestimmten Umständen aufbaut. Dies liegt den Vorschriften der §§ 2077, 2078 Abs. 3 und 2079 BGB zugrunde.

95 Eine größere Zahl von Fällen hatte sich in jüngerer Zeit aus den Problemen des **Zusammenbruchs der DDR** ergeben. Hier ging die Rechtsprechung insbesondere davon aus, dass die aus § 242 BGB entwickelten Grundsätze über den Wegfall der Geschäftsgrundlage auch für vor dem 01.07.1990 (Tag des In-Kraft-Tretens der Wirtschafts-, Währungs- und Sozialunion) abgeschlossene Schuldverträge gelten.[200]

II. Übergangsrecht

96 Aus der Schaffung von § 313 BGB durch das Schuldrechtsmodernisierungsgesetz ergeben sich in der Regel keine besonderen Übergangsprobleme, da die Regelung nicht auf eine Änderung der Rechtslage, sondern nur auf eine Kodifikation schon bislang anerkannter Grundsätze zielt. Ob dabei § 313 BGB oder die frühere Rechtsgrundlage in § 242 BGB anwendbar ist, bestimmt sich nach den allgemeinen intertemporalen Regelungen in Art. 229 §§ 5 EGBGB, 6 EGBGB. Ein **Unterschied zwischen alter und neuer Rechtslage** besteht insofern, als die Vertragsanpassung bislang kraft Gesetzes erfolgte[201], wohingegen nunmehr im Gesetz ein Anspruch auf Anpassung (vgl. Rn. 74) vorgesehen ist. Keine Änderung hat sich hinsichtlich der Vertragsauflösung ergeben. Hier bleibt es auch unter dem neuen Recht bei dem bereits früher in der Rechtsprechung[202] zugrunde gelegten Rücktrittserfordernis. Ob es in den Fällen der Vertragsanpassung zu einer Änderung kraft Gesetzes kommt oder ein Anspruch auf Anpassung (vgl. Rn. 74) nach neuem Recht eingreift, ist dabei nach Art. 229 § 5 EGBGB zu beurteilen; eine bereits unter dem alten Recht eingetretene Anpassung kraft Gesetzes verwandelt sich daher nicht in einen Anpassungsanspruch nach neuem Recht.[203] Das bedeutet praktisch: Ist die Vertragsanpassung kraft Gesetzes unter dem alten Recht bereits erfolgt, bedarf es keiner gesonderten Geltendmachung des Zustimmungsanspruchs unter dem neuen Recht. Prozessual (vgl. Rn. 80) kann jedoch ohnehin stets unmittelbar aus dem angepassten Vertrag geklagt werden.

97 Die Grundsätze über den Wegfall der Geschäftsgrundlage sind nach einer gefestigten Rechtsprechung des BGH, von deren Bestand auch nach der Schuldrechtsreform auszugehen ist, auch auf Schuldverhältnisse anwendbar, die vor der „Wende" in der DDR nach dortigem Recht begründet wurden und für die DDR-Recht weiter gilt (vgl. Rn. 96).

---

[198] BGH v. 25.11.1992 - IV ZR 147/91 - LM BGB § 242 (D) Nr. 128 (6/1993); weiter gehend *Wolf*, LM 6/1993 BGB § 242 (D) Nr. 128.

[199] BAG v. 06.02.1992 - 2 AZR 408/91 - NJW 1992, 2173-2175; verneinend etwa *Rösler*, ZGS 2003, 383-391.

[200] Etwa BGH v. 24.11.1995 - V ZR 164/94 - juris Rn. 20 - BGHZ 131, 209-219; BGH v. 01.06.1994 - V ZR 278/92 - BGHZ 126, 150-165; BGH v. 24.11.1995 - V ZR 164/94 - BGHZ 131, 209-219; BGH v. 25.02.1993 - VII ZR 24/92 - juris Rn. 51 - BGHZ 121, 379-396.

[201] BGH v. 04.07.1996 - I ZR 101/94 - juris Rn. 57 - BGHZ 133, 281-298.

[202] Etwa BGH v. 22.01.1993 - V ZR 165/91 - juris Rn. 14 - LM BGB § 242 (Bb) Nr. 142 (9/1993).

[203] *Baldus/Schmidt-Kessel*, NJW 2002, 2076-2078, 2076 mit Fn. 5.

§ 314 BGB Kündigung von Dauerschuldverhältnissen aus wichtigem Grund

(Fassung vom 02.01.2002, gültig ab 01.01.2002)

(1) ¹Dauerschuldverhältnisse kann jeder Vertragsteil aus wichtigem Grund ohne Einhaltung einer Kündigungsfrist kündigen. ²Ein wichtiger Grund liegt vor, wenn dem kündigenden Teil unter Berücksichtigung aller Umstände des Einzelfalls und unter Abwägung der beiderseitigen Interessen die Fortsetzung des Vertragsverhältnisses bis zur vereinbarten Beendigung oder bis zum Ablauf einer Kündigungsfrist nicht zugemutet werden kann.

(2) ¹Besteht der wichtige Grund in der Verletzung einer Pflicht aus dem Vertrag, ist die Kündigung erst nach erfolglosem Ablauf einer zur Abhilfe bestimmten Frist oder nach erfolgloser Abmahnung zulässig. ²§ 323 Abs. 2 findet entsprechende Anwendung.

(3) Der Berechtigte kann nur innerhalb einer angemessenen Frist kündigen, nachdem er vom Kündigungsgrund Kenntnis erlangt hat.

(4) Die Berechtigung, Schadensersatz zu verlangen, wird durch die Kündigung nicht ausgeschlossen.

Gliederung

A. Grundlagen 1	IV. Abmahnung und Fristsetzung nach Absatz 2 26
I. Gesetzgebungsmaterialien 1	1. Allgemein 26
II. Bedeutung 2	2. Abmahnung 27
III. Sonstiges 3	3. Fristsetzung 32
B. Anwendungsvoraussetzungen 4	4. Entbehrlichkeit 33
I. Dauerschuldverhältnis 4	5. Sonstiges 35
1. Definition 4	V. Angemessene Frist nach Absatz 3 36
2. Anerkannte Dauerschuldverhältnisse 5	VI. Abdingbarkeit 41
3. Sukzessivlieferungsvertrag 8	C. Rechtsfolgen 44
II. Wichtiger Grund 12	I. Beendigung für die Zukunft 44
1. Allgemein 12	II. Fristlose Beendigung 45
2. Typische wichtige Gründe 13	III. Umdeutung der Kündigung 46
3. Zeitpunkt 22	IV. Regelung hinsichtlich Schadensersatz gemäß Absatz 4 47
III. Kündigung 23	D. Prozessuale Hinweise 50
1. Kündigungserklärung 23	E. Anwendungsfelder 52
2. Sonstiges 25	

A. Grundlagen

I. Gesetzgebungsmaterialien

Die Vorschrift wurde durch das Schuldrechtsmodernisierungsgesetz (Gesetz zur Modernisierung des Schuldrechts vom 26.11.2001) mit Wirkung ab 01.01.2002 eingefügt und gilt für alle ab dem 01.01.2002 geschlossenen Dauerschuldverhältnisse. Darüber hinaus gilt sie für vor dem 01.01.2002 abgeschlossene Dauerschuldverhältnisse gemäß Art. 229 § 5 Satz 2 EGBGB ab dem 01.01.2003.[1]

1

II. Bedeutung

Die Vorschrift übernimmt den bereits bisher von Rechtsprechung[2] und Schrifttum anerkannten Rechtsgrundsatz der außerordentlichen Kündigung aus wichtigem Grund bei Dauerschuldverhältnissen.[3] Danach muss es einer Partei eines Dauerschuldverhältnisses stets möglich sein, den Vertrag bei Eintritt

2

---

[1] Vgl. hierzu *Armbrüster/Wiese*, DStR 2003, 334-342, 336-341.
[2] BGH v. 27.03.1991 - IV ZR 130/90 - juris Rn. 14 - LM AGBG § 13 Nr. 27 (2/1992).
[3] *Grüneberg* in: Palandt, § 314 Rn. 1; *Gaier* in: MünchKomm-BGB, § 314 Rn. 1; *Medicus* in: Prütting/Wegen/Weinreich, § 314 Rn. 2.

gravierender Störungen zu kündigen, falls ihr ein Festhalten am Vertrag schlechthin unzumutbar ist.[4] Eine **Änderung der früheren Rechtsprechung** war vom Gesetzgeber durch diese Vorschrift nicht bezweckt.[5]

III. Sonstiges

3 Der frühere § 314 BGB a.F. ist § 311c BGB n.F. geworden.

B. Anwendungsvoraussetzungen

I. Dauerschuldverhältnis

1. Definition

4 Ein **Dauerschuldverhältnis** ist ein Schuldverhältnis, das sich nicht in einmaligen Erfüllungshandlungen erschöpft, sondern eine Verpflichtung zu einem fortlaufenden Tun, Unterlassen, Verhalten oder wiederkehrenden Leistungen begründet, wodurch während der Laufzeit des Dauerschuldverhältnisses ständig neue Erfüllungs-, Neben- und Schutzpflichten entstehen.[6] Der Gesamtumfang der zu erbringenden Leistung ist somit abhängig von der Zeitdauer des Schuldverhältnisses[7]; der Umfang der vertragstypischen Pflichten ist erst mit Hilfe der Zeit quantifizierbar[8]. Aufgrund dieser ständigen Pflichtenaktualisierung („ständige Pflichtanspannung"[9]) ist oft ein persönliches Vertrauensverhältnis für die Vertragserfüllung von besonderer Bedeutung, auch wenn dies kein konstitutives Begriffsmerkmal eines Dauerschuldverhältnisses ist.[10]

2. Anerkannte Dauerschuldverhältnisse

5 **Gesetzlich normierte Dauerschuldverhältnisse** sind unter anderem Miete[11], Pacht, Leihe, Dienstvertrag[12], Bürgschaften auf unbestimmte Zeit[13], Darlehen[14] (einschließlich des Sachdarlehens[15]), Verwahrung[16], Schiedsvertrag[17], Gesellschaftsvertrag[18], Versicherungsvertrag[19], Girovertrag[20] und Tarifverträge[21]. Zum Teil wird auch einem Pauschalreisevertrag der Dauerschuldcharakter zugesprochen.[22] Allerdings haben hinsichtlich einzelner Dauerschuldverhältnisse **Sondervorschriften** als leges speciales Vorrang vor § 314 BGB, wie zum Beispiel bei der Miete § 543 BGB i.V.m. § 569 BGB[23], bei der Pacht

---

[4] *Freitag*, WM 2001, 2370-2377, 2377.
[5] Vgl. BT-Drs. 14/6040, S. 177.
[6] *Hirse* in: Kohte/Micklitz/Rott/Tonner/Willingmann, Das neue Schuldrecht, 2003, § 314 Rn. 3; *Grüneberg* in: Palandt, § 314 Rn. 2; *Gaier* in: MünchKomm-BGB, § 314 Rn. 5.
[7] *Flohr*, ZAP Fach 2, 375-382, 1410; *Bauer/Diller*, NJW 2002, 1609-1615, 1609.
[8] *Gaier* in: MünchKomm-BGB, § 314 Rn. 5.
[9] *Bauer/Diller*, NJW 2002, 1609-1615, 1609.
[10] *Krebs* in: AnwK-BGB, Bd. 2/1, § 314 Rn. 5, 28.
[11] Hanseatisches OLG v. 05.04.2007 - 2 U 7/07 - ZMR 2007, 688-689.
[12] *Grüneberg* in: Palandt, § 314 Rn. 2; *Gaier* in: MünchKomm-BGB, § 314 Rn. 6.
[13] *Gaier* in: MünchKomm-BGB, § 314 Rn. 6; vgl. auch *Eusani*, WM 2004, 866-873, 868, der jedoch offenbar davon ausgeht, dass es sich bei der Bürgschaft schlechthin um ein Dauerschuldverhältnis handelt.
[14] BGH v. 01.10.1987 - III ZR 175/86 - juris Rn. 25 - NJW-RR 1988, 763-765; vgl. auch OLG Karlsruhe v. 25.06.2001 - 9 U 143/00 - NJW-RR 2001, 1492-1493.
[15] *Gaier* in: MünchKomm-BGB, § 314 Rn. 6.
[16] *Gaier* in: MünchKomm-BGB, § 314 Rn. 6.
[17] *Armbrüster/Wiese*, DStR 2003, 334-342, 334.
[18] *Armbrüster/Wiese*, DStR 2003, 334-342, 335; *Gaier* in: MünchKomm-BGB, § 314 Rn. 6.
[19] *Gaier* in: MünchKomm-BGB, § 314 Rn. 6; fristlose Kündigung einer Krankentagegeldversicherung wegen Leistungserschleichung: OLG Hamm v. 24.02.2006 - 20 U 179/05 - NJW-RR 2006, 1035-1036; OLG Stuttgart v. 25.04.2006 - 10 U 238/05 - VersR 2006, 1485-1487.
[20] OLG Köln v. 22.07.1992 - 16 U 31/92 - juris Rn. 46 - NJW-RR 1992, 1522-1523.
[21] BAG v. 18.12.1996 - 4 AZR 129/96 - juris Rn. 58 - JZ 1998, 203-205; LArbG Schleswig-Holstein v. 14.11.2007 - 6 Sa 117/07; zur Frage, wann die außerordentliche Kündigung eines Tarifvertrages zulässig ist. Zur Möglichkeit des Tarifwechsels durch Firmentarifvertrag: *Gaul/Naumann*, DB 2006, 1054-1059.
[22] So wohl *Klein*, RRa 2004, 50-59, 53; *Pohar/Sendmeyer*, RRa 2004, 247-252, 250.
[23] Zur Kündigung eines Gewerberaummietverhältnisses wegen Nichtleistung der Kaution: BGH v. 21.03.2007 - XII ZR 36/05 - ZfIR 2007, 545-547 m. Anm. v. *Schmid*, ZfIR 2007, 547-548.

§ 581 BGB i.V.m. § 543 BGB i.V.m. § 569 BGB, sowie § 490 BGB beim Darlehensvertrag, § 626 BGB beim Dienstvertrag, § 723 BGB bei der Gesellschaft[24] und § 89a HGB beim Handelsvertreter, sowie § 133 HGB, der die Auflösung einer Gesellschaft durch gerichtliche Entscheidung regelt.[25]

Darüber hinaus gibt es weitere **nicht gesetzlich normierte Dauerschuldverhältnisse** wie Factoring[26], den Projektsteuerungsvertrag[27], den Belegarztvertrag[28], wettbewerbsrechtliche Unterlassungs- bzw. Unterwerfungsverträge[29], nachvertragliche Wettbewerbsverbote[30], bei denen zwischen zuvor durch Arbeitsvertrag verbundenen Parteien die Sonderregelungen der §§ 74-83 HGB gelten[31], sowie Telekommunikations-[32] und Access-Provider- bzw. Internet-Access-Verträge[33].

Weiterhin gilt § 314 BGB für Automatenaufstellungsverträge[34], Bierbezugsverträge[35], Wärmelieferungsverträge[36], den VOB-Vertrag[37], den Pflegevertrag[38], den Softwarepflegevertrag[39], den IT-Outsourcing-Vertrag[40], den IT-Beratervertrag[41], den Sportsponsoringvertrag[42], den Unterrichtsvertrag, den Fitnessclubvertrag[43], den Vertragshändler-[44] und Eigenhändlervertrag[45], den Schieds-, Lizenz- und Verlagsvertrag[46], Verwalterverträge über Wohnungseigentum[47], Facility-Management-Vertrag[48], Abfallablagerungsverträge[49] sowie „Just-in-time-Vereinbarungen"[50] und Wartungsverträge[51]. Ein in neuerer Zeit im Rahmen des § 314 BGB immer wieder auftauchender Vertrag ist der Abonnementvertrag bei Handy-Klingeltönen als Dauerschuldverhältnis.[52] Zunehmend greifen Unternehmen auch auf besondere Finanzierungsinstrumente zurück wie etwa die Emission sog. ewiger Anleihen, die

---

[24] BGH v. 23.10.2006 - II ZR 162/05 - JR 2007, 509-512 mit Anm. v. *Beurskens*, JR 2007, 512-514 ; hierzu auch *v. Drygala*, JZ 2007, 997-1000.
[25] *Grüneberg* in: Palandt, § 314 Rn. 4.
[26] BGH v. 30.11.1978 - II ZR 66/78 - juris Rn. 10 - NJW 1980, 44-45.
[27] BGH v. 02.09.1999 - VII ZR 225/98 - LM BGB § 242 (Bc) Nr. 46 (4/2000); vgl. zur Projektsteuerung auch OLG Düsseldorf v. 23.06.2009 - 23 U 140/08 - juris Rn. 31 - IBR 2009, 530; *Schill*, NZBau 2005, 489-493.
[28] BGH v. 28.02.1972 - III ZR 212/70 - LM Nr. 11 zu § 305 BGB.
[29] BGH v. 09.03.2010 - VI ZR 52/09 - juris Rn. 15 - NJW 2010, 1874-1877; BGH v. 26.09.1996 - I ZR 265/95 - juris Rn. 26 - BGHZ 133, 316-330; *Höppner*, jurisPR-ITR 12/2010, Anm. 4; *Gottschalk*, WRP 2004, 1321-1324, 1322.
[30] *Gaier* in: MünchKomm-BGB, § 314 Rn. 6; *Bauer/Diller*, NJW 2002, 1609-1615, 1609; zur Befreiung der GmbH von der Karenzentschädigung beim nachvertraglichen Wettbewerbsverbot: *Bergwitz*, GmbHR 2007, 523-529.
[31] *Bauer/Diller*, NJW 2002, 1609-1615, 1609.
[32] *Fischer/Galster*, MMR 2002, 71-75, 71.
[33] *Gey*, K&R 2005, 120-126, 122, 124, der jedoch von einem Kündigungsrecht nach § 626 BGB ausgeht.
[34] *Grüneberg* in: Palandt, § 314 Rn. 5.
[35] BGH v. 07.05.1975 - VIII ZR 210/73 - juris Rn. 32 - BGHZ 64, 288-293; *Grüneberg* in: Palandt, § 314 Rn. 5.
[36] BGH v. 07.05.1975 - VIII ZR 210/73 - juris Rn. 30 - BGHZ 64, 288-293; OLG Brandenburg v. 10.10.2007 - 3 U 50/07 - CUR 2007, 151-153.
[37] BGH v. 23.05.1996 - VII ZR 140/95 - juris Rn. 23 - LM VOB/B 1973 § 8 Nr. 20 (11/1996); BGH v. 05.04.1962 - VII ZR 56/61 - BB 1962, 497; BGH v. 10.05.1984 - I ZR 94/82 - LM Nr. 29 zu § 242 (Bc) BGB.
[38] OLG Karlsruhe v. 22.01.1997 - 13 U 9/95 - juris Rn. 66 - NJW-RR 1997, 708-710.
[39] *Bartsch*, NJW 2002, 1526-1530, 1526; vgl. auch *Rössel*, ITRB 2004, 189-191, der eine außerordentliche Kündigung bei einer nicht kostendeckenden Leistungspflicht ablehnt (190); zum Softwarepflegevertrag allgemein vgl. auch *Schneider*, CR 2004, 241-247.
[40] Sofern dieser für einen längeren Zeitraum abgeschlossen wird: *Bräutigam*, CR 2004, 248-254, 249; hierzu auch *Rath*, K&R 2007, 362-366.
[41] *Söbbing*, ITRB 2007, 217-219.
[42] *Humberg*, JR 2005, 271-274, 272.
[43] Vgl. BVerfG v. 24.05.2005 - 1 BvR 906/04 - NJW 2005, 2383.
[44] Vgl. etwa im Zusammenhang mit dem Vertrieb von Software *Witzel*, ITRB 2004, 180-185, 181.
[45] *Armbrüster/Wiese*, DStR 2003, 334-342, 335; BGH v. 27.01.1982 - VIII ZR 295/80 - juris Rn. 10 - LM Nr. 58 zu § 433 BGB.
[46] *Grüneberg* in: Palandt, § 314 Rn. 5.
[47] *Armbrüster/Wiese*, DStR 2003, 334-342, 335.
[48] *Najork*, NJW 2006, 2881-2884.
[49] BGH v. 17.05.2002 - V ZR 123/01 - juris Rn. 11 - NJW 2002, 1112; vgl. hierzu auch *Vierhuß*, NJ 2003, 33-34.
[50] *Gaier* in: MünchKomm-BGB, § 314 Rn. 8.
[51] *von Hase*, NJW 2002, 2278-2283, 2278.
[52] *Mankowski/Schreier*, VUR 2006, 209-218; *Zagonas*, MMR 2006, 511-514.

auch „perpetual bonds" oder Hybridanleihen genannt werden und ebenfalls ein Dauerschuldverhältnis darstellen.[53] Auch der Franchisevertrag[54], dessen Rechtsnatur nach wie vor umstritten ist[55], ist ein Dauerschuldverhältnis[56]. Auch können Vertragstypen wie Kauf, Werkvertrag, Bürgschaft und Maklervertrag, welche an sich keine Dauerschuldverhältnisse darstellen, im Einzelfall aufgrund vertraglicher Vereinbarung als ein solches ausgestaltet werden.[57] In der Registrierung eines Internetnutzers unter Angabe seines Namens und einer ihm gehörenden E-Mail-Adresse und Bestätigung der Anmeldung durch den Forumbetreiber liegt der Abschluss eines Vertrages über das Recht, in dem Forum Beiträge zu veröffentlichen.[58] Auch der Architektenvertrag kann gem. § 314 BGB gekündigt werden.[59] Bei einem Werkvertrag kommt bei schwerwiegenden Pflichtverletzungen ein Widerrufsrecht entsprechend den Grundsätzen der Kündigung aus wichtigem Grund nach § 314 BGB jedenfalls dann in Betracht, wenn es sich um ein längerfristiges Vertragsverhältnis handelt und das gegenseitige Vertrauen der Parteien Voraussetzung einer erfolgreichen Zusammenarbeit ist.[60] Bei einem Bauvertrag handelt es sich nicht um ein eigentliches Dauerschuldverhältnis i.S.d. § 314 BGB. Allerdings ist nach Auffassung des OLG Düsseldorf die gewohnheitsrechtlich für den Bauvertrag als Langzeitvertrag anerkannte Kündigung aus wichtigem Grund unter Anwendung der Grundsätze des § 314 BGB weiterhin anzuerkennen.[61] Bei der Frage nach den Rechtsfolgen für abgeschlossene Verträge, die durch einen Verstoß gegen Ausschreibungspflichten durch öffentliche Auftraggeber zustande gekommen sind, wird die Ansicht vertreten, dass eine erweiternde Auslegung des § 314 BGB unter besonderer Berücksichtigung des Rechtsgedankens des § 60 Abs. 1 Satz 2 VwVfG ein Recht der Kommune zur Kündigung aus wichtigem Grund begründet.[62]

3. Sukzessivlieferungsvertrag

8   Über die Bedeutung des Begriffes, sowie darüber, welche Art von Verträgen unter diesen zu subsumieren sind, besteht Streit.[63] Nach einer Ansicht sollen unter den „Sukzessivlieferungsvertrag im weiten Sinn" die Unterformen des Ratenlieferungsvertrages[64] als sog. „echter Sukzessivlieferungsvertrag" und der Dauerlieferungsvertrag[65] zu zählen sein, nach engerer Ansicht seien Sukzessivlieferungsverträge nur die Ratenlieferungsverträge[66]. Da in der Praxis Einigkeit hinsichtlich der materiell-rechtlichen Frage besteht, ob die jeweiligen Vertragstypen ein Dauerschuldverhältnis darstellen[67], hat dieser Streit keine größere Bedeutung.

---

[53] *Müller-Eising/Bode*, BKR 2006, 480-484; *Sester*, ZBB 2006, 443-463; *Thomas*, ZHR 171, 684-712.

[54] Zu aktuellen Tendenzen vgl. etwa *Flohr*, BB 2006, 389-400; *Hansen*, ZGS 2006, 376-384.

[55] *Giesler*, ZIP 2002, 420-427, 424.

[56] BGH v. 17.12.1998 - I ZR 106/96 - juris Rn. 39 - LM BGB § 242 (Bc) Nr. 45 (7/1999); vgl. auch *Böhner*, BB 2004, 119-124, 124; *Flohr*, DStR 2004, 93-97, 96; *Stoffels*, DB 2004, 1871-1875, 1871; OLG München v. 25.08.2005 - 6 U 4084/04 - DB 2006, 554.

[57] *Hirse* in: Kohte/Micklitz/Rott/Tonner/Willingmann, Das neue Schuldrecht, 2003, § 314 Rn. 4; vgl. auch *Eusani*, WM 2004, 866-873, 868, der jedoch offenbar davon ausgeht, dass es sich bei der Bürgschaft schlechthin um ein Dauerschuldverhältnis handelt.

[58] LG München v. 25.10.2006 - 30 O 11973/05 - CR 2007, 264-267; zum Bestehen eines virtuellen Hausrechts in diesem Zusammenhang: *Maume*, MMR 2007, 620-625.

[59] OLG Nürnberg v. 27.07.2005 - 6 U 117/05 - BauR 2006, 2083.2085; OLG Sachsen-Anhalt v. 30.06.2006 - 3 U 4/05 - BauR 2008, 142-143.

[60] OLG Stuttgart v. 25.07.2006 - 1 U 89/05 - juris Rn. 38, 39 - OLGR Stuttgart 2007, 691-694.

[61] OLG Düsseldorf v. 23.06.2009 - 23 U 140/08 - juris Rn. 31 - IBR 2009, 530; vgl. auch *Valerius/Gstöttner*, NZBau 2008, 486-489, 487.

[62] EUGH v. 18.07.2007 - C-503/04 - NZBau 2007, 594-597; Anm. v. *Jaeger*, EWiR 2008, 107-108; *Jennert/Räuchle*, NZBau 2007, 555-558; Anm. v. *Pache/Streit*, Verwaltungsrundschau 2007, 319-322; *Horn*, VergabeR 2006, 667-679, 677.

[63] Vgl. *Armbrüster/Wiese*, DStR 2003, 334-342, 335.

[64] Vgl. *Vierhuß*, NJ 2003, 33-34, 33.

[65] Vgl. *Armbrüster/Wiese*, DStR 2003, 334-342, 335.

[66] Vgl. *Armbrüster/Wiese*, DStR 2003, 334-342, 335.

[67] Vgl. *Krebs* in: AnwK-BGB, Bd. 2/1, § 314 Rn. 13.

Bei einem **Ratenlieferungsvertrag** ist die Gesamtmenge der Leistung von Anfang an bestimmt, wird aber in mehreren Teilen (Raten) geleistet, was bedeutet, dass der Leistungsumfang von der Dauer des Schuldverhältnisses unabhängig ist[68], weswegen das Zeitmoment für den Umfang der Leistungspflicht keine Bedeutung erlangt[69]. Der Ratenlieferungsvertrag ist daher **kein** Dauerschuldverhältnis im Sinne dieser Vorschrift.[70]

Das wichtigste Kriterium eines **Dauerlieferungsvertrages** (Bezugsvertrag) ist der Umstand, dass die zu liefernde (Gesamt-)Menge nicht schon bei Vertragsschluss vereinbart wurde[71], sondern sich erst im Laufe der Vertragsabwicklung bzw. -beziehung entwickelt. Daher richtet sich der Umfang der zu erbringenden Leistung nach dem Bedarf des Vertragspartners (z.B. Bierlieferungsvertrag im Gaststättengewerbe; Strom, Gas, Wasser; „Just-in-time"), so dass der andere Vertragspartner auf Anforderung ständig liefern können muss.[72] Weitere Folge ist somit, dass sich die letztendlich zu liefernde Menge im Laufe der Zeit erhöht, wobei selbst dann ein Dauerschuldverhältnis vorliegt, wenn die Menge für einen bestimmten Zeitraum festgelegt wurde, weil dann immer noch keine Gesamtmenge von vornherein feststeht. Der Bezugsvertrag wird teils als Unterfall des Sukzessivlieferungsvertrages gesehen, teilweise wird er direkt den Dauerschuldverhältnissen untergeordnet[73], letzten Endes jedoch wie ein Dauerschuldverhältnis behandelt.[74]

Bei den sog. **Langzeitverträgen** handelt es sich um eine auf lange Sicht angelegte Kooperation zwischen den Vertragspartnern, die in der Regel eine sehr komplexe Vertragsbeziehung darstellt, wie zum Beispiel bei Franchiseverträgen.[75] In Anbetracht der langen Zeitdauer[76] und dem Umstand, dass hier zu Vertragsbeginn in der Regel noch nicht feststehen wird, welche Leistungen während der Vertragsdauer letztendlich zu erbringen sein werden, wird man auch hier – unter Beachtung des Einzelfalles – von Dauerschuldverhältnissen bzw. ggf. einer analogen Anwendung[77] von § 314 BGB ausgehen können. Dies vor allem dann, wenn sich die Maßgeblichkeit des Zeitfaktors für den Leistungsumfang aus der konkreten Vertragsgestaltung ergibt.[78]

II. Wichtiger Grund

1. Allgemein

Ein **wichtiger Grund** liegt vor, wenn Tatsachen vorliegen, die unter Berücksichtigung aller Umstände und unter Abwägung der beiderseitigen Interessen die Fortsetzung des Vertrages – bis zum vereinbarten Beendigungszeitpunkt oder zum Ablauf einer Kündigungsfrist – für den Kündigenden unzumutbar machen, wobei ein Verschulden des anderen Teils weder erforderlich[79] noch ausreichend ist[80]. Die Gründe, die die Auflösung des Dauerschuldverhältnisses rechtfertigen sollen, müssen im Rahmen einer Prognoseentscheidung für die Zukunft Gewicht haben.[81] Ein eigenes Verschulden des Kündigenden schließt eine Kündigung nicht grundsätzlich aus, ein Ausschluss kommt aber dann in Betracht, wenn der Kündigende die Störung des Vertrauensverhältnisses überwiegend verursacht hat.[82] Auch vor dem Beginn des Dauerschuldverhältnisses entstandene Umstände können zur Kündigung berechtigen, selbst wenn sie dem Kündigenden unbekannt sind.[83] In jedem Fall sind jedoch notwendigerweise die Besonderheiten des jeweiligen Vertragstyps im Rahmen einer umfassenden Würdigung zu berücksich-

---

[68] *Unberath* in: Bamberger/Roth, § 314 Rn. 6.
[69] *Gaier* in: MünchKomm-BGB, § 314 Rn. 8.
[70] *Hirse* in: Kohte/Micklitz/Rott/Tonner/Willingmann, Das neue Schuldrecht, 2003, § 314 Rn. 5; *Grüneberg* in: Palandt, § 314 Rn. 2.
[71] *Grüneberg* in: Palandt, § 314 Rn. 2.
[72] *Krebs* in: AnwK-BGB, Bd. 2/1, § 314 Rn. 15.
[73] LG Wiesbaden v. 29.07.2008 - 1 O 306/07 - juris Rn. 31 - CuR 2008, 97-100.
[74] *Vierhuß*, NJ 2003, 33-34, 33.
[75] BGH v. 17.12.1998 - I ZR 106/96 - juris Rn. 40 - LM BGB § 242 (Bc) Nr. 45 (7/1999).
[76] *Krebs* in: AnwK-BGB, Bd. 2/1, § 314 Rn. 16.
[77] *Krebs* in: AnwK-BGB, Bd. 2/1, § 314 Rn. 16.
[78] *Gaier* in: MünchKomm-BGB, § 314 Rn. 6.
[79] BT-Drs. 14/6040, S. 178; *Fischer/Galster*, MMR 2002, 71-75, 72; *Gaier* in: MünchKomm-BGB, § 314 Rn. 10; *Humberg*, JR 2005, 271-274, 273.
[80] BT-Drs. 14/6040, S. 178; *Grüneberg* in: Palandt, § 314 Rn. 7; *Gaier* in: MünchKomm-BGB, § 314 Rn. 10.
[81] *Krebs* in: AnwK-BGB, Bd. 2/1, § 314 Rn. 26.
[82] BGH v. 29.11.1965 - VII ZR 202/63 - juris Rn. 22 - BGHZ 44, 271-279; *Grüneberg* in: Palandt, § 314 Rn. 7.
[83] Vgl. für das Arbeitsverhältnis: BAG v. 05.04.2001 - 2 AZR 159/00 - juris Rn. 57 - NJW 2002, 162-166.

§ 314

tigen.[84] Auch wenn mehrere Sachverhalte vorliegen, die jeweils für sich allein betrachtet keinen wichtigen Grund darstellen, können sie aber in der Zusammenschau einen solchen begründen.[85] Damit diese Besonderheiten des jeweiligen Einzelfalles berücksichtigt werden können, hat der Gesetzgeber auf eine Normierung absoluter Kündigungsgründe verzichtet.[86] Es ist zu beachten, dass die fristlose Kündigung nur als **ultima-ratio** in Betracht kommt.[87]

2. Typische wichtige Gründe

13 Trotz des Umstandes, dass die Abwägung der Zumutbarkeit der Fortsetzung des Dauerschuldverhältnisses immer einzelfallabhängig vorzunehmen ist, lassen sich einige typische wichtige Gründe nennen, die in der Regel eine Kündigung rechtfertigen.[88]

14 Wenn der **Vertragszweck nicht mehr zu erreichen** ist oder nur mit einem unverhältnismäßigen wirtschaftlichen Aufwand erzielt werden kann, muss für die Parteien die Möglichkeit bestehen, sich zu trennen[89], was auch dann der Fall sein kann, wenn eine wesentliche Änderung des Vertragsverhältnisses eintritt[90], wobei insoweit noch eine Abgrenzung zum Wegfall der Geschäftsgrundlage vorzunehmen ist. Allerdings liegt kein wichtiger Grund vor bei Unmöglichkeit der Ausführung des Vertrages[91], insoweit gelten die §§ 275 ff. BGB. Weiterhin kann ein wichtiger Grund dann vorliegen, wenn das **Erreichen des Vertragszwecks gefährdet** ist[92], wovon unter anderem dann auszugehen ist, wenn gegen vertragliche Verhaltenspflichten verstoßen wurde und auch eine – in der Regel erforderliche – Abmahnung erfolglos geblieben ist[93] und hierbei die Vertrauensgrundlage zerstört worden ist. Ein **Verstoß gegen Verhaltenspflichten** liegt etwa vor, wenn eine vorsätzliche Straftat gegen den Vertragspartner, ihm nahe stehende Personen oder Mitarbeiter begangen wird. Bei Straftaten, die sich nicht direkt gegen den Vertragspartner richten, muss beachtet werden, wie sie sich auf den Vertragszweck auswirken.[94] Zu den an sich eine fristlose Kündigung rechtfertigenden Umständen zählt grds. auch die Beleidigung des Arbeitgebers, eines Vorgesetzten oder eines Arbeitskollegen durch den gekündigten Arbeitnehmer, wobei es auch nicht auf die strafrechtliche Wertung ankommt.[95] Ein wichtiger Grund kann aber auch dann vorliegen, wenn ein Arbeitnehmer bei Ausübung seiner vertraglich geschuldeten Tätigkeit einen Kunden grob beleidigt. Zwar steht in einem solchen Fall nicht die Störung des Betriebsfriedens im Vordergrund. Aber die grobe Beleidigung eines Kunden gefährdet regelmäßig die Kundenbeziehung und ist geeignet, das Ansehen des Arbeitgebers herabzusetzen, da das Verhalten eines Mitarbeiters aus Sicht des Kunden regelmäßig diesem zugerechnet wird. Damit verletzt ein solches Gebaren eines Arbeitnehmers die ureigensten wirtschaftlichen Interessen seines Arbeitgebers.[96] Auch Doping oder Dopingverdacht können einen wichtigen Grund i.d.S. darstellen.[97] Auch eine Nicht- oder Schlechterfüllung einer Pflicht aus dem Vertrag kann einer wichtigen Grund i.d.S. darstellen.[98] Ein wichtiger Grund für die Kündigung eines Landpachtvertrages liegt jedenfalls nicht darin, dass sich der Pächter weigert, eine Änderungsklausel in den Landpachtvertrag aufzunehmen mit dem Inhalt, dass der Pächter verpflichtet sein soll, flächenbezogene Zahlungsansprüche nach dem Gesetz zur Umsetzung der Reform

---

[84] *Grüneberg* in: Palandt, § 314 Rn. 7.
[85] *Krebs* in: AnwK-BGB, Bd. 2/1, § 314 Rn. 27.
[86] *Gaier* in: MünchKomm-BGB, § 314 Rn. 10.
[87] *Flohr*, ZAP Fach 2, 375-382, 1416.
[88] *Unberath* in: Bamberger/Roth, § 314 Rn. 10.
[89] *Unberath* in: Bamberger/Roth, § 314 Rn. 11.
[90] *Grüneberg* in: Palandt, § 314 Rn. 9.
[91] *Unberath* in: Bamberger/Roth, § 314 Rn.11.
[92] *Hirse* in: Kohte/Micklitz/Rott/Tonner/Willingmann, Das neue Schuldrecht, 2003, § 314 Rn. 7.
[93] *Krebs* in: AnwK-BGB, Bd. 2/1, § 314 Rn. 31.
[94] *Gaier* in: MünchKomm-BGB, § 314 Rn. 12; vgl hierzu auch die Kündigung eines Universitätsprofessors, der in Ausübung seines Dienstes als Leiter der Abteilung Unfallchirurgie eine vorsätzliche Körperverletzung begangen hat, da er ohne rechtfertigende Einwilligung operierte, VG Freiburg v. 06.07.2006 - 3 K 1362/04.
[95] BAG v. 10.10.2002 - 2 AZR 418/01 - juris Rn. 23 - DB 2003, 1797-1798; LArbG Hamm v. 24.06.2009 - 3 Sa 1908/08 - juris Rn. 115.
[96] LArbG Schleswig-Holstein v. 08.04.2010 - 4 Sa 474/09 - juris Rn. 35, 38; LArbG Mainz v. 10.11.2005 - 11 Sa 652/05 - AE 2006, 272.
[97] *Humberg*, JR 2005, 271-274, 272.
[98] Vgl. *Bräutigam*, CR 2004, 248-254, 251 für den IT-Outsourcing-Vertrag, der davon ausgeht, dass davon nur dann ausgegangen werden kann, wenn die Pflichtverletzung einen gewissen Schweregrad überschreitet, wie etwa bei eklatanten und wiederholten Verstößen gegen vertragliche Pflichten.

der gemeinsamen Agrarpolitik mit Ende der Pacht auf den Verpächter unentgeltlich zu übertragen.[99] Für die Kündigung einer privaten Krankenversicherung ist aufgrund ihrer sozialen Funktion ein wichtiger Grund erst dann gegeben, wenn der Versicherungsnehmer in besonders schwerwiegender Weise die Belange des Versicherers seinem Eigennutz hintenanstellt. Dies ist vor allem dann der Fall, wenn er sich Versicherungsleistungen erschleicht oder zu erschleichen versucht.[100] Eine andere Beurteilung ergibt sich insoweit auch nicht aus § 206 Abs. 1 Satz 1 VVG. Diese Vorschrift schließt nicht jede außerordentliche Kündigung eines Krankenversicherungsvertrages durch den Versicherer aus; sie ist nach der Rechtsprechung des BGH vielmehr teleologisch dahin zu reduzieren, dass sie lediglich eine außerordentliche Kündigung wegen Prämienverzugs verbietet, während eine Kündigung wegen sonstiger schwerer Vertragsverletzungen unter den Voraussetzungen des § 314 BGB möglich ist.[101] Auf die Kündigung einer Berufsunfähigkeitsversicherung ist die Rechtsprechung zur privaten Krankenversicherung aufgrund der anders gelagerten Interessen des Versicherers nicht ohne weiteres übertragbar. Falsche Angaben zu dem vor dem behaupteten Versicherungsfall ausgeübten Beruf stellen in der Regel keinen wichtigen Grund zur Kündigung dar.[102] Im Bereich der Pflegepflichtversicherung ist aufgrund der Regelung des § 110 Abs. 4 SGB XI jede außerordentliche Kündigung des Versicherers ausgeschlossen.[103] Keinen wichtigen Grund zur Kündigung eines Festnetzanschlusses stellt ein beruflich oder familiär bedingter Umzug dar.[104] Ebenso verhält es sich in Bezug auf die Kündigung eines DSL-Vertrages, selbst wenn der Kunde an einen Ort umzieht, an dem keine Leitungen verlegt sind, welche die Nutzung der DSL-Technik zulassen. Der Kunde trägt nämlich das Risiko, die Leistungen des Anbieters aufgrund einer Veränderung seiner persönlichen Verhältnisse nicht mehr nutzen zu können. Die Gründe für einen Wohnsitzwechsel liegen nämlich allein in seiner Sphäre und sind vom Anbieter nicht beeinflussbar.[105] Im Allgemeinen ist aber davon auszugehen, dass die Fortsetzung des Vertragsverhältnisses dem Kündigenden nur dann nicht zuzumuten ist, wenn die Gründe, auf die Kündigung gestützt wird, im Risikobereich des Kündigungsgegners liegen. Wird der Kündigungsgrund hingegen aus Vorgängen hergeleitet, die dem Einfluss des Kündigungsgegners entzogen sind und aus der eigenen Interessensphäre des Kündigenden herrühren, rechtfertigt das nur in Ausnahmefällen die fristlose Kündigung.[106] Ein solcher Ausnahmefall ist die Erkrankung des Kunden eines Fitnessclubs, der so schwer und dauerhaft erkrankt ist, dass ihm die Ausübung von Fitness-Sport bis zum Ende der Vertragslaufzeit praktisch unmöglich wird.[107] Entgegen der Auffassung des AG München liegt ein solcher Ausnahmefall hinsichtlich der Kündigung eines Fitnessvertrages nicht vor, sofern bei einem berufsbedingten Umzug des Ehemannes des Mitglieds und der dadurch entstandenen Entfernung das Angebot des Studios praktisch nicht mehr genutzt werden kann.[108]

Der fristlosen Kündigung wegen Zerrüttung des Vertrauensverhältnisses aufgrund schwerer Verstöße der Gegenseite muss dabei nicht entgegenstehen, dass auch der Kündigende zur Zerrüttung beigetragen hat, wenn dem nach den Umständen nicht überwiegendes Gewicht zukommt.[109] 15

Prinzipiell ist auch denkbar, dass die Vertrauensgrundlage allein aufgrund eines begründeten **Verdachtes des Vorliegens eines wichtigen Grundes** gestört ist, wobei jedoch allein das Entstehen eines Verdachts noch nicht zur Bejahung eines wichtigen Grundes ausreicht.[110] Vielmehr müssen noch weitere Voraussetzungen – ähnlich wie bei der Verdachtskündigung von Arbeitsverhältnissen (vgl. die Kommentierung zu § 626 BGB Rn. 39) – vorliegen. Zunächst muss der die Kündigung in Betracht ziehende Vertragspartner den Versuch unternehmen, den Verdacht aufzuklären, wobei dies im Hinblick 16

---

[99] OLG Dresden v. 29.09.2005 - XV 27/04.
[100] BGH v. 18.07.2007 - IV ZR 129/06 - juris Rn. 15 - NJW-RR 2007, 1624-1627; BGH v. 20.05.2009 - IV ZR 274/06 - juris Rn. 17 - NJW-RR 2009, 1189-1192.
[101] BGH v. 07.12.2011 - IV ZR 105/11 - juris Rn. 13 - MDR 2012, 284-285; BGH v. 07.12.2011 - IV ZR 50/11 - juris Rn. 13 - NJW 2012, 119-123; OLG Oldenburg v. 23.11.2011 - 5 U 141/11 - juris Rn. 27.
[102] OLG Saarbrücken v. 16.07.2008 - 5 U 135/06 - juris Rn. 102 - OLGR Saarbrücken 2009, 92-95.
[103] BGH v. 07.12.2011 - IV ZR 105/11 - juris Rn. 31 - MDR 2012, 284-285.
[104] LG München v. 14.02.2008 - 12 O 19670/07 - juris Rn. 56 - ZGS 2008, 357-360; vgl. auch *Faustmann*, ZGS 2008, 334-336.
[105] BGH v. 11.11.2010 - III ZR 57/10 - juris Rn.12 ff. - NJW-RR 2011, 916-918.
[106] BGH v. 11.11.2010 - III ZR 57/10 - juris Rn. 9 - NJW-RR 2011, 916-918.
[107] AG Hamburg v. 20.07.2007 - 509 C 117/07 - juris Rn. 3.
[108] AG München v. 17.12.2008 - 212 C 15699/08 - juris Rn. 18.
[109] OLG Koblenz v. 18.01.2007 - 10 U 1781/05 - OLG Report 2007, 733-735.
[110] *Unberath* in: Bamberger/Roth, § 314 Rn. 14.

auf die einzusetzenden Mittel und die aufzuwendende Zeit zumutbar sein muss.[111] Wenn die Aufklärung nicht gelingt, kann in dem Verdacht ein wichtiger Grund zu sehen sein, wenn – wie zum Beispiel bei Straftaten – die Vertrauensgrundlage durch diesen Verdacht nachhaltig beeinträchtigt ist[112], denn einer Verdachtskündigung ist es – wie der Name schon sagt – immanent, dass der Verdacht nicht aufgeklärt werden kann. Umstritten ist, wie es sich auf die Kündigung auswirkt, wenn sich der Verdacht im Nachhinein – also nach Ausspruch der Kündigung – als unbegründet herausstellt. Ein solcher nachträglicher Wegfall eines Kündigungsgrundes hat grundsätzlich keine Auswirkung auf die Wirksamkeit der Kündigung[113], da es für diese nur auf den Zeitpunkt der Kündigungserklärung ankommt, zu dem der Verdacht aber bestand. Die Rechtsprechung zur Verdachtskündigung im Arbeitsrecht geht davon aus, dass es nach Treu und Glauben im Einzelfall geboten sein kann, das Dauerschuldverhältnis wieder aufzunehmen.[114] Da sich die Verdachtskündigung in beiden Fällen von ihren Voraussetzungen ähnelt, werden diese Grundsätze wohl auch im Fall des § 314 BGB anzuwenden sein.[115] Jedoch kann dann, wenn das notwendige Vertrauensverhältnis endgültig zerstört ist, eine Wiederaufnahme unzumutbar sein.[116]

17 **Zahlungsrückstände einer Vertragspartei** können prinzipiell auch zu einer Gefährdung des Vertragszweckes führen[117], wobei ein einmaliges Ausbleiben der Zahlung allerdings noch nicht das Vorliegen eines wichtigen Grundes wird begründen können[118]. Zwar sieht zum Beispiel § 543 Abs. 2 Nr. 3 BGB im Mietrecht eine Grenze von zwei Monaten vor, doch kann dies nicht verallgemeinert werden, da die Besonderheit des § 314 BGB unter anderem gerade darin besteht, dass dieser unterschiedliche Vertragstypen mit verschiedenen Anforderungen erfasst.[119] Allerdings wird man dann, wenn eine Zahlung wiederholt ausgeblieben ist, wie auch bei einer Existenzgefährdung der anderen Partei, zu der unterbliebene Zahlungen unter Umständen führen können, einen wichtigen Grund in diesem Sinne bejahen können.[120]

18 Bei bestimmten Dauerschuldverhältnissen, wie zum Beispiel Dienst- und Arbeitsverhältnissen, bei denen aber insofern die Spezialregelung des § 626 BGB gilt, ist eine intensive und vertrauensvolle Zusammenarbeit Grundlage für das Gelingen der Vertragsabwicklung. Wird diese **persönliche Zusammenarbeit gestört** und lassen sich die **Differenzen nicht ausräumen**, muss eine Kündigung prinzipiell möglich sein.[121] Allerdings gilt dies, wie bereits erwähnt, nicht für alle Dauerschuldverhältnisse, denn bei anderen, wie zum Beispiel Pacht-, Darlehens- oder Energielieferungsverträgen ist die persönliche Zusammenarbeit kein derart wesentlicher Bestandteil, so dass eine Störung der Vertrauensgrundlage allein in derart beschaffenen Dauerschuldverhältnissen in der Regel keinen wichtigen Grund darstellt, sofern es sich nicht um schwerste Verstöße handelt.[122]

19 Auch wenn der Gesetzgeber, wie bereits erwähnt, auf die Normierung absoluter Kündigungsgründe verzichtet hat, damit dem jeweiligen Einzelfall Rechnung getragen werden kann, ist davon auszugehen, dass zumindest die Gründe nach § 323 Abs. 2 BGB, bei deren Vorliegen ein **Rücktritt vom einfachen Schuldverhältnis ohne Fristsetzung** möglich ist, generell auch eine außerordentliche Kündigung eines Dauerschuldverhältnisses rechtfertigen.

20 Beim **Wegfall der Geschäftsgrundlage** (§ 313 BGB) besteht, sofern eine Anpassung oder Fortsetzung des Vertrages nicht möglich oder zumutbar ist, nach § 313 Abs. 3 Satz 2 BGB für Dauerschuldverhältnisse ein ausdrückliches Kündigungsrecht. Da aber auch hier grundsätzlich eine Abwägung des Beendigungsinteresses des einen Vertragspartners mit dem Fortführungsinteresse des anderen Partners zu

---

[111] *Unberath* in: Bamberger/Roth, § 314 Rn. 14.
[112] *Hirse* in: Kohte/Micklitz/Rott/Tonner/Willingmann, Das neue Schuldrecht, 2003, § 314 Rn. 8; LArbG Sachsen-Anhalt v. 13.02.2007 - 11 Sa 335/06, Anwendungsfall der st. Rspr. des BAG zur außerordentlichen Kündigung wegen Verdachts einer Straftat.
[113] *Gaier* in: MünchKomm-BGB, § 314 Rn. 13.
[114] BAG v. 20.08.1997 - 2 AZR 620/96 - juris Rn. 30 - NJW 1998, 1171-1174; *Gaier* in: MünchKomm-BGB, § 314 Rn. 13.
[115] *Hirse* in: Kohte/Micklitz/Rott/Tonner/Willingmann, Das neue Schuldrecht, 2003, § 314 Rn. 8.
[116] *Unberath* in: Bamberger/Roth, § 314 Rn. 14.
[117] Vgl. OLG Hamm v. 12.09.1990 - 31 U 102/90 - juris Rn. 4 - NJW-RR 1991, 242-243.
[118] *Krebs* in: AnwK-BGB, Bd. 2/1, § 314 Rn. 31.
[119] *Unberath* in: Bamberger/Roth, § 314 Rn. 11.
[120] *Krebs* in: AnwK-BGB, Bd. 2/1, § 314 Rn. 31.
[121] *Unberath* in: Bamberger/Roth, § 314 Rn. 12.
[122] *Unberath* in: Bamberger/Roth, § 314 Rn. 12.

berücksichtigen ist, begründen Störungen, die allein aus dem Risikobereich des Kündigenden stammen, kein Kündigungsrecht.[123] Eine Ausnahme gilt jedoch in den Fällen, in denen ein besonders enges Vertrauensverhältnis zwischen den Vertragspartnern sowie eine besonders enge Bindung einer Partei an den wirtschaftlichen Erfolg der anderen bestehen.[124] Hinsichtlich der Abgrenzung der Risikosphären gelten die im Rahmen von § 313 BGB entwickelten Grundsätze.[125] Des Weiteren vgl. Rn. 57.

Auch die **Umstrukturierung von Vertriebsnetzen** kann möglicherweise einen wichtigen Grund i.d.S. darstellen.[126]   21

3. Zeitpunkt

Der wichtige Grund muss im Zeitpunkt der **Kündigungserklärung** vorliegen, so dass umgekehrt aber ein Umstand, der erst nach Ausspruch der Kündigung entsteht, nur eine erneute Kündigung rechtfertigen kann.[127] Da alle Gründe, die bei der Kündigung vorliegen, zu beachten sind, können solche Gründe, die vor dem Ausspruch der Kündigung bereits entstanden waren, vom Kündigenden nachgeschoben werden, auch wenn sie ihm unbekannt waren.[128]   22

III. Kündigung

1. Kündigungserklärung

Die Kündigungserklärung ist eine einseitige, empfangsbedürftige Willenserklärung, die grundsätzlich auch formfrei erklärt werden kann, sofern nicht Sonderregelungen, wie etwa § 623 BGB im Arbeitsrecht, bestehen.[129] Der Vereinbarung einer Schriftform steht § 309 Nr. 13 BGB nicht entgegen.[130] Die Kündigung kann – sofern auch hier keine Sonderregelungen bestehen – sowohl ausdrücklich als auch konkludent erklärt werden, wobei aber erforderlich ist, dass der entsprechende Wille zur außerordentlichen Kündigung hinreichend klar und zweifelsfrei ausgedrückt worden ist.[131] Die Verwendung des Begriffes „Kündigung" sowie die Angabe der Kündigungsgründe sind grundsätzlich nicht erforderlich.[132] Zu beachten sind aber auch hier Sonderregelungen wie zum Beispiel § 626 Abs. 2 Satz 3 BGB im Arbeitsrecht, nach dem die Kündigungsgründe auf Verlangen mitgeteilt werden müssen, was aber keine Wirksamkeitsvoraussetzung der Kündigung ist. Als Gestaltungsrecht ist sie **grundsätzlich bedingungsfeindlich**, damit die Parteien über die Beendigung des Vertrags nicht im Ungewissen sind.[133] Sie kann allerdings dann mit einer Bedingung verbunden werden, wenn der Bedingungseintritt allein vom Willen bzw. Verhalten des Gekündigten abhängt[134] (sog. **Potestativbedingung**). Ebenso zulässig ist die unter einer **Rechtsbedingung** stehende Kündigung.[135] Die Ansicht, dass eine Bedingung auch dann zulässig ist, wenn der Kündigungsempfänger zustimmt[136], ist abzulehnen. Sofern zwingende Kündigungsschutzregelungen, die dem Schutz der Parteien dienen, existieren, bestünde bei einer solchen Vereinbarung die Gefahr einer Umgehung. Darüber hinaus wird man, wenn die andere Partei zustimmt, wohl von einem einverständlichen Auflösungsvertrag ausgehen können, wobei jedoch auch hier ggf. – wie etwa im Arbeitsrecht gemäß § 623 BGB – Sonderregeln zu beachten sind.   23

---

[123] BGH v. 09.03.2010 - VI ZR 52/09 - juris Rn. 15 - NJW 2010, 1874-1877; BGH v. 29.11.1995 - XII ZR 230/94 - juris Rn. 9 - LM BGB § 242 (Bb) Nr. 164 (4/1996); BGH v. 07.10.2004 - I ZR 18/02 - juris Rn. 30 - NJW 2005, 1360-1362; *Grüneberg* in: Palandt, § 314 Rn. 9.

[124] BGH v. 07.10.2004 - I ZR 18/02 - juris Rn. 32 - NJW 2005, 1360-1362; OVG Münster v. 18.11.2005 - 16 A 3819/99 - juris Rn. 30; *Grüneberg* in: Palandt, § 314 Rn. 9.

[125] *Grüneberg* in: Palandt, § 314 Rn. 9.

[126] Vgl. etwa *Flohr*, BB 2006, 389-400, 397.

[127] *Gaier* in: MünchKomm-BGB, § 314 Rn. 26; *Krebs* in: AnwK-BGB, Bd. 2/1, § 314 Rn. 37.

[128] *Gaier* in: MünchKomm-BGB, § 314 Rn. 26.

[129] *Krebs* in: AnwK-BGB, Bd. 2/1, § 314 Rn. 46.

[130] *Fischer/Galster*, MMR 2002, 71-75, 72.

[131] *Gaier* in: MünchKomm-BGB, § 314 Rn. 18.

[132] *Hirse* in: Kohte/Micklitz/Rott/Tonner/Willingmann, Das neue Schuldrecht, 2003, § 314 Rn. 16; *Gaier* in: MünchKomm-BGB, § 314 Rn. 18.

[133] *Krebs* in: AnwK-BGB, Bd. 2/1, § 314 Rn. 46.

[134] *Gaier* in: MünchKomm-BGB, § 314 Rn. 18.

[135] *Krebs* in: AnwK-BGB, Bd. 2/1, § 314 Rn. 46.

[136] *Krebs* in: AnwK-BGB, Bd. 2/1, § 314 Rn. 46.

§ 314

24 Zur Kündigung berechtigt ist der Vertragspartner sowie die von ihm bevollmächtigte Person, so dass die §§ 164-181 BGB Anwendung finden. Zu beachten und in der Praxis von großer Bedeutung ist auch die Möglichkeit der unverzüglichen Zurückweisung der Kündigung nach § 174 Satz 1 BGB.

2. Sonstiges

25 Die Kündigung aus wichtigem Grund tritt beim vollzogenen Dauerschuldverhältnis an die Stelle des Rücktrittsrechts.[137]

IV. Abmahnung und Fristsetzung nach Absatz 2

1. Allgemein

26 Bei einer Vertragspflichtverletzung ist die Kündigung erst nach erfolglosem Ablauf einer zur Abhilfe bestimmten Frist oder nach erfolgloser Abmahnung zulässig. Die Vorschrift enthält keine Einschränkung, weswegen sie alle vertraglichen Pflichten und somit nicht nur die Hauptpflichten, sondern auch die vertraglichen Nebenpflichten einschließlich der Rücksichtnahmepflichten des § 241 Abs. 2 BGB erfasst.[138] Eine Unterscheidung im Hinblick auf das Erfordernis einer Abmahnung als Kündigungsvoraussetzung zwischen Störungen im Leistungsbereich und Störungen im Vertrauensbereich lässt sich § 314 Abs. 2 BGB nicht entnehmen.[139] Da § 314 Abs. 2 BGB alle Pflichtverletzungen einschließt, folgt, dass diese Differenzierung keine tragfähige Grundlage für die Beurteilung des Erfordernisses einer Abmahnung ist; vielmehr ist diese bei allen Pflichtverletzungen grundsätzliche Zulässigkeitsvoraussetzung.[140]

2. Abmahnung

27 Eine Abmahnung ist eine einseitige Erklärung desjenigen, der eine Kündigung in Betracht zieht, die dem Vertragspartner die möglichen Folgen seines vertragswidrigen Verhaltens vor Augen führen soll (sog. **Warnfunktion**[141]).[142] Ziel der Abmahnung ist somit, eine Verhaltensänderung des Vertragspartners herbeizuführen, indem er die Möglichkeit bekommen soll, sich wieder vertragskonform zu verhalten.[143] Die Abmahnung ist somit immer dann vor Ausspruch der Kündigung erforderlich, wenn es um ein steuerbares Verhalten geht und eine Wiederherstellung des Vertrauens erwartet werden kann.[144] Die Abmahnung ist Ausdruck des sog. **ultima-ratio-Prinzips**. Für die Abmahnung besteht ein **inhaltliches Bestimmtheitserfordernis**. Dies bedeutet, dass der abgemahnte Vertragspartner aus dem Inhalt der Abmahnung in hinreichend deutlicher Art und Weise die Beanstandung erkennen können muss.[145] Des Weiteren muss ein klarer Hinweis gegeben werden, dass im Wiederholungsfall der Inhalt oder Bestand des Vertragsverhältnisses gefährdet ist[146] (vgl. zur Abmahnung bei der außerordentlichen Kündigung eines Arbeitsverhältnisses die Kommentierung zu § 626 BGB Rn. 33). Durch eine Abmahnung sind die abgemahnten Vorwürfe als Kündigungsgrund verbraucht. Sie können aber bei einer Gesamtwürdigung des Fehlverhaltens noch mitberücksichtigt werden. Mit dem Ausspruch der Abmahnung wegen eines nicht vertragsgerechten Verhaltens wird konkludent auf ein Kündigungsrecht wegen der Gründe, die Gegenstand der Abmahnung waren, verzichtet. Der Arbeitgeber gebe – so das BAG – mit

---

[137] BGH v. 11.02.1981 - VIII ZR 312/79 - juris Rn. 22 - LM Nr. 26 zu § 242 (Bc) BGB; *Grüneberg* in: Palandt, § 314 Rn. 12.

[138] LArbG Stuttgart v. 29.07.2004 - 21 Sa 113/03 - juris Rn. 90 - Bibliothek BAG.

[139] LArbG Frankfurt a.M. v. 09.07.2009 - 14 Sa 2130/08 - juris Rn. 19; LArbG Stuttgart v. 29.07.2004 - 21 Sa 113/03 - juris Rn. 90 - Bibliothek BAG.

[140] LArbG Stuttgart v. 29.07.2004 - 21 Sa 113/03 - juris Rn. 90 - Bibliothek BAG.

[141] *Hirse* in: Kohte/Micklitz/Rott/Tonner/Willingmann, Das neue Schuldrecht, 2003, § 314 Rn. 10; BAG v. 23.06.2009 - 2 AZR 606/08 - juris Rn. 13 - NJW 2009, 3115-3118.

[142] *Krebs* in: AnwK-BGB, Bd. 2/1, § 314 Rn. 38.

[143] *Gaier* in: MünchKomm-BGB, § 314 Rn. 15; LArbG Hamm v. 08.02.2007 - 17 Sa 1453/06 - juris Rn. 81; LArbG Hamm v. 02.11.2006 - 17 Sa 646/06 - juris Rn. 86.

[144] LArbG Hamm v. 28.02.2007 - 3 Sa 1944/06 - juris Rn. 95 - ArbuR 2007, 283; LArbG Mecklenburg-Vorpommern v. 07.09.2007 - 3 Sa 107/07 - juris Rn. 32.

[145] *Hirse* in: Kohte/Micklitz/Rott/Tonner/Willingmann, Das neue Schuldrecht, 2003, § 314 Rn. 11; LArbG Düsseldorf v. 10.09.2009 - 13 Sa 484/09 - juris Rn. 18; ArbG Hamburg v. 27.09.2006 - 8 Ca 51/06 - ArbuR 2008, 122.

[146] *Unberath* in: Bamberger/Roth, § 314 Rn. 13; BGH v. 12.10.2011 - VIII ZR 3/11 - juris Rn. 17 - NJW 2012, 53-54; LArbG Düsseldorf v. 10.09.2009 - 13 Sa 484/09 - juris Rn. 18; LArbG Hamm v. 08.02.2007 - 17 Sa 1453/06 - juris Rn. 82; LArbG Köln v. 21.07.2006 - 4 Sa 574/06 - NZA-RR 2007, 134.

einer Abmahnung zu erkennen, dass er das Arbeitsverhältnis nicht als so gestört ansieht, als dass er es nicht mehr fortsetzen könne.[147] Man spricht hier von einer Sanktionsfunktion hinsichtlich der in der Abmahnung beschriebenen Vorwürfe. Das BAG lässt einen Rückgriff auf abgemahnte Kündigungsgründe nur dann zu, wenn sich die für die Kündigung maßgebenden Umstände später noch ändern, etwa wenn weitere Gründe hinzutreten oder erst nach der Abmahnung bekannt werden. Dann kann zur Rechtfertigung einer späteren Kündigung auf die abgemahnten Gründe unterstützend zurückgegriffen werden.[148] Von einem Verzicht auf das Kündigungsrecht kann auch dann nicht ausgegangen werden, wenn gem. §§ 133, 157 BGB der Abmahnung selbst oder den Umständen zu entnehmen ist, dass der Arbeitgeber die Sache mit der Abmahnung nicht als erledigt ansieht.[149] Liegt eine ordnungsgemäße Abmahnung vor und verletzt der Arbeitnehmer erneut seine vertraglichen Pflichten, kann regelmäßig davon ausgegangen werden, es werde auch zukünftig zu weiteren Vertragsstörungen kommen. Dabei ist für eine negative Prognose bei der verhaltensbedingten Kündigung ausreichend, wenn die jeweiligen Pflichtverletzungen aus demselben Bereich stammen und somit Abmahnung und Kündigung in einem inneren Zusammenhang stehen.[150] Zwar besteht hinsichtlich des Ausspruchs der Abmahnung keine Regelausschlussfrist, innerhalb derer sie ausgesprochen werden muss, dennoch sollte sie, ebenso wie die Kündigungserklärung nach § 314 Abs. 3 BGB innerhalb einer **angemessenen Frist** ausgesprochen werden, da sonst unter anderem beim Vertragspartner der Eindruck erweckt werden könnte, dass das Fehlverhalten gebilligt werde. Hinsichtlich der „**Wirkungsdauer**" einer Abmahnung besteht keine bestimmte Frist. Zwar wird im Arbeitsrecht ein Zeitraum von zwei Jahren als genereller Anhaltspunkt angesetzt, doch ist bei § 314 BGB zu bedenken, dass hier vielfältige Vertragsgestaltungen einschlägig sein können, so dass auch hier letzten Endes wieder auf den Einzelfall abzustellen ist.[151]

Nach dem eindeutigen Wortlaut gilt das **Abmahnerfordernis** nur bei Vertragspflichtverletzungen. 28

Eine einseitige „Rücknahme" einer zugegangenen Abmahnung ist nicht möglich (§ 130 BGB analog).[152] 29

Zu **unterscheiden** ist die Abmahnung von der **Mahnung**. Bei dieser handelt es sich um eine an den Schuldner gerichtete eindeutige und bestimmte Aufforderung des Gläubigers, die geschuldete Leistung zu erbringen (Leistungserinnerung), wobei eine Fristsetzung oder die Androhung negativer Folgen für den Fall des Ausbleibens der Leistung nicht erforderlich ist.[153] 30

Bei Ausspruch einer ungerechtfertigten Abmahnung sind die **Rechtsschutzmöglichkeiten** im Unterschied zum Arbeitsrecht (vgl. die Kommentierung zu § 626 BGB Rn. 75), wo die abgemahnte Vertragspartei dann, wenn die Abmahnung einen Eingriff in das Persönlichkeitsrecht darstellt, mit einer Leistungsklage den Widerruf der Abmahnung und ggf. Entfernung aus der Personalakte verlangen kann, **beschränkt**.[154] Nach Auffassung des BGH lässt sich die arbeitsrechtliche Beurteilung zu den Folgen einer fehlerhaften Abmahnung nicht auf das Mietvertragsrecht übertragen. Grundlage der Zubilligung eines Beseitigungs- und Unterlassungsanspruchs gegen eine auf arbeitsrechtlichem Gebiet liegende Abmahnung sei die ausgeprägte Fürsorgepflicht des Arbeitgebers sowie die damit einhergehende weitgehende persönlichkeitsrechtliche Pflichtenbindung. Diese sei im Mietvertragsrecht – wenn überhaupt – jedenfalls nicht in einer auch nur annähernd vergleichbaren Form anzutreffen.[155] Wollte man eine Klage gegen eine ungerechtfertigte Abmahnung zulassen, müsste konsequenterweise auch 31

---

[147] BAG v. 26.11.2009 - 2 AZR 751/08 - juris Rn. 12 - NZA 2010, 823-824.

[148] BAG 26.11.2009 - 2 AZR 751/08 - juris Rn. 15 - NZA 2010 823-824; BAG v. 13.12.2007 - 6 AZR 145/07 - juris Rn. 24 - NZA 2008, 403-405; BAG v. 10.12.1992 - 2 ABR 32/92 - NZA 1993, 501-506; LArbG Berlin v. 16.02.2006 - 10 Sa 1618/05 - BB 2006, 1752; LArbG München v. 15.11.2005 - 6 Sa 1123/04.

[149] BAG v. 13.12.2007 - 6 AZR 145/07 - juris Rn. 24 - NZA 2008, 403-405.

[150] BAG v. 09.06.2011 - 2 AZR 323/10 - juris Rn. 31 - NZA 2011, 1342-1346; BAG v. 13.12.2007 - 2 AZR 818/06 - juris Rn. 38, 41 - NZA 2008, 589-592.

[151] Vgl. *Krebs* in: AnwK-BGB, Bd. 2/1, § 314 Rn. 43; vgl. auch *Hirse* in: Kohte/Micklitz/Rott/Tonner/Willingmann, Das neue Schuldrecht, 2003, § 314 Rn. 11, wonach ein längeres Zuwarten über die angemessene Kündigungsfrist hinaus in der Regel die Fortsetzung zumutbar erscheinen lässt.

[152] LArbG Berlin v. 16.02.2006 - 10 Sa 1618/05 - BB 2006, 1752.

[153] *von Hase*, NJW 2002, 2278-2283, 2280.

[154] *von Hase*, NJW 2002, 2278-2283, 2282.

[155] BGH v. 20.02.2008 - VIII ZR 139/07 - juris Rn. 8 - NJW 2008, 303; so auch *Kolbe*, NJW 2008, 2685-2688, 2686.

gegen eine ungerechtfertigte Fristsetzung geklagt werden können.[156] Allerdings stellt eine ungerechtfertigte Abmahnung eine Pflichtverletzung des Abmahnenden dar, die den Abgemahnten seinerseits zu einer Abmahnung berechtigt.[157]

3. Fristsetzung

32 Die Frist muss so bemessen sein, dass eine Abhilfe während ihrer Dauer möglich ist.

4. Entbehrlichkeit

33 Hinsichtlich der Entbehrlichkeit der Abmahnung und der Fristsetzung gemäß § 314 Abs. 2 Satz 2 BGB gelten die in § 323 Abs. 2 BGB aufgeführten Gründe entsprechend. Eine Abmahnung ist zudem unter Berücksichtigung des Verhältnismäßigkeitsgrundsatzes entbehrlich, wenn eine Verhaltensänderung in Zukunft – trotz Abmahnung – nicht erwartet werden kann oder es sich um eine solch schwere Pflichtverletzung handelt, deren Rechtswidrigkeit dem Vertragspartner ohne weiteres erkennbar ist und bei der eine Hinnahme des Verhaltens offensichtlich ausgeschlossen werden kann,[158] oder wenn die Vertrauensgrundlage der Rechtsbeziehung derart erschüttert ist, dass sie auch durch die Abmahnung nicht wieder hergestellt werden kann.[159] Das Abmahnerfordernis besteht also ausnahmsweise dann nicht, wenn die Abmahnung von vornherein nicht erfolgversprechend ist.[160] In solchen Fällen kommt es auf eine Wiederholungsgefahr gar nicht an, da das Vertrauensverhältnis so stark belastet ist, dass sich der Pflichtverstoß selbst als fortdauernde Störung auswirkt.[161] Nach Auffassung des OLG Brandenburg besteht kein Erfordernis für eine Abmahnung, wenn im Vertragstext, welcher dem Dauerschuldverhältnis zu Grunde liegt, die zu beanstandende Pflichtverletzung bereits als Grund für eine außerordentliche Kündigung genannt ist. Bei einer derartigen Sachlage, bei der der Vertrag selbst die Warnung vor einer außerordentlichen Beendigung des Vertragsverhältnisses enthalte, müsse nicht erneut eine Abmahnung dieselbe Funktion übernehmen.[162] Diese Auffassung scheint zu weitgehend, weil allein die Tatsache, dass einem Vertragsteil die Pflichtwidrigkeit bekannt ist, die Abmahnung und die damit verbundene Warnung nicht entbehrlich macht.

34 Vor Ausspruch der außerordentlichen Kündigung des Dienstverhältnisses mit einem organschaftlichen Vertreter einer Kapitalgesellschaft bedarf es keiner Abmahnung. Dies entspricht gefestigter BGH-Rechtsprechung, die entscheidend darauf abstellt, dass der organschaftliche Vertreter Arbeitgeberfunktion wahrnimmt. § 314 Abs. 2 BGB führt nicht dazu, hiervon abzuweichen, denn die genannte Funktionszuweisung ist ein besonderer Umstand i.S.v. § 323 Abs. 2 Nr. 3 BGB, auf den § 314 Abs. 2 Satz 2 BGB verweist.[163]

5. Sonstiges

35 Das **Verhältnis zwischen Fristsetzung und Abmahnung** ist problematisch, da nach dem Gesetzeswortlaut die Wahl zwischen beiden zur freien Disposition des Kündigenden steht.[164] Da eine Abmahnung nach dem sog. ultima-ratio-Prinzip auch die Funktion hat, den Kündigungsgegner vor der Kündigung zu schützen, ist nicht verständlich, wieso der Kündigende nunmehr diese Schutzfunktion durch einfaches Ausweichen auf die Fristsetzung umgehen kann.[165] Ob eine Kündigung ohne Abmahnung möglich ist, wird sich nach der Art des einzelnen Schuldverhältnisses richten. Von einer freien Wählbarkeit zwischen Fristsetzung und Abmahnung, die der Wortlaut nahe legt, wird man nicht ausgehen können.

---

[156] *von Hase*, NJW 2002, 2278-2283, 2282.
[157] *von Hase*, NJW 2002, 2278-2283, 2283.
[158] BAG v. 12.01.2006 - 2 AZR 21/05 - NZA 2006 917-923; BAG v. 23.06.2009 - 2 AZR 103/08 - juris Rn. 33 - NZA 2009, 1198-1202.
[159] BGH v. 02.03.2004 - XI ZR 288/02 - juris Rn. 12 - WM 2004, 828; hierzu auch BAG v. 12.01.2006 - 2 AZR 179/05 - PersV 2006, 355-360; OLG Frankfurt a.M. v. 18.12.2008 - 5 U 206/07 - juris Rn. 24 - GmbHR 2009, 993; VG Freiburg v. 06.07.2006 - 3 K 1362/04 - KHuR 2006, 125-126.
[160] Vgl. LArbG Rostock v. 18.07.2006 - 3 Sa 474/05 - juris Rn. 57; LArbG Rostock v. 18.03.2009 - 3 Sa 280/08 - juris Rn. 69.
[161] LAG Baden-Württemberg v. 25.05.2007 - 7 Sa 103/06 - juris Rn. 37.
[162] OLG Brandenburg v. 22.03.2011 - Kart 42/10 - juris Rn. 140.
[163] BGH v. 02.07.2007 - II ZR 71/06 - NJW-RR 2007, 1520-1521; hierzu *Winzer*, GmbHR 2007, 1190-1194.
[164] *Fischer/Galster*, MMR 2002, 71-75, 72.
[165] *Fischer/Galster*, MMR 2002, 71-75, 72.

V. Angemessene Frist nach Absatz 3

Die Regelung des Absatzes 3 bezweckt zum einen eine beschleunigte Herbeiführung klarer Verhältnisse und zum anderen liegt ihr die Erwägung zugrunde, dass nach längerem Zuwarten auch die Fortsetzung des Vertragsverhältnisses nicht unzumutbar ist.[166] Wegen der Vielgestaltigkeit der Dauerschuldverhältnisse kann die „angemessene Frist" – bei der es sich um eine **Kündigungserklärungsfrist** handelt – nicht für alle Vertragstypen einheitlich bemessen werden, weswegen der Gesetzgeber auch auf sie verzichtet hat.[167] Insbesondere ist die Regelung des § 626 Abs. 2 Satz 1 BGB nicht entsprechend anwendbar.[168] Teile der Literatur gehen jedoch zu Recht davon aus, dass eine Zwei-Wochen-Frist dem Kündigungsberechtigten als Mindestfrist zuzugestehen ist[169]. Für die angemessene Frist sind die Interessen des Kündigenden wie zum Beispiel Bedeutung der Entscheidung, organisatorischer Aufwand, gegen das Interesse des zu Kündigenden an alsbaldiger Klärung abzuwägen, wobei ein Anhaltspunkt die übliche ordentliche Kündigungsfrist sein kann; je länger diese ist, desto länger darf die „angemessene Frist" bis zur Kündigung aus wichtigem Grund sein.[170] Die Uneinheitlichkeit zeigt sich auch in der Praxis, denn so wurde von der Rechtsprechung zum Beispiel entschieden, dass bei einem Vertragshändlervertrag die Kündigung in der Regel binnen zwei Monaten erklärt werden muss[171], wohingegen beim Handelsvertretervertrag[172] ebenso wie beim Darlehensvertrag[173] zwei Monate in der Regel schon zu lang bemessen sind. Bei einem wettbewerbsrechtlichen Unterlassungsvertrag hat der BGH lediglich ausgeführt, dass die Frist, innerhalb derer die Kündigung erfolgen muss, unter Berücksichtigung der jeweiligen „Besonderheiten grundsätzlich großzügig, d.h. in Monaten zu bemessen" ist.[174] In der Literatur wird vertreten, dass eine außerordentliche bzw. sogar fristlose Kündigung zeitnah ab Kenntnis vom Kündigungsgrund erklärt werden müsse[175], wobei offen bleibt, was unter „zeitnah" zu verstehen sein soll.

Die Frist beginnt[176] mit der **positiven Kenntnis** des Kündigungsberechtigten von dem wichtigen Grund[177] bzw. der für die Kündigung maßgeblichen Tatsachen[178], grob fahrlässige Unkenntnis genügt nicht[179]. Nicht ausreichend ist die Kenntnis eines nicht zur Kündigung berechtigten Organs.[180] Im Einzelfall kann die Frist auch erst nach geeigneten Nachforschungen beginnen, wie zum Beispiel im Fall der Verdachtskündigung (vgl. Rn. 16), denn die Frist soll ausreichende Überlegung und die Einholung von Rechtsrat ermöglichen.[181] Auch besteht grundsätzlich die Obliegenheit, konkreten Hinweisen auf das Vorliegen eines Kündigungsgrundes mit der gebotenen Eile nachzugehen.[182] Vgl. auch die Kommentierung zu § 626 BGB Rn. 49.

Wird durch die Verletzung eines Pachtvertrages ein pflichtwidriger Dauerzustand geschaffen, wobei es in der vorliegenden Entscheidung um bauliche Veränderungen ging, beginnt nach Ansicht des OLG Brandenburg die Frist des § 314 Abs. 3 BGB nicht vor Beendigung dieses Zustandes.[183] Dem ist nicht zuzustimmen. Auch in diesem Fall beginnt die Kündigungsfrist mit Kenntniserlangung.

---

[166] OLG Düsseldorf v. 29.11.2007 - 10 U 86/07 - juris Rn. 20 - GuT 2007, 438-443.
[167] BT-Drs. 14/6040, S. 178.
[168] BT-Drs. 14/6040, S. 178; OLG Nürnberg v. 27.04.2009 - 14 U 1037/08 - juris Rn. 26 - MDR 2009, 737-738.
[169] *von Hase*, NJW 2002, 2278-2283, 2279; vgl. auch *Hirse* in: Kohte/Micklitz/Rott/Tonner/Willingmann, Das neue Schuldrecht, 2003, § 314 Rn. 17.
[170] *Unberath* in: Bamberger/Roth, § 314 Rn. 22.
[171] BGH v. 15.12.1993 - VIII ZR 157/92 - LM HGB § 89a Nr. 33 (4/1994).
[172] BGH v. 15.12.1993 - VIII ZR 157/92 - juris Rn. 11 - LM HGB § 89a Nr. 33 (4/1994).
[173] OLG Karlsruhe v. 25.06.2001 - 9 U 143/00 - juris Rn. 23 - NJW-RR 2001, 1492-1493.
[174] BGH v. 26.09.1996 - I ZR 194/95 - juris Rn. 43 - BGHZ 133, 331-337.
[175] *Flatow*, ZAP Fach 4, 879-892, 880.
[176] BGH v. 26.09.1996 - I ZR 194/95 - juris Rn. 44 - BGHZ 133, 331-337.
[177] *Hirse* in: Kohte/Micklitz/Rott/Tonner/Willingmann, Das neue Schuldrecht, 2003, § 314 Rn. 17; *Gaier* in: MünchKomm-BGB, § 314 Rn. 21; OLG Saarbrücken v. 10.03.2010 - 9 U 93/09 - juris Rn. 36 - NJW-RR 2010, 1441-1444; OLG Brandenburg v. 05.07.2006 - 3 W 39/06 - juris Rn. 22 - OLGR Brandenburg 2006, 689-691.
[178] *von Hase*, NJW 2002, 2278-2283, 2279; *Gottschalk*, WRP 2004, 1321-1324, 1322.
[179] *Grüneberg* in: Palandt, § 314 Rn. 10.
[180] *Hirse* in: Kohte/Micklitz/Rott/Tonner/Willingmann, Das neue Schuldrecht, 2003, § 314 Rn. 17, Rn. 46.
[181] *von Hase*, NJW 2002, 2278-2283, 2279.
[182] *Gaier* in: MünchKomm-BGB, § 314 Rn. 21.
[183] OLG Brandenburg v. 16.08.2006 - 3 U 30/05 - NJW 2007, 27-28.

39 Eine **vertragliche Konkretisierung dieser Frist** ist grundsätzlich möglich, bleibt aber hinsichtlich ihrer Angemessenheit Gegenstand richterlicher Kontrolle,[184] wobei sie sich jedoch einer generalisierenden Betrachtung entzieht, sondern vielmehr von den Umständen des Einzelfalls abhängt.[185]

40 In der Literatur umstritten ist die Frage, ob diese Vorschrift auf Mietverhältnisse überhaupt anwendbar ist. Während teilweise die Ansicht vertreten wird, § 314 Abs. 3 BGB sei auch bei Mietverhältnissen heranzuziehen, wobei allerdings im Fall der Kündigung wegen Zahlungsverzugs zu einer zurückhaltenden Anwendung geraten wird[186], meinen andere Autoren, dass die §§ 543, 569 BGB hier eine abschließende Regelung enthielten.[187] Nach wohl überwiegender Auffassung soll das Erfordernis der angemessenen Frist jetzt aber auch für die Kündigung gem. § 543 BGB gelten. Der BGH hat dies für die Gewerberaummiete angenommen, allerdings ohne dies weiter zu begründen. Bei einer Kündigung wegen Nichtzahlung der Kaution soll danach eine Kündigung innerhalb von ca. 4 Monaten nach Kenntniserlangung von der Nichtzahlung aber noch angemessen sein. Die Nichtzahlung hatte vorliegend zu einer fortdauernden Vertragsstörung geführt.[188] Hinsichtlich der Wohnraummiete hat der BGH die Frage der Anwendbarkeit von § 314 Abs. 3 BGB hingegen offengelassen.[189]

VI. Abdingbarkeit

41 Zwar enthält § 314 BGB keine den §§ 569 Abs. 5, 723 Abs. 3 BGB und § 89a Abs. 1 Satz 2 HGB vergleichbare Regelung, wonach das Recht zur Kündigung aus wichtigem Grund weder ausgeschlossen noch beschränkt werden darf, doch ist die Möglichkeit der Kündigung von Dauerschuldverhältnissen in ihrem Kern zwingendes Recht, weshalb eine **Vereinbarung**, die einen **Verzicht** auf das **Recht zur Kündigung** vorsieht, **unzulässig** und damit nichtig ist.[190] Die formularvertragliche Ausgestaltung des wichtigen Grundes wird durch § 309 Nr. 8a BGB beschränkt, wonach die Ausschließung oder Einschränkung des Vertragslösungsrechts verboten wird, wobei jedoch die Fälle ausgenommen sind, in denen der Verwender die Pflichtverletzung nicht zu vertreten hat. Aufgrund dessen ist die Vereinbarung eines Verschuldens als Kündigungsvoraussetzung eine rechtmäßige Einschränkung.[191]

42 Das Interesse im kaufmännischen Geschäftsverkehr, einige wichtige Gründe in Allgemeinen Geschäftsbedingungen zu präzisieren, ist unbedenklich, sofern dadurch das Recht zur Kündigung aus wichtigem Grund nicht nennenswert eingeschränkt wird[192], wobei die Bedeutung des Begriffes „nennenswert" im jeweiligen Einzelfall durch Auslegung unter Berücksichtigung der jeweiligen Umstände zu ermitteln ist. Auch Vereinbarungen, wie zum Beispiel Vertragsstrafen oder Abfindungsregeln, die zu einer indirekten Beschränkung des Kündigungsrechtes führen, sind grundsätzlich unzulässig.[193] Grundsätzlich zulässig sind jedoch **Vereinbarungen**, wonach **bestimmte Ereignisse immer einen wichtigen Grund** bilden sollen[194], was jedoch nicht für die Fälle gilt, in denen der zu Kündigende besonders schutzbedürftig ist, so dass hier eine Ausweitung der Kündigung aus wichtigem Grund allenfalls in sehr engen Grenzen möglich ist. Durch solche Vereinbarungen/Klauseln, mit denen die Unabdingbarkeit der Kündigung aus wichtigem Grund vertraglich ausgestaltet wird und mit denen konkrete Beispielsfälle eines wichtigen Grundes aufgezählt werden, ist ein hohes Maß an Sicherheit bzgl. der Kündigungsvoraussetzungen zu erreichen.[195] Durch solche „vertraglich definierte Kündigungsrechte" wird zwar das gesetzliche Kündigungsrecht nicht ausgeschlossen, doch wird es der Gegenseite in diesem Bereich der durch die Klauseln definierten Pflichtverletzung nur noch schwer möglich sein, die

---

[184] *Fischer/Galster*, MMR 2002, 71-75, 73.
[185] OLG Düsseldorf v. 20.09.2007 - 10 U 46/07 - juris Rn. 23 - Grundeigentum 2008, 54-57.
[186] *Hinz*, NZM 2004, 681-695 m.w.N.
[187] *Grüneberg* in: Palandt, § 314 Rn. 6; *Gaier* in: MünchKomm-BGB, § 314 Rn. 9.
[188] BGH v. 21.03.2007 - XII ZR 36/05 - GuT 2007, 130-132; vgl. auch OLG Koblenz v. 05.05.2011 - 2 U 793/10 - juris Rn. 8, das in einem ähnlich gelagerten Fall eine Frist von 10 Monaten als nicht mehr angemessen angesehen hat; *Börstinghaus*, ZAP Fach 17, 2007, 577-592.
[189] BGH v. 11.03.2009 - VIII ZR 115/08 - juris Rn. 17 - NZM 2009, 314-315.
[190] *Unberath* in: Bamberger/Roth, § 314 Rn. 26; *Medicus* in: Prütting/Wegen/Weinreich, § 314 Rn. 3.
[191] *Fischer/Galster*, MMR 2002, 71-75, 72.
[192] *Krebs* in: AnwK-BGB, Bd. 2/1, § 314 Rn. 55.
[193] *Krebs* in: AnwK-BGB, Bd. 2/1, § 314 Rn. 55.
[194] BGH v. 07.07.1988 - I ZR 78/87 - juris Rn. 11 - NJW-RR 1988, 1381-1382.
[195] *Fischer/Galster*, MMR 2002, 71-75, 72.

Unzumutbarkeit einer Pflichtverletzung zu behaupten, wenn durch die Pflichtverletzung nicht die in der Klausel vereinbarte Schwelle für das Sonderkündigungsrecht überschritten wird.[196] Voraussetzung hierfür ist aber, dass die Pflichtverletzungen möglichst exakt definiert werden.[197]

Teilweise wird davon ausgegangen, dass es dem Kündigenden aufgrund eigenen Vorverhaltens in bestimmten Fällen verwehrt sein kann, sich auf das Kündigungsrecht zu berufen.[198]

C. Rechtsfolgen

I. Beendigung für die Zukunft

Die wirksame Kündigung beendet das Dauerschuldverhältnis für die Zukunft (**ex nunc**), wobei der bisherige Leistungsaustausch unberührt bleibt und keine Rückabwicklung stattfindet[199], aber die bis zur Kündigung fällig gewordenen und noch nicht erfüllten Leistungspflichten bestehen bleiben[200]. Hat der Kündigende bereits vorgeleistet, kann er nur über einen ausdrücklich nach § 314 Abs. 4 BGB zugelassenen Schadensersatzanspruch Kompensation erlangen.[201]

II. Fristlose Beendigung

Nach dem Wortlaut des § 314 BGB wirkt die Kündigung fristlos, was aber nur im Regelfall angemessen ist.[202] So kommt dann, wenn eine ordentliche Kündigung ausgeschlossen ist und die Kündigung aus wichtigem Grund daher die einzige Kündigungsart ist und der Kündigungsgrund selbst keine sofortige Beendigung erfordert, entweder im Interesse beider Vertragspartner oder mit Rücksichtnahme auf die Interessen des zu Kündigenden eine Kündigungsfrist (sog. **soziale Auslauffrist**) als geboten in Betracht.[203] Bei Vorliegen einer Auslauffrist wird die Kündigung aus wichtigem Grund mit dem Ablauf dieser Frist wirksam, wobei sich aber aus der Kündigungserklärung eindeutig ergeben muss, dass es sich um eine Kündigung aus wichtigem Grund mit einer sozialen Auslauffrist und nicht etwa nur um eine fristgemäße ordentliche Kündigung handelt.[204]

III. Umdeutung der Kündigung

Eine unwirksame außerordentliche Kündigung kann nach § 140 BGB in eine **ordentliche Kündigung umgedeutet** werden, wenn für den Kündigungsgegner eindeutig erkennbar ist, dass das Dauerschuldverhältnis auf jeden Fall beendet werden soll.[205] Dabei ist davon auszugehen, dass im Normalfall die ordentliche Kündigung als ein Minus in der außerordentlichen Kündigung enthalten ist.[206] Falls sich jedoch herausstellt, dass der angegebene wichtige Grund jeder Grundlage entbehrt, wird in aller Regel nicht anzunehmen sein, dass der Kündigende das Schuldverhältnis auf jeden Fall auflösen will[207] (vgl. zur Umdeutung einer außerordentlichen Kündigung nach § 626 BGB die Kommentierung zu § 626 BGB Rn. 63).

---

[196] *Fischer/Galster*, MMR 2002, 71-75, 72.
[197] *Fischer/Galster*, MMR 2002, 71-75, 72.
[198] Vgl. *Humberg*, JR 2005, 271-274, 273.
[199] *Gaier* in: MünchKomm-BGB, § 314 Rn. 23; *Hirse* in: Kohte/Micklitz/Rott/Tonner/Willingmann, Das neue Schuldrecht, 2003, § 314 Rn. 18.
[200] *Gaier* in: MünchKomm-BGB, § 314 Rn. 23.
[201] *Hirse* in: Kohte/Micklitz/Rott/Tonner/Willingmann, Das neue Schuldrecht, 2003, § 314 Rn. 18.
[202] *Krebs*, DB Beilage 2000, Nr. 14, 1-28, 14.
[203] *Hirse* in: Kohte/Micklitz/Rott/Tonner/Willingmann, Das neue Schuldrecht, 2003, § 314 Rn. 18; a.A.: *Gaier* in: MünchKomm-BGB, § 314 Rn. 22: Der Kündigende kann eine soziale Auslauffrist einräumen, muss dies aber nicht.
[204] Vgl. *Krebs* in: AnwK-BGB, Bd. 2/1, § 314 Rn. 52.
[205] BGH v. 02.03.2004 - XI ZR 288/02 - juris Rn. 13 - WM 2004, 828; BGH v. 12.01.1981 - VIII ZR 332/79 - juris Rn. 41 - LM Nr. 43 zu § 581 BGB; BAG v. 13.08.1987 - 2 AZR 599/86 - juris Rn. 28 - NJW 1988, 581-582.
[206] BAG v. 24.06.2004 - 2 AZR 656/02 - AP Nr. 180 zu § 626 BGB.
[207] *Krebs* in: AnwK-BGB, Bd. 2/1, § 314 Rn. 53.

IV. Regelung hinsichtlich Schadensersatz gemäß Absatz 4

47 Gemäß dieser Vorschrift wird ein Anspruch auf **Schadensersatz neben** der **Kündigung** nicht ausgeschlossen. Der Schadensersatzanspruch ergibt sich aus § 280 BGB soweit es um einen bereits entstandenen Schaden geht[208], denn auch bei Dauerschuldverhältnissen gelten die allgemeinen Regelungen des Leistungsstörungsrechtes, soweit diese nicht von spezialgesetzlichen Vorschriften zu den einzelnen Vertragstypen modifiziert und/oder verdrängt werden[209]. Will der Gläubiger hingegen Schadensersatz wegen einer noch nicht oder fehlerhaften erbrachten Leistung verlangen, muss er nach § 281 BGB vorgehen.[210] Die Ersatzpflicht beschränkt sich jedoch nur auf die Zeit bis zum nächsten ordentlichen Kündigungstermin oder dem Ablauf einer vereinbarten Befristung.[211] Der Schadensersatzanspruch besteht auch dann, wenn sich der Berechtigte wegen des zur Kündigung berechtigenden Verhaltens des anderen Vertragspartners mit einer Aufhebung des Vertrages einverstanden erklärt hat, entfällt aber, wenn auch der andere Teil zur Kündigung aus wichtigem Grund berechtigt war.[212]

48 Zum Teil wird Schadensersatz auch „nach dem Grundgedanken des § 628 Abs. 2 BGB"[213] gewährt. Letzten Endes kann dahingestellt bleiben, ob der Schadensersatzanspruch sich nach den §§ 280 ff. BGB oder § 628 BGB richtet, da auch für den Schadensersatzanspruch nach § 628 Abs. 2 BGB ein schuldhaftes Verhalten erforderlich ist (vgl. die Kommentierung zu § 628 BGB Rn. 21). Der Kündigungsfolgeschaden wird auch nach den §§ 280 Abs. 1, 281 Abs. 1, 314 Abs. 4 BGB ersetzt.[214] Ein Unterschied würde sich dann ergeben, wenn man beim Anspruch nach § 628 Abs. 2 BGB kein Verschulden fordern würde, was etwa bei einer Kündigung nach § 627 BGB in Betracht käme. In den Fällen, in denen § 628 BGB tatbestandlich einschlägig ist, geht er jedoch anderen Schadensersatzansprüchen als lex specialis (vgl. die Kommentierung zu § 626 BGB Rn. 44) vor.

49 Im Rahmen etwaig geltend gemachter Schadensersatzansprüche sind auch Bedeutung und Tragweite der berührten Grundrechte zu beachten.[215]

D. Prozessuale Hinweise

50 Die **Beweislast** für die **tatsächlichen Voraussetzungen seines Kündigungsgrundes** trägt der **Kündigende**.[216] Der Kündigungsgegner muss aber dann, wenn der Pflichtverstoß in einer falschen Verdächtigung oder üblen Nachrede liegt, die Richtigkeit seiner Behauptung beweisen oder nachweisen, dass er in Wahrnehmung berechtigter Interessen gehandelt hat.[217] Sofern Verschulden für die Prüfung eines Kündigungsgrundes Bedeutung erlangt, ist im Fall einer objektiven Pflichtverletzung § 280 Abs. 1 Satz 2 BGB anzuwenden.[218]

51 Hinsichtlich der Pflichtverletzung und einem damit einhergehenden **Schadensersatzanspruch gegen den Arbeitnehmer** ist im Arbeitsverhältnis nunmehr die Sonderregelung des § 619a BGB zu beachten.[219]

E. Anwendungsfelder

52 Die Kündigung aus wichtigem Grund ist in vielen Sondervorschriften für bestimmte Dauerschuldverhältnisse geregelt, so dass die Anwendbarkeit von § 314 BGB ausscheidet, sofern eine speziellere Norm existiert und diese abschließend ist[220], wie zum Beispiel für die **Miete** in den §§ 543, 569 BGB[221] oder bei § 626 BGB für den **Dienstvertrag**, da bei diesem sonst die Zwei-Wochen-Frist des § 626

---

[208] *Grüneberg* in: Palandt, § 314 Rn. 11.
[209] *Flohr*, ZAP Fach 2, 375-382, 1414.
[210] *Grüneberg* in: Palandt, § 314 Rn. 11.
[211] *Gaier* in: MünchKomm-BGB, § 314 Rn. 24.
[212] *Grüneberg* in: Palandt, § 314 Rn. 11.
[213] Vgl. etwa BGH v. 17.05.2002 - V ZR 123/01 - juris Rn. 11 - NJW 2002, 3237; vgl. auch *Vierhuß*, NJ 2003, 33-34, 34.
[214] OLG Schleswig v. 11.04.2005 - 4 U 20/05 - juris Rn. 6 - ZinsO 2005, 939.
[215] BVerfG v. 24.05.2005 - 1 BvR 906/04 - juris Rn. 9 - NJW 2005, 2383.
[216] *Gaier* in: MünchKomm-BGB, § 314 Rn. 27; *Medicus* in: Prütting/Wegen/Weinreich, § 314 Rn. 23.
[217] *Gaier* in: MünchKomm-BGB, § 314 Rn. 27
[218] *Gaier* in: MünchKomm-BGB, § 314 Rn. 27.
[219] *Bauer/Diller*, NJW 2002, 1609-1615, 1611.
[220] BT-Drs. 14/6040, S. 177.
[221] *Grüneberg* in: Palandt, § 314 Rn. 6; *Krebs* in: AnwK-BGB, Bd. 2/1, § 314 Rn. 21 f.

Abs. 2 BGB umgangen werden könnte. Bei der wichtigen Spezialregelung des § 490 BGB, die für den **Darlehensvertrag** gilt, ordnet Absatz 3 an, dass die Vorschrift des § 314 BGB durch diese Regelung unberührt bleibt. Die speziellen außerordentlichen Kündigungsgründe des Darlehensvertragsrechts gehen dem allgemeinen § 314 BGB nur in ihrem jeweiligen Anwendungsbereich vor.[222] Auf § 314 BGB kann daher zurückgegriffen werden, wenn die außerordentliche Kündigung aufgrund eines Umstandes erfolgt, der nicht von den spezialgesetzlich normierten oder diesen vergleichbaren Fällen erfasst ist, was im Einzelfall jedoch problematisch sein kann.[223] So kommt ein Rückgriff auf § 314 BGB in Betracht, wenn es um Umstände geht, deren Eintritt nicht einseitig der Risikosphäre einer Partei zugewiesen ist und die insbesondere nicht mit der Bonität des Kreditnehmers zusammenhängen.[224]

Weitere Spezialregelungen sind § 723 BGB für die **Gesellschaft**, § 89a HGB für den **Handelsvertreter** und § 133 HGB für die **Auflösungsklage bei der OHG**. Grundsätzlich gehen auch die wechselseitigen Verzichts- und Lösungsrechte der §§ 74-83 HGB im Zusammenhang mit einem Wettbewerbsverbot § 314 BGB als leges speciales vor.[225] Doch kann eine außerordentliche Kündigung eines Wettbewerbsverbotes nach § 314 BGB dann möglich sein, wenn der jeweilige Fall nicht durch die Lösungsrechte der §§ 74-83 HGB gedeckt ist, so zum Beispiel, wenn eine Partei die Pflichten aus dem nachvertraglichen Wettbewerbsverbot beharrlich verletzt.[226] 53

Bislang wurde bei der außerordentlichen Kündigung von **Franchiseverträgen** § 89a HGB analog angewandt, doch ist nunmehr mangels Regelungslücke § 314 BGB anzuwenden.[227] 54

Die Wertungen von § 314 BGB, so insbesondere Abmahnung und Fristsetzung sowie deren Entbehrlichkeit nach § 323 Abs. 2 BGB können auf die Spezialregelungen allenfalls Ausstrahlungswirkung entfalten.[228] 55

Das **Verhältnis zu** einem **Wegfall der Geschäftsgrundlage** klärt § 313 Abs. 3 BGB dahingehend, dass eine Kündigung des Dauerschuldverhältnisses bei einem Wegfall der Geschäftsgrundlage nur in Betracht kommt, wenn eine zumutbare Anpassung des Vertrages nicht möglich ist[229], wobei vertreten wird, dass § 313 Abs. 3 BGB nur eine Abstufung der Rechtsfolgen in Fällen der Störung der Geschäftsgrundlage und somit innerhalb des § 313 BGB regele.[230] Daher werde nicht geregelt, wie die Konkurrenz der Kündigungsrechte des § 313 Abs. 3 Satz 2 BGB zu § 314 BGB aufzulösen sei.[231] Insofern wird vertreten, dass § 314 BGB, soweit es um die Auflösung des Vertrages gehe, die Grundsätze der Geschäftsgrundlage verdränge.[232] Allerdings bestehe kein Problem in den Fällen, in denen die Vertragsstörung durch eine Pflichtverletzung hervorgerufen werde, da eine solche zwar ein wichtigen Grund zur fristlosen Kündigung begründen, nicht jedoch die Geschäftsgrundlage stören könne.[233] Überschneidungen hinsichtlich des Anwendungsbereiches beider Normen kommen aber dann in Betracht, wenn „andere Umstände" die Vertragsfortsetzung unzumutbar machen, die (vertraglich) keiner Partei als Risiko aufgebürdet sind.[234] Sofern diese Ansicht jedoch von einem Wertungswiderspruch dahingehend ausgeht, dass bei § 314 BGB die Reaktionszeit („angemessene Frist") im Gegensatz zu § 313 Abs. 3 BGB eingeschränkt sei[235], ist sie abzulehnen. Denn § 313 Abs. 3 BGB nimmt schon sei- 56

---

[222] *Freitag*, WM 2001, 2370-2377, 2377.
[223] *Freitag*, WM 2001, 2370-2377, 2377.
[224] *Freitag*, WM 2001, 2370-2377, 2377.
[225] *Bauer/Diller*, NJW 2002, 1609-1615, 1612.
[226] *Bauer/Diller*, NJW 2002, 1609-1615, 1615.
[227] *Giesler*, ZIP 2002, 420-427, 427; vgl. auch *Flohr*, BB 2006, 389-400, 397.
[228] Vgl. auch *Krebs* in: AnwK-BGB, Bd. 2/1, § 314 Rn. 22; *von Hase*, NJW 2002, 2278-2283, 2278.
[229] *Krebs* in: AnwK-BGB, Bd. 2/1, § 314 Rn. 24.
[230] *von Hase*, NJW 2002, 2278-2283, 2279.
[231] *von Hase*, NJW 2002, 2278-2283, 2279; *Armbrüster/Wiese*, DStR 2003, 334-342, 341; *G. Hohloch* in: Erman, § 314 Rn. 16.
[232] *Hohloch* in: Erman, § 314 Rn. 16; zum Streitstand am Beispiel „illegaler" Wettbüros: *Hirsch*, NZM 2007, 110-115 m.w.N.
[233] *von Hase*, NJW 2002, 2278-2283, 2279.
[234] *von Hase*, NJW 2002, 2278-2283, 2279; vgl. auch *Hohloch* in: Erman, § 314 Rn. 16, der davon ausgeht, dass Störungen der Geschäftsgrundlage die Tatbestandsvoraussetzungen eines wichtigen Grundes erfüllen können; a.A. insofern *Unberath* in: Bamberger/Roth, § 314 Rn. 7, der davon ausgeht, dass das außerordentliche Kündigungsrecht sich „im allgemeinen" nur auf Gründe stützen könne, die im Risikobereich des Kündigungsgegners liegen, wohingegen eine Auflösung nach § 313 BGB eine außerhalb des Vertrages liegende Möglichkeit begründe, sich von den vertraglichen Verpflichtungen zu lösen.
[235] *von Hase*, NJW 2002, 2278-2283, 2279.

nem Wortlaut nach Bezug auf § 314 BGB, so dass auch dort der Kündigungsberechtigte nicht unangemessen lange untätig bleiben darf, denn beide Regelungen sind Ausdruck des Grundsatzes von Treu und Glauben[236]. Hinsichtlich des wichtigen Grundes i.S.v. § 314 BGB wird vertreten, dass diesbezüglich nicht notwendig die strengen Anforderungen zu stellen sind, die für eine Störung der Geschäftsgrundlage i.S.d. § 313 BGB gelten.[237] Dass der Kündigungsberechtigte auch im Fall eines wichtigen, zur Kündigung berechtigenden Grundes zunächst eine zumutbare Vertragsanpassung prüfen müsse[238], ergibt sich aus dem Wortlaut des § 314 BGB gerade nicht. Im Übrigen dürfte es sich bei § 313 Abs. 3 Satz 2 BGB um eine Rechtsfolgenverweisung handeln.

57 Eine andere Ansicht vertritt die Auffassung, dass die beiden Rechtsinstitute gleichberechtigt nebeneinander stehen und nicht von einem Konkurrenzverhältnis auszugehen ist.[239] So unterschieden sich die §§ 313 und 314 BGB zum Beispiel darin, dass bei Störung der Geschäftsgrundlage eine der Kündigung vorgeschaltete Abmahnung nicht erforderlich sei, wohingegen das Abmahnungserfordernis vor einer Kündigung nach § 314 BGB durchaus Sinn mache.[240] Daher seien in § 313 BGB allein diejenigen Fälle geregelt, in denen das Vertragsverhältnis aus anderen, nicht aufgrund einer Pflichtverletzung einer der Vertragsparteien gestört ist.[241] Sei eine Vertragsanpassung nicht möglich, könne der Vertrag nach § 313 Abs. 3 Satz 2 BGB gekündigt werden, ohne dass zuvor eine Abmahnung oder die Einhaltung einer angemessenen Frist erforderlich sei.[242]

58 **Für die Praxis** dürfte es sich empfehlen, bis zu einer höchstrichterlichen Klärung des Verhältnisses der Kündigungsrechte von § 313 BGB und § 314 BGB eine angemessene Frist im Sinne von § 314 BGB einzuhalten.[243] Darüber, was eine angemessene Frist i.S.v. § 314 Abs. 3 BGB ist, herrscht in der Praxis jedoch – wie bereits erwähnt (vgl. Rn. 36) – keine Einigkeit.

59 Teilweise wird vertreten, dass § 314 Abs. 1 und 2 BGB **an einem Wertungswiderspruch „kranken"** und es daher einer **teleologischen Korrektur** bedürfe.[244] Dieser Widerspruch liege darin, dass dann, wenn eine Pflichtverletzung den wichtigen Grund bilde, der die Vertragsfortsetzung unzumutbar mache, der Kündigungswillige zunächst grundsätzlich eine Frist setzen oder abmahnen müsse gemäß § 314 Abs. 2 Satz 1 BGB und sich erst nach deren Erfolglosigkeit vom unzumutbaren Vertragsverhältnis lösen könne. Wenn jedoch der wichtige Grund nicht in einer Pflichtverletzung, sondern in sonstigen Umständen begründet liege, sei der Kündigungswillige nicht an diese Voraussetzungen gebunden. Daher leuchte es nicht ein, warum dies bei Pflichtverletzungen anders sein solle.[245] Diese Ansicht ist jedoch abzulehnen. Zum einen drückt § 314 BGB durch diese differenzierte Regelung in Absatz 1 und Absatz 2 den – auch im Arbeitsrecht geltenden – Grundsatz aus, dass einer – durch den Vertragspartner steuerbaren – Vertragspflichtverletzung eine Abmahnung vorausgehen muss, um dem Vertragspartner die Chance zu geben, sein Verhalten zu ändern, da eine Kündigung nur das letzte Mittel sein soll (ultima-ratio-Grundsatz). Insofern besteht durchaus ein Grund für das vorherige Abmahn- bzw. Fristsetzungserfordernis. Zum anderen lässt § 314 Abs. 2 BGB im Einzelfall über § 314 Abs. 2 Satz 2 BGB in Verbindung mit § 323 Abs. 2 BGB – und hier insbesondere Nr. 3 – auch eine sofortige Kündigung zu.

---

[236] *von Hase*, NJW 2002, 2278-2283, 2279.
[237] *Unberath* in: Bamberger/Roth, § 314 Rn. 7.
[238] *von Hase*, NJW 2002, 2278-2283, 2279.
[239] *Feldhahn*, NJW 2005, 3381-3383, 3383.
[240] *Feldhahn*, NJW 2005, 3381-3383, 3383.
[241] *Feldhahn*, NJW 2005, 3381-3383, 3383.
[242] *Feldhahn*, NJW 2005, 3381-3383, 3383; zur Abgrenzung vgl. auch *Bitterich*, NJW 2006, 1845-1850 zur Kündigung vergaberechtswidrig zu Stande gekommener Verträge durch öffentliche Auftraggeber.
[243] *Armbrüster/Wiese*, DStR 2003, 334-342, 342.
[244] *von Hase*, NJW 2002, 2278-2283, 2282.
[245] *von Hase*, NJW 2002, 2278-2283, 2282.

Untertitel 4 - Einseitige Leistungsbestimmungsrechte

§ 315 BGB Bestimmung der Leistung durch eine Partei

(Fassung vom 02.01.2002, gültig ab 01.01.2002)

(1) Soll die Leistung durch einen der Vertragschließenden bestimmt werden, so ist im Zweifel anzunehmen, dass die Bestimmung nach billigem Ermessen zu treffen ist.

(2) Die Bestimmung erfolgt durch Erklärung gegenüber dem anderen Teil.

(3) ¹Soll die Bestimmung nach billigem Ermessen erfolgen, so ist die getroffene Bestimmung für den anderen Teil nur verbindlich, wenn sie der Billigkeit entspricht. ²Entspricht sie nicht der Billigkeit, so wird die Bestimmung durch Urteil getroffen; das Gleiche gilt, wenn die Bestimmung verzögert wird.

Gliederung

A. Kommentierung zu Absatz 1 1	4. Verzug 65
I. Grundlagen 1	a. Bei Bestimmung durch den Gläubiger 66
II. Praktische Bedeutung............................. 6	b. Bei Bestimmung durch den Schuldner 69
III. Anwendungsvoraussetzungen................. 10	5. Verjährung 70
1. Bestehen eines Rechtsverhältnisses 10	III. Rechtsfolgen 71
2. Bestimmungsrecht der Partei 11	**C. Kommentierung zu Absatz 3**................. 74
3. Unbestimmter Leistungsinhalt................. 13	I. Grundlagen 74
4. Der Bestimmungsmaßstab 16	1. Kurzcharakteristik 74
a. Rechtsprechung und herrschende Lehre 16	2. Europäischer Hintergrund 76
b. Abweichende Auffassungen 20	II. Anwendungsvoraussetzungen................ 77
c. Auffassung der Autorin 24	1. Unbillige Bestimmung.......................... 77
5. Weitergehender Spielraum des Bestimmungs- berechtigten 25	2. Verzögerung oder Verweigerung der Bestimmung 78
IV. Prozessuale Hinweise 29	3. Klagebefugnis 79
V. Anwendungsfelder 30	4. Subsidiarität der richterlichen Leistungs- bestimmung 80
1. Arbeitsverhältnis 30	5. Richterlicher Kontrollmaßstab............... 82
2. Honorarbestimmung.............................. 34	a. Rechtsprechung und herrschende Lehre 82
3. Preisfestsetzung und Preisänderung.......... 39	b. Abweichende Auffassung 83
4. Prämienanpassung 43	c. Auffassung der Autorin 84
5. Kreditverträge...................................... 44	III. Rechtsfolgen 91
6. Mietverträge.. 46	IV. Prozessuale Hinweise 94
7. Versorgungsverträge.............................. 49	V. Anwendungsfelder – Allgemeine Vertrags- kontrolle analog § 315 BGB 99
8. Vertragsstrafe 53	1. Formularmietverträge 100
9. Wahrnehmungsverträge......................... 54	2. Formulararbeitsverträge....................... 101
VI. Arbeitshilfen – Parallelvorschriften......... 55	3. Verträge der Daseinsvorsorge 102
B. Kommentierung zu Absatz 2.................. 56	a. Preiskontrolle 103
I. Grundlagen 56	b. Preisanpassungsklauseln...................... 105
II. Anwendungsvoraussetzungen................. 57	c. Kritische Würdigung 128
1. Erklärung gegenüber dem anderen Teil..... 57	VI. Arbeitshilfen – Parallelvorschriften....... 132
2. Form der Leistungsbestimmung 61	
3. Zeit der Leistungsbestimmung 63	

A. Kommentierung zu Absatz 1

I. Grundlagen

Die Bestimmtheit oder zumindest Bestimmbarkeit der geschuldeten Leistung ist essentielle Voraussetzung für das Vorliegen eines wirksamen Schuldverhältnisses. Sofern sich die Parteien nicht über den Leistungsgegenstand und den Preis geeinigt haben, ist aufgrund dieses offenen Einigungsmangels nach § 154 Abs. 1 BGB kein Vertrag geschlossen, es sei denn, die bestehende Vertragslücke kann im Wege der Auslegung des Vertrages beseitigt werden.[1]   **1**

---

[1] Z.B. OLG Stuttgart v. 05.05.2010 - 3 U 79/09 - juris Rn. 17 - NJW-RR 2011, 202-206.

2 Die Sonderregelung des § 315 BGB lässt es auch ohne eine Einigung über die Leistung für das Zustandekommen eines wirksamen Vertrages ausreichen, wenn sich die Parteien darauf verständigt haben, dass die geschuldete Leistung nach Vertragsschluss durch eine der vertragsschließenden Parteien festgelegt wird. Die geschuldete Leistung ist damit im Zeitpunkt des Vertragsschlusses zwar noch nicht genau bestimmt. **Bestimmbarkeit** ist aufgrund des eingeräumten Bestimmungsrechts aber zu bejahen.

3 Soll die Bestimmung nicht durch eine der Vertragsparteien, sondern durch einen Dritten erfolgen, greifen die §§ 317-319 BGB ein. Fehlt es an der Festlegung der Person des Bestimmungsberechtigten, kann diese Lücke über die Auslegungsregel des § 316 BGB geschlossen werden. Lässt sich auch über § 316 BGB der Bestimmungsberechtigte nicht ermitteln, ist der Vertrag wegen fehlender Einigung über einen wesentlichen Vertragsbestandteil unwirksam.

4 Aus der Grundregel des § 315 Abs. 1 BGB, auf der die nachfolgenden §§ 316-319 BGB systematisch aufbauen, ergibt sich nicht nur, dass eine Bestimmung der geschuldeten Leistung durch eine der Vertragsparteien zulässig ist, sondern auch der vom Gesetzgeber vorgesehene **Maßstab** für die Bestimmung der Leistung. Die Entscheidung soll nach der **Auslegungsregel** des § 315 Abs. 1 HS. 2 BGB im Zweifel nach **billigem Ermessen** zu treffen sein.

5 Da § 315 BGB dispositives Recht darstellt, können die Parteien die Leistungsbestimmung etwa hinsichtlich der Art der Vornahme, der Person des Bestimmungsberechtigten und des Erklärungsempfängers und der Form auch abweichend regeln.[2]

II. Praktische Bedeutung

6 Seinem Wortlaut nach greift § 315 Abs. 1 BGB nur ein, sofern die Leistung durch einen der Vertragschließenden bestimmt werden soll. Die Vorschrift erfährt jedoch in persönlicher wie in sachlicher Hinsicht eine Ausdehnung.

7 Nach Systematik und Zweck der Leistungsbestimmungsvorschriften sind auf Drittbegünstigte nach § 328 Abs. 1 BGB die Regeln über die Leistungsbestimmung durch eine Partei und nicht die Vorschriften zur Leistungsbestimmung durch einen Dritten anzuwenden.[3] Zwar ist der Drittbegünstigte im Falle eines echten Vertrages zugunsten Dritter nicht Vertragspartei, wohl aber derjenige, dem das Forderungsrecht i.S.d. § 316 Abs. 1 BGB zusteht. Richtigerweise gilt in diesem Fall der strengere Prüfungsmaßstab des § 315 Abs. 3 BGB, da bei einem „Dritten", der die Leistung selbst zu fordern hat, Unabhängigkeit, Unparteilichkeit und Objektivität ebenso wenig vorausgesetzt werden können wie bei der Bestimmung durch die Vertragspartei.[4]

8 Ein Bestimmungsrecht kann sich anerkanntermaßen nicht nur auf die Leistung als solche, also den Gegenstand und Umfang der Hauptleistung, sondern auch auf bloße Leistungsmodalitäten beziehen. Denn wenn § 315 BGB eine Lockerung des Bestimmtheitserfordernisses bei der Hauptleistung ermöglicht, muss dies erst recht gelten, wenn die Bestimmung der Beseitigung sonstiger, geringerer Unsicherheiten hinsichtlich der geschuldeten Leistung dient.

9 Dementsprechend wird § 315 BGB auch angewendet für die Bestimmung
- von Leistungsmodalitäten wie der Leistungszeit oder des Leistungsortes,
- des Inhalts und der Modalitäten von Nebenleistungspflichten,
- des Inhalts und der Modalitäten von Sekundärleistungspflichten, die bei Nichterfüllung der Hauptpflicht geschuldet werden, wie z.B. der Vertragsstrafe,
- der Vertragsanpassung oder der sonstigen Änderung der Vertragsbedingungen.

Aufgrund dieses weiten Anwendungsbereiches spielen Leistungsbestimmungsrechte in zahlreichen Vertragsformen eine Rolle, etwa im Arbeitsrecht, soweit es die Festlegung von Arbeits-, Urlaubszeit oder Entgelt betrifft, im Kreditsicherungsrecht bei der Zinsanpassung und der Sicherheitenfreigabe, bei der Festlegung von Vergütungen und im Energierecht (vgl. dazu Fälle, Rn. 30 ff.).

---

[2] BGH v. 06.03.1985 - IVa ZR 171/83 - juris Rn. 2 - LM Nr. 1 zu § 2147 BGB.
[3] BGH v. 30.05.2003 - V ZR 216/02 - juris Rn. 17 - NJW-RR 2003, 1355-1358; *Battes*, LMK 2003, 206-207; a.A. *Rieble* in: Staudinger, Bearb. 2004, § 316 Rn. 1.
[4] *Battes*, LMK 2003, 206-207, 207.

III. Anwendungsvoraussetzungen

1. Bestehen eines Rechtsverhältnisses

Da § 315 Abs. 1 BGB von der Leistungsbestimmung durch einen der Vertragschließenden ausgeht, zielt die Vorschrift ab auf vertragliche Schuldverhältnisse. Dabei kommen als Vertragsverhältnis grundsätzlich alle Vertragstypen in Betracht. Sofern die vertragliche Grundlage weggefallen ist, ist nach Sinn und Zweck des § 315 BGB auch eine Leistungsbestimmung im Rahmen des Rückabwicklungsverhältnisses nach Rücktritt oder Kündigung möglich, sofern ein solches nachvertragliches Bestimmungsrecht ausdrücklich eingeräumt ist.[5]

10

2. Bestimmungsrecht der Partei

Als Ausnahmeregelung vom Erfordernis der Bestimmtheit der vertraglichen Leistungen greift § 315 BGB nur dann ein und führt zur Wirksamkeit des Vertrages, wenn zwischen den vertragsschließenden Parteien ein Leistungsbestimmungsrecht vereinbart ist. Eine bloße faktische Befugnis zur Leistungsbestimmung durch eine Partei bildet keinen Fall des § 315 BGB.[6] Dieses muss sich nicht zwingend ausdrücklich aus dem Wortlaut des Vertrages, sondern kann sich bei fehlender ausdrücklicher Abmachung im Wege der ergänzenden Vertragsauslegung nach §§ 133, 157 BGB ergeben.[7] Dies setzt aber voraus, dass sich die Parteien trotz des bestehenden Einigungsmangels über den Leistungsinhalt erkennbar vertraglich binden wollten.

11

Über den Wortlaut des § 315 BGB hinaus, der von einem Leistungsbestimmungsrecht der Vertragsschließenden ausgeht, gelten für den Drittbegünstigten nach § 328 BGB die Regeln zur Leistungsbestimmung durch eine Partei. Dieser ist nach der Systematik des Gesetzes nicht Dritter im Sinne des § 317 BGB. Wie sich aus § 316 BGB ergibt, kann derjenige, der eine Leistung zu fordern hat, nicht Dritter im Sinne des § 317 BGB sein.[8] Zudem widerspräche der gegenüber § 315 BGB gelockerte Prüfungsmaßstab des § 319 BGB bei der Leistungsbestimmung durch einen Dritten auch dem Sinn und Zweck der Vorschriften, wenn der die Leistungsbestimmung vornehmende aus einem echten Vertrag zugunsten Dritter begünstigt ist.

12

3. Unbestimmter Leistungsinhalt

Nur soweit der Leistungsinhalt des Vertrages oder dessen Leistungsmodalitäten unbestimmt sind, kommt eine einseitige Leistungsbestimmung durch eine Vertragspartei in Betracht. Sofern ein ausdrückliches Bestimmungsrecht einer Partei vereinbart ist, geht dieses nach dem Gedanken der privatautonomen Vereinbarkeit des Leistungsinhalts einer Vertragsauslegung und auch den vom Gesetz als „üblich" bewerteten Vergütungsmaßstäben vor. Wenn beim Dienst-, Werk- und Maklervertrag bei fehlender Bestimmung der Vergütungshöhe die taxmäßige oder übliche Vergütung geschuldet wird, schließt dies eine Anwendung des § 315 BGB auf diese Verträge nicht generell aus.[9] Allerdings wird man hier eine ausdrückliche Vereinbarung eines Leistungsbestimmungsrechts verlangen müssen. Fehlt es hieran, ist nach Sinn und Zweck des Vertrages die Lücke nicht durch die Annahme eines Leistungsbestimmungsrechts, sondern durch die Heranziehung der §§ 612 Abs. 2, 632 Abs. 2, 653 Abs. 2 BGB zu schließen.[10]

13

Mit der Einräumung eines Leistungsbestimmungsrechts kann die **anfängliche** Ungewissheit über die zu erbringende Leistung oder die Person des Vertragspartners beseitigt werden. Dies ist immer dann der Fall, wenn es bei Vertragsschluss an der Vereinbarung einer bestimmten Leistung gefehlt hat.

14

Aber auch bei anfänglich bestimmter Leistung kann ein Leistungsbestimmungsrecht vereinbart werden zur Beseitigung **nachträglich** entstehender Ungewissheiten hinsichtlich der geschuldeten Leistung. Dies betrifft insbesondere Dauer- und Wiederkehrschuldverhältnisse, bei denen nach einer gewissen Vertragslaufzeit eine Anpassung der Leistung vorgesehen ist. Eine solche kann automatisch durch gleitende Wertsicherungs- oder Zinsanpassungsklauseln vereinbart werden. Möglich ist hier aber auch die Bestimmung dieser angepassten Leistung auf der Grundlage eines Leistungsbestimmungsrechts nach

15

---

[5] *Wolf* in: Soergel, 13. Aufl. 1999, § 315 Rn. 8; a.A. OLG Köln v. 17.12.1986 - 11 U 155/85 - NJW-RR 1987, 1451-1454.
[6] BGH v. 28.04.2008 - IX ZR 86/08 - juris Rn. 33 - ZIP 2009, 1367-1372.
[7] BGH v. 24.01.2008 - III ZR 79/07 - juris Rn. 15 - NJW-RR 2008, 562-564; *Heinrichs* in: Palandt, § 315 Rn. 4.
[8] BGH v. 30.05.2003 - V ZR 216/02 - juris Rn. 4 - NJW-RR 2003, 1355-1358; dazu *Battes*, LMK 2003, 206-207.
[9] Weitergehend *Heinrichs* in: Palandt, § 315 Rn. 6.
[10] BGH v. 04.04.2006 - X ZR 122/05 - juris Rn. 8 f. - BGHZ 167, 139-150.

§ 315 BGB, das etwa dann anzunehmen ist, wenn sich eine Bank in einem formularmäßigen Kreditvertrag einseitig eine Zinsänderung vorbehält.[11] Bei Unwirksamkeit einer solchen Zins- oder Preisänderungsklausel entfällt allerdings auch das darin enthaltene einseitige Leistungsbestimmungsrecht des Klauselverwenders ersatzlos.[12] Die entstehende Lücke im Vertrag kann nur im Wege ergänzender Vertragsauslegung, nicht aber nach § 316 BGB durch ein Leistungsbestimmungsrecht geschlossen werden.[13]

4. Der Bestimmungsmaßstab

a. Rechtsprechung und herrschende Lehre

16 Rechtsprechung und herrschende Lehre betrachten den vom Gesetzgeber in § 315 Abs. 1 BGB verwendeten zusammengesetzten Begriff des „billigen Ermessens" **einheitlich**.[14] Belegt wird dies mit der Herkunft des Begriffs. Anhand der Motive zum BGB zeige sich, dass es sich beim Begriff des billigen Ermessens um die Eindeutschung des „arbitrium boni viri" handelt, wonach die Billigkeit zwar nach objektiven Kriterien, aber innerhalb eines gewissen Spielraums für die Entscheidung zu ermitteln ist.[15] Der Gesetzgeber habe bei der Verwendung des Begriffs nicht die einzelnen Elemente im Auge gehabt. Ihm sei es vielmehr nur darum gegangen, mit dem Begriff der Billigkeit hervorzuheben, dass es sich bei der nachträglichen Leistungsbestimmung um eine Einzelfallentscheidung handelt.

17 Der Maßstab des „billigen Ermessens" wird als ein **objektiver Maßstab** angesehen, bei dem darauf abgestellt wird, was nach allgemeinen Verkehrsanschauungen als angemessen und gerecht gilt.[16] Eine unbillige Bestimmung kann folglich nicht dadurch billig werden, dass der Bestimmende sie für billig hält.[17] Da aber auf den jeweiligen Einzelfall abzustellen ist, diene die Billigkeit nur der Eingrenzung des Ermessens zur Verwirklichung des **im konkreten Fall** Gerechten.

18 In Verbindung mit dem Begriff des Ermessens lasse die Billigkeit im Sinne von billigem Ermessen aber nicht nur eine einzige mögliche Entscheidung zu. Dem Bestimmungsberechtigten wird vielmehr ein Gestaltungsspielraum in den Grenzen billigen Ermessens eingeräumt.[18] Dieser wird in der Rechtsprechung unterschiedlich als nach billigem Ermessen wahrzunehmender Gestaltungsspielraum[19], als weiter Spielraum der Billigkeit[20] oder als bis an die Grenzen der Billigkeit reichender Ermessensspielraum bezeichnet.[21] Sachlich werden damit aber keine unterschiedlichen Aussagen getroffen. Die Begriffe Gestaltungs- und Ermessensspielraum werden synonym verwendet und sollen beide zum Ausdruck bringen, dass nicht nur eine bestimmte Entscheidung als billig anzusehen ist.

19 Zur Begründung dieses Ergebnisses wird vor allem auf die praktischen Schwierigkeiten für die gerichtliche Praxis hingewiesen, die sich ergäben, wenn nur eine Bestimmung auch verbindlich sein könne und die Parteibestimmungen damit gerichtlich zu überprüfen wären. Auch ein Sachverständiger wäre nur mit Schwierigkeiten in der Lage, die einzige billige Leistung festzulegen.[22] Die Bindung an den

---

[11] BGH v. 06.03.1986 - III ZR 195/84 - BGHZ 97, 212-223; BGH v. 21.04.2009 - XI ZR 78/08 - juris Rn. 17 - BGHZ 180, 256-272.

[12] BGH v. 01.02.1984 - VIII ZR 54/83 - juris Rn. 29 - BGHZ 90, 69-85; BGH v. 13.04.2010 - XI ZR 197/09 - juris Rn. 19 - NJW 2010, 1742; BGH v. 21.12.2010 - XI ZR 52/08 - juris Rn. 14 - WM 2011, 306, 307.

[13] BGH v. 13.04. 2010 - IX ZR 197/09 - juris Rn. 18 f. - BGHZ 185, 166-178; dazu *Wimmer/Rösler*, WM 2011, 1788-1797; BGH v. 21.12.2010 - XI ZR 52/08 - juris Rn. 21 - WM 2011, 306, 308; dazu *Niebling*, BB 2011, 979-980; *Simon*, EWiR 2011, 273-274.

[14] BGH v. 02.04.1964 - KZR 10/62 - BGHZ 41, 271-282; BGH v. 18.05.1983 - VIII ZR 20/82 - LM Nr. 8 zu § 150 BGB; BGH v. 24.11.1995 - V ZR 174/94 - LM BGB § 198 Nr. 26 (4/1996); *Rieble* in: Staudinger, § 15 Rn. 112; *Wolf* in: Soergel, § 315 Rn. 38 Fn. 1; *Kronke*, AcP 183, 113-144, 113, 138.

[15] Motive, Bd. II, S. 192; vgl. dazu auch *Kronke*, AcP 183, 113-144, 113, 139.

[16] BAG v. 03.12.2002 - 9 AZR 457/01 - BAGE 104, 55, 62; *Sonntag*, Die Bestimmung der Leistung nach billigem Ermessen, 1971, S. 37; *Kunkel*, Zur nachträglichen Leistungsbestimmung nach §§ 315, 316: Anwendungsbereiche, Funktionen, Verwendung in Allgemeinen Geschäftsbedingungen, 1993, S. 24.

[17] RG v. 12.05.1920 - I 23/20 - RGZ 99, 105-107.

[18] *Wolf* in: Soergel, § 315 Rn. 39, 51; *Kunkel*, Zur nachträglichen Leistungsbestimmung nach §§ 315, 316: Anwendungsbereiche, Funktionen, Verwendung in Allgemeinen Geschäftsbedingungen, 1993, S. 25 f.

[19] BGH v. 08.11.1985 - V ZR 113/84 - LM Nr. 7 zu § 4 WohnungseigentumsG.

[20] BGH v. 21.12.1983 - VIII ZR 195/82 - BGHZ 89 206-218.

[21] OLG Hamm v. 27.09.1983 - 4 REMiet 14/82 - NJW 1984, 984-985.

[22] *Kunkel*, Zur nachträglichen Leistungsbestimmung nach §§ 315, 316: Anwendungsbereiche, Funktionen, Verwendung in Allgemeinen Geschäftsbedingungen, 1993, S. 25 f.

Maßstab billigen Ermessens soll mithin verdeutlichen, dass der Leistungsinhalt nicht von vornherein feststeht, sondern erst die Ausübung des vertraglich oder gesetzlich eingeräumten Bestimmungsrechts diesen rechtsgestaltend festlegt.[23] Aus der rechtsgestaltenden Natur der Bestimmung wird dann weiterhin die Schlussfolgerung gezogen, dass dem Bestimmungsberechtigten ein Spielraum von zu wählendem Verhalten zur Verfügung steht, es sich somit bei der Leistungsbestimmung nach § 315 BGB um eine Ermessensentscheidung handelt. Das Gericht hat nach ständiger Rechtsprechung die Bestimmung erst dann zu ersetzen, wenn der dem Bestimmungsberechtigten eingeräumte Ermessensspielraum überschritten wurde.[24]

b. Abweichende Auffassungen

Betrachtet man die beiden vom Gesetzgeber miteinander verbundenen Elemente des „billigen Ermessens" und der „Billigkeit" getrennt, so ist festzustellen, dass sich diese ihrem Wesen nach gegenseitig ausschließen. Bei dem Terminus der Billigkeit handelt es sich um einen unbestimmten Rechtsbegriff, welcher der Konkretisierung bedarf. Billig ist, was der Auffassung aller billig und gerecht denkenden Menschen entspricht. Hierbei handelt es sich um ein objektives Kriterium, bei dem im Ergebnis nur eine Entscheidung billig sein kann. Eine Wahlmöglichkeit hinsichtlich der möglichen Rechtsfolgen, wie sie für eine echte Ermessensentscheidung kennzeichnend ist, besteht beim Begriff der Billigkeit nicht. Ob den Parteien mit einem derartigen Bestimmungsmaßstab ein Ermessen oder nur die Bestimmung der billigen Leistung eingeräumt ist, richtet sich danach, ob man das Ermessen oder aber die Billigkeit als den vorrangigen und damit durchschlagenden Aspekt der Norm betrachtet. 20

Zum gleichen Ergebnis wie die Rechtsprechung gelangt man dann, wenn man bei Koppelung von Billigkeit und Ermessen das **Ermessen als vorrangiges Element** betrachtet und den Zusatz „billig" nur als eine unschädliche, aber auch unbedeutende Erläuterung des Wesens des Ermessens ansieht.[25] 21

Die Gegenauffassung löst den Konflikt zwischen den Begriffen „billig" und „Ermessen" zugunsten der Billigkeit und beruft sich hierfür zum einen auf den Wortlaut des § 315 Abs. 3 Satz 1 BGB, wonach eine Entscheidung nach billigem Ermessen nur dann verbindlich ist, wenn sie der Billigkeit entspricht.[26] Zum anderen folge dies auch grammatikalisch daraus, dass Ermessen in diesem Begriffspaar das Substantiv ist, welches durch das Adjektiv billig näher bestimmt werde. Wenn das Ermessen billig ausgeübt werden müsse, werde damit der Terminus Ermessen dahin gehend eingeschränkt, dass die Entscheidung der Billigkeit entsprechen müsse. Eine Koppelung aus Ermessen und Billigkeit scheide aus, da nach Prüfung des Rechtsbegriffs der Billigkeit keine Gesichtspunkte mehr verblieben, die eine Wahl zwischen verschiedenen Alternativen nach Ermessen ermöglichen könnten.[27] Mit dem Terminus des billigen Ermessens habe der Gesetzgeber lediglich eine unglückliche Umschreibung dafür gewählt, dass hier das angemessene „gerechte" Ergebnis gefunden werden soll, also insgesamt nur ein **unbestimmter Rechtsbegriff der Billigkeit** vorliegt. Da nur eine Entscheidung den unbestimmten Rechtsbegriff Billigkeit korrekt konkretisiere, kann es nach dieser Auffassung für einen bestimmten Tatbestand immer nur eine einzige wirklich billige und damit rechtmäßige Entscheidung geben.[28] Auch wenn auf dem Gebiet der Billigkeit innerhalb gewisser Grenzen die tatsächliche Möglichkeit der objektiven Überprüfung fehle, ließe sich daraus nicht auf die Zulässigkeit individueller Maßstäbe schließen. Dem Bestimmungsberechtigten soll vielmehr nur die Ermittlung dessen obliegen, was vorher bereits als gerade für diesen Fall allein billig feststand, nur noch nicht gefunden war. Die Willenserklärung des Bestimmenden stellt danach nur die betreffende Leistung mit allen Konsequenzen für den Vertragspartner klar. Ihr kommt nach dieser Auffassung somit kein rechtsgestaltender Charakter, sondern nur eine feststellende Wirkung zu.[29] 22

Eine vermittelnde Ansicht sieht zwar gleichermaßen das billige Ermessen als einen unbestimmten Rechtsbegriff an, bei dem der Bestimmungsberechtigte kein echtes Ermessen ausübt. Da es sich bei der Billigkeit aber um einen Rahmenbegriff handele, sollen innerhalb eines bestimmten Rahmens mehrere 23

---

[23] *Wolf* in: Soergel, § 315 Rn. 31 m.w.N.
[24] BGH v. 24.06.1991 - II ZR 268/90 - NJW-RR 1991, 1248-1249.
[25] BAG v. 27.11.1985 - 5 AZR 101/84 - AP Nr. 84 zu § 611 BGB; *Neumann-Duesberg*, JZ 1952, 705, 707.
[26] *Kornblum*, AcP 168, 450, 461.
[27] *Poulakos*, Schuldverhältnisse mit unbestimmtem Leistungsinhalt, 1971, S. 133.
[28] *Bachof/Jellinek*, Forschungen und Berichte aus dem Öffentlichen Recht, 1955, S. 361, 367; *Hoyningen-Huene*, Die Billigkeit im Arbeitsrecht, 1978, S. 42.
[29] *Kornblum*, AcP 168, 450, 465; dagegen *Joussen*, AcP 203, 429, 454 ff.

Möglichkeiten der Leistungsbestimmung, soweit sie vertretbar erscheinen, billig und damit richtig sein. Billiges Ermessen wird daher als ein **unbestimmter Rechtsbegriff mit Beurteilungsspielraum** betrachtet.[30]

c. Auffassung der Autorin

24 Gegen die Einordnung der Entscheidung als bloße Feststellung eines bereits vorher für diesen Fall feststehenden, nur noch nicht ermittelten, objektiv richtigen Leistungsinhalts spricht, dass gerade eine anfängliche oder nachträgliche Ungewissheit den Grund dafür bildet, dass sich die Parteien auf eine spätere Leistungsbestimmung geeinigt haben. Der Willenserklärung, mit der die Partei konstitutiv etwa den nach ihrer Überzeugung angemessenen Betrag bestimmt, kommt daher eine gestaltende Wirkung zu. Aus dem Charakter der Leistungsbestimmung als rechtsgestaltender Erklärung folgt aber nicht zugleich auch ein Ermessensspielraum der Parteien im rechtstechnischen Sinne einer Wahlfreiheit zwischen mehreren gleich richtigen Entscheidungen auf der Rechtsfolgenseite, zwischen denen die Parteien nach Zweckmäßigkeitsgesichtspunkten auswählen können. In diesem Sinne versteht wohl auch die Rechtsprechung das von ihr bejahte Ermessen der Parteien nicht, sondern räumt der bestimmungsberechtigten Partei lediglich einen Spielraum bei der Konkretisierung der „billigen", d.h. im konkreten Fall angemessenen Leistung ein. Ein solcher Spielraum ist aber letztlich nicht Ermessens-, sondern nur Beurteilungsspielraum. Inwieweit dieser der richterlichen Kontrolle unterliegt, regelt § 315 Abs. 3 Satz 1 BGB. Nur aus diesem Kontrollmaßstab, nicht schon aus dem Entscheidungsmaßstab „billigen Ermessens" könnte dem Bestimmungsberechtigten ein unüberprüfbarer Beurteilungsspielraum erwachsen. Angesichts der in § 315 Abs. 3 Satz 1 BGB als Entscheidungsmaßstab festgelegten Billigkeit, die dazu verpflichtet, aus mehreren möglichen Entscheidungen die dem konkreten Fall am besten entsprechende Entscheidung auszuwählen, ist aber auch ein unüberprüfbarer Beurteilungsspielraum letztlich zu verneinen (vgl. ausführlich dazu Rn. 82 ff.).[31]

5. Weitergehender Spielraum des Bestimmungsberechtigten

25 Da die Leistungsbestimmung nach § 315 Abs. 1 BGB nur im Zweifel nach billigem Ermessen erfolgt, d.h. wenn die Parteien nichts anderes bestimmt haben, wird allgemein auch ein weiterer Spielraum für den Bestimmungsberechtigten für zulässig erachtet. Beispielsweise, dass die Bestimmung dem **freien Ermessen** der bestimmungsberechtigten Vertragspartei überlassen wird. Freies Ermessen wird dabei entweder so verstanden, dass dieses bei der offenbaren Unbilligkeit im Sinne von § 319 Abs. 1 BGB seine Grenze findet,[32] oder im Sinne eines **freien Beliebens**,[33] bei dem der Bestimmungsberechtigte nur seine Interessen berücksichtigen brauche und grundsätzlich nicht die Interessen des anderen Teils einbeziehen müsse[34]. Während das billige Ermessen einen objektiven Maßstab darstelle, soll beim freien Belieben nach § 319 Abs. 2 BGB nach rein subjektiven Erwägungen zu entscheiden sein.[35] Die Grenze einer zulässigen Vereinbarung wird nach allgemeiner Auffassung erst dort überschritten, wo die bloße Willkür zum Maßstab erhoben wird.[36]

26 Als weiterer möglicher Maßstab wird das einfache Ermessen angesehen, welches zwischen dem freien und dem billigen Ermessen angesiedelt wird und die Berücksichtigung von Sinn und Zweck der jeweiligen vertraglichen Vereinbarung verlangen soll.[37]

27 Ob sich mit der Bildung einer Rangfolge von billigem, einfachem, freiem Ermessen und Belieben eine stetig zunehmende Ermessensfreiheit begründen lässt, erscheint äußerst zweifelhaft. Wird in einer Vereinbarung bzw. in einer Norm Ermessen eingeräumt, so verlangt seine Ausübung immer die Berücksichtigung von Sinn und Zweck der Ermächtigung. Dies gilt für das freie Ermessen ebenso wie für das sog. „einfache" Ermessen und stellt daher kein brauchbares Unterscheidungsmerkmal dar. Dies muss

---

[30] *Poulakos*, Schuldverhältnisse mit unbestimmtem Leistungsinhalt, 1971, S. 134 f.; ähnlich auch *Rieble* in: Staudinger, § 315 Rn. 109, 113-117.
[31] Umfassend dazu *Stickelbrock*, Inhalt und Grenzen richterlichen Ermessens im Zivilprozess, 2002, S. 299-306.
[32] *Kronke*, AcP 183, 113-144, 113, 137; dagegen *Wolf* in: Soergel, § 315 Rn. 14.
[33] RG v. 12.05.1920 - I 23/20 - RGZ 99, 105-107; *Gottwald* in: MünchKomm-BGB, 5. Aufl. 2007, § 315 Rn. 15; *Battes* in: Erman, Handkommentar BGB, § 315 Rn. 5.
[34] Vgl. dazu BAG v. 16.03.1982 - 3 AZR 1124/79 - juris Rn. 38 - BB 1982, 1486-1487.
[35] *Neumann-Duesberg*, JZ 1952, 705, 707, 706 f.
[36] RG v. 01.08.1941 - III 12/41 - RGZ 167, 225-236; BAG v. 16.03.1982 - 3 AZR 1124/79 - juris Rn. 38 - BB 1982, 1486-1487; *Battes* in: Erman, § 315 Rn. 5 m.w.N.
[37] *Wolf* in: Soergel, § 315 Rn. 42.

gerade im Hinblick darauf gelten, dass in Rechtsprechung und Literatur keine Einigkeit darüber besteht, was unter den Termini des freien Beliebens, freien, pflichtgemäßen und billigen Ermessens zu verstehen ist und in welchem Verhältnis diese zueinander stehen. So hat das Reichsgericht beispielsweise in einer Entscheidung eher beiläufig ausgeführt, freies Belieben bedeute eine Bestimmung nach billigem Ermessen.[38] Eine solche Gleichstellung von Ermessen und Belieben überzeugt jedoch schon deswegen nicht, weil der Gesetzgeber selbst etwa in § 319 Abs. 1 BGB und § 319 Abs. 2 BGB deutlich zwischen Ermessen und Belieben unterscheidet (vgl. ausführlich dazu die Kommentierung zu § 319 BGB Rn. 20).

Die grundsätzliche Befugnis der Parteien, einen anderen Bestimmungsmaßstab festzulegen, ist angesichts des Charakters des § 315 Abs. 1 BGB als Auslegungsregel nicht in Frage zu stellen. Auch in diesen Fällen gilt für die Ausübung des Bestimmungsrechts § 315 Abs. 2 BGB. Eine entsprechende Anwendung des § 315 Abs. 3 BGB kommt hingegen nicht in Betracht, da die richterliche Überprüfung der Entscheidung auf ihre Billigkeit nach Wortlaut und Sinn und Zweck der Regelung nur für den Entscheidungsmaßstab des billigen Ermessens gilt.[39]

28

IV. Prozessuale Hinweise

Wer sich darauf beruft, dass ihm ein Recht zur Leistungsbestimmung eingeräumt ist, hat dessen Vereinbarung zu beweisen.[40] Weiterhin folgt aus der Vermutungswirkung des § 315 Abs. 1 BGB, dass denjenigen die **Beweislast** für eine entsprechende Vereinbarung trifft, der einen vom „billigen Ermessen" abweichenden Entscheidungsmaßstab behauptet.[41]

29

V. Anwendungsfelder

1. Arbeitsverhältnis

Einer der Hauptanwendungsbereiche nachträglicher Leistungsbestimmung nach § 315 BGB ist das Arbeitsverhältnis, in dem vielfach einseitige Leistungsbestimmungsrechte des Arbeitgebers ausdrücklich oder stillschweigend vereinbart sind.[42]

30

Als ein solches Leistungsbestimmungsrecht ist insbesondere das **Direktionsrecht des Arbeitgebers** anzusehen, welches ihm ermöglicht, die im Arbeitsvertrag nur rahmenmäßig umschriebene Leistungspflicht im Einzelnen näher zu bestimmen.[43] Die Befugnis zur Leistungsbestimmung kann sich beispielsweise beziehen auf die Arbeitsbedingungen, etwa

31

- die **Arbeitszeit,** durch die Festsetzung der konkreten Urlaubszeit durch den Arbeitgeber,[44] die Festlegung von Nachtschichtzeiten,[45] die Anordnung von Sonn- oder Feiertagsarbeit,[46] die Erhöhung von Unterrichtsverpflichtungen,[47] die Anordnung ganztägiger Veranstaltungen für Teilzeitbeschäftigte,[48] die Verpflichtung zur Teilnahme an Fortbildungsveranstaltungen[49] oder den Abschluss von Altersteilzeitverträgen,[50]

---

[38] RG v. 22.09.1906 - V 1/06 - RGZ 64, 114-117.
[39] A.A. *Battes* in: Erman, § 315 Rn. 2.
[40] RG v. 28.01.1904 - VI 428/03 - RGZ 57, 46-52.
[41] RG v. 27.07.1936 - VI 122/36 - JW 1936, 3111.
[42] Dazu *Hromadka*, DB 1995, 1609-1615, 1609.
[43] BAG v. 11.10.1995 - 5 AZR 802/94 - NJW 1996, 1770-1771; BAG v. 05.06.2003 - 6 AZR 237/02 - juris Rn. 44; LArbG Hannover v. 01.07.2003 - 13 Sa 1853/02 - Bibliothek BAG; zum Spannungsverhältnis zu Art. 4 Abs. 1 GG BAG v. 10.10.2002 - 2 AZR 472/01 - juris Rn. 40 - NJW 2003, 1685-1688; dazu *Oetker*, EwiR 2003, 537-538; zur Systematik der Änderungsmöglichkeiten *Wank*, RdA 2005, 271-284; zum Direktionsrecht *Oelkers/Schmidt*, NJW-Spezial 2006, 465-466; *Seel*, MDR 2011, 901.
[44] BAG v. 12.10.1961 - 5 AZR 423/60 - NJW 1962, 268; LArbG Düsseldorf v. 20.06.2002 - 11 Sa 378/02 - BB 2003, 156-158; BAG v. 19.01.2010 - 9 AZR 246/09 - juris Rn. 29 - NZA-RR 2010, 473, 476.
[45] BAG v. 11.02.1998 - 5 AZR 472/97 - NJW 1999, 669-670; BAG v. 23.09.2004 - 6 AZR 567/03 - DB 2005, 559-561; ablehnend *Roßbruch*, PflR 2005, 167; LAG Rheinland-Pfalz v. 07.09.2006 - 6 Sa 442/06 - juris Rn 33.
[46] BAG v. 15.09.2009 - 9 AZR 757/08 - NJW 2010, 394-398.
[47] BAG v. 14.10.2004 - 6 AZR 472/03 - ZTR 2005, 330-331.
[48] BAG v. 25.05.2005 - 5 AZR 566/04 - NZA 2005, 981-983.
[49] LAG Hessen v. 11.04.2007 - 8 Sa 1279/06 - juris Rn. 29.
[50] BAG v. 10.05.2005 - 9 AZR 294/04 - AP Nr. 20 zu § 1 TVG Altersteilzeit = NZA 2006, 231-232(LS); BAG v. 15.09.2009 - 9 AZR 643/08 - ArbRB 2010, 8.

- das **Arbeitsentgelt**, durch den Widerruf oder die Änderung einzelner Lohnbestandteile wie Prämien und Leistungszulagen,[51] oder auch Betriebsrenten[52] und ihre Anpassung,[53]
- den **Arbeitsort**, durch die Versetzung von Arbeitnehmern,[54] die Zuweisung eines anderen Arbeitsgebiets[55] oder Regelungen zur Anwesenheit im Dienstgebäude,[56]
- die **Arbeitsart**, die einseitig bestimmt werden kann durch eine vorübergehende Übertragung einer höherwertigen Tätigkeit in Ausübung des Direktionsrechts,[57]
- den **Arbeitsumfang**, wenn Verdienstchancen von Handlungen des Arbeitgebers abhängig sind, etwa der Zurverfügungstellung von Kundenadressen[58].

Eine pauschale Handhabung, die beispielsweise Altersteilzeit generell anhand eines Rundschreibens versagt, stellt dabei aber keine dem Maßstab des § 315 BGB genügende Ermessensausübung dar.[59] Die Leistungsbestimmung verlangt vielmehr eine Abwägung der wechselseitigen Interessen im Einzelfall.[60]

Soweit § 1 Abs. 3 KSchG nicht eingreift, wird auch bei der **Sozialauswahl** im Rahmen der Kündigung § 315 BGB herangezogen.[61]

32 Nicht zulässig ist ein einseitiges Leistungsbestimmungsrecht des Arbeitgebers nach § 315 BGB hingegen zur Reduzierung einer vereinbarten arbeitsvertraglichen Grundvergütung, da eine solche wie eine Änderungskündigung auf den Inhalt und Bestand des Arbeitsverhältnisses zu Lasten des Arbeitnehmers einwirkt.[62]

33 Ein einseitiges Leistungsbestimmungsrecht des Arbeitgebers im Sinne des § 315 Abs. 1 BGB regelt § 12 Abs. 3 ArbEG für die Bestimmung der angemessenen Vergütung des Arbeitnehmererfinders.[63]

2. Honorarbestimmung

34 Ein weiterer Schwerpunkt der Leistungsbestimmung liegt in der Bestimmung des Honorars bei bestimmten Berufsgruppen:

35 Bei **Arzthonoraren** besteht ein einseitiges Leistungsbestimmungsrecht des Arztes dann, wenn vereinbart ist, dass die Vergütung der Leistungen außerhalb der ärztlichen Gebührenordnung GOÄ erfolgen soll.[64]

---

[51] BAG v. 29.11.1995 - 5 AZR 753/94 - NJW 1996, 2750-2751; BAG v. 10.07.2003 - 6 AZR 309/02 - juris Rn. 55 - ZTR 2004, 84-86; BAG v. 01.02.2006 - 5 AZR 187/05 - DB 2006, 1165-1166; vgl. dazu auch *Reinecke*, NJW 2005, 3383-3388; zur Leistungsbestimmung in sog. „Entgeltbandsystemen" *Rieble* in: FS für Birk, 2008, 755-770.

[52] BAG v. 10.09.2002 - 3 AZR 593/01 - juris Rn. 13 - AP Nr. 52 zu § 16 BetrAVG; BAG v. 17.08.2004 - 3 AZR 367/03 - AP Nr. 55 zu § 16 BetrAVG; BAG v. 19.07.2005 - 3 AZR 472/04 - DB 2006, 343-344.

[53] BAG v. 13.12.2005 - 3 AZR 217/05.

[54] BAG v. 24.04.1996 - 5 AZR 1031/94 - NJW 1997, 78; BAG v. 29.09.2004 - 1 AZR 473/03 - NZA-RR 2005, 616; BAG v. 17.08.2011 - 10 AZR 202/10 - juris Rn. 26 - NJW 2012, 331.

[55] BAG v. 11.04.2006 - 9 AZR 557/05 - juris Rn. 50 f. - NJW 2006, 3303-3308.

[56] BAG v. 11.10.1995 - 5 AZR 802/94 - juris Rn. 23 - NJW 1996, 1770-1771.

[57] Grundlegend BAG v. 17.04.2002 - 4 AZR 133/01; BAG v. 17.04.2002 - 4 AZR 134/01; BAG v. 17.04.2002 - 4 AZR 135/01; BAG v. 17.04.2002 - 4 AZR 142/01; BAG v. 17.04.2002 - 4 AZR 150/01; BAG v. 17.04.2002 - 4 AZR 159/01; dazu *Glatzel*, AR-Blattei ES 1530 Nr. 52; BAG v. 15.05.2002 - 4 AZR 408/01 - ZTR 2003, 81-82; BAG v. 15.05.2002 - 4 AZR 433/01 - ZTR 2003, 80-81; BAG v. 15.05.2002 - 4 AZR 434/01; BAG v. 12.06.2002 - 4 AZR 431/01 - ZTR 2003, 82-83; BAG v. 22.01.2003 - 4 AZR 652/01; dazu *Gussone*, ZTR 2003, 54-60.

[58] BAG v. 07.08.2002 - 10 AZR 282/01 - juris Rn. 42 - EzA-SD 2002, Nr. 23, 5-7.

[59] LAG Niedersachsen v. 11.02.2010 - 5 Sa 1102/09 - juris Rn. 37; LAG Baden-Württemberg v. 09.02.1010 - 14 Sa 26/09 - juris Rn. 77.

[60] BAG v. 17.08.2011 - 10 AZR 202/10 - juris Rn. 22 - NJW 2012, 331-333.

[61] BAG v. 29.08.1996 - 8 AZR 35/95 - juris Rn. 31 - BAGE 84, 72-82; BAG v. 29.08.1996 - 8 AZR 505/95 - juris Rn. 34 - BAGE 84, 82-97; BAG v. 03.06.2004 - 2 AZR 577/03 - juris Rn. 28 - NZA 2005, 175-177; *Strathmann*, DB 2003, 2438-2441; *Haas/Salamon*, NZA 2006, 1192-1195.

[62] BAG v. 22.07.2004 - 8 AZR 203/03 - juris Rn. 52 - ZTR 2005, 198-202.

[63] BGH v. 17.05.1994 - X ZR 82/92 - juris Rn. 43 - BGHZ 126, 109-124; BGH v. 04.12.2007 - X ZR 102/06 - juris Rn. 15 - GRUR 2008, 606, 607.

[64] OLG Frankfurt v. 23.02.1977 - 7 U 61/76 - NJW 1977, 1497-1498.

Ebenso ist bei **Architektenhonoraren** von einem einseitigen Leistungsbestimmungsrecht des Architekten bzw. Bauingenieurs auszugehen, wenn die Anwendung der HOAI wegen der Besonderheiten des Auftrags nicht vereinbart ist.[65] 36

Bei Anwaltshonoraren findet § 315 BGB keine Anwendung. Nach der Spezialregelung in § 4 Abs. 3 Satz 1 RVG kann ein Bestimmungsrecht dem Vorstand der Rechtsanwaltskammer eingeräumt werden. Ist die Festsetzung der Vergütung nach der vertraglichen Vereinbarung dem Ermessen des anderen Teils überlassen, so liegt hierin kein Bestimmungsrecht nach § 315 BGB. Vielmehr gilt in diesem Fall nach § 4 Abs. 3 S. 2 RVG die gesetzliche Vergütung als vereinbart. Für Schiedsrichter findet sich in Schiedsverträgen teilweise ein Verweis auf eine Vergütung entsprechend dem RVG. Fehlt dies, wird gemäß § 612 Abs. 2 BGB die übliche Vergütung geschuldet, die sich nach heute herrschender Auffassung an das RVG anlehnt.[66] Ist eine übliche Vergütung nicht feststellbar, erfolgt die Vergütungsfestsetzung nach den §§ 315, 316 BGB.[67] 37

Sofern keine Vergütungsordnungen eingreifen, kommt eine Vergütungsfestsetzung nach § 315 BGB weiterhin in Betracht bei Steuerberatern,[68] bei Kfz-Sachverständigen,[69] bei Handelsvertretern[70] oder beim Vorsitzenden einer betriebsverfassungsrechtlichen Einigungsstelle oder tariflichen Schiedsstelle[71]. 38

3. Preisfestsetzung und Preisänderung

Ein Leistungsbestimmungsrecht des Verkäufers kommt in Betracht, wenn auf eine Preisbestimmung bei Vertragsschluss überhaupt verzichtet wird (**Preisvorbehalt**) und dieser den konkreten Preis etwa durch Festsetzung des bei Lieferung gültigen Listenpreises nachträglich festsetzen soll.[72] Sofern es sich bei dem Vertragsgegenstand um Wertpapiere oder Waren mit Tagespreis handelt, liegt wie in den Fällen der §§ 612 Abs. 2, 632 Abs. 2, 653 Abs. 2 BGB ein üblicher Preis und damit keine Ungewissheit über die Leistung vor, so dass § 315 BGB keine Anwendung findet. 39

Ähnliches gilt bei der Vereinbarung eines Richtpreises. Dieser stellt nach der Verkehrssitte die unterste Grenze des geschuldeten Preises dar.[73] 40

Des Weiteren kann ein Leistungsbestimmungsrecht nach § 315 BGB vorliegen, wenn der letztlich zu entrichtende Betrag über ein Preisänderungsrecht des Verkäufers (**Preisanpassungsklausel**) festgelegt werden soll.[74] Zulässig ist eine einseitige Preisänderung nur dann, wenn zuvor ein bestimmter anderer Preis von den Parteien festgesetzt und die Möglichkeit einer Preisanpassung vereinbart worden ist.[75] Ob die bei Neufahrzeug-Verkaufsbedingungen übliche sog. „Tagespreisklausel", wonach der am Tag der Lieferung gültige Preis des Verkäufers gelten soll, ein Leistungsbestimmungsrecht des Verkäufers beinhaltet, hat der BGH bislang offen gelassen.[76] Richtigerweise werden solche Klauseln in Allgemeinen Geschäftsbedingungen nur sehr eingeschränkt zugelassen (keine Preiserhöhung bei Lieferungstermin binnen vier Monaten)[77] und für ihre Angemessenheit verlangt, dass sie sich auch zugunsten des 41

---

[65] BGH v. 16.02.1970 - VII ZR 97/68 - LM Nr. 8 zu ArchGebO.
[66] Umfassend dazu *Bork*, NJW 2008, 1918-1921.
[67] OLG München v. 21.12.2006 - 34 SchH 12/06 - OLGR München 2007, 410-411.
[68] OLG Hamm v. 19.08.1998 - 25 U 42/98 - juris Rn. 3 - NJW-RR 1999, 510.
[69] AG Schwerin v. 08.12.1998 - 10 C 3484/97 - NJW-RR 1999, 510-511; AG Dortmund v. 07.01.1999 - 114 C 11293/98 - NZV 1999, 254-255; AG Dortmund v. 12.11.2002 - 123 C 9251/02 H, 123 C 9251/02 - Schaden-Praxis 2003, 213; LG Bochum v. 10.12.2001 - 5 S 151/01 - Schaden-Praxis 2002, 254.
[70] BGH v. 19.01.2005 - VIII ZR 139/04 - WM 2005, 504-507.
[71] BAG v. 28.08.1996 - 7 ABR 42/95 - juris Rn. 11 - ZIP 1997, 208-210; OLG Stuttgart v. 01.10.1987 - 11 U 36/86 - ZIP 1988, 864-866.
[72] BGH v. 18.05.1983 - VIII ZR 20/82 - juris Rn. 12 - LM Nr. 8 zu § 150 BGB.
[73] Reichsoberhandelsgericht v. 28.11.1871 - Rep 470/71 - OHG 4, 174.
[74] Zur Preisanpassung in Unternehmenskaufverträgen *Bruski*, BB-Special 2005, Nr. 7, 19-29; zu Preisanpassungsklauseln in der Energiewirtschaft *Dreher*, ZNER 2007, 103-114.
[75] Daran fehlte es z.B. bei OLG München v. 22.01.2004 - U (K) 3329/03 - juris Rn 79 ff. - OLGR München 2004, 197-200.
[76] Zur Kontrolle von KFZ-Händlerverträgen nach § 315 BGB allgemein BGH v. 20.07.2005 - VIII ZR 121/04 - BGHZ 164, 11-37; dazu *Kappus*, NJW 2006, 15-17; *Emde*, EWiR 2005, 815-816.
[77] BGH v. 18.05.1983 - VIII ZR 20/82 - juris Rn. 14 - LM Nr. 8 zu § 150 BGB; BGH v. 01.02.1984 - VIII ZR 54/83 - juris Rn. 16 - BGHZ 90, 69-85; vgl. auch OLG Düsseldorf v. 01.10.2008 - VI-U (Kart) 3/08, 4/08, 5/08.

Käufers auswirken können[78]. Zu Preisanpassungsklauseln im Bereich von Versorgungsverträgen vgl. ausführlich Rn. 105 ff.

42 Klauseln wie „Preise freibleibend" räumen zwar ein Leistungsbestimmungsrecht ein, sind aber eng auszulegen. Um den Kunden nicht unangemessen zu benachteiligen, ermöglichen sie lediglich die Anpassung des Kaufpreises an etwaige Konjunkturschwankungen.[79]

4. Prämienanpassung

43 Soweit es die Erhöhung von Prämien bestehender Versicherungsverhältnisse betrifft, unterliegen diese zwar der umfassenden Überprüfung durch die Zivilgerichte.[80] Der teilweise vertretenen Ansicht, Prämienerhöhungen seien nach § 315 BGB daraufhin zu überprüfen, ob sie billigem Ermessen entsprechen,[81] ist der BGH nicht gefolgt. Eine Leistungsbestimmung nach billigem Ermessen sei nur im Zweifel anzunehmen. Da das Prämienanpassungsrecht des Versicherers und die Erteilung der Zustimmung durch den Treuhänder durch die Rechtsvorschriften des VVG bzw. des VAG bis ins Einzelne geregelten engen und verbindlichen Vorgaben unterliegt, bestehe kein Raum für eine darüber hinausgehende Angemessenheits- oder Billigkeitskontrolle.[82]

5. Kreditverträge

44 In gleicher Weise eng auszulegen wie Preisanpassungs- sind auch Zinsanpassungsklauseln in formularmäßigen Kreditverträgen der Banken und Sparkassen. Der BGH hat diese in einer Entscheidung aus dem Jahre 1986 einschränkend dahingehend ausgelegt, dass diese lediglich eine Erhöhung oder Senkung des Vertragszinses bei kapitalmarktbedingten Änderungen der Refinanzierungskonditionen ermöglichen.[83] Mit Urteil vom 21.04.2009 hat der BGH diese Rechtsprechung ausdrücklich aufgegeben. Eine inhaltlich unbeschränkte Zinsanpassungsklausel, nach der die Entgelte im Privat- und Geschäftskundenbereich unter Berücksichtigung der Marktlage und des Aufwandes nach gemäß § 135 BGB nachprüfbarem billigen Ermessen festgelegt und geändert werden, ist danach unwirksam, da sie den Kunden unangemessen benachteiligt.[84] Auch Zinsanpassungsklauseln von Kreditinstituten müssen damit den allgemeinen Anforderungen an Preisanpassungsklauseln genügen, vgl. auch Rn. 41, Rn. 105 ff. Die Voraussetzungen für eine Zinsänderung sind daher in sachlicher und zeitlicher Hinsicht hinreichend anzugeben. Eine Bezeichnung des Zinssatzes als „variabel", bei dem sich die Bank vorbehält, diesen nach billigem Ermessen anzupassen, dürfte den Anforderungen der Rechtsprechung folglich nicht genügen.

45 Kein einseitiges Leistungsbestimmungsrecht hinsichtlich des „Ob" der Freigabe steht den Banken und Sparkassen hingegen zu, soweit bei revolvierenden Globalsicherheiten nachträglich Übersicherung eingetreten ist. Der Kreditnehmer hat in diesen Fällen einen ermessensunabhängigen Freigabeanspruch, der aus § 237 Satz 1 BGB hergeleitet wird. Lediglich bei der Auswahl der freizugebenden Gegenstände wird den Banken ein Bestimmungsrecht nach § 315 BGB eingeräumt, welches die Rechtsprechung auf das Vorliegen einer Wahlschuld nach § 262 BGB stützt.[85]

6. Mietverträge

46 Bei Mietverhältnissen über Wohnraum werden die Möglichkeiten einer einseitigen Leistungsbestimmung seitens des Vermieters durch die gesetzlichen Vorgaben stark eingeschränkt. Eine Anpassung des Mietzinses ist nur nach den in den §§ 557-558 BGB getroffenen Vorgaben zulässig. Hiervon zum

---

[78] OLG Hamm v. 23.06.1987 - 4 U 174/86 - NJW-RR 1987, 1140-1142; OLG Frankfurt v. 26.02.2010 - 2 U 178/09 - juris Rn. 79 - BKR 2011, 154, 159; umfassend dazu *Rieble* in: Staudinger, § 315 Rn. 109, 113, 182-185.

[79] RG v. 09.05.1922 - III 531/21 - RGZ 104, 306-308; BGH v. 04.04.1951 - II ZR 52/50 - BGHZ 1, 353-356.

[80] BVerfG v. 28.12.1999 - 1 BvR 2203/98 - juris Rn. 15 - VersR 2000, 214-216.

[81] So z.B. OLG Hamm v. 25.06.1993 - 20 U 342/92 - juris Rn. 43 - VersR 1993, 1342.

[82] BGH v. 16.06.2004 - IV ZR 117/02 - juris Rn. 13 - BGHZ 159, 323-334; zustimmend *Reinhard*, VersR 2005, 489 ff.; *Schebasta*, WuB IV A § 315 BGB 1.04; *Hall*, jurisPR-BGHZivilR 45/2004, Anm. 6.

[83] BGH v. 06.03.1986 - III ZR 195/84 - BGHZ 97, 212-223; BGH v. 19.10.1999 - XI ZR 8/99 - WM 1999, 2545-2547; dazu *Schimansky*, WM 2003, 1449-1453; BGH v. 17.02.2004 - XI ZR 140/03 - BGHZ 158, 149-159; *Lang/Rösler*, ZIP 2006, 214-220.

[84] BGB v. 21.04.2009 - XI ZR 78/08 - juris Rn. 30 - BGHZ 180, 257-272; dazu *von Westphalen*, BB 2009, 1440-1441; *Metz*, BKR 2010, 265-270; *Wittig/Hertel*, jurisPR-BKR 8/2009, Anm. 1.

[85] BGH v. 27.11.1997 - GSZ 1/97, GSZ 2/97 - juris Rn. 39 - BGHZ 137, 212-236.

Nachteil des Mieters abweichende Vereinbarungen sind unwirksam (§§ 557 Abs. 4, 557a Abs. 4, 557b Abs. 4, 558 Abs. 4 BGB). Eine Festsetzung von Mietzuschlägen durch den Vermieter nach § 315 BGB ist nur in Ausnahmefällen möglich, beispielsweise
- bei der Umwandlung von Wohnraum in Gewerberaum[86] oder
- bei einem Gewerberaummietvertrag mit Verlängerungsoption, wenn die Miete bei Ausübung der Option neu zu verhandeln ist.[87]

Unbedenklich sind Mietzinsanpassungsklauseln hingegen in sonstigen Mietverträgen oder dem Mietrecht unterfallenden Leasingverträgen.[88]

Das Bestimmungsrecht des Vermieters kann sich auch auf die Benutzung des Mietobjekts beziehen, wenn sich der Vermieter im Mietvertrag die Ausübung der Regelungsbefugnis, beispielsweise hinsichtlich der Gartennutzung[89] oder der Zuweisung eines bestimmten Kellerraumes[90] vorbehalten hat. 47

Bei den Betriebs- und Kapitalkosten sind für die Art und die Frist der Abrechnung die Regelungen in § 556 BGB zu beachten. Sofern für die Umlegung von Nebenkosten auf mehrere Mieter kein vertraglicher Maßstab festgelegt ist, kann der Vermieter diesen nach § 315 BGB bestimmen, wobei die Rechtsprechung einen Flächenmaßstab zumeist als billig im Sinne des § 315 Abs. 1 BGB angesehen hat.[91] 48

7. Versorgungsverträge

Die Rechtsprechung bejaht weiterhin das Vorliegen einer einseitigen Leistungsbestimmung bei Versorgungsunternehmen mit rechtlicher oder tatsächlicher Monopolstellung für Leistungen der Daseinsvorsorge sowie im Falle eines Anschluss und Benutzungszwangs.[92] Hierunter fallen beispielsweise Stromtarife,[93] Preise für Fernwärmelieferungen,[94] Wasserversorgungs-[95] bzw. Abwassergebühren,[96] Abfallentsorgungs-[97] oder Flughafengebühren[98]. Ähnlich wie bei den Zinsanpassungsklauseln wird beispielsweise das Recht des Netzbetreibers, künftige Netznutzungsentgelte ohne Mitwirkung des 49

---

[86] BayObLG München v. 25.03.1986 - ReMiet 4/85 - juris Rn. 20 - NJW-RR 1986, 892.
[87] OLG Düsseldorf v. 02.05.2002 - 10 U 170/00 - DWW 2002, 204-206; LG Mainz v. 14.05.2002 - 1 O 311/01; KG Berlin v. 30.06.2003 - 8 U 317/01 - Grundeigentum 2003, 1154-1155; zu Mieterhöhungsklauseln vgl. BGH v. 25.09.2002 - XII ZR 307/00 - juris Rn. 9 - NJW-RR 2003, 227-228.
[88] Thüringer OLG v. 06.12.2005 - 8 U 338/05 - OLGR Jena 2006, 336-340.
[89] LG Berlin v. 27.01.2006 - 63 S 287/05 - juris Rn. 7 - Grundeigentum 2006, 579-581.
[90] BGH v. 12.03.2008 - VIII ZR 71/07 - juris Rn. 21 - NJW 2008, 1661-1662.
[91] BGH v. 20.01.1993 - VIII ZR 10/92 - juris Rn. 21 - LM AGBG § 9 (Bb) Nr. 35 (7/1993); OLG Düsseldorf v. 28.11.2002 - 10 U 154/01 - GuT 2003, 14-15; OLG Hamm v. 27.09.1983 - 4 REMiet 14/82 - NJW 1984, 984-985; LG Frankfurt v. 24.09.1999 - 2/17 S 80/99, 2-17 S 80/99 - NJW-RR 2000, 226; LG Aachen v. 24.05.1991 - 5 S 70/91 - NJW-RR 1992, 274-275.
[92] BGH v. 05.07.2005 - X ZR 99/04 - juris Rn. 11 - WuM 2005, 593-594; ebenso BGH v. 05.07.2005 - X ZR 60/04 - NJW 2005, 2919-2923; BGH v. 21.09.2005 - VIII ZR 7/05 - juris Rn. 22 - NJW-RR 2006, 32-33.
[93] BGH v. 19.01.1983 - VIII ZR 81/82 - LM Nr. 25 zu § 315 BGB; KG Berlin v. 10.04.2002 - 24 U 65/01 - Grundeigentum 2002, 730-731; *Hempel*, RdE 2002, 244-247; *Schulz-Gardyan*, RdE 2003, 9-15; *Stappert*, NJW 2003, 3177-3180; *Held*, VuR 2003, 296-301; BGH v.
[94] BGH v. 15.02.2006 - VIII ZR 138/05 - juris Rn. 16 - NJW 2006, 1667-1671; dazu *Wassermeier*, WuM 2006, 394-395; *Götting*, RdE 2006, 277-278; BGH v. 11.10.2006 - VIII ZR 270/05 - juris Rn. 19 - NJW 2007, 210-211; umfassend dazu *Büdenbender*, Zulässigkeit der Preiskontrolle von Fernwärmeversorgungsverträgen nach § 315 BGB, 2005.
[95] BGH v. 21.09.2005 - VIII ZR 7/05 - juris Rn. 22 - NJW-RR 2006, 32-33; umfassend dazu *Reinhardt*, ZfW 2008, 125-148.
[96] BGH v. 10.10.1991 - III ZR 100/90 - juris Rn. 22 - BGHZ 115, 311-323; BGH v. 30.04.2003 - VIII ZR 279/02 - NJW 2003, 3131.
[97] BGH v. 05.07.2005 - X ZR 99/04 - juris Rn. 11 - WuM 2005, 593-594; ebenso BGH v. 05.07.2005 - X ZR 60/04 - NJW 2005, 2919-2923; BGH v. 15.02.2005 - X ZR 87/04 - juris Rn. 24 - NJW 2005, 1772-1773; KG Berlin v. 23.01.2006 - 8 U 169/05 - juris Rn. 29 - Grundeigentum 2006, 778-780; LG Berlin v. 25.01.2006 - 48 S 28/04 - juris Rn. 13 - Grundeigentum 2006, 718-723.
[98] BGH v. 23.01.1997 - III ZR 27/96 - LM LuftVG Nr. 30 (6/1997); LG Potsdam v. 20.10.2004 - 2 O 70/04 - IR 2004, 280-281; zur Problematik auch *Giesberts/Sieberg*, ZLW 2005, 181-200; OLG Düsseldorf v. 18.10.2006 - VI-U (Kart) 1/05 - juris Rn. 22 - WuW/E DE-R 1920-1922.

Netznutzers festzusetzen, der Sache nach als ein Leistungsbestimmungsrecht nach § 315 BGB angesehen.[99]

50 Inwieweit die Entscheidungen auf die Netzzugangsentgelte[100] und die besonders umstrittenen Gaspreise übertragbar sind, gehört zu den derzeit meistbeachteten Fragen des Zivilrechts.[101] Der BGH hat hierzu in mehreren vieldiskutierten Entscheidungen Stellung bezogen und bejaht aufgrund der Einseitigkeit der Preisfestlegung durch den Netzbetreiber einen vertraglich vereinbarten Vorbehalt der gerichtlichen Kontrolle nach § 315 BGB.[102]

51 Von einer Vereinbarung eines Leistungsbestimmungsrechts wird man hier entgegen der Ansicht der Rechtsprechung allerdings nicht ausgehen können.[103] Allenfalls lässt sich eine entsprechende Anwendung des § 315 BGB damit begründen, dass der Kunde auf die Inanspruchnahme dieser Leistungen angewiesen ist und ihm im Rahmen dieses Kontrahierungszwangs keine andere Wahl bleibt, als sich mit der einseitigen Preisgestaltung seitens des anderen Vertragspartners einverstanden zu erklären. Bei derartigen Verträgen dient die Heranziehung des § 315 BGB mithin dazu, die Angemessenheit der Konditionen derartiger Verträge zu überprüfen. Dies wird auch in neueren Entscheidungen deutlich, in denen der BGH auch dort, wo die Netznutzungsentgelte nach einem Preisblatt vereinbart waren und damit ein vertragliches Leistungsbestimmungsrecht ausscheidet, eine gesetzliche Befugnis zur Preiskontrolle aus § 6 Abs. 1 EnWG 1998[104] und aus der Marktmacht des Netzbetreibers herleitet.[105] Gegen eine solche Verwendung des § 315 BGB als Mittel einer Vertragskontrolle bestehen aber erhebliche Bedenken (vgl. ausführlich dazu Rn. 99 ff.). In der Literatur wird die Preiskontrolle im Energierecht daher durchaus kritisch betrachtet, zumal sie mit anderen Prüfungsmöglichkeiten nach dem EnWG und dem GWB im Konkurrenzverhältnis steht.[106]

52 Die entsprechende Anwendung des § 315 BGB nimmt von ihrem Grundgedanken her auf die besondere Situation des für sein Dasein auf bestimmte Leistungen und Waren angewiesenen Einzelnen Rücksicht. Dennoch bejaht der BGH eine Preiskontrolle nach § 315 BGB auch dann, wenn es sich bei dem Abnehmer nicht um einen Letztverbraucher handelt, sondern zwei Handelsgesellschaften über die Angemessenheit der zwischen ihnen jedenfalls im Ansatz ausgehandelten Preise streiten.[107] Das ist bedenklich, da in diesem Fall nicht die Angewiesenheit des Einzelnen auf die Leistung im Vordergrund steht und damit die Interessenlage nicht vergleichbar ist.[108]

---

[99] BGH v. 18.10.2005 - KZR 36/04 - juris Rn. 10 - BGHZ 164, 336-346 (Stromnetznutzungsentgelt I) mit kritischer Anm. *Kühne*, NJW 2006, 654-657; vgl. dazu auch *Bork*, JZ 2006, 682-685; *Schwintowski*, N&R 2006, 75-76; *Säcker*, RdE 2006, 65-76; *Schebstadt*, MMR 2006, 157-158; BGH v. 07.02.2006 - KZR 8/05 - juris Rn. 19 - WRP 2006, 768-771 (Stromnetznutzungsentgelt II); dazu *Markert*, ZNER 2006, 138-140; *Schulz-Gardyan*, N&R 2006, 124-127; BGH v. 04.03.2008 - KZR 29/06 - BB 2008, 845.

[100] Dazu *Kühne*, NJW 2006, 654, 655.

[101] Dagegen sprechen sich mit überzeugender Begründung z.B. *Kunth/Tüngler*, NJW 2005, 1313, 1314 f. *Büdenbender*, Zulässigkeit der Preiskontrolle von Fernwärmeversorgungsverträgen nach § 315 BGB, 2005, S. 49 ff., *Ehricke*, JZ 2005, 599-606 und *Schulz-Gardyan*, N&R 2005, 97-105 aus. Zur aktuellen Rechtsprechung umfassend *Ambrosius*, ZNER 2007, 95-102; *Büdenbender*, NJW 2007, 2945-2951; *Strohe*, NZM 2007, 871-874; *Mogwitz/Wagner*, RdE 2008, 118-125.

[102] Z.B. BGH v. 28.03.2007 - VIII ZR 144/06 - juris Rn. 17 - NJW 2007, 1672-1674; dazu *Büdenbender*, EWiR 2007, 619 f.; *Säcker*, ZNER 2007, 114-116; *Ehricke*, JZ 2007, 841-845; *Schöne*, ZIP 2007, 918-920; *Markert*, RdE 2007, 161-163; BGH v. 13.06.2007 - VIII ZR 36/06 - juris Rn. 13 - NJW 2007, 2540-2544; dazu *Markert*, RdE 2007, 263-267; *Säcker*, ZNER 2007, 114-116; *Rottnauer*, EWiR 2007, 647-648.

[103] A.A. *Schwintowski*, N&R 2005, 90-97.

[104] BGH v. 20.07.2010 - EnZR 23/09 - juris Rn. 17 - NJW 2011, 212-215 mit Anm. *Linsmeier*, NJW 2011, 215-216; BGH v. 08.11.2011 - EnZR 32/10 - juris Rn. 13 - RdE 2012, 63-65.

[105] BGH v. 04.03.2008 - KZR 29/06 - NJW 2008, 2175-2178 (Stromnetznutzungsentgelt III); dazu *Büdenbender*, EWiR 2008, 423-424; *Säcker*, N&R 2008, 134-137; *Linsmeier*, NJW 2008, 2162-2165; *Meinhold/Diedrich*, ZNER 2008, 141-144; OLG Saarbrücken v. 06.05.2009 - 1 U (Kart) 262/08 - juris Rn. 72 - OLGR Saarbrücken 2009, 835-839.

[106] Z.B. *Kühne*, NJW 2006, 654-657; *Böcker*, ZWeR 2009, 105-113.

[107] BGH v. 07.02.2006 - KZR 8/05 - juris Rn. 19 - WRP 2006, 768-771 (Stromnetznutzungsentgelt II); dazu *Markert*, ZNER 2006, 138-140; *Schulz-Gardyan*, N&R 2006, 124-127.

[108] Zutreffend LG Ulm v. 08.04.2005 10 O 23/04 KfH - juris Rn 57 - RdE 2006, 24-27 mit zustimmender Anmerkung *Hill*, RdE 2006, 27-28; dazu auch *Becker*, CuR 2005, 65-67; ebenso LG Köln v. 23.07.2004 - 81 O (Kart) 207/01 - RdE 2004, 306-307.

8. Vertragsstrafe

Ein Leistungsbestimmungsrecht nach § 315 BGB ist auch dann anzunehmen, wenn eine Vertragsstrafe ihrer Höhe nach durch den Vertragspartner festgesetzt werden soll, auch wenn dieser sich dabei innerhalb eines festen Rahmens zu bewegen hat oder eine bestimmte Obergrenze zu beachten ist.[109]

9. Wahrnehmungsverträge

Die Rechtsprechung bejaht schließlich ein Leistungsbestimmungsrecht auch bei Wahrnehmungsverträgen der Verwertungsgesellschaften hinsichtlich des bei der Erlösverteilung zugrunde zu legenden Maßstabs.[110]

VI. Arbeitshilfen – Parallelvorschriften

Neben den zuvor dargestellten Sonderfällen der Leistungsbestimmung nach dem RVG, der GOÄ und den das MHG ersetzenden §§ 557-557b BGB ist die sog. Leistungsbestimmung nach billigem Ermessen speziell geregelt: Im BGB in § 660 BGB für die Auslobung und außerhalb des BGB in § 9a ErbbauVO, § 12 Abs. 3 ArbnErfG, § 16 BetrAVG, § 76a BetrVG und § 1 Nr. 3 und 4 VOB/B.[111] Für die Bestimmung des Inhalts eines Vermächtnisses durch den Beschwerten oder einen Dritten ordnet § 2156 BGB die entsprechende Anwendung der §§ 315-319 BGB an.

B. Kommentierung zu Absatz 2

I. Grundlagen

Die Ausübung des Bestimmungsrechts regelt § 315 Abs. 2 BGB dahin gehend, dass die Leistungsbestimmung durch Erklärung gegenüber dem anderen Teil erfolgt. Die Regelung ist dispositiv. Eine abweichende Regelung aufgrund Parteivereinbarung ist sowohl hinsichtlich des Erklärungsempfängers als auch hinsichtlich der Form der Leistungsbestimmung möglich.

II. Anwendungsvoraussetzungen

1. Erklärung gegenüber dem anderen Teil

Vorgenommen wird die Leistungsbestimmung, soweit nichts anderes vereinbart ist, durch eine rechtsgeschäftliche, einseitige, empfangsbedürftige Willenserklärung gegenüber der anderen Vertragspartei. Das Leistungsbestimmungsrecht ist seinem Charakter nach ein Gestaltungsrecht. Die Gestaltungserklärung unterliegt grundsätzlich den allgemeinen Vorschriften des BGB über Willenserklärungen.

Sie ist **unwiderruflich** und **bedingungsfeindlich**. Ähnlich wie bei sog. „innerprozessualen" Bedingungen, deren Vorliegen oder Nichtvorliegen für das Gericht feststellbar und nicht von außerhalb des Verfahrens liegenden Umständen abhängig ist, wird man auch bei der Leistungsbestimmung solche Bedingungen für unschädlich halten müssen, deren Eintritt der Erklärungsempfänger selbst herbeiführen oder feststellen kann.[112]

Für die Anfechtbarkeit der Leistungsbestimmung einer der Vertragsparteien gelten die §§ 119-123 BGB. Die Sonderregelung des § 318 Abs. 2 BGB bezieht sich nach Systematik und Regelungszweck nur auf die Anfechtung der von einem Dritten abgegebenen Bestimmungserklärung durch eine der Vertragsparteien. Für die Bestimmung nach § 315 BGB verbleibt es hingegen bei den allgemeinen Vorschriften.[113]

---

[109] BGH v. 14.10.1977 - I ZR 119/76 - juris Rn. 14 - LM Nr. 21 zu § 339 BGB Hamburger Brauch; BGH v. 30.09.1993 - I ZR 54/91 - LM BGB § 339 Nr. 38 (3/1994); BGH v. 12.07.1984 - I ZR 123/82 - juris Rn. 16 - LM Nr. 32 zu § 315 BGB.

[110] BGH v. 19.05.2005 - I ZR 299/02 - BGHZ 163, 119-134; dazu *Riesenhuber*, GRUR 2006, 201-205; *Hillig*, RzU BGHZ Nr. 498 und kritisch *Schulze*, LMK 2005, II, 116-118.

[111] BGH v. 25.01.1996 - VII ZR 233/94 - juris Rn. 15 - BGHZ 131, 392-402; dazu *Hildebrandt*, ZfIR 2006, 81-86; *Anker/Klingenfuß*, BauR 2005, 1377-1385; *von Minckwitz*, BrBp 2005, 170-177; *Lembcke*, ZGS 2009, 308-310.

[112] Ähnlich *Wolf* in: Soergel, § 315 Rn. 33; für eine großzügige Handhabung des Postulats der Bedingungsfeindlichkeit auch *Gottwald* in: MünchKomm-BGB, § 315 Rn. 36.

[113] A.A. *Wolf* in: Soergel, § 315 Rn. 33.

60 Aufgrund des dispositiven Charakters der Regelung können die Parteien grundsätzlich eine abweichende Regelung zu Abgabe und Zugang der Gestaltungserklärung treffen, beispielsweise eine interne Festsetzung oder eine testamentarische Anordnung als ausreichend für den Eintritt der Gestaltungswirkung bestimmen.[114]

2. Form der Leistungsbestimmung

61 Die Gestaltungserklärung bedarf grundsätzlich keiner Form, auch dann nicht, wenn die vertraglich begründete Verpflichtung formbedürftig ist, etwa bei Grundstücksgeschäften nach § 311b BGB.[115] Ausreichend zur Wahrung der Warn- oder Beweisfunktion des Formerfordernisses ist, dass das Bestimmungsrecht der Partei in einem formgerecht abgeschlossenen Vertrag vereinbart worden ist.

62 Eine Bestimmungserklärung muss nicht zwingend ausdrücklich, sie kann ausnahmsweise auch konkludent durch schlüssiges Handeln erfolgen. Ihrem Zweck genügt eine Bestimmungserklärung allerdings nur dann, wenn sie so eindeutig ist, dass für den Empfänger der Bestimmungserklärung die damit festgelegte geschuldete Leistung klar ersichtlich ist, ohne dass er weitere Nachforschungen anstellen muss.[116] Anderenfalls liegt keine wirksame Leistungsbestimmung vor.

3. Zeit der Leistungsbestimmung

63 Zu welchem Zeitpunkt die Leistungsbestimmung zu erfolgen hat, ergibt sich im Regelfall aus der getroffenen Parteivereinbarung. Sofern eine Frist nicht vereinbart ist, ergibt sich die angemessene Frist für die Leistungsbestimmung aus dem Vertragszweck und den konkreten Umständen des Einzelfalles.

64 Für den Fall einer verzögerten, d.h. nicht innerhalb der vereinbarten oder angemessenen Frist erfolgten Leistungsbestimmung ordnet § 315 Abs. 3 Satz 2 HS. 2 BGB als Sanktion an, dass die Leistungsbestimmung durch Urteil getroffen wird. Die Voraussetzungen des Verzuges müssen hierzu nicht gegeben sein.[117]

4. Verzug

65 Solange die Leistungsbestimmung nicht vorgenommen ist, steht der Inhalt der Leistungspflicht nicht fest. Bis zu diesem Zeitpunkt tritt keine Fälligkeit der Leistung ein. Hinsichtlich des Verzugseintritts ist danach zu unterscheiden, ob die Leistungsbestimmung dem Gläubiger oder dem Schuldner der Leistung obliegt.

a. Bei Bestimmung durch den Gläubiger

66 Steht das Bestimmungsrecht dem Gläubiger der Leistung zu, so kann der Schuldner vor der Leistungsbestimmung nicht in Verzug geraten.[118]

67 Kontrovers beurteilt wird, ob der Bestimmungsberechtigung auch eine Bestimmungspflicht gegenübersteht, wie sie § 375 Abs. 1 HGB für den Käufer beim handelsrechtlichen Bestimmungskauf vorsieht. Sofern sich aus der Parteivereinbarung keine solche Verpflichtung entnehmen lässt und auch keine sonstigen Sanktionen vorgesehen sind, ist nicht von einer klagbaren Bestimmungspflicht, sondern nur von einer Obliegenheit des Gläubigers auszugehen.[119] Auch wenn man mit der Gegenauffassung von einer Bestimmungspflicht ausgeht, folgt daraus jedenfalls aber nicht, dass der Schuldner gegen den bestimmungsberechtigten Gläubiger auf Abgabe der Bestimmungserklärung klagen kann. Bei § 315 BGB tritt nur die Sanktion des § 315 Abs. 3 Satz 2 HS. 2 BGB ein, dass bei verzögerter Leistungsbestimmung die Parteibestimmung durch die richterliche Entscheidung ersetzt wird. Verzögerung im Sinne des § 315 Abs. 3 Satz 2 HS. 2 BGB bedeutet dabei, wie gerade der Vergleich mit § 375 HGB zeigt, keinen Verzug mit einer Bestimmungspflicht, sondern lediglich die Nichtausübung der Leistungsbestimmung in einer nach den Grundsätzen von Treu und Glauben angemessenen Zeit.[120]

---

[114] BGH v. 06.03.1985 - IVa ZR 171/83 - juris Rn. 2 - LM Nr. 1 zu § 2147 BGB.
[115] BGH v. 21.10.1983 - V ZR 121/82 - LM Nr. 6 zu § 4 WohnungseigentumsG; BGH v. 08.11.1985 - V ZR 113/84 - LM Nr. 7 zu § 4 WohnungseigentumsG; *Gottwald* in MünchKomm-BGB, § 315 Rn. 22; *Medicus* in: PWW, 1. Aufl. 2006, Rn. 4.
[116] OLG Saarbrücken v. 22.12.1987 - 7 U 42/86 - NJW 1988, 3210-3211.
[117] RG v. 23.01.1912 - 246/11 II - JW 1912, 387.
[118] RG v. 22.09.1906 - V 1/06 - RGZ 64, 114-117; BGH, WM 1971, 891.
[119] *Battes* in: Erman, § 315 Rn. 10; *Wolf* in: Soergel, § 315 Rn. 35; a.A. *Gottwald* in: MünchKomm-BGB, § 315 Rn. 38; jetzt auch *Hager* in: Erman, § 315 Rn. 16.
[120] BGH v. 30.03.1979 - V ZR 150/77 - juris Rn. 21 - BGHZ 74, 341-346; *Wolf* in: Soergel, § 315 Rn. 35.

Der Schuldner kann jedoch seinerseits den Gläubiger in Annahmeverzug setzen, wenn er seine Leistungsbereitschaft erklärt und den Gläubiger zur Bestimmung der Leistung auffordert.[121] 68

b. Bei Bestimmung durch den Schuldner

Hat der Schuldner die Leistungsbestimmung vorzunehmen, so liegt hierin eine Konkretisierung seiner vertraglichen Verpflichtung, zu deren Vornahme er im Gegensatz zum Gläubiger grundsätzlich verpflichtet ist. Kommt er dieser Verpflichtung nicht nach, wird die fehlende Bestimmung auch hier nach § 315 Abs. 3 Satz 2 HS. 2 BGB auf Klage des Vertragspartners hin durch das Gericht ersetzt. Da der Schuldner zur Bestimmung der Leistung verpflichtet ist, kann der Gläubiger ihn nach § 286 BGB in Verzug setzen und Ersatz des durch die verzögerte Bestimmung entstandenen Schadens nach § 280 Abs. 2 BGB verlangen. Mit der Leistung selbst kann der Schuldner jedoch erst nach rechtskräftiger Bestimmung der Leistung durch das Gericht nach § 315 Abs. 3 Satz 2 HS. 2 BGB in Verzug kommen. Erst dann ist dem Gläubiger eine Nachfristsetzung und bei deren Erfolglosigkeit der Rücktritt nach § 323 BGB oder Übergang zum Schadensersatz statt der Leistung nach § 281 BGB möglich. 69

5. Verjährung

Da ohne eine Einigung der Parteien über den Inhalt des Anspruchs dieser nicht entsteht, ist der Fälligkeitszeitpunkt eines Anspruchs, der von einer Leistungsbestimmung abhängig ist, bis zum Zeitpunkt der Einigung hinausgeschoben. Da der Verpflichtete keine Möglichkeit hat, auf die Ausübung des Gestaltungsrechts durch den Berechtigten Einfluss zu nehmen, tritt eine Gestaltungswirkung bei verzögerter oder fehlender Leistungsbestimmung erst mit Rechtskraft der richterlichen Leistungsbestimmung nach § 315 Abs. 3 Satz 2 BGB ein. Erst in diesem Zeitpunkt und nicht schon mit Erhebung der Gestaltungsklage beginnt die Verjährung des Anspruchs.[122] Nach einer in der Literatur vertretenen Auffassung gilt dies auch für den Anspruch auf Rückforderung überhöhter Entgelte für Energielieferungen, denn soweit durch Urteil überprüft wird, ob die Leistungsbestimmung der Billigkeit entspricht, entstehe erst durch das rechtskräftige Urteil der Anspruch.[123] Nach herrschender und systemgerechter Auffassung beginnt hingegen die Verjährung des Anspruchs auf Rückzahlung des unter Vorbehalt gezahlten Entgelts mit der Zahlung und nicht erst mit der gerichtlichen Bestimmung des billigen Entgelts (vgl. dazu Rn. 127).[124] 70

III. Rechtsfolgen

Eine wirksame Leistungsbestimmung konkretisiert den bis dahin noch nicht feststehenden oder anzupassenden Leistungsinhalt des Vertrages. Bezüglich des Zeitpunkts, auf den sich die Leistungsbestimmung bezieht, ist zu unterscheiden: 71

Handelt es sich um die Bestimmung einer ursprünglichen Leistung, liegt also der Fall eines **anfänglichen** Bestimmungsrechts vor, wirkt die Leistungsbestimmung auf den Zeitpunkt des Vertragsschlusses zurück (ex tunc), soweit sich nicht aus der Vereinbarung der Parteien etwas Abweichendes entnehmen lässt.[125] 72

Dient die Leistungsbestimmung hingegen der **nachträglichen** Vertragsanpassung, so wird die Erklärung im Regelfall erst ex nunc wirksam. 73

C. Kommentierung zu Absatz 3

I. Grundlagen

1. Kurzcharakteristik

In § 315 Abs. 3 Satz 1 BGB wird zunächst festgelegt, dass eine nach billigem Ermessen erfolgte Leistungsbestimmung nur dann für den anderen Vertragspartner verbindlich ist, wenn sie der Billigkeit entspricht. Eine dem nicht genügende oder verzögerte Leistungsbestimmung wird nach § 315 Abs. 3 Satz 2 BGB durch eine der Billigkeit entsprechende richterliche Leistungsbestimmung ersetzt. 74

---

[121] *Hager* in: Erman, § 315 Rn. 16; *Wolf* in: Soergel, § 315 Rn. 35; *Gottwald* in: MünchKomm-BGB, § 315 Rn. 38.
[122] BGH v. 24.11.1995 - V ZR 174/94 - juris Rn. 28 - LM BGB § 198 Nr. 26 (4/1996).
[123] So *Schwintowski*, ZIP 2006, 2302-2306 gegen LG-Nürnberg-Fürth v. 19.05.2006 - 4 HK O 11647/05 - juris Rn. 42 - ZIP 2006, 2318-2320.
[124] BGH v. 23.06.2009 - EnZR 49/08 - RdE 2009, 377-378; BGH v. 07.12.2010 - KZR 41/09 - juris Rn. 8 - ZNER 2011, 314; *Wollschläger/Telschow*, IR 2008, 221, 222 f.; *Hempel*, ZIP 2007, 1196-1199; a.A. Vorauflage.
[125] *Gottwald* in: MünchKomm-BGB, § 315 Rn. 35; enger *Wolf* in: Soergel, § 315 Rn. 44.

75 Die Vorschrift ist disponibel. Die Parteien können die richterliche Kontrolle beschränken, etwa auf eine richterliche Kontrolle bei offenbarer Unbilligkeit entsprechend der Regelung des § 319 Abs. 1 BGB. Auch eine Befristung oder der Übergang des Bestimmungsrechts auf die andere Partei bei verzögerter Leistungsbestimmung nach dem Vorbild des § 375 Abs. 2 HGB ist zulässig, nicht aber ein völliger Ausschluss der richterlichen Kontrolle. Der durch eine willkürliche Leistungsbestimmung betroffenen Partei muss es möglich bleiben, die Sittenwidrigkeit einer solchen Leistungsbestimmung nach § 138 BGB geltend zu machen.[126]

2. Europäischer Hintergrund

76 Der Entwurf der Lando-Kommission für ein europäisches Vertragsrecht sieht in Art. 6.105 eine ähnliche Regelung wie in § 315 Abs. 3 BGB vor. Sofern der durch eine Partei zu bestimmende Preis oder irgendeine andere Vertragsbedingung grob unangemessen ist, ist diese unabhängig von der Vereinbarung durch einen angemessenen Preis oder eine angemessene andere Vertragsbedingung zu ersetzen.

II. Anwendungsvoraussetzungen

1. Unbillige Bestimmung

77 Wenn § 315 Abs. 3 Satz 1 BGB für die nicht der Billigkeit entsprechende Leistungsbestimmung deren Unverbindlichkeit anordnet, so bedeutet dies keine Nichtigkeit der Bestimmung, sondern nur eine Anfechtbarkeit im Klagewege. Die getroffene Bestimmung bleibt zunächst wirksam und bindet den Verpflichteten so lange, bis im Klagewege die getroffene Bestimmung durch eine anderweitige richterliche Bestimmung ersetzt worden ist.[127] § 315 Abs. 3 Satz 2 BGB bestimmt für die Erhebung der dort vorgesehenen Klage keine besondere Frist.[128] Der Betroffene kann allerdings durch illoyale Verzögerung der Klageerhebung sein Klagerecht **verwirken**, etwa dadurch, dass er durch vorbehaltlose Zahlung über einen längeren Zeitraum das Vertrauen erweckt, dass er bestimmte Preise oder Bedingungen akzeptiert.[129]

2. Verzögerung oder Verweigerung der Bestimmung

78 Das Klagerecht des § 315 Abs. 3 Satz 2 BGB besteht nicht nur für den Fall, dass dieser die Unbilligkeit der Leistungsbestimmung geltend macht, sondern alternativ auch dann, wenn die Leistungsbestimmung verzögert oder verweigert wird. Letzteres ergibt sich aus dem Wortlaut des § 315 Abs. 3 Satz 2 BGB nicht, folgt aber daraus, dass hierdurch – ebenso wie bei einer endgültigen Erfüllungsverweigerung, welche den Verzug auch ohne Mahnung eintreten lässt – ein Zustand für den anderen Vertragspartner geschaffen wird, der ein weiteres Abwarten als nicht zumutbar erscheinen lässt. Der Begriff der Verzögerung in § 315 Abs. 3 Satz 2 BGB ist nicht gleichbedeutend mit dem Verzug mit der Leistung. Für eine Verzögerung der Leistungsbestimmung ist kein Verschulden erforderlich, ausreichend ist, dass die Handlung nicht innerhalb objektiv angemessener Zeit, z.B. innerhalb einer im Vertrag vorgesehenen Frist, vorgenommen wird.[130]

3. Klagebefugnis

79 § 315 Abs. 3 Satz 1 BGB erklärt die Bestimmung für „den anderen Teil" nur im Falle der Billigkeit für verbindlich.[131] Daraus folgt, dass ein klagbares Recht zur Geltendmachung der Unbilligkeit der getroffenen Bestimmung nur dem Gegner des Bestimmungsberechtigten zusteht. Sofern die andere Partei die Billigkeit der Bestimmung nicht in Frage stellt, kann sich der Bestimmungsberechtigte seinerseits nicht auf die Unverbindlichkeit einer angeblich unbilligen Leistungsbestimmung berufen.

---

[126] *Rieble* in: Staudinger, § 315 Rn. 61.
[127] OLG Frankfurt, NJW-RR 1999, 237; *Gottwald* in: MünchKomm-BGB, § 315 Rn. 42.
[128] BGH v. 06.03.1986 - III ZR 195/84 - juris Rn. 36 - BGHZ 97, 212-223; *Gottwald* in: MünchKomm-BGB, § 315 Rn. 47; umfassend dazu auch *Piekenbrock*, ZIP 2010, 1925-1933.
[129] BGH v. 06.03.1986 - III ZR 195/84 - juris Rn. 36 - BGHZ 97, 212-223; BGH v. 10.10.1991 - III ZR 100/90 - juris Rn. 29 - BGHZ 115, 311-323; OLG Saarbrücken v. 06.05.2009 - 1 U (Kart) 262/08 - juris Rn. 90 ff. - OLGR Saarbrücken 2009, 835-839.
[130] BGH v. 30.03.1979 - V ZR 150/77 - juris Rn. 21 - BGHZ 74, 341-346.
[131] Dazu BAG v. 08.05.2003 - 6 AZR 43/02 - juris Rn. 23 - DB 2004, 603-604.

4. Subsidiarität der richterlichen Leistungsbestimmung

Der Richter ist nur zur Leistungsbestimmung berufen, wenn die Bestimmung durch die Partei oder den Dritten scheitert oder von einer Seite als unbillig betrachtet wird. Sein Leistungsbestimmungsrecht nach § 315 Abs. 3 Satz 2 BGB ist grundsätzlich subsidiär. 80

In Rechtsprechung und Literatur ist vereinzelt eine Befugnis der Parteien zur Vereinbarung einer primären Leistungsbestimmung durch den Richter bejaht worden, etwa für den Fall der Festsetzung einer Vertragsstrafe.[132] Grundsätzlich wird man aber ein Bedürfnis für eine unmittelbare Bestimmung der vertraglichen Leistung oder der Leistungsmodalitäten durch den Richter nicht anerkennen können. Die Parteien können nicht die ihnen obliegende Aufgabe der Vertragsgestaltung auf den Richter delegieren. Eine richterliche Erstbestimmung aufgrund einer Parteivereinbarung ist nur durch ein Schiedsgericht, nicht aber durch die staatlichen Gerichte möglich.[133] Ein primäres Leistungsbestimmungsrecht des Richters nach § 315 Abs. 3 Satz 2 BGB ist daher nicht wirksam vertraglich vereinbar. 81

5. Richterlicher Kontrollmaßstab

a. Rechtsprechung und herrschende Lehre

Die nach § 315 Abs. 3 Satz 2 BGB ersatzweise vorzunehmende Leistungsbestimmung durch das Gericht wird ebenso wie die Leistungsbestimmung durch die Partei ganz überwiegend als ein Gestaltungsakt angesehen, bei dem für das Gericht der gleiche Beurteilungsmaßstab des „billigen Ermessens" gelten soll wie er im Zweifel nach § 315 Abs. 1 BGB dem Bestimmungsrecht der Parteien zugrunde liegt.[134] Nach herrschender Ansicht steht dem Gericht mithin ein Gestaltungsspielraum in den Grenzen billigen Ermessens zu.[135] Zum Teil wird ein richterlicher Ermessensspielraum hingegen grundsätzlich anerkannt, dieser jedoch als eingeschränkter angesehen als der des Bestimmungsberechtigten. Während letzterer bis an die durch die Billigkeit gekennzeichnete Grenze seines Ermessensspielraums gehen könne, habe sich der Richter, der nach § 315 Abs. 3 Satz 2 BGB an Stelle des Bestimmungsberechtigten die Rechtsgestaltung durch Urteil vornehme, „tunlich in der Mitte" zu halten.[136] 82

b. Abweichende Auffassung

Die Gegenansicht, nach der die Aufgabe des Bestimmungsberechtigten nur in der Ermittlung dessen liegt, was bereits für diesen Fall als allein billig feststeht, wertet das Urteil als reines Feststellungsurteil, welches im Wege eines Erkenntnisaktes die bereits objektiv feststehende billige Leistung nur konkretisiert.[137] 83

c. Auffassung der Autorin

Die Entscheidung nach § 315 Abs. 3 Satz 2 BGB kann ihrem Wesen nach nicht als bloßes Feststellungsurteil eingeordnet werden, da erst durch den Richterspruch die Leistung bestimmt und damit der unfertige materiell-rechtliche Tatbestand in diesem Punkt ergänzt wird. Es handelt sich hierbei um einen Akt materieller Rechtsgestaltung, der durch ein konstitutives Festsetzungsurteil erfolgt. 84

Es überzeugt aber nicht, wenn in der Rechtsprechung wie auch im ganz überwiegenden Schrifttum aus dem Charakter der Entscheidung als Gestaltungsentscheidung zugleich auch eine Ermessensermächtigung des Richters abgeleitet wird. Ermessen und Gestaltung sind zwei voneinander verschiedene Begriffe, die sich nicht gegenseitig bedingen und daher voneinander deutlich getrennt werden müssen. Eine pauschale Gleichstellung der beiden Begriffe verbietet sich schon deshalb, weil es bei den „klassischen" Gestaltungsurteilen des Zivilprozesses zumeist um die Aufhebung eines bestehenden Rechts- 85

---

[132] OLG Hamburg v. 11.07.1962 - 4 U 86/62 - JZ 1963, 172; *Wolf* in: Soergel, § 315 Rn. 56 m.w.N.
[133] Umfassend dazu *Rieble* in: Staudinger, § 315 Rn. 18-21.
[134] BGH v. 02.04.1964 - KZR 10/62 - BGHZ 41, 271-282; BGH v. 24.11.1995 - V ZR 174/94 - LM BGB § 198 Nr. 26 (4/1996); BAG v. 03.12.2002 - 9 AZR 457/01 - DB 2003, 1851-1852; *Neumann-Duesberg*, JZ 1952, 705, 709; *Kronke*, AcP 183, 113-144, 113, 143; *Winter*, Die Bestimmung der Leistung durch den Vertragspartner oder Dritte, 1979, S. 24; *Schlosser*, Gestaltungsklagen und Gestaltungsurteile, 1966, S. 133; *Wolf* in: Soergel, § 315 Rn. 51; *Neumann-Duesberg*, JZ 1952, 705, 708.
[135] *Larenz*, Schuldrecht, Band I: Allgemeiner Teil, 14. Aufl. 1987, S. 77; *Wolf* in: Soergel, § 315 Rn. 51; *Hager* in: Erman, § 315 Rn. 18; so im Ergebnis auch *Joussen*, AcP 203, 429, 440 ff.
[136] LAG Köln v. 22.03.2005 - 9 Sa 1262/04 - juris Rn. 41.
[137] *Kornblum*, AcP 168, 450, 460; umfassender Überblick über den Meinungsstand bei *Stoffel*, Vertragsgestaltung durch richterliche Ermessensentscheidungen im Zivilprozess, 1971, S. 6 ff., 65 ff.

verhältnisses mit Wirkung für die Vergangenheit oder die Zukunft geht, wie etwa im Fall der Ehelichkeitsanfechtung, der Scheidung, der Auflösung einer OHG oder der Ausschließung eines Gesellschafters.[138] In allen diesen Fällen ist die richterliche Gestaltungsentscheidung eine gebundene Entscheidung, bei der dem Richter kein Ermessen im Sinne einer Wahlfreiheit bei der Rechtsfolgenentscheidung zusteht.

86 Auch wenn man mit der herrschenden Auffassung die Entscheidung nach § 315 Abs. 3 Satz 2 BGB als Gestaltungsurteil begreift, ist ein Ermessen zu verneinen.[139] Dies ergibt sich aus folgenden Erwägungen:

87 Bei der Tätigkeit des Gerichts im Rahmen des § 315 BGB ist zunächst grundsätzlich zu unterscheiden zwischen der Überprüfung der Leistungsbestimmung der Partei und der eigenen Leistungsbestimmung durch den Richter.

88 Die Kontrolle der Parteibestimmung durch das Gericht ist keine Ausübung richterlichen Ermessens, sondern lediglich Subsumption. Das Gericht hat zu überprüfen, ob die Leistungsbestimmung der Billigkeit entspricht, da sie nur dann nach § 315 Abs. 3 Satz 1 BGB für die andere Partei verbindlich ist. Es hat nicht ein eigenes Ermessen an die Stelle des Parteiermessens zu setzen.[140]

89 Eine andere Frage ist, ob der Richter dann eine Ermessensentscheidung trifft, wenn er die Leistungsbestimmung der Partei ersetzt oder im Falle ihrer Verzögerung erstmalig trifft. Aus dem Wortlaut des § 315 BGB folgt dies nicht, da sich der Begriff des billigen Ermessens in § 315 Abs. 1 und Abs. 3 BGB unmittelbar nur auf die Parteien bezieht. Eine ausdrückliche Ermessensermächtigung für den Richter enthält die Vorschrift nicht, vielmehr ist in § 315 Abs. 3 Satz 2 BGB nur davon die Rede, dass die Bestimmung durch Urteil getroffen wird, wenn sie nicht der Billigkeit entspricht. Ob der Begriff des billigen Ermessens in § 315 Abs. 1 und Abs. 3 BGB einheitlich oder getrennt zu betrachten ist und welches Element den Vorrang verdient, spielt daher bei der Bewertung des Charakters der richterlichen Tätigkeit nach § 315 Abs. 3 Satz 2 BGB keine entscheidende Rolle mehr (vgl. dazu Rn. 20).

90 Daraus, dass der Richter an die Stelle der bestimmungsberechtigten Partei tritt, folgt nicht notwendig, dass ihm der gleiche Spielraum zukommt wie der Partei,[141] denn aufgrund seiner neutralen Stellung und der von ihm wahrzunehmenden hoheitlichen Aufgabe ist der Richter in einer gänzlich anderen Position als die Partei.[142] Sein Urteil hat grundsätzlich den Betrag festzulegen, der nach seiner Überzeugung der angemessene und richtige ist. Er ist bei der Leistungsbestimmung durch sein Urteil an den Maßstab der Billigkeit gebunden. Billigkeit im Sinne von § 315 Abs. 3 Satz 2 BGB ist auch nach der Rechtsprechung ein reversibler unbestimmter Rechtsbegriff,[143] bei dem nur eine Entscheidung möglich ist. Aufgabe des Richters ist die Konkretisierung dieses unbestimmten Rechtsbegriffs. Er nimmt folglich eine Kontrolle der Billigkeit des von der Partei bestimmten Leistungsinhalts vor und legt sodann konstitutiv den Betrag fest, bzw. trifft die Regelung, die nach seiner Überzeugung im konkreten Fall die einzig richtige darstellt. Dass es sich dabei um eine zwar an objektiven Kriterien ausgerichtete, bei der Überzeugungsbildung aber letztlich subjektive Entscheidung des einzelnen Richters handelt, macht diese nicht zu einer Ermessensentscheidung. Abweichende Beurteilungen sind grundsätzlich bei jeder richterlichen Auslegung von Rechtsbegriffen und in umso größerem Maße denkbar, je mehr Wertungsgesichtspunkte in die Entscheidung einfließen. Ob die vom Richter getroffene subsidiäre Leistungsbestimmung der Billigkeit entspricht, ist mithin in der Revisionsinstanz in vollem Umfang nachzuprüfen.

III. Rechtsfolgen

91 Sofern das Gericht die bisherige Leistungsbestimmung für billig hält, ist die Entscheidung, mit der die Billigkeit der getroffenen Entscheidung festgestellt wird, ein reines **Feststellungsurteil**.[144]

---

[138] Zum Teil wird eine richterliche Gestaltung nur in Form gebundener Gestaltung für möglich gehalten; so insbesondere *Rosenberg/Baur/Lent*, FS für Lent zum 75. Geburtstag, 1957, S. 89, 100 und *Bachof/Jellinek*, Forschungen und Berichte aus dem Öffentlichen Recht, 1955, S. 361, 365 f.
[139] Näher dazu *Stickelbrock*, Inhalt und Grenzen richterlichen Ermessens im Zivilprozess, 2002, S. 306-313.
[140] *Neumann-Duesberg*, JZ 1952, 705, 706 f.
[141] So auch LAG Köln v. 22.03.2005 - 9 Sa 1262/04 - juris Rn. 41.
[142] *Neumann-Duesberg*, JZ 1952, 705, 707; *Stoffel*, Vertragsgestaltung durch richterliche Ermessensentscheidungen im Zivilprozess, 1971, S. 114.
[143] BGH v. 10.10.1991 - III ZR 100/90 - juris Rn. 29 - BGHZ 115, 311-323.
[144] *Wolf* in: Soergel, § 315 Rn. 51.

Im Falle der Unbilligkeit der bisherigen Leistungsbestimmung wird die bis dahin unverbindliche Bestimmung mit Rechtskraft der Entscheidung unwirksam. An ihre Stelle tritt die durch das Urteil neu getroffene Leistungsbestimmung, welche einen Leistungsbefehl darstellt, zugleich aber auch den Leistungsinhalt des zwischen den Parteien geschlossenen Vertrages neu festlegt. Auch wenn das Gericht auf Leistungsklage inzident entscheidet, welche Leistung billig ist, ohne hierüber zunächst ein Gestaltungsurteil zu erlassen, ist das Urteil sowohl Leistungs- als auch Gestaltungsurteil. Die Entscheidung wird in diesen Fällen als **Festsetzungsurteil**[145] oder aber als **verdecktes Gestaltungsurteil**[146] bezeichnet. 92

Da erst mit der Neufestlegung durch das Gericht die vertragliche Leistung bestimmt wird, kann diese erst mit Rechtskraft der Entscheidung fällig werden und der Schuldner erst ab diesem Zeitpunkt in Verzug geraten (vgl. dazu Rn. 65). Ebenso ist die Rechtskraft der Entscheidung auch der früheste Termin für den Verjährungsbeginn (vgl. dazu auch Rn. 70).[147] 93

IV. Prozessuale Hinweise

Bezüglich der **sachlichen Zuständigkeit** der Gerichte für Streitigkeiten über die Billigkeit von Energiepreisen herrscht in der Rechtsprechung der Instanzgerichte Uneinigkeit.[148] Sofern die Zuständigkeit nach der ZPO und damit streitwertabhängig bestimmt wird, ist unklar, ob alleine die einbehaltenen (Jahres-)Kürzungsbeträge den Streitwert bilden, was regelmäßig zur Zuständigkeit des Amtsgerichts führt, oder aber das Interesse des Kunden in Bezug auf einen Wechsel des Energieversorgers als streitwertbestimmend anzusehen ist. 94

Die Mehrheit der Instanzgerichte tendiert hingegen zu einer **spezialgerichtlichen Zuständigkeit** der Kammer für Handelssachen (ggf. als Kartellgericht) nach den Vorschriften des GWB oder EnWG, wobei die Begründung im Einzelnen jedoch variiert.[149] Eine höchstrichterliche Entscheidung steht bislang noch aus. 95

Die **Beweislast** für das Vorliegen einer billigen Bestimmung trifft die bestimmungsberechtigte Partei.[150] Dies folgt aus der Formulierung des § 315 Abs. 3 Satz 1 BGB, der eine Bestimmung nur für den Fall ihrer Billigkeit als verbindlich bezeichnet. Derjenige, der die Leistungsbestimmung getroffen hat und ihre Verbindlichkeit behauptet, muss die Umstände **darlegen und beweisen**, auf welche er die Angemessenheit der Leistungsbestimmung stützt, beispielsweise eine der Leistungsbestimmung zugrunde liegende Kalkulation offen legen.[151] 96

Dies gilt auch im Rückforderungsprozess[152] jedenfalls dann, wenn die Zahlung ausdrücklich unter Vorbehalt einer noch festzustellenden Schuld erfolgt ist. Der Empfänger hat das Bestehen der Schuld zu beweisen, trägt folglich die Darlegungs- und Beweislast für die Billigkeit seiner Leistungsbestimmung.[153] Aus § 315 Abs. 3 Satz 2 BGB lässt sich keine entgegen gesetzte Schlussfolgerung ziehen.[154] 97

---

[145] Z.B. Rosenberg/Schwab/Gottwald, Zivilprozessrecht, 15. Aufl. 1993, § 94 II 3.

[146] Gottwald in: MünchKomm-BGB, § 315 Rn. 46; Larenz, Schuldrecht, Band I: Allgemeiner Teil, 14. Aufl. 1987, § 6 II a.

[147] BGH v. 24.11.1995 - V ZR 174/94 - juris Rn. 28 - LM BGB § 198 Nr. 26 (4/1996).

[148] Vgl. dazu etwa LG Berlin v. 19.06.2006 - 34 O 611/05 - juris Rn. 33 - Grundeigentum 2006; 1551-1555; LG Ravensburg v. 13.03.2008 - 4 O 350/07 - IR 2008, 140-141 mit Anm. Schröder, IR 2008, 141; OLG Celle v. 27.05.2010 - 13 AR 1/10 - juris Rn. 12 - WuW/E DE-R 2955-2957; OLG Frankfurt v. 16.12.2010 - 11 AR 3/10 - juris Rn. 9 - WuW/E DE-R 3229-3232.

[149] Z.B. OLG München v. 15.05.2009 - AR (K) 7/09 - RdE 2009, 298-299; Umfassend hierzu Holling/Peters, ZNER 2007, 161-162.

[150] BGH v. 02.04.1964 - KZR 10/62 - BGHZ 41, 271-282; BGH v. 30.06.1969 - VII ZR 170/67 - NJW 1969, 1809; BGH v. 06.03.1986 - III ZR 195/84 - BGHZ 97, 212-223; OLG Stuttgart v. 05.05.2010 - 3 U 79/10 - juris Rn. 24 - NJW-RR 2011, 202-206.

[151] BGH v. 10.10.1991 - III ZR 100/90 - juris Rn. 40 - BGHZ 115, 311-323; OLG Düsseldorf v. 25.10.1996 - 22 U 100/96 - NJW-RR 1997, 1004; BGH v. 05.02.2003 - VIII ZR 111/02 - juris Rn. 10 - BGHZ 154, 5-10; dazu Stappert, NJW 2003, 3177-3180; BGH v. 18.10. 2007 - III ZR 277/06 - juris Rn. 33 - BGHZ 174, 48-61.

[152] Dazu Steenbuck, MDR 2010, 357-362.

[153] BGH v. 05.07.2005 - X ZR 60/04 - NJW 2005, 2919-2923; BGH v. 18.10.2005 - KZR 36/04 - juris Rn. 19 - BGHZ 164, 336-346 (Stromnetznutzungsentgelt I); BGH v. 07.02.2006 - KZR 8/05 - juris Rn. 19 - WRP 2006, 768-771 (Stromnetznutzungsentgelt II); BGH v. 04.03.2008 - KZR 29/06 - juris Rn. 27 - NJW 2008, 2175-2178 (Stromnetznutzungsentgelt III); ablehnend Ambrosius, ZNER 2007, 95, 100.

[154] Zweifelnd dagegen Heinrichs in: Palandt, § 315 Rn. 19.

Hierbei handelt es sich nur um die Anordnung der richterlichen Ersatzleistungsbestimmung, nicht aber um eine Regelung der Beweislast.

98 Durch eine nachträgliche Tarifermäßigung wird die Unbilligkeit der Leistungsbestimmung eines Versorgungsunternehmens nicht indiziert.[155]

V. Anwendungsfelder – Allgemeine Vertragskontrolle analog § 315 BGB

99 Die Rechtsprechung tendiert dazu, die Kontrolle Allgemeiner Geschäftsbedingungen neben § 242 BGB auch auf § 315 BGB zu stützen.[156] Dem liegt der Gedanke zugrunde, dass die in § 315 Abs. 3 BGB angeordnete Billigkeitskontrolle rechtsfortbildend auch auf sonstige paritätsgestörte Verträge angewendet werden kann.[157]

1. Formularmietverträge

100 So hat der BGH in jüngerer Zeit Formularmietverträge neben der Inhaltskontrolle nach den §§ 305 ff. BGB einer Ausübungskontrolle nach § 315 Abs. 3 BGB unterzogen. Dabei wurde beispielsweise die Ausübung des Ermessens des Vermieters bei der Verlängerung oder Verkürzung von Fristen einer Schönheitsreparaturklausel für unbillig erklärt, wenn diese unabhängig vom tatsächlichen Renovierungsbedarf erfolgte.[158]

2. Formulararbeitsverträge

101 In vergleichbarer Weise nimmt das BAG bei Formulararbeitsverträgen neben der Inhaltskontrolle nach den §§ 305 ff. BGB eine Ausübungskontrolle nach § 315 Abs. 3 BGB vor. Dies betrifft vor allem den Fall von Widerrufsvorbehalten, bei denen die Erklärung des Widerrufs durch den Arbeitgeber im Einzelfall billigem Ermessen entsprechen muss.[159]

3. Verträge der Daseinsvorsorge

102 Die größte Bedeutung kommt der Billigkeitskontrolle nach § 315 Abs. 3 BGB im Bereich von Verträgen der Daseinsvorsorge und bei Vorliegen eines Anschluss- und Benutzungszwangs zu. In Anbetracht der hart umkämpften Preise auf dem Energiemarkt ist die Frage, ob die seitens des Versorgungsunternehmens festgelegten Tarife einer gerichtlichen Billigkeitskontrolle unterliegen, von äußerster Brisanz.

a. Preiskontrolle

103 Die höchstrichterliche Rechtsprechung ermöglicht über § 315 Abs. 3 BGB eine Vertragskontrolle von Monopol- und anderen marktmächtigen Unternehmen bezüglich der einer AGB-Kontrolle nicht zugänglichen Entgelte, soweit die Preise einseitig festgesetzt und nicht individuell ausgehandelt werden,[160] wie dies z.B. bei den Abwasserentgelten öffentlich-rechtlicher Zweckverbände der Fall ist.[161] Über seinen eigentlichen Anwendungsbereich hinaus dient die Vorschrift damit als ein Werkzeug zur inhaltlichen Ausgestaltung des Kontrahierungszwangs.[162]

104 Obwohl die Monopolstellung und Marktmacht der Versorgungsunternehmen seit der Liberalisierung auf dem Energiemarkt durch das EnWG im Jahre 1998[163] durchaus Einschränkungen erfahren hat, zieht der BGH § 315 Abs. 3 BGB weiterhin zur Überprüfung der Angemessenheit der Konditionen von

---

[155] BGH v. 12.07.2006 - X ZR 157/05 - juris Rn. 13 - NJW 2006, 3271-3273.
[156] BGH v. 29.10.1962 - II ZR 31/61 - BGHZ 38, 183-186; OLG Schleswig v. 22.08.2002 - 11 U 26/01 - NJW-RR 2003, 158.
[157] *Rieble* in: Staudinger, § 315 Rn. 37.
[158] BGH v. 16.02.2005 - VIII ZR 48/04 - NJW 2005, 1188-1190; dazu *Mummenhoff*, jurisPR-MietR 21/2005, Anm. 5; *Lehmann-Richter*, NZM 2005, 691-694.
[159] BAG v. 12.01.2005 - 5 AZR 364/04 - juris Rn. 37 - NJW 2005, 1820-1822; dazu *Hanau*, ZIP 2005, 1661-1667; *Hümmerich*, NJW 2005, 1759-1761; *Reinecke*, NJW 2005, 3383-3388. Vgl. zur AGB-Kontrolle im Arbeitsvertragsrecht und § 315 BGB auch *Hanau/Hrodmadka*, NZA 2005, 73-78; *Konzen* in: Festschrift für Hadding, 2004, 145-166; *Preis*, NZA 2004, 1014-1019; *Schmied*, NZA 2006, 1195-1199; *Rolfs*, RdA 2006, 349-356.
[160] BGH v. 19.12.1978 - VI ZR 43/77 - juris Rn. 35 - BGHZ 73, 114-120.
[161] Vgl. z.B. BGH v. 10.10.1991 - III ZR 100/90 - BGHZ 115, 311-323; anders aber bei Telekommunikationsentgelten, bei denen die behördliche Genehmigung eine Billigkeitskontrolle ausschließt, vgl. BGH v. 02.07.1998 - III ZR 287/97 - LM BGB § 138 (Cc) Nr. 5 (3/1999).
[162] *Rieble* in: Staudinger, § 315 Rn. 45.
[163] Energiewirtschaftsgesetz vom 24.04.1998, BGBl I 1998, 730.

Versorgungsverträgen, insbesondere zur Billigkeitsprüfung von Preisänderungen, heran. Dies gilt wegen der bestehenden Monopolstellung für **Netznutzungsentgelte**, etwa im Strom- und Eisenbahnbereich, uneingeschränkt, da der Nutzer auf die Nutzung des Netzes ebenso angewiesen ist, wie dies bei Leistungen der Daseinsvorsorge typischerweise der Fall ist.[164] Die Billigkeitskontrolle kann sich sowohl auf den **Ausgangspreis** des jeweiligen Netzbetreibers als auch auf alle weiteren **Preiserhöhungen** beziehen und zwar auch dann, wenn der Netznutzer eine frühere Preiserhöhung nicht beanstandet hat.[165]

b. Preisanpassungsklauseln

Voraussetzung für die Überprüfung der Preisgestaltung nach § 315 Abs. 3 BGB ist, dass das Energieversorgungsunternehmen den entsprechenden Tarif einseitig bestimmt und ihm hierbei ein gewisser Ermessensspielraum zusteht. Hieran fehlt es, wenn eine **automatische Preisanpassung** aufgrund einer Wertsicherungs-, Spannen- oder Preisgleitklausel vorliegt, bei der die Berechnungsfaktoren für eine Preisänderung vertraglich so bestimmt sind, dass der geänderte Preis der tatsächlichen Höhe nach vorgegeben ist.[166] Strom- und Gaslieferungsverträge enthalten regelmäßig derartige Preisänderungsklauseln. Sind derartige Preisanpassungs- oder Preisänderungsklauseln in Allgemeinen Geschäftsbedingungen enthalten, unterliegen sie als Preisnebenabreden aber grundsätzlich der Inhaltskontrolle, insbesondere dem Transparenzgebot des § 307 BGB.[167] Für die Frage, in welchem Umfang eine solche Preiserhöhungsklausel der Billigkeitskontrolle nach § 315 BGB unterliegt, ist zwischen den verschiedenen Kunden zu unterscheiden:

105

aa. Grundversorgung

Durch das am 13.07.2005 in Kraft getretene, grundlegend novellierte EnWG[168] sowie die am 29.07.2005 in Kraft getretenen vier neuen Netzzugangs- und Netzentgeltverordnungen[169] ist das Verhältnis der Netzbetreiber zu den Netznutzern neu geregelt worden.[170] Für **Grundversorgungskunden**, zu denen insbesondere **Haushaltskunden** zählen, enthält § 36 Abs. 1 EnWG 2005 eine der Versorgungspflicht des § 10 Abs. 1 EnWG 1998 vergleichbare Grundversorgungspflicht. Die Preisänderung erfolgt im Rahmen der Grundversorgung ebenso wie nach der bisherigen Rechtslage durch den Versorger und bedarf der Veröffentlichung.[171] Die Veröffentlichung eines Tarifs indiziert dabei den Willen, diesen der Allgemeinheit als Grundversorgungstarif anbieten zu wollen, es sei denn, ein entgegenstehender Wille des Versorgers tritt nach außen erkennbar hervor.[172] Hierfür reicht aber die bloße Bezeichnung als „Sondertarif" nicht aus.[173]

106

Für den Strom- bzw. Gaskunden noch entscheidender sind die am 08.11.2006 in Kraft getretenen neuen Grundversorgungsordnungen für Strom und Gas, welche die bis dahin geltenden AVGEltV und AVBGasV abgelöst haben.[174] Die neuen Grundversorgungsordnungen enthalten in § 5 Abs. 2

107

---

[164] BGH v. 05.07.2005 - X ZR 60/04 - NJW 2005, 2919-2923; BGH v. 18.10.2005 - KZR 36/04 - juris Rn. 14 - BGHZ 164, 336-346 - Stromnetznutzungsentgelt I; dazu *Bork*, JZ 2006, 682-685; BGH v. 07.02.2006 - KZR 8/05 - juris Rn. 14 - WRP 2006, 768-771 - Stromnetznutzungsentgelt II; dazu *Markert*, ZNER 2006, 138-140; *Schulz-Gardyan*, N&R 2006, 124-127; BGH v. 18.10.2011 - KZR 18/10 - juris Rn. 17 - N&R 2012, 43-45; dazu *Jung*, N&R 2012, 45-47; kritisch *Otte*, LMK 2012, 327729.

[165] BGH v. 04.03.2008 - KZR 29/06 - NJW 2008, 2175-2178 - Stromnetznutzungsentgelt III; dazu *Büdenbender*, EWiR 2008, 423-424; *Säcker*, N&R 2008, 134-137; *Linsmeier*, NJW 2008, 2162-2165; *Meinhold/Diedrich*, ZNER 2008, 141-144.

[166] BGH v. 11.10.2006 - VIII ZR 279/05 - juris Rn. 19 - NJW 2007, 210-211; Brandenburgisches OLG v. 16.03.2006 - 5 U 75/05 - juris Rn. 32 ff. - NJW-RR 2007, 270-272; *Büdenbender*, Zulässigkeit der Preiskontrolle von Fernwärmeversorgungsverträgen nach § 315 BGB, 2005, S. 72 ff.; *Hanau*, ZIP 2006, 1281-1289; *Säcker*, ZNER 2007, 114-116; *Schöne*, ZIP 2007, 918-920.

[167] BGH v. 21.09.2005 - VIII ZR 38/05 - juris Rn. 10 - NJW-RR 2005, 1717-1718 (Flüssiggas I); dazu *Hanau*, ZIP 2006, 1281-1289; BGH v. 13.12.2006 - VIII ZR 25/06 - juris Rn. 18, 21 - NJW 2007, 1054-1057; dazu *Schöne*, ZIP 2007, 918-920; *Büdenbender*, NJW 2007, 2945-2951; OLG Bremen v. 16.11.2007 - 5 U 42/06 - juris Rn. 40, 49 - ZIP 2008, 28-33; dazu *Markert*, ZNER 2008, 44-47.

[168] BGBl I 2005, 1970.

[169] GasNEV, GasNZV, StromNEV, StromNZV, BGBl I 2005, 2297.

[170] Umfassend dazu *Groß*, NJW 2007, 1030-1034.

[171] Zur Entwicklung unter dem EnWG 2005 *Strohe*, NZM 2007, 871, 873; *Metzger*, ZHR 172 (2008), 458-477.

[172] OLG Koblenz v. 17.06.2010 - U 1092/09 Kart - juris Rn. 31 - IR 2011, 36.

[173] OLG Koblenz v. 17.06.2010 - U 1092/09 Kart - juris Rn. 37 - IR 2011, 36.

[174] StromGVV, GasGVV, BGBl I 2006, 2391; dazu *Thomale*, ET 2007, 61-69.

StromGVV und § 5 Abs. 2 GasGVV eine Regelung, welche die Rechtsprechung ebenso wie die bis zum 07.11.2006 geltenden Vorgängervorschriften der § 4 Abs. 1, 2 AVBStrom und § 4 Abs. 1 AVBGasV im Sinne eines einseitigen Leistungsbestimmungsrechts als Preiserhöhungsbefugnis interpretiert.[175] Aufgrund des Charakters als Rechtsverordnung ist die Wirksamkeit der Preisanpassungsklausel selbst der Kontrolle nach den §§ 305 ff. AGB entzogen.[176] Daraus ergeben sich für die von der Rechtsprechung vorgenommene Kontrolle sachwidriger Preisänderungen von Strom- und Gaspreisen bestimmte Einschränkungen:

108 Der **anfänglich vereinbarte Strompreis** ist nicht **unmittelbar** nach § 315 Abs. 3 BGB überprüfbar, unabhängig davon, ob ein konkreter Betrag vertraglich festgelegt wurde oder sich die Preise für die Stromlieferungen aus den bei Vertragsabschluss geltenden allgemeinen Tarifen[177] ergeben. Denn der von dem Kunden zu zahlende Preis ist durch den zuvor veröffentlichten Tarif eindeutig bestimmt und als solcher ausdrücklich oder konkludent vereinbart. Auf die fehlende Verhandlungsmöglichkeit und die fehlende Erkennbarkeit der Kalkulation dieses Preises kommt es nicht an.[178]

109 Da hinsichtlich der Stromversorgung kein Anschluss- und Benutzungszwang besteht, kommt es für eine **analoge** Anwendung des § 315 Abs. 3 BGB darauf an, ob dem Versorgungsunternehmen eine Monopolstellung zukommt. Eine entsprechende Anwendung des § 315 Abs. 3 BGB kommt für den bei Vertragsabschluss geltenden Strompreis dann nicht in Betracht, wenn für den Kunden eine Wechselmöglichkeit besteht.[179] Der Stromkunde hat jedenfalls seit 2002 regelmäßig die Möglichkeit, Strom von einem Anbieter seiner Wahl zu beziehen. Mittlerweile sind praktisch flächendeckend mehrere alternative Stromanbieter vorhanden. Eine Kontrolle des anfänglich vereinbarten Strompreises analog § 315 Abs. 3 BGB erscheint daher auch für die Zukunft ausgeschlossen.

110 Nicht ausgeschlossen hat der BGH hingegen die Billigkeitskontrolle bei **Preiserhöhungen** im Strombereich, die ein Versorgungsunternehmen im Rahmen eines bereits abgeschlossenen Vertrages vornimmt, da in diesem Fall eine einseitige Leistungsbestimmung vorliege.[180] Allerdings dürfte auch in diesem Fall eine Kontrolle analog § 315 Abs. 3 BGB ausscheiden, wenn dem Kunden im Falle der Tariferhöhung ein vertragliches Sonderkündigungsrecht zusteht, da ihm auch in diesem Fall die Wechselmöglichkeit offen steht.[181] Mit Beschluss vom 29.06.2011 hat der BGH die Frage, ob das gesetzliche Preisänderungsrecht des § 5 Abs. 2 StromGVV und des § 4 Abs. 1, 2 AVBStrom den für die Belieferung von Grundversorgungskunden geltenden Transparenzanforderungen der europäischen Binnenmarktrichtlinie Elektrizität (2003/54/EG) entspricht, dem EuGH zur Vorabentscheidung vorgelegt.[182]

111 Für den **anfänglich vereinbarten Gaspreis** gelten die gleichen Grundsätze, d.h. eine Überprüfung in unmittelbarer Anwendung des § 315 Abs. 3 BGB scheidet aus, wenn sich der Preis aus dem jeweiligen allgemeinen und zuvor veröffentlichten Tarif[183] für die leitungsgebundene Versorgung mit Gas ergibt.[184]

112 Auch im Gasbereich kommt es mangels eines Anschluss- und Benutzungszwangs für eine Billigkeitskontrolle analog § 315 Abs. 3 BGB auf die Monopolstellung des Versorgungsunternehmens an.[185] Dabei besteht der Unterschied, dass der Gas-zu-Gas-Wettbewerb im Gegensatz zum Strom-zu-Strom-Wettbewerb bislang kaum praktische Relevanz hat.[186] Dennoch verneint der BGH

---

[175] BGH v. 19.11.2008 - VIII ZR 138/07 - BGHZ 178, 362-384; dazu *Rottnauer*, EWiR 2009, 291-292; *Markert*, RdE 2009, 60-63; *Börner*, VersorgW 2009, 57-61; BGH v. 15.07.2009 - VIII ZR 225/07 - NJW 2009, 2662.
[176] Dazu *Büdenbender*, NJW 2009, 3125-3132; *Markert*, ZNER 2009, 193-204.
[177] Z.B. § 4 AVBEltV; § 10 Abs. 1 EnWG 1998; § 36 Abs. 1 ENWG 2005; §§ 1 ff. StromGVV vom 29.10.2006.
[178] BGH v. 28.03.2007 - VIII ZR 144/06 - juris Rn. 13 ff. - NJW 2007, 1672-1674; dazu *Büdenbender*, EWiR 2007, 619 f.; *Säcker*, ZNER 2007, 114-116; *Ehricke*, JZ 2007, 841-845; *Schöne*, ZIP 2007, 918-920; *Markert*, RdE 2007, 161-163; BGH v. 13.04.2011 - VIII ZR 127/10 - juris Rn. 3 - IR 2011, 181-182.
[179] BGH v. 28.03.2007 - VIII ZR 144/06 - juris Rn. 17 - NJW 2007, 1672-1674.
[180] BGH v. 28.03.2007 - VIII ZR 144/06 - juris Rn. 16 - NJW 2007, 1672-1674.
[181] So zutreffend *Ehricke*, JZ 2007, 841, 844 f.
[182] BGH v. 29.06.2011 - VIII ZR 211/10 - juris Rn. 17 ff. - ZNER 2011, 435-437; dazu *Markert*, ZNER 2011, 437-439.
[183] § 10 Abs. 1 EnWG 1998, § 4 Abs. 1 AVBGasV.
[184] BGH v. 13.06.2007 - VIII ZR 36/06 - juris Rn. 22 - NJW 2007, 2540-2544; dazu *Markert*, RdE 2007, 263-267; *Säcker*, ZNER 2007, 114-116; *Rottnauer*, EWiR 2007, 647-648; *Schmidt*, WuW 2008, 550-559.
[185] BGH v. 14.03.2007 - VIII ZR 36/06 - WuM 2007, 220; BGH v. 13.06.2007 - VIII ZR 36/06 - juris Rn. 33 - NJW 2007, 2540-2544.
[186] Dazu *Büdenbender*, NJW 2007, 2945, 2948.

eine Monopolstellung auch in einem Gebiet, in dem ein Versorgungsunternehmen als einziger Anbieter in Betracht kommt. Denn um eine Leistung der Daseinsvorsorge, auf deren Inanspruchnahme der andere Vertragsteil im Bedarfsfall angewiesen ist, handele es sich auch dann nicht, weil der Gasanbieter in einem Verdrängungswettbewerb mit Anbietern konkurrierender Heizenergieträger wie Öl, Strom, Kohle oder Fernwärme stehe.[187] Der BGH beschränkt dies nicht lediglich auf Neukunden, die frei zwischen den verschiedenen Anbietern wählen könnten, sondern schließt sich der Ansicht an, dass auch den Altkunden der von diesem Konkurrenzverhältnis ausgehende Wettbewerbsdruck zugutekomme, da dieser den Preisgestaltungsspielraum des Anbieters begrenze und zur Einheitlichkeit der Versorgungstarife für Alt- und Neukunden führe.[188]

Auch wenn man eine Billigkeitskontrolle analog § 315 Abs. 3 BGB grundsätzlich für sinnvoll hält, überzeugt dieses Verständnis des Verdrängungswettbewerbs nicht. Eine solche Vereinheitlichung läuft dem kartellrechtlichen Verständnis des sachlich und räumlich relevanten Marktes entgegen. Denn das Gasangebot an Haushalts- und Kleingewerbekunden stellt danach einen eigenen sachlich relevanten Markt dar und ist nicht nur Teil eines großen „Wärmemarktes" aller zur Wärmeerzeugung geeigneten Energieträger.[189] Richtigerweise wird man wie im Kartellrecht zwischen dem Zeitpunkt der Investitionsentscheidung des Kunden, in der ein hinreichender Wettbewerb zwischen den verschiedenen Energieformen besteht,[190] und dem Wechsel zu einer anderen Energieart unterscheiden müssen. Die Kartellbehörden nehmen daher zu Recht eine marktbeherrschende Stellung im Verhältnis zu den Altkunden an, für die ein Wechsel regelmäßig mit erheblichen Investitionskosten für die Anschaffung einer neuen oder den Umbau der bestehenden Heizanlage verbunden sein wird, so dass ein solcher Wechsel für den Kunden im Falle von Preiserhöhungen regelmäßig keine echte Alternative darstellt.[191] 113

Richtungsweisende Bedeutung kommt dem Gaspreisurteil vom 13.06.2007[192] in Bezug auf die im Strompreisurteil vom 28.03.2007[193] nur angerissene Frage der Billigkeitskontrolle von **Preiserhöhungen** nach § 4 Abs. 1, 2 AVBGasV zu. Der BGH hat hierzu eingehend Stellung bezogen und eine mehrstufige Prüfung vorgenommen: 114

Die **aktuell angegriffene Preiserhöhung** durch eine einseitige Tariferhöhung eines Gasversorgers ist danach als einseitige Leistungsbestimmung der Billigkeitskontrolle nach § 315 Abs. 3 BGB unterworfen.[194] Der BGH verneint eine Subsidiarität des § 315 BGB gegenüber dem deliktischen Beseitigungs- und Unterlassungsanspruch aus den §§ 19 Abs. 4 Nr. 2, 33 GWB, da die vertragliche Regelung des § 315 Abs. 3 Satz 2 BGB eine unmittelbare Gestaltungsmöglichkeit bereitstelle.[195] Gegenstand der Prüfung des Gerichts ist jedoch nur der Erhöhungsanteil, nicht hingegen der Preissockel. 115

Grundsätzlich hält der BGH auch zurückliegende Gaspreiserhöhungen für nach § 315 Abs. 3 BGB auf ihre Billigkeit überprüfbar. Die Kontrolle **vergangener Preiserhöhungen** scheiterte jedoch im konkreten Fall daran, dass der Kunde die auf der Grundlage einer öffentlich bekannt gegebenen einseitigen Preiserhöhung vorgenommene Jahresabrechnung des Versorgungsunternehmens nicht in angemessener Zeit gemäß § 315 BGB beanstandet und weiterhin Gas bezogen hatte. Der Kunde habe damit die Preiserhöhung akzeptiert.[196] Auch dies erscheint dogmatisch nicht unproblematisch, wird man doch je- 116

---

[187] BGH v. 13.06.2007 - VIII ZR 36/06 - juris Rn. 34 - NJW 2007, 2540-2544.
[188] BGH v. 13.06.2007 - VIII ZR 36/06 - juris Rn. 33 - NJW 2007, 2540-2544; dagegen *Markert*, RdE 2006, 97, 103; *Hanau*, ZIP 2006, 1281, 1284 ff.
[189] *Markert*, RdE 2007, 263, 266 m.w.N.
[190] *Büdenbender*, NJW 2007, 2945, 2948.
[191] *Markert*, RdE 2006, 97, 103; *ders.*, RdE 2007, 263, 266; *Hanau*, ZIP 2006, 1281, 1284 ff.; *Kunth/Tüngler*, NJW 2005, 1313, 1315. Diesen Aspekt erwähnt auch der BGH, zieht hieraus jedoch keine Konsequenzen zugunsten des Kunden, vgl. BGH v. 13.06.2007 - VIII ZR 36/06 - juris Rn. 34 - NJW 2007, 2540-2544.
[192] BGH v. 28.03.2007 - VIII ZR 144/06 - juris Rn. 16 - NJW 2007, 1672-1674.
[193] BGH v. 28.03.2007 - VIII ZR 144/06 - juris Rn. 16 - NJW 2007, 1672-1674.
[194] BGH v. 13.06.2007 - VIII ZR 36/06 - juris Rn. 13 - NJW 2007, 2540-2544; dazu *Markert*, RdE 2007, 263-267; *Säcker*, ZNER 2007, 114-116; *Rottnauer*, EWiR 2007, 647-648; *Schmidt*, WuW 2008, 550-559.
[195] BGH v. 13.06.2007 - VIII ZR 36/06 - juris Rn. 18 - NJW 2007, 2540-2544.
[196] BGH v. 13.06.2007 - VIII ZR 36/06 - juris Rn. 36 - NJW 2007, 2540-2544. Zu beachten ist, dass der Tarifkunde durch den Einwand der Unbilligkeit des verlangten Preises nicht von seiner Zahlungspflicht frei wird, sofern sich nicht aus den Umständen ergibt, dass ein offensichtlicher Fehler vorliegt. Dazu AG Dinslaken v. 13.07.2006 - 31 C 295/05 - juris Rn. 47 - IR 2007, 16-17. Er kann jedoch auch bei Kürzung der Rechnungen und Zahlung unter Vorbehalt der Feststellung der Billigkeit nach § 36 Abs. 1 EnWG 2005 die Weiterbelieferung verlangen, vgl. LG Mönchengladbach v. 10.11.2005 - 7 O 116/05 - juris Rn. 15, 23 - RdE 2006, 170-172.

denfalls bei Privatkunden aus dem bloßen Schweigen auf die Preiserhöhung nicht ohne weiteres eine konkludente Einigung über den erhöhten Preis herleiten können.[197] Auch für die Belieferung von Grundversorgungskunden mit Gas hat der BGH mit Beschluss vom 18.05.2011 dem EuGH die Frage zur Vorabentscheidung vorgelegt, ob § 4 Abs. 1 und 2 AVBGasV bzw. § 5 Abs. 2 GasGVV den Transparenzanforderungen der Richtlinie 2003/55/EG für den Erdgasbinnenmarkt genügt.

bb. Sonderkunden

117 Kunden, die nicht nach veröffentlichten und standardisierten Preisen beliefert werden, fallen nicht in den Bereich der Grundversorgung.[198] Bei derartigen Sonderkundenverträgen ergibt sich die Befugnis zur Preiserhöhung nicht aus den allgemeinen Tarifen. Sie richtet sich bei den sog. **Normsonderkunden oder Sondervertragskunden**, welche Versorgungsleistungen – meist aufgrund der Abgabemenge – zu besonderen Konditionen erhalten, nach den für den Sonderkunden geltenden vorrangigen Allgemeinen Geschäftsbedingungen und den darin enthaltenen Preisanpassungsklauseln.[199] Dies haben sowohl der für Preismissbrauch nach dem GWB zuständige Kartellsenat[200] als auch der für Vertragsstreitigkeiten zwischen Kunden und Versorger zuständige VIII. Senat des BGH[201] in mehreren neueren Entscheidungen bestätigt.

118 Mit der Regelung des § 310 Abs. 2 Satz 1 BGB hat der Gesetzgeber es den Versorgungsunternehmen freistellen wollen, ihre AGB mit Sonderabnehmern entsprechend den allgemeinen Versorgungsbedingungen auszugestalten. Dementsprechend sind zwar die §§ 308, 309 BGB auf Sonderkundenverträge nicht anwendbar. Die allgemeine Inhaltskontrolle nach § 307 BGB ist jedoch nicht ausgeschlossen.[202] Für Tarifkunden, bei denen lediglich die Billigkeit von Preiserhöhungen nach § 315 Abs. 3 BGB überprüft wird, und Normsonderkunden, bei denen die Transparenz der Preisanpassungsklauseln nach § 307 Abs. 1 BGB überprüft wird – auch dann, wenn sie inhaltlich der Klausel für Grundversorgungsverträge entspricht – bestehen nach der **Rechtsprechung des Kartellsenats**[203] daher **unterschiedliche Kontrollmaßstäbe**.[204]

119 Demgegenüber vertritt der **VIII. Zivilsenat** des BGH die Auffassung, dass eine Preisänderungsklausel, die das für Grundversorgungskunden bestehende gesetzliche Preisänderungsrecht unverändert in einen formularmäßigen Erdgassondervertrag übernimmt, keine unangemessene Benachteiligung des Sonderkunden im Sinne von § 307 Abs. 1, 2 BGB darstellt.[205] Die unveränderte Übernahme dürfte richtigerweise nicht nur im Falle einer wortgleichen, sondern auch einer **inhaltsgleichen** Übernahme zu bejahen sein. In den vom BGH entschiedenen Fällen waren die Preisanpassungsklauseln jedoch bereits wegen des Fehlens einer ausdrücklichen Verpflichtung des Versorgers zur Preissenkung bei Verringerung der Kosten nach § 307 BGB als unwirksam zu beurteilen.[206]

---

[197] Kritisch auch *Markert*, RdE 2007, 263, 266.
[198] Zur Abgrenzung von Grundversorgungs- und Sonderverträgen *Büdenbender*, RdE 2011, 201-211.
[199] LG Berlin v. 19.06.2006 - 34 O 611/05 - juris Rn. 42 - Grundeigentum 2006, 1551-1555.
[200] BGH v. 29.04.2008 - KZR 2/07- NJW 2008, 2172; dazu *Büdenbender*, LMK 2008, 264558; *Rottnauer*, EWiR 2008, 673-674; *Reimann/Garbotz*, VersorgungW 2008, 201-207; *Börner*, VersorgungW 2008, 207-209; *Brüggen*, StE 2008, 1-9.
[201] BGH v. 15.07.2009 - VIII ZR 225/07 - juris Rn. 18 - NJW 2009, 2662-2667; BGH v. 15.07.2009 - VIII ZR 56/08 - juris Rn. 23 - NJW 2009, 2667-2671; BGH v. 28.10.2009 - VIII ZR 320/07 - juris Rn. 22 - WM 2010, 228-233; BGH v. 13.01.2010 - VIII ZR 81/08 - juris Rn. 15 - WM 2010, 481-484.
[202] BGH v. 17.12.2008 - VIII ZR 274/06 - juris Rn. 13 - BGHZ 179, 186-196; dazu *Häger/Olschewski*, RdE 2009, 276-281; *Büdenbender*, EWiR 2009, 399-400; *Bayer*, RdE 2009, 1-6; *Markert*, ZMR 2009, 898-903; *ders.*, ZNER 2009, 193-204.
[203] BGH v. 29.04.2008 - KZR 2/07 - NJW 2008, 2172.
[204] Vgl. hierzu *von Westphalen*, ZIP 2008, 669-675, der sich aus diesem Grund für eine Gleichbehandlung von Tarif- und Normsonderkunden ausspricht.
[205] BGH v. 15.07.2009 - VIII ZR 225/07 - juris Rn. 24 - NJW 2009, 2662-2667; BGH v. 15.07.2009 - VIII ZR 56/08 - juris Rn. 27 - NJW 2009, 2667-2671; dazu *Büdenbender*, NJW 2009, 3125-3132; *Markert*, ZMR 2009, 898-903; *ders.*, ZNER 2009, 193-204; BGH v. 28.10.2009 - VIII ZR 320/07 - juris Rn. 29 - WM 2010, 228-233; BGH v. 14.07.2010 - VIII ZR 246/08 - juris Rn. 32 f. - BGHZ 186, 180-205; dazu *Markert*, ZMR 2010, 836-839; *Wassermann*, jurisPR-BGHZivilR 17/2010, Anm 1.
[206] BGH v. 15.07.2009 - VIII ZR 225/07 - juris Rn. 23 - NJW 2009, 2662-2667; BGH v. 15.07.2009 - VIII ZR 56/08 - juris Rn. 26 - NJW 2009, 2667-2671; BGH v. 28.10.2009 - VIII ZR 320/07 - juris Rn. 42 - WM 2010, 228-233.

Mit diesen unmittelbar nur für die Kontrolle von Gaspreisen geltenden Entscheidungen, die allerdings für den Strombereich entsprechende Geltung beanspruchen dürften,[207] erkennt der VIII. Zivilsenat eine Leitbildfunktion des § 5 Abs. 2 GasGVV für die Preisgestaltung im Sonderkundenbereich an. Mit einer unveränderten Übernahme werde das vom Gesetzgeber angestrebte Ziel erreicht, Sonderkunden nicht besser, aber auch nicht schlechter zu stellen als Tarifkunden.[208] Im Ergebnis zutreffend spricht sich damit der **VIII. Zivilsenat** für einen **einheitlichen Kontrollmaßstab** aus, da eine intensivere Kontrolle von Preisanpassungsklauseln im Sonderkundenbereich im Verhältnis zu dem als besonders schutzwürdig anzusehenden Grundversorgungskunden nicht geboten erscheint.[209] Es bleibt jedoch auch nach den Entscheidungen des VIII. Senats bei einer Ungleichbehandlung der Sondervertragskunden im Gas- und Strombereich gegenüber anderen mit Preisanpassungsklauseln konfrontierten Sondervertragskunden, etwa bei der Belieferung mit Flüssiggas.[210] Die zukünftige Beurteilung der Wirksamkeit von Vertragsklauseln über Preisänderungen mit Sondervertragskunden ist ebenso wie im Tarifkundenbereich ungewiss, da der BGH mit Beschluss vom 09.02.2011[211] dem EuGH die Frage zur Vorabentscheidung vorgelegt hat, ob die unveränderte Übernahme der für Tarifkunden geltenden gesetzlichen Regelungen der GasGVV in die Vertragsverhältnisse eine Überprüfung anhand der Richtlinie 93/13/EWG über missbräuchliche Klauseln in Verbraucherverträgen ausschließt. Ebenso ist auch hier zu klären, ob Klauseln in den Verträgen mit Sonderkunden, die Anlass, Voraussetzungen und Umfang der Preisänderung nicht wiedergeben, sondern den Kunden im Anschluss an die Erhöhung ein Sonderkündigungsrecht einräumen, den Transparenzanforderungen der Richtlinie 2003/55/EG für den Erdgasbinnenmarkt genügen.[212]

120

Für die Preisgestaltung bei der Versorgung mit **Fernwärme** fehlt es anders als bei Strom und Gas an einer verbindlichen Bundestarifordnung und allgemeinen Tarifpreisen. Einen einheitlichen Wärmemarkt, der auch die Gasunternehmen erfassen würde, lehnt jedenfalls der Kartellsenat des BGH ab.[213] Der Inhalt von Fernwärmelieferungsverträgen wird durch die AVBFernwärmeV bestimmt, die gg. Den §§ 305 ff. BGB die speziellere Regelung darstellt.[214] Preisanpassungsklauseln sind daher nicht an den §§ 307 ff. BGB, sondern an § 24 Abs. 4 AVBFernwärmeV zu messen.[215] Dabei genügt die Koppelung allein an die Preisentwicklung für leichtes Heizöl nicht den Vorgaben.[216] Erhebt ein Kunde Einwände gegen die Wirksamkeit einer vorformulierten Preisanpassungsklausel in diesem Bereich, so wird durch § 30 AVBFernwärmeV die Möglichkeit nicht ausgeschlossen, die Billigkeit der einseitigen Preisbestimmung des Versorgungsunternehmens nach § 315 BGB zu bestreiten.[217] Auch bei Fernwärme sind Preisänderungen damit letztlich entsprechend der vom BGH für die Billigkeitsüberprüfung von Gaspreisen entwickelten Grundsätze zu kontrollieren.[218]

121

---

[207] Ebenso *Büdenbender*, NJW 2009, 3125, 3126; ablehnend hingegen *Markert*, ZMR 2009, 898, 900.
[208] BGH v. 15.07.2009 - VIII ZR 225/07 - juris Rn. 24 - NJW 2009, 2662-2667; BGH v. 15.07.2009 - VIII ZR 56/08 - juris Rn. 27 - NJW 2009, 2667-2671; dazu *Büdenbender*, NJW 2009, 3125-3132; *Markert*, ZMR 2009, 898-903; *ders.*, ZNER 2009, 193-204; BGH v. 28.10.2009 - VIII ZR 320/07 - juris Rn. 41 - WM 2010, 228-233.
[209] Ebenso *Büdenbender*, NJW 2009, 3125, 3129.
[210] So zu Recht *Markert*, ZMR 2009, 898, 900 unter Hinweis auf BGH v. 21.09.2005 - VIII ZR 38/05 - juris Rn. 10 - NJW-RR 2005, 1717-1718 - Flüssiggas I; BGH v. 13.12.2006 - VIII ZR 25/06 - juris Rn. 18, 21 - NJW 2007, 1054-1057.
[211] BGH v. 09.02.2011 - VIII ZR 162/09 - juris Rn. 30 - ZNER 2011, 170-174.
[212] OLG Oldenburg v. 14.12.2010 - 12 U 49/07 - juris Rn. 35 - ZNER 2011, 76-78; BGH v. 09.02.2011 - VIII ZR 162/09 - juris Rn. 31 - ZNER 2011, 170-174; dazu *Markert*, ZNER 2011, 174-176.
[213] BGH v. 09.07.2002 - KZR 30/00 - juris Rn. 29 - BGHZ 151, 274-286; BGH v. 29.04.2008 - KZR 2/07 - juris Rn. 12 - NJW 2008, 2172-2175, anders dagegen BGH v. 13.06.2007 - VIII ZR 36/06 - juris Rn. 34 - NJW 2007, 2540-2544.
[214] BGH v. 06.07.2011 - VIII ZR 37/10 - juris Rn. 28 ff. - NJW 2011, 3219-3222.
[215] BGH v. 06.04.2011 - VIII ZR 273/09 - juris Rn. 22 ff. - NJW 2011, 2501-2508; BGH v. 13.07.2011 - VIII ZR 339/10 - juris Rn. 24 - NJW 2011, 3222-3226; zu den Transparenzanforderungen des § 24 AVBFernwärmeV auch BGH v. 06.04.2011 - VIII ZR 66/09 - juris Rn. 33 - ZNER 2011, 304-309; BGH v. 06.07.2011 - VIII ZR 37/10 - juris Rn. 40 ff. - NJW 2011, 3219-3222.
[216] BGH v. 06.04.2011 - VIII ZR 273/09 - juris Rn. 37 - NJW 2011, 2501-2508; ebenso OLG Naumburg v. 17.09.2009 - 1 U 23/09 - juris Rn. 46 - ZNER 2009, 400-402.
[217] BGH v. 15.02.2006 - VIII ZR 138/05 - juris Rn. 16 - NJW 2006, 1667-1671; dazu *Wassermeier*, WuM 2006, 394-395; *Götting*, RdE 2006, 277-278; BGH v. 11.10.2006 - VIII ZR 270/05 - juris Rn. 19 - NJW 2007, 210-211; BGH v. 06.04.2011 - VIII ZR 273/09 - juris Rn. 52 f. - NJW 2011, 2501-2508.
[218] *Dibbern/Wollschläger*, CuR 2011, 148-153.

cc. Kontrollmaßstab

122 Beim **Maßstab** für die Billigkeit von Preiserhöhungen im Energiesektor ist zu beachten, dass es grundsätzlich der Billigkeit entspricht, wenn lediglich gestiegene Bezugskosten an die Tarifkunden weitergegeben werden,[219] es sei denn, der Anstieg der Bezugskosten wird durch rückläufige Kosten in anderen Bereichen ausgeglichen.[220] Jedoch kann § 315 BGB nicht herangezogen werden, um auch die im Vorlieferantenverhältnis vereinbarten Preise oder die Koppelung der Gaspreise an leichtes Heizöl einer gerichtlichen Kontrolle zu unterziehen.[221] Zu den preisbildenden Faktoren, welche bei der Überprüfung der Billigkeit einer Preiserhöhung heranzuziehen sind, gehören neben den gestiegenen Bezugskosten etwa veränderte Finanzierungs-, Vertriebs-, Sach- und Personalkosten. Ob eine solche **Kosten- und Gewinnkontrolle** für die Bestimmung der Billigkeit einer Preisänderung der entscheidende Faktor ist, oder ob die Preisbestimmung vielmehr schon dann als billig anzusehen ist, wenn die Preise nicht von denjenigen anderer Gasversorgungsunternehmen abweichen, hat der BGH bislang offen gelassen.[222] Er scheint aber hierzu zu tendieren, sofern das Versorgungsunternehmen geeignetes und ausreichendes Datenmaterial für das Vorliegen eines solchen **Vergleichsmarktes** liefert.[223] Dagegen genügt nach Ansicht des OLG Karlsruhe[224] die Darlegung eines Unternehmens nicht, dass es im Vergleich zu anderen Unternehmen im Erdgasbereich unterdurchschnittliche Preise fordere, da sämtliche Preise nicht der Billigkeit entsprechen könnten. Andere Instanzgerichte stellen hingegen den der Billigkeit entsprechenden Preis unter Berücksichtigung des in vergleichbaren Fällen Üblichen fest.[225] Klargestellt hat der BGH weiterhin, dass dem Gebot der Billigkeit nur dann entsprochen wird, wenn Kostenentlastungen an die Kunden im Wege von **Preissenkungen** weitergegeben werden, wobei in gleicher Weise wie bei Kostenbelastungen zu verfahren ist.[226] Wenn zur Vermeidung starker Preisschwankungen die Erhöhung der Bezugspreise nicht in vollem Umfang an die Kunden weitergegeben wird, erscheint es jedoch vertretbar, dann auch die späteren Bezugspreissenkungen nicht in vollem Umfang in die Abgabepreise einfließen zu lassen.[227]

123 Für **Flughafengebühren** wird die Billigkeit einer Tarifeinteilung dann verneint, wenn Benutzer in derselben Tarifklasse vereinigt werden, die hinsichtlich des für die Bemessung des Entgeltes gewählten Maßstabs ganz unterschiedliche Voraussetzungen aufweisen und für deren Gleichbehandlung kein sachlicher Grund besteht. Die Benutzer könnten billigerweise erwarten, dass die Vorhaltekosten für Infrastruktureinrichtungen nach einem Maßstab umgelegt werden, der den Wert der Leistung für die einzelnen Benutzer berücksichtigt, also in einem angemessenen Verhältnis zu der tatsächlichen Inanspruchnahme der Einrichtungen steht.[228]

124 Bejaht man mit der Rechtsprechung des BGH die privatrechtliche Überprüfung von Tarifen am Maßstab des § 315 Abs. 3 BGB, so stellt eine öffentlich-rechtliche Preisgenehmigung, z.B. nach § 12 BTO-Elt[229], lediglich ein gewisses Indiz für die Billigkeit der Tarife dar, ist aber für die gerichtliche Entscheidung nicht präjudiziell.[230] Auch ergibt sich aus der Zugrundelegung von Preisfindungsprinzipien der

---

[219] BGH v. 13.06.2007 - VIII ZR 36/06 - juris Rn. 22 - NJW 2007, 2540-2544; zu den Anforderungen an den Nachweis der bloßen Weitergabe von Bezugskostensteigerungen OLG München v. 01.10.2009 - U 3772/08 - juris Rn. 33 f., 39 ff. - IR 2010, 35-36.
[220] BGH v. 13.06.2007 - VIII ZR 36/06 - juris Rn. 26 - NJW 2007, 2540-2544; OLG Koblenz v. 17.06.2010 - U 1092/09 Kart - juris Rn. 59 - IR 2011, 36.
[221] BGH v. 13.06.2007 - VIII ZR 36/06 - juris Rn. 27 - NJW 2007, 2540-2544; krit. dazu *Büdenbender*, NJW 2007, 2945, 2949 f.
[222] BGH v. 13.06.2007 - VIII ZR 36/06 - juris Rn. 21 - NJW 2007, 2540-2544.
[223] So BGH v. 14.03.2007 - VIII ZR 36/06 - WuM 2007, 220.
[224] OLG Karlsruhe v. 28.06.2006 - 7 U 194/04 - juris Rn. 11 - RdE 2006, 356-358; dazu *Brodt/Gent*, RdE 2006, 358-360.
[225] LG Magdeburg v. 19.12.2006 - 2 S 265/06 - juris Rn. 49.
[226] BGH v. 17.12.2008 - VIII ZR 274/06 - juris Rn. 15 - BGHZ 179, 186-196; dazu *Häger/Olschewski*, RdE 2009, 276-281; BGH v. 15.07.2009 - VIII ZR 225/07 - juris Rn. 29 - NJW 2009, 2662-2667; BGH v. 15.07.2009 - VIII ZR 56/08 - juris Rn. 29 - NJW 2009, 2667-2671; *Büdenbender*, NJW 2009, 3125, 3126.
[227] LG Krefeld v. 09.07.2010 - 1 S 8/10 - juris Rn. 33 - IR 2010, 205-206.
[228] OLG Düsseldorf v. 18.10.2006 - VI-U (Kart) 1/05 - juris Rn. 44 - WuW/E DE-R 1920-1922; BGH v. 18.10.2007 - III ZR 277/06 - juris Rn. 21 - BGHZ 174, 48-61.
[229] Bundestarifordnung Elektrizität.
[230] BGH v. 27.10.1972 - KZR 9/71 - MDR 1973, 999-1000; BGH v. 18.10.2005 - KZR 36/04 - juris Rn. 20 - BGHZ 164, 336-346 (Stromnetznutzungsentgelt I); dazu *Bork*, JZ 2006, 682-685.

jeweiligen Verbände noch keine Richtigkeitsgewähr für die erhobenen Tarife.[231] Bei einem Netzzugangsentgelt, welches durch die Bundesnetzagentur genehmigt und nach § 111 Abs. 3 EnWG im Kartellrecht als rechtmäßig zugrunde zu legen ist, dürfte richtigerweise aber wohl keine fehlerhafte Ermessensausübung nach § 315 Abs. 1 BGB vorliegen.[232] Dass regulierte Entgelte auch als billige Entgelte angesehen werden, wird auch dadurch gestützt, dass der BGH auch für den Zeitraum vor 2005, in dem noch keine Regulierung der Entgelte im Rahmen des Genehmigungsverfahrens erfolgte, die regulierten Entgelte als Maßstab für billige Entgelte heranzieht, wenn ein anderer Nachweis für die Billigkeit nicht geführt werden kann.[233]

dd. Rückzahlungsansprüche des Kunden

Innerhalb welchen **Zeitraums** der Kunde die Preiserhöhung beanstanden muss, wird in der Literatur unterschiedlich beantwortet. Zum Teil wird bereits nach drei „protestlosen" Abschlagszahlungen das Recht des Kunden zur Preiskontrolle durch das Gericht als verwirkt angesehen,[234] bzw. in Anlehnung an § 38 Abs. 1 Satz 1 EnWG 2005 für eine rechtzeitige Beanstandung eine Frist von 3 Monaten vorgeschlagen.[235] Nach anderer Ansicht sollen hingegen die Verjährungsfristen der §§ 195, 199 Abs. 1 BGB heranzuziehen und das Rückforderungsrecht damit korrespondierend frühestens nach Ablauf von drei Jahren als verwirkt anzusehen sein.[236] Neben dem Zeitmoment sind für die Annahme der Verwirkung zusätzliche Umstände erforderlich, die ein Vertrauen des Unternehmens begründen können, nicht mehr in Anspruch genommen zu werden,[237] oder die die verspätete Geltendmachung als Verstoß gegen Treu und Glauben erscheinen lassen.[238] 125

Richtigerweise wird man in diesen Fällen unterscheiden müssen. Für den Fall der Grundversorgung hat der BGH[239] entschieden, **dass Verwirkung der** Preiskontrolle durch vorbehaltlose Zahlung einer auf der Grundlage einer öffentlich bekannt gegebenen einseitigen Preiserhöhung vorgenommenen Jahresabrechnung des Versorgers eintritt. Denn im Grundversorgungsverhältnis steht dem Versorger ein wirksames gesetzliches Preisanpassungsrecht zur Verfügung, dessen Ausübung lediglich einer Billigkeitskontrolle nach § 315 BGB unterworfen ist, die wiederum nur dann stattfindet, wenn der Kunde die Unbilligkeit geltend macht. Gleiches wird für den Fall eines gesetzlichen Preisänderungsrechts im Sondervertrag zu gelten haben, wenn dieses unverändert in den Vertrag übernommen ist. Anders ist jedoch zu entscheiden, wenn nicht nur die Billigkeit der Preiserhöhung strittig ist, sondern es an einer wirksamen Preisanpassungsregel im Vertrag fehlt. Denn bei einer einseitigen Preiserhöhung des Unternehmens im Sonderkundenbereich, die auf einer unwirksamen oder nicht wirksam einbezogenen Preisanpassungsklausel beruht, kann die vorbehaltlose Zahlung nicht als stillschweigende Zustimmung zu dem überhöhten Preis angesehen werden.[240] 126

Hat der Kunde unter Vorbehalt gezahlt, so gilt für den Bereicherungsanspruch aus § 812 i.V.m. § 315 BGB auf Rückzahlung geleisteter Netznutzungsentgelte die regelmäßige Verjährungsfrist von 3 Jahren gemäß § 195 BGB. Diese beginnt mit der Zahlung und nicht erst mit der gerichtlichen Bestimmung des billigen Entgelts nach § 315 Abs. 3 BGB.[241] Richtigerweise kann sich das Energieversorgungsunter- 127

---

[231] BGH v. 07.02.2006 - KZR 8/05 - juris Rn. 23 - WRP 2006, 768-771 (Stromnetznutzungsentgelt II); dazu *Markert*, ZNER 2006, 138-140; *Schulz-Gardyan*, N&R 2006, 124-127.
[232] Ebenso *Metzger*, ZHR 172 (2008), 458, 470.
[233] BGH v. 20.07.2010 - EnZR 23/09 - juris Rn. 23 - NJW 2011, 212-215 (Stromnetznutzungsentgelt IV) mit Anm. *Linsmeier*, NJW 2011, 215-216.
[234] *Büdenbender*, NJW 2007, 2945, 2949; *ders.*, NJW 2009, 3125, 3131; OLG Koblenz v. 17.06.2010 - U 1092/09 Kart - juris Rn. 43 - IR 2011, 36.
[235] *Strohe*, NZM 2007, 871, 874; AG Göppingen v. 20.05.2009 - 2 C 2052/08 - juris Rn. 25 - IR 2009, 158.
[236] *Säcker*, ZNER 2007, 114, 115; *Höppner*, N&R 2010, 2-8; ähnlich im Ergebnis *Piekenbrock*, ZIP 2010, 1929-1933, der die Verwirkung grundsätzlich verneint und nur auf die durch Zahlung des unbillig bestimmten Preises beginnende Verjährung abstellt.
[237] OLG Nürnberg v. 01.03.2011 - 1 U 2040/10 - juris Rn. 43 - IR 2011, 109-110.
[238] BGH v. 20.07.2010 - EnZR 23/09 - juris Rn. 23 - NJW 2011, 212-215 (Stromnetznutzungsentgelt IV) mit Anm. *Linsmeier*, NJW 2011, 215-216.
[239] BGH v. 13.06.2007 - VIII ZR 36/06 - juris Rn. 36 - NJW 2007, 2540-2544.
[240] BGH v. 14.07.2010 - VIII ZR 246/08 - juris Rn. 57 - BGHZ 186, 180-205.
[241] BGH v. 23.06.2009 - EnZR 49/08 - juris Rn. 4 - RdE 2009, 377-378; BGH v. 07.12.2010 - KZR 41/09 - juris Rn. 8 - ZNER 2011, 314; *Wollschläger/Telschow*, IR 2008, 221-224; *Hempel*, ZIP 2007, 1196-1199; a.A. *Schwintowski*, ZIP 2006, 2302-2006.

nehmen nicht auf einen Wegfall der Bereicherung nach § 818 Abs. 3 BGB berufen, da es den erhöhten Preis beim Vorlieferanten bezahlt habe. Die Erwerbskosten, die der Bereicherungsschuldner an einen Dritten gezahlt hat, stellen keinen Abzugsposten dar.[242]

c. Kritische Würdigung

128 Auch wenn man den Entscheidungen in den mit ihnen erzielten Ergebnissen weitgehend zustimmen kann, überzeugt aber die Ausweitung des § 315 Abs. 3 BGB in dogmatischer Hinsicht nicht.[243] Außerhalb eines Anschluss- und Benutzungszwangs üben die Versorgungsunternehmen nicht aufgrund Vereinbarung mit dem Vertragspartner ein einseitiges Leistungsbestimmungsrecht im Sinne des § 315 Abs. 1 BGB aus, das zu einer richterlichen Kontrolle nach § 315 Abs. 3 Satz 2 BGB auf die Billigkeit der Festsetzung führen könnte. Zu Recht hat insbesondere *Rieble* darauf hingewiesen, dass die richterliche Ersatzvornahme der Leistungsbestimmung dem Interesse beider Parteien am Bestand des Vertrages dient.[244] Ihre Aufgabe ist nicht die Wahrung der Interessen von Verbrauchern, und sie sollte demgemäß auch nicht als Mittel zu einer allgemeinen Vertragskontrolle herangezogen werden.

129 Im Übrigen wird die Grenze der privatautonomen Vertragsgestaltung im deutschen Recht erst durch § 138 BGB gezogen. Der Tendenz in der Rechtsprechung, darüber hinaus zur Wiederherstellung eines Kräftegleichgewichts zugunsten des vermeintlich schwächeren Vertragspartners in die Privatautonomie einzugreifen, ist mit Vorsicht zu begegnen.

130 Da ein einseitiges Leistungsbestimmungsrecht zugunsten des Versorgungsunternehmens üblicherweise nicht ausdrücklich vereinbart ist, ist kein Raum für eine unmittelbare Anwendung des § 315 Abs. 3 BGB.[245]

131 Eine analoge Anwendung des § 315 BGB aufgrund der Tatsache, dass ein Vertragspartner faktisch zu einer Leistungsbestimmung in der Lage ist, begegnet gewichtigen Bedenken. Die Preiskontrolle bei Verträgen von Monopolunternehmen und Unternehmen mit marktbeherrschender Stellung richtet sich nach den §§ 19, 20 GWB.[246] Etliche instanzgerichtliche Entscheidungen[247] und große Teile des Schrifttums gehen daher zu Recht davon aus, dass § 315 BGB durch die kartellrechtlichen Vorschriften verdrängt wird.[248] Dabei soll nicht verkannt werden, dass die kartellrechtliche Bestimmung vorrangig denjenigen Nachteil ausgleichen will, der sich aus dem fehlenden Wettbewerb ergibt, während § 315 BGB im Unterschied dazu die der einen Vertragspartei übertragene Rechtsmacht, den Inhalt des Vertrages einseitig festzusetzen, begrenzt.[249] Dass der Maßstab und die Grenzen des kartellrechtlichen Missbrauchs- und Diskriminierungsverbots nicht mit den Grenzen der Billigkeitsentscheidung nach § 315 Abs. 3 BGB zusammenfallen, ist aber eine bloße Folge der über ihren Anwendungsbereich hinausgehenden Ausdehnung des § 315 Abs. 3 BGB und kann daher nicht zu ihrer Rechtfertigung herangezogen werden. Grundsätzlich wird eine kartellrechtswidrige Preisforderung immer auch unbillig im Sinne des § 315 BGB sein.[250] Da mit § 19 GWB ein Verbotstatbestand besteht, auf den sich auch der Unternehmer und der Verbraucher berufen können, dürfte es jedenfalls an der für die analoge Anwendung des § 315 Abs. 3 BGB erforderlichen Regelungslücke fehlen.

---

[242] OLG Hamm v. 29.05.2009 - 19 U 52/08, I-19 U 52/08 - juris Rn. 80 - RdE 2009, 261-266; *Büdenbender*, NJW 2009, 3125, 3132.

[243] Kritisch auch gegenüber der rechtspolitischen Eignung des § 315 BGB als Instrument zur Kontrolle von Tariferhöhungen auf dem Energiesektor *Ambrosius*, ZNER 2007, 95, 102.

[244] Umfassend dazu *Rieble* in: Staudinger, § 315 Rn 45-51.

[245] Ablehnend auch *Büdenbender*, Zulässigkeit der Preiskontrolle von Fernwärmeversorgungsverträgen nach § 315 BGB, 2005, S. 62 f.

[246] Ebenso *Wielsch*, JZ 2008, 68-73; *Büdenbender*, NJW 2007, 2945.

[247] OLG Stuttgart v. 17.02.2005 - 2 U 83/04 - RdE 2005, 237-240; parallel: OLG Stuttgart v. 17.02.2005 - 2 U 84/04 - ZNER 2005, Nr. 1, 71-74; OLG Karlsruhe v. 27.10.2004 - 6 U 22/04 - ZNER 2004, Nr. 4, 397-398.

[248] *Rieble* in: Staudinger, § 315 Rn. 51; *Kühne*, RdE 2005, 241, 246 ff.; *ders.*, NJW 2006, 654, 655; *Büdenbender*, Zulässigkeit der Preiskontrolle von Fernwärmeversorgungsverträgen nach § 315 BGB, 2005, S. 86 ff.; *Ehricke*, JZ 2005, 599, 602; *Schulz-Gardyan*, N&R 2005, 97, 101; *Riemer*, ZNER 2006, 121-122; a.A. *Säcker*, ZNER 2007, 114, 115 (Idealkonkurrenz); *Metzger*, ZHR 172 (2008), 458, 473.

[249] So schon BGH v. 02.10.1991 - VIII ZR 240/90 - juris Rn. 18 - NJW-RR 1992, 183-186; OLG Karlsruhe v. 28.06.2006 - 7 U 194/04 - juris Rn. 10 - RdE 2006, 356-358; dazu *Brodt/Gent*, RdE 2006, 358-360.

[250] *Ambrosius*, ZNER 2007, 95, 99.

VI. Arbeitshilfen – Parallelvorschriften

Ähnliche Regelungen enthalten neben der die Leistungsbestimmung durch einen Dritten betreffenden Parallelvorschrift des § 319 BGB auch § 556a Abs. 3 BGB, der die richterliche Festsetzung der Mietbedingungen bei Widerspruch gegen eine Wohnraumkündigung regelt und § 343 Abs. 1 BGB, der den Sonderfall der Herabsetzung der Vertragsstrafe durch den Richter betrifft und sich in seinem Anwendungsbereich mit § 315 BGB überschneiden kann. 132

Durch Art. 1 des Gesetzes zur Änderung des Wohnungseigentumsgesetzes und anderer Gesetze vom 26.03.2007[251] ist in § 21 Abs. 8 WEG nach dem Vorbild des § 315 Abs. 3 Satz 2 BGB eine Sonderregelung getroffen worden, die es dem Gericht ermöglicht, in einem Rechtsstreit nach § 43 WEG anstelle der Wohnungseigentümer zu entscheiden.[252] 133

Weiterhin sieht § 3a RVG vor, dass eine Rechtsanwaltsvergütung, die unter Berücksichtigung aller Umstände unangemessen hoch erscheint, im Rechtsstreit auf den angemessenen Betrag bis zur Höhe der gesetzlichen Vergütung herabgesetzt werden kann. 134

---

[251] BGBl I 2007, 370.
[252] Hierzu *Merle*, ZWE 2008, 9-12; *ders.*, Grundeigentum 2008, 525-528.

§ 316 BGB Bestimmung der Gegenleistung

(Fassung vom 02.01.2002, gültig ab 01.01.2002)

Ist der Umfang der für eine Leistung versprochenen Gegenleistung nicht bestimmt, so steht die Bestimmung im Zweifel demjenigen Teil zu, welcher die Gegenleistung zu fordern hat.

Gliederung

A. Grundlagen 1	1. Subsidiarität der Im-Zweifel-Regelung 9
I. Kurzcharakteristik 1	2. Erweiterungen des Anwendungsbereichs 11
II. Bezug zum UN-Kaufrecht 3	3. Rechtsprechung 12
B. Praktische Bedeutung 4	III. Unbestimmtheit der Person des Bestim-
C. Anwendungsvoraussetzungen 5	mungsberechtigten 16
I. Vorliegen einer Gegenleistung 5	D. Rechtsfolgen 17
II. Unbestimmtheit der Gegenleistung 6	E. Prozessuales: Beweislast 19

A. Grundlagen

I. Kurzcharakteristik

1 Die Vorschrift enthält eine gesetzliche **Auslegungsregel**, die für den Fall, dass der Umfang der für eine Leistung bestimmten Gegenleistung nicht bestimmt ist, das Bestimmungsrecht im Zweifel dem Gläubiger der Gegenleistung einräumt. Über diese dem Wortlaut unmittelbar zu entnehmende Rechtsfolgeanordnung hinaus kommt § 316 BGB weitergehende Bedeutung insoweit zu, als nach Rechtsprechung und herrschender Lehre hierdurch auch eine fehlende Bestimmungsvereinbarung ergänzt und damit ein zur Unwirksamkeit des Vertrages führender offener Einigungsmangel nach § 154 BGB vermieden wird.[1]

2 § 316 BGB entfaltet daher in zweifacher Hinsicht Wirkung:
- Zum einen wird bei fehlender Bestimmung des Umfangs der Gegenleistung ein Leistungsbestimmungsrecht und damit ein wirksam abgeschlossener Vertrag vermutet,
- zum anderen wird der Gläubiger der Gegenleistung, d.h. der Verkäufer hinsichtlich des an ihn zu entrichtenden Kaufpreises, der Vermieter hinsichtlich der Miethöhe, der Werkunternehmer hinsichtlich des Werklohns etc. als Bestimmungsberechtigter vermutet.

II. Bezug zum UN-Kaufrecht

3 Beim internationalen Warenkauf sieht Art. 55 CISG im Gegensatz zu § 316 BGB vor, dass bei einem gültig abgeschlossenen Vertrag, der den Kaufpreis nicht ausdrücklich festsetzt oder dessen Festsetzung ermöglicht, eine gesetzliche Vermutung für die Vereinbarung des in dem betreffenden Geschäftszweig unter vergleichbaren Umständen üblichen Preises für derartige Ware eingreift.[2]

B. Praktische Bedeutung

4 Geht man mit der herrschenden Meinung davon aus, dass § 316 BGB nicht nur für die Person des Bestimmungsberechtigten, sondern auch bei fehlender Bestimmung des Umfangs der Gegenleistung eine Ergänzungsfunktion hat, kommt der Regelung eine nicht unerhebliche praktische Bedeutung zu[3], denn nicht selten treffen Vertragschließende insbesondere bei Dienst- und Werkleistungen wegen eines zwischen ihnen bestehenden Vertrauensverhältnisses über den Umfang der Gegenleistung keine Vereinbarung, obwohl an ihrem Willen, sich endgültig zu binden, kein Zweifel besteht. Den Interessen der beiden Vertragspartner würde es bei derartigen Vereinbarungen nicht gerecht werden, einen offenen Einigungsmangel i.S.d. § 154 Abs. 1 BGB anzunehmen und den Vertrag daran scheitern zu lassen.

---

[1] BGH v. 13.03.1985 - IVa ZR 211/82 - juris Rn. 9 - BGHZ 94, 98-104; BGH v. 06.05.1988 - V ZR 32/87 - juris Rn. 26 - NJW-RR 1988, 970-971; *Gottwald* in: MünchKomm-BGB, § 316 Rn. 1; a.A. *Rieble* in: Staudinger, § 316 Rn. 1.

[2] Zum „gewöhnlich geforderten Preis" nach der Vorläufervorschrift des Art. 57 EKG: BGH v. 27.06.1990 - VIII ZR 122/89 - juris Rn. 32 - LM Nr. 15 zu EKG.

[3] A.A. *Rieble* in: Staudinger, § 316 Rn. 3, 4.

C. Anwendungsvoraussetzungen

I. Vorliegen einer Gegenleistung

Von seinem Anwendungsbereich her ist § 316 BGB nicht auf gegenseitige, vollkommen zweiseitig verpflichtende Verträge beschränkt. Die Auslegungsregel bezieht sich vielmehr auf alle Verträge, bei denen für eine bestimmte Leistung eine Gegenleistung verlangt werden kann, deren Umfang nicht bestimmt ist, wie beispielsweise beim Maklervertrag.[4]

II. Unbestimmtheit der Gegenleistung

Indem § 316 BGB für den Fall der **Unbestimmtheit der Gegenleistung** eine Auslegungsregel normiert, stellt dies nicht explizit, aber im Ergebnis doch eindeutig das Erfordernis der **Bestimmtheit der anderen Leistung** auf. Weiterhin setzt § 316 BGB voraus, dass die Parteien mit einem entsprechenden Bestimmungsrecht einer Partei einverstanden sind, lediglich der Umfang der Gegenleistung und die Person des Bestimmungsberechtigten sind einer Auslegung nach § 316 BGB zugänglich, nicht dagegen das „Ob" der Leistungsbestimmung.

An die Stelle einer unwirksamen Bemessungsgrundlage tritt daher nicht die Auslegungsregel des § 316 BGB. Vielmehr haben die Parteien dadurch, dass sie sich übereinstimmend an einer – wenn auch nichtigen Bemessungsgrundlage – orientiert haben, ein einseitiges Bestimmungsrecht des Gläubigers gerade ausgeschlossen.[5]

Anwendbar ist § 316 BGB auch dann, wenn die Parteien einen gegenseitigen Vertrag fest geschlossen, die Höhe der Vergütung aber späterer Einigung vorbehalten haben und es hierzu nicht mehr gekommen ist. Für diesen Fall kann die Auslegung des Vertrages – vorbehaltlich eines entgegenstehenden Parteiwillens – ergeben, dass bei Nichteinigung eine einseitige Leistungsbestimmung und zwar nach § 316 BGB erfolgen sollte.[6] Allerdings ist hier zu beachten, dass jedenfalls die andere Leistung bestimmt sein muss.

1. Subsidiarität der Im-Zweifel-Regelung

Aus der Natur der Regelung als Auslegungsregel folgt, dass sie nur eingreift, wenn sich bezüglich beider Aspekte – des Umfangs der Gegenleistung und der Person des Bestimmungsberechtigten – nicht aus dem Vertrag oder den Umständen ein bestimmter, entgegenstehender Wille der Parteien ergibt.

§ 316 BGB gilt daher nicht,

- wenn der Umfang der Gegenleistung durch das Gesetz oder anhand eines bestimmten Tarifs bestimmt ist, sofern dieser nicht ausnahmsweise von den Parteien abbedungen wurde,[7]
- wenn sich die Gegenleistung aus den Allgemeinen Geschäftsbedingungen ergibt,
- wenn die Gegenleistung zwar nicht ausdrücklich festgelegt wurde, sich diese aber durch eine – notfalls ergänzende – Auslegung des Vertrages ermitteln lässt[8]
- wenn die Gegenleistung auch nur stillschweigend festgelegt wurde, was meist hinsichtlich des Kaufpreises bei vertretbaren Sachen, für die ein Markt- oder Ladenpreis besteht, anzunehmen ist. Ebenso kommt ein Bestimmungsrecht des Unternehmers bei Werklohn erst dann in Betracht, wenn nach § 632 BGB weder eine taxmäßige noch eine übliche Vergütung festgestellt werden kann[9].

---

[4] BGH v. 13.03.1985 - IVa ZR 211/82 - juris Rn. 8 - BGHZ 94, 98-104.

[5] BGH v. 05.07.1991 - V ZR 117/90 - juris Rn. 10 - LM GrundG Art 14 (Ba) Nr. 78 (6/1992) Kleingartenpacht.

[6] BGH v. 28.02.1968 - V ZR 206/64 - WM 1968, 402-404; BGH v. 06.05.1988 - V ZR 32/87 - juris Rn. 30 - NJW-RR 1988, 970-971; Kiesausbeutungsrecht; *Gottwald* in: MünchKomm-BGB, § 316 Rn. 5; *Hager* in: Erman, § 316 Rn. 7; *Heinrichs* in: Palandt, § 316 Rn. 1; a.A. *Vollkommer* in: Jauernig, BGB-Kommentar, 9. Aufl. 1999, § 316 Rn. 3.

[7] Z.B. OLG Frankfurt v. 23.02.1977 - 7 U 61/76 - juris Rn. 19 - NJW 1977, 1497-1498.

[8] BGH v. 18.09.1985 - IVa ZR 139/83 - juris Rn. 28 - LM Nr. 12 zu § 316 BGB; BGH v. 04.04.2006 - X ZR 80/05 - juris Rn. 15 - NJW-RR 2007, 56-59; BGH v. 13.04.2010 - XI ZR 197/09 - juris Rn. 18 - NJW 2010, 1742; OLG Stuttgart v. 05.05.2010 - 3 U 79/09 - juris Rn. 21 - NJW-RR 2011, 202-206.

[9] BGH v. 19.12.1953 - II ZR 189/52 - LM Nr. 1 zu § 316 BGB; BGH v. 04.04.2006 - X ZR 122/05 - juris Rn. 8 - BGHZ 167, 139-150.

2. Erweiterungen des Anwendungsbereichs

11 Im Interesse der Parteien an der Aufrechterhaltung eines fest abgeschlossenen Vertrages ist die Auslegungsregel des § 316 BGB analog anzuwenden, wenn nicht der Umfang, sondern die Art der Gegenleistung offen ist,[10] beispielsweise die endgültige Bestimmung des Kaufgegenstandes einem späteren Zeitpunkt vorbehalten ist.[11]

3. Rechtsprechung

12 Ein Bestimmungsrecht des Gläubigers nach § 316 BGB besteht für die Bestimmung von Architektengebühren, soweit keine Vereinbarung getroffen ist und die ArchGebO nicht eingreift,[12] bzw. von Arzthonoraren, soweit die GOÄ durch die Vereinbarung einer hiervon abweichenden höheren Gebührenforderung abbedungen ist[13].

13 Gleiches wird auch für andere nach einer Honorarordnung tätig werdende Berufe, wie Rechtsanwälte und Steuerberater zu gelten haben. Des Weiteren findet § 316 BGB Anwendung bei fehlender Vereinbarung der Vergütungsansprüche von Gutachtern,[14] bei der Bemessung des Entgeltanspruchs des Vorsitzenden eines Schiedsgerichts[15] und des Beisitzers einer Einigungsstelle[16].

14 Nach ständiger Rechtsprechung wird § 316 BGB schließlich angewandt bei Monopol-Lieferverträgen, etwa der Stromabnahme im Rahmen eines Versorgungsvertrages, bei dem ein Tarif, wie insbesondere für Sonderabnehmer, nicht besteht.[17]

15 Dagegen besteht kein einseitiges Leistungsbestimmungsrecht des Leistungserbringers bei Versicherungsleistungen nach den §§ 124 ff. SGB V.[8]

III. Unbestimmtheit der Person des Bestimmungsberechtigten

16 Auch hinsichtlich der Person des Bestimmungsberechtigten gilt § 316 BGB nur subsidiär, greift folglich nicht ein, sofern im Vertrag eine Partei oder ein Dritter zur Leistungsbestimmung berufen ist oder sich der Bestimmungsberechtigte aus gesetzlichen Vorschriften ergibt. Vorrangig ist damit die Auslegung des Vertrages, die bei fehlender Benennung des Bestimmungsberechtigten entgegen der Vermutung des § 316 BGB auch zu dem Ergebnis führen kann, dass keiner der Parteien ein Bestimmungsrecht zusteht, sondern die Festsetzung durch das Gericht erfolgen soll.[19] Schließlich kann sich aus den Umständen ergeben, dass nicht der Gläubiger, sondern der Schuldner der Gegenleistung ausnahmsweise zu ihrer Bestimmung berechtigt sein soll, wie der BGH dies für den Fall der Bestimmung des Milchpreises im Verhältnis zwischen Molkerei und Erzeuger angenommen hat.[20] Von einer solchen Vertragsauslegung sollte aber im Hinblick auf die entgegenstehende gesetzliche Vermutung nur zurückhaltend Gebrauch gemacht werden.[21]

D. Rechtsfolgen

17 Vermutet wird nach § 316 BGB neben dem Bestehen eines Rechts zur Bestimmung des Umfangs bzw. der Art der Gegenleistung nur die Person des Bestimmungsberechtigten.

---

[10] Vgl. dazu etwa BGH v. 11.02.1963 - VIII ZR 23/62 - LM Nr. 2 zu § 316 BGB; *Gottwald* in: MünchKomm-BGB, § 316 Rn. 4; *Gernhuber*, Das Schuldverhältnis, 1989, § 12 II 1 c.

[11] OLG Düsseldorf v. 17.04.2000 - 9 U 186/99 - MittBayNot 2002, 44-48.

[12] BGH v. 16.02.1970 - VII ZR 97/68 - LM Nr. 8 zu ArchGebO.

[13] OLG Frankfurt v. 23.02.1977 - 7 U 61/76 - juris Rn. 19 - NJW 1977, 1497-1498.

[14] BGH v. 29.11.1965 - VII ZR 265/63 - LM Nr. 6 zu § 315 BGB = NJW 1966, 539-540; LG Wiesbaden v. 21.08.2003 - 7 O 121/03 - Schaden-Praxis 2003, 394.

[15] OLG Stuttgart v. 01.10.1987 - 11 U 36/86 - ZIP 1988, 864-866.

[16] BAG v. 15.12.1978 - 6 ABR 64/77 - BB 1979, 293; BAG v. 22.04.1980 - 6 ABR 107/77; BAG v. 13.01.1981 - 6 ABR 106/78 - ZIP 1981, 524-526; BAG v. 12.02.1992 - 7 ABR 20/91 - ZIP 1993, 525-528.

[17] BGH v. 01.07.1971 - KZR 16/70 - LM Nr. 12 zu § 315 BGB; BGH v. 19.01.1983 - VIII ZR 81/82 - juris Rn. 17 - LM Nr. 25 zu § 315 BGB; BGH v. 02.10.1991 - VIII ZR 240/90 - juris Rn. 8 - LM BGB § 315 Nr. 44 (5/1992); *Busche*, RdE 2003, 246-247.

[18] BSG v. 04.03.2004 - B 3 KR 4/03 R - BSGE 92, 2005; LSG Essen v. 27.01.2005 - L 16 KR 90/03 - juris Rn. 28.

[19] BGH v. 18.09.1985 - IVa ZR 139/83 - juris Rn. 28 - LM Nr. 12 zu § 316 BGB.

[20] BGH v. 02.04.1964 - KZR 10/62 - juris Rn. 8 - BGHZ 41, 271-282 Milchpreis.

[21] Sehr weitgehend für ein Bestimmungsrecht des Schuldners entgegen § 316 BGB z.B. im Verhältnis Arbeitgeber/Arbeitnehmer, Versicherungsunternehmen/Versicherungsvertreter *Gottwald* in: MünchKomm-BGB, § 316 Rn. 6.

Die Ausübung des Bestimmungsrechts selbst richtet sich in ihren Voraussetzungen, ihrem Maßstab und ihren Rechtsfolgen nach § 315 BGB. 18

E. Prozessuales: Beweislast

Die Beweislast für das Vorliegen der Voraussetzungen des § 316 BGB, insbesondere dafür, dass eine Gegenleistung weder ausdrücklich noch stillschweigend bestimmt ist, trifft denjenigen, der sich auf das Bestimmungsrecht beruft, wobei es als ausreichend anzusehen ist, wenn die Umstände des Vertrages, aus denen sich auf eine entsprechende Auslegung schließen lässt, dargelegt und bewiesen werden.[22] 19

---

[22] *Rieble* in: Staudinger, § 316 Rn. 23; *Hager* in: Erman, § 316 Rn. 13.

§ 317 BGB Bestimmung der Leistung durch einen Dritten

(Fassung vom 02.01.2002, gültig ab 01.01.2002)

(1) Ist die Bestimmung der Leistung einem Dritten überlassen, so ist im Zweifel anzunehmen, dass sie nach billigem Ermessen zu treffen ist.

(2) Soll die Bestimmung durch mehrere Dritte erfolgen, so ist im Zweifel Übereinstimmung aller erforderlich; soll eine Summe bestimmt werden, so ist, wenn verschiedene Summen bestimmt werden, im Zweifel die Durchschnittssumme maßgebend.

Gliederung

A. Kommentierung zu Absatz 1 1	a. Abgrenzung vom Schiedsvertrag 21
I. Grundlagen 1	b. Der Schiedsgutachtervertrag 25
1. Kurzcharakteristik 1	c. Neutralität des Schiedsgutachters 28
2. Rechtsverhältnis zwischen den Parteien und dem Dritten 4	d. Bestimmungsmaßstab des Schiedsgutachters 29
	e. Typische Fälle 30
II. Praktische Bedeutung 6	IV. Rechtsfolgen 33
III. Anwendungsvoraussetzungen 12	V. Verfahrenshinweise 35
1. Vorliegen eines Bestimmungsrechts 12	VI. Arbeitshilfen – Parallelvorschriften 36
2. Person des Dritten 14	B. Kommentierung zu Absatz 2 37
a. Behörde als Dritter 16	I. Grundlagen 37
b. Gericht als Dritter 18	II. Anwendungsvoraussetzungen 39
3. Bestimmungsmaßstab 19	1. Einstimmigkeitsprinzip 39
4. Insbesondere: Das Schiedsgutachten 20	2. Durchschnittsprinzip 41

A. Kommentierung zu Absatz 1

I. Grundlagen

1. Kurzcharakteristik

1 Die §§ 317-319 BGB stellen eine Sonderregelung und Ergänzung zur Lockerung des Bestimmtheitsgrundsatzes in § 315 BGB dar.[1] Zur nachträglichen Leistungsbestimmung können danach nicht nur die Parteien des Schuldverhältnisses, sondern auch Dritte berufen werden, sog. **Drittleistungsbestimmung**.

2 Neben der Aussage, dass eine Leistungsbestimmung durch Dritte zulässig ist, ordnet § 317 Abs. 1 BGB an, dass Entscheidungsmaßstab für die Bestimmung des Dritten im Zweifel wie bei § 315 BGB das billige Ermessen sein soll. Aus der Formulierung des § 317 Abs. 1 BGB als Auslegungsregel folgt in gleicher Weise wie bei § 315 BGB die Abdingbarkeit dieses Bestimmungsmaßstabes. Dass der Gesetzgeber auch weitergehende Spielräume des bestimmungsberechtigten Dritten für zulässig erachtet, zeigt sich insbesondere anhand des § 319 Abs. 2 BGB, der eine Regelung für den Fall der Drittleistungsbestimmung nach freiem Belieben des Dritten enthält.

3 Ob das Bestimmungsrecht aber grundsätzlich einem Dritten zustehen soll und welcher Dritte zur Leistungsbestimmung berechtigt sein soll, folgt nicht aus § 317 BGB, sondern muss sich im Einzelnen aus den Vereinbarungen der Vertragsparteien ergeben.

2. Rechtsverhältnis zwischen den Parteien und dem Dritten

4 Anders als das Leistungsbestimmungsrecht der Partei stellt das Leistungsbestimmungsrecht des Dritten kein echtes Gestaltungsrecht dar, aufgrund dessen der Dritte in die Rechtsbeziehungen der Parteien eingreifen könnte.[2] Denn die zwischen den Parteien getroffene Vereinbarung über die Leistungsbestimmung durch einen Dritten kann diesen isoliert betrachtet nicht zur Abgabe der Leistungsbestimmung verpflichten. Eine solche Verpflichtung kann sich nur aus einer hiervon abstrakten vertraglichen Abrede des Dritten mit einer oder beiden Parteien ergeben. Im Falle der Unentgeltlichkeit ist diese Vereinbarung als Auftrag, ansonsten als Geschäftsbesorgungsvertrag einzuordnen, wobei die Rechtspre-

---

[1] Zur dogmatischen Einordnung eingehend *Jousser*, AcP 203, 429 ff.
[2] *Rieble* in: Staudinger, § 318 Rn. 47.

chung von einem dienstvertraglichen Charakter ausgeht,[3] während in der Literatur teilweise ein Vertrag sui generis,[4] teilweise ein Werkvertrag angenommen wird[5]. Letzteres überzeugt nicht, da der Dritte zwar eine ordnungsgemäße Abgabe der Leistungsbestimmung schuldet, nicht aber einen konkreten Erfolg.

Die Haftung des Dritten richtet sich nach dem zwischen dem Dritten und den Vertragsparteien bestehenden Rechtsverhältnis.[6]

II. Praktische Bedeutung

Eine nicht gering einzuschätzende praktische Bedeutung kommt der Drittleistungsbestimmung aus zwei verschiedenen Blickwinkeln zu. Sie folgt zum einen aus einer gewünschten **spezifischen Fachkompetenz** des Dritten und zum anderen aus der **Neutralität** des Dritten.

Gerade in Fällen, in denen sich die Parteien selbst nicht dazu in der Lage sehen, die für die Leistungsbestimmung maßgeblichen Umstände zu beurteilen, kann der Zugriff auf vertragsexternen Sachverstand zu einer schnellen und effektiven Konfliktlösung beitragen. Der Rückgriff auf einen am Vertrag nicht beteiligten, neutralen Dritten bietet zudem bei Streitigkeiten eine größere Gewähr für eine den Interessen beider Parteien gleichmäßig Rechnung tragende Leistungsbestimmung.

Dem Wortlaut des § 317 Abs. 1 BGB nach gelten die Vorschriften über die Drittleistungsbestimmung unmittelbar nur für den Fall der fehlenden Bestimmung der Leistung im einem schuldrechtlichen Vertrag. Ebenso wie bei § 315 BGB kann die Befugnis des Dritten aber auch auf Nebenleistungen oder bestimmte Leistungsmodalitäten beschränkt sein.

Den Hauptanwendungsfall der Vorschrift stellen jedoch die Fälle der verbindlichen Klärung von streitentscheidenden Vorfragen durch sog. Schiedsgutachten dar, bei denen externer Sachverstand besonders gut genutzt werden kann. Der Schiedsgutachter kann beispielsweise betraut sein mit der Beschaffung gewisser Tatsachen und Unterlagen, die für die Bestimmung der Vertragsleistung mittelbar maßgebend sind. Sofern der Dritte lediglich bestimmte Umstände oder tatsächliche Anspruchsvoraussetzungen feststellen soll, hat er keine rechtsgestaltende, sondern nur feststellende Aufgabe. In diesen Fällen kommt deshalb nur eine analoge Anwendung der §§ 317-319 BGB in Betracht.

Daneben ist die Drittleistungsbestimmung für alle klassischen Leistungsbestimmungsfälle relevant, sowohl zur Beseitigung **anfänglicher Ungewissheit** als auch bei **nachträglicher Ungewissheit**, insbesondere für die praktisch häufigen Fälle der **Vertragsanpassung in Dauerschuldverhältnissen**.[7]

Nicht nur für die Klarstellung einzelner Elemente des zwischen den Parteien bestehenden Rechtsverhältnisses, sondern auch für den unmittelbaren Anwendungsbereich der Vertragsergänzung im Wege der Leistungsbestimmung, also der Ergänzung bzw. Vervollständigung des Vertrags durch den Dritten, ist in Rechtsprechung und Literatur der Begriff des Schiedsgutachtens gebräuchlich.[8] Richtigerweise ist aber zwischen anfänglicher und nachträglicher Drittleistungsbestimmung und dem Schiedsgutachten im engeren Sinne zu unterscheiden, vor allem deshalb, weil an die Person eines Schiedsgutachters und an den von ihm zu beachtenden Bestimmungsmaßstab andere Anforderungen gestellt werden (dazu nachfolgend unter Schiedsgutachten, vgl. Rn. 20).

III. Anwendungsvoraussetzungen

1. Vorliegen eines Bestimmungsrechts

Das Bestimmungsrecht eines Dritten kann sich ebenso wie bei § 315 BGB aus einer ausdrücklichen oder stillschweigenden Vereinbarung der Parteien ergeben. Wird ausdrücklich auf § 317 BGB Bezug genommen, sind auch die Möglichkeit der Anfechtung dieser Bestimmung nach Maßgabe des § 318 BGB und deren Unwirksamkeit sowie Ersetzung durch gerichtliches Urteil gemäß § 319 BGB Gegenstand der Vereinbarung der Parteien.[9]

---

[3] BGH v. 22.04.1965 - VII ZR 15/65 - BGHZ 43, 374-378.
[4] *Gottwald* in: MünchKomm-BGB, § 317 Rn. 24.
[5] *Wolf*, ZIP 1981, 235-243, 241.
[6] BGH v. 13.12.1956 - VII ZR 22/56 - juris Rn. 7 - BGHZ 22, 343-347; *Wolf* in: Soergel, § 317 Rn. 11.
[7] BGH v. 17.05.1967 - VIII ZR 58/66 - BGHZ 48, 25-31; BGH v. 13.05.1974 - VIII ZR 38/73 - BGHZ 62, 314-319; BGH v. 21.09.1983 - VIII ZR 233/82 - juris Rn. 19 - LM Nr. 26 zu § 319 BGB; BGH v. 03.11.1995 - V ZR 182/94 - LM BGB § 317 Nr. 22 (5/1996).
[8] Vgl. nur *Gottwald* in: MünchKomm-BGB, § 317 Rn. 9.
[9] OLG Schleswig v. 23.08.2007 - 5 W 31/07 - MDR 2008, 96.

13 Soweit Allgemeine Geschäftsbedingungen Klauseln enthalten, die eine Drittleistungsbestimmung vorsehen, ist § 305c BGB zu beachten. Wird seitens des Verwenders der Eindruck erweckt, die Einschaltung des Dritten sei obligatorisch, verstößt eine solche Klausel, die dem Vertragspartner den Dritten als Bestimmungsberechtigten „aufzwingt", regelmäßig gegen § 307 Abs. 2 BGB.[10]

2. Person des Dritten

14 Dritter im Sinne des § 317 BGB ist zunächst jede Person, die nicht Partei des lückenhaften Vertragsverhältnisses ist, denn in diesem Fall läge eine Parteileistungsbestimmung nach § 315 BGB vor. Die Parteien müssen sich über die Person des Dritten geeinigt haben, wobei ausreichend ist, wenn diese bestimmbar ist. Die konkrete Benennung kann einer neutralen Stelle oder Behörde übertragen sein. Als bestimmungsberechtigte Dritte kommen sowohl im Zeitpunkt der Leistungsbestimmung zumindest beschränkt geschäftsfähige **natürliche Personen** wie auch **juristische Personen** in Betracht. Bei letzteren erfolgt die Ausübung des Bestimmungsrechts durch die für sie handelnden Organe. Kein Dritter im Sinne des § 317 BGB ist der Drittbegünstigte nach § 328 Abs. 1 BGB. Auf ihn finden die Regeln zur Leistungsbestimmung durch eine Partei (§ 315 BGB) Anwendung.[11]

15 Wirksam ausgeübt ist das Bestimmungsrecht entsprechend der Regelung des § 315 Abs. 2 BGB mit Zugang der einseitigen, empfangsbedürftigen Willenserklärung des Dritten bei den Vertragsparteien.[12] Auch soweit einer Bestimmung des Dritten im Rahmen eines Schiedsgutachtens nur feststellende Wirkung zukommt, ist entsprechend den Vorschriften über Willenserklärungen auf den Zugang des Schiedsgutachtens bei den Vertragsparteien abzustellen. Bei einer Leistungsbestimmung durch einen beschränkt Geschäftsfähigen treffen die Wirkungen der Willenserklärungen nach § 165 BGB diesen nicht selbst.[13]

a. Behörde als Dritter

16 Eine **Verwaltungsbehörde** kann als Dritte tätig werden, sofern sie mit der Leistungsbestimmung außerhalb der ihr hoheitlich zugewiesenen Aufgaben tätig wird und die Gefahr von Interessenkollisionen ausgeschlossen ist.[14] Aufgrund des privatrechtlichen Charakters der Leistungsbestimmung ist diese auch bei Tätigwerden einer Behörde nur im **ordentlichen Rechtsweg** nach § 319 BGB überprüfbar.[15]

17 Existiert die benannte Behörde nicht mehr und ist an ihrer Stelle auch keine ihr nachfolgende Behörde zu ermitteln, wird die Leistungsbestimmung analog § 319 Abs. 1 Satz 2 BGB durch ein gerichtliches Urteil ersetzt.[16] Verallgemeinerungsfähig auf sonstige Fälle des **Wegfalls** eines zur Leistungsbestimmung berufenen Dritten ist diese Entscheidung nicht. Insbesondere können die Parteien nicht durch eine nachlässige Bestimmung der Person des Dritten die Leistungsbestimmung auf die grundsätzlich nur subsidiär zuständigen staatlichen Gerichte abwälzen.

b. Gericht als Dritter

18 Das Gericht kann innerhalb seiner gesetzlichen Zuständigkeit nicht Dritter im Sinne des § 317 BGB sein.[17] Die den Parteien obliegende Vertragsgestaltung darf nicht über ein Drittbestimmungsrecht den staatlichen Gerichten auferlegt werden. Nur für den Ausnahmefall der Festsetzung einer Vertragsstrafe erkennt die Rechtsprechung explizit auch eine Drittleistungsbestimmung unmittelbar durch das Gericht an.[18]

---

[10] BGH v. 18.05.1983 - VIII ZR 83/82 - juris Rn. 20 - LM Nr. 7 zu § 9 (Cb) AGBG; *Gottwald* in: MünchKomm-BGB, § 317 Rn. 5.
[11] BGH v. 30.05.2003 - V ZR 216/02 - juris Rn. 4 - NJW-RR 2003, 1355-1358; dazu *Battes*, LMK 2003, 206-207.
[12] Vgl. dazu BGH v. 12.10.1977 - VIII ZR 84/76 - LM Nr. 19 zu § 317 BGB.
[13] *Wolf* in: Soergel, § 317 Rn. 15.
[14] BGH v. 18.02.1955 - V ZR 110/53 - LM Nr. 8 zu § 1025 ZPO.
[15] OLG Lüneburg, NJW 1950, 924; OVG Münster, WM 1962, 11.
[16] BGH v. 14.07.1971 - V ZR 54/70 - BGHZ 57, 47-53.
[17] BGH v. 03.02.1995 - V ZR 222/93 - juris Rn. 8 - LM ErbbauVO § 9 Nr. 35 (7/1995); BGH v. 06.11.1997 - III ZR 177/96 - juris Rn. 21 - LM BGB § 317 Nr. 24 (5/1998).
[18] BGH v. 14.10.1977 - I ZR 119/76 - juris Rn. 14 - LM Nr. 21 zu § 339 BGB (Hamburger Brauch); BGH v. 30.09.1993 - I ZR 54/91 - LM BGB § 339 Nr. 38 (3/1994); zu weiteren möglichen Ausnahmefällen *Joussen*, AcP 203, 429, 435 f.

3. Bestimmungsmaßstab

Bestimmungsmaßstab ist nach § 317 Abs. 1 BGB auch für den Dritten im Zweifel das billige Ermessen. Auch der Dritte hat im Rahmen seiner Leistungsbestimmung keine echte Wahlfreiheit zwischen mehreren gleich richtigen Entscheidungen auf der Rechtsfolgenseite, zwischen denen er nach Zweckmäßigkeitsgesichtspunkten auswählen kann. Dem bestimmungsberechtigten Dritten ist lediglich ein Beurteilungsspielraum bei der Konkretisierung der im konkreten Fall angemessenen Leistung eingeräumt (vgl. ausführlich dazu die Kommentierung zu § 315 BGB).

4. Insbesondere: Das Schiedsgutachten

Schiedsgutachten im engeren Sinne dienen vor allem dazu, den von den Parteien zwar objektiv bestimmten, aber nur mit Hilfe einer gewissen Sachkunde feststellbaren Vertragsinhalt zu ermitteln. Derartige Schiedsgutachten sind letztlich privatrechtlich vereinbarte Sachverständigengutachten außerhalb eines gerichtlichen Verfahrens, die der Klärung oder der Feststellung von Tatsachen dienen, beispielsweise der Ermittlung der „ortsüblichen" Miete,[19] oder aber Beweis für bestimmte Tatbestandsvoraussetzungen erbringen sollen, von denen die vertraglich zu erbringende Leistung abhängt, etwa der Schadenshöhe oder des Verschuldens[20].

a. Abgrenzung vom Schiedsvertrag

Während der **Schiedsvertrag** auf die Entscheidung eines Rechtsstreits gerichtet ist, zielt das **Schiedsgutachten** auf die Feststellung einzelner Tatbestandsmerkmale. Auch dem Schiedsgutachter kann allerdings die Entscheidung rechtlicher Vorfragen übertragen sein.

Eine Abgrenzung zwischen einem den Vorschriften der ZPO unterfallenden Schiedsvertrag und einem entsprechend § 317 BGB zu behandelnden Schiedsgutachtervertrag kann im konkreten Fall Schwierigkeiten bereiten.[21] Weder die von den Parteien gewählten Bezeichnungen als Gutachter, Sachverständiger, Schiedsrichter etc., noch die unterschiedlichen Aufgaben ermöglichen in vielen Fällen eine klare Abgrenzung. Beispielsweise kann die Anpassung von Leistungen aus dem Dauerschuldverhältnis oder die Regelung einer Auseinandersetzung sowohl einem Schiedsgericht als auch einem Schiedsgutachter übertragen werden.[22] Anders als der von einem Schiedsgericht getroffene Schiedsspruch, der nach § 1055 ZPO einem rechtskräftigen Urteil gleichsteht und nur daraufhin überprüft werden kann, ob er dem deutschen ordre public widerspricht (§ 1059 Abs. 1 Nr. 2 ZPO), unterliegt das Schiedsgutachten der inhaltlichen Kontrolle durch die staatlichen Gerichte.[23]

Entscheidend ist daher, welche Wirkungen die Feststellung nach den Vorstellungen der Parteien haben soll: Soll nach dem Willen der Parteien der Dritte abschließend anstelle der staatlichen Gerichte entscheiden, handelt es sich um einen Schiedsvertrag.[24]

Soll hingegen eine gerichtliche Überprüfung auf offenbare Unbilligkeit möglich sein, handelt es sich um ein Schiedsgutachten.[25] Bei verbleibenden Zweifeln ist ein Schiedsgutachten als die weniger weitgehende Regelung anzunehmen.[26]

b. Der Schiedsgutachtervertrag

Die Rechtsnatur des Schiedsgutachtervertrages wird nicht einheitlich beurteilt. Nach herrschender Auffassung handelt es sich um einen **materiell-rechtlichen Feststellungsvertrag**, der formfrei wirksam und wie die Vereinbarung mit dem Dritten nach § 317 Abs. 1 BGB als Geschäftsbesorgungsver-

---

[19] BGH v. 21.10.1964 - VIII ZR 64/63 - LM Nr. 10 zu § 319 BGB.
[20] Vgl. dazu die Beispiele bei *Gottwald* in: MünchKomm-BGB, § 317 Rn. 31.
[21] Umfassend dazu *Lembcke*, ZGS 2009, 548-553.
[22] BGH v. 17.05.1967 - VIII ZR 58/66 - BGHZ 48, 25-31; *Kurth*, NJW 1990, 2038-2040.
[23] *Wolf* in: Soergel, § 317 Rn. 22; zur Bürgenhaftung bei Leistungsfeststellung durch Schiedsgutachter *Lembcke*, NZBau 2009, 421-425.
[24] Z.B. OLG Hamm v. 28.10.2008 - 19 U 64/08 - IBR 2009, 55-56.
[25] BGH v. 17.05.1967 - VIII ZR 58/66 - BGHZ 48, 25-31.
[26] BGH v. 04.06.1981 - III ZR 4/80 - LM Nr. 20 zu § 1041 ZPO; so für ein Gebührengutachten der Rechtsanwaltskammer OLG München v. 01.06.2005 - 34 Sch 005/05 - OLGR München 2005, 519-520.

trag, Dienstvertrag oder Vertrag sui generis einzuordnen ist.[27] Eine starke Gegenansicht im Schrifttum will den Vertrag hingegen als **Prozessvertrag** einordnen und auf ihn die §§ 1025-1065 ZPO entsprechend anwenden.[28]

26 Angesichts der zuvor aufgezeigten Unterschiede zwischen dem Schiedsgutachten und dem Schiedsvertrag sowohl in der Art und dem Umfang als auch in den Wirkungen der Entscheidung vermag dies nicht zu überzeugen. Da mit einem privaten Schiedsgutachten keine endgültige Entscheidung getroffen wird, bedarf es der Beachtung der Formalien des schiedsgerichtlichen Verfahrens nach der ZPO nicht.[29] Auch die Gewährung rechtlichen Gehörs an die Parteien vor Erstellung des Gutachtens ist nicht zwingend erforderlich.[30] Ein Verstoß kann aber im Rahmen der Kontrolle des Gutachtens auf Richtigkeit nach § 319 BGB beachtlich sein.

27 Schließt nur einer der Vertragspartner einer Schiedsgutachtenabrede einen Schiedsgutachtervertrag mit dem Sachverständigen ab, so muss für den Gutachter erkennbar sein, dass er für alle Beteiligten als Schiedsgutachter tätig sein soll.[31] Fehlt es hieran, wird er als Privatgutachter tätig.[32]

c. Neutralität des Schiedsgutachters

28 Zum Schutz beider Vertragsparteien verlangt die Rechtsprechung anders als beim bestimmungsberechtigten Dritten nach § 317 Abs. 1 BGB, dass der Schiedsgutachter neutral ist.[33] Fehlt es hieran, ist das von ihm erstattete Schiedsgutachten für die Gegenseite unverbindlich.[34] Ein weitergehender Schutz der Parteien, wie ihn bei einem Schiedsvertrag das Ablehnungsrecht des § 1037 ZPO gewährleistet, lässt sich infolge der materiell-rechtlichen Natur des Schiedsgutachtervertrages dogmatisch nicht begründen.[35] Die Rechtsprechung gewährt der betroffenen Partei jedoch in Fällen der Besorgnis der Befangenheit ein Recht zur außerordentlichen Kündigung des Schiedsgutachtervertrages nach § 626 BGB.[36]

d. Bestimmungsmaßstab des Schiedsgutachters

29 Einen entscheidenden Unterschied zwischen dem Schiedsgutachten und der Leistungsbestimmung im engeren Sinne nach § 315 Abs. 1 BGB und § 317 Abs. 1 BGB ergibt sich für die herrschende Meinung beim Bestimmungsmaßstab. Auf Schiedsgutachten werden die §§ 317-319 BGB nicht unmittelbar, sondern nur entsprechend angewendet, was den Maßstab der vom Schiedsgutachter zu treffenden Entscheidung und deren gerichtlichen Kontrolle betrifft. Im Gegensatz zu einer bestimmungsberechtigten Partei und einem bestimmungsberechtigten Dritten wird dem Schiedsgutachter kein Ermessen im Sinne wählenden Verhaltens eingeräumt.[37] Zur Begründung wird zutreffend angeführt, dass der Schiedsgutachter nicht etwa eine **billige**, sondern eine **richtige** Feststellung nach vorgegebenen Maßstäben zu treffen hat. Ihm kann daher nach allgemeiner Ansicht allenfalls ein Beurteilungsspielraum bei der Konkretisierung der von ihm anzuwendenden unbestimmten Rechtsbegriffe zustehen, der jedoch als voll gerichtlich überprüfbar angesehen wird.[38] Auf der Basis der hier vertretenen Auffassung, wonach auch der Partei und sonstigen bestimmungsberechtigten Dritten nur die Konkretisierung der billigen Leistung und damit ein Beurteilungsspielraum eingeräumt ist, ergeben sich im Bestimmungsmaßstab zwischen Schiedsgutachter und sonstigen Dritten letztlich keine Unterschiede.

---

[27] BGH v. 25.06.1952 - II ZR 104/51 - BGHZ 6, 335-341; OLG Hamm v. 16.10.2006 - 17 U 30/06 - juris Rn. 66 - ZfB 2007, 61-69; *Gottwald* in: MünchKomm-BGB, § 317 Rn. 39; *Wagner*, Prozeßverträge, 1998, S. 663.

[28] *Dütz*, Rechtsstaatlicher Gerichtsschutz im Privatrecht, 1970, S. 260; *Kornblum*, Probleme der schiedsrichterlichen Unabhängigkeit, 1968, S. 102; *Schlosser* in: Stein/Jonas, ZPO, 22. Aufl. 2002, vor § 125 Rn. 29; *Rosenberg/Schwab/Gottwald*, ZPR, § 171 III 3.

[29] *Gottwald* in: MünchKomm-BGB, § 317 Rn. 40; *Heinrichs* in: Palandt § 317 Rn. 8; *Wolf* in: Soergel, § 317 Rn. 21.

[30] BGH v. 25.06.1952 - II ZR 104/51 - BGHZ 6, 335-341

[31] Zur Unterscheidung zwischen der Schiedsgutachtenabrede der Parteien und der Schiedsgutachtenvereinbarung mit dem Gutachter *Koeble*, BauR 2007, 1116-1121.

[32] OLG Hamm v. 21.07.2004 - 21 U 20/03 - juris Rn. 135 - IBR 2006, 364.

[33] BGH v. 06.06.1994 - II ZR 100/92 - juris Rn. 19 - NJW 1994, 1314-1315.

[34] BGH v. 18.05.1983 - VIII ZR 83/82 - juris Rn. 20 - LM Nr. 7 zu § 9 (Cb) AGBG.

[35] Umfassend dazu *Gottwald* in: MünchKomm-BGB, § 317 Rn. 44.

[36] BGH v. 05.12.1979 - VIII ZR 155/78 - WM 1980, 108-112.

[37] *Wolf* in: Soergel, § 317 Rn. 22; *Gottwald* in: MünchKomm-BGB, § 317 Rn. 37.

[38] *Gottwald* in: MünchKomm-BGB, § 317 Rn. 37.

e. Typische Fälle

Schiedsgutachten spielen praktisch eine große Rolle bei **Werk-, Kauf-, und Leasingverträgen** im Bau- und im **Kfz-Bereich**, etwa bei der Feststellung von Baumängeln oder Baukosten[39], bei der Schätzung des Zeitwertes eines Pkws[40] oder einer Leasingsache[41]. 30

Weitere Anwendungsbereiche sind die Feststellung von Ansprüchen im Rahmen des **Zugewinnausgleichs**,[42] der Erb- oder der **Gesellschafterauseinandersetzung**[43]. 31

Auch den **Prüfungsbericht** des **Wirtschaftsprüfers** hat der BGH als Schiedsgutachten im Sinne des § 317 BGB qualifiziert.[44] 32

IV. Rechtsfolgen

Im Falle einer echten Leistungsbestimmung im Sinne einer Vertragsergänzung kommt der zwischen den Parteien geschlossene Vertrag durch den **rechtsgestaltenden** Akt der Drittleistungsbestimmung mit dem durch den Dritten festgelegten Inhalt zustande. Einer Klärung von Vorfragen, bestimmten Umständen oder tatsächlichen Voraussetzungen, die nur Grundlage für die Bemessung der Leistung sind, kommt hingegen nur feststellender Charakter zu. 33

Die Rechtsfolgen einer aus der Sicht eines der Vertragschließenden offenbar unbilligen, verzögerten oder verweigerten Leistungsbestimmung ergeben sich aus § 319 BGB. 34

V. Verfahrenshinweise

In der Gestaltung des Verfahrens ist der Dritte grundsätzlich frei. § 317 BGB enthält hierzu keine Vorgaben. Da es sich im Falle eines Schiedsgutachtens nach herrschender Auffassung nicht um einen prozessualen Vertrag im Sinne der ZPO handelt, sind die §§ 1025-1065 ZPO weder direkt noch entsprechend anwendbar.[45] 35

VI. Arbeitshilfen – Parallelvorschriften

Der Drittleistungsbestimmung in den §§ 317-319 BGB entsprechende spezielle Regelungen enthält das VVG in den §§ 64 Abs. 1, 158n, 184 VVG für die Feststellung von Anspruchsvoraussetzungen oder der Höhe eines Schaden nach dem **Versicherungsvertrag**. 36

B. Kommentierung zu Absatz 2

I. Grundlagen

§ 317 Abs. 2 BGB behandelt den Sonderfall, dass mehrere Dritte zur gemeinsamen Leistungsbestimmung berufen sind. Die Vorschrift, die auf das Verhältnis mehrerer Schiedsgutachter zueinander entsprechend anzuwenden ist, enthält zwei verschiedene Auslegungsregeln, mit denen eine einheitliche Bestimmungsentscheidung erzielt werden soll. Praktische Anwendungsfälle bilden hier vor allem Entscheidungen im Arbeitsrecht durch paritätische Kommissionen aus Arbeitgeber- und Arbeitnehmervertretern, welche die Funktion eines Dritten im Sinne des § 317 Abs. 2 BGB ausüben.[46] 37

Ebenso wie bei den sonstigen Auslegungsregeln der §§ 315-319 BGB geht ein feststellbarer abweichender Parteiwille der gesetzlichen Regelung grundsätzlich vor. 38

---

[39] BGH v. 22.02.1974 - V ZR 60/72 - LM Nr. 15 zu § 319 BGB; *Lembcke*, NZBau 2012, 85-90.
[40] BGH v. 18.05.1983 - VIII ZR 83/82 - juris Rn. 20 - LM Nr. 7 zu § 9 (Cb) AGBG.
[41] LG Frankfurt v. 25.07.1988 - 2/24 S 102/87 - NJW-RR 1988, 1132-1134.
[42] BGH v. 09.06.1983 - IX ZR 41/82 - BGHZ 87, 367-375.
[43] BGH v. 20.11.1975 - III ZR 112/73 - WM 1976, 251-253.
[44] BGH v. 21.01.2004 - VIII ZR 74/03 - NJW-RR 2004, 760; dagegen *Müller*, LMK 2004, 110-111; bejahend hingegen *Habersack/Tröger*, DB 2009, 44-52.
[45] BGH v. 25.06.1952 - II ZR 104/51 - BGHZ 6, 335-341.
[46] BAG v. 20.01.2004 - AZR 393/03 - juris Rn. 34 - BAGE 109, 193, 201; näher dazu *Joussen*, AcP 203, 429, 436 m.w.N. Zur Inhaltskontrolle kirchlicher Arbeitsvertragsregelungen BAG v. 22.07.2010 - 6 AZR 847/07 - juris Rn. 27 - NZA 2011, 634.

II. Anwendungsvoraussetzungen

1. Einstimmigkeitsprinzip

39 Das Gesetz ordnet als grundlegende Vermutung in § 317 Abs. 2 HS. 1 BGB Einstimmigkeit der zur Leistungsbestimmung berufenen Dritten an. Es sieht mithin die Leistungsbestimmung grundsätzlich als eine einheitliche Entscheidung an. Das hat zur Folge, dass jede Stimmenthaltung zum Scheitern der Leistungsbestimmung führt.

40 In der Praxis wird abweichend von diesem Grundsatz aus Zweckmäßigkeitsgesichtspunkten bei einem Gremium aus mehreren zur Leistungsbestimmung berufenen Dritten vielfach eine Mehrheitsentscheidung vereinbart. Ist § 317 Abs. 2 HS. 1 BGB nicht abbedungen und wird keine Einstimmigkeit erzielt, liegt ein Fall des § 319 Abs. 1 Satz 2 BGB vor, in dem der Dritte (hier entsprechend: die Dritten) die Leistungsbestimmung nicht treffen kann, so dass die Leistung durch Urteil bestimmt werden muss.[47]

2. Durchschnittsprinzip

41 Sofern die von den mehreren Dritten gemeinsam vorzunehmende Leistungsbestimmung in der Bestimmung einer Summe besteht, tritt nach § 317 Abs. 2 HS. 2 BGB an die Stelle des Einstimmigkeitsprinzips das sog. Durchschnittsprinzip.

42 Dies betrifft vor allem die Fälle der Festlegung des konkreten Umfangs einer Leistung, insbesondere der Höhe einer Geldschuld. In diesem Fall müssen sich die bestimmungsberechtigten Dritten nicht auf eine bestimmte Summe einigen, sondern es wird – vorbehaltlich eines erkennbaren abweichenden Parteiwillens – das arithmetische Mittel der einzelnen ermittelten Summen als Durchschnittssumme der Leistungsbestimmung zugrunde gelegt.

43 Betrifft die Leistungsbestimmung hingegen Art und Umfang der Leistung, verbleibt es bei dem in § 317 Abs. 2 HS. 1 BGB zum Ausdruck kommenden Grundgedanken der einheitlichen Entscheidung.

44 Unanwendbar ist § 317 Abs. 2 HS. 2 BGB weiterhin dann, wenn die Schätzungen zweier zur Leistungsbestimmung Berufener so sehr voneinander abweichen, dass entweder eine oder aber beide Schätzungen offenbar unbillig sein müssen. In diesem Fall kann keine Durchschnittssumme gebildet werden. Die Leistung ist vielmehr nach § 319 Abs. 1 Satz 2 BGB durch Urteil zu bestimmen.[48]

---

[47] BGH v. 03.03.1982 - VIII ZR 10/81 - LM Nr. 2 zu § 1027a ZPO.
[48] BGH v. 28.09.1964 - II ZR 181/62 - NJW 1964, 2401.

§ 318 BGB Anfechtung der Bestimmung

(Fassung vom 02.01.2002, gültig ab 01.01.2002)

(1) Die einem Dritten überlassene Bestimmung der Leistung erfolgt durch Erklärung gegenüber einem der Vertragschließenden.

(2) ¹Die Anfechtung der getroffenen Bestimmung wegen Irrtums, Drohung oder arglistiger Täuschung steht nur den Vertragschließenden zu; Anfechtungsgegner ist der andere Teil. ²Die Anfechtung muss unverzüglich erfolgen, nachdem der Anfechtungsberechtigte von dem Anfechtungsgrund Kenntnis erlangt hat. ³Sie ist ausgeschlossen, wenn 30 Jahre verstrichen sind, nachdem die Bestimmung getroffen worden ist.

Gliederung

A. Grundlagen ... 1	I. Die Bestimmungserklärung (Absatz 1) ... 3
B. Anwendungsvoraussetzungen ... 3	II. Anfechtbarkeit (Absatz 2) ... 6

A. Grundlagen

Die für die Parteileistungsbestimmung in § 315 Abs. 2 BGB geregelte Ausübung des Bestimmungsrechts ist für die Drittleistungsbestimmung in § 318 BGB geregelt. Der Gesetzgeber betrachtet die Bestimmungserklärung des Dritten ebenso wie die Parteibestimmung nach § 315 Abs. 2 BGB nicht lediglich als Wissens-, sondern als Willenserklärung, auf welche grundsätzlich die Vorschriften des allgemeinen Teils über Rechtsgeschäfte Anwendung finden. Dies verdeutlicht der Zusammenhang von Abs. 1 und Abs. 2, der eine Anfechtung der Erklärung in modifizierter Form vorsieht.   **1**

Die Vorschrift ist **dispositiv**. Abweichende vertragliche Vereinbarungen zu Inhalt und Form der Erklärung sowie zu deren Zugang sind möglich.   **2**

B. Anwendungsvoraussetzungen

I. Die Bestimmungserklärung (Absatz 1)

Die Bestimmungserklärung ist ein einseitiges empfangsbedürftiges Rechtsgeschäft. Sie ist formfrei möglich, auch wenn sie ein Grundstücksgeschäft betrifft, und bedarf zu ihrer Wirksamkeit nur des Zugangs gegenüber **einer der Vertragsparteien**. Der Dritte kann wählen, welcher der Vertragsparteien gegenüber er die Erklärung abgibt. Es ist nicht erforderlich, dass es sich dabei um die Vertragspartei handelt, die ihn benannt hat.[1] Aus der dem Dritten eingeräumten Vertrauensstellung folgt aber, dass er die Erklärung **persönlich** abzugeben hat.   **3**

Mit dem Zugang wird die Bestimmung Inhalt des zwischen den Parteien bestehenden Rechtsgeschäfts. Sofern sie inhaltlich dem Bestimmtheitserfordernis genügt, wird damit die bestehende Lücke im Vertrag ex nunc geschlossen, soweit eine Rückwirkung nicht ausdrücklich vereinbart ist.[2] Als rechtsgestaltende Erklärung wird die Bestimmung grundsätzlich mit dem Zugang **unwiderruflich**. Ein Widerruf entfaltet nach § 130 Abs. 1 Satz 2 BGB, der auf die Erklärung grundsätzlich anwendbar ist, nur dann Wirkung, wenn er vor oder gleichzeitig mit dem Zugang der Bestimmungserklärung eingeht.   **4**

Auf ein Schiedsgutachten ist § 318 BGB **entsprechend** anzuwenden. Auch bei Schiedsgutachten sind damit Änderungen, etwa wegen geänderter Überzeugung der Gutachter, nach Zugang des Schiedsgutachtens bei einer der Vertragsparteien ausgeschlossen.[3]   **5**

II. Anfechtbarkeit (Absatz 2)

Die Bestimmungserklärung unterliegt als Willenserklärung den allgemeinen Nichtigkeits- und Anfechtungsgründen. Letztere werden durch § 318 Abs. 2 Satz 1 HS. 1 BGB dahin gehend modifiziert, dass § 123 Abs. 2 BGB unanwendbar ist. Das Anfechtungsrecht steht nicht dem Dritten, sondern allein den Vertragsparteien zu, da die Bestimmung nur für diese Wirkungen äußert. Der Dritte ist aber verpflich-   **6**

---

[1] *Wolf* in: Soergel, § 318 Rn. 3.
[2] Vgl. dazu BGH v. 12.10.1977 - VIII ZR 84/76 - juris Rn. 14 - LM Nr. 19 zu § 317 BGB.
[3] RG v. 04.11.1930 - VII 303/30 - JW 1931, 3194; OLG Schleswig, SchlHA 1957, 341.

§ 318

tet, die Partei auf Willensmängel hinzuweisen.[4] Ist der bestimmungsberechtigte Dritte von einer der Vertragsparteien getäuscht oder bedroht worden, steht dieser entsprechend § 242 BGB kein Anfechtungsrecht zu.

7 Wurde die Leistungsbestimmung nach § 317 Abs. 2 BGB von mehreren Dritten getroffen und liegt nur in der Person eines Dritten ein Anfechtungsgrund vor, wirkt eine Anfechtung gleichwohl auch gegenüber den anderen Bestimmungsberechtigten.[5]

8 Abweichend von § 124 Abs. 1 BGB muss nach § 318 Abs. 2 Satz 2 BGB auch bei Täuschung und Drohung unverzüglich nach Kenntnis vom Anfechtungsgrund angefochten werden. Das Anfechtungsrecht erlischt nach § 318 Abs. 2 Satz 3 BGB spätestens 30 Jahre nach der Bestimmung. Im Interesse einer schnellen Beseitigung der Unsicherheit hat der Gesetzgeber damit im Fall der Leistungsbestimmung durch einen Dritten die für die Irrtumsanfechtung geltenden Fristbestimmungen auf die Anfechtung nach § 123 BGB übertragen.

9 Eine wirksame Anfechtung führt nach § 142 BGB zum rückwirkenden Wegfall der Leistungsbestimmung. Sie ist nicht mit der Konsequenz, dass der Dritte die Bestimmung erneut vornehmen muss. Eine richterliche Bestimmung durch Urteil kommt nach § 319 Abs. 1 Satz 2 BGB nur bei Verweigerung der erneuten Leistungsbestimmung oder deren Verzögerung in Betracht, die nicht schon aufgrund des Fehlschlagens der ersten Leistungsbestimmung zu bejahen ist.[6] Ist den Vertragsparteien die Leistungsbestimmung durch denselben Dritten ausnahmsweise nicht mehr zumutbar, insbesondere in Täuschungs- und Drohungsfällen, hat entsprechend § 319 Abs. 1 Satz 2 BGB eine richterliche Leistungsbestimmung durch Urteil zu erfolgen.[7]

10 Wenn neben einem Anfechtungsgrund zugleich die Voraussetzungen des § 319 Abs. 1 Satz 1 BGB vorliegen, d.h. die Bestimmung durch den Dritten offenbar unbillig ist, hat die Partei die **Wahl**, ob sie die Leistungsbestimmung anficht oder unmittelbar nach § 319 Abs. 1 Satz 2 BGB vorgeht und eine Ersetzung der Bestimmung durch eine gerichtliche Entscheidung herbeiführt.[8]

---

[4] *Döbereiner*, VersR 1983, 712-715, 712.
[5] RG, SeuffA 97, 15.
[6] *Wolf* in: Soergel, § 318 Rn. 12; *Gottwald* in: MünchKomm-BGB, § 318 Rn. 9; a.A. *Rieble* in: Staudinger, § 318 Rn. 15.
[7] *Ballhaus* in: BGB-RGRK, § 318 Rn. 2; *Gottwald* in: MünchKomm-BGB, § 318 Rn. 9.
[8] RG v. 23.11.1942 - II 82/42 - DR 43, 296; so auch OLG Schleswig v. 23.08.2007 - 5 W 31/07 - juris Rn. 10 - MDR 2008, 96.

§ 319 BGB Unwirksamkeit der Bestimmung; Ersetzung

(Fassung vom 02.01.2002, gültig ab 01.01.2002)

(1) ¹Soll der Dritte die Leistung nach billigem Ermessen bestimmen, so ist die getroffene Bestimmung für die Vertragschließenden nicht verbindlich, wenn sie offenbar unbillig ist. ²Die Bestimmung erfolgt in diesem Falle durch Urteil; das Gleiche gilt, wenn der Dritte die Bestimmung nicht treffen kann oder will oder wenn er sie verzögert.

(2) Soll der Dritte die Bestimmung nach freiem Belieben treffen, so ist der Vertrag unwirksam, wenn der Dritte die Bestimmung nicht treffen kann oder will oder wenn er sie verzögert.

Gliederung

A. Kommentierung zu Absatz 1 1	IV. Prozessuale Hinweise: Beweislast 17
I. Grundlagen 1	V. Arbeitshilfen – Parallelvorschriften 18
1. Kurzcharakteristik 1	B. Kommentierung zu Absatz 2 20
2. Europäischer Hintergrund 3	I. Grundlagen 20
II. Anwendungsvoraussetzungen 4	II. Anwendungsvoraussetzungen 21
1. Offenbare Unbilligkeit 4	1. Bestimmungsmaßstab: freies Belieben 21
2. Offenbare Unrichtigkeit 7	2. Fehlende Leistungsbestimmung 22
3. Fehlende Leistungsbestimmung 12	III. Rechtsfolgen 23
4. Gerichtliche Ersatzleistungsbestimmung 13	IV. Prozessuale Hinweise: Beweislast 24
III. Rechtsfolgen 15	

A. Kommentierung zu Absatz 1

I. Grundlagen

1. Kurzcharakteristik

In ähnlicher Weise wie § 315 Abs. 3 BGB regelt § 319 Abs. 1 BGB die richterliche Kontrolle im Falle der Drittleistungsbestimmung und die zur Aufrechterhaltung des Vertrages vorgesehene richterliche Ersatzleistungsbestimmung bei unbilliger oder verzögerter Leistungsbestimmung durch den Dritten. Die Vorschrift unterscheidet sich von § 315 Abs. 3 BGB dadurch, dass die Leistungsbestimmung nicht schon bei einfacher Unbilligkeit, sondern nur bei **offenbarer Unbilligkeit** nicht verbindlich ist. Der Grund für diese Differenzierung liegt darin, dass die Leistungsbestimmung durch einen Dritten, der regelmäßig aufgrund seiner besonderen Sachkunde und Neutralität ausgewählt worden ist, eine größere Gewähr für Richtigkeit bietet als die Leistungsbestimmung durch eine Partei. 1

Die Vorschrift ist disponibel. Keine Bedenken bestehen gegen eine noch **weitergehende Beschränkung** der richterlichen Kontrolle, solange diese nicht völlig ausgeschlossen wird[1] und es der durch eine willkürliche Leistungsbestimmung betroffenen Partei möglich bleibt, die Sittenwidrigkeit einer solchen Leistungsbestimmung nach § 138 BGB geltend zu machen. Für zulässig gehalten wird auch eine **Verschärfung** der richterlichen Kontrolle über den in § 319 Abs. 1 BGB vorgesehenen Maßstab der offenbaren Unbilligkeit hinaus, etwa eine Korrektur schon bei einfacher Unbilligkeit. Dies überzeugt aus den gleichen Gründen nicht, aus denen auch die Vereinbarung einer Primärleistungsbestimmung durch das Gericht nicht vertraglich vereinbar ist. Die Parteien können nicht im Wege privater Vertragsgestaltung dem Gericht über die gesetzlich vorgesehenen Aufgaben hinaus weitere Pflichten zuweisen. 2

2. Europäischer Hintergrund

Der Entwurf der Lando-Kommission für ein europäisches Vertragsrecht sieht in Art. 6.106 eine ähnliche Regelung wie in § 319 BGB vor. Sofern der durch einen Dritten zu bestimmende Preis oder irgendeine andere Vertragsbedingung grob unangemessen ist, ist diese unabhängig von der Vereinbarung durch einen angemessenen Preis oder eine angemessene andere Vertragsbedingung zu ersetzen. 3

---

[1] A.A. *Heinrichs* in: Palandt, § 319 Rn. 10.

II. Anwendungsvoraussetzungen

1. Offenbare Unbilligkeit

4 Offenbare Unbilligkeit einer Leistungsbestimmung liegt vor, wenn die Bestimmung in grober Weise gegen Treu und Glauben verstößt und sich dies bei unbefangener sachkundiger Prüfung sofort aufdrängt.[2] Dies geht jedoch nicht so weit, dass die Unbilligkeit offenkundig sein müsste. Beweiserhebung ist möglich, darf sich aber nur auf solche Fehler beziehen, die sich einem sachkundigen Beobachter aufdrängen.[3]

5 Ein Verschulden des Dritten ist nicht erforderlich, allein die objektive Unbilligkeit führt zur Unverbindlichkeit der Leistungsbestimmung.[4] Ob der Dritte bei seiner Entscheidung alle Erkenntnisquellen genutzt oder zutreffende Erwägungen angestellt hat, ist nicht entscheidend. Die offensichtliche Unbilligkeit der Leistungsbestimmung muss sich im Ergebnis niederschlagen. Dieses ist allein maßgebend, so dass es unschädlich ist, wenn der Dritte auf einem falschen Weg zu einem billigen Ergebnis gelangt.[5] Maßgebender Zeitpunkt für die Beurteilung der offenbaren Unbilligkeit ist der Zeitpunkt der Vornahme der Leistungsbestimmung, nicht der Zeitpunkt der Entscheidung über die Verbindlichkeit.[6]

6 Die offenbare Unbilligkeit führt zur Unverbindlichkeit der von dem Dritten getroffenen Leistungsbestimmung für die Vertragschließenden. Diese bedeutet jedoch wie im Fall des § 315 Abs. 3 BGB keine Nichtigkeit, sondern nur eine Anfechtbarkeit im Klagewege. Die getroffene Bestimmung bleibt zunächst wirksam und bindet die Vertragsparteien so lange, bis im Klagewege die getroffene Bestimmung durch eine anderweitige richterliche Bestimmung ersetzt worden ist.[7]

2. Offenbare Unrichtigkeit

7 Soweit es die Kontrolle von Schiedsgutachten entsprechend § 319 Abs. 1 Satz 2 BGB betrifft, wird teilweise anstelle der offenbaren Unbilligkeit auf das Vorliegen offenbarer Unrichtigkeit abgestellt.[8] Einer solchen Differenzierung bedarf es nur dann, wenn man bei der „richtigen" Leistungsbestimmung durch einen Schiedsgutachter und der „billigen" Leistungsbestimmung durch sonstige Dritte von unterschiedlichen Bestimmungsmaßstäben ausgeht.

8 Auf der Grundlage der hier vertretenen Auffassung, wonach auch im unmittelbaren Anwendungsbereich des § 319 Abs. 1 BGB dem Bestimmungsberechtigten nur ein Beurteilungsspielraum bei der Konkretisierung der angemessenen Leistung zusteht, ergeben sich keine Unterschiede zwischen dem Bestimmungsmaßstab des Schiedsgutachters und sonstiger Dritter.

9 Selbst wenn man eine solche Differenzierung vornimmt, handelt es sich hierbei letztlich um eine rein begriffliche, denn die Feststellung der offenbaren Unrichtigkeit unterliegt keinen gesonderten Voraussetzungen. Offensichtliche Unrichtigkeit liegt vor, wenn das Schiedsgutachten auf einem groben Irrtum beruht und sich die Fehlerhaftigkeit einem Sachkundigen aufdrängt.[9] Die Rechtsprechung unterscheidet demgemäß nur selten zwischen offenbarer Unbilligkeit und Unrichtigkeit, sondern unterzieht bei der Ersatzleistungsbestimmung Schiedsgutachten gleichermaßen wie sonstige Leistungsbestim-

---

[2] BGH v. 14.10.1958 - VIII ZR 118/57 - LM Nr. 5 zu § 11 EMV f Baugeräte; BGH v. 20.02.1970 - V ZR 35/67 - AP Nr. 1 zu § 319 BGB; BGH v. 26.04.1991 - V ZR 61/90 - juris Rn. 11 - NJW 1991, 2761; BAG v. 19.02.2003 - 4 AZR 11/02 - BAGE 105, 148; BAG v. 26.01 2005 - 4 AZR 171/03 - EzA-SD 2005, Nr. 14 5-7. Parallelentscheidungen: BAG v. 26.01.2005 - 4 AZR 509/03; BAG v. 26.01.2005, 4 AZR 171/03 und BAG v.12.10.2005 - 4 AZR 429/04. Ebenso auch BAG v. 08.06.2005 - 4 AZR 412/04; 4 AZR 417/04; 4 AZR 424/04 und 4 AZR 427/04.

[3] OLG Frankfurt v. 24.01.1989 - 5 U 25/88 - NJW-RR 1989, 435-436; OLG Rostock v. 26.05.2004 - 6 U 13/00 - OLGR Rostock, 2.

[4] RG, JW 1904, 554; *Heinrichs* in: Palandt, § 319 Rn. 3; *Gottwald* in: MünchKomm-BGB, § 315 Rn. 6.

[5] BGH v. 02.02.1977 - VIII ZR 155/75 - juris Rn. 18 - LM Nr. 18 zu § 317 BGB.

[6] RG v. 23.05.1919 - II 22/19 - RGZ 96, 57-62; *Wolf* in: Soergel, § 319 Rn. 7.

[7] OLG Frankfurt, NJW-RR 1999, 237; *Gottwald* in: MünchKomm-BGB, § 315 Rn. 42; a.A. *Lembcke*, ZGS 2010, 261, 262.

[8] BGH v. 22.04.1965 - VII ZR 15/65 - BGHZ 43, 374-378; BGH v. 09.07.1981 - VII ZR 139/80 - BGHZ 81, 229-247; BGH v. 07.10.1983 - V ZR 202/82 - WM 1984, 64-65; *Gottwald* in: MünchKomm-BGB, § 319 Rn. 15.

[9] BGH v. 02.02.1977 - VIII ZR 155/75 - juris Rn. 18 - LM Nr. 18 zu § 317 BGB; BGH v. 27.06.2001 - VIII ZR 235/00 - juris Rn. 15 - LM BGB § 133 (C) Nr. 106 (4/2002).

mungen Dritter einer Kontrolle auf offensichtliche Unbilligkeit. Daran lässt sich ersehen, dass jedenfalls die subsidiäre Festsetzung der Leistung durch das Gericht eine an objektiven Maßstäben ausgerichtete Überprüfung ist.

Typische Fallkonstellationen: Bejaht worden ist die offenbare Unbilligkeit einer Drittleistungsbestimmung in der Rechtsprechung beispielsweise dann, wenn der Vertragsinhalt nicht beachtet worden ist und einseitig nur die Interessen einer Vertragspartei berücksichtigt worden sind.[10] Ein Indiz hierfür kann in der fehlenden Gewährung rechtlichen Gehörs an eine der Vertragsparteien liegen.[11] Für sich allein betrachtet führt ein solcher Verfahrensmangel aber noch nicht notwendig zur offenbaren Unbilligkeit der Entscheidung des Dritten.[12]

Grobe Unbilligkeit einer schiedsrichterlichen Leistungsbestimmung hat die Rechtsprechung beispielsweise bejaht

- bei Miet- oder Pachtzinsbestimmungen durch einen Schiedsgutachter, die an der Realität vorbeigehen, weil sie die Entwicklung des Marktes außer Acht lassen[13],
- bei einer Anpassung des Erbbauzinses, bei der die Erhöhung des Bodenwertes überhaupt nicht berücksichtigt worden ist[14] oder
- bei lückenhaft begründetem Schiedsgutachten der Schlichtungsstelle zur tariflichen Eingruppierung, dessen Ergebnis selbst ein Fachmann nicht aus dem Zusammenhang des Gutachtens überprüfen kann.[15]
- bei einer Schadensermittlung, die von einem anderen an dem tatsächlichen Schadenzeitraum ausgeht.[16]

Eine Grenze für Fehleinschätzungen, ab deren Vorliegen von einer offenbaren Unbilligkeit der Leistungsbestimmung auszugehen ist, wird in Rechtsprechung und Literatur bei einer Abweichung von etwa 20-25% von einem objektiven Maßstab gezogen.[17] Dies unterliegt jedoch im Einzelfall tatrichterlicher Beurteilung.

3. Fehlende Leistungsbestimmung

Der offenbar unbilligen Leistungsbestimmung gleichgestellt werden durch § 319 Abs. 1 Satz 2 HS. 2 BGB. die Fälle der **Verzögerung, Verweigerung** und der **Unmöglichkeit** der Vornahme der Leistungsbestimmung durch den Dritten. Das Leistungsbestimmungsrecht geht in allen diesen Fällen ohne weiteres auf das Gericht über, wobei die Ursache für die unterbliebene Leistungsbestimmung keine Rolle spielt. Ebenso wie in § 315 Abs. 3 Satz 2 BGB erfordert der Begriff der Verzögerung der Drittleistungsbestimmung kein Verschulden des Dritten. Ausreichend ist, dass dieser die ihm obliegende Handlung nicht innerhalb objektiv angemessener Zeit, also in einer dafür bestimmten Frist oder bis zu einem bestimmten Zeitpunkt vorgenommen hat.[18] Eine Klagebefugnis der betroffenen Partei auf eine richterliche Ersatzleistungsbestimmung ist in entsprechender Anwendung des § 319 Abs. 1 Satz 2 BGB wegen Verzögerung der Leistungsbestimmung auch dann zu bejahen, wenn die Verzögerung auf der Nichtbenennung des bestimmungsberechtigten Dritten durch die hierzu verpflichtete Vertragspartei beruht[19] oder in sonstiger Weise durch das Verhalten einer der Vertragsparteien hervorgerufen wird.[20]

---

[10] BGH v. 13.05.1974 - VIII ZR 38/73 - BGHZ 62, 314-319.
[11] OLG Düsseldorf v. 19.06.2007 - 24 U 210/06 - juris Rn. 55 - ZMR 2008, 292-294; *Gottwald* in: Münch-Komm-BGB, § 319 Rn. 18.
[12] BGH v. 25.06.1952 - II ZR 104/51 - BGHZ 6, 335-341.
[13] BGH v. 02.02.1977 - VIII ZR 155/75 - juris Rn. 22 - LM Nr. 18 zu § 317 BGB.
[14] BGH v. 03.11.1995 - V ZR 182/94 - LM BGB § 317 Nr. 22 (5/1996).
[15] BAG v. 17.03.2005 - 8 AZR 179/04 - juris Rn. 29 - ZTR 2005, 425-427.
[16] OLG Frankfurt v. 26.01.2006 - 26 U 24/05 - juris Rn. 28 ff. - BauR 2006, 1325-1327.
[17] BGH v. 26.04.1991 - V ZR 61/90 - juris Rn. 17 - NJW 1991, 2761-2763, OLG Frankfurt v. 21.02.2007 - 23 U 86/06 - NZG 2007, 758-760; *von Hoyningen-Huene*, Die Billigkeit im Arbeitsrecht, 1978, S. 38.
[18] BGH v. 30.03.1979 - V ZR 150/77 - juris Rn. 21 - BGHZ 74, 341-346.
[19] BGH v. 17.03.1971 - IV ZR 209/69 - NJW 1971, 1455; BGH v. 07.06.2011 - II ZR 186/08 - juris Rn. 15 - NZG 2011, 860, 861.
[20] BGH v. 02.02.1977 - VIII ZR 271/75 - juris Rn. 16 - LM Nr. 32 zu § 3 WährG.

4. Gerichtliche Ersatzleistungsbestimmung

13 Ebenso wie bei der Ersatzleistungsbestimmung nach § 315 Abs. 3 Satz 2 BGB ist das Leistungsbestimmungsrecht des Richters nach § 319 Abs. 1 Satz 2 BGB grundsätzlich subsidiär. Der Richter ist nur zur Leistungsbestimmung berufen, wenn die Bestimmung durch den Dritten unterbleibt, verzögert oder von einer Seite als offenbar unbillig betrachtet wird. Eine richterliche Erstbestimmung aufgrund einer Parteivereinbarung ist nur durch ein Schiedsgericht, nicht aber durch die staatlichen Gerichte möglich.[21]

14 Hat der Sachverständige aufgrund einer nicht vertragsgemäßen Umsetzung einer Schiedsgutachterabrede keinen Auftrag beider Parteien zur Erstattung eines Schiedsgutachtens erhalten, so liegt der Sache nach ein Privatgutachten für eine Partei vor. Grundsätzlich ist § 319 BGB auf diesen Fall nicht anwendbar, da es nicht um die Verbindlichkeit oder Unverbindlichkeit eines Schiedsgutachtens geht.[22] Nur ausnahmsweise kann eine gerichtliche Leistungsbestimmung analog § 319 Abs. 1 Satz 2 BGB erfolgen, wenn die Schiedsgutachtenabrede die Bestellung eines anderen Sachverständigen nicht zulässt.[23]

III. Rechtsfolgen

15 Die auf die richterliche Ersatzleistungsbestimmung gerichtete Klage ist auch im Fall des § 319 Abs. 1 Satz 2 BGB eine nach außen als Leistungsklage erscheinende, gleichwohl aber den Vertragsinhalt rechtsgestaltend neu bestimmende verdeckte Gestaltungsklage.[24] An die Stelle der offenbar unbilligen Leistungsbestimmung tritt die durch das Urteil neu getroffene Leistungsbestimmung, die den Leistungsinhalt des zwischen den Parteien geschlossenen Vertrages neu festlegt. Das Urteil ist damit sowohl Leistungs- als auch Gestaltungsurteil.

16 Sofern das Gericht die bisherige Leistungsbestimmung nicht für offenbar unbillig hält, ist die Entscheidung, mit der die Billigkeit der getroffenen Entscheidung festgestellt wird, ein reines **Feststellungsurteil**.[25]

IV. Prozessuale Hinweise: Beweislast

17 Eine Beweislast gibt es auch hier nicht für die Unbilligkeit als solche, sondern nur für die ihr zugrunde liegenden Tatsachen und Umstände.[26] Im Fall der Drittleistungsbestimmung muss die Partei die unbilligkeits- oder unrichtigkeitsbegründenden Merkmale beweisen, die sich auf die Unverbindlichkeit der Leistungsbestimmung beruft.[27] Für das Ausbleiben oder die Verzögerung der Drittleistungsbestimmung ist derjenige beweispflichtig, der die richterliche Ersatzleistungsbestimmung begehrt.

V. Arbeitshilfen – Parallelvorschriften

18 Im BGB enthalten § 660 Abs. 1 BGB für die Verteilung unter mehreren Prätendenten bei einer Auslobung und § 2048 BGB für die Erbauseinandersetzung unter Hinzuziehung eines Dritten dem § 319 Abs. 1 BGB inhaltlich entsprechende Regelungen. § 2156 BGB ordnet für die Bestimmung des Inhalts eines Vermächtnisses durch den Beschwerten oder einen Dritten generell die Anwendung der §§ 315-319 BGB an.

19 Eine dem § 319 BGB entsprechende Feststellung durch Urteil sehen die §§ 64 Abs. 1, 184 Abs. 1 VVG für Schiedsgutachten vor, wenn die Feststellung des Sachverständigen offenbar von der wirklichen Sachlage erheblich abweicht oder der Sachverständige die Feststellung nicht treffen kann oder will bzw. verzögert. Über diese gesetzliche Anordnung hinaus wird die Verbindlichkeit einer Feststellung in einem Schiedsgutachten erst dann verneint, wenn dieses entsprechend § 319 Abs. 1 Satz 1 BGB offenbar unrichtig ist.[28]

---

[21] Umfassend dazu *Rieble* in: Staudinger, § 315 Rn. 18-21.
[22] OLG Hamm v. 21.07.2004 - 21 U 20/03 - juris Rn. 125 f. - IBR 2006, 364; OLG Celle v. 09.08.2007 - 5 U 33/05 - juris Rn. 32 - IBR 2008, 548 mit Anmerkung *Feiliger*, IBR 2008, 548.
[23] BGH v. 06.06.1994 - II ZR 100/92 - juris Rn. 20 - NJW 1994, 1314-1315.
[24] *Rieble* in: Staudinger, § 319 Rn. 25.
[25] *Wolf* in: Soergel, § 315 Rn. 51.
[26] Dazu OLG Köln v. 16.03.2005 - 17 U 170/03 - BauR 2005, 1199; LArbG München v. 26.01.2005 - 10 Sa 752/04 - juris Rn. 40 - Bibliothek BAG.
[27] BGH v. 06.07.1983 - IVa ZR 118/82 - juris Rn. 8 - LM Nr. 13 zu § 2038 BGB; *Rieble* in: Staudinger, § 319 Rn. 24; *Gottwald* in: MünchKomm-BGB, § 319 Rn. 2.
[28] OLG Brandenburg v. 13.11.2003, - 8 U 29/03 - IBR 2005, 76; nachgehend BGH v. 09.12.2004 - VII ZR 355/03 - IBR 2005, 76.

B. Kommentierung zu Absatz 2

I. Grundlagen

In den Fällen der Leistungsbestimmung nach billigem Ermessen durch eine Vertragspartei oder durch einen Dritten wird der Vertrag stets aufrechterhalten, indem die unbillige bzw. offenbar unbillige Leistungsbestimmung durch eine gerichtliche Entscheidung ersetzt und damit der lückenhafte Vertrag ergänzt wird. Dies gilt nach § 319 Abs. 2 BGB dann nicht mehr, wenn ein Dritter nach freiem Belieben zu entscheiden hat und die Leistungsbestimmung unterbleibt, da es dann an einem Maßstab für die richterliche Ersatzleistungsbestimmung fehlt. In diesem Fall ist der Vertrag unwirksam. 20

II. Anwendungsvoraussetzungen

1. Bestimmungsmaßstab: freies Belieben

Sofern dem bestimmungsberechtigten Dritten ein **freies Belieben** eingeräumt ist, ist dieser befugt, nach subjektiven Erwägungen zu entscheiden.[29] Die Entscheidung ist in diesen Fällen für die Parteien grundsätzlich **verbindlich**, es sei denn, sie verstößt gegen ein gesetzliches Gebot oder gegen die guten Sitten und ist daher nach den §§ 134, 138 BGB nichtig. Eine Anfechtung der Bestimmungserklärung ist möglich. Hierbei ist, da die Rechtsfolgen der Erklärung wie im Fall der sonstigen Drittleistungsbestimmung nur die Vertragspartner und nicht den Dritten treffen, die Sonderregelung des § 318 Abs. 2 BGB heranzuziehen. Wegen den Konsequenzen, die sich aus einer so weitreichenden Freiheit des Dritten ergeben, sind an die Vereinbarung eines solchen Bestimmungsmaßstabs strenge Anforderungen zu stellen. Freies Belieben im Sinne des § 319 Abs. 2 BGB wird man nur dort annehmen können, wo die Parteien dem Dritten dieses ausdrücklich eingeräumt haben. 21

2. Fehlende Leistungsbestimmung

Bleibt die Leistungsbestimmung durch den Dritten aus, weil dieser die Bestimmung nicht treffen kann, will oder sie verzögert (vgl. hierzu Rn. 12), so wird die Leistungsbestimmung nicht durch gerichtliches Urteil ersetzt. Auch im Fall des § 319 Abs. 2 BGB erfordert die Verzögerung kein Verschulden des Dritten. Der Gesetzgeber hält in diesem Fall eine gerichtliche Leistungsbestimmung mangels eines objektiven Bestimmungsmaßstabes nicht für möglich bzw. nicht dem Parteiwillen entsprechend. Freies Belieben ist damit gerichtlich nicht kontrollierbar.[30] 22

III. Rechtsfolgen

Da eine richterliche Ersatzleistungsbestimmung nicht erfolgt, bleibt der Vertragsinhalt bei fehlender Leistungsbestimmung durch den Dritten unbestimmt. Dies führt nach § 319 Abs. 2 BGB zur **Unwirksamkeit** des Vertrages. Auch wenn § 319 Abs. 2 BGB dies nicht ausdrücklich bestimmt, ist der Vertrag nicht nur in den Fällen unterbliebener Leistungsbestimmung, sondern auch dann unwirksam, wenn der Dritte die Leistungsbestimmung zwar vornimmt, sie aber nach § 134 BGB oder § 138 BGB nichtig ist, da es dann gleichfalls an einer wirksamen Bestimmung der vertraglichen Pflichten fehlt. 23

IV. Prozessuale Hinweise: Beweislast

Wer sich darauf beruft, dass der Dritte zur Leistungsbestimmung nach freiem Belieben berechtigt ist, trägt hierfür die Beweislast. 24

---

[29] BAG v. 16.03.1982 - 3 AZR 1124/79 - juris Rn. 38 - BB 1982, 1486-1487.
[30] *Gottwald* in: MünchKomm-BGB, § 319 Rn. 28.

§ 320

Titel 2 - Gegenseitiger Vertrag

§ 320 BGB Einrede des nicht erfüllten Vertrags

(Fassung vom 02.01.2002, gültig ab 01.01.2002)

(1) ¹Wer aus einem gegenseitigen Vertrag verpflichtet ist, kann die ihm obliegende Leistung bis zur Bewirkung der Gegenleistung verweigern, es sei denn, dass er vorzuleisten verpflichtet ist. ²Hat die Leistung an mehrere zu erfolgen, so kann dem einzelnen der ihm gebührende Teil bis zur Bewirkung der ganzen Gegenleistung verweigert werden. ³Die Vorschrift des § 273 Abs. 3 findet keine Anwendung.

(2) Ist von der einen Seite teilweise geleistet worden, so kann die Gegenleistung insoweit nicht verweigert werden, als die Verweigerung nach den Umständen, insbesondere wegen verhältnismäßiger Geringfügigkeit des rückständigen Teiles, gegen Treu und Glauben verstoßen würde.

Gliederung

A. Grundlagen 1	V. Gegenleistung nicht erbracht 32
B. Anwendungsvoraussetzungen 4	VI. Kein Ausschluss 36
I. Gegenseitiger Vertrag 4	1. Vertraglicher Ausschluss 36
II. Ansprüche aus dem Gegenseitigkeitsverhältnis 10	2. Ausschluss gemäß Absatz 2 bei Teilleistungen 38
III. Keine Vorleistungspflicht des Schuldners 18	3. Ausschluss gemäß § 242 BGB 43
IV. Gegenforderung wirksam und fällig 27	C. Rechtsfolgen 47

A. Grundlagen

1 § 320 BGB ist eine Ausprägung des funktionellen Synallagmas. Die im Gegenseitigkeitsverhältnis stehenden Leistungspflichten sollen grundsätzlich nur Zug um Zug erfüllt werden müssen.

2 Dabei gilt das Leistungsverweigerungsrecht nicht nur bei einer Nichterfüllung oder teilweisen Nichterfüllung, sondern auch bei einer Schlechterfüllung. Die Einrede aus § 320 BGB ergänzt insoweit die Gewährleistungsrechte. Insbesondere bei der Schlechtleistung hat die Vorschrift nicht nur den Zweck der Anspruchssicherung, sondern auch die Funktion, Druck auf den Schuldner auszuüben, damit dieser die ihm obliegende Nacherfüllung erfüllt.[1]

3 Das Gegenseitigkeitsverhältnis von Leistung und Gegenleistung ist auch im Rückabwicklungsschuldverhältnis zu berücksichtigen (§ 348 BGB).

B. Anwendungsvoraussetzungen

I. Gegenseitiger Vertrag

4 Gegenseitige Verträge im Sinne der §§ 320-326 BGB sind Verträge, bei denen sich eine Leistung und eine Gegenleistung in einem Austauschverhältnis gegenüberstehen. Die Leistung einer Partei soll die Gegenleistung, das Entgelt, für die Leistung der anderen Partei darstellen.[2] Jede Partei verspricht ihre Leistung um die Gegenleistung der anderen willen.[3]

5 Auch bei Gesellschaftsverträgen kann ein Gegenseitigkeitsverhältnis derart bestehen, dass jeder Gesellschafter seine Leistung nur deswegen zusagt, weil auch die anderen Gesellschafter dies tun. Vertragsinhalt ist aber die Erreichung eines gemeinsamen Zwecks und nicht der gegenseitige Austausch der Leistungen. Die §§ 320-326 BGB sind daher auf Gesellschaftsverträge grundsätzlich nicht anwendbar.[4] Ein Rücktrittsrecht nach § 323 BGB oder § 324 BGB ist jedenfalls durch die Sonderregeln

---

[1] BGH v. 16.01.1992 - VII ZR 85/90 - juris Rn. 12 - LM ZPO § 301 Nr. 44 (9/1992); OLG Frankfurt v. 12.04.2006 - 7 U 99/05 - juris Rn. 31 - BauR 2007, 1056-1058.
[2] BGH v. 21.10.1954 - IV ZR 128/54 - BGHZ 15, 102-107.
[3] BGH v. 13.06.1980 - V ZR 11/79 - juris Rn. 14 - BGHZ 77, 359-365.
[4] OLG München v. 28.07.2000 - 23 U 4359/99 - juris Rn. 16 - ZIP 2000, 2255-2257.

der §§ 723-725 BGB bzw. §§ 131-133 HGB ausgeschlossen. Möglich erscheint allenfalls eine (entsprechende) Anwendung des § 320 BGB auf die Verpflichtungen zur Beitragsleistung in einer zweigliedrigen Personengesellschaft.[5]

Gegenseitige Verträge sind Kaufverträge, Tausch-, Werk-, Miet- und Pachtverträge, verzinsliche Darlehen, entgeltliche Verwahrungsverträge oder Dienstverträge. Auch bei einem Vergleich handelt es sich im Regelfall um einen gegenseitigen Vertrag.[6]

Bei nicht typisierten Verträgen ist gegebenenfalls im Einzelnen zu prüfen, ob beiderseitige Leistungspflichten im Gegenseitigkeitsverhältnis stehen. Ein gegenseitiger Vertrag liegt beispielsweise auch dann vor, wenn sich eine Partei zur Übertragung eines Erbbaurechts verpflichtet und der Empfänger eine Verpflichtung zur Pflege des Übertragenden übernimmt.[7] Ebenso ist ein gegenseitiger Vertrag gegeben, wenn sich jemand zur Übertragung eines Miteigentumsanteils an seine Lebensgefährtin gegen Zahlung eines Geldbetrags für die beabsichtigte Bebauung verpflichtet.[8]

Ein Rahmenvertrag begründet ebenso wie ein Sukzessiv- oder Dauerlieferungsvertrag die Gegenseitigkeit zwischen den wechselseitigen Leistungspflichten aus den verschiedenen Einzelverträgen.[9]

Auch Verträge über Telekommunikationsdienstleistungen, die nach § 25 TKG einer Entgeltregulierung unterliegen, sind gegenseitige Verträge im Sinne der §§ 320-326 BGB.[10]

II. Ansprüche aus dem Gegenseitigkeitsverhältnis

Der Anspruch, gegen den das Leistungsverweigerungsrecht erhoben wird, muss mit dem Anspruch, auf den das Recht gestützt wird, im Gegenseitigkeitsverhältnis stehen. Dieses erstreckt sich auf alle Hauptleistungspflichten und alle weiteren Pflichten, die nach dem Vertragszweck von wesentlicher Bedeutung sind. Welche Pflichten von wesentlicher Bedeutung sind, bestimmt sich nach den Umständen des jeweiligen Vertragsverhältnisses.[11]

Die Abnahmepflicht des Käufers aus § 433 Abs. 2 BGB steht regelmäßig nicht im Gegenseitigkeitsverhältnis. Etwas anderes kann dann (auch konkludent) vereinbart sein, wenn der Verkäufer ein besonderes Interesse an der zeitigen Abnahme hat, etwa weil es sich um Saisonware handelt oder der Lagerraum für andere Waren benötigt wird. Nicht im Gegenseitigkeitsverhältnis stehen Rückgewährpflichten, wie beispielsweise die Verpflichtung des Mieters zur Rückgabe der Mietsache aus § 546 Abs. 1 BGB. Auch eine im Rahmen eines Transportvertrags vereinbarte Pflicht zur Rückgabe von Transportpaletten ist keine gegenseitige Verpflichtung.[12] Beim Sukzessivlieferungsvertrag stehen auch Forderungen aus verschiedenen Lieferungen im Gegenseitigkeitsverhältnis.[13]

Die **Verpflichtung des Verkäufers zur mangelfreien Lieferung** aus § 433 Abs. 1 Satz 2 BGB steht ebenso im Gegenseitigkeitsverhältnis zur Zahlungsverpflichtung des Käufers wie die **Nacherfüllungspflicht** aus den §§ 437 Nr. 1, 439 BGB. Anders als das Leistungsverweigerungsrecht des Werkbestellers, das gemäß § 641 Abs. 3 BGB von vornherein auf einen angemessenen Betrag beschränkt ist, ist das Leistungsverweigerungsrecht des Käufers wegen eines Mangels grundsätzlich der Höhe nach unbeschränkt. Das Leistungsverweigerungsrecht kann aber wegen der Geringfügigkeit des noch ausstehenden Leistungsteils unverhältnismäßig i.S.d. § 320 Abs. 2 BGB sein.[14] Das Leistungsverweigerungsrecht aus § 320 BGB wird nicht durch einen Gewährleistungsausschluss berührt.[15]

---

[5] *Sprau* in: Palandt, § 705 Rn. 13.
[6] BGH v. 07.03.2002 - IX ZR 293/00 - juris Rn. 23 - LM BGB § 162 Nr. 13 (11/2002); BGH v. 12.12.1991 - IX ZR 178/91 - juris Rn. 35 - BGHZ 116, 319-333.
[7] BGH v. 28.01.2000 - V ZR 252/98 - juris Rn. 8 - WM 2000, 586-587.
[8] BGH v. 28.01.2000 - V ZR 252/98 - juris Rn. 8 - WM 2000, 586-587.
[9] BGH v. 24.10.2006 - X ZR 124/03 - juris Rn. 34 - NJW-RR 2007, 325-330.
[10] OVG Münster v. 14.12.2001 - 13 B 1362/01 - juris Rn. 5 - CR 2002, 263-267.
[11] BGH v. 09.06.2011 - III ZR 157/10 - juris Rn. 30 - NJW-RR 2011, 1618-1624.
[12] OLG Hamm v. 24.09.1998 - 18 U 186/97 - TranspR 2000, 229-230.
[13] OLG Saarbrücken v. 22.11.1995 - 1 U 363/95-59, 1 U 363/95 - juris Rn. 37 - NJW 1996, 3086-3087; OLG Frankfurt v. 14.10.1999 - 5 U 65/96 - juris Rn. 4 - OLGR Frankfurt 2000, 329.
[14] BGH v. 05.07.1989 - VIII ZR 157/88 - juris Rn. 25 - NJW-RR 1990, 310-311.
[15] BGH v. 10.03.1995 - V ZR 7/94 - juris Rn. 6 - BGHZ 129, 103-107; BGH v. 20.12.1996 - V ZR 259/95 - juris Rn. 13 - LM BGB § 157 (D) Nr. 68 (3/1997); BGH v. 26.07.2007 - VII ZR 262/05 - juris Rn. 20 - NJW-RR 2007, 1612-1613.

13 Im Gegenseitigkeitsverhältnis zu der Entgeltverpflichtung des Werkbestellers steht auch die **Verpflichtung des Werkunternehmers zur mangelfreien Leistung und zur Nacherfüllung**. Das Leistungsverweigerungsrecht des Werkbestellers ist seit In-Kraft-Treten des Gesetzes zur Beschleunigung fälliger Zahlungen am 01.05.2000 in § 641 Abs. 3 BGB geregelt (vgl. die Kommentierung zu § 641 BGB). Danach besteht ein Leistungsverweigerungsrecht mindestens in Höhe des Dreifachen der für die Beseitigung des Mangels erforderlichen Kosten. Bei Geltendmachung des Zurückbehaltungsrechts muss der Besteller zur Höhe der Mängel nichts vortragen, vielmehr hat der Unternehmer die Darlegungslast dafür, dass der einbehaltene Betrag zu hoch ist.[16] Bei mehreren abgrenzbaren Mängeln können gesonderte Zurückbehaltungsrechte begründet sein.[17]

14 Ist die **Mietsache mangelhaft**, kann der Mieter neben den Gewährleistungsansprüchen die Einrede aus § 320 BGB erheben.[18] Grundsätzlich besteht das Zurückbehaltungsrecht gegenüber der gesamten Miete. Es kann gegen § 242 BGB verstoßen, wenn der Mieter einen unangemessen hohen Teil der Miete einbehält.[19] Überdies wirkt sich ein neben dem Minderungsrecht begründetes Zurückbehaltungsrecht nur für den jeweiligen Mietmonat aus.[20]

15 Auch **Sekundärleistungsansprüche** stehen im Gegenseitigkeitsverhältnis, wenn sie an die Stelle eines entsprechenden Anspruchs treten. Bei dem großen Schadensersatzanspruch sind der Anspruch auf Schadensersatz statt der Leistung und der Anspruch auf Rückgabe der mangelhaften Sache Zug um Zug zu erfüllen. Dagegen sollen die Gewährleistungsansprüche des Bauherrn aus § 633 BGB a.F. (§§ 634 Nr. 2, 637 BGB) oder § 635 BGB a.F. (§§ 634 Nr. 4, 280 Abs. 1 und 3, 281 BGB) gegenüber dem Honoraranspruch eines Architekten nicht zur Leistungsverweigerung gemäß § 320 BGB, sondern nur zur Aufrechnung berechtigen.[21]

16 Die **Abtretung** der Mängelansprüche hat keine Auswirkung auf das Zurückbehaltungsrecht. Der Werkbesteller kann die Begleichung der Werklohnforderung verweigern, auch wenn er den Nachbesserungsanspruch an einen Dritten abgetreten hat.[22] Beim Leasing steht dem Leasinggeber gegenüber dem Kaufpreisanspruch des Lieferanten bei Mängeln auch dann ein Leistungsverweigerungsrecht aus § 320 BGB zu, wenn er den Nachbesserungsanspruch an den Leasingnehmer abgetreten hat.[23]

17 Der **Leasingnehmer** hat gegenüber dem Leasinggeber regelmäßig keine Gewährleistungsansprüche, da die Gewährleistung insoweit gegen Abtretung der Gewährleistungsansprüche des Leasinggebers gegen den Lieferanten ausgeschlossen wird. Bei einer Zuweniglieferung kann der Leasingnehmer sich allerdings gegenüber den Zahlungsansprüchen des Leasinggebers auf § 320 BGB berufen.[24]

III. Keine Vorleistungspflicht des Schuldners

18 Gesetzliche Vorleistungspflichten ergeben sich aus § 556b BGB (Verpflichtung zur Zahlung der Miete), § 587 BGB (Zahlung der Pacht), § 614 BGB (Vorleistungspflicht des Dienstverpflichteten), § 641 BGB (Vorleistungspflicht des Werkunternehmers) und § 699 BGB (Vorleistungspflicht des Verwahrers). Die Vorleistungspflicht des Werkunternehmers endet mit Abnahme des Werks. Von diesem Zeitpunkt an sind die gegenseitigen Vertragspflichten Zug um Zug abzuwickeln.[25] Aus § 29 Abs. 2 TKG oder § 33 Abs. 1 TKG ergibt sich keine Pflicht zur Vorleistung.[26]

19 Eine Vorleistungspflicht kann ausdrücklich oder konkludent vereinbart werden. Bei Vereinbarungen in Allgemeinen Geschäftsbedingungen ist gegebenenfalls § 308 Nr. 8 lit. b BGB zu beachten. Im Übrigen richtet sich die Inhaltskontrolle nicht nach § 309 Nr. 2 lit. a BGB, sondern nach § 307 BGB.[27]

---

[16] BGH v. 06.12.2007 - VII ZR 125/06 - juris Rn. 12 - NJW-RR 2008, 401-402.
[17] OLG Nürnberg v. 09.10.1998 - 6 U 1414/97 - juris Rn. 42 - NJW-RR 2000, 99.
[18] BGH v. 12.03.2008 - XII ZR 147/05 - juris Rn. 13.
[19] BGH v. 18.04.2007 - XII ZR 139/05 - juris Rn. 29 - NJW-RR 2007, 1012-1022.
[20] OLG Frankfurt v. 23.04.1999 - 24 U 110/97 - OLGR Frankfurt 1999, 182-185.
[21] OLG Düsseldorf v. 25.09.1998 - 22 U 39/98 - juris Rn. 3 - NJW-RR 1999, 244-245.
[22] BGH v. 10.10.1994 - VIII ZR 295/93 - juris Rn. 14 - NJW 1995, 187-188.
[23] BGH v. 10.10.1994 - VIII ZR 295/93 - juris Rn. 14 - NJW 1995, 187-188.
[24] BGH v. 29.05.1991 - VIII ZR 125/90 - juris Rn. 36 - LM BGB § 320 Nr. 32 (2/1992).
[25] BGH v. 22.03.1984 - VII ZR 286/82 - BGHZ 90, 354-363.
[26] OVG Münster v. 14.12.2001 - 13 B 1362/01 - juris Rn. 8 - CR 2002, 263-267.
[27] Zu § 11 Nr. 2 AGBG und § 9 AGBG: BGH v. 12.03.1987 - VII ZR 37/86 - juris Rn. 22 - BGHZ 100, 158-185; BGH v. 27.09.2000 - VIII ZR 155/99 - juris Rn. 38 - BGHZ 145, 203-245; BGH v. 07.06.2001 - VII ZR 420/00 - juris Rn. 18 - BGHZ 148, 85-89.

Eine in AGB festgelegte Vorleistungspflicht führt dann zu einer unangemessenen Benachteiligung, wenn mit ihr nicht lediglich sichergestellt werden soll, dass der Unternehmer sein Entgelt erhält, ehe er unwiederbringlich seine Leistung erbracht und jedes Druckmittel verloren hat.[28]

Die Vereinbarung „Zahlung gegen Dokumente" bzw. „cash against document" oder „Kassa gegen Lieferschein" begründet zunächst eine Vorleistungspflicht des Verkäufers zur Beschaffung der Dokumente. Ab Vorlage der Dokumente ist der Käufer vorleistungspflichtig.[29] Der Verkäufer ist vorleistungspflichtig, wenn die Zahlung nach Eintreffen der Ware erfolgen soll oder ein Zahlungsziel vereinbart ist. 20

Eine Vorleistungspflicht kann als **beständige** oder als **unbeständige** Pflicht begründet werden. Bei einer unbeständigen Vorleistungspflicht kann die Gegenleistung fällig werden, bevor die Vorleistung erbracht ist. Dies ist regelmäßig dann der Fall, wenn feste Leistungszeitpunkte vereinbart sind, beispielsweise wenn der Verkäufer am 01.05. liefern und der Käufer am 01.06. zahlen soll. Eine unbeständige Vorleistungspflicht entfällt, wenn die Gegenleistung fällig wird. Von dem Zeitpunkt an sind die gegenseitigen Leistungspflichten Zug um Zug zu erfüllen.[30] Für eine beständige Vorleistungspflicht ist Voraussetzung, dass die Erbringung der Leistung von der Erbringung der Gegenleistung abhängig sein soll.[31] 21

So lange die Vorleistungspflicht besteht, wird der Anspruch auf die Gegenleistung nicht fällig. Der Vorleistungspflichtige kann daher seinen Vertragspartner nur in Verzug setzen, wenn er die geschuldete Leistung erbringt oder zumindest anbietet.[32] 22

Unterwirft sich der Käufer eines Grundstücks einer Vorleistungspflicht, gewährt er dem Verkäufer einen als Entgelt i.S.d. § 8 Abs. 1 GrEStG anzusehenden geldwerten Vorteil in Gestalt der vorzeitigen Kapitalnutzungsmöglichkeit.[33] 23

Die **Vorleistungspflicht entfällt** bei einer Erfüllungsverweigerung des Vertragspartners. Einer Erfüllungsverweigerung steht es gleich, wenn die Erfüllung von zusätzlichen, vertraglich nicht vereinbarten und nicht begründeten Forderungen abhängig gemacht wird.[34] Eine Erfüllungsverweigerung liegt aber nicht vor, wenn sich der Schuldner mit einer zutreffenden Erwägung verteidigt und nur hilfsweise auf eine unberechtigte Einwendung abstellt.[35] Entfällt die Vorleistungspflicht wegen einer Erfüllungsverweigerung, kann der Vertragspartner dem ehemals Vorleistungspflichtigen auch nicht mehr die Einrede aus § 320 BGB entgegenhalten.[36] Die Erfüllungsverweigerung des Vertragspartners berechtigt den Vorleistungspflichtigen, ohne Fristsetzung Schadensersatz statt der Leistung zu verlangen.[37] 24

Auch die Verletzung einer Aufklärungspflicht kann zum Entfallen der Vorleistungspflicht führen, etwa dann, wenn der Vorleistungspflichtige darüber aufzuklären wäre, dass Schwierigkeiten bei der Erbringung der Gegenleistung aufgetaucht sind.[38] 25

Weiterhin entfällt eine Vorleistungspflicht dann, wenn der Vertrag verschiedene nacheinander zu erbringende Leistungen vorsieht und die Vergütung für eine frühere Vorleistung noch nicht bezahlt ist.[39] 26

---

[28] BGH v. 24.09.2002 - KZR 38/99 - NJW-RR 2003, 834-836.
[29] BGH v. 17.02.1971 - VIII ZR 4/70 - BGHZ 55, 340-344; BGH v. 27.01.1987 - VIII ZR 26/86 - juris Rn. 23 - NJW 1987, 2435-2437.
[30] BGH v. 20.12.1985 - V ZR 200/84 - juris Rn. 9 - NJW 1986, 1164-1165; BGH v. 11.07.1989 - XI ZR 61/88 - juris Rn. 22 - NJW-RR 1989, 1356-1357; OLG Hamm v. 20.01.2000 - 22 U 75/99 - juris Rn. 42 - MDR 2000, 635; BGH v. 07.12.2004 - X ZR 12/03 - juris Rn. 13 - NJW-RR 2005, 388-389.
[31] BGH v. 07.12.2004 - X ZR 12/03 - juris Rn. 13 - NJW-RR 2005, 388-389; BGH v. 11.07.1989 - XI ZR 61/88 - juris Rn. 21 - NJW-RR 1989, 1356-1357.
[32] BGH v. 31.01.1996 - VIII ZR 324/94 - juris Rn. 18 - NJW-RR 1996, 753-754.
[33] FG München v. 15.11.2004 - 4 V 1625/04 - juris Rn. 14 - EFG 2005, 625.
[34] BGH v. 27.04.1994 - VIII ZR 34/93 - juris Rn. 34 - LM HGB § 22 Nr. 13 (9/1994).
[35] BGH v. 11.11.1994 - V ZR 149/93 - juris Rn. 15 - LM BGB § 433 Nr. 76 (4/1995).
[36] BGH v. 15.05.1990 - X ZR 128/88 - juris Rn. 25 - NJW 1990, 3008-3010.
[37] Zu § 326 BGB a.F.: BGH v. 27.04.1994 - VIII ZR 34/93 - juris Rn. 34 - LM HGB § 22 Nr. 13 (9/1994).
[38] Zu § 326 BGB a.F.: BGH v. 27.04.1994 - VIII ZR 34/93 - juris Rn. 34 - LM HGB § 22 Nr. 13 (9/1994).
[39] OLG Düsseldorf v. 15.01.1993 - 22 U 172/92 - NJW-RR 1993, 1206-1207.

IV. Gegenforderung wirksam und fällig

27 Die Gegenforderung desjenigen, der sich auf das Leistungsverweigerungsrecht beruft, muss wirksam und fällig sein. Auch das nachträgliche Entfallen des Erfüllungsanspruchs des Schuldners hat zur Folge, dass die Einrede aus § 320 BGB ihre Funktion verliert. So hat der Mieter kein Leistungsverweigerungsrecht aus § 320 BGB mehr, wenn er den Mietvertrag gekündigt hat und aus dem Mietobjekt ausgezogen ist.[40]

28 Zweifel an der Wirksamkeit der Forderung lassen das Leistungsverweigerungsrecht aber nicht entfallen. Es entspricht dem Sicherungsbedürfnis des Schuldners, seine Gegenleistung zurückhalten zu können, solange das Schicksal seines Anspruchs auf die Leistung nicht geklärt ist. Der Käufer kann sich daher auf § 320 BGB berufen, wenn ein Dritter Eigentümer der verkauften Sache ist und ungeklärt ist, ob dem Verkäufer die Erfüllung seiner Vertragspflichten möglich ist.[41] Auch wenn die Höhe der geschuldeten Gegenleistung aufgrund der schwebenden Unwirksamkeit der Entgeltvereinbarung eines telekommunikationsrechtlichen Vertrags noch nicht feststeht, besteht ein Leistungsverweigerungsrecht.[42]

29 Fraglich ist, in welcher Höhe dem Wohnungs- oder Teileigentümer ein Leistungsverweigerungsrecht wegen Mängeln am Gemeinschaftseigentum zusteht. Das OLG Brandenburg hat ein uneingeschränktes Leistungsverweigerungsrecht angenommen.[43] Dagegen erkannte das OLG Saarbrücken lediglich ein Leistungsverweigerungsrecht in Höhe des Anteils an der Eigentümergemeinschaft an.[44] Auch nach letzterer Ansicht kann gemäß § 641 Abs. 3 BGB ein angemessener Teil der Vergütung, mindestens in Höhe des Dreifachen der Mängelbeseitigungskosten, verlangt werden.

30 Die Gegenforderung ist nicht fällig, solange der Schuldner vorleistungspflichtig ist. Sollen vor Zahlung der letzten Rate noch Mängel beseitigt werden, ist die letzte Rate vor Beseitigung der Mängel nicht fällig.[45]

31 Verjährte Ansprüche begründen die Einrede des nicht erfüllten Vertrags, wenn die Verjährung noch nicht eingetreten war, als der Anspruch des Gläubigers entstand.[46]

V. Gegenleistung nicht erbracht

32 Der Schuldner kann die Erbringung seiner Leistung bis zur Bewirkung der Gegenleistung verweigern. Die Gegenleistung ist erst dann bewirkt, wenn der Leistungserfolg eingetreten ist. Die Vornahme der Leistungshandlung reicht nicht aus.[47]

33 Ist die Gegenleistung teilweise nicht erbracht, kann grundsätzlich die gesamte Leistung zurückbehalten werden. Nach der gesetzlichen Regelung ist das Zurückbehaltungsrecht grundsätzlich unbeschränkt.[48] Ein der Höhe nach beschränktes Leistungsverweigerungsrecht kann sich aus § 320 Abs. 2 BGB ergeben.

34 Auch bei einer Schlechtleistung des Gläubigers kann der Schuldner grundsätzlich die gesamte Gegenleistung verweigern, soweit dies nicht gegen Treu und Glauben verstößt (§ 320 Abs. 2 BGB). Es sind allerdings die Besonderheiten des jeweiligen Rechtsgebiets zu beachten. Im Werkvertragsrecht bezieht sich das Leistungsverweigerungsrecht wegen Beseitigung eines Mangels gemäß § 641 Abs. 3 BGB nur auf einen angemessenen Teil der Vergütung, mindestens jedoch auf das Dreifache der Mängelbeseitigungskosten. Bei einem Dienstvertrag besteht kein Minderungsrecht. Eine mangelhafte Dienstleistung berechtigt nicht dazu, die Zahlung gemäß § 320 BGB zu verweigern, da dies im Ergebnis auf eine Minderung herauslaufen würde.[49] Soweit Gewährleistungsrechte wegen der Kenntnis eines Mangels ausgeschlossen sind (§§ 442, 536b, 640 Abs. 2 BGB), kann auch das Leistungsverweigerungsrecht gemäß § 320 Abs. 2 BGB ausgeschlossen sein.[50]

---

[40] OLG Köln v. 19.12.2000 - 3 U 56/00 - OLGR Köln 2001, 121-123.
[41] BGH v. 20.12.1996 - V ZR 277/95 - juris Rn. 13 - LM BGB § 440 Nr. 11 (4/1997).
[42] OVG Münster v. 14.12.2001 - 13 B 1362/01 - juris Rn. 7 - CR 2002, 263-267.
[43] OLG Brandenburg v. 08.02.2006 - 4 U 137/05 - juris Rn. 23 - BauR 2006, 1323-1325.
[44] OLG Saarbrücken v 22.11.2005 - 4 U 501/04 - juris Rn. 49 - BauR 2006, 1321-1323.
[45] BGH v. 20.01.2000 - VII ZR 224/98 - juris Rn. 31 - LM BGB § 133 (C) Nr. 101 (9/2000).
[46] BGH v. 19.05.2006 - V ZR 40/05; vgl. die Kommentierung zu § 215 BGB.
[47] *Otto* in: Staudinger, § 320 Rn. 54.
[48] BGH v. 13.07.1970 - VII ZR 176/68 - juris Rn. 35 - BGHZ 54, 244-251.
[49] BGH v. 04.02.2010 - IX ZR 18/09 - juris Rn. 55 - BGHZ 184, 209-239; *Grüneberg* in: Palandt, § 320 Rn. 9.
[50] BGH v. 05.07.1989 - VIII ZR 334/88 - juris Rn. 26 - LM Nr. 7 zu § 448 ZPO.

Verweigert der Arbeitgeber die Zahlung der Vergütung, trägt er für eine teilweise Nichterfüllung die Darlegungs- und Beweislast. Behauptet er eine vollständige Nichtleistung, muss der Arbeitnehmer seine Arbeitsleistung oder zumindest konkrete Arbeitsangebote darlegen.[51] 35

VI. Kein Ausschluss

1. Vertraglicher Ausschluss

Der Ausschluss oder die Beschränkung des Leistungsverweigerungsrechts ist in einem Individualvertrag – insbesondere durch Begründung einer Vorleistungspflicht – zulässig. An einen konkludenten Verzicht auf die Rechte aus § 320 BGB sind allerdings strenge Anforderungen zu stellen.[52] 36

In einem Formularvertrag verstoßen Abreden, die das Leistungsverweigerungsrecht aus § 320 BGB ausschließen oder beschränken, grundsätzlich gegen § 309 Nr. 2 lit. a BGB.[53] Im unternehmerischen Verkehr ist dagegen die Beschränkung des Leistungsverweigerungsrechts aus § 320 BGB grundsätzlich wirksam, soweit nicht die der Geltendmachung des Zurückbehaltungsrechts zugrunde liegenden Gegenforderungen unbestritten oder rechtskräftig festgestellt sind.[54] 37

2. Ausschluss gemäß Absatz 2 bei Teilleistungen

Gemäß § 320 Abs. 2 BGB kann bei einer Teilleistung die Gegenleistung insoweit nicht verweigert werden, als dies gegen Treu und Glauben verstößt. Dabei ist der Fall der verhältnismäßigen Geringfügigkeit des rückständigen Teils besonders hervorgehoben. Auch die Schlechtleistung stellt eine teilweise Leistung im Sinne des § 320 Abs. 2 BGB dar. 38

Im Werkvertragsrecht ist das Leistungsverweigerungsrecht des Bestellers wegen eines Mangels gemäß § 641 Abs. 3 BGB von vornherein auf einen angemessenen Teil der Vergütung begrenzt. § 320 Abs. 2 BGB hat daneben keine Bedeutung mehr. 39

Verweigert der Käufer die Zahlung des Kaufpreises wegen eines Mangels, kann dies bei Geringfügigkeit des Mangels gegen § 320 Abs. 2 BGB verstoßen.[55] Entsprechend § 641 Abs. 3 BGB wird man allerdings auch im Kaufrecht davon ausgehen müssen, dass die Einbehaltung eines Betrags in Höhe des Dreifachen der voraussichtlichen Kosten der Mängelbeseitigung nicht unverhältnismäßig ist. Darüber hinaus ist das gesetzliche Regel-Ausnahme-Verhältnis in die Wertung mit einzubeziehen. Das Gesetz sieht eine Beschränkung des Leistungsverweigerungsrechts auf einen dem noch ausstehenden Teil der geschuldeten Gegenleistung entsprechenden Teil grundsätzlich nicht vor. Die Beschränkung ist eine Ausnahme, für die der Gläubiger die Darlegungs- und Beweislast trägt.[56] 40

Auch bei Mietmängeln besteht gemäß § 320 BGB grundsätzlich ein Zurückbehaltungsrecht gegenüber dem gesamten Mietanspruch. Jedenfalls verstößt ein Zurückbehaltungsrecht in dreifacher Höhe der Mängelbeseitigungskosten nicht gegen Treu und Glauben.[57] 41

Das Recht, wegen eines Mangels die Erbringung der Gegenleistung zu verweigern, kann in den Fällen ausgeschlossen sein, in denen Gewährleistungsrechte wegen der Kenntnis eines Mangels ausgeschlossen sind.[58] 42

3. Ausschluss gemäß § 242 BGB

Die Regelung in § 320 Abs. 2 BGB schließt es nicht aus, dass die Geltendmachung des Leistungsverweigerungsrechts in anderen Fällen als denen der Teilleistung gegen Treu und Glauben verstößt. Die Einrede des nicht erfüllten Vertrags ist dann ausgeschlossen, wenn der **Schuldner selbst nicht vertragstreu**, insbesondere nicht erfüllungsbereit ist.[59] Der Einwand mangelnder Vertragstreue kann auch 43

---

[51] LAG Rheinland-Pfalz v. 04.11.2011 - 9 Sa 263/11 - juris Rn. 26.
[52] BGH v. 07.03.2002 - IX ZR 293/00 - juris Rn. 30 - LM BGB § 162 Nr. 13 (11/2002).
[53] Zu § 11 Nr. 2a AGBG: BGH v. 14.05.1992 - VII ZR 204/90 - juris Rn. 38 - BGHZ 118, 229-242.
[54] BGH v. 10.10.1991 - III ZR 141/90 - juris Rn. 35 - BGHZ 115, 324-329.
[55] BGH v. 05.07.1989 - VIII ZR 157/88 - juris Rn. 25 - NJW-RR 1990, 310-311.
[56] BGH v. 04.07.1996 - VII ZR 125/95 - juris Rn. 14 - LM BGB § 320 Nr. 38 (2/1997).
[57] BGH v. 26.03.2003 - XII ZR 167/01 - juris Rn. 16 - NJW-RR 2003, 873-874.
[58] BGH v. 05.07.1989 - VIII ZR 334/88 - juris Rn. 26 - LM Nr. 7 zu § 448 ZPO.
[59] BGH v. 04.07.2002 - I ZR 313/99 - juris Rn. 27 - NJW 2002, 3541-3543; BGH v. 16.03.1994 - VIII ZR 246/92 - juris Rn. 29 - NJW-RR 1994, 880-882; OLG Düsseldorf v. 01.03.2001 - 10 U 4/00 - Grundeigentum 2001, 692-693.

§ 320

dadurch begründet sein, dass der Schuldner seine eigene vertragliche Verpflichtung grundlos leugnet.[60] Mangelnde Vertragstreue wird aber nicht dadurch manifestiert, dass der Schuldner beachtliche Gründe für das Nichtzustandekommen des Vertrags anführt und sich hilfsweise auf § 320 BGB beruft.[61]

44 Der **Annahmeverzug** des Schuldners schließt die Einrede aus § 320 BGB nicht aus.[62] Der Gläubiger kann allerdings den Schuldner dadurch in Verzug setzen, dass er seine Leistung in einer den Annahmeverzug begründenden Weise anbietet.[63] Gerät der Werkbesteller mit der Annahme der Mängelbeseitigung in Verzug, bleibt das Recht aus § 320 BGB bestehen, es ist allerdings auf die einfache Höhe der Nachbesserungskosten ohne Druckzuschlag beschränkt.[64]

45 Leistet der Besteller eines Werks die Sicherheit gemäß § 648a Abs. 1 BGB nicht, nimmt ihm dies nicht das Recht, den Werklohn gemäß § 320 BGB zu verweigern.[65]

46 Bei **Mietmängeln** kann das Zurückbehaltungsrecht aus § 320 BGB seine Druckfunktion nicht erfüllen, wenn dem Vermieter der Mangel nicht bekannt ist. Dem Mieter steht daher kein Zurückbehaltungsrecht für den Zeitraum zu, in dem er dem Vermieter den Mangel nicht angezeigt hatte und dem Vermieter der Mangel auch sonst nicht bekannt war.[66]

C. Rechtsfolgen

47 Allein das Bestehen der Einrede des nicht erfüllten Vertrags schließt den Schuldnerverzug aus. Für den Eintritt dieser Rechtsfolge ist es nicht erforderlich, dass der Schuldner sich auf die Einrede beruft.[67]

48 Der Verzug endet in diesen Fällen dadurch, dass dem Schuldner die Gegenleistung in einer den Annahmeverzug begründenden Weise angeboten wird.[68] Verweigert der Grundstückskäufer die Zahlung des Kaufpreises, muss der Verkäufer zur Begründung des Verzugs dem Käufer unter Wahrung einer angemessenen Frist einen Termin zur Auflassung mitteilen und zu diesem Termin bei dem Notar erscheinen.[69]

49 Das Bestehen der Einrede des nicht erfüllten Vertrags schließt auch aus, dass der Schuldner nach einer Fristsetzung des Gläubigers zum Schadensersatz gemäß den §§ 280 Abs. 1 und 3, 281 BGB verpflichtet ist oder der Gläubiger zum Rücktritt gemäß § 323 BGB berechtigt ist.

50 Auch wenn das bloße Bestehen der Einrede des nicht erfüllten Vertrags den Eintritt des Schuldnerverzugs hindert, muss sich der Schuldner bei einer Leistungsklage auf die Einrede des § 320 BGB berufen, um eine uneingeschränkte Verurteilung zu vermeiden.[70]

51 Die Einrede des § 320 BGB kann auch konkludent erhoben werden. Dies setzt voraus, dass der Wille, die eigene Leistung im Hinblick auf das Ausbleiben der Gegenleistung zurückzuhalten, eindeutig erkennbar ist.[71]

52 Auch in einem Antrag auf uneingeschränkte Klageabweisung kann die konkludente Berufung auf die Einrede liegen. Dies ist beispielsweise dann zu bejahen, wenn der Beklagte den Klageabweisungsantrag damit begründet, der Kläger könne oder wolle die im obliegende Gegenleistung nicht erbringen oder wenn der Beklagte bestreitet, dass der Kläger die von diesem behauptete Gegenleistung bereits erbracht hat.[72]

---

[60] BGH v. 10.04.1995 - VIII ZR 346/93 - juris Rn. 31 - LM BGB § 320 Nr. 37 (9/1995).
[61] BGH v. 10.04.1995 - VIII ZR 346/93 - juris Rn. 32 - LM BGB § 320 Nr. 37 (9/1995).
[62] OLG Hamm v. 23.06.1995 - 12 U 25/95 - NJW-RR 1996, 86-88; OLG Düsseldorf v. 15.01.1993 - 22 U 172/92 - NJW-RR 1993, 1206-1207; OLG Düsseldorf v. 28.06.1991 - 22 U 1/91 - NJW 1991, 3040-3041.
[63] BGH v. 06.12.1991 - V ZR 229/90 - juris Rn. 17 - BGHZ 116, 244-251.
[64] OLG Celle v. 17.02.2004 - 16 U 141/03 - juris Rn. 15 - OLGR Celle 2004, 437-438; OLG Celle v. 13.01.2005 - 14 U 129/03 - juris Rn. 16 - OLGR Celle 2005, 269-270.
[65] BGH v. 22.01.2004 - VII ZR 183/02 - juris Rn. 19 ff. - BGHZ 157, 335-345.
[66] BGH v. 03.11.2010 - VIII ZR 330/09 - juris Rn. 12 - NJW-RR 2011, 197-198.
[67] BGH v. 14.01.1993 - VII ZR 185/91 - juris Rn. 14 - BGHZ 121, 210-215; BGH v. 22.06.2001 - V ZR 56/00 - BGHReport 2001, 817-818.
[68] BGH v. 06.12.1991 - V ZR 229/90 - juris Rn. 17 - BGHZ 116, 244-251; BGH v. 06.12.1991 - V ZR 229/90 - juris Rn. 17 - BGHZ 116, 244-251.
[69] BGH v. 06.12.1991 - V ZR 229/90 - juris Rn. 18 - BGHZ 116, 244-251.
[70] BGH v. 07.10.1998 - VIII ZR 100/97 - juris Rn. 10 - LM BGB § 320 Nr. 40 (3/1999).
[71] BGH v. 12.03.2008 - XII ZR 147/05 - juris Rn. 8.
[72] BGH v. 07.10.1998 - VIII ZR 100/97 - juris Rn. 12 - LM BGB § 320 Nr. 40 (3/1999).

Aus der bloßen Einrede des § 320 BGB kann ausnahmsweise eine dauernde Einwendung werden, beispielsweise dann, wenn eine Telefonanlage mehr als drei Jahre nach der Erstinstallation noch nicht ordnungsgemäß installiert ist.[73]

Die Einrede des § 320 BGB entsteht bereits mit Vertragsschluss. Sie kann daher einem Zessionar auch dann entgegengehalten werden, wenn die Umstände, die die Einrede bedeutsam werden lassen, erst nach der Abtretung eingetreten sind.[74]

---

[73] OLG Celle v. 07.04.2005 - 11 U 274/04 - juris Rn. 28 - OLGR Celle 2005, 493-494.
[74] BGH v. 05.12.2003 - V ZR 341/02 - juris Rn. 15 - NotBZ 2004, 104-105.

§ 321 BGB Unsicherheitseinrede

(Fassung vom 02.01.2002, gültig ab 01.01.2002)

(1) ¹Wer aus einem gegenseitigen Vertrag vorzuleisten verpflichtet ist, kann die ihm obliegende Leistung verweigern, wenn nach Abschluss des Vertrags erkennbar wird, dass sein Anspruch auf die Gegenleistung durch mangelnde Leistungsfähigkeit des anderen Teils gefährdet wird. ²Das Leistungsverweigerungsrecht entfällt, wenn die Gegenleistung bewirkt oder Sicherheit für sie geleistet wird.

(2) ¹Der Vorleistungspflichtige kann eine angemessene Frist bestimmen, in welcher der andere Teil Zug um Zug gegen die Leistung nach seiner Wahl die Gegenleistung zu bewirken oder Sicherheit zu leisten hat. ²Nach erfolglosem Ablauf der Frist kann der Vorleistungspflichtige vom Vertrag zurücktreten. ³§ 323 findet entsprechende Anwendung.

Gliederung

A. Grundlagen	1	I. Normstruktur	6
I. Kurzcharakteristik	1	II. Vorleistungspflicht	9
II. Gesetzgebungsmaterialien	3	III. Gefährdung des Anspruchs	11
III. Bezug zum UN-Kaufrecht	4	IV. Mangelnde Leistungsfähigkeit als Ursache	16
B. Anwendungsvoraussetzungen	6	C. Rechtsfolgen	18

A. Grundlagen

I. Kurzcharakteristik

1 Nach § 321 Abs. 1 BGB kann bei einem gegenseitigen Vertrag der Vorleistungspflichtige die ihm obliegende Leistung verweigern, wenn nach Vertragsschluss die mangelnde Leistungsfähigkeit des anderen Teils erkennbar und hierdurch der Anspruch auf die Gegenleistung gefährdet wird. Anders als nach § 321 BGB a.F. besteht das Leistungsverweigerungsrecht nicht nur bei einer wesentlichen Vermögensverschlechterung nach Vertragsschluss, sondern auch dann, wenn die Anspruchsgefährdung schon bei Vertragsschluss bestand, aber erst danach erkennbar wird.

2 Durch die Schuldrechtsreform wurde die Regelung des Rücktrittsrechts in § 321 Abs. 2 BGB eingeführt. Ein Rücktrittsrecht des Vorleistungspflichtigen wurde früher auf § 321 BGB a.F. gestützt[1], auch wenn die Norm ausdrücklich nur ein Leistungsverweigerungsrecht enthielt.

II. Gesetzgebungsmaterialien

3 Regierungsentwurf BT-Drs. 14/6040, S. 178-180; Beschlussempfehlung und Bericht des Rechtsausschusses BT-Drs. 14/7052, S. 31-32.

III. Bezug zum UN-Kaufrecht

4 Nach Art. 71 Abs. 1 lit. a CISG kann eine Partei die Erfüllung ihrer Pflichten aussetzen, wenn sich nach Vertragsschluss herausstellt, dass die andere Partei einen wesentlichen Teil ihrer Pflichten nicht erfüllen wird wegen eines schwerwiegenden Mangels ihrer Fähigkeit, den Vertrag zu erfüllen, oder ihrer Kreditwürdigkeit.

5 Ein Rücktrittsrecht wegen der Gefährdung des Anspruchs kann sich aus Art. 72 Abs. 1 CISG ergeben. Danach besteht ein Recht, die Vertragsaufhebung zu erklären, wenn offensichtlich ist, dass eine Partei eine wesentliche Vertragsverletzung begehen wird. Als Fall des Art. 72 Abs. 1 CISG wird auch die Zahlungsunfähigkeit des Käufers angesehen. Das Rücktrittsrecht aus Art. 72 Abs. 1 CISG ist nicht von einer Fristsetzung abhängig und hat mit dem Erfordernis der Offensichtlichkeit im deutschen Recht eher seine Entsprechung in § 323 Abs. 4 BGB.

---

[1] BGH v. 08.10.1990 - VIII ZR 247/89 - juris Rn. 46 - BGHZ 112, 279-288.

B. Anwendungsvoraussetzungen

I. Normstruktur

Es ist dem Vorleistungspflichtigen nicht zuzumuten, seine Leistung zu erbringen, wenn sein Anspruch auf die Gegenleistung gefährdet ist. Gemäß § 321 Abs. 1 BGB hat der Vorleistungspflichtige ein Leistungsverweigerungsrecht. Nach einer erfolglosen Fristsetzung kann der Vorleistungspflichtige gemäß § 321 Abs. 2 BGB zurücktreten.

Für den Fall, dass für den Vorleistungspflichtigen eine Gefährdung des Anspruchs nach Vertragsschluss erkennbar wird, enthält § 321 BGB eine Sonderregelung. Sie schließt aus, dass sich der Vorleistungspflichtige wegen einer nachträglich erkennbar gewordenen Anspruchsgefährdung auf eine Störung der Geschäftsgrundlage berufen oder gemäß § 119 Abs. 2 BGB die Anfechtung erklären kann.[2]

§ 321 BGB ist abdingbar. Einschränkungen in Allgemeinen Geschäftsbedingungen sind allerdings gemäß § 307 Abs. 1 BGB unwirksam. Auch Erweiterungen können gegen § 307 BGB verstoßen. Eine Klausel, nach der der Verwender bei einer Vermögensverschlechterung unabhängig von einer Gefährdung seines Anspruchs auf die Gegenleistung zum Rücktritt bzw. zur Kündigung berechtigt ist, ist unwirksam.[3]

II. Vorleistungspflicht

§ 321 BGB setzt das Bestehen einer Vorleistungspflicht voraus (vgl. dazu die Kommentierung zu § 320 BGB Rn. 18). Im Gesetzgebungsverfahren zum Schuldrechtsreformgesetz ist erwogen worden, auf diese Voraussetzung zu verzichten, da Art. 71 Abs. 1 CISG eine Vorleistungspflicht nicht verlangt. Bei Zug um Zug zu erbringenden Leistungen besteht jedoch kein Bedürfnis für eine Unsicherheitseinrede.[4] Soweit in diesen Fällen Vorbereitungshandlungen zu erbringen sind und der Verpflichtete diese zurückhalten will, können „bei großzügigem Verständnis" auch leistungsvorbereitende Handlungen als Vorleistung angesehen werden.[5]

Die Vorleistungspflicht muss sich auf eine Hauptleistungspflicht aus einem gegenseitigen Vertrag beziehen. Dabei kann die Anordnung der Vorleistungspflicht auch kraft Gesetzes erfolgen.[6] Der Besteller eines Werkes ist nicht vorleistungspflichtig. Ein Einbehalt des Werklohns zur Durchsetzung von Gewährleistungsansprüchen kann nicht auf § 321 BGB gestützt werden.[7] Ist die Vorleistung bereits vollständig erbracht, ist § 321 BGB nicht anwendbar, da keine Verpflichtung zur Vorleistung mehr besteht.[8] In diesem Fall besteht auch kein Rücktrittsrecht gemäß § 321 Abs. 2 BGB.

III. Gefährdung des Anspruchs

Die Rechte aus § 321 BGB setzen voraus, dass nach Vertragsschluss eine Gefährdung des Anspruchs durch die mangelnde Leistungsfähigkeit erkennbar wird. Gegenüber § 321 BGB a.F. sind mit dieser Voraussetzung zwei Änderungen verbunden. Nach der Neufassung muss die Anspruchsgefährdung nicht auf einer wesentlichen Verschlechterung der Vermögensverhältnisse des Vertragspartners beruhen, sie kann auch durch andere Leistungshindernisse begründet sein, wenn diese geeignet sind, die Erbringung der Gegenleistung zu verhindern oder vertragswidrig zu verzögern, oder wenn eine vertragswidrige Beschaffenheit der Gegenleistung von einigem Gewicht zu erwarten ist.[9] Weiterhin muss die Anspruchsgefährdung nicht nach Vertragsschluss tatsächlich eintreten, es reicht, wenn sie schon bei Vertragsschluss bestand, aber erst nachträglich erkennbar wurde. Anfängliche Risiken sind nur dann erfasst, wenn sie der Vorleistungspflichtige bei einer gebotenen Überprüfung der Leistungsfähigkeit im Zeitpunkt des Vertragsschlusses nicht erkennen konnte.[10]

---

[2] BT-Drs. 14/6040, S. 179.
[3] Zu § 9 AGBG: BGH v. 08.10.1990 - VIII ZR 247/89 - juris Rn. 36 - BGHZ 112, 279-288; BGH v. 26.11.1984 - VIII ZR 188/83 - juris Rn. 20 - LM Nr. 7 zu § 9 (Ba) AGBG.
[4] BT-Drs. 14/6040, S. 179.
[5] BT-Drs. 14/6040, S. 180.
[6] *Westermann* in: Erman, § 321 Rn. 3.
[7] OLG Hamm v. 02.06.1997 - 17 U 128/96 - NJW-RR 1997, 1242-1243.
[8] BGH v. 08.10.1990 - VIII ZR 247/89 - juris Rn. 46 - BGHZ 112, 279-288.
[9] BGH v. 11.12.2009 - V ZR 217/08 - juris Rn. 15 - NJW 2010, 1272-1275.
[10] BT-Drs. 14/6040, S. 179.

12 Der Grund für die Anspruchsgefährdung wird regelmäßig in einer **Verschlechterung der Vermögensverhältnisse** des Vorleistungsberechtigten liegen. Zu deren Feststellung ist die Ermittlung der Gesamtvermögenslage nicht erforderlich. Es reicht das Vorliegen bestimmter „signifikanter Vorkommnisse"[11], wie beispielsweise die Anordnung der Zwangsversteigerung des Wohnhauses des Schuldners[12], Zahlung mit ungedecktem Scheck und Nichterfüllung anderer laufender Verbindlichkeiten[13] oder die Kreditunwürdigkeit, die sich insbesondere in der Ablehnung eines in Aussicht gestellten Kredits äußert[14].

13 Auch **sonstige drohende Leistungshindernisse** können die Anspruchsgefährdung begründen. Im Regierungsentwurf sind als Beispiele genannt: Export- oder Importverbote, Kriegsereignisse, Zusammenbrüche von Zulieferern und krankheitsbedingte Ausfälle der zur Leistungserbringung notwendigen Mitarbeiter oder des Schuldners selbst.[15]

14 Eine Anspruchsgefährdung ist nicht nur dann gegeben, wenn das vollständige Ausbleiben der Gegenleistung droht. Es reicht auch eine zu erwartende vertragswidrige Beschaffenheit von einigem Gewicht.[16] Auch ein vorübergehendes Leistungshindernis kann die Unsicherheitseinrede begründen.[17] Die Gefährdung des Anspruchs muss tatsächlich vorliegen. Es reicht nicht aus, dass der Vertragspartner des Vorleistungspflichtigen in zurechenbarer Weise den Anschein einer Gefährdung der Gegenleistung gesetzt hat. Der Vorleistungspflichtige trägt das Risiko, eine Anspruchsgefährdung zu Unrecht anzunehmen.[18]

15 Gemäß § 321 Abs. 1 Satz 2 BGB entfällt das Leistungsverweigerungsrecht, wenn die Gegenleistung bewirkt oder Sicherheit für sie geleistet ist. Bestehen von vornherein ausreichende Sicherheiten – etwa durch Grundpfandrechte, Sicherungseigentum oder Bürgschaften – für den Anspruch des Vorleistungsverpflichteten, ist keine Anspruchsgefährdung gegeben.[19]

IV. Mangelnde Leistungsfähigkeit als Ursache

16 Der Anspruch auf die Gegenleistung muss durch die mangelnde Leistungsfähigkeit des anderen Teils gefährdet sein.

17 Nach der Begründung des Regierungsentwurfs soll die Unsicherheitseinrede nicht eingeschränkt werden oder entfallen, wenn die Leistungsgefährdung beim Vorleistungsberechtigten vom Vorleistungspflichtigen zu vertreten ist. Eine solche Einschränkung erscheine angesichts der nur aufschiebenden, aber nicht auflösenden Wirkung der Unsicherheitseinrede als zu weitgehend. Nur „in extremen Fällen" könne die Berufung auf die Unsicherheitseinrede rechtsmissbräuchlich sein.[20] Dagegen spricht, dass die unzulässige Rechtsausübung nicht auf extreme Fälle beschränkt ist. Wird die Anspruchsgefährdung durch den Verzug des Vorleistungspflichtigen verursacht, schließt dies eine Berufung aus § 321 BGB aus.[21] Kommt der Vorleistungspflichtige erst nach Eintritt der Anspruchsgefährdung in Verzug, steht ihm die Einrede aus § 321 BGB zu, sobald er seine Leistung Zug um Zug gegen Erbringung der Gegenleistung angeboten hat.[22]

C. Rechtsfolgen

18 § 321 Abs. 1 Satz 1 BGB gibt dem Vorleistungspflichtigen ein **Leistungsverweigerungsrecht**. Der Vorleistungspflichtige kann die Leistung bis zur Bewirkung der Gegenleistung oder einer Sicherheitsleistung verweigern. Allein das Bestehen des Leistungsverweigerungsrechts schließt den Verzug des

---

[11] BT-Drs. 14/6040, S. 179.
[12] BGH v. 27.06.1985 - VII ZR 265/84 - juris Rn. 11 - LM Nr. 6 zu § 321 BGB.
[13] BGH v. 27.06.1985 - VII ZR 265/84 - juris Rn. 11 - LM Nr. 6 zu § 321 BGB.
[14] BT-Drs. 14/6040, S. 179.
[15] BT-Drs. 14/6040, S. 179.
[16] BT-Drs. 14/6040, S. 179.
[17] BGH v. 11.12.2009 - V ZR 217/08 - juris Rn. 18 - NJW 2010, 1272-1275.
[18] BT-Drs. 14/6040, S. 179.
[19] *Emmerich* in: MünchKomm-BGB, § 321 Rn. 15.
[20] BT-Drs. 14/6040, S. 180.
[21] *Emmerich* in: MünchKomm-BGB, § 321 Rn. 16; *Westermann* in: Erman, § 321 Rn. 9.
[22] *Emmerich* in: MünchKomm-BGB, § 321 Rn. 16; *Westermann* in: Erman, § 321 Rn. 9.

Vorleistungsverpflichteten aus.[23] Ein bereits eingetretener Verzug des Vorleistungspflichtigen wird dadurch geheilt, dass die Voraussetzungen des § 321 BGB eintreten und der Vorleistungspflichtige nunmehr seine Leistung gegen Bewirkung der Gegenleistung anbietet.[24]

Wie sich aus § 321 Abs. 2 Satz 1 BGB ergibt, besteht ein **Anspruch des Vorleistungsverpflichteten** darauf, dass der andere Teil Zug um Zug gegen Erbringung der Leistung des Vorleistungsverpflichteten nach seiner Wahl entweder die Gegenleistung erbringt oder Sicherheit leistet. Als Leistungen, die Zug um Zug zu erbringen sind, stehen sich gegenüber: die vom Vorleistungsverpflichteten zu erbringende Leistung und – nach Wahl des Vorleistungsberechtigten – entweder die Gegenleistung oder eine Sicherheitsleistung. Die Vorleistungspflicht erlischt insoweit, als dass nunmehr in jedem Fall eine Verpflichtung zur Erbringung einer Zug-um-Zug-Leistung besteht.[25] Mit der Geltendmachung des Leistungsverweigerungsrechts erlischt die Vorleistungspflicht aber nicht ersatzlos. Der Vorleistungsberechtigte ist nicht verpflichtet, seine Gegenleistung Zug um Zug zu erbringen, er kann auch Zug um Zug eine Sicherheit leisten. Bezogen auf die im Gegenseitigkeitsverhältnis stehenden Leistungen verbleibt es dann bei der Vorleistungspflicht. 19

Gemäß § 321 Abs. 2 Satz 2 BGB besteht ein Rücktrittsrecht des Vorleistungsverpflichteten. Dieses setzt grundsätzlich den erfolglosen Ablauf einer gemäß § 321 Abs. 1 Satz 1 BGB gesetzten angemessenen Frist voraus. Bis zum Rücktritt kann der andere Teil entweder Sicherheit leisten oder Erfüllung Zug um Zug gegen die Leistung der Vorleistungspflichtigen anbieten. 20

Nach h.M. hat der Vorleistungspflichtige auch das Recht eine schon in Gang gesetzte Leistung zu unterbrechen oder sogar rückgängig zu machen, solange der Leistungserfolg noch nicht eingetreten ist. Dieses so genannte Stoppungsrecht oder Anhalterecht wird teilweise direkt aus § 321 BGB entnommen[26], teilweise auch mit einer Analogie zu Art. 71 Abs. 2 und 3 CISG begründet[27]. Der Verkäufer eines Grundstücks hat aus § 321 BGB das Recht auch nach Auflassung die noch ausstehende Eintragung im Grundbuch zu verhindern.[28] 21

Ein Schadensersatzanspruch des Vorleistungspflichtigen kann sich aus allgemeinen Regeln ergeben. Allein der Eintritt der die Unsicherheitseinrede begründenden Umstände ist jedoch nicht als Pflichtverletzung anzusehen.[29] 22

Die Fristsetzung kann gemäß § 321 Abs. 3 BGB i.V.m. § 323 Abs. 2 BGB entbehrlich sein. 23

---

[23] BGH v. 11.12.2009 - V ZR 217/08 - juris Rn. 22 - NJW 2010, 1272-1275.
[24] BGH v. 11.10.1967 - VIII ZR 143/65 - LM Nr. 3 zu § 321 BGB; *Emmerich* in: MünchKomm-BGB, § 321 Rn. 20.
[25] BT-Drs. 14/6040, S. 180.
[26] *Otto* in: Staudinger, § 321 Rn. 44.
[27] *Westermann* in: Erman, § 321 Rn. 13.
[28] BGH v. 04.05.1960 - V ZR 163/58 - LM Nr. 4 zu § 454 BGB.
[29] *Westermann* in: Erman, § 321 Rn. 12.

§ 322 BGB Verurteilung zur Leistung Zug-um-Zug

(Fassung vom 02.01.2002, gültig ab 01.01.2002)

(1) Erhebt aus einem gegenseitigen Vertrag der eine Teil Klage auf die ihm geschuldete Leistung, so hat die Geltendmachung des dem anderen Teil zustehenden Rechts, die Leistung bis zur Bewirkung der Gegenleistung zu verweigern, nur die Wirkung, dass der andere Teil zur Erfüllung Zug um Zug zu verurteilen ist.

(2) Hat der klagende Teil vorzuleisten, so kann er, wenn der andere Teil im Verzug der Annahme ist, auf Leistung nach Empfang der Gegenleistung klagen.

(3) Auf die Zwangsvollstreckung findet die Vorschrift des § 274 Abs. 2 Anwendung.

Gliederung

A. Grundlagen 1
B. Anwendungsvoraussetzungen 2
   I. Einrede des nicht erfüllten Vertrages (Absatz 1) 2
   II. Vorleistungspflichtiger (Absatz 2) 7
   III. Zwangsvollstreckung (Absatz 3) 9

A. Grundlagen

1   § 322 BGB ist durch das Schuldrechtsreformgesetz nicht geändert worden. Die Vorschrift regelt in Absatz 2 und Absatz 3 die verfahrens- und vollstreckungsrechtlichen Folgen der Einrede aus § 320 BGB. § 322 Abs. 2 BGB enthält eine Sonderregelung für die Klage des Vorleistungspflichtigen.

B. Anwendungsvoraussetzungen

I. Einrede des nicht erfüllten Vertrages (Absatz 1)

2   Die Einrede des nicht erfüllten Vertrags gemäß § 320 BGB muss im Prozess erhoben werden, um ihre in § 322 Abs. 1 BGB bestimmte Wirkung der Zug-um-Zug-Verurteilung zu entfalten.

3   Allein das Bestehen der Einrede hindert zwar den Eintritt des Schuldnerverzugs, verhindert aber nicht die uneingeschränkte Verurteilung bei einer Leistungsklage des Gläubigers.[1] Eine ausdrückliche Erhebung der Einrede ist ebenso wenig erforderlich wie ein ausdrücklicher Antrag auf Zug um Zug-Verurteilung. Auch ein uneingeschränkter Abweisungsantrag reicht aus, wenn der Wille, die eigene Leistung im Hinblick auf das Ausbleiben der Gegenleistung zu verweigern, eindeutig erkennbar wird. Dies ist der Fall, wenn der Beklagte die Klageabweisung damit begründet, der Kläger könne oder wolle die ihm obliegende Gegenleistung nicht erbringen oder wenn der Beklagte bestreitet, dass der Kläger die von ihm behauptete Gegenleistung bereits erbracht hat.[2]

4   Die wirksame Erhebung der Einrede des nicht erfüllten Vertrags führt im Prozess zur Verurteilung des Schuldners zur Leistung Zug um Zug gegen Erbringung der Gegenleistung. Ist die Erbringung der Gegenleistung von einer weiteren Leistung abhängig, kommt es zu einer doppelten Zug-um-Zug-Verurteilung, beispielsweise zur Verurteilung zur Zahlung des Werklohns Zug um Zug gegen Mängelbeseitigung, diese wiederum Zug um Zug gegen Zahlung eines Kostenzuschusses.[3]

5   Bei der Verurteilung Zug um Zug handelt es sich nicht um ein aliud zu einer vorbehaltlosen Verurteilung, sondern lediglich um ein Minus. Auch bei einem Antrag auf vorbehaltlose Verurteilung erfolgt eine Zug-um-Zug-Verurteilung. Dies gilt selbst dann, wenn der Kläger ausdrücklich nur eine uneingeschränkte Verurteilung beantragt.[4] Erfolgt auf einen uneingeschränkten Klageantrag eine Zug-um-Zug-Verurteilung, unterliegt der Kläger teilweise und ist in diesem Umfang mit der Klage ab-

---

[1] BGH v. 07.10.1998 - VIII ZR 100/97 - juris Rn. 10 - LM BGB § 320 Nr. 40 (3/1999); BGH v. 06.12.1991 - V ZR 229/90 - juris Rn. 23 - BGHZ 116, 244-251.
[2] BGH v. 07.10.1998 - VIII ZR 100/97 - juris Rn. 12 - LM BGB § 320 Nr. 40 (3/1999).
[3] BGH v. 22.03.1984 - VII ZR 286/82 - BGHZ 90, 354-363.
[4] *Otto* in: Staudinger, § 322 Rn. 7.

zuweisen.⁵ Die Beschränkung des Klageanspruchs wird rechtskräftig festgestellt, nicht aber die Pflicht des Beklagten zur Gegenleistung.⁶

Die Einrede des nicht erfüllten Vertrags kann auch mit einer Vollstreckungsgegenklage geltend gemacht werden, etwa dann, wenn sich der Kläger der sofortigen Zwangsvollstreckung aus einer Urkunde unterworfen hat. Mit dem Zurückbehaltungsrecht kann in diesen Fällen allerdings nur die Erklärung verlangt werden, dass die Zwangsvollstreckung aus dem Titel nur Zug um Zug gegen die zu bezeichnende Gegenleistung des Gläubigers zulässig ist.⁷

II. Vorleistungspflichtiger (Absatz 2)

§ 322 Abs. 2 BGB gibt dem Vorleistungspflichtigen die Möglichkeit, bei Annahmeverzug des Vorleistungsberechtigten „auf Leistung nach Empfang der Gegenleistung" zu klagen. Damit wird der missliche Schwebezustand beseitigt, welcher dadurch zustande kommen kann, dass der Vorleistungsberechtigte sich passiv verhält. Der Vorleistungsberechtigte kann sich nicht durch Ablehnung der Leistung des anderen Teils der eigenen Leistungspflicht entziehen.⁸ Auch wenn der Vorleistungspflichtige eine uneingeschränkte Verurteilung beantragt, erfolgt eine Verurteilung zur Leistung nach Empfang der Gegenleistung, da dies im Verhältnis zur uneingeschränkten Verurteilung kein aliud, sondern ein Minus ist.⁹

Der Annahmeverzug kann sich nicht nur aus der Nichtannahme der angebotenen Leistung, sondern auch daraus ergeben, dass der Vorleistungsberechtigte eine ihm obliegende Mitwirkungshandlung nicht vornimmt.¹⁰ Der Werkbesteller kommt durch die Nichtannahme der vom Unternehmer angebotenen Mängelbeseitigung in Annahmeverzug. Da nach der Mängelbeseitigung die Abnahmereife eintritt, kann der Unternehmer auf Werklohn nach Empfang der Gegenleistung klagen.¹¹

III. Zwangsvollstreckung (Absatz 3)

Nach § 322 Abs. 3 BGB findet die Vorschrift des § 274 Abs. 2 BGB auf die Zwangsvollstreckung entsprechende Anwendung (vgl. dazu die Kommentierung zu § 274 BGB). Der Verweis in § 322 Abs. 3 BGB gilt auch für die Zwangsvollstreckung aus einem Titel aus § 322 Abs. 2 BGB.¹²

---

[5] BGH v. 19.12.1991 - IX ZR 96/91 - juris Rn. 10 - BGHZ 117, 1-7.
[6] BGH v. 19.12.1991 - IX ZR 96/91 - juris Rn. 12 - BGHZ 117, 1-7.
[7] BGH v. 27.06.1997 - V ZR 91/96 - juris Rn. 9 - NJW-RR 1997, 1272; BGH v. 14.05.1992 - VII ZR 204/90 - juris Rn. 39 - BGHZ 118, 229-242.
[8] *Emmerich* in: MünchKomm-BGB, § 322 Rn. 13.
[9] BGH v. 08.07.1983 - V ZR 53/82 - juris Rn. 21 - BGHZ 88, 91-97.
[10] *Hartmann*, BB 1997, 326-329, 327.
[11] BGH v. 13.12.2001 - VII ZR 27/00 - juris Rn. 18 - BGHZ 149, 289-294.
[12] BGH v. 13.12.2001 - VII ZR 27/00 - juris Rn. 14 - BGHZ 149, 289-294.

§ 323 BGB Rücktritt wegen nicht oder nicht vertragsgemäß erbrachter Leistung *⁾

(Fassung vom 02.01.2002, gültig ab 01.01.2002)

(1) Erbringt bei einem gegenseitigen Vertrag der Schuldner eine fällige Leistung nicht oder nicht vertragsgemäß, so kann der Gläubiger, wenn er dem Schuldner erfolglos eine angemessene Frist zur Leistung oder Nacherfüllung bestimmt hat, vom Vertrag zurücktreten.

(2) Die Fristsetzung ist entbehrlich, wenn

1. der Schuldner die Leistung ernsthaft und endgültig verweigert,
2. der Schuldner die Leistung zu einem im Vertrag bestimmten Termin oder innerhalb einer bestimmten Frist nicht bewirkt und der Gläubiger im Vertrag den Fortbestand seines Leistungsinteresses an die Rechtzeitigkeit der Leistung gebunden hat oder
3. besondere Umstände vorliegen, die unter Abwägung der beiderseitigen Interessen den sofortigen Rücktritt rechtfertigen.

(3) Kommt nach der Art der Pflichtverletzung eine Fristsetzung nicht in Betracht, so tritt an deren Stelle eine Abmahnung.

(4) Der Gläubiger kann bereits vor dem Eintritt der Fälligkeit der Leistung zurücktreten, wenn offensichtlich ist, dass die Voraussetzungen des Rücktritts eintreten werden.

(5) ¹Hat der Schuldner eine Teilleistung bewirkt, so kann der Gläubiger vom ganzen Vertrag nur zurücktreten, wenn er an der Teilleistung kein Interesse hat. ²Hat der Schuldner die Leistung nicht vertragsgemäß bewirkt, so kann der Gläubiger vom Vertrag nicht zurücktreten, wenn die Pflichtverletzung unerheblich ist.

(6) Der Rücktritt ist ausgeschlossen, wenn der Gläubiger für den Umstand, der ihn zum Rücktritt berechtigen würde, allein oder weit überwiegend verantwortlich ist oder wenn der vom Schuldner nicht zu vertretende Umstand zu einer Zeit eintritt, zu welcher der Gläubiger im Verzug der Annahme ist.

*) *Amtlicher Hinweis:*

Diese Vorschrift dient auch der Umsetzung der Richtlinie 1999/44/EG des Europäischen Parlaments und des Rates vom 25. Mai 1999 zu bestimmten Aspekten des Verbrauchsgüterkaufs und der Garantien für Verbrauchsgüter (ABl. EG Nr. L 171 S. 12).

Gliederung

A. Grundlagen 1
I. Kurzcharakteristik 1
II. Gesetzgebungsmaterialien 3
B. Anwendungsvoraussetzungen 4
I. Gegenseitiger Vertrag 4
II. Fälliger und durchsetzbarer Anspruch 7
III. Leistung nicht oder nicht vertragsgemäß erbracht 10
1. Nichtleistung 10
2. Leistung nicht vertragsgemäß erbracht 13
3. Verletzung einer Verhaltenspflicht nicht erforderlich 16
4. derlich 16
IV. Erfolglose Fristsetzung bzw. deren Entbehrlichkeit 17
1. Erfolglose Fristsetzung 17

a. Fristsetzung 17
b. Erfolgloser Fristablauf 27
2. Entbehrlichkeit aufgrund von Sonderregeln ... 31
3. Entbehrlichkeit bei Erfüllungsverweigerung ... 33
4. Entbehrlichkeit beim Fixgeschäft 38
5. Entbehrlichkeit aufgrund besonderer Umstände 40
6. Abmahnung 44
V. Ausschluss des Rücktrittsrechts 47
1. Ausschluss durch Vertrag 47
2. Ausschluss bei eigener Vertragsuntreue des Gläubigers 48
3. Beschränkung auf den Teilrücktritt gemäß Absatz 5 Satz 1 49
4. Ausschluss gemäß Absatz 5 Satz 2 53

| 5. Ausschluss gemäß Absatz 6 .... 58 | I. Schwebezustand .... 62 |
| C. Rechtsfolgen .... 62 | II. Rückabwicklungsschuldverhältnis .... 67 |

A. Grundlagen

I. Kurzcharakteristik

§ 323 BGB ist die zentrale Norm für das Rücktrittsrecht des Gläubigers. Die Voraussetzungen stimmen weitestgehend mit denen des § 281 BGB überein. Der wesentliche Unterschied besteht darin, dass das Rücktrittsrecht kein Vertretenmüssen voraussetzt. Auch wenn sich der Schuldner gemäß § 280 Abs. 1 Satz 2 BGB entlasten kann, hat dies auf das Rücktrittsrecht des Gläubigers keine Auswirkung.   1

Das Rücktrittsrecht aus § 323 BGB unterscheidet sich von dem aus § 324 BGB dadurch, dass es die Verletzung leistungsbezogener Pflichten voraussetzt. Auch die Verletzung von leistungsbezogenen Nebenpflichten aus einem gegenseitigen Vertrag führt zur Anwendung des § 323 BGB. Ist dem Gläubiger wegen der Verletzung von Nebenpflichten das Festhalten am Vertrag unzumutbar, begründet dies ein Rücktrittsrecht aus § 323 Abs. 1, Abs. 2 Nr. 3 BGB.[1]   2

II. Gesetzgebungsmaterialien

Regierungsentwurf BT-Drs. 14/6040, S. 180–187; Stellungnahme des Bundesrats BT-Drs. 14/6857, S. 21; Gegenäußerung der Bundesregierung BT-Drs. 14/6857, S. 56-57; Beschlussempfehlung und Bericht des Rechtsausschusses BT-Drs. 14/7052, S. 192.   3

B. Anwendungsvoraussetzungen

I. Gegenseitiger Vertrag

Das Rücktrittsrecht aus § 323 BGB kommt bei allen gegenseitigen Verträgen in Betracht. Gegenseitige Verträge im Sinne der §§ 320-326 BGB sind Verträge, bei denen sich eine Leistung und eine Gegenleistung in einem Austauschverhältnis gegenüberstehen. Die Leistung einer Partei soll die Gegenleistung, das Entgelt, für die Leistung der anderen Partei darstellen.[2]   4

Bei in Vollzug gesetzten Dauerschuldverhältnissen haben die Parteien regelmäßig kein Interesse daran, wegen einer nachträglich eingetretenen Störung auch die bereits erbrachten Leistungsteile rückgängig zu machen. Grundsätzlich tritt daher das Recht zur Kündigung aus wichtigem Grund (§ 314 BGB) an die Stelle des Rücktrittsrechts.[3]   5

Ein Rücktritt ist aber auch bei in Vollzug gesetzten Dauerschuldverhältnissen möglich, wenn die Parteien ein Interesse an der Rückabwicklung bereits erbrachter Leistungsteile haben oder wenn die Rückabwicklung des Vertrags unschwer möglich und nach der Interessenlage auch sachgerecht ist.[4] Zumindest im Mietrecht und im Reisevertragsrecht bestehen aber Sonderregelungen des Kündigungsrechts, die einen Rückgriff auf § 323 BGB ausschließen.   6

II. Fälliger und durchsetzbarer Anspruch

Der **Anspruch** des Gläubigers wird in aller Regel aus dem Gegenseitigkeitsverhältnis stammen. Notwendig ist dies jedoch nicht. Auch die Nichterfüllung von Ansprüchen, die nicht im Gegenseitigkeitsverhältnis stehen, kann nach einer Fristsetzung den Rücktritt rechtfertigen. Setzt der Verkäufer dem Käufer eine Frist zur Abnahme der Kaufsache, kann er nach erfolglosem Fristablauf zurücktreten, unabhängig davon, ob die Abnahmepflicht im konkreten Fall (ausnahmsweise) im Gegenseitigkeitsverhältnis stand oder ob dies nicht der Fall war.   7

Grundsätzlich ist die **Fälligkeit** des Anspruchs erforderlich. § 323 Abs. 4 BGB ermöglicht jedoch einen Rücktritt auch schon vor Fälligkeit des Anspruchs, wenn offensichtlich ist, dass die Voraussetzungen des Rücktritts eintreten werden. Dies ist insbesondere der Fall bei einer ernsthaften und endgültigen Erfüllungsverweigerung vor Fälligkeit.[5] § 323 Abs. 4 BGB ist dem Art. 72 CISG nachgebildet.   8

---

[1] BGH v. 10.03.2010 - VIII ZR 182/08 - juris Rn. 18.
[2] BGH v. 21.10.1954 - IV ZR 128/54 - BGHZ 15, 102-107.
[3] Für das Verhältnis zwischen dem Rücktrittsrecht aus § 326 BGB a.F. und dem früher nicht geregelten Kündigungsrecht aus wichtigem Grund BGH v. 06.02.1985 - VIII ZR 15/84 - juris Rn. 24 - LM Nr. 22 zu § 326 (A) BGB; BGH v. 25.03.1987 - VIII ZR 43/86 - juris Rn. 36 - LM Nr. 65 zu § 139 BGB.
[4] BGH v. 19.02.2002 - X ZR 166/99 - juris Rn. 16 - NJW 2002, 1870-1872.
[5] BT-Drs. 14/6040, S. 186.

Gründe, die nach Art. 72 CISG zur Vertragsaufhebung berechtigen, sind außer der Erfüllungsverweigerung beispielsweise die Nichterfüllung früherer Zahlungsansprüche und Nichtbeachtung eines Verlangens nach nunmehrigen Sicherheiten, das Abhängigmachen der Erfüllung von unberechtigten Zusatzleistungen, Nachforderungen oder Garantien oder die Zahlungsunfähigkeit des Käufers.[6] Allein solvenzbedingte Zweifel an der Leistungsfähigkeit des Schuldners führen aber noch nicht dazu, dass „offensichtlich" ist, dass die Voraussetzungen des Rücktritts eintreten werden.[7] Beruht die mangelnde Fälligkeit darauf, dass der Gläubiger vorleistungspflichtig ist, hat der Gläubiger bei einer Gefährdung seines Anspruchs – insbesondere bei einer Verschlechterung der Vermögensverhältnisse des Schuldners – nach erfolglosem Ablauf einer von ihm gesetzten Frist ein Rücktrittsrecht aus § 321 Abs. 2 BGB. Die Abhängigkeit dieses Rücktrittsrechts von einer erfolglosen Fristsetzung zeigt, dass bei solvenzbedingten Zweifeln an der Leistungsfähigkeit nicht „offensichtlich" sein soll, dass die Voraussetzungen des Rücktrittsrechts eintreten werden.

9 Ohne ausdrückliche Regelung setzt § 323 BGB die **Durchsetzbarkeit** der Forderung voraus. Die Frage, ob allein das Bestehen einer Einrede das Rücktrittsrecht ausschließt oder ob der Schuldner sich auf die Einrede berufen muss, ist ebenso zu entscheiden wie die Frage, unter welchen Voraussetzungen eine Einrede den Eintritt des Verzugs hindert. Allein das Bestehen der Einrede des nicht erfüllten Vertrags aus § 320 BGB verhindert ein Rücktrittsrecht des Gläubigers. In diesen Fällen kann der Gläubiger die Voraussetzungen eines Rücktrittsrechts erst dann herbeiführen, wenn er seine Leistung erbringt oder sie zumindest in einer den Annahmeverzug begründenden Weise anbietet.[8]

III. Leistung nicht oder nicht vertragsgemäß erbracht

1. Nichtleistung

10 Soweit § 323 BGB voraussetzt, dass der Schuldner die Leistung nicht erbringt, ist damit auch der Fall der Unmöglichkeit mit erfasst. Ist die Leistungspflicht gemäß § 275 Abs. 1-3 BGB ausgeschlossen, verweist § 326 Abs. 5 BGB auf § 323 BGB mit der Maßgabe, dass eine Fristsetzung entbehrlich ist.

11 Das Rücktrittsrecht setzt den Verzug nicht voraus. Allerdings enthält die Fristsetzung eine Aufforderung zur Leistung und damit eine Mahnung. Der Schuldner kommt mit der Fristsetzung in Verzug (vgl. die Kommentierung zu § 286 BGB Rn. 18). Die Fälle, in denen die Fristsetzung entbehrlich ist, begründen auch die Entbehrlichkeit der Mahnung.

12 Auch das Nichterbringen einer Teilleistung kann ein Rücktrittsrecht begründen. Allerdings ist im Kauf- und Werkvertragsrecht die Zuweniglieferung und die Herstellung eines Werkes in zu geringer Menge einem Mangel gleichgestellt (§§ 434 Abs. 3, 633 Abs. 2 Satz 3 BGB). Ist eine Teilleistung bewirkt, setzt ein Rücktritt vom ganzen Vertrag voraus, dass der Gläubiger an der Teilleistung kein Interesse hat (vgl. Rn. 49).

2. Leistung nicht vertragsgemäß erbracht

13 Soweit § 323 BGB voraussetzt, dass der Schuldner die Leistung nicht vertragsgemäß erbringt, bezieht sich dies vor allem auf die Gewährleistung im Kauf- und Werkvertragsrecht. Die §§ 437 Nr. 2 und 634 Nr. 3 BGB verweisen für das Rücktrittsrecht wegen eines Mangels auf § 323 BGB.

14 Darüber hinaus kann jede andere nicht vertragsgemäße Leistung ein Rücktrittsrecht aus § 323 BGB begründen. Dafür kommen aber nur Ausnahmefälle in Betracht. Im Mietrecht und im Reisevertragsrecht bestehen besonders geregelte Kündigungsrechte für den Fall der nicht vertragsgemäßen Leistung des Vermieters oder des Reiseveranstalters. Auch bei sonstigen Dauerschuldverhältnissen ist § 323 BGB grundsätzlich durch das Recht zur außerordentlichen Kündigung aus § 314 BGB ersetzt.

15 Auch die nicht vertragsgemäße Erbringung einer Nebenleistungspflicht kann ein Rücktrittsrecht begründen. Für die Verletzung von Rücksichtnahmepflichten im Sinne des § 241 Abs. 2 BGB enthält § 324 BGB eine Sonderregelung.

---

[6] *Magnus* in: Staudinger, Art. 72 CISG Rn. 11.
[7] *Mossler*, ZIP 2002, 1831-1838, 1832.
[8] BGH v. 06.12.1991 - V ZR 229/90 - juris Rn. 17 - BGHZ 116, 244-251.

3. Verletzung einer Verhaltenspflicht nicht erforderlich

Der fünfte Senat des BGH hat entschieden, dass für den Schadensersatzanspruch aus den §§ 280 Abs. 1 u. 3, 281 BGB allein die Tatsache der Nichterfüllung keine Pflichtverletzung des Schuldners begründet, sondern die Verletzung einer Verhaltenspflicht erforderlich ist.[9] Diese Rechtsprechung kann nicht auf das Rücktrittsrecht übertragen werden, da der Rücktritt keine Pflichtverletzung voraussetzt. Für die Rücktrittsvoraussetzungen reicht der Nichteintritt des Leistungserfolgs. 16

IV. Erfolglose Fristsetzung bzw. deren Entbehrlichkeit

1. Erfolglose Fristsetzung

a. Fristsetzung

Für die Fristsetzung gemäß § 323 BGB gelten die gleichen Grundsätze wie für die Fristsetzung gemäß § 281 BGB. Die Fristsetzung ist eine Aufforderung zur Leistung oder zur Nacherfüllung unter Hinzufügen einer Frist. Das OLG Köln hat für eine Fristsetzung verlangt, der Gläubiger müsse gegenüber dem Vertragsgegner unmissverständlich zum Ausdruck bringen, dass jener mit der Aufforderung eine letzte Gelegenheit zur Erbringung der vertraglichen Leistung erhält.[10] Mit dieser Anforderung werden Elemente der Ablehnungsandrohung i.S.d. § 326 Abs. 1 BGB a.F. mit dem Begriff der Fristsetzung vermischt. Das Gesetz verlangt jedoch eindeutig keine Ablehnungsandrohung mehr. 17

Die Leistungsaufforderung muss eindeutig und bestimmt sein. Es muss deutlich werden, welche konkrete Leistung der Gläubiger vom Schuldner verlangt. Bei einem Sukzessivlieferungsvertrag ist daher die genaue Bezeichnung der fälligen Rate erforderlich.[11] Eine Zuvielforderung ist unschädlich, wenn der Schuldner die Erklärung als Aufforderung zur Bewirkung der tatsächlichen geschuldeten Leistung verstehen muss und der Gläubiger auch zur Annahme der gegenüber seinen Vorstellungen geringeren Leistung bereit ist.[12] 18

Verlangt der Werkbesteller **Nacherfüllung**, hat der Werkunternehmer gemäß § 635 Abs. 1 BGB das Wahlrecht zwischen Mängelbeseitigung und Neuherstellung. Die Leistungsaufforderung muss zu den Nacherfüllungsmöglichkeiten keine Erklärung enthalten, etwaige Wünsche des Bestellers sind für ihn nicht bindend. Die Aufforderung zur Nacherfüllung muss allerdings den Mangel bezeichnen. Es müssen zumindest die Symptome genannt werden, die die Abweichung von der geschuldeten Beschaffenheit begründen. Die Ursachen für den Mangel müssen nicht dargelegt werden.[13] Es reicht beispielsweise der Vortrag, dass die Schallschutzwerte bezüglich des Trittschalls unterschritten sind[14] oder dass eine Heizungsanlage in unvertretbarem Maße Wasser verliert und dies mindestens zweimal pro Woche nachgefüllt werden muss oder dass es bei Außentemperaturen unter Null Grad Celsius nicht möglich ist, im Haus die notwendige Zimmertemperatur zu erreichen[15]. 19

Der Käufer hat gemäß § 439 BGB das Wahlrecht zwischen Nachlieferung und Mängelbeseitigung. Fordert der Käufer den Verkäufer zur Nacherfüllung auf, muss er dieses Wahlrecht ausüben, anderenfalls geht es auf den Verkäufer über.[16] Auch im Kaufrecht muss die Aufforderung zur Nacherfüllung eine Beschreibung des Mangels enthalten. Der Verkäufer muss erkennen können, was von ihm verlangt wird und er muss einschätzen können, ob dieses Verlangen berechtigt ist. Für die Frage, ob eine Aufforderung zur Nacherfüllung hinreichend substantiiert ist, können Rechtsprechung und Literatur zu § 377 HGB herangezogen werden. Die Mängelanzeige gemäß § 377 HGB soll dem Verkäufer ermöglichen, die Beanstandungen zu prüfen und gegebenenfalls abzustellen, sie ist insoweit mit einem Nacherfüllungsverlangen vergleichbar. Die kaufmännische Mängelrüge muss den Verkäufer in die Lage versetzen, aus seiner Sicht und Kenntnis der Dinge zu erkennen, in welchen Punkten und in welchem 20

---

[9] BGH v. 19.10.2007 - V ZR 211/06 - juris Rn. 32 - BGHZ 174, 61-77; vgl. die Kommentierung zu § 281 BGB Rn. 9.
[10] OLG Köln v. 01.09.2003 - 19 U 80/03 - ZGS 2003, 392-394.
[11] *Otto/Schwarze* in: Staudinger, § 281 Rn. B 38.
[12] BGH v. 05.10.2005 - X ZR 276/02 - juris Rn. 24 - NJW 2006, 769-771.
[13] BGH v. 21.12.2000 - VII ZR 192/98 - juris Rn. 8 - LM BGB § 134 Nr. 171 (5/2001); BGH v. 14.01.1999 - VII ZR 185/97 - juris Rn. 10 - BauR 1999, 899-901.
[14] BGH v. 28.10.1999 - VII ZR 115/97 - juris Rn. 9 - NJW-RR 2000, 309-310.
[15] BGH v. 14.01.1999 - VII ZR 185/97 - juris Rn. 10 - BauR 1999, 899-901.
[16] *Brambring*, DNotZ 2001, 590-614, 605.

Umfang die gelieferte Ware als nicht vertragsgemäß beanstandet wird.[17] Es reicht die Beschreibung eines Mangels; dessen Ursache muss nicht aufgezeigt werden.[18] So reicht beispielsweise die Rüge, dass ein gekaufter LKW die vereinbarte Nutzlast effektiv unterschreitet. Die Angabe der vereinbarten Nutzlast und der tatsächlichen Nutzlast ist nicht erforderlich, wenn dem Verkäufer der einschlägige Sachverhalt bekannt ist. Auch die Ursachen der Gewichtsdifferenz hat der Käufer nicht darzulegen.[19]

21 Die Aufforderung zu einer **Erklärung über die Leistungsbereitschaft** reicht grundsätzlich nicht.[20] Hat der Schuldner allerdings vor Fälligkeit der vereinbarten Leistung erklärt, dass er nicht zu der vereinbarten Zeit liefern könne, kann – wie nach dem bisherigen Recht[21] – eine Frist zur Erklärung über die Erfüllungsbereitschaft gesetzt und nach erfolglosem Ablauf Schadensersatz statt der Leistung verlangt werden.

22 Die Fristsetzung wird regelmäßig die Angabe eines Endtermins oder eines bestimmten Zeitraums enthalten. Erforderlich ist dies allerdings nicht. Es reicht, wenn der Gläubiger deutlich macht, dass dem Schuldner nur ein begrenzter Zeitraum zur Verfügung steht. Das Verlangen nach „sofortiger", „unverzüglicher" oder „umgehender" Leistung beinhaltet eine wirksame Fristsetzung.[22]

23 Die **Angemessenheit der Frist** bestimmt sich nach den Umständen des konkreten Vertrags, wobei die Interessen beider Vertragsparteien zu berücksichtigen sind. Einerseits hat der Gläubiger ein Interesse an alsbaldiger Klarheit darüber, ob der Schuldner die Leistung erbringen wird; andererseits soll dem Schuldner die letzte Möglichkeit gegeben werden, die Leistung tatsächlich noch zu erbringen. Die Frist muss daher so lang bemessen sein, dass der Schuldner in der Lage ist, die bereits begonnene Erfüllung zu beschleunigen und zu vollenden. Sie braucht jedoch nicht so lang zu sein, dass der Schuldner die Möglichkeit hat, erst jetzt mit der Leistungsvorbereitung, z.B. der Beschaffung von Gattungssachen, zu beginnen.[23]

24 Eine unangemessen kurze Frist setzt eine angemessene Frist in Lauf.[24] Nach einer Entscheidung des OLG Celle soll allerdings eine Rücktrittserklärung unwirksam sein, wenn sie zwar nach Ablauf der gesetzten, aber vor Ablauf der angemessenen Frist erklärt wird.[25] Der Gläubiger kann jedoch schon vor Ablauf der angemessenen Frist wirksam Schadensersatz statt der Leistung verlangen. Diese Erklärung entfaltet dann mit Ablauf der Frist ihre Wirkung.

25 Eine Zuvielforderung kann im Einzelfall zur Unwirksamkeit der Fristsetzung führen. Das kann etwa dann der Fall sein, wenn die „überzogene" Mängelrüge des Werkbestellers als Zurückweisung der geschuldeten Nacherfüllung auszulegen ist.[26]

26 Eine Fristsetzung **vor Fälligkeit** ist grundsätzlich unwirksam. Ausnahmsweise kann eine Frist vor Fälligkeit gesetzt werden, wenn bereits frühzeitig ernsthafte Zweifel an der Leistungsfähigkeit und -bereitschaft des Schuldners bestehen.[27]

b. Erfolgloser Fristablauf

27 Soweit zur Begründung des Rücktrittsrechts eine Fristsetzung erforderlich ist, setzt § 323 BGB voraus, dass die Frist erfolglos abgelaufen ist. Auch beim Fixgeschäft ist die Einhaltung der vertraglich vereinbarten Leistungsfrist erforderlich.

---

[17] BGH v. 14.05.1996 - X ZR 75/94 - juris Rn. 14 - LM HGB § 377 Nr. 41 (9/1996).
[18] BGH v. 18.06.1986 - VIII ZR 195/85 - juris Rn. 18 - NJW 1986, 3136-3138.
[19] BGH v. 14.05.1996 - X ZR 75/94 - juris Rn. 18 - LM HGB § 377 Nr. 41 (9/1996).
[20] BGH v. 09.06.1999 - VIII ZR 149/98 - juris Rn. 21 - BGHZ 142, 36-46.
[21] BGH v. 10.12.1975 - VIII ZR 147/74 - LM Nr. 4 zu § 326 (Dc) BGB; BGH v. 21.10.1982 - VII ZR 51/82 - juris Rn. 24 - LM Nr. 2 zu § 5 VOB/B 1973.
[22] BGH v. 12.08.2009 - VIII ZR 254/08 - juris Rn. 10 - NJW 2009, 3153-3154.
[23] BGH v. 31.10.1984 - VIII ZR 226/83 - juris Rn. 22 - LM Nr. 4 zu § 4 AGBG; BGH v. 06.12.1984 - VII ZR 227/83 - juris Rn. 16 - LM Nr. 13 zu § 9 (Cb) AGBG; OLG Düsseldorf v. 05.07.1991 - 22 U 48/91 - NJW-RR 1992, 951.
[24] BGH v. 21.06.1985 - V ZR 134/84 - juris Rn. 21 - LM Nr. 2/3 zu § 326 (Da) BGB.
[25] OLG Celle v. 30.08.2004 - 7 U 30/04 - juris Rn. 12 - NJW 2004, 472-474.
[26] BGH v. 05.10.2005 - X ZR 276/02 - juris Rn. 25 - NJW 2006, 116-118; OLG Köln v 10.03.2006 - 19 U 160/05 - juris Rn. 37 - CR 2006, 440-442.
[27] BGH v. 25.01.2001 - I ZR 287/98 - juris Rn. 19 - LM BGB § 284 Nr. 47 (3/2002).

Vor Ablauf der Frist besteht grundsätzlich kein Rücktrittsrecht aus § 323 BGB. Der Gläubiger kann jedoch bereits vor Fristablauf zurücktreten, wenn feststeht, dass die Frist nicht eingehalten wird. Dies kann etwa dann der Fall sein, wenn der Schuldner vor dem endgültigen Ablauf der Frist noch nicht mit der Erbringung der Leistung begonnen hat und die Erfüllung in der restlichen Zeit der Frist nicht mehr möglich ist.[28]

28

Zur Wahrung der Frist reicht grundsätzlich die Vornahme der Leistungshandlung innerhalb des Zeitraums, sofern keine abweichende Vereinbarung vorliegt. Der Eintritt des Leistungserfolgs innerhalb der Frist ist nicht erforderlich.[29] Eine Fristüberschreitung kann ausnahmsweise dann gemäß § 242 BGB unschädlich sein, wenn sie nur geringfügig ist und damit für den Gläubiger offensichtlich keine Nachteile verbunden sind.[30] Der EuGH hat entschieden, dass bei Banküberweisungen Art. 3 Abs. 1 lit. c II der EG-Richtlinie über den Zahlungsverzug (RL 2000/25/EG) gebietet, dass für den Beginn und das Ende des Verzugs auf den Zeitpunkt abzustellen ist, indem der Gläubiger über den geschuldeten Betrag verfügen kann.[31] Eine richtlinienkonforme Auslegung ist damit für Banküberweisungen und Eintritt/Ende des Verzugs unmittelbar geboten. § 270 Abs. 4 BGB sollte aber einheitlich dahingehend ausgelegt werden, dass allgemein für die Rechtzeitigkeit von Geldschulden auf den Zahlungseingang beim Gläubiger abzustellen ist.[32]

29

Erfolgt innerhalb der Frist nur eine **Teilleistung** oder eine **Schlechtleistung**, kann der Gläubiger die Entgegennahme ablehnen. Wie im Falle des § 281 BGB sind die Rechtsfolgen bei der Entgegennahme einer Teil- oder Schlechtleistung umstritten (vgl. im Einzelnen die Kommentierung zu § 281 BGB Rn. 41).

30

2. Entbehrlichkeit aufgrund von Sonderregeln

Im Gewährleistungsrecht ist die Fristsetzung gemäß § 440 BGB bzw. § 636 BGB entbehrlich, wenn die Nacherfüllung verweigert wird, fehlschlägt oder dem Berechtigten unzumutbar ist (vgl. die Kommentierung zu § 440 BGB und die Kommentierung zu § 636 BGB).

31

Die Fristsetzung ist gemäß § 326 Abs. 5 BGB entbehrlich, wenn der Schuldner nach § 275 Abs. 1-3 BGB nicht zu leisten braucht.

32

3. Entbehrlichkeit bei Erfüllungsverweigerung

Die ernsthafte und endgültige Erfüllungsverweigerung hat außer der Entbehrlichkeit einer Fristsetzung gemäß § 281 Abs. 2 BGB auch die Entbehrlichkeit der Fristsetzung gemäß § 286 Abs. 2 Nr. 3 BGB und gemäß § 323 Abs. 2 Nr. 1 BGB zur Folge. Bei einer Erfüllungsverweigerung kann der Gläubiger daher ohne Weiteres Schadensersatz statt der Leistung und Schadensersatz wegen Verzögerung der Leistung verlangen und von einem gegenseitigen Vertrag zurücktreten. Mit Rücksicht auf diese nachteiligen Folgen sind (wie schon bisher) an die tatsächlichen Voraussetzungen einer endgültigen Erfüllungsverweigerung strenge Anforderungen zu stellen; sie liegt nur vor, wenn der Schuldner eindeutig zum Ausdruck bringt, dass er seinen Vertragspflichten nicht nachkommen werde, und es damit ausgeschlossen erscheint, dass er sich von einer Nachfristsetzung umstimmen ließe. Aus der Weigerung des Schuldners muss also zu entnehmen sein, dass dieser, wenn er vor die Wahl zwischen der Erfüllung und den Rechtsfolgen der §§ 280 Abs. 1 und 3, 281 BGB oder § 323 BGB gestellt wird, sich für die zweite Möglichkeit entscheidet.[33]

33

Allein das Bestreiten von Mängeln reicht nicht für eine endgültige Erfüllungsverweigerung.[34] Diese liegt auch nicht in der Verweigerung, Schadensersatz zu leisten, mit der Begründung, bereits erfüllt zu haben.[35] Anders ist es, wenn der Schuldner definitiv erklärt, auf keinen Fall zur Leistung oder Nacher-

34

---

[28] BGH v. 12.09.2002 - VII ZR 344/01 - juris Rn. 9 - NJW-RR 2003, 13-14.
[29] BGH v. 06.02.1954 - II ZR 176/53 - BGHZ 12, 267-270.
[30] *Otto/Schwarze* in: Staudinger, § 281 Rn. B 60.
[31] EuGH v. 03.04.2008 - C-306/06 - NJW 2008, 1935-1936.
[32] *Otto/Schwarze* in: Staudinger, § 323 Rn. B 75.
[33] BGH v. 16.03.1988 - VIII ZR 184/87 - juris Rn. 27 - BGHZ 104, 6-18; BGH v. 18.01.1991 - V ZR 315/89 - juris Rn. 22 - LM Nr. 9 zu § 415 BGB; BGH v. 15.03.1996 - V ZR 316/94 - juris Rn. 10 - LM BGB § 326 (D) Nr. 3 (8/1996); BGH v. 15.12.1998 - X ZR 90/96 - NJW-RR 1999, 560-562.
[34] BGH v. 12.01.1993 - X ZR 63/91 - juris Rn. 14 - NJW-RR 1993, 882-883.
[35] BGH v. 18.09.1985 - VIII ZR 249/84 - juris Rn. 37 - LM Nr. 7 zu § 326 (C) BGB.

füllung verpflichtet zu sein.³⁶ Auch in dem hartnäckigen Bestreiten eines Mangels über Jahre hinweg kann eine ernsthafte und endgültige Leistungsverweigerung gesehen werden.³⁷

35 Von einer Erfüllungsverweigerung kann der Schuldner durch ein ordnungsgemäßes Angebot Abstand nehmen, solange der Gläubiger nicht Schadensersatz statt der Leistung verlangt hat oder zurückgetreten ist.³⁸ Der Gläubiger kann allerdings in diesem Fall das Angebot zurückweisen (vgl. Rn. 64).

36 Bei einem Gewährleistungsanspruch ist die Fristsetzung entbehrlich, wenn bei einem mit einer Nachfristsetzung verbundenen Zeitverlust ein wesentlich größerer Schaden droht, als bei einer vom Gläubiger sofort vorgenommenen Mängelbeseitigung.³⁹ Beim Kauf eines Tieres ist dies der Fall, wenn der Zustand des Tieres eine unverzügliche tierärztliche Behandlung als Notmaßnahme erforderlich erscheinen lässt, die vom Verkäufer nicht rechtzeitig veranlasst werden kann.⁴⁰

37 Ist die Nacherfüllung nur mit unverhältnismäßigen Kosten möglich, kann sie der Käufer gemäß § 439 Abs. 3 Satz 1 BGB verweigern. Dies befreit den Käufer aber nicht von der Notwendigkeit, dem Verkäufer Gelegenheit zur Nacherfüllung zu geben. Auch bei unverhältnismäßigen Kosten der Nacherfüllung ist eine Fristsetzung nicht entbehrlich.⁴¹

4. Entbehrlichkeit beim Fixgeschäft

38 Eine Fristsetzung ist auch bei einem (relativen) Fixgeschäft entbehrlich. Nach § 326 Abs. 2 Nr. 2 BGB setzt dies voraus, dass der Gläubiger im Vertrag den Fortbestand seines Leistungsinteresses an die Rechtzeitigkeit der Leistung gebunden hat. Sachlich besteht kein Unterschied zu den in der bisherigen Rechtsprechung verwendeten Formulierungen. Danach muss eine Fristvereinbarung getroffen sein, aus der hervorgeht, dass das Geschäft mit der Einhaltung der Frist steht und fällt.⁴²

39 Die Bezeichnung „fix" legt nahe, dass ein Fixgeschäft gewollt ist, wenn nicht überzeugende Umstände gegen diesen objektiven Erklärungswert sprechen.⁴³ Die Formulierung „spätestens" ist ein Indiz für einen Fixkauf, eine tatsächliche Vermutung für ein Fixgeschäft ist damit aber nicht verbunden.⁴⁴ Entscheidend ist, ob sich die Einigung der Parteien darauf erstreckt, dass der abgeschlossene Vertrag bei Nichteinhaltung der Frist von dem Gläubiger ohne Weiteres beendet werden kann.⁴⁵

5. Entbehrlichkeit aufgrund besonderer Umstände

40 Die Fristsetzung ist entbehrlich, wenn besondere Umstände vorliegen, die unter Abwägung der beiderseitigen Interessen den sofortigen Rücktritt rechtfertigen. Für den Auffangtatbestand des § 323 Abs. 2 Nr. 3 BGB kommen insbesondere die bisher in § 326 Abs. 2 BGB a.F. geregelten Fälle des **Interessenwegfalls** in Betracht.⁴⁶ Die Entbehrlichkeit der Fristsetzung wegen Interessenwegfalls setzt voraus, das der Gläubiger das Interesse am beiderseitigen Leistungsaustausch verloren hat. Dabei muss das Leistungsinteresse infolge der Nichtleistung des Schuldners entfallen sein. Hierfür ist nicht erforderlich, dass die Nichtleistung die alleinige Ursache des Interessenwegfalls ist, die Mitursächlichkeit reicht aus.⁴⁷ An einen Interessenwegfall sind strenge Anforderungen zu stellen, da anderenfalls die Regelvoraussetzung der Fristsetzung ausgehöhlt werden könnte.⁴⁸ Ein Interessenwegfall im Sinne des § 326 Abs. 2 BGB ist zu bejahen, wenn der Abnehmer des Gläubigers infolge der Lieferverzögerung die schon verkaufte Ware ablehnt.⁴⁹

---

[36] *Westermann* in: Erman, § 281 Rn. 16.
[37] OLG Koblenz v. 27.04.2004 - 3 U 625/03 - BauR 2005, 154-155.
[38] Zu § 326 BGB a.F.: KG v. 20.02.2003 - 8 U 86/02 - juris Rn. 4 - KGR Berlin 2004, 257.
[39] BGH v. 22.06.2005 - VIII ZR 1/05 - juris Rn. 12 - ZGS 2005, 433-434.
[40] BGH v. 22.06.2005 - VIII ZR 1/05 - juris Rn. 12 - ZGS 2005, 433-434.
[41] BGH v. 21.12.2005 - VIII ZR 49/05 - juris Rn. 26 - BB 2006, 686-689.
[42] BGH v. 17.01.1990 - VIII ZR 292/88 - juris Rn. 22 - BGHZ 110, 88-98; BGH v. 14.03.1984 - VIII ZR 287/82 - juris Rn. 22 - LM Nr. 22 zu § 346 (Ea) HGB.
[43] BGH v. 17.01.1990 - VIII ZR 292/88 - juris Rn. 23 - BGHZ 110, 88-98; BGH v. 27.10.1982 - VIII ZR 190/81 - juris Rn. 21 - LM Nr. 4 zu § 376 HGB.
[44] OLG Köln v. 18.01.2000 - 15 U 74/99 - juris Rn. 49 - OLGR Köln 2000, 374-377.
[45] BGH v. 14.03.1984 - VIII ZR 287/82 - juris Rn. 23 - LM Nr. 22 zu § 346 (Ea) HGB.
[46] BT-Drs. 14/6040, S. 186.
[47] BGH v. 14.03.1984 - VIII ZR 287/82 - juris Rn. 23 - LM Nr. 22 zu § 346 (Ea) HGB.
[48] BGH v. 17.12.1996 - X ZR 74/95 - juris Rn. 23 - LM BGB § 284 Nr. 44a (7/1997).
[49] BGH v. 10.03.1998 - X ZR 7/96 - juris Rn. 29 - NJW-RR 1998, 1489-1492; BGH v. 24.10.1997 - V ZR 187/96 - juris Rn. 15 - LM BGB § 434 Nr. 14 (4/1998).

Ähnlich wie in Art. 25 CISG begründet der Interessenwegfall einen Schadensersatzanspruch aus §§ 280 Abs. 1 und 3, 281 BGB nur dann, wenn der Schuldner den Interessenwegfall kannte oder erkennen musste (vgl. die Kommentierung zu § 281 BGB Rn. 52). Für das Rücktrittsrecht ist dieses Erfordernis entbehrlich.[50] Anders als der Schadensersatzanspruch statt der Leistung erfordert der Rücktritt keine vom Schuldner zu vertretende Pflichtverletzung, jedenfalls nicht die Verletzung einer Verhaltenspflicht. Überdies kann die Abwägung der beiderseitigen Interessen in § 281 Abs. 2 Nr. 2 BGB und § 323 Abs. 2 Nr. 3 BGB unterschiedlich ausfallen, weil bei einem Rücktritt der Schuldner nicht mit einer Schadensersatzpflicht belastet wird. 41

Arglistiges Verhalten des Schuldners bei Vertragsschluss macht die Fristsetzung grundsätzlich entbehrlich. Eine solche Handlung ist grundsätzlich geeignet, das Vertrauen des Gläubigers in eine ordnungsgemäße (Nach-)Erfüllung zu zerstören.[51] Setzt der Gläubiger dem Schuldner aber trotz der Arglist eine Frist, gibt er zu erkennen, dass sein Vertrauen in die ordnungsgemäße (Nach-)Erfüllung weiterhin besteht. Leistet der Schuldner daraufhin innerhalb der Frist, erlischt das Rücktrittsrecht.[52] 42

Die Fristsetzung ist auch dann entbehrlich, wenn dem Gläubiger aufgrund der Verletzung von Nebenpflichten die Durchführung des Vertrags unzumutbar wird.[53] 43

6. Abmahnung

Soweit nach der Art der Pflichtverletzung eine Fristsetzung nicht in Betracht kommt, tritt gemäß § 323 Abs. 3 BGB eine Abmahnung an deren Stelle. Gedacht ist dabei an die Verletzung von Unterlassungspflichten.[54] Der Verstoß gegen Unterlassungspflichten wird allerdings im Regelfall zur Unmöglichkeit führen, da das Gläubigerinteresse regelmäßig darauf gerichtet ist, dass die Zuwiderhandlung überhaupt unterbleibt.[55] Unmöglichkeit liegt beispielsweise vor, wenn die Verpflichtung besteht, an einer bestimmten Versteigerung oder Abstimmung nicht teilzunehmen und dies gleichwohl getan wird[56], oder wenn sich der Schuldner verpflichtet hat, eine Strafanzeige nicht zu erstatten oder ein Geheimnis nicht öffentlich bekannt zu machen.[57] 44

Unterlassungsansprüche, die durch eine Zuwiderhandlung nicht unmöglich werden, sind beispielsweise Ansprüche aus einer Alleinvertriebsvereinbarung, die den Hersteller gegenüber einem Vertragshändler verpflichtet, in einem bestimmten Absatzgebiet keinen Direktverkauf vorzunehmen und nicht an andere Händler zu liefern.[58] 45

Eine Abmahnung ist entbehrlich, wenn die Vertrauensgrundlage derart erschüttert ist, dass sie auch durch eine Abmahnung nicht wiederhergestellt werden kann.[59] 46

V. Ausschluss des Rücktrittsrechts

1. Ausschluss durch Vertrag

Vertragliche Abänderungen der Rücktrittsvoraussetzungen sind möglich. Nach Ansicht des Kammergerichts ist jedoch ein vollständiger Ausschluss des Rücktrittsrechts unwirksam, da es sich um grundlegende Bestimmungen des allgemeinen Leistungsstörungsrechts handelt.[60] 47

2. Ausschluss bei eigener Vertragsuntreue des Gläubigers

Das Rücktrittsrecht ist – ebenso wie der Schadensersatzanspruch aus §§ 280 Abs. 1 und 3, 281 BGB und die Einrede des nicht erfüllten Vertrags gemäß § 320 BGB – bei eigener Vertragsuntreue des Gläubigers ausgeschlossen (vgl. die Kommentierung zu § 281 BGB Rn. 63). 48

---

[50] A.A. *Ernst* in: MünchKomm-BGB, § 323 Rn. 124.
[51] BGH v. 08.12.2006 - V ZR 249/05 - juris Rn. 10 - NJW 2007, 835-837; BGH v. 09.01.2008 - VIII ZR 210/06 - juris Rn. 18 - NJW 2008, 1371.
[52] BGH v. 12.03.2010 - V ZR 147/09 - juris Rn. 9 - ZIP 2010, 886-887.
[53] BGH v. 10.30.2010 - VIII ZR 182/08 - juris Rn. 18.
[54] BT-Drs. 14/6857, S. 50; BT-Drs. 14/7052, S. 185.
[55] *Ernst* in: MünchKomm-BGB, § 323 Rn. 79.
[56] BGH v. 23.05.1962 - V ZR 123/60 - juris Rn. 11 - BGHZ 37, 147-154.
[57] *Huber*, Leistungsstörungen, 1999, Band II, § 56 II 1, S. 715.
[58] *Huber*, Leistungsstörungen, 1999, Band II, § 56 II 1, S. 715.
[59] BGH v. 11.02.1981 - VIII ZR 312/79 - juris Rn. 30 - LM Nr. 26 zu § 242 (Bc) BGB.
[60] KG v. 25.01.2005 - 13 U 49/04 - juris Rn. 34 - KGR Berlin 2005, 847-851.

3. Beschränkung auf den Teilrücktritt gemäß Absatz 5 Satz 1

49 Ist eine **Teilleistung** bewirkt, kann der Gläubiger gemäß Absatz 5 Satz 1 vom ganzen Vertrag nur zurücktreten, wenn er an der Teilleistung kein Interesse hat. Ein Teilrücktritt setzt allerdings voraus, dass auch die Leistung des Gläubigers teilbar ist. Ist die Gläubigerleistung unteilbar, kommt nur ein Rücktritt vom gesamten Vertrag in Betracht, ohne dass es auf einen Interessenwegfall ankommt.[61]

50 Ein **Interessenwegfall** liegt vor, wenn die Teilleistung und die Erbringung der entsprechenden Teilgegenleistung für den Gläubiger ohne Interesse und es für ihn günstiger wäre, insgesamt einen neuen Erfüllungsanspruch zu begründen.[62] Dies ist insbesondere dann der Fall, wenn die konkreten Zwecke des Gläubigers mit der erbrachten Leistung auch nicht teilweise befriedigt werden können.[63] Ist die vom Gläubiger zu erbringende Gegenleistung nicht teilbar, hat auch die Teilleistung für ihn kein Interesse.[64] Die Umstände, die den Interessenwegfall begründen, sind vom Gläubiger darzulegen und gegebenenfalls zu beweisen.

51 Beim Kauf steht die Lieferung einer zu geringen Menge gemäß § 433 Abs. 3 BGB einem Sachmangel gleich. Auch die Herstellung eines Werks in zu geringer Menge ist gemäß § 633 Abs. 2 Satz 3 BGB als Sachmangel zu behandeln. Eine Gleichstellung auch im Rahmen des § 323 Abs. 5 BGB hätte zur Folge, dass der Käufer bei einer Teilleistung zurücktreten könnte, ohne dass er einen Interessenwegfall darlegen muss. Das Rücktrittsrecht des Käufers wäre nur bei einer unerheblichen Zuweniglieferung gemäß § 323 Abs. 5 Satz 2 BGB ausgeschlossen. Nach dem Zweck der in § 323 Abs. 5 BGB getroffenen Differenzierung zwischen der Teilleistung und der Schlechtleistung ist ein Rücktritt vom ganzen Vertrag – ebenso wie ein Schadensersatzanspruch statt der ganzen Leistung – aber nur bei einem Interessenwegfall gerechtfertigt.[65] Die Gleichstellung der Zuweniglieferung und der Zuwenigherstellung mit einem Mangel beschränkt sich auf das Gewährleistungsrecht (vgl. die Kommentierung zu § 281 BGB Rn. 107). Allerdings hat das OLG Celle die Lieferung eines Pkw ohne die vereinbarte Sonderausstattung mit Breitreifen und Alufelgen nicht als Teilleistung, sondern ausschließlich als Schlechtleistung angesehen.[66]

52 Liegt kein Interessenwegfall vor, ist nur ein Teilrücktritt möglich. Der Vertrag zerfällt in einen erfüllten Teil und einen nicht erfüllten Teil, der nach den §§ 346-354 BGB rück abzuwickeln ist.

4. Ausschluss gemäß Absatz 5 Satz 2

53 Wird die Leistung nicht wie geschuldet erbracht, ist der Rücktritt gemäß § 323 Abs. 5 Satz 2 BGB ausgeschlossen, wenn die **Pflichtverletzung unerheblich** ist. In diesem Fall ist auch gemäß § 281 Abs. 1 Satz 3 BGB ein Schadensersatzanspruch statt der ganzen Leistung ausgeschlossen (zur Unerheblichkeit der Pflichtverletzung vgl. die Kommentierung zu § 281 BGB Rn. 100). Der BGH hat entschieden, dass ein Sachmangel eine unerhebliche Pflichtverletzung darstellt, wenn er im Sinne von § 459 Abs. 1 Satz 2 BGB a.F. den Wert oder die Tauglichkeit der Kaufsache nur unerheblich mindert.[67] Danach ist die frühere Rechtsprechung zur Unerheblichkeit eines Mangels auf die aktuelle Rechtslage übertragbar.

54 Als unerhebliche Mängel wurden angesehen:
- Abweichung des Kraftstoffverbrauchs eines verkauften Neufahrzeugs von den Herstellerangaben um weniger als 10%[68],
- Abweichung der tatsächlichen von der angegebenen Höchstgeschwindigkeit in Höhe von 5%[69],
- Eigenschaft als Unfallwagen, die sich allein in einem merkantilen Minderwert auswirkt und dieser weniger als 1% des Kaufpreises beträgt[70],

---

[61] BGH v. 16.10.2009 - V ZR 203/08 - juris Rn. 17 - NJW 2010, 146-148.
[62] BGH v. 22.05.1989 - IX ZR 208/89 - juris Rn. 11 - LM Nr. 91 zu § 611.
[63] BGH v. 07.03.1990 - VIII ZR 56/89 - juris Rn. 23 - LM Nr. 1 zu § 326 (F) BGB.
[64] BGH v. 14.01.2000 - V ZR 386/98 - juris Rn. 14 - LM BGB § 497 Nr. 10 (8/2000).
[65] *Otto/Schwarze* in: Staudinger, § 323 Rn. B 132; *Grigoleit/Riehm*, ZGS 2002, 115-122, 115 ff.; *Canaris*, ZRP 2001, 329-336, 334; *Kindl*, WM 2002, 1313-1325, 1320; *Thier*, AcP 203, 399-428, 426.
[66] OLG Celle v. 05.11.2003 - 7 U 50/03 - juris Rn. 6 - ZGS 2004, 74-75.
[67] BGH v. 08.05.2007 - VIII ZR 19/05 - juris Rn. 3 - NJW 2007, 2111-2112.
[68] BGH v. 08.05.2007 - VIII ZR 19/05 - juris Rn. 3 - NJW 2007, 2111-2112; OLG Frankfurt v. 22.12.2011 - 25 U 162/10 - juris Rn. 49.
[69] OLG Düsseldorf v. 07.09.2005 - I-3 U 8/04, 3 U 8/04 - juris Rn. 38 - NJW 2005, 3504-3505.
[70] BGH v. 12.03.2008 - VIII ZR 253/05 - juris Rn. 22 - NJW 2008, 1517-1519.

- Reparaturaufwand geringer als 2-3% des Kaufpreises[71],
- Schäden des Kotflügels und Stoßfängers an einem verkauften Pkw, wenn die Kosten der Mängelbeseitigung gering sind[72],
- geringfügige Lackierungsmängel[73],
- früh reagierende Tankanzeige „geringer Treibstoff-Vorrat"[74],
- fehlerhafte Lenkradfernbedienung[75],
- nicht ganz bündig schließende Seitentüren bei einem Kleinwagen[76],
- geringfügiger optischer Mangel an der Front einer Einbauküche, auch wenn eine Minderung in Höhe von 5% gerechtfertigt ist.[77]

Als erhebliche Mängel wurden eingestuft: 55
- regelmäßiges grundloses Aufleuchten der Motorprüfanzeige[78],
- Wassereintritt in einem Gebrauchtwagen[79],
- aufgeplatzte Innenverkleidung in einem Pkw[80],
- Lieferung eines Kraftfahrzeugs in einer anderen als der bestellten Farbe[81],
- Lieferung eines Pkw aus einem früheren als dem angegebenen Modelljahr[82],
- Nichtabgabe einer Bestätigung gemäß § 19 StVZO über die Zulässigkeit montierter Räder[83],
- das Bestehen von mehreren Mängeln, die für sich allein unerheblich sind[84].

Handelt der Verkäufer **arglistig**, ist eine unerhebliche Pflichtverletzung regelmäßig zu verneinen.[85] 56

Umstritten ist die Behandlung der **Teilschlechtleistung**, d.h. des Falles in dem nur der abtrennbare Teil 57 einer Leistung mit einem Sach- oder Rechtsmangel behaftet ist. In diesem Fall sind sowohl § 323 Abs. 5 Satz 1 BGB als auch § 323 Abs. 5 Satz 2 BGB anzuwenden.[86] Es ist zunächst zu prüfen, ob der Mangel bezogen auf den abtrennbaren Teil erheblich ist. Ist dies der Fall, besteht die Möglichkeit eines Teilrücktritts. Ein Gesamtrücktritt ist nur möglich, wenn der Gläubiger an der nach einem Teilrücktritt noch möglichen Restleistung kein Interesse mehr hat.

5. Ausschluss gemäß Absatz 6

Durch § 323 Abs. 6 BGB werden die für die Unmöglichkeit geltenden Regeln des § 326 Abs. 2 Satz 1 58 BGB verallgemeinert und erweitert.

Der Rücktritt ist ausgeschlossen, wenn der Gläubiger für den Umstand, der ihn zum Rücktritt berechtigen würde, allein oder weit überwiegend verantwortlich ist. Wie in § 326 Abs. 2 Satz 1 BGB bezieht sich die „weit überwiegende" Verantwortlichkeit auf Fälle, in denen im Rahmen des § 254 BGB die weit überwiegende Verantwortlichkeit der Alleinverantwortlichkeit gleichgestellt wird. Den Käufer eines Pkw trifft keine weit überwiegende Verantwortlichkeit, wenn er Inspektionen unterlässt und damit dem Verkäufer die Möglichkeit nimmt, den Mangel zu erkennen und zu beseitigen.[87]

Der Ausschluss gemäß § 323 Abs. 6 Alt. 1 BGB greift auch dann ein, wenn die Nacherfüllung nach- 60 träglich aufgrund eines Umstands unmöglich wird, den der Käufer allein oder weit überwiegend zu vertreten hat. Darin wurde eine „Wiederkehr" des abgeschafften § 351 BGB a.F. gesehen und eine Korrektur dahingehend gefordert, dass die Verantwortlichkeit des Käufers entsprechend § 346 Abs. 3

---

[71] OLG Düsseldorf v. 27.02.2004 - I-3 W 21/043, W 21/04 - NJW-RR 2004, 1060-1061; OLG Bamberg v. 10.04.2006 - 4 U 295/05 - juris Rn. 37.
[72] BGH v. 14.09.2005 - VIII ZR 363/04 - juris Rn. 40 - NJW 2005, 3490-3493.
[73] OLG Koblenz v. 24.01.2008 - 5 U 684/07 - juris Rn. 20 - OLGR Koblenz 2008, 256-258.
[74] OLG Düsseldorf v. 11.06.2007 - I-1 U 259/06 - juris Rn. 20.
[75] OLG Düsseldorf v. 08.01.2007 - I-1 U 177/06 - juris Rn. 31 - ZGS 2007, 157-160.
[76] OLG Düsseldorf v. 08.06.2005 - I-3 U 12/04 - juris Rn. 27 - NJW 2005, 2235-2236.
[77] KG v. 29.03.2007 - 27 U 133/06 - juris Rn. 7 - KGR 2007, 717-718.
[78] OLG Naumburg v. 13.12.2006 - 6 U 146/06 - juris Rn. 25 - OLGR Naumburg 2007, 815.
[79] BGH v. 05.11.2008 - VIII ZR 166/07 - juris Rn. 21 - NJW 2009, 508-509.
[80] OLG Saarbrücken v. 22.06.2005 - 1 U 567/04 - 167, 1 U 567/04 - juris Rn. 37 - MDR 2006, 227-228.
[81] BGH v. 17.02.2010 - VIII ZR 70/07 - juris Rn. 24 - BB 2010, 1175-1178.
[82] OLG Nürnberg v. 21.03.2005 - 8 U 2366/04 - juris Rn. 25 - NJW 2005, 2019-2021.
[83] OLG Bamberg v. 02.03.2005 - 3 U 129/04 - juris Rn. 23 - OLGR Bamberg 2005, 265-266.
[84] OLG Düsseldorf v. 18.08.2008 - I-1 U 238/07 - juris Rn. 40.
[85] BGH v. 24.03.2006 - V ZR 173/05 - juris Rn. 13 - BGHZ 167, 19-25.
[86] *Ernst* in: MünchKomm-BGB, § 323 Rn. 256; *Lorenz*, NJW 2003, 3097-3099.
[87] OLG Hamm v. 08.09.2005 - 28 U 60/05 - juris Rn. 10 - NZV 2006, 421-424.

§ 323

Satz 1 Nr. 3 BGB auf die eigenübliche Sorgfalt zu begrenzen sei.[88] Es fehlt jedoch an einer Regelungslücke. Die Regelung benachteiligt den Käufer nicht unangemessen, da sie nur bei nachträglicher Unmöglichkeit in der Zeit zwischen Fristablauf und Rücktrittserklärung eingreift und nur für den Fall der alleinigen oder weit überwiegenden Verantwortlichkeit gilt.[89]

61 Der Rücktritt ist auch dann ausgeschlossen, wenn der Umstand, der zum Rücktritt berechtigt, vom Schuldner nicht zu vertreten ist und während des Annahmeverzugs des Gläubigers eintritt.

C. Rechtsfolgen

I. Schwebezustand

62 Mit dem Fristablauf erlöschen die vertraglichen Pflichten nicht automatisch. Der Gläubiger hat ein Wahlrecht, ob er weiterhin Erfüllung verlangt oder den Rücktritt erklärt. Da das Vertretenmüssen gemäß § 280 Abs. 1 Satz 2 BGB vermutet wird, ist regelmäßig auch ein Schadensersatzanspruch statt der Leistung aus den §§ 280 Abs. 1 und 3, 281 BGB gegeben. Für die Wahlmöglichkeiten gelten die Vorschriften über die Wahlschuld nicht. Insbesondere die zum Schutz des Schuldners dienenden Vorschriften über die Bindung des Gläubigers an die Wahl (§ 263 Abs. 2 BGB) oder über den Übergang des Wahlrechts auf den Schuldner nach fruchtloser Aufforderung an den Gläubiger zur Wahl (§ 264 Abs. 2 BGB) sind weder unmittelbar noch entsprechend anzuwenden.[90]

63 Der Erfüllungsanspruch erlischt auch dann, wenn **Erfüllung** eintritt. Ist der Gläubiger an der Erfüllung beteiligt, wird in der Annahme der Leistung regelmäßig auch ein Verzicht auf das Rücktrittsrecht zu sehen sein.[91] Es gibt aber auch Erfüllungsvorgänge, bei denen der Gläubiger überhaupt nicht oder jedenfalls nicht persönlich beteiligt ist. Hilfspersonen des Gläubigers werden regelmäßig nicht ermächtigt sein, einen Verzicht auf den Schadensersatzanspruch zu erklären, sodass der Anspruch nicht aus diesem Grund erlischt. Da der Gläubiger aber mit der Erfüllung die geschuldete Leistung erhält, wird teilweise angenommen, dass die Erfüllung das Rücktrittsrecht beseitigt.[92] Nach der Gegenansicht hat der Gläubiger bei einer Erfüllung des Leistungsanspruchs nach Fristablauf die Möglichkeit, die bereits erbrachte Leistung zurückzuweisen und zurückzutreten.[93] Dem Gläubiger dürfe sein Wahlrecht nicht genommen werden. Für die Wahlrechtsausübung sei ihm eine kurze Bedenkzeit zu gewähren.

64 Ungeklärt sind auch die Rechtsfolgen, wenn der Schuldner nach Fristablauf seine Leistung in einer den §§ 293-295 BGB entsprechenden Weise anbietet. Wohl überwiegend wird angenommen, dass der Gläubiger in **Annahmeverzug** gerät und dieser gemäß § 242 BGB das Rücktrittsrecht ausschließt.[94] Der Gläubiger könne auch nicht noch in dem Moment zurücktreten, in dem ihm die Leistung in einer den Annahmeverzug begründenden Weise angeboten werde, denn mit dem Angebot sei das Rücktrittsrecht bereits erloschen. Gegen diese Ansicht spricht, dass bereits ein (gegebenenfalls wörtliches) Angebot ausreichen soll, dem Gläubiger sein Recht aus § 323 BGB zu nehmen. Dem Gläubiger sollte zumindest im Zeitpunkt des Angebots das Rücktrittsrecht zustehen.[95] Noch weitergehend wird teilweise angenommen, nach Fristablauf bestehe zwar der Erfüllungsanspruch fort, der Gläubiger sei aber nicht verpflichtet, die Leistung anzunehmen.[96] Verweigere er die Annahme, blieben der Schwebezustand und das Wahlrecht des Gläubigers bestehen. Der Schuldner könne analog § 350 BGB eine Frist setzen, innerhalb derer der Gläubiger erklären solle, ob er Sekundärleistungsrechte geltend machen wolle.

65 Ein **Erfüllungsverlangen des Gläubigers** nach Fristablauf schließt den Rücktritt nicht aus.[97] Nur in Ausnahmefällen kann der Rücktritt als eine mit dem Gebot von Treu und Glauben nicht zu vereinbarende unzulässige Rechtsausübung angesehen werden, beispielsweise dann, wenn er zur Unzeit erklärt werden, kurze Zeit nachdem der Gläubiger erneut zur Leistung aufgefordert hat.[98]

---

[88] *Kohler*, AcP 203, 539-574, 554.
[89] *Fest*, ZGS 2006, 173-178, 178.
[90] BGH v. 20.01.2006 - V ZR 124/05 - juris Rn. 17 - ZGS 2006, 149.
[91] *Ernst* in: MünchKomm-BGB § 281 Rn. 79; OLG Düsseldorf v. 19.07.2004 - I-1 U 41/04 - ZGS 2004, 393-394.
[92] *Ernst* in: MünchKomm-BGB § 281 Rn. 82, § 323 Rn. 167 ff.
[93] *Finn*, ZGS 2004, 32-38, 37.
[94] *Ernst* in: MünchKomm-BGB § 281 Rn. 85; *Stadler* in: Jauernig, § 281 Rn. 15; *Althammer*, ZGS 2005, 375, 376.
[95] *Derleder/Hoolmans*, NJW 2004, 2787-2791, 2790.
[96] *Otto* in: Staudinger, § 323 Rn. D 3; *Finn*, ZGS 2004, 32, 36; zu § 633 BGB a.F.; BGH v. 27.02.2003 - VII ZR 338/01 - juris Rn. 22 - BGHZ 154, 119-124.
[97] BGH v. 20.01.2006 - V ZR 124/05 - juris Rn. 16 - ZGS 2006, 149.
[98] BGH v. 20.01.2006 - V ZR 124/05 - juris Rn. 23 - ZGS 2006, 149.

Ist die als Erfüllung entgegengenommene Leistung **mangelhaft**, ist für den Rücktritt grundsätzlich eine erneute Fristsetzung erforderlich. 66

II. Rückabwicklungsschuldverhältnis

Mit der Rücktrittserklärung des Gläubigers erlöschen die gegenseitigen Leistungsansprüche und die empfangenen Leistungen sind gemäß den §§ 346-354 BGB zurück zu gewähren. Bei einem Teilrücktritt ist nur der nicht erfüllte Teil rückabzuwickeln. 67

§ 324 BGB Rücktritt wegen Verletzung einer Pflicht nach § 241 Abs. 2

(Fassung vom 02.01.2002, gültig ab 01.01.2002)

Verletzt der Schuldner bei einem gegenseitigen Vertrag eine Pflicht nach § 241 Abs. 2, so kann der Gläubiger zurücktreten, wenn ihm ein Festhalten am Vertrag nicht mehr zuzumuten ist.

Gliederung

A. Grundlagen ... 1	III. Unzumutbarkeit ... 13
I. Kurzcharakteristik ... 1	IV. Anspruchsausschluss bei eigener Vertragsuntreue des Gläubigers ... 16
II. Gesetzgebungsmaterialien ... 5	C. Rechtsfolgen ... 17
B. Anwendungsvoraussetzungen ... 6	
I. Gegenseitiger Vertrag ... 6	
II. Verletzung einer Pflicht nach § 241 Abs. 2 BGB ... 7	

A. Grundlagen

I. Kurzcharakteristik

1 Nach früherem Recht konnte der Gläubiger bei Verletzung von Rücksichtnahmepflichten wegen positiver Vertragsverletzung ausnahmsweise Schadensersatz wegen Nichterfüllung verlangen oder zurücktreten, wenn für ihn infolge der Pflichtverletzung die Fortsetzung des Vertrags unzumutbar war.

2 Dieser Sonderfall der positiven Vertragsverletzung ist heute in den §§ 280 Abs. 1 und 3, 282 BGB für den Schadensersatzanspruch statt der Leistung und in § 324 BGB für das Rücktrittsrecht geregelt.

3 Abgesehen davon, dass § 324 BGB einen gegenseitigen Vertrag voraussetzt, wohingegen für den Anspruch aus den §§ 280 Abs. 1 und 3, 282 BGB jedes Schuldverhältnis ausreichend ist, und dass das Rücktrittsrecht verschuldensunabhängig ist, sind die Voraussetzungen des Schadensersatzanspruchs statt der Leistung und die des Rücktrittsrechts im Fall der Verletzung von Rücksichtnahmepflichten identisch. Bei einem gegenseitigen Vertrag hat der Gläubiger das Wahlrecht zwischen dem Schadensersatzanspruch statt der Leistung und dem Rücktritt.

4 Eine inhaltliche Änderung der bisherigen Rechtslage sollte durch die Regelungen in § 282 BGB und § 324 BGB nicht erfolgen. Insbesondere die bisherige Rechtsprechung zu diesen Sonderfällen der positiven Vertragsverletzung kann auch zur Auslegung der Neuregelungen herangezogen werden.

II. Gesetzgebungsmaterialien

5 Regierungsentwurf BT-Drs. 14/6040, S. 187; Stellungnahme des Bundesrates BT-Drs. 14/6857, S. 21; Gegenäußerung der Bundesregierung BT-Drs. 14/6857, S. 57; Beschlussempfehlung und Bericht des Rechtsausschusses BT-Drs. 14/7052, S. 192 f.

B. Anwendungsvoraussetzungen

I. Gegenseitiger Vertrag

6 Gegenseitige Verträge im Sinne der §§ 320-326 BGB sind Verträge, bei denen sich eine Leistung und eine Gegenleistung in einem Austauschverhältnis gegenüberstehen. Die Leistung einer Partei soll die Gegenleistung, das Entgelt, für die Leistung der anderen Partei darstellen.[1]

II. Verletzung einer Pflicht nach § 241 Abs. 2 BGB

7 Die heute in § 241 Abs. 2 BGB geregelten Pflichten zur Rücksichtnahme wurden auch als Schutzpflichten oder – im Gegensatz zu den Haupt- und Nebenleistungspflichten – als sonstige Pflichten bezeichnet.

---

[1] BGH v. 21.10.1954 - IV ZR 128/54 - BGHZ 15, 102-107; vgl. im Einzelnen die Kommentierung zu § 320 BGB Rn. 4.

Im Gesetzgebungsverfahren wurde die **Abgrenzung** zwischen der Verletzung einer Leistungspflicht gemäß § 281 BGB und der Verletzung einer sonstigen Pflicht gemäß § 282 BGB als problematisch angesehen.[2] In nicht seltenen Fällen könne man bei der Verletzung einer sonstigen Pflicht auch die Verletzung einer auf Unterlassung des pflichtwidrigen Verhaltens gerichteten Verletzung einer Nebenleistungspflicht annehmen.[3] Die gleichen Schwierigkeiten wurden bezüglich der Abgrenzung zwischen § 323 BGB und § 324 BGB gesehen.[4] Abgrenzungsschwierigkeiten bei einer einzigen Pflichtverletzung haben allerdings in der bisherigen Rechtsprechung zu dem hier geregelten Sonderfall der positiven Vertragsverletzung keine oder allenfalls eine geringe Rolle gespielt. Die Unterscheidung zwischen der Verletzung einer Leistungspflicht, insbesondere durch Verzug, und der als positive Vertragsverletzung behandelten Verletzung einer sonstigen Pflicht war allerdings dann problematisch, wenn dem Schuldner beide Pflichtverletzungen vorgeworfen werden konnten. Der BGH hat ein Rücktrittsrecht wegen positiver Vertragsverletzung in einem Fall bejaht, in dem der Verkäufer nur nach vielen Mahnungen und dann nur teilweise lieferte, gleichzeitig aber andere Lieferungen in Rechnung stellte und mahnte, obwohl diese gar nicht bestellt waren.[5] Das Versenden von Rechnungen und Mahnungen für nicht erbrachte Leistungen ist keine Verletzung einer Leistungspflicht und würde unter § 324 BGB eingeordnet werden können. Da aber die Unzumutbarkeit der Leistung mit einer erheblichen Leistungsverzögerung und der Nichteinhaltung von Lieferversprechen begründet wurde,[6] lag der Schwerpunkt in der Verletzung einer Leistungspflicht. In ähnlicher Weise hat das OLG Stuttgart in einem Fall, in dem dem Schuldner neben der Leistungsverzögerung eine sonstige Pflichtverletzung vorzuwerfen war, eine positive Vertragsverletzung angenommen.[7] Bei einer Leistungsverzögerung ist aber für das Rücktrittsrecht § 323 BGB anzuwenden. Verletzt der Schuldner darüber hinaus sonstige Pflichten, kann dies die Entbehrlichkeit der Fristsetzung gemäß § 323 Abs. 2 Nr. 3 BGB begründen.

Bei einem Sukzessivlieferungsvertrag, bei dem die Gesamtmenge bestimmt ist, sind mangelhafte Lieferungen und verzögerte Lieferungen bezogen auf den Gesamtvertrag als Verletzung der Leistungstreuepflicht anzusehen.[8] Aus § 241 Abs. 2 BGB ergibt sich die Pflicht, das Vertrauen des Vertragspartners in die eigene Erfüllungsbereitschaft und -fähigkeit nicht zu erschüttern. Wiederholt mangelhafte oder verzögerte Einzellieferungen können bezogen auf den Gesamtvertrag ein Rücktrittsrecht aus § 324 BGB (und einen Schadensersatzanspruch aus den §§ 280 Abs. 1 und 3, 282 BGB) begründen. § 314 BGB greift in diesen Fällen nicht ein, da kein Dauerschuldverhältnis vorliegt.[9] Bei einem Sukzessivlieferungsvertrag ist der Gesamtumfang der Leistungen nicht von der Dauer der Rechtsbeziehung abhängig, sondern von der vertraglich bestimmten Gesamtmenge.

Theoretisch reicht jede Verletzung einer Pflicht nach § 241 Abs. 2 BGB für das Rücktrittsrecht aus § 324 BGB aus. Da die Pflichtverletzung aber die Unzumutbarkeit der Leistung begründen muss, werden regelmäßig nur relativ schwerwiegende Pflichtverletzungen das Rücktrittsrecht begründen können. Nach der Formulierung im Regierungsentwurf setzte § 282 BGB voraus, dass die Pflichtverletzung „wesentlich" ist. Auf dieses Erfordernis wurde später verzichtet, da dieses Kriterium in dem Element der Zumutbarkeit aufgeht und keinen eigenständigen Regelungsgehalt hat.[10]

Umstritten ist, ob vorvertragliche Pflichtverletzungen ein Rücktrittsrecht aus § 324 BGB begründen können.[11] Dagegen spricht, dass in diesen Fällen nicht Pflichten aus einem gegenseitigen Vertrag verletzt werden. Allerdings können vorvertragliche Pflichtverletzungen einen Schadensersatzanspruch aus § 280 Abs. 1 BGB begründen, der auf Aufhebung des Vertrags gerichtet ist.[12] Ist dies der Fall, kann die Frage offen bleiben, ob auch ein Rücktrittsrecht aus § 324 BGB besteht.

Einzelfälle aus der bisherigen Rechtsprechung zur positiven Vertragsverletzung:

---

[2] BT-Drs. 14/6857, S. 13; BT-Drs. 14/6857, S. 50.
[3] BT-Drs. 14/6857, S. 50.
[4] BT-Drs. 14/6857, S. 57.
[5] BGH v. 19.02.1969 - VIII ZR 58/67 - LM Nr. 13 zu § 325 BGB.
[6] BGH v. 19.02.1969 - VIII ZR 58/67 - LM Nr. 13 zu § 325 BGB.
[7] OLG Stuttgart v. 11.05.1984 - 2 U 196/82 - CR 1986, 559-561.
[8] *Schwab*, ZGS 2003, 73-79, 75.
[9] *Gaier* in: MünchKomm-BGB, § 314 Rn. 8; *Grüneberg* in: Bamberger/Roth, § 314 Rn. 6.
[10] BT-Drs. 14/7052, S. 186.
[11] Dagegen: *Münch*, Jura 2002, 361-374 365; dafür: *Grothe* in: Bamberger/Roth, § 324 Rn. 5.
[12] BGH v. 26.09.1997 - V ZR 29/96 - juris Rn. 25 - LM BGB § 249 (A) Nr. 113 (4/1998).

- Verstoß gegen die **Leistungstreuepflicht**, wenn der Verkäufer bei einem Neuwagen die Spoiler abmontiert und bei dem Käufer den berechtigten Verdacht erweckt, dass das Fahrzeug mit gebrauchten Teilen ausgeliefert werden wird[13],
- Verstoß gegen die Leistungstreupflicht, dadurch dass der Verkäufer von Gesellschaftsanteilen nachträglich die Gesellschaft unter anderem durch verbotene Konkurrenz schädigt[14],
- Verstoß gegen die Leistungstreuepflicht dadurch, dass der Käufer bei zwei miteinander verbundenen Kaufverträgen nur das für ihn vorteilhafte erste Geschäft durchführen wollte[15],
- Verstoß gegen die Leistungstreuepflicht, wenn derjenige, der ein Alleinvertriebsrecht einräumt, Kunden direkt beliefert[16],
- Verletzung der Aufklärungspflicht bezüglich der Gefahren in einem Reiseland durch einen Reiseveranstalter[17].
- Die **Mitwirkungspflicht des Werkunternehmers** aus § 642 BGB ist eine Gläubigerobliegenheit, zugleich aber auch eine Pflicht des Werkbestellers.[18] Verletzt der Befrachter beim Schiffs-Chartervertrag durch wiederholte Falschangaben seine Mitwirkungspflicht aus § 642 BGB, kann der Verfrachter berechtigt sein, Schadensersatz statt der Leistung zu verlangen oder vom Vertrag zurückzutreten.[19]

III. Unzumutbarkeit

13 Dem Gläubiger muss die Leistung durch den Schuldner nicht mehr zuzumuten sein. Dabei muss die Unzumutbarkeit durch die Pflichtverletzung verursacht sein.[20] Wann dies der Fall ist, ist eine Wertungsfrage, für die es eine Rolle spielen kann, ob der Gläubiger dem Schuldner eine Abmahnung übermittelt hat.[21] Das Vorliegen oder Nichtvorliegen einer Abmahnung kann aber nur ein Indiz sein.

14 Bei besonders schwerwiegenden Pflichtverletzungen, die das Vertrauen des Gläubigers in eine vertragsgemäße Erfüllung zerstören, ist eine Abmahnung entbehrlich. Ein Rücktritt, der auf einen Anspruch aus positiver Vertragsverletzung wegen der Verletzung einer sonstigen Pflicht gestützt wurde, setzte voraus, dass der Gläubiger dem Schuldner entsprechend § 326 BGB a.F. eine Frist zur Leistung gesetzt hatte.[22] Die Fristsetzung wurde jedoch bei einer Zerstörung der Vertrauensgrundlage als entbehrlich angesehen.[23]

15 Andererseits kann bei geringfügigen Pflichtverletzungen auch der erneute Verstoß nach einer Abmahnung immer noch so unbedeutend sein, dass er die Unzumutbarkeit der Leistung für den Gläubiger nicht begründet.[24]

IV. Anspruchsausschluss bei eigener Vertragsuntreue des Gläubigers

16 Das Rücktrittsrecht aus positiver Vertragsverletzung konnte durch den Einwand der eigenen Vertragsuntreue des Gläubigers ausgeschlossen sein.[25] Das Gleiche gilt für das Rücktrittsrecht aus § 324 BGB, wenn nicht schon wegen der Vertragsuntreue die Unzumutbarkeit der Leistung zu verneinen ist.

C. Rechtsfolgen

17 Der Gläubiger hat ein Rücktrittsrecht. Mit der Rücktrittserklärung erlöschen die gegenseitigen Leistungspflichten. Die erbrachten Leistungen sind nach den §§ 346 ff. BGB rückabzuwickeln.

---

[13] BGH v. 19.10.1977 - VIII ZR 42/76 - juris Rn. 20 - LM Nr. 24 zu § 276 BGB.
[14] BGH v. 13.03.1996 - VIII ZR 99/94 - juris Rn. 8 - NJW-RR 1996, 949-950.
[15] BGH v. 25.03.1958 - VIII ZR 62/57 - LM Nr. 3 zu § 276 (H) BGB.
[16] BGH v. 30.04.1986 - VIII ZR 112/85 - juris Rn. 3 - NJW 1986, 2243-2245.
[17] OLG Frankfurt v. 14.05.1981 - 3 U 211/80 - Fremdenverkehrsrechtliche Entscheidungen Zivilrecht, Nr. 295.
[18] BGH v. 16.05.1968 - VII ZR 40/66 - BGHZ 50, 175-179.
[19] BGH v. 13.11.1953 - I ZR 140/52 - BGHZ 11, 80-89.
[20] BT-Drs. 14/6040, S. 142.
[21] BT-Drs. 14/6040, S. 142; BT-Drs. 14/6857, S. 50.
[22] BGH v. 19.10.1977 - VIII ZR 42/76 - juris Rn. 24 - LM Nr. 24 zu § 276 BGB.
[23] BGH v. 13.11.1953 - I ZR 140/52 - juris Rn. 16 - BGHZ 11, 80-89; BGH v. 19.10.1977 - VIII ZR 42/76 - juris Rn. 25 - LM Nr. 24 zu § 276 BGB.
[24] BT-Drs. 14/7052, S. 186.
[25] BGH v. 07.10.1983 - V ZR 261/81 - LM Nr. 16 zu § 145 BGB.

§ 325 BGB Schadensersatz und Rücktritt

(Fassung vom 02.01.2002, gültig ab 01.01.2002)

Das Recht, bei einem gegenseitigen Vertrag Schadensersatz zu verlangen, wird durch den Rücktritt nicht ausgeschlossen.

Gliederung

A. Grundlagen 1	B. Anwendungsvoraussetzungen 4
I. Kurzcharakteristik 1	I. Gegenseitiger Vertrag 4
II. Gesetzgebungsmaterialien 2	II. Rücktritt 5
III. Bezug zum UN-Kaufrecht 3	C. Rechtsfolgen 7

A. Grundlagen

I. Kurzcharakteristik

Nach der ständigen Rechtsprechung zu § 325 BGB a.F. und § 326 BGB a.F. verlor der Gläubiger mit Ausübung des Rücktrittsrechts die Möglichkeit Schadensersatz wegen Nichterfüllung zu verlangen.[1] Der Rücktritt war für den Gläubiger regelmäßig der ungünstigere Rechtsbehelf. § 325 BGB lässt nunmehr ausdrücklich die Geltendmachung eines Schadensersatzanspruchs auch nach einem Rücktritt zu. — 1

II. Gesetzgebungsmaterialien

Regierungsentwurf BT-Drs. 14/6040, S. 188; Beschlussempfehlung und Bericht des Rechtsausschusses BT-Drs. 14/7052, S. 175. — 2

III. Bezug zum UN-Kaufrecht

Auch im UN-Kaufrecht schließt die Vertragsaufhebung einen Schadensersatzanspruch nicht aus. Nach Art. 45 Abs. 2 CISG verliert der Käufer das Recht, Schadensersatz zu verlangen, nicht dadurch, dass er andere Rechtsbehelfe ausübt. Art. 75 CISG und Art. 76 CISG regeln die Berechnung des Schadens für den Fall, dass der Vertrag aufgehoben ist. — 3

B. Anwendungsvoraussetzungen

I. Gegenseitiger Vertrag

Gegenseitige Verträge im Sinne der §§ 320-326 BGB sind Verträge, bei denen sich eine Leistung und eine Gegenleistung in einem Austauschverhältnis gegenüberstehen (vgl. die Kommentierung zu § 320 BGB Rn. 4). — 4

II. Rücktritt

Da der Rücktritt nach der früheren Rechtslage der für den Gläubiger ungünstigere Rechtsbehelf war, wurden mehrdeutige Erklärungen des Gläubigers nicht als Rücktrittserklärung, sondern als Geltendmachung eines Schadensersatzanspruchs wegen Nichterfüllung ausgelegt.[2] Eine derartige Auslegung ist nicht mehr erforderlich, um die Interessen des Gläubigers zu wahren. — 5

Mit der wirksamen Ausübung des Rücktrittsrechts erlöschen die beiderseitigen Erfüllungsansprüche und das ursprüngliche Vertragsverhältnis wandelt sich in ein Abwicklungsverhältnis. Als Gestaltungserklärung ist die Rücktrittserklärung unwiderruflich. Zu § 325 BGB a.F. und § 326 BGB a.F. wurde teilweise die Widerruflichkeit der Rücktrittserklärung bejaht, um dem Gläubiger die Möglichkeit zu geben, auch nach einem Rücktritt noch Schadensersatz wegen Nichterfüllung zu verlangen. Diese Annahme ist nicht mehr erforderlich.[3] — 6

---

[1] BGH v. 20.10.1994 - IX ZR 116/93 - juris Rn. 19 - LM BGB § 675 Nr. 210 (3/1995).
[2] BGH v. 28.11.1997 - V ZR 178/96 - juris Rn. 27 - LM ZPO § 50 Nr. 49 (4/1998).
[3] *Gaier*, WM 2002, 1-14, 2.

§ 325

C. Rechtsfolgen

7 Der Rücktritt schließt das Recht, Schadensersatz zu verlangen, nicht aus. Von Bedeutung ist dies insbesondere für die **Schadensersatzansprüche statt der Leistung**, da nach der früheren Rechtsprechung alle auf das Erfüllungsinteresse gerichteten Schadensersatzansprüche erloschen. Der Schaden ist nach der Differenztheorie zu berechnen (vgl. die Kommentierung zu § 281 BGB Rn. 82). Der Gläubiger muss sich die nach Rücktrittsrecht zurückverlangte Gegenleistung auf den Schadensersatzanspruch anrechnen lassen.[4]

8 Nach einem Rücktritt ist der Rücktrittsberechtigte zur Herausgabe der Nutzungen oder zum Wertersatz verpflichtet (§§ 346 Abs. 1, Abs. 2 Nr. 1; 347 Abs. 1 BGB). Da ein Schadensersatzanspruch ausdrücklich als Alternative zu dem Rücktrittsrecht zugelassen ist, schließt diese Regelung der Nutzungen nicht aus, dass der Rücktrittsberechtigte mit einem Schadensersatzanspruch statt der Leistung den Ersatz entgangener Nutzungen verlangen kann.[5] Der auf das Erfüllungsinteresse gerichtete Anspruch auf Schadensersatz statt der Leistung umfasst auch den Nutzungsausfallschaden.

9 Da Ansprüche auf Schadensersatz statt der Leistung nicht ausgeschlossen sind, ist auch das Recht des Gläubigers nicht ausgeschlossen, anstelle des Schadensersatzes statt der Leistung **Aufwendungsersatz** gemäß § 284 BGB zu verlangen.

10 Der Rücktritt schließt auch einen Anspruch auf Ersatz des **Verzögerungsschadens** nicht aus.[6] Das bedeutet aber nicht, dass jeder Schadensposten eines Verzögerungsschadens durch den Rücktritt unberührt bleiben muss. Nach der Rechtsprechung zu § 286 BGB a.F. entfällt mit Ausübung eines vertraglichen Rücktrittsrechts durch den Verkäufer dessen Anspruch auf den wegen des Schuldnerverzugs des Käufers entgangenen Gewinn aus der Wiederanlage des Kaufpreises. Anderenfalls würden dem Verkäufer Nutzungen zugesprochen, die er, wenn er den Kaufpreis rechtzeitig erlangt hätte, dem Käufer gemäß § 347 Satz 2 und 3 BGB a.F. hätte herausgeben müssen.[7] An der dieser Rechtsprechung zugrunde liegenden Wertung hat sich weder durch die Neuformulierung des § 347 BGB noch durch § 325 BGB etwas geändert. Durch den Rücktritt verliert der Gläubiger einen Anspruch auf Ersatz des Verzugsschadens, soweit sich dieser auf entgangene Nutzungen bezieht, die im Falle einer rechtzeitigen Leistung gemäß § 347 BGB herauszugeben wären.

11 Der Rücktritt schließt einen Anspruch auf Schadensersatz statt der Leistung auch insoweit nicht aus, als es um den Ersatz des Nutzungsausfallschadens geht. Die Regelungen in den §§ 346, 347 BGB über vom Gläubiger herauszugebende Nutzungsentschädigung stehen dem nicht entgegen.[8]

---

[4] OLG Oldenburg v. 23.08.2011 - 13 U 59/11 - juris Rn. 22 - NJW-RR 2011, 1498-1500.
[5] BGH v. 28.11.2007 - VIII ZR 16/07 - juris Rn. 6 - BGHZ 174, 290-197; BGH v. 14.04.2010 - VIII ZR 145/09 - juris Rn. 16.
[6] BGH v. 24.06.1983 - V ZR 113/82 - juris Rn. 20 - BGHZ 88, 46-51.
[7] BGH v. 10.07.1998 - V ZR 360/96 - juris Rn. 13 - LM BGB § 286 Nr. 44 (1/1999).
[8] BGH v. 28.11.2007 - VIII ZR 16/07 - juris Rn. 9 - NJW 2008, 911-912.

§ 326 BGB Befreiung von der Gegenleistung und Rücktritt beim Ausschluss der Leistungspflicht *)

(Fassung vom 02.01.2002, gültig ab 01.01.2002)

(1) ¹Braucht der Schuldner nach § 275 Abs. 1 bis 3 nicht zu leisten, entfällt der Anspruch auf die Gegenleistung; bei einer Teilleistung findet § 441 Abs. 3 entsprechende Anwendung. ²Satz 1 gilt nicht, wenn der Schuldner im Falle der nicht vertragsgemäßen Leistung die Nacherfüllung nach § 275 Abs. 1 bis 3 nicht zu erbringen braucht.

(2) ¹Ist der Gläubiger für den Umstand, auf Grund dessen der Schuldner nach § 275 Abs. 1 bis 3 nicht zu leisten braucht, allein oder weit überwiegend verantwortlich oder tritt dieser vom Schuldner nicht zu vertretende Umstand zu einer Zeit ein, zu welcher der Gläubiger im Verzug der Annahme ist, so behält der Schuldner den Anspruch auf die Gegenleistung. ²Er muss sich jedoch dasjenige anrechnen lassen, was er infolge der Befreiung von der Leistung erspart oder durch anderweitige Verwendung seiner Arbeitskraft erwirbt oder zu erwerben böswillig unterlässt.

(3) ¹Verlangt der Gläubiger nach § 285 Herausgabe des für den geschuldeten Gegenstand erlangten Ersatzes oder Abtretung des Ersatzanspruchs, so bleibt er zur Gegenleistung verpflichtet. ²Diese mindert sich jedoch nach Maßgabe des § 441 Abs. 3 insoweit, als der Wert des Ersatzes oder des Ersatzanspruchs hinter dem Wert der geschuldeten Leistung zurückbleibt.

(4) Soweit die nach dieser Vorschrift nicht geschuldete Gegenleistung bewirkt ist, kann das Geleistete nach den §§ 346 bis 348 zurückgefordert werden.

(5) Braucht der Schuldner nach § 275 Abs. 1 bis 3 nicht zu leisten, kann der Gläubiger zurücktreten; auf den Rücktritt findet § 323 mit der Maßgabe entsprechende Anwendung, dass die Fristsetzung entbehrlich ist.

*) *Amtlicher Hinweis:*
Diese Vorschrift dient auch der Umsetzung der Richtlinie 1999/44/EG des Europäischen Parlaments und des Rates vom 25. Mai 1999 zu bestimmten Aspekten des Verbrauchsgüterkaufs und der Garantien für Verbrauchsgüter (ABl. EG Nr. L 171 S. 12).

Gliederung

A. Grundlagen 1	3. Kein Erlöschen bei Entfallen der Nacherfüllungspflicht 13
I. Kurzcharakteristik 1	4. Verantwortlichkeit des Gläubigers 16
II. Gesetzgebungsmaterialien 5	5. Annahmeverzug 20
B. Anwendungsvoraussetzungen 6	6. Anrechnung ersparter Aufwendungen 24
I. Befreiung des Schuldners von seiner Leistungspflicht gemäß § 275 Abs. 1-3 BGB 6	7. Gläubiger verlangt das Surrogat gemäß § 285 BGB (Absatz 3) 27
II. Auswirkung auf den Gegenleistungsanspruch 7	III. Rückforderungsanspruch aus Absatz 4 28
1. Grundsatz: Erlöschen des Gegenleistungsanspruchs 8	IV. Rücktrittsrecht gemäß Absatz 5 29
2. Sonderregelungen der Gefahrtragung 11	

A. Grundlagen

I. Kurzcharakteristik

Die Vorschrift ersetzte die früheren §§ 323 und 324 BGB a.F. In erster Linie regelt sie das Schicksal des Anspruchs auf die Gegenleistung, wenn der Leistungsanspruch nach § 275 Abs. 1 bis Abs. 3 BGB ausgeschlossen ist. Als Folge der gegenseitigen Abhängigkeit von Leistung und Gegenleistung führt das Erlöschen eines Anspruchs auch zum Erlöschen des Anspruchs auf die Gegenleistung (§ 326 Abs. 1 Satz 1 BGB; § 323 Abs. 1 BGB a.F.). Für die Frage des Bestehenbleibens des Anspruchs, wenn

1

§ 326

das Leistungshindernis vom Gläubiger zu verantworten ist (§ 324 Abs. 1 BGB a.F.) oder sich der Gläubiger in Annahmeverzug befindet (§ 324 Abs. 2 BGB a.F.), enthalten die entsprechenden Regelungen in § 326 BGB strengere bzw. zusätzliche Voraussetzungen. Nach § 326 Abs. 2 Satz 1 Alt. 1 BGB bleibt der Anspruch bestehen, wenn der Gläubiger den Umstand, der zur Leistungsbefreiung führte, „allein oder weit überwiegend" zu verantworten hat. Im Falle des Annahmeverzugs hat das Bestehenbleiben des Anspruchs auf die Gegenleistung die zusätzliche Voraussetzung, dass dieser Umstand vom Schuldner nicht zu vertreten ist.

2   Die Regelung in § 326 Abs. 3 BGB über das Bestehenbleiben des Anspruchs, wenn der Gläubiger das stellvertretende commodum verlangt, entspricht inhaltlich dem bisherigen § 323 Abs. 2 BGB a.F. Eine bereits erbrachte Gegenleistung kann gemäß § 326 Abs. 4 BGB nach den Rücktrittsvorschriften zurückgefordert werden. § 323 Abs. 3 BGB a.F. verwies insoweit noch auf die Vorschriften über die ungerechtfertigte Bereicherung.

3   Das Rücktrittsrecht des Gläubigers im Fall der Unmöglichkeit (d.h. bei Ausschluss der Leistungspflicht gemäß § 275 Abs. 1 bis 3 BGB) aus § 326 Abs. 5 BGB ergab sich früher aus § 325 Abs. 1 BGB a.F.

4   Gemäß § 437 BGB und § 634 BGB gelten für das Gewährleistungsrecht des Kauf- und Werkvertragsrechts weitgehend die allgemeinen Vorschriften. Für den Fall der Unmöglichkeit der Nacherfüllung verweisen § 437 Nr. 2 BGB und § 634 Nr. 3 BGB auf das Rücktrittsrecht aus § 326 Abs. 5 BGB. Verweise auf die anderen Absätze des § 326 BGB wurden nicht getroffen. § 326 Abs. 1 Satz 2 BGB stellt ausdrücklich klar, dass die Unmöglichkeit der Nacherfüllung nicht das automatische Erlöschen des Anspruchs auf die Gegenleistung zur Folge hat.

II. Gesetzgebungsmaterialien

5   Regierungsentwurf BT-Drs. 14/6040, S. 188 f.; Stellungnahme des Bundesrats BT-Drs. 14/6857, S. 11, 21; Gegenäußerung der Bundesregierung BT-Drs. 14/6857, S. 47 f., 56 f.; Beschlussempfehlung und Bericht des Rechtsausschusses BT-Drs. 14/7052, S. 193.

B. Anwendungsvoraussetzungen

I. Befreiung des Schuldners von seiner Leistungspflicht gemäß § 275 Abs. 1-3 BGB

6   Das Erlöschen des Anspruchs gemäß § 326 Abs. 1 Satz 1 BGB setzt voraus, dass der Schuldner gemäß § 275 Abs. 1-3 BGB nicht zu leisten braucht. In den Fällen des § 275 Abs. 2 und 3 BGB ist erforderlich, dass der Schuldner sich auf das Leistungsverweigerungsrecht beruft, da er erst dann von seiner Leistungsverpflichtung befreit wird. Unerheblich ist, ob es sich um ein anfängliches oder um ein nachträgliches Leistungshindernis handelt.

II. Auswirkung auf den Gegenleistungsanspruch

7   Das Erlöschen der Leistungspflicht gemäß § 275 Abs. 1-3 BGB führt bei einem gegenseitigen Vertrag nach § 326 Abs. 1 Satz 1 BGB grundsätzlich zum Erlöschen des Gegenleistungsanspruchs. Ausnahmen von diesem Grundsatz enthalten die Absätze 2-3, sowie Sonderregelungen der Gefahrtragung (§§ 446, 447, 537, 615, 616, 644, 645 BGB).

1. Grundsatz: Erlöschen des Gegenleistungsanspruchs

8   Das automatische Erlöschen des Anspruchs auf die Gegenleistung im Falle einer Leistungsbefreiung gemäß § 275 Abs. 1-3 BGB ist Ausdruck der gegenseitigen Abhängigkeit von Leistung und Gegenleistung. Insoweit entspricht die in § 326 Abs. 1 Satz 1 BGB getroffene Regelung dem § 323 Abs. 1 BGB a.F. Anders als in § 323 Abs. 1 BGB a.F. wird das Erlöschen des Anspruchs auf die Gegenleistung nicht davon abhängig gemacht, dass keine der Parteien die Unmöglichkeit zu vertreten hat. Die Frage, ob eine Partei den Umstand, der zur Leistungsbefreiung gemäß § 275 Abs. 1-3 BGB führt, zu verantworten hat, ist nur im Rahmen des § 326 Abs. 2 Satz 1 BGB relevant. Der Anspruch auf die Gegenleistung bleibt – abgesehen von besonderen Gefahrtragungsregeln – nur unter den Voraussetzungen des § 326 Abs. 2 oder Abs. 3 BGB bestehen. Greifen diese Regelungen nicht ein, verbleibt es nach dem Grundsatz des § 326 Abs. 1 Satz 1 BGB bei dem Erlöschen des Anspruchs auf die Gegenleistung.

Der Anspruch des Schuldners auf die Gegenleistung erlischt gemäß § 326 Abs. 1 Satz 1 BGB in folgenden Fällen: Zerstörung eines verkauften Gebäudes durch Brand ohne Verschulden des Grundstücksverkäufers,[1] Verkauf eines Grundstückteils und Versagung der Teilungsgenehmigung.[2] Verkauft der nicht befreite Vorerbe ein Grundstück unter der Voraussetzung, dass der Nacherbe seine Zustimmung erklärt, entfällt bei fehlender Zustimmung des Nacherben der Übereignungsanspruch und gemäß § 326 Abs. 1 Satz 1 BGB (§ 323 Abs. 1 BGB a.F.) der Anspruch auf die Gegenleistung.[3] Soweit die Sach- und Gegenleistungsgefahr nicht wirksam auf den Leasingnehmer abgewälzt wurde (vgl. dazu Rn. 11), entfällt die Zahlungspflicht des Leasingnehmers nach einem Totalschaden der Leasingsache[4] oder bei Verlust der Leasingsache, insbesondere durch Diebstahl.[5]

9

Hat der Schuldner eine **Teilleistung** erbracht, findet § 441 Abs. 3 BGB entsprechende Anwendung. Die Minderung bestimmt sich nach dem Wert des durch die Teilunmöglichkeit nicht erbrachten Teils. Bei Werkverträgen ist die Wertminderung nach den Grundsätzen zu berechnen, die für die Abrechnung eines gekündigten Werkvertrags gelten.[6]

10

2. Sonderregelungen der Gefahrtragung

Vertragliche Vereinbarungen über die Gefahrtragung sind als Individualvereinbarungen grundsätzlich wirksam. Die Übertragung der Vergütungsgefahr in **Allgemeinen Geschäftsbedingungen** ist gemäß § 307 BGB unwirksam, wenn sie mit wesentlichen Grundgedanken der gesetzlichen Regelung des § 326 Abs. 1-3 BGB nicht zu vereinbaren ist. So ist die formularmäßige Übertragung der Gefahr des zufälligen Untergangs auf den Käufer jedenfalls dann gemäß § 307 BGB unwirksam, wenn nicht zugleich alle mit dem Untergang in Zusammenhang stehenden Ersatzansprüche, einschließlich der Versicherungsansprüche, abgetreten werden.[7] In Leasingverträgen setzt die Abwälzung der Vergütungsgefahr auf den Leasingnehmer voraus, dass ihm für den Fall des Untergangs oder einer nicht unerheblichen Beschädigung der Leasingsache ein kurzfristiges Kündigungsrecht eingeräumt wird.[8]

11

Abweichend von § 326 Abs. 1 Satz 1 BGB bleibt der Gegenleistungsanspruch bestehen, soweit **spezielle Gefahrtragungsregeln** eingreifen. Dies sind insbesondere die §§ 446, 447, 537, 644, 645, 615, 616 BGB. Das Verhältnis dieser Vorschriften zu den Regelungen in § 326 Abs. 2 BGB ist nicht eindeutig. Im Arbeitsrecht soll § 615 BGB Vorrang vor § 326 Abs. 2 BGB haben,[9] dies gilt jedenfalls bei Annahmeverzug des Arbeitgebers.[10]

12

3. Kein Erlöschen bei Entfallen der Nacherfüllungspflicht

Wird bei einer mangelhaften Leistung der Schuldner gemäß § 275 Abs. 1-3 BGB von der Verpflichtung zur Nacherfüllung befreit, erlischt sein Anspruch auf die Gegenleistung nicht automatisch gemäß § 326 Abs. 1 Satz 1 BGB. Anderenfalls würde sich aus § 326 Abs. 1 BGB ein allgemeines Minderungsrecht ergeben, das insbesondere mit dem Minderungsrecht des Käufers und dem des Werkunternehmers kollidieren würde, da diese Minderungsrechte durch Erklärung ausgeübt werden müssen und an die Stelle eines Rücktrittsrechts treten.[11]

13

---

[1] BGH v. 10.03.1995 - V ZR 7/94 - juris Rn. 11 - BGHZ 129, 103-107.
[2] BGH v. 11.03.1994 - V ZR 48/93 - juris Rn. 7 - NJW-RR 1994, 1356-1357.
[3] BGH v. 14.07.2000 - V ZR 384/98 - juris Rn. 18 - LM BGB § 883 Nr. 30 (7/2001).
[4] BGH v. 06.03.1996 - VIII ZR 98/95 - juris Rn. 22 - LM BGB § 535 Nr. 152 (8/1996).
[5] OLG Düsseldorf v. 16.01.1997 - 10 U 223/95 - juris Rn. 4 - NJW 1997, 2528-2529; OLG Köln v. 02.12.1992 - 13 U 144/92 - juris Rn. 9 - NJW 1993, 1273-1274.
[6] BGH v. 14.01.2010 - VII ZR 106/08 - juris Rn. 17 - NJW 2010, 1282-1284.
[7] OLG Hamburg v. 30.10.1998 - 14 U 97/98 - juris Rn. 7 - MDR 1999, 420.
[8] BGH v. 06.03.1996 - VIII ZR 98/95 - juris Rn. 23 - LM BGB § 535 Nr. 152 (8/1996); BGH v. 15.07.1998 - VIII ZR 348/97 - juris Rn. 14 - LM BGB § 535 Nr. 160 (12/1998); BGH v. 25.03.1998 - VIII ZR 244/97 - juris Rn. 16 - LM AGBG § 6 Nr. 30 (11/1998).
[9] *Richardi*, NZA 2002, 1004, 1008; offengelassen in BAG v. 13.06.2007 - 5 AZR 564/06 - juris Rn. 41 - NZA 2007, 2035-2036.
[10] *Ernst* in: MünchKomm-BGB, § 326 Rn. 66.
[11] BT-Drs. 14/6040, S. 189.

14 Der Käufer oder der Werkbesteller haben bei Erlöschen der Nacherfüllungspflicht gemäß § 275 Abs. 1-3 BGB außer dem Minderungsrecht auch das Recht, gemäß §§ 326 Abs. 5, 323 BGB (i.V.m. § 437 Nr. 2 BGB oder § 634 Nr. 3 BGB) der Rücktritt zu erklären oder gemäß §§ 280 Abs. 1 und 3, 283 BGB (i.V.m. § 437 Nr. 3 BGB oder § 634 Nr. 4 BGB) Schadensersatz statt der Leistung zu verlangen.

15 § 326 Abs. 1 Satz 2 BGB stellt ausdrücklich darauf ab, dass der Schuldner die Nacherfüllung nach § 275 Abs. 1-3 BGB nicht zu erbringen braucht. Da der Vermieter bei einer mangelhaften Mietsache nicht zur Nacherfüllung verpflichtet ist, greift § 326 Abs. 1 Satz 2 BGB schon dem Wortlaut nach nicht ein. Jedenfalls enthält § 536 BGB eine Sonderregelung. Auch im Mietrecht kann § 326 BGB aber dann eingreifen, wenn kein bloßer Mangel vorliegt, sondern der Erfüllungsanspruch des Mieters vollständig gemäß § 275 Abs. 1-3 BGB entfällt. Dabei können Abgrenzungsschwierigkeiten auftauchen, wenn die vermietete Sache nicht vollständig zerstört, sondern nur beschädigt ist. Der BGH hat ein vollständiges Erlöschen des Erfüllungsanspruchs in einem Fall bejaht, in dem die Reparaturkosten den Wert der vermieteten Sache erheblich überstiegen.[12]

4. Verantwortlichkeit des Gläubigers

16 Der Anspruch auf die Gegenleistung erlischt nicht, wenn der Gläubiger für den Umstand, aufgrund dessen die Leistungsbefreiung eintritt, allein oder weit überwiegend verantwortlich ist. Der Gläubiger hat keine vertragliche Pflicht, eine Leistungsbefreiung gemäß § 275 Abs. 1-3 BGB zu verhindern. Insoweit trifft ihn lediglich eine Obliegenheit. Da der Begriff des Vertretenmüssens grundsätzlich nur bei Pflichtverletzungen verwendet wird, wird in § 326 Abs. 2 Satz 1 BGB von der Verantwortlichkeit des Gläubigers gesprochen. Für welche Umstände der Gläubiger verantwortlich ist, ist allerdings nicht geregelt. Es sind die zu § 324 Abs. 1 BGB a.F. entwickelten Grundsätze anwendbar.

17 Der Gläubiger ist für den Umstand, der zur Leistungsbefreiung führt, verantwortlich, wenn dieser auf einer von ihm zu vertretenden Verletzung einer dem Vertragspartner gegenüber bestehenden Verpflichtung beruht.[13] In diesen Fällen ist dem Gläubiger das Verschulden seiner Erfüllungsgehilfen gemäß § 278 BGB zurechenbar. Eine Verantwortlichkeit des Gläubigers besteht auch dann, wenn er vertraglich das Risiko dafür übernommen hat, dass ein bestimmtes Leistungshindernis nicht eintritt.[14] Darüber hinaus ist der Gläubiger für den Umstand, der zur Leistungsbefreiung führt, verantwortlich, wenn er ihn durch vorwerfbare Unvorsichtigkeit in eigenen Angelegenheiten bzw. durch Obliegenheitsverletzungen verursacht hat. Insbesondere obliegt es dem Gläubiger, den Leistungserfolg nicht selbst herbeizuführen und dadurch dem Schuldner die Erfüllung seiner Leistungsverpflichtung unmöglich zu machen.[15] So führt der Werkbesteller den Leistungserfolg selbst herbei, wenn er den Auftrag an einen Dritten vergibt und dieser das Werk erstellt.[16]

18 Das Bestehenbleiben des Gegenleistungsanspruchs gemäß § 326 Abs. 2 Satz 1 Alt. 1 BGB setzt voraus, dass der Gläubiger den Umstand, der zur Leistungsbefreiung führt, **allein oder weit überwiegend** zu verantworten hat. Die Formulierung „weit überwiegend" ist gewählt worden, um Fälle zu erfassen, bei denen im Anwendungsbereich des § 254 BGB die „weit" überwiegende Verantwortlichkeit der Alleinverantwortlichkeit gleichgestellt wird.[17] Daher greift § 326 Abs. 2 Satz 1 Alt. 1 BGB in den Fällen der **beiderseitig zu vertretenden Unmöglichkeit** nicht ein. Haben sowohl der Schuldner als auch der Gläubiger die Unmöglichkeit zu vertreten, erlischt der Gegenleistungsanspruch des Schuldners gemäß § 326 Abs. 1 Satz 1 BGB. Teilweise wird allerdings angenommen, bei einem beiderseitig zu vertretenden Leistungshindernis bleibe der Anspruch auf die Gegenleistung zumindest teilweise bestehen.[18] Dies wird damit begründet, der Gesetzgeber habe eine Regelung der beiderseits zu vertretenden Unmöglichkeit nicht treffen wollen. Dagegen spricht der eindeutige Wortlaut des § 326 Abs. 2 Satz 1 BGB. Im Vergleich zu § 324 Abs. 1 BGB a.F. ist die Regelung über die Verantwortlichkeit des Gläu-

---

[12] BGH v. 26.09.1990 - VIII ZR 205/89 - juris Rn. 18 - LM Nr. 44 zu § 537 BGB.
[13] BGH v. 15.04.1969 - VI ZR 56/68 - VersR 1969, 737; BGH v. 26.10.1979 - V ZR 58/76 - NJW 1980, 700; OLG Hamm v. 04.07.1996 - 22 U 164/95 - juris Rn. 5 - NJW-RR 1997, 272-273; *Westermann* in: Erman, § 326 Rn. 13.
[14] BGH v. 26.10.1979 - V ZR 58/76 - NJW 1980, 700; BGH v. 25.03.1998 - VIII ZR 244/97 - juris Rn. 25 - LM AGBG § 6 Nr. 30 (11/1998); BGH v. 18.10.2001 - III ZR 265/00 - juris Rn. 9 - NJW 2002, 595; BGH v. 22.09.2004 - VIII ZR 203/03 - juris Rn. 51 - NJW-RR 2005, 202-203.
[15] *Lorenz*, NJW 2003, 1417-1419, 1418; *Lorenz*, ZGS 2003, 398-399, 398; *Katzenstein*, ZGS 2004, 144-153, 145.
[16] OLG Koblenz v. 20.09.2001 - 5 U 1453/00 - juris Rn. 9 - NJW-RR 2002, 809-810.
[17] *Canaris*, JZ 2001, 499-528, 511.
[18] *Teichmann*, BB 2001, 1485-1492, 1488.

bigers durch die Formulierung „allein oder weit überwiegend" ergänzt worden. Diese Ergänzung macht keinen Sinn, wenn § 326 Abs. 2 Satz 1 Alt. 1 BGB auch dann eingreifen soll, wenn auch der Schuldner das Leistungshindernis zu vertreten hat. Auch die Regelung bezüglich des Annahmeverzugs ist – verglichen mit § 324 Abs. 2 BGB – ergänzt worden. Bei Annahmeverzug soll gemäß § 326 Abs. 2 Satz 1 Alt. 2 BGB der Gegenleistungsanspruch des Schuldners nur dann bestehen bleiben, wenn der Schuldner das Leistungshindernis nicht zu vertreten hat. Soweit man bei dem Zusammentreffen von Annahmeverzug und Vertretenmüssen des Schuldners eine beiderseits zu vertretende Unmöglichkeit angenommen hat,[19] ist § 326 Abs. 1 Satz 2 BGB auch insoweit bei einem beiderseits zu vertretenden Leistungshindernis nicht mehr anwendbar. Beide Alternativen des § 326 Abs. 2 Satz 1 BGB setzen voraus, dass der Schuldner das Leistungshindernis nicht zu vertreten hat – jedenfalls nicht in einem Maße, das ihm im Rahmen des § 254 Abs. 1 BGB zuzurechnen wäre. Bei einem beiderseits zu vertretenden Leistungshindernis erlischt der Gegenleistungsanspruch gemäß § 326 Abs. 1 Satz 1 BGB. An die Stelle des Gegenleistungsanspruchs tritt ein – gemäß § 254 BGB geminderter – Schadensersatzanspruch des Schuldners.[20] Soweit der Gläubiger einen Schaden hat – entgangener Gewinn aus einem fehlgeschlagenen Weiterverkauf –, steht ihm ein gemäß § 254 BGB geminderter Ersatzanspruch aus den §§ 280 Abs. 1 und 3, 283 BGB zu.

Umstritten ist die **Beweislast** für die Verantwortlichkeit des Gläubigers. Teilweise wird angenommen, der Schuldner müsse lediglich darlegen und beweisen, auf welchen objektiven Umständen die Unmöglichkeit beruht und dass er sie selbst nicht zu vertreten hat. Dem Gläubiger obliege es dann, analog § 282 BGB a.F.[21] bzw. analog § 280 Abs. 1 Satz 2 BGB[22] nachzuweisen, dass er den Umstand, der zur Leistungsbefreiung führt, nicht zu vertreten hat. Nach der Rechtsprechung zu § 324 Abs. 1 BGB a.F. hat generell der Schuldner die Darlegungs- und Beweislast für das Vertretenmüssen des Gläubigers.[23] Für diese Ansicht spricht, dass weder § 282 BGB a.F. noch § 280 Abs. 1 Satz 2 BGB eine Aussage über die Verantwortlichkeit des Gläubigers treffen. Beruht die Verantwortlichkeit des Gläubigers auf einer vertraglichen Risikoübernahme, hat er unabhängig von den verschiedenen Ansichten zur Beweislast den Eintritt des Leistungshindernisses zu verantworten.

5. Annahmeverzug

Der Anspruch auf die Gegenleistung bleibt bestehen, wenn sich der Gläubiger bei Eintritt des Umstandes, der die Leistungsbefreiung begründete, im Annahmeverzug befand und der Schuldner den Umstand nicht zu vertreten hat.

Anders als nach § 324 Abs. 2 BGB a.F. geht die Vergütungsgefahr durch Eintritt des Annahmeverzugs dann nicht auf den Gläubiger über, wenn der Schuldner die Unmöglichkeit zu vertreten hat. Ist der Gläubiger im Annahmeverzug und hat der Schuldner die Unmöglichkeit zu vertreten, greift § 326 Abs. 2 Satz 1 Alt. 2 BGB nicht ein. Der Anspruch auf die Gegenleistung erlischt gemäß § 326 Abs. 1 Satz 1 BGB.

Befindet sich der Gläubiger im Annahmeverzug, hat der Schuldner gemäß § 300 Abs. 1 BGB nur Vorsatz und grobe Fahrlässigkeit zu vertreten.

Für den Fall, dass ein Mieter durch einen in seiner Person liegenden Grund an der Ausübung des Gebrauchsrechts gehindert wird, enthält § 537 BGB eine Sonderregelung. Soweit die Unmöglichkeit der Gebrauchsüberlassung (durch Zeitablauf) nicht auf einer persönlichen Verhinderung des Mieters beruht, ist § 326 BGB anwendbar. Ist der Mieter im Annahmeverzug, bleibt der Anspruch auf die Miete gemäß § 326 Abs. 2 Satz 1 Alt. 2 BGB bestehen.[24]

6. Anrechnung ersparter Aufwendungen

Ersparte Aufwendungen des Schuldners sind gemäß § 326 Abs. 2 Satz 2 BGB anzurechnen. Die Darlegungslast für ersparte Aufwendungen trägt grundsätzlich der Gläubiger.[25] Im Rahmen der sekundä-

---

[19] *Otto* in: Staudinger, 1995, § 324 Rn. 55.
[20] *Meier*, Jura 2002, 118-130, 128; *Rauscher*, ZGS 2002, 333-337, 336.
[21] *Wiedemann* in: Soergel, § 324 Rn. 34.
[22] *Grüneberg* in: Palandt, § 326 Rn. 14.
[23] BGH v. 11.12.1991 - VIII ZR 31/91 - juris Rn. 39 - BGHZ 116, 278-292; OLG Köln v. 26.08.1994 - 19 U 190/93 - NJW-RR 1995, 671-672.
[24] Zu § 324 Abs. 2 BGB a.F.: BGH v. 14.11.1990 - VIII ZR 13/90 - juris Rn. 22 - LM Nr. 22 zu § 275 BGB.
[25] BGH v. 17.07.2001 - X ZR 29/99 - juris Rn. 10 - NJW 2002, 57-59; OLG Koblenz v. 20.09.2001 - 5 U 1453/00 - juris Rn. 21 - NJW-RR 2002, 809-810; BGH v. 17.02.2004 - X ZR 108/02 - juris Rn. 15 - NJW-RR 2004, 989-991.

ren Beweislast kann der Schuldner jedoch gehalten sein, über das bloße Bestreiten hinaus Angaben über innerbetriebliche und deshalb dem Gegner unzugängliche Vorgänge zu machen, wenn er hierzu unschwer in der Lage ist und die Fallumstände eine entsprechende Beweisführungserleichterung darlegen.[26]

25 Bei der **Selbstvornahme der Mängelbeseitigung** durch den Käufer ist § 326 Abs. 2 Satz 2 BGB weder direkt noch analog anzuwenden. Die §§ 437 ff. BGB enthalten kein Recht zur Selbstvornahme und stellen eine abschließende Regelung dar.[27] Im Werkvertragsrecht besteht ein Recht zur Selbstvornahme nur unter den Voraussetzungen des § 637 BGB.

26 Das OLG München hat § 326 Abs. 2 Satz 2 BGB analog in einem Fall angewandt, in dem die Mängelbeseitigung unmöglich geworden war, weil der Käufer die Sache bestimmungswidrig gebraucht hatte.[28]

7. Gläubiger verlangt das Surrogat gemäß § 285 BGB (Absatz 3)

27 Die Regelung entspricht inhaltlich dem § 323 Abs. 2 BGB a.F. Ist die Leistungspflicht gemäß § 275 Abs. 1-3 BGB erloschen, kann der Gläubiger gemäß § 285 BGB Herausgabe des stellvertretenden commodums verlangen. Regelmäßig wird dieses wertmäßig mit der geschuldeten Leistung vergleichbar sein. Beansprucht der Gläubiger das stellvertretende commodum, bleibt er zur Erbringung der von ihm geschuldeten Leistung verpflichtet. Ist der Wert des Ersatzes oder des Ersatzanspruchs geringer als die ursprünglich geschuldete Leistung, mindert sich der Anspruch auf die Gegenleistung nach Maßgabe des § 441 Abs. 3 BGB.

III. Rückforderungsanspruch aus Absatz 4

28 Hat der Gläubiger bereits eine Leistung erbracht, kann er sie nach den Regeln über den Rücktritt zurückfordern. § 323 Abs. 3 BGB a.F. verwies für diesen Fall auf das Bereicherungsrecht. Die Änderung wurde vorgenommen, da das Rücktrittsrecht besser auf die Rückabwicklung fehlgeschlagener Verträge zugeschnitten ist.[29]

IV. Rücktrittsrecht gemäß Absatz 5

29 Im Falle einer Leistungsbefreiung des Schuldners gemäß § 275 Abs. 1-3 BGB hat der Gläubiger ein Rücktrittsrecht aus § 326 Abs. 5 BGB i.V.m. § 323 BGB. Das Rücktrittsrecht greift gemäß § 437 Nr. 2 BGB und § 634 Nr. 3 BGB auch bei der Unmöglichkeit der Nacherfüllung ein.

30 Für das Rücktrittsrecht des Gläubigers verweist § 326 Abs. 5 BGB auf § 323 BGB mit der Maßgabe, dass eine Fristsetzung entbehrlich ist. Im Übrigen gilt § 323 BGB uneingeschränkt, insbesondere die Regelungen über den Teilrücktritt in § 323 Abs. 5 Satz 1 BGB oder der Ausschluss des Rücktrittsrechts in § 323 Abs. 5 Satz 2 BGB und § 323 Abs. 6 BGB.

---

[26] BGH v. 17.02.2004 - X ZR 108/02 - juris Rn. 16 - NJW-RR 2004, 989-991.
[27] BGH v. 23.02.2005 - VIII ZR 100/04 - juris Rn. 20 ff - BGHZ 162, 219-230; BGH v. 22.06.2005 - VIII ZR 1/05 - juris Rn. 10 - ZGS 2005, 433-434; BGH v. 07.12.2005 - VIII ZR 126/05 - juris Rn. 14 - ZIP 2006, 525-527.
[28] OLG München v. 21.07.2006 - 19 U 2503/05 - juris Rn. 12 - ZGS 2007, 80.
[29] BT-Drs. 14/6040, S. 189.

§ 327 BGB (weggefallen)

(Fassung vom 01.01.1964, gültig ab 01.01.1980, gültig bis 31.12.2001)

Auf das in den §§ 325, 326 bestimmte Rücktrittsrecht finden die für das vertragsmäßige Rücktrittsrecht geltenden Vorschriften der §§ 346 bis 356 entsprechende Anwendung. Erfolgt der Rücktritt wegen eines Umstandes, den der andere Teil nicht zu vertreten hat, so haftet dieser nur nach den Vorschriften über die Herausgabe einer ungerechtfertigten Bereicherung.

§ 327 BGB in der Fassung vom 26.11.2001 ist durch Art. 1 Abs. 1 Nr. 16 des Gesetzes vom 26.11.2011 – BGBl I 2001, 3138 – mit Wirkung vom 01.01.2002 weggefallen. **1**

Titel 3 - Versprechen der Leistung an einen Dritten

§ 328 BGB Vertrag zugunsten Dritter

(Fassung vom 02.01.2002, gültig ab 01.01.2002)

(1) Durch Vertrag kann eine Leistung an einen Dritten mit der Wirkung bedungen werden, dass der Dritte unmittelbar das Recht erwirbt, die Leistung zu fordern.

(2) In Ermangelung einer besonderen Bestimmung ist aus den Umständen, insbesondere aus dem Zweck des Vertrags, zu entnehmen, ob der Dritte das Recht erwerben, ob das Recht des Dritten sofort oder nur unter gewissen Voraussetzungen entstehen und ob den Vertragschließenden die Befugnis vorbehalten sein soll, das Recht des Dritten ohne dessen Zustimmung aufzuheben oder zu ändern.

Gliederung

A. Grundlagen 2	5. Anwendungsfelder................................39
I. Echter Vertrag zugunsten Dritter................ 2	a. Verträge zu Lasten Dritter 39
II. Abgrenzung von anderen Rechtsinstituten 6	b. Verfügungen zugunsten Dritter................40
III. Die grundlegenden Rechtsbeziehungen............. 9	c. Schuldrechtliche Verfügungsverträge 41
1. Deckungsverhältnis................................... 10	d. Dingliche Verfügungen.........................43
2. Valuta- oder Zuwendungsverhältnis 11	e. Einzelfälle: Echter/unechter Vertrag zugunsten Dritter 45
3. Vollzugs- oder Drittverhältnis 13	II. Vertrag mit Schutzwirkung zugunsten Dritter 68
IV. Europäischer Hintergrund 14	1. Grundlagen..68
V. Bezug zum UN-Kaufrecht 15	a. Kurzcharakteristik................................68
B. Praktische Bedeutung 16	b. Die Entwicklung bis zur Schuldrechtsreform......69
C. Anwendungsvoraussetzungen 17	c. Konsequenzen der Schuldrechtsreform............71
I. Anwendungsvoraussetzungen beim echten Vertrag zugunsten Dritter 17	2. Praktische Bedeutung 73
1. Vertrag 17	3. Anwendungsvoraussetzungen beim Vertrag mit Schutzwirkung zugunsten Dritter........74
2. Rechtserwerb durch den Dritten 20	a. Vertragliche oder vertragsähnliche Sonderbeziehung..74
a. Auslegungsregeln in Absatz 2 20	b. „Einbeziehung" des Dritten 76
b. Person des Dritten 21	c. Zu vertretende Pflichtverletzung 81
c. Erwerb eines eigenen Rechts.................. 22	4. Rechtsfolgen...82
d. Inhalt des Rechts................................. 23	a. Schadensersatzanspruch 82
e. Voraussetzungen für den Anfall des Rechts beim Dritten 25	b. Haftungsbeschränkung, -freizeichnung zu Lasten des Dritten.............................83
f. Vorbehalt der Änderung oder Aufhebung des Rechts 26	c. Haftungsbeschränkung zugunsten des Dritten...86
3. Rechtsfolgen 28	5. Bisher entschiedene Einzelfälle 87
a. Originärer Rechtserwerb....................... 28	
b. Gestaltungsrechte/Leistungsstörungen...... 30	
4. Prozessuale Hinweise 35	

A. Grundlagen

I. Echter Vertrag zugunsten Dritter

1 Das Grundmodell des Gesetzes für ein rechtsgeschäftliches Schuldverhältnis ist das einer vertraglichen Zwei-Parteien-Beziehung zwischen Gläubiger und Schuldner: Kraft des Schuldverhältnisses ist der Gläubiger berechtigt, von dem Schuldner eine Leistung zu fordern (§ 241 Abs. 1 BGB). Zur Begründung eines Schuldverhältnisses durch Rechtsgeschäft ist ein Vertrag zwischen den Beteiligten erforderlich, soweit nicht das Gesetz ein anderes vorschreibt (§ 311 Abs. 1 BGB). Zwei Parteien schließen also einen gegebenenfalls gegenseitigen Vertrag, bei dem man sich zur Leistung an den jeweils anderen verpflichtet, so dass jeder die gebührende Leistung an sich selbst fordern kann. Dieses Grundmodell, auch als **Vertragsgrundsatz/-prinzip** bezeichnet[1], ist jedoch nicht für alle Situationen hinreichend, in denen ein Interesse daran besteht, dass etwas einem Dritten zugewendet wird.

---

[1] Eingehend *Larenz*, Schuldrecht, Band I: Allgemeiner Teil, 14. Aufl. 1987, § 4 I; *Jagmann* in: Staudinger, vor § 328 Rn. 6 f.

Es bewältigt nur den Fall, dass bei einem Vertrag der Versprechensempfänger den Versprechenden anweist, die Leistung an einen Dritten zu erbringen, z.B. die gekaufte Sache zu liefern. Denn soweit der Versprechensempfänger den Versprechenden lediglich ermächtigt, mit befreiender Wirkung (§ 362 Abs. 1 BGB) an einen Dritten zu leisten, ist dies eine Vereinbarung der Schuld gegenüber dem Versprechensempfänger, kann dieser allein die Zuwendung an den Dritten verlangen und erbringt der Versprechende mit dieser Zuwendung an den Dritten seine Leistung an den Versprechensempfänger.[2] Man spricht daher überwiegend vom **„ermächtigenden"** bzw. **„unechten"** und zum Teil auch vom **„einfachen" Vertrag zugunsten Dritter**[3], da dieser dem beschriebenen Grundmodell des rechtsgeschäftlichen Schuldverhältnisses unterfällt.

§ 328 Abs. 1 BGB **ermöglicht** demgegenüber **den „berechtigenden" oder „echten" Vertrag zugunsten Dritter**.[4] Dieser hat seine Besonderheit darin, dass durch den Vertrag zwischen Versprechendem und Versprechensempfänger der nicht am Vertrag beteiligte Dritte unmittelbar das Recht erwirbt, die Leistung zu verlangen und somit der Dritte Gläubiger wird (zu den Rechtsfolgen im Einzelnen vgl. Rn. 28). Dass dadurch rechtsgeschäftlich ein **eigenes Forderungsrecht des Dritten** begründet wird, ohne dass dieser eine hierauf gerichtete Willenserklärung abgegeben hat, ist zwar eine **Abweichung vom** oben beschriebenen **Vertragsgrundsatz**. Die Diskussion, ob § 328 BGB damit gar in Widerspruch zum Vertragsgrundsatz gerät[5], erscheint jedoch nicht fruchtbringend: Die Privatautonomie, der auch der Vertragsgrundsatz dient, wahrt das Gesetz dadurch, dass der Dritte das ihm verschaffte Recht zurückweisen kann (§ 333 BGB).[6]

Für die allein von der Auslegung des Parteiwillens nach Vertragszweck und Interessenlage abhängende **Abgrenzung des echten vom unechten/ermächtigenden Vertrag zugunsten Dritter** hält das Gesetz **Auslegungsregeln** bereit: §§ 328 Abs. 2, 329, 330 BGB.

Eine sowohl vom echten als auch vom unechten Vertrag zugunsten Dritter zu unterscheidende Rechtsfortbildung ist schließlich der **Vertrag mit Schutzwirkung zugunsten Dritter** (vgl. hierzu Rn. 68).

II. Abgrenzung von anderen Rechtsinstituten

Durch die **Anweisung** (§ 783 BGB) wird zwar der Angewiesene ermächtigt, an den Anweisungsempfänger zu leisten, und der Anweisungsempfänger ermächtigt, die Leistung beim Angewiesenen zu erheben. Daraus resultiert aber keine Forderung des Anweisungsempfängers gegen den Angewiesenen, solange dieser nicht seinerseits die Anweisung annimmt (§ 784 BGB). Eine Rechtsverschaffung ohne Mitwirkung des Anweisungsempfängers ist auch nicht dergestalt möglich, dass schon vor Begebung der Anweisungsurkunde ein Annahmevermerk auf dieselbe gesetzt wird, denn dann wird die Annahme erst mit Aushändigung an den Anweisungsempfänger wirksam (§ 784 Abs. 2 Satz 2 BGB); zudem ist die Annahme nach inzwischen h.M. ein Vertrag.[7] Eine Verwandtschaft von Anweisung und echtem Vertrag zugunsten Dritter kann man allerdings in der Möglichkeit der Simultanleistung in Dreipersonenverhältnissen sehen.

Bei **Ermächtigung** eines Dritten (§§ 362 Abs. 2, 185 BGB) zur Entgegennahme der Leistung zwecks Erfüllung erlangt der Dritte keinen Anspruch auf die Leistung, sondern nur eine Empfangszuständigkeit. Der Schuldner wird auch durch Leistung an den Dritten frei.

Zwar kann einem nicht am Vertrag beteiligten Dritten eine Forderung auch durch **Abtretung** (§ 398 BGB) verschafft werden. Dies erfordert aber eine Einigung mit dem Dritten, dem die Forderung dann derivativ zufällt, während beim Vertrag zugunsten Dritter die Forderung originär in der Person des Dritten entsteht.

---

[2] Dass für Zuwendungen an Dritte zur Erfüllung einer Verbindlichkeit gegenüber dem Versprechensempfänger keine besondere Vertragsdogmatik erforderlich ist, stützt auch der Blick auf § 362 Abs. 2 BGB, nach dem auch nachträglich noch ein Dritter ermächtigt werden kann, die Leistung mit befreiender Wirkung gegenüber dem Gläubiger entgegenzunehmen.

[3] *Westermann* in: Erman, vor § 328 Rn. 2.

[4] Vgl. *Larenz*, Schuldrecht, Band I: Allgemeiner Teil, 14. Aufl. 1987, § 17 I a, S. 217; für die Terminologie „Vertrag zu Rechten Dritter" plädiert *Hadding* in: Soergel, § 328 Rn. 4; freilich spricht inzwischen die gesetzliche Überschrift des § 328 vom Vertrag „zugunsten Dritter".

[5] So *Jagmann* in: Staudinger, vor § 328 Rn. 6 f. m.w.N.

[6] Freilich erachtet *Hadding* in: Soergel, § 333 Rn. 2 f. eine Zurückweisungsmöglichkeit eines bereits entstandenen Rechts als nicht der Privatautonomie genügend.

[7] Vgl. nur *Heckelmann/Wilhelmi* in: Erman, § 784 Rn. 2 m.w.N.; *Sprau* in: Palandt, § 784 Rn. 3.

III. Die grundlegenden Rechtsbeziehungen

9 Zum Verständnis der folgenden Ausführungen ist es unabdingbar, sich die Bezeichnungen der Beteiligten eines Vertrags zugunsten Dritter und der zwischen diesen bestehenden Rechtsbeziehungen zu verdeutlichen. Von den Vertragsparteien bezeichnet man den Schuldner der Leistung zugunsten des nicht am Vertrag beteiligten **Dritten** als **Versprechenden**. Beim echten Vertrag zugunsten Dritter erwirbt sein Vertragspartner im Gegensatz zum Dritten nicht notwendigerweise ein eigenes Forderungsrecht (näher § 335 BGB), weshalb Letzterer nicht als Gläubiger, sondern als **Versprechensempfänger** bezeichnet wird. Ferner sind die zwischen jeweils zwei dieser Personen bestehenden **drei Rechtsverhältnisse** maßgeblich:

1. Deckungsverhältnis

10 Das Deckungsverhältnis ist die Rechtsbeziehung zwischen dem Versprechenden und dem Versprechensempfänger, also den Parteien des Vertrags zugunsten Dritter. Die Bezeichnung rührt daher, dass der Versprechende in diesem Verhältnis für die versprochene Leistung vom Versprechensempfänger in aller Regel das Versprechen einer Gegenleistung und damit einen Gegenwert (Deckung) erhält.[8] **Mängel** im Deckungsverhältnis **kann der Versprechende auch dem Dritten gegenüber geltend machen** (§ 334 BGB), etwa die Einrede des nicht erfüllten Vertrags (§ 320 BGB), genauso wie umgekehrt der Versprechensempfänger seine Leistung zurückhalten kann, bis der Versprechende an den Dritten leistet.

2. Valuta- oder Zuwendungsverhältnis

11 Als Valuta- oder Zuwendungsverhältnis bezeichnet man das Verhältnis zwischen dem Versprechensempfänger und dem Dritten. Auch wenn tatsächlich ein Vermögenszuwachs beim Dritten durch den Versprechenden herbeigeführt wird, so stellt sich dies aus dem Empfängerhorizont des Dritten (auch) als mittelbare Leistung des Versprechensempfängers dar, der – in der Regel unter Verpflichtung zu einer Gegenleistung – den Vertrag zugunsten Dritter geschlossen hat, um dem Dritten etwas zuzuwenden. Für die bereicherungsrechtliche Frage nach dem **Rechtsgrund** und damit nach dem **Behaltendürfen der Leistung** ist daher das Valutaverhältnis maßgeblich.[9] Meist wird der Versprechensempfänger mit der Zuwendung eine vertragliche oder gesetzliche Verpflichtung dem Dritten gegenüber erfüllen oder diesem eine Schenkung machen wollen.

12 Aufgrund der **Unabhängigkeit von Valuta- und Deckungsverhältnis** ist dies von der Frage der Verpflichtung zur Leistung zu trennen: Auch wenn im Valutaverhältnis kein Rechtsgrund für die Leistung (mehr) besteht, bleibt der Versprechende aus dem Vertrag zugunsten des Dritten im Deckungsverhältnis verpflichtet. Einwendungen aus dem Valutaverhältnis kann der Versprechende nicht geltend machen, sofern dieses nicht ausnahmsweise auf das Deckungsverhältnis bzw. dessen Geschäftsgrundlage einwirkt.[10]

3. Vollzugs- oder Drittverhältnis

13 Das Vollzugs- bzw. Drittverhältnis[11] ist schließlich das Verhältnis zwischen dem Versprechenden und dem Dritten. In diesem Verhältnis erfolgt die tatsächliche Vermögensverschiebung zur Befriedigung des eigenen Forderungsrechts des Dritten aus dem Vertrag zugunsten Dritter durch den Versprechenden als Vollzug seines Versprechens an den Versprechensempfänger. Ein über dieses eigene Forderungsrecht hinausgehendes Vertragsverhältnis zwischen dem Versprechenden und dem Dritten wird durch den Vertrag zugunsten Dritter nicht begründet.[12] Mit Blick auf die Forderung als Schuldverhältnis im engeren Sinne des § 241 Abs. 1 BGB entstehen aber auch Rücksichtnahmepflichten nach § 241 Abs. 2 BGB, bei Beteiligung des Dritten am Vertragsschluss ggf. sogar vorvertragliche Aufklärungspflichten über § 311 Abs. 2 BGB.[13]

---

[8] Vgl. *Larenz*, Schuldrecht, Band I: Allgemeiner Teil, 14. Aufl. 1987, § 17 I B, S. 224.
[9] BGH v. 29.05.1984 - IX ZR 86/82 - juris Rn. 12 - BGHZ 91, 288-293.
[10] BGH v. 09.04.1970 - KZR 7/69 - juris Rn. 37 - BGHZ 54, 145-157.
[11] Zu weiteren Bezeichnungen *Gottwald* in: MünchKomm-BGB, § 328 Rn. 30.
[12] BGH v. 09.04.1970 - KZR 7/69 - juris Rn. 8 - BGHZ 54, 145-157.
[13] BGH v. 22.09.2005 - III ZR 295/04.

IV. Europäischer Hintergrund

Während in Deutschland das BGB den Vertrag zugunsten Dritter in seiner heutigen Form eingeführt hat und in Frankreich die Rechtsprechung trotz des engen Konzepts der Art. 1119, 1121 Code civil diesen extensive Anwendung verschafft[14], sah sich die Rechtsprechung in England lange unter anderem durch die „Consideration"-Doktrin an der Anerkennung eines entsprechenden Vertrags gehindert. Dem hat der dortige Gesetzgeber mit dem „Contracts Rights of Third Parties Act" abgeholfen.[15] Das Institut des Vertrags zugunsten Dritter ist auch in den Principles of European Contract Law (Art. 6.110) und im Draft Common Frame of Reference 2009, (II.-9:301:) vorgesehen.

14

V. Bezug zum UN-Kaufrecht

Das UN-Kaufrecht erfasst nicht per se die Ansprüche, die einem nicht am Vertrag beteiligten Dritten aus dem Kaufvertrag erwachsen. Denkbar ist aber z.B. der Fall, dass der Käufer das Recht auf die Ware einem Dritten bestellen will. Mit Blick auf Art. 7 Abs. 2 CISG wird man dies wohl als möglich ansehen dürfen, wenn das nationale Recht einen Vertrag zugunsten Dritter kennt. Die Rechte wegen Pflichtverletzung dürften sich dann inhaltlich nach dem UN-Kaufrecht bestimmen, deren Aktivlegitimation nach nationalem Recht.

15

B. Praktische Bedeutung

Die im Gesetzgebungsverfahren besonders berücksichtigte Fallgruppe ist diejenige der **Versorgungsverträge** (Versicherungs-, Hofübergabe-, Leibrentenverträge, vgl. auch § 330 BGB).[16] Als Simultanleistungsgeschäft in Dreipersonenverhältnissen ermöglicht der Vertrag zugunsten Dritter eine **Abkürzung des Leistungswegs**, was sowohl die Vertragsabwicklung vereinfacht als auch für den Zugriff auf den Leistungsanspruch des Dritten durch Gläubiger des Versprechensempfängers relevant ist.[17] Auch in den Verträgen zwischen Anbietern von Medien **bargeldloser Zahlung** und deren Vertragsunternehmen finden sich stets Klauseln, die die berechtigten Inhaber dieser Medien begünstigen.[18]

16

C. Anwendungsvoraussetzungen

I. Anwendungsvoraussetzungen beim echten Vertrag zugunsten Dritter

1. Vertrag

Nach § 328 BGB kann durch Vertrag eine Leistung an einen Dritten mit der Wirkung bedungen werden, dass der Dritte unmittelbar das Recht erwirbt, die Leistung zu fordern. Ein solches Recht ist ein schuldrechtlicher Anspruch[19], weshalb § 328 BGB nach allg. Ansicht[19] nur **schuldrechtliche Verpflichtungsverträge**, nicht aber dingliche Verträge oder schuldrechtliche Verfügungsverträge unmittelbar erfasst. Vgl. ferner unten zur Anwendung auf Verfügungen (vgl. Rn. 40). Auch auf Erbverträge findet § 328 BGB keine Anwendung, da der Erbvertrag keine Leistungspflicht begründet, sondern eine letztwillige Verfügung enthält.[20] Das **öffentliche Recht** verweist für Verträge zugunsten Dritter auf das BGB (§ 62 VwVfG Bund). Auf Verwaltungsakte finden die §§ 328 ff. BGB keine Anwendung.

17

Die Eigentümlichkeit des Vertrags zugunsten Dritter erschöpft sich darin, dass ein Recht in der Person eines Dritten entsteht. Was den Schuldinhalt angeht, ist er **kein besonderer Vertragstyp**; vielmehr kann jede Leistung zugunsten Dritter versprochen werden, die nach § 241 Abs. 1 BGB Inhalt des Schuldverhältnisses sein kann.[21] Je nachdem ist der Vertrag dann als Kauf-, Miet-, Werk-, Dienst-, Schenkungsvertrag etc. anzusehen. Seine **Formbedürftigkeit** richtet sich nach letzterer Einordnung[22]: Die vertragliche Begründung eines Anspruchs des Dritten auf Übereignung eines Grundstücks unter-

18

---

[14] *Köndgen* in: Lorenz, Karlsruher Forum 1998 Einbeziehung Dritter in den Vertrag, 1999, S. 3 ff., 16.
[15] Hierzu und zu weiteren Rechtsordnungen vgl. *Jagmann* in: Staudinger, vor § 328 Rn. 14 ff.
[16] Vgl. *Grüneberg* in: Palandt, vor § 328 Rn. 2.
[17] *Gottwald* in: MünchKomm-BGB, § 328 Rn. 10.
[18] Vgl. *Schinkels*, Die Verteilung des Haftungsrisikos für Drittmissbrauch von Medien des bargeldlosen Zahlungsverkehrs, 2001, S. 166 Fn. 697 (ec- und Universalkreditkarte), S. 227 (Geldkarte) m.w.N.
[19] Vgl. nur *Gottwald* in: MünchKomm-BGB, § 328 Rn. 19; *Jagmann* in: Staudinger, § 328 Rn. 4.
[20] BGH v. 19.01.1954 - V ZB 28/53 - BGHZ 12, 115-124.
[21] *Zugehör*, NJW 2000, 1601-1609, 1601, 1602.
[22] BGH v. 09.04.1970 - KZR 7/69 - juris Rn. 8 - BGHZ 54, 145-157.

fällt § 311b BGB. Ein Betreuer ist nicht durch das Schenkungsverbot aus den §§ 1908i Abs. 2 Satz 1, 1804 BGB gehindert, Geld des Betreuten in der Weise anzulegen, dass die Anlage im Falle des Todes des Betreuten einem Dritten zustehen soll (vgl. § 331 BGB).[23] Öffentlich-rechtliche Verträge zugunsten Dritter bedürfen der Schriftform (§ 57 VwVfG Bund). Für einen als echter Vertrag zugunsten Dritter (der Anleger) ausgestalteten Mittelverwendungskontrollvertrag zwischen einer Kapitalanlagegesellschaft und einem Wirtschaftsprüfer hat der BGH[24] angenommen, dass die Ausgestaltung der Rechte des Dritten einer **AGB-Inhaltskontrolle** auch dann unterliegt, wenn er von Versprechensempfänger und Versprechendem individuell ausgehandelt wurde.

19 Auch die Wirksamkeitserfordernisse im Übrigen richten sich nach allgemeinen Regeln im Verhältnis von Versprechendem und Versprechensempfänger. **Anfechten** kann außer dem Versprechenden der Versprechensempfänger, wenn in seiner Person ein Anfechtungsgrund vorliegt; der Zustimmung des Dritten bedarf er hierfür nicht.[25] Bei einem Vertrag zugunsten Dritter auf den Todesfall ist § 2078 BGB nach der Rechtsprechung auch nicht analog heranzuziehen.[26] Vgl. ferner unten zur Ausübung der vertragsändernden Gestaltungsrechte (vgl. Rn. 30) wie Rücktritt. **Mängel** im Vertrag **kann der Versprechende auch dem Dritten gegenüber geltend machen** (§ 334 BGB).

2. Rechtserwerb durch den Dritten

a. Auslegungsregeln in Absatz 2

20 Das Ob und die weiteren Voraussetzungen des Entstehens eines eigenen Rechts des Dritten sind ebenso der Vertragsgestaltung im Deckungsverhältnis zwischen Versprechendem und Versprechensempfänger überlassen wie die Möglichkeit, das Recht ohne Zustimmung des Dritten aufzuheben oder zu ändern. Die insoweit evidente Bedeutung der Vertragsauslegung bringt das Gesetz mit Auslegungsregeln in § 328 Abs. 2 BGB zum Ausdruck, die durch die §§ 329-332 ergänzt werden.

b. Person des Dritten

21 Die Person des Dritten muss **im Vertrag** zugunsten Dritter zwischen Versprechendem und Versprechensempfänger zumindest dergestalt **festgelegt** sein, dass sie nach allgemeinen Grundsätzen bestimmbar ist.[27] Dritte können alle natürlicher oder juristischen Personen sowie erst geplante juristische[28] und noch nicht gezeugte natürliche Personen sein. So kann vor einer heterologen Insemination durch Vertrag zugunsten Dritter das daraus resultierende Kind als Unterhaltsberechtigter bestimmt werden.[29] Die Vertragsparteien können die Person des Dritten auch ansonsten vom Vorliegen sachlich-situativer Voraussetzungen bzw. persönlicher Eigenschaften im Sinne einer **Bedingung** abhängig machen, etwa von der Eigenschaft als jeweiliger Ehegatte zum Zeitpunkt des Versicherungsfalls (Lebensversicherung),[30] als Eigentümer eines Grundstücks (Auflassungsanspruch),[31] als Endabnehmer einer Ware (Herstellergarantie)[32] oder als Betriebsinhaber (Wettbewerbsverbot)[33]. Der Versprechensempfänger kann sich im Vertrag auch die **erstmalige Benennung des Dritten vorbehalten** (vgl. die §§ 159 Abs. 1, 176, 185 VVG). Zur **Ersetzung des Dritten** vgl. auch § 332 BGB.

c. Erwerb eines eigenen Rechts

22 Ob ein echter oder nur ein unechter Vertrag zugunsten Dritter vorliegt, hängt davon ab, ob der Dritte ein eigenes Recht erwerben soll. Nach § 328 Abs. 2 BGB ist in Übereinstimmung mit den allgemeinen Regeln der Vertragsauslegung (§§ 133, 157 BGB) maßgeblich der **Vertragszweck** zu erforschen,[34]

---

[23] BayObLG München v. 11.07.2002 - 3Z BR 111/02 - NJW-RR 2003, 4-5; das Schenkungsverbot berührt aber Absprachen im Valutaverhältnis zwischen Betreutem und Drittem.
[24] BGH v. 19.11.2009 - III ZR 108/08 - NJW 2010, 1277.
[25] Hadding in: Soergel, § 328 Rn. 34.
[26] BGH v. 26.11.2003 - IV ZR 438/02 - juris Rn. 19 - WM 2004, 271-273.
[27] BGH v. 28.06.1979 - VII ZR 248/78 - juris Rn. 13 - BGHZ 75, 75-81; BGH v. 17.01.1985 - VII ZR 63/84 - juris Rn. 8 - BGHZ 93, 271-278; BGH v. 16.11.2007 - V ZR 208/06 - WM 2008, 491-494.
[28] BGH v. 20.06.1986 - V ZR 162/85 - juris Rn. 17 - NJW-RR 1987, 114-115.
[29] BGH v. 03.05.1995 - XII ZR 29/94 - juris Rn. 16 - BGHZ 129, 297-311.
[30] BGH v. 29.01.1981 - IVa ZR 80/80 - BGHZ 79, 295-302.
[31] RG v. 03.05.1930 - V B 6/30 - RGZ 128, 246-251
[32] BGH v. 28.06.1979 - VII ZR 248/78 - juris Rn. 13 - BGHZ 75, 75-81.
[33] RG v. 22.04.1921 - II 492/20 - RGZ 102, 127-131
[34] BGH v. 16.10.1990 - XI ZR 330/89 - juris Rn. 18 - LM Nr. 86 zu § 328 BGB.

wobei auch **Begleitumstände** wie etwa zusätzliche Erklärungen gegenüber dem Dritten zu berücksichtigen sind[35]. Soweit die Parteien diesbezüglich keine tatsächlichen Überlegungen angestellt haben, ist im Rahmen der ergänzenden Vertragsauslegung der hypothetische Wille redlicher Parteien mit Rücksicht auf die Verkehrssitte maßgeblich. Von Gewicht ist dabei, ob das Rechtsgeschäft hauptsächlich durch die **Verfolgung eines Interesses des Dritten** geprägt ist, wie etwa Verträge zur Versorgung oder ärztlichen Behandlung des Dritten.[36]

d. Inhalt des Rechts

Es kann **jede Leistung** zugunsten Dritter versprochen werden, die nach § 241 Abs. 1 BGB Inhalt des Schuldverhältnisses sein kann[37], insbesondere auch ein Unterlassen. 23

Dies umfasst ein Wettbewerbsverbot[38] ebenso wie eine Baubeschränkung zugunsten eines Dritten[39]. Ein **pactum de non petendo** dergestalt, dass sich der Versprechende verpflichtet, eine gegen den Dritten bestehende Forderung nicht geltend zu machen, verschafft dem Dritten eine Einrede gegen diese Forderung[40], was vor allem im Versicherungsrecht (vgl. Rn. 65) relevant ist. 24

e. Voraussetzungen für den Anfall des Rechts beim Dritten

Im Zweifel ist das Recht dem Dritten mit Vertragsschluss **sofort** zugewandt.[41] Dass die Parteien den Rechtserwerb durch weitere Voraussetzungen in der Person des Dritten (vgl. Rn. 21) bedingen können, ist bereits näher ausgeführt worden. Auch sonst steht es ihnen frei, den Rechtserwerb zu **befristen** und zu **bedingen** (§ 328 Abs. 2 BGB).[42] 25

f. Vorbehalt der Änderung oder Aufhebung des Rechts

Unabhängig davon, ob das Recht dem Dritten sofort zugewandt ist, kann diese Position unentziehbar (endgültig/bestandskräftig) oder entziehbar ausgestaltet sein (vgl. allerdings die Verknüpfung dieser Aspekte in den §§ 159 Abs. 2, 3, 176, 185 VVG). Die Parteien können in dem Vertrag, durch den dem Dritten das Recht zugewandt wird, sowohl die **gemeinschaftliche Aufhebung** des Rechts als auch den **Widerruf** allein **durch den Versprechensempfänger** vorsehen (§ 328 Abs. 2 BGB; vgl. auch die Zweifelsfallregelung der §§ 159 Abs. 1, 176, 185 VVG). Auch insoweit ist eine am Vertragszweck orientierte, gegebenenfalls ergänzende Vertragsauslegung vorzunehmen. Ein konkludenter Widerruf der Bezugsberechtigung eines Dritten kann in der Sicherungsabtretung von Ansprüchen aus einer Versicherung durch den Versicherungsnehmer zu sehen sein.[43] Ein bei Sicherungsabtretung in AGB vorgesehener Widerruf der Bezugsberechtigung einer Kapitallebensversicherung ist in der Regel so auszulegen, dass das Bezugsrecht nicht untergehen, sondern nur hinter den Sicherungszweck zurücktreten soll, so dass der Dritte hinsichtlich des den Sicherungsbedarf übersteigenden Teils der Versicherungssumme weiterhin begünstigt bleibt.[44] AGB einer Kreditlebensversicherung gegen Einmalbetrag, welche für den Fall der Kündigung die Gutschrift der Rückvergütung auf dem Kreditkonto vorsehen, sollen ein unwiderrufliches Bezugsrecht der Bank zum Ausdruck bringen.[45] Ob eine Vereinbarung, dass eine Kaufvertragspartei die von der anderen Partei geschuldete Provision an den Makler entrichtet, und die einen Vertrag zugunsten Dritter darstellt (vgl. § 329 BGB), durch die Parteien aufhebbar sein soll, 26

---

[35] BGH v. 24.02.1954 - VI ZR 315/52 - LM Nr. 6 zu § 328 BGB.
[36] *Gottwald* in: MünchKomm-BGB, § 328 Rn. 33.
[37] *Hadding* in: Soergel, § 328 Rn. 37; *Gottwald* in: MünchKomm-BGB, § 328 Rn. 21.
[38] RG v. 22.04.1921 - II 492/20 - RGZ 102, 127-131.
[39] BGH v. 29.11.1974 - V ZR 73/73 - LM Nr. 48 zu § 328 BGB.
[40] BGH v. 26.04.2002 - BLw 32/01 - juris Rn. 15 - LM BGB § 328 Nr. 105 (11/2002); OLG München v. 04.08.2009 - 32 Wx 33/09 - juris Rn. 18, mit Hinweis auf die mangelnde Klagbarkeit den Verfügungscharakter herausstellend *Gottwald* in: MünchKomm-BGB, § 328 Rn. 22.
[41] *Gernhuber*, Das Schuldverhältnis, 1989, S. 1 ff.
[42] BGH v. 20.06.1986 - V ZR 162/85 - juris Rn. 17 - NJW-RR 1987, 114-115.
[43] OLG Koblenz v. 01.02.2007 - 2 U 898/05 - ZEV 2007, 389-391.
[44] BGH v. 18.10.1989 - IVa ZR 218/88 - BGHZ 109, 67-72; BGH v. 12.12.2001 - IV ZR 124/00 - LM VVG § 166 Nr. 18 (11/2002). Zur Sonderkonstellation der Sicherungsabtretung an den Gläubiger eines Dritten vgl. BGH v. 27.10.2010 - IV ZR 22/09 mit Anm. *Reiff*, LMK 2011, 314136.
[45] LG Berlin v. 23.03.2011 - 4 T 4/10 - 2. Leitsatz.

wird kontrovers beurteilt.[46] Ist zugleich eine befreiende Schuldübernahme vorgesehen, muss § 415 Abs. 1 Satz 3 BGB beachtet werden.[47] Ehegatten können im Zweifel Scheidungsvereinbarungen über Zuwendungen zugunsten ihrer Kinder ohne deren Zustimmung aufheben.[48] Ein konkludenter Aufhebungsvorbehalt soll sich für die Parteien eines Erbvertrags, der ein Vermächtnis zugunsten eines Dritten für ein Grundstück vorsieht, hinsichtlich des mit gleichem Vertrag zugunsten des Dritten begründeten, für den Fall anderweitiger lebzeitiger Verfügung aufschiebend bedingten Übereignungsanspruchs ergeben, soweit die Parteien den Erbvertrag aufheben.[49]

27 **Ohne einen Änderungsvorbehalt** im das Recht begründenden Vertrag ist das einmal erworbene Recht des Dritten unentziehbar.[50]

3. Rechtsfolgen

a. Originärer Rechtserwerb

28 Nach § 328 Abs. 1 BGB erwirbt der Dritte das Recht unmittelbar. Das Recht entsteht originär, d.h. ohne Durchgangserwerb des Versprechensempfängers, in der Person des Dritten. Nach h.M. wird es allein durch die auf Abschluss des Vertrags zugunsten Dritter gerichteten Willenserklärungen von Versprechendem und Versprechensempfänger begründet. Es bedarf danach keinerlei Mitwirkung des Dritten; dieser kann den Rechtserwerb lediglich nach § 333 BGB rückwirkend beseitigen.[51] *Hadding* sieht dies zwar als nicht mit der Privatautonomie vereinbar an und fordert für den Rechtserwerb eine Annahme durch den Dritten.[52] Freilich eröffnet die Rechtsordnung noch viel weitergehende Möglichkeiten der Belastung Dritter durch Privatrechtssubjekte,[53] ohne dass untragbare Resultate ersichtlich wären.

29 Im Zweifel kann auch der Versprechensempfänger die Leistung an den Dritten fordern, § 335 BGB. Sofern kein (ggf. konkludenter) Änderungsvorbehalt im das Recht begründenden Vertrag vorgesehen ist, ist die Position des Dritten unentziehbar: Weder kann der Versprechensempfänger allein noch können Versprechensempfänger und Versprecher der durch Vereinbarung das zugewandte Recht nachträglich aufheben oder verändern.[54]

b. Gestaltungsrechte/Leistungsstörungen

30 **Kündigungs- und Anfechtungsrechte** stehen nach h.M. dem Versprechensempfänger zu, ohne dass dieser der Zustimmung des Dritten bedarf.[55] Er kann auch die Einrede nach § 320 BGB erheben.

31 Der Dritte kann **Schadensersatz neben der Leistung** nach § 280 BGB verlangen. Das umfasst insbesondere die Verletzung einer Pflicht nach § 241 Abs. 2 BGB (§§ 280 Abs. 1, 241 Abs. 2 BGB, bisher pFV) und den Verzug (§§ 280 Abs. 2, 286 BGB)[56]; sowohl der Dritte als Gläubiger als auch der Versprechensempfänger (§ 335 BGB) können verzugsbegründend mahnen. Auch das Recht auf **Nacherfüllung** (§§ 437 Nr. 1, 439 BGB bzw. §§ 634 Nr. 1, 635 BGB) ist dem Dritten zuzugestehen.

32 Umstritten waren bereits vor der Schuldrechtsreform diejenigen Rechte, deren Ausübung gestaltende Wirkung auf den Bestand des Vertrags hatte. Während diese zum Teil ebenfalls dem Dritten zugestanden wurden, ordnete sie die wohl h.M. dem Versprechensempfänger zu.[57] Allerdings wurde überwiegend die Zustimmung des Dritten zur Ausübung für den Fall gefordert, dass dieser das ihm zugewandte

---

[46] Für Aufhebbarkeit OLG Schleswig v. 26.10.2001 - 14 U 31/01 - NJW-RR 2002, 782-783; OLG Celle v. 04.10.1985 - 11 U 239/84 - WM 1985, 1455-1457; anders aber OLG Frankfurt v. 29.05.2001 - 14 U 107/00 - NJW-RR 2002, 54-55; LG Heidelberg v. 12.02.2003 - 5 O 247/02 - AIZ A 136 Bl 22.

[47] BGH v. 15.01.1986 - IVa ZR 46/84 - juris Rn. 21 - LM Nr. 101 zu § 652 BGB.

[48] LG Moosbach, MDR 1971, 222.

[49] OLG Hamm v. 10.02.2011 - I-15 W 693/10, 15 W 693/10.

[50] *Jagmann* in: Staudinger, § 328 Rn. 69; *Gottwald* in: MünchKomm-BGB, § 328 Rn. 35.

[51] Vgl. die Nachweise bei *Gottwald* in: MünchKomm-BGB, § 328 Rn. 3.

[52] *Hadding* in: Graveson/Kreuzer/Tunc/Zweigert, FS f. Zajtay, 1982, S. 185, 205 ff.; *ders.* in: Soergel, vor § 328 Rn. 13.

[53] Man denke etwa an die einseitige Erbeinsetzung durch Testament (§ 1937 BGB). Hier werden sogar Verbindlichkeiten ohne Mitwirkung des Erben übertragen (§§ 1942, 1967 BGB) und die Erbausschlagung ist fristgebunden (§ 1944 BGB).

[54] *Gottwald* in: MünchKomm-BGB, § 328 Rn. 35.

[55] *Gottwald* in: MünchKomm-BGB, § 335 Rn. 7.

[56] *Grüneberg* in: Palandt, § 328 Rn. 5.

[57] Eingehend *Bayer*, Der Vertrag zugunsten Dritter, 1995, S. 339 ff., m.w.N.

Recht bereits unentziehbar erworben hat.[58] Diese Diskussion betrifft nunmehr die Aktivlegitimation von Versprechensempfänger oder Drittem insbesondere hinsichtlich der Rechte, zurückzutreten (§§ 323, 324, 326 Abs. 5 BGB, gegebenenfalls in Verbindung mit den §§ 437 Nr. 2, 440 BGB bzw. den §§ 634 Nr. 3, 636 BGB) oder Schadensersatz statt der Leistung gemäß §§ 281-283 BGB (ggf. in Verbindung mit den §§ 437 Nr. 3, 440 BGB bzw. den §§ 634 Nr. 4, 636 BGB) zu verlangen.

Für die Zuweisung des **Rücktrittsrechts** an den Versprechensempfänger[59] lässt sich nunmehr anführen, dass der Rücktritt nach neuem Recht Schadensersatzansprüche unberührt lässt (§ 324 BGB). § 324 BGB reduziert aber andererseits die Plausibilität eines Erfordernisses der **Zustimmung des Dritten** bei Unentziehbarkeit seines Rechts.[60] Bis zur Schuldrechtsreform konnte man dagegen nur dogmatisch einwenden, dass die Unentziehbarkeit vor willkürlichem Entzug – sofern dieser nicht vertraglich vorbehalten worden ist – durch den Versprechensempfänger, nicht aber vor Leistungsstörungen schützt.[61] So kann der Versprechensempfänger auch durch bloße Nichtleistung Leistungsstörungsrechte des Versprechenden herbeiführen, welche die Forderung des Dritten in Frage stellen. Nunmehr ist aber auch die Schutzbedürftigkeit des Dritten dadurch reduziert, dass ihm nur der Anspruch auf die gestörte Leistung genommen wird, während Schadensersatzansprüche unberührt bleiben. Leistungsstörungen im Deckungsverhältnis verursachen zudem in der Regel auch Leistungsstörungsrechte des Dritten im Valutaverhältnis zum Versprechensempfänger. Zu Recht scheint inzwischen die Ansicht zu überwiegen, dass der Dritte seinen Nicht- oder Schlechterfüllungsschaden auch als **Schadensersatz statt der Leistung** nach den §§ 281-283 BGB[62] ersetzt oder das stellvertretende commodum (§ 285 BGB) herausverlangen kann. Auch bei Verletzung einer Pflicht nach § 241 Abs. 2 BGB gegenüber dem Dritten kann es für die Zumutbarkeit bei § 282 BGB nur auf die Person des Dritten ankommen.

33

Bei **Wegfall der Geschäftsgrundlage** (§ 313 BGB) kann der Dritte Vertragsanpassung verlangen.[63]

34

4. Prozessuale Hinweise

Die **Beweislast** für den Erwerb eines eigenen Rechts liegt beim sich darauf berufenden Dritten.[64] Zu beachten sind die Vermutungen aus den §§ 329-332 BGB.

35

Hat sich der Versprechensempfänger den Widerruf der Bestimmung des Dritten vorbehalten und ist dessen Position noch nicht unentziehbar, so können die Gläubiger des Versprechensempfängers gemäß § 857 Abs. 2 ZPO das **Recht auf Widerruf der Bestimmung des Dritten pfänden**, sich überweisen lassen und sodann ausüben.[65] Demgegenüber kann in der Sicherungsabtretung von Ansprüchen aus einer Versicherung durch den Versicherungsnehmer selbst bereits ein konkludenter Widerruf der Bezugsberechtigung eines Dritten zu sehen sein.[66]

36

Aus einem **Prozessvergleich**, der als Vertrag zugunsten Dritter ausgestaltet ist, kann der Dritte erst vollstrecken, wenn er diesem innerhalb des Rechtsstreites beigetreten und im Titel als Berechtigter benannt ist.[67] Bei einem Prozessvergleich der Eltern über Kindesunterhalt im Scheidungsprozess ist § 1629 Abs. 3 Satz 2 BGB zu beachten. Für ein nur den Versprechensempfänger als Berechtigten nennendes Urteil kann der Dritte keine titelumschreibende Vollstreckungsklausel nach den §§ 727-729

37

---

[58] RG v. 02.02.1921 - V 354/20 - RGZ 101, 275-279.
[59] Dafür auch *Janoschek* in: Bamberger/Roth, § 328 Rn. 20; *Grüneberg* in: Palandt, § 328 Rn. 6; *Westermann* in: Erman, § 328 Rn. 8 f.
[60] Hierfür *Grüneberg* in: Palandt, § 328 Rn. 6; *Schulze* in: Hk-BGB, § 328 Rn. 11; *Westermann* in: Erman, § 328 Rn. 8.
[61] Näher *Bayer*, Der Vertrag zugunsten Dritter, 1995, S. 340 ff.
[62] Wie hier für eine Zuweisung der Schadensersatzansprüche an den Dritten *Janoschek* in: Bamberger/Roth, § 328 Rn. 20; *Gottwald* in: MünchKomm-BGB, § 335 Rn. 14 ff.; *Stadler* in: Jauernig, § 328 Rn. 16; *Schulze* in: HK-BGB, § 328 Rn. 11; a.A. *Grüneberg* in: Palandt, § 328 Rn. 6, freilich mit dem Vorbehalt einer abweichenden Auslegung des Vertrags.
[63] BGH v. 19.11.1971 - V ZR 103/69 - NJW 1972, 152.
[64] *Jagmann* in: Staudinger, § 328 Rn. 258.
[65] RG v. 12.01.1937 - VII 208/36 - RGZ 153, 220-231.
[66] OLG Koblenz v. 01.02.2007 - 2 U 898/05 - ZEV 2007, 389-391.
[67] OLG Frankfurt v. 01.11.2002 - 1 WF 206/02 - OLGR Frankfurt 2003, 76-77; KG Berlin v. 18.06.1973 - 22 W 623/73 - NJW 1973, 2032-2033.

§ 328

ZPO erhalten.[68] In den das Recht des Dritten begründenden Vertrag aufgenommene **Schiedsgerichts-**[69] oder **Schiedsgutachterklauseln**[70] binden den Dritten hinsichtlich der Verfolgung des Rechts.

38 Der Versicherungsnehmer, der über die Rechte des Dritten aus einem Versicherungsvertrag für fremde Rechnung im eigenen Namen verfügen kann (§§ 43, 45 VVG), kann diese als **Prozessstandschafter** im eigenen Namen mit Rechtskraftwirkung für den Dritten einklagen.[71]

5. Anwendungsfelder

a. Verträge zu Lasten Dritter

39 § 328 BGB kann nicht – auch nicht analog – zur Begründung von Verpflichtungen Dritter ohne deren Mitwirkung herangezogen werden.[72] Ein mit der Privatautonomie unvereinbarer **Vertrag zu Lasten Dritter** ist dem BGB unbekannt.[73] Deshalb ist auch die rechtsgeschäftliche Nachfolgeklausel im **Gesellschaftsvertrag** unzulässig[74]; möglich sind erbrechtliche Nachfolgeklauseln. Kein Vertrag zu Lasten Dritter ist ein solcher, der Arbeitnehmern ein Wahlrecht einräumt, ob anstelle der Tarifverträge für den öffentlichen Dienst eine bestimmte andere Vergütungsordnung angewendet wird oder nicht.[75]

b. Verfügungen zugunsten Dritter

40 § 328 BGB regelt nur den originären Rechtserwerb des Dritten durch Vertrag. Die Vorschrift ist daher auf Verfügungen zugunsten Dritter, bei denen dem Dritten ein bereits bestehendes Recht übertragen werden soll (derivativer Rechtserwerb), jedenfalls nicht direkt anwendbar. Ob Verfügungen zugunsten Dritter dennoch zulässig sind, ist umstritten. Dabei ist zwischen schuldrechtlichen (Erlass, § 397 BGB; Abtretung, § 398 BGB) und dinglichen Verfügungen (Auflassung, § 873 BGB; Einigung nach § 929 BGB) zu unterscheiden.

c. Schuldrechtliche Verfügungsverträge

41 Nach der Rechtsprechung und einem Teil der Lehre scheidet auch eine Analogie zu § 328 BGB aus. Verfügungen zugunsten Dritter sind danach immer unzulässig.[76] Die Abtretung zugunsten Dritter[77] wurde ebenso abgelehnt wie der Erlass zugunsten Dritter[78]. Allerdings wird einem **pactum de non petendo**, wonach sich der Versprechende verpflichtet, eine gegen den Dritten bestehende Forderung nicht geltend zu machen, die Begründung einer Einrede des Dritten gegen diese Forderung zugebilligt.[79] Die Gegenansicht hält schuldrechtliche Verfügungen zugunsten Dritter in unterschiedlichem Umfang für zulässig.[80] Hierfür wird etwa auf die §§ 267, 414, 423 BGB verwiesen.[81] Für die Zulässigkeit der Übertragung einer Forderung auf einen Dritten durch Vertrag zwischen Schuldner und Gläubiger wird z.B. angeführt, dass die **Alternativmöglichkeit – Erlass und Neubegründung einer Forderung zugunsten des Dritten** – den Übergang von Nebenrechten gemäß § 401 BGB abschneide und Nachteile in der

---

[68] *Hadding* in: Soergel, § 328 Rn. 66.
[69] BGH v. 31.01.1980 - III ZR 83/78 - LM Nr. 15 zu § 1027 ZPO.
[70] KG Berlin v. 08.10.1979 - 12 U 3206/78 - NJW 1980, 1342-1344; *Gottwald* in: MünchKomm-BGB, § 328 Rn. 86.
[71] *Gottwald* in: MünchKomm-BGB, § 328 Rn. 87.
[72] *Stadler* in: Jauernig, § 328 Rn. 7.
[73] BVerfG v. 23.04.1986 - 2 BvR 487/80 - NJW 1987, 827-829.
[74] BGH v. 10.02.1977 - II ZR 120/75 - juris Rn. 20 - BGHZ 68, 225-241.
[75] BAG v. 20.04.2005 - 4 AZR 292/04 mit Anmerkung *Hohenstatt/Schramm*, NZA 2006, 251.
[76] *Grüneberg* in: Palandt, vor § 328 Rn. 8; *Janoschek* in: Bamberger/Roth, § 328 Rn. 4; *Hadding* in: Soergel, § 328 Rn. 107 ff., 116 f. m.w.N.
[77] OLG Frankfurt v. 21.09.1983 - 19 U 174/82 - VersR 1984, 755.
[78] BGH v. 21.06.1994 - XI ZR 183/93 - juris Rn. 18 - BGHZ 126, 261-266; BGH v. 26.10.2009 - II ZR 222/08 - juris Rn. 16.
[79] BGH v. 26.04.2002 - BLw 32/01 - juris Rn. 15 - LM BGB § 328 Nr. 105 (11/2002); OLG München v. 04.08.2009 - 32 Wx 33/09 - juris Rn. 18; mit Hinweis auf die mangelnde Klagbarkeit den Verfügungscharakter herausstellend *Gottwald* in: MünchKomm-BGB, § 328 Rn. 22.
[80] Vgl. nur *Bayer*, Der Vertrag zugunsten Dritter, 1995, S. 194 ff.; *Gottwald* in: MünchKomm-BGB, § 328 Rn. 260 ff.; *Jagmann* in: Staudinger, vor § 328 Rn. 62 ff.; *Mussa*, ZGS 2010, 172, 176; *Westermann* in: Erman, § 328 Rn. 3 jeweils m.w.N.
[81] *Bayer*, Der Vertrag zugunsten Dritter, 1995, S. 200 ff.

Insolvenz bringen könne.[82] Auch eine Abtretungsvereinbarung mit einem Vertreter ohne Vertretungsmacht, die der „Dritte" dann genehmigen kann, ist mit Blick auf § 184 Abs. 2 BGB nicht völlig gleichwertig.

Freilich taugen die §§ 267, 414, 423 BGB nicht gut zu einer Rechts- oder Gesamtanalogie hinsichtlich der generellen Zulässigkeit von Verfügungen zugunsten Dritter, da sie nicht die Begründung einer Forderung eines Dritten vorsehen und z.B. bei § 267 BGB die Forderung nicht kraft Verfügung, sondern kraft Gesetzes erlischt.[83] Jenseits einer solchen Rechts- oder Gesamtanalogie ist aber die Existenz dieser Sondervorschriften gerade ein Argument gegen eine ihre Daseinsberechtigung in Frage stellende Gesetzes- oder Einzelanalogie zu (bzw. eine teleologische Extension von) § 328 BGB. Auch scheinen die am besten den Gerichten erkennbaren Unzuträglichkeiten der Sicht der Rechtsprechung nicht wirklich gravierend[84], so dass hinter der Forderung nach einer generellen Anerkennung der Verfügung zugunsten Dritter weniger ein praktisches Bedürfnis als eher der Wunsch nach einem zivilisatorischen Entwicklungsschritt für die Rechtsordnung stehen dürfte, den der noch um das Ob des Vertrags zugunsten Dritter ringende historische Gesetzgeber[85] nicht tun konnte, den nachdrücklich zu tun aber auch der Gesetzgeber der Schuldrechtsmodernisierung versäumt hat. Immerhin scheint der Wortlaut von II.–9:301: Draft Common Frame of Reference 2009, („confer a right") insoweit offener gehalten. 42

d. Dingliche Verfügungen

Soweit die Rechtsprechung und ein Teil der Lehre schon die schuldrechtliche Verfügung zugunsten Dritter ablehnen, gilt das auch für dingliche Verfügungen.[86] Entschieden wurde dies etwa für die Übereignung von Geld und Wertpapieren[87], aber auch für die Bestellung einer Hypothek[88], eines Mobiliarpfandrechts[89], einer Reallast[90] oder auch einer beschränkt persönlichen Dienstbarkeit.[91] Für den Erwerb ist danach eine – wenn auch formlose und daher konkludent mögliche – Einigung zwischen dem Eigentümer und dem „Dritten" nach § 873 BGB erforderlich. Dabei behilft sich die Praxis auch damit, von einer **Einigung des Eigentümers mit einem vollmachtlosen Vertreter** des „Dritten" (anstelle eines Versprechensempfängers) auszugehen. 43

Soweit die Literatur grundsätzlich von der Möglichkeit von Verfügungen zugunsten Dritter auch im Sachenrecht ausgeht, werden verschiedene Einschränkungen etwa nach Bedingungsfeindlichkeit (z.B. § 925 Abs. 2 BGB, wegen § 333 BGB) oder Formerfordernissen (z.B. § 925 Abs. 1 BGB) vertreten und die Erfüllung von Publizitätserfordernissen in der Person des Dritten verlangt.[92] 44

e. Einzelfälle: Echter/unechter Vertrag zugunsten Dritter

Bei einem treuhänderischen **Anderkonto**, etwa eines Rechtsanwalts oder Notars, steht das Konto dem Treuhänder zu; ein Dritter wird nicht berechtigt.[93] 45

Im **Arbeitsrecht** finden sich vielfältig vorsorgende Verträge zugunsten Dritter, z.B. zur Alters- oder Hinterbliebenenversorgung.[94] Arbeitgeber schließen mitunter Kapitallebens- und Unfallversicherungen zugunsten ihrer Arbeitnehmer.[95] Auch in Betriebsvereinbarungen können Rechte Dritter bestellt werden.[96] Tarifverträge können hinsichtlich ihrer schuldrechtlichen Teile (etwa der Friedenspflicht) 46

---

[82] *Gottwald* in: MünchKomm-BGB, § 328 Rn. 261.
[83] Näher *Hadding* in: Soergel, § 328 Rn. 115.
[84] In diesem Sinne etwa *Grüneberg* in: Palandt, vor § 328 Rn. 8.
[85] Zur geschichtlichen Entwicklung vgl. nur *Vogenauer* in: HKK-BGB, §§ 328-335 Rn. 5 ff.
[86] BGH v. 29.01.1964 - V ZR 209/61 - juris Rn. 6 - BGHZ 41, 95-97.
[87] RG v. 29.03.1920 - IV 372/19 - RGZ 98, 279-284; BGH v. 29.01.1964 - V ZR 209/61 - juris Rn. 6 - BGHZ 41, 95-97.
[88] RG v. 27.04.1907 - V 434/06 - RGZ 66, 97-103.
[89] RG v. 08.05.1929 - VI 405/28 - RGZ 124, 217-225.
[90] BGH v. 08.07.1993 - IX ZR 222/92 - juris Rn. 9 - BGHZ 123, 178-182; BayObLG München v. 17.10.2002 - 2Z BR 57/02 - NJW 2003, 1402-1403; OLG Hamm v. 29.09.2011 - I-5 U 44/11, 5 U 44/11.
[91] OLG München v. 24.11.2010 - 34 Wx 103/10.
[92] Eingehend dazu *Gottwald* in: MünchKomm-BGB, § 328 Rn. 265 ff.
[93] BGH v. 05.11.1953 - IV ZR 95/53 - BGHZ 11, 37-43.
[94] BAG v. 17.05.1973 - 3 AZR 381/72 - BAGE 25, 194-204; *Reinicke*, BB 2012, 1025.
[95] BAG v. 13.11.2007 - 3 AZR 635/06.
[96] BAG v. 16.03.1962 - GS 1/61 - BB 1962, 760.

§ 328

Verträge zugunsten Dritter sein.[97] Verträge über den Betriebsübergang bzw. anlässlich desselben zwischen Veräußerer und Erwerber können Vereinbarungen zugunsten der Mitarbeiter enthalten.[98] Der Arbeitsvertrag kann sowohl hinsichtlich des Rechts auf die Dienstleistung als auch hinsichtlich des Rechts auf das Entgelt Vertrag zugunsten Dritter sein.[99]

47 Der Vertrag eines privat Versicherten über die **ärztliche Behandlung** von Angehörigen ist Vertrag zugunsten dieser.[100] Mitversicherte Angehörige von Kassenpatienten stehen in einem eigenen Versicherungsverhältnis zur Krankenkasse[101]; Versorgungsansprüche gesetzlich Versicherter gegen den Kassenarzt richten sich nach den §§ 73 ff. SGB V. Ein Vertrag zugunsten der Patienten ist auch der von einer Krankenkasse mit einem Krankenhaus geschlossene Behandlungsvertrag.[102]

48 Bei einem **Bankkonto** oder **Sparguthaben** entscheidet der für das Kreditinstitut erkennbare Wille des das Konto Eröffnenden zur Zeit der Eröffnung über die Person des Berechtigten.[103] Allein der Umstand der Eröffnung eines Kontos auf den Namen eines Dritten erlaubt nicht den Schluss auf eine Berechtigung des Dritten. Ob ein Vertrag zugunsten Dritter gewollt war, ist vielmehr eine Frage der Auslegung unter Berücksichtigung aller Umstände des Einzelfalls, insbesondere des Inhalts der Eröffnungsantrags.[104] Wichtiges Indiz beim Sparbuch ist der Besitz daran.[105] Verwandte, insbesondere Großeltern, die ein Sparbuch auf den Namen des Kindes anlegen und behalten, wollen im Zweifel zunächst selbst Berechtigte bleiben.[106] Dabei besteht aber stets die Möglichkeit, dass eine Zuwendung an den Namensinhaber mit dem Tod des Kontoeröffners gewollt ist (vgl. § 331 BGB), gegebenenfalls unter Vorbehalt einer anderweitigen Verfügung zu Lebzeiten.[107] Nach dem BGH erlaubt der Umstand, dass enge Angehörige unter dem Namen eines Kindes ein Sparbuch anlegen, ohne dieses aus der Hand zu geben, regelmäßig den Schluss auf einen solchen Vertrag zugunsten Dritter auf den Todesfall.[108] Für eine sofortige Berechtigung des Kindes kann sprechen, dass die Eltern ihr Kind im Eröffnungsantrag ausdrücklich als Gläubiger bezeichnen.[109] Hinsichtlich einer durch die Eltern auf den Namen des Kindes getätigten **Festgeldanlage** mit dem Ziel der Ausschöpfung von dessen Steuerfreibeträgen nimmt das OLG Saarbrücken eine sofortige Berechtigung des Kindes an;[110] ähnlich ist zu werten, wenn ein Elternteil mit dieser Motivation ein auf seinen Namen lautendes Sparbuch auf sein Kind umschreiben lässt.[111] Die Entscheidung des LG Bremen, wonach die vom Zentralen Kreditausschuss (ZKA) ausgesprochene Empfehlung „Girokonto für Jedermann" ein abstraktes Schuldversprechen (§ 780 BGB) zugunsten Dritter enthält, das auf Begründung eines Anspruchs auf Einrichtung eines Girokontos gegen die beigetretenen Kreditinstitute gerichtet ist,[112] wurde vom OLG Bremen kassiert.[113] Die Vereinbarung eines Kreditinstituts mit einer Entschädigungseinrichtung im Sinne des § 6 Einlagensicherungs- und Anlegerentschädigungsgesetz (ESAEG) über die Übernahme der Kunden einer insolventen Bank ist kein Vertrag zugunsten des Vermieters, dem ein Konto bei dieser Bank verpfändet worden ist.[114]

---

[97] Näher *Gottwald* in: MünchKomm-BGB, § 328 Rn. 44.
[98] BAG v. 20.04.2005 - 4 AZR 292/04 - NZA 2006 281-283 mit Anmerkung *Meyer*, SAE 2007, 9-13; Hessisches LAG v. 08.09.2006 - 3/2 Sa 1830/05; LAG München v. 15.05.2007 - 11 Sa 1263/06.
[99] *Jagmann* in: Staudinger, § 328 Rn. 125.
[100] BGH v. 10.01.1984 - VI ZR 158/82 - juris Rn. 12 - BGHZ 89, 263-274.
[101] *Gottwald* in: MünchKomm-BGB, § 328 Rn. 46.
[102] BGH v. 14.07.1992 - VI ZR 214/91 - juris Rn. 12 - LM BGB § 823 (Aa) Nr. 141 (5/1993).
[103] BGH v. 09.12.1993 - IX ZR 100/93 - juris Rn. 14 - BGHZ 124, 298-305.
[104] BGH v. 09.12.1993 - IX ZR 100/93 - juris Rn. 11 - BGHZ 124, 298-305.
[105] BGH v. 29.04.1970 - VIII ZR 49/69 - LM Nr. 42 zu § 328 BGB; näher *Bayer*, Der Vertrag zugunsten Dritter, 1995, S. 149.
[106] BGH v. 09.11.1966 - VIII ZR 73/64 - BGHZ 46, 198-204.
[107] BGH v. 26.11.1975 - IV ZR 138/74 - BGHZ 66, 8-17; BGH v. 09.11.1966 - VIII ZR 73/64 - BGHZ 46, 198-204.
[108] BGH v. 18.01.2005 - X ZR 264/02 - EBE/BGH 2005, 71-72; ebenso etwa OLG Bremen v. 10.05.2007 - 2 U 27/07 - OLGR Bremen 2007, 693-694.
[109] LG Landau v. 15.08.2006 - 2 O 126/06 - FamRZ 2007, 396-397.
[110] OLG Saarbrücken v. 28.12.2007 - 4 U 8/07 - 2, 4 U 8/07- OLGR Saarbrücken 2008, 263-266.
[111] OLG Hamm v. 26.02.1999 - 29 U 130/97 - OLGR Hamm 1999, 230-232.
[112] LG Bremen v. 16.06.2005 - 2 O 408/05 - ZVI 2005 424-426; zustimmend *Derleder*, EWiR 1/2006, S. 9, der präzisiert, dass Vertragspartner der Bundesrepublik im Rahmen des Vertrags zugunsten Dritter die einzelnen Kreditinstitute würden, welche durch den Beitritt ihre vollmachtlose Vertretung genehmigten.
[113] OLG Bremen v. 22.12.2005 - 2 U 67/05 - VuR 2006, 161-163.
[114] BGH v. 18.03.2008 - XI ZR 454/06 - WM 2008, 830-832.

Ein wichtiger Anwendungsbereich für § 328 BGB ist ferner die **bargeldlose Zahlung**. Der Überweisungsempfänger erwirbt aus dem Zahlungsauftrag (§ 675f Abs. 3 Satz 2 BGB) noch keinen Zahlungsanspruch.[115] Der Scheckvertrag zwischen einer Bank und einem Scheckaussteller berechtigt nicht den Nehmer des Schecks.[116] Bei Kartenzahlungssystemen wie Debit-(ec/Maestro-)Karte, Universalkreditkarte und Geldkarte sind die Akquisitionsverträge zwischen Kreditkartenorganisation und Vertragsunternehmen hinsichtlich der darin aufgenommenen Verpflichtung des Vertragsunternehmens, die Kartenzahlung zu akzeptieren, Verträge zugunsten der berechtigten Karteninhaber[117]. Sie begründen nach richtiger Auffassung keinen Anspruch auf Gewähr bargeldloser Zahlung sondern ein pactum de non petendo gegenüber den Entgeltansprüchen zugunsten der Kartenzahlung anbietenden Karteninhaber.[118]   49

Auch **Beförderungsverträge** kommen als Verträge zugunsten Dritter in Betracht. Bei einem zwischen einer Fluggesellschaft und einem Reiseveranstalter abgeschlossenen Chartervertrag zugunsten des Reisenden soll sogar § 334 BGB abbedungen sein[119]. Auch ein Abschleppvertrag kann ein Vertrag zugunsten des Eigentümers des abgeschleppten Fahrzeugs sein.[120]   50

Eine in einem Pachtvertrag aufgenommene **Bezugspflicht** hinsichtlich eines bestimmten Bieres begründet ein Recht der Brauerei.[121]   51

Eine **Bürgschaft** kann als Vertrag zugunsten Dritter auch zwischen Hauptschuldner und Bürgen[122] oder zwischen dem Bürgen und dem Zedenten der Hauptschuld zugunsten des Zessionars vereinbart werden[123].   52

Auch wenn bei einem **Erbvertrag** ein Dritter Nutznießer ist, scheitert die Annahme eines Vertrags zugunsten Dritter daran, dass der Erbvertrag keine Leistungspflicht begründet, sondern eine letztwillige Verfügung enthält.[124]   53

Beim **Frachtvertrag** gilt zugunsten des Empfängers § 421 HGB; auch beim CMR-Frachtvertrag ist der Empfänger begünstigt.[125]   54

Gesellschaftsrecht: Der Gesellschaftsvertrag kann einen Anspruch oder ein Eintrittsrecht eines Dritten begründen.[126] Die rechtsgeschäftliche Verschaffung der Gesellschafterstellung ist als Vertrag (auch) zu seinen Lasten ohne Zustimmung des Dritten unwirksam.[127] Bei so genannten erbrechtlichen Nachfolgeklauseln muss der bezeichnete Nachfolger Erbe werden; anderenfalls kommt im Wege ergänzender Vertragsauslegung die Deutung als Eintrittsklausel in Betracht.[128] Soweit sich der Veräußerer von GmbH-Anteilen gegenüber deren Erwerber verpflichtet, die GmbH von Verbindlichkeiten freizustellen, ist das im Zweifel kein echter Vertrag zugunsten der Gesellschaft.[129] Die Gesellschafter können nach dem BGH im Wege eines echten Vertrags zu Gunsten der Gesellschaft für den Fall des Ausscheidens eine geringere als die satzungsmäßige Abfindung vorsehen.[130] Der Mittelverwendungskontrollvertrag zwischen einer Kapitalanlagegesellschaft und einem Wirtschaftsprüfer kann als echter   55

---

[115] *Grüneberg* in: Palandt, § 328 Rn. 9; zum Überweisungsauftrag vor Einführung von § 676a BGB a.F. BGH v. 27.01.1998 - XI ZR 145/97 - juris Rn. 2 - LM BGB § 662 Nr. 49 (9/1998).
[116] BGH v. 26.11.1973 - II ZR 117/72 - LM Nr. 2 zu § 392 HGB.
[117] Vgl. *Schinkels*, Die Verteilung des Haftungsrisikos für Drittmissbrauch von Medien des bargeldlosen Zahlungsverkehrs, 2001, S. 166 Fn. 697 (Debit- und Universalkreditkarte); S. 227 (Geldkarte) m.w.N.
[118] *Custodis*, Das Kreditkartenverfahren, 1970, S. 26 ff., 33 (Kreditkarte); *Gottwald* in: MünchKomm-BGB, § 328 Rn. 22; *Schinkels*, WM 2006, 841, 843 (Debitkarte); a.A. *Hofmann*, 1305 ff. (Debitkarten).
[119] BGH v. 17.01.1985 - VII ZR 63/84 - BGHZ 93, 271-278; vgl. auch BGH v. 21.12.1973 - IV ZR 158/72 - BGHZ 62, 71-83.
[120] OLG Koblenz v. 23.02.2006 - 12 U 230/05 - NZV 2007, 463-466.
[121] BGH v. 09.04.1970 - KZR 7/69 - juris Rn. 7 - BGHZ 54, 145-157.
[122] BGH v. 20.10.1988 - IX ZR 47/87 - LM Nr. 4 zu § 711 ZPO.
[123] BGH v. 11.05.1966 - VIII ZR 102/65 - WM 1966, 859.
[124] BGH v. 19.01.1954 - V ZB 28/53 - BGHZ 12, 115-124.
[125] BGH v. 14.06.2007 - I ZR 50/05 - NJW 2008, 289.
[126] BGH v. 29.09.1977 - II ZR 214/75 - NJW 1978, 264-267.
[127] BGH v. 10.02.1977 - II ZR 120/75 - juris Rn. 20 - BGHZ 68, 225-241.
[128] BGH v. 29.09.1977 - II ZR 214/75 - NJW 1978, 264-267.
[129] OLG München v. 13.08.2008 - 20 U 1579/08.
[130] BGH v. 15.03.2010 - II ZR 4/09. Soweit die Gesellschaft dem ausgeschiedenen Gesellschafter diese Abrede „entgegenhalten" können soll, bleibt dies dogmatisch vage. Generell erkennt die Rechtsprechung Verfügungen zu Gunsten Dritter (Erlass) nicht an, wohl aber einen pactum de non petendo (vgl. Rn. 41).

§ 328

Vertrag zugunsten der Anleger ausgestaltet sein.[131] Er unterliegt nach dem BGH[132] hinsichtlich der Rechte der Anleger einer AGB-Inhaltskontrolle auch dann, wenn er von der Fondsgesellschaft und dem Wirtschaftsprüfer individuell ausgehandelt wurde.

56 Eine **Herstellergarantie** kann als Vertrag zugunsten Dritter auch zugunsten des jeweiligen Endabnehmers begründet werden.[133]

57 **Klauseln in Internet-Auktionsbedingungen** kommen als echte Verträge der jeweiligen Nutzer einer Auktionsplattform mit dem Auktionsunternehmen zugunsten der übrigen Nutzer in Betracht.[134]

58 Bei einem **Kaufvertrag** ist die Vereinbarung, den Kaufpreis an einen Dritten zu entrichten, im Zweifel nur Ermächtigung, ohne dass ein eigener Anspruch des Dritten begründet wird.[135] Wird verabredet, dass der Verkäufer direkt an einen Dritten liefert, kann dies zwar einen eigenen Anspruch des Dritten begründen. Im Zweifel ist bei einem Streckengeschäft aber nicht davon auszugehen.[136] Ein Grundstückskaufvertrag zwischen Privaten, in welchem sich der Käufer verpflichtet, bei Bedarf eine Teilfläche des Grundstücks für den Straßenausbau an die öffentliche Hand zum Verkehrswert abzutreten, kann demgegenüber einen echten Vertrag zugunsten Dritter darstellen.[137] Der Kaufvertrag zwischen dem **Leasinggeber** und dem Lieferanten ist in der Regel nur ein ermächtigender/unechter Vertrag zugunsten Dritter, aus dem der Leasingnehmer keinen Anspruch erwirbt; Gewährleistungsansprüche kann er daher nur nach Abtretung oder Ermächtigung durch den Leasinggeber geltend machen.[138]

59 Die Vereinbarung in einem Grundstückskaufvertrag, dass der Käufer die **Maklerprovision** übernimmt, kann sowohl Erfüllungsübernahme, § 329 BGB,[139] als auch echter Vertrag zugunsten Dritter sein, aus dem der Makler einen Anspruch gegen den Käufer erlangt[140]. Dieser soll im Zweifel entziehbar ausgestaltet sein.[141] Gegenüber der Partei, die zugunsten des Maklers als Dritten ein Provisionsversprechen abgibt, entsteht nach dem BGH ein Rücksichtnahmeschuldverhältnis mit Aufklärungspflichten des Maklers hinsichtlich Mängeln des Kaufobjekts bereits dann, wenn dieser bei der notariellen Beurkundung anwesend ist und von der Maklerklausel Kenntnis hat (§§ 311 Abs. 2, 241 Abs. 2 BGB).[142]

60 In Bezug auf **Mietverträge** kommt vor allem ein Vorvertrag zugunsten eines Dritten in Betracht.[143] Bei einem **Pachtvertrag** über eine Klinik begründet die Vereinbarung eines Belegungsvorrechts zugunsten eines Arztes ein eigenes Forderungsrecht für diesen.[144]

61 Aus einem **Prozessvergleich**, der als Vertrag zugunsten Dritter ausgestaltet ist, kann der Dritte erst vollstrecken, wenn er diesem innerhalb des Rechtsstreites beigetreten und im Titel als Berechtigter benannt ist.[145]

62 Verträge, die ein **Reiseveranstalter** mit Leistungserbringern abschließt, sind in der Regel Verträge zugunsten der Reisenden.[146]

---

[131] BGH v. 11.02.2010 - III ZR 10/09; BGH v.19.11.2009 - III ZR 109/08 - NJW 2010, 1279; hierzu auch *Koch*, WM 2010, 1057.

[132] BGH v. 19.11.2009 - III ZR 108/08 - NJW 2010, 1277.

[133] BGH v. 28.06.1979 - VII ZR 248/78 - BGHZ 75, 75-81.

[134] Vgl. etwa *Koch*, CR 2005, 502; *Petershagen*, NJW 2008, 953, 955; offenlassend BGH v. 11.05.2011 - VIII ZR 289/09 - juris Rn. 21.

[135] Dazu *Jagmann* in: Staudinger, § 328 Rn. 190.

[136] *Gottwald* in: MünchKomm-BGB, § 328 Rn. 74.

[137] OLG Hamburg v. 15.07.2005 - 1 U 27/04.

[138] *Gottwald* in: MünchKomm-BGB, § 328 Rn. 74.

[139] OLG Schleswig v. 04.03.1982 - 2 U 16/81 - DNotZ 1982, 365-367.

[140] BGH v. 20.11.2008 - III ZR 60/08 - juris Rn. 16 - NJW 2009, 1199; BGH v. 14.12.1995 - III ZR 34/95 - juris Rn. 13 - BGHZ 131, 318-325.

[141] OLG Schleswig v. 26.10.2001 - 14 U 31/01 - NJW-RR 2002, 782-783.

[142] BGH v. 22.9. 2005 - III ZR 295/04; zustimmend *Benedict*, EWiR 1/05 S. 857; kritisch hingegen *Althammer*, NZM 2006, 185, 186 f., weil der Makler nicht auf die Einfügung der Maklerklausel in den notariellen Vertrag hingewirkt hatte.

[143] *Ballhaus* in: BGB-RGRK, § 328 Rn. 61.

[144] BGH v. 16.11.1951 - V ZR 17/51 - BGHZ 3, 385-391.

[145] KG Berlin v. 18.06.1973 - 22 W 623/73 - NJW 1973, 2032-2033.

[146] BGH v. 17.01.1985 - VII ZR 63/84 - juris Rn. 7 - BGHZ 93, 271-278; BGH v. 12.03.1987 - VII ZR 37/86 - juris Rn. 46 - BGHZ 100, 158-185; *Stadler* in: Jauernig, § 328 Rn. 5.

Überlässt ein Treugeber bei einem **Treuhandvertrag** Vermögensgegenstände mit der Maßgabe, sie einem Dritten zu verschaffen oder in deren Interesse damit zu verfahren, so liegt in der Regel ein echter Vertrag zugunsten Dritter vor.[147] Insbesondere der Vertrag eines Mittelverwendungstreuhänders mit einer Kapitalanlagegesellschaft ist Vertrag zugunsten der Anleger.[148] Wird einem Treuhänder die Liquidation oder Sanierung eines Betriebs übertragen, so liegt darin in der Regel ein Vertrag zugunsten der Gläubiger.[149] 63

Soweit geschiedene oder getrennt lebende Eltern den **Unterhalt** für ihre Kinder regeln, ist dies im Zweifel kein echter Vertrag zugunsten Dritter.[150] Ein eigener Anspruch der Kinder kommt aber vor allem dann in Betracht, wenn höhere Leistungen als der gesetzliche Unterhalt vereinbart werden.[151] In der Zustimmung eines Ehemannes zu einer heterologen Insemination liegt im Zweifel ein konkludentes Unterhaltsversprechen zugunsten des daraus resultierenden Kindes.[152] 64

Das **Versicherungsrecht**, der wirtschaftlich bedeutendste Anwendungsbereich des Vertrags zugunsten Dritter, regelt in Besonderheit zum BGB den Versicherungsvertrag für fremde Rechnung (§ 43 ff. VVG) als Vertrag zugunsten des Versicherten.[153] Wird der Ehepartner des Versicherungsnehmers einer privaten Krankenversicherung mitversichert (§ 193 Abs. 1 VVG) und enthalten die Versicherungsbedingungen keine besonderen Bestimmungen über seine Rechte aus dem Versicherungsvertrag, ist von einem Krankheitskostenversicherungsvertrag für fremde Rechnung als echtem Vertrag zugunsten Dritter auszugehen.[154] Die Haftpflichtversicherung gilt nicht als Vertrag zugunsten des Geschädigten,[155] doch ist in § 115 VVG ein gesetzlicher Direktanspruch des Geschädigten gegen die Haftpflichtversicherung geregelt. Regressverzichts- und Teilungsabkommen zwischen Versicherern haben zugunsten der Versicherungsnehmer die Wirkung von pacta de non petendo.[156] 65

Allein der Umstand, dass die Satzung eines **Vereins** gemeinnützige Leistungen vorsieht, begründet noch keinen Vertrag zu Gunsten potentieller Leistungsempfänger.[157] 66

Werden **Wertpapiere** in einem Bankdepot verwahrt, kann durch Vertrag mit der Bank einem Dritten ein Anspruch auf Übereignung verschafft werden.[158] 67

II. Vertrag mit Schutzwirkung zugunsten Dritter

1. Grundlagen

a. Kurzcharakteristik

Der Vertrag mit Schutzwirkung zugunsten Dritter begründet ein Schuldverhältnis ohne primäre Leistungspflicht.[159] Er ist damit eine Rechtsfigur, die vom Vertrag zugunsten Dritter nach § 328 BGB strikt zu unterscheiden ist: Beim echten Vertrag zugunsten Dritter wird diesem ein Leistungsanspruch verschafft. Demgegenüber wird der Dritte beim Vertrag mit Schutzwirkung zugunsten Dritter gegebenenfalls nur in der Form in den Vertrag miteinbezogen, dass dieser zwar keinen Anspruch auf Leistung (§ 241 Abs. 1 BGB) erhält, diesem gegenüber aber vertragsähnliche Verhaltenspflichten (insbesondere Schutz- und Aufklärungspflichten, § 241 Abs. 2 BGB) bestehen. Deren Verletzung begründet Schadensersatzansprüche. Die wohl als Dichotomie gedachte Kodifikation der Pflichten in § 241 BGB kann allerdings den Vertrag mit Schutzwirkung zugunsten Dritter nur auf den ersten Blick umfassend erklären: In den Fällen fehlerhafter Testamentserrichtung[160] ist mehr als zweifelhaft, ob überhaupt eine 68

---

[147] BGH v. 14.04.1986 - II ZR 123/85 - juris Rn. 9 - NJW-RR 1986, 1158-1159.
[148] BGH v. 30.10.2003 - III ZR 344/02 - juris Rn. 12 - NJW-RR 2004, 121-122; vgl. ferner mit Blick auf die AGB-Inhaltskontrolle BGH v. 19.11.2009 - III ZR 108/08 - NJW 2010, 1277.
[149] BGH v. 12.10.1989 - IX ZR 184/88 - juris Rn. 11 - BGHZ 109, 47-55.
[150] BGH v. 20.06.1979 - IV ZR 137/77 - LM Nr. 14 zu § 158 BGB.
[151] Näher *Bayer*, Der Vertrag zugunsten Dritter, 1995, S. 145.
[152] BGH v. 03.05.1995 - XII ZR 29/94 - juris Rn. 16 - BGHZ 129, 297-311; *Grüneberg* in: Palandt, § 328 Rn. 10.
[153] Näher *Bayer* in: Lorenz, Karlsruher Forum 1998 Einbeziehung Dritter in den Vertrag, 1999, S. 51, 52 ff.
[154] BGH v. 08.02.2006 - IV ZR 205/04 - RuS 2006, 202-205; BGH v. 10.10.2007 - IV ZR 37/06 - FamRZ 2007, 2065-2066.
[155] *Jagmann* in: Staudinger, § 328 Rn. 227.
[156] BGH v. 25.05.1993 - VI ZR 272/92 - juris Rn. 17 - LM BGB § 397 Nr. 8 (11/1993).
[157] OLG Koblenz v. 20.12.2007 - 5 W 869/07 - MDR 2008, 267 (Weißer Ring).
[158] BGH v. 29.01.1964 - V ZR 209/61 - BGHZ 41, 95-97.
[159] Begriffsbildend bereits *Canaris*, JZ 1965, 475-482, 478.
[160] Vgl. etwa BGH v. 13.06.1995 - IX ZR 121/94 - juris Rn. 13 - LM BGB § 675 Nr. 220 (11/1995).

Rücksichtnahmepflicht gegenüber dem zu begünstigenden Dritten entsteht. Bei Lebzeiten des Erblassers hat der Dritte nicht mehr als eine von dessen jederzeitiger Willensänderung abhängige Aussicht auf den ihn begünstigenden Effekt der Leistung; sobald aber die Begünstigungsabsicht des Erblassers mit seinem Tod endgültig geworden ist, wird in Ansehung der Haftung auf Schadensersatz gegenüber dem Dritten die Verletzung einer diesem gegenüber bestehenden Leistungspflicht[161] fingiert. Auch bei der Dritthaftung von Gutachtern/Experten dürfte es weniger um eine Verletzung einer bloßen „Rücksichtnahmepflicht" (§ 241 Abs. 2 BGB) als vielmehr um die Fiktion einer Leistungspflicht (§ 241 Abs. 1 BGB) gegenüber dem „Dritten" in Ansehung der Haftung des Gutachters für Mangelfolgevermögensschäden gehen.[162]

b. Die Entwicklung bis zur Schuldrechtsreform

69 Der Vertrag mit Schutzwirkung zugunsten Dritter wurde **von der Rechtsprechung** vor allem **entwickelt**, um empfundene Unzulänglichkeiten des Deliktsrechts[163] (unter anderem keine Ersatzfähigkeit reiner Vermögensschäden, § 831 BGB) zu kompensieren. Dogmatischer Ausgangspunkt war dabei die Figur des Vertrags zugunsten Dritter. Dass bei einem Vertrag der eine Vertragspartner gegenüber einem Dritten haften soll, begründete das Reichsgericht damit, dass der andere Vertragspartner den Schutz für den Dritten stillschweigend bzw. in ergänzender Vertragsauslegung mit ausgehandelt habe.[164] Nach der Erkenntnis, dass ein echter Vertrag zugunsten Dritter nur vorliegt, wenn dem Dritten ein Anspruch verschafft wird (heute § 241 Abs. 1 BGB), hat sich für Verträge, die zugunsten des Dritten keine Primärleistungsverpflichtung, sondern nur vertragsähnliche Verhaltenspflichten (vgl. heute § 241 Abs. 2 BGB) begründen, in Anschluss an *Larenz*[165] der Begriff des Vertrags mit Schutzwirkung zugunsten Dritter durchgesetzt. An der rechtsgeschäftlichen Begründung (§ 311 Abs. 1 BGB) der Haftung über **ergänzende Vertragsauslegung** (§§ 133, 157 BGB) haben der BGH[166] und ein Teil der Literatur[167] allerdings festgehalten, auch wenn dies in der Literatur vielfache Ablehnung bis zum Vorwurf der Fiktion erfahren hat[168]. Insbesondere findet die Berücksichtigung des hypothetischen Parteiwillens ihre Grenze im zweifelsfrei geäußerten, tatsächlichen Parteiwillen. Deshalb kann dieser Ansatz nicht erklären, warum der BGH selbst den explizit erklärten Willen, keine Haftung nach vertraglichen Regeln (§ 278 BGB) zu wollen, im Wege der AGB-Inhaltskontrolle kassiert[169]: Beruhte die Dritthaftung wirklich auf der Erklärung des Haftenden, besondere Schutzwirkung/Dritthaftung gewähren zu wollen, so müsste doch die klauselmäßige Erklärung, nicht entsprechend haften zu wollen, kontrollfrei bleiben (§ 307 Abs. 3 Satz 1 BGB).[170]

---

[161] Dazu, dass es um die Verletzung einer solchen geht, näher *Gottwald* in: MünchKomm-BGB, § 328 Rn. 174; eine Sonderstellung der Testamentserrichtungsfälle annehmend auch *Jagmann* in: Staudinger, § 328 Rn. 107.
[162] *Schinkels*, JZ 2008, 272, 278.
[163] Hierzu etwa *Medicus*, Verschulden bei Vertragsverhandlungen, in: Bundesminister der Justiz, Gutachten und Vorschläge zur Überarbeitung des Schuldrechts, 1981, S. 479, 488 ff.; aus jüngerer Zeit mit Blick auf die c.i.c. etwa *Dauner-Lieb*, Kodifikation von Richterrecht, in: Ernst/Zimmermann, Zivilrechtswissenschaft und Schuldrechtsreform, 2001, S. 305, 318; kritisch *Köndgen* in: Lorenz, Karlsruher Forum 1998 Einbeziehung Dritter in den Vertrag, 1999, S. 3 ff., 18 ff.
[164] RG v. 07.06.1915 - VI 7/15 - RGZ 87, 64-68; weitere Nachweise bei *Zugehör*, NJW 2000, 1601-1609, 1601, 1603.
[165] *Heiseke/Larenz*, NJW 1960, 77-81, 78 ff.
[166] BGH v. 07.05.2009 - III ZR 277/08 - juris Rn. 17 - JZ 2010, 414; BGH v. 14.11.2000 - X ZR 203/98 - juris Rn. 33 - LM BGB § 328 Nr. 101 (10/2001).
[167] *Hadding* in: Soergel, § 328 Rn. 6 ff.; *Grüneberg* in Palandt, § 328 Rn. 14; *Jagmann* in: Staudinger, § 328 Rn. 94; die ökonomische Figur des „vollständigen Vertrags" heranziehend *Köndgen* in: Lorenz, Karlsruher Forum 1998 Einbeziehung Dritter in den Vertrag, 1999, S. 3, 29 ff.; zu den Grenzen ökonomischer Betrachtung und gegen eine vollständige Gleichsetzung von „vollständigem Vertrag" und ergänzender Vertragsauslegung *Schinkels*, Die Verteilung des Haftungsrisikos für Drittmissbrauch von Medien des bargeldlosen Zahlungsverkehrs, 2001, S. 123 ff., 125.
[168] Vgl. nur *Gernhuber* in: FS f. Nikisch, 1958, S. 249, 265; *Kersting*, Die Dritthaftung für Informationen im Bürgerlichen Recht 2007, S. 75; *Schinkels*, JZ 2008, 272, 275; weitere Nachweise bei *Jagmann* in: Staudinger, § 328 Rn. 91.
[169] Vgl. etwa BGH v. 23.09.2010 - III ZR 246/09 (Haftungsausschluss in Auslobung eines Reitturniers) mit Anm. *Schinkels*, LMK 2010, 310399.
[170] *Schinkels*, LMK 2010, 310399.

In der Literatur wird bereits zur Rechtslage vor der Schuldrechtsreform stattdessen auch eine **rein objektive Herleitung** des Vertrags zugunsten Dritter etwa aus § 242 BGB (richterliche Rechtsfortbildung) vertreten.[171] Freilich ist der dogmatische Unterschied zwischen den Sichtweisen von Rechtsprechung und Literatur oft nur gradueller Natur. Insoweit ist zu berücksichtigen, dass auch der von der Rechtsprechung über die ergänzende Vertragsauslegung herangezogene hypothetische Parteiwille maßgeblich eine objektiv-normative Komponente aufweist, für die der tatsächliche oder mutmaßliche Parteiwille vor allem eine negative Funktion hat.[172]

c. Konsequenzen der Schuldrechtsreform

Bislang hat die Rechtsprechung aus der Einführung der §§ 280, 282, 241 Abs. 2, 311 Abs. 2 und Abs. 3 BGB durch das Schuldrechtsmodernisierungsgesetz[173] für die Figur des Vertrags mit Schutzwirkung zugunsten Dritter keine dogmatischen Konsequenzen gezogen.[174] Für die Fallgruppe des bestimmungsgemäßen Kontakts eines Dritten mit der Durchführung eines Leistungsschuldverhältnisses sind nunmehr die §§ 280 Abs. 1, 282 i.V.m. 241 Abs. 2 BGB gesetzliche Anspruchsgrundlagen. Noch nicht geklärt ist demgegenüber, ob es bei der bisherigen Begründung des auf Pflichten aus § 241 Abs. 2 BGB beschränkten Schuldverhältnisses aus Vertragsauslegung (vormals § 305, nunmehr § 311 Abs. 1 BGB) bleiben kann, oder ob die Fallgruppe nunmehr unter das neue Regime einer rein **objektiv begründeten Haftung aus Sonderbeziehung** des § 311 Abs. 2, 3 BGB zu fassen ist. Die Fallgruppe des Vertrags mit Schutzwirkung wird im Schrifttum zum Teil unter den Wortlaut von § 311 Abs. 3 Satz 1 BGB subsumiert[175]; einige Stimmen bezeichnen dies mindestens im Ergebnis als möglich[176], andere sprechen sich dagegen aus.[177] Der Gesetzgeber ging wohl davon aus, mit § 311 Abs. 2, BGB den Vertrag mit Schutzwirkung zugunsten Dritter nicht zu erfassen.[178] Gegen eine Subsumtion von Fällen bereits geschlossener Verträge unter § 311 Abs. 3 Satz 1 BGB im Sinne eines Tatbestands spricht zunächst der zukunftsbezogene Wortlaut („werden soll" statt „ist oder werden soll") sowie der systematische Anschluss an § 311 Abs. 2 BGB. Da andererseits § 311 Abs. 2, 3 BGB als Regelungen für die culpa in contrahendo nach der gesetzgeberischen Intention ohnehin fragmentarischen Charakter haben, bestehen aber unter diesem Gesichtspunkt keine durchgreifenden Bedenken, zusätzlich zu den im Wortlaut dieser Norm aufgeführten Fallgruppen weitere, z.B. diejenige des nichtigen Vertrags, diesem objektiven Regime zu unterstellen. Der gewichtigste dogmatische Einwand dürfte vielmehr darin liegen, dass § 311 Abs. 3 BGB seinem Wortlaut nach nur auf die Begründung von Rücksichtnahmepflich-

---

[171] *Bayer*, JuS 1996, 473-478, 473, 475; und *Westermann* in: Erman, § 328 Rn. 12; *Gottwald* in: MünchKomm-BGB, § 328 Rn. 167 m.w.N; *Stadler* in: Jauernig, § 328 Rn. 21; grds. auch *Zenner*, NJW 2009, 1030, 1034, der damit die Möglichkeit einer Vertragsvereinbarung nicht ausschließt.

[172] *Schinkels*, Die Verteilung des Haftungsrisikos für Drittmissbrauch von Medien des bargeldlosen Zahlungsverkehrs, 2001, S. 82 ff. 84; *ders.* in: Pfeiffer, Handbuch der Handelsgeschäfte, 1999, § 5 Rn. 22, S. 194.

[173] Vom 26.11.2001, BGBl I, 3138.

[174] Den Vertrag mit Schutzwirkung weiter bei § 328 BGB verortend etwa BGH v. 23.09.2010 - III ZR 246/09 sowie BGH v. 12.01.2011 - VIII ZR 346/09, wobei letztere Entscheidung eine Haftung des Kfz-Restwertgutachters aus § 311 Abs. 3 BGB offen lässt.

[175] *Barta*, NZG 2006, 855, 857; *Eckebrecht*, MDR 2002, 425-428, 425, 427 f.; *Finn*, NJW 2004, 3752, 3754; *Kersting*, Die Dritthaftung für Informationen im Bürgerlichen Recht 2007, S. 323. m.w.N.; *Schwab*, JuS 2002, 872-878, 872, 873; ferner *Blenske* in: Schimmel/Buhlmann, Frankfurter Handbuch zum neuen Schuldrecht, 2002, S. 171 Rn. 57: im Ergebnis teilweise in § 311 Abs. 1. S. 1 BGB geregelt; nach *Schultz* in: Westermann/Karls, Das Schuldrecht 2002, 2002, S. 46 kann der Rechtsanwender das Gebilde des Vertrags mit Schutzwirkung zugunsten Dritter nunmehr in § 311 Abs. 3 S. 1 BGB erkennen.

[176] Vgl. *Lieb* in: Dauner-Lieb/Heidel/Lepa/Ring, Das neue Schuldrecht in der anwaltlichen Praxis, 2001, § 3 Rn. 45: „vom Wortlaut her unproblematisch zuzuordnen", Rn 47: „möglich, aber nicht zwingend"; ferner *Teichmann*, BB 2001, 1485-1492, 1492.

[177] *Brors*, ZGS 05, 142, 148; *Gottwald* in: MünchKomm-BGB, § 328 Rn. 166; *Papadimitropoulos*, Schuldverhältnisse mit Schutzwirkung zugunsten Dritter, 2007, S. 443; *Sutschet* in: FS Ehmann, 2005, S. 95, 116; wohl auch *Stadler* in: Jauernig, § 328 Rn. 21.

[178] Die Begründung erwähnt den Vertrag mit Schutzwirkung zugunsten Dritter allgemein bei den Ausführungen zu § 241 Abs. 2 BGB (BT-Drs. 14/6040, S. 125). Sie führt ferner zu § 311 Abs. 2 Nr. 3 BGB aus, dass Dritte nicht ohne weiteres geschützt seien, sondern dass über die Einbeziehung in den Schutzbereich des Schuldverhältnisses nach den Grundsätzen über den Vertrag mit Schutzwirkung zugunsten Dritter zu entscheiden sei (BT-Drs. 14/6040, S. 163). Nur zu § 311 Abs. 3 BGB schweigt sich die Begründung sozusagen „beredt" über den Vertrag mit Schutzwirkung zugunsten Dritter aus.

ten (§ 241 Abs. 2 BGB) abzielt, mit denen man nicht alle Fallgruppen vertraglichen Drittschutzes vollauf befriedigend erklären kann: Beispielsweise ist zu bezweifeln, ob in den Fällen fehlerhafter Testamentserrichtung[179] wirklich eine Rücksichtnahmepflicht gegenüber dem zu begünstigenden Dritten konstruiert wird. Dieser hat bei Lebzeiten des Erblassers nicht mehr als eine von dessen jederzeitiger Willensänderung abhängige Aussicht auf den ihn begünstigenden Effekt der Leistung; erst wenn die Begünstigungsabsicht des Erblassers mit seinem Tod endgültig geworden ist, wird in Ansehung der Haftung auf Schadensersatz gegenüber dem Dritten die Verletzung einer Hauptleistungspflicht[180] fingiert[181]. Auch bei der Dritthaftung von Gutachtern/Experten dürfte es weniger um eine Verletzung einer bloßen „Rücksichtnahmepflicht" (§ 241 Abs. 2 BGB) gehen als vielmehr um die Fiktion einer Leistungspflicht (§ 241 Abs. 1 BGB) gegenüber dem „Dritten" in Ansehung der Haftung des Gutachters für Mangelfolgevermögensschäden.[182] Jedenfalls für eine objektive Herleitung der Haftung (notfalls unter teleologischer Extension von § 311 Abs. 2, 3 BGB) spricht dennoch, dass die Begründung des Drittschutzes über Vertragsauslegung (§ 311 Abs. 1 BGB) vor allem in vorvertraglichen Situationen (culpa in contrahendo) versagt[183]; eine Haftungsbegründung über eine Verbindung von § 311 Abs. 1 und Abs. 2 BGB wäre eine dogmatisch widersprüchliche Chimäre.

72 Gibt man schließlich die Herleitung aus Vertragsauslegung auf, so stellt dies anerkannte Grundsätze in Frage. Das Kriterium der Gläubigernähe muss dann ebenso auf den Prüfstand gestellt werden wie die Abdingbarkeit der Haftung.

2. Praktische Bedeutung

73 Beim Schutz Dritter geht es in der Regel um die **Sanktionierung von Verhaltenspflichtverletzungen nach Vertragsregime**, die im Grundsatz auch vom Deliktsrecht erfasst werden. Praktische Bedeutung hat das Schutzkonzept daher als **im Vergleich zum Deliktsrecht verschärfte Haftung in Sonderbeziehungen**: Wie jede Haftung nach Vertragsregime aus Sonderbeziehung (gesetzliche Grundfälle für Sonderbeziehungen enthält nunmehr § 311 Abs. 2, 3 BGB) umfasst auch die Haftung gegenüber Dritten, die mit der Durchführung eines Vertrags bestimmungsgemäß in Kontakt treten, **reine Vermögensschäden**. Hinsichtlich **der Haftung für Hilfspersonen** gilt § 278 BGB anstelle von § 831 BGB und das Vertragsrecht geht von einer **Verschuldensvermutung** bei Pflichtverletzungen aus (§ 280 Abs. 1 Satz 2 BGB). Einen Vorteil bei der Verjährung bietet eine Haftung gemäß Vertragsregime nach der Schuldrechtsreform nicht mehr.

3. Anwendungsvoraussetzungen beim Vertrag mit Schutzwirkung zugunsten Dritter

a. Vertragliche oder vertragsähnliche Sonderbeziehung

74 Nähme man die dogmatische Herleitung der Rechtsprechung aus Vertragsauslegung als exklusive Begründung, so müsste man zunächst eine wirksame Vertragsbeziehung (§ 311 Abs. 1 BGB) zwischen zwei Personen fordern, um dann der Frage nachzugehen, ob deren Auslegung einen Schutz des Dritten in Form von diesem gegenüber bestehenden Verhaltenspflichten (§ 241 Abs. 2 BGB) ergibt. Stattdessen kommt es auch nach der Rechtsprechung nur auf die soziale Nähebeziehung an: Die **Wirksamkeit des Vertrags ist irrelevant**. Vielmehr hat die Rechtsprechung die Schutzwirkung zugunsten Dritter auch von **vorvertraglichen Vertrauensverhältnissen** angenommen (Verbindung von culpa in contrahendo mit den Grundsätzen über den Vertrag mit Schutzwirkung zugunsten Dritter).[184] Dass all dies mit Vertragsauslegung dogmatisch nicht erklärbar ist, spricht eher dafür, die Begründung von Pflichten im Sinne des § 241 Abs. 2 BGB gegenüber Dritten über das neuere Modell der Entstehung von Verhaltenspflichten durch objektive Nähebeziehung in § 311 Abs. 2, 3 BGB zu begründen.

---

[179] Vgl. etwa BGH v. 13.06.1995 - IX ZR 121/94 - juris Rn. 13 - LM BGB § 675 Nr. 220 (11/1995).

[180] Dazu, dass es um eine solche geht, *Gottwald* in: MünchKomm-BGB, § 328 Rn. 174.

[181] Vgl. allerdings auch das abweichende Konzept der „Verlässlichkeitspflichten" bei *Kersting*, Die Dritthaftung für Informationen im Bürgerlichen Recht 2007, S. 37 ff.

[182] *Schinkels*, JZ 2008, 272, 278.

[183] Hierzu etwa *Bayer*, Der Vertrag zugunsten Dritter 1995, S. 192 f. m.w.N.

[184] Grundlegend BGH v. 28.01.1976 - VIII ZR 246/74 - BGHZ 66, 51-59.

Zur Begründung von Drittschutz genügt auch das einseitige Rechtsgeschäft der **Auslobung** (§ 657 BGB).[185] Die Grundsätze des Vertrags mit Schutzwirkung zugunsten Dritter sind auch auf **öffentlich-rechtliche Benutzungsverhältnisse** sinngemäß anwendbar.[186] So soll etwa in den Schutzbereich des öffentlich-rechtlichen Schuldverhältnisses zwischen der Gemeinde und dem einzelnen Anschlussnehmer der gemeindlichen Abwasserkanalisation der Mieter des angeschlossenen Grundstücks einbezogen sein.[187]

75

b. „Einbeziehung" des Dritten

Leistungsnähe bzw. bestimmungsgemäßer Kontakt: Der Schutz Dritter durch vertragliche Haftungsregeln ist nur dann zu erklären, wenn der Dritte in einer besonderen Nähe einer vertraglichen oder vertragsähnlichen Sonderbeziehung steht. Der Dritte muss grundsätzlich bestimmungsgemäß mit der Leistung in Berührung kommen und – hinsichtlich des Schutzes von körperlicher Integrität und Eigentum – in mit dem Gläubiger vergleichbarer Weise den Gefahren der Leistungserbringung ausgesetzt sein.[188] Nicht geschützt sind daher etwa der Gast des Mieters durch den Mietvertrag oder der Besucher des Patienten durch den Krankenhausvertrag.[189] Zweifelhaft ist der Drittschutz damit auch bei freiwilligen Hilfeleistungen jenseits des vertraglichen Pflichtenprogramms.[190]

76

Gläubigernähe: Aus der dogmatischen Herleitung des Reichsgerichts, dass der Gläubiger den Schutz für den Dritten stillschweigend bzw. in ergänzender Vertragsauslegung mit ausgehandelt habe[191], folgt das Bedürfnis, diese Einschätzung mit einer Form von Gläubigernähe zu erklären. Zunächst wurde daher eine vertragliche Schutzwirkung nur zugunsten solcher Personen angenommen, für deren „**Wohl und Wehe**" der Gläubiger im Sinne einer engen familienrechtlichen Bindung verantwortlich ist.[192] Heute wird eine familien- oder arbeitsrechtliche Fürsorgepflicht des Gläubigers zwar immer noch als hinreichend, aber nicht mehr als notwendig erachtet. Es wird als ausreichend angesehen, dass ein vertragliches **Einbeziehungsinteresse des Gläubigers** vorliegt, dass die Leistung nach dem Inhalt des Vertrags dem Dritten bestimmungsgemäß zugutekommen soll[193] oder dass sich sonst ein **auf Drittschutz gerichteter Parteiwille** ermitteln lässt. Bei der **Drittthaftung von Gutachtern/Experten**[194] (Schutzwirkung eines Vertrags zwischen Sachverständigem und Besteller zugunsten des im Vertrauen auf das Gutachten Disponierenden) nimmt die Rechtsprechung einen solchen Parteiwillen sogar an, obwohl zwischen dem Vertragsgläubiger und dem Dritten **gegenläufige Interessen** bestehen[195]. Dies lässt sich freilich selbst mit der objektiv-normativen Komponente des hypothetischen Parteiwillens kaum erklären[196] – Redlichkeit erfordert in einer Marktwirtschaft nicht die privatautonome Rückstellung der Interessen beider Vertragsparteien zugunsten eigenverantwortlich am Markt teilnehmender Dritter – und hat viel Widerspruch in der Literatur gefunden[197]. Schon der Vergleich mit dem engli-

77

---

[185] BGH v. 23.09.2010 - III ZR 246/09 (Preisausschreiben [§ 661 BGB] für Reitturnier).
[186] BGH v. 20.06.1974 - III ZR 97/72 - NJW 1974, 1816-1818.
[187] BGH v. 14.12.2006 - III ZR 303/05 - NJW 2007, 1061-1062.
[188] BGH v. 20.03.1995 - II ZR 205/94 - juris Rn. 72 - BGHZ 129, 136-177; BGH v. 22.01.1968 - VIII ZR 195/65 - BGHZ 49, 350-356.
[189] BGH v. 10.05.1951 - III ZR 102/50 - BGHZ 2, 94-97.
[190] Nichtsdestotrotz soll der Krankenhausaufnahmevertrag nach OLG Hamm v. 13.04.2010 - 21 U 94/09, I-21 U 94/09, zwar gar nicht zur Hilfe bei der Testamentserrichtung verpflichten, gleichwohl aber Schutzwirkung zu Gunsten der nur formunwirksam letztwillig Bedachten entfalten, wenn eine Beteiligung an der fehlerhaften Aufsetzung eines Testaments erfolgt.
[191] Vgl. etwa RG v. 07.06.1915 - VI 7/15 - RGZ 87, 64-68; weitere Nachweise bei *Zugehör*, NJW 2000, 1601-1609, 1601, 1603.
[192] BGH v. 28.01.1976 - VIII ZR 246/74 - BGHZ 66, 51-59: „enge familienrechtliche Bindung".
[193] BGH v. 20.03.1995 - II ZR 205/94 - juris Rn. 70 - BGHZ 129, 136-177.
[194] Zu Fällen im Einzelnen vgl. Rn. 97.
[195] BGH v. 10.11.1994 - III ZR 50/94 - juris Rn. 10 - BGHZ 127, 378-387; BGH v. 13.11.1997 - X ZR 144/94 - juris Rn. 10 - LM BGB § 328 Nr. 96 (8/1998); BGH v. 07.02.2002 - III ZR 1/01 - juris Rn. 10 - LM BGB § 328 Nr. 103 (11/2002).
[196] A.A. *Jagmann* in: Staudinger, § 328 Rn. 94.
[197] Vgl. nur *Brors*, ZGS 2005, 142, 148; *Gernhuber* in: FS Nikisch, 1958, S. 249, 265; *Gottwald* in: MünchKomm-BGB, § 328 Rn. 166 f.; *Papadimitropoulos*, Schuldverhältnisse mit Schutzwirkung zugunsten Dritter, 2007, S. 143 ff.; *Picker*, FS Medicus, 1999, 397, 409; *Pfeiffer*, LM H. 6 1997, Nr. 91 zu § 328 sub. 2 b; *Schäfer*, AcP 202 (2002), 808, 817 f.; *Schwab*, JuS 2002, 872, 877; *Stadler* in: Jauernig, § 328 Rn. 21.

§ 328

schen Recht, das etwa die Hauswertgutachtenfälle deliktisch löst,[198] legt zudem nahe, dass der EuGH künftig im Rahmen der Verordnungen Rom I und II die Gutachterhaftung kollisionsrechtlich als mangels rechtsgeschäftlicher Natur außervertraglich einordnen wird, so dass der BGH in die Verlegenheit kommen könnte, seine vertraglich verstandene Gutachterhaftung kollisionsrechtlich als außervertragliche Haftung qualifizieren zu müssen[199].

78 Unbeeindruckt zeigt sich die Rechtsprechung bislang von der **Schuldrechtsmodernisierung**. Dabei wollte der Gesetzgeber der Rechtsprechung die Möglichkeit aufzeigen, die Gutachterfälle über die so genannte Sachwalterhaftung nach § 311 Abs. 3 Satz 2 BGB zu lösen.[200] Dies ist freilich zum einen deshalb ein Irrweg, weil das daraus resultierende Erfordernis einer spezifischen Vertrauensinvestition in contrahendo zu willkürlichen Differenzierungen führt.[201] Zum anderen hat der Gesetzgeber verkannt, dass es bei den Gutachterfällen streng genommen nicht um eine Verletzung einer „Rücksichtnahmepflicht" im Sinne von § 241 Abs. 2 BGB (auf den § 311 Abs. 3 BGB verweist) geht, sondern um die Fiktion einer Leistungspflicht (§ 241 Abs. 1 BGB) gegenüber dem „Dritten" in Ansehung der Haftung des Gutachters für Mangelfolgevermögensschäden.[202] Da aber auch die Rechtsprechung die Reichweite der Expertendritthaftung vom Leistungsprogramm des mit dem Auftraggeber des Experten geschlossenen Vertrags praktisch abgekoppelt hat,[203] kann richtiger Anknüpfungspunkt einer objektiv begründeten Haftung aufgrund der „faktischen Leistungsbeziehung"[204] zwischen Gutachter und „Drittem" nur § 311 Abs. 2 Nr. 3 BGB sein[205]. Auch jenseits der Gutachterhaftung wird in der Literatur der grundsätzliche Geltungsanspruch des Kriteriums der Gläubigernähe hinterfragt.[206] Mit der Schuldrechtsreform bestünde nunmehr generell die Möglichkeit, auch den Schutz bestimmungsgemäß mit der Leistung in Kontakt tretender Dritter dem neuen Regime aus § 311 Abs. 2, 3 BGB zu unterstellen und dadurch ohne Rückgriff auf Vertragsauslegung allein durch objektive Nähe zu rechtfertigen. Diese gälte es dann aber zwischen dem Dritten und dem Haftenden (Schuldner) zu begründen. Das Kriterium der Gläubigernähe, ohnehin eher konstruktiv-historisch denn rechtsethisch begründet, wäre als nicht substituierbares Regelerfordernis nicht mehr zu erklären. Das objektive Konzept wäre gerade offen für vielfältige Begründungsmuster **objektiver Drittbezogenheit**[207] des Vertrags ungeachtet der gegenläufigen Interessen von Gläubiger und Drittem.

79 **Erkennbarkeit**: Unter dem Gesichtspunkt der **Zumutbarkeit** (aus Treu und Glauben, je nach dogmatischer Sicht § 242 BGB oder § 157 BGB) muss dem Haftenden der Kreis der geschützten Personen erkennbar sein, damit er sein Haftungsrisiko kalkulieren und bei Aushandlung der vertraglichen Gegenleistung berücksichtigen kann.[208] Das erfordert nicht, dass dem Schuldner die Identität oder Zahl der geschützten Personen konkret bekannt ist.[209] Werkverträge über Arbeiten an Stromkabeln entfalten aber ebenso wenig Schutzwirkung zugunsten der Stromverbraucher[210] wie ein Vertrag zwischen einem Gastwirt und einem Zeltverleiher über das Aufstellen eines Festzeltes bei Beschädigung eines Strom-

---

[198] *Smith v. Bush* [1990], 1 A. C. 831; ähnlich *Merrett v. Babb* [2001], Q. B. 1174.
[199] Zum Ganzen *Schinkels*, JZ 2008, 272 ff; ferner *Martiny* in: Reithmann/Martiny, Int. Vertragsrecht, 7. Aufl. 2010, Rn. 477.
[200] BT-Drs. 14/6040, S. 163 a.E; vgl. in diesem Sinne grundlegend *Canaris*, FS Larenz 1983, S. 27, 93 ff.; *ders.*, JZ 1995, 441, 444 ff.; *ders.*, JZ 1998, 603, 605 f.; *ders.*, ZHR 163 (1999), 206, 224; *ders.*, JZ 2001, 499, 520; die gesetzgeberische Anregung aufgreifend ferner *Finn*, NJW 2004, 3752, 3754; *Schäfer*, AcP 202 (2002), 808, 830; wohl auch *Gottwald* in: MünchKomm-BGB, § 328 Rn. 168.
[201] Vgl. das Beispiel bei *Schinkels*, JZ 2008, 272, 275.
[202] *Schinkels*, JZ 2008, 272, 278.
[203] Vgl. etwa BGH v. 07.02.2002 - III ZR 1/01 - NJW 2002, 1196-1198: Der Architekt, der dem Vertragspartner eines Bauträgers durch Prüfstempel jeweils ordnungsgemäßen Baufortschritt bestätigt, kann gegen seine Haftung bei fehlerhafter Bauausführung nicht erfolgreich geltend machen, dass er seinem Vertrag nach gar nicht zur Prüfung des Baufortschritts, sondern nur zum Stempeln verpflichtet gewesen ist.
[204] Vgl. *Picker*, FS Medicus, 1999, S. 397, 439.
[205] Dies erfordert allerdings wegen der Ungeeignetheit des Verweises auf § 241 Abs. 2 BGB streng genommen eine teleologische Extension, vgl. *Schinkels*, JZ 2008, 272, 278.
[206] *Blenske* in: Schimmel/Buhlmann, Frankfurter Handbuch zum neuen Schuldrecht, 2002, S. 171 Rn. 57.
[207] Dazu auch *Gottwald* in: MünchKomm-BGB, § 328 Rn. 180.
[208] BGH v. 02.07.1996 - X ZR 104/94 - juris Rn. 14 - BGHZ 133, 168-176.
[209] BGH v. 20.04.2004 - X ZR 250/02; BGH v. 10.11.1994 - III ZR 50/94 - juris Rn. 10 - BGHZ 127, 378-387.
[210] BGH v. 12.07.1977 - VI ZR 136/76 - LM Nr. 56 zu § 328 BGB.

kabels im Zuge des Zeltaufbaus zugunsten der vom Stromausfall Betroffenen.[211] Auch die Kaufverträge in der Kette vom Hersteller zum Einzelhändler schützen nicht den durch den Kaufgegenstand zu Schaden gekommenen Konsumenten.[212]

Schutzbedürftigkeit des Dritten: Schließlich muss der Dritte auch schutzbedürftig sein. Daran fehlt es in der Regel, wenn dem Dritten ein eigener **vertraglicher Anspruch** gegen einen anderen, etwa den Gläubiger des Vertrags mit Schutzwirkung, zusteht.[213] Nach dem IX. Senat des BGH soll dies grds. auch dann der Fall sein, wenn der eigene Anspruch des Dritten infolge der Leistungsunfähigkeit des Schuldners wirtschaftlich wertlos ist.[214] Anderes muss freilich gelten, wenn es gerade um den Schutz des Dritten vor der Zahlungsunfähigkeit des Schuldners ging.[215] Aus Vertrag mit Schutzwirkung zugunsten Dritter erwachsen daher dem Untermieter, der einen eigenen Anspruch gegen den Hauptmieter hat, keine Ansprüche gegen den Vermieter.[216] Ferner geht der BGH davon aus, dass über die Schutzwirkung des Vertrags des Verkäufers mit einem Kfz-Sachverständigen über die Erstellung eine Restwertbörseninserats der Vorrang der Nacherfüllung („Recht zur zweiten Andienung") hinsichtlich der Sachmängelansprüche des Käufers nicht überspielt werden darf. Letztere schließen daher ggf. die Schutzwürdigkeit hinsichtlich der Kosten für eine Selbstvornahme aus.[217] Nach dem OLG Stuttgart scheitert die Schutzbedürftigkeit des Käufers für einen Schadensersatzanspruch gegen einen Kfz-Sachverständigen wegen der fehlerhaften Bestimmung der Leistung (Kaufpreis für Leasingrückläufer) im Sinne der §§ 317, 319 BGB an einem Anpassungsanspruch gegen den Verkäufer.[218]

80

c. Zu vertretende Pflichtverletzung

Erfüllt der Dritte die soeben beschriebenen Kriterien, so fällt er in den Personenkreis, dem gegenüber grundsätzlich **vertragliche bzw. vertragsähnliche Verhaltenspflichten** – nunmehr § 241 Abs. 2 BGB: Rücksichtnahmepflichten – also insbesondere Schutzpflichten bestehen. Zur Begründung einer Haftung ist ferner erforderlich, dass die Verletzung einer konkreten Verhaltenspflicht festgestellt wird, die der Schuldner des Hauptvertrags zu vertreten hat. Das ergab sich bis zur Schuldrechtsreform aus den Konzepten der positiven Forderungsverletzung bzw. der culpa in contrahendo und folgt nunmehr aus § 280 Abs. 1 BGB.

81

4. Rechtsfolgen

a. Schadensersatzanspruch

Als Rechtsfolge erwächst dem Dritten ein Anspruch auf Ersatz des aus der Pflichtverletzung resultierenden Schadens[219] gegen den Schuldner des die Schutzwirkung entfaltenden Vertrags. Während es vor der Schuldrechtsreform wie für die positive Forderungsverletzung und die culpa in contrahendo keine gesetzliche Anspruchsgrundlage gab, steht eine solche nunmehr mit den §§ 280 Abs. 1, 241 Abs. 2 BGB zur Verfügung. Es gelten die allgemeinen vertraglichen Grundsätze, wonach insbesondere auch reine Vermögensschäden ersatzfähig sind, § 278 BGB Anwendung findet und Verschulden vermutet wird (§ 280 Abs. 1 Satz 2 BGB).

82

b. Haftungsbeschränkung, -freizeichnung zu Lasten des Dritten

Die Rechtsprechung hat § 334 BGB auf den Vertrag mit Schutzwirkung analog angewandt.[220] Eine solche Analogie ist freilich nur dann plausibel, wenn die Dritteinbeziehung auf einem entsprechenden Gläubigerinteresse beruht, nicht aber bei gegenläufigen Interessen von Gläubiger und Drittem wie bei

83

---

[211] OLG Nürnberg v. 17.12.2003 - 4 U 2129/03 - OLGR Nürnberg 2004, 169-171.
[212] BGH v. 26.11.1968 - VI ZR 212/66 - juris Rn. 16 - BGHZ 51, 91-108.
[213] BGH v. 15.02.1978 - VIII ZR 47/77 - juris Rn. 9 - BGHZ 70, 327-330; BGH v. 20.03.1995 - II ZR 205/94 - juris Rn. 73 - BGHZ 129, 136-177; OLG Köln v. 21.06.2002 - 19 U 166/01 - juris Rn. 19 - NJW-RR 2003, 100-101; OLG Brandenburg v. 04.08.2009 - 11 U 133/03 - NZBau 2009, 788.
[214] BGH v. 22.07.2004 - IX ZR 132/03 - juris Rn. 21; kritisch insoweit *Zugehör*, NJW 2008, 1105, 1106.
[215] BGH v. 25.09.2008 - VII ZR 35/07.
[216] BGH v. 15.02.1978 - VIII ZR 47/77 - juris Rn. 9 - BGHZ 70, 327-330.
[217] BGH v. 12.01.2011 - VIII ZR 346/09. Freilich fehlte es im Fall wohl bereits an der Kausalität der Pflichtverletzung für den geltend gemachten Schaden, vgl. die Anm. von *Schinkels*, LMK 2011, 315341.
[218] OLG Stuttgart v. 20.12.2011 - 6 U 107/11, 6 U 108/11.
[219] An der Kausalität fehlt es etwa, wenn der in den Schutzbereich eines Gutachtervertrags einbezogene Dritte vom fehlerhaften Gutachten erst nach seiner schadensträchtigen Vermögensdisposition Kenntnis nimmt.
[220] BGH v. 10.11.1994 - III ZR 50/94 - juris Rn. 24 - BGHZ 127, 378-387.

der Dritthaftung von Gutachtern/Experten,[221] hinsichtlich derer der BGH zunächst eine stillschweigende Abbedingung angenommen hat[222]. Für die Konstellation gegenläufiger Interessen hat jüngst aber auch der BGH die mangelnde Einschlägigkeit des Rechtsgedankens des § 334 BGB für Haftungsbeschränkungen sogar beim echten Vertrag zu Gunsten Dritter objektiv begründet und (unter anderem) darauf die Beschränkung des Parteiwillens durch AGB-Inhaltskontrolle gestützt.[223]

84 **Haftungsfreizeichnung** und Abkürzungen der Verjährung lässt die Rechtsprechung in den Grenzen der §§ 138, 242, 307 BGB grundsätzlich zu,[224] was der Auslegungskonzeption entspricht, bei objektivem Verständnis der Figur des Vertrags mit Schutzwirkung zugunsten Dritter aber Schwierigkeiten aufwirft.[225] Die Auslegungskonstruktion wiederum kann nicht recht erklären, warum der BGH selbst den explizit geäußerten Willen, nicht nach Vertragsgrundsätzen (§ 278 BGB) haften zu wollen, ggf. im Wege der **AGB-Inhaltskontrolle** kassiert[226]: Beruhte die Haftung wirklich auf der Erklärung des Haftenden, Schutz bzw. Haftung nach Vertragsgrundsätzen gewähren zu wollen, so müsste doch die klauselmäßige Erklärung, nicht entsprechend haften zu wollen, kontrollfrei bleiben (§ 307 Abs. 3 Satz 1 BGB).[227]

85 Über die §§ 254, 334 BGB analog rechnet die Rechtsprechung dem Dritten das **Mitverschulden** des Gläubigers unabhängig von einer Erfüllungsgehilfeneigenschaft zu.[228]

c. Haftungsbeschränkung zugunsten des Dritten

86 Trifft den Dritten eine Schadensersatzpflicht, so kann er sich auf vertragliche Haftungsbeschränkungen oder Verjährungsabreden[229] ebenfalls berufen.

5. Bisher entschiedene Einzelfälle

87 Der **Anwaltsvertrag** begründet Schutzwirkungen für solche Dritte, deren Vermögensinteressen die anwaltliche Tätigkeit zu dienen bestimmt ist.[230] Schutzwirkung hat die Rechtsprechung unter anderem angenommen beim Entwurf einer Scheidungsvereinbarung zugunsten der Kinder des Mandanten[231] sowie bei Prüfung eines Testamentsentwurfs zugunsten des vorgesehenen Erben,[232] zugunsten eines leiblichen Kindes hinsichtlich einer für dieses günstigen Anfechtung der Ehelichkeit eines scheinehelichen Kindes,[233] zugunsten des Ehegatten bei Beratung über eine Versorgungszusage des Arbeitgebers,[234] zugunsten der vom Mandanten beherrschten juristischen Person[235], zugunsten des beratenen Mitglieds der mandatierenden Mieterschutzvereinigung[236] sowie gegenüber Anlegern, deren Einzahlungen über das Treuhandkonto des Anwalts zur deren „Sicherheit" weiterzuleiten waren[237]. Nach dem OLG Düsseldorf[238] soll der künftige Ehegatte nicht durch den Anwaltsvertrag mit dem scheidungswilligen Ehe-

---

[221] Westermann, AcP 208 (2008), 141, 155.
[222] BGH v. 10.11.1994 - III ZR 50/94 - juris Rn. 24 - BGHZ 127, 378-387.
[223] BGH v. 19.11.2009 - III ZR 108/08 - juris Rn. 18 ff. - NJW 2010, 1277, hinsichtlich eines als echter Vertrag zugunsten der Anleger ausgestalteten Mittelverwendungskontrollvertrags zwischen Kapitalanlagegesellschaft und Wirtschaftsprüfer.
[224] BGH v. 15.06.1971 - VI ZR 262/69 - BGHZ 56, 269-275.
[225] Näher Gottwald in: MünchKomm-BGB, § 328 Rn. 191 m.w.N.; Schinkels, JZ 2008, 272, 276 f.
[226] Vgl. etwa BGH v. 23.09.2010 - III ZR 246/09 (Haftungsausschluss in Auslobung eines Reitturniers) mit Anm. Schinkels, LMK 2010, 310399.
[227] Schinkels, LMK 2010, 310399.
[228] BGH v. 07.11.1960 - VII ZR 148/59 - BGHZ 33, 247-251; BGH v. 10.11.1994 - III ZR 50/94 - juris Rn. 22 - BGHZ 127, 378-387.
[229] BGH v. 15.06.1971 - VI ZR 262/69 - BGHZ 56, 269-275; BGH v. 07.02.1968 - VIII ZR 179/65 - BGHZ 49, 278-281.
[230] Zugehör, NJW 2000, 1601-1609, 1601, 1603 f.
[231] BGH v. 11.01.1977 - VI ZR 261/75 - LM Nr. 53 zu § 328 BGB.
[232] BGH v. 13.06.1995 - IX ZR 121/94 - juris Rn. 13 - LM BGB § 675 Nr. 220 (11/1995).
[233] OLG Hamm v. 19.09.1985 - 28 U 228/84 - MDR 1986, 1026-1027.
[234] BGH v. 01.10.1987 - IX ZR 117/86 - LM Nr. 84 zu § 328 BGB.
[235] BGH v. 13.11.1973 - VI ZR 53/72 - juris Rn. 8 - BGHZ 61, 380-385.
[236] OLG Düsseldorf v. 21.04.2009 - I-24 U 50/08, 24 U 50/08 - VersR 2010, 213.
[237] BGH v. 13.05.2004 - III ZR 368/03.
[238] OLG Düsseldorf v. 22.02.2007 - I-24 U 133/06, 24 U 133/06 - OLGR Düsseldorf 2007, 517-518.

gatten geschützt sein; der Verweis des OLG auf das Erfordernis einer familiären Beziehung in der BGH-Rechtsprechung zu Behandlungsverträgen ist freilich insofern überholt, als der BGH nunmehr auch Drittschutz nichtehelicher Sexualpartner für möglich erachtet.[239]

Drittschutz entfaltet der Vertrag des Anwalts mit einem Beschuldigten gegenüber einem die Mittel für eine Barkaution stellenden Dritten zwar nicht ohne weiteres, aber dann, wenn der Anwalt dem Dritten unzureichende Auskunft über die mit der Bereitstellung verbundenen Risiken erteilt.[240] Der zwischen Betriebsrat und Rechtsanwalt geschlossene Anwaltsvertrag über Interessenausgleichs- und Sozialplanverhandlungen entfaltet keine Schutzwirkung zugunsten der Arbeitnehmer.[241] 88

Arbeitsverträge begründen keine Schutzpflichten des Arbeitnehmers gegenüber seinen Kollegen.[242] Den Leiharbeitnehmer sollen solche Pflichten aus seinem Arbeitsvertrag aber gegenüber dem Entleiher treffen.[243] Der zwischen Betriebsrat und Rechtsanwalt geschlossene Anwaltsvertrag über Interessenausgleichs- und Sozialplanverhandlungen entfaltet keine Schutzwirkung zugunsten der Arbeitnehmer.[244] 89

Sind bei einem **Architektenvertrag** Auftraggeber und Bauherr nicht identisch, so schützt der Vertrag den für den Architekten erkennbar auf dessen Planung vertrauenden Bauherrn, sofern der Auftraggeber ein besonderes Interesse hieran hat.[245] Die Verpflichtung des bauleitenden Architekten gegenüber dem Veräußerer zu errichtender Eigentumswohnungen zur Erstellung von Baustandsberichten, welche Grundlage für die den Erwerbern auszuzahlenden Kredittranchen sein sollen, schützt die Erwerber.[246] 90

Ein Vertrag über die **ärztliche Behandlung**[247] des Kindes oder auf Entbindung schützt auch dessen Eltern. Ein Vertrag über die Entbindung schützt auch den nasciturus,[248] allerdings nicht grundsätzlich vor einem Leben als Behinderter.[249] Nachdem der BGH[250] zunächst nur den Schutz des Ehegatten durch einen Vertrag über die Sterilisation festgestellt hatte, geht er inzwischen davon aus, dass der auf Schwangerschaftsverhütung gerichtete Vertrag zwischen Arzt und Patientin auch deren nichtehelichen Partner schützen kann.[251] 91

Bei Auskunft durch **Banken** wird ein Dritter geschützt, für dessen wesentliche Vermögensdisposition die Information erkennbar für die Bank Grundlage werden sollte.[252] Ein Darlehensvertrag zwischen einer Bank und einer GmbH entfaltet grundsätzlich keine Schutzwirkung zugunsten des Alleingesellschafters und Geschäftsführers;[253] Hinsichtlich des Bankgeheimnisses steht der Annahme einer Schutzpflicht gegenüber der Muttergesellschaft des Bankkunden aufgrund „konzernmäßig enger Verflechtung"[254] das konzernrechtliche Trennungsverbot auch dann entgegen, wenn die Konzernobergesellschaft Sicherheiten für das vertragsgegenständliche Darlehen stellt.[255] Die Vereinbarung eines Kreditinstituts mit einer Entschädigungseinrichtung im Sinne des § 6 Einlagensicherungs- und Anlegerent- 92

---

[239] BGH v. 14.11. 2006 - VI ZR 48/06 - BGHReport 2007, 105-108 mit Anmerkung *Born*, FamRZ 2007, 129, und *Katzenmeier*, LMK 2007, 213142.
[240] BGH v. 22.07.2004 - IX ZR 132/03 - WM 2004, 1825-1827.
[241] BAG v. 24.08.2006 - 8 AZR 414/05 - NJW 2007, 172-174.
[242] *Grüneberg* in: Palandt, § 328 Rn. 21; *Gottwald* in: MünchKomm-BGB, § 328 Rn. 208.
[243] *Walker*, AcP 194, 295-318, S. 314.
[244] BAG v. 24.08.2006 - 8 AZR 414/05 - NJW 2007, 172-174.
[245] OLG Hamm v. 07.02.2002 - 21 U 77/00 - NZBau 2004, 161-164.
[246] BGH v. 25.09.2008 - VII ZR 35/07 - NJW 2009, 217; BGH v. 25.09.2008 - VII ZR 37/07 mit Anmerkung *Blank*, jurisPR-PrivBauR 1/2009, Anm. 6; ferner BGH v. 07.02.2002 - III ZR 1/01 - NJW 2002, 1196.
[247] BGH v. 14.07.1992 - VI ZR 214/91 - juris Rn. 14 - LM BGB § 823 (Aa) Nr. 141 (5/1993).
[248] BGH v. 06.12.1988 - VI ZR 132/88 - juris Rn. 26 - BGHZ 106, 153-162.
[249] BGH v. 18.01.1983 - VI ZR 114/81 - BGHZ 86, 240-255.
[250] BGH v. 27.06.1995 - VI ZR 32/94 - LM BGB § 249 (A) Nr. 109 (10/1995); OLG Schleswig v. 27.06.2001 - 4 W 2/01 - NJW-RR 2001, 1391-1392.
[251] BGH v. 14.11. 2006 - VI ZR 48/06 - BGHReport 2007, 105-108 mit Anmerkung *Born*, FamRZ 2007, 129, und *Katzenmeier*, LMK 2007, 213142; Schutz für jeden Sexualpartner annehmend *Mörsdorf-Schulte*, NJW 2007, 964, 967.
[252] BGH v. 18.06.1991 - XI ZR 282/90 - NJW-RR 1991, 1265; zur Pflicht der Aufklärung über Rückvergütungen auch gegenüber dem Dritten OLG München v. 27.07.2010 - 5 U 2100/10.
[253] BGH v. 24.01.2006 - XI ZR 384/03 - BGHZ 166, 84-117; OLG Nürnberg v. 07.09.2004 - 1 U 403/04 - OLGR Nürnberg 2005, 669-670; OLG Celle v. 15.02.2007 - 3 W 5/07 - WM 2007, 740-742 mit Anmerkung *Medicus*, WuB IV A § 328 BGB 1.07.
[254] So OLG München v. 10.12.2003 - 21 U 2392/03; dem folgend *Schumann*, ZIP 2004, 2353 ff.; ders., ZIP 2004, 2367; hiergegen *Canaris*, ZIP 2004, 1781 ff.; *ders.*, ZIP 2004, 2362 ff.
[255] BGH v. 24.01.2006 - XI ZR 384/03 mit Anmerkung *Cosack/Enders*, BKR 2006, 116.

schädigungsgesetz (ESAEG) über die Übernahme der Kunden einer insolventen Bank ist kein Vertrag mit Schutzwirkung zugunsten des Vermieters, dem ein Konto bei dieser Bank verpfändet worden ist.[256] Der BGH hat 2008 unter Verwerfung einer haftungsfreundlicheren Rechtsprechungslinie[257] entschieden, dass die Vertragsverhältnisse zwischen den beteiligten Banken im **bargeldlosen Zahlungsverkehr**, sowohl im Überweisungs- als auch im Lastschrift- und Scheckverkehr, keine Schutzwirkung für Dritte entfalten,[258] und den Bankkunden auf die Möglichkeit einer Drittschadensliquidation der von ihm beauftragten Bank verwiesen. Entsprechend hatte der Gerichtshof bereits zuvor festgehalten, dass beim Lastschriftverfahren in der Regel keine Schutzpflichten zwischen Gläubigerbank und Lastschriftgläubiger[259] bestehen, bislang aber eine Schutzpflichtverletzung der Schuldnerbank gegenüber dem Lastschriftgläubiger bei nicht rechtzeitiger Rücksendung nicht eingelöster Lastschriften[260] für möglich gehalten.

93 **Beförderungsverträge** schützen mitbeförderte Personen.[261] Der Vertrag zwischen Behörde und Abschleppunternehmer hat Schutzwirkung zugunsten des Halters des abgeschleppten Kfz.[262] Der Kaufvertrag schützt nicht den Begleiter des Käufers, der in Begleitung des Käufers bei Warenauslieferung mitfährt.[263] Der vom Gerichtsvollzieher mit dem Frachtführer/Lagerhalter zum Zweck der Zwangsräumung geschlossene Fracht-/Lagervertrag schützt den Räumungsschuldner.[264]

94 Der **Bewachungsvertrag** schützt den Eigentümer der zu bewachenden Sache.[265]

95 Die Klausel in einem **Camping**-Stellplatzmietvertrag, dass der Mieter für alle Schäden haftet, welche von ihm auf dem Campingplatz einschließlich seiner Einrichtungen verursacht werden, bezieht nach dem BGH die anderen Stellplatzmieter auch der Platz in den Schutzbereich des Vertrags mit ein.[266] Nicht entschieden ist damit, ob ein Stellplatzmietvertrag generell vertragliche Schutzpflichten gegenüber den anderen Campern auslöst.[267]

96 **Dienstverträge** können Schutzwirkung zugunsten der Arbeitnehmer und Angehörigen des Dienstverpflichteten entfalten.[268]

97 Die Haftung derer, die unter Inanspruchnahme einer Verkehrserwartung besonderer Sachkunde **Expertisen, Gutachten, und Auskünfte** produzieren, gegenüber denen, die im Vertrauen auf die Richtigkeit derselben ihnen nachteilige Vermögensdispositionen treffen, ist stark umstritten. Das Problem stellt sich freilich nur dann, wenn nicht bereits ein – stillschweigender – direkter Auskunftsvertrag anzunehmen ist.[269] Die Rechtsprechung hat die Dritthaftung von Gutachtern/Experten mit der Figur des Vertrags mit Schutzwirkung begründet. Davon ist sie bislang nicht abgekehrt, auch wenn der BGH jüngst eine Sachwalterhaftung eines Kfz-Restwertgutachters aus § 311 Abs. 3 Satz 2 BGB (offenlassend) erwogen hat.[270] Dabei betont die Rechtsprechung regelmäßig, dass das Gutachten erkennbar für den Dritten bestimmt sein und der Experte über eine durch staatliche Anerkennung oder einen vergleichbaren Akt nachgewiesene Sachkunde verfügen müsse.[271] Das Kriterium nachgewiesener Sach-

---

[256] BGH v. 18.03.2008 - XI ZR 454/06 - WM 2008, 830-832.
[257] Im Überweisungsverkehr ist Drittschutz aus dem Girovertrag zwischen überweisender und Empfängerbank (OLG Frankfurt v. 09.02.1984 - 1 U 74/83 - WM 1984, 726-728) bzw. zwischen Bank und Girozentrale (OLG Hamm v. 10.09.1981 - 6 U 151/81 - MDR 1982, 142) abgeleitet worden. Schutzpflichten hatte ferner der BGH selbst beim Scheckinkasso anerkannt; vgl. BGH v. 23.09.1985 - II ZR 172/84 - juris Rn. 21 - BGHZ 96, 9-18 - diese Sicht wird mit BGH v. 06.05.2008 - XI ZR 56/07 - juris Rn. 26 - NJW 2008, 2245, ausdrücklich aufgegeben.
[258] BGH v. 06.05.2008 - XI ZR 56/07 - juris Rn. 26 - NJW 2008, 2245.
[259] Nicht seitens der Bank, BGH v. 20.06.1977 - II ZR 169/75 - juris Rn. 8 - BGHZ 69, 186-190 und nicht seitens des Gläubigers, BGH v. 28.05.1979 - II ZR 85/78 - juris Rn. 9 - BGHZ 74, 300-309.
[260] BGH v. 28.02.1977 - II ZR 52/75 - BGHZ 69, 82-89; diese Sicht wird mit BGH v. 06.05.2008 - XI ZR 56/07 - juris Rn. 26 - NJW 2008, 2245, ausdrücklich aufgegeben.
[261] BGH v. 28.05.1957 - VI ZR 136/56 - juris Rn. 9 - BGHZ 24, 325-329.
[262] BGH v. 11.07.1978 - VI ZR 138/76 - juris Rn. 11 - LM Nr. 106 zu Art. 34 GG.
[263] BGH v. 27.11.1959 - VI ZR 112/59 - LM Nr. 6 zu § 203 BGB.
[264] OLG Stuttgart v. 17.11.2009 - 3 W 50/09 - ZMR 2010, 359.
[265] *Grüneberg* in: Palandt, § 328 Rn. 24.
[266] BGH v. 16.02.2005 - XII ZR 216/02 - juris Rn. 11.
[267] BGH v. 16.02.2005 - XII ZR 216/02 - juris Rn. 13.
[268] BGH v. 20.02.1958 - VII ZR 76/57 - juris Rn. 18 - BGHZ 26, 365-372.
[269] BGH v. 07.07.1998 - XI ZR 375/97 - LM BGB § 676 Nr 53 (12/1998).
[270] BGH v. 12.01.2011 - VIII ZR 346/09.
[271] BGH v. 13.11.1997 - X ZR 144/94 - juris Rn. 10 - LM BGB § 328 Nr. 96 (8/1998); BGH v. 07.02.2002 - III ZR 1/01 - juris Rn. 10 - LM BGB § 328 Nr. 103 (11/2002); BGH v. 07.05.2009 - III ZR 277/08 - juris Rn. 17 - JZ 2010, 414.

kunde ist allerdings verschiedentlich aufgeweicht worden. Der angenommene Drittschutz bei Wertgutachten gegenüber der schadensregulierenden Kfz-Haftpflichtversicherung[272] wurde auch auf nicht anerkannte Kfz-Sachverständige erstreckt.[273] Auch ein Bauunternehmer soll einer kreditgewährenden Bank aus vertraglichem Drittschutz verantwortlich sein, wenn er dem Bauherrn eine (unzutreffende) Bescheinigung über den Baufortschritt zum Zwecke der Kreditauszahlung erstellt.[274] Nach den Umständen des Einzelfalls soll ein Gutachter ohne anerkannte Qualifikation haften, wenn sich ein darauf gerichteter Parteiwille ergibt.[275] Man mag daher resümieren, dass es in Wahrheit mehr um die Inanspruchnahme von Vertrauen durch Anmaßung der sozialen Rolle eines Experten nach den Umständen des Einzelfalls geht, als dass Sachverstand tatsächlich vorliegen müsste.[276] Drittschutz hat der BGH zwar grundsätzlich auch bei Pflichtprüfungen als möglich erachtet, die auch im Interesse eines Dritten erfolgen[277]; die gesetzliche Restriktionsintention des § 323 Abs. 1 Satz 3 HGB darf damit aber nach jüngerer Rechtsprechung[278] nicht überspielt werden. Keinen Drittschutz soll auch der Vertrag eines Wirtschaftsprüfers mit der BaFin über die Prüfung eines ihrer Aufsicht unterliegenden Instituts nach § 44 Abs. 1 Satz 2 KWG gegenüber einer Entschädigungseinrichtung entfalten, der die BaFin ihrerseits nicht für unzureichende Prüfung haftbar ist (§ 4 Abs. 4 FinDAG).[279] Im Übrigen wird die Eingrenzung des geschützten Personenkreises über das Zumutbarkeitskriterium der Erkennbarkeit für den Gutachter durchaus extensiv gehandhabt. Der Mittelverwendungskontrollvertrag einer Gesellschaft mit dem Kontrolleur soll jedenfalls dann Drittschutz entfalten, wenn der Vertrag im Emissionsprospekt abgedruckt ist und der Mittelverwendungskontrolleur hiervon Kenntnis hat.[280] Zwar scheidet eine Haftung aus, soweit ein Gutachter nicht mit der Verwendung des Gutachtens gegenüber den Geschädigten rechnen musste.[281] Doch kommt als in den Schutzbereich eines Gutachtenauftrags zur Wertermittlung eines Grundstücks einbezogener Dritter eine unbestimmte Vielzahl namentlich nicht bekannter privater Kreditgeber oder Kapitalanleger in Betracht, solange der Gutachter nur nach dem Inhalt des ihm erteilten Gutachtenauftrags damit rechnen musste, dass der Auftraggeber sein Gutachten dazu benutzen würde, einen durch Grundpfandrecht am begutachteten Grundstück gesicherten Kredit zu erlangen.[282] Freilich ist insoweit das Haftungsrisiko auf Diskrepanzen zwischen dem tatsächlichen und dem begutachteten Wert des Grundstücks begrenzt. Restriktiver ist die Rechtsprechung bei der Haftung von durch eine Versicherung beauftragten Gutachtern gegenüber deren Versicherungsnehmern bzw. Begünstigten. So hat der BGH eine Schutzwirkung des für eine Versicherung ausgestellten Gutachtens über die Todesursache des Nehmers einer Lebensversicherung zugunsten des Versicherungsbegünstigten abgelehnt.[283] Ebenfalls verneint wurden die Schutzwirkung der gutachterlichen Verpflichtung eines Orthopäden durch eine Unfallversicherung[284] sowie die Haftung eines von der Versicherung einge-

---

[272] BGH v. 13.01.2009 - VI ZR 205/08 - NJW 2009, 1265; LG Essen v. 30.04.2009 - 13 S 19/09 - Schaden-Praxis 2010, 23; LG Koblenz v. 07.04.2003 - 6 S 432/01 - Schaden-Praxis 2003, 251-253; AG Homburg v. 28.10.2003 - 16 C 137/03 - Schaden-Praxis 2004, 62-63; nach OLG Köln v. 11.05.2004 - 22 U 190/03 ist der Kfz-Wertgutachter nicht verpflichtet, zur Restwertermittlung auch den Sondermarkt der Verwertungsbetriebe zu sondieren, d.h. Internet-Restwertbörsen zu berücksichtigen und bei spezialisierten Restwertaufkäufern zu recherchieren; einschränkend auf die dem Geschädigten zumutbaren Angebote auch LG Koblenz v. 29.09.2004 - 12 S 123/04.

[273] LG Bochum v. 24.09.1991 - 16 S 3/91 - NJW-RR 1993, 29.

[274] OLG Celle v. 19.11.2009 - 8 U 29/09 - MDR 2010, 443.

[275] BGH v. 14.11.2000 - X ZR 203/98 - juris Rn. 33 - LM BGB § 328 Nr. 101 (10/2001).

[276] Anders etwa *Jagmann* in: Staudinger, § 328 Rn. 88.

[277] BGH v. 02.04.1998 - III ZR 245/96 - juris Rn. 9 - BGHZ 138, 257-266; skeptisch *Ebke*, JZ 1998, 991 ff.

[278] BGH v. 06.04.2006 - III ZR 256/04 - juris Rn. 13; OLG Bremen v. 30.08.2006 - 1 U 33/04b, 1 U 33/04 - OLGR Bremen 2006, 856-859; diese Maßstäbe sind auch bei der Frage entscheidend, ob ein Hinweis auf das Ergebnis der Pflichtprüfung gegenüber einem Anlagevermittler zu Ansprüchen aus einem (stillschweigenden) Auskunftsvertrag führt, vgl. BGH v. 30.10.2008 - III ZR 307/07 - Leitsatz - NJW 2009, 512 mit Anmerkung *Bremenkamp*, jurisPR-HaGesR 2/2010, Anm. 1.

[279] BGH v. 07.05.2009 - III ZR 277/08 - juris Rn. 18 - JZ 2010, 414 mit Anmerkung *Köndgen*, JZ 2010, 418; der Drittschadensliquidation erwägt.

[280] OLG Stuttgart v. 21.06.2011 - 12 U 26/11. Möglich ist auch die Ausgestaltung als echter Vertrag zugunsten Dritter, vgl. BGH v. 19.11.2009 - III ZR 108/08 - juris Rn. 18 ff.

[281] OLG Köln v. 31.10.2002 - 8 U 51/02 - OLGR Köln 2003, 84-87.

[282] BGH v. 20.04.2004 - X ZR 255/02; BGH v. 20.04.2004 - X ZR 250/02 mit Anmerkung *Frisch*, EWiR 2005, 67 und *Oechsler*, LMK 2004, 178.

[283] BGH v. 17.09.2002 - X ZR 237/01 - juris Rn. 15 - NJW 2002, 3625-3627.

schalteten Kfz-Sachverständigen für die unrichtige Feststellung der Schadensursache gegenüber einem Versicherungsnehmer.[285] Umgekehrt wird eine Schutzpflicht eines vom Geschädigten beauftragten Kfz-Gutachters gegenüber der Versicherung anerkannt,[286] aber von vornherein durch die Reichweite des Marktermittlungsauftrags des Geschädigten begrenzt.[287] Nach den ausgeführten Rechtsprechungsgrundsätzen kann schließlich insbesondere auch den Testaten von Steuerberatern[288] und Wirtschaftsprüfern[289] sowie dem Rating durch eine Ratingagentur[290] Drittschutz zukommen. Dass ein Wirtschaftsprüfer Kapitalanlegern wegen Prüfung des Werbeprospekts als so genannter Garant aus Prospekthaftung auf Schadensersatz haftet, steht einem Anspruch aus Vertrag mit Schutzwirkung zugunsten Dritter in Anspruchsgrundlagenkonkurrenz nicht entgegen.[291] Enthält ein Emissionsprospekt den Hinweis, dass der angekündigte Prospektprüfungsbericht „nach Fertigstellung den von den Vertriebspartnern vorgeschlagenen ernsthaften Interessenten auf Anforderung zur Verfügung gestellt" wird, werden nur Anleger geschützt, die den Bericht vor ihrer Anlageentscheidung anfordern und zur Kenntnis nehmen.[292] Streitig ist der Drittschutz von Schiffsklassifikationsverträgen.[293] Das vom Käufer veranlasste, zur Vorlage gegenüber potentiellen Verkäufern bestimmte, tierärztliche Verkaufsattest schützt den Käufer,[294] während die vom Käufer zur Vertragsbedingung erhobene und veranlasste, positive „Ankaufuntersuchung" keinen Schutz zu Gunsten des Verkäufers entfalten soll.[295]

98 Bei alledem sieht die Rechtsprechung in der Gegenläufigkeit der Interessen von Vertragsparteien und Drittem (vgl. hierzu Rn. 77) kein Hindernis und verweigert dem Gutachter den Schutz aus § 334 BGB selbst dann, wenn sein Auftraggeber ihn getäuscht hat (vgl. dazu näher Rn. 83). Gegen diese Rechtsprechung wendet sich die Literatur vor allem mit Blick auf das Erfordernis der Gläubigernähe und die Begründung der Haftung über den Willen der Parteien des Gutachtervertrags. Jedoch ist gerade fraglich, ob diese Kriterien nicht ohnehin zugunsten einer objektiven Drittbezogenheit des Vertrags zugunsten Dritter aufzugeben sind (vgl. Rn. 78). Der Gesetzgeber der Schuldrechtsreform wollte der Rechtsprechung die Möglichkeit aufzeigen, die Gutachterfälle über die so genannte Sachwalterhaftung nach § 311 Abs. 3 Satz 2 BGB zu lösen.[296] Das dementsprechend in der Literatur[297] vertretene alternative Begründungsmodell der Gutachter-/Expertenhaftung über die Grundsätze der Dritthaftung aus culpa in contrahendo (§§ 280, 241 Abs. 2, 311 Abs. 3 BGB) zeitigt zwar meist ähnliche Ergebnisse wie die Rechtsprechung, überzeugt aber schon deshalb nicht, weil das daraus resultierende Erfordernis einer spezifischen Vertrauensinvestition in contrahendo zu willkürlichen Ergebnissen führt.[298] Zum anderen hat der Gesetzgeber verkannt, dass es bei den Gutachterfällen streng genommen nicht um eine Verletzung einer bloßen „Rücksichtnahmepflicht" im Sinne von § 241 Abs. 2 BGB (auf den § 311 Abs. 3 BGB verweist) geht, sondern um die Fiktion einer Leistungspflicht (§ 241 Abs. 1 BGB) gegenüber dem „Dritten" in Ansehung der Haftung des Gutachters für Mangelfolgevermögensschäden.[299] Da aber auch die Rechtsprechung die Reichweite der Expertendritthaftung praktisch vom Leistungspro-

---

[284] OLG Schleswig v. 09.08.2010 - 4 U 105/09.
[285] LG Limburg v. 20.05.2003 - 4 O 19/03 - IVH 2003, 146.
[286] LG Essen v. 30.04.2009 - 13 S 19/09 - Schaden-Praxis 2010, 23; LG Koblenz v. 07.04.2003 - 6 S 432/01 - Schaden-Praxis 2003, 251-253; AG Homburg v. 28.10.2003 - 16 C 137/03 - Schaden-Praxis 2004, 62-63.
[287] BGH v. 13.01.2009 - VI ZR 205/08 - juris Rn. 7 - NJW 2009, 1265; OLG Karlsruhe v. 29.12.2004 - 12 U 299/04.
[288] BGH v. 13.10.2011 - IX ZR 193/10.
[289] BGH v. 13.11.1997 - X ZR 144/94 - LM BGB § 328 Nr. 96 (8/1998); BGH v. 19.03.1986 - IVa ZR 127/84 - NJW-RR 1986, 1307-1308; vgl. allerdings BGH v. 07.05.2009 - III ZR 277/08 - juris Rn. 18 - JZ 2010, 414.
[290] Allgemein für Ratingagenturen Drittschutz gegenüber Investoren annehmen v. *Schweinitz*, WM 2008, 953, 956 ff., speziell für das Versicherungsrating *Fiala/Kohrs/Leuschner*, VersR 2005, 742, 745.
[291] BGH v. 08.06.2004 - X ZR 283/02 - ZIP 2004, 1810-1814 mit Anmerkung *Graf*, EWiR 2005, 341 und *Grigoleit*, LMK 2005, 51, dazu auch *Janert/Schuster*, BB 2005, 987 ff.; OLG Düsseldorf v. 19.07.2010 - I-17 W 14/10.
[292] BGH v. 31.10.2007 - III ZR 298/05 - WM 2007, 2281; BGH v. 14.06.2007 - III ZR 300/05; BGH v. 14.06.2007 - III ZR 125/06 - WM 2007, 1503-1507 mit Anmerkung *Haas*, LMK 2007, 238919.
[293] Dafür *Kraft/Schlingmann*, VersR 2004, 1095, 1101, 1104; dagegen *Basedow/Wurmnest*, VersR 2005, 328, 337.
[294] OLG Köln v. 19.06.1991 - 11 U 88/90 - NJW-RR 1992, 49.
[295] LG Itzehoe v. 18.11.2008 - 3 O 314/08 - juris Rn. 23.
[296] BT-Drs. 14/6040, S. 163 a.E.
[297] *Canaris*, ZHR 163 (1999), 206 ff.; *Finn*, NJW 2004, 3752, 3754.
[298] Vgl. das Beispiel bei *Schinkels*, JZ 2008, 272, 276.
[299] *Schinkels*, JZ 2008, 272, 278.

gramm des mit dem Auftraggeber des Experten geschlossenen Vertrags abgekoppelt hat,[300] kann richtiger Anknüpfungspunkt einer objektiv begründeten Haftung aufgrund der „faktischen Leistungsbeziehung"[301] zwischen Gutachter und „Drittem" nur § 311 Abs. 2 Nr. 3 BGB sein[302].

Im **Gesellschaftsrecht** kommen Schutzwirkungen vor allem im Beziehungsgeflecht zwischen der Gesellschaft und ihren Gesellschaftern sowie deren und ihren eigenen Organen in Betracht. So kann eine KG in die Schutzwirkungen des zwischen ihrer Komplementär-GmbH und dem Geschäftsführer bestehenden Dienstverhältnisses einbezogen sein, wenn die Geschäfte der GmbH sich im Wesentlichen in der Geschäftsführung der KG erschöpfen.[303] In Betracht kommt auch ein Schutz des Kommanditisten durch den Vertrag zwischen der KG und einem Beiratsmitglied.[304] Restriktiv ist die Rechtsprechung demgegenüber hinsichtlich eines Schutzes der Gesellschafter durch den Vertrag der GmbH mit ihrem Geschäftsführer.[305] Ein Darlehensvertrag zwischen einer Bank und einer GmbH entfaltet grundsätzlich keine Schutzwirkung zugunsten des Alleingesellschafters und Geschäftsführers.[306] Unterschiedlich wird die Einbeziehung des Geschäftsführers in einen Vertrag der Gesellschaft mit einem Steuerberater beurteilt.[307] Hinsichtlich des Bankgeheimnisses steht der Annahme einer Schutzpflicht gegenüber der Muttergesellschaft des Bankkunden aufgrund „konzernmäßig enger Verflechtung"[308] das konzernrechtliche Trennungsverbot auch dann entgegen, wenn die Konzernobergesellschaft Sicherheiten für das vertragsgegenständliche Darlehen stellt.[309]

99

In den Schutzbereich eines **Kaufvertrags** können vor allem Angehörige[310] des Käufers einbezogen werden. Gleiches gilt für seine Hilfspersonen bei der Vertragsabwicklung, insbesondere der Abholung von Ware,[311] sowie seine Arbeitnehmer, die bestimmungsgemäß mit der Ware in Kontakt kommen[312]. Nicht geschützt ist der Endverbraucher durch den Vertrag zwischen Hersteller und Händler.[313]

100

Der vom Gerichtsvollzieher mit dem Lagerhalter zum Zweck der Zwangsräumung geschlossene **Lagervertrag** schützt den Räumungsschuldner.[314]

101

Ferner bilden **Miet- und Pachtverträge** einen wichtigen Anwendungsbereich. Verträge über Wohnraum begründen Schutzwirkungen zugunsten des mit dem Mieter in Hausgemeinschaft lebenden Angehörigen,[315] seines nichtehelichen Lebenspartners[316] und seiner Hausangestellten[317] sowie der Mitglieder des Mieters, wenn dieser ein Verein ist[318]. Keinen Schutz genießen Besucher und Gäste,[319] sons-

102

---

[300] Vgl. etwa BGH v. 07.02.2002 - III ZR 1/01 - NJW 2002, 1196-1198: Der Architekt, der dem Vertragspartner eines Bauträgers durch Prüfstempel jeweils ordnungsgemäßen Baufortschritt bestätigt, kann gegen seine Haftung bei fehlerhafter Bauausführung nicht erfolgreich geltend machen, dass er seinem Vertrag nach gar nicht zur Prüfung des Baufortschritts, sondern nur zum Stempeln verpflichtet gewesen ist.
[301] Vgl. *Picker*, FS Medicus, 1999, S. 397, 439.
[302] Eingehend *Schinkels*, JZ 2008, 272, 278; hiergegen allerdings *Jagmann* in: Staudinger, § 328 Rn. 92 m.w.N.
[303] BGH v. 25.02.2002 - II ZR 236/00 - juris Rn. 11 - NJW-RR 2002, 965-967.
[304] BGH v. 22.10.1984 - II ZR 2/84 - LM Nr. 87 zu § 161 HGB.
[305] Verneinend OLG Stuttgart v. 06.12.2005 - 14 U 64/05 - DStZ 2006, 495; vgl. auch OLG Düsseldorf v. 30.09.1999 - 6 U 106/98 - NJW-RR 2000, 932-933.
[306] BGH v. 24.01.2006 - XI ZR 384/03; OLG Nürnberg v. 07.09.2004 - 1 U 403/04 - OLGR Nürnberg 2005, 669-670; OLG Celle v. 15.02.2007 - 3 W 5/07 - WM 2007, 740-742 mit Anmerkung *Medicus*, WuB IV A § 328 BGB 1.07.
[307] Unter besonderen Umständen bejahend BGH v. 13.10.2011 - IX ZR 193/10 mit krit. Anm. *Juretzek*, DStR 2012, 720; ablehnend OLG Köln v. 21.10.2010 - 8 U 12/10, I-8 U 12/10; OLG Schleswig v. 02.09.2011 - 17 U 14/11; OLG Celle v. 30.05.2007 - 3 U 260/06 - OLGR Celle 2007, 670-672.
[308] So OLG München v. 10.12.2003 - 21 U 2392/03 - WM 2004, 74-86; dem folgend *Schumann*, ZIP 2004, 2353 ff.; *ders.*, ZIP 2004, 2367; hiergegen *Canaris*, ZIP 2004, 1781 ff.; *ders.*, ZIP 2004, 2362 ff.
[309] BGH v. 24.01.2006 - XI ZR 384/03 - BGHZ 166, 84-117 mit Anmerkung *Cosack/Enders*, BKR 2006, 116.
[310] Auch schon in der vorvertraglichen Vertrauenssituation: BGH v. 28.01.1976 - VIII ZR 246/74 - BGHZ 66, 51-59.
[311] LG Frankfurt v. 18.02.1986 - 2/16 S 191/85 - NJW-RR 1986, 966-967.
[312] *Grüneberg* in: Palandt, § 328 Rn. 27.
[313] BGH v. 26.11.1968 - VI ZR 212/66 - juris Rn. 15 - BGHZ 51, 91-108; BGH v. 11.10.1988 - XI ZR 1/88 - LM Nr. 36 zu § 676 BGB.
[314] OLG Stuttgart v. 17.11.2009 - 3 W 50/09 - ZMR 2010, 359.
[315] BGH v. 12.05.1980 - VII ZR 158/79 - juris Rn. 28 - BGHZ 77, 116-125.
[316] OLG Hamburg v. 17.08.1988 - 4 U 151/87 - juris Rn. 19 - NJW-RR 1988, 1481-1482.
[317] BGH v. 19.09.1973 - VIII ZR 175/72 - juris Rn. 24 - BGHZ 61, 227-235.
[318] BGH v. 23.06.1965 - VIII ZR 201/63 - LM Nr. 28 zu § 328 BGB.
[319] BGH v. 10.05.1951 - III ZR 102/50 - BGHZ 2, 94-97.

tige zufällig kurz Anwesende oder Untermieter.[320] Umgekehrt soll der (Haupt-)Vermieter nicht in den Schutzbereich einer Untermietvertrags einbezogen sein.[321] Schutz durch Verträge über Geschäftsräume erlangen die dort vom Mieter beschäftigten Personen[322] sowie die Eigentümer von Sachen, die sich dort berechtigterweise befinden[323]. Der Verwendungszweck der Lieferung von Energie durch den Vermieter an die Mieter ist regelmäßig nicht Gegenstand des zwischen diesem und dem Versorgungsunternehmen bestehenden Liefervertrags.[324] Überträgt der streupflichtige Vermieter das Streuen bei Eis und Schnee vertraglich auf einen Dritten, können die Mieter in den Schutzbereich des Übertragungsvertrages einbezogen sein.[325] In den Schutzbereich des öffentlich-rechtlichen Schuldverhältnisses zwischen der Gemeinde und dem einzelnen Anschlussnehmer der gemeindlichen Abwasserkanalisation soll der Mieter des angeschlossenen Grundstücks einbezogen sein.[326]

103 Der Vertrag mit Schutzwirkung zugunsten Dritter ist kein Instrument der **Produkthaftung**: Die Kaufverträge in der Kette vom Hersteller zum Einzelhändler schützen nicht den durch den Kaufgegenstand zu Schaden gekommenen Konsumenten.[327]

104 Werkverträge über Arbeiten an **Stromkabeln** entfalten ebenso wenig Schutzwirkung zugunsten der Stromverbraucher[328] wie ein Vertrag zwischen einem Gastwirt und einem Zeltverleiher über das Aufstellen eines Festzeltes bei Beschädigung eines Stromkabels im Zuge des Zeltaufbaus[329].

105 Beim **Werkvertrag** kommt eine Einbeziehung von Familienangehörigen[330] und Arbeitnehmern[331] des Bestellers in den Schutzbereich des Vertrags in Betracht, wenn diese mit dessen Durchführung bestimmungsgemäß in Kontakt kommen. Der Vertrag des Bauherrn mit dem Bauunternehmer schützt auch Nachbarn,[332] während beim sog. Generalübernehmermodell kein hinreichendes Interesse des Generalunternehmers an der Einbeziehung des Bauherrn in den Schutzbereich des zwischen ihm und einem Nachunternehmer abgeschlossenen Werkvertrags bestehen soll;[333] gegen eine Schutzpflicht des Generalunternehmers gegenüber Arbeitnehmern von Subunternehmern hat sich das OLG Saarbrücken[334] ausgesprochen.

---

[320] BGH v. 15.02.1978 - VIII ZR 47/77 - juris Rn. 9 - BGHZ 70, 327-330: Keine Schutzbedürftigkeit aufgrund eigener vertraglicher Ansprüche.
[321] BGH v. 22.10.2008 - XII ZR 148/06 - juris Rn. 22 - NJW 2009, 142; OLG Hamm v. 29.03.2007 - 27 U 157/05 - juris Rn. 19 - OLGR Hamm 2007, 361-363.
[322] BGH v. 19.09.1973 - VIII ZR 175/72 - juris Rn. 24 - BGHZ 61, 227-235.
[323] BGH v. 22.01.1968 - VIII ZR 195/65 - BGHZ 49, 350-356.
[324] LG Frankfurt (Oder) v. 01.02.2002 - 6a S 75/01 - juris Rn. 3 - NJW-RR 2002, 803-805.
[325] BGH v. 22.01.2008 - VI ZR 126/07 - EBE/BGH 2008, 82-83.
[326] BGH v. 14.12.2006 - III ZR 303/05 - EBE/BGH 2007, 34-35.
[327] BGH v. 26.11.1968 - VI ZR 212/66 - juris Rn. 16 - BGHZ 51, 91-108.
[328] BGH v. 12.07.1977 - VI ZR 136/76 - LM Nr. 56 zu § 328 BGB.
[329] OLG Nürnberg v. 17.12.2003 - 4 U 2129/03 - OLGR Nürnberg 2004, 169-171.
[330] BGH v. 28.04.1994 - VII ZR 73/93 - LM BGB § 328 Nr. 89 (10/1994).
[331] BGH v. 29.04.1970 - I ZR 30/69 - BGHZ 55, 1-5
[332] OLG Jena v. 31.03.2010 - 7 U 593/09 - juris Rn. 21; OLG Koblenz v. 01.04.2011 - 1 U 379/06 (Kanalarbeiten); KG Berlin v. 21.08.2003 - 27 U 338/02 - EWiR 2004, 219-220; OLG Koblenz v. 18.11.2009 - 1 U 491/09 - juris Rn. 20 mit Anmerkung *Voellmecke*, jurisPR-PrivBauR 6/2010, Anm. 4, das über durch Bauarbeiten bedingte Risse im Nachbarhaus zu befinden hatte.
[333] OLG Hamm v. 04.09.2006 - 17 U 31/06 - BauR 2007, 561-563.
[334] OLG Saarbrücken v. 18.03.2010 - 8 U 3/09.

§ 329 BGB Auslegungsregel bei Erfüllungsübernahme

(Fassung vom 02.01.2002, gültig ab 01.01.2002)

Verpflichtet sich in einem Vertrag der eine Teil zur Befriedigung eines Gläubigers des anderen Teils, ohne die Schuld zu übernehmen, so ist im Zweifel nicht anzunehmen, dass der Gläubiger unmittelbar das Recht erwerben soll, die Befriedigung von ihm zu fordern.

Gliederung

A. Grundlagen 1	II. Zweifel hinsichtlich eines eigenen Rechts des Dritten 7
B. Anwendungsvoraussetzungen 2	1. Begriffliche Abgrenzung der möglichen Fälle 8
I. Erfüllungsübernahme 2	2. Zweifelsfall 10
1. Verpflichtung gegenüber dem Schuldner zur Schuldbefreiung 3	C. Rechtsfolgen 11
	D. Prozessuale Hinweise 13
2. Keine Schuldübernahme 6	E. Anwendungsfelder 14

A. Grundlagen

Als § 328 Abs. 2 BGB ergänzende **Auslegungsregel** statuiert § 329 BGB den Grundsatz, dass bei einer Verpflichtung gegenüber dem Schuldner, den Gläubiger zu befriedigen, im Zweifel kein Anspruch des Dritten und damit kein echter Vertrag zugunsten Dritter begründet wird.   1

B. Anwendungsvoraussetzungen

I. Erfüllungsübernahme

§ 329 BGB erfasst den Fall der so genannten Erfüllungsübernahme.   2

1. Verpflichtung gegenüber dem Schuldner zur Schuldbefreiung

Kern einer solchen Erfüllungsübernahme ist ein Vertrag zwischen dem Übernehmer und dem Schuldner, durch welchen der Übernehmer dem Schuldner gegenüber verpflichtet wird, dessen Gläubiger zu befriedigen. Gegenstand der Verpflichtung ist also ein **Freistellungsanspruch** des Schuldners gegen den Übernehmer hinsichtlich der Verbindlichkeit des ersteren gegenüber dem Gläubiger.   3

Der Verpflichtungsvertrag ist im Grundsatz **formfrei**. So unterliegt die Verpflichtung zur Freistellung von einer Bürgschaftsverbindlichkeit nicht § 766 BGB.[1] Für eine schenkweise übernommene Verpflichtung gilt jedoch § 518 BGB, für eine abstrakte Verpflichtung § 780 BGB.[2]   4

Die Vermutung des § 329 BGB greift nicht für die so genannte **Drittschuldtilgungsvereinbarung**, bei der der Versprechende nicht die Befriedigung einer Schuld des Versprechensempfängers, sondern eines anderen verspricht.[3]   5

2. Keine Schuldübernahme

Abzugrenzen ist die Erfüllungsübernahme ferner von der Schuldübernahme, bei deren Vorliegen § 329 BGB nicht anwendbar ist. Die **befreiende Schuldübernahme** nach § 415 BGB ist ein Vertrag mit Verfügungscharakter, der der Mitwirkung durch den Gläubiger bedarf. Sie führt zu einem Schuldnerwechsel, nach dem der Übernehmer anstelle des bisherigen Schuldners verpflichtet ist, weshalb letzterer von nichts mehr freigestellt werden könnte. Ihr nach allgemeinen Auslegungsmaßstäben (§§ 133, 157 BGB) zu ermittelndes Vorliegen wirft schon aufgrund der notwendigen Gläubigermitwirkung kaum Probleme auf, für die es einer speziellen Auslegungsregel bedürfte. Der Schuldübernahme geht in der Regel eine Erfüllungsübernahme als Vorstufe voraus; im Zweifel bleibt es bei der Erfüllungsüber-   6

---

[1] BGH v. 19.01.1972 - VIII ZR 111/70 - LM Nr. 15 zu § 766 BGB.
[2] RG v. 30.05.1904 - VI 422/03 - RGZ 58, 200-202; OLG Düsseldorf v. 11.03.2008 - I-24 U 98/07, 24 U 98/07 - juris Rn. 15.
[3] BGH v. 20.11.1995 - II ZR 209/94 - LM BGB § 123 Nr. 78 (4/1996).

nahme, wenn der Gläubiger die Schuldübernahme nicht genehmigt (vgl. § 415 Abs. 3 BGB). Entsprechendes gilt für das Scheitern einer darüber hinausgehenden Vertragsübernahme.[4]

II. Zweifel hinsichtlich eines eigenen Rechts des Dritten

7 Als Auslegungsregel greift § 329 BGB ferner erst ein, wenn Zweifel darüber besteht, ob durch den Vertrag zwischen Übernehmer und Schuldner auch der Gläubiger das Recht erlangen soll, vom Übernehmer Befriedigung zu verlangen, ob also ein echter oder nur ein unechter Vertrag zugunsten Dritter vorliegt (vgl. zu den Begriffen die Kommentierung zu § 328 BGB Rn. 2).

1. Begriffliche Abgrenzung der möglichen Fälle

8 Erschöpft sich die Vereinbarung darin, dass der Übernehmer allein dem Schuldner verspricht, diesen von seiner Verpflichtung gegenüber seinem Gläubiger freizustellen, so liegt eine reine **Erfüllungsübernahme** vor. Sie erfolgt ausschließlich im Interesse des Schuldners und ist lediglich ein **unechter Vertrag zugunsten Dritter**[5], da der Gläubiger keine Rechte erwirbt, sondern nur der Schuldner dessen Befriedigung verlangen kann. Es kann aber auch eine so genannte **berechtigende Erfüllungsübernahme als echter Vertrag zugunsten Dritter**[6] dergestalt vereinbart werden, dass auch dem Gläubiger ein Anspruch auf Erfüllung der Verpflichtung des Schuldners gegen den Übernehmer zustehen soll. Hinsichtlich der Rechtsbeziehungen zwischen Gläubiger und Schuldner ergeben sich praktisch keine Unterschiede zwischen einer solchen berechtigenden Erfüllungsübernahme und einem **Schuldbeitritt** bzw. einer **Schuldmitübernahme zugunsten eines Dritten**.[7] Bei letzterer Vereinbarung tritt der die Schuld mit Übernehmende als Gesamtschuldner neben dem Schuldner in das Schuldverhältnis zum Gläubiger ein.[8]

9 Abzugrenzen ist ein solcher vertraglicher Schuldbeitritt etwa von dem einseitigen Schuldbeitritt durch Bekanntmachung der Haftungsübernahme nach § 25 Abs. 3 HGB.[9]

2. Zweifelsfall

10 § 329 BGB entbindet nicht davon, zunächst umfassend alle Umstände des Einzelfalls zu würdigen.[10] Nach der allgemeinen Auslegungsregel des § 328 Abs. 2 BGB ist in Übereinstimmung mit den allgemeinen Regeln der Vertragsauslegung (§§ 133, 157 BGB) maßgeblich der **Vertragszweck** zu erforschen[11], wobei auch **Begleitumstände** wie etwa zusätzliche Erklärungen gegenüber dem Dritten zu berücksichtigen sind[12].

C. Rechtsfolgen

11 Lässt sich der Zweifel nicht ausräumen, so ist nach § 329 BGB eine reine Erfüllungsübernahme (unechter Vertrag zugunsten Dritter) anzunehmen, aus welcher dem Gläubiger kein eigenes Recht erwächst.

12 In diesem Falle hat lediglich der Schuldner einen **Anspruch** gegen den Übernehmer **auf Freistellung** von seiner Verbindlichkeit gegenüber dem Gläubiger. Nach h.M. kann ein Freistellungsanspruch wegen § 399 Alt. 1 BGB grundsätzlich nicht an Dritte, wohl aber an den Gläubiger der Verbindlichkeit, von der freizustellen ist, abgetreten werden, wobei er sich in einen Leistungsanspruch umwandelt.[13]

---

[4] BGH v. 01.02.2012 - VIII ZR 307/10 - Leitsatz.

[5] Vgl. *Ballhaus* in: BGB-RGRK, § 329 Rn. 1; *Jagmann* in: Staudinger, § 329 Rn. 1.

[6] *Gottwald* in: MünchKomm-BGB, § 329 Rn. 1; *Jagmann* in: Staudinger, § 329 Rn. 8.

[7] *Jagmann* in: Staudinger, § 329 Rn. 8; *Grüneberg* in: Palandt, § 329 Rn. 2; *Stadler* in: Jauernig, § 329 Rn. 4; a.A. *Hadding* in: Soergel, § 329 Rn. 7.

[8] *Stadler* in: Jauernig, § 329 Rn. 4.

[9] Hierzu *Gottwald* in: MünchKomm-BGB, § 329 Rn. 6.

[10] BGH v. 23.05.1980 - V ZR 85/79 - juris Rn. 12 - LM Nr. 2 zu § 329 BGB.

[11] BGH v. 16.10.1990 - XI ZR 330/89 - juris Rn. 18 - LM Nr. 86 zu § 328 BGB.

[12] BGH v. 24.02.1954 - VI ZR 315/52 - LM Nr. 6 zu § 328 BGB.

[13] Vgl. BGH v. 22.01.1954 - I ZR 34/53 - BGHZ 12, 136-145; *Gottwald* in: MünchKomm-BGB, § 329 Rn. 17 m.w.N.

Nach anderer Ansicht ist ein Anspruch auf Befreiung von Geldschulden auch an Dritte abtretbar.[14] Der Freistellungsanspruch wird im Zweifel durch spätere Erweiterungen der Verbindlichkeit nicht berührt.[15]

D. Prozessuale Hinweise

Dass nach § 329 BGB im Zweifel ein unechter Vertrag zugunsten Dritter anzunehmen ist, bringt keine prozessualen Besonderheiten mit sich. Demjenigen, der sich auf ein eigenes Recht des Gläubigers beruft, obliegen die Darlegung und gegebenenfalls der Beweis einer entsprechenden Willenseinigung von Schuldner und Übernehmendem.

13

E. Anwendungsfelder

Eine Erfüllungsübernahme kann in einer **Haftungsfreistellung** liegen, z.B. in einer Vereinbarung zwischen einem Architekten und einem Bauunternehmer, dass in ihrem Verhältnis der Bauunternehmer dem Bauherrn „allein haftet".[16]

14

Wenn jemand sich mit einem anderen einigt, **Honorare, Kosten oder Gebühren für** die **Dienste** eines von dem anderen beauftragten Arztes[17], Rechtsanwalts oder Notars[18] zu übernehmen, liegt in aller Regel nur eine reine Erfüllungsübernahme vor, aus der der Dienstleister keine Rechte gegen den Übernehmer herleiten kann.

15

Hinsichtlich der Übernahme der **Maklerprovision** durch den Käufer finden sich hingegen zahlreiche von einem echten Vertrag zugunsten Dritter ausgehende Entscheidungen.[19] Im Zweifel ist auch die Zusage des Nachmieters an den Mieter, die **Renovierung der Wohnung** zu übernehmen, reine Erfüllungsübernahme[20]; die Übernahme von Fristläufen des Vormieters kann echter Vertrag zugunsten Dritter sein[21].

16

Ein **Prozessfinanzierungsvertrag** mit einem Insolvenzverwalter, durch welchen sich der Prozessfinanzierer verpflichtet, Gerichts- und Anwaltskosten zu übernehmen, bedeutet in der Regel eine reine Erfüllungsübernahme, bei welcher der Prozesskostengläubiger keinen direkten Anspruch gegen den Prozessfinanzierer erwirbt.[22]

17

Bei einer sog. **konzerninternen harten Patronatserklärung** ist eine Erfüllungsübernahme gegenüber der Tochter (unechter Vertrag zugunsten der Gläubiger) naheliegend, während eine **konzernexterne** Erklärung ggf. nur Rechte des Adressaten (Gläubigers) und nicht der Tochter begründet.[23]

18

Übernimmt ein Elternteil in einem Prozessvergleich die **Unterhaltsverpflichtungen** des anderen, so liegt darin nur eine Erfüllungsübernahme.[24] Restriktiv hat sich der BGH demgegenüber hinsichtlich einer Vereinbarung der Eltern über die Begrenzung des Kindesunterhalts gezeigt: Ein konkludentes Freistellungsversprechen der die Kinder betreuenden Mutter zugunsten des Vaters über die Differenz zum gesetzlichen Unterhalt könne nicht bereits aus dem Bewusstsein der Mutter gefolgert werden, dass der vereinbarte den gesetzlichen Unterhalt unterschreitet.[25]

19

---

[14] *Hadding* in: Soergel, § 329 Rn. 20.
[15] *Westermann* in: Erman, § 329 Rn. 5.
[16] Vgl. insoweit OLG Celle v. 04.02.2010 - 6 U 88/09 - juris Rn. 13.
[17] OLG Köln v. 24.05.1984 - 5 U 254/83 - VersR 1984, 1165-1166.
[18] BGH v. 08.05.1973 - X ZR 9/70 - LM Nr. 3 zu § 24 KostO.
[19] BGH v. 20.11.2008 - III ZR 60/08 - juris Rn. 16 - NJW 2009, 1199; BGH v. 14.12.1995 - III ZR 34/95 - juris Rn. 13 - BGHZ 131, 318-325; BGH v. 15.01.1986 - IVa ZR 46/84 - juris Rn. 21 - LM Nr. 101 zu § 652 BGB; OLG Schleswig v. 26.10.2001 - 14 U 31/01 - NJW-RR 2002, 782-783; OLG Celle v. 04.10.1985 - 11 U 239/84 - WM 1985, 1455-1457.
[20] *Gottwald* in: MünchKomm-BGB, § 329 Rn. 10.
[21] AG Münster v. 19.08.2003 - 28 C 4209/02 - WuM 2003, 562-563.
[22] LG München II v. 23.04.2004 - 14 O 7483/03.
[23] BAG v. 29.09.2010 - 3 AZR 427/08 - juris Rn. 40.
[24] BFH v. 27.10.2004 - VIII R 11/04.
[25] BGH v. 04.03.2009 - XII ZR 18/08.

§ 329

20 Ein besonderer Fall der reinen Erfüllungsübernahme findet sich auch bei **Zahlungskarten**. So ist für die Universalkreditkarte[26] ebenso wie für die Debit-(Maestro/ec-Karte)[27] anerkannt, dass der Kartenemittent mit der Einräumung der Möglichkeit zur Kartenzahlung bei Vertragsunternehmen gegenüber dem berechtigten Inhaber der Karte die Verpflichtung übernimmt, dessen Verbindlichkeit gegenüber dem Vertragsunternehmen zu erfüllen. Diese Wertung gilt aber auch für neuere Instrumente wie die Geldkarte[28]. Für eine berechtigende Schuldübernahme besteht schon deshalb kein Bedarf, weil in den Akquisitionsverträgen mit den Vertragsunternehmen ein Zahlungsversprechen des Kartenemittenten für den Fall einer ordnungsgemäßen Zahlungstransaktion vorgesehen ist, das nicht Garantie, sondern abstraktes Schuldversprechen (§ 780 BGB)[29] ist.

---

[26] *Hadding*, WM 1987, 1570; *Hadding* in: Hofmann/Meyer-Cording, FS f. Pleyer, 1986, S. 17, 34; weitere Nachweise auch bei *Schinkels*, Die Verteilung des Haftungsrisikos für Drittmissbrauch von Medien des bargeldlosen Zahlungsverkehrs, 2001, S. 161 Fn. 674, 673.

[27] Jedenfalls ab Autorisierung, vgl. die Nachweise bei *Schinkels*, Die Verteilung des Haftungsrisikos für Drittmissbrauch von Medien des bargeldlosen Zahlungsverkehrs, 2001, S. 161 Fn. 674.

[28] *Schinkels*, Die Verteilung des Haftungsrisikos für Drittmissbrauch von Medien des bargeldlosen Zahlungsverkehrs, 2001, S. 224.

[29] Im Grundsatz begrüßenswert ist insoweit die Aufgabe der Forderungskaufrechtsprechung (BGH v. 02.05.1990 - VIII ZR 139/89 - LM Nr. 7 zu § 437 BGB) bei Kreditkarten zugunsten der Annahme eines abstrakten Schuldversprechens durch BGH v. 16.04.2002 - XI ZR 375/00 - BGHZ 150, 286-299.

§ 330 BGB Auslegungsregel bei Leibrentenvertrag

(Fassung vom 23.11.2007, gültig ab 01.01.2008)

¹Wird in einem Leibrentenvertrag die Zahlung der der Leibrente an einen Dritten vereinbart, ist im Zweifel anzunehmen, dass der Dritte unmittelbar das Recht erwerben soll, die Leistung zu fordern. ²Das Gleiche gilt, wenn bei einer unentgeltlichen Zuwendung dem Bedachten eine Leistung an einen Dritten auferlegt oder bei einer Vermögens- oder Gutsübernahme von dem Übernehmer eine Leistung an einen Dritten zum Zwecke der Abfindung versprochen wird.

Gliederung

A. Grundlagen 1	II. Maßgeblichkeit des Bezugsrechts 4
B. Anwendungsvoraussetzungen 2	III. Bestimmung des Dritten 5
I. Erfasste Verträge 2	IV. Zweifelsfall 6
1. Leibrente, unentgeltliche Zuwendung, Vermögens- und Gutsübernahme 2	C. Rechtsfolgen 7
	D. Prozessuale Hinweise 8
2. Versicherungsvertrag 3	E. Anwendungsfelder 9

A. Grundlagen

Als **Auslegungsregel** beinhaltet § 330 BGB die Vermutung, dass der Dritte in den aufgezählten Vertragssituationen unmittelbar ein eigenes Recht erwirbt, dass also ein **echter Vertrag zugunsten Dritter** im Sinne von § 328 Abs. 1 BGB (vgl. die Kommentierung zu § 328 BGB Rn. 3) vorliegt.

1

B. Anwendungsvoraussetzungen

I. Erfasste Verträge

1. Leibrente, unentgeltliche Zuwendung, Vermögens- und Gutsübernahme

Die Vorschrift erfasst insbesondere den **Leibrentenvertrag** zugunsten Dritter, vgl. hierzu die §§ 759 ff. BGB. Das Merkmal der ferner erfassten **unentgeltlichen Zuwendung** ist weit zu verstehen. Darunter fallen nicht nur die endgültige unentgeltliche durch Schenkung unter Auflage (§§ 516, 525, 2301 BGB), sondern auch die Verschaffung eines vorübergehenden Nutzungsvorteils, also auch Leihe (§ 598 BGB) und unentgeltliches Darlehen (§§ 488, 607 BGB). Maßgeblich für die Unentgeltlichkeit ist das Deckungsverhältnis zwischen Versprechendem und Versprechensempfänger; im Valutaverhältnis ist keine Unentgeltlichkeit erforderlich.¹ Erfasst sind schließlich auch der **Vermögens-** (siehe aber § 311b Abs. 2-5 BGB) und der **Gutsübernahmevertrag**. Vgl. zu letzterem Art. 96 EGBGB in Verbindung mit Landesrecht. Gut ist ein landwirtschaftlicher Betrieb, ohne dass ein Hof im Sinne des Höferechts vorliegen muss. Abfindung ist die Leistung an einen möglichen Miterben.² Gesetzliche Abfindungsansprüche können sich aus den §§ 12, 17 HöfeO ergeben.³

2

2. Versicherungsvertrag

Die Auslegungsregel erfasste früher neben Leibrenten auch alle Arten von Lebensversicherungen. Diese sind durch Art. 3 des Gesetzes zur Reform des Versicherungsvertragsrechts vom 23.11.2007,⁴ mit Wirkung zum 01.01.2008 (Art. 12 des Gesetzes) aus dem Wortlaut von § 330 BGB ausgenommen worden. Wegen der nunmehr geltenden Vorgaben in § 159 Abs. 2 und 3 VVG n.F. dürften insoweit Zweifelsfälle praktisch ausgeschlossen sein.⁵

3

---

¹ *Hadding* in: Soergel, § 330 Rn. 22; *Grüneberg* in: Palandt, § 330 Rn. 3; *Medicus/Stürner* in: Prütting/Wegen/Weinreich, § 330 Rn. 6; offen lassend *Westermann* in: Erman, § 330 Rn. 11.
² *Grüneberg* in: Palandt, § 330 Rn. 4.
³ *Gottwald* in: MünchKomm-BGB, § 330 Rn. 8.
⁴ BGBl I 2007, 2631 ff.
⁵ *Schulze* in: Hk-BGB, § 330 Rn. 2.

II. Maßgeblichkeit des Bezugsrechts

4 Ein echter Vertrag zugunsten Dritter liegt dann vor, wenn dem Dritten das Recht auf die Leistung des Versprechenden zusteht. Dieses Recht wird als Bezugsrecht bezeichnet (vgl. auch die §§ 159 f. VVG n.F., §§ 166 ff. VVG a.F.).

III. Bestimmung des Dritten

5 § 330 BGB findet nur Anwendung, wenn ein Dritter als Bezugsberechtigter bestimmt und die Bestimmung nicht widerrufen worden ist. Die Bezeichnung kann bereits **im Vertrag** vorgenommen werden (§ 328 Abs. 1 BGB). In diesem Vertrag kann aber auch die **einseitige Bestimmung** durch den Versprechensempfänger sowie der **Widerruf** der Berechtigung und die Bezeichnung eines anderen Bezugsberechtigten **vorbehalten** werden (vgl. § 328 Abs. 2 a.E. BGB). Widerruf und Bestimmung erfolgen durch einseitige, empfangsbedürftige Willenserklärung des Versprechensempfängers gegenüber dem Versprechenden. Abweichend ist aber auch eine Gestaltung durch **letztwillige Verfügung** möglich (§ 332 BGB, hinsichtlich erstmaliger Bestimmung analog). Ist die Bezugsberechtigung hingegen **unentziehbar** ausgestaltet, scheidet ein Widerruf aus.

IV. Zweifelsfall

6 Als Auslegungsregel greift § 330 BGB erst ein, wenn Zweifel darüber besteht, ob der Dritte ein eigenes Recht erlangen soll. Die Vorschrift ist unanwendbar, wenn bereits die Auslegung gemäß § 328 Abs. 2 BGB zu einem eindeutigen Ergebnis führt. Insbesondere der Beweis einer kein eigenes Recht des Dritten begründenden Vereinbarung ist möglich.[6]

C. Rechtsfolgen

7 Lässt sich der Zweifel nicht ausräumen, so ist nach § 330 BGB ein echter Vertrag zugunsten Dritter anzunehmen, aus welchem dem als bezugsberechtigt bezeichneten Dritten ein eigener Anspruch erwächst. Dann greifen die allgemeinen Rechtsfolgen (vgl. die Kommentierung zu § 328 BGB Rn. 28).

D. Prozessuale Hinweise

8 Gläubiger des Versprechensempfängers können zusammen mit dem Anspruch aus dem Vertrag zu Gunsten Dritter auch die Rechte auf Kündigung und auf Widerruf der Bestimmung des Bezugsberechtigten pfänden, sich überweisen lassen und sodann ausüben.[7]

E. Anwendungsfelder

9 Da der **Rechtserwerb originär** erfolgt, fällt der Anspruch des Dritten auch bei Zuwendung mit dem Tod nicht in den Nachlass des Versprechensempfängers[8] und bleibt von einer diesbezüglichen Nachlassinsolvenz unberührt.

10 Hinsichtlich der Bezugsberechtigung ist **Gläubigeranfechtung** (§§ 4, 11 AnfG, §§ 134, 143 InsO) möglich. Nach früherer Rechtsprechung[9] sollte bei einem anfänglich eingeräumten Bezugsrecht einer Versicherung dieses selbst ungeachtet seiner Widerruflichkeit nicht nach § 4 AnfG durch Gläubiger des Versicherungsnehmers anfechtbar sein, weil es nie dem Versicherungsnehmer zugestanden habe (vgl. § 11 Abs. 1 AnfG), sondern nur die Prämienzahlungen dem Zugriff unterliegen. Für die – nun nicht mehr von § 330 BGB erfassten – Versicherungsverträge begreift der BGH aber inzwischen bei Erteilung einer widerruflichen Bezugsberechtigung die anfechtbare Rechtshandlung stets als erst dann vorgenommen, wenn der – Unwiderruflichkeit begründende – Versicherungsfall eingetreten ist.[10]

---

[6] *Westermann* in: Erman, § 330 Rn. 1.
[7] RG v. 12.01.1937 - VII 208/36 - RGZ 153, 220-231; *Hasse*, VersR 2005, 15, 18 ff.
[8] BGH v. 23.10.2003 - IX ZR 252/01 - BGHZ 156, 350-361; BGH v. 20.09.1995 - XII ZR 16/94 - juris Rn. 17 - BGHZ 130, 377-385; OLG Naumburg v. 15.04.2002 - 14 WF 227/01 - OLGR Naumburg 2002, 413-415; *Petersen*, AcP 204 (2004), 832, 839: Wertung aus § 167 Abs. 2 Satz 2 VVG.
[9] RG v. 12.01.1937 - VII 208/36 - RGZ 153, 220-231.
[10] BGH v. 23.10.2003 - IX ZR 252/01 mit Anmerkung *Gerhardt*, LMK 2004, 34.

§ 331 BGB Leistung nach Todesfall

(Fassung vom 02.01.2002, gültig ab 01.01.2002)

(1) Soll die Leistung an den Dritten nach dem Tod desjenigen erfolgen, welchem sie versprochen wird, so erwirbt der Dritte das Recht auf die Leistung im Zweifel mit dem Tod des Versprechensempfängers.

(2) Stirbt der Versprechensempfänger vor der Geburt des Dritten, so kann das Versprechen, an den Dritten zu leisten, nur dann noch aufgehoben oder geändert werden, wenn die Befugnis dazu vorbehalten worden ist.

Gliederung

A. Grundlagen 1	C. Rechtsfolgen 6
B. Anwendungsvoraussetzungen von Absatz 1 ... 3	I. Vor dem Tod des Versprechensempfängers 7
I. Vertrag zugunsten Dritter auf den Todesfall 3	II. Ab dem Tod des Versprechensempfängers 8
II. Zweifel 5	D. Anwendungsfelder 12

A. Grundlagen

Absatz 1 enthält eine Auslegungsregel für den Zeitpunkt des Rechtserwerbs, die eingreift, wenn die Auslegung nach § 328 Abs. 2 BGB ergeben hat, dass der Dritte ein eigenes Forderungsrecht erwerben soll, also ein echter Vertrag zugunsten Dritter vorliegt. Dann wird vermutet, dass bei Vereinbarung der Leistung nach dem Tod des Versprechensempfängers mit dessen Tod der Dritte das Recht – ungeachtet erbrechtlicher Formvorschriften – erwirbt.   **1**

Absatz 2 sichert dem Ungeborenen eine unentziehbare Anwartschaft aus dem Vertrag zu seinen Gunsten, sofern nichts anderes vorbehalten ist. Die Anwartschaft erstarkt mit Geburt zum Vollrecht.[1] Die Vorschrift ist vor dem Hintergrund zu verstehen, dass der Dritte mit dem Tod des Versprechenden in der Regel das ihm zugewandte Recht erwirbt, welches dadurch mangels anderweitiger Vorbehalte unentziehbar/bestandskräftig wird. Die Unentziehbarkeit durch Erwerb eines Rechts scheidet hingegen beim Ungeborenen aus (§ 1 BGB).   **2**

B. Anwendungsvoraussetzungen von Absatz 1

I. Vertrag zugunsten Dritter auf den Todesfall

Erfasst ist zunächst der **echte Vertrag zugunsten Dritter** (vgl. die Kommentierung zu § 328 BGB Rn. 3), durch den dem Dritten ein eigener Anspruch gegen den Versprechenden verschafft werden soll. Er unterliegt keinem besonderen Formerfordernis, sondern bedarf nur der **Form**, die auch ohne Vereinbarung einer Leistung an einen Dritten erforderlich wäre.[2] Das gilt unabhängig davon, ob im Valutaverhältnis zwischen Versprechensempfänger und Drittem eine unentgeltliche Zuwendung vorliegt. Nach h.M. ist von einem **Rechtsgeschäft unter Lebenden** auszugehen, so dass im Valutaverhältnis die §§ 516 ff. BGB ohne Beschränkung durch § 2301 Abs. 1 BGB eingreifen.[3] Für die Anfechtung ist § 2078 BGB deshalb nach der Rechtsprechung auch nicht analog heranzuziehen.[4]   **3**

Im Vertrag muss ferner vereinbart sein, dass die **Leistung** an den Dritten **erst nach dem Tod** des Versprechensempfängers erfolgt, dass dieser also vorher die Leistung nicht verlangen können soll. Eine Analogie kommt für das Versprechen der Leistung nach **Auflösung einer juristischen Person** in Betracht.[5]   **4**

---

[1] *Grüneberg* in: Palandt, § 331 Rn. 6.
[2] *Hadding* in: Soergel, § 331 Rn. 4.
[3] BGH v. 26.11.1975 - IV ZR 138/74 - BGHZ 66, 8-17; str., vgl. jeweils mit Nachweisen *Jagmann* in: Staudinger, § 331 Rn. 16 ff.; *Gottwald* in: MünchKomm-BGB, § 331 Rn. 4.
[4] BGH v. 26.11.2003 - IV ZR 438/02 - WM 2004, 271-273.
[5] *Gottwald* in: MünchKomm-BGB, § 331 Rn. 1.

II. Zweifel

5 Als Auslegungsregel greift die Vorschrift nur, soweit die Auslegung nach den §§ 328 Abs. 2, 133, 157 BGB zu keinem eindeutigen Ergebnis führt. So kann sich ergeben, dass ein sofortiger Erwerb des Rechts durch den Dritten gewollt ist, das erst mit dem Tod des Versprechensempfängers fällig werden soll.[6] Für **Lebensversicherungen** gelten die Vorgaben aus § 159 Abs. 2, 3 VVG.

C. Rechtsfolgen

6 Lässt sich der Zweifel durch Auslegung nicht ausräumen, so erwirbt der Dritte das Recht erst mit dem Tod des Versprechensempfängers.

I. Vor dem Tod des Versprechensempfängers

7 Nach h.M. steht das Recht bis zum Tod des Versprechensempfängers diesem grundsätzlich als nicht fällige Forderung zu.[7] Der Versprechensempfänger kann daher über die Forderung, z.B. durch Abtretung, verfügen. Grundsätzlich hat damit der Dritte vor dem Tod des Versprechensempfängers nicht einmal eine Anwartschaft, sondern lediglich die Chance auf einen künftigen Rechtserwerb.[8] Der Dritte ist auch nicht vor Vertragsaufhebung geschützt. Der Versprechensempfänger kann die Bezugsberechtigung des Dritten zudem einseitig widerrufen, wenn dies im Vertrag vorbehalten ist (vgl. die Kommentierung zu § 328 BGB Rn. 26; vgl. für Versicherungen die Vermutung in den §§ 159 Abs. 1, 176, 185 VVG). Ihm stehen auch die sonstigen vertraglichen Gestaltungsrechte, insbesondere Kündigungsrechte zu. Auf seine Rechte haben die Gläubiger des Versprechensempfängers Zugriff; sie können etwa das Widerrufsrecht pfänden und sich zur Ausübung überweisen lassen.[9]

II. Ab dem Tod des Versprechensempfängers

8 Mit dem Tode des Versprechenden erwirbt der Dritte das Recht gegen den Versprechenden. Nach h. M. entsteht das zugewandte Recht originär in seiner Person, ohne in den Nachlass zu fallen.[10] Dadurch wird es in der Regel **unentziehbar**: Es unterliegt nicht mehr der Änderung durch die Vertragsparteien ohne seine Zustimmung, sofern kein besonderer Vorbehalt der Änderung (vgl. die Kommentierung zu § 328 BGB Rn. 26) bereits in das Recht begründenden Vertrag vorgesehen worden ist. Gleiches gilt für den vom Versprechensempfänger noch vor seinem Tod abgegebenen, aber erst danach dem Versprechenden zugegangenen Widerruf der Bezugsberechtigung des Dritten.[11] Das betrifft auch den Widerruf durch Testament, wenn § 332 BGB abbedungen ist[12] (vgl. die Kommentierung zu § 332 BGB Rn. 7).

9 Bei Unentziehbarkeit in diesem Sinne kommt es gegenüber den Erben für das endgültige Behaltendürfen des Anspruchs (bzw. des zu seiner Erfüllung Geleisteten) unter bereicherungsrechtlichen Gesichtspunkten darauf an, ob hierfür ein **Rechtsgrund im Valutaverhältnis** zwischen dem Versprechensempfänger und dem Dritten fortbesteht.[13] Unproblematisch ist insoweit der Fall, dass sich Versprechensempfänger und Dritter formlos, etwa konkludent bei Mitteilung des Versprechensempfängers an den Dritten von seiner Einsetzung als Bezugsberechtigter[14], über die Unentgeltlichkeit der Zuwendung geeinigt haben; dann wird der Formmangel durch den Rechtserwerb als Leistungsbewirkung im Sinne von § 518 Abs. 2 BGB geheilt. Ein Teil der Literatur schlägt zudem vor, anderenfalls eine Schenkung

---

[6] RG v. 04.06.1909 - VII 482/08 - RGZ 71, 324-330.
[7] *Hadding* in: Soergel, § 331 Rn. 6.
[8] BGH v. 19.02.1982 - V ZR 234/81 - juris Rn. 12 - LM Nr. 22 zu § 259 BGB.
[9] RG v. 12.01.1937 - VII 208/36 - RGZ 153, 220-231.
[10] Alternativ wird ein derivativer Erwerb aufgrund eines Forderungsvermächtnisses vertreten, vgl. nur *Wall*, ZEV 2011, 3, 4. m.w.N.
[11] BGH v. 10.02.1994 - IX ZR 7/93 - WM 1994, 903-904.
[12] Vgl. für Kapitallebensversicherungen auch § 13 Abs. 4 des Musters Allgemeine Versicherungsbedingungen für die kapitalbildende Lebensversicherung des GDV (Gesamtverband der Deutschen Versicherungswirtschaft e.V.), www.gdv.de (abgerufen am 20.08.2012), sowie zur Auslegung BGH v. 14.07.1993 - IV ZR 242/92 - LM BGB § 332 Nr. 2 (12/1993); BGH v. 01.07.1981 - IVa ZR 201/80 - juris Rn. 11 - BGHZ 81, 95-100.
[13] BGH v. 21.05.2008 - IV ZR 238/06 - 2. Leitsatz - NJW 2008, 2702.
[14] BGH v. 29.05.1984 - IX ZR 86/82 - juris Rn. 13 - BGHZ 91, 288-293; OLG Düsseldorf v. 31.05.1996 - 22 U 236/95 - NJW-RR 1996, 1329-1330.

im Wege des **Insichgeschäfts** (§ 181 BGB) des Schenkers/Versprechensempfängers (§ 181 BGB) anzunehmen.[15] *Wolf* hält demgegenüber sogar eine über den einseitigen Drittbegünstigungswillen des Versprechensempfängers hinausgehende causa im Valutaverhältnis für entbehrlich.[16]

Bei Fehlen einer solchen Vereinbarung ist nach dem BGH in der bestimmenden Erklärung eines Versicherungsnehmers (Versprechensempfängers) gegenüber dem Versicherer (Versprechenden) hinsichtlich der Person des Drittbegünstigten für die Todesfallleistung des Versprechenden regelmäßig ein **konkludenter Auftrag an den Versprechenden zur Übermittlung eines Schenkungsangebots** an den Dritten zu sehen[17], der eine entsprechende **Botenmacht des Versprechenden** begründet.[18] Entsprechendes kommt z.B. auch bei Bankkonten zu Gunsten Dritter in Betracht. Die somit in der **Drittbegünstigungserklärung** des Versprechenden an den Dritten zu sehende, **konkludente Schenkungsofferte** des Versprechensempfängers kann der Dritte stillschweigend annehmen (§§ 130 Abs. 2, 153, 151 BGB).[19] In der Rechtsprechung ist ein aufgrund der Abbedingung von § 332 BGB unwirksamer Widerruf der Bezugsberechtigung des Dritten durch Testament, der dem Dritten zumindest gleichzeitig mit der Drittbegünstigungserklärung zugeht (§ 130 Abs. 1 Satz 2 BGB), als Widerruf des Schenkungsangebots gewertet worden.[20] Die Schenkungsofferte können auch die Erben widerrufen[21]; ob der Erblasser dies ausschließen kann, wurde unterschiedlich entschieden.[22] Eine Entziehung der Botenmacht für die Übermittlung der Schenkungsofferte kann zudem durch den Zugang des widerrufenden Testaments bei dem Versprechenden[23] sowie durch Widerrufserklärung der Erben gegenüber dem Versprechenden[24] erfolgen: Der BGH hat eine ihrem Wortlaut nach die „Anfechtung" der Bestimmung des Bezugsberechtigten betreffende Erklärung der Erben als Widerruf des Übermittlungsauftrags ausgelegt.[25] Nach dem OLG Jena soll darüber hinaus der Widerruf der Schenkungsofferte durch Testament analog § 332 BGB sogar ohne Zugang Wirksamkeit entfalten können, wenn es im Versicherungsschein heißt, dass sich das Bezugsrecht aus dem Versicherungsantrag oder späteren Verfügungen ergebe.[26]

Nicht durchgesetzt haben sich demgegenüber Konzepte eines **erbrechtlichen Rechtsgrundes** im Valutaverhältnis, etwa einer auf die Schaffung eines Rechtsgrunds beschränkten, letztwilligen Verfügung.[27]

D. Anwendungsfelder

§ 331 BGB ist relevant geworden bei Lebensversicherungen auf den Todesfall (vgl. nunmehr aber § 159 Abs. 2 und 3 VVG n.F.) und der Eröffnung eines Bankkontos zugunsten Dritter[28]. Anwendungsfelder sind ferner die Versorgung des hinterbliebenen Ehegatten bei Unfallversicherung oder betrieblicher Altersversorgung[29] sowie Nachfolge- und Eintrittsklauseln im Gesellschaftsrecht[30]. Nach der

---

[15] *Bühler*, NJW 1976, 1727, 1728; *Gubitz*, ZEV 2006, 333, 336 ff.; *Hasse*, VersR 2008, 590. 599 ff.
[16] *Wolf*, FamRZ 2002, 147.
[17] BGH v. 21.05.2008 - IV ZR 238/06 (1. Leitsatz) - NJW 2008, 2702; BGH v. 26.11.1975 - IV ZR 138/74 - BGHZ 66, 8-17.
[18] Dazu auch OLG Hamm v. 07.02.1996 - 31 U 172/95 - NJW-RR 1996, 1328; *Simon*, jurisPR-FamR 3/2010, Anm. 5.
[19] BGH v. 26.11.1975 - IV ZR 138/74 - BGHZ 66, 8-17; kritisch hierzu *Westermann*, AcP 208 (2008), 141, 153.
[20] OLG Düsseldorf v. 01.12.1994 - 18 U 65/94 - ZEV 1996, 142-144.
[21] BGH v. 26.11.1975 - IV ZR 138/74 - BGHZ 66, 8-17; Einschränkungen des Erbenwiderrufs mit Blick auf eine liechtensteinische Stiftung erwägt OLG Stuttgart v. 29.06.2009 - 5 U 40/09 - juris Rn. 87 mit Anmerkung *Simon*, jurisPR-FamR 3/2010, Anm. 5.
[22] Dafür OLG Celle v. 20.12.1995 - 3 U 275/94 - WM 1996, 851-854; dagegen OLG Celle v. 22.12.1992 - 22 U 298/91 - WM 1993, 591-593.
[23] BGH v. 30.10.1974 - IV ZR 172/73 - NJW 1975, 382.
[24] BGH v. 21.05.2008 - IV ZR 238/06 - juris Rn. 28 ff. - NJW 2008, 2702; zum Ganzen auch *Vollersen*, ZGS 2009, 305.
[25] BGH v. 21.05.2008 - IV ZR 238/06 - juris Rn. 31-33 - NJW 2008, 2702.
[26] OLG Jena v. 21.10.2003 - 8 U 410/03 - NotBZ 2004, 108-110.
[27] Nachweise hierzu etwa bei *Hasse*, VersR 2008, 590 ff.
[28] OLG Hamm v. 06.05.1998 - 31 U 12/98 - WM 1998, 2236-2239.
[29] *Ballhaus* in BGB-RGRK, § 331 Rn. 2.
[30] Dazu etwa BGH v. 29.09.1977 - II ZR 214/75 - NJW 1978, 264-267.

Rechtsprechung erlaubt der Umstand, dass enge Angehörige unter dem Namen eines Kindes ein Sparbuch anlegen, ohne dieses aus der Hand zu geben, regelmäßig den Schluss auf einen Vertrag zugunsten Dritter auf den Todesfall.[31]

---
[31] BGH v. 18.01.2005 - X ZR 264/02 - EBE/BGH 2005, 71-72.

§ 332 BGB Änderung durch Verfügung von Todes wegen bei Vorbehalt

(Fassung vom 02.01.2002, gültig ab 01.01.2002)

Hat sich der Versprechensempfänger die Befugnis vorbehalten, ohne Zustimmung des Versprechenden an die Stelle des in dem Vertrag bezeichneten Dritten einen anderen zu setzen, so kann dies im Zweifel auch in einer Verfügung von Todes wegen geschehen.

Gliederung

A. Grundlagen 1	II. Vorbehalt der Ersetzung 4
I. Kurzcharakteristik 1	III. Zweifelsfall 5
II. Regelungsprinzipien 2	**C. Rechtsfolgen** 6
B. Anwendungsvoraussetzungen .. 3	**D. Anwendungsfelder** 7
I. Vertrag zugunsten Dritter 3	

A. Grundlagen

I. Kurzcharakteristik

§ 332 BGB enthält sowohl eine **Abweichung von** § 130 BGB als auch eine **Auslegungsregel**, wonach unter der Voraussetzung, dass sich der Versprechensempfänger die Befugnis zur Ersetzung des Dritten vorbehalten hat, diese im Zweifel auch durch Verfügung von Todes wegen möglich ist. 1

II. Regelungsprinzipien

Ungeachtet des gesetzlichen oder vertraglichen Vorbehalts erfolgt die gestaltende Ausübung eines Bestimmungsrechts im von § 332 BGB vorausgesetzten Grundsatz durch empfangsbedürftige Willenserklärung (vgl. auch § 315 Abs. 2 BGB). Hiervon macht § 332 BGB die Ausnahme, dass eine Bestimmung im Zweifel auch durch (nicht empfangsbedürftige) Verfügung von Todes wegen ausgeübt werden kann. 2

B. Anwendungsvoraussetzungen

I. Vertrag zugunsten Dritter

Die Vorschrift bezieht sich auf den echten Vertrag zugunsten Dritter im Sinne von § 328 BGB (vgl. die Kommentierung zu § 328 BGB Rn. 3). 3

II. Vorbehalt der Ersetzung

Eine nachträgliche Auswechslung des begünstigten Dritten bedarf einer Einigung zwischen Versprechendem und Versprechensempfänger (§ 328 Abs. 2 BGB), sofern sich nicht der Versprechensempfänger die Befugnis zur einseitigen Ersetzung im Vertrag zugunsten Dritter vorbehalten hat. Letzteres setzt § 332 BGB voraus. Insbesondere mit Blick auf die §§ 159 Abs. 1, 176, 185 VVG dürfte die Regel auch auf den **Vorbehalt der erstmaligen Benennung** eines Bezugsberechtigten und des **Widerrufs einer Benennung** ohne Benennung eines anderen zu erstrecken sein,[1] was gemessen an dem zu eng geratenen Wortlaut eine Analogie erfordert[2]. 4

III. Zweifelsfall

Als Auslegungsregel greift § 332 BGB nicht, wenn die Auslegung ein klares Ergebnis bringt. Eine abweichende Regelung kann sowohl durch Individualvereinbarung als auch durch AGB getroffen werden. Für Lebensversicherungen wird § 332 BGB in der Regel abbedungen[3] (vgl. näher dazu Rn. 7). 5

---

[1] Vgl. nur *Gottwald* in: MünchKomm-BGB, § 332 Rn. 1; *Grüneberg* in: Palandt, § 332 Rn. 1.

[2] Vgl. auch *Hadding* in: Soergel, § 332 Rn. 3.

[3] Vgl. § 13 Abs. 4 des Musters Allgemeine Versicherungsbedingungen für die kapitalbildende Lebensversicherung des GDV (Gesamtverband der Deutschen Versicherungswirtschaft e.V.), www.gdv.de (abgerufen am 20.08.2012), sowie zur Auslegung BGH v. 14.07.1993 - IV ZR 242/92 - LM BGB § 332 Nr. 2 (12/1993); BGH v. 01.07.1981 - IVa ZR 201/80 - juris Rn. 11 - BGHZ 81, 95-100.

C. Rechtsfolgen

6 Wie ausgeführt, ist nach § 332 BGB die Bestimmung des Dritten durch **letztwillige Verfügung** möglich. Dies umfasst Testament (§ 1937 BGB) und Erbvertrag (§ 1941 BGB). Der Dritte erwirbt das Recht nicht von Todes wegen aus dem Nachlass, sondern aufgrund des Vertrags zugunsten Dritter als **Rechtsgeschäft unter Lebenden**.[4] Bei Leistung an den bisherigen Bezugsberechtigten in Unkenntnis des Testaments hat die Rechtsprechung § 407 BGB analog angewandt.[5]

D. Anwendungsfelder

7 **Für Kapitallebensversicherungen** ist gemäß § 13 Abs. 4 des Musters Allgemeine Versicherungsbedingungen für die kapitalbildende Lebensversicherung des GDV[6] regelmäßig anderes vereinbart. Danach besteht ein Anzeigeerfordernis gegenüber der Versicherung, dem die Vorlage des Testaments nach dem Tode des Erblassers nicht genügt, soweit auch das widerrufliche Bezugsrecht mit Todeseintritt unentziehbar erworben wird (vgl. § 159 Abs. 2 VVG). Da meist die Versicherung durch Mitteilung der Berechtigung an den Dritten diesem zudem grundsätzlich ein **konkludentes Schenkungsangebot** des Versprechensempfängers übermittelt, stellt sich hier insbesondere die Frage nach der Deutung des bestimmenden **Testaments als Widerruf** (§ 130 Abs. 1 Satz 2 BGB) des Schenkungsangebots des Erblassers an den Dritten im Valutaverhältnis oder des entsprechenden Übermittlungsauftrags der Versicherung. Vgl. zu diesen Fragen die Kommentierung zu § 331 BGB Rn. 10. Nach dem OLG Jena soll im Übrigen der Widerruf auch der Schenkungsofferte durch Testament analog § 332 BGB ohne Zugang Wirksamkeit entfalten können, wenn es im Versicherungsschein heißt, dass sich das Bezugsrecht aus dem Versicherungsantrag oder späteren Verfügungen ergebe.[7]

---

[4] H. M., vgl. nur *Gottwald* in: MünchKomm-BGB, § 332 Rn. 5 m.w.N.
[5] BGH v. 10.07.1963 - V ZR 136/61 - LM Nr. 1 zu ErbStG.
[6] www.gdv.de (abgerufen am 20.08.2012); zur Auslegung entsprechender AGB vgl. BGH v. 14.07.1993 - IV ZR 242/92 - LM BGB § 332 Nr. 2 (12/1993); BGH v. 01.07.1981 - IVa ZR 201/80 - juris Rn. 11 - BGHZ 81, 95-100.
[7] OLG Jena v. 21.10.2003 - 8 U 410/03 - NotBZ 2004, 108-110.

§ 333 BGB Zurückweisung des Rechts durch den Dritten

(Fassung vom 02.01.2002, gültig ab 01.01.2002)

Weist der Dritte das aus dem Vertrag erworbene Recht dem Versprechenden gegenüber zurück, so gilt das Recht als nicht erworben.

Gliederung

A. Grundlagen 1	II. Zurückweisungserklärung 4
I. Kurzcharakteristik 1	C. Rechtsfolgen 6
II. Regelungsprinzipien 2	I. Das Gestaltungsrecht und seine Ausübung 6
B. Anwendungsvoraussetzungen 3	II. Rechtsfolgen im Deckungsverhältnis 8
I. Recht aus echtem Vertrag zugunsten Dritter 3	D. Anwendungsfelder 9

A. Grundlagen

I. Kurzcharakteristik

§ 333 BGB normiert ein **Zurückweisungsrecht des Dritten**. Zwar erwirbt der Dritte das ihm durch den Vertrag zu seinen Gunsten zugewandte Recht nach h.M. ohne eigene Mitwirkung. Er kann sich jedoch vor der Aufdrängung des endgültigen Rechtserwerbs durch die rückwirkende Zurückweisung schützen. **1**

II. Regelungsprinzipien

Die Vorschrift ist aus der dargestellten Sicht der h.M. eine Abweichung von dem allgemeinen Grundsatz, dass schuldrechtliche Forderungsrechte nicht durch einseitige Erklärung, sondern nur durch Vertrag aufgegeben werden können (§ 397 BGB). Diese ist deshalb geboten, weil der Begünstigte ausnahmsweise an der Entstehung des Rechts nicht mitwirken muss und die Aufdrängung eines Rechts gegen den Willen des Begünstigten nicht mit dem Prinzip der Privatautonomie vereinbar wäre. Ausprägungen dieses Prinzips sind auch § 516 Abs. 2 BGB und § 1942 Abs. 1 BGB. **2**

B. Anwendungsvoraussetzungen

I. Recht aus echtem Vertrag zugunsten Dritter

Unmittelbar anwendbar ist die Vorschrift auf Rechte, die dem Dritten aus einem echten Vertrag zugunsten Dritter gemäß § 328 Abs. 1 BGB (vgl. die Kommentierung zu § 328 BGB Rn. 3) erwachsen. **3**

II. Zurückweisungserklärung

Die Zurückweisung geschieht in Form einer einseitigen, empfangsbedürftigen **Willenserklärung gegenüber dem Versprechenden**.[1] Sie ist **formfrei** und hat nach h.M.[2] **rechtsgestaltende Wirkung**. Wie auch sonst die Bedingungsfeindlichkeit von Gestaltungsrechten nicht als absolutes Dogma verstanden wird (man denke etwa an die Eventualaufrechnung im Prozess), werden **aufschiebende Bedingungen oder Zeitbestimmungen** heute allgemein als **zulässig** erachtet, soweit hierdurch keine unzumutbare Rechtsunsicherheit entsteht.[3] Ausgehend von der Rechtsunsicherheit als entscheidender Rechtfertigung für Bedingungsfeindlichkeit ist das in einem Schluss a majore ad minus schon deshalb richtig, weil für die Erklärung in § 333 BGB anders als etwa in § 516 Abs. 2 BGB keine Frist vorgesehen ist und der Dritte daher ohnehin durch Nichterklärung die Vertragspartner in den Grenzen von § 242 BGB in Unsicherheit lassen kann. Anderes wird daher gelten, wenn, was zulässig ist[4], dem Drit- **4**

---

[1] BGH v. 15.10.1998 - I ZR 111/96 - juris Rn. 32 - BGHZ 140, 84-94.
[2] *Gernhuber*, Das Schuldverhältnis, 1989, § 20 IV 2a, S. 493; *Westermann* in: Erman, § 333 Rn. 1; *Jagmann* in: Staudinger, § 333 Rn. 6; zur Ansicht *Haddings* vgl. Rn. 7.
[3] *Gottwald* in: MünchKomm-BGB, § 333 Rn. 2; *Jagmann* in: Staudinger, § 333 Rn. 6 mit Nachweisen für die frühere Gegenansicht, die § 2180 Abs. 2 Satz 2 BGB anwenden wollte.
[4] *Gernhuber*, Das Schuldverhältnis, 1989, § 20 IV 2b S. 493.

ten im Vertrag zu seinen Gunsten eine angemessene **Erklärungsfrist** ab Kenntnis gesetzt wird. Die Zulässigkeit **auflösender Bedingungen** ist demgegenüber streitig.[5] Für eine Unzulässigkeit spricht, dass der genannte Schluss a majore ad minus insoweit nicht greift.

5 **Die Zurückweisung eines zukünftigen Rechts** ist zulässig.[6] Das folgt aus dem allgemeinen Grundsatz der Möglichkeit von Verfügungen über zukünftige Rechte. Die hiervon abweichende Ansicht, dass vor Anfall des Rechts eine Zurückweisung ausgeschlossen und nur eine Verpflichtung zur Zurückweisung möglich sei[7], bedürfte vor dem Hintergrund der verfassungsrechtlich abgesicherten Privatautonomie für das Aufzwingen eines erklärtermaßen nicht gewünschten Rechts einer sachlichen Rechtfertigung, die nicht ersichtlich ist.

C. Rechtsfolgen

I. Das Gestaltungsrecht und seine Ausübung

6 Mit Zurückweisung gilt das Recht als nicht erworben. Dies bedeutet nach dem herrschenden Verständnis von der Zurückweisung als Gestaltungsrecht, dass das zunächst ohne seine Mitwirkung unmittelbar durch den Vertrag zu seinen Gunsten begründete Recht des Dritten *ex tunc* wegfällt. Die rechtsgestaltende Kraft der Zurückweisung kann eine spätere Annahme nicht mehr einseitig aufheben; die Annahme hindert umgekehrt eine spätere Zurückweisung[8] (allgemeiner Rechtsgedanke, vgl. die §§ 1943, 2180 Abs. 1, 144 BGB).

7 *Hadding*[9] sieht dies hingegen als mit der Privatautonomie unvereinbar an und geht demgegenüber davon aus, dass der Dritte das Recht aus dem Vertrag nicht ohne eigene Mitwirkung, sondern erst dann erwirbt, wenn er dieses Recht annimmt. Er deutet die Zurückweisung gemäß § 333 BGB als „feststellende Erklärung", wodurch diese Annahme verbindlich ausgeschlossen wird. Freilich enthält die Rechtsordnung verglichen mit der herrschenden Sicht von § 333 BGB noch stärker belastende Regelungen[10], ohne dass untragbare Resultate ersichtlich wären.

II. Rechtsfolgen im Deckungsverhältnis

8 Die Rechtsfolgen im Deckungsverhältnis zwischen Versprechendem und Versprechensempfänger sind eine Frage einschlägiger Spezialnormen und der (ergänzenden) Vertragsauslegung. Möglich ist, dass das Recht statt dem Dritten nun dem Versprechensempfänger bzw. seinen Erben zufällt (vgl. die §§ 160 Abs. 3, 185 VVG) oder dass der Versprechensempfänger einen neuen Berechtigten benennen kann (vgl. § 332 BGB, §§ 159 Abs. 1, 176, 185 VVG). Greift keine Spezialnorm und folgt keines dieser Ergebnisse aus Vertragsauslegung, etwa weil der Versprechende ein besonderes Interesse an der Person des Leistungsempfängers oder der Versprechensempfänger kein Eigeninteresse an der Leistung hatte, so liegt eine in der Regel von keiner Seite zu vertretende Unmöglichkeit vor.[11] Die Rechtsfolge ergibt sich dann aus den §§ 275 Abs. 1, 326 Abs. 1 Satz 1, Abs. 5 BGB. Die Auslegung kann auch ergeben, dass der Versprechensempfänger die Zurückweisung im Sinne einer Garantieübernahme (§ 276 Abs. 1 Satz 1 a.E. BGB) vertreten muss. Das LG Freiburg[12] hat § 324 Abs. 1 BGB a.F. (vgl. jetzt § 326 Abs. 2 BGB) auf den von einem Elternteil zugunsten des Kindes geschlossenen Vertrag angewandt, bei dem der andere Elternteil dem Kind die Entgegennahme der Leistung untersagt hat.

---

[5] Dagegen *Jagmann* in: Staudinger, § 333 Rn. 6; dafür *Hadding* in: Soergel, § 333 Rn. 7.
[6] *Westermann* in: Erman, § 333 Rn. 2; *Gottwald* in: MünchKomm-BGB, § 333 Rn. 3; *Hadding* in: Soergel, § 333 Rn. 3.
[7] RG v. 11.02.1921 - II 392/20 - RGZ 101, 304-307; *Stadler* in: Jauernig, § 333 Rn. 1; *Ballhaus* in: BGB-RGRK, § 333 Rn. 2; *Grüneberg* in: Palandt, § 333 Rn. 2.
[8] Zur daraus resultierenden „Zurückweisungsobliegenheit" *Dörner*, Dynamische Relativität, 1985, S. 128.
[9] *Hadding* in: Graveson/Kreuzer/Tunc/Zweigert, FS f. Zajtay, 1982, S. 185, 205 ff.; *ders.* in: Soergel, § 333 Rn. 2.
[10] Man denke etwa an die einseitige Erbeinsetzung durch Testament (§ 1937 BGB). Hier werden sogar Verbindlichkeiten ohne Mitwirkung des Erben übertragen (§§ 1942, 1967 BGB) und die Erbausschlagung ist fristgebunden (§ 1944 BGB).
[11] *Gottwald* in: MünchKomm-BGB, § 333 Rn. 8.
[12] LG Freiburg (Breisgau) v. 01.07.1980 - 9 S 76/80 - MDR 1981, 141.

D. Anwendungsfelder

Eine Zurückweisung wird vor allem dann relevant, wenn der Rechtserwerb mit Nachteilen verbunden ist. Die Zurückweisung zur **Beseitigung einer Aufrechnungslage** ist vom Reichsgericht gebilligt worden.[13]

Die **Zurückweisung einer Kontogutschrift** fällt nicht unmittelbar unter § 333 BGB, da ein Auszahlungsanspruch des Bankkunden nicht aus einem Vertrag zugunsten Dritter, sondern aus dem Geschäftsbesorgungsvertrag mit seiner Bank resultiert. Dem Vorschlag einer analogen Anwendung von § 333 BGB zur Vermeidung aufgedrängter Bereicherung ist der BGH nicht gefolgt.[14]

---

[13] RG v. 11.11.1927 - II 102/27 - RGZ 119, 1-5.
[14] BGH v. 06.12.1994 - XI ZR 173/94 - juris Rn. 12 - BGHZ 128, 135-139.

§ 334 BGB Einwendungen des Schuldners gegenüber dem Dritten

(Fassung vom 02.01.2002, gültig ab 01.01.2002)

Einwendungen aus dem Vertrag stehen dem Versprechenden auch gegenüber dem Dritten zu.

Gliederung

A. Grundlagen 1
B. Anwendungsvoraussetzungen 2
   I. Echter Vertrag zugunsten Dritter (Absatz 1) 2
   II. Einwendung des Versprechenden aus dem Vertrag 3
      1. Einwendung 3
      2. Aus dem Vertrag 4
C. Rechtsfolgen 5
D. Anwendungsfelder 6

A. Grundlagen

1 **Regelungsprinzipien**: Das Recht des Dritten gründet auf der vertraglichen Verpflichtung des Versprechenden gegenüber dem Versprechensempfänger im Deckungsverhältnis, also auf dem Vertrag zugunsten Dritter. Allein die Besonderheit, dass das Recht nicht dem Versprechensempfänger zusteht, rechtfertigt nicht, dem Versprechenden die im Deckungsverhältnis bestehenden Einwendungen abzuschneiden. Dem trägt § 334 BGB dadurch Rechnung, dass dem Versprechenden die Einwendungen aus dem Vertrag auch dem Dritten gegenüber zugebilligt werden (eine parallele Wertung enthält § 404 BGB). Daneben stehen dem Versprechenden gegenüber dem Dritten natürlich alle seine Gegenrechte aus dem Vollzugsverhältnis zu, während er solche aus dem Valutaverhältnis grundsätzlich nicht geltend machen kann.

B. Anwendungsvoraussetzungen

I. Echter Vertrag zugunsten Dritter (Absatz 1)

2 Die Vorschrift bezieht sich unmittelbar auf den echten Vertrag zugunsten Dritter im Sinne von § 328 Abs. 1 BGB (vgl. die Kommentierung zu § 328 BGB Rn. 3), bei welchem **der Dritte Gläubiger** ist, d.h. von dem Versprechenden die zu seinen Gunsten versprochene Leistung selbst fordern kann. Sie gilt nach h.M.[1] grundsätzlich **analog für die Figur des Vertrags mit Schutzwirkung zugunsten Dritter** (vgl. hierzu die Kommentierung zu § 328 BGB Rn. 68). Eine solche Analogie ist freilich nur dann plausibel, wenn die Dritteinbeziehung auf einem entsprechenden Gläubigerinteresse beruht, nicht aber bei gegenläufigen Interessen wie in den Fällen der Dritthaftung von Gutachtern/Experten.[2] Für die Konstellation **gegenläufiger Interessen von Versprechensempfänger und Drittem** hat der BGH die mangelnde Einschlägigkeit des Rechtsgedankens des § 334 BGB für Haftungsbeschränkungen sogar beim echten Vertrag zu Gunsten Dritter angenommen und (unter anderem) darauf die Beschränkung des Parteiwillens durch AGB-Inhaltskontrolle gestützt.[3]

II. Einwendung des Versprechenden aus dem Vertrag

1. Einwendung

3 Einwendungen nach dieser Vorschrift sind im weitesten Sinne Verteidigungsmöglichkeiten des Versprechenden gegenüber dem Versprechensempfänger.[4] Das umfasst sowohl geltend zu machende Einreden wie Verjährung (§ 214 Abs. 1 BGB) und Zurückbehaltungsrechte (etwa die §§ 273, 320 BGB), als auch von Amts wegen zu berücksichtigende Einwendungen, z.B. Nichtzustandekommen des Ver-

---

[1] *Stadler* in: Jauernig, § 334 Rn. 2; *Grüneberg* in: Palandt, § 334 Rn. 1.
[2] *Westermann*, AcP 208 (2008), 141, 155.
[3] BGH v. 19.11.2009 - III ZR 108/08 - juris Rn. 18-20 - NJW 2010, 1277, hinsichtlich eines als echter Vertrag zugunsten der Anleger ausgestalteten Mittelverwendungskontrollvertrags zwischen Anlagegesellschaft und Wirtschaftsprüfer.
[4] Vgl. nur *Westermann* in: Erman, § 334 Rn. 4.

trags (§§ 154, 155 BGB), Nichtigkeit (§§ 125, 134, 138, 142 BGB), Widerruf (§ 355 BGB). Auch prozessuale Abreden wie Schieds- und Gerichtsstandsvereinbarungen fallen unter die Norm.[5] Über § 334 BGB kann dem Dritten ein Mitverschulden des Versprechensempfängers entgegengehalten werden.[6]

2. Aus dem Vertrag

Die **Einwendung** muss sich aus dem Vertrag **zugunsten Dritter** im Deckungsverhältnis ergeben. **Ausgeschlossen** sind daher **Gegenrechte** des Versprechenden aus anderen Rechtsbeziehungen mit dem Versprechensempfänger sowie Einwendungen aus späteren Abreden zwischen Versprechendem und Versprechensempfänger (Erlass, Stundung, vollstreckungsbeschränkende Vereinbarungen etc.).[7] Ferner ausgeschlossen sind Einwendungen aus dem Valutaverhältnis, sofern dieses nicht ausnahmsweise auf das Deckungsverhältnis bzw. dessen Geschäftsgrundlage einwirkt.[8] § 334 BGB ermöglicht nicht die **Aufrechnung** gegenüber dem Dritten mit einer Forderung gegen den Versprechensempfänger.[9] Nach allgemeinen Regeln möglich ist demgegenüber die Aufrechnung mit einer Forderung gegen den Dritten; dieser kann die Aufrechnungslage aber nach § 333 BGB beseitigen.[10]

C. Rechtsfolgen

Die Rechtsfolge des § 334 BGB, dass dem Versprechenden die Einwendungen aus dem Vertrag zugunsten Dritter auch dem Dritten gegenüber zustehen, **ist dispositiv**.[11] Vor dem unaufhebbaren Rechtserwerb durch den Dritten kann sowohl die Geltung unter diese Norm fallender Einwendungen gegenüber dem Dritten ausgeschlossen als auch die Geltung nicht unter die Norm fallender Einwendungen vereinbart werden.

D. Anwendungsfelder

Gestaltungsrechte des Versprechenden sind nicht gegenüber dem Dritten, sondern gegenüber dem Versprechensempfänger geltend zu machen.

Streitig ist, ob sich bei einem Rücktritt der **Rückgewähranspruch nach** § 346 BGB des Versprechenden gegen den Dritten[12] gegen den Versprechensempfänger[13] oder gegen beide richtet[14]. Überzeugend erscheint es, diese Frage parallel zur bereicherungsrechtlichen Rückabwicklung zu entscheiden.[15] Hier richtet sich bei fehlerhaftem Deckungsverhältnis und gültigem Valutaverhältnis die Kondiktion des Versprechenden gegen den Versprechensempfänger.[16]

---

[5] *Grüneberg* in: Palandt, § 334 Rn. 3.
[6] BGH v. 07.11.1960 - VII ZR 148/59 - BGHZ 33, 247-251.
[7] Eingehend *Hadding* in: Soergel, § 334. Rn. 3.
[8] BGH v. 09.04.1970 - KZR 7/69 - BGHZ 54, 145-157.
[9] § 334 BGB entspricht § 404 BGB, nicht § 406 BGB; vgl. *Hadding* in: Soergel, § 334. Rn. 3.
[10] RG v. 11.11.1927 - II 102/27 - RGZ 119, 1-5.
[11] BGH v. 17.01.1985 - VII ZR 63/84 - juris Rn. 12 - BGHZ 93, 271-278; ferner BGH v. 10.11.1994 - III ZR 50/94 - juris Rn. 24 - BGHZ 127, 378-387 (für Vertrag mit Schutzwirkung zugunsten Dritter, vgl. hierzu die Kommentierung zu § 328 BGB Rn. 68).
[12] *Hadding* in: Soergel, § 334 Rn. 14.
[13] *Fikentscher/Heinemann*, Schuldrecht, 10. Aufl. 2006, Rn. 300.
[14] So OLG Düsseldorf v. 28.10.1969 - 4 U 68/69 - VersR 1970, 738-740; *Grüneberg* in: Palandt, § 334 Rn. 3.
[15] *Dörner*, Dynamische Relativität, 1985, S. 341 f.; *Gottwald* in: MünchKomm-BGB, § 334 Rn. 12.
[16] *Gottwald* in: MünchKomm-BGB, § 334 Rn. 16; a.A. *Dörner*, Dynamische Relativität, 1985, S. 342. m.w.N.

§ 335 BGB Forderungsrecht des Versprechensempfängers

(Fassung vom 02.01.2002, gültig ab 01.01.2002)

Der Versprechensempfänger kann, sofern nicht ein anderer Wille der Vertragschließenden anzunehmen ist, die Leistung an den Dritten auch dann fordern, wenn diesem das Recht auf die Leistung zusteht.

Gliederung

A. Grundlagen 1
   I. Kurzcharakteristik 1
   II. Regelungsprinzipien 2
B. Anwendungsvoraussetzungen 3
   I. Echter Vertrag zugunsten Dritter (Absatz 1) 3
   II. Kein anderer Wille der Vertragsschließenden 4
C. Rechtsfolgen 5
D. Prozessuale Hinweise 6
E. Anwendungsfelder 8

A. Grundlagen

I. Kurzcharakteristik

1   § 335 BGB enthält die **Auslegungsregel**, dass neben dem Dritten im Zweifel auch der Versprechensempfänger als Vertragspartei ein eigenes Recht hat, die Leistung an den Dritten zu fordern.

II. Regelungsprinzipien

2   Die Norm trägt dem **Eigeninteresse des Versprechensempfängers** an der Leistung Rechnung.[1] Zum einen bedient sich der Versprechensempfänger schließlich des Versprechenden zur Leistung an den Dritten in aller Regel deshalb, weil er im Valutaverhältnis selbst rechtsgeschäftliche Beziehungen mit dem Dritten hat und diesem nicht selten selbst zur Leistung verpflichtet ist. Zum anderen ist es nicht der Dritte, sondern der Versprechensempfänger, der mit seiner Verpflichtung zur Gegenleistung die Last trägt, den Versprechenden zur Übernahme der Verpflichtung zu bewegen. Allerdings gewährt das Gesetz diesem Interesse eher geringen Schutz: Als reine Auslegungsregel hindert § 335 BGB nicht andere Vertragsvereinbarungen, und das Recht des Versprechensempfängers nach dieser Norm ist weitgehend abhängig von der Rechtsstellung und dem Verhalten des Dritten.[2]

B. Anwendungsvoraussetzungen

I. Echter Vertrag zugunsten Dritter (Absatz 1)

3   Die Vorschrift bezieht sich auf den echten Vertrag zugunsten Dritter im Sinne von § 328 Abs. 1 BGB (vgl. die Kommentierung zu § 328 BGB Rn. 3), bei welchem **der Dritte Gläubiger** ist, d.h. von dem Versprechenden die zu seinen Gunsten versprochene Leistung selbst fordern kann. Für den in Besonderheit zu § 328 BGB geregelten Versicherungsvertrag für fremde Rechnung wird § 335 BGB durch die spezielleren §§ 43 ff. VVG verdrängt.[3]

II. Kein anderer Wille der Vertragsschließenden

4   Mitunter wird § 335 BGB als nachgiebig[4] oder abdingbar bezeichnet[5]. Streng genommen handelt es sich aber bei der Nichtannehmbarkeit eines anderen Willens der Vertragsschließenden um ein (negatives) Tatbestandsmerkmal. Die Norm ist also gar nicht einschlägig, wenn bereits die **vorrangige Vertragsauslegung** nach den §§ 133, 157 BGB eindeutig ergibt, dass das Forderungsrecht nur dem Dritten oder auch dem Versprechensempfänger zustehen soll.

---

[1] Eingehend *Hadding* in: Soergel, § 335 Rn. 1.
[2] Gar von Vernachlässigung der Interessen des Versprechensempfängers sprechend *Westermann* in: Erman, § 335 Rn. 3.
[3] BGH v. 08.02.2006 - IV ZR 205/04 - juris Rn. 26.
[4] *Westermann* in: Erman, § 335 Rn. 2.
[5] *Hadding* in: Soergel, § 335 Rn. 1.

C. Rechtsfolgen

Der Versprechensempfänger ist nach h.M. Gläubiger eines **eigenen Forderungsrechts** auf Leistung an den Dritten. Danach sind Versprechensempfänger und Dritter nicht Gesamtgläubiger nach § 428 BGB; vielmehr besteht eine nicht in die Kategorien der §§ 428-432 BGB passende, **besondere Form der Forderungsmehrheit** und nicht nur eine Einzugsermächtigung.[6] Nach *Hadding*[7] ist hingegen der Versprechensempfänger befugt, im Sinne einer Prozessstandschaft die Forderung des Dritten als ein fremdes Recht im eigenen Namen geltend zu machen.

D. Prozessuale Hinweise

Aus der Gesetzesformulierung: „Sofern nicht" ergibt sich eine Vermutung für das Forderungsrecht des Versprechensempfängers, weshalb die Darlegungs- und **Beweislast** für das Vorliegen eines anderen Willens der Vertragsschließenden bei demjenigen liegt, der dies geltend macht.

Auch ein für oder gegen den Versprechensempfänger oder den Dritten ergangenes Sachurteil wirkt nach h.M. nicht für oder gegen den jeweils anderen.[8]

E. Anwendungsfelder

Das Recht zur Geltendmachung der Leistung an den Dritten umfasst zunächst die primäre Leistung des ursprünglich versprochenen Inhalts. Die h.M. nimmt an, dass auch **Schadensersatzansprüche** des Dritten aufgrund einer Vertragsverletzung des Versprechenden unter § 335 BGB fallen.[9]

Das **Recht**, die Leistung an den Dritten zu fordern, **ist vererblich** und fällt in den Nachlass des Versprechensempfängers.[10] Nach h.M. ist ferner die **Abtretung** zumindest an den Dritten zulässig und nicht durch § 399 Fall 1 BGB ausgeschlossen.[11]

Schließlich kann auch eine Sicherung durch **Vormerkung im Grundbuch** erfolgen.[12]

An sich selbst kann der Versprechensempfänger den Ersatz des eigenen Schadens verlangen.[13] Zu den **Gestaltungsrechten des Versprechensempfängers** vgl. die Kommentierung zu § 328 BGB Rn. 30.

Für den in Besonderheit zu § 328 BGB geregelten Versicherungsvertrag für fremde Rechnung wird § 335 BGB durch die spezielleren §§ 44 f. VVG verdrängt.[14]

---

[6] BGH v. 16.11.1951 - V ZR 17/51 - juris Rn. 18 - BGHZ 3, 385-391.
[7] *Hadding* in: Soergel, § 335 Rn. 11.
[8] *Grüneberg* in: Palandt, § 335 Rn. 1.
[9] *Westermann* in: Erman, § 335 Rn. 1; *Ballhaus* in: BGB-RGRK, § 335 Rn. 1; einschränkend *Hadding* in: Soergel, § 335 Rn. 3 f.
[10] *Ballhaus* in: BGB-RGRK, § 335 Rn. 2.
[11] *Grüneberg* in: Palandt, § 335 Rn. 2; generell zweifelnd mit Blick auf § 399 Fall 2 BGB, § 400 BGB *Hadding* in: Soergel, § 335 Rn. 6.
[12] BGH v. 22.12.1982 - V ZR 8/81 - juris Rn. 21 - LM Nr. 4 zu § 335 BGB.
[13] BGH v. 16.09.1966 - VIII ZR 202/64 - NJW 1966, 2260-2262.
[14] BGH v. 08.02.2006 - IV ZR 205/04 - juris Rn. 26.

§ 336

Titel 4 - Draufgabe, Vertragsstrafe

§ 336 BGB Auslegung der Draufgabe

(Fassung vom 02.01.2002, gültig ab 01.01.2002)

(1) Wird bei der Eingehung eines Vertrags etwas als Draufgabe gegeben, so gilt dies als Zeichen des Abschlusses des Vertrags.

(2) Die Draufgabe gilt im Zweifel nicht als Reugeld.

Gliederung

A. Grundlagen ....
  I. Regelungsgefüge der §§ 336-338 BGB, Kurzcharakteristik ....
  II. Historischer und praktischer Hintergrund 2
  III. Internationale und rechtsvergleichende Aspekte ....
B. Anwendungsvoraussetzungen ....
  I. Gegenstand der Draufgabe 4
  II. Bei Eingehung eines Vertrages 6
  III. Als Draufgabe 8
    1. Allgemeine Anforderungen 9
    2. Abgrenzungen 10
C. Rechtsfolgen 14

A. Grundlagen

I. Regelungsgefüge der §§ 336-338 BGB, Kurzcharakteristik

1 Die §§ 336-338 BGB regeln die Behandlung der Draufgabe. Die gesetzliche Regelung tendiert zu einer Begünstigung desjenigen, der die Draufgabe gewährt. Er wird insbesondere weitgehend davor geschützt, die Draufgabe einzubüßen. Der **Begriff** der Draufgabe selbst wird vom Gesetz nicht definiert, § 336 Abs. 1 BGB gibt aber die einzelnen Voraussetzungen zu erkennen. Außerdem normiert die gesetzliche Regelung besondere **Rechtsfolgen** der Draufgabe, nämlich eine Vermutungswirkung (§ 336 Abs. 1 BGB) und Rechtsfolgen im Zusammenhang mit der Einordnung als Reugeld (§ 336 Abs. 2 BGB), der Anrechnung auf die geschuldete Leistung (§ 337 Abs. 1 BGB) und einer etwaigen Rückgewähr (§§ 337 Abs. 2, 338 BGB).

II. Historischer und praktischer Hintergrund

2 Die gesetzliche Regelung ist vornehmlich historisch zu begreifen. Vor Geltung des BGB wurden Draufgaben unterschiedlich eingeordnet. Nach deutschrechtlichem Verständnis handelte es sich um ein Mittel des Vertragsschlusses, während das gemeine Recht die Draufgabe allein als Zeichen eines Vertragsschlusses wertete.[1] Die §§ 336-338 BGB haben sich dieser Linie des gemeinen Rechts angeschlossen und werden heute bewusst restriktiv ausgelegt.[2] Die praktische Bedeutung der Vorschriften ist daher gering, einschlägige Judikatur ist fast nicht vorhanden. Gleichwohl ist die Beibehaltung der Vorschriften empfohlen worden[3], und der Gesetzgeber hat die Vorschriften auch im Rahmen des Schuldrechtsreformgesetzes unverändert gelassen.

III. Internationale und rechtsvergleichende Aspekte

3 Im Zusammenhang mit Verträgen, die unter den Anwendungsbereich des **UN-Kaufrechts** fallen, sind Erklärungen und das sonstige Verhalten einer Partei entweder nach deren Willen (Art. 8 Abs. 1 CISG) oder so auszulegen, wie eine vernünftige Person der gleichen Art wie die andere Partei sie unter den gleichen Umständen aufgefasst hätte (Art. 8 Abs. 2 CISG). Dies kann im Einzelfall auch Bedeutung für die Frage haben, ob etwas als Draufgabe im Sinne der §§ 336-338 BGB oder als Vertragsannahme (Art. 18 Abs. 3 CISG) einzuordnen ist. Dabei ist zu beachten, dass es in den einzelnen nationalen Zivilrechten unterschiedliche Bedeutung haben kann, wenn eine Partei der anderen bei der Eingehung eines Vertrages etwas gewährt. Im **deutschen Recht** bestätigt die Draufgabe lediglich, dass der Vertrag geschlossen worden ist, hat aber für sein rechtliches Zustandekommen keine Bedeutung. Demgegen-

---

[1] Dazu *Gottwald* in: MünchKomm-BGB, § 336 BGB Rn. 1 f. m.w.N.
[2] *Lindacher* in: Soergel, Vorbem. zu §§ 336 ff. Rn. 2.
[3] Abschlussbericht der Kommission zur Überarbeitung des Schuldrechts, 1992, S. 293.

über setzt das wirksame Zustandekommen eines Vertrages nach **englischem Recht** voraus, dass der anderen Partei eine „valuable consideration" gewährt wurde[4] und diese kann durchaus in etwas bestehen, was im deutschen Recht als Draufgabe eingeordnet werden würde.

B. Anwendungsvoraussetzungen

I. Gegenstand der Draufgabe

Der Gegenstand der Draufgabe („**Etwas**") ist weit zu verstehen und kann grundsätzlich in allem liegen, was zu einer symbolischen Bestätigung des Vertragsschlusses taugt, z.B. in einem Schluck Wein.[5] Allgemein kommen vor allem Sachen (§ 90 BGB) bzw. Geld in Betracht, z.B. in Gestalt eines „Handgelds". Gegenstand der Draufgabe können aber auch unkörperliche Gegenstände wie Forderungen und Immaterialgüterrechte sein.[6]

Das Etwas muss weiterhin „**gegeben**", also der anderen Vertragspartei übertragen werden. Der Gesetzeswortlaut schließt es weder aus, unkörperliche Gegenstände als Draufgabe anzusehen, noch verlangt er eine Rechtsübertragung, so dass z.B. auch bloße Besitzüberlassungen unter die §§ 336-338 BGB fallen können.[7]

II. Bei Eingehung eines Vertrages

Die Draufgabe ist nicht Gegenstand eines eigenständigen Vertrags, insbesondere nicht Gegenstand einer Schenkung (§ 516 Abs. 1 BGB). Sie ist vielmehr **auf einen Vertrag bezogen**, der von ihr zu trennen ist und dessen Zustandekommen sie bestätigen soll. Eine Draufgabe kommt nur in Betracht, wenn sich die Parteien nach ihrer Vorstellung über diesen Vertrag geeinigt haben. Ist der Vertrag rechtlich nicht wirksam zustande gekommen, so ist die Draufgabe aber hinfällig und bereicherungsrechtlich zurückzugewähren.[8] Besonderheiten für die Rückgewähr gelten aber, wenn entweder der Vertrag wirksam zustande gekommen ist und wieder aufgehoben wird (§ 337 Abs. 2 BGB) oder im Fall bestimmter Leistungsstörungen (§ 338 BGB).

„Bei" Eingehung setzt nicht zwingend einen engen zeitlichen Zusammenhang zwischen der vertraglichen Einigung und der Gewährung des Etwas voraus, doch wird eine „Gewährung als Draufgabe" bei Zuwendungen, die in klarem zeitlichen Abstand zur Einigung stehen, nur selten anzunehmen sein.

III. Als Draufgabe

§ 336 Abs. 1 BGB verlangt eine Gewährung „als Draufgabe". Es handelt sich um das zentrale Tatbestandsmerkmal. Sein Inhalt lässt sich in allgemeiner Form nur wenig griffig definieren und wird ganz maßgeblich durch die Abgrenzung der Draufgabe von verwandten Instituten bestimmt. Entgegen der nicht treffenden Bezeichnung als „Draufgabe" soll das Gewährte im Zweifel keine zusätzlich geschuldete Leistung sein (vgl. § 337 Abs. 1 BGB), also nicht wirklich „draufgegeben" werden.

1. Allgemeine Anforderungen

Für die Einordnung als Draufgabe ist entscheidend, ob die Gewährung **zur symbolischen Vertragsbestätigung dient**. Maßgebend ist die Vorstellung der Parteien (§§ 133, 157 BGB). Bei Geldzahlungen kann deren Höhe ein wichtiges Indiz sein. Eine Draufgabe kommt auch im Zusammenhang mit geringwertigen oder immateriellen Gewährungen in Betracht. Ist die Zuwendung besonders hochwertig oder ist ihr Wert im Verhältnis zum Wert der vertraglich zu erbringenden Leistungen besonders hoch, so kann dies gegen die Einordnung als Draufgabe sprechen.[9] Das Leisten eines Handgelds in Höhe von 12.500 € für einen den DFB-Statuten widersprechenden Vereinswechsel eines Fußballspielers wird im Schrifttum schon wegen der Höhe dieses Betrags nicht als Draufgabe angesehen.[10]

---

[4] Z.B. Thomas v. Thomas, [1842] 2 Q.B. 851; aus dem deutschen Schrifttum: *Henrich*, Einführung in das englische Privatrecht, 2. Aufl. 1993, S. 39 ff. m.w.N.
[5] *Rieble* in: Staudinger, § 336 Rn. 5.
[6] *Rieble* in: Staudinger, § 336 Rn. 5.
[7] *Rieble* in: Staudinger, § 336 Rn. 5.
[8] OLG Köln v. 27.04.1971 - 15 U 126/70 - NJW 1971, 1369; *Ballhaus* in: BGB-RGRK, § 336 BGB Rn. 1.
[9] *Gottwald* in: MünchKomm-BGB, § 336 BGB Rn. 7.
[10] *Rieble* in: Staudinger, § 336 Rn. 10 f. m.w.N.; offenlassend OLG Köln v. 27.04.1971 - 15 U 126/70 - NJW 1971, 1369.

2. Abgrenzungen

10 Die Draufgabe ist von zahlreichen verwandten Instituten zu unterscheiden, die rechtlich nicht nach den §§ 336-338 BGB zu behandeln sind. Praktische Bedeutung hat insbesondere die Abgrenzung der Draufgabe von der **Anzahlung** erlangt. Während der Empfänger einer Draufgabe diese in bestimmten Fällen der Unmöglichkeit nach § 338 Satz 1 BGB behalten darf, kann eine gewährte Anzahlung vom Leistenden in solchen Konstellationen grundsätzlich zurückverlangt werden (§§ 346 Abs. 1, 326 Abs. 5 BGB). Die Abgrenzung ist unproblematisch, wenn ein vertraglich nicht geschuldetes Etwas gewährt wird. Dann kann es sich durchaus um eine Draufgabe, grundsätzlich (§ 364 Abs. 1 BGB) aber nicht um eine Anzahlung handeln. Deckt sich dagegen das Gewährte mit dem Inhalt der vertraglichen Leistungspflicht, so kommen beide Institute in Betracht. Die Rechtsprechung tendiert dann stark zur Annahme einer bloßen Anzahlung, also einer entgegen § 266 BGB erlaubten Teilleistung. Sie hat sogar das einem sog. Amateurspieler aus Anlass des Abschlusses eines Spielervertrages in Form eines Darlehens gewährte Handgeld in der Regel als eine im Voraus gezahlte zusätzliche Vergütung angesehen.[11]

11 Ebenfalls Teil der geschuldeten Leistung sind von der Gegenseite verlangte **Vertragskosten**, Vertragsgebühren, Bearbeitungsgebühren, Agio und Disagio etc.[12]

12 **Zugaben**, die im geschäftlichen Verkehr neben einer Ware oder Leistung angeboten, angekündigt oder gewährt werden (vgl. den früheren § 1 Abs. 1 Satz 1 ZugabeV), unterscheiden sich in ihrer Zweckrichtung typischerweise von der Draufgabe. Sie sollen nicht einen Vertragsschluss bekräftigen, sondern den potenziellen Kunden für einen Vertragsschluss werben oder ihn für weitere zukünftige Geschäfte gewogen machen.

13 Ein **Verlobungsring**, den die Verlobten einander zum Zeichen des Verlöbnisses geben, ist eine Draufgabe, deren Rückgewähr sich aber nach § 1301 BGB und nicht nach den §§ 337, 338 BGB bestimmt. Das „Brautgeld", mit dem die Familie des Bräutigams bei der Verabredung der Eheschließung die Familie der Braut für den Verlust von deren Arbeitskraft entschädigt, ist dagegen mangels Bekräftigungsfunktion keine Draufgabe.[13]

C. Rechtsfolgen

14 § 336 Abs. 1 BGB begründet eine widerlegbare („im Zweifel") **Vermutung im Sinne von** § 292 ZPO dafür, dass sich die Parteien über den Schluss eines Vertrages geeinigt haben. Die Draufgabe heilt weder Willensmängel, noch ersetzt sie eine gesetzlich vorgeschriebene und nicht eingehaltene Form.

15 Nach § 336 Abs. 2 BGB ist die Draufgabe im Zweifel kein **Reugeld** im Sinne von § 353 BGB, begründet daher als solche kein Rücktrittsrecht. Das Reugeld hat nämlich anders als die Draufgabe einen Gegenleistungscharakter, da es den Erhalt eines Rücktrittsrechts erkauft. Die Draufgabe kann aber als Reugeld vereinbart werden. Ein solcher Wille der Parteien wird sich insbesondere nur annehmen lassen, wenn sie eine zukünftige Rückabwicklung des vereinbarten Geschäfts bei Vertragsschluss in Betracht ziehen und für möglich halten. Kommt es in einem solchen Fall zum Rücktritt durch den Gewährenden, so kann er die geleistete Draufgabe nicht zurückverlangen. § 353 BGB findet auf diesen Rücktritt keine Anwendung, da sich die Vorschrift darauf bezieht, dass das Reugeld erst im Zuge der Rücktrittserklärung und nicht im Voraus gezahlt wird.[14]

---

[11] OLG Düsseldorf v. 18.12.1980 - 18 U 161/80 - DB 1982, 327.
[12] *Rieble* in: Staudinger, § 336 Rn. 12.
[13] OLG Köln v. 08.04.1994 - 20 U 226/92 - NJW-RR 1994, 1026-1028.
[14] *Rieble* in: Staudinger, § 336 Rn. 15.

§ 337 BGB Anrechnung oder Rückgabe der Draufgabe

(Fassung vom 02.01.2002, gültig ab 01.01.2002)

(1) Die Draufgabe ist im Zweifel auf die von dem Geber geschuldete Leistung anzurechnen oder, wenn dies nicht geschehen kann, bei der Erfüllung des Vertrags zurückzugeben.

(2) Wird der Vertrag wieder aufgehoben, so ist die Draufgabe zurückzugeben.

Gliederung

A. Grundlagen 1	II. Vertragsaufhebung (Absatz 2) 3
B. Anwendungsvoraussetzungen 2	III. Vertragsunwirksamkeit 4
I. Anrechnung und Rückgabe (Absatz 1) 2	

A. Grundlagen

Die Vorschrift enthält Auslegungsregeln in Bezug auf das Schicksal der Draufgabe, nachdem diese geleistet wurde und so den Vertragsschluss bestätigt hat. **1**

B. Anwendungsvoraussetzungen

I. Anrechnung und Rückgabe (Absatz 1)

Die Draufgabe wird als solche zwar nicht geschuldet, ist aber nach § 337 Abs. 1 Alt. 1 BGB gleichwohl im Zweifel auf die vom Geber geschuldete Leistung **anzurechnen**. Sie gilt damit von Gesetzes wegen als geschuldete Teilleistung, kann aber im Unterschied zu einer vereinbarten Teilleistung nach § 338 Satz 1 BGB verfallen. Die Anrechnung erfolgt automatisch („ist"), einer speziellen Erklärung bedarf es nicht. Sie ist aber nur möglich, wenn Draufgabe und geschuldete Leistung ihrem Gegenstand nach gleichartig im Sinne von § 387 BGB sind.[1] Scheidet dagegen eine Anrechnung wegen der Ungleichartigkeit von Draufgabe und geschuldeter Leistung aus, so ist die Draufgabe bei der Erfüllung des Vertrags **zurückzugeben**, § 337 Abs. 1 Alt. 2 BGB. Die Rückgabe hat nach § 274 BGB Zug um Zug zu erfolgen.[2] Es handelt sich um eine bereicherungsrechtliche Rückgabepflicht, auf die namentlich § 818 Abs. 3 BGB Anwendung findet.[3] § 814 Alt. 1 BGB steht der Rückgabepflicht nicht entgegen, da § 337 Abs. 1 Alt. 2 BGB insoweit gerade eine speziellere Regelung trifft. Auch die Rückgabepflicht tritt nur im Zweifel ein. Sie kann daher bei einem entsprechenden Parteiwillen ausscheiden, zum Beispiel im Hinblick auf den Verlobungsring, der nicht zurückgegeben werden muss, wenn die Verlobten einander heiraten.[4] **2**

II. Vertragsaufhebung (Absatz 2)

§ 337 Abs. 2 BGB normiert eine Rückgabepflicht für den Fall, dass der erfüllte Vertrag **wieder aufgehoben** wird. „Wiederaufhebung" setzt voraus, dass der Vertrag zunächst wirksam zustande gekommen ist und dann insbesondere durch Aufhebungsvertrag oder Rücktritt für die Zukunft aufgehoben wird. Einzelheiten der Rückgabe regelt die Vorschrift nicht. Hier ist zu unterscheiden. Wenn die Draufgabe nach § 337 Abs. 1 Alt. 1 BGB auf die ursprünglich geschuldete Leistung anzurechnen war, dann ist sie mit dem Moment der Anrechnung ein Teil der geschuldeten Leistung geworden. Sie ist daher nach denselben Regeln zurückzugewähren, die auch für die Rückgewähr der ursprünglich geschuldeten Leistung gelten.[5] Wenn die Draufgabe dagegen mangels Gleichartigkeit nicht anrechenbar ist, so folgt die Rückgabepflicht bereits aus § 337 Abs. 1 Alt. 2 BGB. Ist in einem solchen Fall der wieder aufgehobene Vertrag noch gar nicht erfüllt worden, so entsteht die Rückgabepflicht mit dem Zeitpunkt der Aufhebung. **3**

---

[1] *Rieble* in: Staudinger, § 337 Rn. 3.
[2] *Rieble* in: Staudinger, § 337 Rn. 6.
[3] *Rieble* in: Staudinger, § 337 Rn. 7; *Ballhaus* in: BGB-RGRK, § 336 BGB Rn. 2.
[4] *Rieble* in: Staudinger, § 337 Rn. 8.
[5] *Rieble* in: Staudinger, § 337 Rn. 11.

III. Vertragsunwirksamkeit

4   Ist der Vertrag nicht „wieder aufgehoben" worden, sondern **von Anfang an unwirksam**, zum Beispiel wegen eines Verstoßes gegen die guten Sitten oder aufgrund einer Anfechtung, so greift § 337 Abs. 2 BGB nicht ein. Die Rückgewähr der Draufgabe bestimmt sich dann direkt nach den §§ 812-822 BGB, weil der mit der Draufgabe bezweckte Erfolg, die Bestätigung des Vertragsschlusses, nicht eingetreten ist.[6]

---

[6]   *Gottwald* in: MünchKomm-BGB, § 337 BGB Rn 5.

§ 338 BGB Draufgabe bei zu vertretender Unmöglichkeit der Leistung

(Fassung vom 02.01.2002, gültig ab 01.01.2002)

¹Wird die von dem Geber geschuldete Leistung infolge eines Umstands, den er zu vertreten hat, unmöglich oder verschuldet der Geber die Wiederaufhebung des Vertrags, so ist der Empfänger berechtigt, die Draufgabe zu behalten. ²Verlangt der Empfänger Schadensersatz wegen Nichterfüllung, so ist die Draufgabe im Zweifel anzurechnen oder, wenn dies nicht geschehen kann, bei der Leistung des Schadensersatzes zurückzugeben.

Gliederung

A. Grundlagen 1	II. Anrechnung bei Schadensersatzverlangen (Satz 2) 5
B. Anwendungsvoraussetzungen 2	
I. Verfall der Draufgabe (Satz 1) 2	

A. Grundlagen

§ 338 Satz 1 BGB sieht in Abweichung von § 337 Abs. 1 BGB vor, dass die Draufgabe unter bestimmten Voraussetzungen **ausnahmsweise dem Empfänger „zusteht"**, also weder anzurechnen noch zurückzugewähren ist. Die Vorschrift hat „Strafcharakter", aufgrund dessen sie zurückhaltend auszulegen ist.[1] Sie ist deshalb in ihrem Anwendungsbereich vom Gesetzgeber eng zugeschnitten worden und greift nach § 338 Satz 2 BGB nicht ein, wenn der Empfänger der Draufgabe nicht die bloße Aufhebung des Vertrags betreibt, sondern Schadensersatz wegen Nichterfüllung verlangt. Zugleich kann eine Draufgabe, die unverhältnismäßig hoch ist und die der Geber verwirkt hat, in entsprechender Anwendung von § 343 Abs. 1 BGB herabgesetzt werden.[2]

1

B. Anwendungsvoraussetzungen

I. Verfall der Draufgabe (Satz 1)

Die Vorschrift setzt zunächst voraus, dass entweder der Vertrag wieder aufgehoben oder die geschuldete Leistung unmöglich wird. **„Wiederaufhebung"** ist dabei wie in § 337 Abs. 2 BGB zu verstehen. Die **Unmöglichkeit** bestimmt sich nach den Maßstäben von § 275 Abs. 1 BGB. Der Gesetzeswortlaut („wird") und das ursprüngliche Verständnis der Vorschrift legen es an sich nahe, nur die nachträgliche Unmöglichkeit unter die Vorschrift zu fassen. Nach der Neuausrichtung des Leistungsstörungsrechts ist es jedoch geboten, auch die anfängliche Unmöglichkeit, die nach früherem Recht zur Unwirksamkeit des Vertrages führte und daher eine bereicherungsrechtliche Rückabwicklung zur Folge hatte, nach neuem Recht die Wirksamkeit aber nicht mehr beeinflusst, miteinzubeziehen. Es gibt keinen Grund, den Geber zu privilegieren und ihm die Draufgabe zuzusprechen, wenn er die Unmöglichkeit bereits vor Vertragsschluss verschuldet hat.

2

Den Geber muss weiterhin ein **Verschulden** treffen. Den die Unmöglichkeit begründenden Umstand hat der Geber zu vertreten, wenn er insoweit vorsätzlich oder fahrlässig (§§ 276-278 BGB) Pflichten aus dem Schuldverhältnis mit dem Empfänger verletzt hat. Das Verschulden ist nach § 280 Abs. 1 Satz 2 BGB zu vermuten. Nach demselben Maßstab ist die Wiederaufhebung des Vertrages vom Geber verschuldet, wenn er Pflichten verletzt hat und der Empfänger aufgrund dieser Pflichtverletzung den Vertrag aufhebt, also insbesondere den Rücktritt erklärt.

3

Trifft den Geber kein Verschulden oder führt ein Verschulden des Empfängers zur Wiederaufhebung oder zur Unmöglichkeit, so ist die Draufgabe nach § 337 Abs. 2 BGB zurückzugewähren. Ist der Vertrag dagegen von Anfang an unwirksam, so greifen weder § 337 Abs. 2 BGB noch § 338 BGB ein. Die Rückgewähr der Draufgabe bestimmt sich dann nach den §§ 812-822 BGB. Nach den bereicherungs-

4

---

[1] *Rieble* in: Staudinger, § 338 Rn. 2.
[2] *Rieble* in: Staudinger, § 338 Rn. 3 m.w.N.

§ 338

rechtlichen Maßstäben spielt das „Verschulden" des Leistenden keine Rolle. Gleichwohl können die §§ 815, 817 Satz 2 BGB, die an das Wissen des Leistenden anknüpfen, zu Ergebnissen führen, die im Resultat einem „Verfall" der Draufgabe gleichstehen.

II. Anrechnung bei Schadensersatzverlangen (Satz 2)

5 Die Bestimmung schränkt den Anwendungsbereich von § 338 Satz 1 BGB ein, um einen Gleichklang mit der Wertung von § 340 Abs. 2 BGB zu erreichen. Entscheidet sich der Empfänger statt einer Aufhebung des Vertrages dafür, Schadensersatz wegen Nichterfüllung zu verlangen, so ist die Draufgabe anzurechnen, da und soweit sie nach § 337 Abs. 1 Alt. 1 BGB zu einem Teil der geschuldeten Leistung geworden ist. Ist eine Anrechnung wegen der Ungleichartigkeit von Draufgabe und geschuldeter Leistung dagegen nicht möglich, so ist die Draufgabe zurückzugewähren. Beide Varianten greifen aber nur „im Zweifel" ein. Es steht den Parteien daher in gleicher Weise wie bei § 337 Abs. 1 BGB frei, eine abweichende Regelung zu treffen.

§ 339 BGB Verwirkung der Vertragsstrafe

(Fassung vom 02.01.2002, gültig ab 01.01.2002)

¹**Verspricht der Schuldner dem Gläubiger für den Fall, dass er seine Verbindlichkeit nicht oder nicht in gehöriger Weise erfüllt, die Zahlung einer Geldsumme als Strafe, so ist die Strafe verwirkt, wenn er in Verzug kommt.** ²**Besteht die geschuldete Leistung in einem Unterlassen, so tritt die Verwirkung mit der Zuwiderhandlung ein.**

Gliederung

A. Grundlagen 1	II. Verletzungen der Hauptpflicht 43
I. Regelungsgefüge der §§ 339-345 BGB, Kurzcharakteristik 1	1. Arten der Pflichtverletzung 43
II. Zweck der Vertragsstrafe 2	2. Mehrfache oder fortdauernde Verletzungen 44
III. Vereinbarung durch Vertrag 4	3. Verletzung durch den Schuldner 48
1. Angebot und Annahme 4	4. Abdingbarkeit 50
2. Auslegung, Einigungsinhalt 9	III. Verzugs- und Verschuldenserfordernis 51
IV. Vereinbarung in AGB 11	1. Grundanforderungen 51
V. Sonderkonstellationen 15	2. Verstoß gegen Unterlassungspflichten 56
B. Erscheinungsformen, Abgrenzungsfragen 16	3. Abdingbarkeit 58
I. Akzessorische und selbstständige Strafversprechen 16	D. Unwirksamkeit der Vertragsstrafe 60
II. Druck auf den Schuldner 17	I. Allgemeine Bestimmungen 60
III. Bezug auf zukünftiges Verhalten 21	II. AGB 63
IV. Beteiligung von Dritten 22	1. § 309 Nr. 6 BGB 63
V. Einzelaspekte 26	2. § 307 Abs. 2 BGB 64
C. Voraussetzungen von § 339 BGB 28	3. § 307 Abs. 1 Satz 1 BGB 67
I. Hauptpflicht und Akzessorietät 29	4. Transparenzgebot (§ 307 Abs. 1 Satz 2 BGB) 72
1. Allgemeine Anforderungen an die Hauptpflicht 29	III. Berufung auf die Unwirksamkeit 74
2. Reichweite der Hauptpflicht 31	E. Vertragsstrafenanspruch 75
a. Einzelkonstellationen 32	I. Allgemeines 75
b. Unterlassungsvereinbarungen 35	II. Abtretbarkeit 79
3. Wirksamkeit der Hauptpflicht, Akzessorietät 40	III. Missbräuchliche Rechtswahrnehmung 80
	IV. Verwirkung 83
	V. Verjährung 86
	F. Arbeitshilfen 87

A. Grundlagen

I. Regelungsgefüge der §§ 339-345 BGB, Kurzcharakteristik

Die §§ 339-345 BGB definieren den Begriff der Vertragsstrafe und seine Abgrenzung zu verwandten Instituten nicht allgemein, geben aber einzelne Definitionselemente zu erkennen. § 339 BGB normiert, unter welchen Voraussetzungen zwei bestimmte Formen der Vertragsstrafe, deren Unterscheidung und rechtliche Behandlung von den §§ 340, 341 BGB jeweils näher geregelt wird, „verwirkt" sind, also vom Vertragsstrafengläubiger verlangt werden können. Die §§ 343 Abs. 2, 342 BGB machen deutlich, dass daneben auch Vertragsstrafen anderer Art, nämlich so genannte selbstständige Vertragsstrafenversprechen, möglich sind und dass die Vertragsstrafe auch auf eine andere Leistung als die Zahlung einer Geldsumme gerichtet sein kann. Die Regelungen werden schließlich durch Bestimmungen über die Herabsetzung und die Unwirksamkeit von Vertragsstrafen sowie über bestimmte Beweislastfragen ergänzt, §§ 343-345 BGB. 1

II. Zweck der Vertragsstrafe

Ob etwas eine Vertragsstrafe ist, hat Bedeutung für die Anwendbarkeit der §§ 339-345 BGB, die zum Teil zwischen weiteren Spielarten von Vertragsstrafen unterscheiden, sowie bestimmter weiterer Normen (§§ 309 Nr. 6, 555, 1297 Abs. 2 BGB, §§ 75c, 75d HGB), die Vertragsstrafen wegen besonderer Schutzbedürftigkeit oder im Hinblick auf Missbrauchsgefahren oder aus anderen Gründen verbieten. Für die rechtliche Einordnung ist wesentlich, dass die Vertragsstrafe und die genannten Vorschriften 2 auf Vereinbarungen zugeschnitten sind, die eine doppelte Zweckrichtung[1] verfolgen: Vertragsstrafen enthalten zum einen ein **schadensersatzrechtliches Moment**.[2] Sie können dem Gläubiger nämlich bei Leistungsstörungen die Schadensersatzforderung erleichtern und einen beweisfreien Mindestsatz sichern, müssen insoweit aber von bloßen Vereinbarungen über Schadenspauschalen unterschieden werden (§ 309 Nr. 5, Nr. 6 BGB). Die Vertragsstrafe kann insbesondere nicht nachweisbare oder nicht ersatzfähige Schäden im Sinne von § 253 Abs. 1 BGB, aber auch nicht ersatzfähige sonstige Aufwendungen erfassen.[3]

3 Vertragsstrafen haben zum anderen eine **Präventivfunktion**.[4] Sie verhindern künftige Pflichtverletzungen und stellen die Erfüllung von Pflichten durch den Schuldner (§§ 339-341 BGB) oder die Vornahme oder Unterlassung von bestimmten Handlungen (§ 343 Abs. 2 BGB) sicher, indem sie den Schuldner möglichst wirkungsvoll unter Druck setzen. In dieser Zielrichtung unterscheidet sich die Vertragsstrafe namentlich vom Reugeld (§ 353 BGB), das den Schuldner eben nicht zur Erfüllung anhalten und die Durchführung des vereinbarten Geschäfts sichern will, sondern dem Berechtigten gerade ein Mittel zur einseitigen Lösung vom Vertrag verschafft.[5]

III. Vereinbarung durch Vertrag

1. Angebot und Annahme

4 Die Vertragsstrafe muss – entgegen dem Gesetzeswortlaut, der bloß ein Versprechen des Schuldners verlangt – grundsätzlich in einem Vertrag im Sinne der §§ 145-157 BGB vereinbart worden sein. Sie erfordert eine **Einigung zwischen den Parteien**, also Angebot und Annahme. Es gelten die allgemeinen vertragsrechtlichen Maßstäbe.[6] Einseitige Willenserklärungen reichen nicht aus. Dies gilt auch für so genannte Unterwerfungserklärungen im Rahmen eines wettbewerbsrechtlichen Abmahnverfahrens. Auch in solchen Fällen setzt der zivilrechtliche Vertragsstrafenanspruch eine vertragliche Einigung voraus.[7]

5 Die Einigung kann beispielsweise zustande kommen, wenn ein Angebot zur Annahme einer Vertragsstrafenerklärung redaktionell abgeändert wird, dies aber keine Änderung des konkreten Bindungswillens zur Folge hat.[8] Die Unterlassungserklärung eines Abgemahnten kann eine Vertragsannahme sein, wenn sie sich mit dem Inhalt einer Verpflichtungserklärung deckt, die der Abmahnung beigefügt war. Weicht sie davon inhaltlich ab oder fehlt es an einer solchen früheren Verpflichtungserklärung, so kann die Unterlassungserklärung nicht als Annahme, sondern nur als Angebot zum Vertragsschluss angesehen werden, § 150 Abs. 2 BGB.[9] Gibt der Abgemahnte ein auf den Abschluss eines Unterlassungsvertrags gerichtetes Unterwerfungsangebot ab, so ist in der Regel davon auszugehen, dass dieses Angebot unbefristet abgegeben ist und von der anderen Partei jederzeit angenommen werden kann.[10] Ist die Erklärung des Abgemahnten nach § 150 Abs. 2 BGB ein neues Angebot, so kann dessen Annahme auch darin liegen, dass die Gegenpartei die Vertragsstrafe verlangt und damit zum Ausdruck bringt, dass sie den Vertrag als geschlossen ansieht.[11]

---

[1] BGH v. 18.12.1981 - V ZR 233/80 - juris Rn. 18 - BGHZ 82, 398-407; BGH v. 18.11.1982 - VII ZR 305/81 - juris Rn. 27 - BGHZ 85, 305-315; BGH v. 23.06.1988 - VII ZR 117/87 - juris Rn. 22 - BGHZ 105, 24-33 (Vertragsstrafenklausel Baubehörde Bremen); BGH v. 12.07.1995 - I ZR 176/93 - juris Rn. 26 - BGHZ 130, 288-297 (Kurze Verjährungsfrist); BAG v. 16.05.1984 - 7 AZR 162/81 - juris Rn. 24; a.A. *Lindacher* in: Soergel, vor § 339 Rn. 5 ff.; ebenfalls kritisch *Knütel/Rieger*, NZBau 2010, 285-290, die eine Trennung zwischen Vertragsstrafen und Schadenspauschalen im Rahmen von Individualvereinbarungen für überflüssig halten.

[2] BGH v. 27.11.1974 - VIII ZR 9/73 - BGHZ 63, 256-261; *Gottwald* in: MünchKomm-BGB, Vor § 339 Rn. 6.

[3] BGH v. 21.04.1978 - V ZR 235/77 - juris Rn. 27 - BGHZ 71, 247-254.

[4] BGH v. 06.11.1967 - VIII ZR 81/65 - BGHZ 49, 84-90; *Gottwald* in: MünchKomm-BGB, Vor § 339 Rn. 6.

[5] BGH v. 18.04.1984 - VIII ZR 50/83 - juris Rn. 25 - LM Nr. 2 zu § 9 (Ch) AGBG.

[6] BGH v. 20.09.1960 - I ZR 77/59 - BGHZ 33, 163-169 (Krankenwagen II); BGH v. 10.12.1992 - I ZR 186/90 - juris Rn. 16 - BGHZ 121, 13-22 (Fortsetzungszusammenhang); BGH v. 25.01.2001 - I ZR 323/98 - juris Rn. 15 - BGHZ 146, 318-331 (Trainingsvertrag).

[7] *Rieble* in: Staudinger, § 339 Rn. 42.

[8] KG Berlin v. 11.07.1986 - 5 U 1878/85 - WRP 1986, 680-684.

[9] BGH v. 17.09.2009 - I ZR 217/07 - juris Rn. 19 - GRUR 2010, 355-356 (Testfundstelle).

[10] BGH v. 17.09.2009 - I ZR 217/07 - juris Rn. 21 - GRUR 2010, 355-356 (Testfundstelle).

[11] KG Berlin v. 27.09.2011 - 5 U 137/10 - juris Rn. 8 - Magazindienst 2012, 48-52.

Der Vertrag kommt erst und nur zustande, wenn und sobald die entsprechenden **Vertragserklärungen zugegangen** sind, § 130 BGB. Nimmt der Schuldner die verbotene Handlung vor, bevor seine Erklärung zur Annahme eines entsprechenden Vertragsstrafe- bzw. Unterlassungsvertrags dem Gläubiger zugegangen ist, so löst die Handlung keinen Vertragsstrafenanspruch aus.[12] In der Übersendung einer Unterwerfungserklärung liegt nur dann ein Verzicht auf den Zugang der Annahmeerklärung im Sinne von § 151 Satz 1 BGB, wenn die Unterwerfungserklärung nicht oder zumindest in keinem wesentlichen Punkt von dem abweicht, was der Anspruchsteller insoweit verlangt hatte.[13]

Strafen, die nicht auf einem Vertrag, sondern auf einem **Beschluss** beruhen, sind mangels einer vertraglichen Einigung keine Vertragsstrafen. Daher erfasst § 339 BGB keine Strafen, die in der Satzung eines Vereins für die Verletzung einer mitgliedschaftlichen Pflicht vorgesehen sind.[14] Ebenso ist die Vorschrift unanwendbar, wenn eine Strafe auf einen Beschluss von Wohnungseigentümern zurückgeht.[15]

Nach der Rechtsprechung des BAG können Vertragsstrafen für Arbeitnehmer grundsätzlich auch in einer **Betriebsvereinbarung** begründet und geregelt werden.[16]

2. Auslegung, Einigungsinhalt

Die **Auslegung** der Strafvereinbarung bestimmt sich ebenfalls nach den allgemeinen vertragsrechtlichen Maßstäben.[17] Es gilt der Grundsatz einer nach beiden Seiten interessengerechten Auslegung.[18] Für die Auslegung sind der Erklärungswortlaut, die Art und Weise des Zustandekommens, der Zweck der Vereinbarung, die Rechts- oder Wettbewerbsbeziehung zwischen den Vertragsparteien sowie deren Interessenlage heranzuziehen.[19] Auf die Auslegung von Vertragsstrafen lassen sich weder die Regeln, die § 890 ZPO für die Verhängung einer Ordnungsstrafe vorsieht[20], noch die strafrechtlichen Bestimmtheitsanforderungen übertragen[21].

Die Parteien müssen die Voraussetzungen, unter denen die Strafe verwirkt ist, sowie die Höhe und den Gegenstand der Strafe festlegen. Die Einigung muss **inhaltlich hinreichend bestimmt** sein, eine Bestimmbarkeit der genannten Punkte aufgrund des Vertrages reicht dafür aber aus.[22] Insbesondere muss die Regelung erkennen lassen, welche Pflichten durch sie tatsächlich gesichert werden sollen.[23] Eine Vereinbarung der Vertragsstrafe für den Fall des „Vertragsbruchs" ist grundsätzlich ausreichend bestimmt[24], doch kann im Einzelfall eine restriktive Vertragsauslegung geboten sein. Im Zusammenhang mit Vertragsstrafen, die Wettbewerbsverbote zum Inhalt haben, ist besonders vom wirtschaftlichen Zweck auszugehen und die Frage der Verwirkung vom Erfolg der Handlung aus zu bestimmen.[25] Es ist zulässig, die Strafenhöhe durch einen Dritten oder den Gläubiger nach den §§ 318, 315 BGB bestimmen zu lassen.[26] Sieht die Vereinbarung vor, dass die Vertragsstrafe „im Streitfall von der zuständigen Gerichtsbarkeit zu überprüfen" ist, so liegt darin ein Verweis auf die gesetzliche Regelung des § 315 Abs. 3 BGB.[27]

---

[12] OLG Köln v. 12.02.2010 - I-6U 127/09, 6 U 127/09 - juris Rn. 14 f.; KG Berlin v. 27.09.2011 - 5 U 137/10 - juris Rn. 11 - Magazindienst 2012, 48-52.
[13] BGH v. 25.04.2002 - I ZR 296/99 - juris Rn. 19 - GRUR 2002, 824-825 (Teilunterwerfung).
[14] BGH v. 04.10.1956 - II ZR 121/55 - BGHZ 21, 370-376 (Vereinsstrafe).
[15] *Schmid*, ZWE 2011, 347-349.
[16] BAG v. 06.08.1991 - 1 AZR 3/90 - juris Rn. 22 - BB 1992, 427-428.
[17] Statt vieler BGH v. 10.06.2009 - I ZR 37/07 - juris Rn. 19 - GRUR 2010, 167-169 (Unrichtige Aufsichtsbehörde) m.w.N.
[18] BGH v. 17.07.2008 - I ZR 168/05 - juris Rn. 28, 32 - NJW 2009, 1882-1886 (Kinderwärmekissen) m.w.N.
[19] BGH v. 10.06.2009 - I ZR 37/07 - juris Rn. 19 - GRUR 2010, 167-169 (Unrichtige Aufsichtsbehörde) m.w.N.
[20] BGH v. 30.04.1987 - I ZR 8/85 - juris Rn. 12 - LM Nr. 28 zu § 339 BGB (Anwalts-Eilbrief); BGH v. 25.01.2001 - I ZR 323/98 - juris Rn. 15 - BGHZ 146, 318-331 (Trainingsvertrag).
[21] BGH v. 13.03.1975 - VII ZR 205/73 - LM Nr. 19 zu § 339 BGB.
[22] BGH v. 13.03.1975 - VII ZR 205/73 - LM Nr. 19 zu § 339 BGB; *Stadler* in: Jauernig, § 339 Rn. 16.
[23] BAG v. 27.04.2000 - 8 AZR 301/99 - juris Rn. 43 - ZM 2005, Nr. 2, 76.
[24] *Gottwald* in: MünchKomm-BGB, § 339 Rn. 7.
[25] *Schaub* in: Erman, § 339 Rn. 8.
[26] BGH v. 30.09.1993 - I ZR 54/91 - juris Rn. 11 - LM BGB § 339 Nr. 38 (3/1994) (Vertragsstrafenbemessung); BGH v. 17.09.2009 - I ZR 217/07 - juris Rn. 30 - GRUR 2010, 355-356 (Testfundstelle).
[27] OLG Düsseldorf v. 13.04.2010 - I-20 U 191/90, 20 U 191/09 - juris Rn. 30.

IV. Vereinbarung in AGB

11 Die Vereinbarung einer Vertragsstrafe im Rahmen von AGB ist möglich[28], sofern diese nach den §§ 305 Abs. 2, 305a BGB wirksam in den Vertrag miteinbezogen wurden (Arg. aus § 309 Nr. 6 BGB). Eine „qualifizierte Möglichkeit der Kenntnisnahme" bzw. eine besondere drucktechnische Hervorhebung der Klausel in Unterschriftsnähe ist nicht per se erforderlich,[29] da § 305 BGB kein solches Sonderrecht kennt. Werden Strafklauseln gegenüber Verbrauchern verwendet, so ergeben sich bestimmte Sonderanforderungen, § 310 Abs. 3 BGB. Diese Sonderanforderungen gelten auch für Arbeitsverträge.[30]

12 Die AGB-Kontrolle greift nicht ein für Vertragsbedingungen, die zwischen den Vertragsparteien im Einzelnen ausgehandelt worden sind, § 305 Abs. 1 Satz 3 BGB. Ein solches **Aushandeln** setzt voraus, dass der Verwender den Inhalt der betreffenden Regelung ernsthaft zur Disposition stellt und der Gegenpartei eine gewisse Gestaltungsfreiheit zur Wahrung eigener Interessen einräumt. Die Gegenpartei muss die Möglichkeit haben, den Inhalt der Regelung tatsächlich zu beeinflussen. Dieses Erfordernis ist in Bezug auf Strafklauseln nicht erfüllt, wenn die Gegenpartei nicht über die Strafklausel als solche, sondern lediglich über die angestrebte Höhe einer kalendertäglich zu zahlenden Summe verhandelt hat.[31]

13 Die allgemeinen Regeln über das **Verbot überraschender Klauseln** (§ 305c Abs. 1 BGB) können im Einzelfall eine Hervorhebung erfordern. Im Baugewerbe sind derartige Klauseln allerdings so üblich, dass ein Unternehmer mit entsprechenden AGB des Auftraggebers grundsätzlich rechnen muss. Sie sind deshalb insbesondere dann nicht überraschend, wenn feste Fertigstellungstermine vereinbart worden sind.[32]

14 Hat eine Klausel **keinen eindeutigen Inhalt**, so gehen Zweifel bei der Auslegung zu Lasten des Verwenders, § 305c Abs. 2 BGB. Ist die Bestimmung nicht klar und verständlich, so kann daraus u.U. sogar ihre Unwirksamkeit folgen, § 307 Abs. 1 Satz 2 BGB. Enthält ein „Rahmenvertrag" mit einem selbstständigen Programmierer die vertragsstrafenbewehrte Verpflichtung, „die jeweils geltenden Datenschutzbestimmungen einzuhalten", so ist diese Klausel unklar, da sie objektiv zumindest auch die Auslegung zulässt, sie beziehe sich lediglich auf gesetzliche Bestimmungen. Die für den Fall der Zuwiderhandlung gegen diese Bestimmungen angedrohte Vertragsstrafe ist daher nicht schon dann verwirkt, wenn der Auftragnehmer einer mündlichen Weisung des Auftraggebers bezüglich des Datenschutzes zuwiderhandelt.[33]

V. Sonderkonstellationen

15 Die Bestimmungen des BGB über die Vertragsstrafe sind auch auf **öffentliche Verträge** anwendbar.[34]

B. Erscheinungsformen, Abgrenzungsfragen

I. Akzessorische und selbstständige Strafversprechen

16 Die §§ 339-345 BGB sind auf akzessorische Strafversprechen gemünzt, die eine Verbindlichkeit sichern sollen und von deren Wirksamkeit abhängig sind.[35] Das die Strafe auslösende Verhalten kann hier darin liegen, dass der Schuldner seine Verbindlichkeit nicht (§ 340 BGB) oder nicht in gehöriger Weise (§ 341 BGB) erfüllt. Dagegen hat das selbstständige Vertragsstrafenversprechen (auch: uneigentliche Vertragsstrafe) die Vornahme oder das Unterlassen einer Handlung zum Inhalt, ohne dass eine davon zu trennende Hauptverpflichtung besteht. Auf ein solches Strafversprechen, das der alleinige Gegenstand des Schuldverhältnisses ist und folglich keinen akzessorischen Charakter hat, ist nur § 343 Abs. 2 BGB anwendbar, während die sonstigen Regeln des BGB über die Vertragsstrafe darauf keine Anwendung finden.[36]

---

[28] BGH v. 16.07.1998 - VII ZR 9/97 - juris Rn. 10 - LM AGBG § 1 Nr. 32 (4/1999).
[29] *Rieble* in: Staudinger, § 339 Rn. 36; a.A. *Lindacher* in: Soergel, § 339 Rn. 8.
[30] BAG v. 25.05.2005 - 5 AZR 572/04 - juris Rn. 39 ff. - BAGE 115, 19-33 m.w.N.
[31] OLG Köln v. 19.01.2005 - 11 U 4/00 - IBR 2006, 247.
[32] BGH v. 18.11.1982 - VII ZR 305/81 - juris Rn. 14 - BGHZ 85, 305-315.
[33] KG Berlin v. 10.02.1997 - 22 U 7447/95 - KGR Berlin 1997, 253-255.
[34] OVG Hamburg v. 22.11.2002 - 1 Bf 214/00 - juris Rn. 34 - NordÖR 2003, 492-495 m.w.N.
[35] Zur Akzessorietät der Vertragsstrafe eingehend *Gottwald* in: MünchKomm-BGB, § 339 Rn. 15 ff.
[36] BGH v. 18.12.1981 - V ZR 233/80 - juris Rn. 17 - BGHZ 82, 398-407.

II. Druck auf den Schuldner

Die Vereinbarung ist nur dann eine „Strafe", wenn sie Druck auf den Schuldner ausüben kann. Das Bestehen einer solchen Druckfunktion ist ein zentrales Kriterium für die **Abgrenzung zwischen Vertragsstrafe und Schadenspauschalierung**. Entscheidend ist, welche Funktion die von den Parteien getroffene Vereinbarung nach den Gesamtumständen hat. Die vertragliche Bezeichnung als Vertragsstrafe oder Schadenspauschalierung ist nur ein Indiz zur Ermittlung des Vertragsinhalts.[37] Dasselbe gilt für objektive Kriterien, wie zum Beispiel die objektive Höhe vereinbarter Fälligkeitszinsen.[38]   17

Soll eine Klausel den Kunden in erster Linie unter Erfüllungszwang setzen bzw. einen „möglichst wirkungsvollen Druck" zur ordnungsgemäßen Vertragserfüllung schaffen, dann fällt sie unter § 309 Nr. 6 BGB.[39] Deshalb ist eine in den AGB eines Maklers enthaltene Klausel, dass der Auftraggeber ohne Nachweis eines Schadens die Gesamtprovision zu zahlen hat, wenn er gegen den Vertrag oder die AGB verstößt, in der Regel als Vertragsstrafenversprechen und nicht als Verpflichtung zur Leistung pauschalierten Schadensersatzes anzusehen.[40] Dagegen ist eine Klausel, die der vereinfachten Durchsetzung von Schadensersatzansprüchen dient und lediglich die Schadensregulierung erleichtern soll, keine Vertragsstrafe und allein an § 309 Nr. 5 BGB zu messen.[41] Dementsprechend geht § 309 Nr. 5 BGB davon aus, dass eine Schadenspauschalierung durch die Überhöhung der Schadensbeträge nicht automatisch zu einer Vertragsstrafe wird, sondern eine Schadenspauschalierung bleibt und als solche unwirksam ist. Gleichwohl wird eine Zinshöhe, die objektiv und auch in der Vorstellung der Parteien den voraussichtlichen Verzögerungsschaden klar übersteigt, tendenziell für die Vereinbarung einer Vertragsstrafe sprechen. Ebenso wird eine Zinshöhe, die sich voraussichtlich mit dem anzunehmenden Schaden deckt, die Annahme einer bloßen Schadenspauschalierung nahelegen.   18

Ein Strafcharakter wird oftmals naheliegen, wenn das untersagte zukünftige Verhalten **eine zusätzliche Verpflichtung auslöst**. Im Einzelfall kann die Vertragsstrafe in solchen Konstellationen aber von der schlichten Vereinbarung weiterer Leistungspflichten, zum Beispiel in Gestalt von Fälligkeitszinsen, abzugrenzen sein. Eine Vertragsstrafe ist dann anzunehmen, wenn die Regelung in erster Linie die Erfüllung der vertraglich geschuldeten Leistung sichern und auf den Vertragspartner einen möglichst wirkungsvollen Druck zur Zahlung ausüben soll.[42]   19

Anders liegt es dagegen, wenn die Vereinbarung lediglich den **Verlust von Rechten zur Folge** hat. Die Rechtsprechung sieht derartige Verlustregeln grundsätzlich nicht als Vertragsstrafe an. Sie unterscheidet jedoch im Einzelnen, da auch der drohende Verlust von Rechten eine Druckwirkung erzeugen kann, wie sie an sich für Vertragsstrafen typisch ist. Deshalb wenden Rechtsprechung und h.M. die §§ 339-345 BGB entsprechend auf so genannte Verfallklauseln (auch: Verwirkungsklauseln) an, die auf den Wegfall einzelner Rechte beschränkt sind.[43] Auch so genannte Vorfälligkeitsklauseln, die zu einer automatischen vorzeitigen Fälligkeit der Restschuld führen, werden differenzierend beurteilt. Eine Vorschrift, nach der beispielsweise eine Kreditschuld in vollem Umfang sofort fällig wird, wenn der Kreditnehmer mit zwei aufeinanderfolgenden Raten ganz oder teilweise im Verzug gerät, ist keine Vertragsstrafe und deshalb nicht an § 309 Nr. 6 BGB zu messen.[44] Die Rechtsprechung zieht im Zusammenhang mit derartigen Klauseln aber das Verzugserfordernis von § 339 Satz 1 BGB heran und hält sie nach § 307 Abs. 1 BGB für unwirksam, wenn sie auch einen unverschuldeten Zahlungsrückstand erfassen.[45]   20

---

[37] OLG München v. 06.04.2005 - 7 U 1573/05 - juris Rn. 26; OLG Düsseldorf v. 16.08.2007 - I-10 U 6/07, 10 U 6/07 - juris Rn. 11.
[38] BGH v. 24.04.1992 - V ZR 13/91 - juris Rn. 11 - LM BGB § 133 Nr. 77 (2/1993).
[39] BGH v. 06.11.1967 - VIII ZR 81/65 - BGHZ 49, 84-90; OLG München v. 06.04.2005 - 7 U 1573/05 - juris Rn. 27 - OLGR München 2007, 3-5 m.w.N.
[40] BGH v. 06.11.1967 - VIII ZR 81/65 - BGHZ 49, 84-90.
[41] BGH v. 06.11.1967 - VIII ZR 81/65 - BGHZ 49, 84-90.
[42] Dazu BGH v. 24.04.1992 - V ZR 13/91 - juris Rn. 11 - LM BGB § 133 Nr. 77 (2/1993).
[43] BGH v. 29.06.1972 - II ZR 101/70 - JZ 1972, 663; BGH v. 22.01.1993 - V ZR 164/90 - juris Rn. 12 - LM BGB § 133 (C) Nr. 81 (10/1993); BGH v. 22.05.1968 - VIII ZR 69/66 - LM Nr. 13 zu § 339 BGB; OLG Brandenburg v. 06.11.2009 - 12 W 37/09 - juris Rn. 13 - BauR 2010, 261-262; *Stadler* in: Jauernig, § 339 Rn. 7 m.w.N.; *Gottwald* in: MünchKomm-BGB, Vor § 339 Rn. 36.
[44] BGH v. 19.09.1985 - III ZR 213/83 - juris Rn. 41 - BGHZ 95, 362-374.
[45] BGH v. 30.10.1985 - VIII ZR 251/84 - juris Rn. 34 - BGHZ 96, 182-198; BGH v. 24.09.1987 - III ZR 187/86 - juris Rn. 51 - BGHZ 101, 380-393.

III. Bezug auf zukünftiges Verhalten

21 Eine Vertragsstrafe liegt nur vor, wenn die betreffende Vereinbarung **auf ein zukünftiges Verhalten bezogen** ist, denn nur in einem solchen Fall kann die Vereinbarung eine entsprechende Präventiv- und Druckwirkung erzeugen.[46] Bezieht sich die Vereinbarung auf vergangene Ereignisse oder Umstände, so kommt keine Vertragsstrafe, sondern eine Garantievereinbarung in Betracht, auf die die §§ 339-345 BGB nicht anwendbar sind.[47]

IV. Beteiligung von Dritten

22 Die Strafvereinbarung berechtigt und verpflichtet, den allgemeinen Grundsätzen des Vertragsrechts entsprechend, grundsätzlich nur die Vertragsparteien. Daher gilt etwa eine Vertragsstrafe, die zwischen dem Bauherrn und dem Hauptunternehmer vereinbart wurde, nicht für einen etwaigen **Subunternehmer**. Es kann aber sein, dass ein Hauptunternehmer, der wegen einer verzögerten Fertigstellung des Bauwerks dem Bauherrn eine Vertragsstrafe zu zahlen hat, seinen Subunternehmer auch im Hinblick auf die Vertragsstrafe auf Schadensersatz in Anspruch nehmen kann, wenn die Verzögerung darauf beruht, dass der Subunternehmer die ihm obliegenden vertraglichen Pflichten schuldhaft verletzt hat.[48]

23 Eine Vertragsstrafe kann **zugunsten eines Dritten** (§ 328 BGB) vereinbart werden,[49] auch wenn sie in einem solchen Fall nur ihre Druck-, nicht aber ihre Schadensersatzfunktion erfüllen kann. Es hängt dann von der Vereinbarung der Vertragsparteien ab, ob dem Dritten ein eigener Anspruch auf die verwirkte Strafe zusteht. Im Zweifel ist die Befugnis zur Geltendmachung des Strafanspruchs dem Gläubiger vorbehalten.[50]

24 Der Betriebsrat und der Arbeitgeber können wirksam vereinbaren, dass im Falle der Verletzung der Beteiligungsrechte des Betriebsrates nach den §§ 99, 200 BetrVG eine Vertragsstrafe an das Deutsche Rote Kreuz zu zahlen ist.[51]

25 Ist ein Käufer für den Fall der Nichterfüllung einer übernommenen Verpflichtung zur Zahlung eines Barbetrags verpflichtet, so liegt darin ein selbstständiges Garantieversprechen und keine Vertragsstrafe, wenn die drohende Strafe den Käufer dazu anhalten soll, **auf einen Dritten Einfluss zu nehmen** und die Einwirkungsmöglichkeiten im Vertrag nicht konkret bestimmt sind.[52]

V. Einzelaspekte

26 Besondere praktische Bedeutung kommt der Vertragsstrafe vor allem im Arbeitsrecht,[53] im privaten Baurecht[54] und im Wettbewerbsrecht zu.

27 Im Rahmen von Arbeitsverträgen vereinbarte Vertragsstrafen können u.U. besonderen Maßstäben unterliegen. Im Zusammenhang mit Arbeitsverhältnissen kann es erforderlich sein, die Vertragsstrafe von **Betriebsbußen** im Sinne des BetrVG abzugrenzen. Die Betriebsbuße soll Verstöße der Arbeitnehmer gegen die betriebliche Ordnung ahnden, um den ungestörten Arbeitsablauf und das reibungslose Zusammenwirken und Zusammenleben der Arbeitnehmer im Betrieb zu sichern.[55] Sie kommt nur für solche Verstöße in Betracht, die ein gemeinschaftswidriges Verhalten sind und einen kollektiven Bezug haben. Dagegen dient die Vertragsstrafe in erster Linie zur Sicherung der individuellen vertraglichen Arbeitspflichten.[56] Die Zulässigkeit und die Durchführung der Vertragsstrafe richten sich ausschließ-

---

[46] BGH v. 23.06.1988 - VII ZR 117/87 - juris Rn. 24 - BGHZ 105, 24-33 (Vertragsstrafenklausel Baubehörde Bremen); BGH v. 26.03.1987 - VII ZR 70/86 - juris Rn. 2 - BauR 1987, 324-329 (Vertragsstrafenklausel).

[47] BGH v. 18.12.1981 - V ZR 233/80 - juris Rn. 18 - BGHZ 82, 398-407; *Stadler* in: Jauernig, § 339 Rn. 1.

[48] BGH v. 18.12.1997 - VII ZR 342/96 - juris Rn. 9 - NJW 1988, 1493-1494.

[49] BGH v. 27.05.1987 - I ZR 153/85 - juris Rn. 17 - NJW 1987, 3196-3197 (Getarnte Werbung II).

[50] *Lindacher* in: Soergel, § 339 Rn. 6.

[51] LArbG Hamm v. 25.04.2008 - 13 TaBV 132/07 - juris Rn. 32 ff. - EzA-SD 2008, Nr 17, 11-13.

[52] OLG Köln v. 12.11.2003 - 2 U 61/03 - OLGR Köln 2004, 45-49.

[53] Überblicksdarstellungen bei *Hoß*, ArbRB 2002, 138-142, 138 ff.; *Krause*, Festschrift für Dieter Reuter 2010, 627-642; *Reichenbach*, NZA 2003, 309-313, 309 ff.

[54] Überblicksdarstellung bei *Vogel*, ZfIR 2005, 373-389; *Pauly*, MDR 2005, 781-785.

[55] BAG v. 05.02.1986 - 5 AZR 564/84 - juris Rn. 25 - DB 1986, 1979-1980 m.w.N.; LArbG Berlin v. 25.08.2004 - 9 Sa 877/04 - juris Rn. 28 - SpuRt 2005, 75-77.

[56] BAG v. 05.02.1986 - 5 AZR 564/84 - juris Rn. 26 - DB 1986, 1979-1980 m.w.N.; LArbG Berlin v. 25.08.2004 - 9 Sa 877/04 - juris Rn. 30 - SpuRt 2005, 75-77.

lich nach dem Arbeitsvertragsrecht und den §§ 339 ff. BGB. Sie unterfällt nicht der Betriebsstrafgewalt und unterliegt auch sonst nicht der Mitbestimmung des Betriebsrats.[57]

C. Voraussetzungen von § 339 BGB

Die Vorschrift betrifft allein akzessorische Vertragsstrafen und bestimmt, unter welchen Voraussetzungen diese verwirkt sind. Erforderlich sind eine wirksame Strafabrede, eine wirksame Hauptverpflichtung, die Erfüllung der Strafverfallsvoraussetzungen, die in aller Regel in einer relevanten Verletzung der Hauptpflicht liegen, und das Verschulden des Strafschuldners. Die Regelung ist im Übrigen dispositiv und lässt daher abweichende Parteivereinbarungen zu.

28

I. Hauptpflicht und Akzessorietät

1. Allgemeine Anforderungen an die Hauptpflicht

§ 339 BGB setzt eine Hauptpflicht voraus, deren Erfüllung bzw. korrekte Erfüllung die akzessorische Vertragsstrafe sichern soll. Die Art der zu sichernden Hauptforderung ist gleichgültig. Sie muss wegen des Sicherungszwecks der Vertragsstrafe aber **Erfüllungsansprüche** begründen können, so dass die Erfüllung von Naturalobligationen nicht durch eine Vertragsstrafe abgesichert werden kann, § 344 BGB. Daher löst zum Beispiel der Verstoß gegen eine Sperrabrede unter Arbeitgebern im Sinne von § 75f HGB keinen Vertragsstrafenanspruch aus, weil sonst der Schutzzweck des § 75f Satz 2 HGB vereitelt würde.[58]

29

Die Hauptpflicht braucht keinen vertraglichen Charakter zu haben, sondern kann auch auf gesetzlichen Entstehungsgründen basieren. Sie kann sich zum Beispiel aus einem Verstoß gegen Vorschriften des UWG ergeben[59] oder in gesetzlichen Unterhaltspflichten bestehen[60] und auch ein Unterlassen zum Inhalt haben, § 339 Satz 2 BGB. Wegen der Sicherungs- und der Druckfunktion der Vertragsstrafe müssen der Schuldner der Hauptpflicht und der Schuldner der Vertragsstrafe dieselben Personen sein.[61] Geht die Schuldnerstellung durch Erbfolge, Schuldübernahme oder Firmenfortführung auf einen Rechtsnachfolger über, so wird dieser auch Schuldner der Vertragsstrafe.[62] Der Gläubiger der Vertragsstrafe braucht dagegen nicht mit dem Gläubiger der Hauptpflicht personengleich zu sein. Bei Vertragsstrafen, die im Zusammenhang mit wettbewerbsrechtlichen Unterlassungsansprüchen vereinbart werden, ist zu bedenken, dass es mehrere Gläubiger eines solchen Unterlassungsanspruchs geben kann. Die strafbewehrte „Unterwerfung" des Schuldners gegenüber einem ihn abmahnenden Gläubiger kann dabei aber auch gegenüber anderen Gläubigern wirken und deren Unterlassungsanspruch mit Wirkung für die Zukunft zum Untergang bringen.[63]

30

2. Reichweite der Hauptpflicht

Da § 339 BGB dispositiv ist, können die Parteien die Pflicht, für deren Verletzung eine Vertragsstrafe ausgesprochen wird, **vertraglich definieren**.[64] Die Reichweite der Pflicht ist im Einzelfall durch die Auslegung der Strafvereinbarung zu bestimmen.

31

a. Einzelkonstellationen

Ist die Strafe für den Fall des „**Arbeitsvertragsbruchs**" vorgesehen, so ist nach dem LArbG Rostock darunter allein die vorfristige Beendigung des Arbeitsverhältnisses bzw. die Nichtaufnahme der Arbeit zu Beginn des Arbeitsverhältnisses zu verstehen.[65] Wenn eine Vertragsstrafe sich auf das Einhalten der gesetzlichen Kündigungsfrist bezieht, dann ist sie nicht schon dann verwirkt, wenn der Arbeitnehmer seiner Verpflichtung zur Erbringung der Arbeitsleistung nicht nachkommt.[66]

32

---

[57] BAG v. 05.02.1986 - 5 AZR 564/84 - juris Rn. 26 - DB 1986, 1979-1980 m.w.N.
[58] BGH v. 17.10.1971 - I ZR 88/71 - juris Rn. 13 f. - DB 1973, 423.
[59] *Teplitzky*, Wettbewerbsrechtliche Ansprüche, 9. Aufl. 2007, § 20 Rn. 5.
[60] *Stadler* in: Jauernig, § 339 Rn. 17.
[61] BGH v. 24.11.1989 - V ZR 16/88 - juris Rn. 14 - BGHZ 109, 230-234.
[62] *Gottwald* in: MünchKomm-BGB, § 339 Rn. 16.
[63] Dazu BGH v. 02.12.1982 - I ZR 121/80 - juris Rn. 20 - LM Nr. 12 zu § 9a UWG (Wiederholte Unterwerfung); BGH v. 13.05.1987 - I ZR 79/85 - juris Rn. 14 - LM Nr. 58 zu § 242 (Be) BGB (Wiederholte Unterwerfung II).
[64] BGH v. 10.12.1992 - I ZR 186/90 - juris Rn. 14 - BGHZ 121, 13-22 (Fortsetzungszusammenhang).
[65] LArbG Rostock v. 28.06.2002 - 5 Sa 311/01 - juris Rn. 20 - Bibliothek BAG.
[66] BAG v. 22.10.2009 - 8 AZR 865/08 - juris Rn. 34 - DB 2010, 452-454.

33 Setzt die Strafe den **Nichtantritt des Dienstverhältnisses durch den Arbeitnehmer** voraus, so ist sie verwirkt, wenn der Arbeitnehmer zwar „zur rechten Zeit am rechten Ort" erscheint und seine Arbeitsleistung verbal anbietet, aber gar keinen ernstlichen Willen hat, die Arbeitsleistung überhaupt zu erbringen und zugleich eine außerordentliche Kündigung des Arbeitsvertrags zum nächsten Tag erklärt.[67]

34 Verspricht der Investor der BvS/Treuhandanstalt in einem investiven Vertrag für die Nichteinhaltung einer auf zwei Jahre befristeten Zusage von 50 Arbeitsplätzen eine Vertragsstrafe in bestimmter Höhe „pro nicht geschaffenen oder nicht gesicherten Arbeitsplatz und Jahr", so ist die Strafe pro rata verwirkt, wenn die Anzahl der besetzten Arbeitsplätze in einem Monat die zugesagte Anzahl unterschreitet.[68]

b. Unterlassungsvereinbarungen

35 Für die Reichweite einer Unterlassungsvereinbarung ist der wirkliche Wille der Vertragsparteien (§§ 133, 157 BGB) maßgebend, zu dessen Auslegung neben dem Inhalt der Vertragserklärungen auch die beiderseits bekannten Umstände, insbesondere die Art und Weise des Zustandekommens der Vereinbarung, ihr Zweck sowie das Rechts- oder Wettbewerbsverhältnis zwischen den Parteien und ihre Interessenlage heranzuziehen sind.[69] Es gilt der Grundsatz einer nach beiden Seiten interessengerechten Auslegung.[70] Die Regeln für die Auslegung der vertraglichen Unterlassungspflicht sind nicht mit den Grundsätzen über die Auslegung eines gerichtlichen Unterlassungstitels identisch, weil die Parteien auch vereinbaren können, dass sich die Unterlassungspflicht bewusst und eng auf die bezeichnete konkrete Verletzungshandlung beschränkt.[71]

36 Liegt der Strafabrede eine vorprozessuale Abmahnung zugrunde, so hat die Auslegung auch das Abmahnschreiben und die dort angegebenen Verbotsnormen zu berücksichtigen.[72] Der BGH hat es aber zu Recht abgelehnt, Unterlassungsverpflichtungen gegenüber Mitbewerbern automatisch um die ungeschriebene Einschränkung zu ergänzen, dass der Verstoß geeignet sein muss, den Wettbewerb wesentlich zu beeinträchtigen. Eine solche Einschränkung des Unterlassungsgebots nach Art und Schwere des Verstoßes gilt - auch im Rahmen von Altfällen beziehungsweise von § 13 Abs. 3 Nr. 1 UWG a.F. - nur, wenn sie zwischen den Parteien vereinbart worden ist.[73]

37 Die Unterlassungsvereinbarung ist in der Regel so zu verstehen, dass sie auch Verletzungsformen erfasst, die **im Kern gleichartig** sind.[74] Die Pflicht, keine Bilder zu verbreiten, auf denen ein bestimmtes Ehepaar zu sehen ist, kann auch schon durch das Veröffentlichen von Fotografien verletzt werden, die nur den Ehemann zeigen.[75]

38 Die Rechtsprechung[76] wendet diese Grundsätze zu Recht auch an, soweit **geschäftliche Äußerungen oder Veröffentlichungen** infrage stehen. Wenn der Schuldner beispielsweise bestimmte Werbeaussagen unterlassen muss, dann löst auch die Verwendung von Angaben, die den betreffenden Formulierungen inhaltsgleich sind und von der Verbraucherschaft in derselben Weise verstanden werden, die Vertragsstrafe aus. Wenn ein Unternehmer verpflichtet ist, für einen nicht in Russland abgefüllten Wodka nicht mit den Merkmalen echter (russischer) Wodka und/oder importiert aus Russland und/oder destilliert oder hergestellt in Russland zu werben, so verletzt er diese Pflicht, wenn er in der Werbung die Wendung „der echte Russe" verwendet.[77] Bei der Auslegung von Unterlassungsvereinbarungen, die sich gegen **Äußerungen oder Veröffentlichungen mit einem meinungsbildenden Gehalt** richten, kann im Hinblick auf die grundrechtlichen Wertungen von Art. 5 Abs. 1 Satz 1 GG allerdings Zurückhaltung geboten sein. Nach der Judikatur des BVerfG sind entsprechende gesetzliche Unterlas-

---

[67] BAG v. 19.08.2010 - 8 AZR 645/09 - juris Rn. 64 - Stbg 2011, 323-327.

[68] BGH v. 23.05.2003 - V ZR 393/02 - juris Rn. 14 - WM 2003, 1967-1969; vgl. auch BGH v. 06.12.2002 - V ZR 184/02 - juris Rn. 18 - MDR 2003, 320-322.

[69] BGH v. 03.07.2003 - I ZR 297/00 - juris Rn. 20 - NJW-RR 2003, 1278-1279; BGH v. 10.06.2009 - I ZR 37/07 - juris Rn. 19 - GRUR 2010, 167-169 (Unrichtige Aufsichtsbehörde) m.w.N.

[70] BGH v. 17.07.2008 - I ZR 168/05 - juris Rn. 28, 32 - NJW 2009, 1882-1886 (Kinderwärmekissen) m.w.N.

[71] OLG Hamm v. 16.12.2010 - 4 U 118/10 - juris Rn. 19.

[72] Brandenburgisches OLG v. 09.10.2007 - 6 U 46/07 - juris Rn. 32 - Magazindienst 2008, 41-45; ähnlich OLG Düsseldorf v. 01.09.2009 - I-20 U 220/08 - juris Rn. 14.

[73] BGH v. 10.06.2009 - I ZR 37/07 - juris Rn. 21 - GRUR 2010, 114-116 (Unrichtige Aufsichtsbehörde).

[74] BGH v. 03.07.2003 - I ZR 297/00 - juris Rn. 21 - NJW-RR 2003, 1278-1279 (Olympiasiegerin).

[75] OLG Frankfurt v. 30.04.2004 - 11 U 10/04 - juris Rn. 11.

[76] Z.B. LG Berlin v. 13.01.2011 - 52 O 122/10 - juris Rn. 52.

[77] OLG Hamburg v. 17.12.2003 - 5 U 83/03 - juris Rn. 12 - ZGS 2004, 237-238.

sungsansprüche auf das zum Rechtsgüterschutz unbedingt Erforderliche beschränkt.[78] Es kann im Einzelfall sogar sein, dass der gesetzliche Anspruch nur eine wörtliche Wiederholung untersagt.[79] Ebenso kann es beispielsweise sein, dass ein Foto zwar in einem bestimmten Kontext nicht veröffentlich werden darf, dass aber der Abdruck desselben Fotos in einem veränderten Darstellungszusammenhang zulässig ist.[80] Es gibt bislang keine höchstrichterliche Judikatur dazu, ob diese Maßstäbe im Rahmen vertraglicher Vertragsstrafenabreden relevant sind. Das OLG Frankfurt lehnt eine Übertragung dieser Maßstäbe auf Vertragsstrafen ab und hält allein den Inhalt der Strafvereinbarung für maßgeblich.[81]

Es steht den Parteien frei, eine Unterwerfungsvereinbarung zu treffen, die sich **auf die konkrete Verletzungsform beschränkt**, mit der Folge, dass die Vertragsstrafe nur bei völlig gleichen Verletzungshandlungen verwirkt ist.[82] Die Annahme einer solchen Beschränkung liegt nahe, wenn der Gläubiger zunächst eine weite Fassung der Unterwerfung verlangt hat und die später zustande gekommene Vereinbarung bewusst und deutlich hinter dem ursprünglichen Verlangen zurückbleibt.[83] Auch kann aufgrund des Wortlauts einer Vereinbarung anzunehmen sein, dass sie nur das Vertreiben und Verkaufen bestimmter Waren erfasst, nicht aber die Werbung für die betreffenden Produkte.[84]

39

3. Wirksamkeit der Hauptpflicht, Akzessorietät

Das rechtliche Schicksal der Hauptpflicht schlägt auf die – akzessorische – Vertragsstrafe durch, vgl. § 344 BGB. Eine Vertragsstrafe kann daher nur geschuldet sein, wenn die Hauptpflicht **im Zeitpunkt des möglichen Pflichtverstoßes durch den Schuldner besteht und wirksam ist**. Daran fehlt es namentlich, wenn die Hauptpflicht von Anfang an nichtig (§§ 125, 134, 138, 142 Abs. 1 BGB) und zum maßgeblichen Zeitpunkt auch nicht geheilt war, § 311b Abs. 1 Satz 2 BGB. Deshalb schuldet beispielsweise ein Arbeitnehmer keine Vertragsstrafe, wenn er gegen eine Kündigungsbeschränkung verstößt und die Kündigungsbeschränkung ihrerseits nach den §§ 134, 622 Abs. 5 BGB nichtig ist.[85] Ist ein Geschäft wegen einer Widerrufsmöglichkeit noch schwebend unwirksam, so hat der Gläubiger weder Erfüllungs- noch Sekundäransprüche[86] und kann daher aus einem Verhalten des Schuldners keinen Strafanspruch herleiten. Ebenso scheidet ein Anspruch auf die Strafe aus, wenn der gesicherte Anspruch untergegangen ist, bevor es zu dem Verhalten gekommen ist, das „an sich" den Anspruch auf die Strafe auslösen würde. Dies kommt in Betracht bei einer vom Schuldner nicht verschuldeten Unmöglichkeit[87] sowie bei einem Rücktritt vom Vertrag oder einer Kündigung durch den Schuldner.[88]

40

Die Wirksamkeit **nachvertraglicher Wettbewerbsverbote für Arbeitnehmer** (vgl. §§ 74-75d HGB) wird von der arbeitsgerichtlichen Rechtsprechung differenzierend beurteilt. Räumt der Vertrag dem Arbeitgeber das Recht ein, bei Beendigung des Arbeitsverhältnisses ein Wettbewerbsverbot für die Dauer von zwei Jahren auszusprechen, und sieht die Vereinbarung eine Karenzentschädigung nur für den Fall vor, dass der Arbeitgeber das Wettbewerbsverbot in Anspruch nimmt, so ist die Vereinbarung unwirksam.[89] Ist das Wettbewerbsverbot dagegen zwingend vorgesehen, so ist die Vereinbarung, dass der Arbeitnehmer nach seinem Ausscheiden aus dem Unternehmen kein selbstständiges Konkurrenzunternehmen gründen, betreiben oder leiten darf, für den Arbeitnehmer gleichwohl unverbindlich.[90] Er kann frei entscheiden, ob er sich von dem Wettbewerbsverbot lösen und in seiner beruflichen Entwicklung frei sein will. Er kann aber auch an dem Wettbewerbsverbot festhalten und die vereinbarte Karenzentschädigung verlangen. Dagegen kann die Vereinbarung, nach Beendigung des Arbeitsverhältnisses nicht in die Dienste eines Konkurrenzunternehmens zu treten, mit verbindlicher Wirkung für den

41

---

[78] BVerfG v. 19.02.2004 - 1 BvR 417/98 - juris Rn. 18 - NJW 2004, 1942, 1943.
[79] BVerfG v. 11.05.1976 - 1 BvR 671/70 - juris Rn. 18 - BVerfGE 42, 143, 151.
[80] Z.B. BGH v. 09.03.2004 - VI ZR 217/03 - juris Rn. 15 - BGHZ 158, 216-226 (Charlotte Casiraghi I).
[81] OLG Frankfurt v. 10.12.2009 - 16 U 96/09 - juris Rn. 29.
[82] BGH v. 03.07.2003 - I ZR 297/00 - juris Rn. 22 - NJW-RR 2003, 1278-1279 (Olympiasiegerin); OLG Hamburg v. 29.11.2006 - 5 U 99/06 - juris Rn. 16 - WRP 2007, 844.
[83] OLG Hamm v. 16.12.2010 - 4 U 118/10 - juris Rn. 20.
[84] OLG Hamburg v. 30.03.2006 - 3 U 133/05 - juris Rn. 47 ff. - OLGR Hamburg 2007, 569-570.
[85] BAG v. 09.03.1972 - 5 AZR 246/71 - juris Rn. 20 - DB 1972, 1245.
[86] BGH v. 30.09.1992 - VIII ZR 196/91 - juris Rn. 54 - BGHZ 119, 283-299.
[87] BAG v. 04.09.1964 - 5 AZR 511/63 - DB 1964, 1666.
[88] BGH v. 18.05.1962 - I ZR 91/60 - LM Nr. 9 zu § 339 BGB; *Stadler* in: Jauernig, § 339 Rn. 17.
[89] BAG v. 22.05.1990 - 3 AZR 647/88 - juris Rn. 19 - JZ 1991, 880-881.
[90] LArbG Hamm v. 10.01.2002 - 16 Sa 1217/01 - juris Rn. 25 - Bibliothek BAG.

Arbeitnehmer getroffen und auch mittels einer Vertragsstrafe abgesichert werden.[91] Ist die Wettbewerbsvereinbarung nach diesen Maßstäben teilweise unverbindlich, so bleibt der verbindlich vereinbarte Teil entgegen § 139 BGB wirksam, weil dem Schutz des Arbeitnehmers durch die Einräumung des Wahlrechts in Bezug auf das unverbindliche Wettbewerbsverbot Genüge getan ist.[92]

42 Die Akzessorietät des Strafversprechens im Sinne von § 339 BGB kann **weitere Anforderungen, die für die Hauptpflicht gelten**, auf die Strafabsprache durchschlagen lassen. Dies folgt aus Sinn und Zweck der einschlägigen Regelungen, deren Wertungen durch das Vereinbaren von Vertragsstrafen sonst umgangen werden könnten. Die Vertragsstrafe unterliegt deshalb denselben **Formerfordernissen**, die für den Hauptvertrag bestehen.[93] Ferner entspricht der **Gerichtsstand** dem der Hauptforderung[94] und das Schicksal der Hauptforderung kann auch im Hinblick auf die **Rechtskraft** für die Vertragsstrafe bedeutsam sein. Das Bestehen oder Nichtbestehen eines Räumungsanspruchs, der rechtskräftig abgewiesen wurde, kann unter den Parteien nicht mehr zum Gegenstand einer erneuten Prüfung und Entscheidung in einem weiteren Rechtsstreit gemacht werden, in dem eine Vertragsstrafe für die Nichterfüllung der Räumungsverpflichtung geltend gemacht wird.[95] Weiterhin schließt die **Verjährung der Hauptforderung** das Entstehen des Vertragsstrafenanspruchs nach Verjährungseintritt aus.[96] Ist der Strafanspruch dagegen bereits vor diesem Zeitpunkt entstanden, so bestimmt sich seine Verjährung grundsätzlich nach den allgemeinen Regeln,[97] also nach § 195 BGB.

II. Verletzungen der Hauptpflicht

1. Arten der Pflichtverletzung

43 Die Vertragsstrafe kann durch unterschiedliche Pflichtverletzungen ausgelöst werden. Die Gesetzesfassung nennt drei, nämlich die Nichterfüllung (§ 339 Satz 1 Alt. 1 BGB), die Erfüllung in nicht gehöriger Weise, also insbesondere die verspätete Erfüllung (§§ 339 Satz 1 Alt. 2, 341 Abs. 1 BGB), und die Zuwiderhandlung gegen Unterlassungspflichten (§ 339 Satz 2 BGB). Über den Normwortlaut hinaus sind weitere Pflichtverletzungen mit einzubeziehen. Zum einen muss auch ein vertragswidriges Verhalten des Schuldners vor Fälligkeit, das den Gläubiger zur Vertragsauflösung berechtigt, den Verfall der Vertragsstrafe auslösen können.[98] In Betracht kommt dabei insbesondere die ernsthafte Erfüllungsverweigerung vor Fälligkeit, § 323 Abs. 4 BGB. Im Hinblick auf das Sicherungsinteresse des Gläubigers, die mangelnde Schutzwürdigkeit des Schuldners und die Wertung von § 338 Satz 1 BGB ist die Strafe zum anderen auch verwirkt, wenn der Schuldner die Unmöglichkeit der Leistung oder ein anderes Leistungshindernis im Sinne von § 275 BGB verschuldet und damit den Untergang des Erfüllungsanspruchs herbeigeführt hat.

2. Mehrfache oder fortdauernde Verletzungen

44 Ob eine mehrfache oder fortdauernde Verletzung die Strafe einmal oder mehrfach anfallen lässt, bestimmt sich nach dem Inhalt der Vertragsstrafenabrede.[99] Deren Auslegung hat sich insbesondere an den beiderseits bekannten Umständen, dem Zweck der Vereinbarung, der Art und Weise ihres Zustandekommens, der relevanten Beziehung zwischen den Vertragspartnern und ihrer Interessenlage auszurichten.[100] Zu berücksichtigen ist auch, dass sich die Vereinbarung einer Vertragsstrafe auf mögliche zukünftige Sachverhalte bezieht, deren nähere Umstände naturgemäß kaum vorhersehbar sind.[101] Das wichtigste Auslegungskriterium ist die Strafhöhe.[102]

---

[91] LArbG Hamm v. 10.01.2002 - 16 Sa 1217/01 - juris Rn. 24 - Bibliothek BAG.
[92] LArbG Hamm v. 10.01.2002 - 16 Sa 1217/01 - juris Rn. 27 - Bibliothek BAG.
[93] OLG Köln v. 14.06.1971 - 7 U 173/70 - juris Rn. 29; *Schaub* in: Erman, § 339 Rn. 3.
[94] RG v. 29.05.1908 - III 558/07 - RGZ 69, 9-13.
[95] BGH v. 26.02.1958 - V ZR 141/56 - NJW 1958, 790.
[96] *Schaub* in: Erman, § 339 Rn. 3.
[97] BGH v. 20.06.1991 - I ZR 277/89 - juris Rn. 31 - LM UWG § 1 Nr. 582 (1/1992) (Preisvergleichsliste).
[98] *Stadler* in: Jauernig, § 339 Rn. 18.
[99] BGH v. 25.01.2001 - I ZR 323/98 - juris Rn. 15, 17 - BGHZ 146, 318-331 (Trainingsvertrag).
[100] BGH v. 25.01.2001 - I ZR 323/98 - juris Rn. 15 - BGHZ 146, 318-331 (Trainingsvertrag); BGH v. 17.07.2008 - I ZR 168/05 - juris Rn. 38 - NJW 2009, 1882-1836 (Kinderwärmekissen).
[101] BGH v. 25.01.2001 - I ZR 323/98 - juris Rn. 15 - BGHZ 146, 318-331 (Trainingsvertrag).
[102] *Lindacher* in: Soergel, § 339 Rn. 22 m.w.N.

Die Strafe fällt mehrfach an, wenn sich die Vereinbarung eindeutig auf jeden einzelnen Fall der Zuwiderhandlung bezieht und zum Beispiel jedes angebotene, verkaufte oder verbreitete Produkt einzeln erfassen soll.[103] Eine derartige, auf jeden einzelnen Verletzungsfall bezogene Strafvereinbarung kann aber im Ergebnis unzulässig überhöht sein und daher nach § 343 BGB oder nach § 242 BGB herabzusetzen sein.[104]

Ob ein Vorgang einen oder mehrere Verstöße begründet, ist eine Frage des Einzelfalls.[105] Auch insoweit liefern die Auslegung der Vertragsabrede und die Höhe der Strafe wichtige Anhaltspunkte. Niedrige Einzelstrafen legen kleine Verletzungseinheiten, höhere Einzelstrafen entsprechend größere Verletzungseinheiten nahe.[106] Der BGH nimmt einen Einzelverstoß an, wenn entweder eine natürliche Handlungseinheit gegeben ist oder wenn einzelne Taten nach dem Inhalt des Vertrags als eine rechtliche Einheit anzusehen sind.[107] Nach dieser Rechtsprechung ist in der Regel eine Verwirkung weiterer Strafen für jeden Einzelakt von den Vertragsparteien nicht gewollt, wenn der sich dadurch ergebenden Aufsummierung von Strafen kein entsprechendes Sicherungsbedürfnis des Gläubigers gegenübersteht.[108]

Handlungen, die als jeweils gesonderte Pflichtverstöße anzusehen sind, begründen im Regelfall auch jeweils eigenständige prozessuale Streitgegenstände.[109]

3. Verletzung durch den Schuldner

Die Verletzung muss dem Schuldner zuzurechnen sein, also entweder auf seinem eigenen Tun oder auf einem Handeln von Personen basieren, für die er einzustehen hat.

Wenn ein Wettbewerber in einer Werbebeilage einer Zeitung bestimmte Werbeschlagworte verwendet hat und sich im Weiteren zur Unterlassung verpflichtet, dann ist ihm der Gebrauch dieser Schlagworte in einem redaktionell aufgemachten Zeitungsartikel zuzurechnen, wenn er den betreffenden Artikel veranlasst und damit die Zeitung zum Sprachrohr seiner Werbung gemacht hat.[110] Ein Schuldner verstößt gegen seine Pflicht zur Unterlassung bestimmter Werbeaussagen, wenn er diese zwar nicht in eigener Person aufstellt, aber auf seiner Internetseite zur Unterstützung seiner Werbung ohne ausreichende Distanzierung einen Link auf einen „Fachbeitrag" setzt, dessen Inhalt gegen die Unterlassungspflicht verstößt.[111]

4. Abdingbarkeit

Da § 339 BGB dispositiv ist, kann festgelegt werden, dass eine Vertragsstrafe, die im Rahmen eines Dauerschuldverhältnisses für den Fall der Nichterfüllung einer Teilleistung vereinbart worden ist, auch dann noch verwirkt werden kann, wenn der Vertrag vor dem Fälligkeitstage der betreffenden Teilleistung aufgelöst worden ist.[112] Verspricht ein Unterlassungsschuldner in einer strafbewehrten Unterlassungserklärung die Zahlung einer Vertragsstrafe „für jeden Fall einer Zuwiderhandlung", so kann eine unter Berücksichtigung der objektiven Interessen der Parteien vorgenommene Auslegung dieses Versprechens ergeben, dass jedenfalls für mehrere zeitlich nicht zu weit auseinander liegende Verstöße, die auf eine fahrlässige Pflichtverletzung des Unterlassungsschuldners zurückzuführen sind, die Grundsätze des Fortsetzungszusammenhangs anwendbar sein sollen. Mehrere solcher Einzelverstöße sind dann nur als eine (fortgesetzte) Zuwiderhandlung anzusehen.[113]

---

[103] BGH v. 17.07.2008 - I ZR 168/05 - juris Rn. 2, 39 - NJW 2009, 1882-1886 (Kinderwärmekissen).
[104] BGH v. 17.07.2008 - I ZR 168/05 - juris Rn. 40 ff. - NJW 2009, 1882-1886 (Kinderwärmekissen).
[105] *Schaub* in: Erman, § 339 Rn. 9.
[106] *Lindacher* in: Soergel, § 339 Rn. 22 m.w.N.
[107] BGH v. 25.01.2001 - I ZR 323/98 - juris Rn. 20 - BGHZ 146, 318-331 (Trainingsvertrag).
[108] BGH v. 25.01.2001 - I ZR 323/98 - juris Rn. 20 - BGHZ 146, 318-331 (Trainingsvertrag).
[109] BGH v. 10.06.2009 - I ZR 37/07 - juris Rn. 30 - GRUR 2010, 114-116 (Unrichtige Aufsichtsbehörde).
[110] OLG Hamm v. 30.03.2004 - 4 U 15/04 - juris Rn. 13 f. - WRP 2004, 1076-1078.
[111] LG Frankfurt v. 29.06.2011 - 2-06 O 75/11, 2/06 O 75/11, 2-6 O 75/11, 2/6 O 75/11 - juris Rn 22.
[112] BGH v. 18.05.1962 - I ZR 91/60 - LM Nr. 9 zu § 339 BGB.
[113] OLG Düsseldorf v. 23.10.1986 - 2 U 228/85 - NJW-RR 1987, 1180-1182.

III. Verzugs- und Verschuldenserfordernis

1. Grundanforderungen

51 Nach § 339 Satz 1 BGB ist die Strafe nur verwirkt, wenn der Schuldner mit der Leistung in **Verzug** gerät. Die Verzugsvoraussetzungen bestimmen sich nach den allgemeinen Regeln, wobei das Verschulden nach § 286 Abs. 4 BGB vermutet wird. Ein Verzug scheidet beispielsweise aus, wenn ein Unternehmer ein Bauvorhaben aus Gründen verspätet fertigstellt, die allein der Auftraggeber zu vertreten hat.[114]

52 Das mit dem Verzugskriterium indirekt aufgestellte **Verschuldenserfordernis** ist ein wesentlicher, auf dem Gerechtigkeitsgebot beruhender Grundgedanke der gesetzlichen Regelung.[115] § 339 BGB knüpft die Verurteilung zu einer Strafe bewusst an ein Verschulden des Verpflichteten und strebt danach, den Schuldner, dem ein Vertragsstrafenversprechen unverhältnismäßig große Nachteile bringen kann, zu schützen. Der Schuldner haftet daher generell nur, wenn er die Umstände, die zur Auslösung der vereinbarten Vertragsstrafe führen sollen, zu vertreten hat.[116]

53 Das Verschulden bestimmt sich nach den allgemeinen Anforderungen,[117] setzt also vorsätzliches oder fahrlässiges Verhalten voraus, § 276 Abs. 1 Satz BGB. Der Schuldner hat nach § 278 Satz 1 BGB für das Verschulden von Erfüllungsgehilfen einzustehen.[118] Der Gläubiger muss nur die Zuwiderhandlung gegen vertragliche Pflichten, nicht aber das Verschulden des Schuldners beweisen. Dem Schuldner obliegt der Nachweis seiner Schuldlosigkeit, an den strenge Anforderungen zu stellen sind.[119]

54 Ein Gastwirt, der in einem Bierbezugsvertrag für den Fall der Schließung seiner Gastwirtschaft eine Vertragsstrafe vereinbart, handelt schuldhaft, wenn er sein Grundstück an die Gemeinde veräußert, um es nicht zu einer Enteignung kommen zu lassen.[120] Er kann nicht einwenden, dass der Bierbezug auch bei einer Enteignung beendet worden wäre. Dieser Umstand kann aber bei der Entscheidung über eine Herabsetzung der verwirkten Vertragsstrafe berücksichtigt werden.[121] Wenn der Schuldner vertraglich das Unterlassen einer bestimmten Werbung schuldet, dann haftet er nach § 278 Satz 1 BGB auch für das Verschulden seiner Werbeagentur als seines Erfüllungsgehilfen sowie für das schuldhafte Verhalten solcher Personen, deren sich die Werbeagentur bei der Erfüllung ihrer Pflichten bedient.[122]

55 Das Verschulden scheidet aus, wenn Umstände, die ein Auftragnehmer nicht zu vertreten hat, den gesamten Zeitplan eines Bauvorhabens umwerfen und der Auftragnehmer diesen Zeitverlust nur durch einen Arbeitseinsatz ausgleichen könnte, zu dem er weder verpflichtet noch in der Lage ist.[123]

2. Verstoß gegen Unterlassungspflichten

56 Ein Verschulden ist auch erforderlich, wenn die geschuldete Leistung nach § 339 Satz 2 BGB in einem Unterlassen besteht. Der Schuldner verwirkt sofern nichts anderes vereinbart ist, die Vertragsstrafe auch in einem solchen Fall nur, wenn er die Zuwiderhandlung zu vertreten hat.[124] Der gegenüber Satz 1 engere Wortlaut von Satz 2 nennt zwar den Verzug nicht und damit implizit auch kein Verschuldenserfordernis, doch erklärt sich dies daraus, dass im Zusammenhang mit Unterlassungspflichten ein Verzug nicht möglich ist. Deshalb musste für den Zeitpunkt des Verfalls der Strafe ein anderer Anknüpfungspunkt, der Zeitpunkt der Zuwiderhandlung, bestimmt werden. Die von Satz 1 und auch den §§ 339-345 BGB insgesamt verfolgte Zielsetzung, den Schuldner vor Vertragsstrafen zu schützen, gilt aber unabhängig davon, ob der Schuldner ein Handeln oder ein Unterlassen schuldet. Zugleich ist das Verschulden auch in den Fällen des Satzes 2 zu vermuten, so dass die Beweislast für ein fehlendes Verschulden beim Schuldner liegt.[125]

---

[114] OLG Dresden v. 13.12.2006 - 6 U 946/06 - juris Rn. 75 - IBR 2009, 574.
[115] BGH v. 18.04.1984 - VIII ZR 50/83 - juris Rn. 20 - LM Nr. 2 zu § 9 (Ch) AGBG.
[116] BGH v. 24.01.1973 - VIII ZR 147/71 - juris Rn. 9 - DB 1973, 764 m.w.N.
[117] BGH v. 21.11.2007 - XII ZR 213/05 - juris Rn. 17 ff. - MDR 2008, 317.
[118] BGH v. 30.04.1987 - I ZR 8/85 - juris Rn. 14 - LM Nr. 28 zu § 339 BGB (Anwalts-Eilbrief); BGH v. 30.03.1988 - I ZR 40/86 - juris Rn. 12 - NJW 1988, 1907-1908 (Verlagsverschulden).
[119] OLG Karlsruhe v. 19.12.2002 - 4 U 83/01 - Magazindienst 2003, 350-352.
[120] BGH v. 27.11.1968 - VIII ZR 9/67 - juris Rn. 19 - NJW 1969, 461.
[121] BGH v. 27.11.1968 - VIII ZR 9/67 - juris Rn. 22 f. - NJW 1969, 461.
[122] OLG Karlsruhe v. 17.06.1992 - 4 U 252/91 - juris Rn. 21 f. m.w.N.
[123] BGH v. 13.01.1966 - VII ZR 262/63 - juris Rn. 34 ff. - NJW 1966, 971.
[124] BGH v. 29.06.1972 - II ZR 101/70 - JZ 1972, 662.
[125] *Stadler* in: Jauernig, § 339 Rn. 19.

Der Schuldner muss nach Kenntnis des Unterlassungstitels alle ihm zumutbaren Maßnahmen ergreifen, um eine Zuwiderhandlung zu vermeiden. Hat sich der Schuldner zur Unterlassung bestimmter Werbung verpflichtet, dann muss er beispielsweise seine Mitarbeiter eingehend belehren und überwachen, unzulässige Produkte oder Werbematerialien zurückrufen und ggf. vernichten sowie etwaige Werbeanzeigen stornieren.[126] Wenn sich ein Kfz-Vertriebshändler zur Unterlassung einer bestimmten Werbung verpflichtet und die unmittelbare Verantwortung für seine zukünftige Werbung in Teilen auf den Hersteller auslagert, dann muss er diesen unmissverständlich und zweifelsfrei darüber unterrichten, dass er sich vertraglich und strafbewehrt zur Unterlassung bestimmter Werbung verpflichtet hat.[127] Kommt er dieser Pflicht nicht nach, so trifft ihn ein eigenes Verschulden, wenn der Hersteller eine entsprechende Werbung für ihn schaltet.

57

3. Abdingbarkeit

Wegen des dispositiven Charakters von § 339 BGB ist es zulässig, die Vertragsstrafe garantieähnlich auszugestalten.[128] Selbst das Vereinbaren einer verschuldensunabhängigen Vertragsstrafe im Rahmen von AGB muss nicht automatisch unangemessen im Sinne von § 307 Abs. 1 Satz 1 BGB sein.[129] Die Strafe kann in solchen Fällen auch dann verwirkt werden, wenn den Schuldner kein Verschulden trifft. Eine solche Vereinbarung ist nur anzunehmen, wenn der Vertrag dafür eindeutige Anhaltspunkte bietet. Im Zweifel ist eine Vereinbarung so auszulegen, dass die Strafe lediglich im Verschuldensfall verfällt.[130] Hängt die Verpflichtung zur Zahlung einer Vertragsstrafe davon ab, dass eine vertraglich geschuldete Leistung nicht „unverzüglich" erfolgt, so ist die Strafe wegen des Bezugs zu § 121 Abs. 1 Satz 1 BGB als verschuldensabhängig anzusehen.[131] Bei einem VOB/B-Vertrag ist eine Verschuldensabhängigkeit bereits anzunehmen, wenn sich aus dem Vertrag nichts Gegenteiliges ergibt.[132]

58

59

D. Unwirksamkeit der Vertragsstrafe

I. Allgemeine Bestimmungen

Das Versprechen einer Vertragsstrafe kann als solches unwirksam sein, unabhängig davon, ob es sich um eine selbstständige oder um eine akzessorische Strafe handelt. Die Unwirksamkeit kann sich aus den allgemeinen Bestimmungen ergeben,[133] zum Beispiel aus § 134 BGB, oder aus § 138 Abs. 1 BGB. Sittenwidrigkeit kommt allgemein in Betracht, wenn die Vertragsstrafe den Schuldner in unzumutbarer Weise belastet und in seiner persönlichen und wirtschaftlichen Entfaltung einengt[134] Unzulässig ist beispielsweise eine Vertragsstrafe, die faktisch auf ein Berufsverbot hinausläuft, das außerhalb der privatautonomen Gestaltungsbefugnis liegt,[135] oder die gegen die § 134 BGB, § 1 GWB verstößt. Führt eine Vertragsstrafe in ihrer konkreten Ausgestaltung dazu, dass die Kündigung des Arbeitnehmers gegenüber der des Arbeitgebers erschwert ist, so kann darin eine nach § 622 Abs. 6 BGB unzulässige Kündigungsbeschränkung zulasten des Arbeitnehmers liegen.[136]

60

---

[126] OLG Hamburg v. 29.11.2006 - 5 U 99/06 - juris Rn. 19 - WRP 2007, 844.
[127] OLG Köln v. 30.03.2007 - 6 U 207/06 - juris Rn. 10.
[128] BGH v. 29.06.1972 - II ZR 101/70 - JZ 1972, 663 m.w.N.; BGH v. 24.01.1973 - VIII ZR 147/71 - juris Rn. 10 - DB 1973, 764 m.w.N.; BGH v. 28.01.1997 - XI ZR 42/96 - juris Rn. 30 - LM EGBGB 1986 Art 27 Nr. 4 (6/1997); a.A. *Rieble* in: Staudinger, § 339 Rn. 316.
[129] BGH v. 06.12.2002 - V ZR 184/02 - juris Rn. 14 - MDR 2003, 320-322; OLG Brandenburg v. 26.10.2005 - 4 U 194/04 - juris Rn. 19 - NJ 2006, 192.
[130] BGH v. 29.06.1972 - II ZR 101/70 - JZ 1972, 663.
[131] OLG Hamm v. 25.08.2003 - 35 W 15/03 - NJW-RR 2004, 58-59.
[132] BGH v. 30.03.2006 - VII ZR 44/05 - juris Rn. 9 - NJW 2006, 2555-2557.
[133] Dazu *Gottwald* in: MünchKomm-BGB, § 339 Rn. 10; BGH v. 08.10.1992 - IX ZR 98/91 - juris Rn. 70 - LM BGB § 138 (Bc) Nr. 74 (4/1993).
[134] Dazu BAG v. 24.06.1987 - 8 AZR 641/85 - juris Rn. 14.
[135] OLG Koblenz v. 07.08.2008 - 5 U 140/08 - juris Rn. 20 - GRUR-RR 2008, 413.
[136] Vgl. LArbG Düsseldorf v. 23.01.2003 - 11 Sa 1217/02 - juris Rn. 47 - DB 2003, 1580-1581.

§ 339

61 Die Vereinbarung einer **überhöhten Vertragsstrafe** kann nach § 138 Abs. 1 BGB sittenwidrig sein.[137] Eine bloße Strafüberhöhung, die von einer Privatpersonen im Rahmen einer Individualvereinbarung zugesagt wird, kann für sich allein aber keine Sittenwidrigkeit begründen,[138] weil die Strafe auf Antrag des Schuldners herabgesetzt werden kann und insoweit § 343 BGB vorrangig ist.

62 Für Strafüberhöhungen gegenüber **Kaufleuten** gelten zum Teil andere Maßstäbe. Wenn etwa eine Vertragsstrafe die Einhaltung wettbewerbsrechtlicher Unterlassungspflichten sicherstellen soll, so muss sie jedenfalls so hoch bemessen werden können, dass sich ein Bruch des Unterlassungsversprechens nicht lohnt.[139] Ist die Strafe überhöht, so scheidet eine Herabsetzung nach § 343 BGB wegen § 348 HGB aus. Nach der Rechtsprechung sind unverhältnismäßig hohe Strafen gegenüber Kaufleuten aber nach § 242 BGB herabzusetzen, doch muss dabei wegen § 348 HGB ein anderer, großzügigerer Maßstab gelten.[140]

II. AGB

1. § 309 Nr. 6 BGB

63 Eine in AGB enthaltene Strafklausel ist unter den Voraussetzungen von § 309 Nr. 6 BGB stets unwirksam. Vertragsstrafen, die in formularmäßigen Arbeitsverträgen für den Fall vereinbart werden, dass sich der **Arbeitnehmer vertragswidrig vom Arbeitsverhältnis löst**, sind aber nicht nach § 309 Nr. 6 BGB generell unzulässig. Die nach § 310 Abs. 4 Satz 2 BGB angemessen zu berücksichtigenden arbeitsrechtlichen Besonderheiten gebieten vielmehr die grundsätzliche Zulässigkeit solcher Abreden.[141] Entsprechende Vereinbarungen können jedoch wegen einer unangemessenen Benachteiligung nach § 307 Abs. 1 Satz 1 BGB unwirksam sein.[142]

2. § 307 Abs. 2 BGB

64 Ordnet eine Klausel abweichend von § 339 Satz 1 BGB an, dass die Strafe auch unabhängig vom Verschulden der anderen Partei verwirkt sein kann, so ist sie nach **§ 307 Abs. 2 Nr. 1 BGB** im Zweifel unwirksam.[143] Von einer verschuldensunabhängigen Vertragsstrafe ist grundsätzlich aber nur auszugehen, wenn dies als solches ausdrücklich vorgesehen ist.[144] Die Klausel eines Bauvertrags, nach der bei Überschreitung von festgelegten Eckterminen ein „sofortiger" Verzug vorliegt und die nicht ausdrücklich auf die Notwendigkeit eines Verschuldens des Auftragnehmers hinweist, ist auch dann unwirksam, wenn zwischen den Parteien die Anwendung der VOB/B vereinbart ist.[145] Dasselbe gilt, wenn eine Klausel dem Schuldner den Einwand abschneidet, er sei nicht in Verzug, weil die Leistung infolge eines Umstands unterbleibe, den er nicht zu vertreten habe.[146]

65 Entsprechende Klauseln sind zulässig, wenn gewichtige Umstände vorliegen, welche die Vertragsstrafenregelung trotz der Abweichung von dem Verschuldenserfordernis mit Recht und Billigkeit noch vereinbar erscheinen lassen, wenn also die verschuldensunabhängige Haftung des Vertragspartners durch sachliche Gründe gerechtfertigt ist.[147] Solche Gründe hat die Rechtsprechung namentlich in Be-

---

[137] *Gottwald* in: MünchKomm-BGB, § 343 Rn. 4; *Lindacher* in: Soergel, § 343 Rn. 5; OLG Nürnberg v. 25.11.2009 - 12 U 681/09 - juris Rn. 62 ff. - GmbHR 2010, 41-147.
[138] BAG v. 24.06.1987 - 8 AZR 641/85 - juris Rn. 24; *Stadler* in: Jauernig, § 343 Rn. 3.
[139] BGH v. 07.10.1982 - I ZR 120/80 - juris Rn. 26 - LM Nr. 38 zu § 1 ZugabeVO; *Hoß*, ArbRB 2002, 138-142.
[140] BGH v. 17.07.2008 - I ZR 168/05 - juris Rn. 41 - NJW 2009, 1882-1886 (Kinderwärmekissen) m.w.N.
[141] BAG v. 04.03.2004 - 8 AZR 196/03 - juris Rn. 24 - ZIP 2004, 1277-1285; BAG v. 04.03.2004 - 8 AZR 328/03 - juris Rn. 25 - EzA-SD 2004, Nr. 6, 3-4; BAG v. 04.03.2004 - 8 AZR 344/03 - juris Rn. 36 - EzA-SD 2004, Nr. 6, 3-4; BAG v. 29.09.2008 - 8 AZR 717/07 - juris Rn. 42 - DB 2009, 569-572; BAG v. 18.12.2008 - 8 AZR 81/08 - juris Rn. 38 - DB 2009, 2269-2272; BAG v. 28.05.2009 - 8 AZR 896/07 - juris Rn. 34 - SAE 2010, 167-173; BAG v. 19.08.2010 - 8 AZR 645/09 - juris Rn. 38 - Stbg 2011, 323-327; allgemein zur Inhaltskontrolle von Arbeitsverträgen *Coester*, Jura 2005, 251-257; *Lakies*, AR-Blattei SD 35; *Winter*, BB 2010, 2757-2762.
[142] BAG v. 04.03.2004 - 8 AZR 196/03 - juris Rn. 54 - ZIP 2004, 1277-1285; BAG v. 04.03.2004 - 8 AZR 328/03 - juris Rn. 55 - EzA-SD 2004, Nr. 6, 3-4; BAG v. 04.03.2004 - 8 AZR 344/03 - juris Rn. 67 - EzA-SD 2004, Nr. 6, 3-4; BAG v. 28.05.2009 - 8 AZR 896/07 - juris Rn. 35 - SAE 2010, 167-173.
[143] BGH v. 18.04.1984 - VIII ZR 50/83 - juris Rn. 20 - LM Nr. 2 zu § 9 (Ch) AGBG.
[144] OLG Rostock v. 08.03.2004 - 3 U 118/03 - juris Rn. 68 - NZM 2004, 460-461.
[145] OLG Jena v. 17.12.2003 - 2 U 384/03 - BauR 2004, 1456-1457.
[146] OLG Celle v. 11.10.2007 - 6 U 40/07 - juris Rn. 48 - BauR 2009, 111-113.
[147] BGH v. 26.05.1999 - VIII ZR 102/98 - juris Rn. 25 - BGHZ 141, 391-399.

zug auf Vertragsstrafen bejaht, die von der Treuhandanstalt vereinbart wurden, Beschäftigungs- und Investitionszusagen betrafen und sich aus der öffentlichen und gesamtwirtschaftlichen Bedeutung der Aufgabe der Treuhandanstalt rechtfertigten.[148]

Eine Strafklausel verstößt gegen **§ 307 Abs. 2 Nr. 2 BGB**, wenn sie außer Verhältnis zum Gewicht des Vertragsverstoßes und ihren Folgen für den Schuldner steht, etwa wenn ein Vertragshändler bei kleinen Pflichtverletzungen fast den gesamten Jahresverdienst aus dem Händlervertrag verliert.[149] Eine Unwirksamkeit kommt außerdem in Betracht, wenn unabhängig von der Schwere des Pflichtverstoßes eine pauschale Strafe vereinbart wird[150] oder wenn sich die Höhe der Vertragsstrafe nach einem bestimmten Prozentsatz der Auftragssumme je Kalendertag der Terminüberschreitung richtet, eine zeitliche Begrenzung aber nicht vorgesehen ist.[151] Im Rahmen größerer Bauverträge kann eine Vertragsstrafe, deren Höhe sich nach einem bestimmten Prozentsatz der Auftragssumme je Arbeitstag richtet, nach § 307 Abs. 2 BGB nur dann rechtmäßig sein, wenn sie eine Begrenzung nach oben aufweist.[152] 66

3. § 307 Abs. 1 Satz 1 BGB

Die Angemessenheitskontrolle nach § 307 Abs. 1 Satz 1 BGB hat anhand einer **generalisierenden Betrachtungsweise** zu erfolgen und setzt eine wechselseitige Berücksichtigung und Bewertung der rechtlich anzuerkennenden Interessen der Vertragspartner voraus.[153] Sie hat dabei auch die Obergrenze der Vertragsstrafe darauf zu überprüfen, ob diese generell und typischerweise für die Art von Verträgen, für die sie vorformuliert ist, angemessen ist.[154] Die Strafe muss sich innerhalb der voraussichtlichen Schadensbeträge halten[155] und ihrer Höhe nach in einem angemessenen Verhältnis zum Gewicht des Verstoßes und zu dessen Folgen für den Vertragspartner stehen.[156] Dabei kommt es darauf an, ob allgemein bei Verträgen der geschlossenen Art Nachteile zu erwarten sind, welche die Ausgestaltung der Vertragsstrafe angemessen erscheinen lassen. Fälle einer besonders ungünstigen Schadensentwicklung müssen unberücksichtigt bleiben. Eine unzulässige Überhöhung kommt insbesondere in Betracht, wenn die Höhe der Vertragsstrafe nicht an das Gewicht des Vertragsverstoßes anknüpft, sich mit fortschreitender Dauer des vertragswidrigen Zustandes kontinuierlich steigert und weder eine zeitliche Beschränkung noch eine Beschränkung des Höchstbetrags der Strafe vorgesehen ist.[157] Die unangemessene Benachteiligung des Vertragsstrafenschuldners liegt in solchen Fällen vor allem in der Gefahr, dass die ständig wachsende Vertragsstrafe seine eigenen Vertragsansprüche aufzehren, außer Verhältnis zum möglichen Schaden des Vertragsstrafengläubigers geraten und diesem sogar zu einem von seinem Sachinteresse nicht mehr gedeckten Geldquelle eröffnen kann.[158] Eine unzulässig überhöhte Strafklausel wird auch nicht dadurch zulässig, dass dem Gläubiger ein Leistungsbestimmungsrecht eingeräumt wird, das er im Zweifel nach § 315 Abs. 1 BGB nur nach billigem Ermessen ausüben darf und dessen Ausübung nach § 315 Abs. 3 BGB der richterlichen Kontrolle unterliegt.[159] 67

Strafklauseln können vor allem wegen einer **unangemessenen Höhe** unwirksam sein und zwar sowohl gegenüber Privatpersonen als auch gegenüber Kaufleuten.[160] Eine geltungserhaltende Reduktion ist in solchen Fällen nicht möglich.[161] Es empfiehlt sich die Vereinbarung einer Strafobergrenze, im Zusammenhang mit Bauverträgen kann eine solche Grenze sogar zwingend erforderlich sein. Eine entspre- 68

---

[148] BGH v. 26.05.1999 - VIII ZR 102/98 - juris Rn. 25 - BGHZ 141, 391-399; OLG Brandenburg v. 26.10.2005 - 4 U 194/04 - NJ 2006, 192; OLG Brandenburg v. 31.07.2008 - 5 U 103/07 - juris Rn. 30 ff.
[149] BGH v. 12.01.1994 - VIII ZR 165/92 - juris Rn. 34 - BGHZ 124, 351-371.
[150] OLG Schleswig v. 14.09.2000 - 7 U 83/99 - MDR 2001, 262-263.
[151] BGH v. 18.11.1982 - VII ZR 305/81 - juris Rn. 26 - BGHZ 85, 305-315.
[152] BGH v. 20.01.2000 - VII ZR 46/98 - juris Rn. 9 - LM AGBG § 9 (Bf) Nr. 37 (1/2001); BGH v. 22.10.1987 - VII ZR 167/86 - juris Rn. 13 - LM Nr. 13 zu § 9 (Bf) AGBG; OLG Celle v. 11.07.2002 - 22 U 190/01 (6. ZS) 22 U 190/01 - OLGR Celle 2002, 311-312.
[153] BAG v. 19.08.2010 - 8 AZR 645/09 - juris Rn. 40 - Stbg 2011, 323-327.
[154] BGH v. 23.01.2003 - VII ZR 210/01 - juris Rn. 59 - BGHZ 153, 311-327.
[155] BGH v. 07.05.1997 - VIII ZR 349/96 - juris Rn. 11 - NJW 1997, 3233-3235; BGH v. 23.01.2003 - VII ZR 210/01 - juris Rn. 57 - BGHZ 153, 311-327.
[156] BGH v. 26.05.1999 - VIII ZR 102/98 - juris Rn. 25 - BGHZ 141, 391-399.
[157] OLG Düsseldorf v. 08.06.2007 - I-24 U 207/06, 24 U 207/06 - juris Rn. 5 - MDR 2008, 136-137.
[158] OLG Düsseldorf v. 08.06.2007 - I-24 U 207/06, 24 U 207/06 - juris Rn. 5 - MDR 2008, 136-137.
[159] BGH v. 26.03.1987 - VII ZR 70/86 - juris Rn. 3 - BauR 1987, 324-329 (Vertragsstrafenklausel); BGH v. 26.11.1984 - VIII ZR 214/83 - juris Rn. 7 - BGHZ 93, 29-63.
[160] BGH v. 23.01.2003 - VII ZR 210/01 - juris Rn. 56 - BGHZ 153, 311-327.
[161] BGH v. 23.01.2003 - VII ZR 210/01 - juris Rn. 56 - BGHZ 153, 311-327.

§ 339

chende Vereinbarung sollte möglichst eindeutig gefasst sein. Die bloße Aufnahme einer Fußnote, dass die Strafe eine Obergrenze von 10% nicht überschreiten darf, reicht nicht aus, wenn dieser Hinweis lediglich einen redaktionellen Charakter hat.[162]

69 Die Angemessenheit von Vertragsstrafen im **Arbeitsverhältnis** ist nach denselben Maßstäben zu beurteilen, die auch im sonstigen Schuldrecht gelten.[163] Ist danach § 307 Abs. 1 BGB anzuwenden, so ist die Klausel unwirksam. Eine geltungserhaltende Reduktion kommt grundsätzlich nicht in Betracht.[164] Eine Teilung von Vertragsklauseln in einen zulässigen und einen unzulässigen Teil ist aber möglich, wenn der unzulässige Teil sprachlich eindeutig trennbar ist und nach dem Wegstreichen der unwirksamen Teilregelung ein Klauselrest verbleibt, der aus sich heraus verständlich ist.[165] Dies kommt zum Beispiel in Betracht, wenn das Vertragsstrafeversprechen für zwei unterschiedliche, sprachlich und inhaltlich voneinander trennbare Sachverhalte abgegeben worden ist, etwa für den Nichtantritt einer Stelle und für das vertragswidrige Lösen des Dienstverhältnisses.[166] Eine Teilung scheidet dagegen aus, wenn die Vertragsklausel verschiedene Verstöße erfasst, ohne dabei zwischen verschiedenen Fallgestaltungen zu differenzieren, für die jeweils unterschiedliche Vertragsstrafen angemessen sein könnten.[167]

70 Die Unwirksamkeit kann bereits aus der unangemessenen Höhe der Vertragsstrafe folgen.[168] Hat der Arbeitnehmer die Vertragsstrafe durch die rechtswidrige vorzeitige Beendigung des Arbeitsverhältnisses verwirkt, so wird die zulässige Höchstgrenze bei unbefristeten Arbeitsverhältnissen regelmäßig durch das Einkommen begrenzt, das der Arbeitnehmer innerhalb der für ihn gültigen Kündigungsfrist hätte erzielen können.[169] Bei einem befristeten Arbeitsverhältnis bietet sich als Höchstgrenze grundsätzlich der regelmäßige Monatsverdienst an.[170] Daher ist eine Vertragsstrafe in Höhe eines Bruttomonatslohns nicht unzulässig überhöht, wenn sie für den Fall des Nichtantritts des Dienstverhältnisses versprochen wird und das Dienstverhältnis zunächst auf einen Probezeitraum von sechs Monaten befristet ist und während dieser Zeit mit einer Frist von einem Monat gekündigt werden kann.[171] Dagegen beeinträchtigt die Festsetzung einer Vertragsstrafe in Höhe eines Monatsgehalts den Arbeitnehmer typischerweise unangemessen, wenn dieser sich rechtmäßig mit einer Kündigungsfrist von zwei Wochen vom Vertrag lösen könnte.[172] Eine unangemessene Benachteiligung liegt ferner nahe, wenn eine Mindestvertragsstrafe dem mehrfachen Bruttogehalt eines Monats entspricht und bei weitem aus dem Rahmen dessen fällt, was üblicherweise vereinbart wird.[173] Eine Vertragsstrafe des Arbeitnehmers, dessen Kündigungsfrist zwei Wochen beträgt, ist unverhältnismäßig hoch, wenn sie 20 Bruttotagesverdienste umfasst und bei weitem den Gewinn übersteigt, den der Arbeitgeber durch die Beschäftigung des Arbeitnehmers hätte erzielen können.[174] Ist die Vertragsstrafe höher als die Arbeitsvergütung, die dem Arbeitnehmer für die Zeit zwischen einer vorzeitigen tatsächlichen Beendigung und dem rechtlich zulässigen Beendigungszeitpunkt zu zahlen wäre, dann kann sie nur wirksam sein, wenn das Sanktionsinteresse des Arbeitgebers den Wert der Arbeitsleistung aufgrund besonderer Umstände typischerweise und generell übersteigt.[175]

---

[162] BGH v. 24.02.2005 - VII ZR 340/03 - BauR 2005, 1015-1016.

[163] BAG v. 04.03.2004 - 8 AZR 196/03 - juris Rn. 55 - ZIP 2004, 1277-1285 unter Verweis auf den früheren § 9 AGBG.

[164] BAG v. 04.03.2004 - 8 AZR 196/03 - juris Rn. 63 - ZIP 2004, 1277-1285; BAG v. 04.03.2004 - 8 AZR 328/03 - juris Rn. 62 - EzA-SD 2004, Nr. 6, 3-4; BAG v. 04.03.2004 - 8 AZR 344/03 - juris Rn. 75 - EzA-SD 2004, Nr. 6, 3-4.

[165] BAG v. 18.12.2008 - 8 AZR 81/08 - juris Rn. 41 - DB 2009, 2269-2272 m.w.N.

[166] BAG v. 18.12.2008 - 8 AZR 81/08 - juris Rn. 41 - DB 2009, 2269-2272.

[167] BAG v. 25.09.2008 - 8 AZR 717/07 - juris Rn. 69 - DB 2009, 569-572.

[168] BAG v. 19.08.2010 - 8 AZR 645/09 - juris Rn. 43 - Stbg 2011, 323-327.

[169] BAG v. 04.03.2004 - 8 AZR 196/03 - juris Rn. 60 ff. - ZIP 2004, 1277-1285; LArbG Hamm v. 07.05.2004 - 7 Sa 85/04 - juris Rn. 17 - NZA-RR 2005, 128-129 m.w.N.

[170] LArbG Hamm v. 07.05.2004 - 7 Sa 85/04 - juris Rn. 17 - NZA-RR 2005, 128-129.

[171] BAG v. 19.08.2010 - 8 AZR 645/09 - juris Rn. 45 - Stbg 2011, 323-327.

[172] BAG v. 04.03.2004 - 8 AZR 196/03 - juris Rn. 61 - ZIP 2004, 1277-1285; BAG v. 04.03.2004 - 8 AZR 328/03 - juris Rn. 60 - EzA-SD 2004, Nr. 6, 3-4; vgl. auch LArbG Baden-Württemberg v. 13.06.2008 - 9 Sa 12/08 - juris Rn. 29 - EzA-SD 2009, N 3, 6.

[173] BAG v. 04.03.2004 - 8 AZR 344/03 - juris Rn. 71 - EzA-SD 2004, Nr. 6, 3-4.

[174] LArbG Hannover v. 31.10.2003 - 16 Sa 1211/03 - Bibliothek BAG.

[175] BAG v. 18.12.2008 - 8 AZR 81/08 - juris Rn. 54 - DB 2009, 2269-2272.

Im Rahmen von **Bauverträgen** wird der Auftragnehmer durch eine Vertragsstrafe, die 5% des Vergütungsanspruchs beträgt, typischerweise unangemessen belastet.[176]   71

4. Transparenzgebot (§ 307 Abs. 1 Satz 2 BGB)

Eine unangemessene Benachteiligung kann sich auch daraus ergeben, dass die betreffende Bestimmung **nicht klar und verständlich** ist, § 307 Abs. 1 Satz 2 BGB. Die Vorschrift verpflichtet den Verwender von AGB entsprechend den Grundsätzen von Treu und Glauben dazu, Rechte und Pflichten seiner Vertragspartner möglichst klar und durchschaubar darzustellen. Dazu gehört auch, dass AGB wirtschaftliche Nachteile und Belastungen erkennen lassen, soweit dies nach den Umständen gefordert werden kann.[177] Die tatbestandlichen Voraussetzungen und die Rechtsfolgen müssen so genau beschrieben werden, dass für den Verwender keine ungerechtfertigten Beurteilungsspielräume entstehen.[178] Bei der Beurteilung, ob eine Regelung dem Transparenzgebot genügt, ist auf das Verständnis eines aufmerksamen und sorgfältigen Teilnehmers am Wirtschaftsverkehr abzustellen.[179]   72

Eine vom Arbeitgeber verwendete Strafklausel verstößt gegen das Transparenzgebot, wenn sie für jeden Fall der Zuwiderhandlung des Arbeitnehmers gegen ein Wettbewerbsverbot eine Vertragsstrafe in Höhe von zwei durchschnittlichen Bruttomonatseinkommen vorsieht und gleichzeitig bestimmt, dass im Falle einer dauerhaften Verletzung des Wettbewerbsverbots jeder angebrochene Monat als erneute Verletzungshandlung gilt.[180]   73

III. Berufung auf die Unwirksamkeit

Nach einer Entscheidung des OLG Celle kann sich ein Werkunternehmer nicht auf die Unwirksamkeit einer Vertragsstrafenvereinbarung berufen, wenn er bereits bei Vertragsschluss weiß, dass er die vereinbarte Ausführungsfrist aus technischen Gründen nicht einhalten kann, dies dem Bauherrn aber nicht mitteilt.[181]   74

E. Vertragsstrafenanspruch

I. Allgemeines

Der Strafanspruch **entsteht**, sobald der Schuldner die Hauptpflicht in der maßgeblichen Weise verletzt. Sein Inhalt richtet sich nach der vertraglichen Vereinbarung.   75

Gläubiger und Schuldner des Anspruchs bestimmen sich ebenfalls nach dem Inhalt des Vertrags und damit nach den allgemeinen vertragsrechtlichen Grundsätzen. Wird eine vertragsstrafenbewehrte Unterlassungserklärung nur von einem der vertretungsberechtigten Gesellschafter einer Gesellschaft bürgerlichen Rechts unterzeichnet, so kann die Gegenpartei sich nicht darauf verlassen, dass die Unterlassungserklärung auch für die Gesellschaft bindend ist und zur Haftung des anderen Gesellschafters führt.[182]   76

Das Verhältnis des Strafanspruchs zum Erfüllungsanspruch oder einem etwaigen Schadensersatzanspruch bestimmt sich nach den §§ 340, 341 BGB.   77

Unter den Voraussetzungen von § 343 Abs. 1 BGB kann der Schuldner eine Herabsetzung der Strafe durch Urteil erlangen.   78

II. Abtretbarkeit

Für die Abtretbarkeit des Strafanspruchs ist zu unterscheiden. Der bereits entstandene Strafanspruch ist sowohl isoliert als auch gemeinsam mit der Hauptforderung abtretbar. Der Anspruch auf die noch   79

---

[176] BGH v. 23.01.2003 - VII ZR 210/01 - juris Rn. 60 - BGHZ 153, 311-327; dazu *Laumann/Roquette*, BauR 2003, 1271-1274, 12711 ff.; kritisch *Wolter*, BauR 2003, 1274-1279, 1275 ff.; *von Gehlen*, NJW 2003, 2961-2963.
[177] BAG v. 03.04.2007 - 9 AZR 867/06 - juris Rn. 29 - BAGE 122, 64-73; BAG v. 18.12.2008 - 8 AZR 81/08 - juris Rn. 38 - DB 2009, 2269-2272.
[178] BAG v. 25.09.2008 - 8 AZR 717/07 - juris Rn. 47 - DB 2009, 569-572.
[179] BAG v. 18.12.2008 - 8 AZR 81/08 - juris Rn. 45 - DB 2009, 2269-2272 m.w.N.; BAG v. 19.08.2010 - 8 AZR 645/09 - juris Rn. 50 - Stbg 2011, 323-327.
[180] BAG v. 14.08.2007 - 8 AZR 973/06 - juris Rn. 25 ff. - NJW 2008, 458-461 m.w.N.
[181] OLG Celle v. 11.07.2002 - 22 U 190/01 (6. ZS) 22 U 190/01 - OLGR Celle 2002, 311-312.
[182] OLG Bremen v. 15.08.2002 - 2 U 10/02 - juris Rn. 2 - OLGR Bremen 2002, 477-478.

nicht verwirkte Strafe kann dagegen nicht isoliert übertragen werden[183], geht aber bei Abtretung der Hauptforderung nach § 401 Abs. 1 BGB auf den neuen Gläubiger mit über.

III. Missbräuchliche Rechtswahrnehmung

80 Es ist anerkannt, dass sich ein Vertragsstrafengläubiger auf seinen Anspruch nicht berufen kann, wenn seine Rechtswahrnehmung missbräuchlich ist.[184]

81 Ein Missbrauch liegt insbesondere nahe, wenn der Gläubiger durch sein Verhalten den Schuldner zu dessen Vertragswidrigkeit veranlasst hat.[185] In Betracht kommt beispielsweise, dass der Auftragnehmer aufgrund fehlender Ausführungs- und Montageplanungen, zahlreicher Änderungsanordnungen, Vorlage veralteter oder unvollständiger Bestandspläne und sonstiger Umstände, die vom Auftraggeber verursacht wurden, seine Arbeitsabläufe ständig umstellen musste.[186]

82 Ein Missbrauch ist ebenfalls anzunehmen, wenn sich der Gläubiger in relevanter Weise widersprüchlich verhalten hat. Ein widersprüchliches Verhalten scheidet aber aus, wenn ein Auftraggeber bei seiner Ausschreibung subjektiv und nicht unvertretbar zu der Einschätzung gekommen ist, dass die Überschreitung einer Vertragsfrist erhebliche Nachteile verursachen kann und deshalb eine Vertragsstrafe vorsieht.[187] Es ist Sache des Auftragnehmers, die Voraussetzungen vorzutragen, die es rechtfertigen, die Durchsetzung der Vertragsstrafe im Einzelfall an Treu und Glauben scheitern zu lassen.[188]

IV. Verwirkung

83 Der Vertragsstrafengläubiger kann seinen Anspruch nach allgemeinen Regeln verwirken.

84 Eine Verwirkung kommt beispielsweise in Betracht, wenn ein Vertragsstrafengläubiger zunächst Verstöße „sammelt", um einen möglichst hohen Vertragsstrafenanspruch entstehen zu lassen, der den Schuldner wirtschaftlich bedroht.[189] Der Sinn von Vertragsstrafen liegt nämlich nicht darin, dem Gläubiger ein Mittel zur Vernichtung des Schuldners zu eröffnen. Sie sollen vielmehr dem Schuldner vor einem wirtschaftlich unvernünftigen Verhalten bewahren und ihm frühzeitig vor Augen führen, dass der Gläubiger auf die Einhaltung der Verpflichtung besteht.

85 Eine Verwirkung scheidet dagegen aus, wenn der Gläubiger zum einen von der Verfolgung einer Handlung absieht, bei der völlig unklar ist, ob sie von der Strafabrede überhaupt erfasst wird, und der Gläubiger zum anderen allein Erklärungen abgegeben hat, die sich auf diese Handlung beziehen.[190]

V. Verjährung

86 Die Verjährung des Strafanspruchs bestimmt sich grundsätzlich nach den allgemeinen Regeln,[191] also nach § 195 BGB. In Ausnahme davon richtet sich die Verjährung nach § 11 UWG analog, wenn sich eine strafbewehrte vertragliche Unterlassungspflicht auf wettbewerbswidrige Verhaltensweisen bezieht und damit dasselbe Schutzanliegen verfolgt wie die Verbotstatbestände des UWG.[192]

F. Arbeitshilfen

87 **Hinweis für die Vertragsgestaltung**: Es kann im Einzelfall zu überlegen sein, ob die Vereinbarung einer Skontoklausel gegenüber der Vertragsstrafe eine vorzugswürdige Alternative ist. Beide Regelungen können in Bezug auf die Höhe und den Entstehungszeitpunkt bestehender Zahlungspflichten zu denselben Ergebnissen führen, insbesondere dem Gläubiger für das Verstreichen des festgelegten Leis-

---

[183] *Stadler* in: Jauernig, § 339 Rn. 24; a.A. *Lindacher* in: Soergel, § 339 Rn. 28; differenzierend *Gottwald* in: MünchKomm-BGB, § 339 Rn. 15.

[184] BGH v. 01.06.1983 - I ZR 78/81 - LM Nr. 79 zu § 242 (Ba) BGB (Vertragsstrafe für versuchte Vertreterabwerbung); BGH v. 23.01.1991 - VIII ZR 42/90 - juris Rn. 19 - LM Nr. 311 zu § 242 (Cd) BGB; OLG Naumburg v. 10.02.2004 - 11 U 78/03 - juris Rn. 22 - VIZ 2004, 246-248 m.w.N.; *Schaub* in: Erman, § 339 Rn. 10; differenzierend aber *Lindacher* in: Soergel, § 339 Rn. 26 f.

[185] BGH v. 23.03.1971 - VI ZR 199/69 - juris Rn. 11 - NJW 1971, 1126 m.w.N.

[186] OLG Zweibrücken v. 03.03.2006 - 1 U 48/04 - juris Rn. 18 - IBR 2006, 246.

[187] BGH v. 30.03.2006 - VII ZR 44/05 - juris Rn. 22 - NJW 2006, 2555-2557.

[188] BGH v. 30.03.2006 - VII ZR 44/05 - juris Rn. 24 - NJW 2006, 2555-2557.

[189] BGH v. 18.9.1997 - I ZR 71/95 - juris Rn. 33 - NJW 1998, 1144-1148 (Modenschau im Salvatorkeller).

[190] Brandenburgisches OLG v. 09.10.2007 - 6 U 46/07 - juris Rn. 42 - Magazindienst 2008, 41-45.

[191] BGH v. 20.06.1991 - I ZR 277/89 - juris Rn. 31 - LM UWG § 1 Nr. 582 (1/1992) (Preisvergleichsliste); vertiefend *Rieble*, NJW 2004, 2270-2273.

[192] BGH v. 12.07.1995 - I ZR 176/93 - juris Rn. 20 ff. - BGHZ 130, 288-297 (Kurze Verjährungsfrist).

tungszeitpunkts eine identische finanzielle Kompensation verschaffen. Jedenfalls im Zusammenhang mit Zahlungspflichten ist eine Skontoklausel das wohl wirkungsvollere Instrument, das den Schuldner besser „auf Trab bringt" als es eine Vertragsstrafe tun würde.[193] Das hat vor allem psychologische Gründe. Der Preisnachlass für eine pünktliche Zahlung wirkt optisch und psychologisch besser auf den Vertragspartner als ein Preisaufschlag für die verspätete Leistung. Während sich ein Käufer beim Skonto innerlich auf den vollen Preis einstellt und nur auf einen niedrigeren Preis (Skontoabzug) hofft, liegt es bei der Vertragsstrafe gerade umgekehrt.

---

[193] Vgl. *Beater*, AcP 191, 346-363, 351-355 m.w.N.

§ 340 BGB Strafversprechen für Nichterfüllung

(Fassung vom 02.01.2002, gültig ab 01.01.2002)

(1) ¹Hat der Schuldner die Strafe für den Fall versprochen, dass er seine Verbindlichkeit nicht erfüllt, so kann der Gläubiger die verwirkte Strafe statt der Erfüllung verlangen. ²Erklärt der Gläubiger dem Schuldner, dass er die Strafe verlange, so ist der Anspruch auf Erfüllung ausgeschlossen.

(2) ¹Steht dem Gläubiger ein Anspruch auf Schadensersatz wegen Nichterfüllung zu, so kann er die verwirkte Strafe als Mindestbetrag des Schadens verlangen. ²Die Geltendmachung eines weiteren Schadens ist nicht ausgeschlossen.

Gliederung

A. Grundlagen 1	2. Erklärung und Bindung des Gläubigers 9
B. Anwendungsvoraussetzungen 2	3. Teilweise Nichterfüllung 12
I. Art der Vertragsstrafe 2	4. Unterlassungsanspruch 13
1. Auslegungskriterien 3	5. Abdingbarkeit 14
2. Untergang des Hauptanspruchs 5	III. Verhältnis zum Schadensersatzanspruch 15
II. Verhältnis zum Erfüllungsanspruch (Absatz 1) 7	1. Absatz 2 17
1. Wahlrecht des Gläubigers 7	2. Abdingbarkeit 19

A. Grundlagen

1 Verletzt der Schuldner seine Pflichten aus dem Hauptschuldverhältnis, so kann dies sowohl die Verwirkung der Vertragsstrafe zur Folge haben als auch Schadensersatzansprüche des Gläubigers auslösen sowie den Erfüllungsanspruch des Gläubigers bestehen lassen. § 340 Abs. 1 BGB regelt das Verhältnis des Vertragsstrafenanspruchs zum Erfüllungsanspruch, § 340 Abs. 2 BGB das Verhältnis zum Schadensersatzanspruch. Die Regelungen sehen zum Schutz des Schuldners vor, dass die Vertragsstrafe sozusagen nicht „zusätzlich" geleistet werden muss, sondern nur statt der Erfüllung verlangt werden kann oder auf einen etwaigen Schadensersatzanspruch anzurechnen ist. Sie sind aber dispositiv[1] und lassen daher Raum für abweichende Vereinbarungen.

B. Anwendungsvoraussetzungen

I. Art der Vertragsstrafe

2 Die Vorschrift regelt allein Vertragsstrafen, die der Schuldner **für den Fall der Nichterfüllung versprochen** hat, während sich Strafen, die auf eine nicht gehörige Erfüllung bezogen sind, nach § 341 BGB beurteilen. Ob die Vertragsstrafe einen solchen Zuschnitt hat bzw. das Interesse des Gläubigers an einer Erfüllung als solcher absichern soll, ist durch Auslegung zu ermitteln.

1. Auslegungskriterien

3 § 340 BGB erfasst Vertragsstrafen, die das Interesse an der ganzen Vertragserfüllung abdecken.[2] Dagegen bezieht sich § 341 BGB auf den Vertragsstrafen, die den Verstoß gegen einzelne Vertragspflichten zum Inhalt haben.[3] Ein wichtiges Abgrenzungskriterium dafür ergibt sich aus den unterschiedlichen Rechtsfolgen der §§ 340, 341 BGB und liegt in der Frage, **ob dem Gläubiger besondere Vertragsauflösemöglichkeiten entstehen sollen**, wenn der Schuldner die Strafe verwirkt.[4] Bei der Nichterfüllungsstrafe kann sich der Gläubiger nämlich bereits bei bloßem Verzug bzw. bei verschuldetem Handeln der anderen Partei gegen eine Erfüllung und Durchführung des vereinbarten Geschäfts entschei-

---

[1] *Schaub* in: Erman, § 340 Rn. 1; *Ballhaus* in: BGE-RGRK, § 340 Rn. 1; *Gottwald* in: MünchKomm-BGB, § 340 Rn. 3; a.A. (Verbot, Ansprüche bei Interessenidentität zu kumulieren, auch durch Individualvereinbarung nicht abdingbar) *Lindacher* in: Soergel, § 340 Rn. 2.

[2] *Gottwald* in: MünchKomm-BGB, § 340 Rn. 5; OLG Rostock v. 09.12.2008 - 1 U 18/08 - juris Rn. 18 - OLGR Rostock 2009, 273-274.

[3] *Gottwald* in: MünchKomm-BGB, § 340 Rn. 5.

[4] *Rieble* in: Staudinger, § 340 Rn. 15.

den, während er sich in sonstigen Fällen nur unter zusätzlichen Voraussetzungen vom Vertrag lösen kann, zum Beispiel unter dem Erfordernis, dem Schuldner erfolglos eine angemessene Frist zu setzen (§§ 281 Abs. 1, 323 Abs. 1 BGB). Eine Strafvereinbarung im Sinne von § 340 BGB ist deshalb anzunehmen, wenn die Parteien dem Gläubiger eine derartige Rechtsmacht verschaffen wollten. Eine solche Vereinbarung liegt beispielsweise nahe, wenn der Gläubiger ein besonderes Interesse hat, schnell und variabel auf das Ausbleiben der Leistung selbst dann reagieren zu können, wenn der Schuldner an sich leistungswillig ist. Dies kommt etwa in Betracht, wenn der Gläubiger problemlos auf andere Anbieter ausweichen kann und wenn der Preis oder die näheren Bedingungen für Geschäfte der in Frage stehenden Art marktbedingt stark schwanken können.

Die **Höhe der Strafe** ist dagegen ein zwar wichtiges, aber keineswegs zwingendes Indiz dafür, dass die Vertragsstrafe das Erfüllungsinteresse sichert.[5] Typischerweise liegt das Erfüllungsinteresse als solches über dem Interesse an einer ordnungsgemäßen Erfüllung und von daher wird eine hohe Strafe tendenziell eher zur Sicherung der Erfüllung als solcher dienen. Dies gilt umso mehr, je stärker sich die Strafhöhe mit dem Erfüllungsinteresse deckt, das sich im Unterschied zu Fällen der bloßen Schlechterfüllung eher mit einem konkreten Betrag beziffern lässt. Gleichwohl kann auch die Strafe für eine nicht gehörige Erfüllung hoch sein und ggf. zu einer Herabsetzung (§ 343 BGB) oder gar Unwirksamkeit (§§ 138 Abs. 1, 307 BGB) führen. In Sonderfällen kann das Interesse an gehöriger Erfüllung bzw. an der Einhaltung von Unterlassungspflichten das Erfüllungsinteresse auch weit übersteigen. So kann es sachgerecht sein, eine kurze vertragswidrige Wettbewerbstätigkeit mit einer verhältnismäßig hohen Strafe zu belegen, wenn der Vertragspartner bzw. Angestellte geschäftliche Interna, die für das beschäftigende Unternehmen wie für die Mitbewerber entscheidende Bedeutung haben, schon in kurzer Zeit an Konkurrenzunternehmen weitergeben kann.[6] Umgekehrt kann auch eine Strafe geringer Höhe ein Erfüllungsinteresse sichern. Dies kommt namentlich in Betracht, wenn die Verwirkung und das Fordern der Strafe neben dem Erfüllungsanspruch auch den Gegenleistungsanspruch untergehen lassen sollen, so dass sich die Strafe allein auf die Differenz zwischen Erfüllungs- und Gegenleistungsanspruch bezieht.[7]

Bei Vertragsstrafenklauseln, die für eine Vielzahl von Fällen entwickelt worden sind, ist im Allgemeinen anzunehmen, dass sie in Kenntnis der gesetzlichen Regelung formuliert worden sind und dass die in ihnen verwendeten Begriffe dieselbe Bedeutung haben, die ihnen auch in den §§ 339 ff. BGB zugemessen wird.[8] Daher können **AGB**, die eine Vertragsstrafe für den Fall der „schuldhaften Nichterfüllung des Vertrages" vorsehen, nicht über ihren Wortlaut hinaus erweiternd ausgelegt und nicht auf den Fall der nicht gehörigen Erfüllung bezogen werden.[9]

2. Untergang des Hauptanspruchs

Bestimmte Verstöße, zum Beispiel das Überschreiten des Leistungstermins beim absoluten Fixgeschäft, lassen den gesicherten Hauptanspruch untergehen. Die Frage nach dem Verhältnis zwischen Strafanspruch und Erfüllungsanspruch stellt sich dann nicht, eine Abgrenzung zwischen den §§ 340, 341 BGB ist insoweit entbehrlich, als beide Vorschriften eine Anrechnung der Strafe auf den Schadensersatz anordnen. Für diese Anrechnung auf den Schadensersatzanspruch muss aber gleichwohl die Zielrichtung der Strafvereinbarung geklärt werden, da eine Verrechnung nur möglich ist, wenn die Strafe ein schadensrechtlich relevantes Interesse sichert.[10]

II. Verhältnis zum Erfüllungsanspruch (Absatz 1)

1. Wahlrecht des Gläubigers

Straf- und Erfüllungsanspruch stehen im Verhältnis alternativer Konkurrenz zueinander. Das Wahlrecht begründet keine Wahlschuld im Sinne der §§ 262-265 BGB.[11] Der Gläubiger kann vielmehr die **Wahl nach freiem Ermessen** („kann") treffen.[12]

---

[5] *Rieble* in: Staudinger, § 340 Rn. 14; etwas anders *Lindacher* in: Soergel, § 340 Rn. 3, der die Strafhöhe als „wichtigstes" Abgrenzungskriterium ansieht.
[6] BAG v. 21.05.1971 - 3 AZR 359/70 - SAE 1972, 154-156.
[7] *Rieble* in: Staudinger, § 340 Rn. 14.
[8] BAG v. 14.06.1975 - 5 AZR 245/74 - juris Rn. 16 - DB 1975, 1704.
[9] BAG v. 14.06.1975 - 5 AZR 245/74 - juris Rn. 16 - DB 1975, 1704.
[10] *Rieble* in: Staudinger, § 340 Rn. 16.
[11] *Schaub* in: Erman, § 340 Rn. 3; *Ballhaus* in: BGB-RGRK, § 340 Rn. 6; *Stadler* in: Jauernig, § 340 Rn. 4.
[12] BGH v. 27.06.1960 - VII ZR 101/59 - NJW 1960, 1568; *Ballhaus* in: BGB-RGRK, § 340 Rn. 6.

8 Die **Möglichkeiten des Schuldners** in Bezug auf diese Entscheidung sind minimal. Er kann die Entscheidung des Gläubigers inhaltlich weder beeinflussen noch einseitig unterlaufen. Es ist ihm weder möglich, einen entstandenen Strafanspruch durch ein nachträgliches Leistungsangebot zu beseitigen[13], noch kann er, bevor der Gläubiger seine Wahl getroffen hat, dem Erfüllungsanspruch entgehen, indem er die Vertragsstrafe erfüllt.[14] Aus diesem Grund beginnt auch eine Ausschlussfrist, die dem Arbeitgeber für die Geltendmachung der Vertragsstrafe tarifvertraglich gesetzt ist, erst dann zu laufen, wenn die Erfüllung nicht mehr in Betracht kommt oder der Arbeitgeber erklärt, dass er die Vertragsstrafe verlange.[15] Eine Beschleunigung der Entscheidung ist dem Schuldner ebenfalls kaum möglich. Insbesondere kann er die Wahl nicht durch das Setzen einer Frist erzwingen.[16] Der Gläubiger kann allerdings nach § 242 BGB gehalten sein, sich innerhalb einer angemessenen Frist zu entscheiden.[17] Insbesondere ist es dem Schuldner nicht möglich, den Gläubiger in Annahmeverzug und auf diese Weise mittelbar unter Entscheidungsdruck zu setzen, weil den Gläubiger keine Annahmeobliegenheit mehr trifft und er die Leistung folglich zurückweisen darf.[18]

2. Erklärung und Bindung des Gläubigers

9 Der Gläubiger übt die Wahl durch eine **einseitige zugangsbedürftige Erklärung** aus. Ihr Inhalt ist ggf. durch Auslegung zu ermitteln. Rechnet der Gläubiger die Strafforderung gegen eine Forderung des Schuldners auf oder klagt er die Strafe ein, so liegt darin zugleich die Straferklärung. Im Übrigen unterliegt die Erklärung den allgemeinen Regeln über die Ausübung von Gestaltungsrechten[19], so dass sie insbesondere bedingungsfeindlich (§ 388 Satz 2 BGB) und unwiderruflich ist.

10 Die **Erklärung, die Vertragsstrafe zu verlangen**, schließt den Erfüllungsanspruch aus, § 340 Abs. 1 Satz 2 BGB. Der Erfüllungsanspruch geht aber nur unter, sofern die Vertragsstrafe tatsächlich verwirkt ist. Steht die Verwirkung noch nicht fest, dann kann der Erfüllungsanspruch im Prozess neben dem Anspruch auf die Vertragsstrafe geltend gemacht werden.[20] Weiterhin schließt es das Verlangen der Vertragsstrafe für sich allein nicht aus, nachträglich gemäß § 340 Abs. 2 BGB die verwirkte Strafe als Mindestbetrag des Schadens und darüber hinaus Ersatz des weitergehenden Schadens zu verlangen. Ob mit dem Zugang des Strafverlangens zugleich auch der Gegenleistungsanspruch des Schuldners untergeht, bestimmt sich nach dem Inhalt der Strafabrede, der ggf. durch Auslegung zu ermitteln ist. In der Regel wird anzunehmen sein, dass die Parteien eine derartige Vereinbarung getroffen haben.[21]

11 Wenn der Gläubiger dagegen nach wie vor **Erfüllung verlangt**, so tritt keine Bindung ein. Solange er die Leistung des Schuldners nicht als Erfüllung angenommen hat, ist er grundsätzlich nicht gehindert, seine Entscheidung zu revidieren und doch die Strafe zu verlangen.[22]

3. Teilweise Nichterfüllung

12 § 340 Abs. 1 BGB formuliert kein Alles-oder-Nichts-Prinzip, nach dem es nur die Strafe oder nur die Erfüllung gibt.[23] Die Vorschrift schließt nur aus, dass Strafe auch insoweit neben der Erfüllung verlangt werden kann, soweit sie sich mit dem Erfüllungsinteresse deckt. Verboten ist allein die doppelte Kompensation eines identischen Interesses. Daher ist es, wenn der Schuldner teilweise nicht erfüllt, grundsätzlich möglich, dass der Gläubiger im Hinblick auf den nichterfüllten Teil die Strafe und im Hinblick auf den übrigen Teil Erfüllung verlangt. Ob die teilweise Nichterfüllung der Nichterfüllung gleichzu-

---

[13] *Ballhaus* in: BGB-RGRK, § 340 Rn. 7; *Stadler* in: Jauernig, § 340 Rn. 4; a.A. *Knütel*, AcP 175 (1975), S. 44, 61-63; differenzierend *Lindacher* in: Soergel, § 340 Rn. 7, der dem Schuldner die Möglichkeit zuspricht, bis zur Entscheidung des Gläubigers für die Vertragsstrafe durch ein Doch-noch-Erbringen der geschuldeten Primärleistung den Strafverfall zu bereinigen.
[14] BAG v. 07.11.1969 - 3 AZR 303/69 - NJW 1970, 1146; *Ballhaus* in: BGB-RGRK, § 340 Rn. 7; *Stadler* in: Jauernig, § 340 Rn. 4.
[15] BAG v. 07.11.1969 - 3 AZR 303/69 - NJW 1970, 1146.
[16] *Schaub* in: Erman, § 340 Rn. 3.
[17] *Ballhaus* in: BGB-RGRK, § 340 Rn. 7.
[18] *Rieble* in: Staudinger, § 340 Rn. 29 m.w.N.
[19] *Rieble* in: Staudinger, § 340 Rn. 35.
[20] BGH v. 15.03.1955 - I ZR 111/53 - LM Nr. 2 zu § 17 UWG (Möbelpaste; Möbelwachspaste).
[21] *Stadler* in: Jauernig, § 340 Rn. 5; differenzierend *Schaub* in: Erman, § 340 Rn. 2.
[22] *Stadler* in: Jauernig, § 340 Rn. 5; *Schaub* in: Erman, § 340 Rn. 4.
[23] *Rieble* in: Staudinger, § 340 Rn. 13.

stellen ist, bestimmt sich nach dem Interesse des Gläubigers.[24] Ist sein Interesse unteilbar und verlangt er die Vertragsstrafe, so sind die erbrachten Teilleistungen zurückzugewähren. Ist sein Erfüllungsinteresse dagegen teilbar, so kann er für jeden Teil eine besondere Wahl treffen. Praktische Bedeutung kann dies insbesondere im Zusammenhang mit Dauerschuldverhältnissen erlangen, zum Beispiel im Rahmen von nachvertraglichen Wettbewerbsverboten[25] oder Sukzessivlieferungsverträgen[26].

4. Unterlassungsanspruch

Ein Unterlassungsanspruch erlischt, wenn der Gläubiger die Vertragsstrafe wählt, nur für die Zeit, auf die er sich bezieht. Für eine davon nicht erfasste Zeitspanne kann der Gläubiger weiterhin Erfüllung bzw. Unterlassung verlangen.[27] Daher kann der Arbeitgeber von dem Arbeitnehmer, wenn für eine Konkurrenztätigkeit eine Vertragsstrafe gegen den Arbeitnehmer vorgesehen ist und der Arbeitnehmer das Wettbewerbsverbot schuldhaft verletzt, für eine Teilzeit Vertragsstrafe und für eine andere Teilzeit Unterlassung der Konkurrenz verlangen.[28]

13

5. Abdingbarkeit

§ 340 Abs. 1 BGB ist dispositiv. Es steht den Parteien daher frei zu vereinbaren, dass der Gläubiger die Strafe neben der Erfüllung verlangen kann.[29] Im Hinblick auf die eindeutig schuldnerschützende Tendenz von § 340 BGB kann eine solche Vereinbarung aber nur bei Eindeutigkeit angenommen werden, im Zweifelsfall scheidet eine solche Auslegung aus.

14

III. Verhältnis zum Schadensersatzanspruch

Stehen dem Gläubiger sowohl der Straf- als auch ein Schadensersatzanspruch wegen Nichterfüllung gegen den Schuldner zu, so kann er **nach freiem Ermessen zwischen mehreren Optionen wählen**. Der Gläubiger übt die Wahl abermals durch einseitige Erklärung aus, eine Bindung an die gewählte Möglichkeit tritt aber erst mit Erfüllung ein.[30] Das Verlangen der Strafe schließt es nicht aus, später noch den weiteren Schaden zu fordern.[31]

15

Der persönlichkeitsrechtliche Entschädigungsanspruch ist nach Sinn und Zweck von § 340 Abs. 2 BGB ebenfalls als ein „Schadensersatzanspruch" im Sinne dieser Vorschrift anzusehen, weil die Entschädigung dasselbe Interesse wie die Vertragsstrafe abdecken kann.[32]

16

1. Absatz 2

Der Gläubiger kann entweder die Strafe oder Schadensersatz wegen Nichterfüllung verlangen. § 340 Abs. 2 BGB gestattet ihm außerdem eine spezielle Kombination aus diesen beiden Möglichkeiten, nämlich das Verlangen der Strafe als Mindestbetrag des Schadens und des Ersatzes des weiteren Schadens. Verlangt der Gläubiger die **verwirkte Strafe als Mindestbetrag des Schadens** (§ 340 Abs. 2 Satz 1 BGB), so braucht er weder einen tatsächlichen Nachweis für die Höhe des Schadens zu führen, noch kann ihm der Schuldner entgegenhalten, es sei in Wirklichkeit gar kein Schaden entstanden.[33] Macht der Gläubiger einen **weiteren Schaden geltend** (§ 340 Abs. 2 Satz 2 BGB), so muss er den Schaden nach allgemeinen Grundsätzen in Entstehung und Höhe nachweisen.[34]

17

In bestimmten **Sonderkonstellationen** kann der Gläubiger Strafe und Schadensersatz auch nebeneinander verlangen, nämlich dann, wenn beide ein unterschiedliches Interesse erfassen, sich inhaltlich also nicht miteinander decken.[35] Eine Vertragsstrafe, die für den Fall der Nichterfüllung versprochen wurde, und der Anspruch auf Schadensersatz wegen Nichterfüllung sind grundsätzlich auf dasselbe Interesse

18

---

[24] *Gottwald* in: MünchKomm-BGB, § 340 Rn. 7.
[25] BAG v. 30.04.1971 - 3 AZR 259/70 - NJW 1971, 2008.
[26] Dazu *Rieble* in: Staudinger, § 340 Rn. 21.
[27] BAG v. 26.01.1973 - 3 AZR 233/72 - NJW 1973, 1717.
[28] BAG v. 26.01.1973 - 3 AZR 233/72 - NJW 1973, 1717.
[29] *Rieble* in: Staudinger, § 340 Rn. 12.
[30] *Rieble* in: Staudinger, § 340 Rn. 73.
[31] *Lindacher* in: Soergel, § 340 Rn. 11.
[32] OLG Frankfurt v. 10.12.2009 - 16 U 96/09 - juris Rn. 42-45.
[33] BGH v. 27.11.1974 - VIII ZR 9/73 - BGHZ 63, 256-261.
[34] *Gottwald* in: MünchKomm-BGB, § 340 Rn. 18.
[35] BAG v. 27.04.2000 - 8 AZR 301/99 - juris Rn. 53 - ZM 2005, Nr. 2, 76; BGH v. 08.05.2008 - I ZR 88/06 - juris Rn. 9 - NJW 2008, 2849-2850; *Lindacher* in: Soergel, § 340 Rn. 4.

bezogen. Etwas anderes kommt aber wegen des Verweises in § 341 Abs. 2 BGB in Betracht, wenn entweder eine Nichterfüllungsstrafe mit einem Anspruch auf Ersatz des Verzögerungsschadens zusammentrifft oder eine Verzögerungsstrafe mit einem Anspruch auf Schadensersatz wegen Nichterfüllung.[36] In beiden Fällen beziehen sich Straf- und Schadensersatzanspruch auf unterschiedliche Dinge und können daher nebeneinander geltend gemacht werden.

2. Abdingbarkeit

19 Abweichende Vereinbarungen sind wegen des dispositiven Charakters von § 340 Abs. 2 BGB zulässig. Die Parteien können sowohl vorsehen, dass die Strafe stets neben etwaigen Schadensersatzansprüchen entstehen soll, als auch bestimmen, dass neben der Strafe keine Schadensersatzansprüche bestehen.

20 In **AGB** kann dagegen von der Regelung, dass Schadensersatz wegen Nichterfüllung und Vertragsstrafe nicht nebeneinander verlangt werden können, nicht wirksam abgewichen werden. Die §§ 340 Abs. 2, 341 Abs. 2 BGB enthalten einen gesetzlichen Grundgedanken, dessen Abänderung eine unangemessene Benachteiligung des Vertragspartners im Sinne von § 307 Abs. 2 Nr. 1 BGB ist.[37] Dies gilt auch, wenn die AGB gegenüber einem Handelsvertreter verwendet werden.[38] Der Verwender riskiert die Unwirksamkeit einer AGB-Vertragsstrafenregelung im Übrigen bereits dann, wenn er die Anrechnung der Vertragsstrafe auf einen etwaigen Schadensersatzanspruch nicht zweifelsfrei formuliert, § 305c Abs. 2 BGB.[39] Es ist aber zulässig, in AGB eine Vertragsstrafe und zusätzliche Schadenspauschalen für den weiteren Schaden im Sinne von § 340 Abs. 2 Satz 2 BGB zu vereinbaren[40], um den Gläubiger auf diese Weise von Beweisschwierigkeiten zu befreien.

---

[36] *Rieble* in: Staudinger, § 340 Rn. 65.
[37] BGH v. 27.11.1974 - VIII ZR 9/73 - BGHZ 63, 256-261; BGH v. 29.02.1984 - VIII ZR 350/82 - juris Rn. 28 - LM Nr. 8 zu § 3 AGBG.
[38] BGH v. 21.11.1991 - I ZR 87/90 - juris Rn. 19 - LM BGB § 340 Nr. 4 (9/1992).
[39] OLG Düsseldorf v. 30.06.2000 - 22 U 209/99 - NJW-RR 2001, 1387-1389.
[40] BGH v. 27.11.1974 - VIII ZR 9/73 - BGHZ 63, 256-261.

§ 341 BGB Strafversprechen für nicht gehörige Erfüllung

(Fassung vom 02.01.2002, gültig ab 01.01.2002)

(1) Hat der Schuldner die Strafe für den Fall versprochen, dass er seine Verbindlichkeit nicht in gehöriger Weise, insbesondere nicht zu der bestimmten Zeit, erfüllt, so kann der Gläubiger die verwirkte Strafe neben der Erfüllung verlangen.

(2) Steht dem Gläubiger ein Anspruch auf Schadensersatz wegen der nicht gehörigen Erfüllung zu, so finden die Vorschriften des § 340 Abs. 2 Anwendung.

(3) Nimmt der Gläubiger die Erfüllung an, so kann er die Strafe nur verlangen, wenn er sich das Recht dazu bei der Annahme vorbehält.

Gliederung

A. Grundlagen 1	1. Vorbehalt 5
B. Anwendungsvoraussetzungen 2	2. Bei der Annahme 7
I. Art der Vertragsstrafe 2	3. Abdingbarkeit 9
II. Verhältnis zum Erfüllungsanspruch (Absatz 1) 3	4. Rechtsfolge 10
III. Vorbehalt bei Erfüllung (Absatz 3) 4	IV. Verhältnis zum Schadensersatzanspruch (Absatz 2) 11

A. Grundlagen

Die Vorschrift regelt das Verhältnis des Strafanspruchs zum Erfüllungsanspruch (§ 341 Abs. 1, Abs. 3 BGB) und zum Schadensersatzanspruch (§ 341 Abs. 2 BGB). Sie betrifft in Abgrenzung zu § 340 BGB aber Vertragsstrafen für die nicht gehörige Erfüllung. Die Bestimmung ist damit auf eine andere Situation gemünzt, denn solche Strafen betreffen gerade nicht das Interesse an der Erfüllung als solcher. Das Verhältnis der Strafe zum Erfüllungs- bzw. zum Schadensersatzanspruch unterliegt daher anderen Regeln als denen des § 340 BGB. **1**

B. Anwendungsvoraussetzungen

I. Art der Vertragsstrafe

Die Vorschrift bezieht sich auf Vertragsstrafen, die das Interesse an der gehörigen Art und Weise der Erfüllung, insbesondere die rechtzeitige Erfüllung, sichern. Sie steht damit in einem Alternativverhältnis zu § 340 BGB und erfasst alle akzessorischen Vertragsstrafen, die nicht die Erfüllung als solche betreffen. **2**

II. Verhältnis zum Erfüllungsanspruch (Absatz 1)

Die Verwirkung einer Vertragsstrafe für die nicht gehörige Erfüllung der Hauptpflicht lässt den Anspruch des Gläubigers auf die Erfüllung der Hauptpflicht unberührt. Die beiden Ansprüche schließen einander nicht aus, weil das Leisten der verwirkten Strafe „neben" der Erfüllung in einem solchen Fall gerade nicht auf die Doppelkompensation des verletzten Interesses hinausläuft. **3**

III. Vorbehalt bei Erfüllung (Absatz 3)

Nach § 341 Abs. 3 BGB kann der Gläubiger, wenn die Hauptforderung erfüllt worden ist, die verwirkte Strafe nur verlangen, wenn er sich diese bei der Annahme vorbehalten hat. Die Vorschrift ist aufgrund ihres **Sinn und Zwecks** eng auszulegen.[1] Vertragsstrafen der betreffenden Art sollen den Schuldner zur gehörigen, insbesondere fristgerechten Erfüllung anhalten. Leistet dieser bei Eintritt der Fälligkeit gleichwohl nicht, so soll die Strafvereinbarung als Druckmittel fortwirken können und ihn veranlassen, die geschuldete Leistung möglichst schnell nachzuholen. Der Schuldner soll die Aussicht behalten, **4**

---

[1] BGH v. 03.11.1960 - VII ZR 150/59 - BGHZ 33, 236-242.

dass der Gläubiger unter dem Eindruck einer – wenn auch verspäteten – so doch nachgeholten Erfüllung von seinem Recht, die Vertragsstrafe zu verlangen, keinen Gebrauch machen wird.[2]

1. Vorbehalt

5 Der Vorbehalt muss dem Schuldner erkennbar gemacht werden[3] und ihm deutlich vor Augen führen, dass der Gläubiger trotz späterer Annahme der Leistung auf der Vertragsstrafe besteht[4]. Der Vorbehalt wird in der Regel eine ausdrückliche Erklärung erfordern. Es ist dabei unschädlich, wenn er formularmäßig vorbereitet und zum Ausdruck gebracht wird.[5] Die Annahme eines stillschweigenden Vorbehalts kommt nur ausnahmsweise in Betracht. Die Errichtung einer vollstreckbaren materiellen Urkunde reicht dafür nicht aus.[6] Ein Vorbehalt kommt aber in Betracht, wenn der Gläubiger die Vertragsstrafe bereits eingeklagt hat und die Klage nach wie vor rechtshängig ist[7] oder wenn der Gläubiger die Aufrechnung mit dem Strafanspruch erklärt[8].

6 Der Vorbehalt muss dem Schuldner zugehen und durch den Gläubiger oder auf dessen Veranlassung hin erklärt werden. Ist dem Gläubiger die Erforderlichkeit eines Vertragsstrafenvorbehalts nicht bekannt, so entlastet ihn dies nicht. Dem Gläubiger können insoweit aber Schadensersatzansprüche gegen Dritte zustehen, sofern diese ihre Pflicht, den Gläubiger entsprechend zu informieren, verletzt haben. Eine derartige Informationspflicht kann insbesondere dem Architekten gegenüber dem Bauherrn obliegen.[9]

2. Bei der Annahme

7 Der Vorbehalt ist nur erforderlich, wenn der Gläubiger die Leistung als Erfüllung annimmt. Mit „Annahme" ist die Erklärung gemeint, dass die Leistung im Wesentlichen vertragsgemäß ist.[10] Die Hauptfälle sind die Entgegennahme der Leistung sowie die Abnahme beim Werkvertrag. Wird die Abnahme – berechtigt oder unberechtigt – verweigert oder wählt der Gläubiger die Selbstvornahme, so ist es zu einer „Annahme" im Sinne von § 341 Abs. 3 BGB noch nicht gekommen. Der Gläubiger braucht dann keinen Vorbehalt zu erklären, um das Recht auf die Strafe zu wahren.[11] Dagegen wird die Annahme als solche nicht dadurch ausgeschlossen, dass der Gläubiger bei Abnahme Mängel der Leistung rügt und ein Nachbesserungsrecht geltend macht.[12]

8 Der Vorbehalt muss außerdem „bei" der Annahme gemacht werden. Vorbehalte, die vor oder nach der Erfüllungsannahme geäußert werden, genügen grundsätzlich nicht, um den Verlust des Anspruchs auf die Vertragsstrafe zu verhindern.[13] Der Gläubiger soll die Entscheidung, ob er die Strafe trotz der – ggf. verspäteten, aber nachgeholten – Erfüllung verlangt, grundsätzlich im Zeitpunkt und unter dem Eindruck der nachgeholten Erfüllung treffen.[14] Der zeitliche Zusammenhang mit der Annahme ist daher eng zu verstehen, es bedarf einer unverzüglichen Erklärung des Vorbehalts.[15] Der Vorbehalt ist deshalb verspätet, wenn der Gläubiger ihn erst einen Monat nach dem Zeitpunkt geltend macht, an dem ein bestellter Sachverständiger das vertraglich geschuldete Bauvorhaben „hiermit als abgenommen" erklärt hat.[16] Ebenso reicht ein früher erklärter, bei Annahme der Erfüllung aber nicht noch einmal erkennbar geäußerter Vorbehalt nicht für den Erhalt des Strafanspruchs aus.[17] Selbst einer vor der Annahme vom

---

[2] BGH v. 03.11.1960 - VII ZR 150/59 - BGHZ 33, 236-242; BGH v. 12.10.1978 - VII ZR 139/75 - juris Rn. 23 - BGHZ 72, 222-229.
[3] *Stadler* in: Jauernig, § 341 Rn. 4.
[4] BGH v. 26.01.1979 - V ZR 98/77 - juris Rn. 12 - BGHZ 73, 243-248.
[5] BGH v. 25.09.1986 - VII ZR 276/84 - juris Rn. 22 - LM Nr. 8 zu § 11 VOB/B 1973.
[6] BGH v. 26.01.1979 - V ZR 98/77 - juris Rn. 12 - BGHZ 73, 243-248.
[7] BGH v. 24.05.1974 - V ZR 193/72 - BGHZ 62, 328-330.
[8] BGH v. 04.11.1982 - VII ZR 11/82 - juris Rn. 26 - BGHZ 85, 240-245.
[9] BGH v. 26.04.1979 - VII ZR 190/78 - juris Rn. 17 - BGHZ 74, 235-240; siehe auch OLG Düsseldorf v. 22.03.2002 - 5 U 31/01 - NJW-RR 2002, 1098.
[10] *Lindacher* in: Soergel, § 341 Rn. 10.
[11] BGH v. 20.02.1997 - VII ZR 288/94 - juris Rn. 8 - LM BGB § 341 Nr. 11 (8/1997).
[12] BGH v. 22.10.1970 - VII ZR 71/69 - BGHZ 54, 352-359; *Lindacher* in: Soergel, § 341 Rn. 10; *Schaub* in: Erman, § 341 Rn. 3.
[13] BGH v. 18.11.1982 - VII ZR 305/81 - juris Rn. 16 - BGHZ 85, 305-315.
[14] BGH v. 18.11.1982 - VII ZR 305/81 - juris Rn. 21 - BGHZ 85, 305-315 m.w.N.
[15] BGH v. 24.10.1991 - VII ZR 54/90 - juris Rn. 9 - ZfBR 1992, 65-66.
[16] BGH v. 24.10.1991 - VII ZR 54/90 - juris Rn. 9 - ZfBR 1992, 65-66.
[17] BGH v. 04.11.1982 - VII ZR 11/82 - juris Rn. 25 - BGHZ 85, 240-245.

Gläubiger erklärten Aufrechnung kann in den Augen der Rechtsprechung nicht ohne weiteres entnommen werden, dass der Gläubiger auch noch mit Annahme der Leistung an dem Strafverlangen festhalten will.[18] Ein früherer Vorbehalt ist aber ausreichend, sofern der Gläubiger die Strafe bereits gerichtlich verfolgt[19] oder falls sich die Parteien schon endgültig über den Verfall der Strafe geeinigt haben[20].

3. Abdingbarkeit

Die Regelung ist abdingbar.[21] Für die Annahme einer abweichenden Parteiabsprache reicht es aber nicht aus, dass die Partner des Vertragsstrafenversprechens bestimmt haben, die Vertragsstrafe solle sofort fällig werden, wenn der Schuldner die von ihm zu erbringende Leistung nicht rechtzeitig bewirkt.[22] Andererseits braucht eine abweichende Vereinbarung nicht unbedingt ausdrücklich zu erfolgen, sondern kann auch stillschweigend zustande kommen. Allein darin, dass sich der Schuldner in einer notariellen Urkunde wegen einer Vertragsstrafe der sofortigen Zwangsvollstreckung unterwirft, ist aber noch keine anderweitige Vereinbarung zu sehen.[23] Im Einzelnen ist zu unterscheiden. Das Erfordernis des Vorbehalts der Vertragsstrafe kann durch Individualvereinbarung vollständig abbedungen werden.[24] In AGB ist dies dagegen nicht zulässig.[25] Eine solche Klausel würde nämlich den Schuldner bis zum Verjährungsablauf im Unklaren darüber lassen, ob und ggf. wann der Gläubiger noch auf den Strafanspruch zurückgreifen wird, und seine Belange ohne Rücksicht auf die in § 341 Abs. 3 BGB enthaltene, dem billigen Interessenausgleich dienende Zielsetzung des Gesetzgebers einseitig vernachlässigen. Dagegen ist eine Vereinbarung, dass sich der Besteller die Vertragsstrafe nicht schon bei der Abnahme vorbehalten muss, sondern sie bis zur Schlusszahlung geltend machen darf, auch in AGB zulässig.[26]

4. Rechtsfolge

Wenn der Gläubiger bei Annahme keinen ausreichenden Vorbehalt geltend macht, dann **geht der Anspruch auf die Vertragsstrafe kraft Gesetzes unter**. Dies gilt auch, wenn der Gläubiger von der Verwirkung der Vertragsstrafe bzw. von der nicht gehörigen Erfüllung keine Kenntnis hatte.[27] Ein Verzichtswille oder ein entsprechendes Erklärungsbewusstsein des Annehmenden ist nicht erforderlich.[28] Bei Teilleistungen, die der Schuldner nicht gehörig erfüllt, erstrecken sich die Wirkungen des Unterlassens oder Geltendmachens des Vorbehalts nur auf den betroffenen Teil.[29]

IV. Verhältnis zum Schadensersatzanspruch (Absatz 2)

Der verwirkte und ggf. bei Erfüllung vorbehaltene Anspruch auf die Vertragsstrafe kann auch mit etwaigen Schadensersatzansprüchen des Gläubigers konkurrieren. Hierbei ist danach zu unterscheiden, welches verletzte Interesse der Schadensersatzanspruch betrifft.

§ 341 Abs. 2 BGB bezieht sich allein auf **Schadensersatzansprüche „wegen der nicht gehörigen Erfüllung"**, zum Beispiel auf Ansprüche auf Ersatz von Verzögerungsschäden. Ein solcher Schadensersatzanspruch ist dann in derselben Weise wie die Vertragsstrafe auf das Interesse an einer ordnungsgemäßen Erfüllung und nicht auf die Erfüllung als solche bezogen, so dass die beiden Ansprüche nicht nebeneinander geltend gemacht werden können. Hier ist § 340 Abs. 2 BGB entsprechend anwendbar. Der Gläubiger kann entweder die Strafe oder den Schadensersatz, aber auch die Strafe als Mindestbetrag des Schadens und den Ersatz des weiteren Schadens verlangen (vgl. die Kommentierung zu § 340

---

[18] BGH v. 04.11.1982 - VII ZR 11/82 - juris Rn. 26 - BGHZ 85, 240-245; a.A. *Stadler* in: Jauernig, § 341 Rn. 4 m.w.N.; *Schaub* in: Erman, § 341 Rn. 3.
[19] BGH v. 04.11.1982 - VII ZR 11/82 - juris Rn. 25 - BGHZ 85, 240-245.
[20] BGH v. 18.11.1982 - VII ZR 305/81 - juris Rn. 16 - BGHZ 85, 305-315.
[21] BGH v. 12.10.1978 - VII ZR 139/75 - juris Rn. 22 - BGHZ 72, 222-229; BGH v. 26.01.1979 - V ZR 98/77 - juris Rn. 10 - BGHZ 73, 243-248; BGH v. 18.11.1982 - VII ZR 305/81 - juris Rn. 19 - BGHZ 85, 305-315.
[22] BGH v. 11.03.1971 - VII ZR 112/69 - LM Nr. 3 zu § 341 BGB.
[23] BGH v. 26.01.1979 - V ZR 98/77 - juris Rn. 11 - BGHZ 73, 243-248.
[24] BGH v. 18.11.1982 - VII ZR 305/81 - juris Rn. 19 - BGHZ 85, 305-315.
[25] BGH v. 18.11.1982 - VII ZR 305/81 - juris Rn. 20 - BGHZ 85, 305-315.
[26] BGH v. 12.10.1978 - VII ZR 139/75 - juris Rn. 24 - BGHZ 72, 222-229; BGH v. 12.07.1984 - VII ZR 91/83 - juris Rn. 16 - BauR 1984, 643-644.
[27] *Schaub* in: Erman, § 341 Rn. 5 m.w.N.
[28] BGH v. 06.03.1986 - VII ZR 235/84 - juris Rn. 10 - BGHZ 97, 224-230.
[29] BGH v. 18.12.1981 - V ZR 233/80 - juris Rn. 19 - BGHZ 82, 398-407.

BGB Rn. 17). Es findet also eine Anrechnung statt, soweit sich beide Ansprüche miteinander decken. Soweit die Ansprüche dagegen nicht dasselbe Interesse erfassen, schließen sie sich nicht gegenseitig aus. Deshalb braucht sich der Gläubiger beispielsweise eine Vertragsstrafe, die der Schuldner wegen nicht rechtzeitiger Erfüllung seiner Verbindlichkeit verwirkt hat, nicht auf die Verzugszinsen für die Zeit nach der Verwirkung der Vertragsstrafe anrechnen zu lassen.[30]

13 Wenn eine Strafe für die nicht gehörige Erfüllung mit einem Anspruch auf **Schadensersatz wegen Nichterfüllung** konkurriert, dann betreffen beide Forderungen unterschiedliche Interessen. Sie beeinflussen einander nicht und können nebeneinander geltend gemacht werden.[31]

---

[30] BGH v. 25.03.1963 - II ZR 83/62 - LM Nr. 2 zu § 341 BGB.
[31] *Schaub* in: Erman, § 341 Rn. 2.

§ 342 BGB Andere als Geldstrafe

(Fassung vom 02.01.2002, gültig ab 01.01.2002)

Wird als Strafe eine andere Leistung als die Zahlung einer Geldsumme versprochen, so finden die Vorschriften der §§ 339 bis 341 Anwendung; der Anspruch auf Schadensersatz ist ausgeschlossen, wenn der Gläubiger die Strafe verlangt.

Die Vorschrift bezieht sich auf Vertragsstrafen, die auf eine **andere Leistung als die Zahlung einer Geldsumme** gerichtet sind, zum Beispiel auf das Leisten einer Sache, das Abtreten oder Verschaffen eines Rechts oder auf Gebrauchsüberlassungen oder das Stellen einer Bankbürgschaft.[1] Als Strafe kommen auch ideelle Missbilligungen (Verweis, Rüge etc.) in Betracht und Rechtsverluste[2], die im Rahmen so genannter Verfallsklauseln vereinbart worden sind. 1

Die Regelung ist zum Teil deklaratorischer Natur. Für eine Vertragsstrafe, die eine andere Leistung als die Zahlung einer Geldsumme zum Inhalt hat, gelten die §§ 343-345 BGB uneingeschränkt. Beispielsweise kann die Sachstrafe herabgesetzt werden.[3] Auch die §§ 339-341 BGB gelten weitgehend. Insbesondere bestimmt sich das Verhältnis zwischen dem Vertragsstrafenanspruch und dem Erfüllungsanspruch nach den allgemeinen Regeln, so dass der Gläubiger die Strafe im Fall der Nichterfüllung nur statt der Erfüllung verlangen kann und sie sich im Fall der nicht gehörigen Erfüllung ggf. vorbehalten muss. Etwas Abweichendes sieht § 342 BGB aber insoweit vor, als der **Anspruch auf Schadensersatz** entgegen den §§ 340 Abs. 2, 341 Abs. 2 BGB ausgeschlossen ist, wenn der Gläubiger die Strafe verlangt. Das Gesetz will damit eine schwierige Verrechnung zwischen der Vertragsstrafe und dem „weiteren Schaden" im Sinne von § 340 Abs. 2 Satz 2 BGB vermeiden. Der Schadensersatzanspruch ist erst mit dem Verlangen der Strafe ausgeschlossen, also erst, wenn der Gläubiger dem Schuldner dieses Verlangen erklärt (§§ 130, 133, 157 BGB). Verlangt der Gläubiger dagegen zunächst Schadensersatz, so muss er angesichts des klaren Gesetzeswortlauts davon noch abgehen und die Strafe fordern können, solange der Schadensersatz nicht geleistet ist.[4] 2

Die Bestimmung ist **dispositiv**. Es steht den Parteien also namentlich frei zu vereinbaren, dass der Gläubiger neben der Strafe auch Schadensersatz verlangen kann.[5] 3

---

[1] OLG Düsseldorf v. 13.11.2000 - 9 U 74/00.
[2] *Rieble* in: Staudinger, § 342 Rn. 2; *Gottwald* in: MünchKomm-BGB, § 342 Rn. 1.
[3] *Gottwald* in: MünchKomm-BGB, § 342 Rn. 1.
[4] *Ballhaus* in: BGB-RGRK, § 342 Rn. 3; *Gottwald* in: MünchKomm-BGB, § 342 Rn. 2.
[5] *Rieble* in: Staudinger, § 342 Rn. 15.

§ 343 BGB Herabsetzung der Strafe

(Fassung vom 02.01.2002, gültig ab 01.01.2002)

(1) ¹Ist eine verwirkte Strafe unverhältnismäßig hoch, so kann sie auf Antrag des Schuldners durch Urteil auf den angemessenen Betrag herabgesetzt werden. ²Bei der Beurteilung der Angemessenheit ist jedes berechtigte Interesse des Gläubigers, nicht bloß das Vermögensinteresse, in Betracht zu ziehen. ³Nach der Entrichtung der Strafe ist die Herabsetzung ausgeschlossen.

(2) Das Gleiche gilt auch außer in den Fällen der §§ 339, 342, wenn jemand eine Strafe für den Fall verspricht, dass er eine Handlung vornimmt oder unterlässt.

Gliederung

A. Grundlagen 1	III. Durch Urteil auf Antrag des Schuldners 11
I. Schutzzweck 1	IV. Ausschlusstatbestände 12
II. Systematischer Anwendungsbereich 2	V. Abdingbarkeit 14
B. Anwendungsvoraussetzungen 4	C. Exkurs: Herabsetzung unter Kaufleuten
I. Verwirkte Strafe 4	nach § 242 BGB 16
II. Unverhältnismäßige und angemessene Strafhöhe 5	

A. Grundlagen

I. Schutzzweck

1   Die Norm dient dem Schutz des Strafschuldners vor „unbedachtem Handeln".¹ Sie sichert ihn vor den Folgen der Strafvereinbarung, die er grundsätzlich ohne warnenden Formzwang treffen kann und die er **im Vertrauen auf den Nichteintritt der Strafe** eingegangen ist. Die Regelung eröffnet daher die Möglichkeit einer richterlichen Herabsetzung der Strafe.

II. Systematischer Anwendungsbereich

2   Die Vorschrift ist von vornherein nicht anwendbar auf Fälle, in denen für eine Herabsetzung gar kein Raum bleibt, weil die Strafe wegen einer unzulässigen Überhöhung bereits als solche unwirksam ist. Eine solche Unwirksamkeit kann sich aus allgemeinen Bestimmungen ergeben. Ist die Höhe der Strafe nach den §§ 315 Abs. 3, 319 BGB durch einen Dritten nach billigem Ermessen zu bestimmen, so ist vorrangig zu prüfen, ob die getroffene Festsetzung der Billigkeit entspricht.² Der Fall, dass die Straffestsetzung einerseits der Billigkeit entspricht, aber andererseits unverhältnismäßig hoch im Sinne von § 343 BGB ist, dürfte nicht möglich sein.

3   § 343 BGB erfasst grundsätzlich keine Vertragsstrafen, die in **AGB** vereinbart wurden.³ Die Vorschrift ist auf Individualvereinbarungen zugeschnitten⁴ und ermöglicht keine geltungserhaltende Reduktion von Klauseln, die es nach den §§ 305 ff. BGB nicht geben soll. Dies gilt auch im Zusammenhang mit Strafklauseln in Arbeitsverträgen, die nach der Rechtsprechung des BAG⁵ in die allgemeine AGB-Kontrolle grundsätzlich mit einbezogen sind. Die Vorschrift ist aber anwendbar, soweit die §§ 305-310 BGB nicht eingreifen.⁶

---

[1]   BGH v. 13.02.1952 - II ZR 91/51 - BGHZ 5, 133-137.
[2]   *Schaub* in: Erman, § 343 Rn. 2 m.w.N.
[3]   BGH v. 18.11.1982 - VII ZR 305/81 - juris Rn. 33 f. - BGHZ 85, 305-315 m.w.N.; LAG Niedersachsen v. 15.09.2011 - 7 Sa 1908/10 - juris Rn. 31 - AE 2012, 13-15.
[4]   BGH v. 18.11.1982 - VII ZR 305/81 - juris Rn. 34 - BGHZ 85, 305-315.
[5]   BAG v. 04.03.2004 - 8 AZR 196/03 - juris Rn. 54 - ZIP 2004, 1277-1285; BAG v. 04.03.2004 - 8 AZR 328/03 - juris Rn. 55 - EzA-SD 2004, Nr. 6, 3-4; BAG v. 04.03.2004 - 8 AZR 344/03 - juris Rn. 67 - EzA-SD 2004, Nr. 6, 3-4.
[6]   *Stadler* in: Jauernig, § 343 Rn. 2.

B. Anwendungsvoraussetzungen

I. Verwirkte Strafe

Aufgrund der schuldnerschützenden Zielrichtung der Vorschrift kommt die Herabsetzung für **verwirkte Vertragsstrafen aller Art** in Betracht[7], also für Vertragsstrafen, die eine Geldleistung oder eine andere Leistung als die Zahlung einer Geldsumme (§ 342 BGB)[8] zum Inhalt haben oder auf einer durch Rechtsverordnung zum Vertragsinhalt gewordenen Bestimmung beruhen[9], für akzessorische Strafen im Sinne der §§ 340, 341 BGB, für selbstständige Strafversprechen (klarstellend: § 343 Abs. 2 BGB) und für Vertragsvereinbarungen, die wie Vertragsstrafen behandelt werden. Das ist zum Beispiel bei Verfallklauseln der Fall, nicht aber bei überhöhten Schadenspauschalierungen.[10]

4

II. Unverhältnismäßige und angemessene Strafhöhe

Die Unverhältnismäßigkeit (§ 343 Abs. 1 Satz 1 BGB) ist anhand einer Abwägung der Interessen beider Parteien zu beurteilen.[11] Sie liegt vor allem dann nahe, wenn die Strafe nicht erforderlich ist, um die **Einhaltung des gesicherten Interesses zu gewährleisten**.

5

Welche Strafe **angemessen** ist, hat das Gericht unter Berücksichtigung der Vermögens- und aller weiteren berechtigten Interessen des Gläubigers zu beurteilen (§ 343 Abs. 1 Satz 2 BGB). Grundsätzlich ist für die Herabsetzung das Interesse des Gläubigers an der Erfüllung als solcher oder an der ordnungsmäßigen Erfüllung maßgebend. Im Hinblick auf die Präventivfunktion der Vertragsstrafe ist maßgeblich danach zu fragen, ob bzw. in welchem Grad die Strafhöhe erforderlich ist, um den Schuldner von einem Verstoß gegen die vereinbarten Pflichten abzuhalten.[12]

6

Eine schon einmal erkennbar gewordene Bereitschaft des Schuldners zum Vertragsbruch kann die Vereinbarung einer hohen Strafe rechtfertigen.[13] Die Höhe eines tatsächlich entstandenen Schadens oder gar das Fehlen eines Schadens sind nicht entscheidend[14], sofern nur ein Schaden möglich ist oder andere Gläubigerinteressen betroffen sind[15]. Die Angemessenheit kann aber aufgrund des Umstands zu verneinen sein, dass der betreffende Schaden aufgrund einer Reserveursache auch eingetreten wäre, wenn sie der Schädiger vertragstreu verhalten hätte.[16] Die Strafe darf weiterhin für den Schuldner keine unzumutbare Härte sein[17], wobei unter anderem die wirtschaftliche Lage des Schuldners[18], der Grad des ihn treffenden Verschuldens und die Ursächlichkeit des Schuldnerverhaltens[19] zu berücksichtigen sind. Maßgeblich ist der Zeitpunkt der Verwirkung.[20]

7

Auch bei Vertragsstrafen in einem **Arbeitsverhältnis** kann die angemessene Höhe einer Vertragsstrafe nicht allgemein, sondern nur unter Berücksichtigung der Umstände des Einzelfalles bestimmt werden. Es gibt daher keine absolute Höchstgrenze für eine Vertragsstrafe, insbesondere keine zwingende Beschränkung auf die Höhe eines Bruttomonatsentgelts.[21] Zu berücksichtigen sind vor allem die Gefährdung und der voraussichtliche Schaden des Gläubigers, die Schwere und Dauer der Zuwiderhandlung, die wirtschaftlichen Verhältnisse und die Fortkommenserschwerung für den Arbeitnehmer.[22] Zur Fest-

8

---

[7] *Lindacher* in: Soergel, § 343 Rn. 3; *Stadler* in: Jauernig, § 343 Rn. 2.
[8] *Schaub* in: Erman, § 343 Rn. 7.
[9] BGH v. 29.01.1957 - VIII ZR 71/56 - BGHZ 23, 175-183.
[10] *Stadler* in: Jauernig, § 339 Rn. 7, 10 m.w.N.
[11] *Lindacher* in: Soergel, § 343 Rn. 12, 15.
[12] OLG Frankfurt v. 30.4.2004 - 11 U 10/04 - juris Rn. 16 ff. - GRUR-RR 2004, 375-376.
[13] BGH v. 01.06.1983 - I ZR 78/81 - juris Rn. 33 - LM Nr. 79 zu § 242 (Ba) BGB (Vertragsstrafe für versuchte Vertreterabwerbung).
[14] BGH v. 01.06.1983 - I ZR 78/81 - juris Rn. 35 - LM Nr. 79 zu § 242 (Ba) BGB (Vertragsstrafe für versuchte Vertreterabwerbung); BGH v. 13.03.1953 - I ZR 136/52 - LM Nr. 2 zu § 339 BGB; BAG v. 25.10.1994 - 9 AZR 265/93 - juris Rn. 31.
[15] BGH v. 01.06.1983 - I ZR 78/81 - juris Rn. 19 - LM Nr. 79 zu § 242 (Ba) BGB; *Stadler* in: Jauernig, § 343 Rn. 6.
[16] BGH v. 27.11.1968 - VIII ZR 9/67 - juris Rn. 22 - NJW 1969, 461; OLG München v. 06.04.2005 - 7 U 1573/05 - juris Rn. 33 - OLGR München 2007, 3-5.
[17] *Stadler* in: Jauernig, § 343 Rn. 6.
[18] RG v. 17.11.1914 - III 268/14 - RGZ 86, 28-30, 29.
[19] BGH v. 16.09.1974 - VIII ZR 116/72 - LM Nr. 36 zu § 138 (Bb) BGB.
[20] *Stadler* in: Jauernig, § 343 Rn. 6; a.A. (Zeitpunkt der letzten mündlichen Tatsachenverhandlung) *Gottwald* in: MünchKomm-BGB, § 343 Rn. 18; *Schaub* in: Erman, § 343 Rn. 4.
[21] BAG v. 25.09.2008 - 8 AZR 717/07 - juris Rn. 54 ff. - DB 2009, 569-572 m.w.N.
[22] BAG v. 29.01.1981 - 3 AZR 235/78 - juris Rn. 26.

setzung der Angemessenheit einer im Falle des Vertragsbruchs verwirkten Vertragsstrafe kommt es insbesondere darauf an, welche Schäden der Vertragsverstoß typischerweise nach sich zieht, welche sonstigen Nachteile er für den Arbeitgeber bringt und welches Interesse der Arbeitgeber an der Erbringung der Arbeitsleistung durch den Arbeitnehmer hat.[23] Ebenso ist die maßgebliche Kündigungsfrist von Bedeutung.[24] Es gibt aber keinen Rechtssatz, dass eine Vertragsstrafe die Höhe des für die Kündigungsfrist zu zahlenden Gehalts nicht übersteigen darf[25] oder dass die Vertragsstrafe in einem angemessenen Verhältnis zu einer etwaigen Karenzentschädigung stehen müsste[26]. Auch kann es sachgerecht sein, eine kurze vertragswidrige Wettbewerbstätigkeit deshalb mit einer verhältnismäßig hohen Strafe zu belegen, weil der frühere Angestellte die für die Konkurrenz entscheidenden Tatsachen schon in kurzer Zeit an das Konkurrenzunternehmen weitergeben kann.[27]

9   Im Zusammenhang mit **wettbewerbsrechtlichen Unterlassungsansprüchen** kommt es bei der Bemessung einer angemessenen Vertragsstrafe auf die Umstände des Einzelfalls unter Berücksichtigung des Zwecks der Vertragsstrafe an, in erster Linie künftige Wettbewerbsverstöße zu verhindern. Dabei können vor allem Art, Schwere und Ausmaß der Zuwiderhandlung, das Verschulden des Verletzers sowie die Gefährlichkeit des Verstoßes für den Gläubiger eine Rolle spielen.[28]

10 Für die Umstände, die eine Unverhältnismäßigkeit begründen sollen, sowie für die Umstände, die für die Angemessenheit maßgeblich sind, ist der Schuldner **darlegungs- und beweispflichtig**.[29] In Bezug auf Umstände, die allein der Sphäre des Gläubigers zuzuordnen sind, kann der Gläubiger jedoch zu näherer Substantiierung verpflichtet sein, zum Beispiel zur Darlegung, auf welche Weise ihm erstattungsfähige Schäden im Einzelnen entstehen könnten oder entstanden sind.[30]

III. Durch Urteil auf Antrag des Schuldners

11 Die Herabsetzung der Strafe erfolgt durch richterliches Gestaltungsurteil. Das Urteil setzt einen Antrag des Schuldners voraus, eine Herabsetzung von Amts wegen ist nicht möglich.[31] Für einen solchen Antrag reicht jede – auch unbezifferte – Anregung auf Herabsetzung aus.[32] In aller Regel wird die Herabsetzung im Rahmen einer Klage des Gläubigers auf die Leistung der Strafe erfolgen, es ist aber auch eine selbstständige Klage auf Herabsetzung möglich.[33]

IV. Ausschlusstatbestände

12 Aufgrund ihres Schutzanliegens scheidet die Herabsetzung von Vertragsstrafen in zwei Konstellationen aus. Die gesetzliche Regelung ist zum einen **auf den nichtkaufmännischen Bereich beschränkt** und auf Strafvereinbarungen, die von einem Kaufmann im Betriebe seines Handelsgewerbes versprochen werden, nach § 348 HGB nicht anwendbar. Dies gilt auch, wenn die Vertragsstrafenregelung in AGB enthalten ist.[34] Das Handelsrecht sieht den Kaufmann als geschäftlich erfahren genug an, um die Gefährlichkeit von Vertragsstrafen richtig einschätzen zu können, so dass der Schutz des § 343 BGB unangemessen wäre. § 343 BGB ist daher nicht anwendbar, wenn der Schuldner im Zeitpunkt des Vertragsstrafenversprechens Kaufmann (§§ 1-7 HGB) war und das betreffende Geschäft zum Betriebe sei-

---

[23] BAG v. 25.09.2008 - 8 AZR 717/07 - juris Rn. 52 - DB 2009, 569-572.
[24] ArbG Köln v. 24.03.1999 - 15 Ca 8975/98 - juris Rn. 22 - Bibliothek BAG; LArbG Chemnitz v. 25.11.1997 - 9 Sa 731/97 - juris Rn. 44 - Bibliothek BAG.
[25] BAG v. 25.10.1994 - 9 AZR 265/93 - juris Rn. 30.
[26] BAG v. 21.05.1971 - 3 AZR 359/70 - SAE 1972, 154-156.
[27] BAG v. 21.05.1971 - 3 AZR 359/70 - SAE 1972, 154-156.
[28] BGH v. 31.05.2001 - I ZR 82/99 - juris Rn. 25 - LM UWG § 7 Nr. 18 (6/2002) (Weit-Vor-Winter-Schluss-Verkauf).
[29] *Schaub* in : Erman, § 343 Rn. 5 m.w.N.; differenzierend *Lindacher* in: Soergel, § 343 Rn. 17.
[30] LArbG Mainz v. 26.11.2002 - 5 Sa 805/02 - juris Rn. 41.
[31] BGH v. 22.01.1993 - V ZR 164/90 - juris Rn. 12 - LM BGB § 133 (C) Nr. 81 (10/1993); BAG v. 27.04.2000 - 8 AZR 301/99 - juris Rn. 51 - ZM 2005, Nr. 2. 76 hat offen gelassen, ob die Herabsetzung einer übermäßig hohen Vertragsstrafe auch für das Arbeitsrecht nur auf einen Antrag des Schuldners nach § 343 BGB stattfinden kann oder ob „eine generalisierende Rechtskontrolle" stattzufinden hat.
[32] BGH v. 22.05.1968 - VIII ZR 69/66 - LM Nr. 13 zu § 339 BGB; *Gottwald* in: MünchKomm-BGB, § 343 Rn. 12.
[33] *Gottwald* in: MünchKomm-BGB, § 343 Rn. 1.
[34] BGH v. 18.11.1982 - VII ZR 305/81 - juris Rn. 34 - BGHZ 85, 305-315.

nes Handelsgewerbes (§§ 343-345 HGB) gehörte.³⁵ Gleiches gilt, wenn der Schuldner der Vertragsstrafe ein Scheinkaufmann ist.³⁶

Nach § 343 Abs. 1 Satz 3 BGB ist eine Herabsetzung zum anderen ausgeschlossen, wenn der Schuldner die Strafe entrichtet hat. Das **Bewirken der Strafe** legt nämlich von Gesetzes wegen den Schluss nahe, dass der Schuldner die Vertragsstrafe doch nicht so unbedacht bzw. nicht im ganz festen Vertrauen auf ihren Nichteintritt zugesagt hat. Wer aber bei der Vereinbarung der Strafe weiß und abschätzen kann, was er tut, bedarf des besonderen Schutzes in Gestalt der Herabsetzung nicht. Hat dagegen der Schuldner die Vertragsstrafe **unter Vorbehalt entrichtet**, so bleibt eine Herabsetzung möglich.³⁷ Der über die Angemessenheitsgrenze hinausreichende Betrag ist dann ggf. bereicherungsrechtlich zurückzugewähren. 13

V. Abdingbarkeit

Die Vorschrift ist **zwingend**. Ein Nichtkaufmann kann grundsätzlich nicht auf die Herabsetzbarkeit der Strafe verzichten.³⁸ Der BGH hat den Ausschluss der Herabsetzungsmöglichkeit in einer Ausnahmekonstellation aber als wirksam angesehen.³⁹ Im Streitfall hatten die Beklagten die Strafvereinbarung zwar nicht als Kaufleute, wohl aber „in Auswirkung eines Vertrages" versprochen, den sie als Kaufleute geschlossen hatten. Außerdem war die fragliche Vereinbarung vor Gericht und durch die Anwälte der Parteien geschlossen worden, so dass die Beklagten keinen zusätzlichen Schutz vor unbedachtem Handeln brauchten. 14

Die Vereinbarung einer angemessenen **Ausschlussfrist für das Herabsetzungsbegehren** ist zulässig.⁴⁰ Ebenso ist ein Verzicht auf die Herabsetzung wirksam, den der Schuldner **nach der Verwirkung der Strafe** erklärt.⁴¹ Der Schuldner braucht nach der Wertung von § 343 Abs. 1 Satz 3 BGB nämlich nicht besonders geschützt zu werden, wenn er in Kenntnis von der Verwirkung der Strafe Zusagen macht. Er ist durch die Verwirkung ausreichend gewarnt und folglich nicht gefährdet, im Vertrauen auf das Ausbleiben der Strafe „unbedachte" Absprachen zu treffen. 15

C. Exkurs: Herabsetzung unter Kaufleuten nach § 242 BGB

§ 348 HGB schließt, wenn ein Kaufmann eine Vertragsstrafe im Betriebe seines Handelsgewerbes versprochen hat, eine Herabsetzung aus, die „auf Grund der Vorschriften des § 343 BGB" erfolgt. Der Rechtsgedanke des § 348 HGB kann die Anwendung von § 343 BGB auch ausschließen, wenn die Strafe von dem Geschäftsführer einer GmbH, der kein Kaufmann im Sinne des HGB ist, versprochen wurde.⁴² Die Vorschrift steht aber keiner Herabsetzung entgegen, die aufgrund von anderen Vorschriften erfolgt und **anderen inhaltlichen Maßstäben unterliegt**.⁴³ Die Rechtsprechung leitet eine solche Herabsetzungsmöglichkeit heute aus § 242 BGB ab,⁴⁴ während sie ursprünglich auf die Grundsätze über den Wegfall oder die Änderung der Geschäftsgrundlage zurückgriff.⁴⁵ 16

Die Herabsetzung nach § 242 BGB ist nur in besonders gelagerten Fällen möglich. Die Vertragsstrafe muss in einem solchen **außerordentlichen Missverhältnis zu der Bedeutung der Zuwiderhandlung** stehen, dass ihre Durchsetzung gegen den Grundsatz von Treu und Glauben verstoßen würde.⁴⁶ Bloße Unverhältnismäßigkeit reicht dafür nicht aus. 17

---

[35] BGH v. 13.02.1952 - II ZR 91/51 - BGHZ 5, 133-137.
[36] OLG Stuttgart v. 16.12.2004 - 13 U 100/04 - MDR 2005, 518-519, 519.
[37] *Schaub* in: Erman, § 343 Rn. 6.
[38] BGH v. 13.02.1952 - II ZR 91/51 - BGHZ 5, 133-137.
[39] BGH v. 13.02.1952 - II ZR 91/51 - BGHZ 5, 133-137.
[40] *Rieble* in: Staudinger, § 343 Rn. 25; *Gottwald* in: MünchKomm-BGB, § 343 Rn. 2.
[41] *Stadler* in: Jauernig, § 343 Rn. 1.
[42] OLG Nürnberg v. 25.11.2009 - 12 U 681/09 - juris Rn. 66 m.w.N. - GmbHR 2010, 141-147.
[43] BGH v. 28.09.1997 - I ZR 71/95 - juris Rn. 35 - NJW 1998, 1144-1148 (Modenschau im Salvatorkeller) m.w.N.; *Rieble* in: Staudinger, § 343 Rn. 47.
[44] BGH v. 28.09.1997 - I ZR 71/95 - juris Rn. 35 - NJW 1998, 1144-1148 (Modenschau im Salvatorkeller); BGH v. 17.07.2008 - I ZR 168/05 - juris Rn. 40 - NJW 2009, 1882-1886 (Kinderwärmekissen).
[45] BGH v. 24.03.1954 - II ZR 30/53 - LM Nr. 3 zu § 348 HGB; BGH v. 01.06.1983 - I ZR 78/81 - juris Rn. 29 - NJW 1984, 919-921 (Vertragsstrafe für versuchte Vertreterabwerbung).
[46] BGH v. 17.07.2008 - I ZR 168/05 - juris Rn. 41 - NJW 2009, 1882-1886 (Kinderwärmekissen).

§ 343

18 Die Vertragsstrafe ist nur auf den Betrag reduzieren, der unter Würdigung aller Umstände im Einzelfall nach dem Grundsatz von Treu und Glauben noch hingenommen werden kann.[47] Dieser Betrag liegt über dem angemessenen Betrag im Sinne von § 343 BGB. Die Rechtsprechung sieht **das Doppelte der nach § 343 BGB angemessenen Vertragsstrafe** als einen Anhaltspunkt dafür an, wie hoch der nach § 242 BGB zulässige Betrag anzusetzen ist.[48]

---

[47] BGH v. 17.07.2008 - I ZR 168/05 - juris Rn. 41 - NJW 2009, 1882-1886 (Kinderwärmekissen).
[48] BGH v. 17.07.2008 - I ZR 168/05 - juris Rn. 41 - NJW 2009, 1882-1886 (Kinderwärmekissen).

§ 344 BGB Unwirksames Strafversprechen

(Fassung vom 02.01.2002, gültig ab 01.01.2002)

Erklärt das Gesetz das Versprechen einer Leistung für unwirksam, so ist auch die für den Fall der Nichterfüllung des Versprechens getroffene Vereinbarung einer Strafe unwirksam, selbst wenn die Parteien die Unwirksamkeit des Versprechens gekannt haben.

Gliederung

A. Grundlagen	1	II. Selbstständige Strafversprechen	5
B. Anwendungsvoraussetzungen	2	C. Rechtsfolgen	6
I. Erfasste Leistungen	2		

A. Grundlagen

Schutzzweck: Das Vereinbaren einer Vertragsstrafe darf kein Mittel sein, um einer Verpflichtung, die das Gesetz für unwirksam erklärt, mittelbar doch Geltung zu verschaffen. Wenn das Gesetz der Privatautonomie Grenzen setzt, dann macht es deutlich, dass die Vertragsparteien sich bestimmten übergeordneten Werten beugen müssen bzw. über diese nicht verfügen können. Diese Zielrichtung verbietet es, dass für die Parteien über den Umweg einer Vertragsstrafe im Verhältnis zueinander eben doch dasjenige gilt, was die gesetzliche Regelung als unwirksam ansieht. — **1**

B. Anwendungsvoraussetzungen

I. Erfasste Leistungen

Die Vorschrift ist Ausdruck der Akzessorietät der Vertragsstrafe und stellt im Grunde deklaratorisch fest, dass die Unwirksamkeit der Hauptverbindlichkeit auch die Unwirksamkeit der Vertragsstrafe zur Folge hat. Da die Strafe das Schicksal der Hauptverbindlichkeit teilt, lässt eine Heilung der Hauptverbindlichkeit, zum Beispiel nach § 311b Abs. 1 Satz 1 BGB, auch das Strafeversprechen wirksam werden.[1] Die Vertragsstrafe wird aber nicht rückwirkend, sondern erst mit Eintritt des heilenden Ereignisses wirksam.[2] — **2**

Die Regelung bezieht sich dem Gesetzeswortlaut nach nur auf Leistungen, die das Gesetz **für unwirksam erklärt**. Eindeutige Anwendungsfälle sind damit Leistungsversprechen, die aufgrund ihres Inhalts gegen ein gesetzliches Verbot im Sinne von § 134 BGB oder gegen die guten Sitten im Sinne von § 138 Abs. 1 BGB verstoßen. Die Bestimmung ist wegen ihres Zwecks und historischen Hintergrunds aber ungleich weiter zu verstehen. Sie ist zum einen nicht auf „versprochene", also vertraglich vereinbarte Leistungen beschränkt, sondern gilt auch in Bezug auf Hauptverpflichtungen aus anderem Rechtsgrund, z.B. aus einseitigen Rechtsgeschäften, Satzungen und Kollektivverträgen.[3] Zum anderen erfasst die Vorschrift alle Fälle gesetzlich „angeordneter" Unwirksamkeit, also insbesondere auch die Unwirksamkeit infolge von Willensmängeln (§§ 116-124 BGB) oder infolge des Verstoßes gegen Formvorschriften (§§ 125-129 BGB).[4] — **3**

Die Regelung ist weiterhin auch auf **Naturalobligationen** anwendbar (§§ 656, 762-764 BGB),[5] die keinen Erfüllungsanspruch begründen. Der Schuldner soll bei der Entscheidung, ob er etwa eine Spielschuld begleicht, frei bleiben. Er darf in dieser Freiheit nicht auf dem Umweg über eine Vertragsstrafe beschränkt werden. Für Strafvereinbarungen im Zusammenhang mit dem Eheversprechen, das von Gesetzes wegen nicht einklagbar ist, schreibt § 1297 Abs. 2 BGB dieses Ergebnis aus Gründen der Klarstellung ausdrücklich fest. Aus demselben Grund kann auch die Erfüllung der Pflicht zur ehelichen Ge- — **4**

---

[1] BGH v. 18.12.1981 - V ZR 233/80 - BGHZ 82, 398-407.
[2] *Lindacher* in: Soergel, § 344 Rn. 2.
[3] *Rieble* in: Staudinger, § 344 Rn. 4.
[4] Eingehend *Rieble* in: Staudinger, § 344 Rn. 5 ff. m.w.N.
[5] *Gottwald* in: MünchKomm-BGB, § 344 Rn. 8.

meinschaft nicht durch ein Strafversprechen wirksam abgesichert werden.[6] Ebenso löst der Verstoß gegen eine Sperrabrede unter Arbeitgebern im Sinne von § 75f HGB keinen Vertragsstrafenanspruch aus, weil sonst der Schutzzweck des § 75f Satz 2 HGB vereitelt würde.[7]

II. Selbstständige Strafversprechen

5 § 344 BGB gilt auch für selbstständige Strafversprechen.[8] Der Zweck der Vorschrift gebietet es, dass sich die Wertungen, aufgrund derer das Gesetz ein Leistungsversprechen als unwirksam oder als nicht einklagbar ansieht, auch gegenüber einer solchen Vereinbarung durchsetzen. Selbstständige Strafversprechen dürfen daher beispielsweise nicht zur Umgehung von Formerfordernissen dienen, indem sie einen mittelbaren Zwang zum formellen Abschluss eines mündlich vereinbarten formbedürftigen Geschäfts erzeugen.[9]

C. Rechtsfolgen

6 Wird die Strafe aufgrund des unwirksamen Strafversprechens gleichwohl geleistet, so ist sie nach allgemeinen Regeln (§ 812 Abs. 1 Satz 1 Alt. 1 BGB) zurückzuerstatten. Hat der Leistende um die Unwirksamkeit gewusst, so wird der Rückübertragungsanspruch aber in aller Regel nach § 814 Alt. 1 BGB ausgeschlossen sein.

---

[6] RG v. 03.11.1938 - IV 145/38 - RGZ 158, 294-302.
[7] BGH v. 17.10.1971 - I ZR 88/71 - juris Rn. 13 f. - DB 1973, 423.
[8] *Schaub* in: Erman, § 344 Rn. 2 m.w.N.; *Rieble* in: Staudinger, § 344 Rn. 3; für „behutsame" Anwendung aber *Gottwald* in: MünchKomm-BGB, § 344 Rn. 10.
[9] BGH v. 06.12.1979 - VII ZR 313/78 - juris Rn. 13 - BGHZ 76, 43-50.

§ 345 BGB Beweislast

(Fassung vom 02.01.2002, gültig ab 01.01.2002)

Bestreitet der Schuldner die Verwirkung der Strafe, weil er seine Verbindlichkeit erfüllt habe, so hat er die Erfüllung zu beweisen, sofern nicht die geschuldete Leistung in einem Unterlassen besteht.

Die Vorschrift hat klarstellenden Charakter und basiert auf dem **allgemeinen beweisrechtlichen Grundsatz**, nach dem jede Partei die Beweislast für die tatsächlichen Voraussetzungen des ihr günstigen Rechtssatzes trägt.[1] Sie bezieht sich darauf, dass die Parteien eine Vertragsstrafe für den Fall der Nichterfüllung oder der nicht gehörigen Erfüllung vereinbart haben. Wenn der Gläubiger eine solche Strafe verlangt, dann muss der Schuldner, wenn er die Verwirkung der Strafe bestreitet, beweisen, dass er die geschuldete Leistung an den Gläubiger bewirkt hat oder dass ein sonstiger Erfüllungstatbestand erfüllt ist. Hat der Gläubiger eine ihm als Erfüllung angebotene Leistung als Erfüllung angenommen, so trifft ihn nach § 363 BGB allerdings die Beweislast dafür, dass es sich um eine andere als die geschuldete oder um eine unvollständige Leistung handelt.

Besteht die geschuldete Leistung dagegen in einem **Unterlassen**, so liegt die Beweislast dafür, dass der Schuldner der Unterlassungspflicht zuwidergehandelt hat, grundsätzlich beim Gläubiger. Besondere Regeln über eine Beweislastumkehr oder -erleichterung kommen dem Gläubiger aber zugute.[2]

Die Bestimmung ist **dispositiv**, so dass die Parteien eine abweichende Beweislastverteilung vereinbaren dürfen. Eine für die Hauptverbindlichkeit getroffene besondere Vereinbarung über die Beweislast schlägt grundsätzlich auf die Vertragsstrafe durch.[3] In AGB kann eine Beweislastveränderung allerdings nur in sehr eingeschränktem Rahmen bestimmt werden. Insbesondere ist § 309 Nr. 11 BGB nicht auf Vereinbarungen über die Beweislastumkehr beschränkt, sondern erfasst darüber hinausgehend schon jeden Versuch, die Beweisposition des Kunden zu verschlechtern.[4]

---

[1] BGH v. 17.02.1970 - III ZR 139/67 - BGHZ 53, 245-264; BGH v. 14.01.1991 - II ZR 190/89 - juris Rn. 16 - BGHZ 113, 222-227.
[2] *Rieble* in: Staudinger, § 345 Rn. 7 m.w.N.
[3] *Rieble* in: Staudinger, § 345 Rn. 20.
[4] BGH v. 28.01.1987 - IVa ZR 173/85 - juris Rn. 25 - BGHZ 99, 374-384.

Titel 5 - Rücktritt; Widerrufs- und Rückgaberecht bei Verbraucherverträgen
Untertitel 1 - Rücktritt [*)]

§ 346 BGB Wirkungen des Rücktritts

(Fassung vom 23.07.2002, gültig ab 01.08.2002)

(1) Hat sich eine Vertragspartei vertraglich den Rücktritt vorbehalten oder steht ihr ein gesetzliches Rücktrittsrecht zu, so sind im Falle des Rücktritts die empfangenen Leistungen zurückzugewähren und die gezogenen Nutzungen herauszugeben.

(2) ¹Statt der Rückgewähr oder Herausgabe hat der Schuldner Wertersatz zu leisten, soweit

1. die Rückgewähr oder die Herausgabe nach der Natur des Erlangten ausgeschlossen ist,
2. er den empfangenen Gegenstand verbraucht, veräußert, belastet, verarbeitet oder umgestaltet hat,
3. der empfangene Gegenstand sich verschlechtert hat oder untergegangen ist; jedoch bleibt die durch die bestimmungsgemäße Ingebrauchnahme entstandene Verschlechterung außer Betracht.

²Ist im Vertrag eine Gegenleistung bestimmt, ist sie bei der Berechnung des Wertersatzes zugrunde zu legen; ist Wertersatz für den Gebrauchsvorteil eines Darlehens zu leisten, kann nachgewiesen werden, dass der Wert des Gebrauchsvorteils niedriger war.

(3) ¹Die Pflicht zum Wertersatz entfällt,

1. wenn sich der zum Rücktritt berechtigende Mangel erst während der Verarbeitung oder Umgestaltung des Gegenstandes gezeigt hat,
2. soweit der Gläubiger die Verschlechterung oder den Untergang zu vertreten hat oder der Schaden bei ihm gleichfalls eingetreten wäre,
3. wenn im Falle eines gesetzlichen Rücktrittsrechts die Verschlechterung oder der Untergang beim Berechtigten eingetreten ist, obwohl dieser diejenige Sorgfalt beobachtet hat, die er in eigenen Angelegenheiten anzuwenden pflegt.

²Eine verbleibende Bereicherung ist herauszugeben.

(4) Der Gläubiger kann wegen Verletzung einer Pflicht aus Absatz 1 nach Maßgabe der §§ 280 bis 283 Schadensersatz verlangen.

[*)] *Amtlicher Hinweis:*

Dieser Untertitel dient auch der Umsetzung der Richtlinie 1999/44/EG des Europäischen Parlaments und des Rates vom 25. Mai 1999 zu bestimmten Aspekten des Verbrauchsgüterkaufs und der Garantien für Verbrauchsgüter (ABl. EG Nr. L 171 S. 12).

Gliederung

A. Grundlagen 1
I. Kurzcharakteristik 1
II. Gesetzgebungsmaterialien 2
III. Europäischer Hintergrund 3
IV. Regelungsprinzipien 5
B. Praktische Bedeutung 9
C. Anwendungsvoraussetzungen 10
I. Normstruktur 10
II. Anwendungsbereich 12

1. Vertragliches Rücktrittsrecht 12
2. Gesetzliche Rücktrittsrechte 14
3. Sonstige Rückgewährpflichten 18
III. Rückgabe der empfangenen Leistungen 20
1. Inhalt der Rückgewährpflicht 20
2. Pflicht zur Rückgängigmachung von Veränderungen? 24
a. Veränderungen vor dem Übergang der Preisgefahr 25

b. Veränderungen nach dem Entstehen der Rückgewährpflicht 26	e. Ausnahme bei Vertretenmüssen des Rückgewährgläubigers (Absatz 3 Satz 1 Nr. 2 Alternative 1) 63
c. Veränderungen zwischen dem Übergang der Preisgefahr und dem Entstehen der Rückgewährpflicht 27	f. Ausnahme bei Eintritt des Schadens auch beim Rückgewährgläubiger (Absatz 3 Satz 1 Nr. 2 Alternative 2) 66
3. Erfüllungsort 31	g. Ausnahme zugunsten des Inhabers eines gesetzlichen Rücktrittsrechts (Absatz 3 Satz 1 Nr. 3) 69
4. Rücknahmepflicht 33	
5. Verjährung der Rückgewähransprüche 35	
IV. Wertersatzpflicht 36	5. Umfang des Wertersatzes 80
1. Überblick 36	a. Maßgeblicher Zeitpunkt 80
2. Ausschluss der Rückgewähr nach der Natur des Erlangten (Absatz 2 Satz 1 Nr. 1) 40	b. Maßgeblichkeit der Gegenleistung (Absatz 2 Satz 2) 83
3. Verbrauch, Veräußerung, Belastung, Verarbeitung, Umgestaltung (Absatz 2 Satz 1 Nr. 2) 42	c. Objektive Wertbemessung 95
	6. Pflicht zur Herausgabe der verbleibenden Bereicherung bei Ausschluss der Wertersatzpflicht (Absatz 3 Satz 2) 96
a. Begriffe 43	
b. Keine Pflicht zur Herausgabe der verarbeiteten oder umgestalteten Sache 44	V. Gezogene Nutzungen 98
c. Ausschluss des Wertersatzes nach Absatz 3 Satz 1 Nr. 1 45	1. Nutzungen 99
	2. Herausgabe von Früchten 100
d. Keine analoge Anwendung von Absatz 3 Nr. 3 50	3. Ersatz des Werts von Gebrauchsvorteilen 101
4. Verschlechterung, Untergang (Absatz 2 Satz 1 Nr. 3) 51	VI. Schadensersatzpflicht 107
a. Grundprinzip 51	1. Ereignisse nach Erklärung des Rücktritts 108
b. Zeitraum 53	2. Ereignisse vor Erklärung des Rücktritts 109
c. Verschlechterung, Untergang 55	a. Begründung der Schadensersatzpflicht 109
d. Bestimmungsgemäße Ingebrauchnahme und bestimmungsgemäßer Gebrauch 57	b. Inhalt der Schadensersatzpflicht 114
	3. Kauf unter Eigentumsvorbehalt 118
	VII. Herausgabe des Ersatzes 120
	D. Beweislast 123

A. Grundlagen

I. Kurzcharakteristik

§ 346 BGB ist die **grundlegende Norm** des Rücktrittsrechts. Sie regelt die Rückgewähr der empfangenen Leistungen und die Herausgabe gezogener Nutzungen, entweder in Natur oder – wenn dies nach der Natur des Erlangten oder wegen zwischenzeitlich eingetretener Veränderungen nicht möglich ist – dem Werte nach. Über Nutzungen findet sich eine weitere Regelung in § 347 Abs. 1 BGB: Während § 346 BGB regelt, wie in Bezug auf Nutzungen zu verfahren ist, die der Rückgewährschuldner tatsächlich gezogen hat, betrifft § 347 Abs. 1 BGB Nutzungen, die der Rückgewährschuldner nicht gezogen hat, aber nach den Regeln einer ordnungsmäßigen Wirtschaft hätte ziehen müssen.   1

II. Gesetzgebungsmaterialien

Die Norm ersetzt die §§ 346, 350-353 BGB a.F. sowie – i.V.m. § 347 BGB – § 347 BGB a.F. und gestaltet diese Regelungen grundlegend um (vgl. Rn. 5 ff.). Maßgebend dafür waren die vielen **Auslegungsfragen**, die das alte Rücktrittsrecht aufgeworfen hatte[1]; dieses gehörte nach Ansicht des Reformgesetzgebers „zu den schwächeren Partien der Kodifikation"[2].   2

III. Europäischer Hintergrund

§ 346 BGB ist auch einschlägig, wenn ein Vertrag aufgrund eines europarechtlich vorgegebenen Rücktritts- oder Widerrufsrechts rückabgewickelt wird. Bei Widerrufsrechten gilt er aufgrund der Verweisung in § 357 BGB und mit den dort geregelten Modifikationen; erhebliche Abweichungen finden sich für Fernabsatzverträge seit 2011 in § 312e BGB und für Teilzeit-Wohnrechteverträge in § 485 Abs. 2 BGB. In den einschlägigen Richtlinien heißt es zwar in der Regel, dass die Rücktritts- oder Widerrufs-   3

---

[1] Vgl. den Überblick zur alten Rechtslage in BT-Drs. 14/6040, S. 190 ff.
[2] BT-Drs. 14/6040, S. 191.

folgen dem nationalen Recht unterliegen.[3] Trotzdem unterwirft der EuGH die Rücktritts- oder Widerrufsfolgen einer gewissen Kontrolle. So entschied er, dass dem Verbraucher nach dem Widerruf eines **Fernabsatzgeschäfts** nicht die Kosten für die Hinsendung der Ware auferlegt werden dürfen[4], und zog dem Nutzungsersatz nach dem Widerruf von Fernabsatzgeschäften Grenzen[5]. Detaillierte Regelungen über die Widerrufsfolgen bei Fernabsatzverträgen und bei außerhalb von Geschäftsräumen geschlossenen Verträgen enthält die Verbraucherrechte-RL[6], die bis zum 13.12.2013 umgesetzt werden muss und für nach dem 13.06.2014 geschlossene Verträge gilt.

4   Soweit § 346 BGB über die Verweisung in § 439 Abs. 4 BGB die **Rückgabe der mangelhaften Sache im Zuge der Ersatzlieferung** regelt, dient er zur Umsetzung der RL 1999/44/EG des Europäischen Parlaments und des Rates vom 25.05.1999. Insofern hat der EuGH entschieden, dass Art. 3 der RL 1999/44/EG einer Regelung entgegensteht, die – wie §§ 346 Abs. 1, 439 Abs. 4 BGB – den Verbraucher dazu verpflichtet, Wertersatz für die Nutzung der zurückzugebenden mangelhaften Sache zu leisten.[7] Nachdem der BGH diesem Urteil zunächst durch richtlinienkonforme Rechtsfortbildung Rechnung getragen hatte[8], hat der deutsche Gesetzgeber inzwischen durch § 474 Abs. 2 Satz 1 BGB den Nutzungsersatz im Fall der Ersatzlieferung bei Verbrauchsgüterkäufen ausgeschlossen. Die Entscheidungsgründe des EuGH-Urteils deuten freilich darauf hin, dass der EuGH auch einer Pflicht zum Wertersatz wegen Verschlechterung oder Untergang kritisch gegenüberstünde.[9] Es ist zu hoffen, dass ihm bald durch eine Vorlage nach Art. 267 AEUV Gelegenheit gegeben wird, hierüber zu entscheiden. Eine Pflicht des Verbrauchers zum Nutzungsersatz nach einem mangelbedingten **Rücktritt vom Verbrauchsgüterkauf** ist dagegen europarechtlich zulässig.[10]

IV. Regelungsprinzipien

5   Die Rücktrittsfolgen werden seit der Schuldrechtsreform im Rücktrittsrecht selbst geregelt, während vorher weitgehend auf die Vorschriften des Eigentümer-Besitzer-Verhältnisses verwiesen wurde (§ 347 BGB a.F.).[11]

6   Die Regelungen über den Rücktritt kommen gleichermaßen auf **vertragliche wie gesetzliche Rücktrittsrechte** zur Anwendung, während sie früher für gesetzliche Rücktrittsrechte nur über die Verweisung in dem – ersatzlos gestrichenen – § 327 BGB a.F. anwendbar waren, die Anlass zu vielen Kontroversen bot. Es gibt nur wenige Spezialvorschriften für die eine oder die andere Art des Rücktrittsrechts: Die §§ 346 Abs. 3 Satz 1 Nr. 3, 347 Abs. 1 Satz 2 BGB gelten nur für gesetzliche Rücktrittsrechte (vgl. zum genauen Anwendungsbereich Rn. 70), die §§ 350, 353 BGB nur für vertragliche Rücktrittsrechte. Das Gesetz regelt damit nun ausdrücklich, inwieweit der Inhaber eines gesetzlichen Rücktrittsrechts, der über dieses Rücktrittsrecht ja typischerweise nicht von vornherein Bescheid weiß, im Rahmen der Rückabwicklung gegenüber dem Inhaber eines vertraglichen Rücktrittsrechts, der von Anfang an mit der Möglichkeit des Rücktritts rechnen muss, zu privilegieren ist.

7   Der Rücktrittsberechtigte und der Rücktrittsgegner werden prinzipiell gleich behandelt, nur an zwei Stellen hat der Gesetzgeber eine **Besserstellung des Rücktrittsberechtigten** angeordnet – genau dort, wo er auch zwischen vertraglichem und gesetzlichem Rücktrittsrecht unterscheidet (§§ 346 Abs. 3

---

[3] Art. 7 RL 1985/577/EWG des Rates vom 20.12.1985; Begründungserwägung 14 Satz 5 RL 1997/7/EG des Europäischen Parlaments und des Rates vom 20.05.1997; Begründungserwägung 15 RL 1999/44/EG des Europäischen Parlaments und des Rates vom 25.05.1999 Eine Ausnahme gilt nach Art. 8 Abs. 2 RL 2008/122/EG des Europäischen Parlaments und des Rates vom 14.01.2009, der durch § 485 Abs. 2 BGB umgesetzt wurde, vgl. dazu die Kommentierung zu § 485 BGB.

[4] EuGH v. 15.04.2010 - C-511/08 - NJW 2010, 1941 - Handelsgesellschaft Heinrich Heine GmbH/Verbraucherzentrale Nordrhein-Westfalen e.V.

[5] EuGH v. 03.09.2009 - C-489/07 - NJW 2009, 3015 - Pia Messner/Firma Stefan Krüger

[6] Art. 12 ff. RL 2011/83/EU des Europäischen Parlaments und des Rates vom 25.10.2011.

[7] EuGH v. 17.04.2008 - C-404/06 - NJW 2008, 1433 - Quelle AG/Bundesverband der Verbraucherzentralen und Verbraucherverbände.

[8] BGH v. 26.11.2008 - VIII ZR 200/05 - NJW 2009, 427.

[9] EuGH v. 17.04.2008 - C-404/06 - NJW 2008, 1433 Tz. 34 - Quelle AG/Bundesverband der Verbraucherzentralen und Verbraucherverbände.

[10] Begründungserwägung 15 RL 1999/44/EG des Europäischen Parlaments und des Rates vom 25.05.1999; EuGH v. 17.04.2008 - C-404/06 - NJW 2008, 1433 Tz. 38 f. - Quelle AG/Bundesverband der Verbraucherzentralen und Verbraucherverbände; BGH v. 16.09.2009 - VIII ZR 243/08 - BGHZ 182, 241 Tz. 15.

[11] Vgl. BT-Drs. 14/6040, S. 192 f.

Satz 1 Nr. 3, 347 Abs. 1 Satz 2 BGB). Privilegiert wird jeweils der Inhaber eines gesetzlichen Rücktrittsrechts. Eine weitergehende Unterscheidung zwischen Rücktrittsberechtigtem und Rücktrittsgegner verbietet sich.

Durch die Schuldrechtsreform grundlegend geändert wurden die Regelungen der Fälle, in denen die empfangene Leistung nicht oder nur verschlechtert zurückgegeben werden kann. Das alte Recht bediente sich hier zweier Regelungsprinzipien: War die Leistung betroffen, die der Rücktrittsberechtigte empfangen hatte, versagte es ihm in bestimmten Fällen den Rücktritt (§§ 351-353 BGB a.F.). Im Übrigen statuierte es eine verschuldensabhängige Schadensersatzpflicht (§ 347 Satz 1 BGB a.F. i.V.m. § 989 BGB). Nach neuem Recht dagegen wird der Rücktritt keinesfalls dadurch ausgeschlossen, dass der Rücktrittsberechtigte den empfangenen Gegenstand nicht zurückzugeben vermag; damit wurde auch die Unterscheidung zwischen wesentlichen und unwesentlichen Verschlechterungen (§ 351 BGB a.F.) überflüssig. Vielmehr unterliegen beide Parteien prinzipiell einer **verschuldensunabhängigen Wertersatzpflicht**, soweit der empfangene Gegenstand nicht oder nur verschlechtert zurückgegeben wird (§ 346 Abs. 2 BGB).

B. Praktische Bedeutung

Die praktische Bedeutung der Rücktrittsvorschriften hat sich durch die Schuldrechtsreform **erhöht**, weil der Rücktritt nun nicht mehr davon abhängig ist, dass der Schuldner die Leistungsstörung zu vertreten hat, und deshalb auch bei nicht zu vertretender Leistungsverzögerung (§ 323 BGB) und Unmöglichkeit der Leistung (§ 326 Abs. 5 BGB) in Betracht kommt. Außerdem erfolgt die Rückabwicklung bei Unmöglichkeit der Leistung und Störung der Geschäftsgrundlage, die sich früher nach Bereicherungsrecht richtete (§ 323 Abs. 3 BGB a.F. bzw. Richterrecht[12]), nun nach Rücktrittsrecht (§§ 326 Abs. 4, 313 Abs. 3 Satz 1 BGB). Schließlich trat der Rücktritt an die Stelle der Wandelung im Gewährleistungsrecht, für die die Rücktrittsvorschriften nur entsprechend galten (§§ 467 Satz 1, 634 Abs. 4 BGB a.F.).

C. Anwendungsvoraussetzungen

I. Normstruktur

§ 346 BGB setzt das Bestehen eines Rücktrittsrechts voraus und regelt nur die **Folgen der Ausübung** dieses Rücktrittsrechts. **Absatz 1** statuiert die Pflicht zur Rückgabe der empfangenen Leistungen und zur Herausgabe der gezogenen Nutzungen in Natur. Nach wie vor nicht im Gesetz angesprochen wird der Fall, dass die geschuldeten Leistungen im Zeitpunkt des Rücktritts noch nicht erbracht worden waren. Der Rücktritt führt dann einfach dazu, dass die Parteien von ihrer Leistungspflicht frei werden.[13]

Die **Absätze 2 und 3** regeln den Fall, dass die Rück- bzw. Herausgabe in Natur nicht möglich ist. Absatz 2 statuiert für diesen Fall prinzipiell eine Wertersatzpflicht, von der Absatz 3 Ausnahmen macht. **Absatz 4** schließlich verweist im Sinne einer Klarstellung auf das allgemeine Leistungsstörungsrecht, das allerdings in wesentlich weiterem Umfang zur Anwendung kommt, als es der Text der Verweisung zum Ausdruck bringt.

II. Anwendungsbereich

1. Vertragliches Rücktrittsrecht

Ein Rücktrittsrecht muss, sofern es sich nicht aus Gesetz ergibt, **vertraglich vereinbart** sein; der Wortlaut von § 346 Abs. 1 BGB ist missverständlich, da er zu besagen scheint, eine Partei könne sich einseitig den Rücktritt vorbehalten.[14] Vertragliche Rücktrittsrechte sind bei **allen Verpflichtungsgeschäften** möglich, nicht nur bei gegenseitigen Verträgen. In Bezug auf Verfügungsgeschäfte kann dagegen kein Rücktrittsrecht vereinbart werden. Die Rechtsfolgen des § 346 BGB passen für Verfügungsgeschäfte offensichtlich nicht, und es würde die Rechtssicherheit unnötig belasten, wenn die Fortgeltung

---

[12] BGH v. 25.10.1989 - VIII ZR 105/88 - juris Rn. 13 - BGHZ 109, 139, 144.
[13] BT-Drs. 14/6040, S. 189, 194.
[14] *Hager* in: NK-BGB, § 346 Rn. 1; *Kaiser* in: Staudinger, § 346 Rn. 40.

der dinglichen Rechtslage ins Belieben einer Partei gestellt würde.[15] Verfügungsgeschäfte können aber – sofern zulässig – unter eine auflösende Bedingung gestellt werden (vgl. die Kommentierung zu § 348 BGB Rn. 4).

13 Das Rücktrittsrecht kann von Anfang an oder nachträglich vereinbart werden, einer oder beiden Parteien zustehen, es kann nur für bestimmte Fälle eingeräumt werden oder seine Ausübung kann im freien Belieben des/der Rücktrittsberechtigten stehen. Bei **formbedürftigen Geschäften** unterliegt die Vereinbarung eines Rücktrittsrechts dem Formzwang. Eine Vereinbarung durch **AGB** ist prinzipiell möglich. Dabei ist aber die Schranke von § 308 Nr. 3 BGB zu beachten, nach der ein Rücktrittsrecht des Verwenders einen sachlich gerechtfertigten Grund voraussetzt, der im Vertrag angegeben werden muss (vgl. die Kommentierung zu § 308 BGB). Eine weitere Schranke setzt § 309 Nr. 4 BGB: Soweit ein gesetzliches Rücktrittsrecht erst nach Ablauf einer Frist zur Leistung oder Nacherfüllung besteht, darf dem Verwender nicht das Recht eingeräumt werden, ohne diese Voraussetzung vom Vertrag zurückzutreten. Die praktische Bedeutung dieser Vorschrift ist dadurch erheblich gewachsen, dass nach neuem Recht der Verkäufer auch beim Verkauf unter Eigentumsvorbehalt erst nach Ablauf einer von ihm gesetzten Zahlungsfrist zurücktreten kann, während § 455 Abs. 1 BGB a.F. einen Rücktritt bei bloßem Zahlungsverzug ermöglichte.

2. Gesetzliche Rücktrittsrechte

14 Im Gegensatz zu § 346 BGB a.F. gilt § 346 BGB unmittelbar auch für gesetzliche Rücktrittsrechte. Die Rechtsprechung zum alten Recht hat sich damit erledigt[16], nach der bei gesetzlichen Rücktrittsrechten die §§ 346-354 BGB nur anwendbar waren, wenn ausdrücklich auf sie verwiesen wurde, und andernfalls Bereicherungsrecht zur Anwendung kam[17]. § 346 Abs. 3 Satz 1 Nr. 3 BGB enthält für gesetzliche Rücktrittsrechte eine Spezialvorschrift.

15 § 346 BGB gilt damit namentlich für das Rücktrittsrecht nach § 324 BGB und die Rücktrittsrechte nach den §§ 323, 326 Abs. 5 BGB, die über die Verweisung in die §§ 437 Nr. 2, 634 Nr. 3 BGB auch die Fälle umfassen, in denen früher **Wandelung** verlangt werden konnte. Ferner kommt § 346 BGB bei einem Rücktritt wegen **Störung der Geschäftsgrundlage** nach § 313 Abs. 3 Satz 1 BGB zur Anwendung.[18]

16 Das Rücktrittsrecht bei **relativen Fixgeschäften**, dessen Rechtsnatur als vertragliches oder gesetzliches Rücktrittsrecht nach altem Recht (§ 361 BGB a.F.) zweifelhaft war, ist nun in § 323 Abs. 2 Nr. 2 BGB verankert und stellt damit ein gesetzliches Rücktrittsrecht dar.[19]

17 Teilweise enthält das Gesetz **Sondervorschriften**, die den §§ 346-354 BGB vorgehen, etwa § 651i BGB oder § 508 Abs. 2 BGB.[20]

3. Sonstige Rückgewährpflichten

18 Die Rücktrittsvorschriften gelten kraft ausdrücklicher gesetzlicher Verweisung auch für manche **Rückgewährpflichten, die nicht auf Rücktritt beruhen**. So kommen sie gemäß den §§ 441 Abs. 4, 638 Abs. 4, 651d Abs. 1 Satz 2 BGB im Hinblick auf die Pflicht zur Erstattung des Mehrbetrags bei der Minderung zur Anwendung. Nach § 326 Abs. 4 BGB gilt Rücktrittsrecht auch für die Rückgewähr einer gemäß § 326 Abs. 1 Satz 1 BGB nicht geschuldeten Gegenleistung. Die §§ 439 Abs. 4, 635 Abs. 4 BGB geben dem Schuldner ein Recht auf Rückgabe der mangelhaften Sache nach den Rücktrittsvorschriften, wenn er im Wege der Nacherfüllung eine mangelfreie Ersatzsache leistet; dabei ist § 474 Abs. 2 Satz 1 BGB zu beachten (vgl. Rn. 3). Und die §§ 281 Abs. 5, 283 Satz 2, 311a Abs. 2 Satz 3 BGB erklären das Rücktrittsrecht für anwendbar, wenn der Gläubiger Schadensersatz statt der ganzen Leistung verlangt und deshalb die empfangene teilweise oder mangelhafte Leistung des Schuldners zurückgeben muss.

19 Schließlich erklärt § 357 Abs. 1 Satz 1 BGB die Vorschriften des gesetzlichen Rücktrittsrechts subsidiär für anwendbar, wenn ein Vertrag infolge der Ausübung eines **verbraucherschützenden Widerrufsrechts** rückabgewickelt werden muss.

---

[15] *Hager* in: NK-BGB, vor § 346 Rn. 15; *Kaiser* in Staudinger, § 346 Rn. 47.
[16] *Hager* in: NK-BGB, vor § 346 Rn. 16; *Kaiser* in Staudinger, § 346 Rn. 37.
[17] Vgl. BT-Drs. 14/6040, S. 190; *Kaiser* in: Staudinger, Neubearb. 2001, vor § 346 Rn. 69.
[18] BT-Drs. 14/6040, S. 194.
[19] *Gaier*, WM 2002, 1, 14; *Schwab*, JuS 2002, 630, 635.
[20] BT-Drs. 14/6040, S. 194.

III. Rückgabe der empfangenen Leistungen

1. Inhalt der Rückgewährpflicht

Nach § 346 Abs. 1 BGB sind im Falle des Rücktritts die empfangenen Leistungen zurückzugewähren, und zwar so, wie sie erbracht wurden. Die Rückgewährpflicht ist auf jeden Fall eine **Stückschuld**, auch wenn die vertragliche Verbindlichkeit eine Gattungsschuld war.[21] Bei **Geldleistungen** sind nicht die empfangenen Münzen oder Scheine, sondern es ist der empfangene Geldwert zurückzugeben, einschließlich etwaiger enthaltener Umsatzsteuer[22]. Sofern Skonto gewährt wurde, ist nur der tatsächlich gezahlte Betrag zurückzugewähren.[23] Hat der Rückgewährgläubiger eine **Leistung an Erfüllungs statt** erbracht (§ 364 Abs. 1 BGB), so kann er (nur) diese zurückverlangen.[24] Hat der Rückgewährgläubiger eine **Leistung erfüllungshalber** hingegeben und tritt eine Partei zurück, bevor der Rückgewährschuldner aus dieser Leistung erfüllungshalber Befriedigung erlangt hat, so erlischt die Verbindlichkeit des Rückgewährgläubigers, und dadurch endet auch das der Leistung erfüllungshalber zugrunde liegende Verwertungsverhältnis. Der Rückgewährgläubiger kann daher die erfüllungshalber hingegebene Leistung analog § 667 BGB zurückverlangen.[25] Wurde die erfüllungshalber hingegebene Leistung zum Zeitpunkt der Rücktritts schon verwertet und dadurch der Rückgewährschuldner befriedigt, muss er nach § 346 Abs. 1 BGB die ursprünglich vereinbarte Leistung zurückgeben, die er durch Verwertung der Leistung erfüllungshalber erlangt hat, nicht etwa die erfüllungshalber hingegebene Leistung.[26] Hat ein **Dritter** gemäß § 267 BGB an den Rückgewährschuldner geleistet, hat dieser die Leistung nicht an den Dritten, sondern an den Vertragspartner zurückzugewähren.[27] Wenn der Rückgewährgläubiger seine Verpflichtung durch **Aufrechnung** erfüllt hat, kann er im Rahmen des Rückgewährschuldverhältnisses nur die Wiederherstellung seiner Forderung durch Vereinbarung mit dem Rückgewährschuldner verlangen. Er kann aber direkt auf Erfüllung dieser Forderung klagen, so wie nach altem Recht einhellig angenommen wurde, der Käufer könne sofort auf die Rechtsfolgen von Wandelung und Minderung klagen.[28] Hat der Rückgewährschuldner eine **Belastung der Kaufsache übernommen**, muss er die Kaufsache nur mit dieser Belastung zurückgeben. Hat er auch die persönliche Schuld übernommen, kann er nach § 346 Abs. 1 BGB Freistellung verlangen.[29] War der vertragliche Erfüllungsanspruch durch eine **Vormerkung** gesichert und wurde noch nicht erfüllt, führt der Rücktritt zum Erlöschen des Anspruchs und damit auch der Vormerkung. Der Rückgewährgläubiger kann Zustimmung zur Berichtigung des Grundbuchs sowohl nach § 346 Abs. 1 BGB als auch nach § 894 BGB verlangen. Der Rückgewährgläubiger kann vom Rückgewährschuldner auch dann die **Rückauflassung eines Grundstücks** verlangen, wenn der Rückgewährschuldner möglicherweise zu Unrecht eingetragen wurde und dem Rückgewährgläubiger deshalb eventuell ein Grundbuchberichtigungsanspruch (§ 894 BGB) zusteht.[30] Hat der Rückgewährgläubiger die zurückzugebende Sache zum Rückgewährschuldner

---

[21] *Grothe* in: Bamberger/Roth, § 346 Rn. 31; *Hager* in: NK-BGB, § 346 Rn. 14, 20; *Lobinger* in: Soergel, § 346 Rn. 27; *Kaiser* in: Staudinger, § 346 Rn. 71.

[22] BGH v. 23.05.1984 - VIII ZR 32/83 - juris Rn. 21 - LM Nr. 9 zu § 467 BGB; *Hager* in: NK-BGB, § 346 Rn. 22; *Lobinger* in: Soergel, § 346 Rn. 27.

[23] *Hager* in: NK-BGB, § 346 Rn. 22; *Grüneberg* in: Palandt, § 346 Rn. 5; *Lobinger* in: Soergel, § 346 Rn. 27; *Kaiser* in: Staudinger, § 346 Rn. 277.

[24] BGH v. 30.11.1983 - VIII ZR 190/82 - juris Rn. 14 ff. - BGHZ 89, 126, 132 ff. (zur Wandelung); *Grothe* in: Bamberger/Roth, § 346 Rn. 31; *Gaier* in: MünchKomm-BGB, § 346 Rn. 17; *Hager* in: NK-BGB, § 346 Rn. 21; *Lobinger* in: Soergel, § 346 Rn. 29; *Kaiser* in: Staudinger, § 346 Rn. 78.

[25] Ähnlich *Gaier* in: MünchKomm-BGB, § 346 Rn. 17 und *Kaiser* in: Staudinger, § 346 Rn. 79, die die Rückgewährpflicht aus der der Leistung erfüllungshalber zugrunde liegenden Verwertungsabrede ableiten, ohne dies dogmatisch zu präzisieren. A.A. (§ 346 BGB) *Hager* in: NK-BGB, § 346 Rn. 21; *Lobinger* in: Soergel, § 346 Rn. 30 (Anwendung über § 326 Abs. 4 BGB wegen Unmöglichkeit im Rahmen der Verwertungsabrede; aber die Leistung erfüllungshalber wird nicht zur Erfüllung der Verwertungsabrede erbracht). Der Unterschied ist insbesondere im Hinblick auf die Wertersatzregeln des § 346 Abs. 2 BGB von Bedeutung.

[26] *Gaier* in: MünchKomm-BGB, § 346 Rn. 17; *Kaiser* in: Staudinger, § 346 Rn. 79.

[27] BGH v. 08.04.1964 - V ZR 95/62 - WM 1964, 679, 680; *Gaier* in: MünchKomm-BGB, § 346 Rn. 30; *Kaiser* in: Staudinger, § 346 Rn. 116. A.A. *Lobinger* in: Soergel, § 346 Rn. 17.

[28] *Hager* in: NK-BGB, § 346 Rn. 22; *Lobinger* in: Soergel, § 346 Rn. 31; *Kaiser* in: Staudinger, § 346 Rn. 76. *Huber* in: Soergel, 12. Aufl. 1991, § 467 Rn. 88a will dagegen im Fall der Aufrechnung so verfahren, als ob der Rückgewährschuldner geleistet hätte.

[29] *Huber* in: Soergel, 12. Aufl. 1991, § 467 Rn. 88.

[30] BGH v. 05.06.2009 - V ZR 168/08 - NJW 2009, 3155 Tz. 22 ff.

transportiert oder transportieren lassen, kann dies dadurch gemäß § 346 Abs. 1 BGB rückabgewickelt werden, dass der Rückgewährschuldner die Sache zum Rückgewährgläubiger zurücktransportiert[31]; doch sind insofern die Regeln über den Erfüllungsort für die Rückgabepflicht (vgl. Rn. 31 f.) vorrangig. Für den Transport ist daher nicht gemäß § 346 Abs. 2 Satz 1 Nr. 1 BGB Wertersatz zu leisten.[32]

21 **Versandkosten**, die der Verkäufer dem Käufer in Rechnung gestellt hat, werden überwiegend – insbesondere vom BGH – als Vertragskosten eingestuft, die nicht unter § 346 Abs. 1 BGB fallen.[33] Nach anderer Ansicht fallen Versandkosten generell unter § 346 Abs. 1 BGB.[34] Richtigerweise ist jedoch zu differenzieren[35]: Fließen die Versandkosten dem Verkäufer als Entgelt für eine von ihm erbrachte Leistung zu, fallen sie unter § 346 Abs. 1 BGB. Das ist zum einen der Fall, wenn der Verkäufer den Transport der Ware zum Käufer schuldet, also eine Bringschuld vorliegt. Solche Bringschulden bedürfen freilich einer besonderen vertraglichen Vereinbarung (vgl. § 269 BGB) und sind ausgesprochen selten. In der Regel wird eine Schickschuld vorliegen, bei der der Verkäufer die Durchführung des Transports nicht schuldet. Doch können die Versandkosten trotzdem das Entgelt für eine Leistung des Verkäufers darstellen, nämlich für die Organisation des Transports (einschließlich der Verpackung der Ware, der Adressierung und der Auslieferung an einen Frachtführer). Hieran ändert sich auch dann nichts, wenn die vom Verkäufer berechneten Versandkosten die eigentlichen Transportkosten (z.B. Portokosten) einschließen, da er auch insofern auf eigene Rechnung handelt. Vom Verkäufer berechnete Versandkostenpauschalen fallen daher immer unter § 346 Abs. 1 BGB. Nur soweit der Verkäufer den Transport auf Rechnung des Käufers organisiert, handelt es sich um nicht von § 346 Abs. 1 BGB umfasste Vertragskosten.

22 Nicht unter § 346 Abs. 1 BGB fällt die Rückgewähr einer auf Zeit überlassenen Sache beim **Gebrauchsüberlassungsvertrag**.[36] Sie richtet sich nach den Normen des jeweiligen Vertrags, bei der Miete also nach § 546 BGB, bei der Leihe nach § 604 BGB. Denn die Regelungen von § 346 Abs. 2 und 3 BGB passen nicht, wenn auch bei Durchführung des Vertrags die Sache dem Rückgewährschuldner nicht endgültig zugeordnet würde. So wäre es etwa nicht angemessen, dass der Mieter bei zufälliger Zerstörung der Mietsache Wertersatz leisten muss, wenn der Vermieter zurücktritt, während er ohne einen solchen Rücktritt frei wird. Die Frage wird nur in seltenen Fällen praktisch relevant werden, da bei Dauerschuldverhältnissen in aller Regel keine Rücktritts-, sondern nur Kündigungsrechte bestehen.

23 Wenn bei einem **Darlehen** ein Disagio (Damnum) einbehalten wurde, kann der Darlehensgeber nach dem Rücktritt gemäß § 488 Abs. 1 Satz 2 BGB Rückzahlung der Darlehensvaluta in voller Höhe (also einschließlich des Disagios) verlangen. Er ist aber seinerseits verpflichtet, das Disagio gemäß § 346 Abs. 1 BGB zurückzugewähren. Dies geschieht, indem er dem Darlehensnehmer die Rückzahlung der Darlehensvaluta in Höhe des Disagios erlässt. Der Darlehensnehmer kann daher von vornherein die Rückzahlung des Darlehens in Höhe des Disagios gemäß § 242 BGB verweigern.

2. Pflicht zur Rückgängigmachung von Veränderungen?

24 Zweifelhaft ist, ob der Rückgewährschuldner Anstrengungen unternehmen muss, eine Veränderung des empfangenen Gegenstands i.S.v. § 346 Abs. 2 Satz 1 Nr. 2 und 3 BGB rückgängig zu machen. Nimmt man dies an, wird der Rückgewährschuldner von dieser Pflicht nur unter den Voraussetzungen

---

[31] A.A. BGH v. 01.10.2008 - VIII ZR 268/07 - NJW 2009, 66 Tz. 10; *Krois/Lindner*, WM 2011, 442, 447.

[32] *Faust*, JuS 2009, 180, 181; ähnlich *Krois/Lindner* WM 2011, 442, 447 f.

[33] BGH v. 01.10.2008 - VIII ZR 268/07 - NJW 2009, 66 Tz. 9; BGH v. 07.07.2010 - VIII ZR 268/07 - NJW 2010, 2651 Tz. 9. Ebenso OLG Karlsruhe v. 05.09.2007 - 15 U 226/06 - juris Rn. 15 - NJW-RR 2008, 1016 f.; *Jansen/Latta*, JuS 2007, 550, 552 f.; *Gaier* in: MünchKomm-BGB, § 346 Rn. 19; *Grüneberg* in: Palandt, § 346 Rn. 5; *Pfeiffer* in: Soergel, § 357 Rn. 42; *Kaiser* in: Staudinger, § 357 Rn. 87 f. Eine Ausnahme nimmt der BGH a.a.O. in richtlinienkonformer Auslegung für den Fall der Rückabwicklung eines Fernabsatzgeschäfts an, da in diesem Fall nach EuGH v. 15.04.2010 - C-511/08 - NJW 2010, 1941 - Handelsgesellschaft Heinrich Heine GmbH/Verbraucherzentrale Nordrhein-Westfalen e.V. dem Verbraucher die Kosten der Hinsendung der Ware nicht auferlegt werden dürfen.

[34] OLG Frankfurt v. 28.11.2001 - 9 U 148/01 - juris Rn. 52 f. - CR 2002, 638, 642; *Becker/Föhlisch*, NJW 2005, 3377, 3380; *Braun*, ZGS 2008, 129 f., 135 f.; *Brönneke*, MMR 2004, 127, 129; *Eichelberger*, VuR 2008, 167, 168; *Kazemi*, MMR 2006, 246; *Krois/Lindner*, WM 2011, 442, 446 f.

[35] In diese Richtung schon *Faust*, JuS 2009, 180 f.

[36] *Annuß*, JA 2006, 184. Anders *Schwab* in: Schwab/Witt, Examenswissen zum neuen Schuldrecht, 2. Aufl. 2003, S. 343, 347 f.; *Lobinger* in: Soergel, § 346 Rn. 28.

des § 275 BGB frei. Liegen diese nicht vor und kommt der Rückgewährschuldner seiner Pflicht zur Rückgängigmachung der Veränderung trotzdem nicht nach, haftet er nach den allgemeinen Vorschriften (§§ 280 Abs. 1 und 3, 281 BGB). Lehnt man eine Pflicht zur Rückgängigmachung von Veränderungen dagegen ab, muss der Rückgewährschuldner den empfangenen Gegenstand auf jeden Fall nur in verändertem Zustand herausgeben und für die Veränderung nach § 346 Abs. 2 und 3 BGB Wertersatz leisten. Richtigerweise ist nach dem Zeitpunkt der Veränderung zu differenzieren.

a. Veränderungen vor dem Übergang der Preisgefahr

Veränderungen, die eingetreten sind, bevor bei ordnungsgemäßer Vertragsabwicklung[37] die Preisgefahr auf den Rückgewährschuldner übergegangen wäre, sind keinesfalls rückgängig zu machen, da sie in den Risikobereich des Rückgewährgläubigers fallen.

25

b. Veränderungen nach dem Entstehen der Rückgewährpflicht

Veränderungen nach Entstehen der Rückgewährpflicht sind zu beseitigen. Denn mit dem Entstehen der Rückgewährpflicht ist deren Inhalt festgelegt[38], eine Befreiung des Schuldners findet – wie bei jeder Leistungspflicht – nur unter den Voraussetzungen des § 275 BGB statt. Das lässt sich auch aus § 346 Abs. 4 BGB ableiten: Sobald die Rückgewährpflicht nach § 346 Abs. 1 BGB entstanden ist, kommt bei ihrer Verletzung ein Anspruch auf Schadensersatz statt der Leistung in Betracht. Dies setzt notwendig voraus, dass eine Veränderung der Sache nach Entstehen der Rückgewährpflicht die Pflicht zur Rückgewähr im ursprünglichen Zustand nicht stets, sondern nur unter den Voraussetzungen des § 275 BGB entfallen lässt.[39] Die Rückgewährpflicht entsteht dabei mit Wirksamwerden der Rücktrittserklärung, der Minderungserklärung (§§ 441 Abs. 4, 638 Abs. 4 BGB), des Verlangens von Schadensersatz statt der ganzen Leistung (§ 281 Abs. 5 BGB) oder des Widerrufs (§ 357 Abs. 1 Satz 1 BGB) oder mit Geltendmachung der Rückgewähransprüche nach den §§ 326 Abs. 4, 439 Abs. 4, 635 Abs. 4 BGB.

26

c. Veränderungen zwischen dem Übergang der Preisgefahr und dem Entstehen der Rückgewährpflicht

Umstritten ist die Situation in Bezug auf Veränderungen zwischen dem Übergang der Preisgefahr und dem Entstehen der Rückgewährpflicht, wobei die Literaturstimmen meist nicht zwischen den unterschiedlichen Phasen differenzieren, aber wohl diese Phase im Auge haben. Eine Meinung im Schrifttum nimmt an, dass der Rückgewährschuldner Veränderungen beseitigen muss, wenn er insofern nicht nach § 275 BGB frei wird[40], während die wohl überwiegende Meinung eine Pflicht zur Beseitigung von Veränderungen ablehnt und die Parteien auf den Wertersatz verweist[41]. Der **BGH** differenziert nach der Art der Veränderung: In Bezug auf Belastungen hat er eine Pflicht zur Rückgängigmachung bejaht, in Bezug auf Verschlechterungen (obiter) verneint. Denn einerseits verpflichte § 346 Abs. 1 BGB die Parteien primär zur Rückgewähr in Natur, und § 346 Abs. 2 BGB solle lediglich in den Fällen der Unmöglichkeit der Rückgewähr einen Rücktritt ermöglichen und sei daher auf diese beschränkt. Andererseits dürfe dem Rückgewährschuldner keine primäre Rückgewährpflicht auferlegt werden, die einer Schadensersatzpflicht gleichkäme, weil § 346 Abs. 2 BGB nur eine Wert- und keine Schadensersatzpflicht statuiere. Die Reparatur von Verschlechterungen käme einer Schadensersatzleistung in Form der Naturalrestitution (§ 249 Abs. 1 BGB) gleich, während sich die Beseitigung einer Belastung nicht

27

---

[37] Im Fall von Leistungsstörungen geht die Preisgefahr eventuell wegen § 346 Abs. 3 Satz 1 Nr. 3 BGB nicht über.
[38] So auch *Kaiser* in: Festschrift Picker, 2010, S. 413, 417, 424.
[39] *Faust*, JuS 2009, 481, 482. Anders wohl *Fest*, ZGS 2009, 78, 83: Pflicht zur Beseitigung von Belastungen im Wege der Naturalrestitution nach § 249 Abs. 1 BGB. Schadensersatz statt der Leistung setzt aber das Bestehen einer Leistungspflicht voraus und beinhaltet nach h.M. gerade keine Pflicht zur Naturalherstellung.
[40] Für Veräußerungen und Belastungen: *Grüneberg* in: Palandt, § 346 Rn. 8a. Für alle Fälle der Wertersatzpflicht: *Canaris* in: Canaris, Schuldrechtsreform 2002, 2002, S. XXXVII.
[41] *Annuß*, JA 2006, 184, 186; *Benicke*, ZGS 2002, 369, 371; *Röthel* in: Erman, § 346 Rn. 10 f.; *Faust*, JuS 2009, 481, 482 f.; *Fest*, ZGS 2009, 78; *Kaiser* in: Festschrift Picker, 2010, S. 413 ff.; *Krebs*, DB Beilage 2000, Nr. 14, 12 f.; *Lorenz*, NJW 2005, 1889, 1893; *Gaier* in: MünchKomm-BGB, § 346 Rn. 39; *Lobinger* in: Soergel, § 346 Rn. 33 f., 72; *Kaiser* in: Staudinger, § 346 Rn. 154 ff.

als eine der Naturalrestitution gleichkommende „Reparatur" darstelle, sondern als Aufgabe einer andauernden Nutzung.[42]

28 Richtigerweise ist eine Pflicht zur Rückgängigmachung von Veränderungen, die vor Entstehen der Rückgewährpflicht eingetreten sind, generell zu verneinen. Gegen sie sprechen sowohl der Wortlaut von § 346 Abs. 2 Satz 1 BGB als auch die Systematik: § 346 Abs. 2 Satz 1 BGB ordnet im Fall von Veränderungen eine Wertersatzpflicht an, ohne zu verlangen, dass die Veränderung unbehebbar ist, während das Gesetz an anderen Stellen, an denen es Sekundäransprüche vom Vorliegen der Voraussetzungen des § 275 BGB abhängig macht, das jeweils ausdrücklich klarstellt (§§ 283, 285, 311a, 326 BGB). Überdies schließt § 346 Abs. 3 Satz 1 BGB in den dort genannten Fällen die Pflicht zum Wertersatz aus. Würde man annehmen, dass der Rückgewährschuldner Veränderungen rückgängig machen muss, würde die in § 346 Abs. 3 BGB angeordnete Privilegierung des Rückgewährschuldners weitgehend konterkariert; sie käme nur zum Tragen, wenn die Pflicht zur Rückgängigmachung nach § 275 BGB ausgeschlossen ist. Das wäre in den Fällen von § 346 Abs. 3 Satz 1 Nr. 1 und 2 BGB offensichtlich verfehlt, würde aber auch dem Gesetzeszweck von § 346 Abs. 3 Satz 1 Nr. 3 BGB widersprechen, der darin liegt, in den dort geregelten Fällen das Risiko zufälligen Untergangs und zufälliger Verschlechterungen dem Rückgewährgläubiger aufzuerlegen.[43] Wer eine Pflicht zur Rückgängigmachung von Veränderungen bejaht, muss daher § 346 Abs. 3 BGB auf diese Pflicht analog anwenden.[44] Es scheint allerdings wenig plausibel, dass der Gesetzgeber einerseits eine Pflicht zur Rückgängigmachung von Veränderungen anordnen wollte, andererseits aber übersah, dass diese Pflicht im Widerspruch zur Wertung des § 346 Abs. 3 BGB steht. Die Unterscheidung des BGH zwischen der einer Naturalrestitution gleichkommenden „Reparatur" und der Aufgabe einer andauernden Nutzung vermag nicht zu überzeugen. In schadensrechtlicher Terminologie ist die Beseitigung jeglicher Veränderung Naturalrestitution. Abgrenzungskraft kann daher allenfalls das Kriterium der Aufgabe einer andauernden Nutzung entfalten. Wie eine Veräußerung, eine Verarbeitung, eine Umgestaltung und ein Untergang nach diesem Kriterium zu beurteilen sind, hat der BGH nicht entschieden. Veräußerung, Verarbeitung und Umgestaltung wären wohl als Nutzung anzusehen, so dass sie rückgängig gemacht werden müssten, der Untergang dagegen wäre der Beschädigung gleichzustellen. Die Differenzierungen, zu denen das führt, leuchten nicht ohne weiteres ein: Eine Veränderung der Sache wäre rückgängig zu machen, wenn sie bewusst zum Zweck der Nutzung erfolgt, dagegen nicht, wenn sie auf Unachtsamkeit beruht. Eine verkaufte Sache müsste zurückerworben werden, während der Rückgewährschuldner keinerlei Anstrengungen zur Wiedererlangung einer abhanden gekommenen Sache unternehmen müsste. Eine normative Begründung dafür liefert der BGH nicht. Insbesondere fehlt eine Anbindung des Kriteriums der „Aufgabe einer andauernden Nutzung" an § 346 BGB. Hintergrund scheint die Vorstellung einer Bereicherung des Rückgewährschuldners durch die andauernde Nutzung zu sein; doch knüpft § 346 BGB außer in § 346 Abs. 3 Satz 2 BGB gerade nicht an bereicherungsrechtliche Wertungen an.

29 Der Rückgewähranspruch ist daher bei Veräußerung, Verarbeitung oder Umgestaltung (vgl. Rn. 44) und Untergang vor Entstehen der Rückgewährpflicht von vornherein ausgeschlossen, bei Belastung und Verschlechterung nur auf Rückgewähr der belasteten oder verschlechterten Sache gerichtet. Rückgängigmachung kann allenfalls im Rahmen eines **Schadensersatzanspruchs** verlangt werden (vgl. Rn. 115).

30 Auch wenn der Rückgewährschuldner nicht zur Rückgängigmachung der Veränderung verpflichtet ist, so ist er doch zu ihr **berechtigt**[45], ebenso, wie sich der Schuldner nicht auf ein Leistungsverweigerungsrecht nach § 275 Abs. 2 oder 3 BGB berufen muss, sondern auch mit überobligationsmäßigem Aufwand erfüllen kann. Die Geltendmachung des Wertersatzanspruchs ist rechtsmissbräuchlich (§ 242 BGB), wenn der Rückgewährschuldner die Beseitigung der Veränderung anbietet, denn primäres Ziel des Rückgewährschuldverhältnisses ist, den Parteien ihre Leistungen in Natur zurückzugewähren.[46] An

---

[42] BGH v. 10.10.2008 - V ZR 131/07 - BGHZ 178, 182 Tz. 17 ff. Ebenso *Grothe* in: Bamberger/Roth, § 346 Rn. 41 f., 43 (aber im Fall der Pflicht zur Rückgängigmachung Vermutung des Unvermögens); *Hager* in: NK-BGB, § 346 Rn. 37; *Schwab*, JuS 2002, 630, 631 ff.; *Schwab* in: Schwab/Witt, Examenswissen zum neuen Schuldrecht, 2. Aufl. 2003, S. 343, 349 ff., 355 f., 369.

[43] BT-Drs. 14/6040, S. 196.

[44] So auch *Benicke*, LMK 2009, 277237 (unter 2 am Ende).

[45] *Annuß*, JA 2006, 184, 186; *Grothe* in: Bamberger/Roth, § 346 Rn. 43; *Benicke*, ZGS 2002, 369, 371; *Faust*, JuS 2009, 481, 483; *Gaier* in: MünchKomm-BGB, § 346 Rn. 39; *Lobinger* in: Soergel, § 346 Rn. 35; *Kaiser* in: Staudinger, § 346 Rn. 159.

[46] Vgl. *Canaris*, JZ 2001, 499, 504.

das Angebot sind dabei die Voraussetzungen der §§ 293 ff. BGB anzulegen, auch wenn mangels Vorliegens eines erfüllbaren Anspruchs auf Rückgängigmachung die Begründung von Annahmeverzug nicht in Betracht kommt.

3. Erfüllungsort

Der Erfüllungsort für die Rückgewährpflicht richtet sich nach § 269 BGB. Eine **vertragliche Vereinbarung** kommt theoretisch bei vertraglichen wie gesetzlichen Rücktrittsrechten in Betracht; in der Praxis ist sie die Ausnahme. Es ist dann auf die **Umstände**, insbesondere die Natur des Schuldverhältnisses, abzustellen.[47] Die herrschende Meinung nimmt bei vertraglichen Rücktrittsrechten an, der Erfüllungsort für die Erfüllungsansprüche gelte auch für die Rückgewähransprüche.[48] Bei gesetzlichen Rücktrittsrechten wird als Erfüllungsort für die beiderseitigen Rückgewährpflichten derjenige Ort angesehen, an dem sich die Sache zur Zeit des Rücktritts vertragsgemäß befindet.[49] Richtigerweise ist nach dem **Rücktrittsgrund zu differenzieren**: Sofern die Ausübung des (vertraglichen) Rücktrittsrechts im Belieben einer Partei steht oder an bestimmte Umstände gebunden ist, die der Rücktrittsgegner nicht beeinflussen kann, stellt das Rücktrittsrecht eine Begünstigung des Rücktrittsberechtigten dar. Er muss daher die mit der Ausübung des Rücktrittsrechts verbundenen Lasten tragen. Der Erfüllungsort für die beiderseitigen Rückgewährpflichten ist daher am Wohn- oder Geschäftssitz des Rücktrittsgegners oder, wenn dieser eine Sache zurückzugewähren hat, im Hinblick auf die Rückgewähr dieser Sache ihr Belegenheitsort.[50] Setzt dagegen das (vertragliche oder gesetzliche) Rücktrittsrecht eine Pflichtverletzung des Rücktrittsgegners voraus, hat er die Ursache für den Rücktritt gesetzt und soll deshalb dessen Lasten tragen. Der Erfüllungsort für die beiderseitigen Rückgewährpflichten ist deshalb am Wohn- oder Geschäftssitz des Rücktrittsberechtigten oder, wenn dieser eine Sache zurückzugewähren hat, im Hinblick auf die Rückgewähr dieser Sache an ihrem Belegenheitsort.[51] Unerheblich ist dabei, ob der Rücktrittsgegner die Pflichtverletzung zu vertreten hat.

Soweit die herrschende Meinung auf den **Belegenheitsort** der Sache abstellt, macht sie jeweils die Einschränkung, dieser müsse „vertragsgemäß" sein. Diese Einschränkung sollte aufgegeben werden.[52] Zum einen lassen sich dem Vertrag in der Regel keinerlei Anhaltspunkte für den Einsatzort der Sache entnehmen. Zum anderen wollte der Gesetzgeber Nacherfüllungsanspruch und Rücktritt im Hinblick auf die durch die Rückabwicklung entstehenden Aufwendungen gleich behandeln[53] und lehnte es für den Nacherfüllungsanspruch beim Kauf (§ 439 BGB) ab, die durch eine Verbringung der Sache an einen anderen Ort entstehenden Mehrkosten dem Käufer aufzuerlegen, weil er das mit der RL 1999/44/EG des Europäischen Parlaments und Rates vom 25.05.1999 für unvereinbar hielt[54].

4. Rücknahmepflicht

Der Verkäufer oder Werkunternehmer ist im Falle der Rückabwicklung des Vertrags verpflichtet, die gelieferte Sache zurückzunehmen; diese Rücknahmepflicht dient zur Rückabwicklung der Abnahme durch den Käufer oder Besteller (§§ 433 Abs. 2, 640 Abs. 1 Satz 1 BGB).[55] Der BGH hat eine Rück-

---

[47] Nach *Kaiser* in: Staudinger, § 346 Rn. 83 ff. lassen sich keine allgemeinen Regeln aufstellen, sondern es kommt ganz auf die Umstände des Einzelfalls an (a.A. Voraufl.); so für die Nacherfüllung auch BGH v. 13.04.2011 - VIII ZR 220/10 - NJW 2011, 2278. Nach *Röthel* in: Erman, § 346 Rn. 5 ist Erfüllungsort grundsätzlich der Wohn- oder Geschäftssitz des Rückgewährgläubigers; nur für die Rückgabe einer mangelhaften Sache ist der Erfüllungsort deren Belegenheitsort.

[48] OLG Hamm v. 14.09.1981 - 2 U 43/81 - MDR 1982, 141; *Krüger* in: MünchKomm-BGB, § 269 Rn. 41; *Grüneberg* in: Palandt, § 269 Rn. 16. A.A. *Wolf* in: Soergel, 12. Aufl. 1990, § 269 Rn. 30.

[49] OLG Bamberg v. 18.08.2010 - 8 U 51/10 - ZGS 2011, 140, 142; *Krüger* in: MünchKomm-BGB, § 269 Rn. 41; *Grüneberg* in: Palandt, § 269 Rn. 16. A.A. AG Bergisch Gladbach v. 21.05.2008 - 62 C 267/07 - ZGS 2009, 431 f. (Sitz des Rückgewährschuldners).

[50] *Annuß*, JA 2006, 184, 185; *Hager* in: NK-BGB, § 346 Rn. 27; *Lobinger* in: Soergel, § 346 Rn. 38.

[51] *Annuß*, JA 2006, 184, 185; für gesetzliche Rücktrittsrechte wohl auch *Wolf* in: Soergel, 12. Aufl. 1990, § 269 Rn. 30. A.A. *Lobinger* in: Soergel, § 346 Rn. 39 ff. (dort, wo jeweiliger Rückgewährschuldner Herausgabe anbietet).

[52] So auch *Annuß*, JA 2006, 184, 185 Fn. 21; *Röthel* in: Erman, § 346 Rn. 5.

[53] BT-Drs. 14/6857, S. 25, 59.

[54] BT-Drs. 14/6040, S. 231.

[55] *Röthel* in: Erman, § 346 Rn. 4; *Hager* in: NK-BGB, § 346 Rn. 23; *Huber* in: Soergel, 12. Aufl. 1991, § 467 Rn. 128. Nur für Ausnahmefälle dagegen *Gaier* in: MünchKomm-BGB, § 346 Rn. 16; *Kaiser* in: Staudinger, § 346 Rn. 93 ff.; ablehnend *Grothe* in: Bamberger/Roth, § 346 Rn. 32; *Lobinger* in: Soergel, § 346 Rn. 19 ff.

nahmepflicht zumindest in Fällen bejaht, in denen der Käufer ein besonderes Interesse an der Rücknahme hat[56]; in anderen Fällen wird sich die Frage ohnehin nicht stellen. In einer neuen Entscheidung hat der BGH – ohne Begründung – in Bezug auf die Ersatzlieferung die Rücknahmepflicht des Verkäufers davon abhängig gemacht, dass der Käufer einer korrespondierenden Rückgabe- oder Wertersatzpflicht unterliegt.[57] Das überzeugt nicht. Wenn das Gesetz den Käufer dadurch schützt, dass es ihm weder eine Pflicht zur Rückgabe in Natur nach § 346 Abs. 1 BGB noch eine Wertersatzpflicht nach § 346 Abs. 2 BGB auferlegt (insbesondere weil die Sache in Unkenntnis eines Mangels eingebaut wurde), folgt daraus keineswegs die Belastung des Käufers mit der Entsorgung der Sache.

34 Zweifelhaft ist, ob der Rücknahmepflichtige zur **Demontage** verpflichtet ist, insbesondere dann, wenn er nach dem Vertrag die Sache nur liefern, nicht aber montieren musste. Eine Demontagepflicht kommt dabei von vornherein nur in Fällen in Betracht, in denen der Erfüllungsort für die Rückgabe- und Rücknahmepflicht am Belegenheitsort der Sache ist, also in denjenigen Fällen, in denen der Käufer oder Besteller wegen einer Pflichtverletzung des Verkäufers oder Werkunternehmers zum Rücktritt berechtigt ist oder der Verkäufer oder Werkunternehmer von einem Rücktrittsrecht Gebrauch macht, dessen Ausübung in seinem Belieben steht (vgl. Rn. 31). Dann aber ist eine Demontagepflicht angemessen[58] und führt zu dem vom Gesetzgeber angestrebten Gleichlauf von Rücktritt und Nacherfüllung.[59] So hat auch der BGH für den Fall, dass ein Kaufvertrag über Dachziegel wegen eines Sachmangels rückabgewickelt wurde, eine Pflicht des Verkäufers bejaht, das Dach abzudecken; denn „Leistungsstelle" für die Rücknahme sei das Dach.[60] Diese Entscheidung hat der BGH allerdings in einem (die Rückgabe bei der Ersatzlieferung betreffenden) Urteil stark relativiert: Sie beruhe darauf, dass die nur provisorisch verlegten Ziegel nicht wesentlicher Bestandteil des Gebäudes geworden seien.[61] In der Dachziegel-Entscheidung wird diesem Umstand freilich keinerlei Bedeutung zugemessen.

5. Verjährung der Rückgewähransprüche

35 Die Rückgewähransprüche unterliegen der **Regelverjährung** der §§ 195, 199 BGB, und zwar auch dann, wenn für die Ausübung des Rücktrittsrechts über § 218 BGB eine kürzere Frist gilt, wie im Fall der Mängelhaftung.[62] Das führt zwar dazu, dass innerhalb der für die Ausübung des Rücktrittsrechts geltenden Fristen keine Klarheit in Bezug auf dessen Bestehen herbeigeführt wird, weil es zu einer gerichtlichen Entscheidung erst im Hinblick auf die Rückgewähransprüche kommt. Doch ist der Wortlaut des Gesetzes eindeutig. Wenn der Rücktrittsgegner glaubt, das ausgeübte Rücktrittsrecht bestehe nicht, kann er dies zeitnah mit Hilfe einer Feststellungsklage klären. In Bezug auf das Eigentum oder ein sonstiges Recht an einem **Grundstück** gilt § 196 BGB, der nicht nach der Rechtsnatur des Anspruchs differenziert.[63]

IV. Wertersatzpflicht

1. Überblick

36 Eine Wertersatzpflicht kommt aus **zwei unterschiedlichen Gründen** in Betracht, die das Gesetz in § 346 Abs. 2 BGB zusammengefasst hat: Erstens, weil die Leistung ihrer Natur nach nicht in Natur zurückgewährt werden kann (§ 346 Abs. 2 Satz 1 Nr. 1 BGB), und zweitens wegen nach der Erbringung der Leistung eingetretener Veränderungen (§ 346 Abs. 2 Satz 1 Nr. 2 und 3 BGB). Im Hinblick auf letzteres ist zu beachten, dass derartige Veränderungen nach neuem Recht keinesfalls mehr dazu füh-

---

[56] BGH v. 09.03.1983 - VIII ZR 11/82 - juris Rn. 13 - BGHZ 87, 104, 109 (Dachziegel); ebenso *Grüneberg* in: Palandt, § 346 Rn. 5.
[57] BGH v. 14.01.2009 - VIII ZR 70/08 - NJW 2009, 1660 Tz. 21.
[58] Bei Kaufverträgen nur für Ausnahmefälle dagegen *Kaiser* in: Staudinger, § 346 Rn. 96 ff.
[59] BT-Drs. 14/6857, S. 25, 59.
[60] BGH v. 09.03.1983 - VIII ZR 11/82 - juris Rn. 14 - BGHZ 87, 104, 109 ff. (Dachziegel).
[61] BGH v. 14.01.2009 - VIII ZR 70/08 - NJW 2009, 1660 Tz. 21.
[62] BGH v. 15.11.2006 - VIII ZR 3/06 - NJW 2007, 674 Tz. 35 ff.; *Grothe* in: Bamberger/Roth, § 346 Rn. 65; *Gaier* in: MünchKomm-BGB, § 346 Rn. 33; *Westermann* in: MünchKomm-BGB, § 438 Rn. 4; *Büdenbender* in: NK-BGB, § 438 Rn. 10; *Weidenkaff* in: Palandt, § 438 Rn. 20, § 441 Rn. 22; *Reinking*, ZGS 2002, 140, 141; *Matusche-Beckmann* in: Staudinger, Neubearb. 2004, § 438 Rn. 130 ff. A.A. *Mansel/Budzikiewicz*, Jura 2003, 1, 8 f.; *Wagner*, ZIP 2002, 789, 790 ff.
[63] *Grothe* in: Bamberger/Roth, § 346 Rn. 65; *Gaier* in: MünchKomm-BGB, § 346 Rn. 32; *Hager* in: NK-BGB, § 346 Rn. 28.

ren, dass der Rücktrittsberechtigte sein Rücktrittsrecht verliert. Selbst nach der vorsätzlichen Zerstörung der empfangenen Sache soll der Rücktrittsberechtigte noch zurücktreten können; in krassen Fällen kann hier allerdings der Einwand des Rechtsmissbrauchs begründet sein.[64]

Der Rücktritt kann allerdings **vertraglich** für den Fall **ausgeschlossen** werden, dass der Rücktrittsberechtigte die empfangene Leistung nicht in Natur zurückgeben kann. In Bezug auf vertragliche Rücktrittsrechte betont die Regierungsbegründung, dass eine solche Vereinbarung auch konkludent getroffen oder einer ergänzenden Vertragsauslegung entnommen werden kann.[65] Insofern ist allerdings Vorsicht angebracht. Es geht nicht an, die Wertung von § 346 BGB, die ausdrücklich auch für vertragliche Rücktrittsrechte gilt, dadurch zu überspielen, dass in jede Vereinbarung eines vertraglichen Rücktrittsrechts Normen nach Art der §§ 350-353 BGB a.F. hineininterpretiert werden. Ein konkludenter Ausschluss des Rücktrittsrechts für den Fall, dass die Rückgabe in Natur nicht möglich ist, kann daher nur angenommen werden, wenn konkrete Anhaltspunkte dafür vorliegen, dass der Rücktrittsgegner keinesfalls bereit war, die erhaltene Leistung zurückzugewähren, ohne dafür die von ihm erbrachte Leistung in Natur zurückzuerhalten. 37

§ 346 Abs. 2 BGB ist analog anzuwenden, wenn zwar keine der drei Ziffern erfüllt ist, die Rückgewähr in Natur aber aus anderen Gründen nicht möglich ist. So hat der BGH die Norm analog in einem Fall angewandt, in dem der Rückgewährgläubiger ein Darlehen des Rückgewährschuldners gegenüber einem Dritten abgelöst hatte. Eine Rückgewähr in Natur war an der fehlenden Mitwirkung des Dritten gescheitert, der dazu das vom Rückgewährgläubiger Erhaltene Zug um Zug gegen Wiederbegründung der Schuld des Rückgewährschuldners an den Rückgewährgläubiger hätte zurückzahlen müssen.[66] 38

Die gesetzliche Regelung ist nicht sehr übersichtlich, da die Fälle der Wertersatzpflicht und die Ausnahmen in verschiedenen Absätzen des § 346 BGB geregelt sind, obwohl sich jede Ausnahme nur auf einen der Fälle bezieht: § 346 Abs. 3 Satz 1 Nr. 1 BGB ist eine Ausnahme von § 346 Abs. 2 Satz 1 Nr. 2 BGB, und § 346 Abs. 3 Satz 1 Nr. 2 und 3 BGB sind Ausnahmen von § 346 Abs. 2 Satz 1 Nr. 3 BGB; zur Gegenansicht vgl. Rn. 50. Im Folgenden werden die Ausnahmen jeweils im Kontext der entsprechenden Wertersatz-Tatbestände behandelt. Soweit die Ausnahmen eingreifen und deshalb die Wertersatzpflicht ausgeschlossen ist, muss der Rückgewährschuldner nach der Rechtsfolgenverweisung des § 346 Abs. 3 Satz 2 BGB die verbleibende Bereicherung herausgeben (vgl. Rn. 96 f.). 39

2. Ausschluss der Rückgewähr nach der Natur des Erlangten (Absatz 2 Satz 1 Nr. 1)

Ist die Rückgewähr nach der Natur des Erlangten nicht möglich, hat der Rückgewährschuldner gemäß § 346 Abs. 2 Satz 1 Nr. 1 BGB Wertersatz zu leisten. Diese Regelung entspricht § 818 Abs. 2 Alt. 1 BGB. Gemeint sind Fälle, in denen die empfangene Leistung nicht in einer Sache oder einem Recht besteht und deshalb nicht einfach rückübertragen werden kann. **Beispiele**, die in § 346 Satz 2 BGB a.F. ausdrücklich genannt waren, sind die Leistung von Diensten und die Überlassung der Benutzung einer Sache. Darüber hinaus sind aber noch viele weitere Fälle denkbar, etwa Werkverträge über Bauwerke, unkörperliche Werkleistungen, die Einräumung eines einfachen Nutzungsrechts i.S.v. § 31 Abs. 2 UrhG, das Unterlassen eines bestimmten Verhaltens (z.B. im Rahmen eines Wettbewerbsverbots) oder die Gewährung eines Darlehens. Zu beachten ist, dass bei **Dauerschuldverhältnissen** das Rücktrittsrecht in der Regel durch ein Kündigungsrecht ersetzt wird (vgl. z.B. § 572 Abs. 1 BGB). § 346 Abs. 2 Satz 1 Nr. 1 BGB kommt auch zur Anwendung, wenn zwar ein Gegenstand geleistet wurde, der zurückgegeben werden kann, der Wert der Leistung aber nicht in diesem Gegenstand, sondern in der mit seiner Hilfe vermittelten **Information** liegt (z.B. schriftliches oder auf Datenträger gespeichertes Gutachten; anders aber bei Gutachten, die nicht zur Information des Auftraggebers, sondern zur Vorlage an Dritte bestimmt sind).[67] Denn diese Information kann nicht einfach durch Rückgabe des Trägermediums zurückgewährt werden, da der Rückgewährschuldner sie möglicherweise kopiert oder sich gemerkt hat und daher auch nach Rückgabe des Trägermediums von ihr Gebrauch machen kann. Bei bloß mündlich übermittelter Information käme zwangsläufig § 346 Abs. 2 Satz 1 Nr. 1 BGB zum Tragen, 40

---

[64] BT-Drs. 14/6040, S. 195; zurückhaltend in Bezug auf den Rechtsmissbrauchseinwand *Gaier*, WM 2002, 1, 3; *Gaier* in: MünchKomm-BGB, § 346 Rn. 13.

[65] BT-Drs. 14/6040, S. 195.

[66] BGH v. 20.02.2008 - VIII ZR 334/06 - BGHZ 175, 286 Tz. 21 f., mit Anmerkung *Faust* LMK 2008, 261752. Ebenso *Gaier* in: MünchKomm-BGB, § 346 Rn. 43; *Kaiser* in: Staudinger, § 346 Rn. 149.

[67] *Faust*, JuS 2010, 915, 917; *Gaier* in: MünchKomm-BGB, § 346 Rn. 20; *Lobinger* in: Soergel, § 346 Rn. 70; ohne Problematisierung BGH v. 15.04.2010 - III ZR 218/09 - NJW 2010, 2868 Tz. 21 (Partnervorschläge). A.A. BGH v. 03.03.1998 - X ZR 106/96 - juris Rn. 36 f. - NJW 1998, 3355, 3357 (Stellenbewertungsgutachten); *Hager* in: NK-BGB, § 346 Rn. 34; *Kaiser* in: Staudinger, § 346 Rn. 102.

und es wäre willkürlich, dem Rückgewährschuldner bei mündlich übermittelter Information eine Wertersatzpflicht aufzuerlegen, ihn bei verkörpert übermittelter Information dagegen nur zur Rückgabe des Trägermediums zu verpflichten. Für den Widerruf von **Fernabsatzverträgen über Dienstleistungen** gilt die Sondervorschrift des § 312e Abs. 2 BGB.

41 Bei **Gebrauchsüberlassungsverträgen**, der Einräumung eines Nutzungsrechts, der Gewährung eines Darlehens und ähnlichen Verträgen besteht das Erlangte in der bloßen **Nutzungsmöglichkeit**; ob der Rückgewährschuldner von ihr Gebrauch gemacht hat (also die vermietete Sache benutzt, das eingeräumte Nutzungsrecht wahrgenommen oder die Darlehensvaluta eingesetzt hat), ist belanglos.[68] Etwas anderes kann auch nicht aus der Bemerkung des Gesetzgebers bei der Schaffung von § 346 Abs. 2 Satz 2 HS. 2 BGB geschlossen werden, wenn ein Darlehensnehmer gar keinen Gebrauchsvorteil gehabt habe, entfalle die Zinspflicht ganz.[69] Zwar ist nach der hier vertretenen Ansicht dieser Fall kaum vorstellbar, da der Vorteil in der Nutzungsmöglichkeit liegt. Doch ist eine Bemerkung in den Materialien bei der Schaffung einer wenig durchdachten Norm (vgl. Rn. 93) kein hinreichender Grund für eine Auslegung, die mit den grundlegenden Wertungen des Gesetzes und der bisherigen herrschenden Meinung[70] in Widerspruch steht. Wenn schon der Empfänger einer gegenständlichen Leistung prinzipiell das Risiko von deren zufälligem Untergang tragen muss (§ 346 Abs. 2 Satz 1 Nr. 3 BGB), dann muss erst recht der Empfänger einer nicht gegenständlichen Leistung das Risiko tragen, die Leistung nicht verwenden zu können, hat er sich doch aus freien Stücken zum Erwerb der Leistung entschieden. Auf die **tatsächliche Nutzung** kommt es nur im Rahmen des Nutzungsersatzes an, also dann, wenn es darum geht, ob der Rückgewährgläubiger über die Rückgewähr seiner Leistung hinaus Ersatz für deren Nutzung verlangen kann. Besteht seine Leistung aber gerade in der Verschaffung der Nutzungsmöglichkeit, kommt es auf die tatsächliche Nutzung nicht an; sonst könnte der Rückgewährgläubiger völlig leer ausgehen, obwohl er bis zum Rücktritt die geschuldete Nutzungsmöglichkeit gewährt und damit seine Leistung irreversibel erbracht hat. So fehlt auch eine Parallelvorschrift zu § 347 Abs. 1 BGB für den Fall, dass die Gewährung der Nutzungsmöglichkeit die geschuldete Leistung ist.

3. Verbrauch, Veräußerung, Belastung, Verarbeitung, Umgestaltung (Absatz 2 Satz 1 Nr. 2)

42 Nach § 346 Abs. 2 Satz 1 Nr. 2 BGB ist der Wert zu ersetzen, soweit der Rückgewährschuldner den empfangenen Gegenstand verbraucht, veräußert, belastet, verarbeitet oder umgestaltet hat. Die letzten vier Varianten entsprechen den alten Ausschlussgründen der §§ 352, 353 BGB a.F.[71] Zu beachten ist, dass die Wertersatzpflicht nur besteht, **soweit** der empfangene Gegenstand verbraucht, veräußert, belastet, verarbeitet oder umgestaltet wurde; im Übrigen ist er in Natur zurückzugewähren.

a. Begriffe

43 **Verbrauch** ist die bestimmungsgemäße Verwendung des empfangenen Gegenstands in einer Weise, die zu seinem Untergang führt (vgl. § 92 BGB). Verbrauch ist etwa auch die Einziehung einer Forderung.[72] Wird eine Sache dagegen bei bestimmungsgemäßem Gebrauch nur abgenutzt, so stellt ihre Zerstörung keinen Verbrauch dar, sondern einen „Untergang" i.S.v. § 346 Abs. 2 Satz 1 Nr. 3 BGB. **Veräußerung** und **Belastung** erfolgen durch dingliche Verträge. Belastung ist auch der Abschluss eines Miet- oder Pachtvertrags, an den der Rückgewährgläubiger gebunden ist.[73] Nicht erfasst ist die bloße Herausgabe einer gestohlenen Sache an den Eigentümer.[74] Nach herrschender Meinung ist die Norm

---

[68] *Röthel* in: Erman, § 346 Rn. 8; *Gaier* in: MünchKomm-BGB, § 346 Rn. 21; *Lobinger* in: Soergel, § 346 Rn. 71; *Kaiser* in: Staudinger, § 346 Rn. 101. A.A. *Schwab* in: Schwab/Witt, Examenswissen zum neuen Schuldrecht, 2. Aufl. 2003, S. 343, 347 f. Die Bedenken von *Schwab* greifen nicht durch, weil der Rückgewährschuldner bei Gebrauchsüberlassungsverträgen die Sachgefahr nicht trägt, vgl. Rn. 22.

[69] BT-Drs. 14/9266, S. 45.

[70] Vgl. *Kaiser*, Die Rückabwicklung gegenseitiger Verträge wegen Nicht- und Schlechterfüllung nach dem BGB, 2000, S. 117 ff. m.w.N.

[71] BT-Drs. 14/6040, S. 196.

[72] *Kaiser* in: Staudinger, § 346 Rn. 138.

[73] *Gaier* in: MünchKomm-BGB, § 346 Rn. 39; *Grüneberg* in: Palandt, § 346 Rn. 8a; *Lobinger* in: Soergel, § 346 Rn. 75; für Anwendung von § 346 Abs. 2 Satz 1 Nr. 3 BGB (Verschlechterung): *Röthel* in: Erman, § 346 Rn. 9; *Kaiser* in: Staudinger, § 346 Rn. 140.

[74] *Grothe* in: Bamberger/Roth, § 346 Rn. 40; *Hager* in: NK-BGB, § 346 Rn. 37; *Schwab* in: Schwab/Witt, Examenswissen zum neuen Schuldrecht, 2. Aufl. 2003, S. 343, 351; *Lobinger* in: Soergel, § 346 Rn. 74.

analog auf Verfügungen im Wege der Zwangsvollstreckung anzuwenden (Zwangsversteigerung, Belastung mit einer Zwangshypothek).[75] Dem ist nicht zu folgen, da in den Fällen von § 346 Abs. 2 Satz 1 Nr. 2 BGB stets eine Entscheidung des Rückgewährschuldners vorliegt, an der es bei der Zwangsvollstreckung gerade fehlt. Veränderungen, die nicht auf einer Entscheidung des Rückgewährschuldners beruhen, werden durch § 346 Abs. 2 Satz 1 Nr. 3 BGB erfasst, und unter diese Norm sind Verfügungen im Wege der Zwangsvollstreckung zu subsumieren. Die Unterscheidung ist für die Ausschlussgründe des § 346 Abs. 3 Satz 1 BGB von Bedeutung (vgl. Rn. 39). Im Hinblick auf die **Verarbeitung** und **Umgestaltung** setzte § 352 BGB a.F. voraus, dass dadurch eine Sache anderer Art entsteht. Auch wenn dies im neuen Text nicht mehr zum Ausdruck kommt, ist daran festzuhalten, damit nicht jede unbedeutende Veränderung der Sache (etwa das Anstreichen eines Holzregals) die Wertersatzpflicht an die Stelle der Rückgabepflicht treten lässt. Insbesondere stellt eine – auch umfassende – Reparatur keine Verarbeitung oder Umgestaltung dar, da sie nur dazu dient, den ursprünglichen Zustand wiederherzustellen.[76] Zur Konkretisierung kann auf die Rechtsprechung zu § 950 BGB zurückgegriffen werden. § 346 Abs. 2 Satz 1 Nr. 2 BGB erfasst auch die untrennbare **Verbindung** oder **Vermischung**, da diese die Rückgabe der Sache im ursprünglichen Zustand ebenso unmöglich macht wie eine Bearbeitung.[77]

b. Keine Pflicht zur Herausgabe der verarbeiteten oder umgestalteten Sache

Dadurch, dass § 346 Abs. 2 Satz 1 Nr. 2 BGB für den Fall der Verarbeitung oder Umgestaltung eine Wertersatzpflicht statuiert, stellt er zugleich klar, dass die verarbeitete oder umgestaltete Sache selbst nicht herauszugeben ist.[78] Dies schützt – je nach Sachverhaltskonstellation – zugleich den Rückgewährgläubiger und den Rückgewährschuldner. Ersteren, weil er sich nicht mit der – für ihn vielleicht unbrauchbaren – veränderten Sache begnügen muss, sondern Wertersatz in Geld verlangen kann. Und letzteren, weil ihm auf diese Weise der Erfolg der Veränderung erhalten bleibt; sonst könnte er für seine Aufwendungen nur Ersatz nach Bereicherungsrecht verlangen (§ 347 Abs. 2 Satz 2 BGB). Die Rückgabepflicht ist allerdings nur ausgeschlossen, soweit die Verarbeitung oder Umgestaltung reicht. Wurde nur ein **Teil** der erhaltenen Sache verarbeitet oder umgestaltet, so hängt es von der Teilbarkeit der zurückzugewährenden Leistung ab, ob dieser Teil in Natur zurückzugeben und nur bezüglich des Rests Wertersatz zu leisten ist oder ob insgesamt Wertersatz zu leisten ist. Die Unteilbarkeit kann sich dabei nicht nur aus technischen Gegebenheiten, sondern auch aus dem Parteiwillen ergeben.

44

c. Ausschluss des Wertersatzes nach Absatz 3 Satz 1 Nr. 1

Die Wertersatzpflicht entfällt nach § 346 Abs. 3 Satz 1 Nr. 1 BGB, wenn sich der zum Rücktritt berechtigende Mangel[79] erst während der Verarbeitung oder Umgestaltung des Gegenstands gezeigt hat. Das neue Recht übernimmt damit die für die Wandelung geltende Ausnahme von § 467 Satz 1 HS. 2 BGB a.F.

45

Ein Mangel „**zeigt sich**", wenn er dem Rückgewährschuldner bekannt wird, denn die Norm begünstigt denjenigen, der die Verarbeitung oder Umgestaltung in Unkenntnis des Mangels vornimmt. Fahrlässige Unkenntnis steht dabei der Kenntnis nicht gleich[80]; da der Rückgewährschuldner seine Unkenntnis

46

---

[75] *Grothe* in: Bamberger/Roth, § 346 Rn. 42; *Röthel* in: Erman, § 346 Rn. 9; *Kohler*, ZGS 2007, 295, 298 f.; *Gaier* in: MünchKomm-BGB, § 346 Rn. 39; *Hager* in: NK-BGB, § 346 Rn. 37; *Lobinger* in: Soergel, § 346 Rn. 76. A.A. *Kaiser* in: Staudinger, § 346 Rn. 150 (Gesamtanalogie zu § 346 Abs. 3 S. 1 Nr. 2 und 3 BGB).

[76] *Grothe* in: Bamberger/Roth, § 346 Rn. 42; *Röthel* in: Erman, § 346 Rn. 9; *Gaier* in: MünchKomm-BGB, § 346 Rn. 40; *Hager* in: NK-BGB, § 346 Rn. 38; *Lobinger* in: Soergel, § 346 Rn. 77; *Kaiser* in: Staudinger, § 346 Rn. 142 a.E.

[77] *Annuß*, JA 2006, 184, 186; *Gaier*, WM 2002, 1, 8. A.A. (Gesamtanalogie zu § 346 Abs. 2 Satz 1 Nr. 2 und 3 BGB) *Gaier* in: MünchKomm-BGB, § 346 Rn. 43; *Lobinger* in: Soergel, § 346 Rn. 77.

[78] *Röthel* in: Erman, § 346 Rn. 9; *Gaier*, WM 2002, 1, 9; *Schwab*, JuS 2002, 630, 631; *Schwab* in: Schwab/Witt, Examenswissen zum neuen Schuldrecht, 2. Aufl. 2003, S. 343, 348; *Lobinger* in: Soergel, § 346 Rn. 77; *Kaiser* in: Staudinger, § 346 Rn. 141.

[79] Für eine Ausdehnung auf Fälle, in denen nicht wegen eines Mangels zurückgetreten wird, *Kohler*, AcP 206 (2006), 683, 696 f.

[80] *Annuß*, JA 2006, 184, 187; *Grothe* in: Bamberger/Roth, § 346 Rn. 49; *Röthel* in: Erman, § 346 Rn. 20; *Hager* in: NK-BGB, § 346 Rn. 50; *Grüneberg* in: Palandt, § 346 Rn. 11; *Huber* in: Soergel, 12. Aufl. 1991, § 467 Rn. 65; *Kaiser* in: Staudinger, § 346 Rn. 172. A.A. *Bezzenberger* in: Erman, 11. Aufl. 2004, § 346 Rn. 15 (§ 442 Abs. 1 BGB analog); *Gaier* in: MünchKomm-BGB, § 346 Rn. 50 und *Schwab* in: Schwab/Witt, Examenswissen zum neuen Schuldrecht, 2. Aufl. 2003, S. 343, 361 (auch fahrlässige Unkenntnis); *Lobinger* in: Soergel, § 346 Rn. 111 (auch grob fahrlässige Unkenntnis).

beweisen muss, entstehen dadurch auch keine Beweisprobleme. Es kommt nur darauf an, ob der Rückgewährschuldner den Mangel kennt, nicht darauf, ob er auch sein Rücktrittsrecht kennt. Der Ausschlussgrund kommt erst recht zur Anwendung, wenn sich der Mangel erst nach der Verarbeitung oder Umgestaltung zeigt.[81]

47 Nicht genannt wird der **Verbrauch**, die Vorschrift ist jedoch auf ihn analog anzuwenden.[82] Denn sie privilegiert denjenigen Rückgewährschuldner, der den erhaltenen Gegenstand in Unkenntnis des Mangels bestimmungsgemäß für seine Zwecke eingesetzt hat, und das tut nicht nur, wer eine Sache verarbeitet oder umgestaltet, sondern auch, wer sie verbraucht. Umstritten ist, ob die Vorschrift auch auf die **Veräußerung** analog anzuwenden ist.[83]

48 Nach dem Wortlaut des Ausschlussgrunds kommt es nicht darauf an, dass es der durch ihn Privilegierte ist, der zurücktritt; entscheidend ist allein, dass er aufgrund eines Mangels zum Rücktritt berechtigt ist. Der Ausschlussgrund kommt also auch zur Anwendung, wenn derjenige ein (vertragliches) Rücktrittsrecht ausübt, der die mangelhafte Leistung erbracht hat. Dies ist auch angemessen, da die Privilegierung nicht davon abhängen kann, welche Partei als erste den Rücktritt erklärt.[84]

49 Soweit der Anspruch auf Wertersatz ausgeschlossen ist, muss der Rückgewährschuldner nach § 346 Abs. 3 Satz 2 BGB eine **verbleibende Bereicherung** herausgeben. Der Rückgewährgläubiger kann danach nicht etwa die verarbeitete oder umgestaltete Sache herausverlangen, da sie nicht nur die durch den Erhalt der mangelhaften Sache bedingte Bereicherung verkörpert, sondern darüber hinaus auf die Aufwendungen für die Verarbeitung oder Umgestaltung und weiteres dabei eingesetztes Material. Es kann daher nur der anteilige Wert des Endprodukts in Geld verlangt werden, wobei die Mangelhaftigkeit der erlangten Sache sowohl den Wert des Endprodukts beeinflussen kann als auch bei der Bestimmung der Anteile zu berücksichtigen ist.

d. Keine analoge Anwendung von Absatz 3 Satz 1 Nr. 3

50 Nach herrschender Meinung ist § 346 Abs. 3 Satz 1 Nr. 3 BGB auch im Rahmen von § 346 Abs. 2 Satz 1 Nr. 2 BGB anwendbar.[85] Dies widerspricht jedoch dem klaren Wortlaut, und außerdem passt der Maßstab der Sorgfalt in eigenen Angelegenheiten für diese Fälle nicht. Falls eine Disposition durch die Mangelhaftigkeit der erhaltenen Sache beeinträchtigt wurde, schließt § 346 Abs. 3 Satz 1 Nr. 1 BGB den Wertersatzanspruch ohnehin aus. In anderen Fällen besteht keinerlei Grund, sich über den Wortlaut des Gesetzes hinwegzusetzen.

4. Verschlechterung, Untergang (Absatz 2 Satz 1 Nr. 3)

a. Grundprinzip

51 § 346 Abs. 2 Satz 1 Nr. 3 BGB statuiert eine Wertersatzpflicht für den Fall, dass der empfangene Gegenstand sich verschlechtert hat oder untergegangen ist. Sie ist unabhängig davon, was der Grund für die Verschlechterung oder den Untergang war, insbesondere ist unerheblich, ob der Rückgewährschuldner die Verschlechterung oder den Untergang **zu vertreten** hat. Das ist eine wesentliche Änderung gegenüber dem alten Recht, das den Ausschluss des Rücktrittsrechts (§§ 350, 351 BGB a.F.) oder eine Haftung (§ 347 Satz 1 BGB a.F. i.V.m. § 989 BGB) nur bei Vertretenmüssen anordnete. Grund für die Änderung war, dass an sich der Gläubiger ab Übergabe oder Abnahme einer Sache das Risiko

---

[81] *Grothe* in: Bamberger/Roth, § 346 Rn. 49; *Röthel* in: Erman, § 346 Rn. 21; *Krebs*, DB Beilage 2000, Nr. 14, 13 ; *Hager* in: NK-BGB, § 346 Rn. 50; *Huber* in: Soergel, 12. Aufl. 1991, § 467 Rn. 65; *Lobinger* in: Soergel, § 346 Rn. 111; *Kaiser* in: Staudinger, § 346 Rn. 172.

[82] *Grothe* in: Bamberger/Roth, § 346 Rn. 49; *Röthel* in: Erman, § 346 Rn. 21; *Gaier* in: MünchKomm-BGB, § 346 Rn. 49; *Hager* in: NK-BGB, § 346 Rn. 50; *Grüneberg* in: Palandt, § 346 Rn. 11; *Schwab* in: Schwab/Witt, Examenswissen zum neuen Schuldrecht, 2. Aufl. 2003, S. 343, 361 f.; *Kaiser* in: Staudinger, § 346 Rn. 175.

[83] Dafür *Röthel* in: Erman, § 346 Rn. 21. Dagegen *Benicke*, ZGS 2002, 369, 373; *Kaiser* in: Staudinger, § 346 Rn. 178.

[84] *Röthel* in: Erman, § 346 Rn. 19; *Gaier* in: MünchKomm-BGB, § 346 Rn. 50; *Hager* in: NK-BGB, § 346 Rn. 50; *Kaiser* in: Staudinger, § 346 Rn. 173.

[85] *Grothe* in: Bamberger/Roth, § 346 Rn. 55; *Röthel* in: Erman, § 346 Rn. 26; *Kohler*, ZGS 2007, 295, 300 f.; *Gaier* in: MünchKomm-BGB, § 346 Rn. 55; *Hager* in: NK-BGB, § 346 Rn. 60; *Schwab* in: Schwab/Witt, Examenswissen zum neuen Schuldrecht, 2. Aufl. 2003, S. 343, 368 f. (nur für Verbrauch). Dagegen *Annuß*, JA 2006, 184, 188; *Benicke*, ZGS 2002, 369, 372; *Bezzenberger* in: Erman, 11. Aufl. 2004, § 346 Rn. 20; *Fest*, ZGS 2009, 78, 82; *Forst*, ZGS 2011, 107, 110; *Heinrichs* in: Palandt, 63. Aufl. 2004, § 346 Rn. 13; *Kaiser* in: Staudinger, § 346 Rn. 210 (a.A. Voraufl.).

zu tragen hat, dass diese Sache zufällig untergeht oder verschlechtert wird (§§ 446, 644 BGB). Es wurde als unangemessen angesehen, die **Gefahr** nur deshalb wieder zum Schuldner (und Rückgewährgläubiger) „zurückspringen" zu lassen, weil eine der Parteien berechtigterweise vom Vertrag zurücktritt. Man mag dies noch rechtfertigen, wenn der Gläubiger/Rückgewährschuldner zurücktritt, weil dann bei den meisten gesetzlichen Rücktrittsrechten der Rücktrittsgrund in der Sphäre des Schuldners/Rückgewährgläubigers liegt; für diesen Fall schränkt § 346 Abs. 3 Satz 1 Nr. 3 BGB deshalb die Wertersatzpflicht ein. Untragbar wäre ein Zurückspringen der Gefahr jedoch im umgekehrten Fall: Der Verkäufer tritt zurück, weil der Käufer nicht zahlt, und erfährt erst nach dem Rücktritt, dass die Kaufsache beim Käufer durch Zufall untergegangen ist. Nach altem Recht musste der Verkäufer dann eine etwa erhaltene Anzahlung zurückzahlen, ohne selbst irgendetwas zu bekommen.[86]

Weil der Rückgewährschuldner auch für Zufall einstehen muss, ist seine Ersatzpflicht auf den Wert oder die Wertminderung beschränkt; er muss also nicht den **Schaden** des Rückgewährgläubigers (einschließlich von Folgeschäden) ersetzen. Er unterliegt jedoch der allgemeinen Schadensersatzhaftung, muss also volle Kompensation leisten, wenn ihm eine zu vertretene Pflichtverletzung zur Last fällt (vgl. Rn. 107 ff.). **52**

b. Zeitraum

Die Wertersatzpflicht greift ab dem (gegebenenfalls fiktiven, vgl. Rn. 25) **Gefahrübergang** ein, nicht etwa erst ab dem Empfang der Sache, denn ab dem Gefahrübergang trägt der Rückgewährschuldner das Risiko des zufälligen Untergangs und der zufälligen Verschlechterung. Das ist insbesondere beim Versendungskauf (§ 447 BGB) und im Fall des Annahmeverzugs relevant. Wird eine geschuldete Sache nach Gefahrübergang beschädigt oder geht sie unter (z.B. beim Versendungskauf während des Transports), muss der Gläubiger also im Fall des Rücktritts Wertersatz leisten, und das, obwohl er im Fall des Untergangs nie etwas erhalten hat. Eine Ausnahme gilt nur, wenn § 346 Abs. 3 BGB eingreift.[87] **53**

Der Rückgewährschuldner ist auch dann zum Wertersatz verpflichtet, wenn die Verschlechterung oder der Untergang erst **nach Entstehen der Rückgewährpflicht** (also z.B. nach Erklärung des Rücktritts) eintritt.[88] In diesem Stadium haftet der Rückgewährschuldner zwar nach den allgemeinen Vorschriften, d.h. er muss die Veränderung primär rückgängig machen und haftet, wenn er dies nicht tut, prinzipiell auf Schadensersatz statt der Leistung (vgl. Rn. 26). Doch kommt die Wertersatzpflicht zum Tragen, wenn dem Rückgewährschuldner kein Vertretenmüssen zur Last fällt oder der Wertersatz (wegen § 346 Abs. 2 Satz 2 HS. 1 BGB) ausnahmsweise den Schadensersatz übersteigt; es wäre widersprüchlich, den Rückgewährschuldner insofern nach Entstehen der Rückgewährpflicht besser zu stellen als vorher. Der Wertersatzanspruch besteht allerdings auch in diesem Stadium nur, **soweit** der zurückzugebende Gegenstand sich verschlechtert hat oder untergegangen ist; einen „Wertersatz statt der ganzen Leistung" analog § 281 Abs. 1 Sätze 2 und 3, Abs. 5 BGB gibt es nicht. Ferner darf durch die Wertersatzpflicht der Vorrang der Naturalleistung nicht unterlaufen werden. Wertersatz kann daher – außer wenn die Pflicht zur Rückgängigmachung der Veränderung nach § 275 BGB ausgeschlossen ist oder die Voraussetzungen des § 281 Abs. 2 BGB vorliegen – erst nach Ablauf einer vom Rückgewährgläubiger gesetzten angemessenen Frist zur Rückgabe der Sache im ursprünglichen Zustand verlangt werden. Verlangt der Rückgewährgläubiger dann Wertersatz, ist der Anspruch auf Naturalleistung analog § 281 Abs. 4 BGB ausgeschlossen.[89] **54**

c. Verschlechterung, Untergang

Verschlechterung und Untergang sind Werteinbußen, die auf unsorgfältigem Umgang mit der Sache, Einwirkung von außen etc. beruhen, also nicht dem **bestimmungsgemäßen Gebrauch** entsprechen; wenn der bestimmungsgemäße Gebrauch zwangsläufig zur Zerstörung des Gegenstands führt (wie z.B. bei Lebensmitteln), handelt es sich nicht um einen Untergang, sondern um Verbrauch (vgl. Rn. 43). Ein „Untergang" setzt dabei nicht voraus, dass eine Sache physisch zerstört wird oder ein Recht erlischt; ausreichend ist vielmehr, dass die Sache nicht herausgegeben oder das Recht nicht zurückübertragen **55**

---

[86] BT-Drs. 14/6040, S. 193.
[87] *Wiese/Hauser*, JuS 2011, 301 ff.
[88] *Röthel* in: Erman, § 346 Rn. 11; *Hager* in: NK-BGB, § 346 Rn. 40; *Kaiser* in: Staudinger, § 346 Rn. 132; vgl. auch BT-Drs. 14/6040, S. 194.
[89] *Faust*, JuS 2009, 481, 483 f.

werden kann, etwa weil die Sache verloren ging oder gestohlen wurde.[90] § 346 Abs. 2 Satz 1 Nr. 3 BGB erfasst auch Verfügungen über die Sache im Wege der **Zwangsvollstreckung** (vgl. Rn. 43). Keine Verschlechterung sind **Marktpreiseinbußen**, also etwa der Kursverfall gekaufter Aktien, denn diese hätte der Rückgewährgläubiger auch tragen müssen, wenn der Leistungsaustausch nicht stattgefunden hätte.[91] Zweifelhaft ist, ob die **Abnutzung** der Sache durch bestimmungsgemäßen Gebrauch eine Verschlechterung darstellt. Nach der Gesetzesbegründung soll dies nicht der Fall sein.[92] Die Gegenansicht sieht auch die Abnutzung durch bestimmungsgemäßen Gebrauch als Verschlechterung an, wendet aber insofern § 346 Abs. 2 Satz 1 Nr. 3 HS. 2 BGB analog an und schließt danach den Wertersatzanspruch aus.[93] Praktisch ist die Frage ohne Bedeutung. Vgl. dazu Rn. 58.

56 Verschlechterung und Untergang setzen nicht voraus, dass die Beschädigung oder der Verlust der Sache **irreversibel** ist. Der Rückgewährschuldner ist nicht verpflichtet, Anstrengungen zur Reparatur oder Wiedererlangung zu unternehmen, sofern die Verschlechterung oder der Untergang vor Entstehen der Rückgewährpflicht eintrat (vgl. Rn. 27 ff.). Er ist jedoch berechtigt, die beschädigte Sache zu reparieren oder die verlorene Sache wiederzuerlangen und so den Wertersatzanspruch abzuwenden oder auf den verbleibenden merkantilen Minderwert zu reduzieren. Im Falle der Zerstörung der erhaltenen Sache kann der Rückgewährschuldner die Wertersatzpflicht nicht durch Rückgabe einer anderen Sache gleicher Art abwenden, da die Rückgabepflicht Stückschuld ist (vgl. Rn. 20).

d. Bestimmungsgemäße Ingebrauchnahme und bestimmungsgemäßer Gebrauch

57 Nicht zu ersetzen sind nach § 346 Abs. 2 Satz 1 Nr. 3 HS. 2 BGB Wertminderungen, die auf der **bestimmungsgemäßen Ingebrauchnahme** beruhen. Dabei ist etwa daran gedacht, dass ein fabrikneuer Pkw schon durch die Erstzulassung an Wert verliert.[94] Wird der Vertrag allerdings nach Ausübung eines **verbraucherschützenden Widerrufsrechts** rückabgewickelt, gilt die Spezialvorschrift des § 357 Abs. 3 BGB.[95]

58 Nahezu einhellig wird angenommen, dass auch Werteinbußen durch den **bestimmungsgemäßen Gebrauch** nicht von § 346 Abs. 2 Satz 1 Nr. 3 BGB erfasst werden.[96] Ob man dies mit einer analogen Anwendung von § 346 Abs. 2 Satz 1 Nr. 3 HS. 2 BGB begründet oder damit, derartige Wertminderungen stellten schon keine Verschlechterung i.S.v. § 346 Abs. 2 Satz 1 Nr. 3 BGB dar, ist praktisch bedeutungslos (vgl. Rn. 55). Die Privilegierung des bestimmungsgemäßen Gebrauchs beruht darauf, dass die Wertminderung durch bestimmungsgemäßen Gebrauch schon durch die Pflicht abgegolten wird, für Gebrauchsvorteile als Unterfall der Nutzungen (§ 100 BGB) nach § 346 Abs. 2 Satz 1 Nr. 1 BGB Wertersatz zu leisten. Müsste der Rückgewährschuldner daneben die Wertminderung vergüten, so müsste er für die Nutzung doppelt zahlen. Der Wertersatzanspruch wegen der Verschlechterung durch bestimmungsgemäßen Gebrauch ist dabei unabhängig davon ausgeschlossen, ob die Werteinbuße höher oder geringer ist als der zu zahlende Nutzungsersatz.[97] Im Bereich des Nutzungsersatzes wird nämlich um der Praktikabilität willen von vornherein auf Exaktheit verzichtet. So wird der Wert von Gebrauchsvorteilen durch eine lineare Wertabschreibung festgestellt (vgl. Rn. 103), obwohl der Wert einer Sache typischerweise nicht linear abnimmt, sondern bei neuen Sachen schneller und bei alten Sachen langsamer. Nicht ausgeschlossen ist der Wertersatzanspruch dagegen in Bezug auf Werteinbußen, die über

---

[90] *Grothe* in: Bamberger/Roth, § 346 Rn. 45; *Röthel* in: Erman, § 346 Rn. 11; *Hager* in: NK-BGB, § 346 Rn. 40; *Grüneberg* in: Palandt, § 346 Rn. 9; *Schwab* in: Schwab/Witt, Examenswissen zum neuen Schuldrecht, 2. Aufl. 2003, S. 343, 369; *Lobinger* in: Soergel. § 346 Rn. 91.

[91] BT-Drs. 14/6040, S. 193; *Grothe* in: Bamberger/Roth, § 346 Rn. 31; *Gaier* in: MünchKomm-BGB, § 346 Rn. 17; *Lobinger* in: Soergel, § 346 Rn. 80; *Kaiser* in: Staudinger, § 346 Rn. 78. A.A. *Hager* in: NK-BGB, § 346 Rn. 22.

[92] BT-Drs. 14/6040, S. 193, 196; ebenso *Grothe* in: Bamberger/Roth, § 346 Rn. 44; *Canaris* in: Canaris, Schuldrechtsreform 2002, 2002, S. XXXVIII; *Röthel* in: Erman, § 346 Rn. 12; *Gaier* in: MünchKomm-BGB, § 346 Rn. 41; *Lobinger* in: Soergel, § 346 Rn. 87, 88.

[93] *Kaiser*, JZ 2001, 1057, 1061; *Schwab*, JuS 2002, 630, 633; *Schwab* in: Schwab/Witt, Examenswissen zum neuen Schuldrecht, 2. Aufl. 2003, S. 343, 353 f.; *Kaiser* in: Staudinger, § 346 Rn. 180 ff.

[94] BT-Drs. 14/6040, S. 196.

[95] Vgl. BGH v. 03.11.2010 - VIII ZR 337/09 - NJW 2011, 56 - Wasserbett und dazu *Faust*, JuS 2011, 259, *Schinkels*, LMK 2011, 312902.

[96] A.A. *Grüneberg* in: Palandt, § 346 Rn. 9.

[97] A.A. *Kohler*, AcP 206 (2006), 683, 718 ff.; *Hager* in: NK-BGB, § 346 Rn. 41.

die Abnutzung bei bestimmungsgemäßem Gebrauch hinausgehen, denn diese werden von vornherein im Rahmen des Nutzungsersatzes nicht berücksichtigt. Wertersatz ist daher insbesondere für **Schäden** zu leisten, die bei bestimmungsgemäßem Gebrauch eintreten.[98]

Die Privilegierung sowohl der bestimmungsgemäßen Ingebrauchnahme als auch des bestimmungsgemäßen Gebrauchs ist unabhängig davon, ob es um die Haftung des Rücktrittsberechtigten oder des Rücktrittsgegners geht und ob der Betreffende im Zeitpunkt der Abnutzung das Rücktrittsrecht kannte.[99] 59

Was eine bestimmungsgemäße Ingebrauchnahme oder ein bestimmungsgemäßer Gebrauch ist, richtet sich nach dem **Vertragsinhalt**.[100] Zurückgreifen kann man insofern auf die Rechtsgedanken des § 434 Abs. 1 BGB: Maßgeblich ist in erster Linie die vertragliche Vereinbarung der Parteien. Kauft etwa jemand ein Auto ausdrücklich zu dem Zweck, damit Rallyes zu fahren, stellt dies den bestimmungsgemäßen Gebrauch dar, und die durch die Rallyes verursachte Wertminderung ist nicht zu vergüten. In Ermangelung einer solchen Vereinbarung ist die nach dem Vertrag vorausgesetzte Verwendung, hilfsweise die **gewöhnliche Verwendung** maßgeblich; zu letzterer gehört sicher nicht, mit einem Mittelklassewagen Rallyes zu fahren. Auch der Gedanke des § 434 Abs. 1 Satz 3 BGB lässt sich fruchtbar machen: Der Verkäufer muss auch solchen Gebrauch als bestimmungsgemäß akzeptieren, den der Käufer aufgrund **öffentlicher Äußerungen** des Verkäufers und unter Umständen auch des Herstellers als bestimmungsgemäßen Gebrauch ansehen darf. Stellt etwa der Hersteller eines Mittelklassewagens in seiner, dem Autohändler bekannten, Werbung die „Rallyetauglichkeit" des Fahrzeugs heraus, kann sich der Verkäufer im Falle des Rücktritts nicht darauf berufen, die Wertminderung infolge des Gebrauchs für Rallyes entspreche nicht dem bestimmungsgemäßen Gebrauch und sei daher zu vergüten. 60

Der Wertverlust durch **nicht bestimmungsgemäße Ingebrauchnahme** und durch **nicht bestimmungsgemäßen Gebrauch** ist zu ersetzen. In Bezug auf letzteren besteht allerdings die Gefahr der Doppelkompensation, weil auch durch nicht bestimmungsgemäßen Gebrauch gezogene Nutzungen herauszugeben sind. Meiner Ansicht nach sollte sie dadurch ausgeschlossen werden, dass der Nutzungsersatz im Wege der Vorteilsanrechnung auf den Wertersatz angerechnet wird. Im Ergebnis hat dann der Rückgewährschuldner die nicht bestimmungsgemäß gezogenen Nutzungen oder die durch diese Nutzungen eingetretene Wertminderung zu vergüten, je nachdem, was höher ist. Das wird den Interessen beider Parteien gerecht. 61

Sowohl der Wertverlust durch die bestimmungsgemäße Ingebrauchnahme als auch der Wertverlust durch den bestimmungsgemäßen Gebrauch kann im Rahmen eines **Schadensersatzanspruchs** zu ersetzen sein, wenn nämlich der Rückgewährschuldner zur Ingebrauchnahme oder dem Gebrauch nicht mehr berechtigt war und ihm deshalb eine zu vertretende Pflichtverletzung zur Last fällt. Vgl. dazu Rn. 107 ff. 62

e. Ausnahme bei Vertretenmüssen des Rückgewährgläubigers (Absatz 3 Satz 1 Nr. 2 Alternative 1)

Die Wertersatzpflicht ist ausgeschlossen, soweit der Rückgewährgläubiger die Verschlechterung oder den Untergang zu vertreten hat (§ 346 Abs. 3 Satz 1 Nr. 2 Alt. 1 BGB). Fraglich ist, wie das **Vertretenmüssen** zu bestimmen ist. § 276 BGB ist nicht einschlägig, da es nicht um Vertretenmüssen des Schuldners, sondern des Gläubigers geht, ähnlich wie bei der „Verantwortlichkeit" in den §§ 323 Abs. 6 Alt. 1, 326 Abs. 2 Satz 1 Alt. 1 BGB. Es ist hier gerechtfertigt, den Kreis der vom Rückgewährgläubiger zu vertretenden Umstände relativ weit zu ziehen, weil es nicht darum geht, als Folge des Vertretenmüssens eine Schadensersatzpflicht zu begründen, sondern das Vertretenmüssen nur zur Beschränkung (vgl. § 346 Abs. 3 Satz 2 BGB) eigener Rechte führt. Die Wertersatzpflicht des Rückgewährschuldners ist daher immer dann ausgeschlossen, wenn die Ursache für die Verschlechterung oder 63

---

[98] *Grothe* in: Bamberger/Roth, § 346 Rn. 44; *Röthel* in: Erman, § 346 Rn. 13; *Gaier* in: MünchKomm-BGB, § 346 Rn. 41; *Perkams*, Jura 2003, 150, 150 f. *Lobinger* in: Soergel, § 346 Rn. 89; *Kaiser* in: Staudinger, § 346 Rn. 188; anders noch *Faust* in: Huber/Faust, Schuldrechtsmodernisierung, 2002, Rn. 10/23; *Kaiser*, JZ 2001, 1057, 1061. *Schwab* will unter Hinweis auf den Wortlaut die Wertersatzpflicht nur für den Fall der Verschlechterung, nicht aber für den Fall des Untergangs ausschließen (*Schwab*, JuS 2002, 630, 633; *Schwab* in: Schwab/Witt, Examenswissen zum neuen Schuldrecht, 2. Aufl. 2003, S. 343, 354 ff.). Eine derartige Differenzierung ist wertungsmäßig nicht zu rechtfertigen.

[99] Ebenso *Kaiser*, JZ 2001, 1057, 1061; *Schwab*, JuS 2002, 630, 633; *Schwab* in: Schwab/Witt, Examenswissen zum neuen Schuldrecht, 2. Aufl. 2003, S. 343, 353; *Kaiser* in: Staudinger, § 346 Rn. 185.

[100] *Kaiser* in: Staudinger, § 346 Rn. 186 f.

den Untergang aus der **Sphäre des Rückgewährgläubigers** stammt. Ein Vertretenmüssen liegt damit namentlich vor, wenn die Verschlechterung oder der Untergang auf einem **Mangel** beruht, und zwar unabhängig davon, ob der Rückgewährgläubiger den Mangel zu vertreten hat oder ob er ihn kennen musste.[101] Ebenso liegt Vertretenmüssen vor, wenn die Sache deshalb verschlechtert wurde oder unterging, weil der Rückgewährgläubiger dem Rückgewährschuldner falsche Instruktionen für den Gebrauch, die Pflege oder die Wartung der Sache gegeben hat, und zwar wiederum unabhängig davon, ob ihn insofern ein Verschulden trifft.

64 Der Wertersatzanspruch ist auch ausgeschlossen, wenn der Untergang oder die Verschlechterung zu einem Zeitpunkt eintritt, zu dem sich der Rückgewährgläubiger in **Annahmeverzug** befindet, und vom Rückgewährschuldner nicht zu vertreten ist.[102] Denn dann liegt es am Rückgewährgläubiger, dass ihm die Sache nicht unversehrt zurückgegeben wurde, und es wäre deshalb nicht angemessen, den Rückgewährschuldner mit einer Wertersatzpflicht zu belasten. Methodisch kann man entweder den Annahmeverzug als Fall des Vertretenmüssens des Rückgewährgläubigers einordnen. Hiergegen spricht jedoch ein Vergleich mit den §§ 323 Abs. 6, 326 Abs. 2 Satz 1 BGB, wo Vertretenmüssen und Annahmeverzug jeweils getrennt aufgeführt sind; dass dies in § 346 Abs. 3 Satz 1 Nr. 2 Alt. 1 BGB unterblieben ist, stellt wohl ein Redaktionsversehen dar. M.E. ist es daher methodisch vorzugswürdig, diese beiden Normen analog anzuwenden.

65 Haben **beide Parteien** den Untergang oder die Verschlechterung zu vertreten, ist der Wertersatz zu mindern („soweit").[103] Bevor der Rückgewährschuldner vom Rücktrittsrecht weiß oder wissen muss, richtet sich dabei sein Vertretenmüssen danach, ob er die eigenübliche Sorgfalt beobachtet hat, da er in diesem Zeitraum davon ausgeht und davon ausgehen darf, mit der Sache wie mit einer eigenen verfahren zu können.[104]

f. Ausnahme bei Eintritt des Schadens auch beim Rückgewährgläubiger (Absatz 3 Satz 1 Nr. 2 Alternative 2)

66 § 346 Abs. 3 Satz 1 Nr. 2 Alt. 2 BGB schließt die Wertersatzpflicht aus, wenn der Schaden auch beim Rückgewährgläubiger eingetreten wäre, also in Fällen, in denen der rückabzuwickelnde Leistungsaustausch für den Schaden **nicht kausal** war. Denn es besteht kein Grund, den Rückgewährgläubiger von den Folgen einer Verschlechterung oder eines Untergangs zu entlasten, wenn die Verschlechterung oder der Untergang bei Unterbleiben des Leistungsaustauschs ihn getroffen hätte. Typischer Anwendungsfall sind Grundstücke, weil bei ihnen der Besitzer- und Eigentümerwechsel nicht zu einer räumlichen Verlagerung führt. Unerheblich ist, ob der Schaden beim Rückgewährgläubiger durch dasselbe oder durch ein anderes Ereignis eingetreten wäre. Ausgenommen ist jedoch der Fall, dass die Verschlechterung oder Zerstörung beim Gläubiger durch ein anderes Ereignis eingetreten wäre, nachdem sie beim Schuldner tatsächlich eingetreten ist. Insofern bleibt es bei der Grundregel, dass nachträglich eintretende hypothetische Schadensursachen den bereits entstandenen Schadensersatzanspruch nicht beseitigen.[105] Das entspricht der herrschenden Meinung zu § 287 Satz 2 BGB, der ein ganz ähnliches Problem regelt.[106]

67 Die Formulierung „beim Rückgewährgläubiger" ist nicht exakt. Es kommt nicht darauf an, ob der Schaden auch eingetreten wäre, wenn die Sache in den Räumen oder in der Obhut des Rückgewährgläubigers verblieben wäre, sondern darauf, ob er bei Unterbleiben des Leistungsaustauschs gleichfalls eingetreten wäre. Hätte der Rückgewährgläubiger ohne den Leistungsaustausch also die Sache vermietet und wäre sie beim Mieter durch Zufall untergegangen, ist der Wertersatzanspruch ausgeschlossen.[107]

---

[101] *Canaris* in: Canaris, Schuldrechtsreform 2002, 2002, S. XL (Analogie); *Grothe* in: Bamberger/Roth, § 346 Rn. 50; *Röthel* in: Erman, § 346 Rn. 22; *Gaier* in: MünchKomm-BGB, § 346 Rn. 51; *Grüneberg* in: Palandt, § 346 Rn. 12; *Schwab*, JuS 2002, 630, 634; *Schwab* in: Schwab/Witt, Examenswissen zum neuen Schuldrecht, 2. Aufl. 2003, S. 343, 362 f.; *Lobinger* in: Soergel, § 346 Rn. 113, 115; *Kaiser* in: Staudinger, § 346 Rn. 192; *Wagner* in: Festschrift Ulrich Huber, 2006, S. 591, 607 f. (Analogie).

[102] Ebenso *Bezzenberger* in: Erman, 11. Aufl. 2004, § 346 Rn. 16; *Gaier* in: MünchKomm-BGB, § 346 Rn. 51; *Hager* in: NK-BGB, § 346 Rn. 53; *Lobinger* in: Soergel, § 346 Rn. 119 (ohne Einschränkung bei Vertretenmüssen des Rückgewährschuldners). A.A. *Kaiser* in: Staudinger, § 346 Rn. 197.

[103] *Annuß*, JA 2006, 184, 187; *Röthel* in: Erman, § 346 Rn. 23; *Gaier* in: MünchKomm-BGB, § 346 Rn. 51 (§ 254 BGB analog); *Kaiser* in: Staudinger, § 346 Rn. 192. Differenzierend *Lobinger* in: Soergel, § 346 Rn. 121.

[104] *Kaiser* in: Staudinger, § 346 Rn. 192 beschränkt dies auf den Anwendungsbereich des § 346 Abs. 3 Satz 1 Nr. 3 BGB.

[105] *Grothe* in: Bamberger/Roth, § 346 Rn. 51; *Röthel* in: Erman, § 346 Rn. 24.

[106] Vgl. *Huber*, Leistungsstörungen II, 1999, § 34 III 3; *Grüneberg* in: Palandt, § 287 Rn. 4.

[107] *Annuß*, JA 2006, 184, 187; *Hager* in: NK-BGB, § 346 Rn. 54; *Lobinger* in: Soergel, § 346 Rn. 123.

Unter „Schaden" sind nicht die Verschlechterung oder der Untergang zu verstehen, sondern deren Folgen. Soweit bei Unterbleiben des Leistungsaustauschs die Sache zwar beschädigt oder zerstört worden wäre, aber entweder der Rückgewährgläubiger dieses Risiko schon nicht mehr getragen hätte (wegen Übergangs der Preisgefahr auf einen Dritten) oder die Beschädigung oder Zerstörung zu einem (durchsetzbaren) **Ersatzanspruch gegen Dritte** (den Schädiger oder eine Versicherung) geführt hätte, muss Wertersatz geleistet werden; denn sonst stünde der Rückgewährgläubiger schlechter, als er ohne den Leistungsaustausch stünde.[108] Zu ersetzen ist allerdings maximal der Wert des entgangenen Anspruchs gegen den Dritten. Im Rahmen von § 287 Satz 2 BGB wird der Begriff „Schaden" ebenfalls in diesem Sinn verstanden.[109] 68

g. Ausnahme zugunsten des Inhabers eines gesetzlichen Rücktrittsrechts (Absatz 3 Satz 1 Nr. 3)

§ 346 Abs. 3 Satz 1 Nr. 3 BGB privilegiert den Inhaber eines gesetzlichen Rücktrittsrechts: Dieser haftet für Verschlechterung oder Untergang nur, wenn er nicht diejenige Sorgfalt beobachtet hat, die er in eigenen Angelegenheiten anzuwenden pflegt.[110] Die praktische Bedeutung der Norm liegt nicht so sehr in der Herabsetzung des Sorgfaltsmaßstabs, sondern vor allem im Ausschluss der Haftung für Zufall. 69

Die Ausnahme führt dazu, dass die **Gefahr zufälligen Untergangs**, die der Rückgewährschuldner gemäß den §§ 446, 644 BGB eigentlich ab Übergabe oder Abnahme der Sache zu tragen hat, im Falle des Rücktritts auf den Rückgewährgläubiger „zurückspringt". Dahinter steckt die Erwägung, dass ein gesetzliches Rücktrittsrecht des Rückgewährschuldners in aller Regel darauf beruht, dass der Rückgewährgläubiger seine Pflichten nicht vollständig erfüllt. Wer nicht ordnungsgemäß geleistet hat, darf nicht darauf vertrauen, dass der Gefahrübergang auf den anderen Teil endgültig ist. Deshalb scheint es eher angemessen, einen Verlust, den keine Partei verschuldet hat, im Falle eines gesetzlichen Rücktrittsrechts dem Rücktrittsgegner aufzuerlegen.[111] Eine **teleologische Reduktion** auf Fälle, in denen der Rücktrittsgegner den Rücktrittsgrund zu vertreten hat[112], ist daher nicht geboten; sie würde in Widerspruch sowohl zum Text des Gesetzes als auch zum Willen des Gesetzgebers stehen. Geboten ist allerdings eine teleologische Reduktion in Fällen, in denen das Rücktrittsrecht nicht auf einer Pflichtverletzung des Rücktrittsgegners beruht, namentlich im Fall von § 313 Abs. 3 Satz 1 BGB; denn hier ist die Ratio der Norm nicht einschlägig.[113] Umgekehrt ist die Norm **analog auf vertragliche Rücktrittsrechte** anzuwenden, sofern diese an eine Pflichtverletzung des Rücktrittsgegners anknüpfen, indem sie etwa die Voraussetzungen eines gesetzlichen Rücktrittsrechts vertraglich absenken.[114] 70

---

[108] *Gaier* in: MünchKomm-BGB, § 346 Rn. 52. A.A. *Lobinger* in: Soergel, § 346 Rn. 123.

[109] *Huber*, Leistungsstörungen II, 1999, § 34 III 3; *Ernst* in: MünchKomm-BGB, § 287 Rn. 5.

[110] *Derleder*, NJW 2005, 2481, 2485 will beim Kauf aus privater Hand § 346 Abs. 3 Satz 1 Nr. 3 BGB nur in Fällen anwenden, in denen Verschlechterung oder Untergang mangelbedingt sind. Damit verliert die Norm beim Kauf aus privater Hand jede Bedeutung, da mangelbedingte Veränderungen schon von § 346 Abs. 3 Satz 1 Nr. 2 BGB erfasst werden. Mit dem Gesetz ist dies nicht vereinbar. Das BGB unterscheidet nur zwischen Verbrauchsgüterkäufen und sonstigen Käufen, kennt die Kategorie des Kaufs aus privater Hand dagegen nicht.

[111] BT-Drs. 14/6040, S. 196; BT-Drs. 14/7052, S. 193; ablehnend *Honsell* in: Festschrift Picker, 2010, S. 363 ff.; *Kaiser*, JZ 2001, 1057, 1064 ff.; *Kaiser* in: Staudinger, § 346 Rn. 203 ff.

[112] So *Gaier*, WM 2002, 1, 11; enger *Gaier* in: MünchKomm-BGB, § 346 Rn. 54; dagegen *Annuß*, JA 2006, 184, 188; *Röthel* in: Erman, § 346 Rn. 28; *Forst*, ZGS 2011, 107, 109; *Heinrichs* in: Festschrift Eike Schmidt, 2005, S. 159, 179; *Grüneberg* in: Palandt, § 346 Rn. 13; unklar *Kamanabrou*, NJW 2003, 30, 31 f., da Pflichtverletzung und Vertretenmüssen gleichgesetzt werden.

[113] *Annuß*, JA 2006, 184, 188; *Grothe* in: Bamberger/Roth, § 346 Rn. 54; *Canaris* in: Canaris, Schuldrechtsreform 2002, 2002, S. XLV; *Röthel* in: Erman, § 346 Rn. 27; *Heinrichs* in: Festschrift Eike Schmidt, 2005, S. 159, 179; *Gaier* in: MünchKomm-BGB, § 346 Rn. 54; *Hager* in: NK-BGB, § 346 Rn. 56 ff.; *Grüneberg* in: Palandt, § 346 Rn. 13; *Kaiser* in: Staudinger, § 346 Rn. 207 (a.A. Voraufl.); *Thier* in: Festschrift Heldrich, 2005, S. 439, 445. A.A. *Forst*, ZGS 2011, 107, 108 f.

[114] *Annuß*, JA 2006, 184, 188; *Canaris* in: Canaris, Schuldrechtsreform 2002, 2002, S. XLV; *Röthel* in: Erman, § 346 Rn. 27; *Gaier* in: MünchKomm-BGB, § 346 Rn. 54; *Hager* in: NK-BGB, § 346 Rn. 56 ff.; *Kaiser* in: Staudinger, § 346 Rn. 208; *Thier* in: Festschrift Heldrich, 2005, S. 439, 445; restriktiv *Grothe* in: Bamberger/Roth, § 346 Rn. 56. *Kohler*, JZ 2002, 1127, 1136 f. will § 346 Abs. 3 Satz 1 Nr. 3 BGB auf alle vertraglichen Rücktrittsrechte anwenden, sofern der Rücktrittsberechtigte nicht fahrlässig i.S.v. § 276 Abs. 2 BGB gehandelt hat, das Zufallsrisiko also dem Rücktrittsgegner auferlegen. Das ist mit dem Gesetz nicht vereinbar.

71 Ebenso wie im Fall von § 346 Abs. 3 Satz 1 Nr. 1 BGB (vgl. Rn. 48) kommt es auch im Fall von § 346 Abs. 3 Satz 1 Nr. 3 BGB nicht darauf an, dass es der Inhaber des gesetzlichen Rücktrittsrechts ist, der zurücktritt. Die Privilegierung kommt ihm auch zugute, wenn die Gegenpartei ein vertragliches Rücktrittsrecht ausübt.[115]

72 Die Privilegierung ist unabhängig davon, ob der Inhaber des gesetzlichen Rücktrittsrechts im Zeitpunkt der Verschlechterung oder des Untergangs vom Bestehen seines Rücktrittsrechts **weiß** oder **wissen muss**.[116] Eine derartige Differenzierung ist im Wortlaut nicht angelegt und würde § 357 Abs. 3 Satz 3 BGB überflüssig machen, der sie für verbraucherschützende Widerrufsrechte eigens anordnet. Eine analoge Anwendung von § 357 Abs. 3 Satz 3 BGB scheidet schon deshalb aus, weil § 346 Abs. 3 Satz 1 Nr. 3 BGB bei verbraucherschützenden Widerrufsrechten nach der Ratio der Norm eigentlich gar nicht zur Anwendung käme, beruht das Widerrufsrecht doch nicht auf einer Pflichtverletzung des Unternehmers (vgl. Rn. 70). Dass der Ausschlussgrund gemäß § 357 Abs. 3 Satz 3 BGB überhaupt einschlägig ist, beruht allein auf Verbraucherschutzgesichtspunkten. Die Situation im Anwendungsbereich des § 357 Abs. 3 Satz 3 BGB ist deswegen mit derjenigen im normalen Rücktrittsrecht nicht vergleichbar und daher eine Analogie unzulässig

73 § 346 Abs. 3 Satz 1 Nr. 3 BGB ab Kenntnis oder Kennenmüssen des Rücktrittsrechts nicht mehr anzuwenden wäre auch im Ergebnis verfehlt, weil dadurch dem Rücktrittsberechtigten ab Kenntnis oder Kennenmüssen das Risiko zufälliger Verschlechterungen auferlegt würde; für die Verteilung des Zufallsrisikos ist die Kenntnis vom Rücktrittsrecht aber unerheblich. Im Ergebnis vertretbar wäre allenfalls, ab Kenntnis oder Kennenmüssen die Wertersatzpflicht nicht schon bei Wahrung der diligentia quam in suis, sondern nur bei sorgfaltsgemäßem Verhalten (§ 276 Abs. 2 BGB) auszuschließen.[117] Doch eine derartige Korrektur des Gesetzes entgegen seinem Wortlaut ist deshalb nicht angebracht, weil der Rücktrittsberechtigte ab dem Zeitpunkt, in dem er sein Rücktrittsrecht kennen muss, der allgemeinen Schadensersatzhaftung unterliegt (vgl. Rn. 107 ff.). Für eine parallel bestehende Wertersatzpflicht besteht daher kein Bedürfnis.

74 Wenn § 346 Abs. 3 Satz 1 Nr. 3 BGB statt auf Verschulden auf diejenige Sorgfalt abstellt, die der Rückgewährschuldner in eigenen Angelegenheiten anzuwenden pflegt, so ist damit nicht nur eine **Haftungsmilderung** bezweckt (wie etwa in den §§ 690, 708, 1359, 1664 BGB). Das Gesetz trägt damit auch der Tatsache Rechnung, dass der Rückgewährschuldner, bevor er sein Rücktrittsrecht kennt oder kennen muss, davon ausgeht und davon ausgehen darf, die Sache endgültig behalten zu können. Die Frage nach der „im Verkehr erforderlichen Sorgfalt" i.S.v. § 276 Abs. 2 BGB geht daher ins Leere. In Bezug auf eigene Sachen unterliegt man keinen Sorgfaltspflichten, man kann sie, wenn man will, vorsätzlich zerstören. Praktikabel ist daher kein normativer, sondern nur ein **empirischer Standard**[118]: Entscheidend ist, ob der Schuldner mit der zurückzugebenden Sache nachlässiger umgegangen ist als mit seinen vergleichbaren anderen Sachen.[119]

75 Diesem empirischen Standard sind freilich in beide Richtungen hin Grenzen gesetzt: Aus § 277 BGB folgt erstens, dass die Haftung für Sorgfalt in eigenen Angelegenheiten nicht strenger sein kann als eine **normale Fahrlässigkeitshaftung**; denn das „nur" in § 277 BGB besagt, dass die Haftung für Sorgfalt

---

[115] *Röthel* in: Erman, § 346 Rn. 27; *Kaiser* in: Staudinger, § 346 Rn. 209.

[116] *Annuß*, JA 2006, 184, 188; *Canaris* in: Canaris, Schuldrechtsreform 2002, 2002, S. XLVII f.; *Grothe* in: Bamberger/Roth, § 346 Rn. 53; *Röthel* in: Erman, § 346 Rn. 29; *Faust*, JuS 2009, 481, 486; *Heinrichs* in: Festschrift Eike Schmidt, 2005, S. 159, 179 ff.; *Kamanabrou*, NJW 2003, 30, 30 f.; *Lorenz*, NJW 2005, 1889, 1893; *Gaier* in: MünchKomm-BGB, § 346 Rn. 57; *Grüneberg* in: Palandt, § 346 Rn. 13 ff.; *Kaiser* in: Staudinger, § 346 Rn. 205; *Schneider*, ZGS 2007, 57 ff.; *Wagner* in: Festschrift Ulrich Huber, 2006, S. 591, 618 ff.; im Ergebnis auch *Thier* in: Festschrift Heldrich, 2005, S. 439, 446 ff. A.A. (Anwendung nur, solange der Rücktrittsberechtigte sein Rücktrittsrecht nicht kennt) *Hager* in: Festschrift Musielak, 2002, S. 195, 201 ff.; *Hager* in: NK-BGB, § 346 Rn. 59; *Schwab*, JuS 2002, 630, 635 f.; *Schwab* in: Schwab/Witt, Examenswissen zum neuen Schuldrecht, 2. Aufl. 2003, S. 343, 364 ff.

[117] So ab Kenntnis *Arnold*, ZGS 2003, 427, 433 f.; *Forst*, ZGS 2011, 107, 109; *Kohler*, JZ 2002, 1127, 1134 f. und AcP 206 (2006), 683, 702 ff.; *Perkams*, Jura 2003, 150, 151 f.; *Rheinländer*, ZGS 2004, 178, 180; *H. Roth* in: Festschrift Canaris, 2007, S. 1131, 1140 f.; ab Kennenmüssen *Konzen* in: Festschrift Canaris, 2007, S. 605, 625 f.

[118] Vgl. *Grundmann* in: MünchKomm-BGB, § 277 Rn. 1.

[119] Ähnlich *Gaier* in: MünchKomm-BGB, § 346 Rn. 56; *Kaiser* in: Staudinger, § 346 Rn. 211. Grundlegend anders *Kohler*, AcP 206 (2006), 683, 706 ff. und ZGS 2007, 295, 301 ff. (kein Fall des § 277 BGB, sondern ähnlicher Maßstab wie in § 745 BGB).

in eigenen Angelegenheiten keinesfalls eine Haftungsverschärfung darstellt.[120] Und zweitens ordnet § 277 BGB an, dass jedenfalls für **grobe Fahrlässigkeit** zu haften ist. Beide Grenzen erfordern die Bestimmung der verkehrserforderlichen Sorgfalt, und damit tritt das soeben beschriebene Problem auf. Es ist verfehlt, hier auf eine Art „Verschulden gegen sich selbst" abzustellen, also danach zu fragen, wie ein „vernünftiger" Mensch mit eigenen Sachen umgeht[121], da jeder ein Recht darauf hat, in eigenen Angelegenheiten unvernünftig zu sein. Ich halte es vielmehr für sinnvoll, auf diejenigen Sorgfaltsstandards abzustellen, die jemand beachten muss, der vom Bestehen eines Rücktrittsrechts weiß. Denn es geht nicht darum, den Inhaber eines gesetzlichen Rücktrittsrechts, der davon noch nichts weiß, dem gleichen Sorgfaltsstandard zu unterwerfen, sondern nur darum, einen Rahmen abzustecken, innerhalb dessen sich die Sorgfalt in eigenen Angelegenheiten bewegen darf. So ist es ohne weiteres einleuchtend, dass jemand, der von seinem Rücktrittsrecht nichts weiß, mit der erhaltenen Sache nicht sorgfältiger umgehen muss als jemand, der sein Rücktrittsrecht kennt, selbst wenn er in eigenen Angelegenheiten an sich sorgfältiger agiert. Und umgekehrt halte ich es für plausibel, die Befreiung von der an sich verschuldensunabhängigen Wertersatzpflicht davon abhängig zu machen, dass jemand die Mindeststandards (grobe Fahrlässigkeit) wahrt, die beim Umgang mit möglicherweise zurückzugebenden Sachen einzuhalten sind, auch wenn er nicht weiß und nicht wissen muss, dass er diesen Standards unterliegt.[122]

Als **Ergebnis** ist daher festzuhalten: Der Inhaber eines gesetzlichen Rücktrittsrechts unterliegt keiner Wertersatzpflicht, wenn er entweder denjenigen Sorgfaltsstandard beachtet hat, den er bei Kenntnis seines Rücktrittsrechts hätte beachten müssen, oder denjenigen Sorgfaltsstandard, den er in eigenen Angelegenheiten zu beachten pflegt, sofern dieser bei Kenntnis des Rücktrittsrechts nicht den Vorwurf grober Fahrlässigkeit begründen würde. 76

Die Privilegierung kommt auch dann zur Anwendung, wenn die zurückzugewährende Sache im **Straßenverkehr** verschlechtert wird oder untergeht.[123] Der BGH wendet zwar §§ 708, 1359 BGB, die in Bezug auf Gesellschafter und Ehegatten den Haftungsmaßstab auf die eigenübliche Sorgfalt reduzieren, im Straßenverkehr nicht an.[124] Dies ist schon im Rahmen dieser Vorschriften fragwürdig. Denn das zentrale Argument des BGH, im Straßenverkehr sei kein Raum für individuelle Sorglosigkeit, ist verfehlt. Es geht hier nicht um Verhaltensanforderungen, sondern um die Haftung; die Verhaltensanforderungen sind durch die Vorschriften des Öffentlichen Rechts und des Strafrechts sichergestellt.[125] Auf § 346 Abs. 3 Satz 1 Nr. 3 BGB lässt sich die Rechtsprechung zu §§ 708, 1359 BGB jedenfalls nicht übertragen. Nach der Argumentation des BGH könnte sie ohnehin nicht zu einer Begründung der durch die Privilegierung ausgeschlossenen Zufallshaftung führen, sondern nur zu einer Haftung für jede Fahrlässigkeit.[126] Selbst wenn man insofern mit dem BGH annimmt, dass die Normen des Straßenverkehrsrechts keinen Raum für individuelle Sorglosigkeit lassen, rechtfertigt das m.E. keine Reduktion 77

---

[120] *Grundmann* in: MünchKomm-BGB, § 277 Rn. 1; *Wolf* in: Soergel, 12. Aufl. 1990, § 277 Rn. 1.
[121] So aber *Kaiser* in: Staudinger, § 346 Rn. 214.
[122] So auch *Röthel* in: Erman, § 346 Rn. 30; *Hager* in: NK-BGB, § 346 Rn. 61.
[123] Unklar OLG Karlsruhe v. 12.09.2007 - 7 U 169/06 - juris Rn. 16 - NJW 2008, 925, 926 f. Jedenfalls rechtfertigt nach Ansicht des OLG allein die Tatsache, dass der Rückgewährschuldner sich bei dem Unfall auch selbst geschädigt hat, nicht den Schluss, dass er die eigenübliche Sorgfalt beachtet hat. Die Annahme, ein Verkehrsteilnehmer verhalte sich im Straßenverkehr regelmäßig unsorgfältig, sei nur bei Vorliegen besonderer Umstände möglich, die vorgetragen werden müssten (juris Rn. 18).
[124] Für § 708 BGB: BGH v. 20.12.1966 - VI ZR 53/65 - juris Rn. 12 - BGHZ 46, 313, 317 f. Für § 1359 BGB: BGH v. 11.03.1970 - IV ZR 772/68 - juris Rn. 23 - BGHZ 53, 352. 355 f.; BGH v. 18.06.1973 - III ZR 207/71 - juris Rn. 12 - BGHZ 61, 101, 104 f.; BGH v. 10.07.1974 - IV ZR 212/72 - juris Rn. 10 - BGHZ 63, 51, 57 f. In Bezug auf § 1664 BGB hat der BGH die Frage offengelassen (BGH v. 01.03.1988 - VI ZR 190/87 - juris Rn. 20 - BGHZ 103, 338, 346).
[125] Vgl. *Ulmer/Schäfer* in: MünchKomm-BGB, § 708 Rn. 13 ff.; *Voppel* in: Staudinger, Neubearb. 2007, § 1359 Rn. 22 f.
[126] BGH v. 28.11.2007 - VIII ZR 16/07 - BGHZ 174, 290 Tz. 15 f. hat – ohne die Frage zu problematisieren – § 346 Abs. 3 Satz 1 Nr. 3 BGB in einem Fall für anwendbar gehalten, in dem das zurückzugebende Fahrzeug durch einen Unfall bei Glatteis beschädigt worden war.

§ 346

von § 346 Abs. 3 Satz 1 Nr. 3 BGB, da das Straßenverkehrsrecht nicht bezweckt, den Verkäufer des benutzten Autos vor einer Schmälerung eventueller Rückgewähransprüche zu schützen.[127]

78 Für **Erfüllungsgehilfen** haftet der Rückgewährschuldner nach § 278 BGB. Die Wertersatzpflicht knüpft zwar nicht an eine Pflichtverletzung an, so dass § 278 BGB nicht unmittelbar anwendbar ist. § 346 Abs. 3 Satz 1 Nr. 3 BGB stellt jedoch auf die Beachtung eines Sorgfaltsstandards ab, und deshalb ist eine analoge Anwendung von § 278 BGB gerechtfertigt.[128] Erfüllungsgehilfe ist dabei jeder, dem der Rückgewährschuldner die Einwirkung auf den zurückzugebenden Gegenstand ermöglicht, denn dadurch bedient sich der Rückgewährschuldner der betreffenden Person hinsichtlich der Wahrung der eigenüblichen Sorgfalt. Auch in Bezug auf den Erfüllungsgehilfen gilt der Maßstab der eigenüblichen Sorgfalt. Diese Sorgfalt ist aber – wie stets im Rahmen von § 278 BGB[129] – nicht nach der Person des Erfüllungsgehilfen, sondern nach derjenigen des Rückgewährschuldners zu bestimmen, da der Rückgewährgläubiger mit diesem kontrahiert hat.[130]

79 § 346 Abs. 3 Satz 1 Nr. 3 BGB gilt gemäß § 357 Abs. 3 Satz 3 BGB nicht, wenn ein Verbraucher von einem **verbraucherschützenden Widerrufsrecht** Gebrauch macht, sofern er über dieses Widerrufsrecht ordnungsgemäß belehrt wurde oder anderweitig davon Kenntnis erlangt hat. Vgl. die Kommentierung zu § 357 BGB.

5. Umfang des Wertersatzes

a. Maßgeblicher Zeitpunkt

80 Hinsichtlich des für die Bemessung des Wertersatzes relevanten Zeitpunkts ist zwischen § 346 Abs. 2 Satz 1 Nr. 1 BGB einerseits und § 346 Abs. 2 Satz 1 Nr. 2 und 3 BGB andererseits zu differenzieren[131], da der Wertersatz dabei jeweils eine unterschiedliche Funktion erfüllt[132].

81 Greift die Wertersatzpflicht ein, weil die Rückgabe des Erlangten **nach dessen Natur ausgeschlossen** ist (§ 346 Abs. 2 Satz 1 Nr. 1 BGB), kommt eine Rückgabe in Natur von vornherein nicht in Frage. Spätere Wertveränderungen (durch Veränderung des verkehrsüblichen Entgelts) hätten sich daher keinesfalls im Vermögen der Parteien niederschlagen können. Maßgeblich für die Wertberechnung ist daher der Zeitpunkt, in dem die zurückzugewährende Leistung erbracht wurde, bei zeitlich gestreckten Leistungen ist der Wert periodisch zu bestimmen.[133]

82 Greift die Wertersatzpflicht dagegen wegen **Veränderungen** ein, die **nach der Erbringung der zurückzugewährenden Leistung** eingetreten sind (§ 346 Abs. 2 Satz 1 Nr. 2 und 3 BGB), hätte der Rückgewährgläubiger ohne den zum Wertersatz verpflichtenden Umstand die Leistung nach Erklärung des Rücktritts in Natur zurückerhalten (vgl. § 249 Abs. 1 BGB). Wertveränderungen bis zur Erklärung des Rücktritts hätten also eine getroffen. Ob ihn auch Wertveränderungen nach Erklärung des Rücktritts getroffen hätten, hängt dagegen von dem weiteren Geschehensablauf im Einzelfall ab, ob er etwa die Sache veräußert hätte. Es bleibt im Rahmen des Wertersatzanspruchs, der von vornherein nur eine ab-

---

[127] So im Ergebnis auch *Röthel* in: Erman, § 346 Rn. 30; *Forst*, ZGS 2011, 107, 110 f.; *Gaier* in: MünchKomm-BGB, § 346 Rn. 56; *Kaiser* in: Staudinger, § 346 Rn. 212. A.A. *Hager* in: NK-BGB, § 346 Rn. 61; *Grüneberg* in: Palandt, § 346 Rn. 13b; *Gsell*, NJW 2008, 912, 913 (mit der Begründung, ein Rückgewährschuldner, der wisse, dass er sich aufgrund der Straßenverkehrsvorschriften keine Nachlässigkeit erlauben dürfe, verdiene keinen Schutz; dies widerspricht jedoch der grundlegenden Regel, Haftungsfolgen durch den Schutzbereich der verletzten Norm zu beschränken).

[128] *Kaiser* in: Staudinger, § 346 Rn. 211, 236.

[129] BGH v. 15.12.1959 - VI ZR 222/58 - juris Rn. 20 - BGHZ 31, 358, 367; *Westermann* in: Erman, § 278 Rn. 42; *Grundmann* in: MünchKomm-BGB, § 278 Rn. 49; *Grüneberg* in: Palandt, § 278 Rn. 27; *Löwisch/Caspers* in: Staudinger, Neubearb. 2009, § 278 Rn. 62.

[130] *Kaiser* in: Staudinger, § 346 Rn. 211.

[131] Anders noch *Faust* in: Huber/Faust, Schuldrechtsmodernisierung, 2002, Rn. 10/40 (Zeitpunkt der Erbringung der zurückzugewährenden Leistung); anders auch *Crothe* in: Bamberger/Roth, § 346 Rn. 46 (Zeitpunkt der Leistung); *Gaier*, WM 2002, 1, 9 und *Lobinger* in: Soergel, § 346 Rn. 101 (Zeitpunkt der Erfüllung bzw. der letzten mündlichen Verhandlung); *Grüneberg* in: Palandt, § 346 Rn. 10 (Zeitpunkt des Leistungsaustauschs).

[132] Vgl. *Gaier*, WM 2002, 1, 4; *Kaiser*, JZ 2001, 1057, 1059.

[133] *Annuß*, JA 2006, 184, 187; *Gaier* in: MünchKomm-BGB, § 346 Rn. 21; *Kaiser* in: Staudinger, § 346 Rn. 107. Ebenso für § 346 Satz 2 BGB a.F.: *Janßen* in: MünchKomm-BGB, 4. Aufl. 2001, § 346 Rn. 21; *Hadding* in: Soergel, 12. Aufl. 1990, § 346 Rn. 7. Für § 818 Abs. 2 BGB: *Larenz/Canaris*, Schuldrecht BT II/2, 13. Aufl. 1994, § 72 III 5 b; *Lieb* in: MünchKomm-BGB, 4. Aufl. 2004, § 818 Rn. 57; *St. Lorenz* in: Staudinger, Neubearb. 2007, § 818 Rn. 31.

strakte Bemessung des Ausgleichs anstrebt, außer Betracht. Maßgebend für die Wertbemessung ist daher der **Zeitpunkt der Erklärung des Rücktritts**.[134] Wird der empfangene Gegenstand nicht zurückgegeben, ist also derjenige Wert zu ersetzen, den er bei Erklärung des Rücktritts gehabt hätte, wenn das zum Wertersatz verpflichtende Ereignis nach § 346 Abs. 2 Satz 1 Nr. 2 und 3 BGB nicht eingetreten wäre. Ist Wertersatz wegen Verschlechterung zu leisten, ist der Zeitpunkt der Erklärung des Rücktritts für die Bemessung des die auf der Verschlechterung beruhenden Wertverlusts maßgeblich. Nicht zu ersetzen ist der Wertverlust durch den bestimmungsgemäßen Gebrauch und die bestimmungsgemäße Ingebrauchnahme, da diese nicht zum Wertersatz verpflichten[135] (vgl. Rn. 57 f.).

b. Maßgeblichkeit der Gegenleistung (Absatz 2 Satz 2)

Nach § 346 Abs. 2 Satz 2 HS. 1 BGB ist der Berechnung des Wertersatzes eine etwaige Gegenleistung zugrunde zu legen. Diese Regelung ist **verfehlt**, da sie in den Fällen des Wertersatzes dem Rücktrittsberechtigten ermöglicht, trotz des Rücktritts an dem für ihn günstigen vertraglichen Äquivalenzverhältnis festzuhalten, und ihn umgekehrt daran hindert, sich durch den Rücktritt von einem ihm ungünstigen Äquivalenzverhältnis zu lösen.[136] Der Gesetzgeber setzt sich dadurch in Widerspruch zu dem von ihm selbst postulierten Ziel des Rücktritts, „die vor dem Vertragsschluss bestehende Rechtslage wieder herzustellen"[137]. **Begründet** wird die Regelung damit, dass die aufgetretene Störung allein die Rückabwicklung, nicht aber die von den Parteien privatautonom ausgehandelte Entgeltabrede betreffe. Soweit auch diese beeinträchtigt sei, etwa weil ein Anfechtungsgrund vorliege, könne die betreffende Partei anfechten und so eine Rückabwicklung nach Bereicherungsrecht herbeiführen.[138] Das ist nicht überzeugend. Denn erstens betrifft zwar nicht die Störung der Rückabwicklung, häufig aber der Rücktrittsgrund die vertragliche Entgeltabrede; der Sinn des Rücktrittsrechts besteht doch gerade darin, sich von dieser lösen zu können. Wenn die Gesetzesbegründung den Rücktrittsberechtigten insofern auf das Anfechtungsrecht verweist, so ist dies schon deshalb kein tragfähiger Ausweg, weil in den meisten Rücktrittsfällen kein Anfechtungsrecht bestehen wird, zumal nach h.M. die Anfechtung nach § 119 Abs. 2 BGB durch das Gewährleistungsrecht verdrängt wird. Und zweitens ist es nicht plausibel, die Parteien an die Entgeltabrede zu binden, wenn die Leistungen nicht in Natur rückabgewickelt werden können, während bei einer Rückabwicklung in Natur diese Entgeltabrede selbstverständlich nicht aufrechterhalten wird. Die Fragwürdigkeit der Regelung zeigt sich auch daran, dass der Gesetzgeber weniger als ein Jahr nach ihrem Inkrafttreten in § 346 Abs. 2 Satz 2 HS. 2 BGB eine Ausnahme für Darlehensverträge statuiert hat (vgl. Rn. 93).

Manche Autoren wollen deshalb § 346 Abs. 2 Satz 2 HS. 1 BGB **teleologisch reduzieren**. Der BGH wies diese Bestrebungen zu Recht zurück (vgl. aber Rn. 94). Die Wertentscheidung des Gesetzgebers ist für den Rechtsanwender bindend, sofern sie nicht objektiv willkürlich ist; diese Grenze ist hier nicht überschritten.[139] Es geht daher nicht an, den Wertersatz höhenmäßig durch den objektiven Wert des Leistungsgegenstands zu beschränken[140] oder § 346 Abs. 2 Satz 2 HS. 1 BGB lediglich eine Vermutungswirkung beizumessen[141]. Ebenso wenig kann man die Gegenleistung um den Gewinnanteil kürzen, wenn das Rücktrittsrecht auf einer Pflichtverletzung des Rückgewährgläubigers beruht[142], oder

---

[134] Ebenso *Annuß*, JA 2006, 184, 187; *Röthel* in: Erman, § 346 Rn. 15. A.A. *Gaier* in: MünchKomm-BGB, § 346 Rn. 44 und *Kaiser* in: Staudinger, § 346 Rn. 168 (Zeitpunkt des Entstehens der Wertersatzpflicht). Die h.M. stellte auch für § 487 Abs. 2 BGB a.F., der eine Wertersatzpflicht im Fall der Wandelung eines Viehkaufs vorsah, für die Wertberechnung auf den Zeitpunkt des Vollzugs der Wandelung ab: *Westermann* in: MünchKomm-BGB, 3. Aufl. 1995, §§ 487, 488 Rn. 5; *Putzo* in: Palandt, BGB, 61. Aufl. 2002, § 487 Rn. 5; *Huber* in: Soergel, 12. Aufl. 1991, § 487 Rn. 4; *Honsell* in: Staudinger, 13. Bearb. 1995, § 487 Rn. 4; a.A. *Grunewald* in: Erman, 10. Aufl. 2000, § 487 Rn. 2 (Zeitpunkt des Eintritts des die Rückgabe ausschließenden Ereignisses).

[135] Insoweit auch *Kaiser* in: Staudinger, § 346 Rn. 170.

[136] Ablehnend auch *Kaiser*, JZ 2001, 1057, 1059: *Gaier* in: MünchKomm-BGB, § 346 Rn. 44. A.A. *Fest*, ZGS 2009, 126, 129 ff.; *Lobinger* in: Soergel, § 346 Rn. 92.

[137] BT-Drs. 14/6040, S. 189 und 190.

[138] BT-Drs. 14/6040, S. 196.

[139] BGH v. 19.11.2008 - VIII ZR 311/07 - BGHZ 178, 355 Tz. 13 ff.; BGH v. 14.07.2011 - VII ZR 113/10 - NJW 2011, 3085 Tz. 4 ff.

[140] *Annuß*, JA 2006, 184, 187; *Lobinger* in: Soergel, § 346 Rn. 99; *Kaiser* in: Staudinger, § 346 Rn. 163 (a.A. Voraufl.).

[141] *Grothe* in: Bamberger/Roth, § 346 Rn. 46; *Gaier* in: MünchKomm-BGB, § 346 Rn. 44. A.A. *Gsell*, LMK 2009, 276149; *Mankowski/Schreier*, AcP 208 (2008), 725, 770.

[142] *Grothe* in: Bamberger/Roth, § 346 Rn. 46; *Röthel* in: Erman, § 346 Rn. 16; *Lobinger* in: Soergel, § 346 Rn. 100; *Kaiser* in: Staudinger, § 346 Rn. 160.

umgekehrt den die Gegenleistung übersteigenden objektiven Wert ansetzen, wenn das Rücktrittsrecht auf einer Pflichtverletzung des Rückgewährschuldners beruht[143]. Geboten ist eine teleologische Reduktion allerdings, wenn nicht nur für eine, sondern für beide zurückzugewährende Leistungen Wertersatz zu zahlen ist, denn in diesem Fall würde die unmodifizierte Anwendung von § 346 Abs. 2 Satz 2 HS. 1 BGB dazu führen, dass das vertragliche Äquivalenzverhältnis nicht nur aufrechterhalten wird, sondern die durch dieses Verhältnis begünstigte Partei noch besser gestellt wird als bei Vertragsdurchführung.[144] § 346 Abs. 2 Satz 2 HS. 1 BGB darf daher immer nur in Bezug auf **eine** der zurückzugewährenden Leistungen zur Anwendung kommen.

85 § 346 Abs. 2 Satz 2 HS. 1 BGB kann **abbedungen** werden. Dies ist bei vertraglichen Rücktrittsrechten anzunehmen, wenn diese das Ziel haben, dass sich der Rücktrittsberechtigte von einem ihm ungünstigen Geschäft lösen können soll.[145]

86 Die **Höhe der Gegenleistung** ist zwangsläufig objektiv zu bestimmen, da § 346 Abs. 2 Satz 2 HS. 1 BGB sonst zirkulär würde. Maßgeblich ist der Bruttopreis, einschließlich etwaiger Nebenkosten wie Versandkosten. Eine Gegenleistung ist auch i.S.v. § 346 Abs. 2 Satz 2 BGB bestimmt, wenn die zurückzugewährende Leistung **unentgeltlich** erfolgen sollte. Der Rückgewährgläubiger kann dann keinen Wertersatz verlangen.[146] Steht der Umfang der Gegenleistung bei Vertragsschluss noch nicht endgültig fest, weil er in **Abhängigkeit von zukünftigen Umständen** bestimmt ist, so ist der kalkulatorische Wert im Zeitpunkt des Vertragsschlusses maßgeblich, nicht, was letztlich geschuldet wird.[147] Die Gegenleistung für eine **Leistung an Erfüllungs statt** besteht in der Befreiung von der eigentlichen Verbindlichkeit. Als Wert der Leistung an Erfüllungs statt ist daher gemäß § 346 Abs. 2 Satz 2 HS. 1 BGB der Wert der Verbindlichkeit anzusetzen, von der der Rückgewährgläubiger gemäß § 364 Abs. 1 BGB frei wurde. Praktisch wichtig ist das vor allem bei der Inzahlunggabe eines Gebrauchtwagens, die die Rechtsprechung mangels anderer Anzeichen als Leistung an Erfüllungs statt auslegt. Wird der Kaufvertrag rückabgewickelt und ist für den Gebrauchtwagen Wertersatz zu leisten, so ist gemäß § 346 Abs. 2 Satz 2 HS. 1 BGB der für den Gebrauchtwagen vereinbarte Anrechnungspreis maßgeblich.[148]

87 § 346 Abs. 2 Satz 2 HS. 1 BGB sieht nicht vor, dass die Gegenleistung an die Stelle des Wertersatzes tritt – wie es noch im Regierungsentwurf geheißen hatte[149] –, sondern dass sie bei der Berechnung des Wertersatzes **zugrunde zu legen** ist. Sie bildet also den Ausgangspunkt für die Berechnung des Wertersatzes. Anpassungen sind in zwei Fällen vorzunehmen:

88 Erstens, wenn die zurückzugewährende Leistung **nicht vertragsgemäß** war. Müsste der Rückgewährschuldner hier als „Wert" der erhaltenen mangelhaften Leistung den Wert der vertraglich vereinbarten Gegenleistung herausgeben, würde er faktisch um seine Rechte wegen der Mangelhaftigkeit der Leis-

---

[143] *Röthel* in: Erman, § 346 Rn. 16; *Kaiser* in: Staudinger, § 346 Rn. 164. A.A. *Hager* in: NK-BGB, § 346 Rn. 47. Widersprüchlich *Canaris* in: Festschrift Wiedemann, 2002, 3 ,18 f. einerseits, 22 f. andererseits.

[144] *Grothe* in: Bamberger/Roth, § 346 Rn. 46; *Faust* JuS 2009, 271, 273 f.

[145] Vgl. *Canaris* in: Canaris, Schuldrechtsreform 2002, 2002, S. XXXIX (teleologische Reduktion); *Hager* in: NK-BGB, § 346 Rn. 45. A.A. *Kaiser* in: Staudinger, § 346 Rn. 163.

[146] *Gaier* in: MünchKomm-BGB, § 346 Rn. 44; *Hager* in: NK-BGB, § 346 Rn. 45; *Lobinger* in: Soergel, § 346 Rn. 94; *Kaiser* in: Staudinger, § 346 Rn. 112, 165.

[147] *Faust*, JuS 2009, 271, 274. A.A. BGH v. 19.11.2008 - VIII ZR 311/07 - BGHZ 178, 355 Tz. 12; *Kaiser* in: Staudinger, § 346 Rn. 165. *Fest*, ZGS 2009, 126, 132 hält in einem solchen Fall § 346 Abs. 2 Satz 2 HS. 1 BGB mangels „Bestimmtheit" der Gegenleistung nicht für anwendbar und bemisst den Wertersatz nach dem objektiven Wert.

[148] OLG Saarbrücken v. 22.06.2005 - 1 U 567/04 - juris Rn. 64 - MDR 2006, 227, 228; OLG Saarbrücken v. 26.07.2007 - 8 U 255/06 - juris Rn. 77 f. - NJOZ 2007, 5025, 5037 f.; OLG Stuttgart v. 01.12.2009 - 6 U 248/08 - juris Rn. 61 - NJW-RR, 2010, 412, 416; *Grothe* in: Bamberger/Roth, § 346 Rn. 46; *Faust*, NJW 2009, 3696, 3697 f.; *Gaier* in: MünchKomm-BGB, § 346 Rn. 17; *Reinicke/Tiedtke*, Kaufrecht, 8. Aufl. 2009, Rn. 1029; *Kaiser* in: Staudinger, § 346 Rn. 78, 165. OLG Hamm v. 18.12.2008 - 28 U 17/08 - juris Rn. 17 ff. - NJW-RR 2009, 1505, 1506 f., *Hager* in: NK-BGB, § 346 Rn. 45 und *Rensen*, MDR 2010, 4 wollen in einem solchen Fall § 346 Abs. 2 Satz 2 HS. 2 BGB nicht anwenden. Eine solche teleologische Reduktion der Norm lediglich für den Fall der Leistung an Erfüllungs statt wäre jedoch willkürlich.

[149] BT-Drs. 14/6040, S. 16.

tung gebracht. Daher ist für die Bestimmung des Wertersatzes der Wert der Gegenleistung nach §§ 441 Abs. 3, 638 Abs. 3 BGB zu mindern.[150]

Zweitens kann die Wertberechnung auf der Basis der Gegenleistung nichts daran ändern, dass für die Wertberechnung der **Zeitpunkt** der Erbringung der zurückzugewährenden Leistung (im Fall von § 346 Abs. 2 Satz 1 Nr. 1 BGB) oder der Zeitpunkt des Rücktritts (in den Fällen von § 346 Abs. 2 Satz 1 Nr. 2 und 3 BGB) maßgeblich ist. Denn die – ohnehin fragwürdige – Regelung von § 346 Abs. 2 Satz 2 BGB soll nur das vertragliche Äquivalenzverhältnis wahren und darf nicht noch über diesen Zweck hinaus so verstanden werden, dass bei Vereinbarung einer Gegenleistung Wertentwicklungen nach Vertragsschluss den Rückgewährschuldner treffen, obwohl sie bei einer Rückgewähr in Natur den Rückgewährgläubiger getroffen hätten. Mit dem Wortlaut von § 346 Abs. 2 Satz 2 HS. 1 BGB lässt sich das problemlos vereinbaren, auch wenn die Formulierung, die Gegenleistung sei der Berechnung des Wertersatzes nur „zugrunde zu legen", einzig im Hinblick auf nicht vertragsgemäße Leistungen gewählt wurde.[151] Die vereinbarte Gegenleistung ist daher an die Entwicklung des objektiven Werts zwischen dem Zeitpunkt des Vertragsschlusses und dem relevanten Zeitpunkt anzupassen.[152] Wird also etwa Wertersatz nach § 346 Abs. 2 Satz 1 Nr. 3 BGB geschuldet und ist der Marktpreis für die betreffende Sache zwischen Vertragsschluss und Rücktritt um 10% gestiegen, ist die Wertberechnung auf der Basis einer um 10% erhöhten Gegenleistung vorzunehmen. **89**

Zweckmäßigerweise geht man so vor, dass man den Wertersatz zunächst objektiv bestimmt und dann entsprechend dem Verhältnis, in dem Gegenleistung und objektiver Wert der zurückzugewährenden Leistung in mangelfreiem Zustand bei Vertragsschluss standen, anpasst. **90**

Beispiel: K kauft von V eine Sache im Wert von 80 € für 100 €. Nachdem K die Sache einige Zeit bestimmungsgemäß gebraucht hat, erweist sich, dass sie einen Mangel aufweist, so dass sie bei Vertragsschluss nur 60 € wert war. K setzt V erfolglos eine Frist zur Nacherfüllung. Nach deren Ablauf geht die Sache infolge grober Nachlässigkeit des K[153] unter. Anschließend tritt K zurück. Im Zeitpunkt des Rücktritts wäre die Sache, wenn sie nicht untergegangen wäre, 56 € wert gewesen; diese Wertveränderung beruht einerseits darauf, dass die Sache durch den bestimmungsgemäßen Gebrauch an Wert verloren hat, andererseits wurde dieser Wertverlust durch ein Steigen des Marktpreises teilweise ausgeglichen. Bei rein objektiver Betrachtung beträgt der Wertersatz 56 €. Dieser Betrag ist jedoch an das ursprüngliche vertragliche Äquivalenzverhältnis anzupassen, also im Verhältnis 100 : 80. Der geschuldete Wertersatz beträgt daher (100 : 80) · 56 € = 70 €. **91**

Auch bei **Darlehensverträgen** ist nach § 346 Abs. 2 Satz 2 HS. 2 BGB davon auszugehen, dass der Wert der Darlehensgewährung der vertraglich vereinbarten Gegenleistung entspricht. Diese besteht in erster Linie aus den bis zur Rückzahlung des Darlehens anfallenden Zinsen. Ist ein **Disagio** (Damnum) vereinbart, entscheidet die Auslegung des Darlehensvertrags darüber, ob es zur Abdeckung der Darlehensnebenkosten (Darlehensbeschaffungskosten, Bearbeitungskosten) dienen und daher unabhängig von der Laufzeit anfallen oder eine vorweggenommene Zinszahlung darstellen soll.[154] Im ersten Fall ist es unabhängig vom Rückzahlungszeitpunkt in voller Höhe im Rahmen der Gegenleistung zu berücksichtigen, im zweiten Fall nur zeitanteilig. Vgl. zum Disagio schon Rn. 23. Das Gesetz ermöglicht nun dem Darlehensnehmer den **Nachweis**, dass der Wert der Darlehensgewährung objektiv niedriger war. Vgl. zur objektiven Wertbemessung Rn. 95. **92**

Die Ausnahme, die § 346 Abs. 2 Satz 2 HS. 2 BGB für Darlehensverträge statuiert, wurde erst durch das OLGVertRÄndG ins BGB eingefügt. Sie war nicht, wie andere Änderungen verbraucherrechtlicher Vorschriften durch dieses Gesetz, aufgrund des „Heininger"-Urteils des EuGH[155] erforderlich. Die ganze **Begründung** lautet wie folgt: „Die Neufassung des § 346 BGB stellt sicher, dass der Verbraucher nicht den Vertragszins zahlen muss, wenn er nur einen niedrigeren oder gar keinen Gebrauchsvor- **93**

---

[150] BT-Drs. 14/6857, S. 22; BGH v. 14.07.2011 - VII ZR 113/10 - NJW 2011, 3085 Tz. 9 ff.; *Grothe* in: Bamberger/Roth, § 346 Rn. 46; *Canaris* in: Canaris, Schuldrechtsreform 2002, 2002, S. XXXIX; *Röthel* in: Erman, § 346 Rn. 15; *Gaier* in: MünchKomm-BGB, § 346 Rn. 21, 45; *Hager* in: NK-BGB, § 346 Rn. 46; *Grüneberg* in: Palandt, § 346 Rn. 10; *Kaiser* in: Staudinger, § 346 Rn. 109, 161. A.A. *Lobinger* in: Soergel, § 346 Rn. 96 f. (Maßgeblichkeit des objektiven Werts); dagegen BGH v. 14.07.2011 - VII ZR 113/10 - NJW 2011, 3085 Tz. 5 ff.
[151] BT-Drs. 14/6857, S. 22.
[152] Insoweit auch *Kaiser* in: Staudinger, § 346 Rn. 169. A.A. *Lobinger* in: Soergel, § 346 Rn. 101.
[153] Die Wertersatzpflicht des K entfällt daher nicht nach § 346 Abs. 3 Satz 1 Nr. 3 BGB.
[154] BGH v. 02.07.1981 - III ZR 8/80 - juris Rn. 10 - BGHZ 81, 124 ff.; BGH v. 29.05.1990 - XI ZR 231/89 - juris Rn. 8 - BGHZ 111, 287 ff.
[155] EuGH v. 13.12.2001 - Rs. C-481/99 - Slg. 2001, I-9945 - Heininger.

teil hatte. Indem dieser Nachweis ermöglicht wird, muss der Verbraucher künftig bei einem geringeren Gebrauchsvorteil nur einen geringeren Zins zahlen. Wenn er gar keinen Gebrauchsvorteil hatte, entfällt die Zinspflicht ganz."[156] Der Gesetzgeber hatte also offenbar den Widerruf eines Verbraucherdarlehensvertrags gemäß § 495 BGB vor Augen. Die Norm kann einzig im Rahmen von § 346 Abs. 2 Satz 1 Nr. 1 BGB zur Anwendung kommen. Ihre Ausgestaltung scheint **willkürlich**. Einmal ist nicht einzusehen, warum nicht der Rückgewährgläubiger umgekehrt einen höheren Wert des Gebrauchsvorteils nachweisen kann. Zum anderen ist die Beschränkung auf Darlehensverträge unverständlich. Warum soll etwa jemand, der ein für ihn ungünstiges Haustür- oder Fernabsatzgeschäft getätigt hat, bei Untergang der erhaltenen Sache sich nicht durch Widerruf von dem für ihn ungünstigen vertraglichen Äquivalenzverhältnis lösen können? Die verfehlte Regelung des § 346 Abs. 2 Satz 2 HS. 1 BGB kann nicht dadurch verbessert werden, dass man punktuell Ausnahmen zulässt und dadurch vergleichbare Fälle unterschiedlich behandelt.

94 Der BGH vermeidet willkürliche Ungleichbehandlungen zumindest teilweise dadurch, dass er § 346 Abs. 2 Satz 2 HS. 1 BGB dann nur eingeschränkt anwendet, wenn dieser als Folge der Ausübung eines verbraucherschützenden Widerrufsrechts über die Verweisung in § 357 Abs. 1 Satz 1 BGB zur Anwendung kommt: Für die Bemessung des vom Verbraucher zu leistenden Wertersatzes sei nicht das vertraglich vereinbarte Entgelt maßgeblich, sondern der objektive Wert der Unternehmerleistungen, soweit dieser das vertragliche Entgelt nicht übersteige; der Wertersatz wird also höhenmäßig sowohl durch den objektiven Wert der empfangenen Leistung als auch durch das vertraglich vereinbarte Entgelt beschränkt.[157] Dies ist insbesondere bei der Wertersatzpflicht für unkörperliche Leistungen gemäß § 346 Abs. 2 Satz 1 Nr. 1 BGB von Bedeutung, weil das Widerrufsrecht sonst faktisch häufig leerliefe; es dürfte insofern auch europarechtlich geboten sein. Vgl. zur Wertersatzpflicht nach § 346 Abs. 2 Satz 1 Nr. 2 und 3 BGB auch Rn. 3.

c. Objektive Wertbemessung

95 Sofern – was selten der Fall sein wird – im Vertrag keine Gegenleistung für die zurückzugewährende Leistung bestimmt ist, ist der Wert – wie in § 818 Abs. 2 BGB – objektiv zu bestimmen.[158] Subjektive Faktoren im Hinblick auf den Rückgewährgläubiger und den Rückgewährschuldner, wie etwa der Schaden des ersten und die noch vorhandene Bereicherung des zweiten, bleiben außer Betracht. Maßgeblich ist der objektive Verkehrswert, also der Marktpreis für die zurückzugewährende Leistung, hilfsweise die angemessene Vergütung.

6. Pflicht zur Herausgabe der verbleibenden Bereicherung bei Ausschluss der Wertersatzpflicht (Absatz 3 Satz 2)

96 § 346 Abs. 3 Satz 2 BGB enthält eine **Rechtsfolgenverweisung** aufs Bereicherungsrecht, wenn die Wertersatzpflicht gemäß § 346 Abs. 3 Satz 1 BGB ausgeschlossen ist.[159] Nicht zur Anwendung kommt die Verweisung, wenn keine Wertersatzpflicht besteht, weil eine Verschlechterung auf die bestimmungsgemäße Ingebrauchnahme (§ 346 Abs. 2 Satz 1 Nr. 3 HS. 2 BGB) oder den bestimmungsgemäßen Gebrauch zurückzuführen ist; denn insofern wird eine etwaige Bereicherung des Rückgewährschuldners durch die Pflicht zum Ersatz der Gebrauchsvorteile (§ 346 Abs. 1, Abs. 2 Satz 1 Nr. 1 BGB) abgeschöpft.

97 Über die Verweisung gilt auch die **verschärfte Haftung** der §§ 818 Abs. 4, 819 BGB.[160] Im Rahmen von § 819 Abs. 1 BGB muss sich die Kenntnis des Rückgewährschuldners dabei auf die Ausübung des Rücktrittsrechts beziehen. Kenntnis vom Bestehen des Rücktrittsrechts genügt nicht, da eine § 819 Abs. 1 BGB vergleichbare Situation erst vorliegt, wenn der Rückgewährschuldner Kenntnis von seiner Rückgewährpflicht hat, und diese erst mit Erklärung des Rücktritts entsteht.[161] Kenntnis vom Bestehen des Rücktrittsrechts könnte allenfalls mit Hilfe einer Analogie zu § 142 Abs. 2 BGB als ausreichend

---

[156] BT-Drs. 14/9266, S. 45.
[157] BGH v. 15.04.2010 - III ZR 218/09 - NJW 2010, 2868 Tz. 23 ff. m.w.N. A.A. *Röthel* in: Erman, § 346 Rn. 16.
[158] BT-Drs. 14/6040, S. 196.
[159] BT-Drs. 14/6040, S. 196.
[160] *Grothe* in: Bamberger/Roth, § 346 Rn. 57; *Gaier* in: MünchKomm-BGB, § 346 Rn. 58; *Hager* in: NK-BGB, § 346 Rn. 66. A.A. *Lobinger* in: Soergel, § 346 Rn. 149.
[161] A.A. *Grothe* in: Bamberger/Roth, § 346 Rn. 57; *Gaier* in: MünchKomm-BGB, § 346 Rn. 58.

angesehen werden. Eine derartige Analogie scheint möglich. Praktisch ist die Frage irrelevant, da der Rückgewährschuldner ohnehin schon ab demjenigen Zeitpunkt, in dem er das Bestehen des Rücktrittsrechts kennen muss, der allgemeinen Schadensersatzhaftung unterliegt (vgl. Rn. 107 ff.).

V. Gezogene Nutzungen

Nach § 346 Abs. 1 BGB hat der Rückgewährschuldner Nutzungen herauszugeben. **98**

1. Nutzungen

Nutzungen sind gemäß § 100 BGB **Früchte** (§ 99 BGB) und **Gebrauchsvorteile**; zu letzteren gehören auch **ersparte Schuldzinsen**, wenn mit erhaltenem Geld ein Kredit zurückgezahlt wird[162]. Vgl. im Einzelnen die Kommentierung zu § 99 BGB und die Kommentierung zu § 100 BGB. Nicht einschlägig sind die Regelungen über Nutzungen, wenn die empfangene Leistung in der Gewährung des Gebrauchs der Sache besteht, denn dann sind die Gebrauchsvorteile keine Nutzungen der empfangenen Hauptleistung, sondern bilden selbst die Hauptleistung.[163] Keine Nutzung stellen auch der Veräußerungserlös und Vorteile aus dem Verbrauch des empfangenen Gegenstands dar; insofern ist § 346 Abs. 2 Satz 1 Nr. 2 BGB einschlägig.[164] **99**

2. Herausgabe von Früchten

Soweit es sich bei den Nutzungen um Früchte (§ 99 BGB) handelt, sind sie **in Natur** herauszugeben. Der Rückgewährschuldner muss also dem Rückgewährgläubiger etwa das Kalb, das die zurückzugebende Kuh geboren hat, übergeben und übereignen oder die Forderung, die er aus der Vermietung der zurückzugebenden Sache erlangt hat, abtreten. Es gilt § 346 Abs. 2 und 3 BGB.[165] Zwar ist dort vom „empfangenen Gegenstand" die Rede, und Früchte des empfangenen Gegenstands hat der Rückgewährschuldner nicht vom Rückgewährgläubiger empfangen. Doch § 346 Abs. 1 BGB stellt die empfangene Leistung und die daraus gezogenen Nutzungen hinsichtlich der Rückgewähr gleich. Es ist kein Grund dafür ersichtlich, warum für Früchte, die aus irgendwelchen Gründen nicht in Natur herausgegeben werden können, im Gegensatz zum empfangenen Gegenstand selbst kein **Wertersatz** geleistet werden sollte. Auch die Worte „oder Herausgabe" am Beginn von § 346 Abs. 2 BGB, die sich – wie ein Vergleich mit § 346 Abs. 1 BGB ergibt – speziell auf Nutzungen beziehen, zeigen, dass § 346 Abs. 2 BGB auch für Früchte gelten sollte; sie wurden zur Klarstellung erst durch das OLGVertRÄndG eingefügt. Für den Wertersatz gilt in Bezug auf Früchte das Gleiche wie in Bezug auf den zurückzugewährenden Gegenstand selbst. Die Wertersatzpflicht nach § 346 Abs. 2 Satz 1 Nr. 3 BGB wird allerdings durch § 347 Abs. 1 BGB begrenzt: Wertersatz wird nur geschuldet, soweit der Rückgewährschuldner nach § 347 Abs. 1 BGB Früchte ziehen musste, da es keinen Unterschied machen kann, ob der Rückgewährschuldner befugtermaßen keine Früchte zieht oder sie zunächst zieht und dann verschlechtert oder untergehen lässt.[166] § 346 Abs. 2 Satz 2 und Abs. 3 Satz 1 Nr. 1 BGB wird nur selten zur Anwendung kommen, da in der Regel für Früchte keine besondere Gegenleistung bestimmt wird und der Mangel von Früchten nicht zum Rücktritt berechtigt. **100**

3. Ersatz des Werts von Gebrauchsvorteilen

Was den Ersatz von Gebrauchsvorteilen angeht, ist der Begriff der „gezogenen Nutzungen" in § 346 Abs. 1 BGB nicht ganz klar. Er kann entweder als das tatsächliche Benutzen (etwa durch Fahren eines Autos) verstanden werden oder als das Innehaben der Nutzungsmöglichkeit (etwa dadurch, dass man ein Auto zur Verfügung hat und jederzeit fahren kann). Die Rechtsprechung ist insofern nicht konsequent: Wenn problemlos festgestellt werden kann, in welchem Ausmaß der Rückgewährschuldner die Sache tatsächlich genutzt hat (etwa: gefahrene Kilometer), stellt sie auf das tatsächliche Benutzen ab, andernfalls auf das Innehaben der Nutzungsmöglichkeit (Zeitdauer, während der die Sache genutzt werden konnte); vgl. Rn. 101. Diese rein auf Praktikabilitätsgründen beruhende Differenzierung ist **101**

---

[162] *Grüneberg* in: Palandt, § 346 Rn. 6; *Kaiser* in: Staudinger, § 346 Rn. 274; vgl. BGH v. 06.03.1998 - V ZR 244/96 - juris Rn. 19 - BGHZ 138, 163 ff.
[163] *Gaier* in: MünchKomm-BGB, § 346 Rn. 23; *Lobinger* in: Soergel, § 346 Rn. 47; *Kaiser* in: Staudinger, § 346 Rn. 245.
[164] *Lobinger* in: Soergel, § 346 Rn. 50; *Kaiser* in: Staudinger, § 346 Rn. 253.
[165] *Lobinger* in: Soergel, § 346 Rn. 51; *Kaiser* in: Staudinger, § 346 Rn. 247.
[166] *Kaiser* in: Staudinger, § 346 Rn. 248.

schwerlich zu rechtfertigen (vgl. auch Rn. 105).[167] Nicht zu den Gebrauchsvorteilen zählen Vorteile, die nicht durch den Gebrauch der Sache, sondern nur mittels der Sache gewonnen werden, wie etwa an den Besitz der Sache gebundene personenbezogene Beihilfen.[168]

102 Da Gebrauchsvorteile nicht in Natur herausgegeben werden können, ist nach § 346 Abs. 2 Satz 1 Nr. 1 BGB ihr Wert zu ersetzen. Die im Schrifttum vereinzelt vertretene Ansicht, § 346 Abs. 2 Satz 1 Nr. 1 BGB beziehe sich nur auf nicht in Natur zurückzugewährende Hauptleistungen, während sich der Ersatz des Werts von Nutzungen unmittelbar nach § 346 Abs. 1 BGB richte[169], hat sich durch die Einfügung der Worte „oder Herausgabe" am Beginn von § 346 Abs. 2 BGB durch das OLGVertrÄndG erledigt.[170] Zum Verhältnis von Nutzungsersatz und Ersatz notwendiger Verwendungen vgl. die Kommentierung zu § 347 BGB Rn. 49.

103 Der Wertersatz ist vom Gericht analog § 287 ZPO zu schätzen.[171] Entscheidend ist der Umfang der Nutzung durch den Rückgewährschuldner im Verhältnis zur voraussichtlichen Gesamtnutzungsdauer. Zu vergüten ist also derjenige Teil des Werts, der dem Anteil der Nutzungsdauer durch den Rückgewährschuldner an der voraussichtlichen Gesamtnutzungsdauer entspricht (**lineare Wertabschreibung**); maßgeblich ist dabei der Wert im **Zeitpunkt des Gefahrübergangs**.[172] Als **Gesamtnutzungsdauer** ist dabei die gewöhnliche Gesamtnutzungsdauer anzusetzen, die erheblich kürzer sein kann als die mögliche Lebensdauer des Guts; bei gebrauchten Sachen kommt es auf die gewöhnliche Restnutzungsdauer an.[173] Wenn vertraglich eine besondere Nutzung vorausgesetzt ist, ist die gewöhnliche Gesamtnutzungsdauer im Hinblick auf diese besondere Nutzung zu bestimmen (z.B. Verwendung von Betten in Unterkunft für Asylbewerber).[174] Der Regierungsentwurf wollte das Prinzip der linearen Wertabschreibung durch die kryptische Formulierung zum Ausdruck bringen, herauszugeben seien die gezogenen Nutzungen „unter Einschluss der durch den bestimmungsgemäßen Gebrauch entstandenen Abnutzung". Der Bundesrat regte die Streichung dieser Worte an, da sie die bisher unstreitige Rechtslage nicht verdeutlichten, sondern zu Missverständnissen führen könnten und da außerdem eine Abnutzung nicht herausgegeben werden könne. Eine Änderung gegenüber der alten Rechtslage sei ohnehin nicht beabsichtigt.[175] Wenn sich das Ausmaß der tatsächlichen Nutzung problemlos feststellen lässt (insbesondere: gefahrene Kilometer bei Kraftfahrzeugen), wird die lineare Wertabschreibung auf dieser Basis vorgenommen, sonst zeitanteilig.[176] Dies ist bedenklich (vgl. Rn. 101 und Rn. 105). Obergrenze für den Nutzungsersatz soll nach einer Entscheidung des OLG Karlsruhe die Differenz zwischen Anschaffungspreis und Verkehrswert in mangelfreiem Zustand im Zeitpunkt der Rückgabe sein.[177] Dem kann nicht gefolgt werden. Der Gesetzgeber hat sich dafür entschieden, dass der Rückgewährschuldner dem Rückgewährgläubiger nicht den infolge der Abnutzung eingetretenen Wertverlust, sondern die mit Hilfe einer linearen Wertabschreibung bemessenen Nutzungen herausgeben muss. Bei neuen Sachen wird dies typischerweise den Rückgewährschuldner, bei älteren den Rückgewährgläubiger begünstigen. Es geht nicht an, die gesetzgeberische Entscheidung einseitig zugunsten des Rückgewährschuldners zu korrigieren.

---

[167] Vgl. *Faust*, JuS 2009, 1049, 1052. Anders *Mörsdorf*, JZ 2010, 232, 238.

[168] BGH v. 22.01.2010 - V ZR 170/08 - RdL 2010, 219 Tz. 11.

[169] *Grothe* in: Bamberger/Roth, § 346 Rn. 33, 39; *Hager* in: NK-BGB, § 346 Rn. 33 f.; zu Recht dagegen *Canaris* in: Canaris, Schuldrechtsreform 2002, S. XXXVIII; *Gaier*, WM 2002, 1, 5; *Grüneberg* in: Palandt, § 346 Rn. 8; *Schwab*, JuS 2002, 630, 631; *Schwab* in: Schwab/Witt, Examenswissen zum neuen Schuldrecht, 2. Aufl. 2003, S. 343, 345 ff.; *Kaiser* in: Staudinger, § 346 Rn. 251.

[170] Dies verkennen *Grothe* in: Bamberger/Roth, § 346 Rn. 33, 39 und *Hager* in: NK-BGB, § 346 Rn. 33 f.

[171] BGH v. 26.06.1991 - VIII ZR 198/90 - juris Rn. 9 - BGHZ 115, 47, 49; *Hager* in: NK-BGB, § 346 Rn. 24; *Kaiser* in: Staudinger, § 346 Rn. 254.

[172] BT-Drs. 14/6040, S. 193; BGH v. 26.06.1991 - VIII ZR 198/90 - juris Rn. 20 - BGHZ 115, 47, 52 (allerdings ohne Berücksichtigung des mangelbedingten Minderwerts); BGH v. 25.10.1995 - VIII ZR 42/94 - juris Rn. 28 - NJW 1996, 250, 252; BGH v. 06.10.2005 - VII ZR 325/03 - NJW 2006, 53 Tz. 14 ff. (selbstgenutzte Eigentumswohnung); *Gaier* in: MünchKomm-BGB, § 346 Rn. 26 f.; *Hager* in: NK-BGB, § 346 Rn. 24; *Lobinger* in: Soergel, § 346 Rn. 52; *Kaiser* in: Staudinger, § 346 Rn. 255 f.

[173] *Lobinger* in: Soergel, § 346 Rn. 54; *Kaiser* in: Staudinger, § 346 Rn. 259.

[174] BGH v. 26.06.1991 - VIII ZR 198/90 - BGHZ 115, 47 ff.; *Lobinger* in: Soergel, § 346 Rn. 54; *Kaiser* in: Staudinger, § 346 Rn. 260.

[175] BT-Drs. 14/6857, S. 21 f.

[176] *Gaier* in: MünchKomm-BGB, § 346 Rn. 27; *Kaiser* in: Staudinger, § 346 Rn. 261; vgl. etwa (zu § 347 Satz 2 BGB a.F.) OLG Karlsruhe v. 07.03.2003 - 14 U 154/01 - NJW 2003, 1950, 1951.

[177] OLG Karlsruhe v. 07.03.2003 - 14 U 154/01 - juris Rn. 27 - NJW 2003, 1950, 1951 (zu § 347 Satz 2 BGB a.F.).

Sofern für die Leistung eine **Gegenleistung** vereinbart ist, ist der Wert auf ihrer Basis zu bestimmen (§ 346 Abs. 2 Satz 2 BGB; vgl. Rn. 83 ff.); maßgeblich ist der Bruttopreis, einschließlich etwaiger Nebenkosten wie Versandkosten[178]. War die genutzte Sache mangelhaft, so ist bei der linearen Wertabschreibung – anders als bei der Bestimmung des Wertersatzes bei Untergang oder Verschlechterung der zurückzugewährenden Sache (vgl. Rn. 88) – nicht vom geminderten Kaufpreis auszugehen.[179] Denn die Beeinträchtigung der Nutzung korreliert nicht mit dem Minderwert der zurückzugewährenden Sache. Entscheidend ist vielmehr, ob die Nutzung durch den Mangel in qualitativer oder in quantitativer Hinsicht beeinträchtigt wird. Bei einer Beeinträchtigung in qualitativer Hinsicht ist die lineare Wertabschreibung auf der Basis der vollen Gegenleistung zu berechnen und dann der so ermittelte Nutzungsersatz entsprechend den Auswirkungen des Mangels auf den Nutzungsvorteil zu mindern; keine Rolle spielen dabei die mangelbedingte Minderung des Sachwerts und die Mangelbeseitigungskosten.[180] Bei einer Beeinträchtigung in quantitativer Hinsicht entspricht der Nutzungsersatz dagegen demjenigen Teil der Gegenleistung, der sich aus dem Verhältnis aus der Nutzungsdauer durch den Rückgewährschuldner und der voraussichtlichen Restnutzungsdauer einer mangelfreien Sache (!) ergibt.[181] **Beispiel:** K kauft von V für 10.000 € einen Gebrauchtwagen mit einem Tachostand von 20.000 km, der voraussichtlich insgesamt 120.000 km gefahren werden kann. Nachdem K 40.000 km gefahren ist, stellt sich heraus, dass das Auto bei Gefahrübergang in Wirklichkeit schon eine Laufleistung von 60.000 km aufwies. K tritt umgehend zurück. Der Nutzungsersatz beträgt hier 10.000 € · (40.000 km : 100.000 km) = 4.000 €. Denn nach der vertraglichen Entgeltabrede sollte K für ein Auto, das er noch 100.000 km nutzen konnte, 10.000 € zahlen; die Parteien wiesen der Nutzung also einen Wert von 0,10 €/km zu. Dieser Betrag verändert sich nicht dadurch, dass das Auto in Wirklichkeit nur noch eine voraussichtliche Restnutzungsdauer von 60.000 km aufwies. Sollte die höhere Laufleistung die Nutzung des Autos auch in qualitativer Hinsicht beeinträchtigt haben, wäre der Betrag von 4.000 € entsprechend herabzusetzen.

104

Der EuGH hat den Nutzungsersatz, den der Verbraucher im Falle des Widerrufs eines **Fernabsatzgeschäfts** zu leisten hat, wesentlich eingeschränkt, weil sonst die Wirksamkeit und Effektivität des Widerrufsrechts beeinträchtigt würden. Er hat eine Pflicht zum Nutzungsersatz nur zugelassen, soweit der Verbraucher die Ware „auf eine mit den Grundsätzen des bürgerlichen Rechts wie denen von Treu und Glauben oder der ungerechtfertigten Bereicherung unvereinbare Art und Weise benutzt hat". Die Konkretisierung dieser Kriterien hat der EuGH den nationalen Gerichten überlassen.[182] Unzulässig dürfte es jedenfalls sein, den Nutzungsersatz auf der Basis von Faktoren zu berechnen, die nur die Nutzungsmöglichkeit, nicht aber die tatsächliche Nutzung widerspiegeln (im EuGH-Fall: zeitanteilige lineare Wertminderung eines Notebooks unabhängig davon, in welchem Ausmaß das Notebook wirklich genutzt wurde). Mittlerweile ist der Nutzungsersatz bei Widerruf eines Fernabsatzvertrags in § 312e Abs. 1 BGB besonders geregelt. Unklar ist, ob die EuGH-Entscheidung auf andere Fälle einer europarechtlich geprägten Rückgewährpflicht übertragen werden kann, etwa auf den mangelbedingten Rücktritt von einem Verbrauchsgüterkauf.[183]

105

Bei Gegenständen, deren Wert durch die Nutzung nicht vermindert wird (z.B. Grundstücken, Unternehmen, Antiquitäten) kann der Wert der Nutzungen nicht durch lineare Wertabschreibung bestimmt werden. Insofern bleibt nichts anderes übrig, als den Wert der Nutzungen auf der Basis eines **fiktiven Miet- oder Pachtzinses** festzulegen.[184] Das gilt auch im Hinblick auf immaterielle Nutzungen; § 253 BGB ist nicht entsprechend anwendbar.[185] Der fiktive Miet- oder Pachtzins ist um den Gewinnanteil

106

---

[178] BGH v. 26.06.1991 - VIII ZR 198/90 - juris Rn. 10 - BGHZ 115, 47, 50 ff.; *Hager* in: NK-BGB, § 346 Rn. 24; *Lobinger* in: Soergel, § 346 Rn. 52; *Kaiser* in: Staudinger, § 346 Rn. 258; vgl. auch *Gaier* in: MünchKomm-BGB, § 346 Rn. 26.

[179] So aber *Hager* in: NK-BGB, § 346 Rn. 24; *Kaiser* in: Staudinger, § 346 Rn. 258.

[180] So BGH v. 06.10.2005 - VII ZR 325/03 - NJW 2006, 53 Tz. 20 ff. nach altem Recht zur selbstgenutzten Eigentumswohnung mit Schallschutzmängeln im Wege der großen Schadensersatzes; ferner *Lobinger* in: Soergel, § 346 Rn. 53. Bedenklich OLG Karlsruhe v. 07.03.2003 - 14 U 154/01 - juris Rn. 27 - NJW 2003, 1950, 1951 (zu § 347 Satz 2 BGB a.F.): keine Kürzung bei mangelhafter Klimaanlage eines Neuwagens.

[181] *Lobinger* in: Soergel, § 346 Rn. 53.

[182] EuGH v. 03.09.2009 - C-489/07 - NJW 2009, 3015 - Pia Messner/Firma Stefan Krüger.

[183] Vgl. näher *Faust*, JuS 2009, 1049, *Bauerschmidt/Harnos*, ZGS 2010, 202, *Schinkels*, ZGS 2009, 539 und die Kommentierung zu § 357 BGB. Vgl. auch Rn. 3.

[184] A.A. *Lobinger* in: Soergel, § 346 Rn. 56 ff. (durch Kapitalbindung entgangene Anlagezinsen mit Miet- oder Pachtzins als Obergrenze).

[185] A.A. *Kaiser* in: Staudinger, § 346 Rn. 273.

§ 346

des Vermieters oder Verpächters herabzusetzen.[186] Der insgesamt geschuldete Nutzungsersatz ist auf jeden Fall durch die Höhe der – gegebenenfalls geminderten – Gegenleistung beschränkt.[187]

VI. Schadensersatzpflicht

107 Der Wertersatz nach § 346 Abs. 2 Satz 1 Nr. 2 und 3 BGB – sei es für die zurückzugewährende Leistung selbst oder für Früchte – wird häufig hinter vollem Schadensersatz zurückbleiben, etwa weil er die den Minderwert übersteigenden Reparaturkosten nicht abdeckt oder weil er auf der Basis einer den wahren Sachwert unterschreitenden Gegenleistung zu berechnen ist. Deshalb ist es von hoher praktischer Bedeutung, ob neben dem Wertersatzanspruch ein Anspruch auf Schadensersatz besteht. Insofern gilt die allgemeine Regel, dass eine zu vertretende Pflichtverletzung eine Schadensersatzhaftung begründet.[188] Wann jedoch eine zu vertretende Pflichtverletzung vorliegt, hängt davon ab, ob das Ereignis, das die Rückgabe in Natur verhindert, vor oder nach Erklärung des Rücktritts eintritt und ob ein vertragliches oder ein gesetzliches Rücktrittsrecht vorliegt.

1. Ereignisse nach Erklärung des Rücktritts

108 Mit der Erklärung des Rücktritts entstehen die Rückgewährpflichten nach § 346 Abs. 1 BGB.[189] Die Parteien unterliegen in Bezug auf die empfangene Leistung und herauszugebende Früchte ab diesem Zeitpunkt der allgemeinen Haftung. Sie sind also verpflichtet, innerhalb der Grenzen von § 275 BGB Leistungsanstrengungen zur Erfüllung ihrer Rückgewähr- oder Herausgabepflicht zu unternehmen (vgl. Rn. 26), und haften bei verspäteter Erfüllung, Nicht- oder Schlechterfüllung gemäß den §§ 280-284, 286 BGB; § 346 Abs. 4 BGB stellt dies ausdrücklich klar.[190] Ab der Erklärung des Rücktritts müssen die Parteien die zurückzugebende Sache wie eine fremde behandeln, dürfen sie insbesondere – außer unter besonderen Umständen – nicht mehr nutzen.[191]

2. Ereignisse vor Erklärung des Rücktritts

a. Begründung der Schadensersatzpflicht

109 Tritt vor Erklärung des Rücktritts eine Veränderung i.S.v. § 346 Abs. 2 Satz 1 Nr. 2 und 3 BGB ein, beeinflusst diese unmittelbar den **Inhalt der mit der Rücktrittserklärung entstehenden Rückgewähr- oder Herausgabepflicht**: Im Falle des Verbrauchs, der Veräußerung, der Verarbeitung, der Umgestaltung oder des Untergangs entsteht insoweit von vornherein keine Rück- oder Herausgabepflicht, im Falle der Belastung und der Verschlechterung und eine Pflicht zur Rückgabe oder Herausgabe in demjenigen Zustand, in dem sich der Gegenstand bei Erklärung des Rücktritts befand; denn der Rückgewährschuldner muss die eingetretene Veränderung nicht rückgängig machen (vgl. Rn. 25 und Rn. 27 ff.). Der Rückgewährschuldner ist daher von vornherein nicht zur Rückgewähr oder Herausgabe in unversehrtem Zustand verpflichtet und verletzt deshalb keine Pflicht i.S.v. § 346 Abs. 1 BGB, wenn er den Gegenstand nicht oder nur in verschlechtertem Zustand zurückgewährt oder herausgibt.[192] § 346 Abs. 4 BGB lässt sich darum für Ereignisse vor Erklärung des Rücktritts nichts entnehmen.[193]

---

[186] *Röthel* in: Erman, § 346 Rn. 34.
[187] *Gaier*, WM 2002, 1, 6; *Kaiser*, JZ 2001, 1057, 1066.
[188] BT-Drs. 14/6040, S. 195 f. Vgl. zur Entstehungsgeschichte *Heinrichs* in: Festschrift Eike Schmidt, 2005, S. 159, 169 f.
[189] *Hager* in: Festschrift Musielak, 2002, S. 195, 199 nimmt an, das Rückgewährschuldverhältnis entstehe schon im Zeitpunkt des Leistungsaustauschs; die Erklärung des Rücktritts bewirke lediglich die Fälligkeit.
[190] Vgl. BT-Drs. 14/6040, S. 196.
[191] *Grothe* in: Bamberger/Roth, § 346 Rn. 60; *Gaier*, WM 2002, 1, 13; *Heinrichs* in: Festschrift Eike Schmidt, 2005, S. 159, 173, 182; *Gaier* in: MünchKomm-BGB, § 346 Rn. 65; *Kaiser* in: Staudinger, § 346 Rn. 281, 286.
[192] Dies verkennt *Gaier*, WM 2002, 1, 12 f. und in: MünchKomm-BGB, § 346 Rn. 61, 65 (ähnlich wie *Gaier: Grüneberg* in: Palandt, § 346 Rn. 15; *Heinrichs* in: Festschrift Eike Schmidt, 2005, S. 159, 166 ff.). Würde – wie *Gaier* annimmt – eine Pflicht zur Rückgewähr in einem der bestimmungsmäßigen Nutzung entsprechenden Zustand bestehen, müsste der Rückgewährschuldner andere Veränderungen innerhalb der Grenze des § 275 BGB rückgängig machen und würde, wenn er das nicht tut, schon deswegen nach §§ 280 Abs. 1 und 3, 281 BGB auf Schadensersatz statt der Leistung haften; darauf, ob er die Veränderung selbst zu vertreten hätte, käme es nicht an. Unrichtig auch noch *Faust* in: Huber/Faust, Schuldrechtsmodernisierung, 2002, Rn. 10/47.
[193] *Röthel* in: Erman, § 346 Rn. 40; *Kaiser* in: Staudinger, § 346 Rn. 225; *Wagner* in: Festschrift Ulrich Huber, 2006, S. 591, 617. A.A. *Canaris* in: Canaris, Schuldrechtsreform 2002, 2002, S. XLVI; *Lobinger* in: Soergel, § 346 Rn. 168 (rückwirkendes Entstehen der Rückgewährpflicht).

In Bezug auf Ereignisse vor Erklärung des Rücktritts kommt daher nur eine Haftung wegen **Schutzpflichtverletzung** nach den §§ 280 Abs. 1, 241 Abs. 2 BGB in Betracht.[194] Eine Verpflichtung zur Rücksichtnahme auf die Interessen des künftigen Rückgewährgläubigers trifft die Parteien jedenfalls ab dem **Zeitpunkt**, in dem das Rücktrittsrecht entsteht, denn ab der Entstehung des Rücktrittsrechts hängt das Entstehen der Pflichten aus § 346 Abs. 1 BGB nur noch von der Erklärung des Rücktritts ab, und jede Partei muss auf das Interesse der Gegenpartei, im Fall der Erklärung des Rücktritts die erbrachte Leistung und etwaige Früchte ungeschmälert (zurück) zu erhalten, Rücksicht nehmen. Eine derartige Pflicht besteht aber auch dann, wenn das Rücktrittsrecht noch nicht entstanden ist, sein Entstehen aber nur noch vom Ablauf einer Frist für die Erfüllung oder Nacherfüllung (§ 323 BGB) abhängt.[195]

110

Der genaue **Inhalt der Rücksichtnahmepflicht** kann nur im Einzelfall bestimmt werden. Auf welche Weise die Parteien mit der erhaltenen Leistung verfahren dürfen, solange ein Rücktrittsrecht besteht, richtet sich nach dem Vertragsinhalt (vgl. Rn. 60).[196] Der bestimmungsgemäße Gebrauch des erhaltenen Gegenstands ist vor Erklärung des Rücktritts keinesfalls pflichtwidrig. § 347 Abs. 1 Satz 1 BGB verpflichtet die Parteien ja gerade dazu, die empfangene Leistung entsprechend den Regeln einer ordnungsmäßigen Wirtschaft zu nutzen. Der Käufer eines Autos darf das Auto also den Gefahren des Straßenverkehrs aussetzen, sofern er die Verkehrsregeln beachtet. Der Händler, der Ware gekauft hat, darf diese weiterveräußern. Der Fabrikant darf die erworbenen Materialien verarbeiten.[197] Zwar entspringen auch hieraus Risiken für den potentiellen Rückgewährgläubiger, doch werden diese durch die Wertersatzpflicht von § 346 Abs. 2 BGB ganz wesentlich reduziert, und für den potentiellen Rückgewährschuldner würde es eine ganz erhebliche Einschränkung bedeuten, wenn er schon vor Erklärung des Rücktritts die erhaltene Leistung nicht für den Zweck einsetzen dürfte, für den er sie erworben hat.

111

Die Schadensersatzpflicht setzt gemäß § 280 Abs. 1 Satz 2 BGB voraus, dass der spätere Rückgewährschuldner die Pflichtverletzung **zu vertreten** hat. Vertretenmüssen kann dabei nur vorliegen, wenn er **das Rücktrittsrecht kennt oder kennen muss**.[198] Denn vorher glaubt er und darf er glauben, die empfangene Leistung endgültig behalten zu dürfen. Er muss deshalb beim Umgang mit dieser Leistung keinerlei Sorgfaltsstandards einhalten. Eine Haftung nach den §§ 280 Abs. 1, 241 Abs. 2 BGB kann ihn deshalb nicht treffen.[199] Sobald der spätere Rückgewährschuldner aber weiß oder wissen muss, dass er oder die Gegenpartei zum Rücktritt berechtigt ist, muss er auch wissen, dass er die empfangene Leistung möglicherweise zurückzugewähren hat und deshalb mit ihr pfleglich umgehen muss. Tut er das nicht, lässt er die im Verkehr erforderliche Sorgfalt außer Acht und handelt damit fahrlässig (§ 276 Abs. 2 BGB). Bei **vertraglichen Rücktrittsrechten**, deren Ausübung im Belieben des Rücktrittsbe-

112

---

[194] *Annuß*, JA 2006, 184, 188; *Arnold*, ZGS 2003, 427, 432; *Grothe* in: Bamberger/Roth, § 346 Rn. 58 f.; *Röthel* in: Erman, § 346 Rn. 41; *Kaiser* in: Staudinger, § 346 Rn. 226; vgl. auch *Kohler*, JZ 2002, 1127, 1131 f., der die Haftung aus §§ 820 Abs. 1 Satz 2, 818 Abs. 4, 292, 989 BGB ableitet. Generell gegen eine Schadensersatzpflicht für Ereignisse vor Erklärung des Rücktritts *Bezzenberger* in: Erman, 11. Aufl. 2004, § 346 Rn. 34 ff.; *Perkams*, Jura 2003, 150, 152 f.; *Wagner* in: Festschrift Ulrich Huber, 2006, S. 591, 617 f.

[195] Ähnlich *Röthel* in: Erman, § 346 Rn. 42.

[196] Vgl. *Röthel* in: Erman, § 346 Rn. 42; *Heinrichs* in: Festschrift Eike Schmidt, 2005, S. 159, 176; *Kaiser* in: Staudinger, § 346 Rn. 231.

[197] Ebenso *Röthel* in: Erman, § 346 Rn. 42. Anders *Heinrichs* in: Festschrift Eike Schmidt, 2005, S. 159, 173; *Kaiser*, JZ 2001, 1057, 1064; *Lobinger* in: Soergel, § 346 Rn. 175 ff. (treuhandähnliche Pflichten); *Kaiser* in: Staudinger, § 346 Rn. 232.

[198] BT-Drs. 14/6040, S. 195; BT-Drs. 14/7052, S. 193 f.; *Grothe* in: Bamberger/Roth, § 346 Rn. 59 ff.; *Röthel* in: Erman, § 346 Rn. 43; *Kaiser*, JZ 2001, 1057, 1064; *Kamanabrou*, NJW 2003, 30, 31; *Schwab*, JuS 2002, 630, 636; *Schwab* in: Schwab/Witt, Examenswissen zum neuen Schuldrecht, 2. Aufl. 2003, S. 343, 372 f.; *Kaiser* in: Staudinger, § 346 Rn. 226 ff. (außer *Röthel* jeweils ohne Unterscheidung zwischen Pflichtverletzung und Vertretenmüssen, vgl. *Heinrichs* in: Festschrift Eike Schmidt, 2005, S. 159, 171). *Heinrichs* in: Festschrift Eike Schmidt, 2005, S. 159, 183 f. und *Grüneberg* in: Palandt, § 346 Rn. 17 nehmen an, bei gesetzlichen Rücktrittsrechten hafte der Rücktrittsgegner für alle Veränderungen ab Empfang der Leistung, weil er den Rücktritt zu vertreten hat. Doch erstens setzen die gesetzlichen Rücktrittsrechte nach neuem Recht kein Vertretenmüssen des Rücktrittsgegners mehr voraus und zweitens kommt es auf die Verantwortlichkeit für die Verschlechterung etc. der Sache an, nicht auf diejenige für den Rücktrittsgrund. Nach OLG Frankfurt a.M. v. 17.06.2010 - 4 W 12/10 - NJOZ 2011, 878, 880 besteht schon vor Kenntnis/Kennenmüssen eine Haftung für vorsätzliche Beschädigungen; das ist verfehlt.

[199] BT-Drs. 14/6040, S. 195; BT-Drs. 14/7052, S. 193 f.; anders wohl *Kaiser*, JZ 2001, 1057, 1064 (nur verminderte Sorgfaltspflichten).

rechtigten steht, kommt damit eine Schadensersatzhaftung schon ab Empfang der Leistung in Betracht, da die Parteien dabei das Rücktrittsrecht von Anfang an kennen. Bei **gesetzlichen Rücktrittsrechten** und vertraglichen Rücktrittsrechten, deren Ausübung an Bedingungen geknüpft ist, kann eine Schadensersatzhaftung dagegen erst ab demjenigen Zeitpunkt eingreifen, in dem die Parteien das Vorliegen der Voraussetzungen des Rücktrittsrechts (mit Ausnahme des Ablaufs einer etwaigen Frist zur Erfüllung oder Nacherfüllung) kennen oder kennen müssen und auch wissen oder wissen müssen, dass aus dem Vorliegen dieser Voraussetzungen ein Rücktrittsrecht folgt. Dabei ist eine exakte juristische Subsumtion nicht erforderlich; vielmehr reicht es aus, wenn der spätere Rücktrittsberechtigte erkennen muss, dass aus den betreffenden Umständen für ihn oder die Gegenpartei ein Rechtsbehelf folgt, der ihn zur Rückgabe der empfangenen Leistung und – falls es um Früchte geht – zu deren Herausgabe verpflichtet. Dass dabei jeweils **Kennenmüssen**, also fahrlässige Unkenntnis (§ 122 Abs. 2 BGB) genügt, folgt aus der allgemeinen Regel, dass Fahrlässigkeit zu vertreten ist (§ 276 Abs. 1 Satz 1 BGB).[200]

113 Die **Haftungsmilderung** des § 346 Abs. 3 Satz 1 Nr. 3 BGB ist nicht analog anzuwenden.[201] Denn auch wenn sie nicht danach differenziert, ob der Rücktrittsberechtigte sein Rücktrittsrecht kennt oder kennen muss, ist sie doch auf Fälle zugeschnitten, in denen der Rücktrittsberechtigte sein Rücktrittsrecht weder kennt noch kennen muss und daher mit der Sache umgehen kann, als würde er sie endgültig behalten. Ab Kennenmüssen hingegen muss er die Sache pfleglich behandeln. Wenn § 346 Abs. 3 Satz 1 Nr. 3 BGB seinen Haftungsmaßstab hinsichtlich der Wertersatzpflicht trotzdem auf diligentia quam in suis beschränkt (vgl. Rn. 72 f.), ist dies nur angemessen, weil eine Schadensersatzpflicht nach §§ 280 Abs. 1, 241 Abs. 2 BGB besteht. Nur deswegen konnte in § 346 Abs. 3 Satz 1 Nr. 3 BGB auf eine Differenzierung nach dem Kenntnisstand des Rückgewährschuldners verzichtet werden.[202]

b. Inhalt der Schadensersatzpflicht

114 Die Verletzung der Rücksichtnahmepflicht führt **erst im Zeitpunkt des Rücktritts** zu einem Schaden, wenn nämlich der Rückgewähranspruch infolge der Pflichtverletzung mit „minderem" Inhalt entsteht (vgl. Rn. 109). Vorher kann der spätere Rückgewährgläubiger keine Ansprüche stellen, insbesondere nicht Reparatur der beschädigten Sache fordern. Etwas anderes kommt in Betracht, wenn der Rückgewährschuldner die Sache unter **Eigentumsvorbehalt** erwarb und noch nicht vollständig gezahlt hat; denn dann dient die Sache auch dem Sicherungsinteresse des späteren Rückgewährgläubigers[203] (vgl. auch Rn. 118 f.).

115 Der Inhalt der Schadensersatzpflicht richtet sich nach den §§ 249-254 BGB. Nach § 249 Abs. 1 BGB ist der Rückgewährschuldner primär zur **Naturalrestitution** verpflichtet. Im Rahmen seiner Schadensersatzpflicht trifft ihn also – anders als im Rahmen der Pflicht aus § 346 Abs. 1 BGB – die Verpflichtung, die Veränderung, derentwegen die Rückgabe oder Herausgabe in Natur ganz oder teilweise ausgeschlossen ist, rückgängig zu machen. Auf eine **Entschädigung in Geld** kann er den Gläubiger nur unter den Voraussetzungen von § 251 BGB verweisen.[204]

116 Da nach § 249 BGB das Wahlrecht zwischen der Herstellung in Natur (Absatz 1) und dem Ersatz des dafür notwendigen Geldbetrags (Absatz 2) dem Geschädigten zusteht, scheint der Rückgewährschuldner keine Möglichkeit zu haben, die **Geldzahlungspflicht durch Naturalherstellung abzuwenden**.

---

[200] Vgl. BT-Drs. 14/6040, S. 195; BT-Drs. 14/7052, S. 194; ebenso *Grothe* in: Bamberger/Roth, § 346 Rn. 59; *Röthel* in: Erman, § 346 Rn. 43; *Heinrichs* in: Festschrift Eike Schmidt, 2005, S. 159, 175; *Gaier* in: MünchKomm-BGB, § 346 Rn. 61; *Grüneberg* in: Palandt, § 346 Rn. 18. Auf Kenntnis stellen dagegen ab *Arnold*, ZGS 2003, 427, 434; *Kaiser*, JZ 2001, 1057, 1064; *Kohler*, JZ 2002, 1127, 1132 f., ZGS 2005, 386, 390 f. und AcP 206 (2006), 683, 702; *H. Roth* in: Festschrift Canaris, 2007, S. 1131, 1142; *Schwab*, JuS 2002, 630, 636; *Lobinger* in: Soergel, § 346 Rn. 170; *Kaiser* in: Staudinger, § 346 Rn. 229; *Thier* in: Festschrift Heldrich, 2005, S. 439, 446 ff.; auf Evidenz des Rücktrittsrechts stellt ab *Schwab* in: Schwab/Witt, Examenswissen zum neuen Schuldrecht, 2. Aufl. 2003, S. 343, 372 f., auf grobe Fahrlässigkeit *Kamanabrou*, NJW 2003, 30, 31.

[201] *Grothe* in: Bamberger/Roth, § 346 Rn. 61; *Röthel* in: Erman, § 346 Rn. 44; *Kamanabrou*, NJW 2003, 30, 31; *Kohler*, JZ 2002, 1127, 1128; *Lobinger* in: Soergel, § 346 Rn. 161; *Kaiser* in: Staudinger, § 346 Rn. 235. A.A. *Bezzenberger* in: Erman, 11. Aufl. 2004, § 346 Rn. 37 (sogar für Ereignisse nach Erklärung des Rücktritts); *Heinrichs* in: Festschrift Eike Schmidt, 2005, S. 159, 178; *Kohler*, AcP 206 (2006), 683, 701; *Grüneberg* in: Palandt, § 346 Rn. 18; *Schneider*, ZGS 2007, 57, 60.

[202] *Faust*, JuS 2009, 481, 489. Vgl. BT-Drs. 14/6040, S. 195; BT-Drs. 14/7052, S. 193 f.

[203] Vgl. LG Bonn v. 29.04.1963 - 4 T 122/63 - NJW 1963, 1458 f. A.A. *Hefermehl* in: Schlegelberger, HGB, 5. Aufl. 1982, Anh. § 382 Rn. 52.

[204] *Kaiser* in: Staudinger, § 346 Rn. 238 f.

Dadurch entsteht eine Diskrepanz zu Veränderungen nach Entstehen der Rückgewährpflicht: Für jene wird Schadensersatz nur unter den Voraussetzungen von § 280 Abs. 1 und 3 BGB geschuldet, so dass der Rückgewährschuldner prinzipiell die Möglichkeit hat, seine Schadensersatzpflicht nach § 281 BGB durch Naturalleistung abzuwenden. Es scheint wertungswidersprüchlich, an eine Beschädigung vor Entstehen der Rückgewährpflicht strengere Folgen zu knüpfen als an eine Beschädigung danach.

Um diesen Wertungswiderspruch aufzulösen, ist zu fragen, warum § 249 BGB dem Schadensersatzverpflichteten nicht die Möglichkeit bietet, den Ersatz der Reparaturkosten dadurch abzuwenden, dass er selbst repariert. Der Grund dafür liegt darin, dass die Norm von der Beschädigung einer Sache ausgeht, die im Zeitpunkt der Beschädigung nicht dem Schädiger, sondern dem Schadensersatzberechtigten zugeordnet ist. In einem solchen Fall wäre es in der Tat nicht angemessen, dem Schadensersatzberechtigten zuzumuten, dem Schädiger eine weitere Einwirkung auf die Sache zum Zweck der Reparatur zu ermöglichen. Bei Beschädigung einer Sache, die der Schädiger aufgrund eines erst später entstehenden Anspruchs zurückzugewähren hat, liegen die Dinge dagegen anders: Im Zeitpunkt der Schädigung ist die Sache dem Schädiger zugeordnet, der Schadensersatzberechtigte hat noch nicht einmal Anspruch auf sie. Die Position des Schadensersatzberechtigten ist also noch schwächer als in den Fällen, in denen ihm § 281 BGB zumutet, dem Schuldner eine Möglichkeit einzuräumen, die Schadensersatzpflicht durch Beseitigung der Störung zu vermeiden. A maiore ad minus muss der Rückgewährschuldner eine solche Möglichkeit daher auch bei Beschädigung der Sache vor Entstehen des Rückgewähranspruchs haben.[205] Rechtstechnisch ist dies ebenso zu bewerkstelligen wie bei Wertersatzansprüchen (vgl. Rn. 30): Die Geltendmachung des Schadensersatzanspruchs ist wegen Rechtsmissbrauchs (§ 242 BGB) ausgeschlossen, wenn der Rückgewährschuldner Beseitigung des Schadens anbietet.

3. Kauf unter Eigentumsvorbehalt

Wenn der Rückgewährschuldner die zurückzugewährende Sache unter Eigentumsvorbehalt erworben hat, kann er für die Verschlechterung oder den Untergang der Sache auch auf der Basis dieses Eigentumsvorbehalts haften, und zwar sowohl nach §§ 280 Abs. 1, 241 Abs. 2 BGB, weil er aufgrund des Eigentumsvorbehalts **Obhutspflichten** unterliegt[206], als auch nach **§ 823 Abs. 1 BGB**, weil er das Eigentum des Vorbehaltsverkäufers verletzt. Im Rahmen beider Ansprüche kann ihm dabei Vertretenmüssen schon zur Last fallen, bevor er das Rücktrittsrecht kennt oder kennen muss, da er schon aufgrund des Eigentumsvorbehalts zum sorgfältigen Umgang mit der Sache verpflichtet ist. Allerdings soll der Eigentumsvorbehalt den Verkäufer nur für den Fall schützen, dass der Käufer seiner Zahlungspflicht nicht nachkommt. Tritt eine der Parteien aus anderem Grund zurück (z.B. nach § 313 Abs. 3 Satz 1 BGB oder wegen der Mangelhaftigkeit der gelieferten Sache), scheint es nicht angemessen, den Käufer wegen jeder Veränderung der zurückzugewährenden Sache einer Schadensersatzhaftung zu unterwerfen und dadurch die rücktrittsrechtliche Wertung, dass bis zum Kennenmüssen des Rücktrittsrechts (vgl. Rn. 112) allenfalls (vgl. § 346 Abs. 3 BGB) Wertersatz zu zahlen ist, zu überspielen. Schäden daraus, dass die unter Eigentumsvorbehalt erworbene Sache nicht oder nur in verschlechtertem Zustand zurückgegeben wird, sind daher nur dann vom **Schutzzweck der auf dem Eigentumsvorbehalt beruhenden Sorgfaltsnormen** erfasst, wenn die Rückabwicklung wegen Zahlungsschwierigkeiten des Vorbehaltskäufers erfolgt. Beruht sie auf anderen Gründen, bleibt es bei den Ansprüchen aufgrund Rücktrittsrechts, so, als wäre der Käufer bereits Eigentümer gewesen.[207]

Sofern danach **Schadensersatzansprüche aufgrund des Eigentumsvorbehalts** bestehen, richtet sich ihr **Inhalt** nach §§ 249 ff. BGB. Der Gläubiger kann also gemäß § 249 Abs. 2 BGB sofort eine Geldzahlung verlangen, während nach Rücktrittsrecht der Rückgewährschuldner die Möglichkeit hat, die Geldzahlung dadurch zu vermeiden, dass er die zur Zahlung verpflichtende Veränderung rückgängig macht (vgl. zu Schadensersatzansprüchen wegen Veränderung nach Erklärung des Rücktritts §§ 346 Abs. 4, 280 Abs. 1 und 3 BGB, zu Schadensersatzansprüchen wegen Veränderungen vor Erklärung des Rücktritts Rn. 116 f. und zu Wertersatzansprüchen Rn. 30). Diese Ungleichbehandlung ist gerechtfertigt. Denn auf den Eigentumsvorbehalt gestützte Schadensersatzansprüche kommen ohnehin nur im Fall des Rücktritts wegen Zahlungsschwierigkeiten des Käufers in Betracht. Dann aber ist dem Vorbe-

---

[205] Zustimmend *Kaiser* in: Staudinger, § 346 Rn. 238.
[206] Vgl. *Faust* in: Bamberger/Roth, § 449 Rn. 17; *Grunewald* in: Erman, § 449 Rn. 15; *Westermann* in: MünchKomm-BGB, § 449 Rn. 17; *Beckmann* in: Staudinger, Neubearb. 2004, § 449 Rn. 59.
[207] *Sittard/Blattner*, ZGS 2006, 339, 340 wollen die Privilegierung des § 346 Abs. 3 Satz 1 Nr. 3 BGB auf den Anspruch aus § 823 Abs. 1 BGB übertragen. Dadurch wird das Problem wegen des beschränkten Anwendungsbereichs und der beschränkten Rechtsfolgen der Privilegierung jedoch nur teilweise gelöst.

VII. Herausgabe des Ersatzes

120 Soweit nach Entstehen der Rückgewährpflicht ein Umstand eintritt, aufgrund dessen der Rückgewährschuldner von der Pflicht zur Rückgabe des empfangenen Gegenstands oder zur Herausgabe von Früchten (insgesamt, teilweise oder in mangelfreiem Zustand) nach § 275 BGB frei wird, und der Rückgewährschuldner deshalb einen Ersatz oder einen Ersatzanspruch erlangt, kann der Rückgewährgläubiger diesen nach § 285 Abs. 1 BGB herausverlangen.[208] Denn ab Entstehen der Rückgewährpflicht kommt das allgemeine Leistungsstörungsrecht zur Anwendung, wie § 346 Abs. 4 BGB in Bezug auf Schadensersatzansprüche klarstellt.

121 Nicht unmittelbar anwendbar ist § 285 BGB dagegen in Bezug auf Umstände, die vor Entstehen der Rückgewährpflicht eintreten. Denn diese Umstände führen nicht dazu, dass der Rückgewährschuldner von einer an sich bestehenden Rückgewährpflicht nach § 275 BGB frei wird, sondern verhindern, dass eine solche Pflicht überhaupt entsteht, da sich der Anspruch aus § 346 Abs. 1 BGB von vornherein nur auf Rückgabe in demjenigen Zustand bezieht, in dem sich der betreffende Gegenstand bei Entstehen der Rückgewährpflicht befindet (vgl. Rn. 25 und Rn. 27 ff.). Doch ist § 285 BGB auf Veränderungen vor Entstehen der Rückgewährpflicht, die zum Ausschluss oder zur inhaltlichen Beschränkung des Anspruchs aus § 346 Abs. 1 BGB führen, analog anzuwenden.[209] Denn der § 285 Abs. 1 BGB tragende Gedanke, dass dem Gläubiger, der den Anspruch auf die Leistung verloren hat, als Ausgleich das Surrogat gebührt, das im Vermögen des Schuldners an die Stelle der nicht zu erbringenden Leistung getreten ist, kommt auch hier zum Tragen. Dabei ist unerheblich, dass der Rückgewährgläubiger hier nie einen Anspruch auf die Leistung hatte, denn § 285 BGB gilt auch in Fällen anfänglicher Unmöglichkeit.[210] Dass es hier – anders als in den Fällen des § 311a BGB – schon an den Voraussetzungen für die Entstehung des Anspruchs fehlt und deshalb im rechtstechnischen Sinn kein Fall des § 275 BGB vorliegt, kann im Ergebnis keinen Unterschied machen. Nur wenn der Rückgewährschuldner die Veränderung freiwillig rückgängig macht (vgl. Rn. 30), fehlt es an den Voraussetzungen von § 285 BGB.[211]

122 Macht der Rückgewährgläubiger den Anspruch aus § 285 Abs. 1 BGB geltend, ist der Wert des erlangten Ersatzes analog § 285 Abs. 2 BGB auf den Wertersatzanspruch und gemäß § 285 Abs. 2 auf einen eventuellen Schadensersatzanspruch **anzurechnen**.[212]

D. Beweislast

123 Verlangt der Rückgewährgläubiger die erbrachte Leistung gemäß § 346 Abs. 1 BGB **in Natur** zurück und beruft sich der Rückgewährschuldner darauf, zur (vollständigen, mangelfreien) Rückgabe nicht verpflichtet zu sein, weil einer der Tatbestände von § 346 Abs. 2 Satz 1 Nr. 2 und 3 BGB vorliegt, so trifft die Beweislast den Rückgewährschuldner.[213] Fordert der Rückgewährgläubiger gemäß § 346 Abs. 1 BGB die Herausgabe von Früchten in Natur, muss er beweisen, dass der Rückgewährschuldner diese Früchte gezogen hat.[214]

124 Will der Rückgewährgläubiger **Wertersatz**, muss er beweisen, dass einer der Fälle von § 346 Abs. 2 Satz 1 BGB vorliegt, und auch in Bezug auf die für die Bezifferung des Wertersatzes maßgeblichen Tatsachen trifft ihn die Beweislast.[215] Die Beweislast für Tatsachen, die zum Ausschluss des Wertersatzanspruchs nach § 346 Abs. 3 Satz 1 BGB führen, trifft dagegen den Rückgewährschuldner. Das Gleiche gilt, wenn sich der Rückgewährschuldner darauf beruft, eine Verschlechterung sei durch die

---

[208] BT-Drs. 14/6040, S. 194. A.A. *Lobinger* in: Soergel, § 346 Rn. 59 (§ 818 Abs. 1 BGB analog).
[209] Ebenso *Röthel* in: Erman, § 346 Rn. 45. Für direkte Anwendung: *Grothe* in: Bamberger/Roth, § 346 Rn. 64; *Hager* in: Festschrift Musielak, 2002, S. 195, 198 f.; *Gaier* in: MünchKomm-BGB, § 346 Rn. 47; *Hager* in: NK-BGB, § 346 Rn. 71; *Kaiser* in: Staudinger, § 346 Rn. 222.
[210] BT-Drs. 14/6040, S. 164 f.
[211] *Kaiser* in: Staudinger, § 346 Rn. 222.
[212] *Grothe* in: Bamberger/Roth, § 346 Rn. 64; *Röthel* in: Erman, § 346 Rn. 45; *Hager* in: NK-BGB, § 346 Rn. 71; *Grüneberg* in: Palandt, § 346 Rn. 20; *Kaiser* in Staudinger, § 346 Rn. 222. A.A. *Lobinger* in: Soergel, § 346 Rn. 65 (Wahlrecht zwischen Wertersatz und Surrogatsherausgabe).
[213] *Kaiser* in: Staudinger, § 346 Rn. 314.
[214] *Röthel* in: Erman, § 346 Rn. 46; *Hager* in: NK-BGB, § 346 Rn. 72; *Kaiser* in: Staudinger, § 346 Rn. 316.
[215] *Röthel* in: Erman, § 346 Rn. 47; *Hager* in: NK-BGB, § 346 Rn. 72; *Kaiser* in: Staudinger, § 346 Rn. 314.

bestimmungsgemäße Ingebrauchnahme (§ 346 Abs. 2 Satz 1 Nr. 3 HS. 2 BGB) oder den bestimmungsgemäßen Gebrauch entstanden.[216] Fordert der Rückgewährgläubiger in den Fällen von § 346 Abs. 3 Satz 1 BGB die Herausgabe einer verbleibenden Bereicherung des Rückgewährschuldners (§ 346 Abs. 3 Satz 2 BGB), gelten die allgemeinen Beweislastregeln der §§ 818, 819 BGB (vgl. die Kommentierung zu § 818 BGB und die Kommentierung zu § 819 BGB).

Verlangt der Rückgewährgläubiger **Schadensersatz**, gelten die allgemeinen Beweislastregeln. Er muss deswegen beweisen, dass der Rückgewährschuldner vor Erklärung des Rücktritts eine Pflicht i.S.v. § 241 Abs. 2 BGB oder nach Erklärung des Rücktritts eine Pflicht aus dem Rückgewährschuldverhältnis verletzt hat. Im Hinblick auf Pflichten aus § 241 Abs. 2 BGB muss er also beweisen, dass die schädigende Handlung zeitlich nach demjenigen Zeitpunkt verübt wurde, zu dem das Entstehen eines Rücktrittsrechts nur noch vom Ablauf einer Frist zur Erfüllung oder Nacherfüllung abhing, denn erst in diesem Zeitpunkt entstehen für den Rückgewährschuldner Schutzpflichten im Hinblick auf die empfangene Leistung und gezogene Früchte (vgl. Rn. 110).[217] Gelingt ihm dieser Nachweis, kann der Rückgewährschuldner sich dadurch entlasten, dass er nachweist, dass er die Pflichtverletzung nicht zu vertreten hat (§ 280 Abs. 1 Satz 2 BGB). Dazu kann er etwa beweisen, dass er im Zeitpunkt der schädigenden Handlung weder wusste noch wissen musste, dass ein Rücktrittsrecht bestand oder sein Entstehen nur noch vom Ablauf einer Frist zur Erfüllung oder Nacherfüllung abhing (vgl. Rn. 112). 125

Wenn der Rückgewährgläubiger einen Anspruch aus § 285 Abs. 1 BGB auf **Herausgabe des Ersatzes** oder Abtretung des Ersatzanspruchs geltend machen will, muss er dessen Voraussetzungen beweisen.[218] 126

---

[216] *Kaiser* in: Staudinger, § 346 Rn. 314.
[217] *Kaiser* in: Staudinger, § 346 Rn. 315 nimmt an, der Rückgewährgläubiger trage auch die Beweislast hinsichtlich der Kenntnis des Rückgewährschuldners, da sie diese Kenntnis als relevant nicht nur – wie hier – im Rahmen des Vertretenmüssens, sondern schon im Rahmen der Pflichtverletzung ansieht. Wie hier *Röthel* in: Erman, § 346 Rn. 48.
[218] *Kaiser* in: Staudinger, § 346 Rn. 314.

§ 347 BGB Nutzungen und Verwendungen nach Rücktritt

(Fassung vom 02.01.2002, gültig ab 01.01.2002)

(1) ¹Zieht der Schuldner Nutzungen entgegen den Regeln einer ordnungsmäßigen Wirtschaft nicht, obwohl ihm das möglich gewesen wäre, so ist er dem Gläubiger zum Wertersatz verpflichtet. ²Im Falle eines gesetzlichen Rücktrittsrechts hat der Berechtigte hinsichtlich der Nutzungen nur für diejenige Sorgfalt einzustehen, die er in eigenen Angelegenheiten anzuwenden pflegt.

(2) ¹Gibt der Schuldner den Gegenstand zurück, leistet er Wertersatz oder ist seine Wertersatzpflicht gemäß § 346 Abs. 3 Nr. 1 oder 2 ausgeschlossen, so sind ihm notwendige Verwendungen zu ersetzen. ²Andere Aufwendungen sind zu ersetzen, soweit der Gläubiger durch diese bereichert wird.

Gliederung

A. Grundlagen ... 1
  I. Kurzcharakteristik ... 1
  II. Gesetzgebungsmaterialien ... 3
  III. Europäischer Hintergrund ... 6
B. Anwendungsvoraussetzungen ... 8
  I. Normstruktur ... 8
  II. Ersatz für nicht gezogene Nutzungen (Absatz 1) ... 10
    1. Anwendungsbereich ... 10
    2. Allgemeine Regelung (Absatz 1 Satz 1) ... 13
      a. Nutzungen ... 13
      b. Regeln einer ordnungsmäßigen Wirtschaft ... 15
      c. Möglichkeit, die Nutzungen zu ziehen ... 20
      d. Wertersatz ... 21
    3. Ausnahme zugunsten der Inhaber gesetzlicher Rücktrittsrechte (Absatz 1 Satz 2) ... 24
      a. Normzweck ... 24
      b. Zeitlicher Anwendungsbereich ... 25
      c. Gesetzliche Rücktrittsrechte ... 26
      d. Sorgfalt, die der Berechtigte in eigenen Angelegenheiten anzuwenden pflegt ... 28
    4. Schadensersatzpflicht wegen nicht gezogener Nutzungen ... 31
      a. Grundsatz ... 31
      b. Pflichtverletzung ... 32
      c. Vertretenmüssen ... 33
      d. Rechtsfolgen ... 38
      e. Praktische Bedeutung ... 39
    5. Beweislast ... 40
  III. Aufwendungsersatz (Absatz 2) ... 42
    1. Anwendungsbereich ... 42
    2. Notwendige Verwendungen (Absatz 2 Satz 1) ... 46
      a. Begriff ... 46
      b. Ersatzfähigkeit ... 53
      c. Geltendmachung des Ersatzanspruchs ... 60
    3. Andere Aufwendungen (Absatz 2 Satz 2) ... 61
      a. Begriff ... 61
      b. Bereicherung des Rückgewährgläubigers ... 62
    4. Aufwendungen und Wertersatzansprüche ... 67
    5. Beweislast ... 71

A. Grundlagen

I. Kurzcharakteristik

1   § 347 Abs. 1 BGB regelt, wann der Rückgewährschuldner Nutzungen zu ersetzen hat, die er nicht gezogen hat, aber nach den Regeln einer ordnungsmäßigen Wirtschaft hätte ziehen müssen. Die Norm ergänzt damit § 346 BGB, der dem Rückgewährgläubiger einen Anspruch auf Herausgabe der gezogenen Nutzungen gibt.

2   § 347 Abs. 2 BGB regelt den Ersatz von notwendigen Verwendungen und anderen Aufwendungen, die der Rückgewährschuldner auf den empfangenen Gegenstand gemacht hat.

II. Gesetzgebungsmaterialien

3   Die Norm ersetzt § 347 Satz 2 BGB a.F., der in Bezug auf Nutzungen und Verwendungen auf die Vorschriften des **Eigentümer-Besitzer-Verhältnisses** für die Zeit nach Eintritt der Rechtshängigkeit verwies.

4   Hinsichtlich nicht gezogener Nutzungen war dort § 987 Abs. 2 BGB einschlägig. Der wichtigste Unterschied besteht darin, dass § 987 Abs. 2 BGB **Verschulden** voraussetzt, während § 347 Abs. 1 Satz 1 BGB nur verlangt, dass es dem Rückgewährschuldner möglich gewesen wäre, die Nutzungen zu ziehen. Durch die Änderung wollte der Gesetzgeber der Tatsache Rechnung tragen, dass der Verschulden-

sbegriff des § 276 BGB insbesondere bei gesetzlichen Rücktrittsrechten Probleme aufwarf, weil der Rückgewährschuldner zumindest vor Kenntnis des Rücktrittsrechts davon ausgeht, die Sache behalten und daher mit ihr nach Belieben verfahren zu können.[1]

In Bezug auf Aufwendungen kam § 994 Abs. 2 BGB zur Anwendung, der hinsichtlich des Ersatzes notwendiger Verwendungen auf die §§ 683-684 BGB verwies. Einen Anspruch auf den Ersatz anderer als notwendiger Verwendungen hatte der Rückgewährschuldner nicht (§ 996 BGB); ihm verblieb nur das Wegnahmerecht des § 997 BGB. Diese Regelung hatte erhebliche **Schwächen**. Erstens gab sie keinen Anspruch auf Ersatz von Aufwendungen, die auf nicht gegenständliche Leistungen gemacht wurden (z.B. Verpflegung eines Dienstverpflichteten). Und zweitens konnte der Ersatz anderer als notwendiger Verwendungen selbst dann nicht verlangt werden, wenn der Wert der zurückzugebenden Sache durch sie noch bei der Rückgabe erhöht war. Zur Korrektur dieses Problems wurden verschiedene Wege vertreten, etwa dem Rücktrittsberechtigten für Verwendungen vor Kenntnis oder Kennenmüssen des Rücktrittsrechts einen Bereicherungsanspruch zu gewähren[2] oder § 996 BGB entsprechend auszulegen[3]. § 347 Abs. 2 Satz 2 BGB gibt dem Rückgewährschuldner nun einen Anspruch auf Aufwendungsersatz, soweit der Rückgewährgläubiger bereichert ist.[4]

III. Europäischer Hintergrund

§ 347 BGB ist auch einschlägig, wenn ein Vertrag aufgrund eines europarechtlich vorgegebenen **Rücktritts- oder Widerrufsrechts** rückabgewickelt wird; bei Widerrufsrechten aufgrund der Verweisung in § 357 BGB. In den einschlägigen Richtlinien heißt es zwar in der Regel, dass die Rücktritts- oder Widerrufsfolgen dem nationalen Recht unterliegen.[5] Trotzdem unterwirft der EuGH die Rücktritts- oder Widerrufsfolgen einer gewissen Kontrolle. Insbesondere zog er dem Nutzungsersatz nach dem Widerruf von **Fernabsatzgeschäften** Grenzen (vgl. die Kommentierung zu § 346 BGB Rn. 105). Eine Pflicht zum Ersatz nicht gezogener Nutzungen könnte damit nur vereinbar sein, wenn man es als eine „mit den Grundsätzen des bürgerlichen Rechts wie denen von Treu und Glauben ... unvereinbare Art und Weise" der Benutzung[6] ansieht, dass der Rückgewährschuldner die Sache gerade nicht genutzt hat. Der deutsche Gesetzgeber hat beim Widerruf eines Fernabsatzvertrags die Pflicht zum Ersatz nicht gezogener Nutzungen durch § 312e Abs. 1 Satz 2 BGB ausgeschlossen. Detaillierte Regelungen über die Widerrufsfolgen bei Fernabsatzverträgen und bei außerhalb von Geschäftsräumen geschlossenen Verträgen enthält die Verbraucherrechte-RL[7], die bis zum 13.12.2013 umgesetzt werden muss und für nach dem 13.06.2014 geschlossene Verträge gilt.

Soweit die §§ 346, 347 BGB über die Verweisung in § 439 Abs. 4 BGB die **Rückgabe der mangelhaften Sache im Zuge der Ersatzlieferung** regeln, dienen sie zur Umsetzung der RL 1999/44/EG des Europäischen Parlaments und Rates vom 25.05.1999. Die Ausgestaltung dieser Rückgabepflicht überlässt das Europarecht nicht dem nationalen Recht. Vielmehr hat der EuGH entschieden, dass Art. 3 der RL 1999/44/EG einer Regelung entgegensteht, die – wie §§ 346 Abs. 1, 439 Abs. 4 BGB – den Verbraucher dazu verpflichtet, Wertersatz für die Nutzung der zurückzugebenden mangelhaften Sache zu leisten[8] (vgl. die Kommentierung zu § 346 BGB Rn. 4). Da somit schon eine Pflicht zum Ersatz tatsächlich gezogener Nutzungen europarechtswidrig ist, lässt das Europarecht erst recht keine Pflicht zum Ersatz nicht gezogener Nutzungen zu. § 474 Abs. 2 Satz 1 BGB bezieht sich nach seinem (wenig

---

[1] BT-Drs. 14/6040, S. 192 f., 197.
[2] *Hadding* in: Soergel, 12. Aufl. 1990, § 347 Rn. 10; *Wiedemann* in: Soergel, 12. Aufl. 1990, § 327 Rn. 30. Ablehnend *Janßen* in: MünchKomm-BGB, 4. Aufl. 2001, Bd. 2, § 347 Rn. 31; *Huber* in: Soergel, 12. Aufl. 1991, § 467 Rn. 125.
[3] *Kaiser* in: Staudinger, Neubearb. 2001, § 347 Rn. 118.
[4] BT-Drs. 14/6040, S. 197.
[5] Art. 7 RL 1985/577/EWG des Rates vom 20.12.1985; Begründungserwägung 14 Satz 5 RL 1997/7/EG des Europäischen Parlaments und des Rates vom 20.05.1997; Begründungserwägung 15 RL 1999/44/EG des Europäischen Parlaments und des Rates vom 25.05.1999. Eine Ausnahme gilt nach Art. 8 Abs. 2 RL 2008/122/EG des Europäischen Parlaments und des Rates vom 14.01.2009, der durch § 485 Abs. 2 BGB umgesetzt wurde, vgl. dazu die Kommentierung zu § 485 BGB.
[6] Vgl. EuGH v. 03.09.2009 - C-489/07 - NJW 2009, 3015 Tz. 26 - Pia Messner/Firma Stefan Krüger.
[7] Art. 12 ff. RL 2011/83/EU des Europäischen Parlaments und des Rates vom 25.10.2011.
[8] EuGH v. 17.04.2008 - C-404/06 - NJW 2008, 1433 - Quelle AG/Bundesverband der Verbraucherzentralen und Verbraucherverbände.

§ 347

klaren) Wortlaut zwar nur auf die Herausgabe gezogener Nutzungen und den Wertersatz für solche Nutzungen. Die Norm ist jedoch europarechtskonform so auszulegen, dass sie bei Verbrauchsgüterkäufen auch den Ersatz für nicht gezogene Nutzungen ausschließt.[9]

B. Anwendungsvoraussetzungen

I. Normstruktur

8 § 347 Abs. 1 Satz 1 BGB enthält die allgemeine Regel für den Ersatz des Werts nicht gezogener Nutzungen. § 347 Abs. 1 Satz 2 BGB privilegiert den Inhaber eines gesetzlichen Rücktrittsrechts. In Betracht kommen auch Schadensersatzansprüche wegen pflichtwidrig nicht gezogener Nutzungen (vgl. Rn. 31 ff.).

9 § 347 Abs. 2 Satz 1 BGB regelt den Ersatz notwendiger Verwendungen, der von einer Bereicherung des Rückgewährgläubigers unabhängig ist. § 347 Abs. 2 Satz 2 BGB betrifft den Ersatz anderer Aufwendungen, der eine Bereicherung des Rückgewährgläubigers voraussetzt.

II. Ersatz für nicht gezogene Nutzungen (Absatz 1)

1. Anwendungsbereich

10 § 347 Abs. 1 BGB kommt gleichermaßen auf **vertragliche wie gesetzliche Rücktrittsrechte** zur Anwendung. In Bezug auf den Ersatz nicht gezogener Nutzungen enthält § 347 Abs. 1 Satz 2 BGB allerdings für gesetzliche Rücktrittsrechte eine Spezialvorschrift; vgl. zum genauen Anwendungsbereich Rn. 27. Kraft ausdrücklicher gesetzlicher Verweisung gelten die Rücktrittsvorschriften, und damit § 347 BGB, auch für eine Reihe anderer Rückgewährvorschriften. § 357 Abs. 1 Satz 1 BGB erklärt die Vorschriften des gesetzlichen Rücktrittsrechts subsidiär für anwendbar, wenn ein Vertrag infolge der Ausübung eines **verbraucherschützenden Widerrufsrechts** rückabgewickelt werden muss. Vgl. zu den Einzelheiten die Kommentierung zu § 345 BGB Rn. 12 ff.

11 Die amtliche Überschrift der Norm ist irreführend. § 347 BGB gilt keineswegs nur für Nutzungen, die nach dem Rücktritt hätten gezogen werden können, sondern schon ab Empfang der Leistung. Richtig müsste es heißen: „im Falle des Rücktritts".[10] Unerheblich ist, ob der Rückgewährschuldner das Rücktrittsrecht kannte oder kennen musste.[11]

12 Während des **Annahmeverzugs** des Rückgewährgläubigers besteht nach § 302 BGB kein Anspruch auf Ersatz des Werts nicht gezogener Nutzungen.

2. Allgemeine Regelung (Absatz 1 Satz 1)

a. Nutzungen

13 Nutzungen sind gemäß § 100 BGB **Früchte** (§ 99 BGB) und **Gebrauchsvorteile**; zu letzteren gehören auch **ersparte Schuldzinsen**, wenn mit erhaltenem Geld ein Kredit zurückgezahlt wird.[12] Vgl. im Einzelnen die Kommentierung zu § 99 BGB und die Kommentierung zu § 100 BGB. Nicht einschlägig ist § 347 Abs. 1 BGB, wenn die empfangene Leistung in der Gewährung des Gebrauchs der Sache besteht, denn dann sind die Gebrauchsvorteile keine Nutzungen der empfangenen Hauptleistung, sondern bilden selbst die Hauptleistung.[13]

14 Die Sonderregelung für **Zinsen** in § 347 Satz 3 BGB a.F. wurde abgeschafft. Empfangenes Geld wird deshalb nach neuem Recht ebenso behandelt wie andere Gegenstände: Herauszugeben sind diejenigen Nutzungen, die der Rückgewährschuldner tatsächlich gezogen hat (§ 346 Abs. 1 BGB) oder die er hätte ziehen müssen (§ 347 Abs. 1 BGB). Denn der Gesetzgeber war der Ansicht, der Rückgewährschuldner sei – vor allem bei kleineren Beträgen und bei kürzerer Nutzungsdauer – oft nicht in der Lage, für das empfangene Geld eine Verzinsung in Höhe des gesetzlichen Zinssatzes zu erzielen.[14]

---

[9] BGH v. 26.11.2008 - VIII ZR 200/05 - NJW 2009, 427.
[10] *Annuß*, JA 2006, 184, 188; *Hager* in: NK-BGB, § 347 Rn. 1; *Kaiser* in: Staudinger, § 347 Rn. 1.
[11] *Grothe* in: Bamberger/Roth, § 347 Rn. 2; *Kaiser* in: Staudinger, § 347 Rn. 1.
[12] *Grüneberg* in: Palandt, § 346 Rn. 6; *Kaiser* in: Staudinger, § 346 Rn. 274; vgl. BGH v. 06.03.1998 - V ZR 244/96 - juris Rn. 19 - BGHZ 138, 163 ff.
[13] *Gaier* in: MünchKomm-BGB, § 346 Rn. 23; *Kaiser* in: Staudinger, § 347 Rn. 7.
[14] BT-Drs. 14/6040, S. 197.

b. Regeln einer ordnungsmäßigen Wirtschaft

Was den Regeln einer ordnungsmäßigen Wirtschaft entspricht, kann nur im Einzelfall festgestellt werden. Maßgeblich ist primär die **vertragliche Vereinbarung** der Parteien. Ergibt sich also aus dem Vertrag, dass die Sache auf eine bestimmte Art und Weise verwendet werden soll, ist diese Art der Verwendung maßgeblich dafür, welche Nutzungen nach den Regeln einer ordnungsmäßigen Wirtschaft zu ziehen sind. Ergibt sich aus dem Vertrag keine bestimmte Art der Verwendung, kommt es auf die **übliche Verwendung** an (vgl. § 434 Abs. 1 BGB).[15]

Kauft ein Privatmann ein Auto, ist er nicht gehalten, es in durchschnittlichem Umfang zu benutzen.[16] Privatleute müssen auch empfangene Geldbeträge nicht zinsbringend anlegen, sofern diese eine gewisse Größenordnung nicht übersteigen. Eine Eigentumswohnung darf der Rückgewährschuldner nicht über längere Zeit leer stehen lassen.[17] Das OLG Frankfurt a.M. hat angenommen, Gewerbetreibende könnten bei größeren Beträgen mindestens den gesetzlichen Zinssatz erwirtschaften.[18]

Die Nutzung, die den Regeln einer ordnungsmäßigen Wirtschaft entspricht, hängt insbesondere auch davon ab, **wie konkret die Rückgabe der empfangenen Leistung bevorsteht**. Je „näher" sich die Parteien an der Rückgewähr befinden, umso weniger werden die Regeln der ordnungsmäßigen Wirtschaft eine Nutzung des Gegenstands gebieten, denn umso mehr ist der Gegenstand inter partes schon wieder dem Rückgewährgläubiger zugeordnet und umso mehr muss und darf der Rückgewährschuldner deshalb die mit einer Nutzung verbundenen Gefahren für den Gegenstand vermeiden.[19]

Vor dem Zeitpunkt, zu dem eine Frist zur Erfüllung oder Nacherfüllung gesetzt werden kann, deren erfolgloses Verstreichen ein Rücktrittsrecht entstehen lässt, sind keinerlei Einschränkungen der Nutzung im Hinblick auf eine eventuelle Rückgabe berechtigt. Danach kommt es darauf an, in welchem Ausmaß der möglicherweise zurückzugebende Gegenstand durch die Nutzung abgenutzt und gefährdet wird. Die Abnutzung fällt dabei dem Rückgewährgläubiger zur Last, da sie keine Verschlechterung i.S.v. § 346 Abs. 2 Satz 1 Nr. 3 BGB ist, die Gefährdung normalerweise dem Rückgewährschuldner (§ 346 Abs. 2 Satz 1 Nr. 3 HS. 1 BGB). Wenn ein Rücktrittsrecht entstanden ist oder nur noch vom Fristablauf abhängt, gebieten die Regeln einer ordnungsmäßigen Wirtschaft jedenfalls keine Art der Nutzung mehr, die zu einer mehr als unerheblichen Abnutzung oder Gefährdung des empfangenen Gegenstands führt; der potentielle Rückgewährschuldner darf dann im Interesse des potentiellen Rückgewährgläubigers bzw. in seinem eigenen Interesse auf die Nutzung verzichten. Er ist zwar nach wie vor zum bestimmungsgemäßen Gebrauch berechtigt (vgl. die Kommentierung zu § 346 BGB Rn. 111), aber nur noch sehr eingeschränkt dazu verpflichtet. Ein Kraftfahrzeug darf er zwar noch benutzen, muss es aber nicht mehr; denn wenn er damit einen Unfall erleidet, muss er im Fall des Rücktritts Wertersatz leisten.

Nach der Erklärung des Rücktritts schließlich entfällt jegliche Pflicht zur Nutzung. Denn ab der Erklärung des Rücktritts sind die Parteien schon zur Rückgewähr der empfangenen Leistungen gemäß § 346 Abs. 1 BGB verpflichtet.[20] Verzögert der Rückgewährschuldner die Rückgewähr, unterliegt er der Haftung auf Schadensersatz wegen Verzögerung der Leistung (§§ 280 Abs. 1 und 2, 286, 346 Abs. 4 BGB). Verzögert der Rückgewährgläubiger die Rückgewähr, ordnet § 302 BGB an, dass kein Ersatz für nicht gezogene Nutzungen zu leisten ist.

c. Möglichkeit, die Nutzungen zu ziehen

Diese Voraussetzung soll nach der Vorstellung des Gesetzgebers das Verschuldenserfordernis aus § 347 Satz 2 BGB a.F. i.V.m. § 987 Abs. 2 BGB ersetzen.[21] Ihr kommt jedoch keine praktische Bedeu-

---

[15] *Lobinger* in: Soergel, § 347 Rn. 10; *Kaiser* in: Staudinger, § 347 Rn. 9; ähnlich *Gaier* in: MünchKomm-BGB, § 347 Rn. 6. A.A. *Röthel* in: Erman, § 347 Rn. 2 (objektiver Maßstab, der aufgrund des Vertrags nach unten – nicht nach oben – zu korrigieren sein kann).
[16] *Gaier* in: MünchKomm-BGB, § 347 Rn. 7; *Hager* in: NK-BGB, § 347 Rn. 2; *Kaiser* in: Staudinger, § 347 Rn. 9; anders LG Mainz v. 10.12.1985 - 6 S 7/85 - NJW-RR 1986, 350, das von einer Tagesleistung von 55 km ausgeht.
[17] Vgl. BGH v. 20.12.2001 - IX ZR 401/99 - juris Rn. 27 - NJW 2002, 1050, 1052 (insoweit nicht in BGHZ 149, 326 ff. abgedruckt); *Gaier* in: MünchKomm-BGB, § 347 Rn. 7.
[18] OLG Frankfurt a.M. v. 17.06.2010 - 4 W 12/10 - NJOZ 2011, 878, 879.
[19] Vgl. *Gaier* in: MünchKomm-BGB, § 347 Rn. 7.
[20] *Annuß*, JA 2006, 184, 189; *Röthel* in: Erman, § 347 Rn. 3; *Gaier*, WM 2002, 1, 13; *Kaiser* in: Staudinger, § 347 Rn. 12.
[21] BT-Drs. 14/6040, S. 197. *Hager* in: NK-BGB, § 347 Rn. 3 verlangt ohne Begründung weiterhin Verschulden.

tung zu, denn Nutzungen, die der Rückgewährschuldner nicht ziehen kann, muss er nach den Regeln einer ordnungsmäßigen Wirtschaft auch nicht ziehen.[22]

d. Wertersatz

21 Unerheblich für die Wertersatzpflicht ist, ob und in welchem Ausmaß der Rückgewährgläubiger selbst Nutzungen aus dem zurückzugewährenden Gegenstand gezogen hätte.

22 Für die **Bemessung** des Werts nicht gezogener Nutzungen gilt das Gleiche wie für die Bemessung des Werts gezogener Nutzungen, die nicht in Natur herausgegeben werden können (§ 346 Abs. 2 BGB). Insbesondere ist auch der Bemessung solcher Nutzungen eine etwaige Gegenleistung zugrunde zu legen (§ 346 Abs. 2 Satz 2 BGB).[23] Vgl. die Kommentierung zu § 346 BGB Rn. 103 f.

23 § 347 Abs. 1 Satz 1 BGB soll den Rückgewährgläubiger so stellen, als hätte der Rückgewährschuldner die Nutzungen gezogen. Wäre das aber der Fall gewesen, hätte der Rückgewährgläubiger dem Rückgewährschuldner nach Maßgabe von § 347 Abs. 2 BGB **Aufwendungen** vergüten müssen, die dieser machte, um die Nutzungen ziehen zu können. Um zu vermeiden, dass der Rückgewährgläubiger in Bezug auf nicht gezogene Nutzungen besser steht als in Bezug auf gezogene, sind daher fiktive Aufwendungen vom Wert der nicht gezogenen Nutzungen abzuziehen, soweit der Rückgewährschuldner sie zum Zweck der Nutzung hätte machen und der Rückgewährgläubiger sie gemäß § 347 Abs. 2 BGB hätte vergüten müssen.[24]

3. Ausnahme zugunsten der Inhaber gesetzlicher Rücktrittsrechte (Absatz 1 Satz 2)

a. Normzweck

24 § 347 Abs. 1 Satz 2 BGB privilegiert den Inhaber eines gesetzlichen Rücktrittsrechts: Maßstab für die Begründung einer Pflicht zum Ersatz des Werts nicht gezogener Nutzungen sind nicht die Regeln einer ordnungsmäßigen Wirtschaft, sondern Maßstab ist die eigenübliche Sorgfalt. Dahinter steckt die Erwägung, dass ein gesetzliches Rücktrittsrecht des Rückgewährschuldners darauf beruht, dass der Rückgewährgläubiger seine Pflichten nicht vollständig erfüllt hat. Es wäre deshalb unbillig, dem Rückgewährschuldner eine Pflicht zum Ersatz von Nutzungen aufzuerlegen, die er im Vertrauen darauf nicht gezogen hat, dass der Rückgewährgläubiger ordnungsgemäß geleistet habe/leisten werde und deshalb alle gezogenen oder nicht gezogenen Nutzungen allein ihn – den Rückgewährschuldner – beträfen.[25]

b. Zeitlicher Anwendungsbereich

25 § 347 Abs. 1 Satz 2 BGB differenziert nicht hinsichtlich des Zeitpunkts, zu dem der Rückgewährschuldner die nicht gezogenen Nutzungen hätte ziehen können. Seinem Wortlaut nach kommt er also auch zur Anwendung, wenn die Nutzungen hätten gezogen werden können, nachdem der Rückgewährschuldner von seinem Rücktrittsrecht wissen konnte/wissen musste/wusste.[26] Dass der Rückgewährschuldner hier jeweils auf die gleiche Weise privilegiert werden soll, ist nicht ohne weiteres einsichtig. Doch lässt der Wortlaut des § 347 Abs. 1 Satz 2 BGB eine zeitliche Differenzierung nicht zu, und auch der Maßstab der eigenüblichen Sorgfalt ist unabhängig davon, ob der Rückgewährschuldner sein Rücktrittsrecht kennen kann, kennen muss oder kennt.[27] Die nötige Differenzierung erfolgt vielmehr – ebenso wie im Rahmen von § 346 Abs. 3 Satz 1 Nr. 3 BGB (vgl. die Kommentierung zu § 346 BGB Rn. 73) – mit Hilfe eines Schadensersatzanspruchs aus § 280 Abs. 1 BGB; vgl. dazu Rn. 31 ff.[28]

---

[22] *Hager* in: NK-BGB, § 347 Rn. 2.

[23] A.A. *Röthel* in: Erman, § 347 Rn. 3; *Gaier* in: MünchKomm-BGB, § 347 Rn. 9; *Lobinger* in: Soergel, § 347 Rn. 14; *Kaiser* in: Staudinger, § 347 Rn. 13.

[24] *Röthel* in: Erman, § 347 Rn. 3; *Hager* in: NK-BGB, § 347 Rn. 2; *Gaier* in: MünchKomm-BGB, § 347 Rn. 9; *Lobinger* in: Soergel, § 347 Rn. 14; *Kaiser* in: Staudinger, § 347 Rn. 14. Vgl. auch BT-Drs. 14/6040, S. 197: „Ein besonderer Ersatz der Verwendungen kommt aber dann nicht in Betracht, wenn diese bei der Ermittlung der Nutzungsentschädigung bereits als Minderungsposten berücksichtigt worden sind."

[25] Vgl. BT-Drs. 14/6040, S. 196, 197.

[26] Vgl. zur Wertersatzpflicht bei Untergang oder Beschädigung BT-Drs. 14/6040, S. 194.

[27] *Grothe* in: Bamberger/Roth, § 347 Rn. 3; *Röthel* in: Erman, § 347 Rn. 5; *Kaiser* in: Staudinger, § 347 Rn. 5, 17. Für eine teleologische Reduktion auf den Zeitraum vor Kenntnis des Rücktrittsrechts dagegen *Hager* in: NK-BGB, § 347 Rn. 4; *Schwab*, JuS 2002, 630, 635 f., 637; *Schwab* in: Schwab/Witt, Examenswissen zum neuen Schuldrecht, 2. Aufl. 2003, S. 343, 364 ff., 376. Für einen Ausschluss schon bei Kennenmüssen *Gaier* in: MünchKomm-BGB, § 347 Rn. 11.

[28] So auch *Canaris* in: Canaris, Schuldrechtsreform 2002, 2002, S. XLVII f. (für § 346 Abs. 3 Satz 1 Nr. 3 BGB).

c. Gesetzliche Rücktrittsrechte

Gesetzliche Rücktrittsrechte sind insbesondere diejenigen nach § 313 Abs. 3 Satz 1 BGB, nach § 324 BGB und nach §§ 323, 326 Abs. 5 BGB, die über die Verweisung in §§ 437 Nr. 2, 634 Nr. 3 BGB auch die Fälle umfassen, in denen früher Wandelung verlangt werden konnte. Das Recht zum Rücktritt ohne Fristsetzung bei relativen Fixgeschäften, bei dem früher umstritten war, ob es als vertragliches oder als gesetzliches Rücktrittsrecht zu klassifizieren sei, ist nach der Eingliederung in § 323 Abs. 2 Nr. 2 BGB eindeutig ein gesetzliches Rücktrittsrecht.[29]

Problematisch ist, dass § 347 Abs. 1 Satz 2 BGB von seinem Normzweck (vgl. Rn. 24) her keineswegs für alle gesetzlichen Rücktrittsrechte passt. Das Rücktrittsrecht nach § 313 Abs. 3 Satz 1 BGB etwa beruht nicht auf einer Pflichtverletzung des Rücktrittsgegners, ebenso wenig wie das Rücktrittsrecht des Verkäufers einer mangelhaften Sache nach § 438 Abs. 4 Satz 3 BGB oder das Rücktrittsrecht des mangelhaft leistenden Werkunternehmers nach § 634a Abs. 4 Satz 3 BGB. Es wäre eine durch nichts gerechtfertigte Privilegierung, dem Rücktrittsberechtigten, der in diesen Fällen ohnehin durch das Rücktrittsrecht begünstigt wird, außerdem noch § 347 Abs. 1 Satz 2 BGB zugutekommen zu lassen. Die Norm ist daher teleologisch auf Fälle zu reduzieren, in denen das gesetzliche Rücktrittsrecht in einer (objektiven) Pflichtverletzung des Rücktrittsgegners wurzelt. Im Gegenzug muss sie teleologisch auf vertragliche Rücktrittsrechte ausgedehnt werden, die an Pflichtverletzungen des Rücktrittsgegners anknüpfen.[30] Auch insofern gilt das Gleiche wie im Rahmen von § 346 Abs. 3 Satz 1 Nr. 3 BGB (vgl. die Kommentierung zu § 346 BGB Rn. 70).

d. Sorgfalt, die der Berechtigte in eigenen Angelegenheiten anzuwenden pflegt

Der Standard der Sorgfalt, die der Rückgewährschuldner in eigenen Angelegenheiten anzuwenden pflegt, ist kein normativer, sondern ein **empirischer Standard**.[31] Er trägt auch der Tatsache Rechnung, dass der Rückgewährschuldner, bevor er sein Rücktrittsrecht kennt oder kennen muss, davon ausgeht und davon ausgehen darf, die Sache endgültig behalten zu können und deshalb ausschließlich selbst betroffen zu sein, wenn er keine Nutzungen aus der Sache zieht. Die Frage nach der „im Verkehr erforderlichen Sorgfalt" i.S.v. § 276 Abs. 2 BGB geht daher ins Leere. Entscheidend ist, ob der Schuldner aus der zurückzugebenden Sache weniger Nutzungen gezogen hat als aus seinen vergleichbaren anderen Sachen.

Diesem empirischen Standard sind freilich in beide Richtungen hin Grenzen gesetzt: Aus § 277 BGB folgt erstens, dass die Haftung für Sorgfalt in eigenen Angelegenheiten nicht strenger sein kann als die Haftung für die Beachtung der Regeln einer ordnungsmäßigen Wirtschaft; denn aus dem „nur" in § 277 BGB folgt, dass die Haftung für Sorgfalt in eigenen Angelegenheiten **keinesfalls** eine **Haftungsverschärfung** darstellt.[32] Und zweitens ordnet § 277 BGB an, dass jedenfalls für **grobe Fahrlässigkeit** zu haften ist. Beide Grenzen erfordern die Festlegung normativer Standards, und damit tritt das soeben beschriebene Problem auf. Es ist verfehlt, hier auf eine Art „Verschulden gegen sich selbst" abzustellen, also danach zu fragen, wie ein „vernünftiger" Mensch mit eigenen Sachen umgeht, da jeder ein Recht darauf hat, in eigenen Angelegenheiten sorglos zu sein. Ich halte es vielmehr für sinnvoll, auf diejenigen Sorgfaltsstandards abzustellen, die jemand beachten muss, der vom Bestehen eines Rücktrittsrechts weiß. Denn es geht nicht darum, den Inhaber eines gesetzlichen Rücktrittsrechts, der davon noch nichts weiß, dem gleichen Sorgfaltsstandard zu unterwerfen, sondern nur darum, einen Rahmen abzustecken, innerhalb dessen sich die Sorgfalt in eigenen Angelegenheiten bewegen darf. So ist es ohne weiteres einleuchtend, dass jemand, der von seinem Rücktrittsrecht nichts weiß, mit der erhaltenen Sache nicht sorgfältiger umgehen muss als jemand, der sein Rücktrittsrecht kennt, selbst wenn er in eigenen Angelegenheiten an sich sorgfältiger agiert. Und umgekehrt halte ich es für plausibel, die Befreiung von der Pflicht, die Regeln einer ordnungsmäßigen Wirtschaft zu beachten, davon abhängig zu machen, dass jemand die Mindeststandards (grobe Fahrlässigkeit) wahrt, die beim Umgang mit möglicherweise zurückzugebenden Sachen einzuhalten sind, auch wenn er nicht weiß und nicht wissen muss, dass er diesen Standards unterliegt. Auch insofern gilt das Gleiche wie im Rahmen von § 346 Abs. 3 Satz 1 Nr. 3 BGB (vgl. die Kommentierung zu § 346 BGB Rn. 75).

---

[29] BT-Drs. 14/6040, S. 185.
[30] *Grothe* in: Bamberger/Roth, § 347 Rn. 3; *Canaris* in: Canaris, Schuldrechtsreform 2002, 2002, S. XLIV f. (für § 346 Abs. 3 Satz 1 Nr. 3 BGB); *Röthel* in: Erman, § 347 Rn. 4; *Gaier* in: MünchKomm-BGB, § 347 Rn. 11; *Hager* in: NK-BGB, § 347 Rn. 4.
[31] Vgl. *Grundmann* in: MünchKomm-BGB, § 277 Rn. 1.
[32] *Grundmann* in: MünchKomm-BGB, § 277 Rn. 1; *Wolf* in: Soergel, 12. Aufl. 1990, § 277 Rn. 1.

30 Als **Ergebnis** ist daher festzuhalten: Der Inhaber eines gesetzlichen Rücktrittsrechts unterliegt keiner Pflicht zum Ersatz nicht gezogener Nutzungen, wenn er entweder die Regeln einer ordnungsmäßigen Wirtschaft im Hinblick auf zurückzugebende Sachen beachtet hat oder denjenigen Sorgfaltsstandard, den er in eigenen Angelegenheiten zu beachten pflegt, sofern dieser bei Kenntnis des Rücktrittsrechts nicht den Vorwurf grober Fahrlässigkeit begründen würde.

4. Schadensersatzpflicht wegen nicht gezogener Nutzungen

a. Grundsatz

31 § 346 Abs. 4 BGB verweist für Leistungsstörungen nach Entstehen der Rückgewährpflicht auf die allgemeinen Schadensersatzvorschriften. Doch bereits vorher trifft den potentiellen Rückgewährschuldner eine Pflicht nach § 241 Abs. 2 BGB zum sorgfältigen Umgang mit der empfangenen Sache. Eine zu vertretende Verletzung dieser Pflicht begründet eine Haftung des Rückgewährschuldners nach § 280 Abs. 1 BGB (vgl. die Kommentierung zu § 346 BGB Rn. 110). Im Fall nicht gezogener Nutzungen kann nichts anderes gelten: Sofern der Rückgewährschuldner dadurch, dass er bestimmte Nutzungen nicht gezogen hat, eine Pflicht verletzt und dies zu vertreten hat, haftet er nach der allgemeinen Schadensersatzvorschrift von § 280 Abs. 1 BGB.[33]

b. Pflichtverletzung

32 Eine **Verpflichtung** zur Rücksichtnahme auf die Interessen des künftigen Rückgewährgläubigers (§ 241 Abs. 2 BGB) trifft die Parteien jedenfalls ab dem Zeitpunkt, in dem das Rücktrittsrecht entsteht, denn bei Bestehen eines Rücktrittsrechts stellt dessen Ausübung und damit das Entstehen des Rückgewährschuldverhältnisses, das zur Herausgabe von Nutzungen verpflichtet (§ 346 Abs. 1 BGB), eine konkrete Möglichkeit dar. Das Gleiche gilt, wenn das Rücktrittsrecht noch nicht entstanden ist, sein Entstehen aber nur noch vom Ablauf einer Frist für die Erfüllung oder Nacherfüllung (§ 323 BGB) abhängt.[34] Aufgrund dieser Verpflichtung zur Rücksichtnahme dürfen die Parteien die empfangenen Leistungen nicht brachliegen lassen und dadurch den Nutzungsersatzanspruch des künftigen Rückgewährgläubigers schmälern. Inwieweit der künftige Rückgewährschuldner zur Nutzung verpflichtet ist, richtet sich nach den Regeln einer ordnungsmäßigen Wirtschaft[35]; vgl. dazu Rn. 15 ff. Die Pflicht zur Nutzung endet mit der Erklärung des Rücktritts, die die Rückgewährpflicht des § 346 Abs. 1 BGB zum Entstehen bringt.[36] Denn sobald diese Pflicht besteht, gebietet die Rücksichtnahme auf den Vertragspartner, die erhaltene Sache nicht abzunutzen oder durch Nutzung zu gefährden.

c. Vertretenmüssen

33 Die Schadensersatzpflicht setzt gemäß § 280 Abs. 1 Satz 2 BGB voraus, dass der spätere Rückgewährschuldner die Pflichtverletzung **zu vertreten** hat. Vertretenmüssen kann dabei nur vorliegen, wenn er **das Rücktrittsrecht kennt oder kennen muss**.[37] Denn vorher glaubt er und darf er glauben, die empfangene Leistung endgültig behalten zu dürfen und deshalb bei ihrer Nutzung oder deren Unterlassen ausschließlich auf eigene Rechnung zu handeln. Er muss darum in Bezug auf die Nutzung keinerlei Sorgfaltsstandards einhalten. Eine Haftung nach den §§ 280 Abs. 1, 241 Abs. 2 BGB kann ihn nicht treffen.

34 Sobald der spätere Rückgewährschuldner weiß oder wissen muss, dass er oder die Gegenpartei zum Rücktritt berechtigt ist, muss er auch wissen, dass er die empfangene Leistung möglicherweise zurückzugewähren hat. Bei **vertraglichen Rücktrittsrechten**, deren Ausübung im Belieben des Rücktrittsberechtigten steht, ist dies von Anfang an der Fall, bei **gesetzlichen Rücktrittsrechten** und vertraglichen Rücktrittsrechten, deren Ausübung an Bedingungen geknüpft ist, dagegen erst ab demjenigen Zeitpunkt, in dem der spätere Rückgewährschuldner das Vorliegen der Voraussetzungen des Rücktrittsrechts (mit Ausnahme des Ablaufs einer etwaigen Frist zur Erfüllung oder Nacherfüllung) kennt

---

[33] *Grothe* in: Bamberger/Roth, § 347 Rn. 3; *Röthel* in: Erman, § 347 Rn. 5; *Gaier* in: MünchKomm-BGB, § 347 Rn. 13. A.A. *Lobinger* in: Soergel, § 347 Rn. 25 f. (§§ 292, 819 BGB analog).

[34] A.A. *Annuß*, JA 2006, 184, 189 und *Kaiser* in: Staudinger, § 347 Rn. 20 (Pflicht erst ab Kenntnis vom Rücktrittsgrund).

[35] *Kaiser* in: Staudinger, § 347 Rn. 21.

[36] *Kaiser* in: Staudinger, § 347 Rn. 20.

[37] *Röthel* in: Erman, § 347 Rn. 5; *Gaier* in: MünchKomm-BGB, § 347 Rn. 13. A.A. (erst ab Kenntnis) *Grothe* in: Bamberger/Roth, § 347 Rn. 3. Vgl. zur Schadensersatzpflicht wegen Verschlechterung, Untergang etc. des empfangenen Gegenstands die Kommentierung zu § 346 BGB Rn. 112.

oder kennen muss und auch weiß oder wissen muss, dass aus dem Vorliegen dieser Voraussetzungen ein Rücktrittsrecht folgt. Dabei ist eine exakte juristische Subsumtion nicht erforderlich; vielmehr reicht es aus, wenn der spätere Rückgewährschuldner erkennen muss, dass aus den betreffenden Umständen für ihn oder die Gegenpartei ein Rechtsbehelf folgt, der ihn zur Rückgabe der empfangenen Leistung verpflichtet.

Wenn eine Partei um das Rücktrittsrecht weiß oder wissen muss, folgt daraus allerdings nicht zwangsläufig Wissen oder Wissenmüssen in Bezug auf ihre Verpflichtung, die Sache zu nutzen. Denn dass im Falle des Rücktritts gezogene Nutzungen dem Rückgewährgläubiger gebühren und deshalb eine Pflicht zur Nutzung besteht, ist keineswegs so selbstverständlich, dass es auch ein juristischer Laie wissen muss. Dieser kann im Gegenteil annehmen, zum Schutz des Vertragspartners auf die Nutzung der zurückzugebenden Sache verzichten zu müssen. Ob ein derartiger **Rechtsirrtum** das Vertretenmüssen ausschließt, hängt ganz von den Umständen des Einzelfalls ab. Häufig wird es um so geringe Beträge gehen, dass das Aufsuchen eines Rechtsanwalts von der verkehrserforderlichen Sorgfalt (§ 276 Abs. 2 BGB) nicht geboten wird.[38]

35

Die zentrale Frage im Rahmen des Vertretenmüssens wird daher häufig sein, ob der Rückgewährschuldner einem entschuldbaren Rechtsirrtum unterlag. Musste er seine Pflicht zur Nutzung kennen, wird das Unterlassen der Nutzung in aller Regel schuldhaft sein. Dass bloßes **Kennenmüssen**, also fahrlässige Unkenntnis (§ 122 Abs. 2 BGB), genügt, folgt aus der allgemeinen Regel, dass Fahrlässigkeit zu vertreten ist (§ 276 Abs. 1 Satz 1 BGB).[39]

36

Die **Haftungsmilderung** des § 347 Abs. 1 Satz 2 BGB ist nicht analog anzuwenden. Denn auch wenn sie nicht danach differenziert, ob der Rücktrittsberechtigte sein Rücktrittsrecht kennt oder kennen muss, ist sie doch auf Fälle zugeschnitten, in denen der Rücktrittsberechtigte sein Rücktrittsrecht weder kennt noch kennen muss und daher mit der Sache so umgehen kann, als würde er sie endgültig behalten. Ab Kennenmüssen hingegen muss er die Sache pfleglich behandeln. Wenn § 347 Abs. 1 Satz 2 BGB seinen Haftungsmaßstab trotzdem auf diligentia quam in suis beschränkt, ist dies nur angemessen, weil eine Schadensersatzpflicht nach § 280 Abs. 1 BGB besteht. Nur deswegen konnte in § 347 Abs. 1 Satz 2 BGB auf eine Differenzierung nach dem Kenntnisstand des Rückgewährschuldners verzichtet werden.[40]

37

d. Rechtsfolgen

Der Schaden liegt in der Schmälerung des Nutzungsersatzanspruchs, der nach dem Rücktritt gemäß § 346 Abs. 1 BGB entsteht. Es ist daher unerheblich, ob der Rückgewährgläubiger selbst Nutzungen gezogen hätte, wenn der Leistungsaustausch nicht stattgefunden hätte. Denn auch nach § 346 Abs. 1 BGB muss der Rückgewährschuldner nicht diejenigen Nutzungen herausgeben, die der Rückgewährgläubiger gezogen hätte.

38

e. Praktische Bedeutung

Soweit der Rückgewährschuldner gemäß § 347 Abs. 1 Satz 1 BGB wegen nicht gezogener Nutzungen haftet, kommt dem Schadensersatzanspruch aus § 280 Abs. 1 BGB daneben keine praktische Bedeutung zu. Relevant ist er aber, wenn der Rückgewährschuldner nach § 347 Abs. 1 Satz 2 BGB nur beschränkt haftet. Denn die Schadensersatzpflicht nach §§ 280 Abs. 1, 241 Abs. 2 BGB führt dazu, dass der Rückgewährschuldner wegen nicht gezogener Nutzungen nicht nur für die Sorgfalt in eigenen Angelegenheiten, sondern nach § 276 BGB für jede Fahrlässigkeit haftet. Da jedoch ein Schadensersatzanspruch erst ab demjenigen Zeitpunkt in Betracht kommt, in dem das Entstehen eines Rücktrittsrechts nur noch vom Ablauf einer Frist zur Erfüllung oder Nacherfüllung abhängt (vgl. Rn. 32), und ab diesem Zeitpunkt die Regeln einer ordnungsmäßigen Wirtschaft nur noch eine eingeschränkte Nutzung gebieten (vgl. Rn. 18), dürfte die praktische Bedeutung des Schadensersatzanspruchs nicht sehr hoch sein.

39

---

[38] Ähnlich *Kaiser* in: Staudinger, § 347 Rn. 21.
[39] Die Frage wird in der Literatur im Hinblick auf die Schadensersatzpflicht wegen Verschlechterung, Untergang etc. des empfangenen Gegenstands behandelt. Vgl. dazu die Kommentierung zu § 346 BGB Rn. 112.
[40] So auch *Röthel* in: Erman, § 347 Rn. 5; *Kaiser* in: Staudinger, § 347 Rn. 21. Zum Parallelproblem bei § 346 Abs. 3 Satz 1 Nr. 3 BGB vgl. die Kommentierung zu § 346 BGB Rn. 113.

5. Beweislast

40 Macht der Rückgewährgläubiger geltend, dass der Rückgewährschuldner nach den Regeln der ordnungsmäßigen Wirtschaft Nutzungen hätte ziehen müssen, trifft ihn die Beweislast.[41] Eine Beweislastumkehr entsprechend § 280 Abs. 1 Satz 2 BGB ist nicht angebracht, da es nicht um Vertretenmüssen geht, sondern um einen objektiven Verhaltensmaßstab. Beruft sich der Rückgewährschuldner demgegenüber darauf, dass er gemäß § 347 Abs. 1 Satz 2 BGB nicht haftet, weil er die eigenübliche Sorgfalt hat walten lassen, oder dass der Rückgewährgläubiger in Annahmeverzug war (§ 302 BGB), muss er dies beweisen.

41 Im Hinblick auf einen **Schadensersatzanspruch** gelten die allgemeinen Beweislastregeln. Der Rückgewährgläubiger muss also beweisen, dass der Rückgewährschuldner eine Pflicht i.S.v. § 241 Abs. 2 BGB verletzt hat, dass also die Regeln der ordnungsmäßigen Wirtschaft nach demjenigen Zeitpunkt, zu dem das Entstehen eines Rücktrittsrechts nur noch vom Ablauf einer Frist zur Erfüllung oder Nacherfüllung abhing, die Nutzung der empfangenen Leistung geboten hätten. Gelingt ihm dieser Nachweis, kann der Rückgewährschuldner sich dadurch entlasten, dass er nachweist, dass er die Pflichtverletzung nicht zu vertreten hat (§ 280 Abs. 1 Satz 2 BGB). Dazu kann er etwa beweisen, dass er zum relevanten Zeitpunkt weder wusste noch wissen musste, dass ein Rücktrittsrecht bestand oder sein Entstehen nur noch vom Ablauf einer Frist zur Erfüllung oder Nacherfüllung abhing, oder dass er einem entschuldbaren Rechtsirrtum unterlag (vgl. Fn. 35).

III. Aufwendungsersatz (Absatz 2)

1. Anwendungsbereich

42 § 347 Abs. 2 BGB kommt gleichermaßen auf **vertragliche wie gesetzliche Rücktrittsrechte** zur Anwendung. Kraft ausdrücklicher gesetzlicher Verweisung gelten die Rücktrittsvorschriften, und damit § 347 BGB, auch für eine Reihe anderer Rückgewährvorschriften. § 357 Abs. 1 Satz 1 BGB erklärt die Vorschriften des gesetzlichen Rücktrittsrechts subsidiär für anwendbar, wenn ein Vertrag infolge der Ausübung eines **verbraucherschützenden Widerrufsrechts** rückabgewickelt werden muss. Vgl. zu den Einzelheiten die Kommentierung zu § 346 BGB Rn. 12 ff.

43 § 347 Abs. 2 BGB gilt nicht nur für Aufwendungen auf den im Rahmen des rückabzuwickelnden Vertrags geleisteten Gegenstand, sondern auch für Aufwendungen in Bezug auf **Nutzungen**. Denn da diese gemäß § 346 Abs. 1 BGB ebenfalls herauszugeben oder zu vergüten sind, ist die Interessenlage insoweit identisch. Es wäre nicht einzusehen wenn der Rückgewährschuldner zwar Ersatz der Futterkosten für die zurückzugebende Kuh, nicht aber Ersatz der Futterkosten für das herauszugebende, von ihr geborene Kalb verlangen könnte. Dabei ist allerdings zu beachten, dass Aufwendungen zur Erzielung von Gebrauchsvorteilen oder zur Gewinnung von Früchten (z.B. die Kosten für die Besamung der Kuh) keine notwendigen Verwendungen sind und deshalb nach § 347 Abs. 2 Satz 2 BGB nur zu ersetzen sind, soweit der Rückgewährgläubiger bereichert wird (vgl. Rn. 52). Aufwendungen zum Erhalt bereits gezogener Früchte (z.B. die Futterkosten für das Kalb) können dagegen notwendige Verwendungen darstellen.

44 Entgegen der irreführenden amtlichen Überschrift gilt § 347 Abs. 2 BGB nicht nur für Aufwendungen, die nach dem Rücktritt gemacht wurden, sondern für alle Aufwendungen. Richtig müsste es heißen: „im Falle des Rücktritts".[42] Im Gegensatz zu §§ 994, 996 BGB unterscheidet § 347 Abs. 2 BGB nicht danach, ob die notwendigen Verwendungen oder anderen Aufwendungen vor oder nach **Kenntnis von der Rückgewährpflicht** gemacht wurden. Dies entspricht der generellen Linie des neuen Rücktrittsrechts, nicht nach der Kenntnis des Rückgewährschuldners zu differenzieren; einzige Ausnahme ist § 346 Abs. 3 Satz 1 Nr. 1 BGB. Anlass für eine teleologische Reduktion besteht nicht, zumal die Beschränkung in § 996 BGB verbreitet für unangemessen gehalten wird[43]. Der Rückgewährgläubiger wird dadurch geschützt, dass die Notwendigkeit von Verwendungen anhand des Vertragsinhalts bestimmt wird (vgl. Rn. 48) und dass bei anderen Aufwendungen die Grundsätze über die aufgedrängte Bereicherung gelten (vgl. Rn. 63).

---

[41] *Gaier* in: MünchKomm-BGB, § 347 Rn. 23; *Hager* in: NK-BGB, § 347 Rn. 12; *Kaiser* in: Staudinger, § 347 Rn. 65. So auch zu § 987 Abs. 2 BGB: *Bassenge* in: Palandt, § 987 Rn. 5.

[42] *Annuß*, JA 2006, 184, 188; *Hager* in: NK-BGB, § 347 Rn. 1; *Kaiser* in: Staudinger, § 347 Rn. 1.

[43] Vgl. *Baldus* in: MünchKomm-BGB, § 996 Rn. 9 ff.; *Gursky* in: Staudinger, Neubearb. 2006, § 996 Rn. 14.

Ab **Rechtshängigkeit** des Rückgewähranspruchs findet § 347 Abs. 2 BGB nach § 292 Abs. 2 BGB keine Anwendung mehr, sondern es gelten nur noch die für den Rückgewährgläubiger günstigeren Vorschriften des Eigentümer-Besitzer-Verhältnisses.[44]

2. Notwendige Verwendungen (Absatz 2 Satz 1)

a. Begriff

Der Begriff der notwendigen Verwendungen entspricht demjenigen in §§ 994, 995 BGB. Zwar erklärt § 995 BGB Aufwendungen zur Bestreitung von **Lasten** zu „notwendigen Verwendungen im Sinne des § 994". Doch schafft § 995 BGB nicht erst die Möglichkeit, die Aufwendungen zur Bestreitung von Lasten als notwendige Verwendungen zu verstehen, sondern ist nur eine Klarstellung.[45] Nach altem Recht, das hinsichtlich des Verwendungsersatzes auf das Eigentümer-Besitzer-Verhältnis verwies (§ 347 Satz 2 BGB a.F.), waren Aufwendungen zur Bestreitung von Lasten selbstverständlich zu vergüten, und auch § 2185 BGB stellt sie den notwendigen Verwendungen gleich. Im Rahmen des neuen § 347 Abs. 2 BGB kann nichts anderes gelten.[46]

Verwendungen sind Vermögensaufwendungen, die der Sache zugutekommen. Auch der Einsatz eigener Arbeitskraft des Rückgewährschuldners oder der unentgeltliche Einsatz der Arbeitskraft Dritter zugunsten des Rückgewährschuldners stellt eine Verwendung dar, unabhängig davon, ob er dem Beruf oder Gewerbe des Rückgewährschuldners entspricht oder diesem ein anderweitiger Verdienst entgeht.[47] Die Rechtsprechung[48] sieht im Gegensatz zur h.M. in der Literatur[49] Aufwendungen, die zu einer grundlegenden Veränderung der Sache führen, nicht als Verwendungen an, etwa die Bebauung eines unbebauten Grundstücks.

Notwendig sind solche Verwendungen, die zur Erhaltung oder ordnungsgemäßen Bewirtschaftung der Sache objektiv erforderlich sind, die also der Rückgewährschuldner dem Rückgewährgläubiger – der sie sonst hätte machen müssen – erspart hat und die nicht nur den Sonderzwecken des Rückgewährschuldners dienen.[50] Entscheidend ist, ob die Verwendung für den **vertragsgemäßen Gebrauch** notwendig ist, wobei primär ein vertraglich vereinbarter oder vorausgesetzter, hilfsweise der übliche Gebrauch maßgeblich ist (vgl. § 434 Abs. 1 BGB).[51] Ob die Verwendung zu einem bei Rückgabe der Sache noch vorhandenen Nutzen geführt hat, ist unerheblich; selbst notwendige Verwendungen, die von Anfang an fehlgeschlagen sind, sind zu ersetzen.[52] Verwendungen, die bei einer ex-ante-Betrachtung wirtschaftlich unsinnig sind, sind nie notwendig (z.B. die Reparatur von Roststellen an einem Auto, die weiteren Rostschäden vorbeugt, aber angesichts ihrer Kosten und des Alters des Autos wirtschaftlich unsinnig ist).[53]

Ersatzfähig sind nach dem Willen des Gesetzgebers auch die **gewöhnlichen Erhaltungskosten**; eine Ausnahme nach Art von § 994 Abs. 1 Satz 2 BGB komme nicht in Betracht, da der Rückgewährschuldner gemäß § 346 Abs. 1 BGB die Nutzungen herausgeben müsse.[54] Das ist fragwürdig, weil die Höhe des Nutzungsersatzes – jedenfalls wenn er mit Hilfe linearer Wertabschreibung berechnet wird[55] (vgl. die Kommentierung zu § 346 BGB Rn. 103 ff.) – nur den durch die Nutzung eingetretenen Wertverlust widerspiegelt, nicht aber die sonstigen Aufwendungen, die nötig sind, um die Nutzung zu ziehen – bei

---

[44] *Annuß*, JA 2006, 184, 188; *Gaier* in: MünchKomm-BGB, § 347 Rn. 20; *Kaiser* in: Staudinger, § 347 Rn. 2.
[45] *Baldus* in: MünchKomm-BGB, § 995 Rn. 1; *Gursky* in: Staudinger, Neubearb. 2006, § 995 Rn. 1.
[46] So auch *Lobinger* in: Soergel, § 347 Rn. 40; *Kaiser* in: Staudinger, § 347 Rn. 38.
[47] BGH v. 24.11.1995 - V ZR 88/95 - juris Rn. 9 - BGHZ 131, 220, 224 ff. A.A. *Gursky* in: Staudinger, Neubearb. 2006, vor § 994 Rn. 12 ff.
[48] BGH v. 10.07.1953 - V ZR 22/52 - BGHZ 10, 171, 177 f.; OLG Hamm v. 13.01.1997 - 22 U 93/95 - juris Rn. 36 - NJW-RR 1997, 847, 848; ebenso *Gaier* in: MünchKomm-BGB, § 347 Rn. 18.
[49] *Baldus* in: MünchKomm-BGB, § 994 Rn. 10 f.; *Kaiser* in: Staudinger, § 347 Rn. 24; *Gursky* in: Staudinger, Neubearb. 2006, vor § 994 Rn. 5 ff.
[50] BGH v. 09.11.1995 - IX ZR 19/95 - juris Rn. 7 - NJW-RR 1996, 336, 337.
[51] *Schwab* in: Schwab/Witt, Examenswissen zum neuen Schuldrecht, 2. Aufl. 2003, S. 343, 377; *Kaiser* in: Staudinger, § 347 Rn. 30 ff.; ähnlich *Gaier* in: MünchKomm-BGB, § 347 Rn. 19.
[52] BGH v. 24.11.1995 - V ZR 88/95 - juris Rn. 7 - BGHZ 131, 220, 223; *Gaier* in: MünchKomm-BGB, § 347 Rn. 19; *Kaiser* in: Staudinger, § 347 Rn. 23. A.A. *Lobinger* in: Soergel, § 347 Rn. 48.
[53] *Kaiser* in: Staudinger, § 347 Rn. 37; *Gursky* in: Staudinger, Neubearb. 2006, § 994 Rn. 13 f.
[54] BT-Drs. 14/6040, S. 197.
[55] Wird der Nutzungsersatz auf der Basis eines fiktiven Miet- oder Pachtzinses berechnet, kommt es darauf an, wie dieser kalkuliert ist.

einem Pferd etwa nur den Wertverlust des Pferds, nicht dagegen die Futterkosten. Durch seinen Anspruch auf Ersatz notwendiger Verwendungen wird der Rückgewährschuldner daher so gestellt, als hätte er die Sache nutzen können, ohne die zusätzlichen Aufwendungen zu machen – der Rückgewährschuldner des Pferdes wird so gestellt, als hätte er ein eigenes Pferd reiten können, ohne es zu füttern.[56] Zur Korrektur könnte man entweder § 994 Abs. 1 Satz 2 BGB analog anwenden, was jedoch mit der eindeutigen Aussage in den Materialien nicht vereinbar ist. Alternativ könnte man die Erhaltungskosten bei der Berechnung des Nutzungsersatzes berücksichtigen; das wäre wohl eher mit dem Willen des Gesetzgebers vereinbar.

50 Notwendig sind insbesondere substanzerhaltende Verwendungen, die zur Erhaltung oder Wiederherstellung der Sache erforderlich sind (z.B. Ersetzen einer defekten Heizung[57], Stützmauer, um ein Hanggrundstück vor dem Abrutschen zu bewahren). Bei Reparaturkosten kommt es darauf an, ob sie notwendig sind, um die Sache nutzen oder verwerten zu können.[58] Soweit durch die Reparatur eine **Wert- oder Schadensersatzpflicht** des Rückgewährschuldners vermieden wird, sind die Reparaturkosten nicht ersatzfähig, da sie ausschließlich dem Rückgewährschuldner, nicht aber dem Rückgewährgläubiger zugutekommen; § 347 Abs. 2 Satz 1 BGB ist entsprechend teleologisch zu reduzieren.[59] Falls die Reparaturkosten allerdings den hypothetisch zu leistenden Ersatz übersteigen, kann der Rückgewährschuldner Zahlung des Mehrbetrags verlangen. Umstritten ist die Notwendigkeit der Garagen- oder Stellplatzkosten für Kraftfahrzeuge.[60] Untersuchungskosten sind nur notwendige Verwendungen, soweit sie zur Abwehr einer vermuteten Gefahr für die Sache (z.B. Schwammbefall eines Hauses) dienen sollen.[61]

51 Aufwendungen, die der Rückgewährschuldner zur Bestreitung von **Lasten** der Sache macht (vgl. § 995 BGB), können auf privatem (z.B. Zinsen für Hypothekenforderungen und Grundschulden) und öffentlichem (z.B. Grundsteuern, Erschließungsbeiträge) Recht beruhen. Keine notwendigen Verwendungen sind Kosten für eine freiwillige Versicherung der Sache, da sie nicht dem Schutz der Sache selbst, sondern dem Schutz des Vermögens des Rückgewährschuldners dienen.[62]

52 Keine notwendigen Verwendungen sind Kosten, die die **Gewinnung von Früchten** oder den **Gebrauch der Sache** ermöglichen, etwa das Benzin, die Kraftfahrzeugsteuer oder die Haftpflichtversicherung für ein gekauftes Auto.[63] Denn solche Kosten dienen nicht der Erhaltung, Wiederherstellung oder Verbesserung der Sache. Sie sind gemäß § 347 Abs. 2 Satz 2 BGB nur zu ersetzen, soweit sie zu einer Bereicherung des Rückgewährgläubigers führen, indem sie den ihm zustehenden Anspruch aus § 346 Abs. 1 BGB auf Herausgabe der Nutzungen erhöhen (vgl. Rn. 64).

b. Ersatzfähigkeit

53 Notwendige Verwendungen sind nach § 347 Abs. 2 Satz 1 BGB nur zu ersetzen, wenn der Rückgewährschuldner entweder den Gegenstand zurückgibt oder Wertersatz leistet oder nach § 346 Abs. 3 Satz 1 Nr. 1 oder 2 BGB keinen Wertersatz leisten muss; unschädlich ist dabei, dass der Wert des Gegenstands durch die bestimmungsgemäße Ingebrauchnahme oder den bestimmungsgemäßen Gebrauch vermindert ist (§ 346 Abs. 2 Satz 1 Nr. 3 HS. 2 BGB)[64]. Ausgeschlossen ist damit nur der Fall von

---

[56] Sehr klar wird das Problem erkannt von BGH v. 08.11.1965 - VIII ZR 300/63 - BGHZ 44, 237, 239 ff.
[57] BGH v. 09.11.1995 - IX ZR 19/95 - juris Rn. 8 - NJW-RR 1996, 336, 337.
[58] *Huber* in: Soergel, 12. Aufl. 1991, § 467 Rn. 122; *Kaiser* in: Staudinger, § 347 Rn. 36.
[59] Vgl. *Lobinger* in: Soergel, § 347 Rn. 45 f.; *Kaiser* in: Staudinger, § 347 Rn. 37.
[60] Dafür: *Gaier* in: MünchKomm-BGB, § 347 Rn. 19; *Hager* in: NK-BGB, § 347 Rn. 8. Dagegen LG Augsburg v. 04.06.1976 - 6 O 127/76 - juris Rn. 24 - DAR 1977, 71 f. Nur für den Fall, dass das Abstellen im Freien zu einer Wertminderung führt: *Huber* in: Soergel, 12. Aufl. 1991, § 467 Rn. 122; *Kaiser* in: Staudinger, § 347 Rn. 27; ähnlich *Röthel* in: Erman, § 347 Rn. 7.
[61] *Huber* in: Soergel, 12. Aufl. 1991, § 467 Rn. 122; *Kaiser* in: Staudinger, § 347 Rn. 28; *Gursky* in: Staudinger, Neubearb. 2006, § 994 Rn. 9. Weitergehend *Lobinger* in: Soergel, § 347 Rn. 36 (auch Routineuntersuchungen).
[62] *Röthel* in: Erman, § 347 Rn. 7; *Gaier* in: MünchKomm-BGB, § 347 Rn. 19; *Huber* in: Soergel, 12. Aufl. 1991, § 467 Rn. 122; *Kaiser* in: Staudinger, § 347 Rn. 29; *Gursky* in: Staudinger, Neubearb. 2006, § 994 Rn. 15, § 995 Rn. 4.
[63] BGH v. 09.03.1983 - VIII ZR 11/82 - juris Rn. 7 - BGHZ 87, 104, 107 (Dachziegel); *Röthel* in: Erman, § 347 Rn. 7; *Gaier* in: MünchKomm-BGB, § 347 Rn. 19; *Hager* in: NK-BGB, § 347 Rn. 8; *Huber* in: Soergel, 12. Aufl. 1991, § 467 Rn. 123; *Gursky* in: Staudinger, Neubearb. 2006, § 994 Rn. 15, § 995 Rn. 4. A.A. *Kaiser* in: Staudinger, § 347 Rn. 29 ff., 39; *Lobinger* in: Soergel, § 347 Rn. 41.
[64] *Kaiser* in: Staudinger, § 347 Rn. 43.

§ 346 Abs. 3 Satz 1 Nr. 3 BGB, in dem der Inhaber eines gesetzlichen Rücktrittsrechts deshalb keinen Wertersatz leisten muss, weil er diejenige Sorgfalt beobachtet hat, die er in eigenen Angelegenheiten anzuwenden pflegt.[65] Einen Grund für diese Ausnahme gibt die Gesetzesbegründung nicht an.[66] Sie beruht wohl auf Billigkeitsgründen: Der Rückgewährgläubiger, der seine Sache ersatzlos verliert, soll nicht noch zusätzlich Verwendungsersatz zahlen müssen. Umgekehrt wird der Rückgewährschuldner ohnehin schon dadurch bevorzugt, dass er die Folgen eines von ihm nicht zu vertretenden Untergangs, die ihn ohne den Rücktritt getroffen hätten, nicht tragen muss. Diese Privilegierung soll nicht noch dadurch auf die Spitze getrieben werden, dass er Ersatz seiner notwendigen Verwendungen fordern kann.[67]

Nicht ausreichend für den Anspruch des Rückgewährschuldners auf Ersatz notwendiger Verwendungen ist ein **Anspruch** des Rückgewährgläubigers **auf Nutzungsvergütung**.[68] Haben die notwendigen Verwendungen die Nutzung erst ermöglicht, kommt § 347 Abs. 2 Satz 2 BGB zur Anwendung (vgl. Rn. 56); in anderen Fällen profitiert der Rückgewährgläubiger nicht von den Verwendungen, und daher ist ein Abgehen vom Gesetzeswortlaut nicht gerechtfertigt. 54

Nicht im Gesetzestext berücksichtigt ist der Fall, dass der Rückgewährschuldner zwar gemäß § 346 Abs. 3 Satz 1 Nr. 3 BGB keinen Wertersatz leistet, dem Rückgewährgläubiger aber nach §§ 280 Abs. 1, 241 Abs. 2 BGB **Schadensersatz** zahlt oder nach § 285 Abs. 1 BGB ein **Surrogat** herausgibt. § 347 Abs. 2 Satz 1 BGB ist dann analog anzuwenden, denn wenn der Rückgewährgläubiger auf diese Weise für den Untergang oder die Verschlechterung Kompensation erlangt, besteht keinerlei Anlass, ihn nicht dem Anspruch auf Verwendungsersatz zu unterwerfen.[69] Hinsichtlich des Schadensersatzes gilt dies uneingeschränkt auch dann, wenn der Schadensersatz seiner Höhe nach hinter dem Wertersatz zurückbleibt; dies kann der Fall sein, da der Wertersatz gemäß § 346 Abs. 2 Satz 2 BGB auf Basis der Gegenleistung zu berechnen ist.[70] Ist das Surrogat weniger wert, als Wertersatz zu leisten wäre, gilt das Gleiche, wie wenn der empfangene Gegenstand verschlechtert zurückgegeben wird und für die Verschlechterung kein Wertersatz zu leisten ist[71]; vgl. dazu Rn. 57. 55

Falls der Rückgewährschuldner weder Wertersatz noch Schadensersatz leisten und auch kein Surrogat herausgeben muss, kann er Ersatz seiner notwendigen Verwendungen nach § 347 Abs. 2 Satz 2 BGB verlangen, soweit die notwendigen Verwendungen zu einer **Bereicherung** des Rückgewährgläubigers geführt haben.[72] Das kann etwa der Fall sein, wenn die notwendige Verwendung dem Rückgewährschuldner die Nutzung der später untergegangenen Sache ermöglicht hat, so dass der Rückgewährgläubiger infolge der notwendigen Verwendung einen Nutzungsersatzanspruch nach § 346 Abs. 1 BGB erlangt hat (vgl. Rn. 64). § 347 Abs. 2 Satz 2 BGB spricht zwar von „anderen Aufwendungen" und schließt damit seinem Wortlaut nach notwendige Verwendungen aus. Doch besteht keinerlei Grund, den Rückgewährschuldner in Bezug auf notwendige Verwendungen, die zu einer Bereicherung des Rückgewährgläubigers geführt haben, schlechter zu stellen als in Bezug auf andere Aufwendungen. 56

Zweifelhaft ist, was gilt, wenn der empfangene Gegenstand nur **verschlechtert** zurückgegeben wird und gemäß § 346 Abs. 3 Satz 1 Nr. 3 BGB kein Wertersatz für die Verschlechterung zu zahlen ist. Angesichts der Tatsache, dass sich die Bandbreite von Verschlechterungen vom kaum wahrnehmbaren Schönheitsfehler bis fast zum Totalschaden erstreckt, sind hier Pauschallösungen unangemessen.[73] *Schwab* plädiert dafür, dem Rückgewährschuldner einen Anspruch auf Ersatz seiner notwendigen Ver- 57

---

65 Für eine analoge Anwendung von § 347 Abs. 2 Satz 1 BGB *Derleder*, NJW 2005, 2481, 2484. Eine derartige Analogie ist jedoch nicht gerechtfertigt, da das Gesetz für diesen Fall ausdrücklich einen Anspruch auf Ersatz der notwendigen Verwendungen ausschließt und dieser Ausschluss jedenfalls nicht willkürlich ist.
66 Die Ausnahme wird abgelehnt von *Krebs*, DB Beilage 2000, Nr. 14, 1, 13.
67 Vgl. *Gaier* in: MünchKomm-BGB, § 347 Rn. 16; *Schwab* in: Schwab/Witt, Examenswissen zum neuen Schuldrecht, 2. Aufl. 2003, S. 343, 378 f.
68 Für eine teleologische Korrektur *Schwab* in: Schwab/Witt, Examenswissen zum neuen Schuldrecht, 2. Aufl. 2003, S. 343, 380 f.; *Lobinger* in: Soergel, § 347 Rn. 54.
69 *Gaier* in: MünchKomm-BGB, § 347 Rn. 16; *Lobinger* in: Soergel, § 347 Rn. 55; *Kaiser* in: Staudinger, § 347 Rn. 42.
70 A.A. *Gaier* in: MünchKomm-BGB, § 347 Rn. 16; *Kaiser* in: Staudinger, § 347 Rn. 42.
71 *Gaier* in: MünchKomm-BGB, § 347 Rn. 16; *Kaiser* in: Staudinger, § 347 Rn. 42.
72 *Annuß*, JA 2006, 184, 189; *Grothe* in: Bamberger/Roth, § 347 Rn. 6; *Röthel* in: Erman, § 347 Rn. 9; *Hager* in: NK-BGB, § 347 Rn. 6.
73 Anders noch *Faust* in: Huber/Faust, Schuldrechtsmodernisierung, 2002, Rn. 10/68 (voller Ersatz) und *Kaiser*, JZ 2001, 1057, 1068 (Ersatz nur nach § 347 Abs. 2 Satz 2 BGB).

wendungen nur zu gewähren, wenn er freiwillig Wertersatz für die Verschlechterung leistet.[74] Doch ist es unangemessen, dem Rückgewährschuldner keinerlei Verwendungsersatzanspruch zuzusprechen, wenn er nicht freiwillig Wertersatz leistet und der Rückgewährgläubiger nicht bereichert ist. Dem Rückgewährschuldner, der den empfangenen Gegenstand nur verschlechtert zurückgibt und keinen Wertersatz leistet, steht daher ein Anspruch auf **anteiligen Ersatz** seiner notwendigen Verwendungen zu.[75] Maßgeblich ist das Verhältnis des Werts, den der Gegenstand im Zeitpunkt des Rücktritts hat, zu dem Wert, den er ohne die Verschlechterung im Zeitpunkt des Rücktritts gehabt hätte. Falls der Rückgewährgläubiger Wert- oder Schadensersatzansprüche wegen anderer Verschlechterungen oder Ansprüche nach § 285 Abs. 1 BGB hat, sind diese bei der Bestimmung des Verhältnisses zu berücksichtigen. Entscheidend ist also das Verhältnis des Gesamtwerts, den der Rückgewährgläubiger tatsächlich erlangt, zum Gesamtwert, den er ohne den Ausschluss nach § 346 Abs. 3 Satz 1 Nr. 3 BGB erlangen würde.

58 **Beispiel**: Der Rückgewährschuldner hat mit dem gekauften Auto zwei Unfälle erlitten. Im Zeitpunkt der Erklärung des Rücktritts hat das Auto einen Wert von 18.000 €. Für den ersten, grob fahrlässig verursachten Unfall muss er 2.000 € Wertersatz leisten. Für den zweiten, schuldlos erlittenen Unfall ist der Wertersatzanspruch ausgeschlossen; er würde sich auf 4.000 € belaufen. Der Rückgewährgläubiger erlangt hier 18.000 € + 2.000 € = 20.000 €; ohne Berücksichtigung von § 346 Abs. 3 Satz 1 Nr. 3 BGB würde er 4.000 € mehr, also 24.000 € erlangen. Der Rückgewährschuldner erhält daher 20/24 = 5/6 seiner notwendigen Verwendungen ersetzt.

59 Hat der Rückgewährgläubiger anstelle des nach § 346 Abs. 3 Satz 1 Nr. 3 BGB ausgeschlossenen Wertersatzanspruchs gemäß § 346 Abs. 3 Satz 2 BGB einen **Anspruch auf Herausgabe der verbleibenden Bereicherung**, so ist dieser Anspruch im Rahmen des Anspruchs aus § 347 Abs. 2 Satz 1 BGB irrelevant. Verwendungen können aber im Rahmen des Bereicherungsanspruchs als Abzugsposten geltend gemacht werden (vgl. Rn. 68).[76] Wenn der Bereicherungsanspruch dadurch „aufgezehrt" wird, sind die nicht als Abzugsposten berücksichtigten Verwendungen nach den allgemeinen Grundsätzen (vgl. Rn. 57) anteilig zu ersetzen.

c. Geltendmachung des Ersatzanspruchs

60 Nach dem Gesetzeswortlaut wird der Anspruch auf Ersatz notwendiger Verwendungen erst fällig, wenn der Rückgewährschuldner den empfangenen Gegenstand zurückgibt oder Wertersatz leistet. Dennoch ist nicht anzunehmen, dass der Rückgewährschuldner vorleistungspflichtig ist; die Abwicklung muss vielmehr gemäß § 348 BGB **Zug um Zug** erfolgen.[77] Bei Gleichartigkeit ist auch eine **Aufrechnung** zulässig.[78]

3. Andere Aufwendungen (Absatz 2 Satz 2)

a. Begriff

61 § 347 Abs. 2 Satz 2 BGB regelt den Ersatz von Aufwendungen, die keine notwendigen Verwendungen darstellen; subsidiär kommt die Vorschrift aber auch auf **notwendige Verwendungen** zur Anwendung (vgl. Rn. 56). Dazu zählen insbesondere **nützliche Verwendungen**, aber auch Aufwendungen, die die Sache grundlegend verändern und daher nach Auffassung der Rechtsprechung keine Verwendungen darstellen, und Aufwendungen zur Gewinnung von Früchten oder zum Ziehen von Gebrauchsvorteilen[79]; wie bei Verwendungen genügt der Einsatz eigener Arbeitskraft (vgl. Rn. 47).

---

[74] *Schwab* in: Schwab/Witt, Examenswissen zum neuen Schuldrecht, 2. Aufl. 2003, S. 343, 378.

[75] *Annuß*, JA 2006, 184, 189; *Röthel* in: Erman, § 347 Rn. 8; *Gaier* in: MünchKomm-BGB, § 347 Rn. 16; *Kaiser* in: Staudinger, § 347 Rn. 41.

[76] *Kaiser* in: Staudinger, § 347 Rn. 44.

[77] *Röthel* in: Erman, § 347 Rn. 8; *Gaier* in: MünchKomm-BGB, § 347 Rn. 17; *Lobinger* in: Soergel, § 347 Rn. 60; *Kaiser* in: Staudinger, § 347 Rn. 45; vgl. auch BGH v. 05.10.1979 - V ZR 71/78 - juris Rn. 17 - BGHZ 75, 288, 293 f.

[78] *Gaier* in: MünchKomm-BGB, § 347 Rn. 17; *Lobinger* in: Soergel, § 347 Rn. 60; *Kaiser* in: Staudinger, § 347 Rn. 45.

[79] *Grothe* in: Bamberger/Roth, § 347 Rn. 6; *Röthel* in: Erman, § 347 Rn. 6.

b. Bereicherung des Rückgewährgläubigers

§ 347 Abs. 2 Satz 2 BGB ist nach seinem Wortlaut keine Rechtsfolgenverweisung auf das Bereicherungsrecht (also auf die §§ 818, 819 BGB), wie sie der Gesetzgeber durch die Formulierung „nach den Vorschriften über die Herausgabe einer ungerechtfertigten Bereicherung" (z.B. §§ 684 Satz 1, 951 Abs. 1 Satz 1 BGB, §§ 323 Abs. 3, 327 Satz 2 BGB a.F.) anzuordnen pflegt. Vielmehr dient der Verweis auf die Bereicherung nur dazu, den Aufwendungsersatz der Höhe nach zu beschränken; so heißt es in § 996 BGB: „[soweit] der Wert der Sache ... noch zu der Zeit erhöht ist, zu welcher der Eigentümer die Sache wiedererlangt". Hieraus folgt erstens, dass der Anspruch stets auf Ersatz der Aufwendungen **in Geld** gerichtet ist und nicht etwa primär auf Herausgabe der vorhandenen Bereicherung in Natur. Zweitens sind maximal die Aufwendungen zu erstatten, eine etwaige „**überschießende**" **Bereicherung** ist nicht herauszugeben.[80] Drittens ist für die Bestimmung der Bereicherung nicht der Entscheidungszeitpunkt maßgeblich, sondern der **Zeitpunkt**, in dem der Rückgewährgläubiger die hingegebene Leistung wiedererlangt (vgl. § 446 BGB) oder in Annahmeverzug gerät. Ein späterer Wegfall der Bereicherung, etwa durch den Untergang der zurückgegebenen Sache, geht also zu seinen Lasten.[81] Das ist konsequent, da er jedenfalls (vgl. § 346 Abs. 3 Satz 1 Nr. 3 BGB) ab der Rückgewähr die Gefahr des Untergangs oder der Verschlechterung trägt.

Zum Schutz des Rückgewährgläubigers sind die Grundsätze über die Herausgabe von **aufgedrängten Bereicherungen**[82] zu beachten.[83] Im Rahmen von § 996 BGB ist die – für wünschenswert erachtete – Anwendung dieser Grundsätze zwar umstritten, weil Wortlaut und Entstehungsgeschichte darauf hindeuten, dass die Brauchbarkeit des Verwendungserfolgs für den Eigentümer außer Betracht bleiben soll.[84] Doch da § 347 Abs. 2 Satz 2 BGB nicht auf die Werterhöhung, sondern auf die Bereicherung abstellt, sind diese Bedenken nicht einschlägig.

Die Bereicherung des Rückgewährgläubigers kann darauf beruhen, dass er den geleisteten Gegenstand **in Natur** zurückerhält und dessen Wert infolge der Aufwendung erhöht ist. Erhält der Rückgewährgläubiger wegen einer Veränderung, einer Verschlechterung oder des Untergangs des herauszugebenden Gegenstands gemäß 346 Abs. 2 Satz 1 Nr. 2 oder 3 BGB **Wertersatz**, so ist für dessen Bemessung der Zeitpunkt des Rücktritts maßgeblich (vgl. die Kommentierung zu § 346 BGB Rn. 82). Der Wertersatz kann daher infolge der Aufwendungen des Rückgewährschuldners erhöht sein und dadurch eine Bereicherung des Rückgewährgläubigers bewirken. Eine Bereicherung des Rückgewährgläubigers kann schließlich darauf beruhen, dass dieser zwar weder den geleisteten Gegenstand selbst noch Wertersatz dafür erhält, aber gemäß § 346 Abs. 1 BGB einen **Anspruch auf gezogene Nutzungen** hat, den er ohne die Aufwendung nicht hätte.[85] Eine Bereicherung liegt dabei nur vor, soweit der Nutzungsersatzanspruch nicht lediglich die gebrauchsbedingte Abnutzung abdeckt.[86] Dies kann insbesondere der Fall sein bei der Herausgabe von Früchten und der Vergütung von Gebrauchsvorteilen von Gegenständen, die keiner Abnutzung unterliegen. Es ist aber auch der Fall, wenn die Nutzung erst durch Wiederherstellung der Sache ermöglicht wurde.

Beispiel: Der Rückgewährschuldner hat mit dem gekauften Auto einen Unfall, der es fahruntüchtig macht; für den Wertverlust ist gemäß § 346 Abs. 3 Satz 1 Nr. 3 BGB kein Wertersatz zu leisten. Er lässt das Auto für 5.000 € reparieren und fährt damit 10.000 km, bevor das Auto durch einen Unfall völlig zerstört wird; wiederum ist der Wertersatz ausgeschlossen. Der Rückgewährgläubiger erhält hier Nutzungsersatz für die gefahrenen 10.000 km. Ohne die Reparatur hätte er für Nutzung ab dem ersten Un-

---

[80] *Gaier* in: MünchKomm-BGB, § 347 Rn. 22; *Hager* in: NK-BGB, § 347 Rn. 10; *Grüneberg* in: Palandt, § 347 Rn. 3; *Kaiser* in: Staudinger, § 347 Rn. 58. Zu § 996 BGB: BGH v. 05.10.1979 - V ZR 71/78 - juris Rn. 21 - BGHZ 75, 288, 295; *Baldus* in: MünchKomm-BGB, § 996 Rn. 6; *Gursky* in: Staudinger, Neubearb. 2006, § 996 Rn. 12.

[81] *Gaier* in: MünchKomm-BGB, § 347 Rn. 22; *Lobinger* in: Soergel, § 347 Rn. 62; *Kaiser* in: Staudinger, § 347 Rn. 58.

[82] Vgl. *Bassenge* in: Palandt, § 951 Rn. 18 ff.; *Gursky* in: Staudinger, Neubearb. 2011, § 951 Rn. 46 ff.

[83] *Röthel* in: Erman, § 347 Rn. 9; *Gaier* in: MünchKomm-BGB, § 347 Rn. 22; *Schwab* in: Schwab/Witt, Examenswissen zum neuen Schuldrecht, 2. Aufl. 2003, S. 343, 377; *Lobinger* in: Soergel, § 347 Rn. 63; *Kaiser* in: Staudinger, § 347 Rn. 50.

[84] Gegen die Anwendung der Grundsätze über die Herausgabe von aufgedrängten Bereicherungen: *Gursky* in: Staudinger, Neubearb. 2006, § 996 Rn. 5 ff.; dafür *Baldus* in: MünchKomm-BGB, § 996 Rn. 5; *Bassenge* in: Palandt, § 996 Rn. 2.

[85] So auch *Kaiser* in: Staudinger, § 347 Rn. 52 f.

[86] *Lobinger* in: Soergel, § 347 Rn. 62.

fall nichts erhalten, da das Auto nicht nutzbar gewesen wäre. Er ist also infolge der Reparatur um den Anspruch auf Nutzungsersatz für die gefahrenen 10.000 km bereichert. Bis zur Höhe dieser Bereicherung hat er die Reparaturkosten zu ersetzen.

66 Nie zu einer Bereicherung des Rückgewährgläubigers im Rahmen eines Anspruchs auf Wertersatz für gezogene Gebrauchsvorteile führen dagegen die **normalen Betriebskosten**, wie etwa die Kosten für Benzin, Kfz-Steuer und Versicherung eines Autos. Denn sie werden keinesfalls in der Höhe des Wertersatzanspruchs widergespiegelt, unabhängig davon, ob dieser mit Hilfe der linearen Wertabschreibung oder aufgrund eines fiktiven Miet- oder Pachtzinses berechnet wird. Das Gleiche gilt für Aufwendungen, die dazu dienen, die erhaltene Sache über den vertragsgemäßen Zustand hinaus zu **verbessern**.

4. Aufwendungen und Wertersatzansprüche

67 Sofern der Rückgewährschuldner nach § 346 Abs. 2 BGB **Wertersatz** für die empfangene Leistung selbst oder gezogene Nutzungen schuldet, sind bei Bestimmung dieses Wertersatzes gemachte Aufwendungen nicht in Abzug zu bringen. In Bezug auf den Wertersatz für die empfangene Leistung ergibt sich dies daraus, dass dieser nur ein Surrogat für die Rückgabe der empfangenen Leistung selbst darstellt. Bei dieser würden aber durch die Aufwendungen verursachte Werterhöhungen im Rahmen des Anspruchs aus § 346 Abs. 1 BGB dem Rückgewährgläubiger zufließen und der Ausgleich im Rahmen des Anspruchs aus § 347 Abs. 2 BGB erfolgen; ggf. kann aufgerechnet (vgl. Rn. 60) werden. In Bezug auf den Wertersatz für gezogene Nutzungen folgt es daraus, dass Aufwendungen des Rückgewährschuldners die Höhe der Nutzungsvergütung nicht beeinflussen, und zwar unabhängig davon, ob diese mit Hilfe einer linearen Wertabschreibung oder auf der Grundlage eines fiktiven Miet- oder Pachtzinses bestimmt wird (vgl. die Kommentierung zu § 346 BGB Rn. 103, Rn. 106, Kommentierung zu § 346 BGB Rn. 106). Ein Abzug der Aufwendungen von der Nutzungsvergütung würde daher neben dem Anspruch aus § 347 Abs. 2 BGB zu einem zweifachen Ersatz dieser Aufwendungen führen.[87]

68 Das Gleiche gilt, wenn der Rückgewährschuldner nach § 346 Abs. 3 Satz 2 BGB anstelle von Wertersatz nur die **verbleibende Bereicherung** herauszugeben hat. Denn soweit er für seine notwendigen Verwendungen und sonstigen Aufwendungen gemäß § 347 Abs. 2 BGB Ersatz verlangen kann, ist er nicht entreichert. Nur wenn der Anspruch auf Herausgabe der verbleibenden Bereicherung darauf beruht, dass der Wertersatzanspruch nach § 346 Abs. 3 Satz 1 Nr. 3 BGB ausgeschlossen ist, sind notwendige Verwendungen anspruchsmindernd zu berücksichtigen[88], soweit sie nicht nach § 347 Abs. 2 Satz 2 BGB zu ersetzen sind (vgl. Rn. 56); denn nach § 347 Abs. 2 Satz 1 BGB kann dann für sie kein Ersatz verlangt werden (vgl. Rn. 53 ff.).

69 Aufwendungen, die nach § 347 Abs. 2 BGB **nicht ersatzfähig** sind, weil sie weder notwendige Verwendungen darstellen noch zu einer Bereicherung des Rückgewährgläubigers führen, sind nicht abzugsfähig. § 347 Abs. 2 BGB ist nach dem Willen des Gesetzgebers eine abschließende Regelung für den Ersatz von Aufwendungen im Rückgewährschuldverhältnis. Die Regierungsbegründung hebt besonders hervor, nicht ersatzfähige Aufwendungen dürften nicht im Rahmen eines Wertersatzanspruchs nach § 346 Abs. 2 BGB in Abzug gebracht werden.[89] Fraglich ist, ob das Abzugsverbot auch im Rahmen eines Anspruchs auf Herausgabe der verbleibenden Bereicherung nach § 346 Abs. 3 Satz 2 BGB gilt. M.E. ist dies zu bejahen.[90] Es würde einen Wertungswiderspruch darstellen, einem Rückgewährschuldner, der nur Herausgabe der verbleibenden Bereicherung schuldet, Ersatz seiner Aufwendungen in größerem Umfang zu gewähren als einem Rückgewährschuldner, der Wertersatz leisten muss. Denn die Tatsache, dass statt Wertersatz Herausgabe der Bereicherung geschuldet wird, beeinflusst die für den Aufwendungsersatz relevanten Wertungsgesichtspunkte nicht. Es wäre deswegen nicht angemessen, einen Rückgewährschuldner, der schon in Bezug auf die Rückgewähr der empfangenen Leistung oder die Herausgabe von Nutzungen privilegiert wird, auch noch in Bezug auf den Ersatz seiner Aufwendungen zu privilegieren und den schon durch den Ausschluss des Wertersatzanspruchs benachtei-

---

[87] Vgl. BT-Drs. 14/6040, S. 197, wo allerdings vom falschen Ausgangspunkt ausgegangen wird: Ein Ersatz von Verwendungen komme nicht in Frage, wenn diese bei der Ermittlung der Nutzungsentschädigung bereits als Minderungsposten berücksichtigt seien. Es gilt jedoch gerade umgekehrt, dass wegen des Ersatzanspruchs aus § 347 Abs. 2 BGB eine Berücksichtigung als Minderungsposten unzulässig ist. Für die Möglichkeit, notwendige Verwendungen alternativ als Abzugsposten zu berücksichtigen, *Röthel* in: Erman, § 347 Rn. 6.

[88] Vgl. *Gaier* in: MünchKomm-BGB, § 347 Rn. 16 *Kaiser* in: Staudinger, § 347 Rn. 44.

[89] BT-Drs. 14/6040, S. 197.

[90] Ebenso *Kaiser* in: Staudinger, § 347 Rn. 44. A.A. *Schwab* in: Schwab/Witt, Examenswissen zum neuen Schuldrecht, 2. Aufl. 2003, S. 343, 371.

ligten Rückgewährgläubiger dadurch weiter zu benachteiligen, dass er mittelbar (durch die Berücksichtigung als Abzugsposten) zum Ersatz von Aufwendungen verpflichtet wird, die ihm nicht zugutekommen.

Aufwendungen, die nach § 347 Abs. 2 BGB nicht ersatzfähig sind, können aber nach h.M. im Rahmen eines **Anspruchs auf Schadensersatz oder auf Aufwendungsersatz nach § 284 BGB** zu ersetzen sein, der nach § 325 BGB durch den Rücktritt nicht ausgeschlossen wird. § 347 Abs. 2 BGB soll insofern keine Sperrwirkung entfalten, da der Schadensersatzanspruch und der Anspruch aus § 284 BGB Vertretenmüssen voraussetzen und deshalb die Wertung des § 347 Abs. 2 BGB nicht unterlaufen wird.[91] 70

5. Beweislast

Die Beweislast in Bezug auf die Tatsachen, die einen Aufwendungsersatzanspruch begründen, trägt der **Rückgewährschuldner**. Im Rahmen von § 347 Abs. 2 Satz 1 BGB muss er also nachweisen, dass er bestimmte Verwendungen gemacht hat und dass diese notwendig waren. Falls er den Ersatz der Verwendungen nicht lediglich Zug um Zug (§ 348 BGB) gegen Rückgabe des empfangenen Gegenstands, Zahlung von Wert- oder Schadensersatz oder Herausgabe eines Surrogats verlangt, muss er außerdem nachweisen, dass er schon den empfangenen Gegenstand zurückgegeben, Wert- oder Schadensersatz geleistet oder ein Surrogat herausgegeben hat oder dass er nach § 346 Abs. 3 Satz 1 Nr. 1 oder 2 BGB keinen Wertersatz leisten muss. Im Rahmen von § 347 Abs. 2 Satz 2 BGB muss er nachweisen, dass er Aufwendungen gemacht hat, durch die der Rückgewährgläubiger bereichert ist; wendet dieser den Wegfall der Bereicherung nach § 818 Abs. 3 BGB ein, trägt insofern er die Beweislast.[92] 71

---

[91] BGH v. 20.07.2005 - VIII ZR 275/04 - juris Rn. 12 f. - NJW 2005, 2848, 2849 f.; BGH v. 28.11.2007 - VIII ZR 16/07 - NJW 2008, 911 Tz. 15; *Kaiser* in: Staudinger, § 347 Rn. 61. A.A. *Faust*, JZ 2008, 471, 474.
[92] *Gaier* in: MünchKomm-BGB, § 347 Rn. 24; *Hager* in: NK-BGB, § 347 Rn. 12.

§ 348 BGB Erfüllung Zug-um-Zug

(Fassung vom 02.01.2002, gültig ab 01.01.2002)

¹Die sich aus dem Rücktritt ergebenden Verpflichtungen der Parteien sind Zug um Zug zu erfüllen. ²Die Vorschriften der §§ 320, 322 finden entsprechende Anwendung.

Gliederung

A. Grundlagen 1	I. Abwicklungsverhältnis 3
B. Anwendungsvoraussetzungen 2	II. Zurückbehaltungsrecht 8
C. Rechtsfolgen 3	D. Prozessuale Hinweise 12

A. Grundlagen

1 § 348 BGB regelt durch einen Verweis auf die §§ 320, 322 BGB, wie die Verpflichtungen, die sich aus einem Rücktritt ergeben, zu erfüllen sind. Er ist wortgleich mit § 348 BGB a.F. Der **Anwendungsbereich** der Norm entspricht demjenigen von § 346 BGB; zu den Einzelheiten vgl. die Kommentierung zu § 346 BGB Rn. 12 ff.

B. Anwendungsvoraussetzungen

2 Die Vorschrift kommt immer dann zum Tragen, wenn eine Partei wirksam vom Vertrag zurückgetreten ist und aufgrund des Rücktritts jede Partei gegen die andere Ansprüche hat. Dies ist auch der Fall, wenn erst eine Partei geleistet hat, die andere aber gemäß § 347 Abs. 2 BGB Ersatz von notwendigen Verwendungen oder anderen Aufwendungen verlangen kann. Nach dem Gesetzeswortlaut wird der **Anspruch auf Ersatz notwendiger Verwendungen** (§ 347 Abs. 2 Satz 1 BGB) zwar erst fällig, wenn der Rückgewährschuldner seiner Verpflichtung zur Rückgabe des empfangenen Gegenstands oder zum Wertersatz nachkommt. Doch ist auch insofern eine Abwicklung Zug um Zug vorzunehmen; eine Vorleistungspflicht des Rückgewährschuldners begründet § 347 Abs. 2 Satz 1 BGB nicht (vgl. auch die Kommentierung zu § 347 BGB).

C. Rechtsfolgen

I. Abwicklungsverhältnis

3 Der Rücktritt beeinflusst nur das **schuldrechtliche Geschäft**, auf die dingliche Rechtslage hat er keine Auswirkungen. Das schuldrechtliche Geschäft wird durch den Rücktritt nicht zum Erlöschen gebracht, sondern ex nunc in ein Abwicklungsverhältnis umgestaltet, das durch die §§ 346-348 BGB ausgeformt wird. **Bereicherungsrecht** kommt – parallel oder ergänzend – nicht zur Anwendung, da mangels Erlöschens des schuldrechtlichen Geschäfts der Rechtsgrund für die Leistung nicht entfällt.[1]

4 Die **dinglichen Geschäfte** können allerdings unter die auflösende Bedingung der Ausübung des Rücktrittsrechts gestellt werden, sofern sie nicht – wie etwa die Auflassung (§ 925 Abs. 2 BGB) – bedingungsfeindlich sind.[2] Bei Grundstückskaufverträgen besteht die Möglichkeit, den durch den Rücktritt entstehenden Rückübertragungsanspruch durch eine Vormerkung zu sichern.[3] Beim Verkauf unter Eigentumsvorbehalt führt der Rücktritt vor Bedingungseintritt dazu, dass das Besitzrecht des Käufers aus dem Kaufvertrag und sein Anwartschaftsrecht wegfallen und der Verkäufer die Sache gemäß § 985 BGB herausverlangen kann (vgl. § 449 Abs. 2 BGB).

5 Sofern für die vertraglichen Erfüllungsansprüche **Sicherheiten** (z.B. Grundpfandrechte, Bürgschaften) bestellt waren, hängt es vom Inhalt der Sicherungsvereinbarung ab, ob und inwieweit auch die Ansprüche aus dem Rückabwicklungsverhältnis gesichert sein sollen. Im Zweifel ist dies anzunehmen, weil der Bestellung der Sicherheit der Wille der Parteien zu entnehmen ist, den Sicherungsnehmer gegen die mit der Durchführung des Geschäfts verbundenen Risiken abzusichern, und die Sicherheit nach ih-

---

[1] BT-Drs. 14/6040, S. 191; BGH v. 10.07.1998 - V ZR 360/96 - juris Rn. 10 - NJW 1998, 3268 f.
[2] RG v. 28.04.1903 - II 474/02 - RGZ 54, 340 f.
[3] BGH v. 05.12.1996 - V ZB 27/96 - juris Rn. 10 - BGHZ 134, 182, 184 ff.; BGH v. 27.06.2001 - IV ZR 120/00 - juris Rn. 16 - BGHZ 148, 187, 192.

rem Zweck daher auch die Ansprüche aus dem Rückgewährschuldverhältnis erfassen soll und weil damit im Regelfall keine Belastung des Sicherungsgebers verbunden ist, die das Risiko erheblich übersteigt, das er ohne den Rücktritt zu tragen hätte.[4]

Innerhalb des Abwicklungsverhältnisses stehen sich die beiderseitigen Ansprüche selbständig gegenüber. Auch zwischen Geldansprüchen findet sich **keine automatische Verrechnung** statt, doch ist eine Aufrechnung selbstverständlich möglich.[5] 6

Das Abwicklungsverhältnis ist **kein synallagmatisches Verhältnis** i.S.d. §§ 320-326 BGB. Die §§ 320, 322 BGB kommen zwar kraft der Verweisung in § 348 BGB zur Anwendung, die übrigen Vorschriften gelten jedoch nicht. Insbesondere führt die Befreiung des einen Rückgewährschuldners nach § 275 BGB nicht dazu, dass gemäß § 326 Abs. 1 Satz 1 BGB auch der andere Rückgewährschuldner frei wird; einschlägig sind vielmehr die Vorschriften über den Wert- und Schadensersatz in § 346 Abs. 2-4 BGB.[6] 7

II. Zurückbehaltungsrecht

Die sich aus dem Rücktritt ergebenden Verpflichtungen sind Zug um Zug zu erfüllen; jede Partei ist gemäß den §§ 320, 322 BGB berechtigt, ihre eigene Leistung bis zur Bewirkung der Gegenleistung zurückzubehalten (vgl. die Kommentierung zu § 320 BGB und die Kommentierung zu § 322 BGB). §§ 320, 322 BGB kommen dabei unabhängig davon zur Anwendung, ob der Vertrag, von dem zurückgetreten wurde, ein gegenseitiger Vertrag war oder nicht.[7] 8

Erfasst werden nicht nur die **Verpflichtungen** aus den §§ 346, 347 BGB (zu Ansprüchen aus § 347 Abs. 2 Satz 1 BGB vgl. schon Rn. 2), sondern auch Ansprüche aus § 285 Abs. 1 BGB auf die Herausgabe eines Surrogats und Schadensersatzansprüche wegen Schutzpflichtverletzung vor Erklärung des Rücktritts (§§ 280 Abs. 1, 241 Abs. 2 BGB) und wegen Leistungsstörungen im Rückabwicklungsverhältnis nach Erklärung des Rücktritts (§§ 280-284, 286, 304 BGB).[8] Vgl. zu diesen Ansprüchen die Kommentierung zu § 346 BGB und die Kommentierung zu § 347 BGB. Das Zurückbehaltungsrecht besteht auch gegenüber Ansprüchen auf Rückgabe eines **Schuldscheins** oder **Vollstreckungstitels** (vgl. § 371 BGB), gegenüber denen nach der Rechtsprechung dann kein Zurückbehaltungsrecht geltend gemacht werden kann, wenn die Forderung von Anfang an nicht besteht.[9] Ansprüche aus dem ursprünglichen Vertrag, die den Rücktritt überdauern (z.B. aus den §§ 280 Abs. 1, 241 Abs. 2 BGB) werden dagegen nicht von § 348 BGB erfasst; insofern gilt das allgemeine Zurückbehaltungsrecht aus § 273 BGB. Das Gleiche gilt für den Anspruch auf das **Reugeld** (§ 353 BGB).[10] 9

Das Zurückbehaltungsrecht hat zur Folge, dass eine Partei die Gegenpartei nur in Schuldnerverzug versetzen kann, wenn sie die Gegenpartei in Bezug auf die dieser gebührende Leistung in Annahmeverzug (§§ 293-299 BGB, insbesondere § 298 BGB) bringt (vgl. §§ 322 Abs. 3, 274 Abs. 2 BGB). 10

Das Zurückbehaltungsrecht kann gemäß § 309 Nr. 2 lit. a BGB nicht in **AGB** ausgeschlossen werden.[11] 11

D. Prozessuale Hinweise

Für die Zwangsvollstreckung gilt § 756 ZPO. 12

---

[4] *Janßen* in: MünchKomm-BGB, 4. Aufl. 2001, Bd. 2, vor § 346 Rn. 55. A.A. *Grothe* in: Bamberger/Roth, § 346 Rn. 15; *Gaier* in: MünchKomm-BGB, vor § 346 Rn. 43; *Kaiser* in: Staudinger, § 346 Rn. 119.

[5] *Grothe* in: Bamberger/Roth, § 348 Rn. 3; *Röthel* in: Erman, § 348 Rn. 1; *Gaier* in: MünchKomm-BGB, § 348 Rn. 4; *Hager* in: NK-BGB, § 348 Rn. 4; *Lobinger* in: Soergel, § 348 Rn. 2; *Kaiser* in: Staudinger, § 348 Rn. 2. A.A. *Hadding* in: Soergel, 12. Aufl. 1990, § 348 Rn. 2; möglicherweise auch BGH v. 20.02.2008 - VIII ZR 334/06 - BGHZ 175, 286 Tz. 23.

[6] *Grothe* in: Bamberger/Roth, § 348 Rn. 2; *Röthel* in: Erman, § 348 Rn. 1 f.; *Gaier* in: MünchKomm-BGB, § 348 Rn. 2 f.; *Hager* in: NK-BGB, § 348 Rn. 1 f.; *Grüneberg* in: Palandt, § 348 Rn. 1; *Lobinger* in: Soergel, § 348 Rn. 3; *Kaiser* in: Staudinger, § 348 Rn. 3.

[7] *Grothe* in: Bamberger/Roth, § 348 Rn. 3; *Hager* in: NK-BGB, § 348 Rn. 1.

[8] *Röthel* in: Erman, § 348 Rn. 1; *Gaier* in: MünchKomm-BGB, § 348 Rn. 1; *Hager* in: NK-BGB, § 348 Rn. 3; *Kaiser* in: Staudinger, § 348 Rn. 4.

[9] BGH v. 21.01.1994 - V ZR 238/92 - juris Rn. 15 - NJW 1994, 1161, 1162 f.; *Gaier* in: MünchKomm-BGB, § 348 Rn. 1; *Hager* in: NK-BGB, § 348 Rn. 5; *Kaiser* in: Staudinger, § 348 Rn. 5.

[10] *Kaiser* in: Staudinger, § 348 Rn. 6. A.A. *Gaier* in: MünchKomm-BGB, § 348 Rn. 1; *Hager* in: NK-BGB, § 348 Rn. 3.

[11] *Röthel* in: Erman, § 348 Rn. 3; *Gaier* in: MünchKomm-BGB, § 348 Rn. 5; *Hager* in: NK-BGB, § 348 Rn. 6; *Grüneberg* in: Palandt, § 348 Rn. 1; *Lobinger* in: Soergel, § 348 Rn. 4; *Kaiser* in: Staudinger, § 348 Rn. 7. Vgl. zum alten Recht BGH v. 21.03.1980 - V ZR 72/78 - juris Rn. 31 - NJW 1980, 1631, 1632 f.

§ 349 BGB Erklärung des Rücktritts

(Fassung vom 02.01.2002, gültig ab 01.01.2002)
Der Rücktritt erfolgt durch Erklärung gegenüber dem anderen Teil.

Gliederung

A. Grundlagen 1	II. Abtretung des Rücktrittsrechts 11
B. Anwendungsvoraussetzungen 2	C. Beweislast 15
I. Rücktrittserklärung 2	

A. Grundlagen

1 § 349 BGB regelt die Ausübung des Rücktrittsrechts und stellt klar, dass der Rücktritt ein **Gestaltungsrecht** ist. Er entspricht wörtlich § 349 BGB a.F. Der **Anwendungsbereich** der Norm gleicht demjenigen von § 346 BGB; zu den Einzelheiten vgl. die Kommentierung zu § 346 BGB Rn. 12 ff. Für die Ausübung verbraucherschützender Widerrufs- und Rückgaberechte enthalten die §§ 355 Abs. 1, 356 Abs. 2 BGB Spezialvorschriften.

B. Anwendungsvoraussetzungen

I. Rücktrittserklärung

2 Der Rücktritt erfolgt durch **einseitige empfangsbedürftige Erklärung** des Rücktrittsberechtigten und wird mit deren Zugang wirksam (§ 130 Abs. 1 Satz 1 BGB). Eine Mitwirkung des Rücktrittsgegners ist nicht erforderlich. Selbstverständlich löst eine Rücktrittserklärung nur bei Bestehen eines Rücktrittsrechts Rechtsfolgen aus.[1]

3 **Rücktrittsberechtigt** ist derjenige Vertragspartner, dem durch Gesetz oder Vertrag ein Rücktrittsrecht eingeräumt ist. **Adressat** der Rücktrittserklärung ist der andere Vertragspartner.[2] Daran ändert sich auch nichts, wenn dieser seine vertraglichen Ansprüche abgetreten hat.[3]

4 **Beschränkt Geschäftsfähige** können nicht nach den §§ 107, 111 Satz 1 BGB selbständig zurücktreten, weil sie der Rücktritt Rückgewährpflichten oder Ansprüchen auf Aufwendungsersatz aussetzen oder um eigene Ansprüche bringen kann. Der Rücktrittsgegner wird gegen die Unsicherheit, der er durch die Rücktrittserklärung eines beschränkt Geschäftsfähigen ausgesetzt wird, durch § 111 BGB geschützt. Eine Ausnahme gilt beim Erbvertrag (§ 2296 Abs. 1 Satz 2 BGB).

5 **Stellvertretung** ist – außer beim Rücktritt vom Erbvertrag (§ 2296 Abs. 1 Satz 1 BGB) – zulässig; zum Schutz des Rücktrittsgegners gelten die Sondervorschriften der §§ 174, 180 BGB.

6 Der Rücktritt ist **formlos** möglich. Bei formbedürftigen Verträgen unterliegt zwar die Vereinbarung des Rücktrittsrechts dem Formzwang, nicht aber die Rücktrittserklärung (vgl. § 456 Abs. 1 Satz 2 BGB).[4] Sondervorschriften gelten für den Erbvertrag (§ 2296 Abs. 2 Satz 2 BGB) und für die Ausübung verbraucherschützender Widerrufs- und Rückgaberechte (§§ 355 Abs. 1, 356 Abs. 2 BGB).

7 Die Rücktrittserklärung muss die Worte „Rücktritt" oder „zurücktreten" nicht enthalten. Entscheidend ist, dass sich aus ihr der Wille des Erklärenden ergibt, sich vom Vertrag zu lösen und die beiderseitigen Leistungspflichten aufzuheben oder schon erbrachte Leistungen rückgängig zu machen. Eine **konkludente Rücktrittserklärung** kann etwa darin liegen, dass der Erklärende seine Leistung zurückfordert. Die Frage, ob trotz Verwendung des Ausdrucks „Rücktritt" keine Rücktrittserklärung vorliegen kann, hat ihre praktische Bedeutung weitgehend dadurch verloren, dass gemäß § 325 BGB nach neuem Recht eine Kombination von Rücktritt und Schadensersatz statt der Leistung möglich ist und daher die Erklä-

---

[1] Unnötig problematisierend *Beckmann*, WM 2006, 952 ff.
[2] Vgl. BGH v. 11.05.1979 - V ZR 177/77 - juris Rn. 11 - NJW 1979, 2032 f. (Erklärung des Rücktritts gegenüber dem beurkundenden Notar).
[3] *Röthel* in: Erman, § 349 Rn. 2; *Gaier* in: MünchKomm-BGB, § 349 Rn. 6; *Kaiser* in: Staudinger, § 349 Rn. 22; vgl. BGH v. 16.10.1985 - VIII ZR 287/84 - juris Rn. 11 - NJW 1986, 919, 920.
[4] *Grothe* in: Bamberger/Roth, § 349 Rn. 1; *Röthel* in: Erman, § 349 Rn. 2; *Gaier* in: MünchKomm-BGB, § 349 Rn. 2; *Hager* in: NK-BGB, § 349 Rn. 3; *Kaiser* in: Staudinger, § 349 Rn. 32.

rung des Rücktritts nicht mehr zum Verlust des Schadensersatzanspruchs führt.[5] Eine **fingierte Rücktrittserklärung** sieht § 508 Abs. 2 Satz 5 BGB bei Teilzahlungsgeschäften vor. § 38 Abs. 1 Satz 2 VVG a.F., der bei Versicherungsverträgen eine fingierte Rücktrittserklärung vorsah, wurde in der Neufassung des VVG zum 01.01.2008 gestrichen.

Eine **Begründung** des Rücktritts ist nicht erforderlich.[6] Etwas anderes wurde nach altem Recht teilweise für den Rücktritt wegen positiver Forderungsverletzung[7] angenommen.[8] Nachdem dieser jetzt von den §§ 323, 324 BGB erfasst wird, die keine Begründung vorsehen, ist dies nicht mehr haltbar.[9] Zu **Fristen** für die Ausübung des Rücktrittsrechts vgl. die Kommentierung zu § 350 BGB.   8

Als Gestaltungsrecht ist der Rücktritt prinzipiell **bedingungsfeindlich**, da durch eine Bedingung für den Rücktrittsgegner unzumutbare Rechtsunsicherheit entstehen würde. Zulässig sind daher Bedingungen, bei denen dies nicht der Fall ist: Rechtsbedingungen[10] und Potestativbedingungen, deren Eintritt lediglich vom Willen des Rücktrittsgegners abhängt[11].   9

Der Rücktritt ist wegen seiner Gestaltungswirkung **unwiderruflich**; sonst würde der Rücktrittsgegner einer unzumutbaren Unsicherheit ausgesetzt. Ist der Rücktrittsberechtigte zurückgetreten und verlangt er danach gemäß § 325 BGB Schadensersatz statt der Leistung, ist dieser zwingend nach der Differenztheorie zu berechnen; eine Berechnung nach der Surrogationstheorie ist wegen der Bindungswirkung des Rücktritts nicht mehr möglich.[12] An der Unwiderruflichkeit des Rücktritts ändert sich auch nichts, wenn der Rücktrittsberechtigte erst nach Ausübung des Rücktrittsrechts erfährt, dass er seine Leistung nicht oder nur verschlechtert zurückerhält. Nach altem Recht wurde erwogen, ihm eine Rückgängigmachung seiner Rücktrittserklärung zu gestatten, damit er seine Leistung bei fehlendem Verschulden des Rücktrittsgegners nicht ersatzlos verliert (§§ 347 Satz 1, 989 BGB a.F.).[13] Nach neuem Recht unterliegt der Rücktrittsgegner einer verschuldensunabhängigen Wertersatzpflicht (§ 346 Abs. 2 BGB); es besteht daher keinerlei Anlass mehr, dem Rücktrittsberechtigten über die allgemeinen Anfechtungsgründe hinaus die Rückgängigmachung des Rücktritts zu ermöglichen.[14]   10

II. Abtretung des Rücktrittsrechts

Die **Abtretung der vertraglichen Ansprüche** ändert an der Rücktrittsberechtigung (zumindest im Außenverhältnis) nichts; das Rücktrittsrecht geht nicht gemäß § 401 BGB automatisch auf den Zessionar über, weil seine Ausübung nicht nur Auswirkungen auf die abgetretene Forderung, sondern auf den gesamten Vertrag (insbesondere den Anspruch auf die Gegenleistung) hat.[15] Das Rücktrittsrecht   11

---

[5] Vgl. BT-Drs. 14/6040, S. 188.

[6] BGH v. 10.12.1986 - VIII ZR 349/85 - juris Rn. 31 - BGHZ 99, 182, 192 (Stadthalle); *Gaier* in: MünchKomm-BGB, § 349 Rn. 5; *Lobinger* in: Soergel, § 349 Rn. 3; *Kaiser* in: Staudinger, § 349 Rn. 31.

[7] Vgl. dazu *Kaiser* in: Staudinger, Neubearb. 2001, vor § 346 Rn. 66.

[8] BGH v. 13.11.1953 - I ZR 140/52 - juris Rn. 16 - BGHZ 11, 80, 86; *Battes* in: Erman, Handkommentar BGB, 10. Aufl. 2000, § 326 Rn. 49; *Emmerich* in: MünchKomm-BGB, 4. Aufl. 2001, Bd. 2, vor § 275 Rn. 293.

[9] *Gaier* in: MünchKomm-BGB, § 349 Rn. 5; *Hager* in: NK-BGB, § 349 Rn. 4; *Kaiser* in: Staudinger, § 349 Rn. 31.

[10] BGH v. 21.03.1986 - V ZR 23/85 - juris Rn. 16 - BGHZ 97, 264, 267; *Röthel* in: Erman, § 349 Rn. 2; *Gaier* in: MünchKomm-BGB, § 349 Rn. 2; *Hager* in: NK-BGB, § 349 Rn. 2; *Lobinger* in: Soergel, § 349 Rn. 3; *Kaiser* in: Staudinger, § 349 Rn. 36.

[11] BGH v. 21.03.1986 - V ZR 23/85 - juris Rn. 16 - BGHZ 97, 264, 267; *Röthel* in: Erman, § 349 Rn. 2; *Gaier* in: MünchKomm-BGB, § 349 Rn. 2; *Hager* in: NK-BGB, § 349 Rn. 2; *Lobinger* in: Soergel, § 349 Rn. 3; *Kaiser* in: Staudinger, § 349 Rn. 36.

[12] BT-Drs. 14/6040, S. 185, 221; *Grothe* in: Bamberger/Roth, § 325 Rn. 14; *Ernst* in: MünchKomm-BGB, § 325 Rn. 23; *Dauner-Lieb/Dubovitskaya* in: NK-BGB, § 325 Rn. 12 f.; *Otto* in: Staudinger, Neubearb. 2009, § 280 Rn. E 73; *Kaiser* in: Staudinger, § 349 Rn. 29. A.A. *Derleder*, NJW 2003, 998, 1000 f.; *Gsell* in: Soergel, § 325 Rn. 31 und JZ 2004, 643, 648 f.; *Heinrichs* in: Festschrift Derleder, 2005, S. 87, 104; *Gaier* in: MünchKomm-BGB, § 349 Rn. 4; *Grüneberg* in: Palandt, § 325 Rn. 2; wohl auch *Canaris*, JZ 2001, 499, 514.

[13] Ablehnend *Kaiser* in: Staudinger, Neubearb. 2001, § 349 Rn. 29 ff; vgl. auch *Janßen* in: MünchKomm-BGB, 4. Aufl. 2001, Bd. 2, § 349 Rn. 2.

[14] *Annuß*, JA 2006, 184, 185; *Gaier* in: MünchKomm-BGB, § 349 Rn. 3; *Grüneberg* in: Palandt, § 349 Rn. 2; *Kaiser* in: Staudinger, § 349 Rn. 40; offengelassen in BT-Drs. 14/6040, S. 194. *Grothe* in: Bamberger/Roth, § 349 Rn. 3 erwägt eine Ausnahme im Fall von § 346 Abs. 3 Satz 1 Nr. 2 Alt. 2 BGB.

[15] BGH v. 21.06.1985 - V ZR 134/84 - juris Rn. 33 - NJW 1985, 2640, 2641 f.; *Röthel* in: Erman, vor § 346 Rn. 11; *Gaier* in: MünchKomm-BGB, vor § 346 Rn. 11; *Lobinger* in: Soergel, vor § 346 Rn. 40; *Kaiser* in: Staudinger, § 349 Rn. 4.

kann jedoch **gemeinsam mit den vertraglichen Ansprüchen** gemäß § 413 BGB abgetreten werden.[16] Dies wird in der Regel der Fall sein, wenn ein mittelbarer Stellvertreter die erworbenen Ansprüche an seinen Auftraggeber abtritt, dagegen nicht bei der bloßen Inkassozession.[17] Bei Rücktrittsrechten, deren Ausübung im Belieben des Rücktrittsberechtigten liegt, wird die Abtretung allerdings häufig gemäß § 399 BGB ausgeschlossen sein, weil die Wahrscheinlichkeit der Ausübung entscheidend von der Person des Rücktrittsberechtigten abhängt.[18] Auch eine **isolierte Abtretung** des Rücktrittsrechts ist möglich[19]; die Frage ist praktisch relevant, wenn sich der Leasinggeber oder der Generalunternehmer gegen Abtretung seiner Gewährleistungsrechte gegen den Verkäufer oder den Bauunternehmer freizeichnet. Hier war zum alten Recht anerkannt dass die Ansprüche auf Wandelung und Minderung isoliert abtretbar sind.[20] Nachdem nach neuem Recht diese Ansprüche durch Gestaltungsrechte ersetzt wurden (Rücktritt, Minderung), kann nichts anderes gelten.

12 Wurde das Rücktrittsrecht nicht abgetreten, ist der Zedent zur **Ausübung** ohne Mitwirkung des Zessionars berechtigt.[21] Wurde es dagegen abgetreten, ist der Zessionar zur Ausübung berechtigt. Fraglich ist aber, ob er es allein ausüben kann oder (auch im Außenverhältnis) der Zustimmung des Zedenten bedarf. Das richtet sich nach der Parteivereinbarung im Rahmen der Abtretung. Im Zweifel ist darauf abzustellen, wen der Rücktritt betrifft: Hat der Vertragspartner schon geleistet, muss der Zedent zustimmen, weil ihn die Rückgewährpflicht trifft.[22] Das Gleiche gilt, wenn zusammen mit dem Rücktrittsrecht die Forderung aus dem Vertrag nur teilweise zediert wurde.[23] Hat der Zedent dagegen zusammen mit dem Rücktrittsrecht sowohl seinen Erfüllungsanspruch gegen den Vertragspartner als auch die Rückgewähransprüche nach vollzogenem Rücktritt abgetreten und selbst die vertragliche Leistung schon erbracht, betreffen die Folgen des Rücktritts nur den Zessionar, und er kann im Zweifel ohne Mitwirkung des Zedenten zurücktreten.

13 Für den Rücktrittsgegner bedeutet es eine erhebliche Unsicherheit, wenn der Rücktritt durch den ihm unbekannten Zessionar erklärt werden kann. Er muss daher analog §§ 111 Satz 2 und 3, 174, 182 Abs. 3, 1831 Satz 2 BGB die Möglichkeit haben, die Rücktrittserklärung des Zessionars durch **unverzügliche Zurückweisung** unwirksam zu machen, wenn ihm nicht der Zedent die Abtretung mitgeteilt oder der Zessionar eine schriftliche Abtretungserklärung vorgelegt hat.[24]

14 Die Abtretung des Rücktrittsrechts hat keine Auswirkungen auf die Ansprüche aus dem Rückgewährschuldverhältnis. Diese entstehen vielmehr zwischen dem Zedenten und dem Vertragspartner, wenn sie nicht abgetreten wurden oder eine Schuldübernahme erfolgte.[25]

C. Beweislast

15 Die Beweislast dafür, dass der Rücktritt wirksam erklärt worden ist, trägt derjenige, der sich auf den wirksamen Rücktritt beruft.

---

[16] BGH v. 01.06.1973 - V ZR 134/72 - NJW 1973, 1793, 1794; BGH v. 21.06.1985 - V ZR 134/84 - juris Rn. 33 - NJW 1985, 2640, 2641; *Grothe* in: Bamberger/Roth, § 346 Rn. 8; *Röthel* in: Erman, vor § 346 Rn. 11; *Gaier* in: MünchKomm-BGB, vor § 346 Rn. 11; *Lobinger* in: Soergel, vor § 346 Rn. 40; *Kaiser* in: Staudinger, § 349 Rn. 4.
[17] *Gaier* in: MünchKomm-BGB, vor § 346 Rn. 11; *Kaiser* in: Staudinger, § 349 Rn. 5.
[18] *Janßen* in: MünchKomm-BGB, 4. Aufl. 2001, Bd. 2, vor § 346 Rn. 18 nimmt sogar einen Ausschluss kraft Gesetzes wegen Veränderung des Inhalts an; dagegen *Grothe* in: Bamberger/Roth, § 346 Rn. 8.
[19] *Gaier* in: MünchKomm-BGB, vor § 346 Rn. 11; *Lobinger* in: Soergel, vor § 346 Rn. 46; *Kaiser* in: Staudinger, § 349 Rn. 8 (a.A. Voraufl. vor § 346 Rn. 39). Einschränkend (nur nach oder für den Fall der Erfüllung) *Grothe* in: Bamberger/Roth, § 346 Rn. 8.
[20] BGH v. 11.07.1985 - VII ZR 52/83 - BGHZ 95, 250, 252 ff. (für den Anspruch auf Minderung); BGH v. 16.09.1981 - VIII ZR 265/80 - juris Rn. 8 - BGHZ 81, 298, 301 f.; BGH v. 19.02.1986 - VIII ZR 91/85 - juris Rn. 14 - BGHZ 97, 135, 140.
[21] BGH v. 21.06.1985 - V ZR 134/84 - juris Rn. 33 - NJW 1985, 2640, 2642; BGH v. 19.10.1994 - VIII ZR 252/93 - juris Rn. 12 - NJW-RR 1995, 365, 366; *Röthel* in: Erman, vor § 346 Rn. 11; *Gaier* in: MünchKomm-BGB, vor § 346 Rn. 13; *Kaiser* in: Staudinger, § 349 Rn. 9. A.A. *Janßen* in: MünchKomm-BGB, 4. Aufl. 2001, Bd. 2, § 349 Rn. 4 (Mitwirkung des Zessionars erforderlich).
[22] *Kaiser* in: Staudinger, § 349 Rn. 10.
[23] BGH v. 21.06.1985 - V ZR 134/84 - juris Rn. 33 - NJW 1985, 2640, 2642; *Gaier* in: MünchKomm-BGB, vor § 346 Rn. 12; *Kaiser* in: Staudinger, § 349 Rn. 10
[24] A.A. (Analogie zu § 410 Abs. 1 Satz 2 BGB) *Lobinger* in: Soergel, vor § 346 Rn. 48; *Kaiser* in: Staudinger, § 349 Rn. 10.
[25] *Kaiser* in: Staudinger, § 346 Rn. 114 f., § 349 Rn. 9.

§ 350 BGB Erlöschen des Rücktrittsrechts nach Fristsetzung

(Fassung vom 02.01.2002, gültig ab 01.01.2002)

¹Ist für die Ausübung des vertraglichen Rücktrittsrechts eine Frist nicht vereinbart, so kann dem Berechtigten von dem anderen Teil für die Ausübung eine angemessene Frist bestimmt werden. ²Das Rücktrittsrecht erlischt, wenn nicht der Rücktritt vor dem Ablauf der Frist erklärt wird.

Gliederung

A. Grundlagen ... 1	B. Anwendungsvoraussetzungen ... 6
I. Kurzcharakteristik ... 1	I. Anwendungsbereich ... 6
II. Gesetzgebungsmaterialien ... 2	II. Fristsetzung ... 8
III. Normzweck ... 3	C. Rechtsfolgen ... 11
IV. Fristen für gesetzliche Rücktrittsrechte ... 4	D. Beweislast ... 12

A. Grundlagen

I. Kurzcharakteristik

§ 350 BGB ermöglicht dem Rücktrittsgegner bei unbefristeten vertraglichen Rücktrittsrechten, dem Rücktrittsberechtigten eine Frist für die Erklärung des Rücktritts zu setzen; nach deren Ablauf erlischt das Rücktrittsrecht.

1

II. Gesetzgebungsmaterialien

Die Norm ersetzt § 355 BGB a.F., der außer für vertragliche auch für gesetzliche Rücktrittsrechte galt, sonst aber identisch war. Eine Begründung für die **Beschränkung auf vertragliche Rücktrittsrechte** geben die Materialien nicht. Die Änderung hängt aber wohl damit zusammen, dass infolge der Neuregelung des Verjährungsrechts nun auch die Ausübung gesetzlicher Rücktrittsrechte wegen nicht oder nicht ordnungsgemäß erbrachter Leistung zeitlich beschränkt ist (§ 218 BGB), auch wenn die betreffenden Fristen infolge der Anbindung an die Verjährung relativ lang sind. Daneben erschien wohl die Möglichkeit, dass der Rücktrittsgegner dem Rücktrittsberechtigten eine Frist für die Ausübung des Rücktrittsrechts setzt, entbehrlich, insbesondere bei Rücktrittsrechten, die darauf beruhen, dass der Rücktrittsgegner (wie in den Fällen der §§ 323, 324, 326 Abs. 5 BGB) nicht ordnungsgemäß geleistet oder Nebenpflichten verletzt hat.[1]

2

III. Normzweck

Da Rücktrittsrechte als Gestaltungsrechte **nicht verjähren** (vgl. § 194 Abs. 1 BGB), unterliegen vertragliche Rücktrittsrechte nur dann einer zeitlichen Beschränkung, wenn diese vertraglich vereinbart ist. Fehlt es an einer solchen Vereinbarung, würde der Rücktrittsgegner einer zeitlich unbegrenzten Unsicherheit ausgesetzt, insbesondere im Hinblick auf die Rückgewähr der empfangenen Leistung. § 350 BGB ermöglicht ihm, diese Unsicherheit zu beenden.

3

IV. Fristen für gesetzliche Rücktrittsrechte

Die Frist für die Ausübung gesetzlicher Rücktrittsrechte, die an eine **nicht oder nicht vertragsgemäß erbrachte Leistung** anknüpfen, regelt § 218 BGB, indem er den Rücktritt für unwirksam erklärt, wenn er nach Verjährung des Erfüllungs- oder Nacherfüllungsanspruchs erklärt wurde und der Schuldner sich hierauf beruft. Vgl. die Kommentierung zu § 218 BGB. Sondervorschriften gelten für **verbraucherschützende Widerrufs- und Rückgaberechte**.

4

Die Möglichkeit, Fristen für die Ausübung gesetzlicher Rücktrittsrechte durch **AGB** zu verkürzen, wird durch § 309 Nr. 8 lit. a BGB beschränkt.

5

---

[1] Vgl. BT-Drs. 14/6040, S. 185; *Kaiser*, JZ 2001, 1057, 1069.

B. Anwendungsvoraussetzungen

I. Anwendungsbereich

6 Die Norm gilt nur für vertragliche Rücktrittsrechte, für deren Ausübung keine Frist vereinbart wurde. Nach ihrem Zweck (vgl. Rn. 3) muss sie jedoch **analog auf gesetzliche Rücktrittsrechte** angewandt werden, für deren Ausübung keine Frist bestimmt ist, da der Rücktrittsgegner sonst auf unbeschränkte Zeit im Unklaren gelassen würde. Das gilt insbesondere für das Rücktrittsrecht wegen Störung der Geschäftsgrundlage nach § 313 Abs. 3 Satz 1 BGB, das überdies nicht an eine Pflichtverletzung des Rücktrittsgegners anknüpft.[2] Ebenso muss es für das Rücktrittsrecht des Verkäufers nach § 438 Abs. 4 Satz 3 BGB und das Rücktrittsrecht des Werkunternehmers nach § 634a Abs. 4 Satz 2 BGB gelten.

7 Die Grenze zwischen einem vertraglich vereinbarten und einem gesetzlichen Rücktrittsrecht, das vertraglich modifiziert wurde, kann schwer zu ziehen sein. Maßgeblich für die Anwendung von § 350 BGB muss sein, ob kraft Gesetzes eine **Frist für die Ausübung des Rücktrittsrechts** gilt. Ist dies nicht der Fall und wurde auch vertraglich keine Frist vereinbart, muss § 350 BGB zur Anwendung kommen.[3] Das Rücktrittsrecht bei relativen Fixgeschäften (§ 361 BGB a.F.) stellt nach der Verortung in § 323 Abs. 2 Nr. 2 BGB ein gesetzliches Rücktrittsrecht dar[4], für das § 218 BGB gilt. § 350 BGB kommt daher nicht zur Anwendung.

II. Fristsetzung

8 Die Fristsetzung ist eine empfangsbedürftige Erklärung. Sie stellt eine **geschäftsähnliche Handlung** dar, für die die Vorschriften über Willenserklärungen entsprechend gelten.[5] Die Frist kann erst gesetzt werden, wenn das Rücktrittsrecht tatsächlich besteht, also die etwaigen Voraussetzungen, von denen es vertraglich abhängig gemacht wurde, eingetreten sind.[6] Einen Hinweis auf die Rechtsfolge des Fristablaufs muss die Fristsetzung nicht enthalten.[7]

9 Die **Angemessenheit** der Frist hängt davon ab, welche Überlegungsfrist dem Rücktrittsberechtigten unter Berücksichtigung der Interessen des Rücktrittsgegners zuzubilligen ist. Dafür maßgeblich sind der Zweck des Rücktrittsrechts (etwa: Erprobung der erhaltenen Sache), der Umfang der Rückgewährpflicht und die Zeit, die schon seit Entstehen des Rücktrittsrechts verstrichen ist. Wird eine zu kurze Frist gesetzt, ist dies nicht unwirksam, sondern löst den Lauf einer angemessenen Frist aus.[8]

10 Steht das Rücktrittsrecht **mehreren gemeinsam** zu, muss die Frist nicht gegenüber allen gesetzt werden.[9] Der Fristablauf führt zwar unmittelbar nur zum Erlöschen des Rücktrittsrechts desjenigen Berechtigten, dem gegenüber die Frist gesetzt wurde. Über § 351 Satz 2 BGB führt das jedoch zum Erlöschen des Rücktrittsrechts auch der übrigen Berechtigten.

C. Rechtsfolgen

11 Läuft die Frist ab, ohne dass der Rücktritt erklärt wurde, **erlischt** das Rücktrittsrecht. Maßgeblich für die rechtzeitige Erklärung des Rücktritts ist der Zugang der Rücktrittserklärung (§ 130 Abs. 1 Satz 1 BGB). Etwaige gesetzliche Rücktrittsrechte bleiben unberührt. Das Gleiche gilt für vertragliche Rücktrittsrechte, im Hinblick auf die keine Frist gesetzt wurde, insbesondere für solche, die erst nach der Fristsetzung entstehen.[10]

---

[2] *Grothe* in: Bamberger/Roth, § 350 Rn. 1; *Gaier* in: MünchKomm-BGB, § 350 Rn. 2; *Hager* in: NK-BGB, § 350 Rn. 1. A.A. *Röthel* in: Erman, § 350 Rn. 1; *Kaiser* in: Staudinger, § 350 Rn. 8. *Gaier* in: MünchKomm-BGB, § 350 Rn. 2 und *Hager* in: NK-BGB, § 350 Rn. 1 wollen die Norm bei höherer Gewalt im Rahmen von § 323 BGB analog anwenden; dagegen zu Recht *Kaiser* in: Staudinger, § 350 Rn. 5. Für eine analoge Anwendung auf alle gesetzlichen Rücktrittsrechte *Lobinger* in: Soergel, § 350 Rn. 9.

[3] Ähnlich *Gaier* in: MünchKomm-BGB, § 350 Rn. 2; *Kaiser* in: Staudinger, § 350 Rn. 4.

[4] *Gaier*, WM 2002, 1, 14; *Schwab*, JuS 2002, 630 635.

[5] A.A. (Willenserklärung) *Hager* in: NK-BGB, § 350 Rn. 3; *Kaiser* in: Staudinger, § 350 Rn. 11.

[6] *Grothe* in: Bamberger/Roth, § 350 Rn. 2; *Röthel* in: Erman, § 350 Rn. 2; *Gaier* in: MünchKomm-BGB, § 350 Rn. 3; *Kaiser* in: Staudinger, § 350 Rn. 3. A.A. *Hager* in: NK-BGB, § 350 Rn. 2; *Lobinger* in: Soergel, § 350 Rn. 6.

[7] *Grothe* in: Bamberger/Roth, § 350 Rn. 2; *Lobinger* in: Soergel, § 350 Rn. 6.

[8] *Grothe* in: Bamberger/Roth, § 350 Rn. 2; *Röthel* in: Erman, § 350 Rn. 2; *Gaier* in: MünchKomm-BGB, § 350 Rn. 3; *Hager* in: NK-BGB, § 350 Rn. 3; *Grüneberg* in: Palandt, § 350 Rn. 2; *Lobinger* in: Soergel, § 350 Rn. 5; *Kaiser* in: Staudinger, § 350 Rn. 13.

[9] *Gaier* in: MünchKomm-BGB, § 350 Rn. 4; *Hager* in: NK-BGB, § 350 Rn. 3; *Lobinger* in: Soergel, § 350 Rn. 4; *Kaiser* in: Staudinger, § 350 Rn. 12.

[10] *Hager* in: NK-BGB, § 350 Rn. 4; *Kaiser* in: Staudinger, § 350 Rn. 14.

D. Beweislast

Der Rücktrittsgegner muss beweisen, dass er eine Frist für die Ausübung des Rücktrittsrechts gesetzt hat. Der Rücktrittsberechtigte muss beweisen, dass er den Rücktritt rechtzeitig erklärt hat.[11]

12

---

[11] *Hager* in: NK-BGB, § 350 Rn. 5; *Kaiser* in: Staudinger, § 350 Rn. 16.

§ 351 BGB Unteilbarkeit des Rücktrittsrechts

(Fassung vom 02.01.2002, gültig ab 01.01.2002)

[1]Sind bei einem Vertrag auf der einen oder der anderen Seite mehrere beteiligt, so kann das Rücktrittsrecht nur von allen und gegen alle ausgeübt werden. [2]Erlischt das Rücktrittsrecht für einen der Berechtigten, so erlischt es auch für die übrigen.

Gliederung

A. Grundlagen ... 1	III. Mehrere Rücktrittsgegner ... 5
B. Anwendungsvoraussetzungen ... 3	IV. Erlöschen des Rücktrittsrechts ... 6
I. Mehrfachbeteiligung ... 3	C. Beweislast ... 8
II. Mehrere Rücktrittsberechtigte ... 4	

A. Grundlagen

1 § 351 BGB regelt die **Ausübung des Rücktritts**, wenn auf einer Seite des Vertrags mehrere beteiligt sind, und ordnet die Unteilbarkeit des Rücktrittsrechts an. Für das **Bestehen des Rücktrittsrechts** folgt aus der Vorschrift nichts. Ob der Rücktrittsgrund nur in Bezug auf einen von mehreren Rücktrittsberechtigten oder -gegnern oder in Bezug auf alle vorliegen muss, hängt vom Inhalt des jeweiligen Rücktrittsrechts ab. Die Vorschrift gilt auch, wenn ein **einheitliches Rechtsgeschäft** i.S.v. § 139 BGB vorliegt und unterschiedliche Beteiligte an verschiedenen Teilen beteiligt sind.[1] Sie ist **dispositiv**.[2]

2 § 351 BGB entspricht wörtlich § 356 BGB a.F. Die Unteilbarkeit des Rücktrittsrechts ist notwendige Folge der **Gestaltungswirkung** des Rücktritts: Ein einheitlicher Vertrag kann nur als Ganzes umgestaltet werden. In Bezug auf die Ausübung des Rücktrittsrechts durch mehrere Berechtigte hat sich das Gesetz für die „rücktrittsfeindliche" Lösung entschieden: Es wirkt nicht der Rücktritt eines Berechtigten für alle anderen, sondern alle müssen den Rücktritt erklären. Jeder einzelne Berechtigte kann also den Rücktritt verhindern. Logische Konsequenz daraus ist, dass gemäß § 351 Satz 2 BGB der Verlust des Rücktrittsrechts durch einen Berechtigten zum Erlöschen des Rücktrittsrechts aller führt.

B. Anwendungsvoraussetzungen

I. Mehrfachbeteiligung

3 Die **Art der Mehrfachbeteiligung** am Vertrag ist unerheblich. § 351 BGB gilt bei gesamthänderischer Gebundenheit nicht rechtsfähiger Personenmehrheiten (§§ 1419, 2039, 2040 BGB und gemäß § 719 BGB nicht rechtsfähige BGB-Gesellschaften), Gesamtschuldner- oder -gläubigerschaft (§§ 421, 428 BGB), Teilschuldner- oder -gläubigerschaft (§ 420 BGB) und Mitgläubigerschaft (§ 432 BGB). Dagegen gilt § 351 BGB nicht, wenn ein Dritter für eine vertragliche Forderung lediglich mithaftet (etwa nach § 25 Abs. 1 Satz 1 HGB), ohne Vertragspartner zu sein.[3]

II. Mehrere Rücktrittsberechtigte

4 Jeder Rücktrittsberechtigte muss den Rücktritt erklären, wobei er sich selbstverständlich durch einen anderen Rücktrittsberechtigten vertreten lassen kann. Die Erklärungen müssen nicht gleichzeitig erfolgen. Der Rücktritt wird mit Zugang (§ 130 Abs. 1 Satz 1 BGB) der letzten Rücktrittserklärung wirksam.

III. Mehrere Rücktrittsgegner

5 Der Rücktritt muss gegenüber allen Rücktrittsgegnern erklärt werden, sofern nicht einer für die anderen passiv vertretungsberechtigt (§ 164 Abs. 1 und 3 BGB) ist. Der Rücktritt wird mit Zugang (§ 130 Abs. 1 Satz 1 BGB) der Rücktrittserklärung an den letzten Rücktrittsgegner wirksam.

---

[1] *Röthel* in: Erman, § 351 Rn. 1; *Gaier* in: MünchKomm-BGB, § 351 Rn. 2; *Hager* in: NK-BGB, § 351 Rn. 2; *Lobinger* in: Soergel, § 351 Rn. 1; *Kaiser* in: Staudinger, § 351 Rn. 5.

[2] *Röthel* in: Erman, § 351 Rn. 4; *Gaier* in: MünchKomm-BGB, § 351 Rn. 6; *Hager* in: NK-BGB, § 351 Rn. 6; *Grüneberg* in: Palandt, § 351 Rn. 2; *Lobinger* in: Soergel, § 351 Rn. 4; *Kaiser* in: Staudinger, § 351 Rn. 14.

[3] *Gaier* in: MünchKomm-BGB, § 351 Rn. 1; *Hager* in: NK-BGB, § 351 Rn. 2; *Kaiser* in: Staudinger, § 351 Rn. 4.

IV. Erlöschen des Rücktrittsrechts

Gemäß § 351 Satz 2 BGB führt das Erlöschen des Rücktrittsrechts für einen **Berechtigten** dazu, dass es auch für alle übrigen erlischt; dadurch wird der Grundsatz der Unteilbarkeit des Rücktrittsrechts gewahrt. Die Vorschrift kann nur zur Anwendung kommen, wenn es überhaupt möglich ist, dass das Rücktrittsrecht nur für einen Berechtigten erlischt; daran fehlt es etwa, wenn lediglich ein Berechtigter auf das Rücktrittsrecht verzichtet, obwohl aufgrund der gesamthänderischen Bindung nur alle Rücktrittsberechtigten gemeinsam verzichten könnten. **Erlöschensgründe** können etwa Verzicht, Zeitablauf (vgl. auch die Kommentierung zu § 350 BGB) oder Verwirkung sein.

§ 351 Satz 2 BGB ist analog anzuwenden, wenn das Rücktrittsrecht nur gegenüber einem **Rücktrittsgegner** erlischt.[4]

C. Beweislast

Es gilt die allgemeine Regel, dass derjenige, der sich auf einen wirksamen Rücktritt beruft, dessen Voraussetzungen zu beweisen hat.

---

[4] *Röthel* in: Erman, § 351 Rn. 3; *Gaier* in: MünchKomm-BGB, § 351 Rn. 3; *Lobinger* in: Soergel, § 351 Rn. 3; *Kaiser* in: Staudinger, § 351 Rn. 13.

§ 352 BGB Aufrechnung nach Nichterfüllung

(Fassung vom 02.01.2002, gültig ab 01.01.2002)

Der Rücktritt wegen Nichterfüllung einer Verbindlichkeit wird unwirksam, wenn der Schuldner sich von der Verbindlichkeit durch Aufrechnung befreien konnte und unverzüglich nach dem Rücktritt die Aufrechnung erklärt.

Gliederung

A. Grundlagen 1	C. Rechtsfolgen 5
B. Anwendungsvoraussetzungen 4	D. Beweislast 6

A. Grundlagen

1 § 352 BGB regelt den Fall, dass der Schuldner sich von seiner Verbindlichkeit durch Aufrechnung befreien kann, dies aber nicht tut und der Gläubiger wegen Nichterfüllung zurücktritt. Der Schuldner kann dann den Rücktritt unwirksam machen, indem er unverzüglich die Aufrechnung erklärt.

2 Die Vorschrift entspricht § 357 BGB a.F., wurde aber von vertraglichen auf **gesetzliche Rücktrittsrechte** ausgedehnt. Denn der zugrunde liegende Rechtsgedanke – wer sich durch Aufrechnung befreien kann, braucht sich nicht als Schuldner zu fühlen – ist vom Rechtsgrund des Rücktrittsrechts unabhängig.[1]

3 Ersatzlos gestrichen wurde § 354 BGB a.F., der als Rechtsfolge ebenfalls die Unwirksamkeit des Rücktritts anordnete. Er ermöglichte es dem Rücktrittsgegner, dem Zurücktretenden für die **Rückgewähr der Leistung** eine Frist mit Ablehnungsandrohung zu setzen, bei deren fruchtlosem Ablauf der Rücktritt unwirksam war. Die Vorschrift wurde teilweise schon im alten Recht als Fremdkörper empfunden[2] und hatte keine praktische Bedeutung. Auf sie kann umso leichter verzichtet werden, als § 281 BGB auch bei Verpflichtungen aus dem Rückgewährschuldverhältnis ermöglicht, durch Fristsetzung vom Rückgewähranspruch auf einen Anspruch auf Schadensersatz statt der Leistung überzugehen.[3]

B. Anwendungsvoraussetzungen

4 § 352 BGB gilt für alle vertraglichen und gesetzlichen Rücktrittsrechte, die an die Nichterfüllung einer Verbindlichkeit anknüpfen; dies umfasst auch Fälle der Leistungsverzögerung und der Schlechtleistung.[4] Es muss schon bei Erklärung des Rücktritts, d.h. Zugang der Rücktrittserklärung (§ 130 Abs. 1 Satz 1 BGB), zugunsten des Rücktrittsgegners eine Aufrechnungslage (§ 387 BGB) bestehen. Der Rücktrittsgegner muss nach Erklärung des Rücktritts ohne schuldhaftes Zögern (§ 121 Abs. 1 Satz 1 BGB) die Aufrechnung erklären (§ 388 BGB).

C. Rechtsfolgen

5 Mit Erklärung der Aufrechnung erlischt die Forderung gegen den Rücktrittsgegner rückwirkend (§ 389 BGB). Der Rücktritt wird ex nunc unwirksam, die Forderungen aus dem Rückgewährschuldverhältnis erlöschen und der vertragliche Erfüllungsanspruch des Rücktrittsgegners gegen den Zurücktretenden lebt wieder auf, sofern er bei Erklärung des Rücktritts noch bestand.

D. Beweislast

6 Wer sich auf die Unwirksamkeit des Rücktritts beruft, muss beweisen, dass der Rücktrittsgegner unverzüglich nach Erklärung des Rücktritts wirksam aufgerechnet hat und dies schon zum Zeitpunkt der Erklärung des Rücktritts hätte tun können.

---

[1] BT-Drs. 14/6040, S. 198.
[2] *Kaiser* in: Staudinger, Neubearb. 2001, § 354 Rn. 1 ff.
[3] BT-Drs. 14/6040, S. 198.
[4] *Grothe* in: Bamberger/Roth, § 352 Rn. 2; *Gaier* in: MünchKomm-BGB, § 352 Rn. 2; *Kaiser* in: Staudinger, § 352 Rn. 4.

§ 353 BGB Rücktritt gegen Reugeld

(Fassung vom 02.01.2002, gültig ab 01.01.2002)

¹Ist der Rücktritt gegen Zahlung eines Reugeldes vorbehalten, so ist der Rücktritt unwirksam, wenn das Reugeld nicht vor oder bei der Erklärung entrichtet wird und der andere Teil aus diesem Grund die Erklärung unverzüglich zurückweist. ²Die Erklärung ist jedoch wirksam, wenn das Reugeld unverzüglich nach der Zurückweisung entrichtet wird.

Gliederung

A. Grundlagen 1	II. Zurückweisungsrecht 5
B. Anwendungsvoraussetzungen 2	C. Rechtsfolgen 7
I. Reugeld 2	D. Beweislast 9

A. Grundlagen

§ 353 BGB betrifft einen Sonderfall des **vertraglichen Rücktrittsrechts**: Der Rücktrittsberechtigte kann nach der vertraglichen Vereinbarung nur zurücktreten, wenn er ein Reugeld zahlt; Rücktrittsrecht und Zahlungspflicht stehen also im Synallagma. Die Norm regelt den Fall, dass dieses Reugeld nicht oder nicht rechtzeitig gezahlt wird. Eine Regelung ist nötig, weil sich die Gestaltungswirkung des Rücktritts nicht gemäß § 320 BGB „zurückbehalten" lässt, bis das Reugeld gezahlt ist. § 353 BGB entspricht wörtlich § 359 BGB a.F.; die praktische Bedeutung ist gering. Abweichende vertragliche Vereinbarungen sind möglich.[1]

1

B. Anwendungsvoraussetzungen

I. Reugeld

Das Reugeld ist die **Gegenleistung für die Entlassung aus dem Vertrag**. Es ist zu unterscheiden von der Vergütung für die Einräumung eines vertraglichen Rücktrittsrechts, die das Entgelt für die Möglichkeit des Rücktritts darstellt und unabhängig davon anfällt, ob das Rücktrittsrecht ausgeübt wird oder nicht (ähnlich einer Vergütung für die Gewährung einer Option). Das Reugeld muss nicht in einer Geldleistung bestehen; jede andere Leistung ist möglich.

2

Im Gegensatz zur **Vertragsstrafe** (§§ 339-345 BGB) stellt das Reugeld keinen Ausgleich dafür dar, dass der Schuldner seine Pflichten nicht erfüllt, sondern die Gegenleistung für die (erlaubte!) einseitige Abstandnahme vom Vertrag. Eine Herabsetzung des Reugelds nach § 343 BGB ist ausgeschlossen.[2]

3

Eine **Draufgabe** ist nach der Auslegungsregel des § 336 Abs. 2 BGB im Zweifel kein Reugeld, beinhaltet also nicht die Vereinbarung eines vertraglichen Rücktrittsrechts, bei dessen Ausübung sie verfällt. Ist vereinbart, dass die Draufgabe ein Reugeld darstellen soll, verfällt sie entgegen § 337 Abs. 2 BGB bei Rücktritt vom Vertrag; § 353 BGB kommt nicht zur Anwendung. Schwierigkeiten treten auf, wenn derjenige, der die Draufgabe gegeben hat, zum Zeitpunkt seines Rücktritts schon vollständig geleistet hat, weil dann die Draufgabe gemäß § 337 Abs. 1 BGB auf seine Leistung angerechnet oder zurückgegeben wurde. Falls das möglich ist, kann der Rücktrittsgegner dann die Draufgabe von der Leistung, die er zurückzugewähren hat, einbehalten. Sonst muss die Draufgabe/das Reugeld noch geleistet werden, und in diesem Fall kommt § 353 BGB zur Anwendung.[3]

4

II. Zurückweisungsrecht

Das Zurückweisungsrecht setzt voraus, dass das Reugeld bei Erklärung des Rücktritts noch nicht gezahlt ist und dass dasjenige Rücktrittsrecht ausgeübt wird, auf das sich die Reugeldvereinbarung bezieht. Steht dem Zurücktretenden daneben noch ein anderes Rücktrittsrecht zu, etwa ein **gesetzliches**

5

---

[1] *Gaier* in: MünchKomm-BGB, § 353 Rn. 1; *Hager* in: NK-BGB, § 353 Rn. 3; *Kaiser* in: Staudinger, § 353 Rn. 8.
[2] *Gaier* in: MünchKomm-BGB, § 353 Rn. 1; *Grüneberg* in: Palandt, § 353 Rn. 1; *Lobinger* in: Soergel, § 353 Rn. 2; *Kaiser* in: Staudinger, § 353 Rn. 5; zweifelnd *Hager* in: NK-BGB, § 353 Rn. 1.
[3] *Rieble* in: Staudinger, § 336 Rn. 15 f.; *Kaiser* in: Staudinger, § 353 Rn. 4.

Rücktrittsrecht wegen Pflichtverletzung des Rücktrittsgegners, kann er dieses ausüben, ohne Reugeld zahlen zu müssen; das Zurückweisungsrecht entfällt.[4]

6   Der Rücktrittsgegner muss die Zurückweisung ohne schuldhaftes Zögern (§ 121 Abs. 1 Satz 1 BGB) nach Zugang der Rücktrittserklärung (§ 130 Abs. 1 Satz 1 BGB) **erklären** und dabei zumindest erkennen lassen, dass sie wegen der unterbliebenen Zahlung des Reugelds erfolgt („aus diesem Grunde"). Die Zurückweisung muss dem Zurücktretenden zugehen (§ 130 Abs. 1 Satz 1 BGB).

C. Rechtsfolgen

7   Wird der Rücktritt erklärt, ohne dass das vereinbarte Reugeld gezahlt ist, ist der Rücktritt **schwebend wirksam**.[5] Erklärt der Rücktrittsgegner **rechtzeitig die Zurückweisung**, wird der Rücktritt schwebend unwirksam. Die Pflichten aus dem Rückgewährschuldverhältnis erlöschen, infolge des Rücktritts erloschene Ansprüche aus dem Vertrag leben wieder auf. Gemäß § 353 Satz 2 BGB kann der Zurücktretende die Unwirksamkeit ex tunc[6] heilen, wenn er unverzüglich (§ 121 Abs. 1 Satz 1 BGB) nach Zugang der Zurückweisung (§ 130 Abs. 1 Satz 1 BGB) das Reugeld entrichtet. Ein Anspruch auf Zahlung des Reugelds steht dem Rücktrittsgegner nach der Zurückweisung nicht mehr zu. Sofern das Rücktrittsrecht noch besteht, kann der Rücktrittsberechtigte es gegen Zahlung des Reugelds erneut ausüben.

8   **Weist** der Rücktrittsgegner die Rücktrittserklärung **nicht (rechtzeitig) zurück**, bleibt der Rücktritt wirksam. Der Rücktrittsgegner hat Anspruch auf Zahlung des Reugelds.[7] Für diesen Anspruch gilt nicht § 348 BGB, da er die Gegenleistung für die Entlassung aus dem Vertrag darstellt und nicht Teil des Rückgewährschuldverhältnisses ist. Der Rücktrittsgegner kann aber ein Zurückbehaltungsrecht nach § 273 BGB geltend machen.[8]

D. Beweislast

9   Stehen das Bestehen eines Rücktrittsrechts und die Rücktrittserklärung fest und beruft sich der Rücktrittsgegner auf die Unwirksamkeit des Rücktritts, muss er beweisen, dass ein Reugeld vereinbart war und dass er die Rücktrittserklärung unverzüglich zurückgewiesen hat. Gelingt ihm dieser Beweis, muss der Zurücktretende beweisen, dass er das Reugeld spätestens unverzüglich nach der Zurückweisung (§ 353 Satz 2 BGB) gezahlt hat.[9]

---

[4] BGH v. 18.04.1984 - VIII ZR 46/83 - juris Rn. 25 - DB 1984, 2292, 2293; *Gaier* in: MünchKomm-BGB, § 353 Rn. 2; *Hager* in: NK-BGB, § 353 Rn. 3; *Grüneberg* in: Palandt, § 353 Rn. 1; *Kaiser* in: Staudinger, § 353 Rn. 11.

[5] A.A. *Kaiser* in: Staudinger, § 353 Rn. 15: schwebend unwirksam.

[6] *Röthel* in: Erman, § 353 Rn. 2.

[7] *Röthel* in: Erman, § 353 Rn. 2; *Gaier* in: MünchKomm-BGB, § 353 Rn. 4; *Hager* in: NK-BGB, § 353 Rn. 2; *Grüneberg* in: Palandt, § 353 Rn. 1; *Lobinger* in: Soergel, § 353 Rn. 5; *Kaiser* in: Staudinger, § 353 Rn. 16. A.A. OLG München v. 29.04.1969 - 5 U 2860/68 - NJW 1969, 1630, 1631.

[8] *Röthel* in: Erman, § 353 Rn. 2; *Kaiser* in: Staudinger, § 353 Rn. 17. A.A. *Hager* in: NK-BGB, § 348 Rn. 3; *Gaier* in: MünchKomm-BGB, § 348 Rn. 1.

[9] *Röthel* in: Erman, § 353 Rn. 3; *Gaier* in: MünchKomm-BGB, § 353 Rn. 5; *Hager* in: NK-BGB, § 353 Rn. 4; *Grüneberg* in: Palandt, § 353 Rn. 1; *Lobinger* in: Soergel, § 353 Rn. 6; *Kaiser* in: Staudinger, § 353 Rn. 18.

§ 354 BGB Verwirkungsklausel

(Fassung vom 02.01.2002, gültig ab 01.01.2002)

Ist ein Vertrag mit dem Vorbehalt geschlossen, dass der Schuldner seiner Rechte aus dem Vertrag verlustig sein soll, wenn er seine Verbindlichkeit nicht erfüllt, so ist der Gläubiger bei dem Eintritt dieses Falles zum Rücktritt von dem Vertrag berechtigt.

Gliederung

A. Grundlagen 1	II. Nichterfüllung 4
B. Anwendungsvoraussetzungen 2	C. Beweislast 5
I. Verfallklausel 2	

A. Grundlagen

§ 354 BGB statuiert eine **Auslegungsregel**[1]: Verfallklauseln geben im Zweifel ein Rücktrittsrecht, stellen also keine auflösende Bedingung i.S.v. § 158 Abs. 2 BGB dar. Für den Gläubiger hat das den Vorteil, dass er wählen kann, ob er am Vertrag festhalten und ggf. Schadensersatz statt der Leistung verlangen oder zurücktreten will. Die Norm entspricht wörtlich § 360 BGB a.F. 1

B. Anwendungsvoraussetzungen

I. Verfallklausel

Es muss vertraglich vereinbart sein, dass der Schuldner bei Nichterfüllung seiner Verbindlichkeit aller seiner Rechte aus dem Vertrag verlustig sein soll. Sollen bei Nichterfüllung nur einzelne Rechte des Schuldners aus dem Vertrag verfallen (**beschränkte Verfallklausel**), liegt kein Fall von § 354 BGB vor, sondern der Rechtsverlust tritt ohne Gestaltungserklärung des Gläubigers automatisch ein.[2] 2

Hat die Verfallklausel zugleich **Vertragsstrafencharakter** – worüber § 354 BGB nichts besagt –, gelten ergänzend die §§ 309 Nr. 6, 339-345 BGB. 3

II. Nichterfüllung

Welche **Leistungsstörungen** den Gläubiger zum Rücktritt berechtigen, richtet sich nach dem Inhalt der Verfallklausel; auch Leistungsverzögerungen und Schlechtleistungen können als Grund für den Verfall vereinbart sein. Nach dem Inhalt der Verfallklausel richtet sich auch, ob die Leistungsstörung **zu vertreten** sein muss.[3] Die h.M. geht davon aus, dass im Zweifel Vertretenmüssen erforderlich ist.[4] Daran kann nach neuem Recht, das den Rücktritt wegen Pflichtverletzung (§§ 323, 324, 326 Abs. 5 BGB) nicht von einem Vertretenmüssen abhängig macht, nicht festgehalten werden. Mangels anderweitiger vertraglicher Vereinbarung genügt daher ein objektiver Verstoß gegen die jeweilige Pflicht, um das Rücktrittsrecht zu begründen.[5] 4

C. Beweislast

Der Zurücktretende muss beweisen, dass eine Verfallklausel mit bestimmtem Inhalt vereinbart wurde. Der Rücktrittsgegner muss beweisen, dass er die relevanten Pflichten ordnungsgemäß erfüllt hat.[6] Allerdings kommt § 363 BGB zur Anwendung. Falls der Zurücktretende die Leistung als Erfüllung an- 5

---

[1] *Hager* in: NK-BGB, § 354 Rn. 1; *Lobinger* in: Soergel, § 354 Rn. 1; *Kaiser* in: Staudinger, § 354 Rn. 2 f.

[2] *Grothe* in: Bamberger/Roth, § 354 Rn. 3; *Gaier* in: MünchKomm-BGB, § 354 Rn. 3; *Hager* in: NK-BGB, § 354 Rn. 2; *Grüneberg* in: Palandt, § 354 Rn. 1; *Lobinger* in: Soergel, § 354 Rn. 1; *Kaiser* in: Staudinger, § 354 Rn. 6.

[3] *Gaier* in: MünchKomm-BGB, § 354 Rn. 4; *Hager* in: NK-BGB, § 354 Rn. 3; *Lobinger* in: Soergel, § 354 Rn. 3; *Kaiser* in: Staudinger, § 354 Rn. 8.

[4] BGH v. 01.06.1959 - V ZR 61/58 - juris Rn. 48 - WM 1959, 1133 = BB 1959, 972; BGH v. 28.11.1980 - V ZR 105/79 - juris Rn. 14 - NJW 1981, 1600, 1601; *Grüneberg* in: Palandt, § 354 Rn. 2.

[5] *Bezzenberger* in: Erman, 11. Aufl. 2004, § 354 Rn. 2; *Gaier* in: MünchKomm-BGB, § 354 Rn. 4; *Lobinger* in: Soergel, § 354 Rn. 3; *Kaiser* in: Staudinger, § 354 Rn. 8.

[6] *Gaier* in: MünchKomm-BGB, § 354 Rn. 5; *Kaiser* in: Staudinger, § 354 Rn. 10.

genommen hat, muss er ihre Unvollständigkeit oder Mangelhaftigkeit beweisen, wenn er dennoch zurücktreten will. Setzt die Verfallklausel Vertretenmüssen voraus, muss sich der Rücktrittsgegner entlasten (vgl. § 280 Abs. 1 Satz 2 BGB).[7]

---

[7] *Kaiser* in: Staudinger, § 354 Rn. 10.

Untertitel 2 - Widerrufs- und Rückgaberecht bei Verbraucherverträgen *⁾

§ 355 BGB Widerrufsrecht bei Verbraucherverträgen

(Fassung vom 29.07.2009, gültig ab 11.06.2010)

(1) ¹Wird einem Verbraucher durch Gesetz ein Widerrufsrecht nach dieser Vorschrift eingeräumt, so ist er an seine auf den Abschluss des Vertrags gerichtete Willenserklärung nicht mehr gebunden, wenn er sie fristgerecht widerrufen hat. ²Der Widerruf muss keine Begründung enthalten und ist in Textform oder durch Rücksendung der Sache innerhalb der Widerrufsfrist gegenüber dem Unternehmer zu erklären; zur Fristwahrung genügt die rechtzeitige Absendung.

(2) ¹Die Widerrufsfrist beträgt 14 Tage, wenn dem Verbraucher spätestens bei Vertragsschluss eine den Anforderungen des § 360 Abs. 1 entsprechende Widerrufsbelehrung in Textform mitgeteilt wird. ²Bei Fernabsatzverträgen steht eine unverzüglich nach Vertragsschluss in Textform mitgeteilte Widerrufsbelehrung einer solchen bei Vertragsschluss gleich, wenn der Unternehmer den Verbraucher gemäß Artikel 246 § 1 Abs. 1 Nr. 10 des Einführungsgesetzes zum Bürgerlichen Gesetzbuche unterrichtet hat. ³Wird die Widerrufsbelehrung dem Verbraucher nach dem gemäß Satz 1 oder Satz 2 maßgeblichen Zeitpunkt mitgeteilt, beträgt die Widerrufsfrist einen Monat. ⁴Dies gilt auch dann, wenn der Unternehmer den Verbraucher über das Widerrufsrecht gemäß Artikel 246 § 2 Abs. 1 Satz 1 Nr. 2 des Einführungsgesetzes zum Bürgerlichen Gesetzbuche zu einem späteren als dem in Satz 1 oder Satz 2 genannten Zeitpunkt unterrichten darf.

(3) ¹Die Widerrufsfrist beginnt, wenn dem Verbraucher eine den Anforderungen des § 360 Abs. 1 entsprechende Belehrung über sein Widerrufsrecht in Textform mitgeteilt worden ist. ²Ist der Vertrag schriftlich abzuschließen, so beginnt die Frist nicht, bevor dem Verbraucher auch eine Vertragsurkunde, der schriftliche Antrag des Verbrauchers oder eine Abschrift der Vertragsurkunde oder des Antrags zur Verfügung gestellt wird. ³Ist der Fristbeginn streitig, so trifft die Beweislast den Unternehmer.

(4) ¹Das Widerrufsrecht erlischt spätestens sechs Monate nach Vertragsschluss. ²Diese Frist beginnt bei der Lieferung von Waren nicht vor deren Eingang beim Empfänger. ³Abweichend von Satz 1 erlischt das Widerrufsrecht nicht, wenn der Verbraucher nicht entsprechend den Anforderungen des § 360 Abs. 1 über sein Widerrufsrecht in Textform belehrt worden ist, bei Fernabsatzverträgen über Finanzdienstleistungen ferner nicht, wenn der Unternehmer seine Mitteilungspflichten gemäß Artikel 246 § 2 Abs. 1 Satz 1 Nr. 1 und Satz 2 Nr. 1 bis 3 des Einführungsgesetzes zum Bürgerlichen Gesetzbuche nicht ordnungsgemäß erfüllt hat.

*) *Amtlicher Hinweis:*
Dieser Untertitel dient der Umsetzung
1. der Richtlinie 85/577/EWG des Rates vom 20. Dezember 1985 betreffend den Verbraucherschutz im Falle von außerhalb von Geschäftsräumen geschlossenen Verträgen (ABl. EG Nr. L 372 S. 31),
2. der Richtlinie 94/47/EG des Europäischen Parlaments und des Rates vom 26. Oktober 1994 zum Schutz der Erwerber im Hinblick auf bestimmte Aspekte von Verträgen über den Erwerb von Teilzeitnutzungsrechten an Immobilien (ABl. EG Nr. L 280 S. 82) und
3. Richtlinie 97/7/EG des Europäischen Parlaments und des Rates vom 20. Mai 1997 über den Verbraucherschutz bei Vertragsabschlüssen im Fernabsatz (ABl. EG Nr. L 144 S. 19).

§ 355

Gliederung

A. Grundlagen 1
  I. Kurzcharakteristik 1
  II. Gesetzgebungsmaterialien 2
  III. Europäischer Hintergrund 3
  IV. Gesetzgebungsgeschichte 4
  V. Abdingbarkeit 6
B. Anwendungsvoraussetzungen 8
  I. Normstruktur 8
  II. Verbrauchervertrag 9
III. Widerrufsrecht des Verbrauchers 13
  1. Übersicht 13
  2. Internetauktionen 17
  IV. Gegenstand und Ausübung des Widerrufs 22
  V. Form des Widerrufs 27
  VI. Widerrufsfrist 30
  VII. Erlöschen des Widerrufsrechts 37
  VIII. Zeitliche Geltung 46
C. Rechtsfolgen 49

A. Grundlagen

I. Kurzcharakteristik

1 Die Vorschriften der §§ 355-360 BGB regeln die Grundsätze zur Rückabwicklung von Verbraucherverträgen. § 355 BGB regelt als Blankettnorm das Wesen und die Ausübungsregeln des Widerrufsrechts. Dem Verbraucher wird durch andere Vorschriften unter weiteren Voraussetzungen ein Widerrufsrecht eingeräumt, während der Unternehmer an seine Willenserklärung – vorbehaltlich anderer Gestaltungsrechte – gebunden bleibt. Dieses Verbraucherrecht stellt eine Ausnahme vom Grundsatz des pacta sunt servanda dar.[1]

II. Gesetzgebungsmaterialien

2 Zur Regelung des § 361a BGB a.F.: Regierungsentwurf BT-Drs. 14/2658, zum Bericht des Rechtsausschusses BT-Drs. 14/3195, Beschlussempfehlung des Vermittlungsausschusses BT-Drs. 14/2527, Gesetz über Fernabsatzverträge und andere Fragen des Verbraucherrechts sowie zur Umstellung von Vorschriften auf Euro vom 27.06.2000.[2] Zu § 355 BGB: Entwurf der Koalitionsfraktionen, BT-Drs. 14/6040; Entwurf der Bundesregierung mit Stellungnahme des Bundesrates vom 13.07.2001 und Gegenäußerung der Bundesregierung vom 31.08.2001, BT-Drs. 14/6857 = BR-Drs. 338/01; Bericht des Rechtsausschusses BT-Drs. 14/7052; Gesetz zur Modernisierung des Schuldrechts vom 29.06.2001.[3] Vgl. zu den Änderungen des § 355 BGB: Gesetz zur Änderung des Rechts der Vertretung durch Rechtsanwälte vor den OLG vom 23.07.2002;[4] Gesetz zur Änderung der Vorschriften über Fernabsatzverträge bei Finanzdienstleistungen vom 02.12.2004[5]; Gesetz zur Umsetzung der Verbraucherkreditrichtlinie, des zivilrechtlichen Teils der Zahlungsrichtlinie sowie zur Neuordnung der Vorschriften über das Widerrufs- und Rückgaberecht vom 29.07.2009,[6] vgl. dazu den Gesetzesentwurf BT-Drs. 16/11643 (mit Stellungnahme des Bundesrats und Gegenäußerung der BReg).

III. Europäischer Hintergrund

3 Die dem § 355 BGB entsprechende Vorschrift des § 361a BGB a.F. geht zurück auf die Umsetzung der Fernabsatzrichtlinie[7] und der Unterlassungsklagenrichtlinie durch Gesetz vom 27.06.2000 über Fernabsatzverträge und andere Fragen des Verbraucherrechts sowie zur Umstellung von Vorschriften auf Euro[8]. Weiterhin dient § 355 BGB der Umsetzung der RL 85/577/EWG des Rates vom 02.12.1985 betreffend den Verbraucherschutz im Falle von außerhalb von Geschäftsräumen geschlossenen Verträgen sowie der Time-Sharing-Richtlinie.[9] Eine weitere Modifizierung erfuhr § 355 Abs. 3 BGB aufgrund der RL 2002/65/EG des Europäischen Parlaments und Rates vom 23.09.2002 über den Fernab-

---

[1] Vgl. *Tonner* in: Micklitz/Tonner, Vertriebsrecht 2002, § 355 Rn. 10; *Ernst*, VuR 1999, 397-405, 397.
[2] BGBl I 2000, 897, Berichtigung BGBl I 2000, 1139.
[3] BGBl I 2001, 3138.
[4] BGBl I 2002, 2850.
[5] BGBl I 2004, 3102-3111.
[6] BGBl I 2009, 2355-2408.
[7] RL 97/7/EG des Europäischen Parlaments und Rates vom 20.05.1997.
[8] BGBl I, 887.
[9] RL 94/47/EG des Europäischen Parlaments und Rates vom 26.10.1994 zum Schutze der Erwerber im Hinblick auf bestimmte Aspekte von Verträgen über den Erwerb von Teilzeitnutzungsrechten an Immobilien.

satz von Finanzdienstleistungen[10] Letzte Änderungen ergingen (u.a.) aufgrund der Richtlinie 2008/48/EG des Europäischen Parlaments und des Rates vom 23.04.2008 über Verbraucherkreditverträge und zur Aufhebung der Richtlinie 87/102/EWG des Rates.[11] Nächste Änderungen stehen aufgrund der noch erforderlichen Umsetzung der Verbraucherrechte-Richtlinie[12] zum Ende 2013 bereits an.[13]

IV. Gesetzgebungsgeschichte

Durch die Umsetzung des europäischen Sekundärrechts bot sich für den Gesetzgeber die Möglichkeit, den „Flickenteppich"[14] aus Sonderprivatrecht der verbraucherschützenden Regelungen über den Widerruf in einem ersten Schritt in das BGB einzuknüpfen. Dies geschah durch die Schaffung der §§ 361a, 361b BGB a.F., wobei die einzelnen Voraussetzungen des Widerrufrechts in den Sondergesetzen verblieb: § 3 Abs. 1 FernAbsG, § 7 Abs. 1 VerbrKrG, § 1 Abs. 1 HTürGG, § 5 Abs. 1 TzWrG, § 4 Abs. 1 FernUSG. Gerade im Bereich der Widerrufsfristen herrschte bis dato ein „chaotisches Durcheinander"[15], das der deutsche Gesetzgeber durch Schaffung einer einheitlichen Frist von zwei Wochen beseitigen wollte.[16] Eine vollständige Angleichung der Widerrufsrechte scheiterte indes an den unterschiedlichen Vorgaben der Richtlinien. Mithin enthalten die Normen, welche auf § 355 BGB verweisen, teilweise abweichende Vorschriften.[17] Durch das Gesetz zur Modernisierung des Schuldrechts[18] wurden die vorgenannten Gesetze bis auf das FernUSG in das BGB aus Gründen der Transparenz und Verständlichkeit integriert.[19] Die §§ 355-359 BGB haben die Regelungen der §§ 361a, 361b BGB a.F. weitestgehend übernommen, dazu gab es Neuerungen im Bereich der verbundenen Verträge, des Erlöschens der Widerrufsfrist und beim Wertersatz. Änderungen erfolgten durch das OLG-VertretungsänderungsG (OLGVertrÄndG)[20], dessen Art. 25 einzelne Bereiche im Verbraucherschutzrecht betraf. Anstelle der bis dato notwendigen Unterzeichnung der Widerrufsbelehrung sieht § 355 Abs. 2 Satz 2 BGB seitdem vor, dass sich die Widerrufsfrist im Falle der nachträglichen Belehrung verlängert. Weitere Änderungen erfolgten aufgrund des Gesetzes zur Änderung der Vorschriften über Fernabsatzverträge bei Finanzdienstleistungen.[21]

Die Geschichte der Gesetzgebung zu den §§ 355-360 BGB ist jedoch noch lange nicht abgeschlossen. Zuletzt erfolgte eine zu begrüßende Neustrukturierung des § 355 BGB durch das EGRLUmsuaNOG.[22] Nunmehr finden sich die Regeln zur Länge der Widerrufsfrist in Absatz 2 und zum Beginn der Widerrufsfrist in Absatz 3. Als überflüssig erscheinende Anpassung an die neue Verbraucherkreditrichtlinie heißt es nunmehr nicht mehr „zwei Wochen", sondern „14 Tage". Zur Angleichung der Widerrufsfrist

---

[10] RL 2002/65/EG des Europäischen Parlaments und Rates vom 23.09.2002 über den Fernabsatz von Finanzdienstleistungen; vgl. dazu *Mankowski*, Beseitigungsrechte, 2003, S. 744, 805 ff.; *Schmidt-Räntsch*, ZIP 2002, 1100-1108, 1103.

[11] ABl. Nr. L 133, S. 66, ber. ABl. 2009 Nr. L 207, S. 14.

[12] RL 2011/83/EU des Europäischen Parlaments und des Rates, 25.10.2011, vgl. dazu *Schwab/Giesemann*, EuZW 2012, 253-257; *Heinig*, MDR 2012, 1122-1123.

[13] Vgl. aber auch den weitergehenden Vorschlag zur Richtlinie, KOM(2008) 614, vgl. dazu ausführlich *Schinkels*, JZ 2009, 774-779; *Föhlisch*, MMR 2009, 75-80.

[14] *Tonner*, BB 2000, 1413-1420; 1413.

[15] *Grüneberg* in: Palandt, Vorbem. § 355 Rn. 1.

[16] Vgl. *Börner/Erberich* in: Schimmel/Buhlmann, Frankfurter Handbuch zum neuen Schuldrecht, 2002, D. IX. Rn. 2; *Riehm*, Jura 2000, 505-513, 505; *Lorenz*, JuS 2000, 833-843, 833.

[17] *Tonner* in: Micklitz/Tonner, Vertriebsrecht, 2002, § 355 Rn. 3.

[18] BT-Drs. 14/6040, Gesetzesentwurf vom 14.05.2001.

[19] Indes darf aufgrund der Regelungsdichte bezweifelt werden, dass der durchschnittlich informierte Verbraucher seine Informationen über seine Rechte ohne weiteres aus dem BGB ersehen kann.

[20] BGBl I 2002, 2850; vgl. zu den Änderungen *Wildemann*, VuR 2003, 90-93, 91; *Meinhof*, NJW 2002, 2373-2375, 2273 sowie die weiteren Ausführungen.

[21] BGBl I 2004, 3102-3111; vgl. dazu *Rott*, BB 2005, 53-64; *Schinkels*, ZGS 2005, 179-184; *Felke/Jordans*, NJW 2005, 710-712; *Vander*, MMR 2005, 139-144.

[22] Gesetz zur Umsetzung der Verbraucherkreditrichtlinie, des zivilrechtlichen Teils der Zahlungsrichtlinie sowie zur Neuordnung der Vorschriften über das Widerrufs- und Rückgaberecht" vom 29.07.2009, BGBl I 2009, 2355-2408.

bei Onlineshops und Internetauktionsplattformen[23] erfolgte eine wichtige Gleichstellung in § 355 Abs. 2 Satz 2 BGB n.F. Im Übrigen erfolgten die durch die Einführung von § 360 BGB und Art. 246 EGBGB notwendig gewordenen Änderungen.

V. Abdingbarkeit

6 Die verbraucherschützenden Normen der §§ 355-359 BGB sind als solche **halbzwingend**;[24] von ihnen kann zugunsten des Verbrauchers abgewichen werden. Es ist daher zulässig, dem Verbraucher eine über das Gesetz hinausgehende Widerrufsfrist einzuräumen oder den Beginn der Frist über den spätesten Zeitpunkt hinaus zu verschieben.

7 Zu beachten ist, dass das Widerrufsrecht des Verbrauchers zugunsten des Unternehmers gemäß § 356 BGB durch ein Rückgaberecht ersetzt werden kann, oder, sofern eine Ersetzung nicht vorgenommen wird, unter bestimmten Voraussetzungen die Rücksendekosten dem Verbraucher auferlegt werden können, § 357 Abs. 2 Satz 3 BGB. Weiterhin können sich Einschränkungen des Widerrufsrechts aus den Normen ergeben, die dem Verbraucher das Widerrufsrecht zugestehen und auf § 355 BGB verweisen, so z.B. durch § 495 Abs. 2 BGB für Verbraucherdarlehensverträge oder § 312d Abs. 4 BGB bei Fernabsatzverträgen über verderbliche Ware, Media, Zeitschriften, etc. Nicht zuletzt kann der Unternehmer in seinen AGB vorsehen, dass er erst nach Ablauf der Widerrufsfrist zur Leistung verpflichtet ist.[25] Ansonsten dürfen die Widerrufsrechte nicht eingeschränkt oder von zusätzlichen Voraussetzungen abhängig gemacht werden, auch dann nicht, wenn an anderer Stelle eine Abweichung zugunsten des Verbrauchers vereinbart wird, die die Benachteiligung ausgleichen soll.

B. Anwendungsvoraussetzungen

I. Normstruktur

8 § 355 Abs. 1 Satz 1 BGB regelt einheitlich das Widerrufsrecht des Verbrauchers und seine Ausübung als Gestaltungsrecht, soweit ihm dieses durch Gesetz mit Verweis auf § 355 BGB eingeräumt wird. § 355 Abs. 2 BGB befasst sich mit der Widerrufsfrist, den Beginn dieser Frist erklärt hingegen § 355 Abs. 3 BGB. Soweit dies überhaupt in Betracht kommt, richtet sich das Erlöschen des Widerrufsrechts nach § 355 Abs. 3 BGB.

II. Verbrauchervertrag

9 § 355 BGB ist nur anwendbar bei einem angestrebten Verbrauchervertrag, d.h. einem Vertrag zwischen mindestens einem Verbraucher auf der einen und mindestens einem Unternehmer auf der anderen Seite; diese Begriffe sind in den §§ 13, 14 BGB legaldefiniert.[26] Der Vertrag muss – entgegen der amtlichen Überschrift der §§ 355, 356 BGB – noch nicht geschlossen worden sein (vgl. dazu Rn. 22). Ebenso kann ein Vertrag auch dann von Verbraucher widerrufen werden, wenn dieser wegen Verstoßes gegen eine Verbotsnorm nach § 134 BGB oder infolge Sittenwidrigkeit nach § 138 BGB nichtig ist.[27] Auch dann ist nach dem Schutzzweck des Widerrufsrechts dem Verbraucher die Möglichkeit zu geben, sich von dem geschlossenen Vertrag auf einfache Weise durch Ausübung des Widerrufsrechts zu lösen, ohne mit dem Unternehmer in eine rechtliche Auseinandersetzung über die Nichtigkeit des Vertrags eintreten zu müssen.[28]

10 Allein die wohl für alle natürlichen Personen vorliegende Verbrauchereigenschaft reicht für die Annahme eines Verbrauchervertrages nicht aus, vielmehr muss die natürliche Person gerade in ihrer Verbrauchereigenschaft das Rechtsgeschäft abschließen. Der Verbraucher trägt zunächst die **Darlegungs- und Beweislast** dafür, dass nach dem von ihm objektiv verfolgten Zweck ein seinem privaten Rechtskreis zuzuordnendes Rechtsgeschäft vorliegt.[29] Sofern nach dieser Zuordnung an der Verbraucherei-

---

[23] Vgl. dazu nur *Föhlisch/Hofmann*, NJW 2009, 1175-1179, 1175 ff.
[24] *Masuch* in: MünchKomm-BGB, § 355 Rn. 4; *Kaiser* in: Staudinger, § 355 Rn. 65; *Grüneberg* in: Palandt, § 355 Rn. 2.
[25] *Saenger* in: Erman, § 355 Rn. 1; *Kaiser* in: Staudinger, § 355 Rn. 66. Der Verbraucher kann hingegen die Leistung nicht bis zum Fristablauf verweigern, wie hier *Saenger* in: Erman, § 355 Rn. 1.
[26] Vgl. die Kommentierung zu § 13 BGB und die Kommentierung zu § 14 BGB. Bei den Widerrufsrechten nach den §§ 495, 510 BGB sind auch Existenzgründer erfasst.
[27] Wie hier *Masuch* in: MünchKomm-BGB, § 355 Rn. 32; a.A. *Thüsing* in: Staudinger, § 312d Rn. 10.
[28] So jetzt ausdrücklich auch BGH v. 25.11.2009 - VIII ZR 318/08 - NJW 2010, 610-612, 611.
[29] BGH v. 30.09.2009 - VIII ZR 7/09 - juris Rn. 11 - NJW 2009, 3780-3781.

genschaft (§ 13 BGB) einer natürlichen Person als Vertragspartner Zweifel bestehen, so hat dies grundsätzlich der Unternehmer darzulegen und zu beweisen;[30] § 344 HGB (analog) ist nicht anwendbar.[31] Der Gesetzgeber hat durch den Wegfall der Formulierung in § 1 Abs. 1 VerbrKrG „… Verbraucher …, es sei denn …" nicht das Ziel angestrebt, die Beweislastverteilung zuungunsten des Verbrauchers zu ändern.[32] Angesichts der passiven Formulierung von § 13 BGB „… Zwecke …, der weder ihrer gewerblichen noch ihrer selbständigen beruflichen Tätigkeit zuzuordnen ist." obliegt es vielmehr weiterhin dem Unternehmer nachzuweisen, dass eine Zuordnung des Zwecks zur selbständigen Tätigkeit möglich ist. Bei einem klassischen Konsumentenkauf[33] in haushaltsüblicher Menge spricht der Beweis des ersten Anscheins für eine private Verwendung.[34] Praktisch wird diese Frage indes weniger Bedeutung erlangen, da der Unternehmer bei einer Vielzahl von Kunden kaum in der Lage sein wird, die fehlende Verbrauchereigenschaft seines Gegenübers – von Vertragsgegenständen abgesehen, die für B2C-Verträge eher untypisch sind – sicher festzustellen.[35]

11 Auch dann, wenn der Unternehmer mittels AGB den Kundenkreis offiziell auf Unternehmer beschränken will, um die verbraucherschützenden Vorschriften zu umgehen und z.B. den Kunden online zur Eingabe eines Firmennamens auffordert, muss der Unternehmer beweisen, dass das abgeschlossene Rechtsgeschäft tatsächlich dem selbständigen Zweck zuzuordnen ist; weisen das angegebene Gewerbe und die Art und Menge des Verkaufsgegenstands keinen eindeutigen Bezug zueinander auf, so ist im Zweifel von einem Verbrauchergeschäft auszugehen. Sollen ausschließlich Unternehmer Vertragspartner sein, muss nicht nur an geeigneter Stelle deutlich darauf hingewiesen werden, der Ausschluss von Verträgen mit Verbrauchern in erheblichem Maße muss auch sichergestellt sein.[36] Bei Internetauktionsplattformen ist die im Text zu übersehende Klausel, dass nicht an Verbraucher verkauft werde und deshalb kein Widerrufsrecht bestehe, unzulässig.[37] Wenn der Vertragspartner als natürliche Person das Geschäft teils für private und teils für geschäftliche Zwecke abschließt, so liegt kein Verbrauchervertrag vor, weil er den Schutz des Widerrufsrechtes nicht mehr verdient.[38] Anders kann der Fall beurteilt werden, bei dem der Vertragspartner eines Vertrages über teilbare Leistungen seinen Widerruf im Sinne eines Teilwiderrufs auf den Teil des Vertrages beschränkt, den er als Verbraucher abschließt (vgl. Rn. 24). Auch eine Gesellschaft bürgerlichen Rechts, die von natürlichen Personen zur Verfolgung privater Zwecke betrieben wird, kann als Verbraucher i.S.d. § 13 BGB anzusehen sein;[39] auch dem Mitglied einer Kapitalanlagegesellschaft kann ein Widerrufsrecht zustehen.[40]

12 Wenn auf Seiten des Verbrauchers ein **Vertreter** eingeschaltet wird, steht das Widerrufsrecht dem Vertretenen als Vertragspartner des Unternehmers zu; darauf, ob der Vertreter Verbraucher ist, kommt es nicht an.[41] Nach dem Rechtsgedanken des § 166 Abs. 1 BGB ist bei den sachlichen Voraussetzungen

---

[30] BGH v. 30.09.2009 - VIII ZR 7/09 - juris Rn. 11 - NJW 2009, 3780-3781; LG Essen v. 09.09.2010 - 6 O 132/10 - juris Rn. 51; wohl auch BGH v. 10.05.1995 - VIII ZR 264/94 - BGHZ 129, 371-383; OLG Düsseldorf v. 27.01.2005 - I-10 U 105/04, 10 U 105/04 - Grundeigentum 2005, 303; differenzierend *Ellenberger* in: Palandt, § 13 Rn. 4; vgl. zur alten Regelung des § 1 VerbrKrG: BGH v. 10.05.1995 - VIII ZR 264/94 - juris Rn. 34 - BGHZ 129, 371-383; OLG Hamm v. 28.07.1992 - 19 U 193/92 - NJW 1992, 3179-3181; OLG Hamm v. 07.01.1997 - 7 U 52/96 - NJW-RR 1997, 1144; *Kessal-Wulf* in: Staudinger, 13. Bearb. 1998, VerbrKrG § 1 Rn. 42.
[31] *Kaiser* in: Staudinger, § 355 Rn. 13; im Grundsatz auch *Ellenberger* in: Palandt, § 14 Rn. 2.
[32] Vgl. BT-Drs. 14/6857, S. 33 zu Nr. 113.
[33] Vgl. dazu Art. 2 UNWaVtrÜbk.
[34] Der Beweis des ersten Anscheins kann aber durch Details des Verkaufs widerlegt werden, vgl. OLG Hamm v. 15.03.2011 - I-4 U 204/10, 4 U 204/10 - juris Rn. 54 - MMR 2011, 537-538, 538.
[35] So auch *Schmidt-Räntsch* in: Bamberger/Roth, § 13 Rn. 10.
[36] Zur Kontrollpflicht OLG Hamm v. 20.09.2011 - I-4 U 73/11, 4 U 73/11 - juris. Rn. 31 - WRP 2012, 343-347.
[37] OLG Hamm v. 28.02.2008 - 4 U 196/07 - K&R 2008, 379-381.
[38] Vgl. auch EuGH v. 20.01.2005 - C-464/01 - NJW 2005, 653-656; *Masuch* in: MünchKomm-BGB, § 355 Rn. 17; a.A. OLG Oldenburg v. 24.01.1997 - 13 U 90/96 - juris Rn. 17 - WM 1997, 813-814; *Faber*, ZEuP 1998, 854-892, 886; differenzierend OLG Naumburg v. 11.12.1997 - 3 U 144/96 - NJW-RR 1998, 1351; *Horn* in: Horn/Lindacher/Wolf, AGB-Gesetz, 4. Aufl. 1999, § 24a Rn. 23.
[39] BGH v. 23.10.2001 - XI ZR 63/01 - juris Rn. 14 - BGHZ 149, 80-89; zum europäischen Verbraucherbegriff EuGH v. 22.11.2001 - C-541/99 und C-542/99, C-541/99, C-542/99 - LM EWG-RL 93/13 Nr. 0b (4/2002), demnach ein Verbraucher nur eine natürliche Person sein kann.
[40] Vgl. statt aller *Maume*, VuR 2012, 87,91; vgl. auch die Kommentierung zu § 358 BGB.
[41] Im Grunde auch *Masuch* in: MünchKomm-BGB, § 355 Rn. 18; *Micklitz* in: MünchKomm-BGB, § 13 Rn. 24.

des konkreten Widerrufsrechtes (Haustürsituation etc.) aber auf den Vertreter abzustellen;[42] der Vertretene muss von den Voraussetzungen jedoch keine Kenntnis haben.[43] Der vollmachtlose Vertreter, dem der vertretene Verbraucher die Genehmigung des Rechtsgeschäfts verweigert, kann sich an seiner Stelle auf das Widerrufsrecht nach § 355 BGB (analog) berufen, um nicht nach § 179 Abs. 1 BGB haften zu müssen.[44]

III. Widerrufsrecht des Verbrauchers

1. Übersicht

13 Weiterhin bedarf es der Einräumung eines Widerrufrechts für den Verbraucher durch Gesetz, welches ausdrücklich auf § 355 BGB verweist.[45] Dies sind: § 312 BGB für Haustürgeschäfte, bei Fernabsatzverträgen § 312d, § 485 BGB beim Time-Sharing, § 495 BGB für das Verbraucherdarlehen und § 510 BGB bei Ratenlieferungsverträgen, zusätzlich § 4 FernUSG bei Fernunterrichtsverträgen.[46] Bis dato nicht erfasst ist hingegen das für den Kapitalmarkt geltende Widerrufsrecht nach § 126 InvG (bis zum 01.01.2004 § 23 KAGG bzw. § 11 AusInvestmG),[47] obwohl § 126 Abs. 2 InvG in Bezug auf die Widerrufsbelehrung auf § 360 BGB verweist. Ebenfalls keine Geltung entfaltet § 355 BGB beim versicherungsrechtlichen Widerruf nach § 8 VVG[48] sowie bei Widerrufsregelungen im BGB, die nicht auf § 355 BGB verweisen, so z.B. bei Widerruf einer Willenserklärung nach § 130 Abs. 1 Satz 2 BGB, bei Schenkungswiderruf wegen groben Undanks (§ 530 BGB) oder beim Widerrufsrecht des Auftraggebers (§ 671 BGB). Belehrt der Unternehmer (vor)vertraglich über ein Widerrufs- oder Rückgaberecht, ohne dass eine gesetzliche Einräumung vorliegt, wird im Zweifel ein **vertragliches Widerrufsrecht** vorliegen, auf das sich der Vertragspartner berufen kann und das sich in der Ausübung grundsätzlich nicht nach den gesetzlichen Bestimmungen richtet.[49] Ein vertraglich eingeräumtes Widerrufsrecht kann indes – wegen der halbzwingenden Wirkung der §§ 355-360 BGB – ein gesetzliches Recht nicht ersetzen, es steht vielmehr im vertraglich eingeräumten Maße zusätzlich zur Verfügung.[50] Auch eine nachträgliche Einräumung eines Widerrufsrechts kann zu einem vertraglichen Widerrufsrecht führen[51] – die einseitige Einräumung eines Beseitigungsrechts ist nicht annahmebedürftig, jedenfalls kann auf den Zugang der Annahme verzichtet werden (§ 151 BGB); es bleibt aber eine Frage der Ausgestaltung im Einzelfall.

---

[42] BGH v. 13.03.1991 - XII ZR 71/90 - juris Rn. 11 - LM Nr. 7 zu HWiG; AG Hamburg v. 30.07.1987 - 22b C 191/87 - BB 1988, 869; *Werner* in: Staudinger, 13. Bearb. 1998, HWiG § 1 Rn. 16; *Wolf* in: Soergel, HWiG § 1 Rn. 14.

[43] BGH v. 12.12.2005 - II ZR 327/04 - juris Rn. 18 - NJW 2006, 497-498.

[44] BGH v. 13.03.1991 - XII ZR 71/90 - juris Rn. 13 - LM Nr. 7 zu HWiG; *Grüneberg* in: Palandt, § 355 Rn. 3; *Masuch* in: MünchKomm-BGB, § 355 Rn. 28; vgl. zum Anfechtungsrecht BGH v. 22.02.2002 - V ZR 113/01 - juris Rn. 10 - NJW 2002, 1867-1868.

[45] Vgl. aber das Urteil des LG Hamburg v. 21.01.2005 - 324 O 448/04 - NJW-RR 2005, 1357-1359, demgemäß bei Überrumpelungen der Rechtsgedanke aus §§ 312, 355 BGB auch auf Einwilligungen in anderen Bereichen anwendbar ist.

[46] Zum Widerruf nach § 4 FernUSG vgl. *Mankowski*, Beseitigungsrechte, 2003, S. 65 ff.; *Wildemann*, VuR 2003, 90-93, 90 ff.

[47] Zu § 23 KAGG und § 11 AuslInvestmG vgl. auch *Mankowski*, Beseitigungsrechte, 2003, S. 63 ff.; zu den letzten Änderungen durch das InvestmModG vgl. *Lang*, VuR 2004, 201-207, 203; *Ellerkmann/Leistikow*, BB 2003, 2693-2701, 2693.

[48] *Masuch* in: MünchKomm-BGB, § 355 Rn. 20; *Fischer*, DB 2002, 253-258, 255.

[49] OLG Nürnberg v. 10.01.2012 - 14 U 1314/11 - juris Rn. 31 - WM 2012, 650-652; OLG Frankfurt v. 25.05.2011 - 9 U 43/10 - juris Rn. 42 - ZIP 2011, 2618; *Müller-Christmann*, jurisPR-BKR 2/2012, Anm. 6; a.A. im Hinblick auf die gesetzlichen Anforderungen LG Duisburg v. 09.12.2010 - 5 S 51/10 - juris Rn. 25; *Masuch* in: MünchKomm-BGB, § 360, Rn. 15; *Grüneberg* in: Palandt, § 355 Rn. 16; *Ebner*, NJW 2011, 1029-1036, 1031; offen gelassen durch BGH v. 06.12.2011 - XI ZR 401/10 - juris Rn. 17 - NJW 2012, 1066-1070, vgl. dazu *Vortmann*, EWiR 2012, 195-196.

[50] Mithin bestehen die Zweifel, die in BGH v. 06.12.2011 - XI ZR 401/10 - juris Rn. 17 - NJW 2012, 1066-1070, gehegt werden, zu Unrecht.

[51] OLG Dresden v. 28.05.2009 - 8 U 1530/08 juris Rn. 28; *Maier*, VuR 2011, 225-226; abgelehnt bei OLG Nürnberg v. 09.11.2010 – 14 U 659/10 - juris Rn. 28 - WM 2011, 114-116; OLG München v. 28.06.2001 - 24 U 129/00 - juris Rn. 51 - WM 2003, 1324-1328; offen gelassen durch BGH v. 06.12.2011 - XI ZR 401/10 - juris Rn. 17 - NJW 2012, 1066-1070.

Das Widerruf- und Rückgaberecht steht trotz Unterschieden zum Rücktrittsrecht unmittelbar im Anschluss an dieses und ist als **Unterfall des Rücktritts** anzusehen.[52] Daher finden auf das Widerrufs- bzw. Rückgaberecht gemäß § 357 Abs. 1 BGB konsequenterweise und subsidiär die Vorschriften über den gesetzlichen Rücktritt Anwendung. Nach allgemeinen Regeln kann das Widerrufsrecht als unselbstständiges Gestaltungsrecht zusammen mit der Forderung des Verbrauchers **abgetreten** werden.[53] Die Abtretung des Widerrufsrechts an einen Unternehmer i.S.v. § 14 BGB ist dabei nicht wegen der §§ 413, 399 Alt. 1 BGB ausgeschlossen, da kein schutzwürdiges Interesse des Schuldners erkennbar ist, nur dem Verbraucher gegenüber zur Rückabwicklung verpflichtet zu sein.[54] Vielmehr musste der Vertragspartner des Verbrauchers bei Vertragsschluss davon ausgehen, dass das Rechtsgeschäft durch den Widerruf unwirksam wird. Aufgrund der fehlenden Schlechterstellung ist ihm die Abtretung zumutbar. Die Verbrauchereigenschaft ist lediglich Tatbestandsvoraussetzung für die Entstehung des Widerrufsrechts, macht es aber nicht zu einem personengebundenen Recht. Dem Verbraucher als Schutzsubjekt des Widerrufsrechts kann folglich nicht unter Berufung auf § 399 Alt. 1 BGB untersagt werden, das Widerrufsrecht an einen Unternehmer abzutreten.

14

Liegen die Voraussetzungen mehrerer verbraucherrechtlicher Widerrufsrechte gleichzeitig vor, so sind bezüglich der **Konkurrenz** die durch das OLG-VertretungsänderungsG geänderten § 312a BGB sowie § 312d Abs. 5 BGB zu beachten.[55] Andere Rechtsbehelfe des Verbrauchers (z.B. Anfechtungsrecht, Rücktritt etc.) lassen das Widerrufsrecht des Verbrauchers unberührt.[56] Ist nach dem Wortlaut der Verbrauchereinwendung nicht festzustellen, ob dieser anficht oder den Vertrag widerruft, ist im Zweifel von dem für den Verbraucher günstigeren Rechtsbehelf auszugehen, was regelmäßig der Widerruf sein wird.[57]

15

Auch im Falle eines Vertragsschlusses im Ausland kann dem Verbraucher bei Anwendbarkeit deutschen Rechts ein Widerrufsrecht zustehen. Dies gilt insbesondere dann, wenn zwischen dem Reiseveranstalter und einem Geschäftsinhaber im Ausland enge Geschäftsbeziehungen bestehen und der Reiseveranstalter regelmäßig Besuche seiner Pauschalreisenden bei dem Geschäftsinhaber organisiert (Art. 29 Abs. 1 Nr. 3 i.V.m. Abs. 3 EGBGB). Die auf Abschluss eines solchen Verbrauchervertrags gerichtete Willenserklärung kann der Verbraucher widerrufen.[58]

16

2. Internetauktionen

Wie man an den gesetzgeberischen Änderungen des § 355 Abs. 2 BGB erkennen kann, sind die Fragen des Ob und Wie der Widerrufsmöglichkeit bei **Internetversteigerungen** höchst praxisrelevant.[59] Hier stellt sich zunächst die grundsätzliche Frage, ob die Internetauktion durch Zeitablauf ohne echten Zuschlag ein typisches Fernabsatzgeschäft darstellt oder ob das Widerrufsrecht mit dem Wesen der Online-Auktion unvereinbar ist. Die Streiter der letzten Auffassung sehen ihr Heil in der Regelung des § 312d Abs. 4 Nr. 5 BGB, der das Widerrufsrecht bei Versteigerungen i.S.d. § 156 BGB ausschließt.[60] Indes steht der unmittelbaren Anwendung des Ausschlusstatbestandes entgegen, dass die Internetauk-

17

---

[52] BGH v. 17.03.2004 - VIII ZR 265/03 - NJW-RR 2004, 1058-1059; *Kaiser* in: Staudinger, § 355 Rn. 18; *Masuch* in: MünchKomm-BGB, § 355, Rn. 35; *Grüneberg* in: Palandt, § 355 Rn. 3.

[53] *Masuch* in: MünchKomm-BGB, § 355, Rn. 27; *Grüneberg* in: Palandt, § 355 Rn. 3; vgl. zur Abtretung des Rücktrittsrechts BGH v. 01.06.1973 - V ZR 134/72 - LM Nr. 5 zu § 413 BGB; BGH v. 21.06.1985 - V ZR 134/84 - LM Nr. 2/3 zu § 326 (Da) BGB.

[54] So aber *Masuch* in: MünchKomm-BGB, § 355 Rn. 27.

[55] Vgl. zu den Anforderungen an die Widerrufsbelehrung auch OLG München v. 23.08.2001 - 6 U 1982/01 - NJW-RR 2002, 399-400.

[56] *Masuch* in: MünchKomm-BGB, § 355 Rn. 33; *Graf v. Westphalen* in: Graf v. Westphalen/Emmerich/v. Rottenburg, Verbraucherkreditgesetz, 2. Aufl. 1996, § 7 Rn. 13.

[57] *Masuch* in: MünchKomm-BGB, § 355 Rn. 27; *Bülow*, NJW 2002, 1145-1150, 1148; für eine undifferenzierte Anwendung der Rücktrittsvorschriften *Graf v. Westphalen* in: Graf v. Westphalen/Emmerich/v. Rottenburg, Verbraucherkreditgesetz, 2. Aufl. 1996, § 7 Rn. 14.

[58] So zu einem türkischen Teppichknüpfzentrum zu Recht LG Tübingen v. 30.03.2005 - 5 O 45/03 - NJW 2005, 1513-1515.

[59] Vgl. dazu ausführlich statt aller *Leible/Wildemann*, K&R 2005, 26-30.

[60] LG Hamburg v. 24.09.1986 - 4 S 35/86 - WM 1986, 1504-1505; *Wendtland* in: Bamberger/Roth, § 156 Rn. 4; *Leible/Sosnitza*, K&R 2002, 89-91, 89; *Wiebe*, MMR 2000, 323-329, 324; *Wenzel*, DB 2001, 2233-2238, 2238; a.A. AG Osterholz-Scharmbeck v. 23.08.2002 - 3 C 515/02 - ITRB 2003, 239; unter fälschlicher Berufung auf die Entscheidung BGH v. 07.11.2001 - VIII ZR 13/01 - juris Rn. 25 - BGHZ 149, 129-139, die die Frage ausdrücklich offen gelassen hat; weiterhin *Schmidt-Räntsch* in: Bamberger/Roth, § 312d Rn. 33.

§ 355

tion den allgemeinen Vertragsschlussregeln nach den §§ 145-157 BGB folgt.[61] Die Versteigerung i.S.d. § 156 BGB erfordert die Erklärung eines physisch anwesenden Bieters, weil anderes mit dem versteigerungstypischen Entscheidungsprozess nicht vereinbar ist. Mithin sind schriftliche Gebote bei einer echten Versteigerung nicht zulässig.[62] Bei einer Internetauktion ist eine Interaktivität, wie sie § 156 BGB für eine Versteigerung zu Grunde legt, nicht gegeben. Aufgrund der teilweise langen Bietdauer ist es nicht üblich, dass ständig alle Bieter online sind. Es fehlt den Bietern daher die generelle Möglichkeit, immer unmittelbar auf ein erfolgtes Gebot zu reagieren. Ebenso fehlt es an einem Versteigerer, da sich das Auktionshaus meist nur als Marktplatz versteht.[63]

18 Nach Ansicht des BGH fordert auch der Zweck des Widerrufsrechts eine enge Auslegung der Ausschlussregelung, da der Verbraucher, der einen Gegenstand bei einer Internet-Auktion von einem gewerblichen Anbieter erwirbt, den gleichen Risiken ausgesetzt und in gleicher Weise schutzbedürftig sei wie bei anderen Vertriebsformen des Fernabsatzes.[64] Der BGH folgert daher, dass § 312d Abs. 4 Nr. 5 BGB nach historischer Auslegung auch nicht entsprechend auf Online-Auktionen anwendbar ist. Indes hatte der Gesetzgeber bei der Schaffung des § 312d Abs. 4 Nr. 5 BGB in Abgrenzung zur echten Versteigerung nur einen „Kauf gegen Höchstgebot" vor Augen, bei dem der Vertrag gerade nicht automatisch nach Zeitablauf mit dem Höchstbietenden zustande kommt; zu der Internetversteigerung Marke eBay hat sich der Gesetzgeber gar nicht geäußert.[65] Vielmehr ist davon auszugehen, dass die hinter § 312d Abs. 4 Nr. 5 BGB stehende Wertung eine Anwendung des Widerrufsrechts auf Internetauktionen grundsätzlich verhindern sollte. Das Verfahren zur Preisermittlung soll schließlich bei Zeitablauf beendet und der Vertrag mit dem Höchstbietenden geschlossen sein. Kann dieser widerrufen, kann sich der Verkäufer zwar unter Umständen an einen unterlegenen Bieter wenden. Da aber auch diesem ein Widerrufsrecht zusteht, fehlt dem Anbieter jede sichere Absatzchance. Es gilt zu berücksichtigen, dass die Internetauktion auch immer einen spekulativen Charakter hat, der aber eine feste Bindung nach Zeitablauf voraussetzt.

19 Eine entsprechende Anwendung des § 312d Abs. 4 Nr. 5 BGB wird in der Praxis aber an dem eindeutigen Votum des BGH scheitern. Mithin hat der Unternehmer nach § 14 BGB[66] bereits bei Vertragsschluss eine deutliche Widerrufsbelehrung vorzunehmen.[67] Er ist daher gehalten, bereits bei Einstellen der Angebotsseite entsprechende Hinweise aufzunehmen. Ein Hyperlink oder Verweis auf weitere Seiten des Anbieters ist nicht ausreichend, so z.B. bei Angeboten im Auktionshaus eBay der Verweis auf die sog. „mich"-Seiten des Verkäufers.[68]

20 Es sollte eigentlich Aufgabe des Gesetzgebers sein, den Ausschlusstatbestand auch auf die klassischen Internetauktionen zu erstrecken. Von dieser Möglichkeit hat er indes bisher sehenden Auges keinen Gebrauch gemacht. Ein zunächst noch im Entwurf der Verbraucherrechte-Richtlinie vorgesehener Ausschluss des Widerrufsrechts, der in Zukunft z.B. § 312d Abs. 4 Nr. 5 BGB auch auf Internetauktionen erstreckt hätte,[69] ist leider nicht in der endgültigen Fassung enthalten; eine Änderung steht dem Gesetzgeber jedoch weiterhin frei.

21 Die zum 11.06.2010 in § 355 Abs. 2 BGB eingefügte Gleichstellung von Internetauktion und Online-Shop gilt davon unabhängig jedenfalls für die so genannten Festpreisangebote der Auktionsplattformen. Für die Verträge bis zum 11.06.2010 ist es umstritten, ob die Unternehmer bei eBay über ein zweiwöchiges Widerrufsrecht oder stattdessen wegen nachträglicher Belehrung i.S.d. § 355 Abs. 2 BGB über eine einmonatige Frist zu belehren hatten. Dies lag darin begründet, dass der Vertragsschluss nach den Nutzungsbedingungen der bekanntesten Auktionsplattform durch das erfolgreiche Gebot des

---

[61] BGH v. 03.11.2004 - VIII ZR 375/03 - NJW 2000, 53-56; vgl. dazu *Hoffmann* in: Leible/Sosnitza, Versteigerungen im Internet, 2004, Rn. 239 ff. sowie *Braun*, JZ 2008, 330-336.

[62] LG Hamburg v. 14.04.1999 - 315 O 144/99 - DB 1999, 1951-1953; *Wendtland* in: Bamberger/Roth, § 156 Rn. 4; *Wiebe*, MMR 2000, 323-329, 324.

[63] *Leible/Sosnitza*, K&R 2002, 89-91, 89; *Wenzel*, DB 2001, 2233-2238, 2238.

[64] BGH v. 03.11.2004 - VIII ZR 375/03 - NJW 2005, 53-56; vgl. dazu *Hoffmann* in: Leible/Sosnitza, Versteigerungen im Internet, 2004, Rn. 239 ff.

[65] BT-Drs. 14/3195, S. 30; vgl. auch *Obergfell*, MMR 2005, 495-500, 498 m.w.N.

[66] Zum Unternehmerbegriff beim Internetversteigerungen vgl. *Leible/Wildemann*, K&R 2005, 26-30, 27 f.

[67] Vgl. dazu *Waldenberger* in: Hoeren/Ulrich, Handbuch Multimedia-Recht, 2004, 13.4 Rn. 154.

[68] OLG Hamm v. 14.04.2005 - 4 U 2/05 - NJW 2005, 2319-2320; a.A. LG Traunstein v. 18.05.2005 - 1 HKO 5016/04 - ZUM 2005, 663-664.

[69] Vgl. Art. 19 Abs. 1 lit. h) und Art. 2 Abs. 15 des Entwurfs der Verbraucherrechte-Richtlinie (KOM(2008) 614) sowie ausführlich *Schinkels*, JZ 2009, 774-779, 777 f.

Verbrauchers zustande kommt und eine Belehrung in Textform vor oder bei Vertragsschluss nicht möglich erschien.[70] Dies wirkt sich auch insoweit aus, als ein Hinweis in der Belehrung zum erweiterten Wertersatz bei Ingebrauchnahme der Sache unzulässig war; teilweise wurde sogar vertreten, dass die Vereinbarung eines Rückgaberechts nach § 356 BGB bei Internetauktionen unzulässig ist. Seit dem 11.06.2010 ist es nach dem Willen des Gesetzgebers[71] ausreichend, dass eine unverzüglich nach Vertragsschluss in Textform mitgeteilte Belehrung ausreichend ist. Dazu sollte der Unternehmer darauf achten, dass dem Verbraucher unmittelbar nach dem erfolgreichen[72] Abschluss der Auktion bzw. des Verkaufs zum Festpreis die Widerrufsbelehrung per E-Mail zugesendet wird; im Zweifel wird dies – wie bisher – durch von der Auktionsplattform initialisierte und automatisierte Benachrichtigung erreicht.[73] Eine Belehrung, die den Verbraucher erst am zweiten Tag nach Vertragsschluss erreicht, stellt keine unverzügliche Information mehr dar.

IV. Gegenstand und Ausübung des Widerrufs

Das Widerrufsrecht gibt dem Verbraucher die Möglichkeit, seine bzw. die von seinem Vertreter abgegebene, auf den Abschluss eines Verbrauchervertrages gerichtete Willenserklärung zu widerrufen. Darauf, ob es bereits zum Vertragsschluss gekommen ist, kommt es für die Ausübung des Widerrufs nicht an.[74] Daher kann der Verbraucher durch zeitige Absendung seines Widerrufs nicht nur den Vertrag zur Rückabwicklung bringen, sondern auch den Vertragsschluss ganz verhindern; ein Abwartenmüssen des Verbrauchers bis zum Vertragsschluss, um ihn dann widerrufen zu können, wäre eine unnötige Förmelei. Die Belehrung ist aber verfrüht, wenn sie ohne Bezug zu einer noch abzugebenden Vertragserklärung des Verbrauchers erteilt wird.[75] 22

Das Widerrufsrecht ist Gestaltungsrecht, als solches grundsätzlich **bedingungsfeindlich** und bei einer Ausübung nach Vertragsschluss nicht als rechtshindernde[76], sondern als **rechtsvernichtende** Einwendung geltend zu machen[77], da nach der hier vertretenen Auffassung bis zum Ablauf der Widerrufsfrist keine schwebende Unwirksamkeit des Vertrages vorliegt, sondern dieser voll wirksam ist (vgl. dazu Rn. 51). Als Gestaltungsrecht ist der Widerruf durch zugangsbedürftige Willenserklärung gegenüber dem Unternehmer auszuüben.[78] Zur Erklärung des Widerrufs kann auch ein Vertreter eingeschaltet werden. Inhaltlich muss der Widerruf erkennen lassen, dass sich der Verbraucher vom Vertrag lösen will; den Begriff „Widerruf" muss der Verbraucher allerdings nicht verwenden.[79] Auch einer Kündigungserklärung kann ein Widerruf innewohnen.[80] Eine insoweit unklare Anzeige der Verteidigungsbereitschaft nach § 276 Abs. 1 Satz 1 ZPO reicht wohl nicht aus.[81] 23

---

[70] Statt aller *Föhlisch/Hofmann*, NJW 2009, 1175-1179, 1176 f.
[71] BT-Drs. 16/11643, S. 104.
[72] Ähnlich *Grüneberg* in: Palandt, § 355 Rn. 2.
[73] Vgl. dazu OLG Hamm v. 10.01.2012 - I-4 U 145/11, 4 U 145/11 - juris Rn. 51 - K&R 2012, 219-221.
[74] *Masuch* in: MünchKomm-BGB, § 355 Rn. 23.
[75] BGH v. 23.09.2010 - VII ZR 6/10 - juris Rn. 14 - BGHZ 187, 97-105; BGH v. 04.07.2002 - I ZR 55/00 - NJW 2002, 3396, 3398.
[76] So noch zur alten Rechtslage BGH v. 14.01.1991 - II ZR 190/89 - BGHZ 113, 222-227; BGH v. 16.10.1995 - II ZR 298/94 - BGHZ 131, 82-90; *Werner* in: Staudinger, 13. Bearb. 1998, HWiG § 2 Rn. 8.
[77] *Tonner* in: Micklitz/Tonner, Vertriebsrecht, 2002, § 355 Rn. 27; *Lorenz*, JuS 2000, 833-843, 835; *von Koppenfels*, WM 2001, 1360-1369, 1362; vgl. hingegen BGH v. 14.01.1991 - II ZR 190/89 - juris Rn. 16 - BGHZ 113, 222-227; BGH v. 16.10.1995 - II ZR 298/94 - juris Rn. 13 - BGHZ 131, 82-90, wo von einer rechtshindernden Einrede ausgegangen wird. Zur Einwendung im Zwangsvollstreckungsverfahren vgl. *Schwab*, JZ 2006, 170-176.
[78] BGH v. 18.10.1989 - VIII ZR 325/88 - BGHZ 109, 97-104; *Saenger* in: Erman, § 355 Rn. 7.
[79] BGH v. 18.10.1989 - VIII ZR 325/88 - juris Rn. 28 - BGHZ 109, 97-104; BGH v. 21.10.1992 - VIII ZR 143/91 - juris Rn. 16 - NJW 1993, 128-129; BGH v. 05.06.1996 - VIII ZR 151/95 - juris Rn. 20 - BGHZ 133, 71-78; *Schulze* in: Hk-BGB, § 355 Rn. 6; vgl. dazu auch BVerfG v. 25.03.2010 - 1 BvR 2446/09. Bedenklich einen Widerruf verneinend insoweit AG Schopfheim v. 19.03.2008 - 2 C 14/08 - MMR 2008, 427, für die Formulierung eines E-Mail „Ich habe eine Rücksendung".
[80] OLG Bremen v. 29.02.2012 - 1 U 66/11 - juris Rn. 35; OLG Düsseldorf v. 11.10.2007 - I-24 U 75/07, 24 U 75/07 - FamRZ 2008, 1252-1254.
[81] *Grüneberg* in: Palandt, § 355 Rn. 6; a.A. OLG Karlsruhe v. 25.02.1997 - 8 U 32/96 - juris Rn. 70 - NJW-RR 1998, 1438-1440.

24 Wichtig ist die Möglichkeit des **Teilwiderrufs**: Ähnlich einer Teilanfechtung[82] kann der Widerrufende bei Verträgen über eine aus objektiver Sicht teilbare Leistung den Widerruf auf einen Teil seiner Willenserklärung und damit auf einen Teil der bestellten Lieferung beschränken.[83] Ob der nicht vom Widerruf erfasste Teil des Vertrages aufrechterhalten bleibt, muss sich in Abweichung von § 139 BGB nach der Zielsetzung des Verbraucherschutzes und nach dem konkreten Vertragsinhalt richten.[84] Hingegen soll sich zugunsten des Verbrauchers nach dem Rechtsgedanken des § 139 BGB ein „Gesamtwiderruf" eines Mobilfunkvertrags durch Widerruf eines zugleich abgeschlossenen Kaufvertrags über ein Notebook und zwei Mobilfunktelefone ergeben können.[85]

25 Gerade beim nach § 356 BGB möglichen und in der Versandpraxis schon vor Einführung des gesetzlichen Widerrufsrechts beliebten Rückgaberecht wird der Verbraucher – wie auch meist der Unternehmer – davon ausgehen, dass auch einzelne der bestellten Artikel zurückgesendet werden können, ohne den Bestand des Vertrages in Frage zu stellen; auch § 357 Abs. 2 Satz 3 BGB geht in neuerer Fassung bei Berechnung der 40 €-Grenze von der Teilbarkeit des Widerrufs aus („... Preis der zurückzusendenden Sache ..."). Bei gemischten Verträgen, die vom Widerrufenden als natürlicher Person sowohl aus privaten Gründen als Verbraucher als auch aus gewerblichen Gründen geschlossen werden, ist ein Teilwiderruf ebenso denkbar, wenn bei einem solchen Vertrag ein abgrenzbarer Teil vom Widerrufsrecht erfasst wird.[86] Sofern kein dahingehender hypothetischer Parteiwille erkennbar ist, erfolgt die Rückabwicklung nicht nach § 357 Abs. 1 BGB i.V.m. § 346 BGB, sondern nach Bereicherungsrecht.[87]

26 Wenn **mehrere Verbraucher** als Vertragspartner des Unternehmers auftreten, können diese nach § 357 Abs. 1 BGB i.V.m. § 351 BGB das Widerrufsrecht im Grundsatz nur gemeinsam ausüben, da sie dem Unternehmer im Falle der Rückabwicklung als Gesamtschuldner (§§ 421, 427 BGB) haften und § 357 BGB keine gegenüber dem Rücktrittsrechts abweichende Regelung vorsieht.[88] Wenn von den mehreren Vertragspartner nur ein Teil zum Widerruf berechtigt ist, so muss es unter restriktiver Anwendung des § 351 BGB diesem gestattet sein, sich ohne Mitwirkung des anderen Teils vom Vertrag zu lösen, um den angestrebten Verbraucherschutz nicht leer laufen zu lassen.[89] Im Fall des § 1357 Abs. 1 BGB kann auch der mitverpflichtete Ehegatte das Widerrufsrecht ausüben.[90]

V. Form des Widerrufs

27 Der Widerruf ist laut § 355 Abs. 1 Satz 2 BGB in Textform (vgl. dazu § 126b BGB) oder durch Rücksendung der Sache gegenüber dem Unternehmer zu erklären. Für die Textform des Widerrufs ist erforderlich aber auch ausreichend, wenn aus den Äußerungen des Verbrauchers erkennbar wird, dass er den Vertrag nicht mehr gegen sich gelten lassen will;[91] den Begriff „Widerruf" muss der Verbraucher nicht verwenden. Eine mündliche Erklärung ist nicht ausreichend, ein Widerruf in Schriftform i.S.v. § 126 BGB natürlich zulässig, da das höhere Formerfordernis dem niedrigeren gerecht werden kann.[92] Es genügt auch eine Erklärung zu gerichtlichem Protokoll[93] oder in einem in der mündlichen Verhandlung

---

[82] Vgl. dazu RG v. 19.12.1934 - V 200/34 - EGZ 146, 234-241, 237; BGH v. 05.11.1982 - V ZR 166/81 - WM 1983, 92-93; *Hefermehl* in: Soergel, § 142 Rn. 6.
[83] *Masuch* in: MünchKomm-BGB, § 355 Rn. 24; *Pfeiffer* in: Soergel, § 355 Rn. 15; dies kann gerade dem Sammelbesteller zugutekommen; a.A. grundsätzlich *Kaiser* in: Staudinger, § 355 Rn. 22. Wie hier auch AG Wittmund v. 27.03.2008 - 4 C 661/07.
[84] *Masuch* in: MünchKomm-BGB, § 355 Rn. 24; vgl. aber auch BGH v. 05.11.1982 - V ZR 166/81 - WM 1983, 92-93; *Mankowski*, Beseitigungsrechte, 2003, S. 720 ff.
[85] AG Karlsruhe v. 12.10.2007 - 12 C 169/07 - MMR 2008, 859
[86] Vgl. BGH v. 16.04.1986 - VIII ZR 79/85 - juris Rn. 20 - BGHZ 97, 351-361; BGH v. 03.07.1991 - VIII ZR 201/90 - juris Rn. 20 - LM AbzG § 1b Nr. 25 (5/1992); *Masuch* in: MünchKomm-BGB, § 355 Rn. 25.
[87] BGH v. 08.10.1990 - VIII ZR 176/89 - BGHZ 112, 288-296.
[88] So auch *Kaiser* in: Staudinger, § 355 Rn. 30; a.A. *Masuch* in: MünchKomm-BGB, § 355 Rn. 29; *Bülow*, WM 2000, 2361-2364, 2364.
[89] *Masuch* in: MünchKomm-BGB, § 355 Rn. 29.
[90] *Grüneberg* in: Palandt, § 355 Rn. 3; *Masuch* in: MünchKomm-BGB, § 355 Rn. 28; *Saenger* in: Erman, § 355 Rn. 4; *Mankowski*, Beseitigungsrechte, 2003, S. 785.
[91] BGH v. 25.04.1996 - X ZR 139/94 - juris Rn. 17 - LM AbzG § 1b Nr. 32 (9/1996); *Kaiser* in: Staudinger, § 355 Rn. 25.
[92] In diesem Sinne auch der Rechtsausschuss in BT-Drs. 14/7052, S. 194.
[93] BGH v. 24.04.1985 - VIII ZR 73/84 - juris Rn. 23 - BGHZ 94, 226-231; *Grüneberg* in: Palandt, § 355 Rn. 7.

dem Gericht übergebenen Schriftsatz, wenn der Unternehmer von dessen Inhalt Kenntnis erhält[94]. Wegen der insoweit beim Verbraucher liegenden Beweislast über die Ausübung sollte bei schriftlichem Widerruf im Zweifel ein Einschreiben mit Rückschein gewählt werden.[95] Eine Widerrufserklärung per Email ist außerhalb des Fernabsatzes nur zulässig, wenn der Empfänger z.B. im Briefkopf seine E-Mail-Adresse angegeben und sich damit konkludent einverstanden erklärt hat, diesen Weg der Übermittlung zuzulassen.[96]

Ist der Vertragsgegenstand eine bewegliche Sache, kann der Verbraucher die Sache auch zurücksenden, wobei die persönliche Übergabe der Sache dem Zurücksenden gleichsteht.[97] Der Verbraucher ist entgegen eines landläufigen Irrglaubens nicht verpflichtet, die Originalverpackung der Ware aufzuheben und sie für den Rücktransport zu verwenden. Gleichwohl kann dies wegen der Pflicht des Verbrauchers zur ordnungsgemäßen Verpackung zweckmäßig sein. Der Unternehmer im Fernabsatz kann mit dem Verbraucher vereinbaren, dass letzterer unter den Voraussetzungen des § 357 Abs. 2 BGB die regelmäßigen Kosten der Rücksendung zu tragen hat; Dies gilt indes nicht bei einem vereinbarten Rückgaberecht nach § 356 BGB (vgl. dazu im Einzelnen die Kommentierung zu § 357 BGB). Der Unternehmer sollte indes darauf achten, dass der Nachweis der vertraglichen Vereinbarung der Kostenauferlegung im Prozess nicht allein dadurch geführt werden kann, dass er auf den Inhalt der Widerrufsbelehrung verweist; es droht ihm darüber hinaus sogar eine wettbewerbsrechtliche Abmahnung, wenn er über die Kostenauferlegung belehrt, aber nicht eine vertragliche Vereinbarung, z.B. durch eine wirksam einbezogene AGB-Klausel, vorweisen kann.[98]

28

Inhaltlich bedarf der Widerruf gem. § 355 Abs. 1 Satz 2 HS. 1 BGB **keiner Begründung**, wobei dies in Anbetracht der Möglichkeit der Rücksendung der Sache nur konsequent ist und die Regelung daher lediglich klarstellenden Charakter hat. Fordert der Unternehmer den Verbraucher gleichwohl auf, eine solche Begründung abzugeben, ist die Widerrufsbelehrung auch dann nicht ordnungsgemäß, wenn der Unternehmer um die Begründung nur bittet, da der Verbraucher dadurch von seiner Widerrufsausübung abgehalten werden könnte (vgl. zur Widerrufsbelehrung Rn. 51). Der Widerruf muss aber erkennen lassen, um welchen Vertrag es sich handelt und welche Person widerruft. Eine Verpflichtung zur Unterschrift des Erklärenden besteht ebenso wenig wie eine Pflicht zur Versendung unter Verwendung eines vom Unternehmer zur Verfügung gestellten Retourscheines oder einer entsprechenden Retournummer.[99] Auch die Rücksendung einer defekten Kaufsache kann als Widerruf auszulegen sein; der Unternehmer kann dabei weder durch Allgemeine Geschäftsbedingungen noch durch Nachricht an den Kunden seine Prüfpflicht, ob die Rücksendung der Sache als Widerruf oder Geltendmachung einer Gewährleistung zu verstehen ist, auf den Verbraucher abwälzen.[100]

29

VI. Widerrufsfrist

Nach § 355 Abs. 1 Satz 2 BGB in der Fassung bis zum 31.07.2002 betrug die Widerrufsfrist einheitlich zwei Wochen. Durch das OLG-VertretungsänderungsG wurde in § 355 Abs. 2 BGB a.F. ein neuer Satz 2 eingefügt, wonach die Widerrufsfrist abweichend einen Monat beträgt, wenn die Belehrung des Verbrauchers über das Widerrufsrecht erst nach Vertragsschluss erfolgt. Eine weitere Abweichung ist nach § 485 Abs. 3 BGB für Time-Sharing-Verträge vorgesehen, wenn dem Verbraucher nicht ein dem § 485 Abs. 3 BGB entsprechender Prospekt ausgehändigt wird. Für Verträge ab dem 11.06.2010 hat der Gesetzgeber in Absatz 2 nicht nur den Wortlaut geändert, so dass die Widerrufsfrist grundsätzlich **14 Tage** beträgt; der Fristbeginn richtet sich nunmehr nach Absatz 3. Bei Verbraucherdarlehensverträgen ist § 495 Abs. 2 Satz 2 BGB zu beachten, demnach § 355 Abs. 2 Satz 3 BGB nicht gilt.

30

---

[94] BGH v. 06.12.1989 - VIII ZR 310/88 - juris Rn. 43 - BGHZ 109, 314-320; *Grüneberg* in: Palandt, § 355 Rn. 7.
[95] So auch *Masuch* in: MünchKomm-BGB, § 355 Rn. 43; *Gilles*, NJW 1986, 1131-1147, 1143; *Löwe*, NJW 1974, 2257-2264, 2259.
[96] *Martis/Meinhof*, MDR 2004, 4-13, 5; vgl. zum Nachweis des Zugangs bei elektronischen Erklärungen *Mankowski*, NJW 2004, 1901-1907, 1901 ff.
[97] So zutreffend *Grüneberg* in: Palandt, § 355 Rn. 8.
[98] Vgl. nur OLG Stuttgart v. 10.12.2009 - 2 U 51/09 - MMR 2010, 284-286.
[99] Vgl. LG Düsseldorf v. 03.04.2002 - 12 O 317/01 - juris Rn. 34 - VuR 2002, 452-455.
[100] Vgl. OLG Dresden v. 03.06.2011 - 8 U 122/11, 8 U 0122/11 - juris Rn. 32 - ArbN 2011, Nr. 8, 34.

31 Damit die Widerrufsfrist 14 Tage beträgt, muss der Unternehmer eine den Voraussetzungen des § 360 BGB entsprechende Widerrufsbelehrung spätestens bei Vertragsschluss in Textform mitteilen. Es ist für Verträge ab dem 11.06.2010 nach § 355 Abs. 2 Satz 2 BGB jedoch auch ausreichend, wenn die Mitteilung unverzüglich (§ 121 Abs. 1 Satz 1 BGB) nach Vertragsschluss erfolgt. Dies kommt vor allem den Anbietern von Internetauktionen zugute, denen im Rahmen des Vertragsschlusses keine Möglichkeit gegeben ist, vor oder bei Vertragsschluss in Textform zu belehren. Erfolgt auch unverzüglich nach Vertragsschluss keine ordnungsgemäße Belehrung, muss der Unternehmer über eine einmonatige Frist belehren; dies ist ihm auch dringend anzuraten, um eine „ewiges Widerrufsrecht" des Verbrauchers zu verhindern, das bei fehlender oder fehlerhafter Belehrung grundsätzlich nicht erlischt. Bei einer **Nachbelehrung** nach § 355 Abs. 2 BGB muss der Unternehmer darauf achten, dass er einen für den Verbraucher erkennbaren Bezug zu seiner früheren Vertragserklärung herstellt, auf dass dem Verbraucher deutlich gemacht wird, dass ein Belehrungsmangel im Nachhinein ausgeglichen werden soll.[101]

32 Eine Klarstellung soll § 355 Abs. 2 Satz 4 BGB bewirken: Die verlängerte Widerrufsfrist von einem Monat bei Belehrung erst nach Vertragsschluss soll demnach auch dann gelten, wenn es gesetzlich zugelassen ist, die Information über das Widerrufsrecht in Textform zu einem späteren als dem in § 355 Abs. 2 Sätze 1 und 2 BGB genannten Zeitpunkt zu geben. Die Rechtsprechung hatte teilweise die Auffassung vertreten, § 312c Abs. 2 Satz 1 Nr. 2 BGB gehe als Spezialregelung bezüglich Zeitpunkt sowie Art und Weise u.a. § 355 Abs. 2 Satz 1 BGB vor.[102]

33 Fristbeginn ist gemäß § 355 Abs. 3 BGB grundsätzlich der Zeitpunkt der Mitteilung einer deutlich gestalteten Widerrufsbelehrung im Sinne des § 360 BGB (zu den Erfordernissen vgl. dazu im Einzelnen die Kommentierung zu § 357 BGB). Abweichend davon wird der Fristbeginn durch § 312d Abs. 2 BGB bei Fernabsatz-, nach § 312e Abs. 3 BGB bezüglich Verträgen im elektronischen Geschäftsverkehr, gemäß § 485 Abs. 3 BGB bei Time-Sharing-Verträgen sowie nach § 4 Abs. 1 Satz 2 FernUSG von zusätzlichen Voraussetzungen abhängig gemacht. Bei Verbraucherdarlehensverträgen sind gemäß § 495 Abs. 2 Satz 1 Nr. 2 BGB der Erhalt der Pflichtangaben und der Vertragsschluss maßgebend.

34 Ist der Vertrag schriftlich abzuschließen, beginnt die Frist gemäß § 355 Abs. 3 Satz 2 BGB nicht zu laufen, bevor dem Verbraucher auch eine Vertragsurkunde, der schriftliche Antrag des Verbrauchers oder eine Abschrift der Vertragsurkunde oder des Antrags zur Verfügung gestellt wird;[103] eine Zusendung per Post ist hierfür als ausreichend anzusehen. Im Übrigen beginnt die Frist bei einer Belehrung vor Vertragsschluss erst in diesem Zeitpunkt.[104] Der Beginn der Widerrufsfrist erfordert nicht, dass die dem Verbraucher zur Verfügung gestellte Abschrift seines Antrages von ihm auch unterschrieben worden ist.[105] Eine Abschrift ist dem Verbraucher auch dann im Sinne des § 355 Abs. 2 Satz 3 BGB „zur Verfügung gestellt" worden, wenn er diese umgehend einem von ihm beauftragten Dritten aushändigt.[106] Bei Einsatz eines Vertreters auf Seiten des Verbrauchers ist grundsätzlich[107] auf die Widerrufsbelehrung des Vertreters abzustellen[108].

35 Viele Versandhäuser bieten neben dem Widerrufsrecht einen Kauf auf Probe (§§ 454-455 BGB) an.[109] Meist gilt hierfür ebenfalls eine Zwei-Wochen-Frist, die der Widerrufsfrist nach § 355 BGB vorgelagert ist. Dabei hat der Unternehmer aber auf die genaue Fristangabe in der Widerrufsbelehrung zu achten: Die Widerrufsfrist beginnt erst mit der Billigung oder dem Ablauf der Billigungsfrist.[110]

---

[101] BGH v. 15.02.2011 - XI ZR 148/10 - juris Rn. 10 - WM 2011, 655-656; BGH 26.10.2010 - XI ZR 367/07 - juris Rn. 25 - WM 2011, 23-27.
[102] Hanseatisches Oberlandesgericht Hamburg v. 12.09.2007 - 5 W 129/07 - MMR 2008, 44-45.
[103] Der Verbraucher muss - in diesem Kontext - nicht die gesamte Vertragsurkunde erhalten, vgl. OLG Frankfurt v. 25.11.2011 - 24 U 147/11 - juris Rn. 36.
[104] *Masuch* in: MünchKomm-BGB, § 355 Rn. 59; *Reich*, EuZW 1997, 581-589, 585.
[105] OLG Frankfurt v. 30.01.2012 - 19 W 4/12 - BB 2012, 782.
[106] OLG Frankfurt v. 30.01.2012 - 19 W 4/12 - BB 2012, 782.
[107] Anderes gilt, wenn die Vertretungsmacht allein auf die Abgabe der Willenserklärung zum Vertragsschluss beschränkt ist.
[108] *Masuch* in: MünchKomm-BGB, § 355 Rn. 59; *Masuch*, ZIP 2001, 143-151, 146.
[109] Der Kauf auf Probe ist weniger ein Entgegenkommen für Besteller als vielmehr eine steuerliche Gestaltungsmöglichkeit für den Unternehmer.
[110] Vgl. BGH v. 17.03.2004 - VIII ZR 265/03 - juris Rn. 17 - NJW-RR 2004, 1058-1059; *Schulte-Nölke*, LMK 2004, 138-139, 138 f.; a.A. *Pfeiffer* in Soergel, § 355 Fn. 27.

Zur Fristwahrung genügt gemäß § 355 Abs. 1 Satz 2 HS. 2 BGB die rechtzeitige Absendung des Widerrufs bzw. der Sache, das Verzögerungsrisiko trägt der Unternehmer. Geht die Widerrufserklärung auf dem Transportweg verloren, kann der Verbraucher durch unverzügliche Wiederholung die Frist wahren.[111] Sie berechnet sich nach den §§ 187, 188 Abs. 2 und 193 BGB. Ist der Fristbeginn streitig, so trägt der Unternehmer gemäß § 355 Abs. 3 Satz 3 BGB die Beweislast. Gilt die Absendung des Widerrufs als bewiesen, spricht für den Zugang der Erklärung beim Unternehmer der Beweis des ersten Anscheins.[112]

36

VII. Erlöschen des Widerrufsrechts

Die zunächst verwirrende Rechtslage um das Erlöschen des Widerrufsrechts nach § 355 Abs. 4 BGB ist nur mit Blick auf die Gesetzgebungsgeschichte zu erklären: Dem durch die Schuldrechtsreform neu konzipierten § 355 Abs. 3 BGB a.F. wurde nach herber Kritik[113] und den Ausführungen der „Heininger"-Entscheidung des EuGH[114] durch das OLG-VertretungsänderungsG ein Satz 3 angefügt, der folgendes Bild für das Erlöschen des Widerrufsrechts zeichnet: Grundsätzlich ist bei ordnungsgemäßer Belehrung die Befristung des Widerrufs gemäß § 355 Abs. 2 Satz 1 BGB auf 14 Tage vorgesehen (zu den Ausnahmen vgl. Rn. 30). Bei nicht erfolgter oder mangelhafter Belehrung ist das Widerrufsrecht nicht befristet und erlischt auch nicht, § 355 Abs. 4 Satz 3 BGB.

37

Bei nachgeholter Belehrung beträgt die Widerrufsfrist einen Monat, § 355 Abs. 2 Satz 3 BGB. Entgegen teilweiser vertretener Auffassung[115] ist § 355 Abs. 4 Satz 1 BGB in diesen Fällen anwendbar. Sofern der Unternehmer die Möglichkeit der nachträglichen Belehrung immerhin nutzt, aber hinsichtlich weiterer Angabepflichten fehlerhaft informiert, gibt es keinen Grund, dem Unternehmer die Erlöschensfrist vorzuenthalten. Es war ausdrücklich das Ziel des Gesetzgebers bei Einführung der nachträglichen Belehrung, dass der Unternehmer vor einem endlosen Widerrufsrecht geschützt wird;[116] eine teleologische Reduktion des offenen Wortlauts scheidet daher aus. Soweit die nachträgliche Belehrung tatsächlich erst kurz vor Ablauf der 6-Monats-Frist erteilt wird, ist es dem Unternehmer nicht nur nach Treu und Glauben verwehrt, sich auf das Erlöschen des Widerrufsrechts nach § 355 Abs. 4 Satz 1 BGB zu berufen: Die Widerrufsbelehrung ist nämlich dann nachweislich unrichtig, da der Verbraucher eben nicht – wie belehrt – innerhalb eines Monats widerrufen kann, wenn die Erlöschensfrist kürzer als die Widerrufsfrist ist. Eine nachträgliche ordnungsgemäße Belehrung kann im Szenario des § 355 Abs. 4 BGB nie später als fünf Monate nach dem Vertragsschluss erfolgen.[117]

38

Demnach bleiben für § 355 Abs. 4 Satz 1 und 2 BGB nur die Fälle übrig, in welchen der Fristbeginn nicht allein von der (ordnungsgemäßen) Belehrung, sondern von zusätzlichen Handlungen des Unternehmers abhängt (z.B. bei zusätzlichen Informationspflichten).[118] Hier erlischt das Widerrufsrecht spä-

39

---

[111] OLG Dresden v. 20.10.1999 - 8 U 2081/99 - juris Rn. 15 - NJW 2000, 1203; *Kessal-Wulf* in: Staudinger, 13. Bearb. 1998, VerbrKrG § 7 Rn. 61; *Graf v. Westphalen* in: Graf v. Westphalen/Emmerich/v. Rottenburg, Verbraucherkreditgesetz, 2. Aufl. 1996, § 7 Rn. 35; *Tonner* in: Micklitz/Tonner, Vertriebsrecht, 2002, § 355 Rn. 34; *Kessal-Wulf* in: Staudinger, 13. Bearb. 1998, VerbrKrG § 7 Rn. 61; a.A. *Mankowski*, Beseitigungsrechte, 2003, S. 826.

[112] Vgl. dazu AG Halle (Saale) v. 20.10.2011 - 93 C 354/11 - juris Rn. 15 m.w.N.; wie hier *Mankowski*, Beseitigungsrechte, 2003, S. 635 f., 823; a.A. wohl *Tonner* in: Micklitz/Tonner, Vertriebsrecht, 2002, § 355 Rn. 31; *Grothe* in: Bamberger/Roth, § 355 Rn. 11; vgl. auch OLG Bamberg v. 18.11.1998 - 3 U 18/98 - OLGR Bamberg 1999, 53.

[113] Vgl. *Mankowski*, JZ 2001, 745-751, 745; *Artz*, VuR 2001, 391-394, 393 f.

[114] EuGH v. 13.12.2001 - C-481/99 - EuGHE I 2001, 9945-9987; BGH v. 30.11.1999 - XI ZR 91/99 - LM HWiG Nr. 33a (4/2000); zu den Entscheidungen *Wiedmann* in: Gebauer/Wiedmann, Zivilrecht unter gemeinschaftsrechtlichem Einfluss, 2004, Kap. 6 Rn. 16; *Wildemann*, VuR 2003, 90-93, 90 ff.; *Staudinger*, ZGS 2002, 18, 18.

[115] *Masuch* in: MünchKomm-BGB, § 355 Rn. 64 (Fn. 4); *Mankowski*, Beseitigungsrechte, 2003, S. 743 f.; *Martis/Meinhof*, MDR 2004, 4-13, 12; für eine teleologische Reduktion ausdrücklich *Timmerbeil*, NJW 2003, 569-570.

[116] Vgl. auch *Föhlisch/Hofmann*, NJW 2009, 1175-1179, 1178.

[117] Dies übersieht *Timmerbeil*, NJW 2003, 569-570, 596.

[118] Also Geschäfte im Fernabsatz bzw. E-Commerce, vgl. dazu Rn. 33, aber auch *Schmidt-Kessel*, ZGS 2002, 311-319, 311 f.; *Mankowski*, Beseitigungsrechte, 2003, S. 742 f. m.w.N., demgemäß die widerrufsrechtsbezogenen Informationsobliegenheiten nach den §§ 312 Abs. 2, 485 Abs. 2 BGB zur Widerrufsbelehrung „zu schlagen" sind.

§ 355

testens sechs Monate nach Vertragsschluss,[119] bei Lieferung von Waren ist Fristbeginn nach § 355 Abs. 3 Satz 2 BGB nicht vor dem Tag ihres Eingangs beim Empfänger.

40 Durch das Gesetz zur Änderung der Vorschriften über Fernabsatzverträge bei Finanzdienstleistungen[120] wurde § 355 Abs. 4 BGB an die Vorgaben der Richtlinie angepasst. Nach § 355 Abs. 4 Satz 3 BGB n.F. erlischt das Widerrufsrecht bei Fernabsatzverträgen über Finanzdienstleistungen nicht, wenn der Unternehmer seine Mitteilungspflichten gemäß Art. 246 § 2 Abs. 1 Satz 1 Nr. 1 und Satz 2 Nr. 1-3 EGBGB nicht ordnungsgemäß erfüllt hat. Demnach müssen die Vertragsbedingungen und die Pflichtinformationen nach dem EGBGB grundsätzlich rechtzeitig vor Abgabe der Vertragserklärung des Verbrauchers in Textform mitgeteilt werden. In Ergänzung dazu ist nach § 312d Abs. 3 BGB in der Fassung ab 04.09.2009 zu beachten, dass das Widerrufsrecht nicht nur bei einer Finanzdienstleistung, sondern auch bei anderen Dienstleistungen auch dann erlischt, wenn der Vertrag von beiden Seiten auf ausdrücklichen Wunsch des Verbrauchers vollständig erfüllt ist, bevor der Verbraucher sein Widerrufsrecht ausgeübt hat;[121] die Beweislast für den ausdrücklichen Wunsch trägt der Unternehmer.[122] Die ursprüngliche Regelung für andere Dienstleistungen nach § 312d Abs. 3 Nr. 2 BGB a.F., demnach das Widerrufsrecht schon dann erlischt, wenn der Unternehmer mit ausdrücklicher Zustimmung des über das Widerrufsrecht in Kenntnis gesetzten[123] Verbrauchers vor Ende der Widerrufsfrist mit der Leistung beginnt, wurde nach vielen Missbrauchsfällen z.B. im Bereich der sog. Internetabofallen zu Recht gestrichen.[124]

41 Bei der Umsetzung des „Heininger"-Urteils des EuGH hat der Gesetzgeber indes übersehen, dass das Widerrufsrecht nach § 4 Abs. 2 FernUSG spätestens nach dem Ablauf des ersten Halbjahres nach Eingang der ersten Lieferung erlischt. Bei einem Fernunterrichtsvertrag, der im Rahmen einer Haustürsituation geschlossen wird, ist das Widerrufsrecht nach § 312 BGB wegen § 312a BGB ausgeschlossen. Dies bedeutet, dass der Teilnehmer eines als Haustürgeschäft vereinbarten Fernunterrichts nach dem in § 4 Abs. 2 FernUSG genannten Zeitraum auch dann nicht mehr widerrufen kann, wenn er nicht oder nicht ordnungsgemäß belehrt wurde. Diese Rechtslage ist wegen Verstoßes gegen die Haustürgeschäfterichtlinie gemeinschaftswidrig. Die §§ 312a, 355 BGB[125] sind dabei wegen der deutlichen Aussagen des Gesetzgebers anlässlich der letzten Änderungen nicht der richtlinienkonformen Auslegung zugänglich.[126] Allein die korrektive Reduktion des § 4 Abs. 2 FernUSG um die Fälle der Haustürgeschäfte kann den Konflikt mit der Richtlinie beseitigen.[127]

42 Die Ausschlussfrist des Widerrufsrechts beginnt nach dem Wortlaut von § 355 Abs. 4 Satz 1 BGB grundsätzlich bei Vertragsschluss. Bei einem Vertrag über Warenlieferung kommt es auf den Zeitpunkt des Eingangs der Ware beim Empfänger an, § 355 Abs. 4 Satz 2 BGB. Hier hat sich der Gesetzgeber zum 11.06.2010 herausgefordert gefühlt, eine geringfügige sprachliche Änderung vorzunehmen.[128] Durch die Formulierung „diese Frist" statt „die Frist" soll klargestellt werden, dass zumindest § 355 Abs. 4 BGB eigentlich nur die Erlöschensfrist, nicht aber die Widerrufsfrist durch den Zugang der Ware beeinflusst.[129] Für den Fernabsatz und damit für die Mehrzahl der Verbraucherverträge ist aber

---

[119] Vgl. dazu AG Hamburg v. 17.06.2011 - 7c C 69/10 - juris Rn. 39.
[120] BGBl I 2004, 3102-3111.
[121] Vgl. zur Vereinbarkeit mit dem Gemeinschaftsrecht EuGH v. 10.04.2008 - C-412/06 - ZGS 2008, 180-184.
[122] *Rott*, BB 2005, 53, 60.
[123] Da sich die Zustimmung ausdrücklich auf die Leistungserbringung vor Ende der Widerrufsfrist beziehen muss, muss der Verbraucher logischerweise um das Widerrufsrecht wissen; a.A. *Grüneberg* in: Palandt, § 312d Rn. 7; *Artz*, BKR 2002, 603-609, 606.
[124] Vgl. zur alten Rechtslage *Fuchs*, ZIP 2000, 1273-1287, 1284; *Kamanabrou*, WM 2000, 1417-1426, 1424.
[125] Vgl. zur alten Rechtslage BGH v. 09.04.2002 - XI ZR 91/99 - juris Rn. 15 - BGHZ 150, 248-263; OLG Bamberg v. 05.02.2002 - 5 U 22/99 - WM 2002, 537-545.
[126] Zur vorherigen Regelung schon *Rott*, VuR 2002, 49-55, 49; *Rott* in: Kohte/Micklitz/Rott/Tonner/Willingmann, Das neue Schuldrecht, 2003, § 355 Rn. 7; anders noch *Reich/Rörig*, EuZW 2002, 87-89, 87; *Staudinger*, NJW 2002, 653-656, 655.
[127] *Wildemann*, VuR 2003, 90-93, 92; ebenso *Tonner* in: Micklitz/Tonner, Vertriebsrecht, 2002, § 312a Rn. 40; wohl auch *Fischer*, VuR 2002, 193-197, 197.
[128] BT-Drs. 16/11643, S. 107.
[129] So aber irrigerweise LG Siegen v. 22.01.2007 - 3 S 120/06, ausdrücklich gegen LG Dortmund v. 11.07.2003 - 17 S 30/03 - NJW 2003, 3355-3356, 3355.

gleichwohl der Eingang der Ware auch für die Widerrufsfrist entscheidend (vgl. § 312d Abs. 2 BGB), so dass der deutlichere Wortlaut eben nicht zur Klarheit beiträgt, weil der Eindruck erweckt wird, dass nur diese Erlöschensfrist immer und die Widerrufsfrist nie von der Warenlieferung abhängt.

Bei einem Sukzessivlieferungsvertrag ist auf den Eingang der letzten Teillieferung abzustellen.[130] Dabei setzt zwar auch eine mangelhafte, nicht aber eine **Aliud-Lieferung** die Erlöschensfrist in Gang, da es sich eben nicht um die geschuldete Ware i.S.d. Vorschrift handelt. Die Gleichstellung von aliud und Schlechtleistung nach § 434 Abs. 3 BGB gilt im allgemeinen Schuldrecht nicht.

43

Der entscheidende Zeitpunkt für § 355 Abs. 4 Satz 3 BGB muss der Vertragsschluss sein. Ansonsten würde bei nachgeholter ordnungsgemäßer Belehrung die Erlöschensfrist nach § 355 Abs. 4 Satz 1 BGB bereits bei Vertragsschluss einsetzen, obwohl es zu diesem Zeitpunkt noch an einer rechtmäßigen Belehrung fehlte. § 355 Abs. 4 Satz 3 BGB bezieht sich daher ebenso wie Satz 1 auf den Vertragsschluss.

44

Möglich ist auch – allerdings in engen Grenzen – ein Erlöschen des Widerrufsrechts aus Gründen der **Verwirkung**, wenn der Vertrag von beiden Parteien vollständig erfüllt ist[131] und der Verbraucher trotz Kenntnis längere Zeit keinen Gebrauch von seinem Widerrufsrecht macht und mithin beim Unternehmer den Eindruck erweckt, dass dieser nicht mehr mit einem Widerruf zu rechnen braucht.[132] Dazu kann es wohl nur dann kommen, wenn aufgrund fehlender bzw. mangelhafter Widerrufsbelehrung das Widerrufsrecht nicht befristet ist. Eine zeitweise Zahlung von Darlehensraten durch den Darlehensnehmer führt jedenfalls nicht zu einer Verwirkung seines Widerrufsrechts.[133] Daneben kann gegen den Widerruf der Einwand des Rechtsmissbrauchs vorgebracht werden, wenn der Verbraucher bewiesenermaßen aus reiner Willkür und in Schädigungsabsicht mehrfach Bestellungen aufgibt, die er schon zu diesem Zeitpunkt zu widerrufen beabsichtigt.[134]

45

VIII. Zeitliche Geltung

Grundsätzlich sind auf Schuldverhältnisse, die vor dem 11.06.2010 entstanden sind, das Bürgerliche Gesetzbuch und die BGB-Informationspflichten-Verordnung jeweils in der bis dahin geltenden Fassung anzuwenden, Art. 229 § 22 Abs. 2 EGBGB.[135] Für die Änderungen durch das Gesetz über Fernabsatz für Finanzdienstleistungen gilt nach Art. 229 § 11 EGBGB der 07.12.2004 als Stichtag. Nach Art. 229 § 11 Abs. 2 EGBGB durften die Versandhändler die alten Verkaufsprospekte, die nicht der Neufassung der BGB-InformationspflichtenVO entsprachen und die nicht Finanzdienstleistungen betrafen, bis zum 31.03.2005 aufbrauchen.

46

Im Übrigen gilt § 355 BGB in der Fassung bis zum 31.07.2002 für alle Verträge, die nach dem 31.12.2001 abgeschlossen wurden, Art. 229 § 5 EGBGB. Für Fernabsatz-, Time-Sharing- und Fernunterrichtsverträge, die vor dem 31.12.2001 abgeschlossen worden sind, gilt bei Abschluss nach dem 30.06.2000 § 361a BGB a.F., beim Abschluss vor dem 30.06.2000 dagegen die entsprechenden Vorschriften des FernAbsG, des TzWrG sowie des FernUSG. Für Verträge nach VerbrKrG oder HTürGG gilt dies mit dem Stichtag des 01.10.2000 entsprechend. Durch die Einführung der Überleitungsvorschrift zum OLG-Vertretungsänderungsgesetz vom 23.07.2002 in Art. 229 § 9 EGBGB

47

---

[130] *Masuch* in: MünchKomm-BGB, § 355 Rn. 64; *Grüneberg* in: Palandt, § 355 Rn. 22; *Mankowski*, JZ 2001, 745-751, S. 747; *Roth*, JZ 2000, 1013-1019, 1018; a.A. (erste Teillieferung) *Waldenberger*, K&R 1999, 345-354, 350; *Fuchs*, ZIP 2000, 1273-1287, 1282, Fn. 93.

[131] *Pfeiffer* in: Soergel, § 355 Rn. 34.

[132] Vgl. zuletzt BGH v. 12.12.2005 - II ZR 327/04 - juris Rn. 24 - NJW 2006, 497-498; BGH v. 19.02.1986 - VIII ZR 113/85 - juris Rn. 18 - BGHZ 97, 127-135; BGH v. 13.01.1983 - III ZR 30/82 - WM 1983, 317-318; BGH v. 03.07.1991 - VIII ZR 201/90 - juris Rn. 15 - LM AbzG § 1b Nr. 25 (5/1992); OLG Frankfurt v. 03.05.1984 - 6 W 14/84 - WM 1984, 1009; LG Berlin v. 10.03.2011 - 5 O 312/09 - juris Rn. 18; LG Hamburg v. 24.09.1986 - 4 S 35/86 - WM 1986, 1504-1505; AG Bielefeld v. 20.08.2008 - 15 C 297/08 - K&R 2009, 64. Zum Rücktrittsrecht BGH v. 18.10.2001 - I ZR 91/99 - juris Rn. 17 - LM BGB § 242 (Cc) Nr. 65 (9/2002); a.A. für die Fälle der Nichtbelehrung OLG Karlsruhe v. 23.12.2005 - 13 U 56/02 - WM 2006, 676-684, 678.

[133] OLG Karlsruhe v. 17.09.2002 - 4 U 23/02 - NJW-RR 2003, 191-192.

[134] Vgl. *Masuch* in: MünchKomm-BGB, § 355 Rn. 78. Vgl. zu den sog. „Hochretournierern" im Bestellverfahren OLG Hamburg v. 25.11.2004 - 5 U 22/04 - MMR 2005, 617-620.

[135] Zu den Besonderheiten hinsichtlich Ausführung von Zahlungsvorgängen und Verbraucherdarlehensverträgen vgl. Art. 229 § 22 Abs. 1 und 3 EGBGB.

§ 355

n.F.[136] ist § 355 BGB in der zwischenzeitlich seit dem 01.08.2002 geltenden Fassung grundsätzlich nur anzuwenden auf Haustürgeschäfte, die nach dem 01.08.2002 abgeschlossen wurden sowie auf andere Schuldverhältnisse, die nach dem 01.11.2002 entstanden sind.

48 Zu beachten ist, dass § 355 Abs. 3 BGB a.F. (Erlöschensfrist) gemäß Art. 229 § 9 Abs. 1 Satz 2 EGBGB rückwirkend auch für die Haustürgeschäfte gilt, die nach dem 31.12.2001 abgeschlossen wurden. Nach Art. 229 § 9 Abs. 2 EGBGB gilt § 355 Abs. 2 BGB a.F. (Fristbeginn) auch für solche Altverträge, die vor dem 01.08.2002 geschlossen wurden, wenn die erforderliche Widerrufs- bzw. Rückgabeberechtsbelehrung erst nach diesem Zeitpunkt erteilt wird.[137]

C. Rechtsfolgen

49 Durch den Widerruf als gesetzlich modifiziertes Rücktrittsrecht[138] wandelt sich der Verbrauchervertrag in ein **Rückabwicklungsverhältnis** um (vgl. dazu eingehend die Kommentierung zu § 357 BGB).

50 Kontrovers wurde über das Modell der Widerrufsrechte diskutiert. Vor Einführung des FernAbsG sah eine Mehrheit der verbraucherschützenden Widerrufsrechte vor, dass der Vertrag, solange die Widerrufsfrist nicht abgelaufen und das Widerrufsrecht nicht ausgeübt worden ist, schwebend unwirksam ist.[139] Die Willenserklärung war folglich (noch) nicht wirksam und Erfüllungs- oder Gewährleistungsansprüche folglich zunächst ausgeschlossen. Eine andere Konstruktion, nämlich die schwebende Wirksamkeit, wurde in § 23 KAGG sowie § 11 AuslInvestmG gewählt: Der Vertrag ist bis zum Widerruf wirksam und begründet daher bereits beidseitige Erfüllungsansprüche.[140] Allerdings ist der Unternehmer im Hinblick auf § 308 Nr. 1 BGB berechtigt, in seinen Allgemeinen Geschäftsbedingungen eine Regelung aufzunehmen, demnach er erst nach Ablauf der Widerrufsfrist leisten muss. Dies kann entgegen dem Wortlaut von § 308 Nr. 1 BGB nicht für die Fälle des Rückgaberechts nach § 356 BGB, für Fernabsatzverträge über Warenlieferungen sowie Fernunterrichtsverträge gelten, da die Rückgabe- bzw. Widerrufsfrist erst bei Lieferung beginnt (vgl. § 312d Abs. 1 Satz 1 BGB, § 4 Abs. 4 Satz 2 FernUSG). Um zu verhindern, dass der Unternehmer ohne bestehende Leistungspflicht Zahlung des Entgelts vom Verbraucher verlangen kann, ist § 308 Nr. 1 BGB teleologisch zu reduzieren.[141]

51 Mit der Einführung des § 361a BGB a.F. und jetzt mit § 355 BGB verband der Gesetzgeber die Einschätzung, dass „die Konstruktion der schwebenden Wirksamkeit für alle Verbraucherschutzgesetze eingeführt"[142] wurde. Dazu ist festzuhalten: Wie der „Korrekturgesetzgeber" selbst feststellte, war er „konstruktiv nicht festgelegt", weil sich die Modelle in ihrer Wirkung für den Verbraucher nicht wesentlich unterscheiden.[143] Trotzdem legt sich der Gesetzgeber auf das Konstrukt der schwebenden Wirksamkeit fest, folgend einer und gefolgt von einer beträchtlichen Anzahl an Autoren.[144] Indes bedarf es eines Modells der schwebenden Wirksamkeit nicht. Es wird dabei der fälschliche Eindruck erweckt, ein Vertrag, auf den in unsicherer Zukunft ein Gestaltungsrecht einzuwirken droht, wäre immer nur in der Schwebe. Dabei nimmt doch auch niemand an, ein Arbeits- oder Mietvertrag sei schwebend wirksam, nur weil jederzeit die Ausübung eines Kündigungsrechts droht. Die vertraglichen Ansprüche sind eben nur möglicherweise einer rechtsvernichtenden Einwendung ausgesetzt; der Vertrag ist bis da-

---

[136] Ursprünglich sollten die Übergangsregelungen in Art. 229 § 8 EGBGB festgehalten werden. Leider hatte der Gesetzgeber in der Eile übersehen, dass er diese Normbezeichnung bereits zum 2. SchadensrechtsänderungsG vergeben hatte. Diese doppelte Belegung wurde nachträglich geändert.

[137] Zu dem Problem im Verhältnis der Übergangsregelung zur Schuldrechtsmodernisierung nach Art. 229 § 5 EGBGB zu der Regelung des Art. 229 § 9 EGBGB wegen des dynamischen Charakters des Art. 229 § 5 Satz 2 EGBGB, der die Fortgeltung alten Rechts nach dem 01.01.2003 verhindern soll, vgl. eingehend *Schmidt-Kessel*, ZGS 2002, 311-319, 318.

[138] Ähnlich *Jauernig* in: Jauernig, § 355 Rn. 3; *Börner/Erberich* in: Schimmel/Buhlmann, Frankfurter Handbuch zum neuen Schuldrecht, 2002, D. IX. Rn. 4, 24; ablehnend *Mankowski*, Beseitigungsrechte, 2003, S. 53 ff.

[139] § 7 VerbrKrG in der Fassung vom 17.12.1990, § 1 HTürGG in der Fassung vom 16.01.1986, § 5 TzWrG in der Fassung vom 20.12.1996.

[140] *Kaiser* in: Staudinger, § 355 Rn. 20. Ausnahme: Anzahlungsverbot bei Time-Sharing nach § 486 Satz 1 BGB.

[141] So auch *Masuch* in: MünchKomm-BGB, § 355 Rn. 38; *Brüggemeier/Reich*, BB 2001, 213-222, 219.

[142] BT-Drs. 14/2658, S. 47.

[143] Vgl. BT-Drs. 14/2658, S. 42.

[144] *Pfeiffer* in: Soergel, § 355 Rn. 65; *Saenger* in: Erman, vor §§ 355-359 Rn. 2; *Rott* in: Kohte/Micklitz/Rott/Tonner/Willingmann, Das neue Schuldrecht, 2003, § 355 Rn. 2; *Schulze* in: Hk-BGB, § 357 Rn. 1; *Mankowski*, Beseitigungsrechte, 2003, S. 33, 36 ff.; *Martis/Meinhof*, MDR 2004, 4-13, 11; *Berger*, Jura 2001, 289-293, 291; *Tonner*, BB 2000, 1413-1420, 1415.

hin aber voll wirksam. Dafür ein missverständliches Modell der schwebenden Wirksamkeit zu bemühen, ist zwar nicht falsch, aber überflüssig.[145] Dafür spricht auch der Wortlaut des § 357 Abs. 1 Satz 1 BGB, demnach der Verbraucher „nicht mehr gebunden" ist. Da mithin die Verpflichtung bis zu diesem Zeitpunkt Bestand hatte, kommt dem Widerruf eine **ex-nunc**-Wirkung zu.[146]

---

[145] Ebenso kritisch *Kaiser* in: Staudinger, § 355 Rn. 18; *Grüneberg* in: Palandt, § 355 Rn. 3; *Grothe* in: Bamberger/Roth, § 355 Rn. 3; *Tonner* in: Micklitz/Tonner, Vertriebsrecht, 2002, § 355 Rn. 18; *Waldenberger* in: Hoeren/Ulrich, Handbuch Multimedia-Recht, 2004, 13.4 Rn. 136; *Schmidt-Kessel*, ZGS 2002, 311-319, 313; *Fuchs*, ZIP 2000, 1273-1287, 1282; *Lorenz*, JuS 2000, 833-843, 835; wie hier jetzt auch OLG Koblenz v. 09.01.2006 - 12 U 740/04 - juris Rn. 28 - NJW 2006, 919-922.

[146] So auch *Masuch* in: MünchKomm-BGB, § 355 Rn. 39; *Grothe* in: Bamberger/Roth, § 355 Rn. 3; *Rott* in: Kohte/Micklitz/Rott/Tonner/Willingmann, Das neue Schuldrecht, 2003, § 355 Rn. 2; *Börner/Erberich* in: Schimmel/Buhlmann, Frankfurter Handbuch zum neuen Schuldrecht, 2002, D. IX. Rn. 14; *Mankowski*, Beseitigungsrechte, 2003, S. 51.

§ 356 BGB Rückgaberecht bei Verbraucherverträgen

(Fassung vom 29.07.2009, gültig ab 11.06.2010)

(1) ¹Das Widerrufsrecht nach § 355 kann, soweit dies ausdrücklich durch Gesetz zugelassen ist, beim Vertragsschluss auf Grund eines Verkaufsprospekts im Vertrag durch ein uneingeschränktes Rückgaberecht ersetzt werden. ²Voraussetzung ist, dass

1. im Verkaufsprospekt eine den Anforderungen des § 360 Abs. 2 entsprechende Belehrung über das Rückgaberecht enthalten ist und
2. der Verbraucher den Verkaufsprospekt in Abwesenheit des Unternehmers eingehend zur Kenntnis nehmen konnte.

(2) ¹Das Rückgaberecht kann innerhalb der Widerrufsfrist, die jedoch nicht vor Erhalt der Sache beginnt, und nur durch Rücksendung der Sache oder, wenn die Sache nicht als Paket versandt werden kann, durch Rücknahmeverlangen ausgeübt werden. ²Im Übrigen sind die Vorschriften über das Widerrufsrecht entsprechend anzuwenden. ³An die Stelle von § 360 Abs. 1 tritt § 360 Abs. 2.

Gliederung

A. Grundlagen 1	IV. Gesetzliche Zulassung 18
I. Kurzcharakteristik 1	V. Belehrung nach § 360 Abs. 2 BGB im Verkaufsprospekt 21
II. Gesetzgebungsmaterialien 2	VI. Möglichkeit der ungestörten Kenntnisnahme 24
III. Europäischer Hintergrund 3	VII. Rückgabebelehrung in Textform 26
IV. Rückgaberecht 4	VIII. Ausübung des Rückgaberechts 28
B. Anwendungsvoraussetzungen 9	1. Rücksendung der Ware 29
I. Normstruktur 9	2. Rücknahmeverlangen 30
II. Verbrauchervertrag aufgrund eines Verkaufsprospekts 10	3. Frist 35
III. Vereinbarung eines uneingeschränkten Rückgaberechts 16	**C. Rechtsfolgen** 36

A. Grundlagen

I. Kurzcharakteristik

1 Die §§ 355-360 BGB regeln die Grundsätze der Rückabwicklung von Verbraucherverträgen. Inhaltlich ähnliche Vorschriften fanden sich bereits in § 361a BGB a.F. und § 361b BGB a.F. Die Norm eröffnet die Möglichkeit der Ersetzung des Widerrufsrechts durch ein Rückgaberecht und erläutert, unter welchen Voraussetzungen dies zulässig ist.

II. Gesetzgebungsmaterialien

2 Zur Regelung des § 361a BGB a.F.: Regierungsentwurf BT-Drs. 14/2658, zum Bericht des Rechtsausschusses BT-Drs. 14/3195, Beschlussempfehlung des Vermittlungsausschusses BT-Drs. 14/2527, Gesetz über Fernabsatzverträge und andere Fragen des Verbraucherrechts sowie zur Umstellung von Vorschriften auf Euro vom 27.06.2000.[1] Zu § 355 BGB: Entwurf der Koalitionsfraktionen, BT-Drs. 14/6040; Entwurf der Bundesregierung mit Stellungnahme des Bundesrates vom 13.07.2001 und Gegenäußerung der Bundesregierung vom 31.08.2001, BT-Drs. 14/6857 = BR-Drs. 338/01 338/01; Bericht des Rechtsausschusses BT-Drs. 14/7052; Gesetz zur Modernisierung des Schuldrechts vom 29.06.2001;[2] zu den letzten Änderungen zu § 356 BGB vgl. das „Gesetz zur Umsetzung der Verbraucherkreditrichtlinie, des zivilrechtlichen Teils der Zahlungsrichtlinie sowie zur Neuordnung der Vorschriften über das Widerrufs- und Rückgaberecht" vom 29.07.2009,[3] vgl. dazu den Gesetzesentwurf BT-Drs. 16/11643 (mit Stellungnahme des Bundesrats und Gegenäußerung der BReg).

---

[1] BGBl I 2000, 897, Berichtigung BGBl I 2000, 1139.
[2] BGBl I 2001, 3138.
[3] BGBl I 2009, 2355-2408.

III. Europäischer Hintergrund

Die Regelung des § 356 BGB geht nicht auf die Umsetzung europäischen Sekundärrechts zurück, ist aber mit europäischem Recht vereinbar, da es sich beim Rückgaberecht nur um eine spezielle Form des Widerrufrechts handelt, deren speziellen Anforderungen vom 14. Erwägungsgrund der RL 1997/7/EG des Europäischen Parlaments und Rates, 20.05.1997, gedeckt sind.[4] Der Nachteil, den der Verbraucher dadurch erleidet, dass er sein Gestaltungsrecht nur durch Rücksendung der Ware ausüben kann, soll durch die gegenüber den Richtlinienvorgaben längere Frist von zwei Wochen und die Regelung des § 357 Abs. 2 Satz 2 BGB, demzufolge die Rücksendung auf jeden Fall auf Kosten und Gefahr des Unternehmers stattfindet, ausgeglichen werden.[5] Allerdings ist im Rahmen der Umsetzung der Verbraucherrechte-Richtlinie aufgrund ihrer vollharmonisierenden Wirkung anzunehmen, dass die Tage des § 356 BGB gezählt sind und es zumindest im Anwendungsbereich der Richtlinie[6] kein Rückgaberecht mehr geben wird.

IV. Rückgaberecht

Zweck des § 356 BGB soll es sein, eine möglichst rationale Lösung für den Versandhandel, den Internetshop oder ähnliche Vertriebssysteme, bei denen dem Verbraucher ein Widerrufsrecht einzuräumen ist, zu finden, die dem Interesse des Unternehmers an einem schnellen und sicheren Rückerhalt seiner Ware Rechnung trägt, ohne den Verbraucher dabei zu benachteiligen.[7] Bei genauerer Betrachtung wird allerdings deutlich, dass man an der **bewährten Praxis**[8] der Rückgabe ohne weitere Erklärung im Versandhandel nicht zu rütteln wagte[9], diese Praxis in Gesetzesform goss und damit die großzügige Auslegung der europarechtlichen Vorgaben aufrechterhielt.

§ 356 BGB eröffnet dem Unternehmer die Möglichkeit, das Widerrufsrecht des Verbrauchers durch ein uneingeschränktes Rückgaberecht zu ersetzen. Da das Rückgaberecht nach der Verweisung des § 357 Abs. 1 BGB auch als modifiziertes Rücktrittsrecht anzusehen ist, gerichtet auf die Umgestaltung des Vertrages in ein Abwicklungsschuldverhältnis, handelt es sich dabei lediglich um eine besondere Form des Widerrufs, wobei die Rücksendung als formalisierte konkludente Widerrufserklärung angesehen werden kann.[10] Da aber auch das Widerrufsrecht gemäß § 355 Abs. 1 Satz 2 BGB durch Rücksendung ausgeübt werden kann, wird die **Abgrenzung** zwischen beiden Rechtsinstituten nicht immer ganz klar. Gleichwohl ist sie von großer Bedeutung: So kann z.B. der Unternehmer die Rücksendekosten beim Rückgaberecht nicht auf den Verbraucher abwälzen (§ 357 Abs. 2 Satz 3 BGB, argumentum e contrario) und der Verbraucher sein Rückgaberecht im Grundsatz nur durch Rücksendung der Sache ausüben (§ 356 Abs. 2 Satz 1 BGB). Die Entscheidung über das Recht des Verbrauchers trifft der Unternehmer in der Regel im Vorfeld des Vertrages aufgrund einer Kostenanalyse, ist dann allerdings bei der Vertragsabwicklung an die Vorgaben der §§ 355, 356 BGB gebunden: So ist z.B. eine Widerrufsbelehrung, die nur eine Rücksendung der Sache als Ausübung des Verbraucherrechts vorsieht, bei gleichzeitiger Verpflichtung des Verbrauchers zur Übernahme der Rücksendekosten unwirksam.

Für den Unternehmer hat das Rückgaberecht gegenüber dem Widerrufsrecht den Vorteil, dass er die Sache vom Verbraucher grundsätzlich gleichzeitig mit Vertragslösung und damit „unbürokratisch" zurückerhält. Für den Verbraucher, der allein schon wegen des Wortlauts von z.B. § 312 Abs. 1 Satz 2 BGB „Dem Verbraucher kann … eingeräumt werden…" der Nutznießer einer Ersetzung zu sein scheint, hat das Rückgaberecht den Vorteil, dass die Widerrufsfrist gemäß § 356 Abs. 2 Satz 1 BGB nicht vor Erhalt der Sache beginnt und ihm keine Rücksendekosten aufgebürdet werden können. Wie

---

[4] *Grüneberg* in: Palandt, § 356 Rn. 1; kritisch zum Versandhandelsprivileg *Tonner* in: Micklitz/Tonner, Vertriebsrecht, 2002, § 356 Rn. 3, 4.

[5] BT-Drs. 14/2658, S. 122; *Grüneberg* in: Palandt, § 356 Rn. 1; *Gaertner/Gierschmann*, DB 2000, 1601-1606, 1605.

[6] Der Gesetzgeber könnte z.B. noch die Vereinbarung eines Rückgaberechts für Verträge vorsehen, bei denen der vom Verbraucher zu zahlende Gegenwert 50 € nicht überschreitet, vgl. Art. 3 Nr. 4 der VerbraucherrechteRL.

[7] Vgl. die Begründung im RegE zu § 3 Abs. 3 FernAbsG, BT-Drs. 14/2658, S. 44 sowie *Masuch* in: MünchKomm-BGB, § 356 Rn. 1; *Saenger* in: Erman, § 356 Rn. 1; *Graf v. Westphalen* in: Graf v. Westphalen/Emmerich/v. Rottenburg, Verbraucherkreditgesetz, 2. Aufl. 1996, § 8 Rn. 2; *Werner* in: Staudinger, 13. Bearb. 1998, HWiG § 5 Rn. 41 ff.

[8] *Graf v. Westphalen* in: Graf v. Westphalen/Emmerich/v. Rottenburg, Verbraucherkreditgesetz, 2. Aufl. 1996, § 7 Rn. 30.

[9] In diesem Sinne auch *Kessal-Wulf* in: Staudinger, 13. Bearb. 1998, VerbrKrG § 8 Rn. 2.

[10] *Masuch* in: MünchKomm-BGB, § 356 Rn. 15.

aber schon die angesichts der Richtlinienvorgaben mühevollen Begründungsversuche zur Aufrechterhaltung des Rückgaberechts in Deutschland zeigen, liegt das Interesse zur Vereinbarung eines Rückgaberechts wohl mehr auf Seiten des Unternehmers.[11] Aus diesem Grund ist das Schicksal des Rückgaberechts in Deutschland besiegelt, wenn bei Umsetzung der Verbraucherrechte-Richtlinie[12] bis Ende 2013 im Rahmen der Vollharmonisierung letztlich doch feststeht, dass es sich um eine unzulässige Benachteiligung des Verbrauchers handelt.

7   Da eine Ersetzung stattfindet, muss es unzulässig sein, wenn der Unternehmer sowohl über ein Widerrufs- als auch ein Rückgaberecht belehrt.[13] Ein **Nebeneinander** von beiden Rechten läuft nicht nur dem Deutlichkeitsgebot des § 360 BGB zuwider, es verwirrt auch den durchschnittlichen Verbraucher, der den Unterschied zwischen Widerruf und Rückgabe auch nach Lektüre beider Belehrungen nicht erkennen wird. Vor dem Hintergrund der Kostenauferlegung im Rahmen der 40-€-Klausel, die beim Rückgaberecht nicht möglich ist, darf es nicht dazu kommen, dass eine kommentarlose Rücksendung nicht zuordnungsfähig ist und der Verbraucher im Zweifel die Kosten seiner Rücksendung tragen muss. Eine Verpflichtung des Verbrauchers, bei doppelter Belehrung auf der Rücksendung zu vermerken, ob die Rücksendung einen Widerruf oder eine Rückgabe darstellt,[14] ist höchstens dann vorstellbar, wenn die Widerrufsbelehrung dieses Detail der Ausübung deutlich macht;[15] dies ist in der Praxis aber (bisher) ebenso wenig der Fall wie eine sorgfältige Auslegung der Verbrauchererklärung durch den Unternehmer nach Eingang einer Rücksendung, die zum Ergebnis kommen muss, dass der Verbraucher im Zweifel das für Letzteren günstigere Recht gemeint hat. Gerade deswegen, weil der Unternehmer über diese Besonderheit der Ausübung nicht belehrt, sind beide Belehrungen in solchen Fällen unwirksam.

8   Die Beweislast für die ordnungsgemäße Ersetzung durch ein Rückgaberecht trägt der Unternehmer; der Verbraucher hat hingegen die Rechtsausübung sowie deren rechtzeitige Geltendmachung zu beweisen.[16]

B. Anwendungsvoraussetzungen

I. Normstruktur

9   § 356 Abs. 1 BGB enthält in Satz 1 die allgemeinen Voraussetzungen zur Ersetzung des Widerrufsrechts durch ein Rückgaberecht für den Verbraucher durch den Unternehmer und legt in Satz 2 die Voraussetzungen für eine solche Ersetzung fest. § 356 Abs. 2 BGB regelt die Modalitäten der Ausübung.

II. Verbrauchervertrag aufgrund eines Verkaufsprospekts

10 Da das Rückgaberecht das Widerrufsrecht ersetzen soll, müssen nach § 356 Abs. 1 Satz 1 BGB die Voraussetzungen des § 355 BGB in persönlicher Hinsicht vorliegen. Demnach gilt auch § 356 BGB nur bei (angestrebten) Verträgen zwischen Unternehmer (§ 14 BGB) und Verbraucher (§ 13 BGB), sofern dem Verbraucher durch Gesetz ein Widerrufsrecht eingeräumt wird, welches auf § 355 BGB verweist.

11 Ein solcher Vertrag muss aufgrund eines **Verkaufsprospekts** geschlossen werden. Ein Verkaufsprospekt ist eine üblicherweise bebilderte und für eine gewisse Dauer gültige Zusammenfassung von Verkaufsinformationen, welche dem Käufer als Einzeldarstellung oder Gesamtverzeichnis zum Zwecke der Betrachtung und Auswahl zur Verfügung gestellt wird. Dies sind in erster Linie Kataloge, Broschüren, Faltblätter, sonstige kleine Werbeprospekte und Postwurfsendungen sowie Zeitungsinserate, aber auch durch Telefax zugegangene Texte, Videokassetten und die durch elektronische Medien übermit-

---

[11] Vgl. *Saenger* in: Erman, § 356 Rn. 1.
[12] Richtlinie 2011/83/EU des Europäischen Parlaments und des Rates über die Rechte der Verbraucher, zur Abänderung der Richtlinie 93/13/EWG des Rates und der Richtlinie 1999/44/EG des Europäischen Parlaments und des Rates sowie zur Aufhebung der Richtlinie 85/577/EWG des Rates und der Richtlinie 97/7/EG des Europäischen Parlaments und des Rates vom 25.10.2011, am 22.11.2011 in ABl. L 304/64 veröffentlicht.
[13] LG Frankfurt 01.11.2006 - 3-08 O 164/06, 3/08 O 164/06, 3-8 O 164/06, 3/8 O 164/06 - juris Rn. 21.
[14] So OLG Hamm v. 05.01.2010 - I-4 U 197/09, 4 U 197/09 - juris Rn. 27 - MMR 2010, 698-699; vgl. *Heckmann* in: jurisPK-Internetrecht, 3. Aufl. 2011, Kap. 4.1 Rn. 303.
[15] Diese Ansätze übersieht OLG Hamm v. 05.01.2010 - I-4 U 197/09, 4 U 197/09 - juris Rn. 27 - MMR 2010, 698-699.
[16] AG Frankfurt v. 28.01.1994 - 32 C 3091/93 - 72 - NJW-RR 1994, 1400; *Masuch* in: MünchKomm-BGB, § 356 Rn. 32; *Graf v. Westphalen* in: Graf v. Westphalen/Emmerich/v. Rottenburg, Verbraucherkreditgesetz, 2. Aufl. 1996, § 8 Rn. 62 f.

telten Informationen, also Disketten, CD-ROMs und E-Mails. Entgegen der ehemals h.M.[17] muss es sich nach der gesetzgeberischen Intention bei einem Prospekt nicht mehr um ein Druckerzeugnis handeln, ein Verkaufsprospekt kann vielmehr neben dauerhaften Datenträgern[18] auch ein Internetkatalog sein[19]. Das Rückgaberecht kann daher dem Grunde nach auch bei Internetauktionsplattformen (z.B. eBay) vereinbart werden.[20] Dabei ist es nicht erforderlich, dass der Verbraucher den Prospekt aus dem Internet herunterlädt und auf der Festplatte speichert bzw. ausdruckt.[21] Es reicht bereits aus, dass der Verbraucher die Verkaufsinformationen auf der Website des Unternehmers eingehend zur Kenntnis nehmen kann. Gleichwohl wird es sich für Unternehmer wegen der beschränkten Dauerhaftigkeit von Internetseiten empfehlen, den Prospekt mit den für die Bestellung wichtigen Verkaufsinformationen und versehen mit den nach § 356 Abs. 1 Satz 2 BGB erforderlichen Angaben dem Verbraucher per E-Mail zukommen zu lassen, um Beweisschwierigkeiten zu vermeiden. Aus dem gleichem Grund tut auch der Verbraucher gut daran, die über das Internet bezogenen Informationen auszudrucken (z.B. als Screenshot) oder in wiedergabefähiger Form zu speichern.

Davon abzugrenzen ist die Verpflichtung des Unternehmers nach § 356 Abs. 1 Satz 2 Nr. 3 BGB in der Fassung bis zum 11.06.2010, demnach dem Verbraucher das Rückgaberecht in Textform einzuräumen war. Auf dieses Erfordernis hat der Gesetzgeber mit der Neufassung des § 356 Abs. 1 Satz 2 BGB bewusst verzichtet, um Widerrufs- und Rückgaberecht zu vereinheitlichen.[22] Bislang hatte die fehlende Einräumung des Rückgaberechts in Textform zur Folge, dass an die Stelle des gewollten Rückgaberechts ein „normales" Widerrufsrecht trat. Nun beeinflusst die fehlende Textform – wie beim Widerrufsrecht – lediglich die Rückgabefrist, § 356 Abs. 1 Satz 2 Nr. 1, Abs. 2, 360 Abs. 2, 355 Abs. 3 BGB. Insgesamt beginnt die Rückgabefrist daher nicht vor Erteilung einer ordnungsgemäßen Rückgabebelehrung und auch nicht vor dem Erhalt der Sache. **12**

Es bleibt allerdings sinngemäß dabei, dass im Prospekt nach § 356 Abs. 1 Satz 2 Nr. 1 BGB eine den Anforderungen des 360 Abs. 2 entsprechende Belehrung über das Rückgaberecht enthalten sein muss, deren Ausführungen in der textförmlichen Belehrung wiederholt werden müssen.[23] **13**

Keinen Verkaufsprospekt stellen Produktanpreisungen im Rahmen des Teleshopping dar. Hier fehlt es in der Regel an der Dauerhaftigkeit der Informationen in einem zur eingehenden Kenntnisnahme erforderlichen Zeitraum. Auf eine Wiederholbarkeit der Informationen für den Verbraucher kommt es allerdings nicht an.[24] **14**

Da der Vertrag aufgrund eines Verkaufsprospekts geschlossen werden muss, ist **Kausalität** zwischen Prospekt und Abgabe der auf den Vertragsschluss gerichteten Willenserklärungen erforderlich. Dies ist im Sinne eines prima-facie-Beweises zu vermuten, da der typische Geschehensablauf den Anschein erweckt, dass der Prospekt zumindest mitsächlich für die Entscheidung des Verbrauchers zum Vertragsschluss war.[25] **15**

---

[17] *Graf v. Westphalen* in: Graf v. Westphalen/Emmerich/v. Rottenburg, Verbraucherkreditgesetz, 2. Aufl. 1996, § 8 Rn. 11.
[18] So schon der Gesetzesentwurf der Bundesregierung zum FernAbsG, BT-Drs. 14/2658, S. 48; vgl. auch *Masuch* in: MünchKomm-BGB, § 356 Rn. 13; *Tonner* in: Micklitz/Tonner, Vertriebsrecht, 2002, § 356 Rn. 6; *Lorenz*, JuS 2000, 833-843, 838.
[19] Rechtsausschuss, BT-Drs. 14/3195, S. 33; *Saenger* in: Erman, § 356 Rn. 3; *Grothe* in: Bamberger/Roth, § 356 Rn. 2; *Rott* in: Kohte/Micklitz/Rott/Tonner/Willingmann, Das neue Schuldrecht, 2003, § 356 Rn. 4; *Waldenberger* in: Hoeren/Ulrich, Handbuch Multimedia-Recht, 2004, 13.4 Rn. 155; *Fuchs*, ZIP 2000, 1273-1287, 1285; *Lorenz*, JuS 2000, 833-843, 838.
[20] Vgl. OLG München v. 26.06.2008 - 29 U 2250/08 - MMR 2009, 677-679, 677; LG Berlin v. 25.05.2009 - 52 O 405/08 - MMR 2009, 782.
[21] So auch *Kaiser* in: Staudinger, § 356 Rn. 13.
[22] Begründung RegE BT-Drs. 16/11643, S. 7.
[23] *Masuch* in: MünchKomm-BGB, § 356 Rn. 25.
[24] So aber für Bildschirmtext und Videokassetten *Kaiser* in: Staudinger, § 356 Rn. 14.
[25] *Masuch* in: MünchKomm-BGB, § 356 Rn. 12; *Graf v. Westphalen* in: Graf v. Westphalen/Emmerich/v. Rottenburg, Verbraucherkreditgesetz, 2. Aufl. 1996, § 8 Rn. 25.

III. Vereinbarung eines uneingeschränkten Rückgaberechts

16 Unternehmer und Verbraucher müssen sich im Vertrag über die Ersetzung des Widerrufsrechts durch ein Rückgaberecht einigen. Davon ist auszugehen, wenn dem Prospekt die Ersetzung deutlich entnommen werden kann, der Verbraucher auf der Grundlage des Verkaufsprospekts sein Angebot ohne Änderungswünsche abgibt und dieses vom Unternehmer mit diesem Inhalt angenommen wird.[26]

17 Das vereinbarte Rückgaberecht muss dem Verbraucher die Möglichkeit der **uneingeschränkten Rückgabe** eröffnen. Der Unternehmer darf daher an die Ausübung des Rückgaberechts keine weiteren als die gesetzlichen Bedingungen stellen. Verlangt der Unternehmer z.B., der Verbraucher müsse die Rückgabe begründen oder weitere als die in § 357 BGB genannten Kosten und Gefahren tragen, so ist die gesamte Ersetzung unwirksam. Dies gilt für die Information durch den Unternehmer, das Rückgaberecht sei bei Untergang oder Verschlechterung der Ware ausgeschlossen.[27] Eine Einschränkung liegt auch dann vor, wenn der Unternehmer den Verbraucher auf einem Rücksendeschein nur darum bittet, einen Grund für die Rücksendung anzugeben. Auch der durchschnittlich informierte Verbraucher wird die fehlende Verpflichtung zur Begründung nicht ohne weiteres erkennen und dadurch evtl. von einer Ausübung seines Rückgaberechts abgehalten. Ebenso ist zu entscheiden, wenn der Verbraucher nach der Vereinbarung zur Rücksendung der Ware einen vom Unternehmer mitgelieferten Rücksendeschein oder ein vom Unternehmer bestimmtes Versandunternehmen verwenden muss. Nicht zuletzt wird der Verbraucher durch den Unternehmer gebeten oder verpflichtet, die Versendung nur in der **Originalverpackung** zurückzusenden: Dies kann zwar bei bruchgefährdeter Ware der Sorgfaltspflicht des Verbrauchers entsprechen, die Verwendung in oder neben der Rückgabelehrung ist jedenfalls dann unzulässig, wenn für Verbraucher der Eindruck erweckt wird, die Ausübung des Rückgaberechts stehe und falle mit der Verwendung der Originalverpackung.[28] Dem Verbraucher steht bei fehlender Uneingeschränktheit des Rückgaberechts ein Recht zum Widerruf nach § 355 BGB zu.

IV. Gesetzliche Zulassung

18 Die Ersetzung des Widerrufsrechts muss ausdrücklich durch Gesetz zugelassen sein, § 356 Abs. 1 Satz 1 BGB. Dies ist für Haustürgeschäfte in § 312 Abs. 1 Satz 2 BGB, für Verträge im Fernabsatz in § 312d Abs. 1 Satz 2 BGB und für Teilzahlungsgeschäfte in § 508 BGB[29] (§ 503 BGB a.F. für Verträge bis 11.06.2010) vorgesehen. Kein Rückgaberecht gibt es für das Widerrufsrecht beim Timesharing-Vertrag (§ 485 BGB) sowie für das Widerrufsrecht nach § 4 FernUSG.

19 Die Anwendung von § 356 BGB wird dabei des Öfteren an die Erfüllung weiterer Voraussetzungen geknüpft. So muss für Haustürgeschäfte nach § 312 Abs. 1 Satz 2 BGB zwischen Verbraucher und Unternehmer im Zusammenhang mit diesem oder einem späteren Geschäft eine ständige Verbindung aufrechterhalten werden.[30]

20 Bei Verträgen im Fernabsatz kommt ein Rückgaberecht gemäß § 312d Abs. 1 Satz 2 BGB nur bei Verträgen über die Lieferung von Waren in Betracht. In allen übrigen Fällen beinhaltet § 312 Abs. 1 Satz 2 BGB indes keine Einschränkung auf die Lieferung von Waren. Denkbar wäre demnach auch die Vereinbarung eines Rückgaberechts bei einem Partnerschaftsvermittlungsvertrag.[31] Da aber weder die Dienstleistung der Partnervermittlung noch der gefundene Partner paketversandfähig im Sinne von § 356 Abs. 2 Satz 1 BGB sind, muss der Anwendungsbereich des § 312 Abs. 1 Satz 2 BGB auf Sachen teleologisch reduziert werden. Die Vereinbarung eines Rückgaberechts ist daher bei Dienstleistungs-, Geschäftsbesorgungs-[32] oder ähnlichen Verträgen ausgeschlossen.[33]

---

[26] Vgl. dazu BT-Drs. 14/3195, S. 33.
[27] *Masuch* in: MünchKomm-BGB, § 356 Rn. 19.
[28] Vgl. OLG Frankfurt v. 10.11.2005 - 1 U 127/05 - juris Rn. 30 - MDR 2006, 919-920; OLG Jena v. 08.03.2006 - 2 U 990/05 - juris Rn. 36 - GRUR-RR 2006, 283-285.
[29] Die Neuregelung in § 508 BGB enthält die wünschenswerte Einschränkung auf die Lieferung von Waren, die § 312 BGB weiter verwehrt wird.
[30] Die von der HaustürwiderrufsRL vorgegebene Einschränkung führt trotz ihrer deutlichen Funktion als Tatbestandsmerkmal dank ihrer offenen Formulierung ein erstaunliches Schattendasein und ist kaum Gegenstand von Erörterungen.
[31] Vgl. dazu OLG Stuttgart v. 25.05.1990 - 2 U 245/89 - NJW-RR 1990, 1135-1137.
[32] Vgl. dazu OLG Köln v. 14.08.1989 - 7 U 205/88 - juris Rn. 1 - NJW-RR 1989, 1339-1341.
[33] So auch *Kaiser* in: Staudinger, § 356 Rn. 8; vgl. *Mankowski*, Beseitigungsrechte, 2003, S. 634: kein Erklärungsträger.

V. Belehrung nach § 360 Abs. 2 BGB im Verkaufsprospekt

Gemäß § 356 Abs. 1 Satz 2 Nr. 1 BGB muss im Verkaufsprospekt (zum Verbrauchervertrag vgl. Rn. 11) eine den Anforderungen des § 360 Abs. 2 BGB entsprechende Belehrung über das Rückgaberecht enthalten sein. 21

Bei fehlender oder fehlerhafter Rückgabebelehrung schon im Verkaufsprospekt hat dies nicht nur zur Folge, dass die Rückgabefrist nicht beginnt, sondern auch, dass die Ersetzung des Widerrufsrechts durch ein Rückgaberecht an sich nicht wirksam ist. Es besteht dann ein Widerrufsrecht für den Verbraucher. Eine Nachholung dieser Belehrung, wie man es nach § 355 Abs. 2 Satz 3 BGB für das Widerrufsrecht kennt, kann es hier nicht geben, da § 356 Abs. 1 Satz 2 Nr. 1 BGB nur Belehrungen im Verkaufsprospekt, der bereits vor Vertragsschluss vorliegen muss, vorsieht.[34] Der Verbraucher soll durch die Belehrung nicht nur von seinem Rückgaberecht Kenntnis erlangen, sondern auch in die Lage versetzt werden, dieses auszuüben.[35] Bei einer fehlenden oder fehlerhaften Rückgabebelehrung in Textform, die davon gesondert vorzunehmen ist, gilt aber im Hinblick auf eine nachträgliche Einräumung entgegen dem erklärten Willen des Gesetzgebers erstaunlicherweise nichts anderes (vgl. dazu Rn. 34). 22

Der Inhalt der Rückgabebelehrung ergibt sich aus § 360 Abs. 2 BGB (vgl. dazu die Kommentierung zu § 360 BGB). Es gilt zu beachten, dass es gemäß § 356 Abs. 1 Satz 2 Nr. 1 BGB erforderlich, aber auch ausreichend ist, dass überhaupt im Verkaufsprospekt eine solche Belehrung enthalten ist. Hingegen ist es nicht notwendig, dass die Belehrung selbst oder ein Hinweis (Link) auf diese im Bestellformular enthalten ist oder dass sie in Textform schon vor Vertragsschluss mitgeteilt wird.[36] 23

VI. Möglichkeit der ungestörten Kenntnisnahme

Vor Vertragsschluss ist dem Verbraucher die Möglichkeit einzuräumen, den Verkaufsprospekt in Abwesenheit des Unternehmers eingehend zur Kenntnis zu nehmen. Der Verbraucher muss die Gelegenheit haben, den Prospekt ungestört vom Unternehmer oder einer ihm zuzurechnenden Person für eine **gewisse Zeitspanne** studieren zu können. Zur Länge dieses Zeitraums wird vereinzelt vorgeschlagen, 24 Stunden als ausreichend anzusehen.[37] Indes verbietet sich eine solche schematische Betrachtungsweise[38], da der zur eingehenden Kenntnisnahme erforderliche Zeitrahmen von vielen Faktoren des Einzelfalls abhängt. So kann es z.B. durchaus einen Unterschied machen, ob es sich nur um ein Faltblatt oder um einen Internetkatalog eines Internetbuchhandels handelt. Im Übrigen ist diese Einschränkung mit dem offenen Wortlaut des § 356 Abs. 1 Satz 2 Nr. 2 BGB nicht vereinbar und zudem nur schwer praktikabel. Entscheidend ist, dass der Verbraucher nicht gezwungen wird, sich innerhalb zu kurzer Zeit für oder gegen das Rechtsgeschäft zu entscheiden. Keine eingehende Möglichkeit der Kenntnisnahme kann daher z.B. vorliegen, wenn die bestellte Sache erst kurz vor der Bestellung in den Internetkatalog eingestellt worden ist. Ebenso dürfte beim Teleshopping regelmäßig keine ausreichende Zeitspanne zur Kenntnisnahme gegeben sein.[39] Berücksichtigung finden kann außerdem der Umstand, dass der Verbraucher – ungeachtet einer wettbewerbsrechtlichen Zu- oder Unzulässigkeit – durch intensive Werbung mit Rabatten, die nur für eine kurze Zeitspanne gelten, oder durch ein Angebot „nur solange Vorrat reicht" bei seiner Entscheidung zeitlich unter Druck gesetzt worden ist. Indes kommt es nicht darauf an, ob der Verbraucher tatsächlich Gebrauch von seiner Möglichkeit zur Kenntnisnahme gemacht hat.[40] 24

Zu den Personen, die aus dem Lager[41] des Unternehmers stammen und daher ebenfalls die eingehende Kenntnisnahme stören können, zählen neben dem Verkaufspersonal auch der Sammelbesteller, nicht 25

---

[34] Ebenso *Kaiser* in: Staudinger, § 356 Rn. 19..
[35] Vgl. zum Widerrufsrecht BGH v. 04.07.2002 - I ZR 55/00 - juris Rn. 16 - NJW 2002, 3396-3399; *Werner* in: Staudinger, 13. Bearb. 1998, HWiG § 2 Rn. 30.
[36] Anders hingegen die Einräumung des Rückgaberechts nach § 356 Abs. 1 Satz 2 Nr. 3 BGB.
[37] Vgl. *Ring* in: AnwK-BGB, Bd. 2, § 356 Rn. 14.
[38] So auch *Masuch* in: MünchKomm-BGB, § 356 Rn. 23; *Grothe* in: Bamberger/Roth, § 356 Rn. 2; *Grüneberg* in: Palandt, § 356 Rn. 6.
[39] *Kaiser* in: Staudinger, § 356 Rn. 23.
[40] *Masuch* in: MünchKomm-BGB, § 356 Rn. 23; *Tonner* in: Micklitz/Tonner, Vertriebsrecht, 2002, § 356 Rn. 8; *Grothe* in: Bamberger/Roth, § 356 Rn. 2; *Graf v. Westphalen* in: Graf v. Westphalen/Emmerich/v. Rottenburg, Verbraucherkreditgesetz, 2. Aufl. 1996, § 8 Rn. 29.
[41] *Jauernig* in: Jauernig, § 356 Rn. 2.

aber der Bote des Verkaufsprospekts, der sich auf die Verteilung der Prospekte beschränkt.[42] Nicht erforderlich ist eine räumliche Trennung von den Geschäftsräumen des Unternehmers.[43] Denn der Wortlaut des § 356 Abs. 1 Satz 2 Nr. 2 BGB stellt klar auf die Person des Unternehmers ab. Daneben ist schwer vorstellbar, dass sich ein durchschnittlicher Verbraucher während der erforderlichen Zeitspanne, d.h. in der Regel 24 Stunden oder länger, in den Geschäftsräumen des Unternehmers aufhält.

VII. Rückgabebelehrung in Textform

26 Nach § 356 Abs. 2 Satz 2 Nr. 3 BGB a.F. wurde das Rückgaberecht nur dann Vertragsinhalt, wenn es dem Verbraucher in Textform (§ 126b BGB) irgendwann (also auch nach Vertragsschluss) eingeräumt wird. Demnach war die Vereinbarung eines Rückgaberechts bis zur „Einräumung" unwirksam, der Vertrag hatte aber im Übrigen mit Geltung eines Widerrufsrechts nach § 355 BGB weiter Bestand. Bei nachgeholter Einräumung konnte demnach die Rückgabefrist entsprechend § 355 Abs. 2 BGB erst mit dem Zeitpunkt der Mitteilung beginnen und betrug einen Monat.

27 Für Verträge, die ab dem 11.06.2010 geschlossen werden, hatte es der Gesetzgeber eigentlich ins Auge gefasst, einen weitestmöglichen Gleichlauf der Fristen zu erreichen,[44] indem er das Erfordernis der textförmlichen Einräumung strich und seitdem stattdessen § 360 Abs. 2 BGB für die Belehrung im Prospekt vorsieht. Ist eine ordnungsgemäße Belehrung im Verkaufsprospekt erfolgt, vergisst der Unternehmer aber bei Vertragsschluss – im Fernabsatz auch unverzüglich nach Vertragsschluss –, die Belehrung in Textform zu wiederholen, beginnt die Rückgabefrist nicht. Eine nachträgliche Belehrung i.S.d. § 355 Abs. 2 Satz 3 BGB wäre zwar dem Grunde nach möglich. Allerdings läge dann eine Abweichung zu der Rückgabebelehrung vor, die der Verbraucher im Verkaufsprospekt zur Kenntnis nehmen konnte, da nun über einen Monat Rückgabefrist zu belehren wäre. Der Verbraucher, der den Unterschied bemerkt, mag durch die zusätzliche Rückgabezeit nicht schlechter gestellt werden. Indes wird derjenige Verbraucher, der die Rückgabebelehrung bereits im Verkaufsprospekt zur Kenntnis genommen hat, von einer Rückgabefrist von 14 Tagen ausgehen, obwohl ihm gesetzlich ein ganzer Monat Zeit bleibt.[45] Um eine nicht auszuschließende Verwirrung des Verbrauchers um die Länge der Rückgabefrist zu vermeiden, kann es daher nach der Neufassung der §§ 355-360 BGB **keine nachträgliche Belehrung über das Rückgaberecht** in Textform geben, die eine einmonatige Rückgabefrist auslösen könnte. Wirklich entscheidend dafür ist, dass dem Verbraucher wiederum ein Widerrufs- und kein Rückgaberecht zustehen muss, wenn es der Unternehmer nicht schafft, die ordnungsgemäße Belehrung über das Rückgaberecht spätestens bei bzw. unverzüglich nach Vertragsschluss in Textform zu wiederholen; dies ist deshalb zwingend, weil sich die Belehrung im Verkaufsprospekt nach dem Vertragsschluss wegen der falschen Frist nachträglich immer als nicht ordnungsgemäß herausstellt (§ 360 Abs. 2 Satz 2 Nr. 5 BGB). Eine Argumentation, es käme bei der Belehrung im Prospekt nicht auf die richtige Länge der Rückgabefrist an, ist wegen der deutlichen Bezugnahme auf § 360 Abs. 2 BGB jetzt nicht mehr möglich. Der Unternehmer muss daher, um eine Verfristung des Verbraucherrechts zu erreichen, nachträglich immer über ein einmonatiges Widerrufsrecht belehren.

VIII. Ausübung des Rückgaberechts

28 Die Ausübung erfolgt gemäß § 356 Abs. 2 BGB grundsätzlich durch Rücksendung der Ware, ausnahmsweise durch Rücknahmeverlangen seitens des Verbrauchers. Der Rücksendung steht es gleich, wenn der Verbraucher dem Unternehmer die Sache persönlich zurückgibt, weil er z.B. am Ort des Unternehmenssitzes wohnt.

1. Rücksendung der Ware

29 Nach dem gesetzlichen Leitbild des § 356 Abs. 2 Satz 1 BGB erfolgt die Ausübung des Rückgaberechts im Grundsatz durch Rücksendung der Ware. In dieser Rücksendung ist eine einseitig empfangsbedürftige Willenserklärung des Verbrauchers zu sehen. Sie ist darauf gerichtet, sich vom Vertrag zu

---

[42] A.A. *Kessal-Wulf* in: Staudinger, 13. Bearb. 1998, VerbrKrG § 8 Rn. 15.
[43] A.A. *Tonner* in: Micklitz/Tonner, Vertriebsrecht 2002, § 356 Rn. 8; *Kessal-Wulf* in: Staudinger, 13. Bearb. 1998, VerbrKrG § 8 Rn. 13d.
[44] Begründung RegE BT-Drs. 16/11643, S. 71.
[45] Die Information durch Verkaufsprospekt ist dabei der grundlegende Unterschied zum Widerrufsrecht. Das Ziel des Gesetzgebers war zwar die größtmögliche Angleichung von Widerrufs- und Rückgaberecht. Die Folgen einer nur zunächst ordnungsgemäßen Belehrung im Verkaufsprospekt bei später fehlender Belehrung in Textform in Bezug auf eine nachträgliche Belehrung dürften dabei aber übersehen worden sein.

lösen und diesen in ein Rückabwicklungsschuldverhältnis umzuwandeln. Die Erklärung ist bedingungsfeindlich und von der Geltendmachung von Ansprüchen aus vertraglicher Pflichtverletzung, etwa wegen Mangelhaftigkeit der gelieferten Sache (§ 437 BGB), zu unterscheiden. Weicht der äußere Tatbestand der Erklärung vom Rückgabewillen des Verbrauchers ab, besteht die Möglichkeit, wegen Irrtums nach § 119 Abs. 1 BGB anzufechten.[46] Entgegen § 130 Abs. 1 Satz 1 BGB wird die Erklärung schon bei Absendung der Ware wirksam, auf den Zugang beim die Transportgefahr tragenden Unternehmer kommt es nicht an.[47] Der Verbraucher ist nicht verpflichtet, die Originalverpackung der Ware aufzuheben und sie für den Rücktransport zu verwenden.[48] Gleichwohl kann dies wegen der Pflicht des Verbrauchers zur ordnungsgemäßen Verpackung zweckmäßig sein.

2. Rücknahmeverlangen

Das Rückgaberecht kann ausnahmsweise auch durch Rücknahmeverlangen ausgeübt werden, wenn die Sache nicht als Paket versandt werden kann. § 355 Abs. 1 Satz 2 BGB findet nach § 356 Abs. 2 Satz 2 BGB nur entsprechende Anwendung, da das Rücknahmeverlangen sinnvollerweise nicht durch Rücksendung der Sache geltend gemacht werden kann. 30

Wann eine Sache **nicht als Paket versandt** werden kann, ist vom Gesetz nicht näher festgelegt. Zunächst kommen hier Fälle in Betracht, in denen die Ware schon bei Transport oder später untergeht, da sie auch in diesem Falle nicht zurückgesendet werden kann.[49] In Anlehnung an die AGB von DHL (Deutschen Post AG) soll ein Paket als nicht versandfähig anzusehen sein, das ein Gewicht von über 20 kg hat.[50] Dem ist entgegenzuhalten, dass die Formulierung des § 8 VerbrKrG a.F. „bei nicht postpaketversandfähigen Sachen" in § 361b BGB a.F. und § 356 BGB nicht übernommen worden ist. Auf die AGB eines einzelnen Unternehmens kann es daher nicht ankommen, weil dies die Möglichkeiten des freien Marktes im Paketdienst verkennt. Eine gesetzliche Festlegung – vermeintlich zum Wohl des Verbrauchers[51] – auf den Service der Deutschen Post AG wäre aus diesem Gesichtspunkt heraus gar nicht zulässig[52]. Ebenso scheidet dann aber auch die Auslegung einer gesetzlichen Vorschrift in Anlehnung an die AGB eines Privatunternehmens aus. 31

Stattdessen ist zu differenzieren: Bei Verträgen, bei denen der Verbraucher die Ware mittels Paket – sei es durch DHL, Deutscher Paketdienst (DPD), Hermes Versand, FedEx, United Parcel Service (UPS), German Parcel (GLP) oder ähnliche Unternehmen – erhalten hat, ist es dem Verbraucher grundsätzlich zumutbar, das Paket auf demselben Wege zurückzusenden.[53] Im Regelfall wird der Versandunternehmer mit einem bestimmten Paketservice zusammenarbeiten und die Retournierung für den Verbraucher durch Abholservice oder Angabe von Paketannahmestellen erleichtern. Sollten im Vergleich zu DHL höhere Lieferkosten entstehen, geht dies nicht zulasten des Verbrauchers, da ihm diese Kosten bei einem Rückgaberecht nicht aufgebürdet werden dürfen[54]. Es wäre aberwitzig, wenn der Verbraucher sich bei einem Gewicht des Pakets von z.B. 22 kg auf den Standpunkt stellen könnte, er habe das Paket zwar vor kurzem von einem bekannten Paketdienst erhalten, er erkläre aber nun sein Rücknahmeverlangen, weil die Sache nicht paketversandfähig sei; dies gilt erst recht, wenn anschließend der vom Unternehmer beauftragte Paketdienst das Paket beim Verbraucher im Rahmen seiner normalen Beförderungsbedingungen abholt. Sollte der Verbraucher zunächst gleichwohl eine Filiale 32

---

[46] *Masuch* in: MünchKomm-BGB, § 356 Rn. 25.
[47] A.A. *Masuch* in: MünchKomm-BGB, § 356 Rn. 25, *Kaiser* in: Staudinger, § 356 Rn. 43.
[48] OLG Frankfurt v. 10.11.2005 - 1 U 127/05 - juris Rn. 30 - MDR 2006, 919-920.
[49] *Masuch* in: MünchKomm-BGB, § 356 Rn. 16.
[50] *Grüneberg* in: Palandt, § 356 Rn. 9; *Masuch* in: MünchKomm-BGB, § 356 Rn. 26; *Jauernig* in: Jauernig, § 356 Rn. 5; *Grothe* in: Bamberger/Roth, § 356 Rn. 4; *Mankowski*, Beseitigungsrechte, 2003, S. 886; wohl auch *Rott* in: Kohte/Micklitz/Rott/Tonner/Willingmann, Das neue Schuldrecht, 2003, § 356 Rn. 4.
[51] Dies ist wohl der Gedanke bei *Masuch* in: MünchKomm-BGB, § 356 Rn. 26 (Fn. 50); *Mankowski*, Beseitigungsrechte, 2003, S. 886.
[52] So auch *Grothe* in: Bamberger/Roth, § 356 Rn. 4; *Brönneke*, MMR 2004, 127-133, 130, Fn. 24.
[53] Ähnlich *Saenger* in: Erman, § 356 Rn. 9; *Kessal-Wulf* in: Staudinger, 13. Bearb. 1998, VerbrKrG § 8 Rn. 30; *Brönneke*, MMR 2004, 127-133, 131. Nach *Tonner* in: Micklitz/Tonner, Vertriebsrecht, 2002, § 356 Rn. 10 kann der Unternehmer dies im Falle der Abholung durch den Paketdienst sogar verlangen können.
[54] *Grothe* in: Bamberger/Roth, § 356 Rn. 4. Dies gilt vorbehaltlich eines Einwands aus § 242 BGB wegen Verletzung von Rücksichtnahmepflichten.

von DHL aufsuchen und abgewiesen werden, wird es dem Verbraucher zuzumuten sein, ersatzweise zumindest den Paketdienst der Hinsendung zu beauftragen. Dies gilt wiederum nicht, wenn z.B. eine zu große Entfernung zur nächsten Paketannahmestelle vorliegt.

33 Hat der Verbraucher die Ware nicht als Paket erhalten, so steht es dem Verbraucher in der Tat frei, zur Ausübung seines Rückgaberechts einen Paketdienst seiner Wahl mit der Rücksendung zu beauftragen; wird er insoweit wegen Übergewicht des Pakets oder aus ähnlichen Gründen abgewiesen, ist der Verbraucher nicht gehalten, die Versandbedingungen weiterer Paketdienste zu studieren; er kann demnach sein Rücknahmeverlangen aussprechen. Nur wenn also aufgrund der Maße[55], des Gewichts oder eines anderen Grundes ein Transport als Paket schon naturgemäß ausscheidet und dies einen Transport durch die bekannten Paketdienste ausschließt[56], ist eine Paketversandfähigkeit allgemein zu verneinen und ein Rücknahmeverlangen ausreichend. Ebenfalls aufgrund der Natur der Sache scheidet eine Paketversandfähigkeit aus, wenn sonstige Leistungen Vertragsgegenstand sind, sofern für diese nach § 312 Abs. 1 Satz 2 BGB ein Rückgaberecht vereinbart werden kann. Darüber hinaus können nach dem offenen Wortlaut der Vorschrift – „nicht versandt werden kann" – auch solche Gründe zu einem Rücknahmeverlangen führen, die ihre Ursache nicht in der Sache selbst, sondern in der Person oder den äußeren Umständen haben, so z.B. ein Streik der Beschäftigten bei DHL.[57] Hingegen kann der Verbraucher sich nicht auf ein reines Rücknahmeverlangen beschränken, nur weil eine Versendung ins Ausland erforderlich ist.[58]

34 Das **Risiko der Einschätzung** der Paketversandfähigkeit trägt nicht der Verbraucher, sondern der Unternehmer.[59] Denn diesem obliegt es, den Verbraucher über Modalitäten der Rücksendung zu informieren. Der Verbraucher hat daher keinerlei Erkundigungspflichten; allerdings kann die Paketversandfähigkeit offensichtlich sein, insbesondere, wenn dem Verbraucher die Sache per Paket geliefert worden ist. Fehlt es an der Offensichtlichkeit, kann der Verbraucher auch durch das Rücknahmeverlangen sein Rückgaberecht fristgerecht ausüben. Sofern er dabei die Paketversandfähigkeit fälschlicherweise verneint hat, kann der Unternehmer ihn immer noch zur Zusendung der Ware auf dem möglichen Wege auffordern. Jedenfalls wird der Unternehmer aufgrund der beschriebenen Risikoverteilung mit dem Einwand, die Frist für das Rückgaberecht sei abgelaufen, nicht durchdringen. Im Ergebnis bleibt daher festzuhalten, dass es einer einschränkenden Auslegung des Begriffes „Paketversandfähigkeit" zum Schutze des Verbrauchers nicht bedarf, da der Unternehmer, nicht aber der Verbraucher das Risiko einer einfachen Fehleinschätzung trägt.[60]

3. Frist

35 Das Rückgaberecht ist innerhalb der Widerrufsfrist auszuüben, vgl. dazu die Ausführungen bei § 355 BGB. Indes gibt es nach der hier vertretenen Auffassung keine einmonatige Rückgabefrist wegen nachgeholter Rückgabebelehrung, da diese wegen § 356 Abs. 1 Satz 2 Nr. 1 BGB nicht zu einer wirksamen Vereinbarung des Rückgaberechts führen kann (vgl. Rn. 34). Es kann daher nur ein wirksam vereinbartes Rückgaberecht mit vierzehntägiger Rückgabefrist oder wegen mangelhafter Ersetzung ein Widerrufsrecht nach § 355 BGB geben, das zunächst unbefristet gilt und bei nachgeholter Widerrufsbelehrung innerhalb eines Monats auszuüben ist. Folglich ist für die entsprechende Anwendung von § 355 Abs. 4 BGB beim Rückgaberecht kein Raum, da dieses immer vor Erlöschen verfristen würde.[61] Die Rückgabefrist beginnt nicht vor Erhalt der Sache und auch nicht vor Belehrung des Verbrauchers über das Rückgaberecht in Textform. Auf letzteren Zeitpunkt kommt es aber eigentlich praktisch nicht an: wenn die Belehrung dem Verbraucher vor der Sache zugeht, beginnt die Frist noch nicht; im umgekehrten Fall ist, da der Zeitpunkt des Vertragsabschlusses bei Erhalt der Sache längst überschritten sein dürfte, eine nachträgliche Belehrung über das Rückgaberecht nicht möglich. Wenn der Unterneh-

---

[55] Das Gewicht ist nämlich – auch bei der Deutschen Post AG – nicht das einzige Ausschlusskriterium, vgl. auch *Saenger* in: Erman, § 356 Rn. 10; *Mankowski*, Beseitigungsrechte, 2003, S. 886.
[56] Klassisches Speditionsgut wie größere Möbelstücke etc. Noch für die Einbeziehung der Spedition als zumutbares Transportmittel die Bundesregierung, BT-Drs. 14/6857, S. 57, dagegen *Grothe* in: Bamberger/Roth, § 356 Rn. 4.
[57] Auf andere Versandunternehmen kann, muss der Verbraucher aber in diesem Fall nicht zurückgreifen, so insoweit zu Recht *Masuch* in: MünchKomm-BGB, § 356 Rn. 26, Fn. 50.
[58] *Grothe* in: Bamberger/Roth, § 356 Rn. 5.
[59] A.A. Masuch in: MünchKomm-BGB, § 356 Rn. 26.
[60] A.A. *Grothe* in: Bamberger/Roth, § 356 Rn. 6.
[61] A.A. wohl *Grüneberg* in: Palandt, § 356 Rn. 10.

mer gleichwohl über ein Rückgaberecht belehrt, beginnt die Frist richtigerweise nicht vor Belehrung des Verbrauchers über ein Widerrufsrecht mit einmonatiger Frist. Zur Fristwahrung genügt gemäß § 356 Abs. 2 Satz 2 BGB i.V.m. § 355 Abs. 1 Satz 2 BGB die rechtzeitige Absendung.

C. Rechtsfolgen

Die Rechtsfolgen der Rückgabe sind mit denen des Widerrufs gemeinsam in § 357 BGB geregelt. Ist die Ersetzung z.B. wegen nur eingeschränkter Einräumung des Rückgaberechts fehlgeschlagen, steht dem Verbraucher weiterhin das gesetzliche Widerrufsrecht nach § 355 BGB zu. Wegen des Bezugs auf die Rückgabe liegt natürlich keine ordnungsgemäße Widerrufsbelehrung vor, daher beginnt die Widerrufsfrist nach § 355 Abs. 2 Satz 1 BGB nicht zu laufen.[62]

36

---

[62] Vgl. *Masuch* in: MünchKomm-BGB, § 356 Rn. 24.

§ 357 BGB Rechtsfolgen des Widerrufs und der Rückgabe

(Fassung vom 27.07.2011, gültig ab 04.08.2011)

(1) ¹Auf das Widerrufs- und das Rückgaberecht finden, soweit nicht ein anderes bestimmt ist, die Vorschriften über den gesetzlichen Rücktritt entsprechende Anwendung. ²§ 286 Abs. 3 gilt für die Verpflichtung zur Erstattung von Zahlungen nach dieser Vorschrift entsprechend; die dort bestimmte Frist beginnt mit der Widerrufs- oder Rückgabeerklärung des Verbrauchers. ³Dabei beginnt die Frist im Hinblick auf eine Erstattungsverpflichtung des Verbrauchers mit Abgabe dieser Erklärung, im Hinblick auf eine Erstattungsverpflichtung des Unternehmers mit deren Zugang.

(2) ¹Der Verbraucher ist bei Ausübung des Widerrufsrechts zur Rücksendung verpflichtet, wenn die Sache durch Paket versandt werden kann. ²Kosten und Gefahr der Rücksendung trägt bei Widerruf und Rückgabe der Unternehmer. Wenn ein Widerrufsrecht nach § 312d Abs. 1 Satz 1 besteht, dürfen dem Verbraucher die regelmäßigen Kosten der Rücksendung vertraglich auferlegt werden, wenn der Preis der zurückzusendenden Sache einen Betrag von 40 Euro nicht übersteigt oder wenn bei einem höheren Preis der Sache der Verbraucher die Gegenleistung oder eine Teilzahlung zum Zeitpunkt des Widerrufs noch nicht erbracht hat, es sei denn, dass die gelieferte Ware nicht der bestellten entspricht.

(3) ¹Der Verbraucher hat abweichend von § 346 Absatz 2 Satz 1 Nummer 3 Wertersatz für eine Verschlechterung der Sache zu leisten,

1. soweit die Verschlechterung auf einen Umgang mit der Sache zurückzuführen ist, der über die Prüfung der Eigenschaften und der Funktionsweise hinausgeht, und
2. wenn er spätestens bei Vertragsschluss in Textform auf diese Rechtsfolge hingewiesen worden ist.

²Bei Fernabsatzverträgen steht ein unverzüglich nach Vertragsschluss in Textform mitgeteilter Hinweis einem solchen bei Vertragsschluss gleich, wenn der Unternehmer den Verbraucher rechtzeitig vor Abgabe von dessen Vertragserklärung in einer dem eingesetzten Fernkommunikationsmittel entsprechenden Weise über die Wertersatzpflicht unterrichtet hat. ³§ 346 Absatz 3 Satz 1 Nummer 3 ist nicht anzuwenden, wenn der Verbraucher über sein Widerrufsrecht ordnungsgemäß belehrt worden ist oder hiervon anderweitig Kenntnis erlangt hat.

(4) Weitergehende Ansprüche bestehen nicht.

Gliederung

A. Grundlagen 1	3. Nutzungen 20
I. Kurzcharakteristik 1	III. Modifikationen des Rücktrittsrechts 25
II. Gesetzgebungsmaterialien 2	1. Rücksendungspflicht 25
B. Europäischer Hintergrund 4	a. Paketversandfähigkeit 26
C. Anwendungsvoraussetzungen 5	b. Kosten- und Gefahrtragung 32
I. Widerrufs- oder Rückgaberecht des Verbrauchers 5	c. Kostenauferlegung 38
II. Ausübung des Verbraucherrechts 6	2. Verzug 44
D. Rechtsfolgen 9	3. Wertersatz 47
I. Allgemeines 9	a. Wertersatz für die Verschlechterung der Sache 47
II. Rückgewährschuldverhältnis 12	b. Hinweispflicht bei Fernabsatzverträgen 50
1. Rückgewähr 12	c. Vereinbarkeit des Wertersatzes mit Gemeinschaftsrecht 54
a. Anwendung der allgemeinen Rücktrittsvorschriften 12	d. Prüfungsumfang 56
b. Hinsendekosten 15	e. Berechnung des Wertersatzes 58
c. Darlehen, Immobilien und Gesellschaftsrecht 15	4. Herausgabe des Ersatzes 59
2. Wirksamkeit bis zum Widerruf 19	

A. Grundlagen

I. Kurzcharakteristik

Die Vorschriften der §§ 355-360 BGB regeln die Grundsätze zur Rückabwicklung von Verbraucherverträgen. Inhaltlich ähnliche Vorschriften fanden sich bereits in § 361a BGB a.F. und § 361b BGB a.F. § 357 BGB beinhaltet die Rechtsfolgen der Ausübung eines Widerrufs- bzw. Rückgaberechts.

1

II. Gesetzgebungsmaterialien

Zur Regelung der §§ 361a BGB, 361b a.F.: Regierungsentwurf BT-Drs. 14/2658, zum Bericht des Rechtsausschusses BT-Drs. 14/3195, Beschlussempfehlung des Vermittlungsausschusses BT-Drs. 14/2527, Gesetz über Fernabsatzverträge und andere Fragen des Verbraucherrechts sowie zur Umstellung von Vorschriften auf Euro vom 27.06.2000.[1] Zu § 357 BGB: Entwurf der Koalitionsfraktionen, BT-Drs. 14/6040; Entwurf der Bundesregierung mit Stellungnahme des Bundesrates vom 13.07.2001 und Gegenäußerung der Bundesregierung vom 31.08.2001, BT-Drs. 14/6857 = BR-Drs. 338/01; Bericht des Rechtsausschusses BT-Drs. 14/7052; Gesetz zur Modernisierung des Schuldrechts vom 29.06.2001.[2]

2

Das Gesetz zur Schuldrechtsmodernisierung hat die Rechtsfolgen in § 357 BGB gegenüber der Fassung der §§ 361a BGB, 361b BGB a.F., die einige Kritik erfahren hatte[3], nochmals und überwiegend zulasten des Verbrauchers[4] modifiziert. Insbesondere hat der Verbraucher unter bestimmten Voraussetzungen auch für die Ingebrauchnahme der Sache Wertersatz zu leisten. Einige Modifizierungen des Rückgaberechts erfolgten durch das Gesetz zur Änderung der Vorschriften über Fernabsatzverträge bei Finanzdienstleistungen vom 02.12.2004,[5] dazu auch BT-Drs. 15/2946, BT-Drs. 15/3483, BT-Drs. 15/3870, BT-Drs. 15/4062. Weitere Änderungen zu § 357 BGB vgl. das „Gesetz zur Umsetzung der Verbraucherkreditrichtlinie, des zivilrechtlichen Teils der Zahlungsrichtlinie sowie zur Neuordnung der Vorschriften über das Widerrufs- und Rückgaberecht" vom 29.07.2009,[6] vgl. dazu den Gesetzesentwurf BT-Drs. 16/11643 (mit Stellungnahme des Bundesrats und Gegenäußerung der BReg). Letzte Änderungen im Hinblick auf die Wertersatzpflicht geschahen durch das „Gesetz zur Anpassung der Vorschriften über den Wertersatz bei Widerruf von Fernabsatzverträgen und über verbundene Verträge" vom 27.07.2011,[7] vgl. dazu BT-Drs. 17/5097 (Gesetzesentwurf, S. 17 li.Sp.) und BT-Drs. 17/5819 (Beschlussempfehlung und Bericht).

3

B. Europäischer Hintergrund

Die dem § 357 BGB entsprechenden Vorschriften der §§ 361a, 361b BGB a.F. gehen zurück auf die Umsetzung der Fernabsatzrichtlinie[8] und der Unterlassungsklagenrichtlinie durch Gesetz vom 27.06.2000 über Fernabsatzverträge und andere Fragen des Verbraucherrechts sowie zur Umstellung von Vorschriften auf Euro[9]. Weiterhin dient § 355 BGB der Umsetzung der RL 1985/577/EG des Europäischen Parlaments und Rates, 02.12.1985 betreffend den Verbraucherschutz im Falle von außerhalb von Geschäftsräumen geschlossenen sowie der Timesharing-Richtlinie.[10] Zur Vereinbarkeit mit der Fernabsatzrichtlinie hinsichtlich der Wertersatzpflicht des Verbrauchers für die bestimmungsgemäße Ingebrauchnahme vgl. Rn. 54 bzw. für die Nutzung vgl. Rn. 25; zur Haftung für die zufällige

4

---

[1] BGBl I 2000, 897, Berichtigung BGBl I 2000, 1139.
[2] BGBl I 2001, 3138.
[3] Vgl. *Ulmer* in: MünchKomm-BGB, 4. Aufl. 2001, § 361a Rn. 61 m.w.N.
[4] *Hager* in: Ernst/Zimmermann, Zivilrechtswissenschaft und Schuldrechtsreform, 2001, S. 429, 446; *Lorenz* in: Schulze, Die Schuldrechtsreform vor dem Hintergrund des Gemeinschaftsrechts, 2001, S. 329, 349.
[5] BGBl I 2004, 3102-3111.
[6] BGBl I 2009, 2355-2408.
[7] BGBl I 2011, 1600-1607.
[8] RL 1997/7/EG des Europäischen Parlaments und Rates, 02.05.1997.
[9] BGBl I 2000, 887.
[10] RL 1994/47/EG des Europäischen Parlaments und Rates, 26.10.1994, zum Schutze der Erwerber im Hinblick auf bestimmte Aspekte von Verträgen über den Erwerb von Teilzeitnutzungsrechten an Immobilien.

§ 357

Verschlechterung der Sache vgl. Rn. 59. Nächste Änderungen stehen aufgrund der noch erforderlichen Umsetzung der Verbraucherrechte-Richtlinie[11], die bis Ende 2013 umzusetzen ist, bereits an.

C. Anwendungsvoraussetzungen

I. Widerrufs- oder Rückgaberecht des Verbrauchers

5 Für die Anwendung von § 357 BGB bedarf es der Einräumung eines Verbraucherrechts nach den §§ 355, 356 BGB. § 357 BGB gilt gleichermaßen sowohl für das gesetzliche Widerrufs- als auch für das vertraglich vereinbarte Rückgaberecht. Dadurch sollen die Vorschriften der §§ 355, 356 BGB von umfangreichen Rechtsfolgenanordnungen verschont bleiben.[12]

II. Ausübung des Verbraucherrechts

6 Um die Rechtsfolgen nach § 357 BGB eintreten zu lassen, muss der Verbraucher sein Widerrufs- bzw. sein Rückgaberecht in der Form der §§ 355, 356 BGB wirksam ausüben. Keine wirksame Ausübung lag nach Rechtslage des § 7 Abs. 3 VerbrKrG und auch noch nach der Schuldrechtsreform vor, wenn der Verbraucher im Rahmen eines Verbraucherdarlehensvertrages (vgl. § 495 Abs. 1 BGB) das bereits empfangene Darlehen nicht innerhalb von zwei Wochen zurückzahlte, § 495 Abs. 2 Satz 1 BGB a.F. Dies führte im Hinblick auf die Haustürgeschäfterichtlinie[13] zu einem richtlinienwidrigen Ausschluss des Widerrufsrechts, wenn das Verbraucherdarlehen zugleich ein Haustürgeschäft darstellte.[14] Die Vorschrift wurde daher im Rahmen der Reformkorrektur durch Art. 25 OLGVertrÄndG ersatzlos gestrichen.[15] Indes konnten die Parteien – zumindest in der geltenden Fassung des § 506 Abs. 2 BGB bis zum 30.06.2005 – durch besondere schriftliche Vereinbarung die gleiche Rechtsfolge herbeiführen; dies gilt selbstverständlich nicht für Haustürgeschäfte oder verbundene Verträge nach § 358 Abs. 2 BGB.[16]

7 Es ist zu beachten, dass das Widerrufsrecht als Gestaltungsrecht grundsätzlich **bedingungsfeindlich** ist und bei einer Ausübung nach Vertragsschluss nicht als rechtshindernde[17], sondern als **rechtsvernichtende** Einwendung geltend zu machen, da nach der hier vertretenen Auffassung bis zum Ablauf der Widerrufsfrist keine schwebende Unwirksamkeit des Vertrages vorliegt, sondern dieser voll wirksam ist (vgl. dazu bereits die Kommentierung zu § 355 BGB Rn. 51). Der Widerrufende kann bei Verträgen über eine aus objektiver Sicht teilbare Leistung den Widerruf auf einen Teil seiner Willenserklärung und damit auf einen Teil der bestellten Lieferung beschränken.[18] Ob bei diesem **Teilwiderruf** der nicht vom Widerruf erfasste Teil des Vertrages aufrechterhalten bleibt, muss sich in Abweichung von § 139 BGB nach der Zielsetzung des Verbraucherschutzes und nach dem konkreten Vertragsinhalt richten.[19] Sofern kein dahingehender hypothetischer Parteiwille erkennbar ist, erfolgt die Rückabwicklung nicht nach § 357 Abs. 1 BGB i.V.m. § 346 BGB, sondern nach Bereicherungsrecht.[20] Hingegen

---

[11] RL 2011/83/EU des Europäischen Parlaments und des Rates, 25.10.2011, vgl. dazu *Schwab/Giesemann*, EuZW 2012, 253-257; *Heinig*, MDR 2012, 1122-1123; *Schinkels*, JZ 2009, 774-779; *Föhlisch*, MMR 2009, 75-80.

[12] Vgl. Begründung Regierungsentwurf, BT-Drs. 14/6040, S. 199.

[13] RL 1985/577/EG des Europäischen Parlaments und Rates, 02.12.1985 betreffend den Verbraucherschutz im Falle von außerhalb von Geschäftsräumen geschlossenen Verträgen.

[14] So die Einschätzung des Rechtsausschusses des Bundestages, BT-Drs. 14/9266, S. 48; vgl. auch *Möller-Wendehorst* in: Bamberger/Roth, § 495 Rn. 2.

[15] Kritisch hierzu *Artz*, BKR 2002, 603-609, 606 f.

[16] Zu einer möglichen teleologischen Reduktion von § 506 Abs. 2 Satz 2 BGB in dem Falle, wenn ausnahmsweise dem Verbraucher das Darlehen ausbezahlt und noch nicht an den Unternehmer weitergeleitet wurde, vgl. die Kommentierung zu § 358 BGB.

[17] So noch zur alten Rechtslage BGH v. 14.01.1991 - II ZR 190/89 - BGHZ 113, 222-227; BGH v. 16.10.1995 - II ZR 298/94 - BGHZ 131, 82-90; *Werner* in: Staudinger, 13. Bearb. 1998, HWiG § 2 Rn. 8.

[18] *Masuch* in: MünchKomm-BGB, § 355 Rn. 24; wie hier auch AG Wittmund v. 27.03.2008 - 4 C 661/07.

[19] *Masuch* in: MünchKomm-BGB, § 355 Rn. 24; vgl. aber auch BGH v. 05.11.1982 - V ZR 166/81 - WM 1983, 92-93; BGH v. 16.04.1986 - VIII ZR 79/85 - juris Rn. 20 - BGHZ 97, 351-361; BGH v. 26.10.1990 - V ZR 22/89 - juris Rn. 24 - BGHZ 112, 376-381.

[20] BGH v. 08.10.1990 - VIII ZR 176/89 - BGHZ 112, 288-296.

soll sich zugunsten des Verbrauchers nach dem Rechtsgedanken des § 139 BGB ein „Gesamtwiderruf" eines Mobilfunkvertrags durch Widerruf eines zugleich abgeschlossenen Kaufvertrags über ein Notebook und zwei Mobilfunktelefone ergeben können.[21]

Schließt der Unternehmer zugleich mit mehreren Verbrauchern einen Vertrag, können letztere nach § 357 Abs. 1 BGB i.V.m. § 351 BGB das Widerrufsrecht im Grundsatz nur gemeinsam ausüben, da sie dem Unternehmer im Falle der Rückabwicklung als Gesamtschuldner (§§ 421, 427 BGB) haften und § 357 BGB keine gegenüber dem Rücktrittsrechts abweichende Regelung vorsieht. Allein aus dem Wortlaut der mittlerweile gesetzlichen Überschrift des § 357 BGB „Rechtsfolgen" kann sich keine Einschränkung der Verweisung ergeben.[22] Zum einen wiederholt § 357 Abs. 1 BGB dies nicht und zum anderen fehlt in den §§ 355-360 BGB, die nunmehr als Modifikation des Rücktrittsrechts gelten, eine Anordnung für die gemeinsame Ausübung; insofern bleibt es bei der Anwendung von § 351 BGB. Jedoch gilt § 351 BGB für das Widerrufs- bzw. Rückgaberecht nicht uneingeschränkt: Wenn von den mehreren Vertragspartner nur ein Teil zum Widerruf berechtigt sind, so muss es unter restriktiver Anwendung des § 351 BGB diesem gestattet sein, sich ohne Mitwirkung des anderen Teils vom Vertrag zu lösen, um den angestrebten Verbraucherschutz nicht leer laufen zu lassen.[23] Im Fall des § 1357 Abs. 1 BGB kann auch der mitverpflichtete Ehegatte das Widerrufsrecht ausüben.[24]

D. Rechtsfolgen

I. Allgemeines

§ 357 BGB regelt einheitlich die Rechtsfolgen bei Ausübung eines Widerrufs- oder Rückgaberecht des Verbrauchers. Die Regelungen sind halbzwingendes Recht und können zugunsten des Verbrauchers abgeändert werden. Andere Ansprüche neben denen aus § 357 BGB bestehen gemäß § 357 Abs. 4 BGB nicht. § 357 BGB ist daher gegenüber den §§ 280, 823, 812 BGB **lex specialis**. Auch kommt eine Haftung aus den §§ 280 Abs. 1, 241 Abs. 2, 311 Abs. 2 BGB (c.i.c.) wegen Ausübung des Widerrufsrechts ohne sachlichen Grund nicht in Betracht, weil dies mit der Natur und der Begründungsfreiheit des Widerrufsrechts unvereinbar wäre.[25] Sekundäransprüche (z.B. aus positiver Vertragsverletzung, §§ 280 Abs. 1, 241 Abs. 2 BGB), die bis zur Widerrufsausübung entstanden sind, bleiben indes wegen der Wirkung ex nunc des Widerrufs grundsätzlich erhalten.[26] Im Übrigen ist der Anwendungsbereich von § 357 Abs. 4 BGB auf Ansprüche gegen den Verbraucher teleologisch zu reduzieren. Für einen Ausschluss weitergehender Ansprüche gegen den Unternehmer besteht kein Anlass.[27] Vor dem Hintergrund des besonderen Tatbestandes des § 826 BGB ist ein solcher Anspruch neben denen aus § 357 BGB ausnahmsweise anzuwenden.[28] Ebenso bleibt es dem Verbraucher unbenommen, auf sein Widerrufsrecht zu verzichten und andere Gestaltungsrechte zum Tragen zu bringen, so z.B. ein Anfechtungsrecht nach § 119 BGB, um im Ergebnis zu einer Anwendung von Bereicherungsrecht zu gelangen.[29]

§ 357 Abs. 1 Satz 1 BGB lässt die systematische Nähe zwischen Widerruf und Rücktritt erkennen. Mithin handelt es sich beim Widerruf um ein modifiziertes gesetzliches Rücktrittsrecht. Die Leistungen sind Zug um Zug zurückzugewähren, § 357 Abs. 1 Satz 1 BGB i.V.m. § 348 BGB; die §§ 320, 322 BGB sind entsprechend anwendbar.[30] Da § 346 Abs. 2 Satz 1 Nr. 1 BGB keine unterschiedlichen Regelungen für die Zeit vor und nach der Erklärung vorsieht, gelten die Rechtsfolgen nach § 357 BGB für Leistungen vor und nach dem Widerruf.

---

[21] AG Karlsruhe v. 12.10.2007 - 12 C 169/07 - MMR 2008, 859.
[22] A.A. *Masuch* in: MünchKomm-BGB, § 355 Rn. 29; *Bülow*, WM 2000, 2361-2364; 2364; vgl. dazu auch schon die Ausführungen in der Kommentierung zu § 355 BGB.
[23] So *Masuch* in: MünchKomm-BGB, § 355 Rn. 29.
[24] *Grüneberg* in: Palandt, § 355 Rn. 3; *Masuch* in: MünchKomm-BGB, § 355 Rn. 28.
[25] BGH v. 26.09.1995 - XI ZR 199/94 - juris Rn. 21 - BGHZ 131, 1-7; *Masuch* in: MünchKomm-BGB, § 357 Rn. 65.
[26] *Masuch* in: MünchKomm-BGB, § 357 Rn. 12.
[27] So zu Recht *Masuch* in: MünchKomm-BGB, § 357 Rn. 63; *Grüneberg* in: Palandt, § 357 Rn. 16.
[28] Vgl. *Grothe* in: Bamberger/Roth, § 357 Rn. 14.
[29] *Lorenz*, JuS 2000, 833-843, 838.
[30] *Tonner* in: Micklitz/Tonner, Vertriebsrecht, 2002, § 357 Rn. 19; *Masuch* in: MünchKomm-BGB, § 357 Rn. 20; kritisch dazu *Kamanabrou*, WM 2000, 1417-1426, 1425.

§ 357

11 Der Unternehmer muss den Verbraucher über die Rechtsfolgen der Ausübung des Widerrufs- oder Rückgaberechts belehren. Insbesondere ist eine **spezifische Belehrung** gemäß § 357 Abs. 3 Satz 1 Nr. 2, Satz 2 BGB Voraussetzung dafür, dass der Verbraucher für die Verschlechterung durch den Umgang mit der Sache, der über die Prüfung der Eigenschaften und der Funktionsweise hinausgeht, Wertersatz zu leisten hat.

II. Rückgewährschuldverhältnis

1. Rückgewähr

a. Anwendung der allgemeinen Rücktrittsvorschriften

12 Durch den Widerruf bzw. die Rückgabe wandelt sich der Verbrauchervertrag in ein **Rückgewährschuldverhältnis** um[31], auf das die Vorschriften über den gesetzlichen Rücktritt (§§ 346-354 BGB) entsprechende Anwendung finden, soweit nicht ein anderes bestimmt ist, § 357 Abs. 1 Satz 1 BGB. Demgemäß bleibt die Sonderverbindung zwischen Verbraucher und Unternehmer für den Zeitraum der Rückabwicklung bestehen. Gleichwohl kann der Verbraucher den Widerruf des Vertrages als rechtsvernichtende Einwendung gegen einen Zahlungsanspruchs geltend machen. Die in diesem Rahmen bestehenden Rückgewährpflichten werden für den Verbraucher in § 357 Abs. 2 und 3 BGB modifiziert.

13 Der Verbraucher hat die empfangenen Leistungen so, wie sie erbracht worden sind, zurückzugewähren (Stückschuld). Der Erfüllungsort richtet sich grundsätzlich nach § 269 BGB. Nach § 357 Abs. 2 Satz 1 BGB ist der Verbraucher im Rahmen einer **Schickschuld** verpflichtet, die Sache zurückzusenden. Der Unternehmer hat die Geldleistung (inkl. Hinsendekosten) brutto ohne Abzug der Umsatzsteuer an den Verbraucher zu zahlen, ihn trifft insoweit die Geldübermittlungspflicht des § 270 Abs. 1 BGB.

14 Können die Hauptleistungen wegen der Natur des Erlangten nicht zurückgewährt werden, muss grundsätzlich nach § 357 Abs. 1 Satz 1 BGB i.V.m § 346 Abs. 2 Satz 1 Nr. 1 BGB Wertersatz geleistet werden (zu den Modifikationen beim Wertersatz vgl. Rn. 25).

b. Hinsendekosten

15 Die vom Unternehmer zurückzugewährenden Geldleistungen umfassen auch die Kosten für den Versand der Sache an den Verbraucher, die in der Praxis Versandkosten, im Rahmen der Erörterung zu § 357 BGB zur besseren Differenzierung „Hinsendekosten" genannt werden. Es trifft zwar zu, dass es sich bei den Hinsendekosten nach deutschem Verständnis um Vertragskosten handelt, die im Ergebnis vom Verbraucher zu tragen wären.[32] Indes ergibt eine richtlinienkonforme Auslegung der nationalen Vorschriften zum Widerrufsrecht, dass auch dies eine Zahlung durch den Verbraucher darstellt, deren Last der Verbraucher im Falle des Widerrufs nicht tragen soll.[33]

c. Darlehen, Immobilien und Gesellschaftsrecht

16 Bei einem **Darlehensvertrag** ist der widerrufende Darlehensnehmer nach der Rechtsprechung zur sofortigen Rückzahlung und marktüblichen Verzinsung des Darlehens verpflichtet.[34] Dies gilt grundsätzlich auch dann, wenn die Valuta nicht ihm, sondern auf seine Weisung an einen Dritten ausgezahlt wurde.[35] Allerdings gilt dies nicht bei verbundenen Verträgen nach § 358 BGB.[36] Die Sichtweise des

---

[31] Vgl. *Masuch* in: MünchKomm-BGB, § 357 Rn. 2; *Grüneberg* in: Palandt, § 357 Rn. 2; *Tonner* in: Micklitz/Tonner, Vertriebsrecht, 2002, § 357 Rn. 4, 6; *Fuchs*, ZIP 2000, 1273-1287, 1282 f.

[32] Vgl. zum Streitstand vor dem EuGH-Urteil ausführlich BGH v. 01.10.2008 - VIII ZR 268/07 - NJW 2009, 66-68 m.w.N.

[33] EuGH v. 15.04.2010 - C-511/08 - ZIP 2010, 839-841; zuvor bereits verbreitete Auffassung in der Literatur, vgl. statt aller *Eichelberger*, VuR 2008, 167-170.

[34] Vgl. BGH v. 16.05.2006 - XI ZR 6/04 - juris Rn. 20 - NJW 2006, 2099-2106.

[35] BGH v. 12.11.2002 - XI ZR 47/01 - juris Rn. 23 - BGHZ 152, 331-339; BGH v. 26.11.2002 - XI ZR 10/00 - juris Rn. 24 - NJW 2003, 885-886; *Grüneberg* in: Palandt, § 357 Rn. 4.

[36] BGH v. 12.12.2005 - II ZR 327/04 - juris Rn. 29 - NJW 2006, 497-498; BGH v. 14.06.2004 - II ZR 395/01 - juris Rn. 27 - NJW 2004, 2731-2735; OLG Stuttgart v. 23.11.2004 – 6 U 82/03 - juris Rn. 116 - WM 2005, 972-981; KG Berlin v. 28.06.2005 – 4 U 77/03 - WM 2005, 2218-2228; weitergehend OLG Frankfurt v. 22.12.2004 - 9 U 94/03 - juris Rn. 56 - OLGR Frankfurt 2005, 584-586; ausdrücklich a.A. OLG Schleswig v. 02.06.2005 - 5 U 162/01 - juris Rn. 60 - WM 2005, 1173-1180.

BGH wurde im Grundsatz durch den EuGH bestätigt.[37] Stellen der Kreditvertrag und das zu finanzierende Geschäft eine wirtschaftliche Einheit i.S.d. § 358 Abs. 3 BGB dar, dann trifft den Verbraucher keine Rückzahlungsverpflichtung. Er schuldet vielmehr nur die Rückleistung der Gesellschaftsanteile (vgl. zu den Schrottimmobilienfällen ausführlich die Kommentierung zu § 358 BGB Rn. 38). Dies gilt nach der Rechtsprechung des EuGH zu den sog. **Schrottimmobilien**, wenn der Darlehensgeber den Verbraucher nicht ordnungsgemäß über das Widerrufsrecht belehrt hat. Hier muss der Darlehensgeber nach richtlinienkonformer Auslegung auch das Risiko der Investition tragen. Artikel 4 der Richtlinie 85/577 gebietet demnach den Mitgliedstaaten, dafür zu sorgen, dass ihre Verbraucher vor der Realisierung der mit Immobiliengeschäften einhergehenden Risiken geschützt sind.[38]

Im Einzelfall sind bei einem **Beitritt zu einer Gesellschaft** die Grundsätze über den fehlerhaften Beitritt zu einer Gesellschaft zu beachten, die zu einer Kündigung des Vertrages und einem Abfindungsanspruch führen;[39] eine Nachschusspflicht entfällt.[40] Der Unternehmer hat darüber auch in der Widerrufsbelehrung aufzuklären; in richtlinienkonformer Auslegung kann sich der Unternehmer nicht auf die Musterwiderrufsbelehrung berufen.[41] Diese Grundsätze gelten auch für den Beitritt zu einer typischen bzw. atypischen stillen Gesellschaft, bei der Anleger als Kommanditisten und stille Gesellschafter beteiligt werden.[42] Wenn in Form einer Innengesellschaft keine Gefahr einer Schädigung von Gesellschaftsgläubigern besteht, kommt auch ein Anspruch auf Rückgewähr des Geleisteten in Betracht.[43] 17

Bei Abschluss eines Darlehensvertrages muss der Kreditgeber grundsätzlich auch die vom Verbraucher gewährten Sicherheiten zurückleisten; dies gilt nicht, wenn der Sicherheitszweck auch die Rückgewähransprüche des Kreditgebers umfasst.[44] 18

2. Wirksamkeit bis zum Widerruf

Vor Einführung des FernAbsG sah eine Mehrheit der verbraucherschützenden Widerrufsrechte vor, dass der Vertrag, solange die Widerrufsfrist nicht abgelaufen und das Widerrufsrecht nicht ausgeübt worden ist, schwebend unwirksam ist.[45] Die Willenserklärung war daher (noch) nicht wirksam und Erfüllungs- oder Gewährleistungsansprüche folglich zunächst ausgeschlossen. § 23 KAGG sowie § 11 AuslInvG hingegen sahen eine schwebende Wirksamkeit vor: Der Vertrag ist demnach bis zum Widerruf wirksam und begründet daher bereits beidseitige Erfüllungsansprüche. Mit der Einführung des § 361a BGB a.F. und jetzt mit § 355 BGB verband der Gesetzgeber die Einschätzung, dass „die Konstruktion der **schwebenden Wirksamkeit** für alle Verbraucherschutzgesetze eingeführt"[46] wurde. Dazu ist festzuhalten: Wie der Gesetzgeber selbst feststellt, war er „konstruktiv nicht festgelegt", weil sich die Modelle in ihrer Wirkung für den Verbraucher nicht wesentlich unterscheiden.[47] Gleichwohl legt sich der Gesetzgeber auf das Konstrukt der schwebenden Wirksamkeit fest, folgend einer und ge- 19

---

[37] EuGH v. 25.10.2005 - C-350/03 - ABl EU 2006, Nr. C 86, 2-3; EuGH v. 25.10.2005 - C-229/04 - ABl EU 2006, Nr. C 86, 7-8; vgl. die Vorlagefrage OLG Bremen v. 27.05.2004 - 2 U 20/02, 2 U 23/2002, 2 U 53/2002 - NJW 2004, 2238-2243 sowie *Martis*, MDR 2007, 373-382.

[38] EuGH v. 25.10.2005 - C-350/03 - ABl EU 2006, Nr. C 86, 2-3; EuGH v. 25.10.2005 - C-229/04 - ABl EU 2006, Nr. C 86, 7-8.

[39] Vgl. BGH v. 25.04.2006 - XI ZR 193/04 - juris Rn. 18 - BGHZ 167, 252-268; BGH v. 31.01.2005 - II ZR 200/03 - juris Rn. 18 - NJW-RR 2005, 1073-1075; BGH v. 21.07.2003 - II ZR 387/02 - BGHZ 156, 46-57; BGH v. 02.07.2001 - II ZR 304/00 - juris Rn. 14 - BGHZ 148, 201-209; OLG Köln v. 24.03.2004 - 13 U 123/03 - juris Rn. 52 - WM 2005, 557-561; OLG München v. 12.06.2002 - 27 U 939/01 - juris Rn. 52 - ZIP 2003, 338-342; OLG Rostock v. 01.03.2001 - 1 U 122/99 - juris Rn. 22 - WM 2001, 1413-1415; OLG Stuttgart v. 09.03.2004 - 6 U 166/03 - ZIP 2004, 891-900; OLG Stuttgart v. 16.09.1999 - 6 U 72/99 - juris Rn. 14 - OLGR Stuttgart 1999, 430-431; *Tonner* in: Micklitz/Tonner, Vertriebsrecht, 2002, § 357 Rn. 5; *Grüneberg* in: Palandt, § 357 Rn. 4a; *Guggenberger*, ZGS 2011, 397-406; *Bayer/Riedel*, NJW 2003, 2567-2572 sowie die Kommentierung zu § 358 BGB m.w.N.

[40] OLG München v. 23.11.2006 - 8 U 3479/06 - NZG 2007, 225-226.

[41] So zu Recht *Maume*, VuR 2012, 87-91, 91.

[42] BGH v. 29.11.2004 - II ZR 6/03 - juris Rn. 11 - NJW-RR 2005, 627-629.

[43] OLG Jena v. 26.02.2003 - 4 U 786/02 - ZIP 2003, 1444-1450.

[44] BGH v. 26.11.2002 - XI ZR 10/00 - NJW 2003, 885-886, 886; *Kaiser* in: Staudinger, § 357 Rn. 7.

[45] § 7 VerbrKrG in der Fassung vom 17.12.1990, § 1 HTürGG in der Fassung vom 16.01.1986, § 5 TzWrG in der Fassung vom 20.12.1996. Vgl. zum Folgenden auch die Kommentierung zu § 355 BGB.

[46] BT-Drs. 14/2648, S. 47.

[47] Vgl. BT-Drs. 14/2648, S. 42.

folgt von einer beträchtlichen Anzahl an Autoren.[48] Indes bedarf es eines Modells der schwebenden Wirksamkeit nicht. Ein Vertrag, auf den in unsicherer Zukunft[49] ein Gestaltungsrecht einzuwirken droht, wäre danach immer nur in der Schwebe. Indes sind die vertraglichen Ansprüche nur möglicherweise einer rechtsvernichtenden Einwendung ausgesetzt; der Vertrag ist bis dahin aber voll wirksam. Dafür ein missverständliches Modell der schwebenden Wirksamkeit zu bemühen, ist zwar nicht falsch, aber überflüssig.[50] Ob die Wirkung des Widerrufs ex nunc oder ex tunc eintritt, lässt die Formulierung „nicht mehr gebunden" nicht eindeutig erkennen. Die besseren Argumente sprechen für eine Wirkung ex nunc.[51]

3. Nutzungen

20   Der Verbraucher hat gezogene **Nutzungen** herauszugeben oder dafür unter Umständen Wertersatz zu leisten, § 357 Abs. 1 BGB i.V.m. § 346 Abs. 1 und 2 BGB (zu den Modifikationen des Rücktrittsrecht beim Wertersatz vgl. Rn. 25). Bei nicht gezogenen Nutzungen gilt grundsätzlich – vorbehaltlich § 312e Abs. 1 Satz 2 BGB n.F. – § 347 BGB. Die Privilegierung des § 347 Abs. 1 Satz 2 BGB ist auch auf den Verbraucher anzuwenden.[52] Beim Timesharing (Teilzeitwohnrechtvertrag) besteht für Nutzungen und geleistete Dienste keine Vergütungspflicht, § 485 Abs. 5 BGB. Nach § 4 Abs. 3 FernUSG besteht ebenfalls kein Anspruch zur Vergütung von Unterrichtserteilung und Gebrauchsüberlassung von Lehrmaterialien für die Zeit bis Widerrufsausübung.

21   Fraglich war, ob und inwieweit eine Pflicht des Verbrauchers zur Nutzungsentschädigung im Fernabsatz nach § 357 BGB a.F. mit Gemeinschaftsrecht vereinbar war. Nach Art. 6 Abs. 2 Satz 2 der Fernabsatzrichtlinie soll der Verbraucher nämlich nur die unmittelbaren Kosten der Rücksendung tragen.[53] Zwar gilt dies nach ausdrücklichem Wortlaut der Richtlinie nur für „infolge der Ausübung des Widerrufsrechts" entstandene Kosten. Ein Anspruch auf Nutzungsentschädigung kommt aber nur deshalb in Betracht, weil der Verbraucher sein Widerrufsrecht ausübt.[54] Der Verbraucher kann davon ausgehen, dass er die Sache bis dahin auch kostenfrei benutzen darf. Müsste er anschließend den Gebrauchszeitraum vergüten, würde er von der Wahrnehmung seiner Verbraucherrechte abgeschreckt. Da Art. 6 Abs. 2 Satz 2 Fernabsatzrichtlinie gerade dies vermeiden will, war das deutsche Recht insoweit nicht mit der Richtlinie vereinbar.

22   Der EuGH[55] hat insoweit entschieden, dass der nationale Gesetzgeber im Hinblick auf Fernabsatzverträge keine Regelung vorsehen darf, der gemäß generell Wertersatz für die Nutzung der Ware verlangt werden kann. Dies stehe jedoch einer gesetzlichen Regelung nicht entgegen, demnach der Verbraucher auch im Fernabsatz sehr wohl Wertersatz leisten muss, wenn er die Sache in einer Art und Weise genutzt hat, die mit den Grundsätzen des bürgerlichen Rechts (z.B. Treu und Glauben) nicht übereinstimmt. Dies soll freilich dann wiederum nicht gelten, wenn die Wirksamkeit und Effektivität des Wi-

---

[48] *Saenger* in: Erman, § 355 Rn. 12; *Amann-Brambring/Hertel*, Vertragspraxis nach neuem Schuldrecht, 2. Aufl. 2003, E. V.2. (S. 375); *Mankowski*, Beseitigungsrechte, 2003, S. 33, 36 ff.; *Berger*, Jura 2001, 289-293, 291; *Tonner*, BB 2000, 1413-1420, 1415.

[49] Besonders bei häufig vorkommender fehlerhafter Widerrufsbelehrung, die eine Verfristung und ein Erlöschen des Widerrufsrechts verhindert.

[50] Ebenso kritisch *Grothe* in: Bamberger/Roth, § 357 Rn. 3; *Tonner* in: Micklitz/Tonner, Vertriebsrecht, 2002, § 355 Rn. 18; *Waldenberger* in: Hoeren/Ulrich, Handbuch Multimedia-Recht, 2004, 13.4 Rn. 136; *Schmidt-Kessel*, ZGS 2002, 311-319, 313; *Fuchs*, ZIP 2000, 1273-1287, 1282; *Lorenz*, JuS 2000, 833-843, 835; wie hier jetzt auch OLG Koblenz v. 09.01.2006 - 12 U 740/04 - juris Rn. 28 - NJW 2006, 919-922.

[51] So auch OLG Koblenz v. 09.01.2006 - 12 U 740/04 - juris Rn. 28 - NJW 2006, 919-922; *Grothe* in: Bamberger/Roth, § 357 Rn. 3; *Masuch* in: MünchKomm-BGB, § 357 Rn. 12; *Saenger* in: Erman, § 357 Rn. 2; *Rott* in: Kohte/Micklitz/Rott/Tonner/Willingmann, Das neue Schuldrecht, 2003, § 355 Rn. 2; *Mankowski*, Beseitigungsrechte, 2003, S. 51.

[52] *Grüneberg* in: Palandt, § 357 Rn. 7; a.A. *Pfeiffer* in: Soergel, § 357 Rn. 13.

[53] Aus diesem Grund für eine Richtlinienwidrigkeit *Tonner* in: Micklitz/Tonner, Vertriebsrecht, 2002, § 357 Rn. 10; *Mankowski*, Beseitigungsrechte, 2003, S. 893; *Tonner*, BB 2000, 1413-1420, 1415; zweifelnd *Brönneke*, MMR 2004, 127-133, 132; a.A. *Rott* in: Kohte/Micklitz/Rott/Tonner/Willingmann, Das neue Schuldrecht, 2003, § 357 Rn. 13; *Fuchs*, ZIP 2000, 1273-1287, 1285, Fn. 103.

[54] *Mankowski*, Beseitigungsrechte, 2003, S. 893.

[55] EuGH v. 03.09.2010 - C-489/07 - NJW 2009 3015-3016; dazu *Wendehorst*, NJW 2011, 2551-2555; *Buchmann/Föhlisch*, K&R 2011, 433-439; *Lapp*, jurisPR-ITR 19/2009, Anm. 2.

derrufsrechts beeinträchtigt wird, z.B. wenn die Höhe des Wertersatzes außer Verhältnis zum Kaufpreis steht oder wenn der Verbraucher in diesem Zusammenhang die Beweislast für eine übermäßige Benutzung tragen müsste.

Der Gesetzgeber hat reagiert und eine neue Vorschrift für den Fernabsatz in § 312e BGB n.F. eingeführt. Demnach besteht eine Wertersatzpflicht des Verbrauchers im Fernabsatz nur für Nutzungen, wenn er trotz Hinweisen die Ware in einer Art und Weise genutzt hat, die über die Prüfung der Eigenschaften und der Funktionalität der Ware hinausgeht.[56] Nach dem Wortlaut der Vorschrift trägt der Unternehmer für das Vorliegen dieser Nutzung die Beweislast; § 347 BGB ist ausdrücklich ausgeschlossen. Indes ist fraglich, ob der demnach zu leistende Wertersatz für die gewöhnliche Nutzung, die über eine Prüfung der Sache hinausgeht, nach der Vorstellung des EuGH in jedem Fall ersatzpflichtauslösend sein soll. Da § 312e BGB n.F. weder eine Einschränkung auf eine Angemessenheit des Wertersatzes enthält noch das Verhältnis zwischen Kaufpreis und Wertersatzhöhe berücksichtigt,[57] sind die deutschen Widerrufsvorschriften in diesem Zusammenhang weiterhin **richtlinienwidrig**. Im Rahmen der erforderlichen richtlinienkonformen Auslegung gilt es, die Höhe des Wertersatzes ins Verhältnis zu setzen und zu beschränken.

23

Soweit es sich nicht um einen Fernabsatzvertrag nach § 312b Abs. 1 Satz 1 BGB handelt, gilt indes grundsätzlich die uneingeschränkte Wertersatzpflicht in Bezug auf Nutzungen. Bezüglich der parallelen Problematik beim Wertersatz für eine Verschlechterung der Sache hat sich der Gesetzgeber hingegen für eine einheitliche Regelung in § 357 Abs. 3 Satz 1 BGB entschieden.[58] Zur Frage der Zulässigkeit einer Wertersatzpflicht für bestimmungsgemäßen Gebrauch der Sache im Fernabsatz vgl. Rn. 47.

24

III. Modifikationen des Rücktrittsrechts

1. Rücksendungspflicht

Neben den sich aus § 346 BGB ergebenden Pflichten hat der Verbraucher gemäß § 357 Abs. 2 Satz 1 BGB grundsätzlich die Pflicht, die Sache an den Unternehmer zurückzusenden. Für das Widerrufsrecht ergibt sich dies direkt aus § 357 Abs. 2 Satz 1 BGB, für das Rückgaberecht schon aus § 356 Abs. 2 Satz 1 BGB. Diese gesetzlich auferlegte Schickschuld[59] korrespondiert mit der Geldübermittlungspflicht des Unternehmers nach § 270 Abs. 1 BGB. Eine Verpflichtung des Verbrauchers, ein bestimmtes vom Unternehmer vorgeschlagenes Versandunternehmen zu benützen oder vom Unternehmer zur Verfügung gestellte Paketscheine telefonisch oder über Internet zu bestellen oder zu verwenden, besteht nicht.

25

a. Paketversandfähigkeit

Von der Rücksendungspflicht befreit ist der Verbraucher, wenn die Sache nicht paketversandfähig ist. In diesem Fall hat er die Ware zur Abholung in dem Zustand bereitzuhalten, in dem sie sich zum Zeitpunkt des Widerrufs befand; die Schickschuld wandelt sich in eine Holschuld um.[60]

26

Wann eine Sache **nicht als Paket versandt** werden kann, ist vom Gesetz nicht näher festgelegt. Zunächst kommen hier Fälle in Betracht, in denen die Ware schon beim Transport oder später untergeht, da sie auch in diesem Falle nicht zurückgesendet werden kann. In Anlehnung an die AGB von DHL (Deutschen Post AG) soll ein Paket als nicht versandfähig anzusehen sein, das ein Gewicht von über 20 kg hat.[61] Dem ist entgegenzuhalten, dass die Formulierung des § 8 VerbrKrG a.F. „bei nicht postpaketversandfähigen Sachen" in § 361b BGB a.F. und § 356 BGB nicht übernommen worden ist. Auf die AGB eines einzelnen Unternehmens kann es daher nicht ankommen, weil dies die Möglichkeiten des freien

27

---

[56] So der Referentenentwurf zur Anpassung der Vorschriften über den Wertersatz bei Widerruf von Fernabsatzverträgen vom 23.03.2010, vgl. dazu auch *Föhlisch*, MMR 2010, 289-290, 290.

[57] Dies ist aber wohl nach Ansicht des EuGH zwingend erforderlich, vgl. EuGH v. 03.09.2010 - C-489/07 - juris Rn. 27 - NJW 2009, 3015-3016.

[58] Vgl. die Begründung zum Entwurf des „Gesetzes zur Anpassung der Vorschriften über den Wertersatz bei Widerruf von Fernabsatzverträgen und über verbundene Verträge" vom 27.07.2011, BT-Drs. 17/5097, S. 11 re.Sp.

[59] Vgl. dazu LG Kleve v. 22.11.2002 - 5 S 90/02 - NJW-RR 2003, 196-197; *Kaiser* in: Staudinger, § 357 Rn. 9; *Grothe* in: Bamberger/Roth, § 357 Rn. 3.

[60] So auch *Masuch* in: MünchKomm-BGB, § 357 Rn. 22; *Grothe* in: Bamberger/Roth, § 357 Rn. 3; *Saenger* in: Erman, § 357 Rn. 7; *Grüneberg* in: Palandt, § 357 Rn. 5; a.A. *Kaiser* in: Staudinger, § 357 Rn. 9.

[61] *Grüneberg* in: Palandt, § 356 Rn. 9; *Masuch* in: MünchKomm-BGB, § 356 Rn. 26 (Fn. 50); *Jauernig* in: Jauernig, § 356 Rn. 5; *Grothe* in: Bamberger/Roth, § 356 Rn. 4; *Mankowski*, Beseitigungsrechte, 2003, S. 886; wohl auch *Rott* in: Kohte/Micklitz/Rott/Tonner/Willingmann, Das neue Schuldrecht, 2003, § 356 Rn. 4.

28 Marktes im Paketdienst verkennt. Eine gesetzliche Festlegung – vermeintlich zum Wohl des Verbrauchers[62] – auf den Service der Deutschen Post AG wäre aus diesem Gesichtspunkt heraus gar nicht zulässig[63]. Ebenso scheidet dann aber die Auslegung einer gesetzlichen Vorschrift in Anlehnung an die AGB eines Privatunternehmens aus.

28 Stattdessen ist zu differenzieren: Bei Verträgen, bei denen der Verbraucher die Ware mittels Paket – sei es durch DHL, Deutscher Paketdienst (DPD), Hermes Versand, FedEx, United Parcel Service (UPS), German Parcel (GLP) oder ähnliche Unternehmen – erhalten hat, wird es dem Verbraucher grundsätzlich zumutbar sein, das Paket auf demselben Wege zurückzusenden.[64] Im Regelfall wird der Versandunternehmer mit einem bestimmten Paketservice zusammenarbeiten und die Retournierung für den Verbraucher durch Abholservice oder Angabe von Paketannahmestellen erleichtern. Sollten im Vergleich zu DHL höhere Lieferkosten entstehen, geht dies zumindest bei einem Rückgaberecht nicht zulasten des Verbrauchers, da ihm diese Kosten dann nicht aufgebürdet werden dürfen.[65] Es wäre aber witzig, wenn der Verbraucher sich bei einem Gewicht des Pakets von z.B. 22 kg auf den Standpunkt stellen könnte, er habe das Paket zwar vor kurzem von einem bekannten Paketdienst erhalten, er erkläre aber nun sein Rücknahmeverlangen, weil die Sache nicht paketversandfähig sei; dies gilt erst recht, wenn anschließend der vom Unternehmer beauftragte Paketdienst das Paket beim Verbraucher im Rahmen seiner normalen Beförderungsbedingungen abholt. Sollte der Verbraucher zunächst gleichwohl eine Filiale von DHL aufsuchen und abgewiesen werden, wird es dem Verbraucher zuzumuten sein, ersatzweise zumindest den Paketdienst der Hinsendung zu beauftragen. Dies gilt wiederum nicht, wenn z.B. eine zu große Entfernung zur nächsten Paketannahmestelle vorliegt.

29 Hat der Verbraucher die Ware nicht als Paket erhalten, so steht es dem Verbraucher in der Tat frei, zur Ausübung seines Widerrufs- oder Rückgaberechts einen Paketdienst seiner Wahl mit der Rücksendung zu beauftragen; wird er insoweit wegen Übergewicht des Pakets abgewiesen, ist der Verbraucher nicht gehalten, die Versandbedingungen weiterer Paketdienste zu studieren; er kann demnach sein Rücknahmeverlangen aussprechen. Nur wenn also aufgrund der Maße, des Gewichts oder eines anderen Grundes ein Transport als Paket schon naturgemäß ausscheidet und dies einen Transport durch die bekannten Paketdienste ausschließt[67], ist eine Paketversandfähigkeit allgemein zu verneinen und ein Rücknahmeverlangen ausreichend. Ebenfalls aufgrund der Natur der Sache scheidet eine Paketversandfähigkeit aus, wenn sonstige Leistungen Vertragsgegenstand sind. Darüber hinaus können nach dem offenen Wortlaut der Vorschrift – „nicht versandt werden kann" – auch solche Gründe zu einem Rücknahmeverlangen führen, die ihre Ursache nicht in der Sache selbst, sondern in der Person oder den äußeren Umständen haben, so z.B. ein Streik der Beschäftigten bei DHL.[68] Hingegen kann der Verbraucher sich nicht auf ein reines Rücknahmeverlangen beschränken, nur weil eine Versendung ins Ausland erforderlich ist.[69]

30 Das **Risiko der Einschätzung** der Paketversandfähigkeit trägt nicht der Verbraucher, sondern der Unternehmer.[70] Denn diesem obliegt es, den Verbraucher über Modalitäten der Rücksendung zu informieren. Der Verbraucher hat daher keinerlei Erkundigungspflichten; allerdings kann die Paketversandfähigkeit offensichtlich sein, insbesondere, wenn dem Verbraucher die Sache per Paket geliefert worden ist. Fehlt es an der Offensichtlichkeit, kann der Verbraucher auch durch das Rücknahmeverlangen sein Rückgaberecht fristgerecht ausüben bzw. seine Pflicht nach § 357 Abs. 2 Satz 1 BGB verneinen. So-

---

[62] Dies ist wohl der Gedanke bei *Masuch* in: MünchKomm-BGB, § 356 Rn. 26 (Fn. 50); *Mankowski*, Beseitigungsrechte, 2003, S. 886.

[63] So auch *Grothe* in: Bamberger/Roth, § 356 Rn. 4; *Brönneke*, MMR 2004, 127-133, 130, Fn. 24.

[64] Ähnlich *Saenger* in: Erman, § 356 Rn. 9; *Kessal-Wulf* in: Staudinger, 13. Bearb. 1998, VerbrKrG § 8 Rn. 30; *Brönneke*, MMR 2004, 127-133, 131. Nach *Tonner* in: Micklitz/Tonner, Vertriebsrecht, 2002, § 356 Rn. 10 kann der Unternehmer übrigens im Falle der Abholung durch den Paketdienst sogar verlangen können.

[65] *Grothe* in: Bamberger/Roth, § 356 Rn. 4. Dies gilt vorbehaltlich eines Einwands aus § 242 BGB wegen Verletzung von Rücksichtnahmepflichten.

[66] Das Gewicht ist nämlich – auch bei der Deutschen Post AG – nicht das einzige Ausschlusskriterium, vgl. auch *Saenger* in: Erman, § 356 Rn. 10; *Mankowski*, Beseitigungsrechte, 2003, S. 886.

[67] Klassisches Speditionsgut wie größere Möbelstücke etc. Noch für die Einbeziehung der Spedition als zumutbares Transportmittel die Bundesregierung, BT-Drs. 14/6857, S. 57, dagegen *Grothe* in: Bamberger/Roth, § 356 Rn. 4.

[68] Auf andere Versandunternehmen kann, muss der Verbraucher aber nicht zurückgreifen, so zu Recht *Masuch* in: MünchKomm-BGB, § 356 Rn. 26, Fn. 50.

[69] *Grothe* in: Bamberger/Roth, § 356 Rn. 5.

[70] A.A. *Masuch* in: MünchKomm-BGB, § 356 Rn 26.

fern er dabei die Paketversandfähigkeit fälschlicherweise verneint hat, kann der Unternehmer ihn immer noch zur Zusendung der Ware auf dem möglichen Wege auffordern. Jedenfalls wird der Unternehmer aufgrund der beschriebenen Risikoverteilung mit dem Einwand, die Frist für das Rückgaberecht sei abgelaufen, nicht durchdringen. Im Ergebnis bleibt daher festzuhalten, dass es einer einschränkenden Auslegung des Begriffes „Paketversandfähigkeit" zum Schutze des Verbrauchers nicht bedarf, da der Unternehmer, nicht aber der Verbraucher das Risiko einer einfachen Fehleinschätzung trägt.[71]

Welche Pflicht den Verbraucher trifft, wenn er die Sache bei einem Widerruf nicht versenden muss, besagt § 357 BGB nicht. Möglich wäre, in Anlehnung an das Rückgaberecht in § 356 BGB ein Rücknahmeverlangen, welches nicht ohne weiteres in der Widerrufserklärung erkennbar wird, zu fordern.[72] Aufgrund der Komplexität der Widerrufs- und Rückgabevorschriften ist aber kaum denkbar, dass der Gesetzgeber sich über diesen Punkt keine Gedanken gemacht hat: vielmehr ist anzunehmen, dass es der Initiative des Unternehmers überlassen bleibt, für einen Rücktransport der Sache zu sorgen.

b. Kosten- und Gefahrtragung

Die Pflichten zur Rückgewähr der Leistungen sind Zug um Zug zu erfüllen, § 357 Abs. 1 Satz 1 BGB i.V.m. den §§ 346, 348 BGB. Es besteht daher **keine Vorleistungspflicht des Verbrauchers**. Eine solche Vorgabe durch den Unternehmer macht die Belehrung über die Rechtsfolgen der Widerrufsrechtsausübung unrichtig und unwirksam. Ebenso ist es als unzulässig anzusehen, wenn der Verbraucher die Kosten der Hinsendung tragen soll.[73]

Der Unternehmer trägt nach § 357 Abs. 2 Satz 2 BGB immer die Gefahr und grundsätzlich auch die regelmäßigen **Kosten der Rücksendung**. Zu den Kosten einer Rücksendung kann auch ein Abholdienst für ein schweres, aber noch paketversandfähiges Paket zählen, wenn ein anderer Transport dem Verbraucher nicht zumutbar erscheint.[74] Der Verbraucher wird auch dann von seiner Rückgewährpflicht frei, wenn die Sache untergeht oder sich verschlechtert. Es handelt sich bei der Pflicht zur Rücksendung um eine Schickschuld, bei der der Unternehmer die Gefahr des zufälligen Untergangs trägt.[75]

Der Verbraucher kann die Ware in der Regel unfrei versenden; daneben hat er grundsätzlich analog § 669 BGB einen **Anspruch auf einen Vorschuss** auf die Kosten der Rücksendung durch den Unternehmer. Bis zur Zahlung dieses Vorschusses kann der Verbraucher die Rücksendung der Ware verweigern.[76] Dem lässt sich nicht entgegengehalten, der Verbraucher könne das Paket unfrei versenden oder die Kosten seien regelmäßig zu gering.[77] Denn die Kosten der Rücksendung können unter Umständen durchaus die Kosten des reinen Versandes übersteigen (Verpackungsmaterial[78], Fahrtkosten zur Post, etc.). Außerdem ist eine unfreie Versendung von Paketen nicht immer möglich.[79] Zudem muss der Verbraucher bei einer unfreien Versendung die Versandkosten gleichwohl tragen, wenn die Annahme des Pakets verweigert wird. Da aber der Verbraucher nach dem Willen des Gesetzgebers keinerlei Kosten tragen soll, handelt er bei der Rücksendung quasi im Auftrag des Unternehmers. Eine analoge Anwendung von § 669 BGB ist daher gerechtfertigt. Dagegen kann auch nicht eingewendet werden, die Vorschusspflicht passe nicht zum Rückgaberecht, für das § 357 BGB ebenfalls gilt.[80] Die vorstehenden Erwägungen gelten nämlich nur im Falle der Ausübung des Widerrufsrechts oder Geltendmachung eines Rücknahmeverlangens bei fehlender Paketversandfähigkeit. Ist ein Rückgaberecht vereinbart, handelt

---

[71] A.A. *Grothe* in: Bamberger/Roth, § 356 Rn. 6.
[72] So z.B. *Saenger* in: Erman, § 357 Rn. 7.
[73] BGH v. 19.03.2003 - VIII ZR 295/01 - juris Rn. 5 - BGHZ 154, 239-247; vgl. auch OLG Karlsruhe v. 05.09.2007 - 15 U 226/06 - juris Rn. 14 - WM 2008, 419-422.
[74] *Tonner* in: Micklitz/Tonner, Vertriebsrecht, 2002, § 357 Rn. 10 verneint dies grundsätzlich.
[75] *Grüneberg* in: Palandt, § 357 Rn. 5; *Roth*, JZ 2000, 1013-1019, 1018; *Lorenz*, JuS 2000, 833-843, 837.
[76] *Artz/Bülow*, NJW 2000, 2049-2056, 2052; zustimmend *Ring* in: AnwK-BGB, Bd. 2, § 357 Rn. 18; auch *Ulmer* in: MünchKomm-BGB, 4. Aufl. Bd. 2a, § 357 Rn. 14; a.A. *Kaiser* in: Staudinger, § 357 Rn. 55; *Masuch* in: MünchKomm-BGB, § 357 Rn. 23; *Grüneberg* in: Palandt, § 357 Rn. 5; *Grothe* in: Bamberger/Roth, § 357 Rn. 6; *Saenger* in: Erman, § 357 Rn. 3; *Hansen*, ZGS 2006, 14-19.
[77] So *Tonner* in: Micklitz/Tonner, Vertriebsrecht, 2002, § 357 Rn. 14.
[78] Vgl. *Ring* in: AnwK-BGB, Bd. 2, § 357 Rn. 29; nach *Tonner* in: Micklitz/Tonner, Vertriebsrecht, 2002, § 357 Rn. 14 sogar die Kosten für einen professionellen Verpacker, soweit dies für eine sichere Versendung erforderlich ist.
[79] Vgl. auch *Tonner* in: Micklitz/Tonner, Vertriebsrecht, 2002, § 357 Rn. 14; eine unfreie Versendung ist meist nur national möglich.
[80] So *Mankowski*, Beseitigungsrechte, 2003, S. 888.

§ 357

der Verbraucher nicht im Sinne eines Auftrags. Für eine analoge Anwendung von § 669 BGB ist dann kein Raum. In der Praxis wird der Verbraucher meist den Weg des geringsten Widerstandes wählen und das Paket unfrei versenden.

35 Teilweise wird dem Verbraucher die Option nahe gelegt, eine Versendung per Nachnahme vorzunehmen.[81] Es ist aber nicht erkennbar, warum der Verbraucher die Kosten der Rücksendung durch das Paketunternehmen auf diesem Weg zurückführen lassen soll; dies erscheint recht umständlich und praxisfern. Der Unternehmer wird das Paket im Zweifel zurückweisen, der Verbraucher wird (zunächst) mit den Kosten belastet. Gerade für diese Fälle steht dem Verbraucher die unfreie Versandmöglichkeit zur Verfügung. Der Unternehmer darf die Entgegennahme der unfreien Sendung nicht durch AGB ausschließen.[82]

36 Verweigert der Unternehmer die Annahme des Pakets[83], wird der Verbraucher von seiner Rücksendeverpflichtung frei. Die bisherige Schick- wandelt sich in eine Holschuld.[84] Keine Lösung von Unternehmerseite ist der Versuch, durch sog. Rücksendungsscheine des favorisierten Versandunternehmens den Verbraucher an diesen Weg der Rückgabe zu binden.[85] Dies schränkt das gesetzliche Widerrufsrecht des Verbrauchers ein, eine dahingehende Widerrufsbelehrung macht diese unwirksam.

37 Der Verbraucher hat aber für eine ordnungsgemäße Verpackung der Ware zu sorgen. Obwohl dies nicht Teil seiner Verpflichtung ist, sei dem Verbraucher daher empfohlen, die Originalverpackung aufzubewahren und im Falle einer Rücksendung zu nutzen. Kommt es zur Beschädigung der Sache beim Transport, haftet der Verbraucher dem Unternehmer auf Schadenersatz.[86] Mithin sollte der Verbraucher aus Beweisgründen einen festgestellten Transportschaden beim Unternehmer geltend machen und nicht die beschädigte Ware im Rahmen einer Rückgabe oder nach Widerruf ohne Hinweis auf den Schaden zurücksenden.

c. Kostenauferlegung

38 Im Gegensatz zum Rückgaberecht nach § 356 BGB können beim Widerrufsrecht nach § 355 BGB dem Verbraucher die **regelmäßigen Kosten** der Rücksendung vertraglich auferlegt werden. Ist das Widerrufsrecht nach § 356 BGB durch ein Rückgaberecht ersetzt worden, besteht diese Möglichkeit hingegen nicht; auch eine analoge Anwendung von § 357 Abs. 2 Satz 3 BGB ist wegen des klaren Wortlauts nicht möglich.[87] Verbindet der Unternehmer das Rückgaberecht gleichwohl mit einer Kostenabwälzung, führt dies nicht nur zur Unwirksamkeit der Ersetzung sowie zum Aufleben des Widerrufsrechts mit verlängerter bzw. gar keiner Frist (vgl. die Kommentierung zu § 355 BGB), sondern auch zur Unwirksamkeit der Abwälzung der Kosten der Rücksendung für das dann vorliegende Widerrufsrecht.

39 § 357 Abs. 2 Satz 3 BGB hat durch Gesetz zur Änderung der Vorschriften über Fernabsatzverträge bei Finanzdienstleistungen vom 02.12.2004[88] eine erhebliche Änderung erfahren. Bei Verbraucherverträgen, die bis einschließlich 07.12.2004 geschlossen wurden, gilt aber noch die alte Fassung (Art. 229 § 11 Abs. 1 EGBGB). Demnach konnten allgemein bei einem Widerrufsrecht nach § 355 BGB dem Verbraucher die regelmäßigen Kosten der Rücksendung vertraglich auferlegt werden, wenn die gelieferte Ware der bestellten entspricht und die Bestellung den Betrag von 40 € nicht erreicht. Als Maßstab für den Bestellwert von 40 € galt insoweit der Inhalt des Antrags zum Vertragsabschluss durch den Verbraucher. Es kam daher darauf an, dass die Summe aller Waren einer Bestellung einschließlich der

---

[81] *Grüneberg* in: Palandt, § 357 Rn. 5; *Schulze* in: Hk-BGB, § 357 Rn. 3; wohl auch *Kaiser* in: Staudinger, § 357 Rn. 55; ähnlich *Mankowski*, Beseitigungsrechte, 2003, S. 886: „unfrei oder per Nachnahme"; dagegen wie hier *Jauernig* in: Jauernig, § 357 Rn. 4.

[82] Hanseatisches Oberlandesgericht Hamburg v. 24.01.2008 - 3 W 7/08 - juris Rn. 20 - OLGR Hamburg 2008, 425-427.

[83] Da die Vorschusspflicht scheinbar zurzeit bei Unternehmern und Verbrauchern relativ unbekannt sein dürfte, wird dies der Regelfall sein. Eine ausdrückliche Regelung im Gesetz ist daher wünschenswert.

[84] *Grüneberg* in: Palandt, § 357 Rn. 5; *Kaiser* in: Staudinger, § 357 Rn. 9.

[85] Der Verbraucher muss dann entweder eine Filiale des Versandunternehmens aufsuchen oder durch einen Telefonanruf die Rücknahme initiieren.

[86] *Masuch* in: MünchKomm-BGB, § 357 Rn. 22; *Tonner* in: Micklitz/Tonner, Vertriebsrecht, 2002, § 357 Rn. 14.

[87] *Masuch* in: MünchKomm-BGB, § 357 Rn. 26.

[88] BGBl I 2004, 3102-3111; vgl. auch RL 2002/65/EG des Europäischen Parlaments und Rates v. 23.09.2002 über den Fernabsatz von Finanzdienstleistungen.

Versandkosten diesen Betrag erreicht.[89] Der Verbraucher konnte auch nur bezüglich eines Artikels aus einer Warenmenge widerrufen, selbst wenn die einzelne Ware die Schwelle von 40 € nicht erreicht.[90] Nach der Neufassung des § 357 Abs. 2 Satz 3 BGB für Verträge, die nach dem 07.12.2004 geschlossen werden, besteht die Möglichkeit der Kostenauferlegung ausdrücklich nur für Fernabsatzverträge. Hier dürfen dem Verbraucher die regelmäßigen Kosten der Rücksendung dann **vertraglich**[91] auferlegt werden, wenn der **Preis der zurückzusendenden Sache** einen Betrag von 40 € (brutto) nicht überschreitet. Darüber hinaus kann bei einem Betrag über 40 € der Verbraucher die Rücksendekosten auch dann tragen, wenn er die Gegenleistung oder eine Teilzahlung noch nicht erbracht hat. Entscheidender Zeitpunkt für die Leistungserbringung ist nicht die Abgabe, sondern der Zugang der Widerrufserklärung; maßgebend ist insoweit die Leistungshandlung (z.B. Überweisungsauftrag), nicht aber der Leistungserfolg.

40

Die Neuregelung des § 357 Abs. 2 Satz 3 BGB soll verhindern, dass einzelne Kunden Ware im großen Stil bestellen, um sie dann postwendend zurückzusenden. Allerdings kann dadurch auch verhindert werden, dass Kunden überhaupt eine Bestellung aufgeben, wenn sie sich durch die drohenden Rücksendekosten abschrecken lassen. Die großen Versandhäuser sollten daher aus Wettbewerbsgründen weiterhin davon absehen, die Kostentragungspflicht auf die Verbraucher abzuwälzen.

41

Weiterhin ausgeschlossen bleibt die Kostenauferlegung, wenn die gelieferte Ware nicht der bestellten entspricht. Die Ausnahme von § 357 Abs. 2 Satz 3 BGB verlangt wörtlich genommen vom Unternehmer hellseherische Fähigkeiten: Danach ist nämlich schon die vertragliche Auferlegung selbst, die im Übrigen einen Hinweis auf diese Ausnahme enthalten muss, dann ausgeschlossen, wenn die schließlich gelieferte Ware nicht der bestellten entspricht. Gemeint ist natürlich eine Ausnahme von der eigentlichen Kostentragung. Insofern die Auslegung der Verbrauchererklärung im Falle einer Schlechtleistung oder Falschlieferung (vgl. § 434 Abs. 3 BGB) überhaupt ergibt, dass dieser nicht Gewährleistungsansprüche, sondern Widerruf bzw. Rückgabe geltend macht, kann der Unternehmer die Rücksendekosten auch bei Bestellung unter 40 € nicht verlangen.[92]

42

Der Verbraucher hat ggf. nur die **regelmäßigen Kosten** zu tragen; unnötige Mehrkosten, die – maßgeblich bei Paketversandunfähigkeit – der Unternehmer veranlasst hat, sind vom Unternehmer zu tragen. Sollte der Verbraucher zusätzliche Artikel nur deshalb bestellen, um den Rücksendewert von 40 € zu erreichen, kann darin grundsätzlich noch kein rechtsmissbräuchliches Verhalten gesehen werden.[93] Die Versandkostenregelungen (z.B. „Versandkostenfrei bei einem Bestellwert über 20 €") der meisten Unternehmen regen solches Verhalten ja geradezu in der Hoffnung an, dass sich der Verbraucher entschließt, auch diese Artikel zu behalten. Im Übrigen dürfte im Regelfall wegen der fehlenden Begründungspflicht bei Widerruf kaum nachweisbar sein, dass der Verbraucher den endgültigen Kauf der Ware nie in Betracht gezogen hat.[94]

43

2. Verzug

Aufgrund der Leistung Zug um Zug kommt der Unternehmer mit der Pflicht zur Rückzahlung des Entgelts an den Verbraucher ohne Mahnung nach 30 Tagen in Verzug. Fristbeginn ist der Zeitpunkt des Zugangs der Widerrufserklärung (§ 355 BGB), des Rücknahmeverlangens oder – bei Ausübung des

44

---

[89] So auch *Saenger* in: Erman, § 357 Rn. 10; *Tonner* in: Micklitz/Tonner, Vertriebsrecht, 2002, § 357 Rn. 16; *Grothe* in: Bamberger/Roth, § 357 Rn. 6; *Rott* in: Kohte/Micklitz/Rott/Tonner/Willingmann, Das neue Schuldrecht, 2003, § 357 Rn. 9; *Brönneke*, MMR 2004, 127-133, 129; *Kamanabrou*, WM 2000, 1417-1426, 1420; *Gaertner/Gierschmann*, DB 2000, 1601-1606, 1604; a.A. *Härting/Schirmbacher*, MDR 2000, 917-922, 921.

[90] *Tonner* in: Micklitz/Tonner, Vertriebsrecht, 2002, § 355 Rn. 36; *Kamanabrou*, WM 2000, 1417-1426, 1420; kritisch *Gaertner/Gierschmann*, DB 2000, 1601-1606, 1604.

[91] Das Einfügen der Widerrufsbelehrung in die AGB genügt dafür nicht, vgl. z.B. OLG Hamm v. 02.03.2010 - I-4 U 180/09, 4 U 180/09 - juris Rn. 27 - NJW-RR 2010, 1193-1194; vgl. auch OLG Brandenburg v. 22.02.2011 - 6 U 80/10 - juris Rn. 26 - NJW-RR 2011, 481-482.

[92] Vgl. *Masuch* in: MünchKomm-BGB, § 357 Rn. 27.

[93] A.A. *Ulmer* in: MünchKomm-BGB, 4. Aufl. Bd. 2a, § 357 Rn. 16, der dem Unternehmer einen Anspruch aus c.i.c. (§§ 280 Abs. 1, 241 Abs. 2, 311 Abs. 2 BGB) bzw. § 242 BGB zusprechen möchte; vgl. aber dagegen BGH v. 26.09.1995 - XI ZR 199/94 - juris Rn. 21 - BGHZ 131, 1-7.

[94] So auch *Brönneke*, MMR 2004, 127-133, 129.

Rückgaberechts (§ 356 BGB) – der Sache, § 357 Abs. 1 Satz 2 BGB i.V.m. § 286 Abs. 3 Satz 1 HS. 1 BGB. Der Unternehmer kann aber auch durch Mahnung nach Fälligkeit in Verzug kommen.[95]

45 Für Verträge, die nach dem 07.12.2004 geschlossen werden, gilt nunmehr § 286 Abs. 3 BGB allgemein für die Verpflichtung zur Erstattung von Zahlungen nach § 357 BGB, also auch zulasten des Verbrauchers. Beim Fristbeginn ist gemäß § 357 Abs. 1 Satz 2 BGB n.F. zu differenzieren: Ist der Unternehmer zur Rückzahlung verpflichtet, beginnt die Frist erst mit Zugang der Widerrufserklärung. Bei einer Erstattungspflicht des Verbrauchers kommt es hingegen auf den Zeitpunkt der Erklärungsabgabe an.

46 Kann die Sache nicht per Paket versendet werden (vgl. zur Paketversandfähigkeit Rn. 26), kommt der Unternehmer durch das Rücknahmeverlangen des Verbrauchers in Annahmeverzug (§ 295 BGB). Der Verbraucher haftet dann gemäß § 300 BGB nur für Vorsatz und grobe Fahrlässigkeit.[96]

3. Wertersatz

a. Wertersatz für die Verschlechterung der Sache

47 Der Verbraucher ist zum einen nach § 357 Abs. 1 BGB i.V.m. § 346 Abs. 1 und 2 BGB verpflichtet, für gezogene Nutzungen (den Gebrauch der Sache) Wertersatz zu leisten (zur Ausnahme im Fernabsatz vgl. Rn. 20 sowie § 312e BGB). Der durch das Schuldrechtsmodernisierungsgesetz neu formulierte und für Verträge ab dem 11.06.2010 um einen weiteren Satz ergänzte § 357 Abs. 3 BGB stellt den Verbraucher darüber hinaus beim Widerruf grundsätzlich schlechter als beim Rücktritt: In Abweichung von § 346 Abs. 2 Satz 1 Nr. 3 BGB muss der Verbraucher auch dann Wertersatz leisten, wenn sich die Sache infolge eines bestimmungsgemäßen Gebrauchs verschlechtert. Dies gilt freilich nur, wenn die Verschlechterung nicht allein auf die Prüfung der Sache und der Funktionsweise zurückzuführen ist (§ 357 Abs. 3 Satz 1 Nr. 1 BGB n.F.) und der Verbraucher grundsätzlich spätestens bei Vertragsschluss in Textform (§ 126b BGB) auf diese Rechtsfolge hingewiesen worden ist;[97] nach der seit dem 04.08.2011 geltenden Fassung des § 358 Abs. 3 BGB muss aber nicht mehr auf konkrete Möglichkeiten zur Vermeidung einer Verschlechterung hingewiesen werden.[98] Der Hinweis muss deutlich gestaltet sein; eine Klausel in den AGB des Unternehmers ist mithin nicht ausreichend.[99] Den möglichen Umfang der Wertersatzpflicht muss er nicht angeben.[100] Zur Vermeidung der Wertersatzpflicht darf sich der Hinweis nicht darauf beschränken, den schlichten Nichtgebrauch der Sache bis zum Ablauf der Widerrufsfrist vorzuschlagen.[101] Vielmehr muss der Unternehmer dem Verbraucher verdeutlichen, welchen Umfang seine wertersatzfreie Warenprüfung haben kann. Laut der nunmehr geltenden gesetzlichen Musters heißt es dazu: „Unter „Prüfung der Eigenschaften und der Funktionsweise" versteht man das Testen und Ausprobieren der jeweiligen Ware, wie es etwa im Ladengeschäft möglich und üblich ist" (Anlage 1 zu Art. 246 § 2 Abs. 3 Satz 1 EGBGB).

48 In seinem Aufsehen erregenden „**Wasserbetten-Urteil**"[102] hatte der BGH bereits vor der letzten Änderung des § 357 Abs. 3 BGB deutlich gemacht, dass der Verbraucher für den Wertverlust, der zwangsläufig durch Testen der Sache entsteht, nicht einzustehen hat. Im entschiedenen Fall hatte der Verbraucher ein Wasserbett bestellt, mit Wasser gefüllt und drei Tage ausprobiert. Den Einwand des Unternehmers, das Wasserbett sei durch das Befüllen mit Wasser nicht mehr verkäuflich und daher der Kaufpreis (anteilig) nicht zurückzuerstatten, ließ der BGH nicht gelten. Im Hinblick auf den Wortlaut, den Sinn und Zweck der Vorschrift sowie nicht zuletzt unter Berücksichtigung der Gesetzesbegründung und der Fernabsatzrichtlinie ist es wenig überraschend, dass der BGH dem Verbraucher das Recht zugesteht, im Rahmen der Prüfung die Kaufsache nicht nur auszupacken und anzuschauen, sondern

---

[95] *Masuch* in: MünchKomm-BGB, § 357 Rn. 40; *Kaiser* in: Staudinger, § 357 Rn. 6; *Kiesel*, NJW 2000, 1673-1682, 1673; *Medicus*, DNotZ 2000, 256-260, 257.

[96] So auch *Grüneberg* in: Palandt, § 357 Rn. 5.

[97] KG v. 11.04.2008 - 5 W 41/08 - juris Rn. 17; KG v. 09.11.2007 - 5 W 304/07 - juris Rn. 25 - GRUR-RR 2008, 1311-1314; OLG Köln v. 24.08.2007 - 6 U 60/07 - juris Rn. 41 - GRUR-RR 2008, 88; OLG Stuttgart v. 04.02.2008 - 2 U 71/07 - juris Rn. 33 - ZGS 2008, 197-200; vgl. dagegen zum Zeitpunkt der Belehrung OLG Hamburg v. 19.06.2007 - 5 W 92/07 - juris Rn. 2 - MMR 2007, 660; kritisch *Mankowski*, Beseitigungsrechte, 2003, S. 896 ff.; vgl. auch *Thein* in: Henssler/Westphalen, Praxis der Schuldrechtsreform, 2. Aufl. 2003, § 357 Rn. 5 ff.

[98] Vgl. Begr. RegE BT-Drs. 17/5097, S. 17 re. Sp.: dies war in der Praxis schlecht zu handhaben.

[99] Vgl. *Masuch* in: MünchKomm-BGB, § 357 Rn. 50; *Rott*, VuR 2001, 78-87, 85.

[100] A.A. *Ring* in: AnwK-BGB, Bd. 2, § 357 Rn. 77; *Grüneberg* in: Palandt, § 357 Rn. 10.

[101] Vgl. *Masuch* in: MünchKomm-BGB, § 357 Rn. 39; *Rott*, VuR 2001, 78-87, 85.

[102] BGH v. 03.11.2010 - VIII ZR 337/09 - juris Rn. 19 - BGHZ 187, 268-279; dazu *Buchmann*, K&R 2011, 42-43.

auch auszuprobieren.[103] Indes darf die Wertersatzpflicht m.E. bei der wertmindernden Herstellung der Gebrauchsfähigkeit nur dann entfallen, wenn davon auszugehen ist, dass dem Verbraucher im Ladengeschäft üblicherweise die Möglichkeit zur probeweisen Benutzung gewährt wird.

Die Vorgaben der Richtlinie und des deutschen Gesetzgebers sind für Fernabsatzhändler also insbesondere dann problematisch, wenn Ware bestellt wird, die zunächst zusammengesetzt oder – wie im Wasserbetten-Urteil[104] – anderweitig wertmindernd in eine gebrauchsfähigen Zustand versetzt werden muss. Anders muss es sich dagegen verhalten, wenn eine Ware versendet wird, die **bestimmungsgemäß eingebaut** werden soll (z.B. Kfz-Ersatzteile). Der Verbraucher soll nur vor Risiken im Fernabsatz geschützt werden, die beim Präsenzkauf nicht auftreten. Demgemäß muss der Verbraucher in die Lage versetzt werden, den Abschluss eines Vertrages auch dann noch ablehnen zu können, wenn er die Sache in Augenschein genommen hat. Bei einem Präsenzkauf kann der Verbraucher zwar eine Sache, die üblicherweise als Ausstellungsstück vorhanden ist, austesten; Einbauware hingegen ist auch im Laden nicht auf eine Funktion in der Gesamtsache prüffähig. Eine Besserstellung des Verbrauchers beim Fernabsatz ist daher hier überflüssig;[105] dies entspricht auch der Musterwiderrufsbelehrung (vgl. Anlage 1 zu Art. 246 § 2 Abs. 3 Satz 1 EGBGB) und widerspricht nicht der Rechtsprechung des EuGH, der eine Wertersatzpflicht unter Berücksichtigung der Grundsätze des bürgerlichen Rechts und Treu und Glauben für richtliniengemäß hält.[106] Jedenfalls gilt diese Wertersatzpflicht nach dem Messner-Urteil des EuGH nur bis zur **Grenze der Angemessenheit**. 49

b. Hinweispflicht bei Fernabsatzverträgen

Nach § 357 Abs. 3 Satz 2 BGB n.F. gilt für Fernabsatzverträge ab dem 11.06.2010, dass ein unverzüglich nach Vertragsschluss in Textform mitgeteilter Hinweis einem solchen bei Vertragsschluss gleichstehen kann. Dies gilt freilich nur, wenn der Verbraucher vor Abgabe seiner Vertragserklärung vom Unternehmer über die Wertersatzpflicht und über den Umgang mit der Sache zur Prüfung unterrichtet wurde. Die Unterrichtung muss „in einer dem eingesetzten Fernkommunikationsmittel entsprechenden Weise" erfolgen. 50

Wie bei § 355 Abs. 2 BGB n.F. verfolgte der Gesetzgeber auch mit § 357 Abs. 3 Satz 2 BGB n.F. eine Gleichstellung von Internetauktion und Online-Shop. Für die Fälle bis zum 11.06.2010 ist es nicht nur umstritten, ob die Unternehmer bei eBay über ein zweiwöchiges Widerrufsrecht oder wegen nachträglicher Belehrung i.S.d. § 355 Abs. 2 BGB über eine einmonatige Frist zu belehren hatten, sondern auch, ob der Verbraucher für bestimmungsgemäßen Gebrauch Wertersatz schulden kann. Dies lag darin begründet, dass der Vertragsschluss nach den Nutzungsbedingungen der bekanntesten Auktionsplattform durch das erfolgreiche Gebot des Verbrauchers zustande kommt und eine Belehrung in Textform vor oder bei Vertragsschluss nicht möglich erschien.[107] Dies wirkt sich in Bezug auf § 357 Abs. 3 BGB insoweit aus, als ein Hinweis in der Belehrung zum erweiterten Wertersatz bei Ingebrauchnahme der Sache nicht rechtzeitig möglich und damit unzulässig war. Es ist aber der ausdrückliche Wille des Gesetzgebers,[108] dass ein unverzüglich nach Vertragsschluss in Textform mitgeteilter Hinweis ausreichend ist. 51

Dazu sollte der Unternehmer bei Online-Auktionen darauf achten, dass dem Verbraucher unmittelbar nach dem erfolgreichen Abschluss der Auktion bzw. des Verkaufs zum Festpreis die Widerrufsbelehrung mit dem entsprechendem Hinweis per E-Mail zugesendet wird; im Zweifel wird dies – wie bisher – durch von der Auktionsplattform initialisierte und automatisierte Benachrichtigung erreicht. Im Allgemeinen gilt, dass der Unternehmer die erste ihm zumutbare Möglichkeit ergreifen muss, um den Hinweis mitzuteilen. Eine schuldhafte Verzögerung liegt in der Regel vor, wenn der Unternehmer nicht spätestens am Tag nach dem Vertragsschluss den Hinweis auf den Weg bringt.[109] 52

---

[103] Frei nach dem unvergessenen Loriot umfasst dies bei einem Bett nun einmal auch das Probeliegen in Rück-, Seit- und Bauchlage. Bei einem Wasserbett ist dazu der befüllte Zustand, wie er auch in einem Möbelhaus anzutreffen gewesen wäre, erforderlich.

[104] BGH v. 03.11.2010 - VIII ZR 337/09 - juris Rn. 19 - BGHZ 187, 268-279.

[105] Vgl. dazu im Allgemeinen zur Richtlinie *Ring* in: AnwK-BGB, Bd. 2, § 357 Rn. 43; vgl. dazu *Rott*, VuR 2001, 78-87, 85.

[106] EuGH v. 03.09.2010 - C-489/07 - juris Rn. 26 - NJW 2009, 3015-3016.

[107] Statt aller *Fröhlisch/Hofmann*, NJW 2009, 1175-1179, 1176 f.

[108] BT-Drs. 16/11643, S. 72.

[109] BT-Drs. 16/11643, S. 72.

53　Gemäß § 312e Abs. 2 BGB hat der Verbraucher bei Fernabsatzverträgen über Dienstleistungen abweichend von § 357 Abs. 1 BGB für die erbrachte Dienstleistung nur dann Wertersatz nach den Vorschriften über den gesetzlichen Rücktritt zu leisten, wenn er vor Abgabe seiner Vertragserklärung auf diese Rechtsfolge hingewiesen worden ist und wenn er ausdrücklich zugestimmt hat, dass der Unternehmer vor Ende der Widerrufsfrist mit der Ausführung der Dienstleistung beginnt; für zu Fernabsatz über Finanzdienstleistungen hinzugefügte Verträge gelten § 357 BGB sowie ggf. § 312e BGB nach § 312f BGB entsprechend.

c. Vereinbarkeit des Wertersatzes mit Gemeinschaftsrecht

54　Durch die bereicherungsähnliche[110] Regelung des Wertersatzes soll verhindert werden, dass der Unternehmer die Last der Wertminderung durch die Ingebrauchnahme allein zu tragen hat. Zudem soll der Verbraucher angehalten werden, mit der Sache pfleglich umzugehen, sofern er sein Widerrufs- oder Rückgaberecht noch ausüben will. Zu beachten ist jedoch, dass dem Verbraucher durch die drohende Wertersatzpflicht die Ausübung des Widerrufs zumindest erschwert wird. Sofern die Sache von geringem Wert ist, die Kosten der Rücksendung auf den Käufer abgewälzt werden und die Sache ihren Neuwert verloren hat, wird die Bereitschaft, vom Widerrufsrecht Gebrauch zu machen, schwinden. Daher bestimmt Art. 6 Abs. 2 der Fernabsatzrichtlinie[111], dass die einzigen Kosten, die dem Verbraucher infolge der Ausübung seines Widerrufrechts auferlegt werden dürfen, die unmittelbaren Kosten der Rücksendung sind. Die Ausübung des Widerrufsrechtes ist aber kausal für die Kosten für den Wertersatz.[112] Eine Abweichung von den Vorgaben der Richtlinie, wie sie noch bis zum 03.08.2011 in § 355 BGB a.F. zu finden war, lässt sich nicht damit begründen, nach dem 14. Erwägungsgrund der Fernabsatzrichtlinie sei es Sache der Mitgliedstaaten, die näheren Einzelheiten und Bedingungen im Falle der Ausübung des Widerrufsrechtes zu regeln. Denn in demselben Erwägungsgrund wird weiter ausgeführt, dass der Verbraucher, wenn überhaupt, nur die unmittelbaren Kosten der Rücksendung zu tragen hat. Frei steht dem nationalen Gesetzgeber daher die Regelung der Modalitäten des Widerrufsrechts nur insoweit, als sie kostenneutral ist. Daran lässt sich auch mittels einer engen Auslegung des Begriffs der „Kosten", indem der Wertersatz als von ihnen nicht erfasst angesehen wird, vorbeikommen. Denn aus Sicht des Verbrauchers macht es für die Ausübung seines Widerrufsrechts keinen Unterschied, ob es sich um Aufwendungsersatz für die Kosten der Rücksendung oder um Wertersatz für Verschlechterung handelt. Ziel der Fernabsatzrichtlinie ist es gerade, sicherzustellen, dass der Verbraucher nach erfolgter Rückabwicklung im Vermögen maximal nur soweit geschmälert ist, wie die Kosten der Rücksendung (Porto, etc.) reichen. Im Ergebnis war daher festzuhalten, dass § 357 Abs. 3 BGB a.F. gegen die Fernabsatzrichtlinie verstieß.[113]

55　Der EuGH hat sich im Fall „Messner"[114] nicht ausdrücklich zum Wertersatz wegen bestimmungsgemäßer Ingebrauchnahme geäußert. Gleichwohl ist der Urteilsbegründung das Verständnis der Fernabsatzrichtlinie zu entnehmen, dass § 357 Abs. 3 BGB insoweit richtlinienwidrig wäre, wenn der Verbraucher Wertersatz leisten muss, obwohl er die Ware nur zum Ausprobieren gebraucht, wie es auch im Laden möglich gewesen wäre. Folgerichtig hat der Gesetzgeber sogleich für alle Widerrufsrechte in § 357 Abs. 3 BGB n.F. eine dahingehende Beschränkung der Wertersatzpflicht aufgenommen.

---

[110] Vgl. BGH v. 02.02.1999 - XI ZR 74/98 - juris Rn. 19 - LM HWiG Nr. 33 (7/1999); OLG Düsseldorf v. 11.07.1991 - 8 U 84/90 - NJW-RR 1992, 506-507; *Gaier*, WM 2002, 1-14, 5.

[111] RL 1997/7/EG des Europäischen Parlaments und Rates, 02.05.1997.

[112] Anders *Grüneberg* in: Palandt, § 357 Rn. 13; vgl. daneben BT-Drs. 14/6040, S. 199.

[113] *Masuch* in: MünchKomm-BGB, § 357 Rn. 5; *Schinkels* in: Gebauer/Wiedmann, Zivilrecht unter europäischem Einfluss, 2004, Kap. 7 Rn. 63, 67; *Tonner* in: Micklitz/Tonner, Vertriebsrecht, 2002, § 357 Rn. 23; *Mankowski*, Beseitigungsrechte, 2003, S. 893 f.; *Hager* in: Ernst/Zimmermann, Zivilrechtswissenschaft und Schuldrechtsreform, 2001, S. 429, 446; *Brüggemeier/Reich*, EB 2001, 213-222, 219; *Rott*, VuR 2001, 78-87, 85; *Schinkels*, ZGS 2009, 539-543, wohl auch *Brönneke*, MMR 2004, 127-133, 132; a.A. *Kaiser* in: Staudinger, § 357 Rn. 31; *Pfeiffer* in: Soergel, § 357 Rn. 15; *Grüneberg* in: Palandt, § 357 Rn. 14; *Saenger* in: Erman, § 357 Rn. 16; *Grothe* in: Bamberger/Roth, § 357 Rn. 10; *Börner/Erberich* in: Schimmel/Buhlmann, Frankfurter Handbuch zum neuen Schuldrecht, 2002, D. IX. Rn. 20; für eine richtlinienkonforme Auslegung *Mörsdorf*, JZ 2010, 232-240, 237. Vgl. dazu auch *Fischer*, K&R 2004, 223 ff.; fehleinschätzend die Begründung des Regierungsentwurfs BT-Drs. 14/6040, S. 201.

[114] EuGH v. 03.09.2010 - C-489/07 - NJW 2009, 3015-3016.

d. Prüfungsumfang

Zur **Prüfung** der Sache gehört das Auspacken der Ware und das Entsiegeln (vgl. aber § 312d Abs. 4 Nr. 2 BGB). Ob auch die Erstzulassung eines Kraftfahrzeugs noch dazu zählt, da eine Prüfung ohne Zulassung nur schwer möglich ist, erscheint zumindest fraglich[115]; eine Testfahrt auf privatem Gelände kann durchaus genügen[116]. Grundsätzlich ist der Begriff der Prüfung der Sache jedoch weit auszulegen.[117] Für eine ausgedehnte Prüfung der Sache kann dem Verbraucher im Einzelfall auch eine kurzzeitige Ingebrauchnahme gestattet sein, ohne hierfür Wertersatz leisten zu müssen; der Einbau einer Kaufsache z.B. in ein Kraftfahrzeug geht aber sicher zu weit, da dies dem Käufer bei einem Ladengeschäft auch nicht ermöglicht wird.[118] Die **Beweislast** für eine Verschlechterung der Sache durch eine Nutzung der Sache über die Prüfung hinaus trägt der Unternehmer.[119] 56

Nach § 357 Abs. 3 Satz 3 BGB findet § 346 Abs. 3 Satz 1 Nr. 3 BGB keine Anwendung. Die Pflicht des Verbrauchers zum Wertersatz entfällt daher auch dann nicht, wenn er diejenige Sorgfalt beobachtet hat, die er in eigenen Angelegenheiten anzuwenden pflegt (diligentia quam in suis, § 277 BGB). Dies gilt allerdings nur, sofern der Verbraucher über sein Widerrufsrecht ordnungsgemäß belehrt worden ist oder er anderweitig Kenntnis erlangt. Dabei muss die anderweitige Kenntniserlangung sinngemäß den Inhalt einer ordnungsgemäßen Widerrufsbelehrung zum Gegenstand haben; allein die Kenntnis von der Widerrufsmöglichkeit reicht nicht aus. Die Beweislast bezüglich der ordnungsgemäßen Belehrung sowie der anderweitigen Kenntniserlangung trägt der Unternehmer.[120] 57

e. Berechnung des Wertersatzes

Der zu ersetzende Wert berechnet sich dabei nicht nach bereicherungsrechtlichen Grundsätzen, sondern richtet sich wegen der Verweisung des § 357 Abs. 1 Satz 1 BGB auf § 346 Abs. 2 Satz 2 BGB nach der vereinbarten Vergütung bzw. dem Kaufpreis; bei Darlehensverträgen kann der Verbraucher im Einzelfall nachweisen, dass der Wert des Gebrauchsvorteils niedriger war, § 346 Abs. 2 Satz 2 HS. 2 BGB.[121] Diese für den Unternehmer praktische Bestimmung gilt mangels Ausnahmevorschrift – entgegen der Rechtsprechung – auch für das Widerrufs- und Rückgaberecht nach den §§ 355, 356 BGB.[122] In der Konsequenz kann sich der Verbraucher bei nichtgegenständlichen Leistungen nur für die Zukunft von der Entgeltpflicht lösen, sofern die erbrachte Leistung vertragsgemäß erbracht wurde. Bei Dienstverträgen ist bei der Bemessung des Wertersatzes die vertraglich vereinbarte Gegenleistung zugrunde zu legen; ein Abzug erfolgt lediglich entsprechend § 441 Abs. 3 BGB, wenn die Gegenleistung mangelhaft war.[123] 58

---

[115] Vgl. dazu *Kaiser* in: Staudinger, § 357 Rn. 25; *Rott*, VuR 2001, 78-87, 85; näher zum Prüfungsrecht auch die amtliche Begründung BT-Drs. 14/6040, S. 199.

[116] Vgl. auch *Grothe* in: Bamberger/Roth, § 357 Rn. 9.

[117] *Mankowski*, Beseitigungsrechte, 2003, S. 899.

[118] Hier ist der Wertersatz aber mit dem EuGH auf einen angemessenen Betrag zu beschränken, wie dies im Einzelfall auch immer entschieden werden soll.

[119] BT-Drs. 17/5097, S. 11 re.Sp.

[120] Vgl. dazu die Stellungnahme des Bundesrates, BT-Drs. 14/6857, S. 24; *Masuch* in: MünchKomm-BGB, § 357 Rn. 52; *Grüneberg* in: Palandt, § 357 Rn. 11.

[121] Vgl. OLG Koblenz v. 14.10.2011 - 10 U 1073/10 - juris Rn. 37, demnach auf den tatsächlich verbleibenden objektiven Wert abzustellen ist, wobei das vertraglich vereinbarte Entgelt die Obergrenze des zu leistenden Wertersatzes bildet.

[122] So zu Recht *Masuch* in: MünchKomm-BGB, § 357 Rn. 25 unter Hinweis auf die Begründung Regierungsentwurf, BT-Drs. 14/6040, S. 196; a.A. BGH v. 15.04.2010 - III ZR 218/09 - juris Rn. 15 - BGHZ 185, 192-205; *Grüneberg* in: Palandt, § 357 Rn. 14; *Grigoleit*, NJW 2002, 1151-1158, 1154; vgl. dazu auch OLG Düsseldorf v. 11.07.1991 - 8 U 84/90 - NJW-RR 1992, 506-507; OLG Köln v. 05.12.1994 - 12 U 75/94 - NJW-RR 1995, 1008-1009.

[123] *Kaiser* in: Staudinger, § 357 Rn. 13; a.A. OLG Köln v. 05.12.1994 - 12 U 75/94 - NJW-RR 1995, 1008-1009; OLG Düsseldorf v. 11.07.1991 - 8 U 84/90 - NJW-RR 1992, 506-507; *Saenger* in: Erman, § 355 Rn. 5; *Grüneberg* in: Palandt, § 357 Rn. 15: Abzug des Unternehmergewinns; *Arnold/Dötsch*, NJW 2003, 187-189, 188: Wertersatz in Höhe des objektiven Werts.

4. Herausgabe des Ersatzes

59 Haftet der Verbraucher wegen zufälligen Untergangs der Sache oder wegen Beachtung der eigenüblichen Sorgfalt (§ 346 Abs. 3 Satz 1 Nr. 3 BGB) nicht nach § 357 Abs. 1 Satz 1 BGB i.V.m. § 346 Abs. 2 BGB und erlangt er infolge des zur Verschlechterung oder Unmöglichkeit führenden Umstands für die gelieferte Sache ein Surrogat, steht dem Unternehmer gegen den Verbraucher ein Anspruch aus § 285 BGB zu.[124] Dies ist nicht nach § 357 Abs. 4 BGB ausgeschlossen, da es sich nur um den Ersatz für einen durch die Verweisung auf das Rücktrittsrecht gemäß § 357 Abs. 1 Satz 1 BGB an sich bestehenden Anspruch, nicht aber um einen weitergehenden Anspruch handelt.[125]

---

[124] Vgl. BGH v. 27.10.1982 - V ZR 24/82 - juris Rn. 23 - LM Nr. 7 zu § 281 BGB; *Masuch* in: MünchKomm-BGB, § 357 Rn. 57.
[125] *Masuch* in: MünchKomm-BGB, § 357 Rn. 57.

§ 358 BGB Verbundene Verträge

(Fassung vom 27.07.2011, gültig ab 04.08.2011)

(1) Hat der Verbraucher seine auf den Abschluss eines Vertrags über die Lieferung einer Ware oder die Erbringung einer anderen Leistung durch einen Unternehmer gerichtete Willenserklärung wirksam widerrufen, so ist er auch an seine auf den Abschluss eines mit diesem Vertrag verbundenen Darlehensvertrags gerichtete Willenserklärung nicht mehr gebunden.

(2) Hat der Verbraucher seine auf den Abschluss eines Verbraucherdarlehensvertrags gerichtete Willenserklärung auf Grund des § 495 Absatz 1 wirksam widerrufen, so ist er auch an seine auf den Abschluss eines mit diesem Verbraucherdarlehensvertrag verbundenen Vertrags über die Lieferung einer Ware oder die Erbringung einer anderen Leistung gerichtete Willenserklärung nicht mehr gebunden.

(3) ¹Ein Vertrag über die Lieferung einer Ware oder die Erbringung einer anderen Leistung und ein Darlehensvertrag gemäß Absatz 1 oder 2 sind verbunden, wenn das Darlehen ganz oder teilweise der Finanzierung des anderen Vertrags dient und beide Verträge eine wirtschaftliche Einheit bilden. ²Eine wirtschaftliche Einheit ist insbesondere anzunehmen, wenn der Unternehmer selbst die Gegenleistung des Verbrauchers finanziert, oder im Falle der Finanzierung durch einen Dritten, wenn sich der Darlehensgeber bei der Vorbereitung oder dem Abschluss des Darlehensvertrags der Mitwirkung des Unternehmers bedient. ³Bei einem finanzierten Erwerb eines Grundstücks oder eines grundstücksgleichen Rechts ist eine wirtschaftliche Einheit nur anzunehmen, wenn der Darlehensgeber selbst das Grundstück oder das grundstücksgleiche Recht verschafft oder wenn er über die Zurverfügungstellung von Darlehen hinaus den Erwerb des Grundstücks oder grundstücksgleichen Rechts durch Zusammenwirken mit dem Unternehmer fördert, indem er sich dessen Veräußerungsinteressen ganz oder teilweise zu Eigen macht, bei der Planung, Werbung oder Durchführung des Projekts Funktionen des Veräußerers übernimmt oder den Veräußerer einseitig begünstigt.

(4) ¹§ 357 gilt für den verbundenen Vertrag entsprechend, § 312e gilt entsprechend, wenn für den verbundenen Vertrag ein Widerrufsrecht gemäß § 312d besteht oder bestand. ²Im Falle des Absatzes 1 sind jedoch Ansprüche auf Zahlung von Zinsen und Kosten aus der Rückabwicklung des Darlehensvertrags gegen den Verbraucher ausgeschlossen. ³Der Darlehensgeber tritt im Verhältnis zum Verbraucher hinsichtlich der Rechtsfolgen des Widerrufs oder der Rückgabe in die Rechte und Pflichten des Unternehmers aus dem verbundenen Vertrag ein, wenn das Darlehen dem Unternehmer bei Wirksamwerden des Widerrufs oder der Rückgabe bereits zugeflossen ist.

(5) Die erforderliche Belehrung über das Widerrufs- oder Rückgaberecht muss auf die Rechtsfolgen nach den Absätzen 1 und 2 hinweisen.

Gliederung

A. Grundlagen 1	III. Verbundenheit 19
I. Kurzcharakteristik 1	1. Finanzierungszweck 22
II. Gesetzgebungsmaterialien 3	2. Wirtschaftliche Einheit 26
III. Europäischer Hintergrund 6	a. Finanzierung durch den Unternehmer ... 29
B. Anwendungsvoraussetzungen 7	b. Mitwirkung des Unternehmers bei Drittfinanzierung 30
I. Verbraucherverträge 7	
1. Liefervertrag 8	c. Zweckbindung des Darlehens 35
2. Darlehensvertrag 13	d. Sonderregeln für Immobiliardarlehensverträge 37
II. Widerrufsrecht 15	

§ 358

e. Erweiterte Anwendung nach § 359a BGB..........49	II. Folgen des Widerrufs für den Verbraucherdarlehensvertrag..56
3. Finanzierung des Erwerbs von Finanzinstrumenten..50	III. Erweiterte Belehrungspflicht............................58
C. Rechtsfolgen..51	IV. Rückabwicklung..62
I. Folgen des Widerrufs des Liefervertrages...........52	

A. Grundlagen

I. Kurzcharakteristik

1   Das Schuldrechtsmodernisierungsgesetz fasst in den §§ 358 und 359 BGB die Regelungen über verbundene Verträge zusammen, die früher in § 9 VerbrKrG, § 4 FernAbsG und § 6 TzWrG zu finden waren. § 358 BGB betrifft den sog. **Widerrufsdurchgriff**. Zusammen mit den Vorschriften der §§ 359 f. BGB soll die Vorschrift den Verbraucher vor finanziellen Risiken schützen, die durch eine Aufspaltung von Erwerbsgeschäft und Finanzierungsvertrag entstehen. Sie erstreckt daher die Folgen des Widerrufs des einen auf den jeweils anderen Vertrag, so dass der Verbraucher, der sich von den verbundenen Geschäften lösen will, dies durch einmalige Betätigung seines Widerrufrechts erreichen kann. Grundsätzlich sind aber beide Verträge rechtlich selbstständig.[1] Erweiterungen und Einschränkungen zu § 358 BGB ergeben sich nach einer Neuordnung der §§ 355-360 BGB aus § 359a Abs. 1-3 BGB.

2   Wie auch die übrigen Vorschriften der §§ 355-359 BGB ist auch § 358 BGB halbzwingender Natur. Eine Abweichung ist nur zugunsten, nicht aber zulasten des Verbrauchers zulässig. Eine Vertragsklausel, nach der der Darlehensvertrag und das finanzierte Geschäft getrennt zu betrachten sind und der Widerruf des Liefervertrages den Darlehensvertrag nicht erfassen soll (Trennungsklausel), ist bei Vorliegen des Tatbestands von § 358 Abs. 3 BGB auch ohne Berücksichtigung von § 307 BGB unwirksam.[2]

II. Gesetzgebungsmaterialien

3   Zur Entstehungsgeschichte des § 358 BGB vgl. BT-Drs. 14/6040, S. 18, 200 (Regierungsentwurf eines Gesetzes zum Neuen Schuldrecht); BT-Drs. 14/7052, S. 37, 194 (Beschlussempfehlung des BT-Rechtsausschusses); BT-Drs. 14/6857, S. 42, 58 (Gegenäußerung der BReg zur Stellungnahme des Bundesrates).

4   Die Vorschriften von § 4 FernAbsG, § 9 VerbrKrG, § 6 TzWrG wurden durch die Schuldrechtsmodernisierung in § 358 BGB zusammengefasst.[3] Maßgebliche Änderung, die durch die Vereinheitlichung bewirkt wurde, ist die Anwendbarkeit der Grundsätze zum verbundenen Vertrag auf Haustürgeschäfte.[4] Durch Art. 25 Abs. 1 Nr. 7 OLGVertrÄndG[5] wurde u.a. § 358 Abs. 3 BGB dahin gehend geändert, dass für nun widerrufbare finanzierte Grundstücksgeschäfte die wirtschaftliche Einheit nach dem angefügten Satz 3 zu bestimmen ist.[6] Weitere Änderungen sind durch das „Gesetz zur Umsetzung der Verbraucherkreditrichtlinie, des zivilrechtlichen Teils der Zahlungsrichtlinie sowie zur Neuordnung der Vorschriften über das Widerrufs- und Rückgaberecht" vom 29.07.2009[7] (vgl. dazu den Gesetzesentwurf BT-Drs. 16/11643 mit Stellungnahme des Bundesrats und Gegenäußerung der BReg) insoweit zu berücksichtigen, als § 359a BGB n F. für Verträge ab dem 11.06.2010 den Anwendungsbereich teilweise erweitert und zugleich einschränkt.

5   Mit dem „Gesetz zur Einführung einer Musterwiderrufsinformation für Verbraucherdarlehensverträge, zur Änderung der Vorschriften über das Widerrufsrecht bei Verbraucherdarlehensverträgen und zur

---

[1] OLG Braunschweig v. 13.02.1997 - 2 U 117/96 - juris Rn. 53 - WM 1998, 1223-1230; *Habersack* in: MünchKomm-BGB, § 358 Rn. 10; *Grothe* in: Bamberger/Roth, § 358 Rn. 1; kritisch *Heermann*, AcP 200, 1-44, 16 ff.

[2] Vgl. BGH v. 19.09.1985 - III ZR 214/83 - juris Rn. 16 - BGHZ 95, 350-361; OLG Hamburg v. 23.11.1983 - 5 U 47/83 - WM 1984, 255-257; *Kessal-Wulf* in: Staudinger, § 358 Rn. 22; *Habersack* in: MünchKomm-BGB, § 358 Rn. 22.

[3] Zur Entwicklung des § 358 BGB vgl. ausführlich statt aller *Kessal-Wulf* in: Staudinger, § 358 Rn. 3 ff., 12 ff.

[4] *Habersack* in: MünchKomm-BGB, § 358 Rn. 3; *Rott* in: Kohte/Micklitz/Rott/Tonner/Willingmann, Das neue Schuldrecht, 2003, § 358 Rn. 1; vgl. auch *Koch* WM 2002, 1593-1601, 1596 f.; irreführend BT-Drs. 14/6040, S. 200.

[5] BGBl I, 2850.

[6] Vgl. dazu unten Immobiliendarlehensverträge (vgl. Rn. 37). Kritisch dazu *Rott* in: Kohte/Micklitz/Rott/Tonner/Willingmann, Das neue Schuldrecht, 2003, § 358 Rn. 1 („wenig geglückt").

[7] BGBl I 2009, 2355-2408.

Änderung des Darlehensvermittlungsrechts" vom 24.07.2010[8] hat der Gesetzgeber die bisherigen Sätze 2 und 3 in Absatz 2 ersatzlos gestrichen. Die bislang gültige Regel, dass das Widerrufsrecht im Hinblick auf das Kreditgeschäft gegenüber dem Widerruf des verbundenen Geschäfts subsidiär ist, ist mit Blick auf die Richtlinienvorgaben endlich aufgegeben worden. Leider hatte der Gesetzgeber dabei vergessen, auch § 358 Abs. 5 BGB zu ändern (vgl. Rn. 51). Dieses Versehen beseitigte das „Gesetz zur Anpassung der Vorschriften über den Wertersatz beim Widerruf von Fernabsatzverträgen",[9] das zugleich zum einen die Terminologie in „Darlehensvertrag" sowie zum anderen Absatz 4 änderte.

III. Europäischer Hintergrund

Als Vorgaben des Gemeinschaftsrechts sind die Verbraucherkreditrichtlinie,[10] Art. 6 Abs. 4 der Fernabsatzrichtlinie[11] sowie Art. 7 Timesharing-Richtlinie[12] zu beachten. Danach sind die Mitgliedstaaten verpflichtet, Regelungen aufzustellen, die unter bestimmten Umständen eine entschädigungsfreie Auflösung eines Kreditvertrags vorsehen, sofern der mit der Darlehensvaluta finanzierte Fernabsatz- oder Timesharingvertrag widerrufen wird.

B. Anwendungsvoraussetzungen

I. Verbraucherverträge

§ 358 BGB gilt nur bei Verträgen zwischen einem Verbraucher (§ 13 BGB) und Unternehmern (§ 14 BGB). Vorausgesetzt wird zum einen die Existenz eines (Verbraucher-)Darlehensvertrags[13] und zum anderen eines weiteren Vertrags zwischen einem Verbraucher und einem Unternehmer über die Lieferung einer Ware oder die Erbringung einer anderen Leistung (fortan Liefervertrag genannt). Typischerweise[14] handelt es sich um ein **Dreipersonenverhältnis**. § 358 BGB ist jedoch, wie § 358 Abs. 3 Satz 2 BGB erkennen lässt, auch dann anwendbar, wenn der Unternehmer zugleich Leistungserbringer und Darlehensgeber ist. Die zeitliche Reihenfolge der Vertragsschlüsse ist unerheblich.[15]

1. Liefervertrag

Obgleich die Formulierung „über die Lieferung einer Ware oder die Erbringung einer anderen Leistung" einschränkend anmutet, wird damit zumindest für § 358 Abs. 1 BGB keine sachliche Einschränkung verbunden.[16] Lieferverträge sind i.d.R. Kauf- oder Werkverträge.[17] Es kann sich aber auch zum Beispiel um einen Unterrichtsvertrag,[18] einen Timesharing-Vertrag,[19] einen Vertrag über eine Ehe- und Partnerschaftsvermittlung,[20] über Fernlehrgänge,[21] über eine Schlankheitskur, einen Reisevertrag,[22] einen Pachtvertrag mit einem Existenzgründer[23] oder einen Vertrag über eine sonstige Leistung handeln,

---

[8] BGBl I 2010, 977-982.
[9] BGBl I 2011, 1600-1607.
[10] RL 2008/48/EG des Europäischen Parlaments und des Rates vom 23.04.2008 über Verbraucherkreditverträge und zur Aufhebung der Richtlinie 87/102/EWG des Rates, ABl. EU L 133/66.
[11] RL 97/7/EG des Europäischen Parlaments und Rates vom 20.05.1997.
[12] RL 94/47/EG des Europäischen Parlaments und Rates vom 26.10.1994 zum Schutze der Erwerber im Hinblick auf bestimmte Aspekte von Verträgen über den Erwerb von Teilzeitnutzungsrechten an Immobilien.
[13] Die Voraussetzungen eines Verbraucherdarlehensvertrags müssen nach § 358 Abs. 1 BGB n.F. nicht mehr gegeben sein, aber nach § 358 Abs. 2 BGB, vgl. BR-Drs. 855/10, S. 22 f.
[14] Zwingend ist eine Dreiecksbeziehung für § 358 BGB aber nicht, vgl. *Kessal-Wulf* in: Staudinger, § 358 Rn. 23.
[15] BGH v. 13.06.2006 - XI ZR 432/04 - juris Rn. 27 - NJW-RR 2006, 1715-1717; LG Zweibrücken v. 02.11.1994 - 3 S 169/94 - juris Rn. 10 - NJW 1995, 600-601; LG Trier v. 22.04.1993 - 3 S 361/92 - NJW 1993, 2121; *Grothe* in: Bamberger/Roth, § 358 Rn. 13; *Wildemann*, VuR 2011, 55-59, 56.
[16] *Habersack* in: MünchKomm-BGB, § 358 Rn. 10.
[17] BGH v. 28.05.1984 - III ZR 63/83 - juris Rn. 31 - LM Nr. 1 zu 7 AGBG; *Grüneberg* in: Palandt, § 358 Rn. 7.
[18] *Kessal-Wulf* in: Staudinger, § 358 Rn. 36; *Fischer*, MDR 1994, 1063-1066, 1063.
[19] OLG Koblenz v. 02.09.1999 - 2 U 1256/98 - WM 1999, 2353-2356; OLG Düsseldorf v. 29.04.1997 - 24 U 141/96 - NJW 1997, 2056-2058.
[20] OLG Dresden v. 29.02.2000 - 14 U 2551/99 — ZIP 2000, 830-835, 832; OLG Nürnberg v. 10.10.1995 - 3 U 1482/95 - VuR 1996, 62-65; *Kessal-Wulf* in: Staudinger, § 358 Rn. 37; *Grüneberg* in: Palandt, § 358 Rn. 7; *Compensis/Reiserer*, BB 1991, 2457-2464, 2457; zum möglichen Einwendungsdurchgriff und der Anwendung von § 656 BGB auf solche Verträge vgl. BGH v. 11.07.1990 - IV ZR 160/89 - juris Rn. 16 - BGHZ 112, 122-127; *Habersack* in: MünchKomm-BGB, § 358 Rn. 12.
[21] LG Augsburg v. 02.03.1973 - 4 S 304/72 - NJW 1973, 1704-1706; *Habersack* in: MünchKomm-BGB, § 358 Rn. 12.
[22] *Grüneberg* in: Palandt, § 358 Rn. 7.
[23] OLG Düsseldorf v. 27.01.2005 - I-10 U 105/04, 10 U 105/04 - Grundeigentum 2005, 303.

sofern die übrigen Voraussetzungen vorliegen. Daneben kommt eine Anwendung grundsätzlich auch bei finanzierten Beteiligungen an Immobilien-Kapitalanlagen,[24] geschlossenen Immobilienfonds,[25] Abschreibungsgesellschaften[26] sowie bei finanzierter Errichtung von Immobilien in Betracht[27]. Als Vertragsgegenstand kommen weiterhin die Lieferung von elektrischem Strom, Gas, Wasser und Fernwärme in Betracht. Ein kreditähnlicher Raterlieferungsvertrag i.S.d. § 510 BGB n.F. stellt zwar selbst kein Verbraucherdarlehensvertrag i.S.d. § 491 Abs. 1 BGB dar, kann aber – spätestens seit der letzten Änderung[28] von § 358 BGB – mit einem solchen zusammen einen verbundenen Vertrag bilden.[29] Als mit einem Kreditvertrag verbundenes Geschäft kann auch eine **Restschuldversicherung**, z.B. im Rahmen des Autokaufs angesehen werden, wenn die Versicherungsprämie über den Kredit mitfinanziert wird;[30] dies gilt wiederum nicht, wenn der Darlehensschuldner zwar versicherte Person, nicht aber Partei des Restschuldversicherungsvertrags geworden ist, da er schlicht nicht zwei Willenserklärungen abgegeben hat.[31]

9 Eine sachliche Einschränkung des weiten Anwendungsbereichs könnte sich aber für § 358 Abs. 2 BGB ergeben, wenn man beim Widerruf des Verbraucherdarlehensvertrags besondere Anforderungen an Inhalt und Rechtsnatur des finanzierten Geschäfts stellt.[32] Da der Gesetzgeber mit der Neuschaffung des § 358 BGB die Einschätzung verband, die Regelungen über das verbundene Geschäft würden inhaltlich keinen Änderungen unterliegen, ist § 9 Abs. 4 VerbrKrG zu berücksichtigen. Nach seinerzeit h.M. ist die Anordnung der entsprechenden Geltung für „eine andere Leistung als die Lieferung einer Sache" so verstanden worden, dass es auf den Inhalt des finanzierten Geschäfts nicht ankomme. Eine Einschränkung des Anwendungsbereichs ist daher auch bei § 358 Abs. 2 BGB nicht anzunehmen.[33]

10 Wird die vom Verbraucher nach den §§ 655a-655e BGB geschuldete Vergütung für die Vermittlung eines Darlehensvertrages durch den Finanzierungsvertrag abgedeckt und liegen auch hier die Voraussetzungen einer wirtschaftlichen Verbundenheit nach § 358 Abs. 3 BGB vor, so ist auch das Vermittlungsgeschäft Liefervertrag im Sinne der Vorschrift.[34] Ebenso von den Rechtsfolgen des § 358 BGB erfasst ist die Mitfinanzierung der Kosten einer Restschuld- bzw. Sachversicherung.[35] Nicht gelten soll § 358 BGB hingegen für die Sicherungsabtretung von Lohn- Gehaltsansprüchen,[36] bei einer gesondert

---

[24] *Grothe* in: Bamberger/Roth, § 358 Rn. 11.

[25] Vgl. dazu BGH v. 14.06.2004 - II ZR 392/01 - WM 2004, 1518-1521, BGH v. 14.06.2004 - II ZR 395/01 - NJW 2004, 2731-2735, BGH v. 14.06.2004 - II ZR 374/02 - NJW 2004, 2742-2743, BGH v. 14.06.2004 - II ZR 385/02 - WM 2004, 1527-1529, BGH v. 14.06.2004 - II ZR 393/02 - NJW 2004, 2736-2742, BGH v. 14.06.2004 - II ZR 407/02 - WM 2004, 1536-1542; BGH v. 21.07.2003 - II ZR 387/02 - BGHZ 156, 46-57; OLG Köln v. 24.03.2004 - 13 U 123/03 - WM 2005, 557-561; KG v. 24.11.2004 - 26 U 38/04 - WM 2005, 553-557, 556; OLG Frankfurt v. 28.02.2001 - 9 U 117/00 - juris Rn. 47 - WM 2002, 1275-1280; offen gelassen durch BGH v. 27.06.2000 - XI ZR 174/99 - juris Rn. 19 - LM BGB § 276 (Fa) Nr. 158 (1/2001); vgl. auch *Schäfer*, BKR 2005, 98-104, 100.

[26] BGH v. 17.09.1996 - XI ZR 164/95 - juris Rn. 19 - BGHZ 133, 254-264; *Emmerich*, JuS 1997, 275-276, 275.

[27] Vgl. BGH v. 05.05.1992 - XI ZR 242/91 - juris Rn. 16 - LM BGB § 242 (Cd) Nr. 321 (11/1992); OLG Stuttgart v. 16.06.1999 - 9 U 6/99 - juris Rn. 55 - OLGR Stuttgart 1999, 300-304; OLG Karlsruhe v. 27.08.1998 - 9 U 25/98 - juris Rn. 26 - NJW-RR 1999, 124-125; *Grothe* in: Bamberger/Roth, § 358 Rn. 11; ablehnend OLG Hamm v. 12.01.1998 - 31 U 168/97 - WM 1999, 1056-1057.

[28] Vgl. BR-Drs. 855/10, S. 22 f.

[29] Vgl. *Kessal-Wulf* in: Staudinger, § 358 Rn. 21; *Habersack* in: MünchKomm-BGB, § 358 Rn. 16; undeutlich LG Mannheim v. 28.07.1995 - 1 S 112/95 - NJW-RR 1996, 118-119, 118.

[30] BGH v. 15.12.2009 - XI ZR 45/09 - NJW 2010, 531-534; OLG Schleswig v. 26.04.2007 - 5 U 162/06 - juris Rn. 61 - NJW-RR 2007, 1347-1350; OLG Rostock v. 23.03.2005 - 1 W 63/03 - juris Rn. 5 - NJW-RR 2005, 1416-1417; LG Göttingen v. 18.08.2011 - 8 S 3/10 - juris Rn. 22 - ZIP 2011, 2160-2162; vgl. dazu ausführlich *Schürnbrand*, ZBB 2010, 123-128.

[31] So LG Hamburg v. 22.01.2010 - 320 S 98/09 - juris Rn. 10 - WM 2010, 2080-2081.

[32] *Habersack* in: MünchKomm-BGB, § 358 Rn. 11.

[33] So auch *Habersack* in: MünchKomm-BGB, § 358 Rn. 11; *Hoffmann*, ZIP 2002, 1066-1075, 1070 f.; im Hinblick auf Immobiliendarlehensverträge *Rott* in: Kohte/Micklitz/Rott/Tonner/Willingmann, Das neue Schuldrecht, 2003, § 358 Rn. 4.

[34] Vgl. dazu *Habersack* in: MünchKomm-BGB, § 358 Rn. 12 m.w.N.; *von Rottenburg* in: Graf v. Westphalen/Emmerich/v. Rottenburg, Verbraucherkreditgesetz, 2. Aufl. 1996, § 15 Rn. 21 f.; *Grothe* in: Bamberger/Roth, § 358 Rn. 13.

[35] Vgl. nur BGH v. 15.12.2009 - XI ZR 45/09 - NJW 2010, 531-534 sowie ausführlich *Schürnbrand*, ZBB 2010, 123-128.

[36] LG Göttingen v. 09.02.2012 - 9 S 4/11 - juris Rn. 3.

abgeschlossenen Rückkaufgarantie[37] sowie dem sog. Versicherungsdarlehen. Bei Letzterem wird gleichzeitig neben dem Darlehensvertrag ein Lebensversicherungsvertrag abgeschlossen, die Versicherungssumme soll dann die Tilgung des Kredits gewährleisten. Da die Versicherungssumme der Rückzahlung des Festkredits diene und daher gerade nicht durch den Kreditgeber finanziert würde, sei keine für eine wirtschaftliche Verbundenheit notwendige Zweckbestimmung erkennbar. Indes kommt es für die Auslegung von Verbraucherschutzvorschriften naturgemäß auf die verobjektivierte Sicht des Verbrauchers an: Durch den Versicherungsvertrag finanziert er zwar die Rückzahlung des Kredits, damit aber mittelbar den Liefervertrag, ohne den der Verbraucher den Versicherungsvertrag gar nicht abgeschlossen hätte. Es gibt daher keinen Grund, warum er zwar nicht mehr an Liefer- und eigentlichen Finanzierungs-, aber dennoch an den Versicherungsvertrag gebunden sein soll;[38] dies gilt sinngemäß auch für die Sicherungsabtretung.[39] Unter den Voraussetzungen des § 359a Abs. 2 BGB ist jedenfalls § 358 Abs. 2 und 4 BGB anwendbar (vgl. dazu die Kommentierung zu § 359a BGB).

Auch der Erwerb eines Anteils an einer **Personen- oder Kapitalgesellschaft** – unter Berücksichtigung von § 491 Abs. 3 Nr. 2 BGB – kann ein finanzierter verbundener Vertrag sein.[40] § 358 Abs. 2 BGB findet auch auf den Beitritt zu einer solchen Gesellschaft Anwendung.[41] Der Beitritt zu einer Genossenschaft fällt zumindest dann unter die Vorschrift des § 358 BGB, wenn dieser zu Kapitalanlagezwecken erfolgt.[42] Dem steht nicht entgegen, dass die Beitrittserklärung ein auf die Begründung der Mitgliedschaft gerichtetes organisationsrechtliches Geschäft darstellt.[43] Bei der Rückabwicklung nach § 358 Abs. 4 BGB sind die Grundsätze über den fehlerhaften Beitritt anzuwenden, so dass ein auf Zahlung des Verkehrswertes des Anteils im Zeitpunkt des Ausscheidens gerichteter Abfindungsanspruch in Betracht kommt.[44] Dies ist aber dann nicht zwingend, wenn es sich um eine stille Gesellschaft in Form einer Innengesellschaft handelt und eine Schädigung der Gesellschaftsgläubiger oder eine Ungleichbehandlung der Mitgesellschafter ausgeschlossen ist.[45]

11

Durch den durch Art. 25 des OLGVertrÄndG eingefügten Satz 3 des § 358 Abs. 3 BGB wird klargestellt, dass die Regelungen über verbundene Geschäfte auch für finanzierte Grundstücksgeschäfte gelten (vgl. aber dazu die Sonderregeln für Immobiliardarlehensverträge, Rn. 37). Zu beachten ist allerdings, dass § 358 Abs. 2, 4 und 5 BGB auf Verbraucherdarlehensverträge, die der Finanzierung des Erwerbs von Wertpapieren, Devisen, Derivaten oder Edelmetallen dienen, keine Anwendung findet (vgl. dazu die Kommentierung zu § 359a BGB).

12

---

[37] OLG Celle v. 07.03.2011 - 3 U 18/11 - juris Rn. 14.

[38] A.A. *Habersack* in: MünchKomm-BGB, § 358 Rn. 13; *Emmerich* in: Graf v. Westphalen/Emmerich/v. Rottenburg, Verbraucherkreditgesetz, 2. Aufl. 1996, § 9 Rn. 73. Vgl. BGH v. 03.04.1990 - XI ZR 261/89 - juris Rn. 13 - BGHZ 111, 117-124; BGH v. 09.03.1989 - III ZR 269/87 - juris Rn. 15 - LM Nr. 23 zu § 276 (Cc) BGB.

[39] A.A. LG Göttingen v. 09.02.2012 - 9 S 4/11 - juris Rn. 4.

[40] Vgl. BGH v. 21.07.2003 - II ZR 387/02 - juris Rn. 13 - BGHZ 156, 46-57; *Kessal-Wulf* in: Staudinger, § 358 Rn. 46; *Habersack* in: MünchKomm-BGB, § 358 Rn. 14.

[41] So ausdrücklich jetzt EuGH v. 15.04.2010 - C-215/08 - NZG 2010, 501-503; vgl. für eine Anwendung BGH v. 21.07.2003 - II ZR 387/02 - juris Rn. 13 - BGHZ 156, 46-57; BGH v. 12.11.2002 - XI ZR 47/01 - juris Rn. 27 - BGHZ 152, 331-339; OLG Frankfurt v. 28.02.2001 - 9 U 117/00 - juris Rn. 46 - WM 2002, 1275-1280; OLG München v. 26.10.2000 - 24 U 368/99 - juris Rn. 75 - ZIP 2000, 2295-2302; OLG Celle v. 24.11.1999 - 3 U 7/99 - NJW-RR 2000, 1656-1657; OLG Karlsruhe v. 27.08.1998 - 9 U 25/98 - juris Rn. 26 - NJW-RR 1999, 124-125; LG Stuttgart v. 14.09.2000 - 25 O 51/00 - WM 2001, 140-145; *Habersack* in: MünchKomm-BGB, § 358 Rn. 14; dagegen OLG Karlsruhe v. 28.08.2002 - 6 U 14/02 - ZIP 2003, 202-207, 204; *Wagner*, NZG 2000, 169-182, 172 ff., 177 ff.; *Westermann*, ZIP 2002, 189-200, 199 f.; offen gelassen bei BGH v. 19.05.2000 - V ZR 322/98 - LM BGB § 273 Nr. 58 (2/2001); BGH v. 27.06.2000 - XI ZR 210/99 - juris Rn. 19 - LM BGB § 276 (Fa) Nr. 157 (1/2001); OLG Stuttgart v. 08.01.2001 - 6 U 57/2000, 6 U 57/00- juris Rn. 100 - WM 2001, 1667-1675; OLG Koblenz v. 05.09.2002 - 5 U 1886/01 - WM 2002, 2456-2460.

[42] BGH v. 19.04.2011 - II ZR 263/10 - juris Rn. 5 - NZG 2011, 750-752; BGH v. 01.03.2011 - II ZR 297/08 - juris Rn. 12 - NJW 2011, 2198-2201; vgl. zum Fall einer Wohnungsgenossenschaft auch Thüringer Oberlandesgericht v. 06.05.2008 - 5 U 444/06 - OLGR Jena 2008, 799-800.

[43] So aber OLG Düsseldorf v. 01.12.2008 - I-9 U 77/08, 9 U 77/08 - DStR 2009, 761.

[44] Vgl. z.B. BGH v. 14.06.2004 - II ZR 395/01 - juris Rn. 27 - BGHZ 159, 280-294 m.w.N.; OLG Karlsruhe v. 28.08.2002 - 6 U 14/02 - ZIP 2003, 202-207; *Kessal-Wulf* in: Staudinger, § 358 Rn. 46; *Habersack* in: MünchKomm-BGB, § 358 Rn. 14; *von Weschpfennig*, BKR 2009, 99-106. Da der Widerruf ohnehin ex nunc wirkt, führen die Grundsätze insoweit zu keiner Abweichung, vgl. die Kommentierung zu § 355 BGB.

[45] OLG Jena v. 26.02.2003 - 4 U 786/02 - ZIP 2003, 1444-1450.

2. Darlehensvertrag

13 Für das zweite Rechtsgeschäft bedarf es eines Darlehensvertrags, im Rahmen des Absatzes 1 nicht notwendigerweise eines Verbraucherdarlehensvertrages nach § 491 Abs. 1 BGB. Die einschränkenden Wirkungen der §§ 491 Abs. 2 und 3, 495 Abs. 2 BGB haben im Anwendungsbereich von § 358 Abs. 1 BGB ohnehin keine Bedeutung, da es allein auf das Widerrufsrecht in Bezug auf den Liefervertrag ankommt.

14 Fraglich sollte die Anwendung der §§ 358, 359 BGB a.F. auf **Finanzierungshilfen** gemäß §§ 506-508 BGB (§§ 499-501 BGB a.F.) sein, obwohl hier diese Normen ausdrücklich für anwendbar erklärt werden.[46] Der Gesetzgeber hat durch die Neufassung im Rahmen der Schuldrechtsreform die lang umstrittene Frage zugunsten der Anwendbarkeit entschieden.[47] Dies befreit indes nicht von der Prüfung der einzelnen Voraussetzungen des § 358 BGB.[48] Fehlt es an der Verbundenheit i.S.d. § 358 Abs. 3 BGB oder nimmt man an, dass der Verbraucher beim Finanzierungsleasing grundsätzlich nur einen Vertrag schließt[49], kommt ein Widerrufsdurchgriff nicht in Betracht. Beim sog. Eintrittsmodell hingegen, bei dem der Verbraucher einen Kaufvertrag mit Leasingfinanzierungsklausel abschließt und zwischen dem Beschaffungsvertrag und dem Leasingvertrag eine wirtschaftliche Einheit besteht, steht einer Anwendung von § 358 BGB grundsätzlich nichts entgegen.[50] Bei Abschluss des Leasingvertrages ist der Verbraucher daher ordnungsgemäß über sein Widerrufsrecht zu belehren.[51] Die Vereinbarung zwischen Leasinggeber und Lieferant, nach der bei einem Widerruf des Verbrauchers auch der Liefervertrag hinfällig wird, vermag die Anwendung von § 358 BGB wegen der Relativität dieser Abrede ebenso wenig zu beeinflussen wie die Annahme, bei der Leasingfinanzierungsklausel handele es sich um eine auflösende Bedingung[52] des Kaufvertrags[53].

II. Widerrufsrecht

15 Für die nach § 358 BGB vorgesehenen Rechtsfolgen ist es zwingende Voraussetzung, dass ein Widerrufsrecht nach § 355 BGB besteht. Obwohl nur in § 358 Abs. 5 BGB im Rahmen der Belehrungspflicht erwähnt, gelten die Regelungen für verbundene Verträge ebenso für Verträge, bei denen das Widerrufsrecht vertraglich gemäß § 356 BGB durch ein Rückgaberecht ersetzt worden ist. Letztere Vorschrift legt zugleich den sachlichen wie auch den persönlichen Anwendungsbereich von § 358 BGB fest. Eine Erstreckung des Widerrufs auf den verbundenen Vertrag scheidet mithin aus, wenn die Voraussetzungen des Widerrufsrechts nicht vorliegen. Dies gilt gleichermaßen für den Widerruf des Liefervertrages nach § 358 Abs. 1 BGB und für den Widerruf des Verbraucherdarlehensvertrages nach § 358 Abs. 2 BGB. Dabei sind auch die speziellen Ausschlussgründe des jeweiligen Widerrufsrechts (vgl. z.B. § 312d Abs. 4 BGB) zu berücksichtigen. Unter den Voraussetzungen des § 512 BGB gilt § 358 BGB auch für Existenzgründer.

---

[46] *Habersack* in: MünchKomm-BGB, § 358 Rn. 16 sieht hierin lediglich ein Redaktionsversehen, dass sich mit der Integration von § 9 VerbrKrG erklären ließe.

[47] So auch *Tonner* in: Micklitz/Tonner, Vertriebsrecht, 2002, § 358 Rn. 6; *Saenger* in: Erman, § 358 Rn. 12; *Rott* in: Kohte/Micklitz/Rott/Tonner/Willingmann, Das neue Schuldrecht, 2003, § 358 Rn. 2; *Grothe* in: Bamberger/Roth, § 358 Rn. 14.

[48] Vgl. auch *Grüneberg* in: Palandt, § 358 Rn. 11. Vgl. in Bezug auf den Kauf eines Handys AG Dortmund v. 13.10.2010 417 C 3787/10 - juris Rn. 11 - MMR 2011, 67.

[49] Vgl. *Kessal-Wulf* in: Staudinger, § 358 Rn. 42; *Habersack* in: MünchKomm-BGB, § 358 Rn. 17; anders *Heermann*, Drittfinanzierte Erwerbsgeschäfte, 1998, S. 111 ff.; *Heermann*, AcP 200, 1-44, 38 ff.

[50] BGH v. 08.07.2009 - VIII ZR 327/08 - juris Rn. 6 - NJW 2009, 3295-3296; OLG Düsseldorf v. 01.06.2010 - I-24 U 183/09, 24 U 183/09 - juris Rn. 6 - NJW-RR 2011, 275-276; So auch *Kessal-Wulf* in: Staudinger, § 358 Rn. 43; *Habersack* in: MünchKomm-BGB, § 358 Rn. 17; *Müller-Wendehorst* in: Bamberger/Roth, § 500 Rn. 19. Vgl. zu § 9 VerbrKrG *Leible*, Finanzierungsleasing und „arrendamiento financiero", 1996, S. 121 ff.

[51] *Habersack* in: MünchKomm-BGB, § 358 Rn. 17; *Reinicke/Tiedtke*, ZIP 1992, 217-228, 227 f.; a.A. OLG Düsseldorf v. 02.03.2010 - I-24 U 136/09, 24 U 136/09 - juris Rn. 16 - WM 2010, 2258-2260.

[52] Vgl. dazu BGH v. 09.05.1990 - VIII ZR 222/89 - juris Rn. 16 - LM Nr. 32 zu § 157 BGB (A).

[53] *Habersack* in: MünchKomm-BGB, § 358 Rn. 17.

Ausnahmsweise ist § 358 Abs. 2, 4 und 5 BGB nicht anwendbar auf Darlehensverträge i.S.d. § 491 Abs. 3 BGB. Darüber hinaus ist die Anwendung nach § 359a Abs. 3 BGB für solche Verträge ausgeschlossen, die der Finanzierung des Erwerbs von Wertpapieren, Devisen, Derivaten oder Edelmetallen dienen (sog. Finanzierung von Finanzinstrumenten, vgl. § 1 Abs. 11 KWG). Bei diesen Spekulationsgeschäften soll der Verbraucher das Spekulationsrisiko nicht durch Widerruf auf den Darlehensgeber abwälzen können.[54]

16

Da denkbar ist, dass im Anwendungsbereich des § 358 Abs. 1 BGB zusätzlich ein Widerrufsrecht nach § 495 BGB besteht, schloss § 358 Abs. 2 Satz 2 BGB in der Fassung bis zum 30.07.2010 die Anwendung von § 495 BGB aus. Dies hatte zur Folge, dass sich der Verbraucher bei verbundenen Verträgen nie allein vom Verbraucherdarlehensvertrag lösen und den Liefervertrag erhalten konnte (vgl. dazu Rn. 51). Der in Unkenntnis dieser Regelung erklärte Widerruf des Kreditvertrags wurde durch § 358 Abs. 2 Satz 3 BGB a.F. kurzer Hand zum Widerruf des Liefervertrags umgedeutet. Durch diesen Widerruf kam es dann nur mittelbar auch zur Beseitigung der Verbrauchererklärung zum Abschluss des Kreditvertrags. Dies konnte aber nach der nunmehr geäußerten Ansicht des Gesetzgebers[55] zur Folge haben, dass die Frist des Widerrufsrechts nach § 495 BGB dann unter 14 Tage verkürzt wird, wenn der Darlehensvertrag erst Tage nach dem Liefervertrag abgeschlossen wurde. Im Hinblick auf Artikel 14 der Verbraucherkreditrichtlinie wäre diese Verkürzung in der Tat unzulässig. Der Subsidiarität des Widerrufsrechts aus § 495 BGB hat der Gesetzgeber nun mit Wirkung zum 30.07.2010 ein Ende bereitet und die Sätze 2 und 3 aus Absatz 2 gestrichen.

17

Indes ist weiterhin § 312a BGB zu berücksichtigen, der die grundsätzliche Subsidiarität des Widerrufs aufgrund einer Haustürsituation (§ 312 BGB) anordnet (vgl. die Kommentierung zu § 312 BGB). Dies führt im Ergebnis dazu, dass eine Anwendung von § 358 BGB auch dann ausgeschlossen ist, wenn ein Widerrufsrecht nach § 126 InvG (bisher § 23 KAGG, § 11 AuslInvG) vorliegt, da Letzteres kein Widerrufsrecht nach § 355 BGB darstellt. Gleichzeitig soll für die Fälle, in denen der Verbraucherdarlehensvertrag Haustürgeschäft ist, § 358 Abs. 2 BGB eingreifen.[56] Sofern dem Verbraucher das Widerrufsrecht nach § 495 BGB nicht i.S.d. § 312a BGB „zusteht", wird das Widerrufsrecht nach § 312 BGB nicht verdrängt. Der Verbraucher soll aber nach wohl bisher h.M. gleichwohl nur das Finanzierungsdarlehen, nicht aber das Haustürgeschäft widerrufen dürfen.[57] Nicht nur vor dem Hintergrund der jetzt entfallenen Konkurrenzregel des § 358 Abs. 2 Satz 2 BGB erscheint derlei Differenzierung nicht angebracht.

18

III. Verbundenheit

Beide Verträge müssen miteinander verbunden sein. Der vom BGH[58] entwickelte Begriff des verbundenen Vertrags ist nunmehr in § 358 Abs. 3 Satz 1 BGB legal definiert.[59] Von einem verbundenen Vertrag ist danach auszugehen, wenn das Darlehen ganz oder teilweise der Finanzierung des Liefervertrages dient und beide Verträge eine **wirtschaftliche Einheit** bilden. Dabei ist eine rein objektive Betrachtung der Vertragsgestaltungen vorzunehmen;[60] die tatsächlichen oder typischen Vorstellungen des Verbrauchers sind dafür ebenso wenig von Belang wie eine individuelle Aufklärung des Darlehensnehmers über das Aufspaltungsrisiko[61].

19

---

[54] BT-Drs. 11/4526, S. 13.
[55] Begr. RegE Drs. 17/1394, S. 13 f.
[56] *Habersack* in: MünchKomm-BGB, § 358 Rn. 21.
[57] Die mittlerweile entfallene Konkurrenzregel des § 358 Abs. 2 Satz 2 BGB a.F. sollte dem nicht entgegenstehen, vgl. BGH v. 03.11.1998 - XI ZR 346/97 - juris Rn. 13 - WM 1998, 2463-2465; *Habersack* in: MünchKomm-BGB, § 358 Rn. 21; a.A. OLG Karlsruhe v. 16.05.2002 - 11 U 10/01 - juris Rn. 38 - BKR 2002, 593-596; *Staudinger*, RIW 1999, 915-924, 917 f.
[58] Vgl. z.B. BGH v. 17.09.1996 - XI ZR 164/95 - juris Rn. 13 - BGHZ 133, 254-264.
[59] Kritisch zur Systematik des § 358 BGB *Grothe* in: Bamberger/Roth, § 358 Rn. 5.
[60] *Habersack* in: MünchKomm-BGB, § 358 Rn. 24.
[61] Vgl. aber noch zur alten Rechtslage die bisherigen Rechtsprechung BGH v. 20.02.1967 - III ZR 134/65 - juris Rn. 13 - BGHZ 47, 207-217; BGH v. 05.07.1971 - III ZR 108/68 - LM Nr. 14 zu § 6 AbzG; BGH v. 21.06.1979 - III ZR 62/78 - juris Rn. 19 - LM Nr. 40 zu § 607 BGB; BGH v. 25.03.1982 - III ZR 198/80 - juris Rn. 11 - BGHZ 83, 301-310; BGH v. 19.09.1985 - III ZR 214/83 - juris Rn. 16 - BGHZ 95, 350-361; BGH v. 05.05.1992 - XI ZR 242/91 - juris Rn. 17 - LM BGB § 242 (Cd) Nr. 321 (11/1992); zur Sichtweise des Verbrauchers OLG Karlsruhe v. 27.03.2001 - 17 U 218/99 - juris Rn. 62 - WM 2001, 1210-1215; OLG Koblenz v. 02.09.1999 - 2 U 1256/98 - WM 1999, 2353-2356; OLG Hamm v. 12.01.1998 - 31 U 168/97 - WM 1999, 1056-1057; OLG Köln v. 05.12.1994 - 12 U 75/94 - NJW-RR 1995, 1008-1009; LG Ulm v. 11.02.2000 - 3 O 346/99 - WM 2000, 825-828.

20 Eine wirtschaftliche Einheit liegt nach § 358 Abs. 3 Satz 2 BGB insbesondere vor, wenn der Unternehmer selbst die Finanzierung für die Gegenleistung des Verbrauchers übernimmt oder der Kreditgeber sich bei der Vorbereitung oder dem Abschluss des Darlehensvertrages der Hilfe des Unternehmers bedient. Für Grundstücksgeschäfte enthält § 358 Abs. 3 Satz 3 BGB eine Vorschrift zur restriktiven Anwendung.[62]

21 Obgleich § 358 BGB Darlehens- und Liefervertrag zum Zwecke des Einwendungsdurchgriffs verbindet, bleiben beide Verträge für sich selbstständig (**Trennungsprinzip**).[63] Ein Verbraucherdarlehensvertrag muss daher der Formvorschrift des § 492 BGB genügen.[64] Die Kündigung wegen Zahlungsverzugs des Verbrauchers richtet sich nicht nach § 508 Abs. 2 BGB n.F., sondern nach § 498 BGB.[65] Soweit für den Liefervertrag keine spezielle Formvorschrift (z.B. § 3 FernUSG, § 311b Abs. 1 BGB) eingreift, ist dieser formfrei; die Regeln der §§ 492, 507 BGB finden weder unmittelbar noch entsprechend Anwendung.

1. Finanzierungszweck

22 Das Darlehen muss objektiv[66] betrachtet zum Ziel haben, es dem Verbraucher zu ermöglichen, seine durch den Liefervertrag eingegangene Schuld begleichen zu können. Darauf, ob der Darlehensgeber die Darlehenssumme unmittelbar an den Unternehmer auszahlt oder diese zunächst an den Verbraucher ausgekehrt wird, damit er seine Verpflichtung aus dem Liefervertrag erfüllen kann, kommt es ebenso wenig an wie darauf, welcher Vertrag zuerst abgeschlossen worden ist. Entscheidend ist nur, dass aufgrund des Finanzierungszwecks eine enge Verknüpfung zwischen beiden Verträgen zu erkennen ist. Es spielt auch keine Rolle, welche Partei das Verwendungsrisiko zu tragen hat.[67] Aufgrund des klaren Wortlauts von § 358 Abs. 3 Satz 1 BGB muss die Finanzierung nicht alleiniger Zweck des Darlehens sein.

23 Dem Merkmal des Finanzierungszwecks kommt dabei nicht die Aufgabe zu, die Abgrenzung zwischen verbundenem Darlehensvertrag und dem durch den Verbraucher selbst beschafften Kredit zu leisten.[68] Einer speziellen und ausdrücklichen vertraglichen Vereinbarung zwischen Verbraucher und Darlehensgeber über den Verwendungszweck bedarf es nicht.[69] Erst recht gilt für eine gleichwohl ausdrücklich vorgenommene Zweckabrede nicht das Schriftformgebot nach § 492 Abs. 1 Satz 1 BGB. Im Falle einer solchen Abrede ist die Anwendung von § 358 BGB nicht zwingend, vielmehr bedarf es noch der positiven Feststellung der wirtschaftlichen Einheit von Liefer- und Darlehensvertrag.[70]

24 Die zu finanzierende Leistung im Liefervertrag muss zum Zeitpunkt der Zweckabrede noch nicht feststehen.[71] Es genügt insoweit, dass der Kredit ganz oder teilweise zur Erfüllung einer Verbindlichkeit des Darlehensnehmers aus einem bereits getätigten oder noch abzuschließenden Bargeschäft eingesetzt wird.[72]

---

[62] Vgl. *Habersack* in: MünchKomm-BGB, § 358 Rn. 27.

[63] Vgl. BGH v. 08.02.1956 - IV ZR 282/55 - BGHZ 20, 36-43; BGH v. 25.03.1982 - III ZR 198/80 - juris Rn. 11 - BGHZ 83, 301-310; BGH v. 19.09.1985 - III ZR 214/83 - juris Rn. 16 - BGHZ 95, 350-361; *Lauer*, BKR 2004, 92-102, 94.

[64] Begründung Regierungsentwurf BT-Drs. 10/5452, S. 19; AG Halle v. 22.07.1992 - 7 C 131/92 - WM 1992, 1980-1981; *Habersack* in: MünchKomm-BGB, § 358 Rn. 27; *Coester*, Jura 1992, 617-624, 619.

[65] *Habersack* in: MünchKomm-BGB, § 358 Rn. 27.

[66] Auf die subjektive und übereinstimmende Sicht der Parteien kommt es nicht an, OLG Düsseldorf v. 29.04.1997 - 24 U 141/96 - NJW 1997, 2056-2058; *Kessal-Wulf* in: Staudinger, § 358 Rn. 24 f.; *Habersack* in: MünchKomm-BGB, § 358 Rn. 31; *Saenger* in: Erman, § 358 Rn. 6.

[67] *Habersack* in: MünchKomm-BGB, § 358 Rn. 29.

[68] OLG Düsseldorf v. 29.04.1997 - 24 U 141/96 - NJW 1997, 2056-2058; *Habersack* in: MünchKomm-BGB, § 358 Rn. 29; *Habersack*, ZHR 156, 45-63, 53 ff.; LG Gießen v. 18.09.1996 - 1 S 146/96 - NJW-RR 1997, 1081; a.A. *Emmerich* in: Graf v. Westphalen/Emmerich/v. Rottenburg, Verbraucherkreditgesetz, 2. Aufl. 1996, § 9 Rn. 35; *Heermann*, AcP 200, 1-44, 3 f.

[69] *Grothe* in: Bamberger/Roth, § 358 Rn. 20.

[70] Vgl. *Habersack* in: MünchKomm-BGB, § 358 Rn. 32; *Dauner-Lieb*, WM 1991, Sonderbeilage Nr. 6, 1-31, 11 f., 15.

[71] So BGH v. 25.03.1982 - III ZR 198/80 - juris Rn. 14 - BGHZ 83, 301-310.

[72] *Kessal-Wulf* in: Staudinger, § 358 Rn. 26; *Habersack* in: MünchKomm-BGB, § 358 Rn. 32.

Eine bestimmte zeitliche **Reihenfolge** der einzelnen Vertragsabschlüsse muss grundsätzlich nicht eingehalten werden.[73] Ein Abschluss des Kreditvertrages nach Zustandekommen des Liefervertrages schadet nicht, wenn im finanzierten Vertrag bereits eine Drittfinanzierung der Verbraucherschuld vorgesehen ist.[74] Umgekehrt hindert auch der zeitlich frühere Liefervertrag die Annahme einer wirtschaftlichen Einheit zwischen den Verträgen grundsätzlich nicht. Auch wenn der nachfolgende Kauf zunächst als Barzahlungsgeschäft abgeschlossen wird, ist eine nachträgliche Verbindung i.S.d. § 358 Abs. 3 BGB zumindest bei einem vorangehenden Kreditabschluss möglich.[75] Ob auch die Aufnahme eines Verbraucherdarlehens nach Abschluss eines Barzahlungsgeschäfts dazu führen kann, dass der Widerruf des Finanzierungsdarlehens zugleich auch das finanzierte Geschäft betrifft, hängt vom Willen des Unternehmers ab. Dieser muss einer nachträglichen Änderung des Liefervertrages dahin gehend zustimmen, dass er sich in Abweichung vom ursprünglichen Geschäft nur noch aus dem Finanzierungsdarlehen befriedigen soll.[76] Diese Mitwirkung des Unternehmers ist auch dann erforderlich, wenn sich der Verbraucher auf den Einwendungsdurchgriff gemäß § 359 BGB berufen will, da der Begriff des verbundenen Vertrags hier nicht anders ausgelegt werden kann als bei § 358 BGB.[77]

25

2. Wirtschaftliche Einheit

Beide Verträge müssen eine wirtschaftliche Einheit bilden. Dies ist nach § 358 Abs. 3 Satz 2 BGB **unwiderlegbar zu vermuten**, wenn dem Verbraucher entweder nur ein Unternehmer gegenübersteht oder wenn im Dreipersonenverhältnis der Lieferant bei der Vorbereitung oder beim Abschluss des Darlehensvertrages für den Darlehensgeber mitwirkt. Dahinter steht der Gedanke, dass der Verbraucher aus seiner Sicht in solchen Fällen nur einen Vertrag schließt bzw. nur einen Vertragspartner hat. Maßgeblich ist bei der Feststellung, ob eine wirtschaftliche Einheit vorliegt, daher die (objektivierte) Sicht des Verbrauchers.[78] Das Vorliegen einer wirtschaftlichen Einheit ist zu bejahen, wenn über ein Zweck-Mittel-Verhältnis hinaus die beiden Geschäfte innerlich derart verbunden sind, dass keines ohne das andere geschlossen worden wäre.[79] Die Verträge müssen den Eindruck erwecken, als seien sie Teilstücke einer rechtlichen oder zumindest wirtschaftlich-tatsächlichen Einheit.[80] Dazu bedarf es nach der Rechtsprechung des BGH der Feststellung objektiver **Verbindungselemente**, die beim Käufer subjektiv den Eindruck erwecken, Verkäufer und Darlehensgeber stünden ihm als einheitlicher Vertragspartner gegenüber, insbesondere auch dadurch, dass sie ihn durch die von ihnen veranlasste Ausgestaltung und Handhabung der Verträge rechtlich oder tatsächlich von der freien Verfügung über das Darlehen ausschließen.[81] Diese mehr als Indizien zu wertenden[82] Elemente erfahren durch § 358 Abs. 3

26

---

[73] Vgl. BGH v. 29.03.1984 - III ZR 24/83 - juris Rn. 15 - BGHZ 91, 9-19; BGH v. 06.12.1979 - III ZR 46/78 - juris Rn. 22 - LM Nr. 28 zu § 6 AbzG; ferner BGH v. 11.10.1995 - VIII ZR 325/94 - juris Rn. 15 - BGHZ 131, 66-75; *Habersack* in: MünchKomm-BGB, § 358 Rn. 32; *Grüneberg* in: Palandt, § 358 Rn. 11; *Emmerich* in: Graf v. Westphalen/Emmerich/v. Rottenburg, Verbraucherkreditgesetz, 2. Aufl. 1996, § 9 Rn. 43; *Wildemann*, VuR 2011, 55-59, 56.

[74] BGH v. 11.10.1995 - VIII ZR 325/94 - juris Rn. 15 - BGHZ 131, 66-75. Vgl. zur Ablösung eines Unternehmerkredits durch einen Dritten BGH v. 15.01.1987 - III ZR 222/85 - juris Rn. 29 - NJW 1987, 1698-1700.

[75] BGH v. 29.03.1984 - III ZR 24/83 - juris Rn. 15 - BGHZ 91, 9-19; OLG Celle v. 18.05.1995 - 7 U 78/94 - DAR 1995, 404-407; *Kessal-Wulf* in: Staudinger, § 358 Rn. 26; *Habersack* in: MünchKomm-BGB, § 358 Rn. 33.

[76] *Habersack* in: MünchKomm-BGB, § 358 Rn. 32; *Emmerich* in: Graf v. Westphalen/Emmerich/v. Rottenburg, Verbraucherkreditgesetz, 2. Aufl. 1996, § 9 Rn. 96; *Habersack*, DStR 1994, 1853-1857, 1856; ähnlich *Heermann*, AcP 200, 1-44, 37; a.A. LG Trier v. 22.04.1993 - 3 S 361/92 - NJW 1993, 2121.

[77] A.A. *Habersack* in: MünchKomm-BGB, § 358 Rn. 34.

[78] OLG Köln v. 05.12.1994 - 12 U 75/94 - NJW-RR 1995, 1008-1009.

[79] BGH v. 25.05.1983 - VIII ZR 16/81 - SBE 1984, 3195-3200; BGH v. 11.11.1953 - II ZR 124/53 - NJW 1954, 185-187; BGH v. 20.02.1967 - III ZR 260/64 - BGHZ 47, 253-259; BGH v. 29.03.1984 - III ZR 24/83 - juris Rn. 15 - BGHZ 91, 9-19; BGH v. 19.05.2000 - V ZR 322/98 - juris Rn. 6 - LM BGB § 273 Nr. 58 (2/2001).

[80] BGH v. 06.12.1979 - III ZR 46/78 - juris Rn. 22 - LM Nr. 28 zu § 6 AbzG; BGH v. 15.05.1990 - XI ZR 205/88 - juris Rn. 6 - LM Nr. 121 zu § 607 BGB; *Habersack* in: MünchKomm-BGB, § 358 Rn. 36.

[81] BGH v. 25.05.1983 - VIII ZR 16/81 - SBE 1984, 3195-3200; BGH v. 25.03.1982 - III ZR 198/80 - juris Rn. 17 - BGHZ 83, 301-310; BGH v. 21.06.1979 - III ZR 62/78 - juris Rn. 19 - LM Nr. 40 zu § 607 BGB.

[82] So *Habersack* in: MünchKomm-BGB, § 358 Rn. 37; vgl. auch *Nießen/Reinking*, ZIP 1991, 79-87, 83.

Satz 2 BGB insoweit eine Präzisierung, als hier zwei Regelbeispiele für eine wirtschaftliche Einheit aufgeführt werden. Bei Vorliegen dieser rein objektiv zu bestimmenden Voraussetzungen des § 358 Abs. 3 Satz 2 BGB ist aber zwingend von einer Einheit der beiden Verträge auszugehen.

27 Diese unwiderlegbaren Vermutungen sind maßgeblich für das sog. **B-Geschäft** konzipiert.[83] Bei einer solchen Konstellation führt das arbeitsteilige Zusammenwirken von Unternehmer und Darlehensgeber – meist durch einen Rahmenvertrag ausgestaltet – dazu, dass Darlehensgeber und Verbraucher den Vertrag ohne näheren Kontakt schließen.[84] Das C-Geschäft sieht im Gegensatz dazu vor, dass der Verbraucher zusätzlich vom Unternehmer ausgestellte Wechsel in Höhe der jeweiligen Darlehensraten akzeptiert, die vom Unternehmer beim Darlehensgeber eingereicht werden.[85] Einen Einwendungsverlust bei Übertragung des Wechsels aufgrund Art. 17 WG verhindert § 496 Abs. 2 BGB. Beim sog. A-Geschäft[86] wird der Barkredit durch **Warengutscheine** bzw. -schecks ersetzt, die der Verbraucher in einem Händlernetz zum Erwerb von Waren benutzen kann. Zwar sind im Zeitpunkt des Kreditvertragsabschlusses wegen der Wahlfreiheit des Verbrauchers noch keine zu finanzierenden Waren spezifiziert. Gleichwohl ist durch die Beschränkung der Auswahl auf das Händlernetz die Annahme eines verbundenen Vertrages nicht ausgeschlossen.[87]

28 Weiterhin liegt eine wirtschaftliche Einheit nahe, wenn der Verbraucher im Vertrag als „Käufer und Darlehensnehmer" bezeichnet wird, die Unternehmer das gleiche Formular verwenden oder beide Verträge zeit- und ortgleich unterzeichnet werden,[88] wenn zwischen beiden teilweise Namens- und Firmengleichheit besteht,[89] wenn der Darlehensbetrag mit dem Kaufpreis nahezu identisch ist und die Kaufsache dem Kreditgeber sicherungsübereignet wird,[90] wenn sich der Leasinggeber die Übernahme des Kaufvertrages vorbehält[91] oder wenn das Darlehen ganz oder überwiegend direkt an den Unternehmer ausgezahlt wird[92].

a. Finanzierung durch den Unternehmer

29 Die schon zu § 9 VerbrKrG geltende h.M.[93], wonach die Grundsätze zur wirtschaftlichen Einheit auch bei rechtlicher Identität von Unternehmer und Darlehensgeber Anwendung finden müssen, spiegelt sich in § 358 Abs. 3 Satz 2 BGB wider. Danach ist eine wirtschaftliche Einheit insbesondere anzunehmen, wenn der Unternehmer die Gegenleistung des Verbrauchers selbst finanziert. Wenn schon eine Verknüpfung zweier Verträge des Verbrauchers mit zwei verschiedenen Vertragspartnern vorgenommen werden kann, dann muss dies erst recht für den Fall gelten, dass Leistung und Gegenleistungsfinanzierung für den Verbraucher aus einer Hand kommen. Dieser nahe liegende Schluss mündet in eine unwiderlegbare Vermutung für eine wirtschaftliche Einheit von Darlehens- und Liefervertrag.[94] Kommt es also z.B. zur Finanzierung und gleichzeitiger Veräußerung von Wertpapieren durch eine Bank, so sind die Verträge unter den weiterer Voraussetzungen des § 358 BGB miteinander verbun-

---

[83] Sog. Berliner System, vgl. *Kessal-Wulf* in: Staudinger, § 358 Rn. 33; *Saenger* in: Erman, § 358 Rn. 1.
[84] Näher zum B-Geschäft *Habersack* in: MünchKomm-BGB, § 358 Rn. 57; *Canaris*, Bankvertragsrecht, 3. Aufl. 1988, Rn. 1388.
[85] *Kessal-Wulf* in: Staudinger, § 358 Rn. 33; *Habersack* in: MünchKomm-BGB, § 358 Rn. 58.
[86] Sog. Anweisungs- oder Königsberger System.
[87] Zu Recht *Kessal-Wulf* in: Staudinger, § 358 Rn. 34; *Habersack* in: MünchKomm-BGB, § 358 Rn. 60.
[88] BGH v. 29.03.1984 - III ZR 24/83 - juris Rn. 13 - BGHZ 91, 9-19; BGH v. 20.11.1986 - III ZR 115/85 - juris Rn. 15 - NJW 1987, 1813-1814.
[89] LG Braunschweig v. 16.06.1994 - 7 S 7/94 - NJW 1994, 2701.
[90] BGH v. 06.12.1979 - III ZR 46/78 - juris Rn. 22 - LM Nr. 28 zu § 6 AbzG; BGH v. 25.05.1983 - VIII ZR 16/81 - SBE 1984, 3195-3200; BGH v. 25.05.1983 - VIII ZR 16/81 - SBE 1984, 3195-3200.
[91] OLG Rostock v. 13.02.1996 - 4 U 1/95 - RAnB 1996, 103-106.
[92] BGH v. 25.05.1983 - VIII ZR 16/81 - SBE 1984, 3195-3200; BGH v. 05.05.1992 - XI ZR 242/91 - juris Rn. 27 - LM BGB § 242 (Cd) Nr. 321 (11/1992).
[93] *Emmerich* in: Graf v. Westphalen/Emmerich/v. Rottenburg, Verbraucherkreditgesetz, 2. Aufl. 1996, § 9 Rn. 54 ff.; *Habersack*, ZHR 156, 45-63, 53 ff; *Coester*, Jura 1992, 617-624, 617; *Dauner-Lieb*, WM 1991, Sonderbeilage Nr. 6, 1-31, 18; a.A. *Seibert* in: Hadding, Das neue Verbraucherkreditgesetz, 1991, S. 16; *Vortmann*, NJW 1992, 1865-1867, 1866.
[94] BGH v. 21.07.2003 - II ZR 387/02 - juris Rn. 16 - BGHZ 156, 46-57; *Habersack* in: MünchKomm-BGB, § 358 Rn. 46; *Grüneberg* in: Palandt, § 358 Rn. 12; a.A. *Jauernig* in: Jauernig, BGB-Kommentar, 10. Aufl. 2003, § 358 Rn. 4.

den. Bei Finanzierung mittels Überziehungskredits ergibt sich eine weitere Einschränkung aus der Tatsache, dass ein Widerrufsrecht eines Verbraucherdarlehens nach §§ 495 Abs. 3 Nr. 3, 504 Abs. 2 BGB ausgeschlossen ist.

b. Mitwirkung des Unternehmers bei Drittfinanzierung

Im Fall der Drittfinanzierung ist eine wirtschaftliche Einheit nach § 358 Abs. 3 Satz 2 BGB unwiderlegbar zu vermuten, wenn sich der Darlehensgeber bei der Vorbereitung und dem Abschluss des Darlehensvertrages der Mitwirkung des Unternehmers bedient[95]; auf den weiteren Zusammenhang der beiden Verträge kommt es nicht an. Erforderlich, aber auch ausreichend ist ein **arbeitsteiliges Zusammenwirken** von Darlehensgeber und Unternehmer.[96] Ob darüber hinaus eine gewisse Planmäßigkeit dieser Arbeitsteilung gegeben sein muss, ist § 358 Abs. 3 Satz 2 BGB nicht zu entnehmen. Jedenfalls genügt es, wenn die Gegenleistung des Verbrauchers aufgrund einer Vereinbarung zwischen Unternehmer und Darlehensgeber finanziert wird. Eine über den Einzelfall hinausgehende Absprache im Sinne einer dauernden Geschäftsverbindung, die auch weitere Vertragsabschlüsse erfassen soll, ist entbehrlich.[97] Zentraler Begriff in diesem Zusammenhang ist der des **Bedienens**.[98] Im Falle der vorhergehenden Absprache, demgemäß der Unternehmer den Abschluss des Darlehensvertrages vermitteln soll, liegt eine Erfüllung dieses Tatbestandes nahe. Allerdings vermittelt der Begriff „Bedienen" an sich schon den Eindruck, als ginge es weniger um eine ausdrückliche Absprache als vielmehr um das Ausnützen von fremder Leistung. Eine wirtschaftliche Einheit kann also auch im Einzelfall und ohne vorherige Absprache zwischen Darlehensgeber und Unternehmer vorliegen.[99] Da die Aufzählung von § 358 Abs. 3 Satz 2 BGB nicht abschließend ist, kann sich die Verknüpfung der Verträge auch aus anderen Gründen ergeben, wenn es an einer Abrede fehlt.[100] Es muss demnach als ausreichend erachtet werden, wenn der Darlehensgeber den Kreditvertrag mit dem Verbraucher in dem Bewusstsein abschließt, dass der Lieferant bei der Anbahnung des Vertrages behilflich war und dass er sich damit die Tätigkeit des Unternehmers zu eigen macht.[101] Eine Unterstützung des Unternehmers, die ohne Wissen und Wollen des Darlehensgebers beim Abschluss des Darlehensvertrags behilflich ist, erfüllt das Merkmal des „Bedienens" nicht.[102] Dies ist u.a. der Fall, wenn der Unternehmer einen bestimmten Darlehensgeber oder Vermittler empfiehlt, alles weitere aber dem Verbraucher überlassen bleibt und sich dieser das Darlehen „auf eigene Faust" beschafft.[103] Nicht ausreichend für einen verbundenen Vertrag

30

---

[95] Vgl. auch BGH v. 25.03.1982 - III ZR 198/80 - juris Rn. 16 - BGHZ 83, 301-310; BGH v. 20.11.1986 - III ZR 115/85 - juris Rn. 15 - NJW 1987, 1813-1814.

[96] BGH v. 11.10.1995 - VIII ZR 325/94 - juris Rn. 15 - BGHZ 131, 66-75; OLG Celle v. 18.05.1995 - 7 U 78/94 - DAR 1995, 404-407.

[97] BGH v. 31.01.2005 - II ZR 200/03 - NJW-RR 2005, 1073-1075, 1074; BGH v. 21.07.2003 - II ZR 387/02 - juris Rn. 16 - BGHZ 156, 46-57; OLG Köln v. 05.12.1994 - 12 U 75/94 - NJW-RR 1995, 1008-1009; LG Wuppertal v. 08.09.2010 - 3 O 57/10 - juris Rn. 63; auch *Habersack* in: MünchKomm-BGB, § 358 Rn. 38, der allerdings hierin noch kein Sichbedienen der Mitwirkung des Unternehmers durch den Darlehensgeber erkennen will; vgl. noch BGH v. 05.07.1971 - III ZR 108/68 - LM Nr. 14 zu § 6 AbzG; BGH v. 05.07.1971 - III ZR 108/68 - LM Nr. 14 zu § 6 AbzG.

[98] Vgl. dazu auch OLG Dresden v. 12.07.2011 - 5 U 437/11, 5 U 0437/11 - MDR 2011, 1056-1058.

[99] Vgl. OLG Köln v. 05.12.1994 - 12 U 75/94 - NJW-RR 1995, 1008-1009; *Dauner-Lieb*, WM 1991, Sonderbeilage Nr. 6, 1-31, 14.

[100] Vgl. BGH v. 25.05.1983 - VIII ZR 16/81 - SBE 1984, 3195-3200; BGH v. 05.07.1971 - III ZR 108/68 - LM Nr. 14 zu § 6 AbzG; BGH v. 07.02.1980 - III ZR 141/78 - juris Rn. 12 - LM Nr. 26 zu § 138 BGB; BGH v. 20.03.1980 - III ZR 172/78 - juris Rn. 23 - LM Nr. 92 zu § 134 BGB.

[101] OLG Karlsruhe v. 21.07.2000 - 10 U 118/99 - juris Rn. 59 - WM 2001, 245-252; LG Düsseldorf v. 14.05.2010 - 8 O 238/09 - juris Rn. 16; *Habersack* in: MünchKomm-BGB, § 358 Rn. 40.

[102] *Emmerich* in: Graf v. Westphalen/Emmerich/v. Rottenburg, Verbraucherkreditgesetz, 2. Aufl. 1996, § 9 Rn. 50; *Habersack* in: MünchKomm-BGB, § 358 Rn. 41; a.A. *Dauner-Lieb*, WM 1991, Sonderbeilage Nr. 6, 1-31, 14; *Dürbeck*, Der Einwendungsdurchgriff nach § 9 Absatz 3 Verbraucherkreditgesetz, 1994, S. 60 f.

[103] BGH v. 25.05.1983 - VIII ZR 16/81 - SBE 1984, 3195-3200; BGH v. 15.05.1990 - XI ZR 205/88 - juris Rn. 8 - LM Nr. 121 zu § 607 BGB; *Habersack* in: MünchKomm-BGB, § 358 Rn. 41; *Emmerich* in: Graf v. Westphalen/Emmerich/v. Rottenburg, Verbraucherkreditgesetz, 2. Aufl. 1996, § 9 Rn. 50; vgl. aber auch OLG Köln v. 05.12.1994 - 12 U 75/94 - NJW-RR 1995, 1008-1009.

31 soll es nach dem OLG Brandenburg sein, wenn die Mitwirkung des Unternehmers allein darin besteht, einem Außendienstmitarbeiter einer Bausparkasse den Auftraggeber als Kreditinteressenten zu benennen und nach einer Weile nachzufragen, ob der Kredit gewährt wurde.[104]

31 Zur Abgrenzung von einfacher Mithilfe von einem arbeitsteiligen Zusammenwirken i.S.d. § 358 Abs. 3 Satz 2 BGB können die Umstände des Vertragsschlusses als **Indizien** herangezogen werden.[105] Es liegt die Annahme einer wirtschaftlicher Einheit nahe, wenn gemeinsame oder aufeinander abgestimmte Vertragsformulare verwendet werden oder der Unternehmer sämtliche Unterlagen zur Verfügung stellt.[106] Dies gilt erst recht, wenn der Darlehensgeber gegenüber dem Verbraucher gar nicht in Erscheinung tritt und der Verbraucher auch bezüglich des Darlehensvertrags nur Verhandlungen mit dem Unternehmer führt.[107] Auch die Verwendung von speziell für Finanzierungsgeschäfte vorgefertigten Formularen durch den Darlehensgeber weist insbesondere dann untrüglich auf eine Verbundenheit hin, wenn sie sich im Besitz des Unternehmers befinden.[108]

32 Weniger als Indiz taugt die Übereinstimmung von Kaufpreis und Nettodarlehensbetrag, da dies auch bei einer durch den Verbraucher selbst beschafften Finanzierung vorliegen kann.[109] Ebenso wenig ist allein die Sicherungsübereignung der Kaufsache für den Tatbestand des § 358 Abs. 3 BGB aufschlussreich. Ob auch eine Zusatzbelehrung i.S.d. § 358 Abs. 5 BGB Indizcharakter hat, kann wohl nur dann gefragt werden, wenn neben den übrigen Voraussetzungen auch eine Vereinbarung zwischen Darlehensgeber und Unternehmer vorliegt, ohne die eine solche Belehrung sinnlos erscheint.[110] Unerheblich ist jedenfalls die hypothetische Betrachtung, dass der Unternehmer auch ohne Hinzuziehen der von ihm favorisierten Bank den Liefervertrag abgeschlossen hätte.[111]

33 Der Einsatz eines **Kreditvermittlers** schadet der wirtschaftlichen Einheit dann nicht, wenn der Vermittler als Erfüllungsgehilfe i.S.d. § 276 BGB bzw. als Verhandlungsgehilfe (§ 166 BGB) entweder des Verkäufers oder des Darlehensgebers angesehen werden kann und dieser Gehilfe den Darlehensvertrag in die Wege leitet.[112] Bei Vermittlung durch einen selbstständigen Dritten liegt § 358 Abs. 3 Satz 2 BGB grundsätzlich nicht vor.[113] Indes können der Darlehensvermittlungsvertrag und der Darlehensvertrag für sich verbundene Verträge darstellen, wenn ein Teil des Darlehens als Vergütung für die Kreditvermittlung vorgesehen ist.[114]

---

[104] OLG Brandenburg v. 02.04.2009 - 5 U 53/08 - NJW-RR 2009, 810.

[105] *Habersack* in: MünchKomm-BGB, § 358 Rn. 42; *Wildemann*, VuR 2011, 55-59, 56.

[106] *Emmerich* in: Graf v. Westphalen/Emmerich/v. Rottenburg, Verbraucherkreditgesetz, 2. Aufl. 1996, § 9 Rn. 53; vgl. zum AbzG BGH v. 09.02.1978 - III ZR 31/76 - LM Nr. 211 zu § 242 BGB; BGH v. 21.06.1979 - III ZR 62/78 - juris Rn. 22 - LM Nr. 40 zu § 607 BGB.

[107] BGH v. 20.11.1986 - III ZR 115/85 - juris Rn. 15 - NJW 1987, 1813-1814; BGH v. 07.02.1980 - III ZR 141/78 - juris Rn. 28 - LM Nr. 26 zu § 138 BGB; *Habersack* in: MünchKomm-BGB, § 358 Rn. 42.

[108] BGH v. 25.03.1982 - III ZR 198/80 - juris Rn. 15 - BGHZ 83, 301-310; BGH v. 15.01.1987 - III ZR 222/85 - juris Rn. 29 - NJW 1987, 1698-1700; BGH v. 07.02 1980 - III ZR 141/78 - juris Rn. 12 - LM Nr. 26 zu § 138 BGB; OLG Düsseldorf v. 28.02.2011 - I-9 U 150/10, 9 U 150/10 - juris Rn. 14; OLG Düsseldorf v. 28.02.2011 - I-9 U 151/10, 9 U 151/10 - juris Rn. 15; *Habersack* in: MünchKomm-BGB, § 358 Rn. 42.

[109] Vgl. BGH v. 06.12.1979 - III ZR 46/78 - juris Rn. 22 - LM Nr. 28 zu § 6 AbzG; *Habersack* in: MünchKomm-BGB, § 358 Rn. 43; *Dauner-Lieb*, WM 1991, Sonderbeilage Nr. 6, 1-31, 15.

[110] Vgl. dazu BGH v. 14.06.1984 - III ZR 81/83 - juris Rn. 25 - LM Nr. 37 zu § 138 (Bc) BGB; *Habersack* in: MünchKomm-BGB, § 358 Rn. 40; *Dauner-Lieb*, WM 1991, Sonderbeilage Nr. 6, 1-31, 19.

[111] BGH v. 15.05.1990 - XI ZR 205/88 - juris Rn. 7 - LM Nr. 121 zu § 607 BGB; *Habersack* in: MünchKomm-BGB, § 358 Rn. 43.

[112] OLG Düsseldorf v. 31.08.1998 - 9 U 25/98 - ZIP 1998, 1790-1793; OLG Düsseldorf v. 29.04.1997 - 24 U 141/96 - NJW 1997, 2056-2058; *Kessal-Wulf* in: Staudinger, § 358 Rn. 30; *Habersack* in: MünchKomm-BGB, § 358 Rn. 44; vgl. auch BGH v. 25.05.1983 - VIII ZR 16/81 - SBE 1984, 3195-3200; BGH v. 20.03.1980 - III ZR 172/78 - juris Rn. 31 - LM Nr. 92 zu § 164 BGB.

[113] Vgl. zur Abgrenzung auch LG Stuttgart v. 19.05.2000 - 24 O 79/99 - WM 1999, 1822-1827; liegen darüber hinaus Indizien für ein arbeitsteiliges Verhalten von Darlehensgeber und Unternehmer vor, kommt gleichwohl eine Verbundenheit der Verträge in Betracht.

[114] *Habersack* in: MünchKomm-BGB, § 358 Rn. 44.

Die Verwendung einer **Universalkreditkarte**, bei der die monatlichen Abrechnungssalden gestundet werden, führt nicht zu einer wirtschaftlichen Einheit zwischen der Finanzierung und den getätigten Geschäften, da es sich beim Kreditkartenvertrag um ein selbstständiges Darlehen handelt.[115] Anders verhält es sich u.U. bei einem Vertrag über eine Kundenkreditkarte, der dem Verbraucher einen Kreditrahmen einräumt und mithin einen Darlehensvertrag darstellt.[116]

c. Zweckbindung des Darlehens

Über die Aufzählung von § 358 Abs. 3 Satz 2 BGB hinaus spricht für eine wirtschaftliche Einheit, wenn der Verbraucher von der freien Verfügung über den Kredit ausgeschlossen ist.[117] Dieses Kriterium ist in stetiger Rechtsprechung anerkannt.[118] Im Regelfall wird diese Zweckbindung des Darlehens dadurch verwirklicht, dass die Darlehenssumme unmittelbar an den Unternehmer ausgezahlt wird. Es ist aber auch denkbar, dass das Geld auf Anweisung des Verbrauchers direkt an den Verkäufer ausgezahlt wird, wenn sich der Verbraucher den Kredit zur Finanzierung „auf eigene Faust" beschafft hat. Beachtet werden muss indes, dass es beim Merkmal der Zweckbindung grundsätzlich nicht – wie bei den genannten Fällen in § 358 Abs. 3 Satz 2 BGB – darauf ankommt, ob der Unternehmer bei der Anbahnung des Darlehensvertrages mitwirkt oder ob der Darlehensgeber von einer solchen Mitwirkung Kenntnis hat. Zur Abgrenzung der nicht verbindenden Direktanweisung an den Unternehmer und der zur wirtschaftlichen Einheit führenden Zweckbindung des Darlehens ist darauf abzustellen, ob nach dem Willen der Parteien ein Anspruch des Unternehmers gegen den Verbraucher auf die Gegenleistung ausgeschlossen sein soll, weil der Unternehmer durch die Auszahlung des Darlehensgebers befriedigt wird.[119] Die Annahme eines verbundenen Vertrages ist weiterhin möglich, wenn die Darlehensvaluta zwar dem Verbraucher ausgezahlt wird, dieser aber das Geld an den Unternehmer weiterzuleiten hat.[120]

Auch bei einem Personalkredit ist trotz grundsätzlicher Verfügungsfreiheit des Kreditnehmers eine wirtschaftliche Einheit möglich, wenn er wegen wirtschaftlicher Identität zwischen Unternehmer und Darlehensgeber oder einer vorgenommenen Einschränkung der Verfügungsgewalt über die Darlehensvaluta zu einem **unechten Personalkredit** umschlägt.[121] Beim selten gewordenen sog. A-Geschäft, bei dem der Verbraucher gegen Vereinbarung einer Ratenzahlung vom Darlehensgeber Warenschecks oder Kaufscheine erhält, die dann im Rahmen eines Händlersystems eingelöst werden können, liegt zwar kein konkreter Finanzierungszweck vor. Die Wahl des Kaufgegenstands und des Vertragspartners bleibt zwar dem Verbraucher überlassen, indes kann von einer Dispositionsfreiheit über das Darlehen nicht gesprochen werden. Gerade das angelegte Händlersystem, aus dem der Käufer auszuwählen hat, legt eine wirtschaftliche Einheit gem. § 358 Abs. 3 BGB nahe.[122]

---

[115] H.M., *Kessal-Wulf* in: Staudinger, § 358 Rn. 41; *Habersack* in: MünchKomm-BGB, § 358 Rn. 62; *Saenger* in: Erman, § 358 Rn. 13; *Grothe* in: Bamberger/Roth, § 358 Rn. 21; *Ott* in: Bruchner/Ott/Wagner-Wiedwilt, Verbraucherkreditgesetz, 2. Aufl. 1994, § 9 Rn. 42; *Emmerich* in: Graf v. Westphalen/Emmerich/v. Rottenburg, Verbraucherkreditgesetz, 2. Aufl. 1996, § 9 Rn. 69 f.; *Seibert*, DB 1991, 429-431, 431; a.A. *Heermann*, AcP 200, 1-44, 41; *Metz*, NJW 1991, 2804-2813, 2812.

[116] *Habersack* in: MünchKomm-BGB, § 358 Rn. 63; *Kessal-Wulf* in: Staudinger, § 358 Rn. 41; *Grothe* in: Bamberger/Roth, § 358 Rn. 21; *Saenger* in: Erman, § 358 Rn. 14; *Emmerich* in: Graf v. Westphalen/Emmerich/v. Rottenburg, Verbraucherkreditgesetz, 2. Aufl. 1996, § 9 Rn. 70; *Seibert*, DB 1991, 429-431, 431.

[117] Vgl. dazu BGH v. 05.05.1992 - XI ZR 242/91 - juris Rn. 27 - LM Nr. § 242 (Cd) Nr. 321 (11/1992); BGH v. 23.06.1988 - III ZR 75/87 - juris Rn. 8 - LM Nr. 21 zu § 1 AbzG; BGH v. 25.05.1983 - VIII ZR 16/81 - SBE 1984, 3195-3200; BGH v. 06.12.1979 - III ZR 46/78 - juris Rn. 20 - LM Nr. 28 zu § 6 AbzG; BGH v. 29.03.1984 - III ZR 24/83 - juris Rn. 13 - BGHZ 91, 9-19; BGH v. 28.05.1984 - III ZR 63/83 - juris Rn. 33 - LM Nr. 1 zu § 7 AGBG; BGH v. 29.04.1981 - VIII ZR 184/80 - juris Rn. 8 - LM Nr. 31 zu § 6 AbzG; OLG Köln v. 05.12.1994 - 12 U 75/94 - NJW-RR 1995, 1008-1009; *Emmerich* in: Graf v. Westphalen/Emmerich/v. Rottenburg, Verbraucherkreditgesetz, 2. Aufl. 1996, § 9 Rn. 52; *Habersack* in: MünchKomm-BGB, § 358 Rn. 47.

[118] Vgl. *Habersack* in: MünchKomm-BGB, § 358 Rn. 47 sowie die Nachweise in Fn. 95.

[119] Vgl. *Pietzcker*, Die Rückabwicklung der verbundenen Geschäfte beim Einwendungsdurchgriff nach dem Verbraucherkreditgesetz, 1994; vgl. auch *Heermann*, Drittfinanzierte Erwerbsgeschäfte, 1998, S. 100 ff., der dem Unternehmer sogar einen eigenen Anspruch gegen den Darlehensgeber einräumt; ablehnend *Habersack* in: MünchKomm-BGB, § 358 Rn. 49.

[120] BGH v. 20.02.1967 - III ZR 260/64 - BGHZ 47, 253-259, wonach es auf die Vertrauenswürdigkeit des Verbrauchers ankommt; ferner *Canaris*, Bankvertragsrecht, 3. Aufl. 1988 Rn. 1480.

[121] *Habersack* in: MünchKomm-BGB, § 358 Rn. 59; vgl. RG v. 30.01.1931 - II 219/30 - RGZ 131, 213-225, 224 f.; RG v. 09.10.1936 - II 66/36 - RGZ 152, 283-292, 286 f.

[122] So zu Recht *Habersack* in: MünchKomm-BGB, § 358 Rn. 60; *Emmerich* in: Graf v. Westphalen/Emmerich/v. Rottenburg, Verbraucherkreditgesetz, 2. Aufl. 1996, § 9 Rn. 9; a.A. *Ott* in: Bruchner/Ott/Wagner-Wiedwilt, Verbraucherkreditgesetz, 2. Aufl. 1994, § 9 Rn. 43.

d. Sonderregeln für Immobiliardarlehensverträge

aa. Entstehungsgeschichte und Altverträge

37 Für sog. **Immobiliardarlehensverträge** (§ 503 Abs. 1 BGB) gilt § 358 Abs. 3 Satz 3 BGB.[123] Durch diesen Zusatz, angeregt durch das „Heininger"-Urteil des EuGH,[124] hat der Gesetzgeber die zugleich geschaffene Möglichkeit des Widerrufs von solchen Darlehensverträgen und die Anwendung der §§ 358, 359 BGB[125] gleich wieder eingeschränkt[126]. Wegen der Eigenart der Grundstücksgeschäfte, die in der Regel ein Zusammenwirken von Darlehensgeber und Veräußerer erfordert, sah man sich hier in der Pflicht, den Tatbestand der wirtschaftlichen Einheit in diesem Bereich separat zu bestimmen.[127] Dem Verbraucher sei bei Grundstücksgeschäften regelmäßig bewusst, dass Verkäufer und Darlehensgeber nicht identisch sind.[128] § 358 Abs. 3 Satz 3 BGB geht daher insoweit der Anwendung von § 358 Abs. 3 Sätze 1 und 2 BGB vor. Besonderheiten gelten natürlich nur für die Drittfinanzierung. Bei einer Identität von Unternehmer und Darlehensgeber, wie sie in § 358 Abs. 3 Satz 2 Alt. 1 BGB beschrieben ist, führt der Maßstab des § 358 Abs. 3 Satz 3 BGB zu keinem anderen Ergebnis.[129]

38 Ausgangspunkt für die Problematik um die Immobiliengeschäfte sind die sog. **„Schrottimmobilien"**, bei denen sich der erhoffte Steuervorteil aus dem Immobilienfonds aus verschiedenen Gründen nicht realisieren lässt. Meist wurde das Geschäft durch Darlehen finanziert, die im Wege des Haustürgeschäfts abgeschlossen wurden. Die enttäuschten Anleger versuchen dann auf verschiedenen Wegen, nicht nur die Wirksamkeit des Kreditvertrages zu beseitigen, sondern vielmehr die unselige Immobilienbeteiligung loszuwerden. Die Rechtsprechung und h.M. hatten die Anwendbarkeit der Vorschriften über den verbundenen Vertrag auf vor dem 01.08.2002 geschlossene Immobiliendarlehensverträge bisher überwiegend verneint.[130] Ein Widerrufsrecht schied auch dann aus, wenn der Kreditvertrag als Haustürgeschäft geschlossen worden war, da man einen Vorrang der verbraucherkreditrechtlichen Vorschriften, die Realkredite nicht erfassten, annahm. Der EuGH hat in seiner „Heininger"-Entscheidung klargestellt, dass auch Realkredite als Haustürgeschäfte widerruflich sein müssen. Im Anschluss an das „Heininger"-Urteil hat der XI. Senat des BGH in mehreren Fällen die Voraussetzungen für ein verbundenes Geschäft verneint.[131] Die vom Verbraucher zurückzugewährende Leistung ist demnach nicht der mit dem Darlehen finanzierte Vermögenswert, sondern die Darlehensvaluta selbst.

---

[123] Satz 3 angefügt durch das Gesetz zur Änderung des Rechts der Vertretung durch Rechtsanwälte vor den OLG vom 23.07.2002, BGBl. I, S 2850; vgl. dazu ausführlich *Kallrath* in: Amann/Brambring/Hertel, Vertragspraxis nach neuem Schuldrecht, 2. Aufl. 2003, E.V.6. (S. 379 ff.); *Lauer*, BKR 2004, 92-102, 92 ff.; *Schmidt-Kessel*, ZGS 2002, 311-319, 315.

[124] EuGH v. 13.12.2001 - C-481/99 - NJW 2002, 281-283; vgl. dazu *Wiedmann* in: Gebauer/Wiedmann, Zivilrecht unter europäischem Einfluss, 2004, Kap. 6 Rn. 16; *Wildemann*, VuR 2003, 90-93, 91 sowie LG Bremen v. 02.08.2002 - 8 O 2420/00 - WM 2002, 1450-1456.

[125] Vgl. dazu LG Hamburg v. 13.11.2002 - 304 O 94/01 - BKR 2003, 32-34.

[126] Vgl. auch BGH v. 21.01.2003 - XI ZR 125/02 - juris Rn. 24 - NJW 2003, 1390-1392; sowie BGH v. 12.11.2002 - XI ZR 47/01 - juris Rn. 27 - BGHZ 152, 331-339; zu den Änderungen *Habersack* in: MünchKomm-BGB, § 358 Rn. 3; *Artz*, BKR 2002, 603-609, 603 ff.

[127] Vgl. die Ausführungen des Rechtsausschusses des Deutschen Bundestages, BT-Drs. 14/9266, S. 46.

[128] Vgl. BGH v. 19.05.2000 - V ZR 322/98 - LM BGB § 273 Nr. 58 (2/2001); BGH v. 12.07.1979 - III ZR 18/78 - juris Rn. 25 - LM Nr. 221 zu § 242 BGB; kritisch *Rörig*, MDR 2002, 894-896, 895.

[129] Rechtsausschuss BT-Drs. 14/9266, S. 16; *Habersack* in: MünchKomm-BGB, § 358 Rn. 52.

[130] Vgl. BGH v. 10.09.2002 - XI ZR 151/99 - juris Rn. 14 - NJW 2003, 199-200; BGH v. 12.11.2002 - XI ZR 47/01 - juris Rn. 27 - BGHZ 152, 331-339; BGH v. 09.04.2002 - XI ZR 91/99 - juris Rn. 15 - BGHZ 150, 248-263; OLG Dresden v. 15.11.2002 - 8 U 2987/01 - VuR 2003, 70-76; a.A. OLG Karlsruhe v. 17.09.2002 - 4 U 23/02 - juris Rn. 6 - NJW-RR 2003, 191-192; OLG Oldenburg v. 19.06.2002 - 2 U 65/02 - VuR 2002, 322-324; LG Bochum v. 29.07.2003 - 1 O 795/02 - NJW 2003, 2512-2615 mit Vorlage an den EuGH.

[131] So z.B. BGH v. 12.11.2002 - XI ZR 47/01 - juris Rn. 27 - BGHZ 152, 331-339, 335; BGH v. 09.04.2002 - XI ZR 91/99 - juris Rn. 42 - BGHZ 150, 248-263, 262; BGH v. 27.01.2004 - XI ZR 37/03 - juris Rn. 21 - NJW 2004, 1376-1379, 1376; BGH v. 16.09.2003 - XI ZR 447/02 - juris Rn. 8 - NJW 2004, 153-154, 153; BGH v. 12.11.2002 - XI ZR 3/01 - juris Rn. 29 - NJW 2003, 424-426; BGH v. 10.09.2002 - XI ZR 151/99 - juris Rn. 14 - NJW 2003, 199-200; näher dazu *Bungeroth*, WM 2004, 1505-1511.

Nach den Urteilen des II. BGH-Senats hingegen liegt ein verbundenes Geschäft bei kreditfinanziertem **39** Beitritt zu einer Immobilienfondsgesellschaft jedenfalls dann vor, wenn sich der Fonds und die Bank derselben Vertriebsorganisation bedienen.[132] Die Grundsätze des fehlerhaften Gesellschaftsbeitritts führen hier dazu, dass der Verbraucher den gegen die Gesellschaft gerichteten Anspruch auf Zahlung einer Abfindung als Einwendung i.S.d. § 359 BGB entgegenhalten kann.[133]

In diesem „Krieg der Senate"[134], der eine unverständliche Rechtsunsicherheit hervorrief, entschlossen **40** sich das LG Bochum[135] und OLG Bremen[136] dem EuGH im Rahmen des Vorabentscheidungsverfahrens die Frage der Vereinbarkeit der Rechtsprechung des XI. Senats mit dem Gemeinschaftsrecht vorzulegen. Der EuGH hat in zwei Aufsehen erregenden Entscheidungen[137] die Linie des XI. Senats nicht angegriffen: Die Haustürgeschäfterichtlinie ist demnach so auszulegen, dass Kaufverträge im Rahmen von kreditfinanzierten Kapitalanlagemodellen vom Anwendungsbereich ausgeschlossen sind. Eine Widerruflichkeit auch des finanzierten Vertrages bei Widerruf des Darlehensvertrages sei gemeinschaftsrechtlich ebenso wenig zwingend wie der Schutz des Verbrauchers vor einem Rückzahlungsanspruch hinsichtlich des Darlehens einschließlich der marktüblichen Zinsen nach erfolgtem Widerruf.

Hinsichtlich der üblichen Praxis bei Kapitalanlagemodellen, dass die Verbraucher zuhause durch einen **41** Vermittler aufgesucht werden, bemängelt der EuGH die Sichtweise des XI. Senats. Dieser hatte den Vermittler grundsätzlich als Dritten i.S.d. § 123 Abs. 2 BGB angesehen und die Zurechnung dessen Handelns mithin davon abhängig gemacht, ob der Darlehensgeber das Handeln des Vermittlers kannte oder kennen musste.[138] Nach Ansicht des EuGH[139] ist Art. 1 und 2 der Haustürgeschäfterichtlinie dahin auszulegen, dass die Anwendung der Richtlinie nicht von der Kenntnis der Bank abhängen darf.

In den weiteren Feststellungen für den Fall, dass der Verbraucher nicht ordnungsgemäß über sein Widerrufsrecht belehrt worden ist, formuliert der EuGH indes sehr vage. Die Mitgliedstaaten haben dafür **42** zu sorgen, dass die Verbraucher vor der Verwirklichung von Risiken, die mit der Kapitalanlage verbunden sind und die Verbraucher wegen mangelnder Belehrung nicht vermeiden konnte, geschützt sind. Wie dieser Schutz von den Mitgliedstaaten geleistet werden soll, bleibt dabei offen.[140]

Der XI. Senat hat in weiteren Entscheidungen,[141] für die nach eigenem Bekunden die dargestellte **43** EuGH-Rechtsprechung keine Rolle spielte, nun offensichtlich eine Klärung der BGH-internen Meinungsverschiedenheit herbeigeführt. Demnach widerspricht der II. Zivilsenat den Lösungen zu den darlehens- und verbraucherkreditrechtlichen Problemen nicht mehr und sieht die gesellschaftsrechtlichen Fragen als geklärt an. Im Ergebnis ist zu differenzieren: Ein verbundenes Geschäft i.S.d. § 9

---

[132] BGH v. 14.06.2004 - II ZR 395/01 - juris Rn. 27 - BGHZ 159, 280-294; BGH v. 14.06.2004 - II ZR 392/01 - juris Rn. 13 - WM 2004, 1518-1521; BGH v. 14.06.2004 - II ZR 385/02 - juris Rn. 19 - WM 2004, 1527-1529; vgl. auch BGH v. 14.06.2004 - II ZR 393/02 - juris Rn. 16 - BGHZ 159, 294-318; BGH v. 14.06.2004 - II ZR 407/02 - juris Rn. 16 - WM 2004, 1536-1542; BGH v. 14.06.2004 - II ZR 374/02 - juris Rn. 8 - NJW 2004, 2742-2743; zu den Urteilen vgl. auch *Jork/Engel*, BKR 2005, 3-12; *Schäfer*, DStR 2004, 1611-1618, 1611 ff.; *Nittel*, NJW 2004, 2712-2715, 2712 ff.; *Fischer*, DB 2004, 1651-1652, 1651 f.; *Edelmann*, BB 2004, 1648-1650, 1648 ff.; *Lorenz*, LMK 2004, 153-154, 153 f.; *Frisch*, EWiR 2004, 857-858, 858 f.

[133] Vgl. BGH v. 25.04.2006 - XI ZR 193/04 - juris Rn. 18 - NJW 2006, 1788-1792; OLG Dresden v. 08.02.2011 - 5 U 176/10 - juris Rn. 22; OLG Hamm v. 04.10.2010 - 31 U 41/10, I-31 U 41/10 - juris Rn. 14.

[134] Vgl. dazu statt aller *Fischer*, VuR 2006, 53-58 m.w.N. Mittlerweile durch Verlagerung der Zuständigkeit auf den XI. Senat beigelegt, vgl. dazu *Derleder*, NZM 2006, 449-452.

[135] LG Bochum v. 29.07.2003 - 1 O 795/02 - NJW 2003, 2612-2615; vgl. dazu *Schlachter*, RIW 2004, 655-662, 656

[136] OLG Bremen v. 27.05.2004 - 2 U 20/02, 2 U 23/02, 2 U 53/02 - NJW 2004, 2238-2243; vgl. auch das nachfolgende Urteil des OLG Bremen v. 02.03.2006 - 2 U 20/02 - WM 2006, 758-768.

[137] EuGH v. 25.10.2005 - C-350/03 - ABl EU 2006, Nr. C 86, 2-3; EuGH v. 25.10.2005 - C-229/04 - ABl EU 2006, Nr. C 86, 7-8. Vgl. dazu *Tonner/Tonner*, WM 2006, 505-513; *Lang/Rösler*, WM 2006, 513-522; *Fischer*, VuR 2006, 53-58; *Habersack*, JZ 2006, 91-94; *Limbach*, ZGS 2006, 66-72; *Schwintowski*, VuR 2006, 5-6; *Staudinger*, NJW 2005, 3521-3525; zur Abgrenzung vgl. OLG Frankfurt v. 22.02.2006 - 9 W 5/06 - WM 2006, 769-774.

[138] Vgl. nur BGH v. 15.07.2003 - XI ZR 162/00 - ZIP 2003, 1741-1744; BGH v. 18.11.2003 – XI ZR 332/02 - NJW 2004, 844-847, 847; so auch schon *Micklitz* in: Grabitz/Hilf, Europäisches Verbraucherrecht, Richtlinie 85/577/EWG, A2. zu Art.1-2, Rn. 5 f.; *Fischer*, VuR 2005, 241-247, 244.

[139] EuGH v. 25.10.2005 - C-229/04 - ABl EU 2006, Nr. C 86, 7-8.

[140] Zu möglichen Wegen vgl. *Fischer*, VuR 2006, 53-58, 57 f.

[141] BGH v. 25.04.2006 - XI ZR 29/05- WM 2006, 1008-1013; BGH v. 25.04.2006 - XI ZR 219/04 - WM 2006, 1060-1066; BGH v. 25.04.2006 - XI ZR 193/04 - BB 2006, 1130-1135; BGH v. 25.04.2006 - XI ZR 106/05 - BB 2006, 1294-1295; ausführlich und kritisch dazu *Fischer*, VuR 2006, 53-58, 55 f.

Abs. 1 VerbrKrG liegt bei finanziertem Erwerb eines Immobilienfondsanteils **ohne grundpfandrechtliche Sicherung** vor, wenn zwischen beiden Verträgen eine wirtschaftliche Einheit besteht. Diese Einheit wird wiederum vermutet, wenn die Initiative zur Kreditaufnahme vom Vertriebsbeauftragten des Kapitalanlagemodells erfolgt, indem er dem Verbraucher einen Kreditantrag der Bank mit den Unterlagen zur Immobilie vorlegt. Der Zweck der gesetzlichen Regelung erfordere bei einem Widerruf des Darlehensvertrags im Falle des verbundenen Vertrages, dass dem Darlehensgeber kein Zahlungsanspruch gegen den Verbraucher zusteht. Die Annahme eines verbundenen Geschäfts scheidet hingegen bei Realkrediten i.S.d. § 3 Abs. 2 VerbrKrG aus. Dies gilt auch dann, wenn anstelle des Verbrauchers der Fonds das Grundpfandrecht bestellt hat.

44 Täuscht der Vermittler den Anleger, kann der Verbraucher einen bestehenden Abfindungsanspruch gegen einen Immobilienfonds bei einem verbundenen Geschäft auch der Bank entgegenhalten und die Kreditrückzahlung verweigern (§ 9 Abs. 3 VerbrKrG). Daneben stehen dem Verbraucher bei Täuschung ein Anfechtungsrecht nach § 123 BGB im Falle der Kausalität auch hinsichtlich des Darlehensvertrages sowie ein Anspruch aus Verschulden bei Vertragsverhandlung gegen die finanzierende Bank zu. Ansprüche gegen Gründungsgesellschafter, Prospektherausgeber oder ähnliche Beteiligte kann der Verbraucher dem Rückzahlungsverlangen aber nicht entgegenhalten.[142]

45 Ist die vom Anleger erteilte Vollmacht an den Treuhänder wegen Verstoßes gegen das Rechtsberatungsgesetzes nichtig, hängt eine etwaige Rechtsscheinshaftung des Kreditgebers nicht davon ab, ob Kreditvertrag und Fondsbeitritt einen verbundenen Vertrag darstellen.

bb. Voraussetzungen

46 Liegt ein finanzierter Erwerb eines Grundstücks vor, so ist eine wirtschaftliche Einheit zwischen dem Erwerbsgeschäft und dem Finanzierungsvertrag gegeben, wenn der Darlehensgeber selbst das Grundstück verschafft oder wenn er nicht nur das Darlehen zur Verfügung stellt, sondern auch den Erwerb der Immobilie qualifiziert fördert. Dies gilt sinngemäß für den Erwerb eines grundstücksgleichen Rechts, z.B. beim Erbbaurecht und Teilzeit-Wohnrecht (§§ 481-487 BGB), nicht aber bei Dienstbarkeiten (§§ 1018-1089 BGB). Ebenso liegt kein grundstücksgleiches Recht bei der Mitgliedschaft in einer Gesellschaft vor, auch wenn das Gesellschaftsvermögen im Wesentlichen aus Grundstücken besteht; es gilt insoweit § 358 Abs. 3 Satz 2 BGB.[143]

47 Liegt ein Immobiliardarlehensvertrag i.S.d. § 503 Abs. 1 BGB n.F. und eine Drittfinanzierung vor, so ist nicht – wie bei § 358 Abs. 3 Satz 2 BGB – auf die Hilfestellung des Unternehmers, sondern auf die Tätigkeit des Darlehensgebers abzustellen. Gemäß § 358 Abs. 3 Satz 3 BGB muss der Darlehensgeber den Absatz der Immobilie in qualifizierter Weise fördern. Die dort aufgezählten Arten der Förderung entsprechen den Fallgruppen, in denen der BGH in ständiger Rechtsprechung eine Aufklärung des Verbrauchers über das wirtschaftliche Risiko des finanzierten Geschäfts durch den Darlehensgeber forderte.[144] Wegen des abschließenden Charakters der Aufzählung in § 358 Abs. 3 Satz 3 BGB ist eine wirtschaftliche Einheit beim Immobiliardarlehensvertrag nur dann anzunehmen, wenn eine der drei Fallgruppen vorliegt.

48 Ein solches Überschreiten der Darlehensgeberrolle[145] ist zunächst gegeben, wenn sich der Darlehensgeber die Veräußerungsinteressen ganz oder teilweise zu eigen macht. Dies äußert sich regelmäßig in der Verwirklichung der zweiten Fallgruppe, demgemäß der Kreditgeber Funktionen des Veräußerers bei der Planung, Werbung oder Durchführung des Projekts übernimmt. Ein solcher der rollenwidrigen Förderung liegt nicht schon dann vor, wenn sich der Kreditgeber im Prospekt als „Finanzierer" des Projekts bezeichnen lässt.[146] Nicht zuletzt kann der Darlehensgeber den Grundstückserwerb fördern, indem er den Veräußerer entgegen dem Gebot der Neutralität einseitig begünstigt. Wegen des klaren

---

[142] BGH v. 25.04.2006 - XI ZR 106/05 - NJW 2006, 1955-1957; BGH v. 21.11.2006 - XI ZR 347/05 - juris Rn. 22 - NJW 2007, 1127-1130; anders noch BGH v. 14.06.2004 - II ZR 395/01 - juris Rn. 35 - NJW 2004, 2731-2735; OLG Stuttgart v. 14.11.2006 - 6 U 22/06 - juris Rn. 60 - WM 2007, 203-212.

[143] *Kessal-Wulf* in: Staudinger, § 358 Rn. 51; *Habersack* in: MünchKomm-BGB, § 358 Rn. 41; a.A. BGH v. 12.11.2002 - XI ZR 47/01 - juris Rn. 27 - BGHZ 152, 331-339.

[144] *Habersack* in: MünchKomm-BGB, § 358 Rn. 52 m.w.N.

[145] BGH v. 27.06.2000 - XI ZR 174/99 - juris Rn. 8 - LM BGB § 276 (Fa) Nr. 158 (1/2001); BGH v. 05.05.1992 - XI ZR 242/91 - juris Rn. 30 - LM BGB § 242 (Cd) Nr. 321 (11/1992); *Lauer*, BKR 2004, 92-102, 95 ff.; *Rohe*, BKR 2002, 575-579, 579; *Schmidt-Räntsch*, ZIP 2002, 1100-1108, 1102.

[146] BGH v. 21.01.1988 - III ZR 179/86 - juris Rn. 11 - LM Nr. 21 zu § 276 (Cc) BGB; *Habersack* in: MünchKomm-BGB, § 358 Rn. 54; *Bruchner*, WM 1999, 825-838, 833.

Wortlauts von § 358 Abs. 3 Satz 3 BGB, der ein „Zusammenwirken" von Unternehmer und Darlehensgeber fordert, ist hier ein Einvernehmen zwischen den Vertragspartnern des Verbrauchers unerlässlich. Bei der Subsumtion unter die einzelnen Tatbestände, die im Rahmen der Rechtsprechung weiter zu konkretisieren sein werden, ist eine objektive und typisierende Betrachtungsweise vorzunehmen.[147]

e. Erweiterte Anwendung nach § 359a BGB

Unter den Voraussetzungen des § 359a BGB (vgl. die Kommentierung zu § 359a BGB) ist § 358 Abs. 1 und 4 BGB entsprechend anzuwenden, auch wenn kein verbundenes Geschäft vorliegt; es genügt insoweit, dass der Darlehensvertrag genaue Angaben über die Ware oder die Dienstleistung des Unternehmers enthält. § 358 Abs. 2 und 4 BGB soll darüber hinaus auch für Verträge über Zusatzleistungen, die im unmittelbaren Zusammenhang mit dem Darlehensvertrag abgeschlossen wurden, gelten.

3. Finanzierung des Erwerbs von Finanzinstrumenten

Nach § 359a Abs. 3 BGB n.F. ist zu beachten, dass die Absätze 2, 4 und 5 nicht auf solche Darlehensverträge anzuwenden sind, die der Finanzierung des Erwerbs von Finanzinstrumenten dienen (vgl. dazu die Kommentierung zu § 359a BGB).

C. Rechtsfolgen

Als Ergebnis ist § 358 Abs. 1 und 2 BGB gemein, dass sich die Folgen des Widerrufs nach den §§ 355 Abs. 1, 357 BGB auch auf den verbundenen Vertrag erstrecken. Es genügt dem Verbraucher mithin ein Widerrufsrecht bezüglich eines Vertrages, um sich vom anderen Vertrag, dessen Widerruflichkeit an sich ausgeschlossen ist, zu lösen. Ist sowohl bezüglich des Liefervertrags als auch eines Verbraucherdarlehensvertrags ein Widerruf an sich zulässig, kann der Verbraucher wählen, welchen Vertrag er widerrufen möchte; die Beschränkung des § 358 Abs. 2 Satz 2 BGB a.F. ist zum 30.07.2010 aufgehoben. Ein Recht zum isolierten Widerruf eines Vertrages besteht hingegen nicht, vielmehr teilen die verbundenen Geschäfte grundsätzlich ihr Schicksal.[148] Auf die Rechtsfolgen von § 358 Abs. 1 und 2 BGB muss bei der Widerrufsbelehrung gesondert hingewiesen werden, § 358 Abs. 5 BGB.

I. Folgen des Widerrufs des Liefervertrages

Übt der Verbraucher sein ihm gemäß § 355 BGB zustehendes Widerrufsrecht wirksam aus, entfällt durch den Widerruf des Liefervertrages auch die Bindung an den damit verbundenen Darlehensvertrag, § 358 Abs. 1 BGB. Eine wirksame Ausübung muss bei Widerruflichkeit des Liefervertrages grundsätzlich gegenüber dem Unternehmer erfolgen. Wegen der Fiktion des § 358 Abs. 2 Satz 3 BGB a.F. konnte bisher auch ein Widerruf des Liefervertrags ohne Weiteres gegenüber dem Darlehensgeber erklärt werden.[149] Da der Verbraucher nach § 358 Abs. 2 BGB n.F. grundsätzlich wählen kann, zu welchem der verbundenen Verträge er seinen Widerruf erklärt, ist der genaue Inhalt seiner Erklärung durch Auslegung zu ermitteln. Widerruft der Verbraucher ausdrücklich nur einen Vertrag, obschon die Voraussetzungen eines Widerrufs diesbezüglich nicht vorliegen, kann diese Erklärung nicht ohne Weiteres in einen Widerruf des anderen Vertrags mit der Wirkung des § 358 BGB umgedeutet werden. Im Zweifel ist aber anzunehmen, dass der Verbraucher sich von beiden Verträgen lösen will.

Dies gilt erst recht, wenn es gänzlich an einer Widerrufsbelehrung fehlt oder diese nicht ordnungsgemäß ist. Neben der Auslegung der Erklärung kommt zugunsten des Verbrauchers die Annahme in Betracht, der an sich nicht zuständige Unternehmer bzw. Darlehensgeber fungiere gleichsam als Empfangsvertreter bzw. -bote.[150] Ist der Unternehmer gleichwohl nicht der richtige Erklärungsempfänger, kann aus den Grundsätzen von Treu und Glauben gefolgert werden, dass er verpflichtet ist, die Widerrufserklärung an den Darlehensgeber weiterzuleiten. Dies gilt selbstverständlich dann nicht, wenn die tatsächliche Widerrufsfrist bereits abgelaufen ist. Ist aber die Weiterleitung noch innerhalb der Frist zu erwarten und verletzt der Unternehmer diese Pflicht, kann der Verbraucher diesen nach § 280 Abs. 1

---

[147] *Habersack* in: MünchKomm-BGB, § 358 Rn. 55; *Schmidt-Räntsch*, ZIP 2002, 1100-1108, 1102.
[148] Vgl. noch zur alten Rechtslage nur *Kessal-Wulf* in: Staudinger, § 358 Rn. 55.
[149] *Habersack* in: MünchKomm-BGB, § 358 Rn. 65.
[150] BGH v. 11.10.1995 - VIII ZR 325/94 - juris Rn. 17 - BGHZ 131, 66-75; *Habersack* in: MünchKomm-BGB, § 358 Rn. 67.

BGB mit der Folge in Anspruch nehmen, dass der Verbraucher so zu stellen ist, als habe er rechtzeitig widerrufen.[151]

54 Wird zunächst der verbundene Vertrag geschlossen, beginnt die Widerrufsfrist erst mit Vorliegen der Voraussetzungen für den Fristbeginn nach § 355 Abs. 2 BGB in Bezug auf den zu widerrufenden Vertrag.[152] Andererseits beginnt z.B. – eine ordnungsgemäße Widerrufsbelehrung vorausgesetzt – die Widerrufsfrist hinsichtlich des Liefervertrages auch dann, wenn der verbundene Darlehensvertrag noch gar nicht abgeschlossen ist. Der Widerruf kann daher nach zwei Wochen bereits verfristet sein, ohne dass der andere Vertrag – gegebenenfalls ohne Widerrufsmöglichkeit – überhaupt zustande kommt.[153]

55 § 358 Abs. 4 Satz 3 BGB sollte nach dem Willen des Gesetzgebers ursprünglich in dieser Konstellation nicht, sondern nur bei § 358 Abs. 2 BGB gelten.[154] Eine dahingehende Beschränkung, die noch im Gesetzesentwurf enthalten war, wurde aber auf Betreiben des Bundesrates hin gestrichen.[155]

II. Folgen des Widerrufs für den Verbraucherdarlehensvertrag

56 Hat der Verbraucher sein Widerrufsrecht nach § 495 BGB ausgeübt und den Verbraucherdarlehensvertrag wirksam widerrufen, ist er auch an den Liefervertrag nicht mehr gebunden, § 358 Abs. 2 BGB. Der Widerruf des Kreditvertrags ist gemäß § 355 Abs. 2 Satz 1 BGB gegenüber der in der Widerrufsbelehrung genannten Person zu erklären. Dies ist in der Regel der Darlehensgeber.[156]

57 Der Darlehensvertrag ist entsprechend § 357 BGB rückabzuwickeln, § 358 Abs. 4 Satz 1 BGB. Gemäß **§ 358 Abs. 4 Satz 2 BGB** sind Ansprüche auf Zahlung von Zinsen und Kosten aus der Rückabwicklung des Darlehensvertrages gegen den Verbraucher nur dann ausgeschlossen, wenn und soweit[157] ein Widerruf des Liefervertrages nach Absatz 1 vorliegt. Dies entsprach den Vorgaben der Timesharing- und der Fernabsatzrichtlinie, nach denen die Auferlegung dieser Kosten unzulässig ist. Bei einer Anwendung von Absatz 2 war nach § 358 BGB a.F. wegen der Konkurrenzregel des § 358 Abs. 2 Satz 2 BGB klar, dass kein Widerrufsrecht dieser Richtlinie vorliegen konnte. Da aber § 358 Abs. 2 Satz 2 BGB gestrichen wurde und der Verbraucher seit dem 30.07.2010 wählen kann, ob er nach Absatz 1 oder Absatz 2 widerruft, ist diese Rechtsfolge so nicht mehr passend und **richtlinienwidrig**.[158] Da der Verbraucher über diesen Unterschied nicht belehrt werden muss, trifft ihn die Zahlungsbefreiung eher zufällig; daneben kommt es zur Kostenbelastung des Verbrauchers, obwohl z.B. ein Widerrufsrecht nach Fernabsatzrecht vorliegt und der Verbraucher der Belehrung entnehmen muss, dass es nach § 358 Abs. 1 und 2 BGB letztlich egal zu sein scheint, welchen Vertrag er widerruft. Über den Wortlaut hinaus ist daher § 358 Abs. 4 Satz 2 BGB jedenfalls auch dann auf einen Widerruf nach Absatz 2 zu erstrecken, wenn gleichzeitig ein Widerrufsrecht nach Absatz 1 besteht.

III. Erweiterte Belehrungspflicht

58 Gemäß § 358 Abs. 5 BGB muss die Belehrung über das Widerrufs- und Rückgaberecht auf die Rechtsfolgen nach § 358 Abs. 1 und 2 BGB hinweisen.[159] Die zusätzliche Belehrung ist zusammen mit der allgemeinen Widerrufsbelehrung i.S.d. § 355 Abs. 2 BGB vorzunehmen.[160] Adressat dieser erweiterten Belehrungspflicht ist im Fall des § 358 Abs. 1 BGB der Unternehmer, nach § 358 Abs. 2 BGB der Dar-

---

[151] *Habersack* in: MünchKomm-BGB, § 358 Rn. 67; *Ott* in: Bruchner/Ott/Wagner-Wieduwilt, Verbraucherkreditgesetz, 2. Aufl. 1994, § 9 Rn. 71.

[152] Vgl. *Habersack* in: MünchKomm-BGB, § 358 Rn. 72; *Ott* in: Bruchner/Ott/Wagner-Wieduwilt, Verbraucherkreditgesetz, 2. Aufl. 1994, § 9 Rn. 75.

[153] *Habersack* in: MünchKomm-BGB, § 358 Rn. 73; *Emmerich* in: Graf v. Westphalen/Emmerich/v. Rottenburg, Verbraucherkreditgesetz, 2. Aufl. 1996, § 9 Rn. 95. Dies hat den Gesetzgeber maßgeblich zur Abschaffung der Konkurrenzregel in § 358 Abs. 2 Satz 2 BGB veranlasst, vgl. Begr. RegE Drs. 17/1394, S. 13 f.

[154] BT-Drs. 14/6040, S. 201.

[155] Vgl. zum Regierungsentwurf die Stellungnahme des Bundesrates, BT-Drs. 14/6857, S. 24 sowie die Gegenäußerung der Bundesregierung, BT-Drs. 14/6857, S. 58.

[156] Vgl. BGH v. 11.10.1995 - VIII ZR 325/94 - juris Rn. 17 - BGHZ 131, 66-75; *Habersack* in: MünchKomm-BGB, § 358 Rn. 66; *Emmerich* in: Graf v. Westphalen/Emmerich/v. Rottenburg, Verbraucherkreditgesetz, 2. Aufl. 1996, § 9 Rn. 86 f.

[157] Hinsichtlich einer verbundenen Restschuldversicherung nur soweit das Darlehen der Finanzierung diente, vgl. OLG Zweibrücken v. 10.05.2010 - 7 U 84/09 - juris Rn. 10 - VuR 2010, 307-308; OLG Schleswig v. 17.03.2010 - 5 U 2/10 - juris Rn. 7- WM 2010, 1074-1077.

[158] Vgl. auch *Wildemann*, VuR 2011, 55-59, 58.

[159] Vgl. dazu OLG Naumburg v. 12.10.2011 - 5 U 144/11 - juris Rn. 18.

[160] Eine Aufspaltung ist daher unzulässig, vgl. *Habersack* in: MünchKomm-BGB, § 358 Rn. 70.

lehensgeber. Eine Mitwirkung des jeweils anderen Vertragspartners bei der Pflichterfüllung ist aber möglich.[161] Der Belehrende trägt dabei das Einschätzungsrisiko bezüglich der Frage, ob tatsächlich verbundene Verträge vorliegen. Diesem Risiko kann sich nicht dadurch entzogen werden, dass hilfsweise oder alternativ eine Zusatzbelehrung „für den Fall der Verbundenheit" erteilt wird, da der Verbraucher über seine ihm tatsächlich zustehenden Rechte Gewissheit haben soll.[162] Eine Widerrufsbelehrung, die trotz Fehlen einer Verbundenheit i.S.d. § 358 BGB einen Hinweis gemäß § 358 Abs. 5 BGB enthält, ist ebenfalls unwirksam.[163] Bei Widerrufsbelehrungen ab dem 30.07.2010 ist darauf zu achten, dass der Verbraucher nicht mehr auf die Rechtsfolgen des § 358 Abs. 2 Satz 2 BGB a.F. hingewiesen wird.

Die Widerrufsbelehrungen beider Verträge dürfen nicht den Eindruck erwecken, als müsse der Verbraucher beide Verträge widerrufen, um sich von den verbundenen Verträgen insgesamt lösen zu können.[164] Ebenso führt das gänzliche Fehlen der Zusatzbelehrung nach § 358 Abs. 3 BGB dazu, dass die Belehrung nicht ordnungsgemäß ist. In diesem Falle beginnt die Widerrufsfrist nicht zu laufen (§ 355 Abs. 2 Satz 1 BGB), die Erlöschensfrist nach § 355 Abs. 3 Satz 1 BGB gilt nach § 355 Abs. 3 Satz 3 BGB nicht. Im Übrigen gelten für die Anforderungen an eine ordnungsgemäße Widerrufsbelehrung die allgemeinen Regeln über Inhalt und Gestaltung (vgl. dazu die Kommentierung zu § 355 BGB).[165]

59

Da die Rechtsfolgen des Widerrufs grundsätzlich nicht von der fristgerechten Rückzahlung des Darlehens abhängen, macht ein entsprechender Vorbehalt in der Widerrufsbelehrung diese fehlerhaft.[166] Bei einem gemischten Darlehensvertrag, bei dem die Darlehensvaluta nur teilweise zu Finanzierungszwecken genutzt wird, ist indes fraglich, welche Folgen ein an sich zulässiger Vorbehalt rechtzeitiger Rückzahlung in Bezug auf den Teil der Darlehensvaluta, der dem Verbraucher zur freien Verfügung steht, hat. Nimmt man an, dass der Verbraucher in einem solchen Falle vereinbarungsgemäß verpflichtet ist, spätestens zwei Wochen nach Erklärung des Widerrufs bzw. nach Auszahlung des Darlehens den überschießenden Teil zurückzuzahlen, wird der finanzierte Vertrag bei Nichtzahlung bestandskräftig.[167] Indes begegnet eine solche Ansicht Bedenken: Die Darlehensgeber könnten angehalten sein, grundsätzlich ein höheres Darlehen auszuschütten, um die Wirksamkeit des gesamten Vertrages über den Widerruf hinaus zu sichern. Die Widerrufsmöglichkeit des Verbrauchers wird durch den Vorbehalt erschwert. Dass § 358 BGB auch dann Anwendung finden kann, wenn das Darlehen nur teilweise der Finanzierung dient, sollte dem Verbraucher zu Gute kommen. Da der Finanzierungszweck ohnehin eine Teilung des Darlehensvertrages bedeutet, ist ein Teilwiderruf des verbundenen Teiles zulässig.[168]

60

Sofern ein Dritter eine Mithaftung aus dem Darlehensvertrag übernommen hat, ist auch dieser zum Widerruf berechtigt, wenn die sachlichen und persönlichen Voraussetzungen des Widerrufsrechts vorliegen.[169] Dem Dritten ist daher nicht nur eine eigene Widerrufsbelehrung zu erteilen, sondern sie hat auch die zusätzlichen Informationen nach § 358 Abs. 5 BGB für den Fall zu enthalten, dass der Dritte zugleich Partei des finanzierten Vertrages ist.[170] Der Darlehensgeber kann natürlich die Wirksamkeit des Kreditvertrags unter die auflösende Bedingung der bestehenden Verpflichtung des Dritten stellen; im Übrigen bleiben die verbundenen Verträge wirksam.[171]

61

---

[161] *Habersack* in: MünchKomm-BGB, § 358 Rn. 68.
[162] *Habersack* in: MünchKomm-BGB, § 358 Rn. 71; *Ott* in: Bruchner/Ott/Wagner-Wieduwilt, Verbraucherkreditgesetz, 2. Aufl. 1994, § 9 Rn. 66 ff.; *Dauner-Lieb*, WM 1991, Sonderbeilage Nr. 6, 1-31, 19.
[163] Vgl. *Habersack* in: MünchKomm-BGB, § 358 Rn. 68.
[164] OLG Brandenburg v. 14.07.2010 - 4 U 141/09 - juris Rn. 53 - VuR 2011, 95-97; *Habersack* in: MünchKomm-BGB, § 358 Rn. 70; vgl. aber auch OLG Frankfurt v. 20.12.1985 - 10 U 44/85 - WM 1986, 382-383.
[165] Für die deutliche Gestaltung bei verbundenen Verträgen vgl. OLG Düsseldorf v. 06.11.1992 - 14 U 66/92 - MittBayNot 1993, 274-275; OLG Frankfurt v. 10.03.1993 - 7 U 167/92 - MDR 1993, 619 sowie die BGB-InfoV.
[166] *Habersack* in: MünchKomm-BGB, § 358 Rn. 69.
[167] So *Habersack* in: MünchKomm-BGB, § 358 Rn. 74.
[168] *Emmerich* in: Graf v. Westphalen/Emmerich/v. Rottenburg, Verbraucherkreditgesetz, 2. Aufl. 1996, § 9 Rn. 98.
[169] BGH v. 26.04.1994 - XI ZR 184/93 - juris Rn. 9 - LM AbzG § 16 Nr. 29 (9/1994); *Habersack* in: MünchKomm-BGB, § 358 Rn. 78; *Emmerich* in: Graf v. Westphalen/Emmerich/v. Rottenburg, Verbraucherkreditgesetz, 2. Aufl. 1996, § 9 Rn. 99 f. Dies kommt für den Schuldbeitritt, nicht aber bei der Bürgschaft in Betracht, vgl. nur BGH v. 21.04.1998 - IX ZR 258/97 - juris Rn. 7 - BGHZ 138, 321-330.
[170] *Habersack* in: MünchKomm-BGB, § 358 Rn. 77.
[171] *Habersack* in: MünchKomm-BGB, § 358 Rn. 77; *Emmerich* in: Graf v. Westphalen/Emmerich/v. Rottenburg, Verbraucherkreditgesetz, 2. Aufl. 1996, § 9 Rn. 101.

IV. Rückabwicklung

62 Sind bereits Leistungen aus den Schuldverhältnissen erbracht worden, sind diese gemäß § 357 BGB rückabzuwickeln. Wie § 358 Abs. 4 Satz 1 BGB klarstellt, gilt dies für den verbundenen Vertrag, der nicht widerrufen werden kann, entsprechend. Gleiches gilt nach § 358 Abs. 4 BGB n.F. für die Vorschrift des § 312e BGB, wenn der verbundene Vertrag ein Fernabsatzgeschäft ist und folglich ein Widerrufsrecht nach § 312d Abs. 1 BGB vorliegt; damit gelten abweichende Rechtsfolgen von § 357 BGB hinsichtlich des Wertersatzes.

63 Liegt ein finanzierter Beitritt zu einer Gesellschaft vor, hat jedenfalls dieser Widerruf (vgl. allgemein die Kommentierung zu § 355 BGB) eine Wirkung ex nunc; daneben besteht ein Abfindungsanspruch.[172] Bei einem Widerruf nach § 358 Abs. 1 BGB und der Rückabwicklung des verbundenen Darlehensvertrages sind Ansprüche auf Zinsen und Kosten aus der Rückabwicklung nach dem Gesetz ausgeschlossen, § 358 Abs. 4 Satz 2 BGB; in **richtlinienkonformer Auslegung** ist jedoch diese Vorschrift zum Schutz des Verbrauchers auch auf den Widerruf des Verbraucherdarlehensvertrags im Sinne des § 358 Abs. 2 BGB auszudehnen.[173] Ist das Darlehen noch nicht ausgezahlt, findet eine Rückabwicklung nur im Verhältnis zwischen Unternehmer und Verbraucher statt.[174]

64 Nach § 358 Abs. 4 Satz 3 BGB tritt der Darlehensgeber im Verhältnis zum Verbraucher hinsichtlich der Rechtsfolgen des § 357 BGB in die Rechte und Pflichten des Unternehmers aus dem verbundenen Liefervertrag ein, wenn das Darlehen dem Unternehmer bei Wirksamwerden des Widerrufs bzw. der Rückgabe bereits ganz oder teilweise[175] zugeflossen ist.[176] Gleichgültig dabei ist, ob der Zufluss durch Auszahlung des Kredits, Gutschrift oder Scheckeinlösung erfolgt;[177] allein die Hingabe eines Schecks oder andere Formen der Leistung erfüllungshalber genügen nicht[178]. Für die Beurteilung der Frage, ob der entscheidende Nettodarlehensbetrag bereits ausgezahlt ist, ist auf den Zeitpunkt des Zugangs der Widerrufserklärung abzustellen.[179] Der an die Stelle des Unternehmers tretende[180] Darlehensgeber schuldet im Rahmen einer bilateralen Rückabwicklung alle Leistungen, die sich aus § 357 BGB in Verbindung mit den Rücktrittsvorschriften ergeben. Der Darlehensgeber hat dem Verbraucher auch eine Anzahlung, die der Verbraucher aus eigenen Mitteln an den Unternehmer geleistet hat, zurückzuerstatten.[181] Ihm steht daher kein Anspruch gegen den Verbraucher auf Rückzahlung des Nettodarlehens zu, da dieser mit dem Anspruch des Verbrauchers auf Rückzahlung des geleisteten Entgelts saldiert wird.[182] Ihm bleibt dabei die Möglichkeit, im Falle der Leistung beim Unternehmer des Liefervertrages zu kondizieren.[183] Der Verbraucher, der die finanzierte Leistung an den an die Stelle des Unternehmers tretenden Darlehensgeber zurückerstatten muss, kann den Darlehensgeber auf Rückzahlung von erbrachten Tilgungs-, Zins- und Anzahlungsleistungen in Anspruch nehmen.[184] Schadensersatzansprüche des Ver-

---

[172] *Kessal-Wulf* in: Staudinger, § 358 Rn. 46; *Habersack* in: MünchKomm-BGB, § 358 Rn. 83.
[173] Vgl. Rn. 57 sowie ausführlich *Wildemann*, VuR 2011, 55-59, 58.
[174] *Habersack* in: MünchKomm-BGB, § 358 Rn. 82.
[175] *Habersack* in: MünchKomm-BGB, § 358 Rn. 84.
[176] Vgl. BGH v. 10.03.2009 - XI ZR 33/08 - NJW 2009, 3572-3574, 3574.
[177] BGH v. 11.10.1995 - VIII ZR 325/94 - juris Rn. 24 - BGHZ 131, 66-75.
[178] BGH v. 11.10.1995 - VIII ZR 325/94 - juris Rn. 24 - BGHZ 131, 66-75.
[179] BGH v. 11.10.1995 - VIII ZR 325/94 - juris Rn. 20 - BGHZ 131, 66-75; *Habersack* in: MünchKomm-BGB, § 358 Rn. 85. Der Darlehensgeber ist dem Verbraucher gegenüber insoweit zur Auskunft verpflichtet.
[180] Kein Fall des gesetzlichen Schuldbeitritts, vgl. BGH v. 11.10.1995 - VIII ZR 325/94 - juris Rn. 20 - BGHZ 131, 66-75; *Habersack* in: MünchKomm-BGB, § 358 Rn. 84; *Emmerich* in: Graf v. Westphalen/Emmerich/v. Rottenburg, Verbraucherkreditgesetz, 2. Aufl. 1996, § 9 Rn. 115; *Coester*, Jura 1992, 617-624, 621; *Dauner-Lieb*, WM 1991, Sonderbeilage Nr. 6, 1-31, 20; *Groß*, ZIP 1993, 1071-1072, 1072.
[181] Vgl. BGH v. 10.03.2009 - XI ZR 33/08 - NJW 2009, 3572-3574, 3574.
[182] Vgl. BGH v. 19.04.2011 - II ZR 263/10 - juris Rn. 5 - NZG 2011, 750-752; BGH v. 17.09.1996 - XI ZR 164/95 - juris Rn. 17 - BGHZ 133, 254-264; BGH v. 29.03.1984 - III ZR 24/83 - juris Rn. 27 - BGHZ 91, 9-19; *Habersack* in: MünchKomm-BGB, § 358 Rn. 86; *Emmerich* in: Graf v. Westphalen/Emmerich/v. Rottenburg, Verbraucherkreditgesetz, 2. Aufl. 1996, § 9 Rn. 117.
[183] BGH v. 17.09.1996 - XI ZR 164/95 - juris Rn. 23 - BGHZ 133, 254-264; dagegen *Habersack* in: MünchKomm-BGB, § 358 Rn. 89.
[184] BGH v. 11.10.1995 - VIII ZR 325/94 - juris Rn. 20 - BGHZ 131, 66-75; OLG Düsseldorf v. 29.04.1997 - 24 U 141/96 - NJW 1997, 2056-2058; *Habersack* in: MünchKomm-BGB, § 358 Rn. 86; vgl. zur insolvenzrechtlichen Problematik aufgrund der Zug-um-Zug-Verpflichtung BGH v. 19.04.2011 - II ZR 263/10 - juris Rn. 7 - NZG 2011, 750-752; OLG Celle v. 19.01.2011 - 3 U 140/10 - juris Rn. 23 - WM 2011, 456-458.

brauchers gegen den Unternehmer z.B. wegen Mangelhaftigkeit der Kaufsache können auch nur diesem gegenüber geltend gemacht werden.[185] Die Regelung des § 358 Abs. 4 Satz 3 BGB ist nicht auf den Anwendungsbereich von § 358 Abs. 2 BGB beschränkt, da eine entsprechende Beschränkung, die noch im Gesetzesentwurf enthalten war, auf Betreiben des Bundesrates hin gestrichen wurde.[186]

---

[185] *Habersack* in: MünchKomm-BGB, § 358 Rn. 85; *Ott* in: Bruchner/Ott/Wagner-Wieduwilt, Verbraucherkreditgesetz, 2. Aufl. 1994, § 9 Rn. 98 ff.; vgl. auch die Regierungsbegründung, BT-Drs. 11/5462, S. 24.
[186] Vgl. zum Regierungsentwurf die Stellungnahme des Bundesrates, BT-Drs. 14/6857, S. 24 sowie die Gegenäußerung der Bundesregierung, BT-Drs. 14/6857, S. 58.

§ 359 BGB Einwendungen bei verbundenen Verträgen

(Fassung vom 29.07.2009, gültig ab 11.06.2010)

¹Der Verbraucher kann die Rückzahlung des Darlehens verweigern, soweit Einwendungen aus dem verbundenen Vertrag ihn gegenüber dem Unternehmer, mit dem er den verbundenen Vertrag geschlossen hat, zur Verweigerung seiner Leistung berechtigen würden. ²Dies gilt nicht bei Einwendungen, die auf einer zwischen diesem Unternehmer und dem Verbraucher nach Abschluss des Verbraucherdarlehensvertrags vereinbarten Vertragsänderung beruhen. ³Kann der Verbraucher Nacherfüllung verlangen, so kann er die Rückzahlung des Darlehens erst verweigern, wenn die Nacherfüllung fehlgeschlagen ist.

Gliederung

A. Grundlagen ... 1	b. Nichtigkeit des Liefervertrages ... 14
I. Kurzcharakteristik ... 1	II. Einwendungen ... 15
II. Europäischer Hintergrund ... 4	1. Begriff der Einwendung ... 15
B. Anwendungsvoraussetzungen ... 6	2. Gegenrechte des Verbrauchers ... 17
I. Verbundene Verbraucherverträge ... 6	III. Kein Ausschluss ... 21
1. Verbraucherdarlehensvertrag ... 7	**C. Rechtsfolgen** ... 24
a. Anwendbarkeit ... 8	I. Leistungsverweigerungsrecht ... 24
b. Ausschluss bei Finanzierung von Finanzinstrumenten und Bagatellkrediten ... 9	II. Rückabwicklung ... 26
	1. Allgemein ... 26
c. Nichtigkeit des Darlehensvertrages ... 10	2. Doppelmangel ... 27
2. Liefervertrag ... 12	3. Mangelhafte Kaufsache ... 29
a. Begriff ... 12	**D. Prozessuale Hinweise** ... 32

A. Grundlagen

I. Kurzcharakteristik

1   Der **Einwendungsdurchgriff** ist ein auf dem Prinzip von Treu und Glauben (§ 242 BGB) fußendes Rechtsinstitut, das nunmehr in § 359 BGB gesetzlich geregelt ist. Neben dem Widerrufsdurchgriff nach § 358 BGB hat der Verbraucher die Möglichkeit, die Rückzahlung des Darlehens zu verweigern, soweit er Einwendungen aus dem verbundenen Liefervertrag (zum Begriff vgl. die Kommentierung zu § 358 BGB) gegenüber dem Unternehmer des Liefervertrages hat, die ihn diesem gegenüber zur Leistungsverweigerung berechtigen würden. Dabei geht der Einwendungsdurchgriff immer vom finanzierten Geschäft zum Finanzierungsgeschäft. Eine Umkehr, die den Verbraucher gegen den Unternehmer berechtigen würde, ist im Gesetz nicht vorgesehen und auch nicht (analog) erforderlich; § 359 BGB stellt eine abschließende Regelung dar.[1] Ein allgemeiner Einwendungsdurchgriff für die gesetzlichen Ausnahmetatbestände von § 359 BGB nach § 242 BGB[2] kommt wegen der Regelung des Gesetzgebers ebenfalls nicht in Betracht.[3]

---

[1]   *Kessal-Wulf* in: Staudinger, § 358 Rn. 47; *Habersack* in: MünchKomm-BGB, § 359 Rn. 20; *Scholz*, Verbraucherkreditverträge, 2. Aufl. 1992, Rn. 377; *Lieb*, WM 1991, 1533, 1540 ff.; a.A. *Emmerich* in: Graf v. Westphalen/Emmerich/v. Rottenburg, Verbraucherkreditgesetz, 2. Aufl. 1996, § 9 Rn. 62; *Dürbeck*, Der Einwendungsdurchgriff nach § 9 Absatz 3 Verbraucherkreditgesetz, 1994, S. 109 ff.; *Canaris*, ZIP 1993, 401-402, 411 f.; *Habersack*, WM 1991, 1449-1452, 1451.

[2]   Vgl. dazu BGH v. 19.05.2000 - V ZR 322/98 - juris Rn. 6 - LM BGB § 273 Nr. 58 (2/2001); OLG Frankfurt v. 26.05.2004 - U 58/03 - OLGR Frankfurt 2005, 85-89; OLG Köln v. 21.03.2001 - 13 U 124/00 - juris Rn. 34 - NJW-RR 2002, 1573-1574; OLG Hamm v. 12.01.1998 - 31 U 168/97 - WM 1999, 1056-1057; OLG Hamm v. 21.11.1996 - 5 U 54/96 - juris Rn. 36 - WM 1998, 1230-1235; OLG Braunschweig v. 13.02.1997 - 2 U 117/96 - juris Rn. 64 - WM 1998, 1223-1230; OLG Köln v. 27.10.1993 - 13 U 91/93 - WM 1994, 197-202; LG München I v. 07.11.2001 - 25 O 6312/01 - BKR 2002, 230-234; LG Ulm v. 11.02.2000 - 3 O 346/99 - WM 2000, 825-828; LG Stuttgart v. 19.05.2000 - 24 O 79/99 - WM 1999, 1822-1827.

[3]   *Habersack* in: MünchKomm-BGB, § 359 Rn. 1; *Kessal-Wulf* in: Staudinger, § 358 Rn. 47; *Pfeiffer*, ZBB 1996, 304-321, 319 f.

Durch das Schuldrechtsmodernisierungsgesetz[4] wurden die Regelungen über verbundene Verträge, die sich bisher auf § 9 VerbrKrG[5], § 4 FernAbsG und § 6 TzWrG verteilten, ohne nennenswerte Änderungen in den §§ 358, 359 BGB zusammengefasst. Wegen der Nähe zum verbundenen Vertrag fügte der Gesetzgeber den Einwendungsdurchgriff an § 358 BGB an.[6] Gleichwohl handelt es sich hier um ein spezielles Problem des Verbraucherdarlehensvertrages, das ebenso in den §§ 491-505 BGB hätte geregelt werden können.[7] Eine letzte Änderung des § 359 BGB erfolgte zum 11.06.2010 durch das „Gesetz zur Umsetzung der Verbraucherkreditrichtlinie, des zivilrechtlichen Teils der Zahlungsrichtlinie sowie zur Neuordnung der Vorschriften über das Widerrufs- und Rückgaberecht" vom 29.07.2009,[8] da die Bereichsausnahme für Kleindarlehen in den neuen § 359a BGB verschoben wurde.

2

Aufgrund seiner **halbzwingenden** Geltung kann von § 359 BGB nur zugunsten, nicht aber zulasten des Verbrauchers abgewichen werden. Durch § 359 BGB wird die Durchsetzbarkeit des Darlehensrückzahlungsanspruches eng an den Bestand und die Durchsetzbarkeit der Unternehmerforderung gebunden.[9] Der Liefervertrag bildet gewissermaßen die Geschäftsgrundlage des Darlehensvertrages.[10] Als Ergänzung dient § 508 Abs. 2 Satz 5 BGB n.F. (§ 503 Abs. 2 Satz 5 BGB a.F.), demnach es beim verbundenen Vertrag als Ausübung des Rücktrittsrechts anzusehen ist, wenn der Darlehensgeber die finanzierte Sache an sich nimmt. Soweit es nicht um das Aufspaltungsrisiko des verbundenen Vertrages, sondern um das wirtschaftliche Risiko als solches geht, kann die Verletzung von **Aufklärungspflichten** das Vertragsverhältnis zwischen Verbraucher und Darlehensgeber beeinflussen.[11] Die Aufklärungspflicht trifft grundsätzlich den Unternehmer.[12] Bedient sich der Darlehensgeber bei der Aufklärung der Erfüllungsgehilfen des Unternehmers, kann deren Verhalten dem Kreditgeber nur dann zugerechnet werden, soweit die Anbahnung des Verbraucherdarlehensvertrages betroffen ist.[13] Eine eigene Aufklärungspflicht kommt in Betracht, wenn der Darlehensgeber über seine Rolle als Finanzier hinaus bei Errichtung oder Vertrieb von Immobilien tätig wird[14], wenn er gegenüber dem Verbraucher einen Wissensvorsprung hat oder wenn er einen speziellen Gefährdungstatbestand für den Verbraucher geschaffen hat. Erleidet der Verbraucher trotz Möglichkeit der Rückabwicklung der verbundenen Verträge einen Schaden, der auf einer fehlerhaften Aufklärung des Darlehensgebers über das Aufspaltungsrisiko beruht und durch die Rückabwicklung der Verträge nicht zu beseitigen ist, verbleibt dem

3

---

[4] Gesetz zur Modernisierung des Schuldrechts vom 29.06.2001, BGBl I, 3138.
[5] Vgl. dazu und einem Einwendungsdurchgriff nach § 242 BGB: BGH v. 27.01.2004 - XI ZR 37/03 - juris Rn. 22 - DB 2004, 701-702.
[6] Begründung Regierungsentwurf BT-Drs. 14/6040, S. 201.
[7] *Habersack* in: MünchKomm-BGB, § 359 Rn. 1; *Köndgen*, WM 2001, 1637-1648, 1646.
[8] BGBl I 2009, 2355-2408; vgl. dazu den Gesetzesentwurf BT-Drs. 16/11643 (mit Stellungnahme des Bundesrats und Gegenäußerung der BReg).
[9] *Habersack* in: MünchKomm-BGB, § 359 Rn. 1.
[10] Vgl. *Habersack* in: MünchKomm-BGB, § 359 Rn. 25 m.w.N. zur dogmatischen Einordnung; *Ott* in: Bruchner/Ott/Wagner-*Wieduwilt*, Verbraucherkreditgesetz, 2. Aufl. 1994, § 9 Rn. 129; *Pietzcker*, Die Rückabwicklung der verbundenen Geschäfte beim Einwendungsdurchgriff nach dem Verbraucherkreditgesetz, 1994, S. 69 ff.
[11] Vgl. dazu BGH v. 27.01.2004 - XI ZR 37/03 - juris Rn. 22 - DB 2004, 701-702; *Habersack* in: MünchKomm-BGB, § 359 Rn. 21; *Kessal-Wulf* in: Staudinger, § 358 Rn. 47; *Habersack*, ZHR 156, 45-63, 59.
[12] Ausnahmsweise aber auch den Darlehensgeber, vgl. etwa BGH v. 27.06.2000 - XI ZR 174/99 - juris Rn. 11 - LM BGB § 276 (Fa) Nr. 158 (1/2001); BGH v. 27.06.2000 - XI ZR 210/99 - juris Rn. 17 - LM BGB § 276 (Fa) Nr. 157 (1/2001); BGH v. 11.02.1999 - IX ZR 352/97 - juris Rn. 10 - LM BGB § 768 Nr. 18 (7/1999), BGH v. 18.04.2000 - XI ZR 193/99 - juris Rn. 11 - LM VerbrKrG § 3 Nr. 6 (10/2000); BGH v. 31.03.1992 - XI ZR 70/91 - juris Rn. 15 - LM BGB § 276 (Cc) Nr. 30 (9/1992); BGH v. 07.04.1992 - XI ZR 200/91 - juris Rn. 10 - LM BGB § 276 (Cc) Nr. 31 (11/1992); OLG Frankfurt v. 23.08.2001 - 16 U 190/00 - juris Rn. 22 - WM 2002, 549-555; OLG Jena v. 08.06.1999 - 5 U 1288/98 - WM 1999, 2315-2319; *Habersack* in: MünchKomm-BGB, § 359 Rn. 21; *Edelmann/Hertel*, DStR 2000, 331-342, 331 ff.; *Fuellmich/Rieger*, ZIP 1999, 427-434, 427 ff.; *Bruchner*, WM 1999, 825-838, 830 ff.
[13] BGH v. 27.06.2000 - XI ZR 174/99 - juris Rn. 11 - LM BGB § 276 (Fa) Nr. 158 (1/2001); BGH v. 27.06.2000 - XI ZR 210/99 - juris Rn. 15 - LM BGB § 276 (Fa) Nr. 157 (1/2001) m.w.N.; OLG Bamberg v. 05.02.2002 - 5 U 22/99 - WM 2002, 537-545; OLG Karlsruhe v. 19.10.2001 - 14 U 121/99 - juris Rn. 25 - BKR 2002, 128-131; OLG Köln v. 16.01.2002 - 13 U 102/01 - ZIP 2002, 607-608; OLG München v. 12.10.2000 - 19 U 4455/99 - juris Rn. 33 - WM 2001, 1215-1218; OLG Köln v. 06.06.2000 - 9 U 155/99 - MDR 2001, 109.
[14] Vgl. aber auch § 358 Abs. 3 Satz 3 BGB, der spezielle Voraussetzungen für Immobiliendarlehensverträge enthält.

Verbraucher die Möglichkeit, einen Anspruch nach den §§ 280 Abs. 1, 242 Abs. 2, 311 Abs. 2 BGB (c.i.c.) geltend zu machen.[15]

II. Europäischer Hintergrund

4 § 359 BGB setzte Art. 11 Abs. 2 Satz 1 lit a-e der alten Verbraucherkreditrichtlinie[16] um. Die Richtlinie sah insoweit bei Waren und Dienstleistungen bereits vor, dass bei einer vorherigen Abmachung zwischen Kreditgeber und dem Lieferanten, die die Darlehensvergabe an die Kunden des Lieferanten zu Finanzierungszwecken nur durch den Kreditgeber vorsieht, der Verbraucher berechtigt sein soll, im Falle der Auszahlung des Darlehens und der Nicht- oder Schlechtleistung des Lieferanten auch Rechte gegen den Kreditgeber geltend zu machen, wenn ein Vorbringen gegenüber dem Lieferanten erfolglos war. Die nähere Ausgestaltung oblag nach Satz 2 dem nationalen Gesetzgeber, der in Deutschland regen Gebrauch davon machte. Die Ausdehnung des Tatbestands in § 359 BGB, der u.a. keine qualifizierte Abrede zwischen Unternehmer und Darlehensgeber vorsieht, war im Hinblick auf Art. 15 der Richtlinie unbedenklich, da weitergehende Vorschriften zum Schutze des Verbrauchers zulässig sind.[17] Die Ausnahmen vom Einwendungsdurchgriff nach § 359 Satz 2 BGB a.F. (jetzt § 359a Abs. 4 BGB) bei Bagatellkrediten bzw. bei nachträglicher Vertragsänderung waren nach Art. 11 Abs. 2 Satz 2, Abs. 3 der Verbraucherkreditrichtlinie ebenfalls zulässig.[18]

5 Mit dem Gesetz zur Umsetzung der Verbraucherkreditrichtlinie, des zivilrechtlichen Teils der Zahlungsrichtlinie sowie zur Neuordnung der Vorschriften über das Widerrufs- und Rückgaberecht" vom 29.07.2009[19] hat der Gesetzgeber die Vorschriften des BGB an die neue Verbraucherkreditrichtlinie[20] zum 11.06.2010 angepasst.

B. Anwendungsvoraussetzungen

I. Verbundene Verbraucherverträge

6 Ein Einwendungsdurchgriff gemäß § 359 BGB kommt nur bei **verbundenen Verträgen** i.S.v. § 358 BGB in Betracht. Der Verbraucher muss daher einen (Verbraucher-)Darlehensvertrag und einen mit diesem verbundenen Liefervertrag abgeschlossen haben (vgl. zu den Tatbestandsvoraussetzungen auch die Kommentierung zu § 358 BGB). Bei der Beurteilung der Verbundenheit ist eine objektive Betrachtungsweise vorzunehmen. Ein Einwendungsdurchgriff kann daher nicht durch hinreichende Aufklärung des Verbrauchers über das Aufspaltungsrisiko abgewendet werden.[21]

1. Verbraucherdarlehensvertrag

7 Beim Finanzierungsvertrag zwischen Verbraucher und Kreditgeber muss es sich um einen Verbraucherdarlehensvertrag i.S.d. § 491 Abs. 1 BGB handeln. Zwar ist vor allem nach Änderung des vorstehenden § 358 Abs. 1 BGB, demnach ein Liefervertrag auch mit einem Darlehensvertrag, der nicht § 491 Abs. 1 BGB entspricht, verbunden sein kann, für den Anwender der Vorschrift durchaus fraglich, woher sich eine solche Einschränkung ergeben soll. § 359a Abs. 4 BGB, der § 491 Abs. 2 Nr. 1 BGB ähnelt, ist dabei keine Hilfe. Allerdings entspricht es nicht nur einer historischen,[22] sondern auch einer systematischen (vgl. § 506 BGB) sowie einer grammatikalischen Auslegung, dass sich der Anwendungsbereich auf Verbraucherdarlehen beschränkt. In § 359 Satz 2 BGB heißt es ausdrücklich:

---

[15] *Habersack* in: MünchKomm-BGB, § 359 Rn. 22; grundsätzlich auch BGH v. 27.01.2004 - XI ZR 37/03 - juris Rn. 17 - DB 2004, 701-702 ; a.A. *Dürbeck*, Der Einwendungsdurchgriff nach § 9 Absatz 3 Verbraucherkreditgesetz, 1994, S. 50. Vgl. zur Haftung bei unrichtiger Empfangsbestätigung durch den Verbraucher BGH v. 17.11.1960 - VII ZR 56/59 - juris Rn. 12 - BGHZ 33, 293-302; BGH v. 17.05.1979 - III ZR 118/77 - juris Rn. 31 - LM Nr. 39 zu § 607 BGB; BGH v. 20.02.1967 - III ZR 122/65 - BGHZ 47, 217-223; *Canaris*, Bankvertragsrecht, 3. Aufl. 1988, Rn. 1440.
[16] RL 87/102/EWG des Rates vom 22.12.1987.
[17] Vgl. ausführlich *Kessal-Wulf* in: Staudinger, § 358 Rn. 18; *Habersack* in: MünchKomm-BGB, § 359 Rn. 5.
[18] *Habersack* in: MünchKomm-BGB, § 359 Rn. 6
[19] BGBl I 2009, 2355-2408; vgl. dazu den Gesetzesentwurf BT-Drs. 16/11643 (mit Stellungnahme des Bundesrats und Gegenäußerung der BReg).
[20] RL 2008/48/EG des Europäischen Parlaments und des Rates vom 23.04.2008 über Verbraucherkreditverträge und zur Aufhebung der Richtlinie 87/102/EWG des Rates.
[21] *Habersack* in: MünchKomm-BGB, § 359 Rn. 15.
[22] Vgl. z.B. die Begründung zur Änderung des § 359a BGB, Begr. RegE Drs. 17/5097, S. 18 re. Sp.

„Dies gilt nicht bei Einwendungen, die auf einer zwischen diesem Unternehmer und dem Verbraucher nach Abschluss **des** Verbraucherdarlehensvertrags vereinbarten Vertragsänderung beruhen." Demnach ist die Anwendung des § 359 BGB ausgeschlossen, wenn ein Darlehensvertrag i.S.d. § 491 Abs. 2 BGB vorliegt.[23]

a. Anwendbarkeit

In Anbetracht der klaren Formulierung des § 506 Abs. 1 BGB (§ 499 Abs. 1 BGB a.F.) gilt § 359 BGB auch bei Finanzierungshilfen.[24] Auch die Finanzierung eines Ratenlieferungsvertrags i.S.d. § 510 Abs. 1 BGB kann einem Einwendungsdurchgriff unterliegen.[25] Eine (analoge) Anwendbarkeit auch auf Finanzierungsleasingverträge war nach dem VerbrKrG umstritten.[26] Indes fand § 359 BGB nach der ausdrücklichen Anordnung des § 500 BGB a.F. auch auf solche Verträge insoweit entsprechende Anwendung.[27] Etwaige Einschränkungen wurden im Zuge der Neuordnung der Vorschriften durch den Gesetzgeber gestrichen.[28] Unter den Voraussetzungen des § 358 Abs. 3 Satz 3 BGB kommt ein Einwendungsdurchgriff auch bei einem finanzierten Immobilienerwerb in Betracht (vgl. dazu die Kommentierung zu § 358 BGB).

8

b. Ausschluss bei Finanzierung von Finanzinstrumenten und Bagatellkrediten

Keine Anwendung findet § 359 BGB auf Verträge nach § 491 Abs. 3 Nr. 2 BGB, die der Finanzierung des Erwerbs von Wertpapieren, Devisen, Derivaten oder Edelmetallen dienen, § 359a Abs. 3 BGB (Finanzierung von Finanzinstrumenten i.S.d. § 1 Abs. 11 KWG).

9

c. Nichtigkeit des Darlehensvertrages

Ist der Verbraucherdarlehensvertrag bereits nicht zustande gekommen oder **unwirksam**, kommt es nicht mehr auf einen Einwendungsdurchgriff an, wenn der Verbraucher weder vertraglich noch bereicherungsrechtlich zur Rückzahlung verpflichtet ist.[29] Eine Unwirksamkeit des Liefervertrages kann sich dabei u.U. auf den Darlehensvertrag erstrecken. Dies kann unter dem Gesichtspunkt einer auflösenden Bedingung insbesondere der Fall sein, wenn der Kreditvertrag nach dem finanzierten Vertrag geschlossen wird[30] oder Letzterer eine entsprechende Zweckabrede beinhaltet.[31] Die Nichtigkeit des Darlehensvertrages kann auch dazu führen, dass die Geschäftsgrundlage des Liefervertrages entfällt und dass der Verbraucher zum Rücktritt nach § 313 Abs. 3 Satz 1 BGB berechtigt ist.[32] Dies gilt dann nicht mehr, wenn der nach den §§ 492 Abs. 1, 494 Abs. 1 BGB zur Nichtigkeit führende Formmangel geheilt wird. Ist der Kreditvertrag nach den §§ 134, 138 BGB nichtig und ist das Darlehen bereits ausgezahlt worden, kann der Darlehensgeber die Rückzahlung der Darlehensvaluta nicht vor Ablauf der Vertragslaufzeit und nur ohne Zinsen zurückverlangen, wenn die Voraussetzungen des § 817 Satz 2

10

---

[23] So auch *Grüneberg* in: Palandt, § 359 Rn. 2; *Habersack* in: MünchKomm-BGB, § 359 Rn. 13.
[24] A.A. *Habersack* in: MünchKomm-BGB, § 359 Rn. 9; vgl. dazu die Kommentierung zu § 358 BGB.
[25] *Habersack* in: MünchKomm-BGB, § 359 Rn. 9; vgl. zur Finanzierung einer Bezugsverpflichtung beim Franchising für den Existenzgründer OLG Schleswig v. 28.07.1988 - 2 U 28/87 - NJW 1988, 3024.
[26] Vgl. *Leible*, Finanzierungsleasing und „arrendamiento financiero", 1996, S. 106 ff. m.w.N.; *Habersack* in: MünchKomm-BGB, § 359 Rn. 10. Dafür *Melsheimer*, Verbraucherschutz durch § 9 Abs. 3 VKrG im Finanzierungsleasing, 1994, S. 227; *Canaris*, ZIP 1993, 401-402, 406 f.; dagegen *Lieb*, WM 1991, 1533-1542, 1534; offen gelassen durch BGH v. 22.12.1999 - VIII ZR 124/99 - juris Rn. 11 - LM VerbrKrG § 1 Nr. 15 (8/2000).
[27] Daher selbstverständlich für eine Anwendung *Saenger* in: Erman, § 359 Rn. 17; vgl. aber zur alten Rechtslage auch *Habersack* in: MünchKomm-BGB, § 359 Rn. 10 f.
[28] Vgl. Begr. RegE BT-Drs. 16/11643, S. 93.
[29] *Habersack* in: MünchKomm-BGB, § 359 Rn. 29.
[30] BGH v. 13.04.1972 - III ZR 3/69 - WM 1972, 698-700; OLG Köln v. 31.10.1984 - 26 U 38/84 - juris Rn. 50 - ZIP 1985, 22-27; OLG Celle v. 28.11.1968 - 7 U 70/68 - BB 1969, 558-559; *Canaris*, Bankvertragsrecht, 3. Aufl. 1988, Rn. 1518 f.
[31] *Habersack* in: MünchKomm-BGB, § 359 Rn. 5.
[32] *Habersack* in: MünchKomm-BGB, § 359 Rn. 31; vgl. aber auch BGH v. 10.07.1980 - III ZR 177/78 - juris Rn. 27 - LM Nr. 30 zu § 138 BGB.

BGB vorliegen;[33] der Verbraucher bleibt dann grundsätzlich zur Ratenzahlung verpflichtet[34]. Fehlt es an den subjektiven Voraussetzungen für § 817 Satz 2 BGB, ist bei der Rückabwicklung zwischen Verbraucher und Darlehensgeber zu beachten, dass der Verbraucher nur die Befreiung von der Verbindlichkeit gegenüber dem Unternehmer erlangt hat; er hat daher nur den objektiven Wert dieser Verbindlichkeit zu ersetzen.[35]

11 Unter dem Gesichtspunkt der **Fehleridentität** kommt eine Anfechtung des Verbraucherdarlehensvertrages gemäß § 123 Abs. 1 BGB nicht nur in Betracht, wenn der Darlehensgeber selbst, sondern wenn der Unternehmer oder ein Darlehensmittler den Verbraucher über wesentliche Umstände täuscht; der Unternehmer ist nicht als Dritter i.S.d. § 123 Abs. 2 Satz 1 BGB anzusehen.[36] Der Verbraucher muss indes jeden Vertrag einzeln fristgemäß gegenüber dem jeweiligen Vertragspartner anfechten.[37] Ficht der Verbraucher allein den Liefervertrag an, kann er dies als Einwendungsdurchgriff nach § 359 Satz 1 BGB gegenüber dem Darlehensgeber geltend machen.[38]

2. Liefervertrag

a. Begriff

12 Als weiteren Kontrakt schließt der Verbraucher mit dem Unternehmer einen Vertrag zur Lieferung einer Ware oder Erbringung einer anderen Leistung (Liefervertrag, vgl. dazu die Kommentierung zu § 358 BGB). Dies kann ein Kauf-, Werk- oder Geschäftsbesorgungsvertrag, aber auch eine Partnerschaftsvermittlung sein.[39] Bei einem Ehevermittlungsvertrag kann ein Einwendungsbegriff darauf gestützt werden, dass der Vermittler nicht oder schlecht erfüllt hat[40]; weiterhin kann sich der Verbraucher auf die Unklagbarkeit des Vergütungsanspruchs gemäß § 656 Abs. 1 Satz 1 BGB berufen und die Darlehensrückzahlung verweigern[41]. Eine analoge Anwendung von § 656 Abs. 2 BGB kommt nicht in Betracht.[42] Bereits gezahlte Raten kann der Verbraucher jedoch wegen § 656 Abs. 1 Satz 2 BGB nicht zurückfordern.[43]

13 Auf einen finanzierten Beitritt zu einer Personen- oder Kapitalgesellschaft (bzw. auf den Anteilserwerb) findet § 359 BGB grundsätzlich Anwendung; eine Ausnahme gilt nach § 359a Abs. 3 BGB für die dort genannten finanzierten Risikogeschäfte. Indes wird es meist an den Voraussetzungen des § 359 BGB fehlen, wenn Leistungen des Verbrauchers gegenüber einer insolventen Gesellschaft zu Rede ste-

---

[33] Vgl. RG v. 30.06.1939 - V 50/38 - RGZ 161, 52-61, 52; BGH v. 18.04.1962 - VIII ZR 245/61 - LM Nr. 17 zu § 817 BGB; BGH v. 30.06.1983 - III ZR 114/82 - juris Rn. 29 - LM Nr. 34 zu § 138 (Bc) BGB; BGH v. 02.10.1986 - III ZR 163/85 - juris Rn. 35 - NJW 1987, 181-183.

[34] *Habersack* in: MünchKomm-BGB, § 359 Rn. 31; *Kessal-Wulf* in: Staudinger, § 359 Rn. 21.

[35] BGH v. 10.07.1980 - III ZR 177/78 - juris Rn. 25 - LM Nr. 30 zu § 138 BGB; BGH v. 08.02.1979 - III ZR 14/78 - juris Rn. 18 - LM Nr. 140 zu § 812 BGB; *Habersack* in: MünchKomm-BGB, § 359 Rn. 65; *Emmerich* in: Graf v. Westphalen/Emmerich/v. Rottenburg, Verbraucherkreditgesetz, 2. Aufl. 1996, § 9 Rn. 175; *Kessal-Wulf* in: Staudinger, § 359 Rn. 31; *Reuter/Martinek*, Ungerechtfertigte Bereicherung, 1983, § 12 IX 3b, S. 508.

[36] Vgl. BGH v. 08.02.1956 - IV ZR 282/55 - BGHZ 20, 36-43; BGH v. 17.11.1960 - VII ZR 115/59 - juris Rn. 30 - BGHZ 33, 302-314; BGH v. 20.02.1967 - III ZR 40/66 - BGHZ 47, 224-233; BGH v. 24.09.1996 - XI ZR 318/95 - juris Rn. 8 - LM BGB § 278 Nr. 130 (1/1997); *Habersack* in: MünchKomm-BGB, § 359 Rn. 33; *Kessal-Wulf* in: Staudinger, § 359 Rn. 23.

[37] BGH v. 07.05.1962 - VII ZR 261/60 - WM 1962, 761-763; BGH v. 30.09.1963 - VII ZR 39/62 - LM Nr. 9 zu § 607 BGB; *Habersack* in: MünchKomm-BGB, § 359 Rn. 33; *Kessal-Wulf* in: Staudinger, § 359 Rn. 23; a.A. *Ott* in: Bruchner/Ott/Wagner-Wieduwilt, Verbraucherkreditgesetz, 2. Aufl. 1994, § 9 Rn. 114 ff.

[38] *Kessal-Wulf* in: Staudinger, § 359 Rn. 23; *Habersack* in: MünchKomm-BGB, § 359 Rn. 33.

[39] *Compensis/Reiserer*, BB 1991, 2457-2464, 2457; zum möglichen Einwendungsdurchgriff und der Anwendung von § 656 BGB auf solche Verträge vgl. BGH v. 11.07.1990 - IV ZR 160/89 - juris Rn. 16 - BGHZ 112, 122-127; *Habersack* in: MünchKomm-BGB, § 359 Rn. 2; *Dehner*, NJW 1993, 3236.

[40] OLG Schleswig v. 11.10.1973 - 7 U 32/73 - NJW 1974, 648-651; *Sprau* in: Palandt, § 656 Rn. 5; *Habersack* in: MünchKomm-BGB, § 359 Rn. 16.

[41] *Compensis/Reiserer*, BB 1991, 2457-2464, 2457, 2463 f.; *Kessal-Wulf* in: Staudinger, § 359 Rn. 37; *Emmerich* in: Graf v. Westphalen/Emmerich/v. Rottenburg, Verbraucherkreditgesetz, 2. Aufl. 1996, § 9 Rn. 72.

[42] *Habersack* in: MünchKomm-BGB, § 359 Rn. 16; vgl. *Kessal-Wulf* in: Staudinger, § 359 Rn. 37 m.w.N. zur alten Rechtslage.

[43] *Habersack* in: MünchKomm-BGB, § 359 Rn. 16; *Kessal-Wulf* in: Staudinger, § 359 Rn. 37; *Compensis/Reiserer*, BB 1991, 2457-2464, 2457, 2463.

hen.[44] Zur Beteiligung an einer Immobilienfonds-GbR vgl. die Kommentierung zu § 358 BGB Rn. 39. Beim finanzierten Immobilienerwerb kommt eine Anwendung von § 359 BGB in Betracht, wenn die Voraussetzungen von § 358 Abs. 3 Satz 3 BGB vorliegen. Neben den Fällen des Verzugs der Bauausführung sowie denen der mangelhaften Aufklärung liegt eine relevante Einwendung bei Nichteintritt von erhofften Steuervorteilen nur dann vor, wenn es sich um einen Sach- oder Rechtsmangel handelt.[45]

b. Nichtigkeit des Liefervertrages

Ist der Liefervertrag **nichtig**, führt dies nach den Grundsätzen des Wegfalls der Geschäftsgrundlage zu einem Leistungsverweigerungsrecht des Darlehensgebers.[46] Zahlt dieser jedoch in Unkenntnis der Nichtigkeit, werden die Leistungen nach den Grundsätzen für die Doppelnichtigkeit rückabgewickelt. Der Verbraucher kann nach h.M. nicht nur gemäß § 359 Satz 1 BGB die Rückzahlung des Darlehens verweigern, sondern auch die bereits geleisteten Darlehensraten vom Kreditgeber nach § 813 Abs. 1 Satz 1 BGB, da der Anspruch des Darlehensgebers auf Rückzahlung von Beginn an einredebehaftet war.[47] Ist der Darlehensvertrag wegen Sittenwidrigkeit nichtig, kann dieser Mangel wegen Fehleridentität auch auf den Liefervertrag durchschlagen.[48] Im Gegenzug ist der Verbraucher allerdings verpflichtet, seine bereicherungsrechtlichen Ansprüche gegen den Unternehmer an den Darlehensgeber abzutreten.[49]

II. Einwendungen

1. Begriff der Einwendung

Der Begriff der Einwendung ist entgegen des Wortlauts[50] weit zu verstehen und erfasst neben den rechtshindernden und rechtsvernichtenden Einwendungen insbesondere alle – auch dilatorischen – Einreden.[51] Sie müssen im Rechtsverhältnis zwischen den Parteien des finanzierten Vertrages bereits entstanden und vom Verbraucher gegenüber dem Unternehmer grundsätzlich geltend gemacht worden sein.[52] Einwendungen, die dem Verbraucher aus dem Verbraucherdarlehensvertrag erwachsen, kann dieser ohne Rückgriff auf § 359 BGB gegen den Darlehensgeber geltend machen. Gestaltungsrechte können grundsätzlich erst dann zum Einwendungsdurchgriff führen, wenn diese auch ausgeübt wurden. Der Einwendungsdurchgriff ist vom Bestand der Einwendung des Verbrauchers gegen den Unternehmer abhängig.[53]

---

[44] Vgl. BGH v. 09.02.1981 - II ZR 38/80 - juris Rn. 7 - LM Nr. 3 zu § 155 HGB; OLG Düsseldorf v. 15.03.1999 - 9 U 155/98 - ZNotP 2000, 160-162; *Habersack* in: MünchKomm-BGB, § 359 Rn. 17; *Habersack*, ZHR 156, 45-63, 57 ff.

[45] Vgl. dazu BGH v. 23.03.1990 - V ZR 16/89 - juris Rn. 8 - LM Nr. 100 zu § 459 BGB; BGH v. 26.04.1991 - V ZR 165/89 - juris Rn. 9 - BGHZ 114, 263-273; BGH v. 19.12.1980 - V ZR 185/79 - juris Rn. 9 - BGHZ 79, 183-187; *Habersack* in: MünchKomm-BGB, § 359 Rn. 18.

[46] Vgl. BGH v. 07.02.1980 - III ZR 141/78 - juris Rn. 26 - LM Nr. 26 zu § 138 BGB; *Kessal-Wulf* in: Staudinger, § 359 Rn. 22; *Habersack* in: MünchKomm-BGB, § 359 Rn. 32; *Emmerich* in: Graf v. Westphalen/Emmerich/v. Rottenburg, Verbraucherkreditgesetz, 2. Aufl. 1996, § 9 Rn. 172; a.A. *Weitnauer*, JZ 1968, 201-209, 204.

[47] Vgl. BGH v. 07.02.1980 - III ZR 141/78 - juris Rn. 26 - LM Nr. 26 zu § 138 BGB; OLG Dresden v. 03.11.1999 - 8 U 1305/99 - juris Rn. 18 - WM 2001, 136-139; *Grüneberg* in: Palandt, § 359 Rn. 7; *Habersack* in: Münch-Komm-BGB, § 359 Rn. 34; *Emmerich* in: Graf v. Westphalen/Emmerich/v. Rottenburg, Verbraucherkreditgesetz, 2. Aufl. 1996, § 9 Rn. 169; *Dürbeck*, Der Einwendungsdurchgriff nach § 9 Absatz 3 Verbraucherkreditgesetz, 1994, S. 142 f.; *Pietzcker*, Die Rückabwicklung der verbundenen Geschäfte beim Einwendungsdurchgriff nach dem Verbraucherkreditgesetz, 1994, S. 95 ff; *Coester*, Jura 1992, 617-624, 623 f.; a.A. *Kessal-Wulf* in: Staudinger, § 359 Rn. 33; *Reinicke/Tiedtke*, ZIP 1992, 217-228, 224 f.; *Dauner-Lieb*, WM 1991, Sonderbeilage Nr. 6, 1-31, 29; *Fuchs*, AcP 199, 305-336, 332 ff.

[48] *Kessal-Wulf* in: Staudinger, § 359 Rn. 23.

[49] Vgl. dazu *Habersack* in: MünchKomm-BGB, § 359 Rn. 66 f.; *Kessal-Wulf* in: Staudinger, § 359 Rn. 33.

[50] So auch *Habersack* in: MünchKomm-BGB, § 359 Rn. 37; *Grüneberg* in: Palandt, § 359 Rn. 3.

[51] Vgl. BGH v. 25.09.2001 - XI ZR 109/01 - juris Rn. 17 - BGHZ 149, 43-50; *Kessal-Wulf* in: Staudinger, § 359 Rn. 7; *Saenger* in: Erman, § 359 Rn. 4; *Tonner* in: Micklitz/Tonner, Vertriebsrecht, 2002, § 359 Rn. 3.

[52] BGH v. 27.06.2000 - XI ZR 210/99 - juris Rn. 25 - LM BGB § 276 (Fa) Nr. 157 (1/2001); vgl. aber auch LG Braunschweig v. 16.06.1994 - 7 S 7/94 - juris Rn. 4 - NJW 1994, 2701; LG Mönchengladbach v. 10.01.1992 - 2 S 306/90 - NJW-RR 1992, 945-946.

[53] Vgl. BGH v. 27.06.2000 - XI ZR 174/99 - juris Rn. 25 - LM BGB § 276 (Fa) Nr. 158 (1/2001).

16 Bei mehreren Gestaltungsrechten, die der Verbraucher ausüben kann, kann der Darlehensgeber dem Verbraucher entsprechend § 350 BGB eine angemessene Frist zur Ausübung setzen.[54]

2. Gegenrechte des Verbrauchers

17 Ist die Kaufsache oder das Werk des Unternehmers mangelhaft, berechtigt dies den Verbraucher grundsätzlich zur Geltendmachung seiner Rechte auch gegenüber dem Darlehensgeber. Indes ist hier der **Grundsatz der Subsidiarität** zu beachten, der sich in § 359 Satz 3 BGB niederschlägt: Unter Berücksichtigung des Rechts des Verkäufers zur zweiten Andienung kann der Verbraucher die Darlehensrückzahlung erst verweigern, wenn er erfolglos Nacherfüllung verlangt hat; liegen die Voraussetzungen von Rücktritt und Minderung vor, ist eine (vorherige) Inanspruchnahme des Unternehmers nicht erforderlich.[55] Dem Fehlschlag der Nacherfüllung in § 359 Satz 3 BGB steht es gleich, wenn ein Entbehrlichkeitsgrund für die Fristsetzung nach der §§ 281 Abs. 2, 323 Abs. 2, 440 BGB vorliegt. Ist das Recht des Käufers bereits gemäß § 438 BGB (bzw. § 475 Abs. 2 BGB) verjährt, kann der Verbraucher gleichwohl aufgrund § 438 Abs. 4 Satz 2 BGB die Zahlung des Kaufpreises insoweit verweigern, als er aufgrund des Rücktritts dazu berechtigt sein würde. Dies gilt für den Werkvertrag nach § 634a Abs. 4 BGB und für das Minderungsrecht nach dem jeweiligen Abs. 5 entsprechend. Der Verbraucher kann dieses Leistungsverweigerungsrecht auch dem Darlehensgeber entgegenhalten.[56] Letzterer kann in diesem Fall entsprechend § 438 Abs. 4 Satz 3 BGB bzw. § 634a Abs. 4 Satz 3 BGB vom Vertrag zurücktreten.

18 Macht der Verbraucher statt Rücktritt **Minderung** geltend, kann er die Darlehensrückzahlung nur insoweit verweigern, als Kaufpreis bzw. Vergütung durch die Minderung herabzusetzen ist; die Differenz zwischen dem vertraglich geschuldeten und dem herabgesetzten Betrag ist auf die Darlehensraten umzulegen.[57] Wählt er (kleinen) Schadensersatz, so berechtigt das daraus resultierende Zurückbehaltungsrecht zum Einwendungsdurchgriff.[58] Wegen des weiten Einwendungsbegriffs in § 359 BGB berechtigen nämlich auch dilatorische Einreden (§§ 273, 320 BGB) zur zumindest vorläufigen Leistungsverweigerung.[59] Im Falle des Schadensersatzes statt der ganzen Leistung (großer Schadensersatz, vgl. § 281 Abs. 1 Satz 3, Abs. 5 BGB) steht die Einwendung einem Rückzahlungsanspruch dauerhaft entgegen. In Fällen sonstiger Nichtleistung oder Schlechterfüllung, in denen der Verbraucher vom Vertrag zurücktritt oder die Leistung unmöglich ist, kann der Verbraucher auch dies dem Rückzahlungsanspruch des Darlehensgebers entgegenbringen

19 Bei Verjährung des Entgeltanspruchs des Unternehmers aus dem Liefervertrag kann der Verbraucher die Einrede der Verjährung auch gegenüber dem Kreditgeber erheben.[60] Der Verbraucher hat indes keine Möglichkeit, gegenüber dem Kreditgeber mit Gegenforderungen aufzurechnen, die aus der Beziehung zum Verkäufer resultieren, da es insoweit an der Gegenseitigkeit von Haupt- und Gegenforde-

---

[54] *Grüneberg* in: Palandt, § 359 Rn. 3; *Bülow*, WM 2004, 1257-1263.

[55] *Saenger* in: Erman, § 359 Rn. 8, 15; *Jauernig* in: Jauernig, § 359 Rn. 5; *Staudinger*, NZM 2000, 689-692; zum früheren Recht OLG Frankfurt v. 28.02.2001 - 9 U 117/00 - juris Rn. 46 - WM 2002, 1275-1280.

[56] So LG Kleve v. 03.08.1993 - 3 O 55/93 - FLF 1993, 228-229; *Habersack* in: MünchKomm-BGB, § 359 Rn. 37; *Emmerich* in: Graf v. Westphalen/Emmerich/v. Rottenburg, Verbraucherkreditgesetz, 2. Aufl. 1996, § 9 Rn. 144; *Ott* in: Bruchner/Ott/Wagner-Wieduwilt, Verbraucherkreditgesetz, 2. Aufl. 1994, § 9 Rn. 114 ff.; a.A. *Vortmann*, VerbrKrG, 1991, § 9 Rn. 28; BGH v. 18.01.1973 - II ZR 69/71 - LM Nr. 159 zu § 242 BGB.

[57] Vgl. *Habersack* in: MünchKomm-BGB, § 359 Rn. 40; *Emmerich* in: Graf v. Westphalen/Emmerich/v. Rottenburg, Verbraucherkreditgesetz, 2. Aufl. 1996, § 9 Rn. 192; *Ott* in: Bruchner/Ott/Wagner-Wieduwilt, Verbraucherkreditgesetz, 2. Aufl. 1994, § 8 Rn. 123; *Tonner* in: Micklitz/Tonner, Vertriebsrecht, 2002, § 359 Rn. 5.

[58] So zu Recht *Habersack* in: MünchKomm-BGB, § 359 Rn. 40; für eine Aufrechnung des Verbrauchers mit einem Schadensersatzanspruch hingegen *Tonner* in: Micklitz/Tonner, Vertriebsrecht, 2002, § 359 Rn. 3; *Emmerich* in: Graf v. Westphalen/Emmerich/v. Rottenburg, Verbraucherkreditgesetz, 2. Aufl. 1996, § 9 Rn. 196, 198.

[59] Wie hier *Habersack* in: MünchKomm-BGB, § 359 Rn. 40; *Kessal-Wulf* in: Staudinger, § 359 Rn. 7; a.A. *Dauner-Lieb*, WM 1991, Sonderbeilage Nr. 6, 1-31, 28 f.

[60] BGH v. 14.09.2004 - XI ZR 248/03 - NJW-RR 2005, 415-416; BGH v. 25.09.2001 - XI ZR 109/01 - BGHZ 149, 43-50; OLG Stuttgart v. 19.02.2001 - 6 U 121/00 - juris Rn. 24 - NJW-RR 2002, 856; OLG Celle v. 03.11.1993 - 3 U 239/92 - MDR 1994, 157-153; LG Gera v. 27.07.1999 - 1 S 330/99 - BB 1999, 2215-2216; *Habersack* in: MünchKomm-BGB, § 359 Rn. 44 *Kessal-Wulf* in: Staudinger, § 359 Rn. 14; *Coester*, Jura 1992, 617-624, 622; a.A. *Drescher*, Verbraucherkreditgesetz und Bankenpraxis, 1994, Rn. 267.

rung fehlt.[61] Ihm steht indes u.U. ein Zurückbehaltungsrecht nach den §§ 273, 359 Satz 1 BGB gegen den Darlehensgeber zu.[62]

Bei Beteiligungen an einem geschlossenen Immobilienfonds (sog. **Schrottimmobilien**, vgl. dazu ausführlich die Kommentierung zu § 358 BGB Rn. 38) kann der Verbraucher, der vom Vermittler der Anlage getäuscht wurde, einen bestehenden Abfindungsanspruch gegen einen Immobilienfonds bei einem verbundenen Geschäft auch der Bank entgegenhalten und die Kreditrückzahlung verweigern.[63] Der Verbraucher muss sich zur Ausübung gegenüber der Bank auf die Täuschung berufen; eine Kündigung ist hingegen nicht erforderlich.[64] Daneben stehen dem Verbraucher bei Täuschung ein Anfechtungsrecht nach § 123 BGB im Falle der Kausalität auch hinsichtlich des Darlehensvertrages sowie ein Anspruch aus Verschulden bei Vertragsverhandlung gegen die finanzierende Bank zu. Ansprüche gegen Gründungsgesellschafter, Prospektherausgeber oder ähnliche Beteiligte kann der Verbraucher dem Rückzahlungsverlangen aber nicht entgegenhalten.[65]

20

III. Kein Ausschluss

Keinen Schutz nach § 359 BGB genießt der Verbraucher bei Bagatellkrediten, bei denen das finanzierte Entgelt weniger als 200 € beträgt, § 359a Abs. 4 BGB. Bei der Bestimmung des Entgelts ist der Nettokreditbetrag des Einzelgeschäfts zu berücksichtigen; § 359a Abs. 4 BGB greift auch dann, wenn eine Vielzahl von kleineren Geschäften unter 200 € unter Ausnutzung eines höheren Kreditrahmens (Kreditkartenkonten von Kunden mit echtem Kreditcharakter) abgewickelt wird.

21

§ 359 BGB ist außerdem nicht anwendbar, wenn die Einwendungen auf einer nach Abschluss des Kreditvertrages zwischen Käufer und Verbraucher vereinbarten Vertragsänderung (§ 311 BGB) beruhen. Der Kreditgeber muss daher nur die Einwendungen gegen sich gelten lassen, deren Rechtsgrund bei Abschluss des Verbraucherdarlehensvertrages im Liefervertrag bereits angelegt war. Dabei kann der Verbraucher auch solche Einwendungen geltend machen, die – wie z.B. Mängelansprüche des Verbrauchers – zwar erst nach Vertragsschluss vom Unternehmer anerkannt worden sind, deren Grundlage aber im zunächst geschlossenen Liefervertrag zu finden ist.[66] Bei kollusivem Zusammenwirken zwischen Lieferanten und Verbraucher, durch das der Darlehensgeber benachteiligt werden soll, kommt ein Ausschluss des Einwendungsdurchgriffs gemäß § 242 BGB nach Treu und Glauben in Betracht.

22

Nach der Subsidiaritätsklausel des § 359 Satz 3 BGB kann der Verbraucher, der gegen den Unternehmer des Liefervertrages einen Anspruch auf Nacherfüllung aus § 437 Nr. 1 BGB oder § 634 Nr. 1 BGB hat, erst dann die Zahlung verweigern, wenn die Nacherfüllung fehlgeschlagen ist. Dem Fehlschlagen steht es gleich, wenn eine Fristsetzung zur Geltendmachung von Sekundäransprüchen nach den §§ 281 Abs. 2, 323 Abs. 2 BGB bzw. § 440 BGB entbehrlich ist. Daher genügt es für einen Einwendungsdurchgriff, wenn z.B. eine endgültige und ernsthafte Verweigerung der Nacherfüllung durch den Unternehmer vorliegt oder eine vom Verbraucher gesetzte Nacherfüllungsfrist fruchtlos verstrichen ist.[67] Bis zum Scheitern der Nacherfüllung muss der Verbraucher alle nach dem Darlehensvertrag geschuldeten Leistungen erbringen.[68] Ein Fehlschlag liegt bei der Mängelbeseitigung nach Kaufrecht aufgrund § 440 Satz 2 BGB grundsätzlich erst dann vor, wenn sie zum zweiten Mal erfolglos war[69]; beim Werk-

23

---

[61] *Habersack* in: MünchKomm-BGB, § 359 Rn. 41; *Kessal-Wulf* in: Staudinger, § 359 Rn. 9; a.A. *Emmerich* in: Graf v. Westphalen/Emmerich/v. Rottenburg, Verbraucherkreditgesetz, 2. Aufl. 1996, § 9 Rn. 198.

[62] *Habersack* in: MünchKomm-BGB, § 359 Rn. 41.

[63] BGH v. 25.04.2006 - XI ZR 29/05- WM 2006, 1008-1013; BGH v. 25.04.2006 - XI ZR 219/04 - WM 2006, 1060-1066; BGH v. 25.04.2006 - XI ZR 193/04 - BB 2006, 1130-1135; BGH v. 25.04.2006 - XI ZR 106/05 - BB 2006, 1294-1295; BGH v. 21.07.2003 - II ZR 387/02 - NJW 2003, 2821-2824; vgl. dazu *Fischer*, VuR 2006, 53-58, 55 f.

[64] Vgl. BGH v. 14.06.2004 - II ZR 374/02 - juris Rn. 8 - NJW 2004, 2742-2743, 2742; *Grüneberg* in: Palandt, § 359 Rn. 3; a.A. *Mülbert/Hoger*, WM 2004, 2281-2294.

[65] BGH v. 25.04.2006 - XI ZR 106/05 - NJW 2006, 1955-1957; BGH v. 21.11.2006 - XI ZR 347/05 - juris Rn. 22 - NJW 2007, 1127-1130; anders noch BGH v. 14.06.2004 - II ZR 395/01 - juris Rn. 35 - NJW 2004, 2731-2735; OLG Stuttgart v. 14.11.2006 - 6 U 22/06 - juris Rn. 60 - WM 2007, 203-212.

[66] *Kessal-Wulf* in: Staudinger, § 359 Rn. 6; *Habersack* in: MünchKomm-BGB, § 359 Rn. 47; vgl. auch BT-Drs. 11/5462, S. 24.

[67] *Habersack* in: MünchKomm-BGB, § 359 Rn. 52 m.w.N.

[68] *Grüneberg* in: Palandt, § 359 Rn. 3.

[69] *Habersack* in: MünchKomm-BGB, § 359 Rn. 51.

vertrag bleibt dies eine Frage des Einzelfalls.[70] Wählt der Käufer Ersatzlieferung einer neuen Sache, gilt die Nacherfüllung bereits dann als fehlgeschlagen, wenn die erste nachgelieferte Sache auch mangelhaft ist.[71]

C. Rechtsfolgen

I. Leistungsverweigerungsrecht

24 Der Einwendungsdurchgriff nach § 359 BGB verschafft dem Verbraucher ein **Leistungsverweigerungsrecht**,[72] wirkt ex nunc und gibt ihm nicht die Möglichkeit, bereits erbrachte Leistungen zurückzufordern[73]. Ein solcher **Rückforderungsdurchgriff** kann sich für den Verbraucher nur aus Bereicherungsrecht ergeben.[74] Auch bei Nichtigkeit des Liefervertrages hat der Verbraucher lediglich ein Leistungsverweigerungsrecht gegen den Darlehensgeber.[75]

25 Dritte, die dem Darlehensvertrag oder zumindest der Leistungspflicht des Verbrauchers beigetreten sind, können sich ebenfalls auf die Einwendungen berufen.[76] Für Bürgen gilt dies nach den §§ 767, 768, 770 BGB entsprechend.

II. Rückabwicklung

1. Allgemein

26 Für den Fall der Rückabwicklung der verbundenen Verträge enthält § 359 BGB – trotz der systematischen Stellung innerhalb des Untertitels „Widerrufs- und Rückgaberecht bei Verbraucherverträgen" – keine Regelungen. Die Rückabwicklung erfolgt daher grundsätzlich nach den allgemeinen Regeln, wenn sie nicht auf einen Widerruf oder eine Rückgabe des Verbrauchers zurückgeht.[77] Liegt zwischen dem Darlehensgeber und dem Unternehmer ein Rahmenvertrag vor, so begründet dies regelmäßig eine Ausfallhaftung des Unternehmers für die Fälle des Widerrufs, der Unwirksamkeit beider Verträge oder der Geltendmachung von Einreden durch den Verbraucher.[78]

---

[70] *Raab* in: AnwK-BGB, Bd. 2, § 636 Rn. 15; *Habersack* in: MünchKomm-BGB, § 359 Rn. 51.

[71] *Habersack* in: MünchKomm-BGB, § 359 Rn. 51.

[72] Vgl. *Kessal-Wulf* in: Staudinger, § 359 Rn. 1, 10; *Habersack* in: MünchKomm-BGB, § 359 Rn. 24; *Grüneberg* in: Palandt, § 359 Rn. 4; *Emmerich* in: Graf v. Westphalen/Emmerich/v. Rottenburg, Verbraucherkreditgesetz, 2. Aufl. 1996, § 9 Rn. 136; *Ott* in: Bruchner/Ott/Wagner-Wieduwilt, Verbraucherkreditgesetz, 2. Aufl. 1994, § 9 Rn. 122; *Lieb*, WM 1991, 1533-1542, 1537.

[73] H.M., OLG Stuttgart v. 08.01.2001 - 6 U 57/2000, 6 U 57/00- juris Rn. 118 - WM 2001, 1667-1675; OLG Koblenz v. 05.09.2002 - 5 U 1886/01 - juris Rn. 47 - WM 2002, 2456-2460; LG Bonn v. 14.04.1993 - 5 S 64/92 - NJW-RR 1993, 1269-1270; LG Dortmund v. 03.01.2001 - 21 S 132/00 - NJW-RR 2001, 1061; LG Hagen (Westfalen) v. 23.07.1993 - 1 S 119/93 - NJW-RR 1994, 1260; *Kessal-Wulf* in: Staudinger, § 359 Rn. 24; *Habersack* in: MünchKomm-BGB, § 359 Rn. 75 ff.; *Grüneberg* in: Palandt, § 359 Rn. 4; *Scholz*, Verbraucherkreditverträge, 2. Aufl. 1992, Rn. 372 ff; *Coester*, Jura 1992, 617-624, 624; *Dauner-Lieb*, WM 1991, Sonderbeilage Nr. 6, 1-31, 22; *Fuchs*, AcP 199, 305-336, 332 ff.; *Füller*, ZBB 2001, 157-169, S. 168 f.; *Karollus*, JuS 1993, 820-825, 821 f.; a.A. LG Braunschweig v. 16.06.1994 - 7 S 7/94 - juris Rn. 4 - NJW 1994, 2701; *Emmerich* in: Graf v. Westphalen/Emmerich/v. Rottenburg, Verbraucherkreditgesetz, 2. Aufl. 1996, § 9 Rn. 184 f.; *Ott* in: Bruchner/Ott/Wagner-Wieduwilt, Verbraucherkreditgesetz, 2. Aufl. 1994, § 9 Rn. 129 ff.; *Pietzcker*, Die Rückabwicklung der verbundenen Geschäfte beim Einwendungsdurchgriff nach dem Verbraucherkreditgesetz, 1994, S. 45 ff., 94 ff.; offen gelassen durch OLG Dresden v. 03.11.1999 - 8 U 1305/99 - juris Rn. 35 - WM 2001, 136-139.

[74] *Kessal-Wulf* in: Staudinger, § 359 Rn. 24; *Habersack* in: MünchKomm-BGB, § 359 Rn. 77; *Saenger* in: Erman, § 359 Rn. 4; *Grüneberg* in: Palandt, § 359 Rn. 4; *Tonner* in: Micklitz/Tonner, Vertriebsrecht, 2002, § 359 Rn. 8; *Rott* in: Kohte/Micklitz/Rott/Tonner/Willingmann, Das neue Schuldrecht, 2003, § 359 Rn. 1.

[75] A.A. *Füller*, ZBB 2001, 157-169, 162.

[76] *Emmerich* in: Graf v. Westphalen/Emmerich/v. Rottenburg, Verbraucherkreditgesetz, 2. Aufl. 1996, § 9 Rn. 199; *Habersack* in: MünchKomm-BGB, § 359 Rn. 55.

[77] Vgl. dazu eingehend *Habersack* in: MünchKomm-BGB, § 359 Rn. 55 ff.

[78] Vgl. dazu BGH v. 17.09.1996 - XI ZR 164/95 - BGHZ 133, 254-264; BGH v. 12.02.1987 - III ZR 178/85 - juris Rn. 22 - NJW 1987, 2076-2078; *Habersack* in: MünchKomm-BGB, § 359 Rn. 79; *Canaris*, Bankvertragsrecht, 3. Aufl. 1988, Rn. 1512 f.

2. Doppelmangel

Liegt eine Direktüberweisung der Darlehensvaluta an den Unternehmer vor, handelt es sich um einen Anweisungsfall.[79] Sind beide Verträge unwirksam, hat die Rückabwicklung im Dreiecksverhältnis entlang der Leistungsbeziehungen zu erfolgen[80]; eine **Durchgriffskondiktion**[81] zwischen Darlehensgeber und Unternehmer kommt grundsätzlich nicht in Betracht. Durch die Zahlung des Darlehensgebers hat der Verbraucher dabei nicht das ihm nicht zur freien Verfügung stehende Darlehen selbst, sondern nur einen bereicherungsrechtlichen Anspruch gegen den Unternehmer (sog. „Kondiktion der Kondiktion").[82] Demnach kann der Darlehensgeber mithin den Unternehmer auf Rückzahlung der Darlehensvaluta in Anspruch nehmen. Dem Verbraucher gegenüber ist der Darlehensgeber zur Rückzahlung der bereits gezahlten Darlehensraten verpflichtet; eine Berufung auf § 818 Abs. 3 BGB wegen Wertlosigkeit des vom Verbraucher abgeleiteten Anspruchs gegen den Unternehmer kommt nicht in Betracht, da der Darlehensgeber nach dieser Konstruktion das Risiko der Unternehmerinsolvenz trägt.[83] Eine an den Unternehmer geleistete Anzahlung kann der Verbraucher auch nur gegen diesen geltend machen.[84]

27

Der Unternehmer wiederum hat gegen den Verbraucher einen Anspruch auf Herausgabe der tatsächlich gezogenen Nutzungen. Ist der Verbraucher darüber hinaus Eigentümer der Sache geworden, hat er diese rückzuübereignen.[85] Der Verbraucher kann die Rückgabe der Kaufsache aber von der Rückzahlung der Darlehensraten und einer etwaigen Anzahlung abhängig machen.[86] Ist hingegen der Darlehensgeber Sicherungseigentümer geworden, ist dieser wegen des Wegfalls des Sicherungszwecks zur Rückübertragung des Eigentums verpflichtet. Soweit allerdings die Auszahlung der Darlehensvaluta bewirkt hat, dass dem Verbraucher oder dem Darlehensgeber das Eigentum an der Sache vom Unternehmer übertragen wurde, hat der Kreditgeber bei ergänzender Auslegung der Sicherungsabrede oder aus einer (analogen) Anwendung der condictio indebiti einen Anspruch auf Einräumung eines Miteigentumsanteils, den er dem Anspruch des Verbrauchers auf Rückübereignung entgegenhalten kann.[87]

28

---

[79] BGH v. 25.09.2001 - XI ZR 109/01 - juris Rn. 23 - BGHZ 149, 43-50; BGH v. 11.10.1995 - VIII ZR 325/94 - juris Rn. 14 - BGHZ 131, 66-75; *Habersack* in: MünchKomm-BGB, § 359 Rn. 56; a.A. *Heermann*, Drittfinanzierte Erwerbsgeschäfte, 1998, S. 95 ff., 162 ff.

[80] H.M., vgl. BGH v. 22.05.1978 - III ZR 153/76 - juris Rn. 30 - BGHZ 71, 358-367; BGH v. 06.07.1978 - III ZR 63/76 - juris Rn. 33 - LM Nr. 51 zu § 123 BGB; BGH v. 08.02.1979 - III ZR 2/77 - juris Rn. 28 - LM Nr. 53 zu § 123 BGB; BGH v. 15.03.1990 - III ZR 248/88 - juris Rn. 21 - NJW-RR 1990, 750-752; *Habersack* in: MünchKomm-BGB, § 359 Rn. 56; *Kessal-Wulf* in: Staudinger, § 359 Rn. 26; *Westermann* in: Erman, § 812 Rn. 37.

[81] Dafür *Gernhuber*, Das Schuldverhältnis, 1989, § 31 III; *Reuter/Martinek*, Ungerechtfertigte Bereicherung, 1983, § 12 IX 3b; für den Fall des Widerrufs vgl. auch BGH v. 17.09.1996 - XI ZR 164/95 - juris Rn. 23 - BGHZ 133, 254-264; BGH v. 06.12.1979 - III ZR 46/78 - juris Rn. 11 - LM Nr. 28 zu § 6 AbzG.

[82] *Habersack* in: MünchKomm-BGB, § 359 Rn. 56; *Kessal-Wulf* in: Staudinger, § 359 Rn. 26; *Emmerich* in: Graf v. Westphalen/Emmerich/v. Rottenburg, Verbraucherkreditgesetz, 2. Aufl. 1996, § 9 Rn. 160 ff.; *Ott* in: Bruchner/Ott/Wagner-Wieduwilt, Verbraucherkreditgesetz, 2. Aufl. 1994, § 9 Rn. 134 f.; *Dürbeck*, Der Einwendungsdurchgriff nach § 9 Abs. 3 Verbraucherkreditgesetz, 1994, S. 140 ff; *Coester*, Jura 1992, 617-624, 623.

[83] BGH v. 08.02.1979 - III ZR 14/78 - juris Rn. 14 - LM Nr. 140 zu § 812 BGB; BGH v. 07.02.1980 - III ZR 141/78 - juris Rn. 26 - LM Nr. 26 zu § 138 BGB; *Habersack* in: MünchKomm-BGB, § 359 Rn. 56; *Kessal-Wulf* in: Staudinger, § 359 Rn. 26; *Emmerich* in: Graf v. Westphalen/Emmerich/v. Rottenburg, Verbraucherkreditgesetz, 2. Aufl. 1996, § 9 Rn. 162. Zur Rückzahlung der an einen Darlehensmittler geleisteten Vergütung vgl. BGH v. 19.02.1991 - XI ZR 319/89 - juris Rn. 30 - LM Nr. 71 zu § 138 (Bc) BGB.

[84] *Habersack* in: MünchKomm-BGB, § 359 Rn. 58; *Kessal-Wulf* in: Staudinger, § 359 Rn. 26; *Emmerich* in: Graf v. Westphalen/Emmerich/v. Rottenburg, Verbraucherkreditgesetz, 2. Aufl. 1996, § 9 Rn. 164; *Pietzcker*, Die Rückabwicklung der verbundenen Geschäfte beim Einwendungsdurchgriff nach dem Verbraucherkreditgesetz, 1994, S. 105 ff.

[85] *Kessal-Wulf* in: Staudinger, § 359 Rn. 29; *Habersack* in: MünchKomm-BGB, § 359 Rn. 64.

[86] *Habersack* in: MünchKomm-BGB, § 359 Rn. 64; *Kessal-Wulf* in: Staudinger, § 359 Rn. 29.

[87] H.M., *Habersack* in: MünchKomm-BGB, § 359 Rn. 60; *Kessal-Wulf* in: Staudinger, § 359 Rn. 30; *Canaris*, Bankvertragsrecht, 3. Aufl. 1988, Rn. 1460 ff.; a.A. *Emmerich* in: Graf v. Westphalen/Emmerich/v. Rottenburg, Verbraucherkreditgesetz, 2. Aufl. 1996, § 9 Rn. 168; *Bülow*, Heidelberger Kommentar zum Verbraucherkreditgesetz, 5. Aufl. 2002, § 495 Rn. 315.

3. Mangelhafte Kaufsache

29 Der Verbraucher kann vorbehaltlich § 359 Satz 3 BGB die Rückzahlung des Darlehens verweigern, wenn der vom Unternehmer geschuldete Kaufgegenstand mit einem Mangel i.S.d. §§ 434, 435 BGB behaftet ist. Im Rahmen der Rückabwicklung erfolgt ein Ausgleich zunächst zwischen Verbraucher und Unternehmer. Eine analoge Anwendung von § 358 Abs. 4 Satz 3 BGB, demnach es allein auf das Verhältnis zwischen Verbraucher und Darlehensgeber ankäme, ist abzulehnen, da es an einer Vergleichbarkeit der Interessenlage fehlt: Wegen der Gefahr missbräuchlicher Mängelrügen und der Gefahr der Insolvenz des Verkäufers,[88] die einen Rückgriff des Darlehensgebers gegen den Unternehmer wertlos machen könnte, muss sich der Verbraucher zunächst an den sachnäheren Verkäufer halten[89]. Mithin kann der Darlehensgeber dem Verbraucher eine angemessene Frist zur Geltendmachung der Mängelansprüche gegen den Verkäufer setzen, wenn der Verbraucher die Rückzahlung des Darlehens wegen § 359 Satz 1 BGB verweigert.[90]

30 Der Verbraucher kann nach erfolgtem Rücktritt die Darlehensvaluta und eine etwaige Anzahlung vom Verkäufer verlangen. Die Darlehensvaluta ist nach Abzug bereits gezahlter Tilgungsraten mitsamt den vom Verkäufer geleisteten Zinsen an den Darlehensgeber weiterzuleiten. Im Gegenzug kann der Unternehmer vom Käufer Rückübereignung der Kaufsache sowie u.U. Nutzungsersatz nach den §§ 346 Abs. 1, 347 BGB fordern.[91] Gegen den Kreditgeber hat der Verbraucher einen Anspruch auf Erstattung der von ihm geleisteten Zinsen und sonstigen Finanzierungskosten.[92] Ist der Darlehensgeber zugleich Eigentümer der Kaufsache, hat er einer Übereignung an den Verkäufer zuzustimmen (§ 185 BGB), da der Sicherungszweck der Abrede mit dem Käufer hinfällig geworden ist.[93] Die Zustimmung kann aber unter die Bedingung gestellt werden, dass die Ansprüche des Verbrauchers gegen den Verkäufer in der Höhe, in der ihm ein Anspruch auf den Nettodarlehensbetrag zusteht, unwiderruflich an den Darlehensgeber abgetreten werden oder der Verkäufer vom Verbraucher angewiesen wird, in entsprechender Höhe direkt an den Darlehensgeber zu zahlen.[94]

31 Schadens- und Aufwendungsersatz wegen Mangelhaftigkeit der Kaufsache kann der Verbraucher nur gegen den Unternehmer geltend machen. Im Falle der Minderung kann der Verbraucher bei bereits zu viel gezahlten Darlehensraten Rückzahlung vom Verkäufer nach § 441 Abs. 4 BGB verlangen.

D. Prozessuale Hinweise

32 Aufgrund der Präjudizwirkung setzt das Gericht, bei dem die Zahlungsklage des Darlehensgebers anhängig ist, den Rechtsstreit nach § 148 ZPO aus, wenn die Ansprüche aus Pflichtverletzung des Verbrauchers Gegenstand eines anderen Rechtsstreits bilden.[95] Sofern das Gericht von einer Aussetzung absieht, können die Parteien nach § 251 ZPO das vorläufige Ruhen des Verfahrens erreichen.

---

[88] Vgl. dazu *Habersack* in: MünchKomm-BGB, § 359 Rn. 73 f.

[89] LG Kleve v. 03.08.1993 - 3 O 55/93 - FLF 1993, 228-229; *Habersack* in: MünchKomm-BGB, § 359 Rn. 69; *Dauner-Lieb*, WM 1991, Sonderbeilage Nr. 6, 1-31, 24 f.; Lieb WM 1991, 1533, 1538 f.; a.A. *Emmerich* in: Graf v. Westphalen/Emmerich/v. Rottenburg, Verbraucherkreditgesetz, 2. Aufl. 1996, § 9 Rn. 183, 185; *Reinicke/Tiedtke*, ZIP 1992, 217-228, 223; *Ott* in: Bruchner/Ott/Wagner-Wieduwilt, Verbraucherkreditgesetz, 2. Aufl. 1994, § 9 Rn. 117 f.

[90] *Habersack* in: MünchKomm-BGB, § 359 Rn. 70; *Coester*, Jura 1992, 617-624, 623.

[91] Vgl. *Habersack* in: MünchKomm-BGB, § 359 Rn. 71.

[92] OLG Düsseldorf v. 23.04.1996 - 24 W 27/96 - NJW-RR 1996, 1265; *Habersack* in: MünchKomm-BGB, § 359 Rn. 71; a.A. LG Hagen (Westfalen) v. 23.07.1993 - 1 S 119/93 - NJW-RR 1994, 1260; LG Bonn v. 14.04.1993 - 5 S 64/92 - NJW-RR 1993, 1269-1270; LG Dortmund v. 03.01.2001 - 21 S 132/00 - NJW-RR 2001, 1061.

[93] *Kessal-Wulf* in: Staudinger, § 359 Rn. 34; *Habersack* in: MünchKomm-BGB, § 359 Rn. 71.

[94] *Habersack* in: MünchKomm-BGB, § 359 Rn. 71.

[95] BGH v. 19.02.1986 - VIII ZR 91/85 - BGHZ 97 135-146 für das Finanzierungsleasing.

§ 359a BGB Anwendungsbereich

(Fassung vom 27.07.2011, gültig ab 04.08.2011)

(1) Liegen die Voraussetzungen für ein verbundenes Geschäft nicht vor, ist § 358 Abs. 1 und 4 entsprechend anzuwenden, wenn die Ware oder die Leistung des Unternehmers aus dem widerrufenen Vertrag in einem Verbraucherdarlehensvertrag genau angegeben ist.

(2) Liegen die Voraussetzungen für ein verbundenes Geschäft nicht vor, ist § 358 Absatz 2 und 4 entsprechend auf Verträge über Zusatzleistungen anzuwenden, die der Verbraucher in unmittelbarem Zusammenhang mit dem Verbraucherdarlehensvertrag geschlossen hat.

(3) § 358 Abs. 2, 4 und 5 sowie § 359 sind nicht anzuwenden auf Darlehensverträge, die der Finanzierung des Erwerbs von Finanzinstrumenten dienen.

(4) § 359 ist nicht anzuwenden, wenn das finanzierte Entgelt weniger als 200 Euro beträgt.

Gliederung

A. Grundlagen 1	1. Genaue Angabe von Waren oder Dienstleistungen 7
I. Kurzcharakteristik 1	2. Verträge über Zusatzleistungen 9
II. Gesetzgebungsmaterialien 2	III. Eingeschränkter Anwendungsbereich der
III. Europäischer Hintergrund 3	§§ 358, 359 BGB 12
IV. Gesetzgebungsgeschichte 4	1. Finanzierung des Erwerbs von Finanzinstrumenten 12
B. Anwendungsvoraussetzungen 5	2. Kleindarlehen 13
I. Normstruktur 5	**C. Rechtsfolgen** 14
II. Erweiterter Anwendungsbereich des § 358 BGB 6	

A. Grundlagen

I. Kurzcharakteristik

§ 359a BGB gilt für Verträge ab dem 11.06.2010 und sieht Einschränkungen und Erweiterungen im Anwendungsbereich der §§ 358, 359 BGB vor. Die Regelungen zum Anwendungsbereich der Vorschriften werden gleichsam hinter die Klammer gezogen.

II. Gesetzgebungsmaterialien

Gesetz zur Umsetzung der Verbraucherkreditrichtlinie, des zivilrechtlichen Teils der Zahlungsrichtlinie sowie zur Neuordnung der Vorschriften über das Widerrufs- und Rückgaberecht vom 29.07.2009,[1] vgl. dazu den Gesetzesentwurf BT-Drs. 16/11643 mit Stellungnahme des Bundesrats und Gegenäußerung der BReg. Zu der für notwendig erachteten frühen Änderung des § 359a Abs. 2 BGB vgl. das Gesetz zur Einführung einer Musterwiderrufsinformation für Verbraucherdarlehensverträge, zur Änderung der Vorschriften über das Widerrufsrecht bei Verbraucherdarlehensverträgen und zur Änderung des Darlehensvermittlungsrechts vom 24.07.2010.[2]

III. Europäischer Hintergrund

Bei der Anwendung des § 359a BGB sind die entsprechenden Vorgaben für die §§ 358, 359 BGB zu beachten. Mit dem „Gesetz zur Umsetzung der Verbraucherkreditrichtlinie, des zivilrechtlichen Teils der Zahlungsrichtlinie sowie zur Neuordnung der Vorschriften über das Widerrufs- und Rückgaberecht" vom 29.07.2009[3] hat der Gesetzgeber die Vorschriften des BGB an die neue Verbraucherkredit-

---

[1] BGBl I 2009, 2355-2408.
[2] BGBl I 2010, 977-982.
[3] BGBl I 2009, 2355-2408; vgl. dazu den Gesetzesentwurf BT-Drs. 16/11643 (mit Stellungnahme des Bundesrats und Gegenäußerung der BReg).

§ 359a

richtlinie[4] zum 11.06.2010 angepasst. Insbesondere dient § 359a Abs. 2 BGB der Umsetzung von Art. 15 Abs. 1, Art. 3 lit. n sowie Art. 14 Abs. 4 der neuen Verbraucherkreditrichtlinie. Die Ausnahme vom Einwendungsdurchgriff nach § 359a Abs. 4 BGB bei Bagatellkrediten war bereits nach Art. 11 Abs. 2 Satz 2, Abs. 3 der alten und ist nach Art. 2 Abs. 2 der neuen Verbraucherkreditrichtlinie zulässig.[5] Zu beachten ist bei der richtlinienkonformen Anwendung aber hinsichtlich der neuen Richtlinie, dass diese – im Gegensatz zur alten Version – vollharmonisierend sein soll; abweichende Bestimmungen nach nationalem Recht verbieten sich daher.[6] Die in § 359a Abs. 3 BGB vorgesehene Bereichsausnahme für Verträge zur Finanzierung von Finanzinstrumenten dient zur Umsetzung des Art. 2 Abs. 2 lit. h) der Verbraucherkreditrichtlinie im Zusammenhang mit der sog. MiFiD-Richtlinie (Richtlinie 2004/39/EG des Europäischen Parlaments und des Rates vom 21.04.2004 über Märkte für Finanzinstrumente, zur Änderung der Richtlinie 85/611/EWG und 93/6/EWG des Rates und der Richtlinie 2000/12/EG des Europäischen Parlaments und des Rates und zur Aufhebung der Richtlinie 93/22/EWG des Rates).

IV. Gesetzgebungsgeschichte

4 Mit Wirkung zum 11.06.2010 hat der Gesetzgeber § 359a BGB in die Vorschriften der §§ 355-360 BGB eingefügt, um den Anwendungsbereich der beiden vorhergehenden Paragraphen teilweise einzuschränken oder teilweise oder auch ganz auszuschließen. Allein die Überschrift der Norm, „Anwendungsbereich", lässt hoffen, dass die gesamte Regelung über verbundene Geschäfte und Einwendungsdurchgriffe (noch) transparent und verständlich ist. Die Bundesregierung, die zunächst auf einen neuen § 358a BGB setzte, ließ sich vom Bundesrat[7] umstimmen, hält den Standort in § 359a BGB nun für richtig gewählt und sieht sprachliche Verbesserungen sowie eine erleichterte Lektüre der §§ 358, 359 BGB.[8] Gleichwohl sah sich der Gesetzgeber bereits kurz nach Inkrafttreten veranlasst, § 359a Abs. 2 BGB mit Wirkung zum 30.07.2010 aus Klarstellungsgründen zu ändern.[9] Eine kleine klarstellende Änderung erfuhr noch Absatz 3 mit Wirkung zum 04.08.2011.[10]

B. Anwendungsvoraussetzungen

I. Normstruktur

5 Im Nachgang der §§ 358, 359 BGB wird in den Absätzen 1 und 2 nur der Anwendungsbereich des § 358 BGB teilweise erweitert. Einschränkende oder keine Anwendung finden die §§ 358, 359 nach den Absätzen 3 und 4.

II. Erweiterter Anwendungsbereich des § 358 BGB

6 Die Regelungen des § 358 BGB sind grundsätzlich nur anwendbar, wenn ein verbundener Vertrag nach § 358 Abs. 3 BGB vorliegt. § 359a Abs. 1 und 2 BGB erweitert den Anwendungsbereich in erheblicher Weise.

1. Genaue Angabe von Waren oder Dienstleistungen

7 Dabei ist Absatz 1 zunächst vorangestellt, dass eine entsprechende Anwendung von § 358 Abs. 1 und 4 BGB nur in Betracht kommt, wenn die Voraussetzungen für ein verbundenes Geschäft nicht vorliegen. Selbstverständlich müssen daher die übrigen Voraussetzungen von § 358 Abs. 1 BGB gegeben sein, namentlich der erklärte Widerruf des Liefervertrags durch den Verbraucher.

8 Eine genaue Bezeichnung i.S.v. § 359a Abs. 1 BGB liegt vor, wenn die Ware oder die Dienstleistung im Verbraucherdarlehensvertrag so angegeben ist, dass der konkrete Vertragsgegenstand identifizierbar ist. Eine bloße Typenbeschreibung ist nicht ausreichend.[11] Soweit es sich um einen Vertrag zur Lieferung einer Sache handelt, muss die Angabe dem sachenrechtlichen Bestimmtheitsgrundsatz genü-

---

[4] RL 2008/48/EG des Europäischen Parlaments und des Rates vom 23.04.2008 über Verbraucherkreditverträge und zur Aufhebung der Richtlinie 87/102/EWG des Rates, ABl. EU L 133/66.
[5] *Habersack* in: MünchKomm-BGB, § 359 Rn. 6.
[6] Vgl. *Schürnbrand*, ZBB 2010, 123-128, 125 f. sowie *Schürnbrand*, ZBB 2008, 383-391, 384 f., jeweils m.w.N.
[7] Stellungnahme des Bundesrates, BT-Drs. 16/11643, S. 153.
[8] Gegenäußerung der Bundesregierung zu der Stellungnahme des Bundesrates, BT-Drs. 16/11643, S. 163.
[9] Begr. RegE Drs. 17/1394, S. 14 li. Sp.; vgl. auch *Habersack* in: MünchKomm-BGB, § 359a Rn. 2.
[10] Begr. RegE Drs. 17/5097, S. 18 re. Sp.
[11] Begr. RegE BT-Drs. 16/11643, S. 73 li. Sp.

gen.[12] Bei Verträgen über Dienstleistungen ist die Leistung des Unternehmers genau angegeben, wenn Ort, Zeit und Umfang dem Verbraucherdarlehensvertrag zu entnehmen sind. Obwohl der Wortlaut des § 359a Abs. 1 BGB den Eindruck erweckt, ist es hingegen **nicht** erforderlich, dass der Unternehmer als Vertragspartner des angegebenen Vertrags feststeht. Nach dem Willen des Gesetzgebers soll genau die Konstellation, in der der Verbraucher sich den Unternehmer nach dem Abschluss des Finanzierungsgeschäfts erst noch heraussucht, ein maßgeblicher Anwendungsfall des § 359a Abs. 1 BGB sein.[13] Es stellt sich indes die Frage, welcher Darlehensgeber ohne Not genaue Bezeichnungen in den Darlehensvertrag aufnehmen wird, wenn er weiß, dass er sich damit der Gefahr des Widerrufdurchgriffs aussetzt; er wird sich daher auf allgemeine Angaben beschränken.[14] Der Verbraucher wird – selbst wenn er Kenntnis von § 359a BGB haben sollte – dabei kaum in der Position sein, eine genaue Bezeichnung der Ware oder der Dienstleistung im Darlehensvertrag verlangen zu können, wenn eine kausale Verknüpfung als verbundener Vertrag nicht vorliegt.

2. Verträge über Zusatzleistungen

Nach § 359a Abs. 2 BGB sind die Absätze 2 und 4 des § 358 BGB entsprechend auf Verträge über Zusatzleistungen im unmittelbaren Zusammenhang mit dem Verbraucherdarlehensvertrag anzuwenden. Obwohl bei Absatz 2 ein einleitender Halbsatz wie bei Absatz 1 fehlte, ging die Regelung in ihrer ursprünglichen Fassung bis zum 29.07.2010 natürlich davon aus, dass im Hinblick auf diese Verträge keine Verbundenheit vorliegt; dies liegt im Zweifel daran, dass die Kreditsumme nicht zur Finanzierung der Leistung aus den Zusatzverträgen dienen soll. Zum besseren Verständnis hat der Gesetzgeber den Text mit Wirkung zum 30.07.2010 angeglichen und damit klargestellt, dass auch bei Absatz 2 keine Verbundenheit vorliegen muss.[15]

Eine Zusatzleistung ist nach der Legaldefinition des Art. 247 § 8 EGBGB gegeben, wenn der Darlehensgeber zum Abschluss des Verbraucherdarlehensvertrags verlangt, dass der Darlehensnehmer zusätzliche Leistungen des Darlehensgebers annimmt oder einen weiteren Vertrag abschließt. Dies betrifft vor allem Versicherungsverträge wie die Restschuldversicherung[16], aber auch Kontoführungsverträge sowie einen Vertrag über eine Zahlungskarte. Der Darlehensgeber hat dieses Verlangen grundsätzlich zusammen mit der vorvertraglichen Information anzugeben; dies gilt freilich nicht bei Verträgen über entgeltliche Finanzierungshilfen, für die § 359a BGB nach § 506 Abs. 1 BGB entsprechend gilt, vgl. Art. 247 § 12 EGBGB.

Der von § 359a BGB geforderte unmittelbare Zusammenhang bei Vertragsabschluss erfordert eine direkte kausale Verknüpfung; vor dem Hintergrund, dass Art. 247 § 8 EGBGB zwingend verlangt, dass der Abschluss des Kreditvertrags mit dem Abschluss des Vertrags über die Zusatzleistung nach dem Willen des Kreditgebers steht oder fällt, kommt dem Erfordernis des unmittelbaren Zusammenhangs nach dem erklärten Willen des Gesetzgebers keine weitergehende Bedeutung zu. Indes ist zu beachten, dass Art. 14 Abs. 4 der Verbraucherkreditrichtlinie nicht vorsieht, dass der Abschluss des Zusatzvertrags für die Kreditvergabe obligatorisch sein muss.[17] Die durch den deutschen Gesetzgeber in Art. 247 § 8 EGBGB vorgenommene Beschränkung ist daher als **richtlinienwidrig** einzustufen.[18] In richtlinienkonformer Auslegung sind daher § 358 Abs. 2 und 4 BGB auch dann anwendbar, wenn im Zusammenhang mit dem Verbraucherdarlehensvertrag der Darlehensgeber oder ein Dritter aufgrund einer Vereinbarung mit dem Darlehensgeber „Nebenleistungen" erbringt, auch wenn der Abschluss des Vertrags darüber vom Darlehensgeber nicht verlangt wurde. Jedenfalls ist zugunsten des Verbrauchers im Hinblick auf die bisherige Bankenpraxis davon auszugehen, dass der Verbraucher den Kreditvertrag

---

[12] *Rösler/Werner*, BKR 2009, 1-10, 4; *Schulze* in: HK-BGB, § 359a Rn. 2; zu weit *Grüneberg* in: Palandt, § 359a Rn. 2, demnach die Angabe der Marke eines Pkws ausreichend sein soll.
[13] Begr. RegE BT-Drs. 16/11643, S. 73 li. Sp.
[14] So auch *Derleder*, NJW 2009, 3195-3202, 3201.
[15] Begr. RegE Drs. 17/1394, S. 14 li. Sp.
[16] Ausführlich zur Restschuldversicherung auch im Zusammenhang mit § 359a BGB *Schürnbrand*, ZBB 2010, 123-128, 127 f.
[17] Art. 3 lit g) der Verbraucherkreditrichtlinie sieht im diesem Zusammenhang nur insoweit obligatorische Zusatzverträge vor, soweit es um die Berechnung der Gesamtkosten für den Verbraucher geht.
[18] Vgl. auch *Wildemann*, VuR 2011, 55-59, 59; *Habersack* in: MünchKomm-BGB, § 359a Rn. 13; *Grüneberg* in Palandt, § 359a Rn. 4; zu den Bedenken insoweit ausführlich *Schürnbrand*, ZBB 2010, 123-128, 127; vgl. zur Restschuldversicherung auch *Mülbert/Wilhelm*, WM 2009, 2241-2255, 2244; *Freitag*, ZIP 2009, 1297-1301, 1301.

zumindest nicht zu den Konditionen hätte abschließen können, wenn er auf das Angebot des Darlehensgebers über Zusatzleistungen nicht eingegangen wäre. Dem Vertragspartner des Verbrauchers aus der Zusatzleistung, gleich ob Darlehensgeber oder Dritter, steht es frei, nachzuweisen, dass ein unmittelbarer Zusammenhang zwischen Kredit- und Zusatzvertrag nicht vorliegt.

III. Eingeschränkter Anwendungsbereich der §§ 358, 359 BGB

1. Finanzierung des Erwerbs von Finanzinstrumenten

12 Nach § 359a Abs. 3 BGB ist (ähnlich nach § 492 Abs. 3 Nr. 2 BGB a.F.) zu beachten, dass die §§ 358 Abs. 2, 4 und 5 sowie 359 BGB nicht auf solche Darlehensverträge[19] anzuwenden sind, die der Finanzierung des Erwerbs von Finanzinstrumenten dienen. Der Begriff „Finanzinstrumente" ist in § 1 Abs. 11 KWG gesetzlich definiert und ist auch für das BGB fruchtbar zu machen.[20] Demnach sind Finanzinstrumente Wertpapiere, Geldmarktinstrumente, Devisen oder Rechnungseinheiten sowie Derivate. Da der Erwerber von diesen Finanzinstrumenten in der Regel weiß, dass diese ständigen Preisschwankungen unterliegen, soll der Verbraucher das Risiko der Kursschwankungen nicht durch einen Widerruf auf den Unternehmer abwälzen können.[21]

2. Kleindarlehen

13 Die bisher in § 359 Satz 2 BGB a.F. verortete Ausnahme für Bagatellkredite findet sich nach der grundlegenden Neuordnung der Vorschriften in § 359a Abs. 4 BGB wieder. Demnach kommt dem Verbraucher der Schutz des § 359 BGB nicht bei solchen Verträgen zu, bei denen das finanzierte Entgelt weniger als 200 € beträgt. Bei der Bestimmung des Entgelts ist der Nettokreditbetrag des Einzelgeschäfts zu berücksichtigen, Art. 247 § 3 Abs. 2 EGBGB. § 359a Abs. 4 BGB greift auch dann ein, wenn eine Vielzahl von kleineren Geschäften unter 200 € unter Ausnutzung eines höheren Kreditrahmens (Kreditkartenkonten von Kunden mit echtem Kreditcharakter) abgewickelt wird. Insgesamt ist die Ausnahme des § 359a Abs. 4 BGB wenig erstaunlich, wenn man bedenkt, dass in solchen Fällen jedenfalls kein Verbraucherdarlehensvertrag vorliegt, § 491 Abs. 2 Nr. 1 BGB.

C. Rechtsfolgen

14 Liegen die Voraussetzungen der einzelnen Absätze des § 359a BGB vor, ist § 358 BGB teilweise anwendbar oder zusammen mit § 359 BGB von der Anwendung teilweise oder ganz ausgeschlossen. Hinsichtlich § 359 Abs. 1 BGB ist aber zu beachten, dass § 358 Abs. 2 BGB bei Darlehensverträgen, in denen die Ware oder Dienstleistung genau angegeben ist, nicht entsprechend anwendbar ist.[22] Widerruft der Verbraucher demnach den Darlehensvertrag nach § 495 BGB, bleibt er an den Liefervertrag gebunden; die Fiktion des § 358 Abs. 2 Satz 3 BGB gilt nicht. Dieses Widerrufsrecht ist demnach auch nicht ausgeschlossen, wenn der finanzierte Liefervertrag widerrufen werden kann (vgl. § 358 Abs. 2 Satz 2 BGB).

15 Problematisch ist hingegen, dass § 359a Abs. 1 BGB nicht auch die entsprechende Anwendung des § 359 BGB vorsieht. Zwar bestimmt Art. 15 Abs. 2 Satz 2 der neuen Verbraucherkreditrichtlinie, dass die Mitgliedstaaten bestimmen können, in welchem Maße und unter welchen Bedingungen die „Rechtsmittel" gegen den Kreditgeber geltend gemacht werden können. Es ist aber den Mitgliedstaaten nicht erlaubt, die verbundenen Verträge i.S.d. Art. 3 lit n) ii) a.E. VerbrKrRiL ganz von der Anwendung auszunehmen; auch § 359 Abs. 1 BGB ist daher **richtlinienwidrig**.[23] Die Erklärung des Gesetzgebers, dem Darlehensgeber sei das Risiko unzumutbar, wenn ihm der Lieferant nicht bekannt sei, ist dabei weder überzeugend noch kann sie eine Abweichung von der Richtlinie rechtfertigen. Wegen des darin zum Ausdruck kommenden klaren Willens des Gesetzgebers kommt eine richtlinienkonforme Auslegung des § 359a Abs. 1 BGB nicht in Betracht.[24]

---

[19] Der ehemalige Wortlaut „Verbraucherdarlehensverträge" wurde mit Wirkung zum 04.08.2011 geändert, da § 358 Abs. 1 nunmehr keinen Vertrag i.S. des § 491 BGB voraussetzt.

[20] Dies kann bald auch Vermögensanlagen betreffen, vgl. § 1 Abs. 2 VermAnlgG-E, Begr. RegE in BT-Drs. 17/6051.

[21] Begr. RegE BT-Drs. 16/11643, S. 72 re. Sp.

[22] Dies steht im Einklang mit Art. 15 Abs. 1 der Verbraucherkreditrichtlinie.

[23] So zu Recht *Schürnbrand*, ZBB 2010, 123-128, 127; vgl. auch *Habersack* in: MünchKomm-BGB, § 359a Rn. 11; *Grüneberg* in Palandt, § 359a Rn. 3; *Wildemann*, VuR 2011, 55-59, 59; *Kulke*, VuR 2009, 373-380, 376.

[24] So auch *Habersack* in: MünchKomm-BGB, § 359a Rn. 11; a.A. *Heinig*, JR 2010, 461-469, 463.

Eine erweiterte Belehrungspflicht kommt dem Verbraucher in den Fällen des § 359a Abs. 1 BGB über Art. 247 § 12 Abs. 1 Satz 2 Nr. 2b) EGBGB zugute; für § 359a Abs. 2 BGB soll dies nach dem Gesamtkonzept der Regelung wohl nicht gelten; wegen des Grundsatzes, dass der Verbraucher durch die Widerrufsbelehrung so informiert werden soll, dass er in die Lage versetzt wird, sein Widerrufsrecht auszuüben, muss der Unternehmer auch im Fall des § 359a Abs. 2 BGB über die entsprechenden Rechtsfolgen belehren.

§ 360 BGB Widerrufs- und Rückgabebelehrung

(Fassung vom 29.07.2009, gültig ab 11.06.2010)

(1) ¹Die Widerrufsbelehrung muss deutlich gestaltet sein und dem Verbraucher entsprechend den Erfordernissen des eingesetzten Kommunikationsmittels seine wesentlichen Rechte deutlich machen. ²Sie muss Folgendes enthalten:

1. einen Hinweis auf das Recht zum Widerruf,
2. einen Hinweis darauf, dass der Widerruf keiner Begründung bedarf und in Textform oder durch Rücksendung der Sache innerhalb der Widerrufsfrist erklärt werden kann,
3. den Namen und die ladungsfähige Anschrift desjenigen, gegenüber dem der Widerruf zu erklären ist, und
4. einen Hinweis auf Dauer und Beginn der Widerrufsfrist sowie darauf, dass zur Fristwahrung die rechtzeitige Absendung der Widerrufserklärung oder der Sache genügt.

(2) ¹Auf die Rückgabebelehrung ist Absatz 1 Satz 1 entsprechend anzuwenden. ²Sie muss Folgendes enthalten:

1. einen Hinweis auf das Recht zur Rückgabe,
2. einen Hinweis darauf, dass die Ausübung des Rückgaberechts keiner Begründung bedarf,
3. einen Hinweis darauf, dass das Rückgaberecht nur durch Rücksendung der Sache oder, wenn die Sache nicht als Paket versandt werden kann, durch Rücknahmeverlangen in Textform innerhalb der Rückgabefrist ausgeübt werden kann,
4. den Namen und die ladungsfähige Anschrift desjenigen, an den die Rückgabe zu erfolgen hat oder gegenüber dem das Rücknahmeverlangen zu erklären ist, und
5. einen Hinweis auf Dauer und Beginn der Rückgabefrist sowie darauf, dass zur Fristwahrung die rechtzeitige Absendung der Sache oder des Rücknahmeverlangens genügt.

(3) ¹Die dem Verbraucher gemäß § 355 Abs. 3 Satz 1 mitzuteilende Widerrufsbelehrung genügt den Anforderungen des Absatzes 1 und den diesen ergänzenden Vorschriften dieses Gesetzes, wenn das Muster der Anlage 1 zum Einführungsgesetz zum Bürgerlichen Gesetzbuche in Textform verwendet wird. ²Die dem Verbraucher gemäß § 356 Abs. 2 Satz 2 in Verbindung mit § 355 Abs. 3 Satz 1 mitzuteilende Rückgabebelehrung genügt den Anforderungen des Absatzes 2 und den diesen ergänzenden Vorschriften dieses Gesetzes, wenn das Muster der Anlage 2 zum Einführungsgesetz zum Bürgerlichen Gesetzbuche in Textform verwendet wird. ³Der Unternehmer darf unter Beachtung von Absatz 1 Satz 1 in Format und Schriftgröße von den Mustern abweichen und Zusätze wie die Firma oder ein Kennzeichen des Unternehmers anbringen.

Gliederung

A. Grundlagen 1
I. Kurzcharakteristik 1
II. Gesetzgebungsmaterialien 2
III. Europäischer Hintergrund 3
B. Anwendungsvoraussetzungen 4
I. Normstruktur 4
II. Widerrufsbelehrung 5
    1. Allgemeines 5
    2. Gebot der Deutlichkeit 13
    3. Inhalt 16
    4. Nachträgliche Belehrung 23
III. Rückgabebelehrung 25
IV. Gesetzliche Musterbelehrung 26
C. Rechtsfolgen 31

A. Grundlagen

I. Kurzcharakteristik

§ 360 BGB fasst die Anforderungen an eine ordnungsgemäße Widerrufs- bzw. Rückgabebelehrung zusammen. 1

II. Gesetzgebungsmaterialien

Zur Regelung des § 361a BGB a.F.: Regierungsentwurf BT-Drs. 14/2658, zum Bericht des Rechtsausschusses BT-Drs. 14/3195, Beschlussempfehlung des Vermittlungsausschusses BT-Drs. 14/2527, Gesetz über Fernabsatzverträge und andere Fragen des Verbraucherrechts sowie zur Umstellung von Vorschriften auf Euro vom 27.06.2000.[1] Zu § 355 BGB: Entwurf der Koalitionsfraktionen, BT-Drs. 14/6040; Entwurf der Bundesregierung mit Stellungnahme des Bundesrates vom 13.07.2002 und Gegenäußerung der Bundesregierung vom 31.08.2001, BT-Drs. 14/6857 = BR-Drs. 338/01; Bericht des Rechtsausschusses BT-Drs. 14/7052; Gesetz zur Modernisierung des Schuldrechts vom 29.06.2001.[2] Zur Entstehung des § 360 BGB n.F. vgl. das „Gesetz zur Umsetzung der Verbraucherkreditrichtlinie, des zivilrechtlichen Teils der Zahlungsrichtlinie sowie zur Neuordnung der Vorschriften über das Widerrufs- und Rückgaberecht" vom 29.07.2009,[3] vgl. dazu den Gesetzesentwurf BT-Drs. 16/11643 (mit Stellungnahme des Bundesrats und Gegenäußerung der BReg). 2

III. Europäischer Hintergrund

§ 360 BGB ist eine neue zentrale Vorschrift für die Gestaltung der Widerrufs- und Rückgabebelehrung. Für die Widerrufsbelehrung sehen zahlreiche europäische Richtlinien entsprechende Vorgaben vor, so die Fernabsatzrichtlinie[4] und die Unterlassungsklagenrichtlinie, umgesetzt durch Gesetz vom 27.06.2000 über Fernabsatzverträge und andere Fragen des Verbraucherrechts sowie zur Umstellung von Vorschriften auf Euro[5]. Weiterhin dient § 360 BGB auch der Umsetzung der RL 85/577/EWG des Rates vom 02.12.1985 betreffend den Verbraucherschutz im Falle von außerhalb von Geschäftsräumen geschlossenen Verträgen sowie der Time-Sharing-Richtlinie.[6] 3

B. Anwendungsvoraussetzungen

I. Normstruktur

§ 360 Abs. 1 BGB sieht Regelungen für die erforderliche Belehrung zum Widerrufsrecht nach § 355 BGB vor. § 360 Abs. 2 BGB behandelt hingegen die Belehrung beim Rückgaberecht nach § 356 BGB. Abschließend verweist § 360 Abs. 3 BGB auf die Muster für die Belehrungen. 4

II. Widerrufsbelehrung

1. Allgemeines

Der Verbraucher hat einen **Rechtsanspruch** auf Erteilung einer ordnungsgemäßen Belehrung,[7] deren Mangelhaftigkeit oder Fehlen Auswirkungen auf die Widerrufsfrist[8] und das Erlöschen des Widerrufs- 5

---

[1] BGBl I 2000, 897, Berichtigung BGBl I 2000, 1139.
[2] BGBl I 2001, 3138.
[3] BGBl I 2009, 2355-2408.
[4] RL 97/7/EG des Europäischen Parlaments und Rates vom 20.05.1997.
[5] BGBl I 2000, 887.
[6] RL 94/47/EG des Europäischen Parlaments und Rates vom 26.10.1994 zum Schutze der Erwerber im Hinblick auf bestimmte Aspekte von Verträgen über den Erwerb von Teilzeitnutzungsrechten an Immobilien.
[7] OLG Bremen v. 02.03.2006 - 2 U 20/02 - NJW 2006, 1210-1218; AG Siegburg v. 29.05.2001 - 8a C 63/01 - NJW-RR 2002, 129-130; *Pfeiffer* in: Soergel, § 355 Rn. 36; *Ring* in: AnwK-BGB, Bd. 2, § 355 Rn. 21; *Saenger* in: Erman, § 355 Rn. 9; *Grüneberg* in: Palandt, § 355 Rn. 13; *Stillner*, VuR 2002, 79-85, 82; nach Urteil des EuGH (EuGH v. 25.10.2005 - C-350/03 - NJW 2005, 3551-3554) nahezu unbestritten, so auch *Masuch* in: MünchKomm-BGB, § 360 Rn. 11; a.A. noch *Mankowski*, Beseitigungsrechte, 2003, S. 752 f.; *Lang/Rösler*, WM 2006, 513-522, 521.
[8] Zur alten Rechtslage nach § 1 Abs. 1 HTürGG in den Fällen, in denen einem Darlehensnehmer mit Rücksicht auf die gebotene richtlinienkonforme Auslegung des § 5 Abs. 2 HTürGG ein Widerrufsrecht zusteht, vgl. BGH v. 14.06.2004 - II ZR 395/01 - juris Rn. 21 - NJW 2004, 2731-2735; BGH v. 08.06.2004 - XI ZR 167/02 - juris Rn. 9 - NJW 2004, 2744-2745.

rechts hat sowie u.U. Ansprüche auf Schadensersatz sowie aus dem Wettbewerbsrecht begründen kann.[9] Nach einer gesetzlichen Neuordnung sind die Folgen der nicht (ordnungsgemäßen) Belehrung u.a. in der zentralen Vorschrift des § 355 BGB zu suchen. Die Regelung über den Beginn der Widerrufsfrist (§ 355 Abs. 3 BGB) macht dabei nur dann Sinn, wenn eine Rechtspflicht zur Belehrung besteht. Da das Gesetz im Grundsatz von einer Erteilung ausgeht, kann es sich dabei nicht lediglich um eine Obliegenheit des Unternehmers handeln.[10] Zu beachten ist, dass die Widerrufsbelehrung schon nach der neueren Fassung des § 355 BGB nicht mehr gesondert zu unterschreiben war.[11] Gleichwohl kann es für den Unternehmer aus Beweisgründen zweckmäßig sein, den Verbraucher die Belehrung unterschreiben zu lassen.[12]

6 Belehrt der Unternehmer (vor)vertraglich über ein Widerrufs- oder Rückgaberecht, ohne dass eine gesetzliche Einräumung vorliegt, wird im Zweifel ein **vertragliches Widerrufsrecht** vorliegen, auf das sich der Vertragspartner berufen kann und das sich in der Ausübung grundsätzlich nicht nach den gesetzlichen Bestimmungen richtet.[13] Ein vertraglich eingeräumtes Widerrufsrecht kann indes – wegen der halbzwingenden Wirkung der §§ 355-360 BGB – ein gesetzliches Recht nicht ersetzen, es steht vielmehr im vertraglich eingeräumten Maße zusätzlich zur Verfügung.[14] Auch eine nachträgliche Einräumung eines Widerrufsrechts kann zu einem vertraglichen Widerrufsrecht führen[15] – die einseitige Einräumung eines Beseitigungsrechts ist nicht annahmebedürftig, jedenfalls kann auf den Zugang der Annahme verzichtet werden (§ 151 BGB); es bleibt aber eine Frage der Ausgestaltung im Einzelfall.

7 Es ist unzulässig, wenn der Unternehmer sowohl über ein Widerrufs- als auch ein Rückgaberecht belehrt.[16] Ein **Nebeneinander** von beiden Rechten läuft nicht nur dem Deutlichkeitsgebot des § 360 BGB zuwider, es verwirrt auch den durchschnittlichen Verbraucher, der den Unterschied zwischen Widerruf und Rückgabe auch nach Lektüre beider Belehrungen nicht erkennen wird. Vor dem Hintergrund der Kostenauferlegung im Rahmen der 40-€-Klausel, die beim Rückgaberecht nicht möglich ist, darf es nicht dazu kommen, dass eine kommentarlose Rücksendung nicht zuordnungsfähig ist und der Verbraucher im Zweifel die Kosten seiner Rücksendung tragen muss. Eine Verpflichtung des Verbrauchers, bei doppelter Belehrung auf der Rücksendung zu vermerken, ob die Rücksendung einen Widerruf oder eine Rückgabe darstellt,[17] ist höchstens dann vorstellbar, wenn die Widerrufsbelehrung dieses Detail der Ausübung deutlich macht;[18] dies ist in der Praxis aber (bisher) ebenso wenig der Fall wie eine sorgfältige Auslegung der Verbrauchererklärung durch den Unternehmer nach Eingang einer Rücksendung, die zum Ergebnis kommen muss, dass der Verbraucher im Zweifel das für Letzteren günstigere Recht gemeint hat. Gerade deswegen, weil der Unternehmer über diese Besonderheit der Ausübung nicht belehrt, sind beide Belehrungen in solchen Fällen unwirksam.

8 Wie § 360 Abs. 3 Satz 1 BGB zeigt, muss die Belehrung in **Textform** (§ 126b BGB) mitgeteilt werden. Bei getrennten Verträgen ist zu jedem Vertrag eine Widerrufsbelehrung zu erteilen; bei zusammenhängenden Vertragsformularen kann aber nur eine Widerrufsbelehrung ausreichen.[19] Der Unternehmer

---

[9] BGH v. 26.02.2008 - XI ZR 75/06 - juris Rn. 18 - BB 2008, 858-860; OLG Bremen v. 02.03.2006 - 2 U 20/02 - NJW 2006, 1210-1218.
[10] Einzige Ausnahme: § 3 Abs. 4 Satz 2 FernUSG.
[11] Vgl. zur früheren Rechtslage *Heinrichs* in: Palandt, BGB, 61. Aufl. 2002, § 355 Rn. 17.
[12] *Tonner* in: Micklitz/Tonner, Vertriebsrecht, 2002, § 355 Rn. 50 unter Hinweis auf das Muster zur BGB-InfoV.
[13] OLG Nürnberg v. 10.01.2012 - 14 U 1314/11 - juris Rn. 31 - WM 2012, 650-652; OLG Frankfurt v. 25.05.2011 - 9 U 43/10 - juris Rn. 42 - ZIP 2011, 2016-2018; *Müller-Christmann*, jurisPR-BKR 2/2012, Anm. 6; a.A. im Hinblick auf die gesetzlichen Anforderungen LG Duisburg v. 09.12.2010 - 5 S 51/10 - juris Rn. 25; *Grüneberg* in: Palandt, § 355 Rn. 16; *Ebnet*, NJW 2011, 1029-1036, 1031; offen gelassen durch BGH v. 06.12.2011 - XI ZR 401/10 - juris Rn. 17 - NJW 2012, 1066-1070, vgl. dazu *Vortmann*, EWiR 2012, 195-196.
[14] Mithin bestehen die Zweifel, die in BGH v. 06.12.2011 - XI ZR 401/10 - juris Rn. 17 - NJW 2012, 1066-1070, gehegt werden, zu Unrecht.
[15] OLG Dresden v. 28.05.2009 - 8 U 1530/08 - juris Rn. 28; *Maier*, VuR 2011, 225-226; abgelehnt bei OLG Nürnberg v. 09.11.2010 - 14 U 659/10 - juris Rn. 28 - WM 2011, 114-116; OLG München v. 28.06.2001 - 24 U 129/00 - juris Rn. 51 - WM 2003, 1324-1328; offen gelassen durch BGH v. 06.12.2011 - XI ZR 401/10 - juris Rn. 17 - NJW 2012, 1066-1070.
[16] LG Frankfurt v. 01.11.2006 - 3-08 O 164/06, 3/03 O 164/06, 3-8 O 164/06, 3/8 O 164/06 - juris Rn. 21.
[17] So OLG Hamm v. 05.01.2010 - I-4 U 197/09, 4 U 197/09 - juris Rn. 27 - MMR 2010, 698-699; vgl. *Heckmann* in: jurisPK-Internetrecht, 3. Aufl. 2011, Kap. 4.1 Rn. 303.
[18] Diese Ansätze übersieht OLG Hamm v. 05.01.2010 - I-4 U 197/09, 4 U 197/09 - juris Rn. 27 - MMR 2010, 698-699.
[19] OLG Nürnberg v. 10.01.2012 - 14 U 1314/11 - juris Rn. 35 - WM 2012, 650-652.

darf die Belehrung aber nicht im Zusammenhang mit anderen Schriftstücken anbringen, wenn dies dazu führen kann, dass Sinn und Bedeutung der Belehrung für einen durchschnittlichen Verbraucher verschleiert werden.[20] Mitteilung einer gestalteten Erklärung setzt logischerweise voraus, dass ein Exemplar der Belehrung beim Verbraucher verbleibt.[21] Nimmt der Unternehmer die Widerrufsbelehrung nach Aushändigung wieder an sich, beginnt die Widerrufsfrist erst zu laufen, wenn der Verbraucher die Belehrung dauerhaft zurückerhält.[22] Bei einem Vertragsschluss im Internet, bei dem der Unternehmer dem Verbraucher die Belehrung elektronisch übermittelt (Download oder E-Mail), ist der Verbraucher vom Unternehmer aufzufordern, die Belehrung auszudrucken oder elektronisch zu speichern.[23] Die bloße Abrufbarkeit ist für die Erfüllung der Textform nicht ausreichend;[24] ebenso ungenügend ist es, dass die Widerrufsbelehrung bei eBay zum Kauf abrufbar ist.[25] Dagegen soll es genügen, wenn die E-Mail mit den Informationen den Server des Online-Providers, dessen Dienste sich der Verbraucher zum Abruf seiner E-Mails bedient, erreicht hat.[26] Wegen des fragwürdigen Beweiswerts einer solchen E-Mail ist allerdings bei Onlinebestellungen zu empfehlen, die Widerrufsbelehrung zum einen nach der Bestellung in der üblichen Bestellbestätigung sowie nochmalig der Lieferung in Schriftform beizufügen.

Zu welchem **Zeitpunkt** die Widerrufsbelehrung zu erfolgen hat, ist weder in § 355 BGB noch in § 360 BGB genau festgelegt. Nach dem Schutzzweck der Belehrung ist es aber erforderlich, dass die Belehrung sich auf eine konkrete Vertragserklärung des Verbrauchers bezieht; dies setzt voraus, dass der Verbraucher eine solche Erklärung zum Zeitpunkt der Belehrung bereits abgegeben hat oder zumindest zeitgleich mit der Belehrung abgibt. Die Erteilung einer Widerrufsbelehrung vor Vertragsabschluss entspricht daher nicht den gesetzlichen Erfordernissen.[27]

9

Die Verwendung einer gesetzeswidrigen Widerrufsbelehrung hat nicht nur Einfluss auf die Widerrufsfrist, sondern stellt auch einen **Wettbewerbsverstoß** nach § 4 Nr. 1, 11 UWG dar; es handelt sich dabei wegen der besonderen Bedeutung der Fernabsatzvorschriften auch nicht um einen Bagatellverstoß.[28] Der Unternehmer, der den die Rechtslage nicht überblickenden Verbraucher durch eine unzureichende Widerrufsbelehrung von einer Ausnutzung seines Rechtes abhält, verschafft sich gegenüber den gesetzestreuen Mitbewerbern einen wettbewerbswidrigen Vorsprung.[29] Dies führt in Deutschland leider zwangsläufig dazu, dass spätestens im Nachgang eines neuen Urteils zur Widerrufsbelehrung wahre Abmahnwellen durch die Online-Shops ziehen. Angesichts der Komplexität des Widerrufsrechts, die durch das baukastenähnliche Gesetzesmuster nur bedingt gemildert wird, sind die Unternehmer letztlich gezwungen, sich eines ständigen juristischen Expertenrats zu vergewissern.

10

---

[20] BGH v. 10.03.2009 - XI ZR 33/08 - juris Rn. 16 - NJW 2009, 3572; OLG Dresden v. 08.02.2011 - 5 U 176/10 - juris Rn. 22.

[21] Vgl. BGH v. 05.11.1997 - VIII ZR 351/96 - BGHZ 137, 115-123; OLG Stuttgart v. 04.02.2008 - 2 U 71/07 - ZGS 2008, 197-200.

[22] OLG Koblenz v. 05.09.2002 - 5 U 1886/01 - juris Rn. 54 - WM 2002, 2456-2460; *Grüneberg* in: Palandt, § 355 Rn. 20.

[23] *Grothe* in: Bamberger/Roth, § 355 Rn. 8; *Saenger* in: Erman, § 355 Rn. 9; weitergehend *Mankowski*, Beseitigungsrechte, 2003, S. 631; vgl. auch LG München I v. 13.08.1998 - 7 O 22251/97 - NJW 1999, 2127-2128.

[24] Vgl. KG Berlin v. 18.07.2006 - 5 W 156/06 - juris Rn. 28 - NJW 2006, 3215-3217; OLG Frankfurt v. 17.04.2001 - 6 W 37/01 - juris Rn. 4 - DB 2001, 1610-1611; *Kaiser* in: Staudinger, § 355 Rn. 42; Verbraucher muss die Belehrung vor Vertragsschluss aufrufen, auch ein gut sichtbarer Link ist nicht ausreichend; kritisch dazu *Rott* in: Kohte/Micklitz/Rott/Tonner/Willingmann, Das neue Schuldrecht, 2003, § 355 Rn. 15 m.w.N.

[25] BGH v. 29.04.2010 - I ZR 66/08 - juris Rn. 17 - NJW 2010, 3566-3568 m.w.N.

[26] Rechtsausschuss BT-Drs. 14/7052, S. 195; vgl. auch OLG Hamm I-4 U 145/11, 4 U 145/11 - juris Rn. 51 - K&R 2012, 219-221; *Grothe* in: Bamberger/Roth, § 355 Rn. 8; *Ring* in: AnwK-BGB, Bd. 2, § 355 Rn. 58; *Mankowski*, Beseitigungsrechte, 2003, S. 631; a.A. *Grüneberg* in: Palandt, § 355 Rn. 20, nach dessen Ansicht es tatsächlich zu einem Download gekommen sein muss.

[27] BGH v. 04.07.2002 - I ZR 55/00 - juris Rn. 20 - NJW 2002, 3396-3399; *Kaiser* in: Staudinger, § 355 Rn. 45; *Mankowski*, Beseitigungsrechte, 2003, S. 779; a.A. *Kessal-Wulf* in: Staudinger, 13. Bearb. 1998, VerbrKrG § 7 Rn. 39.

[28] OLG Hamm v. 13.10.2011 - I-4 U 99/11, 4 U 99/11 - juris Rn. 25 - MMR 2012, 29-30.

[29] BGH v. 04.07.2002 - I ZR 55/00 - juris Rn. 25 - NJW 2002, 3396-3399; vgl. auch OLG Jena v. 27.02.2001 - 2 U 329/00 - OLGR Jena 2003, 22-25; zum Verhältnis zwischen Verbraucherschutz und Wettbewerbsrecht bei Internetauktionen vgl. *Hansen*, ZGS 2004, 455-460.

11 Ist der Vertrag schriftlich abzuschließen, muss dem Verbraucher auch eine Vertragsurkunde, der schriftliche Antrag des Verbrauchers oder jeweils eine Abschrift zur Verfügung gestellt werden, § 355 Abs. 3 Satz 2 BGB. Eine Zusendung per Post ist dabei als ausreichend anzusehen.[30]

12 Zu beachten ist, dass im Rahmen der Verbraucherdarlehensverträge die Pflicht zur Widerrufsbelehrung nicht besteht. Stattdessen ist ausweislich des § 495 Abs. 2 Nr. 1 BGB die Pflichtangabe nach Art. 247 § 6 Abs. 2 EGBGB zu erfüllen, für die ebenfalls ein Muster mit Gesetzlichkeitsfiktion zur Verfügung steht. Bei fehlender Pflichtangabe ist der Vertrag nach § 494 Abs. 1 BGB nichtig.

2. Gebot der Deutlichkeit

13 § 360 Abs. 1 Satz 1 BGB sieht einerseits ein Deutlichkeitsgebot hinsichtlich der Gestaltung der Belehrung vor. Zum anderen könnte man von einem „Deutlichmachgebot" bezüglich der wesentlichen Verbraucherrechte sprechen. Das Deutlichkeitsgebot gilt unabhängig von der Frage, ob die Belehrung als Druckwerk oder im Rahmen des elektronischen Geschäftsverkehrs erfolgt. Entscheidender Zeitpunkt für die Beurteilung der Deutlichkeit ist die Kenntnisnahme des Verbrauchers von der Belehrung.[31]

14 Die gedruckte Belehrung muss inhaltlich und drucktechnisch deutlich gestaltet sein und sich z.B. durch Farbe,[32] größere Lettern, Sperrschrift, Unterstreichung,[33] Einrahmung[34] oder Fettdruck in nicht zu übersehender Weise aus dem übrigen Text hervorheben,[35] sofern die Belehrung nicht gesondert erfolgt[36]. **Nicht ausreichend** deutlich ist demnach ein zum übrigen Schriftbild gleichförmiger Text mit geringerem Randabstand und Verwendung größerer Absätze, ein durchgezogener Strich zwischen Vertragstext und Widerrufsbelehrung bei kleineren Drucktypen[37], die einfache drucktechnische Hervorhebung der Überschrift „Widerrufsbelehrung". Ebenso soll keine deutliche Belehrung vorliegen, wenn verwirrende oder ablenkende Zusätze in der Belehrung vorhanden sind oder ein Text, der deutlicher als die Belehrung gestaltet ist, zu dieser einen zu geringen Abstand einhält. Die einem Verbraucher mit dem Zusatz, der Lauf der Widerrufsfrist beginne „nicht jedoch, bevor die auf Abschluss des Vertrages gerichtete Willenserklärung vom Auftraggeber abgegeben wurde", erteilte Widerrufsbelehrung entspricht nicht dem Deutlichkeitsgebot.[38] Für Verträge, die im Rahmen des elektronischen Geschäftsverkehrs geschlossen werden, gelten die Grundsätze zu den Druckwerken sinngemäß.

15 Deutlichkeit bedeutet auch, dass die **Sprache** des Textes der Sprachkenntnis des einzelnen Verbrauchers entspricht. Gerade dies zeigt, dass es letztlich eine Frage des Einzelfalls bleibt, ob eine Hervorhebung dem Deutlichkeitsgebot genügt oder nicht. Es entspricht jedenfalls nicht dem Gebot der Deutlichkeit, wenn die wesentlichen Vertragsverhandlungen in einer Sprache des Verbrauchers stattfinden und über das Widerrufsrecht dann in einer anderen Sprache, derer der Verbraucher nicht hinreichend mächtig ist, aufgeklärt wird.[39]

---

[30] Rechtsausschuss BT-Drs. 14/7052, S. 194.

[31] BGH v. 31.10.2002 - I ZR 132/00 - juris Rn. 23 - NJW-RR 2003, 1481-1482.

[32] BGH v. 20.12.1989 - VIII ZR 145/88 - juris Rn. 2 - LM Nr. 18 zu § 1b AbzG; BGH v. 25.04.1996 - X ZR 139/94 - juris Rn. 18 - LM AbzG § 1b Nr. 32 (9/1996); OLG Stuttgart v. 31.08.1992 - 6 U 69/92 - NJW 1992, 3245-3246; OLG Naumburg v. 07.01.1994 - 3 U 84/93 - juris Rn. 8 - NJW-RR 1994, 377.

[33] OLG Naumburg v. 07.01.1994 - 3 U 84/93 - juris Rn. 8 - NJW-RR 1994, 377.

[34] BGH v. 20.12.1989 - VIII ZR 145/88 - juris Rn. 21 - LM Nr. 18 zu § 1b AbzG; nur eingeschränkt auch graue Schattierung, vgl. LG Gießen v. 01.03.2000 - 1 S 499/99 - MDR 2000, 693-694.

[35] Vgl. BGH v. 20.12.1989 - VIII ZR 145/88 - juris Rn. 21 - LM Nr. 18 zu § 1b AbzG; BGH v. 25.04.1996 - X ZR 139/94 - juris Rn. 14 - LM AbzG § 1b Nr. 32 (9/1996); OLG Frankfurt v. 08.02.2011 - 19 U 26/11 - juris Rn. 29; OLG München v. 23.08.2001 - 6 U 1952/01 - juris Rn. 55 - NJW-RR 2002, 399-400; OLG Köln v. 16.03.1994 - 26 U 30/93 - juris Rn. 13 - ZIP 1994, 776-778; LG Dortmund v. 27.07.2000 - 2 O 198/00 - VuR 2000, 454-456; vgl. auch *Mankowski*, Beseitigungsrechte, 2003, S. 767: „Eye-Catcher".

[36] Vgl. dazu OLG Stuttgart v. 31.08.1992 - 6 U 69/92 - NJW 1992, 3245-3246; OLG Naumburg v. 07.01.1994 - 3 U 84/93 - juris Rn. 6 - NJW-RR 1994, 377; zur unzulässigen Belehrung auf der Rückseite ohne Verweis auf der Vorderseite des Blattes OLG Koblenz v. 25.05.2000 - 6 U 766/98 - juris Rn. 23 - OLGR Koblenz 2000, 539-540.

[37] BGH v. 25.04.1996 - X ZR 139/94 - juris Rn. 18 - LM AbzG § 1b Nr. 32 (9/1996).

[38] BGH v. 04.07.2002 - I ZR 55/00 - NJW 2002, 3396-3399; vgl. noch zuvor OLG Stuttgart v. 03.03.2000 - 2 U 212/99 - juris Rn. 18 - OLGR Stuttgart 2000, 229-232 sowie OLG Naumburg v. 27.01.2000 - 7 U 124/99 - juris Rn. 23 - OLGR Naumburg 2000, 279-280.

[39] LG Köln v. 08.03.2002 - 32 S 66/01 - NJW-RR 2002, 1491; AG Peine v. 23.02.2006 - 5 C 405/05; *Kaiser* in: Staudinger, § 355 Rn. 44; *Schulze* in: Hk-BGB, § 355 Rn. 11.

3. Inhalt

Der Verbraucher soll durch die Belehrung nicht nur von seinem Widerrufsrecht Kenntnis erlangen, sondern auch in die Lage versetzt werden, dieses auszuüben.[40] Demgemäß formuliert der Gesetzgeber in § 360 Abs. 1 Satz 1 BGB, dass dem Verbraucher Rechte deutlich gemacht werden müssen. Ergänzt wird dieses Gebot durch § 360 Abs. 1 Satz 2 BGB, der – so scheint es – die notwendigen Inhalte der Widerrufsbelehrung abschließend aufzählt. Ergänzend sollte – nicht nur wegen der Wirkung nach Absatz 3 Satz 1 – ein Blick auf den vom Gesetzgeber im Muster festgelegten Inhalt geworfen werden. Letztlich kann man erkennen, dass der Unternehmer nur über die wesentlichen Rechte, nicht aber umfassend informieren muss.[41] Es ist der Wirksamkeit einer Belehrung nicht abträglich, wenn vor dem Belehrungstext z.B. mittels „Verbrauchern steht folgendes Widerrufsrecht zu:" eine Einleitung erfolgt,[42] um den Anschein zu verhindern, Unternehmern würde ein vertragliches Widerrufsrecht eingeräumt.

16

Wenig überraschend bestimmt § 360 Abs. 1 Satz 2 Nr. 1 BGB zunächst, dass die Belehrung über das Widerrufsrecht einen Hinweis auf das Recht zum Widerruf enthalten muss. Indes fehlt für eine abschließende Aufzählung des Inhalts (weiterhin) die Bestimmung, dass der Unternehmer auch über die Rechtsfolgen nach einem erfolgten Widerruf hinzuweisen hat, obwohl der Gesetzgeber u.a. in seinem Muster wie selbstverständlich davon ausgeht, dass eine umfassende Erläuterung der Rückgewährpflichten erforderlich ist.[43] In einer Gesamtschau besteht daran aber z.B. über die Regelung des § 312 Abs. 2 Satz 2 BGB hinaus kein Zweifel.

17

Als weiteren Inhalt muss die Belehrung haben, dass der Widerruf nicht begründet werden und in Textform oder durch Rücksendung der Sache innerhalb der Widerrufsfrist ausgeübt werden muss,[44] § 360 Abs. 1 Satz 2 Nr. 2 BGB.

18

Gemäß § 360 Abs. 1 Satz 2 Nr. 3 BGB müssen ferner Name und Anschrift des Widerrufserklärungsempfängers mitgeteilt werden. Ausdrücklich verlangt das Gesetz hier die ladungsfähige Anschrift; das Urteil des BGH[45], demnach unter dem damaligen Begriff der **Anschrift** nicht die Hausanschrift, sondern die Postanschrift und dementsprechend auch die Postfachanschrift zu verstehen sei, ist damit endgültig obsolet geworden.[46] Es können auch mehrere Anschriften angegeben werden, die Angabe ist jedoch bindend. In Anbetracht des klaren Wortlauts ist die Angabe von Name und Anschrift des Widerrufsempfängers in der Belehrung auch dann erforderlich, wenn die Belehrung einen Teil der Vertragsurkunde bildet und dort die Anschrift bereits wiedergegeben ist.[47] Wie der Wortlaut von § 360 Abs. 1 Satz 2 Nr. 3 BGB weiterhin nahe legt, muss der Empfänger der Widerrufserklärung nicht stets der Vertragspartner des Verbrauchers sein.

19

Weiterhin ist gemäß § 360 Abs. 1 Satz 2 Nr. 4 BGB über die Dauer und den Beginn der Widerrufsfrist[48] zu belehren. Für den Beginn der Frist ist grundsätzlich die Nennung des die Frist in Gang setzen-

20

---

[40] BGH v. 04.07.2002 - I ZR 55/00 - juris Rn. 16 - NJW 2002, 3396-3399; *Werner* in: Staudinger, 13. Bearb. 1998, HWiG § 2 Rn. 30. Vgl. auch BGH v. 12.04.2007 - VII ZR 122/06 - juris Rn. 13 - BGHZ 172, 58-63: Der Unternehmer muss ausdrücklich auch über die Rechte, nicht nur über die Pflichten des Verbrauchers belehren, dem folgend OLG Brandenburg v. 06.04.2011 - 7 U 137/10 - juris Rn. 34 - GWR 2011, 289; OLG Hamm v. 10.03.2011 - 27 U 91/10, I-27 U 91/10 - juris Rn. 19; zur Belehrung zum Beitritt zu einem geschlossenen Immobilienfonds vgl. auch OLG Brandenburg v. 18.05.2011 - 7 U 145/09 - juris Rn. 31.

[41] Vgl. Begr. RegE BT-Drs. 16/11643, S. 74. li. Spalte.

[42] Vgl. OLG Hamburg v. 03.06.2010 - 3 U 125/09 - juris Rn. 73 - MMR 2011, 100-101.

[43] BGH v. 12.04.2007 - VII ZR 122/06 - BGHZ 172, 58-63.

[44] AG Siegburg v. 29.05.2001 - 8a C 63/01 - NJW-RR 2002, 129-130.

[45] BGH v. 11.04.2002 - I ZR 306/99 - LM UWG § 1 Nr. 874 (9/2002); ebenso OLG Stuttgart v. 26.11.1999 - 2 U 147/99 - juris Rn. 24 - NJW-RR 2001, 423-425; *Werner* in: Staudinger, 13. Bearb. 1998, HWiG § 2 Rn. 30; *Martis/Meinhof*, MDR 2004, 4-13, 8.

[46] Vgl. auch OLG Saarbrücken v. 12.08.2010 - 8 U 347/09 - 88, 8 U 347/09 - juris Rn. 24; OLG Koblenz v. 09.01.2006 - 12 U 740/04 - juris Rn. 22 - NJW 2006, 919-922; *Kaiser* in: Staudinger, § 355 Rn. 18; *Tonner* in: Micklitz/Tonner, Vertriebsrecht, 2002, § 355 Rn. 49; jetzt auch *Grüneberg* in: Palandt, § 355 Rn. 14; a.A. OLG Koblenz v. 21.07.2005 - 2 U 44/05 - NJW 2005, 3430-3431; *Saenger* in: Erman, § 355 Rn. 9.

[47] OLG Bamberg v. 19.07.2000 - 3 U 205/99 - juris Rn. 6 - VuR 2002, 33-34; a.A. *Masuch* in: MünchKomm-BGB, § 360 Rn. 21; vgl. auch OLG Frankfurt v. 06.10.1988 - 6 U 59/88 - OLGZ 1989, 125-126.

[48] Zur Bedeutung des Fristbeginns BGH v. 28.06.2011 - XI ZR 349/10 - juris Rn. 34 - NJW-RR 2012, 183-186; BGH v. 18.04.2005 - II ZR 224/04 - NJW-RR 2005, 1217-1218; BGH v. 17.12.1992 - I ZR 73/91 - juris Rn. 19 - BGHZ 121, 52-58; BGH v. 27.04.1994 - VIII ZR 223/93 - juris Rn. 20 - BGHZ 126, 56-63; BGH v. 02.07.2001 - II ZR 304/00 - juris Rn. 6 - BGHZ 148, 201-209.

den Ereignisses ausreichend;[49] es ist dagegen unstatthaft, lediglich darüber zu belehren, dass die Belehrung frühestens mit Erhalt der Ware beginnt, da der Fristbeginn noch von weiteren Faktoren abhängig sein kann.[50] Hinsichtlich der Fristdauer muss der Unternehmer berücksichtigen, dass er im Falle der nachträglichen Belehrung statt 14 Tage einen Monat zu gewähren hat (vgl. § 355 Abs. 2 Satz 3 BGB).[51] Gerade bei Internetauktionen ist für eine gewöhnliche Belehrung erforderlich, dass der Unternehmer die Widerrufsbelehrung unverzüglich nach Vertragsschluss in Textform erteilt. Ist er dazu nicht in der Lage, hat er die Fristdauer in seiner Belehrung anzupassen. Die Angabe eines konkreten Datums kann nicht gefordert werden;[52] die schlichte Angabe eines Datums ohne Bezug zur Widerrufsfrist reicht indes auch nicht aus[53]. Zusätzlich muss der Unternehmer darauf hinweisen, dass die rechtzeitige Absendung zur Wahrung der Frist genügt.[54] Der Unternehmer darf indes nicht den Zusatz anfügen, dass die Erklärung dem Erklärungsempfänger auch zugehen muss, da dies inhaltlich unrichtig ist: für die Rechtzeitigkeit des Widerrufs ist allein die Absendung entscheidend.[55]

21 Nach dem Wortlaut des § 360 BGB ist der Unternehmer grundsätzlich nicht dazu verpflichtet, über die **Widerrufsfolgen** zu belehren. Eine Belehrung über die Folgen nach § 357 Abs. 1 und 3 BGB ist indes nach § 312 Abs. 2 BGB beim Haustürgeschäft erforderlich und auch nur insoweit entbehrlich, als diese Folgen nach den Umständen des konkreten Vertrags nicht eintreten können.[56] Eine **Erweiterung** des notwendigen Inhalts der Belehrung ergibt sich aber für Fernabsatzverträge (§§ 312d Abs. 2 BGB, 312c Abs. 1 BGB i.V.m. Art. 246 § 1 Abs. 1 Nr. 10 EGBGB). Besonderheiten gelten nicht zuletzt für verbundene Verträge nach § 358 Abs. 5 BGB (vgl. dazu die Kommentierung zu § 358 BGB) und für Time-Sharing-Verträge (§ 485 Abs. 2 BGB). Soweit einem Kapitalanleger beim Beitritt zu einer Gesellschaft ein Widerrufsrecht einzuräumen ist, ist auch über die **Grundsätze der fehlerhaften Gesellschaft** zu belehren, die im Falle des Widerrufs zur Anwendung kommen;[57] in richtlinienkonformer Auslegung kann sich der Unternehmer nicht auf die Musterwiderrufsbelehrung berufen.[58] Bei Verwendung der in der Praxis beliebten 40-€-Klausel nach § 357 Abs. 2 Satz 3 BGB, die im Rahmen der ergänzten Musterbelehrung im Fernabsatz gang und gäbe ist, ist zu beachten, dass dies nur bei vertraglicher Vereinbarung (außerhalb des Belehrungstextes) zulässig ist.[59]

22 Die Belehrung darf darüber hinaus **keine Zusätze** enthalten, die dem Verbraucher die Ausübung des Widerrufsrechtes erschweren oder zumindest den Verbraucher verwirren können;[60] dies gilt insbesondere für eine Telefonnummer des Unternehmers, die angeblich für einen Widerruf zur Verfügung steht.[61] Ebenso darf dem Verbraucher nicht eine vorherige Prüfpflicht dahingehend auferlegt werden,

---

[49] Die Widerrufsfrist beginnt nicht vor Zugang der Widerrufsbelehrung in Textform, vgl. zuletzt OLG Stuttgart v. 30.01.2008 - 2 U 71/07 - juris Rn. 19; vgl. auch LG Braunschweig v. 06.11.2007 - 21 O 1899/07 - juris Rn. 14 - MMR 2008, 59-60; im Falle von § 312d Abs. 2 Satz 1 BGB aber nicht vor Eingang der Ware beim Empfänger, vgl. dazu OLG Düsseldorf v. 30.10.2007 - 20 U 107/07 - juris Rn. 53 - VuR 2008, 55-59.

[50] BGH v. 01.03.2012 - III ZR 83/11 - juris Rn. 15 - NZG 2012, 427-429.

[51] Vgl. zu der Rechtslage vor § 360 BGB n.F. z.B. OLG Köln v. 24.08.2007 - 6 U 60/07 - juris Rn. 15 - GRUR-RR 2008, 88-92; OLG Hamburg v. 24.08.2006 - 3 U 103/06 - juris Rn. 29 - BB 2006, 2327-2328; KG v. 18.07.2006 - 5 W 196/06 - juris Rn. 25 - NJW 2006, 3215-3217.

[52] OLG Köln v. 25.02.2000 - 6 U 72/99 - juris Rn. 4 - NJW-RR 2001, 425; *Kaiser* in: Staudinger, § 355 Rn. 34; *Grüneberg* in: Palandt, § 355 Rn. 14; *Mankowski*, Beseitigungsrechte, 2003, S. 756; *Mögle*, NJW 2000, 103-107, 103; a.A. OLG Koblenz v. 25.03.1994 - 2 U 1573/92 - NJW 1994, 2099-2100.

[53] OLG Rostock v. 01.03.2001 - 1 U 122/99 - juris Rn. 20 - WM 2001, 1413-1415.

[54] OLG Köln v. 20.10.2000 - 6 U 101/00 - juris Rn. 10 - NJW 2001, 1288-1289; *Masuch* in: MünchKomm-BGB, § 360 Rn. 22; *Grüneberg* in: Palandt, § 355 Rn. 14.

[55] LG Berlin v. 03.11.2005 - 5 O 261/05 - juris Rn. 23 - NJW-RR 2006, 639.

[56] BGH v. 02.02.2011 - VIII ZR 103/10 - juris Rn. 17 - NJW-RR 2011, 785-787; OLG Dresden v. 25.01.2011 - 5 U 1058/10 - juris Rn. 25 - NJW-RR 2011, 921-923 m.w.N.

[57] Z.B. OLG Brandenburg v. 18.05.2011 - 7 U 145/09 - juris Rn. 30; OLG Hamm v. 23.11.2010 - 27 U 59/10, I-27 U 59/10 - juris Rn. 9; LG Detmold v. 11.06.2010 - 12 O 277/09 - juris Rn. 37.

[58] So zu Recht *Maume*, VuR 2012, 87-91, 91.

[59] OLG Hamm v. 02.03.2010 - I-4 U 180/09, 4 U 180/09 - juris Rn. 27 - NJW-RR 2010, 1193-1194; vgl. auch OLG Brandenburg v. 22.02.2011 - 6 U 80/10 - juris Rn. 26 - NJW-RR 2011, 481-482.

[60] Vgl. BGH v. 05.10.2005 - VIII ZR 382/04 - juris Rn. 25 - NJW 2006, 211-214 zu einer intransparenten Gutschriftklausel beim Internethandel; ferner BGH v. 07.05.1986 - I ZR 95/84 - juris Rn. 31 - NJW 1987, 125-127; OLG Oldenburg v. 09.03.2006 - 1 U 134/05 - BB 2006, 1077-1079 zum Klammerzusatz „Datum des Poststempels" bei Belehrung über die rechtzeitige Absendung.

[61] OLG Hamm v. 02.07.2009 - I-4 U 43/09, 4 U 43/09 - MMR 2009, 850.

ob er die Ware wegen eines Mangels oder aufgrund des Widerrufrechts zurücksenden will, da er auch eine mangelhafte Kaufsache im Wege des Widerrufs – und damit gewissermaßen unter Umgehung des Rechts auf zweite Andienung – zurückgeben kann.[62] Sonstige Zusätze sind jedenfalls dann als Ergänzungen zulässig, wenn sie der Belehrung zur Einhaltung des Deutlichkeitsgebots dienlich sind. Zusätze, die weder für das Verständnis noch für die Wirksamkeit der Widerrufsbelehrung von Relevanz sind und somit einen eigenen Inhalt haben, sind unzulässig und machen die Belehrung unwirksam; sie gilt dann als nicht erteilt.[63] Dies soll nach Ansicht des BGH nicht für das allgemeine Anführen von Ausnahmen für eine Vielzahl von Verträgen gelten, in denen kein Widerrufsrecht bestehen soll, obwohl diese Ausnahmen für den vorliegenden Vertrag offenkundig irrelevant sind;[64] sofern aber diese Ausnahmen (insb. § 312d Abs. 4 BGB) nach den Angeboten des Unternehmers gar nicht in Betracht kommen, ist der Zusatz in oder neben der Belehrung deutlich irreführend. Dies gilt auch für Einschränkungen z.B. bei Kosmetika, die Verpackung sei nur ungeöffnet dem Widerruf zugänglich.[65] Eine deutlich als Bitte zu erkennende Information – z.B. zur Verwendung der Originalverpackung – kann hingegen zulässig sein;[66] es ist aber zu empfehlen, gleichzeitig mitzuteilen, dass die Rechte des Verbrauchers durch diesen Hinweis nicht beeinträchtigt werden.

4. Nachträgliche Belehrung

Gemäß § 355 Abs. 2 Satz 3 BGB bewirkt eine ordnungsgemäße Widerrufsbelehrung, die nicht spätestens unverzüglich nach Vertragsschluss erfolgt, dass sich die Widerrufsfristdauer auf einen Monat verlängert.[67] Eine nachträgliche Belehrung ist daher zulässig, wenn auch nicht auf den ersten Blick besonders sinnvoll für den Unternehmer, da der Verbraucher bei der Kaufentscheidung durch die Information über ein zustehendes Widerrufsrecht zusätzlich positiv beeinflusst werden kann. Im Übrigen wird der Unternehmer ohne Kontrolle gar nicht erst auf den Gedanken kommen, dass eine fehlende Widerrufsbelehrung nachzuholen ist.[68] Eine **Nachholung** ist aber gleichwohl sinnvoll, da das Widerrufsrecht ansonsten weder verfristet noch erlischt; späte Nachbelehrungen sollten allerdings einen klaren Bezug zur Vertragserklärung des Verbrauchers haben, um wirksam zu sein.[69] § 355 Abs. 2 Satz 3 BGB gilt auch dann, wenn der Unternehmer nach Vertragsschluss eine fehlerhafte Belehrung durch eine ordnungsgemäße ersetzt.

23

Eine Belehrung unverzüglich nach einem Vertragsschluss liegt dann nicht mehr vor, wenn der Geschehensablauf deutlich unterbrochen wurde.[70] Zu beachten ist im Fernabsatz, dass der Vertrag im Online-Shop nach allgemeinem Verständnis und nach den üblichen Allgemeinen Geschäftsbedingungen meistens entweder durch eine Bestätigungsnachricht des Unternehmers oder spätestens durch den Versand zustande kommt.[71] Bei der Internetauktion ist nach den üblichen AGB des Auktionshauses (auch bei Festpreisangeboten) davon auszugehen, dass der Vertrag durch die Erklärung des Verbrauchers (z.B. das höchste Gebot) geschlossen wird.[72]

24

---

[62] LG Leipzig v. 23.12.2010 - 8 O 2315/10 - juris Rn. 50.
[63] BGH v. 04.07.2002 - I ZR 55/00 - juris Rn. 17 - NJW 2002, 3396-3399; OLG Bremen v. 02.03.2006 - 2 U 20/02 - NJW 2006, 1210-1218; OLG Zweibrücken v. 26.10.1993 - 8 U 2/93 - NJW 1994, 203-204.
[64] So für das Rückgaberecht BGH v. 09.12.2009 - VIII ZR 219/08 - NJW 2010, 989-993.
[65] OLG Köln v. 27.04.2010 - I-6 W 43/10, 6 W 43/10 - juris Rn. 3 - MMR 2010, 683-684.
[66] LG Hamburg v. 06.01.2011 - 327 O 779/10 - juris Rn. 46 - MMR 2012, 96-99.
[67] Kritisch zur Befristung bei nachträglicher Belehrung im Lichte des Gemeinschaftsrechts *Tonner* in: Micklitz/Tonner, Vertriebsrecht, 2002, § 355 Rn. 42. Indes kann weder der Haustürgeschäfterichtlinie noch dem Heininger-Urteil des EuGH entnommen werden, dass das Widerrufsrecht bei einer zwar nachgeholten, aber doch ordnungsgemäßen Widerrufsbelehrung nicht befristet werden darf.
[68] *Mankowski*, Beseitigungsrechte, 2003, S. 787; es handelt sich demnach nur um Zufallsfälle.
[69] Dies folgt aus dem Deutlichkeitsgebot, vgl. BGH v. 26.10.2010 - XI ZR 367/07 - juris Rn. 25 - NJW-RR 2011, 403-406; OLG Dresden v. 19.10.2010 - 5 U 161/10, 5 U 0161/10 - juris Rn. 25.
[70] Im Ergebnis zur alten Rechtslage auch *Masuch* in: MünchKomm-BGB, 5. Aufl., § 355 Rn. 53; ähnlich *Artz*, BKR 2002, 603-609, 607; a.A. *Saenger* in: Erman, § 355 Rn. 13; *Schinkels*, ZGS 2007, 14-19, 17.
[71] LG Berlin v. 24.05.2007 - 16 O 149/07 - juris Rn. 20 - MMR 2007, 734-736.
[72] Vgl. dazu auch OLG Köln v. 24.08.2007 - 6 U 60/07 - juris Rn. 15 - GRUR-RR 2008, 88-92; OLG Hamburg v. 24.08.2006 - 3 U 103/06 - juris Rn. 29 - BB 2006, 2327-2328; KG v. 18.07.2006 - 5 W 156/06 - juris Rn. 25 - NJW 2006, 3215-3217.

III. Rückgabebelehrung

25 Nach § 360 Abs. 2 Satz 1 BGB gilt das Deutlichkeitsgebot und das „Deutlichmachgebot" des § 360 Abs. 1 Satz 1 BGB für die Rückgabebelehrung entsprechend. Wie bei Absatz 1 sieht dann Satz 2 Inhalte der Rückgabebelehrung vor, die sich im Wesentlichen mit denen nach Absatz 1 Satz 2 decken. Selbstverständlich ist ausdrücklich über das Rückgaberecht, die Rückgabefrist[73], über die fehlende Begründungspflicht und über die grundsätzlich einzige Möglichkeit zur Ausübung durch rechtzeitige Rücksendung der Sache zu belehren, § 360 Abs. 2 Satz 2 Nr. 1-3 BGB. Zusätzlich muss eine Information über das sog. Rücknahmeverlangen bei fehlender Paketversandfähigkeit enthalten sein, § 360 Abs. 2 Satz 2 Nr. 3 BGB. Der Unternehmer muss dem Verbraucher näher erläutern, wann eine Sache nicht mehr paketversandfähig ist. Nach der gesetzgeberischen Mustervorlage soll hier ein Klammerzusatz „(z.B. bei sperrigen Gütern)" genügen. Es ist dem Unternehmer, der nicht die Musterbelehrung verwenden will, jedenfalls anzuraten, genauere Vorgaben hinsichtlich Maße und Gewicht (vgl. dazu die Kommentierung zu § 355 BGB) zu geben. Andernfalls kann er sich nicht darauf berufen, der Verbraucher habe durch sein Rücknahmeverlangen über eine paketversandfähige Sache keine fristgerechte Rückgabe eingeleitet. Soweit die Angaben in der Rückgabebelehrung auch eine Telefonnummer enthalten, so ist dies – im Gegensatz zur gewöhnlichen Widerrufsbelehrung – unter dem Gesichtspunkt der Irreführung des Verbrauchers unschädlich, da er ohnehin zur Rücksendung verpflichtet ist und nicht davon ausgehen wird, dass er per Telefon „widerrufen" kann.[74]

IV. Gesetzliche Musterbelehrung

26 Der Gesetzgeber hat früh erkennen müssen, dass es dem gemeinen Unternehmer aufgrund der Komplexität des Widerrufsrechts kaum möglich ist, eine wirksame und vor allem abmahnsichere Widerrufsbelehrung zu formulieren. Für die Einhaltung der strengen Anforderungen an die Widerrufsbelehrung hatte er daher zwei auf Art. 240, 242 und 245 EGBGB fußende Musterbelehrungen nach § 14 BGB-InfoV geschaffen.[75] Diese Hilfe des Gesetzgebers zur Vereinfachung der Geschäftspraxis und Entlastung der Rechtspflege war indes mit Vorsicht zu gebrauchen. Bis zur Neufassung des Belehrungsmusters durch das Gesetz zur Änderung der Vorschriften über Fernabsatzverträge bei Finanzdienstleistungen, das am 08.12.2004 in Kraft trat, wurde vielfach zu Recht kritisiert, dass das Muster nicht den gesetzlichen Anforderungen entsprach.[76] Wenig hilfreich war hier die Vermutung des § 14 Abs. 1 BGB-InfoV, dass bei einer Verwendung der Musterbelehrung die gesetzlichen Vorschriften eingehalten wurden, da die Verordnung bei Abweichung von den Vorgaben des BGB unwirksam war.[77] Insoweit konnte sich der Unternehmer im Einzelfall nicht erfolgreich auf § 14 Abs. 1 BGB-InfoV berufen.

27 Im Rahmen einer Neufassung der Musterbelehrung 2004 hatte der Gesetzgeber nur vereinzelt die Kritik aus der Literatur zum Anlass genommen, Unstimmigkeiten im Muster zu beseitigen. Dafür erfolgte die Neubekanntmachung aber per Gesetz, ein Verstoß gegen höherrangiges Recht erschien damit zumindest fraglich.[78] Daneben wurde auch gerichtlich festgestellt, dass die Musterbelehrung nicht den Vorgaben des § 355 BGB entsprach.[79] Eine weitere Neufassung der BGB-InfoV war zwischenzeitlich zum 01.04.2008 in Kraft getreten, die den seit diesem Zeitpunkt abgeschlossenen Verträgen als Vorlage dienen konnte.[80]

---

[73] Vgl. dazu BGH v. 09.12.2009 - VIII ZR 219/08 - NJW 2010, 989-993.

[74] KG v. 07.09.2007 - 5 W 266/07 - juris Rn. 7 - NJW-RR 2008, 352-353.

[75] Vgl. BGBl I 2002, 342.

[76] *Masuch* in: MünchKomm-BGB, 5. Aufl., § 355 Rn. 56; *Kaiser* in: Staudinger, § 355 Rn. 4; *Saenger* in: Erman, § 355 Rn. 12; *Mankowski*, Beseitigungsrechte, 2003, S. 762 f.; *Masuch*, NJW 2002, 2931-2932, 2931 f.; *Martis/Meinhof*, MDR 2004, 4-13, S. 11; *Artz*, BKR 2002, 603-609, 605.

[77] So auch *Saenger* in: Erman, § 355 Rn. 12; anders wohl *Schulze* in: Hk-BGB, § 355 Rn. 1.

[78] Vgl. ausführlich *Masuch*, BB 2005, 344-348, 347; vgl. auch *Saenger* in: Erman, § 355 Rn. 12; *Woitkewitsch*, MDR 2007, 630-636, 630.

[79] Vgl. OLG Schleswig v. 25.10.2007 - 16 U 70/07 - juris Rn. 28 - MDR 2008, 254-255; KG Berlin v. 18.07.2006 - 5 W 156/06 - juris Rn. 33 - NJW 2006, 3215-3217; OLG Naumburg v. 13.07.2007 - 10 U 14/07 - juris Rn. 73 - WM 2008, 326-328; OLG Hamm v. 15.03.2007 - 4 W 1/07 - juris Rn. 8 - ZIP 2007, 824-825; LG Koblenz v. 20.12.2006 - 12 S 128/06 - juris Rn. 33 - BB 2007, 239.

[80] Skeptisch zur Vorlage *Faustmann*, ZGS 2008, 147-148, 148.

Nunmehr sieht § 360 Abs. 3 Satz 1 BGB anstelle von § 14 BGB-InfoV vor, dass eine Widerrufsbelehrung den Anforderungen des BGB genügt, wenn die Musterbelehrung nach der Anlage 1 zum EGBGB (zu Artikel 246 § 2 Abs. 3 Satz 1 EGBGB) verwendet wird.[81] Ähnliches gilt nach Satz 2 für die Belehrung über das Rückgaberecht bei Verwendung der Anlage 2. Damit werden die Gesetzlichkeitsfiktion sowie die Muster als Anlagen des EGBGB – wie seit langem ersehnt – formelles Gesetz. Letztlich kann der Gesetzgeber so verhindern, dass die Gerichte unmittelbar aufzuzeigen, dass selbst der Gesetzgeber kaum in der Lage ist, seine schwierigen Voraussetzungen für eine ordnungsgemäße Belehrung zu erfüllen.

28

Fraglich ist, was es in § 360 Abs. 3 Satz 1 BGB genau bedeutet, wenn der Unternehmer das Muster der Anlage 1 zum EGBGB „verwendet". Da besonders bei Fernabsatzgeschäften im elektronischen Geschäftsverkehr erhebliche Einfügungen ins Muster gemacht werden müssen und dürfen, sind diese nicht grundsätzlich unzulässig. Sofern hier aber unpassende Zusätze aus den Anmerkungen zur Musterbelehrungen übernommen oder wichtige Zusätze z.B. zum Fristbeginn gar nicht eingefügt werden, kann sich der Unternehmer nicht auf § 360 Abs. 3 Satz 1 BGB berufen;[82] letztere Vorschrift ist ebenso zu lesen, dass die Gesetzlichkeitsfiktion nur gilt, wenn das Muster ordnungsgemäß verwendet wurde. Dazu gehören auch Einfügungen z.B. nach der Anmerkung 10 zum Muster, demnach das Widerrufsrecht vorzeitig erlischt, wenn der Vertrag von beiden Seiten auf ausdrücklichen Wunsch des Verbrauchers vollständig erfüllt wird, bevor das Widerrufsrecht ausgeübt wird. Ausdrücklich erlaubt ist es den Unternehmern nach § 360 Abs. 2 Satz 3 BGB und im Rahmen des Deutlichkeitsgebots[83] auch, in Format und Schriftgröße von den Mustern abzuweichen[84] und Zusätze wie die Firma oder ein Kennzeichen des Unternehmers anzubringen. Sinngemäß wird es dem Unternehmer auch erlaubt werden müssen, z.B. Hervorhebungen und Unterstreichungen vorzunehmen; dies gilt erst recht, wenn dadurch die Belehrung des Verbrauchers noch deutlicher wird.

29

Weitere Zusätze heben die Fiktion des Absatzes 3 auf.[85] Vor der oft zu erkennenden Praxis der Unternehmer im Fernabsatz, zumindest Teile des § 312d Abs. 4 BGB in die Belehrung einzufügen, um den Verbraucher von einem Widerruf abzuhalten, obwohl die Voraussetzungen bei den Produkten des Unternehmers nie vorliegen, ist nachdrücklich zu warnen. Es spricht aber z.B. bei einem Online-Shop nichts dagegen, in den bereits vor Vertragsschluss zugänglichen Informationen über das Widerrufsrecht aufzunehmen, dass für bestimmte Artikel des Shops kein Widerrufsrecht besteht.[86]

30

C. Rechtsfolgen

Eine den Erfordernissen des § 360 BGB entsprechende Widerrufs- oder Rückgabebelehrung zur rechten Zeit ist gemäß § 355 Abs. 2 BGB grundsätzlich in der Lage, eine Widerrufsfrist von 14 Tagen sowie die Erlöschensfrist nach § 355 Abs. 4 Satz 1 BGB in Gang zu setzen. Kommt der Unternehmer dieser Verpflichtung nicht, nicht rechtzeitig oder nicht ordnungsgemäß nach, so hat er mehrere Folgen zu gewärtigen: Nicht nur, dass die Frist des Widerrufsrechts nicht beginnt und das Widerrufsrecht auch nicht erlischt, er schwebt auch in der Gefahr, durch Konkurrenten oder Verbraucherverbände wegen Wettbewerbswidrigkeit (§ 4 Nr. 1, 11 UWG) abgemahnt zu werden. Daneben kommt – insbesondere bei der Beteiligung an Gesellschaften – ein **Schadenersatzanspruch** des Verbrauchers gegen den Unternehmer aus § 280 Abs. 1 BGB bzw. §§ 311 Abs. 2, 280 Abs. 1 BGB in Betracht.[87] Selbst unter Zuhilfenahme des Musters nach den Anlagen zum EGBGB ist eine Fehlerlosigkeit der Belehrung nicht garantiert, wenn die Ausfüllhinweise des Musters nicht genau beachtet werden.

31

---

[81] Vgl. dazu *Buchmann*, K&R 2011, 186, 188.
[82] St. Rspr., BGH v. 01.03.2012 - III ZR 83/11 - juris Rn. 17 - NZG 2012, 427-429.
[83] Vgl. dazu OLG Frankfurt v. 08.02.2012 - 19 U 26/11 - juris Rn. 30.
[84] BGH v. 01.12.2010 - VIII ZR 82/10 - juris Rn. 17 - NJW 2011, 1061-1063; missverständlich, aber unter Berufung auf die BGH-Rechtsprechung OLG Frankfurt v. 08.02.2012 - 19 U 26/11 - juris Rn. 34; OLG Stuttgart v. 29.12.2011 - 6 U 79/11 - juris Rn. 31 - BB 2012, 864, demnach die Belehrung des Unternehmers auch in der äußeren Gestaltung dem Muster vollständig entsprechen muss.
[85] Vgl. zuletzt BGH v. 28.06.2011 - XI ZR 349/10 - juris Rn. 36 - NJW-RR 2012, 183-186.
[86] BGH v. 09.12.2009 - VIII ZR 219/08 - NJW 2010, 989-993.
[87] Vgl. dazu BGH v. 26.02.2008 - XI ZR 74/06 - juris Rn. 17 - NJW 2008, 1585-1589; ausführlich *Masuch* in: MünchKomm-BGB, § 360 Rn. 50; *Pfeiffer* in: Soergel § 355 Rn. 69 ff. m.w.N.

§ 361 BGB (weggefallen)

(Fassung vom 01.01.1964, gültig ab 01.01.1980, gültig bis 31.12.2001)

Ist in einem gegenseitigen Vertrag vereinbart, daß die Leistung des einen Teiles genau zu einer festbestimmten Zeit oder innerhalb einer festbestimmten Frist bewirkt werden soll, so ist im Zweifel anzunehmen, daß der andere Teil zum Rücktritt berechtigt sein soll, wenn die Leistung nicht zu der bestimmten Zeit oder innerhalb der bestimmten Frist erfolgt.

1 § 361 BGB in der Fassung vom 26.11.2001 ist durch Art. 1 Abs. 1 Nr. 27 des Gesetzes vom 26.11.2011 – BGBl I 2001, 3138 – mit Wirkung vom 01 01.2002 weggefallen.

Abschnitt 4 - Erlöschen der Schuldverhältnisse
Titel 1 - Erfüllung

§ 362 BGB Erlöschen durch Leistung

(Fassung vom 02.01.2002, gültig ab 01.01.2002)

(1) Das Schuldverhältnis erlischt, wenn die geschuldete Leistung an den Gläubiger bewirkt wird.

(2) Wird an einen Dritten zum Zwecke der Erfüllung geleistet, so finden die Vorschriften des § 185 Anwendung.

Gliederung

A. Grundlagen 1	C. Rechtsfolgen 31
I. Kurzcharakteristik 1	I. Erlöschen des Schuldverhältnisses 31
II. Erlöschen des Schuldverhältnisses im engeren Sinn 2	II. Vorausleistungen 32
1. Erlöschen durch Befriedigung des Gläubigers 3	III. Leistungen unter Vorbehalt 33
2. Erlöschen ohne Befriedigung des Gläubigers 4	D. Prozessuale Hinweise 34
a. Allgemeines 4	E. Anwendungsfelder 36
b. Speziell: Die Konfusion 5	I. Allgemeines 36
c. Speziell: Der Wegfall des Schuldners 7	II. Erfüllung von Geldschulden 37
III. Erlöschen des Schuldverhältnisses im weiteren Sinn 9	1. Barzahlung 37
IV. Wirkung des Erlöschens 10	2. Banküberweisung 38
B. Anwendungsvoraussetzungen 12	a. Die Erfüllungswirkung der Überweisung ... 38
I. Bewirken der geschuldeten Leistung ... 12	b. Der Zeitpunkt des Erfüllungseintritts ... 39
II. Die geschuldete Leistung 13	3. Lastschriftverfahren 42
III. Das Bewirken 15	a. Allgemeines zum Lastschriftverfahren ... 42
IV. Erforderlichkeit von Willensmomenten ... 17	b. Der Zeitpunkt des Erfüllungseintritts ... 43
1. Literatur 18	4. Kartenzahlung 45
2. Rechtsprechung 21	5. Scheck- und Wechselzahlung 46
3. Die Auffassung des Autors 22	III. Befriedigung durch Zwangsvollstreckung ... 47
V. Die Person des Leistungsempfängers ... 26	1. Dogmatische Grundlagen 47
1. Leistung an den Gläubiger 26	2. Praktische Folgerungen 48
2. Leistung an einen Dritten 28	a. Vollstreckung aus endgültigen Titeln ... 48
	b. Vollstreckung aus vorläufigen Titeln ... 49

A. Grundlagen

I. Kurzcharakteristik

§ 362 BGB regelt das Erlöschen des Schuldverhältnisses durch **Erfüllung**. Die Erfüllung ist der regelmäßige und bestimmungsgemäße Beendigungsgrund des Schuldverhältnisses;[1] denn das Schuldverhältnis zielt darauf, dem Gläubiger die geschuldete Leistung zu verschaffen. Ist dies geschehen, dann ist der Schuldinhalt verwirklicht und das Ziel des Schuldverhältnisses erreicht. Folgerichtig ordnet § 362 Abs. 1 BGB an, dass das Schuldverhältnis in diesem Fall zum Erlöschen kommt. § 362 Abs. 2 BGB ergänzt diese Regelung, indem er die Möglichkeit der Erfüllung durch Leistung an einen Dritten vorsieht und insoweit auf § 185 BGB verweist.

II. Erlöschen des Schuldverhältnisses im engeren Sinn

Mit § 362 BGB beginnt Abschnitt 4 des Schuldrechts, der sich mit dem „Erlöschen der Schuldverhältnisse" befasst. Die Vorschriften dieses Abschnittes betreffen das Schuldverhältnis im engeren Sinne, also den **einzelnen schuldrechtlichen Anspruch**.[2] Sie enthalten diesbezüglich jedoch keine abschlie-

---
[1] *Fetzer* in: MünchKomm-BGB, § 362 Rn. 1; vgl. überblicksartig zur Erfüllung *Lorenz*, JuS 2009, 109-111.
[2] Vgl. BGH v. 26.02.1986 - VIII ZR 28/85 - juris Rn. 13 - BGHZ 97, 197-203.

ßende Regelung. Weitere Erlöschensgründe folgen aus sonstigen Bestimmungen des BGB sowie aus allgemeinen Rechtsgrundsätzen. Insoweit ist zu unterscheiden:

1. Erlöschen durch Befriedigung des Gläubigers

3 Für die Erfüllung und ihre im Abschnitt 4 geregelten Surrogate ist charakteristisch, dass das Leistungsinteresse des Gläubigers befriedigt wird. Sie lassen sich deshalb unter dem Begriff der **Befriedigung des Gläubigers** zusammenfassen.[3] Während der Gläubiger jedoch bei der Erfüllung die geschuldete Leistung selbst erhält, wird ihm bei den Erfüllungssurrogaten nur ein äquivalenter Ersatz verschafft.[4] Erfüllungssurrogate sind die Hinterlegung (§§ 372-386 BGB), die Aufrechnung (§§ 387-396 BGB) und der Erlass (§ 397 BGB). Zur Befriedigung des Gläubigers im Wege der Zwangsvollstreckung vgl. Rn. 47.

2. Erlöschen ohne Befriedigung des Gläubigers

a. Allgemeines

4 Das Schuldverhältnis kann aber auch **ohne Befriedigung des Leistungsinteresses** erlöschen, etwa als Folge einer Anfechtung (§ 142 BGB) oder einer Kündigung, eines Widerrufs, eines Rücktritts oder einer Unmöglichkeit (§§ 275, 326 BGB), durch Zeitablauf (§ 163 BGB) oder den Eintritt einer auflösenden Bedingung (§ 158 BGB) sowie durch den Tod des Gläubigers oder Schuldners bei höchstpersönlichen Ansprüchen (vgl. z.B. §§ 613, 673, 759 Abs. 1, 1061, 1586 BGB). Ob auch die Verwirkung (vgl. dazu die Kommentierung zu § 242 BGB Rn. 91 ff.) einen Erlöschensgrund für das Schuldverhältnis darstellt[5] oder ob sie wie die Verjährung lediglich die Durchsetzbarkeit der Forderung hindert,[6] ist umstritten, aber praktisch ohne große Relevanz; denn im Ergebnis besteht Einigkeit darüber, dass sie die Ausübung des Rechts sowie eine Inanspruchnahme aus den begleitenden Sicherheiten unzulässig macht und zudem im Prozess von Amts wegen zu berücksichtigen ist.[7] Ein Unterschied zwischen beiden Meinungen besteht lediglich insoweit, als die Forderung nach der Auffassung, die vom Fortbestand der Forderung ausgeht, trotz der Verwirkung immer noch erfüllt werden kann.[8] **Keine eigenständigen Erlöschensgründe** sind nach heute wohl allgemeiner Auffassung die sog. Zweckerreichung (der Leistungserfolg tritt ohne Zutun des Schuldners ein) und der sog. Zweckfortfall (der Leistungserfolg kann wegen Wegfalls des Leistungssubstrats nicht mehr erreicht werden). Beide Fallkonstellationen lassen sich sachgerecht mit den gesetzlich geregelten Formen der Leistungsstörung, insbesondere der Unmöglichkeit, erfassen.[9]

b. Speziell: Die Konfusion

5 Das Bestehen eines Schuldverhältnisses setzt voraus, dass Gläubiger und Schuldner verschiedene Personen sind.[10] Deshalb erlischt das Schuldverhältnis, wenn sich **Forderung und Schuld in einer Person vereinigen**, d.h. wenn im Wege der Einzel- oder Gesamtrechtsnachfolge die Forderung auf den Schuldner oder die Schuld auf den Gläubiger übergeht,[11] insbesondere weil der Schuldner den Gläubiger oder der Gläubiger den Schuldner beerbt, weil der Gläubiger die Schuld übernimmt oder die Forderung an den Schuldner abgetreten wird. Entsprechendes gilt, wenn ein Arbeitnehmer gemäß § 613a Abs. 1 Satz 1 BGB von seinem bisherigen Arbeitgeber dessen Betrieb übernimmt und dadurch auch auf der Arbeitgeberseite in die Rechte und Pflichten aus dem Arbeitsverhältnis eintritt.[12] Auf den Willen der Parteien kommt es dabei nicht an.[13] Das Gesetz sieht allerdings an verschiedenen Stellen vor,

---

[3] *Buck-Heeb* in: Erman, Vorbem. § 362 Rn. 2.
[4] *Gernhuber*, Die Erfüllung und ihre Surrogate, 2. Aufl. 1994, § 5 I 2 a.
[5] So *Buck-Heeb* in: Erman, Vorbem. § 362 Rn. 3; *Grüneberg* in: Palandt, Überbl. v. § 362 Rn. 3 a; *Olzen* in: Staudinger, Einl. zu den §§ 362 ff. Rn. 71; *Schreiber* in: Soergel, Vorbem. § 362 Rn. 1; *Stürner* in: Jauernig, Vorbem. § 362 Rn. 2.
[6] So etwa *Fetzer* in: MünchKomm-BGB, Vorbem. § 362 Rn. 3.
[7] *Olzen* in: Staudinger, Einl. zu den §§ 362 ff. Rn. 71.
[8] Vgl. *Fetzer* in: MünchKomm-BGB, Vorbem. § 362 Rn. 3.
[9] Grundlegend dazu *Beuthien*, Zweckerreichung und Zweckstörung im Schuldverhältnis, 1969.
[10] BGH v. 01.06.1967 - II ZR 150/66 - BGHZ 48, 214-221; BGH v. 04.07.1991 - III ZR 101/90 - juris Rn. 16 - BGHZ 115, 116-122;.
[11] BGH v. 01.06.1967 - II ZR 150/66 - BGHZ 48, 214-221; OLG Köln v. 28.02.1992 - 19 U 173/91 - NJW-RR 1992, 1337; LAG Hamm v. 06.11.2003 - 17 Sa 1192/03 - juris Rn. 204.
[12] LAG Hamm v. 06.11.2003 - 17 Sa 1192/03 - juris Rn. 204.
[13] *Buck-Heeb* in: Erman, Vorbem. § 362 Rn. 3.

dass Rechte und Pflichten trotz Vereinigung von Gläubiger- und Schuldnerstellung als nicht erloschen gelten sollen, so etwa in den erbrechtlichen Bestimmungen, die das Vermögen des Erben und den Nachlass als getrennte Vermögensmassen behandeln; vgl. §§ 1976, 1991 Abs. 2 BGB (beschränkte Erbenhaftung), § 2143 BGB (Nacherbschaft), § 2175 BGB (Vermächtnis) sowie § 2377 BGB (Erbschaftskauf). Ferner bleibt eine Forderung trotz Konfusion auch dann bestehen, wenn rechtlich geschützte **Interessen Dritter** dem Erlöschen entgegenstehen.[14] So gilt eine Forderung etwa zugunsten von Nießbrauchern und Pfandgläubigern trotz Konfusion als fortbestehend.[15] Dagegen lässt nach der Rechtsprechung des BGH eine Vormerkung den gesicherten Anspruch im Fall der Konfusion nicht fortbestehen, sondern erlischt mit ihm.[16] Streitig ist, was gilt, wenn der Dritte nur einen schuldrechtlichen Anspruch auf Abtretung der Forderung hat, bevor Konfusion eintritt. Die dazu vertretenen Meinungen unterscheiden sich jedoch weniger im Ergebnis als in der dogmatischen Begründung. Während eine Auffassung zugunsten des Dritten vom Fortbestand der Forderung ausgeht,[17] nimmt die Gegenansicht an, dass die Forderung zwar durch die Konfusion untergeht, der Abtretungsschuldner jedoch zur Neubegründung einer inhaltsgleichen Forderung verpflichtet ist.[18] Im Ergebnis wird der Dritte mithin von allen Meinungen vor einem Rechtsverlust geschützt. Einzelne Fälle, in denen die Judikatur wegen besonderer Interessenlage vom Fortbestehen der Forderung ausgegangen ist, betreffen etwa einen Anspruch aus einer Lebensversicherung, der zur Sicherheit an den Versicherer abgetreten war,[19] einen Schadensersatzanspruch, neben dem ein Direktanspruch gegen einen Haftpflichtversicherer bestand und bei dem dann der Gläubiger den Schuldner beerbte,[20] oder einen Rückforderungsanspruch aus § 528 BGB, den der Sozialhilfeträger auf sich überleiten wollte, nachdem der Beschenkte den Schenker beerbt hatte.[21] Ein Erlöschen der Forderung durch Konfusion ist hingegen anzunehmen, wenn der Fiskus gesetzlicher Erbe eines Steuerschuldners wird. Dabei kommt es nicht darauf an, ob die Erbschaft bei dem Bundesland des letzten Wohnsitzes oder beim Bund eingetreten ist. Der Fiskalerbe muss sich hinsichtlich des gesamten offenen Einkommensteueranspruches als Gläubiger behandeln lassen.[22] Kein Erlöschen der Forderung, sondern nur ein „Ruhen" bewirkt die Konfusion bei Forderungen aus Wertpapieren; bei ihnen lebt die verbriefte Forderung mit Neubegebung des Papiers wieder auf.[23] Bei einer **Mehrheit von Gläubigern und Schuldnern** ist zu differenzieren: Bei der Gesamtschuldnerschaft wirkt die Konfusion lediglich für und gegen den Gesamtschuldner, in dessen Person sie eintritt (vgl. § 425 Abs. 2 BGB). Der Gesamtschuldner, der Rechtsnachfolger des Gläubigers geworden ist, muss sich allerdings von dem übergegangenen Anspruch gegen die anderen Gesamtschuldner den auf ihn entfallenden Anteil abziehen lassen.[24] Im Fall der Gesamtgläubigerschaft hat eine Konfusion in der Person eines Gesamtgläubigers dagegen zur Folge, dass auch die Rechte der übrigen Gläubiger gegen den Schuldner erlöschen (§ 429 Abs. 2 BGB). Anders verhält es sich aber wiederum bei der Gesamthandsgläubigerschaft; dort ist die Konfusionswirkung auf den einzelnen betroffenen Gläubiger beschränkt.[25]

Von der Konfusion abzugrenzen ist ihre sachenrechtliche Parallele, die **Konsolidation**, die die Vereinigung von Eigentum und beschränkt dinglichem Recht in einer Person bezeichnet. Sie führt beim Nießbrauch und Pfandrecht an beweglichen Sachen zum Erlöschen des dinglichen Rechts (vgl. die §§ 1063, 1256 BGB), nicht aber bei Rechten an Grundstücken (§ 889 BGB).

6

---

[14] BGH v. 30.04.1980 - V ZR 56/79 - juris Rn. 11 - LM Nr. 16 zu § 883 BGB; BGH v. 14.06.1995 - IV ZR 212/94 - juris Rn. 14 - LM BGB § 1922 Nr. 18 (11/1995).

[15] Allgemeine Meinung; vgl. nur *Buck-Heeb* in: Erman, Vorbem. § 362 Rn. 3; *Gernhuber*, Die Erfüllung und ihre Surrogate, 2. Aufl. 1994, § 19, 6 c; *Grüneberg* in: Palandt, Überbl. v. § 362 Rn. 4.

[16] BGH v. 30.04.1980 - V ZR 56/79 - juris Rn. 12 - LM Nr. 16 zu § 883 BGB; kritisch *Olzen* in: Staudinger, Einl. zu den §§ 362 ff. Rn. 31 m.w.N.

[17] So etwa *Olzen* in: Staudinger, Einl. zu den §§ 362 ff. Rn. 29.

[18] So *Fetzer* in: MünchKomm-BGB, Vorbem. § 362 Rn. 4.

[19] OLG Düsseldorf v. 09.02.1999 - 4 U 38/98 - NJW-RR 1999, 1406-1408.

[20] OLG Hamm v. 16.06.1994 - 6 U 227/93 - MDR 1995, 695-696.

[21] BGH v. 14.06.1995 - IV ZR 212/94 - juris Rn. 13 - LM BGB § 1922 Nr. 18 (11/1995).

[22] BFH v. 07.03.2006 - VII R 12/05 - juris Rn. 20 - BFH/NV 2006, 1374-1377.

[23] *Buck-Heeb* in: Erman, Vorbem. § 362 Rn. 3; *Grüneberg* in: Palandt, Überbl. v. § 362 Rn. 4.

[24] Näher dazu *Rüßmann*, JuS 1988, 182-187, 186 f.

[25] *Buck-Heeb* in: Erman, Vorbem. § 362 Rn. 3; *Olzen* in: Staudinger, Einl. zu den §§ 362 ff. Rn. 34.

c. Speziell: Der Wegfall des Schuldners

7 Das Schuldverhältnis erlischt auch dann, wenn der **Schuldner** ersatzlos **wegfällt**,[26] denn eine schuldrechtliche Beziehung kann nur dann bestehen, wenn sowohl ein Gläubiger als auch ein Schuldner vorhanden ist. Wegen §§ 1922, 1967 BGB kann ein Wegfall des Schuldners aber regelmäßig nur bei juristischen Personen vorkommen. Bei natürlichen Personen findet (außer bei höchstpersönlichen Pflichten) eine Gesamtrechtsnachfolge statt. Hier tritt an die Stelle des Schuldners mit seinem Tod der Erbe (§ 1922 BGB), der gemäß § 1967 BGB für die Schulden haftet. Bei juristischen Personen ist zum Wegfall erforderlich, dass ihre Rechtspersönlichkeit endgültig erloschen ist;[27] das ist dann der Fall, wenn ihre Liquidation beendet und ihr ganzes Vermögen verteilt ist.[28] Die Löschung im Register genügt wegen ihrer bloß deklaratorischen Bedeutung nicht.[29] Selbst wenn keine Aktiva mehr vorhanden sind, ist eine juristische Person noch insoweit als fortbestehend zu behandeln, als sie eine Leistung schuldet, die (wie etwa die Erteilung eines Zeugnisses an einen ehemaligen Arbeitnehmer) trotz der Vermögenslosigkeit noch erbracht werden kann.[30] Im Übrigen führt der Wegfall des Schuldners, wenn er auf dem Vermögensverfall des Schuldners beruht, nicht zum Erlöschen der für die Schuld gegebenen akzessorischen Sicherheiten wie z.B. einer Bürgschaft, da die Sicherheiten gerade diesen Fall abdecken sollen; die Akzessorietät der Sicherheiten hat insoweit hinter dem Sicherungszweck zurückzutreten.[31] Auch die **Eröffnung des Insolvenzverfahrens** führt bei Verträgen, die vom Wahlrecht des Insolvenzverwalters nach § 103 InsO erfasst werden, zunächst zum Erlöschen der beiderseitigen Erfüllungsansprüche. Wählt der Insolvenzverwalter jedoch die Erfüllung, so lässt dessen Willenserklärung den untergegangenen Anspruch wieder erstehen, indem sie ihn mit dem bisherigen Inhalt neu begründet.[32]

8 Prinzipiell würde auch der ersatzlose **Wegfall des Gläubigers** zum Erlöschen der Forderung führen; jedoch ist dieser Fall weder bei natürlichen noch bei juristischen Personen denkbar.[33] Auch juristische Personen bestehen trotz Löschung im zuständigen Register so lange fort, als sie noch Inhaber von irgendwelchen Vermögenswerten sind.[34]

III. Erlöschen des Schuldverhältnisses im weiteren Sinn

9 Vom Erlöschen des Schuldverhältnisses im engeren Sinn zu unterscheiden ist die Beendigung des Schuldverhältnisses im weiteren Sinn, die nicht unmittelbar im Abschnitt 4 geregelt ist. Das Schuldverhältnis im weiteren Sinn als Rahmenbeziehung zwischen den Parteien endet insbesondere dann, wenn **sämtliche** aus ihm erwachsenen **Leistungspflichten** einschließlich etwaiger Ersatz- und Abwicklungspflichten erfüllt oder sonst **erledigt** sind.[35] Insoweit wirkt sich das Erlöschen des Schuldverhältnisses im engeren Sinn indirekt auf das Schuldverhältnis im weiteren Sinn aus. Die Beendigung des Schuldverhältnisses im weiteren Sinn schließt aber Nachwirkungen im Sinne von nachvertraglichen Verhaltenspflichten nicht aus, wie etwa die Verpflichtung, alles zu unterlassen, was den Vertragszweck gefährden oder vereiteln könnte.[36] Im Übrigen kann das Schuldverhältnis im weiteren Sinn wie das Schuldverhältnis im engeren Sinn durch **Anfechtung** oder **Widerruf** rückwirkend beseitigt werden. Es kann ferner durch **Zeitablauf**, **Bedingungseintritt** oder **Kündigung** für die Zukunft beendet werden und durch **Rücktritt** in ein Rückgewährschuldverhältnis umgewandelt werden. Und schließlich können die Parteien nach dem Grundsatz der Vertragsfreiheit die Wirkungen des Schuldverhältnisses (ex nunc oder ex tunc)[37] durch einen **Aufhebungsvertrag** als actus contrarius beseitigen. Mit der Aufhe-

---

[26] *Fetzer* in: MünchKomm-BGB, Vorbem. § 362 Rn. 5; *Grüneberg* in: Palandt, Überbl. v. § 362 Rn. 4.
[27] Zum Wegfall juristischer Personen des öffentlichen Rechts vgl. BGH v. 04.11.1994 - LwZR 12/93 - juris Rn. 11 - BGHZ 127, 285-297; BGH v. 04.11.1994 - LwZR 11/93 - juris Rn. 16 - BGHZ 127, 297-319; BGH v. 08.12.1994 - III ZR 105/93 - juris Rn. 22 - BGHZ 128, 140-149.
[28] BGH v. 05.04.1979 - II ZR 73/78 - juris Rn. 5 - BGHZ 74, 212-215.
[29] BGH v. 29.09.1967 - V ZR 40/66 - BGHZ 48, 303-310.
[30] BAG v. 09.07.1981 - 2 AZR 329/79 - juris Rn. 13 - NJW 1982, 1831-1832.
[31] BGH v. 25.11.1981 - VIII ZR 299/80 - juris Rn. 23 - BGHZ 82, 323-332; OLG Schleswig v. 01.10.1992 - 5 U 117/91 - NJW-RR 1993, 754-756.
[32] BGH v. 21.11.1991 - IX ZR 290/90 - juris Rn. 8 - BGHZ 116, 156-160; BGH v. 04.05.1995 - IX ZR 256/93 - juris Rn. 8 - BGHZ 129, 336-345.
[33] *Fetzer* in: MünchKomm-BGB, Vorbem. § 362 Rn. 5; *Olzen* in: Staudinger, Einl. zu den §§ 362 ff. Rn. 15.
[34] Vgl. nur BGH v. 29.09.1967 - V ZR 40/66 - BGHZ 48, 303-310.
[35] *Fetzer* in: MünchKomm-BGB, Vorbem. § 362 Rn. 5; *Grüneberg* in: Palandt, Überbl. v. § 362 Rn. 5.
[36] BGH, LM § 362 BGB Nr. 2; vgl. ausführlich dazu *Bodewig*, Jura 2005, 505-512.
[37] BGH v. 16.06.1978 - V ZR 115/77 - juris Rn. 8 - LM Nr. 18 zu § 305 BGB.

bung des alten Schuldverhältnisses kann sich zugleich die Begründung eines neuen verbinden (sog. Novation). Die Beendigung des Schuldverhältnisses im weiteren Sinn hat zur Folge, dass etwa noch bestehende Leistungspflichten für die Zukunft wegfallen, doch können bereits entstandene Einzelforderungen (z.B. auf rückständigen Mietzins) bei einer Beendigung ex nunc bestehen bleiben.[38]

IV. Wirkung des Erlöschens

Erlöschen im Sinne des Abschnitts 4 bedeutet, dass das **Schuldverhältnis beendet wird und wegfällt**. Der Schuldner wird endgültig von der Schuld befreit. Das Erlöschen begründet nicht nur eine Einrede, sondern ist als rechtsvernichtende Einwendung im Prozess von Amts wegen zu beachten.[39] Das Schuldverhältnis bleibt allerdings auch nach seinem Erlöschen noch insoweit von Bedeutung, als es den Rechtsgrund für das Behalten der empfangenen Leistung im Sinne des § 812 BGB darstellt.[40] 10

Ist ein Schuldverhältnis einmal erloschen, so ist eine vertragliche Beseitigung des Erlöschens und eine **Wiederherstellung des Schuldverhältnisses** nicht durch einen einfachen Verzicht, sondern nur (mit Wirkung für die Zukunft) durch vertragliche Neubegründung der Forderung bzw. des gesamten Schuldverhältnisses im weiteren Sinn möglich.[41] Bei diesem Vertrag muss daher eine gegebenenfalls nötige Form wieder eingehalten werden.[42] Ist der Vertrag allerdings nicht formbedürftig, so kann die Neubegründung auch konkludent durch Rückgabe des gezahlten Schuldbetrags erfolgen.[43] Das Erlöschen des Schuldverhältnisses hat ferner zur Folge, dass akzessorische Sicherheiten wie Bürgschaften und Pfandrechte untergehen; sie leben demnach bei einer vertraglichen Neubegründung der Forderung nicht ohne weiteres wieder auf, sondern müssen neu bestellt werden.[44] Ein Wiederaufleben des Schuldverhältnisses ex tunc (mit einem Fortbestehen der bestellten Sicherheiten) kommt lediglich bei einem rückwirkenden Wegfall des Erlöschensgrundes, wie insbesondere bei einer Anfechtung des zur Erfüllung dienenden Rechtsgeschäfts (vgl. § 142 BGB), in Betracht.[45] 11

B. Anwendungsvoraussetzungen

I. Bewirken der geschuldeten Leistung

§ 362 Abs. 1 BGB setzt voraus, dass die geschuldete Leistung an den Gläubiger bewirkt wird.[46] Das Gesetz spricht dabei von **Erfüllung**. Erfüllung ist also Schuldtilgung durch Bewirken der geschuldeten Leistung. 12

II. Die geschuldete Leistung

Unter der „**Leistung**" im Sinne des § 362 Abs. 1 BGB ist nicht (nur) die Leistungshandlung, sondern der **Leistungserfolg** zu verstehen.[47] Daher tritt bei der Schickschuld Erfüllung nicht schon dann ein, wenn die Sache vom Schuldner abgesendet wird, sondern erst dann, wenn sie beim Gläubiger ankommt; geht sie nach der Absendung unter, so erlischt die Leistungspflicht nicht wegen Erfüllung, sondern allenfalls wegen Unmöglichkeit der Leistung. Ebenso ist die dem Grundstücksverkäufer obliegende Pflicht zur Verschaffung des Eigentums nicht schon dann erfüllt, wenn der Schuldner die erforderlichen Übertragungshandlungen vorgenommen hat, sondern erst dann, wenn das Eigentum durch Eintragung im Grundbuch auf den Käufer übergeht.[48] Scheitert die Eintragung und tritt deshalb der 13

---

[38] *Weber* in: BGB-RGRK, Vorbem. § 362 Rn. 3.
[39] *Fetzer* in: MünchKomm-BGB, Vorbem. § 362 Rn. 9; *Grüneberg* in: Palandt, Überbl. v. § 362 Rn. 1.
[40] Vgl. für das öffentliche Recht BVerwG v. 03.06.1983 - 8 C 43/81 - juris Rn. 18 - MDR 1984, 256-257.
[41] Ganz h.M.; vgl. BGH v. 27.06.2008 - V ZR 83/07 - juris Rn. 26 - WM 2008, 1703-1707; *Buck-Heeb* in: Erman, Vorbem. § 362 Rn. 2; *Grüneberg* in: Palandt, Überbl. v. § 362 Rn. 1; *Schreiber* in: Soergel, § 362 Rn. 1; *Stürner* in: Jauernig, Vorbem. § 362 Rn. 4; a.M. *Gröschler*, NJW 2000, 247-251, 247 ff.
[42] BGH v. 29.09.1967 - V ZR 40/66 - BGHZ 48, 303-310.
[43] BAG v. 10.02.1972 - 5 AZR 393/71 - PraktArbR LohnFortzG Nr. 141.
[44] *Fetzer* in: MünchKomm-BGB, Vorbem. § 362 Rn. 9; *Stürner* in: Jauernig, Vorbem. § 362 Rn. 4.
[45] Vgl. BGH v. 03.05.1961 - V ZR 36/60 - BGHZ 35, 146-150.
[46] Zu den Problemen des Bewirkens der geschuldeten Leistung im Rahmen des § 105a BGB: *Löhnig/Schärtl*, AcP 204, 25-58 55 ff.
[47] BGH v. 17.02.1994 - IX ZR 158/93 - juris Rn. 26 - LM BGB § 270 Nr. 6 (7/1994); BGH v. 27.06.2008 - V ZR 83/07 - juris Rn. 26 - WM 2008, 1703-1707.
[48] BGH v. 17.06.1994 - V ZR 204/92 - juris Rn. 21 - LM BGB § 362 Nr. 21 (2/1995); vgl. dazu auch *Weber* in: BGB-RGRK, § 362 Rn. 13.

Leistungserfolg trotz Vornahme der Leistungshandlung nicht ein, so ist der Schuldner zur Wiederholung der Leistungshandlung, also etwa zur erneuten Abgabe der Eintragungsbewilligung, verpflichtet.[49] Der Anspruch des Vermieters auf Rückgabe der Mietsache (§ 546 BGB) ist auf Einräumung des unmittelbaren Besitzes gerichtet; zur Herbeiführung des Leistungserfolgs reicht es deshalb nicht aus, wenn der Mieter lediglich seinen Besitz an der Sache aufgibt.[50] Andererseits ist es nicht erforderlich, dass der Vermieter sämtliche Schlüssel zurückerhält. Vielmehr kommt es insoweit darauf an, wie lange der Vermieter durch die fehlenden Schlüssel an der Inbesitznahme der Räume und an einer uneingeschränkten Verfügung über diese gehindert ist. Hat der Mieter eindeutig seinen Besitzaufgabewillen erklärt und mitgeteilt, dass er über weitere Schlüssel nicht verfüge, dann ist das Hindernis für eine uneingeschränkte Inbesitznahme beseitigt (und der Leistungserfolg eingetreten), sobald der Vermieter die Möglichkeit hat, das Schloss auszuwechseln.[51] Der Urlaubsanspruch eines Arbeitnehmers ist nicht schon dann erfüllt, wenn der Urlaubszeitraum festgelegt worden ist, sondern erst, wenn der Arbeitnehmer von der Arbeit freigestellt worden ist.[52] Für Geldschulden wird teilweise formuliert, dass der Leistungserfolg nur dann eintritt, wenn der Gläubiger das Geld endgültig zur freien Verfügung erhält und es auch behalten darf;[53] doch bestehen gegen diese Formulierung Bedenken.[54] Richtig daran ist allerdings, dass der Schuldner die Leistung gerade zu Erfüllungszwecken und ohne einen unzulässigen Rückforderungsvorbehalt (vgl. Rn. 33) (insoweit „endgültig") erbringen muss. Dies betrifft aber nicht die Herbeiführung des Leistungserfolgs als solchen, sondern die Zuordnung der Leistung zur Schuld und damit die vom Schuldner zu treffende Tilgungsbestimmung (vgl. Rn. 25). Soweit die Erfüllung an das „Behaltendürfen" des Gläubigers geknüpft wird, wird dadurch nichts gewonnen; denn das Behaltendürfen ist nichts anderes als das Nichtbestehen von Bereicherungs- bzw. sonstigen Rückforderungsansprüchen gegen den Gläubiger. Dieses hängt aber seinerseits wiederum davon ab, ob durch die Leistung Erfüllung eingetreten und die Vermögensverschiebung demnach mit Rechtsgrund erfolgt ist, bzw. – im Verhältnis zu Dritten –, ob der Gläubiger beim Empfang der Leistung seine Forderung gemäß § 362 Abs. 1 BGB verloren hat und daher nicht (mehr) bereichert ist. Forderungstilgung und Behaltendürfen bedingen sich also gegenseitig, so dass sich die Erfüllungswirkung nicht mit der Frage nach dem Behaltendürfen klären lässt.[55]

14 Erfüllung tritt nur ein, wenn die **geschuldete** Leistung bewirkt wird. Welche Anforderungen an die Leistung zu stellen sind, ergibt sich aus dem zu erfüllenden Schuldverhältnis und den dispositiven gesetzlichen Bestimmungen. Die Leistung kann in einem (rechtsgeschäftlichen oder tatsächlichen) Handeln, aber auch in einem bloßen Unterlassen bestehen. Für den **Ort der Leistung** sind die §§ 269, 270 BGB zu beachten, für die **Zeit der Leistung** gilt § 271 BGB, und für die **Art und Weise der Leistung** ist z.B. § 266 BGB zu beachten. Zeit und Ort der Leistung sind für die Erfüllung jedoch nur dann maßgeblich, wenn sie Identitätsmerkmal der Leistung sind.[56] Wird eine andere, unvollständige oder mangelhafte Leistung erbracht, so tritt keine Erfüllung ein.[57] Seit der Schuldrechtsreform gilt dies insbesondere auch für den Stückkauf. § 433 Abs. 1 Satz 2 BGB ordnet ausdrücklich an, dass der Verkäufer dem Käufer die Sache frei von Sach- und Rechtsmängeln zu verschaffen hat. Er stellt damit klar, dass die Lieferung einer mangelfreien Sache zur Erfüllungspflicht gehört. Die früher nötige Unterscheidung zwischen Stückkauf und Gattungskauf ist insoweit bedeutungslos geworden. Ebenso wird nicht die geschuldete Leistung erbracht, wenn der Schuldner seine Leistung von einer Gegenleistung abhängig macht, auf die er keinen Anspruch hat und wegen der er auch kein Zurückbehaltungsrecht geltend machen kann.[58] Der Gläubiger kann eine solche Leistung zurückweisen, ohne in Annahmeverzug (§ 293 BGB) zu geraten. Nimmt er sie gleichwohl an, so trägt er die Beweislast, wenn er geltend machen will,

---

[49] BGH v. 18.06.1971 - V ZR 45/69 - LM Nr. 25 zu § 157 (D) BGB.
[50] BGH v. 09.11.1995 - V ZB 27/94 - BGHZ 131, 169-176.
[51] OLG Hamburg v. 14.08.2003 - 4 U 58/01 - juris Rn. 5 - WuM 2004, 471.
[52] BAG v. 09.08.1994 - 9 AZR 384/92 - juris Rn. 24 - NJW 1995, 1774-1775; vgl. dazu auch BAG v. 21.06.2005 - 9 AZR 295/04 - juris Rn. 17 - EzA § 209 InsO Nr. 5.
[53] BGH v. 23.01.1996 - XI ZR 75/95 - juris Rn. 2 - LM BGB § 362 Nr. 22 (6/1996); BGH v. 27.06.2008 - V ZR 83/07 - juris Rn. 26 - WM 2008, 1703-1707; *Fetzer* in: MünchKomm-BGB, § 362 Rn. 3; *Grüneberg* in: Palandt, § 362 Rn. 2; *Stürner* in: Jauernig, § 362 Rn. 1.
[54] In diesem Sinne auch LG Halle v. 03.12.2009 - 4 O 1119/09 - juris Rn. 14.
[55] Vgl. dazu *Kerwer*, Die Erfüllung in der Zwangsvollstreckung, 1996, S. 188 f.
[56] *Bloch/Muscheler*, JuS 2000, 729-740, 731; *Fetzer* in: MünchKomm-BGB, § 362 Rn. 3.
[57] Vgl. nur beispielhaft OLG Stuttgart v. 21.10.2009 - 3 U 64/09 - juris Rn. 31.
[58] BGH v. 09.01.1991 - IV ZR 97/89 - juris Rn. 35 - LM Nr. 3 zu § 17 AVB f FeuerVers.

dass die Leistung nicht schuldgerecht war (§ 363 BGB). Nach § 640 Abs. 2 BGB, § 377 HGB, § 16 Abs. 3 Nr. 2 VOB/B können ihm dadurch auch materiellrechtliche Nachteile entstehen. Im Übrigen kann eine andere als die geschuldete Leistung an Erfüllungs statt angenommen werden (§ 364 BGB) und dadurch zum Erlöschen des Schuldverhältnisses führen. Verweigert der Gläubiger die Annahme, so tritt keine Erfüllung ein, unabhängig davon, ob die Weigerung berechtigt war oder nicht. War sie nicht berechtigt, so gerät der Gläubiger allerdings in Annahmeverzug (§ 293 BGB).

III. Das Bewirken

Neben der Herbeiführung des Leistungserfolges ist grundsätzlich auch ein darauf gerichtetes Leistungsverhalten des Schuldners erforderlich.[59] Der Leistungserfolg muss also regelmäßig auf einer **Leistungshandlung** des Schuldners beruhen.[60] Im Wortlaut des § 362 BGB kommt dies in dem Begriff „Bewirken" zum Ausdruck. Tritt der Leistungserfolg demnach ohne eine Leistungshandlung des Schuldners, wie etwa bei einer Überweisung ohne Auftrag, ein, dann liegt keine Erfüllung vor.[61] Entsprechendes gilt, wenn der Leistungserfolg durch Handlungen des Gläubigers bewirkt wird oder wenn er von selbst eintritt (z.B. durch Naturereignisse). Es liegt dann ein Fall der Zweckerreichung (vgl. Rn. 4) vor, der nach den für Leistungsstörungen geltenden Regeln, insbesondere nach Unmöglichkeitsrecht, zu behandeln ist. Allerdings ist nicht nötig, dass der Leistungserfolg ausschließlich auf das Handeln des Schuldners zurückzuführen ist. Die Schuld erlischt daher insbesondere auch dann, wenn der Gläubiger das zu übertragende Eigentum nur kraft guten Glaubens erwirbt.[62]

15

Vom Sonderfall höchstpersönlicher Leistung abgesehen kann die **Leistung** auch durch einen Erfüllungsgehilfen oder **durch einen Dritten**[63] (§§ 267, 268 BGB) bewirkt werden. Dies lässt sich nicht allein damit erklären, dass § 362 BGB unter „Leistung" allein den Leistungserfolg versteht;[64] denn die Herbeiführung des Leistungserfolges muss grundsätzlich auf das Handeln des Schuldners zurückzuführen sein. § 267 BGB verleiht dem Dritten allerdings die Befugnis, im Hinblick auf die Tilgung des Schuldverhältnisses mit Fremdwirkung für den Schuldner zu handeln. Die Vorschrift stellt klar, dass das Handeln des Dritten dem Schuldner als Erfüllung zugerechnet wird.[65] Liegen ihre Voraussetzungen vor, so erlischt das Schuldverhältnis gemäß § 362 BGB. Im Wortlaut des § 267 BGB kommt das darin zum Ausdruck, dass der Dritte „die Leistung" bewirken kann. Zur **Befriedigung durch Zwangsvollstreckung** vgl. Rn. 47.

16

IV. Erforderlichkeit von Willensmomenten

Abgesehen davon, dass die Herbeiführung des Leistungserfolgs durch eine Leistungshandlung zur Abgabe von Willenserklärungen zwingen kann, stellt sich die Frage, ob die Erfüllung von speziell auf sie bezogenen Willensäußerungen abhängt, ob also zum Tatbestand der Erfüllung auch ein subjektives Tatbestandsmerkmal gehört. Dabei handelt es sich um die seit jeher stark umstrittene Frage nach der **Rechtsnatur der Erfüllung**, zu der zahlreiche Theorien aufgestellt worden sind.

17

1. Literatur

Kaum noch vertreten werden heute die **vertraglichen Erfüllungstheorien**, die es in mehreren Varianten gab bzw. gibt. Überwunden ist seit langem die **reine Vertragstheorie**, nach der zum Eintritt der Erfüllungswirkung neben der tatsächlichen Bewirkung der Leistung stets auch ein Erfüllungsvertrag nötig sein sollte.[66] Nach dieser Lehre muss der Schuldner die Leistung zur Erfüllung erbringen, und der Gläubiger muss sie als Erfüllung annehmen. Die Schuld erlischt also als Folge eines auf das Erlöschen gerichteten zweiseitigen Rechtsgeschäfts der Parteien. Infolge der Kritik an dieser Auffassung, sie

18

---

[59] *Bloch/Muscheler*, JuS 2000, 729-740, 731; *Fetzer* in: MünchKomm-BGB, § 362 Rn. 2; *Olzen* in: Staudinger, § 362 Rn. 12; *Stürner* in: Jauernig, § 362 Rn. 1.

[60] Dazu näher *Kerwer*, Die Erfüllung in der Zwangsvollstreckung, 1996, S. 64 ff.

[61] *Fetzer* in: MünchKomm-BGB, § 362 Rn. 2; *Grüneberg* in: Palandt, § 362 Rn. 2.

[62] *Olzen* in: Staudinger, § 362 Rn. 12.

[63] Vgl. etwa beispielhaft zur Erfüllung der Schuld des Hauptmieters durch eine Zahlung des Untermieters direkt an den Vermieter *Eckert*, ZfIR 2006, 318-320.

[64] So *Weber* in: BGB-RGRK, § 362 Rn. 39.

[65] *Beuthien*, Zweckerreichung und Zweckstörung im Schuldverhältnis, 1969, S. 39 ff.; *Kerwer*, Die Erfüllung in der Zwangsvollstreckung, 1996, S. 107 ff.; *Seibert*, Erfüllung durch finale Leistungsbewirkung, 1982, S. 68.

[66] Nachweise für diese heute nicht mehr vertretene Meinung finden sich bei *Gernhuber*, Die Erfüllung und ihre Surrogate, 2. Aufl. 1994, § 5 II 3.

werde den tatsächlichen Leistungen nicht gerecht, entstand eine Spielart dieser Theorie, die einen Erfüllungsvertrag nur für rechtsgeschäftliche Leistungen für notwendig hielt, während sie die tatsächliche Leistungsbewirkung bei solchen Leistungen genügen ließ, bei denen ein Rechtsgeschäft nach ihrer Natur nicht nötig ist. Auch diese **eingeschränkte Vertragstheorie** wird nur noch vereinzelt vertreten.[67] Ebenso wie die reine Vertragstheorie fordern die **Lehre vom Zuordnungsvertrag**[68] sowie die **Zweckvereinbarungstheorie**[69] neben der Zuwendung des Geschuldeten in allen Fällen einen Vertrag zwischen den Parteien. Im Unterschied zum Erfüllungsvertrag jener Meinung soll die Einigung allerdings nicht auf die Aufhebung der Schuld gerichtet sein, sondern allein auf die Bestimmung des Leistungszwecks. In ihrem Sinne ist die Erfüllung also die Zuwendung des Geschuldeten (objektiver Tatbestand) plus einer Einigung über den Erfüllungszweck dieser Zuwendung (subjektiver Tatbestand).[70]

19 Die Leistungszweckbestimmung steht auch für die **Theorie der finalen Leistungsbewirkung** im Vordergrund. Sie fordert insoweit aber keinen Vertrag, sondern lediglich einen einseitigen Bestimmungsakt des Leistenden.[71] Seine Aufgabe liegt darin, die Leistung auf eine bestimmte Schuld zu beziehen.[72] Welche Rechtsnatur der Bestimmungsakt hat, wird von den Anhängern dieser Auffassung nicht einheitlich beantwortet. Teilweise sieht man ihn als geschäftsähnliche Handlung an, da es nicht darauf ankomme, ob der Leistende das Erlöschen der Forderung in seinen Willen aufgenommen habe,[73] teilweise nur als natürliche Willensäußerung,[74] teilweise hingegen auch als Willenserklärung, da er auf die Erfüllung und damit auf einen Rechtserfolg abziele.[75]

20 Ganz auf Willensmomente verzichten will – jedenfalls im Regelfall – die **Theorie der realen Leistungsbewirkung**.[76] Nach ihr genügt zur Erfüllung die Kongruenz der erbrachten mit der geschuldeten Leistung, also die reale Bewirkung der Leistung, soweit diese dem geschuldeten Leistungserfolg entspricht. Diese Theorie kann im Schrifttum wohl als herrschend bezeichnet werden. In ihrer heutigen Ausprägung erkennt die Theorie der realen Leistungsbewirkung an, dass es zum Eintritt der Erfüllungswirkung erforderlich ist, die jeweils erbrachte Zuwendung dem einzelnen Schuldverhältnis zuzuordnen. Sie leitet diese Zuordnung zwar für die große Mehrzahl der Fälle schon daraus her, dass die erbrachte Leistung die (allein) geschuldete sei; sie eröffnet aber dem Schuldner die Möglichkeit, auch bei Kongruenz zwischen geschuldeter und erbrachter Leistung die Zuwendung einem anderen als dem Erfüllungszweck zu widmen. Durch eine entsprechende Erklärung könne der Schuldner seiner Leistung den Charakter einer Schuldtilgung nehmen und die Erfüllungswirkung ausschließen.[77] Welche Rechtsnatur diese Erklärung hat, wird auch von ihr nicht einheitlich beantwortet.[78]

---

[67] Insbesondere noch von *Fikentscher/Heinemann* Schuldrecht, 10. Aufl. 2006, Rn. 270 f.
[68] *Rother*, AcP 169, 1.
[69] *Ehmann*, JZ 1968, 549; *Ehmann*, NJW 1969, 398-404; *Ehmann*, NJW 1969, 1833.
[70] *Ehmann*, NJW 1969, 1833, 1837.
[71] *Beuthien*, Zweckerreichung und Zweckstörung im Schuldverhältnis, 1969, S. 290f.; *Bloch/Muscheler*, JuS 2000, 729-740, 732 f.; *Bülow*, JuS 1991, 529-536; *Gernhuber*, Die Erfüllung und ihre Surrogate, 2. Aufl. 1994, § 5 II 8; *Medicus*, Schuldrecht I (AT), 17. Aufl. 2006, § 23 IV 3; *Meyer-Goßner*, JR 1978, 526-526, 802; *Reuter/Martinek*, Ungerechtfertigte Bereicherung, 1983, § 4 II 3 c; *Seibert*, JZ 1981, 380-384, 383; *Seibert*, Erfüllung durch finale Leistungsbewirkung, 1982, S. 34 ff.; *Wieling*, JZ 1977, 291-296; *Zeiss*, JZ 1963, 7-10.
[72] *Gernhuber*, Die Erfüllung und ihre Surrogate, 2. Aufl. 1994, § 5 III 1.
[73] *Bülow*, JuS 1991, 529-536, 531; *Gernhuber*, Die Erfüllung und ihre Surrogate, 2. Aufl. 1994, § 5 III 2 a; *Seibert*, JZ 1981, 380-384, 383f.
[74] *Schreiber* in: Soergel, Vorbem. § 362 Rn. 7; *Zeiss*, JZ 1963, 7-10, 9 f.
[75] *Reuter/Martinek*, Ungerechtfertigte Bereicherung, 1983, § 4 II 3 d; *Wieling*, JZ 1977, 291-296; wohl auch *Medicus*, Schuldrecht I (AT), 17. Aufl. 2006, § 23 IV 3.
[76] *Fetzer* in: MünchKomm-BGB, § 362 Rn. 8 ff.; *Grüneberg* in: Palandt, § 362 Rn. 1; *Larenz*, Schuldrecht, Band I: Allgemeiner Teil, 14. Aufl. 1987, § 18 I 5; *Olzen* in: Staudinger, Vorbem. zu den §§ 362 ff. Rn. 7-15; *Stürner* in: Jauernig, § 362 Rn. 2; *Weber* in: BGB-RGRK, § 362 Rn. 7.
[77] Vgl. nur *Grüneberg* in: Palandt, § 362 Rn. 1; *Larenz*, Schuldrecht, Band I: Allgemeiner Teil, 14. Aufl. 1987 § 18 I 5; *Stürner* in: Jauernig, § 362 Rn. 2.
[78] Für Willenserklärung: *Larenz*, Schuldrecht, Band I: Allgemeiner Teil, 14. Aufl. 1987, § 18 I 5; *Stürner* in: Jauernig, § 362 Rn. 2; tendenziell auch *Grüneberg* in: Palandt, § 362 Rn. 7; für geschäftsähnliche Handlung: *Fetzer* in: MünchKomm-BGB, § 362 Rn. 11; offen lassend *Olzen* in: Staudinger, § 362 Rn. 20.

2. Rechtsprechung

Die Rechtsprechung hat sich lange Zeit einer klaren Stellungnahme zu den Erfüllungstheorien enthalten. Jedoch bekennt sich der BGH seit 1990 zumindest in einzelnen Entscheidungen zur **Theorie der realen Leistungsbewirkung**.[79] Dem hat sich auch das BAG angeschlossen.[80] Die Rechtsprechung nimmt ebenso wie die Literatur an, dass der Schuldner die Erfüllungswirkung durch eine negative Tilgungsbestimmung ausschließen kann.[81] Ob die Tilgungsbestimmung eine Willenserklärung oder aber eine rechtsgeschäftsähnliche Handlung ist, hat der BGH bisher offen gelassen, da auch auf geschäftsähnliche Erklärungen die Regeln über Willenserklärungen (entsprechend) anzuwenden seien.[82]

21

3. Die Auffassung des Autors

Die **vertraglichen Theorien** haben sich **zu Recht nicht durchgesetzt**.[83] Gegen sie spricht die Überlegung, dass der Gläubiger, wenn man seinen Annahmewillen zur Voraussetzung der Erfüllung machen würde, die Möglichkeit hätte, die ordnungsgemäße Leistung anzunehmen, den Schuldner jedoch am Schuldverhältnis festzuhalten. Dass er dadurch in Annahmeverzug gerät und dem Schuldner insoweit vielfältige Erleichterungen zukommen, hilft demgegenüber ebenso wenig wie die Argumentation der Vertragstheorie mit dem Gedanken der protestatio facto contraria.[84] Das Schuldverhältnis dient der Befriedigung eines Bedürfnisses auf Seiten des Gläubigers. Hat der Schuldner das Seine dazu beigetragen, dieses Ziel zu erreichen, und ist der Leistungserfolg infolgedessen eingetreten, so hat das Schuldverhältnis seinen Dienst getan und erlischt. Der Gläubiger darf nicht die Macht haben, das Erlöschen der Forderung unter Annahme der ordnungsgemäßen Leistung des Schuldners zu verhindern.[85] Gegen das Erfordernis eines Vertrages zum Eintritt der Erfüllung spricht ferner die Tatsache, dass § 816 Abs. 2 BGB bei einem solchen Verständnis der Erfüllungsannahme ohne eigene Bedeutung wäre. Würde die schuldtilgende Wirkung nämlich auf einem Vertrag mit Verfügungswirkung beruhen, so ließe sich der von dieser Norm geregelte Fall ohne weiteres bereits unter § 816 Abs. 1 Satz 1 BGB subsumieren.[86] Dass auch der Wortlaut des § 362 Abs. 1 BGB nicht gerade für die vertraglichen Theorien spricht, sei nur am Rande erwähnt. Denn der Gesetzeswortlaut der BGB-Normen ist als Argument für oder gegen eine Erfüllungstheorie wenig brauchbar, weil der Gesetzgeber sich einer Entscheidung insoweit ausdrücklich enthalten hat.[87] Schließlich lässt sich eine vertragliche Theorie kaum in Einklang mit § 366 Abs. 1 BGB bringen, der eine lediglich einseitige Tilgungsbestimmung fordert, wenn mehrere, zu gleichartigen Leistungen verpflichtende Schuldverhältnisse bestehen. Es ist nicht einzusehen, warum gerade in diesem Fall die sonst strengeren Voraussetzungen der Erfüllung gelockert sein sollten. Alle Versuche, § 366 Abs. 1 BGB auf dem Boden der vertraglichen Theorien sinnvoll zu erklären, können heute wohl als gescheitert angesehen werden.[88]

22

Die Entscheidung zwischen den Theorien der finalen und der realen Leistungsbewirkung hat **kaum praktische Relevanz**; denn in ihrer heute vertretenen Gestalt kommen beide Theorien nur sehr selten zu unterschiedlichen Ergebnissen,[89] wodurch sich auch die lange fehlende Stellungnahme der Rechtsprechung erklärt. In der Literatur wird von einer „**Konvergenz der Erfüllungstheorien**" gespro-

23

---

[79] BGH v. 03.12.1990 - II ZR 215/89 - juris Rn. 8 - LM Nr. 5 zu GmbHG § 8; BGH v. 22.06.1992 - II ZR 30/91 - juris Rn. 11 - LM GmbHG § 19 Nr. 15 (3/1993); BGH v. 17.07.2007 - X ZR 31/06 - juris Rn. 17 - NJW 2007, 3488-3491 mit Anmerkung *Lorenz*; BGH v. 20.07.2010 - XI ZR 236/07 - juris Rn. 25 - NJW 2010, 3510-3517; vgl. auch OLG Hamburg v. 26.05.2005 - 3 U 91/04 - juris Rn. 60.

[80] BAG v. 03.03.1993 - 5 AZR 132/92 - juris Rn. 20 - NJW 1993, 2397-2398; BAG v. 19.02.2004 - 6 AZR 211/03 - juris Rn. 22 - ZTR 2004, 417-418; vgl. auch LAG Stuttgart v. 16.04.2003 - 12 Sa 111/02 - juris Rn. 24 - Bibliothek BAG; LAG Hamm v. 10.05.2007 - 16 Sa 1780/06 - juris Rn. 60.

[81] BGH v. 03.12.1990 - II ZR 215/89 - juris Rn. 8 - LM Nr. 5 zu GmbHG § 8; OLG Düsseldorf v. 06.11.1986 - 6 U 29/86 - WM 1986, 1568-1572.

[82] BGH v. 06.12.1988 - XI ZR 81/88 - juris Rn. 16 - BGHZ 106, 163-169.

[83] Vgl. *Kerwer*, Die Erfüllung in der Zwangsvollstreckung, 1996, S. 244 f.

[84] Dazu *Buck-Heeb* in: Erman, § 362 Rn. 3; *Gernhuber*, Die Erfüllung und ihre Surrogate, 2. Aufl. 1994, § 5 II 3.

[85] *Bülow*, JuS 1991, 529-536, 530.

[86] *Reuter/Martinek*, Ungerechtfertigte Bereicherung, 1983, § 4 II 3 c.

[87] *Mugdan*, Bd. II, S. 44.

[88] Vgl. dazu *Reuter/Martinek*, Ungerechtfertigte Bereicherung, 1983, § 4 II 3 c; *Schreiber* in: Soergel, Vorbem. § 362 Rn. 6.

[89] Die Nähe beider Theorien wird besonders deutlich bei den Ausführungen von *Buck-Heeb* in: Erman, § 362 Rn. 3 und *Schreiber* in: Soergel, Vorbem. § 362 Rn. 1.

chen.⁹⁰ Diese zeigt sich namentlich darin, dass die Leistung nach allen Theorien einer bestimmten Schuld zugeordnet werden muss, damit Erfüllung eintreten kann. Die Theorie der realen Leistungsbewirkung will diese zwar grundsätzlich aus der Kongruenz von geschuldeter und erbrachter Leistung herleiten und verzichtet mithin im Ausgangspunkt auf eine Tilgungsbestimmung des Schuldners. Dennoch hält sie eine solche Zweckbestimmung stets für möglich und in bestimmten Fällen (etwa bei der Dritt- und Vorausleistung) auch für nötig. Insoweit deckt sie sich mit der Theorie der finalen Leistungsbewirkung. In den verbleibenden Fällen, in denen die Leistung des Schuldners unproblematisch einem bestimmten Schuldverhältnis zugeordnet werden kann und in denen sie daher auf eine Zweckbestimmung verzichtet, kommt es ebenfalls nicht zu unterschiedlichen Ergebnissen, weil die Theorie der finalen Leistungsbewirkung hier regelmäßig keine Schwierigkeiten hat, eine stillschweigende Tilgungsbestimmung anzunehmen. Divergenzen zwischen beiden Theorien treten daher nur in den Fällen auf, in denen es um die Korrektur von Willensmängeln durch Anfechtung oder um Leistungen Geschäftsunfähiger geht.⁹¹

24 Im Vergleich der beiden Theorien **verdient die Theorie der finalen Leistungsbewirkung den Vorzug.** Für sie spricht insbesondere der Zusammenhang mit dem Bereicherungsrecht;⁹² denn die Leistungskondiktion beruht letztlich auf der Idee der fehlgeschlagenen Erfüllung und stellt gewissermaßen die Umkehrung des Erfüllungsvorgangs dar. Vor diesem Hintergrund leuchtet es nicht ein, dass der Leistungsbegriff in § 362 BGB einen anderen Inhalt haben sollte als der des Bereicherungsrechts. Dort aber geht man seit langem davon aus, dass unter einer Leistung die bewusste und zweckgerichtete Mehrung fremden Vermögens zu verstehen ist, woraus die Notwendigkeit einer Zweckbestimmung des Leistenden folgt. Davon sollte bei der Erfüllung nicht ohne Not abgewichen werden.⁹³ Auch aus der Drittleistung und der „Zwangserfüllung" lässt sich kein Gegenargument ableiten.⁹⁴ In beiden Fällen kommt es für die Zuordnung zur Schuld zwar letztlich nicht auf den Willen des Schuldners an, aber es treten andere Merkmale an dessen Stelle, die dieselbe Funktion wie die schuldnerische Tilgungsbestimmung erfüllen. Bei der Leistung durch einen Dritten kommt es eben auf die Tilgungsbestimmung des Dritten an, der – so wie im Normalfall der Schuldner – Leistender ist und daher die Zweckrichtung seiner Leistung festlegen kann. In den Fällen der „Zwangserfüllung" wird der schuldnerische Wille durch das objektive Verfahrensziel der Vollstreckung ersetzt, das darüber entscheidet, ob und in welcher Weise (endgültig oder vorläufig) der Vollstreckungserfolg dem jeweiligen Schuldverhältnis zu Erfüllungszwecken zugeordnet wird (vgl. näher dazu Rn. 47). Auch hier ist es also nicht allein die Herbeiführung des Leistungserfolgs, die die Schuld zum Erlöschen bringt. Es kann deshalb aus diesen Fällen nicht abgeleitet werden, dass der Schuldnerwille (auch) in den normalen Fällen der Schuldnerleistung unerheblich sei. Schließlich ist gegen die Theorie der realen Leistungsbewirkung einzuwenden, dass sie nicht konsequent ist, wenn sie einerseits davon spricht, die Erfüllung sei ein Realakt, sich andererseits aber auf die Privatautonomie des Schuldners beruft, um zu begründen, dass die Erfüllung auch bei Kongruenz von geschuldeter und erbrachter Leistung ausbleibt, soweit der Schuldner eine negative Tilgungsbestimmung trifft. Denn wenn das Gesetz eine Rechtsfolge allein an eine bestimmte Tathandlung knüpft, dann lässt sich der Erfolgseintritt nicht durch einen entgegenstehenden Willen verhindern.⁹⁵ Hier zeigt sich im Übrigen, dass die Theorie der realen Leistungsbewirkung heute nicht mehr frei von subjektiven Elementen ist, weil auch nach ihr die Schuldtilgung vom schuldnerischen Willen abhängt.⁹⁶

25 Die **Tilgungsbestimmung**, die nach der hier vertretenen Auffassung stets nötig und nach der Theorie der realen Leistungsbewirkung immerhin möglich und in bestimmten Fällen nötig ist, zielt auf die Zuordnung der Leistung zum Schuldverhältnis, das erfüllt werden soll, und damit auf einen Rechtserfolg. Sie ist daher nach richtiger Meinung eine **Willenserklärung**.⁹⁷ Daher finden die für Willenserklärungen geltenden Regeln nicht nur entsprechende, sondern direkte Anwendung. Die Tilgungsbestimmung

---

⁹⁰ *Seibert*, Erfüllung durch finale Leistungsbewirkung, 1982, S. 46 ff.

⁹¹ Vgl. dazu auch *Bloch/Muscheler*, JuS 2000, 729-740, 732.

⁹² *Bloch/Muscheler*, JuS 2000, 729-740, 733; *Reuter/Martinek*, Ungerechtfertigte Bereicherung, 1983, § 4 II 3 a.

⁹³ Vgl. dazu auch *Gernhuber*, Die Erfüllung und ihre Surrogate, 2. Aufl. 1994, § 5 II 6; *Schreiber* in: Soergel, Vorbem. § 362 Rn. 7.

⁹⁴ So aber noch *Wenzel* in: MünchKomm-BGB, 5. Aufl. 2007, § 362 Rn. 12.

⁹⁵ *Bloch/Muscheler*, JuS 2000, 729-740, 733.

⁹⁶ Konsequenter waren teilweise die Begründer der Theorie, die dem Schuldner keinen Einfluss auf den Eintritt der Erfüllungswirkung einräumen wollten; vgl. dazu *Kerwer*, Die Erfüllung in der Zwangsvollstreckung, 1996, S. 71 f. m. Fn. 134.

⁹⁷ *Kerwer*, Die Erfüllung in der Zwangsvollstreckung, 1996, S. 79; *Reuter/Martinek*, Ungerechtfertigte Bereicherung, 1983, § 4 II 3 d; a.M. *Bloch/Muscheler*, JuS 2000, 729-740, 733.

setzt demnach Geschäftsfähigkeit voraus[98] und kann bei Willensmängeln angefochten werden.[99] Die Gegenmeinung, die die Tilgungsbestimmung als rechtsgeschäftsähnliche Handlung ansieht, gelangt insoweit jedoch zum selben Ergebnis. Die Tilgungsbestimmung kann nach allgemeinen Regeln auch konkludent abgegeben werden. Bei ihrer Auslegung kommt es nicht auf den inneren Willen des Leistenden, sondern auf den objektiven Empfängerhorizont an (§§ 133, 157 BGB).[100] Das gilt auch bei der Leistung durch einen Dritten gemäß § 267 BGB.[101] Stellt etwa der Arbeitgeber einen Arbeitnehmer von der Arbeitsleistung frei (z.B. im Zuge der künftigen Beendigung des Arbeitsverhältnisses), so muss der Arbeitnehmer mangels eindeutiger Erklärung des Arbeitgebers nicht davon ausgehen, dass der Arbeitgeber mit der Freistellung den ihm noch zustehenden Urlaubsanspruch erfüllen will.[102] Der Urlaub wird daher nicht ohne weiteres während der Freistellungsphase verbraucht und muss gegebenenfalls noch gewährt bzw. nach Beendigung des Arbeitsverhältnisses abgegolten werden. Möglich ist auch eine doppelte Tilgungsbestimmung,[103] etwa bei Zahlung auf die Forderung und auf die Grundschuld.[104] Ungeachtet dessen, dass eine einseitige Tilgungsbestimmung des Leistenden regelmäßig ausreicht, kann der Schuldner aufgrund der Vertragsfreiheit mit dem Gläubiger auch eine Vereinbarung über die Zuordnung der Leistung treffen. Gegenüber einer derartigen Vereinbarung ist eine spätere abweichende Tilgungsbestimmung des Schuldners wirkungslos.[105]

V. Die Person des Leistungsempfängers

1. Leistung an den Gläubiger

Nach § 362 Abs. 1 BGB erlischt das Schuldverhältnis, wenn die Leistung „an den Gläubiger" bewirkt wird. Die Erfüllungswirkung tritt aber nur ein, wenn der Gläubiger zur Annahme der Leistung befugt ist.[106] Die Befugnis zur Annahme der Leistung (sog. **Empfangszuständigkeit**) deckt sich, wie §§ 1812, 1813, 362 Abs. 2 BGB zeigen, mit der Verfügungsmacht,[107] obwohl die Annahme als Erfüllung keine Verfügung über die Forderung ist.[108] Die Leistung an den Gläubiger befreit daher nicht, wenn ihm die Verfügungsmacht über die Forderung entzogen ist (vgl. die §§ 135, 136, 2211 BGB, § 829 ZPO, §§ 80, 82 InsO) oder wenn er geschäftsunfähig ist.[109] Beschränkt Geschäftsfähige bedürfen zur Annahme als Erfüllung der Zustimmung ihres gesetzlichen Vertreters (vgl. dazu §§ 107, 108 BGB). Besteht die geschuldete Leistung in der Übereignung einer Sache, erwirbt der beschränkt geschäftsfähige Gläubiger zwar Eigentum, weil der Eigentumserwerb für ihn in der Regel lediglich rechtlich vorteilhaft ist (vgl. § 107 BGB), es kommt ohne Zustimmung des gesetzlichen Vertreters aber nicht zu einem Erlöschen der Forderung.[110] Eine Grenze findet dies allerdings im Grundsatz von Treu und Glauben und insbesondere im Verbot widersprüchlichen Verhaltens. Trotz ausdrücklicher Verweigerung der Zustimmung tritt daher Erfüllung ein, wenn der gesetzliche Vertreter die Leistung – z.B.

26

---

[98] Vgl. dazu auch BGH v. 20.06.1990 - XII ZR 98/89 - juris Rn. 16 - BGHZ 111, 382-387.
[99] Vgl. BGH v. 06.12.1988 - XI ZR 81/88 - juris Rn. 16 - BGHZ 106, 163-169.
[100] BGH v. 31.10.1963 - VII ZR 285/61 - BGHZ 40, 272-282; BGH v. 26.10.1978 - VII ZR 71/76 - juris Rn. 8 - BGHZ 72, 246-252; BGH v. 26.09.1985 - IX ZR 180/84 - juris Rn. 62 - LM Nr. 7 zu § 267 BGB; BGH v. 02.04.1991 - VI ZR 241/90 - juris Rn. 9 - LM ZPO § 767 Nr. 83 (2/1992); OLG Brandenburg v 26.09.2007 - 13 U 154/06 - juris Rn. 13.
[101] Vgl. dazu OLG Düsseldorf v. 04.06.1992 - 6 U 235/91 - WM 1992, 1898-1902; OLG Frankfurt v. 02.09.2010 - 26 U 7/10 - juris Rn. 18; *Keller*, EWiR 1991, 1169-1170.
[102] BAG v. 14.03.2006 - 9 AZR 11/05 - juris Rn. 11 - AP Nr. 32 zu § 7 BUrlG; BAG v. 14.08.2007 - 9 AZR 934/06 - juris Rn. 10 mit Anmerkung *Bissels*, jurisPR-ArbR 3/2008, Anm. 4; BAG v. 20.01.2009 - 9 AZR 650/07 - juris Rn. 24; BAG v. 24.03.2009 - 9 AZR 983/07 - juris Rn. 24; BAG v. 19.05.2009 - 9 AZR 433/08 - juris Rn. 16 f. - NZA 2009, 1211-1213 mit Anmerkung *Mestwerdt*, jurisPR-ArbR 44/2009, Anm. 1.
[103] *Fetzer* in: MünchKomm-BGB, § 362 Rn. 11; *Grüneberg* in: Palandt, § 362 Rn. 7; *Stürner* in: Jauernig, § 362 Rn. 2.
[104] BGH v. 14.07.1988 - V ZR 308/86 - juris Rn. 13 - BGHZ 105, 154-159.
[105] BGH v. 20.06.1984 - VIII ZR 337/82 - juris Rn. 22 - BGHZ 91, 375-387.
[106] *Grüneberg* in: Palandt, § 362 Rn. 4; *Olzen* in: Staudinger, § 362 Rn. 36.
[107] *Fetzer* in: MünchKomm-BGB, § 362 Rn. 12.
[108] *Buck-Heeb* in: Erman, § 362 Rn. 5; *Stürner* in: Jauernig, § 362 Rn. 2.
[109] *Grüneberg* in: Palandt, § 362 Rn. 4; *Lorenz*, JuS 2009, 109-111.
[110] *Fetzer* in: MünchKomm-BGB, § 362 Rn. 12; *Gernhuber*, Die Erfüllung und ihre Surrogate, 2. Aufl. 1994, § 5 IV 2 a; *Stürner* in: Jauernig, § 362 Rn. 2; ; a.M *Schreiber* in: Soergel, Vorbem. § 362 Rn. 8.

durch Weiterveräußerung der Sache – endgültig in Anspruch nimmt.[111] Bleibt die Erfüllung mangels Empfangszuständigkeit aus, so erfolgt die Rückabwicklung nach § 812 Abs. 1 Satz 1 Alt. 1 BGB. Das Risiko des Wegfalls der Bereicherung gemäß § 818 Abs. 3 BGB trägt dabei der Schuldner.[112]

27 Der Leistung an den Gläubiger steht eine Leistung an einen **Vertreter oder** eine **Hilfsperson des Gläubigers** gleich, wenn diese den geschuldeten Leistungserfolg herbeiführt.[113] Wird z.B. die Übereignung einer Sache geschuldet, so tritt Erfüllung ein, wenn die Übereignung an die Hilfsperson zum Eigentumserwerb des Gläubigers führt. Hier handelt es sich um eine Leistung an den Gläubiger im Sinne des § 362 Abs. 1 BGB und nicht um eine Leistung an einen Dritten im Sinne des § 362 Abs. 2 BGB. Entsprechendes gilt, wenn der Schuldner eine Geldschuld per Überweisung bezahlt und das Geld folglich an die **Bank des Gläubigers** übermittelt. Auch in diesem Fall bedarf es keiner Anwendung des § 362 Abs. 2 BGB; denn Leistungsempfänger ist auch hier der Gläubiger und nicht die Bank.[114] Diese fungiert nur als Zahlstelle des Gläubigers und ist daher nicht „Dritter" im Sinne von § 362 Abs. 2 BGB.

2. Leistung an einen Dritten

28 Die Leistung an einen Dritten hat nach §§ 362 Abs. 2, 185 BGB Erfüllungswirkung, wenn der Gläubiger entweder den **Dritten ermächtigt** hat, die Leistung im eigenen Namen in Empfang zu nehmen, oder aber wenn er den **Schuldner ermächtigt** hat, die Leistung an den Dritten zu erbringen.[115] Eine solche Ermächtigung liegt namentlich in den Fällen der Anweisung vor.[116] Die Ermächtigung kann widerruflich, aber auch unwiderruflich erteilt werden.[117] Sie kann sich nach allgemeinen Regeln auch aus einem schlüssigen Verhalten ergeben, das vom Standpunkt eines objektiven Empfängers auf ein entsprechendes Erklärungsbewusstsein schließen lässt.[118] Vereinbart beispielsweise ein Auftragnehmer mit seinem Auftraggeber die Geltung der VOB/B, so ermächtigt er damit zugleich seine Subunternehmer unter den Voraussetzungen der § 16 Abs. 6 VOB/B, den vom Auftraggeber geschuldeten Werklohn mit Erfüllungswirkung ihm gegenüber entgegenzunehmen.[119] Da § 362 Abs. 2 BGB auch auf § 185 Abs. 2 BGB verweist, kann die Ermächtigung nicht nur vor, sondern auch nach der Leistung erklärt werden. Nach dieser Vorschrift hat die Leistung an einen nichtberechtigten Dritten befreiende Wirkung, wenn der Gläubiger sie **nachträglich genehmigt**, wenn der Dritte die Forderung erwirbt oder der Gläubiger den Dritten beerbt und für die Nachlassverbindlichkeiten unbeschränkt haftet. Von einer konkludenten Genehmigung ist insbesondere dann auszugehen, wenn der Gläubiger gegen den Dritten auf Herausgabe des Leistungsgegenstandes klagt (§ 816 Abs. 2 BGB).[120] Bis zur Genehmigung (bzw. zum Eintritt einer der anderen Fälle des § 185 Abs. 2 BGB) bleibt die Erfüllungswirkung in der Schwebe. Die Genehmigung hat rückwirkende Kraft (§ 184 Abs. 1 BGB). Daher kann der Gläubiger eine Leistung, die der Schuldner vor Eröffnung der Insolvenz über sein Vermögen an einen Nichtberechtigten erbracht hat, auch nach Insolvenzeröffnung noch genehmigen, um bei dem Nichtberechtigten gemäß § 816 Abs. 2 BGB Rückgriff zu nehmen.[121] Eine Ermächtigung im Sinne der §§ 362 Abs. 2, 185 BGB muss sich auf eine Leistung zum Zwecke der Erfüllung beziehen. Die vertraglich vorgese-

---

[111] *Fetzer* in: MünchKomm-BGB, § 362 Rn. 12.

[112] *Gernhuber*, Die Erfüllung und ihre Surrogate, 2. Aufl. 1994, § 5 IV 2 c.

[113] OLG Saarbrücken v. 12.10.1987 - 5 W 157/87 - OLGZ 1988, 45-49; zum speziellen Fall der Leistung an einen mit einer Rechtsscheinsvollmacht ausgestatteten Vertreter AG Hechingen v. 28.11.2011 - 2 C 179/11 - juris Rn. 15 ff.; eingehend dazu *Taupitz*, JuS 1992, 449-456.

[114] BGH v. 18.04.1985 - VII ZR 309/84 - juris Rn. 5 - NJW 1985, 2700.

[115] Vgl. dazu BGH v. 25.03.1983 - V ZR 168/81 - BGHZ 87, 156-166; BGH v. 25.11.1985 - II ZR 48/85 - juris Rn. 8 - LM Nr. 16 zu § 362 BGB; BGH v. 17.06.1994 - V ZR 204/92 - juris Rn. 24 - LM BGB § 362 Nr. 21 (2/1995); BGH v. 12.06.1997 - IX ZR 110/96 - juris Rn. 12 - NJW-RR 1997, 1460-1461.

[116] *Fetzer* in: MünchKomm-BGB, § 362 Rn. 14; vgl. BGH v. 12.06.1997 - IX ZR 110/96 - juris Rn. 12 - NJW-RR 1997, 1460-1461; FG Münster v. 22.0..2010 - 6 K 4276/06 AO - juris Rn. 37 - BB 2010, 730.

[117] Vgl. nur *Olzen* in: Staudinger, § 362 Rn. 45.

[118] BGH v. 02.11.1989 - IX ZR 197/88 - juris Rn. 17 - BGHZ 109, 171-178; OLG Celle v. 06.11.2002 - 7 U 229/01 - juris Rn. 6 - OLGR Celle 2003, 106-107.

[119] OLG Schleswig v. 27.06.2003 - 1 U 165/02 - ZIP 2003, 1360-1361 mit Anmerkung *Schmitz*, EWiR 2004, 35-36.

[120] *Fetzer* in: MünchKomm-BGB, § 362 Rn. 14.

[121] BGH v. 15.01.2009 - IX ZR 237/07 - juris Rn. 13 - NZI 2009, 244-245 mit Anmerkung von *Berger*, LMK 2009, 278567.

hene Zahlung eines Kaufpreises auf **Notaranderkonto** führt deshalb regelmäßig nicht zur Erfüllung,[122] denn die Leistung soll nach der Interessenlage der Parteien nur Sicherungszwecken dienen.[123] Die vertragsgemäße Hinterlegung beim Notar hat daher nur dann Erfüllungswirkung, wenn die Parteien das ausnahmsweise vereinbaren.[124] Im Schrifttum wird zum Teil angenommen, dass Erfüllung bei Vorliegen aller Auszahlungsvoraussetzungen (Auszahlungsreife) eintritt.[125] Da dem Gläubiger das Geld zu diesem Zeitpunkt aber noch nicht zur Verfügung steht, ist zutreffenderweise davon auszugehen, dass Erfüllungswirkung erst mit der Auszahlung an ihn (oder einen von ihm benannten Dritten) eintritt,[126] sofern die Auslegung der Hinterlegungsvereinbarung nicht ausnahmsweise etwas anderes ergibt.[127]

Von der bloßen Empfangsermächtigung gemäß §§ 362 Abs. 2, 185 BGB zu unterscheiden ist die **Einziehungsberechtigung**. Der Unterschied liegt darin, dass der Einziehungsberechtigte die Leistung vom Schuldner verlangen kann, während der Empfangsermächtigte die Leistung zwar (mit befreiender Wirkung für den Schuldner) entgegennehmen, diesen aber nicht selbst in Anspruch nehmen kann.[128] Jedoch hat auch die Leistung an den einziehungsberechtigten Dritten – genauso wie die an einen empfangsermächtigten Dritten – befreiende Wirkung.[129] Eine Einziehungsermächtigung kann sowohl auf Gesetz als auch auf Rechtsgeschäft beruhen. Eine gesetzliche Einziehungsermächtigung findet sich etwa für die Fälle des Nießbrauchs und des Pfandrechts in §§ 1074, 1282, 1291 BGB sowie für den Gläubiger bei der Pfändung einer Forderung in §§ 835, 836 Abs. 1 ZPO. Leistet der Schuldner an einen **Nichtberechtigten**, den er gutgläubig für empfangsberechtigt hält, so wird er – außer im Fall der Genehmigung (vgl. Rn. 28) durch den Gläubiger – nur in den gesetzlich besonders bestimmten Fällen (vgl. z.B. die §§ 169, 370, 407, 408, 409, 720, 793, 808, 851, 893, 2019, 2111, 2366, 2367 BGB, Art. 40 Abs. 3 WG, Art. 35 ScheckG, § 836 Abs. 2 ZPO) frei. Keine Erfüllung tritt daher ein, wenn der Schuldner an den Pfändungsgläubiger aufgrund eines Pfändungs- und Überweisungsbeschlusses leistet, der aufgrund einer Abtretung vor der Pfändung wirkungslos ist.[130] Dasselbe gilt in dem Fall, dass ein Unterhaltsschuldner auf eine titulierte Forderung statt an den Gläubiger an den Träger der Sozialhilfe zahlt, der im streitbefangenen Zeitraum Leistungen nach dem BSHG erbracht hat, obwohl infolge Zurechnung fiktiven Einkommens ein Forderungsübergang gemäß § 91 Abs. 2 BSHG nicht stattgefunden hat. In diesem Fall ist es auch keine unzulässige Rechtsausübung, wenn der Gläubiger zu seinen Gunsten titulierte Unterhaltsbeiträge vollstreckt.[131] Im Sonderfall des § 354a HGB befreit die Leistung an den Zedenten den Schuldner auch bei Kenntnis von der Abtretung.[132]

29

Unabhängig von einer Ermächtigung hat die Leistung an einen Dritten auch dann Erfüllungswirkung, wenn der Schuldner **aufgrund gesetzlicher Vorgaben** an einen Dritten leistet, etwa wenn der Arbeitgeber die öffentlich-rechtlichen Lohnabzüge vom Bruttolohn an die zuständigen Stellen abführt.[133] Keine schuldbefreiende Wirkung tritt dagegen ein, wenn der Schuldner aufgrund einer Verwaltungs-

30

---

[122] BGH v. 25.03.1983 - V ZR 168/81 - BGHZ 87, 156-166; BGH v. 17.02.1994 - IX ZR 158/93 - juris Rn. 26 - LM BGB § 270 Nr. 6 (7/1994); BGH v. 20.05.1994 - V ZR 64/93 - juris Rn. 10 - BGHZ 126, 131-138; BGH v. 20.11.1997 - IX ZR 152/96 - juris Rn. 22 - LM BGB § 135 Nr. 7 (4/1998); BGH v. 19.03.1998 - IX ZR 242/97 - juris Rn. 17 - BGHZ 138, 179-187; vgl. auch BGH v. 14.07.1998 - XI ZR 272/97 - juris Rn. 11 - LM AGBG § 9 (Bl) Nr. 61 (4/1999); LG Rostock v. 12.12.2002 - 2 T 320/02 - juris Rn. 15. Gleiches gilt bei einer Leistung auf ein Treuhandkonto; vgl. *Meyding/Grau*, NZG 2011, 41, 44.
[123] BGH v. 19.03.1998 - IX ZR 242/97 - juris Rn. 16 - BGHZ 138, 179-187.
[124] BGH v. 25.03.1983 - V ZR 168/81 - BGHZ 87, 156-166; BGH v. 17.02.1994 - IX ZR 158/93 - juris Rn. 26 - LM BGB § 270 Nr. 6 (7/1994).
[125] Vgl. dazu *Olzen* in: Staudinger, § 362 Rn. 44.
[126] BGH v. 16.07.1999 - V ZR 56/98 - juris Rn. 8 - LM BGB § 812 Nr. 264 (2/2000); OLG Köln v. 29.04.1988 - 2 Wx 33/87 - DB 1988, 2454; *Buck-Heeb* in: Erman, § 362 Rn. 15; *Olzen* in: Staudinger, § 362 Rn. 44.
[127] Vgl. dazu BGH v. 17.02.1994 - IX ZR 158/93 - juris Rn. 30 - LM BGB § 270 Nr. 6 (7/1994).
[128] Vgl. *Gernhuber*, Die Erfüllung und ihre Surrogate, 2. Aufl. 1994, § 23, 1.
[129] *Olzen* in: Staudinger, § 362 Rn. 46.
[130] BGH v. 26.05.1987 - IX ZR 201/86 - juris Rn. 12 ff. - NJW 1988, 495-496; BGH v. 12.12.2001 - IV ZR 47/01 - juris Rn. 16 - NJW 2002, 755-757; vgl. auch LG Mühlhausen v. 27.05.2008 - 3 O 122/08-IV - juris Rn. 36.
[131] OLG Düsseldorf v. 23.07.2003 - II-8 UF 2/03, 8 UF 2/03 - NJW-RR 2004, 868-869.
[132] *Grüneberg* in: Palandt, § 362 Rn. 6.
[133] LAG Köln v. 20.02.2003 - 6 Sa 886/02 - juris Rn. 8 - Bibliothek BAG.

vorschrift an einen Dritten leistet, die Verwaltungsvorschrift ihrerseits aber mit zwingenden gesetzlichen Vorgaben unvereinbar ist.[134]

C. Rechtsfolgen

I. Erlöschen des Schuldverhältnisses

31 Wird die geschuldete Leistung bewirkt, dann **erlischt das Schuldverhältnis** (§ 362 Abs. 1 BGB). Gemeint ist – wie allgemein in Abschnitt 4 von Buch 2 – das Schuldverhältnis im engeren Sinn (vgl. Rn. 2), also der einzelne schuldrechtliche Anspruch. Bei Dauerschuldverhältnissen erlischt die jeweils fällige Einzelforderung.[135] Stellt sich im Nachhinein heraus, dass eine Schuld gar nicht bestand und die Leistung daher ihren Zweck verfehlt hat, so ist die Leistung nach den Regeln über die ungerechtfertigte Bereicherung zurückzugewähren. Der Gläubiger kann die Erfüllung und damit das Erlöschen der Schuld vereiteln, indem er die ihm angebotene Leistung ablehnt. Ob er dadurch in Annahmeverzug (§ 293 BGB) kommt, ist insoweit unerheblich. Der Schuldner kann sich in diesem Fall aber durch Hinterlegung von seiner Verbindlichkeit befreien (§§ 372, 378 BGB). Ein Vorbehalt des Gläubigers bei der Annahme der Leistung kann zur Wahrung gewisser weiterer Rechte erforderlich sein (vgl. die §§ 341 Abs. 3, 640 Abs. 2 BGB). Dagegen ist ein allgemeiner Vorbehalt in dem Sinne, eine Leistung nicht als Erfüllung ansehen zu wollen, für die Erfüllungswirkung ohne Bedeutung. Wenn die Leistung ordnungsgemäß ist, so erlischt das Schuldverhältnis trotz des Vorbehalts. Ein allgemeiner Vorbehalt des Gläubigers, dass die Vertragsmäßigkeit der Leistung nicht anerkannt werde, schließt nicht einmal die Wirkung des § 363 BGB aus (vgl. die Kommentierung zu § 363 BGB).[136]

II. Vorausleistungen

32 **Vorauszahlungen** vor Entstehen (oder Fälligkeit) der Forderung bewirken nicht automatisch das Erlöschen der Forderung im Zeitpunkt ihrer Entstehung (bzw. ihres Fälligwerdens). Sie können je nach Lage des Falles als Sicherheitsleistung, als Darlehen oder als Vorausleistung anzusehen sein. Damit mit Entstehen der Forderung die Vorausleistung zum Erlöschen führen, bedarf es im Hinblick auf das Erfordernis der Zuordnung der Leistung zur Schuld (vgl. Rn. 23) nach Ansicht des BGH einer Anrechnungsvereinbarung, die gegebenenfalls (etwa beim Grundstückskauf) einer Form bedarf.[137] Da die Forderung vor Entstehen noch nicht erfüllt werden kann, ist eine Vorausleistung zudem von einer Zustimmung des Gläubigers abhängig.[138] Bei unabdingbaren Ansprüchen können Vorauserfüllungsabreden wegen Gesetzesumgehung unwirksam sein.[139] Dasselbe gilt für vorformulierte Vorauserfüllungsabreden bei Börsentermingeschäften.[140]

III. Leistungen unter Vorbehalt

33 Ob eine **Leistung unter Vorbehalt**[141] Erfüllungswirkung hat und das Schuldverhältnis daher erlöschen lässt, ist von der Art des Vorbehalts abhängig, die durch Auslegung zu ermitteln ist. Macht der Schuldner seine Leistung nur derart vom Bestehen der Schuld abhängig, dass er sich unter Übernahme der Beweislast die Rückforderung für den Fall ihres Nichtbestehens vorbehält, so leistet er ordnungsgemäß, und es tritt vollständige Erfüllungswirkung ein;[142] denn mit einem solchen Vorbehalt will der

---

[134] OLG Brandenburg v. 07.09.2006 - 6 W 244/05 - juris Rn. 29 ff. - NJW 2007, 1470-1471 (zu § 36 Abs. 4 Satz 1 KostVfg: Unvereinbarkeit mit §§ 81, 83 ZPO).

[135] BGH v. 11.11.1953 - II ZR 181/52 - BGHZ 10, 391-399.

[136] *Weber* in: BGB-RGRK, § 362 Rn. 48.

[137] BGH v. 19.11.1982 - V ZR 161/81 - juris Rn. 16 - BGHZ 85, 315-319; BGH v. 11.11.1983 - V ZR 150/82 - juris Rn. 13 - LM Nr. 101 zu § 313 BGB; BGH v. 20.09.1985 - V ZR 148/84 - juris Rn. 7 - LM Nr. 106 zu § 313 BGB; OLG Hamm v. 12.04.2011 - I-28 U 159/10 - juris Rn. 47; a.M. *Gernhuber*, Die Erfüllung und ihre Surrogate, 2. Aufl. 1994, § 5 III 1 b; *Singer*, JR 1983, 356-362.

[138] *Fetzer* in: MünchKomm-BGB, § 362 Rn. 15, vgl. auch BGH v. 16.06.1993 - XII ZR 6/92 - juris Rn. 16 - BGHZ 123, 49-58.

[139] BGH v. 13.01.1972 - VII ZR 81/70 - BGHZ 58, 60-71.

[140] BGH v. 13.07.1987 - II ZR 280/86 - juris Rn. 55 - BGHZ 101, 296-307.

[141] Vgl. dazu *Seibert*, JR 1983, 491-494.

[142] BGH v. 06.05.1982 - VII ZR 208/81 - juris Rn. 18 - LM Nr. 59 zu § 123 BGB; BGH v. 08.02.1984 - IVb ZR 52/82 - juris Rn. 14 - LM Nr. 9 zu § 1602 BGB; BGH v. 06.10.1998 - XI ZR 36/98 - juris Rn. 36 - BGHZ 139, 357-368; BGH v. 24.11.2006 - LwZR 6/05 - juris Rn. 19 - NJW 2007, 1269-1273.

Schuldner lediglich dem Verständnis seiner Leistung als Anerkenntnis (§ 212 Abs. 1 Nr. 1 BGB) entgegentreten und sich gegen die Wirkung des § 814 BGB verwahren. Der Gläubiger kann eine Leistung des Schuldners unter diesem Vorbehalt daher auch nicht ablehnen, ohne in Annahmeverzug zu geraten; denn er hat nur Anspruch auf die Leistung und nicht auf Anerkennung der Schuld.[143] Aus diesem Grund fehlt auch einer negativen Feststellungsklage, mit der der Gläubiger das Nichtbestehen eines Rückforderungsanspruches festgestellt haben will, regelmäßig das Feststellungsinteresse.[144] Etwas anderes gilt dagegen, wenn der Schuldner dergestalt unter Vorbehalt leistet, dass dem Leistungsempfänger für einen späteren Rückforderungsprozess die Beweislast für das Bestehen des Anspruchs auferlegt werden soll. Ein Vorbehalt dieser Art knüpft die Tilgungsbestimmung an den Nachweis der Schuld durch den Gläubiger und enthält daher eine aufschiebende Bedingung im Sinne des § 158 BGB; er lässt die Schuldtilgung in der Schwebe und ist demnach keine Erfüllung im Sinne des § 362 BGB.[145] Ein solcher Vorbehalt liegt insbesondere dann vor, wenn der Schuldner während eines Rechtsstreits zahlt und seine Rechtsverteidigung fortsetzt, weil damit zum Ausdruck kommt, dass die Zahlung auf den Ausgang des Rechtsstreits keinen Einfluss haben soll.[146] Auch eine Leistung zur Abwendung der Zwangsvollstreckung aus einem vorläufig vollstreckbaren Urteil[147] oder einer einstweiligen Anordnung[148] erfolgt regelmäßig unter einem solchen Vorbehalt (vgl. Rn. 49), den man dann als „Vorbehalt der Rechtskraft" bezeichnen kann. Da ein solcher Vorbehalt dem Gläubiger die Beweislast dafür aufbürdet, dass die Forderung besteht und er die Leistung behalten darf, entlässt sie ihn nicht aus der Rolle des Fordernden und gibt ihm mithin weniger, als er verlangen kann.[149] Folglich kann der Gläubiger eine Leistung mit einem derartigen Vorbehalt ablehnen, ohne dadurch in Annahmeverzug zu geraten.[150] Nimmt er allerdings an, so kann darin sein Einverständnis mit dem Vorbehalt liegen.[151] Missverständlich ist es, dabei von der Bedingung des „Bestehens der Schuld" zu sprechen; denn ob die Schuld besteht, ist zur Zeit der Leistung bereits entschieden und daher kein zukünftiges ungewisses Ereignis. Ein darauf bezogener Vorbehalt wäre keine echte Bedingung, sondern nur eine Scheinbedingung und ist vom Schuldner regelmäßig nicht gewollt.[152] Möglich ist auch, dass die Leistung mit anderen Bedingungen verknüpft wird, die sich auf den Eintritt außerhalb der Forderung liegender Umstände beziehen,[153] etwa dass ein weiterer Gläubiger Stundung gewährt.[154] Auf solche Bedingungen braucht der Gläubiger sich natürlich nicht einzulassen; tut er dies doch, so erlischt die Forderung erst mit Erfüllung der zusätzlichen Bedingungen.[155] Auch bei vereinbarter Hinterlegung auf Notaranderkonto bleibt die Erfüllung der Hinterlegungspflicht aus, wenn der Schuldner die Auskehrung des Betrages von anderen als den vereinbarten Bedingungen abhängig macht.[156]

---

[143] *Fetzer* in: MünchKomm-BGB, § 362 Rn. 5; *Gernhuber*, Die Erfüllung und ihre Surrogate, 2. Aufl. 1994, § 5 V 2; *Weber* in: BGB-RGRK, § 362 Rn. 35.
[144] OLG Saarbrücken v. 19.08.2003 - 3 U 109/03, 3 U 109/03 - 10 - juris Rn. 13 - OLGR Saarbrücken 2003, 433-434.
[145] BGH v. 08.02.1984 - IVb ZR 52/82 - juris Rn. 14 - LM Nr. 9 zu § 1602 BGB; BGH v. 06.10.1998 - XI ZR 36/98 - juris Rn. 36 - BGHZ 139, 357-368; BGH v. 24.11.2006 - LwZR 6/05 - juris Rn. 19 - NJW 2007, 1269-1273.
[146] BGH v. 06.10.1998 - XI ZR 36/98 - juris Rn. 36 - BGHZ 139, 357-368; BGH v. 24.11.2006 - LwZR 6/05 - juris Rn. 19 - NJW 2007, 1269-1273.
[147] BGH v. 24.11.2006 - LwZR 6/05 - juris Rn. 19 - NJW 2007, 1269-1273; BGH v. 19.11.2008 - X ZR 39/08 - juris Rn. 5 – WuM 2009, 57; OLG Hamburg v. 26.05.2005 - 3 U 91/04 - juris Rn. 62; LAG Hamm v. 10.12.2008 - 10 TaBV 125/08 - juris Rn. 97.
[148] OLG Bamberg v. 14.10.2004 - 2 UF 181/04 - juris Rn. 11 - FuR 2005, 522-523.
[149] Vgl. dazu *Kerwer*, Die Erfüllung in der Zwangsvollstreckung, 1996, S. 262 f.
[150] BGH v. 19.01.1983 - VIII ZR 315/81 - juris Rn. 8 - BGHZ 86, 267-272; BGH v. 10.10.1984 - VIII ZR 244/83 - juris Rn. 25 - BGHZ 92, 280-294; unzutreffend OLG Köln v. 22.03.1991 - 19 U 65/90 - NJW-RR 1992, 237-239; OLG Karlsruhe v. 15.02.2011 - 17 U 151/09 - juris Rn. 18 ff.
[151] BGH v. 08.06.1988 - IVb ZR 51/87 - juris Rn. 22 - LM Nr. 197 zu BGB § 812.
[152] *Seibert*, JR 1983, 491-494; vgl. aber OLG Düsseldorf v. 14.03.1995 - 4 U 61/94 - NJW-RR 1996, 1430-1431.
[153] BGH v. 10.10.1984 - VIII ZR 244/83 - juris Rn. 25 - BGHZ 92, 280-294; OLG Dresden v. 26.04.1995 - 8 U 1551/94 - NJW-RR 1996, 625-626.
[154] Vgl. *Olzen* in: Staudinger, § 362 Rn. 28.
[155] BGH v. 10.10.1984 - VIII ZR 244/83 - juris Rn. 25 - BGHZ 92, 280-294.
[156] BGH v. 07.03.1997 - V ZR 4/96 - juris Rn. 23 - LM BGB § 433 Nr. 82 (9/1997).

D. Prozessuale Hinweise

34 Die **Beweislast** für die Erfüllung obliegt, da es sich um eine rechtsvernichtende Einwendung handelt, dem **Schuldner**.[157] Diese Beweislastverteilung ist Ausdruck des Leistungsrisikos und entspricht allgemeinen beweisrechtlichen Erwägungen. Bei der Erfüllung handelt es sich um einen für den Schuldner günstigen Tatbestand, aus dem er Rechte herleiten will. Außerdem ist derjenige, der eine ihm obliegende Leistung erbringt, regelmäßig imstande, sich über diesen Vorgang Beweise zu sichern (Bsp.: Anspruch auf Quittung nach § 368 BGB).[158] Da Erfüllung den Eintritt des Leistungserfolges voraussetzt, genügt es nicht, wenn der Schuldner lediglich die Vornahme der Leistungshandlung beweist.[159] Die Beweislast des Schuldners gilt nicht nur für die Leistung selbst, sondern auch dafür, dass die Leistung vollständig und schuldgerecht war. Der Schuldner muss auch beweisen, dass die Leistung an den Gläubiger bzw. an einen zur Empfangnahme Berechtigten erbracht worden ist.[160] Hat der Schuldner an einen Dritten geleistet, so obliegt ihm der Beweis dafür, dass dies dem Vertrag entsprach.[161] Hat der Gläubiger die Leistung von einem Dritten erhalten, hat der Schuldner darzulegen und zu beweisen, dass diese Leistung zur Erfüllung der Verbindlichkeit des Schuldners erbracht wurde.[162] Der Schuldner trägt die Beweislast nicht nur im Fall nachträglicher Erfüllung, sondern auch dann, wenn er behauptet, bereits vor Fälligkeit geleistet zu haben. Im letzteren Fall bestreitet er nicht etwa das Entstehen der Verbindlichkeit, sondern er erhebt den Einwand der vorzeitigen Erfüllung, wofür er beweisbelastet ist.[163] Hat der Gläubiger die Leistung erhalten, ist aber streitig, ob der Schuldner zur Tilgung oder zur Sicherheit geleistet hat, so gilt dieselbe Beweislastverteilung. Da eine Leistung unter Vorbehalt oder zur Sicherheit keine ordnungsgemäße Erfüllung ist, obliegt dem Schuldner der Nachweis, dass die Leistung zum Zwecke der Tilgung gegeben wurde.[164] Besteht umgekehrt Streit über die Bedeutung eines vom Schuldner bei der Leistung erklärten Vorbehalts, trägt der Schuldner die Beweislast dafür, dass er dem Gläubiger auch weiterhin die Beweislast für den Bestand der Forderung aufgebürdet hat.[165] An der Beweislast des Schuldners ändert sich auch nichts dadurch, dass er, wenn er auf Erfüllung in Anspruch genommen ist, behauptet, ihm sei die Schuld schenkweise erlassen worden, denn dann ist er für den Erlassvertrag beweisbelastet.[166] Ist dem Schuldner dieser Beweis gelungen, so obliegt dem Gläubiger der Nachweis für die Voraussetzungen eines erst nach dieser Erfüllung neu entstandenen Anspruchs.[167] Bei der Beweislast des Schuldners bleibt es jedenfalls nach h.M. **auch dann, wenn der Gläubiger aus der Nichterfüllung** oder der nicht ordnungsgemäßen Erfüllung **Rechte gegen den Schuldner** (wie etwa einen Schadensersatzanspruch) **herleiten will**.[168] Der Gegenmeinung, die dem Gläubiger insoweit die Beweislast auferlegen will, weil es sich um neue, vom ursprünglichen Erfüllungsanspruch losgelöste Ansprüche handele,[169] ist nicht zu folgen. Denn auch dadurch wird der Charakter der Erfüllung als rechtsvernichtender Einwendung nicht berührt. Im Übrigen gilt auch in diesem Fall die spezifisch beweisrechtliche Überlegung, dass dem Schuldner der Beweis der Erfüllung leichter fällt als dem Gläubiger ein entsprechender Negativbeweis.[170] Ist der Gläubiger aufgrund einer vom Schuldner erteilten

---

[157] BGH v. 27.02.1975 - III ZR 9/73 - WM 1975, 593; BGH v. 14.09.2005 - VIII ZR 369/04 - juris Rn. 7 - NJW 2006, 300-301; OLG Bamberg v. 08.03.2006 - 3 U 213/05 - WM 2006, 907-909; OLG Düsseldorf v. 18.12.2008 - I-5 U 84/08 - juris Rn. 20 - BauR 2009, 860; BAG v. 18.08.2009 - 9 AZR 617/08 - juris Rn. 50 - NZA 2010, 115-119; zu den Anforderungen an die Substantiierung BGH v. 17.10.1996 - IX ZR 293/95 - juris Rn. 16 - LM BGB § 362 Nr. 24 (2/1997).

[158] *Eyinck* in: Baumgärtel/Laumen/Prütting, Handbuch der Beweislast, § 362 Rn. 2.

[159] *Buck-Heeb* in: Erman, § 362 Rn. 17.

[160] *Eyinck* in: Baumgärtel/Laumen/Prütting, Handbuch der Beweislast, § 362 Rn. 6.

[161] *Eyinck* in: Baumgärtel/Laumen/Prütting, Handbuch der Beweislast, § 362 Rn. 6; *Schreiber* in: Soergel, § 362 Rn. 18.

[162] LAG Mecklenburg-Vorpommern v. 21.07.2009 - 5 Sa 336/07 - juris Rn. 36 und Leitsatz der Entscheidung.

[163] *Eyinck* in: Baumgärtel/Laumen/Prütting, Handbuch der Beweislast, § 362 Rn. 8.

[164] *Eyinck* in: Baumgärtel/Laumen/Prütting, Handbuch der Beweislast, § 362 Rn. 9; *Olzen* in: Staudinger, Rn. 48; *Schreiber* in: Soergel, § 362 Rn. 18.

[165] OLG Hamm v. 09.01.1987 - 20 U 263/86 - NJW-RR 1987, 985-986; *Fetzer* in: MünchKomm-BGB, § 362 Rn. 5.

[166] *Eyinck* in: Baumgärtel/Laumen/Prütting, Handbuch der Beweislast, § 362 Rn. 11.

[167] Vgl. BGH v. 26.10.1983 - IVa ZR 80/82 - juris Rn. 19 - LM Nr. 22 zu § 133 (B) BGB.

[168] BGH v. 24.03.1982 - IVa ZR 303/80 - juris Rn. 17 - BGHZ 83, 260-271; BGH v. 25.03.1987 - IVa ZR 224/85 - juris Rn. 21 - LM Nr. 11 zu § 43 VVG; BGH v. 17.12.1992 - III ZR 133/91 - juris Rn. 25 - LM BGB § 664 Nr. 2 (8/1993).

[169] *Buck-Heeb* in: Erman, § 362 Rn. 17.

[170] *Eyinck* in: Baumgärtel/Laumen/Prütting, Handbuch der Beweislast, § 362 Rn. 12.

Einzugsermächtigung berechtigt, den ihm zustehenden Betrag im Lastschriftverfahren vom Konto des Schuldners abzubuchen, so hat der Schuldner gegebenenfalls nachzuweisen, dass er auf seinem Konto die entsprechende Deckung bereitgestellt hatte.[171] Macht der Gläubiger ein akzessorisches Sicherungsrecht, wie etwa ein Pfandrecht, geltend, so muss er regelmäßig nur das Entstehen der gesicherten Forderung beweisen, nicht aber, dass die Forderung nicht erloschen ist. Der Beweis des Erlöschens obliegt vielmehr dem Schuldner.[172] Die Beweislast des Schuldners für die Erfüllung kann nicht in Allgemeinen Geschäftsbedingungen auf den Gläubiger übergewälzt werden; eine entsprechende vorformulierte Vertragsbedingung wäre nach § 307 BGB unwirksam.[173]

Abweichend von den vorstehenden Grundsätzen trägt der **Gläubiger** die Beweislast, soweit um die Erfüllung von Unterlassungspflichten gestritten wird. Hier muss nicht der Schuldner die Beachtung des Unterlassungsgebots, sondern der Gläubiger die Zuwiderhandlung durch den Schuldner beweisen (arg. e § 345 BGB).[174] Diese Abweichung rechtfertigt sich dadurch, dass dem Schuldner der negative Beweis, nicht gegen das Unterlassungsgebot verstoßen zu haben, regelmäßig schwer fällt, während die Zuwiderhandlung vom Gläubiger relativ leicht bewiesen werden kann.[175] Auch wenn ein positives Tun des Schuldners in Frage steht, kann sich die Beweislast zu Lasten des Gläubigers verschieben. Hat er die Leistung als Erfüllung angenommen, so trifft ihn die Beweislast, wenn er sie später nicht mehr als Erfüllung gelten lassen will, weil sie eine andere als die geschuldete Leistung oder unvollständig gewesen sei (§ 363 BGB). Unabhängig davon trifft ihn die Beweislast für die Fehlerhaftigkeit einer vom Schuldner gelieferten Sache, wenn er dem Schuldner den Nachweis der Ordnungsmäßigkeit der Leistung (z.B. durch Verarbeitung der Sache) schuldhaft unmöglich gemacht hat.[176] Ferner ergeben sich Besonderheiten für die Beweislastverteilung, wenn die beiderseitig geschuldeten Leistungen nicht Zug um Zug zu erfüllen sind, sondern der Käufer im Fall des Kaufvertrages vorleistungspflichtig ist. Nimmt er in diesem Fall den Verkäufer auf Lieferung in Anspruch, so braucht der Verkäufer nicht die Erfüllung, sondern nur die Vorleistungspflicht des Käufers zu beweisen. Dem Käufer als Gläubiger der Lieferpflicht obliegt dann der Nachweis, dass er seinerseits schon erfüllt hat bzw. dass er nicht in Verzug geraten ist, weil der Verkäufer nicht zur vertragsgemäßen Lieferung in der Lage gewesen ist. Diese spezielle Beweislastverteilung rechtfertigt sich dadurch, dass der Käufer es mit der Vereinbarung seiner Vorleistungspflicht bewusst in Kauf genommen hat, den Kaufpreis ohne Rücksicht auf die Lieferung der Ware zu entrichten.[177] Ist dem Käufer der ihm obliegende Beweis gelungen, so trägt der Verkäufer die Beweislast dafür, dass der Lieferanspruch des Käufers durch Erfüllung erloschen ist.[178] Auch soweit der Schuldner, wie regelmäßig, für die Erfüllung beweisbelastet ist, können ihm unter Umständen Beweiserleichterungen zugutekommen. Ist etwa bei Bargeschäften des täglichen Lebens die Gegenleistung schon erbracht worden, so spricht ein Anscheinsbeweis dafür, dass auch der Schuldner seiner Verpflichtung nachgekommen ist.[179] Bei Nachnahmesendungen besteht eine tatsächliche Vermutung, dass der Nachnahmebetrag bei Aushändigung der Ware an den Empfänger von diesem bezahlt wurde.[180] Allerdings setzt dies voraus, dass die Nachnahmesendung bei der Auslieferung noch als solche gekennzeichnet war und vom Zusteller entsprechend behandelt wurde; dafür ist der Empfänger der Sendung beweispflichtig.[181] Keine Beweiserleichterung begründet der bloße Zeitablauf seit Eintritt der Fälligkeit. So ermäßigen sich die Anforderungen an den Beweis des sich auf die Erfüllung seiner Einlagenschuld berufenden Gesellschafters nicht allein dadurch, dass seit der Gründung der Gesellschaft bereits geraume Zeit verstrichen ist.[182]

---

[171] BGH v. 19.10.1977 - IV ZR 149/76 - juris Rn. 20 - BGHZ 69, 361-368.
[172] BGH v. 20.03.1986 - IX ZR 42/85 - juris Rn. 25 - NJW 1986, 2426-2428; vgl. auch BGH v. 17.10.1996 - IX ZR 293/95 - juris Rn. 7 - LM BGB § 362 Nr. 24 (2/1997).
[173] LG Karlsruhe v. 19.06.1989 - O 156/88 KfH III - NJW-RR 1991, 124-127.
[174] *Grüneberg* in: Palandt, § 363 Rn. 1; *Stürner* in: Jauernig, § 363 Rn. 1; *Weber* in: BGB-RGRK, § 362 Rn. 50.
[175] *Eyinck* in: Baumgärtel/Laumen/Prütting, Handbuch der Beweislast, § 362 Rn. 14.
[176] *Olzen* in: Staudinger, § 362 Rn. 49; *Schreiber* in: Soergel, § 362 Rn. 20.
[177] BGH v. 12.04.1965 - VIII ZR 67/63 - LM Nr. 1 zu § 326 (K) BGB.
[178] *Eyinck* in: Baumgärtel/Laumen/Prütting, Handbuch der Beweislast, § 362 Rn. 13.
[179] *Stürner* in: Jauernig, § 363 Rn. 1.
[180] AG Bielefeld v. 19.08.2003 - 41 C 414/03 - NJW-RR 2004, 560.
[181] BGH v. 14.09.2005 - VIII ZR 369/04 - juris Rn. 10 - NJW 2006, 300-301.
[182] OLG Koblenz v. 07.03.2002 - 6 U 1220/00 - NZG 2002, 821-822; OLG Frankfurt v. 18.07.2005 - 1 U 109/05 - juris Rn. 9 - NZG 2005, 898-899.

E. Anwendungsfelder

I. Allgemeines

36 § 362 BGB gilt – wie auch die sonstigen Bestimmungen des Abschnitts 4 des Schuldrechts – für alle **Leistungspflichten** (§ 241 Abs. 1 BGB), unabhängig davon, ob sie auf ein positives Tun oder auf ein Unterlassen gerichtet sind (vgl. § 241 Abs. 1 Satz 2 BGB). Dagegen fallen **Verhaltenspflichten** gemäß § 241 Abs. 2 BGB nicht in seinen Anwendungsbereich.[183] Sie sind nicht durch Leistung oder ein Erfüllungssurrogat zu „erfüllen", sondern so lange zu beachten, wie die von Treu und Glauben beherrschte Sonderverbindung der Parteien besteht. Ihr Erlöschen fällt daher mit dem des Schuldverhältnisses im weiteren Sinn zusammen (vgl. Rn. 9),[184] soweit sie nicht als nachwirkende Verhaltenspflichten fortbestehen.[185]

II. Erfüllung von Geldschulden

1. Barzahlung

37 Der wichtigste Anwendungsfall des § 362 BGB ist die Erfüllung einer Geldschuld. Diese hat, soweit die Parteien nichts Abweichendes vereinbart haben, grundsätzlich durch **Barzahlung**, d.h. durch Einigung und Übergabe der erforderlichen Banknoten und Münzen, zu erfolgen.[186] Barzahlung in diesem Sinn ist auch die Übermittlung eines Geldbetrags durch die Post mittels der früheren Postanweisung bzw. ihrer späteren Weiterentwicklungen (Postbank Minuten-Service, Western Union Bargeldtransfer).[187] Erfüllung tritt bei der Barzahlung erst ein, wenn das Geld beim Gläubiger eingeht, d.h. wenn dieser die tatsächliche Verfügungsgewalt über das Geld erhält. Nicht ausreichend ist dabei der bloße Einwurf des Geldbetrages in den Hausbriefkasten des Gläubigers; denn ein Briefkasten stellt zumindest für größere Geldbeträge keine geeignete Empfangsvorrichtung dar.[188] Zur Frage, ob es für die Rechtzeitigkeit der Leistung und damit auch für die Verzugsfolgen auf den Zeitpunkt der Leistungshandlung oder auf den Zahlungseingang beim Gläubiger ankommt (vgl. die Kommentierung zu § 270 BGB Rn. 1, Rn. 10 (Kommentierung zu § 270 BGB Rn. 10) ff.).

2. Banküberweisung

a. Die Erfüllungswirkung der Überweisung

38 Statt durch Barzahlung kann eine Geldschuld auch durch Banküberweisung (vgl. dazu jetzt §§ 675f ff. BGB) erfüllt werden. Leistungsempfänger ist in diesem Fall der Gläubiger, nicht seine Bank. Die Bank fungiert nur als Zahlstelle des Gläubigers und ist daher auch nicht Dritter im Sinne des § 362 Abs. 2 BGB (vgl. dazu schon Rn. 27).[189] Streitig ist, ob die Überweisung **Erfüllung** im Sinne von § 362 BGB[190] **oder Leistung an Erfüllungs statt** gemäß § 364 Abs. 1 BGB[191] ist. Für eine Leistung an Erfüllungs statt spricht zwar konstruktiv, dass der Gläubiger durch die Überweisung zunächst kein Bargeld, sondern nur eine Forderung gegen seine Bank erwirbt.[192] Jedoch sollte die Konstruktion nicht den Ausschlag geben. Entscheidend muss vielmehr die Tatsache sein, dass Geld im Schuldrecht lediglich Wertträger ist und Münz- und Giralgeld in dieser Hinsicht im heutigen Geschäftsverkehr gleichgestellt werden. Im praktischen Ergebnis ist der Meinungsstreit allerdings ohne Bedeutung, solange eine vorherige oder nachträgliche Vereinbarung

---

[183] *Gernhuber*, Die Erfüllung und ihre Surrogate. 2. Aufl. 1994, § 1, 3 a; *Grüneberg* in: Palandt, Überbl. v. § 362 Rn. 2.

[184] *Fetzer* in: MünchKomm-BGB, Vorbem. § 362 Rn. 1.

[185] *Grüneberg* in: Palandt, Überbl. v. § 362 Rn. 2

[186] *Schreiber* in: Soergel, § 362 Rn. 3.

[187] *Olzen* in: Staudinger, Vorbem. zu den §§ 362 f. Rn. 19.

[188] AG Köln v. 29.06.2005 - 137 C 146/05 - juris Rn. 13 - NJW 2006, 1600; *Wiese*, NJW 2006, 1569-1571.

[189] BGH v. 09.11.1978 - VII ZR 17/76 - juris Rn. 31 - BGHZ 72, 316-322; BGH v. 18.04.1985 - VII ZR 309/84 - juris Rn. 5 - NJW 1985, 2700; BGH v. 06.12.1994 - XI ZR 173/94 - juris Rn. 7 - BGHZ 128, 135-139.

[190] Dafür OLG Frankfurt v. 26.09.1997 - 8 U 130/97 - juris Rn. 6 - NJW 1998, 387; *Dücker*, WM 1999, 1257-1263, 1259 f.; *Fetzer* in: MünchKomm-BGB, § 362 Rn. 20; *Gernhuber*, Die Erfüllung und ihre Surrogate, 2. Aufl. 1994, § 11 I 2 b; *Grüneberg* in: Palandt, § 362 Rn. 9; *Weber* in: BGB-RGRK, § 362 Rn. 20.

[191] Dafür BGH v. 13.03.1953 - V ZR 92/51 - NJW 1953, 897-898; OLG Hamm v. 13.11.1987 - 10 UF 266/87 - juris Rn. 46 - NJW 1988, 2115-2116; OLG Köln v. 05.04.1990 - 6 U 205/89 - NJW-RR 1991, 50; 4; *Buck-Heeb* in: Erman, § 362 Rn. 8; *Schreiber* in: Soergel, § 362 Rn. 4; *Stürner* in: Jauernig, §§ 364, 365 Rn. 4.

[192] *Stürner* in: Jauernig, §§ 364, 365 Rn. 4.

der Beteiligten über eine Zulassung der bargeldlosen Zahlung verlangt wird.[193] Dementsprechend wird die Entscheidung der Frage von der Rechtsprechung heute teilweise auch offen gelassen.[194] Ein Einverständnis des Gläubigers mit der Zahlung durch Buchgeld ist unabhängig von ihrer Einordnung als Erfüllung schon deshalb zu fordern, weil der Gläubiger nicht gezwungen sein kann, eine solche Zahlung anzunehmen.[195] Weder ist er verpflichtet, ein Girokonto überhaupt einzurichten, damit der Schuldner bargeldlos zahlen kann, noch braucht er bei bestehendem Konto eine Banküberweisung gegen seinen Willen anzunehmen.[196] An einer Überweisung hat er nämlich möglicherweise kein Interesse, weil dadurch lediglich sein Debet gemindert wird und sein Anspruch gegen die Bank wie jede Forderung Einwendungen ausgesetzt ist. Im Übrigen trägt er als Buchgeldinhaber das Risiko der Insolvenz seiner Bank. Letztlich ist Buchgeld auch leichter zu pfänden als Bargeld.[197] Ob das nötige **Einverständnis** des Gläubigers vorliegt, ist durch Auslegung zu klären. Es kann insbesondere schon durch die Angabe der Kontonummer auf Rechnungen und im Schriftverkehr zum Ausdruck kommen,[198] ferner dadurch, dass der Gläubiger derartige Zahlungen bisher widerspruchslos hingenommen hat.[199] Die bloße Tatsache, dass der Gläubiger ein Girokonto eröffnet hat, reicht dagegen nach h.L. im privaten Rechtsverkehr nicht aus.[200] Anders verhält es sich zwischen Kaufleuten, denn dort ist die Erfüllung durch Buchgeld Handelsbrauch, so dass der Schuldner seine Schuld hier generell durch Überweisung erfüllen kann, falls nicht die Art der Schuld oder ein erkennbarer Wille des Gläubigers entgegensteht.[201] Teilt der Gläubiger dem Schuldner nur ein bestimmtes Girokonto mit, so liegt darin grundsätzlich nicht das Einverständnis mit der Überweisung auf ein anderes Konto des Gläubigers, so dass eine Zahlung auf ein nicht angegebenes Konto des Gläubigers regelmäßig keine Tilgungswirkung hat.[202] Gleiches gilt für den Fall, dass der Gläubiger dem Schuldner eine neue Bankverbindung mitteilt und Zahlung ausschließlich auf das neue Konto wünscht; in diesem Fall kann der Schuldner nicht mehr durch Zahlung auf das ursprünglich genannte Konto erfüllen, selbst wenn dieses (übergangsweise) noch weitergeführt wird.[203] Der Gläubiger muss jedoch so auffällig auf die Änderung seiner Bankverbindung hinweisen, dass sie vom Schuldner nicht übersehen werden kann.[204] Tilgungswirkung hat die Zahlung auf ein nicht angegebenes Konto ausnahmsweise dann, wenn der Gläubiger sie nachträglich genehmigt. Eine solche Genehmigung kann auch in einem bloßen Schweigen des Überweisungsempfängers liegen.[205] Davon abgesehen kann zugunsten des Schuldners § 242 BGB anwendbar sein,[206] insbesondere wenn durch die Zahlung auf das falsche Konto dennoch das wirtschaftliche Ziel der Überweisung erreicht worden ist.[207]

---

[193] *Fetzer* in: MünchKomm-BGB, § 362 Rn. 20; *Olzen* in: Staudinger, Vorbem. zu den §§ 362 ff Rn. 35; gegen die Notwendigkeit des Einverständnisses *Gernhuber*, Die Erfüllung und ihre Surrogate, 2. Aufl. 1994, § 11 I 2 b.
[194] BGH v. 25.03.1983 - V ZR 168/81 - BGHZ 87, 156-166; BGH v. 05.05.1986 - II ZR 150/85 - juris Rn. 16 - BGHZ 98, 24-31; BGH v. 28.10.1998 - VIII ZR 157/97 - juris Rn. 9 - LM BGB § 362 Nr. 27 (5/1999).
[195] BGH v. 13.03.1953 - V ZR 92/51 - NJW 1953, 897-898.
[196] *Schreiber* in: Soergel, § 362 Rn. 4.
[197] *Olzen* in: Staudinger, Vorbem. zu den §§ 362 ff. Rn. 35; *Schreiber* in: Soergel, § 362 Rn. 4.
[198] BGH v. 05.05.1986 - II ZR 150/85 - juris Rn. 16 - BGHZ 98, 24-31; LAG Stuttgart v. 22.05.1985 - 2 Sa 166/84 - NJW 1985, 2727-2728.
[199] *Ebert* in: Erman, § 270 Rn. 3; *Grüneberg* in: Palandt, § 270 Rn. 4, *Grüneberg* in: Palandt, § 362 Rn. 9.
[200] BGH v. 13.03.1953 - V ZR 92/51 - NJW 1953, 897-898; OLG Köln v. 05.04.1990 - 6 U 205/89 - NJW-RR 1991, 50; ebenso die h.M. in der Literatur; zweifelnd aber *Ebert* in: Erman, § 270 Rn. 3; a.M. *von Dücker*, WM 1999, 1257-1263, 1261 f.
[201] *Fetzer* in: MünchKomm-BGB, § 362 Rn. 19.
[202] BGH v. 05.05.1986 - II ZR 150/85 - juris Rn. 16 - BGHZ 98, 24-31; BGH v. 17.03.2004 - VIII ZR 161/03 - juris Rn. 17 - NJW-RR 2004, 1281; OLG Karlsruhe v. 19.12.1996 - 9 U 140/96 - juris Rn. 26 - NJW 1997, 1587-1588; OLG Köln v. 20.01.2006 - 19 U 63/05 - juris Rn. 26 - WM 2006, 1144-1146; OLG Brandenburg v. 13.01.2010 - 3 U 155/08 - juris Rn. 38.
[203] BGH v. 17.03.2004 - VIII ZR 161/03 - juris Rn. 18 - NJW-RR 2004, 1281; BSG v. 14.08.2003 - B 13 RJ 11/03 R - juris Rn. 20 - SozR 4-7610 § 362 Nr. 1 mit Anmerkung *Paulsen-Rist*, jurisPR-SozR 1/2004, Anm. 3; OLG Brandenburg v. 13.01.2010 - 3 U 155/08 - juris Rn. 38; LAG Berlin-Brandenburg v. 21.11.2008 - 13 Sa 1496/08 - juris Rn. 17; LAG Köln v. 26.08.2011 - 4 Sa 427/11 - juris Rn. 41.
[204] OLG Frankfurt v. 26.09.1997 - 8 U 130/97 - juris Rn. 8 - NJW 1998, 387; OLG München v. 12.09.2005 - 34 Wx 4/05 - ZMR 2006, 154-155 LAG Köln v. 26.08.2011 - 4 Sa 427/11 - juris Rn. 41.
[205] OLG Karlsruhe v. 02.11.1995 - 4 U 49/95 - juris Rn. 11 - NJW-RR 1996, 752; AG Hannover v. 31.03.2005 - 501 C 14356/04 - juris Rn. 34 - ZfSch 2006, 573-574 verlangt eine unverzügliche Zurückweisung der Überweisung durch den Gläubiger, falls dieser sie nicht als Erfüllung gelten lassen will.
[206] Vgl. BGH v. 08.10.1991 - XI ZR 207/90 - LM BGB § 675 Nr. 173 (5/1992); BGH v. 17.03.2004 - VIII ZR 161/03 - juris Rn. 19 - NJW-RR 2004, 1281; OLG Jena v. 19.12.2000 - 5 U 126/00 - juris Rn. 58 - WM 2001, 2005-2008; OLG Nürnberg v. 23.05.2007 - 4 U 2528/06 - juris Rn. 10.

Haben die Parteien ausdrücklich Scheckzahlung vereinbart, dann tritt Erfüllung nicht durch Überweisung auf ein dem Gläubiger unerwünschtes Girokonto ein.[208] Besteht eine ausdrückliche Vereinbarung über die Zahlung auf ein bestimmtes Konto, so genügt die Gutschrift auf einem anderen Konto des Gläubigers auch dann nicht, wenn auf dem Überweisungsträger der Zusatz „oder ein anderes Konto des Empfängers" nicht gestrichen worden ist.[209] Die sog. Fakultativklausel, nach der die Banken die Überweisung statt auf das angegebene auch auf ein anderes Konto des Empfängers ausführen dürfen, ist gemäß § 307 BGB unwirksam.[210] Eine ausdrückliche Vereinbarung über die Zahlung auf ein bestimmtes Konto kann im Übrigen auch über ein bloßes Einverständnis des Gläubigers mit der bargeldlosen Zahlung hinausgehen und einen zentralen Bestandteil der Erfüllungsvereinbarung darstellen; sie hat dann zur Folge, dass der Gläubiger die getroffene Festlegung der Kontoverbindung nicht mehr frei widerrufen kann.[211] Soweit sich der Gläubiger mit der Zahlung durch Überweisung einverstanden erklärt hat, kann er die Erfüllung nicht durch Ausübung eines girovertraglichen Zurückweisungsrechts[212] verhindern; weist er dennoch die Zahlung zurück, dann muss er sich so behandeln lassen, als sei Erfüllung eingetreten (§§ 242, 162 BGB).[213]

b. Der Zeitpunkt des Erfüllungseintritts

39 Erfüllungswirkung tritt bei einer Banküberweisung regelmäßig in dem Zeitpunkt ein, in dem der überwiesene Betrag dem Konto des Gläubigers **gutgeschrieben** wird.[214] Unerheblich ist, wann der Betrag vom Konto des Schuldners abgebucht worden oder bei der Empfängerbank eingegangen ist;[215] denn erst mit der Gutschrift erhält der Gläubiger eine wirtschaftlich und rechtlich vergleichbare Verfügungsmöglichkeit über das Geld wie bei der Barzahlung.[216] Mit der Gutschrift erlischt die Forderung auch dann, wenn der Kontoinhaber noch nichts von ihr weiß; eine Mitteilung an den Gläubiger oder eine Annahme durch den Gläubiger ist demnach nicht notwendig.[217] Ebenso kommt es nicht auf den Vertrag zwischen dem Gläubiger und der Empfängerbank an. Das spätere Schicksal des Guthabens (Kontosperre, Insolvenz der Bank) berührt das Verhältnis Gläubiger-Schuldner nicht.[218] Die Gutschrift bewirkt jedoch nur dann die Erfüllung, wenn der Gläubiger durch sie endgültig über den Betrag verfügen kann.[219] Das ist dann der Fall, wenn die Bank die Daten der Gutschrift zur vorbehaltlosen Bekanntgabe an den Empfänger bereitgestellt hat, also sog. „Abrufpräsenz" besteht.[220] Die Eingabe der Daten in die EDV-Anlage reicht nicht aus,[221] und zwar auch nicht bei bankinterner Überweisung.[222] Notwendig ist vielmehr die Kenntlichmachung der Abrufpräsenz, z.B. durch vorbehaltloses Absenden oder Bereit-

---

[207] OLG Saarbrücken v. 12.10.1987 - 5 W 157/87 - OLGZ 1988, 45-49.
[208] LG Wuppertal v. 30.06.1994 - 17 O 57/94 - NJW-RR 1995, 178-179.
[209] BGH v. 18.04.1985 - VII ZR 309/84 - juris Rn. 6 - NJW 1985, 2700.
[210] BGH v. 05.05.1986 - II ZR 150/85 - juris Rn. 11 - BGHZ 98, 24-31.
[211] OLG Brandenburg v. 13.01.2010 - 3 U 155/08 - juris Rn. 39.
[212] Zum Streit um dessen Bestehen BGH v. 19.09.1989 - XI ZR 150/88 - juris Rn. 23 - LM Nr. 6 zu Allg. Geschäftsbedingungen der Banken Nr. 4; BGH v. 06.12.1994 - XI ZR 173/94 - juris Rn. 9 - BGHZ 128, 135-139; *Canaris*, ZIP 1986, 1021-1022, 1025; *Hadding/Häuser*, WM 1989, 589-593, 591.
[213] *Fetzer* in: MünchKomm-BGB, § 362 Rn. 21; *Grüneberg* in: Palandt, § 362 Rn. 10.
[214] BGH v. 25.01.1988 - II ZR 320/87 - juris Rn. 13 - BGHZ 103, 143-149; BGH v. 28.10.1998 - VIII ZR 157/97 - juris Rn. 9 - LM BGB § 362 Nr. 27 (5/1999); LG Kaiserslautern v. 24.02.2009 - 1 S 52/08 - juris Rn. 4; BFH v. 20.01.2009 - IX R 9/07 - juris Rn. 14; LAG München v. 10.10.2006 - 6 Sa 392/06 - juris Rn. 16; LAG Hamm v. 10.12.2008 - 10 TaBV 125/08 - juris Rn. 99
[215] BGH v. 20.11.1970 - IV ZR 58/69 - LM Nr. 3 zu § 36 VVG.
[216] *Olzen* in: Staudinger, Vorbem. zu den §§ 362 ff. Rn. 39.
[217] BGH v. 25.01.1988 - II ZR 320/87 - juris Rn. 15 - BGHZ 103, 143-149; kritisch *Meder*, WM 1999, 2137-2141, 2137.
[218] *Buck-Heeb* in: Erman, § 362 Rn. 9.
[219] BGH v. 23.01.1996 - XI ZR 75/95 - juris Rn. 2 - LM BGB § 362 Nr. 22 (6/1996); BGH v. 28.10.1998 - VIII ZR 157/97 - juris Rn. 9 - LM BGB § 362 Nr. 27 (5/1999); BGH v. 27.06.2008 - V ZR 83/07 - juris Rn. 26 - WM 2008, 1703-1707; OLG Nürnberg v. 30.03.2009 - 14 U 1058/08 - juris Rn. 21 - WM 2009, 1191-1193; BFH v. 20.01.2009 - IX R 9/07 - juris Rn. 14.
[220] BGH v. 25.01.1988 - II ZR 320/87 - juris Rn. 16 - BGHZ 103, 143-149; BGH v. 23.11.1999 - XI ZR 98/99 - juris Rn. 2 - LM BGB § 780 Nr. 21 (7/2000); OLG Nürnberg v. 18.04.1996 - 8 U 3213/95 - juris Rn. 6 - NJW-RR 1997, 45-46; LG Kiel v. 23.02.2000 - 5 S 90/99 - WM 2000, 2042-2047; LAG München v. 10.10.2006 - 6 Sa 392/06 - juris Rn. 16; LAG Hamm v. 10.12.2008 - 10 TaBV 125/08 - juris Rn. 99.
[221] BGH v. 25.01.1988 - II ZR 320/87 - juris Rn. 16 - BGHZ 103, 143-149.
[222] *Häuser/Welter*, WM 1994, 775-782; a.M. OLG Hamm v. 05.01.1993 - 21 U 126/92 - juris Rn. 25 f. - NJW-RR 1993, 690-691.

stellen der Kontoauszüge bzw. dadurch, dass dem Gläubiger der ihn betreffende Datenbestand der Bank, z.B. über einen Kontoauszugsdrucker, vorbehaltlos zur Verfügung gestellt wird.[223] Durch die vorbehaltlose Bereitstellung der Daten von Seiten der Bank entsteht ein abstraktes Schuldversprechen; der Gläubiger erwirbt einen unmittelbaren Anspruch auf Auszahlung des überwiesenen Betrags.[224]

Keine Erfüllung tritt ein, wenn der Geldbetrag dem Gläubiger nicht endgültig zur Verfügung steht,[225] etwa wegen Nichterfüllung von Auszahlungsbedingungen, weil die Bank im Rahmen der bankeninternen Nachdisposition von ihrem Stornorecht Gebrauch macht,[226] oder wenn die Leistung infolge einer erfolgreichen Insolvenzanfechtung zurückgewährt werden muss.[227] Eine Buchung auf dem Konto „pro Diverse" ist keine Erfüllung,[228] ebenso wenig die Buchung auf einem Sparkonto[229] oder dem Konto eines Dritten;[230] hat jedoch der Gläubiger dem Schuldner ein falsches Konto angegeben, so hat er in zurechenbarer Weise einen Rechtsschein gesetzt, mit der Folge, dass der Schuldner analog §§ 170-173 BGB von seiner Schuld befreit wird.[231] Auch eine Überweisung auf ein aufgelöstes Konto führt nicht zur Erfüllung, sofern nicht der Gläubiger es selbst bezeichnet hat[232] bzw. er aufgrund entsprechender Disposition der Bank die Verfügungsmacht erlangt.[233] Wird vereinbarungsgemäß auf ein Konto gezahlt, über das beide Parteien verfügen dürfen, ist es Auslegungsfrage, ob Erfüllung schon mit Gutschrift eintritt oder erst dann, wenn der Gläubiger über den überwiesenen Geldbetrag zu eigenen Zwecken verfügt.[234] Sofern der Gläubiger Informationen über den Verwendungszweck einer Zahlung benötigt, tritt bei einem schlecht oder gar nicht ausgefüllten Überweisungsformular Erfüllung erst dann ein, wenn die Informationen nachgeliefert worden sind,[235] es sei denn, der Gläubiger ist in der Lage, die Überweisung auch ohne die fehlenden Angaben zuzuordnen.[236] Zudem können unklare Angaben Schadensersatzansprüche auslösen.[237]

Anders als für die Erfüllung kam es für die **Rechtzeitigkeit der Banküberweisung** nach der lange Zeit h.M. nicht auf die Gutschrift (= Leistungserfolg), sondern auf den Abschluss des Überweisungsvertrags (= Leistungshandlung) an. Infolge der Zahlungsverzugsrichtlinie (Richtlinie 2000/35/EG) und der dazu ergangenen Rechtsprechung des EuGH[238] vollzieht sich insoweit aber derzeit ein grundlegender Wandel (vgl. näher dazu die Kommentierung zu § 270 BGB Rn. 1 und die Kommentierung zu § 270 BGB Rn. 10 ff.).

3. Lastschriftverfahren

a. Allgemeines zum Lastschriftverfahren

Im Lastschriftverfahren[239] wird der „Auftrag" zur bargeldlosen Zahlung nicht vom Schuldner, sondern vom Gläubiger erteilt, indem er die Lastschrift bei seiner Bank einreicht.[240] Deshalb handelt es sich

---

[223] BGH v. 25.01.1988 - II ZR 320/87 - juris Rn. 16 - BGHZ 103, 143-149; BGH v. 23.11.1999 - XI ZR 98/99 - juris Rn. 2 - LM BGB § 780 Nr. 21 (7/2000).
[224] BGH v. 25.01.1988 - II ZR 320/87 - juris Rn. 15 - BGHZ 103, 143-149.
[225] BGH v. 23.01.1996 - XI ZR 75/95 - juris Rn. 2 - LM BGB § 362 Nr. 22 (6/1996); BGH v. 27.06.2008 - V ZR 83/07 - juris Rn. 26 - WM 2008, 1703-1707; BFH v. 20.01.2009 - IX R 9/07 - juris Rn. 14; OLG Nürnberg v. 30.03.2009 - 14 U 1058/08 - juris Rn. 25 - WM 2009, 1191-1193; OLG Brandenburg v. 19.02.2010 - 4 U 149/08 - juris Rn. 75; FG Rheinland-Pfalz v. 11.12.2008 - 6 K 2270/07 - juris Rn. 17.
[226] *Buck-Heeb* in: Erman, § 362 Rn. 9; *Fetzer* in: MünchKomm-BGB, § 362 Rn. 21.
[227] FG Berlin-Brandenburg v. 23.02.2010 - 1 K 2357/06 B - juris Rn. 20.
[228] BGH v. 30.06.1986 - III ZR 70/85 - juris Rn. 10 - NJW 1987, 55-56.
[229] OLG Hamm v. 18.07.1986 - 11 U 326/85 - juris Rn.3 - NJW 1987, 70-71.
[230] OLG Frankfurt v. 26.09.1997 - 8 U 130/97 - juris Rn. 6 - NJW 1998, 387.
[231] OLG Hamm v. 05.07.2006 - 20 U 17/06 - juris Rn. 35 - VersR 2007, 485-487; LSG Potsdam v. 24.04.2003 - L 6 V 10/02 - juris Rn. 33; FG Karlsruhe v. 02.12.1983 - IX 373/82 - WM 1984, 962-964.
[232] OLG Köln v. 08.05.1990 - 22 U 299/89 - NJW 1990, 2261-2263; OLG Hamm v. 05.07.2006 - 20 U 17/06 - juris Rn. 24 - VersR 2007, 485-487.
[233] FG Hannover v. 01.02.1995 - VI 521/92 - juris Rn. 26 - WM 1995, 1020-1022.
[234] BGH v. 28.10.1998 - VIII ZR 157/97 - juris Rn. 9 - LM BGB § 362 Nr. 27 (5/1999).
[235] AG Frankfurt v. 13.12.2002 - 301 C 2284/02 (14), 301 C 2284/02 - MDR 2003, 320; *Braun*, ZIP 1996, 617-620; differenzierend *Olzen* in: Staudinger, Vorbem. zu den §§ 362 ff. Rn. 44.
[236] LG Köln v. 17.02.1993 - 10 S 348/92 - juris Rn. 2 - WuM 1995, 104.
[237] *Feldhahn*, NJW 1984, 2929-2930.
[238] EuGH v. 03.04.2008 - C-306/06 - NJW 2008, 1935-1936.
[239] Vgl. dazu *Matthies*, JuS 2009, 1074-1078.
[240] *Schreiber* in: Soergel, § 362 Rn. 5.

§ 362

gleichsam um ein „umgekehrtes Überweisungsverfahren".[241] Zu unterscheiden sind (bis zum 01.02.2014)[242] vier verschiedene Arten der Lastschrift, zwei rein nationale Formen (Einziehungsermächtigungsverfahren und Abbuchungsauftragsverfahren) und zwei Formen der europäischen SEPA-Lastschrift (SEPA-Basis-Lastschrift und SEPA-Firmen-Lastschrift):

- Beim häufig genutzten **Einziehungsermächtigungsverfahren** ermächtigt der Schuldner den Gläubiger (§ 185 BGB), die zu leistenden Zahlungen mittels Lastschrift bei der Schuldnerbank einzuziehen. Die Ermächtigung erstreckte sich **bis zum 08.07.2012** nur auf das Valutaverhältnis und nicht auf das Deckungsverhältnis.[243] Die Schuldnerbank belastete das Konto somit ohne Weisung des Zahlungspflichtigen.[244] Die Zahlung wurde daher erst durch nachträgliche Autorisierung wirksam (vgl. § 675j Abs. 1 Sätze 1, 2 BGB; Nr. 2.1.1. Abs. 2 und Nr. 2.4 Abs. 1 der Bedingungen für Zahlungen mittels Lastschrift im Einzugsermächtigungsverfahren in der bis einschließlich 08.07.2012 geltenden Fassung[245]). Die Genehmigung wurde fingiert, wenn der Schuldner nicht innerhalb von sechs Wochen widersprochen hatte (Nr. 2.4 Abs. 2 der Bedingungen für Zahlungen mittels Lastschrift im Einzugsermächtigungsverfahren in der bis einschließlich 08.07.2012 geltenden Fassung). Mit Wirkung **ab dem 09.07.2012** wurde das Einziehungsermächtigungsverfahren allerdings grundlegend geändert und dem SEPA–Basis-Lastschriftverfahren angeglichen, auf das zum 01.02.2014 komplett umgestellt werden wird.[246] Wie beim SEPA-Verfahren beinhaltet die Einziehungsermächtigung nun eine Anweisung an die Schuldnerbank, die Lastschrift einzulösen. Es bedarf mithin keiner nachträglichen Genehmigung der Kontobelastung mehr, da diese bereits im Vorfeld autorisiert wurde. Diese doppelte Ermächtigung gilt nun auch für die bereits vor dem Stichtag erteilten Einzugsermächtigungen (vgl. Nr. 2.2.1 der Bedingungen für Zahlungen mittels Lastschrift im Einzugsermächtigungsverfahren).
- Beim weniger verbreiteten **Abbuchungsauftragsverfahren** erteilt der Kunde seiner Bank die Weisung, die vom Zahlungsempfänger vorgelegten Lastschriften bis zum Widerruf der Weisung einzulösen. Mit dem Abbuchungsauftrag autorisiert er dabei die Bank zur Einlösung der Lastschrift.
- Bei der europäischen **SEPA-Lastschrift** erteilt der Kunde seiner Bank bereits im Lastschriftmandat die Generalermächtigung, SEPA-Lastschriften einzulösen; er willigt somit ebenfalls bereits vorher in den Zahlungsvorgang ein. Im Gegensatz zum **SEPA-Basis-Lastschriftverfahren** ist beim **SEPA-Firmen-Lastschriftverfahren** ein Erstattungsanspruch gemäß § 675x BGB ausgeschlossen.

b. Der Zeitpunkt des Erfüllungseintritts

43 In Bezug auf die **Erfüllung** kommt es im Lastschriftverfahren entscheidend darauf an, wann die Belastung des Schuldnerkontos wirksam ist. Denn nur dann kann nach Einreichen der Lastschrift und Gutschrift auf dem Gläubigerkonto Erfüllung eintreten.[247] Wann dies der Fall ist, ist für die jeweiligen Lastschriftverfahren gesondert zu untersuchen:

- Beim **Abbuchungsauftragsverfahren** sowie beim **SEPA-Firmen-Lastschriftverfahren** besteht nach Einlösung der Lastschrift kein Widerspruchsrecht des Schuldners mehr, so dass die Belastung des Schuldnerkontos sofort wirksam und dem Gläubiger der einzuziehende Betrag endgültig verschafft wird.[248] In diesen Ausgestaltungen tritt somit bereits zu diesem Zeitpunkt Erfüllung ein.[249]

---

[241] *Olzen* in: Staudinger, Vorbem. zu den §§ 362 ff Rn. 58.

[242] Mit Wirkung zum 1.2.2014 findet gemäß Art. 6 der Verordnung (EU) Nr. 260/2012 eine komplette Umstellung auf die europäischen SEPA-Verfahren statt. Die tradierten deutschen Lastschriftverfahren werden im Zuge dessen abgeschafft. Im Einzelfall lässt die Verordnung allerdings verlängerte Übergangsfristen bis 2016 zu.

[243] BGH v. 11.04.2006 - XI ZR 220/05 - juris Rn. 11 - NJW 2006, 1965-1967; LG Köln v. 25.04.2007 - 13 S 375/06 - juris Rn. 19 - NZI 2007, 469-472; *Omlor* in: Staudinger, Vorbem. zu §§ 675c-676c BGB Rn. 104.

[244] Ständige Rspr. des BGH; vgl. z.B. BGH v. 11.04.2006 - XI ZR 220/05 - juris Rn. 11 - NJW 2006, 1965-1967; BGH v. 20.07.2010 - XI ZR 236/07 - NJW 2010, 3510-3517.

[245] Durch diese ausdrücklichen Regelungen sowie die in § 675j Abs. 1 Satz 1 BGB kodifizierte Möglichkeit der Genehmigung hatte sich der frühere Streit um die Genehmigungs- und Ermächtigungstheorie erledigt. Für das Einzugsermächtigungsverfahren erwägt der BGH neuerdings sogar die Konstruktion einer Erfüllungsvereinbarung zum Schutz in der Insolvenz, vgl. BGH v. 20.07.2010 - XI ZR 236/07 - juris Rn. 13 - NJW 2010, 3510-3517.

[246] Vgl. dazu ausführlich *Omlor*, NJW 2012, 2150; *Werner*, BKR 2012, 221.

[247] *Dennhardt* in: Bamberger/Roth, § 362 Rn. 33; *Grüneberg* in: Palandt, § 362 Rn. 11.

[248] BGH v. 19.10.1978 - II ZR 96/77 - juris Rn. 10 - BGHZ 72, 343-349; BGH v. 15.12.1980 - II ZR 53/80 - juris Rn. 13 - BGHZ 79, 381-390.

[249] *Omlor* in: Staudinger, Vorbem. zu §§ 675c-676c BGB Rn. 103.

- Etwas schwieriger stellt sich die Lage beim **Einziehungsermächtigungsverfahren** und beim **SEPA-Basis-Lastschriftverfahren** dar, da die Kontobelastung dort zunächst nicht endgültig erfolgt; denn trotz der vorherigen Autorisierung des Zahlungsvorgangs besteht ggf. ein Rückerstattungsanspruch (§ 675x BGB). Fraglich ist jedoch, ob dies Einfluss auf die Erfüllungswirkung haben kann. Anders als beim Einziehungsermächtigungsverfahren nach altem Recht, das von einer Genehmigung des Schuldners abhängig war[250], besteht im Deckungsverhältnis nun kein Schwebezustand mehr, der sich auf das Valutaverhältnis auswirken könnte, da der Zahlungsvorgang bereits zuvor autorisiert wurde. Auch das Recht auf Erstattung gemäß § 675x BGB stellt kein verlängertes Recht zum Widerruf der Autorisierung, sondern ein aktives Gegenrecht dar, das die Autorisierung des Zahlungsvorgangs unberührt lässt.[251] Folglich ist der Zahlungsvorgang bereits mit der Belastung des Schuldnerkontos wirksam (§ 675j Abs. 1 BGB), so dass mit vorbehaltloser Gutschrift Erfüllung im Valutaverhältnis eintritt; denn damit erlangt der Gläubiger die uneingeschränkte Verfügungsbefugnis über den Zahlbetrag.[252] Allerdings führt die Möglichkeit der Rückbelastung gemäß § 675x BGB dazu, dass die Erfüllung unter einer auflösenden Bedingung steht.[253]

Insgesamt kann folglich festgehalten werden, dass Erfüllung nun beim Lastschriftverfahren generell mit wirksamer Belastung des Schuldnerkontos und vorbehaltloser Gutschrift auf dem Gläubigerkonto eintritt. Beim Einziehungsermächtigungs- und SEPA-Basis-Verfahren ist die Erfüllung allerdings auflösend bedingt durch die Rückbelastung gemäß § 675x BGB.

Die elektronische **Zahlung mit der EC-Karte** ohne Benutzung der PIN (**POZ-System**) ist anders als die im POS-System lediglich eine Sonderform des Lastschriftverfahrens,[254] ebenso die Zahlung über Mobiltelefon im sog. **M-Commerce**.[255]   44

4. Kartenzahlung

Bei elektronischer **Zahlung mit der EC-Karte** unter Benutzung der PIN (**POS-System**), bei **Zahlung mit Kreditkarte** oder bei **Zahlung mit Geldkarte** gibt der Kartenherausgeber (die Bank) während der Transaktion gegenüber dem Händler ein abstraktes Schuldversprechen ab oder garantiert die Zahlung.[256] Der Schuldner hat gegenüber dem Händler (ähnlich wie bei der Hingabe eines Schecks) ein Leistungsverweigerungsrecht. Der Händler muss zunächst beim Kartenherausgeber (der Bank) Befriedigung suchen. Die Forderung erlischt, wenn und soweit der vom Kartenherausgeber (der Bank) überwiesene bzw. der von der Bank des Händlers im Lastschriftverfahren eingezogene Betrag abzüglich des vereinbarten Disagios dem Händler von seiner Bank zur Verfügung gestellt wird.[257] Entsprechendes gilt, wenn im **Internet** durch **Kreditkarte** unter Verwendung einer verschlüsselten **digitalen Unterschrift** gezahlt wird.[258]   45

5. Scheck- und Wechselzahlung

Die Annahme eines **Schecks** oder **Wechsels** erfolgt in der Regel erfüllungshalber und hat daher noch keine Erfüllungswirkung (vgl. die Kommentierung zu § 364 BGB Rn. 14 ff.). Erfüllung tritt erst ein, wenn der Scheck bzw. Wechsel bar ausbezahlt wird oder wenn die bezogene Bank den Scheck einlöst.[259] Die Gutschrift auf dem Gläubigerkonto genügt nicht. Die Leistung ist erst dann bewirkt, wenn die bezogene Bank ihren Einlösungswillen bekundet hat.[260] Insoweit kommt es heute – wie bei der   46

---

[250] BGH v. 20.07.2010 - XI ZR 236/07 - NJW 2010, 3510-3517, 3511 m.w.N; *Fetzer* in: MüKo § 362 BGB Rn. 25; *Omlor* in: Staudinger Vorbem. Zu §§ 675c-676c BGB Rn. 103.
[251] BGH v. 20.07.2010 - XI ZR 236/07 - juris Rn. 20 - NJW 2010, 3510-3517.
[252] BGH v. 20.07.2010 - XI ZR 236/07 - juris Rn. 21 ff. - NJW 2010, 3510-3517.
[253] BGH v. 20.07.2010 - XI ZR 236/07 - juris Rn. 25 - NJW 2010, 3510-3517, 3513; *Fetzer* in: MünchKomm-BGB, § 362 BGB Rn. 25; *Grüneberg* in: Palandt § 362 BGB Rn. 11; *Omlor* in Staudinger Vorbem. zu §§ 675c - 676c BGB Rn. 103 und 128.
[254] *Gößmann*, WM 1998, 1264-1273, 1271; *Wand*, ZIP 1996, 214-221, 219.
[255] Vgl. dazu *Bach*, K&R 2005, 308-313.
[256] Vgl. dazu *Gößmann*, WM 1998, 1264-1273, 1270 f.; *Pfeiffer*, NJW 1997, 1036-1039, 1038.
[257] *Fetzer* in: MünchKomm-BGB, § 362 Rn. 18; *Olzen* in: Staudinger, Vorbem. zu den §§ 362 ff. Rn. 56.
[258] *Pichler*, NJW 1998, 3234-3239.
[259] BGH v. 11.10.1995 - VIII ZR 325/94 - juris Rn. 24 - BGHZ 131, 66-75; BGH v. 16.04.1996 - XI ZR 222/95 - juris Rn. 3 - LM BGB § 362 Nr. 23 (9/1996); BGH v. 07.03.2002 - IX ZR 293/00 - juris Rn. 14 - LM BGB § 162 Nr. 13 (11/2002); dazu *Klanten*, EWiR 2002, 697-698, 697 f.
[260] BGH v. 02.02.1970 - II ZR 80/69 - BGHZ 53, 199-206.

Überweisung auch – auf den Zeitpunkt an, in dem die Empfängerbank im Rahmen ihrer Nachdisposition durch einen Organisationsakt mit Rechtsbindungswillen die Gutschriftdaten zur vorbehaltlosen Bekanntmachung an den Gläubiger zur Verfügung stellt.[261] Erfüllt wird in diesem Fall damit sowohl die Forderung aus dem Scheck bzw. Wechsel als auch die zugrunde liegende Forderung aus dem Grundgeschäft.[262] Unklarheiten, die der Scheckaussteller über die Zweckbestimmung eines Schecks schafft, gehen zu seinen Lasten; Gleiches gilt, wenn der Überbringer des Schecks nicht gemäß den Weisungen handelt, die ihm bei Aushändigung des Schecks über dessen Verwendung erteilt wurden.[263]

III. Befriedigung durch Zwangsvollstreckung

1. Dogmatische Grundlagen

47 Auch durch eine erfolgreiche Zwangsvollstreckung wird das Schuldverhältnis – jedenfalls im störungsfrei verlaufenden Normalfall – zum Erlöschen gebracht.[264] **Grundlage des Erlöschens** sind nicht die im Prozessrecht enthaltenen Zahlungs- und Befriedigungsfiktionen (§§ 815 Abs. 3, 817 Abs. 4 Satz 2, 819, 835 Abs. 2 ZPO, §§ 91 Abs. 3 Satz 2, 114a, 118 Abs. 2 Satz 1 ZVG).[265] Die Forderungstilgung richtet sich vielmehr nach materiellem Recht. Allerdings lässt sich die Befriedigung des Gläubigers durch Zwangsvollstreckung nicht ohne weiteres in den Tatbestand der Erfüllung und ihrer Surrogate einordnen. Zwar wird durch die Zwangsvollstreckung in der Regel der geschuldete Leistungserfolg oder zumindest ein ihm gleichwertiger Erfolg bewirkt. Dies beruht aber nicht auf einer Leistungshandlung (vgl. Rn. 15) des Schuldners, wie sie zur Annahme der Erfüllung grundsätzlich nötig ist. Außerdem kann es in der Zwangsvollstreckung – anders als im Regelfall der Erfüllung – nicht auf den in einer Leistungszweckbestimmung (vgl. Rn. 25) zum Ausdruck kommenden Tilgungswillen des Schuldners ankommen. Diese erfüllungsrechtlichen Lücken lassen sich auch nicht einfach dadurch schließen, dass man das jeweilige Vollstreckungsorgan als Dritten im Sinne von § 267 BGB ansieht[266] oder die bürgerlichrechtlichen Regeln über die Erfüllung um die prozessualen Fiktionen ergänzt.[267] §§ 815 Abs. 3, 819 ZPO fingieren zwar eine aktive Leistung des Schuldners; sie können die fehlenden Merkmale aber nicht in der Weise ersetzen, dass sich die Regeln des bürgerlichen Rechts ohne weiteres auf die Zwangserfüllung anwenden ließen. Als Handlungsfiktionen schaffen sie lediglich einen Anknüpfungspunkt für die „Zeit der Zahlung" (§ 244 Abs. 2 BGB)[268] und regeln darüber hinaus den Gefahrübergang auf den Gläubiger und die Beendigung des Schuldnerverzugs. Für die Frage nach dem Eintritt der Erfüllungswirkung sind dagegen **besondere Kriterien** zu beachten, die an die Stelle der fehlenden Merkmale treten und deren Funktion erfüllen. So wird die Zuordnung der Leistung zur Schuld, die normalerweise durch die Tilgungsbestimmung des Schuldners vorgenommen wird, in der Zwangsvollstreckung durch den objektiven Zweck des Verfahrens bewirkt, der bei endgültigen Titeln in der sofortigen und unbedingten Befriedigung der Titelforderung besteht, während er bei vorläufigen Titeln nur in einer Sicherung und einer aufschiebend bedingten Befriedigung liegt. Die in der Vollstreckung fehlende Leistungshandlung des Schuldners sorgt im Normalfall dafür, dass die Herbeiführung des Leistungserfolges dem Schuldner als eigene Erfüllung zugerechnet wird und für ihn entlastend wirkt. Bei der Zwangserfüllung ergibt sich diese Zurechnung daraus, dass bei ihr die Haftung als „zweite Dimension" der Schuld verwirklicht wird. Die Erfüllungswirkung ist dementsprechend auf solche Fälle beschränkt, in denen der Gläubiger aus Vermögensgegenständen befriedigt wird, die für die Titelforderung haften. Für die praktische Rechtsanwendung lassen sich folgende Konsequenzen ziehen:

---

[261] *Fetzer* in: MünchKomm-BGB, § 362 Rn. 17.
[262] *Fetzer* in: MünchKomm-BGB, § 362 Rn. 17.
[263] BGH v. 09.02.1977 - VIII ZR 164/75 - WM 1977, 449-450.
[264] Vgl. dazu *Kerwer*, Die Erfüllung in der Zwangsvollstreckung, 1996; *Schünemann*, JZ 1985, 49-57.
[265] So aber etwa *Stöber* in: Zöller, ZPO, § 815 Rn. 2, § 819 Rn. 1; *Thomas/Putzo*, ZPO, § 815 Rn. 10, § 819 Rn. 1. Die Fiktionen zeigen auch nicht an, wann die Schuld erlischt; so aber *Buck-Heeb* in: Erman, § 362 Rn. 16.
[266] So aber BayObLG München v. 26.07.1989 - RE-Miet 5/88 - juris Rn. 13 - NJW-RR 1989, 1291.
[267] So aber *Schünemann*, JZ 1985, 49-57; im Anschluss daran *Olzen* in: Staudinger, § 362 Rn. 8.
[268] Vgl. dazu OLG Köln v. 22.03.1991 - 19 U 65/90 - NJW-RR 1992, 237-239.

2. Praktische Folgerungen

a. Vollstreckung aus endgültigen Titeln

Wird die Vollstreckung aus einem endgültigen Titel, insbesondere aus einem rechtskräftigen Urteil, betrieben, so hat ihre erfolgreiche Durchführung das Erlöschen der Titelforderung zur Folge. Eine Geldforderung wird dabei in dem Augenblick getilgt, in dem das dem Schuldner weggenommene oder im Wege der Versteigerung erlöste Geld an den Gläubiger **abgeliefert** wird.[269] Erst in diesem Zeitpunkt tritt der Leistungserfolg gemäß § 362 BGB ein. §§ 815 Abs. 3, 819 ZPO, nach denen die Wegnahme des Geldes bzw. die Empfangnahme des Erlöses durch den Gerichtsvollzieher als Zahlung von Seiten des Schuldners gilt, ändern daran nichts, da sie lediglich die Leistungshandlung des Schuldners fingieren. Entsprechendes gilt, wenn die Zwangsvollstreckung wegen einer Geldforderung nicht in körperliche Sachen, sondern in Forderungen und andere Vermögensrechte oder in das Immobiliarvermögen betrieben wird. Auch hier kommt es darauf an, wann der geschuldete Leistungserfolg oder ein ihm gleichwertiger (vgl. etwa die Überweisung einer Forderung an Zahlungs statt; § 835 Abs. 1 ZPO) Erfolg bewirkt wird. Bei der Zwangsvollstreckung wegen eines Herausgabeanspruchs tritt die Erfüllungswirkung dann ein, wenn der Gerichtsvollzieher dem Gläubiger die beim Schuldner weggenommene bewegliche Sache nach § 883 Abs. 1 ZPO übergeben bzw. ihn nach § 885 Abs. 1 ZPO in den Besitz der unbeweglichen Sache eingewiesen hat. Die Zwangsvollstreckung zur Erwirkung von Handlungen, Duldungen oder Unterlassungen führt dann zur Erfüllung der Schuld, wenn das geschuldete Verhalten vom Schuldner (oder im Fall der Ersatzvornahme nach § 887 Abs. 1 ZPO von einem Dritten) erbracht worden ist. Bei der Zwangsvollstreckung nach § 894 ZPO ist Erfüllung noch nicht ohne weiteres eingetreten, wenn der Titel Rechtskraft erlangt hat und die Abgabe der geschuldeten Willenserklärung fingiert worden ist; vielmehr muss dann, wenn es sich um eine empfangsbedürftige Willenserklärung handelt, zu der fingierten Abgabe noch der Zugang der Willenserklärung beim Gläubiger hinzukommen. Für die **Gefahrtragung** und für die **Verzugsbeendigung** sind bei der Vollstreckung in körperliche Sachen die Fiktionen der §§ 815 Abs. 3, 819 ZPO zu berücksichtigen. Mit der Wegnahme des Geldes bzw. mit der Empfangnahme des Erlöses endet der Schuldnerverzug, und es wird der Schuldner von der Leistungsgefahr befreit.[270] Dasselbe gilt bei **freiwilligen Leistungen** des Schuldners an den Gerichtsvollzieher. Hier gilt § 815 Abs. 3 ZPO analog mit der Folge, dass die Gefahr auf den Gläubiger übergeht, wenn der Schuldner die Leistung an den Gerichtsvollzieher erbringt.[271] In diesem Zeitpunkt endet dann auch der Verzug. Keine Erfüllung tritt ein bei der Vollstreckung in **schuldnerfremdes Vermögen**, da dieses nicht für die Schuld haftet und die Herbeiführung des Leistungserfolges dem Schuldner deshalb nicht als eigene Erfüllung zugerechnet werden kann.[272] Das hat zur Folge, dass der Gläubiger dem ursprünglichen Rechtsinhaber das aus der Vollstreckung Erlangte nach Bereicherungsrecht herausgeben muss und sich bezüglich seiner Forderung gegen den Schuldner nicht auf Entreicherung (§ 818 Abs. 3 BGB) berufen kann.[273] Auch die an §§ 815 Abs. 3, 819 ZPO geknüpften Rechtsfolgen des Gefahrübergangs und der Verzugsbeendigung gelten bei der Vollstreckung in schuldnerfremdes Vermögen nicht.

48

b. Vollstreckung aus vorläufigen Titeln

Wird die Zwangsvollstreckung aus einem vorläufigen Titel, insbesondere aus einem vorläufig vollstreckbaren Urteil, betrieben, so bleibt die Forderung vorerst bestehen. Mit Rücksicht auf den Sicherungs- und nur bedingten Befriedigungszweck einer derartigen Vollstreckung ist die **Erfüllung** der Forderung **aufschiebend bedingt** durch die spätere Verbindlichkeit des Titels (insbesondere die Rechtskraft des Urteils).[274] Die Tilgung bleibt bis zu diesem Zeitpunkt in der Schwebe. Dies hat zur Folge, dass die vorläufige Vollstreckung keine Erledigung der Hauptsache bewirkt.[275] Ebenso fällt we-

49

---

[269] *Gernhuber*, Die Erfüllung und ihre Surrogate, 2. Aufl. 1994, § 5 I 1 a.
[270] Vgl. dazu *Kerwer*, Die Erfüllung in der Zwangsvollstreckung, 1996, S. 91 ff.
[271] BGH v. 29.01.2009 - II ZR 115/08 - juris Rn. 10 ff. - NJW 2009, 1085-1087 mit Anmerkung *Toussaint*, jurisPR-BGHZivilR 6/2009, Anm. 5, ebenso die ganz h.M.; anders aber AG Bad Homburg v. 02.11.1990 - 2 C 1111/90 - DGVZ 1991, 121-123, wonach der freiwillig zahlende Schuldner das Risiko eines Einbruchs im Büro des Gerichtsvollziehers tragen soll.
[272] Ganz h.M.; dagegen aber *Schünemann*, JZ 1985, 49-57, 52 ff.
[273] Vgl. nur BGH v. 25.02.1987 - VIII ZR 47/86 - juris Rn. 8 - BGHZ 100, 95-107.
[274] BGH v. 25.05.1976 - III ZB 4/76 - LM Nr. 31 zu § 511 ZPO; ebenso die h.M. im Schrifttum; a.M. *Münzberg* in: Stein/Jonas, ZPO, 22. Aufl. 2002, § 708 Rn. 4-6; *Olzen* in: Staudinger, § 362 Rn. 30-34 (sofortiger Erfüllungseintritt); wiederum anders *Czub*, ZZP 102, 274-287, 274ff. (auflösend bedingte Erfüllung).
[275] BGH v. 08.05.1985 - IVa ZR 138/83 - juris Rn. 26 - BGHZ 94, 268-275; *Braun*, AcP 184, 152-177; *Krüger*, NJW 1990, 1208-1213, 1209 f.; vgl. auch LAG Hamm v. 10.12.2008 - 10 TaBV 125/08 - juris Rn. 97.

§ 362

der die Beschwer noch das Rechtsschutzbedürfnis für ein Rechtsmittel weg.[276] Weiterhin gehen Gegenrechte des Schuldners jedenfalls nicht wegen des Erlöschens der Forderung verloren, sondern können in der Rechtsmittelinstanz noch als Einwendungen oder Einreden geltend gemacht werden. So kann in der Rechtsmittelinstanz noch gegen die Klageforderung aufgerechnet werden, dem Schuldner stehen weiterhin die Verjährungs- und die Stundungseinrede und grundsätzlich auch ein Zurückbehaltungsrecht zur Verfügung. Dagegen beendet die vorläufige Befriedigung des Gläubigers nach h.M. den **Schuldnerverzug**.[277] Für diese Annahme fehlt es indessen an einer tragfähigen Begründung. Weder kann § 815 Abs. 3 ZPO bei der vorläufigen Vollstreckung eine derartige Rechtsfolge tragen, noch erwächst dem Schuldner eine Einrede, die seinen Verzug ausschließen könnte. Mangels Erfüllung erscheint daher allein die Annahme konsequent, dass sich der Schuldner auch nach der vorläufigen Vollstreckung im Verzug befindet.[278] Soweit einzelne Vorschriften über den Schuldnerverzug jedoch davon ausgehen, dass der Gläubiger noch nicht über das Leistungssubstrat verfügen kann, muss ihre Anwendbarkeit gegebenenfalls verneint werden. Auch wird der Anspruch des Gläubigers auf Ersatz des Verzögerungsschadens durch die in § 254 Abs. 2 BGB angeordnete Schadensminderungspflicht deutlich begrenzt.[279] Ein Regress des Bürgen oder Gesamtschuldners, bei dem vorläufig vollstreckt worden ist, kommt vor der Endgültigkeit des Titels nicht in Frage. Ebenso wie die vorläufige Vollstreckung selbst führt auch eine **Leistung** des Schuldners **zur Abwendung der Zwangsvollstreckung** aus einem vorläufig vollstreckbaren Urteil nicht unmittelbar zum Erlöschen des titulierten Anspruchs; vielmehr ist regelmäßig anzunehmen, dass der Schuldner seine Tilgungsbestimmung unter der aufschiebenden Bedingung abgibt, dass der Gläubiger seine Forderung in verbindlicher Form nachweist.[280] Etwas anderes gilt jedoch, wenn der Schuldner endgültig erfüllen will, was jedoch nur beim Vorliegen klarstellender Begleitumstände angenommen werden kann.[281] Auch in diesem Fall bleibt jedoch der mitverurteilte, aber nicht leistende Gesamtschuldner beschwert.[282]

---

[276] BGH v. 25.05.1976 - III ZB 4/76 - LM Nr. 31 zu § 511 ZPO; BAG v. 09.12.1987 - 4 AZR 561/87 - juris Rn. 14 - BB 1988, 843-844; vgl. auch LAG Hamm v. 10.12.2008 - 10 TaBV 125/08 - juris Rn. 97.

[277] BGH v. 24.06.1981 - IVa ZR 104/80 - juris Rn. 29 - LM Nr. 24 zu § 284 BGB; ebenso OLG Karlsruhe v. 14.03.1990 - 1 U 227/89 - ZfSch 1990, 223; OLG Karlsruhe v. 15.02.2011 - 17 U 151/09 - juris Rn. 17; *Fetzer* in: MünchKomm-BGB, § 362 Rn. 28; *Olzen* in: Staudinger, § 362 Rn. 35; *Schreiber* in: Soergel, § 362 Rn. 12.

[278] *Braun*, AcP 184, 152-177; *Krüger*, NJW 1990, 1208-1213 , 1209 f.

[279] Näher dazu *Kerwer*, Die Erfüllung in der Zwangsvollstreckung, 1996, S. 160 ff.

[280] BGH v. 19.01.1983 - VIII ZR 315/81 - juris Rn. 8 - BGHZ 86, 267-272; BGH v. 22.05.1990 - IX ZR 229/89 - juris Rn. 6 - LM Nr. 18 zu § 362 BGB; OLG Köln v. 22.03.1991 - 19 U 65/90 - NJW-RR 1992, 237-239; OLG Düsseldorf v. 30.11.2009 - I-24 U 139/09 - juris Rn. 15 - ZMR 2010, 677-679; OLG Schleswig-Holstein v. 17.11.2011 - 10 UF 220/10 - juris Rn. 55; LAG Hamm v. 10.12.2008 - 10 TaBV 125/08 - juris Rn. 97; *Krüger*, NJW 1990, 1208-1213; a.M. für die Erfüllung von Ansprüchen auf Auskunft oder Rechnungslegung OLG Köln v. 10.02.2010 - 2 U 64/09 - juris Rn. 94 ff. Gleiches gilt bei der Leistung zur Abwendung der Vollstreckung aus einer einstweiligen Verfügung; OLG Hamburg v. 16.06.2011 - 13 U 83/11 - juris Rn. 40.

[281] Vgl. OLG Hamm v. 10.06.1975 - 9 U 55/75 - juris Rn. 25 - NJW 1975, 1843; OLG Düsseldorf v. 30.11.2009 - I-24 U 139/09 - juris Rn. 15 - ZMR 2010, 677-679; LAG Hamm v. 10.12.2008 - 10 TaBV 125/08 - juris Rn. 97.

[282] BGH v. 13.01.2000 - VII ZB 16/99 - juris Rn. 7 - LM ZPO § 511 Nr. 67 (7/2000).

§ 363 BGB Beweislast bei Annahme als Erfüllung

(Fassung vom 02.01.2002, gültig ab 01.01.2002)

Hat der Gläubiger eine ihm als Erfüllung angebotene Leistung als Erfüllung angenommen, so trifft ihn die Beweislast, wenn er die Leistung deshalb nicht als Erfüllung gelten lassen will, weil sie eine andere als die geschuldete Leistung oder weil sie unvollständig gewesen sei.

Gliederung

A. Grundlagen 1	II. Annahme als Erfüllung 4
I. Kurzcharakteristik 1	**C. Rechtsfolgen** 5
II. Regelungsprinzipien 2	**D. Prozessuale Hinweise** 6
B. Anwendungsvoraussetzungen 3	**E. Anwendungsfelder** 7
I. Anbieten als Erfüllung 3	

A. Grundlagen

I. Kurzcharakteristik

Die Vorschrift ordnet eine **Beweislastumkehr** bei der Annahme einer Leistung als Erfüllung an. Die Beweislast für die Erfüllung obliegt, da es sich um eine rechtsvernichtende Einwendung handelt, normalerweise dem Schuldner (vgl. ausführlich dazu die Kommentierung zu § 362 BGB Rn. 34). Das gilt sowohl für die Tatsache der Leistung als auch dafür, dass die Leistung schuldgerecht war. Auch wenn der Gläubiger aus der Nichterfüllung oder der nicht ordnungsgemäßen Erfüllung Rechte herleitet, ist der Schuldner beweisbelastet. Von diesem Grundsatz macht § 363 BGB aber eine Ausnahme für den Fall, dass der Gläubiger eine Leistung „als Erfüllung angenommen" hat. Für diesen Fall erlegt sie dem Gläubiger die Beweislast dafür auf, dass die als Erfüllung angenommene Leistung eine falsche oder eine unvollständige Leistung gewesen ist.   **1**

II. Regelungsprinzipien

Die Anordnung einer Beweislastumkehr durch § 363 BGB rechtfertigt sich zum einen aus der **Beweisnot des Schuldners** nach erbrachter Leistung. Denn sobald er die Leistung nicht mehr in den Händen hält, fällt es ihm naturgemäß schwer, die Ordnungsmäßigkeit der Erfüllung zu beweisen,[1] während der gegenteilige Beweis vom Gläubiger regelmäßig leicht zu erbringen ist, soweit er sich noch im Besitz des Leistungsgegenstandes befindet.[2] Darüber hinaus kann sich der **Gläubiger** durch Prüfung und Zurückweisung der Leistung **recht einfach vor Nachteilen schützen**. Im Hinblick darauf spricht bei der Annahme einer Leistung bereits eine tatsächliche Vermutung für eine schuldgerechte Erfüllung; denn nach der **allgemeinen Lebenserfahrung** werden mangelhafte oder unvollständige Leistungen nicht ohne Beanstandung angenommen.[3] Hat deshalb der Gläubiger die Leistung akzeptiert, so kann normalerweise daraus geschlossen werden, dass die Leistung schuldgerecht war.[4] Letztlich lässt sich die Beweislastumkehr auch als Ausprägung des aus § 242 BGB folgenden Verbots widersprüchlichen Verhaltens (venire contra factum proprium) begreifen: Wer vorbehaltlos eine Leistung des Schuldners annimmt, soll anschließend nicht ohne weiteres deren Ordnungsmäßigkeit bestreiten und dadurch den Schuldner zum Beweis für die Erfüllung zwingen können.[5]   **2**

---

[1] Vgl. nur OLG Köln v. 17.08.1984 - 4 UF 64/84 - FamRZ 1984, 1089-1090.
[2] *Eyinck* in: Baumgärtel/Laumen/Prütting, Handbuch der Beweislast, § 363 Rn. 4.
[3] *Eyinck* in: Baumgärtel/Laumen/Prütting, Handbuch der Beweislast, § 363 Rn. 2; *Gernhuber*, Die Erfüllung und ihre Surrogate, 2. Aufl. 1994, § 6, 1b; *Olzen* in: Staudinger, § 363 Rn. 2.
[4] Vgl. etwa BGH v. 05.07.1989 - VIII ZR 334/88 - juris Rn. 24 - LM Nr. 7 zu § 448 ZPO.
[5] *Eyinck* in: Baumgärtel/Laumen/Prütting, Handbuch der Beweislast, § 363 Rn. 12; *Fetzer* in: MünchKomm-BGB, § 363 Rn. 2; *Olzen* in: Staudinger, § 363 Rn. 2; *Schreiber* in: Soergel, § 363 Rn. 1.

B. Anwendungsvoraussetzungen

I. Anbieten als Erfüllung

3 Die Vorschrift setzt zunächst voraus, dass die Leistung „als Erfüllung angeboten" wird. Diese Voraussetzung ist gegeben, wenn der Schuldner die Leistung – wie nach der hier vertretenen Theorie der finalen Leistungsbewirkung (vgl. näher dazu die Kommentierung zu § 362 BGB Rn. 24) allgemein erforderlich – im Wege einer **Tilgungsbestimmung** der Schuld zu Erfüllungszwecken zuordnet.[6] Allerdings bedarf es dazu regelmäßig keiner ausdrücklichen Erklärung des Schuldners. Vielmehr ergeben sich der Erfüllungswille des Schuldners und die Zuordnung zu einer bestimmten Schuld meist stillschweigend aus der Leistung selbst.[7] Die dogmatischen Unterschiede zwischen den heute noch vertretenen Erfüllungstheorien bleiben auch insoweit praktisch ohne Bedeutung.

II. Annahme als Erfüllung

4 Der Gläubiger muss die Leistung ferner als Erfüllung angenommen haben. Die Annahme als Erfüllung entspricht in ihren tatsächlichen Voraussetzungen der Abnahme im Sinne des § 640 BGB.[8] Sie liegt daher vor, wenn das Verhalten des Gläubigers bei und nach Entgegennahme der Leistung erkennen lässt, dass er sie als **eine im Wesentlichen vertragsgemäße Erfüllung** gelten lassen will.[9] Eine Erklärung des Gläubigers, die Leistung als Erfüllung annehmen zu wollen, ist ebenso wenig erforderlich wie sein Wille, das Schuldverhältnis zum Erlöschen zu bringen.[10] Anders als die Abnahme ist die Annahme als Erfüllung im Sinne des § 363 BGB kein Rechtsgeschäft (und keine rechtsgeschäftsähnliche Handlung)[11], sondern – unabhängig vom Streit zwischen den Theorien der realen und der finalen Leistungsbewirkung – ein rein tatsächlicher Vorgang.[12] Sie kann demnach auch nicht wegen Irrtums angefochten werden.[13] Die Rüge einzelner Mängel schließt die Annahme als Erfüllung nicht aus, ebenso wenig ein allgemeiner Vorbehalt des Inhalts, dass die Vertragsmäßigkeit der Leistung nicht anerkannt werde.[14] Eine Annahme als Erfüllung im Sinne des § 363 BGB kann je nach Lage des Falles vorliegen bei längerem Schweigen,[15] Gebrauchen,[16] Vermieten[17] oder Weiterveräußern der Sache.[18] Dagegen reicht die **bloße Entgegennahme** der Leistung in aller Regel nicht aus.[19] Das gilt vor allem, wenn der Gläubiger noch keine Gelegenheit zur Prüfung der Ware hatte,[20] wie etwa bei der Entgegennahme verpackter Ware.[21] In diesem Fall kann sich der Gläubiger nämlich durch die Zurückweisung der Leistung nicht vor drohenden Nachteilen schützen, so dass ein Grundgedanke der Regelung nicht eingreift (vgl. dazu Rn. 2). Der Schuldner kann die Beweislastumkehr des § 363 BGB dann auch nicht dadurch auslösen,

---

[6] *Gernhuber*, Die Erfüllung und ihre Surrogate, 2. Aufl. 1994, § 6, 2.

[7] Vgl. auch *Olzen* in: Staudinger, § 363 Rn. 12; *Weber* in: BGB-RGRK, § 363 Rn. 2.

[8] BGH v. 03.11.1960 - VII ZR 150/59 - BGHZ 33, 236-242.

[9] Vgl. etwa OLG Köln v. 17.08.1984 - 4 UF 64/84 - FamRZ 1984, 1089-1090; OLG Köln v. 11.11.1994 - 19 U 77/94 - NJW-RR 1995, 751; OLG Nürnberg v. 14.07.1994 - 8 U 2851/93 - CR 1995, 343-344; OLG Köln v. 30.03.2012 - I-1 U 77/11 - juris Rn. 51.

[10] *Fetzer* in: MünchKomm-BGB, § 363 Rn. 3; *Olzen* in: Staudinger, § 363 Rn. 15; *Schreiber* in: Soergel, § 363 Rn. 2.

[11] *Gernhuber*, Die Erfüllung und ihre Surrogate, 2. Aufl. 1994, § 6, 2.

[12] Vgl. nur *Grüneberg* in: Palandt, § 363 Rn. 2; *Olzen* in: Staudinger, § 363 Rn. 13; *Schreiber* in: Soergel, § 363 Rn. 1.

[13] H.M.; *Buck-Heeb* in: Erman, § 363 Rn. 3; *Fetzer* in: MünchKomm-BGB, § 363 Rn. 3; *Gernhuber*, Die Erfüllung und ihre Surrogate, 2. Aufl. 1994, § 6, 2; *Schreiber* in: Soergel, § 363 Rn. 1; *Stürner* in: Jauernig, § 363 Rn. 2; a.M. *Olzen* in: Staudinger, § 363 Rn. 14.

[14] OLG Stuttgart v. 19.04.1968 - NJW 1969, 610, 611; *Eyinck* in: Baumgärtel/Laumen/Prütting, Handbuch der Beweislast, § 363 Rn. 7; *Fetzer* in: MünchKomm-BGB, § 363 Rn. 3; *Gernhuber*, Die Erfüllung und ihre Surrogate, 2. Aufl. 1994, § 6, 3; *Grüneberg* in: Palandt, § 363 Rn. 2; *Schreiber* in: Soergel, § 363 Rn. 2.

[15] OLG Köln v. 11.11.1994 - 19 U 77/94 - NJW-RR 1995, 751.

[16] BGH v. 03.11.1960 - VII ZR 150/59 - BGHZ 33, 236-242.

[17] BGH v. 03.11.1960 - VII ZR 150/59 - BGHZ 33, 236-242.

[18] *Grüneberg* in: Palandt, § 363 Rn. 2; *Stürner* in: Jauernig, § 363 Rn. 2.

[19] *Fetzer* in: MünchKomm-BGB, § 363 Rn. 3.

[20] Vgl. OLG Köln v. 11.11.1994 - 19 U 77/94 - NJW-RR 1995, 751; OLG Nürnberg v. 14.07.1994 - 8 U 2851/93 - CR 1995, 343-344; *Buck-Heeb* in: Erman, § 363 Rn. 3.

[21] OLG Koblenz v. 22.09.1995 - 2 U 620/94 - juris Rn. 18 - NJW 1995, 3392; LG Frankfurt v. 04.02.1986 - 2/13 O 353/85 - NJW-RR 1986, 1055.

dass er den Gläubiger die Klausel „Ware in einwandfreiem Zustand erhalten" unterzeichnen lässt; denn eine solche Klausel, die dem Gläubiger nicht nur ein bloßes Empfangsbekenntnis, sondern zugleich die Bestätigung der Mangelfreiheit des Kaufgegenstandes abverlangt, ist gemäß § 309 Nr. 12 lit. b BGB unwirksam.[22] Ebenso liegt noch keine Annahme als Erfüllung vor, wenn der Gläubiger die Ware zunächst nur zum Zwecke ihrer Untersuchung nach § 377 HGB entgegennimmt.[23] Im Übrigen wird man nach der Art des Leistungsgegenstandes differenzieren müssen. Eine Annahme als Erfüllung ist nach der Verkehrssitte anzunehmen, wenn der Gläubiger Geld in gebündelten Scheinen vom Schuldner annimmt. In diesem Fall muss er sofort nachzählen und gegebenenfalls Beanstandungen erheben; will er später die Unvollständigkeit geltend machen, so trägt er gemäß § 363 BGB die Beweislast.[24] Von diesem Fall abgesehen kann eine bloße Entgegennahme aber allenfalls bei solchen Leistungsgegenständen ausreichen, die sehr leicht auf ihre Vollständigkeit und Ordnungsmäßigkeit geprüft werden können.[25] Dagegen müssen vor allem bei komplexeren, technisch schwer überschaubaren Anlagen höhere Anforderungen gestellt werden. So kann z.B. bei EDV-Anlagen eine Annahme als Erfüllung in der Regel erst nach Lieferung der Hard- und Softwarehandbücher,[26] unter Umständen sogar erst nach einer Einweisung und Erprobung angenommen werden.[27] Vorher wird der Gläubiger die Lieferung noch nicht als eine im Wesentlichen vertragsgemäße Erfüllung gelten lassen wollen.

C. Rechtsfolgen

Die Rechtsfolge des § 363 BGB besteht in einer **Umkehr der Beweislast**. Will der Gläubiger nach der Annahme geltend machen, dass die Leistung nicht obligationsgemäß gewesen sei, so muss er dies beweisen. Entgegen ihrem missverständlichen Wortlaut gilt die Vorschrift nicht nur bei einer Falsch- und Zuweniglieferung, sondern ebenso bei einer mangelhaften Leistung. Dies wurde schon nach altem Schuldrecht angenommen,[28] gilt heute aber umso mehr, nachdem die mangelhafte Leistung entsprechend des im Zuge der Schuldrechtsreform neu gefassten § 433 Abs. 1 Satz 2 BGB auch beim Stückkauf nicht mehr zur Erfüllung führt (vgl. näher dazu die Kommentierung zu § 362 BGB Rn. 14) und Sachmangel, Aliudlieferung und Mengenfehler ausdrücklich gleichgestellt werden (vgl. § 434 Abs. 3 BGB). Die Beweislastumkehr erstreckt sich allerdings nur auf die als Erfüllung angenommene Leistung; ist diese mangelhaft und fordert der Gläubiger Nacherfüllung durch Lieferung einer mangelfreien Sache (vgl. § 439 Abs. 1 BGB), so liegt die Beweislast für die Erfüllung zunächst wieder beim Schuldner. Erst wenn der Gläubiger auch die nachgelieferte Sache als Erfüllung annimmt, geht die Beweislast auch insoweit auf ihn über.[29] Bei einer als Teilleistung angebotenen und angenommenen Leistung gilt § 363 BGB lediglich für diesen Teil. Hier muss der Gläubiger, wenn er die angenommene Teilleistung nicht als Teilerfüllung gelten lassen will, dartun, dass die Teilleistung als solche unvollständig gewesen ist.[30] Etwas anderes gilt, wenn die Teilleistung als angeblich vollständige Leistung angeboten wird. Hier löst die Annahme als Erfüllung die Beweislastumkehr hinsichtlich der Gesamtleistung aus; d.h. der Gläubiger trägt die Beweislast, wenn er später geltend machen will, dass es sich um eine unvollständige Leistung gehandelt habe (vgl. auch die Kommentierung zu § 266 BGB Rn. 12).[31] Schließlich kann sich die Beweislastumkehr auch auf die Mitlieferung von Zubehör erstrecken; so beweist z.B.

5

---

[22] OLG Koblenz v. 22.09.1995 - 2 U 620/94 - juris Rn. 18 - NJW 1995, 3392; LG Frankfurt v. 04.02.1986 - 2/13 O 353/85 - NJW-RR 1986, 1055.
[23] *Ernst*, NJW 1997, 896-905, 900.
[24] Vgl. BGH v. 26.10.1983 - IVa ZR 80/82 - juris Rn. 27 - LM Nr. 22 zu § 133 (B) BGB.
[25] *Eyinck* in: Baumgärtel/Laumen/Prütting, Handbuch der Beweislast, § 363 Rn. 6; *Olzen* in: Staudinger, § 363 Rn. 16.
[26] BGH v. 04.11.1992 - VIII ZR 165/91 - juris Rn. 15 - LM BGB § 477 Nr. 57 (4/1993); BGH v. 14.07.1993 - VIII ZR 147/92 - juris Rn. 26 - LM BGB § 631 Nr. 73 (11/1993); BGH v. 22.12.1999 - VIII ZR 299/98 - juris Rn. 11 - BGHZ 143, 307-314.
[27] OLG Düsseldorf v. 07.12.1988 - 17 U 27/87 - juris Rn. 24 - BB 1989, Beilage 2-4; OLG Nürnberg v. 14.07.1994 - 8 U 2851/93 - CR 1995, 343-344; einschränkend OLG München v. 24.01.1990 - 27 U 901/88 - NJW 1991, 2158-2159; offen gelassen von BGH v. 04.11.1992 - VIII ZR 165/91 - juris Rn. 16 - LM BGB § 477 Nr. 57 (4/1993).
[28] BGH v. 13.02.1985 - VIII ZR 154/84 - juris Rn. 27 - LM Nr. 6 zu § 9 (Bb) AGBG; *Nierwetberg*, NJW 1993, 1745-1748, 1747.
[29] OLG Hamm v. 01.04.1981 - 19 U 199/80 - juris Rn. 6 - MDR 1981, 756.
[30] *Fetzer* in: MünchKomm-BGB, § 363 Rn. 4.
[31] *Olzen* in: Staudinger, § 363 Rn. 21.

eine Übernahmebestätigung bei EDV-Anlagen auch die Mitlieferung des Handbuchs,[32] es sei denn, dass sie ausdrücklich nur die Übernahme der Hardware bestätigt.[33] **Materiellrechtlich** begründet § 363 BGB für den Gläubiger **keine Rechtsnachteile**. Ihm verbleiben alle Rechte, die ihm wegen der nicht ordnungsgemäßen Leistung des Schuldners zustehen.[34] Ein Verlust von Gewährleistungsansprüchen kann sich aber aus § 640 Abs. 2 BGB, § 377 HGB, § 16 Abs. 3 Nr. 2 VOB/B[35] ergeben.

D. Prozessuale Hinweise

6   Für die Annahme als Erfüllung durch den Gläubiger obliegt dem Schuldner die **Beweislast**.[36] Er hat mithin die Umstände darzulegen und zu beweisen, die den Schluss rechtfertigen, dass der Gläubiger die ihm angebotene Leistung als im Wesentlichen vertragsgemäße Erfüllung annehmen wollte.[37] Gelingt ihm das, kann er also beweisen, dass der Gläubiger die Leistung als Erfüllung angenommen hat, so hat nach § 363 BGB der Gläubiger zu beweisen, dass eine mangelhafte Leistung, eine Falschlieferung oder ein Mengenfehler vorgelegen hat.

E. Anwendungsfelder

7   § 363 BGB gilt – wie § 362 BGB (vgl. die Kommentierung zu § 362 BGB Rn. 36) – für alle **Haupt- und Nebenleistungspflichten**, nicht aber für reine Neben- und Schutzpflichten (§ 241 Abs. 2 BGB), deren Nichterfüllung nur Sekundäransprüche auslöst.[38] Im **Kaufrecht** führt § 363 BGB dazu, dass den Käufer, nachdem er die Kaufsache entgegengenommen hat, die Darlegungs- und Beweislast für die einen Sachmangel begründenden Tatsachen trifft. Dies gilt auch beim Verbrauchsgüterkauf. Denn nach § 476 BGB wird nur, wenn sich innerhalb von sechs Monaten seit Gefahrübergang ein Sachmangel zeigt, vermutet, dass die Sache bereits bei Gefahrübergang mangelhaft war; dagegen gilt die Vermutung nicht für die Frage, ob überhaupt ein Sachmangel vorliegt.[39] Hat der Käufer die Kaufsache nach einer Nachbesserung des Verkäufers wieder angenommen, so muss er darüber hinaus das Fortbestehen des Mangels, mithin die Erfolglosigkeit des Nachbesserungsversuchs beweisen (vgl. die Kommentierung zu § 440 BGB Rn. 57).[40] Ist daher nach zweimaliger Nachbesserung nicht mehr aufklärbar, ob das erneute Auftreten des Mangels auf der erfolglosen Nachbesserung des Verkäufers oder auf einer unsachgemäßen Behandlung der Kaufsache nach erneuter Übernahme durch den Käufer beruht, so geht das zu Lasten des Käufers.[41] Im Zusammenhang mit **Dauerschuldverhältnissen** greift § 363 BGB nur bezüglich der einzelnen Teilleistungen ein.[42] Die Vorschrift gilt im Rahmen eines Mietvertrags insbesondere auch für die Überlassungspflicht des Vermieters; hat der Mieter die ihm zum Gebrauch überlassene Sache daher als Erfüllung angenommen, so muss er beweisen, dass die Mietsache bei der Überlassung mit einem Mangel behaftet war.[43] Bei der Rückgabe der Mietsache führt § 363 BGB jedoch noch nicht zur Beweislastumkehr, wenn der Vermieter das Transportbehältnis für die Mietsache (z.B. eine Kiste für einen Plasmabildschirm) rügelos entgegennimmt; hier muss der Mieter vielmehr bewei-

---

32 BGH v. 05.07.1989 - VIII ZR 334/88 - juris Rn. 24 - LM Nr. 7 zu § 448 ZPO.
33 BGH v. 04.11.1992 - VIII ZR 165/91 - juris Rn. 24 - LM BGB § 477 Nr. 57 (4/1993).
34 *Buck-Heeb* in: Erman, § 363 Rn. 5; *Fetzer* in: MünchKomm-BGB, § 363 Rn. 4; *Gernhuber*, Die Erfüllung und ihre Surrogate, 2. Aufl. 1994, § 6, 1c; *Grüneberg* in: Palandt, § 363 Rn. 3; *Olzen* in: Staudinger, § 363 Rn. 3, 20; *Schreiber* in: Soergel, § 363 Rn. 1; *Stürner* in: Jauernig, § 363 Rn. 2; *Weber* in: BGB-RGRK, § 363 Rn. 1, 5; anders offenbar OLG Karlsruhe v. 02.11.1995 - 4 U 49/95 - juris Rn. 10 - NJW-RR 1996, 752.
35 Vgl. dazu BGH v. 16.12.1982 - VII ZR 92/82 - juris Rn. 22 - BGHZ 86, 135-143.
36 LG Ulm v. 08.10.1993 - 1 KfH O 52/91 - CR 1994, 219-224.
37 *Eyinck* in: Baumgärtel/Laumen/Prütting, Handbuch der Beweislast, § 363 Rn. 6.
38 *Olzen* in: Staudinger, § 363 Rn. 4.
39 BGH v. 23.11.2005 - VIII ZR 43/05 - juris Rn. 20 - NJW 2006, 434-437.
40 BGH v. 11.02.2009 - VIII ZR 274/07 - juris Rn. 15 - VersR 2009, 984; BGH v. 09.03.2011 - VIII ZR 266/09 - juris Rn 11 - NJW 2011, 1664-1665; vgl. dazu *Wassermann*, jurisPR-BGHZivilR 7/2009, Anm. 2; *Revilla*, jurisPR-VerkR 6/2009, Anm. 1; *Bruns*, EWiR 2009, 435-436.
41 BGH v. 11.02.2009 - VIII ZR 274/07 - juris Rn. 15 ff. - VersR 2009, 984.
42 BGH v. 22.01.1986 - IVa ZR 105/84 - juris Rn. 23 - LM Nr. 2 zu § 363 BGB.
43 BGH v. 13.02.1985 - VIII ZR 154/84 - juris Rn. 27 - LM Nr. 6 zu § 9 (Bb) AGBG; BGH v. 15.11.2006 - XII ZR 120/04 - juris Rn. 24 - NZM 2007, 379-381; BGH v. 08.07.2009 - VIII ZR 200/08 - juris Rn. 11 - NJW 2009, 3099-3100; BGH v. 20.10.2010 - VIII ZR 111/09 - juris Rn. 10 - WuM 2010, 761-762; OLG München v. 06.10.2010 - 7 U 2734/10 - juris Rn. 23 - MietRB 2011, 13-14; OLG Düsseldorf v. 22.11.2011 - I-24 U 2/11 - juris Rn. 17; ebenso für den Fall des Leasings OLG Düsseldorf v. 10.10.2011 - I-24 U 45/11 - juris Rn. 9.

sen, dass er seiner Pflicht, die Mietsache nach Ablauf der Mietzeit ordnungsgemäß zurückzugeben, nachgekommen ist.[44] § 363 BGB findet auch auf die Übernahmebestätigung beim Leasingvertrag Anwendung.[45] Allerdings stellt die Übernahmebestätigung nicht zugleich eine Erklärung des Leasinggebers in dessen Verhältnis zum Lieferanten dar; insbesondere erkennt sie insoweit nicht die Leistung des Lieferanten als vertragsgemäß an und enthält keinen Verzicht auf Einwendungen.[46] Im **Familienrecht** betrifft die Vorschrift z.B. die Vollstreckung titulierter Unterhaltsansprüche.[47] Insoweit entnimmt die Rechtsprechung ihr – über den Wortlaut hinaus – die Vermutung einer einverständlichen Vertragsänderung, wenn eine einseitige Änderung durch den Schuldner (insb. die Zahlung eines niedrigeren Unterhaltsbetrags) von der Gegenseite jahrelang nicht beanstandet wird.[48] Problematisch ist die Anwendbarkeit der Norm bei **Beratungs- und Aufklärungspflichten**, wie etwa aus Anwalts-, Steuerberater- und Arztverträgen. Hier trägt der Gläubiger die Beweislast, wenn streitig ist, ob er vom Schuldner richtig und vollständig informiert worden ist;[49] dasselbe gilt, wenn der Gläubiger behauptet, das Beratungsgespräch habe nicht stattgefunden.[50] Dies ergibt sich aber schon aus allgemeinen Beweislastregeln, so dass es einer Anwendung des § 363 BGB nicht bedarf.[51]

---

[44] OLG Naumburg v. 22.07.2004 - 4 U 28/04 - juris Rn. 29 - OLGR Naumburg 2005, 109-110.
[45] BGH v. 01.07.1987 - VIII ZR 117/86 - juris Rn. 34 - LM Nr. 27 zu § 536 BGB; vgl. auch BGH v. 05.07.1989 - VIII ZR 334/88 - juris Rn. 17 - LM Nr. 7 zu § 448 ZPO.
[46] BGH v. 27.06.1990 - VIII ZR 72/89 - juris Rn. 47 - LM Nr. 29 zu § 326 (A) BGB.
[47] Vgl. OLG Köln v. 17.08.1984 - 4 UF 64/84 - FamRZ 1984, 1089-1090.
[48] OLG Hamm v. 28.10.1998 - 5 UF 38/98 - juris Rn. 13 - FamRZ 1999, 1665.
[49] BGH v. 16.10.1984 - VI ZR 304/82 - juris Rn. 41 - LM Nr. 42 zu § 282 ZPO (Beweislast); BGH v. 05.02.1987 - IX ZR 65/86 - juris Rn. 17 - LM Nr. 121 zu § 675 BGB; BGH v. 28.09.1989 - VII ZR 152/88 - juris Rn. 18 - LM Nr. 40 zu § 315 BGB; BGH v. 20.06.1990 - VIII ZR 182/89 - juris Rn. 10 - LM Nr. 37 zu § 536 BGB; BGH v. 13.02.1992 - IX ZR 105/91 - juris Rn. 26 - LM AbgO 1977 Nr. 16 (7/1992).
[50] BGH v. 04.06.1996 - IX ZR 246/95 - juris Rn. 18 - LM BGB § 675 Nr. 230 (10/1996).
[51] H.M.: BGH v. 04.06.1996 - IX ZR 246/95 - juris Rn. 18 - LM BGB § 675 Nr. 230 (10/1996); *Fetzer* in: MünchKomm-BGB, § 363 Rn. 2; *Laumen*, JR 1987, 62-63, 62; *Olzen* in: Staudinger, § 363 Rn. 8; *Schreiber* in: Soergel, § 363 Rn. 1; anders noch BGH v. 22.01.1986 - IVa ZR 105/84 - juris Rn. 23 - LM Nr. 2 zu § 363 BGB.

§ 364 BGB Annahme an Erfüllungs statt

(Fassung vom 02.01.2002, gültig ab 01.01.2002)

(1) Das Schuldverhältnis erlischt, wenn der Gläubiger eine andere als die geschuldete Leistung an Erfüllungs statt annimmt.

(2) Übernimmt der Schuldner zum Zwecke der Befriedigung des Gläubigers diesem gegenüber eine neue Verbindlichkeit, so ist im Zweifel nicht anzunehmen, dass er die Verbindlichkeit an Erfüllungs statt übernimmt.

Gliederung

A. Grundlagen 1	1. Erlöschen des Schuldverhältnisses 12
B. Praktische Bedeutung 2	2. Störungen im Erfüllungsvorgang 13
C. Anwendungsvoraussetzungen 3	II. Leistung erfüllungshalber 14
I. Leistung an Erfüllungs statt 3	1. Rechtslage bezüglich des erfüllungshalber
1. Vereinbarung der Leistung an Erfüllungs statt ... 3	geleisteten Gegenstandes 14
2. Gegenstand der Leistung an Erfüllungs statt 6	2. Rechtslage bezüglich der ursprünglichen
II. Leistung erfüllungshalber 8	Forderung 15
1. Allgemeines 8	3. Erlöschen des Schuldverhältnisses 16
2. Übernahme einer neuen Verbindlichkeit 9	E. Prozessuale Hinweise 17
3. Verschaffung eines Anspruchs gegen Dritte 10	F. Anwendungsfelder 19
4. Weitere Fälle 11	I. Leistung durch einen Dritten 19
D. Rechtsfolgen 12	II. Leistung an einen Dritten 20
I. Leistung an Erfüllungs statt 12	

A. Grundlagen

1 Erbringt der Schuldner eine andere als die geschuldete Leistung, dann liegt keine Erfüllung nach § 362 BGB vor. Der Gläubiger ist nicht verpflichtet, eine solche Leistung anzunehmen. Nimmt er sie aber an Erfüllungs statt an, so führt dies nach § 364 Abs. 1 BGB zum Erlöschen des Schuldverhältnisses. Die Bestimmung räumt demnach den Parteien die Befugnis ein, die Erfüllung als regelmäßigen Erlöschensstatbestand für das Schuldverhältnis durch eine Leistung an Erfüllung statt zu ersetzen. Sie regelt folglich ein **Erfüllungssurrogat**. § 364 Abs. 2 BGB enthält für den Fall, dass der Schuldner zum Zwecke der Befriedigung des Gläubigers eine neue Verbindlichkeit übernimmt, eine Auslegungsregel, nach der im Zweifel nicht von einer Leistung an Erfüllungs statt (sondern von einer Leistung erfüllungshalber) auszugehen ist.

B. Praktische Bedeutung

2 Die praktische Bedeutung der **Leistung an Erfüllungs statt** ist dann immens, wenn man die bargeldlose Zahlung durch Banküberweisung hierher rechnet. Sieht man sie jedoch als einen Fall der Erfüllung nach § 362 BGB an, wie dies der hier vertretenen Meinung entspricht (vgl. dazu näher die Kommentierung zu § 362 BGB Rn. 38), so ist die Leistung an Erfüllungs statt nicht sehr bedeutsam. Ein klassischer Anwendungsfall ist allerdings die Inzahlungnahme eines Gebrauchtwagens beim Neuwagenkauf (vgl. dazu Rn. 7). Praktisch häufiger als die Leistung an Erfüllungs statt ist die **Leistung erfüllungshalber**. Sie erlangt insbesondere dann Bedeutung, wenn der Schuldner zur Erfüllung seiner Verbindlichkeit einen Wechsel oder Scheck hingibt bzw. wenn er seine Geldschuld mit Kreditkarte oder EC-Karte unter Benutzung der PIN (POS-System) bezahlt.

C. Anwendungsvoraussetzungen

I. Leistung an Erfüllungs statt

1. Vereinbarung der Leistung an Erfüllungs statt

3 Eine andere als die geschuldete Leistung kann das Schuldverhältnis nur dann zum Erlöschen bringen, wenn der Schuldner sie als Leistung an Erfüllungs statt anbietet und der Gläubiger sie als solche annimmt. Erforderlich ist also anders als im Fall der Erfüllung (vgl. die Kommentierung zu § 362 BGB

Rn. 22) eine **vertragliche Einigung** zwischen den Parteien. Nach ihrer Rechtsnatur handelt es sich dabei um eine Vereinbarung über die Erfüllung des ursprünglichen Schuldverhältnisses;[1] nicht etwa liegt ein entgeltlicher Austauschvertrag vor, bei dem die ursprüngliche Forderung gegen die Hingabe der Leistung an Erfüllungs statt erlassen wird.[2] Ebenso handelt es sich in der Regel nicht um einen Schuldabänderungsvertrag mit anschließender Erfüllung gemäß § 362 BGB.[3] Rechtsgrund der Leistung bleibt das ursprüngliche Schuldverhältnis; aus ihm ergeben sich die Voraussetzungen für die Rechtsbeständigkeit und Rückforderbarkeit der Leistung.[4] Weil die Vereinbarung im Normalfall mit dem Bewirken der Leistung zusammentrifft, wird sie häufig als Realvertrag bezeichnet.[5] Praktische Bedeutung hat dies jedoch nicht.

§ 364 Abs. 1 BGB geht offenbar davon aus, dass die Willenseinigung der Parteien erst beim Bewirken der Leistung getroffen wird. Es spricht aber nichts dagegen, dass die Parteien dem Schuldner schon im Vorfeld der Leistung das Recht einräumen, das Schuldverhältnis durch eine andere als die geschuldete Leistung zum Erlöschen zu bringen. In diesem Fall liegt eine **Ersetzungsbefugnis** des Schuldners vor (vgl. dazu näher die Kommentierung zu § 262 BGB). Der Schuldner kann dann wählen, ob er die ursprüngliche Leistung oder die Ersatzleistung erbringen will. Macht der Schuldner von seiner Ersetzungsbefugnis Gebrauch, so erlischt das Schuldverhältnis nicht nach § 362 BGB, sondern nach § 364 BGB.[6] In besonderen Fällen kann allerdings auch ein Schuldabänderungsvertrag mit anschließender Erfüllung nach § 362 BGB vorliegen. Das ist dann anzunehmen, wenn der Schuldner nicht nur berechtigt, sondern auch verpflichtet sein soll, die andere Leistung zu bewirken.[7]

Die Leistung an Erfüllungs statt kann, wenn nicht ihr besonderer Inhalt eine Form erforderlich macht (Beispiel: Übereignung eines Grundstücks), auch **stillschweigend** vereinbart werden,[8] wie etwa dadurch, dass der Gläubiger die an Erfüllungs statt angebotene Sache in Gebrauch nimmt. Dabei muss das Verhalten des Gläubigers allerdings den rechtsgeschäftlichen Willen erkennen lassen, die Ersatzleistung als Erfüllung anzunehmen.[9]

2. Gegenstand der Leistung an Erfüllungs statt

Gegenstand der Leistung an Erfüllungs statt können **Leistungen aller Art** sein. In Betracht kommen vor allem Sachen, Ansprüche gegen Dritte, die Übernahme einer Schuld gegenüber Dritten sowie Dienst- und Werkleistungen.[10] Ob bei Geldschulden die bargeldlose Zahlung durch Banküberweisung als Leistung an Erfüllungs statt anzusehen ist, wird unterschiedlich beurteilt, ist jedoch zu verneinen (vgl. die Kommentierung zu § 362 BGB Rn. 38). Zum Zweck der Schuldtilgung kann im Wege der Novation[11] auch eine Forderung zwischen den Parteien neu begründet und an die Stelle der alten gesetzt werden; jedoch ist in diesem Fall nach § 364 Abs. 2 BGB im Zweifel gerade keine Leistung an Erfüllungs statt anzunehmen. Es bedarf deshalb in der Regel einer eindeutigen Vereinbarung, aus der hervorgeht, dass der Gläubiger für die neue Forderung das volle Verwertungsrisiko übernimmt.[12] Eine Annahme an Erfüllungs statt kann z.B. vorliegen, wenn eine aus anderem Grund bestehende Verpflich-

---

[1] BGH v. 30.11.1983 - VIII ZR 190/82 - juris Rn. 15 - BGHZ 89, 126-136; *Fetzer* in: MünchKomm-BGB, § 364 Rn. 1; *Grüneberg* in: Palandt, § 364 Rn. 2.
[2] *Fetzer* in: MünchKomm-BGB, § 364 Rn. 1; *Schreiber* in: Soergel, § 364 Rn. 2; ebenso BGH v. 30.11.1983 - VIII ZR 190/82 - juris Rn. 15 - BGHZ 89, 126-136; anders noch BGH v. 18.01.1967 - VIII ZR 209/64 - BGHZ 46, 338-343.
[3] Anderer Meinung *Gernhuber*, Die Erfüllung und ihre Surrogate, 2. Aufl. 1994, § 10, 3; *Olzen* in: Staudinger, § 364 Rn. 10; *Schreiber* in: Soergel, § 364 Rn. 1.
[4] *Buck-Heeb* in: Erman, § 364 Rn. 2; *Fetzer* in: MünchKomm-BGB, § 364 Rn. 1; *Grüneberg* in: Palandt, § 364 Rn. 2.
[5] Vgl. etwa *Buck-Heeb* in: Erman, § 364 Rn. 3; *Fetzer* in: MünchKomm-BGB, § 364 Rn. 1; *Weber* in: BGB-RGRK, § 364 Rn. 1; kritisch *Olzen* in: Staudinger, § 364 Rn. 4.
[6] BGH v. 18.01.1967 - VIII ZR 209/64 - BGHZ 46, 338-343; BGH v. 30.11.1983 - VIII ZR 190/82 - juris Rn. 7 - BGHZ 89, 126-136.
[7] *Weber* in: BGB-RGRK, § 364 Rn. 2.
[8] BGH v. 01.10.1963 - VII ZR 138/62.
[9] BAG v. 11.07.1975 - 5 AZR 273/74 - DB 1976, 59-60.
[10] Enger *Gernhuber*, Die Erfüllung und ihre Surrogate, 2. Aufl. 1994, § 10, 5.
[11] *Olzen* in: Staudinger, § 364 Rn. 42; a.M. *Fetzer* in: MünchKomm-BGB, § 364 Rn. 4.
[12] *Fetzer* in: MünchKomm-BGB, § 364 Rn. 4.

tung zur Leistung von Geld oder anderen vertretbaren Sachen in eine Darlehensschuld[13] oder einen uneigentlichen Verwahrungsvertrag umgewandelt wird.[14] Novierende Wirkung hat nach Auffassung der Rechtsprechung auch das Saldoanerkenntnis im Kontokorrentverhältnis;[15] auf die Einzelforderungen kann deshalb nur in Ausnahmefällen zurückgegriffen werden.[16] Wird eine neue Verbindlichkeit an Erfüllungs statt übernommen, so erlischt die alte Schuld nur, wenn das neue Schuldverhältnis wirksam entstanden ist.[17]

7 Ein Anwendungsfall der Annahme einer Sache an Erfüllungs statt ist die **Inzahlungnahme eines Gebrauchtwagens beim Neuwagenkauf**.[18] Es handelt sich dabei nicht etwa, wie im Schrifttum von verschiedenen Autoren vertreten worden ist, um einen aus Kauf und Tausch kombinierten Vertrag.[19] Das hat vor allem zur Folge, dass anders als beim Tausch im Fall des Untergangs des Gebrauchtwagens nicht die §§ 275, 326 BGB greifen, sondern die ursprüngliche Geldleistung geschuldet bleibt.[20] Ferner lässt ein Rücktritt vom Vertrag über den Altwagen – anders als bei Annahme eines einheitlichen typengemischten Vertrages – den Neuwagenkauf unberührt. Früher wurde aus steuerlichen Gründen (volle Besteuerung des Zwischenumsatzes) allerdings meist eine andere Gestaltung gewählt. Neben dem Kaufvertrag über den Neuwagen wurde regelmäßig nur ein Vermittlungsauftrag über den Gebrauchtwagen abgeschlossen. Der Händler übernahm dabei eine Mindestpreisgarantie, stundete insoweit die Kaufpreisforderung und verrechnete den Verkaufserlös, wobei ihm der Mehrerlös als Provision verblieb.[21] Diese Gestaltung hat aber die – in der Regel nicht gewollte – Folge, dass bei Unverkäuflichkeit des Gebrauchtwagens der Vermittlungsauftrag eventuell gekündigt wird.[22] Seit § 25a UStG nur noch die Differenz zwischen Einkaufs- und Verkaufspreis der Umsatzsteuer unterwirft, sind die steuerlichen Gründe für diese Gestaltung und gegen eine Inzahlungnahme gemäß § 364 BGB entfallen.[23] Seither hat sich die Praxis (wieder) gewandelt, und die Händler treten in der Regel als Eigenhändler auf.[24] Wird mit dem Kaufvertrag über den Neuwagen zugleich ein besonderer Kaufvertrag über den Gebrauchtwagen mit Verrechnungsabrede geschlossen, dann sprechen die Umstände in der Regel zugunsten eines einheitlichen Vertrags mit Hingabe an Erfüllungs statt.[25]

II. Leistung erfüllungshalber

1. Allgemeines

8 Von der Leistung an Erfüllungs statt abzugrenzen ist die Leistung erfüllungshalber. Während bei der Leistung an Erfüllungs statt die Schuld mit dem Bewirken der Leistung erlöschen soll, erlischt sie bei der Leistung erfüllungshalber erst dann, wenn sich der Gläubiger aus dem vom Schuldner Geleisteten befriedigt hat. Ob eine Leistung an Erfüllungs statt oder eine Leistung erfüllungshalber vorliegt, ist im Wege der **Auslegung** zu ermitteln.[26] Dabei ist eine Leistung an Erfüllungs statt nur dann anzunehmen,

---

[13] Dieser Fall war nach altem Schuldrecht in § 607 Abs. 2 BGB geregelt (sog. Vereinbarungsdarlehen). Nachdem der Darlehensvertrag jetzt in § 488 Abs. 1 BGB als Konsensualvertrag ausgestaltet ist, bedurfte es dieser besonderen Regelung nicht mehr. Die Umwandlung wird jetzt allgemein nach § 311 Abs. 1 BGB behandelt; vgl. dazu auch *Mülbert*, WM 2002, 465-476, 468.

[14] *Buck-Heeb* in: Erman, § 364 Rn. 7; *Fetzer* in: MünchKomm-BGB, § 364 Rn. 7a; *Weber* in: BGB-RGRK, § 364 Rn. 7.

[15] Vgl. etwa BGH v. 08.03.1972 - VIII ZR 40/71 - BGHZ 58, 257-262; BGH v. 08.07.1982 - I ZR 148/80 - juris Rn. 12 - BGHZ 84, 371-379.

[16] BGH v. 11.03.1999 - IX ZR 164/98 - juris Rn. 13 - BGHZ 141, 116-124.

[17] BGH v. 13.10.1983 - III ZR 163/82 - LM Nr. 11 zu § 138 (Cf) BGB.

[18] BGH v. 30.11.1983 - VIII ZR 190/82 - juris Rn. 7 - BGHZ 89, 126-136; OLG Celle v. 26.01.1996 - 4 U 204/94 - juris Rn. 7 - OLGR Celle 1996, 182-183; LG Dortmund v. 30.11.2007 - 3 O 220/07 - juris Rn. 13; dasselbe gilt für eine Inzahlungnahme beim Händlerleasing, bei dem Leasinggeber und Lieferant der Leasingsache identisch sind; vgl. BGH v. 30.10.2002 - VIII ZR 119/02 - juris Rn. 11 - NJW 2003, 505-507; mit Anmerkung *Gölz*, WuB I J 2 Leasing 1.03.

[19] So etwa *Medicus*, NJW 1976, 54-55, 55; *Honsell*, Jura 1983, 523-530, 523 ff.; *Olzen* in: Staudinger, § 365 Rn. 36.

[20] *Olzen* in: Staudinger, § 365 Rn. 33; *Stürner* in: Jauernig, §§ 364, 365 Rn. 2.

[21] Vgl. BGH v. 31.03.1982 - VIII ZR 65/81 - juris Rn. 27 - LM Nr. 59 zu § 433 BGB.

[22] *Buck-Heeb* in: Erman, § 364 Rn. 4.

[23] *Stürner* in: Jauernig, §§ 364, 365 Rn. 2.

[24] *Reinking/Eggert*, Der Autokauf, 11. Aufl. 2012, Rn. 2137 ff.; *Olzen* in: Staudinger, § 365 Rn. 32.

[25] BGH v. 28.11.1994 - VIII ZR 53/94 - juris Rn. 13 - BGHZ 128, 111-117.

[26] BGH v. 11.12.1991 - VIII ZR 31/91 - juris Rn. 22 - BGHZ 116, 278-292.

wenn der hingegebene Gegenstand dem Gläubiger nach dem Willen der Parteien endgültig verbleiben[27] und ein Rückgriff auf die ursprüngliche Forderung ausgeschlossen sein soll.[28] Insoweit ist zu berücksichtigen, dass der Gläubiger bei der Annahme an Erfüllungs statt das volle Verwertungsrisiko übernimmt. Der Unterschied ist insbesondere bei der Begründung einer neuen Verbindlichkeit und bei der Übertragung einer Forderung[29] bedeutsam.

2. Übernahme einer neuen Verbindlichkeit

Übernimmt der Schuldner zur Befriedigung des Gläubigers eine neue Verbindlichkeit, so ist nach der **Auslegungsregel** des § 364 Abs. 2 BGB im Zweifel nicht anzunehmen, dass er die Verbindlichkeit an Erfüllungs statt übernimmt. Vielmehr ist in diesem Fall regelmäßig von einer Leistung erfüllungshalber auszugehen. Unter § 364 Abs. 2 BGB fällt etwa die Hingabe von Wechseln[30] und Schecks.[31] Diese stellt nur den Versuch einer Zahlung und eine bedingte, von der Einlösung abhängige Schuldtilgung dar.[32] Anders verhält es sich, wenn die Hingabe des Wechsels oder des Schecks die von vornherein allein geschuldete Leistung ist. In diesem Fall haftet der Schuldner lediglich wechselmäßig.[33] Die Hingabe eines Prolongationswechsels gegen Rückgabe des ursprünglichen Wechsels ist in der Regel Leistung an Erfüllungs statt, allerdings nur bezüglich der früheren wechselmäßigen Verpflichtung, nicht hinsichtlich der Forderung aus dem Grundgeschäft.[34] Behält der Gläubiger dagegen den alten Wechsel trotz Hingabe des Prolongationswechsels, so ist eine Leistung erfüllungshalber anzunehmen. Der Gläubiger kann in diesem Fall bei einer erfolglosen Vorlage des Prolongationswechsels auf den alten Wechsel zurückgreifen.[35] Die Auslegungsregel des § 364 Abs. 2 BGB greift nicht, wenn der klare Wortlaut des Vertrages ergibt, dass dem Gläubiger keine zwei Forderungen zustehen sollen, so insbesondere, wenn der Kaufpreis durch die Übernahme eines abstrakten Schuldanerkenntnisses als geleistet gelten und der Schuldner fortan nur noch aus diesem in Anspruch genommen werden soll.[36]

9

3. Verschaffung eines Anspruchs gegen Dritte

Überträgt oder begründet der Schuldner einen Anspruch gegen einen Dritten, dann gilt § 364 Abs. 2 BGB nicht, doch wird auch hier im Zweifel eine Leistung erfüllungshalber vorliegen, da der Gläubiger in der Regel nicht bereit ist, das Bonitätsrisiko zu übernehmen.[37] Eine Leistung erfüllungshalber ist daher etwa anzunehmen bei **Zahlung mit Kreditkarte**.[38] Dort stundet das Vertragsunternehmen dem Karteninhaber den geschuldeten Betrag und sucht erfüllungshalber Befriedigung aus dem Schuldversprechen des Kartenherausgebers. Durch den Hinweis auf die Entgegennahme von Kreditkarten willigt das Vertragsunternehmen hierin ein. Ähnlich wirkt die Zahlung mit der **EC-Karte** unter Benutzung der PIN (POS-System) oder mit **Geldkarte**.[39] Leistung erfüllungshalber liegt ferner vor bei der Abtretung

10

---

[27] *Stürner* in: Jauernig, §§ 364, 365 Rn. 10.
[28] *Buck-Heeb* in: Erman, § 364 Rn. 13; *Fetzer* in: MünchKomm-BGB, § 364 Rn. 7a; *Grüneberg* in: Palandt, § 364 Rn. 5.
[29] Vgl. auch bei der Zwangsvollstreckung in Geldforderungen die Unterscheidung zwischen der Überweisung an Zahlungs statt und der Überweisung zur Einziehung (vgl. § 835 Abs. 1 ZPO).
[30] BGH v. 30.10.1985 - VIII ZR 251/84 - juris Rn. 16 - BGHZ 96, 182-198.
[31] BGH v. 07.10.1965 - II ZR 120/63 - juris Rn. 7 - BGHZ 44, 178-183; BGH v. 10.02.1982 - I ZR 80/80 - juris Rn. 15 - BGHZ 83, 96-101; BGH v. 11.10.1995 - VIII ZR 325/94 - juris Rn. 24 - BGHZ 131, 66-75; BGH v. 16.04.1996 - XI ZR 222/95 - juris Rn. 3 - LM BGB § 362 Nr. 23 (9/1996); vgl. auch FG Saarland v. 16.12.2008 - 2 V 1452/08 - juris Rn. 18 - ZInsO 2009, 343-344.
[32] *Weber* in: BGB-RGRK, § 364 Rn. 6.
[33] BGH v. 26.05.1959 - VIII ZR 74/58 - WM 1959, 1092.
[34] *Buck-Heeb* in: Erman, § 364 Rn. 13; *Fetzer* in: MünchKomm-BGB, § 364 Rn. 7a; *Gernhuber*, Die Erfüllung und ihre Surrogate, 2. Aufl. 1994, § 9 II 1; *Grüneberg* in: Palandt, § 364 Rn. 5; *Olzen* in: Staudinger, § 364 Rn. 53; *Weber* in: BGB-RGRK, § 364 Rn. 7.
[35] *Schreiber* in: Soergel, § 364 Rn. 7.
[36] *Weber* in: BGB-RGRK, § 364 Rn. 7.
[37] OLG Nürnberg v. 25.04.2007 - 6 U 2558/06 - juris Rn 20 - WM 2007, 1787-1790; OLG Stuttgart v. 21.10.2009 - 3 U 64/09 - juris Rn. 31; *Köhler*, WM 1977, 242-254, 243; *Grüneberg* in: Palandt, § 364 Rn. 6; *Weber* in: BGB-RGRK, § 364 Rn. 5; *Fetzer* in: MünchKomm-BGB, § 364 Rn. 8; *Schreiber* in: Soergel, § 364 Rn. 7.
[38] LG Düsseldorf v. 24.10.1990 - 23 S 885/89 - NJW-RR 1991, 310-311; *Freitag*, WM 2000, 2185-2190, 2185.
[39] *Pfeiffer*, NJW 1997, 1036-1039, 1037; vgl. dazu auch *Kümpel*, WM 1997, 1037-1042, 1037 ff.

von Versicherungsansprüchen,[40] der Bestellung eines Akkreditivs,[41] der Abtretung einer Grundschuld[42] sowie der Hingabe des Wechsels oder des Schecks eines Dritten.[43] Möglich ist auch, dass eine Forderung gleichzeitig sicherungs- und erfüllungshalber abgetreten wird.[44]

4. Weitere Fälle

11 Bei der **Hingabe von Sachen** entscheiden die Umstände des Einzelfalles. Will der Gläubiger die Sache verwerten, so spricht dies für eine Leistung erfüllungshalber.[45] Etwas anderes gilt, wenn der Gläubiger die Sache zu einem bestimmten Anrechnungsbetrag annimmt.[46] Werden in einem Grundstückskaufvertrag **Belastungen übernommen**, so ist der Kaufpreis vielfach nur Rechnungsgröße und die Schuldübernahme die wirklich geschuldete Leistung,[47] jedoch kann es sich auch um eine Leistung an Erfüllungs statt, eine Leistung erfüllungshalber oder um eine Sicherung der Kaufpreisforderung handeln; es ist daher der Parteiwille im Einzelfall zu ermitteln.[48] Bei einem **Festkredit mit Tilgung durch die Ablaufleistung einer Lebensversicherung** ist regelmäßig davon auszugehen, dass bei Fälligkeit des Darlehens ein Anspruch auf Rückzahlung der vollen Darlehenssumme besteht und die Tilgung nicht allein durch die Ablaufleistung der Lebensversicherung unabhängig von deren Höhe erfolgen soll; die Auszahlung der Versicherungssumme an die Kredit gebende Bank zur Tilgung des Darlehens erfolgt daher in der Regel nicht an Erfüllungs statt, sondern nur erfüllungshalber.[49] Allerdings kann die Auslegung im Einzelfall etwas anderes ergeben.[50]

D. Rechtsfolgen

I. Leistung an Erfüllungs statt

1. Erlöschen des Schuldverhältnisses

12 Die Leistung an Erfüllungs statt führt zum **Erlöschen des Schuldverhältnisses** (§ 364 Abs. 1 BGB). Sie hat folglich dieselbe Wirkung wie die Erfüllung. Akzessorische Nebenrechte wie Bürgschaften und Pfandrechte gehen mit der Forderung unter; sollen für eine an Erfüllungs statt übernommene neue Verbindlichkeit Sicherheiten gegeben werden, so müssen diese neu bestellt werden.[51] Der ersatzweise hingegebene Gegenstand geht endgültig ins Vermögen des Gläubigers über. Ein etwaiger Mehr- oder Minderwert ist nur dann auszugleichen, wenn dies besonders vereinbart ist.[52]

2. Störungen im Erfüllungsvorgang

13 Im Hinblick auf **Störungen** ist zu unterscheiden: Ist die Erfüllungsvereinbarung der Parteien unwirksam, so besteht das Schuldverhältnis weiter.[53] Bestand die zu tilgende Forderung von Anfang an nicht oder fällt sie später durch Rücktritt weg, so hat der Gläubiger die Leistung an Erfüllungs statt zurück-

---

[40] BGH v. 10.03.1993 - XII ZR 253/91 - juris Rn. 17 - BGHZ 122, 46-53.
[41] BGH v. 16.01.1981 - I ZR 84/78 - juris Rn. 12 - LM Nr. 9 zu § 2 ADSp.
[42] OLG Frankfurt v. 07.11.1978 - 22 U 65/77 - MDR 1979, 313.
[43] BGH v. 28.01.1992 - XI ZR 149/91 - juris Rn. 19 - LM BGB § 164 Nr. 73 (9/1992); *Bilda*, NJW 1991, 3251-3254, 3252.
[44] So BGH v. 03.05.1972 - VIII ZR 170/71 - BGHZ 58, 364-369; für das unechte Factoring; BGH v. 11.12.1991 - VIII ZR 31/91 - juris Rn. 26 - BGHZ 116, 278-292, für das Leasing.
[45] *Köhler*, WM 1977, 242-254, 243.
[46] BGH v. 18.01.1967 - VIII ZR 209/64 - BGHZ 46, 338-343; BGH v. 30.11.1983 - VIII ZR 190/82 - juris Rn. 7 - BGHZ 89, 126-136.
[47] BGH v. 12.04.1996 - V ZR 83/95 - juris Rn. 25 - LM BGB § 459 Nr. 131 (8/1996); vgl. auch OLG Schleswig v. 17.04.1997 - 13 U 14/96 - NJW-RR 1997, 1036-1037.
[48] *Grüneberg* in: Palandt, § 364 Rn. 6; *Weber* in: BGB-RGRK, § 364 Rn. 7.
[49] BGH v. 20.11.2007 - XI ZR 259/06 - WM 2008, 121-122; OLG Karlsruhe v. 09.02.2006 - 9 U 154/05 - WM 2006, 1247-1248; OLG Karlsruhe v. 21.02.2006 - 17 U 151/05 - WM 2006, 1810-1813; OLG Hamm v. 03.07.2006 - 31 U 6/06 - juris Rn. 15; OLG Koblenz v. 07.12.2006 - 5 U 735/06 - juris Rn. 31 - WM 2007, 329-331; OLG Nürnberg v. 25.04.2007 - 6 U 2558/06 - WM 2007, 1787-1790; OLG Celle v. 13.10.2010 - 3 U 159/10 - juris Rn. 14; vgl. auch *Oechsler*, NJW 2006, 1399-1404, 1402; *Wegmann*, BKR 2007, 268-274; a.M. früher OLG Karlsruhe v. 04.04.2003 - 15 U 8/02 - NJW 2003, 2322-2323.
[50] Vgl. OLG Karlsruhe v. 04.04.2003 - 15 U 8/02 - NJW 2003, 2322-2323; OLG Karlsruhe v. 09.02.2006 - 9 U 154/05 - WM 2006, 1247-1248; OLG Hamm, v. 03.07.2006 - juris Rn. 15 - 31 U 6/06; OLG Koblenz v. 07.12.2006 - 5 U 735/06 - WM 2007, 329-331.
[51] *Buck-Heeb* in: Erman, § 364 Rn. 7.
[52] *Fetzer* in: MünchKomm-BGB, § 364 Rn. 5.
[53] *Fetzer* in: MünchKomm-BGB, § 364 Rn. 3.

zugewähren und nicht etwa den angerechneten Betrag zu vergüten.[54] Ist der an Erfüllungs statt hingegebene Gegenstand mit Mängeln behaftet, so gilt § 365 BGB.

II. Leistung erfüllungshalber

1. Rechtslage bezüglich des erfüllungshalber geleisteten Gegenstandes

Bei der Leistung erfüllungshalber erlischt das Schuldverhältnis zunächst nicht. Der Gläubiger erhält lediglich eine **zusätzliche Befriedigungsmöglichkeit**. Welche Rechte er bezüglich des erfüllungshalber geleisteten Gegenstandes erwirbt, hängt von den getroffenen Vereinbarungen ab. In der Regel ist eine fiduziarische Vollrechtsübertragung, wie bei der Sicherungsabtretung oder -übereignung, gewollt.[55] Zwischen den Parteien besteht ein Rechtsverhältnis eigener Art, das einem Auftrag ähnelt.[56] Der Gläubiger ist dem Schuldner im Zweifel verpflichtet, aus dem erfüllungshalber angenommenen Gegenstand mit verkehrsüblicher Sorgfalt Befriedigung zu suchen.[57] Dazu gehört es allerdings nicht, eine Klage mit zweifelhaften Erfolgsaussichten zu erheben.[58] Einen Vergleich darf er ohne Zustimmung des Schuldners nur schließen, wenn der Anspruch sich nicht in voller Höhe durchsetzen lässt.[59] Sorgfaltspflichtverletzungen machen ihn schadensersatzpflichtig.[60] Der Schuldner muss bei der Verwertung des Gegenstandes alle Hilfe gewähren.[61] Die mit der Verwertung verbundenen Kosten gehen, soweit nichts anderes vereinbart ist, zu Lasten des Schuldners (§ 670 BGB).[62] Einen etwaigen Mehrerlös muss der Gläubiger (nach Abzug der Kosten) an den Schuldner herausgeben.[63] Eine Vergütung für die Verwertung kann der Gläubiger nur bei entsprechender Vereinbarung verlangen, die jedoch auch stillschweigend geschlossen werden kann, so etwa, wenn der Gläubiger Gegenstände der betreffenden Art gewerbsmäßig veräußert.[64] Eine Pflicht des Schuldners zur Gewährleistung für den erfüllungshalber hingegebenen Gegenstand besteht – im Unterschied zur Leistung an Erfüllungs statt – nicht. Der Gläubiger ist dadurch geschützt, dass er den Gegenstand wegen Mangelhaftigkeit zurückgeben und die Forderung weiterhin geltend machen kann.[65] Wird der Gläubiger aus dem Verwertungsgeschäft wegen Mängeln in Anspruch genommen, so besteht die Forderung gegen den Schuldner in entsprechender Höhe fort.[66]

14

2. Rechtslage bezüglich der ursprünglichen Forderung

Auf die ursprüngliche Forderung darf der Gläubiger regelmäßig erst zurückgreifen, wenn die Befriedigung aus dem erfüllungshalber hingegebenen Gegenstand misslingt.[67] Umstritten ist, wie dies dogmatisch zu erfassen ist. Während nach h.M. mit der Leistung erfüllungshalber in der Regel eine **Stundung**

15

---

[54] BGH v. 30.11.1983 - VIII ZR 190/82 - juris Rn. 14 - BGHZ 89, 126-136; BGH v. 28.11.1994 - VIII ZR 53/94 - juris Rn. 14 - BGHZ 128, 111-117.

[55] *Fetzer* in: MünchKomm-BGB, § 364 Rn. 11; *Gernhuber*, Die Erfüllung und ihre Surrogate, 2. Aufl. 1994, § 9 I 3, 5; *Grüneberg* in: Palandt, § 364 Rn. 7; *Köhler*, WM 1977, 242-254, 246; *Olzen* in: Staudinger, § 364 Rn. 23; a.M. *Buck-Heeb* in: Erman, § 364 Rn. 10 (nur Verfügungsermächtigung, keine Vollrechtsübertragung).

[56] *Fetzer* in: MünchKomm-BGB, § 364 Rn. 12; *Grüneberg* in: Palandt, § 364 Rn. 7; *Olzen* in: Staudinger, § 364 Rn. 25.

[57] BGH v. 12.07.1984 - VII ZR 268/83 - juris Rn. 18 - BGHZ 92, 123-128; OLG Köln v. 07.07.1992 - 22 U 32/92 - OLGR Köln 1992, 309-310; OLG Stuttgart v. 21.10.2009 - 3 U 64/09 - juris Rn. 38.

[58] OLG Nürnberg v. 14.05.1976 - 1 U 7/76 - MDR 1976, 841-842; OLG Dresden v. 16.01.2002 - 11 U 1021/01 - juris Rn. 43 - MDR 2002, 817-818; OLG Stuttgart v. 21.10.2009 - 3 U 64/09 - juris Rn. 38.

[59] *Grüneberg* in: Palandt, § 364 Rn. 7; *Weber* in: BGB-RGRK, § 364 Rn. 11; *Schreiber* in: Soergel, § 364 Rn. 6.

[60] OLG Celle v. 05.02.1970 - 7 U 152/69 - OLGZ 1970, 450.

[61] *Buck-Heeb* in: Erman, § 364 Rn. 12.

[62] BGH v. 12.07.1984 - VII ZR 268/83 - juris Rn. 18 - BGHZ 92, 123-128.

[63] *Buck-Heeb* in: Erman, § 364 Rn. 12.

[64] *Buck-Heeb* in: Erman, § 364 Rn. 12.

[65] *Fetzer* in: MünchKomm-BGB, § 364 Rn. 12; *Gernhuber*, Die Erfüllung und ihre Surrogate, 2. Aufl. 1994, § 9 I 14; *Olzen* in: Staudinger, § 364 Rn. 25.

[66] *Buck-Heeb* in: Erman, § 364 Rn. 12; *Grüneberg* in: Palandt, § 364 Rn. 7.

[67] BGH v. 30.10.1985 - VIII ZR 251/84 - juris Rn. 39 - BGHZ 96, 182-198; BGH v. 11.12.1991 - VIII ZR 31/91 - juris Rn. 20 - BGHZ 116, 278-292; vgl. auch BGH v. 03.04.2001 - XI ZR 223/00 - juris Rn. 16 - NJW-RR 2001, 1430-1431.

der Forderung verbunden ist,[68] nimmt eine Gegenansicht lediglich einen vorübergehenden **Ausschluss der Klagbarkeit oder Vollstreckbarkeit** der Forderung an.[69] Eine dritte Meinung schließlich geht von einem **pactum de non petendo** aus, das dem Schuldner ein Leistungsverweigerungsrecht verschafft.[70] Entscheidend ist die Frage, welche Gestaltung der Interessenlage der Parteien und damit ihrem mutmaßlichen Willen entspricht. Gegen eine Stundung spricht, dass diese den Schuldnerverzug ausschließt (vgl. die Kommentierung zu § 271 BGB Rn. 12), was jedoch kaum dem Willen des Gläubigers entsprechen dürfte; denn er ist nicht verpflichtet, sich auf eine Leistung erfüllungshalber einzulassen, und hat mithin auch keinen Anlass, sich der Rechte aus einem drohenden oder bereits eingetretenen Verzug zu begeben. Andererseits überzeugt aber auch eine rein prozessuale Deutung nicht. Denn die Parteien wollen während der Dauer des Befriedigungsversuchs regelmäßig nicht nur die gerichtliche Geltendmachung der Forderung ausschließen, sondern ihre materiellrechtliche Durchsetzbarkeit beschränken. Vorzugswürdig ist es daher, eine Einrede des materiellen Rechts anzunehmen, die aber nicht wie die Stundung den Verzug beendet. Diese kann durchaus eigenständigen Charakter haben und muss sich den gesetzlich geregelten Einreden nicht notwendig einordnen lassen.[71] Man kann sie als Fall des pactum de non petendo auffassen, doch besagt dies über ihre konkreten Rechtsfolgen wenig (zu den Spielarten des pactum de non petendo vgl. näher die Kommentierung zu § 271 BGB Rn. 12). Entscheidend ist, dass sie nicht die Fälligkeit der Forderung hinausschiebt, sondern lediglich ihre Durchsetzbarkeit berührt. Im Übrigen ist zu beachten, dass die hier gewählte Deutung die Parteiinteressen nur für den Regelfall erfasst. In concreto kann die Auslegung durchaus einen abweichenden Parteiwillen ergeben.

3. Erlöschen des Schuldverhältnisses

16 Die Forderung des Gläubigers erlischt, wenn und soweit er die geschuldete Leistung aus dem erfüllungshalber angenommenen Gegenstand erlangt.[72] Bei einer Zahlung durch Scheck bzw. Wechsel tritt **Erfüllung** mit der Einlösung durch Barzahlung oder Gutschrift ein (vgl. die Kommentierung zu § 362 BGB Rn. 46),[73] bei Zahlung durch Kredit- oder Geldkarte durch Überweisung des Kartenherausgebers an das Vertragsunternehmen.[74] Kommt dem Gläubiger ein erfüllungshalber hingegebener Scheck abhanden und wird dieser von einem Dritten eingelöst, so steht dem Schuldner ein dauerndes Leistungsverweigerungsrecht zu;[75] dieses entfällt wieder, sobald die Scheckverbindlichkeit verjährt.[76] Erbringt der Schuldner, nachdem er einen Wechsel als Akzeptantenwechsel hat diskontieren lassen, eine Leistung auf die ursprüngliche Forderung, so tritt in der Regel volle Erfüllung ein, obwohl der Gläubiger als Wechselaussteller dem Rückgriff ausgesetzt bleibt.[77]

E. Prozessuale Hinweise

17 Ebenso wie die Erfüllung (vgl. die Kommentierung zu § 362 BGB Rn. 34) hat der **Schuldner** auch die Tilgung seiner Verbindlichkeit durch **Leistung an Erfüllungs statt** zu **beweisen**.[78] Hat er zum Zwecke der Befriedigung des Gläubigers eine neue Verbindlichkeit übernommen und macht er geltend, dass der Gläubiger dies als Leistung an Erfüllungs statt angenommen habe, so muss er die Zweifelsfallre-

---

[68] BGH v. 30.10.1985 - VIII ZR 251/84 - juris Rn. 39 - BGHZ 96, 182-198; BGH v. 11.12.1991 - VIII ZR 31/91 - juris Rn. 20 - BGHZ 116, 278-292; BGH v. 11.12.1991 - VIII ZR 31/91 - juris Rn. 20 - BGHZ 116, 278-292; *Buck-Heeb* in: Erman, § 364 Rn. 11.

[69] *Grüneberg* in: Palandt, § 364 Rn. 8; *Köhler*, WM 1977, 242-254, 248 f.; *Olzen* in: Staudinger, § 364 Rn. 27; vgl. auch *Schreiber* in: Soergel, § 364 Rn. 6.

[70] *Fetzer* in: MünchKomm-BGB, § 364 Rn. 13.

[71] Zutreffend *Gernhuber*, Die Erfüllung und ihre Surrogate, 2. Aufl. 1994, § 9 I 9; er spricht von einer „Einrede der Leistung erfüllungshalber".

[72] BGH v. 30.10.1985 - VIII ZR 251/84 - juris Rn. 16 - BGHZ 96, 182-198; BGH v. 20.11.1997 - IX ZR 152/96 - juris Rn. 25 - LM BGB § 135 Nr. 7 (4/1998).

[73] BGH v. 11.10.1995 - VIII ZR 325/94 - juris Rn. 24 - BGHZ 131, 66-75; BGH v. 16.04.1996 - XI ZR 222/95 - juris Rn. 3 - LM BGB § 362 Nr. 23 (9/1996); BGH v. 07.03.2002 - IX ZR 293/00 - juris Rn. 14 - LM BGB § 162 Nr. 13 (11/2002); dazu *Klanten*, EWiR 2002, 697-698, 697 f.

[74] *Grüneberg* in: Palandt, § 364 Rn. 9.

[75] BGH v. 16.04.1996 - XI ZR 222/95 - juris Rn. 8 - LM BGB § 362 Nr. 23 (9/1996); BGH v. 12.07.2000 - VIII ZR 99/99 - juris Rn. 9 - LM BGB § 164 Nr. 88 (6/2001).

[76] BGH v. 07.11.2000 - XI ZR 44/00 - juris Rn. 15 - LM BGB § 607 Nr. 177 (10/2001).

[77] BGH v. 26.02.1986 - VIII ZR 28/85 - juris Rn. 25 - BGHZ 97, 197-203; a.M. *Honsell*, Jura 1983, 523-530, 757 f.

[78] Vgl. nur *Eyinck* in: Baumgärtel/Laumen/Prütting, Handbuch der Beweislast, § 364 Rn. 1.

gelung des § 364 Abs. 2 BGB widerlegen. Allein die Tatsache, dass der Gläubiger ihm eine Quittung erteilt hat, genügt dazu nicht.[79] Die Rückgabe und Vernichtung des ursprünglichen Wechsels bei der Hingabe eines Prolongationswechsels spricht dagegen für eine Hingabe an Erfüllungs statt (vgl. dazu schon Rn. 9).

Will der Gläubiger den Schuldner aus der ursprünglichen Verpflichtung in Anspruch nehmen, obwohl dieser **erfüllungshalber** geleistet hat, muss der **Gläubiger** nachweisen, dass es ihm nicht möglich war, sich aus dem erfüllungshalber hingegebenen Gegenstand zu befriedigen, obwohl er insoweit die erforderliche Sorgfalt aufgewandt hat. Konnte er aus einem Wechsel wegen Zahlungsunfähigkeit des Wechselschuldners keine Befriedigung erlangen, so muss er beweisen, dass die Zahlungsunfähigkeit schon bei der Fälligkeit des Wechsels bestand.[80] Hat er ohne die Zustimmung des Schuldners einen Vergleich über die erfüllungshalber gegebene Forderung geschlossen, so hat er den Beweis zu erbringen, dass eine volle Durchsetzung des Anspruchs nicht möglich war (vgl. schon Rn. 14). Erhebt der **Schuldner** gegen den Gläubiger eine Schadensersatzforderung, weil dieser die ihm bei der Einziehung der erfüllungshalber abgetretenen Forderung obliegende Sorgfaltspflicht verletzt habe, dann trägt er diesbezüglich die Beweislast.[81] Allerdings können dem Schuldner insoweit nach allgemeinen Regeln gewisse Beweiserleichterungen zugutekommen, da die zu beweisenden Umstände sich in der Sphäre des Gläubigers befinden und der Beweis deshalb schwer zu führen ist.[82]

F. Anwendungsfelder

I. Leistung durch einen Dritten

§ 364 Abs. 1 BGB findet auch dann Anwendung, wenn die Leistung an Erfüllungs statt nicht durch den Schuldner, sondern **durch einen Dritten** erbracht wird. Gemäß § 267 BGB muss der Dritte zwar, um das Schuldverhältnis zum Erlöschen zu bringen, „die Leistung bewirken"; zu Ersatzleistungen ist er nicht berechtigt. Der Gläubiger ist jedoch nicht daran gehindert, ein Erfüllungssurrogat anzunehmen und die Forderung gegen den Schuldner einvernehmlich mit dem Dritten zum Erlöschen zu bringen. Da eine Leistung an Erfüllungs statt ohnehin von der Mitwirkung des Gläubigers abhängig ist, gelten dabei gegenüber der Schuldnerleistung keine Besonderheiten. Der Gläubiger kann sie annehmen, muss es aber nicht (vgl. dazu auch die Kommentierung zu § 267 BGB Rn. 7).[83]

II. Leistung an einen Dritten

Soweit die Voraussetzungen der §§ 362 Abs. 2, 185 BGB vorliegen, kann die Ersatzleistung auch **an einen Dritten** erbracht werden.[84] Nötig ist dazu eine Ermächtigung des Gläubigers, die sowohl vor als auch nach dem Bewirken der Ersatzleistung erteilt werden kann (vgl. dazu auch die Kommentierung zu § 362 BGB Rn. 28).

---

[79] *Eyinck* in: Baumgärtel/Laumen/Prütting, Handbuch der Beweislast, § 364 Rn. 2; *Schreiber* in: Soergel, § 364 Rn. 6 f.
[80] *Eyinck* in: Baumgärtel/Laumen/Prütting, Handbuch der Beweislast, § 364 Rn. 3.
[81] OLG Celle v. 05.02.1970 - 7 U 152/69 - OLGZ 1970, 450.
[82] *Eyinck* in: Baumgärtel/Laumen/Prütting, Handbuch der Beweislast, § 364 Rn. 4.
[83] *Buck-Heeb* in: Erman, § 364 Rn. 2; *Gernhuber*, Die Erfüllung und ihre Surrogate, 2. Aufl. 1994, § 10, 9; *Schreiber* in: Soergel, § 364 Rn. 1; *Weber* in: BGB-RGRK, § 364 Rn. 1; unklar *Fetzer* in: MünchKomm-BGB, § 364 Rn. 4.
[84] Anders offenbar *Fetzer* in: MünchKomm-BGB, § 364 Rn. 4.

§ 365 BGB Gewährleistung bei Hingabe an Erfüllungs statt

(Fassung vom 02.01.2002, gültig ab 01.01.2002)

Wird eine Sache, eine Forderung gegen einen Dritten oder ein anderes Recht an Erfüllungs statt gegeben, so hat der Schuldner wegen eines Mangels im Recht oder wegen eines Mangels der Sache in gleicher Weise wie ein Verkäufer Gewähr zu leisten.

Gliederung

A. Grundlagen 1	I. Gewährleistung des Schuldners 4
B. Anwendungsvoraussetzungen 2	II. Speziell: Inzahlungnahme eines Gebrauchtwagens 7
I. Leistung an Erfüllungs statt 2	
II. Hingabe einer Sache oder eines Rechts 3	D. Anwendungsfelder 10
C. Rechtsfolgen 4	

A. Grundlagen

1   Die Vorschrift knüpft an § 364 BGB an und regelt die Ansprüche des Gläubigers für den Fall, dass der an Erfüllungs statt hingegebene Gegenstand mit Rechts- oder Sachmängeln behaftet ist. Sie sieht insoweit eine Haftung des Schuldners nach den kaufrechtlichen Bestimmungen vor. Beim Verständnis dieser Vorschrift ist von der im Rahmen des § 364 BGB zugrunde gelegten Sichtweise auszugehen, wonach die Einigung der Parteien über eine Leistung an Erfüllungs statt eine bloße Vereinbarung über die Erfüllung des ursprünglichen Schuldverhältnisses ist und nicht etwa einen neuen Schuldgrund schafft. Rechtsgrund der Leistung bleibt das ursprüngliche Schuldverhältnis, innerhalb dessen § 365 BGB die Haftung des Schuldners regelt (vgl. dazu die Kommentierung zu § 364 BGB Rn. 3).

B. Anwendungsvoraussetzungen

I. Leistung an Erfüllungs statt

2   Die Vorschrift knüpft an § 364 BGB an und setzt demnach eine Leistung an Erfüllungs statt voraus. Auf die **Leistung erfüllungshalber** ist sie nicht anwendbar.[1] Bei dieser bedarf es gar keiner Gewährleistungspflicht des Schuldners, denn der Gläubiger ist durch die Möglichkeit, den Gegenstand wegen Mangelhaftigkeit zurückzugeben und auf die ursprüngliche Forderung zurückzugreifen, ausreichend geschützt (vgl. auch die Kommentierung zu § 364 BGB Rn. 14). Unanwendbar ist § 365 BGB ferner in der Zwangsvollstreckung bei der **Überweisung einer Forderung an Zahlungs statt** gemäß § 835 Abs. 1, 2 ZPO.[2]

II. Hingabe einer Sache oder eines Rechts

3   § 365 BGB gilt nur, wenn eine **Sache**, eine **Forderung** gegen einen Dritten oder ein **anderes Recht** hingegeben worden sind. Auf sonstige Gegenstände, die an Erfüllungs statt geleistet werden können (vgl. die Kommentierung zu § 364 BGB Rn. 5), findet die Vorschrift keine Anwendung. Insbesondere gilt sie nicht für den Fall, dass der Schuldner an Erfüllungs statt eine neue Verbindlichkeit übernommen hat. In diesem Fall ist für die Haftung das neue Schuldverhältnis maßgebend.[3] Im Aktienrecht wird die analoge Anwendung des § 365 BGB im Fall einer mangelhaften Sachdividende vertreten, um auf diesem Weg das kaufrechtliche Gewährleistungsrecht anwenden zu können.[4]

C. Rechtsfolgen

I. Gewährleistung des Schuldners

4   Der Schuldner hat gemäß § 365 BGB in gleicher Weise wie ein Verkäufer Gewähr zu leisten. Dabei geht die Vorschrift grundsätzlich von einer **vollen Haftung** des Schuldners aus. Jedoch kann sich aus

---

[1] *Buck-Heeb* in: Erman, § 365 Rn. 1; *Fetzer* in: MünchKomm-BGB, § 365 Rn. 2; *Grüneberg* in: Palandt, § 365 Rn. 1; *Olzen* in: Staudinger, § 365 Rn. 3; *Schreiber* in: Soergel, § 365 Rn. 1; *Weber* in: BGB-RGRK, § 365 Rn. 2.
[2] *Buck-Heeb* in: Erman, § 365 Rn. 1; *Olzen* in: Staudinger, § 365 Rn. 4; *Schreiber* in: Soergel, § 365 Rn. 1; *Weber* in: BGB-RGRK, § 365 Rn. 2.
[3] *Fetzer* in: MünchKomm-BGB, § 365 Rn. 2; *Grüneberg* in: Palandt, § 365 Rn. 1.
[4] *Holzborn/Bunnemann*, AG 2003, 671, 678.

dem zugrunde liegenden Schuldverhältnis (das weiterhin den Rechtsgrund der Leistung bildet, vgl. Rn. 1) eine Haftungsmilderung ergeben.[5] So haftet etwa der Schenker auch bei einer Leistung an Erfüllungs statt lediglich gemäß §§ 523, 524 BGB.[6] Liegt der Leistung an Erfüllungs statt eine Spiel- oder Wettschuld zugrunde, so haftet der Schuldner gar nicht.[7] Darüber hinaus können sich Haftungserleichterungen und Haftungsverschärfungen aus einer (konkludenten) Vereinbarung ergeben (vgl. Rn. 10).
Der Schuldner haftet **wie ein Verkäufer**. Die Rechte des Gläubigers entsprechen daher denen des Käufers bei Rechts- oder Sachmängeln. Er kann mithin in erster Linie Nacherfüllung verlangen (§§ 437 Nr. 1, 439 BGB). Nach erfolgloser Bestimmung einer Frist kann er gemäß §§ 440, 323, 326 Abs. 5 BGB vom Vertrag zurücktreten (§ 437 Nr. 2 Alt. 1 BGB) oder gemäß § 441 BGB mindern (§§ 437 Nr. 2 Alt. 2 BGB) sowie nach Maßgabe der §§ 440, 280, 281, 311a BGB Schadensersatz fordern (§ 437 Nr. 3 BGB). Auch bei Mängeln des an Erfüllungs statt hingegebenen Gegenstandes lebt die ursprüngliche – nach § 364 Abs. 1 BGB erloschene – Schuld aber nicht von selbst wieder auf.[8] Der Schuldner ist jedoch im Fall des Rücktritts[9] sowie bei einer Verpflichtung zum Schadensersatz[10] zur Wiederbegründung der erloschenen Forderung verpflichtet (beim Rücktritt als Teil der Rückgewährpflicht nach § 346 BGB, beim Schadensersatz als Naturalrestitution nach § 249 Abs. 1 BGB).[11] Bei der Minderung hat die Wiederherstellung der erloschenen Forderung verhältnismäßig zu erfolgen.[12] Trotz der nur schuldrechtlichen Wiederherstellungspflicht kann der Gläubiger im Prozess unmittelbar auf Erfüllung der wieder zu begründenden Forderung klagen.[13] Der Schuldner ist außerdem verpflichtet, die mit der Schuld erloschenen Sicherheiten wieder einzuräumen,[14] soweit ihm das nicht unmöglich ist (etwa bei der Bürgschaft).[15]

Hat ein **Dritter** die Leistung an Erfüllungs statt erbracht (vgl. dazu die Kommentierung zu § 364 BGB Rn. 19), so trifft ihn die Gewährleistungspflicht.[16] Bei Schadensersatzansprüchen bereitet die Durchführung keine Probleme. Dagegen ist ein Rücktritt ohne Mitwirkung des Schuldners letztlich undurchführbar, da die Schuld wiederbegründet werden muss. Wie dies zu lösen ist, ist bislang ungeklärt.[17]

II. Speziell: Inzahlungnahme eines Gebrauchtwagens

Große praktische Relevanz hat die Leistung an Erfüllungs statt nach § 364 BGB etwa im Fall der Inzahlungnahme eines Gebrauchtwagens beim Neuwagenkauf (vgl. dazu die Kommentierung zu § 364 BGB Rn. 7). Insoweit sind bezüglich der Gewährleistung zwei Fälle zu unterscheiden:

Soweit ein Mangel die **Pflichten des Neuwagenverkäufers** (= Gläubigers) betrifft, gelten die allgemeinen Regeln. Tritt der Käufer (= Schuldner) vom Vertrag zurück, kann er – wie bisher bei der Wandelung – neben dem Barkaufpreis nur den in Zahlung gegebenen Gebrauchtwagen, nicht dessen Verrechnungswert zurückverlangen.[18] Verlangt er dagegen Schadensersatz statt der ganzen Leistung (sog. „großer Schadensersatz", vgl. § 281 Abs. 1 Satz 3 BGB), so kann er neben dem Barkaufpreis auch den

---

[5] *Buck-Heeb* in: Erman, § 365 Rn. 1; *Fetzer* in: MünchKomm-BGB, § 365 Rn. 1; *Grüneberg* in: Palandt, § 365 Rn. 1; anders die früher h.M. von der Leistung an Erfüllungs statt als eines entgeltlichen Austauschvertrages.

[6] *Fetzer* in: MünchKomm-BGB, § 365 Rn. 1; *Gernhuber*, Die Erfüllung und ihre Surrogate, 2. Aufl. 1994, § 10, 8b; *Grüneberg* in: Palandt, § 365 Rn. 1; *Schreiber* in: Soergel, § 365 Rn. 2; *Weber* in: BGB-RGRK, § 365 Rn. 4.

[7] *Fetzer* in: MünchKomm-BGB, § 365 Rn. 1; *Gernhuber*, Die Erfüllung und ihre Surrogate, 2. Aufl. 1994, § 10, 8b; vgl. auch *Grüneberg* in: Palandt, § 365 Rn. 1.

[8] Ganz h.M.; vgl. nur BGH v. 18.01.1967 - VIII ZR 209/64 - BGHZ 46, 338-343, sowie zum neuen Recht *Brox/Walker*, Allgemeines Schuldrecht, 32. Aufl. 2007, § 14 Rn. 6; a.M. aber *Gernhuber*, Die Erfüllung und ihre Surrogate, 2. Aufl. 1994, § 10, 8d.

[9] Vgl. nur (zum Fall der Wandelung) BGH v. 18.01.1967 - VIII ZR 209/64 - BGHZ 46, 338-343; kritisch *Olzen* in: Staudinger, § 365 Rn. 18 ff.

[10] OLG Hamm v. 05.10.1987 - 22 U 18/87 - juris Rn. 3 - NJW-RR 1988, 266.

[11] *Fetzer* in: MünchKomm-BGB, § 365 Rn. 3; *Weber* in: BGB-RGRK, § 365 Rn. 3.

[12] *Fetzer* in: MünchKomm-BGB, § 365 Rn. 3; *Schreiber* in: Soergel, § 365 Rn. 2.

[13] BGH v. 18.01.1967 - VIII ZR 209/64 - BGHZ 46, 338-343.

[14] *Fetzer* in: MünchKomm-BGB, § 365 Rn. 3; *Weber* in: BGB-RGRK, § 365 Rn. 3; a.M. *Olzen* in: Staudinger, § 365 Rn. 21.

[15] *Fetzer* in: MünchKomm-BGB, § 365 Rn. 3.

[16] Vgl. nur *Buck-Heeb* in: Erman, § 365 Rn. 1; *Grüneberg* in: Palandt, § 365 Rn. 2.

[17] Vgl. dazu näher die Darstellung der Lösungsversuche bei *Olzen* in: Staudinger, § 365 Rn. 29.

[18] BGH v. 30.11.1983 - VIII ZR 190/82 - juris Rn. 14 - BGHZ 89, 126-136; BGH v. 28.11.1994 - VIII ZR 53/94 - juris Rn. 14 - BGHZ 128, 111-117.

Verrechnungspreis für seinen Gebrauchtwagen verlangen.[19] Beim gekoppelten Vermittlungsauftrag (vgl. dazu die Kommentierung zu § 364 BGB Rn. 7) kann er neben dem gezahlten Kaufpreisteil den vereinbarten Mindestpreis für den Gebrauchtwagen zurückverlangen, falls der Wagen verkauft ist. Anderenfalls wird der Vermittlungsauftrag gegenstandslos, so dass neben dem gezahlten Kaufpreisteil der Gebrauchtwagen im Wege der Rückabwicklung des Auftrags zurückzugeben ist.[20]

9 Betrifft der Mangel die **Pflichten des Neuwagenkäufers** (= Schuldners), so gilt § 365 BGB. Der Gläubiger kann hier insbesondere von der Erfüllungsvereinbarung zurücktreten, so dass gemäß dem ursprünglichen Schuldinhalt zu leisten ist. Unter Zugrundelegung der h.M. (vgl. Rn. 5) hat der Gläubiger einen Anspruch auf Wiederbegründung der ursprünglichen – nach § 364 Abs. 1 BGB erloschenen – Kaufpreisforderung mit der Möglichkeit einer sofortigen Zahlungsklage.[21] Beim gekoppelten Vermittlungsauftrag kann der Gläubiger bei schweren Mängeln oder arglistiger Täuschung den Auftrag kündigen.[22] Dadurch entfällt die Stundung, und der gesamte Kaufpreis wird fällig. Etwas anders gilt bei einem entsprechenden Hinweis auf die Mängel[23] sowie bei einem schlüssigen Gewährleistungsausschluss, wie er vor allem bei Verschleißmängeln anzunehmen ist.[24]

D. Anwendungsfelder

10 Die Vorschrift ist **abdingbar**.[25] Den Parteien bleibt es unbenommen, Haftungserleichterungen oder Haftungsverschärfungen (auch konkludent) zu vereinbaren.[26] Eine Haftungsverschärfung ist keine Bürgschaft und daher auch formlos gültig.[27] Die Haftung des Schuldners kann durch die Parteien auch ganz ausgeschlossen werden.[28]

---

[19] BGH v. 28.11.1994 - VIII ZR 53/94 - juris Rn. 4 - BGHZ 128, 111-117; vgl. auch zum neuen Recht *Brox/Walker*, Besonderes Schuldrecht, 32. Aufl. 2007, § – Rn. 94.

[20] BGH v. 28.05.1980 - VIII ZR 147/79 - juris Rn. 13 - LM Nr. 6 zu § 467 BGB.

[21] BGH v. 18.01.1967 - VIII ZR 209/64 - BGHZ 46, 338-343.

[22] BGH v. 05.04.1978 - VIII ZR 83/77 - juris Rn. 4 - LM Nr. 52 zu § 433 BGB.

[23] Vgl. BGH v. 31.03.1982 - VIII ZR 65/81 - juris Rn. 33 - LM Nr. 59 zu § 433 BGB.

[24] BGH v. 21.04.1982 - VIII ZR 26/81 - juris Rn. 16 - BGHZ 83, 334-341.

[25] *Fetzer* in: MünchKomm-BGB, § 365 Rn. 1; *Gernhuber*, Die Erfüllung und ihre Surrogate, 2. Aufl. 1994, § 10, 8b; *Olzen* in: Staudinger, § 365 Rn. 12; *Schreiber* in: Soergel, § 365 Rn. 1; *Weber* in: BGB-RGRK, § 365 Rn. 5.

[26] *Fetzer* in: MünchKomm-BGB, § 365 Rn. 1; *Gernhuber*, Die Erfüllung und ihre Surrogate, 2. Aufl. 1994, § 10, 8b; *Grüneberg* in: Palandt, § 365 Rn. 2.

[27] *Buck-Heeb* in: Erman, § 365 Rn. 2; *Fetzer* in: MünchKomm-BGB, § 365 Rn. 3; *Olzen* in: Staudinger, § 365 Rn. 15; *Schreiber* in: Soergel, § 365 Rn. 3; *Weber* in: BGB-RGRK, § 365 Rn. 1.

[28] *Schreiber* in: Soergel, § 365 Rn. 1; *Weber* in: BGB-RGRK, § 365 Rn. 5.

§ 366 BGB Anrechnung der Leistung auf mehrere Forderungen

(Fassung vom 02.01.2002, gültig ab 01.01.2002)

(1) Ist der Schuldner dem Gläubiger aus mehreren Schuldverhältnissen zu gleichartigen Leistungen verpflichtet und reicht das von ihm Geleistete nicht zur Tilgung sämtlicher Schulden aus, so wird diejenige Schuld getilgt, welche er bei der Leistung bestimmt.

(2) Trifft der Schuldner keine Bestimmung, so wird zunächst die fällige Schuld, unter mehreren fälligen Schulden diejenige, welche dem Gläubiger geringere Sicherheit bietet, unter mehreren gleich sicheren die dem Schuldner lästigere, unter mehreren gleich lästigen die ältere Schuld und bei gleichem Alter jede Schuld verhältnismäßig getilgt.

Gliederung

A. Grundlagen 1	3. Zeitpunkt der Bestimmung 10
I. Kurzcharakteristik 1	4. Widerspruch des Gläubigers 11
II. Regelungsprinzipien 2	II. Gesetzliche Tilgungsreihenfolge (Absatz 2) 12
B. Anwendungsvoraussetzungen 3	1. Fälligkeit 13
I. Mehrere Schuldverhältnisse 4	2. Sicherheit 14
II. Gleichartige Leistungen 6	3. Lästigkeit 15
III. Unzureichende Leistung des Schuldners 7	4. Alter 16
C. Rechtsfolgen 8	5. Verhältnismäßige Tilgung 17
I. Tilgungsbestimmung des Schuldners (Absatz 1) 8	**D. Prozessuale Hinweise** 18
1. Bestimmungsrecht 8	**E. Anwendungsfelder** 19
2. Ausübung des Bestimmungsrechts ... 9	I. Sachlicher Anwendungsbereich 19
	II. Abdingbarkeit 22

A. Grundlagen

I. Kurzcharakteristik

Die Norm des § 366 BGB regelt die **Tilgungsreihenfolge** für den Fall, dass dem Gläubiger mehrere Forderungen gegen den Schuldner zustehen und eine Leistung des Schuldners nicht zur Erfüllung sämtlicher Forderungen ausreicht. Sie sieht vor, dass es insoweit primär auf die Tilgungsbestimmung des Schuldners ankommt (§ 366 Abs. 1 BGB). Dieser hat demnach das Recht, seine Leistung einer bestimmten Schuld zuzuordnen. Für den Fall, dass der Schuldner von diesem Recht keinen Gebrauch macht, enthält § 366 Abs. 2 BGB eine Auffangregelung, die sich am vernünftigen und daher vermuteten Parteiwillen orientiert.

1

II. Regelungsprinzipien

§ 366 BGB trägt der allgemein geltenden Überlegung Rechnung, dass eine Zuwendung, die an den Gläubiger erfolgt, **dem einzelnen Schuldverhältnis zugeordnet** werden muss, um als die „geschuldete Leistung" angesehen werden und als Erfüllung gelten zu können. Diese Notwendigkeit tritt bei einer Forderungsmehrheit besonders deutlich hervor. Auf welche Weise ihr Rechnung getragen wird, ist Kern des Streits um die Erfüllungstheorien (vgl. dazu die Kommentierung zu § 362 BGB Rn. 17). Insoweit lassen sich aus § 366 BGB, der bei einer Forderungsmehrheit eine einseitige Tilgungsbestimmung des Schuldners genügen lässt, gewichtige Argumente gegen die vertraglichen Theorien herleiten; denn es ist kaum einzusehen, warum gerade in diesem Fall die sonst strengeren Voraussetzungen gelockert sein sollten.[1] Dagegen lässt sich der Norm keine Entscheidung für die Theorie der realen Leistungsbewirkung entnehmen.[2]

2

---

[1] Vgl. *Kerwer*, Die Erfüllung in der Zwangsvollstreckung, 1996, S. 245; *Reuter/Martinek*, Ungerechtfertigte Bereicherung, 1983, § 4 II 3 c.
[2] So aber *Fetzer* in: MünchKomm-BGB, § 366 Rn. 1.

B. Anwendungsvoraussetzungen

3 § 366 BGB setzt voraus, dass der Schuldner dem Gläubiger aus mehreren Schuldverhältnissen zu gleichartigen Leistungen verpflichtet ist und das von ihm Geleistete nicht zur Tilgung aller Schulden ausreicht.

I. Mehrere Schuldverhältnisse

4 Der Schuldner muss zunächst aus mehreren Schuldverhältnissen verpflichtet sein. Gemeint ist das **Schuldverhältnis im engeren Sinn**, also die einzelne Forderung. Die Bestimmung findet demnach auch dann Anwendung, wenn es sich um mehrere selbständige Forderungen handelt, die im selben Schuldverhältnis im weiteren Sinn ihre Grundlage haben, wie dies insbesondere bei Raten- oder Dauerlieferungsverträgen der Fall ist.[3] Mehrere Schuldverhältnisse bilden z.B. mehrere Mietzinsraten[4], mehrere Kreditverträge[5], mehrere Vergütungsforderungen aus einem Steuerberatervertrag[6], mehrere monatliche Unterhaltszahlungen[7], die Ansprüche auf Heilungskosten und auf Schmerzensgeld[8], mehrere Grundschulden[9] sowie eine Grundschuld und die durch sie gesicherte Forderung; zahlt daher der persönlich schuldende Grundstückseigentümer, so kann er bestimmen, ob seine Zahlung auf die Grundschuld oder auf die gesicherte Forderung anzurechnen ist.[10] Ebenso gilt § 366 BGB, wenn eine Grundschuld mehrere Forderungen sichert, und zwar auch dann, wenn diese sich gegen verschiedene Schuldner richten.[11] **Analoge Anwendung** findet die Vorschrift auf eine einheitliche Forderung, deren Teile aber rechtlich verselbständigt sind,[12] etwa wenn der Gläubiger nur einen Teil der Forderung einklagt,[13] wenn nur ein Teil der Forderung tituliert[14] oder dinglich gesichert ist,[15] wenn bei einer Grundschuld die einzelnen Teile einen unterschiedlichen Rang haben[16] oder wenn für eine Forderung eine Hypothek an mehreren Grundstücken bestellt worden ist.[17] Dasselbe gilt, wenn nur ein Teil der Forderung in Gesamtschuldnerschaft zu einem anderen Schuldner besteht; auch in diesem Fall besteht ein Interesse an der Festlegung, auf welche Schuld Teilleistungen des Schuldners im Sinne einer Tilgung anzurechnen sind, ob also der von der Gesamtschuld betroffene Teil der einheitlichen Schuld oder der von der alleinigen Schuld des Schuldners betroffene Teil berührt wird.[18] § 366 BGB findet ebenfalls analoge Anwendung, wenn mehrere Schuldner dem Gläubiger zu gleichartigen Leistungen verpflichtet sind, daneben ein anderer Schuldner für diese Schulden jeweils mithaftet und das von diesem Schuldner Geleistete nicht zur Tilgung sämtlicher Schulden ausreicht.[19] Dagegen liegen **nicht mehrere Schuldverhältnisse** vor bei einer einheitlichen Forderung, die lediglich aus mehreren Einzelpositionen besteht,[20] wie etwa bei Grundmiete und Nebenkosten,[21] oder bei einer Forderung, die vereinbarungs-

---

[3] *Buck-Heeb* in: Erman, § 366 Rn. 6; *Fetzer* in: MünchKomm-BGB, § 366 Rn. 2; *Gernhuber*, Die Erfüllung und ihre Surrogate, 2. Aufl. 1994, § 7 I 2 a; *Grüneberg* in: Palandt, § 366 Rn. 2; *Olzen* in: Staudinger, § 366 Rn. 14; *Stürner* in: Jauernig, § 366 Rn. 1; *Weber* in: BGB-RGRK, § 366 Rn. 2.
[4] BGH v. 20.06.1984 - VIII ZR 337/82 - juris Rn. 20 - BGHZ 91, 375-387.
[5] BGH v. 25.01.1982 - VIII ZR 324/80 - juris Rn. 14 - WM 1982, 329-330.
[6] BGH v. 21.11.1996 - IX ZR 159/95 - juris Rn. 17 - LM BGB § 196 Nr. 68 (3/1997).
[7] OLG Saarbrücken v. 24.08.2009 - 9 WF 65/09 - juris Rn. 13 - FamRZ 2010, 684-686.
[8] *Schreiber* in: Soergel, § 366 Rn. 1; *Stürner* in: Jauernig, § 366 Rn. 1; *Weber* in: BGB-RGRK, § 366 Rn. 2; a.M. *Olzen* in: Staudinger, § 366 Rn. 17.
[9] OLG Düsseldorf v. 04.06.1976 - 16 U 273/75 - WM 1976, 938.
[10] BGH v. 16.06.1989 - V ZR 85/88 - juris Rn. 8 - NJW-RR 1989, 1036-1037.
[11] BGH v. 16.06.1989 - V ZR 85/88 - juris Rn. 8 - NJW-RR 1989, 1036-1037; BGH v. 14.03.1991 - IX ZR 300/90 - LM Nr. 4 zu § 867 ZPO.
[12] *Fetzer* in: MünchKomm-BGB, § 366 Rn. 2; *Gernhuber*, Die Erfüllung und ihre Surrogate, 2. Aufl. 1994, § 7 I 2 b; *Olzen* in: Staudinger, § 366 Rn. 17.
[13] BGH v. 06.11.1990 - XI ZR 262/89 - juris Rn. 12 - NJW-RR 1991, 169-170; OLG Hamm v. 18.05.1999 - 7 U 79/98 - juris Rn. 13 - NJW-RR 2000, 659-660.
[14] OLG Düsseldorf v. 27.04.2001 - 22 U 164/00 - juris Rn. 32 - NJW-RR 2001, 1595-1596.
[15] BGH v. 13.07.1973 - V ZR 186/71 - LM Nr. 9 zu § 366 BGB.
[16] BayObLG München v. 07.08.1985 - BReg 2 Z 35/84 - Rpfleger 1985, 434-435.
[17] BGH v. 14.03.1991 - IX ZR 300/90 - juris Rn. 16 - LM Nr. 4 zu § 867 ZPO.
[18] OLG Rostock v. 08.02.2001 - 1 U 59/99 - juris Rn. 21 - NJW-RR 2002, 244-246.
[19] BGH v. 26.03.2009 - I ZR 44/06 - juris Rn. 45 - NJW-RR 2009, 1053-1058.
[20] BGH v. 25.03.1987 - I ZR 100/85 - juris Rn. 26 - LM Nr. 78-81 zu § 22 GüKG.
[21] BGH v. 06.04.2005 - XII ZR 225/03 - juris Rn. 17 - NJW 2005, 1713-1715.

gemäß in Raten zu erfüllen ist[22]. Nach Anerkennung der Rechtsfähigkeit der Außengesellschaft bürgerlichen Rechts und der rechtlichen Einordnung der Gesellschafterhaftung als akzessorische Haftung der Gesellschafter für die Verbindlichkeiten der Gesellschaft ist § 366 BGB nicht (mehr) anwendbar, wenn neben die Forderung gegen die Gesellschaft bürgerlichen Rechts die quotale Mithaftung des Gesellschafters mit seinem Privatvermögen tritt.[23] Keine Anwendung findet § 366 BGB auch auf das Kontokorrentverhältnis, weil die kontokorrentpflichtigen Zahlungen nicht zur Tilgung bestimmter Forderungen dienen, sondern nur Rechnungsposten bilden, die bei der künftigen Saldierung berücksichtigt werden sollen.[24] An einer Anspruchsmehrheit i.S.v. § 366 Abs. 1 BGB fehlt es auch, wenn von zwei vermeintlich angenommenen Schuldgründen nur einer wirklich besteht;[25] hat sich der Schuldner insoweit geirrt, so ist seine Tilgungsbestimmung gegenstandslos und dahin auszulegen, dass die bestehende Schuld getilgt wird.[26] Schließlich ist § 366 BGB auch nicht anwendbar auf die Konkurrenz des gesetzlichen Mindesturlaubs des Arbeitnehmers nach § 3 Abs. 1 BUrlG mit einem weitergehenden tariflichen Urlaubsanspruch.[27] Gesetzlicher und tariflicher Urlaubsanspruch richten sich nämlich auf dieselbe Leistung und werden daher durch die Gewährung von Urlaub gleichzeitig erfüllt. Hat der Arbeitgeber dem Arbeitnehmer demnach schon mehr als 20 bzw. 24 Urlaubstage gewährt (je nachdem, ob eine Fünf- oder Sechs-Tage-Woche vereinbart ist), kann nur noch tariflicher Urlaub verbleiben.[28]

Nach dem Wortlaut des § 366 BGB muss der Schuldner **demselben Gläubiger** aus mehreren Schuldverhältnissen verpflichtet sein. Bei einer Gläubigermehrheit findet die Vorschrift daher grundsätzlich keine Anwendung.[29] Eine Ausnahme wird jedoch für den Fall zugelassen, dass die Leistung an einen Gläubiger befreiende Wirkung auch gegenüber den anderen hat.[30] Dies kann etwa Bedeutung erlangen, wenn ein Gläubiger für mehrere einziehungsberechtigt oder auch nur empfangszuständig ist,[31] ferner wenn der Leistungsempfänger zwar zunächst nicht legitimiert ist, für andere Gläubiger zu handeln, aber später die Genehmigung erhält,[32] sowie letztlich dann, wenn der Schuldner von einer Teilabtretung nichts weiß und nach § 407 BGB befreiend an den scheinbar alleinigen Forderungsinhaber leistet[33]. Hauptanwendungsfall ist dabei die Teilzession im Fall des verlängerten Eigentumsvorbehalts. In diesem Fall gilt § 366 BGB analog, was vorbehaltlich einer abweichenden Tilgungsbestimmung des

5

---

[22] *Weber* in: BGB-RGRK, § 366 Rn. 2.
[23] BGH v. 08.02.2011 - II ZR 263/09 - juris Rn. 29 - BGHZ 188, 233-248, unter Aufgabe von BGH v. 16.12.1996 - II ZR 242/95 - juris Rn. 14 - BGHZ 134, 224-230; BGH v. 08.02.2011 - II ZR 243/09 - juris Rn. 20 – NJW 2011, 2045-2048; OLG Frankfurt v. 25.02.2009 - 23 U 18/07 - juris Rn. 35 f. - mit Anmerkung *Westermann*, EWiR 2009, 597-598; KG v. 11.11.2008 - 4 U 12/07 - juris Rn. 151 mit Anmerkung *Wittmann*, jurisPR-HaGesR 3/2009, Anm. 3; *Schmidt*, NJW 1997, 2201-2206, 2201 ff.; NJW 2011, 2001-2007, 2003 ff.; *Loddenkemper*, ZfIR 2006, 707-718; *Lutz*, GWR 2011, 249-251; *Deutscher*, ZfIR 2011, 505-514, 507 ff.; *Staake*, LMK 2011, 318841.
[24] BGH v. 11.06.1980 - VIII ZR 164/79 - juris Rn. 25 - BGHZ 77, 256-264; BGH v. 13.12.1990 - IX ZR 33/90 - juris Rn. 27 - NJW-RR 1991, 562-565; einschränkend *Gernhuber*, Die Erfüllung und ihre Surrogate, 2. Aufl. 1994, § 7 I 3 a.
[25] BGH v. 09.01.2006 - II ZR 72/05 - juris Rn. 10 - NJW 2006, 906-908; BGH v. 21.11.2005 - II ZR 140/04 - juris Rn. 10 - NJW 2006, 509-510.
[26] BGH v. 09.01.2006 - II ZR 72/05 - juris Rn. 10 - NJW 2006, 906-908; BGH v. 21.11.2005 - II ZR 140/04 - juris Rn. 10 - NJW 2006, 509-510.
[27] Anders aber BAG v. 05.09.2002 - 9 AZR 244/01 - juris Rn. 68 - NZA 2003, 726-731.
[28] LAG Hessen v. 26.04.2010 - 17 Sa 1772/09 - juris Rn. 33; LAG Köln v. 19.08.2011 - 12 Sa 110/11 – juris Rn. 33 f. - ZTR 2011, 732-735; LAG Berlin-Brandenburg v. 02.12.2009 - 17 Sa 621/09 - juris Rn. 19; zustimmend *Stuntz*, jurisPR-ArbR 25/2010, Anm. 5; *Natzel*, NZA 2011, 77-79; a.M. *Krieger/Arnold*, NZA 2009, 530-533; *Kamanabrou*, SAE 2009, 233-238; *Besgen*, FA 2010, 324-326, 325; *Benecke*, RdA 2011, 241-244, 244 (§ 366 BGB anwendbar; getilgt werde nach § 366 Abs. 2 BGB zunächst der gesetzliche Urlaubsanspruch, da er dem Arbeitgeber lästiger sei; im Ergebnis ebenso BAG v. 05.09.2002 - 9 AZR 244/01 - juris Rn. 68 - NZA 2003, 726-731; wieder anders LAG Düsseldorf 30.09.2010 - 5 Sa 353/10 - juris Rn. 65 ff. - ZTR 2011, 97-98; *Kohte/Beetz*, jurisPR-ArbR 25/2009, Anm. 1 (§ 366 BGB anwendbar; getilgt werde nach § 366 Abs. 2 BGB zunächst der tarifliche Urlaubsanspruch, da er dem Arbeitnehmer die geringere Sicherheit biete).
[29] Anders offenbar *Weber* in: BGB-RGRK, § 366 Rn. 6.
[30] BGH v. 27.02.1967 - VII ZR 221/64 - BGHZ 47, 168-172; BGH v. 07.05.1991 - XII ZR 44/90 - juris Rn. 9 - LM 1992, Nr. 1, § 366 BGB Nr. 22.
[31] BGH v. 07.05.1991 - XII ZR 44/90 - juris Rn. 11 - LM 1992, Nr. 1, § 366 BGB Nr. 22.
[32] BGH v. 27.02.1967 - VII ZR 221/64 - BGHZ 47, 168-172.
[33] *Gernhuber*, Die Erfüllung und ihre Surrogate, 2. Aufl. 1994, § 7 I 2 c.

Schuldners in der Regel zur Folge hat, dass beide Forderungsteile verhältnismäßig getilgt werden.[34] Soweit Zedent und Zessionar den Vorrang eines Forderungsteils vereinbaren, ist dies dem Schuldner gegenüber ohne Wirkung und kann nur Abführungspflichten zwischen Zedent und Zessionar auslösen.[35] Wusste der Schuldner nichts von der Aufspaltung der Forderung, konnte er sein Bestimmungsrecht demnach gar nicht ausüben, so wird ihm die Befugnis zu einer nachträglichen Tilgungsbestimmung eingeräumt (vgl. auch Rn. 10).[36]

II. Gleichartige Leistungen

6   Der Schuldner muss zu gleichartigen Leistungen verpflichtet sein. Diese Voraussetzung wird vor allem bei Geldschulden vorliegen. Es kommen aber auch alle anderen **Gattungsschulden** in Betracht.[37] Im Arbeitsrecht findet § 366 BGB auch im Verhältnis zwischen einem übertragenen Urlaub und dem im Folgejahr neu entstehenden Urlaubsanspruch Anwendung.[38]

III. Unzureichende Leistung des Schuldners

7   Schließlich setzt die Vorschrift voraus, dass das vom Schuldner Geleistete nicht zur Tilgung aller Schulden ausreicht. Diese Voraussetzung ist aber **unproblematisch**. Deckt die Leistung des Schuldners nämlich sämtliche Forderungen ab, so kann sie alle Schuldverhältnisse zum Erlöschen bringen.

C. Rechtsfolgen

I. Tilgungsbestimmung des Schuldners (Absatz 1)

1. Bestimmungsrecht

8   § 366 Abs. 1 BGB räumt dem **Schuldner** ein Bestimmungsrecht ein. Vom Boden der Theorie der finalen Leistungsbewirkung (vgl. dazu näher die Kommentierung zu § 362 BGB Rn. 20), die die Zuordnung der Leistung zur Schuld ohnehin einer einseitigen Bestimmung des Schuldners zuweist, enthält die Norm insoweit nur die besondere Ausprägung eines allgemeinen Gedankens, während es sich nach der Theorie der realen Leistungsbewirkung (vgl. die Kommentierung zu § 362 BGB Rn. 20) um eine Ausnahmebestimmung für eine spezielle Situation handelt.[39] Leistet ein **Dritter** (§ 267 BGB), dann steht diesem das Bestimmungsrecht zu.[40] Ist eine Forderung allerdings durch eine Grundschuld gesichert und zahlt ein Grundstückskäufer den Kaufpreis zur Ablösung der Grundschuld, dann kommt es – vom Fall der befreienden Schuldübernahme abgesehen – nicht auf dessen Willen, sondern auf den des persönlich schuldenden Eigentümers an, für den der Käufer die Zahlung als Dritter erbringt.[41] Dem **Gläubiger** steht grundsätzlich kein Bestimmungsrecht zu. Jedoch kann ihm individualvertraglich ein solches Bestimmungsrecht eingeräumt werden (vgl. näher dazu Rn. 22). Ein **Bürge** ist an die vom Hauptschuldner bei dessen Zahlung getroffene Tilgungsbestimmung gebunden, es sei denn, der Bürgschaftsvertrag sieht vor, dass Zahlungen des Hauptschuldners primär auf die verbürgten Forderungen

---

[34] BGH v. 11.05.2006 - VII ZR 261/04 - juris Rn. 22; *Fetzer* in: MünchKomm-BGB, § 366 Rn. 3; *Olzen* in: Staudinger, § 366 Rn. 20 f.; *Stürner* in: Jauernig, § 366 Rn. 2; *Weber* in: BGB-RGRK, § 366 Rn. 6; vgl. auch *Munz*, BauR 2003, 621-626, 625 f.
[35] BGH v. 07.05.1991 - XII ZR 44/90 - juris Rn. 10 - LM 1992, Nr. 1, § 366 BGB Nr. 22.
[36] So BGH v. 11.05.2006 - VII ZR 261/04 - juris Rn. 17 - NJW 2006, 2845-2847; BGH v. 24.01.2008 - VII ZR 17/07 - juris Rn. 14 - NJW 2008, 985-936; OLG Hamm v. 09.10.2001 - 21 U 6/01 - WM 2002, 451-455; OLG Naumburg v. 02.06.2010 - 5 U 23/10 - juris Rn. 11 - ZInsO 2010, 1742-1744; *Fetzer* in: MünchKomm-BGB, § 366 Rn. 3; *Grüneberg* in: Palandt, § 366 Rn. 4, 7; tendenziell auch *Buck-Heeb* in: Erman, § 366 Rn. 3, 9; *Schreiber* in: Soergel, § 366 Rn. 3; vgl. hierzu auch *Haertlein*, JuS 2007, 1073-1079, 1077; a.M. *Gernhuber*, Die Erfüllung und ihre Surrogate, 2. Aufl. 1994, § 7 I 2 c; *Olzen* in: Staudinger, § 366 Rn. 22 f.; *Peters*, JR 2007, 397-399.
[37] *Fetzer* in: MünchKomm-BGB, § 366 Rn. 4; *Olzen* in: Staudinger, § 366 Rn. 24; *Weber* in: BGB-RGRK, § 366 Rn. 1.
[38] LAG Sachsen v. 24.11.2010 - 5 Sa 211/10 - juris Rn. 55.
[39] *Gernhuber*, Die Erfüllung und ihre Surrogate, 2. Aufl. 1994, § 7 I 4 a.
[40] OLG Düsseldorf v. 23.02.2001 - 22 U 114/00 - juris Rn. 4 - VersR 2001, 618-619.
[41] BGH v. 14.03.1991 - IX ZR 300/90 - LM Nr. 4 zu § 867 ZPO.

anzurechnen sind.[42] Regelmäßig kann der Bürge der Inanspruchnahme durch den Gläubiger daher nicht entgehen, wenn der Hauptschuldner eine Leistung erbracht hat, die den Bürgen hätte entlasten können, es aber nicht getan hat, weil der Schuldner sie einer anderen Schuld zugeordnet hat.[43] Leistet der Bürge als Dritter für den Hauptschuldner, ist die Leistung auch ohne besondere Bestimmung auf die verbürgte Schuld anzurechnen.[44]

2. Ausübung des Bestimmungsrechts

Die Bestimmung erfolgt nach zutreffender Auffassung durch **einseitige empfangsbedürftige Willenserklärung** (vgl. dazu die Kommentierung zu § 362 BGB Rn. 25).[45] Die Gegenmeinung, die in ihr lediglich eine rechtsgeschäftsähnliche Handlung sieht,[46] kommt letztlich aber nicht zu anderen Ergebnissen, da auf geschäftsähnliche Handlungen die Vorschriften über Willenserklärungen entsprechend anzuwenden sind[47]. Das gilt insbesondere im Hinblick auf die Auslegung und Anfechtung der Bestimmung. Nach den allgemeinen Regeln kann die Tilgungsbestimmung auch **konkludent** abgegeben werden.[48] Eine solch konkludente Bestimmung ist etwa anzunehmen bei Zahlung des genauen Betrags einer der Schuldsummen[49] oder des unstreitigen Teils einer Forderung[50]. Auch sonstige, dem Gläubiger bekannte Umstände können ihm vor Augen führen, worauf der Schuldner seine Leistung erbringen will. Ein Erfahrungssatz, dass der Schuldner im Zweifel auf die bereits titulierte Forderung zahlen will, besteht nicht.[51] Ist der Schuldner mit mehreren Raten im Rückstand, so kann nicht ohne weiteres angenommen werden, dass er die zuletzt fällig gewordene Rate bezahlen will; vielmehr gilt in diesem Fall § 366 Abs. 2 BGB.[52] Sonderzahlungen auf ein Tilgungsdarlehen sind im Zweifel nicht auf die monatlichen Raten anzurechnen, sondern dienen der außerplanmäßigen Tilgung.[53] Leistet der persönlich schuldende Eigentümer auf Grundschulden, die zusätzlich auch noch Forderungen gegen Dritte sichern, soll die Zahlung in der Regel die eigenen Schulden tilgen und nicht die der Dritten.[54] Zahlungen zur Abwendung der Zwangsvollstreckung aus einer Grundschuld erfolgen regelmäßig auf die Grundschuld und nicht auf die durch sie gesicherte Forderung.[55] Ist lediglich ein Teil einer Forderung tituliert und leistet der Schuldner unter dem Druck der drohenden Zwangsvollstreckung, so soll die Leistung erkennbar auf den titulierten Teil der Forderung erfolgen; das gilt umso mehr, wenn der nicht titulierte Teil nach der erkennbaren Auffassung des Schuldners noch gar nicht fällig ist.[56]

---

[42] RG v. 18.04.1932 - VIII 649/31 - RGZ 136, 178-185.

[43] *Gernhuber*, Die Erfüllung und ihre Surrogate, 2. Aufl. 1994, § 7 I 4 c.

[44] *Schreiber* in: Soergel, § 366 Rn. 6; *Weber* in: BGB-RGRK, § 366 Rn. 11.

[45] *Schreiber* in: Soergel, § 366 Rn. 7; offen lassend BGH v. 06.12.1988 - XI ZR 81/88 - juris Rn. 16 - BGHZ 106, 163-169.

[46] So etwa – vom Boden der Theorie der realen Leistungsbewirkung – *Fetzer* in: MünchKomm-BGB, § 366 Rn. 9; ebenso *Ehricke*, JZ 1999, 1075-1080, 1079 f.

[47] Vgl. nur BGH v. 17.04.1967 - II ZR 228/64 - juris Rn. 17 - BGHZ 47, 352-364; BGH v. 06.12.1988 - XI ZR 81/88 - juris Rn. 16 - BGHZ 106, 163-169.

[48] BGH v. 19.12.1996 - IX ZR 18/96 - juris Rn. 20 - LM KO § 68 Nr. 7 (5/1997); BGH v. 09.03.1999 - XI ZR 155/98 - juris Rn. 15 - LM AGBG § 9 (Bl) Nr. 63 (8/99); BGH v. 21.04.2010 - VIII ZR 6/09 - juris Rn. 18 - NJW 2010, 2208-2210; OLG Düsseldorf v. 27.04.2001 - 22 U 164/00 - juris Rn. 37 - NJW-RR 2001, 1595-1596; BAG v. 03.06.2003 - 1 AZR 314/02 - juris Rn. 15 - BuW 2004, 260-261; BAG v. 21.01.2003 - 1 AZR 125/02 - AP Nr. 118 zu § 67 BetrVG 1972 Lohngestaltung, dazu *Pomberg*, EWiR 2003, 851-852, 852.

[49] BGH v. 17.09.2001 - II ZR 275/99 - juris Rn. 5 - LM GmbHG § 8 Nr. 9 (5/2002); dazu *Flöther*, DZWIR 2002, 203-204, 203 f.; OLG Hamm v. 29.06.1993 - 7 U 31/93 - juris Rn. 6 - OLGR Hamm 1993, 226-227; OLG Rostock v. 10.12.2009 - 3 U 253/08 - juris Rn. 7.

[50] BGH v. 06.11.1990 - XI ZR 262/89 - juris Rn. 12 - NJW-RR 1991, 169-170.

[51] *Buck-Heeb* in: Erman, § 366 Rn. 2; *Fetzer* in: MünchKomm-BGB, § 366 Rn. 10; *Grüneberg* in: Palandt, § 366 Rn. 7; *Olzen* in: Staudinger, § 366 Rn. 30; a.M. *Schreiber* in: Soergel, § 366 Rn. 7.

[52] OLG Düsseldorf v. 09.03.2000 - 10 U 34/99 - juris Rn. 9 - DWW 2000, 89-92.

[53] OLG Köln v. 17.11.1986 - 12 U 114/86 - NJW 1987, 958-959.

[54] BGH v. 09.03.1999 - XI ZR 155/98 - juris Rn. 15 - LM AGBG § 9 (Bl) Nr. 63 (8/99).

[55] BGH v. 14.06.1994 - XI ZR 4/94 - juris Rn. 11 - LM BGB § 1191 Nr. 53/54 (2/1995); OLG Koblenz v. 01.08.2008 - 5 U 551/08 - juris Rn. 10 - OLGR Koblenz 2008, 987-989.

[56] OLG Düsseldorf v. 27.04.2001 - 22 U 164/00 - juris Rn. 37 - NJW-RR 2001, 1595-1596.

3. Zeitpunkt der Bestimmung

10 In zeitlicher Hinsicht muss die Tilgungsbestimmung „**bei der Leistung**" getroffen werden.[57] Nachträgliche Erklärungen kommen regelmäßig zu spät, weil in diesem Fall die gesetzliche Tilgungsreihenfolge bereits zum Zug gekommen ist und es daher nichts mehr zu bestimmen gibt.[58] Eine Ausnahme gilt jedoch bei einer dem Schuldner nicht offengelegten Teilabtretung (vgl. Rn. 5). In diesem Fall ist der Schuldner in entsprechender Anwendung des § 366 Abs. 1 BGB berechtigt, sein Recht zur Tilgungsbestimmung nachträglich wahrzunehmen; dies muss allerdings unverzüglich nach Kenntniserlangung geschehen.[59] Ferner können die Parteien eine nachträgliche Leistungsbestimmung des Schuldners zulassen.[60] Auch ein einseitiger „Verrechnungsvorbehalt", den der Schuldner bei der Leistung erklärt, ist wirksam; wird davon aber nicht in angemessener Frist Gebrauch gemacht, gilt entgegen einer verbreiteten Meinung nicht § 366 Abs. 2 BGB,[61] sondern es bleibt mangels Zuordnung der Leistung zur Schuld schlicht die Erfüllung aus[62]. Der Schuldner kann die einmal erklärte Tilgungsbestimmung nicht nachträglich ändern.[63] Die Tilgungsbestimmung ist jedoch wegen Irrtums anfechtbar;[64] das gilt unabhängig davon, ob man sie – wie in Rn. 9 – als Willenserklärung oder aber als rechtsgeschäftsähnliche Handlung qualifiziert. Streitig ist, ob nach der **Anfechtung** die gewollte Tilgungsbestimmung rückwirkend eingreift[65], ob der Schuldner mit Wirkung für die Zukunft neu bestimmen darf[66] oder ob die gesetzliche Tilgungsreihenfolge gemäß § 366 Abs. 2 BGB gilt[67]. Für eine rückwirkende Ersetzung der angefochtenen Tilgungsbestimmung fehlt es angesichts der kassatorischen Wirkung der Anfechtung indessen an einer tragfähigen dogmatischen Grundlage. Demgegenüber bestehen keine durchgreifenden Einwände dagegen, dem Schuldner die Nachholung der Tilgungsbestimmung mit Wirkung ex nunc zu gestatten. Macht er von dieser Möglichkeit jedoch keinen Gebrauch, so greift nicht etwa die gesetzliche Tilgungsreihenfolge des § 366 Abs. 2 BGB ein[68], sondern es fehlt mangels einer wirksamen Tilgungsbestimmung an einer Zuordnung der Leistung zur Schuld, mit der Folge, dass die Erfüllung ausbleibt[69].

4. Widerspruch des Gläubigers

11 Widerspricht der Gläubiger der Tilgungsbestimmung des Schuldners und **lehnt er dabei die Annahme der Leistung ab**, so gerät er beim Vorliegen der gesetzlichen Voraussetzungen in Annahmeverzug (§ 293

---

[57] BGH v. 02.12.1968 - II ZR 144/67 - BGHZ 51, 157-163; BGH v. 11.06.1985 - VI ZR 61/84 - juris Rn. 12 - LM Nr. 16 zu § 36 BGB; BGH v. 25.11.2003 - XI ZR 379/02 - juris Rn. 26 - WM 2004, 121-124; BGH v. 26.03.2009 - I ZR 44/06 - juris Rn. 46 - NJW-RR 2009, 1053-1058; OLG Düsseldorf v. 27.04.2001 - 22 U 164/00 - juris Rn. 36 - NJW-RR 2001, 1595-1596; LAG Rheinland-Pfalz v. 12.02.2009 - 10 Sa 657/08 - juris Rn. 33.

[58] OLG München v. 07.07.2010 - 20 U 2103/10 - juris Rn. 29; *Gernhuber*, Die Erfüllung und ihre Surrogate, 2. Aufl. 1994, § 7 I 4 b.

[59] BGH v. 11.05.2006 - VII ZR 261/04 - juris Rn. 17 - NJW 2006, 2845-2847; BGH v. 24.01.2008 - VII ZR 17/07 - juris Rn. 14 - NJW 2008, 985-986; OLG Hamm v. 09.10.2001 - 21 U 6/01 - WM 2002, 451-455; OLG Naumburg v. 02.06.2010 - 5 U 23/10 - juris Rn. 11 - ZInsO 2010, 1742-1744; *Fetzer* in: MünchKomm-BGB, § 366 Rn. 3; *Grüneberg* in: Palandt, § 366 Rn. 4, 7; tendenziell auch *Buck-Heeb* in: Erman, § 366 Rn. 3, 9; *Schreiber* in: Soergel, § 366 Rn. 7; vgl. hierzu auch *Haertlein*, JuS 2007, 1073-1079, 1077; a.M. *Gernhuber*, Die Erfüllung und ihre Surrogate, 2. Aufl. 1994, § 7 I 2 c; *Olzen* in: Staudinger, § 366 Rn. 22 f.; *Peters*, JR 2007, 397-399.

[60] BGH v. 02.12.1968 - II ZR 144/67 - BGHZ 51, 157-163; BGH v. 19.12.1996 - IX ZR 18/96 - juris Rn. 20 - LM KO § 68 Nr. 7 (5/1997); BAG v. 03.06.2003 - 1 AZR 314/02 - juris Rn. 15 - BuW 2004, 260-261; BAG v. 21.01.2003 - 1 AZR 125/02 - AP Nr. 118 zu § 67 BetrVG 1972 Lohngestaltung mit Anmerkung *Pomberg*, EWiR 2003, 851-852, 852; BAG v. 27.08.2008 - 5 AZR 820/07 - juris Rn. 18 - NZA 2009, 49-52; BAG v. 20.10.2010 - 4 AZR 552/08 - juris Rn. 55 - AP Nr. 49 zu § 3 TVG mit Anmerkung *Ahrendt*, jurisPR-ArbR 16/2011, Anm. 2; LAG Berlin-Brandenburg v. 21.01.2010 - 25 Sa 2201/09 - juris Rn. 91.

[61] So *Fetzer* in: MünchKomm-BGB, § 366 Rn. 9; *Grüneberg* in: Palandt, § 366 Rn. 7.

[62] *Gernhuber*, Die Erfüllung und ihre Surrogate, 2. Aufl. 1994, § 7 I 4 b; *Olzen* in: Staudinger, § 366 Rn. 32.

[63] *Schreiber* in: Soergel, § 366 Rn. 7.

[64] BGH v. 06.12.1988 - XI ZR 81/88 - juris Rn. 16 - BGHZ 106, 163-169; BGH v. 11.05.2006 - VII ZR 261/04 - juris Rn. 23.

[65] So *Olzen* in: Staudinger, § 366 Rn. 34.

[66] So *Buck-Heeb* in: Erman, § 366 Rn. 3; *Ehricke*, JZ 1999, 1075-1080, 1078 f.; *Fetzer* in: MünchKomm-BGB, § 366 Rn. 9.

[67] So *Grüneberg* in: Palandt, § 366 Rn. 7.

[68] So aber insbesondere *Ehricke*, JZ 1999, 1075-1080, 1078 f.

[69] Vgl. auch *Bloch/Muscheler*, JuS 2000, 729-740, 734 f.

BGB). **Nimmt er jedoch an**, so ist sein Widerspruch unerheblich; in diesem Fall wird die vom Schuldner bestimmte Schuld getilgt, es sei denn, dass der Schuldner dem Gläubiger nachträglich zustimmt.[70]

II. Gesetzliche Tilgungsreihenfolge (Absatz 2)

Trifft der Schuldner keine Bestimmung, so greift die gesetzliche Tilgungsreihenfolge gemäß § 366 Abs. 2 BGB ein.[71] Sie sieht insgesamt **fünf Stufen** vor, von denen die nächste erst dann zum Zuge kommt, wenn die jeweils vorhergehende Stufe noch nicht zu einer Entscheidung geführt hat.[72] Die gesetzliche Tilgungsreihenfolge beruht auf dem **vermuteten, vernünftigen Parteiwillen**. Sie ist nach der Rechtsprechung deshalb unanwendbar, wo sie ausnahmsweise zu Ergebnissen führt, die sich mit den berechtigten Interessen der Parteien nicht vereinbaren lassen.[73] So wird bei Versicherungsverträgen in der Regel eine Anrechnung vorgenommen, die zur Begründung oder Aufrechterhaltung von Versicherungsschutz führt, auch wenn dies nicht der Reihenfolge des § 366 Abs. 2 BGB entspricht. Zahlt daher der Versicherungsnehmer einer Kraftfahrzeugversicherung, die aus einer Haftpflicht- und einer Teilkaskoversicherung besteht, auf die Gesamtprämie nur einen Teilbetrag, dann muss der Versicherer die Zahlung zunächst auf die Prämie für die Teilkaskoversicherung anrechnen, wenn nur diese durch die Zahlung voll gedeckt ist.[74]

12

1. Fälligkeit

Im Rahmen der gesetzlichen Tilgungsreihenfolge kommt es in erster Linie auf die Fälligkeit an, d.h. auf den Zeitpunkt, ab dem der Gläubiger die Leistung verlangen kann (§ 271 BGB). Die **Erfüllbarkeit** ist nicht maßgeblich.[75] Nicht erforderlich ist auch die **Durchsetzbarkeit**. Dass der jeweiligen Forderung Einreden entgegenstehen, hindert eine Anrechnung demnach nicht.[76] Der Schuldner muss daher die Einrede erheben, um eine Anrechnung zu verhindern. In der Einredeerhebung liegt allerdings zugleich eine negative Tilgungsbestimmung für alle zukünftigen Leistungen auf diese Forderung.[77]

13

2. Sicherheit

Unter mehreren fälligen Schulden wird die getilgt, die dem Gläubiger die geringere Sicherheit bietet. Entscheidend ist insoweit eine **wirtschaftliche Betrachtung**.[78] Eine größere Sicherheit kann sich beispielsweise aus der Mithaftung Dritter (etwa eines Gesamtschuldners),[79] aus der von einem Dritten bestellten Grundschuld[80] oder dem Bestehen eines vollstreckbaren Titels[81] ergeben. Eine dingliche Sicherheit ist regelmäßig wertvoller als eine personale Sicherheit, wie z.B. die durch einen Bürgen;[82] etwas anderes gilt allerdings dann, wenn etwa die verpfändete Sache wertlos und der Bürge leistungsfähig ist[83]. Betriebs- und Heizkostenvorschüsse bieten dem Vermieter im Vergleich zu den Kaltmieten eine geringere Sicherheit; denn solche Vorschüsse kann er gemäß § 556 Abs. 3 BGB nach Ablauf eines Jahres nach der jeweiligen Abrechnungsperiode nur noch verlangen, wenn er eine Abrechnung erteilt

14

---

[70] *Fetzer* in: MünchKomm-BGB, § 366 Rn. 11; *Grüneberg* in: Palandt, § 366 Rn. 9; *Olzen* in: Staudinger, § 366 Rn. 3; *Weber* in: BGB-RGRK, § 366 Rn. 10.

[71] Vgl. dazu jetzt ausführlich *Avenarius*, AcP 203, 511-538, 533 ff.

[72] *Gernhuber*, Die Erfüllung und ihre Surrogate, 2. Aufl. 1994, § 7 I 6.

[73] BGH v. 14.11.2000 - XI ZR 248/99 - juris Rn. 40 - BGHZ 146, 37-49; OLG Düsseldorf v. 27.04.2001 - 22 U 164/00 - juris Rn. 43 - NJW-RR 2001, 1595-1596; OLG Rostock v. 08.02.2001 - 1 U 59/99 - juris Rn. 23 - NJW-RR 2002, 244-246.

[74] BGH v. 27.02.1978 - II ZR 3/76 - juris Rn. 15 - LM Nr. 6 zu § 38 VVG.

[75] *Grüneberg* in: Palandt, § 366 Rn. 11.

[76] OLG Saarbrücken v. 06.11.1996 - 1 U 127/96 - 23, 1 U 127/96 - juris Rn. 15 - OLGR Saarbrücken 1997, 161-162; *Fetzer* in: MünchKomm-BGB, § 366 Rn. 13; *Olzen* in: Staudinger, § 366 Rn. 38; a.M. *Gernhuber*, Die Erfüllung und ihre Surrogate, 2. Aufl. 1994, § 7 I 6.

[77] *Olzen* in: Staudinger, § 366 Rn. 38.

[78] OLG Düsseldorf v. 11.11.1994 - 22 U 73/94 - NJW 1995, 2565-2566.

[79] BGH v. 24.11.1992 - XI ZR 98/92 - juris Rn. 28 - BGHZ 120, 272-280; OLG Düsseldorf v. 11.11.1994 - 22 U 73/94 - NJW 1995, 2565-2566; OLG Rostock v. 08.02.2001 - 1 U 59/99 - juris Rn. 23 - NJW-RR 2002, 244-246; OLG Koblenz v. 24.04.2008 - 5 U 1236/07 - juris Rn. 19 - NJW 2008, 3006-3008.

[80] BGH v. 29.04.1997 - XI ZR 176/96 - juris Rn. 25 - LM BGB § 242 (A) Nr. 82 (10/1997).

[81] BGH v. 19.10.1983 - VIII ZR 169/82 - juris Rn. 21 - LM Nr. 5 zu § 109 ZPO.

[82] OLG Saarbrücken v. 06.12.2000 - 1 U 188/00 - 43, 1 U 188/00 - juris Rn. 13 - OLGR Saarbrücken 2001, 109-110; *Buck-Heeb* in: Erman, § 366 Rn. 5; *Fetzer* in: MünchKomm-BGB, § 366 Rn. 13; *Olzen* in: Staudinger, § 366 Rn. 39; *Schreiber* in: Soergel, § 366 Rn. 8; *Weber* in: BGB-RGRK, § 366 Rn. 13.

[83] OLG Saarbrücken v. 06.12.2000 - 1 U 188/00 - 43, 1 U 188/00 - juris Rn. 13 - OLGR Saarbrücken 2001, 109-110.

und sich eine entsprechende Forderung ergibt.[84] Beruht die geringere Sicherheit einer Forderung auf einem sittlich anstößigen Verhalten des Gläubigers, so kann eine eingehende Zahlung ausnahmsweise nicht auf diese Forderung verrechnet werden. Ein solcher Fall liegt etwa dann vor, wenn die Erklärung über die Mithaftung des Ehegatten für ein Darlehen wegen krasser finanzieller Überforderung sittenwidrig und damit nichtig ist.[85] Unter mehreren ungesicherten Forderungen bietet diejenige die geringere Sicherheit, die früher verjährt[86] ist oder bei der eine Ausschlussfrist droht[87].

3. Lästigkeit

15 Unter mehreren gleich sicheren Forderungen wird zuerst die **dem Schuldner lästigere** getilgt. Lästiger ist dem Schuldner die Forderung, die höher zu verzinsen ist, mit der er im Verzug ist, die durch eine Vertragsstrafe bewehrt ist oder die bereits rechtshängig ist.[88] Zwei Darlehensforderungen sind nach der Kündigung durch den Gläubiger ungeachtet ihrer unterschiedlichen vertraglichen Zinssätze gleich lästig; denn nach der Kündigung kann der Gläubiger nicht mehr den vereinbarten Vertragszins, sondern nur einen einheitlichen Verzugszins verlangen.[89] Im speziellen Fall des Versicherungsvertrags ist die Forderung lästiger, deren Nichterfüllung zum Verlust von Deckungsschutz führt.[90] Bei einer Versicherung, die aus Haftpflicht- und Teilkaskoversicherung besteht, muss eine Zahlung, die zwar nicht die Summe der beiden Prämien abdeckt, aber jede der Prämien einzeln erfüllen könnte, zuerst auf die Haftpflichtprämie angerechnet werden, weil diese das größere Risiko abdeckt und gesetzlich vorgeschriebene Voraussetzung für die Zulassung und Weiterbenutzung des Fahrzeuges ist.[91] Zum Fall, dass die Zahlung nur zur Deckung der Kasko-, nicht aber der Haftpflichtprämie ausreicht, vgl. Rn. 12. Wird ein Arbeitnehmer unter Fortzahlung seiner Vergütung, aber unter Anrechnung auf den Urlaub von der Arbeitsleistung freigestellt, so ist der Anspruch des Arbeitnehmers auf die Urlaubsvergütung im Vergleich zum Anspruch auf den Annahmeverzugslohn als die lästigere Schuld anzusehen; denn der Arbeitgeber hat ein Interesse daran, dass die Urlaubsansprüche zu Beginn der Freistellung getilgt werden, weil er sonst Gefahr läuft, bei Arbeitsunfähigkeit des Arbeitnehmers den Urlaub bei Beendigung des Arbeitsverhältnisses abgelten zu müssen.[92]

4. Alter

16 Unter mehreren gleich lästigen Forderungen wird die ältere Schuld getilgt. Für das Alter der Forderungen kommt es auf den **Zeitpunkt ihrer Entstehung**, nicht auf den der Fälligkeit an.[93]

5. Verhältnismäßige Tilgung

17 Bei gleichem Alter wird **jede Schuld verhältnismäßig** getilgt. Entsprechendes gilt, wenn bei mehreren gleichrangigen Forderungen das Rangverhältnis nach § 366 Abs. 2 BGB ungewiss ist.[94]

---

[84] OLG Brandenburg v. 03.03.2010 - 3 U 108/08 - juris Rn. 19 - MDR 2010, 980-981; LG Berlin v. 02.09.2008 - 65 S 182/08 - juris Rn. 3 - Grundeigentum 2008, 1493-1494; im Ergebnis ebenso OLG Köln v. 11.06.2010 - 1 U 66/09 - juris Rn. 62 - ZMR 2010, 850-853, allerdings mit der irreführenden Begründung, die Betriebskostenvorauszahlungen seien „die für den Vermieter lästigeren Forderungen"; zur gesetzlichen Tilgungsreihenfolge im Mietrecht auch *Börstinghaus*, jurisPR-MietR 4/2009, Anm. 4.

[85] OLG Celle v. 21.04.2004 - 3 U 14/04 - juris Rn. 45 - NJW 2004, 2598-2600.

[86] BGH v. 27.05.1957 - II ZR 319/55 - LM Nr. 1 zu § 413 HGB; BGH v 19.11.2008 - XII ZR 123/07 - juris Rn. 19 - NJW 2009, 1071-1074; OLG München v. 05.07.1996 - 21 U 1903/96 - NJW-RR 1997, 944-945; FG München v. 14.04.2000 - 13 K 3376/99 - juris Rn. 16.

[87] BGH v. 21.11.1975 - IV ZR 112/74 - juris Rn. 22 - MDR 1976, 387.

[88] BayObLG München v. 29.03.2000 - 2Z BR 119/99 - juris Rn. 20 - WuM 2001, 143; *Buck-Heeb* in: Erman, § 366 Rn. 5; *Fetzer* in: MünchKomm-BGB, § 366 Rn. 14; *Grüneberg* in: Palandt, § 366 Rn. 11; *Olzen* in: Staudinger, § 366 Rn. 41; *Schreiber* in: Soergel, § 366 Rn. 8; *Stürner* in: Jauernig, § 366 Rn. 6; *Weber* in: BGB-RGRK, § 366 Rn. 14.

[89] BGH v. 25.11.2003 - XI ZR 379/02 - juris Rn. 30 - WM 2004, 121-124.

[90] OLG Koblenz v. 08.02.1980 - 10 U 759/79 - VersR 1980, 617-618.

[91] OLG Koblenz v. 29.01.1982 - 10 U 42/81 - VersR 1983, 383-385.

[92] LAG Hamm v. 09.11.2006 - 15 Sa 1116/06 - juris Rn. 63.

[93] BGH v. 07.05.1991 - XII ZR 44/90 - juris Rn. 9 - LM 1992, Nr. 1, § 366 BGB Nr. 22.

[94] BGH v. 19.11.2008 - XII ZR 123/07 - juris Rn. 23 - NJW 2009, 1071-1074.

D. Prozessuale Hinweise

Steht fest, dass der Schuldner zur Erfüllung einer Forderung an den Gläubiger geleistet hat, so muss der Gläubiger, der behauptet, dass die Leistung auf eine andere Forderung anzurechnen sei, zunächst die Existenz dieser anderen Forderung **beweisen**.[95] Gelingt ihm das, so muss der Schuldner dartun, warum durch die Leistung gerade die streitige Forderung getilgt sein soll.[96] Wer sich auf eine vom Gesetz abweichende Tilgungsvereinbarung beruft, trägt für diese auch die Beweislast.[97]

18

E. Anwendungsfelder

I. Sachlicher Anwendungsbereich

Trotz seiner systematischen Stellung kann § 366 BGB auch auf die **Hinterlegung** angewandt werden.[98] Für die **Aufrechnung** gilt die Sonderregelung des § 396 BGB, die jedoch auf § 366 Abs. 2 BGB Bezug nimmt (vgl. § 396 Abs. 1 Satz 2 BGB).

19

In der **Zwangsvollstreckung** findet § 366 Abs. 1 BGB keine Anwendung,[99] obwohl auch diese zu einer (zwangsweisen) Erfüllung der Gläubigerforderung führt[100]. Da nämlich die gesamte Zwangsvollstreckung ohne Rücksicht auf den Schuldnerwillen durchgeführt wird, kann es weder für die Frage, ob Erfüllung eintritt, noch für die Frage, welche Forderung getilgt werden soll, auf die Bestimmung des Schuldners ankommen.[101] Für die Zuordnung der Leistung zur Schuld tritt in der Zwangsvollstreckung an die Stelle der subjektiven Zwecksetzung des Schuldners das objektive Verfahrensziel, das von Art und Inhalt des Titels abhängt.[102] Soweit der Vollstreckungstitel mehrere Verbindlichkeiten ausweist und daher den Bezug des Vollstreckungserfolges auf die jeweilige Verbindlichkeit nur unvollständig vornimmt, kann auf die Wertungen des § 366 Abs. 2 BGB zurückgegriffen werden.[103] Diese Norm gilt auch bei der **Verwertung von Sicherheiten**.[104] Dagegen kann der Sicherungsgeber bzw. der Schuldner der gesicherten Forderungen nicht etwa gemäß § 366 Abs. 1 BGB nachträglich bestimmen, dass der Sicherungsnehmer sich aus dem Sicherungsgut nur wegen bestimmter einzelner Forderungen befriedigen darf, ihm eine Befriedigung aus dem Sicherungsgut wegen anderer, von der Sicherungsabrede umfasster Forderungen aber verwehrt wird; denn mit einer solchen Befugnis würde die Sicherungsabrede unterlaufen.[105] Insoweit gilt bei der Verwertung einer sicherungshalber abgetretenen Forderung nichts anderes als für die Beitreibung im Wege der Zwangsvollstreckung.[106] Für Ausschüttungen durch den **Insolvenzverwalter** werden die §§ 366, 367

20

---

[95] BGH v. 06.11.1990 - XI ZR 262/89 - juris Rn. 10 - NJW-RR 1991, 169-170; BGH v. 30.03.1993 - XI ZR 95/92 - juris Rn. 15 - NJW-RR 1993, 1015; OLG Saarbrücken v. 27.11.2002 - 1 U 370/02 - 85, 1 U 370/02- OLGR Saarbrücken 2003, 82-83; OLG Brandenburg v. 17.12.2008 - 7 U 78/08 - juris Rn. 29 - ZInsO 2009, 522-525; OLG Düsseldorf v. 18.12.2008 - I-5 U 84/08 - juris Rn. 20; *Eyinck* in: Baumgärtel/Laumen/Prütting, Handbuch der Beweislast, § 366 Rn. 2.

[96] BGH v. 12.03.1991 - XI ZR 85/90 - juris Rn. 13 - LM ZPO § 138 Nr. 30 (2/1992); BGH v. 30.03.1993 - XI ZR 95/92 - juris Rn. 15 - NJW-RR 1993, 1015; OLG Brandenburg v. 17.12.2008 - 7 U 78/08 - juris Rn. 29 - ZInsO 2009, 522-525.

[97] *Fetzer* in: MünchKomm-BGB, § 366 Rn. 16; *Grüneberg* in: Palandt, § 366 Rn. 12; *Olzen* in: Staudinger, § 366 Rn.56; *Weber* in: BGB-RGRK, § 366 Rn. 16.

[98] *Fetzer* in: MünchKomm-BGB, § 366 Rn. 5; *Grüneberg* in: Palandt, § 366 Rn. 3; *Weber* in: BGB-RGRK, § 366 Rn. 3.

[99] BGH v. 23.02.1999 - XI ZR 49/98 - juris Rn. 14 - BGHZ 140, 391-395; vgl. auch BGH v. 28.06.2000 - XII ZR 55/98 - juris Rn. 18; BGH v. 03.06.2008 - XI ZR 353/07 - juris Rn. 22 - NJW 2008, 2842-2845; a.M. *Olzen* in: Staudinger, § 366 Rn. 5 f.

[100] Vgl. dazu *Kerwer*, Die Erfüllung in der Zwangsvollstreckung, 1996, S. 223 ff.

[101] Vgl. *Kerwer*, Die Erfüllung in der Zwangsvollstreckung, 1996, S. 73 f.

[102] *Kerwer*, Die Erfüllung in der Zwangsvollstreckung, 1996, S. 104 ff.

[103] OLG Karlsruhe v. 31.07.2001 - 2 UF 172/00 - juris Rn. 21 - NJW-RR 2002, 1158-1159; OLG Brandenburg v. 11.10.2006 - 13 U 50/06 - juris Rn. 21 - N.V.; *Buck-Heeb* in: Erman, § 366 Rn. 6; *Fetzer* in: MünchKomm-BGB, § 366 Rn. 5; *Gernhuber*, Die Erfüllung und ihre Surrogate, 2. Aufl. 1994, § 7 I 3 b; *Grüneberg* in: Palandt, § 366 Rn. 3; *Schreiber* in: Soergel, § 366 Rn. 10; *Weber* in: BGB-RGRK, § 366 Rn. 3.

[104] BGH v. 16.12.1996 - II ZR 242/95 - juris Rn. 14 - BGHZ 134, 224-230; BGH v. 03.06.2008 - XI ZR 353/07 - juris Rn. 32 - NJW 2008, 2842-2845; OLG Frankfurt v. 10.03.2009 - 14 U 68/08 - juris Rn. 39.

[105] BGH v. 28.06.2000 - XII ZR 55/98 - juris Rn. 18; BGH v. 03.06.2008 - XI ZR 353/07 - juris Rn. 22 - NJW 2008, 2842-2845; a.M. *Olzen* in: Staudinger, § 366 Rn. 5 f.

[106] BGH v. 03.06.2008 - XI ZR 353/07 - juris Rn. 22 - NJW 2008, 2842-2845; anders *Schanbacher*, WuB 2008, 841-842, 842, der dem Sicherungszedenten analog § 366 Abs. 1 BGB die Befugnis zur Tilgungsbestimmung zuspricht; ebenso *Kulke*, EWiR 2008, 741-742.

BGB durch die Vorschriften der InsO ausgeschlossen.[107] Abweichendes gilt allerdings für die Zahlungen des den Betrieb fortführenden Verwalters.[108] Keine Anwendung findet § 366 Abs. 1 BGB schließlich, wenn ein Arbeitgeber nach Ablauf des Insolvenzgeldzeitraums Zahlungen auf Arbeitsentgelt erbringt. Diese sind vorrangig Ansprüchen zuzurechnen, die vor dem Insolvenzgeldzeitraum liegen. Das Bestimmungsrecht des § 366 Abs. 1 BGB findet insolvenzgeldrechtlich auf den Arbeitgeber als Schuldner insoweit keine Anwendung.[109] Bei einem Betriebsübergang nach Insolvenzeröffnung kann der neue Arbeitgeber einer Vergütungszahlung nicht nach § 366 Abs. 1 BGB einseitig Monaten zuordnen, die in die Haftungssphäre des Insolvenzverwalters fallen. Etwas anderes gilt nur dann, wenn er auf eine fremde Schuld leisten will und dies dem Arbeitnehmer gegenüber erklärt.[110]

21 § 366 BGB wird entsprechend auch auf **öffentlich-rechtliche Forderungen** angewandt.[111] So ist er etwa auf Ratenzahlungen einer Prozesspartei, der **Prozesskostenhilfe** bewilligt worden ist, gegenüber der Staatskasse anwendbar.[112] Für das **Steuerrecht** enthält § 225 AO eine dem § 366 BGB vergleichbare Vorschrift. Für die Abführung von **Sozialversicherungsbeiträgen** durch den Arbeitgeber gilt die Beitragsverfahrensverordnung. Nach ihr kann der Arbeitgeber bestimmen, dass in erster Linie die Arbeitnehmeranteile getilgt werden. Eine entsprechende konkludente Bestimmung darf nur beim Vorliegen greifbarer Anhaltspunkte angenommen werden.[113] Fehlt sie, sind Zahlungen je zur Hälfte auf Arbeitgeber- und Arbeitnehmeranteile anzurechnen. Die §§ 366, 367 BGB gelten nicht.[114]

II. Abdingbarkeit

22 § 366 BGB ist **dispositiv**.[115] Die Parteien können daher eine abweichende Tilgungsreihenfolge vereinbaren, und zwar nicht nur bei der Leistung selbst, sondern bereits im Vorhinein. Solche Vereinbarungen schließen die gesetzliche Tilgungsreihenfolge (§ 366 Abs. 2 BGB) aus[116] und verfügen endgültig über die Tilgungsrichtung, so dass eine spätere abweichende Bestimmung des Schuldners unerheblich ist.[117] Der Gläubiger kann aber einer abweichenden Bestimmung des Schuldners zustimmen (auch stillschweigend) und damit die frühere Vereinbarung durch eine neue ersetzen.[118] Individualvertraglich kann auch ein einseitiges Bestimmungsrecht des Gläubigers vereinbart werden.[119] Eine solche Vereinbarung ist zum Beispiel bei der Leistung eines Vorschusses, einer Sicherheit und bei Zahlung im Lastschriftverfahren anzunehmen.[120] Etwas anderes gilt allerdings für vorherige Tilgungsvereinbarungen in

---

[107] BGH v. 24.11.1980 - VIII ZR 317/79 - NJW 1981, 761-763; BGH v. 12.02.1985 - VI ZR 68/83 - juris Rn. 21 - LM Nr. 15 zu § 366 BGB.

[108] BGH v. 04.12.1979 - VI ZR 186/78 - juris Rn. 15 - LM Nr. 12 zu § 366 BGB; BGH v. 12.02.1985 - VI ZR 68/83 - juris Rn. 22 - LM Nr. 15 zu § 366 BGB.

[109] BSG v. 25.06.2002 - B 11 AL 90/01 R - ZIP 2004, 135-138, mit zustimmender Anmerkung *Braun*, SGb 2003, 231-232; vgl. auch *Kasten*, ZESAR 2003, 318-326.

[110] LAG Niedersachsen v. 19.12.2005 - 5 Sa 1326/04 - AE 2006, 99; dazu *Berscheid*, jurisPR-ArbR 10/2006, Anm. 5. Die Problematik stellt sich häufig im Zusammenhang mit der Abwicklung von Altersteilzeitvereinbarungen im Blockmodell; vgl. dazu weiterführend BAG v. 19.12.2006 - 9 AZR 230/06 - juris Rn. 23 - BB 2007, 1281-1283; BAG v. 19.05.2005 - 3 AZR 649/03 - juris Rn. 43 - NZA-RR 2006, 373-378; BAG v. 19.10.2004 - 9 AZR 647/03 - juris Rn. 21 - NZA 2005, 408-411; LAG Schleswig-Holstein v. 10.01.2006 - 2 Sa 418/05 - juris Rn. 32 - NZA-RR 2006, 293-294.

[111] Vgl. *Olzen* in: Staudinger, § 366 Rn. 11; *Schreiber* in: Soergel, § 366 Rn. 4.

[112] *Olzen* in: Staudinger, § 366 Rn. 11.

[113] BGH v. 26.06.2001 - VI ZR 111/00 - juris Rn. 12 - LM BGB § 823 (Be) Nr. 55 (5/2002); OLG Naumburg v. 07.03.2000 - 13 U 203/99 - juris Rn. 27 - NJW-RR 2000, 1280-1281 (jeweils zur Vorgängernorm aus der Beitragszahlungsverordnung).

[114] BGH v. 13.01.1998 - VI ZR 58/97 - juris Rn. 15 - LM BGB § 366 Nr. 29 (10/1998) (zur Vorgängernorm aus der Beitragszahlungsverordnung).

[115] *Gernhuber*, Die Erfüllung und ihre Surrogate, 2. Aufl. 1994, § 7 I 5; *Grüneberg* in: Palandt, § 366 Rn. 8.

[116] BGH v. 27.04.1993 - XI ZR 120/92 - juris Rn. 23 - LM BGB § 242 (Be) Nr. 79 (1/1994).

[117] BGH v. 20.06.1984 - VIII ZR 337/82 - juris Rn. 22 - BGHZ 91, 375-387; BGH v. 27.06.1995 - XI ZR 213/94 - juris Rn. 14 - LM BGB § 366 Nr. 24 (1/1996); OLG München v. 24.10.2011 - 19 U 929/11 - juris Rn. 13; a.M. *Gernhuber*, Die Erfüllung und ihre Surrogate, 2. Aufl. 1994, § 7 I 5: Ablehnungsrecht bzw. Schadensersatzanspruch des Gläubigers bei schuldrechtlicher Bindung des Schuldners.

[118] *Buck-Heeb* in: Erman, § 366 Rn. 1; *Fetzer* in: MünchKomm-BGB, § 366 Rn. 7; *Olzen* in: Staudinger, § 366 Rn. 49; *Schreiber* in: Soergel, § 366 Rn. 5; *Weber* in: BGB-RGRK, § 366 Rn. 4.

[119] BGH v. 13.12.1990 - IX ZR 33/90 - juris Rn. 30 - NJW-RR 1991, 562-565.

[120] *Grüneberg* in: Palandt, § 366 Rn. 8; zum Lastschriftverfahren ebenso OLG Brandenburg v. 13.08.2008 - 3 U 176/07 - juris Rn. 19.

AGB. Sie sind zwar grundsätzlich möglich,[121] müssen jedoch eine ausgewogene Reihenfolge konkret festlegen. Ein einseitiges Bestimmungsrecht des Gläubigers entspricht dem nicht und ist daher gemäß § 307 Abs. 1 BGB unwirksam.[122] Tilgungsvereinbarungen der Parteien sind im Rahmen der §§ 138, 242 BGB auch gegenüber Dritten, etwa Sicherungsgebern, wirksam.[123] Sie können auch nachträglich und auch konkludent getroffen werden, etwa dadurch, dass der Schuldner einer Anrechnungserklärung des Gläubigers nicht widerspricht.[124] Die Auslegung einer derartigen Tilgungsvereinbarung folgt den allgemeinen Regeln. Wird eine Forderung erfüllungshalber bzw. an Erfüllung statt abgetreten und ist unklar, welche Forderung des Zessionars dadurch getilgt werden soll, so muss gegebenenfalls anhand des Inhalts einer abgetretenen Forderung ermittelt werden, zur Befriedigung welcher Forderung die Abtretung dienen soll.[125]

---

[121] Vgl. OLG Köln v. 02.03.1995 - 18 U 145/94 - NJW-RR 1995, 1014.
[122] BGH v. 20.06.1984 - VIII ZR 337/82 - juris Rn. 23 - BGHZ 91, 375-387; BGH v. 09.03.1999 - XI ZR 155/98 - juris Rn. 14 - LM AGBG § 9 (Bl) Nr. 63 (8/99); KG v. 12.11.2008 - 24 U 102/07 - juris Rn. 76 - WM 2009, 744-748; OLG Frankfurt v. 10.03.2009 - 14 U 68/08 - juris Rn. 39; OLG Karlsruhe v. 03.03.2010 - 13 U 81/09 - juris Rn. 9; a.M. OLG Hamm v. 12.06.1991 - 31 U 94/90 - NJW 1991, 2647-2649.
[123] BGH v. 27.04.1993 - XI ZR 120/92 - juris Rn. 21 - LM BGB § 242 (Be) Nr. 79 (1/1994).
[124] BGH v. 27.06.1995 - XI ZR 213/94 - juris Rn. 15 - LM BGB § 366 Nr. 24 (1/1996).
[125] BGH v. 11.12.1991 - VIII ZR 31/91 - juris Rn. 24 - BGHZ 116, 278-292.

§ 367 BGB Anrechnung auf Zinsen und Kosten

(Fassung vom 02.01.2002, gültig ab 01.01.2002)

(1) Hat der Schuldner außer der Hauptleistung Zinsen und Kosten zu entrichten, so wird eine zur Tilgung der ganzen Schuld nicht ausreichende Leistung zunächst auf die Kosten, dann auf die Zinsen und zuletzt auf die Hauptleistung angerechnet.

(2) Bestimmt der Schuldner eine andere Anrechnung, so kann der Gläubiger die Annahme der Leistung ablehnen.

Gliederung

A. Grundlagen 1	I. Gesetzliche Tilgungsreihenfolge 6
B. Anwendungsvoraussetzungen 2	II. Abweichende Bestimmung des Schuldners 7
I. Anspruch auf Hauptleistung und Nebenforderungen 2	D. Anwendungsfelder 9
	I. Sachlicher Anwendungsbereich 9
II. Nicht ausreichende Tilgung 5	II. Sonderregelungen 10
C. Rechtsfolgen 6	III. Abdingbarkeit 11

A. Grundlagen

1 § 367 BGB regelt das **Tilgungsverhältnis zwischen Hauptforderung und unselbständigen Nebenforderungen**. Abweichend von § 366 BGB schließt die Vorschrift dabei das einseitige Bestimmungsrecht des Schuldners aus[1] und legt die Tilgungsreihenfolge grundsätzlich selbst fest.[2] Dabei ordnet sie eine vorrangige Verrechnung der Leistung auf die Nebenforderungen an. Grund dafür ist, dass der Gläubiger bei einer nicht ausreichenden Tilgung der gesamten Schuld ein Interesse daran hat, den verzinslichen Anspruch zu behalten.[3]

B. Anwendungsvoraussetzungen

I. Anspruch auf Hauptleistung und Nebenforderungen

2 Die Vorschrift setzt voraus, dass der Schuldner außer der Hauptleistung Zinsen und Kosten zu entrichten hat. Sie geht dabei stillschweigend davon aus, dass die Zins- bzw. Kostenforderung gerade zu der jeweiligen Hauptforderung gehört. Wird eine **Nebenforderung** gemeinsam mit einer anderen Hauptforderung geltend gemacht, etwa wenn eine noch offene Kostenforderung mit weiteren Ansprüchen in eine Forderungsaufstellung aufgenommen wird, dann findet nicht § 367 BGB, sondern § 366 BGB Anwendung, da die Kostenforderung gegenüber den anderen Ansprüchen selbständig und keine Nebenforderung ist.[4] Bestehen mehrere Hauptansprüche nebst Zinsen und Kosten, so sind nicht etwa alle Zinsen und Kosten vor alle Hauptansprüche zu setzen. Vielmehr ist für die Anrechnung in erster Linie § 366 BGB maßgebend. Erst wenn die danach vorrangige Forderung (in der Reihenfolge des § 367 BGB) komplett getilgt ist, ist die Leistung daher (wiederum in der Reihenfolge des § 367 BGB) auf die nachrangige Schuld anzurechnen.[5] Keine Anwendung findet die Vorschrift, wenn die Nebenforderungen verjährt sind, und zwar auch dann nicht, wenn der Schuldner zahlt, ohne dabei die Verjährungseinrede zu erheben; denn die innere Rechtfertigung für eine vorrangige Tilgung der Nebenansprüche ent-

---

[1] Anders in der Bewertung *Fetzer* in: MünchKomm-BGB, § 367 Rn. 1; *Olzen* in: Staudinger, § 367 Rn. 1. Das einseitige Bestimmungsrecht des Schuldners sei durch die Vorschrift nicht ausgeschlossen, sondern wegen § 367 Abs. 2 BGB nur eingeschränkt. § 367 Abs. 2 BGB zeigt jedoch, dass eine von § 367 Abs. 1 BGB abweichende Tilgungsreihenfolge letztlich nicht gegen den Willen des Gläubigers durchgesetzt werden kann. Damit kann der Schuldner die Reihenfolge aber gerade nicht mehr einseitig festlegen.
[2] Vgl. OLG Hamm v. 28.06.1985 - 11 U 276/84 - juris Rn. 25 - NJW 1985, 2276-2278.
[3] *Schreiber* in: Soergel, § 367 Rn. 1.
[4] BGH v. 05.02.1969 - VIII ZR 42/67 - LM Nr. 6 zu § 366 BGB. Zu den Kosten für die Führung eines Schuldnerkontos LG Kiel v. 18.05.2010 - 13 T 64/10 - juris Rn. 4.
[5] Vgl. BGH v. 05.02.1969 - VIII ZR 42/67 - LM Nr. 6 zu § 366 BGB; *Fetzer* in: MünchKomm-BGB, § 367 Rn. 4.

fällt, wenn der Schuldner berechtigt ist, die Erfüllung dieser Ansprüche zu verweigern. Es bedarf daher umgekehrt einer ausdrücklichen Bestimmung des Schuldners, wenn die Leistung auf verjährte Nebenforderungen angerechnet werden soll.[6]

Zinsen sind die nach der Laufzeit bemessene Vergütung für den Gebrauch eines überlassenen Kapitals.[7] Es gilt insoweit die allgemeine Begriffsbestimmung (vgl. näher dazu Kommentierung zu § 246 BGB Rn. 7 ff.). § 367 BGB ist auch anwendbar, wenn Zinsen als Nebenforderung auf Ersatz des entgangenen Gewinns gerichtet sind.[8] Kreditgebühren sind im Prinzip ebenso zu behandeln wie Zinsen. Sie werden aber nach den getroffenen Abreden in der Regel nicht vorrangig, sondern anteilig mit dem Kredit getilgt.[9] Diese Zweckbestimmung gilt so lange, bis der Schuldner Einwendungen erhebt, selbst wenn der Vertrag, etwa wegen Sittenwidrigkeit nach § 138 Abs. 1 BGB, nichtig ist.[10] Leistet der Schuldner jedoch nicht vereinbarungsgemäß, z.B. nur unzureichend, so findet § 367 BGB Anwendung.[11] Eine in allgemeinen Geschäftsbedingungen enthaltene Klausel, die stattdessen eine vorrangige Verrechnung auf Kosten vorsieht, die erst nach der Zahlung fällig werden, ist gemäß § 307 BGB unwirksam.[12]

Kosten sind Aufwendungen, die der Gläubiger zur Durchsetzung seines Anspruchs gemacht hat, wie etwa Wechsel-, Prozess- und Vollstreckungskosten.[13] Für die Anwendung von § 367 BGB ist gleichgültig, aus welchem Rechtsgrund der Gläubiger für sie Ersatz verlangen kann.

II. Nicht ausreichende Tilgung

Die Vorschrift findet Anwendung, wenn der Schuldner eine Leistung erbringt, die zur Tilgung der ganzen Schuld nicht ausreicht. Unter der „**ganzen Schuld**" in diesem Sinne ist die Summe aus Hauptforderung, Zinsen und Kosten zu verstehen, auch wenn es sich dabei eigentlich um mehrere selbständige Ansprüche handelt (vgl. dazu die Kommentierung zu § 266 BGB Rn. 9). Besteht zwischen den Parteien eine Ratenzahlungsvereinbarung, so bezieht sich die Bestimmung nur auf die jeweils fällige Rate. Für eine Anwendung des § 367 BGB ist daher kein Raum, soweit und solange die nach der Vereinbarung fälligen Beträge vollständig bezahlt werden. Widerspricht der Schuldner in diesem Fall einer zukünftigen Verrechnung auf die Kosten, so begründet dies kein Zurückweisungsrecht des Gläubigers nach § 367 Abs. 2 BGB; denn eine Verrechnung der Zahlungen erfolgt erst, wenn die Ratenzahlungsvereinbarung endet.[14]

C. Rechtsfolgen

I. Gesetzliche Tilgungsreihenfolge

Das Gesetz legt seine **Tilgungsreihenfolge** in § 367 Abs. 1 BGB fest. Danach ist die Leistung zunächst auf die Kosten, dann auf die Zinsen und zuletzt auf die Hauptleistung anzurechnen.[15]

II. Abweichende Bestimmung des Schuldners

Die Tilgungsreihenfolge gemäß § 367 Abs. 1 BGB gilt grundsätzlich unabhängig vom Willen des Schuldners. Jedoch kann dieser, wie sich aus § 367 Abs. 2 BGB ergibt, eine **abweichende Anrechnung** bestimmen. Das kann z.B. dadurch geschehen, dass der Schuldner ausdrücklich unter Vorbehalt zahlt; in diesem Fall ist anzunehmen, dass er nicht vorrangig auf Zinsen und Kosten, sondern in vollem Umfang auf die Hauptforderung leisten will.[16] Das Recht zu einer abweichenden Bestimmung kann

---

[6] OLG Hamm v. 18.03.1981 - 20 U 4/81 - juris Rn. 24 - MDR 1981, 844-845; a.M. *Dennhardt* in: Bamberger/Roth, § 367 Rn. 4; *Olzen* in: Staudinger, § 367 Rn. 14.
[7] Vgl. nur BGH v. 24.01.1992 - V ZR 267/90 - juris Rn. 22 - LM BGB § 289 Nr. 9 (9/1992).
[8] BGH v. 02.04.1991 - VI ZR 241/90 - juris Rn. 8 - LM ZPO § 767 Nr. 83 (2/1992).
[9] BGH v. 05.04.1984 - III ZR 2/83 - juris Rn. 19 - BGHZ 91, 55-62.
[10] BGH v. 06.11.1986 - III ZR 70/86 - juris Rn. 11 - LM Nr. 45 zu §§ 138, 367, 707 BGB; a.M. *Grunwaldt*, MDR 1995, 125-129, 127.
[11] *Schreiber* in: Soergel, § 367 Rn. 2.
[12] BGH v. 05.04.1984 - III ZR 2/83 - juris Rn. 24 - BGHZ 91, 55-62.
[13] *Grüneberg* in: Palandt, § 367 Rn. 4.
[14] KG Berlin v. 27.11.2007 - 1 VA 14/06 - juris Rn. 5 - JurBüro 2008, 219.
[15] Zu den Rechtsfolgen, wenn der Gläubiger gepfändete Beträge entgegen § 367 Abs. 1 BGB ständig auf die Hauptforderung anstatt auf die Zinsen verrechnet hat, vgl. OLG Köln v. 06.02.2002 - 13 W 69/01 - OLGR Köln 2002, 366-367.
[16] OLG Köln v. 13.03.1998 - 19 U 250/97 - NJW-RR 1998, 955-956.

nicht in allgemeinen Geschäftsbedingungen ausgeschlossen werden; daher ist eine Vorschrift in einem Formularmietvertrag, wonach sämtliche Zahlungen des Mieters zunächst auf Kosten und Zinsen zu verrechnen sind und der Schuldner auch keine anderweitige Bestimmung treffen kann, nach § 307 Abs. 1 BGB unwirksam.[17]

8 Trifft der Schuldner eine von § 367 Abs. 1 BGB abweichende Tilgungsbestimmung, dann hat der Gläubiger gemäß § 367 Abs. 2 BGB das **Recht, die Leistung abzulehnen**, ohne dadurch in Annahmeverzug zu geraten.[18] Will er von diesem Recht Gebrauch machen, so muss er die Leistung insgesamt zurückweisen. **Nimmt er die Leistung an**, dann gilt die Bestimmung des Schuldners, auch wenn der Gläubiger ihr widersprochen hat. Der Gläubiger kann durch einen Widerspruch bei gleichzeitiger Leistungsannahme weder die gesetzliche Tilgungsreihenfolge (§ 367 Abs. 1 BGB) herbeiführen[19] noch eine eigene Anrechnungsbestimmung durchsetzen.[20] Erst recht ist ein nachträglicher Widerspruch des Gläubigers gegen die Tilgungsbestimmung des Schuldners unerheblich.[21] **Lehnt der Gläubiger die Leistung ab**, so tritt keine Erfüllung ein. Der Schuldner kann das Geleistete im Wege der Leistungskondiktion gemäß § 812 Abs. 1 Satz 1 Alt. 1 BGB zurückfordern. Dem kann der Gläubiger nicht durch eine Aufrechnung (mit der Nebenforderung) zuvorkommen, weil die Tilgungsbestimmung des Schuldners bestehen bleibt.[22] Fordert der Schuldner die Leistung nicht zurück, so kann darin sein Einverständnis mit einer Anrechnung nach § 367 Abs. 1 BGB liegen.[23]

D. Anwendungsfelder

I. Sachlicher Anwendungsbereich

9 Der Anwendungsbereich der Vorschrift deckt sich mit dem des § 366 BGB. § 367 BGB gilt daher auch für **Forderungen verschiedener Gläubiger**, falls die Leistung an einen von ihnen befreiende Wirkung auch gegenüber den anderen hat.[24] Ebenso gilt sie bei der **Leistung eines Dritten**,[25] bei der **Hinterlegung**[26] sowie kraft der ausdrücklichen Anordnung des § 396 Abs. 2 BGB bei der **Aufrechnung**; dies hat zur Folge, dass die zur Aufrechnung gestellte Forderung zunächst auf die Nebenforderungen und erst danach auf den Hauptanspruch angerechnet wird, soweit nichts anderes bestimmt wird.[27] Entsprechende Anwendung findet die Bestimmung bei Zahlungen des Eigentümers auf die **Grundschuld**[28] und bei einer Beitreibung der Forderung im Wege der **Zwangsvollstreckung**,[29] es sei denn, diese wird nur wegen der Hauptforderung betrieben.[30] Ebenso ist sie auf **freiwillige Versteigerungen** anzuwenden; Teilzahlungen des Ersteigerers werden daher zunächst auf das Aufgeld und dann erst auf den Kaufpreisanspruch des Einlieferers angerechnet.[31] Bei der Frage, ob es sich bei **Kapitalauszahlungen** um Rückzahlungen von Kapital oder Auszahlung von Zinsen handelt, ist § 367 BGB ergänzend heran-

---

[17] OLG Düsseldorf v. 08.05.2008 - I-10 U 11/08, 10 U 11/08- juris Rn. 4 - OLGR Düsseldorf 2009, 132-133 mit Anmerkung *Börstinghaus*, jurisPR-MietR 4/2009, Anm. 4; LG Berlin v. 20.10.2000 - 65 S 237/99 - juris Rn. 7 - MM 2001, 54-55.
[18] BGH v. 13.04.1983 - VIII ZB 38/82 - juris Rn. 10 - LM Nr. 7 zu EGÜbk-AusfG.
[19] OLG Düsseldorf v. 27.05.1975 - 12 U 277/71 - MDR 1975, 930; offen gelassen in BGH v. 06.05.1981 - IVa ZR 170/80 - juris Rn. 23 - BGHZ 80, 269-279.
[20] OLG Köln v. 13.03.1998 - 19 U 250/97 - NJW-RR 1998, 955-956; vgl. zum Widerspruch des Schuldners jetzt auch OLG Düsseldorf v. 15.11.2000 - 10 U 142/00 - juris Rn. 14 - Grundeigentum 2002, 51-52.
[21] BGH v. 13.04.1983 - VIII ZB 38/82 - juris Rn. 10 - LM Nr. 7 zu EGÜbk-AusfG.
[22] Zutreffend *Olzen* in: Staudinger, § 367 Rn. 17; abweichend *Fetzer* in: MünchKomm-BGB, § 367 Rn. 3: Aufrechnung unter Geltung des § 396 BGB.
[23] *Fetzer* in: MünchKomm-BGB, § 367 Rn. 3; *Olzen* in: Staudinger, § 367 Rn. 17.
[24] OLG Hamm v. 14.06.1999 - 13 U 259/98 - NJW-RR 2000, 174-175.
[25] FG Hamburg v. 08.07.2010 - 4 K 220/09 - juris Rn. 30; *Grüneberg* in: Palandt, § 367 Rn. 1; *Schreiber* in: Soergel, § 367 Rn. 1.
[26] *Fetzer* in: MünchKomm-BGB, § 367 Rn. 2; *Weber* in: BGB-RGRK, § 367 Rn. 2.
[27] BGH v. 06.05.1981 - IVa ZR 170/80 - juris Rn. 22 - BGHZ 80, 269-279.
[28] OLG Stuttgart v. 03.04.1990 - 10 U 71/89 - NJW-RR 1990, 945-947.
[29] BGH v. 08.05.1956 - I ZR 63/55 - LM Nr. 1 zu § 82 VerglO; BSG v. 07.10.2009 - B 11 AL 18/08 R - juris Rn. 14 - SGb 2009, 712; *Braun*, DGVZ 1990, 129-133, 130 f.; *Stolte*, DGVZ 1988, 145-154, 147 f.
[30] LG Hamburg v. 21.05.1986 - 5 O 623/85 - NJW-RR 1986, 1445; *Braun*, DGVZ 1990, 129-133, 130 f.
[31] OLG Hamm v. 26.05.1966 - 19 U 138/65 - MDR 1968, 47-48.

zuziehen, auch wenn der zugrunde liegende Darlehensvertrag nichtig ist.[32] Schließlich kommt § 367 BGB auch im **öffentlichen Recht** zur Anwendung,[33] so etwa, wenn neben Sozialversicherungsbeiträgen Kosten geschuldet werden.[34]

II. Sonderregelungen

Für **Verbraucherdarlehensverträge** trifft § 497 Abs. 3 Satz 1 BGB eine Sonderregelung. Nach dieser Bestimmung werden im Verzugsfall Zahlungen des Darlehensnehmers, die zur Tilgung der gesamten fälligen Schuld nicht ausreichen, abweichend von § 367 BGB zunächst auf die Kosten der Rechtsverfolgung, dann auf den übrigen geschuldeten Betrag und zuletzt auf die Zinsen angerechnet. Zweck dieser Vorschrift ist es, dass Zahlungen des Verbrauchers an den Darlehensgeber die Darlehensschuld spürbar mindern und der Verbraucher dadurch entlastet wird.[35] Von dieser Anrechnungsregel darf nach § 511 Satz 1 BGB nicht zum Nachteil des Verbrauchers abgewichen werden. Besondere Anrechnungsbestimmungen finden sich für das **Zwangsversteigerungs- und Insolvenzverfahren** in § 39 InsO und § 12 ZVG. Die früher in § 48 KO enthaltene Tilgungsreihenfolge ist in dem heutigen § 50 InsO nicht mehr enthalten. Insoweit bleibt es bei dem – ohnehin inhaltsgleichen – § 367 BGB.[36] Erfasst sind demnach auch die seit Eröffnung des Insolvenzverfahrens entstandenen Zinsen.[37] Für das **Steuerrecht** trifft § 225 AO 1977 eine Sonderregelung. 10

III. Abdingbarkeit

§ 367 BGB ist **abdingbar**.[38] Die Parteien können daher vor oder bei der Leistung eine andere Anrechnung vereinbaren. Eine solche Vereinbarung kann ausdrücklich oder stillschweigend getroffen werden. Haben die Parteien von dieser Möglichkeit Gebrauch gemacht, so gilt die Vereinbarung. Eine von § 367 BGB abweichende Vereinbarung ist etwa dann anzunehmen, wenn die Parteien das Kapital, die Zinsen (Kreditgebühren) und die Kosten in einem Betrag zusammenfassen, der nach einem **Zahlungsplan** getilgt werden soll.[39] Ebenso ist § 367 BGB auch bei Bestehen einer **Kontokorrentabrede** abbedungen; denn die kontokorrentpflichtigen Zahlungen werden erst bei der künftigen Saldierung berücksichtigt.[40] Mit Rücksicht darauf widerspräche eine Anwendung des § 367 BGB dem der Vereinfachung und Praktikabilität dienenden Grundsatz der Gleichwertigkeit aller Ansprüche, der für das Kontokorrent typisch ist.[41] Bei einer **Tilgungshypothek** kann vereinbart werden, dass der Gläubiger Teilzahlungen noch nicht endgültig als Tilgung des Kapitals gelten zu lassen braucht, sondern zunächst in voller Höhe auf die Jahreszinsen anrechnen lassen darf.[42] Ob und in welchem Umfang eine Tilgung des Kapitals eintritt, ist in diesem Fall bedingt durch Eingang oder Ausbleiben des letzten Teils der Jahreszahlung.[43] Die oft formularmäßig damit verbundene Klausel, dass für die Verzinsung der Kapitalstand am Ende des Vorjahres maßgebend ist (sog. „nachschüssige Tilgungsverrechnung"), ist jedoch unwirksam.[44] Zur einseitig abweichenden Bestimmung durch den Schuldner vgl. Rn. 7. Hat der Gläubiger in einer persönlich erstellten Abrechnung zu erkennen gegeben, dass er sich – zugunsten des Beklagten – 11

---

[32] FG Köln v. 29.04.2003 - 8 K 5126/01 - juris Rn. 31 - EFG 2003, 1089-1090.
[33] Vgl. nur beispielhaft (zu beamtenrechtlichen Schadensersatzansprüche) VGH Baden-Württemberg v. 29.04.1982 - IV 213/77 - Leitsatz; VG Aachen v. 18.12.2008 - 1 K 365/07 - Leitsatz.
[34] BGH v. 11.06.1968 - VI ZR 191/66 - BB 1968, 953.
[35] *Reiff* in: AnwK-Das neue Schuldrecht, § 497 Rn. 9.
[36] BGH v. 17.02.2011 - IX ZR 83/10 - juris Rn. 9; *Cranshaw*, jurisPR-InsR 21/2007, Anm. 5; *Dennhardt* in: Bamberger/Roth, § 367 Rn. 1; so auch *Siegmann*, WuB VI A § 39 InsO 2.08. Zur Frage, ob dem Insolvenzverwalter ein Tilgungsbestimmungsrecht zukommt, *Zimmer*, ZInsO 2010, 1261-1269, 1264 ff.
[37] BGH v. 17.02.2011 - IX ZR 83/10 - juris mit zustimmender Anmerkung *Flitsch*, EWiR 2011, 321-322.
[38] BGH v. 22.10.1971 - V ZR 61/69 - LM Nr. 8 zu § 366 BGB; BGH v. 05.04.1984 - III ZR 2/83 - juris Rn. 12 - BGHZ 91, 55-62; OLG Hamm v. 29.03.1974 - 11 U 246/73 - juris Rn. 41 - NJW 1974, 1951-1952.
[39] OLG Hamm v. 29.03.1974 - 11 U 246/73 - juris Rn. 41 - NJW 1974, 1951-1952.
[40] BGH v. 11.06.1980 - VIII ZR 164/79 - juris Rn. 26 - BGHZ 77, 256-264; OLG Frankfurt v. 02.01.1996 - 10 U 32/95 - juris Rn. 4 - OLGR Frankfurt 1996, 113.
[41] OLG Hamm v. 04.07.1977 - 2 U 56/77 - juris Rn. 6 - NJW 1978, 1166.
[42] RG v. 03.01.1934 - V 265/33 - RGZ 143, 70-77.
[43] RG v. 25.10.1933 - V 149/33 - RGZ 142, 156-162.
[44] Vgl. BGH v. 24.11.1988 - III ZR 188/87 - BGHZ 106, 42-53; BGH v. 15.10.1991 - XI ZR 192/90 - juris Rn. 7 - BGHZ 116, 1-7; vgl. ausführlich dazu *Buck-Heeb* in: Erman, § 367 Rn. 3.

die eingegangenen Zahlbeträge ohne Rücksicht auf zwischenzeitlich angelaufene Zinsen auf die Hauptforderung anrechnen lässt, so kann er nach Treu und Glauben (§ 242 BGB) gehindert sein, die Forderung insgesamt neu und gemäß der gesetzlichen Regelung des § 367 BGB abzurechnen.[45]

---

[45] OLG Brandenburg v. 10.05.2006 - 4 U 217/05 - juris Rn. 23 f.

§ 368 BGB Quittung

(Fassung vom 02.01.2002, gültig ab 01.01.2002)

¹**Der Gläubiger hat gegen Empfang der Leistung auf Verlangen ein schriftliches Empfangsbekenntnis (Quittung) zu erteilen. ²Hat der Schuldner ein rechtliches Interesse, dass die Quittung in anderer Form erteilt wird, so kann er die Erteilung in dieser Form verlangen.**

Gliederung

A. Grundlagen 1	b. Andere Form 11
I. Kurzcharakteristik 1	II. Wirkungen der Quittung 12
II. Regelungsprinzipien 2	1. Beweiskraft 12
B. Anwendungsvoraussetzungen 3	a. Formelle Beweiskraft 12
C. Rechtsfolgen 4	b. Materielle Beweiskraft 13
I. Anspruch auf eine Quittung 4	2. Materiell-rechtliche Wirkungen 15
1. Allgemeines 4	D. Prozessuale Hinweise 16
2. Inhalt der Quittung 7	E. Anwendungsfelder 17
3. Form der Quittung 10	I. Sachlicher Anwendungsbereich 17
a. Schriftform 10	II. Sonderregelungen 18

A. Grundlagen

I. Kurzcharakteristik

Die Vorschrift verpflichtet den Gläubiger zur Quittungserteilung beim Empfang der Leistung. Der Schuldner hat insoweit einen **klagbaren Anspruch** und braucht die Leistung nur Zug um Zug gegen Erhalt der Quittung zu erbringen.   **1**

II. Regelungsprinzipien

Die Vorschrift dient dem **Schutz des Schuldners**. Da er für die Erfüllung die Beweislast trägt (vgl. dazu näher die Kommentierung zu § 362 BGB Rn. 34), benötigt er ein **Beweismittel**, um zuverlässig das Erlöschen der Forderung nachweisen und sich vor einer erneuten Inanspruchnahme durch den Gläubiger schützen zu können.[1] Diesem Bedürfnis trägt der Gesetzgeber dadurch Rechnung, dass er dem Schuldner einen Anspruch auf Quittungserteilung einräumt, und zwar unabhängig davon, ob dem Schuldner für den Beweis der Erfüllung auch noch andere zuverlässige Beweismittel zur Verfügung stehen.[2]   **2**

B. Anwendungsvoraussetzungen

Der Anspruch auf Quittungserteilung setzt den **Empfang der Leistung** durch den Gläubiger voraus. Außer im Fall der Erfüllung besteht er auch dann, wenn der Gläubiger eine Leistung an Erfüllungs statt oder erfüllungshalber annimmt,[3] nicht hingegen, wenn sich der Schuldner durch Aufrechnung oder Hinterlegung von seiner Schuld befreit.[4] Nimmt der Gläubiger trotz § 266 BGB Teilleistungen an, dann muss er insoweit ebenfalls eine Quittung erteilen.[5] Leistet ein Dritter gemäß §§ 267, 268 BGB, so kann dieser die Quittung verlangen.[6] Eine Quittung ist daher etwa auch dem nicht persönlich schuldenden Grundstückseigentümer zu erteilen, soweit dieser den Gläubiger befriedigt.[7]   **3**

---

[1] *Gernhuber*, Die Erfüllung und ihre Surrogate, 2. Aufl. 1994, § 26 , 2a.
[2] *Fetzer* in: MünchKomm-BGB, § 368 Rn. 1; *Olzen* in: Staudinger, § 368 Rn. 1.
[3] *Dennhardt* in: Bamberger/Roth, § 368 Rn. 2; *Fetzer* in: MünchKomm-BGB, § 368 Rn. 7.
[4] Allgemeine Meinung; vgl. nur *Dennhardt* in: Bamberger/Roth, § 368 Rn. 2; *Grüneberg* in: Palandt, § 368 Rn. 6; *Schreiber* in: Soergel, § 368 Rn. 1; *Weber* in: BGB-RGRK, § 368 Rn. 2.
[5] *Gernhuber*, Die Erfüllung und ihre Surrogate, 2. Aufl. 1994, § 26 , 3a; *Fetzer* in: MünchKomm-BGB, § 368 Rn. 7.
[6] *Grüneberg* in: Palandt, § 368 Rn. 6; *Weber* in: BGB-RGRK, § 368 Rn. 2.
[7] *Olzen* in: Staudinger, § 368 Rn. 18; *Schreiber* in: Soergel, § 368 Rn. 1.

C. Rechtsfolgen

I. Anspruch auf eine Quittung

1. Allgemeines

4 § 368 BGB räumt dem Schuldner (bzw. dem leistenden Dritten) einen Anspruch auf Erteilung der Quittung **Zug um Zug gegen Erbringung der geschuldeten Leistung** ein (vgl. §§ 273, 274 BGB).[8] Auch wenn der Schuldner an sich vorleistungspflichtig ist, kann er seine Leistung bis zur Quittungserteilung zurückbehalten, ohne dass Schuldnerverzug eintritt.[9] Der Gläubiger seinerseits kommt in Annahmeverzug, wenn er zwar die ihm angebotene Leistung annehmen, nicht aber die Quittung erteilen will (§ 298 BGB). Wegen anderer Forderungen steht ihm kein Zurückbehaltungsrecht gegenüber dem Quittungsanspruch des Schuldners zu, selbst wenn sie demselben rechtlichen Verhältnis entspringen.[10] Er darf die Quittung nur zurückhalten, wenn ihm ein Anspruch wegen der Kosten der Quittung aus § 369 BGB zusteht und der Schuldner seiner Vorschusspflicht noch nicht nachgekommen ist.[11]

5 Der Gläubiger braucht die Quittung nur auf **Verlangen** zu erteilen (§ 368 Satz 1 BGB). Er muss sie nicht unaufgefordert ausstellen und sie dem Schuldner auch nicht anbieten. Es handelt sich demnach um einen sog. verhaltenen Anspruch (vgl. näher dazu die Kommentierung zu § 271 BGB Rn. 5), der erst durch eine Willenserklärung des Schuldners aktualisiert wird. Der Quittungsanspruch kann auch nach der Leistung noch geltend gemacht werden.[12] Er erlischt nicht dadurch, dass der Schuldner erfüllt, ohne eine Quittung zu verlangen. Insbesondere kann dies nicht ohne weiteres als Verzicht auf den Quittungsanspruch ausgelegt werden.[13]

6 Die Quittung ist **erteilt**, wenn der Schuldner über sie verfügen kann; das Gesetz verlangt nicht notwendig, dass dem Schuldner der Besitz verschafft wird.[14] Die Nichterteilung der Quittung kann ebenso wie die schuldhafte Ausstellung einer unrichtigen Quittung die Verletzung einer vertraglichen Nebenpflicht darstellen und zu Schadensersatzansprüchen führen.[15]

2. Inhalt der Quittung

7 Eine Quittung ist nach § 368 BGB das schriftliche Empfangsbekenntnis des Gläubigers, d.h. die schriftliche Erklärung des Gläubigers, die geschuldete Leistung empfangen zu haben.[16] Sie enthält ein außergerichtliches Geständnis über den Leistungsempfang und als solches ein Indiz für die Wahrheit der zugestandenen Tatsache.[17] Da sie nicht auf die Herbeiführung einer Rechtsfolge gerichtet ist, sondern nur eine Tatsache bestätigt, ist sie eine Wissens- und **keine Willenserklärung**.[18] Ihre wirksame Erteilung setzt deshalb keine Geschäftsfähigkeit voraus.[19] Allerdings hat die von einem Geschäftsunfähigen ausgestellte Quittung unter Umständen nur eingeschränkten Beweiswert (vgl. Rn. 14). Außerdem entfaltet die von einem nicht voll Geschäftsfähigen ausgestellte Quittung nicht die Legitimationswirkung des § 370 BGB; der durch diese Norm eingeräumte Vertrauensschutz tritt hinter dem Schutz des nicht voll Geschäftsfähigen zurück (vgl. die Kommentierung zu § 370 BGB Rn. 8). Im Übrigen

---

[8] RG v. 11.03.1913 - II 644/12 - RGZ 82, 25-29.
[9] OLG Brandenburg v. 23.03.2011 - 3 U 72/10 - juris Rn. 34.
[10] *Buck-Heeb* in: Erman, § 368 Rn. 4; *Fetzer* in: MünchKomm-BGB, § 368 Rn. 9; *Schreiber* in: Soergel, § 368 Rn. 1.
[11] *Gernhuber*, Die Erfüllung und ihre Surrogate, 2. Aufl. 1994, § 26, 3a; *Weber* in: BGB-RGRK, § 368 Rn. 4.
[12] *Dennhardt* in: Bamberger/Roth, § 368 Rn. 6; *Grüneberg* in: Palandt, § 368 Rn. 7; *Olzen* in: Staudinger, § 368 Rn. 17.
[13] *Fetzer* in: MünchKomm-BGB, § 368 Rn. 10; *Weber* in: BGB-RGRK, § 368 Rn. 2.
[14] *Olzen* in: Staudinger, § 368 Rn. 3; *Schreiber* in: Soergel, § 368 Rn. 2.
[15] Vgl. etwa RG v. 09.06.1934 - I 20/34 - RGZ 144, 399-404.
[16] Vgl. RG v. 09.06.1934 - I 20/34 - RGZ 144, 399-404; OLG Frankfurt v. 20.09.1990 - 6 U 117/88 - juris Rn. 32 - WM 1990, 2036-2038.
[17] BGH v. 14.04.1978 - V ZR 10/77 - juris Rn. 7 - LM Nr. 39 zu § 286 (B) ZPO; BGH v. 28.09.1987 - II ZR 35/87 - juris Rn. 12 - NJW-RR 1988, 881-882; OLG Frankfurt v. 26.06.1990 - 11 U 8/90 - WM 1991, 725-727; OLG Köln v. 26.04.1993 - 2 U 188/92 - NJW 1993, 3079-3080; OLG Düsseldorf v. 08.05.2001 - 23 U 163/00 - juris Rn. 5 - OLGR Düsseldorf 2001, 466-469; LArbG Hamm v. 05.08.2011 - 10 Sa 345/11 - juris Rn. 33.
[18] OLG Frankfurt v. 20.09.1990 - 6 U 117/88 - juris Rn. 32 - WM 1990, 2036-2038; OLG Brandenburg v. 30.08.2006 - 3 U 210/05 - juris Rn. 17; *Grüneberg* in: Palandt, § 368 Rn. 2; *Dennhardt* in: Bamberger/Roth, § 368 Rn. 1; *Stürner* in: Jauernig, §§ 368, 369 Rn. 1.
[19] OLG Brandenburg v. 30.08.2006 - 3 U 210/05 - juris Rn. 17.

können mit einer Quittung natürlich auch rechtsgeschäftliche Erklärungen einhergehen, wie etwa bei schenkweiser Erteilung der Quittung ein Erlassvertrag oder ein negatives Schuldanerkenntnis (vgl. Rn. 15).

Da die Quittung darüber Auskunft geben soll, dass der Gläubiger „die geschuldete Leistung" erhalten hat, müssen aus ihr grundsätzlich das **Schuldverhältnis**, der **Leistungsgegenstand** sowie **Ort und Zeit der Leistung** hervorgehen.[20] Das Bekenntnis, eine bestimmte Summe empfangen zu haben, genügt dazu nicht. Allerdings kann sich der erforderliche Bezug zum Schuldverhältnis auch aus den Umständen ergeben, so etwa, wenn ein Empfangsbekenntnis auf die Rechnung gesetzt wird.[21]

8

Hinsichtlich der Frage, ob der Gläubiger einen **Vorbehalt** in die Quittung aufnehmen darf, ist zu differenzieren: Ein Vorbehalt wegen weiterer Ansprüche ist unschädlich, aber in der Regel auch überflüssig, da die Quittung regelmäßig keinen Verzicht auf weitergehende Ansprüche enthält.[22] Dagegen erfüllt der Gläubiger den Quittungsanspruch des Schuldners nicht, wenn er – etwa bei Einlieferung einer Menge von kleinen Scheinen – nur „unter Vorbehalt" quittieren und damit nur eine der Höhe nach nicht bestimmte Zahlung bestätigen will. Da der Schuldner in diesem Fall die Höhe der Zahlung beweisen muss, braucht er sich darauf nicht einzulassen und kann seine Leistung bis zur Erteilung einer vollwertigen Quittung verweigern.[23]

9

3. Form der Quittung

a. Schriftform

Nach § 368 Satz 1 BGB hat der Gläubiger den Erhalt der Leistung **schriftlich**, d.h. in der Form des § 126 BGB, zu bestätigen; er muss die Quittungsurkunde demzufolge eigenhändig durch Namensunterschrift oder mittels eines notariell beglaubigten Handzeichens unterzeichnen.[24] Gleichgestellt ist die **elektronische Form** (§ 126 Abs. 3 BGB i.V.m. § 126a BGB). Macht der Gläubiger davon Gebrauch, dann muss er der Erklärung seinen Namen hinzufügen und das elektronische Dokument mit einer qualifizierten elektronischen Signatur versehen. Im Hinblick auf das Erfordernis einer eigenhändigen Unterschrift reicht eine Bestätigung per Telefax nicht;[25] ebenso wenig genügen ein Stempel oder eine faksimilierte Unterschrift der Schriftform gemäß § 126 BGB.[26] Ein bloßer Kassenbon, ein automatisierter Rechnungsaufdruck oder ein Kassenstempel auf einem Einzahlungsbeleg ist deshalb keine Quittung im Sinne des § 368 BGB. Hier setzen **rechtspolitische Bedenken** an der Vorschrift an; denn es lässt sich durchaus bezweifeln, ob die starre Regel des § 368 BGB im modernen Geschäftsverkehr noch zeitgemäß ist.[27] Diese Frage wird allerdings dadurch entschärft, dass die genannten Empfangsbekenntnisse, auch wenn sie keine Quittungen im Sinne von § 368 BGB sind, ein Indiz für den Leistungsempfang enthalten, was im Rahmen der freien richterlichen Beweiswürdigung nach § 286 ZPO zum Tragen kommt (vgl. Rn. 13).[28] Wird ihre Herkunft nicht bestritten, so ist ihr Beweiswert nicht geringer als der einer Quittung.[29] Ein **formularmäßiges Empfangsbekenntnis** ist wegen § 309 Nr. 12 BGB nur mit gesonderter Unterschrift oder einer gesonderten qualifizierten elektronischen Signatur wirksam.[30]

10

b. Andere Form

Nach § 368 Satz 2 BGB hat der Schuldner einen Anspruch auf Erteilung der Quittung in anderer Form, wenn er daran ein **rechtliches Interesse** hat. Zentraler Anwendungsfall dieser Norm ist die öffentliche Beglaubigung von Quittungen, die der Schuldner zum Zwecke der Eintragung im Grundbuch, insbe-

11

---

[20] RG v. 19.03.1912 - VII 13/12 - RGZ 79, 191, 192; *Fetzer* in: MünchKomm-BGB, § 368 Rn. 3; *Olzen* in: Staudinger, § 368 Rn. 2.
[21] RG v. 19.03.1912 - VII 13/12 - RGZ 79, 191, 192; *Schreiber* in: Soergel, § 368 Rn. 2; *Weber* in: BGB-RGRK, § 368 Rn. 1.
[22] *Fetzer* in: MünchKomm-BGB, § 368 Rn. 3; *Gernhuber*, Die Erfüllung und ihre Surrogate, 2. Aufl. 1994, § 26 , 7.
[23] *Buck-Heeb* in: Erman, § 368 Rn. 3: *Grüneberg* in: Palandt, § 368 Rn. 3.
[24] Vgl. BGH v. 28.09.1987 - II ZR 35/87 - juris Rn. 11 - NJW-RR 1988, 881-882.
[25] Anderer Meinung OLG Brandenburg v. 05.08.2008 - 11 U 41/07 - juris Rn. 39.
[26] BGH v. 28.09.1987 - II ZR 35/87 - juris Rn. 11 - NJW-RR 1988, 881-882, und ganz h.M. in der Literatur; a.M. aber *Köhler*, AcP 182, 126-171, 151.
[27] *Stürner* in: Jauernig, § § 368 , 369 Rn. 3.
[28] *Gernhuber*, Die Erfüllung und ihre Surrogate, 2. Aufl. 1994, § 26 , 1b; *Olzen* in: Staudinger, § 368 Rn. 10.
[29] BGH v. 28.09.1987 - II ZR 35/87 - juris Rn. 11 - NJW-RR 1988, 881-882.
[30] Vgl. BGH v. 29.04.1987 - VIII ZR 251/86 - juris Rn. 31 - BGHZ 100, 373-383; BGH v. 24.03.1988 - III ZR 21/87 - juris Rn. 36 - LM Nr. 7 zu § 10 Nr. 1 AGBG.

§ 368

sondere zur Löschung oder Umschreibung einer Grundstücksbelastung, benötigt (vgl. § 29 GBO i.V.m. §§ 1144, 1167, 1192 BGB).[31] Bei diesen „löschungsfähigen Quittungen" handelt es sich um Quittungen in öffentlich beglaubigter Form über die Tilgung des darin bezeichneten Grundpfandrechts durch den Grundstückseigentümer.[32] Ein rechtliches Interesse besteht regelmäßig nicht an einem bestimmten Text der Quittung. Bestätigt etwa der Leasingnehmer schriftlich die Übernahme des Gegenstandes, so hat der Leasinggeber keinen Anspruch auf eine Übernahmebestätigung gerade mit den von ihm vorformulierten Worten.[33]

II. Wirkungen der Quittung

1. Beweiskraft

a. Formelle Beweiskraft

12 Eine ordnungsgemäß errichtete Quittung erbringt **vollen Beweis** dafür, dass der Gläubiger den Empfang der Leistung bestätigt hat (vgl. § 416 ZPO). Die formelle Beweiskraft ist jedoch nur dann von Relevanz, wenn die Parteien darüber streiten, ob überhaupt ein Empfangsbekenntnis abgegeben worden ist.[34] Die formelle Beweiskraft gilt im Übrigen nicht für Quittungen, bei denen die Erklärungen neben der „Unterschrift" stehen (sog. „Nebenschrift") und die Ausstellung streitig ist.[35]

b. Materielle Beweiskraft

13 Für die inhaltliche Richtigkeit der Quittung, also für die Frage, ob der Schuldner die Leistung tatsächlich erbracht hat, gilt dagegen der **Grundsatz der freien Beweiswürdigung** nach § 286 ZPO.[36] Die Quittung ist insoweit ein gewöhnliches Beweismittel. Jedoch lässt sie in der Regel den Schluss zu, dass der Schuldner erfüllt hat.[37] Das gilt insbesondere für eine Bankquittung, also die Bestätigung eines Kreditinstituts, einen bestimmten Geldbetrag empfangen zu haben; ihr kommt im Hinblick auf das von den Banken regelmäßig eingesetzte qualifizierte Personal und die getroffenen organisatorischen Kontrollmaßnahmen ein erhöhter Beweiswert zu.[38] Das gilt auch dann, wenn es mangels eigenhändiger Unterschrift an der für eine Quittung nötigen Schriftform (vgl. Rn. 10) fehlt, wie etwa bei einem mit dem Kassenstempel versehenen Einzahlungsbeleg; auch in diesem Fall spricht die Lebenserfahrung für die Richtigkeit des Belegs, sofern seine Ausstellung unstreitig oder bewiesen ist.[39] Diese Beweiswirkung entsteht auch dann, wenn zwar in der Quittung von „Zahlung" die Rede ist, die Geldschuld aber unstreitig im Wege der Verrechnung oder Aufrechnung beglichen werden sollte.[40] Quittungen, die bereits vor der tatsächlichen Zahlung erstellt wurden (Vorausquittungen), besitzen nur eingeschränkten Beweiswert.[41] Nicht die Beweiskraft einer Quittung hat die Versicherung des GmbH-Geschäftsführers gegenüber dem Notar oder Registergericht, dass die Stammeinlagen vollständig erbracht seien.[42]

14 Da die materielle Beweiskraft einer Quittung der freien Beweiswürdigung unterliegt, kann sie durch **jeden Gegenbeweis** entkräftet werden. Hierzu reicht es aus, dass die Überzeugung des Gerichts vom Empfang der Leistung erschüttert wird; der Beweis des Gegenteils ist – anders als bei einer Vermutung

---

[31] *Fetzer* in: MünchKomm-BGB, § 368 Rn. 4; *Grüneberg* in: Palandt, § 368 Rn. 3.
[32] BGH v. 07.05.1991 - XI ZR 244/90 - juris Rn. 15 - BGHZ 114, 330-337; vgl. auch BayObLG München v. 23.02.1995 - 2Z BR 113/94 - juris Rn. 7 - NJW-RR 1995, 852-853.
[33] BGH v. 17.02.1993 - VIII ZR 37/92 - juris Rn. 50 - LM BGB § 157 (Ga) Nr. 37 (7/1993).
[34] BGH v. 28.09.1987 - II ZR 35/87 - juris Rn. 11 - NJW-RR 1988, 881-882.
[35] OLG Koblenz v. 16.12.2004 - 5 U 344/04 - GuT 2005, 28.
[36] OLG Brandenburg v. 30.08.2006 - 3 U 210/05 - juris Rn. 20; LArbG Berlin-Brandenburg v. 17.12.2009 - 25 Sa 1571/09 - juris Rn. 34; OLG Frankfurt v. 25.01.2011 10 U 152/09 - juris Rn. 16.
[37] LArbG Berlin-Brandenburg v. 17.12.2009 - 25 Sa 1571/09 - juris Rn. 34; OLG Frankfurt v. 25.01.2011 - 10 U 152/09 - juris Rn. 16; *Fetzer* in: MünchKomm-BGB, § 368 Rn. 5.
[38] BGH v. 28.09.1987 - II ZR 35/87 - juris Rn. 15 - NJW-RR 1988, 881-882; OLG Frankfurt v. 26.06.1990 - 11 U 8/90 - WM 1991, 725-727; OLG Köln v. 26.04.1993 - 2 U 188/92 - NJW 1993, 3079-3080; OLG Köln v. 13.12.2000 - 13 U 100/00 - juris Rn. 18 - WM 2001, 677-680.
[39] BGH v. 28.09.1987 - II ZR 35/87 - juris Rn. 11 - NJW-RR 1988, 881-882; OLG Frankfurt v. 26.06.1990 - 11 U 8/90 - WM 1991, 725-727; LArbG Hamm v. 25.02.2004 - 18 Sa 1594/03 - juris Rn. 42 - Bibliothek BAG.
[40] OLG Köln v. 22.12.2004 - 11 U 113/02 - OLGR Köln 2005, 130-132.
[41] LArbG Rostock v. 03.02.2005 - 1 Sa 404/04 - Bibliothek BAG.
[42] OLG Düsseldorf v. 15.03.2002 - 17 W 9/02 - NZG 2002, 577-578; vgl. auch OLG Dresden v. 08.05.2000 - 17 U 3742/99 - InVo 2000, 302-303.

– nicht erforderlich.⁴³ Ist der Gegenbeweis dem Gläubiger gelungen, hat er also die richterliche Überzeugung erschüttern können, so obliegt es wiederum dem Schuldner darzulegen und zu beweisen, dass er die Leistung erbracht hat.⁴⁴ Zur Erschütterung der richterlichen Überzeugung vom Empfang der Leistung kann es genügen, wenn bewiesen wird, dass die Quittung von einem Geschäftsunfähigen ausgestellt worden ist, obwohl sie als Wissenserklärung (vgl. Rn. 7) dadurch nicht unwirksam wird.⁴⁵ Macht der Gläubiger hingegen geltend, die Quittung sei nur zum Schein erteilt worden, so sind an den Gegenbeweis relativ strenge Anforderungen zu stellen, da bei Wissenserklärungen von deren Ernsthaftigkeit auszugehen ist. Es genügt daher nicht, wenn sich aus Indizien lediglich Zweifel an der Ernsthaftigkeit der Quittungserteilung ergeben; vielmehr müssen die Indizien es wahrscheinlich machen, dass die Quittung nur zum Schein erteilt worden ist.⁴⁶ Der Gläubiger muss allerdings im Rahmen des Gegenbeweises nicht darlegen, dass er sich bei der Ausstellung der Quittung in einem Irrtum befunden hat;⁴⁷ vielmehr genügt es, wenn er nachweist, dass er die Quittung in Erwartung der Gegenleistung erteilt hat.⁴⁸ Bei einer sog. **Vorausquittung**, die dem Schuldner in der sicheren Erwartung der Leistung vor deren Empfangnahme erteilt wird, genügt für die Erschütterung der richterlichen Überzeugung schon der Beweis, dass die Quittung ohne den vorherigen oder gleichzeitigen Empfang der Leistung erteilt worden ist; gelingt dem Gläubiger dies, dann obliegt es dem Schuldner, eine spätere Leistung nachzuweisen.⁴⁹ Hat allerdings der Gläubiger dem Schuldner die Quittung längere Zeit hindurch unbeanstandet belassen, ohne sie zurückzufordern, so kann dies ein starkes Beweisanzeichen für eine nachträgliche Leistung sein.⁵⁰ Allein der Umstand, dass eine vom Leasingnehmer erteilte Bestätigung über den Erhalt der geleasten Gegenstände bereits vor Abschluss des Leasingvertrages ausgestellt worden ist, beweist für sich genommen noch nicht, dass es sich um eine Vorausquittung handelt; denn der Leasingvertrag wird zum Zweck der Finanzierung häufig erst abgeschlossen, nachdem der Leistungsgegenstand bereits an den Leasingnehmer ausgeliefert worden ist.⁵¹ Keine Vorausquittung ist eine Quittung, die zwar vor der Zahlung, aber in unmittelbarem zeitlichen Zusammenhang mit ihr (Zug um Zug) gegeben worden ist; bei ihr obliegt dem Gläubiger der normale Gegenbeweis.⁵² Im Hinblick auf ihren erhöhten Beweiswert ist bei einer Bankquittung der Gegenbeweis erst geführt, wenn der Empfang des quittierten Geldes unwahrscheinlich ist; dazu muss die Bank etwa dartun, dass die Möglichkeit der Unterschlagung des Geldbetrages in ihrer Sphäre weitgehend ausgeschlossen ist.⁵³ Die Beweiskraft einer in einem Sparbuch enthaltenen Einzahlungsquittung ist etwa dann entkräftet, wenn das Sparbuch wegen seiner Auflösung oder wegen fehlenden Guthabens gesperrt worden ist, weil das Guthaben mit Kontokorrentsalden verrechnet wurde.⁵⁴

2. Materiell-rechtliche Wirkungen

Materiell-rechtliche Wirkungen entfaltet die Quittung **regelmäßig nicht**. Insbesondere enthält sie nicht die Erklärung des Gläubigers, befriedigt zu sein. Der Gläubiger ist daher nicht daran gehindert, weitere Ansprüche geltend zu machen, auch wenn er sich solche nicht vorbehalten hat.⁵⁵ Ebenso liegt in der Quittung keine Annahme nach § 363 BGB und keine Abnahme nach § 640 BGB.⁵⁶ Aus besonderen

15

---

⁴³ BGH v. 14.04.1978 - V ZR 10/77 - juris Rn. 8 - LM Nr. 39 zu § 286 (B) ZPO; BGH v. 28.09.1987 - II ZR 35/87 - juris Rn. 11 - NJW-RR 1988, 881-882; OLG Brandenburg v. 30.08.2006 - 3 U 210/05 - juris Rn. 21; OLG Düsseldorf v. 02.05.2007 - I-24 U 26/05 - juris Rn. 22; OLG Frankfurt v. 25.01.2011 - 10 U 152/09 - juris Rn. 16; *Bette*, EWiR 1988, 763-764; *Gernhuber*, Die Erfüllung und ihre Surrogate, 2. Aufl. 1994, § 26 , 2c.

⁴⁴ *Gernhuber*, Die Erfüllung und ihre Surrogate, 2. Aufl. 1994, § 26 , 2c.

⁴⁵ OLG Karlsruhe v. 28.10.1977 - 15 U 70/76 - MDR 1978, 667-668.

⁴⁶ Vgl. dazu OLG Düsseldorf v. 08.05.2001 - 23 U 163/00 - juris Rn. 5 - OLGR Düsseldorf 2001, 466-469; *Baumgärtel*, JR 1978, 418-419, 418.

⁴⁷ Vgl. RG v. 08.05.1905 - VI 493/04 - RGZ 60, 419-421.

⁴⁸ *Buck-Heeb* in: Erman, § 368 Rn. 1.

⁴⁹ Ganz h.M.; vgl. nur RG v. 16.04.1924 - I 216/23 - RGZ 108, 50-58; BGH v. 13.07.1979 - I ZR 153/77 - WM 1979, 1157-1158; zu den Voraussetzungen einer Vorausquittung auch OLG München v. 25.07.2006 - 5 U 3546/05 - juris Rn. 40.

⁵⁰ RG v. 16.04.1924 - I 216/23 - RGZ 108, 50-58.

⁵¹ OLG München v. 10.01.1992 - 23 U 3803/91 - NJW-RR 1993, 123.

⁵² LG Bochum v. 20.01.1970 - 11 S 255/69 - MDR 1970, 588.

⁵³ BGH v. 28.09.1987 - II ZR 35/87 - juris Rn. 15 - NJW-RR 1988, 881-882.

⁵⁴ LG Köln v. 09.11.2000 - 21 O 279/99 - WM 2001, 1763-1764.

⁵⁵ *Fetzer* in: MünchKomm-BGB, § 368 Rn. 3; *Weber* in: BGB-RGRK, § 368 Rn. 5.

⁵⁶ *Gernhuber*, Die Erfüllung und ihre Surrogate, 2. Aufl. 1994, § 26 , 2b; *Olzen* in: Staudinger, § 368 Rn. 7.

Umständen oder begleitenden Erklärungen kann sich jedoch in Ausnahmefällen ergeben, dass die Parteien mit der Quittung weitergehende Folgen verbinden wollten. So kann in ihr ein **Erlassvertrag** oder ein **negatives Schuldanerkenntnis** enthalten sein, wenn vorher Streit über das Bestehen der Schuld bestand.[57] Wird in einer Urkunde der Empfang eines bestimmten Betrages als Darlehen quittiert, so kann darin ein abstraktes oder kausales Schuldanerkenntnis liegen, das zu einer vollen Umkehr der Beweislast führt;[58] sind dafür aber keine besonderen Anhaltspunkte gegeben, so verbleibt es bei der im Rahmen der freien richterlichen Beweiswürdigung zu berücksichtigenden Wirkung als Quittung.[59] Kein Schuldanerkenntnis, sondern eine einfache Quittung im Sinne des § 368 BGB ist regelmäßig auch die Übernahmebestätigung des Leasingnehmers.[60] Die sog. **Ausgleichsquittung**, mit der die Arbeitsvertragsparteien einander bei der Beendigung ihres Arbeitsverhältnisses bestätigen, keine Ansprüche mehr gegeneinander zu haben, ist dagegen kein reines Empfangsbekenntnis. Ihre Bedeutung kann unterschiedlich sein:[61] So enthält sie einen Vergleich, wenn die Parteien über das Bestehen von Ansprüchen gestritten haben und der Streit im Wege des gegenseitigen Nachgebens beseitigt worden ist. Sie enthält einen Erlassvertrag, wenn die Parteien von dem Bestand einer Forderung ausgehen, diese aber nicht mehr erfüllt werden soll. Dagegen hat sie die Qualität eines deklaratorischen negativen Schuldanerkenntnisses, wenn die Parteien davon ausgehen, dass keine Forderungen mehr bestehen. Schließlich liegt ein konstitutives negatives Schuldanerkenntnis vor, wenn die Parteien durch die Ausgleichsquittung alle bekannten oder unbekannten Ansprüche zum Erlöschen bringen wollen. Welche Rechtsqualität gewollt ist, ist unter Berücksichtigung aller Umstände durch Auslegung zu ermitteln. Dabei ist allerdings zu beachten, dass ein Erlassvertrag[62] ebenso wie ein Verzicht auf Kündigungsschutz nur bei klarer und eindeutiger Formulierung und nicht schon bei einer allgemein gehaltenen Ausgleichsklausel angenommen werden kann.[63] Darüber hinaus ist insbesondere für einen Verzicht auf Kündigungsschutz die Wirksamkeit der Ausgleichsquittung sorgfältig zu prüfen; sie erfordert nach neuerer Rechtsprechung des BAG die Schriftform des § 623 BGB[64] und muss sich, wenn sie formularmäßig erklärt wird, an § 307 Abs. 1 Satz 1 BGB messen lassen.[65] Zur Rechtsscheinswirkung der Quittung vgl. § 370 BGB.

D. Prozessuale Hinweise

16   Der Anspruch auf Quittungserteilung kann **eingeklagt** und in analoger Anwendung von § 894 ZPO **vollstreckt** werden; das rechtskräftige stattgebende Urteil ersetzt die vom Gläubiger zu erteilende Quittung.[66] In der Regel ist allerdings die negative Feststellungsklage nach § 256 ZPO wegen der weiterreichenden Rechtskraft eines Feststellungsurteils der günstigere Weg.[67] Da es sich bei dem Anspruch aus § 368 BGB um einen gesetzlichen Anspruch handelt, ist der allgemeine **Gerichtsstand** gegeben und nicht der des Erfüllungsortes (§ 29 ZPO), auch wenn sich die Quittung auf eine vertragliche Leistung bezieht.[68] Will der Schuldner die Erfüllung mit einer Quittung beweisen und bestreitet der Gläubiger die Echtheit der Urkunde, so trägt der Schuldner insoweit die **Beweislast**.[69] Ebenso ist der Schuldner beweisbelastet, wenn der Gläubiger bestreitet, dass sich die vom Schuldner vorgelegte Quittung auf die eingeklagte Forderung bezieht.[70] Zur Beweiskraft der Quittung vgl. ausführlich Rn. 12.

---

[57] *Schreiber* in: Soergel, § 368 Rn. 3; *Stürner* in: Jauernig, § § 368 , 369 Rn. 2.
[58] BGH v. 10.06.1985 - III ZR 178/84 - juris Rn. 34 - LM Nr. 72 zu § 607 BGB.
[59] Vgl. BGH v. 03.04.2001 - XI ZR 120/00 - juris Rn. 26 - BGHZ 147, 203-211.
[60] BGH v. 01.07.1987 - VIII ZR 117/86 - juris Rn. 32 - LM Nr. 27 zu § 536 BGB.
[61] Vgl. dazu *Schaub*, Arbeitsrechts-Handbuch, 14. Aufl. 2011, § 72 Rn. 18.
[62] Vgl. dazu etwa BAG v. 16.09.1974 - 5 AZR 255/74 - juris Rn. 18 - AR-Blattei Zeugnis Entsch 15; BAG v. 20.08.1980 - 5 AZR 759/78 - juris Rn. 14 - NJW 1981, 1285-1286; BAG v. 20.10.1981 - 3 AZR 1013/78 - juris Rn. 33 - NJW 1982, 1479.
[63] BAG v. 03.05.1979 - 2 AZR 679/77 - juris Rn. 26 - NJW 1979, 2267-2268; LArbG Hamm v. 14.12.1984 - 16 Sa 670/84 - BB 1985, 1070-1072.
[64] BAG v. 19.04.2007 - 2 AZR 208/06 - juris Rn. 19 ff. - NZA 2007, 1227-1230.
[65] BAG v. 06.09.2007 - 2 AZR 722/06 - juris Rn. 29 ff. - NZA 2008, 219-223.
[66] RG v. 23.03.1901 - V 44/01 - RGZ 48, 398-401; *Grimme*, JR 1988, 177-184, 181.
[67] *Grüneberg* in: Palandt, § 368 Rn. 7.
[68] H.M.; *Fetzer* in: MünchKomm-BGB, § 368 Rn. 10; *Olzen* in: Staudinger, § 368 Rn. 23; *Schreiber* in: Soergel, § 368 Rn. 2; a.M. *Gernhuber*, Die Erfüllung und ihre Surrogate, 2. Aufl. 1994, § 26 , 3a Fn. 19.
[69] *Eyinck* in: Baumgärtel/Laumen/Prütting, Handbuch der Beweislast, § 368 Rn. 1.
[70] *Eyinck* in: Baumgärtel/Laumen/Prütting, Handbuch der Beweislast, § 368 Rn. 1.

E. Anwendungsfelder

I. Sachlicher Anwendungsbereich

Der Quittungsanspruch aus § 368 BGB bezieht sich nicht nur auf Geldleistungen, sondern auf **Leistungen aller Art**.[71] Er gilt grundsätzlich auch für **Kleingeschäfte des täglichen Lebens**, wie sich aus den Gesetzesmaterialien ergibt. Vorschläge, für solche Geschäfte eine Ausnahme vorzusehen, wurden im Gesetzgebungsverfahren ausdrücklich abgelehnt;[72] es geht daher nicht an, für Bargeschäfte von geringem Wert einen generellen Ausschluss des Anspruchs aus Treu und Glauben herzuleiten.[73] Auch bei derartigen Geschäften kann ein berechtigtes Interesse an der Quittungserteilung bestehen, etwa weil der Leistende mit einem Dritten abrechnen muss.[74] Einigkeit besteht allerdings darüber, dass der Quittungsanspruch bei solchen Kleingeschäften nicht unbeschränkt geltend gemacht werden kann, wenn auch die dogmatische Herleitung für die Begrenzung des Anspruchs nicht einheitlich ist (konkludenter vertraglicher Ausschluss,[75] Heranziehung der §§ 157, 242 BGB,[76] Schikaneverbot nach § 226 BGB[77]). Alle Auffassungen laufen aber letztlich darauf hinaus, den Quittungsanspruch im Fall der Unverhältnismäßigkeit von Schuldnervorteil und Gläubigeraufwand zu verneinen. Dabei ist allerdings zu bedenken, dass die durch die Quittung verursachten Kosten gemäß § 369 BGB vom Schuldner zu tragen sind, was den Aufwand des Gläubigers begrenzt und von vornherein einen gewissen Schutz vor einer missbräuchlichen Geltendmachung des Anspruchs bietet.[78] Mit Rücksicht darauf kann dem Schuldner der Anspruch auf eine Quittung nur in eng begrenzten Ausnahmefällen verwehrt werden. Keine Abweichung von § 368 BGB ist dann geboten, wenn der Schuldner eine Geldschuld durch **Banküberweisung** erfüllt. Hier braucht der Schuldner sich nicht mit dem Überweisungsbeleg zu begnügen, sondern kann vom Gläubiger eine Quittung fordern;[79] denn der Überweisungsbeleg kann keinen Beweis für die Erfüllung der Geldschuld, sondern lediglich für die Entgegennahme des Überweisungsauftrags durch die Bank erbringen. Eine Beschränkung des Anspruchs auf Fälle, in denen der Schuldner ein berechtigtes Interesse an der Erteilung der Quittung geltend machen kann,[80] entspricht nicht dem geltenden Recht und ist daher abzulehnen.

17

II. Sonderregelungen

Besonders geregelt ist der Anspruch auf die Quittung für den **Wechsel**. Gemäß Art. 39 WG kann der Bezogene vom Inhaber gegen Zahlung die Aushändigung des quittierten Wechsels verlangen; gemäß Art. 50 WG ist jeder Wechselverpflichtete, gegen den Rückgriff genommen wird oder genommen werden kann, berechtigt, zu verlangen, dass ihm gegen Entrichtung der Rückgriffssumme der Wechsel mit dem Protest sowie eine quittierte Rechnung ausgehändigt werden. Eine Sonderregelung enthält auch § 757 ZPO für die **Zwangsvollstreckung**. Danach hat der Gerichtsvollzieher nach Empfang der Leistungen (aufgrund freiwilliger Leistung oder nach zwangsweiser Beitreibung) dem Schuldner die vollstreckbare Ausfertigung nebst einer Quittung auszuliefern, bei teilweiser Leistung diese auf der vollstreckbaren Ausfertigung zu vermerken und dem Schuldner Quittung zu erteilen.

18

---

[71] Vgl. etwa (für die Aushändigung von Arbeitspapieren) LArbG Düsseldorf v. 05.12.1961 - 8 Sa 398/61 - BB 1962, 596.
[72] Vgl. *Mugdan*, Bd. II, S. 544 f.
[73] *Grimme*, JR 1988, 177-184, 179. In diese Richtung tendiert aber offenbar *Gernhuber*, Die Erfüllung und ihre Surrogate, 2. Aufl. 1994, § 26, 3a.
[74] *Olzen* in: Staudinger, § 368 Rn. 14.
[75] *Buck-Heeb* in: Erman, § 368 Rn. 5.
[76] *Gernhuber*, Die Erfüllung und ihre Surrogate, 2. Aufl. 1994, § 26 , 3a; *Grüneberg* in: Palandt, § 368 Rn. 6.
[77] *Fetzer* in: MünchKomm-BGB, § 368 Rn. 8; *Grimme*, JR 1988, 177-184, 179; *Olzen* in: Staudinger, § 368 Rn. 15.
[78] *Grimme*, JR 1988, 177-184, 179.
[79] OLG Düsseldorf v. 08.11.1991 - 22 U 113/91 - juris Rn. 4 - NJW-RR 1992, 439-440; LG Kempten v. 11.02.1987 - 4 T 2575/86 - NJW-RR 1987, 997-998; *Fetzer* in: MünchKomm-BGB, § 368 Rn. 8; *Grimme*, JR 1988, 177-184, 179; *Olzen* in: Staudinger, § 368 Rn. 15.
[80] So tendenziell LG Stuttgart v. 19.02.1971 - 6 S 324/70 - MDR 1971, 843; vgl. auch *Grüneberg* in: Palandt, § 368 Rn. 6; *Schreiber* in: Soergel, § 368 Rn. 5 („jedenfalls bei einem berechtigten Interesse").

§ 369 BGB Kosten der Quittung

(Fassung vom 02.01.2002, gültig ab 01.01.2002)

(1) Die Kosten der Quittung hat der Schuldner zu tragen und vorzuschießen, sofern nicht aus dem zwischen ihm und dem Gläubiger bestehenden Rechtsverhältnis sich ein anderes ergibt.

(2) Treten infolge einer Übertragung der Forderung oder im Wege der Erbfolge an die Stelle des ursprünglichen Gläubigers mehrere Gläubiger, so fallen die Mehrkosten den Gläubigern zur Last.

Gliederung

A. Grundlagen 1	II. Mehrkosten (Absatz 2) 3
B. Anwendungsvoraussetzungen 2	C. Rechtsfolgen 4
I. Kosten der Quittung (Absatz 1) 2	D. Anwendungsfelder 5

A. Grundlagen

1 Die Bestimmung erlegt die Kosten einer Quittung (§ 368 BGB) grundsätzlich dem Schuldner auf. Dahinter steht die Überlegung, dass die Erteilung der **Quittung** regelmäßig **im Interesse des Schuldners** liegt (vgl. näher dazu die Kommentierung zu § 368 BGB Rn. 2).[1] Wo dieser Gesichtspunkt nicht zum Tragen kommt, weil das Rechtsverhältnis im Interesse des Gläubigers (vgl. Rn. 5) begründet worden ist oder weil Kosten durch Ereignisse in der Sphäre des Gläubigers (vgl. Rn. 3) entstanden sind, muss dieser die Kosten tragen.

B. Anwendungsvoraussetzungen

I. Kosten der Quittung (Absatz 1)

2 Kosten der Quittung sind Beglaubigungsgebühren (vgl. § 368 Satz 2 BGB), Übersendungskosten und ähnliche Aufwendungen.[2] Dagegen kann der Gläubiger **kein Entgelt** für die Erteilung der Quittung verlangen.[3] Von dieser Rechtslage kann in AGB auch nicht abgewichen werden. Eine Klausel, mit der sich der Gläubiger ein Entgelt für die Anfertigung der Quittung ausbedingen würde, wäre mit wesentlichen Grundgedanken der gesetzlichen Regelung nicht vereinbar und würde den Schuldner unangemessen benachteiligen (§ 307 Abs. 1 BGB i.V.m. § 307 Abs. 2 Nr. 1 BGB).[4] Entsprechendes gilt für die Ausstellung sog. löschungsfähiger Quittungen (vgl. die Kommentierung zu § 368 BGB Rn. 11) sowie für die Ausfertigung einer Löschungsbewilligung bei Grundpfandrechten, obwohl diese – anders als die Quittung – keine bloße Wissenserklärung (vgl. die Kommentierung zu § 368 BGB Rn. 7), sondern eine rechtsgeschäftliche Erklärung ist.[5] Erst recht steht dem Gläubiger kein Entgelt für die der Quittungserteilung vorausgehende Entgegennahme von Bargeld zu. Der BGH hat daher Gebührenklauseln für Einzahlungen am Bankschalter für unwirksam erklärt.[6]

---

[1] *Dennhardt* in: Bamberger/Roth, § 369 Rn. 1; *Fetzer* in: MünchKomm-BGB, § 369 Rn. 1; *Olzen* in: Staudinger, § 369 Rn. 1; *Schreiber* in: Soergel, § 369 Rn. 1.

[2] BGH v. 07.05.1991 - XI ZR 244/90 - juris Rn. 14 - BGHZ 114, 330-337; BGH v. 30.11.1993 - XI ZR 80/93 - juris Rn. 26 - BGHZ 124, 254-262; OLG Sachsen-Anhalt v. 03.08.1995 - 4 U 34/95 - juris Rn. 17 - WM 1995, 1578-1580.

[3] BGH v. 07.05.1991 - XI ZR 244/90 - juris Rn. 14 - BGHZ 114, 330-337; OLG Sachsen-Anhalt v. 03.08.1995 - 4 U 34/95 - juris Rn. 17 - WM 1995, 1578-1580.

[4] BGH v. 07.05.1991 - XI ZR 244/90 - juris Rn. 13 - BGHZ 114, 330-337.

[5] BGH v. 07.05.1991 - XI ZR 244/90 - juris Rn. 15 - BGHZ 114, 330-337; a.M. dagegen noch OLG Frankfurt v. 20.09.1990 - 6 U 117/88 - WM 1990, 2036-2038; LG Frankfurt v. 19.04.1988 - 2/13 O 438/87 - WuB I A Nr. 14 AGB-Banken 1.89 (als Vorinstanzen des BGH); *Parthe*, EWiR 1989, 215-216, 216.

[6] BGH v. 30.11.1993 - XI ZR 80/93 - juris Rn. 26 - BGHZ 124, 254-262.

II. Mehrkosten (Absatz 2)

Absatz 2 betrifft zusätzliche Kosten, die durch **Ereignisse auf** der **Gläubigerseite** entstehen. Die Bestimmung hat in erster Linie die Vervielfältigung der Gläubigerzahl durch Übertragung der Forderung (Teil- oder Vollabtretung) bzw. durch Erbfolge im Auge, jedoch lässt sie sich nicht auf diese Fälle beschränken. Sie gilt vielmehr für alle Kosten, die ihre Ursache in der Sphäre des Gläubigers haben. Dazu gehören etwa Mehraufwendungen wegen Geschäftsunfähigkeit oder wegen Krankheit des Gläubigers (Bsp.: Der Notar muss zum kranken Gläubiger gerufen werden).[7]

3

C. Rechtsfolgen

Die Kosten der Quittung (Absatz 1) hat der **Schuldner** zu tragen und vorzuschießen. Das Gesetz mutet dem Gläubiger nicht einmal zu, diese Kosten auszulegen. Solange der Schuldner seiner Vorschusspflicht nicht nachkommt, kann der Gläubiger die Erteilung der Quittung nach § 273 BGB zurückhalten, ohne dass er in Annahmeverzug gerät oder der Schuldner seinerseits die Leistung verweigern darf. Zur Vorschusspflicht gehört, dass der Schuldner den Kostenbetrag tatsächlich anbietet; seine Bereiterklärung allein genügt nicht.[8] Mehrkosten nach Absatz 2 fallen dem **Gläubiger** bzw. den Gläubigern zur Last. Mehrere Gläubiger müssen sich untereinander nach ihren jeweiligen Verursachungsbeiträgen ausgleichen.[9]

4

D. Anwendungsfelder

Die Kostenlast des Schuldners nach Absatz 1 gilt nur, wenn sich aus dem zwischen den Parteien bestehendem Rechtsverhältnis nichts anderes ergibt. Eine solche **abweichende Regelung** kann ausdrücklich getroffen werden, sie kann sich aber auch aus der Natur des Rechtsverhältnisses ergeben. Davon ist insbesondere dann auszugehen, wenn das Rechtsverhältnis ausschließlich im Interesse des Gläubigers begründet worden ist, wie beim Auftrag oder der unentgeltlichen Verwahrung.[10] In diesem Fall greift der Normzweck (vgl. Rn. 1) des § 369 BGB nicht ein, so dass es nicht gerechtfertigt erscheint, dem Schuldner die Kosten der Quittung aufzuerlegen.

5

---

[7] Vgl. *Buck-Heeb* in: Erman, § 369 Rn. 1; *Fetzer* in: MünchKomm-BGB, § 369 Rn. 2; *Olzen* in: Staudinger, § 369 Rn. 5.
[8] RG, Recht 1909 Nr. 2790.
[9] *Gernhuber*, Die Erfüllung und ihre Surrogate, 2. Aufl. 1994, § 26, 3 c.
[10] Vgl. nur *Grüneberg* in: Palandt, § 369 Rn. 1; *Stürner* in: Jauernig, §§ 368, 369 Rn. 5; *Weber* in: BGB-RGRK, § 369 Rn. 1.

§ 370 BGB Leistung an den Überbringer der Quittung

(Fassung vom 02.01.2002, gültig ab 01.01.2002)

Der Überbringer einer Quittung gilt als ermächtigt, die Leistung zu empfangen, sofern nicht die dem Leistenden bekannten Umstände der Annahme einer solchen Ermächtigung entgegenstehen.

Gliederung

A. Grundlagen 1	D. Rechtsfolgen 8
B. Praktische Bedeutung 2	E. Prozessuale Hinweise 9
C. Anwendungsvoraussetzungen 3	F. Anwendungsfelder 10
I. Quittung 3	I. Erfüllungssurrogate 10
II. Überbringer 4	II. Leistung durch Dritte 11
III. Gutgläubigkeit des Leistenden 7	

A. Grundlagen

1 Die Vorschrift schützt das Vertrauen des Leistenden, dass der Überbringer einer Quittung zur Empfangnahme der Leistung ermächtigt ist. Eine Leistung an diesen hat auch dann befreiende Wirkung, wenn es an einer solchen Ermächtigung fehlt. Grundlage dafür ist der Rechtsschein, den der Gläubiger durch das Ausstellen der Quittung geschaffen hat.[1] § 370 BGB enthält also einen **Rechtsscheinstatbestand**, der aber nur dann konstitutive Bedeutung entfaltet, wenn der Quittungsüberbringer nicht bereits rechtsgeschäftlich zum Empfang der Leistung befugt ist. Die Bestimmung beinhaltet weder eine gesetzliche Vermutung, die der Gläubiger widerlegen könnte,[2] noch – wie ihr Wortlaut nahe zu legen scheint – eine Fiktion,[3] da sie Gutgläubigkeit des Leistenden verlangt.[4] Folgerichtig entfällt der Schutz des § 370 BGB nicht dadurch, dass die Unrichtigkeit des Rechtsscheins dargetan wird, wohl aber dadurch, dass Bösgläubigkeit des Leistenden nachgewiesen wird.[5]

B. Praktische Bedeutung

2 Die praktische Bedeutung der Vorschrift wird dadurch **relativiert**, dass der Überbringer einer Quittung **häufig schon kraft Rechtsgeschäfts** zur Entgegennahme der Leistung berechtigt ist, so dass es eines Rechtsscheinstatbestandes überhaupt nicht bedarf. Denn in der Übergabe einer Quittung liegt regelmäßig die Erteilung einer Inkassovollmacht, die Bestellung zum Empfangsboten oder eine sonstige Ermächtigung zum Empfang der Leistung nach §§ 362 Abs. 2, 185 BGB.[6] Dennoch wirkt sich § 370 BGB häufig zugunsten des Schuldners aus; denn auch in den Fällen, in denen die Vorschrift keine konstitutive Bedeutung entfaltet, kommt sie ihm insoweit zugute, als er nur ihre Voraussetzungen und nicht die vom Gläubiger erteilte Vollmacht bzw. Ermächtigung nachweisen muss. Darüber hinaus schneidet die Vorschrift dem Gläubiger die Möglichkeit ab, sich auf Mängel der Vollmacht bzw. Ermächtigung zu berufen.[7]

C. Anwendungsvoraussetzungen

I. Quittung

3 Die Vorschrift setzt voraus, dass eine Quittung im Sinne des § 368 BGB, also ein schriftliches Empfangsbekenntnis, überbracht wird (vgl. dazu die Kommentierung zu § 368 BGB Rn. 7). Eine Lö-

---

[1] BGH v. 25.11.1963 - II ZR 54/61 - juris Rn. 23 - BGHZ 40, 297-305.
[2] So RG v. 14.06.1929 - VII 561/28 - RGZ 124, 383-386.
[3] So aber *Stürner* in: Jauernig, § 370 Rn. 1.
[4] *Olzen* in: Staudinger, § 370 Rn. 2.
[5] *Eyinck* in: Baumgärtel/Laumen/Prütting, Handbuch der Beweislast, § 370 Rn. 1; *Weber* in: BGB-RGRK, § 370 Rn. 1.
[6] *Grüneberg* in: Palandt, § 370 Rn. 1; *Fetzer* in: MünchKomm-BGB, § 370 Rn. 1.
[7] *Olzen* in: Staudinger, § 370 Rn. 2; *Fetzer* in: MünchKomm-BGB, § 370 Rn. 1.

schungsbewilligung reicht nicht aus.[8] Die Quittung muss **echt**, d.h. vom Gläubiger selbst oder von einem Vertreter des Gläubigers ausgestellt sein;[9] denn nur in diesem Fall kann der durch die Quittung erzeugte Rechtsschein ihm zugerechnet werden. Leistungen an den Überbringer einer gefälschten oder verfälschten Quittung wirken demgemäß nicht schuldtilgend. Hat der Gläubiger die Fälschung bzw. Verfälschung allerdings schuldhaft ermöglicht, etwa durch eine nachlässige Verwahrung der Quittungsformulare, so kann der nicht freigewordene Leistende einen Gegenanspruch aus § 280 Abs. 1 BGB haben, mit dem er gegen die Forderung des Gläubigers aufrechnen kann.[10] Der Leistende muss sich jedoch ein Mitverschulden (§ 254 BGB) anrechnen lassen, wenn er die Fälschung hätte erkennen können.[11] Anders als im Fall einer gefälschten Quittung greift § 370 BGB ein, wenn ein vom Gläubiger ausgestelltes Blankett abredewidrig ausgefüllt und als Quittung vorgelegt wird; hier wird der an den Quittungsüberbringer Leistende frei, da der Gläubiger insoweit einen ausreichenden Rechtsschein gesetzt hat (vgl. auch Art. 10 WG).[12]

II. Überbringer

Schuldtilgende Wirkung hat nur die Leistung an den Überbringer **selbst**, nicht jedoch an eine andere Person, die sich auf eine bereits übermittelte Quittung bezieht.[13] Unerheblich ist dabei, ob der Überbringer im Namen des Gläubigers (d.h. als Vertreter) oder aber im eigenen Namen (d.h. als Ermächtigter) handelt.[14] Überbringer der Quittung kann nach richtiger Meinung auch ein Notar sein, der bei seiner amtlichen Tätigkeit eine Quittung vorlegt;[15] im Hinblick auf den vom Gläubiger gesetzten Rechtsschein und den daran anknüpfenden Vertrauensschutz lassen sich in diesem Fall keine Besonderheiten erkennen.[16]

Überbracht ist die Quittung dann, wenn sie dem Leistenden so vorgelegt wird, dass er Einsicht nehmen kann; eine Übergabe ist nicht erforderlich.[17] Die **Vorlage** der Quittung muss jedoch **bei der Leistung** erfolgen; eine nachträgliche Übersendung genügt nicht.[18] Dagegen schadet eine Rückgabe der Quittung an den Überbringer nicht, da es nur auf den Rechtsschein bei der Vorlage ankommt.[19]

Wie der Überbringer in den Besitz der Quittung gelangt ist, ist nicht von Bedeutung; denn es kommt für § 370 BGB nicht darauf an, welche Rechtsbeziehungen zwischen dem Gläubiger und dem Quittungsüberbringer bestehen.[20] Nach herrschender Meinung gilt dies auch dann, wenn die Quittung dem Gläubiger gestohlen worden oder sonst **abhandengekommen** ist.[21] Diese Meinung befindet sich im Einklang mit den Regelungsabsichten des Gesetzgebers, der die Gefahr eines Missbrauchs der Quittung bewusst dem Aussteller und nicht dem Leistenden auferlegen wollte.[22]

---

[8] *Buck-Heeb* in: Erman, § 370 Rn. 2; *Fetzer* in: MünchKomm-BGB, § 370 Rn. 4; *Olzen* in: Staudinger, § 370 Rn. 3; *Schreiber* in: Soergel, § 370 Rn. 4.
[9] BAG v. 11.11.1960 - 4 AZR 361/58 - juris Rn. 22 - NJW 1961, 622.
[10] RG v. 10.05.1910 - II 493/09 - RGZ 73, 347-355.
[11] Vgl. RG v. 10.05.1910 - II 493/09 - RGZ 73, 347-355.
[12] Vgl. auch BGH v. 25.11.1963 - II ZR 54/61 - juris Rn. 24 - BGHZ 40, 297-305.
[13] Vgl. auch RG v. 21.06.1921 - VII 18/21 - RGZ 102, 344-348.
[14] *Gernhuber*, Die Erfüllung und ihre Surrogate, 2. Aufl. 1994, § 23, 5c; *Olzen* in: Staudinger, § 370 Rn. 6.
[15] A.M. noch RG v. 11.01.1929 - V 545/28 - JW 1930, 753; OLG Köln v. 09.11.1928 - 8 U 60/28 - JW 1929, 1753; *Weber* in: BGB-RGRK, § 370 Rn. 5.
[16] *Buck-Heeb* in: Erman, § 370 Rn. 3; *Gernhuber*, Die Erfüllung und ihre Surrogate, 2. Aufl. 1994, § 23, 5c Fn. 19; *Grüneberg* in: Palandt, § 370 Rn. 3; *Olzen* in: Staudinger, § 370 Rn. 7; *Schreiber* in: Soergel, § 370 Rn. 8; *Fetzer* in: MünchKomm-BGB, § 370 Rn. 4.
[17] *Gernhuber*, Die Erfüllung und ihre Surrogate, 2. Aufl. 1994, § 23, 5c; *Grüneberg* in: Palandt, § 370 Rn. 3.
[18] RG v. 11.01.1929 - V 545/28 - JW 1930, 753.
[19] *Olzen* in: Staudinger, § 370 Rn. 6.
[20] *Buck-Heeb* in: Erman, § 370 Rn. 1; *Fetzer* in: MünchKomm-BGB, § 370 Rn. 4.
[21] *Buck-Heeb* in: Erman, § 370 Rn. 1; *Dennhardt* in: Bamberger/Roth, § 370 Rn. 4; *Fetzer* in: MünchKomm-BGB, § 370 Rn. 4; *Gernhuber*, Die Erfüllung und ihre Surrogate, 2. Aufl. 1994, § 23, 5c; *Grüneberg* in: Palandt, § 370 Rn. 3; *Olzen* in: Staudinger, § 370 Rn. 8; *Weber* in: BGB-RGRK, § 370 Rn. 5; a.M. aber *Schreiber* in: Soergel, § 370 Rn. 3; *Stürner* in: Jauernig, § 370 Rn. 1; vgl. auch (allerdings für § 172 BGB) BGH v. 30.05.1975 - V ZR 206/73 - BGHZ 65, 13-15.
[22] *Mugdan*, Bd. II, S. 546.

III. Gutgläubigkeit des Leistenden

7 Der Leistende kann sich nicht auf den Rechtsschein der Ermächtigung berufen, wenn die ihm bekannten Umstände der Annahme einer solchen Ermächtigung entgegenstehen. Erforderlich ist mithin Gutgläubigkeit des Leistenden. Dabei schadet nur **positive Kenntnis**, nicht bereits grob fahrlässige Unkenntnis.[23] Zum Ausschluss des guten Glaubens genügt aber die Kenntnis der Umstände, die auf das Fehlen einer Ermächtigung schließen lassen. Nicht erforderlich ist, dass der Leistende auch die entsprechenden Schlussfolgerungen gezogen hat.[24] Umstände, die auf das Fehlen einer Ermächtigung schließen lassen, können sich zum Beispiel aus der Person des Quittungsüberbringers, den (dem Leistenden bekannten) Gepflogenheiten des Gläubigers oder dem Inhalt der Quittung ergeben.[25]

D. Rechtsfolgen

8 Der Überbringer der Quittung gilt als ermächtigt, die Leistung zu empfangen. Eine Leistung an ihn hat daher **schuldtilgende Wirkung**. Sie führt zur Erfüllung nach § 362 BGB, obwohl die Leistung nicht an den Gläubiger, dessen Hilfspersonen oder einen empfangszuständigen Dritten erfolgt ist (vgl. dazu auch die Kommentierung zu § 362 BGB Rn. 29). Erfüllungswirkung tritt allerdings nicht ein, wenn die Quittung von einem Geschäftsunfähigen oder einem beschränkt Geschäftsfähigen ohne Zustimmung seines gesetzlichen Vertreters ausgestellt worden ist. In diesem Fall muss der durch § 370 BGB eingeräumte Vertrauensschutz auf der Seite des Leistenden hinter dem **Schutz des nicht voll Geschäftsfähigen** zurücktreten,[26] auch wenn es sich bei der Erteilung der Quittung nicht um ein Rechtsgeschäft handelt (vgl. dazu die Kommentierung zu § 368 BGB Rn. 7). Der durch die Quittung begründete Rechtsschein kann nicht durch **Anfechtung** beseitigt werden.[27]

E. Prozessuale Hinweise

9 Da es sich bei § 370 BGB nicht um eine gesetzliche Vermutung handelt (vgl. Rn. 1), steht dem Gläubiger nicht der Nachweis offen, dass der Überbringer der Quittung in Wirklichkeit nicht zur Empfangnahme der Leistung ermächtigt war. Der Gläubiger muss sich vielmehr an dem von ihm zurechenbar veranlassten Rechtsschein festhalten lassen. Für die Voraussetzungen des Rechtsscheinstatbestandes trägt jedoch der Schuldner die **Beweislast**. Insbesondere muss er darlegen und beweisen, dass die Quittung echt ist und sich auf die vom Gläubiger geltend gemachte Leistung bezieht.[28] Gelingt ihm dies, so muss der Gläubiger nachweisen, dass der Leistende bösgläubig war.[29]

F. Anwendungsfelder

I. Erfüllungssurrogate

10 Der Quittungsüberbringer gilt nur als ermächtigt, „die Leistung" zu empfangen. Es muss also die tatsächlich geschuldete Leistung erbracht werden, damit der Rechtsscheinstatbestand des § 370 BGB eingreift. Für eine Leistung an Erfüllungs statt und andere **Erfüllungssurrogate** gilt die Vorschrift nicht.[30]

---

[23] *Grüneberg* in: Palandt, § 370 Rn. 4; *Stürner* in: Jauernig, § 370 Rn. 1.

[24] *Buck-Heeb* in: Erman, § 370 Rn. 1; *Fetzer* in: MünchKomm-BGB, § 370 Rn. 6;

[25] *Weber* in: BGB-RGRK, § 370 Rn. 2.

[26] *Fetzer* in: MünchKomm-BGB, § 370 Rn. 3; *Olzen* in: Staudinger, § 370 Rn. 5; vgl. auch BGH v. 12.10.1976 - VI ZR 172/75 - juris Rn. 17 - NJW 1977, 622-624 (zur Rechtsscheinsvollmacht).

[27] *Fetzer* in: MünchKomm-BGB, § 370 Rn. 3; *Grüneberg* in: Palandt, § 370 Rn. 2.

[28] *Eyinck* in: Baumgärtel/Laumen/Prütting, Handbuch der Beweislast, § 370 Rn. 2; *Olzen* in: Staudinger, § 370 Rn. 3; vgl. auch die Kommentierung zu § 368 BGB Rn. 16.

[29] *Eyinck* in: Baumgärtel/Laumen/Prütting, Handbuch der Beweislast, § 370 Rn. 3.

[30] *Buck-Heeb* in: Erman, § 370 Rn. 4; *Fetzer* in: MünchKomm-BGB, § 370 Rn. 5; *Gernhuber*, Die Erfüllung und ihre Surrogate, 2. Aufl. 1994, § 23, 5c Fn. 23; *Grüneberg* in: Palandt, § 370 Rn. 5; *Olzen* in: Staudinger, § 370 Rn. 9; *Schreiber* in: Soergel, § 370 Rn. 7. *Dennhardt* in: Bamberger/Roth, § 370 Rn. 2 lässt eine Ausnahme für den Fall zu, dass die Quittung einen dementsprechenden Kundgabeakt des Gläubigers enthält.

II. Leistung durch Dritte

Wie bereits der Normwortlaut zeigt, der nicht speziell vom Schuldner, sondern allgemein vom Leistenden spricht, kommt der Rechtsschein der Ermächtigung auch einem leistenden **Dritten** im Sinne der §§ 267, 268 BGB zugute. In diesem Fall ist allein die Gutgläubigkeit des Dritten maßgeblich.[31] Der Schutz des § 370 BGB beschränkt sich jedoch stets auf den Leistenden. Er greift daher nicht ein, wenn Dritte durch eine unrichtige Quittung zu Vermögensdispositionen veranlasst werden und dadurch einen Schaden erleiden, etwa wenn der Leasinggeber wegen einer falschen Übernahmebestätigung des Leasingnehmers den Kaufpreis an den Lieferanten zahlt; in diesem Fall können allerdings Schadensersatzansprüche des Dritten aus § 280 Abs. 1 BGB oder aus § 826 BGB bestehen.[32]

11

---

[31] *Buck-Heeb* in: Erman, § 370 Rn. 4; *Fetzer* in: MünchKomm-BGB, § 370 Rn. 5; *Grüneberg* in: Palandt, § 370 Rn. 5; *Olzen* in: Staudinger, § 370 Rn. 9; *Schreiber* in: Soergel, § 370 Rn. 7; *Weber* in: BGB-RGRK, § 370 Rn. 7.
[32] OLG Hamm v. 29.09.1992 - 7 U 165/91 - BB 1993, 680-682; *Fetzer* in: MünchKomm-BGB, § 370 Rn. 2; *Grüneberg* in: Palandt, § 370 Rn. 1.

§ 371 BGB Rückgabe des Schuldscheins

(Fassung vom 02.01.2002, gültig ab 01.01.2002)

¹Ist über die Forderung ein Schuldschein ausgestellt worden, so kann der Schuldner neben der Quittung Rückgabe des Schuldscheins verlangen. ²Behauptet der Gläubiger, zur Rückgabe außerstande zu sein, so kann der Schuldner das öffentlich beglaubigte Anerkenntnis verlangen, dass die Schuld erloschen sei.

Gliederung

A. Grundlagen 1	D. Prozessuale Hinweise 10
B. Anwendungsvoraussetzungen 2	I. Beweiskraft des Schuldscheins 10
I. Schuldschein 3	II. Beweislast 11
II. Erfüllung 4	E. Anwendungsfelder 12
C. Rechtsfolgen 5	I. Entsprechende Anwendung auf Vollstreckungstitel 12
I. Rückgabe des Schuldscheins (Satz 1) ... 5	
II. Öffentlich beglaubigtes Anerkenntnis (Satz 2) ... 8	II. Verhältnis zu anderen Vorschriften 13

A. Grundlagen

1   Die Vorschrift räumt dem Schuldner für den Fall der Erfüllung neben dem Quittungsanspruch einen schuldrechtlichen Anspruch auf Rückgabe des Schuldscheins ein. Genauso wie § 368 BGB bezweckt sie in erster Linie den **Schutz des Schuldners**, der ein Interesse daran hat, den unrichtig gewordenen Schuldschein aus dem Verkehr zu ziehen. Der Schuldschein begründet zwar weder die Möglichkeit eines gutgläubigen Erwerbs an der erloschenen Forderung noch eine gesetzliche Vermutung für das Bestehen der Schuld; er stellt aber ein tatsächliches Indiz für den Fortbestand der Forderung dar und birgt daher die Gefahr, dass er weiterhin gegen den Schuldner verwandt werden kann. Ein schuldrechtlicher Rückgabeanspruch ist nötig, weil das Eigentum an dem Schuldschein dem Gläubiger zusteht (§ 952 BGB) und bei Erfüllung auch nicht automatisch auf den Schuldner übergeht.[1] Neben dem Schuldnerschutz bezweckt die Vorschrift im Übrigen auch den **Schutz des Rechtsverkehrs**, der nicht durch eine unrichtige Urkunde irregeführt werden soll.[2]

B. Anwendungsvoraussetzungen

2   Die Vorschrift setzt voraus, dass über eine Forderung ein Schuldschein ausgestellt worden ist und die Forderung erfüllt wird.

I. Schuldschein

3   Es muss über die Forderung ein **Schuldschein** ausgestellt worden sein. Ein Schuldschein ist eine die Schuld begründende oder bestätigende Urkunde, die der Schuldner zum Beweis für das Bestehen der Schuld ausgestellt hat.[3] Sie muss vom Schuldner unterschrieben und geeignet sein, für sich allein den Beweis des wesentlichen Inhalts der Schuld zu erbringen.[4] Dabei genügt es, wenn diese Erfordernisse in mehreren, äußerlich getrennten, aber innerlich zusammengehörenden Urkunden, von denen die eine auf die andere Bezug nimmt, enthalten sind.[5] Nicht nötig ist die Angabe des Schuldgrundes;[6] ebenso muss das Wort „Schuldschein" nicht in der Urkunde vorkommen.[7] Auch ein Schriftstück, durch das die von der Gegenseite in einem anderen Schreiben aufgestellten Bedingungen lediglich bestätigt werden,

---

[1] H.M.; vgl. nur OLG München v. 19.11.1997 - 27 U 177/97 - NJW-RR 1998, 992; *Buck-Heeb* in: Erman, § 371 Rn. 1; *Fetzer* in: MünchKomm-BGB, § 371 Rn. 2; *Schreiber* in: Soergel, § 371 Rn. 2; *Stürner* in: Jauernig, § 371 Rn. 1; a.M. *Gernhuber*, Die Erfüllung und ihre Surrogate, 2. Aufl. 1994, § 25, 3b.

[2] *Buck-Heeb* in: Erman, § 371 Rn. 1; *Fetzer* in: MünchKomm-BGB, § 371 Rn. 1; *Grüneberg* in: Palandt, § 371 Rn. 3.

[3] Vgl. RG v. 23.03.1927 - V 369/26 - RGZ 116, 165-173; BGH v. 24.05.1976 - III ZR 63/74 - WM 1976, 974-977.

[4] RG v. 02.05.1927 - IV 790/26 - RGZ 117, 59-61; RG v. 30.01.1928 - IV 222/27 - RGZ 120, 85-91.

[5] RG v. 17.11.1930 - IV 678/29 - RGZ 131, 1-12.

[6] BGH v. 24.11.1927 - IV 325/27 - WM 1976, 974

[7] *Gernhuber*, Die Erfüllung und ihre Surrogate, 2. Aufl. 1994, § 25, 1.

kann sich als Schuldschein darstellen.[8] Nach seinem Normzweck (vgl. Rn. 1) ist § 371 BGB weit auszulegen und daher auf alle Papiere anzuwenden, die eine tatsächliche Vermutung für eine Schuld begründen,[9] z.B. eine Bürgschaftsurkunde,[10] die Urkunde über eine Sicherungsabtretung oder -übereignung,[11] einen Hinterlegungsschein[12] und eine die Valutierung bestätigende Darlehensvereinbarung.[13] Auch auf faksimilierte Schuldscheine ist § 371 BGB anzuwenden.[14] Keine Schuldscheine im Sinne dieser Vorschrift sind dagegen Wertpapiere im engeren Sinne; für sie gelten allein die Regeln des Wertpapierrechts.[15]

II. Erfüllung

§ 371 BGB setzt, wie seine systematische Stellung und die inzidente Verweisung auf § 368 BGB („neben der Quittung") zeigt, grundsätzlich voraus, dass die geschuldete Leistung an den Gläubiger bewirkt wird (§ 362 BGB). Die Vorschrift gilt nach ihrem Normzweck (vgl. Rn. 1) aber nicht nur für die Erfüllung, sondern analog auch für die anderen Fälle des **Erlöschens der Schuld** (z.B. durch Hinterlegung, Aufrechnung, Erlass)[16] sowie selbst dann, wenn die Forderung gar nicht entstanden oder durch Anfechtung rückwirkend wieder weggefallen ist.[17] Entscheidend ist, dass die Forderung nicht (mehr) besteht und der Schuldschein demnach nicht (mehr) der tatsächlichen Rechtslage entspricht. Teilweise wird angenommen, § 371 BGB greife sogar dann ein, wenn die Schuld verjährt ist.[18] Dies erscheint indessen zweifelhaft, da die Schuld in diesem Fall gerade nicht zum Erlöschen kommt.

C. Rechtsfolgen

I. Rückgabe des Schuldscheins (Satz 1)

Nach § 371 Satz 1 BGB besteht beim Erlöschen der Schuld ein schuldrechtlicher Anspruch auf Rückgabe des Schuldscheins. **Anspruchsberechtigter** ist der Schuldner. Das gilt auch dann, wenn ein Dritter gemäß § 267 BGB die Leistung bewirkt. Auch in diesem Fall muss nämlich der Gefahr begegnet werden, dass der Schuldschein weiterhin gegen den Schuldner verwandt werden kann. Der leistende Dritte dagegen ist durch den Anspruch auf Quittung hinreichend geschützt.[19] Er hat auch im Hinblick auf einen etwaigen Rückgriff kein berechtigtes Interesse daran, den Schuldschein über die erloschene Forderung in die Hände zu bekommen; denn der Regress bestimmt sich nach seinem Innenverhältnis zum Schuldner und erfolgt nicht auf dem Weg über die getilgte Forderung. Etwas anderes gilt allerdings, wenn durch die Leistung des Dritten die Forderung nicht erlischt, sondern auf diesen übergeht, wie z.B. im Fall des § 268 BGB. In diesem Fall fehlt es mit dem Erlöschen der Schuld an einer Grundvoraussetzung des § 371 BGB, so dass ein Anspruch auf Rückgabe des Schuldscheins nicht besteht. Demzufolge steht ein solcher Anspruch auch nicht dem Dritten zu.[20] Vielmehr erwirbt der Dritte Eigentum am Schuldschein und kann dessen Herausgabe gemäß § 985 BGB verlangen. Darüber hinaus

---

[8] RG v. 24.11.1927 - IV 325/27 - RGZ 119, 107-111; *Schreiber* in: Soergel, § 371 Rn. 1.
[9] *Buck-Heeb* in: Erman, § 371 Rn. 2.
[10] Vgl. auch OLG Köln v. 22.06.1993 - 22 U 47/93 - NJW-RR 1994, 16-17; OLG München v. 19.11.1997 - 27 U 177/97 - NJW-RR 1998, 992; OLG Naumburg v. 27.03.2000 - 1 U 175/99 - juris Rn. 26 - AnwBl 2001, 376; OLG Celle v. 17.04.2002 - 2 U 223/01 juris Rn. 7 - ZMR 2002, 813-814; OLG Düsseldorf v. 19.06.2002 - 19 U 37/01 - NJW-RR 2003, 668-669; LG Düsseldorf v. 08.02.2011 - 4b 0 195/10 - juris Rn. 19.
[11] AG Mönchengladbach v. 21.02.1997 - 2a C 595/96 - NJW-RR 1997, 997-998.
[12] *Fetzer* in: MünchKomm-BGB, § 371 Rn. 2; *Olzen* in: Staudinger, § 371 Rn. 8; *Schreiber* in: Soergel, § 371 Rn. 2.
[13] OLG Köln v. 11.09.1996 - 19 W 46/96 - juris Rn. 3 - NJW-RR 1997, 381.
[14] *Buck-Heeb* in: Erman, § 371 Rn. 2; *Fetzer* in: MünchKomm-BGB, § 371 Rn. 2.
[15] *Olzen* in: Staudinger, § 371 Rn. 3.
[16] *Buck-Heeb* in: Erman, § 371 Rn. 3; *Stürner* in: Jauernig, § 371 Rn. 1; vgl. auch BGH v. 14.07.2008 - II ZR 132/07 - juris Rn. 17 - NJW-RR 2008, 1512-1513.
[17] *Fetzer* in: MünchKomm-BGB, § 371 Rn. 5; *Grüneberg* in: Palandt, § 371 Rn. 4; *Olzen* in: Staudinger, § 371 Rn. 9; *Schreiber* in: Soergel, § 371 Rn. 2; *Weber* in: BGB-RGRK, § 371 Rn. 4; tendenziell für einen Bereicherungsanspruch in diesem Fall dagegen *Dennhardt* in: Bamberger/Roth, § 371 Rn. 2.
[18] OLG Karlsruhe v. 24.11.2009 - 8 U 46/09 - juris Rn. 24 ff.; vgl. auch LG Itzehoe v. 18.11.2008 - 3 O 208/08 - juris Rn. 18 f.
[19] *Dennhardt* in: Bamberger/Roth, § 371 Rn. 4; *Olzen* in: Staudinger, § 371 Rn. 10; *Weber* in: BGB-RGRK, § 371 Rn. 5.
[20] So aber *Grüneberg* in: Palandt, § 371 Rn. 4; *Schreiber* in: Soergel, § 371 Rn. 2.

§ 371

steht ihm gegen den Gläubiger ein Anspruch auf Auslieferung des Schuldscheins nach §§ 412, 402 BGB zu.[21] Der Schuldschein wird in diesem Fall also nicht „zurückgegeben", sondern er geht auf den neuen Gläubiger über und dient weiterhin als Beweis für die (fortbestehende) Verpflichtung des Schuldners. Eine Bürgschaftsurkunde steht bei Wegfall des Sicherungszwecks vorbehaltlich anderer Vereinbarungen dem Bürgen zu.[22]

6 **Anspruchsgegner** ist grundsätzlich der Gläubiger; das gilt auch dann, wenn der Schuldschein nicht von ihm selbst, sondern von seinem Prozessbevollmächtigten aufbewahrt wird (str.).[23] Hat ein Dritter den Schuldschein im Besitz, so ist dieser nach allgemeiner Auffassung zur Herausgabe verpflichtet. Streitig ist lediglich, ob der Herausgabeanspruch in diesem Fall aus § 371 BGB oder aus anderen Normen herzuleiten ist. Die herrschende Ansicht bejaht – trotz eingeräumter konstruktiver Schwierigkeiten[24] – einen Anspruch aus § 371 BGB.[25] Die Gegenmeinung gibt einen Anspruch aus ungerechtfertigter Bereicherung.[26] Im praktischen Ergebnis unterscheiden sich die beiden Auffassungen jedoch nicht.

7 Ebenso wie der Quittungsanspruch ist der Anspruch auf Rückgabe des Schuldscheins nur **auf Verlangen des Schuldners** und **Zug um Zug gegen die Leistung** zu erfüllen.[27]

II. Öffentlich beglaubigtes Anerkenntnis (Satz 2)

8 Behauptet der Gläubiger, den Rückgabeanspruch (§ 371 Satz 1 BGB) nicht erfüllen zu können, dann kann der Schuldner gemäß § 371 Satz 2 BGB das öffentlich beglaubigte (vgl. § 129 BGB) Anerkenntnis verlangen, dass die Schuld erloschen sei; die Kosten dafür trägt der Gläubiger.[28] Umstritten ist, welche Rechtsnatur diesem Anerkenntnis zukommt. Während es teilweise als bloßes Beweismittel eingeordnet[29] und von anderen als Beweislastvertrag qualifiziert wird,[30] nimmt die überwiegende Meinung an, dass der Schuldner ein **negatives Schuldanerkenntnis** im Sinne des § 397 Abs. 2 BGB verlangen kann.[31] Für diese Ansicht spricht bereits der Zweck der Norm, einen weiteren Streit um die Erfüllung zu vermeiden.[32] Hinzu tritt die Überlegung, dass das „Anerkenntnis" als bloßes Beweismittel neben der ohnehin zu erteilenden Quittung entbehrlich wäre.[33] Und schließlich befindet sich die h.M. auch im Einklang mit den Vorstellungen des historischen Gesetzgebers.[34]

9 Streitig ist weiterhin, ob der Gläubiger **allein durch die Behauptung**, den Rückgabeanspruch nicht erfüllen zu können, von seiner Pflicht aus § 371 Satz 1 BGB **befreit** wird und lediglich das Anerkenntnis schuldet oder ob der Schuldner trotz der Behauptung des Gläubigers Klage auf Rückgabe des Schuldscheins erheben kann. Insoweit wird heute wohl überwiegend angenommen, dass der Schuldner sich

---

[21] Ebenso im Ergebnis *Fetzer* in: MünchKomm-BGB, § 371 Rn. 7; *Olzen* in: Staudinger, § 371 Rn. 10; *Weber* in: BGB-RGRK, § 371 Rn. 5.

[22] BGH v. 14.07.2004 - XII ZR 352/00 - juris Rn. 25 - NJW 2004, 3553-3555; OLG Celle v. 17.04.2002 - 2 U 223/01 - juris Rn. 7 - ZMR 2002, 813-814; OLG Köln v. 23.04.2008 - 11 U 19/08 - juris Rn. 4 - OLGR Köln 2008, 695-696; *Fetzer* in: MünchKomm-BGB, § 371 Rn. 7; a.M. OLG München v. 26.06.2007 - 13 U 5389/06 - juris Rn. 10 - OLGR München 2007, 834-836.

[23] OLG Köln v. 24.06.1980 - 15 U 48/80 - AnwBl 1980, 505; LG Darmstadt v. 29.09.1998 - 17 S 30/98 - NJW-RR 1999, 584; a.A. OLG München v. 31.03.2005 - 19 U 5091/04 - MDR 2005, 900 (Anspruch könne auch gegen den Prozessbevollmächtigten geltend gemacht werden). Etwas anderes gilt, wenn der Gläubiger als Rechtssubjekt erloschen ist und der Prozessbevollmächtigte dadurch zum Eigenbesitzer des Schuldscheins geworden ist; vgl. OLG Naumburg v. 27.03.2000 - 1 U 175/99 - juris Rn. 30 - AnwBl 2001, 376.

[24] Vgl. *Buck-Heeb* in: Erman, § 371 Rn. 1.

[25] OLG Naumburg v. 27.03.2000 - 1 U 175/99 - juris Rn. 26 - AnwBl 2001, 376; LG Darmstadt v. 29.09.1998 - 17 S 30/98 - NJW-RR 1999, 584; *Buck-Heeb* in: Erman, § 371 Rn. 1; *Fetzer* in: MünchKomm-BGB, § 371 Rn. 6; *Grüneberg* in: Palandt, § 371 Rn. 4; *Stürner* in: Jauernig, § 371 Rn. 1.

[26] *Dennhardt* in: Bamberger/Roth, § 371 Rn. 4; *Olzen* in: Staudinger, § 371 Rn. 12; *Pfeiffer* in: Prütting/Wegen/Weinreich, § 371 Rn. 7; *Schreiber* in: Soergel, § 371 Rn. 2.

[27] Vgl. *Mugdan*, Bd. II, S. 50.

[28] Vgl. dazu schon *Mugdan*, Bd. II, S. 546 f., woraus sich ergibt, dass eine ausdrückliche Anordnung dieser Folge im Gesetz unterlassen wurde, weil man sie für selbstverständlich hielt.

[29] So *Buck-Heeb* in: Erman, § 371 Rn. 4.

[30] So *Gernhuber*, Die Erfüllung und ihre Surrogate, 2. Aufl. 1994, § 25, 5b.

[31] So *Fetzer* in: MünchKomm-BGB, § 371 Rn. 9; *Grüneberg* in: Palandt, § 371 Rn. 5; *Schreiber* in: Soergel, § 371 Rn. 3; *Stürner* in: Jauernig, § 371 Rn. 2; *Weber* in: BGB-RGRK, § 371 Rn. 7.

[32] *Olzen* in: Staudinger, § 371 Rn. 16.

[33] *Fetzer* in: MünchKomm-BGB, § 371 Rn. 9.

[34] Vgl. *Mugdan*, Bd. II, S. 546.

nicht auf das Anerkenntnis verweisen zu lassen braucht und seinen Rückgabeanspruch trotz der Behauptung des Gläubigers einklagen kann. Der Gläubiger hat dann nachzuweisen, dass ihm die Herausgabe unmöglich ist und ihn daran kein Verschulden trifft. Gelingt ihm das, so kann der Schuldner auf den Anspruch aus § 371 Satz 2 BGB übergehen. Nur dann, wenn er das – mit Kosten verbundene – Anerkenntnis schon angenommen hat, wird für das Rückgabeverlangen ein besonderes Interesse gefordert.[35] Eine andere Ansicht geht dagegen davon aus, dass der Anspruch nach § 371 Satz 1 BGB mit der Behauptung des Gläubigers regelmäßig wegen Interessefortfalls erlösche und der Schuldner Rückgabe des Schuldscheins allgemein nur noch beim Vorliegen eines besonderen Interesses verlangen könne.[36] Für diese Mindermeinung spricht zwar die Gesetzgebungsgeschichte, aus der sich ergibt, dass man mit der heute geltenden Fassung des § 371 Satz 2 BGB dem Gläubiger den Beweis der Unmöglichkeit ersparen wollte.[37] Im Ergebnis würde dies jedoch dazu führen, dass der Gläubiger allein durch seine Behauptung den Rückgabeanspruch nach § 371 Satz 1 BGB zum Erlöschen bringen könnte und damit letztlich die Wahl hätte, ob er den Schuldschein zurückgeben oder ein Anerkenntnis erteilen will.[38] Dies ist mit dem Normzweck (vgl. Rn. 1) des § 371 BGB nicht vereinbar. Selbst wenn man davon ausgeht, dass der Schutz des Schuldners durch das Anerkenntnis hinreichend gewährleistet ist, besteht zumindest die Gefahr, dass Dritte im Vertrauen auf den vom (ehemaligen) Gläubiger vorgelegten Schuldschein zu Dispositionen verleitet werden und dadurch einen Schaden erleiden. Aus diesem Grund ist der Auffassung der herrschenden Meinung zu folgen.

D. Prozessuale Hinweise

I. Beweiskraft des Schuldscheins

Der Schuldschein hat – wie die Quittung (vgl. die Kommentierung zu § 368 BGB Rn. 12) – die **formelle Beweiskraft** des § 416 ZPO. Er erbringt also vollen Beweis dafür, dass die in ihm enthaltene Erklärung vom Schuldner abgegeben worden ist. Für seine **materielle Beweiskraft** gilt der Grundsatz der freien Beweiswürdigung nach § 286 ZPO.[39] Besitzt der Gläubiger den Schuldschein, so ist das ein Indiz für das Bestehen der Schuld.[40] Umgekehrt ist der Besitz des Schuldners ein Indiz für das Erlöschen der Schuld.[41] Ist in dem Schuldschein zugleich ein rechtsgeschäftliches – abstraktes oder kausales – Schuldanerkenntnis enthalten, dann trägt im Streitfall der Schuldner die volle Beweislast dafür, dass die Verpflichtung nicht entstanden ist.[42]

10

II. Beweislast

Verlangt der Schuldner den dem Gläubiger übergebenen Schuldschein zurück, so ist er für das Vorliegen der Voraussetzungen des § 371 Satz 1 BGB beweisbelastet. Er muss mithin beweisen, dass er dem Gläubiger einen **Schuldschein übergeben** hat und seine **Schuld erloschen** ist.[43] Demgegenüber trägt er nicht die Beweislast dafür, dass sich der Gläubiger noch im Besitz des Schuldscheins befindet. Da dieser Umstand ausschließlich im Einflussbereich des Gläubigers liegt, wäre ein solcher Beweis dem Schuldner nicht zumutbar.[44] Verteidigt sich der Gläubiger gegen den Rückgabeanspruch mit der Behauptung, ihm sei die Herausgabe des Schuldscheins unmöglich, dann muss er nach allgemeinen Beweislastgrundsätzen sowohl die Unmöglichkeit als auch seine Schuldlosigkeit beweisen.[45]

11

---

[35] *Buck-Heeb* in: Erman, § 371 Rn. 4; *Fetzer* in: MünchKomm-BGB, § 371 Rn. 9; *Grüneberg* in: Palandt, § 371 Rn. 5.
[36] *Olzen* in: Staudinger, § 371 Rn. 15; *Schreiber* in: Soergel, § 371 Rn. 3.
[37] Vgl. *Mugdan*, Bd. II, S. 546.
[38] In diesem Sinne noch die Beratungen zum ersten Entwurf; *Mugdan*, Recht der Schuldverhältnisse, S. 50.
[39] *Eyinck* in: Baumgärtel/Laumen/Prütting, Handbuch der Beweislast, § 371 Rn. 1; *Fetzer* in: MünchKomm-BGB, § 371 Rn. 4; *Gernhuber*, Die Erfüllung und ihre Surrogate, 2. Aufl. 1994, § 25, 2; *Grüneberg* in: Palandt, § 371 Rn. 2.
[40] *Grüneberg* in: Palandt, § 371 Rn. 2; *Schreiber* in: Soergel, § 371 Rn. 2.
[41] *Grüneberg* in: Palandt, § 371 Rn. 2.
[42] BGH v. 10.06.1985 - III ZR 178/84 - juris Rn. 36 - LM Nr. 72 zu § 607 BGB.
[43] *Eyinck* in: Baumgärtel/Laumen/Prütting, Handbuch der Beweislast, § 371 Rn. 2 *Olzen* in: Staudinger, § 371 Rn. 1.
[44] *Eyinck* in: Baumgärtel/Laumen/Prütting, Handbuch der Beweislast, § 371 Rn. 2.
[45] *Buck-Heeb* in: Erman, § 371 Rn. 4; *Eyinck* in: Baumgärtel/Laumen/Prütting, Handbuch der Beweislast, § 371 Rn. 2; *Fetzer* in: MünchKomm-BGB, § 371 Rn. 9; *Grüneberg* in: Palandt, § 371 Rn. 5.

E. Anwendungsfelder

I. Entsprechende Anwendung auf Vollstreckungstitel

12 In entsprechender Anwendung des § 371 BGB kann der Schuldner nach Erfüllung der Schuld die Herausgabe des Vollstreckungstitels verlangen.[46] Allerdings dürfen durch eine Klage nach § 371 BGB nicht die Bestimmungen über die **Vollstreckungsabwehrklage** nach § 767 ZPO umgangen werden.[47] Aus diesem Grund ist für eine Klage auf Herausgabe des Titels nur dann Raum, wenn die Vollstreckbarkeit des Titels bereits gemäß § 767 ZPO beseitigt ist[48] oder wenn dieses Ziel gleichzeitig im Wege der Vollstreckungsabwehrklage verfolgt wird.[49] Von diesen Fällen abgesehen kann die Klage nur dann Erfolg haben, wenn der Gläubiger die Herausgabe des Titels verweigert, obwohl das Erlöschen des titulierten Anspruchs unstreitig ist.[50] Im Fall des § 894 ZPO ist eine Klage analog § 371 BGB so lange noch unbegründet, wie die vollstreckbare Ausfertigung des Titels ihren (Klarstellungs- bzw. Dokumentations-)Zweck noch nicht erfüllt hat, etwa so lange dem Titelschuldner noch weitere, nicht im eigentlichen Sinne vollstreckbare Mitwirkungshandlungen obliegen.[51] Geht es um die Herausgabe der vollstreckbaren Ausfertigung der Urkunde über den Kaufpreis für ein Grundstück nach Rücktritt vom Vertrag, so muss der Verkäufer allerdings nur Zug um Zug gegen Löschung der Auflassungsvormerkung und inzwischen eingetragener Grundschulden leisten.[52] Der **Streitwert** einer auf Herausgabe eines Vollstreckungstitels gerichteten Klage ist gemäß § 3 ZPO nach freiem Ermessen zu bestimmen, wobei das Interesse des Klägers an dem Besitz des Titels maßgeblich ist. Ist die Zwangsvollstreckung bereits nach § 767 ZPO für unzulässig erklärt, so ist dieses Interesse darauf gerichtet, einen Missbrauch des Titels durch den Gläubiger zu verhindern; dies muss wertmäßig aber nicht unbedingt zusätzlich ins Gewicht fallen.[53]

II. Verhältnis zu anderen Vorschriften

13 Die Ansprüche auf Quittungserteilung nach § 368 BGB und auf Rückgabe des Schuldscheins gemäß § 371 BGB stehen **selbständig nebeneinander**.[54] Dasselbe gilt für das Verhältnis des Anspruchs aus § 371 BGB zu den Rechten aus den §§ 1144, 1150, 1167, 1192 Abs. 1 BGB, nach denen der Schuldner bei Hypotheken, Grundschulden und Rentenschulden weitere Urkunden neben dem Schuldschein herausverlangen kann.[55]

---

[46] BGH v. 21.01.1994 - V ZR 238/92 - juris Rn. 14 - LM ZPO § 767 Nr. 91 (7/1994); BGH v. 22.09.1994 - IX ZR 165/93 - juris Rn. 7 - BGHZ 127, 146-156; OLG Köln v. 19.12.1985 - 12 U 102/85 - juris Rn. 58 - NJW 1986, 1350-1354; vgl. auch OLG Celle v. 02.12.2004 - 11 U 12/04 - juris Rn. 16; OLG Hamm v. 27.09.2006 - 8 U 159/05 - juris Rn. 32; OLG München v. 23.08.2007 - 19 U 2703/07 - juris Rn. 12 - WM 2008, 580-581; LArbG Hamm v. 19.03.2008 - 6 Sa 1975/07 - juris Rn. 22 - AE 2008, 140-141. LArbG Köln v. 15.03.2011 - 12 TaBV 74/10 - juris Rn. 36, 41 mit Anmerkung *Ahrendt*, jurisPR-ArbR 29/2011, Anm. 4.

[47] Vgl. dazu insbesondere *Lüke*, JZ 1956, 475-477, 476; *Münzberg*, KTS 1984, 193-200, 193 ff.

[48] Zur Frage, ob insoweit eine rechtskräftige Entscheidung zu fordern ist, vgl. BGH v. 14.07.2008 - II ZR 132/07 - juris Rn. 9 f. - NJW-RR 2008, 1512-1513; vgl. auch LArbG Köln v. 15.03.2011 - 12 TaBV 74/10 - juris Rn. 41 mit Anmerkung *Ahrendt*, jurisPR-ArbR 29/2011, Anm. 4.

[49] OLG Hamm v. 13.06.2008 - 10 WF 79/08 - juris Rn. 6 - FamRZ 2008, 2225; ebenso im Ergebnis *Grüneberg* in: Palandt, § 371 Rn. 4; *Olzen* in: Staudinger, § 371 Rn. 7; *Stürner* in: Jauernig, § 371 Rn. 1; offen lassend LG Darmstadt v. 29.09.1998 - 17 S 30/98 - NJW-RR 1999, 584; a.M. aber *Fetzer* in: MünchKomm-BGB, § 371 Rn. 8; vgl. dazu auch BayVerfGH v. 09.03.2009 - Vf. 6-VI-08 - juris Rn. 21.

[50] BGH v. 21.01.1994 - V ZR 238/92 - juris Rn. 10 - LM ZPO § 767 Nr. 91 (7/1994); OLG Hamm v. 13.06.2008 - 10 WF 79/08 - juris Rn. 7 - FamRZ 2008, 2225; *Münzberg*, KTS 1984, 193-200, 200.

[51] OLG Hamburg v. 08.12.2009 - 6 U 126/08 - juris Rn. 7.

[52] BGH v. 21.01.1994 - V ZR 238/92 - juris Rn. 14 - LM ZPO § 767 Nr. 91 (7/1994); *Fetzer* in: MünchKomm-BGB, § 371 Rn. 8.

[53] BGH v. 09.06.2004 - VIII ZB 124/03 - juris Rn. 8 - NJW 2004, 2904-2905.

[54] *Buck-Heeb* in: Erman, § 371 Rn. 2.

[55] Vgl. auch *Mugdan*, Bd. II, S. 450.

Titel 2 - Hinterlegung

§ 372 BGB Voraussetzungen

(Fassung vom 02.01.2002, gültig ab 01.01.2002)

¹Geld, Wertpapiere und sonstige Urkunden sowie Kostbarkeiten kann der Schuldner bei einer dazu bestimmten öffentlichen Stelle für den Gläubiger hinterlegen, wenn der Gläubiger im Verzug der Annahme ist. ²Das Gleiche gilt, wenn der Schuldner aus einem anderen in der Person des Gläubigers liegenden Grund oder infolge einer nicht auf Fahrlässigkeit beruhenden Ungewißheit über die Person des Gläubigers seine Verbindlichkeit nicht oder nicht mit Sicherheit erfüllen kann.

Gliederung

A. Grundlagen 1	III. Hinterlegungsgründe 6
B. Anwendungsvoraussetzungen 2	C. Rechtsfolgen 12
I. Hinterlegungsgegenstand 2	D. Anwendungsfelder 14
II. Leistungsberechtigung 5	

A. Grundlagen

Die Hinterlegung soll dem Interesse des leistungswilligen Schuldners Rechnung tragen, sich auch dann von seiner Leistungspflicht nach Fälligkeit der Schuld zu befreien, wenn die Erfüllung an Hindernissen aus dem Risikobereich des Gläubigers scheitert. Dies ist bei einem Sachleistungsschuldner von besonderer Bedeutung, da er bis zum Erlöschen der Schuld die Obhut über den Gegenstand innehat und bei der Verletzung dieser Obhutspflicht sich schadensersatzpflichtig machen kann.

B. Anwendungsvoraussetzungen

I. Hinterlegungsgegenstand

Hinterlegungsfähig sind Geld, Wertpapiere und sonstige Urkunden sowie Kostbarkeiten.[1] **Geld** ist das gesetzliche und das gesetzlich zugelassene Zahlungsmittel. Dabei kann auch Geld in ausländischer Währung hinterlegt werden.[2] Unter **Wertpapieren** sind die Urkunden zu verstehen, bei denen die Ausübung des Rechts mit dem Besitz am Papier untrennbar verbunden ist. Daher sind die Legitimationspapiere gem. § 808 BGB, wie z.B. Hypotheken- und Grundschuldbriefe keine Wertpapiere im Sinne des Hinterlegungsrechts.[3] Sie sind aber als **sonstige Urkunden** hinterlegungsfähig. Des Weiteren zählen Vollmachtsurkunden[4] und Handakten[5] zu den Urkunden. Nicht erforderlich ist hingegen, dass die Urkunde zum Beweis einer Tatsache bestimmt ist.[6] Erfasst sind neben den Schrifturkunden auch Zeichnungen und Lichtbilder.[7] **Kostbarkeiten** sind bewegliche Sachen, deren Wert im Vergleich zu ihrem Umfang und Gewicht besonders hoch ist.[8] Sie müssen leicht aufzubewahren und unverderblich sein.[9] Beispiele für Kostbarkeiten im Hinterlegungsrecht sind Gold- und Silbersachen, Edelsteine, Kunstwerke, wertvolle Briefmarkensammlungen und Bücher. Keine Kostbarkeiten sind Pelzmäntel,[10] Videokassetten und lebende Tiere.

---

[1] § 5 HintO.
[2] Arg. § 7 Abs. 2 HintO.
[3] *Wenzel* in: MünchKomm-BGB, § 372 Rn. 3; a.A. *Schmidt* in: Bülow/Mecke, Hinterlegungsordnung, 2. Aufl. 1979, § 5 Rn. 6.
[4] *Olzen* in: Staudinger, § 372 Rn. 4.
[5] *Olzen* in: Staudinger, § 372 Rn. 4.
[6] *Olzen* in: Staudinger, § 372 Rn. 4.
[7] *Schmidt* in: Bülow/Mecke, Hinterlegungsordnung, 2. Aufl. 1979, § 5 Rn. 10.
[8] *Enneccerus/Lehmann*, Recht der Schuldverhältnisse, 15. Bearb. 1958, § 66 II 2.
[9] Durch dieses Merkmal, das sich aus dem Sinn und der praktischen Durchführung der Hinterlegung ergibt, unterscheidet sich der Begriff der Kostbarkeit im Hinterlegungsrecht von dem in § 702 Abs. 3 BGB.
[10] OLG Hamm v. 26.06.1981 - 11 U 29/81 - VersR 1982, 1081.

3 Sofern eine **nicht hinterlegungsfähige Sache** geschuldet wird, kann der Schuldner diese unter den Voraussetzungen des § 383 BGB öffentlich versteigern und den Erlös hinterlegen. Er ist hingegen nicht berechtigt, die Sache zur Verwahrung in einem Banksafe zu hinterlegen und den Safeschlüssel samt dem Mietvertrag über den Safe bei Gericht zu hinterlegen.

4 Beim **Handelskauf** darf der Verkäufer im Falle des Annahmeverzuges (§ 373 Abs. 1 HGB) Waren aller Art in einem öffentlichen Lagerhaus oder in sonst sicherer Weise hinterlegen. Das Amtsgericht als Hinterlegungsstelle (§ 1 HintO) kann er aber nur in Anspruch nehmen, wenn es sich um Geld, Wertpapiere, sonstige Urkunden oder Kostbarkeiten handelt.

II. Leistungsberechtigung

5 Voraussetzung der Hinterlegung ist die **Leistungsberechtigung des Schuldners**. Der Anspruch muss daher fällig und erfüllbar sein. Gleichgültig ist, ob der Schuldner zur Herausgabe oder zur Übereignung der Sache verpflichtet ist. Auch Ansprüche aus dinglichen Rechtsverhältnissen lassen sich durch Hinterlegung tilgen.

III. Hinterlegungsgründe

6 Hauptgrund der Hinterlegung ist der **Annahmeverzug** (§§ 293-304 BGB). Dieser muss tatsächlich vorliegen, der gute Glaube des Schuldners ist nicht ausreichend.[11] Für den Fall, dass der Gläubiger die Ordnungsmäßigkeit der Leistung nicht prüfen kann, weil der Schuldner eine ihm obliegende Auskunftspflicht nicht erfüllt, tritt zwar Annahmeverzug ein, da dieser kein Verschulden erfordert. Dem Hinterlegungsrecht des Schuldners steht aber § 242 BGB entgegen.

7 Die Berechtigung des Schuldners zur Hinterlegung besteht auch, wenn das Leistungshindernis **aus einem anderen in der Person des Gläubigers liegenden Grunde** besteht. Hiervon sind die Fälle erfasst, in denen der Leistung tatsächliche oder rechtliche Hindernisse entgegenstehen. Dabei ist die Person des Gläubigers bekannt und es liegt kein Annahmeverzug vor. Dies ist der Fall, wenn der Gläubiger verschollen, unbekannten Aufenthalts, geschäftsunfähig oder beschränkt geschäftsfähig ist und keinen gesetzlichen Vertreter hat. Ferner besteht ein Hinterlegungsgrund, wenn die Forderung mit Arrest belegt oder gepfändet, aber nicht zur Einziehung überwiesen ist, da in diesem Fall weder der ursprüngliche Gläubiger noch der Pfändungsgläubiger zur Entgegennahme der Leistung befugt ist.[12] Dagegen genügt es nicht, dass der Gläubiger im Ausland wohnt.[13] Das Leistungshindernis muss in der Risikosphäre des Gläubigers begründet sein. Daran fehlt es, sofern der Schuldner auf Grund der für ihn geltenden Devisenvorschriften nicht leisten kann.[14] Bei einer vorübergehenden Annahmeverhinderung des Gläubigers liegt neben dem fehlenden Annahmeverzug (§ 299 BGB) auch kein Hinterlegungsgrund im Hinblick auf § 242 BGB vor.[15]

8 Ein Hinterlegungsrecht besteht auch, wenn der Schuldner seine Verbindlichkeit infolge einer nicht auf Fahrlässigkeit beruhenden **Ungewissheit über die Person des Gläubigers** nicht oder nicht mit Sicherheit erfüllen kann.

9 Die **Ungewissheit** kann auf verschiedenen Ursachen beruhen. So kann bereits bei Begründung des Schuldverhältnisses unklar sein, für wen der auf Gläubigerseite Auftretende den Vertrag abschließt. Im Falle des § 823 BGB können z.B. bei einer Eigentumsverletzung mehrere als mögliche Eigentümer der beschädigten Sache in Betracht kommen. Häufiger Anwendungsfall ist eine wirklich eingetretene oder behauptete Rechtsnachfolge auf der Gläubigerseite. Dies kann dadurch eintreten, dass im Falle des Todes kein Rechtsnachfolger auftritt, weil die Erben unbekannt sind, oder dass mehrere Forderungsprätendenten den Anspruch auf die Leistung geltend machen. Dabei wird ein Hinterlegungsrecht nur begründet, sofern objektiv verständliche Zweifel über die Person des Gläubigers bestehen.[16] Dies ist der Fall, wenn dem Schuldner nach verständigem Ermessen nicht zugemutet werden kann, den Zweifel auf eigene Gefahr zu beheben. Dabei ist es unerheblich, ob die Zweifel tatsächliche Verhältnisse, d.h. die Wirksamkeit oder Auslegung eines Rechtsgeschäfts oder sonstige Rechtsfragen[17] betreffen. Der Zweifel muss zum Zeitpunkt der Hinterlegung noch bestehen. Der spätere Wegfall schadet hingegen nicht.

---

[11] *Weber* in: BGB-RGRK, § 372 Rn. 4.
[12] *Gernhuber*, Bürgerliches Recht, 1976, § 15 II 4; *Weber* in: BGB-RGRK, § 372 Rn. 10.
[13] *Olzen* in: Staudinger, § 372 Rn. 11.
[14] BGH v. 21.05.1954 - V ZR 4/53 - BGHZ 13, 324-334.
[15] *Weber* in: BGB-RGRK, § 372 Rn. 10.
[16] BGH v. 17.10.1952 - I ZR 45/52 - BGHZ 7, 302-307.
[17] BGH v. 12.05.1958 - II ZR 103/57 - juris Rn. 8 - BGHZ 27, 241-249.

Eine Hinterlegung kommt daher beispielsweise in folgenden Fällen in Betracht: bei mehrfacher oder unklarer oder bestrittener Abtretung,[18] bei unklarer Erbfolge, bei Zweifeln, ob die Forderung von der Enteignung miterfasst wurde,[19] bei Bedenken gegen das Recht aus einem Wechsel, sofern der Vormann Diebstahl und Fälschung behauptet, bei Unsicherheit über das Rangverhältnis von Abtretung und Pfändung,[20] bei Zweifeln, wer Gläubiger der während der Zwangsversteigerung fällig gewordenen Brandversicherungssumme geworden ist[21].

Der **Zweifel** muss sich auf die Person des Gläubigers beziehen. Daher fehlt es an einer Hinterlegungsberechtigung, wenn mehrere Gläubiger aus verschiedenen Rechtsgründen vom Schuldner eine Leistung verlangen.[22] Dies gilt auch dann, wenn der Schuldner sich schuldlos im Unklaren ist, welcher der beiden Ansprüche berechtigt ist.[23] Ebenso verhält es sich bei Ansprüchen aus Scheck und Grundgeschäft.[24] Kennt der Schuldner von mehreren Gesamtgläubigern nur einen, besteht kein Hinterlegungsrecht.[25] Ist hingegen zweifelhaft, ob der geschuldete Betrag mehreren anteilig oder als Gesamtgläubiger zusteht, besteht eine Berechtigung zur Hinterlegung.[26] Nicht ausreichend ist es, wenn die Zweifel lediglich auf der schuldrechtlichen Möglichkeit einer Rückgängigmachung einer vorherigen Abtretung beruhen.[27] 10

Die Ungewissheit über die Person des Gläubigers darf nicht auf **Fahrlässigkeit** beruhen. Dafür muss der Schuldner bei der Prüfung der Sach- und Rechtslage die im Verkehr erforderliche Sorgfalt beachten. Die Anforderungen an den Schuldner richten sich dabei nach der Zumutbarkeit der Umstände im Einzelfall.[28] Eine Verpflichtung zur Einholung eines Rechtsrates besteht auch bei schwierigen Rechtsfragen grundsätzlich nicht, weil der Schuldner die damit verbundenen Kosten tragen müsste.[29] Anders ist dies nur zu beurteilen, sofern der Schuldner ohne besondere Aufwendungen, z.B. durch eine eigene Rechtsabteilung Rechtsrat einholen könnte, der Gläubiger die Kosten übernimmt oder der Schuldner die Zweifel selbst mitverursacht hat. Ein Notar muss hingegen die Rechtslage grundsätzlich umfassend prüfen und darf nur in Ausnahmefällen hinterlegen.[30] Eine Behörde ist auf Grund des Untersuchungsgrundsatzes grundsätzlich nicht zur Hinterlegung berechtigt.[31] 11

C. Rechtsfolgen

Die **schuldrechtliche Wirkung** der Hinterlegung besteht gem. §§ 389, 379 BGB darin, dass der Schuldner endgültig oder vorläufig von seiner Verbindlichkeit gegenüber dem Gläubiger befreit wird. 12

Eine Regelung der **dinglichen Rechtsfolgen** findet sich nicht in den Regelungen des BGB zum Hinterlegungsrecht, sondern ergibt sich aus den §§ 7, 9 HintO. Danach geht inländisches Geld in das Eigentum des Landes der Verwahrstelle über, während sich die Eigentumslage an den sonstigen Sachen durch die Hinterlegung nicht ändert. Daher geht das hinterlegte inländische Geld erst mit der Herausgabe an den Gläubiger in dessen Eigentum über. Handelt es sich dagegen um eine sonstige Sache, die der Schuldner an den Gläubiger übereignen möchte, so liegt in der Hinterlegung zugleich das Angebot auf Eigentumsübertragung, eventuell an den, den es angeht. Dieses Angebot nimmt der Gläubiger durch den Herausgabeantrag (§ 13 HintO) oder die Abgabe einer Erklärung (§ 376 Abs. 2 Nr. 2 BGB) 13

---

[18] BGH v. 19.10.2000 - IX ZR 255/99 - BGHZ 145, 352-358; BGH v. 03.12.2003 - XII ZR 238/01 - NJW-RR 2004, 656-657, die Regelung des § 409 BGB schließt die Hinterlegungsbefugnis dabei nicht aus; BGH v. 10.12.2004 - V ZR 340/03 - NJW-RR 2005, 712-714.
[19] BGH v. 17.10.1952 - I ZR 45/52 - BGHZ 7, 302-307.
[20] Bei mehrfacher Pfändung ergibt sich die Hinterlegungsberechtigung bereits aus § 853 ZPO, die auf Verlangen eines Gläubigers eine Hinterlegungspflicht ist.
[21] OLG Frankfurt v. 28.02.1978 - 20 VA 2/78 - OLGZ 1978, 283-287.
[22] So beispielsweise, wenn der Verkäufer Rückgabe und der angeblich bestohlene Eigentümer Herausgabe verlangen.
[23] Gernhuber, Bürgerliches Recht, 1976, § 15 II 5.
[24] BGH v. 01.10.1984 - II ZR 115/84 - WM 1984, 1466-1467.
[25] Gernhuber, Bürgerliches Recht, 1976, § 15 II 7.
[26] *Olzen* in: Staudinger, § 372 Rn. 20.
[27] OLG Köln v. 10.11.2003 - 5 U 87/03 - OLGR Köln 2004, 77-79.
[28] BGH v. 28.01.1997 - XI ZR 211/95 - LM BGB § 372 Nr. 13 (6/1997); BGH v. 03.12.2003 - XII ZR 238/01 - NJW-RR 2004, 656-657; BGH v. 10.12.2004 - V ZR 340/03 - NJW-RR 2005, 712-714.
[29] *Olzen* in: Staudinger, § 372 Rn. 18.
[30] OLG Hamm v. 29.04.1982 - 28 W 1/82 - DNotZ 1983, 61-64.
[31] *Wenzel*, Rpfleger 2003, 109-113, 113.

an. Folglich ist die Hinterlegungsstelle bei inländischem Geld unmittelbare Eigenbesitzerin, während sie bei sonstigen Sachen als unmittelbare Fremdbesitzerin Besitzmittlerin ist, da das öffentlich-rechtliche Hinterlegungsverhältnis ein Besitzmittlungsverhältnis i.S.v. § 868 BGB ist.[32] Dabei ist der Schuldner bis zur Annahmeerklärung des Gläubigers mittelbarer Besitzer.[33]

D. Anwendungsfelder

14 Das **formelle Hinterlegungsrecht** ist in der Hinterlegungsordnung (§§ 1-39 HintO) mit den dazugehörigen Durchführungsverordnungen geregelt. Die Hinterlegungsordnung qualifiziert das Hinterlegungsverhältnis als ein **öffentlich-rechtliches Verwahrungsverhältnis**. Damit hat sie den zuvor bestehenden Streit entschieden, ob das Hinterlegungsverhältnis öffentlich-rechtlicher oder privatrechtlicher Natur sei. Dabei bleiben aber die Grundsätze des privatrechtlichen Verwahrungsvertrages zugunsten Dritter entsprechend anwendbar, soweit die Hinterlegungsordnung und der öffentlich-rechtliche Charakter des Hinterlegungsverhältnisses nicht entgegenstehen.[34] Umstritten ist dabei, ob die Hinterlegungsordnung als Bundes- oder Landesrecht fortgilt.[35] Da aber nach den Vorstellungen des historischen Gesetzgebers die Gesetzgebungskompetenz des Bundes für das bürgerliche Recht auch das formelle Hinterlegungsrecht umfasste,[36] ist es gem. Art. 125, 74 Nr. 1 GG Bundesrecht geworden.[37]

15 Das Hinterlegungsverhältnis wird durch einen Verwaltungsakt, die Annahmeverfügung (§ 6 HintO), in Verbindung mit der Übergabe der zu hinterlegenden Sache begründet, unabhängig davon, ob die materiellen Voraussetzungen für eine Hinterlegung vorliegen.[38] Aus dem Antrag, welcher der Annahmeverfügung zugrunde liegt, ergibt sich, auf welche Forderung sich die Hinterlegung bezieht.[39] Beteiligte am Hinterlegungsverfahren sind nach § 13 Abs. 1 Nr. 1 HintO der Hinterlegende, soweit er nicht auf sein Rücknahmerecht verzichtet hat (§ 376 Abs. 2 Nr. 1 BGB), und alle Personen, die auf Grund des Hinterlegungsantrags als Gläubiger in Betracht kommen. Der Hinterleger kann auch nach Verzicht auf die Rücknahme noch weitere mögliche Empfänger benennen.[40]

16 Die Hinterlegung begründet einen **öffentlich-rechtlichen Herausgabeanspruch** gegen die Hinterlegungsstelle. Dieser Anspruch ist ggf. durch das Rücknahmerecht des Hinterlegenden (§ 376 BGB) auflösend bedingt. Aktivlegitimiert ist der Gläubiger, unabhängig davon, ob er als Berechtigter durch den Hinterlegenden benannt wurde.[41] Sofern mehrere Forderungsprätendenten vorhanden sind, ist nur der wahre Berechtigte aktivlegitimiert. Dabei ist für die Herausgabe die Zustimmung aller Beteiligten oder eine rechtskräftige Entscheidung, die die Empfangsberechtigung gegenüber allen Beteiligten feststellt, erforderlich.[42] Als Entscheidungen i.S.v. § 13 Abs. 2 HintO kommen auch rechtskräftige Beschlüsse, wie z.B. ein Zuschlagsbeschluss (§ 82 ZVG) in Betracht. Dabei können die beiden Nachweisarten bei mehreren Beteiligten kombiniert werden. Die Klage gegen die unberechtigten Forderungsprätendenten richtet sich auf die Abgabe einer Freigabeerklärung. Anspruchsgrundlage ist die Eingriffskondiktion (§ 812 Abs. 1 Satz 1 Alt. 2 BGB). Für den Fall, dass die Hinterlegungsstelle an einen Nichtberechtigten leistet, erlischt der Herausgabeanspruch des Gläubigers. Dieser hat aber einen Anspruch gegen den Nichtberechtigten aus § 816 Abs. 2 BGB.[43]

---

[32] Gernhuber, Bürgerliches Recht, 1976, § 15 II 12.
[33] *Olzen* in: Staudinger, vor § 372 Rn. 21.
[34] BGH v. 13.12.1951 - IV ZR 123/51 - BGHZ 4, 192-197.
[35] *Schmidt* in: Bülow/Mecke, Hinterlegungsordnung, 2. Aufl. 1979, Vorbem. 12.
[36] BVerfG v. 08.06.1960 - 1 BvR 580/53 - juris Rn. 33 - NJW 1960, 1659.
[37] *Schmidt* in: Bülow/Mecke, Hinterlegungsordnung, 2. Aufl. 1979, Vorbem. 16.
[38] *Schmidt* in: Bülow/Mecke, Hinterlegungsordnung, 2. Aufl. 1979, § 6 Rn. 25.
[39] OLG Frankfurt v. 27.05.1993 - 15 U 55/90 - juris Rn. 26 - NJW-RR 1994, 252-254.
[40] BGH v. 02.02.1960 - VIII ZR 43/59 - LM Nr. 5 zu § 378 BGB.
[41] BGH v. 26.04.1994 - XI ZR 97/93 - juris Rn. 21 - NJW-RR 1994, 847-848.
[42] Vgl. § 13 Abs. 2 HintO.
[43] *Olzen* in: Staudinger, vor § 372 Rn. 2.

§ 373 BGB Zug-um-Zug-Leistung

(Fassung vom 02.01.2002, gültig ab 01.01.2002)

Ist der Schuldner nur gegen eine Leistung des Gläubigers zu leisten verpflichtet, so kann er das Recht des Gläubigers zum Empfang der hinterlegten Sache von der Bewirkung der Gegenleistung abhängig machen.

Gliederung

A. Grundlagen 1	II. Erklärung des Schuldners 4
B. Anwendungsvoraussetzungen 2	C. Rechtsfolgen 5
I. Gegenansprüche des Schuldners 2	

A. Grundlagen

Die Vorschrift soll sicherstellen, dass der Schuldner, sofern er seine Leistung von einer Gegenleistung abhängig machen kann, bei der Hinterlegung nicht schlechter gestellt sein soll als im Falle der Erfüllung.[1]   **1**

B. Anwendungsvoraussetzungen

I. Gegenansprüche des Schuldners

Dazu zählen insbesondere die **Zurückbehaltungs- und Leistungsverweigerungsrechte** gem. §§ 273, 320 BGB und § 369 HGB. Um aber den Schuldner nicht schlechter zu stellen als im Falle der Erfüllung, zählen auch die Ansprüche aus den §§ 255, 368, 371, 1144 BGB dazu, sofern keine Vorleistungspflicht des Schuldners besteht.[2] Daneben sind auch der Rückforderungsvorbehalt für den Fall des Nichtbestehens des Anspruchs oder Vorbehalte, die dem Inhalt des Schuldverhältnisses entsprechen, zulässig.[3]   **2**

Andere Vorbehalte oder Bedingungen nach § 158 BGB sind hingegen unzulässig und von der Hinterlegungsstelle zurückzuweisen. Wird die Hinterlegung dennoch angenommen, ist der Vorbehalt zu beachten, der Hinterlegung fehlen aber die Wirkungen gem. §§ 378, 379 BGB.[4]   **3**

II. Erklärung des Schuldners

Der Schuldner kann seinen Vorbehalt im Hinterlegungsantrag selbst (§ 11 Satz 4 AVHO) oder anschließend erklären, solange sein Rücknahmerecht noch besteht (§ 376 BGB).[5]   **4**

C. Rechtsfolgen

Der Herausgabeanspruch des Gläubigers gegen die Hinterlegungsstelle ist aufschiebend bedingt durch die Erbringung der Gegenleistung.[6] Dies ist auch dann der Fall, wenn die Hinterlegung unwiderruflich ist (§ 376 Abs. 2 BGB).[7] Der Leistungsanspruch gegen den Schuldner bleibt dagegen einredebehaftet.   **5**

Den Schuldner hingegen hindert die Hinterlegung nicht, seinen Anspruch auf die Gegenleistung klageweise geltend zu machen. Dieser Klage kann der Schuldner kein Leistungsverweigerungsrecht entgegensetzen, solange der Schuldner die Sache zurücknehmen darf. Dies kann er nur durch die Annahmeerklärung (§ 376 Abs. 2 Nr. 2 BGB) verhindern.[8]   **6**

Die Hinterlegungsstelle muss den durch den Schuldner erklärten Vorbehalt selbst dann beachten, wenn in Wahrheit gar kein Zurückbehaltungsrecht besteht. Allerdings hat die Hinterlegung in diesem Fall keine schuldbefreiende Wirkung für den Schuldner. Sofern das Zurückbehaltungsrecht später entsteht   **7**

---

[1] *Wenzel* in: MünchKomm-BGB, § 373 Rn. 1.
[2] *Olzen* in: Staudinger, § 373 Rn. 2.
[3] *Olzen* in: Staudinger, § 373 Rn. 4.
[4] *Wenzel* in: MünchKomm-BGB, § 373 Rn. 3.
[5] *Olzen* in: Staudinger, § 373 Rn. 5.
[6] *Olzen* in: Staudinger, § 373 Rn. 6.
[7] *Wenzel* in: MünchKomm-BGB, § 373 Rn. 2.
[8] *Olzen* in: Staudinger, § 373 Rn. 12.

oder der Schuldner auf den unberechtigten Vorbehalt verzichtet, so wird der Mangel der Hinterlegung ex nunc geheilt.

8   Die Herausgabe durch die Hinterlegungsstelle an den Gläubiger ist nur gestattet, wenn dieser nachweist, dass er die Gegenleistung erbracht hat oder das Zurückbehaltungsrecht aus anderen Gründen erloschen ist (§ 13 HintO). Einen solchen Nachweis kann er nur durch eine entsprechende Erklärung des Schuldners erbringen. Daher hat er einen Anspruch auf eine entsprechende Erklärung des Schuldners (§ 380 BGB). Sofern dem Gläubiger die Gegenleistung unmöglich ist, hat der Schuldner stets ein Rücknahmerecht. Dies gilt selbst bei den Fällen des § 376 Abs. 2 BGB, in denen ansonsten die Rücknahme ausgeschlossen ist.[9]

---

[9] *Olzen* in: Staudinger, § 373 Rn. 9.

§ 374 BGB Hinterlegungsort; Anzeigepflicht

(Fassung vom 02.01.2002, gültig ab 01.01.2002)

(1) Die Hinterlegung hat bei der Hinterlegungsstelle des Leistungsorts zu erfolgen; hinterlegt der Schuldner bei einer anderen Stelle, so hat er dem Gläubiger den daraus entstehenden Schaden zu ersetzen.

(2) ¹Der Schuldner hat dem Gläubiger die Hinterlegung unverzüglich anzuzeigen; im Falle der Unterlassung ist er zum Schadensersatz verpflichtet. ²Die Anzeige darf unterbleiben, wenn sie untunlich ist.

Gliederung

A. Kommentierung zu Absatz 1 1	**B. Kommentierung zu Absatz 2** 4
I. Anwendungsvoraussetzungen 1	I. Anwendungsvoraussetzungen 4
1. Leistungsort 1	1. Hinterlegungsanzeige 4
2. Hinterlegungsstelle 2	2. Untunlichkeit 5
II. Rechtsfolgen 3	II. Rechtsfolgen 6

A. Kommentierung zu Absatz 1

I. Anwendungsvoraussetzungen

1. Leistungsort

Leistungsort (§ 269 BGB) und damit Ort der Hinterlegung ist der Ort, an dem der Schuldner die Leistungshandlung vorzunehmen hat. Darauf, wo der Leistungserfolg eintreten soll, kommt es nicht an. Auch wenn der Schuldner den Leistungsgegenstand auf seine Kosten und Gefahr an den Wohnsitz des Gläubigers zu übermitteln hat, bleibt sein Wohnsitz Leistungsort und damit auch Ort der Hinterlegung.[1]   **1**

2. Hinterlegungsstelle

Hinterlegungsstellen sind die Amtsgerichte.[2] Hinterlegt der Schuldner an einem anderen als dem Leistungsort, so berührt das die Wirksamkeit der Hinterlegung nicht. Auch verfahrensrechtliche Hindernisse bestehen nicht.   **2**

II. Rechtsfolgen

Da die Hinterlegungsordnung keine Vorschriften über die örtliche Zuständigkeit enthält, kann der Schuldner, von Fällen des Rechtsmissbrauches abgesehen, bei jedem Amtsgericht hinterlegen.[3] Der Schuldner muss aber dem Gläubiger den entstandenen Schaden ersetzen. Der Ersatz des entstandenen Schaden durch den Schuldner umfasst insbesondere die Mehrkosten der Abholung.   **3**

B. Kommentierung zu Absatz 2

I. Anwendungsvoraussetzungen

1. Hinterlegungsanzeige

Die Anzeige der Hinterlegung ist ebenfalls keine Voraussetzung für die Wirksamkeit der Hinterlegung.[4] Die Anzeige muss unverzüglich (§ 121 Abs. 1 Satz 1 BGB) abgesandt werden. Bei Ungewissheit über die Person des Gläubigers ist sie an alle Forderungsprätendenten zu richten. Dabei ist es nicht   **4**

---

[1] *Heinrichs* in: Palandt, § 374 Rn. 1; *Wenzel* in: MünchKomm-BGB, § 374 Rn. 1; a.A. Erman, Handkommentar BGB, 10. Aufl. 2000, § 374 Rn. 1; *Olzen* in: Staudinger, § 374 Rn. 3.
[2] Vgl. § 1 Abs. 2 HintO.
[3] *Schmidt* in: Bülow/Mecke, Hinterlegungsordnung, 2. Aufl. 1979, § 1 HintO Rn. 8.
[4] *Wenzel* in: MünchKomm-BGB, § 374 Rn. 2.

erforderlich, den Hinterlegungsschein beizufügen.[5] Die Anzeige stellt ein Rechtsgeschäft dar, für das die §§ 130-132 BGB gelten. Sie kann auch ein Anerkenntnis beinhalten.[6]

2. Untunlichkeit

5　Untunlich ist die Anzeige der Hinterlegung, wenn sie öffentlich zugestellt (§ 132 Abs. 2 BGB) werden müsste. Ansonsten kommt Untunlichkeit nur in Betracht, wenn die Anzeige wegen der großen Zahl der möglichen Gläubiger, der entstehenden Kosten oder wegen besonderer Schwierigkeiten bei der Anschriftenermittlung unverhältnismäßig wäre.[7]

II. Rechtsfolgen

6　Die Nichterfüllung der Anzeigepflicht begründet ebenso wie ihre verspätete Erfüllung eine Schadensersatzpflicht des Schuldners. Dieser Schaden kann für den Gläubiger darin bestehen, dass er den hinterlegten Gegenstand verspätet erhält oder dass er den Anspruch gegen die Hinterlegungsstelle gar nicht mehr durchsetzen kann. Dabei kann die Hinterlegungsstelle nach erfolgloser Aufforderung die Gläubiger im Namen und auf Kosten des Schuldners benachrichtigen (§ 11 HintO).

---

[5] *Olzen* in: Staudinger, § 374 Rn. 6.
[6] *Olzen* in: Staudinger, § 374 Rn. 12.
[7] *Wenzel* in: MünchKomm-BGB, § 374 Rn. 2.

§ 375 BGB Rückwirkung bei Postübersendung

(Fassung vom 02.01.2002, gültig ab 01.01.2002)

Ist die hinterlegte Sache der Hinterlegungsstelle durch die Post übersendet worden, so wirkt die Hinterlegung auf die Zeit der Aufgabe der Sache zur Post zurück.

Gliederung

A. Anwendungsvoraussetzungen 1	II. Beförderung durch die Post 2
I. Übersendung der hinterlegten Sache 1	B. Rechtsfolge 3

A. Anwendungsvoraussetzungen

I. Übersendung der hinterlegten Sache

Die Vorschrift enthält selbst keine Regelung hinsichtlich des Gefahrübergangs bei Übersendung der zu hinterlegenden Sache mit der Post. Insoweit gelten die Vorschriften des allgemeinen Schuldrechts (§§ 243 Abs. 2, 275, 300 Abs. 2 BGB). Sobald aber die zu hinterlegende Sache bei der Hinterlegungsstelle eingetroffen ist, wird die schuldbefreiende Wirkung der Hinterlegung gem. §§ 378, 379 BGB auf den Zeitpunkt der Aufgabe der Sache zur Post vorverlegt. 1

II. Beförderung durch die Post

Nach der Privatisierung der einstigen Deutschen Bundespost in die Deutsche Post AG und der Öffnung des Postmarktes für Privatunternehmen, erfasst die Vorschrift auch **private Postdienstleistungsunternehmen**.[1] 2

B. Rechtsfolge

Rechtsfolge der Rückwirkung ist der **Gefahrübergang auf den Gläubiger** ab Aufgabe der Sache an die Post. Daher gehen eventuelle Transportbeschädigungen zu Lasten des Gläubigers.[2] 3

---

[1] *Heinrichs* in: Palandt, § 375 Rn. 1; *Olzen* in: Staudinger, § 375 Rn. 4.

[2] *Erman*, Handkommentar BGB, 10. Aufl. 2000, § 375 Rn. 1; *Ennecerus/Lehmann*, Recht der Schuldverhältnisse, 15. Bearb. 1958, § 66 III 3; *Wenzel* in: MünchKomm-BGB, § 375 Rn. 1; a.A. *Olzen* in: Staudinger, § 375 Rn. 6.

§ 376 BGB Rücknahmerecht

(Fassung vom 02.01.2002, gültig ab 01.01.2002)

(1) Der Schuldner hat das Recht, die hinterlegte Sache zurückzunehmen.

(2) Die Rücknahme ist ausgeschlossen:

1. **wenn der Schuldner der Hinterlegungsstelle erklärt, dass er auf das Recht zur Rücknahme verzichte,**
2. **wenn der Gläubiger der Hinterlegungsstelle die Annahme erklärt,**
3. **wenn der Hinterlegungsstelle ein zwischen dem Gläubiger und dem Schuldner ergangenes rechtskräftiges Urteil vorgelegt wird, das die Hinterlegung für rechtmäßig erklärt.**

Gliederung

A. Kommentierung zu Absatz 1 1	I. Anwendungsvoraussetzungen 5
I. Anwendungsvoraussetzungen 1	1. Verzichtserklärung 5
1. Rücknahmerecht des Schuldners 1	2. Annahmeerklärung 6
2. Widerrufserklärung 3	3. Urteil 7
II. Rechtsfolgen 4	II. Rechtsfolgen 8
B. Kommentierung zu Absatz 2 5	

A. Kommentierung zu Absatz 1

I. Anwendungsvoraussetzungen

1. Rücknahmerecht des Schuldners

1 Der Schuldner hat grundsätzlich das Recht, die hinterlegte Sache zurückzunehmen. Dieses nicht formgebundene Gestaltungsrecht steht dem Hinterleger und damit zumeist dem Schuldner zu.[1] Bei Gesamtschuldnern darf es derjenige ausüben, der hinterlegt hat. Ist die Hinterlegung durch einen ablösungsberechtigten Dritten erfolgt, so ist allein dieser zur Rücknahme berechtigt.[2]

2 Auch wenn das Widerrufsrecht ausgeschlossen ist, kann der Schuldner zur Rücknahme berechtigt sein. Dies ist der Fall, wenn die Frist des § 382 BGB abgelaufen ist, wenn der Schuldner unter Vorbehalt hinterlegt hat und dem Gläubiger die Gegenleistung unmöglich geworden ist, wenn der Gläubiger auf den Herausgabeanspruch verzichtet hat, wenn der zugrunde liegende Anspruch nicht besteht oder die Hinterlegungsvoraussetzungen nicht gegeben sind.[3]

2. Widerrufserklärung

3 Der Widerruf der Hinterlegung erfolgt gegenüber der Hinterlegungsstelle.

II. Rechtsfolgen

4 Die widerrufliche Hinterlegung hat keine befreiende Wirkung. Der Gläubiger hat dabei einen auflösend bedingten Herausgabeanspruch, während der Schuldner ein Rücknahmerecht hat oder den Gläubiger auf die hinterlegte Sache verweisen kann (§ 379 Abs. 1 BGB). Durch den Widerruf wird das öffentlich-rechtliche Hinterlegungsverhältnis in ein Abwicklungsverhältnis umgewandelt. Dabei erwirbt der Hinterleger einen öffentlich-rechtlichen Herausgabeanspruch, unabhängig davon, ob die hinterlegte Sache auch aus seinem Vermögen stammt.[4] Diesen Anspruch kann er neben einem etwaigen Herausgabeanspruch aus § 985 BGB im ordentlichen Rechtsweg geltend machen. Durch den Widerruf entfallen die Wirkungen der Hinterlegung auf das Schuldverhältnis ex nunc.

---

[1] *Olzen* in: Staudinger, § 376 Rn. 1; *Schmidt* in: Soergel, § 376 Rn. 1.
[2] *Wenzel* in: MünchKomm-BGB, § 376 Rn. 1.
[3] *Olzen* in: Staudinger, § 376 Rn. 4.
[4] *Wenzel* in: MünchKomm-BGB, § 376 Rn. 1.

B. Kommentierung zu Absatz 2

I. Anwendungsvoraussetzungen

1. Verzichtserklärung

Die Verzichtserklärung auf das Rücknahmerecht ist bei oder nach der Hinterlegung gegenüber der Hinterlegungsstelle zu erklären. Sie kann nicht von einem Vorbehalt oder einer Bedingung abhängig gemacht werden. Die Verzichtserklärung stellt eine einseitige empfangsbedürftige Willenserklärung (§ 130 Abs. 3 BGB) dar, die den Herausgabewillen erkennen lassen muss.

2. Annahmeerklärung

Die Annahme ist eine bedingungs- und befristungsfeindliche einseitige empfangsbedürftige Willenserklärung.[5] Sie kann auch von einem beschränkt Geschäftsfähigen erklärt werden.[6] Annahmeberechtigt ist der Gläubiger, den der Schuldner bei der Hinterlegungsstelle benannt hat. Sofern der Schuldner wegen Ungewissheit über die Person des Gläubigers mehrere Gläubiger benannt hat, ist die Rücknahme bereits dann ausgeschlossen, wenn bereits ein Gläubiger angenommen hat.[7] Für den Fall, dass kein Gläubiger benannt ist, ist es nur erheblich, dass der wahre Gläubiger annimmt. Die Annahmeerklärung des Gläubigers ist meist bereits in der Beantragung der Herausgabe durch den Gläubiger zu sehen.[8] Sofern der materiell Berechtigte die Annahmeerklärung abgibt, wird er zugleich mittelbarer Besitzer der Sache, es sei denn, es handelt sich bei der hinterlegten Sache um Geld. Ist das der Hinterlegung zugrunde liegende Schuldverhältnis auf Übereignung gerichtet, so erwirbt er zugleich auch das Eigentum an der hinterlegten Sache, wenn die Hinterlegung nicht unter dem Vorbehalt des § 373 BGB erfolgte.

3. Urteil

Wird die Hinterlegung durch ein Urteil für rechtmäßig erklärt, ist die Rücknahme ebenfalls ausgeschlossen. Dabei muss das Urteil in einem Rechtsstreit zwischen dem Gläubiger und dem Schuldner ergangen sein. Ein Urteil eines Prätendentenstreits ist hingegen nicht ausreichend.[9] Ist die Hinterlegung nur zu Gunsten eines Gläubigers erfolgt, so reicht ein Feststellungs- oder ein Zwischenfeststellungsurteil im Verhältnis zwischen Gläubiger und Schuldner aus. Ausreichend ist aber auch ein Urteil, das die Leistungsklage des Gläubigers aufgrund der Hinterlegung gem. § 379 BGB abweist.[10] Sofern die Hinterlegung zu Gunsten mehrerer möglicher Gläubiger erfolgte, ist es ausreichend, wenn gegenüber einem Prätendenten ein entsprechendes Urteil ergeht. Das rechtskräftige Urteil muss der Hinterlegungsstelle vorgelegt werden. Ein erklärter Verzicht des Schuldners wird durch ein die Hinterlegung für unrechtmäßig erklärendes Urteil unwirksam. In diesem Fall hat der Schuldner gegen den Gläubiger einen Anspruch auf Einwilligung in die Rücknahme aus § 812 Abs. 1 Satz 1 Alt. 2 BGB.

II. Rechtsfolgen

Durch den **Ausschluss des Rücknahmerechts** wird der Schuldner von seiner Verbindlichkeit frei (§ 378 BGB). Des Weiteren wird der bisher bedingte Herausgabeanspruch des Gläubigers unbedingt, unabhängig davon, ob die Verbindlichkeit überhaupt besteht.[11] Ein Anspruch des Schuldners auf die hinterlegte Sache kann nur noch entstehen, wenn die Frist des § 382 BGB abgelaufen ist, wenn der Schuldner unter Vorbehalt hinterlegt hat und dem Gläubiger die Gegenleistung unmöglich geworden ist, wenn der Gläubiger auf den Herausgabeanspruch verzichtet hat, wenn der zugrunde liegende Anspruch nicht besteht oder die Hinterlegungsvoraussetzungen nicht gegeben sind.[12]

---

[5] *Olzen* in: Staudinger, § 376 Rn. 23.
[6] *Wenzel* in: MünchKomm-BGB, § 376 Rn. 4.
[7] *Erman*, Handkommentar BGB, 10. Aufl. 2000, § 376 Rn. 3.
[8] *Schmidt* in: Bülow/Mecke, Hinterlegungsordnung, 2. Aufl. 1979, Anh. zu § 13 Rn. 2.
[9] *Olzen* in: Staudinger, § 376 Rn. 30.
[10] *Wenzel* in: MünchKomm-BGB, § 376 Rn. 5.
[11] Der Gläubiger ist dann freilich zur Einwilligung in die Rückgabe verpflichtet; *Olzen* in: Staudinger, § 376 Rn. 19.
[12] *Wenzel* in: MünchKomm-BGB, § 376 Rn. 2.

9 Mit dem Zugang der Verzichtserklärung scheidet der Schuldner als Hinterlegungsbeteiligter aus (§ 13 HintO).[13] Allerdings behält er das Recht, noch weitere mögliche Gläubiger zu benennen.[14] Eine Einverständniserklärung des Schuldners für die Herausgabe der Sache an den Gläubiger ist daher nicht mehr erforderlich. Der Gläubiger ist andererseits auch nicht mehr berechtigt, eine solche Erklärung vom Schuldner zu verlangen (§ 380 BGB). Eine Verzichtserklärung auf das Rücknahmerecht gegenüber dem Gläubiger oder einem Sicherungsgeber ist für das Hinterlegungsverhältnis ohne Bedeutung. Allerdings kann dies eine schuldrechtliche Pflicht für den Schuldner begründen, von seinem Rücknahmerecht keinen Gebrauch zu machen. Im umgekehrten Fall machen die fehlenden Hinterlegungsvoraussetzungen den Verzicht gegenüber dem Gläubiger oder einem Dritten nicht unwirksam. Allerdings führt es zu einem Freigabeanspruch aus § 812 Abs. 1 Satz 2 BGB, dem sich der Gläubiger nur durch eine Annahmeerklärung entziehen kann.[15]

---

[13] Sofern die Hinterlegung nicht unter Vorbehalt des § 273 BGB erfolgte.
[14] BGH v. 02.02.1960 - VIII ZR 43/59 - LM Nr. 5 zu § 378 BGB.
[15] *Olzen* in: Staudinger, § 376 Rn. 18.

§ 377 BGB Unpfändbarkeit des Rücknahmerechts

(Fassung vom 02.01.2002, gültig ab 01.01.2002)

(1) Das Recht zur Rücknahme ist der Pfändung nicht unterworfen.

(2) Wird über das Vermögen des Schuldners das Insolvenzverfahren eröffnet, so kann während des Insolvenzverfahrens das Recht zur Rücknahme auch nicht von dem Schuldner ausgeübt werden.

Gliederung

A. Kommentierung zu Absatz 1 1	B. Kommentierung zu Absatz 2 4
I. Grundlagen 1	I. Grundlagen 4
II. Anwendungsvoraussetzungen – Unpfändbarkeit des Rücknahmerechts 2	II. Anwendungsvoraussetzungen – Insolvenz des Schuldners 5

A. Kommentierung zu Absatz 1

I. Grundlagen

Die Regelung dient dem Schutz des Gläubigers und soll verhindern, dass vor Ausschluss des Rücknahmerechts weitere Gläubiger des Schuldners auf den hinterlegten Gegenstand zugreifen können. 1

II. Anwendungsvoraussetzungen – Unpfändbarkeit des Rücknahmerechts

Das Recht des Schuldners auf Rücknahme des hinterlegten Gegenstandes ist der Pfändung nicht unterworfen. Dadurch wird der Gläubiger des hinterlegten Gegenstandes geschützt; denn die schuldbefreienden und die dinglichen Wirkungen der Hinterlegung treten erst ein, wenn der Schuldner auf sein Rücknahmerecht verzichtet hat. Ansonsten könnte in der Zwischenzeit ein weiterer Gläubiger dieses Recht pfänden und sich überweisen lassen. Dadurch wäre ihm der Widerruf der Hinterlegung möglich und er könnte den hinterlegten Gegenstand an sich ziehen. Diese Möglichkeit ist durch die Regelung bewusst ausgeschlossen, um die mit der Hinterlegung begonnene Befriedigung des Gläubigers nicht zu gefährden.[1] Aus diesem Normzweck folgt, dass auch eine rechtsgeschäftliche Übertragung des Rücknahmerechts ausgeschlossen ist. Dies ergibt sich auch aus der Regelung der §§ 413, 400 BGB, die hier Anwendung findet, da das Rücknahmerecht keinen Anspruch darstellt. 2

Aus diesem Schutzzweck ergibt sich auch, dass das Pfändungsverbot nicht unmittelbar oder entsprechend auf andere mögliche Ansprüche des Schuldners auf den Gegenstand anwendbar ist.[2] Daher sind das Rücknahmerecht des § 382 BGB, der Herausgabeanspruch des Schuldners, den er mit der Ausübung seines Rücknahmerechts erwirbt, der Anspruch, der sich bei Nichtbestehen des zugrunde liegenden Schuldverhältnisses oder bei Fehlen der Hinterlegungsvoraussetzungen ergibt, pfändbar und übertragbar.[3] Die Beweislast, dass es sich nicht um ein solches Rücknahmerecht handelt, trägt der jeweilige Anspruchsteller.[4] 3

B. Kommentierung zu Absatz 2

I. Grundlagen

Die Regelung setzt den Gläubigerschutz bei der Hinterlegung im Insolvenzverfahren fort. 4

---

[1] *Enneccerus/Lehmann*, Recht der Schuldverhältnisse, 15. Bearb. 1958, § 67 I 4; a.A. *Olzen* in: Staudinger, § 377 Rn. 4.
[2] *Olzen* in: Staudinger, § 377 Rn. 12.
[3] *Olzen* in: Staudinger, § 377 Rn. 14, 15.
[4] *Wenzel* in: MünchKomm-BGB, § 377 Rn. 4.

II. Anwendungsvoraussetzungen – Insolvenz des Schuldners

5 Bei Eröffnung des Insolvenzverfahrens ist der Gläubiger durch die Regelung geschützt.[5] Dem hinterlegenden Schuldner ist eine Rücknahme aufgrund der Regelung ohne Zustimmung des durch die Hinterlegung begünstigten Gläubigers ausdrücklich untersagt.[6] Sein Rücknahmerecht besteht daher erst nach Abschluss des Insolvenzverfahrens wieder. Die Möglichkeiten der Annahme durch den Gläubiger (§ 376 Abs. 2 Nr. 2 BGB)[7] und des Verzichts des Schuldners (§ 376 Abs. 2 Nr. 1 BGB)[8] werden dagegen durch das Insolvenzverfahren nicht berührt. Der Insolvenzverwalter hingegen kann das Rücktrittsrecht nicht ausüben, da es sich um ein unpfändbares Recht (§ 377 Abs. 1 BGB) handelt und dieses daher nicht zur Insolvenzmasse gehört (§ 36 Abs. 1 InsO). Für den Fall, dass der Gläubiger seine Forderung im Insolvenzverfahren geltend macht, steht dem Insolvenzverwalter die Einrede der Hinterlegung zur Verfügung.[9] Vom Insolvenzverfahren unberührt bleibt das Anfechtungsrecht eines anderen Gläubigers oder des Insolvenzverwalters (§ 2 AnfG, § 144 InsO).[10]

---

[5] Zur vereinbarten Hinterlegung des Quellcodes im Zusammenhang mit dem Abschluss von Software-Lizenzverträgen vgl. *Kast/Meyer/Peters*, CR 2004, 147-152; 152.
[6] *Olzen* in: Staudinger, § 377 Rn. 10.
[7] *Olzen* in: Staudinger, § 377 Rn. 9.
[8] *Olzen* in: Staudinger, § 377 Rn. 8.
[9] *Wenzel* in: MünchKomm-BGB, § 377 Rn. 2.
[10] *Olzen* in: Staudinger, § 377 Rn. 11.

§ 378 BGB Wirkung der Hinterlegung bei ausgeschlossener Rücknahme

(Fassung vom 02.01.2002, gültig ab 01.01.2002)

Ist die Rücknahme der hinterlegten Sache ausgeschlossen, so wird der Schuldner durch die Hinterlegung von seiner Verbindlichkeit in gleicher Weise befreit, wie wenn er zur Zeit der Hinterlegung an den Gläubiger geleistet hätte.

A. Grundlagen

Die Regelung statuiert die entscheidende Rechtsfolge der Hinterlegung bei ausgeschlossener Rücknahme. Durch die schuldbefreiende Wirkung der Hinterlegung ist diese als Erfüllungssurrogat einzustufen.[1] Die Vorschrift wird durch die Regelungen des § 379 BGB ergänzt. 1

B. Anwendungsvoraussetzungen – Hinterlegung unter Ausschluss des Rücknahmerechts

Durch die Hinterlegung bei ausgeschlossener Rücknahme wird der Schuldner von seiner Verbindlichkeit befreit. Dafür muss das Rücknahmerecht des Schuldners aus einem der in § 376 Abs. 2 BGB aufgeführten Gründe ausgeschlossen sein. Die Beweispflicht über das ausgeschlossene Rücknahmerecht trägt der Schuldner.[2] 2

Dabei muss die Hinterlegung vorbehaltlich bestimmter Ausnahmen **rechtmäßig** gewesen sein. Dies ist der Fall, wenn sie bei der gesetzlich vorgesehenen (§ 1 HintO) oder vereinbarten Hinterlegungsstelle erfolgte, bei der Hinterlegung ein Hinterlegungsgrund bestand (§ 372 BGB) oder die Hinterlegung vereinbart wurde.[3] Unschädlich ist dabei, ob die Sache auch tatsächlich hinterlegungsfähig war.[4] Dagegen fehlt es an einer rechtmäßigen Hinterlegung, wenn der Schuldner die Herausgabe von Bedingungen oder der Erfüllung eines tatsächlich nicht bestehenden Gegenanspruches abhängig gemacht hat.[5] 3

Die schuldbefreiende Wirkung kann auch bei einer **unrechtmäßigen Hinterlegung** eintreten. Dies ist der Fall, wenn der Gläubiger eine solche Hinterlegung annimmt.[6] Dabei ist aber strittig, ob die schuldbefreiende Wirkung auf den Zeitpunkt der Hinterlegung zurückwirkt[7] oder ob sie erst im Zeitpunkt der Annahme[8] eintritt. Eine differenzierende Ansicht will hingegen auf den Willen des Gläubigers abstellen und hält daher für entscheidend, ab wann dieser die Erklärung gegen sich gelten lassen will.[9] Im Zweifel ist dies aber erst ab der Annahme der Erklärung anzunehmen.[10] 4

Eine **entsprechende Anwendung** kommt in Betracht, wenn die Parteien eine Hinterlegung bei einem Notar oder einer anderen Stelle vereinbart haben, die einer Hinterlegung im Sinne der §§ 372-386 BGB entspricht. Ebenfalls entsprechend wird die Regelung auf Vereinbarungen angewandt, bei denen die Hinterlegung selbst Gegenstand der Schuld ist und dadurch nicht Erfüllungssurrogat, sondern selbst eine Erfüllung darstellt. 5

C. Rechtsfolgen

Die bedeutendste Rechtsfolge des gesamten Hinterlegungsrechts besteht darin, dass durch die unwiderrufliche Hinterlegung der Schuldner von seiner **Verbindlichkeit befreit** wird. Gleichzeitig erlischt die Forderung des Gläubigers.[11] Diese Rechtsfolge tritt stets zum Zeitpunkt der Begründung des Hinterle- 6

---

[1] *Wenzel* in: MünchKomm-BGB, § 378 Rn. 1.
[2] *Wenzel* in: MünchKomm-BGB, § 378 Rn. 2.
[3] *Olzen* in: Staudinger, § 378 Rn. 3.
[4] *Wenzel* in: MünchKomm-BGB, § 378 Rn. 3; so wäre unschädlich, wenn das geschuldete unechte Schmuckstück von der Hinterlegungsstelle fälschlicherweise als Kostbarkeit eingestuft worden ist.
[5] *Wenzel* in: MünchKomm-BGB, § 378 Rn. 3.
[6] *Olzen* in: Staudinger, § 378 Rn. 23.
[7] So z.B. *Zeiss* in: Soergel, § 378 Rn. 3.
[8] So z.B. *Gernhuber*, Bürgerliches Recht, 1976, § 15 II 9 b.
[9] So *Wenzel* in: MünchKomm-BGB, § 378 Rn. 4.
[10] *Olzen* in: Staudinger, § 378 Rn. 23.
[11] Für eine evtl. Ausnahme vgl. den Streit über die Rückwirkung bei einer unrechtmäßigen Hinterlegung (Rn. 4).

gungsverhältnisses ein. Dies ist auch dann der Fall, wenn die Unwiderruflichkeit der Hinterlegung erst später eintritt.[12] Durch die unwiderrufliche Hinterlegung treten die gleichen Rechtsfolgen wie bei der Erfüllung ein: Ein bestehender Schuldnerverzug wird beendet, Bürgen und Pfänder werden frei (§§ 767 Abs. 1, 1252 BGB), und dem Gläubiger ist es verwehrt, auf den erloschenen Anspruch Leistungsverweigerungs- oder Zurückbehaltungsrechte (§§ 273, 320 BGB) zu stützen.

7 Der Gläubiger erhält dafür einen **Herausgabeanspruch** gegen die Hinterlegungsstelle auf die hinterlegte Sache aus dem öffentlich-rechtlichen Hinterlegungsverhältnis. Sofern zum Nachweis der Empfangsberechtigung des Gläubigers eine Erklärung des Schuldners erforderlich ist, so ist dieser zur Abgabe verpflichtet (§ 380 BGB). Die Umkehr der Beweislast aus § 363 BGB trifft den Gläubiger dabei aber nicht schon bei der Begründung des Hinterlegungsverhältnisses, sondern erst bei der Aushändigung des hinterlegten Gegenstandes an ihn.[13] Bei irrtümlicher Aushändigung des Gegenstandes an den Schuldner durch die Hinterlegungsstelle kommen Ansprüche für den Gläubiger aus Bereicherungsrecht (§ 816 BGB) oder aus Eigentum (§ 985 BGB) in Betracht.[14]

8 Eine Regelung der **dinglichen Rechtsfolgen** findet sich nicht in den Regelungen des BGB zum Hinterlegungsrecht, sondern ergibt sich aus den §§ 7, 9 HintO. Danach geht inländisches Geld in das Eigentum des Landes der Verwahrstelle über, während sich die Eigentumslage an den sonstigen Sachen durch die Hinterlegung nicht ändert. Daher geht das hinterlegte inländische Geld erst mit der Herausgabe an den Gläubiger in dessen Eigentum über. Handelt es sich dagegen um eine sonstige Sache, die der Schuldner an den Gläubiger übereignen möchte, so liegt in der Hinterlegung zugleich das Angebot auf Eigentumsübertragung, evtl. an den, den es angeht. Dieses Angebot nimmt der Gläubiger durch den Herausgabeantrag gem. § 13 HintO oder die Abgabe einer Erklärung gem. § 376 Abs. 2 Nr. 2 BGB an. Folglich ist die Hinterlegungsstelle bei inländischem Geld unmittelbare Eigenbesitzerin, während sie bei sonstigen Sachen als unmittelbare Fremdbesitzerin Besitzmittlerin ist, da das öffentlich-rechtliche Hinterlegungsverhältnis ein Besitzmittlungsverhältnis i.S.v. § 868 BGB ist.[15] Dabei ist der Schuldner bis zu Annahmeerklärung des Gläubigers mittelbarer Besitzer.[16]

9 Erfolgt die Hinterlegung, obwohl die ihr zugrunde liegende Schuld in Wahrheit gar nicht bestand oder der Gläubiger eine Hinterlegung wegen ihrer Unrechtmäßigkeit nicht annimmt[17], so richtet sich die **Rückabwicklung nach Bereicherungsrecht** (§§ 812-822 BGB). Sofern der Gläubiger den Gegenstand schon erhalten hat, richtet sich der Bereicherungsanspruch auf den Gegenstand bzw. auf das noch im Vermögen des Gläubigers befindliche Surrogat. Sofern der Gegenstand noch bei der Hinterlegungsstelle ist, muss der Gläubiger seine erlangte Position als Hinterlegungsgläubiger herausgeben.[18] Dies geschieht durch die Abgabe einer entsprechenden Freigabeerklärung (§ 13 Abs. 2 Nr. 1 HintO).

---

[12] BGH v. 10.12.2004 - V ZR 340/03 - NJW-RR 2005, 712-714; BGH v. 17.11.2005 - IX ZR 174/04 - NJW-RR 2006, 334-335.
[13] *Wenzel* in: MünchKomm-BGB, § 378 Rn. 7.
[14] *Olzen* in: Staudinger, § 378 Rn. 13, 14.
[15] *Gernhuber*, Bürgerliches Recht, 1976, § 15 II 12.
[16] *Olzen* in: Staudinger, Vor § 372 Rn. 21.
[17] *Erman*, Handkommentar BGB, 10. Aufl. 2000, § 378 Rn. 4.
[18] *Olzen* in: Staudinger, § 378 Rn. 27; *Erman*, Handkommentar BGB, 10. Aufl. 2000, § 378 Rn. 4.

§ 379 BGB Wirkung der Hinterlegung bei nicht ausgeschlossener Rücknahme

(Fassung vom 02.01.2002, gültig ab 01.01.2002)

(1) Ist die Rücknahme der hinterlegten Sache nicht ausgeschlossen, so kann der Schuldner den Gläubiger auf die hinterlegte Sache verweisen.

(2) Solange die Sache hinterlegt ist, trägt der Gläubiger die Gefahr und ist der Schuldner nicht verpflichtet, Zinsen zu zahlen oder Ersatz für nicht gezogene Nutzungen zu leisten.

(3) Nimmt der Schuldner die hinterlegte Sache zurück, so gilt die Hinterlegung als nicht erfolgt.

Gliederung

A. Kommentierung zu Absatz 1 1	B. Kommentierung zu Absatz 2 4
I. Grundlagen 1	C. Kommentierung zu Absatz 3 5
II. Anwendungsvoraussetzungen – Verweis auf die hinterlegte Sache 2	I. Anwendungsvoraussetzungen – Rücknahme der hinterlegten Sache 5
III. Rechtsfolgen 3	II. Rechtsfolgen 6

A. Kommentierung zu Absatz 1

I. Grundlagen

Die Regelung dient dem Schutze des Schuldners, solange die Hinterlegung noch keine Erfüllungswirkung entfaltet. Sie ist als Ergänzung des § 378 BGB zu sehen, der erst bei ausgeschlossener Rücknahme greift. Der Hintergrund dieser Regelung besteht darin, dass der Gläubiger jederzeit durch eine Annahme (§ 376 Abs. 2 Nr. 2 BGB) die Hinterlegung unwiderruflich machen kann. Die Anwendung setzt ebenso wie § 378 BGB eine rechtmäßige Hinterlegung voraus.[1]

1

II. Anwendungsvoraussetzungen – Verweis auf die hinterlegte Sache

Der Schuldner hat bei der Hinterlegung mit nicht ausgeschlossener Rücknahme das Recht, den Gläubiger auf den hinterlegten Gegenstand zu verweisen. Dieses Leistungsverweigerungsrecht muss der Schuldner durch eine Einrede geltend machen. Dabei hindert aber schon das Bestehen der Einrede den Eintritt eines Schuldnerverzuges.[2] Dagegen wird sie in einem Prozess nur beachtet, wenn der Schuldner die Einrede auch tatsächlich erhebt. Die Einrede kann auch von Bürgen (§ 768 BGB), Verpfändern (§ 1211 BGB) oder sonstigen Sicherungsgebern erhoben werden.

2

III. Rechtsfolgen

Der Schuldner verweist durch den Gebrauch der Einrede den Gläubiger auf seinen Herausgabeanspruch aus dem Hinterlegungsverhältnis. Bei Gebrauch der Einrede lässt sich daraus keine Verzichtserklärung des Schuldners auf sein Rücknahmerecht ableiten.[3] Für den Zeitraum des Bestehens der Einrede ist die Verjährung gehemmt (§ 205 BGB).

3

B. Kommentierung zu Absatz 2

Gefahrtragung: Solange die Sache hinterlegt ist, trägt der Gläubiger die Gefahr[4] und der Schuldner ist nicht verpflichtet, Zinsen zu zahlen oder Ersatz für nicht gezogene Nutzungen zu leisten. Diese Wirkungen treten kraft Gesetzes ein. Einer Erhebung einer Einrede durch den Schuldner bedarf es daher nicht. Sie treten bei jeder rechtmäßigen Hinterlegung ein, bei der die Rücknahme nicht ausgeschlossen ist. Im Falle der Hinterlegung wegen eines Annahmeverzuges ist die Rechtsfolge aber entbehrlich, da

4

---

[1] *Olzen* in: Staudinger, § 379 Rn. 2.
[2] *Wenzel* in: MünchKomm-BGB, § 379 Rn. 2.
[3] *Wenzel* in: MünchKomm-BGB, § 379 Rn. 2.
[4] Gemeint ist hier die Preisgefahr. Die Leistungsgefahr trägt der Gläubiger gem. §§ 275, 243 Abs. 2 BGB ohnehin. Der Gläubiger bleibt daher auch bei Untergang oder Verschlechterung der Sache während der Hinterlegung zur Gegenleistung verpflichtet; *Gernhuber*, Bürgerliches Recht, 1976, § 15 II 10; a.A. *Erman*, Handkommentar BGB, 10. Aufl. 2000, § 379 Rn. 2.

hier die Wirkungen schon aufgrund der Regelungen der §§ 300 Abs. 2, 301, 302, 326 Abs. 2 Satz 1 BGB eingetreten sind.

C. Kommentierung zu Absatz 3

I. Anwendungsvoraussetzungen – Rücknahme der hinterlegten Sache

5 Die Rücknahme der hinterlegten Sache durch den Schuldner erfolgt durch Erklärung gegenüber der Hinterlegungsstelle.

II. Rechtsfolgen

6 Durch die Rücknahme der hinterlegten Sache durch den Schuldner gilt die Hinterlegung als nicht erfolgt. Damit entfallen die Wirkungen der Hinterlegung rückwirkend.[5] Dazu zählen insbesondere die Rechtswirkungen des § 379 Abs. 1, 2 BGB. Auch der gehinderte Schuldnerverzug oder die Hemmung der Verjährung gelten als nicht eingetreten. Für die Rücknahme ist die tatsächliche Rückgabe des hinterlegten Gegenstandes nicht erforderlich.[6] Die Rechtsfolgen, die möglicherweise schon durch einen Annahmeverzug des Gläubigers entstanden sind, bleiben hingegen unverändert bestehen. Auch das verjährungsunterbrechende Anerkenntnis (§ 212 Abs. 1 Nr. 1 BGB), das in der Hinterlegung oder in der Anzeige (§ 374 Abs. 2 BGB) zu sehen ist, bleibt unverändert bestehen.[7]

---

[5] Zur Anwendbarkeit im Rahmen bei Nachlassforderungen vgl. OLG Celle v. 10.07.2003 - 5 U 45/03.
[6] *Gernhuber*, Bürgerliches Recht, 1976, § 15 II 10
[7] *Erman*, Handkommentar BGB, 10. Aufl. 2000, § 379 Rn. 3.

§ 380 BGB Nachweis der Empfangsberechtigung

(Fassung vom 02.01.2002, gültig ab 01.01.2002)

Soweit nach den für die Hinterlegungsstelle geltenden Bestimmungen zum Nachweis der Empfangsberechtigung des Gläubigers eine diese Berechtigung anerkennende Erklärung des Schuldners erforderlich oder genügend ist, kann der Gläubiger von dem Schuldner die Abgabe der Erklärung unter denselben Voraussetzungen verlangen, unter denen er die Leistung zu fordern berechtigt sein würde, wenn die Hinterlegung nicht erfolgt wäre.

Gliederung

A. Grundlagen 1	I. Anerkenntniserklärung 3
B. Praktische Bedeutung 2	II. Forderungsbestand und Sachlegitimation 6
C. Anwendungsvoraussetzungen 3	

A. Grundlagen

Die Vorschrift dient dazu, den Herausgabeanspruch des Gläubigers auf den hinterlegten Gegenstand abzusichern. Dafür gewährt sie dem Gläubiger einen Anspruch gegen den Schuldner auf Abgabe einer anerkennenden Erklärung, die dieser zum Nachweise der Empfangsberechtigung benötigt (§ 13 Abs. 1 HintO).   **1**

B. Praktische Bedeutung

Die praktische Bedeutung der Vorschrift ist gering, da der Gläubiger nur in wenigen Fällen die Anerkenntniserklärung des Schuldners als Nachweis für seine Empfangsberechtigung tatsächlich benötigt.   **2**

C. Anwendungsvoraussetzungen

I. Anerkenntniserklärung

Die Anerkenntniserklärung muss **erforderlich oder genügend** sein. Wann diese erforderlich und genügend ist, ergibt sich aus dem formellen Hinterlegungsrecht. Nach § 13 Abs. 1 HintO ist der Nachweis einer Empfangsberechtigung erforderlich. Dieser Nachweis ist erbracht, wenn die Beteiligten die Herausgabe an den Gläubiger bewilligen oder seine Empfangsberechtigung anerkennen (§ 13 Abs. 2 Nr. 1 HintO). Ein solcher Nachweis ist auch durch Urteil (§ 13 Abs. 2 Nr. 2 HintO), andere Urkunden oder durch die Bezugnahme auf Akten möglich. Der Nachweis durch Zeugen oder Sachverständige ist hingegen unzulässig.[1]   **3**

Ein **Verzicht auf das Rücknahmerecht** (§ 372 BGB) durch den Schuldner bewirkt, dass er am Hinterlegungsverfahren nicht mehr beteiligt ist. Daher ist ein Anerkenntnis oder eine Bewilligung von ihm für den Nachweis der Empfangsberechtigung des Gläubigers weder erforderlich noch genügend.[2] Dies ändert sich aber dann, sobald die Parteien über die Rechtmäßigkeit der Hinterlegung bzw. den Bestand der zugrunde liegenden Forderung[3] streiten oder der Schuldner die Hinterlegung von der Bewirkung einer Gegenleistung abhängig gemacht hat (§ 373 BGB). In diesen Fällen kann der Gläubiger, ggf. nach Erbringung der Gegenleistung, eine Anerkenntniserklärung vom Schuldner verlangen. Dieser Anspruch besteht auch, wenn der Schuldner das Bestehen der Forderung später zu Unrecht bestreitet.[4] Allerdings entfällt der Anspruch, wenn der Gläubiger den Nachweis seiner Berechtigung auch auf andere Weise erbringen kann.[5]   **4**

Liegt **kein Verzicht auf das Rücknahmerecht** vor, so ist der Schuldner bis zur Annahmeerklärung des Gläubigers, die schon im Herausgabeverlangen liegen kann, Beteiligter i.S.d. Hinterlegungsordnung (§ 13 HintO). Allerdings hat sich der Schuldner bereits im Hinterlegungsantrag mit der Heraus-   **5**

---

[1] *Schmidt* in: Bülow/Mecke, Hinterlegungsordnung, 2. Aufl. 1979, § 13 HintO Rn. 27.
[2] *Wenzel* in: MünchKomm-BGB, § 380 Rn. 4.
[3] *Olzen* in: Staudinger, § 380 Rn. 7, 9.
[4] *Wenzel* in: MünchKomm-BGB, § 380 Rn. 4.
[5] So ist der Nachweis z.B. durch eine Quittung möglich.

gabe an den Gläubiger einverstanden erklärt, daher ist eine gesonderte Anerkenntniserklärung nicht erforderlich.[6] Dies ändert sich aber, sobald Zweifel an der Empfangsberechtigung des Gläubigers bestehen. Solche können zum einem bei Unklarheten über die Personenidentität zwischen Anspruchsteller und dem durch den Schuldner benannten Gläubiger bestehen oder aus einer weiteren Erklärung des Schuldners, die als Ausübung des Rücktrittsrechts gewertet werden kann, herrühren. Ebenso ist für die Herausgabe an den Berechtigten bei mehreren benannten möglichen Gläubigern, neben der Bewilligung der übrigen Prätendenten, eine Bewilligung des Schuldners erforderlich.[7] In diesen Fällen besteht daher tatsächlich ein Anspruch des Gläubigers gegen den Schuldner auf Abgabe einer Anerkenntniserklärung, solange dieser von seinem Rücknahmerecht keinen Gebrauch gemacht hat.[8]

II. Forderungsbestand und Sachlegitimation

6   Weitere Voraussetzung ist, dass die der Hinterlegung zugrunde liegende Forderung besteht oder bis zum Erlöschen durch den Eintritt des § 378 BGB bestanden hat. Die Beweispflicht dafür liegt beim Gläubiger.[9] Sofern die Hinterlegung wegen der Ungewissheit über die Person des Gläubigers erfolgte, muss dieser auch beweisen, dass er tatsächlich der Berechtigte ist. Steht dem Schuldner ein Leistungsverweigerungsrecht zu, so kann der Schuldner die Erklärung nur Zug um Zug gegen die vereinbarte Gegenleistung verlangen. Andererseits hat der Gläubiger aufgrund des Anspruchs auf die Anerkenntniserklärung ein Zurückbehaltungsrecht.[10]

---

[6] *Wenzel* in: MünchKomm-BGB, § 380 Rn. 5.
[7] *Wenzel* in: MünchKomm-BGB, § 380 Rn. 5.
[8] Einschränkend *Olzen* in: Staudinger, § 380 Rn. 8.
[9] *Wenzel* in: MünchKomm-BGB, § 380 Rn. 6.
[10] *Olzen* in: Staudinger, § 380 Rn. 11.

§ 381 BGB Kosten der Hinterlegung

(Fassung vom 02.01.2002, gültig ab 01.01.2002)

Die Kosten der Hinterlegung fallen dem Gläubiger zur Last, sofern nicht der Schuldner die hinterlegte Sache zurücknimmt.

Gliederung

A. Grundlagen 1	II. Rücknahme durch den Schuldner 3
B. Anwendungsvoraussetzungen 2	C. Rechtsfolgen 4
I. Kostenpflicht des Schuldners 2	

A. Grundlagen

Die Vorschrift regelt die Kostentragung der Hinterlegung im Verhältnis zwischen den Parteien zu Lasten des Gläubigers. **1**

B. Anwendungsvoraussetzungen

I. Kostenpflicht des Schuldners

Zu den Kosten der Hinterlegung gehören in erster Linie die Gebühren der Hinterlegungsstelle. Daneben können dies aber auch die Kosten für eine Anerkenntniserklärung (§ 380 BGB) und die Kosten der Hinterlegungsanzeige an den Gläubiger (§ 374 Abs. 2 BGB) sein.[1] Die Aufwendungen, die der Schuldner eventuell für eine Rechtsberatung aufgewendet hat, fallen hingegen nicht darunter.[2] **2**

II. Rücknahme durch den Schuldner

Die Rücknahme der hinterlegten Sache darf nicht durch den Schuldner erfolgt sein. **3**

C. Rechtsfolgen

Die Kosten der Hinterlegung fallen dem Gläubiger zur Last. Diese Vorschrift regelt die Kostentragung im Verhältnis zwischen den Parteien. Gegenüber der Hinterlegungsstelle ist nach den Justizverwaltungskostengesetzen der Hinterleger der Sache Kostenschuldner.[3] Im Verhältnis der Parteien zueinander hat der Gläubiger die Kosten nur zu tragen, wenn die Hinterlegung rechtmäßig war oder durch seine Annahmeerklärung die unrechtmäßige Hinterlegung der rechtmäßigen gleichsteht.[4] Die Beweispflicht trägt der Schuldner.[5] Hat der Schuldner aufgrund des Annahmeverzuges des Gläubigers hinterlegt, so ergibt sich dessen Kostentragungspflicht bereits aus § 304 BGB. **4**

Die Kostenpflicht des Gläubigers entfällt, wenn der Schuldner die hinterlegte Sache zurücknimmt. Hat aber der Schuldner die hinterlegte Sache zurückgenommen, so gilt die Hinterlegung als nicht erfolgt (§ 379 Abs. 3 BGB) und der Schuldner muss ohnehin die Kosten tragen. Daher hat die Regelung nur klarstellende Bedeutung. **5**

---

[1] *Olzen* in: Staudinger, § 381 Rn. 4.
[2] *Wenzel* in: MünchKomm-BGB, § 381 Rn. 1.
[3] Vgl. z.B. § 6 JVKostG Berlin oder § 5 JVKostG Niedersachsen mir den jeweiligen Justizverwaltungsordnungen.
[4] *Olzen* in: Staudinger, § 381 Rn. 2.
[5] *Wenzel* in: MünchKomm-BGB, § 381 Rn. 1.

§ 382 BGB Erlöschen des Gläubigerrechts

(Fassung vom 02.01.2002, gültig ab 01.01.2002)

Das Recht des Gläubigers auf den hinterlegten Betrag erlischt mit dem Ablauf von 30 Jahren nach dem Empfang der Anzeige von der Hinterlegung, wenn nicht der Gläubiger sich vorher bei der Hinterlegungsstelle meldet; der Schuldner ist zur Rücknahme berechtigt, auch wenn er auf das Recht zur Rücknahme verzichtet hat.

Gliederung

A. Grundlagen ... 1	II. Rücknahmerecht des Schuldners ... 3
B. Anwendungsvoraussetzungen ... 2	C. Rechtsfolgen ... 4
I. Erlöschen des Herausgabeanspruchs des Gläubigers ... 2	

A. Grundlagen

1   Die Regelung statuiert für den Herausgabeanspruch des Gläubigers eine Ausschlussfrist von dreißig Jahren. Nach Ablauf dieser Frist hat der Schuldner ein Recht zur Rücknahme der hinterlegten Sache.

B. Anwendungsvoraussetzungen

I. Erlöschen des Herausgabeanspruchs des Gläubigers

2   Der Herausgabeanspruch des Gläubigers auf die hinterlegte Sache aus dem öffentlich-rechtlichen Hinterlegungsverhältnis ist nach **Ablauf von dreißig Jahren** ausgeschlossen. Trotz des Wortlauts „Betrag" gilt die Ausschlussfrist unterschiedslos für Geld und alle sonstigen Gegenstände.[1] Unabhängig davon, ob die Anzeige der Hinterlegung durch den Schuldner (§ 374 Abs. 2 BGB) oder die Hinterlegungsstelle (§ 11 HintO) erfolgte, beginnt der Fristlauf mit dem Zugang (§ 130 BGB) der Anzeige beim Gläubiger. Sofern die Anzeige untunlich war, beginnt die Frist bereits mit der Hinterlegung.[2] Erfolgte die Einstufung der Anzeige zu Unrecht als untunlich, so beginnt die Frist erst mit dem Zugang der nachgeholten Anzeige.[3] Für die Fristwahrung ist es ausreichend, dass sich der Gläubiger bei der Hinterlegungsstelle meldet. Der Nachweis seines Gläubigerrechts kann auch noch nach Fristablauf erfolgen.

II. Rücknahmerecht des Schuldners

3   Nach Ablauf der Frist hat der Schuldner ein **Recht zur Rücknahme** der hinterlegten Sache. Dies gilt ausdrücklich auch für den Fall, dass der Schuldner auf sein Rücknahmerecht verzichtet hat. Aber im Gegensatz zum Rücknahmerecht (§ 376 Abs. 1 BGB) ist der Herausgabeanspruch des Schuldners abtretbar, pfändbar und fällt ggf. in die Insolvenzmasse des Schuldners.[4] Der Herausgabeanspruch des Schuldners gegen die Hinterlegungsstelle erlischt nach Ablauf eines Jahres (§ 19 HintO).

C. Rechtsfolgen

4   Im Gegensatz zur Verjährung stellt die Ausschlussfrist keine Einrede dar. Erfolgte die Hinterlegung ohne Ausschluss der Rücknahme, so bewirkt der Ausschluss das Erlöschen des Schuldverhältnisses.[5] Bei der Hinterlegung unter Ausschluss der Rücknahme ist das Schuldverhältnis ohnehin aufgrund des § 378 BGB erloschen. Nach Ablauf der Frist weist das Rücknahmerecht auch im Verhältnis der Parteien untereinander den hinterlegten Gegenstand endgültig dem Schuldner zu.[6]

---

[1] Der Ausdruck wird allgemein als Redaktionsfehler betrachtet; so z.B. *Wenzel* in: MünchKomm-BGB, § 382 Rn. 1.

[2] Arg. ex § 19 Abs. 2 Nr. 1 HintO.

[3] *Olzen* in: Staudinger, § 382 Rn. 6.

[4] *Wenzel* in: MünchKomm-BGB, § 382 Rn. 2.

[5] *Olzen* in: Staudinger, § 382 Rn. 11; Erman, Handkommentar BGB, 10. Aufl. 2000, § 382 Rn. 1.

[6] *Wenzel* in: MünchKomm-BGB, § 382 Rn. 3.

§ 383 BGB Versteigerung hinterlegungsunfähiger Sachen

(Fassung vom 02.01.2002, gültig ab 01.01.2002)

(1) ¹Ist die geschuldete bewegliche Sache zur Hinterlegung nicht geeignet, so kann der Schuldner sie im Falle des Verzugs des Gläubigers am Leistungsort versteigern lassen und den Erlös hinterlegen. ²Das Gleiche gilt in den Fällen des § 372 Satz 2, wenn der Verderb der Sache zu besorgen oder die Aufbewahrung mit unverhältnismäßigen Kosten verbunden ist.

(2) Ist von der Versteigerung am Leistungsort ein angemessener Erfolg nicht zu erwarten, so ist die Sache an einem geeigneten anderen Ort zu versteigern.

(3) ¹Die Versteigerung hat durch einen für den Versteigerungsort bestellten Gerichtsvollzieher oder zu Versteigerungen befugten anderen Beamten oder öffentlich angestellten Versteigerer öffentlich zu erfolgen (öffentliche Versteigerung). ²Zeit und Ort der Versteigerung sind unter allgemeiner Bezeichnung der Sache öffentlich bekannt zu machen.

(4) Die Vorschriften der Absätze 1 bis 3 gelten nicht für eingetragene Schiffe und Schiffsbauwerke.

Gliederung

A. Grundlagen 1	IV. Modalitäten des Selbsthilfeverkaufs 5
B. Anwendungsvoraussetzungen 2	V. Rechtmäßigkeitserfordernisse 7
I. Versteigerungsfähige Sachen 2	**C. Rechtsfolgen** 9
II. Versteigerungsanlass 3	**D. Prozessuale Hinweise/Verfahrenshinweise** 11
III. Versteigerungsberechtigung 4	

A. Grundlagen

Die Regelungen zum Selbsthilfeverkauf sollen den Schutz des leistungswilligen und -fähigen Schuldners auch bei Gegenständen sichern, die gar nicht hinterlegungsfähig sind. Der damit verbundenen Gefahr eines Wertverlustes für den Gläubiger soll durch die strengen Anforderungen an die Versteigerung entgegengewirkt werden.

B. Anwendungsvoraussetzungen

I. Versteigerungsfähige Sachen

Eine Versteigerung ist nur bei beweglichen Sachen zulässig, die zur Hinterlegung nicht geeignet sind. Daher können Grundstücke, eingetragene Schiffe und Schiffsbauwerke nicht im Wege der Versteigerung veräußert werden.[1]

II. Versteigerungsanlass

Hauptanlass für den Selbsthilfeverkauf durch den Schuldner ist der Annahmeverzug (§§ 293-299 BGB) des Gläubigers. Im Falle des Handelskaufs ist dabei die Sonderregelung des § 373 HGB zu beachten. Eine Versteigerung aus einem Hinterlegungsgrund gem. § 372 Satz 2 BGB ist nur gerechtfertigt, wenn die Sache leicht verderblich oder die Aufbewahrung mit unverhältnismäßig hohen Kosten verbunden ist.[2]

III. Versteigerungsberechtigung

Die Berechtigung zum Selbsthilfeverkauf hat grundsätzlich der Schuldner inne. Ein Dritter ist dazu nur befugt, wenn er auch zur Hinterlegung berechtigt wäre. Eine solche Hinterlegungsberechtigung fehlt ihm aber grundsätzlich. Dies ist selbst dann der Fall, wenn der Dritte aus Erfüllungsübernahme oder

---

[1] Der Schuldner kann seine Interessen hier durch eine Besitzaufgabe (§ 303 BGB) durchsetzen.
[2] *Wenzel* in: MünchKomm-BGB, § 383 Rn. 3.

aus einem sonstigen Rechtsgrund zur Leistung verpflichtet ist.[3] Lediglich der Ablösungsberechtigte (§ 268 Abs. 2 BGB) darf hinterlegen. Dabei ist es unerheblich, ob sein Ablösungsrecht aus § 268 Abs. 1 BGB oder aus einer sonstigen Regelung (§§ 1142, 1150, 1249 BGB) stammt. Aus der Berechtigung zum Selbsthilfeverkauf folgt keine Verpflichtung dazu.[4] Eine solche Pflicht kann sich aber aus dem Gedanken des Mitverschuldens (§ 254 BGB) oder im Falle des § 372 Satz 2 BGB aus dem Grundsatz von Treu und Glauben ergeben.

IV. Modalitäten des Selbsthilfeverkaufs

5   Die Durchführung des Selbsthilfeverkaufs hat am Leistungsort zu erfolgen. Leistungsort (§ 269 BGB) und damit Ort der Hinterlegung ist der, an dem der Schuldner die Leistungshandlung vorzunehmen hat. Darauf, wo der Leistungserfolg eintreten soll, kommt es nicht an. Auch wenn der Schuldner den Leistungsgegenstand auf seine Kosten und Gefahr an den Wohnsitz des Gläubigers zu übermitteln hat, bleibt sein Wohnsitz Leistungsort und damit auch Ort der Hinterlegung.[5] Sofern an diesem nicht mit einem angemessenen Erlös zu rechnen ist, muss die Versteigerung an einem anderen Orte stattfinden, an dem ein angemessener Erlös zu erwarten ist.

6   Für den Selbsthilfeverkauf schreibt die Vorschrift die öffentliche Versteigerung vor. Dafür muss die öffentliche Versteigerung durch einen für den Versteigerungsort bestellten Gerichtsvollzieher oder zu Versteigerungen befugten anderen Beamten oder öffentlich angestellten Versteigerer erfolgen.[6] Die Versteigerung ist öffentlich, wenn jedermann innerhalb der Grenzen der Ordnung zugelassen ist.[7] Dafür muss der Versteigerungsraum so groß sein, dass er für die unter gewöhnlichen Umständen zu erwartende Anzahl von Interessenten ausreichend ist. Die Versteigerung kann durch Gerichtsvollzieher[8], Notare oder die von den zuständigen Landesbehörden bestellten Personen[9] durchgeführt werden. Die Versteigerung durch einen Notar soll aber nur erfolgen, wenn diese durch die Versteigerung von Grundstücken oder durch eine von ihm beurkundete oder vermittelte Vermögensauseinandersetzung veranlasst ist.[10] Weiterhin muss die Versteigerung öffentlich bekannt gemacht werden. Dies geschieht in ortsüblicher Weise, d.h. gewöhnlich in der Tageszeitung, in der die Behörde und Gerichte auch sonst ihre öffentlichen Bekanntmachungen verlautbaren.

V. Rechtmäßigkeitserfordernisse

7   Voraussetzung für den Selbsthilfeverkauf ist dessen Rechtmäßigkeit. Ansonsten führt dieser nicht zur gewünschten Schuldbefreiung für den Gläubiger. Liegen die genannten Voraussetzungen eines nicht hinterlegungsfähigen Gegenstandes und der Versteigerungsberechtigung nicht vor, so ist die Veräußerung rechtswidrig. Ebenfalls rechtswidrig ist die Versteigerung, wenn die vom Schuldner zum Selbsthilfeverkauf gebrachte Sache mangelhaft war. In diesem Falle kann der Schuldner die Rechtswidrigkeit nur verhindern, sofern ihm der Nachweis gelingt, dass trotz der Mangelhaftigkeit der Verkaufserlös nicht gemindert wurde.[11]

8   Bei der Verletzung der Erfordernisse der Durchführung der öffentlichen Versteigerung muss hingegen differenziert werden.[12] Sind wesentliche Gläubigerschutzvorschriften verletzt worden, so ist die Versteigerung unrechtmäßig.[13] Zu den wesentlichen Schutzvorschriften gehören die öffentliche und ordnungsgemäße Bekanntmachung, die Androhung der Versteigerung (§ 384 Abs. 1 BGB) und die öffentliche Durchführung der Versteigerung durch einen zugelassenen Versteigerer. Keine wesentliche Beeinträchtigung der Gläubigerrechte liegt hingegen vor, wenn es zu einem Verstoß gegen bloße Ord-

---

[3]   Argumentum e contrario ex § 268 Abs. 2 BGB; *Olzen* in: Staudinger, § 372 Rn. 8.
[4]   *Wenzel* in: MünchKomm-BGB, § 383 Rn. 4.
[5]   *Heinrichs* in: Palandt, § 374 Rn. 1; *Wenzel* in: MünchKomm-BGB, § 374 Rn. 1; a.A. *Erman*, Handkommentar BGB, 10. Aufl. 2000, § 374 Rn. 2; *Olzen* in: Staudinger, § 374 Rn. 3.
[6]   Diese Legaldefinition gilt auch für weitere Vorschriften (§§ 474 Abs. 1 Satz 2, 489, 935 Abs. 2, 966, 1219, 1235 BGB, § 373 HGB), für den Verbrauchsgüterkauf vgl. BGH v. 09.11.2005 - VIII ZR 116/05 - NJW 2006, 613-615.
[7]   *Wenzel* in: MünchKomm-BGB, § 383 Rn. 6.
[8]   Vgl. § 246 GVGA.
[9]   Vgl. § 34b Abs. 5 GewO.
[10] Vgl. § 20 Abs. 3 BNotO.
[11] *Gernhuber*, Bürgerliches Recht, 1976, § 15 III 4.
[12] Diese Differenzierung lässt sich aus einem Vergleich mit dem Pfandverkauf (§ 1243 BGB) gewinnen; so u.a. auch *Wenzel* in: MünchKomm-BGB, § 383 Rn. 7.
[13] *Gernhuber*, Bürgerliches Recht, 1976, § 15 III 4.

nungsvorschriften gekommen ist. Dazu zählen die Bestimmungen über den Ort der Versteigerung (vgl. Rn. 5) oder die für den Versteigerer maßgebenden Verwaltungsvorschriften. Ein Verstoß gegen die Bestimmungen über den Ort der Versteigerung begründet aber grundsätzlich eine Schadensersatzpflicht des Schuldners. Diese kann er nur dadurch abweisen, wenn ihm der Nachweis gelingt, dass die Versteigerung am gesetzlich vorgesehenen Orte keinen höheren Erlös erbracht hätte.[14] Dabei haftet er im Falle des Annahmeverzuges nur für Vorsatz und grobe Fahrlässigkeit (§ 300 Abs. 1 BGB).

C. Rechtsfolgen

Mit dem Zuschlag in der Versteigerung kommt der Kaufvertrag zustande (§ 156 BGB). Vertragspartner des Höchstbietenden ist der Schuldner.[15] 9

Bei der rechtmäßigen Versteigerung kann der Schuldner den Erlös hinterlegen. Dadurch wird der Schuldner von seiner ursprünglichen Schuld frei. Der Erlös tritt dabei im Wege der dinglichen Surrogation an die Stelle der bisher geschuldeten Sache.[16] Der Anspruch des Gläubigers auf die Sache wandelt sich in einen Geldanspruch.[17] Sofern das Leistungshindernis in der Zwischenzeit entfallen ist, besteht die Möglichkeit für den Schuldner, direkt an den Gläubiger zu leisten. Außerdem steht es ihm frei, gegen den Geldanspruch des Gläubigers mit etwaigen Gegenansprüchen aufzurechnen.[18] 10

D. Prozessuale Hinweise/Verfahrenshinweise

Der Schuldner darf bei der Versteigerung selbst mitbieten.[19] Sofern der Schuldner Eigentümer der Sache ist, erreicht er durch den Zuschlag zu seinen Gunsten die Befreiung von der ursprünglichen Schuld. War der Gläubiger bereits Eigentümer der hinterlegten Sache, so erwirbt der Schuldner Eigentum an der Sache. Ebenso kann auch der Gläubiger mitbieten. Sofern er schon Eigentümer der Sache ist, hat er im Falle des Zuschlags nur noch einen Anspruch auf die Übergabe.[20] Der Versteigerer und seine Hilfskräfte sind hingegen als Bieter ausgeschlossen (§§ 450, 451 BGB). 11

---

[14] *Wenzel* in: MünchKomm-BGB, § 383 Rn. 7.
[15] *Erman*, Handkommentar BGB, 10. Aufl. 2000, § 383 Rn. 3.
[16] Es handelt sich dabei um eine entsprechende Anwendung des § 1247 BGB.
[17] *Gernhuber*, Bürgerliches Recht, 1976, § 15 III 7.
[18] *Enneccerus/Lehmann*, Recht der Schuldverhältnisse, 15. Bearb. 1958, § 67 IV 2.
[19] Dies ergibt sich trotz des § 181 BGB aus dem Rechtsgedanken des § 1239 BGB und § 374 Abs. 4 HGB.
[20] *Gernhuber*, Bürgerliches Recht, 1976, § 15 III 6.

§ 384 BGB Androhung der Versteigerung

(Fassung vom 02.01.2002, gültig ab 01.01.2002)

(1) Die Versteigerung ist erst zulässig, nachdem sie dem Gläubiger angedroht worden ist; die Androhung darf unterbleiben, wenn die Sache dem Verderb ausgesetzt und mit dem Aufschub der Versteigerung Gefahr verbunden ist.

(2) Der Schuldner hat den Gläubiger von der Versteigerung unverzüglich zu benachrichtigen; im Falle der Unterlassung ist er zum Schadensersatz verpflichtet.

(3) Die Androhung und die Benachrichtigung dürfen unterbleiben, wenn sie untunlich sind.

A. Androhung

1 Voraussetzung für einen rechtmäßigen Selbsthilfeverkauf ist die Androhung der Versteigerung. Dadurch soll der Gläubiger die Möglichkeit haben, durch Leistungsannahme die Versteigerung zu verhindern.[1] Daher muss zwischen der Androhung und der Versteigerung eine angemessene Frist liegen. Die Androhung selbst stellt kein Rechtsgeschäft dar, sondern ist eine rechtsgeschäftsähnliche Handlung.[2]

B. Benachrichtigung

2 Der Schuldner hat den Gläubiger unverzüglich (§ 121 Abs. 1 BGB) von der Versteigerung zu unterrichten. Dies schließt die Benachrichtigung über die Höhe des erzielten Erlöses mit ein. Unterbleibt die Benachrichtigung, ist der Schuldner zum Ersatz des entstandenen Schadens verpflichtet. Dies beeinträchtigt aber die Rechtmäßigkeit des Selbsthilfeverkaufs nicht.

C. Untunlichkeit

3 Untunlich ist die Anzeige, wenn sie öffentlich zugestellt (§ 132 Abs. 2 BGB) werden müsste. Ansonsten kommt Untunlichkeit nur in Betracht, wenn die Anzeige wegen der großen Zahl der möglichen Gläubiger, der entstehenden Kosten oder wegen besonderer Schwierigkeiten bei der Anschriftenermittlung unverhältnismäßig wäre.[3]

4 Die Beweispflicht über die erfolgte Androhung, Benachrichtigung und das Vorliegen der Untunlichkeit trägt der Schuldner.[4] Er ist auch zum Nachweis des Zugangs verpflichtet, wobei der Nachweis der Absendung nicht ausreichend ist.[5]

---

[1] *Wenzel* in: MünchKomm-BGB, § 384 Rn. 1.
[2] *Olzen* in: Staudinger, § 384 Rn. 2; *Gernhuber*, Bürgerliches Recht, 1976, § 15 III 4b; a.A. *Erman*, Handkommentar BGB, 10. Aufl. 2000, § 384 Rn. 1.
[3] *Wenzel* in: MünchKomm-BGB, § 374 Rn. 2.
[4] *Strieder* in: Baumgärtel/Laumen, Handbuch der Beweislast im Privatrecht, § 384 Rn. 1.
[5] *Strieder* in: Baumgärtel/Laumen, Handbuch der Beweislast im Privatrecht, § 384 Rn. 2.

§ 385 BGB Freihändiger Verkauf

(Fassung vom 02.01.2002, gültig ab 01.01.2002)

Hat die Sache einen Börsen- oder Marktpreis, so kann der Schuldner den Verkauf aus freier Hand durch einen zu solchen Verkäufen öffentlich ermächtigten Handelsmäkler oder durch eine zur öffentlichen Versteigerung befugte Person zum laufenden Preis bewirken.

Gliederung

A. Grundlagen 1	II. Öffentlich ermächtigte Person 3
B. Anwendungsvoraussetzungen 2	C. Prozessuale Hinweise/Verfahrenshinweise 4
I. Börsen- oder Marktpreis 2	

A. Grundlagen

Der freihändige Verkauf von Sachen mit einem Börsen- oder Marktpreis soll dem Interesse des Schuldners an einer einfachen und zügigen Abwicklung des Selbsthilfeverkaufs dienen. Die Interessen des Gläubigers werden dadurch gewahrt, dass der Verkauf nur durch einen zu solchen Verkäufen öffentlich ermächtigten Handelsmakler oder durch eine zur öffentlichen Versteigerung befugte Person erfolgen darf und dabei ein sog. „laufender" Preis erzielt werden muss. Dabei regelt die Vorschrift nur die Art des Verkaufes und stellt somit lediglich eine Ergänzung des § 383 BGB dar. [1]

B. Anwendungsvoraussetzungen

I. Börsen- oder Marktpreis

Voraussetzung für den freihändigen Verkauf ist, dass die Sache am Versteigerungsort einen Börsen- oder Marktpreis hat.[1] Dies ist der Fall, wenn für Sachen der entsprechenden Gattung und Qualität am Verkaufsort aus einer größeren Zahl von Verkäufen ein Durchschnittspreis ermittelt werden kann.[2] Sofern örtliche Einrichtungen bestehen, die einen Durchschnittspreis feststellen, so ist deren Feststellung maßgebend.[3] Ist eine solche Preisfeststellung vor Ort nicht möglich, kann der Marktpreis durch Preisvergleich ermittelt werden. Dafür ist es aber erforderlich, dass am Ort der Versteigerung eine ausreichende Anzahl von vergleichbaren Geschäften durchgeführt wurde.[4] Der laufende Preis, der mindestens erzielt werden muss, ist dann der Durchschnittspreis am Ort und Tag des Verkaufs.[5] [2]

II. Öffentlich ermächtigte Person

Der Verkauf der Sache muss durch einen öffentlich ermächtigten Handelsmakler oder durch eine zur öffentlichen Versteigerung befugte Person erfolgen. Ein öffentlich ermächtigter Handelsmakler ist vor allem der Kursmakler (§ 34 BörsG). Ansonsten ist eine Ermächtigung zum Handelsmakler nach Landesrecht durch die zuständige Behörde möglich.[6] [3]

C. Prozessuale Hinweise/Verfahrenshinweise

Der freihändige Verkauf ist nur unter den genannten Voraussetzungen rechtmäßig. Die Beweispflicht für die Rechtmäßigkeit trägt der Schuldner.[7] [4]

---

[1] Vgl. dazu auch § 453 BGB und § 273 Abs. 2 HGB.
[2] *Olzen* in: Staudinger, § 385 Rn. 2; *Zeiss* in: Soergel, § 385 Rn. 1.
[3] *Olzen* in: Staudinger, § 385 Rn. 2; das Verfahren der Feststellung des Börsenkurses ist in § 29 BörsG geregelt.
[4] *Wenzel* in: MünchKomm-BGB, § 385 Rn. 2.
[5] *Wenzel* in: MünchKomm-BGB, § 385 Rn. 2.
[6] Diese Möglichkeit hat aber kaum noch praktische Bedeutung.
[7] *Wenzel* in: MünchKomm-BGB, § 385 Rn. 4.

§ 386 BGB Kosten der Versteigerung

(Fassung vom 02.01.2002, gültig ab 01.01.2002)

Die Kosten der Versteigerung oder des nach § 385 erfolgten Verkaufs fallen dem Gläubiger zur Last, sofern nicht der Schuldner den hinterlegten Erlös zurücknimmt.

1 Die Kosten der Versteigerung und des freihändigen Verkaufs fallen dem Gläubiger zur Last. Diese Vorschrift regelt die Kostentragung im Verhältnis zwischen den Parteien. Gegenüber dem Versteigerer haftet als Auftraggeber der Schuldner.[1] Zu den Kosten der Versteigerung gehören die Gebühren der Versteigerung, die Kosten der Androhung (§ 384 Abs. 1 BGB), die Aufwendungen für die öffentliche Bekanntmachung und die Benachrichtigung (§§ 383, 384 BGB) und die Umsatzsteuer.[2] Die Kosten kann der Schuldner gleich einbehalten, wenn er gegenüber dem Anspruch des Gläubigers aufrechnet. Die Kostenpflicht des Gläubigers entfällt, wenn der Schuldner den hinterlegten Erlös zurücknimmt.[3] Diese Konstellation ist ausgeschlossen, wenn der Schuldner den Erlös direkt an den Gläubiger auskehrt.

---

[1] *Olzen* in: Staudinger, § 386 Rn. 1.
[2] *Olzen* in: Staudinger, § 386 Rn. 6.
[3] Vgl. dazu den Parallelfall in § 381 BGB.

Titel 3 - Aufrechnung

§ 387 BGB Voraussetzungen

(Fassung vom 02.01.2002, gültig ab 01.01.2002)

Schulden zwei Personen einander Leistungen, die ihrem Gegenstand nach gleichartig sind, so kann jeder Teil seine Forderung gegen die Forderung des anderen Teils aufrechnen, sobald er die ihm gebührende Leistung fordern und die ihm obliegende Leistung bewirken kann.

Gliederung

A. Grundlagen 1	IV. Durchsetzbarkeit der Gegenforderung 38
I. Kurzcharakteristik 1	1. Bestehen, Wirksamkeit und Fälligkeit 39
II. Regelungsprinzipien 2	2. Erzwingbarkeit 48
III. Internationales Privatrecht und Bezug zum UN-Kaufrecht 6	3. Einzelfälle 51
	V. Erfüllbarkeit der Hauptforderung 55
B. Anwendungsvoraussetzungen 8	1. Allgemeines 55
I. Allgemeines 8	2. Bestehen 56
II. Gegenseitigkeit 10	3. Erfüllbarkeit 60
1. Aufrechnungsbefugnis nur des Schuldners selbst 11	4. Einzelfälle 63
2. Eigene Forderung des Schuldners 12	VI. Ausschluss der Aufrechnung 71
3. Forderung gegen den Gläubiger 15	1. Gesetzliche Verbote 71
4. Sonderfälle des Gegenseitigkeitserfordernisses 18	2. Vertragliche Verbote 76
a. Sondervermögen 18	3. Verstoß gegen Treu und Glauben 81
b. Treuhandverhältnisse 19	4. Typische Fälle 82
5. Ausnahmen vom Gegenseitigkeitserfordernis ... 24	5. Grenzen für vertragliche Aufrechnungsverbote 106
a. Ablösungsrecht Dritter 24	**C. Prozessuale Hinweise, insbesondere Beweislastverteilung** 112
b. Schuldnerschutz 25	**D. Anwendungsfelder** 114
c. Verpfändete Forderung 28	I. Abgrenzung von der Anrechnung 114
d. Forderungspfändung 29	II. Abgrenzung vom Aufrechnungsvertrag 115
III. Gleichartigkeit 30	1. Allgemeines 115
1. Allgemeines 30	2. Voraussetzungen 117
2. Sonderfälle des Gleichartigkeitserfordernisses 33	3. Praktische Bedeutung 118
3. Ausnahmen vom Gleichartigkeitserfordernis ... 36	4. Sonderfälle 121

A. Grundlagen

I. Kurzcharakteristik

Aufrechnung ist die wechselseitige Tilgung zweier sich gegenüberstehender Forderungen durch einseitiges Rechtsgeschäft. Die Forderung, gegen die aufgerechnet wird, wird als Hauptforderung (Passivforderung) bezeichnet, die Forderung, mit der aufgerechnet wird, als Gegenforderung (Aktivforderung, Aufrechnungsforderung). 1

II. Regelungsprinzipien

Stehen dem Gläubiger und dem Schuldner gegeneinander Forderungen zu, ist jeder also zugleich Schuldner und Gläubiger des anderen, so ist nicht zwingend ein doppelter Leistungsaustausch durch die jeweilige Erfüllung der Forderungen erforderlich. Das Gesetz lässt vielmehr eine **Tilgung** der Forderungen durch Aufrechnung zu: Der Schuldner ist grundsätzlich berechtigt, die Aufrechnung mit einer ihm gegen den Gläubiger zustehenden eigenen Forderung zu erklären, mit der Folge, dass beide Forderungen erlöschen, soweit sie sich decken. Dieses (Aufrechnungs-)Recht des Schuldners regeln die §§ 387-396 BGB.[1] 2

---

[1] Vgl. *Coester-Waltjen*, Jura 2003, 246-250 für einen allgemeinen Überblick über Voraussetzungen und Wirkungen der Aufrechnung.

3   Da der Gläubiger nicht den eigentlich geschuldeten Leistungsgegenstand erhält, ist die Aufrechnung keine Erfüllung i.S.d. § 362 BGB, sondern lediglich ein Erfüllungssurrogat[2], das ein unwirtschaftliches Hin und Her der Leistungen vermeiden soll.

4   Neben dieser **Tilgungsfunktion** können der Aufrechnung weitere Funktionen zukommen: die Durchsetzungs- und Vollstreckungsfunktion und die Sicherungsfunktion. Die Durchsetzungs- und Vollstreckungsfunktion ermöglicht dem Schuldner, seine eigene (Gegen-)Forderung bzw. deren Wert auch dann zu realisieren, wenn die Durchsetzung der Forderung anderenfalls zweifelhaft oder nur über die Durchführung eines Klage- und Vollstreckungsverfahrens möglich wäre. Die Aufrechnung erspart dem Aufrechnenden die Klageinitiative in einem ihm womöglich ungelegenen Gerichtsstand und zwingt den Inhaber der womöglich unstreitigen Passivforderung seinerseits zur Klageerhebung im Heimatgerichtsstand des Aufrechnenden. Dem mag man durch die Vereinbarung ausschließlicher Gerichtsstände vorbeugen (vgl. dazu Rn. 80). Die **Sicherungsfunktion** zeigt sich beim Vermögensverfall des Aufrechnungsgegners.[3] Sie erspart es dem Schuldner des Aufrechnungsgegners, seine Schuld in voller Höhe zur Masse berichtigen zu müssen und sich mit Blick auf die eigene Forderung auf die Insolvenzquote verweisen zu lassen. Zu den Einzelheiten vgl. die §§ 94 ff. InsO.

5   Die Aufrechnung kann auch im **Prozess** erklärt werden, vgl. hierzu die Kommentierung zu § 388 BGB. Zur Aufrechnung von **öffentlich-rechtlicher Forderungen** vgl. die Kommentierung zu § 395 BGB.

III. Internationales Privatrecht und Bezug zum UN-Kaufrecht

6   Wirksamkeit und Wirkung der Aufrechnung sind nach dem Statut der (Haupt-)Forderung zu beurteilen, gegen die aufgerechnet wird.[4] Das schreibt seit Dezember 2009 Art. 17 Rom-I-VO für den Fall vor, dass das Recht zur Aufrechnung nicht vertraglich vereinbart ist.

7   Wird gegen eine Kaufpreisforderung aufgerechnet, auf die das UN-Kaufrechtsabkommen (CISG) Anwendung findet, so ist die Zulässigkeit und Wirkung der Aufrechnung in Ermangelung einer Regelung im UN-Kaufrecht nach dem nationalen Recht zu beurteilen, das ergänzend auf das Kaufgeschäft Anwendung findet.[5]

B. Anwendungsvoraussetzungen

I. Allgemeines

8   Das Gesetz sieht vor, dass die Aufrechnung durch eine Erklärung gegenüber dem anderen Teil erfolgt (§ 388 Satz 1 BGB) und dass die Abgabe der Aufrechnungserklärung die beiderseitigen Forderungen in dem Zeitpunkt tilgt, in dem sie als zur Aufrechnung geeignet einander gegenübergetreten sind (§ 389 BGB).

9   Die Aufrechnung setzt demnach die Gegenseitigkeit (vgl. Rn. 10) und Gleichartigkeit (vgl. Rn. 30) der Forderungen, die Durchsetzbarkeit der Gegenforderung (vgl. Rn. 38) und die Erfüllbarkeit der Hauptforderung (vgl. Rn. 55) voraus, sog. **Aufrechnungslage**. Die Aufrechnungslage muss im Zeitpunkt der Abgabe der **Aufrechnungserklärung** (§ 388 BGB) vorliegen. Schließlich darf die Aufrechnung auch nicht ausgeschlossen sein (vgl. bei Aufrechnungsausschluss, Rn. 71).

II. Gegenseitigkeit

10 Die Aufrechnung setzt nach § 387 BGB voraus, dass zwei Personen „einander Leistungen schulden". Jede von den beiden an der Aufrechnung beteiligten Personen muss daher zugleich Gläubiger und Schuldner des jeweils anderen sein.[6]

1. Aufrechnungsbefugnis nur des Schuldners selbst

11 Da zwischen den an der Aufrechnung beteiligten Personen Identität bestehen muss, ist grundsätzlich **nur der Schuldner selbst** (oder derjenige, dem – etwa als Testamentsvollstrecker oder als Insolvenzverwalter – die Verfügungsmacht über die Gegenforderung zukommt[7]) **aufrechnungsbefugt**. Ein

---

[2] Vgl. RG v. 05.03.1928 - IV 682/27 - RGZ 120, 280-283, 282.
[3] Vgl. BGH v. 04.05.1995 - IX ZR 256/93 - juris Rn. 15 - BGHZ 129, 336-345.
[4] Vgl. BGH v. 25.11.1993 - IX ZR 32/93 - juris Rn. 53 - BGHZ 124, 237-247; Gursky in: Staudinger, Vorbem. zu den §§ 387 ff. Rn. 109 m.w.N.
[5] Vgl. OLG Düsseldorf v. 11.07.1996 - 6 U 152/95 - NJW-RR 1997, 822-823.
[6] Vgl. BGH v. 06.10.2004 - XII ZR 323/01 - juris Rn. 9 - NJW-RR 2005, 375-378.
[7] Vgl. Gursky in: Staudinger, § 387 Rn. 9 mit weiteren Beispielen.

Dritter kann daher die Schuld zwar nach § 267 BGB erfüllen, nicht aber durch Aufrechnung zum Erlöschen bringen.[8] Entsprechend kann etwa der **Bürge** lediglich die Bürgschaftsschuld, nicht aber die Hauptschuld durch Aufrechnung mit einer eigenen Forderung tilgen.[9] Ebenso ist die Tilgung einer Leistungspflicht der Gesellschaft bürgerlichen Rechts durch einen **Gesellschafter** zwar als Drittleistung gemäß § 267 Abs. 1 BGB, nicht aber im Wege einer Tilgungsersatzleistung wie der Aufrechnung möglich. Gegenüber den Gewinnansprüchen eines BGB-Gesellschafters kann daher nur mit Gegenforderungen aufgerechnet werden, die auf die Gesamthand der BGB-Gesellschaft übertragen worden sind.[10]

2. Eigene Forderung des Schuldners

Der Schuldner kann nur mit einer **eigenen Forderung** aufrechnen.[11] Mit der Forderung eines Dritten kann der Schuldner auch mit dessen Einwilligung nicht aufrechnen.[12] Dagegen soll die Aufrechnung wirksam sein, wenn darüber hinaus auch der Aufrechnungsgegner einverstanden ist.[13] 12

Es kann daher **nicht** aufrechnen: 13
- der **Bürge** mit einer Forderung des Hauptschuldners[14],
- der **Gesamthänder** mit Forderungen der Gesamthand, §§ 719 Abs. 1, 2040 Abs. 1 BGB,
- der **Miterbe** mit einer Forderung der Erbengemeinschaft[15],
- ein **Gesamtschuldner** mit der Forderung eines Mitschuldners, § 422 Abs. 2 BGB,
- der **Kommissionär** mit Kommissionsforderungen, § 392 Abs. 2 HGB[16],
- der **Leasingnehmer**, der über das geleaste Fahrzeug eine Sachversicherung abgeschlossen hat, mit einem Versicherungsanspruch gegen die Prämienforderung des Versicherers. Denn da es sich um eine Fremdversicherung zugunsten des Leasinggebers handelt, steht diesem die Versicherungsforderung zu, so dass die Aufrechnung nur dann in Betracht kommt, wenn auch der Leasinggeber hiermit einverstanden ist[17],
- der **Nebenintervenient** mit der Forderung der unterstützten Partei[18],
- nach h.M. der **Nießbraucher** mit einer von ihm einzuziehenden Forderung[19],
- ein Elternteil mit einer Forderung auf Kindesunterhalt gegen den anderen Elternteil, die er gemäß § 1629 Abs. 3 BGB in Prozessstandschaft für das Kind geltend macht[20] oder die er – in unwirksamer Weise – an sich selbst abgetreten hat[21].

Statt der Aufrechnungsmöglichkeit steht dem Bürgen, dem Miterben und dem Gesellschafter als Mithaftendem jedoch in direkter oder analoger Anwendung von § 770 Abs. 2 BGB bzw. § 129 Abs. 3 HGB so lange ein **Leistungsverweigerungsrecht** zu, wie sich der Gläubiger durch eine Aufrechnung mit seiner Forderung gegen eine solche des Hauptschuldners bzw. der Gesellschaft oder der Erbengemeinschaft befriedigen kann.[22] 14

---

[8] Vgl. *Grüneberg* in: Palandt, § 387 Rn. 4.
[9] Vgl. RG v. 07.02.1903 - I 330/03 - RGZ 53, 403-406, 404; *Grüneberg* in: Palandt, § 387 Rn. 4.
[10] Vgl. OLG Celle v. 17.07.2001 - 9 U 172/00 - juris Rn. 135 - WM 2001, 2444-2448.
[11] Vgl. BGH v. 06.10.2004 - XII ZR 323/01 - juris Rn. 13 - NJW-RR 2005, 375-378.
[12] Vgl. BGH v. 17.05.1988 - IX ZR 5/87 - juris Rn. 59 - LM Nr. 1 zu ZVG § 114; BGH v. 01.10.1999 - V ZR 162/98 - juris Rn. 11 - LM BGB § 273 Nr. 54 (3/2000).
[13] Vgl. *Grüneberg* in: Palandt, § 387 Rn. 5 und 22 als „Drittaufrechnung" unter Abbedingung des Gegenseitigkeitserfordernisses; *Gursky* in: Staudinger, § 387 Rn. 10 als Aufrechnungsvertrag; ebenso *Schlüter* in: MünchKomm-BGB, § 387 Rn. 7.
[14] Vgl. BGH v. 11.04.1957 - VII ZR 212/56 - juris Rn. 24 - BGHZ 24, 97-100.
[15] Vgl. BGH v. 06.10.2004 - XII ZR 323/01 - juris Rn. 13 - NJW-RR 2005, 375-378.
[16] Vgl. *Gursky* in: Staudinger, § 387 Rn. 46.
[17] Vgl. OLG Köln v. 18.06.1996 - 9 U 229/95 - juris Rn. 10 - OLGR Köln 1996, 274-275.
[18] Vgl. *Grüneberg* in: Palandt, 387 Rn. 5.
[19] Vgl. RG v. 04.10.1921 - VII 16/21 - RGZ 103, 28-30, 29; *Grüneberg* in: Palandt, § 387 Rn. 5; a.A. *Gursky* in: Staudinger, § 387 Rn. 45 mit einer Übersicht zum Meinungsstand.
[20] Vgl. OLG Naumburg v. 21.08.2000 - 14 WF 110/00 - juris Rn. 25 - FamRZ 2001, 1236; *Grüneberg* in: Palandt, § 387 Rn. 5.
[21] Vgl. OLG Brandenburg v. 26.08.2002 - 10 WF 108/02 - juris Rn. 5 - JAmt 2003, 556-557.
[22] Vgl. BGH v. 11.04.1957 - VII ZR 212/56 - juris Rn. 24 - BGHZ 24, 97-100; BGH v. 24.10.1962 - V ZR 1/61 - juris Rn. 33 - BGHZ 38, 122-130; *Grüneberg* in: Palandt, § 387 Rn. 5.

3. Forderung gegen den Gläubiger

15 Die Gegenforderung muss sich gegen den Gläubiger der Hauptforderung richten. Der Schuldner kann nicht mit Forderungen gegen Dritte aufrechnen.

16 **Ausgeschlossen** ist daher die Aufrechnung:
- gegen eine Gesellschaftsforderung mit einer Forderung gegen den **Gesellschafter**, § 719 Abs. 2 BGB,
- gegen eine Nachlassforderung mit der Forderung gegen einen **Miterben**, § 2040 Abs. 2 BGB,
- gegen eine gemeinschaftliche Forderung gemäß § 432 BGB mit der Forderung gegen einen **Mitgläubiger**[23],
- gegen den Anspruch des Linienagenten mit einem Anspruch gegen den **Reeder**[24],
- gegen eine Forderung der Wohnungseigentümer mit einer Forderung gegen den **Verwalter**[25] oder gegen einzelne **Wohnungseigentümer**[26],
- gegen die Forderung des Alleingesellschafters mit einer Forderung gegen die **GmbH** oder **AG**[27], anders allerdings, wenn die Voraussetzungen einer Durchgriffshaftung vorliegen[28],
- gegen den Mietzinsanspruch des Zwangsverwalters mit einem **Kautionsrückzahlungsanspruch**, denn Letzterer richtet sich nicht gegen den **Zwangsverwalter**, sondern gegen den Vermieter[29]; anders jedoch nach den §§ 148, 57 ZVG, § 572 Satz 2 BGB, wenn dem Zwangsverwalter die Kaution ausgehändigt worden ist[30].

17 **Zulässig** ist dagegen die Aufrechnung:
- mit einer Forderung der Konkursmasse gegen eine Forderung gegen den **Gemeinschuldner**[31],
- gegen die **Gesamtforderung** mit einer Forderung gegen einen Gesamtgläubiger, wobei jedoch auch abweichende Abreden möglich sind[32],
- des Vertragspartners des **Kommissionärs** gegen seine Kaufpreisschuld mit einer Forderung, die ihm gegen den Kommissionär zusteht, und zwar auch dann, wenn er wusste, dass die von ihm gekaufte Ware Kommissionsgut war (trotz § 392 Abs. 2 HGB[33]),
- des Käufers gegen die besonders ausgewiesene **Mehrwertsteuer** als Teil der Kaufpreisforderung[34],
- des Kommanditisten im Gesellschaftskonkurs gegen den **Hafteinlageanspruch** des Konkursverwalters mit einer vor Konkurseröffnung begründeten Drittgläubigerforderung[35].

4. Sonderfälle des Gegenseitigkeitserfordernisses

a. Sondervermögen

18 Im Falle der Beteiligung von **Sondervermögen** ist für das Gegenseitigkeitserfordernis grundsätzlich allein auf die jeweilige Gläubiger- bzw. Schuldnerstellung und nicht auf die Zugehörigkeit der Forderungen zu ein und derselben Vermögensmasse abzustellen. So kann etwa der Erbe trotz Nachlassseparation eine Nachlassverbindlichkeit durch Aufrechnung mit einer Privatforderung tilgen.[36] Allerdings

---

[23] Vgl. BGH v. 29.01.1969 - VIII ZR 20/67 - LM Nr. 46 zu § 387 BGB.
[24] Vgl. OLG Hamburg v. 09.07.1986 - 6 U 141/85 - juris Rn. 36 - VersR 1986, 1189-1191.
[25] Vgl. BayObLG München v. 06.09.1979 - BReg 2 Z 51/78 - juris Rn. 19 - MDR 1980, 57.
[26] Vgl. BGH v. 26.09.1991 - VII ZR 291/90 - juris Rn. 4 - LM WohnungseigentumsG § 21 Nr. 18 (5/1992) unter Hinweis auf die „Gemeinschaftsbezogenheit" der Hauptforderung; OLG Karlsruhe v. 01.02.1989 - 7 U 279/87 - juris Rn. 22 - BauR 1990, 622-624; OLG Nürnberg v. 17.09.1999 - 6 U 4530/98 - juris Rn. 13 - MDR 2000, 695-696.
[27] Vgl. BGH v. 17.03.1955 - II ZR 332/53 - juris Rn. 13 - BGHZ 17, 19-31.
[28] Vgl. BGH v. 07.11.1957 - II ZR 280/55 - juris Rn. 9 - BGHZ 26, 31-38.
[29] AG Usingen v. 09.05.1986 - 2 C 887/85 - NJW-RR 1987, 10.
[30] Vgl. LG Mannheim v. 14.04.1999 - 4 S 227/98 - juris Rn. 7 - WuM 1999, 459.
[31] Vgl. BGH v. 19.03.1987 - IX ZR 148/86 - juris Rn. 17 - BGHZ 100, 222-228.
[32] Vgl. BGH v. 11.07.1979 - VIII ZR 215/78 - juris Rn. 8 - LM Nr. 13 zu § 428 BGB.
[33] Vgl. BGH v. 19.11.1968 - VI ZR 215/66 - juris Rn. 24 - LM Nr. 1a zu § 392 HGB; einschränkend *Gursky* in: Staudinger, § 387 Rn. 46 m.w.N.: Aufrechnung mit einer inkonnexen - also einer nicht aus dem Ausführungsgeschäft selbst herrührenden - Forderung nur bei Unkenntnis des Käufers von der Kommissionäreigenschaft.
[34] Vgl. *Grüneberg* in: Palandt, § 387 Rn. 6.
[35] Vgl. BGH v. 09.12.1971 - II ZR 33/68 - juris Rn. 25 - BGHZ 58, 72-78; *Grüneberg* in: Palandt, § 387 Rn. 6; *Gursky* in: Staudinger, § 387 Rn. 63 m.w.N.
[36] Vgl. *Gursky* in: Staudinger, § 387 Rn. 30.

kann die Möglichkeit der Aufrechnung in den Fällen der Beteiligung von Sondervermögen durch entsprechende gesetzliche Regelungen oder durch den Zweck der Vermögenssonderung eingeschränkt sein.[37]

b. Treuhandverhältnisse

Für die Frage, ob es bei **Treuhandverhältnissen** für das Merkmal der Gegenseitigkeit auf die „formelle" Gläubigerstellung des Treuhänders ankommt oder ob im Hinblick auf die Interessenlage der Beteiligten nach Treu und Glauben auf die „materielle" Berechtigung des Treugebers abzustellen ist, ist die **konkrete Ausgestaltung** des Treuhandverhältnisses im Einzelfall ausschlaggebend: 19

Je unselbständiger und abhängiger die Stellung des Treuhänders ist, desto weniger Gewicht kommt dessen „formeller" Gläubigerstellung und desto mehr Gewicht kommt der „materiellen" Berechtigung des Treugebers zu. Demgemäß darf der Schuldner umso eher mit Forderungen gegen den Treugeber aufrechnen, je stärker die Abhängigkeit des Treuhänders vom Treugeber nach dem Treuhandvertrag ausgeprägt ist.[38] Wegen der identischen Interessenlage darf der Schuldner auch gegenüber dem Treugeber mit einer gegen den Treuhänder gerichteten Forderung aufrechnen, wenn dieser von dem Treugeber Befreiung von der gegenüber dem Schuldner bestehenden Verbindlichkeit verlangen kann.[39] 20

Nach diesen Grundsätzen kann der Schuldner im Falle einer **Inkassozession** – Abtretung einer Forderung zur Einziehung – unabhängig von den Voraussetzungen des § 406 BGB mit Forderungen gegen den Treugeber aufrechnen, da die Berufung auf die fehlende formelle Forderungszuständigkeit für die Hauptforderung gegen Treu und Glauben verstößt.[40] 21

Demgegenüber fordert bei der **Sicherungszession** das Sicherungsinteresse des Treunehmers, allein auf die formelle Forderungszuständigkeit abzustellen, so dass eine Aufrechnung mit einer Forderung gegen den Treugeber nur unter den Voraussetzungen des § 406 BGB in Betracht kommt.[41] Der Schuldner muss dann aber zumindest mit einer Forderung gegen den Treuhänder selbst aufrechnen können.[42] 22

Mit Forderungen gegen den Treuhänder kann lediglich bei **verdeckter Treuhand**, nicht aber bei **offener Treuhand** aufgerechnet werden.[43] In letzterem Fall muss dem Schuldner allerdings dann die Aufrechnung mit Forderungen gegen den Treugeber möglich sein.[44] 23

5. Ausnahmen vom Gegenseitigkeitserfordernis

a. Ablösungsrecht Dritter

Ausnahmen vom Gegenseitigkeitserfordernis enthält das Gesetz in den Fällen, in denen einem Dritten ein **Ablösungsrecht** zusteht, d.h. in denen ein Nichtschuldner den Gläubiger mit der Folge befriedigen kann, dass dessen Forderung oder Verwertungsrecht im Wege der Legalzession auf ihn übergeht. Dies ist etwa im Anwendungsbereich der §§ 268 Abs. 2, 1142 Abs. 2, 1150, 1224, 1249 Satz 2 BGB der Fall.[45] 24

b. Schuldnerschutz

Eine weitere Ausnahme macht das Gesetz im Sinne des Schuldnerschutzes in § 406 BGB, wonach der Schuldner auch noch nach **Abtretung der Hauptforderung** – oder deren Übergang durch Legalzession, § 412 BGB – gegenüber dem neuen Gläubiger mit einer gegen den bisherigen Gläubiger gerichteten Forderung aufrechnen kann. Nach § 407 BGB kann der Schuldner ferner solange wirksam gegenüber dem bisherigen Gläubiger aufrechnen, wie er von der Abtretung der Hauptforderung keine Kenntnis hat. 25

---

[37] Zur Problematik der Aufrechnung bei Nachlassverwaltung, Nachlassinsolvenzverfahren, Testamentsvollstreckung vgl. *Gursky* in: Staudinger, § 387 Rn. 41.

[38] Vgl. BGH v. 15.01.1990 - II ZR 164/88 - juris Rn. 63 - BGHZ 110, 47-82; BGH v. 27.02.1989 - II ZR 182/88 - juris Rn. 15 - LM Nr. 79 zu § 426 BGB.

[39] Vgl. BGH v. 27.02.1989 - II ZR 182/88 - juris Rn. 15 - LM Nr. 79 zu § 426 BGB.

[40] Vgl. BGH v. 22.10.1957 - VIII ZR 67/56 - BGHZ 25, 360-369; *Grüneberg* in: Palandt, § 387 Rn. 7; *Gursky* in: Staudinger, § 387 Rn. 32.

[41] Vgl. BGH v. 09.04.1990 - II ZR 1/89 - juris Rn. 19 - LM Nr. 18 zu BGB § 406.

[42] *Gursky* in: Staudinger, § 387 Rn. 32; *Schlüter* in: MünchKomm-BGB, § 387 Rn. 15.

[43] Vgl. BGH v. 22.06.1987 - III ZR 263/85 - juris Rn. 17 - LM Nr. 26 zu § 166 BGB; *Gursky* in: Staudinger, § 387 Rn. 34 ff.; *Grüneberg* in: Palandt, § 387 Rn. 6.

[44] *Gursky* in: Staudinger, § 387 Rn. 34 ff.

[45] Vgl. *Gursky* in: Staudinger, § 387 Rn. 58 mit weiteren Beispielen.

26 Diesen Vorschriften entsprechen die für den Vertragsübergang nach den §§ 566, 578 BGB – bei **Veräußerung des vermieteten Wohnraums, des vermieteten Grundstücks** oder der **vermieteten Räume**, die keine Wohnräume sind – geltenden gesetzlichen Regelungen der §§ 566c, 566d, 578 BGB, die gemäß § 57b ZVG auch bei der Zwangsversteigerung des vermieteten Grundstücks heranzuziehen sind.

27 Weitere Durchbrechungen des Gegenseitigkeitserfordernisses ergeben sich etwa aus § 409 BGB[46], aus den §§ 2367, 2366 BGB (Aufrechnung gegenüber dem Scheinerben) und aus § 354a Satz 2 HGB, der auf die Aufrechnung entsprechend anwendbar sein soll[47].

c. Verpfändete Forderung

28 Obwohl es auch hier an einer Identität von Gläubiger- und Schuldnerstellung fehlt, lässt die h.M. die Aufrechnung des **Pfandgläubigers** mit der ihm verpfändeten Forderung gegenüber einer gegen ihn gerichteten Forderung des Drittschuldners zu[48]; allerdings muss Pfandreife – als Voraussetzung der Entstehung des Einziehungsrechts des Pfandgläubigers gemäß § 1282 Abs. 1 BGB – eingetreten sein[49]. Entsprechend soll auch umgekehrt dann auch der Drittschuldner mit einer gegen den Pfandgläubiger gerichteten Forderung aufrechnen können[50], mit einer gegen den Verpfänder und Gläubiger der verpfändeten Forderung gerichteten Forderung gegen die verpfändete Forderung demgegenüber nur unter den Voraussetzungen der §§ 1275, 406 BGB[51].

d. Forderungspfändung

29 Ebenso kann der Pfändungspfandgläubiger mit der ihm gemäß § 835 ZPO zur Einziehung überwiesenen Forderung gegen eine Forderung des Drittschuldners aufrechnen[52] und ist umgekehrt auch der Drittschuldner seinerseits gegenüber dem Pfändungspfandgläubiger zur Aufrechnung berechtigt[53]. Die Aufrechnung des Drittschuldners mit einer Forderung gegen den Vollstreckungsschuldner kommt jedoch nur unter den Voraussetzungen des § 392 BGB in Betracht.

III. Gleichartigkeit

1. Allgemeines

30 Nach § 387 BGB muss der Gegenstand der Leistungen gleichartig sein. Die Gleichartigkeit der Leistungen bestimmt sich nach der **Verkehrsanschauung**, nicht nach dem Vertragszweck.[54] Die für eine Forderung bestehende Zweckbindung bzw. der Vertragszweck berührt daher nicht die Frage der Gleichartigkeit, kann aber zum Ausschluss der Aufrechnung führen (vgl. Rn. 81).

31 Gleichartigkeit ist in erster Linie bei **beiderseitigen Geldforderungen** oder bei **Gattungsschulden** von vertretbaren Sachen gegeben, wobei letztere Fälle nur von geringer praktischer Bedeutung sind.[55] Nicht erforderlich ist, dass die Forderungen in gleicher Höhe bestehen, dass die sonstigen Leistungsmodalitäten, wie etwa hinsichtlich der Verzinsung oder des Erfüllungsortes (vgl. § 391 Abs. 1 BGB; vgl. aber § 391 Abs. 2 BGB), übereinstimmen oder dass Identität des Schuldgrundes[56] oder auch nur ein rechtlicher Zusammenhang (Konnexität) zwischen den Forderungen[57] besteht. Auch unterschiedli-

---

[46] Vgl. *Grüneberg* in: Palandt, § 387 Rn. 7.
[47] Vgl. *Gursky* in: Staudinger, § 387 Rn. 61 m.w.N
[48] Vgl. RG v. 03.05.1904 - VII 372/03 - RGZ 58, 105-109, 107; *Grüneberg* in: Palandt, § 387 Rn. 5; *Schlüter* in: MünchKomm-BGB, § 387 Rn. 13; *Gursky* in: Staudinger, § 387 Rn. 42 m.w.N. auch zur Gegenansicht.
[49] Vgl. *Gursky* in: Staudinger, § 387 Rn. 42.
[50] Vgl. *Gursky* in: Staudinger, § 387 Rn. 42; *Schlüter* in: MünchKomm-BGB, § 387 Rn. 13.
[51] Vgl. *Gursky* in: Staudinger, § 387 Rn. 43.
[52] Vgl. BGH v. 08.10.1981 - VII ZR 319/80 - juris Rn. 11 - BGHZ 82, 28-34; BGH v. 27.04.1978 - VII ZR 219/77 - juris Rn. 13 - LM Nr. 9 zu § 208 BGB; *Grüneberg* in: Palandt, § 387 Rn. 5.
[53] Vgl. RG v. 03.05.1904 - VII 372/03 - RGZ 58, 105-109, 108; *Schlüter* in: MünchKomm-BGB, § 387 Rn. 13.
[54] Vgl. BGH v. 11.01.1955 - I ZR 106/53 - juris Rn. 11 - BGHZ 16, 124-142; BGH v. 13.07.1970 - VII ZR 176/68 - juris Rn. 23 - BGHZ 54, 244-251; *Schlüter* in: MünchKomm-BGB, § 387 Rn. 30.
[55] Vgl. *Huppert/Lüke*, JuS 1971, 165-171, 167; zum Erfordernis der Gleichartigkeit bei anderen Leistungsinhalten im Einzelnen *Gursky* in: Staudinger, § 387 Rn. 101.
[56] Vgl. BGH v. 13.07.1970 - VII ZR 176/68 - juris Rn. 23 - BGHZ 54, 244-251; BAG v. 28.08.1964 - 1 AZR 414/63 - juris Rn. 28 - NJW 1965, 70.
[57] Vgl. BGH v. 12.05.1993 - VIII ZR 110/92 - juris Rn. 22 - LM EGübk Nr. 39 (10/1993).

che Rechtswegzuständigkeiten schließen die Aufrechnung nicht aus.[58] Demnach können Forderungen des öffentlichen Rechts und Forderungen des Privatrechts grundsätzlich miteinander aufgerechnet werden, vgl. § 395 BGB.[59]

Schließlich muss die Gleichartigkeit – ebenso wie die Gegenseitigkeit – im Zeitpunkt der Aufrechnungserklärung (§ 388 Satz 1 BGB) vorliegen.[60] Eine Ausnahme hat die Rechtsprechung in der **Nachkriegszeit** zugunsten der Gläubiger des Deutschen Reichs zugelassen, deren Forderungen nach § 14 UmstG nicht in DM umgestellt worden waren, so dass es an sich an einer Gleichartigkeit mit den auf DM umgestellten Forderungen fehlte.[61]

2. Sonderfälle des Gleichartigkeitserfordernisses

Die h.M. bejaht die Möglichkeit der Aufrechnung zwischen **Geldsummenschulden** (die geschuldete Leistung ist hier als bestimmter Betrag festgelegt) und **Geldwertschulden** (die Festlegung auf einen festen Nennbetrag fehlt), allerdings ohne Rückwirkung[62], was zumeist mit dem Hinweis darauf begründet wird, dass die Wertschuld erst durch die Aufrechnung betragsmäßig festgelegt werde[63]. Nach **a.A.** soll die Gleichartigkeit von vornherein gegeben sein, so dass der Aufrechnung Rückwirkung zukomme.[64]

Im Übrigen werden als **mit einer Geldforderung gleichartig** angesehen:

- trotz seiner Zweckbindung der **Vorschussanspruch** aus § 637 Abs. 3 BGB oder § 13 Nr. 5 VOB/B[65], auch wenn der Aufrechnende ihn durch Abtretung erworben hat[66],
- ebenso der **Urlaubsabgeltungsanspruch**[67],
- der aus § 985 BGB folgende **Vindikationsanspruch**, obwohl dieser nur auf die Verschaffung des Besitzes an bestimmten Geldzeichen gerichtet ist und sich insoweit von dem auf Eigentums- und Besitzübertragung irgendwelcher Geldzeichen gerichteten schuldrechtlichen Anspruch unterscheidet[68],
- der schuldrechtliche Anspruch auf **Herausgabe einer Geldsumme**, wie etwa der schuldrechtliche Anspruch des Geschäftsherrn gegen den Beauftragten oder Geschäftsbesorger auf **Herausgabe einer Geldsumme** oder des **Kommittenten** gegen den Verkaufskommissionär auf „Herausgabe" des eingezogenen Kaufpreises.[69] Jedoch kann die Aufrechnung mit diesem Herausgabeanspruch im Ein-

---

[58] Vgl. *Gursky* in: Staudinger, § 387 Rn. 73.
[59] Vgl. BGH v. 11.01.1955 - I ZR 106/53 - juris Rn. 11 - BGHZ 16, 124-142.
[60] Vgl. BGH v. 22.01.1954 - I ZR 34/53 - juris Rn. 19 - BGHZ 12, 136-145; *Schlüter* in: MünchKomm-BGB, § 387 Rn. 31; *Grüneberg* in: Palandt, § 387 Rn. 8.
[61] Vgl. BGH v. 20.06.1951 - GSZ 1/51 - juris Rn. 10 - BGHZ 2, 300-310; im Einzelnen *Gursky* in: Staudinger, § 387 Rn. 76 m.w.N.
[62] Vgl. BGH v. 17.04.1958 - II ZR 335/56 - BGHZ 27, 123-126; *Grüneberg* in: Palandt, § 387 Rn. 9; *Schlüter* in: MünchKomm-BGB, § 387 Rn. 34; *Reinicke/Reinicke*, NJW 1959, 361-366, 366.
[63] Vgl. *Grüneberg* in: Palandt, § 387 Rn. 9; *Reinicke/Reinicke*, NJW 1959, 361-366, 366.
[64] So *Gursky* in: Staudinger, § 387 Rn. 83 m.w.N.
[65] Vgl. BGH v. 13.07.1970 - VII ZR 176/68 - juris Rn. 27 - BGHZ 54, 244-251; BGH v. 08.12.1988 - VII ZR 139/87 - juris Rn. 12 - LM Nr. 73 zu § 633 Abs. 3 BGB; *Schlüter* in: MünchKomm-BGB, § 387 Rn. 30; *Gursky* in: Staudinger, § 387 Rn. 72.
[66] BGH v. 08.12.1988 - VII ZR 139/87 - juris Rn. 13 - LM Nr. 73 zu § 633 Abs. 3 BGB; *Grüneberg* in: Palandt, § 387 Rn. 8; a.A. OLG Köln v. 25.06.1987 - 18 U 123/84 - juris Rn. 15 - BauR 1988, 483-485.
[67] Vgl. BAG v. 28.08.1964 - 1 AZR 414/63 - juris Rn. 28 - NJW 1965, 70; BAG v. 28.08.2001 - 9 AZR 611/99 - juris Rn. 12 - ZIP 2001, 2100-2102; *Schlüter* in: MünchKomm-BGB, § 387 Rn. 34; *Gursky* in: Staudinger, § 387 Rn. 72; *Grüneberg* in: Palandt, § 387 Rn. 8.
[68] Vgl. *Schlüter* in: MünchKomm-BGB, § 387 Rn. 30; *Gursky* in: Staudinger, § 387 Rn. 68 m.w.N. auch zur Gegenansicht.
[69] Vgl. zum anwaltlichen Geschäftsbesorgungsvertrag BGH v. 01.06.1978 - III ZR 44/77 - juris Rn. 14 - BGHZ 71, 380-386 jedenfalls dann, wenn der Herausgabeanspruch eine Zahlungsverpflichtung zum Gegenstand hat; BGH v. 23.02.1995 - IX ZR 29/94 - juris Rn. 16 - LM BRAO § 43 Nr. 15 (7/1995); ebenso zum Treuhänder BGH v. 04.03.1993 - IX ZR 151/92 - juris Rn. 22 - LM BGB § 242 (Cd) Nr. 330 (7/1993); *Grüneberg* in: Palandt, § 387 Rn. 8; *Gursky* in: Staudinger, § 387 Rn. 84 auch dann, wenn die Herausgabe getrennt aufbewahrter Geldzeichen geschuldet ist; zustimmend *Schlüter* in: MünchKomm-BGB, § 387 Rn. 34; a.A. *Huppert/Lüke*, JuS 1971, 165-171, 167, die die Gleichartigkeit grundsätzlich verneinen.

zelfall im Hinblick auf den besonderen Inhalt des Auftrags- oder Geschäftsbesorgungsverhältnisses oder den Zweck der geschuldeten Leistung als konkludent ausgeschlossen oder nach Treu und Glauben gemäß § 242 BGB als unzulässig anzusehen sein[70] (zu den Einzelheiten vgl. Rn. 82);

- Ansprüche auf **Einwilligung in die Auszahlung von Geld**, etwa ein Freigabeanspruch aus § 812 BGB[71],
- der Anspruch auf **Darlehensauszahlung**[72], wobei allerdings auch hier die Aufrechnung vielfach durch den Vertragszweck ausgeschlossen sein wird[73],
- der Anspruch des **Reallastberechtigten** aus § 1108 BGB[74],
- der Rückgewähranspruch aus einer **Insolvenzanfechtung** (§ 143 InsO; früher § 37 KO), soweit er auf Zahlung eines Geldbetrages gerichtet ist[75], wobei der Aufrechnung allerdings § 96 Nr. 1 InsO entgegenstehen kann[76].
- das vom Ersteher im Rahmen der Zwangsversteigerung geschuldete Bargebot gemäß §§ 107 Abs. 2, 49 Abs. 3 ZVG[77].

35 Nicht als **gleichartig mit einer (DM-)Geldforderung** bzw. einem Zahlungsanspruch werden angesehen:

- die **(echte) Fremdwährungsforderung**, die in ausländischer Währung ausgedrückt ist und in dieser zu zahlen ist[78], nach h.M. auch nicht bei freier Konvertierbarkeit der betreffenden Währung[79]. Unabhängig davon dürfte der Aufrechnung bei der Vereinbarung einer echten Fremdwährungsschuld außerdem ein konkludentes Aufrechnungsverbot entgegenstehen.[80] **Anderes** gilt, wenn dem Schuldner die Ersetzungsbefugnis gemäß § 244 Abs. 1 BGB zusteht, d.h. die im Inland zu zahlende Fremdwährungsschuld mangels abweichender Vereinbarung in deutscher Währung gezahlt werden kann, sog. einfache **(unechte) Fremdwährungsschuld**: In diesem Fall ist die **Aufrechnung durch den Fremdwährungsschuldner zulässig**, wobei die Gleichartigkeit allerdings erst mit der Erklärung der Aufrechnung eintritt und deshalb der Umrechnungskurs am Tag der Aufrechnung gilt.[81] **Nicht zulässig** ist umgekehrt die **Aufrechnung des Fremdwährungsgläubigers** gegenüber einer

---

[70] Vgl. BGH v. 01.06.1978 - III ZR 44/77 - juris Rn. 19 - BGHZ 71, 380-386; BGH v. 04.03.1993 - IX ZR 151/92 - juris Rn. 23 - LM BGB § 242 (Cd) Nr. 330 (7/1993); BGH v. 23.02.1995 - IX ZR 29/94 - juris Rn. 17 - LM BRAO § 43 Nr. 15 (7/1995).

[71] Vgl. BGH v. 19.10.1988 - IVb ZR 70/87 - juris Rn. 29 - LM Nr. 82 zu § 387 BGB; BGH v. 17.11.1999 - XII ZR 281/97 - juris Rn. 26 - LM BGB § 273 Nr. 55 (4/2000); OLG Köln v. 09.02.1998 - 7 W 58/97 - OLGR Köln 1998, 367-369; OLG Karlsruhe v. 28.02.2002 - 16 UF 177/01 - juris Rn. 39 - NJW-RR 2002, 1225-1227; *Schlüter* in: MünchKomm-BGB, § 387 Rn. 34; *Grüneberg* in: Palandt, § 387 Rn. 9; a.A. *Gursky* in: Staudinger, § 387 Rn. 93 m.w.N.

[72] Vgl. *Grüneberg* in: Palandt, § 387 Rn. 8; *Gursky* in: Staudinger, § 387 Rn. 96; *Schlüter* in: MünchKomm-BGB, § 387 Rn. 34 jeweils unter Zugrundelegung der herrschenden Konsensualvertragstheorie; a.A. RG v. 15.10.1902 - I 230/02 - RGZ 52, 303-306, 306 vom Standpunkt der Realvertragstheorie.

[73] Vgl. *Gursky* in: Staudinger, § 387 Rn. 96 m.w.N.; *Grüneberg* in: Palandt, § 387 Rn. 8.

[74] Vgl. BGH v. 24.02.1978 - V ZR 250/75 - juris Rn. 8 - LM Nr. 60 zu § 387 BGB; *Schlüter* in: MünchKomm-BGB, § 387 Rn. 34; *Grüneberg* in: Palandt, § 387 Rn. 9 unter Hinweis auf die schuldrechtliche Natur des Anspruchs und dessen inhaltliche Ausrichtung auf eine Geldzahlung.

[75] Vgl. RG v. 26.04.1932 - VII 3/32 - RGZ 136, 152-162, 161 zur KO; *Schlüter* in: MünchKomm-BGB, § 387 Rn. 34; *Grüneberg* in: Palandt, § 387 Rn. 9.

[76] Vgl. BGH v. 03.12.1954 - V ZR 96/53 - juris Rn. 14 - BGHZ 15, 333-338 zur KO; *Gursky* in: Staudinger, § 387 Rn. 95.

[77] Vgl. BGH v. 20.02.2008 - XII ZR 58/04 - juris Rn. 20 - NZM 2008, 295-297.

[78] Vgl. KG Berlin v. 29.06.1988 - 24 U 6446/87 - juris Rn. 16 - NJW 1988, 2181; OLG Hamm v. 09.10.1998 - 33 U 7/98 - juris Rn. 4 - NJW-RR 1999, 1756; *Gursky* in: Staudinger, § 387 Rn. 79; *Schlüter* in: Münch-Komm-BGB, § 387 Rn. 32; *Grüneberg* in: Palandt, § 387 Rn. 9; a.A. *von Hoffmann*, IPRax 1981, 155-157, 156, der die Aufrechnung für zulässig hält, wenn dem Aufrechnungsgegner kein Nachteil entsteht.

[79] Vgl. KG Berlin v. 29.06.1988 - 24 U 6446/87 - juris Rn. 16 - NJW 1988, 2181; *Gursky* in: Staudinger, § 387 Rn. 79; a.A. OLG Koblenz v. 03.05.1991 - 2 U 1645/87 - RIW 1992, 59-62; *Maier-Reimer*, NJW 1985, 2049-2055, 2051; *von Hoffmann*, IPRax 1981, 155-157, 156.

[80] Vgl. *Schlüter* in: MünchKomm-BGB, § 387 Rn 32.

[81] Vgl. BGH v. 07.04.1992 - X ZR 119/90 - juris Rn. 10 - WM 1993, 2011-2013; *Schlüter* in: MünchKomm-BGB, § 387 Rn. 32; *Grüneberg* in: Palandt, § 387 Rn. 9; ebenfalls für den Umrechnungskurs am Tag der Aufrechnung, jedoch mit anderer Begründung: Gernhuber, Die Erfüllung und ihre Surrogate, 2. Aufl. 1994, § 12 III 5, S. 239.

DM-Schuld, denn die Ersetzungsbefugnis des § 244 Abs. 1 BGB und die hieraus abgeleitete Aufrechnungsbefugnis stehen nur dem Schuldner zu.[82] Im **Insolvenzverfahren** greift die Sonderregelung des § 95 Abs. 2 InsO,

- der Anspruch auf **Befreiung von einer Verbindlichkeit**[83]. Geht der Befreiungsanspruch jedoch – etwa durch Abtretung oder durch Erbgang – auf den Gläubiger über, so wird er zum aufrechenbaren Zahlungsanspruch[84],
- ein Anspruch gegen die Bank auf Erteilung einer **Kontogutschrift**[85],
- ein Anspruch auf Stellung einer **Bankbürgschaft**[86],
- ein Anspruch auf Leistung oder Einwilligung in die Aushändigung von **Wertpapieren**, auch wenn diese börsengängig sind[87],
- ein Anspruch auf **Befriedigung aus einem Grundstück**, denn der aus einem Grundpfandrecht resultierende (dingliche) Anspruch ist auf „Zahlung aus dem Grundstück" gerichtet[88], wobei allerdings § 1142 Abs. 2 BGB dem Eigentümer (nicht dem Gläubiger) ein Aufrechnungsrecht gibt,
- der **Anspruch auf Abschluss der Hausratsteilung**[89]; für die Aufrechnung mit einem Ausgleichsanspruch nach § 8 Abs. 3 HausratsV fehlte es vor der Durchführung der Hausratsteilung demgegenüber an einer fälligen Gegenforderung[90]. Die HausratsV ist mit Wirkung zum 01.09.2009 aufgehoben. Heute findet sich die Regelung zur Verteilung des Hausrats in § 1568b BGB. Danach entsteht ein Geldausgleichsanspruch nach der Übertragung des Eigentums an dem Hausratsgegenstand. Der Anspruch auf Übertragung des Eigentums kann mangels Gleichartigkeit nicht aufgerechnet werden.

3. Ausnahmen vom Gleichartigkeitserfordernis

Eine Ausnahme vom Erfordernis der Gleichartigkeit der Leistungen sieht das Gesetz in § 95 Abs. 2 InsO vor, wonach die Aufrechnung im **Insolvenzverfahren** nicht dadurch ausgeschlossen wird, dass die Forderungen auf unterschiedliche Währung oder Rechnungseinheiten lauten.

36

Nach den – für Altfälle weiter geltenden – Regelungen für das **Konkursverfahren** war die Aufrechnung sogar dann nicht ausgeschlossen, wenn die Forderung des Gläubigers nicht auf einen Geldbetrag gerichtet war, §§ 53, 54 Abs. 1 KO; sie war dann in Geld umzurechnen, §§ 54 Abs. 4, 69, 70 KO. Entsprechendes galt sinngemäß über § 54 Satz 1 VglO für das **Vergleichsverfahren**.

37

---

[82] Vgl. KG Berlin v. 29.06.1988 - 24 U 6446/87 - juris Rn. 16 - NJW 1988, 2181; *Gursky* in: Staudinger, § 387 Rn. 81; *Schlüter* in: MünchKomm-BGB, § 387 Rn. 32; a.A. bei freier Konvertierbarkeit *von Hoffmann*, IPRax 1981, 155-157, 156; *Maier-Reimer*, NJW 1985, 2049-2055, 2051.

[83] Vgl. BGH v. 28.06.1983 - VI ZR 285/81 - juris Rn. 7 - LM Nr. 66 zu § 387, wonach die Aufrechnung auch nicht aus prozessökonomischen Gründen in Betracht kommt, jedoch statt dessen u.U. ein Zurückbehaltungsrecht geltend gemacht werden kann; BGH v. 09.10.1991 - XII ZR 2/90 - juris Rn. 17 - LM BGB § 756 Nr. 1 (6/1992); BGH v. 25.11.1993 - IX ZR 32/93 - juris Rn. 53 - BGHZ 124, 237-247; BGH v. 14.01.1999 - IX ZR 208/97 - juris Rn. 26 - BGHZ 140, 270-275; BGH v. 19.11.1998 - IX ZR 284/97 - juris Rn. 18 - LM BGB § 753 Nr. 7 (6/1999); *Huppert/Lüke*, JuS 1971, 165-171, 167; *Schlüter* in: MünchKomm-BGB, § 387 Rn. 34; *Gursky* in: Staudinger, § 387 Rn. 86 m.w.N. unter Hinweis auf die fehlende Gleichwertigkeit der Ansprüche, da der Befreiungsschuldner den Befreiungserfolg auch durch andere Weise als durch Zahlung an den Drittgläubiger – etwa durch privative Schuldübernahme – erfüllen könne; *Grüneberg* in: Palandt, § 387 Rn. 10.

[84] Vgl. BGH v. 22.01.1954 - I ZR 34/53 - juris Rn. 19 - BGHZ 12, 136-145; BGH v. 27.06.1961 - VI ZR 205/60 - juris Rn. 15 - BGHZ 35, 317-328; *Schlüter* in: MünchKomm-BGB, § 387 Rn. 34; *Grüneberg* in: Palandt, § 387 Rn. 10.

[85] Vgl. BGH v. 28.11.1977 - II ZR 110/76 - juris Rn. 10 - LM Nr. 8 zu § 55 KO; *Schlüter* in: MünchKomm-BGB, § 387 Rn. 34; *Grüneberg* in: Palandt, § 387 Rn. 10.

[86] Vgl. OLG Düsseldorf v. 24.11.1997 - 24 W 89/96 - ZMR 1998, 159; *Gursky* in: Staudinger, § 387 Rn. 94.

[87] Vgl. *Schlüter* in: MünchKomm-BGB, § 387 Rn. 34 wegen der Unterschiedlichkeit solcher Wertpapiere – Dividenden, steuerliche Behandlung, zukünftige Kursentwicklung u.a.; *Gursky* in: Staudinger, § 387 Rn. 92 m.w.N.; *Gernhuber*, Die Erfüllung und ihre Surrogate, 2. Aufl. 1994, § 12 III 6, S. 240 f.; *Habermeier*, JuS 1997,1057-1062, 1060; a.A. RG v. 27.03.1939 - IV 275/38 - RGZ 160, 52-60, 60.

[88] Vgl. *Schlüter* in: MünchKomm-BGB, § 387 Rn. 34; *Grüneberg* in: Palandt, § 387 Rn. 10; *Gursky* in: Staudinger, § 387 Rn. 68 m.w.N. auch zur Gegenansicht.

[89] Vgl. *Gursky* in: Staudinger, § 387 Rn. 146.

[90] Vgl. hierzu OLG Hamm v. 14.03.1990 - 10 WF 36/90 - juris Rn. 2 - NJW-RR 1990, 1350.

IV. Durchsetzbarkeit der Gegenforderung

38 Die Forderung des Aufrechnenden, die Gegenforderung, muss **vollwirksam** und **fällig**[91], **erzwingbar**[92] und **einredefrei** (vgl. § 390 BGB) sein.

1. Bestehen, Wirksamkeit und Fälligkeit

39 Es muss sich um eine Forderung handeln, die bereits entstanden ist und noch besteht. Steht dem Aufrechnenden eine wirksame Forderung nicht zu, so geht die Aufrechnungserklärung ins Leere; die Aufrechnung bleibt wirkungslos.[93]

40 **Nicht aufrechenbar** sind daher **künftige** Forderungen[94], **aufschiebend bedingte** (vgl. § 158 Abs. 1 BGB) oder **aufschiebend befristete** Forderungen (vgl. die §§ 163, 158 Abs. 1 BGB), vor Bedingungseintritt bzw. vor dem Anfangstermin[95] und durch Fristablauf bereits **erloschene Ansprüche**[96]. Unzulässig ist die Aufrechnung gegen eine Forderung, die nicht hinreichend bestimmt ist.[97]

41 Auf die **Liquidität** der Gegenforderung kommt es dagegen materiell-rechtlich nicht an, so dass diese weder unstreitig noch rechtskräftig festgestellt oder sofort beweisbar sein muss[98]; die §§ 145 Abs. 3, 302 ZPO sollen bei fehlender Liquidität und Konnexität lediglich einer Prozessverschleppung entgegenwirken[99]. **Anderes** gilt gemäß § 226 Abs. 3 AO für Ansprüche aus dem **Steuerschuldverhältnis**, gegen die nur mit unbestrittenen oder rechtskräftig festgestellten Ansprüchen aufgerechnet werden kann. Ebenso kann gegen **Wohngeldforderungen der Wohnungseigentümer** grundsätzlich nur mit anerkannten oder rechtskräftig festgestellten Ansprüchen oder solchen aus Notgeschäftsführung aufgerechnet werden.[100]

42 Ist eine Forderung **rechtskräftig aberkannt** so kommt eine Aufrechnung nicht mehr in Betracht.[101]

43 Die bloße **Anfechtbarkeit** des der Forderung zugrunde liegenden Rechtsgeschäfts steht einer wirksamen Aufrechnung nicht entgegen. Sie wird jedoch gemäß § 142 BGB mit Rückwirkung unwirksam, wenn die Anfechtung erklärt wird.[102] Die Aufrechnung durch den Anfechtungsberechtigten ist allerdings dann als – die Anfechtung ausschließende – Bestätigung des Rechtsgeschäfts i.S.d. § 144 Abs. 1 BGB zu werten, wenn sie in Kenntnis des Anfechtungsrechts erklärt wird.[103]

44 Zulässig ist auch die Aufrechnung mit einer **auflösend bedingten Forderung**.[104] Mit Bedingungseintritt entfallen die Aufrechnungswirkungen; die Hauptforderung lebt automatisch mit Wirkung ex nunc (vgl. § 158 Abs. 2 BGB) wieder auf.[105]

---

[91] Vgl. BGH v. 20.06.1951 - GSZ 1/51 - juris Rn. 2 - BGHZ 2, 300-310; *Schlüter* in: MünchKomm-BGB, § 387 Rn. 36; *Grüneberg* in: Palandt, § 387 Rn. 11.

[92] Vgl. BGH v. 16.03.1981 - II ZR 110/80 - juris Rn. 6 - LM Nr. 6 zu § 762 BGB.

[93] Vgl. RG v. 28.06.1943 - III 5/43 - RGZ 171, 215-227, 220; *Schlüter* in: MünchKomm-BGB, § 387 Rn. 36.

[94] Vgl. RG v. 28.06.1943 - III 5/43 - RGZ 171, 215-227 220; *Gursky* in: Staudinger, § 387 Rn. 136; *Schlüter* in: MünchKomm-BGB, § 387 Rn. 37; *Grüneberg* in: Palandt, § 387 Rn. 11.

[95] Vgl. BGH v. 03.12.1954 - V ZR 96/53 - juris Rn. 14 - BGHZ 15, 333-338 zur aufschiebenden Bedingung; *Gursky* in: Staudinger, § 387 Rn. 136; *Schlüter* in: MünchKomm-BGB, § 387 Rn. 37.

[96] Vgl. BAG v. 15.11.1967 - 4 AZR 99/67 - juris Rn. 12 - NJW 1968, 813.

[97] Vgl. LAG v. 28.02.2012 - 1 Sa 235 b/11 - juris Rn. 58, 59.

[98] Vgl. BGH v. 11.01.1955 - I ZR 106/53 - juris Rn. 13 - BGHZ 16, 124-142; BGH v. 13.07.1970 - VII ZR 176/68 - juris Rn. 29 - BGHZ 54, 244-251; *Grüneberg* in: Palandt, § 387 Rn. 3.

[99] Vgl. *Gursky* in: Staudinger, § 387 Rn. 149.

[100] Vgl. BayObLG München v. 06.09.2001 - 2Z BR 107/01 - juris Rn. 13 - ZWE 2001, 593-594; BayObLG München v. 31.10.2002 - 2Z BR 94/02 - juris Rn. 12 - BayObLGR 2003, 356.

[101] Vgl. OLG Düsseldorf v. 09.01.1998 - 7 U 148/97 - juris Rn. 2 - OLGR Düsseldorf 1998, 172-173; *Gursky* in: Staudinger, § 387 Rn. 129.

[102] Vgl. *Gursky* in: Staudinger, § 387 Rn. 130; *Schlüter* in: MünchKomm-BGB, § 387 Rn. 36; *Grüneberg* in: Palandt, § 387 Rn. 11; a.A. BayObLG v. 29.01.1960 - Breg. 2 Z 179/59 - BayObLGZ 1960, 37, 44, das von einem Schwebezustand der Aufrechnung bis zur Anfechtungserklärung ausgeht.

[103] Vgl. *Schlüter* in: MünchKomm-BGB, § 387 Rn. 36; *Grüneberg* in: Palandt, § 387 Rn. 11.

[104] Vgl. OLG Düsseldorf v. 19.05.1988 - 2 W 25/88 - juris Rn. 16 - NJW-RR 1989, 503-594; OLG Karlsruhe v. 03.03.1993 - 13 U 193/92 - juris Rn. 15 - NJW 1994, 593-594 m.w.N. jeweils für den Kostenerstattungsanspruch aufgrund eines vorläufig vollstreckbaren Urteils; *Grüneberg* in: Palandt, § 387 Rn. 11.

[105] Vgl. – implizit – BGH v. 04.11.1982 - VII ZR 11/82 - juris Rn. 27 - BGHZ 85, 240-245; OLG Nürnberg v. 18.04.2002 - 13 U 4136/01 - juris Rn. 5 - NJW-RR 2002, 1239-1240; *Gursky* in: Staudinger, § 387 Rn. 130 m.w.N.

Darüber hinaus muss die Gegenforderung **fällig** sein[106]; bloße Erfüllbarkeit i.S.d. § 271 Abs. 2 BGB genügt nicht. Widerspricht der Aufrechnungsgegner nicht, kann im Einzelfall jedoch ein (konkludenter) Aufrechnungsvertrag zustande kommen.[107] 45

Nicht fällig und damit nicht aufrechenbar ist die **gestundete** Gegenforderung. Allerdings schließt die aus bloßer Gefälligkeit bzw. Nachsicht gewährte Stundung die Aufrechnung nicht aus, da diese den Schuldner regelmäßig nur befristet vor Klage und Zwangsvollstreckung bewahren soll.[108] 46

Eine **Ausnahme** von diesen Grundsätzen enthielt für das **Konkursverfahren** die – für Altfälle nach Art. 103 EGInsO weiter geltende – Regelung des § 54 KO, wonach gegen eine Forderung des Gemeinschuldners auch mit einer noch nicht fälligen oder einer aufschiebend bedingten Forderung aufgerechnet werden konnte. Abweichend hiervon kann im **Insolvenzverfahren** die Aufrechnung mit solchen Forderungen erst dann erfolgen, wenn ihre Voraussetzungen eingetreten sind, vgl. § 95 Abs. 1 Satz 1 InsO. Nach § 95 Abs. 1 Satz 3 InsO ist die Aufrechnung jedoch ausgeschlossen, wenn die Forderung, gegen die aufgerechnet werden soll, unbedingt und fällig wird, bevor die Aufrechnung erfolgen kann.[109] 47

2. Erzwingbarkeit

Bei der Gegenforderung muss es sich um eine Forderung handeln, deren Erfüllung erzwungen werden kann und der keine Einreden entgegenstehen. Eine Aufrechnung mit **unvollkommenen Verbindlichkeiten** (vgl. die §§ 762-764 BGB), die zwar freiwillig erfüllt, nicht aber gegen den Willen des Schuldners durchgesetzt werden können, kommt daher grundsätzlich nicht in Betracht.[110] Hierzu gehören **Spiel- und Wettforderungen** (§ 762 BGB), der vereinbarte **Ehemäklerlohn** (§ 656 BGB) oder Ansprüche aus **Differenzgeschäften** (§ 764 BGB). Entsprechendes gilt für solche Ansprüche, die vereinbarungsgemäß nicht klagbar sein sollen.[111] 48

Nicht aufrechenbar ist auch der mangels Genehmigung oder Wiedererlangung der Sache durch den Eigentümer noch nicht fällige **Verwendungsersatzanspruch**[112] sowie die **kontokorrentgebundene Forderung**[113]. 49

Nicht erzwingbar sind schließlich solche Gegenforderungen, denen eine **Einrede** entgegensteht. Nach § 390 BGB ist die Aufrechnung mit solchen Forderungen ausgeschlossen; eine **Ausnahme** gilt jedoch gemäß § 215 BGB für die Einrede der **Verjährung**. 50

3. Einzelfälle

Der **Gebührenanspruch des Rechtsanwalts und des Notars** wird erst mit Erteilung einer Rechnung gemäß § 10 RVG bzw. § 154 KostO einforderbar und aufrechenbar.[114] Ist ein solcher Gebührenanspruch vor Erteilung der Kostenrechnung verjährt, so ist eine Aufrechnung jedoch ausgeschlossen.[115] 51

Die Aufrechnung mit dem **Abfindungsanspruch des ausscheidenden Gesellschafters** setzt die Durchführung der Auseinandersetzung voraus.[116] 52

Der **Kostenerstattungsanspruch** ist jedenfalls dann bereits mit Erlass einer (vorläufig) vollstreckbaren Kostengrundentscheidung – und nicht erst mit dem rechtskräftigen Kostenfestsetzungsbeschluss – fällig und aufrechenbar, wenn die Höhe der zu erstattenden Kosten zwischen den Parteien unstreitig 53

---

[106] Vgl. *Gursky* in: Staudinger, § 387 Rn. 135 ff.; *Schlüter* in: MünchKomm-BGB, § 387 Rn. 37.

[107] Vgl. BGH v. 29.09.1969 - II ZR 51/67 - juris Rn. 12 - LM Nr. 1 zu Art 18 WG; *Gursky* in: Staudinger, § 387 Rn. 137.

[108] Vgl. *Gernhuber*, Die Erfüllung und ihre Surrogate, 2. Aufl. 1994, § 12 IV 2 b, S. 251; *Gursky* in: Staudinger, § 387 Rn. 138; *Schlüter* in: MünchKomm-BGB, § 387 Rn. 37.

[109] Vgl. hierzu BGH v. 23.06.2005 - VII ZR 197/03 - juris Rn. 28 - NJW 2005, 2771-2773.

[110] Vgl. BGH v. 16.03.1981 - II ZR 110/80 - juris Rn. 6 - LM Nr. 6 zu § 762 BGB; *Schlüter* in: MünchKomm-BGB, § 387 Rn. 36; *Grüneberg* in: Palandt, § 387 Rn. 11.

[111] Vgl. *Gursky* in: Staudinger, § 387 Rn. 132; *Schlüter* in: MünchKomm-BGB, § 387 Rn. 36.

[112] Vgl. BGH v. 12.12.1997 - V ZR 81/97 - juris Rn. 18 - BGHZ 137, 314-318; *Gursky* in: Staudinger, § 387 Rn. 132 m.w.N. auch zur Gegenansicht.

[113] Vgl. *Gursky* in: Staudinger, § 387 Rn. 133.

[114] Vgl. BGH v. 02.07.1998 - IX ZR 63/97 - juris Rn. 39 - LM BGB § 675 Nr. 256 (4/1999); OLG Frankfurt v. 23.04.1998 - 20 W 139/95 - juris Rn. 41 - OLGR Frankfurt 1998, 282-283.

[115] Vgl. BGH v. 13.07.1984 - III ZR 137/83 - WM 1984, 1318-1319; *Gursky* in: Staudinger, § 387 Rn. 144.

[116] Vgl. RG v. 29.11.1927 - II 532/26 - RGZ 118, 295-304, 299; *Gursky* in: Staudinger, § 387 Rn. 139; *Schlüter* in: MünchKomm-BGB, § 387 Rn. 37; *Grüneberg* in: Palandt, § 387 Rn. 11; a.A. *Ulmer*, Gesellschaft bürgerlichen Rechts und Partnerschaftsgesellschaft, 3. Aufl. 1997, § 738 Rn. 14 ff.

ist.[117] Die Aufrechnung mit dem prozessualen Kostenerstattungsanspruch kann jedoch nach ganz überwiegender Meinung nicht in demselben Rechtsstreit erfolgen[118], denn dies hätte Auswirkungen auf die Kostengrundentscheidung, nach der sich der Kostenerstattungsanspruch doch gerade bestimmt[119]. Die Aufrechnung kann aber außerhalb des Prozesses erfolgen, und zwar auch gegen die Klageforderung.[120] Beruht der rechtskräftige Kostenfestsetzungsbeschluss auf einem vorläufig vollstreckbaren Urteil, das nach der Aufrechnung abgeändert wird, so wird der Kostenfestsetzungsbeschluss gegenstandslos und es entfällt die auf diesem beruhende Aufrechnung mit Rückwirkung.[121] Der Aufrechenbarkeit des auf einer nur gegen Sicherheitsleistung vorläufig vollstreckbaren Grundentscheidung beruhenden Kostenerstattungsanspruchs steht jedenfalls nach Erlass des Kostenfestsetzungsbeschlusses nicht entgegen, dass der Kostengläubiger die Sicherheitsleistung noch nicht erbracht hat.[122] Die Aufrechnung mit einem Kostenerstattungsanspruch wird auch nicht dadurch hinfällig, dass der Schuldner von der ihm in dem vorläufig vollstreckbaren Urteil eingeräumten Abwendungsbefugnis Gebrauch macht.[123]

54 Der **Anspruch auf Zugewinnausgleich** entsteht mit Beendigung des Güterstandes und ist ab diesem Zeitpunkt aufrechenbar.[124]

V. Erfüllbarkeit der Hauptforderung

1. Allgemeines

55 Was die an die Gegenforderung zu stellenden Anforderungen hinsichtlich der Wirksamkeit und Fälligkeit angeht, so gelten diese für die Hauptforderung nur mit Einschränkungen. Der Aufrechnende muss die ihm obliegende Leistung nach § 387 BGB „bewirken" können. Er muss also zum Zeitpunkt der Aufrechnungserklärung berechtigt sein, die Hauptforderung zu erfüllen.

2. Bestehen

56 Ebenso wie die Gegenforderung muss auch die Hauptforderung bereits entstanden sein und noch bestehen. Besteht sie nicht, ist die Aufrechnung unwirksam bzw. gegenstandslos, sie geht ins Leere.[125] Unproblematisch ist daher die Aufrechnung gegen eine **auflösend bedingte Forderung**.[126] Mit Bedingungseintritt entfallen die Aufrechnungswirkungen mit Wirkung **ex nunc** (§ 158 Abs. 2 BGB). Ebenso ist die Aufrechnung gegen eine **anfechtbare Forderung** ohne weiteres möglich. Mit der Anfechtung entfallen die Wirkungen der Aufrechnung mit Wirkung **ex tunc**. Es gilt hier also Entsprechendes wie für die auflösend bedingte (vgl. Rn. 44) oder anfechtbare Gegenforderung (vgl. Rn. 43).

---

[117] Vgl. BGH v. 15.01.1990 - II ZR 14/89 - juris Rn. 18 - ZIP 1990, 1200-1202; OLG Frankfurt v. 09.06.1983 - 1 U 245/82 - juris Rn. 4 - MDR 1984, 148-149; OLG Düsseldorf v. 19.05.1988 - 2 W 25/88 - juris Rn. 12 - NJW-RR 1989, 503-594; OLG Hamm v. 10.01.1992 - 26 U 130/87 - juris Rn. 83 - OLGR Hamm 1992, 169-170; OLG Karlsruhe v. 03.03.1993 - 13 U 193/92 - juris Rn. 15 - NJW 1994, 593-594; *Grüneberg* in: Palandt, § 387 Rn. 11; *Gernhuber*, Die Erfüllung und ihre Surrogate, 2. Aufl. 1994, § 12 IV 1 c, S. 249.

[118] Vgl. BGH v. 27.05.1981 - V ZR 184/78 - juris Rn. 56 - WM 1981, 792-795 lässt dies offen.

[119] Vgl. OLG Karlsruhe v. 03.03.1993 - 13 U 193/92 - juris Rn. 16 - NJW 1994, 593-594; ebenso *Gursky* in: Staudinger, § 387 Rn. 140; *Schlüter* in: MünchKomm-BGB, § 387 Rn. 19.

[120] Vgl. OLG Karlsruhe v. 03.03.1993 - 13 U 193/92 - juris Rn. 17 - NJW 1994, 593-594; *Gursky* in: Staudinger, § 387 Rn. 140; *Schlüter* in: MünchKomm-BGB, § 387 Rn. 19; *Grüneberg* in: Palandt, § 387 Rn. 11.

[121] Vgl. OLG Düsseldorf v. 19.05.1988 - 2 W 25/83 - juris Rn. 16 - NJW-RR 1989, 503-594; OLG Saarbrücken v. 20.09.1977 - 2 U 53/76 zu den Folgen einer Änderung der Kostenquotelungsregelung durch einen zweitinstanzlichen Vergleich für die Aufrechnung gegen eine Forderung aus einem erstinstanzlichen Kostenfestsetzungsbeschluss; *Gursky* in: Staudinger, § 387 Rn. 140; *Schlüter* in: MünchKomm-BGB, § 387 Rn. 19.

[122] Vgl. OLG Karlsruhe v. 03.03.1993 - 13 U 193/92 - juris Rn. 15 - NJW 1994, 593-594 m.w.N.; a.A. *Grüneberg* in: Palandt, § 387 Rn. 11 m.w.N.

[123] Vgl. OLG Frankfurt v. 09.06.1983 - 1 U 245/82 - juris Rn. 4 - MDR 1984, 148-149; *Gursky* in: Staudinger, § 387 Rn. 142.

[124] Vgl. BGH v. 17.11.1999 - XII ZR 281/97 - juris Rn. 29 - LM BGB § 273 Nr. 55 (4/2000); OLG Karlsruhe v. 28.02.2002 - 16 UF 177/01 - juris Rn. 45 - NJW-RR 2002, 1225-1227.

[125] Vgl. BGH v. 18.12.1954 - II ZR 206/53 - juris Rn. 10 - BGHZ 16, 37-50; BGH v. 17.01.1991 - I ZR 134/89 - juris Rn. 14 - LM 1992, Nr. 1, § 387 BGB Nr. 85.

[126] Vgl. BGH v. 24.02.1978 - V ZR 250/75 - juris Rn. 9 - LM Nr. 60 zu § 387 BGB; *Grüneberg* in: Palandt, § 387 Rn. 12.

Demgegenüber kommt die Aufrechnung gegen eine **aufschiebend bedingte** oder **künftige** **(Haupt-)Forderung** ebenso wenig in Betracht wie die Aufrechnung mit einer aufschiebend bedingten oder künftigen Gegenforderung.[127]

57

So konnte etwa gegen die **Ausgleichsforderung** nach § 8 Abs. 3 HausratsV im **Hausratsverfahren**, in dem die Ausgleichszahlung angeordnet wurde, noch nicht aufgerechnet werden, da diese nach § 16 HausratsV erst mit der Rechtskraft der Entscheidung entstand.[128]

58

Die Aufrechnung soll auch noch gegen eine Forderung möglich sein, auf die zur **Abwendung der Zwangsvollstreckung** aus einem nur **vorläufig vollstreckbaren Urteil** bereits Zahlungen geleistet worden sind, da diese keine Erfüllung bewirken, sondern unter dem Vorbehalt stehen, dass das Bestehen der Schuld rechtskräftig festgestellt wird. Die Schuldtilgung ist bis zur rechtskräftigen Feststellung in der Schwebe.[129]

59

3. Erfüllbarkeit

Zur Erfüllung der Hauptforderung ist der Schuldner in der Regel bereits mit deren Entstehung, im Zweifel auch vor der bestimmten Leistungszeit berechtigt (vgl. § 271 Abs. 2 BGB). Die Erfüllbarkeit fehlt, wenn ein Darlehensnehmer unter Berufung auf ein in unverjährter Zeit nicht ausgeübtes und deswegen erloschenes Sondertilgungsrecht gegen den noch nicht fälligen Darlehensrückzahlungsanspruch des Darlehensgebers mit einer verjährten Gegenforderung aufrechnen will.[130]

60

Anders als die Gegenforderung muss die Hauptforderung bei der Aufrechnung also noch **nicht fällig** sein.[131] Eine Ausnahme gilt allerdings für eine noch nicht fällige **Wechselforderung**, da der Wechselinhaber nach Art. 40 WG nicht verpflichtet ist, eine Zahlung vor Verfall anzunehmen.[132]

61

Ebenfalls anders als die Gegenforderung braucht die Hauptforderung auch **nicht durchsetzbar oder einredefrei** zu sein. Zulässig ist daher die Aufrechnung gegen Ansprüche aus **Spiel** und **Wette**, § 762 Abs. 1 BGB und auf **Ehemaklerlohn**, § 656 Abs. 1 BGB.[133] Wer allerdings in **Unkenntnis** einer ihm zustehenden dauernden **Einrede** aufrechnet, kann – abgesehen von dem Fall der Verjährungseinrede, §§ 813 Abs. 1 Satz 2, 214 Abs. 2 BGB – die Wiederherstellung seiner Forderung gemäß §§ 813 Abs. 1 Satz 1, 814 BGB verlangen.[134]

62

4. Einzelfälle

Bei Ansprüchen aus **Dauerschuldverhältnissen** wird für die Aufrechenbarkeit danach unterschieden, ob dieses auf bestimmte oder auf unbestimmte Dauer angelegt ist. Bei wiederkehrenden Bezügen mit Versorgungscharakter sind ferner die schutzwürdigen Belange des Berechtigten zu berücksichtigen.

63

Gegen **künftige Mietzinsforderungen** kann jedenfalls bei bestimmter Vertragsdauer uneingeschränkt im Voraus aufgerechnet werden[135]; bei unbestimmter Dauer soll Gleiches jedenfalls für den Zeitraum gelten, für den das Mietverhältnis auch bei Kündigung noch fortbestehen wird[136].

64

Gegen **wiederkehrende Gehalts- und Ruhegehaltsforderungen** kann nach der Rechtsprechung grundsätzlich nur für einen angemessenen Zeitraum aufgerechnet werden, da diese die Versorgung des Berechtigten sicherstellen sollen. Der Berechtigte muss eine Vorausleistung nur eingeschränkt hinnehmen, da sie dem Versorgungsgedanken widerspricht. Die Rechtsprechung geht insoweit von einem Zeitraum von **sechs Monaten** aus.[137] Soweit solche Leistungen nicht ohnehin bereits nach § 394 BGB

65

---

[127] Vgl. BGH v. 10.03.1988 - VII ZR 8/87 - juris Rn. 12 - BGHZ 103, 362-369; BGH v. 29.06.2004 - IX ZR 195/03 - juris Rn. 22 - NJW 2004, 3118-3120.

[128] Vgl. OLG Hamm v. 13.01.1981 - 2 UF 408/80 - juris Rn. 6 - FamRZ 1981, 293; *Gursky* in: Staudinger, § 387 Rn. 120.

[129] Vgl. BGH v. 22.05.1990 - IX ZR 229/89 - juris Rn. 6 - LM Nr. 18 zu § 362 BGB; *Gursky* in: Staudinger, § 387 Rn. 106 m.w.N. auch zur Gegenansicht.

[130] Vgl. BGH v. 08.11.2011 - XI ZR 341/10 - juris Rn. 14 - NJW 2012, 445-447 = BB 2012, 84.

[131] Vgl. BGH v. 17.03.1955 - II ZR 332/53 - juris Rn. 34 - BGHZ 17, 19-31.

[132] Vgl. BGH v. 11.10.1990 - I ZR 6/89 - juris Rn. 16 - LM Nr. 16 zu HGB § 87a.

[133] Vgl. *Gursky* in: Staudinger, § 387 Rn. 112; *Schlüter* in: MünchKomm-BGB, § 387 Rn. 38.

[134] Vgl. *Gursky* in: Staudinger, § 387 Rn. 115 m.w.N.; *Grüneberg* in: Palandt, § 387 Rn. 12.

[135] *Gernhuber*, Die Erfüllung und ihre Surrogate, 2. Aufl. 1994, § 12 V 2 a, S. 254.

[136] Vgl. *Gursky* in: Staudinger, § 387 Rn. 121.

[137] Vgl. BGH v. 25.10.1989 - IVa ZR 221/88 - juris Rn. 18 - LM Nr. 39 zu § 12 VVG; BAG v. 16.12.1986 - 3 AZR 198/85 - juris Rn. 44 - ZIP 1987, 1339-1343; *Grüneberg* in: Palandt, § 387 Rn. 12; kritisch *Gernhuber*, Die Erfüllung und ihre Surrogate, 2. Aufl. 1994, § 12 V 2 a, S. 254; *Schlüter* in: MünchKomm-BGB, § 387 Rn. 38.

§ 387

unpfändbar sind[138], kann die besondere Schutzbedürftigkeit des Berechtigten eine Aufrechnung gegen künftig fällig werdende Leistungen im Einzelfall sogar ganz ausschließen[139].

66 Die gleichen Grundsätze gelten auch für die Aufrechnung gegenüber einem **Unterhaltsanspruch**. So soll auch gegen den Anspruch auf künftigen nachehelichen Unterhalt nur wegen der in den nächsten **sechs Monaten** fällig werdenden Beträge wirksam aufgerechnet werden können.[140]

67 Gegen einen **prozessualen Kostenerstattungsanspruch** kann grundsätzlich erst nach Erlass des Kostenfestsetzungsbeschlusses aufgerechnet werden, da der Rechtspfleger im Kostenfestsetzungsverfahren nur über den Betrag der erstattungsfähigen Kosten, nicht aber über materiell-rechtliche Fragen zu entscheiden hat. Er ist insbesondere nicht befugt, nach einer Aufrechnung über Bestand und Höhe der Gegenforderung mit der Rechtskraftwirkung des § 322 Abs. 2 ZPO zu entscheiden. Eine Ausnahme kann daher allenfalls dann zugelassen werden, wenn die Gegenforderung unstreitig oder rechtskräftig festgestellt ist.[141]

68 Die Aufrechnung gegen einen **Anspruch auf Ersatz des Vollstreckungsschadens** gemäß § 717 Abs. 2 ZPO ist nach der Auffassung des BGH schon vor Aufhebung des vorläufig vollstreckbaren Urteils möglich.[142]

69 Der Insolvenzverwalter kann mit einer Masseforderung erst dann gegen eine **Insolvenzforderung** aufrechnen, wenn diese **zur Insolvenztabelle festgestellt** ist.[143]

70 Der Anspruch des ausscheidenden Genossen auf Auszahlung des Auseinandersetzungsguthabens entsteht mit seinem Ausscheiden aus der Genossenschaft. Er ist daher schon vor der Feststellung der Bilanz der Genossenschaft erfüllbar, so dass gegen ihn bereits ab dem Ausscheiden des Genossen aufgerechnet werden kann.[144]

VI. Ausschluss der Aufrechnung

1. Gesetzliche Verbote

71 Gesetzliche Aufrechnungsverbote sind entweder ausdrücklich angeordnet oder ergeben sich aus dem Gesetzeszweck.

72 Ausdrückliche Verbote enthalten etwa die §§ 390-395 BGB. Der Sicherung der **Kapitaleinlagen** bei **Kapitalgesellschaften** dienen die Aufrechnungsverbote der § 66 Abs. 1 Satz 2 AktG für die **AG**, der §§ 278 Abs. 3, 66 Abs. 1 Satz 2 AktG für die **KGaA**, der §§ 19 Abs. 2 GmbHG für die **GmbH**.[145] Entsprechend verbietet § 22 Abs. 5 GenG die Aufrechnung gegen eine Einzahlungsforderung der **Genossenschaft** und § 26 VAG diejenige gegen die Beitragsforderung des **Versicherungsvereins auf Gegenseitigkeit**. Zur Sicherung der Haftungsmasse der Kommanditgesellschaft durch Einschränkung der Aufrechnungsmöglichkeit vgl. Rn. 91.

---

[138] Vgl. BAG v. 16.12.1986 - 3 AZR 198/85 - juris Rn. 49 - ZIP 1987, 1339-1343.

[139] Vgl. BGH v. 25.10.1989 - IVa ZR 221/88 - juris Rn. 19 - LM Nr. 39 zu § 12 VVG für den Berechtigten einer Zusatzversorgungsrente, der seinen Unterhalt regelmäßig nur aus der Versorgungsleistung bestreiten kann.

[140] Vgl. BGH v. 16.06.1993 - XII ZR 6/92 - juris Rn. 15 - BGHZ 123, 49-58; einschränkend *Gernhuber*, Die Erfüllung und ihre Surrogate, 2. Aufl. 1994, § 12 V 2 a S. 254, der unter Heranziehung der §§ 760 Abs. 2, 1614 Abs. 2 BGB einen Zeitraum von drei Monaten für näher liegend hält.

[141] Vgl. OLG Düsseldorf v. 19.01.1996 - 10 W 225/95 - juris Rn. 3 - JMBl NW 1996, 142-144 mit zahlreichen weiteren Nachweisen.

[142] Vgl. BGH v. 21.04.1980 - II ZR 107/79 - juris Rn. 9 - LM Nr. 14 zu § 717 ZPO; BGH v. 21.04.1980 - II ZR 107/79 - juris Rn. 10 - LM Nr. 14 zu § 717 ZPO; ebenso *Schlüter* in: MünchKomm-BGB, § 387 Rn. 38; a.A. *Gursky* in: Staudinger, § 387 Rn. 123: erst mit der Aufhebung des vorläufig vollstreckbaren Urteils.

[143] Vgl. BGH v. 19.03.1987 - IX ZR 148/86 - juris Rn. 23 - BGHZ 100, 222-228 allerdings unter Hinweis auf das Ergebnis der vollen Befriedigung des Aufrechnungsgegners, die dem Grundsatz der gemeinschaftlichen und gleichmäßigen Befriedigung aller Konkursgläubiger entgegenstehe; ähnlich *Gursky* in: Staudinger, § 387 Rn. 119, da es vor der Feststellung der Forderung an der Verfügungsbefugnis des Verwalters für eine offensichtlich verfahrenszweckwidrige Aufrechnung fehle; *Grüneberg* in: Palandt, § 387 Rn. 12, da die angemeldete Forderung vorher für den Insolvenzverwalter nicht erfüllbar sei; *Schlüter* in: MünchKomm-BGB, § 387 Rn. 34.

[144] Vgl. BGH v. 24.06.2002 - II ZR 256/01 - juris Rn. 10 - BGHReport 2002, 925-926.

[145] Vgl. BGH v. 16.03.1998 - II ZR 303/96 - juris Rn. 19 - LM GmbHG § 19 Nr. 19 (8/1998); für das Aufrechnungsverbot bei der GmbH, das auch für Aufrechnungsverträge gilt, vgl. OLG Naumburg v. 19.05.1998 - 11 U 2058/97 - juris Rn. 34 - ZIP 1999, 118-120; *Gursky* in: Staudinger, § 387 Rn. 164.

Ein weiteres Aufrechnungsverbot enthält das Gesetz in § 43 RVG für den auf **Erstattung von Anwaltskosten** gerichteten Anspruch des **Beschuldigten oder Betroffenen** gegen die Staatskasse nach Abtretung an den Rechtsanwalt. 73

Eine Einschränkung der Aufrechnungsmöglichkeit sieht schließlich § 31 AVBEltV für die Ansprüche des **Elektrizitätsversorgungsunternehmens** vor, gegen die nur mit unbestrittenen oder rechtskräftig festgestellten Gegenansprüchen aufgerechnet werden kann, und zwar auch im Prozess, da die Verzögerung des Einzugs der Forderungen im Interesse der Allgemeinheit an einer gesicherten und möglichst kostengünstigen Energieversorgung sichergestellt werden soll.[146] 74

Zu dem Aufrechnungsverbot des § 96 InsO und zu der Rechtslage nach der Konkursordnung und der Gesamtvollstreckungsordnung vgl. im Einzelnen die umfassenden Ausführungen von *Gursky*.[147] 75

2. Vertragliche Verbote

Sofern nicht bereits gesetzliche Vorschriften entgegenstehen, kann die Aufrechnung grundsätzlich auch durch Parteivereinbarung – ausdrücklich oder stillschweigend – ausgeschlossen oder eingeschränkt werden[148], was im Prozess **von Amts wegen** zu beachten ist. Allerdings ist stets sorgfältig zu prüfen, inwieweit Aufrechnungsverbote den zur Entscheidung stehenden Fall erfassen, einschränkend nach Sinn und Zweck der jeweils getroffenen Regelung ausgelegt werden müssen oder, z.B. mit Rücksicht auf § 11 Nr. 3 AGBG, § 309 Nr. 3 BGB n.F. oder auf § 9 Abs. 1 AGBG, § 307 Abs. 1 BGB n.F., wirksam vereinbart sind[149]. Eine trotz Aufrechnungsverbot erklärte Aufrechnung ist unwirksam.[150] Die Annahme eines stillschweigenden Aufrechnungsausschlusses ist vor allem in den Fällen gerechtfertigt, in denen die Aufrechnung dem **Vertragszweck** zuwiderlaufen würde.[151] 76

Die Grenzen für Aufrechnungsverbote in **Allgemeinen Geschäftsbedingungen** ergeben sich aus § 309 Nr. 3 BGB; maßgebend ist das Regelwerk der Hauptforderung[152] (vgl. im Einzelnen unter Grenzen für vertragliche Aufrechnungsverbote, Rn. 107). 77

Vertragliche Aufrechnungsverbote sind in den **Handelsklauseln** „netto Kasse gegen Rechnung und Verladepapiere"[153], „Kasse gegen Verladedokumente"[154], „cash on delivery"[155], „Kasse gegen Faktura"[156], „documents against payment - d/p"[157], „binnen 7 Tagen rein netto Kasse ohne Abzug"[158] oder regelmäßig bei der Vereinbarung „Lieferung gegen Scheck"[159] enthalten. 78

Ob eine **Barzahlungsklausel** ein Aufrechnungsverbot oder einen Aufrechnungsverzicht beinhaltet, ist im Einzelfall durch Auslegung unter Berücksichtigung der Interessen der Beteiligten zu klären. Ein Aufrechnungsverbot ist jedenfalls dann anzunehmen, wenn die Barzahlung in Kenntnis einer aufrechenbaren Gegenforderung vereinbart wird.[160] 79

---

[146] Vgl. OLG Schleswig v. 04.11.1998 - 9 U 1/98 - juris Rn. 10 - NJW-RR 1999, 420-421; *Grüneberg* in: Palandt, § 387 Rn. 13.

[147] *Gursky* in: Staudinger, § 387 Rn. 191 ff.

[148] Vgl. OLG Düsseldorf v. 10.03.2005 - 10 U 73/04 - NZM 2005, 667 zur (auch formularmäßigen) Einschränkung der Aufrechnungsbefugnis des Pächters/Mieters in gewerblichen Miet- und Pachtverträgen.

[149] BGH v. 23.06.2005 - VII ZR 197/03 - juris Rn. 20 - NJW 2005, 2771-2773.

[150] Vgl. BGH v. 12.10.1983 - VIII ZR 19/82 - juris Rn. 10 - LM Nr. 67 zu § 387 BGB.

[151] Vgl. *Gursky* in: Staudinger, § 387 Rn. 219.

[152] Vgl. BGH v. 06.05.1999 - I ZR 84/97 - juris Rn. 17 - LM BGB § 387 Nr. 95 (2/2000) zu dem früheren § 11 Nr. 3 AGBG; BGH v. 18.06.2002 - XI ZR 160/01 - juris Rn. 10 - NJW 2002, 2779 zu Wirksamkeit und Reichweite des beschränkten Aufrechnungsverbots nach Nr. 11 Abs. 1 AGB-Sparkassen, wonach der Kunde Forderungen gegen die Klägerin nur insoweit aufrechnen kann, als sie unbestritten oder rechtskräftig festgestellt sind; *Grüneberg* in: Palandt, § 387 Rn. 14.

[153] Vgl. BGH v. 07.03.1985 - I ZR 182/82 - juris Rn. 22 - BGHZ 94, 71-76.

[154] Vgl. BGH v. 19.09.1984 - VIII ZR 108/83 - juris Rn. 14 - LM Nr. 33 Zu § 157 (C) BGB.

[155] Vgl. BGH v. 19.09.1984 - VIII ZR 108/83 - juris Rn. 16 - LM Nr. 33 Zu § 157 (C) BGB.

[156] Vgl. BGH v. 19.09.1984 - VIII ZR 108/83 - juris Rn. 17 - LM Nr. 33 Zu § 157 (C) BGB.

[157] Vgl. BGH v. 05.03.1997 - VIII ZR 118/96 - juris Rn. 19 - BGHZ 135, 39-48.

[158] Vgl. OLG Düsseldorf v. 04.05.1995 - 6 U 12/94 - juris Rn. 22 - NJW-RR 1996, 115-117.

[159] Vgl. OLG Köln v. 08.10.1986 - 2 W 247/86 - juris Rn. 16 - NJW 1987, 262-263; *Grüneberg* in: Palandt, § 387 Rn. 14.

[160] Vgl. *Gursky* in: Staudinger, § 387 Rn. 215; *Grüneberg* in: Palandt, § 387 Rn. 14.

80 Auch der Vereinbarung eines **Schiedsgerichts** oder eines **Gerichtsstands** kann die Bedeutung eines Aufrechnungsverbots beigemessen werden.[161] So wird die Schiedsgerichtsvereinbarung für die Gegenforderung als Verbot angesehen, die Aufrechnung in einem anderen Verfahren als dem Schiedsverfahren geltend zu machen.[162] Entsprechendes gilt, wenn für die Gegenforderung die ausschließliche Zuständigkeit eines ausländischen Gerichts vereinbart ist; mit dieser kann vor einem inländischen Gericht daher nicht aufgerechnet werden.[163] Es ist indessen zweifelhaft, ob man hier nicht mit dem Aufrechnungsverbot über das Ziel hinausschießt. Das Aufrechnungsverbot nimmt dem Aufrechnungsberechtigten auch alle materiellrechtlichen Vorteile der Aufrechnung. Namentlich die Sicherungsfunktion wird zerstört. Bei den Schieds- und Gerichtsstandsvereinbarungen geht es aber nur um die Wahrung der Zuständigkeitsinteressen für die zur Aufrechnung gestellte Forderung. Die kann man auch wahren, ohne die Aufrechnung zu verbieten. Man muss nur die Entscheidung über die zur Aufrechnung gestellte Forderung dem vereinbarten Forum überlassen (vgl. dazu die Kommentierung zu § 388 BGB Rn. 35 ff.).

3. Verstoß gegen Treu und Glauben

81 Über die gesetzlich oder vertraglich ausdrücklich geregelten Fälle hinaus ist eine Aufrechnung ausgeschlossen, wenn das nach dem besonderen Inhalt des zwischen den Parteien begründeten Schuldverhältnisses als stillschweigend vereinbart (§ 157 BGB) angesehen werden muss oder wenn die besondere Natur der Rechtsbeziehung oder der mit der geschuldeten Leistung erkennbar verfolgte Zweck eine Erfüllung im Wege der Aufrechnung als mit Treu und Glauben (§ 242 BGB) unvereinbar erscheinen lässt.[164]

4. Typische Fälle

82 Im Rahmen von **Treuhandverhältnissen** (wie z.B. Auftrag, Geschäftsbesorgung, GoA) darf der Treuhänder gegen den Anspruch des Treugebers auf Herausgabe des Erlangten grundsätzlich nicht mit Forderungen aufrechnen, die mit dem Treuhandverhältnis oder dem Auftrag in keinem Zusammenhang stehen, da dies als unvereinbar mit den Pflichten des Treuhänders und damit als Verstoß gegen Treu und Glauben anzusehen ist.[165] Dies gilt insbesondere dann, wenn der Treuhänder **zweckgebundenes Fremdgeld** herauszugeben hat.[166] Aus diesen Grundsätzen ergibt sich jedoch kein generelles Aufrechnungsverbot hinsichtlich aller auf einem anderen Rechtsgrund beruhenden Gegenforderungen. Entscheidend ist vielmehr, ob der Treuhänder die Zweckbindung des aus der Geschäftsführung Erlangten nach Sinn und Inhalt des Geschäftes als vorrangig hinzunehmen hat.[167] Die Aufrechnung ist danach insbesondere dann zulässig, wenn es dem Treugeber für einen Ausschluss der Aufrechnung an einem rechtlich anzuerkennenden Interesse fehlt. Dies ist etwa der Fall, wenn er mit der Treuhandabrede versucht, ein gesetzlich verbotenes Ziel zu erreichen; denn dann handelt der Treugeber selbst nicht in Einklang mit Treu und Glauben und kann sich folglich zur Abwehr der Aufrechnung selbst nicht auf § 242 BGB berufen.[168] Ausgehend von diesen Grundsätzen kann ein **Rechtsanwalt** mit seiner **Gebührenforderung** – als mit dem Auftrag im Zusammenhang stehender Gegenforderung – gegen einen Anspruch seines Mandanten auf Herausgabe des für diesen eingezogenen Betrages aufrechnen; dies grundsätzlich auch dann, wenn die Honoraransprüche aus früheren Aufträgen stammen.[169] Darf allerdings der Mandant im Hinblick auf den besonderen Zweck der ihm gebührenden Leistung mit der unverzügli-

---

[161] Umfassend zur Aufrechnung in der Schiedsgerichtsbarkeit *Stolzke*, Aufrechnung und Widerklage in der Schiedsgerichtsbarkeit, 2006.

[162] Vgl. BGH v. 22.11.1962 - VII ZR 264/61 - BGHZ 38, 254-259; OLG Düsseldorf v. 14.04.1983 - 6 W 62/82, 6 W 286/82- NJW 1983, 2149-2150.

[163] Vgl. BGH v. 20.12.1972 - VIII ZR 186/70 - juris Rn. 24 - BGHZ 60, 85-91; *Gursky* in: Staudinger, § 387 Rn. 235; *Grüneberg* in: Palandt, § 387 Rn. 14.

[164] Vgl. BGH v. 24.06.1985 - III ZR 219/83 - juris Rn. 22 - BGHZ 95, 109-117; BGH v. 29.11.1990 - IX ZR 94/90 - juris Rn. 11 - BGHZ 113, 90-98 m.w.N.; BGH v. 12.09.2002 - IX ZR 66/01 - juris Rn. 28 - NJW 2003, 140-142.

[165] Vgl. BGH v. 21.01.1999 - I ZR 209/96 - juris Rn. 15 - LM BGB § 387 Nr. 94 (2/2000); BGH v. 08.02.1996 - IX ZR 151/95 - juris Rn. 16 - LM ZPO § 771 Nr. 22 (6/1996) jew. m.w.N.

[166] Vgl. BGH v. 21.01.1999 - I ZR 209/96 - juris Rn. 16 - LM BGB § 387 Nr. 94 (2/2000) für den Nachnahmeeinzug durch den transport- und inkassobeauftragten Spediteur; BGH v. 23.06.2005 - IX ZR 139/04 - juris Rn. 26 - ZIP 2005, 1742-1745.

[167] Vgl. BGH v. 14.07.1994 - IX ZR 110/93 - juris Rn. 26 - LM BGB § 139 Nr. 82 (1/1995).

[168] Vgl. BGH v. 04.03.1993 - IX ZR 151/92 - juris Rn. 24 - LM BGB § 242 (Cd) Nr. 330 (7/1993).

[169] Vgl. BGH v. 01.06.1978 - III ZR 44/77 - juris Rn. 20 - BGHZ 71, 380-386; BGH v. 23.02.1995 - IX ZR 29/94 - juris Rn. 17 - LM BRAO § 43 Nr. 15 (7/1995); BGH v. 12.09.2002 - IX ZR 66/01 - juris Rn. 27 - NJW 2003, 140-142.

chen Abführung des durch den Rechtsanwalt eingezogenen Betrages rechnen, so kommt eine Aufrechnung nur mit der Gebührenforderung aus diesem Auftrag in Betracht.[170] Im Hinblick auf die besondere treuhandartige Zweckbindung zugunsten des Kindes soll der Rechtsanwalt gegen die von ihm für den sorgeberechtigten Elternteil nach § 1629 Abs. 3 BGB erwirkten Unterhaltsleistungen allenfalls mit solchen Gebührenansprüchen aufrechnen können, die gerade im Zusammenhang mit der Durchsetzung des Kindesunterhalts entstanden sind.[171]

Der Notar darf dem Anderkonto ohne ausdrückliche Gestattung des Betroffenen keine **Notargebühren** entnehmen, die ihm gegen diesen aus einer anderen Sache zustehen.[172] 83

Ein Versicherungs- oder sonstiger **Handelsvertreter** darf nicht mit Provisionsansprüchen gegen den Anspruch des Unternehmers auf Auszahlung von Kundengeldern aufrechnen, die er unberechtigt vereinnahmt und nicht an den Unternehmer weitergeleitet hat.[173] 84

Wegen der treuhänderischen Zweckbindung soll der Veräußerer nach Auffassung des OLG Frankfurt/Main nicht mit der Restkaufpreisforderung gegen den Anspruch des **Grundstückserwerbers** auf Übertragung der von den Mietern erbrachten **Kautionen** aufrechnen können.[174] 85

Aus der besonderen Zweckbestimmung der Kaution ergibt sich eine Einschränkung der Aufrechnungsbefugnis aber auch für den **Mieter**. Dem Vermieter ist nach Beendigung des Mietvertrages eine angemessene Frist einzuräumen, innerhalb der er sich zu entscheiden hat, ob und in welcher Weise er die Kaution zur Abdeckung seiner Ansprüche verwenden will. Während dieser Zeit, deren Bemessung von den Umständen des Einzelfalls abhängt und die auch über sechs Monate hinausgehen kann, ist eine Aufrechnung des Mieters mit der Kaution ausgeschlossen.[175] 86

Da die **Wohnungseigentümergemeinschaft** zur Sicherung ihrer Zahlungsfähigkeit auf die pünktliche Zahlung der Beiträge angewiesen ist und diese deshalb nicht durch eine Auseinandersetzung mit Gegenansprüchen gefährdet werden darf, ist die Aufrechnung eines Wohnungseigentümers gegen die Beitragsansprüche grundsätzlich ausgeschlossen und nur in Ausnahmefällen zulässig. Gegenüber **Wohngeldforderungen** kann daher nur mit anerkannten oder rechtskräftig festgestellten Gegenforderungen oder mit Gegenforderungen aus Notgeschäftsführung aufgerechnet werden.[176] Dies gilt auch für den bereits aus der Gemeinschaft ausgeschiedenen Wohnungseigentümer, weil der Grund für das Aufrechnungsverbot mit dessen Ausscheiden nicht entfällt.[177] 87

Im Hinblick auf den besonderen Zweck des **Hinterlegungsverhältnisses** – als sicherster Art der „Aufbewahrung" – steht es mit Treu und Glauben in Widerspruch, wenn der Staat in Ausnutzung der ihm durch die Hinterlegungsordnung zugewiesenen formalen Rechtsposition mit einer ihm aus anderem Rechtsgrund zustehenden Forderung gegen den Anspruch auf Rückzahlung des hinterlegten Betrages aufrechnet.[178] 88

---

[170] Vgl. OLG Düsseldorf v. 04.06.1998 - 10 U 89/97 - juris Rn. 7 - NJW-RR 1999, 643 für Versicherungsleistungen aufgrund der Zerstörung oder Beschädigung eines Pkws; zustimmend *Grüneberg* in: Palandt, § 387 Rn. 16.

[171] Vgl. BGH v. 29.11.1990 - IX ZR 94/90 - juris Rn. 13 - BGHZ 113, 90-98, der dies im Ergebnis offen lässt; *Gursky* in: Staudinger, § 387 Rn. 163; weitergehend *Schlüter* in: MünchKomm-BGB, § 387 Rn. 60; *Grüneberg* in: Palandt, § 387 Rn. 16, die eine Aufrechnung mit dem Gebührenanspruch ganz ausschließen wollen.

[172] Vgl. OLG Dresden v. 15.07.1998 - 15 W 0608/98, 15 W 608/98- juris Rn. 12 - ZIP 1998, 1498-1499; OLG Köln v. 29.04.1988 - 2 Wx 33/87 - juris Rn. 32 - DB 1988, 2454; *Gursky* in: Staudinger, § 387 Rn. 222; *Schlüter* in: MünchKomm-BGB, § 387 Rn. 60; a.A. OLG Köln v. 20.01.1987 - 15 U 109/86 - DNotZ 1987, 571; *Grüneberg* in: Palandt, § 387 Rn. 16.

[173] Vgl. OLG Hamm v. 12.08.1993 - 18 W 23/93 - juris Rn. 12 - NJW-RR 1994, 158-159: auch nicht nach Beendigung des Handelsvertretervertrages; *Grüneberg* in: Palandt, § 387 Rn. 15.

[174] Vgl. OLG Frankfurt v. 29.05.1991 - 17 U 110/90 - juris Rn. 13 - NJW-RR 1991, 1416-1417; zustimmend *Grüneberg* in: Palandt, § 387 Rn. 15; *Gernhuber*, Die Erfüllung und ihre Surrogate, 2. Aufl. 1994, § 12 VI 9 c, S. 283; kritisch *Gursky* in: Staudinger, § 387 Rn. 230.

[175] Vgl. BGH v. 01.07.1987 - VIII ARZ 2/87 - juris Rn. 18 - BGHZ 101, 244-253; *Schlüter* in: MünchKomm-BGB, § 387 Rn. 65.

[176] Vgl. BayObLG München v. 21.05.1999 -2Z BR 36/99 - juris Rn. 15 - ZMR 1999, 723 m.w.N.; BayObLG München v. 06.09.2001 - 2Z BR 107/01 - juris Rn. 13 - ZWE 2001, 593-594.

[177] Vgl. BayObLG München v. 14.03.1996 -2Z BR 138/95 - juris Rn. 11 - NJW-RR 1996, 1039; *Gursky* in: Staudinger, § 387 Rn. 181.

[178] Vgl. BGH v. 24.06.1985 - III ZR 219/83 - juris Rn. 26 - BGHZ 95, 109-117 für die zur Aussetzung des Vollzugs eines Haftbefehls hinterlegte Sicherheit; ebenso *Gursky* in: Staudinger, § 387 Rn. 175; *Grüneberg* in: Palandt, § 387 Rn. 15.

89 Wegen der Zweckgebundenheit der Ansprüche im Zusammenhang mit einem **Vollstreckungsschaden** hält die Rechtsprechung die Aufrechnung gegenüber dem Schadensersatzanspruch aus § 717 Abs. 2 ZPO und dem Rückerstattungsanspruch aus § 717 Abs. 3 ZPO jedenfalls im anhängigen Prozess mit der Klageforderung für unzulässig bzw. nur mit einer unstreitigen Gegenforderung für zulässig, da die §§ 717 Abs. 2, 717 Abs. 3 ZPO darauf gerichtet seien, die Vermögensverschiebung durch die Vollstreckung des Urteils so schnell wie möglich wieder rückgängig zu machen.[179]

90 Im Rahmen des § 717 Abs. 2 ZPO unterscheidet der BGH nach der jeweiligen Schutzrichtung, so dass die Aufrechnung lediglich gegen den Anspruch auf Erstattung des zur Abwendung der Vollstreckung Geleisteten ausgeschlossen ist, nicht aber gegen den Anspruch auf Ersatz des weitergehenden Schadens.[180] Im Hinblick auf die identische Interessenlage wird Entsprechendes auch für die Aufrechnung gegen die Schadensersatzansprüche gemäß den §§ 302 Abs. 4, 600 Abs. 2 ZPO gelten müssen.[181]

91 Ebenfalls im Hinblick auf die Zweckgebundenheit der geschuldeten Leistung kann der **Kommanditist** einer PublikumsKG im Gesellschaftskonkurs gegen eine Forderung der Gesellschaft nicht mit einem – auch gesellschaftsvertraglich begründeten – Anspruch aufrechnen, dessen Erfüllung **Rückgewähr der Einlage** bedeuten würde. Denn die Einlagen der Kommanditisten bilden den Grundstock der Haftungsmasse und müssen daher im Gesellschaftskonkurs zuerst für die Befriedigung der Gläubiger zur Verfügung stehen.[182]

92 Nach Inhalt, Sinn und Zweck der Sicherungsabrede einer **Sicherungsübereignung** darf der Sicherungsnehmer gegen den Anspruch auf Herausgabe des Mehrerlöses aus dem Verkauf des Sicherungsguts grundsätzlich nicht mit anderen ungesicherten Forderungen aufrechnen. Denn dies würde auf eine einseitige Erweiterung der ursprünglichen Sicherungsabrede hinauslaufen, wozu der Sicherungsnehmer nicht befugt ist.[183]

93 Entsprechende Erwägungen gelten erst recht bei einer **Bürgschaft auf erstes Anfordern**. Die Sicherungsabrede ist grundsätzlich in dem Sinne auszulegen, dass der Gläubiger, der sich aus der Sicherung zu Unrecht befriedigt hat, dem deshalb begründeten Rückforderungsanspruch des Hauptschuldners nicht solche Forderungen entgegenhalten darf, die nicht durch die Bürgschaft auf erstes Anfordern gedeckt sind, es sei denn, sie sind unstreitig oder rechtskräftig festgestellt. Anderenfalls stünde dem Gläubiger das Sicherungsmittel im wirtschaftlichen Ergebnis zur Befriedigung aller Ansprüche gegen den Hauptschuldner zur Verfügung.[184] Allerdings kann die Berufung auf den sich aus der Sicherungsabrede ergebenden Aufrechnungsausschluss dann als unzulässige Rechtsausübung (§ 242 BGB) einzustufen sein, wenn der Sicherungsgeber/Hauptschuldner seinerseits für die Gegenforderung vertragswidrig nicht Sicherheit geleistet hat.[185]

94 Haben mehrere Kunden eines insolvenzbedrohten Zulieferers einen so genannten **Feuerwehrfond** zur Deckung der Lieferantenforderungen des Zulieferers gebildet, um die Belieferung aufrechtzuerhalten und Betriebsausfälle zu vermeiden, so ergibt sich hieraus ein Aufrechnungsverbot zu Lasten der Einzahlenden. Denn mit der Vereinbarung über die Bildung eines solchen Fonds ist implizit die Zusage verbunden, dass die zu zahlenden Beträge effektiv fließen und nicht gleichzeitig durch Aufrechnung an anderer Stelle dem hilfsbedürftigen Unternehmen Gegenstände des Aktivvermögens in entsprechender Höhe genommen werden.[186]

95 Ebenfalls ausgeschlossen ist die Aufrechnung durch den Käufer, wenn dieser vereinbarungsgemäß ein unwiderrufliches Dokumenten-**Akkreditiv** gestellt hat. Der Aufrechnungsausschluss greift jedenfalls für die Dauer der Laufzeit des Akkreditivs und gilt auch dann fort, wenn das Akkreditiv aus Gründen

---

[179] Vgl. BGH v. 03.07.1997 - IX ZR 122/96 - juris Rn. 14 - BGHZ 136, 199-211 m.w.N.; BAG v. 23.12.1961 - 5 AZR 53/61 - juris Rn. 23 - NJW 1962, 1125.

[180] Vgl. BGH v. 03.07.1997 - IX ZR 122/96 - juris Rn. 21 - BGHZ 136, 199-211; *Schlüter* in: MünchKomm-BGB, § 387 Rn. 57; kritisch *Gursky* in: Staudinger, § 387 Rn. 176.

[181] Vgl. *Schlüter* in: MünchKomm-BGB, § 387 Rn. 57; zur bisherigen Rechtsprechung, die eine Aufrechnung hier zugelassen hat, vgl. BGH v. 21.04.1980 - II ZR 07/79 - juris Rn. 9 - LM Nr. 14 zu § 717 ZPO.

[182] Vgl. BGH v. 10.12.1984 - II ZR 28/84 - juris Rn. 16 - BGHZ 93, 159-164.

[183] Vgl. BGH v. 14.07.1994 - IX ZR 110/93 - juris Rn. 26 - LM BGB § 139 Nr. 82 (1/1995); *Gursky* in: Staudinger, § 387 Rn. 225.

[184] Vgl. BGH v. 24.09.1998 - IX ZR 371/97 - juris Rn. 26 - BGHZ 139, 325-333; OLG Celle v. 11.12.2003 - 5 U 67/03 - OLGR Celle 2004, 266-267.

[185] Vgl. BGH v. 24.09.1998 - IX ZR 371/97 - juris Rn. 27 - BGHZ 139, 325-333; *Gursky* in: Staudinger, § 387 Rn. 225; *Grüneberg* in: Palandt, § 387 Rn. 15.

[186] Vgl. OLG München v. 15.05.2002 - 7 U 5318/0 - juris Rn. 50 - OLGR München 2002, 479-481.

verfallen ist, die ganz oder überwiegend in den Verantwortungsbereich des Käufers fallen.[187] Mit dem Zweck der „**Zahlungsgarantie auf erstes Anfordern**", dem begünstigten Gläubiger möglichst problemlos zu seinem (berechtigten) Anspruch zu verhelfen, würde es in Widerspruch stehen, wenn schon dem Anspruch auf Zahlung der Garantiesumme Einwendungen aus dem Valuta- oder Deckungsverhältnis entgegengehalten werden könnten. Daher kann die Garantiebank auch nicht mit (Schadensersatz- oder Gewährleistungs-)Ansprüchen aufrechnen, die ihr von dem Garantieauftraggeber aus dem der Garantie zugrunde liegenden Vertragsverhältnis abgetreten worden sind.[188] Damit steht jedoch nicht fest, dass die Garantiebank auch nicht mit solchen Forderungen aufrechnen kann, die mit den durch die Garantie gesicherten vertraglichen Ansprüchen in keinem Zusammenhang stehen. Der BGH unterscheidet hinsichtlich nicht konnexer Forderungen nach dem mit der Garantie im Einzelfall verfolgten Zweck. Dieser Zweck könne die Aufrechnung dann ausschließen, wenn er – wie etwa bei der den Gewährleistungseinbehalt ersetzenden Garantie – darauf gerichtet sei, dem Gläubiger sofort flüssige Mittel – zur Behebung der Mängel – zu verschaffen. Demgegenüber könne der Zahlungsgarantie im Einzelfall nur eine Sicherungsfunktion zukommen, die nicht verlange, dass dem Gläubiger der Garantiebetrag zu seiner freien Verfügung verschafft werde. Allerdings verlange der Zweck der Garantie auf erstes Anfordern in diesem Fall, die Aufrechnung auf liquide Ansprüche zu beschränken.[189]

Beim **Kfz-Leasing** ist der Leasinggeber nicht berechtigt, gegenüber dem Anspruch des Leasingnehmers auf Verwendung der Kaskoversicherungsleistung für die Begleichung der Kosten der Reparatur des Fahrzeugs mit Mietzinsforderungen aufzurechnen, da die Einbeziehung des Leasinggebers in den Versicherungsvertrag nicht dem Zweck dient, dessen Forderungen gegen den Leasingnehmer zu sichern.[190] 96

Da der Vertragszweck bei der **Darlehensgewährung** üblicherweise dahin geht, dem Kreditnehmer das Darlehen entsprechend seinem Interesse zu eigener freier Verfügung zu verschaffen, ist eine Aufrechnung des Kreditgebers gegen den Darlehensauszahlungsanspruch grundsätzlich ausgeschlossen.[191] 97

Die Aufrechnung gegen den Zahlungsanspruch aus einem **Vergleich** ist dann wegen Verstoßes gegen Treu und Glauben unzulässig, wenn sich der Schuldner beim Abschluss des Vergleichs im Hinblick auf seine Zahlungsverpflichtung nicht die Aufrechnung mit einer Gegenforderung vorbehält, die er sich zu diesem Zweck beschafft hat, und er dem Gläubiger auch sonst nicht zu erkennen gibt, dass er über eine aufrechenbare Gegenforderung verfügt.[192] 98

Erwirbt eine **Bank** den Anspruch eines Dritten gegen ihren Bankkunden allein zu dem Zweck, durch Aufrechnung gegen eine Guthabenforderung ihres Kunden dem Dritten den Zugriff auf dessen Vermögen zu verschaffen, so ist die Aufrechnung im Sinne von § 242 BGB treuwidrig und rechtsmissbräuchlich. Dies gilt grundsätzlich auch dann, wenn die Forderung des Dritten auf einer vorsätzlichen unerlaubten Handlung des Bankkunden beruht und der Bank die Forderung von ihrer Schwesterbank zediert worden ist. Denn in dem von besonderem Vertrauen geprägten Rechtsverhältnis zwischen der Bank und ihrem Kunden muss dieser nicht damit rechnen, dass die Bank mit solchen Forderungen aufrechnet, die sie in nicht banküblicher Weise erworben und die mit dem Verhältnis zu ihrem Kunden nichts zu tun haben.[193] 99

---

[187] Vgl. BGH v. 21.03.1973 - VIII ZR 228/71 - juris Rn. 7 - BGHZ 60, 262-266; *Schlüter* in: MünchKomm-BGB, § 387 Rn. 63.
[188] Vgl. BGH v. 22.04.1985 - II ZR 180/84 - juris Rn. 23 - BGHZ 94, 167-173.
[189] Vgl. BGH v. 22.04.1985 - II ZR 180/84 - juris Rn. 24 - BGHZ 94, 167-173; kritisch *Gursky* in: Staudinger, § 387 Rn. 209; einschränkend *Schlüter* in: MünchKomm-BGB, § 387 Rn. 63, der die Aufrechnung jedenfalls dann für ausgeschlossen hält, wenn der im konkreten Fall zu ermittelnde Zweck der Garantie auf erstes Anfordern dahin geht, dem Gläubiger ohne Rücksicht auf Einreden oder Einwendungen sowohl des Schuldners als auch der Bank die sofortige Zahlung zu sichern.
[190] Vgl. BGH v. 12.02.1985 - X ZR 31/84 - juris Rn. 31 - BGHZ 93, 391-400; *Grüneberg* in: Palandt, § 387 Rn. 15.
[191] Vgl. BGH v. 24.02.1978 - V ZR 182/75 - juris Rn. 10 - BGHZ 71, 19-23; *Gursky* in: Staudinger, § 387 Rn. 219.
[192] Vgl. BGH v. 09.12.1992 - VIII ZR 218/91 - juris Rn. 28 - BGHZ 120, 387-396; OLG Köln v. 16.07.2002 - 22 U 6/02 - juris Rn. 20 - OLGR Köln 2002, 387; *Schlüter* in: MünchKomm-BGB, § 387 Rn. 60.
[193] Vgl. BGH v. 28.04.1987 - VI ZR 1/86, VI ZR 43/86 - juris Rn. 20 - LM Nr. 293 zu § 242 (Cd) BGB; *Grüneberg* in: Palandt, § 387 Rn. 15.

100 Nach Auffassung des OLG Bremen soll die Befugnis, mit Pflegekosten gegenüber einem **Schmerzensgeldanspruch** wegen falscher ärztlicher Behandlung aufzurechnen, im Hinblick auf das Sozialstaatsprinzip und auf § 242 BGB ganz oder teilweise eingeschränkt sein.[194]

101 Zulässig ist demgegenüber die Aufrechnung des Erstehers gegen die nach § 118 ZVG auf den berechtigten Gläubiger übertragene Forderung auf Berichtigung des Bargebots. Die Eigenart des **Zwangsversteigerungsverfahrens**, insbesondere der Gesichtspunkt, dass dieses möglichst zügig abgewickelt werden sollte, steht dem nicht entgegen.[195]

102 Zulässig ist auch die Aufrechnung des Versicherungsnehmers gegen den Anspruch des verletzten Fahrzeuginsassen auf Herausgabe der diesem zustehenden, von dem Unfallversicherer an den Versicherungsnehmer gezahlten **Unfallversicherungsentschädigung** mit einer Schadensersatzforderung, die er aus demselben Unfallereignis gegen den Mitversicherten herleitet.[196]

103 Auch der Aufrechnung des Auftraggebers mit einem **Kostenvorschuss** zur Behebung von Mängeln gegen die Werklohnforderung des Auftragnehmers steht nichts entgegen.[197]

104 Bei einer unbaren Zahlung des Schuldners auf das falsche Konto des Gläubigers besteht nach Ansicht des OLG Hamburg zwar ein Erfüllungshindernis. Eine Aufrechnung mit dem Gegenanspruch des Schuldners aus § 812 Abs. 1 Satz 1 BGB soll jedoch nicht verboten sein.[198]

105 Nach Aufhebung des Insolvenzverfahrens und während der andauernden Wohlverhaltensphase besteht kein Aufrechnungsverbot, da Restschuldbefreiung erst mit Rechtskraft der stattgebenden Entscheidung über den Antrag eintritt und nicht schon mit Ende der Wohlverhaltensphase. Dies verstößt auch nicht gegen die gebotene Gleichbehandlung der Gläubiger.[199]

5. Grenzen für vertragliche Aufrechnungsverbote

106 Die Berufung auf ein vertragliches Aufrechnungsverbot ist nicht uneingeschränkt möglich. Grenzen können sich aus dem Gesetz, aus einer interessengerechten Auslegung der dem Aufrechnungsverbot zugrunde liegenden Vereinbarung oder aus allgemeinen Rechtsgrundsätzen ergeben.

107 Gemäß § 309 Nr. 3 BGB ist in **Allgemeinen Geschäftsbedingungen** eine Bestimmung unwirksam, durch die dem Vertragspartner des Verwenders die Befugnis genommen wird, mit einer unbestrittenen oder rechtskräftig festgestellten Forderung aufzurechnen. Für gegenüber einem Unternehmer verwendete Allgemeine Geschäftsbedingungen ergibt sich Gleiches aus den §§ 307, 310 BGB. Denn der Ausschluss der Aufrechnung mit **unbestrittenen oder rechtskräftig festgestellten Forderungen** stellt eine besonders schwerwiegende Verkürzung der Rechte des Vertragspartners dar, der ein anerkennenswertes Interesse des Verwenders nicht gegenübersteht.[200] Ursprünglich – vor In-Kraft-Treten des AGBG – wurde die Berufung auf eine solche Klausel nach Treu und Glauben als unzulässig angesehen.[201] Allerdings kann es unter Beachtung der Grundsätze von Treu und Glauben im Einzelfall auch geboten sein, eine – grundsätzlich zulässige – Aufrechnungsbeschränkung, wonach nur die Aufrechnung mit unbestrittenen oder rechtskräftig festgestellten Forderungen zulässig sein soll, unbeachtet zu lassen; dies kann etwa dann der Fall sein, wenn die zur Aufrechnung gestellte Forderung entscheidungsreif ist.[202] Demgegenüber ändert der Umstand der Verjährung der zur Aufrechnung gestellten Forderung nach Treu und Glauben grundsätzlich nichts an der Wirksamkeit des Aufrechnungsaus-

---

[194] Vgl. OLG Bremen v. 11.11.1986 - 1 U 16/86 (a) - NJW 1987, 846-847; zustimmend *Grüneberg* in: Palandt, § 387 Rn. 15; kritisch *Schlüter* in: MünchKomm-BGB, § 387 Rn. 57; *Gernhuber*, Die Erfüllung und ihre Surrogate, 2.Aufl. 1994, § 12 VI 11, S. 286.

[195] Vgl. BGH v. 09.04.1987 - IX ZR 146/86 - juris Rn. 9 - LM Nr. 4 zu § 118 ZVG; *Gursky* in: Staudinger, § 387 Rn. 178.

[196] Vgl. BGH v. 04.04.1973 - IV ZR 130/71 - juris Rn. 10 - LM Nr. 3 zu 16 AVB f KraftVers; *Schlüter* in: MünchKomm-BGB, § 387 Rn. 66; *Grüneberg* in: Palandt, § 387 Rn. 16.

[197] Vgl. BGH v. 13.07.1970 - VII ZR 176/68 - juris Rn. 27 - BGHZ 54, 244-251; *Gursky* in: Staudinger, § 387 Rn. 177; *Grüneberg* in: Palandt, § 387 Rn. 16.

[198] Vgl. OLG Hamburg v. 30.03.2012 - U 208/08 - NJW 2011, 3524; allgemein hierzu: *Schmidt*, JuS 2012, 169-177.

[199] Vgl. Sächsisches FG v. 16.02.2012 - 6 K 1234/09 - juris Rn. 13,14.

[200] Vgl. BGH v. 16.10.1984 - X ZR 97/83 - juris Rn. 15 - BGHZ 92, 312-316 zu dem früheren § 9 AGBG; *Gursky* in: Staudinger, § 387 Rn. 251.

[201] Vgl. BGH v. 20.06.1984 - VIII ZR 337/82 - juris Rn. 42 - BGHZ 91, 375-387; *Schlüter* in: MünchKomm-BGB, § 387 Rn. 62.

[202] Vgl. BGH v. 18.06.2002 - XI ZR 160/01 - juris Rn. 10 - NJW 2002, 2779.

schlusses bzw. der Aufrechnungsbeschränkung, denn der Gläubiger, der seine Forderung in Kenntnis des Aufrechnungsverbots verjähren lässt und damit freiwillig auf deren Durchsetzbarkeit verzichtet, ist nicht schutzwürdig.[203]

Für das in einer **Individualvereinbarung** enthaltene Aufrechnungsverbot gilt im Ergebnis Entsprechendes, soweit es darauf abzielt, die zügige Durchsetzung der Forderung zu gewährleisten. Eine Berufung auf das vereinbarte Verbot ist dann jedenfalls gegenüber der Aufrechnung mit unbestrittenen, rechtskräftigen oder entscheidungsreifen Forderungen nicht zulässig.[204] 108

Die Berufung auf ein vertragliches Aufrechnungsverbot kann auch dann gegen Treu und Glauben verstoßen, wenn eine konnexe Gegenforderung anderenfalls – etwa wegen nachträglichen **Vermögensverfalls** des Gläubigers – nicht mehr durchsetzbar wäre.[205] Im Falle der Insolvenz des Gläubigers ist zu prüfen, ob das Aufrechnungsverbot auch für diesen Fall noch gelten sollte. In der Regel wird dabei davon auszugehen sein, dass der Schuldner nicht auch im Falle der Beendigung sämtlicher Geschäftsbeziehungen auf die Aufrechnungsmöglichkeit verzichten wollte.[206] Soll der Aufrechnungsausschluss dagegen auch für den Fall der Insolvenz gelten, nehmen die Vertragspartner also in Kauf, dass der Schuldner mit seinen Gegenforderungen ausfällt, so bleibt das Aufrechnungsverbot regelmäßig in Kraft, wenn es entsprechend seiner Zweckbestimmung als Mittel der Kreditsicherung verwandt worden ist. Denn der Kreditgeber soll gerade dann darauf vertrauen dürfen, die ihm als Sicherheit abgetretene Forderung nicht durch Aufrechnung zu verlieren, wenn sein Schuldner insolvent wird.[207] 109

Die Berufung auf ein vertragliches Aufrechnungsverbot ist dem **Vermieter** auch noch nach Beendigung des Mietverhältnisses gestattet, solange das Mietobjekt nicht zurückgegeben ist und der Vermieter Ansprüche auf Nutzungsentgelt hat. Denn das Aufrechnungsverbot soll dem Vermieter die Durchsetzung seiner Mietansprüche sichern, indem es dem Mieter die Berufung auf streitige Gegenforderungen versagt.[208] Hat der Vermieter nach Vertragsende jedoch genügend Zeit für die Abrechnung gehabt, so entfällt das Aufrechnungsverbot gegenüber dem Anspruch auf Rückzahlung der geleisteten Mietkaution.[209] 110

Die Berufung auf ein vertragliches Aufrechnungsverbot verstößt schließlich in aller Regel dann gegen Treu und Glauben, wenn die Gegenforderung auf einer **vorsätzlichen unerlaubten Handlung** beruht. Dies gilt allerdings nicht uneingeschränkt. Das Aufrechnungsverbot tritt nach den besonderen Umständen des Einzelfalls etwa dann nicht zurück, wenn die Prüfung der Gegenforderung eine langwierige Beweisaufnahme und damit ein Hinausschieben der Prozessentscheidung erfordern würde oder die Gegenforderung „gänzlich undurchsichtig" erscheint.[210] Resultiert die Gegenforderung aus einer vorsätzlichen Vertragsverletzung, so beurteilt sich die Zulässigkeit der Berufung auf das vertragliche Aufrechnungsverbot nach der Rechtsprechung unter Berücksichtigung der gesamten Umstände des Einzelfalls.[211] 111

C. Prozessuale Hinweise, insbesondere Beweislastverteilung

Die Regelung des § 387 BGB wirft für sich genommen keine besonderen prozessualen Probleme auf. Nach den allgemeinen Grundsätzen hat der Aufrechnende die Voraussetzungen der Aufrechnung zu beweisen. Das heißt, ihn trifft die Darlegungs- und Beweislast für das Bestehen und die Fälligkeit der Gegenforderung[212] und auch dafür, dass er Inhaber der Gegenforderung ist[213]. Ebenso wie es Sache des 112

---

[203] Vgl. OLG Karlsruhe v. 22.11.2000 - 7 U 216/98 - juris Rn. 13 - OLGR Karlsruhe 2001, 125-127.

[204] Vgl. *Gursky* in: Staudinger, § 387 Rn. 260 über eine teleologische Reduktion der Vereinbarung; *Schlüter* in: MünchKomm-BGB, § 387 Rn. 61; *Grüneberg* in: Palandt, § 387 Rn. 17.

[205] Vgl. BGH v. 12.12.1990 - VIII ZR 355/89 - juris Rn. 10 - NJW-RR 1991, 971-972; *Schlüter* in: Münch-Komm-BGB, § 387 Rn. 61.

[206] Vgl. *von Feldmann*, JuS 1983, 357-363, 361.

[207] Vgl. BGH v. 19.09.1988 - II ZR 362/87 - juris Rn. 8 - LM Nr. 76 zu § 767 ZPO; OLG Hamm v. 10.11.1999 - 13 U 67/99 - juris Rn. 35 - ZIP 2000, 925-926; *Gursky* in: Staudinger, § 387 Rn. 253, auch für den Fall des Vertragsschlusses trotz erkennbarer Konkursnähe; *Grüneberg* in: Palandt, § 387 Rn. 17.

[208] Vgl. OLG Düsseldorf v. 30.04.1997 - 10 U 73/96 - juris Rn. 30 - ZMR 1997, 466-467; BGH v. 12.01.2000 - XII ZA 21/99 - juris Rn. 2 - LM BGB § 387 Nr. 97 (7/2000); *Gursky* in: Staudinger, § 387 Rn. 257.

[209] Vgl. BGH v. 08.03.1972 - VIII ZR 183/70 - LM Nr. 51 zu § 525 BGB; *Grüneberg* in: Palandt, § 387 Rn. 18.

[210] Vgl. BGH v. 07.03.1985 - III ZR 90/83 - juris Rn. 66 - WM 1985, 866-870 m.w.N.; *Schlüter* in: Münch-Komm-BGB, § 387 Rn. 61; *Grüneberg* in: Palandt, § 387 Rn. 17.

[211] Vgl. BGH v. 09.05.1966 - VIII ZR 8/64 - NJW 1966, 1452; *Grüneberg* in: Palandt, § 387 Rn. 17.

[212] Vgl. BGH v. 11.12.1997 - IX ZR 341/95 - juris Rn. 54 - BGHZ 137, 267-292.

[213] Vgl. BGH v. 13.01.1983 - III ZR 88/81 - juris Rn. 21 - LM Nr. 65 zu § 387 BGB.

Schuldners ist, das Erlöschen der Verbindlichkeit durch Aufrechnung zu beweisen, trifft diese Beweislast auch den Dritten, der sich auf die Rechtswirkungen der Aufrechnung beruft. Behauptet etwa der Bürge, die Forderung des Gläubigers sei durch Aufrechnung des Hauptschuldners erloschen, so muss er dies im Einzelnen darlegen und beweisen.[214]

113 Demgegenüber trägt der Aufrechnungsgegner die Beweislast für solche Tatsachen, aus denen sich die Unwirksamkeit der Aufrechnung ergibt.[215]

D. Anwendungsfelder

I. Abgrenzung von der Anrechnung

114 Von der Aufrechnung ist die **Anrechnung** zu unterscheiden. Während die Aufrechnung zwei selbständige Forderungen voraussetzt, bedeutet die Anrechnung, dass zur Bestimmung des Umfangs eines Anspruchs **unselbständige Rechnungsposten** in Abzug zu bringen sind. Um eine Anrechnung handelt es sich etwa bei der Anwendung der Saldotheorie im Bereicherungsrecht.[216] Eine Anrechnung im Prozess hat **von Amts wegen** zu erfolgen. Einer Parteierklärung bedarf es hierzu nicht.[217] Aufrechnungsverbote gelten für die Anrechnung weder direkt noch analog[218] und können nicht dadurch umgangen werden, dass ein Verrechnungsverhältnis angenommen wird[219]. Ebenso wenig findet gemäß § 322 Abs. 2 ZPO eine Rechtskrafterweiterung auf die angerechneten Rechnungsposten statt.[220]

II. Abgrenzung vom Aufrechnungsvertrag

1. Allgemeines

115 Statt durch einseitige Erklärung kann die Aufrechnung auch durch eine Vereinbarung erfolgen, deren Zulässigkeit sich aus dem Grundsatz der Vertragsfreiheit ergibt. Der Aufrechnungsvertrag hat **verfügenden Charakter**. Er führt ohne weiteres zum Erlöschen der einander gegenüberstehenden Forderungen.[221]

116 Als Aufrechnungsverträge sind etwa das **Kontokorrent** (zu den Einzelheiten vgl. Rn. 125) und der in § 782 BGB erwähnte **Abrechnungsvertrag** einzuordnen.[222]

2. Voraussetzungen

117 Der Aufrechnungsvertrag setzt nach h.M. lediglich voraus, dass die Forderungen gleichartig sind[223] und dass jede Partei über die von ihr zur Verrechnung gestellte Forderung verfügen kann. Anders als bei der Aufrechnung durch einseitige Erklärung ist weder die Fälligkeit noch die Erfüllbarkeit der Forderungen erforderlich. Auch das Merkmal der Gegenseitigkeit der Forderungen ist verzichtbar.[224] Al-

---

[214] Vgl. BGH v. 07.12.1995 - IX ZR 110/95 - juris Rn. 5 - LM BGB § 767 Nr. 29 (5/1996); *Gursky* in: Staudinger, § 387 Rn. 272.
[215] Vgl. *Gursky* in: Staudinger, § 387 Rn. 272.
[216] Vgl. *von Feldmann*, JuS 1983, 357-363, 357 mit weiteren Beispielen.
[217] *Grüneberg* in: Palandt, § 387 Rn. 2.
[218] Vgl. BGH v. 02.07.1962 - VIII ZR 12/61 - juris Rn. 5 - LM Nr. 4 zu § 249 (Ca) BGB; OLG Hamm v. 08.07.1970 - 20 U 43/70 - juris Rn. 28 - NJW 1970, 2296; *Grüneberg* in: Palandt, § 387 Rn. 2.
[219] Vgl. BGH v. 23.06.2005 - VII ZR 197/03 - juris Rn. 20 - NJW 2005, 2771-2773; *Grüneberg* in: Palandt, § 387 Rn. 2.
[220] Vgl. OLG Köln v. 23.02.2001 - 3 U 141/00 - juris Rn. 3 - OLGR Köln 2001, 222-223; *Gursky* in: Staudinger, Vorbem zu den §§ 387 ff. Rn. 97 m.w.N.
[221] Vgl. *Gursky* in: Staudinger, Vorbem. zu den §§ 387 ff. Rn. 64 ff.; *Schlüter* in: MünchKomm-BGB, § 387 Rn. 51: „schuldrechtliches Verfügungsgeschäft eigener Art"; ebenso *Gernhuber*, Die Erfüllung und ihre Surrogate, 2. Aufl. 1994, § 14 II 3, S. 331; *Grüneberg* in: Palandt, § 387 Rn. 19: „Erfüllungsersetzungsvertrag".
[222] Vgl. *Grüneberg* in: Palandt, § 387 Rn. 19; *Schlüter* in: MünchKomm-BGB, § 387 Rn. 51.
[223] Bei fehlender Gleichartigkeit spricht die h.M. von einer wechselseitigen vertraglichen Tilgung durch Leistung an Erfüllungs statt, vgl. *Gursky* in: Staudinger, Vorbem. zu den §§ 387 ff. Rn. 68 m.w.N. auch zur Gegenansicht; *Schlüter* in: MünchKomm-BGB, § 387 Rn. 52; *Zeiss* in: Soergel, vor § 387 Rn. 3; *Larenz*, Schuldrecht, Band I: Allgemeiner Teil, 14. Aufl. 1987, § 18 VI f, S. 265; a.A. *Gernhuber*, Die Erfüllung und ihre Surrogate, 2. Aufl. 1994, § 14 II 1, S. 329 m.w.N.; *Grüneberg* in: Palandt, § 387 Rn. 20; die die Gleichartigkeit beim Aufrechnungsvertrag für entbehrlich halten.
[224] Vgl. BGH v. 27.03.1985 - VIII ZR 5/84 - juris Rn. 38 - BGHZ 94, 132-140; BGH v. 15.07.2004 - IX ZR 224/03 - juris Rn. 12 - NJW 2004, 3185-3187; OLG Karlsruhe v. 15.10.2002 - 2 WF 144/01 - juris Rn. 13 - OLGR Karlsruhe 2003, 66-67; *Grüneberg* in: Palandt, § 387 Rn. 20.

lerdings müssen die zu verrechnenden Forderungen tatsächlich bestehen. Ist dies nicht der Fall, so ist der Aufrechnungsvertrag unwirksam.[225] Die Annahme, hierin könne im Einzelfall bei Kenntnis der Parteien eine Neubegründung oder ein Anerkenntnis der Forderung zu sehen sein[226], wird zu Recht für überkonstruiert gehalten. Im Zweifel ist dann nicht Aufrechnung, sondern Erlass der Hauptforderung gewollt.[227]

3. Praktische Bedeutung

Wie sich aus den gegenüber der einseitigen Aufrechnungserklärung geringeren Anforderungen des Aufrechnungsvertrages ergibt, kommt dem Aufrechnungsvertrag in den Fällen besondere Bedeutung zu, in denen eine einseitige Aufrechnung mangels Vorliegens der gesetzlichen Voraussetzungen ausscheidet. Daneben **erleichtert** er die Erreichung der Aufrechnungswirkungen, indem er dem Aufrechnenden den **Nachweis** der die Gegenforderung im Einzelnen begründenden Tatsachen erspart.[228] 118

Ferner ermöglicht er den Parteien die **Modifizierung der Aufrechnungswirkungen**.[229] So kommt etwa die Vereinbarung des Ausschlusses der Rückwirkung oder einer bedingten oder befristeten Verrechnung in Betracht.[230] 119

Besondere Bedeutung kommt dem Aufrechnungsvertrag schließlich in den Fällen zu, in denen der einseitigen Aufrechnung ein **Aufrechnungsverbot** entgegenstehen würde. Dabei ist allerdings zu unterscheiden. Schützt das Aufrechnungsverbot lediglich die **Interessen des Aufrechnungsgegners**, so kann dieser in Bezug auf seine Forderung (nachträglich) ebenso einen Aufrechnungsvertrag schließen, wie er seinerseits mit seiner Forderung auch einseitig aufrechnen könnte.[231] Bezweckt das Verbot dagegen den Schutz von **Drittinteressen** (so etwa § 19 GmbHG oder § 66 AktG), so erfasst es auch den Aufrechnungsvertrag.[232] 120

4. Sonderfälle

Der Aufrechnungsvertrag kann sich auf **künftige Forderungen** beziehen (**vorweggenommener** oder aufschiebend bedingter **Aufrechnungsvertrag**), die dann im Zeitpunkt ihrer Entstehung getilgt werden, ohne dass es dafür noch einer gesonderten Erklärung bedürfte.[233] Der vorweggenommene Aufrechnungsvertrag geht nach der Rechtsprechung des BGH einer späteren Pfändung wegen des **Prioritätsprinzips** vor.[234] 121

Hiervon zu unterscheiden ist der **Aufrechnungsvorvertrag**, in dem sich die Parteien zum Abschluss eines späteren Aufrechnungsvertrages verpflichten. Dieser ist neben dem vorweggenommenen Aufrechnungsvertrag nur von geringer praktischer Bedeutung.[235] Als Aufrechnungsvorvertrag oder -voraussetzungsvertrag werden auch solche Vereinbarungen bezeichnet, die die gesetzlichen Voraussetzungen einer späteren Aufrechnung erweitern oder einschränken. 122

---

[225] Vgl. BGH v. 17.01.1991 - I ZR 134/89 - juris Rn. 14 - LM 1992, Nr. 1, § 387 BGB Nr. 85; BGH v. 05.11.1997 - XII ZR 20/96 - juris Rn. 17 - LM BGB § 685 Nr. 2 (4/1998); OLG Karlsruhe v. 15.10.2002 - 2 WF 144/01 - juris Rn. 13 - OLGR Karlsruhe 2003, 66-67.

[226] Vgl. *Grüneberg* in: Palandt, § 387 Rn. 20.

[227] Vgl. *Gernhuber*, Die Erfüllung und ihre Surrogate, 2. Aufl. 1994, § 14 II 1, S. 329; *Gursky* in: Staudinger, Vorbem. zu den §§ 387 ff. Rn. 72; *Schlüter* in: MünchKomm-BGB, § 387 Rn. 52.

[228] Vgl. OLG Naumburg v. 19.05.1998 - 11 U 2058/97 - juris Rn. 31 - ZIP 1999, 118-120; *Gursky* in: Staudinger, Vorbem. zu den §§ 387 ff. Rn. 70; *Schlüter* in: MünchKomm-BGB, § 387 Rn. 54.

[229] Vgl. *Gernhuber*, Die Erfüllung und ihre Surrogate, 2. Aufl. 1994, § 14 I 4, S. 328.

[230] Vgl. *Gursky* in: Staudinger, Vorbem. zu den §§ 387 ff. Rn. 70, der in den beiden letztgenannten Fällen zugleich den Ausschluss der einseitigen Befugnisse annimmt.

[231] Vgl. *Gursky* in: Staudinger, Vorbem. zu den §§ 387 ff. Rn. 70; *Grüneberg* in: Palandt, § 387 Rn. 20.

[232] Vgl. OLG Naumburg v. 19.05.1998 - 11 U 2058/97 - juris Rn. 34 - ZIP 1999, 118-120; *Grüneberg* in: Palandt, § 387 Rn. 20.

[233] Vgl. BGH v. 06.06.1952 - V ZR 79/51 - juris Rn. 18 - BGHZ 6, 202-207; *Schlüter* in: MünchKomm-BGB, § 387 Rn. 51; *Grüneberg* in: Palandt, § 387 Rn. 20; zu den Wirkungen der Kündigung eines der Sicherung dienenden Aufrechnungsvertrages entsprechend den für die Beendigung einer Bürgschaft durch Kündigung entwickelten Grundsätzen vgl. BGH v. 04.09.2003 - I ZR 128/01 - juris Rn. 19 - ZIP 2003, 2260-2262; zustimmend *Streit*, EWiR 2004, 369-370, 369.

[234] Vgl. BGH v. 29.01.1968 - VIII ZR 199/65 - LM Nr. 2 zu § 392 BGB; zustimmend *Gursky* in: Staudinger, Vorbem. zu den §§ 387 ff. Rn. 78 m.w.N. auch zur abweichenden arbeitsgerichtlichen Rechtsprechung.

[235] Vgl. *Gursky* in: Staudinger, Vorbem. zu den §§ 387 ff. Rn. 82.

123 In diesen Zusammenhang gehört die **Konzernverrechnungsklausel**, mit der das Erfordernis der Gegenseitigkeit abbedungen und eine „Drittaufrechnung" ermöglicht wird. Eine solche Vereinbarung kann dahingehend getroffen werden, dass ein konzernangehöriges Unternehmen zur Aufrechnung mit eigenen Forderungen auch gegen Forderungen des Vertragspartners gegen andere konzernangehörige Unternehmen berechtigt sein soll. Sie kann umgekehrt ferner dahingehend getroffen werden, dass ein Konzernunternehmen befugt sein soll, eigene Verbindlichkeiten durch Verrechnung mit Forderungen anderer konzernangehöriger Unternehmen gegen denselben Vertragspartner zu tilgen. Schließlich kann eine solche Verrechnungsbefugnis nicht nur für die Firmen eines Unternehmensverbundes, sondern auch zugunsten eines Gläubigers und Schuldners dieser Unternehmen begründet werden.[236] Um eine Benachteiligung der übrigen Gläubiger zu verhindern, wandte die Rechtsprechung die Vorschriften des § 55 Nr. 2, Nr. 3 KO im **Konkurs** des Aufrechnungsgegners dann entsprechend auf die (Dritt-)Aufrechnung an, wenn diese nach Konkurseröffnung oder in Kenntnis des Antrags auf Konkurseröffnung erklärt wurde. Der Aufrechnende musste sich danach so behandeln lassen, als ob eine Abtretung erst im Zeitpunkt der Aufrechnung erfolgt wäre, mit der Folge, dass der Aufrechnung entsprechend § 55 Nr. 2, Nr. 3 KO die Wirkung zu versagen war.[237] In der **Insolvenz** des Aufrechnungsgegners ist die Konzernverrechnungsklausel ebenfalls wirkungslos; an die Stelle des § 55 Satz 1 Nr. 2 KO ist § 96 Abs. 1 Nr. 2 InsO getreten.[238] Konzernverrechnungsklauseln sind also nur dann wirksam und insolvenzfest, wenn die Aufrechnungslage vor Eröffnung des Insolvenzverfahrens besteht und die Aufrechnung erklärt worden ist. Diese für den Konkurs und die Insolvenz entwickelten Grundsätze gelten auch bei Auftragserteilung durch die öffentliche Hand.[239]

124 Bei einer **Skontration** handelt es sich um die Verrechnung von Forderungen einer Vielzahl von Parteien aufgrund einer allseitigen Vereinbarung darüber, dass die Forderungen und Schulden sämtlicher Parteien gegeneinander verrechnet werden, soweit sie sich decken, bis auf eine durch Barzahlung auszugleichende Spitze. Praktische Bedeutung erlangt diese Vereinbarung beim bankgeschäftlichen Abrechnungsverkehr[240], beim Abrechnungsverfahren im Börsenterminhandel und im Clearingverkehr, das Verfahren der im zwischenstaatlichen Handel eingerichteten Abrechnungsstellen betreffend[241]. Zudem ist eine Aufrechnung im Kostenfestsetzungsverfahren zulässig, insoweit der zur Aufrechnung gestellte Anspruch tituliert oder unstreitig ist.[242]

125 Der **Kontokorrentvertrag** (vgl. § 355 HGB) enthält zum einen die Vereinbarung, dass künftige Forderungen lediglich zur Verrechnung zu stellen sind mit der Folge, dass sie nicht mehr selbständig geltend gemacht oder abgetreten werden können und als gestundet zu gelten haben, und zum anderen den Verrechnungsvertrag, der in der Regel dahin geht, dass sich die Verrechnung am Ende einer Rechnungsperiode automatisch vollzieht.[243] Ein solcher Kontokorrentvertrag ist typischerweise mit dem **Girovertrag** verbunden.[244]

---

[236] Vgl. BGH v. 27.03.1985 - VIII ZR 5/84 - juris Rn. 38 - BGHZ 94, 132-140; *Gursky* in: Staudinger, Vorbem. zu den §§ 387 ff. Rn. 94 f.; *Grüneberg* in: Palandt, § 387 Rn. 22, der dies nicht als eigentlichen Aufrechnungsvertrag ansieht.

[237] Vgl. BGH v. 03.06.1981 - VIII ZR 171/80 - juris Rn. 27 - BGHZ 81, 15-20.

[238] Vgl. BGH v. 15.07.2004 - IX ZR 224/03 - juris Rn. 11 - NJW 2004, 3185-3187; *Grüneberg* in: Palandt, § 387 Rn. 22.

[239] Vgl. OLG Köln v. 10.11.2004 - 2 U 168/03 - NJW 2005, 1127-1130.

[240] Vgl. BGH v. 26.01.1987 - II ZR 121/86 - juris Rn. 10 - LM Nr. 6 zu Art 28 ScheckG.

[241] Vgl. *Gursky* in: Staudinger, Vorbem. zu den §§ 387 ff. Rn. 93; *Schlüter* in: MünchKomm-BGB, § 387 Rn. 52.

[242] Vgl. Thüringer OLG v. 25.10.2011 - 9 W 503/10 - juris Rn. 7.

[243] Vgl. BGH v. 04.05.1979 - I ZR 127/77 - juris Rn. 7 - BGHZ 74, 253-258.

[244] Vgl. BGH v. 18.04.1989 - XI ZR 133/88 - juris Rn. 24 - BGHZ 107, 192-200; BGH v. 24.01.1985 - IX ZR 65/84 - juris Rn. 28 - BGHZ 93, 315-327; *Gursky* in: Staudinger, Vorbem. zu den §§ 387 ff. Rn. 96; *Grüneberg* in: Palandt, § 387 Rn. 21.

§ 388 BGB Erklärung der Aufrechnung

(Fassung vom 02.01.2002, gültig ab 01.01.2002)

¹Die Aufrechnung erfolgt durch Erklärung gegenüber dem anderen Teil. ²Die Erklärung ist unwirksam, wenn sie unter einer Bedingung oder einer Zeitbestimmung abgegeben wird.

Gliederung

A. Grundlagen 1	2. Haupt- und Hilfsaufrechnung 10
B. Anwendungsvoraussetzungen 2	3. Rechtsnatur der Prozessaufrechnung 14
I. Aufrechnungserklärung 2	4. Rechtshängigkeit und Rechtskraft 19
II. Bedingung oder Zeitbestimmung 7	5. Unterschiedliche Rechtswege 27
C. Anwendungsfelder 8	6. Internationale Zuständigkeit 36
I. Aufrechnung im Prozess 8	II. Prozessuale Behandlung 38
1. Funktionen der Prozessaufrechnung 8	

A. Grundlagen

Das Gesetz sieht vor, dass die Aufrechnung durch Erklärung gegenüber dem anderen Teil erfolgt (§ 388 Satz 1 BGB) und dass die Abgabe der Aufrechnungserklärung bewirkt, dass die Forderungen, soweit sie sich decken, als in dem Zeitpunkt erloschen gelten, in welchem sie zur Aufrechnung geeignet einander gegenüber getreten sind (§ 389 BGB). Die Voraussetzungen für die Aufrechnung müssen zum Zeitpunkt der Aufrechnungserklärung vorliegen.[1]   1

B. Anwendungsvoraussetzungen

I. Aufrechnungserklärung

Die Aufrechnungserklärung ist eine einseitige empfangsbedürftige Willenserklärung.[2]   2

Sind im Zeitpunkt der Abgabe der Aufrechnungserklärung nicht alle Voraussetzungen der Aufrechnung gegeben, etwa weil es an einer im Einzelfall erforderlichen behördlichen Genehmigung fehlt oder weil die Aufrechnung von einem ohne Ermächtigung handelnden Nichtberechtigten erklärt wird[3], so ist die Aufrechnung unwirksam. Dies entspricht der Rechtsnatur der Aufrechnung als einseitigem Rechtsgeschäft, das keinen Schwebezustand duldet.[4] Die Aufrechnung muss dann wiederholt werden, sobald ihre Voraussetzungen vorliegen bzw. die Verfügungsbefugnis gegeben ist.[5] Ein Schwebezustand tritt jedoch in den Fällen des § 180 Satz 2, 3 BGB ein.[6] Lagen die Voraussetzungen für eine Aufrechnung zum Zeitpunkt der Erklärung vor, entfällt die Wirkung dennoch ex nunc, soweit die Voraussetzungen nachträglich vernichtet werden, so etwa, wenn ein Vermieter nachträglich eine wirksame Betriebskostenabrechnung erteilt und der Mieter hiernach noch Betriebskosten schuldet.[7]   3

Der beschränkt Geschäftsfähige bedarf zur Aufrechnung gemäß § 107 BGB der Einwilligung seines gesetzlichen Vertreters, da diese ihm – wegen des Verlusts der Forderung – nicht nur einen rechtlichen Vorteil bringt. Ohne die Einwilligung ist die Aufrechnung als einseitiges Rechtsgeschäft gemäß § 111 Satz 1 BGB unwirksam.   4

Die Aufrechnungserklärung muss nicht unbedingt ausdrücklich abgegeben werden. Es genügt vielmehr die klare Erkennbarkeit des Aufrechnungswillens.[8] Dies wird etwa bei der Leistungsverweige-   5

---

[1] Vgl. *von Feldmann*, JuS 1983, 357-363, 362.
[2] Vgl. BGH v. 28.10.1953 - VI ZR 217/52 - BGHZ 11, 27-37.
[3] Vgl. *Schlüter* in: MünchKomm-BGB, § 388 Rn. 1.
[4] Vgl. BGH v. 28.10.1953 - VI ZR 217/52 - BGHZ 11, 27-37.
[5] Vgl. BGH v. 12.10.1983 - VIII ZR 19/82 - juris Rn. 10 - LM Nr. 67 zu § 387 BGB; *Grüneberg* in: Palandt, § 388 Rn. 1.
[6] Vgl. *Gursky* in: Staudinger, § 388 Rn. 6.
[7] Vgl. BGH v. 22.09.2010 - VIII ZR 285/09 - juris Rn. 45.
[8] Vgl. BFH v. 26.07.2005 - VII R 72/04 - juris Rn. 13 - BB 2005, 2061 zur Aufrechnungserklärung durch Umbuchungsmitteilung des Finanzamts.

rung gegenüber einem gleichartigen Anspruch[9] oder bei der Berufung auf ein Zurückbehaltungsrecht gegenüber einer gleichartigen Schuld angenommen[10].

6 Eine gesetzliche Form oder Frist ist nicht vorgesehen. Sieht jedoch der Tarifvertrag für die Geltendmachung von Ansprüchen die schriftliche Geltendmachung innerhalb einer bestimmten Frist vor, so unterliegen auch Aufrechnungserklärungen diesen Erfordernissen.[11]

II. Bedingung oder Zeitbestimmung

7 Die Aufrechnungserklärung ist als einseitiges Gestaltungsgeschäft[12] unwiderruflich und bedingungsfeindlich, § 388 Satz 2 BGB (zur Eventualaufrechnung im Prozess vgl. Rn. 11).

C. Anwendungsfelder

I. Aufrechnung im Prozess

1. Funktionen der Prozessaufrechnung

8 Der Beklagte eines Zivilprozesses, dem seinerseits eine Forderung gegen den Kläger zusteht, kann sich mit dem Instrument der Aufrechnung gegen die Klageforderung verteidigen. Von der Prozessaufrechnung, das heißt der erstmaligen Erklärung der Aufrechnung unmittelbar im Prozess, ist der Fall zu unterscheiden, dass der Beklagte sich auf eine bereits vorprozessual erklärte Aufrechnung beruft und damit eine rechtsvernichtende Einrede geltend macht. Im Einzelfall kann in der Behauptung einer früheren Aufrechnung jedoch eine konkludente Wiederholung der Aufrechnungserklärung liegen. Eine entsprechende Auslegung ist dann angezeigt, wenn sich aus dem Prozessvorbringen eindeutig ergibt, dass eine Aufrechnung auf jeden Fall – bei Unwirksamkeit einer früheren Erklärung also auch durch eine neue Erklärung im Prozess – gewollt ist.[13]

9 In § 204 Abs. 1 Nr. 5 BGB ist die Geltendmachung der Aufrechnung des Anspruchs im Prozess nunmehr ausdrücklich als Mittel der Rechtsverfolgung bezeichnet (vgl. die Überschrift zu § 204 BGB). Für die Berufungsinstanz enthält § 533 ZPO nunmehr eine einheitliche Regelung für die Zulässigkeit der Klageänderung, der Widerklage und der Aufrechnungserklärung und stellt Letztere damit insoweit den beiden vorgenannten Mitteln der Rechtsverfolgung gleich.

2. Haupt- und Hilfsaufrechnung

10 Eine so genannte Primär- oder Hauptaufrechnung liegt dann vor, wenn der Beklagte die Klageforderung nicht bestreitet und nur die Aufrechnung mit einer Gegenforderung geltend macht.[14]

11 Erklärt der Beklagte die Aufrechnung jedoch nur hilfsweise für den Fall, dass das Gericht die Klageforderung für begründet hält, so spricht man von einer **Eventual- oder Hilfsaufrechnung**. Im Zweifel ist davon auszugehen, dass nur eine Eventualaufrechnung gewollt ist.[15] Deren Zulässigkeit steht § 388 Satz 2 BGB nicht entgegen, da die Aufrechnung nicht von einer echten Bedingung im Sinne eines zukünftigen ungewissen Ereignisses, sondern allein von der Rechtsbedingung abhängt, ob die Klageforderung im Zeitpunkt der Aufrechnungserklärung bestanden hat.[16] Gleiches gilt im Ergebnis für den Fall, dass der Beklagte zwar die Klageforderung nicht bestreitet, die Aufrechnung jedoch nur für den Fall erklärt, dass gegen die Klageforderung geltend gemachte Einreden nicht greifen.[17]

---

[9] Vgl. BGH v. 16.01.1958 - VII ZR 66/57 - juris Rn. 10 - BGHZ 26, 241-248; BVerfG v. 26.02.1993 - 2 BvR 1463/92 - juris Rn. 13 - NJW-RR 1993, 764-765.

[10] Vgl. *Gursky* in: Staudinger, § 388 Rn. 13 m.w.N.

[11] Vgl. LArbG Düsseldorf v. 06.01.1971 - 2 Sa 424/70 - juris Rn. 42 - DB 1971, 1015; *Grüneberg* in: Palandt, § 388 Rn. 1.

[12] Vgl. BGH v. 28.10.1953 - VI ZR 217/52 - BGHZ 11, 27-37.

[13] Vgl. BGH v. 14.06.1994 - XI ZR 127/93 - juris Rn. 11 - LM BGB § 388 Nr. 4 (1/1995); *Grüneberg* in: Palandt, § 388 Rn. 4.

[14] Vgl. BGH v. 24.11.1971 - VIII ZR 80/71 - juris Rn. 6 - BGHZ 57, 301-304.

[15] Vgl. *Grüneberg* in: Palandt, § 388 Rn. 3.

[16] Vgl. *Schlüter* in: MünchKomm-BGB, § 388 Rn. 4; *Gursky* in: Staudinger, § 388 Rn. 30 und 32 unter Hinweis auf § 204 Abs. 1 Nr. 5, Abs. 2 BGB, wonach die Geltendmachung der Aufrechnung im Prozess die Verjährung hemmt, was nur bei einer bedingten Aufrechnung denkbar sei, da die unbedingte Aufrechnung die Klageforderung zum Erlöschen bringt und daher für eine Verjährung kein Raum mehr ist; *von Feldmann*, JuS 1983, 357-363, 362.

[17] Vgl. *Gursky* in: Staudinger, § 388 Rn. 35; *Schlüter* in: MünchKomm-BGB, § 388 Rn. 4, jeweils mit unterschiedlicher Begründung und weiteren Nachweisen.

Das Gericht darf die Begründetheit der Klageforderung bei einer Eventualaufrechnung nicht offen lassen und die Klage allein aufgrund der Eventualaufrechnung mit einer liquiden Gegenforderung abweisen. Es darf die Aufrechnung vielmehr erst dann berücksichtigen, wenn es die Klageforderung – gegebenenfalls nach Erhebung der hierfür angebotenen Beweise – für begründet hält.[18]

Der Beklagte kann die hilfsweise zur Aufrechnung gestellte Gegenforderung in zulässiger Weise gleichzeitig zum Gegenstand einer Widerklage machen[19]; hieraus kann nicht hergeleitet werden, die Hilfsaufrechnung werde nicht aufrechterhalten[20].

3. Rechtsnatur der Prozessaufrechnung

Der Prozessaufrechnung, das heißt der (erstmaligen) Erklärung der Aufrechnung im Prozess, kommt nach der herrschenden (materiellen) Auffassung eine **Doppelnatur** zu: Sie ist zugleich Prozesshandlung und materielles Rechtsgeschäft.[21]

Im Hinblick auf die Doppelnatur ist zu unterscheiden: Ist die Aufrechnung materiell-rechtlich unwirksam, kann sie auch als Prozesshandlung nicht zum Erlöschen der Hauptforderung führen.[22] Scheitert die Aufrechnung umgekehrt aus prozessualen Gründen, wie etwa wegen der **Zurückweisung des Aufrechnungseinwands** nach den §§ 296, 531, 533 ZPO, so besteht weitgehend Einigkeit, dass dies im Hinblick auf die an sich materiell-rechtlich wirksame Aufrechnung nicht zum Verlust der Gegenforderung führen darf. Bei dieser Fallgestaltung treten materiell-rechtliche Wirkungen der im Prozess erklärten Aufrechnung nicht ein[23], sei es, dass der materiell-rechtliche Teil als durch die prozessuale Zulassung des Einwands stillschweigend bedingt angesehen wird[24], sei es, dass er gemäß dem Rechtsgedanken des § 139 BGB[25] oder im Wege der Rechtsfortbildung[26] durch die Nichtzulassung des prozessualen Einwands seine Wirkung verliert.

Wird der Aufrechnungseinwand jedoch berücksichtigt, bleibt er aber deshalb erfolglos, weil das ihm zugrunde liegende Vorbringen unsubstantiiert oder verspätet war, so führt dies zu einer Entscheidung über die Gegenforderung – als sachlich unbegründet – im Sinne des § 322 Abs. 2 ZPO, mit der Folge, dass die aberkannte Gegenforderung dann nicht mehr anderweitig geltend gemacht werden kann.[27] Eine der Rechtskraft fähige Entscheidung über die Gegenforderung liegt jedoch dann nicht vor, wenn die Abweisung wegen mangelnder Substantiierung im Einzelfall darauf beruht, dass das Gericht die diesbezüglichen Tatsachenangaben für so unzureichend hält, dass nicht bestimmbar sei, welche Gegenforderung geltend gemacht werden solle. Denn in diesem Fall ist die (Hilfs-) Aufrechnung bereits als unzulässig zurückzuweisen.[28] Zu den Einzelheiten der Erstreckung der Rechtskraft auf die zur Aufrechnung gestellte Forderung vgl. Rn. 21.

---

18 So genannte Beweiserhebungstheorie vgl. BGH v. 10.07.1961 - VIII ZR 64/60 - LM Nr. 5 zu § 33 ZPO; BGH v. 25.06.1956 - II ZR 78/55 - juris Rn. 9 - LM Nr. 21 zu § 322 ZPO; VerfGH Berlin v. 28.06.2001 - 48/01 48 A/01 - juris Rn. 15 - ZMR 2001, 879-881; *Gursky* in: Staudinger, § 388 Rn. 45 ff.; *Schlüter* in: MünchKomm-BGB, § 388 Rn. 4; *Grüneberg* in: Palandt, § 388 Rn. 3; a.A. die heute nicht mehr vertretene Klageabweisungstheorie, vgl. die Nachweise bei *Gursky* in: Staudinger, § 388 Rn. 44.

19 Vgl. BGH v. 17.12.1998 - VII ZR 272/97 - juris Rn. 13 - LM BGB § 391 Nr. 1 (8/99).

20 Vgl. BGH v. 12.01.1994 - XII ZR 167/92 - juris Rn. 20 - LM ZPO § 565 Abs. 3 Nr. 18 (6/1994).

21 Vgl. BGH v. 20.12.1956 - II ZR 177/55 - juris Rn. 24 - BGHZ 23, 17-30; BGH v. 11.01.1955 - I ZR 106/53 - juris Rn. 12 - BGHZ 16, 124-142; bestätigend auch OLG Brandenburg v. 12.07.2007 - 5 U 132/06 - juris Rn. 23; *Schlüter* in: MünchKomm-BGB, § 387 Rn. 39; *Grüneberg* in: Palandt, § 388 Rn. 2; *Gursky* in: Staudinger, Vorbem. zu den §§ 387 ff. Rn. 26 ff. mit weiteren Nachweisen und einer ausführlichen Übersicht über den Meinungsstand auch zu der älteren prozessualen Theorie und den gemischten Auffassungen.

22 Vgl. *Schlüter* in: MünchKomm-BGB, § 387 Rn. 41.

23 Vgl. BGH v. 30.03.1994 - VIII ZR 132/92 - juris Rn. 9 - BGHZ 125, 351-354 für den Fall der Nichtzulassung des Aufrechnungseinwands nach dem früheren § 530 Abs. 2 ZPO; OLG Hamm v. 25.03.1999 - 19 W 13/99 - OLGR Hamm 1999, 178-179.

24 Vgl. *Musielak*, JuS 1994, 817-826, 821.

25 Vgl. *Schlüter* in: MünchKomm-BGB, § 387 Rn. 41; *Grüneberg* in: Palandt, § 388 Rn. 2; *Huppert/Lüke*, JuS 1971, 165-171, 169.

26 Vgl. *Gernhuber*, Die Erfüllung und ihre Surrogate, 2. Aufl. 1994, § 12 VI 10 b, S. 284; zustimmend *Gursky* in: Staudinger, Vorbem. zu den §§ 387 ff. Rn. 32.

27 Vgl. BGH v. 24.02.1994 - VII ZR 209/93 - juris Rn. 5 - LM ZPO § 322 Nr. 137 (7/1994) für die unschlüssige bzw. unsubstantiierte Gegenforderung; BGH v. 03.11.1960 - VII ZR 150/59 - BGHZ 33, 236-242 für das verspätete Vorbringen; *Grüneberg* in: Palandt, § 388 Rn. 2.

28 Vgl. BGH v. 24.02.1994 - VII ZR 209/93 - juris Rn. 4 - LM ZPO § 322 Nr. 137 (7/1994).

17 Aus der Doppelnatur der Prozessaufrechnung folgt ferner, dass die **Rücknahme einer Prozessaufrechnung** dazu führt, dass die Aufrechnung auch materiell-rechtlich ohne Wirkung bleibt.[29]

18 Die insoweit für die Prozessaufrechnung aufgrund ihrer Doppelnatur entwickelten Grundsätze lassen sich jedoch nicht auf die **bereits außerprozessual erklärte Aufrechnung** übertragen, die im Prozess keine Berücksichtigung findet, etwa weil sie entweder erst gar nicht vorgetragen oder aber die Berufung hierauf als prozessual unzulässig zurückgewiesen wird. Nach zutreffender Auffassung kann der Aufrechnungseinwand nicht anders behandelt werden als der – etwa wegen Verspätung zurückgewiesene – Erfüllungseinwand.[30] Eine „Korrektur" des materiell unrichtigen Urteils kommt nur im Ausnahmefall über die §§ 826, 242 BGB in Betracht; eine auf den Aufrechnungseinwand bzw. die Aufrechnungswirkung gestützte Vollstreckungsgegenklage scheitert an der Präklusionswirkung des § 767 Abs. 2 ZPO.[31]

4. Rechtshängigkeit und Rechtskraft

19 Die Aufrechnung mit einer Forderung im Prozess macht diese nach h.M. **nicht rechtshängig**.[32] Die Forderung kann daher noch anderweitig eingeklagt werden. Ebenso kann umgekehrt im Prozess noch die Aufrechnung mit einer Forderung erklärt werden, die bereits anderweitig eingeklagt ist.[33]

20 Nach **rechtskräftiger Aberkennung der Gegenforderung** in einem anderen Prozess kann die Prozessaufrechnung nicht mehr greifen, weil das Gericht aufgrund der Rechtskraft von dem Nichtbestehen der Aufrechnungsforderung auszugehen hat.[34] Umgekehrt wird die Leistungsklage des Aufrechnenden mit der anderweitigen erfolgreichen Prozessaufrechnung unbegründet.

21 Nach § 322 Abs. 2 ZPO, der sowohl für die eigentliche Prozessaufrechnung als auch für die Einrede der außerprozessualen Aufrechnung gilt[35], erstreckt sich die **Rechtskraft** des Urteils auch auf die zur Aufrechnung gestellte Gegenforderung und zwar bis zu der Höhe der Klageforderung.

22 In Rechtskraft erwächst nach dem Wortlaut dieser Vorschrift „die Entscheidung, dass die Gegenforderung nicht besteht".

23 Eine Entscheidung im Sinne dieser Vorschrift ist dann nicht gegeben, wenn das Gericht die Aufrechnung – zu Recht oder zu Unrecht – bereits für prozessual unzulässig hält[36] oder wenn das Gericht entweder die Zulässigkeit der Aufrechnung verfahrensfehlerhaft offen lässt, weil jedenfalls die Gegenforderung unbegründet sei[37] oder aber die Begründetheit der Klageforderung verfahrensfehlerhaft offen lässt, weil jedenfalls die hilfsweise zur Aufrechnung gestellte Gegenforderung begründet sei[38].

24 Über den Wortlaut des § 322 Abs. 2 ZPO – „daß die Gegenforderung nicht besteht" – hinaus erfasst die Rechtskraft nach h.M. aber auch die in dem (klageabweisenden) Urteil enthaltene Entscheidung,

---

[29] Vgl. BGH v. 11.10.1990 - I ZR 32/89 - juris Rn. 36 - LM Nr. 17 zu HGB § 87a; *Gursky* in: Staudinger, Vorbem. zu den §§ 387 ff. Rn. 35; *Grüneberg* in: Palandt, § 388 Rn. 2; *Schlüter* in: MünchKomm-BGB, § 387 Rn. 42.

[30] Vgl. *Gursky* in: Staudinger, Vorbem. zu den §§ 387 ff. Rn. 31 ff. mit weiteren Nachweisen auch zur Gegenansicht; *Schlüter* in: MünchKomm-BGB, § 387 Rn. 40; *Pawlowski*, ZZP 104, 249-270, 263; *Musielak*, JuS 1994, 817-826, 821.

[31] Vgl. *Gursky* in: Staudinger, Vorbem. zu den §§ 387 ff. Rn. 34.

[32] Vgl. BGH v. 11.11.1971 - VII ZR 57/70 - juris Rn. 13 - BGHZ 57, 242-245; *Gursky* in: Staudinger, Vorbem. zu den §§ 387 ff. Rn. 37 mit zahlreichen Nachweisen auch zur Gegenansicht. Sie begründet auch keine Rechtshängigkeit im Sinne von Art. 21 Abs. 1 VollstrZustÜbk (= EuGVÜ; vgl. OLG München v. 17.07.1997 - 7 W 1583/97 - OLG München 1997, 190-191).

[33] Vgl. BGH v. 24.06.1971 - VII ZR 254/69 - juris Rn. 16 - VersR 1971, 930; BGH v. 15.01.1990 - II ZR 14/89 - juris Rn. 17 - ZIP 1990, 1200-1202; BGH v. 03.07.1997 - IX ZR 122/96 - juris Rn. 12 - BGHZ 136, 199-211; BGH v. 17.12.1998 - VII ZR 272/97 - juris Rn. 3 - LM BGB § 391 Nr. 1 (8/99).

[34] Vgl. *Gursky* in: Staudinger, Vorbem. zu den §§ 387 ff. Rn. 37, der von der Unerheblichkeit der Prozessaufrechnung spricht; OLG Schleswig v. 12.07.1996 - 10 UF 34/94 - juris Rn. 10 - SchlHA 1997, 21, das die Aufrechnung in diesem Fall für unzulässig hält; ebenso *Schlüter* in: MünchKomm-BGB, § 387 Rn. 43.

[35] Vgl. *Gursky* in: Staudinger, Vorbem. zu den §§ 387 ff. Rn. 54.

[36] Vgl. BGH v. 30.03.1994 - VIII ZR 132/92 - juris Rn. 9 - BGHZ 125, 351-354; BGH v. 31.07.2001 - XI ZR 217/01 - juris Rn. 5 - NJW 2001, 3616 hilfsweise für den Fall, dass das Gericht die hilfsweise Aufrechnung – zu Recht oder zu Unrecht – in Anwendung des bisherigen § 390 Satz 2 BGB (= 215 BGB) für unzulässig erklärt hat.

[37] Vgl. BGH v. 12.12.1990 - VIII ZR 355/89 - juris Rn. 8 - NJW-RR 1991, 971-972 mit dem Hinweis, dass diese Verfahrensweise zu Unklarheiten über den Umfang der Rechtskraft gemäß § 322 Abs. 2 ZPO führt.

[38] Vgl. OLG Oldenburg (Oldenburg) v. 11.07.1997 - 2 W 88/97 - juris Rn. 5 - OLGR Oldenburg 1998, 268.

dass die Gegenforderung durch die Prozessaufrechnung gegen die Klageforderung verbraucht worden ist.[39]

Stellt der Beklagte erkennbar nur einen **Teil seines Anspruchs** im Prozess zur Aufrechnung und wird – gegebenenfalls nach Auslegung seiner Prozesserklärungen – deutlich, dass er sich im Übrigen eine Geltendmachung der restlichen Forderung vorbehalten wollte, so erstreckt sich die Rechtskraft – ebenso wie bei der offenen Teilklage – gemäß § 322 Abs. 2 ZPO auch nur auf den im Prozess geltend gemachten Teil der Gegenforderung.[40]

Ihrem Wortlaut nach erfasst die Regelung des § 322 Abs. 2 ZPO (nur) den Fall, dass „der Beklagte die Aufrechnung einer Gegenforderung geltend" macht. Sie dient dem Interesse des Klägers als Aufrechnungsgegner, indem sie dazu über die Erweiterung der Rechtskraftwirkung vor einer erneuten Inanspruchnahme mit der Aufrechnungsforderung schützt.[41] Trotz ihres Ausnahmecharakters findet sie nach h.M. – infolge der vergleichbaren Interessenlage – dann **entsprechende Anwendung** auf die **Prozessaufrechnung durch den Kläger**, wenn dieser Schuldner der Forderung ist, die den Gegenstand des Rechtsstreits bildet und durch die Aufrechnung getilgt werden soll, die Klägerrolle also ausnahmsweise dem Schuldner der prozessgegenständlichen Forderung zufällt. So liegt es etwa bei einer **negativen Feststellungsklage** und bei einer **Vollstreckungsabwehrklage** gemäß § 767 ZPO, die der Kläger jeweils darauf stützt, dass er die Forderung des Beklagten durch Aufrechnung getilgt habe. Denn in diesen Fällen verdient der Beklagte, der als Gläubiger der prozessgegenständlichen Forderung im Wege der Aufrechnung mit einer Gegenforderung konfrontiert wird, den gleichen Schutz wie der Kläger im Regelfall des § 322 Abs. 2 ZPO.[42]

5. Unterschiedliche Rechtswege

Der Zulässigkeit der Prozessaufrechnung steht grundsätzlich nicht entgegen, dass für die Gegenforderung entsprechend ihrer Rechtsnatur ein anderer Rechtsweg als für den Anspruch gegeben ist, gegen den aufgerechnet wird.

Verfahrensrechtlich ergibt sich jedoch hinsichtlich der Berücksichtigung der Aufrechnung eine Einschränkung daraus, dass sowohl die Entscheidung, dass die Forderung infolge der Aufrechnung mit der Gegenforderung erloschen ist, als auch nach § 322 Abs. 2 ZPO die Entscheidung, dass die Gegenforderung nicht bestanden hat, bis zur Höhe der Klageforderung der Rechtskraft fähig ist. Denn eine solche streitige Entscheidung über das Bestehen oder Nichtbestehen einer Forderung, für die ein anderer Rechtsweg gegeben ist, ist dem Gericht verwehrt.[43]

Die Prozessaufrechnung mit einer rechtswegfremden Gegenforderung ist danach jedenfalls dann unbedenklich und ohne weiteres zu berücksichtigen, wenn die **Gegenforderung** bereits **rechtskräftig festgestellt** oder **unstreitig** ist, denn das Gericht braucht dann über die Gegenforderung nicht zu entscheiden.[44]

Mit Rücksicht auf die Rechtskraftwirkung nach § 322 Abs. 2 ZPO, der gemäß § 173 VwGO auch im verwaltungsgerichtlichen Verfahren anzuwenden ist, muss über nicht rechtskräftig festgestellte und vom Kläger **bestrittene** Gegenforderungen in dem anderen Rechtsweg entschieden werden. Dies gilt jedenfalls im Verhältnis zwischen den Zivilgerichten und denjenigen der allgemeinen und besonderen Verwaltungsgerichtsbarkeit. Das Gericht hat in diesem Fall gemäß § 148 ZPO – und den hiermit übereinstimmenden Regelungen der übrigen Verfahrensordnungen: § 94 VwGO; § 74 FGO; § 114 SGG – zu verfahren, indem es das Verfahren aussetzt und die Entscheidung des zuständigen Gerichts abwartet. Es kann dabei durch Vorbehaltsurteil gemäß § 302 ZPO entscheiden und das Verfahren über die

---

[39] Vgl. BGH v. 01.02.1962 - VII ZR 213/60 - BGHZ 36, 316-321; BGH v. 13.01.1984 - V ZR 55/83 - juris Rn. 27 - BGHZ 89, 349-353; *Gursky* in: Staudinger, Vorbem. zu den §§ 387 ff. Rn. 54; *Schlüter* in: MünchKomm-BGB, § 387 Rn. 43; *Grüneberg* in: Palandt, § 388 Rn. 6.

[40] Vgl. BGH v. 20.11.1997 - VII ZR 26/97 - juris Rn. 8 - LM ZPO § 322 Nr. 151 (9/1998).

[41] Vgl. BGH v. 13.01.1984 - V ZR 55/83 - juris Rn. 28 - BGHZ 89, 349-353.

[42] Vgl. BGH v. 04.12.1991 - VIII ZR 32/91 - juris Rn. 10 - LM ZPO § 322 Nr. 132 (4/1992); OLG Frankfurt v. 15.06.2000 - 1 U 55/99 - juris Rn. 26 - OLGR Frankfurt 2001, 149-151; *Gursky* in: Staudinger, Vorbem. zu den §§ 387 ff. Rn. 56 f. mit zahlreichen weiteren Nachweisen.

[43] Vgl. *Musielak*, JuS 1994, 817-826, 823; *Huppert/Lüke*, JuS 1971, 165-171, 170.

[44] Vgl. BGH v. 11.01.1955 - I ZR 106/53 - juris Rn. 13 - BGHZ 16, 124-142; OLG Düsseldorf v. 11.08.1994 - 8 U 132/92 - NJW 1995, 1620; BVerwG v. 12.02.1987 - 3 C 22/86 - juris Rn. 35 - NJW 1987, 2530-2533; *Grüneberg* in: Palandt, § 388 Rn. 5.

§ 388

vorbehaltene Aufrechnung unter Fristsetzung aussetzen. Die Aufrechnung findet dann nach Entscheidung durch das zuständige Gericht im Nachverfahren Berücksichtigung.[45] Nach ergebnislosem Fristablauf ist die Aufrechnung gemäß § 296 ZPO zurückzuweisen.[46]

31 Die Neufassung des § 17 Abs. 2 GVG hat diese Rechtslage nach herrschender Meinung nicht in dem Sinne geändert, dass das Gericht des zulässigen Rechtswegs nun auch in vollem Umfang über die Aufrechnung mit rechtswegfremden Forderungen entscheiden kann. Der Umstand, dass das Gericht des zulässigen Rechtswegs den Rechtsstreit nach § 17 Abs. 2 GVG unter allen in Betracht kommenden rechtlichen Gesichtspunkten zu entscheiden hat, begründet nicht eine Zuständigkeit für die Entscheidung über die Wirkung einer Aufrechnung mit einer rechtswegfremden Gegenforderung. Denn die Aufrechnung ist kein „rechtlicher Gesichtspunkt" i.S.d. § 17 Abs. 2 GVG, sondern ein selbständiges Gegenrecht, das dem durch die Klage bestimmten Streitgegenstand einen weiteren selbständigen Gegenstand hinzufügt.[47] Von den unterschiedlichen Rechtswegzuständigkeiten ist der Fall zu unterscheiden, dass zur Entscheidung über die im Zivilprozess zur Aufrechnung gestellte Gegenforderung an sich ein anderes Gericht der ordentlichen Gerichtsbarkeit – **sachlich oder örtlich** – zuständig wäre. Es ist anerkannt, dass das Prozessgericht auch über solche Gegenforderungen zu befinden hat, die vor einem Gericht der freiwilligen Gerichtsbarkeit, dem Landwirtschaftsgericht oder dem Familiengericht eingeklagt werden müssten.[48]

32 Vor der Neuregelung des § 48 ArbGG durch das Gesetz über die Neuregelung des gerichtlichen Verfahrens vom 17.12.1990 entsprach es einer gefestigten höchstrichterlichen Rechtsprechung, dass auch die Zivilgerichte und die **Arbeitsgerichte** im Verhältnis zueinander befugt sind, über streitige Aufrechnungsforderungen aus der jeweils anderen Gerichtsbarkeit zu entscheiden. Dies haben BGH und BAG nicht nur damit begründet, dass das Verhältnis der beiden Gerichtsbarkeiten eine Frage der sachlichen Zuständigkeit sei, sondern auch damit, dass beide Gerichtsbarkeiten Rechtsgebiete zu beurteilen hätten, die zum Teil in nahen Beziehungen zueinander stehen und nicht selten ineinander übergreifen.[49] Nach herrschender Meinung hat sich hieran durch die Neufassung des § 48 ArbGG, der der Arbeitsgerichtsbarkeit einem eigenen Rechtsweg zuordnet, nichts geändert, so dass die Entscheidung über Gegenforderungen aus der jeweils anderen Gerichtsbarkeit weiterhin zulässig ist, soweit nicht die Ausnahme des § 17 Abs. 2 Satz 2 GVG eingreift.[50]

33 Das BAG hat die Zuständigkeit des Arbeitsgerichts jedenfalls für eine gemäß § 23 Nr. 2a) GVG in die **ausschließliche Zuständigkeit** der Amtsgerichte fallende Aufrechnungsforderung verneint. Dem stehe § 17 Abs. 2 GVG nicht entgegen, da diese Regelung eine Zuständigkeit für die Entscheidung über

---

[45] Vgl. BGH v. 11.01.1955 - I ZR 106/53 - juris Rn. 29 - BGHZ 16, 124-142; BVerwG v. 12.02.1987 - 3 C 22/86 - juris Rn. 39 - NJW 1987, 2530-2533; VG Karlsruhe v. 17.08.1999 - 14 K 1842/99 - juris Rn. 18 (§§ 80 Abs. 2 Nr. 1, 80 Abs. 5 Satz 1 VwGO); BFH v. 06.08.1985 - VII B 3/85 - juris Rn. 12 - BB 1986, 867; *von Feldmann*, JuS 1983, 357-363, 362; *Huppert/Lüke*, JuS 1971, 165-171, 170.

[46] Vgl. *Gursky* in: Staudinger, Vorbem. zu den §§ 387 ff. Rn. 43; *Huppert/Lüke*, JuS 1971, 165-171, 170.

[47] Vgl. BAG v. 23.08.2001 - 5 AZB 3/01 - juris Rn. 8 - NJW 2002, 317; BVerwG v. 07.10.1998 - 3 B 68/97 - juris Rn. 17 - JuS 1999, 830; BFH v. 09.04.2002 - VII B 73/01 - juris Rn. 17 - NJW 2002, 3126-3128; OLG Dresden v. 12.04.2000 - 6 U 3646/99 - juris Rn. 81 - ZOV 2000, 329-332; OVG Lüneburg v. 26.05.2004 - 4 LC 408/02 - NVwZ 2004, 1513-1515; VG Oldenburg (Oldenburg) v. 04.07.2003 - 6 B 1872/03 - juris Rn. 32 jedenfalls für das Verfahren vorläufigen Rechtsschutzes; *Gursky* in: Staudinger, Vorbem. zu § 387 Rn. 43 mit einer Übersicht zum Meinungsstand; *Grüneberg* in: Palandt, § 388 Rn. 5; *Schlüter* in: MünchKomm-BGB, § 387 Rn. 46; *Musielak*, JuS 1994, 817-826, 823; a.A.: VGH Kassel v. 28.01.1994 - 3 TG 2026/93 - juris Rn. 24 - NJW 1995, 1107-1109; *Gaa*, NJW 1997, 3343-3347, 3347; offen: BGH v. 20.03.2000 - NotZ 17/99 - juris Rn. 12 - LM BNotO § 62 Nr. 1 (10/2000); BFH v. 25.11.1997 - VII B 146/97 - juris Rn. 7 - HFR 1998, 379-380.

[48] Vgl. zu der in die Zuständigkeit des Familiengerichts fallenden Gegenforderung: BGH v. 19.10.1988 - IVb ZR 70/87 - juris Rn. 30 - LM Nr. 82 zu § 387 BGB mit weiteren Nachweisen zur freiwilligen Gerichtsbarkeit und dem Landwirtschaftsgericht; BGH v. 15.05.1996 - XII ZR 21/95 - juris Rn. 11 - FamRZ 1996, 1067-1070.

[49] Vgl. BAG v. 25.04.1972 - 1 AZR 322/71 - NJW 1972, 2016; BGH v. 19.10.1988 - IVb ZR 70/87 - juris Rn. 30 - LM Nr. 82 zu § 387 BGB m.w.N.

[50] Vgl. LArbG München v. 10.03.1998 - 4 Ta 339/97 - juris Rn. 12 - MDR 1998, 783; OLG Düsseldorf v. 24.10.1991 - 5 U 1/91 - OLGR Düsseldorf 1991, Nr. 5, 18-19; *Gursky* in: Staudinger, Vorbem. zu den §§ 387 ff. Rn. 41; *Schlüter* in: MünchKomm-BGB, § 387 Rn. 45; *Grüneberg* in: Palandt, § 388 Rn. 5; *Mayerhofer*, NJW 1992, 1602-1605, 1604; a.A. *Musielak*, JuS 1994, 817-826, 823: es müsse das Gleiche gelten wie für andere rechtswegfremde Gegenforderungen.

eine zur Aufrechnung gestellte rechtswegfremde Forderung nicht begründe. Eine solche Zuständigkeit des Arbeitsgerichts könne allerdings grundsätzlich über § 2 Abs. 3 ArbGG begründet werden, jedoch nur sofern nicht eine ausschließliche Zuständigkeit einer anderen Gerichtsbarkeit gegeben sei.[51]

Im Verhältnis zwischen der **allgemeinen und der besonderen Verwaltungsgerichtsbarkeit** ist eine Entscheidung auch über streitige Forderungen aus der Zuständigkeit des jeweils anderen Verwaltungsgerichtszweigs möglich.[52]

34

Ist für die Gegenforderung eine Schiedsgerichts- oder eine Gerichtsstandsvereinbarung getroffen, so scheitert nach der Rechtsprechung die Berücksichtigung der Aufrechnung durch das (unzuständige) Gericht bereits an der Annahme eines Aufrechnungsverbots. Wird die Aufrechnung dennoch in den Prozess eingeführt, so ist sie nicht zu beachten.[53] Diese Lösung ist nicht interessengerecht. Nur wenn die Vertragsparteien wirklich ein Aufrechnungsverbot wollten, sollte man ein Aufrechnungsverbot annehmen. Die Schiedsgerichts- oder Gerichtsstandsvereinbarung will aber lediglich eine Entscheidungszuständigkeit festlegen. Diese gilt es zu wahren und den Parteien zugleich die Segnungen der Aufrechnung zu belassen. Wie das geschehen kann, ist in Rn. 30 für die Aufrechnung mit einer rechtswegfremden Forderung gezeigt worden. Dieselbe Lösung gilt auch hier.

35

6. Internationale Zuständigkeit

Nach der Rechtsprechung des Bundesgerichtshofs setzt die Entscheidung über die im Wege der Prozessaufrechnung geltend gemachten Gegenforderungen des Beklagten voraus, dass das deutsche Prozessgericht auch insoweit international zuständig ist. Danach ist eine Aufrechnung mit bestrittenen, inkonnexen Gegenforderungen unzulässig, während die Aufrechnung mit einer konnexen Gegenforderung entsprechend § 33 ZPO geltend gemacht werden kann.[54] Fehlt es an der internationalen Zuständigkeit, so ist das Prozessgericht nicht zur Entscheidung über die im Wege der Prozessaufrechnung geltend gemachten Gegenforderungen befugt, so dass die Aufrechnung in diesem Verfahren nicht zu beachten, sondern vielmehr allein über die Klageforderung zu entscheiden ist.[55] Doch gelten hier dieselben Bedenken, die in Rn. 30 mit Blick auf die Schieds- und Gerichtsstandsvereinbarungen geäußert worden sind.[56]

36

Für den Anwendungsbereich des VollstrZustÜbk (= EuGVÜ) bestanden gegen die Zulässigkeit der Aufrechnung nach der Rechtsprechung des Bundesgerichtshofs dann keine Bedenken, wenn sich die internationale Zuständigkeit des deutschen Prozessgerichts gemäß Art. 18 VollstrZustÜbk daraus ergibt, dass der Kläger sich rügelos auf die zur Aufrechnung gestellte Forderung eingelassen hat[57] oder es sich um eine konnexe Gegenforderung handelt, wobei sich die internationale Zuständigkeit in diesem Fall aus einer entsprechenden Anwendung des – unmittelbar für die Widerklage geltenden – Art. 6 Nr. 3 VollstrZustÜbkergeben sollte.[58] Demgegenüber sollte die Aufrechnung mit bestrittenen, inkonnexen Gegenforderungen entsprechend Art. 6 Nr. 3 VollstrZustÜbk mangels internationaler Zuständigkeit unzulässig sein. Denn wenn die Geltendmachung einer Forderung nicht einmal im Wege der Widerklage zulässig sei, so verbiete sich dies erst recht für die Geltendmachung im Wege der Prozessaufrechnung.[59] Die Rechtslage hat sich durch die Ablösung des Übereinkommens durch die Brüssel I-VO nicht verändert, da Art. 6 Nr. 3 mit demselben Text in die Verordnung eingegangen ist. Allerdings hält der BGH nach dem Urteil des EuGH vom 13.07.1995 an seiner Rechtsprechung nicht mehr uneingeschränkt fest. Dort hatte der EuGH nämlich festgestellt, dass Art. 6 Nr. 3 VollstrZustÜbk nur für eine Klage des Beklagten auf gesonderte Verurteilung – nach deutschem Rechtsverständnis also für

37

---

[51] Vgl. BAG v. 23.08.2001 - 5 AZB 3/01 - juris Rn. 7 - NJW 2002, 317; zustimmend *Greger*, EWiR 2002, 19-20, 20.
[52] Vgl. BSG v. 11.12.1968 - 10 RV 606/65 - NJW 1969, 1368 unter Hinweis auf die „Verbundenheit" der Sozial- und der Verwaltungsgerichtsbarkeit; *Grüneberg* in: Palandt, § 388 Rn. 5.
[53] Vgl. *Huppert/Lüke*, JuS 1971, 165-171, 170 mit weiteren Begründungsansätzen; OLG Hamm v. 13.10.1998 - 19 U 59/98 - juris Rn. 43 - OLGR Hamm 1999, 176-178 zur Unzulässigkeit der Aufrechnung bei vereinbarter ausschließlicher Zuständigkeit eines ausländischen Gerichts.
[54] Vgl. BGH v. 12.05.1993 - VIII ZR 110/92 - juris Rn. 7 - LM EGübk Nr. 39 (10/1993).
[55] Vgl. BGH v. 12.05.1993 - VIII ZR 110/92 - juris Rn. 27 - LM EGübk Nr. 39 (10/1993).
[56] Zur internationalen Zuständigkeit für die Prozessaufrechnung auch *Rüßmann* in: Festschrift für Akira Ishikawa, 2001, S. 455, 464 ff.
[57] Vgl. BGH v. 04.02.1993 - VII ZR 179/91 - juris Rn. 8 - LM EGübk Nr. 36 (9/1993).
[58] Vgl. BGH v. 12.05.1993 - VIII ZR 110/92 - juris Rn. 19 - LM EGübk Nr. 39 (10/1993).
[59] Vgl. BGH v. 12.05.1993 - VIII ZR 110/92 - juris Rn. 25 - LM EGübk Nr. 39 (10/1993).

eine Widerklage – gelte, jedoch nicht für den Fall heranzuziehen sei, dass ein Beklagter eine Forderung als bloßes Verteidigungsmittel geltend mache. Die Verteidigungsmittel, die geltend gemacht werden könnten, und die Voraussetzungen, unter denen dies geschehen könne, bestimmten sich vielmehr nach nationalem Recht.[60] Der BGH hat sich in seiner Grundsatzentscheidung vom 07.11.2001 jedoch auf die Feststellung beschränkt, dass die bisherige Rechtsprechung – im Geltungsbereich des EuGVÜ – damit überholt sei.[61] Die Streitfrage, wie der Hinweis auf das nationale Recht zu verstehen ist, hat er offen gelassen, da es sich im zugrunde liegenden Fall um konnexe Gegenforderungen handelte, für die sich die internationale Zuständigkeit des deutschen Prozessgerichts aus einer analogen Anwendung des § 33 ZPO herleiten ließ.[62] Für den Fall einer inkonnexen Gegenforderung stehen die Möglichkeiten offen, die im Zusammenhang mit den rechtswegfremden Forderungen und mit Forderungen, über die Schiedsvereinbarungen oder Gerichtsstandsvereinbarungen getroffen worden sind, vorgestellt und entwickelt wurden. Vorzugswürdig ist die Lösung für die rechtswegfremde Forderung: Zulassung der Aufrechnung im international für die Aufrechnungsforderung unzuständigen Gericht, Entscheidung über die zur Aufrechnung gestellte Forderung im für die zur Aufrechnung gestellte Forderung international zuständigen Gericht.[63]

II. Prozessuale Behandlung

38   Die Prozessvollmacht im Sinne des § 81 ZPO umfasst nach zutreffender Ansicht auch die Befugnis des Prozessbevollmächtigten, die Aufrechnung – als Prozesshandlung – zu erklären.[64]

39   Für die Prozessaufrechnung als Prozesshandlung gilt auch der **Bestimmtheitsgrundsatz** des § 253 Abs. 2 ZPO. Rechnet der Beklagte mit einer Mehrheit von Forderungen auf, so ist der Bestimmtheitsgrundsatz gewahrt, wenn die mehreren Forderungen in einer bestimmten Reihenfolge benannt und im Einzelnen hinreichend genau bezeichnet sind. Gegebenenfalls ist insoweit auch die Auslegungsregel der §§ 396 Abs. 1 Satz 2, 366 Abs. 2 BGB heranzuziehen.[65] Auf die Einhaltung dieser Anforderungen hat das Gericht im Rahmen des § 139 ZPO hinzuwirken.

40   Macht der Beklagte die Aufrechnung einer **(inkonnexen) Gegenforderung** geltend, die mit der Klageforderung nicht in rechtlichem Zusammenhang steht, so kann das Gericht gemäß § 145 Abs. 3 ZPO anordnen, dass über die Klage und über die Aufrechnung getrennt verhandelt wird. Ist nur die Verhandlung über die Forderung zur Entscheidung reif, so kann über diese nach § 302 Abs. 1 ZPO ein Urteil unter Vorbehalt der Entscheidung über die Aufrechnung ergehen. Erweist sich die Aufrechnung im Nachverfahren als begründet, so ist das Vorbehaltsurteil nach § 302 Abs. 4 ZPO aufzuheben, die Klage abzuweisen und über die Kosten neu zu entscheiden.

41   Wird nur eine **Teilforderung** eingeklagt, so muss der Kläger es hinnehmen, dass der Beklagte seine Gegenforderung gerade gegen diesen eingeklagten Teil der Forderung zur Aufrechnung stellt. Er kann diesen nicht auf den nicht eingeklagten Teilbetrag verweisen.[66] Er kann seine Klage jedoch gemäß § 264 Nr. 2 ZPO auf den noch bestehenden Rest seiner Forderung erweitern.[67] Für die Aufrechnung gegen die eingeklagte Teilforderung ist allerdings dann kein Raum, wenn der Beklagte die Aufrechnung bereits vor der Klageerhebung erklärt hat oder der Kläger die Gegenforderung in der Klage absetzt – und damit selbst aufrechnet – und diesen Teil nicht mehr einklagt. Was eingeklagt wird, ist dann nämlich nur noch der verbleibende Überschuss.[68] Gleiches gilt, wenn eine Teilforderung eingeklagt wird, die einen vertragsgemäß einbehaltenen Sicherungsbetrag übersteigt. Der Beklagte kann dann ge-

---

[60] Vgl. EuGH v. 13.07.1995 - C-341/93 - NJW 1996, 42-43.
[61] Vgl. BGH v. 07.11.2001 - VIII ZR 263/00 - juris Rn. 17 - BGHZ 149, 120-129.
[62] Vgl. BGH v. 07.11.2001 - VIII ZR 263/00 - juris Rn. 19 - BGHZ 149, 120-129.
[63] *Rüßmann* in: Festschrift für Akira Ishikawa, 2001, S. 455, 468 ff.
[64] Vgl. *Musielak*, JuS 1994, 817-826, 822; *Gursky* in: Staudinger, Vorbem. zu den §§ 387 ff. Rn. 63.
[65] Vgl. BGH v. 07.11.2001 - VIII ZR 263/00 - juris Rn. 13 - BGHZ 149, 120-129; OLG Frankfurt v. 15.06.2000 - 1 U 55/99 - juris Rn. 26 - OLGR Frankfurt 2001, 149-151.
[66] Vgl. BGH v. 01.07.1971 - VII ZR 224/69 - juris Rn. 11 - BGHZ 56, 312-316; *Grüneberg* in: Palandt, § 388 Rn. 4 unter Hinweis auf den maßgeblichen Willen des Aufrechnenden und auf die für den Fall des Widerspruchs nach § 396 Abs. 1 BGB geltende gesetzliche Tilgungsreihenfolge, nach der die Klageforderung als „lästigere" Forderung getilgt werde.
[67] Vgl. *Grüneberg* in: Palandt, § 388 Rn. 4.
[68] Vgl. BGH v. 09.10.2002 - VIII ZR 188/01 - juris Rn. 8 - BGHReport 2003, 263-264.

genüber der eingeklagten Teilforderung mit einer Gegenforderung nur aufrechnen, soweit diese den Sicherungsbetrag übersteigt.[69]

Im Fall der klageweisen und gleichzeitig aufrechnungsweisen Geltendmachung derselben Forderung kommt nach der Auffassung des OLG Dresden eine Aussetzung (§ 148 ZPO) des Prozesses der aufrechnungsweisen Geltendmachung bis zur Entscheidung des Verfahrens der klageweisen Geltendmachung in Betracht. Eine Aussetzung im umgekehrten Sinne soll bei einer Primäraufrechnung und bei einer Hilfsaufrechnung ausnahmsweise nur dann zulässig sein, wenn bereits im Zeitpunkt der Entscheidung über die Aussetzung aller Voraussicht nach damit zu rechnen ist, dass die gegen die Hauptforderung in erster Linie erhobenen Einwendungen nicht begründet sind.[70]

42

Wegen der Konsequenzen der Aufrechnung auf die Entscheidung über die Prozesskosten vgl. die Kommentierung zu § 389 BGB.

43

---

[69] Vgl. BGH v. 01.07.1971 - VII ZR 224/69 - juris Rn. 11 - BGHZ 56, 312-316; *von Feldmann*, JuS 1983, 357-363, 363.

[70] Vgl. OLG Dresden v. 02.06.1993 - 5 W 243/93 - juris Rn. 4 - NJW 1994, 139.

§ 389 BGB Wirkung der Aufrechnung

(Fassung vom 02.01.2002, gültig ab 01.01.2002)

Die Aufrechnung bewirkt, dass die Forderungen, soweit sie sich decken, als in dem Zeitpunkt erloschen gelten, in welchem sie zur Aufrechnung geeignet einander gegenübergetreten sind.

Gliederung

A. Grundlagen 1	D. Prozessuale Hinweise 15
B. Anwendungsvoraussetzungen 2	E. Anwendungsfelder 16
I. Aufrechnungserklärung 3	I. Abdingbarkeit der Rückwirkung 16
II. Aufrechnungslage 4	II. Rückwirkung bei Mehrheit von Gläubigern
C. Rechtsfolgen 9	und Schuldnern 20
I. Rückwirkendes Erlöschen von Haupt- und	III. Rückwirkung bei öffentlich-rechtlichen
Gegenforderung 9	Forderungen 21
II. Rückwirkung bei Forderungen mit veränderlicher Höhe 12	

A. Grundlagen

1 Die Vorschrift des § 389 BGB regelt die **Wirkung** der Aufrechnung. Danach bewirkt die Aufrechnungserklärung, dass Haupt- und Gegenforderung, soweit sie sich decken, bereits **rückwirkend** in dem Zeitpunkt als **erloschen** gelten, in dem sie zur Aufrechnung geeignet einander gegenübergetreten sind, so genannte **Aufrechnungslage**.

B. Anwendungsvoraussetzungen

2 Der Eintritt der Aufrechnungswirkungen setzt damit die Abgabe einer Aufrechnungserklärung und das Bestehen einer Aufrechnungslage voraus.

I. Aufrechnungserklärung

3 Zur Aufrechnungserklärung vgl. die Kommentierung zu § 388 BGB.

II. Aufrechnungslage

4 Die Aufrechnungslage allein führt noch nicht zum Erlöschen der Forderung. Sie gibt dem Aufrechnungsberechtigten auch keine Einrede oder Einwendung, sondern vielmehr ein **Gestaltungsrecht**.[1] Erbringt der Aufrechnungsberechtigte seine Leistung in Unkenntnis der Aufrechnungslage, so steht ihm daher nach ganz herrschender Meinung kein bereicherungsrechtlicher Rückforderungsanspruch zu, denn er hat weder auf eine Nichtschuld, noch auf eine i.S.d. § 813 BGB einredebehaftete Forderung geleistet.[2]

5 Auch wenn die Aufrechnungslage allein noch nicht die Aufrechnungswirkungen herbeiführt, so verbindet das Gesetz – etwa in den §§ 215, 352, 392, 406, 543 Abs. 2 Satz 3 BGB – doch bereits mit dem Bestehen einer Aufrechnungslage bestimmte Rechtswirkungen.

6 Daneben gibt die Aufrechnungslage dem Mithaftenden so lange ein **Leistungsverweigerungsrecht**, wie sich der Gläubiger durch Aufrechnung befriedigen kann (vgl. bei der Kommentierung zu § 387 BGB).

7 Nach § 352 BGB räumt sie dem Schuldner ferner die Möglichkeit ein, die **Unwirksamkeit des Rücktritts** des Gläubigers wegen Nichterfüllung einer Verbindlichkeit herbeizuführen, wenn der Schuldner sich von der Verbindlichkeit durch Aufrechnung befreien konnte und die Aufrechnung unverzüglich nach dem Rücktritt erklärt.

8 Unter den gleichen Voraussetzungen gewährt § 554 Abs. 1 Satz 3 BGB schließlich dem Mieter die Möglichkeit, die **Unwirksamkeit der Kündigung** des Vermieters wegen Zahlungsverzugs herbeizuführen.

---

[1] Vgl. *Huppert/Lüke*, JuS 1971, 165-171, 168; *Zeiss* in: Soergel, § 389 Rn. 2.
[2] Vgl. RG v. 09.03.1934 - II 297/33 - RGZ 144, 93-96, 94; *Gursky* in: Staudinger, § 389 Rn. 4 m.w.N. auch zur Gegenansicht; *Schlüter* in: MünchKomm-BGB, § 339 Rn. 1; *Grüneberg* in: Palandt, § 389 Rn. 4.

C. Rechtsfolgen

I. Rückwirkendes Erlöschen von Haupt- und Gegenforderung

Die Aufrechnung bringt Haupt- und Gegenforderung zum Erlöschen und zwar mit **Rückwirkung auf den Zeitpunkt des Eintritts der Aufrechnungslage**. Dem Aufrechnungsgegner kann aber ein Widerspruchsrecht nach § 396 BGB zustehen.[3]

Folge der Rückwirkung ist vor allem die **nachträgliche Beendigung des Verzuges** des Aufrechnenden.[4] Damit entfallen auch die Verzugswirkungen, insbesondere die Verpflichtung zur Zahlung von **Verzugszinsen**[5] und die **Vertragsstrafe**, rückwirkend. Ein nach dem Zeitpunkt der Aufrechnungslage eingetretener Verzug gilt als nicht eingetreten, eine Vertragsstrafe als nicht verwirkt. Insoweit bereits erbrachte Leistungen, die auf den Zeitraum zwischen Eintritt der Aufrechnungslage und Aufrechnungserklärung entfallen, kann der Aufrechnende daher gemäß § 812 BGB zurückfordern.[6]

Im **Arbeitsverhältnis** kommt hinsichtlich der **abzuführenden Lohnsteuer und Sozialversicherungsbeiträge** ein rückwirkender Wegfall des Anspruchs auf die Verzugszinsen nicht in Betracht, wenn der Verzug des Arbeitgebers mit der Vergütungsforderung durch Aufrechnung endet. Der Große Senat hat die Streitfrage, ob der Arbeitnehmer die Verzugszinsen nach § 288 Abs. 1 Satz 1 BGB lediglich aus der Nettovergütung oder aus der Bruttovergütung verlangen kann, im letzteren Sinne entschieden und eine Rückwirkung durch Aufrechnung hinsichtlich der **Lohnsteuer** und **Sozialversicherungsbeiträge** verneint. Im ersteren Falle fehle es im Verhältnis zwischen Arbeitgeber und Arbeitnehmer an einer Aufrechnungslage, da dem auf Einbehalt und Abführung gerichteten Vergütungsanspruch des Arbeitnehmers nur das Recht des Arbeitgebers gegenüberstehe, nicht an den Arbeitnehmer auszuzahlen. Der Erstattungsanspruch des insoweit für Rechnung des Arbeitnehmers tätig werdenden Arbeitgebers – und damit eine Aufrechnungslage – entstehe erst mit der Abführung der Lohnsteuer an das Finanzamt.[7] Im letzteren Falle – hinsichtlich des Gesamtsozialversicherungsbeitrags – entstehe der Ausgleichsanspruch des Arbeitgebers nach § 28g Satz 2, 3 SGB IV erst mit der Auszahlung der Arbeitsvergütung, so dass eine Aufrechnung, ihre Möglichkeit unterstellt, auch nicht weiter zurückreichen könne.[8]

II. Rückwirkung bei Forderungen mit veränderlicher Höhe

Bei Forderungen mit veränderlicher Höhe – wie etwa ein sich ständig erhöhender Schadensersatzanspruch wegen Zerstörung einer Sache oder ein Schadensersatzanspruch wegen Verlustes von Aktien mit schwankendem Kurswert – ist zu unterscheiden:

Beim **Absinken** der Gegen- oder Hauptforderung im Zeitraum zwischen Aufrechnungslage und Aufrechnungserklärung ist für die **Tilgungswirkung** allein auf den Zeitpunkt der Aufrechnungserklärung abzustellen[9]; für die Rückwirkung gelten keine Besonderheiten[10].

Beim **Anwachsen** der Forderungen ist für die **Tilgungswirkung** nach h.M. auf den Betrag im Zeitpunkt der Aufrechnungserklärung abzustellen, nicht auf denjenigen im Zeitpunkt der Entstehung der Aufrechnungslage.[11] Für die **Rückwirkung** soll jedoch das zwischenzeitliche Anwachsen der Gegen-

---

[3] Vgl. *von Feldmann*, JuS 1983, 357-363, 362.
[4] Vgl. *Huppert/Lüke*, JuS 1971, 165-171, 168; *von Feldmann*, JuS 1983, 357-363, 362.
[5] Vgl. BGH v. 06.05.1981 - IVa ZR 170/80 - juris Rn. 33 - BGHZ 80, 269-279; BGH v. 23.01.1991 - VIII ZR 42/90 - juris Rn. 34 - LM Nr. 311 zu § 242 (Cd) BGB.
[6] Vgl. *Gursky* in: Staudinger, § 389 Rn. 21 ff.; *Schlüter* in: MünchKomm-BGB, § 389 Rn. 6.
[7] Vgl. BAG v. 07.03.2001 - GS 1/00 - juris Rn. 25 - NJW 2001, 3570-3575.
[8] Vgl. BAG v. 07.03.2001 - GS 1/00 - juris Rn. 26 - NJW 2001, 3570-3575.
[9] Vgl. *Gernhuber*, Die Erfüllung und ihre Surrogate, 2. Aufl. 1994, § 12 VIII 4 b, S. 310; *Schlüter* in: Münch-Komm-BGB, § 389 Rn. 8.
[10] Vgl. *Gursky* in: Staudinger, § 389 Rn. 45 f. m.w.N. auch zu den – älteren – Gegenansichten.
[11] Vgl. BGH v. 17.04.1958 - II ZR 335/56 - BGHZ 27, 123-126 jedenfalls dann, wenn lediglich der Gläubiger der Schadensersatzforderung zur Aufrechnung berechtigt war; ohne Einschränkung: *Gursky* in: Staudinger, § 389 Rn. 36 ff. mit einer ausführlichen Übersicht über den Meinungsstand und zahlreichen Nachweisen; *Gernhuber*, Die Erfüllung und ihre Surrogate, 2. Aufl. 1994, § 12 VIII 4 b, S. 310, der darauf abstellt, dass die Höhe der beiderseitigen Forderungen zum Tatbestand der Aufrechnung gehört und daher – als Aufrechnungsvoraussetzung – nicht der Rückwirkung unterfällt; einschränkend: *Grüneberg* in: Palandt, § 389 Rn. 2, der die Berücksichtigung der Erhöhung der Forderung bis zum Zeitpunkt der Aufrechnungserklärung nur in dem vom BGH, a.a.O., entschiedenen Fall und in dem Fall für zulässig hält, dass die Forderung wegen einer Erweiterung des Leistungsumfangs – z.B. weitere Nutzung – angewachsen ist, und im Übrigen auf den Zeitpunkt der Aufrechnungslage abstellt.

D. Prozessuale Hinweise

15 Hat die Aufrechnungslage bereits vor Zustellung der Klage bestanden, ist in Literatur und Rechtsprechung umstritten, ob – wegen der materiell-rechtlichen Rückwirkung nach § 389 BGB – die Aufrechnungslage oder ob die Aufrechnungserklärung als erledigendes Ereignis anzusehen ist. Der BGH hat sich nunmehr auch für den Fall, dass die Aufrechnungslage bereits vor Rechtshängigkeit der Klageforderung bestanden hat, der Auffassung angeschlossen, dass nicht die Aufrechnungslage, sondern erst die Aufrechnung als solche, also die Aufrechnungserklärung, das erledigende Ereignis darstellt. Ist die Erledigung der Hauptsache durch Erklärung der Aufrechnung im Prozess eingetreten, so ist im Rahmen der bei übereinstimmender Erledigungserklärung der Parteien gemäß § 91a ZPO nach billigem Ermessen zu treffenden Kostenentscheidung zu berücksichtigen, ob und gegebenenfalls welcher Partei es billigerweise zuzumuten war, die Aufrechnung bereits außergerichtlich zu erklären. Sieht der Kläger von einer vorprozessualen Aufforderung ab, können ihm gegebenenfalls gemäß § 93 ZPO die Prozesskosten zur Last fallen.[13]

E. Anwendungsfelder

I. Abdingbarkeit der Rückwirkung

16 Die in § 389 BGB vorgesehene Rückwirkung kann durch Parteiabrede abbedungen werden.[14] Ebenso können die Parteien eines Aufrechnungsvertrages einen anderen, von der Aufrechnungslage abweichenden Zeitpunkt für den Eintritt der Aufrechnungswirkungen vereinbaren.[15]

17 Die Wirkungen der Aufrechnung mit einer Forderung aus einem **Vergleich**, durch den ein Streit über das Bestehen oder die Höhe einer Forderung beigelegt worden ist, wirken regelmäßig nicht über den Zeitpunkt des Vergleichsschlusses hinaus zurück. Es ist vielmehr davon auszugehen, dass in einem solchen Vergleich zugleich die Abrede liegt, dass die Forderung als im Zeitpunkt des Vergleichsschlusses entstanden behandelt werden soll.[16]

18 Die Regelung des § 389 BGB ist auch in den Fällen abbedungen, in denen ein Versicherungsvertrag nachteilige Folgen mit der nicht rechtzeitigen „tatsächlichen Zahlung" der Beiträge durch den Versicherungsnehmer verbindet. Der Versicherungsnehmer kann den Eintritt dieser Folgen dann nicht durch die nach Fristablauf erklärte Aufrechnung verhindern.[17]

19 Dagegen kann der Aufrechnende grundsätzlich nicht einseitig wirksam auf die Rückwirkung verzichten.[18]

II. Rückwirkung bei Mehrheit von Gläubigern und Schuldnern

20 Gemäß § 422 Abs. 1 Satz 2 BGB wirkt die Aufrechnung durch einen oder gegenüber einem Gesamtschuldner auch für die übrigen **Gesamtschuldner**; Entsprechendes gilt gemäß § 429 Abs. 3 Satz 1 BGB für die **Gesamtgläubiger**. Sie wirkt jedoch nur im Verhältnis zwischen den an der Aufrechnung Beteiligten auf den Zeitpunkt der Aufrechnungslage zurück.[19]

---

[12] Vgl. *Gernhuber*, Die Erfüllung und ihre Surrogate, 2. Aufl. 1994, § 12 VIII 4 b, S. 310 Fn. 230, da die Forderung „in der Zeit gestreckt" in die Aufrechnungslage eingetreten sei; zustimmend *Gursky* in: Staudinger, § 389 Rn. 47; *Schlüter* in: MünchKomm-BGB, § 389 Rn. 9.

[13] Vgl. BGH v. 17.07.2003 - IX ZR 268/02 - juris Rn. 18 - BGHZ 155, 392-400; *Grüneberg* in: Palandt, § 389 Rn. 2; *Billing*, JuS 2004, 186-189, 186; *Lange/Wolf*, JZ 2004, 416-420, 416; kritisch *Lindacher*, LMK 2004, 13-14, 13.

[14] Vgl. *Gernhuber*, Die Erfüllung und ihre Surrogate, 2. Aufl. 1994, § 12 VIII 4 a, S. 309.

[15] Vgl. *Gursky* in: Staudinger, § 389 Rn. 35.

[16] Vgl. RG v. 17.12.1920 - II 196/20 - RGZ 101, 111-115, 113; *Schlüter* in: MünchKomm-BGB, § 389 Rn. 6.

[17] Vgl. *Zeiss* in: Soergel, § 389 Rn. 1.

[18] Vgl. RG v. 17.12.1920 - II 196/20 - RGZ 101, 111-115, 114; *Gursky* in: Staudinger, § 389 Rn. 63; *Schlüter* in: MünchKomm-BGB, § 389 Rn. 11; a.A. *Gernhuber*, Die Erfüllung und ihre Surrogate, 2. Aufl. 1994, § 12 VIII 4 a, S. 309 für den Fall, dass und soweit der Ausschluss der Rückwirkung die Interessen des Aufrechnungsgegners nicht verletzt.

[19] Vgl. KG Berlin v. 17.01.2001 - 23 U 5346/95 - juris Rn. 17 - KGR Berlin 2001, 99-100.

III. Rückwirkung bei öffentlich-rechtlichen Forderungen

Die Rückwirkung greift grundsätzlich auch bei **öffentlich-rechtlichen Forderungen**.[20] Dabei ist allerdings zu beachten, dass die im Laufe eines Verwaltungsrechtsstreits abgegebene Aufrechnungserklärung nur dann greifen kann, wenn der angefochtene Verwaltungsakt neben der Festsetzung einer Gebühr, einer Abgabe oder einer sonstigen Zahlungsverpflichtung auch eine Zahlungsaufforderung enthält. Letztere wird durch die Aufrechnungserklärung rechtswidrig und zwar – infolge der Rückwirkung – auch dann, wenn die Aufrechnungserklärung erst im Laufe des Verwaltungsstreitverfahrens abgegeben wird.[21]

---

[20] Vgl. *Huppert/Lüke*, JuS 1971, 165-171, 171.
[21] Vgl. BVerwG v. 03.06.1983 - 8 C 43/81 - juris Rn. 19 - MDR 1984, 256-257; *Grüneberg* in: Palandt, § 389 Rn. 3.

§ 390 BGB Keine Aufrechnung mit einredebehafteter Forderung

(Fassung vom 02.01.2002, gültig ab 01.01.2002)

Eine Forderung, der eine Einrede entgegensteht, kann nicht aufgerechnet werden.

Gliederung

A. Grundlagen 1	II. Ausnahmefall der verjährten Gegenforderung 7
I. Kurzcharakteristik 1	**C. Folgen des Verstoßes gegen das Aufrechnungsverbot** 9
II. Regelungsprinzipien 2	
B. Anwendungsvoraussetzungen 3	D. Anwendungsfelder 10
I. Aufrechnungsverbot bei einredebehafteter Gegenforderung 3	I. Einzelfälle 10
1. Gegenforderung 3	II. Einschränkungen des Aufrechnungsausschlusses 13
2. Einreden i.S.d. § 390 BGB 4	

A. Grundlagen

I. Kurzcharakteristik

1 Die Regelung des § 390 BGB enthält ein **materiell-rechtliches Aufrechnungsverbot**. Sie verbietet die Aufrechnung mit einer einredebehafteten Forderung. Eine **Ausnahme** gilt allerdings für die Einrede der **Verjährung**. Nach dem bisherigen § 390 Satz 2 BGB war die Aufrechnung mit einer verjährten Forderung zulässig, wenn diese bei Eintritt der Aufrechnungslage noch unverjährt war. Eine entsprechende Regelung ist nunmehr – nach dem In-Kraft-Treten des Gesetzes zur Modernisierung des Schuldrechts vom 26.11.2001[1] (BGBl I, 3138) – in den Vorschriften über die Verjährung enthalten. Dort sieht § 215 BGB vor, dass die Verjährung die Aufrechnung (und die Geltendmachung des Zurückbehaltungsrechts) nicht ausschließt, wenn der Anspruch in dem Zeitpunkt noch nicht verjährt war, in dem erstmals aufgerechnet (oder die Leistung verweigert) werden konnte. Zu den Überleitungsvorschriften vgl. Art. 229 EGBGB.

II. Regelungsprinzipien

2 Die Vorschrift des § 390 BGB verhindert, dass der Schuldner sich durch die Aufrechnung mit einer einredebehafteten Forderung Befriedigung verschafft und damit dem Gläubiger die Möglichkeit nimmt, von seinem Einrederecht Gebrauch zu machen.[2]

B. Anwendungsvoraussetzungen

I. Aufrechnungsverbot bei einredebehafteter Gegenforderung

1. Gegenforderung

3 Wie der Wortlaut des § 390 BGB deutlich macht, meint dieser nur die Gegenforderung, nicht die Hauptforderung. Dies ergibt sich auch daraus, dass der Schuldner die einredebehaftete Hauptforderung ja jederzeit – unter Verzicht auf die Einrede – erfüllen kann.

2. Einreden i.S.d. § 390 BGB

4 Als Einrede i.S.d. § 390 BGB kommen – mit Ausnahme der Verjährung – **alle Leistungsverweigerungsrechte** des BGB in Betracht[3], unabhängig davon, ob diese auf Dauer angelegt sind (peremptorische Einreden) oder nur auf Zeit wirken (dilatorische Einreden). Zur ersten Gruppe gehören etwa § 821 BGB und § 853 BGB, zur zweiten etwa § 519 BGB und die §§ 770, 771 BGB. Für das Aufrechnungs-

---

[1] BGBl I 2001, 3138.
[2] Vgl. *Gernhuber*, Die Erfüllung und ihre Surrogate, 2. Aufl. 1994, § 12 IV 2 a, S. 250; *Gursky* in: Staudinger, § 390 Rn. 2.
[3] Vgl. BGH v. 09.10.2000 - II ZR 75/99 - juris Rn. 12 - LM BGB § 293 Nr. 6 (5/2001); OLG Frankfurt v. 27.01.2005 - 12 U 132/04 - juris Rn. 13 - BauR 2005, 1491-1493.

verbot ist nicht erforderlich, dass die Einrede bereits erhoben worden ist; es genügt ihre bloße Existenz.[4]

Einreden i.S.d. § 390 BGB können nur **materielle Einreden** sein, nicht prozessuale Einreden, denn Letztere können nicht einer Forderung entgegenstehen.[5] Die Einrede der Rechtshängigkeit steht der Aufrechnung daher ebenso wenig entgegen wie die Einrede des Schiedsvertrages. Letztere führt lediglich dazu, dass die Aufrechnung prozessual unbeachtlich ist.[6] Gleiches gilt für die Vorschrift des § 1958 BGB, die lediglich die gerichtliche Geltendmachung eines gegen den Nachlass gerichteten Anspruchs gegen den Erben vor Annahme der Erbschaft ausschließt, nicht aber eine materielle Einrede gegen die außergerichtliche Durchsetzung des Anspruchs – durch Aufrechnung – begründet.[7]

Nach der Rechtsprechung des BGH schließen auch die dem bisherigen Gläubiger zustehenden Einreden die Aufrechnung des Schuldners aus, wenn dieser im Falle des § 406 BGB gegenüber dem neuen Gläubiger mit einer Forderung gegen den bisherigen Gläubiger aufrechnen will.[8]

II. Ausnahmefall der verjährten Gegenforderung

Nach dem bisherigen § 390 Satz 2 BGB, dem der jetzige § 215 BGB entspricht, soweit er die Aufrechnung regelt, schließt die Verjährung der Gegenforderung die Aufrechnung nicht aus, wenn die verjährte Forderung zu der Zeit, zu welcher sie gegen die andere Forderung aufgerechnet werden konnte, noch nicht verjährt war.

Zu den Einzelheiten vgl. die Kommentierung zu § 215 BGB.

C. Folgen des Verstoßes gegen das Aufrechnungsverbot

Die Aufrechnung gegen eine einredebehaftete Forderung ist **unzulässig**.[9] Der Verstoß gegen das Aufrechnungsverbot hat die Unwirksamkeit der Aufrechnung zur Folge; die Aufrechnungswirkungen treten nicht ein, ohne dass es der ausdrücklichen Erhebung der Einrede bedürfte.[10]

D. Anwendungsfelder

I. Einzelfälle

Der Regelung des § 390 BGB unterfallen:
- die Einrede des **Zurückbehaltungsrechts** gemäß § 273 BGB[11],
- die **Einrede des nichterfüllten Vertrags** gemäß § 320 BGB[12],
- das **Leistungsverweigerungsrecht** nach § 615 Satz 2 BGB[13],
- die „Einrede **fehlender Rechnung**" gemäß § 18 BRAGO[14],
- die Einrede der **Haftungsbeschränkung** des früheren § 419 Abs. 2 BGB[15],
- die Einrede der **beschränkten Erbenhaftung** aus § 1990 Abs. 1 BGB bei Aufrechnung eines Nachlassgläubigers gegen eine Privatforderung des Erben[16],

---

[4] Vgl. BGH v. 09.10.2000 - II ZR 75/99 - juris Rn. 12 - LM BGB § 293 Nr. 6 (5/2001).
[5] Vgl. OLG Hamm v. 12.06.1987 - 7 UF 33/87 - WM 1988, 517-519; *Gernhuber*, Die Erfüllung und ihre Surrogate, 2. Aufl. 1994, § 12 IV 2 b, S. 251.
[6] Vgl. *Zeiss* in: Soergel, § 390 Rn. 1; *Grüneberg* in: Palandt, § 387 Rn. 14.
[7] Vgl. *Schlüter* in: MünchKomm-BGB, § 390 Rn. 2; *Gursky* in: Staudinger, § 390 Rn. 16.
[8] Vgl. BGH v. 27.06.1961 - VI ZR 205/60 - juris Rn. 19 - BGHZ 35, 317-328; zustimmend *Grüneberg* in: Palandt, § 390 Rn. 1; a.A. wohl *Gursky* in: Staudinger, § 390 Rn. 5.
[9] Vgl. z.B. OLG Hamm v. 05.07.1993 - 8 U 249/92 - DB 1993, 1763.
[10] Vgl. BGH v. 04.07.2002 - I ZR 313/99 - juris Rn. 27 - NJW 2002, 3541-3543; BGH v. 20.05.2003 - X ZR 128/01 - juris Rn. 13 - NJW-RR 2003, 1421-1423; BGH v. 14.07.2005 - IX ZR 142/02 - juris Rn. 10 - ZIP 2005, 1559-1561.
[11] Vgl. OLG Hamm v. 05.07.1993 - 8 U 249/92 - DB 1993, 1763.
[12] Vgl. OLG Hamm v. 05.11.1993 - 12 U 183/92 - juris Rn. 51 - OLGR Hamm 1994, 194-195; BGH v. 20.05.2003 - X ZR 128/01 - juris Rn. 13 - NJW-RR 2003, 1421-1423.
[13] Vgl. BGH v. 09.10.2000 - II ZR 75/99 - juris Rn. 13 - LM BGB § 293 Nr. 6 (5/2001).
[14] Vgl. BGH v. 13.07.1984 - III ZR 136/83 - AnwBl 1985, 257-258; OLG Köln v. 22.07.1997 - 17 U 7/97 - juris Rn. 24 - OLGR Köln 1997, 361-364.
[15] Vgl. OLG Celle v. 12.04.1989 - 2 U 108/88 - juris Rn. 3 - OLGZ 1990, 95-96.
[16] Vgl. BGH v. 27.06.1961 - VI ZR 205/60 - juris Rn. 19 - BGHZ 35, 317-328; *Grüneberg* in: Palandt, § 390 Rn. 2.

- die Einrede des Darlehensnehmers gegen den Rückgewähranspruch des Darlehensgebers, wenn das Darlehen durch Grundschulden gesichert ist[17],
- die Einrede des Vollstreckungsaufschubs gegen eine Steuerforderung gemäß § 226 AO i.V.m. § 390 BGB[18].

11 **Keine** Einreden i.S.d. § 390 BGB begründen dagegen:
- die Einrede des Schuldners gegen den neuen Gläubiger aus § 410 Abs. 1 Satz 1 BGB bei Nichtvorlage der **Abtretungsurkunde**[19],
- die Einreden der §§ 2014, 2015 BGB, denn bei Aufrechnung gegen eine Privatforderung des Erben ist dieser bereits durch § 1977 BGB geschützt[20],
- die **Anfechtbarkeit** (vgl. hierzu die Kommentierung zu § 387 BGB).

12 Zur Einrede der **Stundung** vgl. die Kommentierung zu § 387 BGB.

II. Einschränkungen des Aufrechnungsausschlusses

13 Die Reichweite des Aufrechnungsverbots wird durch die Funktion der jeweiligen Einrede begrenzt[21]; sie kann nicht über den jeweils verfolgten Zweck hinausgehen.

14 Danach greift der Aufrechnungsausschluss nach § 390 BGB etwa dann nicht ein, wenn die Einrede des Zurückbehaltungsrechts gerade diejenige Forderung des Aufrechnungsgegners sichert, gegen die sich die Aufrechnung richtet. Denn durch die Aufrechnung wird die zu sichernde Forderung befriedigt und damit die Einrede des Zurückbehaltungsrechts gegenstandslos.[22]

15 Der Aufrechnungsausschluss gilt daneben auch dann nicht, wenn sich der Aufrechnungsgegner in **Annahmeverzug** befindet und der Aufrechnende seine Gegenleistung dauernd zur Verfügung des Aufrechnungsgegners hält[23], denn in diesem Fall würde die Berufung auf das Zurückbehaltungsrecht aus § 273 BGB **gegen Treu und Glauben** verstoßen[24]. Nach Treu und Glauben steht die Einrede aus § 320 BGB einer Aufrechnung des Unternehmers mit seiner Werklohnforderung ferner dann nicht mehr gemäß § 390 BGB entgegen, wenn der Bauherr ein Leistungsverweigerungsrecht wegen Mängeln der Werkleistung nicht mehr geltend machen kann, weil er in Annahmeverzug geraten ist, dem Unternehmer nicht ausreichend Gelegenheit zur Nachbesserung gegeben oder diese grundlos verweigert hat.[25]

16 Schließlich steht der Aufrechnung des Unternehmers mit seiner Werklohnforderung gegen den Anspruch des Bestellers auf Kostenvorschuss nicht über § 390 BGB die Einrede des nichterfüllten Vertrages aus § 320 BGB entgegen, denn ein Leistungsverweigerungsrecht besteht nicht mehr, nachdem der Besteller mit seinem Verlangen auf Kostenvorschuss zum Ausdruck gebracht hat, dass er eine Mängelbeseitigung durch den Unternehmer ablehnt.[26]

17 Ebenfalls nur eingeschränkt wirkt der Aufrechnungsausschluss in den Fällen, in denen die Einrede auf die Geltendmachung einer **gegenständlichen Haftungsbeschränkung** gerichtet ist (vgl. der frühere § 419 Abs. 2 BGB und die §§ 1990, 1992 BGB) und damit allein dem Schutz des nichthaftenden Vermögens dient. Die Einrede des § 1990 BGB schließt daher lediglich die Aufrechnung des Nachlass-

---

[17] Vgl. OLG Hamburg v. 28.09.1983 - 5 U 173/82 - juris Rn. 76 - ZIP 1984, 1090-1093; *Schlüter* in: MünchKomm-BGB, § 390 Rn. 2.
[18] Vgl. FG Hamburg v. 08.04.2010 - 6 K 269/09 - juris Rn. 20.
[19] Vgl. BGH v. 16.01.1958 - VII ZR 66/57 - BGHZ 26, 241-248: für die Aufrechnung gilt in diesem Fall § 410 Abs. 1 Satz 2 BGB entsprechend; *Gursky* in: Staudinger, § 390 Rn. 17; OLG Saarbrücken v. 04.09.2003 - 8 U 65/03, 8 U 65/03 - 17- juris Rn. 21.
[20] Vgl. *Gernhuber*, Die Erfüllung und ihre Surrogate, 2. Aufl. 1994, § 12 IV 2 b, S. 252; *Schlüter* in: MünchKomm-BGB, § 390 Rn. 2.
[21] Vgl. *Gernhuber*, Die Erfüllung und ihre Surrogate, 2. Aufl. 1994, § 12 IV 2 b, S. 251.
[22] Vgl. BGH v. 12.07.1990 - III ZR 174/89 - juris Rn. 18 - LM Nr. 11 zu § 1042 ZPO; *Grüneberg* in: Palandt, § 390 Rn. 2.
[23] Vgl. BGH v. 03.02.1959 - VIII ZR 14/58 - LM Nr. 5 zu § 377 HGB; *Grüneberg* in: Palandt, § 390 Rn. 2.
[24] Vgl. *Gursky* in: Staudinger, § 390 Rn. 7.
[25] Vgl. OLG Hamm v. 05.11.1993 - 12 U 183/92 - juris Rn. 51 - OLGR Hamm 1994, 194-195.
[26] Vgl. OLG Karlsruhe v. 26.04.1983 - 8 U 32/83 - juris Rn. 17 - OLGZ 1983, 464-466; *Gursky* in: Staudinger, § 390 Rn. 9 f.

gläubigers mit einer Privatforderung des Erben – und damit die Haftung des Eigenvermögens des Erben – aus, nicht aber die Aufrechnung mit einer Nachlassforderung, denn in letzterem Falle greift der Gläubiger gerade auf die Vermögensmasse zu, die ihm haftet.[27]

---

[27] Vgl. BGH v. 25.11.1954 - IV ZR 81/54 - juris Rn. 32 - LM Nr. 2 zu § 390 BGB; *Gernhuber*, Die Erfüllung und ihre Surrogate, 2. Aufl. 1994, § 12 IV 2 b, S. 251; *Grüneberg* in: Palandt, § 390 Rn. 2.

§ 391 BGB Aufrechnung bei Verschiedenheit der Leistungsorte

(Fassung vom 02.01.2002, gültig ab 01.01.2002)

(1) ¹Die Aufrechnung wird nicht dadurch ausgeschlossen, dass für die Forderungen verschiedene Leistungs- oder Ablieferungsorte bestehen. ²Der aufrechnende Teil hat jedoch den Schaden zu ersetzen, den der andere Teil dadurch erleidet, dass er infolge der Aufrechnung die Leistung nicht an dem bestimmten Orte erhält oder bewirken kann.

(2) Ist vereinbart, dass die Leistung zu einer bestimmten Zeit an einem bestimmten Ort erfolgen soll, so ist im Zweifel anzunehmen, dass die Aufrechnung einer Forderung, für die ein anderer Leistungsort besteht, ausgeschlossen sein soll.

Gliederung

A. Grundlagen 1	II. Schadensersatzpflicht des Aufrechnenden 9
I. Kurzcharakteristik 1	III. Vermutung bei bestimmter Leistungszeit und
II. Regelungsprinzipien 3	bestimmtem Leistungsort 11
B. Praktische Bedeutung 5	D. Anwendungsfelder 15
C. Anwendungsvoraussetzungen 8	I. Leistungs- oder Ablieferungsort im Ausland 15
I. Verschiedenheit des Leistungs- oder Ablieferungsortes 8	II. Vereinbarung eines generellen Aufrechnungsverbots 16

A. Grundlagen

I. Kurzcharakteristik

1   Die Regelung des § 391 Abs. 1 BGB stellt fest, dass Unterschiede im Leistungsort oder im Ablieferungsort die Aufrechnung nicht ausschließen (Satz 1). Zugleich normiert sie – zum Ausgleich eventueller Nachteile des Aufrechnungsgegners – eine Schadensersatzpflicht des Aufrechnenden, wenn der Aufrechnungsgegner dadurch einen Schaden erleidet, dass er infolge der Aufrechnung die Leistung nicht an dem bestimmten Ort erhält oder bewirken kann (Satz 2).

2   § 391 Abs. 2 BGB enthält eine **Auslegungsregel**, die für den Fall der Vereinbarung einer bestimmten Leistungszeit und eines bestimmten Leistungsortes die Vereinbarung eines Aufrechnungsverbots – und damit eine Ausnahme von dem in Absatz 1 Satz 1 aufgestellten Grundsatz – vorsieht.

II. Regelungsprinzipien

3   § 391 Abs. 1 BGB bringt zum Ausdruck, dass die Verschiedenheit der Leistungs- oder Ablieferungsorte die Gleichartigkeit der Forderungen nicht berührt.[1]

4   Wie sich aus dem eindeutigen Wortlaut des § 391 Abs. 2 BGB ergibt, betrifft das **Aufrechnungsverbot** nur die Aufrechnung **gegen** die Forderungen aus einem solchen Geschäft.

B. Praktische Bedeutung

5   Die Vorschrift des § 391 BGB ist insgesamt nur von sehr geringer praktischer Bedeutung und hat die Rechtsprechung kaum beschäftigt.

6   Für die Schadensersatzpflicht aus § 391 Abs. 1 Satz 2 BGB ergibt sich die geringe praktische Bedeutung bereits aus dem Umstand, dass aufrechnungsbedingte Schäden des Aufrechnungsgegners selten sind, und – soweit sie erkennbar drohen – in aller Regel die Annahme eines vertraglichen Aufrechnungsverbots begründen.[2]

7   Die geringe praktische Bedeutung der Auslegungsregel des Absatz 2 folgt daraus, dass die Parteien in dem in dort geregelten Fall – „Leistung zu einer bestimmten Zeit an einem bestimmten Orte", so genanntes tempo-loco-Geschäft – die Aufrechnung regelmäßig ganz und nicht nur hinsichtlich einer For-

---

[1] Vgl. *Zeiss* in: Soergel, § 391 Rn. 1.
[2] Vgl. *Gernhuber*, Die Erfüllung und ihre Surrogate, 2. Aufl. 1994 § 12 III 9, S. 242.

derung mit einem anderen Leistungsort ausschließen wollen. Der Parteiwille geht damit in der Regel über die in § 391 Abs. 2 BGB aufgestellte Vermutung noch hinaus.[3]

C. Anwendungsvoraussetzungen

I. Verschiedenheit des Leistungs- oder Ablieferungsortes

Der „Leistungsort" i.S.d. § 391 Abs. 1 Satz 1 BGB ist der Ort, an dem der Schuldner die Leistungshandlung zu erbringen hat, während es sich bei dem „Ablieferungsort" um den Ort handelt, an dem der Leistungserfolg – durch Entgegennahme der Leistung durch den Gläubiger – eintritt. Die Verschiedenheit der Leistungs- oder Ablieferungsorte meint daher auch den Fall, dass zwar der Erfüllungsort derselbe ist, der Schuldner bei einer Schickschuld aber für den Transport der geschuldeten Leistung an einen anderen Ort zu sorgen hat, an dem der Leistungserfolg eintritt.[4]

8

II. Schadensersatzpflicht des Aufrechnenden

Der Aufrechnende hat dem Aufrechnungsgegner die Nachteile auszugleichen, die diesem möglicherweise dadurch entstehen, dass er infolge der Aufrechnung die Leistung nicht an dem bestimmten Ort erhält oder bewirken kann. Zu ersetzen ist nach den Grundsätzen des Schadensrechts der gesamte, durch die Aufrechnung adäquat kausal verursachte Schaden.[5]

9

Ein solcher aufrechnungsbedingter Schaden kann insbesondere in **Transportkosten** bestehen, die der Aufrechnungsgegner anderenfalls – ohne Aufrechnung – nicht hätte aufwenden müssen[6], aber auch in einem dem Aufrechnungsgegner nachteiligen **Wertunterschied** der Leistung an den verschiedenen in Betracht kommenden Orten[7].

10

III. Vermutung bei bestimmter Leistungszeit und bestimmtem Leistungsort

Nach § 391 Abs. 2 BGB ist die Aufrechnung im Zweifel ausgeschlossen, wenn die Parteien die Leistung zu einer bestimmten Zeit an einem bestimmten Ort vereinbart haben und für die Gegenforderung ein anderer Leistungsort besteht.[8]

11

Diese **Auslegungsregel** soll dem Umstand Rechnung tragen, dass die Vereinbarung einer bestimmten Leistungszeit und eines bestimmten Leistungsortes die Vermutung rechtfertigt, dass die Parteien sich dabei – wegen der besonderen Bedeutung der Leistungsmodalitäten – auch darüber einig waren, dass gegen die aus einem solchen Geschäft resultierenden Forderungen nur mit Forderungen aufgerechnet werden darf, für die der gleiche Leistungsort besteht.[9]

12

§ 391 Abs. 2 BGB erfasst daher nur solche Fälle, in denen die Parteien eine entsprechende **Vereinbarung** getroffen haben. Ergeben sich Leistungszeit und Leistungsort lediglich aus dispositivem Recht, schließt § 391 Abs. 2 BGB eine Aufrechnung nicht aus.[10]

13

Die Vermutung des § 391 Abs. 2 BGB kann der Aufrechnende dadurch entkräften, dass er Umstände dartut, die der Annahme eines Aufrechnungsverbots entgegenstehen, insbesondere den Umstand, dass die Bestimmung der Leistungsmodalitäten für den Aufrechnungsgegner nicht von besonderer Bedeutung war.[11]

14

---

[3] Vgl. *Gernhuber*, Die Erfüllung und ihre Surrogate, 2. Aufl. 1994, § 12 III 9, S. 242.
[4] Vgl. *Gursky* in: Staudinger, § 391 Rn. 2; *Schlüter* in: MünchKomm-BGB, § 391 Rn. 1.
[5] Vgl. *Grüneberg* in: Palandt, § 391 Rn. 1.
[6] Vgl. *Gursky* in: Staudinger, § 391 Rn. 5; *Schlüter* in: MünchKomm-BGB, § 391 Rn. 2.
[7] Vgl. *Gursky* in: Staudinger, § 391 Rn. 8; *Schlüter* in: MünchKomm-BGB, § 391 Rn. 2.
[8] Vgl. beispielhaft KG Berlin v. 06.03.2003 - 2 U 198/01 - juris Rn. 19 ff. - WM 2003, 2093-2095 in Bezug auf eine Wechselforderung; zustimmend *Müller-Christmann*, WuB I D 4 Wechselverkehr 1.04.
[9] Vgl. *Gursky* in: Staudinger, § 391 Rn. 10 m.w.N.
[10] Vgl. BGH v. 17.12.1998 - VII ZR 272/97 - juris Rn. 10 - LM BGB § 391 Nr. 1 (8/99); KG v. 06.03.2003 - 2 U 198/01 - juris Rn. 21 - ZIP 2003, 1538-1540 zu dem Fall eines Domizilwechsels i.S.d. Art. 4 WG; *Schlüter* in: MünchKomm-BGB, § 391 Rn. 3; *Grüneberg* in: Palandt, § 391 Rn. 1.
[11] Vgl. *Zeiss* in: Soergel, § 391 Rn. 1; *Gursky* in: Staudinger, § 391 Rn. 16.

D. Anwendungsfelder

I. Leistungs- oder Ablieferungsort im Ausland

15 Die Vorschrift des § 391 BGB erfasst grundsätzlich auch die Fälle, in denen einer der beiden Orte im Ausland liegt, was allerdings voraussetzt, dass die Vertragsparteien das deutsche Recht nicht für das Vertragsstatut völlig ausgeschlossen haben.[12]

II. Vereinbarung eines generellen Aufrechnungsverbots

16 Schließlich ist zu beachten, dass die Umstände des Einzelfalls dafür sprechen können, dass die Parteien – über die die Aufrechnung lediglich einschränkende Auslegungsregel des § 391 Abs. 2 BGB hinaus – ein generelles Aufrechnungsverbot vereinbaren wollten. Dies kann etwa der Fall sein, wenn einem Reisenden an einem bestimmten Ort zu einer bestimmten Zeit Reisegelder ausgezahlt werden sollen.[13]

---

[12] Vgl. RG v. 16.05.1941 - VII 1/41 - RGZ 167, 60-64, 62; *Zeiss* in: Soergel, § 391 Rn. 1; *Schlüter* in: MünchKomm-BGB, § 391 Rn. 1.

[13] Vgl. *Gernhuber*, Die Erfüllung und ihre Surrogate, 2. Aufl. 1994, § 12 III 9, S. 242 f., der in diesem Fall einen generellen Aufrechnungsausschluss annimmt; ebenso *Schlüter* in: MünchKomm-BGB, § 391 Rn. 3.

§ 392 BGB Aufrechnung gegen beschlagnahmte Forderung

(Fassung vom 02.01.2002, gültig ab 01.01.2002)

Durch die Beschlagnahme einer Forderung wird die Aufrechnung einer dem Schuldner gegen den Gläubiger zustehenden Forderung nur dann ausgeschlossen, wenn der Schuldner seine Forderung nach der Beschlagnahme erworben hat oder wenn seine Forderung erst nach der Beschlagnahme und später als die in Beschlag genommene Forderung fällig geworden ist.

Gliederung

A. Grundlagen........................... 1	2. Fälligkeit der Gegenforderung............ 13
I. Kurzcharakteristik..................... 1	3. Folgen verbotswidriger Zahlung 17
II. Regelungsprinzipien................. 2	**C. Folgen des Verstoßes gegen das Aufrechnungsverbot**............... 18
B. Anwendungsvoraussetzungen......... 3	
I. Beschlagnahme der Hauptforderung 3	**D. Anwendungsfelder**................ 20
1. Erfüllungsverbot.................. 5	I. Behandlung des Aufrechnungsvertrags 20
2. Verfügungsverbot.................. 7	II. Entsprechende Anwendung 24
II. Aufrechnung gegen die beschlagnahmte Hauptforderung............... 8	1. Aufrechnung und Verrechnung sozialrechtlicher Geldleistungen................ 24
1. Erwerb der Gegenforderung vor Beschlagnahme der Hauptforderung............. 10	2. Zwangsversteigerung 25
	3. Zurückbehaltungsrecht 26

A. Grundlagen

I. Kurzcharakteristik

Die Regelung des § 392 BGB klärt das Verhältnis zwischen der Beschlagnahme der Hauptforderung – und dem damit verbundenen Erfüllungsverbot an den Drittschuldner – und der Befugnis des (Dritt-)Schuldners, die gegen ihn gerichtete Hauptforderung durch Aufrechnung zu erfüllen. Danach ist die Aufrechnung nur dann ausgeschlossen, wenn der Aufrechnende die Gegenforderung erst nach der Beschlagnahme erworben hat (Alternative 1) oder die Gegenforderung erst nach der Beschlagnahme und später als die in Beschlag genommene Hauptforderung fällig geworden ist (Alternative 2). 1

II. Regelungsprinzipien

Die der Regelung des § 406 BGB „nachgebildete" Vorschrift[1] bezweckt somit den **Schutz des Schuldners** insoweit, als diesem eine zum Zeitpunkt der Beschlagnahme bereits bestehende Aufrechnungsmöglichkeit bzw. eine begründete Aussicht auf eine solche erhalten bleiben soll. Umgekehrt trägt sie dem Gedanken Rechnung, dass der Pfändungsgläubiger durch die Beschlagnahme der Hauptforderung keine stärkere Stellung erhalten kann, als sie sein Schuldner – der Gläubiger der gepfändeten Forderung – im Zeitpunkt der Pfändung hatte.[2] 2

B. Anwendungsvoraussetzungen

I. Beschlagnahme der Hauptforderung

Die Vorschrift des § 392 BGB regelt die Beschlagnahme der Hauptforderung im Rahmen der Einzelzwangsvollstreckung.[3] 3

Für die Gesamtvollstreckung enthält § 95 Abs. 1 Satz 3 InsO eine entsprechende Regelung. Eine die Vorschrift des § 392 BGB verdrängende Sondervorschrift enthält auch § 1125 BGB i.V.m. § 1124 4

---

[1] So *Gernhuber*, Die Erfüllung und ihre Surrogate, 2. Aufl. 1994, § 12 VII 6 a, S. 297; vgl. auch BGH v. 22.11.1979 - VII ZR 322/78 - juris Rn. 17 - LM Nr. 4 zu § 392 BGB, der die beiden Vorschriften als „ähnlich" bezeichnet.

[2] Vgl. BGH v. 22.11.1979 - VII ZR 322/78 - juris Rn. 20 - LM Nr. 4 zu § 392 BGB; *Gursky* in: Staudinger, § 392 Rn. 15; *Schlüter* in: MünchKomm-BGB, § 392 Rn. 1.

[3] Vgl. *Grüneberg* in: Palandt, § 392 Rn. 1.

BGB, der die Aufrechnung gegen von der Beschlagnahme eines Grundstücks miterfasste Miet- oder Pachtzinsforderungen regelt.[4]

1. Erfüllungsverbot

5 Die Beschlagnahme der Forderung enthält das an den Drittschuldner gerichtete Verbot, die Forderung zu erfüllen (§ 829 Abs. 1 Satz 1 ZPO). Dieses **Erfüllungsverbot** erfasst auch die Aufrechnung als Erfüllungssurrogat.[5]

6 Die Beschlagnahme durch **Pfändung** der Forderung tritt gemäß § 829 Abs. 3 ZPO mit der Zustellung des Beschlusses an den Drittschuldner ein; auf dessen Kenntnis kommt es daher nicht an.

2. Verfügungsverbot

7 Im Hinblick auf die Vergleichbarkeit der Interessenlagen ist als Beschlagnahme i.S.d. § 392 BGB auch der Erlass eines **gerichtlichen Verfügungsverbots** gemäß §§ 135, 136 BGB gegen den Gläubiger der Hauptforderung anzusehen. Denn anderenfalls würde das bloße Verfügungsverbot gegen den Gläubiger den aufrechnungswilligen Schuldner stärker einschränken, als das an ihn selbst als Drittschuldner gerichtete Erfüllungsverbot.[6]

II. Aufrechnung gegen die beschlagnahmte Hauptforderung

8 Die Aufrechnung gegen die beschlagnahmte Hauptforderung ist nach der Wertung des § 392 BGB nur dann zulässig, wenn im Zeitpunkt der Beschlagnahme bereits eine Aufrechnungslage gegeben war oder eine begründete Aussicht auf die Aufrechnung bestand.[7]

9 Die Zulässigkeit der Aufrechnung setzt danach voraus, dass der Schuldner die Gegenforderung vor der Beschlagnahme erworben hat **und** die Gegenforderung bereits bei Beschlagnahme fällig war oder spätestens mit der – bei Beschlagnahme noch nicht fälligen – Hauptforderung fällig wird.[8]

1. Erwerb der Gegenforderung vor Beschlagnahme der Hauptforderung

10 Diese Voraussetzung ist jedenfalls dann gegeben, wenn der gesamte Erwerbstatbestand in Bezug auf die Gegenforderung zum Zeitpunkt der Beschlagnahme der Hauptforderung bereits erfüllt ist.

11 Dies ist insbesondere auch dann der Fall, wenn eine der Beschlagnahme nachfolgende Genehmigung eines zunächst **schwebend unwirksamen Erwerbs** auf die Zeit vor der Beschlagnahme zurückwirkt.[9]

12 Für den Begriff des Erwerbs der Gegenforderung wird es im Rahmen der den Schutz des Schuldners bei Abtretung der Hauptforderung regelnden Vorschrift des § 406 BGB als ausreichend angesehen, dass zumindest der **Rechtsgrund** der Gegenforderung zur Zeit der Abtretung (oder der Kenntnis des Schuldners von ihr) bestanden hat.[10] Dieses Verständnis des Erwerbsbegriffs wird auch der Interessenlage bei der Beschlagnahme der Forderung gerecht. Auch im Rahmen des § 392 BGB genügt es daher, dass die Gegenforderung wenigstens dem Rechtsgrund nach bestand. Dies ist etwa bei einer vor der Beschlagnahme vereinbarten und nach der Beschlagnahme verwirkten Vertragsstrafe oder bei einem Schadensersatzanspruch der Fall, der aus einem vor der Beschlagnahme geschlossenen und nach der Beschlagnahme verletzten Vertrag resultiert.[11]

---

[4] Vgl. LG Mannheim v. 14.04.1999 - 4 S 227/98 - juris Rn. 11 - WuM 1999, 459; *Schlüter* in: MünchKomm-BGB, § 392 Rn. 3; *Grüneberg* in: Palandt, § 392 Rn. 1.

[5] Vgl. *Grüneberg* in: Palandt, § 392 Rn. 1.

[6] Vgl. *Gursky* in: Staudinger, § 392 Rn. 7; *Schlüter* in: MünchKomm-BGB, § 392 Rn. 2.

[7] Vgl. *Grüneberg* in: Palandt, § 392 Rn. 1.

[8] Vgl. *Gursky* in: Staudinger, § 392 Rn. 8 ff.

[9] Vgl. *Gursky* in: Staudinger, § 392 Rn. 11.

[10] Vgl. BGH v. 12.06.1961 - VII ZR 63/60 - JZ 1952, 92-93; BGH v. 09.04.1990 - II ZR 1/89 - juris Rn. 22 - LM Nr. 18 zu BGB § 406; *Gernhuber*, Die Erfüllung und ihre Surrogate, 2. Aufl. 1994, § 12 VII 5 d, S. 294 f.

[11] Vgl. BGH v. 22.11.1979 - VII ZR 322/78 - juris Rn. 17 - LM Nr. 4 zu § 392 BGB; OLG Düsseldorf v. 07.05.1999 - 22 U 226/98 - juris Rn. 37 - NJW-RR 2000, 231-232; *Gernhuber*, Die Erfüllung und ihre Surrogate, 2. Aufl. 1994, § 12 VII 6 b, S. 298; *Schlüter* in: MünchKomm-BGB, § 392 Rn. 2; *Grüneberg* in: Palandt, § 392 Rn. 1.

2. Fälligkeit der Gegenforderung

Die – in dem oben beschriebenen Sinne (vgl. Rn. 10) – vor der Beschlagnahme erworbene Gegenforderung muss darüber hinaus entweder vor oder spätestens gleichzeitig mit der Hauptforderung fällig werden.[12] Dieses Erfordernis für die Zulässigkeit der Aufrechnung rechtfertigt sich daraus, dass der Schuldner sich anderenfalls auch ohne Beschlagnahme die Aufrechnungsmöglichkeit nur durch ein Hinauszögern der Erfüllung der bereits fälligen Hauptforderung verschaffen könnte.[13]

Danach ist etwa die Aufrechnung mit einer vor der Beschlagnahme bereits erworbenen **aufschiebend bedingten Gegenforderung** nur dann zulässig, wenn die Bedingung zwar erst nach der Beschlagnahme, spätestens aber zugleich mit der Fälligkeit der Hauptforderung eingetreten ist.[14]

Eine Forderung, der ein Leistungsverweigerungsrecht entgegensteht, ist allerdings nicht uneingeschränkt durchsetzbar und deshalb nicht als fällig i.S.d. § 392 Alt. 2 BGB anzusehen.[15]

Ist die Gegenforderung bereits vor der Beschlagnahme fällig, so ist die Aufrechnung bereits nach § 392 Alt. 1 BGB zulässig, ohne dass es auf den Zeitpunkt der Fälligkeit der Hauptforderung ankommt.[16]

3. Folgen verbotswidriger Zahlung

Der (Dritt-)Schuldner verliert seine Aufrechnungsbefugnis nach h.M. auch nicht dadurch, dass er nach der Beschlagnahme – entgegen dem Erfüllungsverbot des § 829 Abs. 1 Satz 1 ZPO – an seinen Gläubiger zahlt, denn die Zahlung ist gemäß §§ 135, 136 BGB dem Pfändungsgläubiger gegenüber unwirksam.[17]

C. Folgen des Verstoßes gegen das Aufrechnungsverbot

Erklärt der (Dritt-)Schuldner die Aufrechnung gegen eine beschlagnahmte Forderung, obwohl die Voraussetzungen des § 392 BGB für die Zulässigkeit nicht vorliegen, so ist die Aufrechnung nach h.M. nur **(relativ) gegenüber dem Pfändungspfandgläubiger unwirksam**.[18] Dem entspricht die Annahme, dass die Aufrechnung nach Aufhebung der Pfändung voll wirksam wird.[19]

Dem Gläubiger des (Dritt-)Schuldners gegenüber ist die Aufrechnung dagegen zunächst wirksam. Dabei besteht Einigkeit darüber, dass es bei diesem Ergebnis dann nicht bleibt, wenn der Schuldner (nochmals) an den Pfändungspfandgläubiger leisten muss. In diesem Fall geht die **h.M.** davon aus, dass der Schuldner die **Aufrechnungswirkungen** von seinem Gläubiger **kondizieren** bzw. von diesem die Wiederherstellung der Gegenforderung nach den bereicherungsrechtlichen Vorschriften verlangen kann.[20] Die **Gegenansicht** geht davon aus, dass die relative Unwirksamkeit in eine **absolute Unwirksamkeit** übergeht, so dass es einer Kondiktion der Aufrechnungserklärung oder einer Wiederherstellung der Gegenforderung nicht bedürfe.[21]

---

[12] Vgl. BGH v. 20.09.1978 - VIII ZR 2/78 - juris Rn. 14 - JZ 1978, 799-800; *Schlüter* in: MünchKomm-BGB, § 392 Rn. 3; *Grüneberg* in: Palandt, § 392 Rn. 1.

[13] Vgl. BGH v. 18.12.2003 - VII ZR 315/02 - juris Rn. 16 - NJW-RR 2004, 525; *Schlüter* in: MünchKomm-BGB, § 392 Rn. 3.

[14] Vgl. BGH v. 27.04.1972 - II ZR 122/70 - juris Rn. 19 - BGHZ 58, 327-332 zur Behandlung der aufschiebenden Bedingung in der Parallelnorm des § 406 BGB; *Gursky* in: Staudinger, § 392 Rn. 13; *Schlüter* in: Münch-Komm-BGB, § 392 Rn. 3.

[15] Vgl. BGH v. 18.12.2003 - VII ZR 315/02 - juris Rn. 16 - NJW-RR 2004, 525.

[16] Vgl. *Gursky* in: Staudinger, § 392 Rn. 21.

[17] Vgl. BGH v. 22.12.1971 - VIII ZR 162/70 - juris Rn. 8 - BGHZ 58, 25-30; LArbG Berlin v. 08.10.1968 - 4 Sa 56/68 - juris Rn. 42 - AP Nr. 1 zu § 407 BGB; *Gernhuber*, Die Erfüllung und ihre Surrogate, 2. Aufl. 1994, § 12 VII 6 c, S. 298; *Gursky* in: Staudinger, § 392 Rn. 22 m.w.N. auch zur Gegenansicht; *Zeiss* in: Soergel, § 392 Rn. 3; *Grüneberg* in: Palandt, § 392 Rn. 1; einschränkend LArbG Saarbrücken v. 01.03.1978 - 1 Sa 288/76 - NJW 1978, 2055: nur dann, wenn die verbotene Zahlung durch eine Zwangslage verursacht war.

[18] Vgl. BGH v. 22.12.1971 - VIII ZR 162/70 - BGHZ 58, 25-30; *Schlüter* in: MünchKomm-BGB, § 392 Rn. 4; *Zeiss* in: Soergel, § 392 Rn. 2; im Ergebnis wohl auch *Gursky* in: Staudinger, § 392 Rn. 28 ff., der jedoch an der Konstruktion zweifelt, da die Rechtsfigur der relativen Unwirksamkeit für Forderungen nicht besonders gut passe.

[19] Vgl. *Gernhuber*, Die Erfüllung und ihre Surrogate, 2. Aufl. 1994, § 12 VI 5 c, S. 269.

[20] Vgl. *Schlüter* in: MünchKomm-BGB, § 392 Rn. 4 m.w.N.

[21] Vgl. *Gernhuber*, Die Erfüllung und ihre Surrogate, 2. Aufl. 1994, § 12 VI 5 c, S. 269; *Gursky* in: Staudinger, § 392 Rn. 29, der diese Rechtsfolge auch auf den Fall ausdehnt, dass der (Dritt-)Schuldner von sich aus freiwillig an den Pfändungspfandgläubiger zahlt.

D. Anwendungsfelder

I. Behandlung des Aufrechnungsvertrags

20 Der **nach** der Beschlagnahme geschlossene Aufrechnungsvertrag (zum Aufrechnungsvertrag vgl. die Kommentierung zu § 387 BGB) ist ebenso wie die einseitige Aufrechnung nach § 392 BGB gegenüber dem Pfändungspfandgläubiger unwirksam.[22]

21 Demgegenüber kann ein **vorher** geschlossener Aufrechnungsvertrag ohne die Beschränkungen des § 392 BGB abgeschlossen werden, denn die Beschlagnahme kann die Forderung – nach dem **Grundsatz der Priorität** – eben nur in dem Zustand erfassen, in dem sie sich zum Zeitpunkt der Beschlagnahme befindet.[23] Dies gilt grundsätzlich nicht nur für Geschäfte von größerer Bedeutung, sondern auch für Geschäfte des Kleinverkehrs des täglichen Lebens[24], wobei die Auslegung hier jedoch im Einzelfall ergeben kann, dass kein Aufrechnungsvertrag, sondern lediglich eine – frei widerrufliche – Abrechnungsvereinbarung getroffen worden ist, so dass § 392 BGB anwendbar ist[25]. Im letzteren Fall empfiehlt es sich daher, sich auch das Widerrufsrecht seines Schuldners pfänden und überweisen zu lassen.[26]

22 Der Prioritätsgrundsatz gilt auch für das Verhältnis zwischen einem (vorweggenommenen) Aufrechnungsvertrag über **künftige Forderungen** und einer nachfolgenden Forderungspfändung.[27] Dies führt bei Lohnforderungen zu dem misslichen Ergebnis, dass diese durch eine entsprechende Aufrechnungsvereinbarung zwischen Arbeitgeber und Arbeitnehmer dem Zugriff der Gläubiger des Arbeitnehmers dauerhaft entzogen sind. Um dem entgegenzuwirken, geht die Arbeitsgerichtsbarkeit davon aus, dass eine solche Aufrechnungsvereinbarung mit der Beschlagnahme der Forderung des Arbeitnehmers gegenüber dem Pfändungsgläubiger insoweit unwirksam wird, wie nach § 392 BGB eine einseitige Aufrechnung ausgeschlossen wäre – also hinsichtlich der nach der Beschlagnahme erwachsenen oder fällig gewordenen Gegenforderungen – und stützt dieses Ergebnis auf die in der Vorschrift des § 850h ZPO enthaltene Zielsetzung, Lohnschiebungen zu Lasten von Vollstreckungsgläubigern zu vereiteln.[28]

23 Nach zutreffender Ansicht ist jedoch zu unterscheiden. Ist die zwischen Arbeitgeber und Arbeitnehmer getroffene Vereinbarung tatsächlich als vorweggenommene Aufrechnungsvereinbarung einzustufen, so bleibt es mit der Auffassung des BGH beim Prioritätsprinzip.[29] Die Einordnung als Aufrechnungsvereinbarung ist jedoch gerade in den Fällen zweifelhaft, in denen dem Arbeitnehmer in Bezug auf das von ihm für den Arbeitgeber eingenommene bzw. eingezogene Geld ein Einbehaltungs- bzw. Kürzungsrecht oder ein Entnahmerecht vertraglich eingeräumt worden ist. Die Auslegung einer solchen vertraglichen Abrede kann vielmehr auch zu dem Ergebnis gelangen, dass lediglich eine Bevollmächtigung des Arbeitnehmers zur Übereignung des jeweiligen Betrages an sich selbst vorliegt. An einem aufrechenbaren Anspruch des Arbeitgebers fehlt es in diesem Fall. Die Lohnpfändung setzt sich dann

---

[22] Vgl. BAG v. 01.08.1959 - 2 AZR 56/57 - juris Rn. 15 - BB 1959, 919; BAG v. 10.10.1966 - 3 AZR 177/66 - juris Rn. 53 - BB 1967, 35; *Schlüter* in: MünchKomm-BGB, § 392 Rn. 6; *Grüneberg* in: Palandt, § 392 Rn. 2.

[23] Vgl. BGH v. 29.01.1968 - VIII ZR 199/65 - LM Nr. 2 zu § 392 BGB; LArbG Hamm v. 23.03.1993 - 2 Sa 1660/92 - juris Rn. 24 - KKZ 1994, 224-225; *Gernhuber*, Die Erfüllung und ihre Surrogate, 2. Aufl. 1994, § 14 II 3, S. 351; *Gursky* in: Staudinger, § 392 Rn. 24.

[24] Vgl. *Grüneberg* in: Palandt, § 392 Rn. 2

[25] *Schlüter* in: MünchKomm-BGB, § 392 Rn. 6; *Zeiss* in: Soergel, § 392 Rn. 5.

[26] Vgl. *Zeiss* in: Soergel, § 392 Rn. 5.

[27] Vgl. BGH v. 29.01.1968 - VIII ZR 199/65 - LM Nr. 2 zu § 392 BGB; *Gernhuber*, Die Erfüllung und ihre Surrogate, 2. Aufl. 1994, § 14 II 3, S. 331 f.; *Gursky* in: Staudinger, Vorbem. zu den §§ 387 ff. Rn. 78; *Schlüter* in: MünchKomm-BGB, § 392 Rn. 6; *Zeiss* in: Soergel, § 392 Rn. 5.

[28] Vgl. BAG v. 22.05.1965 - 3 AZR 306/64 - juris Rn. 10 - NJW 1966, 469 für den Fall, dass dem Angestellten in einer Gaststätte die Befugnis eingeräumt ist, die ihm zustehende Provision bei der Abrechnung mit seinem Arbeitgeber einzubehalten; BAG v. 10.10.1966 - 3 AZR 177/66 - juris Rn. 53 - BB 1967, 35 für die Lohnpfändung; so auch *Grüneberg* in: Palandt, § 392 Rn. 2 für Lohnpfändungen.

[29] Vgl. BGH v. 29.01.1968 - VIII ZR 199/65 - LM Nr. 2 zu § 392 BGB; *Gursky* in: Staudinger, Vorbem. zu den §§ 387 ff. Rn. 80, da nichts anderes gelten könne als beim Zusammentreffen von zwei Vorauszessionen; *Gernhuber*, Die Erfüllung und ihre Surrogate, 2. Aufl. 1994, § 14 II 3, S. 332; *Larenz*, Schuldrecht, Band I: Allgemeiner Teil, 14. Aufl. 1987, § 18 VI f, S. 265 Fn. 85.

im Ergebnis durch, da die – als Übereignung an sich selbst zu wertende – Einbehaltung bzw. Kürzung sich gegenüber der Lohnpfändung als verbotswidrige Verfügung darstellt.[30]

II. Entsprechende Anwendung

1. Aufrechnung und Verrechnung sozialrechtlicher Geldleistungen

§ 392 BGB ist entsprechend anwendbar auf die Konkurrenz von Pfändung **sozialrechtlicher Geldleistungen** und Aufrechnung (§ 51 SGB I) bzw. Verrechnung (§ 52 SGB I).[31] Für die Aufrechnung des § 51 SGB I folgt dies daraus, dass hier die das Institut der Aufrechnung im Zivilrecht regelnden Vorschriften der §§ 387-396 BGB – und damit auch § 392 BGB – entsprechende Anwendung finden, soweit nicht spezialgesetzliche Regelungen entgegenstehen. Für die Verrechnung des § 52 SGB I ergibt sich dies aus dem Umstand, dass sie der Aufrechnung des § 51 SGB I – bis auf das Gegenseitigkeitserfordernis – gleichsteht, so dass auch insoweit die entsprechende Anwendung der §§ 387-396 BGB gerechtfertigt ist. Nach der Rechtsprechung des BSG gebietet dies auch Sinn und Zweck des § 52 SGB I.[32] Die Beschlagnahme einer Forderung steht einer Aufrechnung/Verrechnung daher nur dann entgegen, wenn die zu verrechnende Forderung erst nach der Beschlagnahme erworben worden oder erst nach der Beschlagnahme und nach der in Beschlag genommenen Forderung fällig geworden ist.[33]

24

2. Zwangsversteigerung

Trotz § 392 BGB kann der Ersteher eines Grundstücks in der **Vollstreckungsversteigerung** seine Verbindlichkeit grundsätzlich nicht durch Aufrechnung mit einer Forderung gegen den bisherigen Eigentümer und Vollstreckungsschuldner tilgen.[34] Die Aufrechnung des Erstehers gegenüber der **Bargebotsforderung** wird jedoch nach deren Übertragung gemäß § 118 ZVG auf einen Realgläubiger zulässig.[35] In entsprechender Anwendung des § 392 BGB kann der Ersteher dann auch mit einer gegen den Realgläubiger bestehenden Gegenforderung gegenüber dem Pfändungspfandgläubiger aufrechnen, der sich dessen Anspruch auf Auszahlung des auf ihn entfallenden Teils des Versteigerungserlöses hat pfänden und überweisen lassen. Zwar scheitert eine unmittelbare Anwendung des § 392 BGB daran, dass der Realgläubiger in diesem Falle nie Inhaber der Hauptforderung war. Dessen entsprechende Heranziehung rechtfertigt sich aber aus der Erwägung, dass dem Ersteher die Aufrechnungsmöglichkeit nicht nur deshalb vorenthalten werden soll, weil der Gläubiger des am Erlös berechtigten Realgläubigers bereits in dessen Anspruch auf Auszahlung des Anteils am Versteigerungserlös und nicht erst in die diesem bereits überwiesene Teilforderung gegen den Ersteher vollstreckt hat.[36]

25

3. Zurückbehaltungsrecht

Soweit die Vorschrift des § 392 BGB ein Aufrechnungsverbot begründet, ist auch ein Zurückbehaltungsrecht jedenfalls dann ausgeschlossen, wenn dieses wirtschaftlich einer Aufrechnung gleichkäme.[37]

26

---

[30] Vgl. BGH v. 16.02.1970 - VII ZR 188/68 - VersR 1970, 368; *Gursky* in: Staudinger, Vorbem. zu den §§ 387 ff. Rn. 76, 81; *Schlüter* in: MünchKomm-BGB, § 392 Rn. 6; im Ergebnis auch *Zeiss* in: Soergel, § 392 Rn. 5.

[31] Zur Aufrechnung und Verrechnung bei Sozialleistungen vgl. *Fischer*, NZS 2003, 196-199, 196 ff.

[32] Vgl. BSG v. 12.07.1990 - 4 RA 47/88 - juris Rn. 48 - ZIP 1991, 384-393; BSG v. 24.07.2003 - B 4 RA 60/02 R - juris Rn. 17 - HVBG-INFO 2003, 3002-3007; *Gursky* in: Staudinger, § 392 Rn. 34; *Grüneberg* in: Palandt, § 392 Rn. 1.

[33] Vgl. BSG v. 12.07.1990 - 4 RA 47/88 - juris Rn. 47 - ZIP 1991, 384-393.

[34] Vgl. BGH v. 13.03.1963 - V ZR 108/61 - juris Rn. 38 - BGHZ 39, 242-249: weil dem Vollstreckungsschuldner die freie Verfügung über die Forderung gegen den Ersteher fehle; *Gernhuber*, Die Erfüllung und ihre Surrogate, 2. Aufl. 1994, § 12 VII 6 d, S. 298: weil der besondere Zweck der Beschlagnahme des Grundstücks, die sich in einer Beschlagnahme auch der Forderung gegen den Ersteher fortsetze, eine Tilgung ausschließe, die den Grundstückswert in das Vermögen des Grundeigentümers leite; *Gursky* in: Staudinger, § 392 Rn. 30.

[35] Vgl. BGH v. 09.04.1987 - IX ZR 146/86 - juris Rn. 7 - LM Nr. 4 zu § 118 ZVG m.w.N.

[36] Vgl. RG v. 28.05.1932 - V 56/32 - RGZ 136, 321-327, 326; *Gernhuber*, Die Erfüllung und ihre Surrogate, 2. Aufl. 1994, § 12 VII 6 d, S. 299; *Gursky* in: Staudinger, § 392 Rn. 33; *Schlüter* in: MünchKomm-BGB, § 392 Rn. 5.

[37] Vgl. LG Kiel v. 24.08.1999 - 8 S 326/98 - juris Rn. 7 - WuM 2000, 21-22; LG Mannheim v. 14.04.1999 - 4 S 227/98 - juris Rn. 12 - WuM 1999, 459.

§ 393 BGB Keine Aufrechnung gegen Forderung aus unerlaubter Handlung

(Fassung vom 02.01.2002, gültig ab 01.01.2002)

Gegen eine Forderung aus einer vorsätzlich begangenen unerlaubten Handlung ist die Aufrechnung nicht zulässig.

Gliederung

A. Grundlagen 1	**D. Prozessuale Hinweise, insbesondere Beweislastverteilung** 13
I. Kurzcharakteristik 1	**E. Anwendungsfelder** 14
II. Regelungsprinzipien 2	I. Einzelne Anwendungsfälle des Aufrechnungsverbots 14
B. Anwendungsvoraussetzungen 4	II. Abdingbarkeit des Aufrechnungsverbots 21
I. Vorsätzliche unerlaubte Handlung 4	III. Nachträglicher Verzicht 22
1. Allgemeines 4	IV. Aufrechnungsvertrag 23
2. Typische Fallkonstellationen 5	V. Vergleich 24
II. Reichweite des Aufrechnungsverbots 9	VI. Vollstreckung durch den Schädiger 25
1. Schuldnerwechsel 9	VII. Zurückbehaltungsrecht 26
2. Gläubigerwechsel 10	VIII. Gegenseitige deliktische Forderungen 27
3. Haftende Dritte 11	
C. Rechtsfolgen 12	

A. Grundlagen

I. Kurzcharakteristik

1 Nach § 393 BGB ist die Aufrechnung **gegen** eine Forderung aus vorsätzlicher unerlaubter Handlung unzulässig. Die Regelung enthält demnach ein gegen den Schädiger als Schuldner dieser Forderung gerichtetes **Aufrechnungsverbot**.

II. Regelungsprinzipien

2 Die Regelung des § 393 BGB zielt darauf ab, den Gläubiger eines Anspruchs aus einer vorsätzlichen unerlaubten Handlung zu privilegieren. Dieser soll vor allem in angemessener Frist zu seinem Recht kommen, insbesondere ohne Erörterung von Gegenansprüchen des Schädigers und ohne sich einen Erfüllungsersatz durch eine Aufrechnung aufnötigen lassen zu müssen.[1] Angesichts des klaren Wortlauts der Vorschrift gilt das Aufrechnungsverbot auch bei einer **titulierten Gegenforderung**.[2]

3 Daneben soll das Aufrechnungsverbot eine „sanktionslose Privatrache" verhindern, denn andernfalls könnte der Gläubiger einer nicht beitreibbaren Forderung dem Schuldner bis zur Höhe der Schuld vorsätzlich Schaden zufügen, ohne zivilrechtliche Nachteile befürchten zu müssen.[3] Dem Gläubiger soll also die Möglichkeit genommen werden, sich im Wege „unzulässiger Selbsthilfe" durch Aufrechnung mit einer planmäßig geschaffenen Schuld zu „befriedigen".[4]

B. Anwendungsvoraussetzungen

I. Vorsätzliche unerlaubte Handlung

1. Allgemeines

4 „**Unerlaubte Handlungen**" i.S.d. § 393 BGB sind die Deliktstatbestände der §§ 823-852 BGB und der privatrechtlichen Sondergesetze; die Strafbarkeit der Handlung ist nicht erforderlich.[5] Vorsatz liegt vor

---

[1] Vgl. BGH v. 28.04.1987 - VI ZR 1/86, VI ZR 43/86 - juris Rn. 23 - LM Nr. 293 zu § 242 (Cd) BGB; *Gursky* in: Staudinger, § 393 Rn. 1; *Grüneberg* in: Palandt, § 393 Rn. 1.

[2] Vgl. OLG Köln v. 04.02.2000 - 19 U 113/99 - juris Rn. 5 - OLGR Köln 2000, 261-262.

[3] Vgl. *Deutsch*, NJW 1981, 735-737, 735; *Schlüter* in: MünchKomm-BGB, § 393 Rn. 1.

[4] Vgl. *Gernhuber*, Die Erfüllung und ihre Surrogate, 2. Aufl. 1994, § 12 VI 3 a, S. 259 unter Hinweis auf die – allerdings praktisch nicht sehr bedeutsame – weitere Funktion des Aufrechnungsverbots, durch Zwang zur Effektiverfüllung zu strafen.

[5] Vgl. *Grüneberg* in: Palandt, § 393 Rn. 3; *Gernhuber*, Die Erfüllung und ihre Surrogate, 2. Aufl. 1994, § 12 VI 3 a, S. 259 Fn. 92.

bei Wissen und Wollen des rechtswidrigen Erfolgs.[6] Das Aufrechnungsverbot greift daher nicht beim **vermeidbaren Verbotsirrtum**.[7]

2. Typische Fallkonstellationen

Eine **vorsätzliche Vertragsverletzung** allein begründet **kein Aufrechnungsverbot**.[8] Soweit der Anspruch aus **Vertragsverletzung** allerdings mit einem deliktischen Anspruch aus vorsätzlichem Handeln **konkurriert**, greift das Aufrechnungsverbot aus § 393 BGB ein[9], und zwar auch dann, wenn der konkurrierende deliktische Anspruch bereits verjährt ist[10].

Gleiches gilt für den aus der Nichtigkeit des Vertrages nach § 138 BGB resultierenden **Bereicherungsanspruch**, der ebenfalls für sich genommen kein Aufrechnungsverbot begründet.[11] Das Aufrechnungsverbot findet auch dann Anwendung, wenn der Anspruch aus unerlaubter Handlung verjährt ist und der Geschädigte nur noch in dem in § 852 Abs. 2 BGB bezeichneten Umfang Ersatz seines Schadens verlangt.[12]

Dem Aufrechnungsverbot unterfallen schließlich auch auf Erstattung von **Folgeschäden** aus vorsätzlicher unerlaubter Handlung gerichtete Ansprüche, wie etwa **Kostenerstattungsansprüche** aus der gerichtlichen Geltendmachung des Schadensersatzanspruchs und der Anspruch auf **Verzugszinsen**[13], **nicht** aber Kostenerstattungsansprüche aus einem **Privatklageverfahren**[14].

Zu weiteren Anwendungsfällen des Aufrechnungsverbots vgl. Rn. 14.

II. Reichweite des Aufrechnungsverbots

1. Schuldnerwechsel

Das grundsätzlich gegen den Schädiger als Schuldner der Forderung aus unerlaubter Handlung gerichtete Aufrechnungsverbot gilt auch nach einem **Schuldnerwechsel** noch fort. So wirkt es etwa gegenüber dem **Schuldübernehmer**[15], gegenüber dem **Geschäftsübernehmer** nach § 25 Abs. 1 Satz 1 HGB[16]; gegenüber dem das Geschäft fortführenden **Erben** nach § 27 Abs. 1 HGB[17] und für die Nachfolge in **Gesellschaftsbeteiligungen** i.S.d. §§ 130 Abs. 1, 171, 173 HGB, §§ 16 Abs. 3, 19 GmbHG[18].

2. Gläubigerwechsel

Gleiches gilt im Ergebnis auch für einen **Gläubigerwechsel** durch **Abtretung**; in diesem Fall gilt das Aufrechnungsverbot zugunsten des neuen Gläubigers fort.[19]

---

[6] Vgl. *Grüneberg* in: Palandt, § 276 Rn. 10.
[7] Vgl. *Zeiss* in: Soergel, § 393 Rn. 1; *Deutsch*, NJW 1981, 735-737, 735.
[8] Vgl. BGH v. 20.06.1967 - VI ZR 201/65 - juris Rn. 12 - LM Nr. 3 zu § 393 BGB; BGH v. 19.03.1975 - VIII ZR 250/73 - NJW 1975, 1119; *Gursky* in: Staudinger, § 393 Rn. 8 m.w.N.
[9] Vgl. BGH v. 20.06.1967 - VI ZR 201/65 - juris Rn. 12 - LM Nr. 3 zu § 393 BGB; BGH v. 12.10.1993 - XI ZR 155/92 - juris Rn. 18 - LM BGB § 407 Nr. 24 (3/1994); BGH v. 24.11.1998 - VI ZR 388/97 - juris Rn. 12 - LM BGB § 393 Nr. 7 (6/1999) m.w.N.
[10] Vgl. BGH v. 24.11.1976 - IV ZR 232/74 - juris Rn. 18 - LM Nr. 5 zu § 393 BGB; OLG Zweibrücken v. 27.02.1990 - 7 U 159/89 - NJW 1991, 1835-1836; *Schlüter* in: MünchKomm-BGB, § 393 Rn. 2; *Gursky* in: Staudinger, § 393 Rn. 9; *Grüneberg* in: Palandt, § 393 Rn. 3.
[11] Vgl. *Gursky* in: Staudinger, § 393 Rn. 10.
[12] Vgl. BGH v. 24.11.1976 - IV ZR 232/74 - juris Rn. 18 - LM Nr. 5 zu § 393 BGB; *Schlüter* in: MünchKomm-BGB, § 393 Rn. 2.
[13] Vgl. OLG Köln v. 18.01.1990 - 1 U 68/89 - juris Rn. 4 - NJW-RR 1990, 829-830 für einen aus dem deliktischen Unterlassungsanspruch folgenden Kostenerstattungsanspruch; *Gursky* in: Staudinger, § 393 Rn. 22; *Schlüter* in: MünchKomm-BGB, § 393 Rn. 3; *Grüneberg* in: Palandt, § 393 Rn. 4.
[14] Vgl. *Grüneberg* in: Palandt, § 393 Rn. 4; *Schlüter* in: MünchKomm-BGB, § 393 Rn. 3; *Gursky* in: Staudinger, § 393 Rn. 22; *Zeiss* in: Soergel, § 393 Rn. 1.
[15] Vgl. *Gursky* in: Staudinger, § 393 Rn. 28; *Schlüter* in: MünchKomm-BGB, § 393 Rn. 5.
[16] Vgl. RG v. 20.04.1937 - II 233/36 - RGZ 154, 334-340, 339.
[17] Vgl. RG v. 20.04.1937 - II 233/36 - RGZ 154, 334-340, 339.
[18] Vgl. *Gursky* in: Staudinger, § 393 Rn. 28.
[19] Vgl. *Gursky* in: Staudinger, § 387 Rn. 29 m.w.N.

3. Haftende Dritte

11 Daneben trifft das Aufrechnungsverbot regelmäßig auch **haftende Dritte** und gilt daher etwa für eine **juristische Person**, die für die vorsätzliche unerlaubte Handlung ihres Organs haftet.[20] Ob ein Aufrechnungsverbot auch für den **Bürgen** gilt, wenn sich die Bürgschaft auf eine Verbindlichkeit aus vorsätzlicher unerlaubter Handlung bezieht, ist jedoch streitig.[21]

C. Rechtsfolgen

12 Der **Verstoß gegen das Aufrechnungsverbot** hat die Unwirksamkeit der Aufrechnung zur Folge; die Aufrechnungswirkungen treten nicht ein.

D. Prozessuale Hinweise, insbesondere Beweislastverteilung

13 Der Geschädigte, der sich auf das Aufrechnungsverbot berufen will, muss das Vorliegen der Voraussetzungen einer vorsätzlichen unerlaubten Handlung darlegen und beweisen.[22] Auch hier gelten allerdings die vom BGH zur **sekundären Darlegungslast** entwickelten Grundsätze, wonach es in bestimmten Fällen Sache der Gegenpartei ist, sich im Rahmen der ihr nach § 138 Abs. 2 ZPO obliegenden Erklärungspflicht zu den Behauptungen der beweispflichtigen Partei zu äußern; dies gilt jedenfalls dann, wenn sich die maßgeblichen Vorgänge im **Wahrnehmungsbereich** der Gegenpartei abgespielt haben und es dieser zumutbar ist, hierzu nähere Angaben zu machen.[23]

E. Anwendungsfelder

I. Einzelne Anwendungsfälle des Aufrechnungsverbots

14 Unter das Aufrechnungsverbot des § 393 BGB soll etwa der Anspruch des Dienstherrn gegen den Beamten wegen vorsätzlicher **Dienstpflichtverletzung** fallen.[24]

15 Der Justizverwaltung ist es unter dem Aspekt der unzulässigen Rechtsausübung, vgl. § 242 BGB, verwehrt, gegen den Anspruch eines Strafgefangenen auf Geldentschädigung wegen menschenunwürdiger Haftbedingungen mit einer Gegenforderung auf Erstattung offener Kosten des Strafverfahrens aufzurechnen.[25]

16 Auch kann ein **Ehegatte**, der unmittelbar vor der Trennung eigenmächtig über das Gemeinschaftskonto verfügt und damit den Straftatbestand der Untreue verwirklicht, schon wegen des konkurrierenden Schadensersatzanspruchs aus § 823 Abs. 2 BGB nicht gemäß § 393 BGB gegen den Ausgleichsanspruch des anderen Ehegatten aus § 430 BGB aufrechnen.[26]

17 Nicht von dem Aufrechnungsverbot erfasst werden die **Entschädigungs- bzw. Wiedergutmachungsansprüche** nach dem BEG, denen zwar in aller Regel ein Tatbestand nach den §§ 823, 826 oder 839 BGB zugrunde liegt, die selbst aber öffentlich-rechtlicher Natur sind und sich gerade nicht gegen den Schädiger richten.[27]

---

[20] Vgl. BayObLG München v. 30.10.1984 - BReg 2 Z 14/84 - juris Rn. 33 - MDR 1985, 231; *Gursky* in: Staudinger, § 393 Rn. 28; *Grüneberg* in: Palandt, § 393 Rn. 2.

[21] Vgl. für ein Aufrechnungsverbot: *Grüneberg* in: Palandt, § 393 Rn. 2; *Gursky* in: Staudinger, § 393 Rn. 28 m.w.N., jedoch soll dem Bürgen wenigstens die Einrede der Aufrechnungsmöglichkeit nach § 770 Abs. 2 BGB zustehen; dagegen: *Schlüter* in: MünchKomm-BGB, § 393 Rn. 5 m.w.N.

[22] Vgl. BGH v. 12.10.1993 - XI ZR 155/92 - juris Rn. 18 - LM BGB § 407 Nr. 24 (3/1994); BGH v. 24.11.1998 - VI ZR 388/97 - juris Rn. 14 - LM BGB § 393 Nr. 7 (6/1999).

[23] Vgl. BGH v. 24.11.1998 - VI ZR 388/97 - juris Rn. 17 - LM BGB § 393 Nr. 7 (6/1999); *Grüneberg* in: Palandt, § 393 Rn. 5.

[24] Vgl. *Grüneberg* in: Palandt, § 393 Rn. 3 m.w.N.; einschränkend *Gursky* in: Staudinger, § 393 Rn. 14: nur wenn zugleich ein vorsätzliches Delikt vorliegt.

[25] Wörtlich BGH v. 01.10.2009 - III ZR 18/09 - juris Rn. 11 f.

[26] Vgl. OLG Düsseldorf v. 27.01.1999 - 11 U 67/98 - juris Rn. 22 - NJW-RR 1999, 1090-1093; *Gursky* in: Staudinger, § 393 Rn. 16; *Schlüter* in: MünchKomm-BGB, § 393 Rn. 2.

[27] BGH v. 13.01.1965 - IV ZR 35/64 - juris Rn. 13 - LM Nr. 4 zu § 14 BEG 1956; *Gursky* in: Staudinger, § 393 Rn. 21; *Schlüter* in: MünchKomm-BGB, § 393 Rn. 3; a.A. BGH v. 06.12.1979 - IX ZR 40/76 - juris Rn. 16 - LM Nr. 6 zu § 393 BGB, der in Abkehr von seiner früheren Rechtsprechung die Aufrechnung sogar bei fahrlässiger unerlaubter Handlung ausschließen will; gegen die Zulässigkeit der Aufrechnung nach Sinn und Zweck des Gesetzes auch bereits BFH v. 26.10.1965 - VII 310/64 S - juris Rn. 13 - JZ 1966, 186.

Die **Rückgewähransprüche aus Gläubigeranfechtung** nach § 7 AnfG und § 143 InsO (früher § 37 KO) sind keine Schadensersatzansprüche und werden deshalb von dem Aufrechnungsverbot des § 393 BGB nur dann erfasst, wenn sich der Anfechtungsgegner im Zusammenhang mit der anfechtbaren Rechtshandlung gegenüber den Gläubigern zugleich nach § 826 BGB schadensersatzpflichtig gemacht hat.[28] Allerdings steht der Aufrechnung bei der Konkurs- bzw. Insolvenzanfechtung bereits § 96 InsO (früher § 55 KO) entgegen, da der Rückgewähranspruch erst nach Verfahrenseröffnung entsteht.[29]   18

Dem Aufrechnungsverbot unterfallen **nicht** die Ansprüche auf Ersatz des **Vollstreckungsschadens** aus § 717 Abs. 2 Satz 1 ZPO[30] sowie aus § 302 Abs. 4 ZPO und aus § 600 Abs. 2 ZPO[31].   19

Ein prozessualer Kostenerstattungsanspruch kann auch aus vorsätzlicher unerlaubter Handlung begründet sein, wenn zugleich ein materiell-rechtlicher deliktischer Erstattungsanspruch besteht, und besitzt dann eine Doppelnatur.[32]   20

II. Abdingbarkeit des Aufrechnungsverbots

Die Vorschrift enthält **zwingendes Recht**. Sie kann jedenfalls **nicht im Voraus abbedungen** werden.[33]   21

III. Nachträglicher Verzicht

Der durch das Aufrechnungsverbot **geschützte Gläubiger** eines deliktsrechtlichen Anspruchs kann jedoch auf seinen Schutz **nachträglich**, d.h. nach Entstehung der Forderung aus unerlaubter Handlung, **verzichten**.[34]   22

IV. Aufrechnungsvertrag

Aus dem gleichen Grund kann auch ein wirksamer **Aufrechnungsvertrag** über eine bereits entstandene Forderung aus vorsätzlicher unerlaubter Handlung geschlossen werden[35], während ein solcher über künftige deliktsrechtliche Forderungen nach § 134 BGB nichtig ist[36].   23

V. Vergleich

Das Aufrechnungsverbot gilt schließlich auch bei Abschluss eines **Vergleichs** fort, sofern darin keine Schuldumschaffung (Novation) liegt.[37]   24

VI. Vollstreckung durch den Schädiger

Dem durch das Aufrechnungsverbot **belasteten Schuldner** bleibt allerdings die Möglichkeit, in die gegen ihn gerichtete Forderung zu **vollstrecken** und sich diese gemäß § 835 Abs. 1, 2 ZPO überweisen zu lassen.[38] Dies ist nicht als Umgehung des § 393 BGB zu werten.[39]   25

VII. Zurückbehaltungsrecht

Letzteres wäre jedoch bei der Geltendmachung eines **Zurückbehaltungsrechts** der Fall; das in § 393 BGB vorgesehene Aufrechnungsverbot gilt daher **analog** für das Zurückbehaltungsrecht.[40]   26

---

[28] Vgl. BGH v. 12.11.1953 - IV ZR 123/53 - juris Rn. 25 - LM Nr. 1 zu § 393 BGB für die Konkursanfechtung.
[29] Vgl. BGH v. 03.12.1954 - V ZR 96/53 - juris Rn. 14 - BGHZ 15, 333-338; *Gursky* in: Staudinger, § 393 Rn. 12; *Schlüter* in: MünchKomm-BGB, § 393 Rn. 2.
[30] Vgl. RG v. 19.06.1911 - IV 537/10 - RGZ 76, 406-408, 408; *Schlüter* in: MünchKomm-BGB, § 393 Rn. 3; *Grüneberg* in: Palandt, § 393 Rn. 3.
[31] Vgl. *Schlüter* in: MünchKomm-BGB, § 393 Rn. 3; *Grüneberg* in: Palandt, § 393 Rn. 3.
[32] Vgl. BGH v .21.07.2011 - IX ZR 151/10 - juris Rn. 16.
[33] Vgl. *Gursky* in: Staudinger, § 393 Rn. 26; *Schlüter* in: MünchKomm-BGB, § 393 Rn. 1.
[34] Vgl. *Schlüter* in: MünchKomm-BGB, § 393 Rn. 1.
[35] Vgl. *Zeiss* in: Soergel, § 393 Rn. 6; *Schlüter* in: MünchKomm-BGB, § 393 Rn. 1 jew. m.w.N.
[36] Vgl. *Schlüter* in: MünchKomm-BGB, § 393 Rn. 1 m.w.N.
[37] Vgl. *Gursky* in: Staudinger, § 393 Rn. 4; *Grüneberg* in: Palandt, § 393 Rn. 2.
[38] Vgl. BGH v. 24.11.1998 - VI ZR 388/97 - juris Rn. 22 - LM BGB § 393 Nr. 7 (6/1999).
[39] Vgl. OLG Köln v. 04.02.2000 - 19 U 113/99 - juris Rn. 5 - OLGR Köln 2000, 261-262; *Gursky* in: Staudinger, § 393 Rn. 2 f. m.w.N. auch zur Gegenansicht.
[40] Vgl. BAG v. 16.10.1967 - 5 AZR 464/66 - juris Rn. 17 - NJW 1968, 565; *Grüneberg* in: Palandt, § 393 Rn. 2; *Gursky* in: Staudinger, § 393 Rn. 2 m.w.N. auch zur Gegenansicht.

§ 393

VIII. Gegenseitige deliktische Forderungen

27 Nach der wohl h.M. gilt das Aufrechnungsverbot schließlich auch dann, wenn **zwei Forderungen** aus vorsätzlicher unerlaubter Handlung **einander gegenüberstehen**.[41] Dies soll auch für zwei Forderungen aus vorsätzlicher unerlaubter Handlung gelten, die aus einem einheitlichen Lebensverhältnis resultieren.[42]

---

[41] Vgl. OLG Celle v. 09.06.1980 - 9 U 149/79 - juris Rn. 6 - NJW 1981, 766-767; *Schlüter* in: MünchKomm-BGB, § 393 Rn. 5 m.w.N. unter Hinweis auf die Möglichkeit der Beteiligten, statt dessen einen Aufrechnungsvertrag zu schließen; a.A. *Larenz*, Schuldrecht, Band I: Allgemeiner Teil, 14. Aufl. 1987, § 18 VI b 1., S. 259, wegen der beiderseits fehlenden Schutzwürdigkeit; so auch *Gursky* in: Staudinger, § 393 Rn. 31 m.w.N.; für einen Ausschluss des Aufrechnungsverbots, wenn beide Forderungen aus einem einheitlichen Lebenssachverhalt resultieren: LG Stade, MDR 1958, 99; OLG Düsseldorf v. 12.11.1999 - 22 W 70/99 - juris Rn. 4 - OLGR Düsseldorf 2000, 123-124; *Deutsch*, NJW 1981, 735-737, 736: da der Aufrechnungsausschluss dem Grundsatz der *Gleichbehandlung* und der *Prozessökonomie* widerspreche; *Zeiss* in: Soergel, § 393 Rn. 5; dagegen neuerdings BGH v. 15.09.2009 - VI ZA 13/09 - juris Rn. 4 f.

[42] Vgl. BGH v. 15.09.2009 - VI ZA 13/09 - juris Rn. 4,5 - VersR 2009, 1502-1503.

§ 394 BGB Keine Aufrechnung gegen unpfändbare Forderung

(Fassung vom 02.01.2002, gültig ab 01.01.2002)

¹Soweit eine Forderung der Pfändung nicht unterworfen ist, findet die Aufrechnung gegen die Forderung nicht statt. ²Gegen die aus Kranken-, Hilfs- oder Sterbekassen, insbesondere aus Knappschaftskassen und Kassen der Knappschaftsvereine, zu beziehenden Hebungen können jedoch geschuldete Beiträge aufgerechnet werden.

Gliederung

A. Grundlagen 1	I. Besondere Anwendungsfälle des Aufrechnungsverbots 23
I. Kurzcharakteristik 1	II. Abdingbarkeit des Aufrechnungsverbots 34
II. Regelungsprinzipien 2	III. Entsprechende Anwendbarkeit des Aufrechnungsverbots 35
B. Praktische Bedeutung 4	
C. Anwendungsvoraussetzungen 5	1. Aufrechnungsvertrag 35
I. Unpfändbare Forderung 5	2. Zurückbehaltungsrecht 36
1. Hauptforderung 5	3. Übertragung bzw. Übergang des unpfändbaren Anspruchs auf Dritte 37
2. Pfändungsverbote 6	
II. Ausnahmen vom Aufrechnungsausschluss 15	IV. Besondere Anwendungsfälle des Ausschlusses des Aufrechnungsverbots nach Treu und Glauben 40
1. Ausnahme des Satzes 2 15	
2. Gegeneinrede der Arglist 17	
a. Grundsatz 17	V. Das Aufrechnungsverbot in Konkurs, Insolvenz und Gesamtvollstreckung 44
b. Einschränkungen der Gegeneinrede 21	
D. Rechtsfolgen 22	
E. Anwendungsfelder 23	

A. Grundlagen

I. Kurzcharakteristik

Die Regelung des § 394 Satz 1 BGB enthält ein **Aufrechnungsverbot**. Sie verbietet die Aufrechnung **gegen** eine unpfändbare Forderung. § 394 Satz 2 BGB sieht eine **Ausnahme** von diesem Verbot vor. **1**

II. Regelungsprinzipien

Die Regelung des § 394 Satz 1 BGB legt grundsätzlich allen Pfändungsverboten die Wirkung bei, dass sie zugleich die Aufrechnung gegen eine derart geschützte Forderung ausschließen. Sie trägt damit dem Umstand Rechnung, dass die Aufrechnung einen „der Zwangsvollstreckung ähnlichen, außergerichtlichen Zugriff auf die Gegenforderung, eine Forderungsdurchsetzung im Wege der Selbsthilfe" darstellt und deshalb – von den Fällen des § 394 Satz 2 BGB und des Verstoßes gegen Treu und Glauben abgesehen – regelmäßig nicht in weitergehendem Umfang erlaubt sein soll als die Pfändung.[1] Nach den ursprünglichen Vorstellungen des Gesetzgebers sollte § 394 Satz 1 BGB Pfändungsverbote absichern, die aus sozialpolitischen Gründen zum **Schutz des Lebensunterhalts** erlassen waren. Nach ihrem Wortlaut und Zweck erstreckt die Bestimmung sich darüber hinaus aber auch auf andere Pfändungsverbote, wie etwa solche, die aus dem **höchstpersönlichen Charakter** einer Forderung resultieren – z.B. die §§ 851 und 852 ZPO – oder aber im **allgemeinen Interesse** liegen.[2] **2**

Entsprechende Aufrechnungsausschlüsse sind auch in anderen Gesetzen enthalten. **3**

- Für **Sozialleistungen** enthält § 51 Abs. 1 SGB I eine dem § 394 Satz 1 BGB entsprechende Regelung, wonach der Leistungsträger gegen Ansprüche des Berechtigten auf Sozialleistungen nur aufrechnen kann, soweit diese nach § 54 Abs. 2 SGB I und § 54 Abs. 4 SGB I pfändbar sind; nach § 51 Abs. 2 SGB I kann mit Ansprüchen auf Erstattung zu Unrecht erbrachter Sozialleistungen und mit Beitragsansprüchen jedoch gegen Ansprüche auf laufende Geldleistungen bis zu deren Hälfte aufgerechnet werden, soweit der Leistungsbedürftige dadurch nicht hilfebedürftig im Sinne der Vorschriften des BSHG über die Hilfe zum Lebensunterhalt wird.
- Gemäß § 12 BKGG gilt § 51 SGB I für das **Kindergeld** entsprechend.

---

[1] Vgl. BGH v. 13.06.1995 - IX ZR 137/94 - juris Rn. 18 - BGHZ 130, 76-86.
[2] Vgl. BGH v. 13.06.1995 - IX ZR 137/94 - juris Rn. 19 - BGHZ 130, 76-86.

- Gemäß § 51 Abs. 2 Satz 1 BRRG, § 84 Abs. 2 Satz 1 BBG, § 51 Abs. 2 Satz 1 BeamtVG und § 11 Abs. 2 Satz 1 BBesG ist die Aufrechnung – und ebenso das Zurückbehaltungsrecht – gegenüber Dienst- oder Versorgungsbezügen der **Beamten**, **Richter** und **Soldaten** ebenfalls auf den pfändbaren Teil beschränkt. Zu den in den genannten Vorschriften ebenfalls enthaltenen Ausnahmen vom Aufrechnungsausschluss bei Gegenforderungen aus vorsätzlicher unerlaubter Handlung des Empfängers der Bezüge vgl. Rn. 18.

B. Praktische Bedeutung

4   Im Hinblick auf ihre wesentlichste Schutzrichtung – Schutz des Lebensunterhalts – ist die Vorschrift des § 394 Satz 1 BGB im Bereich des Arbeitsrechts beim Schutz des Einkommens von besonderer praktischer Bedeutung.

C. Anwendungsvoraussetzungen

I. Unpfändbare Forderung

1. Hauptforderung

5   Wie der Wortlaut des § 394 Satz 1 BGB deutlich macht, meint er nur die Aufrechnung **gegen** einen unpfändbaren Anspruch. Die Aufrechnung mit einem solchen Anspruch ist demgegenüber grundsätzlich zulässig.[3]

2. Pfändungsverbote

6   Nach § 394 BGB kann gegen **Arbeitseinkommen** aufgerechnet werden, soweit dieses der Pfändung unterliegt[4]. Arbeitseinkommen ist gemäß § 850 Abs. 1 ZPO nach Maßgabe der §§ 850a-850i ZPO pfändbar; allerdings muss der Arbeitgeber den unpfändbaren Teil des Nettoverdienstes angeben, wenn er gegen einen Bruttoentgeltanspruch des Arbeitnehmers aufrechnen möchte.[5] Die wesentlichen Pfändungsverbote der Einzelzwangsvollstreckung enthalten daher die den Pfändungsschutz des Arbeitseinkommens (im weiteren Sinne) regelnden §§ 850-850i ZPO.

7   Die gemäß § 850b ZPO **bedingt pfändbaren Bezüge** stehen den gemäß § 850a ZPO unpfändbaren Bezügen zunächst gleich; die Aufrechnung gegen letztere ist erst und nur dann zulässig, wenn das Vollstreckungsgericht die Pfändung dieser Ansprüche in einer Entscheidung nach § 850b Abs. 2 ZPO zugelassen hat.[6] Eine vor dieser Entscheidung erklärte Aufrechnung bleibt auch nach dieser Entscheidung unwirksam.[7]

8   Umgekehrt werden die **einmaligen oder unregelmäßig wiederkehrenden Vergütungen** i.S.d. § 850i ZPO erst aufgrund eines Beschlusses des Vollstreckungsgerichts gegen eine Pfändung geschützt. Bis dahin sind sie pfändbar und ist zugleich die Aufrechnung möglich; die Wirksamkeit der Aufrechnung kann dann auch nicht nachträglich entfallen.[8]

9   Entsprechendes gilt bei dem Pfändungsschutz für **Kontoguthaben** nach § 850k ZPO, dem Pfändungsschutz für **Landwirte** gemäß § 851a ZPO und dem Pfändungsschutz bei **Miet- und Pachtzinsen** gemäß § 851b ZPO, der ebenfalls nicht automatisch eintritt, sondern eines entsprechenden Beschlusses des Vollstreckungsgerichts bedarf. Auch hier kommt eine rückwirkende Beseitigung der Aufrechnung nicht in Betracht.[9] Der Pfändungsschutz für Kontoguthaben nach § 850k ZPO steht allerdings einer

---

[3] Vgl. BGH v. 15.05.1996 - XII ZR 21/95 - juris Rn. 11 - FamRZ 1996, 1067-1070; *Grüneberg* in: Palandt, § 394 Rn. 1.

[4] Zum Schutz vor Umgehungsgestaltungen vgl. BAG v. 17.02.2009 - 9 AZR 676/07 - juris Rn. 24.

[5] LAG Düsseldorf v. 25.07.2007 - 12 Sa 944/07 - juris Rn. 80 - BB 2008, 110-111.

[6] Vgl. BGH v. 25.01.1978 - VIII ZR 137/76 - juris Rn. 28 - BGHZ 70, 206-212; KG Berlin v. 09.10.1998 - 19 WF 6135/98 - FamRZ 1999, 405-406; OLG München v. 19.07.2002 - 21 U 4450/01 - juris Rn. 41 - NZG 2002, 978-980.

[7] Vgl. *Schlüter* in: MünchKomm-BGB, § 394 Rn. 4.

[8] Vgl. *Gursky* in: Staudinger, § 394 Rn. 39; *Schlüter* in: MünchKomm-BGB, § 394 Rn. 4.

[9] Vgl. *Gursky* in: Staudinger, § 394 Rn. 40; *Schlüter* in: MünchKomm-BGB, § 394 Rn. 4; a.A. *Grüneberg* in: Palandt, § 394 Rn. 2 m.w.N., der die Aufrechnung im Falle der Miet- und Pachtzinsforderungen gemäß § 242 BGB für unzulässig hält, soweit eine Pfändung gemäß § 851b ZPO aufzuheben wäre.

Wird eine **Sozialleistung** auf das **Konto des Berechtigten** eingezahlt, so ist die durch die Gutschrift entstehende Forderung gemäß § 55 SGB I für den Zeitraum von sieben Tagen unpfändbar. Im Hinblick auf die Unpfändbarkeit schließt § 394 Satz 1 BGB sowohl eine Aufrechnung als auch eine kontokorrentmäßige Verrechnung durch die Bank aus[11], was allerdings voraussetzt, dass es sich um ein Eigenkonto des Berechtigten der Sozialleistung oder um ein Gemeinschaftskonto handelt, dessen Mitinhaber der Berechtigte ist; denn der Pfändungsschutz des § 55 SGB I besteht nicht für das Konto Dritter, wie etwa Verwandter oder des Ehegatten[12]. Das Aufrechnungsverbot gilt auch nach Ablauf der Frist weiter, wenn die Bank die Auszahlung verweigert.[13]

Die Unpfändbarkeit der **Sozialhilfe** ergibt sich aus § 4 Abs. 1 Satz 2 BSHG, wobei allerdings die Aufrechnung in bestimmten Fällen durch die §§ 25a, 29a BSHG zugelassen ist.

Unpfändbar sind ferner die wegen ihres Leistungsinhalts **unübertragbaren Ansprüche**, § 851 ZPO i.V.m. § 399 Alt. 1 BGB, wobei die Unübertragbarkeit insbesondere aus der Zweckbindung des Anspruchs resultieren kann.[14]

Als Pfändungsverbot im Sinne von § 394 BGB wird – im Hinblick auf die Erfüllungswirkung der Aufrechnung – auch das aus § 2115 Satz 1 BGB, § 773 ZPO folgende Verwertungsverbot zum Schutz des **Nacherben** behandelt.[15]

Zu weiteren Anwendungsfällen des Pfändungs- bzw. Aufrechnungsverbots vgl. Rn. 23.

II. Ausnahmen vom Aufrechnungsausschluss

1. Ausnahme des Satzes 2

Nach § 394 Satz 2 BGB kann die Kranken-, Hilfs- oder Sterbekasse gegen die an sich gemäß § 850b Abs. 1 Nr. 4 ZPO unpfändbaren Versicherungsforderungen mit Beitragsforderungen gegen den Berechtigten aufrechnen. Die Ausnahme trägt dem Gedanken Rechnung, dass der Berechtigte nicht mit der ungeschmälerten Auszahlung der Bezüge rechnen kann, wenn er seinerseits seiner Verpflichtung zur Entrichtung der laufenden Beiträge nicht nachkommt, und gilt unabhängig davon, ob es sich um öffentliche oder private Kassen handelt.[16]

Zu den landesgesetzlichen Ausnahmevorschriften vgl. Art. 81 EGBGB.

2. Gegeneinrede der Arglist

a. Grundsatz

Eine Aufrechnung kommt trotz des Aufrechnungsverbots nach § 394 Satz 1 BGB auch dann in Betracht, wenn der Berufung auf das Aufrechnungsverbot im Einzelfall die **Einrede der Arglist** entgegensteht.

Dies ist insbesondere dann der Fall, wenn gegen die an sich unpfändbare Forderung mit einer auf demselben Lebenssachverhalt – vor allem einem Unterhalts-, Dienst- oder Arbeitsverhältnis – beruhenden Schadensersatzforderung aus **vorsätzlicher unerlaubter Handlung** aufgerechnet wird. Die beamtenrechtlichen Vorschriften enthalten entsprechende Regelungen in § 84 Abs. 2 Satz 2 BBG, § 51 Abs. 2 Satz 2 BRRG, § 11 Abs. 2 Satz 2 BBesG, § 51 Abs. 2 Satz 2 BeamtVG.

So kann nach der Rechtsprechung des **BGH** gegen eine an sich unpfändbare **Unterhaltsforderung** grundsätzlich mit einer Schadensersatzforderung aus einer im Rahmen des Unterhaltsverhältnisses be-

---

[10] Vgl. BGH v. 22.03.2005 - XI ZR 286/04 - juris Rn. 15 - NJW 2005, 1863-1865.
[11] Vgl. BGH v. 30.05.1988 - II ZR 373/87 - juris Rn. 8 - BGHZ 104, 309-316.
[12] Vgl. BGH v. 12.10.1987 - II ZR 98/87 - juris Rn. 14 - NJW 1988, 709-710.
[13] Vgl. *Grüneberg* in: Palandt, § 394 Rn. 3.
[14] Vgl. OLG Hamm v. 21.06.1991 - 26 U 101/90 - juris Rn. 25 - NJW-RR 1992, 22-23; *Gursky* in: Staudinger, § 394 Rn. 44; *Schlüter* in: MünchKomm-BGB, § 394 Rn. 4.
[15] Vgl. BGH v. 13.06.1995 - IX ZR 137/94 - juris Rn. 22 - BGHZ 130, 76-86; *Schlüter* in: MünchKomm-BGB, § 394 Rn. 9.
[16] Vgl. *Gursky* in: Staudinger, § 394 Rn. 67; *Schlüter* in: MünchKomm-BGB, § 394 Rn. 18.

gangenen vorsätzlichen unerlaubten Handlung aufgerechnet werden; auf eine bloße Vertragsverletzung kann der Arglisteinwand dagegen nicht gestützt werden.[17]

20 Gleiches gilt für Ansprüche aus dem **Arbeitsverhältnis**, wobei der Berufung auf das Aufrechnungsverbot die Einrede der Arglist nach der Rechtsprechung des **BAG** nicht nur dann entgegenstehen soll, wenn die Gegenforderung auf einer im Rahmen des Arbeitsverhältnisses begangenen vorsätzlichen unerlaubten Handlung beruht, sondern regelmäßig auch dann, wenn ihr eine vorsätzliche Vertragsverletzung zugrunde liegt.[18] Zu weiteren Einzelfällen des Ausschlusses des Aufrechnungsverbots nach Treu und Glauben vgl. Rn. 40.

b. Einschränkungen der Gegeneinrede

21 Der Geschädigte kann sich jedoch nicht einschränkungslos auf die Gegeneinrede der Arglist berufen. Es ist vielmehr anhand der Umstände des Einzelfalls zu untersuchen, ob und inwieweit der den gesetzlichen Aufrechnungsgrenzen zu entnehmende Sozialschutz gegenüber den schützenswerten Interessen des Geschädigten zurücktreten muss. Hierbei sind die Interessen des Schädigers und seiner Angehörigen sowie die Interessen der Allgemeinheit auf der einen und das Ausgleichsinteresse des Geschädigten auf der anderen Seite miteinander abzuwägen; insbesondere bei **Versorgungsansprüchen** liegt die Einhaltung der Pfändungsgrenzen auch im Interesse der Allgemeinheit. Dem Schädiger muss danach – im Interesse der Allgemeinheit – jedenfalls das in Anlehnung an § 850d ZPO zu ermittelnde Existenzminimum verbleiben, der so genannte **notwendige Selbstbehalt**, so dass dieser nicht auf Sozialhilfe angewiesen ist. Denn anderenfalls würde der Geschädigte seine Schadensersatzansprüche durch Aufrechnung letztlich bei wirtschaftlicher Betrachtung teilweise aus Mitteln der öffentlichen Hand befriedigen.[19]

D. Rechtsfolgen

22 Der **Verstoß gegen das Aufrechnungsverbot** hat die Unwirksamkeit der Aufrechnung zur Folge; deren Wirkungen treten insoweit nicht ein, wie die „Forderung der Pfändung nicht unterworfen ist".[20]

E. Anwendungsfelder

I. Besondere Anwendungsfälle des Aufrechnungsverbots

23 Die Einbehaltung **zu viel gezahlten Arbeitsentgelts** oder **Urlaubsgelds** durch den Arbeitgeber ist eine Aufrechnung, die nur in den Grenzen des § 394 BGB zulässig ist.[21]

24 Der Arbeitgeber darf auch mit seinem Anspruch auf **Rückzahlung einer Sonderzuwendung** grundsätzlich nur unter Beachtung des § 394 BGB gegen den Gehaltsanspruch des Arbeitnehmers aufrechnen.[22]

25 Eine Zahlung durch den Arbeitgeber ist dann ein Vorschuss, wenn sich beide Seiten bei der Auszahlung darüber einig waren, dass es sich um eine Vorwegleistung handelt, die bei Fälligkeit der Forderung verrechnet wird.[23] Die Anrechnung von **Lohn- oder Gehaltsvorschüssen** stellt daher keine Aufrechnung dar und ist deshalb nicht durch § 394 BGB beschränkt; der Vorschuss ist auf den unpfändba-

---

[17] Vgl. BGH v. 16.06.1993 - XII ZR 6/92 - juris Rn. 7 - BGHZ 123, 49-58 m.w.N.; BGH v. 17.05.1990 - IX ZR 158/89 - juris Rn. 8 - LM Nr. 39 zu § 7 BEG 1956 zu dem Kriterium des einheitlichen Lebenssachverhalts bei Rentenbezügen des Erben und einer Pflichtverletzung des Erblassers, allerdings ohne die ausdrückliche Einschränkung auf vorsätzliche unerlaubte Handlungen.

[18] Vgl. BAG v. 28.06.1984 - 2 AZR 207/83 - juris Rn. 18 - DB 1985, 499-500.

[19] Vgl. BAG v. 18.03.1997 - 3 AZR 756/95 - juris Rn. 29 - ZIP 1997, 935-938 für die Ruhegehaltsforderung eines Betriebsrentners; so auch BGH v. 16.06.1993 - XII ZR 6/92 - juris Rn. 20 - BGHZ 123, 49-58 für Unterhaltsansprüche; vgl. auch *Gursky* in: Staudinger, § 394 Rn. 58-66 mit einer ausführlichen Darstellung der Entwicklung der Rechtsprechung.

[20] Vgl. z.B. BAG v. 24.10.2000 - 9 AZR 610/99 - juris Rn. 17 - DB 2001, 1206-1207.

[21] Vgl. BAG v. 09.07.1964 - 5 AZR 463/63 - juris Rn. 31 - NJW 1964, 2033; *Gursky* in: Staudinger, § 394 Rn. 25; *Schlüter* in: MünchKomm-BGB, § 394 Rn. 5; a.A. *Zeiss* in: Soergel, § 392 Rn. 3: Aufrechnung ohne Einschränkung möglich.

[22] Vgl. BAG v. 24.01.2001 - 10 AZR 90/00 - juris Rn. 33 - ZTR 2001, 320-321.

[23] Vgl. BAG v. 25.09.2002 - 10 AZR 7/02 - juris Rn. 31 - BB 2003, 261-263 zum Begriff des Vorschusses.

ren Teil des später fällig werdenden Lohns anzurechnen.²⁴ Als Umgehung des Aufrechnungsverbots in § 394 Satz 1 BGB unzulässig sind jedoch Vereinbarungen, die bestimmte Leistungen entgegen der tatsächlichen Sachlage zu Vorschüssen erklären.²⁵

Das BAG hat seine (ältere) Rechtsprechung, wonach der **Urlaubsabgeltungsanspruch** – Anspruch auf Abgeltung nicht genommenen Urlaubs, der es dem Arbeitnehmer nach Beendigung des Arbeitsverhältnisses ermöglichen soll, sich Freizeit zu nehmen, ohne seine Bedürfnisse einschränken zu müssen – wegen seiner besonderen Zweckbindung gemäß § 399 BGB unpfändbar sei²⁶, aufgegeben und geht nunmehr von dessen grundsätzlicher Pfändbarkeit aus. Denn es bestehe im Hinblick auf die Pfändbarkeit kein Grund, die Urlaubsabgeltung anders als das **Urlaubsentgelt** – die für die Dauer des Urlaubs fortzuzahlende Vergütung – zu behandeln, so dass das in Abgeltung des Urlaubsanspruchs zu zahlende Entgelt in den Grenzen des § 850c Abs. 1 ZPO pfändbar sei.²⁷ 26

Die auf gesetzlicher Vorschrift beruhenden **Unterhaltsrenten** sind nach § 850b Abs. 1 Nr. 2 ZPO unpfändbar, so dass gegen sie nicht aufgerechnet werden kann. Sie bleiben grundsätzlich auch dann wegen Unpfändbarkeit der Aufrechnung entzogen, wenn ihnen eine vertragliche bzw. vergleichsweise Vereinbarung der Parteien zugrunde liegt²⁸, da der Unterhaltsanspruch trotz vertraglicher Ausgestaltung nicht seine Eigenschaft als gesetzlicher Anspruch verliere, wenn die vertragliche Vereinbarung den – im Bestand unangetasteten – Anspruch lediglich inhaltlich nach Höhe, Dauer und Modalitäten der Unterhaltsgewährung näher festlege und präzisiere. Etwas anderes gilt nur dann, wenn die Parteien die von ihnen gewollte Unterhaltspflicht völlig auf eine vertragliche Grundlage gestellt und den Zahlungsanspruch damit „seines Wesens als eines gesetzlichen Anspruchs entkleidet haben", wobei sich eine solche Willensrichtung jedoch nur bei Vorliegen besonderer dafür sprechender Umstände annehmen lässt.²⁹ 27

Entgegen ihrem Wortlaut – Unterhalts-„Renten" – erfasst die Vorschrift des § 850b Abs. 1 Nr. 2 ZPO nach ihrem Zweck und nach ihrer geschichtlichen Entwicklung generell Unterhalts-„Forderungen", die im Rahmen und aufgrund einer gesetzlichen Verpflichtung geschuldet werden, und damit auch **einmalig zu zahlende Unterhaltsbeiträge**.³⁰ Dem Aufrechnungsverbot des § 394 Satz 1 BGB unterliegen daher auch **Unterhaltsrückstände**³¹ sowie die hierauf vom Unterhaltspflichtigen zu zahlenden **Verzugszinsen**³². Gleiches muss im Grundsatz auch für einen Anspruch auf **Unterhaltsabfindung** gelten.³³ 28

Unter das Aufrechnungsverbot des § 394 Satz 1 BGB fallen schließlich auch **familienrechtliche Ausgleichsansprüche** im Verhältnis unterhaltspflichtiger Eltern zueinander.³⁴ 29

Ebenfalls unterhaltsrechtlicher Natur ist der Anspruch auf **Prozesskostenvorschuss** aus § 1360a Abs. 4 BGB, gegen den wegen seiner Unpfändbarkeit die Aufrechnung gemäß § 394 BGB nicht stattfindet. Denn dieser Anspruch soll dem Berechtigten die Mittel verschaffen, die er für die Durchführung eines eine persönliche Angelegenheit betreffenden Rechtsstreits benötigt, und unterliegt daher einer 30

---

²⁴ Vgl. BAG v. 11.02.1987 - 4 AZR 144/86 - juris Rn. 14 - WM 1987, 769-772; BAG v. 13.12.2000 - 5 AZR 334/99 - juris Rn. 38 - BB 2001, 1585-1586; BAG v. 25.09.2002 - 10 AZR 7/02 - juris Rn. 31 - BB 2003, 261-263 mit einer Entscheidungsbesprechung von *Roßbruch*, PflR 2003, 120-121, 120-121; *von Feldmann*, JuS 1983, 357-363, 361.

²⁵ Vgl. LArbG Berlin v. 14.07.1989 - 6 Sa 34/89 - juris Rn. 17 - DB 1990, 639-640; *Grüneberg* in: Palandt, § 394 Rn. 1.

²⁶ Vgl. etwa BAG v. 28.08.1964 - 1 AZR 414/63 - juris Rn. 30 - NJW 1965, 70.

²⁷ Vgl. BAG v. 28.08.2001 - 9 AZR 611/99 - juris Rn. 13 - ZIP 2001, 2100-2102 m.w.N. auch zur älteren Rechtsprechung; LArbG Hannover v. 02.02.2001 - 10 Sa 2056/00 - juris Rn. 32 - Bibliothek BAG.

²⁸ Vgl. BGH v. 11.11.1959 - IV ZR 88/59 - juris Rn. 50 - BGHZ 31, 210-219, da die Auslegung eines solchen Vertrages nach seinem Sinn und Zweck die Vereinbarung eines Aufrechnungsverbots ergebe; BGH v. 29.01.1997 - XII ZR 221/95 - juris Rn. 18 - LM BGB § 394 Nr. 12 (6/1997).

²⁹ Vgl. BGH v. 29.05.2002 - XII ZR 263/00 - juris Rn. 18 - NJW-RR 2002, 1513-1515.

³⁰ Vgl. BGH v. 29.05.2002 - XII ZR 263/00 - juris Rn. 16 - NJW-RR 2002, 1513-1515.

³¹ Vgl. BGH v. 11.11.1959 - IV ZR 88/59 - juris Rn. 49 - BGHZ 31, 210-219; BGH v. 29.05.2002 - XII ZR 263/00 - juris Rn. 16 - NJW-RR 2002, 1513-1515.

³² Vgl. OLG Hamm v. 03.02.1988 - 6 UF 496/87 - juris Rn. 17 - FamRZ 1988, 952-953.

³³ Vgl. BGH v. 29.05.2002 - XII ZR 263/00 - juris Rn. 16 - NJW-RR 2002, 1513-1515.

³⁴ Vgl. *Gursky* in: Staudinger, § 394 Rn. 34.

"treuhandartigen Zweckgebundenheit", so dass er – außer an den Prozessbevollmächtigten oder das Gericht wegen deren Kosten – gemäß § 399 BGB nicht übertragen werden kann und damit gemäß § 851 Abs. 1 ZPO auch nicht der Pfändung unterliegt.[35]

31 Eine Aufrechnung ist gemäß § 851 ZPO, §§ 399, 394 Satz 1 BGB auch gegenüber dem Zahlungsanspruch ausgeschlossen, der einem Ehegatten im **Hausratsteilungsverfahren** zuerkannt worden ist, weil der gemeinsame Hausrat durch Brand zerstört worden ist und der andere Ehegatte eine entsprechende Versicherungsleistung erhalten hat.[36]

32 Auch gegen den durch Vereinbarung über den **Versorgungsausgleich** geregelten Zahlungsanspruch zum Wertausgleich der betrieblichen Altersversorgung kann gemäß § 851 ZPO, §§ 399, 394 Satz 1 BGB nicht aufgerechnet werden.[37]

33 Der **Beihilfeanspruch** ist aufgrund seiner höchstpersönlichen Natur grundsätzlich unpfändbar, so dass gegen ihn nicht aufgerechnet werden kann.[38] Die Pfändbarkeit ist allerdings dann zu bejahen, wenn der Vollstreckungsgläubiger wegen einer so genannten Anlassforderung pfändet, die als Aufwand des Beamten dem konkreten Beihilfeanspruch zugrunde liegt, denn in dieser Fallgestaltung erfüllt die Pfändung gerade den Zweck der Beihilfegewährung, weil sie zur (teilweisen) Befriedigung des Anlassgläubigers einer bestimmten Tätigkeit dienen kann, von deren Aufwand die konkrete Beihilfeleistung entlasten soll.[39]

II. Abdingbarkeit des Aufrechnungsverbots

34 Im Hinblick auf den Schutzzweck des Aufrechnungsverbots, der sich neben den Interessen des Aufrechnungsgegners auch auf solche Dritter und der Allgemeinheit erstreckt (zum Schutzzweck vgl. Rn. 2) ist die Vorschrift des § 394 Satz 1 BGB **zwingend**.[40]

III. Entsprechende Anwendbarkeit des Aufrechnungsverbots

1. Aufrechnungsvertrag

35 Das Aufrechnungsverbot des § 394 Satz 1 BGB gilt grundsätzlich auch für Aufrechnungsverträge, soweit diese noch nicht fällige unpfändbare Ansprüche betreffen; dagegen ist es nicht analog anwendbar, wenn der Aufrechnungsvertrag erst nach Fälligkeit des unpfändbaren Anspruchs geschlossen wird.[41]

2. Zurückbehaltungsrecht

36 Die Regelung des § 394 Satz 1 BGB gilt ferner grundsätzlich entsprechend für die Ausübung eines Zurückbehaltungsrechts, wenn dieses, wie es – insbesondere bei auf Geldzahlung gerichteten Ansprüchen – in der Regel der Fall ist, einen der Aufrechnung im Ergebnis gleichkommenden Erfolg hat.[42]

3. Übertragung bzw. Übergang des unpfändbaren Anspruchs auf Dritte

37 Ob das Aufrechnungsverbot des § 394 Satz 1 BGB nur zugunsten des ursprünglichen Inhabers des unpfändbaren Anspruchs gilt oder ob es auch zugunsten eines **Rechtsnachfolgers** besteht, ist im Einzelfall unter Berücksichtigung des jeweiligen Zwecks des Aufrechnungsverbots zu entscheiden.

38 Danach kommt etwa das Aufrechnungsverbot des § 394 BGB i.V.m. § 850b Abs. 1 Nr. 1 ZPO nur dem durch den Unfall Verletzten, nicht aber dem Sozialversicherungsträger zugute, der kraft gesetzlicher Rechtsnachfolge den Schadensersatzanspruch geltend macht, denn dieses ist nur auf den sozialen Schutz des Unfallopfers gerichtet, und wirkt daher nicht zugunsten des Sozialversicherungsträgers, der dieses Schutzes nicht bedarf.[43]

---

[35] Vgl. BGH v. 15.05.1985 - IVb ZR 33/84 - juris Rn. 13 - BGHZ 94, 316-324.

[36] Vgl. OLG Köln v. 14.01.1993 - 25 WF 192/92 - NJW-RR 1993, 1030-1031; *Schlüter* in: MünchKomm-BGB, § 394 Rn. 6.

[37] Vgl. OLG München v. 07.07.1992 - 4 UF 37/92 - FamRZ 1993, 814-816; *Gursky* in: Staudinger, § 394 Rn. 34.

[38] Vgl. BVerwG v. 10.04.1997 - 2 C 7/96 - juris Rn. 15 - NJW 1997, 3256-3257.

[39] Vgl. BGH v. 05.11.2004 - IXa ZB 17/04 - juris Rn. 14 - NJW-RR 2005, 720-721.

[40] Vgl. *Gernhuber*, Die Erfüllung und ihre Surrogate, 2. Aufl. 1994, § 12 VI 4 b, S. 262; *Gursky* in: Staudinger, § 394 Rn. 5; *Schlüter* in: MünchKomm-BGB, § 394 Rn. 1.

[41] Vgl. BGH v. 25.02.1999 - IX ZR 353/98 - juris Rn. 9 - LM GesO Nr. 50 (8/99); *Zeiss* in: Soergel, § 394 Rn. 1; *Grüneberg* in: Palandt, § 394 Rn. 1.

[42] Vgl. *Gursky* in: Staudinger, § 394 Rn. 13; *Grüneberg* in: Palandt, § 394 Rn. 1.

[43] Vgl. BGH v. 27.06.1961 - VI ZR 205/60 - juris Rn. 18 - BGHZ 35, 317-328; *Gursky* in: Staudinger, § 394 Rn. 54.

Umgekehrt gilt das Aufrechnungsverbot des § 394 BGB i.V.m. § 850c ZPO auch zugunsten der Bundesanstalt für Arbeit, soweit der Anspruch des arbeitslosen Arbeitnehmers auf Zahlung von Arbeitsentgelt nach § 115 SGB X auf sie übergegangen ist. Wie sich aus § 115 SGB X ergibt, trifft den Leistungsträger nämlich nur eine vorläufige Einstandspflicht für den Fall, dass der Arbeitgeber seiner Leistungspflicht nicht nachkommt. Mit dieser besonderen Interessenlage wäre es nicht zu vereinbaren, wenn der Leistungsträger sich nicht auf das Aufrechnungsprivileg des § 394 BGB berufen könnte, und der Arbeitgeber hierdurch – zu Lasten der Allgemeinheit und der Solidargemeinschaft – einen ungerechtfertigten Vorteil erlangen würde.[44]

IV. Besondere Anwendungsfälle des Ausschlusses des Aufrechnungsverbots nach Treu und Glauben

Das Aufrechnungsverbot des § 394 Satz 1 BGB soll etwa nach Treu und Glauben zurücktreten, wenn gegenüber einem Unterhaltsanspruch mit einem bereicherungsrechtlichen Anspruch auf Rückzahlung **zu viel gezahlten Unterhalts** aufgerechnet wird. Da der Unterhaltsgläubiger durch die Überzahlung so gestellt werde, als habe der Schuldner einen Unterhaltsvorschuss geleistet, sei der Schutzbereich des § 394 Satz 1 BGB nicht berührt, der nur den laufenden Unterhalt sichern wolle.[45]

Der Schutzzweck des Aufrechnungsverbots gemäß § 394 Satz 1 BGB soll auch der Aufrechnung mit dem bereicherungsrechtlichen Anspruch auf Erstattung von dem Berechtigten **ohne Erfüllungswirkung zugeflossenen Unterhaltszahlungen** gegen den Unterhaltsanspruch nicht entgegenstehen, wenn die Zahlungen als Unterhaltsleistungen gedacht waren und dem Berechtigten auch zugeflossen sind.[46]

Ebenso wird teilweise auch die Aufrechnung mit einem Schadensersatzanspruch aus § 717 Abs. 2 ZPO wegen **zu viel vollstreckter Unterhaltsbeträge** gegenüber einer Unterhaltsforderung als zulässig erachtet, da durch die Aufrechnung nur der tatsächlich geschuldete Zustand hergestellt werde.[47]

Die Grundsätze über den Ausschluss des Aufrechnungsverbots bei Ansprüchen wegen vorsätzlicher Schadenszufügung sollen ferner Anwendung finden auf **Altenteilsforderungen**[48] sowie auf Ansprüche des Strafgefangenen auf **Arbeitsentgelt** oder **Ausbildungsbeihilfe**[49].

V. Das Aufrechnungsverbot in Konkurs, Insolvenz und Gesamtvollstreckung

Kein Pfändungsverbot i.S.d. § 394 Satz 1 BGB stellt – der für Altfälle weiter geltende – § 14 KO hinsichtlich des konkursfreien Vermögens des Gemeinschuldners dar.[50] Gleiches muss entsprechend für § 89 InsO gelten.[51]

Ebenfalls kein Pfändungsverbot nach § 394 Satz 1 BGB begründet ein nach § 106 Abs. 1 Satz 3 KO angeordnetes Veräußerungsverbot. Nach der ständigen Rechtsprechung des BGH[52], der sich der BFH angeschlossen hat[53], ist die Aufrechnungsbefugnis für die Zeit vor Eröffnung des Konkursverfahrens in flexibler Weise nur durch die Anfechtungsnormen der §§ 29-32 KO zu beschränken, da dies der vom

---

[44] Vgl. BAG v. 28.06.1984 - 2 AZR 207/83 - juris Rn. 17 - DB 1985, 499-500; *Grüneberg* in: Palandt, § 394 Rn. 1.
[45] Vgl. OLG Naumburg v. 15.07.1998 - 9 W 81/97 - juris Rn. 15 - EzFamR aktuell 1998, 371-372; zustimmend *Grüneberg* in: Palandt, § 394 Rn. 2; a.A. *Gursky* in: Staudinger, § 394 Rn. 33; vgl. auch OLG Hamm v. 09.01.2004 - 11 WF 195/03 - OLGR Hamm 2004, 149-150, wonach der Unterhaltsgläubiger sich jedenfalls dann nach Treu und Glauben nicht auf das Aufrechnungsverbot gemäß § 394 BGB berufen kann, wenn die zur Verrechnung gestellten Überzahlungen darauf beruhen, dass er selbst rückwirkend eine Änderung der Steuerklassen beantragt und damit die Grundlagen für die vom Schuldner geleisteten Unterhaltszahlungen nachträglich verändert hat.
[46] Vgl. OLG Schleswig v. 03.02.1978 - 8 WF 29/78 - juris Rn. 4 - SchlHA 1978, 66; zustimmend *Grüneberg* in: Palandt, § 394 Rn. 2.
[47] So OLG Hamm v. 19.12.1997 - 5 UF 111/97 - juris Rn. 25 - NJWE-FER 1998, 99; a.A. OLG Karlsruhe v. 31.07.2001 - 2 UF 172/00 - juris Rn. 23 - NJW-RR 2002, 1158-1159, das ein Aufrechnungsverbot nach der Schutzvorschrift des § 394 BGB bejaht, was insbesondere bei einem deutlich unter dem Existenzminimum liegenden titulierten Kindesunterhalt gelte.
[48] Vgl. OLG Celle v. 28.02.1983 - 7 Wlw 53/82 - juris Rn. 62 - AgrarR 1983, 306-307.
[49] Vgl. KG Berlin v. 10.01.1985 - 4 VAs 25/84 - juris Rn. 5 - JR 1985, 218-219; *Grüneberg* in: Palandt, § 394 Rn. 2; *Schlüter* in: MünchKomm-BGB, § 394 Rn. 16.
[50] Vgl. BGH v. 13.06.1995 - IX ZR 137/94 - juris Rn. 23 - BGHZ 130, 76-86.
[51] Vgl. *Grüneberg* in: Palandt, § 394 Rn. 3.
[52] Vgl. BGH v. 20.03.1997 - IX ZR 71/96 - juris Rn. 14 - BGHZ 135, 140-152 m.w.N.
[53] Vgl. BFH v. 17.12.1998 - VII R 47/98 - juris Rn. 21 - ZIP 1999, 714-717.

Gesetzgeber in den §§ 53-55 KO getroffenen Wertung entspricht, die eine Einschränkung der Aufrechnungsbefugnis ausdrücklich erst ab dem Zeitpunkt der Konkurseröffnung vorsieht. Eine Vorverlegung der allgemeinen Aufrechnungsschranke des § 55 Nr. 1 KO kommt nach dieser Rechtsprechung nicht in Betracht. Aus den gleichen Gründen würde dem die Annahme eines Aufrechnungsverbots i.S.d. § 394 Satz 1 BGB widersprechen.[54]

46 Die §§ 94-96 InsO enthalten zum Aufrechnungsausschluss eine abschließende Regelung, die nicht über eine entsprechende Anwendung von § 394 BGB erweitert werden kann. Im Fall einer vor Insolvenzeröffnung entstandenen Aufrechnungslage lässt sich ein Aufrechnungsverbot nicht aus § 394 BGB i.V.m. § 21 Abs. 2 Nr. 2 und 3 InsO herleiten.[55] In der Wohlverhaltensperiode besteht kein allgemeines Aufrechnungsverbot für Insolvenzgläubiger; ein solches folgt insbesondere nicht aus § 294 Abs. 1 InsO i.V.m. § 394 Satz 1 BGB.[56]

47 Nach der ständigen Rechtsprechung des BGH ist gemäß § 2 Abs. 4 GesO i.V.m. § 394 Satz 1 BGB ferner die Aufrechnung eines Gläubigers mit einer Gesamtvollstreckungsforderung gegen solche Forderungen des Gemeinschuldners unzulässig, die erst nach Eingang eines zulässigen Eröffnungsantrags begründet wurden.[57] Hierunter fällt jedoch nicht die vertragsgemäße Verrechnung von Gutschriften und Aufwendungsersatzansprüchen durch eine Bank im Rahmen eines Kontokorrents. Der enge zeitliche, wirtschaftliche und rechtliche Zusammenhang zwischen Gutschriften und Belastungsbuchungen führt vielmehr dazu, dass das Kreditinstitut seine eigenen Forderungen gegenüber dem Schuldner insoweit nicht tilgt, als Ein- und Ausgänge sich gegenseitig ausgleichen. In diesem Umfang verschafft sich nicht das Kreditinstitut Sondervorteile gegenüber anderen Gläubigern; das damit immer wieder verbundene, vorübergehende Zurückführen des Schuldsaldos durch Verrechnung mit Eingängen kann daher nicht als Zwangsvollstreckung i.S.d. § 2 Abs. 4 GesO verstanden werden.[58] Eine bereits vor dem Eröffnungsantrag bestehende Aufrechnungslage ist zwar gemäß § 7 Abs. 5 GesO grundsätzlich insolvenzbeständig; das Aufrechnungsverbot greift nach dem Schutzzweck des § 2 Abs. 4 GesO aber auch dann, wenn der Gläubiger gegenüber einer Forderung des Gemeinschuldners aufrechnet, die dem Grunde nach zwar bereits vor dem Eröffnungsantrag bestanden, einen wirtschaftlichen Wert aber erst aufgrund von Leistungen erhalten hat, die nach Eingang des Eröffnungsantrags vorgenommen wurden.[59]

---

[54] Vgl. OLG Koblenz v. 07.04.1995 - 2 U 1903/93 - juris Rn. 8 - NJW-RR 1996, 757; *Gursky* in: Staudinger, § 394 Rn. 47 m.w.N. auch zur Gegenansicht; *Mankowski*, JZ 1996, 392-398, 396.

[55] Vgl. BGH v. 29.06.2004 - IX ZR 195/03 - juris Rn. 10 - NJW 2004, 3118-3120; a.A. KG Berlin v. 25.02.2000 - 7 W 602/00 - juris Rn. 3 - NJW-RR 2000, 1001-1002 sowie die Vorauflage.

[56] Vgl. BGH v. 21.07.2005 - IX ZR 115/04 - juris Rn. 14 - WM 2005, 1714-1717.

[57] Vgl. BGH v. 13.06.1995 - IX ZR 137/94 - juris Rn. 35 - BGHZ 130, 76-86; BGH v. 04.10.2001 - IX ZR 207/00 - juris Rn. 8 - LM GesO Nr. 76 (3/2002) m.w.N. zum Meinungsstand vgl. *Gursky* in: Staudinger, § 394 Rn. 48.

[58] Vgl. BGH v. 25.02.1999 - IX ZR 353/98 - juris Rn. 16 - LM GesO Nr. 50 (8/99); BGH v. 06.02.2003 - IX ZR 449/99 - juris Rn. 7 - NJW-RR 2003, 696-697; *Grüneberg* in: Palandt, § 394 Rn. 3.

[59] Vgl. BGH v. 04.10.2001 - IX ZR 207/00 - juris Rn. 10 - LM GesO Nr. 76 (3/2002) für Forderungen des Schuldners, die auf nach Eingang des Eröffnungsantrags erbrachten Werkleistungen beruhen.

§ 395 BGB Aufrechnung gegen Forderungen öffentlich-rechtlicher Körperschaften

(Fassung vom 02.01.2002, gültig ab 01.01.2002)

Gegen eine Forderung des Bundes oder eines Landes sowie gegen eine Forderung einer Gemeinde oder eines anderen Kommunalverbands ist die Aufrechnung nur zulässig, wenn die Leistung an dieselbe Kasse zu erfolgen hat, aus der die Forderung des Aufrechnenden zu berichtigen ist.

Gliederung

A. Grundlagen 1	I. Forderungen öffentlich-rechtlicher Körperschaften 3
I. Kurzcharakteristik 1	II. Kasse 8
II. Regelungsprinzipien 2	C. Anwendungsfelder 10
B. Anwendungsvoraussetzungen 3	

A. Grundlagen

I. Kurzcharakteristik

Die Regelung des § 395 BGB enthält eine **Einschränkung** der Möglichkeit der Aufrechnung gegen Forderungen öffentlich-rechtlicher Körperschaften. Die Aufrechnung ist danach nur zulässig, wenn die Leistung an dieselbe Kasse zu erfolgen hat, aus der auch die Forderung des Aufrechnenden zu berichtigen ist.   **1**

II. Regelungsprinzipien

Die Vorschrift des § 395 BGB beinhaltet eine Verschärfung des Merkmals der Gegenseitigkeit (vgl. zu diesem Merkmal die Kommentierung zu § 387 BGB), indem sie jede Kasse der jeweiligen Körperschaft – aus Gründen der Verwaltungsvereinfachung – wie einen eigenständigen Gläubiger behandelt.[1] Wie der Wortlaut der Vorschrift zeigt, gilt die Einschränkung nur **zugunsten der öffentlich-rechtlichen Körperschaften.** Diese können daher ihrerseits ohne die Einschränkung des § 395 BGB auch gegenüber solchen Forderungen aufrechnen, die an sich bei einer anderen Kasse derselben Körperschaft zu erfüllen wären.[2] Eine Einschränkung der Aufrechnungsbefugnis zu Lasten der Staatskasse enthält demgegenüber § 43 RVG (vgl. die Kommentierung zu § 387 BGB).   **2**

B. Anwendungsvoraussetzungen

I. Forderungen öffentlich-rechtlicher Körperschaften

Die Regelung erfasst privatrechtliche wie öffentlich-rechtliche Forderungen gleichermaßen.[3] Für letztere gilt sie jedenfalls entsprechend.[4]   **3**

Öffentlich-rechtliche Forderungen können entsprechend den §§ 387-396 BGB grundsätzlich sowohl gegeneinander aufgerechnet werden, wie auch gegen privatrechtliche Forderungen; die Zuordnung zu unterschiedlichen Rechtswegen schadet nichts[5] (vgl. hierzu auch die Kommentierung zu § 388 BGB).   **4**

---

[1] Vgl. *Gernhuber*, Die Erfüllung und ihre Surrogate, 2. Aufl. 1994, § 12 VI 7, S. 274.
[2] Vgl. *Gursky* in: Staudinger, § 395 Rn. 4; *Schlüter* in: MünchKomm-BGB, § 395 Rn. 2; *Grüneberg* in: Palandt, § 395 Rn. 3.
[3] Vgl. LSG Sachsen v. 01.02.2007 - L 3 AL 284/04 - juris Rn. 48; *Gernhuber*, Die Erfüllung und ihre Surrogate, 2. Aufl. 1994, § 12 VI 7, S. 274; *Grüneberg* in: Palandt, § 395 Rn. 3.
[4] Vgl. *Gursky* in: Staudinger, § 395 Rn. 9 m.w.N.
[5] Vgl. BGH v. 11.01.1955 - I ZR 106/53 - juris Rn. 11 - BGHZ 16, 124-142; BFH v. 19.10.1982 - VII R 64/80 - juris Rn. 28 - BB 1983, 1524; BVerwG v. 12.02.1987 - 3 C 22/86 - juris Rn. 34 - NJW 1987, 2530-2533; *Huppert/Lüke*, JuS 1971, 165-171, 171.

5 Die Aufrechnung ist allerdings ausgeschlossen, wenn ihr die besondere Zweckrichtung des öffentlich-rechtlichen Anspruchs entgegensteht, wie dies etwa bei dem öffentlich-rechtlichen **Geldstrafen- oder Geldbußenanspruch** der Fall ist.[6]

6 Die Aufrechnungserklärung ist auch dann Ausübung eines schuldrechtlichen Gestaltungsrechts und (für sich allein) **kein Verwaltungsakt** i.S.d. § 42 Abs. 1 VwGO bzw. § 35 VwVfG, wenn sie von Seiten der Behörde erfolgt.[7] Etwas anderes kann sich nur dann ergeben, wenn sie in der Form eines Verwaltungsaktes erklärt wird und damit die Rechtsnatur eines Verwaltungsaktes erhält.[8]

7 Zur Rückwirkung der Aufrechnung im öffentlichen Recht vgl. die Kommentierung zu § 389 BGB.

II. Kasse

8 Unter einer Kasse i.S.d. Vorschrift ist eine Amtsstelle der genannten öffentlich-rechtlichen Körperschaften zu verstehen, die für öffentliche Zwecke bestimmte Geldbestände selbständig verwaltet, insbesondere die zu den Geldbeständen bestimmungsgemäß fließenden Einnahmen entgegennimmt und die nach dem Zwecke der Geldbestände daraus zu bestreitenden Ausgaben bewirkt und über die Einnahmen und Ausgaben amtliche Bücher führt[9]; der Begriff der Kasse i.S.d. § 395 BGB meint nicht nur die Zentralkassen der verschiedenen Ressorts, sondern auch die Kassen der Behörden, die der Zentralinstanz untergeordnet sind[10].

9 Für die Anwendung des § 395 BGB ist – wie bei den übrigen Voraussetzungen der Aufrechnung (vgl. die Kommentierung zu § 387 BGB) – auf den Zeitpunkt der **Aufrechnungserklärung** abzustellen. Die Aufrechnung ist nur zulässig, wenn die Identität der Kassen zum Zeitpunkt der Aufrechnungserklärung (noch) vorliegt; dass die Übereinstimmung zum Zeitpunkt der Aufrechnungslage bestanden hat, genügt nicht.[11]

C. Anwendungsfelder

10 **Ausnahmen und Sondervorschriften:** Eine die Vorschrift des § 395 BGB verdrängende Sondervorschrift enthält § 226 AO für die **Aufrechnung des Steuerpflichtigen** gegen Steueransprüche des Bundes.[12] Danach sind die Vorschriften der §§ 387-396 BGB sinngemäß anwendbar, soweit nichts anderes bestimmt ist, § 226 Abs. 1 AO. Die Aufrechnung hängt also davon ab, ob die Voraussetzungen der Aufrechnung des § 387 BGB unter Berücksichtigung etwaiger sachlicher Eigentümlichkeiten der Aufrechnung von oder mit Steuerforderungen als erfüllt anzusehen sind und eine den Anforderungen des § 388 BGB genügende Aufrechnungserklärung vorliegt.[13] Von den Vorschriften des bürgerlichen Rechts abweichende – und diesen vorgehende – Regelungen enthalten sowohl Absatz 3 der Vorschrift, wonach der Steuerpflichtige gegen Ansprüche aus dem Steuerschuldverhältnis nur mit unbestrittenen oder rechtskräftig festgestellten Gegenansprüchen aufrechnen kann, als auch Absatz 4 der Vorschrift, wonach auch die die Steuer verwaltende Körperschaft für die Aufrechnung als Gläubiger oder Schuldner eines Anspruchs aus dem Steuerschuldverhältnis gilt. Der Aufrechnung eines Steuerpflichtigen gegen Ansprüche aus dem Steuerschuldverhältnis steht eine Verschiedenheit der Kassen demnach nicht gemäß § 395 BGB entgegen.[14] Bei der Steuerberechnung selbst nach § 16 UStG handelt es sich allerdings nicht um eine Aufrechnung nach § 226 Abs. 1 AO i.V. m. den §§ 387 ff. BGB.[15] Bei der **Aufrechnung des Fi-**

---

[6] Vgl. *Grüneberg* in: Palandt, § 393 Rn. 2.
[7] Vgl. BVerwG v. 12.02.1987 - 3 C 22/86 - NJW 1987, 2530-2533; BFH v. 25.04.1989 - VII R 105/87 - juris Rn. 13 - ZIP 1989, 1580-1583; BSG v. 24.07.2003 - B 4 RA 60/02 R - juris Rn. 17 - HVBG-INFO 2003, 3002-3007; *Huppert/Lüke*, JuS 1971, 165-171, 171.
[8] Vgl. BGH v. 22.03.2004 - NotZ 16/03 - juris Rn 33 - NJW-RR 2004, 1432-1434 m.w.N.
[9] Vgl. RG v. 03.05.1913 - V 517/12 - RGZ 82, 232-243, 235.
[10] Vgl. *Gursky* in: Staudinger, § 395 Rn. 6; *Schlüter* in: MünchKomm-BGB, § 395 Rn. 2.
[11] Vgl. RG v. 09.04.1929 - III 263/28 - RGZ 124, 155-159, 159; BGH v. 18.02.1955 - V ZR 33/54 - LM Nr. 2 zu § 395 BGB; *Gernhuber*, Die Erfüllung und ihre Surrogate, 2. Aufl. 1994, § 12 VI 7, S. 274 Fn. 137; *Grüneberg* in: Palandt, § 395 Rn. 3.
[12] Vgl. BFH v. 19.10.1982 - VII R 64/80 - juris Rn. 19 - BB 1983, 1524; BFH v. 25.04.1989 - VII R 36/87 - juris Rn. 11 - BB 1990, 341-342; allgemein zur Aufrechnung im Steuerrecht *Bartone*, AO-StB 2003, 122-126, 122-126; *Eichmann/Gürsching*, LSW Gruppe 4/34, 1-8.
[13] Vgl. FG München v. 28.08.2001 - 3 K 1018/98 - juris Rn. 21.
[14] Vgl. *Gursky* in: Staudinger, § 395 Rn. 9; *Schlüter* in: MünchKomm-BGB, § 395 Rn. 3; *Grüneberg* in: Palandt, § 395 Rn. 3.
[15] Vgl. BFH v. 24.11.2011 - V R 13/11 - juris Rn. 25 - BFH/NV 2012, 358-363.

nanzamts gilt die Vorschrift des § 266 Abs. 3 AO nicht. Das Finanzamt kann daher grundsätzlich auch mit solchen Forderungen aufrechnen, die vom Aufrechnungsgegner bestritten und noch nicht rechtskräftig festgestellt sind; es sei denn, die Gegenforderung beruht auf einem Verwaltungsakt, dessen Vollziehung ausgesetzt worden ist. Allein die Anfechtung dieses Verwaltungsakts stellt daher ebenso wie eine beantragte, aber (bislang) nicht gewährte Aussetzung kein (formelles) Aufrechnungshindernis dar; die Anhängigkeit eines Aussetzungsantrages steht der (von der Behörde oder dem Gericht angeordneten) Aussetzung der Vollziehung nicht gleich. Die Aufrechnung durch die Behörde ist gemäß § 226 Abs. 1 AO i.V.m. den §§ 387, 389 BGB jedoch nur wirksam, wenn die Gegenforderung materiell-rechtlich besteht, was im Falle der Anfechtung der dieser Forderung zugrunde liegenden Verwaltungsakte erst mit rechtskräftigem Abschluss des Anfechtungsverfahren feststeht. Das die Anfechtung betreffende Streitverfahren ist daher gegenüber dem Streitverfahren über die Wirksamkeit der Aufrechnung vorgreiflich.[16]

Gleiches gilt bei der Beitreibung von **Gerichtskosten**, die von Justizbehörden des Bundes einzuziehen sind. Nach § 8 Abs. 1 Satz 2 JBeitrO ist der Einwand der Aufrechnung im Erinnerungsverfahren nur zulässig, wenn die zur Aufrechnung gestellte Gegenforderung anerkannt oder gerichtlich festgestellt ist. Insoweit gelten für die Aufrechnung gegen die Gerichtskosten die gleichen Einschränkungen wie für die Aufrechnung des Steuerpflichtigen gegen Ansprüche aus dem Steuerschuldverhältnis.[17]

11

---

[16] Vgl. BFH v. 20.12.2002 - VII B 67/02 - juris Rn. 12 - BFH/NV 2003, 444-445.
[17] Vgl. BFH v. 26.08.1997 - VII E 9/97 - juris Rn. 7.

§ 396 BGB Mehrheit von Forderungen

(Fassung vom 02.01.2002, gültig ab 01.01.2002)

(1) [1]Hat der eine oder der andere Teil mehrere zur Aufrechnung geeignete Forderungen, so kann der aufrechnende Teil die Forderungen bestimmen, die gegeneinander aufgerechnet werden sollen. [2]Wird die Aufrechnung ohne eine solche Bestimmung erklärt oder widerspricht der andere Teil unverzüglich, so findet die Vorschrift des § 366 Abs. 2 entsprechende Anwendung.

(2) Schuldet der aufrechnende Teil dem anderen Teil außer der Hauptleistung Zinsen und Kosten, so findet die Vorschrift des § 367 entsprechende Anwendung.

Gliederung

A. Grundlagen 1	1. Ausübung des Widerspruchsrechts 14
I. Kurzcharakteristik 1	2. Gegenstand des Widerspruchsrechts 17
II. Regelungsprinzipien 2	IV. Behandlung von Nebenforderungen (Zinsen
B. Anwendungsvoraussetzungen 4	und Kosten) 20
I. Mehrheit von Haupt- und/oder Gegenforderungen 4	**C. Prozessuale Hinweise, insbesondere Beweislastverteilung** 24
II. Bestimmung des Aufrechnenden 5	**D. Anwendungsfelder** 25
1. Gegenstand des Bestimmungsrechts 5	I. Grenzen des Widerspruchsrechts des Aufrechnungsgegners 25
2. Ausübung des Bestimmungsrechts 6	II. Keine Anwendbarkeit auf den Aufrechnungsvertrag 28
3. Fehlende Bestimmung 12	
III. Unverzüglicher Widerspruch des Aufrechnungsgegners 14	

A. Grundlagen

I. Kurzcharakteristik

1   Die Vorschrift des § 396 BGB enthält eine Regelung für den Fall einer **Mehrheit von** – selbständigen – **Forderungen oder Schulden**. Absatz 2 dieser Bestimmung regelt den Fall, dass neben der Hauptforderung auch Zinsen oder Kosten als – von der Hauptforderung abhängige – Nebenforderungen geschuldet werden.

II. Regelungsprinzipien

2   § 396 BGB dient sowohl den Interessen des Aufrechnenden als auch denjenigen des Aufrechnungsgegners. Bei einer Mehrheit von Forderungen oder Schulden ist danach zunächst die **Bestimmung des Aufrechnenden** maßgeblich, § 396 Abs. 1 Satz 1 BGB. Fehlt es an einer Bestimmung, so sieht § 396 Abs. 1 Satz 2 BGB das Eingreifen der gesetzlichen Tilgungsordnung des § 366 Abs. 2 BGB vor und vermeidet im Interesse des Aufrechnenden damit zugleich die Unwirksamkeit der Aufrechnung mangels hinreichend bestimmter Aufrechnungserklärung bzw. deren Zurückweisung als unzulässig im Prozess.[1]

3   Die gesetzliche Tilgungsordnung gilt auch dann, wenn der Aufrechnungsgegner der Bestimmung des Aufrechnenden widerspricht, § 396 Abs. 1 Satz 2 BGB. Das **Widerspruchsrecht des Aufrechnungsgegners** trägt dem Umstand Rechnung, dass dieser regelmäßig selbst die Aufrechnung hätte erklären und dabei seinerseits eine Bestimmung der zu tilgenden Forderungen hätte treffen können.[2]

---

[1]   Vgl. BGH v. 07.11.2001 - VIII ZR 263/00 - juris Rn. 13 - BGHZ 149, 120-129.
[2]   Vgl. *Gernhuber*, Die Erfüllung und ihre Surrogate, 2. Aufl. 1994, § 12 VIII 3 a, S. 303; *Gursky* in: Staudinger, § 396 Rn. 2.

B. Anwendungsvoraussetzungen

I. Mehrheit von Haupt- und/oder Gegenforderungen

Die Regelung des § 396 BGB erfasst nach ihrem eindeutigen Wortlaut sowohl den Fall, dass entweder dem Aufrechnenden oder dem Aufrechnungsgegner mehrere Forderungen zustehen, als auch den Fall, dass beiden jeweils mehrere Forderungen gegeneinander zustehen.[3] 4

II. Bestimmung des Aufrechnenden

1. Gegenstand des Bestimmungsrechts

Nach § 396 Abs. 1 Satz 1 BGB bestimmt der aufrechnende Teil die Forderungen, die gegeneinander aufgerechnet werden sollen. Wie sich aus dieser Formulierung ergibt, erstreckt das Bestimmungsrecht des Aufrechnenden sich – bei mehreren Forderungen auf beiden Seiten – sowohl auf die eigenen (Gegen-)Forderungen wie auch auf die (Haupt-)Forderungen des Aufrechnungsgegners.[4] 5

2. Ausübung des Bestimmungsrechts

Die Bestimmung des Aufrechnenden hat **spätestens mit der Aufrechnungserklärung** zu erfolgen.[5] 6

Weicht sie von einer zuvor vertraglich **vereinbarten Verrechnungsordnung** ab, so wirkt dies wie ein Verstoß gegen einen vertraglichen Aufrechnungsausschluss; die Aufrechnung ist unwirksam.[6] 7

Das Bestimmungsrecht des Aufrechnenden wird aber nicht dadurch eingeschränkt, dass eine von mehreren zur Aufrechnung geeigneten Forderungen durch eine **Bürgschaft** gesichert ist. Ohne eine entsprechende Abrede im Bürgschaftsvertrag ist er daher nicht verpflichtet, gerade die verbürgte Forderung zur Aufrechnung zu verwenden, es sei denn, er handelt damit nur zum Schaden des Bürgen.[7] 8

Ist eine von mehreren **(Gegen-)Forderungen** des Aufrechnenden **verjährt**, so wird sein Wille dahin gehen, gemäß § 396 Abs. 1 Satz 1 BGB die Aufrechnung gerade mit dem verjährten Anspruch zu erklären; dass die Verjährung der Aufrechnung nicht entgegensteht, ergibt sich aus § 215 BGB. Trifft der Aufrechnende bei seiner – auch konkludent möglichen – Aufrechnungserklärung keine entsprechende Bestimmung, so ergibt sich dasselbe Ergebnis aus den §§ 396 Abs. 1 Satz 2, 366 Abs. 2 BGB[8]. Denn danach ergreift die Aufrechnung die verjährten Ansprüche deshalb zuerst, weil sie für den Aufrechnenden die geringere Sicherheit bieten.[9] 9

Ist umgekehrt eine von mehreren **(Haupt-)Forderungen** des Aufrechnungsgegners **verjährt**, so ist davon auszugehen, dass der Aufrechnende diese nicht als durch die Aufrechnung zu tilgende Forderung auswählen wird.[10] 10

Zu dem Bestimmungsrecht des Beklagten, wenn nur ein **Teil** der (Haupt-)Forderung **eingeklagt** ist, vgl. die Kommentierung zu § 388 BGB. 11

3. Fehlende Bestimmung

Fehlt eine Bestimmung des Aufrechnenden, so findet gemäß § 396 Abs. 1 Satz 2 BGB die Regelung des § 366 Abs. 2 BGB entsprechende Anwendung, und zwar sowohl in Bezug auf mehrere Gegenforderungen als auch in Bezug auf mehrere Hauptforderungen.[11] 12

---

[3] Vgl. BGH v. 24.03.2004 - VIII ZR 44/03 - juris Rn. 22 - NJW 2004, 2230-2232.
[4] Vgl. BGH v. 27.10.1999 - VIII ZR 184/98 - juris Rn. 24 - LM ZPO § 301 Nr. 64 (6/2000); *Schlüter* in: MünchKomm-BGB, § 396 Rn. 1.
[5] Vgl. BGH v. 06.05.1981 - IVa ZR 170/80 - juris Rn. 26 - BGHZ 80, 269-279 für die Bestimmung gemäß §§ 396 Abs. 2, 367 Abs. 2 BGB.
[6] Vgl. *Gernhuber*, Die Erfüllung und ihre Surrogate, 2. Aufl. 1994, § 12 VIII 3 a, S. 304; ebenso *Gursky* in: Staudinger, § 396 Rn. 18, 29; dagegen *Schlüter* in: MünchKomm-BGB, § 396 Rn. 1: lediglich Wirkungslosigkeit der Bestimmung.
[7] Vgl. BGH v. 16.02.1984 - IX ZR 106/83 - juris Rn. 13 - LM Nr. 2 zu § 396 BGB; *Schlüter* in: MünchKomm-BGB, § 396 Rn. 1.
[8] Vgl. BGH v. 19.11.2008 - XII ZR 123/07 - juris Rn. 15 f.
[9] Vgl. BGH v. 02.10.1986 - III ZR 163/85 - juris Rn. 36 - NJW 1987, 181-183; *Grüneberg* in: Palandt, § 396 Rn. 1.
[10] Vgl. *Schlüter* in: MünchKomm-BGB, § 396 Rn. 1.
[11] Vgl. OLG Koblenz v. 10.08.2007 - 5 U 1256/05 - juris Rn. 29 - OLGR Koblenz 2007, 949-953; *Gernhuber*, Die Erfüllung und ihre Surrogate, 2. Aufl. 1994, § 12 VIII 3 d, S. 307; *Schlüter* in: MünchKomm-BGB, § 396 Rn. 2.

13 Bei der entsprechenden Anwendung der gesetzlichen Tilgungsordnung des § 366 Abs. 2 BGB sind die verjährten Forderungen als solche anzusehen, die gegenüber den nicht verjährten Forderungen die geringere Sicherheit bieten; Entsprechendes gilt im Verhältnis zwischen kürzeren und längeren Verjährungsfristen.[12]

III. Unverzüglicher Widerspruch des Aufrechnungsgegners

1. Ausübung des Widerspruchsrechts

14 Die Funktion des Widerspruchsrechts – vgl. dazu oben bei den Regelungsprinzipien (Rn. 3) – wird besonders deutlich an dem Beispiel der verjährten Hauptforderung. Der Aufrechnungsgegner, der diese seinerseits nur noch im Wege der Aufrechnung durchsetzen kann (vgl. § 215 BGB), hat ein Interesse daran, sich diese Möglichkeit zu erhalten. Ist ihm sein Schuldner durch die Aufrechnung zuvorgekommen, so kann der Aufrechnungsgegner sein Ziel noch durch die Ausübung des Widerspruchsrechts gemäß § 396 Abs. 1 Satz 2 BGB erreichen.[13]

15 Der Widerspruch muss gemäß § 396 Abs. 1 Satz 2 BGB unverzüglich, d.h. ohne schuldhaftes Zögern (vgl. § 121 Abs. 1 Satz 1 BGB) erfolgen.

16 Der unverzügliche Widerspruch führt ebenfalls zur entsprechenden Anwendung der Regelung des § 366 Abs. 2 BGB, nach der zu ermitteln ist, welche Forderungen durch die Aufrechnung getilgt worden sind.[14]

2. Gegenstand des Widerspruchsrechts

17 Wie aus dem Wortlaut des § 396 Abs. 1 Satz 2 BGB folgt, kann der Aufrechnungsgegner über den Widerspruch nicht nur die Bestimmung der Hauptforderung beeinflussen, sondern auch die Auswahl der Gegenforderung, wenn diese von der in § 366 Abs. 2 BGB vorgegebenen Tilgungsreihenfolge abweicht.[15]

18 Bei der entsprechenden Anwendung des § 366 Abs. 2 BGB zur Ermittlung der in die Aufrechnung einzubeziehenden Gegenforderung muss allerdings der umgekehrten Rollenverteilung Rechnung getragen werden. Danach läuft der Anknüpfungspunkt der Fälligkeit leer, weil ohnehin nur mit fälligen Gegenforderungen aufgerechnet werden darf (vgl. hierzu die Kommentierung zu § 387 BGB). Das Merkmal der Sicherheit ist aus der Sicht des Aufrechnenden zu beurteilen, so dass gemäß § 366 Abs. 2 BGB diejenige Forderung zu bestimmen ist, die dem Aufrechnenden die geringste Sicherheit bietet.[16]

19 Zu den Grenzen des Widerspruchsrechts vgl. Rn. 25.

IV. Behandlung von Nebenforderungen (Zinsen und Kosten)

20 Für den Fall, dass der Aufrechnende neben der Hauptforderung noch Zinsen und Kosten schuldet, sieht § 396 Abs. 2 BGB die entsprechende Anwendung der Vorschrift des § 367 BGB vor.

21 Danach werden durch die Aufrechnung – mit der zur Tilgung der Hauptforderung nicht ausreichenden Gegenforderung – entsprechend § 367 Abs. 1 BGB zunächst die Kosten, dann die Zinsen und zuletzt erst die Hauptforderung getilgt.

22 Bestimmt der Aufrechnende eine hiervon abweichende Anrechnung, so kann der Aufrechnungsgegner die Aufrechnung gemäß § 367 Abs. 2 BGB ablehnen. Eine solche Bestimmung liegt jedoch noch nicht darin, dass die Aufrechnungserklärung lediglich die Hauptforderung erwähnt.[17]

---

[12] Vgl. *Gursky* in: Staudinger, § 396 Rn. 12; vgl. OLG Koblenz v. 29.09.2010 - 14 W 529/10 - juris Rn. 5.

[13] Vgl. *Gernhuber*, Die Erfüllung und ihre Surrogate, 2. Aufl. 1994, § 12 VIII 3 c, S. 306; *Schlüter* in: MünchKomm-BGB, § 396 Rn. 3 unter Hinweis darauf, dass es anderenfalls zu einem wenig sinnvollen Wettlauf der beiden Parteien kommen könnte.

[14] Zur Rechtsnatur des Widerspruchsrechts vgl. *Gursky* in: Staudinger, § 396 Rn. 26.

[15] Vgl. *Gernhuber*, Die Erfüllung und ihre Surrogate, 2. Aufl. 1994, § 12 VIII 3 d, S. 307 mit dem zutreffenden Hinweis, dass der Aufrechnungsgegner bei schnellerem Handeln selbst in den Genuss des Bestimmungsrechts gekommen wäre und das zeitliche Moment nicht den Ausschlag geben könne; ebenso *Gursky* in: Staudinger, § 396 Rn. 42 jeweils mit weiteren Nachweisen auch zur Gegenansicht; *Schlüter* in: MünchKomm-BGB, § 396 Rn. 3; *Larenz*, Schuldrecht, Band I: Allgemeiner Teil, 14. Aufl. 1987, § 18 Fn. 73 trotz Bedenken.

[16] Vgl. *Gernhuber*, Die Erfüllung und ihre Surrogate, 2. Aufl. 1994, § 12 VIII 3 d, S. 307; *Gursky* in: Staudinger, § 396 Rn. 39.

[17] Vgl. BGH v. 06.05.1981 - IVa ZR 170/80 - juris Rn. 24 - BGHZ 80, 269-279.

Nach dem klaren Wortlaut des § 367 Abs. 2 BGB – „kann der Gläubiger die Annahme der Leistung ablehnen" – hat die **Ablehnung** zur Folge, dass die Aufrechnung **unwirksam** ist.[18] Für eine Tilgung gemäß § 367 Abs. 1 BGB bedarf es – neben den weiteren Voraussetzungen der Aufrechnung – vielmehr einer entsprechenden Erklärung des Ablehnenden.[19]

C. Prozessuale Hinweise, insbesondere Beweislastverteilung

Da der Aufrechnende die Beweislast für das Erlöschen seiner (Gegen-) Forderung durch die Aufrechnung trägt, muss er beweisen, dass er eine Bestimmung getroffen hat oder dass die gemäß § 366 Abs. 2 BGB maßgebenden Tatsachen zum Erlöschen seiner Forderung geführt haben. Umgekehrt hat der Aufrechnungsgegner zu beweisen, dass er einer Bestimmung des Schuldners widersprochen hat, dass er über eine weitere (Haupt-) Forderung verfügt oder dass die Bestimmung des Aufrechnenden in Widerspruch zu einer früher getroffenen Verrechnungsvereinbarung steht.[20]

D. Anwendungsfelder

I. Grenzen des Widerspruchsrechts des Aufrechnungsgegners

Unter Berücksichtigung seiner besonderen Funktion – vgl. oben bei den Regelungsprinzipien (Rn. 3) – steht das Widerspruchsrecht dem Aufrechnungsgegner nicht ohne Einschränkungen, sondern lediglich in den Fällen zu, in denen die Situation eines **beiderseitigen Aufrechnungsrechts** gegeben war. Das Widerspruchsrecht des Aufrechnungsgegners kann jedenfalls nicht weiter reichen als sein Aufrechnungsrecht.[21]

Danach steht dem Aufrechnungsgegner ein Widerspruchsrecht dann nicht zu, wenn er seinerseits – etwa wegen eines Aufrechnungsverbots oder der Verjährung seiner Forderung bereits vor der Aufrechnungslage – an der Aufrechnung gehindert gewesen wäre.[22]

Aus den gleichen Gründen kann das Widerspruchsrecht auch nicht von demjenigen ausgeübt werden, dem die Hauptforderung abgetreten worden ist oder zu dessen Gunsten diese gepfändet worden ist.[23]

II. Keine Anwendbarkeit auf den Aufrechnungsvertrag

Auf den **Aufrechnungsvertrag** oder ein **Kontokorrentverhältnis** ist der auf die einseitige Aufrechnung ausgerichtete § 396 BGB nicht anwendbar.[24]

---

[18] Vgl. *Gursky* in: Staudinger, § 396 Rn. 49; *Grüneberg* in: Palandt, § 396 Rn. 1; *Schlüter* in: MünchKomm-BGB, § 396 Rn. 5; BGH v. 06.05.1981 - IVa ZR 170/80 - juris Rn. 23 - BGHZ 80, 269-279 lässt dies offen; a.A. *Gernhuber*, Die Erfüllung und ihre Surrogate, 2. Aufl. 1994, § 12 VIII 3 e, S. 308 für eine Aufrechnung gemäß der gesetzlichen Tilgungsordnung.

[19] Vgl. *Zeiss* in: Soergel, § 396 Rn. 2; *Gursky* in: Staudinger, § 396 Rn. 49.

[20] Vgl. *Zeiss* in: Soergel, § 396 Rn. 3; *Schlüter* in: MünchKomm-BGB, § 396 Rn. 4.

[21] Vgl. *Gursky* in: Staudinger, § 396 Rn. 22.

[22] Vgl. LG Nürnberg-Fürth v. 23.09.1953 - 5 O 1562/52 - MDR 1954, 100; *Gursky* in: Staudinger, § 396 Rn. 22.

[23] Vgl. *Gursky* in: Staudinger, § 396 Rn. 25; *Schlüter* in: MünchKomm-BGB, § 396 Rn. 3; *Grüneberg* in: Palandt, § 396 Rn. 1.

[24] Vgl. BGH v. 11.06.1980 - VIII ZR 164/79 - juris Rn. 26 - BGHZ 77, 256-264; *Schlüter* in: MünchKomm-BGB, § 396 Rn. 3; *Grüneberg* in: Palandt, § 396 Rn. 1.

Titel 4 - Erlass

§ 397 BGB Erlassvertrag, negatives Schuldanerkenntnis

(Fassung vom 02.01.2002, gültig ab 01.01.2002)

(1) Das Schuldverhältnis erlischt, wenn der Gläubiger dem Schuldner durch Vertrag die Schuld erlässt.

(2) Das Gleiche gilt, wenn der Gläubiger durch Vertrag mit dem Schuldner anerkennt, dass das Schuldverhältnis nicht bestehe.

Gliederung

A. Grundlagen ... 1	1. Abgrenzung zum positiven Schuldanerkenntnis ... 32
I. Kurzcharakteristik ... 1	2. Abgrenzung zum deklaratorischen negativen Schuldanerkenntnis ... 34
II. Regelungsprinzipien ... 2	3. Typische Fälle ... 36
1. Abgrenzung Erlass und negatives Schuldanerkenntnis ... 2	C. Rechtsfolgen ... 42
2. Vertrag ... 3	I. Umfang der Wirkungen des Erlasses ... 42
3. Rechtsnatur des Vertrages ... 4	II. Kausalgeschäft ... 46
B. Anwendungsvoraussetzungen ... 5	III. Bereicherungsanspruch ... 48
I. Normstruktur ... 5	D. Prozessuale Hinweise, insbesondere Beweislastverteilung ... 50
II. Erlassvertrag ... 6	E. Anwendungsfelder ... 52
1. Vertragsgegenstand ... 6	I. Verzichtsverbote bzw. -beschränkungen ... 52
2. Vertragsschluss ... 10	II. Abgrenzung des Erlasses von ähnlichen Rechtsgestaltungen ... 53
a. Angebot und Annahme ... 10	1. Einforderungsverzicht ... 53
b. Formfreiheit ... 13	2. Aufhebung des gesamten Schuldverhältnisses ... 55
c. Auslegung ... 14	
3. Typische Fälle ... 17	
III. Negatives Schuldanerkenntnis ... 32	

A. Grundlagen

I. Kurzcharakteristik

1 Der Erlass nach § 397 Abs. 1 BGB und das negative Schuldanerkenntnis nach § 397 Abs. 2 BGB sind Unterarten des – gesetzlich nicht besonders geregelten – **Verzichts** im Rahmen der Schuldverhältnisse, der nicht einseitig, sondern **durch Vertrag** erfolgt.

II. Regelungsprinzipien

1. Abgrenzung Erlass und negatives Schuldanerkenntnis

2 Der Erlass i.S.d. § 397 Abs. 1 BGB bezieht sich nicht auf das Schuldverhältnis insgesamt, sondern auf das Schuldverhältnis im engeren Sinne, d.h. auf einzelne schuldrechtliche Forderungen, und bewirkt deren **Erlöschen**. In § 397 Abs. 2 BGB sieht das Gesetz – als „Unterart" des Erlasses – das Anerkenntnis vor, dass die schuldrechtliche Forderung nicht bestehe. Dieses zielt also nicht in erster Linie auf Rechtsänderung ab, sondern auf **Feststellung** der von den Parteien angenommenen Rechtslage und dient damit vor allem der Klärung ihrer Rechtsverhältnisse.[1] Die besondere Bedeutung des negativen Schuldanerkenntnisses liegt darin, dass die Forderung auch dann erlischt, wenn die Vertragsparteien annahmen, sie sei bereits erloschen und damit das Nichtbestehen nur feststellen wollten.[2] Es enthält also einen „bedingten" Erlass für den Fall, dass die Forderung doch besteht.[3]

---

[1] Vgl. *Rieble* in: Staudinger, § 397 Rn. 213.
[2] Vgl. *Schlüter* in: MünchKomm-BGB, § 397 Rn. 14 m.w.N.
[3] Vgl. *Gernhuber*, Die Erfüllung und ihre Surrogate, 2. Aufl. 1994, § 16 II 4, S. 392; *Rieble* in: Staudinger, § 397 Rn. 213.

2. Vertrag

Ein einseitiger Verzicht auf einen schuldrechtlichen Anspruch mit rechtlicher Bindung des Gläubigers gegenüber dem Schuldner ist dem Gesetz fremd. Erforderlich ist vielmehr der Abschluss eines Erlassvertrages gemäß § 397 BGB.[4]

3. Rechtsnatur des Vertrages

Der Erlassvertrag hat zur Folge, dass eine bestehende Forderung erlischt; es handelt sich um einen **(Verfügungs-)Vertrag**, der seiner Rechtsnatur nach **abstrakt** ist.[5] Im Hinblick darauf, dass dieses einen „bedingten" Erlass beinhaltet, handelt es sich auch bei dem negativen Schuldanerkenntnis um einen abstrakten Verfügungsvertrag.[6]

B. Anwendungsvoraussetzungen

I. Normstruktur

Wie ihr Wortlaut zeigt, stellt die Regelung des § 397 Abs. 2 BGB das negative Schuldanerkenntnis dem Erlass gleich. Dies betrifft nicht nur die Rechtsfolgenseite, sondern auch die Tatbestandsvoraussetzungen.[7]

II. Erlassvertrag

1. Vertragsgegenstand

Regelungsgegenstand des § 397 BGB ist nur die **schuldrechtliche Forderung**, auf die nicht einseitig, sondern nur durch Vertrag verzichtet werden kann.

Nicht in den Anwendungsbereich der Regelung fallen daher die einseitig verzichtbaren (Gestaltungs-)Rechte bzw. Einreden wie etwa diejenigen aus den §§ 273, 320 BGB[8], die einseitig verzichtbaren dinglichen Rechte wie etwa die §§ 875, 928, 959, 1064, 1255 BGB oder die prozessualen Rechte wie etwa die §§ 295, 306, 346, 515 ZPO.[9] Der Verzicht auf ein Vorkaufsrecht setzt allerdings einen Vertrag voraus.[10] Ebenfalls nicht in den Anwendungsbereich des § 397 BGB fällt der Verzicht auf gesetzliche Erb- und Pflichtteilsrechte. Dieser ist in § 2346 BGB geregelt und gleichfalls nicht als einseitiger Akt, sondern als Vertrag zwischen Erblasser und Erbberechtigten ausgestaltet. Eine entsprechende Regelung enthält § 2352 BGB für den Verzicht auf testamentarische Zuwendungen. Auf die mit dem Erbfall entstandenen Ansprüche des Vermächtnisnehmers oder Pflichtteils- bzw. Pflichtteilsergänzungsberechtigten kann jedoch gemäß § 397 BGB – durch Vertrag mit dem Erben – verzichtet werden.[11]

Aus der Rechtsnatur des Erlassvertrages als Verfügungsvertrag ergibt sich, dass die zu erlassende Forderung **tatsächlich (noch) bestehen** muss; anderenfalls geht der Erlass, der eine bestehende Forderung zum Erlöschen bringen soll, ins Leere. So stellt etwa der **Skonto** – als Forderungsnachlass bei Einhaltung eines bestimmten Zahlungsziels – dann keinen Erlass i.S.d. § 397 Abs. 1 BGB dar, wenn er von Anfang an vereinbart und als Preisermäßigungsabrede Teil des Grundgeschäfts ist. Denn in diesem Fall ist für eine selbständige Verfügung kein Raum mehr. Ein Teilerlass i.S.d. § 397 Abs. 1 BGB ist jedoch dann gegeben, wenn der Gläubiger erst später, insbesondere mit der Rechnung, ein Skonto anbietet und der Schuldner dies annimmt.[12]

---

[4] Vgl. BGH v. 04.12.1986 - III ZR 51/85 - juris Rn. 24 - LM Nr. 3 zu § 177 BRAO.
[5] Vgl. BGH v. 10.10.1997 - V ZR 74/96 - juris Rn. 14 - LM BGB § 138 (Aa) Nr. 55a (8/1998).
[6] Implizit BGH v. 31.03.1982 - I ZR 69/80 - juris Rn. 31 - WM 1982, 671-674.
[7] Vgl. *Rieble* in: Staudinger, § 397 Rn. 220.
[8] Vgl. BGH v. 07.03.2002 - IX ZR 293/00 - juris Rn. 30 - LM BGB § 162 Nr. 13 (11/2002).
[9] Vgl. *Grüneberg* in: Palandt, § 397 Rn. 4.
[10] Vgl. RG v. 25.04.1925 - V 352/24 - RGZ 110, 409-418, 418; ebenso *Grüneberg* in: Palandt, § 397 Rn. 4.
[11] Vgl. OLG Frankfurt v. 22.09.1993 - 17 U 43/92 - juris Rn. 42; *Rieble* in: Staudinger, § 397 Rn. 85.
[12] Vgl. *Gernhuber*, Die Erfüllung und ihre Surrogate, 2. Aufl. 1994, § 16 I 1 b, S. 384; *Rieble* in: Staudinger, § 397 Rn. 51.

9   Nach allgemeiner Meinung genügt im Rahmen des § 397 BGB eine **bedingte** oder **befristete** oder zumindest dem Rechtsgrund nach angelegte **Forderung**.[13] Nach Auffassung des BGH ist auch der Erlass einer **künftigen Verbindlichkeit** möglich.[14]

2. Vertragsschluss

a. Angebot und Annahme

10 Inhaltlich setzt der Erlassvertrag den rechtsgeschäftlichen Willen voraus, auf die Forderung zu verzichten, die Forderung fallen zu lassen. Der Gläubiger hat ein entsprechendes Erlassangebot gegenüber dem Schuldner abzugeben.[15] Zum Zustandekommen des Erlassvertrages bedarf dieses Angebot der Annahme durch den Schuldner, wobei bei einem Angebot durch den Gläubiger regelmäßig die Voraussetzungen des § 151 BGB vorliegen werden, wonach die Annahme nicht gegenüber dem Antragenden erklärt werden muss.[16] An die Feststellung eines solchen Verzichtswillens sind allerdings strenge Anforderungen zu stellen.[17]

11 Das Angebot zum Abschluss eines Erlassvertrages kann selbstverständlich auch umgekehrt von dem Schuldner als der hierdurch begünstigten Partei ausgehen und bedarf dann der Annahme durch den Gläubiger.

12 Zu den Anforderungen an die Erklärungen vgl. Rn. 14.

b. Formfreiheit

13 Der Abschluss eines Erlassvertrages kann **formlos** erfolgen[18] und muss daher nicht ausdrücklich abgeschlossen werden, sondern kann auch **konkludent** zustande kommen[19]. Einem bloßen **Schweigen** oder **Untätigbleiben des Gläubigers** kommt jedoch regelmäßig kein Erklärungswert zu, so dass dieses für das Zustandekommen eines Erlassvertrages nur im Ausnahmefall genügen kann, wenn der Schuldner es nach Treu und Glauben mit Rücksicht auf die Verkehrssitte unzweideutig als Verzicht auffassen durfte.[20]

c. Auslegung

14 An die Feststellung eines solchen Verzichtswillens des Gläubigers sind strenge Anforderungen zu stellen.[21] Bei einer interessengerechten, alle Umstände des Einzelfalls berücksichtigenden Auslegung **mehrdeutiger Erklärungen**, die einen Verzichtswillen enthalten könnten, ist der in ständiger Rechtsprechung anerkannte Erfahrungssatz zu beachten, dass ein **Verzicht niemals zu vermuten** ist.[22] Ausgehend von der Annahme, dass der Gläubiger sein Recht in der Regel nicht einfach – ohne triftige Gründe – wieder aufgeben werde, darf ein Verzicht auch bei **eindeutig erscheinender Erklärung** des Gläubigers nicht angenommen werden, ohne dass bei der Feststellung zum erklärten Vertragswillen sämtliche Begleitumstände berücksichtigt worden sind.[23]

---

[13] Vgl. *Gernhuber*, Die Erfüllung und ihre Surrogate, 2. Aufl. 1994, § 16 I 8 a, S. 377; *Schlüter* in: MünchKomm-BGB, § 397 Rn. 7 m.w.N.

[14] Vgl. BGH v. 28.11.1963 - II ZR 41/62 - juris Rn. 11 - BGHZ 40, 326-332; BGH v. 25.05.1993 - VI ZR 272/92 - juris Rn. 25 - LM BGB § 397 Nr. 8 (11/1993); zustimmend *Schlüter* in: MünchKomm-BGB, § 397 Rn. 7; *Rieble* in: Staudinger, § 397 Rn. 96; a.A. *Grüneberg* in: Palandt, § 397 Rn. 3.

[15] Vgl. OLG Koblenz v. 02.05.2002 - 5 U 245/01 - juris Rn. 48 - NJW-RR 2002, 1509-1511.

[16] Vgl. *Grüneberg* in: Palandt, § 397 Rn. 5.

[17] Vgl. BGH v. 13.09.2007 - I ZR 155/04 - juris Rn. 17 - BGHReport 2008, 230-232 m.w.N.; ebenso OLG Koblenz v. 22.11.2006 - 2 U 564/06 - juris Rn. 4 - OLGR Koblenz 2007, 149 (Leitsatz).

[18] Vgl. BGH v. 04.12.1986 - III ZR 51/85 - juris Rn. 24 - LM Nr. 3 zu § 177 BRAO; OLG Saarbrücken v. 21.03.2006 - 4 U 24/05 - 73 - juris Rn. 51 - OLGR Saarbrücken 2006, 620-623; Brandenburgisches Oberlandesgericht v. 04.03.2009 - 3 U 33/08 - juris Rn. 8.

[19] Vgl. BGH v. 05.10.2001 - V ZR 237/00 - juris Rn. 11 - LM BGB § 138 (Bb) Nr. 100 (5/2002).

[20] Vgl. BGH v. 16.11.1993 - XI ZR 70/93 - juris Rn. 13 - LM BGB § 397 Nr. 9 (4/1994); FG Gotha v. 31.01.2001 - III 32/00 - juris Rn. 21 - EFG 2001, 512-514.

[21] Vgl. BGH v. 24.06.2004 - I ZR 266/01 - juris Rn. 22 - BGHReport 2005, 217.

[22] Vgl. BGH v. 20.12.1983 - VI ZR 19/82 - juris Rn. 12 - LM Nr. 23 zu § 133 (B) BGB; BGH v. 09.12.1987 - IVb ZR 99/86 - juris Rn. 19 - FamRZ 1988, 478-480; BGH v. 10.05.2001 - VII ZR 356/00 - juris Rn. 10 - LM BGB § 397 Nr. 15 (3/2002).

[23] Vgl. BGH v. 15.01.2002 - X ZR 91/00 - juris Rn. 25 - LM BGB § 397 Nr. 16 (10/2002); OLG Düsseldorf v. 03.04.2003 - 10 U 70/02 - OLGR Düsseldorf 2003, 460-461.

Diese Grundsätze gelten nicht nur für die Feststellung eines Verzichtswillens, sondern auch für die Frage, in welchem **Umfang** der Gläubiger auf Forderungen verzichten wollte und ob sein Verzichtswille auch **unbekannt gebliebene Forderungen**, insbesondere solche aus unerlaubter Handlung umfasste.[24] Handelt es sich um Rechte, die dem Gläubiger unbekannt sind und mit deren Bestehen er nicht einmal rechnet, wird ein konkludenter Verzicht regelmäßig ausgeschlossen sein.[25]   15

Im Hinblick darauf, dass ein Verzicht auf Rechte in aller Regel nicht zu vermuten ist, muss das **Angebot** auf Abschluss eines Erlassvertrages von **der dadurch begünstigten Partei** unmissverständlich erklärt werden.[26]   16

3. Typische Fälle

Für die Frage, ob eine **Abrechnung** oder **abschließende Berechnung** die Anforderungen an einen Erlass erfüllt, ist zu unterscheiden.   17

Allein die **bloße Hinnahme der Abrechnung**, ohne diese zu beanstanden, genügt grundsätzlich nicht für die Annahme eines Verzichts auf darüber hinausgehende Forderungen; dies gilt umso mehr, wenn beide Parteien das Bestehen einer Mehrforderung überhaupt nicht in Erwägung gezogen haben.[27]   18

Aus den Umständen kann sich jedoch ergeben, dass die Abrechnung einer endgültigen Auseinandersetzung jedenfalls aller **bekannten Positionen** dienen sollte. Diese Annahme kann insbesondere dann begründet sein, wenn der Abrechnung eine Uneinigkeit der Vertragsparteien über Bestand oder Umfang von Ansprüchen vorausgegangen war. Rechnet etwa der Vermieter ein Mietverhältnis unter Berücksichtigung der **Kaution** ab und zahlt er das Abrechnungsguthaben an den Mieter aus, so können damit nicht berücksichtigte Forderungen des Vermieters erlassen worden sein.[28] Zahlt der Vermieter oder Verpächter die Kaution vorbehaltlos zurück, so gibt er damit schlüssig zu erkennen, dass er den Zustand der zurückgegebenen Miet- bzw. Pachtsache als vertragsgemäß anerkennt und auf die Geltendmachung von Schadensersatzansprüchen wegen erkannter oder erkennbarer Mängel oder Beschädigungen verzichtet.[29]   19

Leistet umgekehrt der Mieter eine der **Heizkostenabrechnung** entsprechende Nachzahlung, so liegt hierin die Erklärung, er gehe davon aus, die Abrechnung sei im Ergebnis richtig und er erlasse dem Vermieter eine etwaige Verpflichtung zur Ergänzung der Abrechnung.[30]   20

Bei der Frage, ob und inwieweit die Erteilung einer „**General- oder Ausgleichsquittung**" durch den Vermieter bei Beendigung des Mietverhältnisses einen Erlass beinhaltet, ist zu berücksichtigen, dass die Erteilung einer solchen Quittung eher unüblich ist und deshalb keinen typischen, von den beteiligten Verkehrskreisen allgemein akzeptierten Sinn hat. Allgemein gehaltene und umfassende Formulierungen sind daher anhand der Umstände des Einzelfalls (einschränkend) auszulegen.[31]   21

Schließlich kann in der **abschließenden Berechnung** des mangels Schriftform und wegen Unterschreitung der Mindestsätze **unwirksamen Pauschalhonorars** durch den Architekten (Statiker) und dessen Bezahlung durch den ebenfalls sachkundigen Bauherrn der stillschweigende Abschluss eines Erlassvertrages im Sinne eines Verzichts auf die weitergehende Vergütung bei Abrechnung auf der Grundlage der Mindestsätze liegen.[32]   22

Daneben ist die Mitteilung des Gläubigers, er mache seinen Anspruch nicht mehr geltend, als ein Angebot auf Abschluss eines Erlassvertrages anzusehen.[33] Entsprechend ist die Erklärung des Klägers, er   23

---

[24] Vgl. BGH v. 20.12.1983 - VI ZR 19/82 - juris Rn. 12 - LM Nr. 23 zu § 133 (B) BGB.
[25] Vgl. BGH v. 16.11.1993 - XI ZR 70/93 - juris Rn. 13 - LM BGB § 397 Nr. 9 (4/1994).
[26] Vgl. BGH v. 25.04.2002 - I ZR 296/99 - juris Rn. 15 - LM BGB § 133 (C) Nr. 114 (10/2002); zu der Übersendung einer Unterwerfungserklärung an den Gläubiger; zu der weiteren Frage, unter welchen Voraussetzungen in diesem Fall von einem Verzicht auf den Zugang der Annahmeerklärung ausgegangen werden kann vgl. BGH v. 25.04.2002 - I ZR 296/99 - juris Rn. 19 - LM BGB § 133 (C) Nr. 114 (10/2002).
[27] Vgl. BGH v. 16.11.1993 - XI ZR 70/93 - juris Rn. 14 - LM BGB § 397 Nr. 9 (4/1994) für den Anspruch auf Erstattung eines Disagios.
[28] Vgl. OLG Düsseldorf v. 26.04.2001 - 24 U 133/00 - juris Rn. 5 - WuM 2001, 439-440.
[29] Vgl. OLG München v. 14.07.1989 - 21 U 2279/89 - NJW-RR 1990, 20; ebenso *Grüneberg* in: Palandt, § 397 Rn. 7; a.A. *Rieble* in: Staudinger, § 397 Rn. 107.
[30] Vgl. OLG Hamburg v. 02.09.1987 - 4 U 182/86 - juris Rn. 4 - NJW-RR 1987, 1495.
[31] Vgl. BGH v. 13.01.1999 - XII ZR 208/96 - juris Rn. 20 - NJW-RR 1999, 593-595.
[32] Vgl. OLG Hamm v. 16.01.1998 - 12 U 74/97 - juris Rn. 39 - NJW-RR 1998, 811-813.
[33] Vgl. OLG Koblenz v. 02.05.2002 - 5 U 245/01 - juris Rn. 47 - NJW-RR 2002, 1509-1511 für den Fall des vereinbarten Pachtzinses.

§ 397

habe den eingeklagten Betrag mit „mindestens 9%" verzinsen müssen, dahingehend zu verstehen, dass er sich mit diesem Zinssatz begnüge und auf die Mehrzinsen verzichte.[34]

24 Dagegen kann umgekehrt allein die bloße **Reduzierung einer bezifferten Schadensersatzforderung** im Prozess nicht dahingehend ausgelegt werden, der Kläger wolle auf die darüber hinausgehende Forderung verzichten. Es muss sich vielmehr aus den Umständen, insbesondere dem übrigen Vorbringen des Klägers ergeben, dass dieser die Schadenspositionen mit dem reduzierten Betrag für endgültig bereinigt hält.[35]

25 Die Frage, ob allein die Inrechnungstellung einer 15/10-Gebühr nach dem DAV-Abkommen durch den Rechtsanwalt eines Unfallgeschädigten als Verzicht auf weitere Ansprüche gegenüber dem Schädiger bzw. dessen Kfz-Haftpflichtversicherung oder als Erlassvertrag oder gar als Abfindungsvergleich zu werten ist, ist umstritten.[36] Der BGH hat nunmehr entschieden, dass allein aus der Tatsache, dass ein Rechtsanwalt nach teilweiser Regulierung eines Verkehrsunfallschadens durch den gegnerischen Haftpflichtversicherer diesem gegenüber seine Anwaltsgebühren unter Bezugnahme auf das DAV-Abkommen abrechnet, nicht ohne weiteres der Schluss gezogen werden kann, er verzichte zugleich namens seines Mandanten auf die Geltendmachung weiterer Ansprüche.[37]

26 Erteilt der Besteller dem Unternehmer bei Streit über dessen Mängelbeseitigungspflicht einen entgeltlichen Auftrag, durch welchen die gerügten Mängel beseitigt werden, verzichtet er mit dieser Auftragserteilung konkludent auf etwa bestehende Mängelansprüche.[38]

27 Die Übersendung einer (Teil-)**Unterwerfungserklärung** an den Gläubiger beinhaltet nur dann ein Angebot auf Abschluss eines Erlassvertrages hinsichtlich des weiterreichenden **Unterlassungsanspruchs**, wenn dies in der Erklärung unmissverständlich zum Ausdruck kommt. Die Annahme einer unbedingten Teilunterwerfungserklärung lässt den weiterreichenden Unterlassungsanspruch daher grundsätzlich unberührt.[39] Von einem Verzicht auf den Zugang der Annahmeerklärung kann im Falle der Übersendung einer Unterwerfungserklärung nur dann ausgegangen werden, wenn die Unterwerfungserklärung nicht oder zumindest nicht in einem wesentlichen Punkt von demjenigen abweicht, was der Gläubiger des Unterlassungsanspruchs insoweit verlangt hat.[40]

28 Auch für die Annahme eines Angebots auf Abschluss eines **Abfindungsvertrages**, auf deren Zugang der Anbietende gemäß § 151 BGB verzichtet hat, ist grundsätzlich ein als Willensbetätigung zu wertendes, nach außen hervortretendes Verhalten des Angebotsempfängers ausreichend, sofern sich dessen Annahmewille daraus für einen unbeteiligten objektiven Dritten unzweideutig ergibt.[41] So kann etwa die nur für den Fall der Annahme eines Abfindungsangebots gestattete **Einlösung eines** mit diesem zugleich übersandten **Schecks** für sich allein genommen nur als angebotskonformes Verhalten und demgemäß als Betätigung des Annahmewillens des Angebotsempfängers gewertet werden.[42] Dabei stellt auch allein ein Missverhältnis zwischen der Höhe der angebotenen Abfindung und der Höhe der Forderung, die durch sie abgegolten werden soll, grundsätzlich lediglich ein Indiz gegen eine bewusste Betätigung des Annahmewillens durch die Einreichung des Schecks dar. Dieses tritt bei der Bewertung der Umstände durch einen unbeteiligten Dritten regelmäßig hinter dem tatsächlichen äußeren Verhalten des Angebotsempfängers zurück, weil von dessen Redlichkeit auszugehen ist und dies ein aus-

---

[34] Vgl. BGH v. 25.09.1978 - VII ZR 281/77 - juris Rn. 12 - LM Nr. 83 zu § 322 ZPO.
[35] Vgl. BGH v. 15.07.1997 - VI ZR 142/95 - juris Rn. 22 - LM BGB § 397 Nr. 13 (2/1998).
[36] Bejahend LG Aachen v. 06.11.2003 - 2 S 213/03 - NJW-RR 2004, 170-171; LG München I v. 04.12.2003 - 19 S 9834/03 - NZV 2004, 413-414; *Grüneberg* in: Palandt, § 397 Rn. 7; einschränkend LG Osnabrück v. 09.10.2002 - 2 S 550/02 - juris Rn. 1 - Schaden-Praxis 2003, 327; ablehnend OLG Celle v. 22.05.2003 - 14 W 22/03 - juris Rn. 3 - ZfSch 2003, 566; LG Kiel v. 10.01.2003 - 18 S 42/02 - juris Rn. 8 - Schaden-Praxis 2003, 214-215; LG Bonn v. 06.12.2004 - 8 S 50/04 - AGS 2004, 499-500; OLG Jena v. 12.10.2005 - 2 U 293/05 - OLG-NL 2005, 243-245.
[37] Vgl. BGH v. 07.03.2006 - VI ZR 54/05 - juris Rn. 10 - NJW 2006, 1511-1513.
[38] Vgl. OLG Düsseldorf v. 19.03.1999 - 22 U 198/98 - juris Rn. 12 - NJW-RR 2000, 165-166.
[39] Vgl. BGH v. 25.04.2002 - I ZR 296/99 - juris Rn. 15 - LM BGB § 133 (C) Nr. 114 (10/2002).
[40] Vgl. BGH v. 25.04.2002 - I ZR 296/99 - juris Rn. 19 - LM BGB § 133 (C) Nr. 114 (10/2002).
[41] Vgl. BGH v. 28.03.1990 - VIII ZR 258/89 - juris Rn. 20 - BGHZ 111, 97-103; BGH v. 06.02.1990 - X ZR 39/89 - juris Rn. 25 - NJW 1990, 1656-1658; OLG Koblenz v. 21.11.2002 - 5 U 1035/02 - juris Rn. 22 - NJW 2003, 758-759 für den Fall des fehlenden Verzichts auf den Zugang der Annahmeerklärung.
[42] Vgl. BGH v. 06.02.1990 - X ZR 39/89 - juris Rn. 27 - NJW 1990, 1656-1658; BGH v. 10.05.2001 - XII ZR 60/99 - juris Rn. 12 - LM BGB § 151 Nr. 25 (4/2002); kritisch *von Randow*, ZIP 1995, 445-451, 448.

schlaggebendes Kriterium für die Beurteilung seines Verhaltens ist.[43] Bei der Würdigung dieses Verhaltens des Angebotsempfängers sind jedoch sämtliche äußeren Indizien und sonstigen Gesichtspunkte zu berücksichtigen, die auch für die Auslegung empfangsbedürftiger Willenserklärungen aus der Sicht des Erklärungsgegners zu berücksichtigen sind.[44]

Eine von den oben dargelegten Grundsätzen abweichende Beurteilung kann daher geboten sein, wenn das Verhalten des Anbietenden dem Muster entspricht, das in Literatur und Rechtsprechung als „**Erlassfalle**" bezeichnet wird.[45] 29

Gegen die Wertung der Einlösung des Schecks als Betätigung eines wirklichen Annahmewillens spricht dabei insbesondere ein **besonders krasses Missverhältnis** der angebotenen Abfindung zur Höhe der nicht bestrittenen Schuld[46], wobei diesem Indiz gegen eine bewusste Betätigung des Annahmewillens ein umso stärkeres Gewicht zukommt, je krasser das Missverhältnis ist[47]. Gewichtige Indizien, die gegen den Annahmewillen trotz Scheckeinlösung sprechen, sind ferner das vorangegangene Verhalten des Angebotsempfängers, das hiermit in Widerspruch steht und das Fehlen von Anhaltspunkten, die einen Sinneswandel des Angebotsempfängers nachvollziehbar und verständlich erscheinen lassen könnten, sowie fehlende Vergleichsverhandlungen vor dem überraschenden Abfindungsangebot.[48] 30

Ob allein aus der **Rückgabe** oder dem Zerreißen **eines Schuldscheins** oder der **Rücksendung einer Bürgschaftsurkunde** ein eindeutiger Erlasswille hergeleitet werden kann, ist eine Frage des Einzelfalls.[49] 31

III. Negatives Schuldanerkenntnis

1. Abgrenzung zum positiven Schuldanerkenntnis

Anders als das positive Schuldanerkenntnis gemäß § 781 BGB kann das negative Schuldanerkenntnis – ebenso wie der Erlass – **formfrei** abgeschlossen werden.[50] 32

Bei dem positiven Schuldanerkenntnis handelt es sich um einen Verpflichtungsvertrag, der in jedem Fall auf Rechtswirkung gerichtet ist[51]; auch hierdurch unterscheidet es sich von dem negativen Schuldanerkenntnis i.S.d. § 397 Abs. 2 BGB, das in erster Linie auf Feststellung gerichtet ist und lediglich einen „bedingten" Erlass enthält (vgl. Rn. 2). 33

2. Abgrenzung zum deklaratorischen negativen Schuldanerkenntnis

§ 397 Abs. 2 BGB regelt nur das – dem auf Erlöschen des Schuldverhältnisses gerichteten Erlass i.S.d. § 397 Abs. 1 BGB gleichgestellte – **konstitutive** negative Schuldanerkenntnis.[52] 34

Das negative Schuldanerkenntnis kann aber auch als – im Gesetz nicht geregeltes – **deklaratorisches** Anerkenntnis abgeschlossen werden.[53] Entsprechend den für das positive deklaratorische Schuldanerkenntnis geltenden Grundsätzen bewirkt dieses den Ausschluss von tatsächlichen und rechtlichen Ein- 35

---

[43] Vgl. BGH v. 18.12.1985 - VIII ZR 297/84 - juris Rn. 34 - LM Nr. 12 zu § 151 BGB; BGH v. 10.05.2001 - XII ZR 60/99 - juris Rn. 12 - LM BGB § 151 Nr. 25 (4/2002); kritisch *Lange*, WM 1999, 1301-1305, 1305.

[44] Vgl. BGH v. 10.05.2001 - XII ZR 60/99 - juris Rn. 13 - LM BGB § 151 Nr. 25 (4/2002); OLG Koblenz v. 21.11.2002 - 5 U 1035/02 - juris Rn. 18 - NJW 2003, 758-759.

[45] Vgl. *von Randow*, ZIP 1995, 445-451, 447; *Frings*, BB 1996, 809-812, 812; *Lange*, WM 1999, 1301-1305, 1301 ff.

[46] Vgl. BGH v. 10.05.2001 - XII ZR 60/99 - juris Rn. 16 - LM BGB § 151 Nr. 25 (4/2002) für den Fall, dass die angebotene Abfindung 0,68% der Hauptforderung ohne Zinsen ausmacht; OLG Karlsruhe v. 12.06.1998 - 9 U 127/97 - juris Rn. 24 - WM 1999, 490-491.

[47] Vgl. BGH v. 10.05.2001 - XII ZR 60/99 - juris Rn. 17 - LM BGB § 151 Nr. 25 (4/2002).

[48] Vgl. BGH v. 10.05.2001 - XII ZR 60/99 - juris Rn. 19 - LM BGB § 151 Nr. 25 (4/2002); OLG Koblenz v. 21.11.2002 - 5 U 1035/02 - juris Rn. 27 - NJW 2003, 758-759 für den Fall einer titulierten Forderung gegen zwei Schuldner und vorangegangenen erheblichen Ratenzahlungen; *Frings*, BB 1996, 809-812, 811 f.

[49] Vgl. OLG Dresden v. 29.01.1999 - 8 W 1964/98 - juris Rn. 5 - BB 1999, 497; *Schlüter* in: MünchKomm-BGB, § 397 Rn. 4; *Grüneberg* in: Palandt, § 397 Rn. 7; einschränkend *Rieble* in: Staudinger, § 397 Rn. 107: nur bei eigenständigen Anhaltspunkten.

[50] *Schlüter* in: MünchKomm-BGB, § 397 Rn. 12.

[51] Vgl. *Rieble* in: Staudinger, § 397 Rn. 213.

[52] Vgl. *Schlüter* in: MünchKomm-BGB, § 397 Rn. 12.

[53] Vgl. *Schmidt*, JuS 1996, 265-266, 266.

wendungen gegen die Forderung, die der Gläubiger bei Abgabe des negativen deklaratorischen Schuldanerkenntnisses kannte oder mit denen er rechnen musste.[54]

3. Typische Fälle

36 Nach Auffassung des OLG Köln erfasst eine **Ausgleichsklausel in einem Prozessvergleich**, nach der mit der Vergleichsregelung „sämtliche wechselseitigen Ansprüche zwischen den Parteien erledigt sind", ihrem Wortlaut nach auch etwaige **unbekannte Ansprüche**, ohne dass es noch eines klarstellenden Zusatzes bedürfte. Eine derartige Klausel habe typischerweise ein wechselseitiges negatives Schuldanerkenntnis zum Inhalt und schließe daher bestimmungsgemäß alle weitergehenden Ansprüche zwischen den Parteien aus.[55]

37 Bei der häufig bei Beendigung eines **Arbeitsverhältnisses** erteilten **Ausgleichsquittung** handelt es sich um einen Vertrag, der die Erklärung des Schuldners enthält, gegen den Gläubiger keine Ansprüche mehr aus einem bestimmten Rechtsverhältnis zu haben. Dieser Vertrag stellt in der Regel ein negatives Schuldanerkenntnis dar.[56] Ist eine allgemeine Ausgleichsklausel in Allgemeinen Geschäftsbedingungen enthalten, so wird diese nicht Vertragsinhalt, wenn der Verwender sie in eine Erklärung mit falscher oder missverständlicher Überschrift ohne besonderen Hinweis oder drucktechnische Hervorhebung einfügt.[57]

38 Wegen der Tragweite entsprechender Erklärungen sind an deren Eindeutigkeit strenge Anforderungen zu stellen. Dabei muss nach dem Wortlaut der Erklärung und den Begleitumständen klar ergeben, dass und in welchem Umfang der Arbeitnehmer ihm bekannte oder mögliche Ansprüche aufgeben will. Lediglich aus der Unterzeichnung einer solchen Quittung kann daher ohne Hinzutreten sonstiger Umstände nicht der Wille entnommen werden, auf andere als die in der Quittung genannten Ansprüche zu verzichten.[58] So sollen Ansprüche auf eine **betriebliche Altersversorgung** bzw. **Versorgungsanwartschaften oder -ansprüche** – wegen ihres hohen Wertes und hohen Gewichts für den Berechtigten – durch Ausgleichsklauseln in Ausgleichsquittungen und Vergleichen grundsätzlich nicht erfasst werden.[59] Etwas anderes gilt nur dann, wenn diese Rechte in der Klausel **ausdrücklich und unmissverständlich** bezeichnet werden (vgl. für **Ruhegeldansprüche**[60]). Gleiches gilt für den Verzicht auf **Kündigungsschutzansprüche**[61], den **Lohnfortzahlungsanspruch**[62] und den Anspruch auf ein qualifiziertes **Zeugnis**[63], **nicht** jedoch für den Anspruch auf **Nachteilsausgleich**[64]. Allerdings hat das BAG nunmehr ausdrücklich klargestellt, dass Ausgleichsklauseln in gerichtlichen und außergerichtlichen Vergleichen und Aufhebungsverträgen – ausgehend vom Wortlaut und unter Berücksichtigung sämtlicher den Parteien erkennbarer Begleitumstände – im Interesse klarer Verhältnisse grundsätzlich weit auszulegen sind. Der Rechtsprechung des BAG lasse sich insbesondere nicht die Auslegungsregel entnehmen, dass Ausgleichsklauseln etwa nachvertragliche **Wettbewerbsverbote** und **Karenzentschädigungen** grundsätzlich nicht umfassten.[65]

---

[54] Vgl. OLG Düsseldorf v. 23.12.1994 - 7 U 33/94 - juris Rn. 12 - NJW-RR 1995, 1524-1525; *Grüneberg* in: Palandt, § 397 Rn. 10 unter Hinweis auf die aus der Formfreiheit des § 397 BGB resultierende geringe praktische Bedeutung der Unterscheidung zwischen konstitutivem und deklaratorischem negativen Schuldanerkenntnis.

[55] Vgl. OLG Köln v. 25.08.1999 - 13 U 28/99 - juris Rn. 4 - MDR 2000, 140; vgl. neuerdings auch OLG Brandenburg v. 13.06.2007 - 13 U 4/07 - juris Rn. 11; *Rieble* in: Staudinger, § 397 Rn. 104 für eine weite Auslegung solcher Klauseln; a.A. *Grüneberg* in: Palandt, § 397 Rn. 6, der dies für eine im Einzelfall zu klärende Frage hält.

[56] Vgl. BAG v. 23.02.2005 - 4 AZR 139/04 - juris Rn. 48 - BB 2005, 1795-1800; *Schulte*, DB 1981, 937-943, 937; *Grüneberg* in: Palandt, § 397 Rn. 11; vgl. aber neuerdings BAG v. 07.11.2007 - 5 AZR 880/06 - juris Rn. 20 - NJW 2008, 461-463.

[57] Vgl. BAG v. 23.02.2005 - 4 AZR 139/04 - juris Rn. 59 - BB 2005, 1795-1800.

[58] Vgl. BAG v. 20.08.1980 - 5 AZR 759/78 - juris Rn. 14 - NJW 1981, 1285-1286.

[59] Vgl. OLG Köln v. 27.10.1999 - 27 U 2/99 - juris Rn. 52 - NZG 2000, 436-438; LArbG Hamm v. 24.11.1998 - 6 Sa 416/98 - DB 1999, 491-492.

[60] BAG v. 27.02.1990 - 3 AZR 213/88 - juris Rn. 32 - ZIP 1990, 1019-1021.

[61] Vgl. BAG v. 20.06.1985 - 2 AZR 427/84 - juris Rn. 22 - DB 1985, 2357-2358.

[62] Vgl. BAG v. 20.08.1980 - 5 AZR 759/78 - juris Rn. 22 - NJW 1981, 1285-1286.

[63] Vgl. BAG v. 16.09.1974 - 5 AZR 255/74 - juris Rn. 18 - AR-Blattei Zeugnis Entsch 15.

[64] Vgl. BAG v. 23.09.2003 - 1 AZR 576/02 - juris Rn. 29 - ZIP 2004, 627-631.

[65] Vgl. BAG v. 19.11.2003 - 10 AZR 174/03 - juris Rn. 38 - BB 2004, 1280-1282; BAG v. 28.07.2004 - 10 AZR 661/03 - juris Rn. 43 - NJW 2004, 3445-3446 zum Anspruch auf anteiliges 13. Monatsgehalt; LArbG Hamm v. 16.02.2005 - 18 (8) Sa 1646/04 - Bibliothek BAG zur anteiligen Jahresprämie; *Rieble* in: Staudinger, § 397 Rn. 104 zur Karenzentschädigung.

Die **Entlastung** des Vorstands und der Geschäftsführung im Vereins- und Gesellschaftsrecht sowie die Entlastung des Verwalters im Wohnungseigentumsrecht unterfällt als einseitiger Rechtsakt nicht der Regelung des § 397 BGB.[66] Außerhalb dieser Rechtsgebiete kann die Entlastung jedoch ein negatives Schuldanerkenntnis i.S.d. § 397 Abs. 2 BGB darstellen.[67] 39

Ob in der Übersendung eines eine Gutschrift auf dem **Konto** ausweisenden Auszugs durch die darlehensgebende Bank ein negatives Schuldanerkenntnis i.S.d. § 397 Abs. 2 BGB zu sehen ist, beurteilt sich nach den gesamten Begleitumständen des Einzelfalls.[68] 40

Ferner kann die vorbehaltlose Unterzeichnung eines **Protokolls** über die Rückgabe und Schadensfeststellung die spätere Geltendmachung von Schadensersatzansprüchen wegen erkennbarer Schäden an der Miet- oder Leasingsache ausschließen.[69] 41

C. Rechtsfolgen

I. Umfang der Wirkungen des Erlasses

Die schuldrechtliche Forderung erlischt in der Höhe, in der der Gläubiger sie dem Schuldner durch Vertrag erlassen hat.[70] 42

Da auf den Erlass als Verfügungsgeschäft die Regelung des § 185 BGB Anwendung findet, kann der als Gläubiger auftretende Vertragsteil die Forderung also nur dann und insoweit wirksam erlassen, wie er tatsächlich Forderungsinhaber ist oder die Voraussetzungen des § 185 BGB vorliegen.[71] 43

Eine Regelung für die Wirkung des Erlasses im Falle der **Gesamtschuld** enthält § 423 BGB. Danach wirkt ein zwischen dem Gläubiger und einem Gesamtschuldner vereinbarter Erlass (nur) dann auch für die übrigen Gesamtschuldner, wenn die Vertragschließenden das ganze Schuldverhältnis aufheben wollten. Ob dies der Fall ist, ist durch Auslegung zu ermitteln.[72] Anderenfalls beschränkt sich die Wirkung des Erlasses auf den am Erlassvertrag beteiligten Gesamtschuldner, der jedoch im Innenverhältnis von den anderen Gesamtschuldnern weiterhin in Regress genommen werden kann.[73] 44

Entsprechend kann der zwischen einem **Gesamtgläubiger** und dem Schuldner vereinbarte Erlass gemäß § 429 Abs. 3 BGB i.V.m. § 423 BGB auch Wirkungen für die anderen Gesamtgläubiger haben. Ob und inwieweit dies der Fall ist, ist ebenfalls eine Frage der Auslegung im Einzelfall.[74] 45

II. Kausalgeschäft

Der Bestand des Erlasses als Verfügungsgeschäft ist grundsätzlich unabhängig von dem zugrunde liegenden Verpflichtungsgeschäft. Die Parteien können Verpflichtungs- und Verfügungsgeschäft jedoch zu einer **Geschäftseinheit** i.S.d. § 139 BGB zusammenfassen oder die schuldrechtliche Vereinbarung als – aufschiebende oder auflösende – **Bedingung** gemäß § 158 BGB zum Inhalt des Verfügungsgeschäfts machen.[75] 46

Handelt es sich bei dem Verpflichtungsgeschäft um eine **Schenkung**, so kommt § 518 Abs. 2 BGB zur Anwendung; ein Mangel der Form wird geheilt, weil der Erlass bereits den Vollzug des Schenkungsversprechens bedeutet.[76] 47

---

[66] Vgl. hierzu *Schlüter* in: MünchKomm-BGB, § 397 Rn. 16.
[67] Vgl. RG v. 06.01.1927 - IV B 75/26 - RGZ 115, 368-372, 371; *Grüneberg* in: Palandt, § 397 Rn. 12.
[68] Vgl. OLG Düsseldorf v. 04.06.1992 - 6 U 235/91 - juris Rn. 55 - WM 1992, 1898-1902.
[69] Vgl. OLG Celle v. 16.07.1997 - 2 U 70/96 - juris Rn. 7 - DB 1997, 2215-2216.
[70] Vgl. BGH v. 24.09.1996 - VI ZR 315/95 - juris Rn. 14 - LM StVG § 12 Nr. 18 (1/1997).
[71] Vgl. OLG Saarbrücken v. 05.06.1997 - 8 U 310/96 - 66, 8 U 310/96- juris Rn. 24 - MDR 1997, 1107; *Zeiss* in: Soergel, § 397 Rn. 6.
[72] Vgl. BGH v. 17.02.1993 - IV ZR 32/92 - juris Rn. 14 - RuS 1993, 188-190; BGH v. 25.05.1993 - VI ZR 272/92 - juris Rn. 26 - LM BGB § 397 Nr. 8 (11/1993); OLG Koblenz v. 10.10.2002 - 5 U 273/02 - juris Rn. 13 - NJW-RR 2003, 73-74.
[73] Vgl. *Gernhuber*, Die Erfüllung und ihre Surrogate, 2. Aufl. 1994, § 16 I 3 b, S. 385.
[74] Vgl. BGH v. 29.04.1993 - III ZR 115/91 - juris Rn. 43 - BGHZ 122, 287-296.
[75] Vgl. BGH v. 20.01.1989 - V ZR 181/87 - juris Rn. 9 - LM Nr. 68 zu § 139 BGB; BGH v. 13.06.1984 - IVa ZR 196/82 - juris Rn. 24 - LM Nr. 12 zu § 110 ZPO für den so genannten Besserungsschein.
[76] Vgl. *Gernhuber*, Die Erfüllung und ihre Surrogate, 2. Aufl. 1994, § 16 I 6 a, S. 374; *Grüneberg* in: Palandt, § 397 Rn. 2 und 8.

III. Bereicherungsanspruch

48 Legen die Parteien des Erlassvertrages diesem einen **Rechtsgrund** zugrunde, so kann bei seinem Fehlen oder Wegfall die – formgerechte – **Wiederbegründung** der schuldrechtlichen Forderung nach den Vorschriften über die Herausgabe einer ungerechtfertigten Bereicherung verlangt werden.[77] Erstreckt sich der Erlass auch auf **unbekannte Forderungen**, so kann er jedoch nicht wegen Irrtums über das Bestehen eines weiteren Anspruchs angefochten werden.[78]

49 Entsprechend kann das **negative Schuldanerkenntnis** nach § 812 BGB bei Fehlen oder Wegfall der Rechtsgrundlage **zurückgefordert werden**.[79] Die Rückforderung ist jedoch ausgeschlossen, wenn der Gläubiger im Zeitpunkt der Abgabe des Anerkenntnisses das tatsächliche Bestehen der Forderung kannte oder mit der Möglichkeit ihres Bestehens rechnete.[80] Ein Bereicherungsanspruch besteht aber dann, wenn die Beteiligten das Nichtbestehen der Forderung nur feststellen wollten, weil sie fälschlich annahmen, diese sei bereits erloschen.[81]

D. Prozessuale Hinweise, insbesondere Beweislastverteilung

50 Der Schuldner trägt die Darlegungs- und Beweislast für solche Umstände, aus denen ein Erlass oder die Verpflichtung des Gläubigers dazu herzuleiten ist.[82]

51 Dagegen trägt der Gläubiger die Darlegungs- und Beweislast hinsichtlich des auf Wiederbegründung bzw. Rückforderung gerichteten Bereicherungsanspruchs.[83]

E. Anwendungsfelder

I. Verzichtsverbote bzw. -beschränkungen

52 Verzichtsverbote bzw. -beschränkungen:
- Der Erlass ist gemäß § 134 BGB unwirksam, wenn und soweit er unverzichtbare Ansprüche erfasst.[84]
- Eine Einschränkung der Verzichtbarkeit enthalten etwa die §§ 1360a, 1614 BGB für den **Unterhaltsanspruch**, auf den **für die Zukunft** nicht verzichtet werden kann.
- Der Verzichtbarkeit des Tariflohns sind durch § 4 Abs. 4 TVG Grenzen gesetzt, wonach ein Verzicht auf entstandene **tarifliche Rechte** nur in einem von den Tarifvertragsparteien gebilligten Vergleich zulässig ist.
- Nach § 2 Abs. 3 BBesG kann der Beamte, Richter oder Soldat auf die ihm gesetzlich zustehende **Besoldung** weder ganz noch teilweise verzichten; ausgenommen sind lediglich die vermögenswirksamen Leistungen.
- Weitere Verzichtsverbote ergeben sich für den Bereich des **Arbeitsrechts** aus § 12 EntgFG und § 13 BUrlG.
- Im **Kapitalgesellschaftsrecht** sind Verzichtsverbote etwa in den §§ 50, 66 AktG, §§ 9, 19, 25, 43 GmbHG und § 34 GenG enthalten.

II. Abgrenzung des Erlasses von ähnlichen Rechtsgestaltungen

1. Einforderungsverzicht

53 Hinsichtlich der Rechtsfolgen unterscheidet sich der Einforderungsverzicht (pactum de non petendo) vom Erlass. Während der Erlass als Verfügungsvertrag zum Erlöschen der Forderung führt, begründet der Einforderungsverzicht als Verpflichtungsvertrag lediglich eine **Einrede** des Schuldners.[85]

---

[77] Vgl. *Zeiss* in: Soergel, § 397 Rn. 6; *Schlüter* in: MünchKomm-BGB, § 397 Rn. 6.
[78] Vgl. OLG Köln v. 25.08.1999 - 13 U 28/99 - juris Rn. 4 - MDR 2000, 140; *Grüneberg* in: Palandt, § 397 Rn. 6.
[79] Vgl. BGH v. 31.03.1982 - I ZR 69/80 - juris Rn. 31 - WM 1982, 671-674.
[80] Vgl. BGH v. 31.03.1982 - I ZR 69/80 - juris Rn. 32 - WM 1982, 671-674.
[81] Vgl. RG v. 03.03.1924 - IV 386/23 - RGZ 108, 105-110, 110 für den beiderseitigen Irrtum über die objektive Grundlage des Anerkenntnisvertrags; *Grüneberg* in: Palandt, § 397 Rn. 10.
[82] Vgl. BGH v. 02.07.1992 - I ZR 181/90 - juris Rn. 40 - LM BGB § 157 (Ge) Nr. 43 (4/1993).
[83] Vgl. *Grüneberg* in: Palandt, § 397 Rn. 10.
[84] Vgl. *Rieble* in: Staudinger, § 397 Rn. 174; *Grüneberg* in: Palandt, § 397 Rn. 9.
[85] Vgl. *Grüneberg* in: Palandt, § 397 Rn. 4.

Da ein **Erlass zugunsten Dritter** ausgeschlossen ist, weil eine solche Verfügung nicht auf den für schuldrechtliche Verpflichtungsverträge geltenden § 328 BGB gestützt werden kann[86], kann ein jedenfalls wirtschaftlich vergleichbares Ergebnis durch die Vereinbarung eines **unbefristeten Einforderungsverzichts zugunsten Dritter** erreicht werden[87]. 54

2. Aufhebung des gesamten Schuldverhältnisses

Umgekehrt unterscheidet sich der Aufhebungsvertrag durch seine weitergehenden Rechtsfolgen vom Erlass. Während der Erlass lediglich die einzelne schuldrechtliche Forderung ganz oder teilweise zum Erlöschen bringt[88], führt der Aufhebungsvertrag zum Erlöschen des gesamten Schuldverhältnisses im weiteren Sinne.[89] 55

---

[86] Vgl. *Rieble* in: Staudinger, § 397 Rn. 30.
[87] Vgl. BGH v. 30.11.1955 - VI ZR 95/54 - BB 1956, 19; *Grüneberg* in: Palandt, § 397 Rn. 5; *Rieble* in: Staudinger, § 397 Rn. 30.
[88] OLG Bremen v. 14.03.2006 - 3 U 72/05 - juris Rn. 26 - OLGR Bremen 2006, 470.
[89] Vgl. *Grüneberg* in: Palandt, § 397 Rn. 4; *Schlüter* in: MünchKomm-BGB, § 397 Rn. 18.

§ 398

Abschnitt 5 - Übertragung einer Forderung

§ 398 BGB Abtretung

(Fassung vom 02.01.2002, gültig ab 01.01.2002)

¹Eine Forderung kann von dem Gläubiger durch Vertrag mit einem anderen auf diesen übertragen werden (Abtretung). ²Mit dem Abschluss des Vertrags tritt der neue Gläubiger an die Stelle des bisherigen Gläubigers.

Gliederung

A. Grundlagen 1	1. Begriff 64
I. Kurzcharakteristik 1	2. Erlaubnispflicht nach dem Rechtsberatungsgesetz/gesetzliches Verbot 65
II. Historische Entwicklung 2	3. Sonstige Unwirksamkeitsgründe 66
III. Regelungsprinzipien 3	4. Rechtsstellung der Beteiligten 67
B. Praktische Bedeutung 4	a. Außenverhältnis zwischen Zessionar, Schuldner und Dritten 68
C. Anwendungsvoraussetzungen 5	b. Innenverhältnis zwischen Zedent und Zessionar 69
I. Normstruktur 5	5. Inkassozession in Zwangsvollstreckung und Insolvenz 70
II. Forderung 6	III. Sicherungsabtretung (Sicherungszession) 71
1. Definition 7	1. Allgemeines 71
2. Öffentlichrechtliche Forderungen 8	2. Zustandekommen der Sicherungsabtretung 72
3. Abtretbarkeit 9	3. Außenverhältnis zum Schuldner 74
4. Bestimmtheit und Bestimmbarkeit 10	a. Volle Gläubigerstellung und Einziehungsbefugnis des Zessionars 74
5. Teilabtretung 14	b. Einwendungen des Schuldners der abgetretenen Forderung 77
6. Forderungsmehrheit 16	c. Abtretung unter auflösender Bedingung 78
7. Bedingte oder befristete Forderung 19	d. Einziehungsermächtigung zugunsten des Zedenten 79
8. Künftige Forderung (Vorausabtretung) 20	e. Leistungsstörungen 80
9. Gegenseitiger Vertrag 24	4. Innenverhältnis zwischen Zedent und Zessionar 81
10. Durchsetzbarkeit der Forderung 25	a. Verfügungen über die Forderung, Einziehung und Verwertung 82
III. Parteien der Abtretung (Zedent und Zessionar) 26	b. Pflichten des Sicherungszessionars im Rahmen der Verwertung 83
1. Abtretung zugunsten Dritter 28	c. Verwertung und Allgemeine Geschäftsbedingungen 85
2. Abtretung an den Schuldner 29	d. Freigabe von Sicherheiten 86
IV. Vertrag (Abtretungsvertrag) 31	5. Sicherungsabtretung in Zwangsvollstreckung und Insolvenzverfahren 88
1. Dinglicher Vertrag 31	a. Einzelzwangsvollstreckung 88
2. Zustandekommen und Auslegung 33	b. Insolvenzverfahren 89
3. Form 34	6. Besondere Formen der Sicherungsabtretung 92
4. Bedingung und Befristung 36	IV. Verlängerter Eigentumsvorbehalt 93
5. Stille Zession 37	V. Globalzession 94
6. Sonderfälle 38	1. Begriff 94
7. Unwirksamkeitsgründe 41	2. Kollision mit verlängertem Eigentumsvorbehalt 95
V. Mitwirkung des Schuldners/Abtretungsanzeige gegenüber dem Schuldner 45	a. Prioritätsgrundsatz 96
D. Rechtsfolgen 47	b. Sittenwidrigkeit/anfängliche Übersicherung .. 97
I. Gläubigerwechsel 47	c. Insolvenzanfechtung 98
II. Umfang des Forderungsübergangs 48	d. Vertragsbruchtheorie/Teilverzichtsklauseln ... 99
III. Prioritätsgrundsatz 50	
IV. Direkt- und Durchgangserwerb/Zwischenverfügungen 51	
V. Forderungen aus gegenseitigen Verträgen ... 54	
VI. Forderungen aus Dauerschuldverhältnissen ... 55	
E. Prozessuale Hinweise/Verfahrenshinweise 56	
I. Prozessrechtliche Folgen der Abtretung ... 56	
II. Beweislast 57	
F. Anwendungsfelder 59	
I. Anwendungsgebiete 59	
II. Inkassozession 64	

e. Forderungsteilung ... 102	1. Novation (Schuldumschaffung, Schuldersetzung, Umschaffung) ... 119
3. Kollision mit nachfolgender Sicherungsabtretung ... 103	2. Legalzession (Übergang kraft Gesetzes, cessio legis) ... 121
4. Kollision mit weiterer Globalzession ... 104	3. Anweisung ... 122
5. Nichtigkeitsfolgen ... 105	4. Einziehungsermächtigung ... 123
VI. Factoring ... 106	a. Begriff und Rechtsnatur ... 123
1. Allgemeines ... 106	b. Praktische Bedeutung und Anwendungsgebiete ... 124
2. Echtes Factoring ... 108	c. Zustandekommen und Widerruf ... 125
a. Begriff und Rechtsnatur ... 108	d. Außenverhältnis zum Schuldner ... 128
b. Dingliches Rechtsgeschäft ... 109	e. Gerichtliche Geltendmachung/Prozessstandschaft/Insolvenz ... 130
c. Kollision mit verlängertem Eigentumsvorbehalt ... 110	5. Vertragsübernahme und Vertragsbeitritt ... 133
d. Kollision mit Sicherungs- und Factoring-Globalzession ... 111	a. Vertragsübernahme ... 133
3. Unechtes Factoring ... 112	b. Vertragsbeitritt ... 138
a. Begriff und Rechtsnatur ... 112	6. Einräumung von Nießbrauch und Pfandrecht ... 139
b. Dingliches Rechtsgeschäft ... 113	7. Sukzessivberechtigung ... 140
c. Kollision mit verlängertem Eigentumsvorbehalt ... 114	8. Begründung von Gesamtgläubigerschaft ... 141
4. Kombination aus echtem und unechtem Factoring ... 115	X. Schuldrechtlicher Ausgleich ... 142
VII. Forfaitierung ... 116	XI. Internationales Privatrecht ... 143
VIII. Leasing ... 117	**G. Arbeitshilfen** ... 144
IX. Abgrenzung zu anderen Rechtsgeschäften und Rechtsinstituten ... 118	

A. Grundlagen[1]

I. Kurzcharakteristik

§ 398 BGB ist die grundlegende Norm des Rechts der Übertragung von Forderungen. Die Vorschrift ordnet die grundsätzliche **Übertragbarkeit von Forderungsrechten** an. Sie regelt darüber hinaus, dass für die rechtsgeschäftliche **Abtretung (Zession)** ein (formloser) Vertrag zwischen altem und neuem Gläubiger erforderlich ist und der Zustimmung des Schuldners nicht bedarf.[2] Dies hat nicht nur Bedeutung für die Übertragung von Forderungen, sondern auch für diejenige sonstiger Rechte. Soweit keine gesetzlichen Spezialvorschriften greifen, können auch sie durch schlichten Vertrag übertragen werden (vgl. § 413 BGB).

1

II. Historische Entwicklung

Das **römische Recht** kannte keine Abtretung, weil die klassische Rechtsdogmatik eine Übertragung von Forderungen wegen deren subjektbezogenem, relativem Charakter als begrifflich ausgeschlossen betrachtete.[3] Möglich waren lediglich Ersatzkonstruktionen wie eine Bevollmächtigung, die Forderung einzuklagen (Inkassomandat)[4] oder die Einziehungsermächtigung.[5] Da dies jedoch den praktischen Bedürfnissen des Rechts- und Wirtschaftslebens, welche es erforderten, den in der Forderung verkörperten Vermögenswert verkehrsfähig zu machen, schon bald nicht mehr gerecht wurde, behalf man sich mit Hilfskonstruktionen (Novation, mandatum agendi, actio utilis – zur Novation vgl. Rn. 119).[6] Bei der **Schaffung des Bürgerlichen Gesetzbuchs** nahm man aufgrund der insbesondere im 19. Jahrhun-

2

---

[1] Fortführung und Aktualisierung der bis zur Vorauflage von Herrn Dr. *G. Knerr* betreuten Kommentierung. Die Kommentierung gibt ausschließlich die persönliche Meinung des Autors wieder.
[2] *Busche* in: Staudinger, § 398 Rn. 23 u. 34.
[3] *Wenger* in: Sohm, Institutionen, Geschichte und System des römischen Privatrechts, 17. Aufl. 1924, S. 463; *Busche* in: Staudinger, Einl. zu den §§ 398 ff. Rn. 3; *Coester-Waltjen*, Jura 2003, 23-30, 24; *Münch*, Abtretungsverbote im deutschen und französischen Recht, 2001, 14.
[4] *Wenger* in: Sohm, Institutionen, Geschichte und System des römischen Privatrechts, 17. Aufl. 1924, S. 463 f.
[5] *Busche* in: Staudinger, Einl. zu den §§ 398 ff. Rn. 122.
[6] *Busche* in: Staudinger, Einl. zu den §§ 398 ff. Rn. 3; *Münch*, Abtretungsverbote im deutschen und französischen Recht, 2001, 32.

dert gewachsenen modernen Verkehrsbedürfnisse von dieser Konzeption Abstand und traf in § 398 BGB die Grundentscheidung für die Übertragbarkeit der Forderung.[7] Die Vorschrift des § 398 BGB ist – ebenso wie der gesamte Abschnitt über die Übertragung der Forderung, also die §§ 398-413 BGB – durch das am 01.01.2002 in Kraft getretene **Gesetz zur Modernisierung des Schuldrechts** vom 26.11.2001[8] völlig unberührt geblieben. Es waren noch nicht einmal redaktionelle Änderungen erforderlich.

III. Regelungsprinzipien

3   Aus der Vorschrift ergibt sich der Grundsatz, dass **Forderungen abtretbar** sind. Sie erlaubt also in einem bestehenden Schuldverhältnis das rechtsgeschäftliche Auswechseln der Person des Gläubigers dergestalt, dass der neue Gläubiger an die Stelle des bisherigen tritt. Das Schuldverhältnis ist also trotz der **Relativität des Forderungsrechts**, d.h. dessen ausschließlicher Geltung zwischen zwei Rechtssubjekten[9], nicht höchstpersönlich an diese beiden Rechtssubjekte gebunden, sondern wird zum **Gegenstand des Rechtsverkehrs**, erlangt also **Verkehrsfähigkeit**[10]. Der Inhalt des Rechts bleibt jedoch bis auf die Person des Forderungsinhabers identisch.[11] Das Gegenteil zur Abtretung ist die rechtsgeschäftliche Auswechslung des Schuldners gemäß den §§ 414-418 BGB.[12] Die Abtretung ist ein **Verfügungsgeschäft**, welches sich allerdings nicht auf absolute Rechte, sondern auf Forderungen, d.h. dem Schuldrecht angehörige subjektive Rechte zwischen zwei Personen, bezieht.[13] Von diesem (abstrakten) Verfügungsgeschäft ist das zugrunde liegende schuldrechtliche (kausale) **Verpflichtungsgeschäft** zu unterscheiden. Letzteres begründet eine neue Forderung, die zur Abtretung der bestehenden bzw. noch entstehenden Forderung verpflichtet. Diese neue Forderung wird durch die den Rechtsübergang der den Gegenstand der Abtretung bildenden Forderung erst bewirkende dingliche Abtretung gemäß § 362 Abs. 1 BGB (vgl. die Kommentierung zu § 362 BGB) erfüllt.[14] Bei der praktischen Rechtsanwendung ist streng zwischen dem Kausalgeschäft und der Abtretung zu unterscheiden, auch wenn diese im Rechtsverkehr häufig faktisch ineinander aufgehen, indem etwa mit dem Kausalgeschäft häufig stillschweigend auch der Abtretungsvertrag abgeschlossen wird.[15] Durch die Entscheidung des Gesetzgebers für die Auswechselbarkeit des Gläubigers ohne Zustimmung des Schuldners (vgl. hierzu Rn. 1) wird der Grundsatz der **Kontrahentenwahlfreiheit**, nach dem jedermann die Freiheit hat, nur mit bestimmten von ihm ausgewählten Personen in Rechtsbeziehungen zu treten, durchbrochen.[16]

B. Praktische Bedeutung

4   Die Vorschrift hat eine **überragende** praktische Bedeutung. Durch die Möglichkeit der Abtretung stellen Forderungen umlauffähige Vermögensbestandteile dar und können daher in den Güteraustausch einbezogen werden.[17] Sie stellen wirtschaftlich und **verfassungsrechtlich Eigentum** dar.[18] Für das Funktionieren des modernen Wirtschaftslebens einschließlich des auf Sicherheiten angewiesenen **Kreditwesen**s ist dies eine unabdingbare Voraussetzung. Durch die Abtretbarkeit wird es erst ermöglicht, den der Forderung in Gestalt der ausschließlichen Rechtsinhaberschaft des Gläubigers innewohnenden **eigenständigen Vermögenswert** im Wirtschaftsleben in größerem Umfang auszunutzen, als dies bei

---

[7] *Busche* in: Staudinger, Einl. zu den §§ 398 ff. Rn. 4; *Münch*, Abtretungsverbote im deutschen und französischen Recht, 2001, 15.
[8] BGBl I 2001, 3138.
[9] *Busche* in: Staudinger, Einl. zu den §§ 398 ff. Rn. 2 und § 398 Rn. 35.
[10] *Busche* in: Staudinger, § 398 Rn. 1; *Roth* in: MünchKomm-BGB, Einl. zu den §§ 398 ff. Rn. 1; *Grüneberg* in: Palandt, § 398 Rn. 1; *Münch*, Abtretungsverbote im deutschen und französischen Recht, 2001, 17.
[11] *Müller*, ZIP 1994, 342-366, 349; *Busche* in: Staudinger, Einl. zu den §§ 398 ff. Rn. 1, 2 u. 4.
[12] *Busche* in: Staudinger, Einl. zu den §§ 398 ff. Rn. 1.
[13] *Busche* in: Staudinger, Einl. zu den §§ 398 ff. Rn. 14; *Roth* in: MünchKomm-BGB, § 398 Rn. 2 u. 13.
[14] *Roth* in: MünchKomm-BGB, § 398 Rn. 2.
[15] BGH v. 18.11.1968 - VIII ZR 189/66 - juris Rn. 8 - LM Nr. 14 zu § 276 (Hb) BGB; *Busche* in: Staudinger, Einl. zu den §§ 398 ff. Rn. 15; *Roth* in: MünchKomm-BGB, § 398 Rn. 3.
[16] *Busche* in: Staudinger, Einl. zu den §§ 398 ff. Rn. 2 u. 45.
[17] *Busche* in: Staudinger, § 398 Rn. 35; *Grüneberg* in: Palandt, § 398 Rn. 1.
[18] BGH v. 22.05.1980 - III ZR 186/78 - juris Rn. 18 - BGHZ 77, 179-188; *Busche* in: Staudinger, § 398 Rn. 35; *Grüneberg* in: Palandt, § 398 Rn. 1; zum Begriff des „Eigentums an der Forderung" vgl. *Roth* in: MünchKomm-BGB, § 398 Rn. 2.

der bloßen Einziehung gegenüber dem Schuldner der Fall wäre.[19] Forderungen können heute etwa im Rahmen verlängerter Eigentumsvorbehalte (vgl. Rn. 94) und Sicherungsabtretungen (vgl. Rn. 71) als flexible und von aufwendigen Formerfordernissen weitgehend befreite Instrumente der Kreditsicherung eingesetzt werden.

C. Anwendungsvoraussetzungen

I. Normstruktur

Satz 1 der Vorschrift enthält die Voraussetzungen einer vertraglichen Forderungsabtretung (Anwendungsvoraussetzungen der Norm), während Satz 2 die Rechtsfolgen einer solchen statuiert.

II. Forderung

Abtretbar sind grundsätzlich alle **Forderungen** privatrechtlicher Art.[20]

1. Definition

Eine Forderung ist das in einem Schuldverhältnis wurzelnde Recht einer bestimmten Person gegenüber einer bestimmten anderen Person, eine von dieser dem Berechtigten zu erbringende Leistung zu verlangen.[21] Eine Definition für den Begriff des **Anspruch**s enthält § 194 Abs. 1 BGB, zu dem das Forderungsrecht den schuldrechtlichen Teilaspekt darstellt. Es handelt sich bei der Forderung also um ein **relatives Recht**, d.h. nur ein konkreter Verpflichteter (Schuldner) muss an einen konkreten Berechtigten (Gläubiger) die Leistung erbringen. Nur zwischen diesen beiden Personen besteht die Rechtsbeziehung. Anders als bei absoluten Rechten, etwa Sachenrechten wie dem Eigentum, Persönlichkeitsrechten, Familienrechten und Immaterialgüterrechten, hat die Rechtsordnung die Forderung nicht mit Wirkung gegenüber jedermann ausgestattet.[22]

2. Öffentlichrechtliche Forderungen

Öffentlichrechtliche Forderungen sind – was bereits die Vorschrift des § 411 BGB zeigt – ebenfalls vom Grundsatz her nach den Regelungen in den §§ 398-413 BGB übertragbar.[23] Jedoch sind insoweit **Spezialvorschriften** zu berücksichtigen, etwa § 411 BGB sowie insbesondere solche öffentlichrechtlicher Art wie § 53 SGB I und § 46 AO.[24] Bei Forderungen landesrechtlichen Ursprungs ist das jeweilige **Landesrecht** zu berücksichtigen.[25] Soweit Spezialvorschriften fehlen, können die §§ 398-413 BGB entsprechend angewandt werden, wobei jedoch die Besonderheiten des öffentlichen Rechts, insbesondere spezielle öffentlichrechtliche Interessenlagen, zu berücksichtigen sind.[26] So kann etwa eine Forderung des Bundes gegen einen bei der Deutschen Bahn AG (DBAG) eingesetzten Bundesbeamten gemäß § 70 BBG auf **Herausgabe eines Schmiergeldes** nicht an die DBAG abgetreten werden. Dies folgt daraus, dass der Bund nach den verfassungsrechtlichen Vorgaben als Dienstherr der Beamten alleiniger Träger der sich aus dem Beamtenverhältnis ergebenden Rechte und Pflichten ist. Der Heraus-

---

[19] *Busche* in: Staudinger, Einl. zu den §§ 398 ff. Rn. 10 f.; *Coester-Waltjen*, Jura 2003, 23-30, 24.
[20] *Busche* in: Staudinger, § 398 Rn. 35; *Grüneberg* in: Palandt, § 398 Rn. 2 u. 9; *Roth* in: MünchKomm-BGB, § 398 Rn. 62.
[21] Vgl. hierzu die Definition des Anspruchsbegriffs und *Busche* in: Staudinger, Einl. zu den §§ 398 ff. Rn. 2.
[22] *Busche* in: Staudinger, Einl. zu den §§ 398 ff. Rn. 8.
[23] BGH v. 10.07.1995 - II ZR 75/94 - juris Rn. 16 - LM DDR-UnternehmensG Nr. 2 (2/1996); VGH Mannheim v. 24.06.1993 - 4 S 668/92 - juris Rn. 5 - ESVGH 44, 80; OLV Koblenz v. 20.06.2005 - 10 A 10215/05 - NVwZ-RR 2005, 733-735, 734; *Busche* in: Staudinger, Einl. zu den §§ 398 ff. Rn. 5 f.; *Roth* in: MünchKomm-BGB, § 398 Rn. 9; *Grüneberg* in: Palandt, § 398 Rn. 2; *Bartone*, AO-StB 2002, 306-310, 308; *Münch*, Abtretungsverbote im deutschen und französischen Recht, 2001, 32; *Ohler*, DöV 2004, 518-525, 518.
[24] OVG Koblenz v. 20.06.2005 - 10 A 10215/05 - NVwZ-RR 2005, 733-735, 734; *Busche* in: Staudinger, Einl. zu den §§ 398 ff. Rn. 5; *Roth* in: MünchKomm-BGB, § 398 Rn. 9; *Grüneberg* in: Palandt, § 398 Rn. 9; *Bartone*, AO-StB 2002, 306-310, 308; *Münch*, Abtretungsverbote im deutschen und französischen Recht, 2001, 35.
[25] BVerwG v. 30.10.1992 - 7 C 24/92 - juris Rn. 14 - NJW 1993, 1610-1611; *Busche* in: Staudinger, Einl. zu den §§ 398 ff. Rn. 5; *Grüneberg* in: Palandt, § 398 Rn. 2.
[26] BGH v. 10.07.1995 - II ZR 75/94 - juris Rn. 16 - LM DDR-UnternehmensG Nr. 2 (2/1996); BGH v. 19.03.1998 - IX ZR 242/97 - juris Rn. 15 - BGHZ 138, 179-187; BVerwG v. 03.02.1972 - III C 92.70 - juris Rn. 12 - BVerwGE 39, 273-278; OLV Koblenz v. 20.06.2005 - 10 A 10215/05 - NVwZ-RR 2005, 733-735, 734; *Busche* in: Staudinger, Einl. zu den §§ 398 ff. Rn. 5; *Roth* in: MünchKomm-BGB, Rn. 9; *Grüneberg* in: Palandt, § 398 Rn. 2; *Ohler*, DöV 2004, 518-525, 520.

gabeanspruch hat daher höchstpersönlichen Charakter, da er kein Anspruch vermögensrechtlicher Art ist, sondern dem Schutz der Integrität der öffentlichen Verwaltung dient. Aus diesem Grund kann der Bund die DBAG auch nicht dazu ermächtigen, die Forderung im eigenen Namen gerichtlich geltend zu machen.[27] Eine öffentlichrechtliche Forderung kann auch an eine **Privatperson** abgetreten werden oder kraft Gesetzes auf sie übergehen,[28] sofern dem nicht gesetzliche Vorschriften entgegenstehen (vgl. etwa für das Gebiet des Sozialrechts: § 53 Abs. 1 SGB I)[29]. Dies gilt auch bei Forderungen, die auf hoheitlichen Maßnahmen beruhen.[30] Umstritten ist, ob eine öffentlichrechtliche Forderung im Fall der Abtretung an einen Privaten ihren öffentlichrechtlichen Charakter behält.[31] Zu folgen ist der herrschenden Auffassung, wonach sich die Forderung in eine solche privatrechtlicher Art umwandelt, da die Forderung durch die Abtretung aus ihrer hoheitlichen Beziehung gelöst wird und hinfort nur noch privaten Ansprüchen und Interessen dient.[32] Die Abtretung darf im Übrigen nicht zur Umgehung der öffentlichrechtlichen Verfahrens- und Zuständigkeitsordnung führen.[33] Darüber hinaus steht § 399 BGB einer Übertragung von Rechten entgegen, die **hoheitliche Befugnisse** beinhalten und daher ihrer Natur nach einem Privaten nicht zustehen können (vgl. die Kommentierung zu § 399 BGB Rn. 10).[34] Dies gilt indes nicht für vermögensrechtliche Restitutionsansprüche gemäß den §§ 3 Abs. 1 Satz 1, 6 Abs. 1 Satz 1 VermG.[35]

3. Abtretbarkeit

9   Die Forderung muss **abtretbar** sein. Dies ist aufgrund der in § 398 BGB zum Ausdruck kommenden **Grundsatzentscheidung** (vgl. Rn. 3) regelmäßig bei allen Forderungen der Fall, und zwar unabhängig davon, auf welcher Grundlage sie beruhen (z.B. Vertrag, Gesetz).[36] Auch der aus Insolvenzanfechtung folgende Rückgewähranspruch kann nach neuerer Rechtsprechung abgetreten werden.[37] Vom Grundsatz der Abtretbarkeit bestehen jedoch **Ausnahmen**. Dies gilt einmal im Hinblick auf die allgemeinen **Schranken der Privatautonomie**, etwa die Vorschriften der §§ 134, 138, 242 BGB (vgl. hierzu Rn. 41). Zum anderen bestehen **spezielle Ausnahmeregelungen**. Die beiden wichtigsten Vorschriften sind die §§ 399, 400 BGB.[38] Daneben finden sich auch in Spezialgesetzen Regelungen, welche die Unabtretbarkeit bestimmter Forderungen begründen (vgl. hierzu im Einzelnen die Kommentierung zu § 399 BGB Rn. 44). Ein Teil der Abtretungsverbote bezweckt den Schutz des Schuldners (so § 400 BGB – vgl. die Kommentierung zu § 400 BGB Rn. 2). Andere knüpfen an die Rechtsnatur des Anspruchs (so § 399 Alt. 1 BGB – vgl. die Kommentierung zu § 399 BGB Rn. 9) oder an öffentliche Interessen (so § 28 Abs. 2 Satz 4 BauGB) an. Nicht abtretbar sind ferner rein **prozessuale Ansprüche** wie das Recht zur Erhebung der Feststellungsklage (vgl. die Kommentierung zu § 399 BGB Rn. 10), während die **Rechtshängigkeit** gemäß § 265 ZPO ansonsten einer Abtretung nicht entgegensteht (vgl. die Kommentierung zu § 399 BGB Rn. 43 und die Kommentierung zu § 407 BGB Rn. 18).[39]

---

[27] OLV Koblenz v. 20.06.2005 - 10 A 10215/05 - NVwZ-RR 2005, 733-735, 734.

[28] BGH v. 18.06.1979 - VII ZR 84/78 - juris Rn. 16 - BGHZ 75, 23-26; *Grüneberg* in: Palandt, § 398 Rn. 9; einschränkend: VG Düsseldorf v. 27.06.1980 - 6 K 4740/78 - juris Rn. 32 - NJW 1981, 1283-1284; *Ohler*, DöV 2004, 518-525, 525.

[29] *Busche* in: Staudinger, Einl. zu den §§ 398 ff. Rn. 6; *Ohler*, DöV 2004, 518-525, 521.

[30] *Busche* in: Staudinger, Einl. zu den §§ 398 ff. Rn. 6.

[31] Vgl. zum Streitstand jeweils m.w.N.: *Busche* in: Staudinger, Einl. zu den §§ 398 ff. Rn. 6; *Roth* in: MünchKomm-BGB, § 398 Rn. 9.

[32] BGH v. 18.06.1979 - VII ZR 84/78 - juris Rn. 18 - BGHZ 75, 23-26; *Busche* in: Staudinger, Einl. zu den §§ 398 ff. Rn. 6; *Grüneberg* in: Palandt, § 398 Rn. 9; a.A. *Ohler*, DöV 2004, 518-525, 523, wonach der Zessionar einen öffentlichrechtlichen Anspruch erwirbt, den er aber nur mittels privatrechtlicher Rechtsinstrumente durchsetzen kann.

[33] VG Düsseldorf v. 27.06.1980 - 6 K 4740/78 - juris Rn. 33 - NJW 1981, 1283-1284 (Abtretung von Erstattungsforderungen vor deren förmlicher Festsetzung); *Busche* in: Staudinger, Einl. zu den §§ 398 ff. Rn. 6.

[34] BGH v. 18.06.1979 - VII ZR 84/78 - juris Rn. 20 - BGHZ 75, 23-26; *Walz*, ZIP 1991, 1405-1413, 1410; *Busche* in: Staudinger, Einl. zu den §§ 398 ff. Rn. 6.

[35] BGH v. 10.07.1995 - II ZR 75/94 - juris Rn. 16 - LM DDR-UnternehmensG Nr. 2 (2/1996); *Busche* in: Staudinger, Einl. zu den §§ 398 ff. Rn. 7.

[36] *Busche* in: Staudinger, Einl. zu den §§ 398 ff. Rn. 43 und § 398 Rn. 35.

[37] BGH v. 17.02.2011 - IX ZR 91/10 - juris Rn. 8 - ZIP 2011, 1114-1116.

[38] *Busche* in: Staudinger, Einl. zu den §§ 398 ff. Rn. 46.

[39] *Busche* in: Staudinger, § 398 Rn. 36.

4. Bestimmtheit und Bestimmbarkeit

Eine Abtretung ist nur wirksam, wenn die abgetretene Forderung **bestimmt** oder zumindest **bestimmbar** bezeichnet ist (**Bestimmtheits-** bzw. **Bestimmbarkeitsgebot**).[40] Dieses Erfordernis hat vor allem Bedeutung bei der Abtretung künftiger Forderungen (Vorausabtretung – vgl. Rn. 20), welche namentlich im Rahmen der Sicherungsabtretung (vgl. Rn. 71) und beim verlängerten Eigentumsvorbehalt (vgl. Rn. 94) von großer praktischer Bedeutung ist.[41] Des Weiteren ist das Bestimmbarkeitskriterium bei der Abtretung von Forderungsmehrheiten und Teilbeträgen relevant (vgl. Rn. 16). 10

Bestimmbarkeit setzt nicht voraus, dass dem Abtretungsvertrag als solchem von vornherein für alle erdenklichen Fälle zweifelsfrei entnommen werden kann, auf welche Forderungen sich die Abtretung erstreckt. Es genügt vielmehr nach ständiger Rechtsprechung, wenn im – eventuell später liegenden – Zeitpunkt der Entstehung der Forderung bestimmt werden kann, ob sie von der Abtretung erfasst wird oder nicht.[42] Bei einer Sicherungsvorausabtretung muss durch einfaches, nach außen erkennbares Geschehen im Zeitpunkt des Forderungsübergangs für jeden, der die Parteiabreden kennt, ohne weiteres erkennbar sein, in welcher Höhe die neu entstandenen Forderungen als Sicherheit gebraucht werden und deshalb übergehen sollen. Sofern eine Mehrheit sukzessiv entstehender Forderungen nur teilweise abgetreten werden soll bis zu der Grenze, bei der ein bestimmter Gesamtbetrag erreicht ist, scheitert ein nachfolgender Austausch von Forderungen am Bestimmtheitserfordernis, es sei denn die Modalität des Nachrückens neuer Forderungen ist ausdrücklich und zweifelsfrei geregelt und anhand der Buchhaltung zum fraglichen Stichtag ohne weiteres feststellbar.[43] Unschädlich ist es, dass gegebenenfalls die Feststellung, welche Forderung(en) abgetreten ist/sind, erheblichen Arbeits- und Zeitaufwand[44] oder einen Rückgriff auf Aufzeichnungen[45] erforderlich macht, anhand derer die abgetretenen Forderungen identifizierbar werden. Ist es wegen **fehlender Aufzeichnungen** nicht mehr aufklärbar, welche Forderungen die Abtretung umfasst – etwa im Falle eines verlängerten Eigentumsvorbehalts – so ist der Zedent zum Schadensersatz verpflichtet, der Zessionar jedoch nicht berechtigt, beliebige Kundenforderungen in Anspruch zu nehmen (zur Beweissituation in diesem Fall: Rn. 58).[46] 11

Umstritten ist, ob der Umfang einer Abtretung von der **wechselnden Höhe anderer Forderungen** abhängig gemacht werden kann. Während dies in der **Rechtsprechung** teilweise verneint[47] und teilweise offen gelassen wird[48], wird die Frage von einem Teil der **Literatur** bejaht[49]. Zu bevorzugen ist die **differenzierende Auffassung**, nach der es darauf ankommt, ob und inwieweit sich der Umfang der Abtretung ermitteln lässt. Ist der Abtretungsumfang nur im Verhältnis zwischen Zedent und Zessionar bestimmbar, so ist hiernach die Abtretung unwirksam.[50] Kann sich dagegen auch der Schuldner auf zumutbare Weise über den Umfang der Abtretung Gewissheit verschaffen, so dass er weiß, an wen er zu leisten hat, so ist die Abtretung wirksam.[51] Kann der Schuldner dies nicht erkennen, so ist die Abtretung 12

---

[40] BGH v. 25.10.1952 - I ZR 48/52 - juris Rn. 16 - BGHZ 7, 365-371; BGH v. 16.03.1995 - IX ZR 72/94 - juris Rn. 20 - LM BGB (Cb) § 138 Nr. 32 (8/1995); BGH v. 12.10.1999 - XI ZR 24/99 - juris Rn. 18 - LM BGB § 151 Nr. 23 (4/2000); OLG Köln v. 19.01.2005 - 11 U 79/04 - OLGR Köln 2005, 168-169; *Busche* in: Staudinger, § 398 Rn. 7 u. 53; *Grüneberg* in: Palandt, § 398 Rn. 14.

[41] *Grüneberg* in: Palandt, § 398 Rn. 23.

[42] BGH v. 25.10.1952 - I ZR 48/52 - juris Rn. 17 - BGHZ 7, 365-371; BGH v. 16.12.1957 - VII ZR 402/56 - BGHZ 26, 178-185; BGH v. 12.10.1999 - XI ZR 24/99 - juris Rn. 18 - LM BGB § 151 Nr. 23 (4/2000); OLG Brandenburg v. 27.02.2008 - 7 U 75/07 - juris Rn. 18, *Busche* in: Staudinger, § 398 Rn. 53; *Grüneberg* in: Palandt, § 398 Rn. 14.

[43] OLG Zweibrücken v. 10.12.2002 - 8 U 70/02 - ZInsO 2003, 36-39.

[44] BGH v. 07.12.1977 - VIII ZR 164/76 - juris Rn. 15 - BGHZ 70, 86-96; *Busche* in: Staudinger, § 398 Rn. 10; *Grüneberg* in: Palandt, § 398 Rn. 14.

[45] Vgl. hierzu *Grüneberg* in: Palandt, § 398 Rn. 16.

[46] BGH v. 17.05.1978 - VIII ZR 11/77 - juris Rn. 19 - LM Nr. 35 zu § 398 BGB; *Busche* in: Staudinger, § 398 Rn. 10; *Grüneberg* in: Palandt, § 398 Rn. 14.

[47] BAG v. 27.06.1968 - 5 AZR 312/67 - juris Rn. 20 - USK 6893.

[48] BGH v. 22.09.1965 - VIII ZR 265/63 - LM Nr. 16 zu § 398 BGB.

[49] *Wolf*, NJW 1966, 107-108, 107; vgl. die Nachweise bei *Busche* in: Staudinger, § 398 Rn. 54.

[50] BGH v. 22.09.1965 - VIII ZR 265/63 - LM Nr. 16 zu § 398 BGB; *Busche* in: Staudinger, § 398 Rn. 54; *Grüneberg* in: Palandt, § 398 Rn. 16; a.A. OLG Karlsruhe v. 05.07.1983 - 15 W 36/83 - juris Rn. 4 - OLGZ 1984, 81-84.

[51] BGH v. 12.10.1999 - XI ZR 24/99 - juris Rn. 19 - LM BGB § 151 Nr. 23 (4/2000); OLG Dresden v. 18.02.1997 - 14 U 1294/96 - juris Rn. 10 - NJW-RR 1997, 1070-1072; OLG Saarbrücken v. 26.11.2002 - 4 U 46/02 - 7, 4 U 46/02- juris Rn. 39 - OLGR Saarbrücken 2003, 217-221; *Busche* in: Staudinger, § 398 Rn. 54; *Grüneberg* in: Palandt, § 398 Rn. 16.

unwirksam.⁵² Daher kann etwa eine **Gehaltsabtretung** in Höhe der jeweils pfändbaren Bezüge vorgenommen werden, denn der Arbeitgeber (Schuldner) kann sich anhand der Tabellen zu § 850c ZPO unschwer über die jeweilige Höhe des pfändbaren Betrages Gewissheit verschaffen.⁵³ Im Einzelfall kann sich ergeben, dass die an sich wirksame Abtretung ins Leere geht, da die abgetretene Forderung nur noch den Wert „Null" hat.⁵⁴ Unbestimmt ist dagegen eine vor dem Entstehen der Forderung vereinbarte Abtretung, wonach Forderungen, die zum Inkasso übergeben werden, einem Inkassounternehmen zum Zweck der Einziehung abgetreten werden.⁵⁵

13 Bestimmt oder bestimmbar muss zum einen der **Gegenstand der Leistung** sein.⁵⁶ Der Rechtsgrund der Forderung muss hingegen nur angegeben werden, soweit dies zur Individualisierung nötig ist.⁵⁷ Bestimmbarkeit reicht auch hinsichtlich der **Person des Schuldners** aus, weshalb eine Abtretung der Ansprüche „gegen die am Bau oder am Transport Beteiligten" dem Bestimmbarkeitserfordernis genügt.⁵⁸ Bei **Schadensersatzansprüchen** ist Kenntnis vom Umfang des Schadens und der Person des Schädigers nicht erforderlich.⁵⁹ Tritt jedoch der Geschädigte nach einem Fahrzeugschaden seine Ansprüche aus dem Verkehrsunfall lediglich in Höhe der Gutachterkosten ab, ist die Abtretung mangels hinreichender Bestimmbarkeit nach jüngerer Rechtsprechung unwirksam. Um dem Bestimmbarkeitserfordernis zu genügen, wäre es erforderlich, in der Abtretungserklärung den Umfang der diesbezüglich von der Abtretung erfassten Forderungen der Höhe und der Reihenfolge nach aufzuschlüsseln.⁶⁰ Unbedenklich ist die Annahme, dass sich die Abtretung auch ohne ausdrückliche Bezeichnung im Abtretungsvertrag auf die besonders ausgewiesene **Mehrwertsteuer** bezieht.⁶¹ Die Bezugnahme auf aus **Geschäftsbüchern** ersichtliche Forderungen, die näher beschrieben werden (z.B. „gegen deutsche Kundschaft"), reicht nicht aus. Indes ist eine Bezugnahme auf sämtliche in einem gesonderten Buch enthaltene Forderungen möglich.⁶² Nicht ausreichend ist die Bezugnahme auf monatlich zu übergebende sog. OPOS-Listen an den Sicherungsgeber, die diesen über die aktuell von der Zession erfassten Forderungen unterrichten sollen.⁶³ In der **vertraglichen Praxis** ist zu berücksichtigen, dass eine weite Formulierung zwar in der Regel im Hinblick auf das Bestimmbarkeitserfordernis unbedenklich ist, jedoch unter Umständen wegen Übersicherung gemäß § 138 BGB oder § 307 BGB (bis zum 31.12.2001: § 9 AGBG) unwirksam sein kann, während sich die Risikoverteilung bei einer engen Formulierung umgekehrt darstellt.⁶⁴

5. Teilabtretung

14 Die Teilabtretung, also die Abtretung eines Teils der Forderung, ist nach h.M. zulässig, wenn die **Forderung teilbar** ist⁶⁵ und die Parteien die Teilabtretung nicht durch Vereinbarung gemäß § 399 Alt. 2 BGB ausgeschlossen haben (vgl. die Kommentierung zu § 399 BGB Rn. 21)⁶⁶. So kann etwa der Anspruch auf Übereignung eines Grundstücks hinsichtlich einer realen Teilfläche abgetreten werden, da

---

[52] BGH v. 22.09.1965 - VIII ZR 265/63 - LM Nr. 16 zu § 398 BGB; OLG Hamburg v. 10.12.1997 - 4 U 98/97 - NJW-RR 1999, 1316-1318; *Grüneberg* in: Palandt, § 398 Rn. 16.
[53] BAG v. 27.06.1968 - 5 AZR 312/67 - juris Rn. 21 - USK 6893; *Busche* in: Staudinger, § 398 Rn. 55; *Grüneberg* in: Palandt, § 398 Rn. 16.
[54] OLG Saarbrücken v. 26.11.2002 - 4 U 46/02 - 7, 4 U 46/02- juris Rn. 40 - OLGR Saarbrücken 2003, 217-221.
[55] AG Ribnitz-Damgarten v. 22.12.2003 - 1 C 768/03 - CR 2004, 200-201.
[56] *Busche* in: Staudinger, § 398 Rn. 8.
[57] *Busche* in: Staudinger, § 398 Rn. 9.
[58] BGH v. 22.12.1977 - VII ZR 45/77 - juris Rn. 26 - BGHZ 70, 193-199; *Busche* in: Staudinger, § 398 Rn. 7, 18 u. 60; *Grüneberg* in: Palandt, § 398 Rn. 14.
[59] *Busche* in: Staudinger, § 398 Rn. 56.
[60] BGH v. 07.06.2011 - VI ZR 260/10 - juris Rn. 8 - NJW 2011, 2713-2714.
[61] BGH v. 17.03.1988 - III ZR 101/87 - juris Rn. 10 - NJW-RR 1988, 1012-1013.
[62] *Busche* in: Staudinger, § 398 Rn. 59.
[63] OLG Hamm v. 06.11.2007 - 27 U 28/07 - juris Rn. 17 - OLGR Hamm 2008, 284-285.
[64] *Grüneberg* in: Palandt, § 398 Rn. 14.
[65] BGH v. 20.12.1956 - VII ZR 279/56 - juris Rn. 5 - BGHZ 23, 53-57; *Larenz*, Schuldrecht, Band I: Allgemeiner Teil, 14. Aufl. 1987, S. 576; *Busche* in: Staudinger, Einl. zu den §§ 398 ff. Rn. 43 und § 398 Rn. 46; *Grüneberg* in: Palandt, § 398 Rn. 10; *Roth* in: MünchKomm-BGB, § 398 Rn. 63, der die Teilabtretung nur unter Aufrechterhaltung der Einheit der Gläubigerposition (Mitgläubigerschaft gemäß § 432 BGB) zulassen will.
[66] BGH v. 20.12.1956 - VII ZR 279/56 - juris Rn. 6 - BGHZ 23, 53-57; *Larenz*, Schuldrecht, Band I: Allgemeiner Teil, 14. Aufl. 1987, S. 576; *Busche* in: Staudinger, Einl. zu den §§ 398 ff. Rn. 43 und § 398 Rn. 46; *Grüneberg* in: Palandt, § 398 Rn. 10.

es sich um eine teilbare Leistung handelt. Bei **Anspruchskonkurrenz** ist die auf nur eine Anspruchsgrundlage beschränkte Abtretung nur mit Zustimmung des Schuldners wirksam.[67] Dies folgt daraus, dass die Beschränkung der Abtretung auf einen Anspruch zur Entstehung einer Gesamtgläubigerschaft gemäß § 428 BGB führen würde, eine solche aber nur mit Zustimmung des Schuldners wirksam begründet werden kann (vgl. Rn. 142).[68] Die Aktivposten der **Schlussrechnung eines Werkvertrages** (Bauvertrages) sind lediglich unselbstständige Rechnungspositionen und können daher als solche nicht abgetreten werden.[69] Hat der Schuldner einen **Schadensersatzanspruch statt der Leistung** aus § 281 BGB (bis zum 31.12.2001: Schadensersatz wegen Nichterfüllung gemäß den §§ 325, 326 BGB), so werden alle Teilforderungen zu bloßen Rechnungsposten und fallen weg, sind also ebenfalls nicht mehr selbstständig abtretbar.[70] Dem Zessionar einer Kaufpreisteilforderung kann der Schuldner das Erlöschen des gesamten Anspruchs entgegenhalten.[71] Eine Teilabtretung ist im Übrigen gemäß § 242 BGB unzulässig, wenn sie für den Schuldner zu **unzumutbaren Erschwernissen** führt (vgl. die Kommentierung zu § 399 BGB Rn. 44).[72] Die Teilung der Forderung darf im Übrigen auch nicht den Erstveräußerer unzumutbar belasten.[73]

Alle Teilforderungen sind selbstständige Forderungen und haben im Falle der Teilabtretung **gleichen Rang**, da sie auf demselben Rechtsgrund beruhen.[74] Abweichende Vereinbarungen sind möglich[75], erfordern aber eine ausdrückliche Abrede (zur Beweislast vgl. Rn. 58)[76]. Weder ein verlängerter Eigentumsvorbehalt (vgl. hierzu Rn. 94)[77] noch eine frühere Abtretung[78] begründen ohne weiteres einen Vorrang. Im Falle gleichen Ranges entscheidet der Schuldner gemäß § 366 BGB, welche Teilforderung er tilgen will.[79] Macht er hiervon keinen Gebrauch, kommt es analog § 366 Abs. 2 BGB zu einer **verhältnismäßigen Tilgung** nach dem Wert der Teilforderungen.[80] Der Schuldner ist jedoch verpflichtet, an denjenigen zuerst zu leisten, der dies zuerst von ihm verlangt.[81] Leistet der Schuldner in Unkenntnis einer Rangvereinbarung auf die nachrangige Forderung, so darf ihm dadurch kein Nachteil entstehen.[82] Der Schuldner kann im Falle der Teilabtretung **Minderung** nur verhältnismäßig gegenüber beiden Forderungsteilen geltend machen, er hat jedoch nicht die Möglichkeit, eine Teilforderung zu bevorzugen

15

---

[67] BGH v. 09.12.1998 - XII ZR 170/96 - juris Rn. 21 - BGHZ 140, 175-183; *Busche* in: Staudinger, § 398 Rn. 52; *Grüneberg* in: Palandt, § 398 Rn. 10.

[68] BGH v. 09.12.1998 - XII ZR 170/96 - juris Rn. 21 - BGHZ 140, 175-183; BGH v. 05.03.1975 - VIII ZR 97/73 - juris Rn. 32 - BGHZ 64, 67-72; *Busche* in: Staudinger, § 398 Rn. 52; *Grüneberg* in: Palandt, § 398 Rn. 10.

[69] BGH v. 22.10.1998 - VII ZR 167/97 - juris Rn. 10 - LM BGB § 398 (5/1999); OLG Brandenburg v. 09.07.2003 - 13 U 47/03 - NJW-RR 2003, 1525-1526; *Grüneberg* in: Palandt, § 398 Rn. 10.

[70] *Busche* in: Staudinger, § 398 Rn. 50; *Grüneberg* in: Palandt, § 398 Rn. 10.

[71] *Busche* in: Staudinger, § 398 Rn. 50.

[72] BGH v. 20.12.1956 - VII ZR 279/56 - juris Rn. 11 - BGHZ 23, 53-57; *Lüke*, JuS 1995, 90-96, 92; *Busche* in: Staudinger, Einl. zu den §§ 398 ff. Rn. 45 und § 398 Rn. 46; *Grüneberg* in: Palandt, § 398 Rn. 10.

[73] BayObLG München v. 26.10.1971 - BReg 2 Z 39/71 - juris Rn. 22; *Busche* in: Staudinger, § 398 Rn. 46; *Grüneberg* in: Palandt, § 398 Rn. 10.

[74] BGH v. 08.12.1966 - VII ZR 144/64 - BGHZ 46, 242-246; *Busche* in: Staudinger, § 398 Rn. 48; *Grüneberg* in: Palandt, § 398 Rn. 10.

[75] BGH v. 07.05.1991 - XII ZR 44/90 - juris Rn. 10 - LM 1992, Nr. 1, § 366 BGB Nr. 22; *Busche* in: Staudinger, § 398 Rn. 48; *Grüneberg* in: Palandt, § 398 Rn. 10.

[76] BGH v. 07.05.1991 - XII ZR 44/90 - juris Rn. 11 - LM 1992, Nr. 1, § 366 BGB Nr. 22; *Busche* in: Staudinger, § 398 Rn. 48; *Grüneberg* in: Palandt, § 398 Rn. 10.

[77] BGH v. 07.05.1991 - XII ZR 44/90 - juris Rn. 11 - LM 1992, Nr. 1, § 366 BGB Nr. 22; *Busche* in: Staudinger, § 398 Rn. 48; *Grüneberg* in: Palandt, § 398 Rn. 10.

[78] RG v. 18.10.1935 - II 55/35 - RGZ 149, 96-102, 100; *Busche* in: Staudinger, § 398 Rn. 48; *Grüneberg* in: Palandt, § 398 Rn. 10.

[79] RG v. 18.10.1935 - II 55/35 - RGZ 149, 96-102, 100; BGH v. 08.12.1966 - VII ZR 144/64 - BGHZ 46, 242-246; BGH v. 27.02.1967 - VII ZR 221/64 - BGHZ 47, 168-172; BGH v. 07.05.1991 - XII ZR 44/90 - juris Rn. 9 - LM 1992, Nr. 1, § 366 BGB Nr. 22; LG Arnsberg v. 17.02.2009 - 3 S 165/08 - juris Rn. 33; *Busche* in: Staudinger, § 398 Rn. 47 u. 49; *Grüneberg* in: Palandt, § 398 Rn. 10.

[80] BGH v. 07.05.1991 - XII ZR 44/90 - juris Rn. 13 - LM 1992, Nr. 1, § 366 BGB Nr. 22; *Busche* in: Staudinger, § 398 Rn. 49.

[81] *Busche* in: Staudinger, § 398 Rn. 49.

[82] *Larenz*, Schuldrecht, Band I: Allgemeiner Teil, 14. Aufl. 1987, S. 579; *Busche* in: Staudinger, § 398 Rn. 48.

§ 398

(vgl. auch die Kommentierung zu § 404 BGB Rn. 11).[83] Die **Verjährung** der Teilforderungen läuft getrennt und wird auch getrennt gehemmt.[84] Zu den allgemeinen Grundsätzen bezüglich des Verhältnisses von Verjährung und Abtretung vgl. die Kommentierung zu § 404 BGB Rn. 14.

6. Forderungsmehrheit

16 Auch eine **Mehrheit von Forderungen** kann abgetreten werden.[85] In diesem Fall gelten besondere Anforderungen an die **Bestimmbarkeit** der abgetretenen Forderungen (vgl. Rn. 10).[86] Praktisch relevant ist die Abtretung von Mehrheiten (künftiger) Forderungen bei der Sicherungszession (vgl. Rn. 71) und dem verlängerten Eigentumsvorbehalt (vgl. Rn. 94). Die Rechtsprechung bejaht die Bestimmbarkeit bei der Abtretung aller Forderungen aus einem bestimmten **Geschäftsbetrieb**[87], aller Forderungen aus einer bestimmten Art von Rechtsgeschäften[88], aller Forderungen aus einem bestimmten – auch zukünftigen – Zeitraum, selbst wenn einzelne Forderungen ausgenommen werden[89], sowie „aller künftiger Forderungen"[90]. Im letzten Fall ist jedoch § 138 BGB zu berücksichtigen (vgl. Rn. 97).[91] Überhaupt ergeben sich bezüglich der Wirksamkeit der Abtretung künftiger Forderungen aus den die Privatautonomie begrenzenden Vorschriften wie den §§ 138 und 307 BGB (bis zum 31.12.2001: § 9 AGBG) besondere Probleme. Dies hat besondere Bedeutung für Fälle der Globalzession (vgl. Rn. 95) sowie überhaupt bei Übersicherung (vgl. Rn. 97).[92]

17 Unwirksam ist hingegen die Abtretung mehrerer Forderungen in Höhe eines **Teilbetrages**, wenn nicht erkennbar ist, auf welche Forderungen bzw. Teilforderungen sich die Abtretung bezieht.[93] Bestimmbarkeit setzt voraus, dass Höhe und Reihenfolge der von der Teilabtretung erfassten Forderungen aufgeschlüsselt werden.[94] Der Schuldner muss sich in zumutbarer Weise Gewissheit darüber verschaffen können, ob und in welcher Höhe seine Verpflichtung von der Abtretung erfasst ist.[95] Um dem Bestimmbarkeitserfordernis zu genügen, ist es erforderlich, in der Abtretungserklärung gegebenenfalls den Umfang der von der Abtretung erfassten Forderungen der Höhe und der Reihenfolge nach aufzuschlüsseln.[96] Unwirksam ist ferner die Abtretung aller Forderungen bis zu einem **Höchstbetrag**, soweit sie künftige Forderungen betrifft und unbestimmt ist, welche Forderungen jeweils nachrücken sollen.[97] Werden die abgetretenen Forderungen jedoch später genau bezeichnet, so wird die Abtretung wirk-

---

[83] BGH v. 08.12.1966 - VII ZR 144/64 - BGHZ 46, 242-246; BGH v. 16.03.1983 - VIII ZR 22/82 - juris Rn. 18 - LM Nr. 44 zu § 398 BGB; *Busche* in: Staudinger, § 398 Rn. 49; *Grüneberg* in: Palandt, § 398 Rn. 10.

[84] Für die Unterbrechung nach dem bis zum 31.12.2001 geltenden Recht: BGH v. 18.01.1966 - VI ZR 147/64 - juris Rn. 18 - BGHZ 44, 382-394; *Busche* in: Staudinger, § 398 Rn. 51; *Grüneberg* in: Palandt, § 398 Rn. 10.

[85] *Busche* in: Staudinger, § 398 Rn. 60; *Grüneberg* in: Palandt, § 398 Rn. 15.

[86] *Busche* in: Staudinger, § 398 Rn. 60; *Grüneberg* in: Palandt, § 398 Rn. 15.

[87] OLG Stuttgart v. 31.10.1963 - 3 U 69/1963, 3 U 69/63 - juris Rn. 38 - WM 1964, 395-397; *Busche* in: Staudinger, § 398 Rn. 60; *Grüneberg* in: Palandt, § 398 Rn. 15.

[88] OLG Stuttgart v. 31.10.1963 - 3 U 69/1963, 3 U 69/63 - juris Rn. 38 - WM 1964, 395-397; OLG Köln v. 19.01.2005 - 11 U 79/04 - OLGR Köln 2005, 168-169; *Busche* in: Staudinger, § 398 Rn. 60; *Grüneberg* in: Palandt, § 398 Rn. 15.

[89] *Busche* in: Staudinger, § 398 Rn. 60; *Grüneberg* in: Palandt, § 398 Rn. 15.

[90] *Grüneberg* in: Palandt, § 398 Rn. 15; zweifelnd: *Busche* in: Staudinger, § 398 Rn. 65.

[91] *Grüneberg* in: Palandt, § 398 Rn. 15.

[92] *Busche* in: Staudinger, § 398 Rn. 66.

[93] BGH v. 18.02.1965 - II ZR 166/62 - juris Rn. 11 - WM 1965, 562; OLG Köln v. 26.08.1997 - 9 U 226/96 - juris Rn. 50 - VersR 1998, 1269-1271; OLG Rostock v. 03.05.2005 - 4 U 182/01 - AUR 2005, 259; OLG Köln v. 19.01.2005 - 11 U 79/04 - OLGR Köln 2005, 168-169; *Busche* in: Staudinger, § 398 Rn. 61; *Grüneberg* in: Palandt, § 398 Rn. 15.

[94] OLG Köln v. 26.08.1997 - 9 U 226/96 - juris Rn. 50 - VersR 1998, 1269-1271; OLG Köln v. 19.01.2005 - 11 U 79/04 - OLGR Köln 2005, 168-169.

[95] OLG Hamburg v. 10.12.1997 - 4 U 98/97 - juris Rn. 4 - NJW-RR 1999, 1316-1318; OLG Köln v. 19.01.2005 - 11 U 79/04 - OLGR Köln 2005, 168-169.

[96] BGH v. 07.06.2011 - VI ZR 260/10 - juris Rn. 8 - NJW 2011, 2713-2714.

[97] BGH v. 15.03.1978 - VIII ZR 180/76 - juris Rn. 22 - BGHZ 71, 75-80; *Busche* in: Staudinger, § 398 Rn. 65; *Grüneberg* in: Palandt, § 398 Rn. 15.

sam.⁹⁸ Unwirksam sind auch die Abtretung der **jeweils letzten Forderung** aus einem Geschäft bis zu einer bestimmten Höhe⁹⁹ und diejenige künftiger Forderungen bis zur Höhe ständig wechselnder Vorschüsse¹⁰⁰.

Ein Sonderfall stellt die sog. **Mantelzession** dar, in der sich der Zedent verpflichtet, Forderungen in bestimmter oder variabler Höhe abzutreten und dem Zessionar zu bestimmten Zeitpunkten Listen der abgetretenen Forderungen zu übergeben.¹⁰¹ Dem Bestimmbarkeitserfordernis wird hierbei deshalb Genüge getan, weil die Abtretung erst mit der Übergabe der Listen wirksam wird und in diesen die Forderungen im Einzelnen bezeichnet sind.¹⁰² Der Zessionar genießt jedoch bis zu diesem Zeitpunkt keinen Schutz gegen anderweitige Abtretungen oder Pfändungen.¹⁰³ 18

7. Bedingte oder befristete Forderung

Unter einer **aufschiebenden Bedingung oder Befristung** begründete Forderungen sind ebenso abtretbar wie schon bestehende, aber noch nicht fällige Forderungen.¹⁰⁴ 19

8. Künftige Forderung (Vorausabtretung)

Auch **künftige Forderungen**, d.h. solche, die noch nicht entstanden sind, können nach allgemein geteilter Meinung abgetreten werden.¹⁰⁵ Die Abtretung künftiger Forderungen bezeichnet man als Vorausabtretung.¹⁰⁶ Deren Zulässigkeit ergibt sich aus einem argumentum a fortiori aus § 185 Abs. 2 BGB.¹⁰⁷ Für die Wirksamkeit der Abtretung brauchen die Voraussetzungen für die Entstehung der Forderung noch nicht gegeben zu sein, insbesondere das Rechtsverhältnis oder die **Rechtsgrundlage**, aus der sie entspringt, noch nicht zu existieren.¹⁰⁸ Auch ist die Ungewissheit über die Person des Schuldners unschädlich.¹⁰⁹ Daher kann der Erblasser die erst in der Person des Erben entstehende Forderung wirksam abtreten.¹¹⁰ Die Entstehung der Forderung muss aber zum Zeitpunkt der Abtretung als **möglich** erscheinen, was etwa bei künftig abzuschließenden Austauschverträgen im Rahmen eines Geschäftsbetriebs zu bejahen ist.¹¹¹ Außerdem muss die abgetretene Forderung **bestimmt oder bestimmbar bezeichnet** sein (vgl. hierzu Rn. 10).¹¹² Die Willensübereinstimmung der beiden Parteien braucht dagegen im Zeitpunkt des Rechtserwerbs, also beim Entstehen der Forderung (vgl. hierzu Rn. 51), nicht 20

---

⁹⁸ *Busche* in: Staudinger, § 398 Rn. 62.
⁹⁹ RG v. 18.05.1917 - III 466/16 - RGZ 90, 248-250, 249; *Busche* in: Staudinger, § 398 Rn. 65.
¹⁰⁰ *Busche* in: Staudinger, § 398 Rn. 65; a.A. *Wolf*, NJW 1966, 107-108, 107; offen gelassen von BGH v. 22.09.1965 - VIII ZR 265/63 - LM Nr. 16 zu § 398 BGB.
¹⁰¹ *Busche* in: Staudinger, § 398 Rn. 57; *Grüneberg* in: Palandt, § 398 Rn. 16.
¹⁰² LG Berlin v. 30.03.1983 - 99 O 2/83 - juris Rn. 20 - WM 1984, 224-226; *Busche* in: Staudinger, § 398 Rn. 57; *Grüneberg* in: Palandt, § 398 Rn. 16.
¹⁰³ *Busche* in: Staudinger, § 398 Rn. 57; *Grüneberg* in: Palandt, § 398 Rn. 16.
¹⁰⁴ BGH v. 21.04.1988 - IX ZR 191/87 - juris Rn. 14 - LM Nr. 62 zu § 398 BGB; *Busche* in: Staudinger, § 398 Rn. 63; *Weber* in: BGB-RGRK, 12. Aufl. 1976, § 398 Rn. 11.
¹⁰⁵ BGH v. 25.10.1952 - I ZR 48/52 - juris Rn. 16 - BGHZ 7, 365-371; BGH v. 19.09.1983 - II ZR 12/83 - juris Rn. 9 - BGHZ 88, 205-209; BGH v. 22.06.1989 - III ZR 72/88 - juris Rn. 26 - BGHZ 108, 98-109; BGH v. 21.04.1988 - IX ZR 191/87 - juris Rn. 14 - LM Nr. 62 zu § 398 BGB; *Larenz*, Schuldrecht, Band I: Allgemeiner Teil, 14. Aufl. 1987, S. 584-586; *Busche* in: Staudinger, § 398 Rn. 63; *Roth* in: MünchKomm-BGB, § 398 Rn. 79; *Grüneberg* in: Palandt, § 398 Rn. 11; *Westermann* in: Erman, § 398 Rn. 11; *Zeiss* in: Soergel, 12. Aufl., § 398 Rn. 7; *Weber* in: BGB-RGRK, 12. Aufl. 1976, § 398 Rn. 11.
¹⁰⁶ *Grüneberg* in: Palandt, § 398 Rn. 11.
¹⁰⁷ *Grüneberg* in: Palandt, § 398 Rn. 11.
¹⁰⁸ BGH v. 22.09.1965 - VIII ZR 265/63 - LM Nr. 16 zu § 398 BGB; *Busche* in: Staudinger, § 398 Rn. 64; *Grüneberg* in: Palandt, § 398 Rn. 11.
¹⁰⁹ BAG v. 14.12.1966 - 5 AZR 168/66 - juris Rn. 25 - NJW 1967, 751; *Busche* in: Staudinger, § 398 Rn. 64; *Grüneberg* in: Palandt, § 398 Rn. 11.
¹¹⁰ BGH v. 09.06.1960 - VII ZR 229/58 - juris Rn. 11 - BGHZ 32, 367-370; *Busche* in: Staudinger, § 398 Rn. 68; *Grüneberg* in: Palandt, § 398 Rn. 11.
¹¹¹ BGH v. 22.09.1965 - VIII ZR 265/63 - LM Nr. 16 zu § 398 BGB; *Busche* in: Staudinger, § 398 Rn. 64; *Grüneberg* in: Palandt, § 398 Rn. 11.
¹¹² BGH v. 25.10.1952 - I ZR 48/52 - juris Rn. 16 - BGHZ 7, 365-371; BGH v. 16.03.1995 - IX ZR 72/94 - juris Rn. 20 - LM BGB (Cb) § 138 Nr. 32 (8/1995); *Busche* in: Staudinger, § 398 Rn. 64; *Grüneberg* in: Palandt, § 398 Rn. 11.

§ 398

mehr fortzubestehen.[113] Der Abtretung einer noch nicht entstandenen Forderung steht im Hinblick auf § 185 Abs. 2 BGB die Abtretung einer zwar entstandenen, jedoch vom Zedenten noch zu erwerbenden Forderung gleich.[114] Entsteht die Forderung nicht oder nicht in der Person des Zedenten, so geht die Abtretung ins Leere und zeitigt keine Folgen.[115] Dies ist etwa dann der Fall, wenn der abgetretene Auseinandersetzungsanspruch wegen Übertragung eines Gesellschaftsanteils nicht in der Person des Zedenten, sondern in der Person des neuen Gesellschafters entsteht.[116] Die Abtretung einer künftigen Forderung ist im Falle der **Insolvenz** des Zedenten den Insolvenzgläubigern gegenüber gemäß § 91 Abs. 1 InsO unwirksam, wenn nicht der Rechtsgrund der Forderung bereits bestand, so dass die Rechtsstellung des Zessionars zu einem Anwartschaftsrecht erstarkt war.[117] Dagegen hindert die Anordnung von Verfügungsbeschränkungen im Eröffnungsverfahren den Erwerb einer zuvor abgetretenen, erst nach Anordnung entstandenen Forderung des Insolvenzschuldners nicht.[118] Zu den **Rechtsfolgen** der Abtretung künftiger Forderungen vgl. Rn. 51. **Pfändbar** sind künftige Forderungen nur dann, wenn es sich um solche aus bereits bestehenden Rechtsverhältnissen handelt. Es muss das Rechtsverhältnis schon so eindeutig konkretisiert sein, dass die Forderung individualisierbar ist.[119]

21 In der Praxis spielt die Vorausabtretung eine ganz erhebliche Rolle beim verlängerten Eigentumsvorbehalt (vgl. Rn. 94), bei der Sicherungsabtretung (vgl. Rn. 71) einschließlich der Globalzession (vgl. Rn. 95) sowie beim Factoring (vgl. Rn. 107).[120] Insbesondere werden häufig künftige Forderungen aus bestehenden Geschäftsverbindungen im Zusammenhang mit **Waren- oder Bankkrediten** abgetreten.[121] Weitere wichtige Fälle sind die Abtretung künftiger **Mietzinsansprüche** gemäß den §§ 566b, 566c, 578 BGB[122], künftiger Lohnforderungen[123], künftiger Dividendenansprüche[124], künftiger gesellschaftsvertraglicher Auseinandersetzungsansprüche[125], des Saldoguthabens aus einem Kontokorrentverhältnis (vgl. jedoch die Kommentierung zu § 404 BGB Rn. 14)[126], öffentlich-rechtlicher Erstattungsansprüche[127], eines künftigen Patentrechts[128], des Nutzungsrechts an Urheberrechten[129], künftiger GmbH-Geschäftsanteile[130] sowie künftiger vorläufiger Eigentümergrundschulden[131] bzw. Hypotheken[132]. Im Wege der Vorausabtretung abtretbar ist auch ein Anspruch auf **Abfindung** wegen Verlusts des Arbeitsplatzes gemäß §§ 9, 10 KSchG i.V.m. § 3 Nr. 9 EStG i.d.F. des Art. 1 Nr. 4 lit. a sublit. aa des Haushaltsbegleitgesetzes 2004 (HBegl 2004) vom 29.12.2003 (BGBl I 2003, 3076). Voraussetzung ist jedoch, dass die abgetretene Forderung, hier der Abfindungsanspruch, spätestens bei ih-

---

[113] *Busche* in: Staudinger, § 398 Rn. 71; *Grüneberg* in: Palandt, § 398 Rn. 11.
[114] *Busche* in: Staudinger, § 398 Rn. 58; *Grüneberg* in: Palandt, § 398 Rn. 11.
[115] BGH v. 19.09.1983 - II ZR 12/83 - juris Rn. 10 - BGHZ 88, 205-209; BGH v. 14.07.1997 - II ZR 122/96 - juris Rn. 9 - LM BGB § 398 Nr. 97 (2/1998); *Grüneberg* in: Palandt, § 398 Rn. 11.
[116] BGH v. 19.09.1983 - II ZR 12/83 - juris Rn. 11 - BGHZ 88, 205-209; BGH v. 14.07.1997 - II ZR 122/96 - juris Rn. 9 - LM BGB § 398 Nr. 97 (2/1998); *Grüneberg* in: Palandt, § 398 Rn. 11.
[117] BGH v. 05.01.1955 - IV ZR 154/54 - juris Rn. 20 - LM Nr. 1 zu § 15 KO; *Grüneberg* in: Palandt, § 398 Rn. 11.
[118] BGH v. 22.10.2009 - IX ZR 90/08 - juris Rn. 9 - WM 2009, 2391-2394 unter ausdrücklicher Aufrechterhaltung der bisherigen Rechtsprechung zu § 91 Abs. 1 InsO - vgl. BGH v. 05.01.1955 - IV ZR 154/54 - juris Rn. 20 - LM Nr. 1 zu § 15 KO.
[119] BGH v. 29.02.1956 - IV ZR 202/55 - juris Rn. 14 - BGHZ 20, 127-136; *Busche* in: Staudinger, § 398 Rn. 67; *Roth* in: MünchKomm-BGB, § 398 Rn. 82.
[120] *Busche* in: Staudinger, § 398 Rn. 68.
[121] *Busche* in: Staudinger, § 398 Rn. 68; *Grüneberg* in: Palandt, § 398 Rn. 17.
[122] *Busche* in: Staudinger, § 398 Rn. 68.
[123] BGH v. 22.09.1965 - VIII ZR 265/63 - LM Nr. 16 zu § 398 BGB; BGH v. 27.04.1995 - IX ZR 123/94 - juris Rn. 6 - LM AGBG § 1 Nr. 24 (10/1995); BAG v. 14.12.1966 - 5 AZR 168/66 - juris Rn. 25 - NJW 1967, 751; *Busche* in: Staudinger, § 398 Rn. 68.
[124] RG v. 16.04.1920 - II 396/19 - RGZ 98, 318-323 320; *Busche* in: Staudinger, § 398 Rn. 68.
[125] BGH v. 14.07.1997 - II ZR 122/96 - juris Rn. 9 - LM BGB § 398 Nr. 97 (2/1998); *Busche* in: Staudinger, § 398 Rn. 68.
[126] *Busche* in: Staudinger, § 398 Rn. 68.
[127] *Busche* in: Staudinger, § 398 Rn. 68.
[128] RG v. 30.11.1932 - I 220/32 - RGZ 139, 52-58, 55; RG v. 13.02.1911 - I 604/09 - RGZ 75, 225-230, 227; *Busche* in: Staudinger, § 398 Rn. 68.
[129] RG v. 05.04.1933 - I 175/32 - RGZ 140, 231-255, 250; *Busche* in: Staudinger, § 398 Rn. 68.
[130] BGH v. 12.07.1956 - II ZR 218/54 - juris Rn. 10 - BGHZ 21, 242-247; *Busche* in: Staudinger, § 398 Rn. 68
[131] BGH v. 21.11.1969 - V ZR 149/66 - juris Rn. 19 - BGHZ 53, 60-65; *Busche* in: Staudinger, § 398 Rn. 68.
[132] RG v. 14.12.1910 - V 693/09 - RGZ 74, 416-421 416; *Busche* in: Staudinger, § 398 Rn. 68.

rer Entstehung nach Gegenstand und Umfang bestimmt oder bestimmbar ist. Nach der Auslegungsregel des § 305c Abs. 2 BGB reicht hierfür bei vorformulierten Verträgen die Abtretung der „sonstigen Entgeltansprüche" nicht aus, da diese Formulierung nicht hinreichend klar ist.[133]

Nicht abtretbar ist der künftige Anspruch auf Auszahlung des nach dem Zuschlag an die Stelle der Hypothek tretenden **Anteils am Versteigerungserlös**, denn dieser ist von dem noch bestehenden Grundpfandrecht nicht unterscheidbar und kann daher nur mit dem Grundpfandrecht selbst in den hierfür vorgeschriebenen Formen übertragen werden.[134] Ob **Anwartschaften** oder Erwartungen bezüglich der künftigen Erweiterung einer im Rahmen eines Dauerschuldverhältnisses bestehenden Forderung von einem konkreten Abtretungsvertrag mit umfasst werden, ist eine Auslegungsfrage, wobei in der Regel hiervon auszugehen ist.[135] 22

Ob eine Vorausabtretung oder lediglich die Abtretung bereits bestehender Forderungen gewollt ist, ist durch **Auslegung** zu ermitteln. Die Abtretung der **Ansprüche eines Sicherungsgebers** etwa bezieht sich aus der Sicht eines unvoreingenommenen Erklärungsempfängers im Zweifel nur auf bestehende Forderungen. Die Erstreckung auf künftige Ansprüche muss besonders zum Ausdruck kommen. Das erfordert nicht unbedingt eine ausdrückliche Erklärung. Ausreichend ist auch, dass sich ein entsprechender übereinstimmender Parteiwille gemäß den §§ 133, 157 BGB aus den Umständen des Falles mit der erforderlichen Eindeutigkeit ergibt. Derartige Umstände können aus dem speziellen Verhältnis zwischen den Vertragspartnern und der sich daraus ergebenden Interessenlage folgen.[136] 23

9. Gegenseitiger Vertrag

Auch die im **Gegenseitigkeitsverhältnis (Synallagma)** stehenden Forderungen aus einem gegenseitigen Vertrag sind abtretbar.[137] Zur Rechtsfolge vgl. Rn. 54. In diesem Fall bleibt trotz des Übergangs auf den neuen Gläubiger das Gegenseitigkeitsverhältnis bestehen.[138] Zu unterscheiden von der Abtretung eines einzelnen im Gegenseitigkeitsverhältnis stehenden Anspruchs ist die Übertragung der Parteistellung als Ganzer (Vertragsübernahme, vgl. hierzu Rn. 133).[139] Bei einzelnen gegenseitigen Verträgen können sich jedoch im Hinblick auf § 399 Alt. 1 BGB Besonderheiten ergeben, so etwa bei Vorverträgen, dem Darlehensvertrag und Gebrauchsüberlassungsverträgen (vgl. hierzu im Einzelnen die Kommentierung zu § 399 BGB Rn. 9).[140] Übertragbar sind auch **dingliche Ansprüche** wie der Herausgabeanspruch aus § 985 BGB oder der Unterlassungsanspruch aus § 1004 BGB.[141] Diese Ansprüche können jedoch nicht von dem absoluten Recht getrennt abgetreten werden, sondern sind untrennbar mit diesem verbunden (vgl. die Kommentierung zu § 413 BGB Rn. 12). Besonderheiten ergeben sich auch bei den **erbrechtlichen Ansprüchen** (vgl. hierzu die Kommentierung zu § 413 BGB Rn. 13). 24

10. Durchsetzbarkeit der Forderung

Forderungen sind **unabhängig von ihrer Durchsetzbarkeit** übertragbar. Daher sind auch Forderungen aus unvollkommenen Schuldverhältnissen (natürlichen Verbindlichkeiten) wie Spiel und Wette (§ 762 BGB) oder Ehevermittlung (§ 656 BGB) übertragbar. Dies folgt daraus, dass die Forderungen materiell-rechtlich bestehen und lediglich ihre Klagbarkeit ausgeschlossen ist.[142] Auch eine **verjährte Forderung** ist übertragbar, da durch die Verjährung die Wirksamkeit und Einklagbarkeit der Forderung nicht berührt werden, sondern nur die Durchsetzbarkeit in dem Fall entfällt, dass der Schuldner die Einrede der Verjährung gemäß § 214 Abs. 1 BGB (bis zum 31.12.2001: § 222 Abs. 1 BGB) erhebt.[143] 25

---

[133] LArbG Düsseldorf v. 29.06.2006 - 11 Sa 291/06 - juris Rn. 43 - DB 2006, 2691-2693.
[134] BGH v. 06.11.1963 - V ZR 55/62 - juris Rn. 33 - LM Nr. 3 zu § 1154 BGB; *Busche* in: Staudinger, § 398 Rn. 69.
[135] *Larenz*, Schuldrecht, Band I: Allgemeiner Teil, 14. Aufl. 1987, S. 585-586; BGH v. 16.12.1957 - VII ZR 49/57 - BGHZ 26, 185-196; BGH v. 30.04.1959 - VII ZR 19/58 - BGHZ 30, 149-154; *Busche* in: Staudinger, § 398 Rn. 70.
[136] BGH v. 07.07.2003 - II ZR 271/00 - juris Rn. 6 - NJW-RR 2003, 1690-1691.
[137] *Busche* in: Staudinger, Einl. zu den §§ 398 ff. Rn. 43 und § 398 Rn. 38.
[138] BGH v. 22.02.1971 - VII ZR 243/69 - juris Rn. 42 - BGHZ 55, 354-358; BGH v. 21.06.1985 - V ZR 134/84 - juris Rn. 29 - LM Nr. 2/3 zu § 326 (Da) BGB; *Busche* in: Staudinger, Einl. zu den §§ 398 ff. Rn. 43.
[139] *Busche* in: Staudinger, § 398 Rn. 39.
[140] *Busche* in: Staudinger, § 398 Rn. 40 f.
[141] *Busche* in: Staudinger, § 398 Rn. 42.
[142] *Busche* in: Staudinger, § 398 Rn. 77.
[143] *Busche* in: Staudinger, § 398 Rn. 78.

III. Parteien der Abtretung (Zedent und Zessionar)

26 Die Abtretung erfolgt gemäß § 398 Satz 1 BGB durch einen Vertrag zwischen dem Gläubiger und einem anderen. Gemäß § 398 Satz 2 BGB werden die Vertragsparteien der bisherige Gläubiger (Zedent) und der neue Gläubiger (Zessionar) genannt. [144]

27 Bei dem Zedenten muss es sich um den **wahren Forderungsinhaber** handeln. Ein **gutgläubiger Erwerb** vom Nichtberechtigten findet anders als bei Sachenrechten (vgl. die §§ 932-936, 892 BGB) grundsätzlich nicht statt.[145] Dies liegt daran, dass bei Forderungen ein äußerer **Rechtsschein** für die vermeintliche Berechtigung (§ 1006 BGB: Besitz; § 891 BGB: Grundbucheintragung) fehlt.[146] Ein solcher ist ausnahmsweise dann gegeben, wenn die Publizität einer Urkunde hinzutritt wie im Falle des § 405 BGB[147] oder im Rahmen des Wertpapierrechts[148]. Durch § 405 BGB wird der Erwerber (Zessionar) in beschränktem Maße geschützt, weil ein äußerer Tatbestand in Gestalt der **Urkunde** vorliegt und einen Rechtsschein des Bestehens der Forderung und der Rechtsinhaberschaft dessen, der die tatsächliche Herrschaft über die Urkunde hat, begründet (vgl. hierzu die Kommentierung zu § 405 BGB Rn. 1). An diesen von ihm selbst geschaffenen Rechtsschein muss sich der Schuldner festhalten lassen.[149] Im Übrigen ist bei der Verfügung eines Nichtberechtigten § 185 BGB anwendbar.[150]

1. Abtretung zugunsten Dritter

28 Eine **Abtretung zugunsten Dritter** ist nicht möglich. Aus dem Umstand, dass das Gesetz in den §§ 328-335 BGB nur Verpflichtungsgeschäfte zugunsten Dritter anerkennt, kann gefolgert werden, dass Verfügungen zugunsten Dritter nicht möglich sind.[151] Die Gegenauffassung argumentiert damit, dass die Möglichkeit, die alte Forderung zu erlassen und eine neue Forderung gemäß § 328 BGB zugunsten des Dritten zu bestellen, unnötig kompliziert sei. Da die Abtretung eine Zwitterstellung einnehme, weil sie zwar rechtsdogmatisch eine Verfügung sei, jedoch zugleich auch die Leistungsbeziehung zwischen Alt- und Neugläubiger sowie Schuldner gestalte, erscheine es bei pragmatischer Betrachtung geboten, neben der Forderungsbegründung auch eine Forderungsübertragung zugunsten Dritter zuzulassen.[152] Der Vertrag komme zwar zwischen dem Altgläubiger und dem Schuldner zustande, jedoch werde der Dritte unmittelbarer Rechtsnachfolger des Zedenten, ohne dass es zu einem Durchgangserwerb beim Versprechensempfänger komme und die Forderung daher auch dessen Gläubigern nicht hafte.[153] Diese Auffassung ist abzulehnen. Es ist bezüglich der Gestaltung der Leistungsbeziehungen zwischen Zedent, Zessionar und Schuldner streng zu unterscheiden zwischen den der Abtretung zugrunde liegenden Kausalverhältnissen und der Abtretung als Verfügungsgeschäft (vgl. Rn. 9). Zugunsten des Dritten kann eine neue Forderung begründet werden. Jedoch ist die Übertragung einer bereits bestehenden Forderung durch Vertrag mit einem Dritten ausgeschlossen, weil § 398 Satz 1 BGB für die Übertragung der Forderung zwingend eine Einigung gerade zwischen Zedent und Zessionar voraussetzt.

2. Abtretung an den Schuldner

29 Durch eine Abtretung an den Schuldner erlischt die Forderung. Es tritt **Konfusion** ein.[154] Konfusion tritt jedoch nicht ein bei der Übertragung von **Wechseln** (Art. 11 Abs. 3 WG) und **Inhaberpapieren**.[155]

30 Im Normalfall muss die Person des Zessionars im Abtretungsvertrag genannt werden.[156] Im Falle der so genannten **Blankozession** wird der Empfänger einer blanko, d.h. ohne die Angabe eines Zessionars, ausgestellten Abtretungsurkunde ermächtigt, sich selbst oder einen Dritten als Zessionar zu bestim-

---

[144] *Busche* in: Staudinger, § 398 Rn. 15; *Grüneberg* in: Palandt, § 398 Rn. 3.
[145] *Busche* in: Staudinger, Einl. zu den §§ 398 ff. Rn. 26 u. § 398 Rn. 31; *Roth* in: MünchKomm-BGB, § 398 Rn. 3.
[146] *Busche* in: Staudinger, Einl. zu den §§ 398 ff. Rn. 26.
[147] *Busche* in: Staudinger, Einl. zu den §§ 398 ff. Rn. 27; *Grüneberg* in: Palandt, § 405 Rn. 1.
[148] *Roth* in: MünchKomm-BGB, § 398 Rn. 3, 28.
[149] *Busche* in: Staudinger, Einl. zu den §§ 398 ff. Rn. 27.
[150] *Busche* in: Staudinger, § 398 Rn. 6.
[151] OLG Frankfurt v. 21.09.1983 - 19 U 174/82 - juris Rn. 35 - VersR 1984, 755; *Grüneberg* in: Palandt, § 398 Rn. 3.
[152] RG v. 19.04.1929 - III 333/28 - RGZ 124, 135-140, 139; *Busche* in: Staudinger, Einl. zu den §§ 398 ff. Rn. 34; *Gottwald* in: MünchKomm-BGB, § 328 BGB, Rn. 171; *Zeiss* in: Soergel, 12. Aufl., § 398 Rn. 1.
[153] *Busche* in: Staudinger, Einl. zu den §§ 398 ff. Rn. 34.
[154] *Busche* in: Staudinger, § 398 Rn. 30; *Grüneberg* in: Palandt, § 398 Rn. 4.
[155] RG v. 01.04.1935 - IV 179/34 - RGZ 147, 233-248, 243; *Busche* in: Staudinger, § 398 Rn. 30.
[156] *Busche* in: Staudinger, § 398 Rn. 16.

men. Eine solche Gestaltung ist zulässig.[157] Hierin liegt eine Willenserklärung des Zedenten, an denjenigen abtreten zu wollen, den der Erklärungsempfänger in das Blankett einträgt.[158] Sinn und Zweck ist es, zu verhindern, dass in der Person eines Zwischenerwerbers neue Einwendungen entstehen, auf die sich der Schuldner gemäß § 404 BGB berufen könnte.[159] Diese Konstruktion ist nicht zu verwechseln mit einer Abtretung zugunsten eines Dritten (vgl. Rn. 28). Fraglich ist, wer bis zur Ausfüllung des Blanketts **Forderungsinhaber** ist. Eine Meinung in der **Literatur** sieht die Forderung bis zur Ausfüllung des Blanketts als subjektloses Recht an.[160] Eine solche Konstruktion widerspricht jedoch der geltenden Rechtsordnung, wonach ein inhaberloses Recht nicht denkbar ist.[161] Aus diesem Grund kann auch der Zwischenerwerber nicht als vollmachtloser Vertreter eines noch unbekannten Rechtsnachfolgers angesehen werden.[162] Auch kann der noch unbekannte Zessionar bis zur Ausfüllung der Urkunde noch nicht Forderungsinhaber sein, da mit ihm noch kein Abtretungsvertrag zustande gekommen ist.[163] Vielmehr ist für die Zwischenzeit maßgeblich der Wille der an der Abtretung beteiligten Parteien.[164] Geht der Wille der Parteien dahin, dass erst der Letzterwerber einer Abtretungskette Forderungsinhaber werden soll, so ist der Zedent bis zur Vollendung des Erwerbs weiterhin als Forderungsinhaber anzusehen und der Letztzessionar erwirbt zu diesem Zeitpunkt die Forderung unmittelbar von ihm.[165] Der zur Ausfüllung des Blanketts ermächtigten Zwischenperson kommt gegenüber dem Zedenten eine treuhänderische Stellung zu.[166] Gegenüber dem Erwerber tritt er als **Stellvertreter des Zedenten**[167] oder kraft einer **Ermächtigung** gemäß § 185 BGB[168] auf. Der Blankozessionar wird frühestens mit der **Ausfüllung des Blanketts ex nunc** Forderungsinhaber.[169] Eine Rückwirkung ist ausgeschlossen.[170] Sie kommt jedenfalls dann nicht in Betracht, wenn die Übertragung – wie z.B. bei Grundpfandrechten (vgl. die §§ 1154 Abs. 1, 1192 BGB) – der Schriftform bedarf (vgl. Rn. 34). In diesen Fällen geht die Forderung unmittelbar vom bisherigen Gläubiger auf den Letzterwerber über. Der „Treuhänder" wird mangels einer formwirksamen Abtretung auch in der Zwischenzeit nicht Forderungsinhaber, selbst wenn die Parteien dies vereinbaren.[171] Im Übrigen wird die Schriftform des § 126 BGB gewahrt, wenn die Blankourkunde übergeben und später vollständig ausgefüllt wird.[172] Bis zum Erwerb durch den Letztzessionar unterliegt die Forderung dem Zugriff der Gläubiger des Zedenten.[173] Liegt dies nicht im Willen der Parteien, so ist die Übertragung der Forderung in der Erwerberkette (Zedent – Empfänger des Blanketts – Blankozessionar) jeweils als normale Forderungsabtretung zu behandeln.[174] Dies hat

---

[157] RG v. 23.05.1917 - V 29/17 - RGZ 90, 273-280, 278; *Busche* in: Staudinger, Einl. zu den §§ 398 ff. Rn. 29; *Roth* in: MünchKomm-BGB, § 398 Rn. 30; *Weber* in: BGB-RGRK, 12. Aufl. 1976, § 398 Rn. 33; *Westermann* in: Erman, § 398 Rn. 3; *Grüneberg* in: Palandt, § 398 Rn. 4.
[158] *Busche* in: Staudinger, Einl. zu den §§ 398 ff. Rn. 29.
[159] *Busche* in: Staudinger, Einl. zu den §§ 398 ff. Rn. 29.
[160] Vgl. die Nachweise bei *Busche* in: Staudinger, Einl. zu den §§ 398 ff. Rn. 30.
[161] *Busche* in: Staudinger, Einl. zu den §§ 398 ff. Rn. 30; *Grüneberg* in: Palandt, § 398 Rn. 3.
[162] So aber *Zeiss* in: Soergel, 12. Aufl., § 398 Rn. 3.
[163] *Busche* in: Staudinger, Einl. zu den §§ 398 ff. Rn. 30; *Grüneberg* in: Palandt, § 398 Rn. 4.
[164] *Busche* in: Staudinger, Einl. zu den §§ 398 ff. Rn. 30; *Roth* in: MünchKomm-BGB, § 398 Rn. 31, 32.
[165] BGH v. 31.10.1956 - V ZR 177/55 - juris Rn. 29 - BGHZ 22, 128-136; *Busche* in: Staudinger, Einl. zu den §§ 398 ff. Rn. 31; *Grüneberg* in: Palandt, § 398 Rn. 4.
[166] *Busche* in: Staudinger, Einl. zu den §§ 398 ff. Rn. 31; *Roth* in: MünchKomm-BGB, § 398 Rn. 31; *Grüneberg* in: Palandt, § 398 Rn. 4.
[167] BGH v. 31.10.1956 - V ZR 177/55 - juris Rn. 29 - BGHZ 22, 128-136; *Busche* in: Staudinger, Einl. zu den §§ 398 ff. Rn. 31.
[168] BGH v. 31.10.1956 - V ZR 177/55 - juris Rn. 29 - BGHZ 22, 128-136; *Busche* in: Staudinger, Einl. zu den §§ 398 ff. Rn. 31.
[169] *Busche* in: Staudinger, § 398 Rn. 31; *Grüneberg* in: Palandt, § 398 Rn. 4.
[170] *Busche* in: Staudinger, Einl. zu den §§ 398 ff. Rn. 31; *Roth* in: MünchKomm-BGB, § 398 Rn. 31; *Grüneberg* in: Palandt, § 398 Rn. 4; *Weber* in: BGB-RGRK, 12. Aufl. 1976, § 398 Rn. 33.
[171] BGH v. 31.10.1956 - V ZR 177/55 - juris Rn. 31 - BGHZ 22, 128-136; *Busche* in: Staudinger, Einl. zu den §§ 398 ff. Rn. 33; *Grüneberg* in: Palandt, § 398 Rn. 3.
[172] BGH v. 31.10.1956 - V ZR 177/55 - juris Rn. 31 - BGHZ 22, 128-136; *Busche* in: Staudinger, Einl. zu den §§ 398 ff. Rn. 33.
[173] *Busche* in: Staudinger, Einl. zu den §§ 398 ff. Rn. 31.
[174] *Busche* in: Staudinger, Einl. zu den §§ 398 ff. Rn. 32; *Roth* in: MünchKomm-BGB, § 398 Rn. 31.

den Nachteil, dass sich der Schuldner bezüglich aller gegenüber irgend einem Zwischenerwerber entstandener Einwendungen und Einreden auf § 404 BGB berufen kann, es sei denn, dies stellte eine unzulässige Rechtsausübung gemäß § 242 BGB dar, da kein Schutzbedürfnis des Schuldners besteht.[175]

IV. Vertrag (Abtretungsvertrag)

1. Dinglicher Vertrag

31 Die **Abtretung (Zession)** erfolgt gemäß § 398 Satz 1 BGB nicht durch einseitiges Rechtsgeschäft, sondern durch einen Vertrag zwischen dem Zedenten und dem Zessionar.[176] Dieser **Abtretungsvertrag** (auch oft nur kurz als Abtretung bezeichnet) stellt ein von dem zugrunde liegenden Kausalgeschäft zu unterscheidendes **Verfügungsgeschäft (dinglicher Vertrag)** dar, da der Vertrag unmittelbar darauf gerichtet ist, ein bestehendes Recht (Forderung) zu übertragen.[177]

32 Der Abtretungsvertrag ist somit ein gesonderter, nach eigenständigen Regeln zu beurteilender Vertrag, dessen Wirksamkeit wegen des **Abstraktionsprinzips** nicht von derjenigen des – u.U. uno actu abgeschlossenen – **Verpflichtungsgeschäfts (Kausalgeschäfts)** abhängt.[178] Mängel des Kausalgeschäfts lassen die Wirksamkeit des Abtretungsvertrages grundsätzlich unberührt.[179] Die Parteien können jedoch das Kausalgeschäft und die Abtretung gemäß § 139 BGB derart zu einer Einheit verbinden, dass die Unwirksamkeit des Grundgeschäfts sich auch auf die Abtretung erstreckt.[180] Erforderlich ist aber angesichts der Bedeutung des Abstraktionsprinzips, dass konkrete Anhaltspunkte dafür vorliegen, dass die Parteien das Bestehen des Kausalgeschäfts ausdrücklich zur Bedingung der Wirksamkeit der Abtretung gemacht haben.[181] In diesem Fall kann sich der Schuldner gegenüber dem Zessionar auch auf Mängel des Grundgeschäfts berufen, außer wenn der Zedent durch ein rechtskräftiges Urteil mit den entsprechenden Einwendungen ausgeschlossen ist.[182] Die Haftung des Zedenten gegenüber dem Zessionar richtet sich hingegen allein nach dem Kausalgeschäft. Sie betrifft im Falle eines Forderungskaufs gemäß den §§ 453 Abs. 1, 437, 433 Abs. 1 Satz 2, 434, 435 BGB (bis zum 31.12.2001 galten insoweit: §§ 437, 438 BGB) nur das Bestehen der Forderung, nicht deren Güte, insbesondere nicht die **Bonität** des Schuldners (vgl. auch Rn. 142).[183] Zu den Folgen der Nichtigkeit des Kausalgeschäfts vgl. Rn. 142. Sofern Kausalgeschäft und Abtretung an demselben Wirksamkeitsmangel leiden (**Fehleridentität**), sind beide unwirksam.[184] Insoweit gelten die allgemeinen Grundsätze, wie sie etwa für die Übertragung des Eigentums entwickelt wurden.[185] Eine Fehleridentität kann insbesondere dann anzunehmen sein, wenn Kausalgeschäft und Abtretung äußerlich Bestandteil ein und desselben Vertrages

---

[175] *Busche* in: Staudinger, Einl. zu den §§ 398 ff. Rn. 32; *Roth* in: MünchKomm-BGB, § 398 Rn. 32.

[176] *Busche* in: Staudinger, § 398 Rn. 1; *Roth* in: MünchKomm-BGB, § 398 Rn. 3; *Grüneberg* in: Palandt, § 398 Rn. 3.

[177] RG v. 18.10.1935 - II 55/35 - RGZ 149, 96-102 100; *Busche* in: Staudinger, Einl. zu den §§ 398 ff. Rn. 12 u. 14, § 398 Rn. 1; *Roth* in: MünchKomm-BGB, § 398 Rn. 2, 13; *Grüneberg* in: Palandt, § 398 Rn. 2.

[178] BGH v. 26.11.1990 - II ZR 92/90 - juris Rn. 9 - LM Nr. 71 zu BGB § 398; BGH v. 14.07.1997 - II ZR 122/96 - juris Rn. 7 - LM BGB § 398 Nr. 97 (2/1998); *Busche* in: Staudinger, Einl. zu den §§ 398 ff. Rn. 15 u. 20, 398 Rn. 2; *Roth* in: MünchKomm-BGB, § 398 Rn. 25; *Grüneberg* in: Palandt, § 398 Rn. 3; *Zeiss* in: Soergel, 12. Aufl., § 398 Rn. 12.

[179] RG v. 23.09.1921 - II 61/21 - RGZ 102, 385-383, 386; *Grüneberg* in: Palandt, § 398 Rn. 3.

[180] BAG v. 14.12.1966 - 5 AZR 168/66 - juris Rn. 18 - NJW 1967, 751; BGH v. 26.10.1990 - V ZR 22/89 - juris Rn. 22 - BGHZ 112, 376-381; *Busche* in: Staudinger, Einl. zu den §§ 398 ff. Rn. 21; *Grüneberg* in: Palandt, § 398 Rn. 3 u. *Ellenberger* in: Palandt, § 139 Rn. 8.

[181] *Busche* in: Staudinger, Einl. zu den §§ 398 ff. Rn. 21; *Roth* in: MünchKomm-BGB, § 398 Rn. 25; *Zeiss* in: Soergel, 12. Aufl., § 398 Rn. 12.

[182] OLG Nürnberg v. 12.07.1983 - 3 U 764/83 - juris Rn. 11 - WM 1984, 607-608; *Busche* in: Staudinger, Einl. zu den §§ 398 ff. Rn. 21; *Grüneberg* in: Palandt, § 398 Rn. 3.

[183] *Grüneberg* in: Palandt, § 398 Rn. 3.

[184] RG v. 05.12.1908 - I 44/08 - RGZ 70, 88-91, 90 (arglistige Täuschung); RG v. 04.04.1919 - VII 350/18 - RGZ 95, 244-246, 245 (Abtretung zur Sicherung einer wucherischen Forderung); *Busche* in: Staudinger, Einl. zu den §§ 398 ff. Rn. 22; *Roth* in: MünchKomm-BGB, § 398 Rn. 25; *Zeiss* in: Soergel, 12. Aufl., § 398 Rn. 12.

[185] RG v. 29.05.1908 - III 558/07 - RGZ 69, 9-13, 13; *Busche* in: Staudinger, Einl. zu den §§ 398 ff. Rn. 22.

sind.[186] Auch bei getrennter Vornahme des Verpflichtungs- und des Erfüllungsgeschäfts kann jedoch ein und derselbe Fehler die Nichtigkeit beider Geschäfte bewirken, insbesondere bei der Anfechtung wegen arglistiger Täuschung gemäß § 123 BGB.[187]

2. Zustandekommen und Auslegung

Für den Abschluss eines Abtretungsvertrages ist ähnlich wie beim Eigentumsübergang gemäß § 929 Satz 1 BGB eine **Einigung** zwischen Zedent und Zessionar erforderlich, d.h. übereinstimmende Willenserklärungen (§§ 145, 147 Abs. 1 Satz 1, 151 Abs. 1 Satz 1 BGB), die unmittelbar darauf gerichtet sind, die Forderung vom bisherigen auf den neuen Gläubiger zu übertragen.[188] Die Forderung muss bezüglich des Leistungsgegenstandes, des Gläubigers und des Schuldners **bestimmt** oder wenigstens **bestimmbar** bezeichnet werden (vgl. hierzu Rn. 10). Die Annahme der Abtretungserklärung soll gemäß § 151 BGB entbehrlich sein, wenn eine Forderung an einen Gläubiger des Zedenten erfüllungshalber abgetreten wird.[189] Der Abtretungsvertrag unterliegt der **Auslegung** nach den allgemeinen Regeln der §§ 133, 157 BGB.[190] Hiernach bestimmt sich der **Umfang der Abtretung**, d.h. welche Forderungen im Einzelnen übergehen sollen[191], einschließlich der Frage, ob über die bereits von § 401 Abs. 1 BGB erfassten Nebenansprüche hinaus weitere sachlich zusammenhängende Forderungen mit übergehen sollen (vgl. hierzu die Kommentierung zu § 401 BGB Rn. 23)[192]. Soweit etwa die Ansprüche des Käufers aus einem Grundstückskaufvertrag durch notarielle Urkunde an einen Dritten abgetreten wurden, ist davon auszugehen, dass der Dritte nicht in den durch Auflassung und Eintragungsvormerkung bestimmten dinglichen Rechtsbestand des Zedenten eingetreten ist.[193] Im Wege der Auslegung gelangt die Rechtsprechung ferner zu dem Ergebnis, dass im Falle einer **Sicherungszession** eine stillschweigende Rückabtretung der zur Sicherheit abgetretenen Forderung für den Fall der Tilgung des gesicherten Anspruchs (vgl. Rn. 87)[194] und im Falle der Übernahme einer **Grundschuld** eine Abtretung des aufschiebend bedingten Rückgewähranspruchs vorliegen kann (vgl. Rn. 35)[195]. Werden Ansprüche aus einer Kapitallebensversicherung zur Sicherheit abgetreten, so ist durch Auslegung zu ermitteln, ob nur der Anspruch auf die Todesfallleistung oder auch der Anspruch auf den Rückkaufwert von der Abtretung erfasst sein sollen.[196] Bei der Abtretung des jeweiligen Guthabens auf einem **Bankkonto** erstreckt sich die Abtretung im Zweifel auch auf Beträge, die auf ein Festgeldkonto mit einer neuen Kontonummer umgebucht werden.[197] Die Abtretung einer **Gehaltsforderung** umfasst regelmäßig auch eventuelle **Lohnsteuererstattungsansprüche**.[198] Ist der Abtretungsvertrag in **Allgemeinen Geschäftsbedingungen** enthalten, so ist die entsprechende Klausel unabhängig von den Einzelfallumständen objektiv auszulegen. Maßgebend für den Inhalt einer Klausel ist somit das typische Verständnis redlicher Vertragspartner unter Abwägung der Interessen der an Geschäften dieser Art normalerweise beteiligten Kreise. Für die objektive Auslegung ist auf die Vorstellungen und Verständnismöglichkeiten eines rechtsunkundigen Durchschnittskunden abzustellen.[199]

33

---

[186] RG v. 18.10.1907 - II 194/07 - RGZ 66, 385-391, 389; RG v. 05.12.1908 - I 44/08 - RGZ 70, 88-91, 90; *Busche* in: Staudinger, Einl. zu den §§ 398 ff. Rn. 22 und § 404 Rn. 5.
[187] BGH v. 08.12.1959 - VIII ZR 134/58 - BGHZ 31, 321-329; *Busche* in: Staudinger, § 404 Rn. 5.
[188] *Grüneberg* in: Palandt, § 398 Rn. 3 u. 6; *Roth* in: MünchKomm-BGB, § 398 Rn. 3, 13.
[189] RG v. 29.09.1917 - V 145/17 - RGZ 90, 430-436, 435; *Busche* in: Staudinger, § 398 Rn. 5.
[190] *Busche* in: Staudinger, § 398 Rn. 3.
[191] *Grüneberg* in: Palandt, § 398 Rn. 9.
[192] *Roth* in: MünchKomm-BGB, § 398 Rn. 13.
[193] OLG Jena v. 03.05.2002 - 6 W 682/01 - juris Rn. 20 - OLG-NL 2002, 130-132.
[194] *Roth* in: MünchKomm-BGB, § 398 Rn. 13, 109.
[195] BGH v. 21.11.1985 - VII ZR 305/84 - juris Rn. 14 - LM Nr. 56 zu § 398 BGB; BGH v. 05.02.1991 - XI ZR 45/90 - juris Rn. 7 - LM Nr. 26 zu BGB § 404; *Roth* in: MünchKomm-BGB, § 398 Rn. 13.
[196] BGH v. 13.06.2007 - IV ZR 330/05 - juris Rn. 20 - NJW 2007, 2320-2324; OLG Düsseldorf v. 25.08.2006 - I-16 U 187/05 - juris Rn. 10 - ZInsO 2006, 1270-1275.
[197] BGH v. 19.10.1999 - XI ZR 292/98 - juris Rn. 11 - LM BGB § 398 Nr. 107 (4/2000); *Grüneberg* in: Palandt, § 398 Rn. 8.
[198] BFH v. 04.12.1979 - VII R 29/77 - juris Rn. 9 - ZIP 1980, 693; *Busche* in: Staudinger, § 398 Rn. 3; *Grüneberg* in: Palandt, § 398 Rn. 5.
[199] ArbG Karlsruhe v. 10.04.2002 - 9 Ca 679/01 - juris Rn. 27 - Bibliothek BAG.

3. Form

34 Auf den Abtretungsvertrag finden die allgemeinen Regeln über Rechtsgeschäfte Anwendung, also etwa das Stellvertretungsrecht (§§ 164-181 BGB).[200] Der Vertrag ist grundsätzlich **formfrei**. Es muss weder die für das der Abtretung zugrunde liegende Kausalgeschäft noch die für die Begründung der abzutretenden Forderung vorgeschriebene Form (etwa § 311b BGB – bis zum 31.12.2001: § 313 BGB) eingehalten werden.[201] Ein Auflassungsanspruch kann daher formlos abgetreten werden.[202] Eine schenkungshalber erfolgte Abtretung ist ebenfalls formlos gültig, da in ihr das Bewirken der schenkweise zugewandten Leistung, nicht aber ein Schenkungsversprechen im Sinne des § 518 Abs. 1 Satz 1 BGB liegt.[203] Eine Ausnahme gilt jedoch nach § 3 VermG, wonach die Abtretung von Ansprüchen auf Rückübertragung von Grundstücken, Gebäuden und Unternehmen nach dem VermG nebst dem zugrunde liegenden Kausalgeschäft der notariellen Beurkundung bedarf.[204] Formbedürftigkeit liegt ferner vor im Falle des § 792 Abs. 1 Satz 2 BGB bei der Übertragung einer **Anweisung** sowie gemäß den §§ 1154 Abs. 1, 1192 BGB bei Forderungen, die durch **Grundpfandrechte** gesichert sind.[205] Eine durch eine Sicherungshypothek gesicherte Forderung kann wirksam nur durch eine Einigung über den Übergang der Forderung und deren Eintragung im Grundbuch abgetreten werden. Damit geht nach § 401 BGB auch die Hypothek auf den Zessionar über.[206] Bei Briefhypotheken und -grundschulden gilt für die Abtretungserklärung des Zedenten, nicht aber für ihre Annahme durch den Zessionar Schriftform, und es ist außerdem die **Übergabe des Briefs** erforderlich (vgl. im Einzelnen Rn. 40).[207] Für andere Namenspapiere vgl. Rn. 40. Zedent und Zessionar können ferner im Kausalgeschäft für die Abtretung gemäß § 125 Satz 2 BGB eine bestimmte **Form vereinbaren**. Eine entsprechende Vereinbarung können auch Schuldner und Zedent treffen. Dies ist als Minus zu § 399 Satz 2 BGB zulässig (vgl. die Kommentierung zu § 399 BGB Rn. 21). Dass eine solche Vereinbarung getroffen wurde, folgt aber noch nicht konkludent aus der Wahrung einer bestimmten Form bei der Begründung der Forderung.[208] Im Übrigen ist die Wahrung der Schriftform jedenfalls auch dann zweckmäßig, wenn sie zur Wirksamkeit der Abtretung nicht erforderlich ist, namentlich im Hinblick auf § 410 BGB.[209]

35 Der Abtretungsvertrag kann ansonsten auch durch schlüssiges (Gesamt-)Verhalten der Parteien, d.h. **konkludent** abgeschlossen werden.[210] Häufig ist die Abtretung der Forderung stillschweigend im zugrunde liegenden **Kausalgeschäft** mit enthalten.[211] Beide Parteien müssen jedoch auch im Falle einer konkludenten Abtretung rechtsgeschäftlichen **Erklärungswillen** haben, was nicht der Fall ist, wenn lediglich eine vermeintliche Legalzession (vgl. hierzu Rn. 121) gebilligt wird.[212] Erforderlich ist, dass von den Vertragsparteien eine Willenserklärung wenigstens für eventuell erforderlich gehalten wird.[213] Eine konkludente Abtretung von **Schadensersatzansprüchen** kann etwa in der Übergabe der den An-

---

[200] BGH v. 29.05.1991 - VIII ZR 214/90 - juris Rn. 10 - BGHZ 114, 360-367; OLG Hamm v. 19.05.1992 - 29 U 169/91 - juris Rn. 5 - OLGR Hamm 1992, 281-282 zu § 181 BGB (Gesellschaftergeschäftsführer); *Roth* in: MünchKomm-BGB, § 398 Rn. 14.

[201] BGH v. 11.11.1983 - V ZR 211/82 - juris Rn. 2 - BGHZ 89, 41-48; *Busche* in: Staudinger, § 398 Rn. 19; *Roth* in: MünchKomm-BGB, § 398 Rn. 13, 33; *Grüneberg* in: Palandt, § 398 Rn. 7; *Stamm*, JURA 2006, 133-139, 136; zur Formbedürftigkeit des Erbverzichts als abstraktes erbrechtliches Verfügungsgeschäft in Abgrenzung zu gegebenenfalls formfreien Vollzugsgeschäften (Abtretungen), die mit einem Erbverzicht im Zusammenhang stehen, vgl. BGH v. 07.12.2011 - IV ZR 16/11 - juris Rn. 14 - MDR 2012, 229-230.

[202] BGH v. 11.11.1983 - V ZR 211/82 - juris Rn. 21 - BGHZ 89, 41-48; *Busche* in: Staudinger, § 398 Rn. 19; *Stamm*, JURA 2006, 133-139, 136.

[203] *Busche* in: Staudinger, § 398 Rn. 19.

[204] *Grüneberg* in: Palandt, § 398 Rn. 7.

[205] *Busche* in: Staudinger, § 398 Rn. 22; *Berger/Göhmann*, JURA 2005, 561-566, 562.

[206] OLG Köln v. 24.11.2008 - 2 Wx 41/08 - juris Rn. 23 - FGPrax 2009, 6-9.

[207] *Busche* in: Staudinger, § 398 Rn. 22; *Berger/Göhmann*, JURA 2005, 561-566, 562.

[208] *Busche* in: Staudinger, § 398 Rn. 20; *Roth* in: MünchKomm-BGB, § 398 Rn. 34; *Weber* in: BGB-RGRK, 12. Aufl. 1976, § 398 Rn. 22.

[209] *Busche* in: Staudinger, § 398 Rn. 21.

[210] BGH v. 21.11.1985 - VII ZR 305/84 - juris Rn. 14 - LM Nr. 56 zu § 398 BGB; BGH v. 21.11.1996 - I ZR 139/94 - juris Rn. 23 - LM BGB § 398 Nr. 95 (3/1997); *Busche* in: Staudinger, Einl. zu den §§ 398 ff. Rn. 18 u. § 398 Rn. 4; *Roth* in: MünchKomm-BGB, § 398 Rn. 13; *Grüneberg* in: Palandt, § 398 Rn. 7.

[211] BGH v. 21.11.1985 - VII ZR 305/84 - juris Rn. 14 - LM Nr. 56 zu § 398 BGB; *Busche* in: Staudinger, Einl. zu den §§ 398 ff. Rn. 17 u. § 398 Rn. 3; *Grüneberg* in: Palandt, § 398 Rn. 3 u. 7.

[212] OLG Hamm v. 16.12.1992 - 31 U 221/92 - juris Rn. 27 - WM 1993, 1673-1674; *Roth* in: MünchKomm-BGB, § 398 Rn. 14.

[213] *Busche* in: Staudinger, Einl. zu den §§ 398 ff. Rn. 18 u. § 398 Rn. 4; *Grüneberg* in: Palandt, § 398 Rn. 7.

spruch oder Schadensfall betreffenden Urkunden an den Versicherer gesehen werden.[214] Die Abtretung eines **Sparguthaben**s kann in der Übergabe des Sparbuchs liegen (vgl. Rn. 40). In der Entgegennahme der Erfüllungsleistung bezüglich einer durch Abtretung einer anderen Forderung gesicherten Forderung kann zugleich die **Rückabtretung** der zur Sicherung abgetretenen Forderung liegen (vgl. Rn. 87).[215] Übernimmt der Grundstückskäufer eine **Grundschuld** sowie die gesicherte Darlehensforderung, liegt darin regelmäßig die Abtretung des aufschiebend bedingten Anspruchs auf Rückgewähr der Grundschuld (vgl. Rn. 33).[216]

4. Bedingung und Befristung

Der Abtretungsvertrag kann auch mit einer aufschiebenden oder auflösenden **Bedingung** oder **Befristung** geschlossen werden.[217] Hiervon zu unterscheiden ist die Abtretung einer bedingten oder befristeten Forderung (vgl. zu dieser Rn. 19).[218] Auch bei einer befristeten oder bedingten Abtretung muss der Vertrag jedoch für die Zukunft vorsehen, dass der Zessionar zur Einziehung der Forderung berechtigt ist. Wird ihm diese Befugnis auf Dauer bedingungslos versagt, ist die Abtretung unwirksam.[219] Dies gilt ebenso, wenn der Zessionar das Einziehungsrecht nur für den Fall haben soll, dass Dritte gegen den Zedenten Vollstreckungsmaßnahmen durchführen.[220] Wird nach einem **Verkehrsunfall** der Schadensersatzanspruch des Geschädigten auf Grund einer Reparaturkosten-Übernahmebestätigung an das Reparaturunternehmen abgetreten, wobei der Haftpflichtversicherer des Schädigers bestätigt, er werde nach ordnungsgemäßer Durchführung der Reparatur direkt an den Reparaturbetrieb leisten, ist die Durchführung der Reparatur aufschiebende Bedingung für das Wirksamwerden der Abtretung. Liegt ein wirtschaftlicher Totalschaden vor, kann der Haftpflichtversicherer nur dann befreiend an den Reparaturbetrieb leisten, wenn der Geschädigte gesondert in eine Leistung an den Reparaturbetrieb einwilligt.[221]

36

5. Stille Zession

Möglich ist auch eine stille Zession, d.h. eine Abtretung, die dem Zessionar zwar die volle Gläubigerstellung verschafft, bei der aber zwischen den Parteien schuldrechtlich vereinbart wird, dass der Zessionar von der Zession erst im Sicherungsfall Gebrauch machen darf.[222] Bei einer solchen bleibt der Zedent bis zur Offenlegung der Abtretung aufgrund einer in der Treuhandabrede liegenden Ermächtigung weiterhin zur **Einziehung der Forderung** gegenüber dem Schuldner befugt (vgl. zur Einziehungsermächtigung Rn. 123).[223] Der Zedent (Sicherungsgeber) hat jedoch den Erlös an den Zessionar (Sicherungsnehmer) auszukehren.[224]

37

6. Sonderfälle

Bei **verbrieften Forderungen** gelten Sonderregelungen.[225] Inhaberpapiere sind Wertpapiere, die den jeweiligen Inhaber der Urkunde als widerlegbar vermuteten Berechtigten ausweisen. Sie können sich auf Forderungen, Sachenrechte und Mitgliedschaftsrechte beziehen.[226] Inhaberpapiere werden aus-

38

---

[214] BGH v. 21.11.1996 - I ZR 139/94 - juris Rn. 23 - LM BGB § 398 Nr. 95 (3/1997); *Busche* in: Staudinger, Einl. zu den §§ 398 ff. Rn. 18 u. § 398 Rn. 4; *Roth* in: MünchKomm-BGB, § 398 Rn. 13; *Grüneberg* in: Palandt, § 398 Rn. 7.

[215] BGH v. 21.11.1985 - VII ZR 305/84 - juris Rn. 15 - LM Nr. 56 zu § 398 BGB; *Busche* in: Staudinger, Einl. zu den §§ 398 ff. Rn. 4; *Grüneberg* in: Palandt, § 398 Rn. 7.

[216] BGH v. 05.02.1991 - XI ZR 45/90 - juris Rn. 7 - LM Nr. 26 zu BGB § 404; *Busche* in: Staudinger, Einl. zu den §§ 398 ff. Rn. 18 u. § 398 Rn. 4; *Grüneberg* in: Palandt, § 398 Rn. 7.

[217] BGH v. 10.12.1951 - GSZ 3/51 - juris Rn. 15 - BGHZ 4, 153-167; BGH v. 29.02.1956 - IV ZR 202/55 - juris Rn. 15 - BGHZ 20, 127-136; *Busche* in: Staudinger, Einl. zu den §§ 398 ff. Rn. 19; *Roth* in: MünchKomm-BGB, § 398 Rn. 14; *Grüneberg* in: Palandt, § 398 Rn. 5.

[218] *Roth* in: MünchKomm-BGB, § 398 Rn. 14.

[219] RG v. 23.05.1917 - V 29/17 - RGZ 90, 273-280, 276; *Busche* in: Staudinger, Einl. zu den §§ 398 ff. Rn. 11 u. 19; *Grüneberg* in: Palandt, § 398 Rn. 5.

[220] *Busche* in: Staudinger, Einl. zu den §§ 398 ff. Rn. 19 u. § 398 Rn. 11; *Grüneberg* in: Palandt, § 398 Rn. 5.

[221] LG Frankfurt v. 25.08.2004 - 2/1 S 8/04, 2-01 S 8/04- NJW 2004, 3430-3431.

[222] BGH v. 16.12.1957 - VII ZR 49/57 - BGHZ 26, 185-196; *Busche* in: Staudinger, Einl. zu den §§ 398 ff. Rn. 28; *Grüneberg* in: Palandt, § 398 Rn. 5 u. 22.

[223] *Busche* in: Staudinger, Einl. zu den §§ 398 ff. Rn. 28; *Grüneberg* in: Palandt, § 398 Rn. 4 u. 24.

[224] *Busche* in: Staudinger, Einl. zu den §§ 398 ff. Rn. 28.

[225] *Busche* in: Staudinger, Einl. zu den §§ 398 ff. Rn. 35.

[226] *Busche* in: Staudinger, Einl. zu den §§ 398 ff. Rn. 36.

§ 398

schließlich nach den **sachenrechtlichen Grundsätzen** der §§ 929-931 BGB übertragen, wobei gutgläubiger Erwerb nach Maßgabe der §§ 932-936 BGB möglich ist, und zwar gemäß § 935 Abs. 2 BGB auch bei gestohlenen oder abhanden gekommenen Urkunden. Das Recht aus dem Papier folgt dem Recht am Papier.[227] Umstritten ist, ob daneben auch eine **Abtretung** möglich ist. Während dies von einer Meinung verneint wird[228], geht die Gegenauffassung davon aus, dass das verbriefte Recht als solches auch gemäß den §§ 413, 398 BGB übertragen werden kann. In diesem Fall gehe das Eigentum am Papier gemäß § 952 Abs. 2 BGB auf den Zessionar über.[229]

39 Orderpapiere sind Wertpapiere, die auf eine bestimmte Person oder deren Order ausgestellt werden, d.h. bei denen der in der Urkunde Benannte bezüglich des verbrieften Rechts als berechtigt angesehen wird oder die durch dessen Order bezeichnete Person.[230] Zu ihnen gehören etwa **Wechsel** und **Scheck**. Sie können alternativ durch **Indossament** (vgl. Art. 11 Abs. 1 WG; Art. 14 Abs. 1 ScheckG) oder durch **Abtretung** gemäß den §§ 413, 398 BGB übertragen werden.[231] Das Indossament ist eine üblicherweise auf die Rückseite der Urkunde gesetzte wertpapierrechtliche Übertragungserklärung, die nur von der in der Urkunde vom Aussteller als berechtigt benannten Person oder durch eine Person, die durch eine ununterbrochene Reihe von Indossamenten legitimiert ist, wirksam abgegeben werden kann (vgl. Art. 16 Abs. 1 WG).[232] Die Forderung wird hierbei durch Übereignung des indossierten Papiers übertragen, wobei dem Indossament besondere Wirkungen zukommen, etwa die **Legitimationsfunktion** bei Wechseln und kaufmännischen Orderpapieren (Art. 16 Abs. 1 WG; §§ 364, 365 HGB) und die **Garantiefunktion** beim Wechsel (Art. 14 Abs. 1, 15, 16 Abs. 1 WG).[233] Möglich ist auch eine Übertragung durch **Übereignung des Papiers ohne Indossament**.[234] Im Falle der Abtretung gemäß § 398 BGB reicht bei Orderpapieren – anders als bei sonstigen Forderungen – nicht die Einigung zwischen Zedent und Zessionar. Es muss vielmehr wegen des **Traditionsprinzips** und des Erfordernisses der Rechtssicherheit noch die **Übergabe des Papiers** hinzutreten.[235] Diese ist nur beim präjudizierten Wechsel (Art. 20 Abs. 1 Satz 2 WG) entbehrlich.[236] Einer Übereignung des Papiers bedarf es jedoch nicht. Das Eigentum geht gemäß § 952 Abs. 2 BGB kraft Gesetzes auf den Zessionar über.[237] Im Falle der Abtretung ohne Indossament werden die besonderen wertpapierrechtlichen Rechtsfolgen (Art. 16, 17 WG; §§ 364, 365 HGB) nicht ausgelöst.[238]

40 **Namenspapiere (Rektapapiere** – z.B. Sparbücher) werden gemäß § 398 BGB übertragen.[239] Sie unterliegen aber ebenfalls besonderen Regelungen. Bei **Briefgrundpfandrechten** (Briefhypotheken, Briefgrundschulden) bedarf die Abtretungserklärung, d.h. die abtretungsvertragliche Erklärung des Zedenten, nicht aber die Annahmeerklärung des Zessionars der Schriftform (vgl. auch Rn. 34). Daneben ist gemäß den §§ 1154 Abs. 1, 1192 BGB die Übergabe des Briefs erforderlich.[240] Bei anderen Rektapapieren ist die Abtretung formfrei, da es sich nicht um Wertpapiere im Sinne von Umlaufpapieren handelt. Die Übergabe des **Sparbuchs** etwa ist zur Abtretung eines Sparguthabens nicht erforderlich[241], kann aber als konkludente Zession ausgelegt werden (vgl. Rn. 25)[242]. Dies gilt etwa für die Übergabe eines Sparbuchs zur

---

[227] *Busche* in: Staudinger, Einl. zu den §§ 398 ff. Rn. 36; *Grüneberg* in: Palandt, § 398 Rn. 7.
[228] *Grüneberg* in: Palandt, § 398 Rn. 7; *Steffen* in: BGB-RGRK, 12. Aufl. 1976, vor §§ 793 ff., § 793 Rn. 11; Hantl-Unthan in: Erman, Handkommentar BGB, 10. Aufl. 2000, § 794 Rn. 1.
[229] *Busche* in: Staudinger, Einl. zu den §§ 398 ff. Rn. 37; *Hüffer* in: MünchKomm-BGB, § 793 Rn. 18 f.
[230] *Busche* in: Staudinger, Einl. zu den §§ 398 ff. Rn. 38.
[231] *Busche* in: Staudinger, Einl. zu den §§ 398 ff. Rn. 38; *Grüneberg* in: Palandt, § 398 Rn. 8.
[232] *Busche* in: Staudinger, Einl. zu den §§ 398 ff. Rn. 38.
[233] *Busche* in: Staudinger, Einl. zu den §§ 398 ff. Rn. 38.
[234] *Busche* in: Staudinger, Einl. zu den §§ 398 ff. Rn. 39.
[235] BGH v. 11.04.1988 - II ZR 272/87 - juris Rn. 13 - BGHZ 104, 145-151; *Busche* in: Staudinger, Einl. zu den §§ 398 ff. Rn. 39; *Grüneberg* in: Palandt, § 398 Rn. 8; a.A. *Muscheler*, NJW 1981, 657-662, 658.
[236] BGH v. 11.04.1988 - II ZR 272/87 - juris Rn. 13 - BGHZ 104, 145-151; *Busche* in: Staudinger, Einl. zu den §§ 398 ff. Rn. 39; *Grüneberg* in: Palandt, § 398 Rn. 7.
[237] *Busche* in: Staudinger, Einl. zu den §§ 398 ff. Rn. 39; *Roth* in: MünchKomm-BGB, § 398 Rn. 38; *Muscheler*, NJW 1981, 657-662, 658.
[238] BGH v. 12.12.1957 - II ZR 43/57 - juris Rn. 8 - LM Nr. 1 zu Art 11 WG; *Busche* in: Staudinger, Einl. zu den §§ 398 ff. Rn. 39; *Roth* in: MünchKomm-BGB, § 398 Rn. 37; *Muscheler*, NJW 1981, 657-662, 658.
[239] *Busche* in: Staudinger, Einl. zu den §§ 398 ff. Rn. 40; *Roth* in: MünchKomm-BGB, § 398 Rn. 38.
[240] *Grüneberg* in: Palandt, § 398 Rn. 8.
[241] *Busche* in: Staudinger, Einl. zu den §§ 398 ff. Rn. 40; *Roth* in: MünchKomm-BGB, § 398 Rn. 38; *Grüneberg* in: Palandt, § 398 Rn. 8.
[242] OLG Düsseldorf v. 26.08.1998 - 11 U 75/97 - juris Rn. 3 - OLGR Düsseldorf 1998, 423-424; *Busche* in: Staudinger, Einl. zu den §§ 398 ff. Rn. 40; *Grüneberg* in: Palandt, § 398 Rn. 8.

Erfüllung einer Kautionsabrede. Sie stellt eine Abtretung und keine Verpfändung dar.[243] Für auf den Inhaber ausgestellte und auf den Namen eines Gläubigers umgeschriebene **Staatsschuldverschreibungen** und Schuldverschreibungen einer Körperschaft, Stiftung oder Anstalt des öffentlichen Rechts können gemäß Art. 101 EGBGB besondere landesrechtliche Regelungen getroffen werden.[244]

7. Unwirksamkeitsgründe

Der Abtretungsvertrag muss **wirksam** sein. Die Wirksamkeit kann insbesondere durch Verstöße gegen gesetzliche Verbote gemäß § 134 BGB oder die guten Sitten gemäß § 138 BGB in Frage gestellt sein.[245] Ein zur Nichtigkeit führender Verstoß gegen ein **gesetzliches Verbot** war nach früherer Rechtslage, die für Altfälle weiterhin maßgebend bleibt[246], bei einer Verletzung von Art. 1 § 1 Abs. 1 RBerG gegeben.[247] Eine Rechtsberatung setzte in diesem Zusammenhang voraus, dass eine besondere rechtliche Prüfung von Geschäftsinhalten oder Geschäftsrisiken ausdrücklich vereinbart oder erkennbar erwartet wurde.[248] Dies war dann zu bejahen, wenn ein Unfallgeschädigter seine **Schadensersatzansprüche aus dem Unfall** an einen Kraftfahrzeugvermieter abtrat, damit Letzterer ihm die Verfolgung und Durchsetzung der Ersatzansprüche abnimmt. Dies galt auch, wenn dem Wortlaut nach nur eine Sicherungsabtretung vorlag,[249] etwa an ein die unfallbedingten Kosten vorfinanzierendes Kreditinstitut („Unfallhelfer-Ring").[250] Nichtigkeit trat auch ein, wenn ein Mietwagenunternehmen, das Fahrzeuge zum Unfallersatztarif vermietete, seine Kunden veranlasste, ihre Schadensersatzansprüche auf ein zur Rechtsberatung befugtes Inkassobüro abzutreten, das diese dann gegenüber dem Schädiger bzw. dessen Haftpflichtversicherer auf eigene Rechnung einzog. Es handelte sich hierbei um eine Umgehung des Rechtsberatungsgesetzes, weil diese rechtliche Konstruktion ausschließlich dazu diente, dem Mietwagenunternehmen unter Ausschluss des Geschädigten Einfluss auf die Schadensregulierung zu ermöglichen, so dass – im Rahmen der Auseinandersetzung um den möglicherweise überhöhten Unfallersatztarif – nicht mehr die Interessen des Geschädigten, sondern diejenigen des Mietwagenunternehmens im Vordergrund standen.[251] Es lag dagegen dann kein zur Nichtigkeit der Abtretung führender Verstoß gegen Art. 1 § 1 Abs. 1 RBerG vor, wenn der Unfallgeschädigte unabhängig von der Sicherungsabtretung den Schaden selbst bei der gegnerischen Kfz-Haftpflichtversicherung anzumelden und sich selbst um die Schadensregulierung zu kümmern hatte, sofern er unabhängig hiervon zur Zahlung der Mietwagenkosten verpflichtet blieb und vergeblich zu deren Zahlung aufgefordert wurde. In diesem Fall konnte der Vermieter im Anschluss an die vergebliche Zahlungsaufforderung unmittelbar an die gegnerische Versicherung als solventen und wirtschaftlich sicheren Schuldner herantreten.[252] Ein Verstoß gegen Art. 1 § 1 Abs. 1 RBerG lag auch dann vor, wenn sich ein **privater Krankenversicherer** geschäftsmäßig vermeintliche Patientenforderungen auf Rückzahlung angeblich überhöhter Arzthonorare zum Zwecke der Einziehung abtreten ließ. Die Abtretung war dann gemäß § 134 BGB nichtig.[253] Die Unwirksamkeit einer Abtretung ließ sich dagegen nicht auf § 1 Abs. 1 Satz 1

41

---

[243] AG Karlsruhe-Durlach v. 17.04.2003 - 1 C 602/02 - DWW 2003, 191-192.

[244] *Busche* in: Staudinger, Einl. zu den §§ 398 ff. Rn. 41.

[245] *Busche* in: Staudinger, Einl. zu den §§ 398 ff. Rn. 44.

[246] *Ellenberger* in: Palandt, § 134 Rn. 21.

[247] BGH v. 18.04.1967 - VI ZR 188/65 - juris Rn. 6 - BGHZ 47, 364-369; BGH v. 06.11.1973 - VI ZR 194/71 - juris Rn. 8 - BGHZ 61, 317-325; *Busche* in: Staudinger, Einl. zu den §§ 398 ff. Rn. 114; *Grüneberg* in: Palandt, § 398 Rn. 28 u. *Ellenberger* in: Palandt, § 134 Rn. 21b.

[248] BGH v. 26.10.2004 - VI ZR 300/03 - juris Rn. 11 - NZV 2005, 34-36; AG Hamburg-St. Georg v. 18.05.2007 - 915 C 628/06 - juris Rn. 14 - Schaden-Praxis 2007, 442-443.

[249] BGH v. 18.04.1967 - VI ZR 188/65 - juris Rn. 7 - BGHZ 47, 364-369; BGH v. 06.11.1973 - VI ZR 194/71 - juris Rn. 13 - BGHZ 61, 317-325; BGH v. 26.04.1994 - VI ZR 305/93 - juris Rn. 9 - VersR 1994, 950-952; BGH v. 18.03.2003 - VI ZR 152/02 juris Rn. 14 - VersR 2003, 656-658; BGH v. 22.06.2004 - VI ZR 272/03 - juris Rn. 7 - Schaden-Praxis 2004, 16-17; LG Hannover v. 18.07.2003 - 13 S 6/03 - Schaden-Praxis 2003, 350-351; LG Hannover v. 10.03.2005 - 2 S 80/04 - Schaden-Praxis 2005, 274-275; LG Krefeld v. 15.04.2005 - 8 C 168/04 - Schaden-Praxis 2005, 274-275; AG Hannover v. 14.11.2006 - 549 C 12655/05 - NZV 2007, 477.

[250] BGH v. 06.11.1973 - VI ZR 194/71 - juris Rn. 13 - BGHZ 61, 317-325.

[251] BGH v. 22.06.2004 - VI ZR 272/03 - juris Rn. 8 - Schaden-Praxis 2004, 16-17; AG Hannover v. 12.12.2005 - 549 C 12655/05 - juris Rn. 4.

[252] LG Düsseldorf v. 19.09.2003 - 20 S 36/03 - Schaden-Praxis 2004, 53-54; LG Frankfurt v. 19.06.2009 - 2-24 S 186/08 - juris Rn. 15; AG Köln v. 26.09.2008 - 123 C 76/08 - juris Rn. 20.

[253] LG Duisburg v. 06.07.2006 - 8 O 523/05 - juris Rn. 14; AG Essen-Steele v. 19.05.2004 - 8 C 639/03 - juris Rn. 4 - MedR 2004, 629-631.

§ 398

RBerGAV 5 (5. Ausführungsverordnung zum RBerG vom 29.03.1938) stützen, wonach der geschäftsmäßige Erwerb von Forderungen zur Einziehung auf eigene Rechnung erlaubnispflichtig sein sollte. Die Vorschrift beruhte nicht auf einer verfassungskonformen Ermächtigung und war deshalb ihrerseits unwirksam. Der Gesetzgeber hat die Fortgeltung der vorkonstitutionellen Norm weder gewollt noch eine ausreichende Ermächtigungsgrundlage erlassen.[254] Im Falle der Übertragung von **Wertpapieren** trat Unwirksamkeit infolge eines Verstoßes gegen das Rechtsberatungsgesetz unabhängig davon ein, ob die Übertragung des Wertpapiers und damit der darin verkörperten Forderung durch Einigung und Übergabe der Wertpapierurkunde nach § 929 BGB oder aber durch Abtretung der verbrieften Forderung nach § 398 BGB und Übergabe der Urkunde erfolgte.[255]

42 Zu berücksichtigen ist, dass seit dem 01.07.2008 Regelungen über die Abtretung von Forderungen im Hinblick auf deren rechtliche Überprüfung in § 2 des **Rechtsdienstleistungsgesetzes** (RDG) enthalten sind, das insoweit an die Stelle des RBerG getreten ist.[256] Gemäß § 2 Rechtsdienstleistungsgesetz ist die Einziehung einer zu Einziehungszwecken abgetretenen Forderung nur noch dann eine erlaubnispflichtige Rechtsdienstleistung, wenn sie eigenständig erfolgt (Inkassodienstleistung). Eine gewerbliche **Autovermieterin** betreibt die Forderungseinziehung jedoch lediglich als Annex zur Fahrzeugvermietung. Die Fahrzeugvermietung ist die Hauptleistung, die Forderungseinziehung eine untergeordnete und marktübliche, daher zum Tätigkeitsbild gehörende Nebenleistung.[257]

43 Auch die **Inkassozession** bedurfte einer Erlaubnis nach dem Rechtsberatungsgesetz (vgl. Rn. 65). Dagegen bedürfen die Sicherungsabtretung (vgl. Rn. 73) und die Abtretung im Rahmen des Factoringgeschäfts (vgl. Rn. 107) regelmäßig keiner solchen Erlaubnis.

44 Nichtigkeit wegen Verstoßes gegen das Rechtsberatungsgesetz kann mithin auch bei Inkassozessionen vorliegen (vgl. Rn. 65). Die Problematik der **Sittenwidrigkeit** wird insbesondere im Verhältnis verschiedener der **Kreditsicherung** dienender Abtretungen diskutiert, namentlich bei Kollisionen zwischen Globalzession und verlängertem Eigentumsvorbehalt (vgl. Rn. 95). Sittenwidrigkeit liegt hingegen nicht vor im Falle der Abtretung von Gebührenforderungen aus Telefonsexverbindungen.[258] Gegebenenfalls steht der Wirksamkeit der Abtretung ein Verstoß gegen **Treu und Glauben** gemäß § 242 BGB entgegen. Unwirksam ist u.U. die Abtretung eines Teils einer Forderung, über die seit vielen Jahren ein **Rechtsstreit** anhängig ist (vgl. die Kommentierung zu § 399 BGB Rn. 44).[259] Nicht ausreichend ist jedoch, dass durch die Abtretung – etwa des Teils einer Lohnforderung – für den Schuldner Mehrarbeit anfällt.[260] Die **Person des Zessionars** kann nur ausnahmsweise zur Unzumutbarkeit der Abtretung für den Schuldner und damit zu deren Unwirksamkeit führen.[261]

V. Mitwirkung des Schuldners/Abtretungsanzeige gegenüber dem Schuldner

45 Die Abtretung ist ferner **unabhängig von der Mitwirkung (Zustimmung) des Schuldners**.[262] Etwas anderes gilt nur dann, wenn die Abtretung gemäß § 399 Alt. 2 BGB. durch Vereinbarung mit dem Schuldner ausgeschlossen wurde (vgl. hierzu die Kommentierung zu § 399 BGB Rn. 36).[263] Das **Interesse des Schuldners**, nicht mit einem anderen Gläubiger konfrontiert zu werden, wird also nicht geschützt, während durch die Regelungen in den §§ 414, 415 BGB dem Interesse des Gläubigers an der Beibehaltung des ursprünglichen Schuldners umfassend Rechnung getragen wird.[264] Im Falle der Abtretung wird der Schuldner lediglich durch die Vorschriften der §§ 404, 406, 407, 408, 410 BGB vor Verschlechterungen seiner Rechtsposition durch die Abtretung als solche oder deren Unkenntnis ge-

---

[254] BGH v. 16.12.2004 - 3 StR 157/04 - juris Rn. 9 - NStZ-RR 2005, 151-152.
[255] BGH v. 25.11.2008 - XI ZR 413/07 - juris Rn. 15 - ZIP 2009, 311-313.
[256] BGH v. 03.07.2008 - III ZR 260/07 - juris Rn. 14 - NJW 2008, 3069-3071; AG Bonn v. 04.12.2008 - 2 C 236/08 - juris Rn. 24.
[257] AG Bonn v. 04.12.2008 - 2 C 236/08 - juris Rn. 25.
[258] LG Frankfurt (Oder) v. 14.12.2001 - 6 (b) S 76/01 - juris Rn. 36 - MMR 2002, 249-252.
[259] OLG Düsseldorf v. 17.03.1981 - 21 U 162/80 - juris Rn. 10 - MDR 1981, 669; *Busche* in: Staudinger, Einl. zu den §§ 398 ff. Rn. 45.
[260] BGH v. 20.12.1956 - VII ZR 279/56 - juris Rn. 10 - BGHZ 23, 53-57; *Busche* in: Staudinger, Einl. zu den §§ 398 ff. Rn. 45.
[261] *Busche* in: Staudinger, Einl. zu den §§ 398 ff. Rn. 45.
[262] OLG München v. 21.06.2007 - 14 U 699/06 - juris Rn. 50 - WM 2008, 299-302; *Busche* in: Staudinger, Einl. zu den §§ 398 ff. Rn. 45 u. § 398 Rn. 15 u. 23; *Roth* in: MünchKomm-BGB, § 398 Rn. 3.
[263] *Roth* in: MünchKomm-BGB, § 398 Rn. 3.
[264] *Roth* in: MünchKomm-BGB, § 398 Rn. 3.

schützt.[265] Er kann aber nicht die Abtretung als solche verhindern, was grundsätzlich auch für die Teilabtretung gilt (vgl. zu dieser Rn. 14).[266] Sofern jedoch eine **Gesamtschuld** besteht, die nicht auf einer sichernden Schuldmitübernahme beruht, und der Gläubiger nur den Anspruch gegen einen Gesamtschuldner abtritt, erfordert die Wirksamkeit der Abtretung die Zustimmung aller Gesamtschuldner.[267] Im Einzelfall kann die Abtretung ohne Zustimmung des Schuldners auch eine **unzulässige Rechtsausübung** darstellen, wobei aber hohe Anforderungen zu stellen sind.[268] (Zu der Frage, ob die Abtretung ärztlicher und anwaltlicher Honorarforderungen ohne Zustimmung des Mandanten wegen der damit verbundenen umfassenden Auskunftspflicht nach § 402 BGB gemäß § 134 BGB nichtig ist, vgl. im Einzelnen die Kommentierung zu § 402 BGB Rn. 7 ff.)

Die Wirksamkeit der Abtretung hängt auch nicht von sonstigen Voraussetzungen ab. Insbesondere sind neben dem Abtretungsvertrag grundsätzlich **keine Realakte** erforderlich.[269] Im Regelfall bedarf es nicht der Übergabe einer die Forderung verbriefenden Urkunde. Dies gilt auch im Falle des § 411 BGB (vgl. die Kommentierung zu § 411 BGB Rn. 9). Eine Ausnahme besteht bei Briefgrundpfandrechten gemäß § 1154 Abs. 1 Satz 1 BGB, bei denen der Brief zu übergeben ist (vgl. Grundpfandrechte: Rn. 34; Briefgrundpfandrechte: Rn. 40). Anders als bei einer Verpfändung der Forderung (vgl. § 1280 BGB) ist bei der Abtretung zum Zwecke der Herbeiführung ihrer Wirkungen (Übertragung der Rechtsinhaberschaft) auch **keine Anzeige gegenüber dem Schuldner** erforderlich.[270] Ein solches Erfordernis können Zedent und Schuldner bei der Begründung der Forderung oder Zedent und Zessionar bei der Abtretung jedoch rechtsgeschäftlich vereinbaren.[271] Ferner sind **Spezialvorschriften** zu beachten, nach denen die Abtretung erst durch ordnungsgemäße Anzeige gegenüber dem Schuldner wirksam wird, etwa gemäß § 46 Abs. 2 u. 3 AO durch Anzeige gegenüber der Finanzbehörde.[272] Im Übrigen folgt aus den §§ 406-409 BGB nicht, dass die Forderung erst mit der Kenntnis des Schuldners von der Abtretung übergeht.[273] Im Hinblick auf die Regelung des § 407 BGB kann sich jedoch eine Anzeige gegenüber dem Schuldner empfehlen, um zu verhindern, dass dieser mit befreiender Wirkung an den alten Gläubiger leisten kann (vgl. die Kommentierung zu § 407 BGB Rn. 15). Umgekehrt kann der Schuldner auf die Anzeige gemäß § 409 BGB vertrauen (vgl. die Kommentierung zu § 409 BGB Rn. 11).

46

D. Rechtsfolgen

I. Gläubigerwechsel

Gemäß § 398 Satz 2 BGB tritt der neue Gläubiger mit dem Abschluss des Vertrages an die Stelle des bisherigen Gläubigers. Dies bedeutet, dass ein **vollständiger Wechsel der Person des Gläubigers** eintritt.[274] Die Forderung geht grundsätzlich in ihrer Gesamtheit auf den Zessionar über, wobei der Inhalt des übertragenen Rechts gleich bleibt.[275] Der Rechtsübergang wirkt nicht nur im Verhältnis der Parteien des Abtretungsvertrags, sondern auch **gegenüber Dritten**. Nach Abtretung kann nur noch der Zessionar vom Schuldner Leistung verlangen, wobei die Lage des Schuldners durch die Abtretung nicht verschlechtert werden darf (vgl. die §§ 404-408 BGB).[276] Der Schuldner kann insbesondere gemäß § 404 BGB alle **Einwendungen** auch gegenüber dem Zessionar geltend machen.[277]

47

---

[265] *Roth* in: MünchKomm-BGB, § 398 Rn. 3.
[266] BGH v. 08.12.1966 - VII ZR 144/64 - BGHZ 46, 242-246; *Roth* in: MünchKomm-BGB, § 398 Rn. 3.
[267] OLG Nürnberg v. 18.04.2002 - 13 U 902/01 - juris Rn. 59 - MDR 2002, 912; allgemein zur Problematik: *Derleder*, Festschrift für Helmut Heinrichs 1998, 155-179, 155 ff.
[268] BGH v. 20.12.1956 - VII ZR 279/56 - juris Rn. 9 - BGHZ 23, 53-57; *Roth* in: MünchKomm-BGB, § 398 Rn. 3.
[269] *Roth* in: MünchKomm-BGB, § 398 Rn. 3.
[270] OLG München v. 21.06.2007 - 14 U 699/06 - juris Rn. 50 - WM 2008, 299-302; *Busche* in: Staudinger, § 398 Rn. 23 u. 409 Rn. 2.
[271] *Busche* in: Staudinger, § 398 Rn. 26.
[272] FG Hannover v. 04.06.2003 - 6 K 872/00 - juris Rn. 31 - EFG 2003, 1433-1435; FG Baden-Württemberg v. 29.01.2008 - 1 K 98/04 - juris Rn. 32; zur Rücknahme vgl. HessFG v. 20.07.2006 - 6 K 528/02 - juris Rn. 49.
[273] *Busche* in: Staudinger, § 398 Rn. 23.
[274] *Busche* in: Staudinger, § 398 Rn. 27; *Roth* in: MünchKomm-BGB, § 398 Rn. 93; *Grüneberg* in: Palandt, § 398 Rn. 18.
[275] *Busche* in: Staudinger, § 398 Rn. 27.
[276] *Busche* in: Staudinger, § 398 Rn. 79.
[277] *Busche* in: Staudinger, § 398 Rn. 79.

II. Umfang des Forderungsübergangs

48 Für **Neben- und Vorzugsrechte** gilt die spezielle Vorschrift des § 401 BGB (vgl. die Kommentierung zu § 401 BGB Rn. 1). Dem Zessionar stehen unabhängig von § 401 BGB im Falle von Leistungsstörungen auch die Ansprüche aus den §§ 280-292 BGB zu.[278] Insoweit handelt es sich um unselbstständige Bestandteile des Rechts (vgl. die Kommentierung zu § 401 BGB Rn. 17). Im Zweifel sind daher auch die Gewährleistungsansprüche und die Schadensersatzansprüche statt der Leistung mit abgetreten (zur Höhe des ersatzfähigen Schadens im Falle der Abtretung vgl. Rn. 54).[279] Der Inkassozessionar kann aber im Wege der **Drittschadensliquidation** den Schaden des Zedenten geltend machen.[280] Dasselbe gilt nach Auffassung des Bundesgerichtshofs auch im Falle der Sicherungsabtretung, wenn beim Sicherungsgeber ein (Verzugs-)Schaden entstanden ist (vgl. Rn. 54).[281] Die Gegenauffassung hält dem entgegen, dass im Falle der Sicherungsabtretung auch beim Sicherungsnehmer ein Schaden entstehen könne, so dass eine für die Drittschadensliquidation erforderliche notwendige Schadensverlagerung nicht gegeben sei.[282] Auch wenn es vor der Abtretung zu Leistungsstörungen gekommen sei, bestimme sich daher vom Zeitpunkt der Zession an die Schadenshöhe ausschließlich nach den Verhältnissen des Zessionars.[283] Zugunsten des Zessionars wirken bei offener Zession ferner leistungsbezogene Schutzpflichten.[284] Der **Leistungsort** bleibt unverändert, da es insoweit gemäß § 269 Abs. 1 BGB auf die Verhältnisse bei Entstehung des Schuldverhältnisses ankommt.[285]

49 Selbstständige **Gestaltungsrechte** wie Anfechtungs-, Rücktritts- oder Kündigungsrechte stehen weiterhin dem Zedenten zu, es sei denn, dass sie ausdrücklich oder stillschweigend mit übertragen werden (vgl. hierzu im Einzelnen die Kommentierung zu § 413 BGB Rn. 7).[286] Er kann gegenüber dem Schuldner auch die Einrede des nicht erfüllten Vertrages gemäß § 320 BGB erheben.[287] Der Zedent kann die Rechte jedoch nur mit **Zustimmung des Zessionars** ausüben.[288] Auch sonstige Verfügungen bezüglich des einer bereits entstandenen Forderung zugrunde liegenden Rechtsgeschäfts, welche der Forderung die Grundlage entziehen – etwa eine **Vertragsaufhebung** – bedürfen zu ihrer Wirksamkeit der Zustimmung des Zessionars.[289]

III. Prioritätsgrundsatz

50 Bei einander widersprechenden Verfügungen, insbesondere bei mehrfach aufeinanderfolgender Abtretung ein und derselben Forderung, gilt der **Grundsatz der Priorität**, d.h. die zeitlich spätere Verfügung ist unwirksam. Dies folgt daraus, dass die Forderung bereits mit der ersten Abtretung aus dem Vermögen des Zedenten endgültig ausgeschieden ist. Der Zedent kann daher mangels Verfügungsbefugnis die Forderung durch die weiteren Abtretungen nicht mehr wirksam übertragen.[290] Etwas anderes gilt dann, wenn die Erstabtretung gegen § 138 BGB oder § 307 BGB (bis zum 31.12.2001: § 9 AGBG) verstößt[291] oder der erste Zessionar die nachfolgenden Abtretungen gemäß § 185 Abs. 2 BGB genehmigt.[292] In der Rechtsprechung wird eine Ausnahme vom Prioritätsprinzip auch bei der Mehrfachabtretung von Gewährleistungsansprüchen durch den Bauträger an die Erwerber von Eigentumswohnun-

---

[278] *Grüneberg* in: Palandt, § 398 Rn. 19.
[279] *Grüneberg* in: Palandt, § 398 Rn. 19.
[280] RG v. 11.05.1942 - II 13/42 - RGZ 169, 133-140, 135; *Grüneberg* in: Palandt, § 398 Rn. 19.
[281] BGH v. 09.02.1995 - III ZR 174/93 - juris Rn. 16 - BGHZ 128, 371-379; BGH v. 22.01.1997 - IV ZR 332/95 - juris Rn. 10 - NJW-RR 1997, 663-664.
[282] Vgl. die Zitate bei *Grüneberg* in: Palandt, § 398 Rn. 19.
[283] Vgl. die Zitate bei *Grüneberg* in: Palandt, § 398 Rn. 19.
[284] *Grüneberg* in: Palandt, § 398 Rn. 18.
[285] *Grüneberg* in: Palandt, § 398 Rn. 20.
[286] BGH v. 21.06.1985 - V ZR 134/84 - juris Rn. 32 - LM Nr. 2/3 zu § 326 (Da) BGB; *Busche* in: Staudinger, § 398 Rn. 81; *Grüneberg* in: Palandt, § 398 Rn. 20.
[287] BGH v. 22.02.1971 - VII ZR 243/69 - juris Rn. 41 - BGHZ 55, 354-358; *Busche* in: Staudinger, § 398 Rn. 81.
[288] *Busche* in: Staudinger, § 398 Rn. 81; *Grüneberg* in: Palandt, § 398 Rn. 20.
[289] BGH v. 28.03.1990 - VIII ZR 17/89 - juris Rn. 35 - BGHZ 111, 84-97; OLG Saarbrücken v. 26.11.2002 - 4 U 46/02 - 7, 4 U 46/02- juris Rn. 35 - OLGR Saarbrücken 2003, 217-221; *Grüneberg* in: Palandt, § 398 Rn. 20. Zur parallelen Problematik bei der Schuldübernahme vgl. die Kommentierung zu § 414 BGB Rn. 11.
[290] BGH v. 09.06.1960 - VII ZR 229/58 - juris Rn. 21 - BGHZ 32, 367-370; OLG Nürnberg v. 07.01.2003 - 3 U 2320/02 - ZInsO 2003, 571-572; *Busche* in: Staudinger, § 398 Rn. 31; *Grüneberg* in: Palandt, § 398 Rn. 13.
[291] *Grüneberg* in: Palandt, § 398 Rn. 13.
[292] *Busche* in: Staudinger, § 398 Rn. 32.

gen angenommen. In diesem Fall sollen die Erwerber Gesamtgläubiger werden.[293] **Gutglaubensschutz** kennt das Abtretungsrecht dagegen grundsätzlich nicht (vgl. Rn. 27). Wird eine Forderung verschiedenen Personen gleichzeitig abgetreten, ist keine der Abtretungen wirksam.[294] Eine **Pfändung** ist erst nach Entstehen des Rechtsgrundes der Forderung zulässig[295], jedoch gegenüber einer zeitlich früheren Abtretung ohne Wirkung[296]. Die Abtretung einer gesellschaftsrechtlichen Auseinandersetzungsforderung ist gegenstandslos, wenn das Stammrecht mit dem Gesellschaftsanteil übertragen oder gepfändet wird.[297]

IV. Direkt- und Durchgangserwerb/Zwischenverfügungen

Sofern nichts anderes vereinbart ist (Bedingung, Befristung), ist der maßgebliche **Zeitpunkt** für den Eintritt der Rechtsfolgen der Abtretung das Zustandekommen des Verfügungsgeschäfts.[298] Im Falle der **Abtretung künftiger Forderungen (Vorausabtretung** – vgl. Rn. 20) ist der Rechtserwerb jedoch erst mit dem **Entstehen der Forderung** vollendet.[299] Die durch die Vorausabtretung geschaffene Rechtsposition ist aber auch vor Entstehung der Forderung vererblich und kann gemäß den §§ 413, 398 BGB übertragen werden.[300] Umstritten ist, ob die abgetretene zukünftige Forderung unmittelbar in der Person des Zessionars entsteht (**Direkterwerb**)[301] oder ob sie für eine logische Sekunde zum Vermögen des Zedenten gehört und dann auf den Zessionar übergeht (**Durchgangserwerb**). Die herrschende Meinung differenziert. Ist die Rechtsgrundlage der Forderung bei der Abtretung schon und beim Entstehen der Forderung noch vorhanden, findet Direkterwerb statt. Es wird in diesem Fall nämlich keine künftige Forderung abgetreten, sondern eine bestehende Rechtsposition des Zedenten, mit der die begründete Aussicht auf die Entstehung der Forderung verbunden ist. Dies ist vergleichbar mit der Rechtslage beim Anwartschaftsrecht.[302] **Direkterwerb** findet also in derselben Weise statt wie beim Anwartschaftsrecht aus bedingter Übereignung.[303] Im Falle des Direkterwerbs gelten die §§ 399-412 BGB nicht direkt, sondern analog.[304] Der Schutz der §§ 406, 407 BGB ist aber bei **Kenntnis der Vorausabtretung** ausgeschlossen (vgl. die Kommentierung zu § 406 BGB Rn. 11 und die Kommentierung zu § 407 BGB Rn. 13).[305] Der Gläubiger kann im Falle des Direkterwerbs gegen den Schuldner unter den Voraussetzungen des § 259 ZPO auf künftige Leistung oder aber auf Feststellung nach § 256 ZPO klagen.[306] Wird zwischen Vorausabtretung und Entstehung der Forderung das **Insolvenzverfahren** über das Vermögen des Zedenten eröffnet, fällt die Forderung bzw. Forderungsanwartschaft des Zessionars im Falle des Direkterwerbs nicht in die Insolvenzmasse.[307]

51

Sind die Voraussetzungen für den Direkterwerb nicht gegeben, findet bei der Vorausabtretung **Durchgangserwerb** statt. Dies gilt etwa dann, wenn die Rechtsgrundlage bei der Abtretung noch nicht vorhanden ist, namentlich bei der Abtretung von Forderungen aus erst noch abzuschließenden Kauf-, Werk- oder Mietverträgen oder bei der Vorausabtretung gesellschaftsrechtlicher Vermögensansprü-

52

---

[293] LG Darmstadt v. 20.01.2005 - 8 O 465/02 - IBR 2005, 210.
[294] *Busche* in: Staudinger, § 398 Rn. 31.
[295] BGH v. 29.10.1969 - VIII ZR 202/67 - juris Rn. 5 - BGHZ 53, 29-34; *Grüneberg* in: Palandt, § 398 Rn. 13.
[296] BAG v. 24.10.1979 - 4 AZR 805/77 - juris Rn. 23 - WM 1980, 661-664; *Grüneberg* in: Palandt, § 398 Rn. 13.
[297] BGH v. 19.09.1983 - II ZR 12/83 - juris Rn. 11 - BGHZ 88, 205-209; BGH v. 16.05.1988 - II ZR 375/87 - juris Rn. 7 - BGHZ 104, 351-355; *Grüneberg* in: Palandt, § 398 Rn. 13.
[298] *Roth* in: MünchKomm-BGB, § 398 Rn. 93.
[299] BGH v. 19.09.1983 - II ZR 12/83 - juris Rn. 10 - BGHZ 88, 205-209; BGH v. 16.03.1995 - IX ZR 72/94 - juris Rn. 52 - LM BGB (Cb) § 138 Nr. 32 (8/1995); BGH v. 30.01.1997 - IX ZR 89/96 - juris Rn. 13 - LM GesO Nr. 22 (6/1997); *Busche* in: Staudinger, § 398 Rn. 71; *Grüneberg* in: Palandt, § 398 Rn. 11.
[300] *Busche* in: Staudinger, § 398 Rn. 76; *Grüneberg* in: Palandt, § 398 Rn. 11.
[301] So *Busche* in: Staudinger, § 398 Rn. 63 m.w.N.
[302] BGH v. 18.12.1967 - V ZB 6/67 - juris Rn. 19 - BGHZ 49, 197-209 für das Anwartschaftsrecht; *Grüneberg* in: Palandt, § 398 Rn. 12; *Busche* in: Staudinger, § 398 Rn. 73; *Zeiss* in: Soergel, 12. Aufl., § 398 Rn. 11.
[303] BGH v. 22.02.1956 - IV ZR 164/55 - juris Rn. 23 - BGHZ 20, 88-102; BGH v. 18.12.1967 - V ZB 6/67 - juris Rn. 19 - BGHZ 49, 197-209; *Grüneberg* in: Palandt, § 398 Rn. 12.
[304] BGH v. 02.06.1976 - VIII ZR 267/74 - juris Rn. 11 - BGHZ 66, 384-387; *Busche* in: Staudinger, § 398 Rn. 73; *Grüneberg* in: Palandt, § 398 Rn. 12.
[305] BGH v. 02.06.1976 - VIII ZR 267/74 - juris Rn. 20 - BGHZ 66, 384-387; *Grüneberg* in: Palandt, § 398 Rn. 12.
[306] *Larenz*, Schuldrecht, Band I: Allgemeiner Teil, 14. Aufl. 1987, S. 585-586; *Busche* in: Staudinger, § 398 Rn. 73.
[307] *Larenz*, Schuldrecht, Band I: Allgemeiner Teil, 14. Aufl. 1987, S. 586; *Busche* in: Staudinger, § 398 Rn. 73 mit Hinweis auf die Sonderregelung in § 110 InsO; vgl. auch *Roth* in: MünchKomm-BGB, § 398 Rn. 84-85.

che.[308] In diesen Fällen wird die abgetretene Forderung erst mit dem Vertragsschluss begründet. Sie entsteht in der Person des Zedenten als Vertragspartner, wenn es sich nicht um einen Vertrag zugunsten Dritter handelt. Der Zessionar erwirbt in diesem Fall die Forderung als **Singularrechtsnachfolger des Zedenten**. Die Forderung ist daher unter Umständen mit allen zwischenzeitlich entstandenen Rechten Dritter belastet. Entsteht die Forderung überhaupt nicht oder nicht in der Person des Zedenten, wird die Abtretung gegenstandslos.[309] Beim Durchgangserwerb ist der Zessionar im Falle der Eröffnung des **Insolvenzverfahrens** über das Vermögen des Zedenten ungeschützt.[310]

53 Fraglich ist, ob der Zedent bei der Vorausabtretung die Erwerbsaussicht des Zessionars zwischen dem Abschluss des Abtretungsvertrages und dem Eintritt der Verfügungswirkung noch durch gegenteilige **Zwischenverfügungen** oder die Ausübung von Gestaltungsrechten beeinträchtigen kann. Nach einer Auffassung fehlt dem Zedenten nach der Abtretung die Möglichkeit, noch gestaltend auf das bereits bestehende Anwartschaftsrecht des Zessionars einzuwirken, da seine Verfügungsmacht mit der Abtretung entfalle. Weitere Verfügungen seien daher nach dem Prioritätsgrundsatz unwirksam, es sei denn die Erstabtretung verstoße gegen § 138 BGB oder § 307 BGB (bis zum 31.12.2001: § 9 AGBG).[311] Die Gegenauffassung geht davon aus, dass die Gestaltungsfreiheit der Parteien des zugrunde liegenden Schuldverhältnisses durch die Abtretung des Anwartschaftsrechts grundsätzlich nicht beeinträchtigt wird. Daher könnten insbesondere Gestaltungsrechte nach wie vor ausgeübt werden.[312] Nach einer vermittelnden Meinung schließlich besteht die Gestaltungsfreiheit des Zedenten auch nach Abtretung des Anwartschaftsrechts fort, wird jedoch durch das allgemeine Willkürverbot eingeschränkt.[313] Daher könne der Zedent jedenfalls solche Gestaltungsrechte ausüben, die dem Anwartschaftsrecht bereits im Zeitpunkt des Abschlusses des Abtretungsvertrages anhafteten.[314]

V. Forderungen aus gegenseitigen Verträgen

54 Bei der Abtretung von Forderungen aus **gegenseitigen Verträgen** bleibt die synallagmatische Verknüpfung der abgetretenen Forderung und der Gegenforderungen bestehen.[315] Der Zedent kann gegenüber den Forderungen, deren Schuldner er ist, trotz der Abtretung weiterhin die Einrede des nichterfüllten Vertrages gemäß § 320 BGB geltend machen.[316] Ansprüche aus den §§ 280, 281, 323 BGB (bis zum 31.12.2001: §§ 286, 326 BGB) wegen eines ihm gegenüber eingetretenen **Verzuges** kann der Zessionar jedoch selbstständig geltend machen.[317] Der Zessionar erhält auch das Recht zur Nachfristsetzung und Ablehnungsandrohung sowie Schadensersatzansprüche statt der Erfüllung.[318] **Inhalt und Umfang des Schadensersatzanspruchs** wegen Pflichtverletzungen einschließlich der Unmöglichkeit und des Verzugs bemessen sich bei zeitlich der Abtretung nachfolgenden Pflichtverletzungen nach der Person des Zessionars und nicht nach derjenigen des Zedenten.[319] Dies gilt namentlich für die **Höhe**

---

[308] BGH v. 22.02.1956 - IV ZR 164/55 - juris Rn. 29 - BGHZ 20, 88-102; BFH v. 16.05.1995 - VIII R 33/94 - juris Rn. 20 - NJW 1996, 1079-1080; *Larenz*, Schuldrecht, Band I: Allgemeiner Teil, 14. Aufl. 1987, S. 586; *Müller*, ZIP 1994, 342-366, 353; *Busche* in: Staudinger, § 398 Rn. 75; *Grüneberg* in: Palandt, § 398 Rn. 12; *Westermann* in: Erman, § 398 Rn. 13.

[309] BGH v. 19.09.1983 - II ZR 12/83 - juris Rn. 10 - BGHZ 88, 205-209; BGH v. 14.07.1997 - II ZR 122/96 - juris Rn. 9 - LM BGB § 398 Nr. 97 (2/1998); *Busche* in: Staudinger, § 398 Rn. 75.

[310] *Larenz*, Schuldrecht, Band I: Allgemeiner Teil, 4. Aufl. 1987, S. 586; *Busche* in: Staudinger, § 398 Rn. 75; *Westermann* in: Erman, § 398 Rn. 13.

[311] *Larenz*, Schuldrecht, Band I: Allgemeiner Teil, 14. Aufl. 1987, S. 585; *Grüneberg* in: Palandt, § 398 Rn. 13.

[312] *Honsell* in: Staudinger, § 455 Rn. 39.

[313] *Busche* in: Staudinger, § 398 Rn. 74; *Westermann* in: MünchKomm-BGB, § 455 Rn. 80; ähnlich für das Anwartschaftsrecht des Vorbehaltskäufers: BGH v. 24.10.1979 - VIII ZR 289/78 - juris Rn. 20 - BGHZ 75, 221-229.

[314] *Busche* in: Staudinger, § 398 Rn. 74; *Müller*, ZIP 1994, 342-366, 348.

[315] *Busche* in: Staudinger, § 398 Rn. 29; *Grüneberg* in: Palandt, § 398 Rn. 19.

[316] BGH v. 22.02.1971 - VII ZR 243/69 - juris Rn. 41 - BGHZ 55, 354-358; *Busche* in: Staudinger, § 398 Rn. 29; *Grüneberg* in: Palandt, § 398 Rn. 19.

[317] BGH v. 21.06.1985 - V ZR 134/84 - juris Rn. 29 - LM Nr. 2/3 zu § 326 (Da) BGB; BGH v. 29.05.1991 - VIII ZR 214/90 - juris Rn. 10 - BGHZ 114, 360-367; *Busche* in: Staudinger, § 398 Rn. 29 u. 82.

[318] BGH v. 21.06.1985 - V ZR 134/84 - juris Rn. 29 - LM Nr. 2/3 zu § 326 (Da) BGB; BGH v. 29.05.1991 - VIII ZR 214/90 - juris Rn. 10 - BGHZ 114, 360-367; *Grüneberg* in: Palandt, § 398 Rn. 19.

[319] BGH v. 09.02.1995 - III ZR 174/93 - juris Rn. 14 - BGHZ 128, 371-379; BGH v. 25.09.1991 - VIII ZR 264/90 - juris Rn. 6 - LM BGB § 398 Nr. 75 (6/1992); BGH v. 09.02.2006 - I ZR 70/03 - NJW 2006, 1662-1663, 1662; *Grüneberg* in: Palandt, § 398 Rn. 19; nuancierend hierzu *Haertlein*, JuS 2008, 1073-1079, 1076, der als „Mittelweg" bis zur Abtretungsanzeige für den Verzugsschaden zugunsten des Schuldners auf die Verhältnisse des Zedenten abstellen will.

des Verzugsschadens.[320] Umstritten ist, ob aufgrund des allgemeinen Rechtsgedankens, dass sich die Verhältnisse des Schuldners durch die Zession nicht verschlechtern dürfen (vgl. Rn. 48), der Ersatzanspruch des Zessionars auf die **Höhe des Schadens** zu beschränken ist, der auch beim Zedenten ohne die Abtretung entstanden wäre, und ob die Beweislast insoweit dem Zessionar aufzuerlegen ist.[321] Diese Auffassung ist abzulehnen. Der beim Zessionar entstandene Schaden ist auch dann zu ersetzen, wenn dieser höher ist als derjenige, der eventuell beim Zedenten eintreten würde. Da der Schuldner mit der Abtretung jederzeit rechnen muss, genießt er nämlich bezüglich der Schadensentwicklung keinen Vertrauensschutz.[322] Allenfalls trifft den Zessionar eine **Schadensminderungspflicht** gemäß § 254 Abs. 2 BGB in Form einer Hinweispflicht auf die Möglichkeit erhöhten Schadens.[323] Anders ist dies bei der **Sicherungszession** (vgl. Rn. 80) und der **Inkassozession** zu beurteilen (vgl. Rn. 68). Hier bleibt der Zedent wirtschaftlich gesehen Inhaber der Forderung, bei der Sicherungszession jedenfalls bis zur Verwertungsreife (vgl. hierzu Rn. 82). Daher ist für die Höhe des Verzugsschadens auch die Person des Zedenten maßgeblich.[324] Der Zessionar kann den Schaden im Wege der Drittschadensliquidation geltend machen (vgl. Rn. 48).[325] Die Person des Zedenten ist schließlich auch für die Höhe des **vor der Abtretung entstandenen Verzögerungsschadens** maßgeblich.[326]

VI. Forderungen aus Dauerschuldverhältnissen

Bei **Dauerschuldverhältnissen** kommt es für den Zeitpunkt des Eintritts der Rechtsfolgen der Abtretung darauf an, ob die abgetretene Forderung bereits mit dem Abschluss des Vertrags entsteht oder erst mit Inanspruchnahme der jeweiligen Gegenleistung, etwa bei Ansprüchen auf Mietzinszahlung.[327]

55

E. Prozessuale Hinweise/Verfahrenshinweise

I. Prozessrechtliche Folgen der Abtretung

Durch die Abtretung ändert sich nicht der für die gerichtliche Geltendmachung der abgetretenen Forderung bestehende **Rechtsweg**. Wird etwa eine arbeitsrechtliche Forderung abgetreten, so bleibt es bei der Zuständigkeit der Arbeitsgerichte.[328] **Schiedsgerichtsklauseln**[329] und **Gerichtsstandsvereinbarungen** bleiben ebenfalls bestehen (vgl. die Kommentierung zu § 401 BGB Rn. 19 und die Kommentierung zu § 404 BGB Rn. 7)[330]. Bei der Schiedsklausel ergibt sich dies daraus, dass sie eine Eigenschaft des abgetretenen Rechts selbst darstellt, so dass der Rechtsgedanke des § 401 BGB zur Anwendung kommt (vgl. die Kommentierung zu § 401 BGB Rn. 19).[331] Der **Verbrauchergerichtsstand** nach Art. 15 EuGVVO (bis zum 28.02.2002: Art. 13 EuGVÜ) entfällt hingegen im Falle der Abtretung an einen Zessionar, der selbst nicht Verbrauchereigenschaft hat.[332] Zu weiteren prozessualen Wirkungen der Abtretung vgl. die Kommentierung zu § 399 BGB Rn. 43, die Kommentierung zu § 401 BGB Rn. 19 und die Kommentierung zu § 404 BGB Rn. 7. Wird zunächst ein Anspruch aus eigenem Recht geltend gemacht und dann ein solcher aus abgetretenem Recht, so liegt ein neuer **Streitgegenstand**

56

---

[320] BGH v. 25.09.1991 - VIII ZR 264/90 - juris Rn. 6 - LM BGB § 398 Nr. 75 (6/1992); BGH v. 19.09.1994 - II ZR 237/93 - juris Rn. 33 - LM AktG 1965 § 302 Nr. 8 (3/1995); *Busche* in: Staudinger, § 398 Rn. 82.

[321] Bejahend: *Heinrichs* in: Palandt, 65. Aufl., § 398 Rn. 18; verneinend: *Grüneberg* in: Palandt, § 398 Rn. 18a; *Busche* in: Staudinger, § 398 Rn. 82.

[322] *Busche* in: Staudinger, § 398 Rn. 82; a.A. *Junker*, AcP 195, 1-12, 5; *Hoffmann*, WM 1994, 1464-1466, 1465.

[323] *Busche* in: Staudinger, § 398 Rn. 82; *Westermann* in: Erman, § 398 Rn. 29a; a.A. *Hoffmann*, WM 1994, 1464-1466, 1465-1466.

[324] BGH v. 09.02.1995 - III ZR 174/93 - juris Rn. 17 - BGHZ 128, 371-379; *Busche* in: Staudinger, § 398 Rn. 82; *Busche* in: Staudinger, Einl. zu den §§ 398 ff. Rn. 93; *Hoffmann*, WM 1994, 1464-1466, 1466.

[325] BGH v. 09.02.1995 - III ZR 174/93 - juris Rn. 16 - BGHZ 128, 371-379; *Busche* in: Staudinger, § 398 Rn. 82; *Busche* in: Staudinger, Einl. zu den §§ 398 ff. Rn. 93; *Hoffmann*, WM 1994, 1464-1466, 1465.

[326] *Busche* in: Staudinger, § 398 Rn. 82; *Hoffmann*, WM 1994, 1464-1466, 1464.

[327] BGH v. 30.01.1997 - IX ZR 89/96 - juris Rn. 10 - LM GesO Nr. 22 (6/1997); *Busche* in: Staudinger, § 398 Rn. 71.

[328] BAG v. 01.03.1993 - 3 AZB 44/92 - juris Rn. 18 - ZIP 1993, 848-850; *Grüneberg* in: Palandt, § 398 Rn. 18.

[329] BGH v. 02.03.1978 - III ZR 99/76 - juris Rn. 19 - BGHZ 71, 162-167; BGH v. 05.10.1998 - II ZR 182/97 - BGHZ 139, 352-357; *Grüneberg* in: Palandt, § 398 Rn. 18.

[330] OLG Köln v. 21.11.1991 - 18 U 113/91 - NJW-RR 1992, 571; *Grüneberg* in: Palandt, § 398 Rn. 18.

[331] BGH v. 02.03.1978 - III ZR 99/76 - juris Rn. 19 - BGHZ 71, 162-167.

[332] EuGH v. 19.01.1993 - C-89/91 - NJW 1993, 1251-1252; *Grüneberg* in: Palandt, § 398 Rn. 18.

vor,[333] dagegen nicht, wenn die Aktivlegitimation zunächst aus einem Pfändungs- und Überweisungsbeschluss und später aus einer Abtretung der Klageforderung abgeleitet wird.[334] Beantragt ein Rechtsanwalt **Kostenfestsetzung** zu seinen eigenen Gunsten auf Grund der Abtretung des Kostenerstattungsanspruchs, so setzt dies eine Umschreibung des zu Grunde liegenden Titels voraus.[335]

II. Beweislast

57 Die **Beweislast** für den Abschluss eines Abtretungsvertrages trägt derjenige, der sich auf die Zession beruft, also regelmäßig der **Zessionar**.[336] Der Beweis des Abschlusses eines Abtretungsvertrages ist jedoch bereits dann geführt, wenn bewiesen wird, dass Zedent und Zessionar Erklärungen abgegeben haben, die auf die Übertragung einer Forderung gerichtet sind.[337] Ist die Forderung durch ein Sparbuch verbrieft, so kann der Beweis durch den Nachweis der Übergabe des Sparbuchs erbracht werden (zur Bedeutung der Übergabe eines Sparbuchs vgl. Rn. 35 und Rn. 40).[338] Zum Nachweis einer Abtretung reicht dagegen die Vorlage einer Geldempfangsvollmacht nicht aus.[339] Steht fest, dass zu einem bestimmten Zeitpunkt **Unabtretbarkeit** der Forderung oder eine **Verfügungsbeschränkung** eingetreten ist, so muss der Zessionar beweisen, dass die Abtretung vor diesem Zeitpunkt erfolgt ist.[340] Der Zessionar braucht jedoch nicht nachzuweisen, dass keine Gründe vorliegen, aus denen sich die Unwirksamkeit der Abtretung ergibt. Entsprechend der allgemeinen Beweislastverteilung bei rechtshindernden Einwendungen hat die **Unwirksamkeitsgründe** auch bei der Abtretung derjenige darzulegen und zu beweisen, der sich auf sie beruft, also regelmäßig der Schuldner, Zedent oder ein Dritter, der Rechte an der Forderung geltend macht, denen eine (frühere) Abtretung entgegenstehen würde, etwa ein Pfandrecht.[341] Auch für die **Übertragbarkeit** der abgetretenen Forderung (vgl. die §§ 399, 400 BGB) trägt nicht der Zessionar die Beweislast. Da die Abtretbarkeit einer Forderung die Regel und die Unabtretbarkeit die Ausnahme darstellt (vgl. Rn. 3), muss vielmehr derjenige den Ausschluss der Übertragbarkeit beweisen, der sich hierauf beruft.[342] Der Zessionar darf Tatumstände des Schuldverhältnisses, die Gegenstand von Handlungen und Wahrnehmungen des Zedenten waren, regelmäßig nicht mit Nichtwissen bestreiten.[343] Beruft sich der Schuldner darauf, der ursprüngliche Gläubiger sei nicht mehr aktivlegitimiert, da er die Forderung wirksam abgetreten habe, so trägt der Schuldner hierfür die Darlegungs- und Beweislast.[344] Legt der Schuldner substantiiert Umstände dar, aus denen sich der Verlust der Aktivlegitimation ergibt, so muss der Zedent diese substantiiert bestreiten.[345] Die Beweislastverteilung zwischen Zessionar und Schuldner ist dieselbe wie diejenige zwischen Zedent und Schuldner. Daher trägt der Zessionar für das Vorliegen der abgetretenen Anspruch begründenden Tatsachen im Rechtsstreit mit dem Schuldner die Beweislast.[346]

58 Im Falle der **Vorausabtretung einer Forderung aus einer Forderungsmehrheit** hat der Zessionar ferner darzulegen und zu beweisen, welche Forderung ihm konkret abgetreten wurde.[347] Für eine Abtretung zugunsten des Zessionars spricht nicht deshalb eine Vermutung, weil der Zedent entgegen einer

---

[333] BGH v. 04.05.2005 - VIII ZR 93/04 - juris Rn. 5 - NJW 2005, 2004-2006; BGH v. 08.05.2007 - XI ZR 278/06 - juris Rn. 17 - NJW 2007, 2560-2561.

[334] BGH v. 08.05.2007 - XI ZR 278/06 - juris Rn. 18 - NJW 2007, 2560-2561.

[335] OLG Koblenz v. 14.09.2006 - 14 W 559/06 - juris Rn. 4 - JurBüro 2006, 646.

[336] *Grüneberg* in: Palandt, § 398 Rn. 40; *Grüneberg* in: Baumgärtel/Laumen, Handbuch der Beweislast im Privatrecht, 3. Aufl. 2007, § 398 Rn. 1.

[337] *Grüneberg* in: Baumgärtel/Laumen, Handbuch der Beweislast im Privatrecht, 3. Aufl. 2007, § 398 Rn. 1.

[338] *Grüneberg* in: Baumgärtel/Laumen, Handbuch der Beweislast im Privatrecht, 3. Aufl. 2007, § 398 Rn. 1.

[339] AG Osnabrück v. 11.11.2003 - 63 II 597/03 (RB) - JurBüro 2004, 535.

[340] BGH v. 10.04.1986 - IX ZR 159/85 - juris Rn. 33 - LM Nr. 57 zu § 398 BGB; BGH v. 29.11.1989 - VIII ZR 228/88 - juris Rn. 11 - BGHZ 109, 240-249; *Grüneberg* in: Palandt, § 398 Rn. 10; *Grüneberg* in: Baumgärtel/Laumen, Handbuch der Beweislast im Privatrecht, 3. Aufl. 2007, § 398 Rn. 1.

[341] BGH v. 13.01.1983 - III ZR 88/81 - juris Rn. 23 - LM Nr. 65 zu § 387 BGB; *Grüneberg* in: Palandt, § 398 Rn. 40; *Grüneberg* in: Baumgärtel/Laumen, Handbuch der Beweislast im Privatrecht, 3. Aufl. 2007, § 398 Rn. 1.

[342] BGH v. 13.01.1983 - III ZR 88/81 - juris Rn. 23 - LM Nr. 65 zu § 387 BGB; *Grüneberg* in: Baumgärtel/Laumen, Handbuch der Beweislast im Privatrecht, 3. Aufl. 2007, § 398 Rn. 3.

[343] OLG Düsseldorf v. 19.02.2002 - 24 U 129/01 - MDR 2002, 1148-1149.

[344] BAG v. 31.03.2004 - 10 AZR 191/03 - juris Rn. 9 - NZA 2004, 751; OLG Köln v. 29.01.2003 - 13 U 11/02 - juris Rn. 5.

[345] OLG Köln v. 29.01.2003 - 13 U 11/02 - juris Rn. 5.

[346] AG Moers v. 30.06.2004 - 532 C 17/04 - K&R 2004, 499-500.

[347] *Grüneberg* in: Baumgärtel/Laumen, Handbuch der Beweislast im Privatrecht, 3. Aufl. 2007, § 398 Rn. 6.

entsprechenden vertraglichen Verpflichtung keine Aufzeichnungen in seinen Geschäftsbüchern getätigt hat, die eine exakte Individualisierung der abgetretenen Forderungen ermöglichen würde. Auch führt die Vertragsverletzung des Zedenten nicht zu einer Beweislastumkehr (vgl. Rn. 11).[348] Dies ist insbesondere in Fällen des **verlängerten Eigentumsvorbehalts** (vgl. Rn. 94) von Bedeutung, da bei einem solchen zukünftig noch entstehende Forderungen (vgl. hierzu Rn. 20) vorausabgetreten werden und daher nach ihrer Entstehung individualisiert werden müssen (vgl. Rn. 94).[349] Der Zessionar kann daher im Falle des verlängerten Eigentumsvorbehalts nicht beliebige Forderungen des Zedenten gegen dessen Kunden als abgetretene Forderungen in Anspruch nehmen und dem Zedenten den Nachweis überlassen, dass diese Forderungen nicht vom verlängerten Eigentumsvorbehalt umfasst sind.[350] Bei einer **Teilabtretung** (vgl. Rn. 14) schließlich wird die ursprünglich einheitliche Forderung in mehrere selbstständige, unterschiedlichen Gläubigern zustehende Forderungen aufgeteilt. Aus Schuldnerschutzgründen ist eine analoge Anwendung von § 366 BGB bezüglich der Teilforderungen geboten (vgl. Rn. 15).[351] Es besteht dabei **keine Vermutung für ein Vorrecht** der Teilforderung des Zessionars gegenüber der dem Zedenten verbliebenen Forderung (zu dieser Frage vgl. Rn. 15).[352] Auch insoweit muss daher der Zessionar sein behauptetes Vorrecht voll beweisen.

F. Anwendungsfelder

I. Anwendungsgebiete

Die Abtretung ist auf verschiedenen Rechtsgebieten und zu den unterschiedlichsten Zwecken anwendbar. Die **Anwendungsfelder** unterscheiden sich maßgeblich durch das zugrunde liegende **Kausalgeschäft**, also den Rechtsgrund der Abtretung. Rechtsgrund der Abtretung können die **allgemeinen Vertragstypen** sein, die nicht zwingend die Abtretung einer Forderung zum Leistungsgegenstand haben, etwa Kauf, Schenkung oder Geschäftsbesorgung.[353] Darüber hinaus gibt es eine Anzahl **spezifisch auf die Abtretung zugeschnittener Kausalgeschäfte**, insbesondere Sicherungs- und Inkassogeschäfte. Diese sollen im Folgenden gesondert dargestellt werden. Daneben ist die Abtretung von **ähnlichen Rechtsgeschäften** abzugrenzen. 59

Einige dieser Rechtsgeschäfte – insbesondere die Inkassozession und die Sicherungsabtretung – bezeichnet man als **fiduziarische Abtretung**en. Eine fiduziarische Abtretung ist eine Abtretung, bei der der Zessionar im Außenverhältnis die volle Gläubigerstellung erhält, jedoch im Innenverhältnis an die mit dem Zedenten getroffenen Abreden gebunden ist, also von der ihm eingeräumten Rechtsstellung nur in den durch diese gezogenen Grenzen Gebrauch machen darf.[354] Die Abtretung ist wirksam, da der treuhänderische Charakter nur das zugrunde liegende Kausalverhältnis betrifft, aber den abstrakten Abtretungsvertrag unberührt lässt.[355] 60

Das Kausalverhältnis ist ein **Treuhandverhältnis**[356] zwischen Zedenten und Zessionar, welches nicht auf eine endgültige Veränderung der Rechtszuständigkeit abzielt. Vielmehr wird dem Erwerber (**Treuhänder**) vom Veräußerer (**Treugeber**) das Recht nur „zu treuen Händen" übertragen.[357] Der Treuhänder ist daher verpflichtet, das übertragene Recht nicht beliebig, sondern nur in der vereinbarten Weise – und zwar mindestens auch im Interesse des Treugebers – zu verwenden und nach Erreichen des vertraglich bestimmten Zwecks entweder das Recht selbst oder das für dieses Erlangte an den Treugeber 61

---

[348] *Grüneberg* in: Baumgärtel/Laumen, Handbuch der Beweislast im Privatrecht, 3. Aufl. 2007, § 398 Rn. 4.
[349] *Grüneberg* in: Baumgärtel/Laumen, Handbuch der Beweislast im Privatrecht, 3. Aufl. 2007, § 398 Rn. 4.
[350] BGH v. 17.05.1978 - VIII ZR 11/77 - juris Rn. 19 - LM Nr. 35 zu § 398 BGB; *Grüneberg* in: Baumgärtel/Laumen, Handbuch der Beweislast im Privatrecht, 3. Aufl. 2007, § 398 Rn. 4.
[351] BGH v. 08.12.1966 - VII ZR 144/64 - BGHZ 46, 242-246; BGH v. 27.02.1967 - VII ZR 221/64 - BGHZ 47, 168-172; BGH v. 07.05.1991 - XII ZR 44/90 - juris Rn. 9 - LM 1992, Nr. 1, § 366 BGB Nr. 22; *Busche* in: Staudinger, § 398 Rn. 47.
[352] *Busche* in: Staudinger, § 398 Rn. 48; *Grüneberg* in: Baumgärtel/Laumen, Handbuch der Beweislast im Privatrecht, 3. Aufl. 2007, § 398 Rn. 6.
[353] *Busche* in: Staudinger, Einl. zu den §§ 398 ff. Rn. 15 u. 20; *Grüneberg* in: Palandt, § 398 Rn. 6.
[354] *Busche* in: Staudinger, Einl. zu den §§ 398 ff. Rn. 50; *Grüneberg* in: Palandt, § 398 Rn. 26.
[355] *Busche* in: Staudinger, Einl. zu den §§ 398 ff. Rn. 50.
[356] Zum Begriff. vgl. RG v. 19.02.1914 - VII 448/13 - RGZ 84, 214-219, 217; *Busche* in: Staudinger, Einl. zu den §§ 398 ff. Rn. 51.
[357] RG v. 06.03.1930 - VI 296/29 - RGZ 127, 341-350, 345; *Busche* in: Staudinger, Einl. zu den §§ 398 ff. Rn. 50.

zurück zu übertragen.[358] Die abgetretene Forderung gehört also rechtlich zum Vermögen des Treuhänders, wirtschaftlich zu dem des Treugebers.[359] Man unterscheidet je nach den Interessen der Vertragspartner verschiedene Arten von Treuhandverhältnissen. Liegt die Abtretung ausschließlich im Interesse des Treugebers, so spricht man von einem **uneigennützigen Treuhandverhältnis** (z.B. Verwaltungstreuhand, Inkassozession, Einziehungsermächtigung).[360] Liegt die Abtretung dagegen gleichzeitig bzw. sogar vornehmlich im Interesse des Treuhänders, so handelt es sich um ein **eigennütziges Treuhandverhältnis**. Dies ist etwa bei der Sicherungstreuhand (Sicherungsabtretung bzw. -übereignung) der Fall.[361] Jedoch muss auch in diesem Fall die treuhänderische Übertragung stets auch im Interesse des Treugebers erfolgen.[362] Dies ist bei der Sicherungsabtretung der Fall, da diese zum einen dem Treuhänder eine Sicherheit für eine diesem zustehende Forderung gegen den Treugeber gewährt und zum anderen der Einziehung der Forderung zugunsten des Treugebers dient.[363]

62 Die Wirksamkeit fiduziarischer Abtretungen bemisst sich nach den §§ 117, 138, 307 BGB.[364] **Scheinabtretungen** sind jedoch bei fiduziarischen Rechtsübertragungen selten, da die Parteien die Übertragung des Rechts ernstlich wollen, weil sie nur auf diese Weise und nicht bei unwirksamer Abtretung den verfolgten Zweck (Inkasso- oder Sicherungszweck) erreichen können.[365] **Sittenwidrigkeit** ist insbesondere dann gegeben, wenn sämtliche Forderungen und sonstigen wirtschaftlich bedeutsamen Vermögenswerte eines Unternehmens (Fabrikeinrichtungen, Rohstoffe, Waren, Lagerbestände etc.) einem Gläubiger zur Sicherheit übertragen werden, während nach außen der Schein eines selbstständigen und kreditwürdigen Unternehmens aufrechterhalten wird. Durch ein solches Verhalten werden weitere Kreditgeber des Unternehmens über die Kreditwürdigkeit, insbesondere vorhandene Sicherungsmöglichkeiten, getäuscht. Außerdem wird dem Schuldner jegliche Freiheit eigener wirtschaftlicher Entschließung genommen.[366] Dagegen verstößt eine **prozesstaktische Abtretung**, die dazu dient, den Zedenten als Zeugen in eigener Sache auftreten zu lassen, allein noch nicht gegen die guten Sitten. Es handelt sich auch nicht um ein Scheingeschäft. Vielmehr ist die Abtretung wirksam.[367] Allerdings wird die Abtretung Einfluss auf die vom Gericht vorzunehmende Beweiswürdigung haben. Ist ein über die Vereinbarung bezüglich der Prozesstaktik hinausgehendes Kausalgeschäft nicht vorhanden, so wird der Zeugenaussage des Zedenten lediglich die Bedeutung einer Parteibehauptung beizumessen sein. Ansonsten ist bei der Beweiswürdigung das wirtschaftliche Interesse des Zedenten zu berücksichtigen.[368] Sittenwidrigkeit und damit gemäß § 138 BGB Nichtigkeit ist gegeben, wenn die Abtretung erfolgt ist, um den Zedenten als Zeugen Unwahres bekunden zu lassen[369], oder dazu dient, Prozesskostenhilfe zu erschleichen oder einen Kostenerstattungsanspruch des gegebenenfalls obsiegenden Prozessgegners zu verhindern[370].

---

[358] RG v. 19.02.1914 - VII 448/13 - RGZ 84, 214-219, 217; RG v. 06.03.1930 - VI 296/29 - RGZ 127, 341-350, 345; BGH v. 09.02.1990 - V ZR 200/88 - juris Rn. 15 - BGHZ 110, 241-246; BGH v. 13.01.1994 - IX ZR 2/93 - juris Rn. 20 - BGHZ 124, 371-380; *Busche* in: Staudinger, Einl. zu den §§ 398 ff. Rn. 50; *Münch*, Abtretungsverbote im deutschen und französischen Recht, 2001, S. 32.

[359] OLG Koblenz v. 31.07.2003 - 5 U 200/03 - juris Rn. 39 - WM 2004, 1198-1203; *Busche* in: Staudinger, Einl. zu den §§ 398 ff. Rn. 50.

[360] OLG Koblenz v. 31.07.2003 - 5 U 200/03 - juris Rn. 39 - WM 2004, 1198-1203.

[361] OLG Koblenz v. 31.07.2003 - 5 U 200/03 - juris Rn. 39 - WM 2004, 1198-1203.

[362] *Busche* in: Staudinger, Einl. zu den §§ 398 ff. Rn. 58.

[363] *Busche* in: Staudinger, Einl. zu den §§ 398 ff. Rn. 59.

[364] *Busche* in: Staudinger, Einl. zu den §§ 398 ff. Rn. 52.

[365] *Busche* in: Staudinger, Einl. zu den §§ 398 ff. Rn. 52.

[366] BGH v. 20.03.1985 - VIII ZR 342/83 - juris Rn. 22 - BGHZ 94, 105-116; *Busche* in: Staudinger, Einl. zu den §§ 398 ff. Rn. 53; *Serick*, BB 1974, 845-853, 846.

[367] RG v. 03.01.1913 - III 233/12 - RGZ 81, 160-162, 162; BGH v. 20.12.1979 - VII ZR 306/78 - juris Rn. 11 - LM Nr. 39 zu § 398 BGB; *Buß/Honert*, JZ 1997, 694-698, 697 f; *Weber* in: BGB-RGRK, 12. Aufl. 1976, § 398 Rn. 2; *Busche* in: Staudinger, Einl. zu den §§ 398 ff. Rn. 54.

[368] RG v. 08.06.1899 - VI 111/99 - RGZ 44, 374-377, 375; BGH v. 20.12.1979 - VII ZR 306/78 - juris Rn. 11 - LM Nr. 39 zu § 398 BGB; *Buß/Honert*, JZ 1997, 694-698, 695 ff.; *Busche* in: Staudinger, Einl. zu den §§ 398 ff. Rn. 54.

[369] OLG Karlsruhe v. 20.12.1989 - 1 U 103/89 - juris Rn. 3 - NJW-RR 1990, 753-754; *Busche* in: Staudinger, Einl. zu den §§ 398 ff. Rn. 54; *Buß/Honert*, JZ 1997, 694-698, 694 f.

[370] *Busche* in: Staudinger, Einl. zu den §§ 398 ff. Rn. 54; *Buß/Honert*, JZ 1997, 694-698, 694 f.

Der Treuhänder kann im Falle wirksamer Abtretung über die Forderung in eigenem Namen verfügen. Er hat unabhängig von einer Bevollmächtigung oder Ermächtigung durch den Treugeber **Verfügungsmacht**.[371] Dies gilt selbst bei treuwidrigen, d.h. gegen die im Innenverhältnis getroffenen Vereinbarungen verstoßenden, Verfügungen[372], denn Einschränkungen der Verfügungsmacht gegenüber Dritten würden an § 137 Satz 1 BGB scheitern[373]. Auch die Regeln über den Missbrauch der Vertretungsmacht sind nicht anwendbar, da es sich um eine Vollrechtsübertragung mit lediglich interner schuldrechtlicher Bindung handelt.[374] Der Treuhänder verletzt daher lediglich seine aus dem zugrunde liegenden Kausalgeschäft (Treuhandverhältnis) resultierenden vertraglichen Pflichten und wird dem Treugeber gegenüber gemäß § 280 BGB und eventuell gemäß § 823 Abs. 2 BGB i.V.m. § 266 StGB bzw. § 826 BGB schadensersatzpflichtig.[375] Sofern der Treuhänder bezüglich des Treuguts schuldrechtliche Verträge abschließt, handelt es sich um Verträge in eigenem Namen. Der Treuhänder wird daher ausschließlich selbst aus dem Vertrag berechtigt und verpflichtet. Er ist kein mittelbarer Stellvertreter des Treugebers.[376]

63

II. Inkassozession

1. Begriff

Die Inkassozession ist – ebenso wie die Sicherungsabtretung (vgl. Rn. 71) – eine **fiduziarische Abtretung**.[377] Bei der Inkassozession besteht das Innenverhältnis aus einem **Geschäftsbesorgungsvertrag** i.S.d. §§ 675, 667 BGB – seltener einem **Auftrag** i.S.d. § 662 BGB –, kraft dessen der Inkassozessionar die Forderung im eigenen Namen, jedoch für Rechnung des Zedenten **einzuziehen und den Erlös an den Zedenten abzuführen** verpflichtet ist, jedoch im Innenverhältnis keine weitergehende eigene Rechtsposition erlangt.[378] Der Inkassozessionar wird hierbei **Vollgläubiger**, während ihm bei der auf das gleiche Ziel abzielenden **Einziehungsermächtigung** (vgl. Rn. 123) nur die Einziehungsbefugnis übertragen wird.[379] Hintergrund für die Inkassozession ist, dass der Gläubiger im Hintergrund bleiben oder die Rechtsverfolgung aus anderen Gründen nicht selbst betreiben will.[380]

64

2. Erlaubnispflicht nach dem Rechtsberatungsgesetz/gesetzliches Verbot

Die **geschäftsmäßige Inkassozession** bedurfte einer Erlaubnis nach Art. 1 § 1 Abs. 1 RBerG (vgl. hierzu allgemein: Rn. 41). Fehlte eine solche, war die Abtretung gemäß § 134 BGB (vgl. hierzu die Kommentierung zu § 134 BGB) nichtig.[381] Zu beachten ist nunmehr das Rechtsdienstleistungsgesetz und die dort vorgesehene Registrierungspflicht.[382] Trat ein Bankkunde seine Kundenansprüche gegen seine Bank auf Grund der missbräuchlichen Verwendung von Debitkarten (ec-Karten und SparCards) bei Bankautomatenabhebungen an eine **Verbraucherzentrale** zur Einziehung und gerichtlichen Geltendmachung ab, war die Abtretung nicht gemäß § 134 BGB i.V.m. Art. 1 § 1 RBerG nichtig. Dies folgt aus der im Rahmen der Schuldrechtsreform neu gefassten Vorschrift des Art. 3 § 8 RBerG, wonach Verbraucherzentralen abgetretene Forderungen von Verbrauchern gerichtlich einziehen dürfen,

65

---

[371] *Busche* in: Staudinger, Einl. zu den §§ 398 ff. Rn. 55.
[372] BGH v. 02.04.1998 - IX ZR 232/96 - juris Rn. 28 - LM GeschmMG § 1 Nr. 25 (8/1998); *Busche* in: Staudinger, Einl. zu den §§ 398 ff. Rn. 56.
[373] *Busche* in: Staudinger, Einl. zu den §§ 398 ff. Rn. 56.
[374] BGH v. 04.04.1968 - II ZR 26/67 - juris Rn. 16 - LM Nr. 30 zu § 164 BGB; BGH v. 02.04.1998 - IX ZR 232/96 - juris Rn. 28 - LM GeschmMG § 1 Nr. 25 (8/1998); *Busche* in: Staudinger, Einl. zu den §§ 398 ff. Rn. 56; a.A. *Timm*, JZ 1989, 13-24, 22 ff.
[375] BGH v. 04.04.1968 - II ZR 26/67 - juris Rn. 16 - LM Nr. 30 zu § 164 BGB; *Busche* in: Staudinger, Einl. zu den §§ 398 ff. Rn. 56.
[376] *Busche* in: Staudinger, Einl. zu den §§ 398 ff. Rn. 57.
[377] *Busche* in: Staudinger, Einl. zu den §§ 398 ff. Rn. 107.
[378] RG v. 04.06.1920 - VII 499/19 - RGZ 99, 142-145, 143; *Busche* in: Staudinger, Einl. zu den §§ 398 ff. Rn. 107; *Grüneberg* in: Palandt, § 398 Rn. 26.
[379] BGH v. 20.12.1979 - VII ZR 306/78 - juris Rn. 9 - LM Nr. 39 zu § 398 BGB; *Busche* in: Staudinger, Einl. zu den §§ 398 ff. Rn. 108; *Grüneberg* in: Palandt, § 398 Rn. 26.
[380] *Busche* in: Staudinger, Einl. zu den §§ 398 ff. Rn. 107.
[381] BGH v. 18.04.1967 - VI ZR 188/65 - juris Rn. 6 - BGHZ 47, 364-369; BGH v. 06.11.1973 - VI ZR 194/71 - juris Rn. 8 - BGHZ 61, 317-325; *Busche* in: Staudinger, Einl. zu den §§ 398 ff. Rn. 114; *Grüneberg* in: Palandt, § 398 Rn. 28.
[382] *Grüneberg* in: Palandt, § 398 Rn. 31.

sofern dies im Interesse des Verbraucherschutzes erforderlich ist. Die Erforderlichkeit folgt daraus, dass Klagen von Verbraucherzentralen ein höheres Maß an Effektivität aufweisen und auch nach der Klärung der mit den Debitkartenmissbrauchsfällen zusammenhängenden Rechtsfragen seitens des BGH weiterhin ein Interesse an der Klärung der damit zusammenhängenden Tatsachenfragen besteht.[383] Diese Auffassung hat nunmehr der Bundesgerichtshof bestätigt. Die gerichtliche Einziehung abgetretener Verbraucherforderungen ist darnach gemäß Art. 1 § 3 Nr. 8 RBerG im Interesse des Verbraucherschutzes erforderlich, wenn sie nicht nur der Durchsetzung wirtschaftlicher Individualinteressen, sondern auch einem kollektiven Verbraucherinteresse dient und die Einschaltung des Verbandes eine effektivere Durchsetzung dieses Verbraucherinteresses ermöglicht. Letzteres ist vor allem der Fall, wenn eine Klärung der betroffenen Verbraucherfragen zwar im Wege einer Individualklage möglich ist, aber faktisch Umstände vorliegen, die geeignet sind, den jeweiligen Verbraucher hiervon abzuhalten – z.B. geringe Anspruchshöhe, unverhältnismäßig hohes Prozessrisiko wegen erforderlicher Beweisaufnahmen oder komplexer und unsicherer Rechtsfragen.[384]

3. Sonstige Unwirksamkeitsgründe

66 Die Inkassozession kann auch aus anderen Gründen unwirksam sein, etwa gemäß § 138 BGB wegen **Sittenwidrigkeit**. Das ist etwa dann der Fall, wenn ein mittelloser Zessionar nur zu dem Zweck vorgeschoben wird, dem vermögenden Zedenten im Falle eines ungünstigen Ausgangs des Rechtsstreits die Kostenerstattungspflicht gegenüber dem Gegner zu ersparen oder eine Klage auf der Grundlage von Prozesskostenhilfe zu ermöglichen.[385]

4. Rechtsstellung der Beteiligten

67 Die **Rechtsstellung** von Zessionar, Zedent und Schuldner stellt sich im Falle der Inkassozession wie folgt dar:

a. Außenverhältnis zwischen Zessionar, Schuldner und Dritten

68 Der **Zessionar** erwirbt die volle Gläubigerstellung an der Forderung.[386] Er kann als Vollrechtsinhaber die Forderung ohne Nachweis eines Eigeninteresses im Wege der Klage geltend machen.[387] Auch treuwidrige Verfügungen über die Forderung sind wirksam[388], es sei denn, dass derjenige, zu dessen Gunsten die Verfügung erfolgt, **kollusiv** mit dem Inkassozessionar zusammenwirkt[389]. Fraglich ist, ob die Rechtsgrundsätze des **Vollmachtsmissbrauchs** auf den Missbrauch der Rechte eines Treuhänders (Inkassozessionars) entsprechend anwendbar sind. Die Rechtsprechung verneint dies.[390] **Einwendungen** aus dem der Abtretung zugrunde liegenden Kausalverhältnis, insbesondere der auf Einziehung der Forderung gerichteten Zweckvereinbarung, kann der Schuldner im selben Umfang geltend machen wie bei der Sicherungsabtretung (vgl. hierzu Rn. 78) Er kann sich auf diese also, von Ausnahmefällen abgesehen, nicht berufen.[391] Der Schuldner kann jedoch ohne die Beschränkungen des § 406 BGB gegen den Zedenten **aufrechnen** (vgl. die Kommentierung zu § 406 BGB Rn. 5).[392] Da der Zessionar i.d.R.

---

[383] LG Bonn v. 17.03.2005 - 3 O 657/03 - ZIP 2005 1006-1008, 1007; *Knerr* in: jurisPK-BGB, 2. Aufl., Aktualisierung zu § 398 Rn. 63 sowie 3. Aufl., § 398 Rn. 63; a.A. LG Düsseldorf v. 20.10.2004 - 5 O 521/03 - juris Rn. 33 - VuR 2005, 34-36; LG Frankfurt v. 26.09.2005 - 2-25 O 614/03 - juris Rn. 180 - ZIP 2006, 463-465.

[384] BGH v. 14.11.2006 - XI ZR 294/05 - juris Rn. 17, 29 - ZIP 2006, 2359-2363.

[385] BGH v. 29.05.1961 - VII ZR 46/60 - BGHZ 35, 180-185, 183; BGH v. 28.11.1962 - V ZR 9/61 - juris Rn. 21 - BGHZ 38, 281-289, 287; *Busche* in: Staudinger Einl. zu den §§ 398 ff. Rn. 109; a.A. *Weber* in: BGB-RGRK, 12. Aufl. 1976, § 398 Rn. 33.

[386] *Busche* in: Staudinger, Einl. zu den §§ 398 ff. Rn. 112.

[387] BGH v. 20.12.1979 - VII ZR 306/78 - juris Rn. 8 - LM Nr. 39 zu § 398 BGB; BGH v. 07.07.1980 - II ZR 196/79 - juris Rn. 5 - WM 1980, 1172-1172; *Busche* in: Staudinger, Einl. zu den §§ 398 ff. Rn. 115; *Grüneberg* in: Palandt, § 398 Rn. 27.

[388] RG v. 04.06.1920 - VII 499/19 - RGZ 99, 142-145, 143; *Busche* in: Staudinger, Einl. zu den §§ 398 ff. Rn. 112; *Grüneberg* in: Palandt, § 398 Rn. 27.

[389] RG v. 19.02.1937 - V 205/36 - RGZ 153, 366-371, 370; *Busche* in: Staudinger, Einl. zu den §§ 398 ff. Rn. 112; *Grüneberg* in: Palandt, § 398 Rn. 27.

[390] BGH v. 04.04.1968 - II ZR 26/67 - juris Rn. 16 - LM Nr. 30 zu § 164 BGB; *Grüneberg* in: Palandt, § 398 Rn. 27.

[391] *Busche* in: Staudinger, Einl. zu den §§ 398 ff. Rn. 113; *Grüneberg* in: Palandt, § 398 Rn. 27.

[392] BGH v. 22.10.1957 - VIII ZR 67/56 - BGHZ 25, 360-369; *Busche* in: Staudinger, Einl. zu den §§ 398 ff. Rn. 113; *Grüneberg* in: Palandt, § 398 Rn. 27 u. § 387 Rn. 7.

keinen eigenen Schaden erleidet, bemisst sich ein eventuell vom Schuldner zu leistender **Schadensersatz** ebenso wie bei der Sicherungszession nach der Person des Zedenten (vgl. auch Rn. 54).[393]

b. Innenverhältnis zwischen Zedent und Zessionar

Im Innenverhältnis zwischen Zedent und Zessionar liegt der Abtretung ein entgeltlicher **Geschäftsbesorgungsvertrag** i.S.d. §§ 675, 667 BGB oder (seltener) ein **Auftrag** i.S.d. § 662 BGB zugrunde.[394] Die Hauptpflicht des Zessionars besteht darin, die Forderung einzuziehen und das Empfangene gemäß § 667 BGB an den Zedenten herauszugeben.[395] Nach den zugrunde liegenden schuldrechtlichen Vereinbarungen zwischen Zedent und Zessionar bestimmt sich auch, ob der Zedent den Inkassovertrag jederzeit **widerrufen** kann. Unwiderruflichkeit ist gegeben, wenn die Abtretung nach den zugrunde liegenden Vereinbarungen auch zur Sicherung des Zessionars erfolgt ist. Ist jedoch die Abtretung ausschließlich im Interesse des Zedenten erfolgt, so kann dieser den zugrunde liegenden Auftrag bzw. Geschäftsbesorgungsvertrag gemäß den §§ 671, 675 BGB jederzeit widerrufen.[396] Der Zessionar ist dann gemäß § 812 Abs. 1 Satz 2 BGB verpflichtet, die Forderung dem Zedenten rückabzutreten.[397]

69

5. Inkassozession in Zwangsvollstreckung und Insolvenz

Sofern Gläubiger des Zessionars in die Forderung vollstrecken, hat der Zedent die Möglichkeit der **Drittwiderspruchsklage** gemäß § 771 ZPO.[398] Im **Insolvenzverfahren** hat der Zedent ein Aussonderungsrecht gemäß § 47 InsO.[399] Sofern die Forderung umgekehrt durch Gläubiger des Zedenten gepfändet wird, hat auch der Zessionar nach der Rechtsprechung ein Klagerecht gemäß § 771 ZPO.[400] Durch die Eröffnung des Insolvenzverfahrens über das Vermögen des Zedenten wird das zwischen ihm und dem Zessionar bestehende Treuhandverhältnis gemäß den §§ 115, 116 InsO, die das Erlöschen von Aufträgen und Geschäftsbesorgungsverträgen anordnen, beendet.[401] Der Zessionar hat kein Aus- oder Absonderungsrecht in der Insolvenz des Zedenten.[402]

70

III. Sicherungsabtretung (Sicherungszession)

1. Allgemeines

Die Sicherungsabtretung (**Sicherungszession**) ist ein im Gesetz nicht geregeltes Kreditsicherungsmittel eigener Art, bei dem eine Forderung zur Sicherheit für eine andere Forderung – meist einer solchen aufgrund eines Geldkredits – abgetreten wird. Sie ist vergleichbar mit der **Sicherungsübereignung**. Beide Rechtsinstitute sind nicht im Gesetz geregelt, sondern von der Praxis entwickelt worden.[403] Bei einer Sicherungsabtretung erwirbt der Zessionar (Sicherungsnehmer) die **volle Gläubigerstellung** der zur Sicherheit abgetretenen Forderung. Nach der der Abtretung zugrunde liegenden und das Kausalverhältnis zwischen Sicherungsgeber und Sicherungsnehmer bildenden **schuldrechtlichen Sicherungsabrede**, insbesondere aufgrund der innerhalb derselben getroffenen **Zweckabrede**, stehen ihm aber im Innenverhältnis zum Zedenten (Sicherungsgeber) nur Befugnisse zu, die denjenigen eines

71

---

[393] RG v. 10.04.1923 - III 342/22 - RGZ 107, 132-136, 134; *Busche* in: Staudinger, Einl. zu den §§ 398 ff. Rn. 115; *Grüneberg* in: Palandt, § 398 Rn. 27.
[394] *Busche* in: Staudinger, Einl. zu den §§ 398 ff. Rn. 116.
[395] RG v. 04.06.1920 - VII 499/19 - RGZ 99, 142-145, 143; *Busche* in: Staudinger, Einl. zu den §§ 398 ff. Rn. 111.
[396] *Busche* in: Staudinger, Einl. zu den §§ 398 ff. Rn. 111.
[397] *Busche* in: Staudinger, Einl. zu den §§ 398 ff. Rn. 111.
[398] BGH v. 07.04.1959 - VIII ZR 219/57 - LM Nr. 3 zu § 771 ZPO; *Busche* in: Staudinger, Einl. zu den §§ 398 ff. Rn. 116; *Grüneberg* in: Palandt, § 398 Rn. 27.
[399] Vgl. zur Rechtslage nach der KO: RG v. 19.02.1937 - V 205/36 - RGZ 153, 366-371, 368; *Busche* in: Staudinger, Einl. zu den §§ 398 ff. Rn. 116; *Grüneberg* in: Palandt, § 398 Rn. 27.
[400] BGH v. 05.11.1953 - IV ZR 95/53 - juris Rn. 40 - BGHZ 11, 37-43; *Busche* in: Staudinger, Einl. zu den §§ 398 ff. Rn. 117; *Grüneberg* in: Palandt, § 398 Rn. 30.
[401] *Busche* in: Staudinger, Einl. zu den §§ 398 ff. Rn. 117; *Grüneberg* in: Palandt, § 398 Rn. 30.
[402] RG v. 06.11.1934 - VII 105/34 - RGZ 145, 253-258, 256; *Busche* in: Staudinger, Einl. zu den §§ 398 ff. Rn. 117; *Grüneberg* in: Palandt, § 398 Rn. 30.
[403] *Busche* in: Staudinger, Einl. zu den §§ 398 ff. Rn. 65; *Grüneberg* in: Palandt, § 398 Rn. 20; *Schur*, JURA 2005, 361-368, 361.

§ 398

Pfandgläubigers vergleichbar sind.[404] Es handelt sich also ebenso wie bei der Inkassozession um ein **fiduziarisches Rechtsverhältnis (fiduziarische Abtretung** – vgl. Rn. 65), welches als **eigennütziges Treuhandverhältnis** zu qualifizieren ist.[405] Der Zweck der der Sicherungsabtretung zugrunde liegenden Sicherungsabrede ist es, dem Zessionar (Sicherungsnehmer) zu ermöglichen, sich wegen einer ihm gegen den Zedenten (Sicherungsgeber) zustehenden Forderung aus der ihm abgetretenen Forderung gegen den Dritten (Schuldner) zu befriedigen.[406] Zu den Interessen des Zedenten (Sicherungsgebers) vgl. Rn. 61. Es handelt sich um ein dem Pfandrecht an Forderungen vergleichbares Sicherungsmittel, welches in § 216 Abs. 2 BGB gesetzlich anerkannt ist.[407] Gegenüber dem Pfandrecht hat die Sicherungsabtretung den Vorteil, dass zu ihrer Wirksamkeit keine Anzeige der Verpfändung an den Schuldner erforderlich ist (vgl. § 1280 BGB – Rn. 47) und der Zedent daher sein Kredit- und Geschäftsansehen nicht durch Kundgabe nach außen beeinträchtigen muss.[408] Darüber hinaus hat der Zessionar weitergehende Rechte als der Pfandnehmer. Er kann die ihm abgetretene Forderung anders als gemäß § 1281 BGB vor der Fälligkeit seiner eigener Forderung gegen den Zedenten einziehen. Er erwirbt im Falle der Einziehung am Gegenstand der Forderung, auch wenn es sich nicht um eine Geldforderung handelt, Eigentum und nicht erneut nur ein Pfandrecht, aus dem er sich wiederum durch Pfandverkauf bzw. Zwangsvollstreckung befriedigen muss.[409]

2. Zustandekommen der Sicherungsabtretung

72 Gemäß § 151 Satz 1 BGB ist für die Annahme eines Antrags des Zedenten auf Abschluss eines Sicherungsabtretungsvertrags eine ausdrückliche oder konkludente Erklärung des Zessionars gegenüber dem Antragenden nicht erforderlich. Ein für das Zustandekommen des Vertrages ausreichendes, als Willensbetätigung zu wertendes und nach außen hervortretendes Verhalten des Angebotsempfängers, aus dem sich dessen Annahmewille unzweideutig ergibt, liegt in diesem Fall in der widerspruchslosen Entgegen- und Hereinnahme der Abtretungsvereinbarung zu den Kreditakten. Ein solches Verhalten lässt nach der Lebenserfahrung darauf schließen, dass der Zessionar mit der ihm günstigen und von ihm geforderten Abtretung zur Absicherung der gegenüber ihm bestehenden Verbindlichkeiten des Schuldners einverstanden ist.[410] Die abgetretenen Forderungen müssen mindestens **bestimmbar** sein, insbesondere im Rahmen einer Vorausabtretung. Wird etwa eine Gesamtheit von Gegenständen, die nur zum Teil von einer **Sicherungsübereignung** erfasst wird, zu einem Einheitspreis verkauft, geht eine auf das Sicherungsgut bezogene Vorausabtretung ins Leere, weil die das Sicherungsgut betreffenden Forderungsteile nicht individualisierbar sind und es deshalb an der notwendigen Bestimmbarkeit der abgetretenen Forderung fehlt.[411]

73 Daher hat die Sicherungsabtretung – ebenso wie die Sicherungsübereignung – in der Praxis eine weit höhere Bedeutung als das vertragliche Pfandrecht.[412] Abgetreten werden etwa aus **Kfz-Unfällen** resultierende Schadensersatzansprüche zur Sicherung der Forderungen eines Kfz-Sachverständigen gegen den Geschädigten. Eine solche Abtretung ist keine Besorgung fremder Rechtsangelegenheiten und daher nicht gemäß Art. 1 § 1 RBerG nichtig (vgl. hierzu allgemein: Rn. 41). Durch sie gehen die Schadensersatzansprüche regelmäßig in Höhe der berechneten Gutachterkosten auf den Sachverständigen über, wobei die Haftungsverteilung zwischen den Unfallbeteiligten unerheblich ist.[413]

---

[404] RG v. 23.09.1921 - II 61/21 - RGZ 102, 385-388, 386; BGH v. 16.06.1981 - V ZR 114/80 - juris Rn. 20 - WM 1982, 443-444; *Busche* in: Staudinger, Einl. zu den §§ 398 ff. Rn. 67, 70, 90; *Grüneberg* in: Palandt, § 398 Rn. 20; *Schur*, JURA 2005, 361-368, 361.
[405] *Busche* in: Staudinger, Einl. zu den §§ 398 ff. Rn. 58; *Grüneberg* in: Palandt, § 398 Rn. 20.
[406] *Busche* in: Staudinger, Einl. zu den §§ 398 ff. Rn. 65.
[407] *Busche* in: Staudinger, Einl. zu den §§ 398 ff. Rn. 65.
[408] *Busche* in: Staudinger, Einl. zu den §§ 398 ff. Rn. 66 u. 67.
[409] *Busche* in: Staudinger, Einl. zu den §§ 398 ff. Rn. 66.
[410] OLG Celle v. 06.05.2004 - 5 U 15/04 - juris Rn. 18 - OLGR Celle 2004, 405-406.
[411] BGH v. 19.03.2009 - IX ZR 39/08 - juris Rn. 11 - ZIP 2009, 817-818.
[412] *Busche* in: Staudinger, Einl. zu den §§ 398 ff. Rn. 66.
[413] AG Stuttgart-Bad Cannstatt v. 16.06.2003 - 10 C 327/02 - Schaden-Praxis 2003, 325-326.

3. Außenverhältnis zum Schuldner

a. Volle Gläubigerstellung und Einziehungsbefugnis des Zessionars

Rechtsfolge im **Außenverhältnis zum Schuldner** ist daher, dass der Sicherungsnehmer alle Gläubigerrechte erhält. Er kann die Forderung gerichtlich und außergerichtlich geltend machen und sie auch dann wirksam weiter abtreten, wenn er hierdurch gegen die Abreden im Innenverhältnis verstößt.[414] Das zugrunde liegende Treuhandverhältnis begründet insoweit lediglich eine schuldrechtliche Beschränkung im Innenverhältnis, nicht aber eine Einschränkung der Rechtszuständigkeit nach außen, insbesondere im Verhältnis zum Drittschuldner.[415] Daher kann der Zessionar die Forderung auch dann wirksam **weiter abtreten**, wenn er hierdurch gegen die Abreden im Innenverhältnis zum Zedenten verstößt.[416] Der Zedent kann insoweit aus der Sicherungsabrede keine Einwendungen ableiten.[417] Jedoch kann in der Sicherungsabrede ein ausdrückliches oder stillschweigendes **pactum de non cedendo** i.S.d. § 399 Alt. 2 BGB vereinbart werden.[418] Der Annahme einer entsprechenden konkludenten Vereinbarung steht jedoch regelmäßig das Verwertungsinteresse des Zessionars entgegen.[419] Bei missbräuchlichem Verhalten des Sicherungszessionars wird der Zedent durch § 242 BGB geschützt.[420] Unterlässt es der Zessionar, die mit dem Sicherungszedenten vereinbarten Bedingungen an den Zweitzessionar weiterzugeben, so macht er sich gegenüber dem Zedenten schadensersatzpflichtig.[421] Die Abtretung als solche enthält dabei noch nicht ohne Weiteres die Übernahme der Verpflichtungen aus dem Sicherungsvertrag durch den Dritten.[422]

Eine dem Erwerb der vollen Gläubigerstellung einschließlich Einziehungsbefugnis entgegenstehende Vereinbarung, etwa dahingehend, dass der Zessionar zur Geltendmachung der Forderung im eigenen Namen nicht befugt sein soll oder dass er den Schuldner dauerhaft nicht von der Abtretung informieren darf und daher auch die Forderung nicht einziehen kann, ist unwirksam. Dies folgt aus § 137 Satz 1 BGB sowie daraus, dass es sich dann nicht mehr um eine echte Abtretung handelt.[423] Die Einziehungsbefugnis kann allenfalls für eine bestimmte Zeit oder bis zum Eintritt einer **Bedingung** ausgeschlossen werden.[424] Eine solche Bedingung kann etwa darin bestehen, dass die Befugnis zur Einziehung erst gegeben ist, wenn der Zedent seinen Verpflichtungen gegenüber dem Zessionar nicht nachkommt.[425] Dies hat etwa Bedeutung bei der aufschiebend bedingten Einziehungsbefugnis für die Diskontierung von Buchforderungen im Rahmen einer stillen, d.h. nach außen zunächst nicht hervortretenden Zession.[426]

Zieht der Zessionar die Forderung ein, so erwirbt er Eigentum an dem Leistungsgegenstand und ist bei Verwertungen nicht an die Vorschriften über den Pfandverkauf gebunden.[427] Er erhält also im Außenverhältnis mehr Rechtsmacht, als ihm im Innenverhältnis zusteht.[428] Wenn etwa ein Bausparer im Rahmen eines **Bausparvertrages** eine Risikolebensversicherung abschließt und zur Sicherheit alle Rechte aus dem Versicherungsvertrag an die Bausparkasse abtritt, so wird diese neuer Forderungsinhaber ein-

---

[414] RG v. 23.09.1921 - II 61/21 - RGZ 102, 385-388, 386; BGH v. 16.06.1981 - V ZR 114/80 - juris Rn. 20 - WM 1982, 443-444; *Busche* in: Staudinger, Einl. zu den §§ 398 ff. Rn. 67, 70, 90; *Grüneberg* in: Palandt, § 398 Rn. 21; *Schur*, JURA 2005, 361-368, 363.
[415] *Busche* in: Staudinger, Einl. zu den §§ 398 ff. Rn. 70.
[416] RG v. 04.04.1919 - VII 350/18 - RGZ 95, 244-246, 245; *Busche* in: Staudinger, Einl. zu den §§ 398 ff. Rn. 91.
[417] BGH v. 30.11.1973 - V ZR 48/72 - BGH, NJW 1974, 185-187, 186; *Busche* in: Staudinger, Einl. zu den §§ 398 ff. Rn. 91.
[418] OLG Nürnberg v. 12.07.1983 - 3 U 764/83 - juris Rn. 11 - OLGZ 1983, 481-483; *Busche* in: Staudinger, Einl. zu den §§ 398 ff. Rn. 91.
[419] BGH v. 02.10.1990, XI ZR 205/89 - juris Rn. 13 - BGH, NJW-RR 1991, 305-306; *Busche* in: Staudinger, Einl. zu den §§ 398 ff. Rn. 91.
[420] *Busche* in: Staudinger, Einl. zu den §§ 398 ff. Rn. 91.
[421] BGH v. 25.09.1996 - VIII ZR 76/95 - juris Rn. 42 - NJW 1997, 461-464, 463; *Busche* in: Staudinger, Einl. zu den §§ 398 ff. Rn. 91.
[422] BGH v. 25.09.1996 - VIII ZR 76/95 - juris Rn. 42 - NJW 1997, 461-464, 463; *Busche* in: Staudinger, Einl. zu den §§ 398 ff. Rn. 91.
[423] RG v. 18.05.1917 - III 466/16 - RGZ 90, 248-250, 249; RG v. 23.05.1917 - V 29/17 - RGZ 90, 273-280, 276; *Busche* in: Staudinger, Einl. zu den §§ 398 ff. Rn. 70, 90, 91.
[424] *Busche* in: Staudinger, Einl. zu den §§ 398 ff. Rn. 70, 90.
[425] *Busche* in: Staudinger, Einl. zu den §§ 398 ff. Rn. 90.
[426] *Busche* in: Staudinger, Einl. zu den §§ 398 ff. Rn. 90.
[427] RG v. 05.01.1934 - VII 180/33 - RGZ 143, 113-118, 116; *Busche* in: Staudinger, Einl. zu den §§ 398 ff. Rn. 67.
[428] *Busche* in: Staudinger, Einl. zu den §§ 398 ff. Rn. 68.

schließlich aller Neben- und Hilfsrechte. Daher erwirbt die Sparkasse insbesondere das Recht, die Leistung aus der Risikolebensversicherung zu fordern.[429] Jedoch kann der Versicherungsnehmer einer Lebensversicherung trotz der Sicherungsabtretung einen (anderen) Bezugsberechtigten einsetzen, soweit der Anspruch der Höhe nach nicht von der Sicherungsabrede erfasst wird oder soweit nach Befriedigung des Sicherungsnehmers ein Überschuss verbleibt.[430]

b. Einwendungen des Schuldners der abgetretenen Forderung

77 Der Schuldner seinerseits kann keine **Einwendungen** aus der der Abtretung zugrunde liegenden Sicherungsabrede geltend machen.[431] Die Sicherungsabrede kann jedoch ein stillschweigendes **pactum de non petendo** zugunsten des Schuldners enthalten.[432] Außerdem ist § 242 BGB anwendbar, wenn ein offensichtlicher **Missbrauch** durch den Zessionar vorliegt.[433] Die Einwendungen aus dem Rechtsverhältnis zum Sicherungszedenten kann er gemäß § 404 BGB geltend machen (vgl. hierzu die Kommentierung zu § 404 BGB). Wird eine sicherungshalber abgetretene Forderung verwertet, so steht dem Schuldner ein Tilgungsbestimmungsrecht gemäß § 366 Abs. 1 BGB nicht zu. Der Fall ist nicht anders zu behandeln als die Beitreibung im Wege der Zwangsvollstreckung.[434]

c. Abtretung unter auflösender Bedingung

78 Unter Umständen ist die Abtretung dahin gehend auszulegen, dass sie unter der **auflösenden Bedingung** des Erlöschens der Forderung steht, was jedoch im Zweifelsfall nicht anzunehmen ist.[435] Wird etwa ein **Insolvenzgeldanspruch** im Rahmen der Vorfinanzierung durch eine Bank an diese abgetreten, so entfaltet die Abtretung keine rechtliche Wirkung mehr, wenn der Kredit der Bank vollständig zurückgeführt ist und damit der Sicherungszweck der Abtretung entfallen ist.[436] Folge ist, dass die Forderung mit Bedingungseintritt (Befriedigung des Zessionars) automatisch an den Zedenten zurückfällt.[437] Denkbar ist auch der Abschluss eines aufschiebend bedingten Rückübertragungsvertrags (vgl. hierzu: Rn. 87).

d. Einziehungsermächtigung zugunsten des Zedenten

79 Dem Zedenten kann sowohl bei offener als auch bei stiller Zession eine **Einziehungsermächtigung** erteilt werden, was bei stiller Zession regelmäßig der Fall ist.[438] Er kann in diesem Fall Leistung an den Zessionar verlangen, wozu er jedoch eine stille Zession aufdecken muss.[439] Im Falle der **stillen Zession** (zum Begriff vgl. Rn. 37) ist der Zedent (Sicherungsgeber) in der Regel ermächtigt, Leistung an sich zu verlangen, d.h. er ist zur Einziehung der Forderung auch ohne Aufdeckung der Zession ermächtigt (zur Einziehungsermächtigung vgl. Rn. 123).[440] Er ist darüber hinaus in diesem Fall berechtigt, in gewillkürter Prozessstandschaft zu klagen und die Forderung im Wege der Zwangsvollstreckung durchzusetzen.[441] Auch im Falle einer **offenen Abtretung** kann der Sicherungsgeber darüber hinaus auch ohne eine ausdrückliche Einziehungsermächtigung Leistung an den Sicherungsnehmer verlangen und

---

[429] OLG Köln v. 22.09.2004 - 5 U 214/03 - VersR 2005, 345-346.
[430] OLG Hamm v. 01.07.1994 - 29 W 4/94 - juris Rn. 5 - VersR 1994, 1053-1054.
[431] *Grüneberg* in: Palandt, § 398 Rn. 23.
[432] OLG Nürnberg v. 12.07.1983 - 3 U 764/83 - juris Rn. 11 - WM 1984, 607-608; *Grüneberg* in: Palandt, § 398 Rn. 23.
[433] *Grüneberg* in: Palandt, § 398 Rn. 23.
[434] BGH v. 03.06.2008 - XI ZR 353/07 - juris Rn. 22 - NJW 2008, 2842-2845.
[435] BGH v. 02.02.1984 - IX ZR 8/83 - juris Rn. 10 - NJW 1984, 1184-1186; *Busche* in: Staudinger, Einl. zu den §§ 398 ff. Rn. 76; bezüglich der Parallelproblematik bei der Sicherungsübereignung: BGH v. 02.02.1984 - IX ZR 8/83 - juris Rn. 28 - LM Nr. 18 zu § 930 EGB; *Grüneberg* in: Palandt, § 398 Rn. 23; *Jauernig*, NJW 1982, 268-270, 270.
[436] LSG Stuttgart v. 10.12.2004 - L 8 AL 3406/03 - juris Rn. 24.
[437] *Busche* in: Staudinger, Einl. zu den §§ 398 ff. Rn. 76.
[438] *Busche* in: Staudinger, Einl. zu den §§ 398 ff. Rn. 92.
[439] *Busche* in: Staudinger, Einl. zu den §§ 398 ff. Rn. 92.
[440] BGH v. 23.03.1999 - VI ZR 101/98 - juris Rn. 11 - NJW 1999, 2110-2112, 2111; OLG Hamm v. 09.07.1992 - 17 U 69/91 - WM 1992, 1649-1650, 1650; *Roth* in: MünchKomm-BGB, § 398 Rn. 107; *Busche* in: Staudinger, Einl. zu den §§ 398 ff. Rn. 92; *Grüneberg* in: Palandt, § 398 Rn. 21.
[441] BGH v. 11.02.1960 - VII ZR 206/58 - juris Rn. 28 - BGHZ 32, 67-72, 71; BGH v. 09.12.1992 - VIII ZR 218/91 - juris Rn. 30 - BGHZ 120, 387-396; BGH v. 23.03.1999 - VI ZR 101/98 - juris Rn. 9 - LM BGB § 209 Nr. 90 (8/99); *Busche* in: Staudinger, Einl. zu den §§ 398 ff. Rn. 92; *Grüneberg* in: Palandt, § 398 Rn. 21.

auf Leistung an diesen klagen.[442] Dies folgt aus der Außenwirkung der treuhandrechtlichen Natur der Sicherungsabtretung bzw. aus einer analogen Anwendung von § 1281 BGB.[443] Das Interesse des Zedenten an der Geltendmachung der Forderung folgt daraus, dass er von seiner Verbindlichkeit gegenüber dem Zessionar befreit werden will.[444] Das Einziehungsrecht erlischt daher nicht ohne weiteres, wenn der Zedent in eine finanzielle Krise gerät (zu den Folgen der Insolvenzeröffnung vgl. aber Rn. 89).[445] Der Zedent kann schließlich auch andere vertragsbezogene Gestaltungsrechte geltend machen.[446]

e. Leistungsstörungen

Für die Beurteilung des Umfangs der Rechte auf Grund von **Leistungsstörungen** infolge des Verhaltens des Drittschuldners, etwa hinsichtlich der Höhe von **Verzugs- oder Nichterfüllungsschäden**, ist abweichend von den allgemeinen Grundsätzen (vgl. Rn. 54) bis zum Eintritt der Verwertungsreife nicht die Person des Zessionars, sondern diejenige des Zedenten maßgebend. Dies folgt daraus, dass dem Zedenten die Forderung auf Grund der fiduziarischen Bindung bis dahin wirtschaftlich zusteht.[447] Der Zessionar kann den Schaden im Wege jedoch der Drittschadensliquidation geltend machen (vgl. Rn. 48).[448] Daneben ist der Zedent hier nach einer in der Literatur vertretenen Auffassung auch berechtigt, Leistung an sich selbst zu verlangen, da ihm der Anspruch im Innenverhältnis zum Zessionar vor Verwertungsreife allein zusteht.[449]

80

4. Innenverhältnis zwischen Zedent und Zessionar

Für die rechtlichen Beziehungen im Innenverhältnis ist die **Sicherungsabrede** maßgeblich.

81

a. Verfügungen über die Forderung, Einziehung und Verwertung

Im **Innenverhältnis** zwischen Sicherungsgeber (Zedent) und Sicherungsnehmer (Zessionar) darf der Sicherungsnehmer nur nach Maßgabe des **Sicherungszwecks** über die Forderung verfügen, etwa indem er sie weiter abtritt.[450] Aus dem Sicherungszweck folgt ferner, dass er die Forderung nur einziehen darf, wenn die gesicherte Forderung fällig ist[451] und der Sicherungsgeber überdies mit seiner Leistung in Verzug kommt[452]. Nur dann ist **Verwertungsreife** gegeben. Bei einer formularmäßigen Abtretung müssen die Voraussetzungen der Einziehungsbefugnis in der Sicherungsabrede **bestimmt** festgelegt werden.[453] Denkbar ist es darüber hinaus, dem Sicherungszessionar die schuldrechtliche Verpflichtung zur Einziehung aufzuerlegen (Inkassoverpflichtung).[454] Auch wenn eine derartige Vereinbarung fehlt, ist er im Zweifel zu einem Versuch der Einziehung verpflichtet, bevor er seine Forderung gegen den

82

---

[442] BGH v. 11.02.1960 - VII ZR 206/58 - juris Rn. 28 - BGHZ 32, 67-72; BGH v. 06.11.1980 - VII ZR 200/79 - juris Rn. 14 - LM Nr. 41 zu § 209 BGB; *Busche* in: Staudinger, Einl. zu den §§ 398 ff. Rn. 92; *Grüneberg* in: Palandt, § 398 Rn. 21.

[443] *Busche* in: Staudinger, Einl. zu den §§ 398 ff. Rn. 92.

[444] *Busche* in: Staudinger, Einl. zu den §§ 398 ff. Rn. 92.

[445] BGH v. 06.04.2000 - IX ZR 422/98 - juris Rn. 22 - NJW 2000, 1950-1952, 1951; OLG Brandenburg v. 02.07.2002 - 11 U 185/01 - DB 2003, 388-389, 389; *Roth* in: MünchKomm-BGB, § 398 Rn. 54; *Busche* in: Staudinger, Einl. zu den §§ 398 ff. Rn. 92.

[446] *Busche* in: Staudinger, Einl. zu den §§ 398 ff. Rn. 92.

[447] BGH v. 09.02.1995 - III ZR 174/93 - juris Rn. 17 - BGHZ 128, 371-379; BGH v. 09.02.2006 - I ZR 70/03 - NJW 2006, 1662-1663, 1662; *Busche* in: Staudinger, § 398 Rn. 82; *Busche* in: Staudinger, Einl. zu den §§ 398 ff. Rn. 93; *Hoffmann*, WM 1994, 1464-1466, 1466.

[448] BGH v. 09.02.1995 - III ZR 174/93 - juris Rn. 16 - BGHZ 128, 371-379; *Busche* in: Staudinger, § 398 Rn. 82; *Hoffmann*, WM 1994, 1464-1466, 1465; *Hoffmann*, WM 1994, 1464-1466, 1466.

[449] *Busche* in: Staudinger, Einl. zu den §§ 398 ff. Rn. 93; offen gelassen: BGH v. 09.02.1995 - III ZR 174/93 - BGHZ 128, 371-379, 374.

[450] *Busche* in: Staudinger, Einl. zu den §§ 398 ff. Rn. 71; *Grüneberg* in: Palandt, § 398 Rn. 22; *Schur*, JURA 2005, 361-368, 366.

[451] BGH v. 11.07.1995 - VI ZR 409/94 - juris Rn. 13 - NJW-RR 1995, 1369-1370; *Busche* in: Staudinger, Einl. zu den §§ 398 ff. Rn. 71; *Grüneberg* in: Palandt, § 398 Rn. 22.

[452] RG v. 19.09.1933 - II 70/33 - RGZ 142, 139-143, 141; BFH v. 04.10.1983 - VII R 143/82 - juris Rn. 10 - DB 1984, 596; *Busche* in: Staudinger, Einl. zu den §§ 398 ff. Rn. 71; *Grüneberg* in: Palandt, § 398 Rn. 22.

[453] BGH v. 22.06.1989 - III ZR 72/88 - juris Rn. 31 - BGHZ 108, 98-109; *Busche* in: Staudinger, Einl. zu den §§ 398 ff. Rn. 71; *Grüneberg* in: Palandt, § 398 Rn. 22.

[454] *Busche* in: Staudinger, Einl. zu den §§ 398 ff. Rn. 69.

Zedenten geltend macht.[455] Umgekehrt ist der Zedent zur Begleichung seiner Verbindlichkeiten nur **Zug um Zug** gegen Rückabtretung der Forderung verpflichtet.[456] Den Rückabtretungsanspruch kann er abtreten.[457]

b. Pflichten des Sicherungszessionars im Rahmen der Verwertung

83 Den Sicherungsnehmer treffen darüber hinaus im Zusammenhang mit der Einziehung **vertragliche Nebenpflichten**. Er ist verpflichtet, den Sicherungsgeber vor einer Offenlegung der Abtretung gegenüber dem Schuldner der abgetretenen Forderung rechtzeitig zu informieren, damit der Sicherungsgeber gegen die beabsichtigte Verwertung noch Einwendungen geltend machen kann. Eine entgegenstehende Klausel in allgemeinen Geschäftsbedingungen verstößt gegen § 307 BGB (bis zum 31.12.2001: § 9 AGBG).[458] Daher ist die formularmäßige Sicherungsabtretung aller Ansprüche eines Darlehensnehmers aus einem Arbeitsvertrag an die Bank unwirksam, wenn für die Verwertung Nr. 20 AGB-Banken in der Fassung von 1988 gelten soll.[459]

84 Bei der Einziehung selbst muss der Sicherungsnehmer die Interessen des Sicherungsgebers wahren, d.h. die Sicherheit möglichst **vorteilhaft verwerten**, um dem Sicherungsgeber eine möglichst vollständige Befreiung von seiner Verbindlichkeit sowie ggf. einen Verwertungsüberschuss zu verschaffen, und Beträge, die die gesicherte Forderung übersteigen, herauszugeben.[460] Er muss dafür sorgen, dass die Erlöse aus der Verwertung zu keinen anderen Zwecken als zur Abdeckung der Schuld des Sicherungsgebers verwendet werden.[461] Der Zedent kann den Anspruch auf Auskehrung des Mehrerlöses ebenfalls abtreten.[462]

c. Verwertung und Allgemeine Geschäftsbedingungen

85 Beeinträchtigt eine in **Allgemeinen Geschäftsbedingungen** enthaltene **Verwertungsregelung** im Rahmen einer Sicherungsabtretung den Schuldner wegen Fehlens jeglicher zeitlicher und sachlicher Einschränkungen unangemessen und ist daher unwirksam, so ist die Abtretung nach der vom Bundesgerichtshof vertretenen Auffassung als solche unwirksam. Dies folge aus der existentiellen Bedeutung der Verwertungsregelung für den Sicherungsgeber und der Einengung seiner wirtschaftlichen Bewegungsfreiheit durch die Entziehung des pfändbaren Teils seines Arbeitseinkommens. Die Lücke lasse sich weder gemäß § 306 Abs. 2 BGB durch einen Rückgriff auf die gesetzlichen Regelungen schließen, da solche für die Sicherungsabtretung einschließlich der Verwertung nicht existierten, noch durch ergänzende Vertragsauslegung, da dem die Vielzahl möglicher Regelungen und die diesbezügliche privatautonome Gestaltungsmacht der Vertragspartner sowie das Verbot geltungserhaltender Reduktion entgegenstünden.[463] Nach einer Gegenauffassung hat zwar keine ersatzlose Streichung der Regelung und eine Ersetzung durch dispositives Gesetzesrecht gemäß § 306 Abs. 2 BGB zu erfolgen, jedoch ist die Lücke im Wege der ergänzenden Vertragsauslegung unter Berücksichtigung des Schuldnerschutzes bei gleichzeitiger Wahrung der Gläubigerinteressen durch eine angemessen Verwertungsregelung zu schließen. An die Stelle der nichtigen Klausel soll nach dieser Ansicht eine Regelung treten, die den Gläubiger verpflichtet, dem Schuldner die Verwertung der Sicherheiten vorher anzudrohen und ihn rechtzeitig vorab zu benachrichtigen.[464]

---

[455] *Busche* in: Staudinger, Einl. zu den §§ 398 ff. Rn. 69.

[456] *Roth* in: MünchKomm-BGB, § 398 Rn. 110; *Busche* in: Staudinger, Einl. zu den §§ 398 ff. Rn. 73.

[457] BGH v. 10.03.1982 - VIII ZR 311/80 - juris Rn. 12 - WM 1982, 482-484; *Roth* in: MünchKomm-BGB, § 398 Rn. 111; *Busche* in: Staudinger, Einl. zu den §§ 398 ff. Rn. 73.

[458] BGH v. 14.06.1994 - XI ZR 210/93 - juris Rn. 9 - LM BGB § 276 (Cc) Nr. 37 (2/1995); BGH v. 26.04.2005 - XI ZR 289/04 - juris Rn. 17 - NJW-RR 2005, 1408-1409; *Busche* in: Staudinger, Einl. zu den §§ 398 ff. Rn. 71; *Grüneberg* in: Palandt, § 398 Rn. 22.

[459] BGH v. 26.04.2005 - XI ZR 289/04 - juris Rn. 17 - NJW-RR 2005, 1408-1409.

[460] BGH v. 07.05.1987 - IX ZR 198/85 - juris Rn. 44 - NJW-RR 1987, 1291-1294; BGH v. 09.01.1997 - IX ZR 1/96 - juris Rn. 17 - LM BGB § 276 (Cc) Nr. 41 (4/1997); OLG Saarbrücken v. 06.08.2002 - 4 U 536/01 - 115, 4 U 536/01 - juris Rn. 55 - OLGR Saarbrücken 2003, 221-225; *Busche* in: Staudinger, Einl. zu den §§ 398 ff. Rn. 72; *Roth* in: MünchKomm-BGB, § 398 Rn. 111; *Grüneberg* in: Palandt, § 398 Rn. 22.

[461] *Busche* in: Staudinger, Einl. zu den §§ 398 ff. Rn. 72.

[462] BGH v. 10.03.1982 - VIII ZR 311/80 - juris Rn. 12 - WM 1982, 482-484; *Roth* in: MünchKomm-BGB, § 398 Rn. 111; *Busche* in: Staudinger, Einl. zu den §§ 398 ff. Rn. 73.

[463] BGH v. 22.06.1989 - III ZR 72/88 - juris Rn. 25 - BGHZ 108, 98-109; BGH v. 14.06.1994 - XI ZR 210/93 - juris Rn. 17 - NJW 1994, 2754-2755; BGH v. 26.04.2005 - XI ZR 289/04 - juris Rn. 18 - NJW-RR 2005, 1408-1409.

[464] OLG Köln v. 21.07.2004 - 13 U 205/03 - OLGR Köln 2004, 399-402.

d. Freigabe von Sicherheiten

Der Sicherungsnehmer ist ferner auf Grund des Treuhandcharakters der Sicherungsabtretung schon vor Beendigung des Sicherungsvertrags verpflichtet, **Sicherheiten freizugeben**, wenn und soweit sie endgültig nicht mehr benötigt werden, etwa weil der Zedent seine Verbindlichkeiten ganz oder teilweise vor der Einziehung der abgetretenen Forderung beglichen hat.[465] Dies ergibt sich zwingend aus dem fiduziarischen Charakter der Sicherungsabrede sowie der Interessenlage der Parteien.[466] Eine ausdrückliche Freigaberegelung muss diesbezüglich im Sicherungsvertrag nicht enthalten sein.[467] Eine Freigabe ist auch dann geschuldet, wenn die zu sichernde Forderung erst gar nicht zur Entstehung gelangt.[468] Ein Ermessen steht dem Sicherungszessionar analog §§ 262, 1230 Satz 1 BGB nur bezüglich der Frage zu, welche von mehreren Sicherheiten er freigeben will.[469] 86

Bei zur Sicherheit abgetretenen Forderungen bedeutet Freigabe regelmäßig, dass er sie rückabzutreten hat. Die Rückabtretung kann auch stillschweigend erfolgen und in der Tilgung der gesicherten Forderung mit enthalten sein (vgl. Rn. 33)[470] oder in der Rückgabe der die Forderung betreffenden Unterlagen.[471] Eine auf den nicht mehr benötigten Forderungsteil beschränkte Rückabtretungsverpflichtung besteht auch dann, wenn nachträglich eine **Übersicherung** eingetreten ist, etwa weil ein Teil der gesicherten Forderung(en) erfüllt wurde.[472] Bei anfänglicher Übersicherung besteht kein Freigabeanspruch, wenn diese nach dem Sicherungsvertrag gerade geschuldet war.[473] Jedoch kommt in diesem Fall Nichtigkeit gemäß § 138 Abs. 1 BGB in Betracht.[474] Dies betrifft insbesondere Fälle der Globalzession (vgl. hierzu im Einzelnen: Rn. 97). Sofern nicht die Abtretung **auflösend bedingt** ist (vgl. hierzu: Rn. 79), ist für die Rückübertragung ein neuer Abtretungsvertrag in umgekehrter Richtung erforderlich.[475] Die Rückabtretung kann u.U. schon bei der Sicherungsabtretung **aufschiebend bedingt** vereinbart werden. Mit der Befriedigung des Zessionars geht dann die abgetretene Forderung automatisch wieder auf den Zedenten über.[476] 87

5. Sicherungsabtretung in Zwangsvollstreckung und Insolvenzverfahren

a. Einzelzwangsvollstreckung

In der **Zwangsvollstreckung** hat der Zessionar (Sicherungsnehmer) die Möglichkeit gegen eine Pfändung der Forderung durch die Gläubiger des Zedenten (Sicherungsgeber) im Wege der **Drittwiderspruchsklage** gemäß § 771 ZPO vorzugehen.[477] Der Zedent kann im Falle der Pfändung der Forderung 88

---

[465] BGH v. 27.11.1997 - GSZ 1/97, GSZ 2/97 - BGHZ 137, 212-236, 219; BGH v. 14.05.1996 - XI ZR 257/94 - BGHZ 133, 25-35 30; BGH v. 08.12.1989 - V ZR 53/88 - juris Rn. 9 - ZIP 1990, 857-858; VG Augsburg v. 07.11.2008 - Au 7 K 06.1407 - juris Rn. 52; *Grüneberg* in: Palandt, § 398 Rn. 25; *Busche* in: Staudinger, Einl. zu den §§ 398 ff. Rn. 74, 75, 78; *Schur*, JURA 2005, 361-368, 365.

[466] BGH v. 27.11.1997 - GSZ 1/97, GSZ 2/97 - BGHZ 137, 212-236, 219; *Busche* in: Staudinger, Einl. zu den §§ 398 ff. Rn. 78.

[467] BGH v. 27.11.1997 - GSZ 1/97, GSZ 2/97 - BGHZ 137, 212-236, 219; BGH v. 30.05.1960 - VII ZR 257/59 - WM 1960, 855-858, 856; BGH v. 05.11.1964 - VII ZR 2/63 - WM 1965, 84-87, 85; BGH v. 14.05.1996 - XI ZR 257/94 - juris Rn. 22 - DB 1996, 1717-1719, 1718; *Busche* in: Staudinger, Einl. zu den §§ 398 ff. Rn. 78; *Schur*, JURA 2005, 361-368, 364.

[468] *Schur*, JURA 2005, 361-368, 364 m.w.N.

[469] BGH v. 27.11.1997 - GSZ 1/97, GSZ 2/97 - BGHZ 137, 212-236, 219; BGH v. 13.05.1997 - XI ZR 234/95 - juris Rn. 22 - WM 1997, 1197-1202, 1199; BGH v. 14.05.1996 - XI ZR 257/94 - juris Rn. 22 - DB 1996, 1717-1719, 1718; *Busche* in: Staudinger, Einl. zu den §§ 398 ff. Rn. 78.

[470] BGH v. 21.11.1985 - VII ZR 305/84 - juris Rn. 15 - LM Nr. 56 zu § 398 BGB; *Busche* in: Staudinger, Einl. zu den §§ 398 ff. Rn. 75, 77; *Grüneberg* in: Palandt, § 398 Rn. 25.

[471] *Busche* in: Staudinger, Einl. zu den §§ 398 ff. Rn. 77.

[472] *Busche* in: Staudinger, Einl. zu den §§ 398 ff. Rn. 75; *Schur*, JURA 2005, 361-368, 365.

[473] *Busche* in: Staudinger, Einl. zu den §§ 398 ff. Rn. 75; *Leible/Sosnitza*, JuS 2001, 449-456, 451.

[474] BGH v. 12.03.1998 - IX ZR 74/95 - juris Rn. 11 - NJW 1998, 2047-2048; BGH v. 15.04.1998 - VIII ZR 246/95 - juris Rn. 14 - NJW-RR 1998, 1123-1124, 1123; *Busche* in: Staudinger, Einl. zu den §§ 398 ff. Rn. 75; *Ahcin/Armbrüster*, JuS 2000, 965-971, 967.

[475] RG v. 04.06.1920 - VII 499/19 - RGZ 99, 142-145, 143; RG v. 11.01.1922 - V 152/21 - RGZ 103, 384-388. 386; RG v. 22.01.1929 - II 315/28 - RGZ 123, 378-384, 381; BGH v. 02.04.1998 - IX ZR 232/96 - juris Rn. 28 - ZIP 1998, 830-836, 833; *Busche* in: Staudinger, Einl. zu den §§ 398 ff. Rn. 76.

[476] *Busche* in: Staudinger, Einl. zu den §§ 398 ff. Rn. 76.

[477] RG v. 09.04.1929 - VII 536/28 - RGZ 124, 73-75, 73; *Busche* in: Staudinger, Einl. zu den §§ 398 ff. Rn. 96; *Grüneberg* in: Palandt, § 398 Rn. 26; *Grunsky*, JuS 1984, 497, 501.

durch Gläubiger des Zessionars ebenfalls gemäß § 771 ZPO widersprechen, da die Forderung bis zum Eintritt der Verwertungsreife wirtschaftlich als zu seinem Vermögen gehörig anzusehen ist.[478] Letzteres gilt jedoch – ebenso wie bei der Sicherungsübereignung – dann nicht mehr, wenn hinsichtlich der Forderung Verwertungsreife eingetreten ist (vgl. zu deren Voraussetzungen Rn. 82), da dann die Forderung nicht mehr dem Vermögen des Zedenten, sondern endgültig demjenigen des Zessionars zuzuordnen ist.[479]

b. Insolvenzverfahren

89 Im **Insolvenzverfahren** des Zedenten hat der Zessionar kein Aussonderungsrecht, sondern nur ein **Absonderungsrecht** (§ 51 Nr. 1 InsO).[480] Der Zessionar bleibt auch nach Insolvenzeröffnung zur Einziehung der Forderung befugt.[481] Gerät der Zedent in Insolvenz, so gehen mit dem Eröffnungsbeschluss gemäß § 166 Abs. 2 InsO die diesem eventuell eingeräumte Einziehungsbefugnis sowie die Befugnis, die Forderung eventuell anderweitig zu verwerten, auf den **Insolvenzverwalter** über.[482] Ein vorläufiger Insolvenzverwalter gemäß § 21 InsO lässt dagegen die Einziehungsbefugnis des Zedenten unberührt, da § 166 Abs. 2 InsO nicht auf das Eröffnungsverfahren anwendbar ist.[483] Der Drittschuldner kann nicht mehr entsprechend §§ 408, 407 Abs. 1, 412 BGB, § 82 Abs. 1 Satz 1 InsO mit befreiender Wirkung an den ursprünglichen Gläubiger leisten, wenn ihm die Eröffnung des Insolvenzverfahrens über dessen Vermögen und die Abtretung zu Sicherungszwecken bekannt sind. Erwirbt der Drittschuldner in diesem Fall durch Abtretung die mit dem Einziehungsrecht des Insolvenzverwalters über das Vermögen des ursprünglichen Gläubigers belastete Forderung gegen sich, so tritt keine **Konfusion** ein. Dem Erlöschen der Forderung steht es danach entgegen, wenn der Schuldner, der die Forderung erwirbt, an den bisherigen Gläubiger, der die Forderung an ihn abtritt, mit Rücksicht auf die Belange Dritter nicht mehr mit befreiender Wirkung hätte leisten können. Denn hieran kann sich nichts dadurch ändern, dass er selbst die – eingeschränkte – Rechtsstellung dieses Sicherungszessionars und Zedenten erwirbt.[484]

90 Dem Zedenten steht dagegen im Insolvenzverfahren über das Vermögen des Zessionars gemäß § 47 InsO (früher: § 43 KO) ein **Aussonderungsrecht** zu.[485] Das Aussonderungsrecht entfällt jedoch mit Eintritt der Verwertungsreife, da die Forderung dann aus dem Vermögen des Zedenten wirtschaftlich ausscheidet und fortan der Befriedigung des Zessionars und seiner Gläubiger dient.[486]

91 Unter Umständen unterliegt die Sicherungsabtretung der **Insolvenzanfechtung**. Lässt sich etwa ein Gläubiger einen Anspruch seines Schuldners gegen einen Drittschuldner, bezüglich dessen eine inkongruente Sicherheit gewährt wurde, nebst Sicherheit abtreten, so liegt auch eine inkongruente Sicherung des Gläubigers vor, die ein starkes Beweisanzeichen für eine Gläubigerbenachteiligungsabsicht i.S.d. § 133 Abs. 1 InsO begründet.[487] Enthält ein einheitlicher Sicherungsvertrag sowohl Elemente einer kongruenten als auch einer inkongruenten Deckung, ist insgesamt von einem inkongruenten Rechtsge-

---

[478] BGH v. 07.04.1959 - VIII ZR 219/57 - LM Nr. 3 zu § 771 ZPO; *Busche* in: Staudinger, Einl. zu den §§ 398 ff. Rn. 95; *Roth* in: MünchKomm-BGB, § 398 Rn. 115; *Grüneberg* in: Palandt, § 398 Rn. 26.

[479] Für den Fall der Sicherungsübereignung: BGH v. 28.06.1978 - VIII ZR 60/77 - juris Rn. 16 - BGHZ 72, 141-147; *Grüneberg* in: Palandt, § 398 Rn. 23.

[480] RG v. 10.10.1917 - Rep. V 159/17 - RGZ 91, 12-16, 14; BGH v. 02.04.1998 - IX ZR 232/96 - juris Rn. 28 - ZIP 1998, 830-836, 833; *Roth* in: MünchKomm-BGB, § 398 Rn. 116; *Busche* in: Staudinger, Einl. zu den §§ 398 ff. Rn. 96; *Grüneberg* in: Palandt, § 398 Rn. 23. *Becker*, DZWIR 2010, 133-137.

[481] BGH v. 10.03.1982 - VIII ZR 311/80 - juris Rn. 12 - WM 1982, 482-484; BGH v. 02.04.1998 - IX ZR 232/96 - juris Rn. 28 - ZIP 1998, 830-836, 833; *Roth* in: MünchKomm-BGB, § 398 Rn. 116; *Busche* in: Staudinger, Einl. zu den §§ 398 ff. Rn. 96.

[482] *Busche* in: Staudinger, Einl. zu den §§ 398 ff. Rn. 90; *Grüneberg* in: Palandt, § 398 Rn. 26.

[483] BGH v. 20.02.2003 - IX ZR 81/02 - juris Rn. 27 - WM 2003, 694-699, 696; *Busche* in: Staudinger, Einl. zu den §§ 398 ff. Rn. 90; *Smid*, WM 2004, 2373-2380, 2374.

[484] BGH v. 23.04.2009 - IX ZR 65/08 - juris Rn. 17 - WM 2009, 1046-1048; BGH v. 23.04.2009 - IX ZR 19/08 - juris Rn. 17 - WM 2009, 1048-1050.

[485] *Roth* in: MünchKomm-BGB, § 398 Rn. 115; *Grüneberg* in: Palandt, § 398 Rn. 26.

[486] BGH v. 07.04.1959 - VIII ZR 219/57 - LM Nr. 3 zu § 771 ZPO; BGH v. 28.06.1978 - VIII ZR 60/77 - juris Rn. 7 - NJW 1978, 1859-1860; *Busche* in: Staudinger, Einl. zu den §§ 398 ff. Rn. 95; *Grüneberg* in: Palandt, § 398 Rn. 23; *Mitlehner*, ZIP 2001, 677-681, 679; a.A. KG v. 19.10.1999 - 7 U 6213/99 - juris Rn. 5 - NZI 1999, 500-502; *Pape*, NZI 2000, 301-303, 302.

[487] BGH v. 11.03.2004 - IX ZR 160/02 - juris Rn. 13 - NJW-RR 2004, 1130-1132; LG Landau v. 23.04.2009 - 4 O 204/08 - juris Rn. 16 - ZInsO 2009, 1542- 544; hierzu: *Gerhardt*, EWiR 2004, 769-770.

schäft auszugehen. Ein inkongruentes Rechtsgeschäft stellt zwar ein erhebliches Indiz bzw. ein Beweisanzeichen für eine Gläubigerbenachteiligungsabsicht des Schuldners dar, hieraus muss aber nicht zwingend geschlossen werden, dass eine solche im konkreten Einzelfall tatsächlich auch bestanden hat.[488] Eine Insolvenzanfechtung gemäß den §§ 130 Abs. 1 Satz 1, 143 Abs. 1 InsO kommt in Betracht, wenn die sich aus dem Sicherungsvertrag ergebende Einziehungsermächtigung zugunsten des in Insolvenz befindlichen Sicherungszedenten fortbesteht. Gehen in diesem Fall Erlöse aus der Einziehung der abgetretenen Forderungen auf das Konto des Insolvenzschuldners ein, so tritt zwar Erfüllung der abgetretenen Forderungen ein, jedoch ist die Weiterleitung der erlösten Beträge an den Sicherungszessionar anfechtbar.[489] Macht der Schuldner durch eine Leistung an seinen Kunden eine der Bank zur Sicherheit abgetretene Forderung diesem gegenüber werthaltig, so kommt eine Anfechtung gemäß § 131 Abs. 1 Nr. 1 InsO sowohl gegenüber der Bank als auch gegenüber dem Kunden in Betracht. Beide haften gegebenenfalls als Gesamtschuldner.[490] Zahlt der Drittschuldner auf die abgetretenen Forderungen auf Grund eines mit dem Schuldner geschlossenen Vergleichs, in dem diese Forderungen nicht mit dem vollen Wert berücksichtigt worden sind, der Schuldner aber zusätzliche Leistungen an den Drittschuldner übernommen hat, bewirkt dies auch im Verhältnis zum Sicherungsnehmer eine Gläubigerbenachteiligung.[491]

6. Besondere Formen der Sicherungsabtretung

Besondere Formen der Sicherungsabtretung stellen der **verlängerte Eigentumsvorbehalt** (vgl. Rn. 94) und die **Globalzession** (vgl. Rn. 95) dar.[492] Wegen der insoweit bestehenden typischen Probleme sollen diese gesondert abgehandelt werden.

92

IV. Verlängerter Eigentumsvorbehalt

Eine typische Form der Sicherung von Warenkrediten stellt der **verlängerte Eigentumsvorbehalt** dar.[493] Der verlängerte Eigentumsvorbehalt ist der für Warenkredite typische Unterfall der Sicherungsabtretung (vgl. zu dieser Rn. 71).[494] Ein verlängerter Eigentumsvorbehalt ist die Vereinbarung zwischen Verkäufer und Käufer, dass an die Stelle einer unter Eigentumsvorbehalt gelieferten Sache oder Mehrheit von Sachen die aufgrund der – mit Einwilligung des Verkäufers erfolgenden – Weiterveräußerung der Vorbehaltsware entstehenden Forderungen treten sollen. Diese zukünftigen Forderungen werden an den Verkäufer bereits im Kaufvertrag (zur Sicherung der Kaufpreisforderung) **vorausabgetreten**.[495] Der verlängerte Eigentumsvorbehalt wird häufig als stille Zession ausgestaltet (vgl. hierzu Rn. 37), wobei der Zedent eine **Einziehungsermächtigung** bezüglich der abgetretenen Forderungen erhält und sich verpflichtet, den Warenlieferanten aus dem Erlös zu befriedigen.[496] Bei der Abtretung im Rahmen eines verlängerten Eigentumsvorbehalts ist die **Bestimmbarkeit** (vgl. Rn. 10) der abzutretenden Forderungen besonders problematisch, wobei die spezifische Problematik der Abtretung von Forderungsmehrheiten (vgl. Rn. 16) hinzukommt. Hinreichend bestimmt ist etwa die Abtretung der künftig durch die Weiterveräußerung zu erzielenden Forderungen „in Höhe des Rechnungswertes unserer Forderung".[497] Dasselbe gilt für den Vorbehalt „in Höhe" oder „entsprechend" „dem Wert der Vorbehaltsware (Lieferung)".[498] Ausreichend ist auch der verlängerte Eigentumsvorbehalt, der sich auf sämtliche aus der Veräußerung oder Verarbeitung entstehenden Forderungen erstreckt, denn dann kann es hinsichtlich der Frage, welche Forderungen von der Abtretung umfasst sind, nicht zu Abgrenzungsproblemen kommen.[499] In diesem Fall kommt jedoch Unwirksamkeit wegen **Übersicherung** (vgl. zu

93

---

[488] OLG Koblenz v. 19.01.2009 - 2 U 419/08 - juris Rn. 18 - ZInsO 2009, 1702-1704.
[489] BGH v. 06.04.2006 - IX ZR 185/04 - juris Rn. 9 - ZIP 2006, 1009-1011.
[490] BGH v. 29.11.2007 - IX ZR 165/05 - juris Rn. 9 - DB 2008, 523-525.
[491] BGH v. 28.02.2008 - IX ZR 177/05 - juris Rn. 13 - WM 2008, 701-704.
[492] *Busche* in: Staudinger, Einl. zu den §§ 398 ff. Rn. 65.
[493] *Busche* in: Staudinger, Einl. zu den §§ 398 ff. Rn. 67; *Grüneberg* in: Palandt, § 398 Rn. 24.
[494] *Grüneberg* in: Palandt, § 398 Rn. 24.
[495] *Roth* in: MünchKomm-BGB, § 398 Rn. 135; *Putzo* in: Palandt, § 455 BGB Rn. 17.
[496] *Roth* in: MünchKomm-BGB, § 398 Rn. 136.
[497] BGH v. 08.10.1986 - VIII ZR 342/85 - juris Rn. 35 - BGHZ 98, 303-318; *Grüneberg* in: Palandt, § 398 Rn. 17.
[498] BGH v. 23.10.1963 - VIII ZR 150/62 - LM Nr. 9 zu § 157 (Ga) BGB; BGH v. 24.04.1968 - VIII ZR 94/66 - juris Rn. 28 - LM Nr. 14 zu § 138 (Cb) BGB; *Grüneberg* in: Palandt, § 398 Rn. 17.
[499] BGH v. 25.10.1952 - I ZR 48/52 - juris Rn. 17 - BGHZ 7, 365-371; BGH v. 03.04.1974 - VIII ZR 235/72 - juris Rn. 28 - LM Nr. 26 zu § 398 BGB; *Grüneberg* in: Palandt, § 398 Rn. 17.

deren Voraussetzungen: Rn. 97) gemäß § 307 BGB (bis zum 31.12.2001: § 9 AGBG) in Betracht.[500] Nicht hinreichend bestimmbar sind hingegen die abgetretenen Forderungen bei einem Eigentumsvorbehalt, der ohne nähere Eingrenzung auf die an die Stelle der Kaufsache tretenden Forderungen abstellt.[501] Fehlt die erforderliche Konkretisierung, kann wegen des Verbots geltungserhaltender Reduktion gemäß den §§ 305c Abs. 2, 306 Abs. 2 BGB (bis zum 31.12.2001: §§ 5, 6 Abs. 2 AGBG) nicht angenommen werden, dass die Abtretung auf den Rechnungswert der Vorbehaltsware beschränkt werden soll.[502]

V. Globalzession

1. Begriff

94 Eine **Globalzession** stellt – anders als der (verlängerte) Eigentumsvorbehalt – kein Mittel der Sicherung von Warenkrediten, sondern ein typisches Sicherungsmittel für **Geldkredite** dar.[503] Es handelt sich bei dieser also – ebenso wie beim verlängerten Eigentumsvorbehalt (vgl. Rn. 93) – um einen Unterfall der Sicherungsabtretung (vgl. zu dieser Rn. 71).[504] Bei einer Globalzession handelt es sich um eine Sicherungsabtretung, bei der nicht eine einzelne Forderung zu Sicherungszwecken abgetreten wird, sondern „global" eine Vielzahl bzw. Gesamtheit von Forderungen unter einer Gesamtbezeichnung. Es handelt sich meist um alle Kundenforderungen, die innerhalb eines näher bezeichneten Geschäftsbetriebs entstehen.[505] Meist wird diese Gestaltung gewählt, um eine Mehrheit von Forderungen oder Forderungen in wechselnder Höhe zu sichern, was insbesondere im Rahmen von Bankkrediten der Fall ist.[506] Eine Globalzession ist grundsätzlich wirksam, sofern kein Verstoß gegen ein **gesetzliches Verbot** vorliegt. Tritt ein Bauträger seinen Kaufpreisanspruch aus dem Bauträgervertrag an eine Bank ab, so ist nach der Rechtsprechung des BGH die Abtretung der Vergütungsforderung gegen den Erwerber auch dann nicht wegen Verstoßes gegen § 4 Abs. 1 Nr. 2, § 6 Abs. 1 MaBV i.V.m. § 12 MaBV, § 134 BGB unwirksam, wenn keine ausdrückliche Vereinbarung einer **Zweckbindungsklausel** im Abtretungsvertrag enthalten ist. Dies folge daraus, dass der Gewerbetreibende unabhängig von einer solchen Vereinbarung verpflichtet sei, den Vermögenswert, den er auf Grund der vom Auftraggeber an den Zessionar erbrachten Zahlung erlange, nämlich die nicht mehr mit dem Rückzahlungsanspruch belasteten Darlehensmittel, ausschließlich zur Vorbereitung und Durchführung des Bauvorhabens einzusetzen, auf das sich der der Vergütungsforderung zu Grunde liegende Auftrag beziehe. Diese Verpflichtung werde durch die Abtretung nicht eingeschränkt.[507] In früheren Entscheidungen hatte dagegen das OLG Jena die Abtretung gemäß § 134 BGB i.V.m. § 4 Abs. 1 Nr. 2 MaBV für unwirksam angesehen, wenn keine Zweckbindungsklausel dahin vereinbart wird, dass die abgetretene Forderung nur zur Sicherung der Ansprüche dient, die der Bank im Zusammenhang mit der Gewährung von Krediten zur Finanzierung des im Bauträgervertrag genannten Bauvorhabens zustehen.[508] Der **Umfang** der abgetretenen Forderungen ist durch die Auslegung des Abtretungsvertrags zu ermitteln, wobei im Falle formularmäßiger Abtretungen §§ 305 ff. BGB zu berücksichtigen sind.[509] Werden etwa alle „gegenwärtigen und künftigen Ansprüche aus dem Geschäftsverkehr" des Zedenten abgetreten, so umfasst dies regelmäßig nicht die von seinem Gesamtrechtsnachfolger nach einer Verschmelzung in dessen Geschäftsbetrieb begründeten Forderungen.[510] Werden alle Ansprüche im Rahmen seiner bankmäßigen Geschäftsbeziehungen des Kreditinstituts mit dem Kreditnehmer abgetreten, umfasst dies regelmäßig auch Ansprüche aus Leasingverträgen.[511]

---

[500] BGH v. 08.10.1986 - VIII ZR 342/85 - juris Rn. 30 - BGHZ 98, 303-318; *Grüneberg* in: Palandt, § 398 Rn. 17.
[501] BGH v. 16.12.1957 - VII ZR 402/56 - BGHZ 26 178-185; *Grüneberg* in: Palandt, § 398 Rn. 17.
[502] BGH v. 08.10.1986 - VIII ZR 342/85 - juris Rn. 34 - BGHZ 98, 303-318; *Grüneberg* in: Palandt, § 398 Rn. 17.
[503] *Busche* in: Staudinger, Einl. zu den §§ 398 ff. Rn. 67; *Grüneberg* in: Palandt, § 398 Rn. 24.
[504] *Grüneberg* in: Palandt, § 398 Rn. 24.
[505] *Roth* in: MünchKomm-BGB, § 398 Rn. 145.
[506] *Roth* in: MünchKomm-BGB, § 398 Rn. 145.
[507] BGH v. 11.10.2007 - VII ZR 235/05 - juris Rn. 18 - NJW-RR 2008, 179-180.
[508] OLG Jena v. 06.12.2005 - 8 U 1084/04 - juris Rn. 45 - OLGR Jena 2006, 381-384.
[509] BGH v. 24.09.2007 - II ZR 237/05 - juris Rn. 1 - DB 2008, 49-50.
[510] BGH v. 24.09.2007 - II ZR 237/05 - juris Rn. 2 - DB 2008, 49-50.
[511] BGH v. 18.11.2008 - XI ZR 590/07 - juris Rn. 14 - NJW-RR 2009, 630-632.

2. Kollision mit verlängertem Eigentumsvorbehalt

Die Globalzession gerät häufig in **Konflikt mit** einem bezüglich derselben Forderungen bzw. eines Teils derselben vereinbarten **verlängerten Eigentumsvorbehalt**. Wirtschaftlich liegt dem der Konflikt zwischen Geld- und Warenkreditgebern zugrunde, zu dessen Lösung die Rechtsprechung besondere Grundsätze entwickelt hat.[512]

a. Prioritätsgrundsatz

Nach ständiger Rechtsprechung ist bei einem Konflikt zwischen verlängertem Eigentumsvorbehalt und Globalzession von dem **Grundsatz der Priorität** auszugehen, d.h. nur die zeitlich frühere Abtretung ist wirksam (vgl. zum Prioritätsgrundsatz im Einzelnen Rn. 51).[513] Danach bestimmt sich der Vorrang nach dem Zeitpunkt der Entstehung bzw. der Abtretung der Forderungen.[514] Hingegen hat sich eine früher im Schrifttum vertretene Ansicht, der verlängerte Eigentumsvorbehalt habe aufgrund Surrogation oder wegen größerer Nähe zur abgesicherten Forderung stets den Vorrang vor der Globalzession, nicht durchgesetzt. Diese Auffassung findet im Gesetz keine Stütze.[515] Dasselbe gilt für die ebenfalls früher vertretene Auffassung, die Forderung sei nach Wertquoten[516] oder nach der Kredithöhe[517] zwischen Geld- und Warenkreditgebern zu verteilen.[518]

b. Sittenwidrigkeit/anfängliche Übersicherung

Voraussetzung für die Anwendung des Prioritätsgrundsatzes ist jedoch zunächst, dass beide Abtretungen – für sich genommen und unabhängig von der Kollisionslage – **wirksam** sind.[519] Bei einer Globalzession kann dies wegen **Verstoßes gegen die guten Sitten** gemäß § 138 BGB zu verneinen sein. Dies gilt insbesondere bei **anfänglicher Übersicherung**, d.h. wenn bereits bei Vertragsschluss feststeht, dass im noch ungewissen Verwertungsfall ein auffälliges Missverhältnis zwischen dem voraussichtlich realisierbaren Sicherungswert und dem Wert der gesicherten Forderung bestehen wird.[520] Übersicherung kann dabei nur angenommen werden, wenn einerseits die Höhe der Gesamtverbindlichkeiten des Schuldners nach tatrichterlicher Überzeugung feststeht.[521] Andererseits ist bezüglich der sicherungshalber abgetretenen Forderungen nicht deren Nominalwert, sondern deren tatsächlich realisierbarer Wert maßgeblich.[522] Ferner kann sich ein Verstoß gegen § 138 BGB daraus ergeben, dass Globalzession und verlängerter Eigentumsvorbehalt miteinander verbunden werden.[523] **Ausnahmen vom Prioritätsgrundsatz** ergeben sich auch in weiteren von § 138 BGB oder § 307 BGB (bis zum 31.12.2001: § 9 AGBG) umfassten Fällen.[524] Sittenwidrig ist regelmäßig auch ein Vertrag, durch den ein kurz vor der Zahlungsunfähigkeit stehender Schuldner sein letztes zur Gläubigerbefriedigung taugliches Vermögen einem bestimmten Gläubiger überträgt, sofern dadurch gegenwärtige oder künftige Gläubiger über die Kreditwürdig-

---

[512] *Grüneberg* in: Palandt, § 398 Rn. 24.
[513] BGH v. 30.04.1959 - VII ZR 19/58 - BGHZ 30, 149-154, 151; BGH v. 09.06.1960 - VII ZR 228/58 - BGHZ 32, 361-367, 363; *Busche* in: Staudinger, Einl. zu den §§ 398 ff. Rn. 97.
[514] BGH v. 30.04.1959 - VII ZR 19/58 - BGHZ 30, 149-154, 151; BGH v. 09.06.1960 - VII ZR 228/58 - BGHZ 32, 361-367, 363; *Busche* in: Staudinger, Einl. zu den §§ 398 ff. Rn. 97.
[515] BGH v. 30.04.1959 - VII ZR 19/58 - BGHZ 30, 149-154; *Grüneberg* in: Palandt, § 398 Rn. 24.
[516] *Franke*, JuS 1978, 373-376, 375.
[517] *Beuthien*, BB 1971, 375-381, 377.
[518] BGH v. 09.06.1960 - VII ZR 228/58 - BGHZ 32, 361-367; BGH v. 28.11.1968 - VII ZR 157/66 - juris Rn. 22 - BGHZ 51, 113-119; *Grüneberg* in: Palandt, § 398 Rn. 24.
[519] *Busche* in: Staudinger, Einl. zu den §§ 398 ff. Rn. 97.
[520] BGH v. 06.11.1968 - VIII ZR 15/67 - juris Rn. 28 - NJW 1969, 318-320; BGH v. 15.05.2003 - IX ZR 218/02 - juris Rn. 30 - NJW-RR 2003, 1490-1493; OLG Rostock v. 14.07.2003 - 3 U 54/03 - juris Rn. 32 - OLGR Rostock 2004, 41-43; *Roth* in: MünchKomm-BGB, § 398 Rn. 132; *Busche* in: Staudinger, Einl. zu den §§ 398 ff. Rn. 97; *Grüneberg* in: Palandt, § 398 Rn. 24 u. § 138 Rn. 77 u. 97.
[521] OLG Brandenburg v. 25.07.2007 - 7 U 195/06 - juris Rn. 14; OLG Hamm v. 23.11.2009 - 31 U 323/06 - juris Rn. 63.
[522] OLG Brandenburg v. 25.07.2007 - 7 U 195/06 - juris Rn. 19; OLG Hamm v. 23.11.2009 - 31 U 323/06 - juris Rn. 65.
[523] BGH v. 09.03.1977 - VIII ZR 178/75 - juris Rn. 17 - BGHZ 1, 179-182; *Busche* in: Staudinger, Einl. zu den §§ 398 ff. Rn. 79, 97; *Grüneberg* in: Palandt, § 398 Rn. 24.
[524] *Grüneberg* in: Palandt, § 398 Rn. 25.

keit des Schuldners getäuscht werden und beide Vertragspartner bei der Täuschung zusammengewirkt haben. Der Gläubiger handelt bereits dann sittenwidrig, wenn er sich über Umstände, die den Schluss auf einen bevorstehenden Zusammenbruch des Schuldners aufdrängen, mindestens grob fahrlässig hinweggesetzt hat.[525] Überhaupt kann Sittenwidrigkeit bei extremer Gläubigergefährdung zu bejahen sein, etwa wenn ein Spediteur sämtliche Forderungen gegen Versender mit den Anfangsbuchstaben A bis W an die kreditgebende Bank abtritt, so dass den Frachtführern keine nennenswerte Haftungsmasse mehr verbleibt.[526]

c. Insolvenzanfechtung

98 Eine Globalzession kann auch gemäß § 131 InsO der **Insolvenzanfechtung** unterliegen. Wirksam aber gemäß § 131 InsO anfechtbar ist im Falle der sicherungshalber erfolgten Globalzession aller künftigen Forderungen des Zedenten die Abtretung der in den letzten drei Monaten vor dem Antrag auf Insolvenzeröffnung entstehenden Forderungen. Insoweit liegt eine inkongruente Deckung vor, da die Bank vor der Entstehung der Forderung noch keinen hinreichend bestimmten, zur Kongruenz führenden Anspruch auf ihre Abtretung hatte.[527]

d. Vertragsbruchtheorie/Teilverzichtsklauseln

99 Soweit sich die Globalzession auf Forderungen erstreckt, die Gegenstand eines bereits vereinbarten verlängerten Eigentumsvorbehalts sind, ist sie nach der Rechtsprechung wegen Verleitung des Zedenten zur **Täuschung** und zum **Vertragsbruch** nichtig (**Vertragsbruchtheorie**).[528] Folge ist, dass der Prioritätsgrundsatz nicht zur Anwendung kommt, sondern die Abtretung im Rahmen des verlängerten Eigentumsvorbehalts einseitig durchsetzt[529] und zwar unabhängig davon, ob der Globalzessionar eine Bank oder ein Warenlieferant ist[530]. Dies gilt auch dann, wenn die Forderung nur mit Zustimmung des Schuldners abgetreten werden kann.[531] Dies gilt jedenfalls dann, wenn der Vorbehaltskäufer ohne strafbare Täuschungen keine Warenlieferungen mehr erhalten würde und der Globalzessionar dies weiß oder billigend in Kauf nimmt.[532] Dies ist insbesondere bei umfassenden Globalzessionen dann der Fall, wenn nach dem **Branchenüblichen** davon auszugehen ist, dass der Zedent in der Regel von seinen Warenlieferanten ausschließlich auf Grund der Vereinbarung verlängerter Eigentumsvorbehalte beliefert wird.[533] Darf jedoch der Globalzessionar einen Konflikt mit dem verlängerten Eigentumsvorbehalt für ausgeschlossen halten, so ist § 138 BGB mangels Vorliegens seiner subjektiven Voraussetzungen unanwendbar.[534]

100 Die Globalzession ist ferner wirksam, wenn sie dem verlängerten Eigentumsvorbehalt den Vorrang einräumt, nämlich durch eine **dingliche Teilverzichtsklausel (Vorrangklausel)**, d.h. wenn Forderungen, die Gegenstand eines verlängerten Eigentumsvorbehalts sind, mit dinglicher Wirkung von der glo-

---

[525] OLG Frankfurt v. 25.08.2004 - 13 U 80/02 - juris Rn. 31 - OLGR Frankfurt 2004, 402-405.
[526] OLG Hamm v. 17.04.1986 - 27 U 401/85 - juris Rn.17 - NJW-RR 1987, 235-237.
[527] OLG Karlsruhe v. 08.04.2005 - 14 U 200/03 - ZIP 2005, 1248-1249, 1248-1249; a.A. LG Arnsberg v. 21.02.2007 - 2 O 356/06 - juris Rn. 27 - WM 2007, 982-984.
[528] BGH v. 30.04.1959 - VII ZR 19/58 - BGHZ 30, 149-154; BGH v. 09.11.1978 - VII ZR 54/77 - juris Rn. 10 - BGHZ 72, 308-316; BGH v. 18.04.1991 - IX ZR 149/90 - juris Rn. 46 - LM KO § 31 Nr. 12 (3/1992); BGH v. 08.12.1998 - XI ZR 302/97 - juris Rn. 20 - LM BGB § 138 (Bb) Nr. 92 (5/1999); BGH v. 21.04.1999 - VIII ZR 128/98 - juris Rn. 20 - LM BGB § 138 (Bb) Nr. 93 (1/2000); *Busche* in: Staudinger, Einl. zu den §§ 398 ff. Rn. 98; *Grüneberg* in: Palandt, § 398 Rn. 28.
[529] *Busche* in: Staudinger, Einl. zu den §§ 398 ff. Rn. 98.
[530] BGH v. 09.03.1977 - VIII ZR 178/75 - juris Rn. 11 - DB 1977, 949-950; BGH v. 21.04.1999 - VIII ZR 128/98 - juris Rn. 20 - DB 1999, 1444; *Busche* in: Staudinger, Einl. zu den §§ 398 ff. Rn. 99.
[531] BGH v. 12.11.1970 - VII ZR 34/69 - juris Rn. 19 - BGHZ 55, 34-39; *Grüneberg* in: Palandt, § 398 Rn. 25; im Wesentlichen zustimmend: *Busche* in: Staudinger, Einl. zu den §§ 398 ff. Rn. 98.
[532] BGH v. 30.04.1959 - VII ZR 19/58 - BGHZ 30, 149-154, 153; BGH v. 09.06.1960 - VII ZR 228/58 - BGHZ 32, 361-367, 365; BGH v. 28.11.1968 - VII ZR 157/66 - juris Rn. 22 - BGHZ 51, 113-119, 115; *Busche* in: Staudinger, Einl. zu den §§ 398 ff. Rn. 99; *Lembsdorff/Skora*, NJW 1977, 701-706.
[533] BGH v. 30.04.1959 - VII ZR 19/58 - BGHZ 30, 149-154, 152; BGH v. 16.03.1995 - IX ZR 72/94 - juris Rn. 27 - NJW 1995, 1668-1671, 1669; BGH v. 08.12.1998 - XI ZR 302/97 - juris Rn. 20 - DB 1999, 329; *Busche* in: Staudinger, Einl. zu den §§ 398 ff. Rn. 99.
[534] BGH v. 09.06.1960 - VII ZR 228/58 - BGHZ 32, 361-367; BGH v. 16.03.1995 - IX ZR 72/94 - juris Rn. 27 - LM BGB (Cb) § 138 Nr. 32 (8/1995); *Busche* in: Staudinger, Einl. zu den §§ 398 ff. Rn. 100; *Grüneberg* in: Palandt, § 398 Rn. 25.

balen Abtretung ausgenommen werden.[535] Eine solche Klausel räumt die Sittenwidrigkeit auch dann aus, wenn sie auf Forderungen, die Gegenstand des branchenüblichen Eigentumsvorbehalts sind, beschränkt wird.[536] Nicht ausreichend sind hingegen eine so genannte **Verpflichtungsklausel**, die dem Schuldner lediglich die Verpflichtung zur vorrangigen Befriedigung des Vorbehaltsverkäufers auferlegt[537] sowie eine **schuldrechtliche Teilverzichtsklausel**, d.h. die Begründung eines Anspruchs des Vorbehaltsverkäufers auf teilweise Freigabe ohne dingliche Wirkung[538]. Durch eine solche schuldrechtliche Teilverzichtsklausel wird nämlich die Durchsetzung der Rechte des Vorbehaltsverkäufers unangemessen erschwert und ihm wird das Risiko der Insolvenz des Globalzessionars aufgebürdet.[539]

Unwirksam sind ferner Klauseln, wonach der Globalzessionar Zahlstelle des Zedenten ist.[540] In diesem Fall hat der Vorbehaltsverkäufer gegen den Globalzessionar einen Anspruch aus § 816 Abs. 2 BGB hinsichtlich der an diesen erbrachten Leistungen.[541] Die **Diskontierung eines Wechsels** verstößt jedoch auch dann nicht gegen § 138 BGB, wenn der Kunde (Wechselgläubiger) die dem Wechsel zugrunde liegende Forderung durch verlängerten Eigentumsvorbehalt seinem Lieferanten abgetreten hat.[542] Die Globalzession ist ferner im Rahmen des echten Factorings auch dann wirksam, wenn sie vom verlängerten Eigentumsvorbehalt umfasste Forderungen betrifft (vgl. Rn. 111). Ob eine dingliche oder schuldrechtliche Teilverzichtsklausel gewollt ist, ist durch **Auslegung** zu ermitteln, wobei zutreffenderweise nicht allein auf den Wortlaut abgestellt werden darf.[543]

e. Forderungsteilung

Eine Gegenauffassung in der Literatur geht davon aus, dass der Konflikt zwischen Geld- und Warenkreditgeber nicht durch den einseitigen Vorrang eines der beiden, insbesondere des Warenlieferanten, sondern durch eine verhältnismäßige Teilung der von der Kollision erfassten Forderungen nach Wertquoten[544] oder nach der Kredithöhe[545] zu lösen ist. Richtigerweise ist diese Auffassung jedoch abzulehnen, da die Ermittlung der Quoten in der Praxis Schwierigkeiten bereitet und die Forderungsteilung regelmäßig nicht dem Willen der Parteien des Abtretungsvertrags entspricht.[546]

---

[535] BGH v. 07.03.1974 - VII ZR 148/73 - juris Rn. 17 - LM Nr. 25 zu § 398 BGB; BGH v. 18.04.1991 - IX ZR 149/90 - juris Rn. 46 - LM KO § 31 Nr. 12 (3/1992); BGH v. 08.12.1998 - XI ZR 302/97 - juris Rn. 20 - LM BGB § 138 (Bb) Nr. 92 (5/1999); *Busche* in: Staudinger, Einl. zu den §§ 398 ff. Rn. 100, 101; *Grüneberg* in: Palandt, § 398 Rn. 25.

[536] BGH v. 08.10.1986 - VIII ZR 342/85 - juris Rn. 35 - BGHZ 98, 303-318, 314; *Busche* in: Staudinger, Einl. zu den §§ 398 ff. Rn. 101; *Grüneberg* in: Palandt, § 398 Rn. 25.

[537] BGH v. 07.03.1974 - VII ZR 148/73 - juris Rn. 16 - LM Nr. 25 zu § 398 BGB; *Busche* in: Staudinger, Einl. zu den §§ 398 ff. Rn. 101; *Busche* in: Staudinger, Einl. zu den §§ 398 ff. Rn. 101; *Grüneberg* in: Palandt, § 398 Rn. 25.

[538] BGH v. 09.11.1978 - VII ZR 54/77 - juris Rn. 13 - BGHZ 72, 308-316, 310; BGH v. 14.11.1979 - VIII ZR 241/78 - WM 1980, 67-69 - juris Rn. 11; BGH v. 16.03.1995 - IX ZR 72/94 - juris Rn. 27 - LM BGB (Cb) § 138 Nr. 32 (8/1995); *Busche* in: Staudinger, Einl. zu den §§ 398 ff. Rn. 102.

[539] BGH v. 09.11.1978 - VII ZR 54/77 - juris Rn. 13 - BGHZ 72, 308-316, 310; BGH v. 16.03.1995 - IX ZR 72/94 - juris Rn. 27 - LM BGB (Cb) § 138 Nr. 32 (8/1995); *Busche* in: Staudinger, Einl. zu den §§ 398 ff. Rn. 102; *Grüneberg* in: Palandt, § 398 Rn. 25; *Lambsdorff/Skora*, NJW 1977, 701-706, 702.

[540] BGH v. 09.11.1978 - VII ZR 54/77 - juris Rn. 13 - BGHZ 72, 308-316, 310, 316; *Busche* in: Staudinger, Einl. zu den §§ 398 ff. Rn. 102.

[541] OLG Frankfurt a.M. v. 01.04.1981 - 17 U 128/80 - juris Rn. 30 - ZIP 1981, 492 - 495; *Busche* in: Staudinger, Einl. zu den §§ 398 ff. Rn. 102.

[542] BGH v. 19.02.1979 - II ZR 186/77 - juris Rn. 13 - LM Nr. 32 zu § 816 BGB; *Busche* in: Staudinger, Einl. zu den §§ 398 ff. Rn. 103; *Grüneberg* in: Palandt, § 398 Rn. 25.

[543] BGH v. 07.03.1974 - VII ZR 148/73 - juris Rn. 20 - NJW 1974, 942-943, 943; *Busche* in: Staudinger, Einl. zu den §§ 398 ff. Rn. 100.

[544] *Franke*, JuS 1978, 373-376, 374.

[545] *Beuthien*, BB 1971, 375-381, 377.

[546] BGH v. 09.06.1960 - VII ZR 228/58 - BGHZ 32, 361-367, 364; *Busche* in: Staudinger, Einl. zu den §§ 398 ff. Rn. 105.

§ 398

3. Kollision mit nachfolgender Sicherungsabtretung

103 Kommt es zu einer Kollision mit einer der Globalzession nachfolgenden Sicherungsabtretung, so gilt der **Prioritätsgrundsatz**.[547] In bestimmten Fällen kann auch in diesen Fällen die Globalzession gemäß § 138 Abs. 1 BGB wegen Sittenwidrigkeit nichtig sein, jedoch können die zur Kollision mit dem verlängerten Eigentumsvorbehalt entwickelten Grundsätze nicht ohne Weiteres übertragen werden.[548] Maßgeblich ist, ob der Zedent gegenüber dem Geschäftspartner, der ihn nachfolgend zur Abtretung zum Zweck der Sicherung seiner Forderungen auffordert, in eine **unausweichliche Zwangslage** gerät, die ihn zur **Täuschung** des neuen Geschäftspartners bezüglich der zeitlich früheren Globalzession veranlasst.[549] Dies ist u.U. dann nicht der Fall, wenn die Leistung des neuen Geschäftspartners nicht zwingend von einer Sicherungsabtretung abhängig ist.[550]

4. Kollision mit weiterer Globalzession

104 Folgt einer Globalzession zugunsten einer Bank zeitlich eine weitere **Globalzession zugunsten des Vermieters von Baumaschinen** nach, so kann die Rechtsprechung des Bundesgerichtshofs zur Sittenwidrigkeit einer Globalzession bei Kollision mit einem zeitlich nachfolgenden verlängerten Eigentumsvorbehalt nicht auf diesen Fall übertragen werden, da die zugrunde liegenden Lebenssachverhalte nicht vergleichbar sind. Dies folgt daraus, dass eine vergleichbare Zwangslage des Zedenten und ein mit demjenigen des Vorbehaltseigentümers vergleichbares Schutzbedürfnis des Vermieters nicht gegeben sind.[551]

5. Nichtigkeitsfolgen

105 Ist die Globalzession nichtig, so erstreckt sich die Nichtigkeit auch auf Klauseln, wonach der Globalzessionar **Zahlstelle des Zedenten** ist.[552] Der Vorbehaltsverkäufer hat daher einen Anspruch aus § 816 Abs. 2 BGB gegen den Globalzessionar, der die Forderung eingezogen hat.[553] Die Globalzession bleibt im Zweifel insoweit wirksam, als sie sich auf Ansprüche bezieht, die nicht einem verlängerten Eigentumsvorbehalt unterliegen.[554] Auch führt die Unwirksamkeit von formularmäßigen **Bewertungs- und Freigabeklauseln** in Bankverträgen nicht zur Nichtigkeit der Globalzession. Die Sicherheit bleibt hiervon vielmehr unberührt, weil sich schon aus dem Zweck der Globalzession als Treuhandvertrag ein Anspruch auf Freigabe der Sicherheiten bei Übersicherung ergibt.[555]

VI. Factoring

1. Allgemeines

106 Beim **Factoring** überträgt ein Zedent (Unternehmer; Factoringkunde) seine (künftigen) Forderungen gegen die Abnehmer seiner Waren durch eine Globalzession oder Mantelzession oder durch Einzelabtretungen auf den Zessionar (Factor). Nachdem die jeweilige Forderung entstanden ist, zahlt der Factor deren Gegenwert – vermindert um eine Provision – an den Unternehmer und zieht die Forderung ein.[556] Die Parteien schließen dabei regelmäßig einen **Rahmenvertrag** bzw. Grundvertrag, in dem die schuldrechtlichen Grundlagen des Factoringgeschäfts festgelegt werden, sowie einzelne Ausführungsverträge (**Anbietungs- bzw. Andienungsverträge**), die die schuldrechtlichen Kausalgeschäfte für die einzelnen Forderungsübertragungen enthalten.[557] Die dingliche Zession kann dabei entweder bereits im

---

[547] *Busche* in: Staudinger, Einl. zu den §§ 398 ff. Rn. 106.
[548] *Busche* in: Staudinger, Einl. zu den §§ 398 ff. Rn. 106.
[549] *Busche* in: Staudinger, Einl. zu den §§ 398 ff. Rn. 106.
[550] OLG Brandenburg v. 14.09.2001 - 7 U 69/01 - juris Rn. 27 - WM 2002, 71-73, 72; *Busche* in: Staudinger, Einl. zu den §§ 398 ff. Rn. 106.
[551] BGH v. 14.07.2004 - XII ZR 257/01 - juris Rn. 11 - NJW 2005, 1192-1194, 1193; zustimmend: *Mordhorst*, EwiR 2005, 691-692, 692; *Ganter*, WM 2006, 1081, 1083.
[552] BGH v. 09.11.1978 - VII ZR 54/77 - juris Rn. 19 - BGHZ 72, 308-316; OLG Frankfurt v. 01.04.1981 - 17 U 128/80 - juris Rn. 33 - WM 1981, 972-974; *Grüneberg* in: Palandt, § 398 Rn. 28.
[553] OLG Frankfurt v. 01.04.1981 - 17 U 128/80 - juris Rn. 33 - WM 1981, 972-974; OLG Nürnberg v. 07.01.2003 - 3 U 2320/02 - ZInsO 2003, 571-572; *Grüneberg* in: Palandt, § 398 Rn. 25.
[554] BGH v. 09.11.1978 - VII ZR 54/77 - juris Rn. 30 - BGHZ 72, 308-316; *Grüneberg* in: Palandt, § 398 Rn. 25.
[555] OLG Jena v. 21.01.2003 - 5 U 1473/01 - OLGR Jena 2003, 345-348.
[556] *Busche* in: Staudinger, Einl. zu den §§ 398 ff. Rn. 136; *Grüneberg* in: Palandt, § 398 Rn. 35; *Münch*, Abtretungsverbote im deutschen und französischen Recht, 2001, 24; *Fischinger*, JA 2005, 651-655, 651.
[557] *Busche* in: Staudinger, Einl. zu den §§ 398 ff. Rn. 138; *Fischinger*, JA 2005, 651-655, 651.

Rahmenvertrag oder aber erst in den Anbietungs- bzw. Andienungsverträgen enthalten sein.[558] Denkbar ist es jedoch auch, das Kausalgeschäft für alle späteren Abtretungen bereits in den Rahmenvertrag aufzunehmen[559] oder aber in den Rahmenvertrag lediglich eine Mantelzession aufzunehmen (vgl. Rn. 18)[560].

Der ohne entsprechende Erlaubnis geschlossene Factoringvertrag war nicht wegen Verstoßes gegen das Rechtsberatungsgesetz nichtig (vgl. hierzu allgemein: Rn. 41), da der Factor wegen der speziellen Zielsetzung nicht geschäftsmäßig fremde Rechtsangelegenheiten besorgt.[561] Umstritten ist, welche Rechtsnatur der Factoringvertrag hat. Während er in der Literatur teilweise einheitlich als Kauf oder Darlehen[562] eingestuft wird, vertritt der Bundesgerichtshof eine differenzierende Lösung, indem er zwischen dem **echten** und dem **unechten Factoring** unterscheidet:[563] 107

2. Echtes Factoring

a. Begriff und Rechtsnatur

Beim **echten Factoring** trägt der Factor das Delkredererisiko, also das Risiko der Zahlungsfähigkeit des Schuldners und der Beitreibbarkeit der Forderung. Insoweit handelt es sich nach Auffassung des BGH um einen **Forderungskauf** i.S.d. § 453 BGB.[564] Der Kunde verpflichtet sich dem Factor die Inhaberschaft an einer Forderung im Wege der Abtretung zu verschaffen, während der Factor sich zur Zahlung des vereinbarten Entgelts bzw. Vorschusses als Kaufpreis gemäß § 433 Abs. 2 BGB verpflichtet.[565] Der Factor erhält die Forderung ohne eine Vorleistungsverpflichtung Zug um Zug gegen die Entgeltzahlung, ohne dass eine Kreditgewährung stattfindet.[566] Beim Ausfall der abgetretenen Forderung besteht daher auch kein Rückgriffsanspruch gegen den Zedenten.[567] Ist das Delkredererisiko des Factors hingegen durch die konkrete Vertragsgestaltung weitgehend ausgehöhlt, so steht der Vertrag einem unechten Factoring gleich.[568] Da der Factor zur Risikominimierung ein Interesse am Erwerb möglichst vieler Forderungen hat, verpflichtet sich der Kunde ihm alle künftigen Forderungen oder bestimmte Arten künftiger Forderungen (gegen bestimmte Schuldner oder aus bestimmten Arten von Rechtsgeschäften) bei ihrer Entstehung anzubieten (**Anbietungs- oder Andienungspflicht**).[569] 108

b. Dingliches Rechtsgeschäft

Dinglich werden dem Factor entweder bereits im Rahmen des Factoring-Rahmenvertrags, also im Wege einer Factoring-Globalzession, oder im Rahmen von konkreten Anbietungs- bzw. Andienungsverträgen alle gegenwärtigen und eventuell künftigen Forderungen des Kunden aus den im Rahmenvertrag bezeichneten Arten von Geschäften abgetreten.[570] Der Factor tritt gemäß § 398 Satz 2 BGB rechtlich und im Übrigen auch wirtschaftlich vollumfänglich als Gläubiger an die Stelle des Kunden.[571] Es handelt sich um eine **Abtretung** in Erfüllung der kaufrechtlichen Verpflichtung gemäß § 453 Abs. 1 BGB und nicht um eine fiduziarische Abtretung wie bei Sicherungs- oder Inkassozession.[572] Ist eine Factoring-Globalzession im Rahmenvertrag enthalten, nicht aber eine globale schuldrechtliche Verein- 109

---

[558] *Busche* in: Staudinger, Einl. zu den §§ 398 ff. Rn 138; *Serick*, BB 1976, 425, 425-434.
[559] *Busche* in: Staudinger, Einl. zu den §§ 398 ff. Rn. 138.
[560] *Busche* in: Staudinger, Einl. zu den §§ 398 ff. Rn. 139.
[561] BGH v. 23.01.1980 - VIII ZR 91/79 - juris Rn. 67 - BGHZ 76, 119-127, 122.
[562] Darlehen: *Canaris*, NJW 1981, 249-259, 250; *Kaduk* in: Staudinger, 12. Aufl. , Einl. zu §§ 398 ff. Rn. 164; vgl. die Übersicht bei: *Busche* in: Staudinger, Einl. zu den §§ 398 ff. Rn. 145.
[563] *Busche* in: Staudinger, Einl. zu den §§ 398 ff. Rn. 136; *Grüneberg* in: Palandt, § 398 Rn. 36.
[564] BGH v. 19.09.1977 - VIII ZR 169/76 - juris Rn. 57 - BGHZ 69, 254-260; BGH v. 07.06.1978 - VIII ZR 80/77 - juris Rn. 21 - BGHZ 72, 15-23; BGH v. 15.04.1987 - VIII ZR 97/86 - juris Rn. 35 - BGHZ 100, 353-362, 358); *Roth* in: MünchKomm-BGB, § 398 Rn. 164; *Busche* in: Staudinger, Einl. zu den §§ 398 ff. Rn. 146; *Münch*, Abtretungsverbote im deutschen und französischen Recht, 2001, 24; *Fischinger*, JA 2005, 651-655, 652; *Teufel*, NJW 1981, 952-956, 953; zustimmend wohl: *Grüneberg* in: Palandt, § 398 Rn. 36.
[565] *Busche* in: Staudinger, Einl. zu den §§ 398 ff. Rn. 146.
[566] *Busche* in: Staudinger, Einl. zu den §§ 398 ff. Rn. 146.
[567] *Busche* in: Staudinger, Einl. zu den §§ 398 ff. Rn. 146.
[568] OLG Koblenz v. 10.11.1987 - 3 U 1386/86 - juris Rn. 11 - WM 1988, 45-47; *Grüneberg* in: Palandt, § 398 Rn. 36.
[569] *Busche* in: Staudinger, Einl. zu den §§ 398 ff. Rn. 147, 148; *Fischinger*, JA 2005, 651-655, 651.
[570] *Busche* in: Staudinger, Einl. zu den §§ 398 ff. Rn. 155.
[571] *Busche* in: Staudinger, Einl. zu den §§ 398 ff. Rn. 156.
[572] *Busche* in: Staudinger, Einl. zu den §§ 398 ff. Rn. 156.

barung über den Ankauf aller gegenwärtigen und künftigen Forderungen, so steht die Forderungsübertragung i.d.R. gemäß § 158 Abs. 1 BGB unter der **aufschiebenden Bedingung**, dass der Factor die konkrete Forderung schuldrechtlich ankauft (Bedingungsvariante).[573] Verfügungen des Kunden in der Zeit bis zum Bedingungseintritt sind daher gemäß § 161 Abs. 2 BGB dem Factor gegenüber relativ unwirksam.[574] Denkbar ist es auch, dass Kauf- und Abtretungsvertrag unbedingt geschlossen werden und dem Factor für den Fall negativer Bonitätsprüfung des Schuldners das Recht zum **Rücktritt** vom Kaufvertrag eingeräumt wird mit der Folge der Rückabwicklung von Abtretung und Vorschusszahlung (Rücktrittsvariante).[575] Im Falle einer im Rahmenvertrag enthaltenen Mantelzession wird zunächst nur eine schuldrechtliche Verpflichtung zur Abtretung künftiger Forderungen begründet und die Abtretung kommt erst mit der vereinbarten Übergabe von Listen der im Einzelnen nach Schuldner und Gegenstand bezeichneten Forderungen im Zusammenhang mit dem Abschluss der schuldrechtlichen Anbietungs- bzw. Andienungsverträge zustande.[576] In diesem Fall schützt § 161 BGB den Factor nicht gegen zwischenzeitliche Abtretungen des Kunden an Dritte.[577]

c. Kollision mit verlängertem Eigentumsvorbehalt

110   Auf Grund der umfassenden Abtretung gegenwärtiger und zukünftiger Forderungen des Kunden an den Factor kann es zu Kollisionen mit sonstigen Vorausabtretungen, namentlich auf Grund verlängerten Eigentumsvorbehalts oder Sicherungsglobalzessionen kommen.[578] Die **Factoring-Globalzession** ist beim echten Factoring auch insoweit wirksam, als sie Forderungen betrifft, die von einem verlängerten Eigentumsvorbehalt erfasst werden. Die **Vertragsbruchtheorie** (vgl. hierzu Rn. 99) ist insoweit nicht anwendbar, denn der Vorbehaltsverkäufer steht wirtschaftlich und rechtlich nicht anders, als wenn der Unternehmer (Vorbehaltskäufer) die Forderung selbst einziehen würde, weil er vom Factor den Gegenwert der Forderung sofort und endgültig erhält.[579] Zwar besteht das Risiko, dass der Kunde das erhaltene Geld nicht an den Vorbehaltsverkäufer weiterleitet. Dieses Risiko ist jedoch auch dann gegeben, wenn der Kunde – wie beim verlängerten Eigentumsvorbehalt regelmäßig vereinbart – die Forderung selbst einzieht.[580] Die Abtretung an den Factor ist auch dann wirksam, wenn sie der Vereinbarung des verlängerten Eigentumsvorbehalts zeitlich nachfolgt, da der Verlust der Forderung durch die dem Vorbehaltskäufer erteilte Ermächtigung zur Verfügung über die Sache gedeckt ist und an die Stelle der abgetretenen Forderung die Weiterveräußerungsforderung als Gegenwert tritt.[581] Soll der Factoringerlös nicht an den Vorbehaltsverkäufer, sondern an einen **Dritten** (Anschlusskunden) abgeführt werden, so kann sich der Factor jedoch nicht auf dieses durch die (frühere) Globalabtretung im Rahmen des Factoringgeschäfts begründete Vorrecht berufen.[582] Der Vorbehaltskäufer (Zedent) kann sich gegen hieraus resultierende Gefahren durch entsprechende Klauseln sichern.[583]

d. Kollision mit Sicherungs- und Factoring-Globalzession

111   Dagegen gilt bei einer **Kollision von Sicherungs-Globalzession und Factoringzession** der Grundsatz der Priorität, da die Veräußerung der von der Globalzession umfassten Forderung an einen Factor nicht von der dem Sicherungsgeber (Zedenten) durch den Globalzessionar erteilten Einziehungsermächtigung gedeckt ist.[584]

---

[573] *Busche* in: Staudinger, Einl. zu den §§ 398 ff. Rn. 157; *Bähr*, DB 1981, 1759-1767, 1761.
[574] *Busche* in: Staudinger, Einl. zu den §§ 398 ff. Rn. 157.
[575] *Busche* in: Staudinger, Einl. zu den §§ 398 ff. Rn. 158.
[576] *Busche* in: Staudinger, Einl. zu den §§ 398 ff. Rn. 159.
[577] *Busche* in: Staudinger, Einl. zu den §§ 398 ff. Rn. 159.
[578] *Busche* in: Staudinger, Einl. zu den §§ 398 ff. Rn. 169; *Fischinger*, JA 2005, 651-655, 652.
[579] BGH v. 19.09.1977 - VIII ZR 169/76 - juris Rn. 57 - BGHZ 69, 254-260; BGH v. 23.01.2002 - X ZR 218/99 - juris Rn. 23 - BGHReport 2002, 861; BGH v. 15.04.1987 - VIII ZR 97/86 - juris Rn. 35 - BGHZ 100, 353-362, 358; *Busche* in: Staudinger, Einl. zu den §§ 398 ff. Rn. 172; *Grüneberg* in: Palandt, § 398 Rn. 36; *Fischinger*, JA 2005, 651-655, 654.
[580] *Busche* in: Staudinger, Einl. zu den §§ 398 ff. Rn. 172; *Fischinger*, JA 2005, 651-655, 654.
[581] BGH v. 07.06.1978 - VIII ZR 80/77 - juris Rn. 21 - BGHZ 72, 15-23; BGH v. 11.11.1981 - VIII ZR 269/80 - juris Rn. 22 - BGHZ 82, 283-291; *Grüneberg* in: Palandt, § 398 Rn. 39; *Fischinger*, JA 2005, 651-655, 654.
[582] BGH v. 15.04.1987 - VIII ZR 97/86 - juris Rn 35 - BGHZ 100, 353-362, 358; *Grüneberg* in: Palandt, § 398 Rn. 39.
[583] *Grüneberg* in: Palandt, § 398 Rn. 39.
[584] BGH v. 19.12.1979 - VIII ZR 71/79 - juris Rn. 21 - BGHZ 75, 391-399; *Grüneberg* in: Palandt, § 398 Rn. 40.

3. Unechtes Factoring

a. Begriff und Rechtsnatur

Beim **unechten Factoring** hingegen trägt der Zedent (Factoringkunde) das Delkredererisiko, also das Risiko des Forderungsausfalls.[585] Die Gutschrift des Gegenwerts der Forderung ist rechtlich als **Kreditgeschäft** und nicht als Kaufvertrag aufzufassen.[586] Mit der Zahlung des Vorschusses findet noch kein endgültiger Leistungsaustausch statt.[587] Die Abtretung der Forderung erfolgt vielmehr zur Sicherung des Kredits und zugleich erfüllungshalber.[588] Ist die abgetretene Forderung nicht realisierbar, so besteht ein **Rückgriffsanspruch** des Factors gegen den Kunden.[589] Rechtlich handelt es sich um ein **atypisches Darlehen** i.S.v. § 488 BGB (bis zum 31.12.2001: § 607 BGB)[590], da den Kunden die Rückzahlungspflicht nur sekundär für den Fall erfolgloser Inanspruchnahme des Schuldners der abgetretenen Forderung trifft[591]. Dies ergibt sich aus der mit der Abtretung verbundenen Sicherungsabrede, wonach der Factor zunächst zum Versuch verpflichtet ist, sich aus der abgetretenen Forderung zu befriedigen, und lediglich im Falle des Fehlschlags der Eintreibung derselben ersatzweise den Kunden gegen Rückabtretung der Forderung in Anspruch nehmen darf.[592]

b. Dingliches Rechtsgeschäft

Beim unechten Factoring wird der Factor zwar auch gemäß § 398 Satz 2 BGB neuer Gläubiger, jedoch hat die Abtretung Sicherungscharakter.[593] Daher bedarf es weder einer Abtretung unter einer aufschiebenden Bedingung noch eines Rücktrittsvorbehalts. Der Factor hat vielmehr beim Fehlschlagen der Forderungseintreibung einen Rückgriffsanspruch gemäß § 488 Abs. 1 BGB.[594]

c. Kollision mit verlängertem Eigentumsvorbehalt

Kommt es in diesem Fall zu einem Konflikt mit dem verlängerten Eigentumsvorbehalt, so ist die Abtretung an den Factor entsprechend der bei der Globalzession entwickelten **Vertragsbruchtheorie** (vgl. Rn. 99) grundsätzlich unwirksam.[595] Wirksam ist sie jedoch dann, wenn die rückbelasteten und nicht bevorschussten Forderungen durch Vereinbarung einer entsprechenden auflösenden Bedingung ipso iure an den Factoringkunden (Zedenten) und damit gemäß § 185 Abs. 2 Satz 1 Alt. 2 BGB an den Vorbehaltsverkäufer zurückfallen. Bei einer solchen Vertragsgestaltung stehen also echtes und unechtes Factoring bezüglich der Berücksichtigung der Interessen des Vorbehaltskäufers einander gleich.[596]

4. Kombination aus echtem und unechtem Factoring

Echtes und unechtes Factoring können auch **kombiniert** werden, etwa indem einzelne Forderungen aufgrund negativen Ausgangs der Bonitätsprüfung vom echten Factoring ausgenommen werden oder indem das echte Factoring für einzelne Schuldner betragsmäßig limitiert wird.[597] Im letzteren Fall kön-

---

[585] BGH v. 14.10.1981 - VIII ZR 149/80 - juris Rn. 39 - BGHZ 82, 50-66; *Busche* in: Staudinger, Einl. zu den §§ 398 ff. Rn. 151, *Grüneberg* in: Palandt, § 398 Rn. 40.

[586] BGH v. 03.05.1972 - VIII ZR 170/71 - juris Rn. 21 - BGHZ 58, 364-369, 366; BGH v. 14.10.1981 - VIII ZR 149/80 - juris Rn. 39 - BGHZ 82, 50-66; *Roth* in: MünchKomm-BGB, § 398 Rn. 164; *Busche* in: Staudinger, Einl. zu den §§ 398 ff. Rn. 152, 153, *Grüneberg* in: Palandt, § 398 Rn. 40; *Serick*, BB 1976, 425-434, 429; *Serick*, NJW 1981, 794-799; *Fischinger*, JA 2005, 651-655, 652.

[587] *Busche* in: Staudinger, Einl. zu den §§ 398 ff. Rn. 151.

[588] BGH v. 10.05.1978 - VIII ZR 166/77 - juris Rn. 33 - BGHZ 71, 306-309; *Busche* in: Staudinger, Einl. zu den §§ 398 ff. Rn. 154; *Grüneberg* in: Palandt, § 398 Rn. 37.

[589] *Busche* in: Staudinger, Einl. zu den §§ 398 ff. Rn. 151.

[590] *Busche* in: Staudinger, Einl. zu den §§ 398 ff. Rn. 153; *Bähr*, DB 1981, 1759-1767, 1765; *Serick*, BB 1976, 425-434, 430.

[591] *Busche* in: Staudinger, Einl. zu den §§ 398 ff. Rn. 154.

[592] *Busche* in: Staudinger, Einl. zu den §§ 398 ff. Rn. 154.

[593] *Busche* in: Staudinger, Einl. zu den §§ 398 ff. Rn. 160.

[594] *Busche* in: Staudinger, Einl. zu den §§ 398 ff. Rn. 161.

[595] BGH v. 14.10.1981 - VIII ZR 149/80 - juris Rn. 52 - BGHZ 82, 50-66; BGH v. 23.01.2002 - X ZR 218/99 - juris Rn. 23 - BGHReport 2002, 861; *Busche* in: Staudinger, Einl. zu den §§ 398 ff. Rn. 173; *Grüneberg* in: Palandt, § 398 Rn. 37; *Serick*, BB 1979, 845-853, 947; *Jork*, JuS 1994, 1019-1026, 1022.

[596] *Busche* in: Staudinger, Einl. zu den §§ 398 ff. Rn. 173; *Grüneberg* in: Palandt, § 398 Rn. 40.

[597] *Busche* in: Staudinger, Einl. zu den §§ 398 ff. Rn. 136.

nen einzelne zunächst dem unechten Factoring unterliegende Forderungen nachträglich Gegenstand des echten Factorings werden, wenn der Schuldner einzelne Forderungen begleicht (sog. **Silo-Prinzip**).[598]

VII. Forfaitierung

116 Das vom Factoring zu unterscheidende Forfaitierungsgeschäft beinhaltet den regresslosen Kauf noch nicht fälliger Zahlungsansprüche aus grenzüberschreitender Leistungserbringung gegen sofortige Kaufpreiszahlung, wobei es sich anders als beim Factoring jedoch nicht um ein Dauerschuldverhältnis, sondern um ein einmaliges Rechtsgeschäft handelt.[599] Insoweit stellen sich ähnliche Kollisionsprobleme mit der Globalzession wie beim Factoring.[600]

VIII. Leasing

117 Beim **Leasingvertrag** bildet zwar – anders im Rahmen der vorstehend behandelten Anwendungsfälle – die Abtretung nicht den oder einen zentralen Vertragsgegenstand.[601] Jedoch hat die Abtretung im Rahmen der leasingvertraglichen Gewährleistungsregelungen eine zentrale Bedeutung. Regelmäßig beschränkt nämlich der Leasinggeber seine Haftung wegen eventueller Mängel der Leasingsache dahingehend, dass er ihm seine **Gewährleistungsrechte** gegen den Lieferanten abtritt und sich selbst von der Haftung freizeichnet.[602] Dies führt zu zahlreichen Folgeproblemen, namentlich bezüglich der subsidiären Haftung des Leasinggebers im Falle der Zahlungsunfähigkeit des Lieferanten.[603]

IX. Abgrenzung zu anderen Rechtsgeschäften und Rechtsinstituten

118 Die Abtretung ist von einer Anzahl anderer Rechtsgeschäfte abzugrenzen, durch die ebenfalls ein Rechtsübergang bewirkt wird.

1. Novation (Schuldumschaffung, Schuldersetzung, Umschaffung)

119 Die **Novation** (Schuldumschaffung oder Schuldersetzung, Umschaffung) ist ein Relikt aus der Zeit, als unter der Geltung des römischen Rechts Forderungen nicht abgetreten werden konnten (vgl. Rn. 2).[604] Man versteht unter der Novation die völlige Veränderung einer Schuld dergestalt, dass die bestehende Forderung zum Erlöschen gebracht und durch eine völlig neue Forderung ersetzt wird.[605] Eine solche hat zur Folge, dass sowohl sämtliche Einwände erlöschen als auch sämtliche Sicherheiten entfallen, d.h. die Vorschriften der §§ 401, 404 BGB nicht gelten.[606] Nach heute geltendem Recht stellt die Novation in der Praxis wegen der Möglichkeit der Abtretung die absolute Ausnahme dar, weshalb ein entsprechender Wille der Parteien nur im Ausnahmefall angenommen werden kann.[607] Insbesondere ist die Übernahme einer neuen Verpflichtung, etwa im Rahmen eines Schuldanerkenntnisses oder eines Wechsels gemäß § 364 Abs. 2 BGB, als Leistung erfüllungshalber, d.h. nicht als Ersetzung der bestehenden Forderung, sondern als Begründung einer neuen Forderung neben dieser auszulegen.[608] Ein Anwendungsbereich der Novation ist heute noch beim **Kontokorrentverhältnis** gemäß § 355 HGB gegeben (vgl. zu diesem die Kommentierung zu § 399 BGB Rn. 25), da die Parteien in diesem Fall wol-

---

[598] *Busche* in: Staudinger, Einl. zu den §§ 398 ff. Rn. 136; *Martinek* in: Staudinger, § 675 Rn. B 130.
[599] *Roth* in: MünchKomm-BGB, § 398 Rn. 189; *Busche* in: Staudinger, Einl. zu den §§ 398 ff. Rn. 137.
[600] *Roth* in: MünchKomm-BGB, § 398 Rn. 189.
[601] Daher wird vorliegend von einer umfassenden Darstellung des Leasingvertrags einschließlich der nachstehend erörterten Problematik abgesehen.
[602] OLG München v. 20.05.2009 - 20 U 5476/08 - juris Rn. 38; *Sefrin*, Die Kodifikationsreife des Finanzierungsleasingvertrages, 1993, S. 223; *Beckmann*, MDR 2005, 1207-1210, 1207.
[603] BGH v. 20.06.1984 - VIII ZR 131/83 - juris Rn. 33 - NJW 1985, 129-131; BGH v. 25.10.1989 - VIII ZR 105/88 - juris Rn. 11 - NJW 1990, 314-317; BGH v. 13.03.1991 - VIII ZR 34/90 - juris Rn. 19 - NJW 1991, 1746-1750; *Sefrin*, Die Kodifikationsreife des Finanzierungsleasingvertrages, 1993, S. 224 ff. m.w.N.; *Beckmann*, MDR 2005, 1207-1210, 1208 m.w.N.
[604] *Thode* in: MünchKomm-BGB, 4. Aufl. 2003, Bd. 2, § 305 Rn. 42.
[605] *Thode* in: MünchKomm-BGB, 4. Aufl. 2003, Bd. 2, § 305 Rn. 42.
[606] *Thode* in: MünchKomm-BGB, 4. Aufl. 2003, Bd. 2, § 305 Rn. 42.
[607] BGH v. 27.03.1969 - VII ZR 165/66 - juris Rn. 27 - BGHZ 52, 39-47; *Thode* in: MünchKomm-BGB, 4. Aufl. 2003, Bd. 2, § 305 Rn. 42.
[608] *Thode* in: MünchKomm-BGB, 4. Aufl. 2003, Bd. 2, § 305 Rn. 42.

len, dass nach der Anerkennung des Saldos nur noch die Saldoforderung besteht, jedoch ein Rückgriff auf die zugrunde liegenden Einzelforderungen ausgeschlossen sein soll.[609]

Zu unterscheiden ist zwischen **kausaler und abstrakter Novation**. Bei der kausalen Novation ist die neue Schuld von dem Bestehen der alten Schuld abhängig, d.h. der Schuldner kann sich darauf berufen, dass die alte Schuld nicht bestanden habe.[610] Bei der abstrakten Novation ist dies nicht der Fall.[611] Es kommt lediglich eine Kondiktion des Anerkenntnisses gemäß § 812 Abs. 2 BGB bzw. die entsprechende Bereicherungseinrede gemäß § 821 BGB in Betracht, es sei denn das Anerkenntnis ist gerade ohne Rücksicht auf das Bestehen oder Nichtbestehen der alten Schuld abgegeben worden.[612]   120

2. Legalzession (Übergang kraft Gesetzes, cessio legis)

Von der vertraglichen Forderungsabtretung ist der **Übergang kraft Gesetzes (Legalzession; cessio legis)** zu unterscheiden, bei der sich der Forderungsübergang ohne vertragliche Regelung allein aufgrund des Umstandes, dass ein gesetzlicher Tatbestand erfüllt ist, vollzieht (vgl. im Einzelnen zum Begriff der Legalzession die Kommentierung zu § 412 BGB Rn. 5). Für diese gelten gemäß § 412 BGB die Vorschriften der §§ 399-404, 406-410 BGB entsprechend.[613] Daneben kann eine Forderung auch **kraft gerichtlicher Anordnung** (§§ 835 ff. ZPO; § 118 ZVG) oder **durch Verwaltungsakt** übergehen (vgl. hierzu die Kommentierung zu § 412 BGB Rn. 39 und die Kommentierung zu § 412 BGB Rn. 40).[614]   121

3. Anweisung

Zu unterscheiden von der Abtretung ist die **Anweisung** i.S.d. § 783 BGB, durch die der Anweisungsempfänger zwar ermächtigt wird, die Leistung bei dem Angewiesenen im eigenen Namen zu erheben, jedoch keine dem Anweisenden zustehende Forderung erwirbt.[615] Wird die Anweisung gemäß § 784 Abs. 1 BGB vom Angewiesenen angenommen, erwirbt der Anweisungsempfänger zwar ein eigenes Forderungsrecht gegen den Angewiesenen, jedoch geht die Forderung des Anweisenden aus dem Deckungsverhältnis zum Angewiesenen nicht auf ihn über (vgl. im Einzelnen die Kommentierung zu § 783 BGB und die Kommentierung zu § 784 BGB).   122

4. Einziehungsermächtigung

a. Begriff und Rechtsnatur

Bei einer **Einziehungsermächtigung** wird – anders als bei der **Inkassozession** – die Forderung nicht vollständig auf einen neuen Gläubiger übertragen, sondern es erfolgt lediglich die Übertragung von Teilbefugnissen der Forderung, nämlich des Rechts, die Forderung im eigenen Namen geltend zu machen und je nach dem Inhalt der Ermächtigung Leistung an den Gläubiger oder an sich selbst zu verlangen. Die Forderung als solche verbleibt jedoch beim Gläubiger, der weiterhin frei über diese verfügen und sie auch selbst einziehen kann.[616] Die Zulässigkeit einer solchen **Ermächtigung** ergibt sich nach der Rechtsprechung aus § 185 BGB.[617] Hiergegen wird von einer Meinung in der Literatur eingewandt, dass die Einziehung einer Forderung keine Verfügung sei und § 185 BGB auch nicht erklären könne, warum der Schuldner zur Leistung an den Ermächtigten verpflichtet sein solle.[618] Die seit vielen   123

---

[609] BGH v. 28.11.1957 - VII ZR 42/57 - BGHZ 26, 142-152; BGH v. 08.03.1972 - VIII ZR 40/71 - juris Rn. 7 - BGHZ 58, 257-262; *Thode* in: MünchKomm-BGB, 4. Aufl. 2003, Bd. 2, § 305 Rn. 43; *Heinrichs* in: Palandt, § 305 Rn. 10.

[610] *Larenz*, Schuldrecht, Band I: Allgemeiner Teil, 14. Aufl. 1987, S. 91; *Löwisch* in: Staudinger, § 305 Rn. 48; *Thode* in: MünchKomm-BGB, 4. Aufl. 2003, Bd. 2, § 305 Rn. 43.

[611] BGH v. 25.09.1958 - VII ZR 85/57 - BGHZ 28, 164-171; *Thode* in: MünchKomm-BGB, 4. Aufl. 2003, Bd. 2, § 305 Rn. 43.

[612] BGH v. 19.09.1963 - III ZR 121/62 - juris Rn. 38 - LM Nr. 2 zu § 781 BGB; *Thode* in: MünchKomm-BGB, 4. Aufl. 2003, Bd. 2, § 305 Rn. 43; *Heinrichs* in: Palandt, § 305 Rn. 9.

[613] *Busche* in: Staudinger, Einl. zu den §§ 398 ff. Rn. 190; *Roth* in: MünchKomm-BGB, § 398 Rn. 8.

[614] *Busche* in: Staudinger, Einl. zu den §§ 398 ff. Rn. 191; *Roth* in: MünchKomm-BGB, § 398 Rn. 8.

[615] OLG Frankfurt v. 10.03.2004 - 17 U 213/03 - OLGR Frankfurt 2005, 65-66.

[616] *Busche* in: Staudinger, Einl. zu den §§ 398 ff. Rn. 118; *Grüneberg* in: Palandt, § 398 Rn. 32.

[617] BGH v. 10.02.1994 - IX ZR 55/93 - BGHZ 125, 116-124; BGH v. 23.02.1978 - VII ZR 11/76 - juris 23 - BGHZ 70, 389-398; *Grüneberg* in: Palandt, § 398 Rn. 32.

[618] *Busche* in: Staudinger, Einl. zu den §§ 398 ff. Rn. 123; *Grüneberg* in: Palandt, § 398 Rn. 32.

Jahrzehnten praktizierte und von den Gerichten gebilligte Einziehungsermächtigung wird aber auch von den Vertretern dieser Auffassung als richterliche Rechtsfortbildung[619] bzw. Überlassung des Forderungsrechts zur Ausübung[620] anerkannt.

b. Praktische Bedeutung und Anwendungsgebiete

124 In der **Praxis** besteht ein Bedürfnis nach dieser rechtlichen Konstruktion, da durch diese einerseits die mit der überschießenden Rechtsmacht nach außen verbundenen Gefahren der Inkassozession vermieden werden und andererseits der Gläubiger anders als bei der **Bevollmächtigung** eines Dritten zur Geltendmachung der Forderung in seinem Namen nach außen nicht in Erscheinung treten muss.[621] Das Risiko der Nichtablieferung des Erlangten durch den Ermächtigten bleibt jedoch bestehen.[622] Wichtige **Anwendungsgebiete** sind das Einziehungsrecht des Zedenten im Falle der Sicherungsabtretung (vgl. Rn. 80) und des verlängerten Eigentumsvorbehalts (vgl. Rn. 94)[623], die Ermächtigung des Bauträgers zur Geltendmachung der an den Bauherrn abgetretenen Gewährleistungsansprüche gegen die Bauunternehmer (Handwerker)[624], des Wohnungseigentumsverwalters zur Geltendmachung von Ansprüchen der Wohnungseigentümergemeinschaft im eigenen Namen[625], des Forderungsverkäufers zur Durchsetzung der abgetretenen Forderung[626] und des herrschenden Gesellschafters zur Geltendmachung von Ansprüchen der Gesellschaft[627].

c. Zustandekommen und Widerruf

125 Voraussetzung für die wirksame Erteilung einer Einziehungsermächtigung ist die **Abtretbarkeit der Forderung**. Fehlt diese wegen des höchstpersönlichen Charakters gemäß § 399 BGB (vgl. die Kommentierung zu § 399 BGB Rn. 15) oder gemäß § 400 BGB, so ist die trotzdem erteilte Einziehungsermächtigung unwirksam (vgl. die Kommentierung zu § 399 BGB Rn. 6 und die Kommentierung zu § 400 BGB Rn. 5).[628] Wenn die Anwendbarkeit des § 400 BGB im Hinblick auf den Gesetzeszweck entfällt (teleologische Reduktion – vgl. die Kommentierung zu § 400 BGB), ist auch eine Einziehungsermächtigung wirksam.[629] Sofern ein **vertragliches Abtretungsverbot** besteht, hängt es von dessen Auslegung ab, ob auch eine Einziehungsermächtigung ausgeschlossen sein soll oder nicht (vgl. die Kommentierung zu § 399 BGB Rn. 6).[630] Bei unübertragbaren vermögensrechtlichen Ansprüchen ist eine Einziehungsermächtigung in der Regel wirksam. Die – eventuell unwirksame – Abtretung eines **Wandelungsrechts** oder eines **Schadensersatzanspruchs** kann in eine Einziehungsermächtigung umgedeutet werden.[631] Anders ist dies, wenn das Abtretungsverbot nach seinem Sinn und Zweck gerade die Geltendmachung der Forderung durch einen Dritten ausschließen will.[632]

---

[619] *Busche* in: Staudinger, Einl. zu den §§ 398 ff. Rn. 123; *Grüneberg* in: Palandt, § 398 Rn. 32.

[620] *Busche* in: Staudinger, Einl. zu den §§ 398 ff. Rn. 124.

[621] *Busche* in: Staudinger, Einl. zu den §§ 398 ff. Rn. 118.

[622] BGH v. 10.12.1951 - GSZ 3/51 - juris Rn. 18 - BGHZ 4, 153-167, 165; *Busche* in: Staudinger, Einl. zu den §§ 398 ff. Rn. 118.

[623] *Busche* in: Staudinger, Einl. zu den §§ 398 ff. Rn. 121; *Grüneberg* in: Palandt, § 398 Rn. 33.

[624] BGH v. 23.02.1978 - VII ZR 11/76 - juris Rn. 20 - BGHZ 70, 389-398; BGH v. 23.02.1978 - VII ZR 11/76 - juris Rn. 19 - BGHZ 70, 389-398; *Busche* in: Staudinger, Einl. zu den §§ 398 ff. Rn. 121; *Grüneberg* in: Palandt, § 398 Rn. 33.

[625] BGH v. 10.05.1979 - VII ZR 30/78 - juris Rn. 26 - BGHZ 74, 258-272; BGH v. 04.06.1981 - VII ZR 9/80 - juris Rn. 18 - BGHZ 81, 35-40; *Busche* in: Staudinger, Einl. zu den §§ 398 ff. Rn. 121; *Grüneberg* in: Palandt, § 398 Rn. 33.

[626] BGH v. 03.11.1978 - I ZR 150/76 - juris Rn. 18 - LM Nr. 18 zu § 265 ZPO; *Busche* in: Staudinger, Einl. zu den §§ 398 ff. Rn. 121; *Grüneberg* in: Palandt, § 398 Rn. 33.

[627] BGH v. 14.07.1965 - VIII ZR 121/64 - LM Nr. 16 zu § 185 BGB; *Busche* in: Staudinger, Einl. zu den §§ 398 ff. Rn. 121; *Grüneberg* in: Palandt, § 398 Rn. 33.

[628] BGH v. 10.02.1994 - IX ZR 55/93 - juris Rn. 30 - BGHZ 125, 116-124; *Grüneberg* in: Palandt, § 398 Rn. 37.

[629] BGH v. 10.12.1951 - GSZ 3/51 - juris Rn. 21 - BGHZ 4, 153-167; *Grüneberg* in: Palandt, § 398 Rn. 37.

[630] BGH v. 27.05.1971 - VII ZR 85/69 - juris Rn. 25 - BGHZ 56, 228-242; BGH v. 27.02.1992 - IX ZR 57/91 - juris Rn. 19 - LM BB § 765 Nr. 80 (8/1992); BGH v. 16.09.1999 - VII ZR 385/98 - juris Rn. 13 - LM BGB § 209 Nr. 92 (2/2000); *Grüneberg* in: Palandt, § 398 Rn. 37.

[631] BGH v. 23.02.1977 - VIII ZR 124/75 - juris Rn. 22 - BGHZ 68, 118-127; BGH v. 16.03.1987 - II ZR 179/86 - juris Rn. 13 - NJW 1987, 3121-3123; *Grüneberg* in: Palandt, § 398 Rn. 37.

[632] BGH v. 03.07.1996 - XII ZR 99/95 - juris Rn. 41 - LM BSozialhilfeG Nr. 35 (1/1997); *Grüneberg* in: Palandt, § 398 Rn. 34.

Ob eine Vollabtretung (Inkassozession) oder nur eine Einziehungsermächtigung vorliegt, ist durch **Auslegung** gemäß den §§ 133, 157 BGB im Einzelfall zu ermitteln.[633] Ein für die Auslegung maßgeblicher Gesichtspunkt kann sein, ob die Parteien die mit der Vollabtretung verbundene **überschießende Außenstellung des Zessionars** gewollt haben oder nicht.[634] Sofern einer Inkassostelle die Einziehung übertragen wird, ist wegen der andernfalls bei der gerichtlichen Geltendmachung entstehenden Schwierigkeiten im Zweifel von einer Vollabtretung auszugehen, da anzunehmen ist, dass die mit der gerichtlichen Geltendmachung verbundenen Schwierigkeiten (Nachweis eines eigenen Interesses) umgangen werden sollen.[635] 126

Die Einziehungsermächtigung ist im Zweifel **frei widerruflich**.[636] Sofern sie im Rahmen einer stillen Sicherungsabtretung zugunsten des Zedenten erteilt wurde (vgl. Rn. 80), besteht ein Widerrufsrecht jedoch nur im Rahmen des Sicherungszweckes.[637] 127

d. Außenverhältnis zum Schuldner

Bei einer Einziehungsermächtigung handelt es sich um die Überlassung der Ausübung des Forderungsrechts im eigenen Namen ohne Wechsel der Rechtszuständigkeit.[638] Die **Befugnisse des Ermächtigten** richten sich nach dem Inhalt der Ermächtigung.[639] Ihm steht regelmäßig das **Einziehungsrecht**, d.h. das Recht, die Forderung gegenüber dem Schuldner im eigenen Namen geltend zu machen, zu sowie im Zweifel die Befugnis, alle diejenigen **Erklärungen** für den Gläubiger abzugeben, die im Zusammenhang mit der Geltendmachung der Forderung erforderlich sind.[640] Hierzu gehören regelmäßig Vorbehalte, Annahme als Erfüllung gemäß § 363 BGB, Mahnung etc.[641] Darüber hinaus ist der Ermächtigte zum Empfang der Leistung berechtigt, so dass der Schuldner mit befreiender Wirkung an ihn leisten kann.[642] Hingegen ist der Ermächtigte nicht zu **Verfügungen über die Forderung** befugt, insbesondere nicht zu deren Abtretung oder auch nur zur Weiterübertragung der Ermächtigung.[643] Eine Ausnahme gilt für den Vorbehaltskäufer, denn dieser ist im Zweifel befugt, die vom verlängerten Eigentumsvorbehalt erfasste Forderung im Rahmen des echten Factorings an den Factor abzutreten (vgl. Rn. 111). Diese Befugnis besteht jedoch nicht beim unechten Factoring (vgl. Rn. 114).[644] Ebenso wenig ist der Sicherungsgeber, der die Forderung im Wege der Globalzession im Rahmen eines Geldkredits abgetreten hat, trotz der ihm regelmäßig zustehenden Einziehungsermächtigung – anders als beim verlängerten Eigentumsvorbehalt – befugt, die Forderung nochmals an einen Factor abzutreten (vgl. Rn. 111).[645] Er kann jedoch dann über die Forderung wirksam verfügen, wenn er aufgrund der Abtretung den Gegenwert der Forderung ungeschmälert und endgültig erhält.[646] 128

Der Schuldner kann dem Ermächtigten alle **Einwendungen** entgegenhalten, die ihm gegenüber dem Gläubiger zustehen, denn der Gläubiger bleibt Forderungsinhaber und der Ermächtigte kann gegenüber dem Schuldner keine weitergehenden Rechte als der Gläubiger geltend machen.[647] Er kann aus demselben Grund unabhängig von den Voraussetzungen des § 406 BGB mit Forderungen gegen den Ermächtigenden **aufrechnen**, d.h. auch mit solchen, die er nach Erlangung der Kenntnis der Ermächti- 129

---

[633] *Grüneberg* in: Palandt, § 398 Rn. 33.
[634] BGH v. 15.11.1984 - III ZR 115/83 - WM 1985, 613-615; *Busche* in: Staudinger, Einl. zu den §§ 398 ff. Rn. 125; *Westermann* in: Erman, § 398 Rn. 37; *Grüneberg* in: Palandt, § 398 Rn. 30.
[635] *Busche* in: Staudinger, Einl. zu den §§ 398 ff. Rn. 125; *Grüneberg* in: Palandt, § 398 Rn. 33.
[636] BGH v. 11.11.1981 - VIII ZR 269/80 - juris Rn. 28 - BGHZ 82, 283-291; *Busche* in: Staudinger, Einl. zu den §§ 398 ff. Rn. 129; *Grüneberg* in: Palandt, § 398 Rn. 34.
[637] OLG München v. 18.10.1985 - 23 U 2983/85 - juris Rn. 40 - WM 1986, 718-719; *Busche* in: Staudinger, Einl. zu den §§ 398 ff. Rn. 129; *Grüneberg* in: Palandt, § 398 Rn. 34.
[638] *Busche* in: Staudinger, Einl. zu den §§ 398 ff. Rn. 119.
[639] *Busche* in: Staudinger, Einl. zu den §§ 398 ff. Rn. 128; *Grüneberg* in: Palandt, § 398 Rn. 34.
[640] OLG Karlsruhe v. 02.11.1995 - 4 U 49/95 - juris Rn. 15 - NJW-RR 1996, 752; *Busche* in: Staudinger, Einl. zu den §§ 398 ff. Rn. 128; *Grüneberg* in: Palandt, § 398 Rn. 34.
[641] *Busche* in: Staudinger, Einl. zu den §§ 398 ff. Rn. 128; *Grüneberg* in: Palandt, § 398 Rn. 31.
[642] BGH v. 24.02.1994 - VII ZR 34/93 - BGHZ 125, 196-206, 205; *Busche* in: Staudinger, Einl. zu den §§ 398 ff. Rn. 119.
[643] BGH v. 12.02.1998 - I ZR 5/96 - juris Rn. 25 - LM ZPO § 51 Nr. 34 (2/1999); *Busche* in: Staudinger, Einl. zu den §§ 398 ff. Rn. 128; *Grüneberg* in: Palandt, § 398 Rn. 34.
[644] *Busche* in: Staudinger, Einl. zu den §§ 398 ff. Rn. 128; *Grüneberg* in: Palandt, § 398 Rn. 34.
[645] BGH v. 19.12.1979 - VIII ZR 71/79 - juris Rn. 37 - BGHZ 75, 391-399.
[646] BGH v. 11.11.1981 - VIII ZR 269/80 - juris Rn. 24 - BGHZ 82, 283-291; *Grüneberg* in: Palandt, § 398 Rn. 34.
[647] *Busche* in: Staudinger, Einl. zu den §§ 398 ff. Rn. 133; *Grüneberg* in: Palandt, § 398 Rn. 35.

gung erworben hat. Der Schuldner kann hingegen nicht mit Forderungen gegen den Ermächtigten aufrechnen.[648] Auch aus dem **Innenverhältnis** zwischen dem Gläubiger und dem Ermächtigten kann der Schuldner Einwendungen herleiten[649], nicht aber aus eigenen Rechtsbeziehungen zum Ermächtigten, da diese nicht das zwischen Gläubiger und Schuldner bestehende Rechtsverhältnis betreffen[650]. Zugunsten des Schuldners sind ferner die §§ 170-179 BGB entsprechend anwendbar.[651] Daher gilt die besonders verlautbarte oder durch Vorlage einer Urkunde belegte Ermächtigung gegenüber einem gutgläubigen Schuldner auch dann, wenn sie infolge Widerrufs (vgl. Rn. 127) nicht mehr besteht.[652]

e. Gerichtliche Geltendmachung/Prozessstandschaft/Insolvenz

130   Zur **gerichtlichen Geltendmachung** der Forderung im eigenen Namen ist der Ermächtigte jedoch nach ständiger Rechtsprechung nur berechtigt, wenn er hieran ein eigenes schutzwürdiges Interesse hat. In diesem Fall besteht eine **gewillkürte Prozessstandschaft**.[653] Ein solches Interesse ist insbesondere gegeben, wenn nach dem Übergang eines durch eine Bürgschaft gesicherten Gewährleistungsanspruchs der Zedent dem Zessionar gegenüber selbst zur Gewährleistung verpflichtet bleibt.[654] Es fehlt dagegen, wenn der Ermächtigte vermögenslos ist. Dies gilt insbesondere bei einer vermögenslosen GmbH, weil sich mit der Liquidation der Gesellschaft deren Verbindlichkeiten von selbst erledigen und in Anbetracht dessen eine unzumutbare Beeinträchtigung des Gegners darin zu sehen ist, dass er den ihm bei erfolgloser Klage zustehenden Erstattungsanspruch voraussichtlich nicht durchsetzen kann.[655] Ist hingegen der **Sicherungszedent** vermögenslos geworden und macht er die zur Sicherheit abgetretenen Forderungen im Rahmen der ihm erteilten Einziehungsermächtigung geltend, so ist ein eigenes Interesse zu bejahen.[656] Dasselbe gilt, wenn der Ermächtigte erst während des Prozesses in Vermögensverfall gerät oder für die Prozesskosten Sicherheit leistet. Dann entfällt die zunächst wirksame gewillkürte Prozessstandschaft nicht.[657]

131   Die Prozessführungsermächtigung erlischt dagegen mit der **Eröffnung des Insolvenzverfahrens** über das Vermögen des Ermächtigten[658], nicht aber bereits allein durch eine diesen treffende wirtschaftliche Krise[659]. Das Urteil erwächst ansonsten für und gegen den Ermächtigenden (Gläubiger) in **Rechtskraft**.[660] Gleichwohl kann der Ermächtigende im Prozess zwischen Ermächtigtem und Schuldner als **Zeuge** aussagen.[661] Der Prozessgegner kann mit seinem Kostenerstattungsanspruch gegen den Anspruch des Ermächtigenden aufrechnen.[662]

---

[648] *Busche* in: Staudinger, Einl. zu den §§ 398 ff. Rn. 133; *Grüneberg* in: Palandt, § 398 Rn. 35.
[649] RG v. 09.02.1903 - I 340/02 - RGZ 53, 416-420, 419; *Busche* in: Staudinger, Einl. zu den §§ 398 ff. Rn. 134; *Grüneberg* in: Palandt, § 398 Rn. 35.
[650] BGH v. 10.12.1982 - V ZR 244/81 - juris Rn. 14 - LM Nr. 247 zu § 242 (Cd) BGB; *Busche* in: Staudinger, Einl. zu den §§ 398 ff. Rn. 134; *Grüneberg* in: Palandt, § 398 Rn. 35.
[651] OLG Karlsruhe v. 10.02.1981 - 3 REMiet 1/81 - juris Rn. 13 - NJW 1981, 1278-1279; *Busche* in: Staudinger, Einl. zu den §§ 398 ff. Rn. 135; *Grüneberg* in: Palandt, § 398 Rn. 35.
[652] OLG Karlsruhe v. 10.02.1981 - 3 REMiet 1/81 - juris Rn. 13 - NJW 1981, 1278-1279; *Busche* in: Staudinger, Einl. zu den §§ 398 ff. Rn. 135; *Grüneberg* in: Palandt, § 398 Rn. 35.
[653] BGH v. 10.12.1951 - GSZ 3/51 - juris Rn. 18 - BGHZ 4, 153-167; BGH v. 28.11.1962 - V ZR 9/61 - juris Rn. 11 - BGHZ 38, 281-289; BGH v. 07.07.1980 - II ZR 196/79 - juris Rn. 5 - WM 1980, 1172-1172; BGH v. 26.10.1984 - V ZR 218/83 - juris Rn. 11 - BGHZ 92, 347-351; BGH v. 26.10.1999 - X ZR 69/97 - juris Rn. 12 - BGHZ 143, 51-55; BGH v. 15.05.2003 - IX ZR 218/02 - juris Rn. 17 - NJW-RR 2003, 1490-1493.
[654] BGH v. 03.04.2003 - IX ZR 287/99 - juris Rn. 9 - NJW 2003, 2231-2233.
[655] BGH v. 03.04.2003 - IX ZR 287/99 - juris Rn. 10 - NJW 2003, 2231-2233; *Busche* in: Staudinger, Einl. zu den §§ 398 ff. Rn. 130; *Grüneberg* in: Palandt, § 398 Rn. 36.
[656] *Grüneberg* in: Palandt, § 398 Rn. 36.
[657] BGH v. 19.09.1995 - VI ZR 166/94 - juris Rn 18 - LM ZPO § 51 Nr. 30 (2/1996); BGH v. 03.04.2003 - IX ZR 287/99 - juris Rn. 10 - NJW 2003, 2231-2233; *Grüneberg* in: Palandt, § 398 Rn. 33.
[658] BGH v. 06.04.2000 - IX ZR 422/98 - juris Rn. 25 - BGHZ 144, 192-200; *Grüneberg* in: Palandt, § 398 Rn. 33.
[659] BGH v. 06.04.2000 - IX ZR 422/98 - juris Rn. 25 - BGHZ 144, 192-200; OLG Brandenburg v. 11.06.2002 - 11 U 185/01 - ZInsO 2002, 767-769; *Grüneberg* in: Palandt, § 398 Rn. 36.
[660] BGH v. 12.07.1957 - VI ZR 176/56 - LM Nr. 9 zu § 325 ZPO; *Busche* in: Staudinger, Einl. zu den §§ 398 ff. Rn. 132; *Grüneberg* in: Palandt, § 398 Rn. 36.
[661] *Busche* in: Staudinger, Einl. zu den §§ 398 ff. Rn. 132.
[662] *Busche* in: Staudinger, Einl. zu den §§ 398 ff. Rn. 132; *Grüneberg* in: Palandt, § 398 Rn. 36.

Von der Einziehungsermächtigung ist die isolierte **gewillkürte Prozessstandschaft** zu unterscheiden, bei der der Ermächtigte lediglich berechtigt ist, Leistung an den Gläubiger zu verlangen, nicht aber an sich selbst.[663]

132

5. Vertragsübernahme und Vertragsbeitritt

a. Vertragsübernahme

Bei einer **Vertragsübernahme** geht anders als bei einer Abtretung nicht die Inhaberschaft einer einzelnen Forderung auf eine andere Person und anders als bei der Schuldübernahme nicht nur die Schuldnerstellung bezüglich einer bestimmten Forderung über. Eine Vertragsübernahme ist vielmehr die Übertragung der gesamten Rechtsstellung (Rechte und Pflichten) einer Vertragspartei im Rahmen eines Schuldverhältnisses, also die **Auswechslung eines Vertragspartners**.[664] Das Schuldverhältnis als Gesamtheit von Rechten und Pflichten bleibt unverändert bestehen und wird lediglich zwischen den neuen Vertragspartner fortgesetzt.[665] Dabei hat der neue Vertragspartner dieselben Rechte und Pflichten wie der ausscheidende.[666] **Einwendungen** und **Einreden** bleiben bestehen.[667]

133

Die Vertragsübernahme ist nicht als gesondertes Rechtsgeschäft im Gesetz umfassend geregelt, sondern wird lediglich als Folge anderer Rechtsgeschäfte vorgesehen, etwa in den §§ 566, 581 Abs. 2, 613a, 1251 Abs. 2 BGB, § 95 VVG, den §§ 20 Abs. 1 Nr. 1, 131 Abs. 1 Nr. 1 UmwG sowie ferner gemäß den §§ 563, 651b BGB, § 102 Abs. 2 VVG.[668] Rechtsprechung und Lehre haben jedoch den inzwischen allgemein anerkannten Grundsatz entwickelt, dass die rechtsgeschäftliche Übertragung eines gesamten Schuldverhältnisses zulässig ist.[669] Gestützt werden kann dies auf den das Schuldrecht beherrschenden Grundsatz der **Privatautonomie** gemäß den §§ 311, 241 BGB.[670] Vertragsübernahmen kommen bei den verschiedensten Vertragstypen vor, nämlich beim Kaufvertrag[671], Mietvertrag[672], Pachtvertrag[673], Leasingvertrag (Eintritt des Leasinggebers in den vom Leasingnehmer geschlossenen Kaufvertrag)[674], Arbeitsvertrag[675], Elektroversorgungsvertrag[676], Sukzessivlieferungsvertrag[677], Bierbezugsvertrag[678] und bei der Personengesellschaft[679]. Übernommen werden kann auch ein **vorvertragliches Schuldverhältnis** (§ 311 Abs. 2 BGB). So ist es etwa möglich, alle sich aus einem **verbindlichen Vertragsangebot** ergebenden Rechte und Pflichten auf einen Dritten zu übertragen. Im Falle der Annahme des Vertragsangebots kommt dann der Vertrag originär mit dem Übernehmer zustande (vgl. auch die Kommentierung zu § 413 BGB Rn. 7).

134

---

[663] *Busche* in: Staudinger, Einl. zu den §§ 398 ff. Rn. 119.
[664] BGH v. 10.05.1995 - VIII ZR 264/94 - juris Rn. 29 - BGHZ 129, 371-383, 375; *Busche* in: Staudinger, Einl. zu den §§ 398 ff. Rn. 196, 202; *Roth* in: MünchKomm-BGB, § 398 Rn. 4; *Grüneberg* in: Palandt, § 398 Rn. 41; *Münch*, Abtretungsverbote im deutschen und französischen Recht, 2001, S. 32; *Röthel/Heßeler*, WM 2008, 1001-1008.
[665] BGH v. 20.06.1985 - IX ZR 173/84 - BGHZ 95, 88-98, 93; *Busche* in: Staudinger, Einl. zu den §§ 398 ff. Rn. 203.
[666] BGH v. 20.06.1985 - IX ZR 173/84 - BGHZ 95, 88-98, 94; *Busche* in: Staudinger, Einl. zu den §§ 398 ff. Rn. 203.
[667] *Busche* in: Staudinger, Einl. zu den §§ 398 ff. Rn. 203.
[668] *Busche* in: Staudinger, Einl. zu den §§ 398 ff. Rn. 197; *Grüneberg* in: Palandt, § 398 Rn. 38.
[669] BGH v. 20.06.1985 - IX ZR 173/84 - juris Rn. 52 - BGHZ 95, 88-98; *Busche* in: Staudinger, Einl. zu den §§ 398 ff. Rn. 197; *Grüneberg* in: Palandt, § 398 Rn. 38.
[670] *Busche* in: Staudinger, Einl. zu den §§ 398 ff. Rn. 197.
[671] BGH v. 27.11.1985 - VIII ZR 316/84 - juris Rn. 39 - BGHZ 96, 302-313; *Grüneberg* in: Palandt, § 398 Rn. 38.
[672] BGH v. 03.12.1997 - XII ZR 6/96 - juris Rn. 16 - BGHZ 137, 255-266; *Grüneberg* in: Palandt, § 398 Rn. 38.
[673] *Busche* in: Staudinger, Einl. zu den §§ 398 ff. Rn. 199; *Grüneberg* in: Palandt, § 398 Rn. 38.
[674] BGH v. 27.11.1985 - VIII ZR 316/84 - juris Rn. 39 - BGHZ 96, 302-313; *Busche* in: Staudinger, Einl. zu den §§ 398 ff. Rn. 199; *Grüneberg* in: Palandt, § 398 Rn. 38.
[675] BAG v. 24.10.1972 - 3 AZR 102/72 - juris Rn. 27 - NJW 1973, 822; *Grüneberg* in: Palandt, § 398 Rn. 38.
[676] BGH v. 10.11.1960 - VIII ZR 167/59 - NJW 1961, 453-455; *Grüneberg* in: Palandt, § 398 Rn. 38.
[677] *Busche* in: Staudinger, Einl. zu den §§ 398 ff. Rn. 199; *Grüneberg* in: Palandt, § 398 Rn. 42.
[678] BGH v. 15.04.1998 - VIII ZR 377/96 - juris Rn. 20 - LM AGBG § 9 (Ba) Nr. 32 (11/1998); *Grüneberg* in: Palandt, § 398 Rn. 38.
[679] BGH v. 08.11.1965 - II ZR 223/64 - juris Rn. 10 - BGHZ 44, 229-234; *Busche* in: Staudinger, Einl. zu den §§ 398 ff. Rn. 199; *Grüneberg* in: Palandt, § 398 Rn. 41.

135 Voraussetzung für die Vertragsübernahme ist, dass ein entsprechender Vertrag geschlossen wird.[680] Es handelt sich hierbei nach h.M. um ein **einheitliches Rechtsgeschäft**, nicht um eine Kombination von Abtretung und Schuldübernahme.[681] Ob im Einzelfall eine Vertragsübernahme gewollt ist, ist durch Auslegung zu ermitteln.[682] Da sie eine Verfügung über das Schuldverhältnis im Ganzen ist, bedarf sie der **Zustimmung aller Beteiligten**, d.h. des Ausscheidenden, des Eintretenden und der anderen Vertragspartei.[683] Ausreichend ist insoweit sowohl ein **dreiseitiger Vertrag** als auch ein **Vertrag zwischen dem Ausscheidenden und dem Eintretenden, dem der Vertragspartner zustimmt**.[684] Die Zustimmung kann im Voraus bzw. stillschweigend erteilt werden, in Allgemeinen Geschäftsbedingungen jedoch nur in den Grenzen von § 309 Nr. 10 BGB (bis zum 31.12.2001: § 11 Nr. 13 AGBG).[685] Wird der ausscheidende Vertragspartner insolvent, so kann der verbleibende Partner die Vertragsübernahme auch noch nach Eröffnung des Insolvenzverfahrens genehmigen.[686] Die Zustimmung des Geschäftsgegners ist gemäß § 123 BGB **anfechtbar**, jedoch nur dann, wenn die Täuschung beiden Parteien des Übernahmevertrages, also sowohl dem Ausscheidenden als auch dem Eintretenden zurechenbar ist.[687] Erfolgt die Täuschung durch nur eine Partei, so ist es erforderlich, dass der andere Teil diese kannte oder kennen musste.[688] Fehlt die Zustimmung des Vertragsgegners, so kann die in der Übernahme mitenthaltene Abtretung wirksam sein.[689]

136 Der Vertrag bedarf der **Form** des übernommenen Vertrages[690], worin ein entscheidender Unterschied zum Abtretungsvertrag liegt (vgl. Rn. 34). Die Zustimmung des nicht am Vertragsschluss beteiligten Geschäftsgegners ist jedoch gemäß § 184 Abs. 2 BGB formfrei.[691] Betrifft die Übernahme einen Verbraucherkreditvertrag, so gelten für den Übernahmevertrag als solchen die besonderen Schutzvorschriften der §§ 491-507 BGB, insbesondere § 495 BGB (bis zum 31.12.2001: § 7 VerbrKrG), auch zugunsten des Übernehmers.[692] Die sich hieraus eventuell ergebende schwebende Unwirksamkeit des übernommenen Rechtsverhältnisses wird durch die Vertragsübernahme ebenfalls nicht geheilt.[693] Dies gilt auch dann nicht, wenn der Übernehmer nicht zu dem durch die entsprechenden Vorschriften geschützten Personenkreis gehört.[694]

---

[680] *Grüneberg* in: Palandt, § 398 Rn. 42.

[681] BAG v. 24.10.1972 - 3 AZR 102/72 - juris Rn. 26 - NJW 1973, 822; *Busche* in: Staudinger, Einl. zu den §§ 398 ff. Rn. 201; *Grüneberg* in: Palandt, § 398 Rn. 42; a.A. BGH v. 10.11.1960 - VIII ZR 167/59 - NJW 1961, 453-455.

[682] OLG München v. 24.10.2007 - 7 U 1707/07 - OLGR München 2008, 219-223, nicht bereits allein auf Grund von Vereinbarungen zur Durchsetzbarkeit einer Forderung und zur Verwertbarkeit von Sicherheiten.

[683] BGH v. 27.11.1985 - VIII ZR 316/84 - juris Rn. 42 - BGHZ 96, 302-313; LAG Hamm v. 17.06.2009 - 6 Sa 321/09 - juris Rn. 25; *Busche* in: Staudinger, Einl. zu den §§ 398 ff. Rn. 201; *Grüneberg* in: Palandt, § 398 Rn. 38a; *Münch*, Abtretungsverbote im deutschen und französischen Recht, 2001, 25.

[684] BGH v. 29.11.1978 - VIII ZR 263/77 - juris Rn. 14 - BGHZ 72, 394-400, 395; BGH v. 20.06.1985 - IX ZR 173/84 - juris Rn. 52 - BGHZ 95, 88-98, 93; BGH v. 27.11.1985 - VIII ZR 316/84 - juris Rn. 43 - BGHZ 96, 302-313; *Busche* in: Staudinger, Einl. zu den §§ 398 ff. Rn. 201; *Grüneberg* in: Palandt, § 398 Rn. 43; *Münch*, Abtretungsverbote im deutschen und französischen Recht, 2001, S. 25.

[685] *Busche* in: Staudinger, Einl. zu den §§ 398 ff. Rn. 201; *Grüneberg* in: Palandt, § 398 Rn. 43.

[686] *Grüneberg* in: Palandt, § 398 Rn. 38a.

[687] BGH v. 03.12.1997 - XII ZR 6/96 - juris Rn. 19 - BGHZ 137, 255-266; *Grüneberg* in: Palandt, § 398 Rn. 43.

[688] BGH v. 03.12.1997 - XII ZR 6/96 - juris Rn. 21 - BGHZ 137, 255-266; *Grüneberg* in: Palandt, § 398 Rn. 43.

[689] BGH v. 11.07.1996 - IX ZR 226/94 - juris Rn. 3 - LM AnfG § 1 Nr. 6 (12/1996); *Busche* in: Staudinger, Einl. zu den §§ 398 ff. Rn. 201; *Grüneberg* in: Palandt, § 398 Rn. 43.

[690] BGH v. 29.11.1978 - VIII ZR 263/77 - juris Rn. 14 - BGHZ 72, 394-400; *Busche* in: Staudinger, Einl. zu den §§ 398 ff. Rn. 201; *Grüneberg* in: Palandt, § 398 Rn. 43.

[691] BGH v. 18.10.1995 - VIII ZR 149/94 - juris Rn. 36 - LM BGB § 127 Nr. 9 (2/1996); *Busche* in: Staudinger, Einl. zu den §§ 398 ff. Rn. 201; *Grüneberg* in: Palandt, § 398 Rn. 43.

[692] BGH v. 10.05.1995 - VIII ZR 264/94 - juris Rn. 29 - BGHZ 129, 371-383; BGH v. 26.05.1999 - VIII ZR 141/98 - juris Rn. 18 - BGHZ 142, 23-35; *Busche* in: Staudinger, Einl. zu den §§ 398 ff. Rn. 203, 204; *Grüneberg* in: Palandt, § 398 Rn. 43.

[693] BGH v. 10.05.1995 - VIII ZR 264/94 - juris Rn. 20 - BGHZ 129, 371-383; *Grüneberg* in: Palandt, § 398 Rn. 43.

[694] BGH v. 05.06.1996 - VIII ZR 151/95 - juris Rn. 19 - BGHZ 133, 71-78; *Busche* in: Staudinger, Einl. zu den §§ 398 ff. Rn. 203; *Grüneberg* in: Palandt, § 398 Rn. 43.

Die §§ 398-418 BGB sind mit Einschränkungen entsprechend anwendbar.[695] Insbesondere kann der Eintretende analog § 404 BGB alle Einwendungen aus dem Schuldvertrag geltend machen (vgl. zur Anfechtung die Kommentierung zu § 413 BGB Rn. 10).[696] Er kann sich daneben auf die Mängel der Vertragsübernahme berufen, nicht aber auf die Mängel des dieser zugrunde liegenden Kausalgeschäfts, da die Vertragsübernahme als Verfügung abstrakt ist.[697] Ist der Übernahmevertrag anfechtbar, so muss die Anfechtung gegenüber den beiden übrigen Beteiligten erklärt werden.[698] Die Vorschriften der §§ 406-410 BGB sind nicht anwendbar, da der verbleibende Vertragspartner vom Wechsel seines Gegners in der Regel Kenntnis erhält.[699] Hat er seine Zustimmung im Voraus erteilt (vgl. Rn. 135), so sind die §§ 406-410 BGB entsprechend anzuwenden.[700] Außerdem ist § 418 BGB anwendbar (zu diesem vgl. die Kommentierung zu § 418 BGB).[701] 137

b. Vertragsbeitritt

Im Übrigen ist ein **Vertragsbeitritt** ebenfalls zulässig.[702] Dabei wird nicht eine Vertragspartei ausgewechselt, sondern auf einer Seite des Vertrages ein neuer Vertragspartner aufgenommen, der als **Gesamtschuldner** für die sich aus dem Vertrag ergebenden Verpflichtungen haftet.[703] Die Art der Mitberechtigung hängt jedoch von dem jeweiligen Schuldverhältnis ab.[704] Der Beitritt bedarf wie die Vertragsübernahme der Zustimmung des Vertragsgegners[705] sowie der Form des Ursprungsvertrages, etwa der Beitritt zu einem Mietvertrag derjenigen des § 550 BGB.[706] Der Beitretende wird vollberechtigter Vertragspartner. Er kann kündigen, auf Auskunft klagen oder ein vertragliches Wahlrecht ausüben. Diese Rechte kann er jedoch u.U. nur gemeinschaftlich mit einem der bisherigen Vertragspartner wahrnehmen.[707] Da die Rechtsstellung der übrigen Vertragsparteien nicht nur – durch Gewinnung eines zusätzlichen Schuldners – verbessert, sondern möglicherweise auch verschlechtert wird, bedarf der Vertragsbeitritt stets eines **dreiseitigen Vertrages** oder eines **zweiseitigen Vertrages** und der vorherigen oder nachträglichen **Zustimmung** des weiteren Vertragspartners.[708] Im Falle des Beitritts zu einer Personengesellschaft ist auf jeden Fall ein Vertrag mit allen Gesellschaftern erforderlich, da hierdurch der Gesellschaftsvertrag geändert wird.[709] Der Vertragsbeitritt bedarf der **Form** des Ursprungsvertrags.[710] 138

6. Einräumung von Nießbrauch und Pfandrecht

Abzugrenzen ist die Abtretung des Weiteren von sonstigen Verfügungen über Forderungen wie etwa der Bestellung eines Nießbrauchs (§ 1074 BGB) oder eines Pfandrechts (§ 1279 BGB) an der Forderung.[711] Diese sind dadurch gekennzeichnet, dass jeweils nicht die gesamte Forderung auf einen neuen Rechtsinhaber übergeht, sondern lediglich einzelne Befugnisse, etwa im Falle des Nießbrauchs die Ziehung der Nutzungen. Es wird also ein beschränktes dingliches Recht statt an einer Sache an einer Forderung begründet. 139

---

[695] *Busche* in: Staudinger, Einl. zu den §§ 398 ff. Rn. 206; *Grüneberg* in: Palandt, § 398 Rn. 44.
[696] OLG Düsseldorf v. 17.08.2006 - I-10 U 62/06 - juris Rn. 9 - OLGR Düsseldorf 2007, 125-127 zum Fall des § 566 BGB und den dabei geltenden Einschränkungen; *Busche* in: Staudinger, Einl. zu den §§ 398 ff. Rn. 206; *Grüneberg* in: Palandt, § 398 Rn. 44.
[697] *Busche* in: Staudinger, Einl. zu den §§ 398 ff. Rn. 205; *Grüneberg* in: Palandt, § 398 Rn. 44.
[698] BGH v. 27.11.1985 - VIII ZR 316/84 - juris Rn. 45 - BGHZ 96, 302-313; *Busche* in: Staudinger, Einl. zu den §§ 398 ff. Rn. 205; *Grüneberg* in: Palandt, § 398 Rn. 44.
[699] *Busche* in: Staudinger, Einl. zu den §§ 398 ff. Rn. 206; *Grüneberg* in: Palandt, § 398 Rn. 44.
[700] *Busche* in: Staudinger, Einl. zu den §§ 398 ff. Rn. 206; *Grüneberg* in: Palandt, § 398 Rn. 44.
[701] OLG Hamm v. 30.08.1989 - 31 U 39/89 - juris Rn. 27 - NJW-RR 1991, 48-50; *Grüneberg* in: Palandt, § 398 Rn. 44.
[702] *Busche* in: Staudinger, Einl. zu den §§ 398 ff. Rn. 207; *Grüneberg* in: Palandt, § 398 Rn. 45.
[703] *Busche* in: Staudinger, Einl. zu den §§ 398 ff. Rn. 207.
[704] *Busche* in: Staudinger, Einl. zu den §§ 398 ff. Rn. 207; *Grüneberg* in: Palandt, § 398 Rn. 45.
[705] *Busche* in: Staudinger, Einl. zu den §§ 398 ff. Rn. 207.
[706] BGH v. 29.11.1978 - VIII ZR 263/77 - juris Rn. 16 - BGHZ 72, 394-400; *Busche* in: Staudinger, Einl. zu den §§ 398 ff. Rn. 207; *Grüneberg* in: Palandt, § 398 Rn. 44.
[707] *Busche* in: Staudinger, Einl. zu den §§ 398 ff. Rn. 207.
[708] *Busche* in: Staudinger, Einl. zu den §§ 398 ff. Rn. 207.
[709] *Busche* in: Staudinger, Einl. zu den §§ 398 ff. Rn. 207.
[710] BGH v. 02.07.1975 - VIII ZR 223/73 - BGHZ 65, 49-55, 51; BGH v. 29.11.1978 - VIII ZR 263/77 - BGHZ 72, 394-400, 397; *Busche* in: Staudinger, Einl. zu den §§ 398 ff. Rn. 207.
[711] *Roth* in: MünchKomm-BGB, § 398 Rn. 2.

7. Sukzessivberechtigung

140 Unter einer Sukzessivberechtigung versteht man eine Regelung mit Hilfe auflösender und aufschiebender Bedingungen dergestalt, dass eine Forderung zunächst einem Berechtigten und dann ohne Abtretung einem anderen zusteht.[712]

8. Begründung von Gesamtgläubigerschaft

141 Auf die **Begründung der Gesamtgläubigerschaft** im Sinne des § 428 BGB (vgl. die Kommentierung zu § 428 BGB) an einer Forderung ist § 398 BGB weder direkt noch analog anwendbar. Es handelt sich vielmehr um ein Rechtsgeschäft sui generis, welches der Zustimmung des Schuldners bedarf.[713]

X. Schuldrechtlicher Ausgleich

142 Das der Abtretung zugrunde liegende Kausalgeschäft (vgl. Rn. 3) bildet den Rechtsgrund der Abtretung, d.h. die causa für das Behaltendürfen der Leistung.[714] Ist daher das Kausalgeschäft nichtig, so erfolgt ein **bereicherungsrechtlicher Ausgleich** gemäß den §§ 812-822 BGB.[715] Zu beachten sind daneben Spezialvorschriften, etwa des Sozialrechts. Hat ein Sozialleistungsträger nach einer Abtretung gemäß § 53 SGB I i.V.m. § 398 BGB an den Zessionar gezahlt, so kann er bei Mängeln im Leistungsanspruch (Deckungsverhältnis) die Sozialleistung nur von dem ursprünglich Leistungsberechtigten und nicht von dem Zessionar zurückfordern, da nur dem ursprünglich Leistungsberechtigten gegenüber ein Rückforderungsanspruch gemäß § 50 Abs. 1 Satz 1 SGB X gegeben ist.[716] Ausschließlich nach dem Kausalgeschäft richtet sich die Frage, ob der Zedent dem Zessionar zur **Gewährleistung** verpflichtet ist, so etwa folgt aus den §§ 453 Abs. 1, 437, 435, 433 Abs. 1 Satz 2 BGB (bis zum 31.12.2001: § 437 BGB) die Haftung für den Bestand (**Verität**) der Forderung.[717] Im Falle eines Forderungskaufs haftet der Verkäufer jedoch neben der Verität ohne eine entsprechende vertragliche Vereinbarung nicht auch für die Zahlungsfähigkeit des Schuldners, also die **Bonität** der Forderung (vgl. die §§ 453 Abs. 1, 437, 433 Abs. 1 Satz 2, 434, 435 BGB und bis zum 31.12.2001: §§ 437, 438 BGB – vgl. auch Rn. 32).[718] Das Gleiche gilt für sonstige entgeltliche Verträge, die Abtretung von Forderungen an Erfüllungs statt (§ 364 BGB) sowie die Forderungsschenkung (§ 523 Abs. 1 BGB). Auch **Nebenpflichten** ergeben sich aus dem der Abtretung zugrunde liegenden Vertrag. Von Bedeutung ist etwa die Pflicht des Zedenten, alles zu unterlassen, was dem Zessionar die Einziehung unmöglich machen oder erschweren würde, etwa die Forderung selbst einzuziehen (vgl. hierzu die Kommentierung zu § 402 BGB Rn. 25). Zieht der Zedent entgegen dieser Verpflichtung die Forderung ein, so ist er dem Zessionar ggf. zum **Schadensersatz** verpflichtet aus § 280 Abs. 1 BGB (bis zum 31.12.2001: positive Vertrags- bzw. Forderungsverletzung – pVV) oder § 826 BGB.[719] Daneben begründen die §§ 402, 403 BGB kraft Gesetzes eigenständige Nebenpflichten, die der Sache nach allein an das Vorliegen einer Abtretung anknüpfen, jedoch das zugrunde liegende Kausalgeschäft modifizieren und ergänzen (vgl. die Kommentierung zu § 402 BGB Rn. 1 und die Kommentierung zu § 403 BGB Rn. 1).

XI. Internationales Privatrecht

143 Ob ein bestimmter Rechtsakt geeignet ist, den Übergang der Forderung zu bewirken, war gem. Art. 33 Abs. 2 EGBGB nach demjenigen **Recht zu beurteilen, dem das Schuldverhältnis untersteht**, aus dem die Forderung erwachsen ist. Dies gilt insbesondere bezüglich der Rechtswirkungen der Abtretung gegenüber dem Schuldner und dem Erwerber.[720] Einschlägig sind nunmehr die Regelungen der Ver-

---

[712] BayObLG München v. 06.04.1995 - 2Z BR 17/95 - juris Rn. 10 - NJW-RR 1995, 1297-1298; *Grüneberg* in: Palandt, § 398 Rn. 1.

[713] BGH v. 05.03.1975 - VIII ZR 97/73 - juris Rn. 32 - BGHZ 64, 67-72, 69; *Busche* in: Staudinger, Einl. zu den §§ 398 ff. Rn. 189; *Grüneberg* in: Palandt, § 398 Rn. 4.

[714] BGH v. 14.07.1997 - II ZR 122/96 - juris Rn. 7 - LM BGB § 398 Nr. 97 (2/1998); *Busche* in: Staudinger, Einl. zu den §§ 398 ff. Rn. 15.

[715] *Busche* in: Staudinger, Einl. zu den §§ 398 ff. Rn. 20; *Zeiss* in: Soergel, 12. Aufl., § 398 Rn. 12.

[716] BSG v. 30.01.2002 - B 5 RJ 26/01 R - juris Rn. 16 - SozR 3-1300 § 50 Nr. 25.

[717] *Busche* in: Staudinger, Einl. zu den §§ 398 ff. Rn. 23, 24 u. 25.

[718] *Busche* in: Staudinger, Einl. zu den §§ 398 ff. Rn. 24.

[719] *Busche* in: Staudinger, Einl. zu den §§ 398 ff. Rn. 23.

[720] RG v. 19.03.1907 - II 406/06 - RGZ 65, 357-361, 358.

ordnung (EG) 593/2008 des Europäischen Parlaments und des Rates vom 17.06.2008 über das auf vertragliche Schuldverhältnisse anzuwendende Recht (Rom I).[721] Zu den Einzelheiten vgl. die Kommentierung zu Art. 33 EGBGB und die Kommentierung zu Art. 14 Rom I-VO ff.

G. Arbeitshilfen

Checkliste „Abtretungsvertrag"   144

(1) Forderung
   (a) Forderung oder sonstiges Recht?
   (b) Öffentlich-rechtliche Forderung? Wenn ja: öffentlich-rechtliche Regelungen, die der Abtretung entgegenstehen?
   (c) Forderung abtretbar? (Ausnahmeregelungen: §§ 399, 400 BGB oder Spezialvorschriften)
   (d) Hinreichend bestimmt oder bestimmbar bezeichnet? Vorsicht bei: Teilabtretung, Abtretung von Forderungsmehrheiten, Vorausabtretung, Mantelzession
   (e) Teilbarkeit einer teilweise abgetretenen Forderung?
   (f) Liegt eine Abtretung künftiger, bedingter oder befristeter Forderungen vor?

(2) Zedent und Zessionar
   (a) Hinreichend bestimmt oder bestimmbar bezeichnet?
   (b) Zedenten (noch) Inhaber der Forderung?
   (c) Unwirksamkeit wegen zeitlich früherer Abtretung?
   (d) Genehmigung des wirklichen Forderungsinhabers?
   (e) Abtretung an den Schuldner oder einen Dritten?
   (f) Blankozession?

(3) Abtretungsvertrag
   (a) Vertrag oder einseitige Willenserklärung?
   (b) Dingliche Einigung oder nur Kausalgeschäft? (Auslegung)
   (c) Abtretung Einziehungsermächtigung? (Auslegung)
   (d) Abtretung oder:
      Novation, Vertragsübernahme, Vertragsbeitritt, Einräumung von Nießbrauch/Pfandrecht an der Forderung, Sukzessivberechtigung, Begründung von Gesamtgläubigerschaft gewollt?
   (e) Umdeutung der (unwirksamen) Abtretung in eine Einziehungsermächtigung?
   (f) Umfang der Abtretung? (Auslegung)
   (g) Formvorschriften ausnahmsweise zu beachten?
   (h) Sonderregeln auf Grund der Verbriefung der Forderung?
   (i) Konkludente Abtretung?
   (j) Abtretung unter einer Bedingung oder Befristung?

(4) Unwirksamkeitsgründe
   (a) Gesetzliches Verbot? (z.B. Rechtsberatungsgesetz)
   (b) Sittenwidrigkeit? (z.B. Übersicherung, Vertragsbruchtheorie in Kollisionsfällen)
   (c) Anzeige gegenüber dem Schuldner ausnahmsweise Wirksamkeitsvoraussetzung?

(5) Rechtsfolgen
   (a) Übergang von Neben- und Vorzugsrechten?
   (b) Direkt- oder Durchgangserwerb bei Vorausabtretung/Zwischenverfügungen?
   (c) Einwendungen des Schuldners gegenüber dem Zessionar?
   (d) Schuldrechtliche Ausgleichsansprüche anlässlich der Abtretung?

(6) Prozessuales
   (a) Darlegungs- und Beweislast für die einzelnen Voraussetzungen der Abtretung?
   (b) Folgerungen für den konkreten Rechtsstreit?
   (c) Stellung von Zedent und Zessionar in Einzelzwangsvollstreckung und Insolvenz – insbesondere bei Inkassozession, Sicherungsabtretung und Factoring?

---

[721] ABl. L 177, S. 6.

§ 399 BGB Ausschluss der Abtretung bei Inhaltsänderung oder Vereinbarung

(Fassung vom 02.01.2002, gültig ab 01.01.2002)

Eine Forderung kann nicht abgetreten werden, wenn die Leistung an einen anderen als den ursprünglichen Gläubiger nicht ohne Veränderung ihres Inhalts erfolgen kann oder wenn die Abtretung durch Vereinbarung mit dem Schuldner ausgeschlossen ist.

Gliederung

A. Grundlagen 1	3. Nebenrechte 18
I. Kurzcharakteristik 1	V. Abtretungsausschluss kraft Vereinbarung
II. Regelungsprinzipien 2	(Alternative 2) 21
B. Praktische Bedeutung 3	1. Allgemeines 21
C. Anwendungsvoraussetzungen 4	2. Bankgeheimnis 22
I. Normstruktur 4	3. Kontokorrent 25
II. Forderung 5	4. Zukünftige und bedingte Forderungen 28
III. Abtretung 6	5. Allgemeine Geschäftsbedingungen 29
IV. Abtretungsausschluss wegen Inhaltsänderung	6. Beiderseitige Handelsgeschäfte 31
(Alternative 1) 8	7. Sonstige Schranken vertraglicher Abtretungs-
1. Rechtsnatur des Schuldverhältnisses/	verbote 32
Veränderung des Leistungsinhalts 9	**D. Rechtsfolgen** 34
a. Generelle Unabtretbarkeit 10	I. Rechtsprechung 39
b. Abtretbarkeit an bestimmte Zessionare 11	II. Literatur 40
c. Unabtretbarkeit wegen Zweckbindung 12	**E. Prozessuale Hinweise/Verfahrenshin-**
d. Sonstige Fälle 13	**weise** 42
2. Höchstpersönliche Ansprüche 15	**F. Anwendungsfelder** 44

A. Grundlagen[1]

I. Kurzcharakteristik

1 § 399 BGB stellt eine **Ausnahmevorschrift** von dem durch § 398 BGB statuierten Grundsatz dar, dass Forderungen abtretbar sind.[2]

II. Regelungsprinzipien

2 § 399 BGB beinhaltet alternativ zwei Tatbestände, die jeweils eine unterschiedliche Zielrichtung verfolgen. Nach § 399 Alt. 1 BGB sind alle diejenigen Forderungen von einer Abtretung ausgeschlossen, bei denen die Abtretung nach dem **Wesen der Forderung**, insbesondere nach ihrem Leistungsinhalt von vornherein ausscheidet.[3] § 399 Alt. 2 BGB beruht hingegen auf dem Gedanken der **Privatautonomie**, nach dem den Parteien das Recht zusteht, die Unabtretbarkeit einer Forderung durch eine entsprechende Vereinbarung herbeizuführen.

B. Praktische Bedeutung

3 Die Vorschrift hat **nicht unerhebliche praktische Bedeutung**, da eine ganze Reihe in der Rechtspraxis wichtiger Forderungen und andere Rechte von einer Übertragung (Abtretung) generell ausgenommen sind. Auch die Möglichkeit, durch Vereinbarung ein Abtretungsverbot zu begründen, stellt eine nicht selten praktizierte Möglichkeit dar, Forderungen von vornherein zum Schutz des Schuldners vor dem Unterschieben eines nicht gewünschten Gläubigers sowie vor doppelter Inanspruchnahme die Verkehrsfähigkeit zu nehmen. Ein vertragliches Abtretungsverbot kann insbesondere im Falle einer

---

[1] Fortführung und Aktualisierung der bis zur Vorauflage von Herrn Dr. *G. Knerr* betreuten Kommentierung. Die Kommentierung gibt ausschließlich die persönliche Meinung des Autors wieder.
[2] *Busche* in: Staudinger, § 399 Rn. 1; *Grüneberg* in: Palandt, § 399 Rn. 1.
[3] *Münch*, Abtretungsverbote im deutschen und französischen Recht, 2001, S. 39.

treuhänderischen Abtretung dazu verwendet werden, dem Treuhänder treuwidrige Weiterabtretungen unmöglich zu machen.[4]

C. Anwendungsvoraussetzungen

I. Normstruktur

Die Vorschrift enthält zwei **alternative Voraussetzungen** des Abtretungsausschlusses, nämlich zum einen den Fall, dass die Leistung an einen anderen als den ursprünglichen Gläubiger nicht ohne **Veränderung des Leistungsinhalts** erfolgen kann (§ 399 Alt. 1 BGB), und zum anderen, dass ein **Ausschluss der Abtretung durch Vereinbarung** mit dem Schuldner erfolgt (§ 399 Alt. 2 BGB). In beiden Fällen ist die Rechtsfolge dieselbe, nämlich die Nichtigkeit der Abtretung (vgl. hierzu Rn. 34).[5]

II. Forderung

Die Vorschrift gilt unmittelbar für **Forderungen** als Gegenstand der Abtretung (vgl. zum Begriff die Kommentierung zu § 398 BGB Rn. 7). Auch bei **sonstigen Rechten** ist, soweit die Voraussetzungen des § 413 BGB gegeben sind, ein gesetzlicher oder gewillkürter Ausschluss der Übertragbarkeit möglich. Dies folgt daraus, dass § 413 BGB auch auf § 399 BGB Bezug nimmt (vgl. die Kommentierung zu § 413 BGB Rn. 32).[6]

III. Abtretung

Anwendbar ist die Vorschrift zunächst auf die **vertragliche Abtretung** gemäß § 398 BGB. Wegen des Normzwecks ist sie jedoch entsprechend auch auf die **Einziehungsermächtigung** anwendbar (vgl. zu dieser die Kommentierung zu § 398 BGB Rn. 123).[7] Im Falle des § 399 Alt. 2 BGB ist jedoch im Einzelfall durch Auslegung gemäß den §§ 133, 157 BGB zu ermitteln, ob sich der vertragliche Abtretungsausschluss auch auf die Einziehungsermächtigung beziehen soll (vgl. die Kommentierung zu § 398 BGB Rn. 125).[8] Im Falle vermögensrechtlicher Ansprüche ist das Abtretungsverbot regelmäßig dahin gehend auszulegen, dass eine Einziehungsermächtigung wirksam erteilt werden kann, es sei denn, es ergibt sich aus Sinn und Zweck des Abtretungsverbots, dass auch die ohne Übertragung des Rechts erfolgende Geltendmachung der Forderung durch einen Dritten ausgeschlossen sein soll.[9]

Wegen der Verweisung in § 412 BGB ist § 399 BGB darüber hinaus grundsätzlich auch auf den **gesetzlichen Forderungsübergang (Legalzession)** anwendbar (vgl. auch die Kommentierung zu § 412 BGB Rn. 6).[10] Jedoch kann sich im Einzelfall aus dem Sinn und Zweck der die Legalzession anordnenden Norm ergeben, dass sie auch unabtretbare Forderungen erfassen soll.[11] Hat etwa ein Sozialversicherungsträger den Unterhalt eines Arbeitnehmers für einen bestimmten Zeitraum gewährleistet, so geht der entsprechende Lohnanspruch auch dann auf ihn über, wenn zwischen Arbeitgeber und Arbeitnehmer dessen Unabtretbarkeit vereinbart wurde.[12] § 399 BGB ist ferner entsprechend anwendbar auf die **Pfändung** sowie auf die Verwertung im Rahmen des **Insolvenzverfahrens**. Die Vorschrift gilt etwa für die Pfändung eines Schuldbefreiungsanspruchs durch den Gläubiger der Schuld (vgl. zu der Abtretbarkeit eines solchen Anspruchs Rn. 11)[13] und für die Eröffnung des Insolvenzverfahrens über

---

[4] *Busche* in: Staudinger, § 399 Rn. 66.
[5] *Grüneberg* in: Palandt, § 399 Rn. 1.
[6] *Busche* in: Staudinger, § 399 Rn. 64; *Grüneberg* in: Palandt, § 399 Rn. 10.
[7] BGH v. 03.07.1996 - XII ZR 99/95 - juris Rn. 41 - LM BSozialhilfeG Nr. 35 (1/1997); *Busche* in: Staudinger, Einl. zu den § 398 ff. Rn. 126 u. § 399 Rn. 76.
[8] BGH v. 27.05.1971 - VII ZR 85/69 - juris Rn. 25 - BGHZ 56, 228-242; BGH v. 27.02.1992 - IX ZR 57/91 - juris Rn. 19 - LM BB § 765 Nr. 80 (8/1992); *Busche* in: Staudinger, Einl. zu den §§ 398 ff. Rn. 127.
[9] BGH v. 23.02.1977 - VIII ZR 124/75 - juris Rn. 22 - BGHZ 68, 118-127; BGH v. 03.07.1996 - XII ZR 99/95 - juris Rn. 41 - LM BSozialhilfeG Nr. 35 (1/1997); *Busche* in: Staudinger, Einl. zu den §§ 398 ff. Rn. 127; *Grüneberg* in: Palandt, § 398 Rn. 34.
[10] RG v. 01.11.1919 - I 86/19 - RGZ 97, 76-79, 78; *Busche* in: Staudinger, § 399 Rn. 75; *Grüneberg* in: Palandt, § 399 Rn. 3.
[11] BAG v. 02.06.1966 - 2 AZR 322/65 - juris Rn. 5 - NJW 1966, 1727; *Busche* in: Staudinger, § 399 Rn. 75; *Grüneberg* in: Palandt, § 399 Rn. 3.
[12] BAG v. 02.06.1966 - 2 AZR 322/65 - juris Rn. 5 - NJW 1966, 1727; *Grüneberg* in: Palandt, § 399 Rn. 3.
[13] BGH v. 08.10.1952 - II ZR 309/51 - juris Rn. 8 - BGHZ 7, 244-252; *Busche* in: Staudinger, § 399 Rn. 37.

das Vermögen des Gläubigers des Befreiungsanspruchs.[14] Hingegen findet die Vorschrift keine Anwendung bei der **Forderungsübertragung durch Verwaltungsakt**, etwa im Rahmen sozialrechtlicher Vorschriften (vgl. die Kommentierung zu § 412 BGB Rn. 40).

IV. Abtretungsausschluss wegen Inhaltsänderung (Alternative 1)

8 Eine Forderung kann zum einen nicht abgetreten werden, wenn die Leistung an einen anderen als den ursprünglichen Gläubiger nicht ohne **Veränderung des Inhalts der Leistung** erfolgen kann oder die Leistung doch zu Lasten des Schuldners erschwert würde.[15] Zu dieser Variante gehören drei Fallgruppen, nämlich die Unabtretbarkeit auf Grund der **Rechtsnatur** des Anspruchs, die bei Abtretung zu einer Veränderung des Leistungsinhalts führen würde, auf Grund des **höchstpersönlichen Charakters** des Anspruchs sowie auf Grund der **Unselbständigkeit** des Anspruchs, etwa im Falle der Nebenrechte im Sinne des § 401 BGB. In allen diesen Fällen ist die Abtretbarkeit ausgeschlossen, weil die **Identität der Forderung** bei deren Abtretung nicht gewahrt bliebe.[16]

1. Rechtsnatur des Schuldverhältnisses/Veränderung des Leistungsinhalts

9 Zum einen sind Forderungen dann unabtretbar, wenn sich auf Grund der **Rechtsnatur des Schuldverhältnisses** durch die Abtretung der **Inhalt der Leistung verändern** würde.[17] Anders als bei höchstpersönlichen Ansprüchen führt der Wechsel des Gläubigers bei dieser Fallgruppe zwar nicht notwendigerweise zu einer Inhaltsänderung der Forderung, jedoch ist es nach der Natur der Forderung nicht gleichgültig, an wen die Leistung erfolgen soll. Die Übergänge sind insoweit jedoch fließend.[18]

a. Generelle Unabtretbarkeit

10 Unabtretbar sind etwa Ansprüche auf **Unterhalt in Natur**, da der Leistungsinhalt bei diesen maßgeblich durch die Person des Berechtigten bestimmt wird. Abtretbar sind dagegen (auf Geldzahlung gerichtete) **Unterhaltsrenten**, da sich insoweit der Inhalt der Verpflichtung bei der Zahlung an einen anderen, etwa einen Dritten, der freiwillig oder auf gesetzlicher Basis Unterhalt geleistet hat, nicht ändert. Für diese Ansprüche gilt jedoch § 400 BGB i.V.m. § 850b Abs. 1 Nr. 2 u. 3 ZPO, soweit sie unpfändbar sind (vgl. die Kommentierung zu § 400 BGB Rn. 8).[19] **Altenteils- und Leibgedingansprüche** sind nicht abtretbar, weil sie die persönliche Versorgung des Berechtigten durch die Zuwendung einer Gesamtheit von Nutzungen und Leistungen bezweckt.[20] Ferner fallen unter das Abtretungsverbot Vorkaufsrechte gemäß § 514 BGB[21], Ansprüche auf Gebrauchsüberlassung[22], Ansprüche aus einem **Vorvertrag** auf Vertragsabschluss[23], Ansprüche auf Bestellung einer persönlichen **Dienstbarkeit**[24], Ansprüche auf Dienstleistungen (vgl. insoweit auch die Spezialvorschriften der §§ 613 Abs. 1 Satz 2, 664 Abs. 2 BGB – vgl. Rn. 16 und Rn. 44)[25] und **Unterlassungsansprüche** (zu diesen vgl. auch Rn. 11).[26] Sind Unterlassungsansprüche hingegen akzessorisch, so können sie mit dem Rechtsverhältnis, dem sie dienen, übertragen werden. So können etwa die Ansprüche aus einem Wettbewerbsverbot mit dem zugehörigen Geschäftsbetrieb veräußert werden (vgl. auch Rn. 11).[27] Dasselbe gilt für Unterlassungsansprüche aus Patentrechten[28] und für Ansprüche auf Grund analoger Anwendung der §§ 823, 1004

---

[14] *Busche* in: Staudinger, § 399 Rn. 37.
[15] *Busche* in: Staudinger, § 399 Rn. 4.
[16] *Busche* in: Staudinger, Einl. zu den §§ 398 ff. Rn. 47 u. § 399 Rn. 4.
[17] *Busche* in: Staudinger, § 399 Rn. 32; *Grüneberg* in: Palandt, § 399 Rn. 4.
[18] *Busche* in: Staudinger, § 399 Rn. 32.
[19] *Larenz*, Schuldrecht, Band I: Allgemeiner Teil, 14. Aufl. 1987, S. 582; *Busche* in: Staudinger, § 399 Rn. 36; *Grüneberg* in: Palandt, § 399 Rn. 4.
[20] BGH v. 04.12.09 - V ZR 9/09 - juris Rn. 11 - FamRZ 2010, 367-370; *Busche* in: Staudinger, § 399 Rn. 36.
[21] *Grüneberg* in: Palandt, § 399 Rn. 4.
[22] RG v. 26.10.1931 - VIII 117/31 - RGZ 134, 91-99, 96; *Grüneberg* in: Palandt, § 399 Rn. 4.
[23] OLG Stuttgart v. 28.02.2008 - 7 U 167/07 - juris Rn. 35 - NJW-RR 2009, 1312-1315; *Grüneberg* in: Palandt, § 399 Rn. 4.
[24] *Grüneberg* in: Palandt, § 399 Rn. 4; a.A. BGH v. 09.07.1958 - V ZR 116/57 - juris Rn. 18 - NJW 1958, 1677.
[25] *Grüneberg* in: Palandt, § 399 Rn. 4.
[26] *Busche* in: Staudinger, § 399 Rn. 39; *Grüneberg* in: Palandt, § 399 Rn. 4.
[27] RG v. 01.07.1919 - II 562/14 - RGZ 96, 171-175, 173; RG v. 22.04.1921 - II 492/20 - RGZ 102, 127-131, 129; *Busche* in: Staudinger, § 399 Rn. 29.
[28] RG v. 15.06.1935 - I 220/34 - RGZ 148, 146-143, 147; *Busche* in: Staudinger, § 399 Rn. 39.

BGB[29]. **Wettbewerbsrechtliche Unterlassungsansprüche** aus den §§ 3, 8 UWG (bis zum 07.07.2004: §§ 1, 3 UWG a.F.) sind dagegen nicht selbständig übertragbar, da sie Teil des verletzten Rechts oder des Unternehmens sind.[30] Der Erbe oder Unternehmenserwerber kann jedoch kraft Übergangs des Unternehmens derartige Ansprüche geltend machen und Klage erheben, sofern eine vor dem Erwerb eingetretene Störung fortdauert.[31] Ansonsten kann ein Dritter lediglich kraft Ermächtigung des Rechtsinhabers in **gewillkürter Prozessstandschaft** auf Unterlassung klagen. Voraussetzung ist jedoch, dass er ein eigenes schutzwürdiges Interesse an der Rechtsverfolgung hat.[32] Im Falle **vertraglicher Wettbewerbsverbote** fehlt es an der Akzessorietät zum Unternehmen, so dass die Abtretung nicht wegen der Natur des Schuldverhältnisses ausgeschlossen ist. Jedoch wird die Abtretung unter Umständen dennoch zu einer Änderung des Leistungsinhalts führen, so dass § 399 Alt. 1 BGB gleichwohl Anwendung findet.[33] Nicht abtretbar ist ferner die Befugnis, eine **Feststellungsklage** gemäß § 256 ZPO zu erheben, denn die Feststellungsklage ist eine rein prozessuale Einrichtung. Sie beinhaltet keinen materiellrechtlichen Anspruch im Sinne der §§ 194 Abs. 1, 241 Abs. 1 BGB, sondern stellt nur eine besondere Rechtsbehelfsform zum Schutz materieller Rechtspositionen dar (vgl. auch die Kommentierung zu § 398 BGB Rn. 9).[34] Im Falle der Abtretung eines Feststellungsanspruchs bezüglich der Verpflichtung eines Versicherers zur Beibehaltung des bisherigen Beitragssatzes fehlt dem Zessionar darüber hinaus das Feststellungsinteresse.[35] Schließlich steht § 399 BGB einer Übertragung von Rechten entgegen, die **hoheitliche Befugnisse** beinhalten und daher ihrer Natur nach einem Privaten nicht zustehen können (vgl. auch die Kommentierung zu § 398 BGB Rn. 8).[36]

b. Abtretbarkeit an bestimmte Zessionare

Einige Ansprüche sind auf Grund ihres Inhalts **nur an bestimmte Zessionare abtretbar**. Der Anspruch auf **Schuldbefreiung** kann nur an den Gläubiger der zu tilgenden Schuld – ausnahmsweise auch an den für die Schadensregulierung zuständigen Versicherer[37] – abgetreten werden und wandelt sich durch die Abtretung in einen Zahlungsanspruch um[38]. Eine Abtretung ist jedoch dann an Dritte möglich, wenn sich der Freistellungsanspruch gemäß § 281 BGB in einen Schadensersatzanspruch umgewandelt hat.[39] Ein Freistellungsanspruch kann auch an denjenigen erfolgen, der zwar nicht selbst Gläu-

11

---

[29] *Reuter*, JuS 1986, 19-24, 20-21; *Busche* in: Staudinger, § 399 Rn. 39.
[30] BGH v. 17.02.1983 - I ZR 194/80 - juris Rn. 20 - LM Nr. 38 zu § 13 UWG; BGH v. 06.07.1995 - I ZR 4/93 - juris Rn. 14 - BGHZ 130, 182-187; *Busche* in: Staudinger, § 399 Rn. 30; a.A. OLG Koblenz v. 10.12.1987 - 6 U 1313/87 - juris Rn. 38 - WRP 1988, 258-260.
[31] *Busche* in: Staudinger, § 399 Rn. 30.
[32] BGH v. 28.11.1962 - V ZR 9/61 - juris Rn. 11 - BGHZ 38, 281-289; BGH v. 06.10.1980 - II ZR 268/79 - BGHZ 78, 177-190; *Busche* in: Staudinger, § 399 Rn. 30.
[33] *Busche* in: Staudinger, § 399 Rn. 31.
[34] Vgl. allgemein zum Unterschied BGH v. 20.12.1972 - VIII ZR 186/70 - juris Rn. 19 - BGHZ 60, 85-91; AG Düsseldorf v. 29.04.2003 - 21 C 19508/02 - Schaden-Praxis 2003, 289-290; *Busche* in: Staudinger, § 399 Rn. 34.
[35] AG Düsseldorf v. 29.04.2003 - 21 C 19508/02 - Schaden-Praxis 2003, 289-290.
[36] BGH v. 18.06.1979 - VII ZR 84/78 - juris Rn. 20 - BGHZ 75, 23-26; *Busche* in: Staudinger, Einl. zu den §§ 398ff. Rn. 6.
[37] BGH v. 14.03.1985 - I ZR 168/82 - juris Rn. 18 - LM Nr. 51 zu § 67 VVG; OLG Frankfurt v. 30.09.2005 - 10 U 241/04 - juris Rn. 41 - ZInsO 2005, 1274-1277; OLG Bamberg v. 07.01.2008 - 4 U 84/07 - juris Rn. 19; OLG Karlsruhe v. 30.06.2009 - 17 U 401/08 - juris Rn. 32 - WM 2009, 2076-2080; OLG Karlsruhe v. 06.08.2009 - 4 U 11/08 - juris Rn. 45; *Grüneberg* in: Palandt, § 399 Rn. 4.
[38] BGH v. 22.01.1954 - I ZR 34/53 - juris Rn. 16 - BGHZ 12, 136-145; BGH v. 27.02.1964 - II ZR 179/62 - juris Rn. 11 - BGHZ 41, 203-208; BGH v. 14.01.1975 - VI ZR 139/73 - juris Rn. 15 - WM 1975, 305-307; BGH v. 12.03.1993 - V ZR 69/92 - juris Rn. 16 - LM BGB § 249 (Cb) Nr. 45 (10/1993); KG v. 17.01.2006 - 6 U 275/04 - juris Rn. 20 - BauR 2007, 1462; OLG München v. 26.03.2008 - 20 U 4229/07 - juris Rn. 41; OLG Karlsruhe v. 06.08.2009 - 4 U 11/08 - juris Rn. 45; OLG Koblenz v. 11.12.2008 - 6 U 1353/07 - juris Rn. 27 - WM 2009, 939-942; OLG Köln v. 21.08.2008 - 18 U 63/08 - juris Rn. 21 - NZG 2009, 543-545; OLG Saarbrücken v. 08.04.2003 - 3 U 159/02 - 23, 3 U 159/02 - juris Rn. 48 - OLGR Saarbrücken 2003, 272-277; *Grüneberg* in: Palandt, § 399 Rn. 4; *Münch*, Abtretungsverbote im deutschen und französischen Recht, 2001, S. 53; *Bischoff*, ZZP 120 (2007), 237, 246.
[39] BGH v. 22.01.1954 - I ZR 34/53 - juris Rn. 16 - BGHZ 12, 136-145; BGH v. 12.03.1993 - V ZR 69/92 - juris Rn. 17 - LM BGB § 249 (Cb) Nr. 45 (10/1993); *Grüneberg* in: Palandt, § 399 Rn. 4; BGH v. 22.03.2011 - II ZR 271/08 - juris Rn. 14 - BGHZ 189, 45-56.

biger, jedoch allein berechtigt ist, die Rechte des Gläubigers in eigenem Namen geltend zu machen, etwa hier an den **Insolvenzverwalter** über das Vermögen einer KG.[40] Der Anspruch aus einem **Wettbewerbsverbot** ist nur an den Geschäftsnachfolger des Gläubigers abtretbar (vgl. auch Rn. 10).[41] Dasselbe gilt für den Anspruch aus einem Werkförderungsvertrag[42] und für den **Unterlassungsanspruch** wegen Verletzung des Rechts am eingerichteten und ausgeübten Gewerbebetrieb (zu den Unterlassungsansprüchen vgl. auch Rn. 10)[43]. Der Anspruch des Versprechensempfängers aus einem **Vertrag zu Gunsten Dritter** kann jedenfalls an den begünstigten Dritten abgetreten werden.[44] Das Recht eines **Wohnungsbauunternehmers** auf Zustimmung zu baulichen Veränderungen kann an einen zu diesem Zweck gegründeten eingetragenen Verein[45], der Beihilfeanspruch eines **Beamten** gegen den Dienstherrn kann an den Gläubiger der beihilfefähigen Kosten abgetreten werden[46]. Bei der Abtretung von **Beihilfeansprüchen** sind jedoch Spezialvorschriften des Beihilferechts zu beachten, durch die die Unabtretbarkeit dieser Ansprüche und damit deren höchstpersönliche Natur angeordnet wird.[47] Die Forderungen öffentlicher Pfandleiher i.S.d. § 34 GewO, die aus Darlehen resultieren, die gegen Faustpfänder gewährt werden, können nur an andere öffentliche Pfandleiher abgetreten werden.[48] Bei einem auf einen bestimmten Verwendungszweck beschränkten Darlehen, etwa einem **Aufbau- bzw. Baugelddarlehen** (namentlich seitens der öffentlichen Hand)[49] ist die Abtretung nichtig, wenn der Zessionar nicht zu dem Personenkreis gehört, der den mit der Kreditgewährung verfolgten Zweck fördern kann. In diesem Fall ist eine Inhaltsänderung der Forderung gegeben.[50]

c. Unabtretbarkeit wegen Zweckbindung

12   Die **Zweckbindung der Leistung** beschränkt die Abtretbarkeit in weiteren Fällen. Dies gilt bei **Auskunftsansprüchen** gegen eine Bank.[51] Nach einer in der Literatur vertretenen Auffassung hindert die Zweckbindung auch eine Abtretung des Anspruchs wegen **Verarmung des Schenkers** aus § 528 BGB (vgl. hierzu die Kommentierung zu § 528 BGB).[52] Nach der Auffassung des Bundesgerichtshofs führt hingegen eine Abtretung des Anspruchs aus § 528 BGB nicht zur Änderung des Leistungsinhalts.[53] Zu beachten ist insoweit aber § 400 BGB. Danach ist die Abtretung jedenfalls an einen Sozialversicherungsträger, der den Unterhalt des Schenkers gewährleistet, wirksam (vgl. die Kommentierung zu § 400 BGB Rn. 13). Wegen ihrer Zweckbindung nicht abtretbar sind ferner **Ausgleichsforderungen** gemäß § 8 Abs. 3 Satz 2 HausratsV[54], zweckgebundene **Erschließungskosten**[55], Ansprüche der **Treu-**

---

[40] OLG Düsseldorf v. 20.11.2008 - I-6 U 8/08 - juris Rn. 99; OLG Koblenz v. 11.12.2008 - 6 U 1353/07 - juris Rn. 27 - WM 2009, 939-942; Thüringer OLG v. 13.01.2009 - 5 U 63/08 - juris Rn. 21 - WM 2009, 937-939; OLG Celle v. 21.01.2009 - 9 U 105/08 - juris Rn. 54 - WM 2009, 935-937; OLG Köln v. 21.08.2008 - 18 U 63/08 - juris Rn. 21 - NZG 2009, 543-545.
[41] RG v. 01.07.1919 - II 562/14 - RGZ 96, 171-175, 173; RG v. 22.04.1921 - II 492/20 - RGZ 102, 127-131, 129; *Grüneberg* in: Palandt, § 399 Rn. 4.
[42] BGH v. 25.09.1972 - VIII ZR 102/71 - juris Rn. 16 - LM Nr. 13 zu § 399 BGB; *Grüneberg* in: Palandt, § 399 Rn. 4.
[43] *Grüneberg* in: Palandt, § 399 Rn. 4; *Reuter*, JuS 1986, 19-24, 21; *Münch*, Abtretungsverbote im deutschen und französischen Recht, 2001, S. 51.
[44] RG v. 27.01.1936 - IV 246/35 - RGZ 150, 129-134, 133; *Busche* in: Staudinger, § 399 Rn. 35; *Grüneberg* in: Palandt, § 399 Rn. 4.
[45] BGH v. 04.05.1979 - V ZR 4/78 - juris Rn. 16 - LM Nr. 6 zu § 413 BGB; *Grüneberg* in: Palandt, § 399 Rn. 4.
[46] *Grüneberg* in: Palandt, § 399 Rn. 4.
[47] VG Aachen v. 10.08.2006 - 1 K 545/06 - juris Rn. 17 bezüglich des trotz seiner Erklärung als verfassungswidrig während einer Übergangszeit noch anwendbaren § 1 Abs. 3 Satz 2 BhV.
[48] RG v. 26.04.1904 - III 454/03 - RGZ 58, 71-76, 73; *Busche* in: Staudinger, § 399 Rn. 43.
[49] BGH v. 19.09.1957 - VII ZR 423/56 - BGHZ 25 211-216; BGH v. 30.03.1978 - VII ZR 331/75 - juris Rn. 15 - LM Nr. 3 zu § 851 ZPO; *Busche* in: Staudinger, § 399 Rn. 32; *Grüneberg* in: Palandt, § 399 Rn. 5.
[50] *Westermann* in: MünchKomm-BGB, § 607 Rn. 67; *Busche* in: Staudinger, § 399 Rn. 20.
[51] BGH v. 28.02.1989 - XI ZR 91/88 - juris Rn. 16 - BGHZ 107, 104-111; *Grüneberg* in: Palandt, § 399 Rn. 5.
[52] *Grüneberg* in: Palandt, § 399 Rn. 5; *Münch*, Abtretungsverbote im deutschen und französischen Recht, 2001, S. 55.
[53] BGH v. 09.11.1994 - IV ZR 66/94 - juris Rn. 14 - BGHZ 127, 354-360.
[54] *Grüneberg* in: Palandt, § 399 Rn. 5.
[55] *Grüneberg* in: Palandt, § 399 Rn. 5.

hand-Kommanditistin gegen die Treugeber[56] sowie personengebundene Ansprüche auf **Rückzahlung eines zinslosen Darlehens** („Rückzahlung nur, wenn Mutter das Geld benötigt")[57]. Abtretbar sind dagegen die **Arbeitnehmersparzulage**[58], der Anspruch aus dem **Girovertrag** auf Auszahlung des Tagessaldos[59], der Anspruch auf Auszahlung der **Darlehensvaluta**[60], der **aus Insolvenzanfechtung folgende Rückgewähranspruch**[61] und der Taschengeldanspruch eines Maßregelvollzugspatienten.[62] Unabtretbarkeit auf Grund der Zweckbindung ist auch beim Akzept-Krediteröffnungsvertrag der Fall, bei dem sich das Kreditinstitut zur Akzeptierung des vom Kunden ausgestellten Wechsels verpflichtet und dadurch eine Haftungszusage ausspricht (sog. **Haftungskredit** oder **Kreditleihe**).[63] Wirksam ist die Abtretung dagegen bei Darlehen, die gerade auf der Zulässigkeit der Abtretung beruhen, etwa bei Bauzwischenfinanzierungen.[64] Abtretbar ist auch der Anspruch aus einer **Bankgarantie**, da mit dessen Abtretung keine Inhaltsänderung verbunden ist.[65] Wegen ihrer Zweckbindung nicht abtretbar sind regelmäßig staatliche Zuwendungen (**Subventionen**).[66] Wird etwa eine Förderung zum Zweck der Teilnahme an einer Möbelmesse gewährt, so können die Ansprüche aus dem Bewilligungsbescheid nicht zur Tilgung einer Steuerschuld abgetreten werden.[67] Der Abtretbarkeit steht die Zweckbindung auch bei Forderungen auf Erstattung von als **Mietnebenkosten** gesondert ausgeworfenen Bewirtschaftungskosten entgegen. Diese Forderungen sind nur im Rahmen ihrer Zweckbindung abtretbar und pfändbar.[68]

d. Sonstige Fälle

Abtretbar sind des Weiteren Ansprüche auf **Wandelung** und **Minderung**[69], **Nachbesserungsansprüche**[70]. Unabtretbarkeit folgt auch nicht allein aus dem engen Zusammenhang, in dem Forderungen aus **gegenseitigen Verträgen** stehen. Die enge Verknüpfung von Rechten und Pflichten in einem gewerblichen **Mietvertrag** rechtfertigt daher kein Abtretungsverbot für die Rechte aus dem Mietvertrag, wenn nicht gleichzeitig auch die Pflichten übertragen werden. Ein Abtretungsverbot folgt auch nicht aus dem Schutzzweck des § 566 BGB (= § 571 BGB a.F.), denn der Vermieter erleidet durch eine solche Abtretung keine besonderen Nachteile, da ihm gemäß § 404 BGB sämtliche Gegenrechte verbleiben und bezüglich der Person des Vertragspartners keine Unklarheit besteht.[71] Nicht abtretbar sind dagegen Ansprüche auf **Naturalrestitution** bzw. auf Zahlung der hierfür erforderlichen Kosten gemäß § 249 Sätze 1 und 2 BGB, da im Falle einer Abtretung der Zweck dieser Ansprüche nicht mehr erreicht werden kann.[72] Unabtretbar sind ferner Ansprüche auf gerechte Entschädigung gemäß Art. 41 EMRK.[73]

13

---

[56] BGH v. 10.06.1991 - II ZR 247/90 - juris Rn. 12 - LM HGB § 161 Nr. 110 (1/1992); OLG Stuttgart v. 28.03.2010 - 14 U 509 - juris Rn. 36; *Grüneberg* in: Palandt, § 399 Rn. 5.
[57] OLG Köln v. 28.04.1999 - 13 U 199/98 - juris Rn. 9 - NJW 2000, 295; *Grüneberg* in: Palandt, § 399 Rn. 5.
[58] BAG v. 23.07.1976 - 5 AZR 474/75 - juris Rn. 17 - NJW 1977, 75-77; *Busche* in: Staudinger, § 399 Rn. 32; *Grüneberg* in: Palandt, § 399 Rn. 5.
[59] BGH v. 08.07.1982 - I ZR 148/80 - juris Rn. 11 - BGHZ 84, 371-379; *Grüneberg* in: Palandt, § 399 Rn. 5.
[60] RG v. 11.05.1908 - VI 388/07 - RGZ 68, 355-357, 356; LG Hamburg v. 23.12.1985 - 9 T 147/85 - juris Rn. 8 - NJW 1986, 998-999; *Grüneberg* in: Palandt, § 399 Rn. 5.
[61] BGH v. 17.02.2011 - IX ZR 91/10 - juris Rn. 8 - ZIP 2011, 1114-1116.
[62] LG Kleve v. 18.12.2008 - 4 T 299/08 - juris Rn. 3.
[63] BGH v. 14.05.1970 - II ZR 75/69 - juris Rn. 12 - WM 1970, 1094-1095; *Westermann* in: MünchKomm-BGB, § 607 Rn. 67; *Busche* in: Staudinger, § 399 Rn. 20.
[64] *Busche* in: Staudinger, § 399 Rn. 20.
[65] BGH v. 12.03.1984 - II ZR 198/82 - juris Rn. 17 - BGHZ 90, 287-294; *Busche* in: Staudinger, § 399 Rn. 21.
[66] Sächsisches OVG v. 13.11.2009 - 1 A 487/08 - juris Rn. 6; VG Bayreuth v. 04.04.2007 - B 4 K 05.699 - juris Rn. 31.
[67] OVG Weimar v. 03.02.2004 - 2 KO 434/03 - juris Rn. 32 - ZKF 2004, 237-238.
[68] VG Halle (Saale) v. 02.06.2003 - 5 B 16/03.
[69] BGH v. 11.07.1985 - VII ZR 52/83 - juris Rn. 11 - BGHZ 95, 250-255; *Grüneberg* in: Palandt, § 399 Rn. 4.
[70] BGH v. 24.10.1985 - VII ZR 31/85 - juris Rn. 14 - BGHZ 96, 146-151; *Grüneberg* in: Palandt, § 399 Rn. 4.
[71] BGH v. 02.07.2003 - XII ZR 34/02 - juris Rn. 16 - NJW 2003, 2987-2988.
[72] BGH v. 02.10.1981 - V ZR 147/80 - juris Rn. 26 - BGHZ 81, 385-394; *Grüneberg* in: Palandt, § 399 Rn. 4.
[73] KG v. 20.08.2009 - 22 U 81/08 - juris Rn. 47 - ZIP 2009, 1873-1875.

Ansprüche aus einer Bankgarantie,[74] der Anspruch auf Eigentumsverschaffung[75] sowie das Recht, auf einem Golfplatz Werbetafeln aufstellen zu lassen[76], sind hingegen im Regelfall abtretbar.

14 Abtretbar ist der Anspruch auf Leistung der Einlage bei Kapitalgesellschaften, etwa derjenige aus § 19 Abs. 1 GmbHG auf **Einzahlung der Stammeinlage** einer GmbH.[77] Dies gilt auf Grund des Zwecks der Stammeinlage, die Bonität der Gesellschaft zu sichern, jedoch nur, wenn der Gesellschaft eine **gleichwertige Gegenleistung** zufließt.[78] Unter denselben Voraussetzungen ist der Anspruch einer Kommanditgesellschaft gegen den Kommanditisten auf Einzahlung der Kommanditeinlage abtretbar. Dieser kann insbesondere auf einen Gesellschaftsgläubiger übertragen werden.[79] Dasselbe gilt für die Beitragsforderung der Gesamthänder einer **Gesellschaft bürgerlichen Rechts**.[80] Dagegen sind Ansprüche auf den **Erwerb von Anteilen einer OHG**, seien sie schuldrechtlich oder erbrechtlich begründet, nicht selbständig abtretbar, sondern nur zusammen mit dem Gesellschaftsanteil, falls dieser übertragbar ist.[81] Bei der Beurteilung der Übertragbarkeit von **Mitgliedschaftsrechten an Vereinen und Gesellschaften** ist § 413 BGB einschlägig. Im Rahmen dieser Vorschrift sollen daher die Voraussetzungen der Übertragbarkeit und die Bedeutung des § 399 BGB in diesem Zusammenhang erläutert werden (vgl. die Kommentierung zu § 413 BGB Rn. 15).

2. Höchstpersönliche Ansprüche

15 Nicht abtretbar sind **höchstpersönliche Ansprüche**. Bei diesen Ansprüchen folgt die Unabtretbarkeit häufig zusätzlich daraus, dass sich durch die Abtretung der Leistungsinhalt ändern würde (vgl. Rn. 9).[82] Ein höchstpersönlicher Anspruch ist ein Anspruch, der seinem Inhalt nach nicht übertragen werden kann, weil die geschuldete Leistung als eine natürliche Handlung an einen anderen Gläubiger nicht in gleicher Weise bewirkt werden kann, weil die Leistung wirtschaftlich eine andere würde, wenn sie einem anderen Gläubiger gewährt werden müsste oder weil die Identität der Leistung durch das persönliche Verhältnis zwischen dem Gläubiger und dem Schuldner wesentlich mitbestimmt wird.[83]

16 Die Veränderung der natürlichen Leistungshandlung ist gegeben bei Ansprüchen auf Vornahme **unvertretbarer Handlungen**, nicht jedoch bei solchen auf Leistung unvertretbarer Sachen.[84] Ansprüche auf unvertretbare Handlungen sind etwa solche auf Anfertigung eines Portraits oder anwaltliche Beratung. Durch das Auswechseln des zu Malenden oder zu Beratenden würde der Leistungsinhalt verändert. Hingegen sind die Gegenansprüche auf Zahlung eines **Entgelt**s übertragbar (zur Abtretbarkeit anwaltlicher und ärztlicher Honorarforderungen unter dem Aspekt des Berufsgeheimnisses vgl. die Kommentierung zu § 402 BGB Rn. 7).[85] Unvertretbar ist die **Überlassung des Gebrauchs einer Sache**, da die Art und Weise der Benutzung sowie die dabei zu beachtende Sorgfalt von der Person des Benutzers abhängt.[86] Daher sind die Ansprüche des **Mieters** und des **Pächters**[87] auf Gebrauch der gemieteten bzw. gepachteten Sache unübertragbar (zur Gebrauchsüberlassung vgl. § 540 BGB). Dagegen ist der Anspruch des **Rechtspächters** abtretbar.[88] Bei dem Anspruch auf **Urlaub** und Urlaubsabgeltung folgt

---

[74] BGH v. 12.03.1984 - II ZR 198/82 - juris Rn. 17 - BGHZ 90, 287-294; *Grüneberg* in: Palandt, § 399 Rn. 4.

[75] BayObLG München v. 03.09.1998 - 2Z BR 117/98 - juris Rn. 11 - NJW-RR 1999, 309-310; *Grüneberg* in: Palandt, § 399 Rn. 4.

[76] BGH v. 26.01.1994 - XII ZR 93/92 - juris Rn. 19 - LM BGB § 399 Nr. 34 (7/1994); *Grüneberg* in: Palandt, § 399 Rn. 4.

[77] BGH v. 18.11.1969 - II ZR 83/68 - juris Rn. 15 - BGHZ 53, 71-76; BGH v. 29.09.1977 - II ZR 157/76 - juris Rn. 22 - BGHZ 69, 274-284; BGH v. 29.05.1980 - II ZR 142/79 - juris Rn. 3 - LM Nr. 9 zu § 19 GmbHG; *Busche* in: Staudinger, § 399 Rn. 46.

[78] BGH v. 29.09.1977 - II ZR 157/76 - juris Rn. 23 - BGHZ 69, 274-284.

[79] BGH v. 19.12.1974 - II ZR 27/73 - juris Rn. 5 - BGHZ 63, 338-348; BGH v. 28.09.1981 - II ZR 109/80 - juris Rn. 8 - LM Nr. 19 zu § 171 HGB; BGH v. 28.11.1983 - II ZR 94/83 - juris Rn. 6 - LM Nr. 22 zu § 171 HGB; *Busche* in: Staudinger, § 399 Rn. 46.

[80] *Busche* in: Staudinger, § 399 Rn. 46 m.w.N.

[81] RG v. 05.02.1918 - II 451/17 - RGZ 92, 163-163, 164; *Busche* in: Staudinger, § 399 Rn. 46.

[82] *Grüneberg* in: Palandt, § 399 Rn. 6; *Münch*, Abtretungsverbote im deutschen und französischen Recht, 2001, S. 49.

[83] *Busche* in: Staudinger, § 399 Rn. 5; *Münch*, Abtretungsverbote im deutschen und französischen Recht, 2001, S. 49.

[84] *Busche* in: Staudinger, § 399 Rn. 6; *Münch*, Abtretungsverbote im deutschen und französischen Recht, 2001, S. 50-51.

[85] *Busche* in: Staudinger, § 399 Rn. 7.

[86] *Busche* in: Staudinger, § 399 Rn. 8.

[87] BGH v. 26.01.1994 - XII ZR 93/92 - juris Rn. 14 - LM BGB § 399 Nr. 34 (7/1994); *Larenz*, Schuldrecht, Band I: Allgemeiner Teil, 14. Aufl. 1987, S. 582; *Busche* in: Staudinger, § 399 Rn. 8; *Münch*, Abtretungsverbote im deutschen und französischen Recht, 2001, S. 50.

[88] BGH v. 26.01.1994 - XII ZR 93/92 - juris Rn. 15 - LM BGB § 399 Nr. 34 (7/1994); *Busche* in: Staudinger, § 399 Rn. 9.

die Unübertragbarkeit aus der Natur des Arbeitsvertrages.[89] Dasselbe gilt bei einem **Dienstvertrag** (§ 613 Satz 2 BGB) oder **Auftrag** (§ 664 Abs. 2 BGB) (vgl. auch Rn. 44).[90] Ausnahmsweise sind diese Ansprüche übertragbar, etwa bei Dienstleistungen niederer Art, bei denen die Lage des Schuldners durch die Abtretung nicht wesentlich verändert wird.[91] Abtretbar ist dagegen ein Anspruch auf **Abfindung** wegen Verlusts des Arbeitsplatzes gemäß §§ 9, 10 KSchG i.V.m. § 3 Nr. 9 EStG i.d.F. des Art. 1 Nr. 4 lit. a sublit. aa des Haushaltsbegleitgesetzes 2004 (HBegl 2004) vom 29.12.2003.[92] Dies gilt trotz der Entschädigungsfunktion, die einer solchen Abfindung im Hinblick auf die Aufgabe des als sozialer Besitzstand anzusehenden Arbeitsplatzes zukommt.[93] Zu den höchstpersönlichen Ansprüchen gehören ferner diejenigen der **Gesellschafter** untereinander aus dem Gesellschaftsverhältnis (vgl. auch die Spezialregelung des § 717 BGB)[94] – einschließlich der Ansprüche auf Einsichtnahme in Geschäftsunterlagen und auf Fertigung einer Abschichtungsbilanz zur Vorbereitung der Geltendmachung eines Auseinandersetzungsanspruchs nach aufgelöster GbR[95] – und Ansprüche auf Unterlassung von **Ehrverletzungen**[96] sowie **Schmerzensgeldansprüche** gemäß den §§ 823, 253 Abs. 2 BGB (bis zum 31.07.2002: §§ 823, 847 BGB) wegen der Verletzung des **Persönlichkeitsrechts**[97].

Höchstpersönlich ist eine Forderung auch, wenn sich durch die Abtretung ihre **wirtschaftliche Bedeutung verändern** würde, weil durch einen Wechsel in der Person des Gläubigers der Inhalt des Schuldverhältnisses ein anderer würde.[98] Dies gilt etwa für den Anspruch aus einem **Vorvertrag** auf Abschluss eines Vertrages mit einer bestimmten Person, denn für den Verpflichteten ist es wirtschaftlich von entscheidender Bedeutung, mit wem er einen Vertrag schließen muss (Bonität und persönliche Integrität des Vertragspartners).[99] Der Anspruch aus einem **Schenkungsversprechen** ist nicht abtretbar, da es dem Schenker gerade darauf ankommt, wem er etwas schenkt.[100] Das Recht auf Bestellung einer **Grunddienstbarkeit** ist nur an den (neuen) Eigentümer des herrschenden Grundstücks abtretbar, da nur er an der Bestellung ein Interesse hat.[101] Problematisch ist, ob die **Rechtsposition des Empfängers eines Vertragsangebots** abtretbar ist. Während die Übertragbarkeit der sich hieraus ergebenden Gestaltungsrechts und der u.U. bestehenden Anwartschaft früher verneint wurde, weil das Angebot höchstpersönlich sei, wird heute auf den Erklärungsinhalt abgestellt und auf Grund desselben ermittelt, ob die Rechtsposition des Angebotsempfängers übertragen werden kann.[102] Gegebenenfalls ist jedoch die Zustimmung des Antragenden erforderlich.[103] Eine Abtretung ist generell möglich, wenn das Angebot eine solche ausdrücklich gestattet.[104] Nach denselben Grundsätzen richtet sich die Pfändbarkeit der durch das Angebot begründeten Anwartschaftsposition.[105] Der aus dem ausnahmsweise bestehenden **Kontrahierungszwang** resultierende Anspruch auf Abschluss eines Vertrages ist wegen der mit der Erfüllung des Anspruchs zu befriedigenden individuellen Bedürfnislage nicht abtretbar.[106] Die Abtretbarkeit kann allenfalls ausnahmsweise gegeben sein, wenn bei dem Zessionar eine weitgehend identische Interessenlage gegeben ist.[107] Wegen der Veränderung der wirtschaftlichen Bedeutung nicht abtretbar ist schließlich der Anspruch aus einem **Darlehensversprechen**, da

17

---

[89] *Busche* in: Staudinger, § 399 Rn. 9; *Grüneberg* in: Palandt, § 399 Rn. 6.

[90] *Busche* in: Staudinger, § 399 Rn. 10 u. 34; *Münch*, Abtretungsverbote im deutschen und französischen Recht, 2001, S. 50.

[91] *Busche* in: Staudinger, § 399 Rn. 34.

[92] BGBl I 2003, 3076.

[93] LArbG Düsseldorf v. 29.06.2006 - 11 Sa 291/06 - juris Rn. 40 - DB 2006, 2691-2693.

[94] *Grüneberg* in: Palandt, § 399 Rn. 6; *Münch*, Abtretungsverbote im deutschen und französischen Recht, 2001, S. 52.

[95] OLG Hamm v. 24.05.2006 - 8 U 201/05 – juris Rn. 7 - NZG 2006, 823-824.

[96] *Grüneberg* in: Palandt, § 399 Rn. 6.

[97] BGH v. 25.02.1969 - VI ZR 241/67 - NJW 1969, 1110-1111; OLG München v. 12.07.1996 - 21 U 4775/95 - OLGR München 1996, 217-218.

[98] *Busche* in: Staudinger, § 399 Rn. 11.

[99] *Larenz*, Schuldrecht, Band I: Allgemeiner Teil, 14. Aufl. 1987, S. 582; *Busche* in: Staudinger, § 399 Rn. 12; *Westermann* in: Erman, § 399 Rn. 6.

[100] *Busche* in: Staudinger, § 399 Rn. 13.

[101] *Larenz*, Schuldrecht, Band I: Allgemeiner Teil, 14. Aufl. 1987, S. 583; *Busche* in: Staudinger, § 399 Rn. 14; *Münch*, Abtretungsverbote im deutschen und französischen Recht, 2001, S. 50.

[102] *Busche* in: Staudinger, § 399 Rn. 15 m.w.N. auch zu der älteren abweichenden Auffassung.

[103] *Busche* in: Staudinger, § 399 Rn. 15.

[104] RG v. 10.06.1925 - V 511/24 - RGZ 111, 46-48, 47; *Busche* in: Staudinger, § 399 Rn. 15.

[105] *Busche* in: Staudinger, § 399 Rn. 16.

[106] *Busche* in: Staudinger, § 399 Rn. 17.

[107] *Busche* in: Staudinger, § 399 Rn. 17.

es dem Darlehensgeber nicht gleichgültig sein kann, wer sein Darlehensnehmer ist und welche wirtschaftlichen Verhältnisse bei ihm bestehen.[108] Hingegen ist der Anspruch auf die Auszahlung der Darlehenssumme abtretbar, da dessen Abtretung die Person des Rückzahlungsschuldners und den Inhalt der Rückzahlungspflicht unberührt lässt.[109] Wird der Anspruch auf Auszahlung der Darlehensvaluta von einem Grundstückskäufer an den Verkäufer sicherheitshalber abgetreten, so ist dieser Anspruch allerdings wegen der bestehenden Zweckbindung mit treuhänderischem Charakter nicht isoliert pfändbar.[110] Dagegen ist das Recht eines Patienten auf **Einsicht in die Patientenunterlagen oder die Pflegedokumentation** abtretbar, da es kein höchstpersönliches Recht darstellt, sondern auch dazu dient, einem Sachverständigen die Einsichtnahme in die medizinischen Unterlagen zu ermöglichen.[111] Ebenso abtretbar sind Ersatzansprüche gemäß § 651f Abs. 2 BGB auf Grund von Reisemängeln.[112]

3. Nebenrechte

18   Schließlich sind **Nebenrechte** im Sinne des § 401 BGB (vgl. zu der dortigen Regelung die Kommentierung zu § 401 BGB Rn. 4) wegen § 399 Alt. 1 BGB nicht selbständig abtretbar, soweit sie akzessorisch oder als bloße Hilfsrechte rechtlich unselbständig sind.[113] Für solche Nebenrechte gilt § 401 BGB, d.h. sie gehen kraft Gesetzes mit der abgetretenen Forderung auf den neuen Gläubiger über (vgl. die Kommentierung zu § 401 BGB Rn. 21). Konsequenterweise können diese Rechte nicht selbständig abgetreten werden.[114] Hierdurch soll verhindert werden, dass Hauptforderung und Nebenrecht auseinander fallen und daher jeweils für sich genommen in ihrem wirtschaftlichen Wert geschmälert sind. Zu beachten ist jedoch, ob und in welchem Umfang die entsprechenden Ansprüche akzessorisch sind.[115]

19   **Streng akzessorisch** und damit nicht selbständig abtretbar sind etwa die Ansprüche gegen den jeweils Verpflichteten aus der **Bürgschaft** (§ 765 BGB)[116], aus **Hypothek**en (vgl. § 1153 Abs. 2 BGB) und **Pfandrecht**en (vgl. § 1250 Abs. 1 Satz 2 BGB)[117]. Diese streng akzessorischen Rechte können daher nur im Rahmen der Abtretung der Hauptforderung gemäß § 401 BGB erworben werden (vgl. hierzu die Kommentierung zu § 401 BGB Rn. 4).[118] Die **Forderung gegen den Bürgen** ist ausnahmsweise isoliert abtretbar, wenn sie sich im Falle des Untergangs der Hauptschuld infolge Vermögensverfalls des Hauptschuldners von einem unselbständigen Nebenrecht in einen selbständigen Anspruch umwandelt. Infolge des Wegfalls der Hauptforderung geht zwar die Akzessorietät verloren, da es keine Forderung mehr gibt, der gegenüber die Bürgschaftsforderung akzessorisch sein könnte. Jedoch bleibt der Sicherungszweck und damit auch die wirtschaftliche Identität der Forderung bestehen (vgl. im Einzelnen die Kommentierung zu § 401 BGB Rn. 8).[119] Eine **hypothekarisch gesicherte Forderung** kann

---

[108] RG v. 19.12.1896 - I 269/96 - RGZ 38, 308-312, 311; ähnlich: BGH v. 31.05.1976 - II ZR 185/74 - juris Rn. 8 - BGHZ 66, 359-362; *Busche* in: Staudinger, § 399 Rn. 18; *Münch*, Abtretungsverbote im deutschen und französischen Recht, 2001, S. 49-50.

[109] RG v. 19.12.1896 - I 269/96 - RGZ 38, 308-312, 312; RG v. 07.10.1907 - VI 12/07 - RGZ 66, 359-363, 361; RG v. 20.11.1911 - VI 547/10 - RGZ 77, 407-408, 208; LG Hamburg v. 23.12.1985 - 9 T 147/85 - juris Rn. 8 - NJW 1986, 998-999; *Busche* in: Staudinger, § 399 Rn. 19; *Münch*, Abtretungsverbote im deutschen und französischen Recht, 2001, S. 49.

[110] OLG Düsseldorf v. 10.11.2003 - I-9 U 78/03, 9 U 78/03 - OLGR Düsseldorf 2004, 493-497.

[111] LG Duisburg v. 31.01.2008 - 5 S 77/07 - juris Rn. 4 - NJW-RR 2008, 1502-1503; AG München v. 24.02.2009 - 282 C 26259/08 - juris Rn. 21; a.A. LG Mönchengladbach v. 31.10.2007 - 2 S 34/07 - juris Rn. 16 - PflR 2008, 280-282.

[112] AG Leer v. 06.08.2008 - 70 C 1299/07 - juris Rn. 35.

[113] *Busche* in: Staudinger, § 399 Rn. 22; *Grüneberg* in: Palandt, § 399 Rn. 7; *Münch*, Abtretungsverbote im deutschen und französischen Recht, 2001, S. 40.

[114] *Busche* in: Staudinger, § 399 Rn. 22; *Grüneberg* in: Palandt, § 399 Rn. 7; *Münch*, Abtretungsverbote im deutschen und französischen Recht, 2001, S. 39.

[115] *Busche* in: Staudinger, § 399 Rn. 22.

[116] BGH v. 07.07.1980 - III ZR 28/79 - WM 1980, 085-1087 - juris Rn. 19; BGH v. 20.06.1985 - IX ZR 173/84 - juris Rn. 45 - BGHZ 95, 88-98; BGH v. 21.03.2002 - IX ZR 105/00 - juris Rn. 25 - LM BGB § 765 Nr. 169 (9/2002); OLG Düsseldorf v. 03.12.2002 - I-16 U 62/02, WM 2003, 1318-1322 - juris Rn. 28; *Busche* in: Staudinger, § 399 Rn. 23; *Grüneberg* in: Palandt, § 399 Rn. 7.

[117] *Larenz*, Schuldrecht, Band I: Allgemeiner Teil, 14. Aufl. 1987, S. 583; *Busche* in: Staudinger, § 399 Rn. 23; *Grüneberg* in: Palandt, § 399 Rn. 7.

[118] BGH v. 20.06.1985 - IX ZR 173/84 - juris Rn. 45 - BGHZ 95, 88-98.

[119] BGH v. 25.11.1981 - VIII ZR 299/80 - juris Rn. 23 - BGHZ 82, 323-332; *Busche* in: Staudinger, § 399 Rn. 23; zur Problematik vgl. auch: *Klose*, WM 2009, 300-304.

entgegen § 1153 Abs. 2 BGB ausnahmsweise isoliert abgetreten werden, wenn die Abtretung unter den aufschiebenden Bedingungen des nachträglichen Wegfalls der Hypothek, etwa durch Verzicht, erfolgt. Der Zedent muss aber bei Bedingungseintritt noch Gläubiger der Forderung sein (vgl. die Kommentierung zu § 401 BGB Rn. 5).[120] Akzessorisch sind ferner die Ansprüche auf **Rechnungslegung**[121], auf **Auskunftserteilung** und **Quittung**[122] sowie auf **Abgabe der eidesstattlichen Versicherung** (§§ 259-261 BGB; § 807 ZPO)[123].

Nicht selbständig übertragbar sind die **mit dem Eigentum verbundenen Ansprüche** auf Grundbuchberichtigung (§ 894 BGB)[124], Herausgabe (§ 985 BGB)[125] und Beseitigung bzw. Unterlassung (§ 1004 BGB)[126]. Diese dinglichen Ansprüche können weder isoliert noch zusammen mit dem dinglichen Recht abgetreten werden, sondern sie gehen mit dem nach den besonderen hierfür geltenden Regeln zu übertragenden dinglichen Recht kraft Gesetzes über (vgl. die Kommentierung zu § 413 BGB Rn. 12).[127] Möglich ist es lediglich, einen Dritten zur Geltendmachung dieser Ansprüche zu **ermächtigen**.[128] Nicht selbständig, sondern nur zusammen mit dem von ihr gesicherten Anspruch abtretbar ist ferner die **Vormerkung** (§ 883 BGB – vgl. die Kommentierung zu § 401 BGB Rn. 10).[129] **Akzessorische Gestaltungsrechte** (zu diesen vgl. die Kommentierung zu § 401 BGB Rn. 8) sind nicht selbständig abtretbar.[130] Die **Anfechtungsrecht**e gemäß den §§ 119, 123 BGB sind jedoch nicht akzessorisch und können daher selbständig gemäß § 413 BGB ebenso übertragen werden wie die sich aus der Ausübung der Anfechtung ergebenden Rückforderungsrechte[131] (vgl. die Kommentierung zu § 413 BGB Rn. 10).[132] Selbständig abtretbar sind auch sonstige **vertragsbezogene (Gestaltungs-)Rechte** wie Rücktritt, Kündigung und Ansprüche auf Wandelung, Minderung und Nachbesserung (vgl. Rn. 13).[133] Nicht abtretbar ist dagegen das **Wahlrecht** bei der Wahlschuld gemäß § 262 BGB, da durch dieses die Forderung selbst modifiziert wird. Die Ausübung des Wahlrechts kann jedoch einem Dritten rechtsgeschäftlich überlassen werden.[134] Da es sich bei dem **Ausgleichsanspruch des Erben** gemäß § 2050 BGB nur um eine Modifikation des Erbrechts handelt, ist auch dieser nicht selbständig abtretbar (vgl. die Kommentierung zu § 413 BGB Rn. 25).[135] Hingegen können Ansprüche auf **Zinsen** und **Vertragsstrafen** abgetreten werden, auch wenn sie noch nicht fällig sind.[136]

V. Abtretungsausschluss kraft Vereinbarung (Alternative 2)

1. Allgemeines

Den Abtretungsausschluss kraft Vereinbarung bezeichnet man als Vinkulierung der Forderung. Erforderlich ist eine **vertragliche Vereinbarung** zwischen Gläubiger und Schuldner (**pactum de**

---

[120] *Busche* in: Staudinger, § 399 Rn. 23.
[121] *Busche* in: Staudinger, § 399 Rn. 27; *Grüneberg* in: Palandt, § 399 Rn. 7.
[122] *Grüneberg* in: Palandt, § 399 Rn. 7.
[123] *Busche* in: Staudinger, § 399 Rn. 27.
[124] RG v. 13.12.1904 - VII 413/04 - RGZ 59, 289-296, 294; RG v. 11.12.1911 - V 191/11 - RGZ 78, 87-91, 88; *Busche* in: Staudinger, § 399 Rn. 29; *Grüneberg* in: Palandt, § 399 Rn. 7.
[125] RG v. 15.06.1935 - I 220/34 - RGZ 148, 146-148, 147; *Larenz*, Schuldrecht, Band I: Allgemeiner Teil, 14. Aufl. 1987, S. 583; *Busche* in: Staudinger, § 399 Rn. 29; *Grüneberg* in: Palandt, § 399 Rn. 7.
[126] RG v. 15.06.1935 - I 220/34 - RGZ 148, 146-148, 147; *Larenz*, Schuldrecht, Band I: Allgemeiner Teil, 14. Aufl. 1987, S. 583; *Busche* in: Staudinger, § 399 Rn. 29.
[127] RG v. 24.01.1906 - V 298/05 - RGZ 62, 322-328, 327; RG v. 11.12.1911 - V 191/11 - RGZ 78, 87-91, 89; *Wacke* in: MünchKomm-BGB, § 894 Rn. 23; *Busche* in: Staudinger, § 399 Rn. 29 u. 30.
[128] RG v. 02.01.1926 - V 479/25 - RGZ 112, 260-269, 265; *Busche* in: Staudinger, § 399 Rn. 29 u. 30; *Zeiss* in: Soergel, 12. Aufl., § 413 Rn. 1.
[129] BGH v. 17.06.1994 - V ZR 204/92 - juris Rn. 20 - LM BGB § 362 Nr. 21 (2/1995); *Busche* in: Staudinger, § 399 Rn. 23.
[130] BGH v. 01.06.1973 - V ZR 134/72 - juris Rn. 16 - LM Nr. 5 zu § 413 BGB; *Grüneberg* in: Palandt, § 399 Rn. 7.
[131] Vgl. zum Rückgewähranspruch nach Insolvenzanfechtung BGH v. 17.02.2011 - IX ZR 91/10 - juris Rn. 8 - ZIP 2011, 1114-1116.
[132] *Busche* in: Staudinger, § 399 Rn. 24.
[133] *Busche* in: Staudinger, § 399 Rn. 25.
[134] *Grüneberg* in: Palandt, § 401 Rn. 4; *Busche* in: Staudinger, § 399 Rn. 28.
[135] *Busche* in: Staudinger, § 399 Rn. 31.
[136] RG v. 06.02.1915 - V 417/14 - RGZ 86, 218-221, 219; *Busche* in: Staudinger, § 399 Rn. 26; *Grüneberg* in: Palandt, § 399 Rn. 7.

non cedendo).[137] Diese Vereinbarung kann bei der Begründung der Forderung oder zu einem späteren **Zeitpunkt** geschlossen werden.[138] Bei einer nachträglichen Änderung verliert das Recht durch einen Schuldabänderungsvertrag gemäß § 311 Abs. 1 BGB (bis zum 31.12.2001: § 305 BGB a.F.) seine ursprünglich vorhandene Verkehrsfähigkeit.[139] Erforderlich ist, dass die Abtretung mit **dinglicher Wirkung** ausgeschlossen wird. Nicht zur Anwendung gelangt § 399 BGB dagegen, wenn die Vereinbarung so auszulegen ist, dass sie keine dingliche, sondern lediglich eine verpflichtende Wirkung haben soll, d.h. dem Gläubiger die Pflicht auferlegt, eine – wirksam mögliche – Abtretung zu unterlassen.[140] Eine rein schuldrechtliche Verpflichtung, die Forderung nicht abzutreten, im Sinne des § 137 Satz 2 BGB ist bei einem Abtretungsausschluss durch Vereinbarung mit einem Dritten gegeben.[141] Möglich ist sowohl ein **ausdrücklicher** als auch ein **stillschweigender (konkludenter) Ausschluss** der Abtretbarkeit.[142] Ein stillschweigender Ausschluss der Abtretbarkeit liegt etwa in der Vereinbarung einer vertraglichen **Verschwiegenheitspflicht**.[143] Ein Abtretungsverbot liegt ferner in der **Klausel** „Abtretung wird nicht anerkannt".[144] Dagegen liegt in der Abrede der Sicherung einer Forderung durch eine **Grundschuld** kein konkludentes Abtretungsverbot, sondern nur die schuldrechtliche Verpflichtung, die Zweckbindung der Grundschuld zu erhalten.[145] Ein konkludentes Abtretungsverbot besteht auch nicht bei **Lohnforderungen**, da im Zweifel anzunehmen ist, dass derartige Vereinbarungen ausdrücklich in den Einzelarbeitsvertrag oder einen Kollektivvertrag aufgenommen werden (vgl. zum möglichen Abtretungsausschluss durch Tarifvertrag oder Betriebsvereinbarung Rn. 44).[146] Die Abtretbarkeit kann ferner von der Auferlegung einer Verpflichtung zu Lasten des Zessionars abhängig gemacht[147] oder statt eines gänzlichen Ausschlusses auf das **Vorliegen bestimmter Voraussetzungen** beschränkt werden[148]. § 399 Alt. 2 BGB gilt insbesondere dann, wenn die Parteien die Wirksamkeit der Abtretung von bestimmten Erfordernissen, z.B. einer bestimmten **Form**, **Zustimmung** oder **Abtretungsanzeige**, abhängig gemacht haben, diese Voraussetzungen aber nicht eingehalten werden (vgl. zur Vereinbarung einer bestimmten Form die Kommentierung zu § 398 BGB Rn. 34).[149] Bedarf die Abtretung einer Zustimmung, so darf diese jedoch nicht unbillig verweigert werden.[150] Wird sie vom Schuldner erteilt, so beschränkt sich die Zustimmung – mangels anderweitiger Anhaltspunkte

---

[137] *Busche* in: Staudinger, § 399 Rn. 51; *Münch*, Abtretungsverbote im deutschen und französischen Recht, 2001, S. 72.

[138] *Busche* in: Staudinger, § 399 Rn. 53; *Grüneberg* in: Palandt, § 399 Rn. 8; *Münch*, Abtretungsverbote im deutschen und französischen Recht, 2001, S. 73.

[139] BGH v. 14.10.1963 - VII ZR 33/62 - juris Rn. 9 - BGHZ 40, 156-165; *Busche* in: Staudinger, § 399 Rn. 53.

[140] BGH v. 13.05.1982 - III ZR 164/80 - juris Rn. 3 - LM Nr. 1 zu Allgemeinen Geschäftsbedingungen der Banken Ziff. 21; *Larenz*, Schuldrecht, Band I: Allgemeiner Teil, 14. Aufl. 1987, S. 581-582; *Busche* in: Staudinger, § 399 Rn. 51; *Grüneberg* in: Palandt, § 399 Rn. 8.

[141] *Busche* in: Staudinger, § 399 Rn. 51; *Münch*, Abtretungsverbote im deutschen und französischen Recht, 2001, S. 73.

[142] BGH v. 20.12.1956 - VII ZR 279/56 - juris Rn. 7 - BGHZ 23, 53-57; OLG Düsseldorf v. 07.09.1993 - 20 U 224/92 - NJW-RR 1994, 438-439; *Larenz*, Schuldrecht, Band I: Allgemeiner Teil, 14. Aufl. 1987, S. 581; *Busche* in: Staudinger, § 399 Rn. 54; *Grüneberg* in: Palandt, § 399 Rn. 8; *Münch*, Abtretungsverbote im deutschen und französischen Recht, 2001, S. 73.

[143] OLG Düsseldorf v. 07.09.1993 - 20 U 224/92 - NJW-RR 1994, 438-439; *Busche* in: Staudinger, § 399 Rn. 54; *Grüneberg* in: Palandt, § 399 Rn. 8.

[144] *Busche* in: Staudinger, § 399 Rn. 56; *Grüneberg* in: Palandt, § 399 Rn. 8.

[145] BGH v. 02.10.1990 - XI ZR 205/89 - juris Rn. 16 - LM Nr. 32 zu BGB § 1192; *Grüneberg* in: Palandt, § 399 Rn. 8.

[146] BGH v. 20.12.1956 - VII ZR 279/56 - juris Rn. 7 - BGHZ 23, 53-57; *Busche* in: Staudinger, § 399 Rn. 54; *Grüneberg* in: Palandt, § 399 Rn. 8.

[147] RG v. 09.06.1928 - I 48/28 - RGZ 121, 257-258, 258; *Busche* in: Staudinger, § 399 Rn. 53.

[148] RG v. 14.06.1932 - VII 43/32 - RGZ 136, 395-402, 399; *Busche* in: Staudinger, § 399 Rn. 53.

[149] BGH v. 03.12.1987 - VII ZR 374/86 - juris Rn. 20 - BGHZ 102, 293-311; BGH v. 29.06.1989 - VII ZR 211/88 - juris Rn. 17 - BGHZ 108, 172-179; BGH v. 31.10.1990 - IV ZR 24/90 - juris Rn. 14 - BGHZ 112, 387-391; *Wagner*, JZ 1994, 227-233, 230; BGH v. 26.01.2005 - VIII ZR 275/03 - juris Rn. 21 - NJW-RR 2005, 624-626; *Busche* in: Staudinger, § 399 Rn. 62; *Grüneberg* in: Palandt, § 399 Rn. 8; *Münch*, Abtretungsverbote im deutschen und französischen Recht, 2001, S. 74.

[150] BGH v. 25.11.1999 - VII ZR 22/99 - juris Rn. 13 - LM BGB § 399 Nr. 37 (4/2000); *Grüneberg* in: Palandt, § 399 Rn. 8.

(vgl. die §§ 133, 157 BGB) – auf den konkreten Fall der Abtretung.[151] Das Abtretungsverbot steht daher weiteren Abtretungen durch den Zessionar entgegen. Liegen mehrere abredewidrige Abtretungen vor, so kann der Schuldner wählen, zu Gunsten wessen er das Verbot aufhebt.[152] Ist die Abtretung formbedürftig (vgl. hierzu die Kommentierung zu § 398 BGB Rn. 34), so ist § 125 BGB anzuwenden.[153] Der Ausschluss kann des Weiteren auf **Teilabtretungen** beschränkt werden.[154] Abtretungsverbote sind im Rahmen von **Sicherungszessionen** möglich (vgl. zu diesen die Kommentierung zu § 398 BGB Rn. 71).[155] Bedarf indes der Abtretungsvertrag einer bestimmten **Form** (vgl. die Kommentierung zu § 398 BGB Rn. 34), so ist auch die Wirksamkeit der Ausschlussvereinbarung von der Einhaltung dieser Form abhängig.[156]

2. Bankgeheimnis

Umstritten ist, ob und unter welchen Voraussetzungen das **Bankgeheimnis** einer Abtretung von Bankforderungen entgegensteht. Dies betrifft insbesondere Fälle, in denen Banken ihre notleidenden Forderungen gegen mit der Rückzahlung in Verzug befindliche Kreditnehmer im Wege des Forderungsverkaufs verwerten.[157] Das OLG Frankfurt geht davon aus, dass sich ein konkludentes Abtretungsverbot bezüglich der Forderungen eines Kreditinstituts aus Verbraucherkrediten aus dem Bankgeheimnis sowie der in Allgemeinen Darlehensbedingungen vereinbarten Verschwiegenheitspflicht ergebe, während die Abtretung bei Firmenkunden im Hinblick auf § 354a HGB wirksam sei.[158] Nach der vorherrschenden und inzwischen auch vom **Bundesgerichtshof** vertretenen Gegenauffassung steht das Bankgeheimnis dagegen der Abtretung von Forderungen der Bank gegen den Kunden nicht entgegen.[159] Dies folge daraus, dass die Bank ein überwiegendes Eigeninteresse habe, falls der Kunde mit der Rückführung eines Kredits in Verzug sei. Das Bankgeheimnis werde daher gemäß dem Rechtsgedanken der Wahrnehmung berechtigter Interessen durchbrochen.[160] Die Bank unterliege wegen des geringeren Gewichts des Geheimhaltungsinteresses keiner gesetzlichen, strafbewehrten Verschwiegenheitspflicht

22

---

[151] BGH v. 11.03.1997 - X ZR 146/94 - juris Rn. 11 - LM BGB § 399 Nr. 36 (10/1997); *Busche* in: Staudinger, § 399 Rn. 62.

[152] OLG Koblenz v. 23.05.1991 - 5 U 1492/90 - juris Rn. 18 - WM 1992, 73-75; *Busche* in: Staudinger, § 399 Rn. 62.

[153] BGH v. 05.03.1986 - IVa ZR 141/84 - juris Rn. 9 - NJW 1986, 2107-2108 zu § 23 Abs. 4 S. 3 PostG; *Grüneberg* in: Palandt, § 399 Rn. 8.

[154] BGH v. 12.05.1971 - VIII ZR 196/69 - juris Rn. 12 - BGHZ 56, 173-180; *Larenz*, Schuldrecht, Band I: Allgemeiner Teil, 14. Aufl. 1987, S. 581; *Busche* in: Staudinger, § 399 Rn. 53.

[155] *Busche* in: Staudinger, § 399 Rn. 53.

[156] BGH v. 05.03.1986 - IVa ZR 141/84 - juris Rn. 9 - NJW 1986, 2107-2108; *Busche* in: Staudinger, § 399 Rn. 61.

[157] Leider haben sich diesbezüglich inzwischen auch in der deutschen Rechtssprache unschöne englische Ausdrücke wie „Non-Performing-Loans-Markt" (NPL-Markt) oder „Asset-Backed-Securities" eingebürgert – vgl. etwa: *Klüwer/Meister*, WM 2004, 1157-1163; *Rinze/Heda*, WM 2004, 1557-1566; *Schilmar/Breiteneicher/Wiedenhofer*, DB 2005, 1367-1373; *Stiller*, ZIP 2004, 2027-2032; *Böhm*, BB 2004, 1641-1644; allgemein zur Problematik: *Schulz/Schröder*, DZWIR 2008, 177-184; *Reifner*, BKR 2008, 142-154; *v. Usslar*, BKR 2008, 177-183; *Schulz/Magarin*, DZWIR 2010, 154-156; *Stoll*, DZWIR 2010, 139-144.

[158] So der 8. Zivilsenat: OLG Frankfurt v. 25.05.2004 - 8 U 84/04 - juris Rn. 42 - NJW 2004, 3266-3268, 3267; vgl. aber auch die Auffassung des 23. Zivilsenats: OLG Frankfurt v. 19.04.2006 - 23 U 98/05 - juris Rn. 46; ebenso: *Koch*, BKR 2006, 182, 189 ff.

[159] BGH v. 27.02.2007 - XI ZR 195/05 - juris Rn. 20 - BGHZ 171, 180-192; OLG Köln v. 15.09.2005 - 8 U 21/05 - NJW-RR 2006, 263-267, 265 unter Berufung auf BGH v. 13.05.1982 - III ZR 164/80 - NJW 1982, 2768-2770; OLG Hamm v. 06.02.2006 - 31 U 133/05 - juris Rn. 40; LG Mainz v. 23.07.2003 - 3 S 42/03 - juris Rn. 10; LG Koblenz v. 25.11.2004 - 3 O 496/03 - WM 2005, 30-33, 32; LG Frankfurt v. 17.12.2004 - 2-21 O 96/02 - BB 2005, 125-126, 125; LG Frankfurt v. 17.12.2004 - 2-21 O 96/02 - juris Rn. 62 - ZIP 2005, 115-116; LG München v. 29.03.2007 - 5 HKO 11176/06 - juris Rn. 67 - WM 2007, 1276-1283; LG Stuttgart v. 13.09.2005 - 12 O 682/04 - juris Rn. 31 - WM 2006, 127-131; LG Nürnberg-Fürth v. 25.02.2008 - 10 O 11030/06 - juris Rn. 35 - WM 2008, 2015-2019; *Grüneberg* in: Palandt, § 399 Rn. 8; *Stiller*, ZIP 2004, 2027-2032; *Jobe*, ZIP 2004, 2415-2420; *Kuder*, ZInsO 2004, 903-904; *Rinze/Heda*, WM 2004, 1557-1566; *Cahn*, WM 2004, 2041-2051; *Bruchner*, BKR 2004, 394-397; *Glos/Peter*, DB 2005, 375-380; *Schilmar/Breiteneicher/Wiedenhofer*, DB 2005, 1367-1373; *Nobbe*, WM 2005, 1537-1548; *Büchler*, EWiR 2006, 41-42; a.A. *Schwintowski/Schantz*, NJW 2008, 472; vermittelnd *Klüwer/Meister*, WM 2004, 1157-1163; *Ganter* WM 2006, 1081, 1090.

[160] LG Mainz v. 23.07.2003 - 3 S 42/03 - juris Rn. 10.

gemäß § 203 Abs. 1 StGB, sondern das Bankgeheimnis ergebe sich aus Nr. 2 Abs. 1 AGB-Banken.[161] Die Abtretung sei jedenfalls bei notleidender Forderungen gemäß § 28 Abs. 1 Nr. 2 BDSG zur Wahrung der berechtigten Interessen der Bank erforderlich.[162] Selbst im Falle eines Verstoßes gegen datenschutzrechtliche Bestimmungen lasse sich aus dem **Bundesdatenschutzgesetz** kein gesetzliches Abtretungsverbot i.S.d. § 134 BGB herleiten.[163] Im Übrigen sei mangels entsprechenden Parteiwillens kein stillschweigendes Abtretungsverbot anzunehmen und dem Schutzbedürfnis des Kunden werde Genüge getan, wenn die Abtretung wirksam sei und gegebenenfalls die mit ihr verbundene Offenbarung von Geheimnissen (§ 402 BGB) zum Schadensersatz verpflichte.[164] Auch aus Gewohnheitsrecht ergebe sich kein Abtretungsverbot.[165]

23 Dieser letztgenannten Auffassung ist zu folgen. Bei der im Rahmen der Forderungsabtretung regelmäßig erforderlichen Offenbarung personenbezogener Daten handelt es sich zum einen um eine gemäß § 28 Abs. 1 Nr. 2 BDSG zulässige Wahrnehmung eines berechtigten Interesses der Bank als verantwortlicher Stelle. Die Abwägung zwischen dem Interesse der Bank an der Verwertung ihrer notleidenden Forderung und dem Geheimhaltungsinteresse des Kunden[166] ergibt ein Überwiegen des Verwertungsinteresses, da der Kunde regelmäßig die ausbleibende Erfüllung der Forderung zu vertreten hat. Zu demselben Ergebnis gelangt man auch über § 28 Abs. 1 Satz 1 Nr. 1 BDSG, da der von beiden Parteien vorausgesetzte Vertragszweck auf eine Rückzahlung des Kredits abzielt. Daher ist das in den Allgemeinen Geschäftsbedingungen der Banken enthaltene Bankgeheimnis von vornherein einschränkend dahingehend auszulegen, dass es bezüglich der im Rahmen der Verwertung notleidender Forderungen durch Abtretung an Dritte gemäß § 402 BGB erforderlichen Informationserteilung nicht gilt.[167] Im Übrigen gelten insoweit die Erwägungen zur Abtretung der Honorarforderungen der Angehörigen zur Geheimhaltung verpflichteter Berufe entsprechend, wonach aus dem möglichen Verstoß der Informationserteilung gegen Geheimhaltungspflichten jedenfalls nicht zwingend die Nichtigkeit der Abtretung als solcher folgt (vgl. die Kommentierung zu § 402 BGB Rn. 7 ff.).

24 Unstreitig ist im Übrigen, dass der Kunde seine **Forderungen gegen die Bank** uneingeschränkt abtreten kann und dem weder das Datenschutzrecht noch ein vertragliches Abtretungsverbot entgegenstehen. Dies folgt daraus, dass das Bankgeheimnis ausschließlich den Kunden schützen soll, nicht aber die Bank.[168]

3. Kontokorrent

25 Ob ein vertraglicher Ausschluss der Abtretbarkeit in einer **Kontokorrentabrede** i.S.d. § 355 HGB enthalten ist, ist umstritten. Richtigerweise ist dies mit dem Bundesgerichtshof zu bejahen, da in der Einstellung einer Forderung in ein Kontokorrent die vertragliche Vereinbarung der Parteien liegt, dass

---

[161] BGH v. 27.02.2007 - XI ZR 195/05 - juris Rn. 22 - BGHZ 171, 180-192; OLG Köln v. 15.09.2005 - 8 U 21/05 - NJW-RR 2006, 263-267, 265; OLG Hamm v. 06.02.2006 - 31 U 133/05 - juris Rn. 40; LG Koblenz v. 25.11.2004 - 3 O 496/03 - WM 2005, 30-33, 32; LG Frankfurt v. 17.12.2004 - 2-21 O 96/02 - BB 2005, 125-126, 125; *Stiller*, ZIP 2004, 2027-2032, 2030; *Jobe*, ZIP 2004, 2415-2420, 2416; *Böhm*, BB 2004, 1641-1644, 1642; *Glos/Peter*, DB 2005, 375-380, 376; *Rinze/Heda*, WM 2004, 1557-1566, 1565; *Nobbe*, WM 2005, 1537-1548, 1539.
[162] OLG Köln v. 15.09.2005 - 8 U 21/05 - NJW-RR 2006, 263-267, 265; LG Frankfurt v. 17.12.2004 - 2-21 O 96/02 - BB 2005, 125-126, 125; *Rinze/Heda*, WM 2004, 1557-1566, 1564; *Glos/Peter*, DB 2005, 375-380, 377; *Schilmar/Breiteneicher/Wiedenhofer*, DB 2005, 1367-1373, 1370.
[163] BGH v. 27.02.2007 - XI ZR 195/05 - juris Rn. 25 - BGHZ 171, 180-192.
[164] OLG Köln v. 15.09.2005 - 8 U 21/05 - NJW-RR 2006, 263-267, 265; LG Koblenz v. 25.11.2004 - 3 O 496/03 - WM 2005, 30-33, 32; LG Frankfurt v. 17.12.2004 - 2-21 O 96/02 - BB 2005, 125-126, 126; *Kuder*, ZInsO 2004, 903-904, 904; *Böhm*, BB 2004, 1641-1644, 1642; *Stiller*, ZIP 2004, 2027-2032, 2031; *Jobe*, ZIP 2004, 2415-2420, 2416; *Rinze/Heda*, WM 2004, 1557-1566, 1564; *Schilmar/Breiteneicher/Wiedenhofer*, DB 2005, 1367-1373, 1371; *Büchler*, EWiR 2006, 41-42, 42; *Nobbe*, WM 2005, 1537-1548, 1541; a.A. *Schwintowski/Schantz*, NJW 2008, 472, 474.
[165] BGH v. 27.02.2007 - XI ZR 195/05 - juris Rn. 23 - BGHZ 171, 180-192; LG Koblenz v. 25.11.2004 - 3 O 496/03 - WM 2005, 30-33, 32; LG Frankfurt v. 17.12.2004 - 2-21 O 96/02 - BB 2005, 125-126, 126; *Nobbe*, WM 2005, 1537-1548, 1540.
[166] *Knerr*, Die Veröffentlichung von Namen in gerichtlichen Entscheidungen, 2004, S. 344 m.w.N.
[167] Zu § 28 Abs. 1 Satz 1 Nr. 2 BDSG vgl.: *Knerr*, Die Veröffentlichung von Namen in gerichtlichen Entscheidungen, 2004, S. 342.
[168] LG Bonn v. 17.03.2005 - 3 O 657/03 - ZIP 2005, 1006-1008, 1006.

über die Forderung nicht gesondert verfügt werden kann, diese also insbesondere nicht abtretbar ist.[169] Die Gegenauffassung geht hingegen davon aus, dass kein vertraglicher Ausschluss vorliege, sondern § 399 Alt. 1 BGB anwendbar sei. Die auf Grund der Kontokorrentabrede in das Kontokorrent eingestellten Einzelforderungen seien wegen der Natur des Schuldverhältnisses, nämlich der Kontokorrentgebundenheit der Forderungen, nicht isoliert abtretbar.[170] Nach dieser Auffassung widerspricht die Abtretung der in ein Kontokorrent eingestellten Einzelforderung dem Wesen der Kontokorrentabrede als Teil des Kontokorrentvertrages. Zwingender Bestandteil der Kontokorrentabrede sei die wechselseitige Verrechnung der Forderungen und damit deren Unselbständigkeit, die so genannte Lähmung der Einzelforderungen.[171] Demnach werde die Einzelforderung mangels Anwendbarkeit von § 399 Alt. 2 BGB nicht von § 354a HGB erfasst.[172] Nach zutreffender Auffassung ist jedoch § 354a HGB unabhängig von der dogmatischen Einordnung des Kontokorrents auf dieses nicht anwendbar, da dessen Sinn und Zweck nicht die Unwirksamkeit von Kontokorrentabreden erforderlich macht.[173]

Ein Kontokorrent wird gemäß § 355 Abs. 1 HGB durch eine Abrede zwischen den Vertragsparteien begründet, wonach die wechselseitigen Forderungen aus einer bestimmten Geschäftsverbindung nicht mehr selbständig geltend gemacht werden dürfen, sondern in ein spezielles Schuldverhältnis eingestellt und periodisch oder bei Beendigung des Kontokorrents saldiert, d.h. miteinander verrechnet werden.[174] Hierdurch wird den Einzelansprüchen die Selbständigkeit genommen in Bezug auf Geltendmachung, Abtretung, Verpfändung und Vollstreckungszugriff, d.h. sie werden „gelähmt".[175] Unabhängig von der rechtlichen Qualifizierung der Kontokorrentabrede ist jedenfalls Voraussetzung für die Lähmung der Einzelforderungen, dass diese überhaupt von der Kontokorrentabrede erfasst werden. Dies setzt wiederum voraus, dass sie nach Abschluss derselben entstehen. In diesem Fall entfällt die Abtretbarkeit der Einzelforderungen, so dass nicht nur nachträgliche Abtretungen, sondern auch eventuelle Vorausabtretungen (vgl. zu diesen die Kommentierung zu § 398 BGB Rn. 20) ins Leere gehen.[176] Welche Ansprüche im konkreten Fall ins Kontokorrent einbezogen werden, ist dabei durch Auslegung der – auch konkludent abschließbaren – **Kontokorrentabrede** zu ermitteln.[177] Im Zweifel werden alle Ansprüche aus der konkreten Geschäftsbeziehung einbezogen, sofern nicht einzelne Forderungen von der Kontokorrentbindung ausgenommen werden. Etwas anderes gilt ferner dann, wenn die Parteien im Einzelfall vereinbaren, dass eine konkrete Forderung nicht vom Kontokorrent erfasst werden soll. Eine solche einvernehmliche Ausnahmeregelung ist nicht nur im Rahmen der ursprünglichen Kontokorrentabrede möglich, sondern auch noch nachträglich. Erforderlich ist jedoch eine klare und eindeutige Sonderabrede. Durch eine solche werden die aus dem Kontokorrent herausgelösten Forderungen ge-

---

[169] BGH v. 07.12.1977 - VIII ZR 164/76 - juris Rn. 20 - BGHZ 70, 86-96; BGH v. 26.06.2002 - VIII ZR 327/00 - juris Rn. 20 - NJW 2002, 2865-2866; *Roth* in: MünchKomm-BGB, § 399 Rn. 31; *Grüneberg* in: Palandt, § 399 Rn. 8; *Münch*, Abtretungsverbote im deutschen und französischen Recht, 2001, S. 109.

[170] *Busche* in: Staudinger, § 399 Rn. 38 u. 55.

[171] BGH v. 07.12.1977 - VIII ZR 164/76 - juris Rn. 20 - BGHZ 70, 86-96; *Busche* in: Staudinger, § 399 Rn. 38.

[172] *Busche* in: Staudinger, § 399 Rn. 55.

[173] *Münch*, Abtretungsverbote im deutschen und französischen Recht, 2001, S. 109.

[174] OLG Saarbrücken v. 07.01.2003 - 4 U 822/01 - 157, 4 U 822/01- juris Rn. 36 - OLGR Saarbrücken 2003, 262-264; *Grundmann* in: Boujong/Ebenroth/Joost, Handelsgesetzbuch, 2. Aufl. 2008, § 355 Rn. 2; *Koller* in: Koller/Morck/Roth, Handelsgesetzbuch, 6. Aufl. 2007, § 355 Rn. 3, 6; *Blaurock*, JA 1980, 691-697, 692.

[175] BGH v. 07.12.1977 - VIII ZR 164/76 - juris Rn. 20 - BGHZ 70, 86-96; OLG Saarbrücken v. 07.01.2003 - 4 U 822/01 - 157, 4 U 822/01- juris Rn. 36 - OLGR Saarbrücken 2003, 262-264; *Busche* in: Staudinger, § 399 Rn. 38; *Hopt* in: Baumbach/Hopt, Handelsgesetzbuch, 34. Aufl. 2010, § 355 Rn. 7; *Grundmann* in: Boujong/Ebenroth/Joost, Handelsgesetzbuch, 2. Aufl. 2008, § 355 Rn. 2; *Koller* in: Koller/Morck/Roth, Handelsgesetzbuch, 6. Aufl. 2007, § 355 Rn. 6; *Blaurock*, JA 1980, 691-697, 692.

[176] OLG Saarbrücken v. 07.01.2003 - 4 U 822/01 - 157, 4 U 822/01- juris Rn. 42 - OLGR Saarbrücken 2003, 262-264; *Busche* in: Staudinger, § 399 Rn. 38; *Hopt* in: Baumbach/Hopt, Handelsgesetzbuch, 34. Aufl. 2010, § 355 Rn. 13; *Grundmann* in: Boujong/Ebenroth/Joost, Handelsgesetzbuch, 2. Aufl. 2008, § 355 Rn. 9; *Koller* in: Koller/Morck/Roth, Handelsgesetzbuch, 6. Aufl. 2007, § 355 Rn. 6; *Blaurock*, JA 1980, 691-697, 692.

[177] OLG Saarbrücken v. 07.01.2003 - 4 U 822/01 - 157, 4 U 822/01 - juris Rn. 40 - OLGR Saarbrücken 2003, 262-264; *Hopt* in: Baumbach/Hopt, Handelsgesetzbuch, 34. Aufl. 2010, § 355 Rn. 14; *Grundmann* in: Boujong/Ebenroth/Joost, Handelsgesetzbuch, 2. Aufl. 2008, § 355 Rn. 8; *Koller* in: Koller/Morck/Roth, Handelsgesetzbuch, 6. Aufl. 2007, § 355 Rn. 3; *Blaurock*, JA 1980, 691-697, 692.

sondert abtretbar.[178] Werden etwa von zwei bei der Lieferung von Paletten regelmäßig zusammenarbeitenden Firmen die wechselseitigen Forderungen in ein so genanntes „Palettenkontokorrent" eingestellt, welches am Ende eines jeden Jahres abgerechnet wird, so können die aus Palettenlieferungen resultierenden Einzelforderungen nicht wirksam abgetreten werden. Etwas anderes gilt dann, wenn die Parteien im Einzelfall nachträglich klar und eindeutig vereinbaren, dass eine konkrete Forderung nicht vom Kontokorrent erfasst sein soll.[179]

27 Einen Sonderfall stellen **Girokonten** dar, denn bei diesen können zwar nicht die einzelnen in das Kontokorrent eingestellten Forderungen sowie der Anspruch auf Berichtigung des Kontostandes abgetreten werden, jedoch ist der Anspruch aus dem Girovertrag auf die **Auszahlung des Tagessaldos** abtretbar.[180] Abtretbar ist im Übrigen auch das bestehende oder künftige Saldoguthaben aus einem Kontokorrentverhältnis, d.h. das Guthaben nach der periodischen Saldierung.

4. Zukünftige und bedingte Forderungen

28 Ein Abtretungsausschluss kann auch für **zukünftige sowie aufschiebend bedingte Forderungen** vereinbart werden.[181] In diesem Fall wird die Forderung auch von einer früheren Vorausabtretung, etwa im Wege eines verlängerten Eigentumsvorbehalts (vgl. die Kommentierung zu § 398 BGB Rn. 94) oder einer Globalzession (vgl. die Kommentierung zu § 398 BGB Rn. 95) nicht erfasst,[182] denn der Forderung ist bereits zum Zeitpunkt ihrer Entstehung die Verkehrsfähigkeit und damit die Abtretbarkeit genommen[183].

5. Allgemeine Geschäftsbedingungen

29 Ist das Abtretungsverbot in **Allgemeinen Geschäftsbedingungen** enthalten, etwa auf dem Gebiet des Baurechts oder des Versicherungsrechts, so gelten Besonderheiten. § 309 Nr. 10 BGB (bis zum 31.12.2001: § 11 Nr. 13 AGBG) schränkt die Abtretbarkeit nicht ein.[184] Eine **Inhaltskontrolle** ergibt sich daher nur aus § 307 Abs. 1 BGB (bis zum 31.12.2001: § 9 Abs. 1 AGBG).[185] Die herrschende Rechtsprechung geht jedoch davon aus, dass formularmäßige Abtretungsverbote in der Regel weder gegen § 307 Abs. 1 BGB (bis zum 31.12.2001: § 9 Abs. 1 AGBG) verstoßen noch gegen § 138 BGB.[186] Dies folgt daraus, dass der Schuldner ein Interesse daran hat, die Vertragsentwicklung übersichtlich zu gestalten und zu verhindern, dass er mit einer unbestimmten Vielzahl von Gläubigern kon-

---

[178] OLG Saarbrücken v. 07.01.2003 - 4 U 822/01 - 157, 4 U 822/01 - juris Rn. 40 - OLGR Saarbrücken 2003, 262-264; *Hopt* in: Baumbach/Hopt, Handelsgesetzbuch, 34. Aufl. 2010, § 355 Rn. 14; *Grundmann* in: Boujong/Ebenroth/Joost, Handelsgesetzbuch, 2. Aufl. 2008, § 355 Rn. 19; *Koller* in: Koller/Morck/Roth, Handelsgesetzbuch, 6. Aufl. 2007, § 355 Rn. 6; *Blaurock*. JA 1980, 691-697, 692.

[179] OLG Saarbrücken v. 07.01.2003 - 4 U 822/01 - 157, 4 U 822/01 - juris Rn. 35 - OLGR Saarbrücken 2003, 262-264.

[180] BGH v. 08.07.1982 - I ZR 148/80 - juris Rn. 12 - BGHZ 84, 371-379; BGH v. 19.07.2001 - IX ZR 62/00 - juris Rn. 18 - ZIP 2001, 1507-1510, 1510; LG Bonn v. 17.03.2005 - 3 O 657/03 - ZIP 2005, 1006-1008, 1006; *Busche* in: Staudinger, § 399 Rn. 28.

[181] RG v. 01.11.1919 - I 86/19 - RGZ 97, 76-79, 78; *Busche* in: Staudinger, § 399 Rn. 59; *Grüneberg* in: Palandt, § 399 Rn. 8.

[182] BGH v. 18.06.1980 - VIII ZR 119/79 - juris Rn. 18 - BGHZ 77, 274-279; *Busche* in: Staudinger, § 399 Rn. 59; *Grüneberg* in: Palandt, § 399 Rn. 8.

[183] BGH v. 11.06.1959 - VII ZR 53/58 - BGHZ 30, 176-186; *Busche* in: Staudinger, § 399 Rn. 59; *Roth* in: MünchKomm-BGB, § 399 Rn. 32.

[184] *Busche* in: Staudinger, § 399 Rn. 56; *Münch*, Abtretungsverbote im deutschen und französischen Recht, 2001, S. 99.

[185] *Busche* in: Staudinger, § 399 Rn. 56; *Münch*, Abtretungsverbote im deutschen und französischen Recht, 2001, S. 99.

[186] BGH v. 28.11.1968 - VII ZR 157/66 - juris Rn. 38 - BGHZ 51, 113-119; BGH v. 12.05.1971 - VIII ZR 196/69 - juris Rn. 14 - BGHZ 56, 173-180; BGH v. 18.05.1980 - VIII ZR 119/79 - juris Rn. 17 - BGHZ 77, 274-279; BGH v. 03.12.1987 - VII ZR 374/86 - juris Rn. 20 - BGHZ 102, 293-311; BGH v. 15.06.1989 - VII ZR 205/88 - juris Rn. 20 - BGHZ 108, 52-64; BGH v. 11.03.1997 - X ZR 146/94 - juris Rn. 15 - LM BGB § 399 Nr. 36 (10/1997); *Busche* in: Staudinger, § 399 Rn. 56; *Münch*, Abtretungsverbote im deutschen und französischen Recht, 2001, S. 99.

frontiert wird.[187] Außerdem soll eine solche Klausel vor doppelter Inanspruchnahme schützen.[188] Daher sind im Rahmen eines D&O-Versicherungsvertrages vereinbarte Abtretungsverbote im Allgemeinen wirksam.[189]

Hingegen ist ein Abtretungsausschluss dann unwirksam, wenn ein schützenswertes Interesse des Verwenders der allgemeinen Geschäftsbedingungen nicht besteht oder aber diesem gegenüber die berechtigten Belange des Kunden an der Abtretbarkeit der vertraglichen Forderungen überwiegen.[190] Dies gilt etwa für das Abtretungs- und Weiterverkaufsverbot in den Allgemeinen Geschäftsbedingungen für das **Kfz-Neuwagengeschäft**.[191] Das Abtretungsverbot für **Grundschuldrückgewähransprüche** ist hingegen wirksam, sofern die Grundschuld von einem Dritten bestellt worden ist.[192] Unwirksam sind ferner der formularmäßige Ausschluss des Forderungsübergangs im **Versicherungsverhältnis** gemäß § 86 VVG[193] und der Ausschluss der Abtretung an den **Transportversicherer**[194]. Nach zutreffender Auffassung ist auch das mit der Beschränkung aller Ansprüche auf den Anmelder gekoppelte Abtretungsverbot in einem **Reisevertrag** unwirksam.[195] Dies gilt jedenfalls dann, wenn zwischen dem Zedenten und dem Zessionar eine familiäre Verbundenheit oder eine nichteheliche Lebensgemeinschaft besteht, so dass der Buchende nicht als Vertreter der Mitreisenden aufgetreten ist und diese daher nicht selbst Vertragspartner des Reiseveranstalters geworden sind.[196] Auf das – nach dem bis um 31.12.2007 geltenden Recht wirksame – Abtretungsverbot in § 3 Abs. 4 AKB, welches sicherstellen will, dass der **Kfz-Haftpflichtversicherer** bei der Abwicklung nur mit seinem Vertragspartner und nicht mit einem beliebigen Dritten zu tun hat und dass der Versicherungsnehmer im Prozess mit dem Zessionar nicht als Zeuge den Versicherungsfall bestätigt, kann sich der Versicherer gemäß § 242 BGB jedenfalls nicht berufen, wenn dies nicht durch ein im Zweckbereich der Norm liegendes Interesse gedeckt ist oder gegen Treu und Glauben verstößt.[197] Dies ist dann der Fall, wenn der Geschädigte (Zessionar) auf Grund eines vollstreckbaren Titels in den Anspruch durch Pfändung und Überweisung vollstrecken könnte, so etwa wenn er gegen den Versicherungsnehmer ein rechtskräftiges Urteil erwirkt hat, auf Grund dessen er dessen Deckungsanspruch gegen den Versicherer gemäß § 100 VVG hätte pfänden und sich zur Einziehung überweisen lassen können. Dem steht § 851 Abs. 2 ZPO nicht entgegen.[198] Die Genehmi-

---

[187] BGH v. 28.11.1968 - VII ZR 157/66 - juris Rn. 30 - BGHZ 51, 113-119; BGH v. 15.06.1989 - VII ZR 205/88 - juris Rn. 20 - BGHZ 108, 52-64; BGH v. 09.02.1990 - V ZR 200/88 - juris Rn. 17 - BGHZ 110, 241-246; BGH v. 11.03.1997 - X ZR 146/94 - juris Rn. 10 - LM BGB § 399 Nr. 36 (10/1997); *Busche* in: Staudinger, § 399 Rn. 56.

[188] BGH v. 09.02.1990 - V ZR 200/88 - juris Rn. 18 - BGHZ 110, 241-246.

[189] LG München v. 30.03.2004 - 23 O 8879/03 - VersR 2005, 543-545; LG Wiesbaden v. 14.12.2004 - 1 O 180/03 - VersR 2005, 545-546, 545.

[190] BGH v. 08.12.1975 - II ZR 64/74 - juris Rn. 7 - BGHZ 65, 364-368; BGH v. 09.11.1981 - II ZR 197/80 - juris Rn. 33 - BGHZ 82, 162-173; BGH v. 15.06.1989 - VII ZR 205/88 - juris Rn. 20 - BGHZ 108, 52-64; BGH v. 09.02.1990 - V ZR 200/88 - juris Rn. 12 - BGHZ 110, 241-246; BGH v. 11.03.1997 - X ZR 146/94 - juris Rn. 15 - LM BGB § 399 Nr. 36 (10/1997); *Busche* in: Staudinger, § 399 Rn. 56.

[191] BGH v. 07.10.1981 - VIII ZR 214/80 - juris Rn. 22 - LM Nr. 20 zu AGBG; *Busche* in: Staudinger, § 399 Rn. 56.

[192] BGH v. 09.02.1990 - V ZR 200/88 - juris Rn. 16 - BGHZ 110, 241-246; *Busche* in: Staudinger, § 399 Rn. 56.

[193] BGH v. 08.12.1975 - II ZR 64/74 - juris Rn. 6 - BGHZ 65, 364-368; *Busche* in: Staudinger, § 399 Rn. 58; *Grüneberg* in: Palandt, § 399 Rn. 10; vgl. zur Möglichkeit des individuellen Abtretungsausschlusses: RG v. 01.11.1919 - I 86/19 - RGZ 97, 76-79, 78.

[194] BGH v. 09.11.1981 - II ZR 197/80 - juris Rn. 33 - BGHZ 82, 162-173; *Busche* in: Staudinger, § 399 Rn. 58; *Grüneberg* in: Palandt, § 399 Rn. 10.

[195] BGH v. 15.06.1989 - VII ZR 205/88 - juris Rn. 24 - BGHZ 108, 52-64; *Kauffmann*, MDR 2002, 1036-1040, 1040; a.A. LG Stuttgart v. 29.09.1992 - 20 O 340/92 - juris Rn. 25 - NJW-RR 1993, 1018-1019; LG Hannover v. 11.03.2003 - 18 S 20/02 - RRa 2003, 117-118; AG Neuwied v. 05.12.2003 - 4 C 1495/03 - RRa 2004, 20-21, 21; AG Düsseldorf v. 08.04.2004 - 28 C 8239/01 - RRa 2004, 179-181, 181; *Busche* in: Staudinger, § 399 Rn. 56 u. 58; *Grüneberg* in: Palandt, § 399 Rn. 10.

[196] LG Hannover v. 13.06.2003 - 13 S 109/02 - RRa 2003, 218; AG Köln v. 06.11.2003 - 128 C 384/02 - RRa 2004 18-20, 20.

[197] OLG Karlsruhe v. 20.03.2003 - 12 U 233/02 - juris Rn. 12 - OLGR Karlsruhe 2003, 177-178; OLG Saarbrücken v. 08.04.2003 - 3 U 159/02 - 23, 3 U 159/02 - juris Rn. 52 - OLGR Saarbrücken 2003, 272-277.

[198] BGH v. 13.07.1983 - IVa ZR 226/81 - juris Rn. 11 - LM Nr. 5 zu § 7 AHaftpflichtVB; OLG Saarbrücken v. 08.04.2003 - 3 U 159/02 - 23, 3 U 159/02 - juris Rn. 52 - OLGR Saarbrücken 2003, 272-277; *Schlegelmilch* in: Schlegelmilch, Der Haftpflichtprozeß, 24. Aufl. 2004, 13. Kap. Rn. 26, 36.

gung im Rahmen des § 3 Abs. 4 AKB kann im Übrigen auch konkludent erfolgen.[199] Zu beachten ist allerdings die Neuregelung im Rahmen der **Reform des Versicherungsvertragsrechts**. § 108 Abs. 2 VVG in der ab dem 01.01.2008 geltenden Fassung bestimmt nunmehr, dass die Abtretung des Freistellungsanspruchs des Versicherungsnehmers gegen den **Haftpflichtversicherer** an den Dritten (Geschädigten) nicht durch Allgemeine Versicherungsbedingungen ausgeschlossen werden kann. Für bis einschließlich 31.12.2007 abgeschlossene Verträge sind die Übergangsvorschriften der Art. 1 ff. EGVVG zu berücksichtigen.[200] Der **Leasinggeber**, an den die zur Reparatur eines Kraftfahrzeugs bestimmte Leistung eines Kaskoversicherers gezahlt worden ist, kann sich gegenüber der Abtretung des Anspruchs durch den Leasingnehmer an die Reparaturwerkstatt nicht auf ein vertragliches Abtretungsverbot berufen.[201] Die Wirksamkeit der Abtretung von Ansprüchen aus **Kapitallebensversicherungen** wird durch die Allgemeinen Versicherungsbedingungen regelmäßig davon abhängig gemacht, dass sie der bisherige Inhaber der Forderungen schriftlich anzeigt. Damit will der Versicherer als Schuldner der Forderungen nicht nur sicherstellen, dass seine Leistung für den vertraglich vorgesehenen Zweck verwendet wird. Er will insbesondere die Abrechnung übersichtlich gestalten und verhindern, dass ihm eine im Voraus nicht übersehbare Vielzahl von Gläubigern gegenübertritt. Angesichts dieser erkennbaren Zielsetzung ist eine derartige Klausel nach dem Verständnis eines durchschnittlichen Versicherungsnehmers so auszulegen, dass sie als Ausnahme vom Regelfall der Abtretbarkeit gemäß § 398 BGB vereinbarungsgemäß von vornherein für die zu begründende Forderung den (eingeschränkten) Abtretungsausschluss des § 399 2. Alt. BGB festlegt. Die Wirkung dieses Abtretungsausschlusses besteht darin, dass eine abredewidrig nicht angezeigte Abtretung absolut unwirksam ist.[202] Der in der Arbeitsgerichtsbarkeit vertretenen Gegenansicht[203] ist demgegenüber nicht zu folgen.

6. Beiderseitige Handelsgeschäfte

31   Ein vertraglicher Ausschluss der Abtretbarkeit ist auch ansonsten **nicht schrankenlos** möglich. Gemäß § 354a Abs. 1 Satz 1 HGB ist die Abtretung von Geldforderungen aus einem beiderseitigen Handelsgeschäft trotz eines Abtretungsverbots wirksam. Hierdurch soll der **Refinanzierungsspielraum** kleinerer und mittlerer Unternehmen verbessert werden, indem Abtretungsverbote in den Einkaufsbedingungen von Großunternehmen (Einzelhandelsketten, Automobilherstellern etc.) ausgeschaltet werden, die es ausschließen, dass an sich abtretbare Geldforderungen als Kreditsicherheiten für Banken oder Factoring-Unternehmen verwendet werden.[204] Dasselbe gilt, wenn der Schuldner eine juristische Person des öffentlichen Rechts oder ein öffentlich-rechtliches Sondervermögen ist (vgl. § 354a Satz 1 Alt. 2 HGB).[205] Die Regelung des genannten Absatzes 1 ist nach Absatz 2 der Vorschrift, die durch Art. 10 des Risikobegrenzungsgesetzes vom 12.08.2008[206] eingeführt worden ist, allerdings nicht auf eine Forderung aus einem Darlehensvertrag anzuwenden, deren Gläubiger ein Kreditinstitut im Sinne des Kreditwesengesetzes ist. Einem vertraglichen Verbot stehen im Rahmen des § 354a HGB Abreden gleich, durch die die Abtretung lediglich beschränkt, etwa von einer **Zustimmung des Schuldners**,[207] von der Einhaltung der **Schriftform**, der Verwendung von **Formblättern** oder einer **Anzeige** an den Auftraggeber[208] abhängig gemacht wird. Die Vorschrift gilt jedoch gemäß dem entsprechend anwendbaren Art. 170 EGBGB nicht für Abtretungsverbote, die vor dem 30.07.1994 – dem In-Kraft-Treten der Norm – vereinbart worden sind.[209] Es kommt hierbei auf den Zeitpunkt der Vereinbarung des Abtretungsverbots an, so dass es keine Rolle spielt, ob die abgetretene Forderung vor oder erst nach

---

[199] OLG Karlsruhe v. 20.03.2003 - 12 U 233/02 - juris Rn. 7 - OLGR Karlsruhe 2003, 177-178.
[200] Allgemein zur Problematik: *Lange*, VersR 2008 713-717; *Schramm/Wolf*, RuS 2009, 358-361.
[201] BGH v. 12.02.1985 - X ZR 31/84 - juris Rn. 35 - BGHZ 93, 391-400; *Busche* in: Staudinger, § 399 Rn. 58; *Grüneberg* in: Palandt, § 399 Rn. 10.
[202] BGH v. 10.03.2010 - IV ZR 207/08 - juris Rn. 10 - ZIP 2010, 890-892.
[203] LArbG Nürnberg v. 19.11.2009 - 7 Sa 74/08 - juris Rn. 59.
[204] *Busche* in: Staudinger, § 399 Rn. 69; *Münch*, Abtretungsverbote im deutschen und französischen Recht, 2001, S. 77-78; *Seggewiße*, NJW 2008, 3256-3259.
[205] OLG Oldenburg v. 27.05.2003 - 12 U 12/03 - BauR 2004, 884; OLG Stuttgart v. 22.05.2006 – 2 U 178/05 – juris Rn. 25 - BauR 2008, 1906-1909; *Busche* in: Staudinger, Einl. zu den §§ 398 ff. Rn. 48 u. § 399 Rn. 51 u. 70.
[206] BGBl I 1666, 1670; vgl. *Busche* in: Staudinger, § 399 Rn. 69.
[207] OLG Celle v. 01.12.1998 - 16 U 13/98 - NJW-RR 1999, 618-619; *Grüneberg* in: Palandt, § 399 Rn. 9.
[208] OLG Oldenburg v. 27.05.2003 - 12 U 12/03 - BauR 2004, 884.
[209] BGH v. 18.10.1965 - II ZR 36/64 - juris Rn. 8 - BGHZ 44, 192-197; *Busche* in: Staudinger, § 399 Rn. 72; *Grüneberg* in: Palandt, § 399 Rn. 9; *Münch*, Abtretungsverbote im deutschen und französischen Recht, 2001, S. 103.

dem 30.07.1994 entstanden ist.[210] Auf Forderungen aus **Verbraucherkrediten** findet dagegen § 354a HGB keine Anwendung, da kein beiderseitiges Handelsgeschäft vorliegt.[211] Gemäß § 354a Abs. 1 Satz 2 HGB kann der Schuldner abweichend von § 407 BGB auch in Kenntnis der Abtretung mit befreiender Wirkung an den Zedenten leisten. In der Rechtsprechung wurde dabei die Auffassung vertreten, dass dies auch die Möglichkeit eines Vergleichsschlusses bezüglich der abgetretenen Forderung umfasst.[212] Der BGH vertritt nunmehr – in Abänderung der zitierten Entscheidung des OLG Jena – die Auffassung, dass § 354a Abs. 1 Satz 2 HGB nach seinem Wortlaut „leisten" lediglich Erfüllungshandlungen gemäß §§ 362, 364 BGB sowie die Aufrechnung meint, nicht aber Vergleiche zwischen Schuldner und Zedenten, wonach die Forderung ganz oder teilweise nicht mehr geltend gemacht werden kann. Solche Vergleiche sind daher nur unter den Voraussetzungen des § 407 Abs. 1 BGB wirksam, dessen Schutzwirkung durch § 354a Abs. 1 Satz 2 HGB nicht erweitert wird. Daraus folgt, dass der Schuldner ab Kenntnis der Abtretung mit dem Zedenten keine Vergleiche dieses Inhalts wirksam vereinbaren kann.[213] Eine von den Regelungen des § 354a Abs. 1 Sätze 1 und 2 HGB abweichende Vereinbarung ist gemäß § 354a Abs. 1 Satz 3 HGB unwirksam.[214]

7. Sonstige Schranken vertraglicher Abtretungsverbote

Neben § 354a HGB gelten die von der Rechtsprechung zu § 399 BGB entwickelten Grundsätze über die **Schranken des vertraglichen Ausschlusses der Abtretbarkeit** weiter.[215] Zu den Rechtsfolgen vgl. Rn. 36. Ein formularmäßiges Abtretungsverbot verstößt hiernach wegen des berechtigten Interesses des Schuldners an einer Vereinfachung der Vertragsabwicklung im Regelfall weder gegen § 138 BGB noch gegen § 9 AGBG.[216] Bei einem Konflikt mit einem verlängerten Eigentumsvorbehalt (vgl. die Kommentierung zu § 398 BGB Rn. 94) kann das Abtretungsverbot zum Scheitern des gutgläubigen Eigentumserwerbs[217] und zu einer Haftung aus § 823 BGB oder den §§ 989, 990 BGB[218] führen. Jedoch ist auch insoweit § 354a HGB zu berücksichtigen (vgl. hierzu Rn. 9).[219] Wirksam sind das Abtretungsverbot in § 7 Abs. 3 AHB[220], das formularmäßige Abtretungs- und Weiterverkaufsverbot in den Allgemeinen Bedingungen für das **Kfz-Neuwagengeschäft**[221] und das Abtretungsverbot für Grundschuldrückgewähransprüche, sofern die Grundschuld von einem Dritten bestellt wurde[222]. Dieses Verbot gilt auch im Falle der Insolvenz des Gläubigers.[223] Die Abtretung im Rahmen eines **Factoring** (vgl. hierzu die Kommentierung zu § 398 BGB Rn. 107) ist auch beim Bestehen eines verlängerten Eigentumsvorbehalts unabhängig von § 354a HGB zulässig.[224] Formularmäßige Abtretungsverbote bezüglich in **Fußballtickets** verbriefter Forderungen sind einer Inhaltskontrolle gemäß § 307 BGB zu unterziehen. Abtretungsausschlüsse mit Zustimmungsvorbehalt im Hinblick auf Verhinderung des Ticket-

---

[210] BGH v. 18.10.1965 - II ZR 36/64 - juris Rn. 8 - BGHZ 44, 192-197; BGH v. 23.01.2001 - X ZR 247/98 - juris Rn. 15 - LM HGB § 354a Nr. 1 (11/2001); *Busche* in: Staudinger, § 399 Rn. 72; *Grüneberg* in: Palandt, § 399 Rn. 9; a.A. OLG Köln v. 21.05.1997 - 27 U 124/96 - WM 1998, 859-861.
[211] OLG Frankfurt v. 25.05.2004 - 8 U 84/04 - NJW 2004, 3266-3268.
[212] OLG Jena v. 10.10.2007 - 7 U 137/07 - OLGR Jena 2008, 18-20.
[213] BGH v. 13.11.2008 - VII ZR 188/07 - juris Rn. 20 - NJW 2009, 438-440.
[214] Zur neuen Rechtsprechung vgl. auch *Grüneberg* in: Palandt, § 399 Rn. 9.
[215] *Grüneberg* in: Palandt, § 399 Rn. 10; a.A. OLG Saarbrücken v. 14.12.1999 - 4 U 336/99 - 82, 4 U 336/99- juris Rn. 17 - OLGR Saarbrücken 2000, 279-280.
[216] BGH v. 28.11.1968 - VII ZR 157/66 - juris Rn. 22 - BGHZ 51, 113-119; BGH v. 03.12.1987 - VII ZR 374/86 - juris Rn. 20 - BGHZ 102, 293-311; BGH v. 11.03.1997 - X ZR 146/94 - juris Rn. 15 - LM BGB § 399 Nr. 36 (10/1997); *Busche* in: Staudinger, Einl. zu den §§ 398 ff. Rn. 48; *Grüneberg* in: Palandt, § 399 Rn. 10.
[217] BGH v. 09.11.1998 - II ZR 144/97 - juris Rn. 10 - LM BGB § 863 Nr. 3 (6/1999); *Grüneberg* in: Palandt, § 399 Rn. 10.
[218] BGH v. 18.06.1980 - VIII ZR 119/79 - juris Rn. 31 - BGHZ 77, 274-279; BGH v. 05.12.1989 - VI ZR 335/88 - juris Rn. 8 - BGHZ 109, 297-306; *Busche* in: Staudinger, § 399 Rn. 57; *Grüneberg* in: Palandt, § 399 Rn. 10.
[219] *Busche* in: Staudinger, § 399 Rn. 57.
[220] BGH v. 26.03.1997 - IV ZR 137/96 - juris Rn. 25 - NJW-RR 1997, 919-921; *Grüneberg* in: Palandt, § 399 Rn. 10.
[221] BGH v. 07.10.1981 - VIII ZR 214/80 - juris Rn. 22 - LM Nr. 20 zu AGBG; LG Düsseldorf v. 03.11.2006 - 10 O 119/06 - juris Rn. 36; *Grüneberg* in: Palandt, § 399 Rn. 10.
[222] BGH v. 09.02.1990 - V ZR 200/88 - juris Rn. 16 - BGHZ 110, 241-246; *Grüneberg* in: Palandt, § 399 Rn. 10.
[223] BGH v. 11.03.1997 - X ZR 146/94 - juris Rn. 25 - LM BGB § 399 Nr. 36 (10/1997); *Grüneberg* in: Palandt, § 399 Rn. 10.
[224] *Grüneberg* in: Palandt, § 399 Rn. 10 u. § 398 Rn. 36.

erwerbs durch gewaltbereite Fans sind dabei grundsätzlich wirksam. Die Voraussetzungen für die Versagung der Zustimmung müssen dabei jedoch dem Transparenzgebot des § 307 Abs. 1 Satz 2 BGB genügend formuliert werden. Dagegen stellt ein vollständiger Abtretungsausschluss[225] eine unangemessene Benachteiligung dar,[226] die auch nicht mit dem Ziel der Unterbindung des Schwarzmarktes gerechtfertigt werden kann.[227] Ein entsprechendes Abtretungsverbot kann daher keine Wirkung nach Maßgabe des § 399 BGB gegenüber dem Zweiterwerber haben.[228]

33 Wird im Rahmen eines **Vertrages über den Erwerb eines Grundstücks** verbunden mit der Errichtung eines Gebäudes mit dem Ersterwerber wirksam ein Abtretungsverbot bezüglich aller Ansprüche einschließlich der Gewährleistungsansprüche vereinbart, so kann die Berufung auf dieses Abtretungsverbot gegenüber einem Zweiterwerber, der das Hausgrundstück unter gleichzeitiger Abtretung aller Gewährleistungsansprüche erworben hat, gegen Treu und Glauben verstoßen. Der Ersterwerber hat nach der Veräußerung kein Interesse mehr an der Geltendmachung von Gewährleistungsansprüchen, während der Zweiterwerber ein schutzwürdiges Interesse an deren Verfolgung unabhängig vom Ersterwerber hat. Dagegen hat der Bauunternehmer kein sachliches Interesse, Gewährleistungsansprüche allein mit dem ursprünglichen Erwerber abzuwickeln.[229]

D. Rechtsfolgen

34 Die Abtretung einer – kraft Gesetzes oder Vereinbarung – unabtretbaren Forderung ist nach herrschender Auffassung sowohl den Vertragsparteien als auch jedem Dritten gegenüber **unwirksam** und zwar **absolut** und nicht nur relativ im Sinne der §§ 135, 136 BGB (vgl. hierzu die Kommentierung zu § 135 BGB und die Kommentierung zu § 136 BGB).[230] Dies gilt auch für eine bezüglich der Forderung erteilte **Einziehungsermächtigung** (vgl. zu dieser die Kommentierung zu § 398 BGB Rn. 123) sowie für eine Einziehungsermächtigung kraft Umdeutung der Abtretung (vgl. Rn. 6).[231] Die Unwirksamkeit kann daher nicht nur vom Schuldner, sondern **von jedermann geltend gemacht werden**, sofern dem nicht ausnahmsweise § 242 BGB entgegensteht.[232] Der Zessionar wird jedoch bei einer Abtretung unter Urkundenvorlegung gemäß § 405 BGB geschützt, es sei denn er kannte bei der Abtretung das Abtretungsverbot oder musste es kennen, etwa weil es aus der Urkunde hervorgeht (vgl. die Kommentierung zu § 405 BGB Rn. 11).[233] Die (zumeist ältere) Gegenauffassung geht davon aus, dass die Abtretung analog zu § 135 BGB nur relativ, d.h. nur dem Schuldner gegenüber unwirksam ist.[234] Sie übersieht jedoch, dass § 399 BGB keine das rechtliche Dürfen beschränkende Verbotsnorm ist, sondern der For-

---

[225] Ein solcher liegt auch vor, wenn die Zustimmung – wie bei der WM 2006 geschehen – versagt werden kann, wenn die Weiterveräußerung des Tickets beabsichtigt ist.
[226] AG Frankfurt v. 20.04.2006 - 31 C 3120/05 - juris Rn. 41 - ZGS 2006, 197-200; *Weller*, NJW 2005, 934, 936; *Weller*, JuS 2006, 497, 500; *Gutzeit*, BB 2007, 113, 115.
[227] LG Essen v. 26.03.2009 - 4 O 69/09 - juris Rn. 48 - CR 2009, 395-398; *Weller*, NJW 2005, 934; *Gutzeit*, BB 2007, 113, 115.
[228] LG Essen v. 26.03.2009 - 4 O 69/09 - juris Rn. 50 - CR 2009, 395-398.
[229] LG Itzehoe v. 22.01.2004 - 7 O 145/03 - juris Rn. 15.
[230] BGH v. 14.10.1963 - VII ZR 33/62 - juris Rn. 17 - BGHZ 40, 156-165; BGH v. 27.05.1971 - VII ZR 85/69 - juris Rn. 12 - BGHZ 56, 228-242; BGH v. 01.02.1978 - VIII ZR 232/75 - juris Rn. 20 - BGHZ 70, 299-304; BGH v. 03.12.1987 - VII ZR 374/86 - juris Rn. 22 - BGHZ 102, 293-311; BGH v. 29.06.1989 - VII ZR 211/88 - juris Rn. 21 - BGHZ 108, 172-179; BGH v. 31.10.1990 - VIII ZR 24/90 - juris Rn. 18 - BGHZ 112, 387-391; OLG Saarbrücken v. 08.04.2003 - 3 U 159/02 - 23, 3 U 159/02 - juris Rn. 49 - OLGR Saarbrücken 2003, 272-277; *Busche* in: Staudinger, § 399 Rn. 65 u. 74; *Grüneberg* in: Palandt, § 399 Rn. 12; *Münch*, Abtretungsverbote im deutschen und französischen Recht, 2001, S. 72; aber: BAG v. 02.06.1966 - 2 AZR 322/65 - juris Rn. 5 - NJW 1966, 1727 (Sozialversicherungsträger).
[231] *Busche* in: Staudinger, § 399 Rn. 76.
[232] BGH v. 12.05.1971 - VIII ZR 196/69 - juris Rn. 3 - BGHZ 56, 173-180; *Larenz*, Schuldrecht, Band I: Allgemeiner Teil, 14. Aufl. 1987, S. 591; *Busche* in: Staudinger, § 399 Rn. 65; *Roth* in: MünchKomm-BGB, § 399 Rn. 36; *Grüneberg* in: Palandt, § 399 Rn. 12.
[233] *Busche* in: Staudinger, § 399 Rn. 67.
[234] So RG v. 29.05.1935 - V 488/34 - RGZ 148, 105-114, 109; *Denck*, JuS 1981, 9-14, 12.

derung die Verkehrsfähigkeit als solche nimmt.[235] Nach einer vermittelnden Auffassung schließlich tritt absolute Unwirksamkeit einer verbotswidrigen Abtretung ein, wenn die Abtretung ganz ausgeschlossen ist, nur relative Unwirksamkeit hingegen bei Abreden, die die Abtretung lediglich beschränken.[236] Für eine solche Differenzierung findet sich jedoch keine Stütze im Gesetz.

Das Abtretungsverbot wirkt auch gegenüber einem Dritten, der als Schuldner dem Schuldverhältnis beitritt.[237] Die Forderung gehört somit weiterhin zum Vermögen des Zedenten und kann bei diesem gepfändet und verwertet werden.[238] Sie ist trotz des normalerweise zur Unpfändbarkeit führenden Abtretungsverbots unter den Voraussetzungen von § 851 Abs. 2 ZPO **pfändbar**, wodurch verhindert werden soll, dass sich der Schuldner dem Zugriff seiner Gläubiger durch eine entsprechende Abrede gemäß § 399 Alt. 2 BGB entziehen kann.[239] Aus der Unabtretbarkeit einer Forderung folgt nicht, dass diese nicht **vererblich** ist.[240]

35

Im Falle des § 399 Alt. 2 BGB ist es umstritten, ob diese Vorschrift eine Durchbrechung des in § 137 Satz 1 BGB enthaltenen Grundsatzes darstellt, dass die Verfügungsbefugnis nicht durch Rechtsgeschäft ausgeschlossen werden kann[241] oder ob § 137 BGB gar nicht erst zur Anwendung kommt, da durch die Einigung zwischen Gläubiger und Schuldner die Forderung originär unübertragbar begründet wird, also keine Verfügungsbeschränkung, sondern eine Inhaltsbestimmung des Rechts vorliegt.[242] Dieser Streit kann jedoch letztlich dahinstehen, da er die Rechtsfolgen der Vorschrift unberührt lässt und daher für die Praxis unerheblich ist.[243] Ein vertragliches Abtretungsverbot gilt jedenfalls auch in der **Insolvenz des Gläubigers**.[244]

36

Verstößt ein **vertragliches Abtretungsverbot** gemäß § 399 Alt. 2 BGB gegen § 354a HGB (vgl. Rn. 32), so führt dies jedoch nicht dazu, dass das Abtretungsverbot als solches unwirksam ist, sondern lediglich dazu, dass desselben ungeachtet die Forderung weiterhin abtretbar bleibt. Die Forderung geht also im Falle der Abtretung trotz des vereinbarten Verbots in das Vermögen des Zessionars über.[245] Das Abtretungsverbot behält jedoch gemäß § 354 Abs. 1 Satz 2 HGB die Wirkung, dass der Schuldner auch bei Kenntnis der Abtretung und trotz der gemäß § 354a Abs. 1 Satz 1 HGB bestehenden Unwirksamkeit des Abtretungsverbots weiterhin mit befreiender Wirkung an den Zedenten leisten kann.[246] Der Leistung an den Zedenten steht es gleich, wenn die Forderung durch **Erfüllungssurrogate** wie Leistung an Erfüllungs statt, Aufrechnung oder Verrechnung gegenüber dem Zedenten zum Erlöschen gebracht wird.[247] Die **Aufrechnung** ist dabei unabhängig von den Beschränkungen der §§ 406, 407 BGB wirksam, d.h. es kommt insbesondere nicht auf die Kenntnis des Schuldners von der Abtretung an.[248] Andere Rechtsgeschäfte in Ansehung der Forderung wie Erlass, Vergleich, Stundung oder Änderung der Leistungsmodalitäten sind dagegen gegenüber dem Zessionar mangels Verfügungsbefugnis des

37

---

[235] BGH v. 14.10.1963 - VII ZR 33/62 - juris Rn. 19 - BGHZ 40, 156-165; BGH v. 12.05.1971 - VIII ZR 196/69 - juris Rn. 13 - BGHZ 56, 173-180; BGH v. 01.02.1978 - VIII ZR 232/75 - juris Rn. 20 - BGHZ 70, 299-304; OLG Saarbrücken v. 08.04.2003 - 3 U 159/02 - 23, 3 U 159/02 - juris Rn. 49 - OLGR Saarbrücken 2003, 272-277; *Larenz*, Schuldrecht, Band I: Allgemeiner Teil, 14. Aufl. 1987, S. 581; *Busche* in: Staudinger, § 399 Rn. 65; *Roth* in: MünchKomm-BGB, § 399 Rn. 36; *Grüneberg* in: Palandt, § 399 Rn. 12.
[236] *Wagner*, AcP 194, 451-478, 468; *Wagner*, JZ 1994, 227-233, 232.
[237] *Busche* in: Staudinger, § 399 Rn. 60.
[238] BGH v. 03.12.1987 - VII ZR 374/86 - juris Rn. 22 - BGHZ 102, 293-311; BGH v. 29.06.1989 - VII ZR 211/88 - juris Rn. 27 - BGHZ 108, 172-179; *Larenz*, Schuldrecht, Band I: Allgemeiner Teil, 14. Aufl. 1987, S. 581; *Busche* in: Staudinger, § 399 Rn. 74; *Grüneberg* in: Palandt, § 399 Rn. 12.
[239] BGH v. 27.05.1971 - VII ZR 85/69 - juris Rn. 16 - BGHZ 56, 228-242; *Busche* in: Staudinger, § 399 Rn. 68; *Grüneberg* in: Palandt, § 399 Rn. 10.
[240] *Busche* in: Staudinger, § 399 Rn. 78.
[241] So *Bülow*, JuS 1994, 1-8, 4-5; *Wagner*, AcP 194, 451-478, 477-478.
[242] BGH v. 11.03.1997 - X ZR 146/94 - juris Rn. 11 - LM BGB § 399 Nr. 36 (10/1997); *Lüke*, JuS 1995, 90-96, 92; *Busche* in: Staudinger, § 399 Rn. 52.
[243] *Busche* in: Staudinger, § 399 Rn. 52.
[244] BGH v. 11.03.1997 - X ZR 146/94 - juris Rn. 26 - LM BGB § 399 Nr. 36 (10/1997); *Busche* in: Staudinger, § 399 Rn. 56.
[245] *Busche* in: Staudinger, § 399 Rn. 70; *Schmidt*, NJW 1999, 400-401, 401.
[246] *Busche* in: Staudinger, Einl. zu den §§ 398 ff. Rn. 48 u. § 399 Rn. 51 u. 70; *Grüneberg* in: Palandt, § 399 Rn. 9.
[247] OLG Saarbrücken v. 14.12.1999 - 4 U 336/99 - 82, 4 U 336/99- juris Rn. 5 - OLGR Saarbrücken 2000, 279-280; *Schmidt*, NJW 1999, 400-401, 401; BGH v. 26.01.2005 - VIII ZR 275/03 - juris Rn. 23 - NJW-RR 2005, 624-626; *Busche* in: Staudinger, § 399 Rn. 71; *Grüneberg* in: Palandt, § 399 Rn. 9.
[248] BGH v. 26.01.2005 - VIII ZR 275/03 - juris Rn. 25 - NJW-RR 2005, 624-626.

Zedenten unwirksam. Denn in § 354a Abs. 1 Satz 2 HGB ist lediglich von der „Leistung" an den bisherigen Gläubiger die Rede, also von der Erfüllung des Anspruchs und den ihr gleich stehenden Rechtsgeschäften.[249] Gemäß § 354a Abs. 1 Satz 2 HGB besteht somit eine **gesetzliche Empfangszuständigkeit des Zedenten**, nicht aber ein Einziehungsrecht bezüglich der Forderung.[250] Der Schuldner kann allerdings gegenüber dem Zessionar auf Grund dieser Vorschrift nur dann die Einwendung der Erfüllung gemäß § 362 BGB entgegenhalten, wenn er schon an den Zedenten geleistet hat. Eine solche bereits erfolgte Leistung an den Zedenten ist bindend, d.h. sie bewirkt das Erlöschen der Forderung. Der Schuldner kann sich nicht nachträglich von der Erfüllungswirkung lossagen und nunmehr an den Zessionar leisten.[251] Der Schuldner kann im Übrigen, wenn er vom Zessionar vor Leistung an den Zedenten in Anspruch genommen wird, nicht wählen, ob er an den Zedenten oder an den Zessionar leisten will.[252] Dies gilt ebenfalls auch in der **Insolvenz des Zedenten**.[253] Dem Zessionar steht im Falle der Einziehung der Forderung nach Eröffnung des Insolvenzverfahrens durch Zedent oder Verwalter ein **Ersatzaussonderungsrecht** analog § 48 InsO an dem Erlös zu, sofern dieser noch unterscheidbar in der Masse vorhanden ist.[254]

38 Umstritten ist, ob die §§ 184, 185 BGB anwendbar sind und die Abtretung daher kraft **Zustimmung (Einwilligung oder Genehmigung) des Schuldners** (rückwirkend) wirksam wird:

I. Rechtsprechung

39 Nach der in der **Rechtsprechung** vorherrschenden Auffassung wird die Abtretung im Falle der Zustimmung des Schuldners jedenfalls nur mit Wirkung **ex nunc** wirksam, nicht aber rückwirkend.[255] Die §§ 182-185 BGB sind nach dieser Auffassung insoweit weder direkt noch analog anwendbar. In der „Zustimmung" des Schuldners liege lediglich ein Einverständnis mit der Aufhebung des Abtretungsverbots, welche die Vergangenheit unberührt lasse.[256] Der abtretende Gläubiger sei auch nicht Nichtberechtigter im Sinne des § 185 BGB, der Schuldner sei nicht Berechtigter gemäß § 184 BGB.[257] Dies gelte auch dann, wenn die Abtretung nicht vollständig ausgeschlossen, sondern lediglich von der Zustimmung des Schuldners abhängig gemacht worden sei.[258] Seien mehrere Abtretungen erfolgt, so könne der Schuldner wählen, bezüglich welcher Abtretung und zu wessen Gunsten er das Verbot aufhebe.[259]

II. Literatur

40 Nach einer in der **Literatur** vertretenen Gegenauffassung kommt es darauf an, ob die Forderung überhaupt durch Vereinbarung zu einer veräußerlichen gemacht werden kann. Dies sei im Falle des § 399 Alt. 1 BGB sowie bei § 400 BGB wegen des in diesem Fall bestehenden öffentlichen Interesses (vgl. die Kommentierung zu § 400 BGB Rn. 2) zu verneinen, während bei einer auf Grund eines pactum de non cedendo gemäß § 399 Alt. 2 BGB unabtretbaren Forderung das Abtretungsverbot kraft der bestehenden **Privatautonomie** durch Gläubiger und Schuldner aufgehoben werden könne.[260] Wenn der Schuldner die Abtretung nachträglich genehmige, so liege darin das Angebot zum Abschluss eines Änderungsvertrages, der die Aufhebung des Abtretungsausschlusses zum Gegenstand habe. Eine einseitige Zustimmung des Schuldners im Sinne des § 185 BGB genüge jedoch nicht, da der Ausschluss der

---

[249] *Busche* in: Staudinger, § 399 Rn. 71.
[250] *Busche* in: Staudinger, § 399 Rn. 71.
[251] *Busche* in: Staudinger, § 399 Rn. 71.
[252] *Busche* in: Staudinger, § 399 Rn. 71; *Schmidt*, NJW 1999, 400-401, 401.
[253] *Busche* in: Staudinger, § 399 Rn. 71.
[254] *Busche* in: Staudinger, § 399 Rn. 71.
[255] BGH v. 01.02.1978 - VIII ZR 232/75 - juris Rn. 20 - BGHZ 70, 299-304; BGH v. 03.12.1987 - VII ZR 374/86 - juris Rn. 23 - BGHZ 102, 293-311; BGH v. 29.06.1989 - VII ZR 211/88 - juris Rn. 21 - BGHZ 108, 172-179; *Lüke*, JuS 1992, 114-116, 116; *Busche* in: Staudinger, § 399 Rn. 63; *Grüneberg* in: Palandt, § 399 Rn. 12.
[256] BGH v. 01.02.1978 - VIII ZR 232/75 - juris Rn. 20 - BGHZ 70, 299-304; BGH v. 29.06.1989 - VII ZR 211/88 - juris Rn. 21 - BGHZ 108, 172-179; *Busche* in: Staudinger, § 399 Rn. 63.
[257] *Busche* in: Staudinger, § 399 Rn. 63.
[258] BGH v. 29.06.1989 - VII ZR 211/88 - juris Rn. 23 - BGHZ 108, 172-179; *Grüneberg* in: Palandt, § 399 Rn. 12.
[259] *Busche* in: Staudinger, § 399 Rn. 62; *Grüneberg* in: Palandt, § 399 Rn. 12.
[260] *Busche* in: Staudinger, § 399 Rn. 77.

Abtretung durch die ursprüngliche Vereinbarung zum Inhalt der Forderung gemacht worden sei.[261] Zur Rückgängigmachung sei daher eine vertragliche Aufhebung des vertraglichen Abtretungsausschlusses erforderlich.[262]

Nach beiden Auffassungen folgt aus der fehlenden Rückwirkung der Aufhebung des Abtretungsverbots, dass zwischenzeitlich erfolgte **Pfändungen durch Drittgläubiger** (Gläubiger des Gläubigers) bezüglich des abgetretenen Rechts wirksam sind.[263]

41

E. Prozessuale Hinweise/Verfahrenshinweise

Da die Abtretbarkeit einer Forderung den Normalfall darstellt, muss derjenige, der sich auf die Unabtretbarkeit beruft, deren tatsächlichen Voraussetzungen **darlegen und beweisen**.[264] Der Schuldner muss insbesondere den Abschluss einer die Abtretbarkeit beschränkenden oder ausschließenden Vereinbarung beweisen.[265] Für einen stillschweigenden Ausschluss der Abtretbarkeit von **Lohnforderungen** besteht auch in einem großen Unternehmen keine Vermutung bzw. kein Anscheinsbeweis.[266] Der vertraglich vereinbarte Ausschluss der Abtretbarkeit einer durch eine **Auflassungsvormerkung** gesicherten Forderung kann im Grundbuch eingetragen werden.[267]

42

Die **Rechtshängigkeit der Forderung** hindert gemäß § 265 ZPO die Abtretung nicht (vgl. im Einzelnen zur Abtretung nach Rechtshängigkeit die Kommentierung zu § 407 BGB Rn. 18). Es ist lediglich eine Änderung des Klageantrags dahingehend erforderlich, dass nunmehr Leistung an den Zessionar statt an den Zedenten verlangt wird.[268] Die Veräußerung oder Abtretung der streitbefangenen Sache ist ohne Einfluss auf den Rechtsstreit.[269] Die Rechtskraft des Urteils wirkt jedoch nach Maßgabe des § 325 ZPO für und gegen den Zessionar. Die Vollstreckungsklausel kann gemäß § 727 ZPO umgeschrieben werden.[270] Ein auf § 717 Abs. 2, 3 ZPO gestützter Ersatz- oder Erstattungsanspruch ist gegen den Zessionar vollstreckbar.[271]

43

F. Anwendungsfelder

Weitere Abtretungsverbote: § 399 BGB hat keinen abschließenden Charakter. Es existieren vielmehr weitere Abtretungsverbote in **Spezialregelungen** des Bürgerlichen Gesetzbuchs oder anderer Gesetze.[272] Diese beruhen teilweise auf denselben Rechtsgedanken wie § 399 BGB.[273] Ein wichtiges Beispiel für ein gesetzliches Abtretungsverbot ist § 400 BGB, welcher die Abtretbarkeit einer Forderung anknüpfend an deren Unpfändbarkeit ausschließt, um dem Zedenten Forderungen, die für seinen Lebensunterhalt von Bedeutung sind, zu erhalten (vgl. die Kommentierung zu § 400 BGB Rn. 2).[274] Ferner ergeben sich aus dem Grundsatz von **Treu und Glauben** gemäß § 242 BGB Schranken der Abtretbarkeit.[275] Eine Abtretung stellt etwa dann eine unzulässige

44

---

[261] *Larenz*, Schuldrecht, Band I: Allgemeiner Teil, 14. Aufl. 1987, S. 581-583; *Busche* in: Staudinger, § 399 Rn. 33 u. 63; *Grüneberg* in: Palandt, § 399 Rn. 12; anderer Ansicht BGH v. 30.10.1990 - IX ZR 239/89 - juris Rn. 23 - NJW-RR 1991, 763-765; offen gelassen von BGH v. 29.06.1989 - VII ZR 211/88 - juris Rn. 21 - BGHZ 108, 172-179.
[262] *Busche* in: Staudinger, § 399 Rn. 63; *Zeiss* in: Soergel, 12. Aufl., § 399 Rn. 9.
[263] BGH v. 01.02.1978 - VIII ZR 232/75 - juris Rn. 20 - BGHZ 70, 299-304; BGH v. 29.06.1989 - VII ZR 211/88 - juris Rn. 27 - BGHZ 108, 172-179; *Busche* in: Staudinger, § 399 Rn. 63; *Lüke*, JuS 1995, 90-96, 93.
[264] BGH v. 13.01.1983 - III ZR 88/81 - juris Rn. 23 - LM Nr. 65 zu § 387 BGB; *Grüneberg* in: Baumgärtel/Laumen, Handbuch der Beweislast im Privatrecht, 3. Aufl. 2007, § 399 Rn. 1.
[265] *Grüneberg* in: Baumgärtel/Laumen, Handbuch der Beweislast im Privatrecht, 3. Aufl. 2007, § 399 Rn. 1.
[266] BGH v. 20.12.1956 - VII ZR 279/56 - juris Rn. 7 - BGHZ 23, 53-57; *Westermann* in: Erman, § 399 Rn. 1; *Grüneberg* in: Baumgärtel/Laumen, Handbuch der Beweislast im Privatrecht, 3. Aufl. 2007, § 399 Rn. 1.
[267] OLG Köln v. 12.05.2004 - 2 Wx 14/04 - RNotZ 2004, 263-265.
[268] RG v. 11.01.1904 - VI ZR 301/03 - RGZ 56, 301-310, 308; *Busche* in: Staudinger, § 399 Rn. 48.
[269] BGH v. 12.07.1973 - VII ZR 170/71 - juris Rn. 29 - BGHZ 61, 140-144; BAG v. 15.12.1976 - 5 AZR 600/75 - juris Rn. 18 - BB 1977, 395-396; *Busche* in: Staudinger, § 399 Rn. 48.
[270] *Busche* in: Staudinger, § 399 Rn. 48.
[271] BGH v. 03.07.1984 - VI ZR 264/82 - juris Rn. 11 - NJW 1985, 128-129; *Busche* in: Staudinger, § 399 Rn. 249.
[272] *Busche* in: Staudinger, § 399 Rn. 2; *Grüneberg* in: Palandt, § 399 Rn. 2; vgl. die Zusammenstellungen in *Münch*, Abtretungsverbote im deutschen und französischen Recht, 2001, S. 43, 58-69.
[273] *Grüneberg* in: Palandt, § 399 Rn. 2.
[274] *Grüneberg* in: Palandt, § 399 Rn. 2.
[275] *Busche* in: Staudinger, § 399 Rn. 3; *Grüneberg* in: Palandt, § 399 Rn. 2.

Rechtsausübung dar, wenn sie den Schuldner unzumutbar beschwert.[276] Dies kann bei **Teilabtretungen** in Ausnahmefällen zu bejahen sein.[277] Infolge der Abtretung von Lohnforderungen anfallende Mehrarbeit – etwa wegen des Erfordernisses der Berechnung des pfändbaren und damit abtretbaren Teils der Forderung – genügt insoweit jedoch nicht.[278] § 242 BGB ist jedoch anwendbar bei der Abtretung und Aufrechnung mit dem Teilbetrag einer Forderung, über die seit vielen Jahren ein **Rechtsstreit** anhängig ist.[279] Die Abtretung kann auch dann gegen Treu und Glauben verstoßen, wenn die **Person des Zessionars dem Schuldner absolut unzumutbar** ist, was jedoch wegen der grundsätzlichen Verkehrsfähigkeit der Forderung nur in extremen Ausnahmefällen anzunehmen ist.[280] Abtretungsverbote enthalten ferner § 473 BGB (bis zum 31.12.2001: § 514 BGB) und § 717 BGB.[281] Für Ansprüche auf Dienstleistungen auf Grund eines **Dienstvertrags** oder **Auftrags** gelten die Spezialvorschriften der §§ 613 Abs. 1 Satz 2, 664 Abs. 2 BGB.[282] Daneben ergeben sich Abtretungsverbote aus Spezialgesetzen wie § 28 Abs. 2 Satz 4 BauGB.[283] Die Abtretung kann auch durch **Tarifvertrag** oder **Betriebsvereinbarung** ausgeschlossen werden.[284]

---

[276] *Grüneberg* in: Palandt, § 399 Rn. 2.
[277] RG v. 25.01.1935 - III 151/34 - RGZ 146, 398-404, 402; *Grüneberg* in: Palandt, § 399 Rn. 2; *Münch*, Abtretungsverbote im deutschen und französischen Recht, 2001, S. 47.
[278] BGH v. 20.12.1956 - VII ZR 279/56 - juris Rn. 11 - BGHZ 23, 53-57; *Grüneberg* in: Palandt, § 399 Rn. 2.
[279] OLG Düsseldorf v. 17.03.1981 - 21 U 162/80 - juris Rn. 10 - MDR 1981, 669; *Grüneberg* in: Palandt, § 399 Rn. 2.
[280] *Grüneberg* in: Palandt, § 399 Rn. 2.
[281] *Busche* in: Staudinger, § 399 Rn. 2; *Münch*, Abtretungsverbote im deutschen und französischen Recht, 2001, S. 60.
[282] *Grüneberg* in: Palandt, § 399 Rn. 4.
[283] *Busche* in: Staudinger, Einl. zu den §§ 398 ff. Rn. 44 u. § 399 Rn. 2.
[284] BAG v. 20.12.1957 - 1 AZR 237/56 - juris Rn. 9 - AP Nr. 1 zu § 399 BGB; BAG v. 05.09.1960 - 1 AZR 509/57 - juris Rn. 6 - BB 1960, 1202; BAG v. 02.06.1966 - 2 AZR 322/65 - juris Rn. 4 - NJW 1966, 1727; *Busche* in: Staudinger, § 399 Rn. 2; *Grüneberg* in: Palandt, § 399 Rn. 2.

§ 400 BGB Ausschluss bei unpfändbaren Forderungen

(Fassung vom 02.01.2002, gültig ab 01.01.2002)

Eine Forderung kann nicht abgetreten werden, soweit sie der Pfändung nicht unterworfen ist.

Gliederung

A. Grundlagen 1
   I. Kurzcharakteristik 1
   II. Regelungsprinzipien 2
B. Praktische Bedeutung 3
C. Anwendungsvoraussetzungen 4
   I. Forderung 4
   II. Abtretung 5
   III. Unpfändbarkeit 7
   IV. Einschränkung auf Grund des Normzwecks 11
D. Rechtsfolgen 14
E. Prozessuale Hinweise/Verfahrenshinweise 15
F. Anwendungsfelder 16
   I. Abdingbarkeit 16
   II. Weitere Abtretungsverbote 17

A. Grundlagen[1]

I. Kurzcharakteristik

§ 400 BGB ist eine **Ausnahmevorschrift**. Sie durchbricht den Grundsatz, dass Forderungen abtretbar sind, für unpfändbare Forderungen (vgl. die Kommentierung zu § 398 BGB Rn. 9). Sie stellt somit neben § 399 BGB die wichtigste Vorschrift dar, die die **Unabtretbarkeit** von Forderungen begründet.   **1**

II. Regelungsprinzipien

Sinn und Zweck der Vorschrift ist es, dem Gläubiger solche Forderungen, die kraft Gesetzes nicht gepfändet werden können, unter allen Umständen zu erhalten, damit ihm die **Lebensgrundlage** nicht entzogen wird. Es soll insbesondere verhindert werden, dass der Gläubiger auf Grund wirtschaftlichen Drucks sich durch den Abschluss eines Abtretungsvertrages des gesetzlichen Schutzes gegen die hoheitliche Pfändung begibt und hierdurch die geschützten Vermögenswerte verliert.[2] Dies liegt gleichzeitig im **öffentlichen Interesse**, da im Falle eines Verlustes der Existenzgrundlage die öffentliche Hand mit Sozialleistungen einspringen müsste.[3] Denselben Zweck verfolgt auch die Parallelvorschrift des § 394 BGB, nach der gegen eine unpfändbare Forderung nicht **aufgerechnet** werden kann (vgl. die Kommentierung zu § 394 BGB).[4]   **2**

B. Praktische Bedeutung

In Zeiten wirtschaftlicher Schwierigkeiten und hoher Arbeitslosigkeit hat die Vorschrift eine **nicht unerhebliche praktische Bedeutung**, da eine Vielzahl von Menschen auf Sozialleistungen angewiesen ist oder doch ein Arbeitseinkommen bezieht, welches die unpfändbaren Beträge nicht oder nur unerheblich übersteigt. Diese Situation erfordert nicht nur einen Schutz der Betroffenen in der **Zwangsvollstreckung**, welcher durch die Schuldnerschutzvorschriften der §§ 850-850k ZPO erreicht wird. Vielmehr besteht bei angespannter finanzieller Lage die Neigung, sich auch unter **Abtretung** unpfändbarer Einkommensbestandteile Kredit zu beschaffen. In diesen Fällen kommt der Schutz des § 400 BGB zum   **3**

---

[1] Fortführung und Aktualisierung der bis zur Vorauflage von Herrn Dr. *G. Knerr* betreuten Kommentierung. Die Kommentierung gibt ausschließlich die persönliche Meinung des Autors wieder.

[2] BGH v. 10.02.1994 - IX ZR 55/93 - juris Rn. 26 - BGHZ 125, 116-124; OLG Saarbrücken v. 09.11.1995 - 5 U 69/94 - 3, 5 U 69/94- juris Rn. 27 - RuS 1996, 243-244; OLG Köln v. 18.02.1998 - 12 W 4/98 - juris Rn. 5 - NJW-RR 1998, 1689-1690; OLG Oldenburg v. 23.06.1993 - 2 U 84/93 - juris Rn. 5 - NJW-RR 1994, 479-480; *Busche* in: Staudinger, § 400 Rn. 1 und Einl. zu den §§ 398 ff. Rn. 49; *Roth* in: MünchKomm-BGB, § 400 Rn. 2; *Grüneberg* in: Palandt, § 400 Rn. 1.

[3] RG v. 25.01.1935 - III 151/34 - RGZ 146, 398-404, 401; BGH v. 10.12.1951 - GSZ 3/51 - juris Rn. 2 - BGHZ 4, 153-167; *Busche* in: Staudinger, § 400 Rn. 1 u. Einl. zu den §§ 398 ff. Rn. 49; *Grüneberg* in: Palandt, § 400 Rn. 1; *Münch*, Abtretungsverbote im deutschen und französischen Recht, 2001, 56.

[4] *Busche* in: Staudinger, § 400 Rn. 1; *Roth* in: MünchKomm-BGB, § 400 Rn. 2; *Grüneberg* in: Palandt, § 400 Rn. 1.

Zuge. Die Rechtsprechung hat sich mit der Vorschrift indes nicht in besonders intensivem Maße beschäftigt. Das Schwergewicht liegt auf der teleologischen Reduktion der Vorschrift im Sozialleistungsbereich (vgl. Rn. 11).

C. Anwendungsvoraussetzungen

I. Forderung

4   Insoweit gilt das zu § 398 BGB Gesagte (vgl. die Kommentierung zu § 398 BGB Rn. 7).

II. Abtretung

5   Vom **Abtretungsverbot** des § 400 BGB ist primär die vertragliche Abtretung gemäß § 398 BGB betroffen. Dies gilt auch dann, wenn es sich um eine **Inkassozession** (vgl. zu dieser die Kommentierung zu § 398 BGB Rn. 65) handelt, da eine Umgehung des Abtretungsverbots verhindert werden soll.[5] Aus demselben Grund wird das Abtretungsverbot **analog** auf die **Einziehungsermächtigung angewendet**, da auch insoweit die Gefahr besteht, dass die Forderung dem Berechtigten als Bestandteil seiner Lebensgrundlage entzogen wird. Dies gilt auch, wenn die Einziehungsermächtigung widerruflich ist.[6] Dasselbe gilt bei Vereinbarungen über die **Verwaltung unpfändbaren Einkommens**.[7] Die Vorschrift des § 400 BGB ist jedoch nicht anwendbar, wenn das Abtretungsverbot nach dem Gesetzeszweck entfällt (vgl. hierzu im Einzelnen Rn. 11).[8]

6   Unpfändbarkeit führt auch zur Unwirksamkeit einer **Übertragung kraft Gesetzes (Legalzession)** nach § 412 BGB.[9] Dies gilt jedoch nur, wenn der Gläubigerschutz dies erfordert[10], was im Falle sozialrechtlicher Forderungsübergänge gemäß § 116 SGB X, § 6 EntgFG und § 93 SGB XII (bis zum 31.12.2004: § 90 BSHG) regelmäßig nicht der Fall ist (vgl. die Spezialregelung des § 115 Abs. 2 SGB X, Kommentierung zu § 412 BGB Rn. 6). Dies folgt daraus, dass der Legalzessionar (Träger der Sozialhilfe oder Sozialversicherung) eine Leistung erbracht oder zu erbringen hat, deren Erhalt durch den Legalzedenten (Leistungsempfänger) die Legalzession gerade sichern soll, so dass die einschlägigen Normen des **Sozialrechts** auch unpfändbare Forderungen betreffen.[11] Die Unpfändbarkeit eines **Steueranspruchs** steht wegen § 46 AO einem Übergang der Forderung auf einen für eine Zollforderung einstehenden Bürgen ebenfalls nicht entgegen.[12]

III. Unpfändbarkeit

7   **Unpfändbar** ist eine Forderung, wenn und soweit die Pfändung durch eine gesetzliche Vorschrift untersagt wird. Man unterscheidet verschiedene Arten der Unpfändbarkeit. So sind einige Forderungen **generell unpfändbar**, etwa im Falle des § 850a ZPO.[13] In anderen Fällen sind Bezüge **bedingt pfändbar**, nämlich auf Grund der Entscheidung des Vollstreckungsgerichts, so in den Fällen des § 850b ZPO.[14] Auch in den Fällen der §§ 850h, 850i ZPO hängt die Pfändbarkeit von der **Entscheidung des**

---

[5] RG v. 25.01.1935 - III 151/34 - RGZ 146, 398-404, 401; *Zeiss* in: Soergel, 12. Aufl., § 400 Rn. 2; *Busche* in: Staudinger, § 400 Rn. 7.

[6] RG v. 25.01.1935 - III 151/34 - RGZ 146, 398-404, 401; BGH v. 10.12.1951 - GSZ 3/51 - juris Rn. 19 - BGHZ 4, 153-167; BGH v. 03.07.1996 - XII ZR 99/95 - juris Rn. 42 - LM BSozialhilfeG Nr. 35 (1/1997); *Busche* in: Staudinger, § 400 Rn. 7 u. Einl. zu den §§ 398 ff. Rn. 126; *Roth* in: MünchKomm-BGB, § 400 Rn. 3; *Grüneberg* in: Palandt, § 400 Rn. 1; a.A. *Westermann* in: Erman, § 400 Rn. 2.

[7] OLG Celle v. 30.09.1970 - 13 U 47/70 - juris Rn. 44 - DB 1970, 2081; *Grüneberg* in: Palandt, § 400 Rn. 1; *Roth* in: MünchKomm-BGB, § 400 Rn. 3; *Busche* in: Staudinger, § 400 Rn. 7.

[8] BGH v. 10.12.1951 - GSZ 3/51 - juris Rn. 21 - BGHZ 4, 153-167; *Busche* in: Staudinger, Einl. zu den §§ 398 ff. Rn. 126; *Grüneberg* in: Palandt, § 398 Rn. 34.

[9] RG v. 06.04.1911 - VI 202/10 - RGZ 76, 204-212, 208; *Busche* in: Staudinger, § 400 Rn. 15; *Roth* in: MünchKomm-BGB, § 400 Rn. 8; *Grüneberg* in: Palandt, § 400 Rn. 2.

[10] BGH v. 31.05.1954 - GSZ 2/54 - juris Rn. 16 - BGHZ 13, 360-370; *Busche* in: Staudinger, § 400 Rn. 15; *Roth* in: MünchKomm-BGB, § 400 Rn. 8; *Grüneberg* in: Palandt, § 400 Rn. 2.

[11] BGH v. 09.03.1971 - VI ZR 173/69 - juris Rn. 7 - NJW 1971, 936; BGH v. 09.11.1994 - IV ZR 66/94 - juris Rn. 17 - BGHZ 127, 354-360; *Busche* in: Staudinger, § 400 Rn. 15; *Roth* in: MünchKomm-BGB, § 400 Rn. 8; *Grüneberg* in: Palandt, § 400 Rn. 2; *Westermann* in: Erman, § 400 Rn. 4.

[12] RG v. 21.12.1931 - VIII 349/31 - RGZ 135, 25-33, 28; *Busche* in: Staudinger, § 400 Rn. 16; *Roth* in: MünchKomm-BGB, § 400 Rn. 8; *Grüneberg* in: Palandt, § 400 Rn. 2.

[13] *Schlüter* in: MünchKomm-BGB, § 394 Rn. 4.

[14] *Schlüter* in: MünchKomm-BGB, § 394 Rn. 4.

Gerichts ab.[15] Am wichtigsten sind in der Praxis die Fälle des § 850c ZPO, welcher die Pfändbarkeit des Arbeitseinkommens in den Grenzen der sich aus der Tabelle zu § 850c ZPO ergebenden Höchstbeträge anordnet. Man kann diese Fallgruppe als betragsmäßige **Teilpfändbarkeit** bezeichnen (vgl. zu diesen Fällen im Einzelnen Rn. 10). Eine Sonderstellung nimmt § 850d ZPO ein, welcher Arbeitseinkommen über die Grenzen des § 850c ZPO hinaus der Pfändung unterwirft, sofern diese zur Befriedigung von Unterhaltsansprüchen dient (vgl. hierzu näher Rn. 10).

Pfändungsverbote sind insbesondere in den §§ 850c, 850d ZPO enthalten, die über § 400 BGB auf die Abtretung Anwendung finden.[16] Auf eine Altersrente aus einem Lebensversicherungsvertrag ist jedoch § 400 BGB i.V.m. § 850c ZPO nicht anwendbar, wenn nach dem **Versicherungsvertrag** eine Abtretung erst mit der schriftlichen Anzeige durch den Berechtigten wirksam werden soll. Dann wird von der grundsätzlichen Abtretbarkeit und Verpfändbarkeit ausgegangen.[17] Unpfändbarkeit begründet ferner § 850b ZPO.[18] Anwendbar ist darüber hinaus auch § 850f ZPO, wonach die dem Schuldner pfandfrei zu belassenden Beträge zur Sicherung des Existenzminimums sowie infolge besonderer Bedürfnisse erhöht werden können. Gelangen gemäß den §§ 850-850i ZPO unpfändbare Bezüge auf ein Konto des Schuldners bei einem **Geldinstitut**, so sind die Forderungen gegen das Geldinstitut, insbesondere auf Auszahlung des Saldos, gemäß § 850k ZPO grundsätzlich pfändbar, jedoch hat das Geldinstitut die Beschränkungen der Norm bezüglich der Auszahlung des Guthabens zu beachten.[19] Das Vollstreckungsgericht kann die Pfändung insoweit aufheben.[20] Pfändungsschutz für besondere Fälle begründen auch die §§ 851a-852 ZPO. Für die Ansprüche auf **Sozialleistungen** gelten die besonderen Vorschriften der §§ 54, 55 SGB I, deren Inhalt sich im Wesentlichen an dem der §§ 850-850i ZPO orientiert.[21] Generell unpfändbar und damit auch nicht abtretbar sind jedoch Ansprüche auf Sozialhilfe gemäß § 17 Abs. 1 Satz 2 SGB XII (bis 31.12.2004: § 4 Abs. 1 Satz 2 BSHG).[22] Für **Beamte** sind Pfändungsverbote enthalten in § 51 Abs. 2 Satz 1 BRRG, § 11 Abs. 2 Satz 1 BBesG, § 51 Abs. 2 Satz 1 BeamtVG und § 84 Abs. 2 Satz 1 BBG, § 51 Abs. 1 BeamtVG.[23] Aus einer verfassungskonformen Auslegung des § 1 BSHG ergibt sich zudem, dass dem Beamten in jedem Fall der Betrag verbleiben muss, der nach den Regelungen des Bundessozialhilfegesetzes erforderlich ist, um den für eine bescheidene Lebensführung unbedingt notwendigen Bedarf zu decken.[24] Nicht pfändbar ist gemäß § 377 Abs. 1 BGB das **Rücknahmerecht bezüglich einer hinterlegten Sache** gemäß § 376 Abs. 1 BGB. Daher ist gemäß den §§ 413, 400 BGB auch die Abtretung ausgeschlossen (vgl. die Kommentierung zu § 413 BGB Rn. 7).[25]

Keine Pfändungsverbote beinhalten die Vorschriften des § 89 InsO und des früheren § 14 Abs. 1 KO, da diese Vorschriften nicht auf die Sicherung des Lebensunterhalts des Gemeinschuldners abzielen, sondern auf dessen spätere erneute Teilnahme am Wirtschaftsleben.[26] Die Unpfändbarkeit kann **nicht vertraglich begründet** werden. Es kann lediglich als auflösende Bedingung gemäß § 158 Abs. 2 BGB vereinbart werden, dass die Forderung im Falle der Pfändung erlöschen soll.[27] Ob die Forderung in diesem Fall gemäß § 399 Alt. 2 BGB (nicht nach § 400 BGB) unabtretbar ist, muss durch Auslegung er-

---

[15] *Schlüter* in: MünchKomm-BGB, § 394 Rn. 4.
[16] LArbG Berlin v. 15.06.2001 - 6 Sa 707/01 - juris Rn. 17 - Bibliothek BAG; *Zeiss* in: Soergel, 12. Aufl., § 400 Rn. 1.
[17] BGH v. 27.08.2009 - VII ZB 89/08 - juris Rn. 15 - r+s 2009, 472.
[18] OLG Oldenburg v. 23.06.1993 - 2 U 84/93 - juris Rn. 4 - NJW-RR 1994, 479-480.
[19] *Zeiss* in: Soergel, 12. Aufl., § 400 Rn. 1; eingehend zur Problematik des Umfangs der Abtretbarkeit: *Scholz-Löhnig*, WM 2004, 1116-1121, 1118.
[20] *Schlüter* in: MünchKomm-BGB, § 394 Rn. 6.
[21] *Gursky* in: Staudinger, § 394 Rn. 41; *Schlüter* in: MünchKomm-BGB, § 394 Rn. 2; *Münch*, Abtretungsverbote im deutschen und französischen Recht, 2001, 57.
[22] *Schlüter* in: MünchKomm-BGB, § 394 Rn. 7.
[23] *Schlüter* in: MünchKomm-BGB, § 394 Rn. 2; *Westermann* in: Erman, § 400 Rn. 4.
[24] BGH v. 29.03.1994 - XI ZR 109/93 - juris Rn. 12 - LM BGB § 398 Nr. 81 (9/1994); *Westermann* in: Erman, § 400 Rn. 3.
[25] *Roth* in: MünchKomm-BGB, § 413 Rn. 12.
[26] BGH v. 10.02.1994 - IX ZR 55/93 - juris Rn. 30 - BGHZ 125, 116-124; *Busche* in: Staudinger, § 400 Rn. 6; *Roth* in: MünchKomm-BGB, § 400 Rn. 5; *Grüneberg* in: Palandt, § 400 Rn. 4; *Westermann* in: Erman, § 400 Rn. 1; a.A. LArbG Tübingen v. 13.10.1969 - 7 Sa 85/68 - NJW 1970, 349; anders für § 2 Abs. 4 GesO: BGH v. 24.10.1996 - IX ZR 284/95 - juris Rn. 15 - LM BGB § 400 Nr. 10a (2/1997).
[27] *Roth* in: MünchKomm-BGB, § 400 Rn. 3; *Westermann* in: Erman, § 400 Rn. 3.

§ 400

mittelt werden.[28] Jedoch kann sich die Unpfändbarkeit kraft Gesetzes, etwa § 850b Abs. 1 Nr. 1 ZPO, auch auf vertraglich begründete Forderungen beziehen, namentlich vertragliche Berufsunfähigkeitsrenten.[29]

10 Bei **betragsmäßiger Teil(un)pfändbarkeit** ist der pfändbare Teil der Forderung auch abtretbar.[30] Bezüglich des Umfangs der Unpfändbarkeit sind die **gesetzlichen Pfandfreibeträge** – etwa § 850c ZPO – zu beachten. Ob und in welchem Umfang Unpfändbarkeit gegeben ist, bemisst sich dabei nach den im Zeitpunkt der Fälligkeit der Forderung gegebenen Tatsachen.[31] Das Abtretungsverbot gilt zeitlich nur so lange, wie die Unpfändbarkeit der Forderung besteht.[32] Die Pfandfreibeträge der §§ 850c, 850d ZPO dürfen im Prozess zwischen Zedenten und Schuldner nicht gemäß § 850f ZPO erhöht werden. Dies ergibt sich sowohl aus der Unzuständigkeit der Gerichte des Erkenntnisverfahrens – etwa der Arbeitsgerichte – für eine derartige Entscheidung als auch aus materiellrechtlichen Erwägungen.[33] Dasselbe gilt für eine Zusammenrechnung gemäß § 850e ZPO.[34] Durch die Zusammenrechnung der Arbeitseinkommen gemäß § 850e ZPO wird der dem Schuldner insgesamt verbleibende unpfändbare Betrag im Interesse des Gläubigers vermindert. Die Regelung ist abdingbar, d.h. sie unterliegt der Vertragsfreiheit der Parteien. Daher ist vom Prozessgericht zwar nicht eine Entscheidung gem. § 850e ZPO zu treffen, jedoch im Wege der Vertragsauslegung zu ermitteln, ob eine Zusammenrechnung mehrerer Arbeitseinkommen im Falle der Abtretung an denselben Gläubiger gewollt ist oder nicht.[35] Dies gilt auch für die Zusammenrechnung von Arbeitseinkommen und Ansprüchen auf Sozialleistungen gemäß § 850e Nr. 2a ZPO.[36] Im Rechtsstreit zwischen dem Zedenten und dem Zessionar hat das Prozessgericht hingegen über eine Änderung gemäß § 850f ZPO zu entscheiden.[37] Soweit die Unpfändbarkeit nur unter bestimmten **qualitativen Voraussetzungen** besteht, etwa indem die Pfändung zugunsten der **Vollstreckung bestimmter Ansprüche** wie Unterhaltsansprüche (vgl. § 850d ZPO) zulässig und ansonsten untersagt ist, ist die Abtretung in denselben Grenzen wirksam bzw. unwirksam. Eine Abtretung zur Befriedigung der privilegierten Unterhaltsansprüche ist also wirksam, eine zu anderen Zwecken vorgenommene Abtretung dagegen nicht.[38] Hängt die Pfändbarkeit oder Unpfändbarkeit von einer **gerichtlichen Entscheidung** ab (vgl. hierzu Rn. 7), so ist auch die Abtretbarkeit davon abhängig, ob eine solche Entscheidung ergangen ist oder nicht.[39]

IV. Einschränkung auf Grund des Normzwecks

11 § 400 BGB ist unter bestimmten Voraussetzungen trotz des Vorliegens der Anwendungsvoraussetzungen auf Grund einer einschränkenden Auslegung nach dem Normzweck (**teleologische Reduktion**) nicht anwendbar. Dies gilt insbesondere dann, wenn der Zedent von dem Zessionar eine seiner Forderung entsprechende **wirtschaftlich gleichwertige Leistung** erhält (so auch § 53 Abs. 2 SGB I).[40] Nicht erheblich ist es insoweit, ob die Ausgleichsleistung von dem Zessionar freiwillig bzw. auf vertraglicher

---

[28] *Roth* in: MünchKomm-BGB, § 400 Rn. 3; *Westermann* in: Erman, § 400 Rn. 3.
[29] OLG Oldenburg v. 23.06.1993 - 2 U 84/93 - juris Rn. 5 - NJW-RR 1994, 479-480.
[30] *Zeiss* in: Soergel, 12. Aufl., § 400 Rn. 1; *Busche* in: Staudinger, § 400 Rn. 9; *Roth* in: MünchKomm-BGB, § 400 Rn. 4; *Grüneberg* in: Palandt, § 400 Rn. 1.
[31] *Busche* in: Staudinger, § 400 Rn. 9 u. 10; *Roth* in: MünchKomm-BGB, § 400 Rn. 4.
[32] *Busche* in: Staudinger, § 400 Rn. 3.
[33] BAG v. 06.02.1991 - 4 AZR 348/90 - juris Rn. 16 - NJW 1991, 2038-2039; BAG v. 21.11.2000 - 9 AZR 692/99 - juris Rn. 30 - NJW 2001, 1443-1445; *Busche* in: Staudinger, § 400 Rn. 5; anders wohl *Roth* in: MünchKomm-BGB, § 400 Rn. 5.
[34] BGH v. 31.10.2003 - IXa ZB 194/03 - juris Rn. 5 - WM 2003, 2483-2484; BAG v. 24.04.2002 - 10 AZR 42/01 - juris Rn. 21 - NJW 2002, 3121-3123.
[35] BGH v. 31.10.2003 - IXa ZB 194/03 - juris Rn. 5 - WM 2003, 2483-2484.
[36] BGH v. 19.05.2009 - IX ZR 37/06 - juris Rn. 17 - WM 2009, 1475-1478.
[37] BGH v. 28.05.2003 - IXa ZB 51/03 - juris Rn. 6 - NJW-RR 2003, 1367; OLG Köln v. 18.02.1998 - 12 W 4/98 - juris Rn. 7 - NJW-RR 1998, 1689-1690; LG Mainz v. 06.02.2002 - 8 T 363/01; *Roth* in: MünchKomm-BGB, § 400 Rn. 5; *Grüneberg* in: Palandt, § 400 Rn. 4.
[38] *Busche* in: Staudinger, § 400 Rn. 4; *Roth* in: MünchKomm-BGB, § 400 Rn. 4; *Zeiss* in: Soergel, 12. Aufl., § 400 Rn. 1; *Weber* in: BGB-RGRK, 12. Aufl. 1976, § 400 Rn. 3.
[39] So für die Aufrechnung: *Gursky* in: Staudinger, § 394 Rn. 29; *Schlüter* in: MünchKomm-BGB, § 394 Rn. 4.
[40] BGH v. 10.12.1951 - GSZ 3/51 - juris Rn. 4 - BGHZ 4, 153-167; LArbG Düsseldorf v. 21.10.1999 - 5 (18) Sa 1122/99 - juris Rn. 43 - Bibliothek BAG; *Busche* in: Staudinger, § 400 Rn. 1; *Roth* in: MünchKomm-BGB, § 400 Rn. 6; *Grüneberg* in: Palandt, § 400 Rn. 3; *Westermann* in: Erman, § 400 Rn. 3; *Scholz-Löhnig*, WM 2004, 1116-1121, 1120.

Grundlage oder auf Grund einer gesetzlichen Verpflichtung (z.B. Pflicht zur Zahlung von Unterhalt oder Sozialhilfe)[41] geleistet wird. Die kompensatorische Leistung muss jedoch gerade diejenigen Bedürfnisse befriedigen, deren Schutz die Unpfändbarkeitsregelungen dienen.[42] Dies gilt auch für die Wirksamkeit von **Einziehungsermächtigung** und **Inkassozession** (vgl. zur analogen Anwendbarkeit des § 400 BGB in diesen Fällen Rn. 5; zum Begriff der Einziehungsermächtigung und der Inkassozession vgl. die Kommentierung zu § 398 BGB Rn. 123 und die Kommentierung zu § 398 BGB Rn. 65).[43]

Nach der Rechtsprechung des Bundesgerichtshofs ist daher entgegen dem Wortlaut nach Sinn und Zweck des § 400 BGB die Abtretung unpfändbarer Rentenansprüche dann zulässig, wenn sie an den erfolgt, der dem Berechtigten freiwillig oder vertragsgemäß im Rahmen einer fürsorglichen Maßnahme Zahlungen leistet. Die Abtretung kann dabei entweder nach Empfang des vollen Gegenwertes des abgetretenen Anspruchs oder zwar im Voraus, aber unter der aufschiebenden Bedingung des tatsächlichen Empfangs erfolgen.[44] Soweit die Ansprüche unter der aufschiebenden Bedingung (vgl. § 158 Abs. 1 BGB, vgl. die Kommentierung zu § 158 BGB) vollständiger künftiger Zahlung des Gegenwertes abgetreten werden, kann der Zessionar gegen den Schuldner bis zur Zahlung an den Zedenten nur unter den Voraussetzungen des § 259 ZPO auf zukünftige Leistung klagen.[45] Der Schuldner, der bereits an den Zessionar gezahlt hat, kann das Gezahlte bis zur Erbringung der Gegenleistung nach den Grundsätzen der ungerechtfertigten Bereicherung zurückfordern, da er an einen Nichtgläubiger gezahlt hat (§ 812 Abs. 1 Satz 1 Alt. 1 BGB, vgl. die Kommentierung zu § 812 BGB).[46] § 17 VVG in der ab dem 01.01.2008 geltenden Fassung enthält – wie bereits § 15 VVG a.F. – eine mit der Rechtsprechung des BGH vergleichbare Regelung. Nach dieser Vorschrift kann, soweit sich eine **Versicherung auf unpfändbare Sachen** bezieht, eine Forderung aus der Versicherung nur auf solche Gläubiger des Versicherungsnehmers übertragen werden, die diesem zum Ersatz der zerstörten oder beschädigten Sachen andere Sachen geliefert haben.

Einzelfälle zulässiger Abtretungen unpfändbarer Forderungen sind etwa folgende Sachverhalte: Zulässig ist die Abtretung **rückständigen Gehalts** gegen gleichzeitige Gewährung der zum Lebensunterhalt notwendigen Barmittel im Wege des Darlehens an einen Beamten.[47] Nach der Auffassung des Landesarbeitsgerichts Rostock steht dagegen der Abtretbarkeit einer unpfändbaren **Nettolohnforderung** auch dann § 400 BGB entgegen, wenn der Zessionar dem mit ihm verheirateten Zedenten zum Ausgleich **Unterhaltsleistungen** erbringt. Bei familienrechtlichen Unterhaltsleistungen handle es sich um einen allgemeinen gesetzlichen Anspruch der Eheleute untereinander und nicht um eine gerade im Hinblick auf die Abtretung erfolgte zusätzliche Leistung. Etwas anderes folge weder aus der bloßen Aussicht, dass der Zessionar an den Zedenten nach erfolgreicher Klage höhere Unterhaltsleistungen erbringen könnte, noch daraus, dass der Zedent statt als Partei als Zeuge bezüglich der Voraussetzungen des abgetretenen Anspruchs vernommen werden könnte.[48] § 400 BGB stand ferner unter den Voraussetzungen des früheren § 141k Abs. 2a AFG nicht der Abtretung von **Insolvenzausfallgeld**[49] sowie der Abtretung eines Anspruchs aus § 528 Abs. 1 BGB an den **Sozialhilfeträger** entgegen (vgl. auch bezüglich

---

[41] BGH v. 10.12.1951 - GSZ 3/51 - juris Rn. 9 - BGHZ 4, 153-167; BGH v. 31.05.1954 - GSZ 2/54 - juris Rn. 9 - BGHZ 13, 360-370; BGH v. 04.07.1972 - VI ZR 114/71 - juris Rn. 15 - BGHZ 59, 109-115; BGH v. 09.11.1994 - IV ZR 66/94 - juris Rn. 12 - BGHZ 127, 354-360; *Busche* in: Staudinger, § 400 Rn. 11; *Roth* in: MünchKomm-BGB, § 400 Rn. 6; *Grüneberg* in: Palandt, § 400 Rn. 3.

[42] BGH v. 10.12.1951 - GSZ 3/51 - juris Rn. 9 - BGHZ 4, 153-167; BGH v. 04.07.1972 - VI ZR 114/71 - juris Rn. 15 - BGHZ 59, 109-115; BGH v. 09.11.1994 - IV ZR 66/94 - juris Rn. 12 - BGHZ 127, 354-360; *Busche* in: Staudinger, § 400 Rn. 11; *Roth* in: MünchKomm-BGB, § 400 Rn. 6.

[43] *Roth* in: MünchKomm-BGB, § 400 Rn. 6.

[44] BGH v. 10.12.1951 - GSZ 3/51 - juris Rn. 15 - BGHZ 4, 153-167; BGH v. 31.05.1954 - GSZ 2/54 - juris Rn. 14 - BGHZ 13, 360-370; BGH v. 11.01.1966 - VI ZR 173/64 - juris Rn. 16 - VersR 1966, 233; BAG v. 10.06.1980 - 1 AZR 822/79 - juris Rn. 134 - NJW 1980, 1642-1652; LArbG Rostock v. 18.07.1996 - 1 Sa 330/95 - juris Rn. 182 - NZA-RR 1997, 163-167; *Busche* in: Staudinger, § 400 Rn. 12; *Roth* in: MünchKomm-BGB, § 400 Rn. 6.

[45] BGH v. 17.04.1952 - III ZR 109/50 - juris Rn. 4 - BGHZ 5, 342-344; *Busche* in: Staudinger, § 400 Rn. 12.

[46] *Busche* in: Staudinger, § 400 Rn. 12.

[47] *Busche* in: Staudinger, § 400 Rn. 13 m.w.N.

[48] LArbG Rostock v. 12.01.2006 - 1 Sa 301/05 - juris Rn. 24.

[49] BSG v. 22.03.1995 - 10 RAr 1/94 - juris Rn. 22 - WM 1995, 2198-2205; *Busche* in: Staudinger, § 400 Rn. 13; *Grüneberg* in: Palandt, § 400 Rn. 3.

der umstrittenen Anwendbarkeit von § 399 BGB die Kommentierung zu § 399 BGB Rn. 12)[50]. Eine Gegenauffassung hält insoweit jedoch nur eine Abtretung an den in § 528 Abs. 1 Satz 1 BGB genannten Personenkreis für zulässig.[51] Obgleich die Abtretung von **Unterhaltsansprüchen** trotz § 400 BGB i.V.m. § 850b Abs. 1 Nr. 2 ZPO in dem Umfang wirksam ist, in dem der Zessionar den Unterhalt des Zedenten in der Vergangenheit durch gleichwertige eigene Leistung sichergestellt hat, kann die Abtretung an einen **Sozialleistungsträger** gleichwohl nach § 134 BGB nichtig sein, wenn die Überleitung – wie im Falle des § 33 Abs. 1, 2 SGB II – ins Ermessen des Leistungsträgers gestellt ist, so dass dieser eine Abwägung zwischen dem allgemeinen Interesse an einer wirtschaftlichen Verwendung öffentlicher Mittel sowie den Belangen des Leistungsempfängers und des Unterhaltsverpflichteten vorzunehmen hat. Der Leistungsträger kann sich daher nicht seiner Pflicht, die sozialrechtlichen Voraussetzungen der Überleitung, etwa die im Wege der Vergleichsberechnung festzustellende sozialrechtliche Leistungsfähigkeit des Unterhaltsverpflichteten, zu prüfen, durch das Ausweichen auf die Abtretung als Umgehungsgeschäft entziehen.[52] Insolvenzausfallgeld ist nur noch mit Zustimmung des Arbeitsamtes abtretbar.[53] Lohnforderungen können an eine **Gewerkschaft** abgetreten werden, wenn diese ihren Mitgliedern **Streikunterstützung** zahlt.[54] Der verletzte Arbeitnehmer, der vom Arbeitgeber eine Vergütung erhalten hat, kann seine **Schadensersatzansprüche** an den Arbeitgeber abtreten.[55] Nicht wirksam ist jedoch die Abtretung des unpfändbaren Teils von **Gehaltsansprüchen an den Vermieter**[56], von **Unterhaltsansprüchen an den behandelnden Arzt**[57] sowie des Anspruchs auf unpfändbare **Förderleistungen (Blindengeld)** zum Zweck einer unzulässigen Anrechnung.[58] Der Anspruch auf Zahlung von **Beihilfe** im Krankheitsfall ist an einen Gläubiger des Beihilfeberechtigten abtretbar, bei dem gerade die beihilfefähigen Kosten erwachsen sind. Dem steht weder der höchstpersönliche Charakter des Beihilfeanspruchs gemäß § 399 Satz 1 BGB noch dessen Unpfändbarkeit gemäß § 400 BGB entgegen.[59]

D. Rechtsfolgen

14 Die Abtretung einer Forderung trotz ihrer Unpfändbarkeit ist gemäß § 134 BGB (vgl. hierzu die Kommentierung zu § 134 BGB) **nichtig**.[60] Umgekehrt ist eine nicht abtretbare Forderung gemäß § 851 Abs. 1 ZPO auch nicht pfändbar, es sei denn die Unabtretbarkeit ergibt sich allein aus § 399 BGB und der Gegenstand der Forderung ist pfändbar (§ 851 Abs. 2 ZPO).[61] Gemäß § 1274 Abs. 2 BGB wird der Schutz des Gläubigers schließlich dahin gehend komplettiert, dass an einer nicht übertragbaren Forderung auch kein **vertragliches Pfandrecht** bestellt werden kann.[62] Nach einem wirksamen gesetzlichen (oder vertraglichen) Übergang auf einen Dritten, etwa den Sozialversicherungsträger, ist die Forderung dagegen sowohl pfändbar als auch abtretbar, da dann der Zweck des sozialen Schutzes des ursprünglichen Gläubigers entfallen ist. Der neue Gläubiger kann frei über die Forderung verfügen, ohne dass

---

[50] BGH v. 09.11.1994 - IV ZR 66/94 - juris Rn. 12 - BGHZ 127, 354-360; *Busche* in: Staudinger, § 400 Rn. 13 u. § 399 Rn. 36; *Grüneberg* in: Palandt, § 400 Rn. 3.
[51] OLG München v. 30.04.1992 - 1 U 6234/91 - NJW-RR 1993, 250.
[52] OLG Celle v. 15.03.2006 - 15 UF 54/05 - juris Rn. 39 - NJW 2006, 1356-1358.
[53] *Grüneberg* in: Palandt, § 400 Rn. 3.
[54] BAG v. 10.06.1980 - 1 AZR 822/79 - juris Rn. 134 - NJW 1980, 1642-1652; *Busche* in: Staudinger, § 400 Rn. 13; *Grüneberg* in: Palandt, § 400 Rn. 3.
[55] BGH v. 22.06.1956 - VI ZR 140/55 - juris Rn. 13 - BGHZ 21,112-122; *Busche* in: Staudinger, § 400 Rn. 13.
[56] BAG v. 21.11.2000 - 9 AZR 692/99 - juris Rn. 25 - NJW 2001, 1443-1445; *Grüneberg* in: Palandt, § 400 Rn. 3.
[57] LG München v. 28.07.1976 - 6 T 840/76 - juris Rn. 44 - NJW 1976, 1948; *Busche* in: Staudinger, § 400 Rn. 14; *Roth* in: MünchKomm-BGB, § 400 Rn. 6; a.A. beim Entstehen eines Unterhaltssonderbedarfs infolge der Behandlung: LG Frankenthal v. 29.08.1989 - 1 T 333/89 - juris Rn. 7 - NJW-RR 1989, 1352.
[58] BGH v. 24.09.1987 - III ZR 49/86 - juris Rn. 18 - NJW 1988, 819-821; *Busche* in: Staudinger, § 400 Rn. 14; *Grüneberg* in: Palandt, § 400 Rn. 3.
[59] BAG v. 18.02.1970 - 4 AZR 440/69 - juris Rn. 10 - USK 7047.
[60] BGH v. 13.05.1997 - IX ZR 246/96 - juris Rn. 11 - LM SGB I § 53 Nr. 1 (9/1997); *Westermann* in: Erman, § 400 Rn. 1; *Zeiss* in: Soergel, 12. Aufl., § 400 Rn. 1; *Busche* in: Staudinger, § 400 Rn. 1; eine Ausnahme gilt gemäß dem Gesetz über die Abtretung von Beamtenbezügen zum Heimstättenbau vom 30.06.1927 (RGBl I S. 133); *Roth* in: MünchKomm-BGB, § 400 Rn. 7.
[61] *Busche* in: Staudinger, § 400 Rn. 2; *Roth* in: MünchKomm-BGB, § 400 Rn. 1.
[62] *Busche* in: Staudinger, § 400 Rn. 8; *Westermann* in: Erman, § 400 Rn. 1.

§ 400 BGB noch länger entgegensteht.⁶³ Werden mehrere Forderungen abgetreten, von denen nur eine unabtretbar ist, so ist zu prüfen, ob die Abtretung insgesamt unwirksam ist. Wird zusammen mit einer Kapitallebensversicherung eine **Berufsunfähigkeits-Zusatzversicherung** abgeschlossen, so ist der Anspruch aus der Berufsunfähigkeitsversicherung gemäß § 400 BGB i.V.m. § 850b Abs. 1 Nr. 1 ZPO unabtretbar. Die Einheitlichkeit des Vertrages steht jedoch gemäß § 139 BGB weder der Abtretung von Ansprüchen allein aus der Lebensversicherung noch einer Übertragung des Kündigungsrechts für die Lebensversicherung entgegen.⁶⁴

E. Prozessuale Hinweise/Verfahrenshinweise

Derjenige, der sich auf die Unpfändbarkeit der Forderung beruft, trägt insoweit die **Darlegungs- und Beweislast**. Dies folgt daraus, dass die Abtretbarkeit einer Forderung den Normalfall darstellt, die Unabtretbarkeit die Ausnahme. Insoweit gelten dieselben Überlegungen wie zu § 399 BGB (vgl. hierzu die Kommentierung zu § 399 BGB Rn. 42). 15

F. Anwendungsfelder

I. Abdingbarkeit

Aufgrund seines Zwecks, den Lebensunterhalt des Schuldners zu sichern, ist § 400 BGB **nicht abdingbar**.⁶⁵ 16

II. Weitere Abtretungsverbote

Neben § 400 BGB kann sich die Unabtretbarkeit auch aus § 399 BGB sowie aus weiteren Vorschriften ergeben (vgl. hierzu die Aufstellung bei § 399 BGB, vgl. die Kommentierung zu § 399 BGB Rn. 44). 17

---

[63] RG v. 16.11.1916 - VI 326/16 - RGZ 89, 233-237, 236; *Busche* in: Staudinger, § 400 Rn. 17; *Roth* in: Münch-Komm-BGB, § 400 Rn. 9; *Grüneberg* in: Palandt, § 400 Rn. 3; für die Parallelvorschrift des § 394 BGB vgl. BGH v. 27.06.1961 - VI ZR 205/60 - juris Rn. 18 - BGHZ 35, 317-328; *Busche* in: Staudinger, § 400 Rn. 17; a.A. für § 115 SGB X und § 394 BGB: BAG v. 28.06.1984 - 2 AZR 207/83 - juris Rn. 17 - DB 1985, 499-500.

[64] BGH v. 18.11.2009 - IV ZR 39/08 - juris Rn. 21 - WM 2010, 163-166; BGH v. 18.11.2009 - IV ZR 134/08 - juris Rn. 14 - VersR 2010, 375-377; a.A. OLG Frankfurt v. 08.05.2008 - 12 U 104/06 - juris Rn. 14 - RuS 2008, 386-387; offen gelassen: OLG Köln v. 12.11.2008 - 20 W 46/08 - juris Rn. 4 - VersR 2009, 621-622.

[65] BGH v. 10.12.1951 - GSZ 3/51 - juris Rn. 2 - BGHZ 4, 153-167; *Westermann* in: Erman, § 400 Rn. 1; *Scholz-Löhnig*, WM 2004, 1116-1121, 1120.

§ 401 BGB Übergang der Neben- und Vorzugsrechte

(Fassung vom 02.01.2002, gültig ab 01.01.2002)

(1) Mit der abgetretenen Forderung gehen die Hypotheken, Schiffshypotheken oder Pfandrechte, die für sie bestehen, sowie die Rechte aus einer für sie bestellten Bürgschaft auf den neuen Gläubiger über.

(2) Ein mit der Forderung für den Fall der Zwangsvollstreckung oder des Insolvenzverfahrens verbundenes Vorzugsrecht kann auch der neue Gläubiger geltend machen.

Gliederung

A. Grundlagen 1	7. Keine Nebenrechte 14
B. Praktische Bedeutung 2	a. Selbstständige Sicherungsrechte 14
C. Anwendungsvoraussetzungen 3	b. Vertragsbezogene Gestaltungsrechte ... 16
I. Abtretung 3	c. Unselbstständige Rechtsbestandteile ... 17
II. Nebenrechte (Absatz 1) 4	d. Zurückbehaltungsrechte 18
1. Hypothek 5	8. Prozessuale Rechtspositionen 19
2. Pfandrecht 7	III. Vorzugsrechte (Absatz 2) 20
3. Bürgschaft 8	D. Rechtsfolgen 21
4. Sonstige Nebenrechte 10	E. Prozessuale Hinweise/Verfahrenshinweise 22
5. Hilfsrechte 12	
6. Gestaltungsrechte 13	F. Anwendungsfelder 23

A. Grundlagen[1]

1 **Regelungsprinzipien**: Die Vorschrift hat den **Sinn und Zweck**, dem Zessionar mit der Forderung zugleich die zu ihr gehörigen Neben- und Vorzugsrechte zu verschaffen.[2] Der Zessionar soll die Forderung möglichst vollständig erhalten, um sie rechtlich und wirtschaftlich in vollem Umfang nutzen zu können. Zu diesem Zweck benötigt er neben der eigentlichen Forderung auch die zugehörigen **Neben- und Vorzugsrechte**. Diese wären für den Zedenten ohnehin mangels Hauptforderung nicht mehr von Wert.[3] Die **Aufzählung** der betroffenen Rechte im Gesetz (Hypotheken, Schiffshypotheken, Pfandrechte, Rechte aus einer Bürgschaft) ist **nicht abschließend**, sondern nur beispielhaft, so dass auch andere Rechte mit übergehen können.[4]

B. Praktische Bedeutung

2 Die Vorschrift hat **große praktische Bedeutung**. In der modernen Kreditwirtschaft ist insbesondere die dingliche Sicherung der Forderungen des Kreditgebers durch Grundpfandrechte und Mobiliarsicherheiten von überragender Bedeutung. Die **dinglichen Sicherheiten** machen den wirtschaftlichen Wert der gesicherten Forderung erst aus, da sie unabhängig von der individuellen Bonität des Schuldners einen Zugriff auf die bestehenden und werthaltigen Realsicherheiten ermöglichen. Eine Abtretung ohne den Übergang gerade auch dieser Rechte wäre daher in vielen Fällen wirtschaftlich sinnlos.

C. Anwendungsvoraussetzungen

I. Abtretung

3 Erforderlich ist eine **Abtretung der Hauptforderung**. Hingegen können die Nebenrechte, die in direkter Anwendung des § 401 BGB mit der Forderung übergehen, nicht selbständig abgetreten werden.[5] Gegenstand einer selbständigen Abtretung können nur solche Nebenrechte sein, die lediglich analog

---

[1] Fortführung und Aktualisierung der bis zur Vorauflage von Herrn Dr. *G. Knerr* betreuten Kommentierung. Die Kommentierung gibt ausschließlich die persönliche Meinung des Autors wieder.
[2] *Busche* in: Staudinger, § 401 Rn. 1 und 2; *Grüneberg* in: Palandt, § 401 Rn. 1; *Münch*, Abtretungsverbote im deutschen und französischen Recht, 2001, 28.
[3] *Busche* in: Staudinger, § 401 Rn. 2.
[4] *Busche* in: Staudinger, § 401 Rn. 3.
[5] *Grüneberg* in: Palandt, § 401 Rn. 1.

zu § 401 BGB mit übergehen.[6] § 401 BGB ist auch auf den **gesetzlichen Forderungsübergang** gemäß § 412 BGB anwendbar.[7] Hat sich etwa ein Angehöriger für Ruhegehaltsansprüche verbürgt, so ist der Übergang des Anspruchs gegen den Bürgen auf den Träger der gesetzlichen Insolvenzversicherung nicht ausgeschlossen.[8] Zweifel bestehen dagegen, wenn mehrere Sicherheiten bestehen und einer von mehreren Sicherungsgebern den Gläubiger befriedigt.[9] Ein Bürge, der den Gläubiger befriedigt und kraft Gesetzes gemäß § 774 BGB die Hauptforderung erwirbt, kann auch die Zinsen beanspruchen, die der Gläubiger mit dem Hauptschuldner vertraglich vereinbart hat.[10] Der Übergang von Nebenrechten im Falle einer **gerichtlichen Überweisung** der Hauptforderung ist in den §§ 830, 830a, 835-838 ZPO besonders geregelt.[11] Bei der Überweisung an Zahlungs statt, die dieselbe Wirkung wie eine Abtretung hat, findet § 401 BGB allerdings uneingeschränkte Anwendung.[12] Die aus der Pfändung eines Hauptrechts resultierende Beschlagnahme erstreckt sich dagegen ohne weiteres auf alle Nebenrechte, die im Falle der Abtretung bzw. Legalzession des Hauptrechts gemäß §§ 412, 401 BGB auf den Gläubiger übergehen würden. Einer gesonderten Neben- oder Hilfspfändung bedarf es dazu nicht.[13]

II. Nebenrechte (Absatz 1)

Bestimmte Nebenrechte gehen auf Grund ihrer **Akzessorietät** mit der Forderung zusammen auf den Zessionar über.[14] Es sind dies die Hypothek gemäß § 1153 BGB, die Schiffshypothek, das Pfandrecht gemäß den §§ 1250, 1273 BGB, das Registerpfandrecht an Luftfahrzeugen gemäß § 98 Abs. 2 LuftfzRG und die Bürgschaft gemäß § 767 BGB.[15]

1. Hypothek

Eine **Hypothek** kann gemäß § 1153 Abs. 2 BGB nur zusammen mit der Forderung und die durch die Hypothek gesicherte Forderung nur zusammen mit der Hypothek abgetreten werden. Eine gegenteilige Abrede ist unwirksam.[16] Ausnahmsweise ist die gesicherte Forderung isoliert abtretbar, wenn die Abtretung unter der aufschiebenden Bedingung des Wegfalls der Hypothek erfolgt und der Zedent zum Zeitpunkt des Bedingungseintritts noch Gläubiger ist (vgl. auch die Kommentierung zu § 399 BGB Rn. 19).[17] Die strenge Akzessorietät des § 1153 Abs. 2 BGB gilt auch für **Zwangshypothek**en gemäß den §§ 866, 867, 932 ZPO und für **gesetzliche Hypotheken** gemäß § 1287 Satz 2 BGB.[18] Sie erstreckt sich auf die mit der Hypothek zusammenhängende Ansprüche, etwa den Anspruch auf Rückschaffung widerrechtlich vom Grundstück entfernter Gegenstände wie Erzeugnisse, Bestandteile und Zubehör, die gemäß § 1120 BGB zum Haftungsverband der Hypothek gehören.[19] Mit der Forderung geht auch der Anspruch auf Befriedung aus dem Versteigerungserlös über.[20] Bei einer **Höchstbetragshypothek** kann dagegen gemäß § 1190 Abs. 4 BGB eine in den Höchstbetrag eingeschlossene Forderung ausgesondert und ohne die Hypothek abgetreten werden.[21] Eine weitere Ausnahme gilt bei der Hypothek für Zinsrückstände.[22] Bei einer **Verkehrshypothek** kann auf Grund der Vorschriften über den öffentlichen

---

[6] *Grüneberg* in: Palandt, § 401 Rn. 1.
[7] BGH v. 14.07.1966 - VIII ZR 229/64 - BGHZ 46, 14-17; BGH v. 24.11.1971 - IV ZR 71/70 - juris Rn. 13 - LM Nr. 31 zu § 67 VVG; BGH v. 13.05.1993 - IX ZR 166/92 - juris Rn. 31 - LM BetrAVG Nr. 34/35 (1/1994); *Busche* in: Staudinger, § 401 Rn. 49; *Grüneberg* in: Palandt, § 401 Rn. 2.
[8] BGH v. 13.05.1993 - IX ZR 166/92 - juris Rn. 11 - LM BetrAVG Nr. 34/35 (1/1994); *Grüneberg* in: Palandt, § 401 Rn. 2.
[9] *Busche* in: Staudinger, § 401 Rn. 49; *Grüneberg* in: Palandt, § 401 Rn. 2 u. § 426 Rn. 2.
[10] BGH v. 18.05.1961 - VII ZR 39/60 - juris Rn. 15 - BGHZ 35, 172-175; *Busche* in: Staudinger, § 401 Rn. 47; *Westermann* in: Erman, § 401 Rn. 5.
[11] *Busche* in: Staudinger, § 401 Rn. 50.
[12] *Busche* in: Staudinger, § 401 Rn. 51.
[13] BGH v. 18.07.2003 - IXa ZB 148/03 - juris Rn. 6 - NJW-RR 2003, 1555-1556.
[14] *Busche* in: Staudinger, § 401 Rn. 4.
[15] *Grüneberg* in: Palandt, § 401 Rn. 3.
[16] *Busche* in: Staudinger, § 401 Rn. 12.
[17] *Busche* in: Staudinger, § 401 Rn. 12.
[18] *Busche* in: Staudinger, § 401 Rn. 13.
[19] RG v. 11.03.1909 - V 245/08 - RGZ 70, 378-379, 379; *Busche* in: Staudinger, § 401 Rn. 13.
[20] RG v. 03.01.1900 - 287/99 - RGZ 45, 412-415, 413; *Busche* in: Staudinger, § 401 Rn. 13; *Westermann* in: Erman, § 401 Rn. 2.
[21] *Busche* in: Staudinger, § 401 Rn. 14.
[22] *Busche* in: Staudinger, § 401 Rn. 14.

Glauben des Grundbuchs ausnahmsweise die Hypothek als Grundschuld ohne Forderung auf einen neuen Gläubiger übergehen.[23] Bei **Sicherungshypotheken** gemäß § 1185 Abs. 2 BGB einschließlich der Höchstbetragshypothek gemäß § 1190 Abs. 1 und 3 BGB ist dies dagegen ausgeschlossen.[24]

6 Die **Schiffshypothek** ist geregelt in Art. 2 der Verordnung vom 21.12.1940[25] sowie § 23 Schiffs-RegO[26]; das Registerpfandrecht an einem Luftfahrzeug wird gemäß § 98 Abs. 2 LuftfzRG[27] wie eine Schiffshypothek behandelt.[28]

2. Pfandrecht

7 Das **Pfandrecht** kann gemäß § 1250 Abs. 2 BGB nicht ohne die Forderung übertragen werden. Anders als bei der Hypothek gemäß § 1153 Abs. 2 BGB kann jedoch die Forderung ohne das Pfandrecht übertragen werden, weshalb § 401 BGB beim Pfandrecht **keinen zwingenden Charakter** hat. Dies folgt aus den §§ 1250 Abs. 2, 1273 Abs. 2 BGB, wonach das Pfandrecht erlischt, wenn bei der Übertragung der Forderung sein Übergang ausgeschlossen ist.[29] Dies gilt auch für gesetzliche Pfandrechte und das Pfändungspfandrecht.[30] Wird die Forderung mit dem Pfandrecht an Sachen abgetreten, so kann der neue Gläubiger gemäß § 1251 BGB Herausgabe des Pfandes verlangen.[31]

3. Bürgschaft

8 Die **Bürgschaftsforderung** kann wegen ihres Sicherungszwecks gemäß § 399 Alt. 1 BGB nicht ohne die Hauptforderung abgetreten werden (vgl. auch die Kommentierung zu § 399 BGB Rn. 19). Sie verbleibt trotz ihrer isolierten Abtretung bei dem bisherigen Gläubiger. Auf den Zessionar geht der Bürgschaftsanspruch nur mit der Abtretung der Hauptforderung gemäß § 401 BGB über.[32] Der Zessionar erhält in diesem Fall zugleich das Recht, die zur Fälligstellung der Bürgschaft erforderlichen Erklärungen abzugeben, etwa bei der **Bürgschaft auf erstes Anfordern**.[33] Bei einer solchen handelt es sich um eine den Gläubiger besonders privilegierende Form der Bürgschaft. Der Vorteil für den Gläubiger besteht im Wesentlichen darin, dass er, wenn er die Leistung aus einer solchen Bürgschaft verlangt, nicht die Schlüssigkeit der Hauptforderung darlegen, sondern lediglich die urkundlich vorgeschriebenen Voraussetzungen erfüllen muss und der Bürge mit allen Einwendungen ausgeschlossen ist, die nicht offensichtlich oder liquide beweisbar begründet sind. Alle übrigen aus der Akzessorietät der Bürgschaft folgenden Einwendungen sind damit nicht erledigt, sondern lediglich in einen Rückforderungsprozess verlagert.[34] Werden **Gewährleistungsansprüche** abgetreten, so gehen auch Ansprüche aus künftig noch zu bestellenden Gewährleistungsbürgschaften gemäß § 401 Abs. 1 BGB auf den Zessionar über, sofern in dem Abtretungsvertrag der Übergang künftiger Sicherheiten vorgesehen ist. Dass die Bürgschaften bis zur Abtretung nicht bereits übernommen waren, ist insoweit unschädlich. Ausschlaggebend ist, dass sich Zedent und Zessionar bei der Abtretung der Hauptforderung zugleich über die Abtretung künftiger Sicherheiten für diese geeinigt haben. Diese Einigung macht einen zu demselben Ergebnis führenden Vertrag zwischen Bürgen und Zessionar oder zwischen Bürgen und Zedenten zugunsten des Zessionars überflüssig.[35] Wird bei der Abtretung der Hauptforderung der Übergang des Bürgschaftsanspruchs ausgeschlossen, so erlischt dieser gemäß § 767 Abs. 1 Satz 1 BGB.[36] War der Ausschluss der Abtretbarkeit aus der Bürgschaftsurkunde nicht ersichtlich und kannte ihn der neue

---

[23] *Busche* in: Staudinger, § 401 Rn. 14.
[24] *Busche* in: Staudinger, § 401 Rn. 14.
[25] RGBl I 1940, 1690.
[26] BGBl I 1994, 1134.
[27] BGBl I 1959, 57.
[28] *Busche* in: Staudinger, § 401 Rn. 15.
[29] *Busche* in: Staudinger, § 401 Rn. 16.
[30] RG v. 13.12.1907 - VII 111/07 - RGZ 67, 214-221, 221; *Busche* in: Staudinger, § 401 Rn. 17.
[31] *Busche* in: Staudinger, § 401 Rn. 18.
[32] BGH v. 20.06.1985 - IX ZR 173/84 - juris Rn. 45 - BGHZ 95, 88-98; OLG Düsseldorf v. 13.12.2002 - 16 U 62/02 - WM 2003, 1318-1322; *Busche* in: Staudinger, § 401 Rn. 19; *Roth* in: MünchKomm-BGB, § 401 Rn. 5; a.A. *Weber* in: BGB-RGRK, 12. Aufl. 1976, § 401 Rn. 8
[33] BGH v. 26.02.1987 - IX ZR 136/86 - juris Rn. 11 - LM Nr. 11 zu § 401 BGB; OLG Köln v. 30.10.1997 - 12 U 40/97 - juris Rn. 22 - NJW-RR 1998, 1393-1396; *Busche* in: Staudinger, § 401 Rn. 20; *Roth* in: MünchKomm-BGB, § 401 Rn. 5; *Grüneberg* in: Palandt, § 401 Rn. 3.
[34] BGH v. 03.04.2003 - IX ZR 287/99 - juris Rn. 19 - NJW 2003, 2231-2233.
[35] BGH v. 15.08.2002 - IX ZR 217/99 - juris Rn. 29 - NJW 2002, 3461-3463.
[36] BGH v. 19.09.1991 - IX ZR 296/90 - juris Rn. 17 - BGHZ 115, 177-186; *Busche* in: Staudinger, § 401 Rn. 19.

Gläubiger nicht und musste ihn auch nicht kennen, so gilt § 405 BGB, so dass ein gutgläubiger Erwerb möglich ist (vgl. die Kommentierung zu § 405 BGB Rn. 5).[37] Die Bürgschaftsforderung ist dann **ausnahmsweise isoliert abtretbar**, wenn die Hauptschuld infolge Vermögensverfalls des Hauptschuldners untergeht und die Bürgschaft sich daher von einem unselbständigen Nebenrecht in einen selbständigen Anspruch wandelt.[38]

Im Falle der **Bürgschaft für eine künftige Schuld** gemäß § 765 Abs. 2 BGB, die den Gegenstand einer Vorausabtretung (vgl. zu dieser die Kommentierung zu § 398 BGB Rn. 20) bildet, geht die Forderung gegen den Bürgen mit ihrer Entstehung, also zeitgleich mit dem Entstehen der Hauptforderung auf den Zessionar über.[39] Mit dem Abschluss des Abtretungsvertrages bezüglich der Forderung erwirbt der Zessionar jedoch bereits eine **Anwartschaft** bezüglich der Bürgschaftsforderung, wenn für die künftige Hauptforderung und die Bürgschaftsforderung schon der Rechtsgrund gelegt ist.[40] Die Forderung gegen den Bürgen geht jedoch nur bei einer echten Übertragung der Hauptforderung über, nicht aber, wenn die ursprüngliche Forderung durch den Kredit eines neuen Gläubigers wirtschaftlich ersetzt wird, ohne dass eine Zession vorliegt. In diesem Fall erlischt die Forderung gegen den Bürgen, da er sich für die neue Forderung nicht verbürgt hat.[41] Die Bürgschaft erstreckt sich dagegen nicht auf weitere Kredite aus der Geschäftsverbindung zwischen Schuldner und Zessionar.[42] Es kann jedoch im Wege eines **Vertrages zugunsten Dritter** gemäß § 328 BGB vereinbart werden, dass sich die Bürgschaft auch auf die neue Forderung erstrecken soll.[43] Auch bei einer **Gesamtrechtsnachfolge** auf Gläubigerseite kann sich die Bürgschaft auf weitere Kredite aus der Geschäftsverbindung des Schuldners mit dem Zessionar erstrecken.[44] Eine **Mietbürgschaft** haftet bei einer Vertragsübernahme (vgl. zu dieser die Kommentierung zu § 398 BGB Rn. 133) auch für die in der Person des neuen Vermieters entstehenden Ansprüche.[45] Eine Bürgschaft kann auch für den Fall der Rückübertragung eines bereits abgetretenen Anspruchs begründet werden, sofern die Schriftform des § 766 BGB gewahrt ist.[46]

4. Sonstige Nebenrechte

In entsprechender Anwendung des § 401 BGB gehen auf den Zessionar auch **sonstige Nebenrechte**, die der Verwirklichung und Sicherung der Forderung dienen, über, was sich aus der Entstehungsgeschichte und dem Sinn und Zweck der Vorschrift (vgl. Rn. 1) ergibt.[47] Dies betrifft zum einen **andere unselbständige Sicherungsrechte**. Zu diesen gehört zum einen der Anspruch auf die Bestellung akzessorischer Sicherungsrechte wie der **Bauhandwerkersicherungshypothek** gemäß § 648 BGB.[48] Wird – was möglich ist – der Übergang dieses Anspruchs durch Vereinbarung ausgeschlossen, so erlischt er im Zeitpunkt der Übertragung der Hauptforderung auf Grund des Wegfalls der zu sichernden Forderung.[49] Von § 401 BGB umfasst sind ferner die **Vormerkung** (§ 883 BGB – vgl. die Kommen-

---

[37] *Busche* in: Staudinger, § 401 Rn. 19.
[38] BGH v. 25.11.1981 - VIII ZR 299/80 - juris Rn. 23 - BGHZ 82, 323-332; OLG Düsseldorf v. 13.12.2002 - 16 U 62/02 - WM 2003, 1318-1322; *Busche* in: Staudinger, § 401 Rn. 19.
[39] *Larenz*, Schuldrecht, Band I: Allgemeiner Teil, 14. Aufl. 1987, S. 586; *Busche* in: Staudinger, § 401 Rn. 21.
[40] *Larenz*, Schuldrecht, Band I: Allgemeiner Teil, 14. Aufl. 1987, S. 586; *Busche* in: Staudinger, § 401 Rn. 21.
[41] RG v. 05.12.1929 - VIII 335/29 - RGZ 126, 287-294, 289; *Busche* in: Staudinger, § 401 Rn. 22; *Roth* in: MünchKomm-BGB, § 401 Rn. 5.
[42] BGH v. 28.11.1957 - VII ZR 42/57 - BGHZ 26, 142-152; *Grüneberg* in: Palandt, § 401 Rn. 3.
[43] BGH v. 28.11.1957 - VII ZR 42/57 - BGHZ 26, 142-152; *Busche* in: Staudinger, § 401 Rn. 22.
[44] BGH v. 21.05.1980 - VIII ZR 107/79 - juris Rn. 19 - BGHZ 77, 167-171; *Busche* in: Staudinger, § 401 Rn. 22; *Roth* in: MünchKomm-BGB, § 401 Rn. 5; *Grüneberg* in: Palandt, § 401 Rn. 3.
[45] BGH v. 20.06.1985 - IX ZR 173/84 - juris Rn. 58 - BGHZ 95, 88-98; *Grüneberg* in: Palandt, § 401 Rn. 3.
[46] OLG Karlsruhe v. 24.03.2000 - 10 U 188/99 - juris Rn. 32 - WM 2001, 729-732.
[47] *Westermann* in: Erman, § 401 Rn. 2; *Busche* in: Staudinger, § 401 Rn. 28; vgl. etwa zur entsprechenden Anwendung des § 401 BGB bei Abtretung des Anspruchs auf Auszahlung des vom Auftraggeber eines Bauvertrags als Sicherheit für seine Mängelansprüche einbehaltenen Restwerklohns und zum Recht, den Einbehalt durch Bürgschaft abzulösen, BGH v. 25.11.2010 - VII ZR 16/10 - juris Rn. 19 - NJW 2011, 443-445.
[48] OLG Dresden v. 26.07.1999 - 2 U 1390/99 - juris Rn. 4 - NJW-RR 2000, 96-97; *Busche* in: Staudinger, § 401 Rn. 29; *Westermann* in: Erman, § 401 Rn. 2; *Grüneberg* in: Palandt, § 401 Rn. 4.
[49] *Busche* in: Staudinger, § 401 Rn. 29.

tierung zu § 399 BGB Rn. 20)[50] und der aus der Hypothek hervorgegangene Anspruch auf **Befriedigung aus dem Versteigerungserlös**[51]. Es gehen ferner über die Ansprüche aus einer zwischen dem Schuldner und einem Dritten zugunsten des Gläubigers vereinbarten **Erfüllungsübernahme**[52] sowie aus einem sichernden **Schuldbeitritt (Schuldmitübernahme)**[53]. Auch der Anspruch des Verkäufers gegen den Notar, den auf einem Anderkonto verwalteten Kaufpreis bei Auszahlungsreife auszukehren, ist als Nebenrecht i.S.d. § 401 BGB anzusehen,[54] ebenso der Herausgabeanspruch gemäß § 667 BGB gegenüber einem sonstigen Treuhänder.[55]

11 Mit der Abtretung einer Darlehensforderung gehen gemäß § 401 BGB auch die Rechte aus einer **harten Patronatserklärung** über. Durch eine Patronatserklärung wird der Gläubiger berechtigt, unmittelbar vom Patron Zahlung zu verlangen, wenn der Schuldner in Insolvenz gerät oder die durch die Patronatserklärung gesicherte Verbindlichkeit nicht erfüllt. Im Falle einer Teilabtretung gehen diese Rechte in Höhe der abgetretenen Forderung über. Im Falle der Abtretung der zugrunde liegenden Forderung erwirbt dieses Recht der Zessionar.[56] Geht ein Anspruch auf Zahlung einer **Betriebsrente** gemäß § 9 Abs. 2 Satz 1 BetrAVG auf den Pensionssicherungsverein über, so erwirbt dieser gemäß §§ 412, 401 BGB alle akzessorischen, bürgschaftsähnlichen Sicherungsrechte, die der Verstärkung der Pensionsforderung dienen. Dies folgt aus dem nicht abschließenden Charakter der Aufzählung in § 401 BGB. Vom Forderungsübergang erfasst sind daher auch die Rechte aus einem die Forderung sichernden **Schuldbeitritt**.[57] Ebenfalls nach § 401 BGB können im Rahmen einer Kapitalerhöhung mit der Übertragung der Aktien von Altaktionären **Bezugsrechte** übergehen.[58]

5. Hilfsrechte

12 Ferner ist § 401 BGB auf **Hilfsrechte** entsprechend anwendbar. Hilfsrechte sind Rechte, die zur Durchsetzung der Forderung erforderlich sind.[59] Zu diesen gehören etwa Ansprüche auf **Auskunft und Rechnungslegung**[60], was beim Forderungsübergang gemäß § 94 Abs. 1 Satz 1 SGB XII (bis zum 31.12.2004: § 91 Abs. 1 Satz 1 BSHG) aus dem Wortlaut der gesetzlichen Regelung folgt[61]. Wenn ein **Rechtsschutzversicherer** die Kosten eines Anwalts zahlt, so kann er von diesem Auskunft über den Ausgang des Verfahrens und Abrechnung der geleisteten Vorschüsse verlangen, denn der Auskunftsanspruch folgt als Nebenrecht dem gemäß § 86 Abs. 1 VVG und § 20 Abs. 2 ARB auf den Versicherer übergegangenen Anspruch auf Rückzahlung geleisteter Vorschüsse.[62] Dies gilt auch im Falle des § 116 SGB X.[63] **Gesellschaftsrechtliche Rechnungslegungsrechte** und Ansprüche auf Einsicht in die Geschäftsunterlagen bleiben jedoch bei der Abtretung eines Abfindungsanspruchs beim Zeden-

---

[50] BGH v. 21.06.1957 - V ZB 6/57 - juris Rn. 21 - BGHZ 25, 16-27; BGH v. 17.06.1994 - V ZR 204/92 - juris Rn. 20 - LM BGB § 362 Nr. 21 (2/1995); BGH v. 27.10.2006 - V ZR 234/05 - juris Rn. 16 - NJW 2007, 508-509; OLG München v. 19.01.2010 - 34 Wx 77/09 - juris Rn. 11; *Busche* in: Staudinger, § 401 Rn. 30; *Westermann* in: Erman, § 401 Rn. 2; *Grüneberg* in: Palandt, § 401 Rn. 4; *Stamm*, JURA 2006, 133-139, 137.
[51] RG v. 03.04.1907 - V 423/06 - RGZ 65, 414-420, 418; *Busche* in: Staudinger, § 401 Rn. 30; *Grüneberg* in: Palandt, § 401 Rn. 4.
[52] RG v. 07.02.1907 - VI 266/06 - RGZ 65, 164-171, 170; *Busche* in: Staudinger, § 401 Rn. 31; *Grüneberg* in: Palandt, § 401 Rn. 4.
[53] BGH v. 24.11.1971 - IV ZR 71/70 - juris Rn. 16 - LM Nr. 31 zu § 67 VVG; BGH v. 23.11.1999 - XI ZR 20/99 - juris Rn. 12 - LM BGB § 401 Nr. 18 (7/2000); BAG v. 12.12.1989 - 3 AZR 540/88 - juris Rn. 36 - WM 1990, 734-738; *Busche* in: Staudinger, § 401 Rn. 31; *Grüneberg* in: Palandt, § 401 Rn. 4.
[54] BGH v. 19.03.1998 - IX ZR 242/97 - juris Rn. 15 - BGHZ 138, 179-187; *Grüneberg* in: Palandt, § 401 Rn. 4; kritisch *Busche* in: Staudinger, § 401 Rn. 31.
[55] BGH v. 07.12.2006 - IX ZR 161/04 - juris Rn. 13 - NJW-RR 2007, 845-848.
[56] OLG Rostock v. 16.12.2004 - 1 U 28/04 - juris Rn. 5 - OLGR Rostock 2005, 529-530.
[57] LArbG Stuttgart v. 15.03.2005 - 2 Sa 15/04 - Bibliothek BAG.
[58] LG Köln v. 13.01.2006 - 82 O 174/05 - juris Rn. 31.
[59] *Grüneberg* in: Palandt, § 401 Rn. 4.
[60] OLG Köln v. 01.10.1999 - 19 U 167/98 - juris Rn. 27 - OLGR Köln 2000, 152-154; LG Itzehoe v. 10.05.1988 - 1 S 292/87 - juris Rn. 13 - NJW-RR 1988, 1394-1395; *Busche* in: Staudinger, § 401 Rn. 34; *Westermann* in: Erman, § 401 Rn. 2; *Grüneberg* in: Palandt, § 401 Rn. 4; a.A. *Hüpers*, VersR 1994, 653-656, 654 zu § 116 SGB X; *Karst*, JuS 1993, 633-637, 634; zu § 1615b Abs. 1 a.F BGB.
[61] *Busche* in: Staudinger, § 401 Rn. 34; *Grüneberg* in: Palandt, § 401 Rn. 4.
[62] AG Berlin-Tempelhof-Kreuzberg v. 03.01.2003 - 9 C 235/02 - ZfSch 2003, 468-469.
[63] *Busche* in: Staudinger, § 401 Rn. 34; *Grüneberg* in: Palandt, § 401 Rn. 4; a.A. *Hüpers*, VersR 1994, 653-656, 654.

ten.⁶⁴ Auch können diese Auskunfts- und Rechnungslegungsansprüche nicht selbständig abgetreten werden.⁶⁵ Weiteres Nebenrecht ist die Befugnis, eine Verfügung gemäß § 185 Abs. 2 BGB zu genehmigen. Diese geht mit der Abtretung eines Anspruchs aus § 816 BGB auf den Zessionar über.⁶⁶ Dagegen ist der Anspruch des **Bankkunden** auf Erteilung von Kontoauszügen und Rechnungsabschlüssen kein auf den Zessionar bzw. den Pfändungsgläubiger gemäß §§ 412, 401 BGB übergehender Nebenanspruch, da es sich insoweit um einen selbstständigen Anspruch aus dem Girovertrag gemäß §§ 666, 675 BGB, nicht aber um einen Auskunftsanspruch handelt, der lediglich die Geltendmachung eines anderen Anspruchs vorbereiten soll.⁶⁷

6. Gestaltungsrechte

Ebenfalls umfasst von § 401 BGB sind Gestaltungsrechte, die sich auf eine einzelne Forderung beziehen (**forderungsbezogene Gestaltungsrechte**, vgl. zu diesen Gestaltungsrechten im Einzelnen die Kommentierung zu § 413 BGB Rn. 8), etwa das Recht zur Fristsetzung gemäß § 281 Abs. 1 (ähnlich bis zum 31.12.2001: § 283 Abs. 1 BGB, welcher zusätzlich eine Ablehnungsandrohung voraussetzte)⁶⁸ oder gemäß § 323 Abs. 1 BGB (bis zum 31.12.2001: § 326 Abs. 1 BGB, bei dem ebenfalls zusätzlich eine Ablehnungsandrohung erforderlich war)⁶⁹. Zu den forderungsbezogenen Gestaltungsrechten gehören auch das **Wahlrecht** gemäß § 262 BGB, die **Ersetzungsbefugnis** des Gläubigers⁷⁰ und das Recht zur **Fälligkeitskündigung**⁷¹. Anderes gilt für die vertragsbezogenen Gestaltungsrechte (vgl. Rn. 16). Auf den Zessionar gehen auch die Ansprüche aus den §§ 402, 403 BGB gegen einen früheren Zedenten über, da auch diese der Durchsetzung der Forderung dienen (vgl. die Kommentierung zu § 402 BGB Rn. 2 und die Kommentierung zu § 403 BGB Rn. 2).⁷²

13

7. Keine Nebenrechte

a. Selbstständige Sicherungsrechte

Keine Nebenrechte sind dagegen alle **selbständigen Sicherungsrechte**.⁷³ Bei diesen Rechten steht entweder bereits deren Rechtsnatur oder aber jedenfalls ihre fehlende Akzessorietät einem Übergang mit der gesicherten Forderung entgegen.⁷⁴ Dies betrifft zum einen Rechte aus der **Sicherungsübereignung**, da diese zwar – ebenso wie das Pfandrecht – der Sicherung einer Forderung dient, die besonderen Vorschriften der §§ 929-931 BGB aber vorrangig sind (vgl. die Kommentierung zu § 413 BGB Rn. 23) und daher einem automatischen Übergang mit der gesicherten Forderung entgegenstehen.⁷⁵ Auch das **Vorbehaltseigentum** geht aus demselben Grund sowie mangels Akzessorietät nicht mit der Abtretung des Kaufpreisanspruchs auf den Zessionar über.⁷⁶ Mangels Akzessorietät unanwendbar ist § 401 BGB im Falle einer **Grundschuld**, auch wenn diese zur Sicherung der abgetretenen Forderung bestellt wurde. Für die Übertragung der nicht akzessorischen Grundschuld gelten auch hier vielmehr die speziellen sachenrechtlichen Übertragungsvorschriften.⁷⁷ Ausgeschlossen ist des Weiteren der au-

14

---

⁶⁴ BGH v. 23.02.1981 - II ZR 123/80 - juris Rn. 12 - WM 1981, 648-650; *Busche* in: Staudinger, § 401 Rn. 34.
⁶⁵ *Busche* in: Staudinger, § 401 Rn. 34.
⁶⁶ BGH v. 06.05.1971 - VII ZR 232/69 - juris Rn. 11 - BGHZ 56, 131-136; *Busche* in: Staudinger, § 401 Rn. 35; *Grüneberg* in: Palandt, § 401 Rn. 4.
⁶⁷ BGH v. 08.11.2005 - XI ZR 90/05 - juris Rn. 13 - NJW 2006, 217-218.
⁶⁸ *Busche* in: Staudinger, § 401 Rn. 35; *Grüneberg* in: Palandt, § 401 Rn. 4.
⁶⁹ BGH v. 29.05.1991 - VIII ZR 214/90 - juris Rn. 10 - BGHZ 114, 360-367; BGH v. 21.06.1985 - V ZR 134/84 - juris Rn. 29 - LM Nr. 2/3 zu § 326 (Da) BGB; *Busche* in: Staudinger, § 401 Rn. 35; *Grüneberg* in: Palandt, § 401 Rn. 4.
⁷⁰ *Busche* in: Staudinger, § 401 Rn. 35; *Grüneberg* in: Palandt, § 401 Rn. 4.
⁷¹ BGH v. 01.06.1973 - V ZR 134/72 - juris Rn. 16 - LM Nr. 5 zu § 413 BGB; *Busche* in: Staudinger, § 401 Rn. 35; *Grüneberg* in: Palandt, § 401 Rn. 4.
⁷² *Busche* in: Staudinger, § 401 Rn. 33.
⁷³ *Grüneberg* in: Palandt, § 401 Rn. 5.
⁷⁴ *Busche* in: Staudinger, § 401 Rn. 36.
⁷⁵ BGH v. 15.06.1964 - VIII ZR 305/62 - BGHZ 42, 53-59; *Busche* in: Staudinger, § 401 Rn. 37.
⁷⁶ BGH v. 15.06.1964 - VIII ZR 305/62 - BGHZ 42, 53-59; *Busche* in: Staudinger, § 401 Rn. 38; *Grüneberg* in: Palandt, § 401 Rn. 5.
⁷⁷ BGH v. 25.01.1967 - VIII ZR 124/64 - LM Nr. 5 zu § 401 BGB; BGH v. 02.11.1973 - I ZR 88/72 - juris Rn. 16 - LM Nr. 20 zu § 128 HGB; BGH v. 09.07.2003 - IV ZR 453/02 - juris Rn. 9 - BGHReport 2003, 1375; *Busche* in: Staudinger, § 401 Rn. 40.

§ 401

tomatische Übergang der Rechte aus einer **Sicherungsabtretung** (vgl. zu dieser die Kommentierung zu § 398 BGB Rn. 71).[78] Auf Ansprüche aus **Garantieversprechen** ist § 401 BGB nicht anwendbar, da es sich insoweit um selbständige, nicht akzessorische Rechtsverhältnisse handelt.[79] **Vertragsstrafen** dienen zwar der Verstärkung der Hauptforderung, sind aber nicht streng akzessorisch, sondern können selbständig abgetreten werden und zwar unabhängig davon, ob sie bereits verwirkt sind.[80] Ist der Strafanspruch jedoch nicht vor der Hauptforderung selbstständig abgetreten worden, so geht er im Zweifel analog zu § 401 BGB mit deren Abtretung über.[81] Dies gilt gleichermaßen für künftige Vertragsstrafenansprüche.[82] Für **Sicherheitsleistungen des Mieters** (Mietkaution und -bürgschaft) gilt schließlich § 566a BGB, während § 401 BGB mangels Akzessorietät zur Mietforderung auch hier nicht zur Anwendung gelangt.[83] Nicht unter § 401 BGB fällt auch die Stellung als **Hinterlegungsbeteiligter/-berechtigter** hinsichtlich eines bezüglich der abgetretenen Forderung hinterlegten Betrages.[84]

15 Nach dem Rechtsgedanken des § 401 BGB ist aber der **Zedent im Zweifel schuldrechtlich verpflichtet**, die bestehenden selbständigen Sicherungsrechte auf den Zessionar zu übertragen. Dies gilt nicht, wenn die Abrede mit dem Sicherungsgeber einer Übertragung entgegensteht, es sei denn der Sicherungsgeber stimmt einer solchen zu.[85] Mit dem Sicherungsrecht hat der Zedent nach dem Rechtsgedanken des § 404 BGB auch die ihm auferlegten **Beschränkungen und Verpflichtungen gegenüber dem Sicherungsgeber**, etwa die Freigabepflicht, zu übertragen.[86] Hierin liegt ein konkludenter Schuldbeitritt des Zessionars mit der Folge, dass Zedent und Zessionar gesamtschuldnerisch aus dem Sicherungsvertrag verpflichtet sind.[87] Eine konkludente Übernahme der Verbindlichkeiten aus dem Sicherungsvertrag liegt aber nicht bereits in der Übertragung der Sicherheit.[88] Bei einer **Sicherungsgrundschuld** etwa besteht die schuldrechtliche Pflicht, diese im Falle der Abtretung der gesicherten Forderung[89] oder eines gesetzlichen Forderungsübergangs gemäß § 426 Abs. 2 BGB[90] auf den Zessionar zu übertragen. Durch die Sicherungsabrede kann die isolierte Abtretung einer Grundschuld jedoch ausgeschlossen werden, da sie unter Umständen auch in den Händen des Zedenten die abgetretene Forderung weiterhin sichern kann.[91] Jedoch kann sich der Zessionar aus der ihm übertragenen Sicherungsgrundschuld auch dann befriedigen, wenn der Schuldner in Unkenntnis der Abtretung des gesicherten Anspruchs bereits an den Zedenten gezahlt hat. Dies gilt auch dann, wenn der Zedent den Sicherungscha-

---

[78] BGH v. 15.06.1964 - VIII ZR 305/62 - BGHZ 42, 53-59; BGH v. 24.09.1980 - VIII ZR 291/79 - juris Rn. 19 - BGHZ 78, 137-144; *Busche* in: Staudinger, § 401 Rn. 37; *Grüneberg* in: Palandt, § 401 Rn. 5.

[79] BGH v. 15.11.1963 - Ib ZR 206/62 - BB 1964, 193; *Larenz*, Schuldrecht, Band I: Allgemeiner Teil, 14. Aufl. 1987, S. 577; *Busche* in: Staudinger, § 401 Rn. 42; *Roth* in: MünchKomm-BGB, § 401 Rn. 15; *Grüneberg* in: Palandt, § 401 Rn. 6; krit. *Westermann* in: Erman, § 401 Rn. 2a.

[80] *Busche* in: Staudinger, § 401 Rn. 32; *Weber* in: BGB-RGRK, 12. Aufl. 1976, § 401 Rn. 23.

[81] *Busche* in: Staudinger, § 401 Rn. 32; *Weber* in: BGB-RGRK, 12. Aufl. 1976, § 401 Rn. 23; einschränkend für den Fall, dass die Strafe an Stelle der Erfüllung tritt: *Westermann* in: Erman, § 401 Rn. 2; *Zeiss* in: Soergel, 12. Aufl., § 401 Rn. 2.

[82] *Grüneberg* in: Palandt, § 401 Rn. 6.

[83] OLG Frankfurt v. 23.05.1989 - 5 U 160/88 - juris Rn. 7 - NJW 1989, 1133-1135; *Busche* in: Staudinger, § 401 Rn. 42.

[84] OLG Stuttgart v. 04.08.2004 - 3 U 83/04 - juris Rn. 42.

[85] BGH v. 15.06.1964 - VIII ZR 305/62 - BGHZ 42, 53-59; BGH v. 27.03.1981 - V ZR 202/79 - juris Rn. 17 - BGHZ 80, 228-235; BGH v. 11.01.1990 - IX ZR 58/89 - juris Rn. 11 - BGHZ 110, 41-47; BGH v. 31.01.1995 - XI ZR 30/94 - juris Rn. 4 - NJW-RR 1995, 589-590; BGH v. 25.09.1996 - VIII ZR 76/95 - juris Rn. 34 - LM EGBGB Art 7ff Nr. 63 (3/1997); OLG Köln v. 22.05.1990 - 22 U 150/88 - juris Rn. 5 - NJW 1990, 3214-3215; *Larenz*, Schuldrecht, Band I: Allgemeiner Teil, 14. Aufl. 1987, S. 577; *Busche* in: Staudinger, § 401 Rn. 39; *Roth* in: MünchKomm-BGB, § 401 Rn. 14; *Westermann* in: Erman, § 401 Rn. 4; *Zeiss* in: Soergel, 12. Aufl., § 401 Rn. 3; *Grüneberg* in: Palandt, § 401 Rn. 5.

[86] BGH v. 25.09.1996 - VIII ZR 76/95 - juris Rn. 34 - LM EGBGB Art 7ff Nr. 63 (3/1997); *Busche* in: Staudinger, § 401 Rn. 39; *Grüneberg* in: Palandt, § 401 Rn. 5.

[87] *Busche* in: Staudinger, § 401 Rn. 39.

[88] BGH v. 25.09.1996 - VIII ZR 76/95 - juris Rn. 33 - LM EGBGB Art 7ff Nr. 63 (3/1997); *Busche* in: Staudinger, § 401 Rn. 39.

[89] *Busche* in: Staudinger, § 401 Rn. 41; *Weber* in: BGB-RGRK, 12. Aufl. 1976, § 401 Rn. 27.

[90] BGH v. 27.03.1981 - V ZR 202/79 - juris Rn. 17 - BGHZ 80, 228-235; BGH v. 31.01.1995 - XI ZR 30/94 - juris Rn. 5 - NJW-RR 1995, 589-590; *Busche* in: Staudinger, § 401 Rn. 41; *Grüneberg* in: Palandt, § 401 Rn. 5.

[91] BGH v. 04.10.1990 - I ZR 139/89 - BGHZ 112, 264-278; *Busche* in: Staudinger, § 401 Rn. 41; *Roth* in: MünchKomm-BGB, § 401 Rn. 3.

rakter der Grundschuld gekannt hat.[92] Bei einem gesetzlichen Forderungsübergang auf den **Bürgen** gemäß § 774 BGB besteht ferner eine Pflicht zur Übertragung des zugunsten der übergehenden Forderung bestellten Sicherungseigentums[93] und des Vorbehaltseigentums[94]. Dagegen stellen weder die Ansprüche des Gläubigers gegen einen anderen **Gesamtschuldner** noch die Ausgleichs- und Freistellungsansprüche des Schuldners der übergehenden Forderung gegen einen anderen Gesamtschuldner Nebenrechte der übergehenden Forderung im Sinne von § 401 BGB dar, sondern vollkommen selbständige Ansprüche.[95]

b. Vertragsbezogene Gestaltungsrechte

Vertragsbezogene Gestaltungsrechte, d.h. solche, die das gesamte Vertragsverhältnis betreffen, etwa das Anfechtungs-, Rücktritts- und Kündigungsrecht, gehen ebenfalls nicht gemäß § 401 BGB auf den Zessionar über, sondern können gemäß den §§ 413, 398 BGB gesondert abgetreten werden (zur Definition und den Einzelheiten vgl. die Kommentierung zu § 413 BGB Rn. 9).[96] Ob eine solche gesonderte Abtretung gewollt ist, ist im Einzelfall durch **Auslegung** zu ermitteln. Eine bloße **Sicherungszession** von gegenwärtigen und künftigen Forderungen aus einen Pachtvertrag (Zahlung von Pacht, Nebenkosten und Kaution) an eine Bank zur Besicherung eines Kredits ist dahin auszulegen, dass die mitabgetretenen Sicherheiten und Rechte lediglich unselbstständige Sicherheiten und Nebenrechte betreffen, nicht aber selbstständige Gestaltungsrechte wie die **Kündigung** des Pachtvertrages. Die Kündigung durch den Zedenten (Sicherungsgeber) wegen Zahlungsverzuges bleibt daher weiterhin wirksam möglich und zwar auch ohne Zustimmung der Bank.[97]

16

c. Unselbstständige Rechtsbestandteile

Nicht anwendbar ist § 401 BGB auf **unselbstständige Bestandteile des abgetretenen Rechts**, die dem Gläubiger als solchem zustehen und sich lediglich aus der funktionellen Entwicklung des Forderungsrechts ergeben. Sie bilden keinen selbstständigen Übertragungsgegenstand, da sie mit dem übertragenen Recht untrennbar verbunden sind und daher ohne weiteres in die Zuständigkeit des Zessionars übergehen.[98] Es handelt sich insoweit um Ansprüche und Rechtsstellungen aus demselben Schuldverhältnis, die die Forderung lediglich quantitativ verstärken.[99] Dies betrifft etwa bereits entstandene **Schadensersatzansprüche** (etwa wegen Verzugs)[100], Entschädigungsansprüche bei der Abtretung von Sparguthaben[101], **Zinsansprüche**[102], **Ansprüche auf Rückgewähr** vorrangig eingetragener Grundschulden[103] und **Kautionen**[104]. Soweit **Schadensersatzansprüche** erst nach der Abtretung der Forderung entstehen, jedoch deren Grund schon vor der Abtretung gelegt war, werden auch sie unabhängig von § 401 BGB von der Abtretung erfasst.[105] Im Zweifel ist anzunehmen, dass auch künftige **Zinsansprüche** mit abgetreten sind.[106] Rückständige **Zinsen** können stillschweigend von der Abtretung mit-

17

---

[92] BGH v. 11.03.1976 - II ZR 11/75 - WM 1976, 665-666.
[93] LG Darmstadt v. 28.06.1976 - 10 O 160/75 - juris Rn. 27 - NJW 1977, 251; *Grüneberg* in: Palandt, § 401 Rn. 5.
[94] BGH v. 15.06.1964 - VIII ZR 305/62 - BGHZ 42, 53-59; *Grüneberg* in: Palandt, § 401 Rn. 5.
[95] BGH v. 23.05.1960 - II ZR 132/58 - juris Rn. 7 - BGHZ 32, 331-338; BGH v. 28.11.2006 - VI ZR 136/05 - juris Rn. 23 - NJW 2007, 1208-1211 bezüglich der Haftung des Gehilfen eines Autodiebs gegenüber einem Kfz-Versicherer.
[96] BGH v. 21.06.1985 - V ZR 134/84 - juris Rn. 32 - LM Nr. 2/3 zu § 326 (Da) BGB; OLG Jena v. 23.10.2003 - 5 W 321/02 - MittBayNot 2004, 193-195; *Busche* in: Staudinger, § 401 Rn. 35; *Grüneberg* in: Palandt, § 401 Rn. 6 u. § 398 Rn. 18.
[97] OLG Bamberg v. 26.04.2002 - 6 U 6/02 - juris Rn. 7 - OLGR Bamberg 2003, 307-308.
[98] *Busche* in: Staudinger, § 401 Rn. 9 u. § 399 Rn. 22 ff.
[99] *Busche* in: Staudinger, § 401 Rn. 44.
[100] RG v. 29.10.1909 - II 661/08 - RGZ 72, 138-142, 141; *Busche* in: Staudinger, § 401 Rn. 45; *Grüneberg* in: Palandt, § 401 Rn. 6; *Westermann* in: Erman, § 401 Rn. 1.
[101] BGH v. 18.03.2008 - XI ZR 454/06 - juris Rn. 16 - ZIP 2008, 824-826.
[102] BGH v. 18.05.1961 - VII ZR 39/60 - juris Rn. 19 - BGHZ 35, 172-175; *Busche* in: Staudinger, § 401 Rn. 45; *Grüneberg* in: Palandt, § 401 Rn. 6.
[103] BGH v. 17.03.1988 - IX ZR 79/87 - juris Rn. 12 - BGHZ 104, 26-33; *Grüneberg* in: Palandt, § 401 Rn. 6.
[104] OLG Frankfurt v. 23.05.1989 - 5 U 160/88 - juris Rn. 7 - NJW 1989, 1133-1135; *Grüneberg* in: Palandt, § 401 Rn. 6.
[105] RG v. 29.10.1909 - II 661/08 - RGZ 72, 138-142, 141; *Busche* in: Staudinger, § 401 Rn. 9.
[106] BGH v. 18.05.1961 - VII ZR 39/60 - juris Rn. 19 - BGHZ 35, 172-175; *Busche* in: Staudinger, § 401 Rn. 46; *Grüneberg* in: Palandt, § 401 Rn. 6.

erfasst sein.[107] Ebenfalls kann das **Rücktritts- und Kündigungsrecht** stillschweigend mit übertragen sein, ohne dass es eines Rückgriffs auf § 401 BGB bedarf.[108] Keinen selbständigen Anspruch, sondern eine Einheit mit der abgetretenen Forderung bildet der so genannte **Aufwertungsanspruch**.[109]

d. Zurückbehaltungsrechte

18 Das **Zurückbehaltungsrecht** gemäß § 273 BGB ist auf Grund seiner Rechtsnatur nicht übertragbar.[110] Umstritten ist, ob das **kaufmännische Zurückbehaltungsrecht** gemäß den §§ 369-371 HGB mit der Forderung übergeht. Während dies ein Teil der Literatur bejaht,[111] verneint es die Gegenauffassung deshalb, weil das kaufmännische Zurückbehaltungsrecht nicht an einer bestimmten Sache bestehe, sondern Ausfluss der gesamten Rechtsbeziehungen der Vertragspartner sei. Diese werde aber nicht übertragen. Daher könne der Zessionar ein kaufmännisches Zurückbehaltungsrecht nur dann geltend machen, wenn die Voraussetzungen hierfür in seiner Person gegeben seien. Eines Rückgriffs auf § 401 BGB bedürfe es hierfür nicht.[112]

8. Prozessuale Rechtspositionen

19 Gemäß § 401 BGB gehen auf den Erwerber auch **prozessuale Rechtspositionen** über, die mit der Forderung verbunden sind, etwa Gerichtsstandsvereinbarungen[113] und Schiedsvereinbarungen (vgl. auch Rn. 22 sowie die Kommentierung zu § 398 BGB Rn. 56)[114]. Im Falle der Schiedsvereinbarung bedarf es keines gesonderten Beitritts des Zessionars in der Form des § 1031 Abs. 1 ZPO.[115] Umgekehrt ist in diesen Fällen auch § 404 BGB anwendbar (vgl. die Kommentierung zu § 404 BGB Rn. 7). Nicht mit der einzuklagenden Forderung übertragbar ist jedoch der Anspruch auf **Prozesskostenhilfe** gemäß § 114 ZPO, da dieser an die persönlichen Verhältnisse der Partei anknüpft.[116] Ebenfalls nicht unter § 401 BGB fällt der Anspruch auf **Prozesskostenerstattung**.[117] Durch die Abtretung öffentlich-rechtlicher Forderungen geht in bestimmten Fällen auch die verwaltungsprozessuale **Widerspruchs- und Klagebefugnis** gemäß § 42 Abs. 2 VwGO auf den Zessionar über, etwa durch die Abtretung eines Rückübertragungsanspruchs gemäß § 3 Abs. 1 VermG diejenige gegen einen die Rückübertragung ablehnenden Verwaltungsakt.[118]

III. Vorzugsrechte (Absatz 2)

20 Vorzugsrechte sind mit der Forderung für den Fall der Zwangsvollstreckung oder Insolvenz verbundene, die Stellung des Gläubigers verbessernde Rechte.[119] Es handelt sich bei diesen nicht um selbständige Rechte, die neben der Forderung bestehen. Vielmehr beruhen sie auf dem Entstehungsgrund der Forderung und haften dieser als bevorzugendes Merkmal an.[120] Als Vorzugsrechte im Rahmen des **Insolvenzverfahrens** erwirbt der Zessionar nicht nur die Absonderungsrechte gemäß den §§ 49-50 InsO, sondern auch die Masseforderungen gemäß §§ 53-55, 123 InsO sowie Vorrechte an Sondermassen, etwa gemäß § 35 HypBkG (gültig bis 18.07.2005), §§ 32, 33 WPapG und § 77 Abs. 3-4 VAG.[121] In der

---

[107] *Grüneberg* in: Palandt, § 401 Rn. 6 m.w.N.; a.A. (nur ausdrückliche Abtretung): *Busche* in: Staudinger, § 401 Rn. 45; *Westermann* in: Erman, § 401 Rn. 5.
[108] *Grüneberg* in: Palandt, § 401 Rn. 6.
[109] *Busche* in: Staudinger, § 401 Rn. 9.
[110] *Busche* in: Staudinger, § 401 Rn. 43; *Grüneberg* in: Palandt, § 401 Rn. 6.
[111] So *Grüneberg* in: Palandt, § 401 Rn. 4.
[112] *Busche* in: Staudinger, § 401 Rn. 43; *Weber* in: BGB-RGRK, 12. Aufl. 1976, § 401 Rn. 20; *Zeiss* in: Soergel, 12. Aufl., § 401 Rn. 2.
[113] *Busche* in: Staudinger, § 401 Rn. 10; *Grüneberg* in: Palandt, § 401 Rn. 4 u. § 398 Rn. 18.
[114] BGH v. 02.03.1978 - III ZR 99/76 - juris Rn. 19 - BGHZ 71, 162-167; BGH v. 02.10.1997 - III ZR 2/96 - juris Rn. 9 - LM BGB § 401 Nr. 16 (2/1998); BGH v. 05.10.1998 - II ZR 182/97 - BGHZ 139, 352-357; *Busche* in: Staudinger, § 401 Rn. 10; *Grüneberg* in: Palandt § 401 Rn. 4 u. § 398 Rn. 18.
[115] BGH v. 02.10.1997 - III ZR 2/96 - juris Rn. 9 - LM BGB § 401 Nr. 16 (2/1998); *Busche* in: Staudinger, § 401 Rn. 10.
[116] *Busche* in: Staudinger, § 401 Rn. 11.
[117] *Busche* in: Staudinger, § 401 Rn. 45.
[118] VG Leipzig v. 12.08.2005 - 1 K 1275/04 - juris Rn. 37.
[119] *Busche* in: Staudinger, § 401 Rn. 23.
[120] BGH v. 12.07.1951 - IV ZB 33/51 - juris Rn. 6 - BGHZ 3, 135-140; BGH v. 16.02.1961 - III ZR 71/60 - juris Rn. 22 - BGHZ 34, 293-299; *Busche* in: Staudinger, § 401 Rn. 24.
[121] *Busche* in: Staudinger, § 401 Rn. 25; *Grüneberg* in: Palandt, § 401 Rn. 7.

Einzelzwangsvollstreckung bestehen Vorzugsrechte bei der Zwangsvollstreckung in Grundstücke gemäß §§ 10, 155 Abs. 2-4 ZVG sowie bezüglich der Vollstreckung in bewegliches Vermögen gemäß § 850d ZPO.[122] Ist das Vorzugsrecht mit der Forderung rechtlich verbunden (§ 804 Abs. 2 ZPO), so kann es auch der neue Gläubiger geltend machen.[123] Auch bei der **Überleitung von Unterhaltsansprüchen** gemäß den §§ 93, 94 SGB XII (bis zum 31.12.2004: §§ 90, 91 BSHG) geht das Vorzugsrecht aus § 850d ZPO mit über.[124] Die Durchgriffsansprüche aus den §§ 34, 69 AO gehen jedoch nicht auf den Bürgen oder Gesamtschuldner, der eine Steuer- oder Zollforderung im Wege des gesetzlichen Forderungsübergangs erwirbt, über. Dies folgt daraus, dass diese Durchgriffsansprüche ausschließlich im öffentlichen Interesse bestehen und daher nur dem Fiskus zustehen können.[125]

D. Rechtsfolgen

Die Vorschrift des § 401 BGB hat zur Folge, dass die Neben-, Hilfsrechte und Vorzugsrechte **unmittelbar kraft Gesetzes**, d.h. unabhängig vom rechtsgeschäftlichen Willen der Parteien des Abtretungsvertrages, übergehen.[126] Daher sind die Vorstellungen und der Wille der Parteien nicht maßgeblich, und ein **Irrtum** des Zedenten oder des Zessionars über Bestehen und Umfang eines Nebenrechts oder Vorzugsrechts und seine Zugehörigkeit zu der abgetretenen Forderung ist ebenso belanglos wie ein **stillschweigender Vorbehalt** des Zedenten.[127] Nebenrechte können wegen § 399 Alt. 1 BGB andererseits nicht selbständig abgetreten werden (vgl. die Kommentierung zu § 399 BGB Rn. 18). 21

E. Prozessuale Hinweise/Verfahrenshinweise

Bei der Abtretung einer Forderung, bezüglich derer eine **Schiedsklausel** vereinbart ist, wirkt diese für und gegen den Zessionar (vgl. hierzu auch Rn. 19).[128] Dies gilt jedoch nicht, wenn etwas Abweichendes vereinbart ist (zur Abdingbarkeit vgl. Rn. 23).[129] Einen von dem Regelfall des § 401 BGB abweichenden Willen der Parteien des Schiedsvertrages muss dabei derjenige **darlegen und beweisen**, der sich darauf beruft.[130] 22

F. Anwendungsfelder

Abdingbarkeit: Die Vorschrift ist **dispositiv**, d.h. die Parteien des Abtretungsvertrages können den Übergang der Neben- und Vorzugsrechte **ausschließen, beschränken oder erweitern**.[131] Insbesondere kann der Übergang von nicht unter § 401 BGB fallenden, insbesondere nicht akzessorischen Rechten vereinbart werden, sofern diese abtretbar sind. Ob dies der Fall ist, muss durch **Auslegung** ermittelt werden, wobei für eine solche vertragliche Regelung keine Vermutung besteht (vgl. die Kommentierung zu § 398 BGB Rn. 33).[132] Sofern der Übergang des Pfandrechts ausgeschlossen wird, erlischt dieses gemäß § 1250 Abs. 2 BGB.[133] Wird der Übergang einer Bürgschaft ausgeschlossen, so erlischt sie analog zu § 1250 Abs. 2 BGB.[134] Verpfändete Rechte und bewegliche Sachen werden beim 23

---

[122] *Busche* in: Staudinger, § 401 Rn. 27.
[123] *Busche* in: Staudinger, § 401 Rn. 27; *Grüneberg* in: Palandt, § 401 Rn. 7.
[124] BGH v. 05.03.1986 - IVb ZR 25/85 - juris Rn. 9 - NJW 1986, 1688-1689; *Busche* in: Staudinger, § 401 Rn. 27; *Grüneberg* in: Palandt, § 401 Rn. 7.
[125] BGH v. 18.06.1979 - VII ZR 84/78 - juris Rn. 19 - BGHZ 75, 23-26; *Busche* in: Staudinger, § 401 Rn. 27; *Grüneberg* in: Palandt, § 401 Rn. 7.
[126] *Busche* in: Staudinger, § 401 Rn. 5.
[127] *Busche* in: Staudinger, § 401 Rn. 7.
[128] BGH v. 30.04.1962 - VII ZR 34/62 - MDR 1962, 564; OLG Koblenz v. 03.05.2007 - 6 U 1371/06 - juris Rn. 27 - DStR 2007, 1880; OLG Frankfurt v. 31.07.2006 - 26 Sch 8/06 - juris Rn. 15; *Grüneberg* in: Baumgärtel/Laumen, Handbuch der Beweislast im Privatrecht, 3. Aufl. 2007, § 401 Rn. 1.
[129] *Grüneberg* in: Baumgärtel/Laumen, Handbuch der Beweislast im Privatrecht, 3. Aufl. 2007, § 401 Rn. 1.
[130] BGH v. 18.12.1975 - III ZR 103/73 - juris Rn. 15 - NJW 1976, 852-853; *Grüneberg* in: Baumgärtel/Laumen, Handbuch der Beweislast im Privatrecht, 3. Aufl. 2007, § 401 Rn. 1.
[131] BGH v. 19.09.1991 - IX ZR 296/90 - juris Rn. 18 - BGHZ 115, 177-186; *Busche* in: Staudinger, § 401 Rn. 7; *Roth* in: MünchKomm-BGB, § 401 Rn. 4; *Westermann* in: Erman, § 401 Rn. 7; *Grüneberg* in: Palandt, § 401 Rn. 1.
[132] *Busche* in: Staudinger, § 401 Rn. 45; *Roth* in: MünchKomm-BGB, § 401 Rn. 5; *Westermann* in: Erman, § 401 Rn. 5.
[133] RG v. 22.10.1914 - VI 179/14 - RGZ 85, 363-365, 364; *Busche* in: Staudinger, § 401 Rn. 8.
[134] RG v. 22.10.1914 - VI 179/14 - RGZ 85, 363-365, 364; *Grüneberg* in: Palandt, § 401 Rn. 3.

§ 401

Ausschluss ihres Übergangs frei, d.h. die an ihnen bestehenden Sicherungsrechte entfallen.[135] Nicht ausschließbar ist hingegen der Übergang bei der Hypothek wegen der Regelung des § 1153 Abs. 2 BGB.[136] Diskutiert wird ferner eine **analoge Anwendung** der Vorschrift. So soll etwa der Anspruch auf Erstattung des Einsatzbetrages bei der Weitergabe einer Mehrwegflasche an einen Dritten analog § 401 BGB auf diesen übergehen.[137]

---

[135] RG v. 22.10.1914 - VI 179/14 - RGZ 85, 363-365, 364; *Busche* in: Staudinger, § 401 Rn. 8; *Westermann* in: Erman, § 401 Rn. 7.
[136] *Busche* in: Staudinger, § 401 Rn. 7.
[137] OLG Frankfurt v. 08.07.2005 - 10 U 11/05 - juris Rn. 27.

§ 402 BGB Auskunftspflicht; Urkundenauslieferung

(Fassung vom 02.01.2002, gültig ab 01.01.2002)

Der bisherige Gläubiger ist verpflichtet, dem neuen Gläubiger die zur Geltendmachung der Forderung nötige Auskunft zu erteilen und ihm die zum Beweis der Forderung dienenden Urkunden, soweit sie sich in seinem Besitz befinden, auszuliefern.

Gliederung

A. Grundlagen 1	2. Literatur 15
I. Kurzcharakteristik 1	3. Die Auffassung des Autors 16
II. Regelungsprinzipien 2	**D. Rechtsfolgen** 17
B. Praktische Bedeutung 3	I. Pflicht zur Auskunftserteilung 18
C. Anwendungsvoraussetzungen 4	II. Pflicht zur Auslieferung von Beweisurkunden 19
I. Bisheriger und neuer Gläubiger 4	
II. Abtretung der Forderung 5	III. Sekundäransprüche 22
1. Rechtsprechung 7	**E. Prozessuale Hinweise/Verfahrenshinweise** 23
2. Literatur 9	
3. Die Auffassung des Autors 10	**F. Anwendungsfelder** 24
III. Wirksamkeit des Kausalgeschäfts 13	I. Abdingbarkeit 24
1. Rechtsprechung 14	II. Weitere Nebenpflichten 25

A. Grundlagen[1]

I. Kurzcharakteristik

§ 402 BGB statuiert eine **schuldrechtliche Verpflichtung** des Zedenten gegenüber dem Zessionar. Die schuldrechtlichen Beziehungen zwischen den Parteien des Abtretungsvertrages richten sich nach dem der Abtretung zugrunde liegenden **Kausalgeschäft**, während es sich bei der Abtretung als solcher um eine Verfügung über die Forderung handelt (vgl. die Kommentierung zu § 398 BGB Rn. 4). Die §§ 402, 403 BGB stehen zwar systematisch in dem 5. Abschnitt des 2. Buches des BGB, in welchem die Wirkungen des Verfügungsgeschäfts geregelt werden, sie enthalten jedoch eine typisierende Regelung des Inhalts des zugrunde liegenden schuldrechtlichen Vertrages, welche unabhängig von dessen konkreter Rechtsnatur ist und allein an den Umstand anknüpft, dass Gegenstand des Kausalgeschäfts eine Abtretung ist.[2] Es handelt sich ihrer Rechtsnatur nach um leistungssichernde Nebenpflichten.[3]

1

II. Regelungsprinzipien

Sinn und Zweck der Vorschrift ist es, dem Zessionar zu ermöglichen, die durch Abtretung erworbene Forderung gegenüber dem Schuldner durchzusetzen.[4] Hierzu benötigt er einerseits entsprechende Informationen über den rechtlichen Bestand, den Umfang und die **Durchsetzbarkeit der Forderung**, und er muss andererseits das Bestehen seiner Forderung beweisen können. Soweit dem Zedenten entsprechende Informationen sowie Beweismittel in Form von Urkunden zu Gebote stehen, ist er daher verpflichtet, diese Mittel zur Durchsetzung der Forderung dem Zessionar zu überlassen. Dieser soll bezüglich der Durchsetzbarkeit der Forderung nicht schlechter gestellt sein als jener.

2

B. Praktische Bedeutung

Die Vorschrift ist für die Normadressaten von **nicht unerheblicher praktischer Bedeutung**, da eine Abtretung für den Zessionar nur dann wirtschaftlich sinnvoll ist, wenn er die Forderung nicht nur recht-

3

---

[1] Fortführung und Aktualisierung der bis zur Vorauflage von Herrn Dr. *G. Knerr* betreuten Kommentierung. Die Kommentierung gibt ausschließlich die persönliche Meinung des Autors wieder.

[2] BGH v. 08.07.1993 - IX ZR 12/93 - juris Rn. 8 - NJW 1993, 2795-2796; *Roth* in: MünchKomm-BGB, § 402 Rn. 2; *Busche* in: Staudinger, § 402 Rn. 1 u. § 398 Rn. 33; *Weber* in: BGB-RGRK, 12. Aufl. 1976, § 402 Rn. 1; *Grüneberg* in: Palandt, § 402 Rn. 1.

[3] BGH v. 22.12.1988 - VII ZR 266/87 - juris Rn. 18 - LM Nr. 74 zu § 633 BGB; *Roth* in: MünchKomm-BGB, § 402 Rn. 2; *Westermann* in: Erman, § 402 Rn. 1.

[4] BGH v. 29.03.1974 - V ZR 22/73 - juris Rn. 27 - BGHZ 62, 251-256; *Busche* in: Staudinger, § 402 Rn. 1; *Roth* in: MünchKomm-BGB, § 402 Rn. 1; *Westermann* in: Erman, § 402 Rn. 1.

lich ungeschmälert erwirbt, sondern diese gegenüber dem Schuldner auch faktisch durchsetzen kann, wozu er dringend auf entsprechende Beweismittel angewiesen ist. In der Rechtsprechung spielt die Norm allerdings eine eher untergeordnete Rolle.

C. Anwendungsvoraussetzungen

I. Bisheriger und neuer Gläubiger

4 Verpflichteter des Anspruchs ist der bisherige Gläubiger (**Zedent**), Anspruchsinhaber ist der neue Gläubiger (**Zessionar**). Bei einer Ketten- bzw. Weiterabtretung haben auch die späteren Zessionare einen Anspruch gegen den ursprünglichen Zedenten, da die Ansprüche aus § 402 BGB gemäß § 401 BGB mit übergehen.[5] Ist das Insolvenzverfahren über das Vermögen des Zedenten eröffnet, so trifft die Verpflichtung den **Insolvenzverwalter**.[6] Dieser kann jedoch den Gläubiger auf Einsichtnahme in die Akten durch einen zur Verschwiegenheit verpflichteten Sachverständigen verweisen, wenn die Auskunft komplizierte Nachforschungen erforderlich machen würde.[7]

II. Abtretung der Forderung

5 Voraussetzung ist, dass eine Forderung gemäß § 398 BGB **vertraglich abgetreten** wird oder ein **gesetzlicher Forderungsübergang** gemäß § 412 BGB vorliegt.[8] Für eine **gerichtliche Überweisung** gilt hingegen die Spezialvorschrift des § 836 Abs. 3 ZPO (vgl. auch die Kommentierung zu § 412 BGB Rn. 39).[9] Ausreichend ist auch eine Teilabtretung.[10] Soweit die Übergabe einer Urkunde Voraussetzung für die vertragliche Übertragung der Forderung ist (etwa gemäß § 1154 Abs. 1 Satz 1 BGB), hat § 402 BGB nur im Falle des gesetzlichen Forderungsübergangs Bedeutung.[11]

6 Die **Abtretung** als solche muss **wirksam** sein. Ist sie nichtig bzw. ergreift die Nichtigkeit des Kausalgeschäfts auch die Abtretung, so treten die Rechtsfolgen des § 402 BGB nicht ein.[12] Umstritten ist, ob es Fälle gibt, in denen die Wirksamkeit der Abtretung gerade im Hinblick auf § 402 BGB zu verneinen ist:

1. Rechtsprechung

7 Nach einer in der Rechtsprechung vertretenen Auffassung ist dies bei der Abtretung der **Honoraransprüche** eines Rechtsanwalts, Arztes, Steuerberaters oder Angehörigen einer vergleichbaren zur Geheimhaltung verpflichteten Berufsgruppe der Fall. Ohne Zustimmung des Mandanten ist danach eine solche Abtretung in der Regel gemäß § 134 BGB (vgl. die Kommentierung zu § 134 BGB) nichtig, weil die Erfüllung der Pflichten des § 402 BGB einen Verstoß gegen § 203 Abs. 1 Nr. 1 und 3 StGB darstellen würde.[13] Dies soll in gleicher Weise für die Abtretung von **Schadensersatzansprüchen** der zur Verschwiegenheit verpflichteten Personen[14] sowie im Falle vertraglich vereinbarter Verschwiegenheitspflicht gelten.[15] Die Nichtigkeit entfällt nach dieser Auffassung nicht dadurch, dass der Zessionar

---

[5] *Busche* in: Staudinger, § 402 Rn. 5; *Westermann* in: Erman, § 402 Rn. 2; *Weber* in: BGB-RGRK, 12. Aufl. 1976, § 402 Rn. 4.

[6] BGH v. 11.05.2000 - IX ZR 262/98 - juris Rn. 21 - LM BGB § 273 Nr. 57 (2/2001); OLG Karlsruhe v. 15.12.1989 - 15 U 116/89 - juris Rn. 3 - ZIP 1990, 187-189.

[7] BGH v. 11.05.2000 - IX ZR 262/98 - juris Rn. 23 - LM BGB § 273 Nr. 57 (2/2001); OLG Karlsruhe v. 15.12.1989 - 15 U 116/89 - juris Rn. 3 - ZIP 1990, 187-189.

[8] *Busche* in: Staudinger, § 402 Rn. 6; *Roth* in MünchKomm-BGB, § 402 Rn. 3; *Weber* in: BGB-RGRK, 12. Aufl. 1976, § 402 Rn. 11; *Grüneberg* in: Palandt, § 402 Rn. 1.

[9] *Busche* in: Staudinger, § 402 Rn. 6; *Weber* in: BGB-RGRK, 12. Aufl. 1976, § 402 Rn. 12; a.A.: LG Lüneburg v. 07.01.1999 - 4 S 302/98 - juris Rn. 6 - MDR 1999, 704; *Westermann* in: Erman, § 402 Rn. 3.

[10] RG v. 10.04.1888 - II 13/88 - RGZ 21, 360-369 368; *Roth* in: MünchKomm-BGB, § 402 Rn. 7; *Grüneberg* in: Palandt, § 402 Rn. 3; *Zeiss* in: Soergel, 12. Aufl., § 402 Rn. 3; *Busche* in: Staudinger, § 402 Rn. 19; *Westermann* in: Erman, § 402 Rn. 5 f.; *Weber* in: BGB-RGRK, 12. Aufl. 1976, § 402 Rn. 10.

[11] *Roth* in: MünchKomm-BGB, § 402 Rn. 6; *Grüneberg* in: Palandt, § 402 Rn. 3.

[12] *Weber* in: BGB-RGRK, 12. Aufl. 1976, § 402 Rn. 3.

[13] BGH v. 25.03.1993 - IX ZR 192/92 - juris Rn. 7 - BGHZ 122, 115-122; BGH v. 08.07.1993 - IX ZR 12/93 - juris Rn. 6 - NJW 1993, 2795-2796; BGH v. 05.12.1995 - X ZR 121/93 - juris Rn. 8 - NJW 1996, 775-776; OLG Hamm v. 09.05.1990 - 25 U 134/89 - juris Rn. 9 - GI 1991, 304-306, wonach jedoch nicht § 134 BGB, sondern § 399 Alt. 2 BGB anwendbar ist; OLG München v. 07.09.2005 - 3 U 3253/04 - juris Rn. 15 - OLGR München 2007, 194-196.

[14] BGH v. 05.12.1995 - X ZR 121/93 - juris Rn. 9 - NJW 1996, 775-776.

[15] OLG Düsseldorf v. 07.09.1993 - 20 U 224/92 - NJW-RR 1994, 438-439.

ebenfalls Angehöriger der entsprechenden Berufsgruppe ist.[16] Anders sei dies jedoch, wenn der Zessionar zuvor als Mitarbeiter des Zedenten die Angelegenheiten des Mandanten auf rechtmäßige Weise umfassend kennen gelernt habe. Demjenigen, der bereits Kenntnis von einer geheimhaltungsbedürftigen Tatsache habe, könne diese nämlich nicht mehr (unbefugt) offenbart werden.[17] Nicht gegen § 134 BGB verstoße des Weiteren die Abtretung an eine kassenärztliche Vereinigung.[18] Ebenfalls wirksam sei die Abtretung der Vergütungsansprüche des **Geschäftsführers einer GmbH**, da bei einer solchen Geheimhaltungsbedürfnisse nicht in der gleichen Weise tangiert würden wie im Falle des § 203 StGB, insbesondere bei der Abtretung nicht zwingend die durch das GmbHG verbotene Offenbarung von Betriebsgeheimnissen verbunden sei.[19] Bezüglich der Honorarforderungen eines **Rechtsanwalts** hat der Bundesgerichtshof vor der Neuregelung mit Wirkung zum 18.12.2007[20] auf die im Jahre 1994 in Kraft getretene Vorschrift des § 49b Abs. 4 Satz 2 BRAO a.F. abgestellt, wonach eine anwaltliche Gebührenforderung an einen nicht als Rechtsanwalt zugelassenen Dritten unzulässig war, es sei denn, die Forderung war rechtskräftig festgestellt, ein erster Vollstreckungsversuch fruchtlos ausgefallen und der Rechtsanwalt hatte die ausdrückliche schriftliche Einwilligung des Mandanten eingeholt. Der BGH hat jedoch die Frage, ob aus dieser Vorschrift folgte, dass bei einer Abtretung von Anwalt zu Anwalt generell auf die Zustimmung des Mandanten verzichtet werden konnte, offen gelassen, da der Zessionar in dem konkret zu entscheidenden Fall bereits mit der Angelegenheit befasst war und eine unbefugte Offenbarung i.S.d. § 203 Abs. 1 StGB an einen bereits Informierten nicht möglich sei.[21] Andere Gerichte bejahten die zustimmungsfreie Abtretbarkeit zwischen – gleichermaßen zur Verschwiegenheit verpflichteten – Rechtsanwälten im Hinblick darauf, dass § 49b Abs. 4 Satz 2 BRAO a.F. nur die Abtretung an einen nicht zur Anwaltschaft gehörigen Zessionar verbiete.[22]

Auch die Abtretung von **ärztlichen Honorarforderungen** an eine gewerbliche Verrechnungsstelle zwecks Rechnungserstellung und Einziehung verletze die ärztliche Schweigepflicht und sei nichtig, wenn der Patient der mit der Abtretung verbundenen Weitergabe seiner Patientendaten bzw. Abrechnungsunterlagen nicht zugestimmt habe.[23] Für die Annahme einer konkludenten Einwilligung reiche es nicht aus, dass der Patient die ärztliche Behandlung in Anspruch nehme, nachdem er schon früher Rechnungen des Arztes durch diese Verrechnungsstelle erhalten und bezahlt habe.[24] Enthalte die Abtretungsvereinbarung nur die Zustimmung zur Weitergabe der Patientendaten an die Abrechnungsstelle, während der Abrechnungsvertrag eine darüber hinausgehende Weitergabe der Daten an eine vorfinanzierende Bank enthalte, seien der Abrechnungsvertrag und die darin enthaltene Abtretung unwirksam.[25] In der Rechtsprechung wird ferner die Nichtigkeit einer Abtretung der Honoraransprüche eines **Tierarzt**es wegen Verstoßes gegen das Verschwiegenheitsgebot gemäß § 134 BGB i.V.m. § 203 Abs. 1 Nr. 1 StGB für möglich gehalten und zwar auch dann, wenn der Zessionar als tierärztliche Verrechnungsstelle selbst gemäß § 203 Abs. 1 Nr. 6 StGB zur Verschwiegenheit verpflichtet ist. Jedoch stellten die Informationen über die Erkrankung und Behandlung des Tieres selbst kein geschütztes Geheimnis dar. Daher komme ein Verstoß gegen § 203 StGB nur in Betracht, wenn im konkreten Einzel-

8

---

[16] BGH v. 13.05.1993 - IX ZR 234/92 - juris Rn. 11 - LM BGB § 134 Nr. 143 (9/1993); OLG München v. 07.09.2005 - 3 U 3253/04 - juris Rn. 25 - OLGR München 2007, 194-196; LG München I v. 09.12.2003 - 13 S 9710/03 - NJW 2004, 451-453.

[17] BGH v. 10.08.1995 - IX ZR 220/94 - juris Rn. 21 - LM BGB § 134 Nr. 150 (2/1996); BGH v. 17.10.1996 - IX ZR 37/96 - juris Rn. 6 - LM BGB § 134 Nr. 158 (2/1997).

[18] OLG Hamm v. 21.11.1997 - 19 U 98/97 - juris Rn. 31 - OLGR Hamm 1999, 168-170.

[19] BGH v. 20.05.1996 - II ZR 190/95 - juris Rn. 7 - LM GmbHG § 85 Nr. 1 (1/1997); BGH v. 08.11.1999 - II ZR 7/98 - juris Rn. 14 - LM BGB § 134 Nr. 166.

[20] BGBl I 2007, 2840; zu dem zu Grunde liegenden Neuregelungsvorschlag des BMJ: *Hirtz*, EWiR 2005, 787-788, 788.

[21] BGH v. 11.11.2004 - IX ZR 240/03 - NJW 2005, 507-509, 508.

[22] OLG Düsseldorf v. 08.04.2005 - I-23 U 190/04, 23 U 190/04 - NJW-RR 2005, 1152-1154, 1153; LG Regensburg v. 30.09.2004 - 2 S 358/03 - NJW 2004, 3496; AG Cham v. 04.09.2003 - 8 C 0252/02, 8 C 252/02 - NJW-RR 2003, 1645-1646, 1645; AG Cham v. 30.09.2003 - 8 C 224/02 - ZfSch 2005, 39-41, 40; AG Regensburg v. 28.04.2004 - 8 C 285/04 - NJW 2004, 1879-1880, 1880; *Rick*, AGS 2005, 283; *Hirtz*, EWiR 2005, 787-788, 788.

[23] BGH v. 20.05.1992 - VIII ZR 240/91 - juris Rn. 28 - NJW 1992, 2348-2351; AG Viersen v. 06.02.2007 - 32 C 102/04 - juris Rn. 5; kritisch: *Kleinert*, DuD 2010, 240-245.

[24] BGH v. 20.05.1992 - VIII ZR 240/91 - juris Rn. 36 - NJW 1992, 2348-2351.

[25] AG Viersen v. 06.02.2007 - 32 C 102/04 - juris Rn. 5.

fall Anhaltspunkte dafür vorlägen, dass von der Erkrankung des Tieres auf eine Erkrankung des Tierhalters geschlossen werden könne. Letzteres sei bei der Lahmheit eines Pferdes sowie Verbandswechseln und Prellungen bei Pferden nicht der Fall.[26] Eine zur Nichtigkeit führende Schweigepflichtverletzung soll nach der Rechtsprechung im Hinblick auf § 203 Abs. 1 Nr. 6 StGB auch im Falle der Abtretung von Ansprüchen eines **Versicherungsvertreter**s, die Personenversicherungsverträge betreffen,[27] sowie der Forderung eines **Apotheker**s aus Leistungen aus ärztlicher Verordnung gemäß § 203 Abs. 1 Nr. 1 StGB[28] vorliegen. Ferner wird die Auffassung vertreten, dass die Abtretung einer **Telefongebührenforderung** ohne Zustimmung des Kunden wegen Verstoßes gegen das Fernmeldegeheimnis gemäß § 206 Abs. 1 StGB nichtig sei.[29]

2. Literatur

9   Eine Gegenmeinung in der Literatur geht hiergegen davon aus, dass nicht bereits durch die Zession als solche gegen die Schweigepflicht verstoßen werde, sondern erst durch die nachfolgende konkrete Weitergabe der entsprechenden Informationen.[30] Eine etwaige Nichtigkeit gemäß § 134 BGB betreffe allenfalls das Kausalgeschäft, nicht aber die Abtretung als abstrakte Verfügung.[31] Zum Teil wird auch in der Literatur die Abtretung an einen anderen Anwalt im Hinblick auf die Vorschrift des § 49b Abs. 4 Satz 1 BRAO für stets zulässig und wirksam gehalten.[32]

3. Die Auffassung des Autors

10 Soweit anwaltliche Honorarforderungen betroffen sind, ist zunächst der gesetzgeberischen Entscheidung im Rahmen des § 49b Abs. 4 BRAO zu folgen. Nach Satz 1 der Vorschrift ist für eine Abtretung an andere Rechtsanwälte oder rechtsanwaltliche Berufsausübungsgemeinschaften (§ 59a BRAO) keine Zustimmung des Mandanten erforderlich[33], so dass eine Nichtigkeit gemäß § 134 BGB von vornherein nicht in Betracht kommt und zwar auch dann, wenn der Zessionar bisher noch nicht mit der Angelegenheit befasst war. Gemäß Satz 2 der Vorschrift ist die Abtretung im Übrigen **nur** zulässig, wenn eine ausdrückliche, schriftliche Einwilligung des Mandanten vorliegt oder die Forderung rechtskräftig festgestellt ist. Gemäß Satz 3 ist der Mandant über die Informationspflicht des Rechtsanwalts gegenüber dem neuen Gläubiger aufzuklären und dieser ist gemäß Satz 4 in gleicher Weise wie der beauftragte Rechtsanwalt zur Verschwiegenheit verpflichtet. Durch diese Regelung wird es den Rechtsanwälten insbesondere ermöglicht, ihre Forderungen mit Einwilligung des Mandanten an anwaltliche Verrechnungsstellen abzutreten. Im Umkehrschluss wird man für Rechtsanwälte davon auszugehen haben, dass die Abtretung ohne eine wirksame Einwilligung des Mandanten unzulässig ist, mithin gegen ein gesetzliches Verbot i.S.d. § 134 BGB verstößt.[34] Der Bundesgerichtshof wendet nunmehr den neuen § 49b Abs. 4 Satz 2 BRAO im Wege verfassungskonformer Auslegung zur Schließung einer vom Gesetzgeber übersehenen Lücke rückwirkend an.[35] Tritt ein Rechtsanwalt Vergütungsansprüche wirksam an einen Dritten ab, so kann er allerdings nicht ohne Zustimmung seines Mandanten das Billigkeitsermessen zur Bestimmung einer Rahmengebühr gemäß § 14 RVG auf den Dritten übertragen.[36] Die Vor-

---

[26] LG Dortmund v. 09.02.2006 - 4 S 176/05 - juris Rn. 10 - NJW-RR 2006, 779-780.

[27] BGH v. 10.02.2010 - VIII ZR 53/09 - juris Rn. 20 - WM 2010, 669-673; OLG Stuttgart v. 03.02.2009 - 1 U 107/08 - juris Rn. - 15.

[28] OLG Düsseldorf v. 17.08.2007 - I-16 U 209/05 - juris Rn. 69.

[29] AG Hamburg-Altona v. 08.08.2006 - 316 C 59/06 - juris Rn. 21 - CR 2007, 238-239.

[30] *Busche* in: Staudinger, Einl. zu §§ 398 ff. Rn. 44; *Mankowski*, JZ 1994, 48-52, 50; *Berger*, NJW 1995, 1584-1589, 1586-1587.

[31] *Berger*, NJW 1995, 1584-1589, 1587.

[32] *Paulus*, NJW 2004, 21-23, 21 m.w.N.; *Rick*, AGS 2005, 283; *Hirtz*, EWiR 2005, 787-788, 788.

[33] Vgl. BGH v. 01.03.2007 - IX ZR 189/05 - juris Rn. 8 - BGHZ 171, 252-260.

[34] Dasselbe gilt im Hinblick auf § 64 Abs. 2 StBerG für Steuerberater und § 55a Abs. 3 WiPrO für Wirtschaftsprüfer.

[35] BGH v 24.04.2008 - IX ZR 53/07 - juris Rn 9 - zfs 2008, 464-465.

[36] BGH v. 04.12.2008 - IX ZR 219/07 - juris Rn. 11 - WM 2009, 187-189.

schrift des § 49b Abs. 4 BRAO gilt auch für Abtretungen von Ansprüchen des beigeordneten Rechtsanwalts gegen die Staatskasse.[37]

Bezüglich der übrigen zur Geheimhaltung verpflichteten Berufsgruppen ist die Vorschrift des § 49b Abs. 4 BRAO weder direkt noch analog anwendbar.[38] Jedoch trifft insoweit die gesetzgeberische Wertung, wonach eine Abtretung an ebenfalls zur Geheimhaltung verpflichtete Angehörige derselben Berufsgruppe sowie eine solche mit Einwilligung des Betroffenen stets zulässig und wirksam ist, auch insoweit zu, da in beiden Fällen sein Geheimhaltungsinteresse nicht unangemessen beeinträchtigt wird. Im Übrigen ist jedoch der in der Literatur vertretenen Auffassung der Vorzug zu geben. Die Pflicht zur Auskunftserteilung und Aushändigung von Urkunden ist eine schuldrechtliche Pflicht. Sie entsteht unabhängig von der Art des Kausalverhältnisses allein aufgrund des Umstandes, dass ein Abtretungsvertrag geschlossen wird (vgl. Rn. 1). Obgleich die eigentliche Verletzung der Geheimhaltungspflicht erst durch die konkrete Informationsweitergabe verwirklicht wird, kann der Zedent daher jedenfalls auf Klage des Zessionars zur Erteilung der relevanten Informationen verurteilt werden (vgl. Rn. 23), so dass der Schuldner bereits gegenüber der Abtretung schutzbedürftig ist. Außerdem wird der Zedent zur Vermeidung von Schadensersatzansprüchen (vgl. Rn. 22) die geschuldeten Auskünfte vielfach freiwillig erteilen. Daraus folgt jedoch nicht, dass neben dem Kausalgeschäft gerade auch die Abtretung gemäß § 134 BGB für nichtig angesehen werden muss. Vielmehr entfällt die Auskunftspflicht des § 402 BGB auch dann, wenn zwar die Abtretung wirksam, das Kausalgeschäft jedoch nichtig ist (vgl. Rn. 14). Hierdurch wird dem Schutzbedürfnis des Geheimnisträgers hinreichend Rechnung getragen. Die Abtretung bleibt in diesem Fall wirksam und der Zedent hat gegenüber dem Zessionar lediglich einen Bereicherungsanspruch. Darüber hinaus ist im Einzelfall zu prüfen, ob durch die nach § 402 BGB geschuldete Informationserteilung tatsächlich ein Geheimnisverrat eintreten würde. Dies ist etwa dann zu verneinen, wenn infolge der Abtretung nur solche Informationen erteilt werden müssen, die zuvor öffentlich, etwa im Rahmen einer mündlichen Verhandlung, erörtert wurden. Diese Umstände haben nämlich infolge der bereits erfolgten Offenbarung keinen Geheimnischarakter mehr.[39]

Eine ähnliche Problematik wird im Rahmen der Abtretung der Forderungen der Banken gegen ihre Kunden im Hinblick auf das **Bankgeheimnis** diskutiert (vgl. die Kommentierung zu § 399 BGB Rn. 23).

III. Wirksamkeit des Kausalgeschäfts

Ein besonderes Problem stellt die Frage dar, ob die Ansprüche aus § 402 BGB über den Gesetzeswortlaut hinaus davon abhängig sind, dass das der Abtretung zugrunde liegende **Kausalgeschäft wirksam** ist.

1. Rechtsprechung

In der Rechtsprechung wurde bislang die Frage, ob § 402 BGB die **Wirksamkeit des der Abtretung zugrunde liegenden Kausalgeschäfts** voraussetzt, nicht entschieden.

2. Literatur

In der **Literatur** ist die Frage umstritten. Die h.M. geht davon aus, dass im Falle der Nichtigkeit des Grundgeschäfts auch die Verpflichtungen aus den §§ 402, 403 BGB entfallen.[40] *Zeiss* ist dagegen der Ansicht, dass die Verpflichtungen des § 402 BGB allein an das abstrakte Verfügungsgeschäft anknüpfen und daher von der Wirksamkeit des Verpflichtungsgeschäfts unabhängig sind, kommt jedoch letztlich zum selben Ergebnis wie die Gegenauffassung, da er dem Zedenten das Recht zubilligt, die Erfüllung seiner Verpflichtungen gemäß § 242 BGB zu verweigern.[41] *Weber* lässt die Frage offen, da das Ergebnis nach beiden Konstruktionen dasselbe ist.[42]

---

[37] OLG Düsseldorf v. 21.08.2008 - II-10 WF 18/08 - juris Rn. 4 - JurBüro 2008, 650-651.
[38] Jedoch sind eventuelle weitere Spezialvorschriften zu beachten.
[39] *Mankowski*, JZ 1994, 48-52, 50.
[40] *Roth* in: MünchKomm-BGB, § 402 Rn. 2; *Grüneberg* in: Palandt, § 402 Rn. 1; *Busche* in: Staudinger, § 402 Rn. 1 u. § 398 Rn. 33; *Westermann* in: Erman, § 402 Rn. 1; *Mankowski*, JZ 1994, 48-52, 50.
[41] *Zeiss* in: Soergel, 12. Aufl., § 402 Rn. 1.
[42] *Weber* in: BGB-RGRK, 12. Aufl. 1976, § 402 Rn. 3.

3. Die Auffassung des Autors

16 Die herrschende Auffassung ist vorzugswürdig. Zwar knüpft der Wortlaut des § 402 BGB allein an das Vorliegen einer Abtretung als Anwendungsvoraussetzung an. Es ist daher gleichgültig, welches Kausalverhältnis die Parteien vereinbart haben; jedenfalls schuldet der Zedent Auskunftserteilung und Auslieferung von Urkunden allein deshalb, weil Gegenstand desselben eine Abtretung ist. Die Rechtsfolgen der Vorschrift betreffen jedoch nicht mehr die dingliche Seite, sondern das Kausalverhältnis. Dieses wird – unabhängig von einer entsprechenden ausdrücklichen oder konkludenten Parteivereinbarung – kraft Gesetzes um **leistungssichernde Nebenpflichten** erweitert (vgl. Rn. 1).[43] Derartige leistungssichernde Pflichten sind jedoch von vornherein sinnlos, wenn keine Hauptleistungspflicht vorhanden ist, die durch sie abgesichert bzw. ergänzt werden könnte. Auch wenn – wie bei der Legalzession – ein auf Nebenpflichten beschränktes Schuldverhältnis denkbar ist (vgl. Rn. 17), setzt ein solches doch einen bestehenden (gesetzlichen) Rechtsgrund für den bereits eingetretenen Übergang der Forderung voraus. Es ist dann lediglich noch die tatsächliche Verwirklichung des Rechtsübergangs in Gestalt der Durchsetzung der Forderung gegenüber dem Schuldner sicherzustellen. Fehlt es aber mangels wirksamen Kausalgeschäfts von vornherein an einem Rechtsgrund für die Übertragung der Forderung, so kommt eine ihre spätere Durchsetzbarkeit betreffende leistungssichernde Nebenpflicht ihrem Wesen nach von vornherein nicht in Betracht, da sie infolge des Fehlens einer zu sichernden Hauptpflicht ins Leere gehen würde.[44] Zu demselben Ergebnis gelangt man freilich über § 242 BGB. Es handelt sich um einen Fall des „dolo agit, qui petit, quod statim redditurus est" (vgl. die Kommentierung zu § 242 BGB). Ist nämlich das der Abtretung zugrunde liegende Kausalgeschäft nichtig, so hat der Zedent gegen den Zessionar einen Anspruch auf Rückübertragung der Forderung aus § 812 Abs. 1 Satz 1 Alt. 1 BGB. (Leistungskondiktion – vgl. die Kommentierung zu § 812 BGB sowie die Kommentierung zu § 398 BGB Rn. 142). Dieser Anspruch umfasst auch die Rückgabe der bereits ausgelieferten Beweisurkunden (vgl. Rn. 22). Könnte daher der Zessionar vom Zedenten trotz der Nichtigkeit des Kausalgeschäfts die Auslieferung dieser Urkunden verlangen, so müsste er sie ihm alsbald wieder zurückgeben.[45] Nichts anderes kann für die Pflicht zur Auskunftserteilung gelten, da die einmal erteilte Auskunft zwar nicht „zurückgegeben" werden kann, der Zessionar jedoch im Falle der bereicherungsrechtlichen Rückabwicklung dem Zedenten gegenüber nicht mehr berechtigt ist, die erlangte Information zum Zwecke der Einziehung der Forderung auszunutzen, widrigenfalls er ihm zum Ersatz verpflichtet ist.

D. Rechtsfolgen

17 Aus der Norm ergeben sich zwei Rechtsfolgen, nämlich ein Anspruch auf **Auskunftserteilung** und ein Anspruch auf **Auslieferung von Beweisurkunden**. Im Falle eines **gesetzlichen Forderungsübergangs** entsteht ein allein auf die Nebenpflichten beschränktes Schuldverhältnis, sofern nicht schon ein anderes Schuldverhältnis vorliegt.[46] Der frühere Gläubiger kann gegenüber dem Legalzessionar bezüglich der den Forderungsübergang auslösenden Leistung die Einrede gemäß §§ 273, 274 BGB erheben.[47] Namentlich braucht ein **Bürge** die Forderung des Gläubigers im Hinblick auf den Forderungsübergang gemäß § 774 Abs. 1 Satz 1 BGB (vgl. die Kommentierung zu § 774 BGB) nur Zug um Zug gegen Auslieferung der in § 402 BGB genannten Urkunden zu erfüllen.[48] Ein **Gesamtschuldner** kann seine Leistung nicht von der Aushändigung der Urkunden abhängig machen, wenn der Gläubiger von der internen Ausgleichungspflicht der Gesamtschuldner nichts weiß und auch nichts zu wissen braucht.[49]

---

[43] *Westermann* in: Erman, § 402 Rn. 1.
[44] Ähnlich: *Kaduk* in: Staudinger, 12. Aufl., § 402 Rn. 5.
[45] *Kaduk* in: Staudinger, 12. Aufl., § 402 Rn. 5.
[46] *Roth* in: MünchKomm-BGB, § 402 Rn. 3.
[47] RG v. 11.03.1913 - II 644/12 - RGZ 82, 25-29, 27; *Roth* in: MünchKomm-BGB, § 402 Rn. 3; *Weber* in: BGB-RGRK, 12. Aufl. 1976, § 402 Rn. 11.
[48] *Weber* in: BGB-RGRK, 12. Aufl. 1976, § 403 Rn. 11.
[49] RG v. 11.03.1913 - II 644/12 - RGZ 82, 25-29, 23; *Weber* in: BGB-RGRK, 12. Aufl. 1976, § 402 Rn. 11.

I. Pflicht zur Auskunftserteilung

Der Zedent hat dem Zessionar alle **Auskünfte** zu erteilen, die für die Forderung einschließlich der mit ihr übergegangenen Nebenrechte sowie deren Durchsetzung erheblich sind.[50] Dies umfasst auch Angaben über die für eine Zwangsvollstreckung relevanten **persönlichen und wirtschaftlichen Verhältnisse** des Schuldners.[51] So hat etwa der Scheinvater gegen das Kind, für das er Unterhalt gezahlt hat, aufgrund des gesetzlichen Forderungsübergangs in § 1607 Abs. 3 BGB einen Anspruch auf Auskunft, ob der wahre Vater die Vaterschaft anerkannt hat oder ob diese gerichtlich festgestellt ist und ggf. wer der Vater ist.[52] Der Zedent schuldet jedoch nur Auskunft über diejenigen Informationen, über die er selbst verfügt; er ist also (mangels entsprechender Vereinbarung) nicht zur **Beschaffung von Informationen** verpflichtet. Werden jedoch bestimmte Umstände dem Zedenten erst nach der Abtretung bekannt, so hat er den Zessionar auch auf diese hinzuweisen.[53] Auf mögliche Einwendungen gegen die Forderung muss er nicht im Voraus hinweisen, er schuldet vielmehr Erteilung der zur Entkräftung erforderlichen Informationen erst dann, wenn die entsprechende Einwendung tatsächlich vom Schuldner erhoben wird und der Zessionar insoweit gezielt nachfragt. Etwas anderes gilt lediglich für die Erfüllung, da von ihr der Bestand der Forderung abhängt.[54]

18

II. Pflicht zur Auslieferung von Beweisurkunden

Geschuldet wird ferner die **Auslieferung aller Urkunden**, die für den Bestand der Forderung und der mit übergehenden Nebenrechte oder deren Durchsetzung beweiserheblich sind, wenn auch nur mittelbar.[55] Einen konkreten Bedarf bezüglich der jeweiligen Urkunde muss der Zessionar nicht geltend machen, weshalb die Auslieferung auch dann geschuldet wird, wenn die abgetretene Forderung zwischen dem Zessionar und dem Schuldner außer Streit steht.[56] Bei der Abtretung werkvertraglicher Gewährleistungsansprüche im Baubereich umfasst die Auslieferungspflicht das Leistungsverzeichnis, die Ausschreibungsunterlagen, die Zeichnungen, die Schlussrechnungen und die Korrespondenz.[57] Sofern die Abtretung der Honoraransprüche von Ärzten und Anwälten wirksam ist, sind die entsprechenden Akten zu übergeben.[58] Ist die Forderung bereits tituliert, muss der Zedent ferner den **Titel** herausgeben.[59] Hingegen betrifft § 402 BGB nicht **Urkunden über die Abtretung** als solche. Insoweit gilt § 403 BGB.[60] Die Pflicht zur Auslieferung besteht bei Urkunden, die die Forderung verbriefen und deren Übergabe bereits essentielles Erfordernis der rechtsgeschäftlichen Übertragung des verbrieften Rechts ist (z.B. Wertpapiere), nur im Falle des gesetzlichen Forderungsübergangs im Sinne des § 412 BGB.[61]

19

Die Auslieferungspflicht ist auf Urkunden beschränkt, die sich im unmittelbaren oder mittelbaren **Besitz** des Zedenten befinden. Eine **Beschaffung von Urkunden**, die sich im ausschließlichen Besitz Dritter befinden, ist also ohne besondere Vereinbarung nicht geschuldet.[62] Auslieferung bedeutet Über-

20

---

[50] *Busche* in: Staudinger, § 402 Rn. 9; *Roth* in: MünchKomm-BGB, § 402 Rn. 5; *Weber* in: BGB-RGRK, 12. Aufl. 1976, § 402 Rn. 5; *Grüneberg* in: Palandt, § 402 Rn. 2.

[51] *Busche* in: Staudinger, § 402 Rn. 12; *Roth* in: MünchKomm-BGB, § 402 Rn. 5; *Grüneberg* in: Palandt, § 402 Rn. 2; *Zeiss* in: Soergel, 12. Aufl., § 402 Rn. 2.

[52] OLG Köln v. 18.03.2002 - 27 WF 41/02 - FamRZ 2002, 1214.

[53] *Busche* in: Staudinger, § 402 Rn. 10; *Roth* in: MünchKomm-BGB, § 402 Rn. 5; *Grüneberg* in: Palandt, § 402 Rn. 2; *Zeiss* in: Soergel, 12. Aufl., § 402 Rn. 2.

[54] BGH v. 11.05.2000 - IX ZR 262/98 - juris Rn. 32 - LM BGB § 273 Nr. 57 (2/2001); *Roth* in: MünchKomm-BGB, § 402 Rn. 5; *Grüneberg* in: Palandt, § 402 Rn. 2; a.A. *Zeiss* in: Soergel, 12. Aufl., § 402 Rn. 2.

[55] *Grüneberg* in: Palandt, § 402 Rn. 3; *Weber* in: BGB-RGRK, 12. Aufl. 1976, § 402 Rn. 7 (einschränkend für Privatbriefe, in denen die Forderung nur nebenher erwähnt wird); *Zeiss* in: Soergel, 12. Aufl., § 402 Rn. 3.

[56] *Busche* in: Staudinger, § 402 Rn. 16; *Roth* in: MünchKomm-BGB, § 402 Rn. 8.

[57] BGH v. 22.12.1988 - VII ZR 266/87 - juris Rn. 18 - LM Nr. 74 zu § 633 BGB; OLG Hamm v. 03.07.1975 - 22 U 260/74 - juris Rn. 42 - MDR 1976, 43; *Busche* in: Staudinger, § 402 Rn. 15; *Roth* in: MünchKomm-BGB, § 402 Rn. 8; *Grüneberg* in: Palandt, § 402 Rn. 3; *Westermann* in: Erman, § 402 Rn. 5; *Jagenburg*, NJW 1972, 1222-1223, 1223.

[58] *Westermann* in: Erman, § 402 Rn. 4.

[59] *Roth* in: MünchKomm-BGB, § 402 Rn. 9; *Weber* in: BGB-RGRK, 12. Aufl. 1976, § 402 Rn. 8; *Zeiss* in: Soergel, 12. Aufl., § 402 Rn. 4.

[60] *Roth* in: MünchKomm-BGB, § 402 Rn. 6.

[61] RG v. 11.03.1913 - II 644/12 - RGZ 82, 25-29, 27; *Busche* in: Staudinger, § 402 Rn. 14; *Weber* in: BGB-RGRK, 12. Aufl. 1976, § 402 Rn. 8.

[62] *Busche* in: Staudinger, § 402 Rn. 13; *Roth* in: MünchKomm-BGB, § 402 Rn. 7; *Grüneberg* in: Palandt, § 402 Rn. 3; *Zeiss* in: Soergel, 12. Aufl., § 402 Rn. 3.

§ 402

tragung des Besitzes an der Urkunde durch den Zedenten an den Zessionar. Im Falle des mittelbaren Besitzes hat der Zedent dem Zessionar den Herausgabeanspruch abzutreten.[63] Obgleich § 402 BGB allein auf den Besitz des Zedenten abstellt, ist neben der **Übergabe** nach richtiger Auffassung auch die **Übereignung** derjenigen Urkunden geschuldet, die im Eigentum des Zedenten stehen. Denn der Zessionar hat ein Interesse daran, an der Urkunde eine gesicherte Rechtsstellung zu erhalten, so dass deren Übereignung der Billigkeit entspricht.[64] Etwas anderes kann gelten, wenn die Urkunde einen über die Abtretung hinausgehenden Inhalt und damit für den Zedenten eine **weitergehende Bedeutung** hat, so dass sein Interesse daran, das Eigentum zu behalten, vorrangig schutzwürdig ist.[65] In diesem Fall ist zu verfahren wie bei einer Teilabtretung, d.h. der Zessionar hat Anspruch auf eine beglaubigte Abschrift oder der Besitz ist zeitweise zu übertragen und der Zessionar muss die Urkunde nach Gebrauch wieder zurückgeben (vgl. hierzu im Einzelnen Rn. 23).[66] Bei Schuldurkunden im Sinne von § 952 BGB erwirbt der Zessionar ohnehin bereits mit der Abtretung Eigentum.[67]

21 Umstritten ist, welche Ansprüche der Zessionar bei einer **Teilabtretung** hat. Nach der auf die Rechtsprechung des Reichsgerichts zurückgehenden herrschenden Auffassung hat er entsprechend § 444 Satz 2 BGB a.F. Anspruch auf eine **beglaubigte Abschrift**.[68] *Busche* und *Westermann* gehen dagegen – ebenfalls aufgrund von § 444 Satz 2 BGB a.F. – davon aus, dass der Zessionar wahlweise **zeitweilige Überlassung der Urkunde** oder eine beglaubigte Abschrift verlangen kann.[69] *Weber* will es von Art und Bedeutung der Urkunde und vom Verhalten des Schuldners abhängig machen, ob der Zedent zur Übertragung des Miteigentums, zur Einräumung des Mitbesitzes oder zeitweiligen Alleinbesitzes oder zur Erteilung einer beglaubigten Abschrift oder eines beglaubigten Auszugs verpflichtet ist, ohne jedoch die Kriterien im Einzelnen darzulegen.[70] Richtigerweise ist heute davon auszugehen, dass der Zessionar Anspruch auf eine beglaubigte Abschrift hat. Allein diese Lösung wird den beiderseitigen Interessen gerecht. Der Zedent hat dem Zessionar die Urkunden „auszuliefern". Auch wenn darunter im Normalfall schlicht Besitzübertragung zu verstehen ist (vgl. Rn. 22), spricht doch § 402 BGB nicht von „Übergabe", sondern verstärkend von „Auslieferung". Hierin liegt eine über die bloße Besitzverschaffung hinausgehende Komponente. Ebenso wie der Zessionar durch die Abtretung auf Dauer und in rechtlich abgesicherter Weise Inhaber der Forderung wird, soll er auch dauerhaft auf die zu ihrem Nachweis und ihrer Durchsetzung erforderlichen Urkunden zugreifen können. Es ist nämlich nicht in jedem Fall sicher abzuschätzen, zu welchem Zeitpunkt er die entsprechende Urkunde zur Durchsetzung des ihm abgetretenen Forderungsteils nicht mehr benötigt. Zu anfänglich nicht absehbaren Folgestreitigkeiten kann es auf vielfältige Weise kommen. Daher benötigt der Zessionar eine tatsächlich und rechtlich gesicherte jederzeitige Zugriffsmöglichkeit auf das Beweismittel, welche bei einer vorzeitigen Rückgabe der Urkunde nicht gegeben ist. Umgekehrt ist es nicht auszuschließen, dass auch der Zedent zur selben Zeit wie der Zessionar auf die Urkunde angewiesen ist, um die ihm verbleibende Restforderung durchzusetzen. Wählt man die Lösung einer zeitweiligen Besitzüberlassung, so kann es in solchen Fällen zu einer Kollision der Rechte der Parteien der Abtretung auf Gebrauch der Urkunde kommen. Dies kann nur dadurch ausgeschlossen werden, dass beide Seiten gleichzeitig auf entsprechende Urkunden zugreifen können, was bei der Übergabe einer beglaubigten Abschrift am ehesten ge-

---

[63] *Busche* in: Staudinger, § 402 Rn. 17; *Zeiss* in: Soergel, 12. Aufl., § 402 Rn. 3; *Weber* in: BGB-RGRK, 12. Aufl. 1976, § 402 Rn. 9.

[64] *Busche* in: Staudinger, § 402 Rn. 18; *Roth* in: MünchKomm-BGB, § 402 Rn. 7; *Zeiss* in: Soergel, 12. Aufl., § 402 Rn. 3; a.A. *Weber* in: BGB-RGRK, 12. Aufl. 1976, § 402 Rn. 9; *Grüneberg* in: Palandt, § 402 Rn. 3, der aber eine Übereignungspflicht aus § 242 BGB anerkennt.

[65] *Busche* in: Staudinger, § 402 Rn. 18; *Roth* in: MünchKomm-BGB, § 402 Rn. 7.

[66] *Busche* in: Staudinger, § 402 Rn. 18; *Westermann* in: Erman, § 402 Rn. 5 (zeitweise Überlassung); *Weber* in: BGB-RGRK, 12. Aufl. 1976, § 402 Rn. 6 (beglaubigte Abschrift).

[67] *Busche* in: Staudinger, § 402 Rn. 18; *Roth* in: MünchKomm-BGB, § 402 Rn. 6; *Weber* in: BGB-RGRK, 12. Aufl. 1976, § 402 Rn. 9; *Zeiss* in: Soergel, 12. Aufl., § 402 Rn. 3.

[68] RG v. 10.04.1888 – II 13/88 – RGZ 21, 360-369. 368; *Roth* in: MünchKomm-BGB, § 402 Rn. 7; *Grüneberg* in: Palandt, § 402 Rn. 3; *Zeiss* in: Soergel, 12. Aufl. § 402 Rn. 3.

[69] *Busche* in: Staudinger, § 402 Rn. 19; *Westermann* in: Erman, § 402 Rn. 5 f.

[70] *Weber* in: BGB-RGRK, 12. Aufl. 1976, § 402 Rn. 10.

währleistet ist. Infolge der modernen Vervielfältigungstechniken bestehen gegen diese Lösung auch keine praktischen Bedenken.

III. Sekundäransprüche

Bei Verstößen gegen die Pflichten des § 402 BGB macht sich der Zedent gemäß § 280 Abs. 1 Satz 1 BGB (bis zum 31.12.2001: positive Vertrags- bzw. Forderungsverletzung – pVV – vgl. die Kommentierung zu § 280 BGB) **schadensersatzpflichtig**, etwa bei falscher Bezeichnung des Schuldners.[71] Ist die Forderung im Falle der **Nichtigkeit des Kausalgeschäfts** gemäß § 812 BGB zurückzuübertragen, so hat der Zessionar auch die in seinem Besitz befindlichen Urkunden zurückzugeben.[72]

22

E. Prozessuale Hinweise/Verfahrenshinweise

Da es sich bei den Verpflichtungen des § 402 BGB um leistungssichernde Nebenpflichten handelt (vgl. Rn. 1), sind diese **selbstständig einklagbar**.[73] Die **Beweislast** für die die Ansprüche aus § 402 BGB begründenden Umstände trägt der Zessionar. Steht fest, dass die Aushändigung von Beweisurkunden stattgefunden hat, so kann dies für den Zessionar im Prozess gegen den Schuldner im Rahmen des **Nachweises** seiner **Aktivlegitimation** vorteilhaft sein. Auch wenn sich § 402 BGB nur auf Urkunden erstreckt, die die Forderung, nicht aber deren Abtretung beweisen, kann der Umstand der Aushändigung der zum Beweis der Schuld dienenden Urkunden gleichwohl auch die Abtretung als solche beweisen. Dies unterliegt jedoch der freien Beweiswürdigung des Gerichts gemäß § 286 Abs. 1 Satz 1 ZPO.[74]

23

F. Anwendungsfelder

I. Abdingbarkeit

Da es sich bei § 402 BGB um einen typisierten Vertragsinhalt des Kausalgeschäfts handelt, kann die Vorschrift – ausdrücklich oder konkludent – **abbedungen** werden. Sie ist sowohl ausschließbar als auch abschwächbar, abänderbar und erweiterbar.[75] Kraft spezieller Vereinbarung kann etwa über § 402 BGB hinaus eine Pflicht des Zedenten begründet werden, im Besitz Dritter befindliche Urkunden zu beschaffen (vgl. hierzu Rn. 22).[76]

24

II. Weitere Nebenpflichten

Mit den Ansprüchen aus § 402 BGB **vergleichbare Pflichten** können sich aus anderen, auf das Kausalgeschäft anwendbaren gesetzlichen Regelungen[77], im Rahmen einer Vertragsanbahnung aus § 311 Abs. 2 BGB (bis zum 31.12.2001 wurde insoweit auf die von der Rechtsprechung im Rahmen der Culpa in contrahendo (c.i.c.) entwickelten vorvertraglichen Pflichten abgestellt – vgl. die Kommentierung zu § 311 BGB) oder aus § 242 BGB (vgl. die Kommentierung zu § 242 BGB) ergeben[78]. Daneben können aus dem jeweils zugrunde liegenden Schuldverhältnis sowie aus § 242 BGB **andersartige Nebenpflichten** des Zedenten resultieren, also solche, die mit § 402 BGB nicht vergleichbar sind. Zu nennen ist etwa die Pflicht, die **Rechte des Zessionars nicht zu beeinträchtigen**, insbesondere die Forderung nicht unter Ausnutzung des § 407 BGB mit Wirkung gegen den Zessionar einzuziehen oder

25

---

[71] OLG Hamm v. 11.03.1999 - 22 U 111/98 - juris Rn. 40 - OLGR Hamm 1999, 221-224; *Busche* in: Staudinger, § 402 Rn. 4; *Roth* in: MünchKomm-BGB, § 402 Rn. 2; *Westermann* in: Erman, § 402 Rn. 1.
[72] *Busche* in: Staudinger, § 402 Rn. 1.
[73] *Roth* in: MünchKomm-BGB, § 402 Rn. 2; *Zeiss* in: Soergel, 12. Aufl., § 402 Rn. 5.
[74] *Busche* in: Staudinger, § 402 Rn. 20.
[75] *Roth* in: MünchKomm-BGB, § 402 Rn. 2; *Busche* in: Staudinger, § 402 Rn. 7; *Grüneberg* in: Palandt, § 402 Rn. 1.
[76] *Roth* in: MünchKomm-BGB, § 402 Rn. 7.
[77] *Busche* in: Staudinger, § 402 Rn. 1; *Weber* in: BGB-RGRK, 12. Aufl. 1976, § 402 Rn. 2.
[78] *Roth* in: MünchKomm-BGB, § 402 Rn. 2; *Busche* in: Staudinger, § 402 Rn. 1.

sein Recht sonst zu vereiteln.[79] Besondere Pflichten ergeben sich bei fiduziarischer Abtretung (vgl. hierzu die Kommentierung zu § 398 BGB Fn. 65).[80] Den Zedenten trifft jedoch im Normalfall nicht die Pflicht zur **Benachrichtigung des Schuldners** von der Abtretung.[81]

---

[79] RG v. 26.09.1925 - V 570/24 - RGZ 111, 298-306, 302; *Larenz*, Schuldrecht, Band I: Allgemeiner Teil, 14. Aufl. 1987, S. 580; *Busche* in: Staudinger, § 402 Rn. 3, § 398 Rn. 33 und Einf. zu §§ 398 ff. Rn. 23; *Weber* in: BGB-RGRK, 12. Aufl. 1976, § 402 Rn. 2; *Westermann* in: Erman, § 402 Rn. 7. Bei einem schuldhaften Verstoß gegen diese Pflicht besteht ein Anspruch aus § 280 Abs. 1 Satz 1 BGB, unabhängig vom Verschulden ein Anspruch auf Herausgabe des Erlangten (*Weber* in: BGB-RGRK, 12. Aufl. 1976, § 402 Rn. 2; *Westermann* in: Erman, § 402 Rn. 7).

[80] *Heinrichs* in: Palandt, 65. Aufl., § 402 Rn. 1.

[81] *Busche* in: Staudinger, § 402 Rn. 3; *Roth* in: MünchKomm-BGB, § 402 Rn. 4; *Weber* in: BGB-RGRK, 12. Aufl. 1976, § 402 Rn. 2.

§ 403 BGB Pflicht zur Beurkundung

(Fassung vom 02.01.2002, gültig ab 01.01.2002)

¹Der bisherige Gläubiger hat dem neuen Gläubiger auf Verlangen eine öffentlich beglaubigte Urkunde über die Abtretung auszustellen. ²Die Kosten hat der neue Gläubiger zu tragen und vorzuschießen.

Gliederung

A. Grundlagen 1	IV. Bisheriger und neuer Gläubiger 7
I. Kurzcharakteristik 1	V. Verlangen nach der Ausstellung einer Urkunde 8
II. Regelungsprinzipien 2	VI. Abtretungsanzeige 9
B. Praktische Bedeutung 3	D. Rechtsfolgen 10
C. Anwendungsvoraussetzungen 4	I. Ausstellung einer öffentlich beglaubigten Urkunde 10
I. Normstruktur 4	II. Kostentragung und Kostenvorschuss 12
II. Abtretung (vertraglicher Forderungsübergang) 5	III. Verjährung 13
III. Legalzession (gesetzlicher Forderungsübergang) 6	E. Anwendungsfelder 14

A. Grundlagen[1]

I. Kurzcharakteristik

Ebenso wie § 402 BGB knüpft auch § 403 BGB an die Abtretung als solche an. Die Rechtsfolgen betreffen jedoch auch hier nicht das Verfügungsgeschäft, sondern das zugrunde liegende Verpflichtungsgeschäft (Kausalgeschäft). Die Vorschrift begründet also weitere **schuldrechtliche Verpflichtungen zwischen** Zedenten und Zessionar (vgl. hierzu im Einzelnen die Kommentierung zu § 402 BGB Rn. 1).[2]

1

II. Regelungsprinzipien

Sinn und Zweck der Vorschrift ist es ebenso wie im Falle des § 402 BGB (vgl. die Kommentierung zu § 402 BGB Rn. 2), dem Zessionar zu ermöglichen, die Forderung gegenüber dem Schuldner erfolgreich geltend zu machen, wozu er seine **Sachbefugnis nachweisen** muss.[3] Der Zessionar soll hierbei insbesondere den Anforderungen der §§ 409 Abs. 1 Satz 2, 410 BGB genügen können.[4] Da der Schuldner gemäß § 410 Abs. 1 Satz 1 BGB nur gegen Aushändigung einer von dem Zedenten über die Abtretung ausgestellten Urkunde zur Leistung an den Zessionar verpflichtet ist (vgl. die Kommentierung zu § 410 BGB Rn. 13), hat der Zessionar gegen den Zedenten einen Anspruch auf Ausstellung einer solchen.

2

B. Praktische Bedeutung

Die Vorschrift ist eher von **untergeordneter praktischer Bedeutung**. In der vertraglichen Praxis wird wegen der mit der öffentlichen Beglaubigung verbundenen Notarkosten relativ selten von ihr Gebrauch gemacht. Demgemäß hat sich die Rechtsprechung mit der Vorschrift bisher nicht allzu intensiv beschäftigt. Im Hinblick auf die Gutglaubensvorschrift des § 1155 BGB und das grundbuchrechtliche Erfordernis des Nachweises in öffentlicher oder öffentlich beglaubigter Form gemäß § 29 GBO hat hingegen die für **hypothekarisch gesicherte Forderungen** geltende Parallelvorschrift des § 1154 Abs. 1

3

---

[1] Fortführung und Aktualisierung der bis zur Vorauflage von Herrn Dr. G. Knerr betreuten Kommentierung. Die Kommentierung gibt ausschließlich die persönliche Meinung des Autors wieder.
[2] *Busche* in: Staudinger, § 403 Rn. 1; *Roth* in: MünchKomm-BGB, § 403 Rn. 1.
[3] *Busche* in: Staudinger, § 403 Rn. 1; *Weber* in: BGB-RGRK, 12. Aufl. 1976, § 403 Rn. 2.
[4] *Busche* in: Staudinger, § 403 Rn. 11; *Roth* in: MünchKomm-BGB, § 403 Rn. 1; *Grüneberg* in: Palandt, § 403 Rn. 1; *Westermann* in: Erman, § 403 Rn. 1; *Zeiss* in: Soergel, 12. Aufl., § 403 Rn. 1.

§ 403

Satz 2 BGB erhebliche praktische Bedeutung.[5] Auch im Falle des § 411 BGB, welcher die Aushändigung einer öffentlich oder amtlich beglaubigten Urkunde an die die Dienstbezüge auszahlende Kasse verlangt (vgl. die Kommentierung zu § 411 BGB Rn. 8), gewinnt § 403 BGB praktische Bedeutung.

C. Anwendungsvoraussetzungen

I. Normstruktur

4 § 403 BGB enthält **zwei verschiedene Ansprüche**, nämlich einen Anspruch des Zessionars gegen den Zedenten auf Ausstellung einer Urkunde (§ 403 Satz 1 BGB) und einen solchen des Zedenten gegen den Zessionar auf Kostentragung und -vorschuss (§ 403 Satz 2 BGB).[6] Beide Ansprüche enthalten übereinstimmende Anwendungsvoraussetzungen:

II. Abtretung (vertraglicher Forderungsübergang)

5 Voraussetzung ist, dass eine **vertragliche Abtretung** im Sinne des § 398 BGB (vgl. die Kommentierung zu § 398 BGB Rn. 31) bereits vorgenommen wurde.[7] Möglich ist es aber auch, in der Urkunde den Abtretungsvertrag erst abzuschließen und damit zeitgleich den Anspruch aus § 403 Satz 1 BGB zu erfüllen.[8] Die gegenteilige Auffassung von *Busche*[9] verkennt, dass für einen Abschluss des Abtretungsvertrages mittels Aushändigung der Urkunde wegen der damit verbundenen Vereinfachung ein erhebliches praktisches Bedürfnis besteht und keine rechtsdogmatischen Bedenken dagegen bestehen, eine schuldrechtliche Verpflichtung gleichzeitig mit ihrer Begründung zu erfüllen (so etwa im Falle der Handschenkung – vgl. die Kommentierung zu § 518 BGB)[10].

III. Legalzession (gesetzlicher Forderungsübergang)

6 § 403 BGB gilt auch beim **gesetzlichen Forderungsübergang** gemäß § 412 BGB.[11] In diesem Fall ist in der Urkunde der gesetzliche Übergang der Forderung deklaratorisch zum Ausdruck zu bringen.[12] Bei **gerichtlicher Überweisung** oder gerichtlichem Erkenntnis über die Abtretung genügt dagegen zum Nachweis der Sachbefugnis die Vorlage einer Ausfertigung der die Forderung übertragenden Entscheidung (vgl. etwa § 836 Abs. 2 ZPO), so dass daneben kein Raum für einen Anspruch aus § 403 BGB ist (vgl. auch die Kommentierung zu § 412 BGB Rn. 38).[13]

IV. Bisheriger und neuer Gläubiger

7 Verpflichteter des Anspruchs aus § 403 Satz 1 BGB ist der bisherige Gläubiger (**Zedent**), Anspruchsinhaber ist der neue Gläubiger (**Zessionar**). Bei Kettenabtretungen hat auch der Letztzessionar einen Anspruch gegen den Erstzedenten.[14] Der Kostenanspruch gemäß § 403 Satz 2 BGB steht hingegen umgekehrt dem Zedenten gegen den Zessionar zu. Ist über das Vermögen des Zedenten nach erfolgter Abtretung das Insolvenzverfahren eröffnet worden, so ist Verpflichteter des Anspruchs auf Ausstellung einer öffentlich beglaubigten Urkunde der **Insolvenzverwalter**.[15]

---

[5] *Bassenge* in: Palandt, § 1154 Rn. 9.
[6] *Roth* in: MünchKomm-BGB, § 403 Rn. 1.
[7] *Busche* in: Staudinger, § 403 Rn. 5; *Roth* in: MünchKomm-BGB, § 403 Rn. 1.
[8] *Roth* in: MünchKomm-BGB, § 403 Rn. 1.
[9] *Busche* in: Staudinger, § 403 Rn. 5.
[10] *Weidenkaff* in: Palandt, § 518 Rn. 4.
[11] *Busche* in: Staudinger, § 403 Rn. 2; *Roth* in: MünchKomm-BGB, § 403 Rn. 3; *Zeiss* in: Soergel, 12. Aufl., § 403 Rn. 2; *Grüneberg* in: Palandt, § 403 Rn. 1.
[12] *Busche* in: Staudinger, § 403 Rn. 5; *Roth* in: MünchKomm-BGB, § 403 Rn. 3; *Westermann* in: Erman, § 403 Rn. 2; *Weber* in: BGB-RGRK, 12. Aufl. 1976, § 403 Rn. 5.
[13] *Busche* in: Staudinger, § 403 Rn. 2; *Roth* in: MünchKomm-BGB, § 403 Rn. 3; *Westermann* in: Erman, § 403 Rn. 1; *Zeiss* in: Soergel, 12. Aufl., § 403, Rn. 1; *Weber* in: BGB-RGRK, 12. Aufl. 1976, § 403 Rn. 3 u. 6.
[14] *Busche* in: Staudinger, § 403 Rn. 3; *Roth* in: MünchKomm-BGB, § 403 Rn. 1.
[15] OLG Köln v. 11.01.1988 - 12 U 156/87 - juris Rn. 38 - NJW-RR 1988, 1145-1146; *Westermann* in: Erman, § 403 Rn. 1.

V. Verlangen nach der Ausstellung einer Urkunde

Die Ansprüche aus § 403 BGB entstehen nur, wenn der Zessionar vom Zedenten die **Ausstellung einer Urkunde verlangt**, nicht jedoch unabhängig von einem solchen Verlangen.[16] Auf den Zeitpunkt des Verlangens kommt es nicht an. Es kann sowohl vor als auch jederzeit nach der Abtretung geäußert werden.[17]

8

VI. Abtretungsanzeige

Der Anspruch besteht auch dann, wenn der Zedent dem Schuldner gemäß § 409 BGB die **Abtretung angezeigt** hat (vgl. die Kommentierung zu § 409 BGB Rn. 11), da die Urkunde auch in diesem Fall für den Zessionar vorteilhaft ist und er somit ein schutzwürdiges Interesse an ihrem Erhalt hat.[18] Die Abtretungsanzeige dient nämlich nur der Zerstörung des guten Glaubens des Schuldners, nicht aber dem Nachweis der Sachbefugnis des Zessionars.[19] Auch wenn der Zedent dem Schuldner die Abtretung anzeigt, muss der Zessionar damit rechnen, dass der Schuldner deren Wirksamkeit bestreitet oder dass Dritte, etwa die Gläubiger des Zessionars, einen Nachweis der Abtretung verlangen.[20]

9

D. Rechtsfolgen

I. Ausstellung einer öffentlich beglaubigten Urkunde

Der Zedent schuldet dem Zessionar gemäß § 403 Satz 1 BGB die **Ausstellung einer öffentlich beglaubigten Urkunde über die Abtretung**. Es geht also nicht wie bei § 402 BGB um die Auslieferung einer bereits bestehenden, sondern um die Schaffung einer neuen Urkunde.[21] Dies ist jedoch nicht Wirksamkeitsvoraussetzung der Abtretung, sondern nur eine Nebenpflicht.[22]

10

Der Zessionar kann Ausstellung der Urkunde in **öffentlich beglaubigter Form** verlangen. Was unter dieser zu verstehen ist, richtet sich nach § 129 BGB (vgl. hierzu die Kommentierung zu § 129 BGB).[23] Bei Bedarf besteht ein wiederholter Anspruch aus § 403 Satz 1 BGB, so etwa im Falle des Verlustes der ursprünglich ausgestellten Urkunde.[24] Der Zedent muss als Aussteller die Urkunde unterzeichnen.[25] **Inhalt**lich muss die Urkunde die Identität der Forderung, die Person des Schuldners und den Tatbestand der Abtretung im Verhältnis zwischen den beiden Parteien hinreichend genau bezeichnen.[26] Im Falle des **gesetzlichen Forderungsübergangs** muss dieser deklaratorisch verlautbart und vom Zedenten anerkannt werden.[27] Der Legalzessionar hat bezüglich der den Forderungsübergang auslösenden Leistung ein Zurückbehaltungsrecht. Da der Anspruch des Gläubigers gegen den Hauptschuldner auf den Bürgen im Falle der Befriedigung des Gläubigers gemäß § 774 Abs. 1 Satz 1 BGB übergeht, kann der Bürge zur Zahlung nur Zug um Zug gegen Ausstellung einer seine Zahlung und den Übergang der Forderung auf ihn anerkennenden Erklärung verurteilt werden.[28]

11

---

[16] *Busche* in: Staudinger, § 403 Rn. 7.
[17] *Busche* in: Staudinger, § 403 Rn. 7.
[18] *Roth* in: MünchKomm-BGB, § 403 Rn. 1; *Weber* in: BGB-RGRK, 12. Aufl. 1976, § 403 Rn. 2; *Grüneberg* in: Palandt, § 403 Rn. 1; *Westermann* in: Erman, § 403 Rn. 1.
[19] *Busche* in: Staudinger, § 403 Rn. 10.
[20] *Busche* in: Staudinger, § 403 Rn. 11.
[21] *Busche* in: Staudinger, § 403 Rn. 4.
[22] *Busche* in: Staudinger, § 398 Rn. 20; *Roth* in: MünchKomm-BGB, § 398 Rn. 34.
[23] *Busche* in: Staudinger, § 403 Rn. 5; *Roth* in: MünchKomm-BGB, § 403 Rn. 1; *Weber* in: BGB-RGRK, 12. Aufl. 1976, § 403 Rn. 2; *Grüneberg* in: Palandt, § 403 Rn. 1.
[24] *Roth* in: MünchKomm-BGB, § 403 Rn. 1; *Zeiss* in: Soergel, 12. Aufl., § 403 Rn. 1.
[25] *Busche* in: Staudinger, § 403 Rn. 5; *Roth* in: MünchKomm-BGB, § 403 Rn. 1.
[26] *Busche* in: Staudinger, § 403 Rn. 5; *Roth* in: MünchKomm-BGB, § 403 Rn. 1; *Westermann* in: Erman, § 403 Rn. 2.
[27] *Busche* in: Staudinger, § 403 Rn. 5; *Roth* in: MünchKomm-BGB, § 403 Rn. 3; *Westermann* in: Erman, § 403 Rn. 2; *Weber* in: BGB-RGRK, 12. Aufl. 1976, § 403 Rn. 5.
[28] *Zeiss* in: Soergel, 12. Aufl., § 403 Rn. 2.

II. Kostentragung und Kostenvorschuss

12   Der Zessionar ist gemäß § 403 Satz 2 BGB verpflichtet, die **Kosten der Ausstellung und Beglaubigung** der Urkunde zu tragen und vorzuschießen.[29] Wegen der Kosten hat der Zedent ein **Zurückbehaltungsrecht** gemäß § 273 BGB sowohl bezüglich der Ausstellung als auch bezüglich der Herausgabe der öffentlich beglaubigten Urkunde.[30] Der Zessionar ist hingegen vorleistungspflichtig, kann also nicht Kostenerstattung Zug um Zug gegen Ausstellung der Urkunde anbieten.[31] Der Zedent kommt mit seiner Verpflichtung daher vor der Zahlung des Kostenvorschusses durch den Zessionar nicht in Verzug und hat deshalb dem Zessionar nicht den durch die Nichtausstellung der Urkunde entstehenden Schaden zu ersetzen.[32] Erstellt der Zedent jedoch unverlangt eine Urkunde oder lässt er eine solche beglaubigen, kann er keinen Kostenersatz verlangen.[33]

III. Verjährung

13   Beide Ansprüche aus § 403 BGB unterliegen gemäß § 194 BGB der **Verjährung**.[34]

E. Anwendungsfelder

14   **Abdingbarkeit**: Die Bestimmung des § 403 Satz 2 BGB über den Kostenvorschuss ist **abdingbar**.[35]

---

[29] *Busche* in: Staudinger, § 403 Rn. 8.
[30] *Busche* in: Staudinger, § 403 Rn. 8; *Roth* in: MünchKomm-BGB, § 403 Rn. 4; *Grüneberg* in: Palandt, § 403 Rn. 1; *Westermann* in: Erman, § 403 Rn. 3; *Zeiss* in: Soergel, 12. Aufl., § 403 Rn. 1; *Weber* in: BGB-RGRK, 12. Aufl. 1976, § 403 Rn. 4.
[31] *Busche* in: Staudinger, § 403 Rn. 8.
[32] *Busche* in: Staudinger, § 403 Rn. 9.
[33] *Roth* in: MünchKomm-BGB, § 403 Rn. 4.
[34] *Busche* in: Staudinger, § 403 Rn. 7.
[35] *Weber* in: BGB-RGRK, 12. Aufl. 1976, § 403 Rn. 4.

§ 404 BGB Einwendungen des Schuldners

(Fassung vom 02.01.2002, gültig ab 01.01.2002)

Der Schuldner kann dem neuen Gläubiger die Einwendungen entgegensetzen, die zur Zeit der Abtretung der Forderung gegen den bisherigen Gläubiger begründet waren.

Gliederung

A. Grundlagen 1	3. Gestaltungsrechte 12
B. Praktische Bedeutung 2	4. Verjährung und Verwirkung 14
C. Anwendungsvoraussetzungen 3	5. Zurückbehaltungsrecht 15
I. Forderung 3	V. Guter Glaube des Zessionars 16
II. Abtretung 4	D. Rechtsfolgen 17
III. Einwendungen 5	E. Anwendungsfelder 18
1. Rechtshindernde und rechtsvernichtende Einwendungen 5	I. Abdingbarkeit 18
	1. Vertrag oder einseitige Willenserklärung .. 18
2. Einreden 6	2. Abtretungsbestätigung 19
3. Prozessuale Einreden 7	3. Erfordernis der Eindeutigkeit 20
4. Maßgebliches Rechtsverhältnis 8	4. Auslegung und Umfang des Verzichts ... 21
IV. Begründetheit zur Zeit der Abtretung 9	5. Verzichtbarkeit der Einwendung 23
1. Allgemeines 9	II. Spezialvorschriften 24
2. Gegenseitige Verträge 10	III. Schuldrechtlicher Ausgleich 25

A. Grundlagen[1]

Regelungsprinzipien: Die Vorschrift beruht auf dem **Grundgedanken**, dass sich der **Inhalt der Forderung** durch die Abtretung nicht verändert.[2] Sie bezweckt den **Schutz des Schuldners**. Durch die ohne seine Mitwirkung vollzogene Abtretung soll er nicht benachteiligt werden. Daher kann er dem Zessionar dieselben Einwendungen entgegensetzen, die er zur Zeit der Abtretung der Forderung gegen den Zedenten hatte.[3] Die Vorschrift stellt das Gegenstück zu § 401 BGB dar, der dem Zessionar alle Vorteile sichert, die mit der Forderung vor der Abtretung verbunden waren. Nach § 404 BGB muss er sich daher auch umgekehrt alle Einwendungen als Nachteile entgegenhalten lassen.[4]

B. Praktische Bedeutung

Die Vorschrift des § 404 BGB hat als eine der wichtigen **Schuldnerschutzvorschriften** (§§ 404, 406-410 BGB) **erhebliche praktische Bedeutung**. Sie ist die Fundamentalnorm, die Rechte des Schuldners gegenüber dem Zessionar begründet, und wird durch weitere Vorschriften, etwa § 406 BGB, ergänzt.

C. Anwendungsvoraussetzungen

I. Forderung

Die Vorschrift des § 404 BGB gilt für **Forderung**en aller Art (vgl. zum Begriff die Kommentierung zu § 398 BGB Rn. 7), über § 413 BGB auch für **dingliche Ansprüche** des Sachenrechts (vgl. die Kommentierung zu § 413 BGB Rn. 12).[5]

---

[1] Fortführung und Aktualisierung der bis zur Vorauflage von Herrn Dr. *G. Knerr* betreuten Kommentierung. Die Kommentierung gibt ausschließlich die persönliche Meinung des Autors wieder.
[2] *Busche* in: Staudinger, § 404 Rn. 2; *Grüneberg* in: Palandt, § 404 Rn. 1.
[3] BGH v. 28.11.1955 - II ZR 153/54 - juris Rn. 9 - BGHZ 19, 153-163; *Larenz*, Schuldrecht, Band I: Allgemeiner Teil, 14. Aufl. 1987, S. 586-587; *Busche* in: Staudinger, § 404 Rn. 2; *Roth* in: MünchKomm-BGB, § 404 Rn. 1; *Westermann* in: Erman, § 404 Rn. 1; *Grüneberg* in: Palandt, § 404 Rn. 1; *Petersen*, Jura 2008, 422-424.
[4] *Busche* in: Staudinger, § 404 Rn. 2.
[5] *Busche* in: Staudinger, § 404 Rn. 7.

II. Abtretung

4 § 404 BGB gilt primär bei der **vertraglichen Abtretung**, ist aber im Falle des **gesetzlichen Forderungsübergangs** gemäß § 412 BGB entsprechend anwendbar.[6] Dies hat etwa Bedeutung beim gesetzlichen Übergang im Rahmen eines Versicherungsverhältnisses[7] oder bei demjenigen gemäß § 116 SGB X[8]. Ebenfalls analog § 412 BGB ist § 404 BGB anwendbar bei der **gerichtlichen Übertragung** von Forderungen (vgl. die Kommentierung zu § 412 BGB Rn. 39). Insbesondere kann der Pfändungsgläubiger nicht mehr Rechte erlangen, als seinem Schuldner gegenüber dem Drittschuldner zugestanden haben.[9] Über § 1275 BGB gilt § 404 BGB schließlich auch für die rechtsgeschäftliche **Verpfändung von Forderungen**.[10]

III. Einwendungen

1. Rechtshindernde und rechtsvernichtende Einwendungen

5 **Einwendungen** sind alle rechtshindernden und rechtsvernichtenden Einwendungen.[11] Der Schuldner kann daher zum einen einwenden, dass die Forderung aufgrund **rechtshindernder Einwendungen** erst gar nicht entstanden ist.[12] Eine Ausnahme gilt gemäß § 405 BGB für das Scheingeschäft (vgl. die Kommentierung zu § 405 BGB Rn. 10).[13] **Rechtshindernde** Einwendungen sind etwa diejenigen der §§ 104, 118, 125, 134, 138 BGB.[14] So muss sich etwa ein Inkassounternehmen, das die Verbindungsentgelte eines Mehrwertdienstanbieters eintreibt, die Sittenwidrigkeit der technischen Umgehung einer für einen Telefonanschluss eingerichteten Sperre für die Anwahl von 0190er und 1180er Telefonnummern entgegenhalten lassen.[15] Zu den rechtshindernden Einwendungen gehört auch die Anfechtung, da diese gemäß § 142 BGB rückwirkende Kraft hat und daher die Anfechtung der die Forderung begründenden Willenserklärung deren Wegfall ex tunc bewirkt (vgl. Rn. 12).[16] **Rechtsvernichtende Einwendungen** sind dann begründet, wenn die Forderung zwar zunächst entstanden, jedoch zum Zeitpunkt der Abtretung bereits wieder erloschen ist.[17] Soweit diese Einwendungen auf Gestaltungserklärungen wie Rücktritt, Wandelung oder Kündigung beruhen, liegt die Empfangszuständigkeit wie bei der Anfechtung auch nach der Abtretung weiterhin beim Zedenten.[18] Rechtsvernichtende Einwendungen sind der Widerruf, der (auf gesetzlichem oder vertraglichem Rücktrittsrecht beruhende) Rücktritt[19], die Erfüllung, der Erlass, die rechtmäßige Hinterlegung, die Aufrechnung (vgl. aber § 406 BGB)[20], der Ablauf einer Ausschlussfrist[21], das Bestehen einer Freistellungsverpflichtung[22] und das Erfordernis einer spezifizierten Rechnung[23]. Hat eine **tarifliche Ausschlussfrist** für ein bestimmtes Arbeitsverhältnis Gel-

---

[6] BGH v. 02.03.1982 - VI ZR 245/79 - juris Rn. 16 - BGHZ 83, 162-168; *Busche* in: Staudinger, § 404 Rn. 33; *Roth* in: MünchKomm-BGB, § 404 Rn. 26; *Grüneberg* in: Palandt, § 404 Rn. 1.

[7] RG v. 15.01.1943 - VI (VII) 95/42 - RGZ 170, 285-292, 288; *Busche* in: Staudinger, § 404 Rn. 33; *Westermann* in: Erman, § 404 Rn. 11.

[8] BGH v. 02.03.1982 - VI ZR 245/79 - juris Rn. 16 - BGHZ 83, 162-168; *Busche* in: Staudinger, § 404 Rn. 33.

[9] BGH v. 29.11.1984 - IX ZR 44/84 - juris Rn. 23 - BGHZ 93, 71-81; *Busche* in: Staudinger, § 404 Rn. 34; *Roth* in: MünchKomm-BGB, § 404 Rn. 25; *Westermann* in: Erman, § 404 Rn. 11.

[10] *Busche* in: Staudinger, § 404 Rn. 34; *Weber* in: BGB-RGRK, 12. Aufl. 1976, § 404 Rn. 4; *Westermann* in: Erman, § 404 Rn. 11.

[11] *Busche* in: Staudinger, § 404 Rn. 10; *Grüneberg* in: Palandt, § 404 Rn. 2.

[12] RG v. 03.06.1918 - IV 11/18 - RGZ 93, 74-78, 75; *Busche* in: Staudinger, § 404 Rn. 12.

[13] *Busche* in: Staudinger, § 404 Rn. 12.

[14] *Busche* in: Staudinger, § 404 Rn. 10; *Grüneberg* in: Palandt, § 404 Rn. 2.

[15] LG Essen v. 18.11.2004 - 10 S 552/03 - NJW-RR 2005, 850.

[16] *Busche* in: Staudinger, § 404 Rn. 13.

[17] BGH v. 16.10.1985 - VIII ZR 287/84 - juris Rn. 8 - LM Nr. 23 zu § 404 BGB; *Busche* in: Staudinger, § 404 Rn. 17; *Westermann* in: Erman, § 404 Rn. 3.

[18] *Busche* in: Staudinger, § 404 Rn. 20; *Roth* in: MünchKomm-BGB, § 404 Rn. 6.

[19] BGH v. 16.10.1985 - VIII ZR 287/84 - juris Rn. 8 - LM Nr. 23 zu § 404 BGB; *Busche* in: Staudinger, § 404 Rn. 17; *Westermann* in: Erman, § 404 Rn. 3.

[20] *Busche* in: Staudinger, § 404 Rn. 10 u. 17.

[21] BAG v. 19.11.1968 - 1 AZR 213/68 - juris Rn. 9 - DB 1969, 447; BAG v. 24.05.1973 - 5 AZR 21/73 - juris Rn. 14 - DB 1973, 1752; *Busche* in: Staudinger, § 404 Rn. 19; *Grüneberg* in: Palandt, § 404 Rn. 2.

[22] BGH v. 11.03.1985 - II ZR 42/84 - juris Rn. 18 - LM Nr. 22 zu § 404 BGB; *Busche* in: Staudinger, § 404 Rn. 19; *Grüneberg* in: Palandt, § 404 Rn. 2.

[23] *Busche* in: Staudinger, § 404 Rn. 19; *Grüneberg* in: Palandt, § 404 Rn. 2.

tung, so gilt die Frist gemäß §§ 404, 412 BGB auch uneingeschränkt für den Rechtsnachfolger, auf den ein von der Frist betroffener Anspruch des Arbeitnehmers (kraft Gesetzes) übergegangen ist.[24] Zu den Einwendungen gehört auch diejenige der **unzulässigen Rechtsausübung** gemäß § 242 BGB.[25] Diese kann jedoch wegen ihres höchstpersönlichen Charakters im Rahmen des § 404 BGB nicht geltend gemacht werden, wenn sie auf Umständen beruht, die speziell auf die Person des Zedenten zurückgehen (vgl. auch Rn. 16).[26]

2. Einreden

Über den Wortlaut hinaus fallen unter § 404 BGB auch **Einreden** wie die Verjährung, die Rechte aus den §§ 273, 320 BGB sowie aus § 821 BGB.[27] Zu unterscheiden sind **peremptorische** und **dilatorische Einreden** (Leistungsverweigerungsrechte).[28] Zu den **peremptorischen Einreden** gehören die Verjährung und die Einreden aus den §§ 1629a, 1973, 1990, 1992 BGB.[29] Der Schuldner kann sich gegenüber dem Zessionar schließlich auch auf die **Einrede der ungerechtfertigten Bereicherung** gemäß § 821 BGB berufen.[30] **Dilatorische Einreden** sind diejenige des nicht erfüllten Vertrages gemäß § 320 BGB[31], die der Verschlechterung der Vermögensverhältnisse gemäß § 321 BGB[32] und die Stundung, sofern sie sich auf die abgetretene Forderung bezieht[33]. Auf § 320 BGB kann sich der Schuldner berufen, weil der Zedent die Gegenleistung schuldet und dem Schuldner für deren etwaige Mängel haftet.[34] Der Schuldner kann die Einrede des § 321 BGB auch geltend machen, wenn in der Person des Zedenten eine Vermögensverschlechterung eingetreten ist, da nur der bisherige Gläubiger dem Schuldner für die Gegenleistung haftet.[35] Das **Zurückbehaltungsrecht** gemäß § 273 BGB stellt ebenfalls eine unter § 404 BGB fallende dilatorische Einrede dar.[36] Zu den zeitlichen Grenzen der Geltendmachung eines Zurückbehaltungsrechts vgl. Rn. 15. Ferner kann der Schuldner eines abgetretenen Vergütungsanspruchs aus einem **Bauträgervertrag** (Auftraggeber) gegenüber dem Zessionar die Zahlung verweigern, solange ihm die gemäß § 7 MaBV notwendige Bürgschaft nicht gewährt worden ist. Daran ändert auch der Umstand nichts, dass der Zessionar mit dem Auftraggeber eine eigenständige (eingeschränkte) Sicherungsabrede mündlich wirksam vereinbart hat.[37] Nicht unter § 404 BGB fällt die Einrede des **Notbedarfs** gemäß § 519 BGB, da diese auf die Verhältnisse des Schenkers abstellt und daher höchstpersönlichen Charakter hat. Der Anspruch aus dem Schenkungsversprechen kann im Übrigen nicht abgetreten werden (vgl. die Kommentierung zu § 399 BGB Rn. 17).[38]

3. Prozessuale Einreden

Ferner sind auch **prozessuale Einreden** erfasst.[39] Prozessuale Rechtspositionen wirken nicht nur über § 401 BGB zugunsten des Zessionars (vgl. die Kommentierung zu § 401 BGB Rn. 19), sondern über § 404 BGB auch zu dessen Lasten (vgl. auch die Kommentierung zu § 398 BGB Rn. 55). Ob der

---

[24] LArbG Köln v. 17.03.2004 - 3 Sa 1288/03 - juris Rn. 22 - Bibliothek BAG.
[25] RG v. 26.11.1909 - VII 46/09 - RGZ 72, 213-215, 215; *Busche* in: Staudinger, § 404 Rn. 18; *Roth* in: MünchKomm-BGB, § 404 Rn. 9; *Westermann* in: Erman, § 404 Rn. 5; *Grüneberg* in: Palandt, § 404 Rn. 2.
[26] OLG München v. 11.12.1969 - 1 U 1191/69 - juris Rn. 35 - NJW 1970, 663; *Busche* in: Staudinger, § 404 Rn. 18; *Roth* in: MünchKomm-BGB, § 404 Rn. 9.
[27] RG v. 06.03.1915 - V 435/14 - RGZ 86, 301-305, 304; *Busche* in: Staudinger, § 398 Rn. 79 und § 404 Rn. 10; *Grüneberg* in: Palandt, § 404 Rn. 2.
[28] *Busche* in: Staudinger, § 404 Rn. 25.
[29] *Busche* in: Staudinger, § 404 Rn. 26.
[30] RG v. 06.03.1915 - V 435/14 - RGZ 86, 301-305, 304; *Busche* in: Staudinger, § 404 Rn. 28; *Roth* in: MünchKomm-BGB, § 404 Rn. 5; *Westermann* in: Erman, § 404 Rn. 3.
[31] *Busche* in: Staudinger, § 404 Rn. 29; *Roth* in: MünchKomm-BGB, § 404 Rn. 7; *Grüneberg* in: Palandt, § 404 Rn. 2.
[32] RG v. 08.04.1902 - II 23/02 - RGZ 51, 170-173, 174; *Busche* in: Staudinger, § 404 Rn. 29; *Roth* in: MünchKomm-BGB, § 404 Rn. 7.
[33] BAG v. 17.01.1975 - 5 AZR 103/74 - juris Rn. 11 - NJW 1975, 1575-1576; *Busche* in: Staudinger, § 404 Rn. 29.
[34] *Busche* in: Staudinger, § 398 Rn. 79.
[35] RG v. 08.04.1902 - II 23/02 - RGZ 51, 170-173, 174; *Busche* in: Staudinger, § 398 Rn. 79.
[36] BGH v. 28.11.1955 - II ZR 153/54 - juris Rn. 24 - BGHZ 19, 153-163; BGH v. 05.02.1991 - XI ZR 45/90 - juris Rn. 9 - LM Nr. 26 zu BGB § 404; *Busche* in: Staudinger, § 404 Rn. 30.
[37] BGH v. 19.07.2001 - IX ZR 149/00 - juris Rn. 19 - NJW 2001, 3329-3331.
[38] *Busche* in: Staudinger, § 404 Rn. 31.
[39] *Busche* in: Staudinger, § 404 Rn. 32; *Grüneberg* in: Palandt, § 404 Rn. 2.

Schuldner sie dem Zessionar gegenüber geltend machen kann, hängt davon ab, ob die Einrede im Einzelfall auf einer der abgetretenen Forderung anhaftende Eigenschaft gründet oder nicht, und ob der Zedent und der Schuldner bei der Begründung der Forderung bzw. der späteren Begründung der Einrede von einem Übergang prozessualer Einreden bei Abtretung ausgegangen sind.[40] Dies ist der Fall bei der Vereinbarung eines ausschließlichen **Gerichtsstands**[41], bei einer Vereinbarung, aus der Forderung die **Zwangsvollstreckung** nicht zu betreiben (pactum de non licitando)[42] sowie im Falle der Einrede des **Schiedsvertrag**es gemäß § 1032 Abs. 1 ZPO[43]. Die eine (Ausschluss-)Frist wahrende Wirkung einer Klageerhebung entfällt im Falle einer (teilweisen) Klagerücknahme auch gegenüber dem Legalzessionar, etwa der Bundesanstalt für Arbeit, auf die Lohnansprüche übergegangen sind. Der Arbeitnehmer kann ungeachtet des Verlustes der materiellen Verfügungsbefugnis über den übergegangenen Forderungsteil in dem über die Forderung schwebenden Verfahren prozessual unbeschränkt verfügen. Nimmt der Arbeitnehmer die von ihm erhobene Arbeitsentgeltklage nach dem Rechtsübergang in dem Umfang zurück, wie sie auf die Bundesanstalt für Arbeit übergegangen ist, gilt die Klage gemäß § 269 Abs. 3 Satz 1 HS. 1 ZPO als nicht anhängig geworden. Die zunächst fristwahrende Wirkung der rechtzeitigen Klageerhebung entfällt analog § 212 Abs. 1 BGB a.F. durch die Rücknahme der Klage.[44] Die Rechtskraft eines Urteils wirkt jedoch nicht über § 404 BGB, sondern über § 325 Abs. 1 ZPO gegenüber dem Zessionar (vgl. zum Vorrang der §§ 265, 325 ZPO bei einer Abtretung nach Rechtshängigkeit auch die Kommentierung zu § 407 BGB Rn. 18).

4. Maßgebliches Rechtsverhältnis

8   Alle von § 404 BGB umfassten Einwendungen und Einreden müssen sich aus den **Rechtsbeziehungen des Schuldners zu dem Zedenten** ergeben, d.h. aus dem der abgetretenen Forderung zugrunde liegenden Rechtsverhältnis. Für die Geltendmachung der Einwendungen des Schuldners, die sich unmittelbar gegenüber dem Zessionar ergeben, bedarf es dagegen keines Rückgriffs auf § 404 BGB.[45] Der Schuldner kann sich ferner auch auf die **Unwirksamkeit der Abtretung** berufen, weil der Zessionar in diesem Fall die Forderung nicht erwirbt, also nicht aktivlegitimiert ist.[46] Hingegen sind dem Schuldner Einwendungen und Einreden **aus dem der Abtretung zugrunde liegenden Kausalverhältnis** verschlossen, da dieses nur zwischen Zedent und Zessionar besteht und der Schuldner hiervon unberührt bleibt.[47] Bildet jedoch die Abtretung mit dem zugrunde liegenden Vertrag eine Einheit und ist die Abtretung daher von dem Bestand des Grundgeschäfts abhängig, so kann sich der Schuldner auch auf Mängel des Grundgeschäfts, die die Nichtigkeit der Abtretung bewirken, berufen (**Fehleridentität** – vgl. zu Voraussetzungen und Folgen die Kommentierung zu § 398 BGB Rn. 31).[48] Dies gilt jedenfalls, solange der Zedent die Einwendung noch nicht verloren hat.[49] Der Arbeitgeber kann etwa bei einer mit dem zugrunde liegenden Kausalgeschäft einheitlich verbundenen Lohnabtretung die Einwendungen des Arbeitnehmers aus dem Kausalgeschäft gegenüber dem Zessionar geltend machen.[50]

---

[40] *Busche* in: Staudinger, § 404 Rn. 32.
[41] BGH v. 27.04.1972 - II ZR 122/70 - BGHZ 58, 327-332; *Busche* in: Staudinger, § 404 Rn. 32; *Roth* in: MünchKomm-BGB, § 404 Rn. 5; *Grüneberg* in: Palandt, § 398 Rn. 18.
[42] *Busche* in: Staudinger, § 404 Rn. 32.
[43] BGH v. 02.03.1978 - III ZR 99/76 - juris Rn. 19 - BGHZ 71, 162-167; BGH v. 11.07.1985 - III ZR 33/84 - juris Rn. 38 - LM Nr. 5 zu § 592 ZPO; *Busche* in: Staudinger, § 404 Rn. 32; *Roth* in: MünchKomm-BGB, § 404 Rn. 5; *Grüneberg* in: Palandt, § 398 Rn. 18.
[44] LArbG Chemnitz v. 20.02.2002 - 10 Sa 153/01 - juris Rn. 37 - Bibliothek BAG und bestätigend: BAG v. 19.02.2003 - 4 AZR 168/02 - juris Rn. 39 - EzA-SD 2003, Nr. 13, 13-15.
[45] OLG Köln v. 18.02.1987 - 13 U 170/86 - juris Rn. 1 - ZIP 1987, 907-909; *Busche* in: Staudinger, § 404 Rn. 4; *Westermann* in: Erman, § 404 Rn. 6; *Grüneberg* in: Palandt, § 404 Rn. 3.
[46] *Busche* in: Staudinger, § 404 Rn. 4; *Grüneberg* in: Palandt, § 404 Rn. 3.
[47] *Busche* in: Staudinger, § 404 Rn. 5; *Roth* in: MünchKomm-BGB, § 404 Rn. 15; *Grüneberg* in: Palandt, § 404 Rn. 3.
[48] BAG v. 14.12.1966 - 5 AZR 168/66 - juris Rn. 18 - NJW 1967, 751; *Busche* in: Staudinger, § 404 Rn. 5; *Westermann* in: Erman, § 404 Rn. 6.
[49] OLG Nürnberg v. 12.07.1983 - 3 U 764/83 - juris Rn. 4 - WM 1984, 607-608; *Busche* in: Staudinger, § 404 Rn. 5.
[50] BAG v. 14.12.1966 - 5 AZR 168/66 - juris Rn. 18 - NJW 1967, 751; *Busche* in: Staudinger, § 404 Rn. 5.

IV. Begründetheit zur Zeit der Abtretung

1. Allgemeines

Einwendungen und Einreden müssen **zur Zeit der Abtretung begründet** gewesen sein. Hierbei ist es nicht erforderlich, dass alle Tatbestandsvoraussetzungen der Einwendung im Zeitpunkt der Abtretung bereits verwirklicht sind. Es reicht aus, wenn die Einwendung ihrem Rechtsgrund nach zum Zeitpunkt der Abtretung im Schuldverhältnis angelegt ist.[51] In diesem Fall reicht es aus, wenn die Tatsachen, die die Einwendung endgültig begründen, nach der Abtretung eintreten, etwa indem ein vor der Abtretung vereinbartes vertragliches Rücktrittsrecht ausgeübt wird[52] oder eine bereits zum Zeitpunkt der Abtretung mögliche Kündigung erst nach der Abtretung erklärt wird.[53] Im Falle einer Abtretung künftiger Forderungen (**Vorausabtretung**) ist als maßgeblich der Zeitpunkt anzusehen, in dem die Abtretung wirksam wird, also der Zeitpunkt des Entstehens der Forderung (vgl. hierzu die Kommentierung zu § 398 BGB Rn. 51).[54] Die aus der eigenkapitalersetzenden Funktion der Gebrauchsüberlassung folgende Undurchsetzbarkeit einer vorausabgetretenen Mietzinsforderung kann der Schuldner daher dem Zessionar entgegenhalten, wenn sie spätestens bei Entstehung der Forderung gegeben war.[55] Bei einer **Abtretungskette** kann der Schuldner jede gegen irgendeinen Vorerwerber bestehende Einwendung auch gegenüber allen späteren Zessionaren geltend machen[56], es sei denn der Schuldner hat die entsprechende Einwendung gegenüber einem Zessionar verloren[57]. Der Schuldner darf durch die Abtretung andererseits auch **nicht besser gestellt werden** als ohne dieselbe. Daher kann er sich nicht auf Einwendungen und Einreden berufen, die zwar im Zeitpunkt der Abtretung bestanden, auf die er sich aber dem Zedenten gegenüber im Zeitpunkt der Geltendmachung auch ohne die Abtretung nicht hätte berufen können. Dies gilt etwa für die Einrede der Dürftigkeit des Nachlasses gemäß §§ 1990, 1992 BGB, sofern der Nachlass nachträglich durch einen Zufluss auf der Aktivseite die Nachlassverbindlichkeiten übersteigt. In diesem Fall kann der Schuldner dem Zessionar die Einrede nicht mehr entgegenhalten, da dies auch gegenüber dem Zedenten nicht mehr möglich wäre.[58]

2. Gegenseitige Verträge

Im Falle eines gegenseitigen Vertrages kann der Schuldner sich auch auf Einwendungen berufen, die aus der **Weiterentwicklung des Vertragsverhältnisses** resultieren.[59] Sie wirken sich auf die Forderung so aus, als ob sie nicht abgetreten worden wäre.[60] Wenn der Schuldner nach § 323 Abs. 1 BGB vorgehen will, so muss er die Fristsetzung gegenüber dem Zedenten erklären.[61] Im Falle der Abtretung des Anspruchs aus einem **Girovertrag** kann die Bank dem Zessionar Lastschriften aus der Rückbelastung von Wechseln entgegenhalten.[62] Ein Vertrag zwischen dem Zedenten und dem Schuldner, der das zugrunde liegende Schuldverhältnis als solches aufhebt oder zum Nachteil des Zessionars verändert, ist jedoch nur unter den weiteren Voraussetzungen des § 407 BGB dem Zessionar gegenüber wirksam.[63]

---

[51] BGH v. 29.11.1984 - IX ZR 44/84 - juris Rn. 24 - BGHZ 93, 71-81; BGH v. 29.04.1992 - VIII ZR 77/91 - juris Rn. 17 - LM BGB § 249 (Fb) Nr. 17 (11/1992); BGH v. 16.03.1994 - VIII ZR 246/92 - juris Rn. 20 - NJW-RR 1994, 880-882; OLG München v. 26.02.2008 - 5 U 5102/06 - juris Rn. 41 - ZIP 2008, 498-501; *Larenz*, Schuldrecht, Band I: Allgemeiner Teil, 14. Aufl. 1987, S. 587; *Busche* in: Staudinger, § 404 Rn. 10; *Grüneberg* in: Palandt, § 404 Rn. 4; *Westermann* in: Erman, § 404 Rn. 5.

[52] BGH v. 29.11.1984 - IX ZR 44/84 - juris Rn. 24 - BGHZ 93, 71-81; *Busche* in: Staudinger, § 404 Rn. 10.

[53] BGH v. 23.03.2004 - XI ZR 14/03 - juris Rn. 13 - NJW-RR 2004, 1347-1349.

[54] BGH v. 05.12.2007 - XII ZR 183/05 - juris Rn. 33 - WM 2008, 162-166.

[55] BGH v. 05.12.2007 - XII ZR 183/05 - juris Rn. 29 - WM 2008, 162-166.

[56] *Busche* in: Staudinger, § 404 Rn. 6; *Roth* in: MünchKomm-BGB, § 404 Rn. 17.

[57] *Busche* in: Staudinger, § 404 Rn. 6; *Roth* in: MünchKomm-BGB, § 404 Rn. 17.

[58] *Busche* in: Staudinger, § 404 Rn. 11.

[59] BGH v. 23.05.1989 - XI ZR 82/88 - juris Rn. 15 - LM Nr. 24 zu § 404; *Busche* in: Staudinger, § 404 Rn. 21; *Grüneberg* in: Palandt, § 404 Rn. 4.

[60] *Busche* in: Staudinger, § 404 Rn. 21, *Roth* in: MünchKomm-BGB, § 404 Rn. 7.

[61] *Busche* in: Staudinger, § 404 Rn. 19; *Grüneberg* in: Palandt, § 404 Rn. 4.

[62] OLG München v. 11.03.1991 - 26 U 4765/90 - NJW-RR 1992, 1136-1138; *Grüneberg* in: Palandt, § 404 Rn. 4.

[63] *Grüneberg* in: Palandt, § 404 Rn. 4 u. § 407 Rn. 4.

11 Ein **Schadensersatzanspruch statt der Leistung** (etwa gemäß § 281 Abs. 1 BGB – bis zum 31.12.2001: Schadensersatz wegen Nichterfüllung) ist nach der **Differenztheorie** unmittelbar mit der Forderung des Zessionars zu verrechnen und kann daher der Forderung des Zessionars als Einwendung entgegengehalten werden. Einer förmlichen Aufrechnung bedarf es insoweit nicht.[64] Im Falle einer **Teilabtretung** erfasst der Schadensersatzanspruch den abgetretenen Teilbetrag, wenn er eine Höhe erreicht, welche dazu führt, dass nach der Verrechnung eine abtretbare Forderung über diesen Betrag nicht mehr zur Verfügung steht.[65] Die **Minderung** wirkt sich hingegen bei allen Teilforderungen proportional aus (vgl. die Kommentierung zu § 398 BGB Rn. 15).[66] Die **Verwirkung** durch eine nach der Abtretung erfolgende Handlung des Zedenten wirkt ebenfalls gegenüber dem Zessionar.[67] Anrechnen lassen muss sich der Zessionar eines Schadensersatzanspruchs ein **Mitverschulden** des Zedenten.[68]

3. Gestaltungsrechte

12 Auch **Gestaltungsrechte** des Schuldners wie Anfechtung, Rücktritt und Widerruf bestehen weiter.[69] Sie können auch auf ein Verhalten des Zedenten nach der Abtretung gestützt werden und sind in direkter oder analoger Anwendung des § 143 Abs. 1 bis 3 BGB diesem gegenüber als Vertragspartner bzw. Empfänger der Willenserklärung auszuüben.[70] Da die **Anfechtung** rückwirkende Kraft hat, ist die auf sie gestützte Einwendung bereits vor der Abtretung gegeben, auch wenn die Anfechtung nach dieser erfolgt (vgl. Rn. 5).[71] Auch soweit die Anfechtung nicht erfolgt ist bzw. wegen tatsächlicher Hindernisse wie des unbekannten Aufenthalts des Zedenten nicht erfolgen kann, steht dem Schuldner analog §§ 770 Abs. 1, 1137 Abs. 1, 1211 Abs. 1 BGB und § 129 Abs. 2 und 3 HGB die Einrede der Anfechtbarkeit zu. Das heißt, dass der Schuldner dem Zessionar gegenüber die Anfechtbarkeit als Einrede geltend machen kann.[72] Auch andere Gestaltungsrechte, deren Ausübung Hindernisse entgegenstehen, können einredeweise geltend gemacht werden, etwa das Rücktrittsrecht.[73] Kann dagegen nur der Zedent anfechten, so kann der Schuldner sich auf die Anfechtung nur berufen, wenn dieser tatsächlich angefochten hat. Umgekehrt ist der Zedent gemäß § 242 BGB an der Anfechtung gehindert, wenn der Zessionar die Leistung des Schuldners bereits angenommen hat.[74] Zum schuldrechtlichen Ausgleich im Falle der Anfechtung vgl. Rn. 25. Aufgrund der Rechtsbeziehung zwischen Schuldner und Zessionar kann der Schuldner schließlich unter Umständen verpflichtet sein, den Zessionar unverzüglich über die Ausübung eines Gestaltungsrechts zu informieren.[75]

13 Für die **Aufrechnung** gilt die **Spezialvorschrift** des § 406 BGB (vgl. zur Unterschiedlichkeit der beiden Regelungen die Kommentierung zu § 406 BGB Rn. 8).[76] Jedoch kann der Schuldner die im Zeitpunkt der Abtretung bereits erklärte Aufrechnung auch gemäß § 404 BGB gegenüber dem Zessionar geltend machen (vgl. die Kommentierung zu § 406 BGB Rn. 7)[77], sofern er nicht arglistig handelt[78].

---

[64] BGH v. 21.12.1972 - V ZR 59/72 - juris Rn. 10 - WM 1974, 199-200; BGH v. 23.03.1983 - VIII ZR 335/81 - juris Rn. 28 - LM Nr. 20 zu § 404 BGB; BGH v. 23.05.1989 - XI ZR 82/88 - juris Rn. 15 - LM Nr. 24 zu § 404; *Busche* in: Staudinger, § 404 Rn. 21; *Roth* in: MünchKomm-BGB, § 404 Rn. 7.

[65] *Busche* in: Staudinger, § 404 Rn. 21; *Roth* in: MünchKomm-BGB, § 404 Rn. 7.

[66] BGH v. 01.07.1971 - VII ZR 224/69 - juris Rn 13 - BGHZ 56, 312-316; *Busche* in: Staudinger, § 404 Rn. 21; *Roth* in: MünchKomm-BGB, § 404 Rn. 7.

[67] RG v. 26.11.1909 - VII 46/09 - RGZ 72, 213-215, 215; *Busche* in: Staudinger, § 404 Rn. 22.

[68] OLG Hamm v. 18.09.2007 - 34 U 203/07 - juris Rn. 24; LG Osnabrück v. 06.10.2005 - 5 O 1248/04 - juris Rn. 28 - NZBau 2007, 107.

[69] BGH v. 16.10.1985 - VIII ZR 287/84 - juris Rn. 3 - LM Nr. 23 zu § 404 BGB; *Grüneberg* in: Palandt, § 404 Rn. 4.

[70] RG v. 08.03.1915 - VI 551/14 - RGZ 86, 305-311, 310; *Busche* in: Staudinger, § 404 Rn. 14; *Grüneberg* in: Palandt, § 404 Rn. 4.

[71] *Busche* in: Staudinger, § 404 Rn. 13.

[72] *Busche* in: Staudinger, § 404 Rn. 14; *Westermann* in: Erman, § 404 Rn. 3; *Grüneberg* in: Palandt, § 404 Rn. 4; a.A. *Köhler*, JZ 1986, 516-518, 517, der den Schuldner auf die §§ 132 Abs. 2, 242 BGB verweist.

[73] OLG Brandenburg v. 16.01.1997 - 8 U 22/96 - juris Rn. 49 - NJW-RR 1998, 1584.

[74] *Busche* in: Staudinger, § 404 Rn. 16.

[75] BGH v. 10.12.1992 - VII ZR 241/91 - juris Rn. 18 - LM BGB § 157 (C) Nr. 40 (7/1993); *Grüneberg* in: Palandt, § 404 Rn. 4.

[76] *Busche* in: Staudinger, § 404 Rn. 23; *Grüneberg* in: Palandt, § 404 Rn. 4.

[77] *Busche* in: Staudinger, § 404 Rn. 23; *Roth* in: MünchKomm-BGB, § 404 Rn. 11.

[78] RG v. 23.05.1928 - I 292/27 - RGZ 121, 177-180, 178; *Busche* in: Staudinger, § 404 Rn. 23.

4. Verjährung und Verwirkung

Im Falle der **Verjährung** wird der Ablauf der Frist von der Abtretung nicht berührt; die Verjährung wird durch die Abtretung nicht gehemmt.[79] Der Schuldner kann sich auf Verjährung daher nicht nur berufen, wenn die Forderung bei der Abtretung bereits verjährt war, sondern auch, wenn die vor und nach der Abtretung abgelaufene Zeit zusammen den Ablauf der Verjährungsfrist begründet.[80] Der Zessionar muss sich die für den Verjährungsbeginn maßgebliche Kenntnis oder grob fahrlässige Unkenntnis des Zedenten (z.B. § 199 Abs. 1 Nr. 2 BGB und bis zum 31.12.2001: § 852 Abs. 1 BGB) zurechnen lassen.[81] Dies gilt auch für den **gesetzlichen Forderungsübergang**, z.B. gemäß § 116 SGB X.[82] Anders ist dies jedoch, wenn die Forderung sofort mit ihrer Entstehung kraft Gesetzes übergeht.[83] Keine Einrede i.S.d. § 404 BGB stellt der Umstand dar, dass zur **Unterbrechung der Verjährung** vor der Abtretung bestimmte Handlungen (z.B. Klageerhebung) erforderlich waren. Der Zessionar ist daher nicht daran gehindert, nach der Abtretung die Verjährung auf vereinfachte Weise (etwa durch Anmeldung zur Konkurs- oder Insolvenztabelle) zu unterbrechen.[84] Macht eine **Behörde** oder eine **Körperschaft des öffentlichen Rechts** einen auf sie kraft Gesetzes übergegangenen Schadensersatzanspruch gegen einen Dritten geltend, kommt es für die Kenntnis i.S.d. § 852 BGB a.F. darauf an, wann der nach der behördlichen Organisation zuständige, mit der Bearbeitung betraute Bedienstete diese Kenntnis erlangt hat.[85] Bezüglich der Verjährung im Falle der Teilabtretung vgl. die Kommentierung zu § 398 BGB Rn. 15. Der Schuldner kann sich gegenüber dem Zessionar auch auf **Verwirkung** berufen, etwa der Betreute gegenüber der Staatskasse, auf die Vergütungsansprüche des Betreuers gemäß § 1836e BGB übergegangen sind.[86]

14

5. Zurückbehaltungsrecht

Auf ein **Zurückbehaltungsrecht** – etwa gemäß § 273 BGB – kann sich der Schuldner nur berufen, wenn der Gegenanspruch entweder schon vor der Abtretung fällig war[87] oder aber zu diesem Zeitpunkt wenigstens dem Rechtsgrund nach gegeben war und die Fälligkeit – analog § 406 BGB (vgl. zur Bedeutung eines Zurückbehaltungsrechts im Rahmen von § 406 BGB auch die Kommentierung zu § 406 BGB Rn. 12) – spätestens gleichzeitig mit der Fälligkeit der abgetretenen Forderung eingetreten ist[88]. Auf die Einrede des nichterfüllten Vertrages gemäß § 320 BGB kann sich der Schuldner dagegen unabhängig davon berufen, ob die Umstände, die die Einrede bedeutsam werden lassen, vor oder nach der Abtretung eingetreten sind. Dies folgt daraus, dass die Einrede gemäß § 320 BGB bereits mit Vertragsschluss entsteht.[89] Dem Zessionar einer durch eine **Grundschuld** gesicherten Forderung kann aus diesem Grund ein im Hinblick auf die Verpflichtung zur Rückgewähr der Grundschuld bestehendes Zurückbehaltungsrecht entgegengehalten werden.[90] Es kommt aber im Rahmen des § 404 BGB anders als bei § 406 BGB auf den Zeitpunkt der Abtretung und nicht den der Kenntnis des Schuldners an.[91] Wird die Gegenforderung erst später fällig, so gilt § 406 BGB analog, d.h. der Schuldner darf ein Zurückbe-

15

---

[79] RG v. 08.04.1929 - VI 635/28 - RGZ 124, 111-115, 114; BGH v. 04.10.1983 - VI ZR 194/81 - juris Rn. 11 - VersR 1984, 136-137; *Busche* in: Staudinger, § 404 Rn. 27; *Grüneberg* in: Palandt, § 404 Rn. 5.
[80] *Busche* in: Staudinger, § 404 Rn. 27.
[81] BGH v. 30.01.1973 - VI ZR 4/72 - juris Rn. 14 - LM Nr. 45 zu § 852 BGB; *Busche* in: Staudinger, § 404 Rn. 27; *Grüneberg* in: Palandt, § 404 Rn. 5.
[82] BGH v. 02.03.1982 - VI ZR 245/79 - juris Rn. 16 - BGHZ 83, 162-168; BGH v. 04.10.1983 - VI ZR 194/81 - juris Rn. 12 - VersR 1984, 136-137; *Busche* in: Staudinger, § 404 Rn. 27; *Grüneberg* in: Palandt, § 404 Rn. 5.
[83] BGH v. 10.07.1967 - III ZR 78/66 - juris Rn. 11 - BGHZ 48, 181-193; *Busche* in: Staudinger, § 404 Rn. 27; *Grüneberg* in: Palandt, § 404 Rn. 5.
[84] BAG v. 12.06.2002 - 10 AZR 199/01 - juris Rn. 47 - EzA § 4 TVG Ausschlußfristen Nr. 154.
[85] OLG Bremen v. 18.09.2002 - 1 U 44/02 (a), 1 U 44/02 - OLGR Bremen 2003, 58-59.
[86] OLG Hamm v. 25.01.2007 - 15 W 309/06 - juris Rn. 11 - NJW-RR 2007, 1081-1082.
[87] BGH v. 28.11.1955 - II ZR 153/54 - juris Rn. 24 - BGHZ 19, 153-163; BGH v. 05.02.1991 - XI ZR 45/90 - juris Rn. 9 - LM Nr. 26 zu BGB § 404; *Busche* in: Staudinger, § 404 Rn. 30; *Grüneberg* in: Palandt, § 404 Rn. 6.
[88] BGH v. 27.04.1972 - II ZR 122/70 - juris Rn. 21 - BGHZ 58, 327-332; BGH v. 17.03.1975 - VIII ZR 245/73 - juris Rn. 16 - BGHZ 64, 122-128; *Busche* in: Staudinger, § 404 Rn. 30; *Roth* in: MünchKomm-BGB, § 404 Rn. 11.
[89] BGH v. 05.12.2003 - V ZR 341/02 - juris Rn. 15 - NotBZ 2004, 104-105.
[90] BGH v. 05.02.1991 - XI ZR 45/90 - juris Rn. 9 - LM Nr. 26 zu BGB § 404; *Grüneberg* in: Palandt, § 404 Rn. 6.
[91] *Busche* in: Staudinger, § 404 Rn. 30.

haltungsrecht nur geltend machen, wenn sein Gegenanspruch vor Kenntnis der Abtretung fällig wird.[92] Die Abtretung einer durch eine Grundschuld gesicherten Darlehensforderung lässt die ursprüngliche Sicherungsabrede bestehen.[93]

V. Guter Glaube des Zessionars

16 Der Zessionar kann im Regelfall die Forderung nicht gutgläubig lastenfrei erwerben, da Gutglaubensschutz im Abtretungsrecht nur ausnahmsweise gewährt wird (vgl. die Kommentierung zu § 398 BGB Rn. 50). Der **gute Glaube** des Zessionars ist daher nur unter den Voraussetzungen des § 405 BGB geschützt (vgl. die Kommentierung zu § 405 BGB Rn. 1).[94] Liegen diese nicht vor, so kann der Schuldner ihm die Einwendungen und Einreden nach Maßgabe des § 404 BGB unabhängig davon entgegenhalten, ob er diese kannte oder nicht. Es ist jedoch möglich, dass eine Forderung, deren Ausübung durch den Zedenten rechtsmissbräuchlich und daher gemäß § 242 BGB unzulässig gewesen wäre, vom Zessionar wieder geltend gemacht werden kann, weil in seiner Person die den **Rechtsmissbrauch** begründenden Umstände nicht gegeben sind (vgl. auch Rn. 5).[95] Umgekehrt kann allerdings ein Rechtsmissbrauch bzw. Verstoß gegen Treu und Glauben erstmals in der Person des Zessionars gegeben sein.[96]

D. Rechtsfolgen

17 **Rechtsfolge** des § 404 BGB ist, dass dem Schuldner die Einwendungen und Einreden, die er gegenüber dem Zedenten hatte, gegenüber dem neuen Gläubiger (Zessionar) unverändert erhalten bleiben, d.h. dass der Schuldner diesem gegenüber nicht weniger aber auch nicht mehr Einwendungen oder Einreden geltend machen kann als gegenüber jenem. Auf welchen Zeitpunkt es insoweit bezüglich des Bestehens und des Umfangs der einzelnen Einwendungen und Einreden ankommt, wurde bereits im Rahmen der Darlegung des Merkmals „Begründetheit zur Zeit der Abtretung" erörtert (vgl. Rn. 9). Erfolgen mehrere Abtretungen nacheinander (Abtretungskette), so bleiben dem Schuldner die gegen einen Zedenten bestehenden Einreden und Einwendungen, gleich gegenüber welchem Zedenten sie entstanden sind, auch gegen alle spätere Zessionare erhalten, sofern es sich nicht um höchstpersönliche Einwendungen handelt.[97]

E. Anwendungsfelder

I. Abdingbarkeit

1. Vertrag oder einseitige Willenserklärung

18 § 404 BGB ist dispositiv.[98] **Abdingbarkeit** ist jedoch dann nicht gegeben, wenn dem spezielle gesetzliche Vorschriften entgegenstehen, die dies ausdrücklich untersagen, etwa § 496 Abs. 1 BGB zum Nachteil des Verbrauchers (bis zum 31.12.2001: § 10 Abs. 1 VerbrKrG – vgl. auch die Kommentierung zu § 406 BGB Rn. 23), oder wenn eine die Einwendung oder Einrede abbedingende Vereinbarung auch unabhängig von der Abtretung als solche nicht wirksam ist.[99] Die Abbedingung kann entweder durch **Vertrag des Schuldners mit dem Zedenten**[100] oder durch einen **Vertrag des Schuldners mit dem Zessionar**[101] geschehen. Schuldner und Zedent können zum einen von vornherein vereinbaren,

---

[92] BGH v. 27.04.1972 - II ZR 122/70 - juris Rn. 2 - BGHZ 58, 327-332; BGH v. 17.03.1975 - VIII ZR 245/73 - juris Rn. 16 - BGHZ 64, 122-128; *Grüneberg* in: Palandt, § 404 Rn. 6.
[93] BGH v. 16.05.2006 - XI ZR 63/04 - juris Rn. 14 - BauR 2006, 1801.
[94] *Busche* in: Staudinger, § 404 Rn. 3; *Grüneberg* in: Palandt, § 404 Rn. 1.
[95] BGH v. 15.03.2001 - IX ZR 273/98 - juris Rn. 51 - LM BGB § 133 (C) Nr. 104 (9/2001); OLG München v. 11.12.1969 - 1 U 1191/69 - juris Rn. 35 - NJW 1970, 663; *Busche* in: Staudinger, § 404 Rn. 3; *Grüneberg* in: Palandt, § 404 Rn. 1; *Westermann* in: Erman, § 404 Rn. 1.
[96] BGH v. 15.03.2001 - IX ZR 273/98 - juris Rn. 43 - NJW 2001, 1859-1863; *Busche* in: Staudinger, § 404 Rn. 3; *Grüneberg* in: Palandt, § 404 Rn. 1; *Fischer*, WM 2005, 529-536, 531.
[97] OLG Rostock v. 20.11.2008 - 3 U 158/08 - juris Rn. 36 - ZOV 2009, 32-34.
[98] *Busche* in: Staudinger, § 404 Rn. 9 u. 35; *Grüneberg* in: Palandt, § 404 Rn. 7.
[99] *Busche* in: Staudinger, § 404 Rn. 9 u. 35; *Grüneberg* in: Palandt, § 404 Rn. 7.
[100] *Busche* in: Staudinger, § 404 Rn. 9 u. 35; *Grüneberg* in: Palandt, § 404 Rn. 7.
[101] BGH v. 17.11.1969 - VII ZR 83/67 - juris Rn. 12 - LM Nr. 31 zu § 133 (C) BGB; *Busche* in: Staudinger, § 404 Rn. 35; *Grüneberg* in: Palandt, § 404 Rn. 7.

dass der Schuldner bestimmte Einwendungen dem Zessionar nicht entgegensetzen kann.[102] Dies kann auch in **allgemeinen Geschäftsbedingungen** vereinbart werden.[103] Zum anderen kann der Schuldner mit dem Zessionar eine entsprechende Vereinbarung treffen.[104] Der Vertrag mit dem Zessionar ist auch dann wirksam, wenn er schon vor der Abtretung abgeschlossen wird.[105] Ein **Vertrag zwischen Zedent und Zessionar** ist hingegen nur wirksam, wenn der Schuldner zustimmt, da ihm der Schutz des § 404 BGB nicht gegen bzw. ohne seinen Willen entzogen werden darf.[106] Der Schuldner kann ferner durch **einseitige Willenserklärung** inhaltlich ganz oder teilweise auf den Schutz des § 404 BGB verzichten.[107] Es reicht dabei aus, dass eine einseitige Erklärung entsprechenden Inhalts allein dem Zessionar gegenüber abgegeben wird.[108] Für die rechtsgeschäftliche Verzichtserklärung gelten die für **Willenserklärungen** bestehenden Grundsätze. Sie ist daher anfechtbar und kann wegen Wegfalls der Geschäftsgrundlage angegriffen werden.[109] Ist die Abtretung selbst unwirksam, so kann der Zessionar aus dem Verzicht keine Rechte herleiten.[110]

2. Abtretungsbestätigung

Ein solcher einseitig erklärter Verzicht liegt unter Umständen in der Erklärung der **Bestätigung** bzw. **Annahme der Abtretung (Abtretungsbestätigung)**.[111] Eine solche wird häufig durch die Unterzeichnung eines dem Schuldner übersandten Vermerks auf der Abtretungsanzeige vorgenommen.[112] Gebräuchlich sind Formulierungen wie, der Schuldner „anerkenne die Forderung", „bestätige die Abtretung" oder „nehme die Abtretung an".[113] Eine einseitige Erklärung, wonach auf Einwendungen bzw. Einreden verzichtet wird, kann je nach den Umständen des Einzelfalls als **schuldbestätigendes (deklaratorisches) Anerkenntnis**[114] oder bloße **Wissenserklärung**[115] auszulegen sein. Nur in Ausnahmefällen kann hierin jedoch ein **abstraktes Schuldanerkenntnis** gemäß § 781 BGB gesehen werden können.[116] Die Auslegung als schuldbestätigendes Anerkenntnis oder abstraktes Schuldanerkenntnis wird von einem Teil der **Literatur** wegen der Gefahr der doppelten Inanspruchnahme des Schuldners bei unwirksamer Abtretung abgelehnt. Danach soll es sich bei der Anerkennung bzw. Bestätigung der Forderung bzw. ihrer Abtretung stets nur um eine Wissenserklärung handeln.[117] Diese Auffassung ist indes abzulehnen, da sie den erklärten Willen des Schuldners nicht berücksichtigt.[118] Der Schuldner ist

19

---

[102] *Busche* in: Staudinger, § 404 Rn. 36; *Westermann* in: Erman, § 404 Rn. 8; *Weber* in: BGB-RGRK, 12. Aufl. 1976, § 404 Rn. 28.

[103] OLG Schleswig v. 29.11.1990 - 5 U 143/89 - juris Rn. 5 - WM 1991, 453-454; *Busche* in: Staudinger, § 404 Rn. 36, *Westermann* in: Erman, § 404 Rn. 8.

[104] BGH v. 17.11.1969 - VII ZR 83/67 - juris Rn. 12 - LM Nr. 31 zu § 133 (C) BGB; *Busche* in: Staudinger, § 404 Rn. 37; *Grüneberg* in: Palandt, § 404 Rn. 7.

[105] BGH v. 04.11.1964 - VIII ZR 5/63 - LM Nr. 3 zu § 479 BGB; *Busche* in: Staudinger, § 404 Rn. 37; *Grüneberg* in: Palandt, § 404 Rn. 7.

[106] *Busche* in: Staudinger, § 404 Rn. 35.

[107] *Busche* in: Staudinger, § 398 Rn. 80 u. § 404 Rn. 35 u. 39; *Grüneberg* in: Palandt, § 404 Rn. 7.

[108] BGH v. 17.11.1969 - VII ZR 83/67 - juris Rn. 12 - LM Nr. 31 zu § 133 (C) BGB; *Busche* in: Staudinger, § 404 Rn. 39.

[109] *Busche* in: Staudinger, § 404 Rn. 43; *Roth* in: MünchKomm-BGB, § 404 Rn. 23; *Weber* in: BGB-RGRK, 12. Aufl. 1976, § 404 Rn. 37.

[110] BGH v. 17.10.1969 - V ZR 137/66 - juris Rn. 36 - LM Nr. 31 zu § 276 (Fa) BGB; *Busche* in: Staudinger, § 404 Rn. 44.

[111] *Busche* in: Staudinger, § 398 Rn. 80 u. § 404 Rn. 39.

[112] BGH v. 23.06.1971 - VIII ZR 40/70 - juris Rn. 17 - NJW 1971, 2220; BGH v. 18.10.1972 - VIII ZR 110/71 - juris Rn. 54 - LM Nr. 8 zu § 781 BGB; *Busche* in: Staudinger, § 404 Rn. 39.

[113] *Grüneberg* in: Palandt, § 404 Rn. 7.

[114] BGH v. 17.11.1969 - VII ZR 83/67 - juris Rn. 25 - LM Nr. 31 zu § 133 (C) BGB; BGH v. 23.03.1983 - VIII ZR 335/81 - juris Rn. 18 - LM Nr. 20 zu § 404 BGB; OLG Oldenburg v. 21.07.2005 - 8 U 96/05 - juris Rn. 25 - OLGR Oldenburg 2005, 705-706, 706; *Busche* in: Staudinger, § 404 Rn. 39; *Grüneberg* in: Palandt, § 404 Rn. 7.

[115] BGH v. 10.10.1977 - VIII ZR 76/76 - juris Rn. 15 - BGHZ 69, 328-333; BGH v. 19.06.1985 - IVa ZR 227/83 - juris Rn. 11 - WM 1985, 1177-1178; *Busche* in: Staudinger, § 404 Rn. 39; *Grüneberg* in: Palandt, § 404 Rn. 7.

[116] RG v. 21.10.1913 - II 275/13 - RGZ 83, 184-190, 186; *Busche* in: Staudinger, § 404 Rn. 39; *Roth* in: MünchKomm-BGB, § 404 Rn. 19; *Grüneberg* in: Palandt, § 404 Rn. 7.

[117] *Marburger* in: Staudinger, § 781 Rn. 34 m.w.N.

[118] *Busche* in: Staudinger, § 404 Rn. 41; *Grüneberg* in: Palandt, § 404 Rn. 7.

durch die gebotene **restriktive Auslegung** (vgl. Rn. 22) seiner für ihn nachteiligen Verzichtserklärung zu schützen.[119] Richtigerweise kommt es bezüglich der rechtlichen Qualifikation auf den Einzelfall an. Anerkennt der Schuldner die Forderung nach der Abtretung gegenüber dem Zedenten oder dem Zessionar, so liegt im Regelfall ein kausales, d.h. die Schuld bestätigendes (deklaratorisches) Anerkenntnis vor, durch das auf bestimmte Einwendungen verzichtet wird.[120] Durch die Erklärung gegenüber dem Zedenten räumt der Schuldner ein, dass ihm Einwendungen nicht zustehen, durch die Erklärung gegenüber dem Zessionar verzichtet er auf Einwendungen, die er bisher möglicherweise nach § 404 BGB hätte geltend machen können.[121] Die Erklärung der Zahlungsbereitschaft gegenüber dem Zessionar ist ebenfalls im Zweifel Willenserklärung im Sinne eines deklaratorischen Schuldanerkenntnisses und nicht bloße Wissenserklärung.[122] Nur ausnahmsweise liegt jedoch in einer „Schuldbestätigung" des Schuldners ein abstraktes Anerkenntnis gemäß § 781 BGB.[123]

3. Erfordernis der Eindeutigkeit

20
Ein Verzicht auf die Einwendungen setzt ferner voraus, dass er **klar und unzweideutig** erklärt worden ist.[124] Im Falle eines formularmäßigen Verzichts ist § 305c Abs. 2 BGB (früher § 5 ABGB) zu berücksichtigen[125], so dass Mehrdeutigkeiten in einer vom Zessionar vorformulierten Erklärung zu dessen Lasten gehen[126]. Jedoch ist kein ausdrücklicher Verzicht erforderlich. Es genügt auch eine **konkludente Erklärung**, sofern diese den Verzichtswillen des Schuldners eindeutig erkennen lässt.[127] Ein solcher konkludenter Verzicht kann in der Mitwirkung des Schuldners bei der Abtretung bzw. in der späteren Erklärung der Zahlungsbereitschaft liegen.[128] Nicht ausreichend ist die bloße Entgegennahme der Abtretungsanzeige[129] oder die Erklärung, von der Abtretung Kenntnis genommen zu haben[130]. Die Erklärung, die Abtretung eines Bürgschaftsanspruchs zur Kenntnis genommen zu haben, kann auch nicht in die Erteilung einer Bürgschaft gegenüber dem Zessionar umgedeutet werden.[131] Die Zustimmung des Schuldners zu einer an sich gemäß § 399 BGB unwirksamen Abtretung (vgl. hierzu die Kommentierung zu § 399 BGB Rn. 38) bedeutet keinen Verzicht auf andere Einwendungen.[132] Als bloße tatsächliche Auskunft bzw. Wissenserklärung und nicht als Einwendungsverzicht ist auch die auf die Aufforderung des Pfändungsgläubigers erfolgende **Erklärung des Drittschuldners** gemäß § 840 Abs. 1 Nr. 1 ZPO auszulegen, in welcher dieser angibt, ob und inwieweit er die Forderung anerkenne und zur Zahlung bereit sei.[133] Der Drittschuldner haftet jedoch bei falscher Auskunft auf **Schadensersatz** sowie ebenso bei Nichterfüllung der Erklärungspflicht gemäß § 840 Abs. 2 Satz 2 ZPO.[134] Auch sonstige nicht als Verzicht auszulegende falsche Erklärungen des Schuldners auf Nachfrage des Zessionars können eine Schadensersatzpflicht des Schuldners begründen.[135]

---

[119] *Busche* in: Staudinger, § 404 Rn. 41.
[120] *Busche* in: Staudinger, § 404 Rn. 44; *Westermann* in: Erman, § 404 Rn. 8, 9.
[121] *Busche* in: Staudinger, § 404 Rn. 44; *Weber* in: BGB-RGRK, 12. Aufl. 1976, § 404 Rn. 32.
[122] RG v. 21.10.1913 - II 275/13 - RGZ 83, 184-190, 186; *Busche* in: Staudinger, § 404 Rn. 44.
[123] RG v. 21.10.1913 - II 275/13 - RGZ 83, 184-190, 186; *Busche* in: Staudinger, § 404 Rn. 44; *Grüneberg* in: Palandt, § 404 Rn. 7.
[124] RG v. 20.04.1909 - III 302/08 - RGZ 71, 30-33, 32; *Busche* in: Staudinger, § 404 Rn. 38; *Grüneberg* in: Palandt, § 404 Rn. 7.
[125] BGH v. 18.10.1972 - VIII ZR 110/71 - juris Rn. 53 - LM Nr. 8 zu § 781 BGB; *Busche* in: Staudinger, § 404 Rn. 38; *Grüneberg* in: Palandt, § 404 Rn. 7.
[126] BGH v. 18.10.1972 - VIII ZR 110/71 - juris Rn. 53 - LM Nr. 8 zu § 781 BGB; *Busche* in: Staudinger, § 404 Rn. 38.
[127] *Busche* in: Staudinger, § 404 Rn. 42; *Roth* in: MünchKomm-BGB, § 404 Rn. 20.
[128] BGH v. 24.10.1975 - V ZR 117/72 - juris Rn. 26 - LM Nr. 15 zu § 404 BGB; *Busche* in: Staudinger, § 404 Rn. 42.
[129] *Busche* in: Staudinger, § 404 Rn. 42; *Roth* in: MünchKomm-BGB, § 404 Rn. 19.
[130] BGH v. 21.03.2002 - IX ZR 105/00 - juris Rn. 22 - LM BGB § 765 Nr. 169 (9/2002); *Busche* in: Staudinger, § 404 Rn. 48.
[131] BGH v. 21.03.2002 - IX ZR 105/00 - juris Rn. 22 - LM BGB § 765 Nr. 169 (9/2002).
[132] *Busche* in: Staudinger, § 404 Rn. 49.
[133] BGH v. 10.10.1977 - VIII ZR 76/76 - juris Rn. 15 - BGHZ 69, 328-333; *Busche* in: Staudinger, § 404 Rn. 50; *Roth* in: MünchKomm-BGB, § 404 Rn. 24.
[134] *Busche* in: Staudinger, § 404 Rn. 50.
[135] OLG Düsseldorf v. 09.02.1989 - 6 U 97/88 - juris Rn. 26 - ZIP 1989, 493-496; *Busche* in: Staudinger, § 404 Rn. 51.

4. Auslegung und Umfang des Verzichts

Bei der Auslegung ist im Übrigen die **beiderseitige Interessenlage** zu berücksichtigen.[136] Ob ein Verzicht auf Einwendungen gewollt ist, hängt regelmäßig davon ab, ob der Schuldner ein Interesse am wirksamen Zustandekommen der Abtretung hat. Dies ist etwa bei Erklärungen eines Baugeldgebers gegenüber den Bauhandwerkern zu bejahen.[137] Der Schuldner kann auch ein eigenes Interesse an einer Sicherung des Gläubigers haben, etwa wenn der Zessionar neben der Forderung auch Pflichten übernimmt.[138] Für ein Interesse des Schuldners spricht ferner der Umstand, dass für diesen erkennbar ist, dass der Zessionar die Gewährung eines Kredits von der Bestätigung der Abtretung abhängig macht.[139]

21

Der **Umfang des Verzichts** ist durch Auslegung gemäß §§ 133, 157 BGB zu ermitteln, wobei alle Umstände des Falles, auch solche, die außerhalb der Urkunde liegen, zu berücksichtigen sind.[140] Die Erklärung des Schuldners ist dabei **im Zweifel eng auszulegen**, insbesondere wenn sie unter Verwendung eines Erklärungsformulars des Zessionars abgegeben wird.[141] Dies folgt aus dem Ausnahmecharakter des Verzichts auf die Einwendungen und dessen für den Schuldner nachteiligen Inhalt.[142] Der Verzicht kann Einwendungen gemäß § 404 BGB ebenso betreffen wie solche gegen die Abtretung als solche oder gegen den Zessionar persönlich. Auf die Einwendungen kann vollständig oder nur teilweise verzichtet werden. Der Verzicht kann sich nur auf bereits bekannte oder auch auf noch unbekannte Einwendungen oder Einreden erstrecken.[143] Die Erklärung des Schuldners betrifft im Regelfall nur die ihm **bekannten oder erkennbaren Einwendungen**.[144] Soll die Erklärung weiter reichen, so muss sie insoweit eindeutig gefasst sein.[145] Im Falle noch unbekannter Einwendungen ist also ein besonders klarer Erklärungsinhalt erforderlich, der gerade erkennen lässt, dass sich der Verzicht auch auf unbekannte Einwendungen erstrecken soll.[146] So spricht etwa der Umstand, dass der Schuldner ein eigenes Interesse daran hat, dass der Zessionar dem Zedenten einen Kredit gewährt, dafür, dass unbekannte oder nur mittels Hinzuziehung Sachverständiger zu ermittelnde Einwendungen ausgeschlossen sein sollen, etwa solche aufgrund von Baumängeln.[147] Im Zweifel ist bei der Erklärung eines **geschäftlich unerfahrenen Schuldners**, die Forderung bestehe zu Recht und werde bei Fälligkeit bezahlt werden, nicht anzunehmen, dass die Berufung auf den späteren Wegfall der Geschäftsgrundlage ausgeschlossen sein soll.[148] Der Verzicht kann auch die gemäß § 406 BGB mögliche **Aufrechnung**

22

---

[136] BGH v. 25.05.1973 - V ZR 13/71 - juris Rn. 13 - LM Nr. 11 zu § 404 BGB; *Busche* in: Staudinger, § 404 Rn. 40.

[137] RG v. 13.06.1929 - VI 587/28 - RGZ 125, 252-256, 254; *Busche* in: Staudinger, § 404 Rn. 40; *Westermann* in: Erman, § 404 Rn. 9.

[138] BGH v. 15.06.1956 - I ZR 149/54 - LM Nr. 14 zu § 12 BGB; *Busche* in: Staudinger, § 404 Rn. 40; *Westermann* in: Erman, § 404 Rn. 9.

[139] BGH v. 17.11.1969 - VII ZR 83/67 - juris Rn. 21 - LM Nr. 31 zu § 133 (C) BGB; *Busche* in: Staudinger, § 404 Rn. 40.

[140] BGH v. 23.03.1983 - VIII ZR 335/81 - juris Rn. 18 - LM Nr. 20 zu § 404 BGB; OLG Oldenburg v. 21.07.2005 - 8 U 96/05 - juris Rn. 25 - OLGR Oldenburg 2005, 705-706, 706; *Busche* in: Staudinger, § 404 Rn. 35.

[141] BGH v. 18.10.1972 - VIII ZR 110/71 - juris Rn. 53 - LM Nr. 9 zu § 781 BGB; BGH v. 23.03.1983 - VIII ZR 335/81 - juris Rn. 20 - LM Nr. 20 zu § 404 BGB; BGH v. 19.06.1985 - IVa ZR 227/83 - juris Rn. 10 - WM 1985, 1177-1178; OLG Oldenburg v. 21.07.2005 - 8 U 96/05 - juris Rn. 25 - OLGR Oldenburg 2005, 705-706, 706; *Busche* in: Staudinger, § 404 Rn. 38; *Roth* in: MünchKomm-BGB, § 404 Rn. 19; *Grüneberg* in: Palandt, § 404 Rn. 7.

[142] *Busche* in: Staudinger, § 404 Rn. 41.

[143] *Busche* in: Staudinger, § 404 Rn. 35.

[144] BGH v. 04.11.1976 - VII ZR 74/75 - juris Rn. 28 - WM 1976, 1339-1340; BGH v. 23.03.1983 - VIII ZR 335/81 - juris Rn. 18 - LM Nr. 20 zu § 404 BGB; OLG Oldenburg v. 21.07.2005 - 8 U 96/05 - juris Rn. 25 - OLGR Oldenburg 2005, 705-706, 706; OLG München v. 08.10.2004 - 1 W 1961/04 - juris Rn. 35 - OLGR München 2005, 825-826; *Busche* in: Staudinger, § 404 Rn. 46; *Grüneberg* in: Palandt, § 404 Rn. 7.

[145] BGH v. 17.11.1969 - VII ZR 83/67 - LM Nr. 31 zu § 133 (C) BGB; BGH v. 25.05.1973 - V ZR 13/71 - juris Rn. 10 - LM Nr. 11 zu § 404 BGB; BGH v. 23.03.1983 - VIII ZR 335/81 - juris Rn. 24 - LM Nr. 20 zu § 404 BGB; *Grüneberg* in: Palandt, § 404 Rn. 7.

[146] BGH v. 17.11.1969 - VII ZR 83/67 - juris Rn. 19 - LM Nr. 31 zu § 133 (C) BGB; BGH v. 23.03.1983 - VIII ZR 335/81 - juris Rn. 21 - LM Nr. 20 zu § 404 BGB; *Busche* in: Staudinger, § 404 Rn. 46; *Grüneberg* in: Palandt, § 404 Rn. 7.

[147] RG v. 21.10.1911 - V 615/10 - RGZ 77, 157-159, 159; BGH v. 25.05.1973 - V ZR 13/71 - juris Rn. 13 - LM Nr. 11 zu § 404 BGB; *Busche* in: Staudinger, § 404 Rn. 46.

[148] *Busche* in: Staudinger, § 404 Rn. 46.

umfassen (vgl. die Kommentierung zu § 406 BGB Rn. 8).[149] Unter Umständen kann ein solcher Verzicht so auszulegen sein, dass er auch die Aufrechnung mit einer Forderung aus dem gleichen Lebensverhältnis konkludent ausschließt.[150] Bei einer Forderung aufgrund einer **Teillieferung** erfasst der Verzicht regelmäßig nicht die Einwendungen bezüglich des noch ausstehenden Teils der Lieferung.[151] Erklärt der Schuldner, die Leistung hänge von keiner **Gegenleistung** ab, so verzichtet er hierdurch auf die Einrede aus § 320 BGB sowie auf die Geltendmachung des Rücktrittsrechts gemäß §§ 326 Abs. 5, 323 BGB gegenüber dem Zessionar.[152] Insbesondere kann sich ein Käufer (Schuldner), der dem Verkäufer (Zedenten) vor der Lieferung der Ware bestätigt hat, die abgetretene Kaufpreisforderung hänge von keiner Gegenleistung ab, gegenüber dem Zessionar nicht auf einen nach Abgabe dieser Erklärung erklärten Rücktritt wegen nicht oder nicht vertragsgemäß erbrachter Leistung durch den Zedenten (Verkäufer) berufen.[153] Erklärt der Besteller gegenüber dem Zessionar der Werklohnforderung aus einem Nachunternehmer-**Werkvertrag über Bauleistungen**, er bestätige auf Grund fehlender Unterlagen aber bereits ausgeführter Arbeiten, dass der Zessionar eine Teilrechnung habe schreiben dürfen und dass er den Teilrechnungsbetrag bei Fälligkeit ohne jeden Abzug an diesen überweisen werde, so liegt hierin jedoch regelmäßig kein Verzicht im Hinblick auf das Risiko des Ausbleibens der Gegenleistung bzw. keine Bestätigung der tatsächlichen Erbringung der geschuldeten Teil-Bauleistungen.[154]

5. Verzichtbarkeit der Einwendung

23   Ein Verzicht setzt stets voraus, dass die **Einwendung bzw. Einrede verzichtbar** ist.[155] Dies ist zu bejahen für § 320 BGB.[156] Auch auf die **Einrede der ungerechtfertigten Bereicherung** kann im Voraus verzichtet werden, etwa zur Verbesserung der Verkehrsfähigkeit eines abstrakten Schuldanerkenntnisses.[157] Unverzichtbar ist hingegen der Einwand, das Rechtsgeschäft verstoße gegen die **guten Sitten** bzw. sei **wucherisch**.[158]

II. Spezialvorschriften

24   Für die **Aufrechnung** gegen eine abgetretene Forderung, die an sich ebenfalls zu den Einwendungen gehört, gilt § 406 BGB als Spezialvorschrift (vgl. Rn. 13). Lex specialis ist des Weiteren § 325 ZPO bezüglich der **Erstreckung der Rechtskraft** (vgl. Rn. 7).

III. Schuldrechtlicher Ausgleich

25   Hat der Schuldner eine ihm gemäß § 404 BGB zustehende Einwendung oder Einrede nicht gekannt, so kann er seine Leistung nach den Grundsätzen der ungerechtfertigten Bereicherung von dem Zessionar herausverlangen. Dies gilt jedoch nicht, wenn er Einwendungen oder Einreden, die er kennt, nicht geltend macht.[159] Im Falle der Anfechtung steht der Anspruch aus § 122 BGB allein dem Zedenten, nicht aber dem Zessionar zu, es sei denn, dieser Anspruch ist mit abgetreten worden.[160]

26   Ein **Notar**, der eine Abtretung, insbesondere Sicherungsabtretung, beurkundet, hat die Beteiligten über die Gefahren, die sich im Hinblick auf die Regelung des § 404 BGB aus einer Kettenabtretung ergeben, zu belehren. Er hat hierbei den Regelungsgehalt der Vorschrift darzulegen. Kommt er dieser Verpflichtung nicht nach, so verstößt er gegen eine Amtspflicht mit der Folge der Haftung gemäß § 19 Abs. 1 BNotO.[161]

---

[149] *Busche* in: Staudinger, § 404 Rn. 35; *Roth* in: MünchKomm-BGB, § 404 Rn. 20; *Westermann* in: Erman, § 404 Rn. 8.

[150] *Busche* in: Staudinger, § 404 Rn. 42.

[151] BGH v. 23.03.1983 - VIII ZR 335/81 - juris Rn. 22 - LM Nr. 20 zu § 404 BGB; *Busche* in: Staudinger, § 404 Rn. 47; *Roth* in: MünchKomm-BGB, § 404 Rn. 19.

[152] BGH v. 17.11.1969 - VII ZR 83/67 - juris Rn. 21 - LM Nr. 31 zu § 133 (C) BGB; BGH v. 23.03.1983 - VIII ZR 335/81 - juris Rn. 28 - LM Nr. 20 zu § 404 BGB; *Busche* in: Staudinger, § 404 Rn. 45.

[153] BGH v. 17.11.1969 - VII ZR 83/67 - juris Rn. 19 - LM Nr. 31 zu § 133 (C) BGB; *Busche* in: Staudinger, § 404 Rn. 45.

[154] OLG Oldenburg v. 21.07.2005 - 8 U 96/05 - juris Rn. 25 - OLGR Oldenburg 2005, 705-706, 706.

[155] *Busche* in: Staudinger, § 404 Rn. 36.

[156] *Busche* in: Staudinger, § 404 Rn. 36.

[157] RG v. 29.09.1924 - I 609/24 - RGZ 108, 410-413, 413; *Busche* in: Staudinger, § 404 Rn. 28.

[158] *Busche* in: Staudinger, § 404 Rn. 36.

[159] *Busche* in: Staudinger, § 404 Rn. 8; *Roth* in: MünchKomm-BGB, § 404 Rn. 23

[160] *Busche* in: Staudinger, § 404 Rn. 15.

[161] OLG Braunschweig v. 30.12.2002 - 3 U 109/01 - juris Rn. 46 - OLGR Braunschweig 2003, 94-96.

§ 405 BGB Abtretung unter Urkundenvorlegung

(Fassung vom 02.01.2002, gültig ab 01.01.2002)

Hat der Schuldner eine Urkunde über die Schuld ausgestellt, so kann er sich, wenn die Forderung unter Vorlegung der Urkunde abgetreten wird, dem neuen Gläubiger gegenüber nicht darauf berufen, dass die Eingehung oder Anerkennung des Schuldverhältnisses nur zum Schein erfolgt oder dass die Abtretung durch Vereinbarung mit dem ursprünglichen Gläubiger ausgeschlossen sei, es sei denn, dass der neue Gläubiger bei der Abtretung den Sachverhalt kannte oder kennen musste.

Gliederung

A. Grundlagen 1	V. Guter Glaube des Zessionars 8
B. Anwendungsvoraussetzungen 2	C. Rechtsfolgen 9
I. Abtretung 2	I. Scheingeschäft 10
II. Urkunde über die Schuld 5	II. Vertragliches Abtretungsverbot 11
III. Ausstellung und Inverkehrbringen durch den Schuldner 6	III. Sonstige Einwendungen 12
	D. Prozessuale Hinweise/Verfahrenshinweise ... 13
IV. Vorlage der Urkunde bei der Abtretung 7	E. Anwendungsfelder 14

A. Grundlagen[1]

§ 405 BGB macht von dem Grundsatz, dass Forderungen nicht kraft **guten Glaubens** erworben werden können (vgl. die Kommentierung zu § 398 BGB Rn. 51), eine – allerdings eng begrenzte – Ausnahme.[2] Diese Ausnahme beruht auf dem durch den Schuldner als Aussteller der Urkunde über die Forderung veranlassten **Rechtsschein**, der nur im Falle der Kenntnis oder fahrlässigen Unkenntnis des Zessionars zerstört wird.[3] Die Vorschrift beruht also auf dem Publizitätsprinzip, welches auch den Regelungen der §§ 171, 370, 892, 932, 1138 BGB zugrunde liegt.[4] Die Vorschrift macht überdies eine Ausnahme von § 404 BGB, da in dem Fall, dass eine Urkunde über die Schuld ausgestellt wurde, der Schuldner die Einwendungen des Scheingeschäfts und der vereinbarten Ausschließung der Abtretbarkeit gemäß § 399 Alt. 2 BGB dem Zessionar gegenüber nicht mehr geltend machen kann, es sei denn, dieser kannte den wahren Sachverhalt bei der Abtretung oder hätte ihn kennen müssen.[5] Die Vorschrift durchbricht daher den Grundsatz, dass eine wirksame Abtretung das Bestehen und die Abtretbarkeit der Forderung voraussetzt (vgl. die Kommentierung zu § 398 BGB Rn. 7 und die Kommentierung zu § 398 BGB Rn. 9).[6] Die Vorschrift ermöglicht zwar nicht den Erwerb einer nicht bestehenden oder nicht abtretbaren Forderung im Wege der Abtretung, stellt aber den Zessionar im Verhältnis zum Schuldner unter bestimmten Voraussetzungen so, als ob er die Forderung im Wege der Abtretung erworben hätte.[7] Es handelt sich also um eine **Gutglaubensvorschrift**, die den Zessionar auf Kosten des Schuldners begünstigt.[8]

1

B. Anwendungsvoraussetzungen

I. Abtretung

§ 405 BGB ist nur auf die **vertragliche Abtretung** gemäß § 398 BGB, nicht aber auf den **gesetzlichen Forderungsübergang (Legalzession)** anwendbar, da § 412 BGB nicht auf die Vorschrift Bezug nimmt (vgl. die Kommentierung zu § 412 BGB Rn. 6).[9] Die Vorschrift ist jedoch **analog** auf die Ab-

2

---

[1] Fortführung und Aktualisierung der bis zur Vorauflage von Herrn Dr. *G. Knerr* betreuten Kommentierung. Die Kommentierung gibt ausschließlich die persönliche Meinung des Autors wieder.
[2] *Grüneberg* in: Palandt, § 405 Rn. 1.
[3] *Busche* in: Staudinger, § 405 Rn. 3.
[4] *Busche* in: Staudinger, § 405 Rn. 4.
[5] *Busche* in: Staudinger, § 405 Rn. 1.
[6] *Busche* in: Staudinger, § 405 Rn. 1.
[7] *Busche* in: Staudinger, § 405 Rn. 1.
[8] *Busche* in: Staudinger, § 405 Rn. 1.
[9] *Busche* in: Staudinger, § 405 Rn. 32; *Westermann* in: Erman, § 405 Rn. 5; *Grüneberg* in: Palandt, § 405 Rn. 2.

tretung anderer Rechte gemäß § 413 BGB[10] anwendbar (vgl. die Kommentierung zu § 413 BGB Rn. 32). Sie gilt insbesondere für die Abtretung eines unübertragbaren Vertragsangebots[11] sowie für die Einbringung einer Forderung in das Gesellschaftsvermögen gemäß § 718 BGB. § 405 BGB ist ferner analog anwendbar, wenn die beurkundete Forderung zwar nicht abgetreten wird, aber durch Rechtsgeschäft zugunsten eines Erwerbers ein **Recht an der Forderung** bestellt wird, etwa ein Nießbrauch gemäß §§ 1069, 1070 BGB oder ein Pfandrecht gemäß §§ 1274, 1275 BGB.[12] Auch in diesen Fällen handelt es sich um eine rechtsgeschäftliche Rechtsnachfolge, die allerdings nicht die Übertragung des Vollrechts, sondern die Begründung eines beschränkten Rechts an der Forderung zum Gegenstand hat.[13]

3   Die Vorschrift ist auch auf die **Scheinabtretung** anwendbar. Dies bedeutet, dass der Zedent dem gutgläubigen Zweiterwerber nicht den Einwand des Scheins bezüglich der Erstabtretung entgegenhalten kann.[14] Anwendbar ist § 405 BGB auch bei der Abtretung einer verbrieften Scheinforderung nach Eröffnung des **Insolvenzverfahrens** über das Vermögen des Scheinschuldners, sofern die Urkunde vor der Insolvenzeröffnung ausgestellt und weitergegeben worden war. Die mit der Abtretung entstehende Forderung wird in diesem Fall im Insolvenzverfahren als mit der Ausstellung der Urkunde entstanden behandelt.[15]

4   Ob die Abtretung **entgeltlich oder unentgeltlich** erfolgt, ist nicht erheblich. Bei einer unentgeltlichen Abtretung hat der Schuldner keinen **Herausgabeanspruch** gemäß § 816 Abs. 1 Satz 2 BGB, denn es wird nicht über eine bestehende Forderung durch einen Nichtberechtigten dem Gläubiger gegenüber wirksam verfügt. Es gelangt vielmehr eine noch nicht bestehende Forderung zur Entstehung. Die Verfügung ist also nicht i.S.d. § 816 Abs. 1 BGB dem wahren Gläubiger gegenüber, sondern dem Schuldner gegenüber wirksam, da dieser so verpflichtet wird, als habe die Forderung bei der Abtretung bereits bestanden.[16]

II. Urkunde über die Schuld

5   Es muss eine **Urkunde** vorhanden sein, die dazu bestimmt ist, das Bestehen der Forderung zu beweisen.[17] Erforderlich ist eine **schriftliche Gedankenerklärung**. Eine mündliche reicht nicht aus.[18] Ausreichend ist auch eine Privaturkunde im Sinne des § 416 ZPO.[19] Die Urkunde muss zum **Beweis der Forderung** durch ihren gedanklichen Inhalt bestimmt und eindeutig zu diesem Zweck ausgestellt sein.[20] Nicht ausreichend ist, dass der Beweiszweck lediglich in einer anderen in der Urkunde verkörperten Erklärung erwähnt wird.[21] Die Urkunde muss ferner eine **bestimmte bzw. bestimmbare Forderung** bezeichnen (vgl. hierzu die Kommentierung zu § 398 BGB Rn. 10) und den Umstand bescheinigen, dass der Verfügende **Gläubiger** ist.[22] Nicht erforderlich ist, dass der Inhalt der Verpflichtung vollständig und erschöpfend wiedergegeben wird, z.B. unter Einschluss der Voraussetzungen von Fälligkeit und Verzinsung.[23] Den an eine Urkunde gemäß § 405 BGB zu stellenden Anforderungen genügt ein Lagerschein[24] ebenso wie eine Urkunde über das Angebot eines Grundstückskaufs mit ausdrücklicher Abtretungsbefugnis[25]. Unerheblich ist es, ob die Urkunde nur zum Zweck der Beweissicherung bezüglich einer bereits bestehenden Forderung ausgestellt wird (z.B. im Falle eines Kreditschuldscheins oder Lagerempfangsscheins) oder ob durch sie die Verbindlichkeit erst begründet wird (z.B.

---

[10] RG v. 10.06.1925 - V 511/24 - RGZ 111, 46-48, 47; *Busche* in: Staudinger, § 405 Rn. 31; *Westermann* in: Erman, § 405 Rn. 5; *Grüneberg* in: Palandt, § 405 Rn. 2.
[11] RG v. 10.06.1925 - V 511/24 - RGZ 111, 46-48, 47; *Grüneberg* in: Palandt, § 405 Rn. 2.
[12] *Busche* in: Staudinger, § 405 Rn. 30; *Grüneberg* in: Palandt, § 405 Rn. 2.
[13] *Busche* in: Staudinger, § 405 Rn. 30.
[14] RG v. 29.11.1926 - V 249/26 - RGZ 115, 303-311, 308; *Grüneberg* in: Palandt, § 405 Rn. 5.
[15] RG v. 21.12.1915 - III 244/15 - RGZ 87, 420-424, 422; *Busche* in: Staudinger, § 405 Rn. 18.
[16] *Busche* in: Staudinger, § 405 Rn. 23.
[17] *Busche* in: Staudinger, § 405 Rn. 5 u. 6; *Grüneberg* in: Palandt, § 405 Rn. 3.
[18] *Busche* in: Staudinger, § 405 Rn. 5.
[19] *Busche* in: Staudinger, § 405 Rn. 5.
[20] *Busche* in: Staudinger, § 405 Rn. 6; *Grüneberg* in: Palandt, § 405 Rn. 3.
[21] *Busche* in: Staudinger, § 405 Rn. 6; *Westermann* in: Erman, § 405 Rn. 2.
[22] *Busche* in: Staudinger, § 405 Rn. 6.
[23] *Busche* in: Staudinger, § 405 Rn. 7.
[24] *Busche* in: Staudinger, § 405 Rn. 7; *Grüneberg* in: Palandt, § 405 Rn. 3.
[25] RG v. 10.06.1925 - V 511/24 - RGZ 111, 46-48, 47; *Busche* in: Staudinger, § 405 Rn. 7.

bei einer Bürgschaftsurkunde, einem abstraktem Schuldversprechen oder -anerkenntnis).[26] Auch bei einem **Schuldschein über eine Scheinforderung**, an dem der erste Scheinzessionar, d.h. derjenige, zugunsten dessen die erste Abtretung zum Schein erfolgt, mangels Ernsthaftigkeit der Abtretung gemäß § 952 BGB kein Eigentum erwirbt, ist § 405 BGB anwendbar.[27] Wird durch eine zum Schein über eine Forderung ausgestellte Urkunde der Eindruck der Kreditwürdigkeit hervorgerufen, so kann ein etwaiger **Ersatzanspruch** jedoch nicht auf § 405 BGB, sondern nur auf vertragliche oder deliktische Anspruchsgrundlagen gestützt werden.[28]

III. Ausstellung und Inverkehrbringen durch den Schuldner

Die Urkunde muss **durch den Schuldner ausgestellt** und mit seinem Willen in den Verkehr gebracht worden sein (**Veranlassungsprinzip**).[29] Eine abhanden gekommene Urkunde reicht nicht aus.[30] Irrtum, Drohung oder Täuschung schließen die Anwendung des § 405 BGB jedoch nicht aus.[31] Zur analogen Anwendbarkeit der Vorschrift vgl. Rn. 14.

6

IV. Vorlage der Urkunde bei der Abtretung

Die Urkunde muss dem Zessionar des Weiteren im Zusammenhang mit der Abtretung **vorgelegt** worden sein.[32] Eine **vorherige Vorlage** genügt nicht.[33] Dies soll nach umstrittener Auffassung anders sein, wenn die Urkundenvorlage mit der Abtretung derart in einem zeitlichen und räumlichen Zusammenhang steht, dass anzunehmen ist, der Zessionar habe die Abtretung im Vertrauen auf die vorherige Vorlage angenommen[34], es sei denn die Urkunde war im Zeitpunkt der Abtretung bereits vernichtet oder bis dahin inhaltlich verändert, etwa durch die Eintragung eines Vermerks über die Unabtretbarkeit[35]. Ebenso wenig reicht eine **nachträgliche Vorlage**, selbst wenn diese bereits bei der Abtretung angekündigt wurde.[36] Vorlage bedeutet der sinnlichen Wahrnehmung unmittelbar zugänglich machen.[37] Insoweit gelten in § 405 BGB und § 409 BGB dieselben Voraussetzungen (vgl. die Kommentierung zu § 409 BGB Rn. 16). Die Urkunde muss dem Zessionar **tatsächlich vorgelegt** worden sein, da der neue Gläubiger nur in diesem Fall Kenntnis von dem Urkundeninhalt erlangen kann. Die Bezugnahme auf eine nicht vorgelegte Urkunde genügt nicht.[38] Jedoch muss der Zessionar nicht tatsächlich in die Urkunde Einsicht genommen haben.[39] Die Urkunde muss ferner in **Urschrift oder Ausfertigung** vorgelegt werden. Die Vorlage einer **Fotokopie** ist nicht ausreichend.[40] Ebenso wenig reicht es aus, dass der Zessionar zufällig, also ohne gezielte Vorlage, von der Urkunde Kenntnis erlangt hat, auch wenn er im Vertrauen hierauf den Abtretungsvertrag abgeschlossen hat.[41]

7

---

[26] RG v. 23.03.1927 - V 369/26 - RGZ 116, 166-173, 172; RG v. 30.01.1928 - IV 222/27 - RGZ 120, 85-91, 89; *Busche* in: Staudinger, § 405 Rn. 7.

[27] *Busche* in: Staudinger, § 405 Rn. 8.

[28] *Busche* in: Staudinger, § 405 Rn. 25; *Grüneberg* in: Palandt, § 405 Rn. 5; allgemein für den Umfang der Haftung auf Grund Rechtsscheins: BGH v. 20.01.1954 - II ZR 155/52 - juris Rn. 16 - BGHZ 12, 105-110.

[29] *Busche* in: Staudinger, § 405 Rn. 5; *Grüneberg* in: Palandt, § 405 Rn. 3.

[30] *Busche* in: Staudinger, § 405 Rn. 5; *Roth* in: MünchKomm-BGB, § 405 Rn. 6; *Westermann* in: Erman, § 405 Rn. 2; *Weber* in: BGB-RGRK, 12. Aufl. 1976, § 405 Rn. 8; *Grüneberg* in: Palandt, § 405 Rn. 3.

[31] *Grüneberg* in: Palandt, § 405 Rn. 3.

[32] *Grüneberg* in: Palandt, § 405 Rn. 3.

[33] RG v. 10.06.1925 - V 511/24 - RGZ 111, 46-48, 47; *Grüneberg* in: Palandt, § 405 Rn. 3.

[34] *Busche* in: Staudinger, § 405 Rn. 11; *Roth* in: MünchKomm-BGB, § 405 Rn. 7; *Westermann* in: Erman, § 405 Rn. 2; a.A. RG v. 10.06.1925 - V 511/24 - RGZ 111, 46-48, 47; *Grüneberg* in: Palandt, § 405 Rn. 3.

[35] *Busche* in: Staudinger, § 405 Rn. 11; *Roth* in: MünchKomm-BGB, § 405 Rn. 7; *Westermann* in: Erman, § 405 Rn. 2.

[36] RG v. 10.06.1925 - V 511/24 - RGZ 111, 46-48, 47; *Busche* in: Staudinger, § 405 Rn. 10; *Roth* in: MünchKomm-BGB, § 405 Rn. 7; *Westermann* in: Erman, § 405 Rn. 2.

[37] BGH v. 20.12.1979 - VII ZR 77/78 - juris Rn. 13 - BGHZ 76, 76-80; BGH v. 15.10.1987 - III ZR 235/86 - juris Rn. 13 - BGHZ 102, 60-67; *Busche* in: Staudinger, § 405 Rn. 9; *Heinrichs* in: Palandt, § 173 Rn. 6.

[38] RG v. 26.11.1903 - VI 140/03 - RGZ 56, 63-70, 66; *Busche* in: Staudinger, § 405 Rn. 9 u. 10; *Heinrichs* in: Palandt, § 173 Rn. 6.

[39] BGH v. 20.12.1979 - VII ZR 77/78 - juris Rn. 13 - BGHZ 76, 76-80; *Heinrichs* in: Palandt, § 173 Rn. 6.

[40] So für § 172 Abs. 1 BGB: BGH v. 15.10.1987 - III ZR 235/86 - juris Rn. 14 - BGHZ 102, 60-67; *Heinrichs* in: Palandt, § 173 Rn. 6.

[41] RG v. 10.06.1925 - V 511/24 - RGZ 111, 46-48, 47; *Busche* in: Staudinger, § 405 Rn. 9.

V. Guter Glaube des Zessionars

8 Der Zessionar muss gutgläubig sein. Böser Glaube ist gegeben, wenn der Zessionar das Vorliegen eines Scheingeschäfts oder eines pactum de non cedendo entweder kannte oder hätte kennen müssen (§ 122 Abs. 2 BGB).[42] Auch **einfache Fahrlässigkeit** schadet im Falle des § 405 BGB anders als bei § 932 BGB. Dies ergibt sich aus der analogen Anwendung des § 122 Abs. 2 BGB.[43] Entscheidend ist der gute Glaube des **Erstzessionars**. Wenn dieser vorliegt, kommt es auf den guten Glauben eines **Zweitzessionars**, der von dem Erstzessionar erwirbt, nicht mehr an, da die Forderung in der Person des Erstzessionars entstanden ist.[44] Liegen jedoch beim Erstzessionar die Voraussetzungen des § 405 BGB nicht vor, so kommt es darauf an, ob sie bei den späteren Erwerbern gegeben sind.[45] Sobald bei einem Zessionar die Voraussetzungen des § 405 BGB gegeben sind, werden dessen Wirkungen also für die Zukunft perpetuiert.[46] Eine **Rückübertragung** auf den bösgläubigen Zedenten führt jedoch zum Wegfall der Forderung, da ihm gegenüber der Zweck des § 405 BGB, das Vertrauen des Rechtsverkehrs auf die Richtigkeit des Urkundeninhalts zu schützen, nicht gilt.[47] Tritt der ursprüngliche Gläubiger die Forderung mehrfach ab, so ist nur der Ersterwerber geschützt.[48]

C. Rechtsfolgen

9 Bei Forderungen, über die eine Urkunde ausgestellt wurde, werden zugunsten des gutgläubigen Zessionars zwei Einwände, nämlich der Einwand des **Scheingeschäfts** gemäß § 117 BGB sowie derjenige der **vereinbarten Unabtretbarkeit** gemäß § 399 Alt. 2 BGB ausgeschlossen. Die Forderung entsteht in der Person des Zessionars ohne diese beiden Einwendungen.[49]

I. Scheingeschäft

10 Der Einwand des **Scheingeschäfts** wird lediglich in Bezug auf das der Forderung zugrunde liegende Rechtsgeschäft (Kausalgeschäft), nicht aber bezüglich der Abtretung als solcher gemäß § 405 BGB ausgeschlossen. Die Schuldurkunde sagt nämlich regelmäßig nichts über die Abtretung aus.[50] Der Schuldner kann dem Zessionar daher nicht gemäß § 404 BGB entgegenhalten, die Forderung beruhe auf einem Scheingeschäft und sei gemäß § 117 BGB nichtig.[51] Dem Erwerber können ferner bei der Ausstellung der Urkunde getroffene, aber nicht beurkundete **Nebenabreden** nicht entgegengehalten werden.[52] Ein Scheingeschäft im Sinne des § 405 BGB liegt auch vor, wenn die Parteien die Forderung zwar formal begründen, gleichzeitig aber eine Konstruktion wählen, die die Forderung von Anfang an nicht entstehen lässt. Dies ist etwa bei einem schon vor dem Entstehen der Forderung vereinbarten Erlass sowie bei einer vorher vereinbarten Abtretung an den Schuldner, die zur Konfusion und damit dem Erlöschen der Forderung führt (vgl. die Kommentierung zu 398 BGB Rn. 29), der Fall.[53] Ferner sind die Voraussetzungen eines Scheingeschäfts gegeben, wenn die Parteien eine nicht bestehende Schuld in eine **Darlehensschuld** umwandeln und an einen gutgläubigen Dritten unter Vorlegung der Umwandlungsurkunde abtreten.[54] Jedoch liegt kein Scheingeschäft vor, wenn der Schuldner bei der Aus-

---

[42] *Busche* in: Staudinger, § 405 Rn. 12.
[43] *Busche* in: Staudinger, § 405 Rn. 12; *Roth* in: MünchKomm-BGB, § 405 Rn. 8; *Grüneberg* in: Palandt, § 405 Rn. 3.
[44] *Lüke*, JuS 1995, 90-96, 91; *Busche* in: Staudinger, § 405 Rn. 20; *Weber* in: BGB-RGRK, 12. Aufl. 1976, § 405 Rn. 2; *Grüneberg* in: Palandt, § 405 Rn. 4.
[45] RG v. 09.03.1932 - V 241/31 - RGZ 135, 357-366, 362; *Busche* in: Staudinger, § 405 Rn. 20; *Roth* in: MünchKomm-BGB, § 405 Rn. 6; *Weber* in: BGB-RGRK, 12. Aufl. 1976, § 405 Rn. 16.
[46] *Busche* in: Staudinger, § 405 Rn. 20.
[47] *Busche* in: Staudinger, § 405 Rn. 21; *Westermann* in: Erman, § 405 Rn. 3; *Weber* in: BGB-RGRK, 12. Aufl. 1976, § 405 Rn. 15; *Grüneberg* in: Palandt, § 405 Rn. 4; a.A. *Roth* in: MünchKomm-BGB, § 405 Rn. 8.
[48] *Busche* in: Staudinger, § 405 Rn. 22; *Grüneberg* in: Palandt, § 405 Rn. 4.
[49] RG v. 14.12.1910 - V 693/09 - RGZ 74, 416-421, 421; *Busche* in: Staudinger, § 405 Rn. 13; *Grüneberg* in: Palandt, § 405 Rn. 1 u. 4.
[50] *Busche* in: Staudinger, § 405 Rn. 16.
[51] *Busche* in: Staudinger, § 405 Rn. 16.
[52] *Busche* in: Staudinger, § 405 Rn. 24; *Weber* in: BGB-RGRK, 12. Aufl. 1976, § 405 Rn. 3.
[53] OLG Frankfurt v. 12.11.1991 - 5 U 207/90 - juris Rn. 31 - NJW-RR 1992, 684-685; *Grüneberg* in: Palandt, § 405 Rn. 4.
[54] *Busche* in: Staudinger, § 405 Rn. 19.

stellung der Urkunde mit der Auszahlung einer Darlehensvaluta gerechnet, der Gläubiger aber das Darlehen danach nicht gewährt hat, denn in diesem Fall wollte sich ja der Schuldner gerade rechtsgeschäftlich binden.[55]

II. Vertragliches Abtretungsverbot

Auch der Einwand des **vertraglichen Abtretungsverbots**, der gemäß § 399 Alt. 2 BGB zur absoluten Nichtigkeit (Unwirksamkeit) der Abtretung führt (vgl. die Kommentierung zu § 399 BGB Rn. 34), wird unter den Voraussetzungen des § 405 BGB ausgeschlossen (vgl. auch die Kommentierung zu § 399 BGB Rn. 34).[56] Der Schuldner muss insbesondere eine ohne Hinweis auf ein solches Abtretungsverbot ausgestellte Urkunde gegen sich gelten lassen.[57] Dies gilt auch, wenn das pactum de non cedendo nach der Begründung der Forderung aber vor deren Abtretung abgeschlossen wurde.[58] Der Schuldner kann jedoch bei einer Urkunde, die keinen Hinweis auf das Abtretungsverbot enthält, deren nachträgliche Vervollständigung verlangen.[59]

11

III. Sonstige Einwendungen

Andere, der **Wirksamkeit der Abtretung entgegenstehende Einwendungen** werden von § 405 BGB nicht erfasst.[60] Die Vorschrift des § 405 BGB schafft also keinen allgemeinen Vertrauensschutz wie etwa das Grundbuch.[61] Möglich ist insoweit lediglich eine auf restriktiv zu handhabende Ausnahmefälle beschränkte Haftung nach **allgemeinen Rechtsscheingrundsätzen**.[62] Hinsichtlich der sonstigen Einwendungen bleibt es jedoch bei der allgemeinen Regel des § 404 BGB, wonach der Schuldner diese dem Zessionar gegenüber geltend machen kann, unabhängig davon, ob sie sich aus einer Schuldurkunde ergeben oder nicht.[63] Dies gilt etwa für den Einwand der Scherzerklärung (§ 118 BGB), für die Anfechtung wegen Irrtums (§ 119 BGB) sowie für Gesetzes- und Sittenverstöße (§§ 134, 138 BGB).[64] Der Schuldner kann ferner gegenüber der kraft Rechtsscheins erworbenen Forderung **aufrechnen**.[65] Keines Schutzes nach § 405 BGB bedarf der Zessionar schließlich, wenn der Schuldner ein **Schuldanerkenntnis** abgibt, obgleich eine Einrede besteht. Hierin ist nämlich regelmäßig ein Verzicht auf die Einrede zu sehen (vgl. die Kommentierung zu § 404 BGB Rn. 19).[66]

12

D. Prozessuale Hinweise/Verfahrenshinweise

Die **Beweislast** dafür, dass der Schuldner über die Forderung eine Urkunde ausgestellt hat und die Forderung unter Vorlage dieser Urkunde abgetreten wurde, trägt der neue Gläubiger (**Zessionar**).[67] Hingegen ist der **Schuldner** bezüglich der Bösgläubigkeit des Zessionars, also der Kenntnis oder des Kennenmüssens des Nichtbestehens der Forderung oder des pactum de non cedendo, beweisbelastet.[68]

13

---

[55] RG v. 12.01.1904 - VI 109/04 - RGZ 60, 21-24, 24; *Busche* in: Staudinger, § 405 Rn. 26; *Hefermehl* in: Soergel, 12. Aufl., § 117 Rn. 4.
[56] *Busche* in: Staudinger, § 405 Rn. 29.
[57] *Busche* in: Staudinger, § 405 Rn. 29.
[58] *Busche* in: Staudinger, § 405 Rn. 29.
[59] *Busche* in: Staudinger, § 405 Rn. 29.
[60] *Busche* in: Staudinger, § 405 Rn. 13; *Roth* in: MünchKomm-BGB, § 405 Rn. 10, 13 mit kritischen Anmerkungen zur älteren Gegenauffassung.
[61] *Busche* in: Staudinger, § 405 Rn. 13.
[62] *Busche* in: Staudinger, § 405 Rn. 13; *Roth* in: MünchKomm-BGB, § 405 Rn. 13.
[63] RG v. 20.04.1909 - III 302/08 - RGZ 71, 30-33, 31; *Busche* in: Staudinger, § 405 Rn. 14.
[64] *Busche* in: Staudinger, § 405 Rn. 14.
[65] RG v. 21.12.1915 - III 244/15 - RGZ 87, 420-424, 421; *Busche* in: Staudinger, § 405 Rn. 27; *Grüneberg* in: Palandt, § 405 Rn. 4.
[66] *Busche* in: Staudinger, § 405 Rn. 27.
[67] *Busche* in: Staudinger, § 405 Rn. 33; *Grüneberg* in: Baumgärtel/Laumen, Handbuch der Beweislast im Privatrecht, 3. Aufl. 2007, § 405 Rn. 1.
[68] *Busche* in: Staudinger, § 405 Rn. 34; *Westermann* in: Erman, § 405 Rn. 2; *Weber* in: BGB-RGRK, 12. Aufl. 1976, § 405 Rn. 9; *Grüneberg* in: Baumgärtel/Laumen, Handbuch der Beweislast im Privatrecht, 3. Aufl. 2007, § 405 Rn. 1; allgemein zur Beweislastverteilung: BGH v. 16.06.1983 - VII ZR 370/82 - juris Rn. 20 - BGHZ 87, 393-401.

§ 405

Diese Beweislastverteilung beruht auf der sprachlichen Fassung des § 405 BGB („es sei denn, dass...") sowie dem **Publizitätsprinzip**, wonach grundsätzlich dem Erwerber die Bösgläubigkeit nachzuweisen ist (vgl. auch § 932 Abs. 2 BGB).[69]

E. Anwendungsfelder

14 Die Vorschrift ist **analog anwendbar**, wenn der Gläubiger zum Schein eine Abtretungsurkunde ausstellt und der so legitimierte Scheinzessionar weiter zediert. Der Scheinzessionar (Zweitzedent) kann dann dem gutgläubigen Zweiterwerber nicht den Einwand des Scheingeschäfts entgegenhalten, da er sich damit auf eigenes arglistiges Verhalten berufen würde.[70] Analog § 405 BGB kann sich auch der Schuldner nach Treu und Glauben gemäß § 242 BGB dann nicht auf die Scheinnatur der Forderung berufen, wenn er, ohne eine entsprechende Urkunde auszustellen, durch die Abgabe einer Scheinerklärung bewusst an einem Betrug zum Schaden des gutgläubigen Zessionars mitgewirkt hat.[71]

---

[69] *Busche* in: Staudinger, § 405 Rn. 35; *Grüneberg* in: Baumgärtel/Laumen, Handbuch der Beweislast im Privatrecht, 3. Aufl. 2007, § 405 Rn. 1.
[70] RG v. 23.05.1917 - V 29/17 - RGZ 90, 273-280, 279; RG v. 10.06.1925 - V 511/24 - RGZ 111, 46-48, 47; *Busche* in: Staudinger, § 405 Rn. 15; *Westermann* in: Erman, § 405 Rn. 5; *Grüneberg* in: Palandt, § 405 Rn. 5.
[71] *Busche* in: Staudinger, § 405 Rn. 28.

§ 406 BGB Aufrechnung gegenüber dem neuen Gläubiger

(Fassung vom 02.01.2002, gültig ab 01.01.2002)

Der Schuldner kann eine ihm gegen den bisherigen Gläubiger zustehende Forderung auch dem neuen Gläubiger gegenüber aufrechnen, es sei denn, dass er bei dem Erwerb der Forderung von der Abtretung Kenntnis hatte oder dass die Forderung erst nach der Erlangung der Kenntnis und später als die abgetretene Forderung fällig geworden ist.

Gliederung

A. Grundlagen 1	VII. Rechtzeitige Fälligkeit 12
B. Praktische Bedeutung 2	VIII. Gegenrechte des Zedenten 16
C. Anwendungsvoraussetzungen 3	D. Rechtsfolgen 17
I. Normstruktur 3	E. Prozessuale Hinweise/Verfahrenshinweise 22
II. Forderung 4	F. Anwendungsfelder 23
III. Abtretung 5	I. Abdingbarkeit 23
IV. Aufrechnung 6	II. Entsprechende Anwendbarkeit 24
V. Erwerb vor Abtretung 9	III. Spezialvorschriften 25
VI. Erwerb nach Abtretung, aber vor Kenntniserlangung von der Abtretung 10	IV. Schuldrechtlicher Ausgleich 26
	G. Arbeitshilfen 27

A. Grundlagen[1]

§ 406 BGB hat ebenso wie die allgemeiner gehaltene und für sonstige Einwendungen geltende Vorschrift des § 404 BGB (vgl. zum Verhältnis der Normen die Kommentierung zu § 404 BGB Rn. 13) den **Sinn und Zweck**, eine Verschlechterung der Rechtsstellung des Schuldners infolge der Abtretung zu verhindern. § 406 BGB bezieht diesen Grundgedanken auf die Aufrechnung mit Gegenforderungen des Schuldners.[2] Die Vorschrift erhält dem Schuldner die Vorteile einer bei Abtretung bereits bestehenden Aufrechnungslage und schützt zugleich das Vertrauen des **gutgläubigen Schuldners** auf den bis zur Fälligkeit der Forderung möglicherweise erfolgenden Eintritt einer Aufrechnungslage.[3] Hierdurch wird das Aufrechnungsrecht des Schuldners gegenüber dem gemäß §§ 404, 387 BGB eventuell bereits bestehenden erweitert.[4] Die Vorschrift geht davon aus, dass der Schuldner dem Zessionar gegenüber im gleichen Umfang zur Aufrechnung befugt sein soll wie gegenüber dem Zedenten, und statuiert durch die Voraussetzungen des 2. Halbsatzes („es sei denn, dass ...") hiervon Ausnahmen. § 406 BGB ergänzt daher die ebenfalls dem Schutz des gutgläubigen Schuldners dienenden Vorschriften der §§ 407, 408 BGB (vgl. die Kommentierung zu § 407 BGB Rn. 1 und die Kommentierung zu § 408 BGB Rn. 8).[5]

1

B. Praktische Bedeutung

Die Vorschrift hat **nicht unerhebliche praktische Bedeutung**, da sie den Schuldner schützt, der im Vertrauen auf die Möglichkeit der Aufrechnung die Beitreibung einer möglicherweise verjährten oder uneinbringlichen Forderung unterlassen hat.[6] Gerade in wirtschaftlich schwierigen Zeiten, die mit zahlreichen Firmenzusammenbrüchen und Insolvenzen verbunden sind, ist die Möglichkeit einer Befriedigung durch Aufrechnung für Wirtschaftsunternehmen von besonderem Wert.

2

---

[1] Fortführung und Aktualisierung der bis zur Vorauflage von Herrn Dr. *G. Knerr* betreuten Kommentierung. Die Kommentierung gibt ausschließlich die persönliche Meinung des Autors wieder.
[2] BGH v. 28.11.1955 - II ZR 153/54 - juris Rn. 11 - BGHZ 19, 153-163; *Busche* in: Staudinger, § 406 Rn. 1 u. 3; *Grüneberg* in: Palandt, § 406 Rn. 1.
[3] BGH v. 26.06.2002 - VIII ZR 327/00 - juris Rn. 17 - NJW 2002, 2865-2866; *Larenz*, Schuldrecht, Band I: Allgemeiner Teil, 14. Aufl. 1987, S. 591; *Busche* in: Staudinger, § 406 Rn. 1 u. 4; *Grüneberg* in: Palandt, § 406 Rn. 1.
[4] BGH v. 28.11.1955 - II ZR 153/54 - juris Rn. 14 - BGHZ 19, 153-163; *Busche* in: Staudinger, § 406 Rn. 1.
[5] *Busche* in: Staudinger, § 406 Rn. 1.
[6] *Busche* in: Staudinger, § 406 Rn. 2.

§ 406

C. Anwendungsvoraussetzungen

I. Normstruktur

3 § 406 BGB erhält dem Schuldner die Aufrechnungsbefugnis, wenn die **Aufrechnungslage** (§ 389 BGB) bereits bestand, als er von der Abtretung Kenntnis erlangte.[7] Die Vorschrift schützt den Schuldner ferner dann, wenn sich aus der bei Kenntniserlangung bestehenden Rechtslage ohne die Abtretung bis zur Fälligkeit der abgetretenen Forderung eine Aufrechnungslage entwickelt hätte.[8] Primäres Abgrenzungskriterium für das Bestehen oder Nichtbestehen der Aufrechnungsmöglichkeit ist daher die **Kenntnis** der Abtretung und nicht die Abtretung als solche. Hat der Schuldner eine Forderung vor Kenntniserlangung erworben, so kann er mit ihr aufrechnen. Hat er hingegen die Forderung erst nach Kenntniserlangung erworben, so ist eine Aufrechnung ausgeschlossen.[9] Jedoch kommt als weitere Voraussetzung der Aufrechenbarkeit hinzu, dass die Gegenforderung, mit der der Schuldner aufrechnen will, entweder bei der Abtretung der Forderung, gegen die aufgerechnet werden soll, bereits **fällig** sein oder spätestens mit der abgetretenen Forderung fällig werden muss.[10] § 406 HS. 2 BGB formuliert dies allerdings negativ. Danach ist die Aufrechnung in zwei im **Alternativverhältnis** stehenden Fällen ausgeschlossen, nämlich einmal, wenn der Schuldner bei dem Erwerb der Forderung von der Abtretung Kenntnis hatte, und zum anderen, wenn die Forderung nach der Erlangung der Kenntnis der Abtretung und zusätzlich später als die abgetretene Forderung fällig geworden ist.

II. Forderung

4 Der Begriff der **Forderung** ist derselbe wie in § 398 BGB (vgl. hierzu die Kommentierung zu § 398 BGB Rn. 7). § 406 BGB gilt auch für ohne den Willen oder das Wissen des Schuldners entstandene Forderungen, etwa solche aus unerlaubter Handlung.[11] Zu den Besonderheiten bei der **hypothekarisch gesicherten Forderung** vgl. Rn. 25.

III. Abtretung

5 § 406 BGB gilt sowohl für die **vertragliche Abtretung** gemäß § 398 BGB als auch für den **gesetzlichen Forderungsübergang** gemäß § 412 BGB.[12] Es kommt dabei nicht darauf an, welches Kausalverhältnis der Abtretung zugrunde liegt. Auch der **Inkassozessionar** (vgl. zur Inkassozession die Kommentierung zu § 398 BGB Rn. 64) muss sich eine wirksame Aufrechnung entgegenhalten lassen, wobei aber die Beschränkungen des § 406 BGB insoweit nicht gelten (vgl. die Kommentierung zu § 398 BGB Rn. 68).[13] Ebenfalls anwendbar ist § 406 BGB, wenn mit einer durch **Pfändung und Überweisung** zur Einziehung übertragenen Forderung aufgerechnet wird.[14] Für die Zulässigkeit der Aufrechnung nicht mit, sondern gegen eine dem Gläubiger durch **gerichtliche Anordnung** überwiesenen Forderung gilt hingegen nicht § 406 BGB, sondern § 392 BGB (vgl. die Kommentierung zu § 392 BGB sowie die Erläuterungen in der Kommentierung zu § 412 BGB Rn. 39). Es ist in diesem Fall also der Zeitpunkt der Beschlagnahme maßgeblich und nicht die Kenntnis von ihr. Dies gilt auch im Falle der Konkurs- bzw. Insolvenzeröffnung, soweit hierdurch die Aufrechnungsbefugnis entfällt.[15] § 406 BGB ist dagegen anwendbar auf die Überleitung eines Anspruchs durch Verwaltungsakt (z. B. Überleitungsanzeige gem. § 95 Abs. 3 SGB VIII). In diesem Fall kommt es auf die Kenntnis der Überleitungsanzeige an.[16]

---

[7] *Grüneberg* in: Palandt, § 406 Rn. 5.

[8] BGH v. 27.04.1972 - II ZR 122/70 - juris Rn. 5 - BGHZ 58, 327-332; BGH v. 09.04.1990 - II ZR 1/89 - juris Rn. 21 - LM Nr 18 zu BGB § 406; *Grüneberg* in: Palandt, § 406 Rn. 5.

[9] *Grüneberg* in: Palandt, § 406 Rn. 5.

[10] *Grüneberg* in: Palandt, § 406 Rn. 5.

[11] BGH v. 28.11.1955 - II ZR 153/54 - juris Rn. 15 - BGHZ 19, 153-163; *Busche* in: Staudinger, § 406 Rn. 7; *Westermann* in: Erman, § 406 Rn. 4.

[12] BGH v. 27.06.1961 - VI ZR 205/60 - juris Rn. 15 - BGHZ 35, 317-328; *Busche* in: Staudinger, § 406 Rn. 47; *Grüneberg* in: Palandt, § 406 Rn. 3.

[13] *Busche* in: Staudinger, Einl. §§ 398 ff. Rn. 113, § 406 Rn. 8.

[14] BGH v. 09.10.2000 - II ZR 75/99 - juris Rn. 12 - LM BGB § 293 Nr. 6 (5/2001).

[15] BGH v. 01.07.1974 - II ZR 115/72 - juris Rn. 12 - NJW 1974, 2000-2002; BFH v. 24.07.1984 - VII R 6/81 - juris Rn. 14 - WM 1985, 429-431; *Busche* in: Staudinger, § 406 Rn. 20 u. 59.

[16] BGH v. 07.11.2006 - X ZR 184/04 - juris Rn. 24 - BGHZ 169, 320-328; BSG v. 16.03.1972 - 10 RV 96/70 - juris Rn. 8 - BVBl 1972, 102-103, 112.

IV. Aufrechnung

Unter **Aufrechnung** ist die Aufrechnung durch einseitige Erklärung gemäß § 387 BGB zu verstehen. Auf einen **Aufrechnungsvertrag** ist dagegen nicht § 406 BGB, sondern § 404 BGB bzw. § 407 BGB anwendbar.[17] Ein vor der Abtretung mit dem Zedenten geschlossener Aufrechnungsvertrag stellt eine Vorausverfügung über die gegenseitigen Forderungen dar und bewirkt, dass diese mit ihrem Entstehen erlöschen. Eine erloschene Forderung kann aber nicht mehr abgetreten werden.[18] Wird der Aufrechnungsvertrag nach der Abtretung geschlossen, so ist er als wirksam anzusehen, wenn der Schuldner gemäß § 406 BGB noch hätte aufrechnen können. Die Rechtsfolge ergibt sich jedoch nicht unmittelbar aus § 406 BGB, sondern aus § 407 BGB.[19] Rechnet der Schuldner nicht auf, sondern beruft er sich auf die Rechte aus den §§ 320, 326 BGB, so ist ebenfalls nicht § 406 BGB, sondern § 404 BGB anwendbar[20], kraft dessen der Schuldner dem Zessionar im Falle des § 326 BGB entgegenhalten kann, dass sein Anspruch durch Rücktritt oder Umwandlung in einen Schadensersatzanspruch erloschen ist[21].

6

Für die **vor der Abtretung bereits erklärte Aufrechnung** gilt § 404 BGB, d.h. der Schuldner kann sich dem Zessionar gegenüber auf die aus der bereits vollzogenen Aufrechnung resultierende Einwendung (Erlöschen der Forderung gemäß § 389 BGB) in vollem Umfang berufen (vgl. die Kommentierung zu § 404 BGB Rn. 13).[22] Insoweit gilt nichts anderes als im Falle eines vor der Abtretung geschlossenen Aufrechnungsvertrages (vgl. Rn. 6). Wird die Aufrechnung nach der Abtretung, jedoch in Unkenntnis der Abtretung (**gegenüber dem Zedenten**) erklärt, so gilt § 407 BGB (vgl. die Kommentierung zu § 407 BGB Rn. 11).[23] Für § 406 BGB bleiben daher nur die Fälle, in denen die **Aufrechnung nach der Abtretung und in Kenntnis derselben** gegenüber dem Zessionar erklärt wird.[24] Keines Rückgriffs auf § 406 BGB bedarf es schließlich bei der Aufrechnung mit unmittelbar gegenüber dem Zessionar bestehenden Gegenansprüchen, denn mit diesen kann unmittelbar gemäß §§ 387-396 BGB aufgerechnet werden, da die gemäß § 387 BGB erforderliche Gegenseitigkeit der Ansprüche ohne weiteres gegeben ist.[25]

7

§ 406 BGB bestimmt als **Spezialvorschrift** (vgl. die Kommentierung zu § 403 BGB Rn. 1) abweichend von § 404 BGB, dass – anders als die Gestaltungserklärung im Falle der übrigen eine Einwendung begründenden Gestaltungsrechte – die Aufrechnung nicht gegenüber dem Zedenten, sondern **gegenüber dem Zessionar** zu erklären ist.[26] Der Zedent kann nach der Abtretung weder aufrechnen noch eine Aufrechnungserklärung entgegennehmen. Er hat insoweit mit der Abtretung seine Rechtszuständigkeit verloren.[27] Ausgeschlossen ist das Recht der Aufrechnung gegenüber dem Zessionar, wenn der Schuldner die Abtretung im Sinne eines **Verzichts auf Einwendungen** aus dem Rechtsverhältnis zum Zedenten bestätigt bzw. anerkannt hat (vgl. die Kommentierung zu § 404 BGB Rn. 19).[28]

8

---

[17] *Busche* in: Staudinger, § 406 Rn. 10; *Grüneberg* in: Palandt, § 406 Rn. 3.
[18] *Busche* in: Staudinger, § 406 Rn. 10; *Coester-Waltjen*, JURA 2004, 391-395, 392.
[19] *Larenz*, Schuldrecht, Band I: Allgemeiner Teil, 14. Aufl. 1987, S. 587; *Busche* in: Staudinger, § 406 Rn. 10.
[20] BGH v. 23.03.1983 - VIII ZR 335/81 - juris Rn. 28 - LM Nr. 20 zu § 404 BGB; *Busche* in: Staudinger, § 406 Rn. 9; *Grüneberg* in: Palandt, § 406 Rn. 3.
[21] BGH v. 23.03.1983 - VIII ZR 335/81 - juris Rn. 31 - LM Nr. 20 zu § 404 BGB; *Larenz*, Schuldrecht, Band I: Allgemeiner Teil, 14. Aufl. 1987, S. 587; *Busche* in: Staudinger, § 406 Rn. 9; *Grüneberg* in: Palandt, § 406 Rn. 3.
[22] BGH v. 28.11.1955 - II ZR 153/54 - juris Rn. 12 - BGHZ 19, 153-163; BGH v. 26.06.2002 - VIII ZR 327/00 - juris Rn. 17 - NJW 2002, 2865-2866; *Busche* in: Staudinger, § 406 Rn. 5; *Grüneberg* in: Palandt, § 406 Rn. 1; *Coester-Waltjen*, JURA 2004, 391-395, 392.
[23] BGH v. 05.12.1985 - IX ZR 9/85 - BGHZ 96, 324-332; *Busche* in: Staudinger, § 406 Rn. 6; *Grüneberg* in: Palandt, § 406 Rn. 1; *Coester-Waltjen*, JURA 2004, 391-395, 392.
[24] *Grüneberg* in: Palandt, § 406 Rn. 1.
[25] *Busche* in: Staudinger, § 406 Rn. 11.
[26] OLG Düsseldorf v. 23.03.2001 - 22 U 140/00 - juris Rn. 4 - NJW-RR 2001, 1025-1026; BGH v. 26.06.2002 - VIII ZR 327/00 - juris Rn. 17 - NJW 2002, 2865-2866; *Busche* in: Staudinger, § 406 Rn. 4 u. 36; *Grüneberg* in: Palandt, § 406 Rn. 1.
[27] *Busche* in: Staudinger, § 406 Rn. 36.
[28] RG v. 13.06.1929 - VI 587/28 - RGZ 125, 252-256, 255; *Busche* in: Staudinger, § 406 Rn. 37.

V. Erwerb vor Abtretung

9   Mit aufrechenbaren **Gegenforderungen**, die dem Schuldner gegen den Zedenten bereits **vor der Abtretung** zugestanden haben, kann der Schuldner auf jeden Fall auch gegenüber dem Zessionar aufrechnen.[29] Dies stellt eine Erweiterung der Regelung in § 404 BGB dar, nach der der Schuldner dem Zessionar nur bereits vor der Abtretung gegenüber dem Zedenten **erklärte Aufrechnungen** entgegenhalten kann, weil die Forderung durch diese erloschen ist (vgl. Rn. 7). Nach der Abtretung kann er nach § 404 BGB aber nicht mehr gegenüber dem Zessionar aufrechnen, da durch die Abtretung die Voraussetzung der Gegenseitigkeit von Forderung und Gegenforderung gemäß § 387 BGB (vgl. die Kommentierung zu § 387 BGB) entfallen ist.[30] Da die Rechtsstellung des Schuldners durch die Abtretung jedoch nicht verschlechtert werden soll, schränkt das Gesetz in § 406 BGB das Erfordernis der Gegenseitigkeit gemäß § 387 BGB ein.[31] Für den von § 406 BGB vorausgesetzten **Erwerb** einer Gegenforderung **aus eigenem Recht ist es** ausreichend, dass ihre rechtliche Grundlage im Zeitpunkt der **Abtretung** vorhanden ist, auch wenn die Forderung erst nach diesem Zeitpunkt endgültig entsteht.[32] Die Gegenforderung braucht hingegen zu diesem Zeitpunkt (noch) nicht unbedingt mit der abgetretenen Forderung gleichartig (vgl. § 387 BGB – vgl. die Kommentierung zu § 387 BGB; zum Zeitpunkt der Gleichartigkeit vgl. Rn. 15) und fällig zu sein.[33] Entstammt die Gegenforderung demselben **Vertragsverhältnis** wie die abgetretene Forderung, so kann der Schuldner gegenüber dem Zessionar auch dann aufrechnen, wenn er bei Vertragsschluss von der Abtretung wusste und/oder wenn die Gegenforderung erst nach der Abtretung endgültig zur Entstehung gelangt. Dies beruht darauf, dass sowohl die abgetretene Forderung als auch die Gegenforderung bereits mit dem Abschluss des Vertrages dem Grunde nach entstehen.[34] Unschädlich ist in diesem Fall auch, dass die Gegenforderung erst nach der Hauptforderung fällig wird, etwa wenn mit einem erst später fällig gewordenen Ersatzanspruch eines Kommanditisten gegen die KG aus den §§ 161 Abs. 2, 110 HGB gegenüber dem abgetretenen Anspruch auf Einzahlung der Kommanditeinlage aufgerechnet wird (vgl. Rn. 12).[35]

VI. Erwerb nach Abtretung, aber vor Kenntniserlangung von der Abtretung

10   Der Schuldner kann gegenüber dem neuen Gläubiger auch mit Gegenforderungen aufrechnen, die er erst **nach der Abtretung erworben** hat. Voraussetzung ist aber, dass er bei dem Erwerb der Gegenforderung von der Abtretung **keine Kenntnis** hatte.[36] Auch bei der Aufrechnung mit einer nach der Abtretung gegen den Zedenten erworbenen Forderung fehlt es eigentlich am Merkmal der Gegenseitigkeit gemäß § 387 BGB (vgl. die Kommentierung zu § 387 BGB), und es handelt sich auch nicht um eine bei Abtretung dem Zedenten gegenüber bereits bestehende Einwendung, die gemäß § 404 BGB geltend gemacht werden könnte.[37] Der erweiterte Schutz des Schuldners beruht in diesem Fall darauf, dass er auf die beim Erwerb der Gegenforderung gutgläubig angenommene Aufrechnungsmöglichkeit soll vertrauen können.[38] Ein Erwerb der Gegenforderung liegt jedoch nicht vor, wenn diese bereits im Zeitpunkt ihres Entstehens auf einen Dritten übergeht, etwa nach § 86 VVG.[39]

---

[29] *Busche* in: Staudinger, § 406 Rn. 13.
[30] *Busche* in: Staudinger, § 406 Rn. 13.
[31] *Busche* in: Staudinger, § 406 Rn. 13.
[32] BGH v. 21.04.1971 - VIII ZR 190/69 - juris Rn. 36 - BGHZ 56, 111-115; BGH v. 27.04.1972 - II ZR 122/70 - juris Rn. 15 - BGHZ 58, 327-332; BGH v. 19.12.1974 - II ZR 27/73 - juris Rn. 15 - BGHZ 63, 338-348; BGH v. 22.11.1979 - VII ZR 322/78 - juris Rn. 17 - LM Nr 4 zu § 392 BGB; *Larenz*, Schuldrecht, Band I: Allgemeiner Teil, 14. Aufl. 1987, S. 590-591; *Busche* in: Staudinger, § 406 Rn. 16; *Westermann* in: Erman, § 406 Rn. 2; *Grüneberg* in: Palandt, § 406 Rn. 6.
[33] BGH v. 22.01.1954 - I ZR 34/53 - juris Rn. 19 - BGHZ 12, 136-145; BGH v. 28.11.1955 - II ZR 153/54 - juris Rn. 17 - BGHZ 19, 153-163; *Busche* in: Staudinger, § 406 Rn. 19 u. 22; *Grüneberg* in: Palandt, § 406 Rn. 6.
[34] BGH v. 21.04.1971 - VIII ZR 190/69 - juris Rn. 36 - BGHZ 56, 111-115; BGH v. 27.04.1972 - II ZR 122/70 - juris Rn. 22 - BGHZ 58, 327-332; BGH v. 22.12.1995 - V ZR 52/95 - juris Rn. 25 - LM BGB § 387 Nr 91 (6/1996); *Busche* in: Staudinger, § 406 Rn. 16; *Grüneberg* in: Palandt, § 406 Rn. 6.
[35] BGH v. 19.12.1974 - II ZR 27/73 - juris Rn. 15 - BGHZ 63, 338-348; *Busche* in: Staudinger, § 406 Rn. 19.
[36] *Busche* in: Staudinger, § 406 Rn. 16.
[37] *Busche* in: Staudinger, § 406 Rn. 18.
[38] *Busche* in: Staudinger, § 406 Rn. 18.
[39] LG München I v. 24.11.2004 - 15 S 10035/04 - VersR 2006, 257-258.

Die Aufrechnung gegenüber dem Zessionar mit einer Forderung gegen den Zedenten ist nicht möglich, 11
wenn der Schuldner bei dem Erwerb der Gegenforderung positive **Kenntnis der Abtretung** hatte.[40]
Dies kann sich begrifflich nur auf nach der Abtretung erworbene Gegenforderungen beziehen, da beim
Erwerb vor der Abtretung der Hauptforderung von dieser naturgemäß noch keine Kenntnis gegeben
sein kann.[41] Hat der Schuldner beim Erwerb der Gegenforderung Kenntnis der Abtretung, so kann er
nicht mehr darauf vertrauen, dass er gegen den ihm bekannten Zessionar mit einer Forderung gegen
den Zedenten aufrechnen kann.[42] Woraus die Kenntnis folgt, ist unerheblich.[43] Eine **Anzeige der Abtretung** durch Zedent oder Zessionar ist nicht erforderlich. Auch zufällig erlangte Kenntnis reicht
aus.[44] Allein nicht ausreichend ist es aber, wenn die Gegenforderung aus einem in Kenntnis der Abtretung geschlossenen weiteren Vertrag stammt.[45] Erforderlich ist positive Kenntnis, so dass auch ein
Kennenmüssen oder eine mit objektiv begründeten Zweifeln behaftete Kenntnis der Abtretung (bezüglich der Parallelproblematik in § 407 BGB vgl. die Kommentierung zu § 407 BGB Rn. 14) nicht
ausreicht.[46] Die Bösgläubigkeit des Schuldners wirkt auch zu Lasten seiner **Erben**.[47] Steht dem Schuldner die Gegenforderung **aus abgeleitetem Recht** zu, so muss er vor Erlangung der Kenntnis der Abtretung Inhaber der Forderung geworden sein.[48] Auch hier sind fehlende Unbedingtheit und Gleichartigkeit zu diesem Zeitpunkt unschädlich.[49] Wenn ein **Befreiungsanspruch** an den Gläubiger des zu tilgenden Anspruchs abgetreten wird, so kann jedoch der Befreiungspflichtige entgegen der Auffassung
des Bundesgerichtshofs[50] nicht mit dem Zahlungsanspruch gegen den Zedenten als Schuldner der zu
tilgenden Forderung aufrechnen, da ihm hierdurch eine vor der Abtretung ausreichenden Grund eine vor der Abtretung
nicht mögliche Art der Schuldtilgung eröffnet würde[51]. Hat der Schuldner die Gegenforderung
nach Entstehung der Aufrechnungslage **zur Sicherung abgetreten** (vgl. hierzu die Kommentierung zu
§ 398 BGB Rn. 71) und diese nach Kenntniserlangung bezüglich der Abtretung der Hauptforderung
wieder erworben, so ist er entgegen dem Gesetzeswortlaut gleichwohl zur Aufrechnung berechtigt.[52]
Bezüglich des guten Glaubens kommt es nämlich auf den Zeitpunkt des Ersterwerbs an, nicht auf den
des Rückerwerbs.[53] Liegen die Voraussetzungen des § 411 Satz 1 BGB vor, d.h. geht es um die Abtretung der Bezüge öffentlich Bediensteter, so tritt Kenntnis der auszahlenden Kasse gemäß § 411 Satz 2
BGB erst mit deren Benachrichtigung von der Abtretung ein (vgl. die Kommentierung zu § 411 BGB
Rn. 10). **Kenntnis der Abtretung** ist auch gegeben, sobald **Kenntnis der Vorausabtretung** besteht
(vgl. die Kommentierung zu § 398 BGB Rn. 51), insbesondere im Rahmen von verlängertem Eigentumsvorbehalt (vgl. die Kommentierung zu § 398 BGB Rn. 94), Globalzession (vgl. die Kommentierung zu § 398 BGB Rn. 94) oder Factoring (vgl. die Kommentierung zu § 398 BGB Rn. 106).[54]

VII. Rechtzeitige Fälligkeit

Ist die Gegenforderung zur Zeit der Erlangung der Kenntnis der Abtretung **fällig**, so ist die Reihenfolge 12
des Fälligwerdens von Haupt- und Gegenforderung ohne Bedeutung. Die Aufrechnung ist daher nach
dem klaren Gesetzeswortlaut auch dann möglich, wenn die Gegenforderung nach der abgetretenen For-

---

[40] *Busche* in: Staudinger, § 406 Rn. 24.
[41] *Busche* in: Staudinger, § 406 Rn. 24.
[42] *Busche* in: Staudinger, § 406 Rn. 25.
[43] RG v. 10.01.1916 - VI 359/15 - RGZ 88, 4-9, 6; *Busche* in: Staudinger, § 406 Rn. 26.
[44] RG v. 01.11.1902 - I 178/02 - RGZ 52, 405-409, 408; *Busche* in: Staudinger, § 406 Rn. 26.
[45] OLG Bamberg v. 20.10.1999 - 3 U 20/99 - juris Rn. 31 - NJW-RR 2000, 650; *Grüneberg* in: Palandt, § 406 Rn. 6.
[46] RG v. 19.09.1905 - III 42/05 - RGZ 61, 245-250, 247; RG v. 21.09.1910 - V 587/09 - RGZ 74, 117-121, 120; RG v. 10.01.1916 - VI 359/15 - RGZ 88, 4-9, 6; *Busche* in: Staudinger, § 406 Rn. 28; *Weber* in: BGB-RGRK, 12. Aufl. 1976, § 406 Rn. 21.
[47] RG v. 30.06.1913 - VI 123/13 - RGZ 83, 27-32, 31; *Busche* in: Staudinger, § 406 Rn. 29.
[48] OLG Hamm v. 20.05.1988 - 26 U 129/87 - juris Rn. 35 - NJW-RR 1989, 51-52; *Grüneberg* in: Palandt, § 406 Rn. 6.
[49] *Grüneberg* in: Palandt, § 406 Rn. 6.
[50] BGH v. 22.01.1954 - I ZR 34/53 - juris Rn. 19 - BGHZ 12, 136-145.
[51] *Busche* in: Staudinger, § 406 Rn. 23; *Grüneberg* in: Palandt, § 406 Rn. 6.
[52] *Busche* in: Staudinger, § 406 Rn. 18; *Grüneberg* in: Palandt, § 406 Rn. 6.
[53] *Busche* in: Staudinger, § 406 Rn. 18.
[54] BGH v. 02.06.1976 - VIII ZR 267/74 - juris Rn. 20 - BGHZ 66, 384-387; OLG Düsseldorf v. 28.03.1991 - 6 U 163/90 - juris Rn. 56 - ZIP 1991, 1494-1499; BGH v. 26.06.2002 - VIII ZR 327/00 - juris Rn. 16 - NJW 2002, 2865-2866; *Busche* in: Staudinger, § 406 Rn. 27; *Grüneberg* in: Palandt, § 406 Rn. 7; a.A. OLG Köln v. 03.11.2000 - 19 U 89/00 - juris Rn. 38 - NJW-RR 2001, 539-542.

derung, aber vor der Kenntnis des Schuldners von der Abtretung fällig geworden ist.[55] Ist dies nicht der Fall, so ist die Aufrechnung nur dann möglich, wenn die Gegenforderung spätestens gleichzeitig mit der Hauptforderung fällig wird.[56] Wird die Gegenforderung erst nach der Erlangung der Kenntnis der Abtretung und später als die abgetretene Forderung fällig, so ist eine Aufrechnung nicht möglich. Dies entspricht der Regelung des § 392 BGB bezüglich der Aufrechnung gegen eine beschlagnahmte Forderung (vgl. Rn. 5).[57] Eine Forderung, der ein **Zurückbehaltungsrecht** entgegensteht, ist im Sinne des § 406 BGB nicht fällig. Sofern die Gegenforderung daher erst nach der abgetretenen Forderung fällig wird, jedoch zuvor für den Schuldner ein Zurückbehaltungsrecht begründet, hindert die spätere Fälligkeit die Aufrechnung nicht, da in diesem Fall auch die abgetretene (Haupt-)Forderung erst mit dem Wegfall des Zurückbehaltungsrechts fällig wird.[58] Daher kann der Schuldner, solange ein Zurückbehaltungsrecht nach Fälligkeit der abgetretenen Forderung besteht, mit einer anderen, zwischenzeitlich fällig gewordenen Gegenforderung aufrechnen, sofern die übrigen Voraussetzungen des § 406 BGB vorliegen.[59] Sind die Voraussetzungen des § 406 BGB eingetreten, so wird die bestehende Aufrechnungslage auch nicht dadurch wieder vernichtet, dass die Gegenforderung rückwirkend gestundet wird, etwa im Falle steuerrechtlicher Forderungen. Die **rückwirkende Stundung** beseitigt nämlich lediglich die materiell-rechtlichen Verzugsfolgen; dagegen verbleibt es bei dem Grundsatz, dass aufrechnungsfähige Gegenforderungen, die dem Schuldner gegen den bisherigen Gläubiger schon vor der Abtretung zugestanden haben, auch gegen den neuen Gläubiger aufgerechnet werden können.[60] Entstammen abgetretene Forderung und Gegenforderung **demselben Schuldverhältnis**, so bedeutet dies, dass eine Aufrechnung stets auch bei späterer Fälligkeit der Gegenforderung in Betracht kommt.[61] Der **Kommanditist** kann etwa gegen den abgetretenen Anspruch auf die Erbringung der Kommanditeinlage mit einem später fällig gewordenen Ersatzanspruch gegen die KG aufrechnen (vgl. Rn. 9).[62] Ist jedoch der Schuldner mit der Erfüllung der abgetretenen Forderung in **Verzug** geraten und konnte er erst infolge des hierdurch verursachten Zeitablaufs die inzwischen fällig gewordene Gegenforderung zur Aufrechnung verwenden, so ist die Aufrechnung nach Treu und Glauben gemäß § 242 BGB ausgeschlossen.[63]

13   Ist die **Gegenforderung aufschiebend bedingt**, so muss sie spätestens gleichzeitig mit der abgetretenen Forderung unbedingt geworden sein, da mit der Gegenforderung andernfalls auch ohne die Abtretung nicht aufgerechnet werden könnte und § 406 BGB die Aufrechnungsmöglichkeiten des Schuldners aufgrund der Abtretung nicht erweitern will.[64] Aus diesem Grund kann auch gegenüber einer durch Urteil tenorierten Forderung, die vor dem Erlass des Urteils abgetreten wurde, nicht mit der Kostenforderung aufgrund des Urteils aufgerechnet werden. Die Urteilsforderung wird nämlich bereits vor dem Erlass des Urteils fällig, die Kostenforderung aber erst mit der Verkündung des (mindestens vorläufig vollstreckbaren) Urteils bzw. der Kostenerstattungsanspruch erst mit Erlass des Kostenfestsetzungsbeschlusses durchsetzbar.[65]

14   Wird eine gegen das Finanzamt gerichtete Forderung abgetreten und besteht im Zeitpunkt der Kenntniserlangung von der Abtretung eine fällige **Steuerforderung** (Gegenforderung) gegen den Zedenten, so steht der Möglichkeit des Finanzamts, gemäß § 226 Abs. 1 AO i.V.m. § 406 BGB die Aufrechnung mit dieser Forderung auch gegenüber dem Zessionar der Hauptforderung zu erklären, nicht entgegen,

---

[55] *Busche* in: Staudinger, § 406 Rn. 21; *Roth* in: MünchKomm-BGB, § 406 Rn. 11; *Grüneberg* in: Palandt, § 406 Rn. 8.
[56] BGH v. 28.11.1955 - II ZR 153/54 - juris Rn. 18 - BGHZ 19, 153-163; BGH v. 27.06.1961 - VI ZR 205/60 - juris Rn. 17 - BGHZ 35, 317-328; *Busche* in: Staudinger, § 406 Rn. 19; *Grüneberg* in: Palandt, § 406 Rn. 8.
[57] *Busche* in: Staudinger, § 406 Rn. 19.
[58] BGH v. 27.04.1972 - II ZR 122/70 - juris Rn. 22 - BGHZ 58, 327-332; BGH v. 16.03.1994 - VIII ZR 246/92 - juris Rn. 26 - NJW-RR 1994, 880-882; BGH v. 22.12.1995 - V ZR 52/95 - juris Rn. 28 - LM BGB § 387 Nr 91 (6/1996); *Busche* in: Staudinger, § 406 Rn. 33; *Grüneberg* in: Palandt, § 406 Rn. 8.
[59] *Busche* in: Staudinger, § 406 Rn. 33; *Roth* in: MünchKomm-BGB, § 406 Rn. 17.
[60] FG Hannover v. 04.06.2003 - 6 K 872/00 - juris Rn. 46 - EFG 2003, 1433-1435.
[61] *Grüneberg* in: Palandt, § 406 Rn. 8.
[62] BGH v. 19.12.1974 - II ZR 27/73 - juris Rn. 16 - BGHZ 63, 338-348; *Busche* in: Staudinger, § 406 Rn. 19; *Grüneberg* in: Palandt, § 406 Rn. 8.
[63] *Busche* in: Staudinger, § 406 Rn. 21.
[64] *Busche* in: Staudinger, § 406 Rn. 30.
[65] BGH v. 08.01.1976 - III ZR 146/73 - juris Rn. 21 - WM 1976, 460-461; OLG Frankfurt v. 28.02.1958 - U 19/57 - JZ 1958, 404; *Busche* in: Staudinger, § 406 Rn. 31; *Roth* in: MünchKomm-BGB, § 406 Rn. 11; *Westermann* in: Erman, § 406 Rn. 5.

dass das Finanzamt die Gegenforderung nachträglich und auf den Zeitpunkt der Kenntniserlangung von der Abtretung zurückwirkend durch Verwaltungsakt stundet. Durch eine derartige nachträgliche Stundung wird der Schuldner der Steuerforderung zwar von Säumniszuschlägen freigestellt, jedoch bleibt die einmal eingetretene Aufrechnungsmöglichkeit gemäß § 406 BGB hiervon unberührt.[66]

Spätestens mit der Fälligkeit der Hauptforderung muss die Gegenforderung auch **gleichartig** i.S.d. § 387 BGB (vgl. die Kommentierung zu § 387 BGB) geworden sein.[67] Die Gleichartigkeit muss jedenfalls im **Zeitpunkt der Aufrechnungserklärung** vorliegen, auch wenn sie zu dem früheren Zeitpunkt der Abtretung noch nicht gegeben war (vgl. auch Rn. 9).[68] Unschädlich ist etwa, dass sich zwischen Abtretung und Aufrechnungserklärung ein Schadensersatzanspruch von einem solchen auf Naturalrestitution gemäß § 249 BGB in einen solchen auf Geldersatz gemäß § 250 BGB umwandelt.[69] 15

VIII. Gegenrechte des Zedenten

Der Zessionar kann sich gegenüber dem Aufrechnungseinwand auf **Gegenrechte des Zedenten** gegen den Anspruch, mit dem der Schuldner aufrechnet, berufen, insbesondere auf Einwendungen und Einreden (z.B. die Einrede der Dürftigkeit des Nachlasses gemäß § 1990 BGB).[70] Dies gilt namentlich für ein gesetzliches[71] oder ein vertragliches[72] **Aufrechnungsverbot** i.S.d. §§ 392-394, 399, 400 BGB. Bei **gesetzlich**en Aufrechnungsverboten kommt es indes darauf an, ob ihr Zweck auch im Verhältnis zum Zessionar gilt[73], was nach verbreiteter Meinung bei § 850b ZPO zu verneinen ist, da die Vorschrift nur dem speziellen sozialen Schutz des Verletzten dient, nicht aber demjenigen eines Dritten, etwa eines Sozialversicherungsträgers, auf den der Anspruch übergeht (vgl. hierzu die Kommentierung zu § 412 BGB Rn. 27)[74]. Gegen eine Unterhaltsforderung soll nach jüngerer Rechtsprechung eine Aufrechnung hingegen auch dann nicht zulässig sein[75], wenn die Unterhaltsforderung auf einen Dritten gesetzlich übergegangen sei und dem Unterhaltsschuldner seinerseits eine Forderung gegen den ursprünglichen Unterhaltsgläubiger zustehe. In diesem Fall scheitere die Aufrechnung zwar nicht an der Unpfändbarkeit der Unterhaltsforderung; der Aufrechnung stehe jedoch der Einwand fehlender Gegenseitigkeit entgegen: § 406 BGB gebe dem Schuldner zwar die Möglichkeit, trotz fehlender Gegenseitigkeit der Forderungen auch gegenüber dem neuen Gläubiger aufrechnen zu können. Voraussetzung sei aber, dass der Schuldner auch dem ursprünglichen Gläubiger gegenüber hätte aufrechnen können. Konnte er dies nicht, greife die Ausnahmevorschrift des § 406 BGB nicht. Dies werde schon aus der Formulierung der Vorschrift deutlich, wonach der Schuldner **auch** dem neuen Gläubiger gegenüber aufrechnen könne. § 406 BGB diene damit lediglich dem Schutz des Schuldners vor einer Verschlechterung, nicht jedoch der Verbesserung seiner Rechtslage durch eine Abtretung oder einen gesetzlichen Forderungsübergang. Mit § 406 BGB könne damit nicht begründet werden, dass eine gegenüber dem ursprünglichen Gläubiger unpfändbare und damit nicht durch Aufrechnung zu beseitigende Forderung durch die Abtretung aufrechnungsfähig werde. Habe der Schuldner gegenüber dem ursprünglichen Gläubiger nicht aufrechnen können, weil die Forderung unpfändbar und damit nicht aufrechnungsfähig gewesen sei, verbleibe es vielmehr bei den Aufrechnungsvoraussetzungen des § 387 BGB und damit auch bei dem Erfordernis der Gegenseitigkeit der Forderungen. 16

---

[66] BFH v. 08.07.2004 - VII R 55/03 - juris Rn. 25 - BB 2004, 2000-2003.
[67] BGH v. 28.11.1955 - II ZR 153/54 - juris Rn. 17 - BGHZ 19, 153-163; *Busche* in: Staudinger, § 406 Rn. 22; *Grüneberg* in: Palandt, § 406 Rn. 8.
[68] BGH v. 22.01.1954 - I ZR 34/53 - juris Rn. 19 - BGHZ 12, 136-145; BGH v. 27.06.1961 - VI ZR 205/60 - juris Rn. 16 - BGHZ 35, 317-328; *Busche* in: Staudinger, § 406 Rn. 22; a.A. *Westermann* in: Erman, § 406 Rn. 5, der Gleichartigkeit zur Zeit der Abtretung bzw. des Erwerbs der Gegenforderung für erforderlich hält.
[69] *Busche* in: Staudinger, § 406 Rn. 22.
[70] BGH v. 27.06.1961 - VI ZR 205/60 - juris Rn. 19 - BGHZ 35, 317-328; BFH v. 24.07.1984 - VII R 6/81 - juris Rn. 14 - WM 1985, 429-431; *Busche* in: Staudinger, § 406 Rn. 38; *Westermann* in: Erman, § 406 Rn. 1 u. 8; *Grüneberg* in: Palandt, § 406 Rn. 9.
[71] BGH v. 24.06.1985 - III ZR 219/83 - juris Rn. 34 - BGHZ 95, 109-117; *Busche* in: Staudinger, § 406 Rn. 38; *Grüneberg* in: Palandt, § 406 Rn. 9.
[72] BGH v. 20.12.1979 - VII ZR 339/78 - juris Rn. 10 - WM 1980, 214-215; *Busche* in: Staudinger, § 406 Rn. 38; *Grüneberg* in: Palandt, § 406 Rn. 9.
[73] *Busche* in: Staudinger, § 406 Rn. 38; *Westermann* in: Erman, § 406 Rn. 1.
[74] BGH v. 27.06.1961 - VI ZR 205/60 - juris Rn. 18 - BGHZ 35, 317-328; BGH v. 24.06.1985 - III ZR 219/83 - juris Rn. 35 - BGHZ 95, 109-117; *Busche* in: Staudinger, § 406 Rn. 38.
[75] OLG Dresden v. 06.04.2011 - 24 UF 880/10, 24 UF 0880/10 - juris Rn. 17.

D. Rechtsfolgen

17 Rechtsfolge des § 406 BGB ist, dass der Schuldner mit seiner Gegenforderung gegen die an den Zessionar abgetretene Forderung aufrechnen kann.

18 Bei einer **Teilabtretung** werden aus der ursprünglich einheitlichen Forderung zwei Forderungen. Es gilt daher § 396 BGB (vgl. die Kommentierung zu § 396 BGB), so dass der Schuldner wählen kann, gegen welche Teilforderung er aufrechnen will.[76] Der Zessionar kann den Schuldner dagegen nicht mit seiner Aufrechnung auf den dem Zedenten verbliebenen Forderungsrest verweisen. Dem Zessionar steht insoweit ein **Widerspruchsrecht** gemäß § 396 BGB nicht zu, da er durch dessen Ausübung bewirken könnte, dass die dem Zedenten verbliebene Restforderung getilgt wird. Dies würde eine Verfügung über die dem Zedenten zustehende Restforderung darstellen, bezüglich derer er aber keine Verfügungsmacht hat.[77] Dies gilt in gleicher Weise für die **Abtretung einer von mehreren Forderungen**.[78]

19 Bei **mehrfacher Abtretung** kann der Schuldner auch mit einem Anspruch gegen den Zweitzessionar aufrechnen.[79] Er kann gegenüber einem späteren Gläubiger auch mit einer ihm gegen den Zwischengläubiger zustehenden Forderung aufrechnen.[80] Möglich ist bei mehrfacher Abtretung auch die Aufrechnung nach Eröffnung des **Insolvenzverfahrens** über das Vermögen eines der Nachfolgezessionare, was trotz der Regelung in § 55 KO im früheren Konkursverfahren allgemein anerkannt war und daher nach § 96 InsO ebenfalls zu gelten hat.[81]

20 Auch wenn die Voraussetzungen des § 406 BGB nicht vorliegen, ist eine Aufrechnung beim Vorliegen einer (konkludenten) **Einverständniserklärung** des Gläubigers der Hauptforderung möglich.[82]

21 Der Zessionar wird, was die Aufrechnung angeht, dem richtigen Schuldner gleichgestellt. Das wirkt sich auch auf die Hemmung der Verjährung dieser Forderung mit der Wirkung aus, dass sie allein infolge der dem Zessionar gegenüber (im Prozess hilfsweise) erklärten Aufrechnung gegenüber dem Zedenten als richtigem Schuldner eintritt.[83]

E. Prozessuale Hinweise/Verfahrenshinweise

22 Da die Voraussetzungen der Aufrechenbarkeit, nämlich Erwerb vor Kenntnis und rechtzeitige Fälligkeit, in § 406 HS. 2 BGB nicht positiv, sondern als Ausnahmetatbestände formuliert sind, trägt nicht der Schuldner für deren Vorliegen die **Beweislast**, sondern der Zessionar für deren Nichtvorliegen.[84] Sachlich folgt dies daraus, dass die Vorschrift des § 406 BGB grundsätzlich eine Aufrechnungsbefugnis des Schuldners gegenüber dem Zessionar in demselben Umfang statuiert, wie diese auch gegenüber dem Zedenten bestehen würde (vgl. Rn. 1). Daraus folgt, dass derjenige, der sich auf die Ausnahmen hiervon beruft, deren Vorliegen beweisen muss. Der Zessionar muss also das Vorliegen der Gründe nachweisen, aus denen sich der Ausschluss der Aufrechnungsbefugnis ergibt.[85] Dies bedeutet, dass er beweisen muss, dass der Schuldner die Gegenforderung erst nach der Abtretung erworben hat und dass er notwendig hierbei die Abtretung kannte oder dass die Gegenforderung erst nach der Erlangung dieser Kenntnis und später als die abgetretene Forderung fällig geworden ist.[86] Auch unabhängig von einer Abtretung trägt der Aufrechnungsgegner für den Ausschluss der Aufrechnung die Beweislast (vgl. die

---

[76] *Busche* in: Staudinger, § 406 Rn. 35; *Grüneberg* in: Palandt, § 406 Rn. 10; *Westermann* in: Erman, § 406 Rn. 6.
[77] BGH v. 08.12.1966 - VII ZR 144/64 - BGHZ 46, 242-246; *Busche* in: Staudinger, § 406 Rn. 35.
[78] *Busche* in: Staudinger, § 406 Rn. 35.
[79] *Roth* in: MünchKomm-BGB, § 406 Rn. 16; *Grüneberg* in: Palandt, § 406 Rn. 10.
[80] *Busche* in: Staudinger, § 406 Rn. 34; *Roth* in: MünchKomm-BGB, § 406 Rn. 16; *Westermann* in: Erman, § 406 Rn. 1; *Zeiss* in: Soergel, 12. Aufl., § 406 Rn. 4; *Grüneberg* in: Palandt, § 406 Rn. 6.
[81] BGH v. 21.04.1971 - VIII ZR 190/69 - juris Rn. 37 - BGHZ 56, 111-115; *Busche* in: Staudinger, § 406 Rn. 34; *Westermann* in: Erman, § 406 Rn. 1.
[82] FG Hannover v. 04.06.2003 - 6 K 872/00 - juris Rn. 38 - EFG 2003, 1433-1435.
[83] BGH v. 10.04.2008 - VII ZR 58/07 - juris Rn. 22 - NJW 2008, 2429-2430.
[84] *Busche* in: Staudinger, § 406 Rn. 50; *Roth* in: MünchKomm-BGB, § 406 Rn. 12; *Weber* in: BGB-RGRK, 12. Aufl. 1976, § 406 Rn. 22; *Grüneberg* in: Palandt, § 406 Rn. 5; *Grüneberg* in: Baumgärtel/Laumen, Handbuch der Beweislast im Privatrecht, 3. Aufl. 2007, § 406 Rn. 1.
[85] *Busche* in: Staudinger, § 406 Rn. 50; *Grüneberg* in: Baumgärtel/Laumen, Handbuch der Beweislast im Privatrecht, 3. Aufl. 2007, § 406 Rn. 1.
[86] *Busche* in: Staudinger, § 406 Rn. 50; *Roth* in: MünchKomm-BGB, § 406 Rn. 12; *Weber* in: BGB-RGRK, 12. Aufl. 1976, § 406 Rn. 22; *Westermann* in: Erman, § 406 Rn. 8.

Kommentierung zu § 387 BGB).[87] Der Zessionar muss also beweisen, wann der Schuldner **Kenntnis der Abtretung** (vgl. Rn. 11) erlangt hat.[88] Diese Beweislastverteilung gilt jedoch nur im Verhältnis zwischen Schuldner und Zessionar, nicht zwischen dem Schuldner und einem **Dritten**, etwa einem Auftraggeber.[89] Hingegen ist es umstritten, ob der Zessionar auch für den **Zeitpunkt des Erwerbs der Gegenforderung** darlegungs- und beweisbelastet ist. Während dies von einer älteren Auffassung bejaht wird[90], geht die heute herrschende Meinung davon aus, dass dies der Schuldner beweisen muss. Gegen die ältere Auffassung wird insbesondere eingewandt, dass es unbillig erscheine, den Zessionar insoweit als beweisbelastet anzusehen. Der Schuldner habe die Gegenforderung von einem Dritten durch Abtretung erworben, während der Zessionar hieran nicht beteiligt gewesen sei. Daher sei es dem Zessionar regelmäßig kaum möglich, den Beweis bezüglich eines ausschließlich im Einflussbereich des Schuldners liegenden Ereignisses zu führen, während es dem Schuldner als unmittelbar Beteiligtem einfach sei, sich die entsprechenden Beweismittel zu beschaffen und zu sichern[91]. Darüber hinaus wird darauf hingewiesen, dass dem Schuldner ohnehin der Nachweis des Erwerbs der Gegenforderung obliegt, weil er als deren Zessionar sich auf den Erwerb der Gegenforderung beruft und nach den im Rahmen des § 398 BGB geltenden allgemeinen Regeln daher deren Übertragung (Abtretung/Legalzession) an sich nachweisen muss (vgl. die Kommentierung zu § 398 BGB Rn. 56). In diesem Zusammenhang stelle der Nachweis des Zeitpunktes des Forderungserwerbs regelmäßig keine zusätzliche Belastung dar und sei ohnehin zum Nachweis des Erwerbs als solchem in vielen Fällen unerlässlich.[92]

F. Anwendungsfelder

I. Abdingbarkeit

§ 406 BGB ist grundsätzlich **abdingbar**.[93] Lediglich unter den Voraussetzungen der Anwendbarkeit des § 496 Abs. 1 BGB (bis zum 31.12.2001: § 10 Abs. 1 VerbrKrG) ist die Vorschrift halbzwingend, d.h. nicht zum Nachteil des Verbrauchers abänderbar (vgl. auch die Kommentierung zu § 404 BGB Rn. 18).[94]   23

II. Entsprechende Anwendbarkeit

Die Vorschrift ist kraft spezieller Verweisungen **entsprechend anwendbar** auf Fälle, in denen zwar keine Abtretung, aber eine **Zuführung der Forderung zu einem Sondervermögen** vorliegt. Dies betrifft gemäß § 720 BGB die Einbringung einer Forderung in das Gesellschaftsvermögen, gemäß § 1473 Abs. 2 BGB die Zugehörigkeit zum Gesamtgut der Gütergemeinschaft, gemäß § 2019 Abs. 2 BGB die Zugehörigkeit einer vom Erbschaftsbesitzer mit Mitteln der Erbschaft erworbenen Forderung zur Erbschaft und gemäß § 2111 Abs. 1 Satz 2 BGB die Zugehörigkeit einer von dem Vorerben erworbenen Forderung zur Erbschaft.[95] § 406 BGB ist ferner in den Fällen des § 409 BGB bis zur Rücknahme der Abtretungsanzeige **analog** anwendbar (vgl. im Einzelnen die Kommentierung zu § 409 BGB Rn. 24).   24

---

[87] *Grüneberg* in: Baumgärtel/Laumen, Handbuch der Beweislast im Privatrecht, 3. Aufl. 2007, § 406 Rn. 1.
[88] OLG Hamm v. 20.05.1988 - 26 U 129/87 - juris Rn. 37 - NJW-RR 1989, 51-52; *Roth* in: MünchKomm-BGB, § 406 Rn. 12; *Zeiss* in: Soergel, 12. Aufl., § 406 Rn. 6; *Westermann* in: Erman, § 406 Rn. 8; *Grüneberg* in: Baumgärtel/Laumen, Handbuch der Beweislast im Privatrecht, 3. Aufl. 2007, § 406 Rn. 1.
[89] OLG Hamm v. 20.05.1988 - 26 U 129/87 - juris Rn. 37 - NJW-RR 1989, 51-52; *Busche* in: Staudinger, § 406 Rn. 51; *Westermann* in: Erman, § 406 Rn. 8; *Grüneberg* in: Baumgärtel/Laumen, Handbuch der Beweislast im Privatrecht, 3. Aufl. 2007, § 406 Rn. 1.
[90] Vgl. die Nachweise bei *Grüneberg* in: Baumgärtel/Laumen, Handbuch der Beweislast im Privatrecht, 3. Aufl. 2007, § 406 Rn. 2.
[91] *Roth* in: MünchKomm-BGB, § 406 , Rn. 12; *Weber* in: BGB-RGRK, 12. Aufl. 1976, § 406 Rn. 22; *Zeiss* in: Soergel, 12. Aufl., § 406 Rn. 6; *Grüneberg* in: Baumgärtel/Laumen, Handbuch der Beweislast im Privatrecht, 3. Aufl. 2007, § 406 Rn. 2.
[92] *Grüneberg* in: Baumgärtel/Laumen, Handbuch der Beweislast im Privatrecht, 3. Aufl. 2007, § 406 Rn. 2.
[93] *Busche* in: Staudinger, § 406 Rn. 12; *Grüneberg* in: Palandt, § 406 Rn. 2.
[94] *Busche* in: Staudinger, § 406 Rn. 12; *Grüneberg* in: Palandt, § 406 Rn. 2.
[95] *Busche* in: Staudinger, § 406 Rn. 45.

III. Spezialvorschriften

25 Für die **hypothekarisch gesicherte Forderung** gelten die Spezialvorschriften der §§ 1156 Satz 1, 1158, 1159 BGB.[96] § 406 BGB gilt insbesondere gemäß ausdrücklicher Anordnung in § 1156 Satz 1 BGB nicht für die **Hypothek** und die Sicherungsgrundschuld[97], jedoch für die Sicherungshypothek, da § 1185 Abs. 2 BGB die Vorschrift des § 1156 BGB für nicht anwendbar erklärt[98]. Eine für den an den Rechtsanwalt abgetretenen **Kostenerstattungsanspruch** des Angeschuldigten gegen die Staatskasse geltende Spezialvorschrift stellt § 43 RVG (bis zum 30.06.2004: § 96a BRAGO) dar, der aber die Anwendbarkeit von § 406 BGB unberührt lässt.[99]

IV. Schuldrechtlicher Ausgleich

26 Die Ausgleichsansprüche **zwischen dem Zessionar und dem Zedenten** richten sich bei wirksamer Aufrechnung nach dem **Kausalverhältnis**, d h. dem der Abtretung zugrunde liegenden Rechtsverhältnis (vgl. die Kommentierung zu § 398 BGB Rn. 3). In Betracht kommen insoweit Ansprüche aus den §§ 437, 280 Abs. 1 BGB (bis zum 31.12.2001: pVV) oder § 816 Abs. 2 BGB analog.[100] Hat die **Aufrechnungslage bereits im Zeitpunkt der Abtretung** bestanden, so hat der Zedent dem Zessionar die Forderung wegen der Wirkung des § 389 BGB, wonach die gegenseitigen Forderungen im Zeitpunkt des Eintritts der Aufrechnungslage als erloschen gelten, überhaupt nicht verschafft.[101] Dies gilt insbesondere, wenn der Schuldner gegenüber dem Zessionar mit einer vor der Abtretung erlangten und zum Zeitpunkt derselben bereits fälligen Gegenforderung aufrechnet.[102] Beruht die Aufrechnung auf einem entgeltlichen Veräußerungsvertrag, bestimmt sich die Haftung des Zedenten in diesem Fall nach den insoweit anwendbaren Vorschriften, etwa den §§ 453, 437, 280, 281, 480 BGB (bis zum 31.12.2001: §§ 437, 445, 515 BGB), bei einem unentgeltlichen Grundgeschäft z.B. nach § 523 BGB.[103] Entsteht die **Aufrechnungslage erst nach der Abtretung**, weil die Gegenforderung erst nach diesem Zeitpunkt erworben worden oder fällig geworden ist, so erwirbt der Zessionar die Forderung mit der Abtretung, da sie zu diesem Zeitpunkt noch besteht. Die Aufrechnung wirkt nur auf den Zeitpunkt der nach der Abtretung eingetretenen Aufrechnungslage zurück.[104] Dies bedeutet, dass die abgetretene Forderung dem Zessionar durch die Aufrechnung des Schuldners wieder entzogen wird. Der Zedent haftet daher dem Zessionar nach § 816 Abs. 2 BGB, da der Forderungsentzug auf einer Leistung des Schuldners beruht, die nicht dem Zessionar, sondern dem Zedenten zugute kam, weil die Aufrechnung diesen von seiner Leistungsverpflichtung befreit.[105] Im Übrigen hat der Zessionar Schadensersatzansprüche aus dem Grundverhältnis, nicht jedoch aus § 823 Abs. 1 BGB wegen schuldhaften Eingriffs in das Forderungsrecht.[106]

G. Arbeitshilfen

27 Checkliste „Aufrechnung gegenüber Zessionar"

  (1) Forderung des Schuldners gegen den Zedenten (Gegenforderung)
  (2) Wirksame Abtretung der Forderung, gegen die aufgerechnet wird (Hauptforderung)
  (3) Einseitige Aufrechnungserklärung (§ 387 BGB) – kein Aufrechnungsvertrag
  (4) Aufrechnung nach Abtretung – vor Abtretung: § 404 BGB
  (5) Aufrechnung gegenüber Zessionar – gegenüber Zedenten: § 407 BGB
  (6) Erwerb der Gegenforderung vor Abtretung der Hauptforderung, d.h. rechtlicher Grund vor Abtretung gelegt: Aufrechnungsmöglichkeit unabhängig von Fälligkeit
  (7) Erwerb der Gegenforderung nach Abtretung:

---

[96] *Busche* in: Staudinger, § 406 Rn. 46.
[97] *Busche* in: Staudinger, § 407 Rn. 5; *Roth* in: MünchKomm-BGB, § 407 Rn. 31.
[98] *Busche* in: Staudinger, § 407 Rn. 5.
[99] *Busche* in: Staudinger, § 406 Rn. 11.
[100] *Busche* in: Staudinger, § 406 Rn. 39; *Grüneberg* in: Palandt, § 406 Rn. 4.
[101] *Busche* in: Staudinger, § 406 Rn. 40.
[102] *Busche* in: Staudinger, § 406 Rn. 40.
[103] *Busche* in: Staudinger, § 406 Rn. 41.
[104] *Busche* in: Staudinger, § 406 Rn. 42.
[105] RG v. 26.09.1925 - V 570/24 - RGZ 111, 298-306, 301; RG v. 04.11.1938 - VII 84/38 - RGZ 158, 315-318, 316; BGH v. 16.12.1957 - VII ZR 49/57 - BGHZ 26, 185-196; *Busche* in: Staudinger, § 406 Rn. 43.
[106] *Busche* in: Staudinger, § 406 Rn. 43.

- (a) Kenntnis von Abtretung bei Erwerb Gegenforderung: keine Aufrechnungsmöglichkeit
- (b) Keine Kenntnis von Abtretung bei Erwerb Gegenforderung:
  - (aa) Fälligkeit der Gegenforderung zum Zeitpunkt der Kenntniserlangung: Aufrechnungsmöglichkeit unabhängig von Reihenfolge des Fälligwerdens von Haupt- und Gegenforderung
  - (bb) Fälligkeit der Gegenforderung nach Kenntniserlangung: Aufrechnung nur möglich, wenn Gegenforderung spätestens gleichzeitig mit Hauptforderung fällig wird

(8) Kenntnis:
- (a) Positive Kenntnis
- (b) Bedeutung einer Abtretungsanzeige
- (c) Kenntnis bei Vorausabtretung

(9) Fälligkeit: Zurückbehaltungsrechte bei Haupt- und Gegenforderung beachten

(10) Aufschiebende Bedingung: Gegenforderung spätestens gleichzeitig mit Hauptforderung unbedingt geworden?

(11) Gegenrechte des Zedenten: wirken zugunsten Zessionar

(12) Beweislastverteilung

§ 407 BGB Rechtshandlungen gegenüber dem bisherigen Gläubiger

(Fassung vom 02.01.2002, gültig ab 01 01.2002)

(1) Der neue Gläubiger muss eine Leistung, die der Schuldner nach der Abtretung an den bisherigen Gläubiger bewirkt, sowie jedes Rechtsgeschäft, das nach der Abtretung zwischen dem Schuldner und dem bisherigen Gläubiger in Ansehung der Forderung vorgenommen wird, gegen sich gelten lassen, es sei denn, dass der Schuldner die Abtretung bei der Leistung oder der Vornahme des Rechtsgeschäfts kennt.

(2) Ist in einem nach der Abtretung zwischen dem Schuldner und dem bisherigen Gläubiger anhängig gewordenen Rechtsstreit ein rechtskräftiges Urteil über die Forderung ergangen, so muss der neue Gläubiger das Urteil gegen sich gelten lassen, es sei denn, dass der Schuldner die Abtretung bei dem Eintritt der Rechtshängigkeit gekannt hat.

Gliederung

A. Grundlagen 1	3. Abtretungsanzeige 15
I. Kurzcharakteristik 1	4. Legalzession und gerichtliche Überweisung 16
II. Regelungsprinzipien 2	VII. Rechtsstreit zwischen Schuldner und Zedenten (Absatz 2) 18
B. Praktische Bedeutung 3	VIII. Kenntnis des Schuldners beim Eintritt der Rechtshängigkeit (Absatz 2) 20
C. Anwendungsvoraussetzungen 4	
I. Normstruktur 4	
II. Forderung (Absätze 1 und 2) 5	IX. Rechtskräftiges Urteil (Absatz 2) 21
III. Abtretung (Absätze 1 und 2) 6	**D. Rechtsfolgen** 22
IV. Leistung des Schuldners (Absatz 1) ... 8	I. Rechtsfolgen im Falle des Absatzes 1 .. 22
V. Rechtsgeschäft in Ansehung der Forderung (Absatz 1) 11	II. Rechtsfolgen im Falle des Absatzes 2 .. 24
	E. Prozessuale Hinweise/Verfahrenshinweise 27
VI. Kenntnis des Schuldners von der Abtretung (Absatz 1) 13	**F. Anwendungsfelder** 30
1. Allgemeines 13	I. Abdingbarkeit 30
2. Zweifel 14	II. Schuldrechtlicher Ausgleich 31

A. Grundlagen[1]

I. Kurzcharakteristik

1 Die Vorschrift des § 407 BGB ist die zentrale Vorschrift, die den **Schutz des gutgläubigen Schuldners** vor den negativen Folgen der Abtretung begründet. Ihr Schutzbereich wird durch diejenigen der §§ 406, 408 BGB ergänzt (vgl. die Kommentierung zu § 406 BGB Rn. 1 und die Kommentierung zu § 408 BGB Rn. 1).[2]

II. Regelungsprinzipien

2 § 407 BGB ist eine **Schutzvorschrift** zugunsten des Schuldners.[3] Da die Abtretung ohne die Mitwirkung des Schuldners erfolgt und zu ihrer Wirksamkeit auch keiner Anzeige gegenüber diesem bedarf (vgl. die Kommentierung zu § 398 BGB Rn. 44), sollen alle Handlungen, die der Schuldner in Unkenntnis der Abtretung vornimmt, dem Zessionar gegenüber wirksam sein. Der Schuldner wird also bezüglich der Erfüllungswirkung so gestellt, als ob eine wirksame Abtretung nicht stattgefunden hätte.[4]

---

[1] Fortführung und Aktualisierung der bis zur Vorauflage von Herrn Dr. *G. Knerr* betreuten Kommentierung. Die Kommentierung gibt ausschließlich die persönliche Meinung des Autors wieder.

[2] *Busche* in: Staudinger, § 407 Rn. 2.

[3] *Busche* in: Staudinger, § 407 Rn. 1; *Grüneberg* in: Palandt, § 407 Rn. 1.

[4] *Larenz*, Schuldrecht, Band I: Allgemeiner Teil 14. Aufl. 1987, S. 588; *Busche* in: Staudinger, § 407 Rn. 1 u. 7; *Grüneberg* in: Palandt, § 407 Rn. 1.

B. Praktische Bedeutung

Die Vorschrift hat **große praktische Bedeutung**. Dies beruht darauf, dass eine wirksame Abtretung unabhängig von einer Anzeige gegenüber dem Schuldner ist (vgl. die Kommentierung zu § 398 BGB Rn. 46), so dass es immer wieder zu Zahlungen an den jeweiligen Zedenten in Unkenntnis der zwischenzeitlich vorgenommenen Abtretung kommt. Dass dies ein in der Praxis häufig auftretendes Problem darstellt, wird auch durch die Vielzahl veröffentlichter Gerichtsentscheidungen, die sich mit den Voraussetzungen und Rechtsfolgen des § 407 BGB befassen, belegt.

3

C. Anwendungsvoraussetzungen

I. Normstruktur

§ 407 BGB enthält zwei Tatbestände. In § 407 Abs. 1 BGB geht es um **Rechtsgeschäfte**, die nach der Abtretung zwischen dem Schuldner, der keine Kenntnis von der Abtretung hat, und dem Zedenten in Ansehung der Forderung vorgenommen werden. In § 407 Abs. 2 BGB geht es um die Erstreckung der Wirkung eines **rechtskräftigen Urteils** in einem Rechtsstreit des Zedenten und des Schuldners auf den Zessionar, wenn der Schuldner die Abtretung beim Eintritt der Rechtshängigkeit nicht gekannt hat. Da beide Tatbestände unterschiedliche Fallgruppen betreffen, stehen sie unabhängig nebeneinander und ergänzen sich zu einem möglichst umfassenden Schutz des gutgläubigen Schuldners.

4

II. Forderung (Absätze 1 und 2)

§ 407 BGB gilt für alle **Forderungen** (zum Begriff vgl. die Kommentierung zu § 398 BGB Rn. 7). Im Einzelfall ist die Vorschrift auch auf die Abtretung öffentlich-rechtlicher Ansprüche anwendbar.[5] Sie gilt hingegen gemäß ausdrücklicher Anordnung in § 1156 Satz 1 BGB nicht für die **Hypothek** und die Sicherungsgrundschuld[6], jedoch für die Sicherungshypothek, da § 1185 Abs. 2 BGB die Vorschrift des § 1156 BGB für nicht anwendbar erklärt[7]. Für Ansprüche, die in echten **Wertpapieren** verbrieft sind, gilt § 407 BGB nicht, da der Schuldner nur gegen Vorlage des Papiers zu leisten braucht und an den Inhaber auch mit befreiender Wirkung leisten kann, so dass kein weitergehendes Schutzbedürfnis besteht.[8] Bei sonstigen urkundlich verbrieften Forderungen ist § 407 BGB dagegen anwendbar, wobei die Berufung auf die Vorschrift im Einzelfall ausgeschlossen sein kann.[9] Dies gilt etwa für das Sparbuch, sofern die Sparkasse nach ihren Bedingungen nur gegen Vorlage des Buchs leisten darf, jedoch ohne Vorlage des Buchs als Legitimationsnachweis an den Zedenten zahlt.[10]

5

III. Abtretung (Absätze 1 und 2)

§ 407 BGB gilt sowohl für die **vertragliche Abtretung** als auch – wegen der Verweisung in § 412 BGB – für den **gesetzlichen Forderungsübergang**.[11] Im letzteren Fall bestehen jedoch hinsichtlich der Voraussetzungen der Kenntnis des Schuldners vom Rechtsübergang Besonderheiten (vgl. Rn. 16).[12]

6

---

[5] BVerwG v. 03.02.1972 - III C 92.70 - juris Rn. 12 - BVerwGE 39, 273-278; *Busche* in: Staudinger, § 407 Rn. 6; anders noch BVerwG v. 06.12.1967 - III C 173.65 - juris Rn. 24 - BVerwGE 28, 254-260.

[6] BGH v. 11.03.1976 - II ZR 11/75 - WM 1976, 665-666; *Busche* in: Staudinger, § 407 Rn. 5; *Roth* in: MünchKomm-BGB, § 407 Rn. 31.

[7] *Busche* in: Staudinger, § 407 Rn. 5.

[8] *Busche* in: Staudinger, § 407 Rn. 5; *Roth* in: MünchKomm-BGB, § 407 Rn. 31; *Grüneberg* in: Palandt, § 407 Rn. 2.

[9] *Busche* in: Staudinger, § 407 Rn. 5.

[10] OLG Hamm v. 04.11.1983 - 11 U 101/83 - juris Rn. 15 - WM 1984, 801-802; OLG Düsseldorf v. 27.06.1991 - 6 U 275/90 - juris Rn. 16 - NJW-RR 1991, 1337-1338; LG Dortmund v. 05.12.2006 - 1 S 23/06 - juris Rn. 8 - WuM 2007, 73-74; *Busche* in: Staudinger, § 407 Rn. 5; *Grüneberg* in: Palandt, § 407 Rn. 2; *Weber* in: BGB-RGRK, 12. Aufl. 1976, § 407 Rn. 33; *Westermann* in: Erman, § 407 Rn. 3.

[11] BGH v. 30.11.1955 - VI ZR 211/54 - juris Rn. 11 - BGHZ 19, 177-185; BGH v. 12.12.1995 - VI ZR 271/94 - juris Rn. 32 - BGHZ 131, 274-288; BAG v. 20.08.1980 - 5 AZR 218/78 - juris Rn. 28 - NJW 1981, 1061-1063; BSG v. 19.10.1960 - 4 RJ 214/58 - juris Rn. 6 - BSGE 13, 94; BSG v. 29.05.1973 - 4 RJ 83/72 - juris Rn. 10 - ZfS 1974, 94; *Busche* in: Staudinger, § 407 Rn. 3; *Grüneberg* in: Palandt, § 407 Rn. 2.

[12] *Busche* in: Staudinger, § 407 Rn. 3; *Grüneberg* in: Palandt, § 407 Rn. 2.

§ 407

Die zugrunde liegende Abtretung muss wirksam sein.[13] Die Vorschrift ist ferner analog anwendbar, wenn sich die **Bezugsberechtigung aus einem Versicherungsvertrag** ohne Kenntnis des Versicherers ändert.[14]

7 Bei einer **gerichtlichen Überweisung** gemäß § 835 ZPO ist § 407 BGB ebenfalls anwendbar.[15] Dasselbe gilt bei einer **Pfändung** gemäß § 804 ZPO; § 1275 BGB.[16] Zu den Voraussetzungen der Kenntnis des Schuldners in diesen Fällen vgl. Rn. 17. Die Vorschrift ist ferner anwendbar bei einer **Forderungsübertragung durch staatlichen Hoheitsakt**. Anwendbar ist die Vorschrift insbesondere im Falle der Überleitung einer Forderung durch **Verwaltungsakt**, etwa auf dem Gebiet des Sozialrechts (vgl. die Kommentierung zu § 412 BGB Rn. 40).[17]

IV. Leistung des Schuldners (Absatz 1)

8 Unter den Begriff der **Leistung** fällt zum einen die **Erfüllung** der Forderung gemäß § 362 BGB gegenüber dem Zedenten[18] oder seiner Bank als Zahlstelle.[19] Gleichgültig ist insoweit, ob die Leistung in einem Rechtsgeschäft oder einem Realakt besteht, etwa der Herstellung eines Werks.[20] Ferner sind von § 407 BGB umfasst die **Leistung an Erfüllungs statt** gemäß § 364 Abs. 1 BGB und die **Leistung erfüllungshalber** gemäß § 364 Abs. 2 BGB, insbesondere die Wechsel- und Scheckhingabe[21] und die Verschaffung eines Garantieanspruchs[22]. Dies gilt auch dann, wenn die Erfüllungswirkung erst nach Bekanntwerden der Abtretung eintritt, etwa wenn ein vor Kenntnis von der Abtretung hingegebener Scheck erst nach Kenntniserlangung eingelöst wird.[23] Der Schuldner ist in den Fällen der Leistung erfüllungshalber nicht verpflichtet, den Leistungserfolg nach Erlangung der Kenntnis von der Abtretung noch zu verhindern, etwa einen Scheck zu sperren.[24] Gibt der Schuldner jedoch einen vor der Kenntnis der Abtretung hingegebenen und danach wirksam gesperrten Scheck in Kenntnis der Abtretung wieder frei, d.h. hebt er die Sperrung wieder auf, so gilt § 407 BGB nicht. In diesem Fall ist nämlich nicht die ursprüngliche Scheckhingabe, sondern die nach Kenntnis, also bösgläubig erfolgte Freigabe als relevante Leistungshandlung anzusehen.[25]

9 Ein Dritter, der gemäß § 267 BGB leistet, wird durch § 407 BGB nicht geschützt. Die Vorschrift ist nicht unmittelbar anwendbar, da der Dritte nicht „Schuldner" ist. Auch eine analoge Anwendung scheidet aus, da der Dritte nicht verpflichtet ist, an Stelle des Schuldners zu leisten, und damit auch kein Schutzbedürfnis vorliegt.[26] Im Hinblick auf ihre eigene Haftung geschützt werden der **Ablösungsberechtigte** gemäß § 268 BGB und der **Bürge**.[27]

---

[13] BGH v. 23.01.2002 - X ZR 218/99 - juris Rn. 15 - BGHReport 2002, 861.

[14] RG v. 23.02.1937 - VII 204/36 - RGZ 154, 99- 10, 109; *Busche* in: Staudinger, § 407 Rn. 4; *Grüneberg* in: Palandt, § 407 Rn. 2.

[15] RG v. 21.12.1915 - III 189/15 - RGZ 87, 412-419, 418; *Busche* in: Staudinger, § 407 Rn. 4; *Roth* in: MünchKomm-BGB, § 407 Rn. 34.

[16] *Busche* in: Staudinger, § 407 Rn. 4; *Roth* in: MünchKomm-BGB, § 407 Rn. 34.

[17] *Busche* in: Staudinger, § 407 Rn. 4.

[18] BGH v. 09.11.1978 - VII ZR 17/76 - juris Rn. 35 - BGHZ 72, 316-322; *Busche* in: Staudinger, § 407 Rn. 12; *Grüneberg* in: Palandt, § 407 Rn. 4.

[19] BGH v. 09.11.1978 - VII ZR 17/76 - juris Rn. 31 - BGHZ 72, 316-322; *Busche* in: Staudinger, § 407 Rn. 12; *Grüneberg* in: Palandt, § 407 Rn. 4.

[20] *Busche* in: Staudinger, § 407 Rn. 11.

[21] BGH v. 19.10.1987 - II ZR 9/87 - juris Rn. 11 - BGHZ 102, 68-80; BGH v. 21.06.1976 - II ZR 85/75 - juris Rn. 7 - LM Nr. 13 zu § 407 BGB; *Busche* in: Staudinger, § 407 Rn. 12; *Roth* in: MünchKomm-BGB, § 407 Rn. 6; *Grüneberg* in: Palandt, § 407 Rn. 4.

[22] OLG Schleswig v. 24.05.1996 - 1 U 54/94 - juris Rn. 17 - NJW-RR 1997, 1415-1416; *Busche* in: Staudinger, § 407 Rn. 12; *Grüneberg* in: Palandt, § 407 Rn. 4.

[23] BGH v. 19.10.1987 - II ZR 9/87 - juris Rn. 11 - BGHZ 102, 68-80; OLG Schleswig v. 24.05.1996 - 1 U 54/94 - juris Rn. 17 - NJW-RR 1997, 1415-1416; *Busche* in: Staudinger, § 407 Rn. 12; *Grüneberg* in: Palandt, § 407 Rn. 4.

[24] BGH v. 27.10.1988 - IX ZR 27/88 - juris Rn. 8 - BGHZ 105, 358-362; *Busche* in: Staudinger, § 407 Rn. 12; *Roth* in: MünchKomm-BGB, § 407 Rn. 6.

[25] BGH v. 21.06.1976 - II ZR 85/75 - juris Rn. 8 - LM Nr. 13 zu § 407 BGB; *Busche* in: Staudinger, § 407 Rn. 12; *Grüneberg* in: Palandt, § 407 Rn. 4.

[26] *Busche* in: Staudinger, § 407 Rn. 13; *Weber* in: BGB-RGRK, 12. Aufl. 1976, § 407 Rn. 7; *Grüneberg* in: Palandt, § 407 Rn. 5.

[27] *Busche* in: Staudinger, § 407 Rn. 13; *Roth* in: MünchKomm-BGB, § 407 Rn. 9; *Westermann* in: Erman, § 407 Rn. 1; *Grüneberg* in: Palandt, § 407 Rn. 2.

Tritt der Schuldner nach Eröffnung des Insolvenzverfahrens oder nach Erlass eines vorläufigen Verfügungsverbots eine ihm zustehende Forderung an einen anderen ab, wird allerdings der Drittschuldner durch die Zahlung an den Scheinzessionar nicht von seiner Verbindlichkeit befreit. Nach Insolvenzeröffnung oder dem Erlass eines Verfügungsverbots (§ 21 Abs. 2 Satz 1 Nr. 2 InsO) kommt eine Schuldbefreiung nämlich nach Maßgabe der §§ 407, 408 BGB nur in Betracht, soweit diese Regelungen nicht mit den §§ 81 Abs. 1 Satz 1, 82 Satz 1 InsO kollidieren. § 82 InsO bietet wie die im Wesentlichen inhaltsgleiche Vorgängerregelung des § 8 KO eine besondere, abschließende Vergünstigung.[28]

V. Rechtsgeschäft in Ansehung der Forderung (Absatz 1)

Die Vorschrift betrifft **jedes Rechtsgeschäft in Ansehung der Forderung**, d.h. ein solches, das sich gerade auf die abgetretene Forderung bezieht.[29] Da die Vorschrift den Schuldner schützen will, fallen Rechtsgeschäfte, die seine Rechtsstellung verschlechtern, wie Mahnung oder Fristsetzung des Zedenten nicht unter § 407 BGB, sondern sind wegen fehlender Gläubigerstellung des Zedenten unwirksam und können daher nur noch durch den Zessionar vorgenommen werden.[30] Zu den betroffenen Rechtsgeschäften gehören zum einen **zweiseitige Rechtsgeschäfte** wie Stundung[31], Erlass (§ 397 BGB)[32], Vergleich (§ 779 BGB), Zwangsvergleich[33], Aufrechnungsverträge[34] sowie Aufhebungsverträge und Verträge über die Veränderung der Vertragslaufzeit.[35] Auch **prozessrechtliche Vereinbarungen** wie Gerichtsstandsvereinbarungen (Prorogationen) und Schiedsabreden gehören hierzu.[36] Daneben bezieht sich die Vorschrift auf **einseitige Rechtsgeschäfte** wie die Aufrechnung des Schuldners gegenüber dem Zedenten[37] und die Kündigung[38]. Die Vornahme einseitiger Rechtsgeschäfte, deren Grundlage bereits vor der Abtretung gelegt war, ist bereits gemäß § 404 BGB möglich, so dass es eines Rückgriffs auf § 407 BGB nicht bedarf (vgl. die Kommentierung zu § 404 BGB Rn. 9). Dies gilt etwa für ein vertragliches Rücktrittsrecht.[39] Die **Aufrechnung** des Schuldners gegenüber dem Zessionar richtet sich jedoch nicht nach § 407 BGB, sondern nach § 406 BGB (vgl. die Kommentierung zu § 406 BGB Rn. 7).[40] Ferner sind **rechtsgeschäftsähnliche Handlungen** betroffen wie die Mahnung[41], die Mitteilung gemäß § 416 BGB[42], das Angebot der Leistung als Voraussetzung für den Annahmeverzug[43] und die Erklärung des Erwerbers eines Handelsgeschäfts gemäß § 25 Abs. 2 HGB[44].

---

[28] BGH v. 12.07.2012 - IX ZR 210/11 - juris Rn. 10 - ZIP 2012, 1565-1566.
[29] *Busche* in: Staudinger, § 407 Rn. 14.
[30] RG v. 28.09.1929 - I 115/29 - RGZ 125, 408-411, 409; BGH v. 28.05.1969 - V ZR 46/66 - juris Rn. 16 - BGHZ 52, 150-154; *Busche* in: Staudinger, § 407 Rn. 15; *Grüneberg* in: Palandt, § 407 Rn. 4.
[31] *Busche* in: Staudinger, § 407 Rn. 14.
[32] BGH v. 28.03.1990 - VIII ZR 17/89 - juris Rn. 41 - BGHZ 111, 84-97; *Busche* in: Staudinger, § 407 Rn. 14; *Grüneberg* in: Palandt, § 407 Rn. 4.
[33] RG v. 28.09.1929 - I 115/29 - RGZ 125, 408-411, 409; *Busche* in: Staudinger, § 407 n. 14; *Grüneberg* in: Palandt, § 407 Rn. 4.
[34] BGH v. 27.03.1985 - VIII ZR 5/84 - juris Rn. 43 - BGHZ 94, 132-140; *Busche* in: Staudinger, § 407 Rn. 14; *Grüneberg* in: Palandt, § 407 Rn. 4.
[35] BGH v. 28.03.1990 - VIII ZR 17/89 - juris Rn. 36 - BGHZ 111, 84-97; BGH v. 04.11.2009 - XII ZR 170/07 - juris Rn. 27; OLG Rostock v. 10.12.2007 - 3 U 7/07 - juris Rn. 13 - OLGR Rostock 2008, 179-180; *Busche* in: Staudinger, § 407 Rn. 14.
[36] *Busche* in: Staudinger, § 407 Rn. 14; *Roth* in: MünchKomm-BGB, § 407 Rn. 7.
[37] BFH v. 07.08.2007 - VII R 12/06 - juris Rn. 11 - DStR 2008, 95-98; FG München v. 25.01.2006 - 3 K 3069/03 - juris Rn. 28; *Busche* in: Staudinger, § 407 Rn. 14; Palandt, § 407 Rn. 4.
[38] OLG Düsseldorf v. 12.11.1979 - 6 U 73/79 - WM 1980, 94-95; *Busche* in: Staudinger, § 407 Rn. 14; *Grüneberg* in: Palandt, § 407 Rn. 4.
[39] BGH v. 28.03.1990 - VIII ZR 17/89 - juris Rn. 46 - BGHZ 111, 84-97; *Busche* in: Staudinger, § 407 Rn. 16; *Roth* in: MünchKomm-BGB, § 407 Rn. 7.
[40] *Busche* in: Staudinger, § 407 Rn. 14.
[41] *Busche* in: Staudinger, § 407 Rn. 14.
[42] RG v. 22.02.1908 - V 274/07 - RGZ 67, 412-416, 413; RG v. 25.09.1912 - V 153/12 - RGZ 80, 92-95, 93; *Busche* in: Staudinger, § 407 Rn. 14; *Grüneberg* in: Palandt, § 407 Rn. 4.
[43] *Busche* in: Staudinger, § 407 Rn. 14; *Roth* in: MünchKomm-BGB, § 407 Rn. 7; *Grüneberg* in: Palandt, § 407 Rn. 4.
[44] RG v. 12.10.1907 - I 605/06 - RGZ 67, 8-10, 9; *Busche* in: Staudinger, § 407 Rn. 14; *Roth* in: MünchKomm-BGB, § 407 Rn. 7; *Weber* in: BGB-RGRK, 12. Aufl. 1976, § 407 Rn. 5.

12 Verträge zwischen dem Schuldner und dem Zedenten, durch die das der **Forderung zugrunde liegende Schuldverhältnis** zum Nachteil des Zessionars aufgehoben oder verändert wird, sind ebenfalls nur unter der Voraussetzung des § 407 BGB wirksam.[45] Jedoch hindert die den Beteiligten bekannte Abtretung der künftigen Auseinandersetzungsforderung den Gesellschafter nicht, seinen **Gesellschaftsanteil** ohne Zustimmung des Zessionars zu übertragen.[46] Ebenso kann der Arbeitnehmer im **Kündigungsschutzprozess** trotz der allen Beteiligten bekannten Lohnabtretung ohne Zustimmung des Zessionars einen Aufhebungsvertrag schließen. Die Besonderheiten des Kündigungsschutzrechts gehen insoweit der Vorschrift des § 407 BGB vor.[47]

VI. Kenntnis des Schuldners von der Abtretung (Absatz 1)

1. Allgemeines

13 Die Rechtsfolgen des § 407 Abs. 1 BGB treten nicht ein, wenn der Schuldner bei der Leistung oder der Vornahme des Rechtsgeschäfts **Kenntnis der Abtretung** hat. Maßgeblich ist im Falle der Leistung der **Zeitpunkt** der Leistungshandlung, nicht derjenige des Eintritts des Leistungserfolgs.[48] Dies gilt auch bei erfüllungshalber erbrachten Leistungen (vgl. Rn. 8). Bei sonstigen Rechtsgeschäften ist es der Zeitpunkt des Zustandekommens des Rechtsgeschäfts, also etwa des Zugangs einer empfangsbedürftigen Willenserklärung.[49] Kenntnis der Abtretung bedeutet Kenntnis der Tatsachen, die den Forderungsübergang bewirken.[50] Es ist **positive Kenntnis** erforderlich. **Kennenmüssen** reicht nicht aus.[51] Die Kenntnis muss glaubwürdig sein, d.h. dem Schuldner müssen Umstände bekannt sein, die vernünftigerweise einen sicheren Schluss auf die Tatsache der Abtretung ergeben.[52] Es kommt hingegen nicht darauf an, dass der Schuldner die Tatsachen auch rechtlich richtig wertet.[53] Woher der Schuldner seine Kenntnis erlangt hat, ist jedoch letztlich gleichgültig, so dass auch zufällige Kenntnis des Schuldners seinen guten Glauben zerstört.[54] Bei einer **Vorausabtretung** (vgl. zu dieser die Kommentierung zu § 398 BGB Rn. 20) genügt die Kenntnis der Vornahme des Abtretungsgeschäfts auch dann, wenn die Forderung noch nicht entstanden ist (vgl. die Kommentierung zu § 398 BGB Rn. 51).[55] Im Übrigen ist Vorsicht geboten bei der Annahme positiver Kenntnis. Bestimmte Umstände sind für sich allein nicht geeignet eine solche zu begründen. So reicht ein Aufkleber mit dem Inhalt „wir nehmen am Factoring teil" für die Kenntniserlangung nicht aus.[56] Auch die Bitte des Zessionars an den Schuldner, die Abtretung anzuerkennen, begründet nicht ohne Weiteres positive Kenntnis.[57] Die Anzeige der Abtretung des Anspruchs auf Zahlung von Leasingraten gegenüber dem Leasingnehmer verschafft diesem nicht

---

[45] BGH v. 28.03.1990 - VIII ZR 17/89 - juris Rn. 41 - BGHZ 111, 84-97; OLG Saarbrücken v. 06.07.2001 - 1 U 55/99 - 13, 1 U 55/99- juris Rn. 39 - WM 2001, 2055-2062; *Grüneberg* in: Palandt, § 407 Rn. 4.

[46] BGH v. 19.09.1983 - II ZR 12/83 - juris Rn. 12 - BGHZ 88, 205-209; *Grüneberg* in: Palandt, § 407 Rn. 4 u. § 398 Rn. 11.

[47] BAG v. 20.08.1980 - 5 AZR 227/79 - juris Rn. 30 - NJW 1981, 1059-1061; *Grüneberg* in: Palandt, § 407 Rn. 4.

[48] BGH v. 27.10.1988 - IX ZR 27/88 - juris Rn. 7 - BGHZ 105, 358-362; OLG Frankfurt v. 14.01.1999 - 1 U 215/97 - OLGR Frankfurt 1999, 125; LG Frankfurt v. 17.10.2008 - 2/01 S 117/08 - juris Rn. 16 - WM 2009, 409-411; *Busche* in: Staudinger, § 407 Rn. 30; *Weber* in: BGB-RGRK, 12. Aufl. 1976, § 407 Rn. 27; *Grüneberg* in: Palandt, § 407 Rn. 6.

[49] *Busche* in: Staudinger, § 407 Rn. 30.

[50] RG v. 23.09.1921 - II 61/21 - RGZ 102, 385-388, 387; OLG Oldenburg v. 06.03.1986 - 1 U 164/85 - juris Rn. 1 - NJW 1987, 655-657; OLG Brandenburg v. 12.04.2006 - 4 U 94/05 - juris Rn. 44; *Busche* in: Staudinger, § 407 Rn. 31; *Grüneberg* in: Palandt, § 407 Rn. 6.

[51] BGH v. 04.06.1997 - VIII ZR 243/96 - BGHZ 135, 393-401; BAG v. 09.08.1984 - 2 AZR 400/83 - juris Rn. 32 - NJW 1985, 823-824; AG Osnabrück v. 18.06.2009 - 31 C 73/09 - juris Rn. 30 - JurBüro 2009, 647-649; *Busche* in: Staudinger, § 407 Rn. 39; *Grüneberg* in: Palandt, § 407 Rn. 6.

[52] RG v. 21.09.1910 - V 587/09 - RGZ 74, 117-121, 120; RG v. 23.09.1921 - II 61/21 - RGZ 102, 385-388, 387; *Busche* in: Staudinger, § 407 Rn. 31; *Roth* in: MünchKomm-BGB, § 407 Rn. 14.

[53] *Busche* in: Staudinger, § 407 Rn. 31.

[54] *Busche* in: Staudinger, § 407 Rn. 32.

[55] BGH v. 22.03.1982 - VIII ZR 92/81 - juris Rn. 20 - LM Nr. 11 zu § 931 BGB; *Busche* in: Staudinger, § 407 Rn. 37; *Roth* in: MünchKomm-BGB, § 407 Rn. 30; *Grüneberg* in: Palandt, § 407 Rn. 6.

[56] OLG Bremen v. 23.10.1986 - 2 U 50/86 - NJW 1987, 912-913; *Busche* in: Staudinger, § 407 Rn. 36; *Grüneberg* in: Palandt, § 407 Rn. 6.

[57] OLG Rostock v. 14.06.1999 - 3 U 35/98 - juris Rn. 21 - MDR 2000, 444-445; *Grüneberg* in: Palandt, § 407 Rn. 6.

die Kenntnis darüber, dass auch die bei Vertragsende fällige Restzahlung abgetreten ist.[58] Besteht zwischen Zedent und Zessionar Streit über die Wirksamkeit der Abtretung und ist es für den Schuldner nicht offensichtlich, dass die Auffassung des Zedenten abwegig oder schlechterdings unvernünftig ist, so liegt keine Kenntnis von der Abtretung vor.[59]

2. Zweifel

Zweifel führen nicht schon dann zum Ausschluss der Kenntnis, wenn diese möglich sind, sondern nur wenn sie objektiv begründet sind.[60] Der Schuldner wird daher im Falle der Vorlage einer unterzeichneten Abtretungsurkunde nicht ohne besondere Gründe von einer Urkundenfälschung ausgehen können.[61] Gegebenenfalls muss der Zessionar auf eine Beanstandung des Schuldners hin die **Abtretungsurkunde** vorlegen oder den Zedenten zu einer Anzeige an den Schuldner veranlassen.[62] Wenn der Zessionar verspricht, dem Schuldner eine Abtretungsurkunde zu übersenden, um so seine Zweifel auszuräumen, ist der Schuldner bis zum Eintreffen der Urkunde i.d.R. gutgläubig.[63] Der Schuldner ist grundsätzlich nicht verpflichtet, eigene **Erkundigungen** einzuziehen.[64] Der Schuldner ist auch nicht zur Hinterlegung verpflichtet, jedoch zu einer solchen berechtigt.[65] Der Schuldner ist auch dann gutgläubig, wenn er davon ausgehen darf, dass die ihm bekannte **Abtretung rückgängig gemacht** wurde.[66] Ebenso scheidet Kenntnis von der Wirksamkeit der Abtretung aus, wenn im Falle der Abtretung der Honorarforderung eines Rechtsanwalts der Schuldner, nämlich der unmittelbar an den Anwalt leistende Rechtsschutzversicherer des Mandanten, auf die Verfassungsmäßigkeit des § 49b Abs. 4 Satz 2 BRAO i.d.F. vom 02.09.1994 vertrauen durfte und somit nicht mit der Wirksamkeit der gegen diese gesetzliche Vorschrift verstoßenden Abtretung rechnen musste.[67]

14

3. Abtretungsanzeige

Kenntnis wird i.d.R. durch eine **Abtretungsanzeige** des Zedenten gemäß § 409 BGB begründet (vgl. die Kommentierung zu § 409 BGB Rn. 20).[68] Die Anzeige durch den Zessionar begründet nur dann Kenntnis, wenn dieser vertrauenswürdig erscheint und seine wirtschaftliche Lage keinen Gedanken an eine Täuschung aufkommen lässt, die anhand aller bekannten Sachverhaltsumstände zu ermitteln ist.[69] Wird etwa einem **Mieter** die Abtretung von Mietzinsansprüchen an einen Grundstückserwerber durch den Generalbevollmächtigten der Voreigentümerin rechtzeitig angezeigt, so kann sich der Mieter nicht auf § 407 BGB berufen, wenn er die Miete auf ein mit der Voreigentümerin zusammen eingerichtetes Gesellschaftskonto zahlt.[70] Der bloße **Zugang einer Abtretungsanzeige oder Urkunde** genügt jedoch allein zur Begründung der Bösgläubigkeit nicht, da § 407 BGB tatsächlich vorhandene positive Kennt-

15

---

[58] OLG Dresden v. 31.03.1999 - 8 U 77/99 - juris Rn. 24 - WM 1999, 2108-2111; *Grüneberg* in: Palandt, § 407 Rn. 6.

[59] BGH v. 18.03.2004 - IX ZR 177/03 - juris Rn. 41 - NJW-RR 2004, 1145-1148, 1147.

[60] RG v. 10.01.1916 - VI 359/15 - RGZ 88, 4-9, 6; OLG Bremen v. 23.10.1986 - 2 U 50/86 - NJW 1987, 912-913; *Busche* in: Staudinger, § 407 Rn. 31; *Grüneberg* in: Palandt, § 407 Rn. 6.

[61] *Busche* in: Staudinger, § 407 Rn. 34.

[62] *Busche* in: Staudinger, § 407 Rn. 33.

[63] *Busche* in: Staudinger, § 407 Rn. 34; *Grüneberg* in: Palandt, § 407 Rn. 6.

[64] OLG Oldenburg v. 22.03.1974 - 6 U 193/73 - VersR 1975, 415-416; OLG Brandenburg v. 12.04.2006 - 4 U 94/05 - juris Rn. 44; *Busche* in: Staudinger, § 407 Rn. 31 u. 33; *Grüneberg* in: Palandt, § 407 Rn. 6.

[65] RG v. 19.09.1905 - III 42/05 - RGZ 61, 245-250, 247; *Busche* in: Staudinger, § 407 Rn. 33.

[66] OLG Frankfurt v. 09.04.1987 - 1 U 28/86 - juris Rn. 7 - NJW-RR 1988, 1270-1271; OLG Stuttgart v. 16.10.2008 - 13 U 77/08 - juris Rn. 36 - OLGR Stuttgart 2009, 906-908; *Busche* in: Staudinger, § 407 Rn. 35; *Roth* in: MünchKomm-BGB, § 407 Rn. 14; *Grüneberg* in: Palandt, § 407 Rn. 6.

[67] BGH v. 04.12.2008 - IX ZR 218/07 - juris Rn. 8 - NJW-RR 2009, 491-492.

[68] RG v. 23.09.1921 - II 61/21 - RGZ 102, 385-388, 387; OLG Köln v. 20.08.1993 - 19 U 226/92 - OLGR Köln 1993, 255-256; AG Stuttgart-Bad Cannstatt v. 16.06.2003 - 10 C 327/02 - Schaden-Praxis 2003, 325-326; *Busche* in: Staudinger, § 407 Rn. 33; *Roth* in: MünchKomm-BGB, § 407 Rn. 16; *Grüneberg* in: Palandt, § 407 Rn. 6.

[69] BGH v. 19.10.1987 - II ZR 9/87 - juris Rn. 16 - BGHZ 102, 68-80; OLG Hamm v. 12.12.1984 - 20 U 181/84 - juris Rn. 82 - VersR 1985, 582-583; OLG Brandenburg v. 12.04.2006 - 4 U 94/05 - juris Rn. 44; *Busche* in: Staudinger, § 407 Rn. 33; *Grüneberg* in: Palandt, § 407 Rn. 6.

[70] BGH v. 17.03.2004 - XII ZR 306/00 - juris Rn. 17 - GuT 2004, 117-118.

nis verlangt.[71] Die Berufung auf fehlende Kenntnis trotz Zugangs kann im Einzelfall jedoch rechtsmissbräuchlich sein.[72] Kenntnis einer **Hilfsperson**, etwa eines Angestellten des Schuldners, reicht nur aus, wenn dieser bezüglich der Erfüllung gerade der abgetretenen Forderung Vertretungsmacht hat (vgl. § 166 Abs. 1 BGB).[73] Der Schuldner muss sich jedoch gemäß § 242 BGB auch dann als bösgläubig behandeln lassen, wenn er seinen Betrieb so organisiert, dass die zuständigen Mitarbeiter die für die Kenntniserlangung wesentlichen Informationen nicht erhalten.[74] Die EDV-Anlagen etwa dürfen nicht so eingesetzt werden, dass Vermerke auf Rechnungen von den zuständigen Mitarbeitern nicht beachtet werden.[75] Als bösgläubig muss sich der Schuldner auch dann behandeln lassen, wenn eine Mitteilung über die Abtretung durch das Verschulden des für die Weitergabe von Eingängen zuständigen Mitarbeiters nicht beim zuständigen Mitarbeiter ankommt.[76] Im Falle des § 15 Abs. 2 Satz 1 HGB, d.h. bei der ins Handelsregister eingetragenen und bekannt gemachten **Übernahme eines Handelsgeschäfts**, wird die Kenntnis unwiderleglich vermutet, so dass es auf die tatsächliche Kenntnis nicht mehr ankommt und eine befreiende Leistung gemäß § 407 BGB nicht mehr möglich ist.[77]

4. Legalzession und gerichtliche Überweisung

16   Im Falle des **gesetzlichen Forderungsübergangs (Legalzession)** dürfen an die Kenntnis des Schuldners keine zu hohen Anforderungen gestellt werden, um zu verhindern, dass der Schutzzweck der Legalzession vereitelt wird.[78] Es genügt daher regelmäßig die Kenntnis derjenigen Tatsachen, von denen allgemein bekannt ist, dass sie für die Versicherungspflicht und damit den gesetzlichen Forderungsübergang maßgeblich sind.[79] Dies sind etwa im Falle des § 116 SGB X das Bestehen des Versicherungsverhältnisses sowie der Eintritt der Leistungspflicht.[80] Dies gilt auch bei § 81a BVG.[81] Im Falle des § 127 AFG (gültig bis 31.12.1997) kam es auf die Kenntnis der Tatsachen an, nach denen Rehabilitationsleistungen ernsthaft in Betracht kamen.[82] Strengere Voraussetzungen gelten beim Forderungsübergang gemäß § 6 EFZG. Es kommt darauf an, ob Schädiger bzw. seine Haftpflichtversicherung im Zeitpunkt des Abfindungsvertrages positiv davon Kenntnis hatten, dass Ansprüche auf den Arbeitgeber des Geschädigten übergegangen sind. Eine solche positive Kenntnis lässt sich nicht allein aus der

---

[71] RG v. 24.02.1932 - V 342/31 - RGZ 135, 247-253, 251; LArbG Berlin v. 08.10.1968 - 4 Sa 56/68 - juris Rn. 39 - AP Nr. 1 zu § 407 BGB; *Busche* in: Staudinger, § 407 Rn. 39; *Roth* in: MünchKomm-BGB, § 407 Rn. 18; *Grüneberg* in: Palandt, § 407 Rn. 7.

[72] Für § 130 BGB: BAG v. 09.08.1984 - 2 AZR 400/83 - juris Rn. 37 - NJW 1985, 823-824; *Busche* in: Staudinger, § 407 Rn. 39; *Grüneberg* in: Palandt, § 407 Rn. 7.

[73] BGH v. 08.12.1976 - VIII ZR 248/75 - juris Rn. 9 - LM Nr. 14 zu § 407 BGB; BGH v. 04.06.1997 - VIII ZR 243/96 - BGHZ 135, 393-401; *Busche* in: Staudinger, § 407 Rn. 38; *Roth* in: MünchKomm-BGB, § 407 Rn. 19; *Weber* in: BGB-RGRK, 12. Aufl. 1976, § 407 Rn. 26; *Grüneberg* in: Palandt, § 407 Rn. 7.

[74] BGH v. 04.06.1997 - VIII ZR 243/96 - BGHZ 135, 393-401; *Busche* in: Staudinger, § 407 Rn. 38; *Grüneberg* in: Palandt, § 407 Rn. 7.

[75] BGH v. 08.12.1976 - VIII ZR 248/75 - juris Rn. 16 - LM Nr. 14 zu § 407 BGB; *Busche* in: Staudinger, § 407 Rn. 38; *Grüneberg* in: Palandt, § 407 Rn. 7.

[76] BGH v. 04.06.1997 - VIII ZR 243/96 - BGHZ 135, 393-401; *Busche* in: Staudinger, § 407 Rn. 38; *Grüneberg* in: Palandt, § 407 Rn. 7.

[77] *Busche* in: Staudinger, § 407 Rn. 39; *Roth* in: MünchKomm-BGB, § 407 Rn. 20; *Westermann* in: Erman, § 407 Rn. 4.

[78] BGH v. 20.09.1994 - VI ZR 285/93 - juris Rn. 22 - BGHZ 127, 120-129; BGH v. 04.10.1983 - VI ZR 44/82 - juris Rn. 18 - LM Nr. 16 zu § 407 BGB; BGH v. 16.10.2007 - VI ZR 227/06 - juris Rn - MDR 2008, 209-210. 14 für Ansprüche nach dem Opferentschädigungsgesetz; *Busche* in: Staudinger, § 407 Rn. 40; *Grüneberg* in: Palandt, § 407 Rn. 8.

[79] BGH v. 27.02.1962 - VI ZR 260/60 - VersR 1962, 515; BGH v. 07.02.1966 - II ZR 279/63 - juris Rn. 10 - VersR 1966, 330-331; OLG Celle v. 02.12.1976 - 5 U 26/76 - juris Rn. 31 - VersR 1977, 549-550; OLG Karlsruhe v. 22.12.1967 - 2 U 175/66 - juris Rn. 22 - VersR 1968, 1071; BGH v. 20.09.1994 - VI ZR 285/93 - juris Rn. 22 - BGHZ 127, 120-129; BGH v. 16.10.2007 - VI ZR 227/06 - juris Rn. 14 - MDR 2008, 209-210; *Busche* in: Staudinger, § 407 Rn. 40; *Grüneberg* in: Palandt, § 407 Rn. 8.

[80] BGH v. 30.11.1955 - VI ZR 211/54 - juris Rn. 13 - BGHZ 19, 177-185; BGH v. 12.12.1995 - VI ZR 271/94 - juris Rn. 32 - BGHZ 131, 274-288; *Busche* in: Staudinger, § 407 Rn. 40; *Grüneberg* in: Palandt, § 407 Rn. 8.

[81] OLG Frankfurt v. 26.11.1985 - 14 U 164/84 - juris Rn. 47 - VersR 1987, 592-593; *Grüneberg* in: Palandt, § 407 Rn. 8.

[82] BGH v. 20.09.1994 - VI ZR 285/93 - juris Rn. 22 - BGHZ 127, 120-129; *Busche* in: Staudinger, § 407 Rn. 40; *Grüneberg* in: Palandt, § 407 Rn. 8.

Kenntnis herleiten, dass der Geschädigte gesetzlich krankenversichert war und ihm Lohnfortzahlungsansprüche zustanden. Die positive Kenntnis muss vielmehr sämtliche wesentlichen Umstände umfassen, also auch, dass die maßgeblichen Fristen gewahrt sind, dass er die Lohnfortzahlung in Anspruch genommen hat und der Arbeitgeber die entsprechenden Beträge gezahlt hat.[83] Der Schuldner ist jedoch nach dem Gesetzeszweck nicht schutzwürdig, wenn er lediglich die aus diesen ihm als solche bekannten Tatsachen resultierende Rechtsfolge nicht kennt.[84] Im Falle eines Forderungsübergangs aufgrund von **Gesetzesänderungen** ist Kenntnis spätestens mit der Verkündung des Gesetzes im Gesetzblatt gegeben.[85] Bloße Kenntnis der den Forderungsübergang begründenden Tatsachen genügt hingegen nicht, wenn nach dem für den Zeitpunkt des Übergangs maßgeblichen **Stand der Rechtsprechung** die Voraussetzungen für einen Forderungsübergang nicht vorlagen.[86] Zur Beweislast bezüglich der Kenntnis der Legalzession vgl. Rn. 28.

Bei einer **gerichtlichen Überweisung** kommt es auf die tatsächliche Kenntnis des Schuldners von derselben an. Die Zustellung des Gerichtsbeschlusses genügt für sich allein nicht ohne weiteres.[87] Jedoch verändert sich hierdurch die Beweissituation des Schuldners zu seinem Nachteil (vgl. Rn. 27). Es kommt innerhalb einer Bank auf die Kenntnis der die Auszahlung vornehmenden Mitarbeiter an. Im Falle eines Organisationsverschuldens kann die Berufung auf fehlende Kenntnis treuwidrig sein. Jedoch muss man der Bank einen ausreichenden Zeitraum zur Überprüfung der Sach- und Rechtslage zubilligen.[88] 17

VII. Rechtsstreit zwischen Schuldner und Zedenten (Absatz 2)

Auf eine **Abtretung nach Rechtshängigkeit** ist § 407 Abs. 2 BGB nicht anwendbar. Insoweit gelten ausschließlich die prozessualen Vorschriften der §§ 265, 325 ZPO (vgl. auch die Kommentierung zu § 399 BGB Rn. 43).[89] Für die Rechtskrafterstreckung sind diese Vorschriften auch vorrangig gegenüber § 404 BGB (vgl. die Kommentierung zu § 404 BGB Rn. 7). Dies bedeutet, dass der Zedent gemäß § 265 ZPO aktivlegitimiert bleibt, seinen Antrag aber auf Leistung an den Zessionar umstellen muss.[90] Das daraufhin ergehende Urteil erwächst dann gemäß § 325 ZPO gegenüber dem Zessionar, d.h. für und gegen ihn, in **Rechtskraft**. Die Rechtskrafterstreckung ist also anders als nach § 407 Abs. 2 BGB (vgl. hierzu Rn. 24) für den Schuldner nicht nur vorteilhaft, sondern u.U. auch nachteilig.[91] Nicht zu folgen ist der Auffassung des OLG München, wonach § 407 Abs. 2 BGB analog auf den Fall anzuwenden ist, dass eine stille Zession nach Eintritt der Rechtskraft erfolgt und die Forderung dem Zedenten rechtskräftig zugesprochen wird. § 325 Abs. 1 ZPO ist in diesem Fall nicht so auszulegen, dass der Zessionar gegen den Schuldner die Forderung nicht mehr geltend machen kann.[92] Eine Rechtskrafterstreckung im Wege des Analogieschlusses ist weder zugunsten des Zessionars noch zu seinen Lasten herzuleiten. Denn § 407 Abs. 2 BGB hat nur den Zweck, den Schuldner vor Nachteilen zu schützen, die aus der Unwirksamkeit von ihm günstigen Rechtsgeschäften erwachsen könnten, welche er in Unkenntnis der Abtretung mit dem Zedenten getätigt hat. Eine Rechtskraftwirkung ihm ungünstiger Urteile zu Lasten des Zessionars würde ihn jedoch über den Normzweck hinaus nicht nur vor solchen 18

---

[83] OLG Koblenz v. 26.03.1980 - 1 U 785/79 - juris Rn. 8; *Busche* in: Staudinger, § 407 Rn. 40; *Grüneberg* in: Palandt, § 407 Rn. 8.
[84] RG v. 26.01.1905 - VI 99/04 - RGZ 60, 200-207, 206; RG v. 09.12.1937 - VI 170/37 - RGZ 156, 347-355, 354; BGH v. 27.02.1962 - VI ZR 260/60 - VersR 1962, 515; *Busche* in: Staudinger, § 407 Rn. 40.
[85] BGH v. 04.10.1983 - VI ZR 44/82 - juris Rn. 20 - LM Nr. 16 zu § 407 BGB; *Busche* in: Staudinger, § 407 Rn. 40; *Grüneberg* in: Palandt, § 407 Rn. 8.
[86] OLG Celle v. 02.12.1976 - 5 U 26/76 - juris Rn. 31 - VersR 1977, 549-550; *Grüneberg* in: Palandt, § 407 Rn. 8.
[87] *Busche* in: Staudinger, § 407 Rn. 4; *Roth* in: MünchKomm-BGB, § 407 Rn. 25; gegen eine entsprechende Anwendung von § 407 BGB: SG Kassel v. 02.06.1981 - 5 Ar 90/80 - juris Rn. 15 - ZIP 1981, 1013.
[88] LG Frankfurt v. 17.10.2008 -2/01 S 117/08 - juris Rn. 21 - WM 2009, 409-411.
[89] OLG München v. 15.07.2004 - 19 U 1628/04 - JZ 2005, 361-363, 362; *Busche* in: Staudinger, § 407 Rn. 22; *Grüneberg* in: Palandt, § 407 Rn. 10; *Braun*, ZZP 117, 3-31, 7.
[90] BGH v. 07.11.1957 - II ZR 280/55 - juris Rn. 12 - BGHZ 26, 31-38; *Busche* in: Staudinger, § 407 Rn. 22; *Grüneberg* in: Palandt, § 407 Rn. 10; *Huffer*, ZGS 2005, 256-261, 256.
[91] *Busche* in: Staudinger, § 407 Rn. 22; *Grüneberg* in: Palandt, § 407 Rn. 10; *Huffer*, ZGS 2005, 256-261, 256.
[92] So aber OLG München v. 15.07.2004 -19 U 1628/04 - JZ 2005, 361-363, 362; ebenso: *Braun*, ZZP 117, 3-31, 23; *Braun*, JZ 2005, 363-364, 364.

§ 407

19 Nachteilen bewahren, sondern darüber hinaus zusätzlich dauerhaft gegen Ansprüche des Zessionars absichern.[93] Der Zessionar kann im Übrigen den Prozess nur mit Zustimmung des Schuldners an Stelle des Zedenten übernehmen oder eine Hauptintervention erheben.[94]

§ 407 Abs. 2 BGB schützt hingegen den Schuldner im Falle einer **Abtretung vor Rechtshängigkeit**, sofern er beim Eintritt der Rechtshängigkeit gutgläubig war.[95] Betroffen ist hiervon jedweder Rechtsstreit zwischen Schuldner und Zedenten, auch eine von dem Schuldner gegen den Zedenten erhobene negative Feststellungsklage[96] sowie ein Rechtsstreit über die Wandelung eines Kaufvertrages, sofern die Kaufpreisforderung abgetreten ist[97]. Die Vorschrift ist analog auf ein **Schiedsverfahren** zwischen Zedenten und Schuldner anzuwenden.[98]

VIII. Kenntnis des Schuldners beim Eintritt der Rechtshängigkeit (Absatz 2)

20 Voraussetzung ist, dass der Schuldner **zum Zeitpunkt des Eintritts der Rechtshängigkeit gutgläubig** war, d.h. die Abtretung nicht kannte.[99] Für die Voraussetzungen der Kenntnis gelten dieselben Kriterien wie gemäß § 407 Abs. 1 BGB (vgl. oben). Der Eintritt der Rechtshängigkeit erfolgt gemäß §§ 261 Abs. 1, 253 Abs. 1 ZPO mit der **Zustellung der Klageschrift**.[100] Enthält die Klageschrift also einen Hinweis auf die Abtretung, so entfällt hierdurch der gute Glaube des Schuldners.[101] Zu den Rechtsfolgen ab dem Zeitpunkt der **Kenntniserlangung im weiteren Prozessverlauf** vgl. Rn. 25.

IX. Rechtskräftiges Urteil (Absatz 2)

21 Es muss in dem Rechtsstreit ein **rechtskräftiges Urteil** ergangen sein. Weitere Voraussetzung ist die **Identität des Streitgegenstandes**, d.h. das Urteil muss sich gerade auf die abgetretene Forderung beziehen und zwischen Zedent und Schuldner ergangen sein.[102] Soweit durch das Urteil über das Bestehen einer zur **Aufrechnung gestellten Gegenforderung** des Schuldners entschieden wird, wirkt es analog § 322 Abs. 2 ZPO insoweit auch gegen den Zessionar.[103] Dies gilt auch dann, wenn die aufrechenbare Gegenforderung im Insolvenzverfahren gegen den Zedenten rechtskräftig festgestellt wird.[104] § 407 Abs. 2 BGB ist hingegen weder direkt noch analog anwendbar, wenn der Schuldner gegen den Zedenten über die Forderung, mit der er aufrechnen will, in einem **anderen Rechtsstreit** einen rechtskräftigen Titel erlangt hat. Es fehlt insoweit für eine analoge Anwendung an einer vergleichbaren Interessenlage.[105] Ausreichend ist hingegen ein Schiedsspruch zwischen Schuldner und Zedenten.[106]

D. Rechtsfolgen

I. Rechtsfolgen im Falle des Absatzes 1

22 Die Rechtsfolge des § 407 Abs. 1 BGB ist, dass der Zessionar eine an den Zedenten bewirkte **Leistung gegen sich gelten lassen** muss, d.h. dass insoweit die Erfüllungswirkung des § 362 BGB eintritt, obwohl an einen anderen als den wahren Gläubiger geleistet wird.[107] Der Eintritt der Erfüllungswirkung

---

[93] So BGH v. 03.05.2005 - XI ZR 287/04 - juris Rn. 16 - BGHZ 163, 59-66 auf die Revision gegen das vorgenannte Urteil des OLG München.
[94] *Busche* in: Staudinger, § 407 Rn. 22.
[95] *Grüneberg* in: Palandt, § 407 Rn. 11; *Braun*, ZZP 117, 3-31, 10; *Huffer*, ZGS 2005, 256-261, 256.
[96] *Busche* in: Staudinger, § 407 Rn. 19.
[97] *Busche* in: Staudinger, § 407 Rn. 19.
[98] *Busche* in: Staudinger, § 407 Rn. 21; *Roth* in: MünchKomm-BGB, § 407 Rn. 29; *Grüneberg* in: Palandt, § 407 Rn. 11.
[99] *Busche* in: Staudinger, § 407 Rn. 25 u. 30.
[100] *Busche* in: Staudinger, § 407 Rn. 17; *Grüneberg* in: Palandt, § 407 Rn. 11.
[101] *Busche* in: Staudinger, § 407 Rn. 17.
[102] *Busche* in: Staudinger, § 407 Rn. 26; *Grüneberg* in: Palandt, § 407 Rn. 11.
[103] *Grüneberg* in: Palandt, § 407 Rn. 11.
[104] OLG Hamm v. 06.07.1992 - 31 U 13/92 - juris Rn. 29 - ZIP 1993, 444-446; *Busche* in: Staudinger, § 407 Rn. 21; *Grüneberg* in: Palandt, § 407 Rn. 11.
[105] BGH v. 12.10.1993 - XI ZR 155/92 - juris Rn. 22 - LM BGB § 407 Nr. 24 (3/1994); *Busche* in: Staudinger, § 407 Rn. 21; *Grüneberg* in: Palandt, § 407 Rn. 11.
[106] *Busche* in: Staudinger, § 407 Rn. 21; *Roth* in: MünchKomm-BGB, § 407 Rn. 29; *Grüneberg* in: Palandt, § 407 Rn. 11.
[107] OLG Frankfurt v. 14.01.1999 - 1 U 215/97 - OLGR Frankfurt 1999, 125; *Busche* in: Staudinger, § 407 Rn. 7.

ergibt sich in diesem Fall aus der Verbindung von § 362 und § 407 Abs. 1 BGB.[108] Eine **Teilleistung** befreit den Schuldner nur teilweise.[109] Der Zessionar muss ferner auch jedes andere zwischen dem Schuldner und dem Zedenten vorgenommene **Rechtsgeschäft in Ansehung der Forderung** gegen sich gelten lassen.[110] Der Schuldner wird also so gestellt, als ob die Abtretung noch nicht wirksam geworden wäre.[111] Nimmt der Zedent den Schuldner in Anspruch, solange dieser von einer wirksamen Abtretung nichts weiß, so wird er durch § 407 BGB geschützt. Hat der Schuldner Kenntnis von der Abtretung, so schützt ihn dagegen weder § 407 BGB noch § 410 BGB. Er muss vielmehr die Leistung verweigern, auch wenn er die Abtretung nicht beweisen kann. Leistet er gleichwohl an den Zedenten, so wird er von seiner Verpflichtung nicht befreit.[112] Geht eine Forderung gemäß § 116 SGB X auf einen Sozialversicherungsträger über, so behält der Geschädigte (Versicherte) allerdings im Hinblick auf den Rechtsgedanken des § 2 SGB XII (bis zum 31.12.2004: § 2 BSHG) eine **Einziehungsermächtigung** (vgl. die Kommentierung zu § 412 BGB Rn. 29), so dass auch bei Kenntnis des gesetzlichen Forderungsübergangs weiterhin an ihn geleistet werden kann.[113]

Im Übrigen kann der Schuldner dem Zessionar zwar die Wirksamkeit der Leistung oder Rechtshandlung entgegenhalten, er muss dies aber nach allgemeiner Meinung nicht tun. Er kann auch erneut an den Zessionar leisten und seine frühere Leistung an den Zedenten gemäß § 812 Abs. 1 Satz 1 Alt. 1 BGB. zurückfordern.[114] Der Schuldner hat also nach h.M. ein **Wahlrecht**.[115] Zum schuldrechtlichen Ausgleich für den Fall, dass sich der Schuldner nicht auf § 407 BGB beruft, vgl. Rn. 31. Der Schuldner ist jedoch nach Treu und Glauben gemäß § 242 BGB an die einmal getroffene Wahl gebunden.[116] Das Wahlrecht kann auch **konkludent** ausgeübt werden, etwa wenn der Schuldner die Rückgewähr der Leistung durch den Zedenten entgegennimmt.[117] Der Zessionar kann seinerseits die Leistung des Schuldners an den Zedenten gemäß §§ 816 Abs. 2, 185 Abs. 2 BGB genehmigen und dadurch für klare Verhältnisse sorgen (vgl. auch Rn. 31).[118] Gegen ein Wahlrecht wird von einer Gegenauffassung eingewandt, Wortlaut und Schutzzweck des § 407 BGB bezögen sich nur auf die Rechtslage, von der der Gutgläubige ausgegangen sei, räumten diesem aber kein Wahlrecht zwischen zwei Rechtslagen ein.[119] Der Schuldner erfülle mit seiner Leistung lediglich die Forderung, solle aber nicht zu Lasten anderer Beteiligter mit dieser spekulieren können.[120] Dieser Auffassung ist nicht zu folgen. Nach dem Grundsatz der Privatautonomie ist es Sache des Schuldners, zu entscheiden, ob er sich auf eine ihn schützende Vorschrift beruft oder nicht. Die übrigen Beteiligten werden dadurch ausreichend geschützt, dass der Schuldner auf Verlangen eindeutig zu erklären hat, in welcher Weise er von seinem Wahlrecht Gebrauch macht.

II. Rechtsfolgen im Falle des Absatzes 2

Beim Vorliegen der Voraussetzungen des § 407 Abs. 2 BGB muss der Zessionar das zwischen dem Schuldner und dem Gläubiger ergangene **rechtskräftige Urteil gegen sich gelten lassen, d.h. es findet eine Rechtskrafterstreckung zugunsten des Schuldners statt**.[121] Liegen die Voraussetzungen des § 407 Abs. 2 BGB vor, so wirkt die Rechtskraft des Urteils immer nur zugunsten des durch die Vor-

---

[108] *Busche* in: Staudinger, § 407 Rn. 10.
[109] *Busche* in: Staudinger, § 407 Rn. 10.
[110] *Busche* in: Staudinger, § 407 Rn. 7.
[111] *Larenz*, Schuldrecht, Band I: Allgemeiner Teil, 14. Aufl. 1987, S. 588; *Busche* in: Staudinger, § 407 Rn. 7.
[112] *Roth* in: MünchKomm-BGB, § 410 Rn. 2.
[113] BGH v. 12.12.1995 - VI ZR 271/94 - juris Rn. 26 - BGHZ 131, 274-288; *Grüneberg* in: Palandt, § 407 Rn. 8.
[114] BGH v. 27.01.1955 - II ZR 306/53 - juris Rn. 23 - LM Nr. 3 zu § 407 BGB.
[115] BGH v. 28.05.1969 - V ZR 46/66 - juris Rn. 17 - BGHZ 52, 150-154; BGH v. 19.10.1987 - II ZR 9/87 - juris Rn. 11 - BGHZ 102, 68-80; BGH v. 19.10.2000 - IX ZR 255/99 - juris Rn. 17 - BGHZ 145, 352-358; *Busche* in: Staudinger, § 407 Rn. 8; *Roth* in: MünchKomm-BGB, § 407 Rn. 10; *Westermann* in: Erman, § 407 Rn. 2; *Grüneberg* in: Palandt, § 407 Rn. 5, krit.: *Chiusi*, AcP 202, 494-516, 504-507; *Berger/Göhmann*, JURA 2005, 561-566, 562.
[116] *Busche* in: Staudinger, § 407 Rn. 8; *Roth* in: MünchKomm-BGB, § 407 Rn. 11; *Westermann* in: Erman, § 407 Rn. 2; *Grüneberg* in: Palandt, § 407 Rn. 5.
[117] *Busche* in: Staudinger, § 407 Rn. 8; *Roth* in: MünchKomm-BGB, § 407 Rn. 10.
[118] *Busche* in: Staudinger, § 407 Rn. 8; *Roth* in: MünchKomm-BGB, § 407 Rn. 11.
[119] OLG Dresden v. 14.07.1994 - 5 U 0117/94, 5 U 117/94 - juris Rn. 23 - NJW-RR 1996, 444-446; *Busche* in: Staudinger, § 407 Rn. 8.
[120] *Busche* in: Staudinger, § 407 Rn. 8.
[121] *Busche* in: Staudinger, § 407 Rn. 7 u. 17.

schrift allein geschützten Schuldners, niemals aber zugunsten des Zessionars.[122] Der Zessionar kann sich daher nicht auf ein Urteil berufen, aus dem sich ergibt, dass der Zedent gegenüber dem Schuldner obsiegt hat.[123] Das Urteil bindet den Zessionar im selben Umfang, in dem es nach § 322 ZPO auch den Zedenten bindet.[124] Insoweit wird die Rechtskrafterstreckung über § 325 ZPO hinaus erweitert.[125]

25 Erlangt der Schuldner **Kenntnis der Abtretung nach Eintritt der Rechtshängigkeit**, also während des weiteren Verlaufs des Rechtsstreits, so hat er ebenfalls ein **Wahlrecht**. Er kann sich also auf die Abtretung berufen, d.h. die Aktivlegitimation des Zedenten bestreiten, oder aber nach den §§ 72, 75 ZPO vorgehen. Er kann jedoch wahlweise den Prozess auch ohne Bestreiten der Aktivlegitimation weiterführen.[126] Wird er in diesem Fall verurteilt, so darf er nach h.M. nicht an den Zedenten zahlen, da insoweit § 407 Abs. 2 BGB nicht gilt und § 407 Abs. 1 BGB wegen der Kenntnis des Schuldners von der Abtretung nicht zur Anwendung kommt.[127] Eine Vollstreckungsgegenklage scheitert in diesem Fall an § 767 Abs. 2 ZPO, da die Einwendungen bereits vor dem Schluss der letzten mündlichen Verhandlung entstanden sind.[128] Außerdem stehen dem Schuldner die Einwendungen des § 767 ZPO nur gegen den Zessionar, nicht aber gegen den Zedenten zu.[129] Nach der Rechtsprechung des Bundesgerichtshofs, die im Gegensatz steht zu einer in der Literatur nahezu einhellig vertretenen Auffassung, kann der Schuldner auch dann keine Vollstreckungsabwehrklage gemäß § 767 BGB erheben, wenn der Gläubiger die ihm zustehende Forderung schon vor dem Schluss der mündlichen Verhandlung im Vorprozess abgetreten, der Schuldner davon jedoch erst später erfahren hat. Die nachträgliche Kenntnis des Schuldners von der Zession stellt nicht deshalb eine im Sinne des § 767 Abs. 2 BGB beachtliche Tatsache dar, weil der Schuldner den ihm von § 407 Abs. 1 BGB gewährten Schutz, schuldbefreiend an den alten Gläubiger leisten zu können, verloren hätte.[130] Daher bleibt dem Schuldner unter den Voraussetzungen des § 372 Satz 2 BGB nur noch die Möglichkeit der Hinterlegung zugunsten des Zedenten und des Zessionars, durch die er aber eine Vollstreckung aus dem Urteil nicht verhindern kann.[131] Trägt der Schuldner daher die ihm bekannte Abtretung im Prozess nicht vor, so handelt er für den Fall des Unterliegens auf eigenes Risiko.[132]

26 Hatte der Schuldner hingegen bezüglich der Abtretung **Kenntnis zum Zeitpunkt des Eintritts der Rechtshängigkeit**, so wirkt die Rechtskraft eines späteren Urteils nicht zu seinen Gunsten. In diesem Fall kann der Schuldner gemäß § 372 Satz 2 BGB hinterlegen oder im Prozess die Sachbefugnis des Zedenten bestreiten und gemäß §§ 72, 75 ZPO dem Zessionar den Streit verkünden.[133] Im Falle der **Hinterlegung** bindet das rechtskräftige Urteil zwischen zwei Hinterlegungsbeteiligten – hier dem Schuldner und Zedenten –, welches auf Einwilligung zur Auszahlung lautet, auch den Rechtsnachfolger des Unterlegenen, also den Zessionar.[134]

---

[122] BGH v. 28.05.1969 - V ZR 46/66 - juris Rn. 13 - BGHZ 52, 150-154; *Busche* in: Staudinger, § 407 Rn. 17 u. 20; *Grüneberg* in: Palandt, § 407 Rn. 11; *Hofmann*, HVBG-INFO 2003, 806-809, 288.

[123] BGH v. 28.05.1969 - V ZR 46/66 - juris Rn. 13 - BGHZ 52, 150-154; *Busche* in: Staudinger, § 407 Rn. 24; *Hofmann*, HVBG-INFO 2003, 806-809, 288; krit. *Westermann* in: Erman, § 407 Rn. 8; der eine Reflexwirkung zu Gunsten des Zessionars annimmt.

[124] BGH v. 15.05.1961 - VII ZR 181/59 - BGHZ 35, 165-171; *Busche* in: Staudinger, § 407 Rn. 26; *Grüneberg* in: Palandt, § 407 Rn. 11.

[125] *Busche* in: Staudinger, § 407 Rn. 18 u. 26.

[126] *Busche* in: Staudinger, § 407 Rn. 18 u. 28; *Grüneberg* in: Palandt, § 407 Rn. 11.

[127] RG v. 13.03.1914 - III 443/13 - RGZ 84, 286-293, 289; *Busche* in: Staudinger, § 407 Rn. 23; *Roth* in: MünchKomm-BGB, § 407 Rn. 10, 28; *Grüneberg* in: Palandt, § 407 Rn. 11.

[128] *Busche* in: Staudinger, § 407 Rn. 22; *Grüneberg* in: Palandt, § 407 Rn. 11; *Brand/Fett*, JuS 2002, 637-640, 638.

[129] *Brand/Fett*, JuS 2002, 637-640, 638.

[130] BGH v. 19.10.2000 - IX ZR 255/99 - juris Rn. 10 - BGHZ 145, 352-358.

[131] BGH v. 26.01.1983 - VIII ZR 258/81 - juris Rn. 15 - BGHZ 86, 337-340; *Busche* in: Staudinger, § 407 Rn. 23; *Roth* in: MünchKomm-BGB, § 407 Rn. 26; *Grüneberg* in: Palandt, § 407 Rn. 11; *Brand/Fett*, JuS 2002, 637-640, 639.

[132] *Busche* in: Staudinger, § 407 Rn. 23; *Grüneberg* in: Palandt, § 407 Rn. 11.

[133] *Busche* in: Staudinger, § 407 Rn. 27; *Roth* in: MünchKomm-BGB, § 410 Rn. 25.

[134] BGH v. 15.05.1961 - VII ZR 181/59 - BGHZ 35, 165-171; *Busche* in: Staudinger, § 407 Rn. 27.

E. Prozessuale Hinweise/Verfahrenshinweise

Die Darlegungs- und **Beweislast** für die **Kenntnis** des Schuldners vom Forderungsübergang (Abtretung oder Legalzession) zum Zeitpunkt der Leistung, der Vornahme des Rechtsgeschäfts oder des Eintritts der Rechtshängigkeit trägt der **Zessionar**, der eine Leistung, ein Rechtsgeschäft oder ein rechtskräftiges Urteil nicht gegen sich gelten lassen will.[135] Dies folgt daraus, dass § 407 BGB eine Vermutung für die Gutgläubigkeit des Schuldners aufstellt, die der Zessionar widerlegen muss.[136] Die Kenntnis der Abtretung stellt einen Ausnahmetatbestand dar („es sei denn..."), welchen nach allgemeinen Grundsätzen derjenige zu beweisen hat, der sich auf ihn beruft.[137] Hierin liegt eine Parallele zur Beweislastverteilung bezüglich der Unzulässigkeit der Aufrechnung (vgl. die Kommentierung zu § 387 BGB).[138] Dieselbe Beweislastverteilung gilt im Rahmen des § 408 BGB (vgl. die Kommentierung zu § 408 BGB Rn. 9). Ist dem Schuldner eine Abtretungsanzeige oder Urkunde über die Abtretung zugegangen (vgl. § 409 Abs. 1 BGB), so besteht jedoch eine **Vermutung** bzw. ein **Anscheinsbeweis** (prima-facie-Beweis) dafür, dass er Kenntnis von der Abtretung hat. Es ist dann Sache des Schuldners, Umstände darzutun und gegebenenfalls zu beweisen, aus denen sich zumindest die ernsthafte Möglichkeit ergibt, dass er dennoch die erforderliche Kenntnis von der Abtretung nicht hatte.[139] In diesem Fall muss der Zessionar lediglich den Zugang der Abtretungsanzeige oder Urkunde beweisen.[140] Der Schuldner kann dann den Anscheinsbeweis erschüttern, indem er Tatsachen darlegt und (voll) beweist, aus denen sich die Möglichkeit eines atypischen Geschehensablaufs ergibt. Er muss somit seine Unkenntnis darlegen und beweisen oder zumindest nachweisen, dass Tatsachen vorlagen, die ihm Anlass zu berechtigten Zweifeln an der Richtigkeit der Mitteilung gaben (vgl. zur Relevanz von Zweifeln Rn. 14).[141] Ein Anscheinsbeweis besteht ferner im Falle der **Zustellung eines Pfändungs- und Überweisungsbeschlusses** an den Schuldner. Der Schuldner muss in diesem Falle nachweisen, dass er trotz Zustellung keine Kenntnis vom Forderungsübergang hatte.[142]

27

Im Falle eines **gesetzlichen Forderungsübergangs** (Legalzession) muss der Zessionar nach herrschender Auffassung lediglich beweisen, dass der Schuldner Kenntnis von den diesen begründenden Tatsachen hatte (vgl. zur materiellen Rechtslage Rn. 16).[143] Eine Gegenauffassung verlangt den vollen Nachweis der Kenntnis vom Forderungsübergang als solchem, nimmt aber einen Anscheinsbeweis für den Fall der Kenntnis der für diesen maßgeblichen Tatsachen an.[144] Sofern Forderungen nach § 116 SGB X (früher § 1542 RVO) übergehen, genügt es nicht, dass der Legalzessionar Tatsachen beweist, wonach der Schuldner Kenntnis davon hatte, dass der Verletzte zu irgendeinem Zeitpunkt einmal in einem sozialversicherungspflichtigen Verhältnis gestanden hat. Vielmehr ist der Nachweis der Bösgläubigkeit erst dann geführt, wenn auch die Kenntnis der Umstände bewiesen ist, aus denen sich er-

28

---

[135] RG v. 19.09.1905 - III 42/05 - RGZ 61, 245-250, 259; BGH v. 27.02.1962 - VI ZR 260/60 - VersR 1962, 515; LArbG Berlin v. 08.10.1968 - 4 Sa 56/68 - juris Rn. 39 - AP Nr. 1 zu § 407 BGB; *Busche* in: Staudinger, § 407 Rn. 48; *Roth* in: MünchKomm-BGB, § 407 Rn. 22; *Grüneberg* in: Palandt, § 407 Rn. 9; *Weber* in: BGB-RGRK, 12. Aufl. 1976, § 407 Rn. 7 u. 28; *Westermann* in: Erman, § 407 Rn. 4; *Grüneberg* in: Baumgärtel/Laumen, Handbuch der Beweislast im Privatrecht, 3. Aufl. 2007, § 407 Rn. 1.
[136] *Grüneberg* in: Baumgärtel/Laumen, Handbuch der Beweislast im Privatrecht, 3. Aufl. 2007, § 407 Rn. 1.
[137] *Grüneberg* in: Baumgärtel/Laumen, Handbuch der Beweislast im Privatrecht, 3. Aufl. 2007, § 407 Rn. 1.
[138] *Grüneberg* in: Baumgärtel/Laumen, Handbuch der Beweislast im Privatrecht, 3. Aufl. 2007, § 407 Rn. 1.
[139] BGH v. 04.06.1997 - VIII ZR 243/96 - BGHZ 135, 393-401; BGH v. 23.01.2002 - X ZR 218/99 - juris Rn. 15 - BGHReport 2002, 861; BGH v. 27.02.1962 - VI ZR 260/60 - VersR 1962, 515; LArbG Berlin v. 08.10.1968 - 4 Sa 56/68 - juris Rn. 39 - AP Nr. 1 zu § 407 BGB; *Grüneberg* in: Palandt, § 407 Rn. 9; *Grüneberg* in: Baumgärtel/Laumen, Handbuch der Beweislast im Privatrecht, 3. Aufl. 2007, § 407 Rn. 3.
[140] *Grüneberg* in: Baumgärtel/Laumen, Handbuch der Beweislast im Privatrecht, 3. Aufl. 2007, § 407 Rn. 3.
[141] BGH v. 04.06.1997 - VIII ZR 243/96 - BGHZ 135, 393-401; *Busche* in: Staudinger, § 407 Rn. 45.
[142] LArbG Berlin v. 08.10.1968 - 4 Sa 56/68 - AP Nr. 1 zu § 407 BGB; *Busche* in: Staudinger, § 407 Rn. 4; *Roth* in: MünchKomm-BGB, § 406 Rn. 34; *Grüneberg* in: Palandt, § 406 Rn. 9; *Grüneberg* in: Baumgärtel/Laumen, Handbuch der Beweislast im Privatrecht, 3. Aufl. 2007, § 407 Rn. 3.
[143] RG v. 21.12.1915 - III 189/15 - RGZ 87, 412-419, 418; § 406 BGB setzt dies wohl stillschweigend voraus: BGH v. 27.06.1961 - VI ZR 205/60 - juris Rn. 15 - BGHZ 35, 317-328; *Grüneberg* in: Baumgärtel/Laumen, Handbuch der Beweislast im Privatrecht, 3. Aufl. 2007, § 407 Rn. 2.
[144] So ist wohl auch *Kaduk* in: Staudinger, 12. Auflage, § 407 Rn. 62 m.w.N. zu verstehen.

gibt, dass die weiteren Voraussetzungen der Einstandspflicht des Sozialversicherungsträgers erfüllt sind, insbesondere die Mindestversicherungszeit abgelaufen ist (zu den materiellen Voraussetzungen des Forderungsübergangs gemäß § 116 SGB X vgl. die Kommentierung zu § 412 BGB Rn. 28).[145]

29 Der Zessionar kann im Falle des § 407 Abs. 2 BGB, sofern der **Rechtsstreit** erst nach Abtretung rechtshängig geworden ist, unabhängig von der Kenntnis des Schuldners bis zur rechtskräftigen Entscheidung die **Hauptintervention** gemäß § 64 ZPO erheben.[146] Der Zessionar muss jedoch diesen Weg nicht bestreiten, sondern kann ungeachtet des bereits anhängigen Rechtsstreits seinerseits eine Klage gegen den Schuldner auf Leistung erheben, in Rahmen derer der Schuldner in der Regel Kenntnis der Abtretung erhält.[147]

F. Anwendungsfelder

I. Abdingbarkeit

30 Die Vorschrift ist abdingbar.[148] Die Klausel „Kasse gegen Dokumente" („d/p" = documents against payments) begründet jedoch für den Schuldner keinen über den § 407 BGB hinausgehenden Vertrauensschutz, sondern betrifft nur die Art und Weise der Erbringung der gegenseitigen Leistungen.[149]

II. Schuldrechtlicher Ausgleich

31 Die **Ausgleichsansprüche des Zessionars gegen den Zedenten** richten sich nach dem der Abtretung zugrunde liegenden Kausalverhältnis, wobei gegebenenfalls § 280 Abs. 1 BGB (bis zum 31.12.2001 die Grundsätze der pVV) zur Anwendung gelangt.[150] Ferner kommen gesetzliche Ansprüche in Betracht, etwa aus § 816 Abs. 2 BGB.[151] Der Zessionar kann die Anwendbarkeit dieser Vorschrift dadurch herbeiführen, dass er die Leistung des Schuldners an den Zedenten gemäß § 185 Abs. 2 BGB genehmigt (vgl. auch Rn. 23).[152] Sofern der Zedent ein Geschäft des Zessionars führen wollte, kommt ferner ein Anspruch aus den §§ 677, 681 Satz 2, 667 BGB in Betracht.[153] Wenn der Zedent die Unkenntnis des Schuldners vorsätzlich ausgenutzt hat, kann ein Anspruch aus § 823 Abs. 2 BGB i.V.m. § 263 StGB oder ein solcher aus § 826 BGB gegeben sein.[154] Da Forderungen nicht zu den sonstigen Rechten gemäß § 823 Abs. 1 BGB zählen, scheidet hingegen ein deliktischer Anspruch bei fahrlässiger Verletzung des Forderungsrechts durch den Zedenten aus.[155] Ein **Anspruch des Schuldners gegen den Zedenten** ergibt sich aus § 812 Abs. 1 Satz 1 BGB. Der Schuldner ist berechtigt, die Leistung beim Zedenten zu kondizieren, was etwa dann sinnvoll ist, wenn er sich gegenüber dem insolvent gewordenen Zessionar durch Aufrechnung befreien kann.[156] Auch wenn er, statt sich auf § 407 BGB zu berufen, an den Zessionar erneut leistet, kann er das (gutgläubig) an den Zedenten Geleistete von diesem gemäß § 812 Abs. 1 Satz 1 Alt. 1 BGB zurückfordern.[157] Ein **Anspruch des Zessionars gegen den Schuldner** kann schließlich aus § 816 Abs. 1 Satz 2 BGB folgen, wenn der Zedent dem Schuldner die Forderung schenkweise erlassen hat. Der Zessionar kann in diesem Fall den Erlass kondizieren, d.h. verlangen, dass der Schuldner ihm gegenüber die Forderung als (wieder) bestehend anerkennt.[158]

---

[145] OLG Karlsruhe v. 22.12.1967 - 2 U 175/66 - juris Rn. 22 - VersR 1968, 1071; *Grüneberg* in: Baumgärtel/Laumen, Handbuch der Beweislast im Privatrecht, 3. Aufl. 2007, § 407 Rn. 2.
[146] *Busche* in: Staudinger, § 407 Rn. 29; a.A. *Roth* in: MünchKomm-BGB, § 407 Rn. 25.
[147] *Busche* in: Staudinger, § 407 Rn. 29; a.A. *Roth* in: MünchKomm-BGB, § 407 Rn. 25.
[148] Zum Meinungsstand vgl.: *Chiusi*, AcP 202, 494-516, 502-507.
[149] BGH v. 04.06.1997 - VIII ZR 243/96 - BGHZ 135, 393-401; BGH v. 05.03.1997 - VIII ZR 118/96 - juris Rn. 19 - BGHZ 135, 39-48; *Busche* in: Staudinger, § 407 Rn. 9; *Grüneberg* in: Palandt, § 407 Rn. 2.
[150] *Busche* in: Staudinger, § 407 Rn. 41; *Grüneberg* in: Palandt, § 407 Rn. 3.
[151] BGH v. 15.05.2003 - IX ZR 218/02 - juris Rn. 26 - NJW-RR 2003, 1490-1493; *Grüneberg* in: Palandt, § 407 Rn. 3.
[152] *Busche* in: Staudinger, § 407 Rn. 8; *Roth* in: MünchKomm-BGB, § 407 Rn. 13.
[153] *Busche* in: Staudinger, § 407 Rn. 42.
[154] *Busche* in: Staudinger, § 407 Rn. 43.
[155] *Busche* in: Staudinger, § 407 Rn. 43.
[156] BGH v. 19.10.2000 - IX ZR 255/99 - juris Rn. 7 - BGHZ 145, 352-358; *Grüneberg* in: Palandt, § 407 Rn. 5.
[157] RG v. 21.10.1913 - II 275/13 - RGZ 83, 184-190, 188; *Busche* in: Staudinger, § 407 Rn. 8.
[158] *Busche* in: Staudinger, § 407 Rn. 44.

§ 408 BGB Mehrfache Abtretung

(Fassung vom 02.01.2002, gültig ab 01.01.2002)

(1) Wird eine abgetretene Forderung von dem bisherigen Gläubiger nochmals an einen Dritten abgetreten, so finden, wenn der Schuldner an den Dritten leistet oder wenn zwischen dem Schuldner und dem Dritten ein Rechtsgeschäft vorgenommen oder ein Rechtsstreit anhängig wird, zugunsten des Schuldners die Vorschriften des § 407 dem früheren Erwerber gegenüber entsprechende Anwendung.

(2) Das Gleiche gilt, wenn die bereits abgetretene Forderung durch gerichtlichen Beschluss einem Dritten überwiesen wird oder wenn der bisherige Gläubiger dem Dritten gegenüber anerkennt, dass die bereits abgetretene Forderung kraft Gesetzes auf den Dritten übergegangen sei.

Gliederung

A. Grundlagen 1	3. Abtretung nach Pfändung 4
B. Anwendungsvoraussetzungen 2	II. Gerichtliche Überweisung einer bereits abgetretenen Forderung (Absatz 2) 5
I. Abtretung einer bereits abgetretenen Forderung (Absatz 1) 2	III. Unkenntnis des Schuldners 6
1. Abtretung nach rechtsgeschäftlicher Abtretung 2	C. Rechtsfolgen 7
	D. Prozessuale Hinweise 9
2. Abtretung nach Legalzession 3	E. Anwendungsfelder 10

A. Grundlagen[1]

Regelungsprinzipien: § 408 BGB erstreckt die Schutzbestimmung des § 407 BGB auf den Fall, dass der Gläubiger die **Forderung mehrfach abtritt**, der Schuldner aber in Unkenntnis der früheren Abtretung an den späteren Zessionar eine Leistung erbringt, mit diesem ein Rechtsgeschäft über die Forderung vornimmt oder einen Rechtsstreit bezüglich der Forderung führt.[2] Die Schutzbedürftigkeit des Schuldners ergibt sich daraus, dass der Zedent bereits mit der Erstabtretung die Rechtsinhaberschaft verliert, so dass der Erstzessionar zum wirklichen Gläubiger wird. Die Zweitabtretung erfolgt daher durch einen Nichtberechtigten und ist somit – auch bei gutem Glauben des Zweitzessionars (vgl. die Kommentierung zu § 398 BGB Rn. 50) – unwirksam (**Prioritätsgrundsatz**).[3] Leistet daher der Schuldner an den Zweitzessionar (Scheingläubiger), so wird er von seiner Verbindlichkeit nicht gemäß § 362 Abs. 1 BGB befreit, da er nicht an den wirklichen Gläubiger, sondern an einen Nichtberechtigten leistet.[4] Er kann daher von dem Erstzessionar als dem wahren Gläubiger nochmals in Anspruch genommen werden.[5] Da dieses Ergebnis unbillig wäre, wenn der Schuldner die erste Abtretung nicht kennt und daher im Vertrauen auf die Wirksamkeit der zweiten Abtretung an den Scheingläubiger leistet, wird er in diesem Fall durch § 408 BGB geschützt.[6] Die Vorschrift ergänzt mithin die Vorschrift des § 407 BGB, nach der der Schuldner ebenfalls geschützt wird, wenn er in Unkenntnis der Abtretung leistet. Der Unterschied besteht jedoch darin, dass § 407 BGB den Fall der Leistung an den bisherigen Gläubiger (Zedenten), § 408 BGB aber die Leistung an den Empfänger einer Zweitabtretung (Schein-

1

---

[1] Fortführung und Aktualisierung der bis zur Vorauflage von Herrn Dr. *G. Knerr* betreuten Kommentierung. Die Kommentierung gibt ausschließlich die persönliche Meinung des Autors wieder.
[2] *Busche* in: Staudinger, § 408 Rn. 1.
[3] *Busche* in: Staudinger, § 408 Rn. 2; *Roth* in: MünchKomm-BGB, § 408 Rn. 1; *Grüneberg* in: Palandt, § 408 Rn. 1.
[4] *Busche* in: Staudinger, § 408 Rn. 2; *Grüneberg* in: Palandt, § 408 Rn. 1.
[5] *Busche* in: Staudinger, § 408 Rn. 2.
[6] BGH v. 09.11.1988 - IVa ZR 122/87 - juris Rn. 7 - LM Nr. 22 zu § 407 BGB; *Busche* in: Staudinger, § 408 Rn. 2; *Grüneberg* in: Palandt, § 408 Rn. 1.

§ 408

zessionar) betrifft.[7] Bezüglich der Rechtsfolgen verweist § 408 BGB für diesen Fall auf § 407 BGB (vgl. auch die Kommentierung zu § 407 BGE Rn. 1).[8]

B. Anwendungsvoraussetzungen

I. Abtretung einer bereits abgetretenen Forderung (Absatz 1)

1. Abtretung nach rechtsgeschäftlicher Abtretung

2 Voraussetzung ist, dass eine bereits abgetretene Forderung erneut an einen Dritten abgetreten wird. Dabei muss die **Erstabtretung** wirksam sein.[9] Die **Zweitabtretung** muss tatsächlich stattgefunden haben.[10] § 408 BGB ist auch anwendbar, wenn die Zweitabtretung unter der (Rechts-)Bedingung vorgenommen wurde, dass keine erste Abtretung vorausgegangen ist. Denn auch in diesem Fall ist der Schuldner bei Unkenntnis der Erstabtretung in gleicher Weise schutzwürdig wie bei einer unbedingten Zweitabtretung.[11] Erforderlich ist ferner, dass die Wirksamkeit der Zweitabtretung gerade durch die wirksame Erstabtretung verhindert wird. Im Übrigen müssen jedoch die Wirksamkeitsvoraussetzungen der Zweitabtretung gegeben sein. Ist die Zweitabtretung aus anderen Gründen unwirksam, so greift der Schutz des § 408 BGB nicht ein.[12] Jedoch kann in diesem Fall gegebenenfalls § 409 BGB zur Anwendung gelangen (vgl. die Kommentierung zu § 409 BGB Rn. 8).

2. Abtretung nach Legalzession

3 Wegen der Verweisung in § 412 BGB ist die Vorschrift auch anwendbar, wenn der **erste (wirksame) Forderungsübergang** nicht vertraglich, sondern kraft Gesetzes erfolgen (**Legalzession**).[13] Die zweite Übertragung der Forderung nach h.M. nicht aufgrund Gesetzes erfolgen, da durch eine **Legalzession** die Forderung nur vom wirklichen Gläubiger auf einen anderen übertragen werden kann.[14] Die Vorschrift ist jedoch entsprechend anwendbar, wenn nach einer Abtretung scheinbar der Tatbestand eines gesetzlichen Forderungsübergangs verwirklicht wird und der Zedent die Legalzession gemäß § 408 Abs. 2 Alt. 2 BGB **anerkennt**.[15] Dabei ist es gleichgültig, ob das Anerkenntnis schriftlich oder mündlich erfolgt.[16] Ohne ein solches Anerkenntnis wird der Schuldner jedoch im Falle der Leistung an einen aufgrund einer vermeintlichen Legalzession Scheinberechtigten nicht geschützt, selbst wenn ihm eine vorangegangene Abtretung unbekannt ist.[17] Die Gegenauffassung geht jedoch davon aus, dass § 408 BGB im Falle einer vermeintlichen Legalzession unabhängig von einer Anerkennung durch den Zedenten eingreift, da es für die Schutzbedürftigkeit des Schuldners keinen Unterschied machen könne, ob eine Zweitabtretung ins Leere gehe oder eine gesetzliche Forderungsübertragung nicht zustande komme.[18] Dem stehe ein Umkehrschluss aus § 408 Abs. 2 Alt. 2 BGB nicht entgegen.[19] Auch bei mehrfachen (gleichzeitig eintretenden) Legalzessionen sei der Schuldner nach § 408 BGB zu schützen.[20]

---

[7] *Roth* in: MünchKomm-BGB, § 408 Rn. 1; *Busche* in: Staudinger, § 408 Rn. 2; *Grüneberg* in: Palandt, § 408 Rn. 1.

[8] *Busche* in: Staudinger, § 408 Rn. 8; *Grüneberg* in: Palandt, § 408 Rn. 1.

[9] *Grüneberg* in: Palandt, § 408 Rn. 1.

[10] BGH v. 09.11.1988 - IVa ZR 122/87 - juris Rn. 7 - LM Nr. 22 zu § 407 BGB; *Grüneberg* in: Palandt, § 408 Rn. 1; *Roth* in: MünchKomm-BGB, § 408 Rn. 1 u. 5.

[11] BGH v. 09.11.1988 - IVa ZR 122/87 - juris Rn. 7 - LM Nr. 22 zu § 407 BGB; *Busche* in: Staudinger, § 408 Rn. 4; *Roth* in: MünchKomm-BGB, § 408 Rn. 4; *Grüneberg* in: Palandt, § 408 Rn. 1.

[12] *Busche* in: Staudinger, § 408 Rn. 2 u. 3; *Roth* in: MünchKomm-BGB, § 408 Rn. 1 u. 5.

[13] *Busche* in: Staudinger, § 408 Rn. 5; *Roth* in: MünchKomm-BGB, § 408 Rn. 10.

[14] BGH v. 17.12.1953 - III ZR 95/52 - juris Rn. 22 - BGHZ 11, 298-302; *Busche* in: Staudinger, § 408 Rn. 6; *Weber* in: BGB-RGRK, 12. Aufl. 1976, § 408 Rn. 10; *Grüneberg* in: Palandt, § 408 Rn. 2.

[15] BGH v. 17.12.1953 - III ZR 95/52 - juris Rn. 22 - BGHZ 11, 298-302; *Busche* in: Staudinger, § 408 Rn. 6; *Roth* in: MünchKomm-BGB, § 408 Rn. 12; *Grüneberg* in: Palandt, § 408 Rn. 2.

[16] BGH v. 17.12.1953 - III ZR 95/52 - juris Rn. 22 - BGHZ 11, 298-302; *Roth* in: MünchKomm-BGB, § 408 Rn. 3; *Grüneberg* in: Palandt, § 408 Rn. 2.

[17] *Grüneberg* in: Palandt, § 408 Rn. 2; a.A. *Roth* in: MünchKomm-BGB, § 408 Rn. 13.

[18] *Busche* in: Staudinger, § 408 Rn. 6, *Roth* in: MünchKomm-BGB, § 408 Rn. 13 u. 14, welcher eine Befriedigung des Bürgen durch den Schuldner im Hinblick auf § 774 BGB nach erfolgter Abtretung der Forderung durch den früheren Gläubiger anführt.

[19] *Roth* in: MünchKomm-BGB, § 408 Rn. 15

[20] *Roth* in: MünchKomm-BGB, § 408 Rn. 16.

3. Abtretung nach Pfändung

§ 408 Abs. 1 BGB gilt entsprechend für den Fall der **Abtretung einer bereits gepfändeten Forderung**, sofern der Schuldner von der Pfändung nichts weiß.[21] Der Schuldner wird dagegen nicht geschützt, wenn er die Pfändung kennt und lediglich annimmt, die Abtretung sei vor der Pfändung erfolgt, etwa wegen einer Rückdatierung.[22]

II. Gerichtliche Überweisung einer bereits abgetretenen Forderung (Absatz 2)

Gemäß § 408 Abs. 2 BGB genießt der Schuldner den Schutz des § 408 Abs. 1 BGB auch im umgekehrten Fall, also dann, wenn eine **bereits abgetretene Forderung durch einen gerichtlichen Beschluss einem Dritten überwiesen** wird (§ 835 ZPO), so dass dieser die Forderung nur scheinbar erwirbt (Scheinberechtigter).[23] Wird nämlich eine bereits abgetretene Forderung gepfändet, so kommt es weder zur Verstrickung noch müssen vom Zessionar gerichtliche Rechtsbehelfe wie § 771 ZPO ergriffen werden.[24] Zu einer solchen Situation kann es kommen, wenn der Vollstreckungsantrag in Unkenntnis der Abtretung gestellt wird oder wenn die Forderung zwischen Einreichung und Zustellung des Pfändungsantrags abgetreten wird.[25] Der Schuldner wird daher bei Rechtshandlungen gegenüber dem Gläubiger einer ins Leere gehenden Überweisung in der gleichen Weise geschützt wie gegenüber dem Empfänger der unwirksamen Zweitzession.[26] Voraussetzung ist jedoch, dass eine **Überweisung** stattgefunden hat. Eine bloße Pfändung (§ 829 ZPO) oder ein Zahlungsverbot sind hingegen nicht ausreichend.[27] Insbesondere ist ein **vorläufiges Zahlungsverbot** gemäß § 845 ZPO nicht ausreichend, denn ein solches enthält lediglich eine vom Gerichtsvollzieher zugestellte Benachrichtigung des Pfändungsschuldners und des Drittschuldners durch den Pfändungsgläubiger, dass er die Pfändung beabsichtige. Ein derartiges Zahlungsverbot wird also gerade ohne eine gerichtliche Prüfung der Pfändungsvoraussetzungen erwirkt und begründet daher keinen Rechtsschein für den zumal erst künftigen Forderungsübergang auf den Pfändungsgläubiger.[28] Ausreichend ist dagegen die gerichtliche Anordnung, den Betrag einer beschlagnahmten Forderung an den Verletzten einer abgeurteilten Straftat auszubezahlen.[29]

III. Unkenntnis des Schuldners

Der Schuldner darf **keine Kenntnis von der wirksamen ersten Abtretung** haben.[30] Kenntnis ist bereits dann gegeben, wenn der Schuldner die tatsächlichen Umstände der ersten Abtretung kannte.[31] Der Unkenntnis der Abtretung steht nach der Rechtsprechung die Unkenntnis bezüglich deren zeitlicher Priorität nicht gleich.[32] Der gute Glaube muss im maßgeblichen **Zeitpunkt** der Vornahme der betroffenen Rechtshandlung vorliegen.[33] Hingegen ist es nicht erforderlich, dass der Schuldner subjektiv auf die Wirksamkeit der Zweitabtretung vertraut, denn geschützt wird allein die Unkenntnis der ersten wirksamen Abtretung und nicht das Vertrauen auf die Wirksamkeit der zweiten.[34] Zweifelt der Schuldner daher an der Rechtsinhaberschaft des Zweitzessionars, so ist er deshalb noch nicht bösgläubig.[35] Unerheblich ist es ferner, wie der Schuldner von

---

[21] *Grüneberg* in: Palandt, § 408 Rn. 1.
[22] BGH v. 05.02.1987 - IX ZR 161/85 - juris Rn. 37 - BGHZ 100, 36-51; *Grüneberg* in: Palandt, § 408 Rn. 1.
[23] BGH v. 05.02.1987 - IX ZR 161/85 - juris Rn. 36 - BGHZ 100, 36-51; *Busche* in: Staudinger, § 408 Rn. 5; *Roth* in: MünchKomm-BGB, § 408 Rn. 10; *Grüneberg* in: Palandt, § 408 Rn. 2.
[24] BGH v. 12.12.2001 - IV ZR 47/01 - juris Rn. 15 - NJW 2002, 755-757; BAG v. 17.02.1993 - 4 AZR 161/92 - juris Rn. 19 - NJW 1993, 2699-2701; *Putzo* in: Thomas/Putzo, ZPO-Kommentar, 27. Aufl. 2005, § 829 Rn. 29; *Busche* in: Staudinger, § 408 Rn. 7; *Roth* in: MünchKomm-BGB, § 408 Rn. 11.
[25] *Busche* in: Staudinger, § 408 Rn. 7.
[26] *Busche* in: Staudinger, § 408 Rn. 7.
[27] LG Hildesheim v. 08.12.1987 - 3 O 393/87 - juris Rn. 43 - NJW 1988, 1916-1917; *Roth* in: MünchKomm-BGB, § 408 Rn. 11; *Grüneberg* in: Palandt, § 408 Rn. 2.
[28] OLG München v. 04.11.2009 - 20 U 3116/09 - juris Rn. 27.
[29] BGH v. 24.05.2007 - IX ZR 97/04 - juris Rn. 9 - BGHZ 2008, 278-287.
[30] BGH v. 09.11.1988 - IVa ZR 122/87 - juris Rn. 7 - LM Nr. 22 zu § 407 BGB; *Busche* in: Staudinger, § 408 Rn. 2; *Grüneberg* in: Palandt, § 408 Rn. 1.
[31] *Roth* in: MünchKomm-BGB, § 408 Rn. 3.
[32] BGH v. 05.02.1987 - IX ZR 161/85 - juris Rn. 37 - BGHZ 100, 36-51; a.A. *Roth* in: MünchKomm-BGB, § 408 Rn. 3.
[33] *Busche* in: Staudinger, § 408 Rn. 8.
[34] *Busche* in: Staudinger, § 408 Rn. 3 u. 9; *Roth* in: MünchKomm-BGB, § 408 Rn. 4.
[35] *Busche* in: Staudinger, § 408 Rn. 9.

der unwirksamen Zweitabtretung Kenntnis erhalten hat und wie sicher diese Kenntnis war.[36] Es kommt auch nicht auf bestimmte, vom ursprünglichen Gläubiger ausgehende Handlungen gegenüber dem Schuldner an, etwa eine Anzeige oder Urkundenvorlage.[37] Liegen die Voraussetzungen des § 408 BGB nicht vor, so kann Schuldnerschutz beim Vorliegen einer Abtretungsanzeige oder der Vorlage einer Abtretungsurkunde jedoch unter den Voraussetzungen des § 409 BGB gegeben sein.[38] Die §§ 408, 409 BGB ergänzen sich also gegenseitig (vgl. die Kommentierung zu § 409 BGB Rn. 8).

C. Rechtsfolgen

7 **Rechtsfolge** des § 408 BGB ist die entsprechende Anwendbarkeit des § 407 BGB (zu dessen Rechtsfolgen vgl. die Kommentierung zu § 407 BGB Rn. 22).[39] Der neue Gläubiger (Erstzessionar) muss sich also so behandeln lassen, als wären die Rechtshandlungen des Schuldners gegenüber dem Zweitzessionar ihm gegenüber vorgenommen worden. Die Gläubigerstellung des Zweitzessionars wird fingiert.[40] Der Schuldner hat ebenso wie bei § 407 BGB (vgl. die Kommentierung zu § 407 BGB Rn. 23) ein **Wahlrecht**, ob er sich auf den Schuldnerschutz berufen will oder nicht.[41] Die Wirksamkeit der Rechtshandlungen tritt jedoch aufgrund des Wortlauts der Norm nur „**zugunsten des Schuldners**" ein, nicht zugunsten des früheren Zessionars.[42]

8 Umstritten ist, ob neben § 408 BGB auch § 406 BGB im Falle mehrfacher Forderungsabtretung entsprechend anwendbar ist.[43] Die **herrschende Meinung** geht davon aus, dass der Schuldner gegenüber dem Zessionar – unter den weiteren Voraussetzungen des § 406 BGB – mit einer Gegenforderung aufrechnen kann, die er gegen diesen in Unkenntnis der ersten Abtretung erworben hat.[44] Die **Gegenauffassung** weist hingegen darauf hin, dass der Wortlaut des § 408 BGB nur auf § 407 BGB, nicht aber auf § 406 BGB verweist. Ein in den Verhandlungen der Zweiten Kommission gestellter Antrag, auch § 406 BGB einzubeziehen, sei mit undeutlicher Begründung abgelehnt worden.[45] Jedoch sei die entsprechende Anwendung nach Sinn und Zweck der Vorschrift dann zu befürworten, wenn der Schuldner mit einer Forderung gegen den Zedenten vor Kenntnis der ersten Abtretung gegenüber dem Dritten aufrechne.[46] Hingegen sei der Schuldner nicht schutzwürdig, wenn er nach Kenntniserlangung von der Erstabtretung mit Forderungen gegenüber dem späteren Zessionar aufrechne, die er in der Zeit der Unkenntnis der ersten Abtretung gegenüber dem Zweitzessionar erworben habe.[47] Im Übrigen könne der Schuldner bei mehrfacher Abtretung mit Gegenforderungen, die ihm gegen den späteren Scheinzessionar zustehen, nur insoweit aufrechnen, als sich dies aus den §§ 407, 408 BGB ableiten lasse.[48]

D. Prozessuale Hinweise

9 Die **Beweislast** entspricht derjenigen im Rahmen des § 407 BGB (vgl. die Kommentierung zu § 407 BGB Rn. 27).[49] Dies bedeutet, dass der Zessionar die Bösgläubigkeit des Schuldners im maßgebenden Zeitpunkt zu beweisen hat.[50]

---

[36] *Busche* in: Staudinger, § 408 Rn. 9; *Roth* in: MünchKomm-BGB, § 408 Rn. 4; *Grüneberg* in: Palandt, § 408 Rn. 1.
[37] BGH v. 19.12.1966 - VIII ZR 107/65 - juris Rn. 26 - DB 1967, 377; *Busche* in: Staudinger, § 408 Rn. 2; *Roth* in: MünchKomm-BGB, § 408 Rn. 1; *Westermann* in: Erman, § 408 Rn. 1.
[38] *Roth* in: MünchKomm-BGB, § 408 Rn. 6.
[39] *Busche* in: Staudinger, § 408 Rn. 8; *Grüneberg* in: Palandt, § 408 Rn. 1.
[40] *Busche* in: Staudinger, § 408 Rn. 8; *Roth* in: MünchKomm-BGB, § 408 Rn. 2.
[41] *Roth* in: MünchKomm-BGB, § 408 Rn. 2; a.A. *Busche* in: Staudinger, § 408 Rn. 8.
[42] *Busche* in: Staudinger, § 408 Rn. 8; *Roth* in: MünchKomm-BGB, § 408 Rn. 2.
[43] *Busche* in: Staudinger, § 408 Rn. 13; *Grüneberg* in: Palandt, § 408 Rn. 1.
[44] *Grüneberg* in: Palandt, § 408 Rn. 1; *Westermann* in: Erman, § 408 Rn. 1; *Weber* in: BGB-RGRK, 12. Aufl. 1976, § 408 Rn. 1; unklar *Roth* in: MünchKomm-BGB, § 408 Rn. 7.
[45] *Busche* in: Staudinger, § 408 Rn. 13.
[46] *Busche* in: Staudinger, § 408 Rn. 13; *Zeiss* in: Soergel, 12. Aufl., § 408 Rn. 2.
[47] *Busche* in: Staudinger, § 408 Rn. 13; *Zeiss* in: Soergel, 12. Aufl., § 408 Rn. 2; a.A. *Weber* in: BGB-RGRK, 12. Aufl. 1976, § 408 Rn. 9.
[48] BGH v. 19.12.1966 - VIII ZR 107/65 - juris Rn. 26 - DB 1967, 377; *Busche* in: Staudinger, § 408 Rn. 13; *Zeiss* in: Soergel, 12. Aufl., § 408 Rn. 2.
[49] *Busche* in: Staudinger, § 408 Rn. 12; *Roth* in: MünchKomm-BGB, § 408 Rn. 9; *Grüneberg* in: Baumgärtel/Laumen, Handbuch der Beweislast im Privatrecht, 3. Aufl. 2007, § 408 Rn. 1.
[50] *Grüneberg* in: Baumgärtel/Laumen, Handbuch der Beweislast im Privatrecht, 3. Aufl. 2007, § 408 Rn. 1; *Weber* in: BGB-RGRK, 12. Aufl. 1976, § 408 Rn. 3.

E. Anwendungsfelder

Schuldrechtlicher Ausgleich: Der frühere Zessionar hat **gegen den Zweitzessionar** keine vertraglichen Ansprüche, da zwischen diesen kein Vertragsverhältnis besteht.[51] Zur Anwendung kommt § 816 Abs. 2 BGB, der einen Anspruch des wirklichen (Erst-)Zessionars gegen den Zweitzessionar auf Herausgabe der ungerechtfertigten Bereicherung, nämlich der vom Schuldner erhaltenen Leistung, begründet.[52] Hat der Zweitzessionar dem Schuldner die Schuld schenkungsweise erlassen, so kommt ein Anspruch **gegen den Schuldner** gemäß § 816 Abs. 1 Satz 2 BGB in Betracht.[53] Hat der spätere Zessionar bei der Entgegennahme der Leistung Kenntnis von der früheren Abtretung, so haftet er nach § 826 BGB und ggf. auch nach § 823 Abs. 2 BGB i.V.m. § 263 StGB auf Schadensersatz.[54] **Gegen den Zedenten** besteht aufgrund des der Erstabtretung zugrunde liegenden Kausalverhältnisses ein Schadensersatzanspruch des Erstzessionars gemäß § 280 Abs. 1 BGB (bis zum 31.12.2001: positive Vertragsverletzung - pVV), da der Zedent durch die nochmalige Abtretung eine rechtswidrige und schuldhafte Vertragsverletzung begangen hat. Er hat die auch nach der ersten Abtretung der Forderung gegenüber dem Erstzessionar fortbestehende bzw. nachwirkende Sorgfalts- und Schutzpflicht verletzt, wonach er den Erfüllungserfolg nicht gefährden darf.[55]

---

[51] *Busche* in: Staudinger, § 408 Rn. 10.
[52] BGH v. 15.05.2003 - IX ZR 218/02 - juris Rn. 26 - NJW-RR 2003, 1490-1493; *Busche* in: Staudinger, § 408 Rn. 10; *Roth* in: MünchKomm-BGB, § 408 Rn. 8.
[53] *Busche* in: Staudinger, § 408 Rn. 2; *Roth* in: MünchKomm-BGB, § 408 Rn. 8.
[54] *Busche* in: Staudinger, § 408 Rn. 10; *Roth* in: MünchKomm-BGB, § 408 Rn. 3.
[55] *Busche* in: Staudinger, § 408 Rn. 11; *Roth* in: MünchKomm-BGB, § 408 Rn. 8.

§ 409 BGB Abtretungsanzeige

(Fassung vom 02.01.2002, gültig ab 01.01.2002)

(1) ¹Zeigt der Gläubiger dem Schuldner an, dass er die Forderung abgetreten habe, so muss er dem Schuldner gegenüber die angezeigte Abtretung gegen sich gelten lassen, auch wenn sie nicht erfolgt oder nicht wirksam ist. ²Der Anzeige steht es gleich, wenn der Gläubiger eine Urkunde über die Abtretung dem in der Urkunde bezeichneten neuen Gläubiger ausgestellt hat und dieser sie dem Schuldner vorlegt.

(2) Die Anzeige kann nur mit Zustimmung desjenigen zurückgenommen werden, welcher als der neue Gläubiger bezeichnet worden ist.

Gliederung

A. Grundlagen 1	IX. Kenntnis des Schuldners 17
B. Anwendungsvoraussetzungen 3	1. Rechtsprechung 18
I. Normstruktur 3	2. Literatur 19
II. Forderung 4	**C. Rechtsfolgen** 20
III. Abtretung der Forderung 6	I. Anzeige der Abtretung 20
IV. Zedent, Zessionar und Schuldner 7	II. Urkunde über die Abtretung 23
V. Anzeige der Abtretung 11	III. Rücknahme der Abtretungsanzeige ... 24
VI. Rücknahme der Abtretungsanzeige .. 13	**D. Prozessuale Hinweise/Verfahrenshinweise** 25
VII. Ausstellung einer Urkunde über die Abtretung 14	**E. Anwendungsfelder** 28
VIII. Vorlage der Urkunde 16	

A. Grundlagen[1]

1 **Regelungsprinzipien**: **Sinn und Zweck** der Vorschrift ist der Schutz des Schuldners für den Fall, dass ihm gegenüber durch eine Anzeige des bisherigen Gläubigers oder durch Vorlage einer dem neuen Gläubiger ausgestellten Abtretungsurkunde (§ 403 BGB) erklärt wird, die Forderung sei abgetreten, während dies in Wahrheit nicht der Fall ist. Der Schuldner kann sich auf die Richtigkeit derartiger Erklärungen verlassen.[2] Die Vorschrift stellt also das Gegenstück zu den §§ 407, 408 BGB dar.[3] Liegen die Voraussetzungen des § 409 BGB oder vergleichbarer Vorschriften (etwa des Wertpapierrechts) nicht vor, so leistet der Schuldner an den angeblichen Zessionar auf eigenes Risiko, d.h. die Erfüllungswirkung des § 362 BGB (vgl. die Kommentierung zu § 362 BGB) tritt nur dann ein, wenn dem Leistungsempfänger die Forderung auch tatsächlich zusteht.[4] Um den Schuldnerschutz abzurunden, gibt ihm daher § 410 BGB zusätzlich das Recht, seine Leistung von der Aushändigung einer Urkunde im Sinne des § 409 Abs. 1 Satz 2 BGB abhängig zu machen, so dass die Leistung den Schuldner auf jeden Fall von seiner Verpflichtung befreit (vgl. die Kommentierung zu § 410 BGB Rn. 2).[5]

2 Umstritten ist es allerdings, ob § 409 BGB das Vertrauen des Schuldners, d.h. seinen **guten Glauben an die Abtretung**, schützt und daher ein Rechtsscheintatbestand ist oder ob die Erklärung konstitutiv eine Empfangszuständigkeit des angeblichen Zessionars schafft.[6] Dies ist bedeutsam für die Frage, ob die Vorschrift auch im Falle positiver Kenntnis des Schuldners eingreift oder nicht (vgl. Rn. 17).

---

[1] Fortführung und Aktualisierung der bis zur Vorauflage von Herrn Dr. *G. Knerr* betreuten Kommentierung. Die Kommentierung gibt ausschließlich die persönliche Meinung des Autors wieder.
[2] *Busche* in: Staudinger, § 409 Rn. 4; *Roth* in: MünchKomm-BGB, § 409 Rn. 1; *Grüneberg* in: Palandt, § 409 Rn. 1.
[3] *Busche* in: Staudinger, § 409 Rn. 1; *Roth* in: MünchKomm-BGB, § 409 Rn. 1.
[4] *Roth* in: MünchKomm-BGB, § 409 Rn. 1.
[5] *Busche* in: Staudinger, § 409 Rn. 1; *Roth* in: MünchKomm-BGB, § 409 Rn. 1.
[6] Rechtsscheinhaftung: BGH v. 25.11.1963 - II ZR 54/61 - juris Rn. 23 - BGHZ 40, 297-305; *Larenz*, Schuldrecht, Band I: Allgemeiner Teil, 14. Aufl. 1987, S. 593; keine Rechtsscheinhaftung: *Busche* in: Staudinger, § 409 Rn. 4; *Roth* in: MünchKomm-BGB, § 409 Rn. 2.

B. Anwendungsvoraussetzungen

I. Normstruktur

Die Vorschrift enthält zwei alternativ geltende Tatbestände, nämlich die **Anzeige der Abtretung** gegenüber dem Schuldner durch den Zedenten (§ 409 Abs. 1 Satz 1 BGB) und die **Ausstellung einer Urkunde** über die Abtretung und deren Vorlage gegenüber dem Schuldner durch den Zessionar (§ 409 Abs. 1 Satz 2 BGB).[7] § 409 Abs. 2 BGB enthält schließlich einen Ausnahmetatbestand zu § 409 Abs. 1 Satz 1 BGB, indem dort die Voraussetzungen einer wirksamen **Rücknahme der Anzeige** gegenüber dem Schuldner geregelt sind.

II. Forderung

Die Vorschrift gilt sowohl für **privatrechtliche** als auch für **öffentlichrechtliche Forderungen** (zum Begriff der Forderung vgl. die Kommentierung zu § 398 BGB Rn. 7)[8], also auch für Forderungen aus der Sozialversicherung[9], für Versorgungsbezüge[10], für Arbeitslosenhilfe[11] und für Ansprüche nach dem BEG[12]. Die Vorschriften der §§ 409, 410 BGB gelten auch für die Geltendmachung des durch den beigeordneten Rechtsanwalt abgetretenen Vergütungsanspruchs gegenüber der **Staatskasse**. Die Staatskasse ist dem neuen Gläubiger gegenüber zur Leistung nur gegen Aushändigung einer von dem bisherigen Gläubiger über die Abtretung ausgestellten Urkunde verpflichtet (§ 410 Abs. 1 Satz 1 BGB), oder wenn der bisherige Gläubiger dem Schuldner die Abtretung schriftlich angezeigt hat (§§ 410 Abs. 2, 409 Abs. 1 Satz 1 BGB).[13]

Voraussetzung ist in allen Fällen, dass die Forderung **abtretbar** ist. Ist die Abtretung gesetzlich verboten, so ist § 409 BGB nicht anwendbar.[14] Fraglich ist, welche Folgen sich ergeben, wenn die Abtretung gegen § 399 BGB verstößt. Richtigerweise wird darauf abzustellen sein, ob der Schuldner schutzwürdig ist, was zu bejahen ist, wenn er bezüglich der Abtretbarkeit gutgläubig ist.[15] Darüber hinaus muss die Forderung überhaupt bestehen, denn andernfalls geht die Abtretung ins Leere und die Zahlung des vermeintlichen Schuldners an den Zessionar geht allein zu Lasten des Schuldners, ohne dass ein Schutz nach § 409 BGB in Betracht kommt.[16]

III. Abtretung der Forderung

Die Vorschrift ist sowohl auf die vertragliche **Abtretung** (§ 398 BGB) als auch auf den gesetzlichen Forderungsübergang (**Legalzession** gemäß § 412 BGB) anwendbar.[17] Im Falle der vertraglichen Abtretung ist es gleichgültig, ob der Abtretungsvertrag erst in Gestalt der Urkunde abgeschlossen wird oder ob eine früher vorgenommene Abtretung durch die Urkunde lediglich bestätigt wird.[18] Die Vorschrift des § 409 BGB ist auch im Falle einer sittenwidrigen und daher gemäß § 138 Abs. 1 BGB unwirksamen Abtretung anwendbar.[19] Bei **gerichtlicher Überweisung** gilt hingegen § 836 Abs. 2 ZPO, so dass für § 409 BGB kein Raum ist.[20] Gemäß § 836 Abs. 2 ZPO gilt der zu Unrecht erlassene Überweisungsbeschluss zugunsten des Drittschuldners dem Schuldner gegenüber solange als wirksam, bis

---

[7] *Roth* in: MünchKomm-BGB, § 409 Rn. 1; differenzierend: *Weber* in: BGB-RGRK, 12. Aufl. 1976, § 409 Rn. 1.

[8] VGH Mannheim v. 24.06.1993 - 4 S 668/92 - juris Rn. 5 - ESVGH 44, 80; *Busche* in: Staudinger, § 409 Rn. 5; *Roth* in: MünchKomm-BGB, § 409 Rn. 19, *Grüneberg* in: Palandt, § 409 Rn. 1.

[9] BSG v. 08.07.1959 - 4 RJ 115/58 - juris Rn. 19 - NJW 1959, 2087.

[10] BSG v. 11.11.1959 - 11 RV 696/58 - juris Rn. 22 - NJW 1960, 264.

[11] BSG v. 29.06.1995 - 11 RAr 109/94 - juris Rn. 29 - MDR 1996, 293.

[12] BGH v. 04.11.1964 - IV ZB 369/64 - juris Rn. 4 - LM Nr. 2 zu § 409 BGB.

[13] OLG Düsseldorf v. 05.03.2009 - II-10 WF 2/09 - juris Rn. 7 - NJW 2009, 1614-1615; KG v. 17.02.2009 - 19 WF 6/09 - juris Rn. 2 - FamRZ 2009, 1781.

[14] BGH v. 05.07.1971 - II ZR 176/68 - juris Rn. 14 - BGHZ 56, 339-355; BGH v. 04.11.1964 - IV ZB 369/64 - juris Rn. 4 - LM Nr. 2 zu § 409 BGB; BAG v. 27.11.1986 - 6 AZR 598/84 - juris Rn. 16 - DB 1987, 2314; *Busche* in: Staudinger, § 409 Rn. 9; *Roth* in: MünchKomm-BGB, § 409 Rn. 10; *Zeiss* in: Soergel, 12. Aufl., § 409 Rn. 7.

[15] *Busche* in: Staudinger, § 409 Rn. 9; *Roth* in: MünchKomm-BGB, § 409 Rn. 10 u. § 399 Rn. 33.

[16] SG Stuttgart v. 12.12.2008 - S 10 KA 7601/08 ER - juris Rn. 33.

[17] LArbG Düsseldorf v. 19.12.1977 - 16 Sa 729/77 - juris Rn. 25 - DB 1978, 1087-1088; *Busche* in: Staudinger, § 409 Rn. 6; *Roth* in: MünchKomm-BGB, § 409 Rn. 19; *Grüneberg* in: Palandt, § 409 Rn. 2.

[18] *Busche* in: Staudinger, § 409 Rn. 23.

[19] OLG Saarbrücken v. 10.04.2008 - 8 U 613/06 - juris Rn. 24 - NJW-RR 2009, 128-130.

[20] *Busche* in: Staudinger, § 409 Rn. 7; *Roth* in: MünchKomm-BGB, § 409 Rn. 19; *Denck*, JuS 1979, 408-411, 409.

er aufgehoben wird und die Aufhebung zur Kenntnis des Drittschuldners gelangt.[21] Die Vorschrift des § 409 BGB gilt schließlich analog für die Erklärung über das **Bezugsrecht aus einer Lebensversicherung**. Bei nichtiger Begünstigungserklärung wird der Versicherer durch § 409 BGB vor mehrfacher Inanspruchnahme geschützt.[22]

IV. Zedent, Zessionar und Schuldner

7 Die **Anzeige der Abtretung** gemäß § 409 Abs. 1 Satz 1 BGB (vgl. Rn. 11) muss dem Schuldner gegenüber durch den (wirklichen) bisherigen Gläubiger (**Zedenten**) vorgenommen werden.[23] Eine Anzeige **durch den Zessionar** reicht hingegen nicht aus[24], auch nicht im Falle einer Legalzession[25]. Der Zessionar kann allenfalls als Bote oder Vertreter des Zedenten die Anzeige vornehmen; der Zedent kann eine Anzeige durch den (vollmachtslosen) Zessionar genehmigen.[26]

8 Im Falle einer **unwirksamen Zweitabtretung** durch den Altgläubiger (Zedenten) kann sich der Schuldner gegenüber dem Zessionar der wirksamen Erstabtretung nicht auf die Anzeige des Zedenten berufen, denn diese rührt nicht vom wirklichen Gläubiger her (Beispiel: A tritt an B ab und danach erneut an C. Er zeigt dem Schuldner die Abtretung an C an.).[27] Insoweit ist der Schuldner vielmehr durch § 408 BGB geschützt, sofern er in Unkenntnis der Erstabtretung leistet, nicht aber, wenn er Kenntnis der Erstabtretung hat (vgl. die Kommentierung zu § 408 BGB Rn. 1). Bei Kenntnis der Erstabtretung wird der Schuldner auch durch § 409 BGB nicht geschützt.[28] Wird die Zweitabtretung rückdatiert, so dass der Schuldner den Eindruck hat, sie gehe der ihm bekannten Erstabtretung vor, wird er allerdings durch § 409 BGB geschützt, da in diesem Fall durch den Zedenten der Rechtsschein einer zeitlich vorgehenden und damit wirksamen Abtretung gesetzt wird.[29] § 409 BGB kann darüber hinaus im Rahmen des § 408 BGB von Bedeutung sein, wenn zu der fehlenden Rechtsinhaberschaft des Zedenten noch **weitere Wirksamkeitsmängel** hinzutreten. Über diese kann § 409 BGB hinweghelfen.[30] Tritt der Zedent die Forderung nach einer unwirksamen Erstabtretung, die dem Schuldner angezeigt worden war, noch einmal wirksam ab, so kann sich der Schuldner gegenüber dem wirklichen Zessionar der zweiten Abtretung gemäß § 409 BGB auf die unwirksame erste Abtretung berufen, wird diesem gegenüber also durch Leistung an den Erstzessionar frei (vgl. hierzu auch die Kommentierung zu § 408 BGB Rn. 6).[31]

9 Die **Vorlage einer Urkunde** gemäß § 409 Abs. 1 Satz 2 BGB muss hingegen **durch den Zessionar** erfolgen.[32] Allerdings ist Voraussetzung, dass der Zessionar die Urkunde mit dem Willen des Zedenten erhalten hat.[33] Weitergehender Rechtsschutz des Schuldners ist aufgrund eines dem bisherigen Gläubiger zurechenbaren **Rechtsscheins** möglich.[34] Die **Vorlage durch einen Dritten** reicht nur aus, wenn dieser als Bote des Zessionars anzusehen ist.[35] Auch im Falle der **Legalzession** muss die Urkunde von dem wahren Altgläubiger herrühren, nicht von dem Legalzessionar oder einem anderen Scheingläubiger.[36]

10 **Adressat** der Anzeige gemäß § 409 Abs. 1 Satz 1 BGB oder der Vorlage der Urkunde gemäß § 409 Abs. 1 Satz 2 BGB ist in beiden Fällen der **Schuldner**.[37]

---

[21] *Putzo* in: Thomas/Putzo, ZPO-Kommentar, 30. Aufl. 2009, § 836, Rn. 10; *Busche* in: Staudinger, § 409 Rn. 7 u. § 410 Rn. 4.

[22] RG v. 23.02.1937 - VII 204/36 - RGZ 154, 99-110, 109; BGH v. 24.02.1999 - IV ZR 122/98 - juris Rn. 15 - NJW-RR 1999, 898-900; *Busche* in: Staudinger, § 409 Rn. 5; *Roth* in: MünchKomm-BGB, § 409 Rn. 19; *Westermann* in: Erman, § 409 Rn. 6; *Grüneberg* in: Palandt, § 409 Rn. 2.

[23] *Busche* in: Staudinger, § 409 Rn. 13; *Roth* in: MünchKomm-BGB, § 409 Rn. 5.

[24] *Roth* in: MünchKomm-BGB, § 409 Rn. 5.

[25] *Busche* in: Staudinger, § 409 Rn. 6.

[26] BFH v. 22.03.1994 - VII R 117/92 - juris Rn. 12 - NJW 1995, 278-279; *Busche* in: Staudinger, § 409 Rn. 24; *Roth* in: MünchKomm-BGB, § 409 Rn. 5.

[27] *Busche* in: Staudinger, § 409 Rn. 16; *Roth* in: MünchKomm-BGB, § 409 Rn. 14.

[28] *Busche* in: Staudinger, § 409 Rn. 16 f.; *Roth* in: MünchKomm-BGB, § 409 Rn. 14.

[29] *Roth* in: MünchKomm-BGB, § 409 Rn. 14.

[30] *Roth* in: MünchKomm-BGB, § 409 Rn. 14.

[31] *Busche* in: Staudinger, § 409 Rn. 18; *Roth* in: MünchKomm-BGB, § 409 Rn. 15.

[32] *Busche* in: Staudinger, § 409 Rn. 22; *Roth* in: MünchKomm-BGB, § 409 Rn. 6.

[33] *Busche* in: Staudinger, § 409 Rn. 22; *Roth* in: MünchKomm-BGB, § 409 Rn. 6.

[34] *Roth* in: MünchKomm-BGB, § 409 Rn. 6.

[35] *Busche* in: Staudinger, § 409 Rn. 24; *Roth* in: MünchKomm-BGB, § 409 Rn. 6.

[36] *Roth* in: MünchKomm-BGB, § 409 Rn. 19.

[37] *Roth* in: MünchKomm-BGB, § 409 Rn. 6.

V. Anzeige der Abtretung

Die **Anzeige ist formfrei**, kann also auch mündlich erfolgen,[38] ebenso durch Vorlage der Kopie einer Abtretungsurkunde.[39] Sie muss vom wahren Gläubiger willentlich in den Verkehr gebracht worden sein. Abhandenkommen eines die Abtretungsanzeige enthaltenden Schriftstücks reicht nicht aus.[40] Ausreichend ist auch die Übermittlung der Abtretungsanzeige durch einen **Boten**.[41] Zum Hervorrufen der Wirkungen des § 410 Abs. 2 BGB ist jedoch eine schriftliche Anzeige erforderlich (vgl. die Kommentierung zu § 410 BGB Rn. 12).[42] Die Anzeige muss den Schuldner als Adressaten aufweisen und inhaltlich die Person des Zessionars erkennen lassen.[43] Sie muss sachlich eine Abtretung der Forderung verlautbaren. Im Falle einer **Legalzession** ist Voraussetzung eine anerkennende, **deklaratorische Erklärung** des Legalzedenten bezüglich des Übergangs der Forderung kraft Gesetzes, während eine Anzeige des Legalzessionars (Scheingläubigers) auch hier nicht genügt.[44] Die Gegenauffassung[45] ist abzulehnen, da sie keine Stütze im Gesetz findet. Die Abtretungsanzeige ist **kein Rechtsgeschäft**, da sie nicht selbst unmittelbar auf die in § 409 BGB angeordnete Rechtsfolge abzielt, sondern der rechtliche Erfolg kraft Gesetzes an sie geknüpft wird. Jedoch handelt es sich um eine **rechtsgeschäftsähnliche Handlung**, so dass die Regeln über Rechtsgeschäfte auf sie entsprechend anwendbar sind.[46] Insbesondere setzt sie **Geschäftsfähigkeit** voraus, da andernfalls der Schutz des Geschäftsunfähigen unterlaufen würde, indem dieser die Forderung zwar nicht abtreten, über eine Anzeige der Abtretung aber im Verhältnis zum Schuldner dieselbe Folge herbeiführen könnte, indem der Schuldner mit befreiender Wirkung an den Zessionar leisten könnte und der Zedent so seine Forderung verlöre.[47] Hat der Schuldner die Geschäftsunfähigkeit des Zedenten nicht gekannt und an den Scheinzessionar geleistet, so steht ihm analog § 829 BGB (vgl. die Kommentierung zu § 829 BGB) eine Einwendung gegen den Anspruch des Zedenten zu, wenn diesem – unterstellt er sei zurechnungsfähig – Fahrlässigkeit und damit eine Pflichtverletzung gemäß § 280 Abs. 1 BGB (positive Forderungsverletzung) zur Last fiele.[48]

Die Anzeige ist ferner wie eine Willenserklärung gemäß §§ 119, 123 BGB (vgl. die Kommentierung zu § 119 BGB und die Kommentierung zu § 123 BGB) **anfechtbar**.[49] Ein Anfechtungsrecht nach § 119 Abs. 1 BGB ist jedoch nicht bereits dann gegeben, wenn die Anzeige objektiv unrichtig war, sondern nur dann, wenn der Zedent über den – analog §§ 133, 157 BGB (vgl. die Kommentierung zu § 133 BGB und die Kommentierung zu § 157 BGB) unter Berücksichtigung des Empfängerhorizonts zu ermittelnden – Inhalt seiner Erklärung im Irrtum war (**Inhaltsirrtum**) oder eine Erklärung dieses Inhalts überhaupt nicht abgeben wollte (**Erklärungsirrtum**).[50] Sofern ein bloßer **Motivirrtum** vorliegt, soll der Schutz des § 409 BGB jedoch nach dem Willen des Gesetzgebers gerade greifen. Dies gilt etwa dann, wenn ein die Nichtigkeit der Abtretung bewirkender Umstand, etwa die Geschäftsunfähigkeit des Zessionars, dem Zedenten unbekannt war, da die angenommene Wirksamkeit der Abtretung lediglich Motiv für die Anzeige gegenüber dem Schuldner ist, die Schutzbedürftigkeit des Schuldners jedoch gerade in diesem Fall besteht.[51]

---

[38] *Busche* in: Staudinger, § 409 Rn. 14; *Weber* in: BGB-RGRK, 12. Aufl. 1976, § 409 Rn. 6; *Roth* in: MünchKomm-BGB, § 409 Rn. 7; *Westermann* in: Erman, § 409 Rn. 2; *Grüneberg* in: Palandt, § 409 Rn. 3.

[39] OLG Köln v. 21.11.2007 - 13 U 21/07 - juris Rn. 12 - OLGR Köln 2008, 478-479.

[40] *Busche* in: Staudinger, § 409 Rn. 15; *Zeiss* in: Soergel, 12. Aufl., § 409 Rn. 4.

[41] OLG Frankfurt v. 23.12.2008 - 7 U 218/07 - juris Rn. 16 - NJW-RR 2009, 128-130.

[42] *Roth* in: MünchKomm-BGB, § 409 Rn. 7.

[43] *Busche* in: Staudinger, § 409 Rn. 13; *Roth* in: MünchKomm-BGB, § 409 Rn. 7.

[44] *Busche* in: Staudinger, § 409 Rn. 6; *Grüneberg* in: Palandt, § 409 Rn. 2; *Westermann* in: Erman, § 409 Rn. 6; *Weber* in: BGB-RGRK, 12. Aufl. 1976, § 409 Rn. 17.

[45] LArbG Düsseldorf v. 19.12.1977 - 16 Sa 729/77 - juris Rn. 25 - DB 1978, 1087-1088.

[46] *Busche* in: Staudinger, § 409 Rn. 8; *Roth* in: MünchKomm-BGB, § 409 Rn. 9; *Westermann* in: Erman, § 409 Rn. 2; *Grüneberg* in: Palandt, § 409 Rn. 3.

[47] *Busche* in: Staudinger, § 409 Rn. 10; *Roth* in: MünchKomm-BGB, § 409 Rn. 9; *Westermann* in: Erman, § 409 Rn. 2; *Grüneberg* in: Palandt, § 409 Rn. 3.

[48] *Busche* in: Staudinger, § 409 Rn. 11.

[49] *Busche* in: Staudinger, § 409 Rn. 12; *Roth* in: MünchKomm-BGB, § 409 Rn. 9; *Zeiss* in: Soergel, 12. Aufl., § 409 Rn. 4; *Westermann* in: Erman, § 409 Rn. 2; *Grüneberg* in: Palandt, § 409 Rn. 3.

[50] *Busche* in: Staudinger, § 409 Rn. 12; *Roth* in: MünchKomm-BGB, § 409 Rn. 16.

[51] *Busche* in: Staudinger, § 409 Rn. 12.

VI. Rücknahme der Abtretungsanzeige

13 Die Rechtsfolgen der Anzeige entfallen mit Wirkung **ex nunc**, wenn die Anzeige gemäß § 409 Abs. 2 BGB wirksam zurückgenommen wird.[52] Wirksamkeitsvoraussetzung der Rücknahme ist die **Zustimmung des Scheinzessionars**, auf welche die §§ 182-184 BGB anwendbar sind.[53] Das Zustimmungserfordernis rechtfertigt sich daraus, dass die Anzeige der Abtretung für den Scheinzessionar günstig ist, weil sie den Schuldner regelmäßig zur Leistung an ihn veranlasst.[54] Der Zedent hat gegebenenfalls einen Anspruch auf Zustimmung, der sich aus dem kausalen Grundverhältnis, auf dem die unwirksame Abtretung beruht (vgl. hierzu die Kommentierung zu § 398 BGB Rn. 3), oder, sofern das zugrunde liegende Verpflichtungsgeschäft unwirksam ist, aus § 812 BGB ergeben kann.[55] Ist die Anzeige hingegen wirksam angefochten worden, so bedarf es nicht mehr der Rücknahme und damit auch nicht der Zustimmung des Zessionars.[56]

VII. Ausstellung einer Urkunde über die Abtretung

14 Eine zur Anzeige der Abtretung alternative Anwendungsvoraussetzung des § 409 BGB besteht darin, dass der bisherige Gläubiger dem neuen Gläubiger eine Urkunde über die Abtretung ausgestellt hat (§ 409 Abs. 1 Satz 2 BGB). Die Urkunde bedarf der **einfachen Schriftform** des § 126 BGB (vgl. zu dieser die Kommentierung zu § 126 BGB).[57] Die Urkunde muss von dem wahren Gläubiger (**Zedenten**) ausgestellt und mit dessen Willen in den Verkehr gebracht worden sein.[58] Hingegen treten die Rechtsfolgen des § 409 Abs. 1 Satz 2 BGB nicht ein, wenn durch den Scheinzessionar **eine gefälschte oder eine abhanden gekommene Urkunde** ohne Zustimmung des wahren Altgläubigers vorgelegt wird.[59]

15 Die Urkunde muss an den Zessionar gerichtet sein und dessen Identität erkennen lassen.[60] Sie muss ferner die abgetretene Forderung und den Abtretungsvertrag auf bestimmte oder zumindest bestimmbare Weise bezeichnen oder, sofern die dingliche Abtretung in diesem als Nebenabrede enthalten ist, das zugrunde liegende Kausalgeschäft (z.B. ein Sicherungsvertrag).[61] Im Falle des **gesetzlichen Forderungsübergangs** muss sich aus der Urkunde die deklaratorische Anerkennung des Rechtsübergangs ergeben.[62]

VIII. Vorlage der Urkunde

16 Weitere Voraussetzung ist, dass der neue Gläubiger (Zessionar) die Urkunde dem Schuldner vorgelegt hat. Vorlage bedeutet der sinnlichen Wahrnehmung unmittelbar zugänglich machen.[63] Insoweit gelten in § 409 BGB und § 405 BGB dieselben Voraussetzungen (vgl. die Kommentierung zu § 405 BGB Rn. 7). Die Urkunde muss dem Schuldner tatsächlich vorgelegt worden sein. Die Bezugnahme auf eine

---

[52] *Busche* in: Staudinger, § 409 Rn. 19; *Roth* in: MünchKomm-BGB, § 409 Rn. 16.

[53] *Busche* in: Staudinger, § 409 Rn. 20; *Roth* in: MünchKomm-BGB, § 409 Rn. 16; *Weber* in: BGB-RGRK, 12. Aufl. 1976, § 409 Rn. 14.

[54] *Busche* in: Staudinger, § 409 Rn. 20.

[55] *Busche* in: Staudinger, § 409 Rn. 21; *Roth* in: MünchKomm-BGB, § 409 Rn. 16; *Zeiss* in: Soergel, 12. Aufl., § 409 Rn. 6; *Weber* in: BGB-RGRK, 12. Aufl. 1976, § 409 Rn. 15; *Grüneberg* in: Palandt, § 409 Rn. 4.

[56] *Busche* in: Staudinger, § 409 Rn. 20; *Roth* in: MünchKomm-BGB, § 409 Rn. 16.

[57] *Busche* in: Staudinger, § 409 Rn. 22; *Roth* in: MünchKomm-BGB, § 409 Rn. 7; *Grüneberg* in: Palandt, § 409 Rn. 3.

[58] *Busche* in: Staudinger, § 409 Rn. 22; *Westermann* in: Erman, § 409 Rn. 2; *Grüneberg* in: Palandt, § 409 Rn. 3.

[59] *Busche* in: Staudinger, § 409 Rn. 24; *Roth* in: MünchKomm-BGB, § 409 Rn. 7; *Zeiss* in: Soergel, 12. Aufl., § 409 Rn. 5.

[60] *Busche* in: Staudinger, § 409 Rn. 22; *Roth* in: MünchKomm-BGB, § 409 Rn. 7; vgl. hierzu SG Freiburg (Breisgau) v. 13.07.2010 - S 9 U 2325/09 - juris Rn. 28.

[61] BSG v. 29.06.1995 - 11 RAr 109/94 - juris Rn. 28 - MDR 1996, 293; *Busche* in: Staudinger, § 409 Rn. 22; *Roth* in: MünchKomm-BGB, § 409 Rn. 7.

[62] *Busche* in: Staudinger, § 410 Rn. 3; *Grüneberg* in: Palandt, § 410 Rn. 2; differenzierend *Weber* in: BGB-RGRK, 12. Aufl. 1976, § 410 Rn. 12, wonach es maßgeblich auf die dem Forderungsübergang zugrunde liegenden Tatsachen ankommt.

[63] RG v. 26.11.1903 - VI 140/03 - RGZ 56, 63-70, 66; BGH v. 20.12.1979 - VII ZR 77/78 - juris Rn. 13 - BGHZ 76, 76-80; BGH v. 15.10.1987 - III ZR 235/86 - juris Rn. 13 - BGHZ 102, 60-67; *Zeiss* in: Soergel, 12. Aufl., § 409 Rn. 5; *Westermann* in: Erman, § 409 Rn. 2; *Grüneberg* in: Palandt, § 409 Rn. 3 u. § 173 Rn. 6.

nicht vorgelegte Urkunde genügt nicht.[64] Jedoch muss der Schuldner nicht tatsächlich in die Urkunde Einsicht genommen haben.[65] Die Urkunde muss in **Urschrift oder Ausfertigung** vorgelegt werden. Die Vorlage einer **Fotokopie** ist nicht ausreichend.[66] Eine solche kann aber als Anzeige des Zedenten gemäß § 409 Abs. 1 Satz 1 BGB anzusehen sein.[67]

IX. Kenntnis des Schuldners

Umstritten ist, ob die Wirkungen des § 409 BGB auch bei positiver **Kenntnis des Schuldners** vom Fehlen oder der Unwirksamkeit der Abtretung eintreten: 17

1. Rechtsprechung

In der **Rechtsprechung**, namentlich derjenigen des BGH, wird die Vorschrift auch bei positiver Kenntnis des Schuldners angewandt.[68] Eine Ausnahme wird lediglich für qualifizierte Fälle der Kenntnis gemacht, so bei Kollusion mit dem Scheinzessionar[69], bei offensichtlicher Nichtberechtigung des Letzteren[70], beim Verstoß gegen ein gesetzliches Abtretungsverbot, etwa Art. 1 § 1 RBerG[71], oder wenn der Berufung des Schuldners auf die Mitteilung des Zedenten arglistig erfolgt[72]. Hingegen reicht nach dieser Auffassung ein Verstoß gegen § 138 BGB (vgl. hierzu die Kommentierung zu § 138 BGB) nicht aus, da ein solcher regelmäßig nur das Kausalgeschäft betreffe.[73] 18

2. Literatur

Die **herrschende Auffassung** in der Literatur hat sich der Auffassung der Rechtsprechung angeschlossen.[74] Danach spricht gegen eine Rechtsscheindeutung der Umstand, dass § 409 Abs. 2 BGB eine einfache Zerstörung des Rechtsscheins durch den Gläubiger nicht erlaubt.[75] Auch liege es im Interesse des Schuldners, an den Scheingläubiger leisten zu können, da er u.U. von diesem in Anspruch genommen werde und hierbei ein Prozessrisiko eingehe, welches er durch eine freiwillige Zahlung vermeiden könne.[76] Einige Autoren vertreten die **Gegenauffassung**. Sie gehen davon aus, dass die herrschende Meinung mit der Konzeption des § 409 BGB als Rechtsscheintatbestand unvereinbar sei, und billigen dem Schuldner im Falle positiver Kenntnis daher keine schuldbefreiende Leistung an den Scheinzessionar zu.[77] *Busche* geht davon aus, dass die Vorschrift lediglich eine dem Schuldner günstige Bindungswirkung zu Lasten des Zedenten begründe, jedoch keine Rechtszuständigkeit des Scheinzessionars, weshalb der Schuldner bei positiver Kenntnis von der Nichtberechtigung des Scheinzessionars 19

---

[64] RG v. 26.11.1903 - VI 140/03 - RGZ 56, 63-70, 66; *Busche* in: Staudinger, § 409 Rn. 24; *Roth* in: MünchKomm-BGB, § 409 Rn. 6; *Zeiss* in: Soergel, 12. Aufl., § 409 Rn. 5; *Heinrichs* in: Palandt, § 173 Rn. 6; *Westermann* in: Erman, § 409 Rn. 2.

[65] BGH v. 20.12.1979 - VII ZR 77/78 - juris Rn. 13 - BGHZ 76, 76-80; *Heinrichs* in: Palandt, § 173 Rn. 6.

[66] BGH v. 15.10.1987 - III ZR 235/86 - juris Rn. 14 - BGHZ 102, 60-67; *Roth* in: MünchKomm-BGB, § 409 Rn. 7; *Heinrichs* in: Palandt, § 173 Rn. 6.

[67] OLG Köln v. 21.11.2007 - 13 U 21/07 - juris Rn. 12 - OLGR Köln 2008, 478-479; *Roth* in: MünchKomm-BGB, § 409 Rn. 7.

[68] RG v. 12.11.1929 - VII 188/29 - RGZ 126, 183-186, 185; BGH v. 10.12.1958 - V ZR 70/57 - juris Rn. 21 - BGHZ 29, 76-83; BGH v. 06.04.1956 - I ZR 159/54 - juris Rn. 20 - LM Nr. 6 zu MRG 53.

[69] RG v. 12.11.1929 - VII 188/29 - RGZ 126, 183-186, 185, wonach § 826 BGB zur Anwendung kommt und der schuldbefreienden Wirkung der Leistung an den Scheinzessionar entgegensteht.

[70] VGH Mannheim v. 24.06.1993 - 4 S 668/92 - juris Rn. 6 - ESVGH 44, 80; zustimmend *Busche* in: Staudinger, § 409 Rn. 30.

[71] BGH v. 05.07.1971 - II ZR 176/68 - juris Rn. 14 - BGHZ 56, 339-355; BAG v. 27.11.1986 - 6 AZR 598/84 - juris Rn. 16 - DB 1987, 2314; BAG v. 06.02.1991 - 4 AZR 348/90 - juris Rn. 15 - NJW 1991, 2038-2039; OLG Oldenburg v. 23.06.1993 - 2 U 84/93 - juris Rn. 9 - NJW-RR 1994, 479-480; LG Stuttgart v. 26.08.1992 - 13 S 78/92 - juris Rn. 47 - NJW-RR 1993, 672-673; zustimmend *Busche* in: Staudinger, § 409 Rn. 30.

[72] So auch *Busche* in: Staudinger, § 409 Rn. 30.

[73] BAG v. 06.02.1991 - 4 AZR 348/90 - juris Rn. 15 - NJW 1991, 2038-2039; zustimmend *Busche* in: Staudinger, § 409 Rn. 30.

[74] *Roth* in: MünchKomm-BGB, § 409 Rn. 2 u. 12; *Grüneberg* in: Palandt, § 409 Rn. 5; *Weber* in: BGB-RGRK, 12. Aufl. 1976, § 409 Rn. 2 u. 5; *Zeiss* in: Soergel, 12. Aufl., § 409 Rn. 2; *Denck*, JuS 1979, 408-411, 409.

[75] *Roth* in: MünchKomm-BGB, § 409 Rn. 2.

[76] *Roth* in: MünchKomm-BGB, § 409 Rn. 12.

[77] *Busche* in: Staudinger, § 409 Rn. 29.

nicht schutzwürdig sei.[78] *Roth* vertritt demgegenüber eine **differenzierende Lösung**. Er will dem Schuldner bei positiver Kenntnis die Berufung auf § 409 BGB zubilligen, sofern gleichzeitig die Voraussetzungen des § 410 BGB vorliegen, also wenn der Scheinzessionar dem Schuldner eine von dem bisherigen Gläubiger ausgestellte Urkunde über die Abtretung vorlegt und es sich nicht um eine nur mündliche Anzeige handelt.[79]

C. Rechtsfolgen

I. Anzeige der Abtretung

20   Gemäß § 409 Abs. 1 Satz 1 BGB muss der Gläubiger dem Schuldner gegenüber die angezeigte bzw. urkundlich belegte **Abtretung gegen sich gelten lassen**, auch wenn sie nicht erfolgt oder nicht wirksam ist.[80] Der Schuldner kann also die unwirksame Abtretung als wirksam behandeln, insbesondere an den angezeigten Scheinzessionar und dessen Rechtsnachfolger mit befreiender Wirkung gemäß § 362 BGB leisten.[81] Hingegen genießt der Schuldner keinen Schutz, wenn er an eine andere Person leistet.[82] Darüber hinaus wird durch die Anzeige der Gutglaubensschutz des Schuldners gemäß §§ 406, 407 BGB zerstört, d.h. der Schuldner wird im Falle der Wirksamkeit der Abtretung nicht mehr durch die Leistung an den bisherigen Gläubiger befreit (vgl. die Kommentierung zu § 407 BGB Rn. 15).[83]

21   Der **bisherige Gläubiger bleibt** trotz der Anzeige wahrer Rechtsinhaber und dem Schuldner gegenüber **aktivlegitimiert**.[84] Der Schuldner kann bis zur Rücknahme der Anzeige lediglich die nach wie vor dem Zedenten zustehende Forderung durch Leistung an den Scheinzessionar zum Erlöschen bringen.[85] Die Rechte des Schuldners werden insoweit durch § 410 BGB ergänzt, nach dem dieser ein Leistungsverweigerungs- bzw. Zurückbehaltungsrecht hat, d.h. an den Scheinzessionar nur gegen Aushändigung der über die Abtretung ausgestellten Urkunden zu leisten braucht, so dass er die befreiende Wirkung seiner Leistung gegenüber dem Zedenten beweisen kann (vgl. hierzu die Kommentierung zu § 410 BGB Rn. 13).[86] Hat der Schuldner die Abtretung als unwirksam erkannt, so kann er jedoch auch an den Altgläubiger leisten oder das Geschuldete hinterlegen, wobei er allerdings auf sein eigenes Risiko handelt und für den Fall, dass die Abtretung gleichwohl wirksam ist, nicht durch § 409 BGB geschützt wird.[87]

22   Die Anzeige der Abtretung begründet ferner **keine Rechtspositionen zugunsten des Zessionars**, sondern lediglich solche zugunsten des Schuldners.[88] Der Scheinzessionar hat somit kein Forderungsrecht und kann daher auch den Schuldner nicht auf Zahlung in Anspruch nehmen. Dem Schuldner ist die Zahlung an ihn vielmehr freigestellt.[89] Die Abtretungsanzeige überträgt insbesondere nicht konstitutiv die Forderung, ist also weder Abtretung noch Abtretungssurrogat noch (anders als bei der Verpfändung gemäß § 1280 BGB) Voraussetzung für die Wirksamkeit der Abtretung (vgl. die Kommentierung zu

---

[78] *Busche* in: Staudinger, § 409 Rn. 29.
[79] *Roth* in: MünchKomm-BGB, § 409 Rn. 12; zustimmend *Busche* in: Staudinger, § 409 Rn. 29.
[80] *Busche* in: Staudinger, § 409 Rn. 25; *Grüneberg* in: Palandt, § 409 Rn. 4.
[81] VGH Mannheim v. 24.06.1993 - 4 S 668/92 - juris Rn. 5 - ESVGH 44, 80; *Busche* in: Staudinger, § 409 Rn. 26; *Roth* in: MünchKomm-BGB, § 409 Rn. 11.
[82] BGH v. 05.07.1971 - II ZR 176/68 - juris Rn. 22 - BGHZ 56, 339-355.
[83] *Busche* in: Staudinger, § 409 Rn. 3.
[84] *Busche* in: Staudinger, § 409 Rn. 28; *Roth* in: MünchKomm-BGB, § 409 Rn. 18; *Grüneberg* in: Palandt, § 409 Rn. 4.
[85] *Busche* in: Staudinger, § 409 Rn. 28; *Roth* in: MünchKomm-BGB, § 409 Rn. 18.
[86] *Busche* in: Staudinger, § 409 Rn. 23.
[87] RG v. 05.12.1908 - I 44/08 - RGZ 70, 88-91, 89; OLG Nürnberg v. 12.07.1983 - 3 U 764/83 - juris Rn. 2 - WM 1984, 607-608; LArbG Köln v. 21.01.1999 - 10 (9) Sa 924/98 - juris Rn. 1 - Bibliothek BAG; OLG Köln v. 19.07.1976 - 6 W 39/76 - juris Rn. 15 - VersR 1977, 576-577; *Busche* in: Staudinger, § 409 Rn. 27; *Roth* in: MünchKomm-BGB, § 409 Rn. 11; *Grüneberg* in: Palandt, § 409 Rn. 5; *Westermann* in: Erman, § 409 Rn. 1.
[88] *Busche* in: Staudinger, § 409 Rn. 25 u. 31; *Roth* in: MünchKomm-BGB, § 409 Rn. 5.
[89] RG v. 05.12.1908 - I 44/08 - RGZ 70, 88-91, 89; OLG Nürnberg v. 12.07.1983 - 3 U 764/83 - juris Rn. 2 - WM 1984, 607-608; LArbG Köln v. 21.01.1999 - 10 (9) Sa 924/98 - juris Rn. 1 - Bibliothek BAG; OLG Köln v. 19.07.1976 - 6 W 39/76 - juris Rn. 14 - VersR 1977, 576-577; *Busche* in: Staudinger, § 409 Rn. 26; *Roth* in: MünchKomm-BGB, § 409 Rn. 11; *Grüneberg* in: Palandt, § 409 Rn. 5.

§ 398 BGB Rn. 47).⁹⁰ Bei nicht formbedürftigen Abtretungen lässt die Anzeige allenfalls den Rückschluss auf deren (stillschweigende/konkludente) Vornahme zu.⁹¹ Der Scheinzessionar kann sich auch im Verhältnis zum wahren Berechtigten (Zedenten) nicht auf § 409 BGB berufen, so dass Letzterer stets die Unwirksamkeit der Abtretung einwenden kann.⁹²

II. Urkunde über die Abtretung

Die **Übergabe der Abtretungsurkunde** vom Zedenten an den Zessionar hat demgegenüber unter Umständen **konstitutive Wirkung**. Sie beinhaltet regelmäßig gleichzeitig den Abtretungsvertrag, wenn sie nicht nach einer bereits erfolgten Abtretung vorgenommen wird.⁹³ Die Wirkungen des § 409 Abs. 1 Satz 2 BGB treten allerdings unabhängig davon ein, ob die Übergabe der Urkunde konstitutiv oder nur deklaratorisch wirkt.⁹⁴ Ist der mittels Übergabe einer Abtretungsurkunde geschlossene Abtretungsvertrag nicht wirksam, so kann unter Umständen – ebenso wie aufgrund der Urkunde gemäß § 405 BGB – ein Rechtsschein zugunsten gutgläubiger Dritter, insbesondere späterer Erwerber begründet werden.⁹⁵ Hat der Zedent dem Zessionar eine Zessionsurkunde ausgestellt, so kann er insbesondere einem Dritterwerber gegenüber nicht geltend machen, die Abtretung sei nur zum Schein erfolgt.⁹⁶ Eine Wirkung zugunsten des Zessionars kann sich ferner aus dem zugrunde liegenden Kausalgeschäft sowie aus § 410 Abs. 2 BGB ergeben.⁹⁷

23

III. Rücknahme der Abtretungsanzeige

Die **Rücknahme der Anzeige** wirkt nur für die Zukunft, also **ex nunc**.⁹⁸ Der Schuldner kann daher analog § 406 BGB **vor der Rücknahme der Anzeige** gegenüber dem Scheinzessionar mit Wirkung auch gegenüber dem wahren Gläubiger aufrechnen.⁹⁹ Der Schuldner kann sich den Rechtsschein der Aufrechnungslage auch nach der Rücknahme der Anzeige noch zunutze machen.¹⁰⁰ Bei **gesetzlichem Abtretungsverbot** (vgl. die §§ 400, 399 BGB) kann der Schuldner hingegen nicht mit befreiender Wirkung an den Scheinzessionar leisten oder aufrechnen.¹⁰¹ Auf den Fall der Rücknahme der Abtretungsanzeige ist § 406 BGB nicht entsprechend anwendbar, d.h. der Schuldner kann mit einer Forderung gegen den Scheinzessionar nunmehr nicht gegenüber dem wirklichen bisherigen Gläubiger (Scheinzedenten) aufrechnen. Die Vorschrift schützt nämlich nur vor Nachteilen infolge einer wirksamen Abtretung, nicht aber das Vertrauen in die Wirksamkeit einer in Wahrheit unwirksamen Abtretung (vgl. die Kommentierung zu § 406 BGB Rn. 1).¹⁰² Der Schuldner hat dem Altgläubiger gegenüber im Übrigen bis zur Beibringung der **Zustimmung des Scheinberechtigten** gemäß § 409 Abs. 2 BGB (vgl. hierzu Rn. 13) ein Zurückbehaltungsrecht gemäß §§ 273, 274 BGB, d.h. er schuldet Leistung nur Zug um Zug gegen die Beibringung der Zustimmung.¹⁰³ Das Zurückbehaltungsrecht entfällt nicht nur

24

---

⁹⁰ BGH v. 13.03.1975 - VII ZR 69/74 - juris Rn. 17 - BGHZ 64, 117-122; BGH v. 05.07.1978 - VIII ZR 182/77 - juris Rn. 21 - LM Nr. 5 zu § 409 BGB; *Busche* in: Staudinger, § 409 Rn. 2; *Roth* in: MünchKomm-BGB, § 409 Rn. 8.
⁹¹ *Busche* in: Staudinger, § 409 Rn. 25; *Roth* in: MünchKomm-BGB, § 409 Rn. 8.
⁹² RG v. 25.04.1906 - V 447/05 - RGZ 63, 230-236, 235; *Busche* in: Staudinger, § 409 Rn. 31.
⁹³ *Busche* in: Staudinger, § 409 Rn. 25; *Roth* in: MünchKomm-BGB, § 409 Rn. 8.
⁹⁴ *Roth* in: MünchKomm-BGB, § 409 Rn. 8.
⁹⁵ *Roth* in: MünchKomm-BGB, § 409 Rn. 8.
⁹⁶ RG v. 23.05.1917 - V 29/17 - RGZ 90, 273-280, 279; *Busche* in: Staudinger, § 409 Rn. 32.
⁹⁷ *Busche* in: Staudinger, § 409 Rn. 32.
⁹⁸ *Busche* in: Staudinger, § 409 Rn. 19; *Roth* in: MünchKomm-BGB, § 409 Rn. 16; *Zeiss* in: Soergel, 12. Aufl., § 409 Rn. 6; *Westermann* in: Erman, § 409 Rn. 4.
⁹⁹ BGH v. 05.07.1978 - VIII ZR 182/77 - juris Rn. 31 - LM Nr. 5 zu § 409 BGB; *Busche* in: Staudinger, § 409 Rn. 19; *Roth* in: MünchKomm-BGB, § 409 Rn. 11.
¹⁰⁰ *Roth* in: MünchKomm-BGB, § 409 Rn. 11.
¹⁰¹ BGH v. 05.07.1971 - II ZR 176/68 - juris Rn. 14 - BGHZ 56, 339-355; BAG v. 06.02.1991 - 4 AZR 348/90 - juris Rn. 14 - NJW 1991, 2038-2039; *Roth* in: MünchKomm-BGB, § 409 Rn. 11.
¹⁰² *Roth* in: MünchKomm-BGB, § 409 Rn. 17.
¹⁰³ BGH v. 13.03.1975 - VII ZR 69/74 - juris Rn. 21 - BGHZ 64, 117-122; BGH v. 05.07.1978 - VIII ZR 182/77 - juris Rn. 29 - LM Nr. 5 zu § 409 BGB; *Busche* in: Staudinger, § 409 Rn. 28; *Roth* in: MünchKomm-BGB, § 409 Rn. 18; *Zeiss* in: Soergel, 12. Aufl., § 409 Rn. 6; *Grüneberg* in: Palandt, § 409 Rn. 4.

mit der Beibringung der Zustimmung, sondern auch dann, wenn eine Inanspruchnahme durch den Scheinberechtigten mit Sicherheit nicht mehr zu erwarten ist.[104]

D. Prozessuale Hinweise/Verfahrenshinweise

25 Die **Beweislast** dafür, dass ihm die Abtretung vom Zedenten angezeigt wurde, trägt der Schuldner.[105] Ob umgekehrt die Anzeige der Abtretung zum Nachweis dafür ausreicht, dass diese tatsächlich vorgenommen wurde, ist eine Frage der freien Beweiswürdigung.[106] Die Beweislast für die Rücknahme der Anzeige und die erforderliche Zustimmung des Zessionars gemäß § 409 Abs. 2 BGB trägt der Zedent.[107]

26 Wird der Scheinzessionar zur Zustimmung zur Rücknahme der Anzeige gemäß § 409 Abs. 2 BGB verurteilt, so gilt für die **Vollstreckung** § 894 ZPO und zwar auch im Verhältnis zum Schuldner.[108] Gegen den Missbrauch der Abtretungsanzeige bzw. der Abtretungsurkunde kann der Zedent eine **einstweilige Verfügung** gemäß § 935 ZPO erwirken.[109]

27 Der bisherige Gläubiger (Zedent) kann durch Klage die **Hemmung der Verjährung** gemäß § 204 Abs. 1 Nr. 1 BGB (vgl. hierzu die Kommentierung zu § 204 BGB) herbeiführen. Bezüglich der Erfolgsaussichten einer solchen Klage ist jedoch ein eventuelles Zurückbehaltungsrecht des Schuldners gemäß §§ 273, 274 BGB zu berücksichtigen (vgl. Rn. 21).[110]

E. Anwendungsfelder

28 **Schuldrechtlicher Ausgleich**: Der **Anspruch des wahren Berechtigten (Zedenten) gegen den Scheinzessionar** richtet sich nach § 816 Abs. 2 BGB, d.h. er kann Herausgabe des vom Schuldner Geleisteten verlangen.[111] Die **Haftung des Scheinzessionars gegenüber dem Schuldner** richtet sich nach § 280 Abs. 1 Satz 1 BGB (bis zum 31.12.2001: pVV), wenn er den Schuldner über den Forderungsübergang falsch informiert hat.[112] Der Schuldner, der außerhalb des Schutzes des § 409 BGB an den Scheinzessionar gezahlt hat, hat gegen diesen einen **Bereicherungsanspruch**. Er kann im Wege der **Direktkondiktion** vorgehen, da mit der Unwirksamkeit der Abtretung die Grundlage für eine Rückabwicklung im Dreiecksverhältnis entfällt.[113] Ein Bereicherungsanspruch besteht auch bei Überzahlungen des Schuldners an den Zessionar.[114] Die **Forderung des wahren Gläubigers gegen den Schuldner** besteht hingegen ohne die befreiende Wirkung des § 409 BGB unverändert fort.[115]

---

[104] BGH v. 05.07.1971 - II ZR 176/68 - juris Rn. 22 - BGHZ 56, 339-355; BGH v. 05.07.1978 - VIII ZR 182/77 - juris Rn. 29 - LM Nr. 5 zu § 409 BGB; *Grüneberg* in: Palandt, § 409 Rn. 4.

[105] *Grüneberg* in: Baumgärtel/Laumen, Handbuch der Beweislast im Privatrecht, 3. Aufl. 2007, § 409 Rn. 1; *Busche* in: Staudinger, § 409 Rn. 3; *Roth* in: MünchKomm-BGB, § 409 Rn. 13.

[106] *Grüneberg* in: Baumgärtel/Laumen, Handbuch der Beweislast im Privatrecht, 3. Aufl. 2007, § 409 Rn. 2.

[107] *Grüneberg* in: Baumgärtel/Laumen, Handbuch der Beweislast im Privatrecht, 3. Aufl. 2007, § 409 Rn. 1; *Busche* in: Staudinger, § 409 Rn. 20 u. 34; *Roth* in: MünchKomm-BGB, § 409 Rn. 13; *Westermann* in: Erman, § 409 Rn. 5; *Zeiss* in: Soergel, 12. Aufl., § 409 Rn. 8.

[108] *Busche* in: Staudinger, § 409 Rn. 21; *Roth* in: MünchKomm-BGB, § 409 Rn. 16.

[109] *Busche* in: Staudinger, § 409 Rn. 21; *Roth* in: MünchKomm-BGB, § 409 Rn. 16.

[110] BGH v. 13.03.1975 - VII ZR 69/74 - juris Rn. 21 - BGHZ 64, 117-122; BGH v. 05.07.1978 - VIII ZR 182/77 - juris Rn. 22 - LM Nr. 5 zu § 409 BGB ; *Busche* in: Staudinger, § 409 Rn. 28; *Roth* in: MünchKomm-BGB, § 409 Rn. 18; *Grüneberg* in: Palandt, § 409 Rn. 4.

[111] *Busche* in: Staudinger, § 409 Rn. 26 u. 31; *Roth* in: MünchKomm-BGB, § 409 Rn. 11; *Grüneberg* in: Palandt, § 409 Rn. 2.

[112] OLG Frankfurt v. 23.05.1989 - 5 U 160/88 - NJW 1989, 1133-1135; *Busche* in: Staudinger, § 409 Rn. 33; *Grüneberg* in: Palandt, § 409 Rn. 2.

[113] BGH v. 28.11.1990 - XII ZR 130/89 - juris Rn. 23 - BGHZ 113, 62-70; *Lieb* in: MünchKomm-BGB, § 812 Rn. 124c.

[114] BGH v. 22.02.1989 - IVa ZR 274/87 - LM Nr. 30 zu § 61 VVG; *Lieb* in: MünchKomm-BGB, § 812 Rn. 124c.

[115] *Roth* in: MünchKomm-BGB, § 409 Rn. 1.

§ 410 BGB Aushändigung der Abtretungsurkunde

(Fassung vom 02.01.2002, gültig ab 01.01.2002)

(1) ¹Der Schuldner ist dem neuen Gläubiger gegenüber zur Leistung nur gegen Aushändigung einer von dem bisherigen Gläubiger über die Abtretung ausgestellten Urkunde verpflichtet. ²Eine Kündigung oder eine Mahnung des neuen Gläubigers ist unwirksam, wenn sie ohne Vorlegung einer solchen Urkunde erfolgt und der Schuldner sie aus diesem Grund unverzüglich zurückweist.

(2) Diese Vorschriften finden keine Anwendung, wenn der bisherige Gläubiger dem Schuldner die Abtretung schriftlich angezeigt hat.

Gliederung

A. Grundlagen 1	V. Aushändigung 9
I. Kurzcharakteristik 1	VI. Kündigung oder Mahnung 10
II. Regelungsprinzipien 2	VII. Anzeige der Abtretung 12
B. Anwendungsvoraussetzungen 3	**C. Rechtsfolgen** 13
I. Normstruktur 3	**D. Prozessuale Hinweise/Verfahrenshinweise** 15
II. Forderung 4	
III. Abtretung 5	
IV. Urkunde 6	**E. Anwendungsfelder** 17

A. Grundlagen[1]

I. Kurzcharakteristik

§ 410 BGB ist eine Vorschrift zum **Schutz des Schuldners** im Falle der Abtretung. Sie ergänzt § 409 BGB dadurch, dass der Schuldner nur unter der Voraussetzung zur Leistung verpflichtet ist bzw. einseitige Maßnahmen des Gläubigers (Kündigung, Mahnung) hinzunehmen hat, dass er die Gewähr hat, die Voraussetzungen der Schutzvorschrift des § 409 BGB in Gestalt entsprechender urkundlicher Beweismittel sicher nachweisen zu können.[2]

1

II. Regelungsprinzipien

Sinn und Zweck der Regelung ist es, den Schuldner vor zweierlei Gefahren zu schützen. Er soll einerseits im Falle seiner Inanspruchnahme **nicht an einen Nichtgläubiger leisten** müssen mit der Folge, dass er von seiner Verbindlichkeit nicht gemäß §§ 409, 362 BGB befreit wird. Andererseits soll er davor geschützt werden, dem **wahren Gläubiger gegenüber seine Verpflichtung zu Unrecht zu bestreiten** und hierdurch ein Prozessrisiko einzugehen.[3] Der Schuldner braucht daher an den (angeblichen) Zessionar nur dann zu leisten, wenn ihm das Beweismittel in die Hand gegeben wird, mit dem er sich gemäß § 409 BGB im Falle einer unwirksamen Abtretung schützen kann, nämlich eine vom Zedenten dem Zessionar ausgestellte **Urkunde über die Abtretung** (§ 410 Abs. 1 BGB) oder eine schriftliche **Anzeige der Abtretung** durch den Zedenten gegenüber dem Schuldner (§ 410 Abs. 2 BGB).[4] Außer gegen die eigentliche Inanspruchnahme wird der Schuldner gemäß § 410 Abs. 1 Satz 2 BGB auch gegen eine Kündigung oder Mahnung des neuen Gläubigers geschützt.[5]

2

---

[1] Fortführung und Aktualisierung der bis zur Vorauflage von Herrn Dr. *G. Knerr* betreuten Kommentierung. Die Kommentierung gibt ausschließlich die persönliche Meinung des Autors wieder.
[2] *Busche* in: Staudinger, § 410 Rn. 2; *Westermann* in: Erman, § 410 Rn. 1.
[3] *Busche* in: Staudinger, § 410 Rn. 1; *Roth* in: MünchKomm-BGB, § 410 Rn. 1.
[4] *Busche* in: Staudinger, § 410 Rn. 1; *Roth* in: MünchKomm-BGB, § 410 Rn. 1.
[5] *Busche* in: Staudinger, § 410 Rn. 1.

§ 410

B. Anwendungsvoraussetzungen

I. Normstruktur

3 § 410 Abs. 1 BGB regelt, unter welchen Voraussetzungen der Schuldner ein Leistungsverweigerungsrecht[6] im Hinblick auf die Aushändigung der über die Abtretung ausgestellten Urkunde hat, während § 410 Abs. 2 BGB hiervon eine Ausnahme für den Fall statuiert, dass der Schuldner infolge einer schriftlichen Abtretungsanzeige bereits über ausreichende Beweismittel bezüglich der vermeintlichen Abtretung und der Möglichkeit der befreienden Wirkung der Leistung an den angeblichen Zessionar gemäß § 409 BGB verfügt.

II. Forderung

4 Die Vorschrift des § 410 BGB bezieht sich auf die Abtretung aller Forderungen privatrechtlicher oder öffentlichrechtlicher Art. Insoweit gilt das zu § 409 BGB Gesagte entsprechend (vgl. die Kommentierung zu § 409 BGB Rn. 4).

III. Abtretung

5 Die Vorschrift des § 410 BGB gilt wie § 409 BGB (vgl. die Kommentierung zu § 409 BGB Rn. 6) nicht nur für die **vertragliche Forderungsabtretung** gemäß § 398 BGB, sondern auch für den **gesetzlichen Forderungsübergang (Legalzession)** gemäß § 412 BGB.[7] Auch wenn eine sicherungshalber abgetretene Forderung an den ursprünglichen Gläubiger **rückabgetreten** wird, ist der Schuldner diesem gegenüber nur gegen Vorlage einer vom bisherigen Sicherungsnehmer über die Rückabtretung ausgestellten Urkunde zur Leistung verpflichtet.[8] Ebenso wie § 409 BGB (vgl. die Kommentierung zu § 409 BGB Rn. 6) findet die Vorschrift jedoch keine Anwendung auf **gerichtliche Überweisungen**. Bei diesen wird die Aushändigung der Urkunde gemäß §§ 836 Abs. 1, 835 Abs. 3 Satz 1, 829 Abs. 3 ZPO durch die Zustellung des Überweisungsbeschlusses an den Drittschuldner ersetzt, so dass dieser kein weitergehendes Schutzbedürfnis hat.[9] Gemäß § 836 Abs. 2 ZPO gilt der zu Unrecht erlassene Überweisungsbeschluss zugunsten des Drittschuldners dem Schuldner gegenüber so lange als wirksam, bis er aufgehoben wird und die Aufhebung zur Kenntnis des Drittschuldners gelangt.[10]

IV. Urkunde

6 Die **Urkunde** muss den Anforderungen des § 126 BGB (vgl. die Kommentierung zu § 126 BGB) oder § 126a BGB (vgl. die Kommentierung zu § 126a BGB) genügen.[11] Es reicht also einfache **Schriftform**. **Öffentliche Beglaubigung** kann der Schuldner hingegen anders als der Zessionar im Falle des § 403 BGB nicht verlangen.[12] Er kann jedoch bei begründeten Zweifeln gemäß § 372 BGB (vgl. die Kommentierung zu § 372 BGB) hinterlegen oder nach den §§ 72, 75 ZPO vorgehen.[13] Mit der Aushändigung einer öffentlich beglaubigten Abschrift der (nicht notwendigerweise öffentlich beglaubigten) Originalurkunde genügt der Gläubiger jedoch stets seiner Verpflichtung.[14] Ausreichend ist jedenfalls die Überreichung der Abschrift eines **Protokolls**, welches eine in Gegenwart des Schuldners protokollierte Abtretungserklärung enthält.[15]

---

[6] BGH v. 24.11.2006 - LwZR 6/05 - juris Rn. 23 - NJW 2007, 1269-1273. Ein Leistungsverweigerungsrecht nach § 410 BGB soll nach Treu und Glauben indessen dann nicht bestehen, wenn eine anderweitige Inanspruchnahme des Schuldners durch den Zedenten nach Lage des Falles ausgeschlossen ist; so jüngst BGH v. 23.08.2012 - VII ZR 242/11 - juris Rn. 18.

[7] *Busche* in: Staudinger, § 410 Rn. 3; *Roth* in: MünchKomm-BGB, § 410 Rn. 10.

[8] OLG Celle v. 05.02.2004 - 14 U 139/03 - OLGR Celle 2004, 445-446.

[9] *Busche* in: Staudinger, § 410 Rn. 4.

[10] *Busche* in: Staudinger, § 409 Rn. 7 u. 410 Rn. 4.

[11] *Grüneberg* in: Palandt, § 410 Rn. 2.

[12] *Busche* in: Staudinger, § 410 Rn. 6; *Roth* in: MünchKomm-BGB, § 410 Rn. 5; *Grüneberg* in: Palandt, § 410 Rn. 2; *Zeiss* in: Soergel, 12. Aufl., § 410 Rn. 1.

[13] *Busche* in: Staudinger, § 410 Rn. 8; *Roth* in: MünchKomm-BGB, § 410 Rn. 5; *Grüneberg* in: Palandt, § 410 Rn. 2; *Zeiss* in: Soergel, 12. Aufl., § 410 Rn. 1.

[14] RG v. 11.01.1904 - VI 301/03 - RGZ 56, 301-310, 306; *Zeiss* in: Soergel, 12. Aufl., § 410 Rn. 1.

[15] *Busche* in: Staudinger, § 410 Rn. 6; *Grüneberg* in: Palandt, § 410 Rn. 2; *Roth* in: MünchKomm-BGB, § 410 Rn. 5.

Nach einer in Rechtsprechung und Literatur vertretenen Auffassung genügt im Rahmen des § 410 Abs. 1 Satz 1 BGB auch eine **Fotokopie der Abtretungsurkunde**.[16] Die überwiegend vertretene Gegenauffassung geht davon aus, dass wegen des notwendigen Zusammenwirkens der Vorschrift mit § 409 BGB auch hier § 126 BGB (vgl. die Kommentierung zu § 126 BGB) gilt, nach dem die Urkunde von dem Aussteller eigenhändig zu unterschreiben ist, so dass in beiden Fällen Fotokopien ausscheiden (vgl. zu § 409 BGB die Kommentierung zu § 409 BGB Rn. 16).[17] Abgestellt wird insbesondere auf die Parallele zu § 174 BGB (vgl. die Kommentierung zu § 174 BGB), bei dem eine Kopie nicht ausreicht.[18] Eine Urkunde ist demnach nur die Urschrift, eine Ausfertigung oder eine beglaubigte Abschrift[19], da der Schuldner in der Lage sein muss, die Echtheit der Urkunde zu überprüfen[20]. Dieser Auffassung ist aus den aufgeführten Gründen uneingeschränkt zu folgen.

Bezüglich des Inhalts der Abtretungsurkunde gilt das zu § 409 BGB Gesagte entsprechend (vgl. die Kommentierung zu § 409 BGB Rn. 15).

V. Aushändigung

Es reicht – anders als im Falle des § 409 Abs. 1 Satz 2 BGB (vgl. die Kommentierung zu § 409 BGB Rn. 16) – nicht die Vorlage der Urkunde, sondern nur deren **Aushändigung** aus, denn nur auf diese Weise wird dem Schuldner das urkundliche Beweismittel gesichert.[21] Die Voraussetzungen der Aushändigung entsprechen denen der Auslieferung gemäß § 402 BGB. Erforderlich ist also die Übergabe, d.h. die Besitzverschaffung (vgl. die Kommentierung zu § 402 BGB Rn. 22). Hat der Zessionar Schwierigkeiten, die Urkunde beizubringen, etwa weil der Zedent verstorben ist, so schließt dies den Anspruch des Schuldners auf Aushändigung eines Nachweises bezüglich der Abtretung nicht aus.[22] Der Zessionar muss in diesem Fall eine Erklärung der Erben beibringen oder gegebenenfalls einen **anderen Nachweis** der Abtretung.[23] Der Schuldner darf jedoch nicht in rechtsmissbräuchlicher Weise auf der Beibringung einer Abtretungsurkunde beharren.[24]

VI. Kündigung oder Mahnung

§ 410 Abs. 1 Satz 2 BGB findet nach seinem Wortlaut nur auf **Kündigungen** und **Mahnungen** Anwendung. Die Vorschrift ist auf **andere Gestaltungserklärungen** jedoch entsprechend anwendbar, etwa auf die Aufrechnung durch den Zessionar.[25] Der Schuldner kann sich gegen eine **Aufrechnung** des Zessionars verteidigen, indem er Zug um Zug gegen deren Anerkennung Vorlage der Urkunde verlangt.[26] Sinn und Zweck ist es, für beide Seiten Klarheit darüber zu schaffen, ob die erklärte Aufrechnung wirksam ist oder nicht. Daher tritt die Aufrechnungswirkung nicht ein, wenn der Schuldner die

---

[16] BAG v. 27.06.1968 - 5 AZR 312/67 - juris Rn. 25 - USK 6893; *Zeiss* in: Soergel, 12. Aufl., § 410 Rn. 1; die Frage weiterhin offen lassend zuletzt BGH v. 23.08.2012 - VII ZR 242/11 - juris Rn. 16.

[17] BSG v. 29.06.1995 - 11 RAr 109/94 - juris Rn. 32 - MDR 1996, 293; LArbG Düsseldorf v. 22.12.1994 - 12 Sa 1574/94 - juris Rn. 24 - MDR 1995, 612; *Busche* in: Staudinger, § 410 Rn. 6; *Roth* in: MünchKomm-BGB, § 410 Rn. 5.

[18] *Grüneberg* in: Palandt, § 410 Rn. 2 u. § 174 Rn. 2; *Busche* in: Staudinger, § 410 Rn. 6; vgl. zu § 174 BGB: BGH v. 04.02.1981 - VIII ZR 313/79 - juris Rn. 15 - LM Nr. 1 zu § 174 BGB; BGH v. 10.02.1994 - IX ZR 109/93 - juris Rn. 18 - LM BGB § 675 Nr. 200 (7/1994); LArbG Düsseldorf v. 22.12.1994 - 12 Sa 1574/94 - juris Rn. 24 - MDR 1995, 612; OLG Frankfurt v. 17.03.1995 - 10 U 98/94 - juris Rn. 18 - NJW-RR 1996, 10.

[19] RG v. 11.01.1904 - VI 301/03 - RGZ 56, 301-310, 305; *Busche* in: Staudinger, § 410 Rn. 6; *Roth* in: MünchKomm-BGB, § 410 Rn. 6.

[20] *Busche* in: Staudinger, § 410 Rn. 6; *Roth* in: MünchKomm-BGB, § 410 Rn. 5.

[21] *Busche* in: Staudinger, § 410 Rn. 5; *Roth* in: MünchKomm-BGB, § 410 Rn. 1.

[22] *Busche* in: Staudinger, § 410 Rn. 7; *Roth* in: MünchKomm-BGB, § 410 Rn. 6; *Grüneberg* in: Palandt, § 410 Rn. 2.

[23] BGH v. 22.04.1982 - III ZR 112/80 - juris Rn. 11 - WM 1982, 706; *Busche* in: Staudinger, § 410 Rn. 7; *Roth* in: MünchKomm-BGB, § 410 Rn. 6; *Zeiss* in: Soergel, 12. Aufl., § 410 Rn. 1; *Grüneberg* in: Palandt, § 410 Rn. 2; *Westermann* in: Erman, § 410 Rn. 1.

[24] *Busche* in: Staudinger, § 410 Rn. 7; *Roth* in: MünchKomm-BGB, § 410 Rn. 6; *Zeiss* in: Soergel, 12. Aufl., § 410 Rn. 1.

[25] OLG Saarbrücken v. 04.09.2003 - 8 U 65/03, 8 U 65/03 - 17- juris Rn. 21; *Busche* in: Staudinger, § 410 Rn. 9 u. 13; *Roth* in: MünchKomm-BGB, § 410 Rn. 8; *Grüneberg* in: Palandt, § 410 Rn. 2; *Westermann* in: Erman, § 410 Rn. 3.

[26] OLG Saarbrücken v. 04.09.2003 - 8 U 65/03, 8 U 65/03 - 17- juris Rn. 21; *Roth* in: MünchKomm-BGB, § 410 Rn. 8; *Busche* in: Staudinger, § 410 Rn. 9.

Vorlegung der Urkunde fordert und, falls diese nicht erfolgt, die Abtretungserklärung unverzüglich unter Hinweis auf die Nichtvorlegung der Abtretungsurkunde zurückweist.[27] Will umgekehrt der Schuldner gegen den Zessionar aufrechnen, so hat der Zessionar kein Recht aus § 410 BGB, obgleich er ein schutzwürdiges Interesse hieran hat.[28] Der Schuldner seinerseits kann sich jedoch, wenn er vom Zessionar auf Zahlung in Anspruch genommen wird, mit einer Aufrechnungserklärung Zug um Zug gegen Urkundenvorlage verteidigen.[29]

11 Im Falle des § 410 Abs. 1 Satz 2 BGB muss der Schuldner die Kündigung oder Mahnung **unverzüglich zurückweisen**. Zurückweisung bedeutet ebenso wie in § 174 BGB (vgl. die Kommentierung zu § 174 BGB), dass der Schuldner dem Zessionar zu erkennen gibt, dass er gerade wegen der fehlenden Abtretungsurkunde dessen Kündigung oder Mahnung nicht anerkennt.[30] Unverzüglich bedeutet gemäß § 121 BGB ohne schuldhaftes Zögern (vgl. die Kommentierung zu § 121 BGB).[31] Beruft sich der Schuldner erst später, d.h. nach Ablauf der Frist des § 121 BGB, auf § 410 BGB, so kann er dadurch die aufgrund der Kündigung oder Mahnung eintretenden Verzugsfolgen nur für die Zukunft (ex nunc) ausschließen, muss aber bis zu diesem Zeitpunkt Verzugszinsen zahlen.[32]

VII. Anzeige der Abtretung

12 Gemäß § 410 Abs. 2 BGB gelten die in § 410 Abs. 1 BGB enthaltenen Vorschriften nicht, wenn der bisherige Gläubiger dem Schuldner die Abtretung schriftlich angezeigt hat (zur Rechtsfolge vgl. Rn. 14). Denn in diesem Fall verfügt der Schuldner bereits über ausreichende urkundliche Beweismittel und bedarf daher keiner weiteren Urkunden. Anders als gemäß § 409 Abs. 1 Satz 1 BGB ist die Anzeige nicht formfrei, sondern muss **schriftlich** erfolgen.[33] Dies hat seinen Grund in den unterschiedlichen Zwecken der beiden Vorschriften. Während § 409 BGB das Vertrauen des Schuldners auf die Richtigkeit einer Abtretungsanzeige unabhängig davon schützt, in welcher Form diese erfolgt ist, geht es in § 410 BGB darum, dem Schuldner den Nachweis dieses Vertrauenstatbestandes dauerhaft zu ermöglichen, was regelmäßig nur mittels einer entsprechenden Urkunde möglich ist. Der Schriftform ist auch hier Genüge getan, wenn der Schuldner die **Abschrift eines Protokolls** der in seiner Gegenwart vorgenommenen Abtretungserklärung erhält (vgl. Rn. 6).[34]

C. Rechtsfolgen

13 Die Vorschrift begründet **keinen Anspruch** des Schuldners gegen den neuen Gläubiger (Zessionar) auf Aushändigung der gemäß § 409 BGB erstellten Urkunden, sondern nur ein **Leistungsverweigerungsrecht eigener Art**.[35] Auf dieses ist § 274 BGB analog anwendbar, so dass der Schuldner nur zur Leistung Zug um Zug verpflichtet ist (vgl. auch die Kommentierung zu § 409 BGB Rn. 21).[36] Lediglich beim **Akkreditiv** führt das Fehlen einer Abtretungsurkunde zur Klageabweisung.[37] Das Zurückbehaltungsrecht schützt den Schuldner ansonsten sowohl gegen das Leistungsverlangen als auch gegen eine

---

[27] OLG Saarbrücken v. 04.09.2003 - 8 U 65/03, 8 U 65/03 - 17 - juris Rn. 21.
[28] BGH v. 16.01.1958 - VII ZR 66/57 - juris Rn. 16 - BGHZ 26, 241-248; *Busche* in: Staudinger, § 410 Rn. 9; *Roth* in: MünchKomm-BGB, § 410 Rn. 9; a.A. *Westermann* in: Erman, § 410 Rn. 2 ohne nähere Begründung; *Zeiss* in: Soergel, 12. Aufl., § 410 Rn. 1.
[29] *Roth* in: MünchKomm-BGB, § 410 Rn. 9.
[30] *Busche* in: Staudinger, § 410 Rn. 10; *Roth* in: MünchKomm-BGB, § 410 Rn. 7; *Zeiss* in: Soergel, 12. Aufl., § 410 Rn. 2.
[31] *Busche* in: Staudinger, § 410 Rn. 11; *Roth* in: MünchKomm-BGB, § 410 Rn. 7; *Grüneberg* in: Palandt, § 410 Rn. 2.
[32] *Busche* in: Staudinger, § 410 Rn. 11; *Roth* in: MünchKomm-BGB, § 410 Rn. 7; *Grüneberg* in: Palandt, § 410 Rn. 2; a.A. *Westermann* in: Erman, § 410 Rn. 3, wonach nicht Nachholung, sondern nur Neuvornahme möglich ist.
[33] *Roth* in: MünchKomm-BGB, § 410 Rn. 1.
[34] *Busche* in: Staudinger, § 410 Rn. 6; *Grüneberg* in: Palandt, § 410 Rn. 2.
[35] BGH v. 21.11.1985 - VII ZR 305/84 - juris Rn. 17 - LM Nr. 56 zu § 398 BGB; *Roth* in: MünchKomm-BGB, § 410 Rn. 1 u. 4; § 410 Rn. 1; *Zeiss* in: Soergel, 12. Aufl., § 410 Rn. 1; *Busche* in: Staudinger, § 410 Rn. 5, der dieses von einem Zurückbehaltungsrecht abgrenzt.
[36] BGH v. 21.11.1985 - VII ZR 305/84 - juris Rn. 17 - LM Nr. 56 zu § 398 BGB; *Busche* in: Staudinger, § 410 Rn. 5; *Roth* in: MünchKomm-BGB, § 410 Rn. 4; *Grüneberg* in: Palandt, § 410 Rn. 1.
[37] *Busche* in: Staudinger, § 410 Rn. 5; § 410 Rn. m.w.N.

Kündigung oder Mahnung des angeblichen Neugläubigers.[38] Im Falle des **gesetzlichen Forderungsübergangs** gemäß § 412 BGB ist der Schuldner zur Leistung Zug um Zug gegen Aushändigung einer den Übergang anerkennenden Urkunde verpflichtet (vgl. hierzu die Kommentierung zu § 409 BGB Rn. 6).[39] Die auszuhändigende Abtretungsurkunde begründet im Übrigen **keine Aktivlegitimation** des Scheinzessionars, sondern hat nur **quittungsähnliche Eigenschaft**.[40]

Das Leistungsverweigerungsrecht entfällt gemäß § 410 Abs. 2 BGB, wenn die Abtretung dem Schuldner **schriftlich angezeigt** wurde.[41] Dies gilt auch für die Zurückweisung von Kündigung, Mahnung oder sonstiger einseitiger Rechtsgeschäfte.[42] Fraglich ist, ob der Zessionar darüber hinaus das Zurückbehaltungsrecht analog § 273 Abs. 3 BGB durch **Sicherheitsleistung** ausschalten kann.[43] In der Literatur wird eine analoge Anwendung der Vorschrift teilweise bejaht, da durch eine Sicherungsleistung dem Schutzinteresse des Schuldners Genüge getan werde.[44]

14

D. Prozessuale Hinweise/Verfahrenshinweise

Trotz § 410 BGB trägt der klagende Zessionar im Prozess die **Darlegungs- und Beweislast** bezüglich seiner **Aktivlegitimation**. Genügt er den sich hieraus ergebenden Erfordernissen nicht, so ist seine Klage abzuweisen.[45] Der Zessionar trägt ferner die Beweislast für die **Aushändigung** einer vom Zedenten ausgestellten Abtretungsurkunde gemäß § 410 Abs. 1 BGB.[46] Sofern sich der Zessionar auf eine von ihm ausgesprochene **Kündigung** oder **Mahnung** bzw. eine sonstige **Gestaltungserklärung** wie die Aufrechnung beruft, so hat er die Vorlage der Urkunde bzw. den Zugang der schriftlichen Anzeige als Wirksamkeitsvoraussetzungen gemäß § 410 Abs. 1 Satz 2 BGB zu beweisen.[47] Die Beweislast für die unverzügliche **Zurückweisung** der Gestaltungserklärung gemäß § 410 Abs. 1 Satz 2 BGB trägt dagegen der Schuldner.[48] Der Gläubiger kann die Wirkungen der Zurückweisung durch den Nachweis der Vorlage der Urkunde oder der schriftlichen Anzeige der Abtretung durch den bisherigen Gläubiger gemäß § 410 Abs. 2 BGB entkräften.[49]

15

Das Leistungsverweigerungsrecht des § 410 BGB ist im Prozess nicht von Amts wegen zu berücksichtigen, sondern vom Schuldner als **Einrede** geltend zu machen.[50]

16

E. Anwendungsfelder

Die Vorschrift des § 410 BGB findet auf alle Arten der Abtretung und des gesetzlichen Forderungsübergangs Anwendung. Besonderheiten bezüglich einzelner Anwendungsfelder ergeben sich nicht. § 410 Abs. 1 Satz 1 BGB, nicht dagegen § 410 Abs. 2 BGB, ist analog anwendbar auf Urkunden, welche die gem. § 49b Abs. 4 Satz 2 BRAO zur Abtretung anwaltlicher Honoraransprüche an Nicht-Rechtsanwälte erforderliche ausdrückliche, schriftliche Einwilligung des Mandanten enthalten. Dies folgt aus der vergleichbaren Schutzbedürftigkeit des Schuldners, der Gefahr läuft, im Falle des Fehlens der Einwilligung an einen Scheingläubiger zu leisten. In der Praxis hat dies insbesondere Bedeutung bezüglich der Abtretung an anwaltliche Verrechnungsstellen.

17

---

[38] *Roth* in: MünchKomm-BGB, § 410 Rn. 2.
[39] *Roth* in: MünchKomm-BGB, § 410 Rn. 10; *Weber* in: BGB-RGRK, 12. Aufl. 1976, § 410 Rn. 12; *Westermann* in: Erman, § 410 Rn. 1.
[40] BGH v. 12.11.1992 - I ZR 194/90 - juris Rn. 16 - LM UrhG § 58 Nr. 1 (5/1993); *Grüneberg* in: Palandt, § 410 Rn. 2.
[41] BAG v. 29.07.1966 - 3 AZR 20/66 - juris Rn. 35 - NJW 1967, 174; *Grüneberg* in: Palandt, § 410 Rn. 2.
[42] *Busche* in: Staudinger, § 410 Rn. 11.
[43] *Roth* in: MünchKomm-BGB, § 410 Rn. 4.
[44] *Zeiss* in: Soergel, 12. Aufl., § 410 Rn. 1 m.w.N.
[45] BGH v. 12.11.1992 - I ZR 194/90 - juris Rn. 17 - LM UrhG § 58 Nr. 1 (5/1993); *Roth* in: MünchKomm-BGB, § 410 Rn. 4.
[46] *Grüneberg* in: Baumgärtel/Laumen, Handbuch der Beweislast im Privatrecht, 3. Aufl. 2007 § 410 Rn. 1.
[47] *Grüneberg* in: Baumgärtel/Laumen, Handbuch der Beweislast im Privatrecht, 3. Aufl. 2007 § 410 Rn. 1; *Westermann* in: Erman, § 410 Rn. 3.
[48] *Grüneberg* in: Baumgärtel/Laumen, Handbuch der Beweislast im Privatrecht, 3. Aufl. 2007 § 410 Rn. 1; *Busche* in: Staudinger, § 410 Rn. 12; *Roth* in: MünchKomm-BGB, § 410 Rn. 8; *Westermann* in: Erman, § 410 Rn. 3.
[49] *Grüneberg* in: Baumgärtel/Laumen, Handbuch der Beweislast im Privatrecht, 3. Aufl. 2007 § 410 Rn. 2; *Busche* in: Staudinger, § 410 Rn. 12; *Roth* in: MünchKomm-BGB, § 410 Rn. 8; *Westermann* in: Erman, § 410 Rn. 3.
[50] BGH v. 21.11.1985 - VII ZR 305/84 - juris Rn. 17 - LM Nr. 56 zu § 398 BGB; BGH v. 24.11.2006 - LwZR 6/05 - juris Rn. 23 - NJW 2007, 1269-1273; *Busche* in: Staudinger, § 410 Rn. 5.

§ 411 BGB Gehaltsabtretung

(Fassung vom 02.01.2002, gültig ab 01.01.2002)

¹Tritt eine Militärperson, ein Beamter, ein Geistlicher oder ein Lehrer an einer öffentlichen Unterrichtsanstalt den übertragbaren Teil des Diensteinkommens, des Wartegelds oder des Ruhegehalts ab, so ist die auszahlende Kasse durch Aushändigung einer von dem bisherigen Gläubiger ausgestellten, öffentlich oder amtlich beglaubigten Urkunde von der Abtretung zu benachrichtigen. ²Bis zur Benachrichtigung gilt die Abtretung als der Kasse nicht bekannt.

Gliederung

A. Grundlagen 1	III. Dienstbezüge 6
B. Praktische Bedeutung 2	IV. Abtretung 7
C. Anwendungsvoraussetzungen ... 3	V. Benachrichtigung durch öffentlich oder amtlich beglaubigte Urkunde 8
I. Öffentlich Bedienstete 3	
II. Auszahlende Kasse 5	D. Rechtsfolgen 9

A. Grundlagen[1]

1 **Regelungsprinzipien**: Die Vorschrift bezweckt eine **Privilegierung der öffentlichen Hand**, d.h. des Fiskus als Gehaltsschuldner.[2] Geschützt werden sowohl der Bundes- und der Landes- als auch der Kommunalfiskus.[3] Die Kassenbeamten sollen vor Fehlzahlungen bewahrt und es soll eine geordnete Kassenführung erleichtert werden.[4] Diese Privilegierung wird heute vielfach als sachlich nicht begründet und als nicht mehr zeitgemäß kritisiert.[5]

B. Praktische Bedeutung

2 Die Vorschrift hat eine **eher geringe praktische Bedeutung**. Die Abtretung der Bezüge der von der Vorschrift umfassten öffentlichen Bediensteten stellt einen Spezialfall dar, der die Rechtsprechung bisher nicht in nennenswertem Umfang beschäftigt hat und für den rechtsanwendenden Juristen regelmäßig nicht im Mittelpunkt seiner Tätigkeit steht.

C. Anwendungsvoraussetzungen

I. Öffentlich Bedienstete

3 Betroffen von § 411 BGB sind die Bezüge der in einem **öffentlichen Dienstverhältnis** beamtenrechtlicher oder beamtenrechtsähnlicher Art stehenden Personen, nämlich **Soldaten**, **Beamten**, **Richter**, **Geistliche** und **Lehrer** an einer öffentlichen Unterrichtsanstalt.[6] Welche Personen in einem solchen Dienstverhältnis stehen, ergibt sich im Einzelnen aus den einschlägigen soldaten- und beamtenrechtlichen Vorschriften.[7] Zu den Beamten gehören alle öffentlichen Beamten i.S.d. ehemaligen Reichsrechts sowie des Bundes- und des Landesrechts unabhängig davon, ob sie sich noch im aktiven Dienst befinden oder nicht.[8] Unter die Vorschrift fallen auch Kommunalbeamte.[9] Zu den Lehrern an öffentlichen

---

[1] Fortführung und Aktualisierung der bis zur Vorauflage von Herrn Dr. *G. Knerr* betreuten Kommentierung. Die Kommentierung gibt ausschließlich die persönliche Meinung des Autors wieder.
[2] *Busche* in: Staudinger, § 411 Rn. 1; *Roth* in: MünchKomm-BGB, § 411 Rn. 1; *Grüneberg* in: Palandt, § 411 Rn. 1.
[3] *Busche* in: Staudinger, § 411 Rn. 4.
[4] *Busche* in: Staudinger, § 411 Rn. 1; *Roth* in: MünchKomm-BGB, § 411 Rn. 1.
[5] *Busche* in: Staudinger, § 411 Rn. 1; *Grüneberg* in: Palandt, § 411 Rn. 1.
[6] *Busche* in: Staudinger, § 411 Rn. 4; *Grüneberg* in: Palandt, § 411 Rn. 1.
[7] *Busche* in: Staudinger, § 411 Rn. 4; *Roth* in: MünchKomm-BGB, § 411 Rn. 2.
[8] *Busche* in: Staudinger, § 411 Rn. 4.
[9] *Busche* in: Staudinger, § 411 Rn. 4.

Unterrichtsanstalten gehören neben Lehrern an staatlichen Schulen auch Hochschullehrer, nicht aber Lehrer an staatlich beaufsichtigten Privatschulen.[10] Geistliche sind die Seelsorger jeder Konfession, sofern sie in einem öffentlichen Dienstverhältnis stehen.[11]

Die Vorschrift ist ihrem Wortlaut nach nicht auf Personen anwendbar, die kraft eines **privatrechtlichen Dienst- bzw. Arbeitsvertrags** für die öffentliche Hand tätig werden. Sie wird von der h.M. jedoch analog auf die **Angestellten** und **Arbeiter** im öffentlichen Dienst angewandt.[12] Dies wird mit dem weitgehenden Wegfall der Unterschiede bezüglich der Pfändbarkeitsvoraussetzungen und der dienstrechtlichen Abgrenzung zwischen Arbeitnehmern und Beamten sowie deren heute verwirklichter weitgehender Gleichbehandlung begründet.[13] Dem steht der Ausnahmecharakter des § 411 BGB im Rahmen der §§ 398-413 BGB nicht entgegen.[14]

II. Auszahlende Kasse

Welche **Kasse** für die Auszahlung zuständig ist, richtet sich bei Soldaten und Bundesbeamten nach Bundesrecht, ansonsten nach Landesrecht einschließlich der Gemeindesatzungen.[15] Ist eine bestimmte Kasse zum Zeitpunkt der Benachrichtigung im Sinne des § 411 Satz 1 BGB für die Auszahlung zuständig, so ist es unschädlich, wenn sie infolge der Änderung der Behördenorganisation im Zeitpunkt der nachfolgenden Auszahlung nicht mehr zuständig ist. Die Information über die Abtretung muss im Falle eines Zuständigkeitswechsels von Behörde zu Behörde weitergegeben werden.[16]

III. Dienstbezüge

Betroffen von der Vorschrift ist der übertragbare Teil der **Dienstbezüge** der öffentlich bediensteten Personen.[17] Hierzu gehören das Diensteinkommen, Wartegeld und Ruhegehalt.[18] Übertragbar ist nur der **pfändbare Teil** des jeweiligen Einkommens.[19] Der nicht pfändbare Teil fällt unter § 400 BGB und ist daher von vornherein nicht abtretbar, so dass § 411 BGB nicht zur Anwendung kommt (vgl. die Kommentierung zu § 400 BGB Rn. 7).[20] Andere Forderungen gegen den Fiskus, auch solche öffentlichrechtlicher Natur, werden hingegen von der Vorschrift nicht umfasst.[21]

IV. Abtretung

Betroffen von der Vorschrift ist nur die **vertragliche Abtretung** i.S.d. § 398 BGB (vgl. die Kommentierung zu § 398 BGB Rn. 31), nicht hingegen die **Legalzession**, da § 412 BGB nicht auf § 411 BGB Bezug nimmt (vgl. die Kommentierung zu § 412 BGB Rn. 6).[22] Soweit Gehalts-, Pensions- oder Ruhegehaltsforderungen kraft Gesetzes auf einen anderen Gläubiger übergehen, wird daher die öffentliche Kasse wie jeder andere Schuldner behandelt.[23] Im Falle einer **gerichtlichen Überweisung** kommt § 411 BGB ebenfalls nicht zur Anwendung, sondern die Spezialvorschrift der §§ 835 Abs. 3, 829 Abs. 2 u. 3 ZPO, wonach die Zustellung des Überweisungsbeschlusses an den Drittschuldner, hier also die Gehaltskasse, maßgeblich ist.[24]

---

[10] *Busche* in: Staudinger, § 411 Rn. 4; *Roth* in: MünchKomm-BGB, § 411 Rn. 2.
[11] *Roth* in: MünchKomm-BGB, § 411 Rn. 2.
[12] BAG v. 29.07.1966 - 3 AZR 20/66 - juris Rn. 38 - NJW 1967, 174; *Busche* in: Staudinger, § 411 Rn. 5; *Roth* in: MünchKomm-BGB, § 411 Rn. 7; *Grüneberg* in: Palandt, § 411 Rn. 1; *Weber* in: BGB-RGRK, 12. Aufl. 1976, § 411 Rn. 3; *Zeiss* in: Soergel, 12. Aufl., § 411 Rn. 1; *Westermann* in: Erman, § 411 Rn. 2.
[13] *Busche* in: Staudinger, § 411 Rn. 5.
[14] *Roth* in: MünchKomm-BGB, § 411 Rn. 7.
[15] *Busche* in: Staudinger, § 411 Rn. 9; *Roth* in: MünchKomm-BGB, § 411 Rn. 2.
[16] *Busche* in: Staudinger, § 411 Rn. 9; *Roth* in: MünchKomm-BGB, § 411 Rn. 2.
[17] *Busche* in: Staudinger, § 411 Rn. 3.
[18] *Busche* in: Staudinger, § 411 Rn. 3.
[19] *Busche* in: Staudinger, § 411 Rn. 3; *Roth* in: MünchKomm-BGB, § 411 Rn. 2.
[20] *Busche* in: Staudinger, § 411 Rn. 3.
[21] *Busche* in: Staudinger, § 411 Rn. 3; *Roth* in: MünchKomm-BGB, § 411 Rn. 7; *Zeiss* in: Soergel, 12. Aufl., § 411 Rn. 1.
[22] *Busche* in: Staudinger, § 411 Rn. 6; *Roth* in: MünchKomm-BGB, § 411 Rn. 7.
[23] *Busche* in: Staudinger, § 411 Rn. 6.
[24] *Busche* in: Staudinger, § 411 Rn. 6; *Roth* in: MünchKomm-BGB, § 411 Rn. 7.

§ 411

V. Benachrichtigung durch öffentlich oder amtlich beglaubigte Urkunde

8 Die Vorschrift des § 411 Satz 1 BGB begründet eine Obliegenheit zur **Benachrichtigung** der auszahlenden Kasse.[25] Die Benachrichtigung muss durch Aushändigung einer von dem bisherigen Gläubiger ausgestellten, **öffentlich oder amtlich beglaubigten Urkunde** erfolgen.[26] Die öffentliche Beglaubigung richtet sich nach § 129 BGB (vgl. die Kommentierung zu § 129 BGB).[27] Die amtliche Beglaubigung ist in § 65 BeurkG geregelt.[28] Durch wen die Aushändigung der vom Zedenten ausgestellten Urkunde an die Kasse zu erfolgen hat, ist in § 411 Satz 1 BGB nicht vorgeschrieben. Sofern die Urkunde von dem Zedenten herrührt, kann die Aushändigung auch durch den Zessionar erfolgen.[29]

D. Rechtsfolgen

9 Die Benachrichtigung ist keine Voraussetzung für die **Wirksamkeit der Abtretung**. Diese ist vielmehr sowohl unabhängig von der Ausstellung einer öffentlich oder amtlich beglaubigten Urkunde als auch von deren Aushändigung an die Staatskasse wirksam (vgl. auch die Kommentierung zu § 398 BGB Rn. 47).[30] Der Zessionar wird wirklicher Inhaber der Forderung.[31] Die Kasse hat jedoch bis zur Vorlage der Urkunde ein **Leistungsverweigerungsrecht** gemäß §§ 411 Satz 1, 410 BGB.[32] Sie braucht beim Fehlen der förmlichen Benachrichtigung nicht an den Zessionar zu zahlen und kommt daher trotz Mahnung nicht in Verzug, wenn sie die Mahnung gemäß § 410 BGB unverzüglich zurückweist (vgl. die Kommentierung zu § 410 BGB Rn. 11).[33]

10 Die Kasse gilt darüber hinaus bis zur Benachrichtigung als **gutgläubig** gemäß §§ 411 Satz 2, 406-408 BGB, d.h. die Abtretung gilt als der Kasse nicht bekannt.[34] Bis zur Aushändigung der Urkunde kann die Kasse mit befreiender Wirkung an den Zedenten leisten.[35] Die Kasse hat andererseits aber die Möglichkeit, freiwillig an den Zessionar zu zahlen. Dies geschieht jedoch auf eigenes Risiko, da sie im Falle unwirksamer Abtretung nicht durch eine Gutglaubensvorschrift geschützt wird.[36] Durch § 411 Satz 2 BGB wird ferner die Aufrechnungsbefugnis nach § 406 BGB erweitert, da die Abtretung ohne Benachrichtigung als der Kasse nicht bekannt gilt (vgl. die Kommentierung zu § 406 BGB Rn. 11).[37] Der Fiskus wird auch dann durch § 411 BGB geschützt, wenn die zuständige Kasse anders als durch die gemäß § 411 Satz 1 BGB vorgeschriebene förmliche Art von der Abtretung **positive Kenntnis** erlangt hat.[38] Hat die Kasse jedoch jahrelang an den Erwerber der Forderung gezahlt, so kann sie sich nachträglich nicht mehr auf die fehlende Benachrichtigung gemäß § 411 BGB berufen.[39] Auch ansonsten sind Fälle denkbar, in denen bei positiver Kenntnis der Abtretung ein Verstoß gegen **Treu und Glauben** gemäß § 242 BGB zu bejahen ist.[40] Wird die Kasse nur von einer unwirksamen Zweitabtretung benachrichtigt, so kann sie an den aus dieser Abtretung hervorgehenden Scheinzessionar nur unter den Voraussetzun-

---

[25] *Busche* in: Staudinger, § 411 Rn. 7.
[26] *Busche* in: Staudinger, § 411 Rn. 7.
[27] *Busche* in: Staudinger, § 411 Rn. 7; *Roth* in: MünchKomm-BGB, § 411 Rn. 2; *Grüneberg* in: Palandt, § 411 Rn. 1.
[28] *Busche* in: Staudinger, § 411 Rn. 7; *Roth* in: MünchKomm-BGB, § 411 Rn. 2.
[29] *Busche* in: Staudinger, § 411 Rn. 8; *Roth* in: MünchKomm-BGB, § 411 Rn. 2.
[30] BGH v. 17.12.1953 - III ZR 95/52 - juris Rn. 15 - BGHZ 11, 298-302; BAG v. 29.07.1966 - 3 AZR 20/66 - juris Rn. 38 - NJW 1967, 174; *Busche* in: Staudinger, § 411 Rn. 10; *Roth* in: MünchKomm-BGB, § 411 Rn. 1; *Grüneberg* in: Palandt, § 411 Rn. 2; *Westermann* in: Erman, § 411 Rn. 1; a.A. AG Düsseldorf v. 16.05.1975 - 43 C 26/75 - juris Rn. 14 - BB 1975, 1416.
[31] *Busche* in: Staudinger, § 411 Rn. 10.
[32] *Roth* in: MünchKomm-BGB, § 411 Rn. 3; *Grüneberg* in: Palandt, § 411 Rn. 2.
[33] *Busche* in: Staudinger, § 411 Rn. 10; *Roth* in: MünchKomm-BGB, § 411 Rn. 1.
[34] *Busche* in: Staudinger, § 411 Rn. 2 u. 10; *Roth* in: MünchKomm-BGB, § 411 Rn. 1; *Grüneberg* in: Palandt, § 411 Rn. 2.
[35] *Busche* in: Staudinger, § 411 Rn. 10; *Roth* in: MünchKomm-BGB, § 411 Rn. 1.
[36] BAG v. 29.07.1966 - 3 AZR 20/66 - juris Rn. 33 - NJW 1967, 174; *Busche* in: Staudinger, § 411 Rn. 10; *Roth* in: MünchKomm-BGB, § 411 Rn. 1 u. 3.
[37] *Roth* in: MünchKomm-BGB, § 411 Rn. 6.
[38] *Busche* in: Staudinger, § 411 Rn. 10; *Roth* in: MünchKomm-BGB, § 411 Rn. 1.
[39] BAG v. 29.07.1966 - 3 AZR 20/66 - juris Rn. 33 - NJW 1967, 174; *Busche* in: Staudinger, § 411 Rn. 10; *Roth* in: MünchKomm-BGB, § 411 Rn. 4.
[40] *Roth* in: MünchKomm-BGB, § 411 Rn. 4.

gen des § 408 BGB mit befreiender Wirkung leisten.[41] Dies bedeutet nach der Rechtsprechung des Bundesgerichtshofs, dass der frühere Gläubiger den Forderungsübergang anerkannt haben oder der öffentliche Dienstherr gutgläubig gewesen sein muss.[42] Die Gegenauffassung geht davon aus, dass die Kasse als in Unkenntnis der ersten Abtretung handelnd gilt, wenn die zweite Abtretung tatsächlich stattgefunden hat und zwar unabhängig davon, ob die zweite Abtretung ihr angezeigt wurde oder nicht.[43]

---

[41] BGH v. 17.12.1953 - III ZR 95/52 - juris Rn. 23 - BGHZ 11, 298-302; *Busche* in: Staudinger, § 411 Rn. 11; *Westermann* in: Erman, § 411 Rn. 1.

[42] BGH v. 17.12.1953 - III ZR 95/52 - juris Rn. 23 - BGHZ 11, 298-302; *Busche* in: Staudinger, § 411 Rn. 11.

[43] *Roth* in: MünchKomm-BGB, § 411 Rn. 5; *Grüneberg* in: Palandt, § 411 Rn. 2.

§ 412 BGB Gesetzlicher Forderungsübergang

(Fassung vom 02.01.2002, gültig ab 01.01.2002)

Auf die Übertragung einer Forderung kraft Gesetzes finden die Vorschriften der §§ 399 bis 404, 406 bis 410 entsprechende Anwendung.

Gliederung

A. Grundlagen 1	4. Vorschriften des Sozialrechts 26
I. Kurzcharakteristik 1	a. Generalklausel § 116 SGB X 27
II. Regelungsprinzipien 2	b. Sozialhilferecht 29
B. Praktische Bedeutung 3	c. Sonstige Fälle 30
C. Anwendungsvoraussetzungen 4	5. Vorschriften des Prozess- und Gebühren-
D. Rechtsfolgen 6	rechts 31
I. Allgemeines 6	6. Vorschriften des Verwaltungsrechts 32
II. Subrogationsklauseln 7	7. Fälle der Gesamtrechtsnachfolge 33
III. Quotenvorrecht 8	a. Familienrecht 33
E. Anwendungsfelder 11	b. Erbrecht 34
I. Vorschriften, die eine Legalzession anordnen ... 11	c. Gesellschaftsrecht 35
1. Vorschriften des Bürgerlichen Gesetzbuchs 12	II. Abgrenzung zu anderen Rechtsinstituten 36
a. Schuldrecht 13	1. Schuldrechtliche Pflicht zur Abtretung 36
b. Sachenrecht 17	2. Veräußerung eines Handelsgeschäfts 37
c. Familienrecht 18	3. Gerichtliche Forderungsübertragung 38
2. Vorschriften des Privatversicherungsrechts 19	4. Forderungsübertragung durch Verwaltungs-
a. Schadensversicherung 20	akt 39
b. Veräußerung der versicherten Sache 21	5. Vermögenseinziehung 40
c. Haftpflichtversicherung/Pflichtversicherung 22	III. Spezialvorschriften 41
d. Sonstige Fälle 23	IV. Internationales Privatrecht 42
3. Vorschriften des Arbeitsrechts 24	

A. Grundlagen[1]

I. Kurzcharakteristik

1 Die Vorschrift enthält keine systematische Regelung der **Legalzession**, d.h. des Forderungsübergangs kraft Gesetzes. Es wird lediglich die entsprechende Anwendbarkeit der Vorschriften über die Abtretung, also der §§ 398-410 BGB angeordnet mit Ausnahme der §§ 405, 411 BGB.[2]

II. Regelungsprinzipien

2 Der Grundgedanke der Erstreckung des Abtretungsrechts auf die Legalzession ist, dass auch bei einer solchen die Rechtsstellung des Schuldners durch den Forderungsübergang ebenso wie bei einer Abtretung nicht verschlechtert werden darf.[3] **Sinn und Zweck** einer Legalzession ist es regelmäßig, demjenigen, der zugunsten des ursprünglichen Gläubigers eine Leistung erbringt, etwa aufgrund einer Mitverpflichtung (vgl. § 426 Abs. 2 Satz 1 BGB und § 774 Abs. 1 Satz 1 BGB[4]) oder eines Ablösungsrechts (vgl. § 268 Abs. 3 BGB[5]), eine verstärkte **Rückgriffsmöglichkeit** gegenüber dem primär Verpflichteten zu geben, indem ihm nicht nur ein originärer Rückgriffsanspruch zuerkannt wird, sondern auch das u.U. vorteilhaftere Recht des ursprünglichen Forderungsinhabers auf ihn übergeht[6]. Daneben hat der **Rückgriff der Sozialleistungsträger** und auch der **Privatversicherer** in der Praxis eine über-

---

[1] Fortführung und Aktualisierung der bis zur Vorauflage von Herrn Dr. *G. Knerr* betreuten Kommentierung. Die Kommentierung gibt ausschließlich die persönliche Meinung des Autors wieder.

[2] *Busche* in: Staudinger, § 412 Rn. 1; *Roth* in: MünchKomm-BGB, § 412 Rn. 1.

[3] RG v. 26.01.1905 - VI 99/04 - RGZ 60, 200-207, 204; *Busche* in: Staudinger, § 412 Rn. 1; *Roth* in: Münch-Komm-BGB, § 412 Rn. 14.

[4] RG v. 21.12.1931 - VIII 349/31 - RGZ 135, 25-33, 27; BGH v. 18.05.1961 - VII ZR 39/60 - juris Rn. 19 - BGHZ 35, 172-175; BGH v. 14.07.1966 - VIII ZR 229/64 - BGHZ 46, 14-17.

[5] BGH v. 14.07.1966 - VIII ZR 229/64 - BGHZ 46, 14-17.

[6] BGH v. 14.07.1966 - VIII ZR 229/64 - BGHZ 46, 14-17; *Busche* in: Staudinger, § 412 Rn. 5; *Roth* in: Münch-Komm-BGB, § 412 Rn. 4.

ragende Bedeutung.⁷ Soweit Schadensersatzansprüche auf den Versicherer, der den Geschädigten schadlos gehalten hat, übergehen, soll zum einen gewährleistet werden, dass dieser Rückgriff gegenüber dem Schädiger nehmen kann.⁸ Zum anderen soll verhindert werden, dass der Schädiger von seiner Verpflichtung dadurch frei wird, dass er sich auf den bereits eingetretenen Schadensausgleich beruft. Schließlich soll der Geschädigte nicht doppelten Ersatz von Schädiger und Versicherer erlangen.⁹

B. Praktische Bedeutung

Die Vorschrift hat eine **sehr große praktische Bedeutung**.¹⁰ Dies gilt insbesondere für die sozialrechtlichen Vorschriften, die einen gesetzlichen Forderungsübergang anordnen. So werden etwa bei **Verkehrsunfällen** die materiellen Schäden wie Behandlungskosten und Verdienstausfall in großem Umfang durch Träger der Sozialversicherung übernommen. Auf diese gehen daher kraft Gesetzes eventuelle Schadensersatzansprüche gegenüber dem Unfallgegner wegen eben dieser materiellen Schäden über. Der Verletzte kann dann in aller Regel unmittelbar vom Schädiger nur noch Ersatz der materiellen Schäden, hinsichtlich deren er keinen Ersatz erlangt hat, sowie gegebenenfalls ein Schmerzensgeld fordern. Von Bedeutung für die Praxis sind darüber hinaus Forderungsübergänge auf dem Gebiet des privaten Versicherungsrechts (etwa § 86 VVG).

C. Anwendungsvoraussetzungen

Gesetzlicher Forderungsübergang (Legalzession, cessio legis): § 412 BGB betrifft die Übertragung einer Forderung kraft Gesetzes (gesetzlicher Forderungsübergang, Legalzession, cessio legis). In erster Linie fällt unter die Vorschrift die **Einzelrechtsnachfolge**.¹¹ § 412 BGB umfasst jedoch auch die **Gesamtrechtsnachfolge** (Universalsukzession) unter Lebenden, etwa nach den §§ 1416, 613a BGB.¹² Zu den Einzelheiten vgl. Rn. 33.

Definition: Unter einer Legalzession versteht man den Forderungsübergang kraft Gesetzes. Dies bedeutet, dass der Übergang der Forderung nicht auf einer diesbezüglichen rechtsgeschäftlichen Vereinbarung des Zedenten mit dem Zessionar beruht, sondern als unmittelbare Rechtsfolge an die Erfüllung eines **gesetzlichen Tatbestandes** anknüpft (**Rechtsübergang ipso iure**).¹³ Der Forderungsübergang muss im Gesetz ausdrücklich geregelt sein, d.h. es muss entweder durch den Gesetzeswortlaut angeordnet sein, dass die Forderungen oder Rechte übergehen, oder aber dies muss sich aus einer gleichwertigen Formulierung ergeben, etwa dahingehend, dass ein Dritter an die Stelle des Gläubigers tritt (vgl. § 326 Abs. 2 InsO).¹⁴ Zu den einzelnen Vorschriften, die eine Legalzession anordnen, vgl. Rn. 11.

D. Rechtsfolgen

I. Allgemeines

Die Vorschrift ordnet die entsprechende Anwendbarkeit der §§ 399-404, 406-410 BGB an. Die allein auf den rechtsgeschäftlichen Verkehr Bezug nehmenden §§ 398, 405, 411 BGB sind hingegen von der entsprechenden Anwendbarkeit ausgenommen (vgl. die Kommentierung zu § 405 BGB Rn. 2 und die Kommentierung zu § 411 BGB Rn. 7).¹⁵ Bei der **Auslegung** der kraft der Verweisung anwendbaren Normen ist jeweils der Sinn und Zweck der die Legalzession anordnenden Norm zu berücksichtigen (vgl. im Einzelnen hierzu Rn. 11).¹⁶ Darüber hinaus sind auch der Regelungszweck und die in Bezug ge-

---

⁷ *Busche* in: Staudinger, § 412 Rn. 5.
⁸ BGH v. 30.03.1953 - GSZ 1 bis 3/53, GSZ 1/53, GSZ 2/53, GSZ 3/53- juris Rn. 18 - BGHZ 9, 179-194; BGH v. 09.03.1971 - VI ZR 173/69 - juris Rn. 8 - NJW 1971, 936; *Roth* in: MünchKomm-BGB, § 412 Rn. 5.
⁹ BGH v. 17.03.1954 - VI ZR 162/52 - juris Rn. 9 - BGHZ 13, 28-32; BGH v. 30.09.1957 - III ZR 76/56 - juris Rn. 14 - BGHZ 25, 340-346; BGH v. 11.07.1960 - II ZR 254/58 - juris Rn. 6 - BGHZ 33, 97-105; BGH v. 27.10.1970 - VI ZR 47/69 - juris Rn. 21 - BGHZ 54, 377-384; *Roth* in: MünchKomm-BGB, § 412 Rn. 5.
¹⁰ *Roth* in: MünchKomm-BGB, § 412 Rn. 1.
¹¹ *Busche* in: Staudinger, § 412 Rn. 7.
¹² *Grüneberg* in: Palandt, § 412 Rn. 1.
¹³ *Busche* in: Staudinger, § 412 Rn. 1; *Roth* in: MünchKomm-BGB, § 412 Rn. 2.
¹⁴ *Busche* in: Staudinger, § 412 Rn. 3; *Roth* in: MünchKomm-BGB, § 412 Rn. 2.
¹⁵ *Roth* in: MünchKomm-BGB, § 412 Rn. 13; *Grüneberg* in: Palandt, § 412 Rn. 2; *Stamm*, NJW 2004, 811-813, 812 für § 426 BGB.
¹⁶ *Grüneberg* in: Palandt, § 412 Rn. 2.

nommenen Vorschriften des Abtretungsrechts sowie der Umstand zu berücksichtigen, dass es an einer rechtsgeschäftlichen Erklärung fehlt. Hieraus ergeben sich auf Rechtsfolgenseite Besonderheiten.[17] Für bestimmte Tatbestände der Legalzession bestehen gesetzliche **Spezialregelungen**, die die Vorschriften des Abtretungsrechts ganz oder teilweise verdrängen (z.B. in § 115 Abs. 2 SGB X statt der §§ 399, 400 BGB – Kommentierung zu § 400 BGB Rn. 6).[18]

II. Subrogationsklauseln

7   Bei den Vorschriften über den gesetzlichen Forderungsübergang findet sich häufig eine Regelung, wonach der Übergang **nicht zum Nachteil des alten Gläubigers** geltend gemacht werden kann (nemo subrogat contra se – sog. **Subrogationsklausel**; vgl. etwa die §§ 268 Abs. 3 Satz 2, 426 Abs. 2 Satz 2, 774 Abs. 1 Satz 2 BGB; § 86 Abs. 1 Satz 2 VVG; § 87a Satz 2 BBG; § 6 Abs. 3 EntgFG). Zweck dieser Regelung ist es, der Restforderung des Zedenten Vorrang vor dem Zessionar in der Zwangsvollstreckung zu sichern.[19] Aber auch über die ausdrücklichen gesetzlichen Regelungen hinaus ist der allgemeine Rechtsgedanke der Subrogationsklauseln als allgemeines Subrogationsprinzip anwendbar.[20] Dies gilt auch für alle gemäß § 401 BGB mit dem Hauptrecht übergehenden Nebenrechte.[21]

III. Quotenvorrecht

8   Auf dem Gebiet des Übergangs von Schadensersatzansprüchen auf Privatversicherer (vgl. Rn. 19) und Sozialversicherer (vgl. Rn. 26) stellt sich das Problem des **Quotenvorrechts** als Anwendungsfall des allgemeinen Subrogationsprinzips (vgl. Rn. 7).[22] Dies betrifft den Fall, dass weder der Schadensersatz noch die Versicherungsleistungen den entstandenen Schaden voll abdecken, etwa wegen Mitverschuldens des Geschädigten oder einer gesetzlichen oder vertraglichen Begrenzung der Schadensersatzpflicht oder der (Sozial-)Versicherungsleistung.[23] In diesen Fällen stellt sich die Frage, wer in welchem Umfang auf den Anspruch gegen den Schädiger zurückgreifen darf. Die Frage ist auf verschiedenen Gebieten unterschiedlich geregelt, nämlich entweder durch ein Quotenvorrecht des Geschädigten, durch ein solches des Versicherungsträgers oder durch eine proportionale Aufteilung des Ausfalls zwischen beiden (z.B. zur Hälfte).[24] Im Privatversicherungsrecht[25], im Beamtenrecht[26] und gemäß § 6 Abs. 3 EntgFG[27] gilt das **Quotenvorrecht des Geschädigten**, d.h. der dem unmittelbar Geschädigten entstandene Schaden darf aufgrund des Forderungsübergangs nicht ganz oder teilweise ungedeckt bleiben.

9   Ein Quotenvorrecht des Versicherten besteht insbesondere im Falle eines Forderungsübergangs gemäß § 86 Abs. 1 Satz 1 VVG infolge der Zahlung durch den **Kaskoversicherer** nach einem Verkehrsunfall, sofern die Zahlung des Kaskoversicherers nicht ausreicht, den gesamten Schaden zu decken. Da es dem Zweck des Versicherungsvertrages nicht entspricht, dass die Leistung des Versicherers durch den mit der Zahlung verbundenen Forderungsübergang die volle Schadloshaltung des Versicherungsnehmers verhindert, bleibt der Versicherungsnehmer Gläubiger des Ersatzanspruchs gegenüber dem Unfallgegner insoweit, als er vom Kaskoversicherer nicht entschädigt worden ist. Erst nach der Deckung des Schadens durch Versicherungsleistung und Schadensersatzanspruch kommt der Versicherer zum Zuge

---

[17] RG v. 21.12.1931 - VIII 349/31 - RGZ 135, 25-33, 27; *Busche* in: Staudinger, § 412 Rn. 2; *Roth* in: MünchKomm-BGB, § 412 Rn. 14.

[18] *Roth* in: MünchKomm-BGB, § 412 Rn. 14.

[19] BGH v. 17.03.1954 - VI ZR 162/52 - juris Rn. 11 - BGHZ 13, 28-32; *Busche* in: Staudinger, § 412 Rn. 6; *Roth* in: MünchKomm-BGB, § 412 Rn. 3 u. 12; *Zeiss* in: Soergel, 12. Aufl., § 412 Rn. 7.

[20] *Busche* in: Staudinger, § 412 Rn. 6; *Roth* in: MünchKomm-BGB, § 412 Rn. 3.

[21] RG v. 12.11.1929 - III 155/29 - RGZ 126, 178-183, 181; BGH v. 14.07.1966 - VIII ZR 229/64 - BGHZ 46, 14-17; *Roth* in: MünchKomm-BGB, § 412 Rn. 3; *Zeiss* in: Soergel, 12. Aufl., § 412 Rn. 2; *Busche* in: Staudinger, § 412 Rn. 6.

[22] *Roth* in: MünchKomm-BGB, § 412 Rn. 12.

[23] *Roth* in: MünchKomm-BGB, § 412 Rn. 12.

[24] *Roth* in: MünchKomm-BGB, § 412 Rn. 12.

[25] Differenztheorie: BGH v. 17.03.1954 - VI ZR 162/52 - juris Rn. 10 - BGHZ 13, 28-32; BGH v. 30.09.1957 - III ZR 76/56 - juris Rn. 12 - BGHZ 25, 340-346; BGH v. 20.03.1967 - III ZR 100/66 - juris Rn. 12 - BGHZ 47, 196-202; *Roth* in: MünchKomm-BGB, § 412 Rn. 12.

[26] BGH v. 09.11.1956 - VI ZR 196/55 - juris Rn. 3 - BGHZ 22, 136-142; BGH v. 30.03.1971 - VI ZR 190/69 - juris Rn. 20 - MDR 1971, 569; *Roth* in: MünchKomm-BGB, § 412 Rn. 12.

[27] *Roth* in: MünchKomm-BGB, § 412 Rn. 12.

(Differenztheorie).[28] Das Quotenvorrecht bezieht sich dabei jedoch nur auf solche Schäden, die ihrer Art nach unter den Schutzbereich des Versicherungsvertrages fallen, d.h. unmittelbar die Substanz des betroffenen Kraftfahrzeugs berühren, dessen Wert mindern oder in der Notwendigkeit bestehen, Geldmittel zur Beseitigung der Beschädigung aufzuwenden (kongruente Schäden).[29] Hierzu gehören die unmittelbaren Sachschäden, nämlich Reparaturkosten, Abschleppkosten, merkantile Wertminderung und Sachverständigenkosten,[30] nicht dagegen die Sachfolgeschäden, d.h. Mietwagenkosten, Prämienschaden, Nutzungsausfall und Kostenpauschale.[31] Es müssen daher die Teilansprüche des Geschädigten zunächst getrennt nach Schadensbereichen ermittelt werden, nämlich einerseits unmittelbare Sachschäden und andererseits Sachfolgeschäden. Hinsichtlich des unmittelbaren Sachschadens ist dann festzustellen, welcher Teil dieses Schadens nach Zahlung des Kaskoversicherers und unter Berücksichtigung der vom Schädiger hierauf geleisteten Zahlungen zu Lasten des Geschädigten noch offen steht. Diesen Restbetrag hat der Schädiger aus seiner unter Berücksichtigung der Mitverursachungsquote des Geschädigten zu errechnenden Schuld zuerst zu befriedigen. Erst darüber hinaus kommt ein Anspruchsübergang gemäß § 86 VVG an den Kaskoversicherer in Betracht.[32] Für den Bereich der Sachfolgeschäden bleiben Leistungen des Sachversicherers außer Ansatz. Insoweit scheidet ein Forderungsübergang gemäß § 86 Abs. 1 VVG aus. Daher ist für diese Schäden allein die den Schädiger treffende Haftungsquote maßgeblich.[33]

Ein **Quotenvorrecht des Sozialversicherungsträgers** war im früheren Sozialversicherungsrecht enthalten.[34] Ein **proportionaler Ausgleich** ist hingegen in § 116 Abs. 3 Satz 1 SGB X vorgesehen.[35] § 116 Abs. 2 SGB X i.V.m. § 116 Abs. 4 SGB X räumt dem Geschädigten ein Befriedigungsvorrecht ein, wenn der Schadensersatzanspruch durch Gesetz (§ 12 StVG; § 9 HaftPflG; § 37 LuftVG) der Höhe nach begrenzt ist und die Haftungshöchstsumme nicht ausreicht, um den vollen Schaden auszugleichen. Dasselbe gilt, wenn aus tatsächlichen Gründen der Schaden nicht in voller Höhe liquidiert werden kann.[36] Es kommt in diesen Fällen zu einem Übergang des Anspruchs auf den Sozialleistungsträger nur in Höhe des Betrages, bezüglich dessen kein Ausgleich des Schadens gegenüber dem Geschädigten erforderlich ist.[37]

10

---

[28] BGH v. 08.12.1981 - VI ZR 153/80 - juris Rn. 10 - VersR 1982, 283-284, 284; BGH v. 12.01.1982 - VI ZR 265/80 - juris Rn. 4 - VersR 1982, 383-385, 384; OLG Saarbrücken v. 17.12.1998 - 3 U 801/97 - 51, 3 U 801/97- juris Rn. 31 - OLGR Saarbrücken 1999, 222-224; *Prölss/Martin*, VVG, 27. Aufl. 2004, § 67 Rn. 22; *Sanden/Völtz*, Sachschadenrecht des Kraftverkehrs, 8. Aufl. 2006, Rn. 107; *Kirchhoff*, MDR 1998, 249-251, 249; *Lachner*, ZfSch 1999, 184-185, 184.

[29] BGH v. 08.12.1981 - VI ZR 153/80 - juris Rn. 15 - VersR 1982, 283-284, 284; BGH v. 12.01.1982 - VI ZR 265/80 - juris Rn. 4 - VersR 1982, 383- 385, 384; OLG Saarbrücken v. 17.12.1998 - 3 U 801/97 - 51, 3 U 801/97- juris Rn. 31 - OLGR Saarbrücken 1999, 222-224; *Prölss/Martin*, VVG, 27. Aufl. 2004, § 67 Rn. 23; *Kirchhoff*, MDR 1998, 249-251, 250; *Lachner*, ZfSch 1999, 184-185, 184; *Freyberger*, DAR 2001, 385-389, 385.

[30] BGH v. 08.12.1981 - VI ZR 153/80 - juris Rn. 15, 17 - VersR 1982, 283-284, 284; BGH v. 12.01.1982 - VI ZR 265/80 - juris Rn. 7 - VersR 1982, 383- 385, 384; OLG Saarbrücken v. 17.12.1998 - 3 U 801/97 - 51, 3 U 801/97- juris Rn. 32 - OLGR Saarbrücken 1999, 222-224; *Sanden/Völtz*, Sachschadenrecht des Kraftverkehrs, 8. Aufl. 2006, Rn. 109; *Kirchhoff*, MDR 1998, 249-251, 250; *Lachner*, ZfSch 1999, 184-185, 184; *Freyberger*, DAR 2001, 385-389, 385.

[31] BGH v. 08.12.1981 - VI ZR 153/80 - juris Rn. 15 - VersR 1982, 283-284, 284; BGH v. 12.01.1982 - VI ZR 265/80 - juris Rn. 4 - VersR 1982, 383- 385, 384; OLG Saarbrücken v. 17.12.1998 - 3 U 801/97 - 51, 3 U 801/97- juris Rn. 36 - OLGR Saarbrücken 1999, 222-224; *Sanden/Völtz*, Sachschadenrecht des Kraftverkehrs, 8. Aufl. 2006, Rn. 109; *Kirchhoff*, MDR 1998, 249-251, 250; *Lachner*, ZfSch 1999, 184-185, 184.

[32] BGH v. 08.12.1981 - VI ZR 153/80 - juris Rn. 20 - VersR 1982, 283-284, 284; BGH v. 12.01.1982 - VI ZR 265/80 - juris Rn. 15 - VersR 1982, 383- 385, 384; OLG Saarbrücken v. 17.12.1998 - 3 U 801/97 - 51, 3 U 801/97- juris Rn. 33 - OLGR Saarbrücken 1999, 222-224; *Sanden/Völtz*, Sachschadenrecht des Kraftverkehrs, 8. Aufl. 2006, Rn. 109; *Kirchhoff*, MDR 1998, 249-251, 250; *Lachner*, ZfSch 1999, 184-185, 185.

[33] BGH v. 08.12.1981 - VI ZR 153/80 - juris Rn. 15 - VersR 1982, 283-284, 284; BGH v. 12.01.1982 - VI ZR 265/80 - juris Rn. 4 - VersR 1982, 383-385, 384; OLG Saarbrücken v. 17.12.1998 - 3 U 801/97 - 51, 3 U 801/97- juris Rn. 36 - OLGR Saarbrücken 1999, 222-224; *Sanden/Völtz*, Sachschadenrecht des Kraftverkehrs, 8. Aufl. 2006, Rn. 109; *Kirchhoff*, MDR 1998, 249-251, 251.

[34] *Roth* in: MünchKomm-BGB, § 412 Rn. 12.

[35] *Roth* in: MünchKomm-BGB, § 412 Rn. 12.

[36] *Roth* in: MünchKomm-BGB, § 412 Rn. 12.

[37] *Roth* in: MünchKomm-BGB, § 412 Rn. 12.

E. Anwendungsfelder

I. Vorschriften, die eine Legalzession anordnen

11 Folgende Vorschriften ordnen einen gesetzlichen Forderungsübergang (Legalzession) an:

1. Vorschriften des Bürgerlichen Gesetzbuchs

12 Im **Bürgerlichen Gesetzbuch** sind folgende wichtige Fälle der Legalzession enthalten:[38]

a. Schuldrecht

13 Die Vorschrift des § 268 Abs. 3 BGB betrifft den Fall der Befriedigung des Gläubigers aufgrund eines **Ablösungsrecht**s (vgl. die Kommentierung zu § 268 BGB). Auf einen ohne ein solches Recht gemäß § 267 BGB (vgl. die Kommentierung zu § 267 BGB) leistenden Dritten geht die Forderung dagegen nicht über.[39]

14 § 426 Abs. 2 BGB ordnet einen Forderungsübergang im Falle des **Gesamtschuldnerausgleichs** an (vgl. die Kommentierung zu § 426 BGB).[40]

15 § 566 Abs. 1 BGB und § 578 Abs. 1 BGB begründen nach h.M. keinen gesetzlichen Forderungsübergang im Sinne des § 412 BGB. Durch die Vorschriften wird vielmehr angeordnet, dass zum Zeitpunkt des Eigentumsübergangs in der Person des Erwerbers ein neues **Mietverhältnis** kraft Gesetzes entsteht.[41] Im Übrigen gelten insoweit die Spezialvorschriften der §§ 566a-566e BGB.

16 § 774 Abs. 1 BGB ordnet an, dass die Forderung gegen den Hauptschuldner auf den **Bürgen**, der den Gläubiger befriedigt hat, übergeht, damit dieser Rückgriff nehmen kann (vgl. die Kommentierung zu § 774 BGB). Eine **analoge Anwendung** der §§ 774 Abs. 1, 412, 401 BGB wird von einer in der Literatur vertretenen Auffassung neben dem Erstattungsanspruch gegen die Gesellschaft aus § 110 HGB in Betracht gezogen, wenn ein Gesellschafter einen Gläubiger der Gesellschaft befriedigt. Nach dieser Auffassung erwirbt der Gesellschafter im Wege der Legalzession sowohl die Forderung gegen die Gesellschaft als auch die mit dieser verbundenen Neben- und Vorzugsrechte.[42] Zu den Nebenrechten gehören auch die im Verhältnis zur Hauptforderung akzessorischen Ansprüche des Gläubigers gegen die Mitgesellschafter.[43] Die vom Bundesgerichtshof geteilte Gegenauffassung erkennt eine cessio legis im Verhältnis des Gesellschafters zur Gesellschaft und den Mitgesellschaftern nur unter den Voraussetzungen des § 426 Abs. 2 Satz 1 BGB an. Im Verhältnis zur Gesellschaft scheitert diese danach am Fehlen eines Gesamtschuldverhältnisses.[44]

b. Sachenrecht

17 Vorschriften über den gesetzlichen Forderungsübergang finden sich darüber hinaus auch im **Sachenrecht**. Es sind dies namentlich die §§ 1142, 1143 BGB (Übergang der hypothekarisch gesicherten Forderung auf den befriedigenden Eigentümer, der nicht persönlicher Schuldner ist), die §§ 1150, 268 Abs. 3 BGB (Ablösungsrecht bei Grundstücken), § 1225 BGB (Übergang der gesicherten Forderung auf den Verpfänder, der nicht persönlicher Schuldner ist) und die §§ 1249, 268 Abs. 3 BGB (Ablösungsrecht bei einem Pfand). Gemeinsam ist diesen Vorschriften, dass jeweils derjenige, der aufgrund einer dinglichen Sicherheit in Anspruch genommen wurde bzw. zur Ablösung berechtigt war, Rückgriff gegen den persönlichen Schuldner nehmen kann und dass deshalb die gesicherte Forderung auf ihn übergeht.[45]

---

[38] *Busche* in: Staudinger, § 412 Rn. 7; *Roth* in: MünchKomm-BGB, § 412 Rn. 4.
[39] RG v. 26.06.1919 - VI 139/19 - RGZ 96, 136-143, 139; *Busche* in: Staudinger, § 412 Rn. 5.
[40] *Wendehorst*, JURA 2004, 505-531, 507.
[41] BGH v. 30.05.1962 - VIII ZR 173/61 - LM Nr. 7 zu § 566 BGB; *Busche* in: Staudinger, § 412 Rn. 13; *Roth* in: MünchKomm-BGB, § 412 Rn. 20; a.A. AG Frankfurt v. 14.07.1989 - 33 C 1823/89 - 31 - juris Rn. 4 - WuM 1990, 64.
[42] *Busche* in: Staudinger, § 412 Rn. 12 m.w.N.; offen gelassen von *Roth* in: MünchKomm-BGB, § 412 Rn. 4.
[43] *Busche* in: Staudinger, § 412 Rn. 12.
[44] BGH v. 09.05.1963 - II ZR 124/61 - juris Rn. 16 - BGHZ 39, 319-332.
[45] *Wendehorst*, JURA 2004, 505-531, 508.

c. Familienrecht

Schließlich finden sich auch im **Familienrecht** den gesetzlichen Forderungsübergang anordnende Vorschriften, nämlich die §§ 1607 Abs. 2, 1608 Satz 3 BGB, wonach der Unterhaltsanspruch gegenüber dem primär Verpflichteten auf den nachrangig Verpflichteten, der Unterhalt geleistet hat, übergeht.[46] Vergütungsansprüche des Betreuers gehen gemäß § 1836e BGB in dem Umfang auf die Staatskasse über, in dem diese den Betreuer befriedigt hat.[47]

2. Vorschriften des Privatversicherungsrechts

Auch im Versicherungsrecht finden sich Vorschriften, die eine cessio legis anordnen:

a. Schadensversicherung

§ 86 VVG bewirkt einen Übergang des Schadensersatzanspruchs des Versicherten auf den **Schadensversicherer**. Voraussetzung ist, dass der Versicherer geleistet hat[48] und dass sich der Anspruch auf Ersatz des Schadens bezieht, der auch von dem Versicherer gedeckt ist (**Kongruenz der Ansprüche**)[49].

b. Veräußerung der versicherten Sache

§ 69 Abs. 3 VVG a.F. bestimmte für den Eintritt des Erwerbers einer versicherten Sache in den Versicherungsvertrag ausdrücklich die Anwendbarkeit der §§ 406-408 BGB.[50] Nunmehr bestimmt § 95 Abs. 3 VVG, dass der Versicherer den Eintritt des Erwerbers erst gegen sich gelten lassen muss, wenn er hiervon Kenntnis erlangt hat. Die übrigen in § 412 BGB genannten Vorschriften sind analog anwendbar, etwa § 409 BGB und § 402 BGB.[51]

c. Haftpflichtversicherung/Pflichtversicherung

Im Rahmen der Pflichtversicherung, namentlich der **Kraftfahrzeughaftpflichtversicherung**, geht der Schadensersatzanspruch des geschädigten Dritten gegen den Versicherungsnehmer gemäß den §§ 115 Abs. 1 Satz 4, 116 Abs. 1 Satz 2 VVG i.V.m. § 426 Abs. 2 Satz 1 BGB auf den Haftpflichtversicherer über, wenn der Haftpflichtversicherer trotz vollständiger oder teilweiser Leistungsfreiheit im Verhältnis zum Versicherungsnehmer gemäß § 117 Abs. 1 VVG den Dritten befriedigt hat.[52]

d. Sonstige Fälle

Weitere Vorschriften des Versicherungsrechts sind § 118 VVG a.F. (Übergang des Gewährleistungsanspruchs gegen einen Dritten bei der **Tierversicherung**)[53] sowie § 14 VAG, wonach von § 412 BGB die Übertragung eines Versicherungsbestandes durch das Bundesaufsichtsamt für das Versicherungswesen erfasst wird[54].

3. Vorschriften des Arbeitsrechts

Unter § 412 BGB fällt auch der gesetzliche Übergang von Rechten und Pflichten aus bestehenden Arbeitsverhältnissen im Falle der **rechtsgeschäftlichen Veräußerung des Betriebes** an einen neuen Inhaber, namentlich § 613a BGB (vgl. die Kommentierung zu § 613a BGB).[55]

Nach § 6 EntgFG (früher § 4 LFZG) geht der Schadensersatzanspruch eines Arbeitnehmers wegen Lohnausfalls auf den Arbeitgeber über, soweit dieser das Arbeitsentgelt fortzahlt.[56]

---

[46] *Wendehorst*, JURA 2004, 505-531, 509.
[47] OLG Hamm v. 25.01.2007 - 15 W 309/06 - juris Rn. 11 - NJW-RR 2007, 1081-1082, auch hinsichtlich des Verwirkungseinwands des Betreuten.
[48] BGH v. 11.07.1960 - II ZR 254/58 - juris Rn. 6 - BGHZ 33, 97-105; BGH v. 20.12.1962 - III ZR 86/62 - juris Rn. 8 - BGHZ 38, 385-391; *Roth* in: MünchKomm-BGB, § 412 Rn. 6.
[49] BGH v. 30.09.1957 - III ZR 76/56 - juris Rn. 15 - BGHZ 25, 340-346; BGH v. 20.03.1967 - III ZR 100/66 - juris Rn. 8 - BGHZ 47, 196-202; BGH v. 27.06.1968 - III ZR 63/65 - juris Rn. 10 - BGHZ 50, 271-276; *Roth* in: MünchKomm-BGB, § 412 Rn. 6.
[50] *Roth* in: MünchKomm-BGB, § 412 Rn. 20.
[51] *Weber* in: BGB-RGRK, 12. Aufl. 1976, § 412 Rn. 43; *Roth* in: MünchKomm-BGB, § 412 Rn. 20.
[52] *Roth* in: MünchKomm-BGB, § 412 Rn. 7
[53] *Roth* in: MünchKomm-BGB, § 412 Rn. 7.
[54] *Busche* in: Staudinger, § 412 Rn. 14.
[55] *Busche* in: Staudinger, § 412 Rn. 13; *Roth* in: MünchKomm-BGB, § 412 Rn. 20.
[56] *Roth* in: MünchKomm-BGB, § 412 Rn. 11.

4. Vorschriften des Sozialrechts

26 Auf dem Gebiet des Sozialrechts finden sich zahlreiche Vorschriften, die einen Forderungsübergang kraft Gesetzes anordnen:

a. Generalklausel § 116 SGB X

27 Im **Sozialversicherungsrecht** ist § 116 SGB X (früher § 1542 RVO und § 127 AFG) die bedeutendste Vorschrift über den gesetzlichen Forderungsübergang.[57] Danach gehen Ansprüche auf Sozialleistungen wegen Krankheit, Unfall oder sonstiger Bedürftigkeit, Arbeitslosigkeit, Berufs- und Erwerbsunfähigkeit oder Tod des Ernährers sowie entsprechende deliktische und vertragliche Schadensersatzansprüche gegen Dritte[58] auf den Träger der Sozialversicherung oder der Sozialhilfe über[59]. Hierdurch wurde das bereits zuvor durch die Rechtsprechung entwickelte **Prinzip der kongruenten Deckung** gesetzlich normiert. Dieses besagt, dass vom Übergang nur solche Ansprüche erfasst werden, welche der Wiedergutmachung desselben Schadens dienen, den auch die Leistungen des Trägers der Sozialversicherung bzw. der Sozialhilfe ersetzen sollen.[60] Anders als im Falle des § 86 VVG (vgl. Rn. 19) gehen die Ansprüche jedoch nicht erst mit der Leistung des Versicherungsträgers über, sondern bereits mit ihrer **Entstehung**.[61] Sofern kein Versicherungsverhältnis besteht, ist Voraussetzung, dass mit der Inanspruchnahme der betreffenden Leistung ernsthaft zu rechnen ist. Dies ist bereits mit **Eintritt der Schädigung** der Fall, nicht erst mit der tatsächlichen Gewährung der Sozialleistung.[62] Konkurrieren die Leistungen mehrerer Sozialversicherungs- oder Sozialhilfeträger, so ist auch ein gleichzeitiger Übergang des Anspruchs auf mehrere Träger möglich.[63]

28 Der Übergang erfolgt schließlich nur in der **Höhe**, in der Leistungen tatsächlich gewährt werden. Da die Ansprüche jedoch bereits mit Entstehung übergehen (vgl. Rn. 27), geht daher der Anspruch zunächst dem Grunde nach über, während seine Höhe erst später feststeht. Decken die Sozialleistungen nicht den gesamten Schaden ab, so geht der Anspruch letztlich nur zu einem Teil über.[64] Der Geschädigte kann andererseits den Ersatz sogleich selbst geltend machen, ohne zunächst die Sozialleistung in Anspruch zu nehmen. Da die Legalzession bereits mit Anspruchsentstehung eintritt, verbleibt dem Geschädigten insoweit eine **Einziehungsermächtigung**. Diese kann konkludent erteilt sein oder unmittelbar aus dem Grundsatz der sozialen Absicherung abgeleitet werden.[65] Daher kann der Schuldner unabhängig von den Voraussetzungen des § 407 BGB auch nach dem gesetzlichen Forderungsübergang weiterhin an den Geschädigten (Versicherten) mit befreiender Wirkung leisten (vgl. die Kommentierung zu § 407 BGB Rn. 22). Einen **Abfindungsvergleich** mit dem Schädiger oder dessen Haftpflichtversicherer kann der Geschädigte jedoch nicht abschließen. Der Sozialversicherungsträger ist an einen solchen nicht gemäß §§ 412, 407 BGB gebunden.[66] Hat der Geschädigte unmittelbar vom Schädiger oder dessen Versicherung Ersatz eines Teils des Schadens erlangt, so geht der Schadensersatzanspruch auf den Sozialversicherer nur in der nicht ausgeglichenen Resthöhe über, da nur insoweit noch Leistungen erbracht werden.[67]

---

[57] *Roth* in: MünchKomm-BGB, § 412 Rn. 8; *Wendehorst*, JURA 2004, 505-531, 508.
[58] BGH v. 20.02.1958 - VII ZR 76/57 - juris Rn. 11 - BGHZ 26, 365-372; BGH v. 13.03.1973 - VI ZR 12/72 - juris Rn. 14 - LM Nr. 20 zu Dienst- und Arbeitsunfall; *Roth* in: MünchKomm-BGB, § 412 Rn. 8.
[59] *Roth* in: MünchKomm-BGB, § 412 Rn. 8.
[60] BGH v. 30.06.1959 - VI ZR 116/58 - NJW 1959, 2062; *Roth* in: MünchKomm-BGB, § 412 Rn. 9.
[61] *Roth* in: MünchKomm-BGB, § 412 Rn. 9.
[62] BGH v. 10.07.1967 - III ZR 78/66 - juris Rn. 13 - BGHZ 48, 181-193; BGH v. 20.09.1994 - VI ZR 285/93 - juris Rn. 13 - BGHZ 127, 120-129; OLG Karlsruhe v. 05.05.1994 - 2 UF 293/93 - juris Rn. 41 - NJW 1994, 2902-2903; *Roth* in: MünchKomm-BGB, § 412 Rn. 9.
[63] BGH v. 28.03.1995 - VI ZR 244/94 - juris Rn. 12 - LM BVG § 18c Nr. 1 (9/1995); *Roth* in: MünchKomm-BGB, § 412 Rn. 9.
[64] *Roth* in: MünchKomm-BGB, § 412 Rn. 10.
[65] *Roth* in: MünchKomm-BGB, § 412 Rn. 10.
[66] BGH v. 20.09.1994 - VI ZR 285/93 - BGHZ 127, 120-129; BGH v. 12.12.1995 - VI ZR 271/94 - BGHZ 131, 274-288; *Roth* in: MünchKomm-BGB, § 412 Rn. 10.
[67] *Roth* in: MünchKomm-BGB, § 412 Rn. 10.

b. Sozialhilferecht

Auf dem Gebiet des Sozialhilferechts enthält darüber hinaus § 94 Abs. 5 SGB XII (bis zum 31.12.2004: § 91 Abs. 4 BSHG)[68] ein kompliziertes System der Abtretung und Rückabtretung[69]. 29

c. Sonstige Fälle

Weitere sozialrechtliche Vorschriften, die einen gesetzlichen Forderungsübergang anordnen, sind § 115 SGB X[70], § 117 Abs. 4 AFG (gültig bis 31.12.1997), § 81a BVG, § 8 Abs. 2 Satz 2 BEG i.V.m. § 115 SGB X, § 5 Abs. 1 OEG i.V.m. § 115 SGB X[71], § 80 SVG, § 7 UVG[72]. 30

5. Vorschriften des Prozess- und Gebührenrechts

Auf dem Gebiet des Prozess- und Gebührenrechts sind § 59 RVG (bis zum 30.06.2004: § 130 BRAGO) und § 326 Abs. 2 InsO (früher § 225 Abs. 2 KO) als Fälle der Legalzession zu nennen. 31

6. Vorschriften des Verwaltungsrechts

Im **Beamtenrecht** gehen Schadensersatzansprüche eines Beamten gemäß § 87a BBG auf den Dienstherrn über, soweit dieser infolge der Verletzung oder Tötung des Beamten zur Gewährung von Dienstbezügen oder einer Hinterbliebenenversorgung verpflichtet ist.[73] Der Übergang auf den Dienstherrn vollzieht sich – wie bei § 116 SGB X (vgl. Rn. 27) – bereits mit Entstehung des Schadensersatzanspruchs.[74] Weitere verwaltungsrechtliche Vorschriften sind die §§ 49 Abs. 6 und 7, 54 Abs. 2 BSeuchenG. 32

7. Fälle der Gesamtrechtsnachfolge

a. Familienrecht

In Fällen der **Gesamtrechtsnachfolge** unter Lebenden ist die Anwendbarkeit des § 412 BGB im Einzelfall zu prüfen. Hierbei ist es denkbar, dass nur ein Teil der durch die Vorschrift in Bezug genommenen Regelungen anwendbar ist bzw. dass die Vorschriften des Abtretungsrechts durch spezialgesetzliche Regelungen verdrängt werden.[75] Anwendbar ist § 412 BGB auf die Gesamtrechtsnachfolge gemäß § 1416 Abs. 2 BGB, da im Falle der **ehelichen Gütergemeinschaft** die bei deren Gründung bestehenden Forderungen der Ehepartner ohne rechtsgeschäftliche Übertragung gemeinschaftliches Vermögen werden.[76] Dies gilt unabhängig davon, ob die Forderungen schon mit Begründung der Gütergemeinschaft oder erst später ins Gesamtgut gelangen.[77] Darüber hinaus nimmt § 1417 Abs. 2 BGB, der rechtsgeschäftlich nicht übertragbare Forderungen vom Übergang ins Gesamtgut ausnimmt, auf die §§ 399, 400 BGB Bezug, woraus inzident folgt, dass im Übrigen § 412 BGB gilt.[78] Daneben gelten die Schuldnerschutzvorschriften der §§ 404-410 BGB.[79] Der Anwendbarkeit der Schuldnerschutzvorschriften liegt der Gedanke zugrunde, dass anders als in anderen Fällen der Gesamtrechtsnachfolge, etwa im Erbrecht, der bisherige Gläubiger nicht zu existieren aufhört, also den Schuldner noch beeinträchtigen kann.[80] Ihrer Anwendung steht auch nicht § 1412 BGB entgegen[81], denn die Gutglaubensschutzvorschriften bleiben neben dieser Vorschrift uneingeschränkt anwendbar[82]. Hingegen gelangen 33

---

[68] *Roth* in: MünchKomm-BGB, § 412 Rn. 11.
[69] *Roth* in: MünchKomm-BGB, § 412 Rn. 10.
[70] *Roth* in: MünchKomm-BGB, § 412 Rn. 11.
[71] *Roth* in: MünchKomm-BGB, § 412 Rn. 11.
[72] OLG Nürnberg v. 21.12.1998 - 10 UF 2453/98 - juris Rn. 23 - NJW-RR 1999, 589-590; *Roth* in: MünchKomm-BGB, § 412 Rn. 11.
[73] *Roth* in: MünchKomm-BGB, § 412 Rn. 11.
[74] BGH v. 17.11.1959 - VI ZR 207/58 - NJW 1960, 381; BGH v. 24.03.1964 - VI ZR 179/62 - juris Rn. 18 - LM Nr. 9 zu § 139 DBG; *Roth* in: MünchKomm-BGB, § 412 Rn. 11.
[75] *Busche* in: Staudinger, § 412 Rn. 9; *Roth* in: MünchKomm-BGB, § 412 Rn. 15.
[76] *Busche* in: Staudinger, § 412 Rn. 10; *Roth* in: MünchKomm-BGB, § 412 Rn. 17.
[77] *Roth* in: MünchKomm-BGB, § 412 Rn. 17.
[78] *Busche* in: Staudinger, § 412 Rn. 10; *Roth* in: MünchKomm-BGB, § 412 Rn. 17.
[79] *Roth* in: MünchKomm-BGB, § 412 Rn. 17.
[80] *Roth* in: MünchKomm-BGB, § 412 Rn. 17.
[81] So aber *Weber* in: BGB-RGRK, 12. Aufl. 1976, § 412 Rn. 39.
[82] *Roth* in: MünchKomm-BGB, § 412 Rn. 17.

zwischen Ehegatten die Informations- und Nachweispflichten der §§ 402, 403 BGB mangels entsprechenden Bedürfnisses nicht zur Anwendung.[83]

b. Erbrecht

34 Nicht von der Norm umfasst ist hingegen die **erbrechtliche Gesamtrechtsnachfolge** gemäß § 1922 BGB. Für diese gelten eigene Regeln, nämlich die des 5. Buchs des BGB.[84]

c. Gesellschaftsrecht

35 Die Vorschrift ist des Weiteren nicht auf die **Verschmelzung von Gesellschaften** gemäß UmwG sowie die Fälle der §§ 120, 131 UmwG und § 140 HGB anwendbar. Insoweit bestehen Spezialvorschriften, aus denen sich dieselben Rechtsfolgen ergeben wie aus den §§ 404-410 BGB. Insbesondere kann die neue Gesellschaft nicht mehr Rechte erwerben als der alten zustanden.[85] Im Einzelfall ist jedoch eine Anwendung von § 399 BGB denkbar.[86]

II. Abgrenzung zu anderen Rechtsinstituten

1. Schuldrechtliche Pflicht zur Abtretung

36 Von der Legalzession sind Fälle zu unterscheiden, in denen das Gesetz selbst nicht den Forderungsübergang anordnet, sondern lediglich eine **schuldrechtliche Pflicht zur rechtsgeschäftlichen Übertragung** begründet.[87] Fälle sind etwa die §§ 255, 285 Abs. 1, 326 Abs. 3 BGB, die §§ 61 Abs. 1, 113 Abs. 1, 165 HGB, die §§ 88 Abs. 2 Satz 2, 284 Abs. 2 Satz 2 AktG. In diesen Fällen besteht kraft Gesetzes nur ein schuldrechtlicher Anspruch auf Abschluss eines Abtretungsvertrages, während sich der dingliche Rechtsübergang rechtsgeschäftlich durch Abtretungsvertrag gemäß § 398 BGB (vgl. die Kommentierung zu § 398 BGB Rn. 30) vollzieht.[88] Eines Rückgriffs auf § 412 BGB bedarf es in diesem Fall nicht, da die §§ 398-413 BGB auf die rechtsgeschäftliche Abtretung unmittelbar anwendbar sind.[89]

2. Veräußerung eines Handelsgeschäfts

37 Im Falle der **Übertragung eines Handelsgeschäfts** regelt § 25 Abs. 1 Satz 2 HGB den Übergang der zum Unternehmen gehörigen Forderungen. Das Unternehmen und die Firma bilden den für den Schuldner maßgeblichen Bezugspunkt. Die Vorschrift stellt jedoch **keine Legalzession** dar, sondern eine **Abtretungsfiktion mit relativer Wirkung** („gelten den Schuldnern gegenüber als auf den Erwerber übergegangen"), die aber de facto einer Legalzession weitgehend gleichkommt.[90] Dies bedeutet, dass durch § 25 Abs. 1 Satz 2 HGB nur die Einigung gemäß § 398 BGB ersetzt wird, etwaige Form- und Zustimmungserfordernisse jedoch eingehalten werden müssen.[91] Im Übrigen sind die §§ 398-410 BGB wegen der vergleichbaren Interessenlage grundsätzlich **entsprechend anwendbar**.[92] § 407 BGB wird jedoch durch § 15 Abs. 2 HGB modifiziert, wonach Publizität und damit auch Kenntnis vom Forderungsübergang maßgeblich durch die Eintragung im Handelsregister begründet wird, und § 410 BGB ist nicht anwendbar.[93] Eine ähnliche Regelung enthält § 28 Abs. 1 Satz 2 HGB bei **Teilhaberaufnahme**.[94] Auch auf den hierdurch ausgelösten Forderungsübergang ist § 412 BGB entsprechend an-

---

[83] *Busche* in: Staudinger, § 412 Rn. 10; *Roth* in: MünchKomm-BGB, § 412 Rn. 17.

[84] *Busche* in: Staudinger, § 412 Rn. 9; *Roth* in: MünchKomm-BGB, § 412 Rn. 15; *Grüneberg* in: Palandt, § 412 Rn. 1; *Zeiss* in: Soergel, 12. Aufl., § 412 Rn. 1; *Westermann* in: Erman, § 412 Rn. 2.

[85] *Roth* in: MünchKomm-BGB, § 412 Rn. 15.

[86] *Roth* in: MünchKomm-BGB, § 412 Rn. 15 mit näherer Darlegung der betroffenen Fälle und des Streitstandes.

[87] *Busche* in: Staudinger, § 412 Rn. 4; *Roth* in: MünchKomm-BGB, § 412 Rn. 2.

[88] *Busche* in: Staudinger, § 412 Rn. 4; *Roth* in: MünchKomm-BGB, § 412 Rn. 2; *Westermann* in: Erman, § 412 Rn. 3.

[89] *Busche* in: Staudinger, § 412 Rn. 4.

[90] BGH v. 20.01.1992 - II ZR 115/91 - juris Rn. 8 - LM HGB § 25 Nr. 24 (10/1992); *Busche* in: Staudinger, § 412 Rn. 11; *Roth* in: MünchKomm-BGB, § 412 Rn. 18 u. 19.

[91] *Roth* in: MünchKomm-BGB, § 412 Rn. 19.

[92] *Busche* in: Staudinger, § 412 Rn. 9; *Roth* in: MünchKomm-BGB, § 412 Rn. 18 u. 19; *Weber* in: BGB-RGRK, 12. Aufl. 1976, § 412 Rn. 37.

[93] *Roth* in: MünchKomm-BGB, § 412 Rn. 19.

[94] *Roth* in: MünchKomm-BGB, § 412 Rn. 19.

wendbar.⁹⁵ Beim **Kommissionsgeschäft** stellt die Fiktion des § 392 Abs. 2 HGB ebenfalls keinen Fall der Legalzession dar. Denn sie gilt gerade nicht im Verhältnis zum Schuldner, da die Forderungen aus den Veräußerungen, auch wenn sie nicht abgetreten sind, nur im Verhältnis zwischen dem Kommittenten und dem Kommissionär oder dessen Gläubigern als Forderungen des Kommittenten gelten.⁹⁶ Die Fiktion gilt allerdings unabhängig von einer eventuellen Formgebundenheit der Abtretung. Letztere kommt erst bei der wirklichen Abtretung nach § 392 Abs. 1 HGB zum Tragen.⁹⁷ Voraussetzung ist jedoch, dass die Forderung abtretbar ist, also z.B. nicht einer **Kontokorrentbindung** (vgl. hierzu oben die Kommentierung zu § 399 BGB Rn. 25) unterliegt.⁹⁸

3. Gerichtliche Forderungsübertragung

Von der Legalzession ist die **gerichtliche Forderungsübertragung** zu unterscheiden. Bei dieser erfolgt der Forderungsübergang nicht aufgrund der Erfüllung der Voraussetzungen eines gesetzlichen Tatbestandes, sondern aufgrund einer gerichtlichen Entscheidung.⁹⁹ Es handelt sich also um einen **Forderungsübergang kraft Hoheitsaktes**. Gleichwohl ist § 412 BGB grundsätzlich auch auf diese Fälle anwendbar, etwa auf die Überweisung einer gepfändeten Forderung durch gerichtlichen Beschluss gemäß § 835 ZPO.¹⁰⁰ Wegen der **Besonderheiten der Forderungsvollstreckung** sind jedoch nicht alle Vorschriften des Abtretungsrechts anwendbar. Verdrängt werden insbesondere die §§ 402, 403, 405, 406, 409, 410, 411 BGB.¹⁰¹ § 406 BGB wird durch § 392 BGB ersetzt (vgl. die Kommentierung zu § 406 BGB Rn. 5), die Vorschriften der §§ 402, 403 BGB durch die Sonderregelungen des § 836 Abs. 2, Abs. 3 ZPO (vgl. die Kommentierung zu § 403 BGB Rn. 6 und die Kommentierung zu § 402 BGB Rn. 5).¹⁰² Hingegen bleiben die §§ 404, 407, 408 BGB anwendbar.¹⁰³ Zur Problematik der Anwendbarkeit von § 408 BGB vgl. die Kommentierung zu § 408 BGB Rn. 3. 38

4. Forderungsübertragung durch Verwaltungsakt

Des Weiteren ist von der cessio legis die **Forderungsübertragung durch Verwaltungsakt** zu unterscheiden.¹⁰⁴ Eine solche ist insbesondere auf dem Gebiet des Sozialrechts von Bedeutung. Der Staat kann kraft entsprechender Ermächtigungsnormen Ansprüche der Empfänger staatlicher Sozialleistungen gegen unterstützungspflichtige Dritte zu Regresszwecken auf sich überleiten.¹⁰⁵ Beispiele sind etwa § 93 SGB XII (bis zum 31.12.2004: § 90 BSHG), §§ 140, 153 AFG (gültig bis 31.12.1997) und § 50 SGB I.¹⁰⁶ Der Forderungsübergang tritt in diesen Fällen nicht durch die Erfüllung eines gesetzlichen Tatbestandes ein, sondern durch einen aufgrund der Ermächtigungsnormen ergehenden konstitutiven **privatrechtsgestaltenden Verwaltungsakt**, der die Wirkungen einer Abtretung hat und mit einer gerichtlichen Forderungsübertragung vergleichbar ist.¹⁰⁷ Voraussetzung ist die Mitteilung einer entsprechenden Willensentschließung der überleitenden Stelle an den Schuldner. Die Mitteilung der zur Überleitung berechtigenden Tatsachen reicht nicht aus.¹⁰⁸ Rechtsfolge ist, dass die überleitende Stelle in die Gläubigerstellung eintritt und den Anspruch im eigenen Namen geltend machen kann.¹⁰⁹ Der Anspruch ändert sich in seinem rechtlichen Charakter nicht und ist von der überleitenden Stelle im 39

---

[95] *Busche* in: Staudinger, § 412 Rn. 9.
[96] *Busche* in: Staudinger, § 412 Rn. 9; *Roth* in: MünchKomm-BGB, § 412 Rn. 19; a.A. *Westermann* in: Erman, § 412 Rn. 2.
[97] *Roth* in: MünchKomm-BGB, § 412 Rn. 19.
[98] *Roth* in: MünchKomm-BGB, § 412 Rn. 19.
[99] *Busche* in: Staudinger, § 412 Rn. 15; *Roth* in: MünchKomm-BGB, § 412 Rn. 21.
[100] BAG v. 18.02.1971 - 5 AZR 296/70 - juris Rn. 15 - NJW 1971, 2094; *Busche* in: Staudinger, § 412 Rn. 15; *Roth* in: MünchKomm-BGB, § 412 Rn. 21; *Zeiss* in: Soergel, 12. Aufl., § 412 Rn. 4; *Grüneberg* in: Palandt, § 412 Rn. 1.
[101] *Busche* in: Staudinger, § 412 Rn. 15; *Roth* in: MünchKomm-BGB, § 412 Rn. 21.
[102] *Roth* in: MünchKomm-BGB, § 412 Rn. 21.
[103] RG v. 21.12.1915 - III 189/15 - RGZ 87, 412-419, 416; *Busche* in: Staudinger, § 412 Rn. 15; *Roth* in: MünchKomm-BGB, § 412 Rn. 21.
[104] *Busche* in: Staudinger, § 412 Rn. 16; *Roth* in: MünchKomm-BGB, § 412 Rn. 22.
[105] *Busche* in: Staudinger, § 412 Rn. 16; *Roth* in: MünchKomm-BGB, § 412 Rn. 22.
[106] *Busche* in: Staudinger, § 412 Rn. 16.
[107] BGH v. 29.02.1956 - IV ZR 202/55 - juris Rn. 14 - BGHZ 20, 127-136; *Busche* in: Staudinger, § 412 Rn. 16; *Roth* in: MünchKomm-BGB, § 412 Rn. 23.
[108] *Roth* in: MünchKomm-BGB, § 412 Rn. 23.
[109] *Roth* in: MünchKomm-BGB, § 412 Rn. 23.

selben **Rechtsweg** geltend zu machen wie von dem ursprünglichen Gläubiger.[110] Daher entscheiden regelmäßig die Verwaltungsgerichte über die Rechtmäßigkeit der Überleitung, die Gerichte der ordentlichen Gerichtsbarkeit hingegen über den Bestand der übergeleiteten Forderung.[111] § 412 BGB ist auf den Forderungsübergang kraft Verwaltungsaktes **entsprechend anwendbar**.[112] Im Hinblick auf den Zweck der Überleitungsvorschriften sind allerdings § 399 Alt. 2 BGB (pactum de non cedendo) und § 400 BGB regelmäßig nicht anwendbar, wobei § 400 BGB häufig bereits durch das die Überleitung gestattende Gesetz ausdrücklich für unanwendbar erklärt wird (vgl. etwa § 93 Abs. 1 Satz 1 SGB XII (bis zum 31.12.2004: § 90 Abs. 1 Satz 1 BSHG), §§ 140 Satz 2, 153 Abs. 4 AFG (gültig bis 31.12.1997)).[113] Anwendbar sind jedoch § 404 BGB[114] sowie § 407 BGB, wenn der Schuldner bei Zahlung noch keine Kenntnis von der Überleitung hatte[115]. Auch nach Überleitung auf den Leistungsträger bleibt der Hilfsbedürftige zur Geltendmachung **künftiger Forderungen** aktiv legitimiert und kann Zahlung an sich verlangen.[116] Möglich ist jedoch auch die Überleitung einer künftigen Forderung (zur Abtretung künftiger Forderungen vgl. die Kommentierung zu § 398 BGB Rn. 20), welche im Falle des § 93 SGB XII (bis zum 31.12.2004: § 90 BSHG) durch die Gewährung weiterer Unterstützung durch den Sozialhilfeträger aufschiebend bedingt erfolgt.[117] Im Falle der Überleitung von **Unterhaltsansprüchen** bleibt jedoch der Unterhaltsberechtigte für die Geltendmachung künftiger Forderungen stets aktiv legitimiert und kann daher Zahlung an sich selbst verlangen.[118]

5. Vermögenseinziehung

40 Bei der **Vermögenseinziehung** zugunsten des Staates, etwa im Falle eines Parteiverbotes nach § 46 Abs. 3 BVerfGG, sind die in § 412 BGB genannten Bestimmungen entsprechend anwendbar, insbesondere die Schuldnerschutzbestimmungen der §§ 404, 406-410 BGB.[119]

III. Spezialvorschriften

41 **Spezielle Vorschriften**, die ähnliche Regelungen wie § 412 BGB enthalten, sind die für Surrogationsfälle geltenden §§ 1473 Abs. 2, 2019 Abs. 2, 2111 Abs. 1 Satz 2 BGB, welche die Anwendbarkeit der §§ 406-408 BGB vorsehen.[120] Dasselbe gilt gemäß §§ 720, 718 Abs. 1 BGB für Forderungen, die in das Gesellschaftsvermögen übergehen (vgl. die Kommentierung zu § 718 BGB und die Kommentierung zu § 720 BGB).[121]

IV. Internationales Privatrecht

42 Hat ein Dritter die Verpflichtung, den Gläubiger einer Forderung zu befriedigen, so bestimmt gemäß Art. 33 Abs. 3 Satz 1 EGBGB das für die Verpflichtung des Dritten maßgebende Recht, ob er die Forderung des Gläubigers gegen den Schuldner gemäß dem für deren Beziehungen maßgeblichen Recht ganz oder zu einem Teil geltend zu machen berechtigt ist. Im Falle eines **gesetzlichen Forderungsübergangs** ist das Recht maßgeblich, welches für die Erfüllung der Verpflichtung des Legalzessionars gegenüber dem Gläubiger (Legalzedenten) maßgeblich ist (**Zessionsgrundstatut**). Ein gesetzlicher Forderungsübergang ist also dann zu beachten, wenn er von eben diesem Zessionsgrundstatut angeord-

---

[110] *Roth* in: MünchKomm-BGB, § 412 Rn. 23.
[111] *Roth* in: MünchKomm-BGB, § 412 Rn. 23.
[112] BAG v. 18.02.1971 - 5 AZR 296/70 - juris Rn. 15 - NJW 1971, 2094; *Busche* in: Staudinger, § 412 Rn. 16; *Roth* in: MünchKomm-BGB, § 412 Rn. 24; *Grüneberg* in: Palandt, § 412 Rn. 1; *Zeiss* in: Soergel, 12. Aufl., § 412 Rn. 4; *Westermann* in: Erman, § 412 Rn. 4.
[113] *Busche* in: Staudinger, § 412 Rn. 16; *Roth* in: MünchKomm-BGB, § 412 Rn. 24; *Weber* in: BGB-RGRK, 12. Aufl. 1976, § 412 Rn. 51; *Zeiss* in: Soergel, 12. Aufl., § 412 Rn. 3.
[114] BGH v. 08.03.1960 - VI ZR 59/59 - VersR 1960, 426-429; *Roth* in: MünchKomm-BGB, § 412 Rn. 24.
[115] RG v. 21.12.1915 - III 189/15 - RGZ 87, 412-419, 416; *Roth* in: MünchKomm-BGB, § 412 Rn. 24.
[116] BGH v. 25.05.1982 - VI ZR 203/80 - BGHZ 84, 151-157; *Busche* in: Staudinger, § 412 Rn. 16.
[117] BGH v. 29.02.1956 - IV ZR 202/55 - juris Rn. 15 - BGHZ 20, 127-136; BGH v. 03.04.1973 - VI ZR 58/72 - juris Rn. 23 - LM Nr. 3 zu BSHG; *Roth* in: MünchKomm-BGB, § 412 Rn. 24.
[118] BGH v. 07.10.1981 - IVb ZR 598/80 - juris Rn. 16 - LM Nr. 16 zu § 1361 BGB; *Roth* in: MünchKomm-BGB, § 412 Rn. 24.
[119] RG v. 28.08.1936 - VII 56/36 - RGZ 152, 111-113, 113; *Roth* in: MünchKomm-BGB, § 412 Rn. 25; *Weber* in: BGB-RGRK, 12. Aufl. 1976, § 412 Rn. 52 f; *Zeiss* in: Soergel, 12. Aufl., § 412 Rn. 4.
[120] *Roth* in: MünchKomm-BGB, § 412 Rn. 18.
[121] *Roth* in: MünchKomm-BGB, § 412 Rn. 18.

net wird.[122] Der Übergang der Forderung eines Versicherten gegen den Schädiger auf seinen Versicherer richtet sich etwa nach dem Statut des Versicherungsvertrages, während das für die übergehende Forderung, hier also die zwischen Schädiger und Geschädigtem, maßgebliche Recht nicht maßgeblich ist.[123]

---

[122] *Martiny* in: MünchKomm-BGB, 3. Aufl. 2003, Art. 33 Rn. 22.
[123] *Martiny* in: MünchKomm-BGB, 3. Aufl. 2003, Art. 33 Rn. 22 m.w.N.

§ 413 BGB Übertragung anderer Rechte

(Fassung vom 02.01.2002, gültig ab 01.01.2002)

Die Vorschriften über die Übertragung von Forderungen finden auf die Übertragung anderer Rechte entsprechende Anwendung, soweit nicht das Gesetz ein anderes vorschreibt.

Gliederung

A. Grundlagen 1	b. Personengesellschaften 17
I. Kurzcharakteristik 1	c. Kapitalgesellschaften 18
II. Regelungsprinzipien 2	7. Urheberrechte und gewerbliche Schutzrechte 19
B. Praktische Bedeutung 3	8. Öffentliche Rechte 20
C. Anwendungsvoraussetzungen 4	II. Übertragung 21
I. Andere Rechte 4	III. Keine anderweitige gesetzliche Bestimmung 22
1. Definition 4	
2. Persönlichkeitsrecht 5	1. Sachenrechte 23
3. Gestaltungsrechte 6	2. Erbrechtliche Rechte 25
a. Selbstständige Gestaltungsrechte 7	3. Mitgliedschaftsrechte an Kapitalgesellschaften 26
b. Unselbstständige Gestaltungsrechte/forderungsbezogene und vertragsbezogene Gestaltungsrechte 8	a. Aktiengesellschaft 27
c. Anfechtungsrecht 10	b. Gesellschaft mit beschränkter Haftung ... 28
4. Sachen-, Familien- und Erbrechte 11	c. Anmeldung bei der Gesellschaft 29
a. Sachenrechte 12	d. Genossenschaft 30
b. Familienrechte und Erbrecht 13	4. Urheberrechte und gewerbliche Schutzrechte 31
5. Unternehmen 14	
6. Mitgliedschaftsrechte 15	D. Rechtsfolgen 32
a. Verein 16	E. Anwendungsfelder 33

A. Grundlagen[1]

I. Kurzcharakteristik

1 Die Vorschrift bestimmt, dass **andere Rechte** als Forderungen in gleicher Weise wie diese übertragen werden können, wenn nichts Gegenteiliges bestimmt ist.[2] Hieraus folgt der allgemeine Grundsatz, dass **jedes Recht verkehrsfähig**, d.h. übertragbar ist, wenn keine gegenteilige gesetzliche Regelung besteht. Die Übertragung erfolgt dabei im Normfall durch einen bloßen Abtretungsvertrag, d.h. durch eine – meist formlose – Willenseinigung zwischen dem bisherigen und dem neuen Rechtsinhaber.[3]

II. Regelungsprinzipien

2 § 413 BGB resultiert aus dem **Grundsatz der Privatautonomie**, wonach jedes Rechtssubjekt in den von der Rechtsordnung festgelegten Grenzen seine Angelegenheiten selbstbestimmt regeln kann.[4]

B. Praktische Bedeutung

3 Die Vorschrift hat eine **eher geringe praktische Bedeutung**, da ihre Anwendung durch zahlreiche spezialgesetzliche Vorschriften (vgl. Rn. 22) eingeschränkt wird. Dies gilt namentlich für Sachen- und Familienrechte, bezüglich derer entweder die Übertragung auf andere Art erfolgt (§§ 929-936, 873 BGB) oder ganz ausgeschlossen ist.[5] Bedeutung hat § 413 BGB schwerpunktmäßig für gewerbliche Schutzrechte, urheberrechtliche Nutzungsrechte und Gestaltungsrechte.[6]

---

[1] Fortführung und Aktualisierung der bis zur Vorauflage von Herrn Dr. *G. Knerr* betreuten Kommentierung. Die Kommentierung gibt ausschließlich die persönliche Meinung des Autors wieder.
[2] *Busche* in: Staudinger, § 413 Rn. 1; *Roth* in: MünchKomm-BGB, § 413 Rn. 1.
[3] *Busche* in: Staudinger, § 413 Rn. 1; *Roth* in: MünchKomm-BGB, § 413 Rn. 1.
[4] *Busche* in: Staudinger, § 413 Rn. 2.
[5] *Busche* in: Staudinger, § 413 Rn. 2; *Roth* in: MünchKomm-BGB, § 413 Rn. 1.
[6] *Busche* in: Staudinger, § 413 Rn. 2.

C. Anwendungsvoraussetzungen

I. Andere Rechte

1. Definition

Andere Rechte sind alle nicht unter § 398 BGB fallenden Rechte, insbesondere Persönlichkeitsrechte[7], Sachenrechte, Urheberrechte, gewerbliche Schutzrechte, Familien- und Erbrechte, Immaterialgüterrechte, Mitgliedschaftsrechte (Mitwirkungs-, Organschafts- und Körperschaftsrechte), Gestaltungsrechte, Aneignungsrechte, Anfalls- und Anwartschaftsrechte, Rechte an Rechten und Gegenrechte[8]. Diese unterscheiden sich von den Forderungen entweder aufgrund ihres nicht auf einem vertraglichen oder gesetzlichen Schuldverhältnis beruhenden **Entstehungsgrundes** (so bei Sachen-, Körperschafts-, Organschafts-, Mitgliedschafts-, Familien-, Erb-, Urheberrechten und gewerblichen Schutzrechten (Marken-, Patent-, Gebrauchsmusterrechte)) oder aufgrund ihres **Inhalts**, namentlich weil es sich nicht um Leistungsansprüche, sondern um Herrschafts-, Gestaltungs-, Anwartschafts-, Vorlegungsrechte oder Berichtigungsansprüche handelt.[9] Ebenso wie bei Forderungen (vgl. die Kommentierung zu § 398 BGB Rn. 20) können auch **zukünftige andere Rechte**, etwa solche an künftigen, ihrem Gegenstand nach jedoch bereits hinreichend bestimmbaren Erfindungen, abgetreten werden.[10] Im Folgenden sollen die einzelnen Fallgruppen kurz dargestellt werden:

2. Persönlichkeitsrecht

Das **Persönlichkeitsrecht** ist wegen seiner höchstpersönlichen Natur unübertragbar.[11] Hierin liegt eine Parallele zur Unabtretbarkeit höchstpersönlicher Ansprüche gemäß § 399 BGB (vgl. die Kommentierung zu § 399 BGB Rn. 15).

3. Gestaltungsrechte

Bei **Gestaltungsrechten** ist zwischen selbstständigen und unselbstständigen zu unterscheiden:

a. Selbstständige Gestaltungsrechte

Selbstständige Gestaltungsrechte sind nicht im Verhältnis zu einem anderen Recht akzessorisch und daher gemäß § 413 BGB isoliert übertragbar.[12] Zu diesen gehören das **Wiederkaufsrecht** (§§ 456-462 BGB)[13] und das **Vorkaufsrecht** (§§ 463-473 BGB), sofern Übertragbarkeit vereinbart worden ist[14]. Abtretbar ist außerdem das **Vertragsangebot**, wenn dessen Abtretbarkeit ausbedungen wurde.[15] Ferner sind grundsätzlich **Aneignungsrechte** übertragbar.[16] Einige selbstständige Gestaltungsrechte sind allerdings im Hinblick auf die besondere Natur des Rechtsverhältnisses nicht übertragbar. Hierzu gehört das **Widerrufsrecht des Schenkers** gemäß § 530 BGB (vgl. die Kommentierung zu § 530 BGB), da die Widerrufsgründe auf die besonderen persönlichen Beziehungen zwischen Schenker und Beschenktem zurückzuführen sind.[17] Ferner ist auch das Recht zur **Rücknahme einer hinterlegten Sa-**

---

[7] Zu den Persönlichkeitsrechten vgl. *Busche* in: Staudinger, § 413 Rn. 3 m.w.N.
[8] *Busche* in: Staudinger, § 413 Rn. 3; *Roth* in: MünchKomm-BGB, § 413 Rn. 2; *Grüneberg* in: Palandt, § 413 Rn. 1.
[9] *Busche* in: Staudinger, § 413 Rn. 3.
[10] BGH v. 16.11.1954 - I ZR 40/53 - LM Nr. 1 zu § 3 PatG; *Roth* in: MünchKomm-BGB, § 413 Rn. 14; *Roth* in: MünchKomm-BGB, § 413 Rn. 5.
[11] *Roth* in: MünchKomm-BGB, § 413 Rn. 1.
[12] *Busche* in: Staudinger, § 413 Rn. 11; *Roth* in: MünchKomm-BGB, § 413 Rn. 11; *Grüneberg* in: Palandt, § 413 Rn. 2.
[13] *Busche* in: Staudinger, § 413 Rn. 11; *Roth* in: MünchKomm-BGB, § 413 Rn. 11; *Grüneberg* in: Palandt, § 413 Rn. 3.
[14] RG v. 29.05.1935 - V 488/34 - RGZ 148, 105-114, 109; RG v. 01.04.1940 - V 174/39 - RGZ 163, 142-156, 147; *Busche* in: Staudinger, § 413 Rn. 11; *Roth* in: MünchKomm-BGB, § 413 Rn. 10; *Grüneberg* in: Palandt, § 413 Rn. 3.
[15] RG v. 10.06.1925 - V 511/24 - RGZ 111, 46-48, 47; *Roth* in: MünchKomm-BGB, § 413 Rn. 11; *Grüneberg* in: Palandt, § 413 Rn. 3; *Busche* in: Staudinger, § 413 Rn. 11 u. § 399 Rn. 15; *Grüneberg* in: Palandt, § 413 Rn. 3.
[16] *Busche* in: Staudinger, § 413 Rn. 11; *Roth* in: MünchKomm-BGB, § 413 Rn. 11; *Grüneberg* in: Palandt, § 413 Rn. 3.
[17] *Busche* in: Staudinger, § 413 Rn. 11; *Roth* in: MünchKomm-BGB, § 413 Rn. 12.

che gemäß § 376 Abs. 1 BGB nicht abtretbar (vgl. die Kommentierung zu § 376 BGB). Da das Rücknahmerecht gemäß § 377 Abs. 1 BGB nicht pfändbar ist, ist gemäß §§ 413, 400 BGB auch die Abtretung ausgeschlossen (vgl. die Kommentierung zu § 400 BGB Rn. 8).[18]

b. Unselbstständige Gestaltungsrechte/forderungsbezogene und vertragsbezogene Gestaltungsrechte

8   Bei den **unselbstständigen (akzessorischen) Gestaltungsrechten** ist zu unterscheiden zwischen den **forderungsbezogenen Gestaltungsrechten** und den **vertragsbezogenen Gestaltungsrechten**. Forderungsbezogene Gestaltungsrechte sind Gestaltungsrechte, die mit der Forderung als solcher untrennbar verbunden sind, weil sie deren eigentlichen Inhalt verändern.[19] Hierzu gehören insbesondere **Hilfsrechte**, die der Ausübung und Durchsetzung der Forderung dienen und damit zwingend dem Gläubiger der Forderung zustehen.[20] Solche Hilfsrechte sind etwa das Recht auf Fälligkeitskündigung, das Gläubigerwahlrecht und die Ersetzungsbefugnis.[21] Nicht selbstständig abtretbar ist wegen seiner Akzessorietät auch das Gestaltungsrecht, mittels dessen eine **Mieterhöhung** verlangt werden kann.[22] Diese Rechte sind streng akzessorisch, d.h. sie können nicht gemäß §§ 413, 398 BGB selbstständig abgetreten werden, sondern gehen gemäß § 401 BGB mit der Forderung über (vgl. die Kommentierung zu § 401 BGB Rn. 13).[23] Sie können zusammen mit der gesamten Forderung oder mit einem Teil derselben abgetreten werden.[24]

9   **Vertragsbezogene Gestaltungsrechte** sind Gestaltungsrechte, die nicht mit einer konkreten Forderung verbunden sind, sondern der Umgestaltung eines gesamten Vertragsverhältnisses dienen.[25] Zu diesen gehören etwa das Recht auf Vertragskündigung, das Rücktrittsrecht und das als Anspruch konstruierte **Wandelungsrecht**.[26] Da sie nicht wesensmäßig mit einer bestimmten Forderung verbunden sind, gehen sie auch nicht mit dieser gemäß § 401 BGB auf den Zessionar über.[27] Sie können aber nach richtiger Auffassung zusammen mit der Forderung durch Vereinbarung auf den Zessionar übertragen werden, was jedoch umstritten ist (vgl. auch die Kommentierung zu § 401 BGB Rn. 16).[28] Der BGH hat dies offen gelassen.[29] In welchem Umfang Rechte und Pflichten aus einem Vertragsverhältnis im konkreten Fall auf den Zessionar übergehen, ist im Übrigen eine Frage der **Auslegung** des Abtretungsvertrages gemäß §§ 133, 157 BGB.[30] Ergibt die Auslegung nicht, dass vertragsbezogene Gestaltungsrechte übergehen sollen, so verbleiben diese beim Zedenten und können von ihm ausgeübt werden.[31] Dies gilt etwa im Falle des Rechts zur **Kündigung** eines Pachtvertrags im Falle der Sicherungszession der gegenwärtigen und künftigen Forderungen aus diesem Vertrag zur Besicherung eines Kredits.[32] Denkbar ist des Weiteren als Minus zur Übertragung der Gestaltungsrechte eine **Ermächtigung des**

---

[18] *Busche* in: Staudinger, § 413 Rn. 11; *Roth* in: MünchKomm-BGB, § 413 Rn. 12.
[19] *Busche* in: Staudinger, § 413 Rn. 13.
[20] *Busche* in: Staudinger, § 413 Rn. 10; *Grüneberg* in: Palandt, § 413 Rn. 4.
[21] *Grüneberg* in: Palandt, § 413 Rn. 4.
[22] AG Berlin-Schöneberg v. 15.04.1996 - 8 C 121.96 - MM 1996, 401.
[23] *Busche* in: Staudinger, § 413 Rn. 10 u. 13; *Grüneberg* in: Palandt, § 401 Rn. 4 u. § 413 Rn. 4.
[24] *Grüneberg* in: Palandt, § 413 Rn. 4.
[25] *Busche* in: Staudinger, § 413 Rn. 13; *Grüneberg* in: Palandt, § 413 Rn. 5.
[26] BGH v. 01.06.1973 - V ZR 134/72 - juris Rn. 16 - NJW 1973, 1793-1795; BGH v. 29.03.1974 - V ZR 22/73 - juris Rn. 27 - NJW 1974, 1135-1137; BGH v. 24.10.1985 - VII ZR 31/85 - juris Rn. 12 - ZIP 1986, 234-237; *Reinking/Eggert*, Der Autokauf, 9. Aufl. 2005, Rn. 291; *Grüneberg* in: Palandt, § 413 Rn. 5.
[27] BGH v. 21.06.1985 - V ZR 134/84 - juris Rn. 32 - LM Nr. 2/3 zu § 326 (Da) BGB; OLG Jena v. 23.10.2003 - 5 W 321/02 - MittBayNot 2004, 193-195; *Busche* in: Staudinger, § 401 Rn. 35; *Grüneberg* in: Palandt, § 401 Rn. 4 u. § 398 Rn. 18.
[28] Bejahend: *Busche* in: Staudinger, § 413 Rn. 13; verneinend: *Soergel* in: MünchKomm-BGB, 3. Aufl. 1997, § 633 Rn. 125 (zur Wandelung).
[29] BGH v. 23.02.1977 - VIII ZR 124/75 - juris Rn. 22 - BGHZ 68, 118-127; BGH v. 11.07.1985 - VII ZR 52/83 - juris Rn. 13 - BGHZ 95, 250-255; BGH v. 10.12.1997 - XII ZR 119/96 - juris Rn. 8 - LM BGB § 185 Nr. 43 (6/1998).
[30] BGH v. 24.10.1985 - VII ZR 31/85 - juris Rn. 23 - BGHZ 96, 146-151; BGH v. 21.06.1985 - V ZR 134/84 - juris Rn. 33 - LM Nr. 2/3 zu § 326 (Da) BGB; OLG Hamm v. 26.11.1991 - 7 U 121/91 - juris Rn. 43 - NJW-RR 1993, 273-274; *Busche* in: Staudinger, § 413 Rn. 13.
[31] *Busche* in: Staudinger, § 413 Rn. 13.
[32] OLG Bamberg v. 26.04.2002 - 6 U 6/02 - OLGR Bamberg 2003, 307-308.

Zessionars zu deren Ausübung.³³ Hierin liegt eine Parallele zur Einziehungsermächtigung bezüglich einer Forderung (vgl. hierzu die Kommentierung zu § 398 BGB Rn. 123). Ist eine Abtretung fehlgeschlagen, so kann sie u.U. gemäß § 140 BGB (vgl. hierzu die Kommentierung zu § 140 BGB) in eine (wirksame) Ermächtigung zur Ausübung des Gestaltungsrechts umgedeutet werden.³⁴ Möglich ist es etwa, dass der Grundstücksveräußerer den Erwerber zur Kündigung des Mietvertrages im eigenen Namen ermächtigt.³⁵ Zulässig ist die Ermächtigung des Rechtsnachfolgers zu einer Kündigung auch schon, bevor die Rechtsnachfolge wirksam wird.³⁶

c. Anfechtungsrecht

Die vorgenannten Grundsätze gelten insbesondere für die Übertragung des **Anfechtungsrecht**s, da dieses zur rückwirkenden Vernichtung des gesamten Schuldverhältnisses und nicht nur einer einzelnen Forderung führt und somit zu den vertragsbezogenen Gestaltungsrechten gehört.³⁷ Wird das Anfechtungsrecht nicht mit übertragen, so kann es der Zedent weiterhin alleine ausüben.³⁸ Dies gilt aber nur für die Abtretung im Sinne des § 398 BGB, nicht für die von dieser zu unterscheidende **Vertragsübernahme** (vgl. die Kommentierung zu § 398 BGB Rn. 133). Bei dieser geht das Anfechtungsrecht notwendig auf den Rechtsnachfolger über, da dieser in das gesamte Schuldverhältnis mit allen Rechten und Pflichten eintritt.³⁹ Übertragbar sind ferner der Anspruch auf **Nachbesserung** sowie derjenige auf **Minderung**.⁴⁰ Ebenso wie im Falle des **Wandelungsrechts** steht dessen Abtretung auch nicht § 399 BGB entgegen (vgl. die Kommentierung zu § 399 BGB Rn. 13). 10

4. Sachen-, Familien- und Erbrechte

Umstritten ist, ob auch **dingliche, familien- und erbrechtliche Ansprüche** (z.B. aus den §§ 985, 1360a Abs. 4, 2174 BGB) unter § 413 BGB fallen oder ob insoweit § 398 BGB unmittelbar gilt. Die Frage kann jedoch dahinstehen, weil in beiden Fällen dieselben Vorschriften anwendbar sind. Daher soll auf den entsprechenden Meinungsstreit nicht näher eingegangen werden.⁴¹ 11

a. Sachenrechte

Bezüglich bestimmter **Sachenrechte** ist die Übertragbarkeit von vornherein kraft Gesetzes ausgeschlossen, etwa bezüglich des Nießbrauchs (§ 1079 Satz 1 BGB) und der beschränkten persönlichen Dienstbarkeit (§ 1092 Satz 1 BGB).⁴² Auch **dingliche Ansprüche**, d.h. Ansprüche aufgrund der Verletzung dinglicher Rechte, können nicht von den dinglichen Rechten getrennt abgetreten werden, sondern sind untrennbar mit diesen verbunden und gehen daher mit dem absoluten Recht auf dessen Erwerber über (vgl. auch die Kommentierung zu § 399 BGB Rn. 20). Dies gilt insbesondere für den Herausgabeanspruch des Eigentümers gemäß § 985 BGB und den Unterlassungsanspruch gemäß § 1004 BGB.⁴³ Ein Dritter kann aber – ebenso wie bei Gestaltungsrechten (vgl. Rn. 9) – zur Geltendmachung des Rechts im eigenen Namen ermächtigt werden. Eine unwirksame Abtretung ist daher u.U. gemäß § 140 BGB (vgl. die Kommentierung zu § 140 BGB) in eine solche Ermächtigung umzudeuten.⁴⁴ Un- 12

---

[33] *Busche* in: Staudinger, § 413 Rn. 15.
[34] BGH v. 10.12.1997 - XII ZR 119/96 - juris Rn. 11 - LM BGB § 185 Nr. 43 (6/1998); *Busche* in: Staudinger, § 413 Rn. 15.
[35] BGH v. 10.12.1997 - XII ZR 119/96 - juris Rn. 13 - LM BGB § 185 Nr. 43 (6/1998); *Grüneberg* in: Palandt, § 413 Rn. 5.
[36] BGH v. 10.12.1997 - XII ZR 119/96 - juris Rn. 13 - LM BGB § 185 Nr. 43 (6/1998); *Roth* in: MünchKomm-BGB, § 413 Rn. 11.
[37] *Busche* in: Staudinger, § 413 Rn. 13; *Zeiss* in: Soergel, 12. Aufl., § 413 Rn. 4; *Weber* in: BGB-RGRK, 12. Aufl. 1976, § 413 Rn. 27.
[38] *Busche* in: Staudinger, § 413 Rn. 14.
[39] *Busche* in: Staudinger, § 413 Rn. 14.
[40] BGH v. 11.07.1985 - VII ZR 52/83 - juris Rn. 13 - BGHZ 95, 250-255; BGH v. 24.10.1985 - VII ZR 31/85 - juris Rn. 18 - BGHZ 96, 146-151; *Busche* in: Staudinger, § 413 Rn. 13; *Westermann* in: MünchKomm-BGB, 3. Aufl. 1995, § 462 Rn. 15; *Soergel* in: MünchKomm-BGB, 3. Aufl. 1997, § 633 Rn. 125.
[41] *Grüneberg* in: Palandt, § 413 Rn. 1.
[42] *Busche* in: Staudinger, § 413 Rn. 5.
[43] *Larenz*, Schuldrecht, Band I: Allgemeiner Teil, 14. Aufl. 1987, S. 583; *Busche* in: Staudinger, § 398 Rn. 42 und 413 Rn. 7; *Roth* in: MünchKomm-BGB, § 413 Rn. 4; *Zeiss* in: Soergel, 12. Aufl., § 413 Rn. 1; unklar: *Westermann* in: Erman, § 413 Rn. 3.
[44] *Busche* in: Staudinger, § 413 Rn. 7; *Zeiss* in: Soergel, 12. Aufl., § 413 Rn. 1.

übertragbar ist der **Anspruch auf Bestellung einer Grunddienstbarkeit**, da dieser nur mit dem Eigentum an dem herrschenden Grundstück übertragen werden kann.[45] Bezüglich der übertragbaren sachen-, familien- und erbrechtlichen Rechtspositionen ist im Übrigen zu beachten, dass zahlreiche Sonderregelungen gelten (vgl. zu diesen Rn. 23). Ist hingegen für einen Kreditgeber eine Hypothek eingetragen und ihm der Hypothekenbrief ausgehändigt worden, bevor der Kredit ausbezahlt wurde, so können die hierdurch entstandene **vorläufige Eigentümergrundschuld** und der Anspruch auf Briefherausgabe abgetreten werden, etwa um einen Zwischenkredit dinglich zu sichern. Dies ist auch schon vor der Eintragung der Hypothek möglich.[46]

b. Familienrechte und Erbrecht

13 **Familienrechte** sind unübertragbar, ebenso das **Erbrecht** als solches.[47] Übertragbar sind lediglich bestimmte erbrechtliche Rechtspositionen, insbesondere einzelne Ansprüche, für die jedoch besondere Regelungen bestehen (vgl. Rn. 25).

5. Unternehmen

14 Nicht unter § 413 BGB fällt die Übertragung **eines Unternehmens als Ganzes**. Das Unternehmen ist nämlich weder eine Sache noch ein Recht, sondern ein Inbegriff von Vermögensgegenständen, also eine Sach- und Rechtsgesamtheit. Seine Übertragung ist daher – wie bei der Übertragung des gesamten Nachlasses (vgl. Rn. 25) – grundsätzlich nur nach den Regeln für die Übertragung der Einzelgegenstände möglich (z.B. §§ 398-412, 873, 925, 929-936 BGB).[48] Eine Ausnahme bildet lediglich die Gesamtübertragung nach dem **Umwandlungsgesetz** (UmwG).[49] Gemäß § 413 BGB übertragen werden kann dagegen die **Firma**, jedoch nur zusammen mit dem Unternehmen (vgl. die §§ 22, 23 HGB).[50] Neben der Übertragung ist die Firmennutzung aufgrund einer Gestattung des Firmeninhabers, d.h. Einwilligung im Sinne des § 22 Abs. 1 HGB, möglich. Die eigentliche Rechtsinhaberschaft bleibt in diesem Fall beim ursprünglichen Unternehmer.[51]

6. Mitgliedschaftsrechte

15 Bei den **Mitgliedschaftsrechten** liegt die Besonderheit darin, dass mit der Mitgliedschaft ein komplexes Bündel von Rechten und Pflichten übertragen wird. Der Sache nach handelt es sich daher eigentlich um eine Vertragsübernahme, für die aber besondere rechtliche Vorgaben gelten, so dass sie als Rechtsübertragung ausgestaltet ist und vollzogen werden kann.[52]

a. Verein

16 Bei einem **Verein** ist die Mitgliedschaft gemäß § 38 Satz 1 BGB nicht abtretbar, da sie höchstpersönlich und daher grundsätzlich unlösbar mit dem Mitglied verbunden ist.[53] Gemäß § 40 BGB handelt es sich jedoch um dispositives Recht, so dass in der Satzung vorgesehen werden kann, dass die Mitgliedschaft übertragbar ist. In diesem Fall sind die §§ 398-412 BGB anwendbar.[54]

b. Personengesellschaften

17 Bezüglich der übrigen Mitgliedschaftsrechte ist zu unterscheiden zwischen denen an **Personengesellschaften** (z.B. Gesellschaft bürgerlichen Rechts, OHG, KG) und an **Kapitalgesellschaften** (z.B. AG, GmbH). Bei Verbänden personenrechtlicher Natur sind nur die Mitgliedschaftsrechte mit **vermögensrechtlichem Charakter** abtretbar, nicht jedoch die Verwaltungsrechte. Bei den Vermögensrechten folgt die Abtretbarkeit daraus, dass sie zum Zeitpunkt ihrer Durchsetzbarkeit von der Mitgliedschaft

---

[45] *Larenz*, Schuldrecht, Band I: Allgemeiner Teil, 14. Aufl. 1987, S. 583; *Busche* in: Staudinger, § 398 Rn. 43.
[46] BGH v. 21.11.1969 - V ZR 149/66 - juris Rn. 19 - BGHZ 53, 60-65; *Busche* in: Staudinger, § 413 Rn. 8; *Roth* in: MünchKomm-BGB, § 413 Rn. 3.
[47] *Busche* in: Staudinger, § 413 Rn. 2 u. 9; *Roth* in: MünchKomm-BGB, § 413 Rn. 7; *Grüneberg* in: Palandt, § 413 Rn. 2.
[48] BGH v. 11.10.1967 - Ib ZR 144/65 - LM Nr. 2 zu § 413 BGB; *Busche* in: Staudinger, § 413 Rn. 4; *Roth* in: MünchKomm-BGB, § 413 Rn. 2; *Westermann* in: Erman, § 413 Rn. 1; *Grüneberg* in: Palandt, § 413 Rn. 2.
[49] *Busche* in: Staudinger, § 413 Rn. 4.
[50] *Roth* in: MünchKomm-BGB, § 413 Rn. 3.
[51] *Roth* in: MünchKomm-BGB, § 413 Rn. 3.
[52] *Roth* in: MünchKomm-BGB, § 413 Rn. 8.
[53] *Roth* in: MünchKomm-BGB, § 413 Rn. 8; *Grüneberg* in: Palandt, § 413 Rn. 2.
[54] *Roth* in: MünchKomm-BGB, § 413 Rn. 8.

als solcher gelöst sind und selbstständige Ansprüche darstellen.[55] Dies ist bei den mitgliedschaftlichen Verwaltungsrechten nicht der Fall, da diese ihrem Wesen nach nur durch Gesellschafter ausgeübt werden können (vgl. die §§ 38 Satz 2, 717 Satz 1, 719 BGB). Daher steht die Vorschrift des § 399 BGB einer Abtretung entgegen.[56] Zu den Vermögensrechten gehören etwa das gewinnunabhängige Entnahmerecht[57], das so genannte Gewinnstammrecht[58] und der Vermögenswert der Beteiligung[59]. Ebenfalls übertragbar sind mitgliedschaftliche Sonderrechte im Sinne von § 35 BGB.[60] Übertragbar ist das Mitgliedschaftsrecht insgesamt hingegen dann, wenn der Gesellschaftsvertrag dies ausdrücklich vorsieht oder wenn alle Gesellschafter zustimmen.[61] Dem steht § 719 BGB nicht entgegen, da die Vorschrift nicht die Übertragung als solche untersagt, sondern nur ein Herausbrechen der Vermögensbeteiligung aus der Mitgliedschaft.[62]

c. Kapitalgesellschaften

Mitgliedschaftsrechte an **Kapitalgesellschaften** sind hingegen insgesamt abtretbar, sofern dies nicht im Einzelfall durch die Satzung ausgeschlossen oder von der Zustimmung der Gesellschafter abhängig gemacht ist.[63] Für die Form der Übertragung gelten bei Kapitalgesellschaften jedoch besondere Vorschriften, denen eine Übertragung durch formlosen (Abtretungs-)Vertrag gemäß § 398 BGB nicht genügt (vgl. Rn. 26). 18

7. Urheberrechte und gewerbliche Schutzrechte

Das **Urheberrecht** ist gemäß § 29 Satz 2 UrhG unübertragbar[64], es sei denn die Übertragung erfolgt gemäß § 29 Satz 1 UrhG in Erfüllung einer Verfügung von Todes wegen oder an Miterben im Wege der Erbauseinandersetzung[65]. Dagegen können das **Nutzungsrecht an Urheberrechten** sowie **gewerbliche Schutzrechte** übertragen werden.[66] Insoweit wird jedoch § 413 BGB teilweise durch Spezialregelungen verdrängt, die die Übertragbarkeit einschränken oder besondere Formen der Übertragung anordnen (vgl. Rn. 31). Die Inhaberschaft einer **Internetdomain** als solche ist nach Auffassung des LG Hanau nicht abtretbar, da es sich nicht um ein absolutes Vermögensrecht handle. Abtretbar seien lediglich die schuldrechtlichen Ansprüche des Inhabers gegen die DENIC e.G.[67] 19

8. Öffentliche Rechte

Auf **öffentlichrechtliche Rechte** sind die §§ 398-412 BGB entsprechend anwendbar, wenn deren Übertragung zugelassen ist (für öffentlichrechtliche Forderungen vgl. die Kommentierung zu § 398 BGB Rn. 8).[68] So stellt etwa die Genehmigung zur Personenbeförderung ein gemäß §§ 413, 398 BGB übertragbares subjektiv öffentliches Recht dar,[69] ebenso Deponierechte bzgl. Erdmassen.[70] Auf die Abtretung findet etwa § 404 BGB Anwendung.[71] Jedoch sind die Besonderheiten des jeweiligen öf- 20

---

[55] *Busche* in: Staudinger, § 413 Rn. 16; *Ulmer* in: MünchKomm-BGB, § 717 Rn. 14.
[56] *Busche* in: Staudinger, § 413 Rn. 16 u. § 399 Rn. 35; *Grüneberg* in: Palandt, § 413 Rn. 2.
[57] *Busche* in: Staudinger, § 413 Rn. 16; *Ulmer* in: MünchKomm-BGB, § 717 Rn. 33.
[58] *Busche* in: Staudinger, § 413 Rn. 16; *Ulmer* in: MünchKomm-BGB, § 717 Rn. 15 u. 705 Rn. 83 mit Fn. 196.
[59] *Busche* in: Staudinger, § 413 Rn. 16; *Ulmer* in: MünchKomm-BGB, § 717 Rn. 15, § 719 Rn. 5 u. § 725 Rn. 28.
[60] *Busche* in: Staudinger, § 413 Rn. 16.
[61] BGH v. 08.11.1965 - II ZR 223/64 - juris Rn. 11 - BGHZ 44, 229-234; BGH v. 14.07.1967 - V ZR 120/64 - LM Nr. 23 zu § 276 (Fa) BGB; *Roth* in: MünchKomm-BGB, § 413 Rn. 9 u. § 399 Rn. 35.
[62] *Roth* in: MünchKomm-BGB, § 413 Rn. 9.
[63] *Busche* in: Staudinger, § 413 Rn. 17; *Roth* in: MünchKomm-BGB, § 413 Rn. 10.
[64] *Busche* in: Staudinger, § 413 Rn. 19; *Roth* in: MünchKomm-BGB, § 413 Rn. 6; *Grüneberg* in: Palandt, § 413 Rn. 2.
[65] OLG Düsseldorf v. 11.11.1976 - 8 U 76/75 - juris Rn. 18 - NJW 1977, 1828; *Busche* in: Staudinger, § 413 Rn. 19.
[66] BGH v. 12.11.1992 - I ZR 194/90 - juris Rn. 18 - LM UrhG § 58 Nr. 1 (5/1993); *Busche* in: Staudinger, § 413 Rn. 18; *Roth* in: MünchKomm-BGB, § 413 Rn. 5; *Grüneberg* in: Palandt, § 413 Rn. 2.
[67] LG Hanau v. 10.08.2006 - 5 O 72/06 - juris Rn. 25 - MMR 2006, 761-762.
[68] RG v. 03.01.1934 - V 168/33 - RGZ 143, 91-97, 93; *Busche* in: Staudinger, § 413 Rn. 20; *Roth* in: MünchKomm-BGB, § 413 Rn. 13.
[69] VG Freiburg (Breisgau) v. 23.06.2004 - 1 K 1340/02 - juris Rn. 17.
[70] OLG Dresden v. 09.01.2002 - 11 U 1697/01 - juris Rn. 23.
[71] VG Freiburg (Breisgau) v. 23.06.2004 - 1 K 1340/02 - juris Rn. 17.

fentlichen Rechts zu beachten, etwa die Zweckbindung einer Forderung gegen den Notar auf Auszahlung des Kaufpreises.[72]

II. Übertragung

21 Unter Übertragung ist der Übergang des Rechts auf einen neuen Inhaber zu verstehen. Zur Übertragung ist regelmäßig eine schlichte Willenseinigung zwischen dem alten und dem neuen Rechtsinhaber erforderlich und ausreichend, also ein **formfreier Vertrag** im Sinne des § 398 BGB (vgl. hierzu die Kommentierung zu § 398 BGB Rn. 30).[73] Auch bei einem dinglichen Vorkaufsrecht bedarf dieser keiner besonderen **Form**.[74] Bei Gestaltungsrechten kommt neben der rechtsgeschäftlichen Übertragung auch eine Ermächtigung zu deren Ausübung in Betracht (vgl. hierzu Rn. 9). Zu beachten sind jedoch spezielle Übertragungsvorschriften, die die Einhaltung gewisser Formen vorschreiben (vgl. Rn. 22).

III. Keine anderweitige gesetzliche Bestimmung

22 § 413 BGB ist subsidiär gegenüber **spezialgesetzlichen Vorschriften**, die die Übertragbarkeit eines anderen Rechts abweichend von § 398 BGB regeln, insbesondere die Einhaltung besonderer Formen vorschreiben oder die Übertragung in Anlehnung an die Vorschriften über die Übereignung beweglicher Sachen (§§ 929-931 BGB) regeln.[75]

1. Sachenrechte

23 **Sachenrechte** werden nach speziellen Vorschriften übertragen, nämlich Rechte an Grundstücken gemäß §§ 873, 925 BGB und Rechte an beweglichen Sachen gemäß §§ 929-936 BGB bzw. weiteren Spezialvorschriften (z.B. § 1250 BGB).[76] Dies beruht maßgeblich auf dem im Sachenrecht geltenden **Offenkundigkeitsprinzip**, welches Übergabe und Eintragungserfordernisse begründet.[77] Daher ist § 413 BGB bei dinglichen Rechten ausgeschlossen.[78] Auch kommt bei beschränkt dinglichen Rechten keine **Vinkulierung** gemäß §§ 413, 399 Satz 2 BGB in Betracht (vgl. hierzu die Kommentierung zu § 399 BGB Rn. 21). Eine solche ist bei **akzessorischen Rechten** wie der Hypothek und dem Pfandrecht lediglich mittelbar dadurch möglich, dass die Abtretbarkeit der durch das dingliche Recht gesicherten Forderung ausgeschlossen wird (§§ 1153 Abs. 2, 1250 Abs. 1 BGB).[79] Die Rechtsprechung lässt dies außerdem bei **Grundschulden** zu.[80]

24 Die Übertragung von **Anwartschaftsrechten**, etwa der Eigentumsanwartschaft, richtet sich nach den gleichen Regeln wie die Übertragung des Vollrechts, so dass auch hier § 413 BGB ausgeschlossen ist.[81] Daher kommt auch insoweit § 399 Satz 2 BGB nicht zur Anwendung.[82] Resultiert das Anwartschaftsrecht aus einer Auflassung, so ist es gemäß § 925 BGB übertragbar.[83] Resultiert die Anwartschaft aus einer bedingten Übereignung beweglicher Sachen, so sind die §§ 929-931 BGB anwendbar.[84] Rechte aus **Wertpapierdepots** und anderen **Bankguthaben**, etwa Sparkassenbriefen, werden, soweit es sich

---

[72] BGH v. 19.03.1998 - IX ZR 242/97 - juris Rn. 16 - BGHZ 138, 179-187; *Busche* in: Staudinger, § 413 Rn. 20; *Roth* in: MünchKomm-BGB, § 413 Rn. 12; *Westermann* in: Erman, § 413 Rn. 4.

[73] *Busche* in: Staudinger, § 413 Rn. 11; *Grüneberg* in: Palandt, § 413 Rn. 1.

[74] *Busche* in: Staudinger, § 413 Rn. 11.

[75] *Grüneberg* in: Palandt, § 413 Rn. 2.

[76] *Busche* in: Staudinger, § 413 Rn. 2 u. 5; *Roth* in: MünchKomm-BGB, § 413 Rn. 4; *Grüneberg* in: Palandt, § 413 Rn. 2.

[77] *Busche* in: Staudinger, § 413 Rn. 5.

[78] *Busche* in: Staudinger, § 413 Rn. 5.

[79] *Roth* in: MünchKomm-BGB, § 413 Rn. 4.

[80] BGH v. 21.04.1972 - V ZR 52/70 - juris Rn. 7 - BGHZ 59, 1-3; *Roth* in: MünchKomm-BGB, § 413 Rn. 4.

[81] BGH v. 18.12.1967 - V ZB 6/67 - juris Rn. 13 - BGHZ 49, 197-209; BGH v. 24.06.1958 - VIII ZR 205/57 - BGHZ 28, 16-30; *Busche* in: Staudinger, § 413 Rn. 6; *Roth* in: MünchKomm-BGB, § 413 Rn. 4; *Grüneberg* in: Palandt, § 413 Rn. 2.

[82] BGH v. 04.02.1970 - VIII ZR 174/68 - juris Rn. 27 - LM Nr. 7 zu § 182 BGB; *Roth* in: MünchKomm-BGB, § 413 Rn. 4.

[83] BGH v. 24.06.1958 - VIII ZR 205/57 - BGHZ 28, 16-30; BGH v. 18.12.1967 - V ZB 6/67 - juris Rn. 14 - BGHZ 49, 197-209; *Busche* in: Staudinger, § 413 Rn. 6.

[84] BGH v. 24.06.1958 - VIII ZR 205/57 - BGHZ 28, 16-30; BGH v. 04.02.1970 - VIII ZR 174/68 - juris Rn. 27 - LM Nr. 7 zu § 182 BGB; *Busche* in: Staudinger, § 413 Rn. 6.

nicht um Forderungen handelt, mit der Folge, dass die §§ 398-412 BGB unmittelbar anwendbar sind, nach § 413 BGB übertragen.[85] Anderes gilt für in **echten Wertpapieren** verbriefte Rechte. Diese sind wie verbriefte Forderungen übertragbar (vgl. hierzu die Kommentierung zu § 398 BGB Rn. 37).[86]

2. Erbrechtliche Rechte

Soweit erbrechtliche Rechtspositionen übertragbar sind, gelten spezielle Vorschriften. Die Verfügung des Miterben über seinen **Anteil am Nachlass** ist durch die Spezialvorschrift des § 2033 Abs. 1 BGB besonders geregelt.[87] Der Anteil an einem Nachlass ist durch gerichtlich oder notariell beurkundeten Vertrag vom Erben auf einen Dritten übertragbar.[88] Die **Übertragung des Nachlasses** durch einen Alleinerben richtet sich ebenfalls nicht nach § 413 BGB, da es sich nicht um ein Recht handelt, sondern um einen Inbegriff verschiedener Gegenstände. Daher sind für die Übertragung des Nachlasses – ebenso wie bei einem Unternehmen (vgl. Rn. 14) – die für die Übertragung der einzelnen Gegenstände geltenden Regelungen maßgeblich.[89] Vereinigen sich daher alle Anteile am Nachlass in der Hand eines Miterben, so kann dieser wie ein Alleinerbe nicht mehr über die Erbschaft als Ganzes, sondern nur noch über einzelne Erbschaftsgegenstände verfügen.[90] Abtretbar sind dagegen **erbrechtliche Einzelansprüche** wie der Erbschaftsanspruch gemäß § 2018 BGB[91] und der Pflichtteilsanspruch gemäß § 2317 BGB[92]. Insoweit genügt der Abschluss eines Abtretungsvertrages.[93] Der Anspruch des Vermächtnisnehmers aus § 2174 BGB ist ebenfalls abtretbar, weil schuldrechtlicher Natur ist.[94] Dagegen sind das Recht, die Vollziehung einer Auflage zu verlangen sowie der **Ausgleichsanspruch** gemäß § 2050 BGB nur zusammen mit dem Erbteil, nicht aber isoliert übertragbar.[95]

25

3. Mitgliedschaftsrechte an Kapitalgesellschaften

Besonderheiten gelten bezüglich der Übertragung von **Mitgliedschaftsrechten an Kapitalgesellschaften**.

26

a. Aktiengesellschaft

So sind etwa bei einer Aktiengesellschaft bezüglich der **Inhaberaktien** (§ 10 Abs. 1 Alt. 1 AktG) die §§ 929-931 BGB anwendbar, d.h. die Übertragung erfolgt durch Übereignung der Aktienurkunde (Einigung nebst Übergabe oder Übergabesurrogat).[96] Dies folgt daraus, dass bei Inhaberpapieren das Recht aus dem Papier dem Recht am Papier folgt.[97] Die Umbuchung im **Sammelgirodepot** bzw. die Umtragung im Depotbuch stellt dabei ein Übergabesurrogat dar und manifestiert nach außen die Umstellung des Besitzmittlungsverhältnisses innerhalb des Girosammeldepots auf den Erwerber.[98] Bei der **Namensaktie** erfolgt die Übertragung gemäß § 68 Abs. 1 Satz 1 AktG dadurch, dass neben dem Abtretungsvertrag ein **Indossament** als verstärkende Rechtshandlung vorgenommen wird.[99] Wurde eine Aktienurkunde ausgegeben, so ist daneben auch ein Besitzübergang notwendig, denn wegen der Ver-

27

---

[85] OLG Oldenburg v. 31.03.1998 - 5 U 92/97 - juris Rn. 37 - WM 1998, 2239-2241; *Roth* in: MünchKomm-BGB, § 413 Rn. 4.
[86] *Roth* in: MünchKomm-BGB, § 413 Rn. 4.
[87] *Busche* in: Staudinger, § 413 Rn. 9; *Grüneberg* in: Palandt, § 413 Rn. 2; *Roth* in: MünchKomm-BGB, § 413 Rn. 7; zur Formbedürftigkeit des Erbverzichts als abstraktes erbrechtliches Verfügungsgeschäft in Abgrenzung zu gegebenenfalls formfreien Vollzugsgeschäften (Abtretungen), die mit einem Erbverzicht im Zusammenhang stehen, vgl. BGH v. 07.12.2011 - IV ZR 16/11 - juris Rn. 14 - MDR 2012, 229-230.
[88] *Busche* in: Staudinger, § 413 Rn. 9.
[89] *Grüneberg* in: Palandt, § 413 Rn. 2.
[90] OLG Düsseldorf v. 11.11.1976 - 8 U 76/75 - juris Rn. 18 - NJW 1977, 1828; *Roth* in: MünchKomm-BGB, § 413 Rn. 7.
[91] *Busche* in: Staudinger, § 398 Rn. 45.
[92] *Busche* in: Staudinger, § 398 Rn. 45.
[93] *Busche* in: Staudinger, § 413 Rn. 9.
[94] *Busche* in: Staudinger, § 413 Rn. 9; *Roth* in: MünchKomm-BGB, § 413 Rn. 7.
[95] *Busche* in: Staudinger, § 398 Rn. 45.
[96] FG Gotha v. 09.04.2003 - III 313/02 - juris Rn. 75 - EFG 2004, 334-338; *Busche* in: Staudinger, § 413 Rn. 17; *Roth* in: MünchKomm-BGB, § 413 Rn. 10; *Stupp*, DB 2006, 655-660, 656.
[97] *Busche* in: Staudinger, § 413 Rn. 17.
[98] FG Gotha v. 09.04.2003 - III 313/02 - juris Rn. 75 - EFG 2004, 334-338.
[99] *Busche* in: Staudinger, § 413 Rn. 17; *Roth* in: MünchKomm-BGB, § 413 Rn. 10; *Grüneberg* in: Palandt, § 413 Rn. 2; *Stupp*, DB 2006, 655-660, 656.

körperung der Rechtsstellung in der Urkunde erfordern Rechtsklarheit und Rechtssicherheit die Besitzübertragung, d.h. ein Zusammenbleiben des Besitzes an der Aktienurkunde und der materiellen Rechtslage.[100] Sofern keine Aktienurkunden ausgegeben wurden, erfolgt die Übertragung durch formlosen Abtretungsvertrag gemäß § 398 BGB.[101]

b. Gesellschaft mit beschränkter Haftung

28 Die **Geschäftsanteile einer GmbH** werden gemäß § 15 Abs. 3 GmbHG durch einen der notariellen Form (§ 126 BGB – vgl. die Kommentierung zu § 126 BGB) bedürfenden Abtretungsvertrag zwischen Altgesellschafter und Erwerber übertragen.[102] Dieselbe Form ist gemäß § 15 Abs. 4 GmbHG für den zur Übertragung des Gesellschaftsanteils verpflichtenden Kausalvertrag erforderlich.[103] Die abzutretenden Gesellschaftsanteile müssen hinreichend bestimmt bzw. bestimmbar bezeichnet sein.[104] Möglich ist auch die Abtretung künftiger Gesellschaftsanteile (zur Abtretung künftiger Forderungen vgl. die Kommentierung zu § 398 BGB Rn. 20).[105] Dagegen bedarf die Einräumung einer Unterbeteiligung nicht der notariellen Form, da sie weder rechtlich noch wirtschaftlich eine Abtretung von Geschäftsanteilen darstellt, sondern lediglich eine Innengesellschaft zwischen Hauptgesellschafter und Unterbeteiligtem begründet. Anders ist dies, wenn der im Außenverhältnis durch den Veräußerer gehaltene Geschäftsanteil im Innenverhältnis dem Unterbeteiligten wirtschaftlich völlig zugeordnet werden soll und durch eine derartige „Vereinbarungstreuhand" die durch § 15 GmbHG bewirkten Rechtsfolgen letztlich umgangen werden sollen. Dann ist der Unterbeteiligungsvertrag formbedürftig.[106] Durch die Abtretung geht der Gesellschaftsanteil mit allen Rechten und Pflichten auf den Erwerber über. Dieser haftet gemäß § 16 Abs. 3 GmbHG neben dem Veräußerer für die zur Zeit der Anmeldung des Übergangs des Gesellschaftsanteils gegenüber der Gesellschaft rückständigen sowie für die danach fällig werdenden Leistungen auf den Geschäftsanteil. Der Erwerber haftet insbesondere für rückständige Stammeinlagenbeträge.[107]

c. Anmeldung bei der Gesellschaft

29 Die **Anmeldung** der Übertragung bei der Gesellschaft ist sowohl bei der AG als auch bei der GmbH lediglich Voraussetzung für die Ausübung der Mitgliedschaftsrechte, nicht aber für die Wirksamkeit der Übertragung als solche.[108] Jedoch kann sich der Erwerber nach erfolgter Anmeldung der Abtretung von der Haftung für rückständige und bis zur Anmeldung fällig gewordene Stammeinlagenbeträge nicht mehr durch nachfolgende Anfechtung seines Anteilserwerbs und der entsprechenden Anmeldung befreien.[109]

d. Genossenschaft

30 Bei der **Genossenschaft** kann das Geschäftsguthaben unter den besonderen Voraussetzungen des § 76 GenG durch schriftliche Übereinkunft übertragen werden.[110]

---

[100] KG Berlin v. 20.12.2002 - 14 U 5141/00 - NJW-RR 2003, 542-543.

[101] LG Berlin v. 27.08.1993 - 85 O 140/93 - juris Rn. 58 - NJW-RR 1994, 807-809; FG Gotha v. 09.04.2003 - III 313/02 - juris Rn. 75 - EFG 2004, 334-338; *Busche* in: Staudinger, § 413 Rn. 17; *Roth* in: MünchKomm-BGB, § 413 Rn. 10; *Stupp*, DB 2006, 655-660, 656.

[102] LG Düsseldorf v. 04.02.2009 - 7 O 78/07 - juris Rn. 30; *Hueck/Fastrich* in: Hueck, GmbH-Gesetz, 19. Aufl. 2009, § 15 Rn. 22; *Busche* in: Staudinger, § 413 Rn. 17; *Roth* in: MünchKomm-BGB, § 413 Rn. 10; *Kleinert/Blöse/Xylander*, GmbHR 2004, 630-642, 635.

[103] *Hueck/Fastrich* in: Hueck, GmbH-Gesetz, 19. Aufl. 2009, § 15 Rn. 30; *Busche* in: Staudinger, § 413 Rn. 17.

[104] *Kleinert/Blöse/Xylander*, GmbHR 2004, 630-642, 631.

[105] BGH v. 16.02.1959 - II ZR 170/57 - juris Rn. 11 - BGHZ 29, 300-310; *Busche* in: Staudinger, § 413 Rn. 17; *Roth* in: MünchKomm-BGB, § 413 Rn. 10.

[106] OLG Schleswig v. 23.05.2002 - 5 U 58/01 - SchlHA 2002, 212-213.

[107] BGH v. 10.05.1982 - II ZR 89/81 - juris Rn. 5 - BGHZ 84, 47-51; *Hueck/Fastrich* in: Hueck, GmbH-Gesetz, 19. Aufl. 2009, § 16 Rn. 11, 12.

[108] BGH v. 25.01.1960 - II ZR 207/57 - juris Rn. 30 - LM Nr. 1 zu § 16 GmbHG; *Roth* in: MünchKomm-BGB, § 413 Rn. 10.

[109] BGH v. 10.05.1982 - II ZR 89/81 - juris Rn. 6 - BGHZ 84, 47-51; BGH v. 22.01.1990 - II ZR 25/89 - juris Rn. 8 - LM Nr. 6 zu GmbHG § 16; *Hueck/Fastrich* in: Hueck, GmbH-Gesetz, 19. Aufl. 2009, § 16 Rn. 12.

[110] *Roth* in: MünchKomm-BGB, § 413 Rn. 10.

4. Urheberrechte und gewerbliche Schutzrechte

Soweit das **Nutzungsrecht an Urheberrechten** und **gewerbliche Schutzrechte** übertragbar sind, gelten für die Übertragung gesetzliche Spezialregelungen, etwa § 15 PatG, § 13 GebrMG, § 27 MarkenG.[111] Das **Nutzungsrecht am Urheberrecht** ist gemäß §§ 31-41 UrhG auf Dritte übertragbar oder für diese begründbar. Insoweit gelten die §§ 413, 398-412 BGB, wobei jedoch die Sonderregelungen der §§ 34, 35 UrhG zu berücksichtigen sind.[112] Auch bei der Anwendung der §§ 398-412 BGB ist auf die Besonderheiten des Urheberrechts Rücksicht zu nehmen.[113] Die Übertragung eines **Patent**s erfolgt gemäß § 15 Abs. 1 Satz 2 PatG formlos und ist nicht von der Eintragung in der Patentrolle abhängig.[114] Sowohl die Übertragung des Rechts aus dem Patent als auch des Rechts auf das Patent erfolgt durch Abtretungsvertrag.[115] Der Erfinder kann an der Verfügung über das Patent als absolutes Recht nicht wirksam gehindert werden, jedoch gemäß § 399 BGB an derjenigen über die aus einer Veräußerung des Patents erworbenen relativen Rechte.[116] Ebenfalls formlos übertragbar sind das **Markenrecht** (§ 27 Abs. 1 MarkenG) und das **Geschmacksmusterrecht** (§ 3 Satz 2 GeschmMG).[117] Eine Marke kann auch unabhängig vom Geschäftsbetrieb übertragen werden, wird andererseits aber im Zweifel von der Übertragung des Geschäftsbetriebs mit umfasst.[118] Das **Verlagsrecht** ist nach § 28 VerlagsG nur beschränkt übertragbar.[119]

31

D. Rechtsfolgen

Die Vorschrift des § 413 BGB ordnet als Rechtsfolge die Anwendbarkeit der Vorschriften der §§ 398-412 BGB an. Die Abtretung bzw. Übertragung ist also grundsätzlich durch einen **formlosen Vertrag** i.S.d. § 398 BGB möglich (vgl. hierzu die Kommentierung zu § 398 BGB Rn. 30).[120] Die Schutzvorschriften zugunsten des Schuldners, also die §§ 404-411 BGB, sind jedoch nur dann anwendbar, wenn das übertragene Recht eine Person in ähnlicher Weise verpflichtet wie eine Forderung den Schuldner.[121] Dies ist zum Beispiel bei einem **Urheberrecht** nicht der Fall.[122] Auf den Zessionar gehen mit der Abtretung schuldrechtlicher Rechtspositionen im Übrigen nicht automatisch sämtliche Rechte und Pflichten aus einem Schuldverhältnis über.[123] Im Einzelfall können mit abgetreten sein **Gestaltungsrechte**, etwa das Kündigungsrecht des Vermieters und des Leasinggebers[124], ferner das Wandelungsrecht[125] sowie das gesetzliche und vertragliche Rücktrittsrecht[126]. Ob und in welchem Umfang diese Rechte mit abgetreten werden, ist jedoch im Einzelfall durch Auslegung gemäß §§ 133, 157 BGB zu ermitteln.

32

---

[111] *Roth* in: MünchKomm-BGB, § 413 Rn. 5; *Grüneberg* in: Palandt, § 413 Rn. 3.
[112] *Busche* in: Staudinger, § 413 Rn. 19; *Roth* in: MünchKomm-BGB, § 413 Rn. 6; *Hoeren/Veddern*, UFITA 2002, 7-47, 9-14.
[113] BGH v. 03.11.1967 - Ib ZR 123/65 - NJW 1968, 594; *Busche* in: Staudinger, § 413 Rn. 19.
[114] RG v. 18.04.1936 - I 248/35 - RGZ 151, 129-139, 34; *Busche* in: Staudinger, § 413 Rn. 18; *Roth* in: MünchKomm-BGB, § 413 Rn. 5.
[115] LG Düsseldorf v. 21.12.2006 - 4a O 471/05 - juris Rn. 56.
[116] RG v. 05.02.1930 - I 220/29 - RGZ 127, 197-206, 205; *Roth* in: MünchKomm-BGB, § 413 Rn. 5.
[117] BGH v. 02.04.1998 - IX ZR 232/96 - juris Rn. 18 - LM GeschmMG § 1 Nr. 25 (8/1998); *Busche* in: Staudinger, § 413 Rn. 18; *Roth* in: MünchKomm-BGB, § 413 Rn. 5; *Albrecht/Hombrecher*, WM 2005, 1689-1695, 1691.
[118] *Busche* in: Staudinger, § 413 Rn. 18.
[119] *Busche* in: Staudinger, § 413 Rn. 19; *Roth* in: MünchKomm-BGB, § 413 Rn. 6.
[120] *Roth* in: MünchKomm-BGB, § 413 Rn. 14.
[121] BGH v. 12.11.1992 - I ZR 194/90 - juris Rn. 18 - LM UrhG § 58 Nr. 1 (5/1993); *Roth* in: MünchKomm-BGB, § 413 Rn. 14; *Grüneberg* in: Palandt, § 413 Rn. 1; *Weber* in: BGB-RGRK, 12. Aufl. 1976, § 413 Rn. 6.
[122] BGH v. 12.11.1992 - I ZR 194/90 - juris Rn. 18 - LM UrhG § 58 Nr. 1 (5/1993); *Grüneberg* in: Palandt, § 413 Rn. 1.
[123] *Grüneberg* in: Palandt, § 413 Rn. 4.
[124] OLG Naumburg v. 10.12.1999 - 6 U 1107/97 - juris Rn. 11 - NJW-RR 2001, 423; *Grüneberg* in: Palandt, § 413 Rn. 5.
[125] *Grüneberg* in: Palandt, § 413 Rn. 5; offen gelassen von: BGH v. 10.12.1997 - XII ZR 119/96 - juris Rn. 12 - LM BGB § 185 Nr. 43 (6/1998).
[126] BGH v. 21.06.1985 - V ZR 134/84 - juris Rn. 33 - LM Nr. 2/3 zu § 326 (Da) BGB; OLG Hamm v. 26.11.1991 - 7 U 121/91 - juris Rn. 43 - NJW-RR 1993, 273-274; *Grüneberg* in: Palandt, § 413 Rn. 5.

E. Anwendungsfelder

33 **Abdingbarkeit**: Ob die Vorschrift des § 413 BGB **abdingbar** ist, insbesondere ob die Übertragbarkeit anderer Rechte gemäß §§ 413, 399 Alt. 2 BGB oder wenigstens die Anwendung einzelner Vorschriften aus den §§ 398-412 BGB durch eine entsprechende Vereinbarung ausgeschlossen werden kann, hängt von den Besonderheiten des jeweiligen Rechts ab. So kann etwa die Übertragbarkeit der **Aktie** nicht abbedungen werden, da es bei einer Aktiengesellschaft keine Kündigungs- und Austrittsmöglichkeiten gibt.[127] Die Abtretbarkeit des **Anteils an einer GmbH** kann hingegen durch die Satzung vollständig ausgeschlossen werden.[128]

---

[127] *Roth* in: MünchKomm-BGB, § 413 Rn. 10.
[128] RG v. 08.10.1912 - II 133/12 - RGZ 80, 175-180, 179; *Roth* in: MünchKomm-BGB, § 413 Rn. 10.

Abschnitt 6 - Schuldübernahme

§ 414 BGB Vertrag zwischen Gläubiger und Übernehmer

(Fassung vom 02.01.2002, gültig ab 01.01.2002)

Eine Schuld kann von einem Dritten durch Vertrag mit dem Gläubiger in der Weise übernommen werden, dass der Dritte an die Stelle des bisherigen Schuldners tritt.

Gliederung

A. Grundlagen 1	b. Übernahmefähigkeit höchstpersönlicher Verbindlichkeiten? 12
I. Kurzcharakteristik 1	c. Übergang von Nebenforderungen, Zusatzvereinbarungen und Gestaltungsrechten ... 15
II. Verhältnis zum UN-Kaufrecht 4	
B. Praktische Bedeutung 5	III. „Vertrag mit dem Gläubiger" 16
C. Anwendungsvoraussetzungen 6	1. Formfragen und Willenseinigung 17
I. Normstruktur 6	2. Zurückweisungsrecht des Schuldners 20
II. „Schuld" 8	**D. Rechtsfolgen** 22
1. Natur der übernommenen Verbindlichkeit ... 8	**E. Prozessuale Hinweise** 23
2. Inhalt des Schuldverhältnisses 10	**F. Anwendungsfelder** 26
a. Änderung des Erfüllungsortes bei Schuldübernahme? 11	

A. Grundlagen[1]

I. Kurzcharakteristik

Die Vorschrift regelt den Grundfall der befreienden (privativen) Schuldübernahme. An die Stelle des bisherigen Schuldners tritt ein neuer Schuldner. Im Gesetz wird dieser neue Schuldner teils der „Dritte", teils der „Übernehmer" genannt. Die Schuldübernahme erfolgt durch einen Übernahmevertrag, den der neue Schuldner mit dem Gläubiger des Anspruchs schließt.[2] Die privative Schuldübernahme gemäß § 414 BGB ist ein zweiseitiger Vertrag. Sie bedarf nicht der Beteiligung des bisherigen Schuldners, dessen Zustimmung grundsätzlich keine Wirksamkeitsvoraussetzung für den Schuldnerwechsel ist. Das Schuldverhältnis bleibt in seinem Bestand unangetastet. Daher kann der Übernehmer dem Gläubiger die Einwendungen entgegensetzen, die sich aus dem übernommenen Rechtsverhältnis zwischen dem Gläubiger und dem bisherigen Schuldner ergeben (§ 417 Abs. 1 BGB). Da § 414 BGB von der Übernahme „eine[r] Schuld" spricht, gilt er seinem eindeutigen Wortlaut nach nur für die Einzelrechtsnachfolge und nicht für die Gesamtrechtsnachfolge.[3]

1

Demgegenüber sieht § 415 BGB die Möglichkeit der Schuldübernahme durch einen Übernahmevertrag zwischen Übernehmer und Schuldner vor, dessen Wirksamkeit von der Genehmigung durch den Gläubiger abhängt.

2

Aus der Sicht des Gläubigers ist die Schuldübernahme nach § 414 BGB das Gegenstück[4] zur Abtretung: Bei der Abtretung vollzieht sich gemäß § 398 BGB ein Gläubigerwechsel, ohne dass der Schuldner darauf Einfluss nehmen kann. Der alte Gläubiger (Zedent) scheidet aus dem Schuldverhältnis, der abgetretenen Forderung, auf der Gläubigerseite aus; an seine Stelle tritt der Zessionar als neuer Inhaber der sonst inhaltlich unveränderten Forderung. Bei der privativen Schuldübernahme gibt es hingegen keinen Gläubiger-, sondern einen Schuldnerwechsel in Form einer Sonderrechtsnachfolge[5] unter Identitätswahrung der Schuld[6]. Nicht der Gläubiger, sondern der bisherige Schuldner scheidet aus dem Schuldverhältnis aus, und er wird durch einen neuen Schuldner (Übernehmer) ersetzt. Auf der Gläubigerseite gibt es keine Veränderungen.

3

---

[1] Die Kommentierung gibt ausschließlich die persönliche Meinung des Autors wieder.
[2] *Heinrichs* in: Palandt, BGB, 64. Aufl. 2005, Überbl. v. § 414 Rn. 1.
[3] BAG v. 22.02.2005 - 3 AZR 499/03 (A) - juris Rn. 37 - ZIP 2005, 957.
[4] So auch *Grüneberg* in: Palandt, Überbl. v. § 414 Rn. 1.
[5] *Möschel* in: MünchKomm-BGB, 5. Aufl. 2007, vor § 414 Rn. 2.
[6] *Heinrichs* in: Palandt, BGB, 64. Aufl. 2005, Überbl. v. § 414 Rn. 1.

II. Verhältnis zum UN-Kaufrecht

4 Das UN-Kaufrecht soll auf den Schuldübernahmevertrag keine Anwendung finden.[7] Dieser Ansatz ist zutreffend. Die Willenseinigung bei der Schuldübernahme – einem forderungstranslativen Verfügungsgeschäft – kann nicht dem UN-Kaufrecht unterliegen, weil dieses nur auf das forderungsgenerierende Kausalgeschäft zwischen Verkäufer und Käufer Anwendung erheischt. Das UN-Kaufrecht regelt ausschließlich den Abschluss des Kaufvertrages und die aus ihm erwachsenden Pflichten von Käufer und Verkäufer.[8] Mit der weiteren Übertragung der aus dem Kaufvertrag erwachsenen Verpflichtungen hat es nichts zu tun.[9]

B. Praktische Bedeutung

5 Anwendungsbeispiele finden sich im Mietrecht, beim Erwerb belasteter Immobilien, beim Unternehmenskauf[10] und im Bereich des Kfz-Leasings.[11] Die befreiende Schuldübernahme ist dabei von der kumulativen Schuldübernahme (Schuldbeitritt, Schuldmitübernahme) abzugrenzen. Der rechtsgeschäftliche Schuldbeitritt ist im BGB nicht ausdrücklich geregelt; er führt zu einer Gesamtschuldnerschaft von Schuldner und Mitübernehmer[12]. Er kann durch Vereinbarung zwischen Gläubiger und Neuschuldner wie bei § 414 BGB oder als echter Vertrag zugunsten Dritter zwischen Alt- und Neuschuldner zustande kommen.[13] Dem Gläubiger wird in der Regel an einer kumulativen Schuldübernahme gelegen sein, weil er sich in dieser Konstellation sowohl an den bisherigen Schuldner als auch an den Neuschuldner halten kann.[14] Aus der Sicht des Dritten ist die Erfüllungsübernahme womöglich weniger belastend als die Schuldübernahme und daher erstrebenswert. Bei der Erfüllungsübernahme ist er nämlich keinem direkten Gläubigerzugriff ausgesetzt und muss sich nur mit dem in der Regel in seinem Lager stehenden Schuldner auseinandersetzen. Die Auslegung der Willenserklärungen der Parteien hat gemäß den §§ 133, 157 BGB zu erfolgen.[15] Auch eine als „Erfüllungsübernahme" bezeichnete Vereinbarung kann durchaus bei entsprechendem Parteiwillen als Schuldübernahme zu werten sein.[16] Für die Annahme einer befreienden Schuldübernahme ist es erforderlich, dass sich der Parteiwille auf eine vollständige Entlassung des bisherigen Schuldners aus dem Schuldverhältnis richtet.[17] Verneint wird daher die konkludente Annahme – durch gläubigerseitige Umschreibung von Rechnungen – eines (vermeintlichen) Angebots des Übernehmers zum Abschluss eines Vertrages nach § 414 BGB, wenn der Gläubiger weiterhin den Schuldner auf Begleichung der Rechnungen in Anspruch nimmt und dadurch zum Ausdruck bringt, dass er jedenfalls auch diesen als ihm gegenüber verpflichtet ansieht.[18]

---

[7] So ausdrücklich zum EKG und zum Schuldbeitritt OLG Koblenz v. 10.10.1991 - 5 U 795/90 - juris Rn. 6 - BB 1992, 1304-1305.

[8] Art. 4 S. 1 CISG.

[9] Zum auf die Schuldübernahme anwendbaren Recht vgl. OLG Hamburg v. 21.12.2007 - 12 U 11/05 - juris Rn. 50 - IHR 2008, 108.

[10] OLG Rostock v. 02.09.1998 - 6 U 175/97 - juris Rn. 2 - OLGR Rostock 1999, 1-4.

[11] OLG Hamm v. 10.03.1998 - 28 U 210/97 - juris Rn. 8 - OLGR Hamm 1998, 165-166.

[12] *Grüneberg* in: Palandt, Überbl. v. § 414 Rn. 2.

[13] *Grüneberg* in: Palandt, Überbl. v. § 414 Rn. 2.

[14] Nach BFH v. 30.04.1980 - VII R 57/77 - RIW 1930, 739, soll aufgrund dieser wirtschaftlichen Interessenlage des Gläubigers, hier des Hauptzollamts, im Zweifel stets ein Schuldbeitritt anzunehmen sein. Vgl. *Grüneberg* in: Palandt, Überbl. v. § 414 Rn. 5. Zur Beweiswürdigung im Fall des Schuldbeitritts für unbeglichene Hotelrechnungen unter Abstellen u.a. auf das Hinterlassen des Führerscheins vgl. LG Krefeld v. 27.07.2007 - 1 S 57/06 - juris Rn. 13.

[15] BGH v. 25.09.1980 - VII ZR 301/79 - NJW 1981, 47; nach *Röthel* in: Erman, vor § 414 Rn. 29 zielt im Zweifel die Vereinbarung zwischen Schuldner und Übernehmer nur auf eine Erfüllungsübernahme. Auf die „Interessenlage" und die „maßgebliche, objektivierte Empfängersicht" abstellend, bejaht das OLG Karlsruhe in einem Fall, in dem der Partner einer nichtehelichen Lebensgemeinschaft, dessen einkommensschwache Partnerin eine Wohnung anmietete, bei der Besichtigung der anzumietenden Wohnung gegenüber dem Vermieter unter Hinweis auf seine gute Anstellung bekundete, dass er für die Miete aufkommen werde, einen Schuldbeitritt und wertet die Erklärung nicht als Erfüllungsübernahme oder (formnichtige) Bürgschaft: vgl. OLG Karlsruhe v. 24.02.2009 - 4 U 99/08 - juris Rn. 6, 11 und 13.

[16] BGH v. 25.11.1992 - VIII ZR 176/91 - juris Rn. 21 - LM BGB § 329 Nr. 3 (6/1993).

[17] OLG Koblenz v. 08.01.1997 - 7 U 300/96 - juris Rn. 14 - OLGR Koblenz 1997, 117-118.

[18] In Ermangelung eines Angebots zum Schuldbeitritt soll hier allerdings auch ein solcher nicht ermangelt sein: OLG Brandenburg v. 19.03.2008 - 7 U 105/07 - juris Rn. 19 und 20.

C. Anwendungsvoraussetzungen

I. Normstruktur

Die Schuldübernahme nach § 414 BGB setzt einen Vertrag (Übernahmevertrag) zwischen neuem Schuldner und Gläubiger voraus.

Seinem Wesen nach hat der Übernahmevertrag zunächst Verfügungscharakter[19], denn es handelt sich dabei um eine Verfügung des Gläubigers über den Anspruch. Diese Verfügung wirkt zugunsten des bisherigen Schuldners, der dadurch von seiner Schuld befreit wird. Da der bisherige Schuldner nicht Vertragspartner des Übernahmevertrages nach § 414 BGB ist, liegt, von der Warte der Parteien des Übernahmevertrages aus betrachtet, eine Verfügung zugunsten eines Dritten vor.[20] Gleichzeitig ist der Übernahmevertrag aber auch ein Verpflichtungsgeschäft zulasten des Übernehmers, der kraft Übernahme der Schuld eine Verbindlichkeit zu seinen Lasten begründet.[21]

II. „Schuld"

1. Natur der übernommenen Verbindlichkeit

Grundsätzlich können Verbindlichkeiten jeder Art übernommen werden.[22] Dies gilt auch für zukünftige, bedingte, klaglose oder bereits rechtshängige Ansprüche.[23] Jedoch können der Schuldübernahme gesetzliche Verbote entgegenstehen. Ein gesetzliches Verbot der befreienden Schuldübernahme aufgrund deren Verfügungscharakters leitet der BGH in seinem Urteil vom 21.04.2004 aus § 1378 Abs. 3 BGB her.[24] Eine Ausnahme gilt ferner nach der h.M. in Bezug auf § 985 BGB und andere dingliche Ansprüche, bei denen die Anspruchsvoraussetzungen ebenso wie die Passivlegitimation an faktischen Voraussetzungen (z.B. Besitz) anknüpfen und sich insofern der Privatautonomie entziehen.[25] Hier soll eine Schuldübernahme nicht möglich sein.

---

[19] *Grüneberg* in: Palandt, Überbl. v. § 414 Rn. 1.
[20] *Möschel* in: MünchKomm-BGB, 5. Aufl. 2007, § 414 Rn. 2; vgl. BGH v. 21.04.2004 - XII ZR 170/01 - juris Rn. 13 - NJW-RR 2004, 1369-1370.
[21] *Heinrichs* in: Palandt, BGB, 64. Aufl. 2005, Überbl. v. § 414 Rn. 1; zur sogenannten Doppelnatur vgl. auch *H. F. Müller* in: PWW, § 415 Rn. 2; a.A. (ausschließlich verfügender Vertrag) *Maurer*, Schuldübernahme, 2010, S. 222-223.
[22] *Grüneberg* in: Palandt, Überbl. v. § 414 Rn. 1; *Heinrichs* in: Palandt, BGB, 64. Aufl. 2005, Überbl. v. § 414 Rn. 1.
[23] *Heinrichs* in: Palandt, BGB, 64. Aufl. 2005, Überbl. v. § 414 Rn. 1.
[24] Der Kläger und seine Ehefrau hatten sich im April 1997 getrennt. Die Ehe wurde im Februar 2000 rechtskräftig geschieden. Der Beklagte, Schwiegervater des Klägers, hatte diesem aber bereits im Juli 1999 – für den Fall des Nichteintritts bestimmter Bedingungen – zur Abgeltung sämtlicher Zugewinnausgleichsansprüche des Klägers gegen die Tochter des Beklagten einen Betrag von 70.000 DM zugesagt. Dieses Angebot wurde in einem Verhandlungstermin im Zuge des Scheidungsverfahrens protokolliert. Dem im September 1999 geäußerten Zahlungsbegehren des Klägers trat der Beklagte sodann entgegen. Nachdem das Oberlandesgericht einen Vertrag zwischen Kläger und Beklagtem als Vertrag eigener Art mit Elementen des Vergleichs und der befreienden Schuldübernahme, gerichtet auf eine dem Grunde nach bestehende Forderung, bejaht und den Beklagten zur Zahlung verurteilt hatte, entschied der BGH, der in Rede stehende Vertrag sei im Hinblick auf § 1378 Abs. 3 Satz 3 BGB nicht wirksam zustande gekommen: Denn die Abfindungsabrede umfasse eine Verfügung über die dem Kläger zustehende Ausgleichsforderung, die vor Beendigung des Güterstandes getroffen worden sei. Mit der vereinbarten Abfindung habe der Kläger zum einen auf einen etwaigen weitergehenden Zugewinnausgleichsanspruch verzichtet. Zum anderen habe er in einen Schuldnertausch eingewilligt. Das Oberlandesgericht gehe insoweit zutreffend von einer befreienden Schuldübernahme aus; eine solche Schuldübernahme sei aber eine abstrakte Verfügung über das Forderungsrecht, bewirkt zugunsten eines Dritten (BGH v. 21.04.2004 - XII ZR 170/01 - juris Rn. 13 - NJW-RR 2004, 1369-1370). Auch eine Bestätigung der zuvor unwirksamen Abrede nach § 141 BGB (BGH v. 21.04.2004 - XII ZR 170/01 - juris Rn. 14 - NJW-RR 2004, 1369-1370) oder die Anwendbarkeit der Ausnahmeregelung des § 1378 Abs. 3 Satz 2 BGB schließt der BGH aus materiellen (BGH v. 21.04.2004 - XII ZR 170/01 - juris Rn. 16 - NJW-RR 2004, 1369-1370) und formellen Erwägungen (BGH v. 21.04.2004 - XII ZR 170/01 - juris Rn. 17 - NJW-RR 2004, 1369-1370) aus.
[25] *Grüneberg* in: Palandt, Überbl. v. § 414 Rn. 1; *Westermann* in: Erman, 11. Aufl. 2004, § 414 Rn. 5.

9 Im Hinblick auf das Verfügungselement, das der Schuldübernahme innewohnt, muss das Bestimmtheitsgebot beachtet werden.[26] Jedoch werden hier keine außergewöhnlichen Anforderungen gestellt.[27] Auch unter Zuhilfenahme der so genannten „All-Formel" kann der Gegenstand der befreienden Schuldübernahme hinreichend konkret beschrieben sein, etwa dann, wenn sich die Übernahmevereinbarung auf alle Verbindlichkeiten eines Schuldners erstreckt. So entschied der BGH in einem Urteil vom 20.11.1967 zu § 415 BGB, dass derjenige, der die Übernahme aller Schulden durch Vertrag mit dem Schuldner vereinbart, sich nicht darauf berufen kann, eine bestimmte Verbindlichkeit nicht gekannt zu haben.[28]

2. Inhalt des Schuldverhältnisses

10 Eine inhaltliche Änderung der Schuld und ihrer Leistungsmodalitäten geht mit der Schuldübernahme grundsätzlich nicht einher.[29]

a. Änderung des Erfüllungsortes bei Schuldübernahme?

11 Bemerkenswert ist eine Entscheidung des Ersten Zivilsenates des BayObLG München vom 12.08.1998. Danach soll sich bei schuldbefreiender Übernahme einer Kaufpreiszahlungsverpflichtung der Erfüllungsort vom Wohnsitz/Sitz des Altschuldners zum Wohnsitz/Sitz des Neuschuldners verlagern.[30] Diese These erscheint gleichermaßen rechtlich fragwürdig wie praktisch bedeutungsvoll. Eine Erfüllungsortverlagerung ist mit dem Wesen der Schuldübernahme als einer identitätswahrenden Schuldsukzession, mit der keine inhaltliche Änderung des Schuldverhältnisses verbunden sein soll, schwerlich in Einklang zu bringen. Der Erfüllungsort gehört zu den bestimmenden Elementen einer jeden Schuld. Verlagert er sich, so bedeutet dies eine inhaltliche Änderung des Schuldverhältnisses. Dergleichen sollte mit der Schuldübernahme nicht verbunden sein. Für den Gläubiger ist es zudem in praktischer Hinsicht, namentlich bei der Holschuld, interessant, wo er um Erfüllung seiner Forderung nachsuchen muss.[31] Verlagert sich der Leistungsort der Schuld infolge der Schuldübernahme, kann dies die Schuldübernahme für den Gläubiger je nach den Umständen des Einzelfalls mehr oder weniger attraktiv machen. Die These von der Erfüllungs- bzw. Leistungsortverlagerung lässt sich meinem Erachten nach nur vor dem Hintergrund einer parteiautonomen Modifikation des Schuldverhältnisses tragen. Der befreienden Schuldübernahme haftet nach h.M.[32] ein Doppelcharakter an: Sie sei nicht nur grundsätzlich identitätswahrendes Verfügungsgeschäft über die Forderung, sondern zugleich auch ein Verpflichtungsgeschäft des Übernehmers zwecks Begründung einer inhaltsgleichen Schuld[33]. An den Verpflichtungsgedanken anknüpfend, ließe sich womöglich vertreten, dass nach dem übereinstimmenden Willen von Gläubiger und Übernehmer die übernommene Verbindlichkeit gerade des Inhalts fortbestehen soll, dass neuer Erfüllungsort der Sitz des Übernehmers oder dessen maßgebliche Niederlassung[34] wird. Es ist jedoch unverkennbar, dass sich die übernommene Schuld dann, wenn man den Erfüllungsortwechsel zum Wohnsitz bzw. zur Niederlassung des Übernehmers hin anerkennt, in einem identitätsveränderten Gewand präsentiert. Dies mag der Parteiautonomie unbenommen bleiben, auch im Inter-

---

[26] Für künftige Schuldensalden aus einem Bankkonto vgl. *Möschel* in: MünchKomm-BGB, 5. Aufl. 2007, vor § 414 Rn. 12.

[27] *Rieble* in: Staudinger, § 415 Rn. 17.

[28] BGH v. 20.11.1967 - VIII ZR 92/65 - LM Nr. 31 zu § 581 BGB.

[29] *Grüneberg* in: Palandt, § 414 Rn. 1; vgl. auch *Grüneberg* in: Palandt, § 417 Rn. 1, wonach bei der Schuldübernahme die Schuld mit gleich bleibendem Inhalt und Leistungsmodalitäten hinsichtlich Zeit und Ort der Leistung übergeht.

[30] BayObLG München v. 12.08.1998 - 1Z AR 52/98 - juris Rn. 10; in diesem Sinne bereits *Nörr* in: Nörr/Scheyhing, Sukzessionen, Handbuch des Schuldrechts, Band 2, 1. Aufl. 1983, § 27 II und (mit Nachweisen zur abweichenden OLG-Rechtsprechung) Fußnote 11.

[31] Vgl. zu Art. 57 CISG, der für die Kaufpreisforderung den Erfüllungsort bei der Niederlassung des Verkäufers situiert, und der parallelen Problematik eines etwaigen Erfüllungsortwechsels infolge Zession der Kaufpreisforderung aus internationalem Warenkauf OLG Celle v. 11.11.1998 - 9 U 87/98 - IPRax 1999, 456-458 sowie die instruktive Anmerkung von *Gebauer* in: *Gebauer.* IPRax 1999, 432-435, 432-434; gegen jeden Wechsel des Erfüllungsorts der abgetretenen Forderung wegen ansonsten zu besorgender Denaturierung des Forderungsinhalts und der Schuldnerbenachteiligung *Rosch*, Dalloz Cahier Droit des Affaires 2000, 437-438.

[32] *Heinrichs* in: Palandt, BGB, 64. Aufl. 2005, § 415 Rn. 1.

[33] A.A. *Rieble* in: Staudinger, § 414 Rn. 5, da sich diese Annahme mit der vom Gesetzgeber angeordneten identitätswahrenden Sukzession nicht vertrage.

[34] Vgl. § 269 BGB.

esse des Übernehmers liegen und oft stillschweigend vereinbart sein. Dem Gedanken der identitätswahrenden Schuldsukzession tut man mit dieser Lesart aber Gewalt an. Demgemäß finden sich auch Stimmen[35], die sich dafür aussprechen, dass der Erfüllungsort auch nach Schuldübernahme unverändert derjenige der ursprünglichen Schuld bleibe.[36] Diese Ansicht entspricht eher der Natur der identitätswahrenden Schuldsukzession. In der Praxis wird freilich zusätzlich zur Sukzessionswirkung oftmals stillschweigend ein neuer Erfüllungsort am Übernehmersitz vereinbart werden.[37]

b. Übernahmefähigkeit höchstpersönlicher Verbindlichkeiten?

Bleibt dann, wenn die Leistung durch einen anderen als den ursprünglichen Schuldner nicht ohne Veränderung des Forderungsinhalts erfolgen könnte, überhaupt Raum für eine Schuldübernahme? Dieses Problem kennt man im Bereich der Abtretung bei höchstpersönlichen Forderungen. Deren Abtretung steht das Verbot aus § 399 BGB entgegen. Man sollte annehmen, dass sich das Problem spiegelbildlich bei der Schuldübernahme wiederfindet. 12

Ausführlich geht *Rieble*[38] auf das Problem ein. Die Schuldübernahme setze voraus, dass die Schuld auf der Schuldnerseite nicht höchstpersönlich sei; einer höchstpersönlichen Verbindlichkeit fehle es an Sukzessionsfähigkeit. 13

Dogmatisch ist dem Standpunkt von *Rieble* zuzustimmen. Wenn Übernehmer und Gläubiger aber ausdrücklich vereinbaren, dass künftig der Übernehmer zum Schuldner des Schuldverhältnisses werden und der bisherige Schuldner von seiner Schuld befreit sein soll,[39] mag kraft privatautonomer und neben die schiere Sukzessionswirkung tretender Vereinbarung zwischen Gläubiger und Neuschuldner das Höchstpersönlichkeitskriterium als Leistungshindernis entfallen[40]. Letztlich würde hierdurch aber anstelle der alten Schuld eine neue, womöglich wiederum höchstpersönliche Verbindlichkeit geschaffen, die sich nunmehr gegen den Übernehmer richtet. Ist es eine theoretische Frage, der nachzuspüren sich nicht lohnt, ob die von den Parteien gewollte Operation der Substitution des höchstpersönlichen Schuldners noch als Schuldübernahme zu qualifizieren ist oder ob sich die Operation als Neubegründung einer mit der alten Schuld mit Ausnahme des alten Höchstpersönlichkeitskriteriums identischen Verbindlichkeit darstellt? Der akademische Charakter der Rechtsfrage endet dort, wo sich zusätzliche Probleme etwa in Bezug auf etwaige Anrechnungen der Verjährungslaufzeiten gegenüber dem Altschuldner stellen und eine Auslegung der Parteivereinbarung hierzu nichts Konkretes zutage fördert: Es stellt sich die Frage, ob ein sukzessionsfeindliches Höchstpersönlichkeitskriterium zu einer Neuauflage der Schuld führt, bei der das Verjährungsrad wieder bei Null zu laufen beginnt und eine Zurechnung verjährungsunterbrechender bzw. verjährungshemmender Maßnahmen unterbleibt, die sich gegen die alte höchstpersönliche Verbindlichkeit richteten.[41] Dem Rechtsanwender muss man hier mangels einschlägiger Entscheidungen Steine statt Brot geben und ihn auf sein argumentatives Fingerspitzengefühl auf dem Parkett des § 157 BGB verweisen. 14

---

[35] Lesenswert ist das Urteil des OLG Schleswig vom 27.03.1952, das zum einen aus der Natur der befreienden Schuldübernahme ableitet, dass sich der Leistungsort nicht verändere, und zum anderen hiergegen die Interessenlage bei der kumulativen Schuldübernahme abgrenzt: OLG Schleswig v. 27.03.1952 - 1 U 34/52 - NJW 1952, 1018-1019.

[36] So wohl die h.M.: vgl. *Möschel* in: MünchKomm-BGB, 5. Aufl. 2007, § 414 Rn. 7 und *Rieble* in: Staudinger, § 414 Rn. 80 unter Verweis auf die ähnliche Situation bei nachträglichem Sitzwechsel des Schuldners.

[37] In diesem Sinne, aber nach Schuldarten differenzierend, spricht sich wohl *Rohe* in: Bamberger/Roth, § 415 Rn. 21 für eine Verlagerung des Leistungsorts vom Holschuld zum Wohnsitz/Sitz des Übernehmers qua konkludenter Vereinbarung aus.

[38] *Rieble* in: Staudinger, § 414 Rn. 33; vgl. auch *Röthel* in: Erman, § 414 Rn. 4.

[39] Vgl. § 414 BGB; *Rieble* in: Staudinger, § 414 Rn. 33 hält einen die Sukzessionsfähigkeit begründenden Änderungsvertrag zwischen Gläubiger und Altschuldner für erforderlich, da es ausgeschlossen sei, dem höchstpersönlichen Altschuldner seine Schuld durch bloße Sukzession zu entreißen.

[40] *Grüneberg* in: Palandt, Überbl. v. § 414 Rn. 1 hält im Hinblick auf die Mitwirkung des Gläubigers eine Einschränkung wie in § 399 BGB nicht für erforderlich.

[41] Nach *Maurer*, Schuldübernahme, 2010, S. 226, führt der Verzicht des Gläubigers (sic!) auf die höchstpersönliche Leistung „nicht zwangsläufig" zum Erlöschen der ursprünglichen Schuld, und eine Novation sei nur anzunehmen, wenn die Durchbrechung der Kontinuität zwischen alter und neuer Schuld von den Parteien gewollt sei.

c. Übergang von Nebenforderungen, Zusatzvereinbarungen und Gestaltungsrechten

15 Ob auch Nebenforderungen[42] wie Zinsen und Zusatzvereinbarungen wie Vertragsstrafen mit der Hauptverbindlichkeit vom Übernehmer übernommen werden, ist Auslegungsfrage[43]. Gestaltungsrechte aus dem Vertrag, in dem die übernommene Verbindlichkeit wurzelt, sollen hingegen grundsätzlich nicht ohne gesonderte Vereinbarung auf den Übernehmer übergehen, soweit sie nicht ausschließlich die übernommene Verbindlichkeit betreffen[44]. Die Wirkung der befreienden Schuldübernahme auf Sicherungsrechte ist in § 418 BGB geregelt.

III. „Vertrag mit dem Gläubiger"

16 Parteien des Übernahmevertrages nach § 414 BGB sind der Gläubiger und der Übernehmer. Der Übernahmevertrag ist nicht bedingungsfeindlich.[45]

1. Formfragen und Willenseinigung

17 Der Vertrag ist grundsätzlich formfrei. Auch konkludent kann eine Schuldübernahme vereinbart werden[46]. Leichthin darf man aber weder den Willen des Gläubigers, sich stillschweigend mit einer befreienden Schuldübernahme einverstanden zu erklären, noch den vermeintlich konkludent bekundeten Verpflichtungswillen des Übernehmers unterstellen[47]. Die Rechtsprechung stellt strenge Anforderungen.[48] Als Übernahmeindiz seitens des Gläubigers soll es noch nicht ausreichen, dass dieser über einen längeren Zeitraum hinweg Zinszahlungen des vermeintlichen Übernehmers entgegengenommen hat; auch die fortgesetzte Kontenführung – nach Übernahme eines Unternehmens durch einen Dritten – soll nicht ausreichen.[49] Allein das Ausstellen einer Rechnung auf einen am Werkvertrag nicht beteiligten Dritten und deren Begleichung durch diesen soll ebenfalls noch nicht für eine Schuldübernahme durch den Dritten hinreichend sein[50]: Die befreiende Schuldübernahme sei nämlich ein ungewöhnliches und bedeutsames Rechtsgeschäft. In aller Regel habe sie eine solche Bedeutung, dass kein Gläubiger ohne weiteres auf seinen bisherigen Schuldner verzichten werde. Ein hierauf gerichteter Wille des Gläubigers könne nur dann angenommen werden, wenn er deutlich zum Ausdruck gebracht worden sei oder wenn die Umstände den in jeder Hinsicht zuverlässigen Schluss darauf zuließen.[51] Wegen der regelmäßig für den Gläubiger nachteiligen Folgen seien an seine Erklärung strenge Anforderungen zu stellen. Ein Schluss auf den Entlassungswillen des Gläubigers sei daher nur unter Berücksichtigung der gesamten Umstände, insbesondere der wirtschaftlichen Interessen der Parteien und des Zwecks der Vereinbarung, zulässig.[52] Erklärt etwa der Kraftfahrzeugkäufer in der Reparaturwerkstatt, dass die Reparatur nur in Auftrag gegeben werde, wenn eine Kostenzusage des Kfz-Verkäufers wegen Sachmängelhaftung vorliege, erklärt der Verkäufer sodann telefonisch eine solche Kostenzusage gegenüber dem Käufer und der Werkstatt und gibt der Käufer daraufhin die Reparatur in Auftrag, kann die telefonische Erklärung des Verkäufers allenfalls als Schuldbeitritt auszulegen sein, wenn ein Wille der Reparaturwerkstatt, den Käufer und Auftraggeber aus der Zahlungspflicht zu entlassen, nicht deutlich erklärt wird und daher eine befreiende Schuldübernahme durch den Kfz-Verkäufer nicht gegeben ist.[53]

---

[42] Zum Schuldbeitritt vgl. OLG Köln v. 01.07.1960 - 4 U 319/59 - NJW 1960, 2148.
[43] *Grüneberg* in: Palandt, § 417 Rn. 1.
[44] Vgl. die kompakte Darstellung bei *Rohe* in: Bamberger/Roth, § 415, Rn. 21.
[45] Vgl. zur Schuldmitübernahme BGH v. 25.11 1992 - VIII ZR 176/91 - juris Rn. 31 - LM BGB § 329 Nr. 3 (6/1993).
[46] OLG Karlsruhe v. 24.02.2009 - 4 U 99/08 - juris Rn. 6, 11 und 13.
[47] Ablehnend für die Bitte um Zusendung einer auf ein anderes Unternehmen lautenden Änderungsrechnung OLG Hamm v. 15.04.1999 - 22 U 156/98 - juris Rn. 6 - OLGR Hamm 1999, 381.
[48] BGH v. 20.10.1982 - IVa ZR 81/81 - juris Rn. 14 - LM Nr. 9 zu § 414 BGB; zur konkludenten befreienden Schuldübernahme zugunsten des Käufers durch Provisionsabsprache zwischen Makler und Verkäufer vgl. OLG Karlsruhe v. 20.12.2006 - 15 U 49/05 - juris Rn. 33 - OLGR Karlsruhe 2007, 646-648.
[49] Vgl. hierzu *Westermann* in: Erman, 1. Aufl. 2004, § 414 Rn. 2.
[50] BGH v. 12.04.2012 - VII ZR 13/11 - juris Rn. 7 - MDR 2012, 627-628.
[51] BGH v. 20.10.1982 - IVa ZR 81/81 - juris Rn. 14 - LM Nr. 9 zu § 414 BGB.
[52] *Bydlinski* in: MünchKomm-BGB, § 414 Rn. 3 m.w.N.
[53] LG Hamburg v. 22.10.2010 - 332 S 26/10 – juris Rn. 12 - DAR 2011, 535-536.

Wird die Schuldübernahme notariell beurkundet, wird vertreten, dass die einzelnen Bedingungen der übernommenen Schuld nicht beurkundet werden müssten; eine in Bezug genommene (andere) notarielle Urkunde über die übernommene Schuld müsse nicht verlesen werden.[54] Das BayObLG hat mit Beschluss vom 09.06.2004 die Anforderungen an den Nachweis der Vereinbarung einer befreienden Schuldübernahme in einer Wohnungseigentumssache konkretisiert.[55]

18

Etwas anderes gilt jedoch dann, wenn auch die Begründung der übernommenen Verpflichtung, etwa im Hinblick auf deren Leistungsgegenstand, formbedürftig ist.[56] Der Sinn und Zweck des Formerfordernisses muss auch auf der Ebene der Schuldübernahme zum Tragen kommen. So bedarf die Übernahme der Veräußerungs- und Erwerbspflicht beim Grundstückskauf ebenso der notariellen Beurkundung wie die ursprüngliche Begründung der Erwerbspflicht.[57] Ebenso soll der Schuldbeitritt eines Verbrauchers zu einem Kreditvertrag grundsätzlich der Form des § 492 BGB bedürfen.[58] Dies soll auch dann gelten[59], wenn der ursprüngliche Kreditnehmer selbst kein Verbraucher war[60]. Zur Möglichkeit der Heilung des Formmangels[61] gibt es in der Rechtsprechung restriktive Tendenzen. Dient hingegen die Formvorschrift des Ausgangsvertrags nur zu Beweiszwecken, so schlägt sie nicht auf die Schuldübernahme durch.[62]

19

2. Zurückweisungsrecht des Schuldners

Die privative Schuldübernahme gemäß § 414 BGB ist ein zweiseitiger Vertrag. Sie bedarf nicht der Beteiligung des bisherigen Schuldners, dessen Zustimmung grundsätzlich keine Wirksamkeitsvoraussetzung für den Schuldnerwechsel ist. Fraglich ist aber, ob der bisherige Schuldner einer ihn befreienden Schuldübernahme mit rechtsvernichtender Wirkung widersprechen kann: Es könnte dem Schuldner mithin ein Zurückweisungsrecht[63] zustehen, dergestalt, dass er sich die befreiende Wirkung der Schuldübernahme nicht gegen seinen Willen aufdrängen lassen muss. Soweit ersichtlich, ist diese Frage höchstrichterlich noch nicht geklärt.

20

Die Meinungen in der Literatur sind geteilt. Es wird vertreten, dass der bisherige Schuldner analog § 333 BGB berechtigt sei, die Befreiung von der Schuld zurückzuweisen.[64] Die Gegenansicht[65] lehnt diese Analogie u.a. mit dem Hinweis ab, dass das Gesetz in § 267 BGB sogar die Möglichkeit einer

21

---

[54] OLG Köln v. 13.02.1992 - 1 U 46/91 - juris Rn. 4 - NJW-RR 1992, 623-624.

[55] Im Beschluss des BayObLG ging es u.a. um die Frage, ob die Antragsgegner, die Wohnungs- und Teileigentümer einer Wohnanlage sind, deshalb kein Wohngeld schuldeten, weil eine befreiende Vereinbarung zwischen der Mieterin ihrer Gewerbeeinheit und den Wohnungseigentümern zustande gekommen sei, nach der die Mieterin - und nicht die Antragsgegner - die maßgeblichen Betriebskosten mit Ausnahme der Instandsetzungsrücklage zu leisten habe. In den Folgejahren sei auch so verfahren worden (BayObLG München v. 09.06.2004 - 2Z BR 032/04, 2Z BR 32/04- juris Rn. 7 - ZMR 2005, 214-215). Trotz dieser mehrjährigen Praxis ist das BayObLG der Ansicht, das Vorliegen einer solchen Vereinbarung sei nicht bewiesen, da zum einen nicht alle betroffenen Wohnungseigentümer als Gläubiger an einer entsprechenden Vereinbarung ausdrücklich beteiligt gewesen sein (BayObLG München v. 09.06.2004 - 2Z BR 032/04, 2Z BR 32/04- juris Rn. 17 - ZMR 2005, 214-215) und zum anderen auch keine konkludente Willenseinigung vorliege (BayObLG München v. 09.06.2004 - 2Z BR 032/04, 2Z BR 32/04- juris Rn. 18 - ZMR 2005, 214-215). Im Zweifel sei die unmittelbare Abrechnung mit der Mieterin als bloße Verkürzung des Zahlungsweges (BayObLG München v. 09.06.2004 - 2Z BR 032/04, 2Z BR 32/04 - juris Rn. 18 - ZMR 2005, 214-215) oder höchstens als Schuldbeitritt, nicht aber als befreiende Schuldübernahme zu werten (BayObLG München v. 09.06.2004 - 2Z BR 032/04, 2Z BR 32/04 - juris Rn. 19 - ZMR 2005, 214-215).

[56] *Heinrichs* in: Palandt, BGB, 64. Aufl. 2005, Überbl. v. § 414 Rn. 3; *Grüneberg* in: Palandt, Überbl. v. § 414 Rn. 1.

[57] Dies folgt aus dem Zusammenspiel von (nunmehr) § 311b BGB und § 414 BGB, so BGH v. 14.06.1996 - V ZR 85/95 - juris Rn. 8 - LM BGB § 313 Nr. 143 (10/1996).

[58] Vgl. zu der Vorgängervorschrift BGH v. 12.11.1996 - XI ZR 202/95 - juris Rn. 17 - BGHZ 134, 94-99 und BGH v. 05.06.1996 - VIII ZR 151/95 - juris Rn. 13 - BGHZ 133, 71-78.

[59] BGH v. 05.06.1996 - VIII ZR 151/95 - juris Rn. 18 - BGHZ 133, 71-78.

[60] *Möschel* in: MünchKomm-BGB, 5. Aufl. 2007, vor § 414 Rn.15.

[61] LG Dresden v. 16.05.2002 - 13 O 4867/01 - juris Rn. 29 - VuR 2002, 297.

[62] So zur kumulativen Schuldübernahme BGH v. 08.12.1992 - XI ZR 96/92 - juris Rn. 16 - BGHZ 121, 1-6.

[63] Zur Problematik *Heinrichs* in: Palandt, BGB, 64. Aufl. 2005, § 414 Rn. 1.

[64] *Stürner* in: Jauernig, Anmerkungen zu den §§ 414, 415 Rn. 1; *Westermann* in: Erman, 11. Aufl. 2004, § 414 Rn. 1.

[65] U. a. *Möschel* in: MünchKomm-BGB, 5. Aufl. 2007, § 414 Rn. 6, *Grüneberg* in: Palandt, § 414 Rn. 1 und *Röthel* in: Erman, § 414 Rn. 4.

Erfüllung durch Dritte ohne Einverständnis des Schuldners vorsehe. Die besseren Argumente scheinen gegen das Zurückweisungsrecht des Schuldners zu sprechen. § 414 BGB hat die privative Schuldübernahme als ein Verfügungsgeschäft zugunsten des bisherigen Schuldners ausgestaltet, das ohne dessen Mitwirkung zustande kommt. Ein Zustimmungserfordernis fehlt, anders als bei § 415 BGB. Ob eine Gesetzesanalogie zu § 333 BGB angezeigt ist, erscheint fraglich, weil es bei der befreienden Schuldübernahme nicht um dem Schuldner aufgedrängte Rechte geht, sondern um dessen Befreiung von einer Verbindlichkeit. Dass gemäß § 397 BGB auf der Ebene des Erlasses eine Willenseinigung zwischen Gläubiger und Schuldner vorausgesetzt wird, um das Schuldverhältnis zum Erlöschen zu bringen, steht der Zurückweisungsfestigkeit der privativen Schuldübernahme nicht entgegen. Denn aus § 397 BGB lässt sich nicht der allgemeine Rechtsgedanke herleiten, eine Schuldnerbefreiung sei nur im Konsenswege möglich. § 267 Abs. 1 Satz 2 BGB besagt vielmehr ausdrücklich, dass bei der Leistung durch Dritte die Einwilligung des Schuldners nicht erforderlich ist. Entsprechendes muss auch dann gelten, wenn der auf die Schuld Leistende die Verbindlichkeit zunächst gemäß § 414 BGB übernommen hat und damit, im Vorfeld der Leistung, einen eigenen Verpflichtungsgrund geschaffen hat.

D. Rechtsfolgen

22 Durch den Übernahmevertrag wird einerseits der bisherige Schuldner von seiner Verbindlichkeit befreit, andererseits tritt der Übernehmer auf Schuldnerseite in das Schuldverhältnis ein. Der Leistungsort bleibt bei der privativen Schuldübernahme nach richtiger, aber umstrittener Ansicht unverändert.[66] Dies ist bei Holschulden wichtig, wenn Übernehmer und bisheriger Schuldner sich hinsichtlich des Ortes ihrer Niederlassung unterscheiden: Es bleibt also beim Erfüllungsort am Niederlassungsort des Altschuldners.[67] Auf die Verteidigungsmöglichkeiten des Übernehmers wird unter § 417 BGB, auf die Auswirkungen auf die Sicherungsrechte wird unter § 418 BGB eingegangen werden.

E. Prozessuale Hinweise

23 Erfolgt die befreiende Schuldübernahme nach Rechtshängigkeit, so ist § 265 ZPO nach einer Entscheidung des BGH vom 12.07.1973 nicht zu Anwendung berufen,[68] da der Gläubiger sich mit der befreienden Schuldübernahme einverstanden erklärt habe. Den diese Ansicht stützenden Streitstand stellt der BGH ausführlich dar.[69] In der Literatur wird die Frage kontrovers diskutiert.[70]

24 Eine Rechtskrafterstreckung nach § 325 ZPO kommt auch nicht in Betracht: Der Übernehmer einer rechtskräftig ausgeurteilten Schuld ist also an das Urteil nicht gebunden und kann geltend machen, dass der Anspruch des Gläubigers nicht bestehe. Der rechtskräftig verurteilte bisherige Schuldner kann sich infolge privativer Schuldübernahme mit der Vollstreckungsgegenklage zur Wehr setzen. Will der Gläubiger seiner titulierten Rechte nicht verlustig gehen, so ist eine Unterwerfung des Übernehmers unter die sofortige Zwangsvollstreckung angezeigt.[71]

25 Gleichgültig, ob eine Schuld befreiend (privativ) oder nur verstärkend (kumulativ) übernommen wird, kann die Übernahme nicht dazu führen, dass ohne Zustimmung des Gläubigers ein für die Schuld vereinbarter Gerichtsstand entfällt. Die Gerichtsstandsvereinbarung wirkt daher auch gegenüber dem Übernehmer. Für die private Schuldübernahme, bei der der Gläubiger den bisherigen Schuldner verliert, kann insoweit nichts anderes als für die Abtretung gelten.[72]

F. Anwendungsfelder

26 Die privative Schuldübernahme unterscheidet sich von der Erfüllungsübernahme nach § 329 BGB.[73] Bei der Schuldübernahme erwirbt der Gläubiger einen eigenen Anspruch gegen den Übernehmer, wo-

---

[66] *Westermann* in: Erman, 11. Aufl. 2004, § 414 Rn. 6; vgl. Rn. 11.
[67] Vgl. § 269 BGB.
[68] BGH v. 12.07.1973 - VII ZR 170/71 - juris Rn. 33 - BGHZ 61, 140-144.
[69] BGH v. 12.07.1973 - VII ZR 170/71 - juris Rn. 26 - BGHZ 61, 140-144.
[70] Vgl. die Nachweise zur Gegenmeinung: BGH v. 12.07.1973 - VII ZR 170/71 - juris Rn. 27 - BGHZ 61, 140-144 sowie *Röthel* in: Erman, § 414 Rn. 15.
[71] *Rieble* in: Staudinger, § 414 Rn. 85-89.
[72] OLG Hamburg v. 21.12.2007 - 12 U 11/05 - juris Rn. 48 - IHR 2008, 108.
[73] Vgl. zur praktischen Relevanz dieser Abgrenzung OLG Koblenz v. 18.02.2004 - 10 W 768/03 - VersR 2005, 263, wo es um die Auslegung der AGB von Rechtsschutzversicherern geht, die zum Zweck der Risikobegrenzung zwar die Schuldübernahme, nicht aber die Erfüllungsübernahme ausschließen; vgl. auch *Rieble* in: Staudinger, § 414 Rn. 90.

hingegen es sich bei der Erfüllungsübernahme um eine Verpflichtung zur Befriedigung des Gläubigers handelt, die nur im Innenverhältnis zwischen Schuldner und Versprechenden besteht.

Die privative Schuldübernahme unterscheidet sich von der Bürgschaft (§ 765 BGB). Anders als bei der Bürgschaft entsteht bei der Schuldübernahme nicht nur eine in Bezug auf die Hauptforderung akzessorische Verpflichtung des Versprechenden gegenüber dem Gläubiger. Vielmehr haftet der Übernehmer aus einer eigenen, direkten Verbindlichkeit gegenüber dem Gläubiger.

27

Die privative Schuldübernahme unterscheidet sich von der kumulativen Schuldübernahme. Anders als bei der kumulativen Schuldübernahme (Schuldbeitritt) haftet der Übernehmer bei der privativen Schuldübernahme nicht gesamtschuldnerisch mit dem Altschuldner[74], sondern tritt mit befreiender Wirkung an dessen Stelle[75].

28

Für die Auslegung der Willenserklärungen der Parteien sind die §§ 133, 157 BGB maßgebend.[76] Die Abgrenzung von Bürgschaft und Schuldbeitritt ist meist heikel[77] und wird insbesondere in der älteren Rechtsprechung oftmals am Kriterium des eigenen wirtschaftlichen[78] Interesses des Übernehmers festgemacht.[79] Letztlich kommt es aber entscheidend auf den konkreten Parteiwillen an[80]; das eigene wirtschaftliche Interesse des sich Verpflichtenden soll nur ein „wichtiger Anhaltspunkt" für die etwaige Bejahung des Schuldbeitritts sein.[81]

29

Liegt ein eigenes wirtschaftliches Interesse vor, so soll der Übernehmer in der Regel des Schutzes der Formvorschrift von § 766 BGB nicht bedürfen.[82] Durch Eigeninteresse motivierte Beitrittsfälle finden sich in der Rechtsprechung im Bereich des Bauvertrages, wenn der Bauherr zugunsten des Subunternehmers „in den Auftrag einsteigt"[83], indem er eine Vergütungszusage bezüglich des Subunternehmeranspruchs gegen den Hauptunternehmer ausspricht[84]. In jedem Fall ist jedoch der jeweilige Parteiwille[85], wie er sich vom Empfängerhorizont aus darstellt, und nicht zwingend der Wortlaut der Erklärungen[86] maßgeblich.[87] Bei der Formulierung der Verträge ist dennoch größte Vorsicht geboten[88], ebenso bei vorschnellen Zahlungszusagen[89]. Eine nichtige „Mithaftungserklärung" kann in eine selbstschuldnerische Bürgschaft umzudeuten sein, wenn anzunehmen ist, dass die Parteien bei Kenntnis der Nichtigkeit der Mithaftungserklärung eine Bürgschaft gewollt hätten. Davon sei im Zweifel auszugehen, wenn durch eine solche Bürgschaft derselbe wirtschaftliche Erfolg erreicht werden könne, da es den Vertragsparteien weniger auf die Rechtsform ihres Geschäfts als auf den von ihnen beabsichtigten wirtschaftlichen Erfolg ankomme.[90]

30

---

[74] Zum Schuldbeitritt naher Angehöriger und möglicher Nichtigkeit des Vertrages wegen krasser Überforderung des Beitretenden vgl. *Möschel* in: MünchKomm-BGB, 5. Aufl. 2007, vor § 414 Rn. 16 sowie OLG Koblenz v. 11.12.2003 - 5 U 1125/03 - juris Rn. 8 - JurBüro 2004, 451.

[75] Zur Abgrenzung vgl. KG Berlin v. 15.02.1994 - 7 U 5678/93 - juris Rn. 38 - KGR Berlin 1994, 61.

[76] BGH v. 25.09.1980 - VII ZR 301/79 - juris Rn. 8 - NJW 1981, 47.

[77] Vgl. beispielhaft für einen der seltenen eindeutigen Abgrenzungsfälle OLG Brandenburg v. 10.10.2007 - 4 U 20/07 - juris Rn. 49.

[78] Dem „eigenen sachlichen Interesse" „indizielles Gewicht" beimessend: VG Weimar v. 21.03.2007 - 8 K 71/05 We - juris Rn. 19 - ThürVBl 2007, 266.

[79] Vgl. *Röthel* in: Erman, vor § 414 Rn. 17.

[80] BGH v. 27.10.1971 - VIII ZR 188/70 - juris Rn. 11 - LM Nr. 33 zu § 133 (C) BGB.

[81] BGH v. 25.09.1980 - VII ZR 301/79 - juris Rn. 8 - NJW 1981, 47.

[82] Nach *Grüneberg* in: Palandt, Überbl. v. § 414 Rn. 4 liegt in Abgrenzung zum Bürgen zwar typischerweise beim Schuldbeitritt ein eigenes wirtschaftliches Interesse vor, doch dieses sei weder erforderlich noch ausreichend; das eigene sachliche Interesse könne aber bei Mehrdeutigkeit der Erklärungen ein wichtiges Indiz für den Schuldbeitritt sein; verblieben Zweifel, sei jedoch Bürgschaft anzunehmen. Vgl. hierzu BGH v. 19.09.1985 - VII ZR 338/84 - juris Rn. 13 - NJW 1986, 580.

[83] BGH v. 26.10.2000 - VII ZR 117/99 - juris Rn. 10 - BauR 2001, 626-628.

[84] Vgl. OLG Düsseldorf v. 18.10.1994 - 21 U 92/94 - NJW-RR 1995, 592-593 und OLG Koblenz v. 10.10.1991 - 5 U 795/90 - juris Rn. 8 - BB 1992, 1304-1305 sowie BGH v. 26.10.2000 - VII ZR 117/99 - juris Rn. 10 - BauR 2001, 626-628.

[85] Vgl. OLG Celle v. 06.11.2003 - 14 U 28/03 - juris Rn. 3 - OLGR Celle 2004, 199-200.

[86] Instruktiv hierzu BGH v. 28.03.1962 - VIII ZR 250/61 - juris Rn. 5 - LM Nr. 7 zu § 133 (B) BGB.

[87] BGH v. 19.09.1985 - VII ZR 338/84 - juris Rn. 13 - LM Nr. 12 zu § 414 BGB.

[88] Zur Abgrenzung von Bürgschaft und Schuldbeitritt im Mietrecht vgl. LG Berlin v. 15.08.2002 - 62 S 119/02 - juris Rn. 5 - Grundeigentum 2003, 259.

[89] Besonders plastisch BGH v. 19.09.1985 - VII ZR 338/84 - juris Rn. 21 - LM Nr. 12 zu § 414 BGB.

[90] BGH v. 16.10.2007 - XI ZR 132/06 - juris Rn. 27 - NJW 2008, 1070, 1072.

31 In der Beratungspraxis muss vorab der konkrete Parteiwille sorgfältig ermittelt werden. Die befreiende Schuldübernahme muss zweifelsfrei zum Ausdruck gebracht werden.[91]

32 Von der Vertragsübernahme[92] unterscheidet sich die privative Schuldübernahme dadurch, dass mit der Schuldübernahme nur eine Schuldnersubstitution in Bezug auf eine bestimmte Forderung einhergeht, nicht aber eine komplette Auswechselung des Vertragspartners erfolgt. Rechtstechnisch lässt sich die Vertragsübernahme als dreiseitiger Vertrag eigener Art zwischen dem ausscheidenden, dem neu eintretenden und dem verbleibenden Vertragsteil[93] oder durch zweiseitigen Vertrag (etwa der Mieter) gestalten, dem der Dritte (etwa der Vermieter) seine Zustimmung erteilt.[94]

---

[91] BayObLG München v. 10.03.1994 - 2Z BR 143/93 - juris Rn. 11 - WuM 1994, 570-571.
[92] *Möschel* in: MünchKomm-BGB, 5. Aufl. 2007, vor § 414 Rn. 7-8.
[93] Für den Übergang des Mietverhältnisses vom Vormieter auf den Nachmieter vgl. OLG Düsseldorf v. 08.05.2007 - 24 U 128/06 - juris Rn. 15 und 18 - ZMR 2008, 122-123.
[94] Indessen ist auch denkbar, dass zwischen Vermieter und Drittem ein Übergang des Mietvertrages vereinbart wird und der Mieter diese Operation durch seine Zustimmung absegnet; diese für die Vertragsübernahme erforderliche Zustimmung könne auch schon vorab durch AGB erklärt werden: KG Berlin v. 26.06.2003 - 12 U 276/01 - juris Rn. 32 - KGR Berlin 2003, 300-301.

§ 415 BGB Vertrag zwischen Schuldner und Übernehmer

(Fassung vom 02.01.2002, gültig ab 01.01.2002)

(1) ¹Wird die Schuldübernahme von dem Dritten mit dem Schuldner vereinbart, so hängt ihre Wirksamkeit von der Genehmigung des Gläubigers ab. ²Die Genehmigung kann erst erfolgen, wenn der Schuldner oder der Dritte dem Gläubiger die Schuldübernahme mitgeteilt hat. ³Bis zur Genehmigung können die Parteien den Vertrag ändern oder aufheben.

(2) ¹Wird die Genehmigung verweigert, so gilt die Schuldübernahme als nicht erfolgt. ²Fordert der Schuldner oder der Dritte den Gläubiger unter Bestimmung einer Frist zur Erklärung über die Genehmigung auf, so kann die Genehmigung nur bis zum Ablauf der Frist erklärt werden; wird sie nicht erklärt, so gilt sie als verweigert.

(3) ¹Solange nicht der Gläubiger die Genehmigung erteilt hat, ist im Zweifel der Übernehmer dem Schuldner gegenüber verpflichtet, den Gläubiger rechtzeitig zu befriedigen. ²Das Gleiche gilt, wenn der Gläubiger die Genehmigung verweigert.

Gliederung

A. Grundlagen 1	3. Die „modifizierte Verfügungstheorie" 27
I. Kurzcharakteristik 1	4. Die Auffassung des Autors 28
II. Regelungsprinzipien 6	V. „Mitteilung der Schuldübernahme (Absatz 1 Satz 2)" 34
III. Verhältnis zum UN-Kaufrecht 7	1. Inhaltliche Anforderungen und Formfreiheit der Mitteilung 35
B. Praktische Bedeutung 8	2. Rechtsnatur der Mitteilung 39
C. Anwendungsvoraussetzungen 13	a. Rechtsprechung 40
I. Normstruktur 13	b. Literatur 41
II. „Schuldübernahme" 14	c. Auffassung des Autors 42
III. „Dritter, Übernehmer" 19	VI. „Genehmigung der Schuldübernahme durch den Gläubiger" 43
IV. „Vertrag zwischen Schuldner und Übernehmer" 20	**D. Rechtsfolgen** 51
1. Herrschende Meinung und Rechtsprechung: die Verfügungstheorie 23	**E. Prozessuale Hinweise/Verfahrenshinweise** 54
2. Mindermeinung in der Literatur: die Angebotstheorie 25	**F. Arbeitshilfen** 55

A. Grundlagen[1]

I. Kurzcharakteristik

Die Vorschrift regelt die zweite fundamentale Variante der befreienden (privativen) Schuldübernahme. **1**

Nach § 414 BGB findet die vertragliche Einigung, die zur Schuldsukzession und zur Befreiung des bisherigen Schuldners aus dem Schuldverhältnis führt, ausschließlich zwischen dem neuen Schuldner und dem Gläubiger statt. Den neuen Schuldner bezeichnet das Gesetz als den „Übernehmer" oder als den „Dritten". Der bisherige Schuldner ist am Vorgang der Schuldsukzession, der ihn nach § 414 BGB aus dem Schuldverhältnis entlässt, also gar nicht beteiligt. Das gesetzliche Leitbild von § 415 BGB sieht anders aus: Nach dem Wortlaut von § 415 BGB sind es zunächst der bisherige Schuldner und der Übernehmer, zwischen denen sich die vertragliche Einigung zur Schuldübernahme abspielt. Die Schuldsukzession gemäß § 415 Abs. 1 BGB setzt dann jedoch in einem zweiten Schritt voraus, dass der Gläubiger die befreiende Schuldübernahme genehmigt. Letzteres kann der Gläubiger nach dem Gesetzesleitbild erst tun, wenn ihm der Übernehmer oder der bisherige Schuldner (§ 415 Abs. 1 Satz 2 BGB) die Schuldübernahme mitgeteilt hat. Ob der Gläubiger durch seine Genehmigung zur Partei des Übernahmevertrages wird, ist umstritten und hat nicht nur dogmatische, sondern auch praktische Relevanz. **2**

Rechtstechnisch scheint die Abgrenzung zwischen diesen beiden Instituten der Schuldsukzession auf den ersten Blick einfach zu sein. In der Rechtspraxis sind aber die Grenzen zwischen der privativen Schuldübernahme nach § 415 BGB und § 414 BGB schwer zu ziehen, wenn es darum geht, bei kom- **3**

---

[1] Die Kommentierung gibt ausschließlich die persönliche Meinung des Autors wieder.

plexen Lebenssachverhalten den Bedeutungsgehalt der Erklärungen der Beteiligten zu ermitteln. Typischerweise bahnt sich nämlich die privative Schuldübernahme – auch die nach § 414 BGB – auf der Ebene zwischen Alt- und Neuschuldner an und soll sich im Kontext eines Kausalgeschäfts zwischen diesen Parteien ansiedeln. Dabei handelt es sich beispielsweise um einen Grundstücks- oder Unternehmenskaufvertrag, bei dem der Käufer und Neuschuldner, unter Anrechnung auf den Kaufpreis, eine oder mehrere Verbindlichkeiten des Verkäufers und Altschuldners übernehmen oder in Form eines Schuldbeitritts mit übernehmen soll.[2] Ob nach dieser kausalgeschäftlichen Vereinbarung, die das Innenverhältnis zwischen Alt- und Neuschuldner betrifft, der davon abstrakte[3] Akt der Schuldsukzession aufgrund rein zweiseitigen Rechtsgeschäfts nach § 414 BGB geschieht oder als dreiseitige Operation gemäß § 415 BGB vonstattengeht, kann eine heikle Auslegungsfrage sein. Oftmals geht die Kontaktaufnahme zum Gläubiger, das Nachsuchen um dessen Billigung des Übernahmeakts, vom potentiellen Neuschuldner aus. Dieser bekundet gegenüber dem Gläubiger seine Übernahmebereitschaft. Die rechtliche Wertigkeit dieser Erklärung ist entscheidend für die Einordnung des Sukzessionsvorgangs: Ob eine solche Erklärung der Übernahmebereitschaft des Neuschuldners, vom Empfängerhorizont des Gläubigers aus betrachtet, als Vertragsofferte an den Gläubiger nach § 414 BGB zu verstehen oder als schiere Mitteilung zu werten ist, mithin als bloße Anzeige einer bereits erfolgten Einigung zwischen Alt- und Neuschuldner nach § 415 BGB, verbunden mit einem Ersuchen um die Gläubigergenehmigung, ist bei Erklärungen juristischer Laien eine subtile, wenn nicht aleatorische Auslegungsfrage. In der Rechtspraxis wird daher, vom Ergebnis her argumentierend, oft ohne dogmatische Umschweife verfahren und in einer um Zustimmung des Gläubigers ersuchenden Erklärung zugleich ein Angebot zur Schuldübernahme gemäß § 414 BGB gesehen, das mit der alsdann erfolgten „Genehmigung" des Gläubigers angenommen werde.[4] Die damit einhergehende Verwischung der Grenzen zwischen den beiden schuldbefreienden Rechtsinstituten wirft die Frage auf, ob nicht zum Zweck der Vermeidung willkürlicher Ergebnisse eine Annährung der Regelungskonzepte, insbesondere bei den pathologischen Fallkonstellationen der Willensmängel im Zwei- und Dreipersonenverhältnis[5], geboten ist.

4   Hinzu kommt, dass die Vertragsfreiheit auch durchaus, gleichsam als Zwitterlösung zwischen § 414 BGB und § 415 BGB, das Konzept der Schuldübernahme durch echten dreiseitigen Vertrag kennt.[6]

5   § 416 BGB betrifft eine praktisch häufige Konstellation der befreienden Schuldübernahme, nämlich den Fall, dass der Erwerber eines Grundstücks auch eine Schuld des Veräußerers übernehmen will, für die eine Hypothek an dem Grundstück des Veräußerers besteht. In der Vertragspraxis kommt es vor, dass der Veräußerer anlässlich des Verkaufs nicht für die Beseitigung der Hypothek zu sorgen hat. Das Grundstück bleibt folglich auch nach der Übereignung mit der Hypothek belastet. In der Regel bleibt dies nicht ohne Folgen für die Kaufpreisgestaltung. Es liegt oftmals im Interesse beider Parteien des Kaufvertrags, dass der mit der Hypothek belastete, aber bei dem Kaufpreis entsprechend begünstigte Erwerber auch schuldrechtlich in die Fußstapfen des Veräußerers tritt. Legitime Interessen des Gläubigers stehen in geringerem Ausmaße auf dem Spiel als im Grundfall der Schuldübernahme nach § 415 BGB, weil auch nach der Schuldübernahme eine dingliche, mutmaßlich werthaltige Sicherheit besteht.[7] Für Hypothekenschulden[8] sieht § 416 BGB daher ein vereinfachtes Verfahren der Schuldsukzession vor: Die Genehmigung des Gläubigers zur Übernahme der Hypothekenschuld gilt nach § 416 Abs. 1 Satz 2 BGB, abweichend von § 415 BGB, als erteilt, wenn der Gläubiger sie nicht binnen sechs Monaten nach schriftlicher Mitteilung der Schuldübernahme verweigert hat. Allerdings hat die Mitteilung der Schuldübernahme, wiederum abweichend von § 415 BGB, erstens schriftlich und zweitens durch den Veräußerer, und zwar erst nach Eintragung des Erwerbers in das Grundbuch, zu erfolgen. Die Frage, ob die Übernahme einer hypothekarisch gesicherten Schuld ausschließlich nach den Modalitäten des § 416 BGB vonstattengehen kann, hat das Reichsgericht in einer Entscheidung vom

---

[2] Vgl. § 25 HGB.
[3] *Grüneberg* in: Palandt, Überbl. v. § 414 Rn. 1.
[4] Kritisch hierzu *Rieble* in: Staudinger, § 415 Rn. 89.
[5] Vgl. § 123 Abs. 2 BGB.
[6] *Rieble* in: Staudinger, § 415 Rn. 36.
[7] *Grüneberg* in: Palandt, § 416 Rn. 1.
[8] Und analog nach verbreiteter Meinung auch für Sicherheitsgrundschulden, vgl. *Rohe* in: Bamberger/Roth, § 416 Rn. 3 und OLG Braunschweig v. 05.04.1962 - 2 U 29/61 - juris Rn. 39; vgl. zum Erwerb durch Zwangsversteigerung OLG Schleswig v. 23.10.2003 - 2 U 1/03 - juris Rn. 22 - OLGR Schleswig 2004, 43-45 sowie *Rieble* in: Staudinger, § 415 Rn. 36-38.

10.03.1906[9] verneint. Auch in der Literatur wird § 416 BGB nur als fakultative Ergänzung zu § 415 BGB gesehen, also nicht als lex specialis, die unter Verdrängung des § 415 BGB bei der Übernahme hypothekarisch gesicherter Schulden immer zwingend anwendbar wäre. Folglich bleibt es auch im Anwendungsbereich des § 416 BGB den Parteien unbenommen, eine Schuldübernahme nach Maßgabe des § 414 BGB – d.h. direkt zwischen Übernehmer und Gläubiger – oder des § 415 BGB zu vereinbaren.[10] Im Übrigen gilt ohnedies § 415 BGB, soweit § 416 BGB, insbesondere hinsichtlich § 415 Abs. 3 BGB, eine Regelungslücke aufweist.

II. Regelungsprinzipien

Das der Schuldsukzession nach § 415 BGB innewohnende Genehmigungskriterium leuchtet ein: Sonst wäre es gegen den Willen des Gläubigers möglich, einen weniger solventen Schuldner in das Schuldverhältnis eintreten zu lassen und den bisherigen Schuldner mit befreiender Wirkung aus dem Schuldverhältnis zu entlassen. Auch vor der Genehmigungserteilung kann aber der Vertrag zwischen bisherigem Schuldner und Übernehmer bereits Rechtswirkungen entfalten: Gemäß § 415 Abs. 3 BGB gilt im Zweifel, dass der potentielle Übernehmer dem Schuldner gegenüber schon vor Erteilung der schuldbefreienden Genehmigung im Innenverhältnis zur rechtzeitigen Befriedigung des Gläubigers verpflichtet ist. Dieser Vermutungsregel zufolge ist die noch nicht genehmigte und insoweit hinsichtlich der Schuldsukzession noch unwirksame Schuldübernahme nach § 415 BGB also im Zweifel eine auch ohne Genehmigung wirksame Erfüllungsübernahme gemäß § 329 BGB. Das Gleiche gilt für den Fall, dass der Gläubiger die Genehmigung verweigert.

6

III. Verhältnis zum UN-Kaufrecht

Das UN-Kaufrecht soll auf den Schuldübernahmevertrag keine Anwendung finden.[11]

7

B. Praktische Bedeutung

Der Gläubiger hat ein schützenswertes Interesse daran, dass sich das Schuldnerkarussell nicht ohne sein Zutun zu drehen beginnt. Der Schuldner hat ein offensichtliches Interesse daran, sich aus dem Schuldverhältnis möglichst unkompliziert davonzustehlen. Dem schiebt das Genehmigungspostulat des § 415 Abs. 1 BGB zunächst einen Riegel vor. Nichts scheint ohne die Genehmigung des Gläubigers zu gehen.

8

Doch die Vertragspraxis ist erfinderisch. Sie siedelt im Windschatten des § 415 BGB, der nur die (nachträgliche) Genehmigung der Schuldübernahme durch den Gläubiger regelt, eine vorweggenommene Einwilligung in die Schuldübernahme an, die der Gläubiger schon bei Vertragsschluss mit dem Schuldner erklärt. Eine derartige Einwilligung gemäß § 183 BGB ist dann besonders tückisch, wenn sie kraft Vereinbarung der Parteien zum einen in Abkehr vom gesetzlichen Leitbild des § 183 BGB unwiderruflich ist und zum anderen quasi blanko erklärt wird, d.h. ohne spezifische Benennung des zum Eintritt in das Schuldverhältnis auserkorenen Übernehmers. Das Ungleichgewicht derartiger Verträge zulasten des Gläubigers liegt auf der Hand: Die pauschale Einwilligung des Gläubigers in eine später durchzuführende Schuldübernahme wird zum Freibrief für den Schuldner, nach Belieben mit einem Dritten den Eintritt in das Schuldverhältnis vereinbaren zu können. Auf der Hand liegt auch das zusätzliche Gefährdungspotential, das derartigen Vereinbarungen innewohnt, wenn der Verwender (Schuldner) sie seinem Vertragspartner (Gläubiger) in Form von AGB aufnötigt.

9

Obwohl § 415 Abs. 1 BGB nur von der Genehmigungskonstellation spricht und ausdrücklich in § 415 Abs. 1 Satz 2 BGB ausführt, die Genehmigung könne erst dann erfolgen, wenn der Schuldner oder der Dritte (Übernehmer) dem Gläubiger die Schuldübernahme mitgeteilt habe, hat die Rechtsprechung[12], basierend auf einer Entscheidung des Reichsgerichts vom 03.05.1905, den Schuldnerwechsel aufgrund vorhergehender Einwilligung des Gläubigers zugelassen[13]. Indessen ist die Wirksamkeit solcher Einwilligungsklauseln in AGB namentlich gegenüber Verbrauchern zweifelhaft.[14] Nach einem Urteil des

10

---

[9] RG v. 10.03.1906 - V 387/05 - RGZ 63, 42-53, 52-53.
[10] *Grüneberg* in: Palandt, § 416 Rn. 2.
[11] So ausdrücklich zum EKG und zum Schuldbeitritt OLG Koblenz v. 10.10.1991 - 5 U 795/90 - juris Rn. 6 - BB 1992, 1304-1305.
[12] Vgl. OLG Köln v. 04.10.1993 - 2 U 16/93 - juris Rn. 18 - NJW-RR 1994, 210; vgl. auch *Röthel* in: Erman, § 415 Rn. 9.
[13] So etwa RG v. 03.05.1905 - V 520/04 - RGZ 60, 415-416, 415-416.
[14] *Schulze* in: Hk-BGB, § 415 Rn. 3 und mit Hinweis auf § 309 Nr. 10 BGB (Wechsel des Vertragspartners [sic!]) und § 307 BGB; *Roloff* in: Erman, § 309 Rn. 135.

§ 415

OLG Köln[15] vom 04.10.1993 soll eine vorab erteilte Einwilligung zwar grundsätzlich hinlänglich sein und auch konkludent erteilt werden können, in der bloßen gläubigerseitigen Entgegennahme der Erklärung des Schuldners, dieser werde seine Verpflichtung seinem Rechtsnachfolger mit entsprechender Weiterleitungsverpflichtung auferlegen, liege aber mangels stichhaltiger Anhaltspunkte keine konkludente Einwilligung, vielmehr spreche eine tatsächliche Vermutung für eine bloße Erfüllungsübernahme.

11   Einen praktisch wichtigen Anwendungsbereich findet die befreiende Schuldübernahme im Dunstkreis der so genannten Bierlieferungsverträge. Die Brauerei tritt dort bisweilen nicht nur als Bierlieferant, sondern auch als Darlehensgeber in Erscheinung, so in einer Entscheidung des 8. Zivilsenats vom 15.11.2000.[16] Sofern es dem Gastronom nach einer Geschäftsnachfolgeklausel[17] zusteht, etwa im Fall einer Weiterverpachtung der Gaststätte den Geschäftsnachfolger in den Bierbezugsvertrag eintreten zu lassen, soll damit nicht zwingend eine Zustimmung der Brauerei (Gläubiger) zu einer befreienden Schuldübernahme der Darlehensschuld durch den Geschäftsnachfolger (Übernehmer) verbunden sein.[18]

12   Nach einer Entscheidung des OLG Frankfurt vom 05.08.2003[19] soll bei einem Auftragnehmerwechsel infolge einer wirksamen Vertragsübernahme (sic!) die vom Auftraggeber genehmigte vollständige Überleitung von erteilten, ursprünglich ausschreibungspflichtigen Aufträgen auf einen neuen Auftragnehmer (hier: nach gesellschaftlicher Umstrukturierung neue Gesellschaft) grundsätzlich keiner neuen Ausschreibung bedürfen, wenn der Vertrag inhaltlich und preislich unverändert bleibt und mit demselben sachlichen und personellen Know-how fortgeführt wird[20].

C. Anwendungsvoraussetzungen

I. Normstruktur

13   Die Vorschrift besteht aus drei eng miteinander verzahnten Absätzen. § 415 Abs. 1 BGB beschreibt die Schuldübernahme als Vertrag zwischen Schuldner und Übernehmer, dessen Schuldsukzessionswirkung erst nach Mitteilung der Schuldübernahme an den Gläubiger eintreten kann und hierzu der Genehmigung des Gläubigers bedarf. § 415 Abs. 2 BGB stellt klar, dass die Schuldsukzessionswirkung in Form der befreienden Schuldübernahme dann nicht Platz greift, wenn der Gläubiger diese Genehmigung verweigert. Die ersten beiden Absätze gelten mithin dem schuldübertragenden Verfügungsgeschäft, kraft dessen der bisherige Schuldner von seiner Schuld befreit wird und der Übernehmer an dessen Stelle tritt. § 415 Abs. 3 BGB stellt für den Fall der noch nicht erteilten Genehmigung die Vermutungsregel auf, dass die Vereinbarung zwischen bisherigem Schuldner und Übernehmer dann den Gehalt einer – nur inter partes wirksamen – Erfüllungsübernahme habe.

II. „Schuldübernahme"

14   Grundsätzlich können Verbindlichkeiten jeder Art übernommen werden. Dies gilt wie bei § 414 BGB auch für zukünftige, bedingte, klaglose oder bereits rechtshängige Ansprüche.[21] Vgl. die Kommentierung zu § 414 BGB Rn. 8.

15   Im Hinblick auf das Verfügungselement, das der Schuldübernahme innewohnt, muss das Bestimmtheitsgebot beachtet werden. Auch unter Zuhilfenahme der sog. „All-Formel" kann der Gegenstand der befreienden Schuldübernahme aber hinreichend konkret beschrieben werden. Unschädlich ist es in die-

---

[15] OLG Köln v. 04.10.1993 - 2 U 16/93- juris Rn. 18 - NJW-RR 1994, 210.
[16] BGH v. 15.11.2000 - VIII ZR 322/99 - juris Rn. 1 - LM BGB § 415 Nr. 14 (11/2001).
[17] *Grüneberg* in: Palandt, § 415 Rn. 3.
[18] BGH v. 15.11.2000 - VIII ZR 322/99 - juris Rn. 21 - LM BGB § 415 Nr. 14 (11/2001).
[19] OLG Frankfurt v. 05.08.2003 - 11 Verg 2/02 - juris Rn. 70 - NZBau 2003, 633-634.
[20] Kritisch zu diesem Themenkomplex *Ziekow*, VergabeR 2004, 430-436, 434 sowie *Rittwage*, VergabeR 2006, 327-340, 329 unter Hinweis auf einen Beschluss der Dritten Vergabekammer des Bundes vom 29.06.2005, der die Überleitung des Auftrags auf eine aus einer dritten Baufirma und einer Auffanggesellschaft des insolventen erstplatzierten Bieters bestehende ARGE mangels Konzernverbund als De-facto-Vergabe beanstandet habe. Nach *Rittwage* (S. 339) soll nur bei Erfüllung der Anforderungen einer In-House-Vergabe, etwa bei einer Konzernverbundenheit von 100%, an eine Überleitung erteilter Zuschläge nach § 415 BGB zu denken sein.
[21] Vgl. *Schulze* in: Hk-BGB, § 414 Rn. 2.

sem Fall, wenn der pauschal die Schuldübernahme Erklärende über Anzahl und Umfang der Verbindlichkeiten im Unklaren war oder sich bei der Übernahme über die Modalitäten der übernommenen Schuld irrte.[22]

Eine inhaltliche Änderung der Schuld und ihrer Leistungsmodalitäten geht mit der Schuldübernahme grundsätzlich nicht einher. 16

Zur Entscheidung des BayObLG München vom 12.08.1998, nach der sich bei schuldbefreiender Übernahme einer Kaufpreiszahlungsverpflichtung der Erfüllungsort vom Wohnsitz/Sitz des Altschuldners zum Wohnsitz/Sitz des Neuschuldners verlagern soll[23], und zu dem sich um diese Frage rankenden Meinungsstreit vgl. die Kommentierung zu § 414 BGB Rn. 11. 17

Dogmatisch ist dem in der Kommentierung zu § 414 BGB Rn. 13 dargestellten ablehnenden Standpunkt von *Rieble* zur Übernahme höchstpersönlicher Verpflichtungen auch hier beizupflichten. Dass das Höchstpersönlichkeitskriterium einer Verpflichtung grundsätzlich zur Parteidisposition stehen kann, dürfte im Übrigen anerkannt sein. 18

III. „Dritter, Übernehmer"

Grundsätzlich kommt jede natürliche oder juristische Person als tauglicher Übernehmer der Schuld in Frage. Es können jedoch gesetzliche Einschränkungen zu beachten sein.[24] Eine befreiende Schuldübernahme kann, wie das OLG Karlsruhe mit einer Entscheidung vom 27.01.2000 klargestellt hat, auch zwischen Gesamtschuldnern vereinbart werden, mit der Folge, dass einer der Gesamtschuldner von seiner Verbindlichkeit befreit wird.[25] 19

IV. „Vertrag zwischen Schuldner und Übernehmer"

In Anwendung des Abstraktions- und des Trennungsprinzips ist die Schuldübernahme streng von dem zugrunde liegenden Kausalgeschäft abzugrenzen.[26] Der privatautonomen Vereinbarung der Parteien – hier: Übernehmer und Schuldner – ist es aber nicht verwehrt, gemäß § 139 BGB eine Geschäftseinheit zwischen Kausalgeschäft und Übernahmeakt zu konstituieren. In Anlehnung an die Rechtsprechung des Reichsgerichts hat dies der BGH mit seiner Entscheidung vom 08.12.1959 nochmals klargestellt.[27] 20

Grundsätzlich ist der Vertrag zwischen Schuldner und Übernehmer bei der Schuldübernahme nach § 415 BGB keiner besonderen Form unterworfen. Insoweit und hinsichtlich der Ausnahmen vgl. die Kommentierung zu § 414 BGB Rn. 17. 21

§ 415 BGB steht im Spannungsfeld des Theorienstreits[28] zwischen Verfügungstheorie und Angebotstheorie. 22

1. Herrschende Meinung und Rechtsprechung: die Verfügungstheorie

Nach der herrschenden[29] und seit der Rechtsprechung des Reichsgerichts[30] weithin anerkannten Ansicht handelt es sich bei der Schuldübernahme nach § 415 BGB um ein schuldrechtliches Verfügungsgeschäft, bei dem bisheriger Schuldner und Übernehmer als Nichtberechtigte über die Forderung verfügen. Die Wirksamkeit des Rechtsgeschäftes hängt – getreu dem Gesetzeswortlaut – von der Genehmigung des Berechtigten, nämlich des Anspruchsinhabers, ab. Die Verfügungstheorie führt mithin die Schuldübernahme auf den Grundtatbestand des § 185 BGB zurück. Der BGH hat sich der Rechtsprechung des Reichsgerichts angeschlossen.[31] 23

---

[22] BGH v. 20.11.1967 - VIII ZR 92/65 - LM Nr. 31 zu § 581 BGB.
[23] BayObLG München v. 12.08.1998 - 1Z AR 52/98 - juris Rn. 10.
[24] U.a. zu § 4 BetrAVG vgl. *Rieble* in: Staudinger, § 414 Rn. 73-78.
[25] OLG Karlsruhe v. 27.01.2000 - 2 UF 133/99 - juris Rn. 45 - NJWE-FER 2000, 250-251.
[26] *Rieble* in: Staudinger, § 415 Rn. 24.
[27] BGH v. 08.12.1959 - VIII ZR 134/58 - BGHZ 31, 321-329; vgl. auch OLG Hamburg v. 18.01.1966 - 2 U 107/65 - NJW 1966, 985.
[28] *Eckardt* in: AnwK-BGB, § 415 Rn. 1 (dort Fn. 1) bezeichnet diesen Streit als mit dem Gesetz nicht vereinbar und überholt, da die Angebotstheorie nicht mehr vertreten werde. So nunmehr auch *Kresse/B. Eckardt* in: NK-BGB, § 415 Rn. 1 (dort Fn. 1).
[29] Vgl. *Grüneberg* in: Palandt, § 415 Rn. 1.
[30] RG v. 21.11.1931 - V 185/31 - RGZ 134, 185-188, 187.
[31] BGH v. 08.12.1959 - VIII ZR 134/58 - BGHZ 31, 321-329.

24 Folgt man der Verfügungstheorie, ist die Genehmigung auch bei ausnahmsweiser Formbedürftigkeit des Übernahmevertrags[32] gemäß § 182 Abs. 2 BGB formlos möglich. Sie wirkt gemäß § 184 Abs. 1 BGB auf den Zeitpunkt der Vornahme des Rechtsgeschäfts, also den der Übernahmevereinbarung zwischen Alt- und Neuschuldner, zurück. Erfolgen mehrere Schuldübernahmen hintereinander[33], genügt nach der Verfügungstheorie eine einzige Genehmigung, um die Sukzessionswirkung auf den letzten Übernehmer herbeizuführen. Ferner hat die Verfügungstheorie zur logischen Konsequenz, dass die Wirksamkeit der Schuldübernahme nicht nur durch Genehmigung herbeigeführt werden kann, sondern auch in den übrigen Fallkonstellationen des § 185 Abs. 2 BGB eintritt. Mit der Verfügungstheorie steht es außerdem in Einklang, dass auch die vorherige Einwilligung des Gläubigers wirksamkeitstauglich an die Stelle der Genehmigung treten kann.[34]

2. Mindermeinung in der Literatur: die Angebotstheorie

25 Diese u.a. von *Heck*[35] vertretene Ansicht führt die Schuldübernahme nach § 415 BGB auf die Konstellation des § 414 BGB zurück: Danach habe die Mitteilung nach § 415 Abs. 1 Satz 2 BGB den Charakter einer Vertragsofferte, die der Gläubiger mit seiner Genehmigung annehme. Der rechtstechnische Terminus der Genehmigung steht laut *Heck* dieser Lesart nicht zwingend entgegen, zumal im Geschäftsverkehr der Begriff der Genehmigung gängigerweise auch als Synonym der Vertragsannahme verstanden werde.

26 Nach der Angebotstheorie erzeugt die Vereinbarung zwischen bisherigem Schuldner und Übernehmer zunächst nur die Verpflichtung des Übernehmers, mit dem Gläubiger die Schuldübernahme zu vereinbaren, und hat selbst keine direkte schuldsukzessionsrelevante Bedeutung.[36] Bei Formbedürftigkeit der Schuldübernahme muss nach der Angebotstheorie auch die „Genehmigung" als Vertragsbestandteil dem gesetzlichen oder vertraglichen Formkriterium genügen. Sie entfaltet ferner keine Rückwirkung, sondern wirkt ex nunc.

3. Die „modifizierte Verfügungstheorie"

27 *Rieble* sieht zwar einerseits die dogmatischen Schwächen der Angebotstheorie, andererseits aber auch Grund zur Kritik an der klassischen Verfügungstheorie, da es nicht einzusehen sei, weswegen § 415 BGB die Genehmigung des Gläubigers an die zusätzliche Voraussetzung der vorherigen Mitteilung der Schuldübernahme knüpfe.[37] Die Schuldsukzession gemäß § 415 BGB sei eine dreiseitige Operation, die nach einem vom Gesetzgeber vorgegebenen zweistufigen Programm ablaufe und bei deren Vornahme der Schuldner vollwertiger Beteiligter[38] sei. Insofern handele es sich um ein echtes dreiseitiges Rechtsgeschäft, das sich von der zweiseitigen Operation des § 414 BGB unterscheide.

4. Die Auffassung des Autors

28 Die besseren Argumente sprechen für die Verfügungstheorie, die sowohl mit dem Wortlaut des Gesetzes als auch mit der Gesetzeshistorie[39] vereinbar ist.

29 Der Gesetzgeber hat sich durch die amtlicherseits dem § 415 BGB verliehene Überschrift gegen die Angebotstheorie ausgesprochen und bestätigt, dass nach § 415 BGB die befreiende Schuldübernahme durch einen gläubigerseits zu genehmigenden „Vertrag zwischen Schuldner und Übernehmer" erfolgt. Hierin liegt eine Absage an die Angebotstheorie, wenn man unterstellt, dass die amtlichen Gesetzesüberschriften wohldurchdacht geschaffen worden sind.

30 Die Verfügungstheorie kann sich nicht nur auf eine jahrzehntelange Rechtsprechung[40] stützen. Sie führt auch zu sachgemäßen Ergebnissen und zu einer angemessenen Differenzierung der normativen Modelle der § 414 BGB und § 415 BGB. Dies zeigt sich insbesondere bei einer Analyse der Rechtspre-

---

[32] Vgl. hierzu *Rieble* in: Staudinger, § 415 Rn. 10 und Rn. 19.
[33] RG v. 21.06.1928 - IV 718/27 - RGZ 121, 315-318, 316.
[34] Vgl. den Überblick bei *Rieble* in: Staudinger, § 415 Rn. 4-35.
[35] *Heck*, Grundriß des Schuldrechts, 3. Neudruck der Ausgabe Tübingen 1929, 1994, S. 223.
[36] Vgl. *Rieble* in: Staudinger, § 415 Rn. 4.
[37] *Rieble* in: Staudinger, § 415 Rn. 6-9.
[38] *Eckardt* in: AnwK-BGB, § 415 Rn. 1.
[39] *Rieble* in: Staudinger, § 415 Rn. 4.
[40] Vgl. RG v. 14.01.1928 - I 204/27 - RGZ 119, 418-422, 418 und BGH v. 08.12.1959 - VIII ZR 134/58 - BGHZ 31, 321-329.

chung zu der Frage, unter welchen Voraussetzungen die Anfechtung des Übernehmers gemäß § 123 BGB möglich sein soll, wenn er bei der Schuldübernahme durch den bisherigen Schuldner arglistig getäuscht wurde.

Nach der Angebotstheorie wäre dem Übernehmer die Anfechtung zu versagen, wenn der Gläubiger die Täuschung weder kannte noch kennen musste: Denn der täuschende Schuldner wäre hinsichtlich des Übernahmevertrags ein Dritter im Sinne des § 123 Abs. 2 BGB, dessen Täuschung dem gutgläubigen Gläubiger mithin nicht entgegenhaltbar wäre. In der Tat scheint ein beträchtlicher Teil der Literatur, selbst wenn er sonst der Angebotstheorie kritisch begegnet, dieser Ansicht zugeneigt, weil es nicht angehen könne, den Gläubiger entgegen der Wertung des § 417 Abs. 2 BGB bzw. des § 123 Abs. 2 BGB mit den auf die Schuldübernahme durchschlagenden Problemen des Kausalverhältnisses zwischen Übernehmer und bisherigem Schuldner zu belasten.[41] Nach dieser Ansicht steht der Übernehmer der Schuld, wenn er nach § 415 BGB an die Stelle des bisherigen Schuldners tritt, in Bezug auf seine Willensmängel verhältnismäßig schutzlos da. 31

Betrachtet man sich die Normstruktur des § 415 BGB, so scheint es nicht stichhaltig, den Schuldner als einen „Dritten" im Sinne von § 123 Abs. 2 BGB zu betrachten. Denn nach dem Wortlaut des Gesetzes ist er an der schuldbefreienden Vereinbarung entscheidend mitbeteiligt. Es ist vielmehr der Gläubiger, der sich als zunächst Unbeteiligter herbeilässt, die Vereinbarung von Alt- und Neuschuldner durch seine Genehmigung zu ratifizieren. Niemand zwingt ihn dazu, seine Genehmigung zu erteilen. Befürchtet er Willensmängel des Schuldners, will sich deren Risiko nicht aussetzen oder wittert er sogar anfechtungsrelevanten Unrat auf der Ebene zwischen Alt- und Neuschuldner, so bleibt es ihm unbenommen, durch Genehmigungsverweigerung gemäß § 415 Abs. 2 BGB die Schuldübernahme zu vereiteln und, sofern er dies wünscht, eine neue Schuldübernahme unter Ausklammerung des Altschuldners direkt nach § 414 BGB mit dem Übernehmer zu vereinbaren. Das Gesetz kennt zwei rechtstechnische Möglichkeiten der Schuldübernahme: Bei der ersten, nach § 414 BGB, ist der Schuldner auch anfechtungsrechtlich unbeteiligter Dritter; bei der zweiten, nach § 415 BGB, ist er ein zentraler Akteur des rechtsgeschäftlichen Geschehens. Diese methodische Variante muss sich zwangsläufig auf der Ebene der Anfechtung wegen Willensmängeln widerspiegeln, will man nicht den differenzierten systematischen Ansatz des Gesetzes ohne Not verwischen. Auch aus § 417 Abs. 2 BGB folgt nichts anderes, weil diese Vorschrift lediglich bezweckt, den Gläubiger im Verhältnis zum Übernehmer vor dessen Einwendungen aus „dem der Schuldübernahme zugrunde liegenden Rechtsverhältnis zwischen dem Übernehmer und dem bisherigen Schuldner" zu schützen. Wurzeln jedoch die Einwendungen nicht nur in diesem Innenverhältnis zwischen Alt- und Neuschuldner, sondern schlagen sie auf die Schuldübernahme als solche durch, so spricht nichts dagegen, dass der Übernehmer deren vertragliche Gültigkeitsmängel gegen den Gläubiger ins Feld führen kann. Das Instrumentarium des Gesetzes steht in Einklang mit der Verfügungstheorie und ermöglicht eine systematisch und teleologisch stimmige Lösung: Der durch den Altschuldner arglistig getäuschte Übernehmer hat seine Übernahmeerklärung, die er im Zuge der Einigung nach § 415 Abs. 1 BGB abgegeben hat, seinem Vertragspartner gegenüber anzufechten, vgl. § 143 Abs. 2 BGB[42]. Anfechtungsgegner ist also der bisherige Schuldner, mit dem die Einigung über die Schuldübernahme erzielt wurde, und zwar sowohl vor als auch nach der Genehmigung des Gläubigers[43]. Rechtsfolge der Anfechtung ist die rückwirkende Nichtigkeit des Übernahmevertrags; die Genehmigung des Gläubigers geht infolgedessen ins Leere[44]. Legitime Interessen des Gläubigers werden hierdurch nicht berührt, weil dem Gläubiger, auch wenn er selbst nicht Anfechtungsgegner ist, Schadensersatzansprüche verbleiben können. Teilweise wird auch eine analoge Anwendung des § 409 BGB zugunsten des Gläubigers erwogen[45], und zwar zulasten des die Schuldübernahme mitgeteilt habenden Übernehmers. 32

---

[41] Vgl. die Darstellung des Problemkreises und des Meinungsstands bei *Grüneberg* in: Palandt, § 417 Rn. 3 sowie bei *Rieble* in: Staudinger, § 415 Rn. 28-35.

[42] *Schulze* in: Hk-BGB, § 415 Rn. 2, interpretiert die Rechtsprechung in BGH v. 03.12.1997 - XII ZR 6/96 - juris Rn. 20 - BGHZ 137, 255-266 dahin, dass bei einer Täuschung durch den bisherigen Schuldner der Übernahmevertrag sowohl gegenüber dem bisherigen Schuldner als auch gegenüber dem Gläubiger angefochten werden müsse.

[43] Vgl. BGH v. 08.12.1959 - VIII ZR 134/58 - BGHZ 31, 321-329.

[44] Vgl. *Rieble* in: Staudinger, § 415 Rn. 29.

[45] *Grüneberg* in: Palandt, § 417 Rn. 3.

§ 415

33 Anders sieht die Sachlage bei der Vertragsübernahme aus, hinsichtlich deren in der Rechtsprechung vertreten wird, dass die Anfechtung einerseits jedem Vertragspartner gegenüber zu erklären ist[46] und dass andererseits die Arglistanfechtung voraussetzt[47], dass in der Person eines jeden beteiligten Vertragspartners ein Anfechtungsgrund vorliegt[48]. Dieses Ergebnis lässt sich, was die Anfechtungsgegner anbelangt, mit § 143 Abs. 2 BGB in Einklang bringen. Weniger überzeugend mir erscheint das Postulat, dass in der Person eines jeden Vertragspartners ein Anfechtungsgrund begründet liegen müsse bzw. der eine Vertragspartner die Täuschung verübt und der andere im Sinne von § 123 Abs. 2 BGB davon habe wissen müssen. Dergleichen lässt sich § 123 BGB kaum entnehmen. Insbesondere dürften sich die Vertragspartner schwerlich auf die Schutzvorschriften des § 123 Abs. 2 BGB berufen können: Ein täuschender Vertragspartner kann weder vom Wortlaut noch vom Sinn und Zweck der Vorschrift her unter den Begriff des „Dritten" im Sinne des § 123 Abs. 2 BGB subsumiert werden.[49]

V. „Mitteilung der Schuldübernahme (Absatz 1 Satz 2)"

34 Nach § 415 Abs. 1 Satz 2 BGB kann die Genehmigung der Schuldübernahme durch den Gläubiger erst erfolgen, nachdem dem Gläubiger die Schuldübernahme – durch den bisherigen Schuldner oder durch den Übernehmer – mitgeteilt wurde.

1. Inhaltliche Anforderungen und Formfreiheit der Mitteilung

35 Anders als bei § 416 BGB ist die Mitteilung nicht formbedürftig.[50]

36 Die Mitteilung kann konkludent erfolgen, wenn der Mitteilungscharakter des schlüssigen Verhaltens hinreichend konkret ist. Die konkludente Mitteilung kann sich zum Beispiel aus einem Schriftsatz ergeben.[51] In der Rechtsprechung des Reichsgerichts[52] finden sich zur Rechtsfigur der konkludenten Mitteilung interessante Ansätze[53]. In der mehrjährigen Zahlung der Hypothekenzinsen in Verbindung mit der Einforderung einer Abschrift des Hypothekenbriefs und der Rückzahlung des Kapitals durch den Erwerber soll gegebenenfalls eine konkludente Mitteilung der Schuldübernahme an den Gläubiger gesehen werden können.[54]

37 Erlangt der Gläubiger anderweitig von der Vereinbarung zwischen Alt- und Neuschuldner Kenntnis, so soll dies nicht das Mitteilungserfordernis ersetzen.[55] Denn Alt- und Neuschuldner sollen es nach dem normativen Szenario des § 415 Abs. 1 BGB in der Hand behalten, ob und ab wann sie ihre Vereinbarung dem Gläubiger zur Genehmigung unterbreiten.[56] Jedoch mag es im Einzelfall nach Treu und Glauben dem Genehmigenden verwehrt sein, sich auf die mangelnde Mitteilung zu berufen, wenn er gegenüber dem Erklärungsempfänger den Eindruck erweckt, er sei ordnungsgemäß informiert worden.[57]

38 Eine Aufforderung zur Genehmigung der Schuldübernahme muss die Mitteilung nicht unbedingt enthalten. Inhaltlich muss sie die konkrete Operation der Schuldsukzession beschreiben, indem sie die übernommene Schuld und die Person des Übernehmers kennzeichnet.[58] Nach der herrschenden[59] Meinung und im Anschluss an die Rechtsprechung des Reichsgerichts[60] ist die Mitteilung eines Übernahmevertrages, dessen Wirksamkeit bei der Mitteilung in Abrede gestellt wird, nicht ausreichend.

---

[46] BGH v. 27.11.1985 - VIII ZR 316/84 - juris Rn. 45 - BGHZ 96, 302-313.
[47] BGH v. 03.12.1997 - XII ZR 6/96 - juris Rn. 20 - BGHZ 137, 255-266.
[48] Vgl. die ausgezeichnete und kritische Darstellung bei *Rieble* in: Staudinger, § 415 Rn. 31-35.
[49] Vgl. *Rieble* in: Staudinger, § 415 Rn. 32-34.
[50] Vgl. *Rohe* in: Bamberger/Roth, § 415 Rn. 10.
[51] OLG Bremen v. 13.07.1995 - 2 U 147/94 - juris Rn. 76 - OLGR Bremen 1996, 356-358.
[52] RG v. 02.05.1929 - VI 452/28 - RGZ 125, 100-105, 104.
[53] *Grüneberg* in: Palandt, § 415 Rn. 4.
[54] *Warneyer*, Das Bürgerliche Gesetzbuch für das Deutsche Reich, 7. Aufl. 1938, 298; vgl. aber bei nur kurzzeitiger Zinszahlung und Kündigung der Hypothekenschuld RG v. 08.03.1928 - IV 509/27 - JW 1928, 1654.
[55] Vgl. RG v. 08.03.1928 - IV 509/27 - JW 1928, 1654, wonach der Gläubiger „irgendwie" von der Schuldübernahme in Kenntnis zu setzen sei.
[56] Vgl. *Rieble* in: Staudinger, § 415 Rn. 51.
[57] Vgl. *Rohe* in: Bamberger/Roth, § 415 Rn. 10.
[58] *Rieble* in: Staudinger, § 415 Rn. 49.
[59] *Grüneberg* in: Palandt, § 415 Rn. 4; a.A. *Rieble* in: Staudinger, § 415 Rn. 50.
[60] RG v. 14.01.1928 - I 204/27 - RGZ 119, 418-422, 421.

2. Rechtsnatur der Mitteilung

Die Rechtsnatur der Mitteilung ist umstritten. 39

a. Rechtsprechung

In der Rechtsprechung des Reichsgerichtes wurde der Mitteilung zunächst der Charakter einer Willenserklärung beigelegt.[61] Die Rechtsprechung des BGH hat zu dieser Frage, soweit ersichtlich, noch nicht abschließend Stellung bezogen. In der grundlegenden Entscheidung vom 08.12.1959 war diese Frage nicht entscheidungserheblich. Das Gericht konnte sich mit einer kurzen Darstellung des Meinungsstands begnügen[62] und insbesondere offen lassen, ob die Mitteilung gegenüber dem Gläubiger angefochten werden könne. 40

b. Literatur

In der Literatur[63] wird die Mitteilung teils als Willenserklärung angesehen, teils – so die wohl herrschende Meinung – als bloß geschäftsähnliche, empfangsbedürftige Handlung[64] begriffen. Sie sei zwar nicht selbst auf die Herbeiführung einer Rechtsfolge gerichtet; dennoch löse sie, ähnlich wie die Mahnung, Rechtsfolgen aus, indem sie die Schuldübernahme nach § 415 BGB genehmigungsfähig mache. Nach *Rieble*[65] ist die Mitteilung eine Wissenserklärung, die gesetzliche und nicht gewillkürte Rechtsfolgen auslöse. Nach der h.M. kann die Mitteilung also nur von Geschäftsfähigen erklärt werden und ist außerdem anfechtbar. Stellvertretung ist zulässig. Ferner wird vertreten, dass die Mitteilung bis zum Zeitpunkt der Genehmigung frei widerruflich bzw. zurücknehmbar sei, und zwar seitens der Person, welche die Mitteilung erklärt habe.[66] 41

c. Auffassung des Autors

Der herrschenden Meinung ist beizupflichten. Die Einordnung der Mitteilung als Willenserklärung rückt diese in unheilvolle Nähe zur Angebotstheorie und trägt auch dem Charakter der Erklärung nicht hinreichend Rechnung: Denn es ist die Genehmigungserklärung des Gläubigers und nicht die Mitteilung, die vom Geschäftswillen in Bezug auf die Wirksamkeit der Schuldübernahme getragen wird. Die Einordnung als geschäftsähnliche Handlung trägt somit der rechtstechnischen Sachlage ebenso Rechnung wie den Interessen des Mitteilenden. Die Frage, ob die Mitteilung frei widerruflich ist oder nicht, lässt sich von der Systematik der Vorschrift her lösen: Wenn bisheriger Schuldner und Übernehmer es in der Hand haben sollen, dem Gläubiger die Genehmigung der Schuldübernahme zu eröffnen, so spricht nichts dagegen, insbesondere nicht berechtigte Interessen des Gläubigers, in einem zweiten Zugriff die Mitteilungswirkungen wieder aus der Welt zu schaffen.[67] Wenn die Parteien bis zur Genehmigung den Vertrag ändern oder aufheben können, dann muss auch die Rechtsbeständigkeit der Mitteilung zur Disposition der Parteien stehen. Meines Erachtens folgt aber aus dem Rechtsgedanken des § 415 Abs. 1 Satz 3 BGB, dass bisheriger Schuldner und Übernehmer nur einvernehmlich den Widerruf der Mitteilung erklären können. 42

VI. „Genehmigung der Schuldübernahme durch den Gläubiger"

Die Schuldübernahme wird erst dann wirksam, wenn der Gläubiger – nach Mitteilung der Schuldübernahme – diese genehmigt (§§ 415 Abs. 1 Satz 1, 415 Abs. 1 Satz 2 BGB). 43

Die Rechtsprechung[68] erkennt jedoch an, dass anstelle der Genehmigung auch eine vor Abschluss des Übernahmevertrages erklärte Einwilligung des Gläubigers möglich sei. Gleiches soll für eine Einwilligung vor der Mitteilung gelten; hiergegen ist vorgebracht worden, dass die Einwilligung jedenfalls erst mit der nachträglichen Mitteilung wirksam werde, weil sonst durch Überspringen dieses Schrittes den Vertragsparteien, also Alt- und Neuschuldner, die Möglichkeit einer Änderung oder Aufhebung des Vertrages vorschnell gläubigerseits entzogen werden könne.[69] 44

---

[61] RG v. 20.04.1932 - V 19/32 - RGZ 136, 91-97, 96.
[62] BGH v. 08.12.1959 - VIII ZR 134/58 - BGHZ 31, 321-329.
[63] Vgl. die Übersicht zum Streitstand bei *Rieble* in: Staudinger, § 415 Rn. 47.
[64] So auch *Grüneberg* in: Palandt, § 415 Rn. 4.
[65] *Rieble* in: Staudinger, § 415 Rn. 47.
[66] *Rieble* in: Staudinger, § 415 Rn. 48.
[67] So auch *Rieble* in: Staudinger, § 415 Rn. 48.
[68] So schon RG v. 03.05.1905 - V 520/04 - RGZ 60, 415-416, 415-416.
[69] *Rieble* in: Staudinger, § 415 Rn. 86.

45 Nach der herrschenden Verfügungstheorie beurteilen sich Rechtsnatur und Wirkungen der Genehmigung nach den Bestimmungen der §§ 182-185 BGB. Als Willenserklärung ist die Genehmigung grundsätzlich anfechtbar.[70] Gegen die Bedingungsfeindlichkeit der Genehmigung sprechen praktische Gründe: Manchem Gläubiger mag daran gelegen sein, der Schuldübernahme nur für den Fall zustimmen zu wollen, dass er, etwa durch Erhaltung der Sicherheiten entgegen § 418 BGB oder durch Bestellung einer neuen Sicherheit, auch gegenüber dem Neuschuldner hinreichend abgesichert bleibt. In der Literatur wird indessen auch vertreten, die Genehmigung sei bedingungsfeindlich, weil es ihr Sinn und Zweck sei, einen Schwebezustand zu beenden.[71]

46 Die Genehmigung kann der Gläubiger sowohl dem bisherigen Schuldner als auch dem Übernehmer gegenüber erklären.[72]

47 Sie ist nicht formbedürftig, auch wenn die Schuldübernahme ausnahmsweise formbedürftig sein sollte.[73] Es ist schon nach dem Wortlaut des Gesetzes nicht zwingend erforderlich, dass die Genehmigung gegenüber der Person ausgesprochen wird, die zuvor dem Gläubiger die Mitteilung der Schuldübernahme erklärt hat.[74] An eine Frist ist die Genehmigung außer im Sonderfall der Fristsetzung gemäß § 415 Abs. 2 BGB nicht gebunden.[75]

48 Die Genehmigung kann sowohl ausdrücklich als auch konkludent[76] erfolgen.[77] Hinsichtlich des Erklärungsgehalts des konkludenten Verhaltens ist die Rechtsprechung jedoch im Sinne des Gläubigerschutzes restriktiv[78] und nicht geneigt, leichthin eine Genehmigung der Schuldübernahme durch den Gläubiger aus dessen vermeintlich konkludentem Verhalten herzuleiten[79]. Aus den Umständen muss sich der konkludent bekundete Wille des Gläubigers ableiten lassen, den bisherigen Schuldner aus seiner Verpflichtung entlassen zu wollen und den Neuschuldner an seiner Statt zu akzeptieren.[80] Bloßes Schweigen auf die Mitteilung nach § 415 Abs. 1 Satz 2 BGB reicht nicht aus, um als Genehmigungserklärung gewertet zu werden.[81] Ebenso wenig soll es hinreichen, dass der Gläubiger lediglich widerspruchslos Leistungen des übernahmewilligen Neuschuldners entgegennimmt.[82] Letzteres leuchtet ein, weil nach dem gesetzlichen Leitbild auch eine Zahlung auf fremde Schulden – außerhalb des Bereichs der Schuldübernahme – ohne weiteres nach § 267 BGB zulässig ist und der Zahlungsentgegennahme daher kein Genehmigungswille zugrunde liegen muss. Die Grundsätze des kaufmännischen Bestätigungsschreibens[83] sollen auch nicht zulasten des Gläubigers eingreifen. Zur konkludenten Genehmigung findet sich dennoch reichhaltiges Material: Im Bereich der Bierlieferungsverträge soll nach einem Inhaberwechsel bei der liefernden Brauerei die Genehmigung des Gastwirts (hier: im Rahmen einer Vertragsübernahme) darin zu erblicken sein, dass er vom Nachfolger seines bisherigen Brauers mehrere mengenmäßig nicht unbedeutende Lieferungen desselben Bieres vorbehaltlos angenommen habe[84]. Hat der Gläubiger jahrelang nur mit dem Übernehmer Verhandlungen über Erhöhungen der Schuld, Stundungen, Teilerlasse oder Anerkenntnisse geführt, so soll hierin eine konkludente Geneh-

---

[70] *Rieble* in: Staudinger, § 415 Rn. 73.
[71] *Rieble* in: Staudinger, § 415 Rn. 71.
[72] OLG Hamm v. 07.11.1994 - 5 U 74/94 - OLGR Hamm 1995, 9-10.
[73] Arg. § 182 Abs. 2 BGB.
[74] Vgl. § 182 Abs. 1 BGB und OLG Hamm v. 07.11.1994 - 5 U 74/94 - OLGR Hamm 1995, 9-10.
[75] OLG Bremen v. 13.07.1995 - 2 U 147/94 - juris Rn. 76 - OLGR Bremen 1996, 356-358
[76] Vgl. zur konkludenten Genehmigung der Vertragsübernahme durch Mietzinszahlung an neuen Vermieter KG Berlin v. 26.06.2003 - 12 U 276/01 - juris Rn. 32 - KGR Berlin 2003, 300-301.
[77] Vgl. zur Vertragsübernahme OLG Köln v. 07.01.2000 - 19 U 20/99 - juris Rn. 57 - OLGR Köln 2000, 267-269.
[78] BGH v. 21.03.1996 - IX ZR 195/95 - juris Rn. 18 - LM GesO Nr. 16 (8/1996).
[79] OLG Hamm v. 07.11.1994 - 5 U 74/94 - OLGR Hamm 1995, 9-10 (die konkludente Genehmigung für den Fall bejahend, dass der Gläubiger jahrelang nur mit dem Übernehmer Verhandlungen über Erhöhungen der Schuld, Stundungen, Teilerlasse und Anerkenntnisse geführt hat); OLG Rostock v. 02.09.1998 - 6 U 175/97 - juris Rn. 45 - OLGR Rostock 1999, 1-4.
[80] *Grüneberg* in: Palandt, § 415 Rn. 5.
[81] Vgl. OLG Köln v. 13.07.1998 - 16 U 83/97 - juris Rn. 6 - OLGR Köln 1998, 421 und OLG Frankfurt v. 20.10.1981 - 5 U 173/80 - juris Rn. 4 - BB 1982, 694.
[82] OLG Köln v. 13.07.1998 - 16 U 83/97 - juris Rn. 6 - OLGR Köln 1998, 421; vgl. aber – nuancierend – zur Vertragsübernahme und deren Genehmigung durch Mietzahlung KG Berlin v. 26.06.2003 - 12 U 276/01 - juris Rn. 32 - KGR Berlin 2003, 300-301.
[83] OLG Köln v. 07.01.2000 - 19 U 20/99 - juris Rn. 63 - OLGR Köln 2000, 267-269.
[84] OLG Nürnberg v. 10.05.1965 - 5 U 29/65 - juris Rn. 35.

migung liegen können.⁸⁵ Konkludent soll auch die Erhebung einer Klage (nur) gegen den Übernehmer als Genehmigung der Schuldübernahme zu werten sein, wenn diese nach Mitteilung der Schuldübernahme erhoben wird.⁸⁶

Die Verweigerung der Genehmigung ist eine empfangsbedürftige, den Gläubiger bindende, das genehmigungsfähige Rechtsgeschäft als forderungstranslativen Rechtsakt endgültig vernichtende, einseitige Willenserklärung.⁸⁷ Sie ist nicht formbedürftig.⁸⁸ § 415 BGB bestimmt, dass im Fall der Genehmigungsverweigerung die Schuldübernahme – als Translationsakt – als nicht erfolgt gilt. § 415 Abs. 2 BGB stellt das Schweigen des Gläubigers auf die fristgebundene Aufforderung zur Genehmigungserteilung einer Verweigerung gleich: Verstreicht die Frist ungenutzt, gilt die Genehmigung als verweigert.⁸⁹ Da die Vorschrift das Erfordernis einer angemessenen Frist nicht enthält, steht die Fristbestimmung im Ermessen des Fristsetzenden⁹⁰, wobei dann, wenn „Schuldner oder Dritter" unterschiedlich lange Fristen setzen, die kürzere der beiden maßgeblich sein soll.   49

Davon unberührt bleibt eine etwaige Wirksamkeit der Vereinbarung zwischen Schuldner und potentiellem Übernehmer gemäß § 415 Abs. 3 Satz 2 BGB als Erfüllungsübernahme⁹¹. Die Verweigerung der Genehmigung kann ebenso wie die Genehmigung selbst entweder ausdrücklich oder konkludent erklärt werden, etwa in der Form, dass der Gläubiger die Wirksamkeit des Übernahmevertrags bestreitet.⁹²   50

D. Rechtsfolgen

Die Erteilung oder Verweigerung der Genehmigung beendet den Schwebezustand, in dem sich die Schuldübernahme gemäß § 415 Abs. 1 BGB befindet. Bis dahin bleibt es Neu- und Altschuldner gemäß § 415 Abs. 1 Satz 3 BGB unbenommen, den Übernahmevertrag zu ändern oder aufzuheben.⁹³   51

Wird die Genehmigung verweigert oder verstreicht die Genehmigungsfrist gemäß § 415 Abs. 2 Satz 2 BGB ungenutzt, greift im Verhältnis zwischen Schuldner und Übernehmer die Vermutungsregel des § 415 Abs. 3 Satz 2 BGB: Im Zweifel gilt dann die Vereinbarung nach § 415 Abs. 1 BGB als Erfüllungsübernahme, dergestalt, dass der Übernehmer gegenüber dem bisherigen Schuldner zur Leistung verpflichtet ist⁹⁴. Die Schuldübernahme als Translationsakt wird aber infolge der Genehmigungsverweigerung bzw. ihrer Fiktion nach fruchtlosem Fristablauf endgültig unwirksam. Die Genehmigungsverweigerung ist, sofern der Gläubiger nicht den Widerruf vorbehalten hat, endgültig und nicht widerruflich.⁹⁵ Den Parteien steht es aber frei, einen neuerlichen Schuldübertragungsakt in Angriff zu nehmen. Die (zu spät erteilte) nachträgliche Genehmigung mag dabei als entsprechendes Angebot umzudeuten sein.   52

Wird die Genehmigung erteilt, verschafft sie gemäß § 184 Abs. 1 BGB der befreienden Schuldübernahme mit rückwirkender Kraft ihren schuldübertragenden Effekt. Dieser wirkt auf den Zeitpunkt zurück, in dem der Schuldübernahmevertrag zwischen dem ursprünglichen Schuldner und dem Übernehmer abgeschlossen wurde.⁹⁶   53

---

⁸⁵ OLG Hamm v. 07.11.1994 - 5 U 74/94 - OLGR Hamm 1995, 9-10; anders wohl die bloße Übersendung eines Tilgungsplans, vgl. *Röthel* in: Erman, § 415 Rn. 5a.
⁸⁶ *Grüneberg* in: Palandt, § 415 Rn. 5.
⁸⁷ So RG v. 14.12.1932 - V 275/32 - RGZ 139, 118-131, 125.
⁸⁸ Zum Sonderfall des § 416 BGB: *Rieble* in: Staudinger, § 416 Rn. 40.
⁸⁹ § 415 Abs. 2 Satz 2 BGB.
⁹⁰ So auch *Röthel* in: Erman, § 415 Rn. 7; anders *Zeiss* in: Soergel, 12. Aufl., §§ 414 , 415 Rn. 10.
⁹¹ Vgl. BGH v. 01.02.2012 - VIII ZR 307/10 - juris Rn. 32 - NJW 2012, 1718-1722.
⁹² *Grüneberg* in: Palandt, § 415 Rn. 5 und BGH v. 16.01.1996 - XI ZR 116/95 - juris Rn. 13 - BGHZ 131, 385-392.
⁹³ *Grüneberg* in: Palandt, § 415 Rn. 7.
⁹⁴ Vgl. OLG Saarbrücken v. 28.05.2003 - 1 U 149/03 - 37, 1 U 149/03 - juris Rn. 25 - OLGR Saarbrücken 2003, 308-309; vgl. auch LG Neubrandenburg v. 16.06.2010 - 2 O 257/09 - juris Rn. 31.
⁹⁵ RG v. 14.12.1932 - V 275/32 - RGZ 139, 118-131, 127.
⁹⁶ RG v. 21.11.1931 - V 185/31 - RGZ 134, 185-188, 187 und OLG Bremen v. 13.07.1995 - 2 U 147/94 - juris Rn. 77 - OLGR Bremen 1996, 356-358.

E. Prozessuale Hinweise/Verfahrenshinweise

54 Obwohl hier die allgemeinen Regeln gelten, ist die Frage der Beweislastverteilung wegen der Dreieckskonstellation der Parteien kompliziert.[97] Der Gläubiger, der Zahlung vom Altschuldner verlangt, muss gegebenenfalls die Unwirksamkeit seiner vielleicht zu spät erklärten Genehmigung beweisen bzw. dass er schon im Vorfeld einer später nachgetragenen Genehmigung die Verweigerung der Schuldübernahme erklärt habe. Die befreiende Schuldübernahme zu beweisen (Übernahmevertrag nebst Mitteilung und wirksamer Genehmigung), obliegt hingegen dem Altschuldner. Demgegenüber muss der Gläubiger den gesamten Sukzessionstatbestand beweisen, wenn er den Übernehmer auf Zahlung in Anspruch nehmen will. Die Auslegungsregel des § 415 Abs. 3 BGB hilft hingegen dem Altschuldner, der den Übernehmer auf Erfüllungsübernahme in Anspruch nehmen will. Hier genügt der Beweis der Schuldübernahmevereinbarung als solcher; es obliegt dann dem Übernehmer, die Vermutung der Erfüllungsübernahme zu erschüttern.

F. Arbeitshilfen

55 **Was man nicht vergessen darf**: Im Schwebezeitraum zwischen Schuldübernahmevereinbarung und Genehmigungserklärung ist der genehmigungsgeneigte Gläubiger gut beraten, daran zu denken, dass die Rückwirkungsfiktion der Genehmigung (§ 184 Abs. 1 BGB) ihn einer verjährungsunterbrechenden bzw. verjährungshemmenden Maßnahme verlustig gehen lassen kann[98], die er in diesem Zeitraum dem bisherigen Schuldner gegenüber erwirkt hat. Denn diese ist dem Übernehmer gegenüber irrelevant. Instruktiv hierzu ist eine Entscheidung des Hanseatischen Oberlandesgerichts in Bremen vom 13.07.1995[99]. In einem Fall wie diesem kann die zum Gläubigerschutz gedachte Institution des Genehmigungserfordernisses wegen der rückwirkenden Kraft der Genehmigung leicht zum Eigentor werden.[100]

---

[97] *Rieble* in: Staudinger, § 415 Rn. 97-100.
[98] OLG Bremen v. 13.07.1995 - 2 U 147/94 - juris Rn. 80 - OLGR Bremen 1996, 356-358.
[99] OLG Bremen v. 13.07.1995 - 2 U 147/94 - juris Rn. 77 - OLGR Bremen 1996, 356-358.
[100] Vgl. auch RG v. 15.12.1931 - III 10/31 - RGZ 35, 104-110, 108.

§ 416 BGB Übernahme einer Hypothekenschuld

(Fassung vom 02.01.2002, gültig ab 01.01.2002)

(1) ¹Übernimmt der Erwerber eines Grundstücks durch Vertrag mit dem Veräußerer eine Schuld des Veräußerers, für die eine Hypothek an dem Grundstück besteht, so kann der Gläubiger die Schuldübernahme nur genehmigen, wenn der Veräußerer sie ihm mitteilt. ²Sind seit dem Empfang der Mitteilung sechs Monate verstrichen, so gilt die Genehmigung als erteilt, wenn nicht der Gläubiger sie dem Veräußerer gegenüber vorher verweigert hat; die Vorschrift des § 415 Abs. 2 Satz 2 findet keine Anwendung.

(2) ¹Die Mitteilung des Veräußerers kann erst erfolgen, wenn der Erwerber als Eigentümer im Grundbuch eingetragen ist. ²Sie muss schriftlich geschehen und den Hinweis enthalten, dass der Übernehmer an die Stelle des bisherigen Schuldners tritt, wenn nicht der Gläubiger die Verweigerung innerhalb der sechs Monate erklärt.

(3) ¹Der Veräußerer hat auf Verlangen des Erwerbers dem Gläubiger die Schuldübernahme mitzuteilen. ²Sobald die Erteilung oder Verweigerung der Genehmigung feststeht, hat der Veräußerer den Erwerber zu benachrichtigen.

Gliederung

A. Grundlagen 1	1. Schriftform? 17
B. Praktische Bedeutung 6	a. Rechtsprechung und Literatur 18
C. Anwendungsvoraussetzungen 7	b. Die Auffassung des Autors 19
I. Normstruktur 7	2. Mitteilungsadressat und Mitteilungszeitpunkt.... 20
II. „Schuld des Veräußerers, für die eine Hypothek an dem Grundstück besteht" 8	V. „Keine Verweigerung der Genehmigung gegenüber dem Veräußerer durch den Gläubiger innerhalb der sechsmonatigen Frist" 22
III. „Schuldübernahme: Vertrag zwischen Veräußerer und Erwerber" 10	D. Rechtsfolgen 24
IV. „Mitteilung durch den Veräußerer" 13	E. Anwendungsfelder 27

A. Grundlagen[1]

Die Vorschrift regelt unter Modifizierung des Regelungsgerüsts von § 415 BGB einen Spezialfall der genehmigungsbedürftigen, weil zwischen Übernehmer und Schuldner vereinbarten, befreienden (privativen) Schuldübernahme. **1**

§ 416 BGB betrifft eine praktisch häufige Konstellation der befreienden Schuldübernahme, nämlich den Fall, dass der Erwerber eines Grundstücks auch eine Schuld des Veräußerers übernehmen will, für die eine Hypothek[2] an dem Grundstück des Veräußerers besteht. In der Vertragspraxis kommt es vor, dass der Veräußerer anlässlich des Verkaufs nicht für die Beseitigung der Hypothek zu sorgen hat. Das Grundstück bleibt folglich auch nach der Übereignung mit der Hypothek belastet. In der Regel bleibt dies nicht ohne Folgen für die Kaufpreisgestaltung. Es liegt oftmals im Interesse beider Parteien des Kaufvertrags, dass der mit der Hypothek belastete, aber bei dem Kaufpreis entsprechend begünstigte Erwerber auch schuldrechtlich in die Fußstapfen des Veräußerers tritt. Legitime Interessen des Gläubigerschutzes stehen beim Schuldnerwechsel in geringerem Ausmaß auf dem Spiel als im Grundfall der Schuldübernahme nach § 415 BGB, weil auch nach der Schuldübernahme eine dingliche und mutmaßlich werthaltige Sicherheit besteht.[3] **2**

Für Hypothekenschulden[4] sieht § 416 BGB daher ein vereinfachtes Verfahren der Schuldsukzession vor: Die Genehmigung des Gläubigers zur Übernahme der Hypothekenschuld gilt nach § 416 Abs. 1 **3**

---

[1] Die Kommentierung gibt ausschließlich die persönliche Meinung des Autors wieder.
[2] Oder, nach verbreiteter Meinung, eine Sicherungsgrundschuld, vgl. *Grüneberg* in: Palandt, § 416 Rn. 3, OLG Braunschweig v. 05.04.1962 - 2 U 29/61 - juris Rn. 39, und OLG Brandenburg v. 16.04.2008 - 7 U 159/07 - juris Rn. 57.
[3] Vgl. *Grüneberg* in: Palandt, § 416 Rn. 1.
[4] Und analog, nach verbreiteter Meinung, auch für Sicherungsgrundschulden, vgl. *Grüneberg* in: Palandt, § 416 Rn. 3.

Satz 2 BGB abweichend von § 415 BGB als erteilt, wenn der Gläubiger diese nicht binnen sechs Monaten nach schriftlicher Mitteilung der Schuldübernahme verweigert hat. Hier genügt also anders als im Grundfall des § 415 BGB das Schweigen des Gläubigers, um nach Verstreichen der Sechsmonatsfrist die Schuldübernahme wirksam werden zu lassen. Allerdings hat die Mitteilung der Schuldübernahme, wiederum abweichend von § 415 BGB, erstens schriftlich und zweitens durch den Veräußerer, und zwar erst nach Eintragung des Erwerbers in das Grundbuch, zu erfolgen.

4 Die Frage, ob die Übernahme einer hypothekarisch gesicherten Schuld ausschließlich nach den Modalitäten des § 416 BGB vonstatten gehen darf, hat das Reichgericht in einer Entscheidung vom 10.03.1906 verneint.[5] Auch in der Literatur wird § 416 BGB als fakultative Ergänzung zu § 415 BGB gesehen, also nicht als lex specialis, die unter Verdrängung des § 415 BGB bei der Übernahme hypothekarisch gesicherter Schulden immer zwingend anwendbar wäre. Folglich bleibt es auch im Anwendungsbereich des § 416 BGB den Parteien unbenommen, eine Schuldübernahme nach Maßgabe des § 414 BGB direkt zwischen Übernehmer und Gläubiger oder nach § 415 BGB zu vereinbaren[6].

5 Im Übrigen gilt ohnedies § 415 BGB, soweit § 416 BGB eine Regelungslücke aufweist (insbesondere hinsichtlich § 415 Abs. 3 BGB).

B. Praktische Bedeutung

6 § 416 BGB dient dem Ziel, durch eine Vereinfachung der Schuldsukzessionsmodalitäten ein Auseinanderfallen von dinglicher und persönlicher Haftung zu vermeiden.[7] Die Vorschrift setzt voraus, dass der Veräußerer des mit der Hypothek belasteten Grundstücks zugleich auch der persönliche Schuldner ist.[8]

C. Anwendungsvoraussetzungen

I. Normstruktur

7 Die Vorschrift regelt in § 416 Abs. 1 BGB im Wesentlichen die Genehmigungsfiktion, die eintritt, wenn der Gläubiger auf die Mitteilung der Schuldübernahme, die durch den Veräußerer erfolgt, schweigt.[9] In § 416 Abs. 2 BGB werden die Form- und Inhaltsvoraussetzung der veräußererseitigen Mitteilung definiert. In § 416 Abs. 3 BGB werden ergänzende Regelungen zum Innenverhältnis zwischen Schuldner und Übernehmer getroffen.

II. „Schuld des Veräußerers, für die eine Hypothek an dem Grundstück besteht"

8 § 416 BGB setzt voraus, dass der Veräußerer des mit der Hypothek belasteten Grundstückes auch zugleich der persönliche Schuldner ist.[10] Es ist also seine persönliche Schuld, die Gegenstand des Übernahmevertrags ist. Hinsichtlich der Art der Schuld bestehen insofern Besonderheiten gegenüber § 415 BGB, als sich dies aus dem gleichzeitigen Erfordernis der hypothekarischen Besicherung[11] der Forderung ergibt.[12]

9 Im Hinblick auf das Verfügungselement, das der Schuldübernahme innewohnt, muss, wie unter der Kommentierung zu § 414 BGB gezeigt, das Bestimmtheitsgebot beachtet werden.

III. „Schuldübernahme: Vertrag zwischen Veräußerer und Erwerber"

10 Die Schuldübernahme spielt sich bei § 416 BGB zulasten des Erwerbers ab. Besonderheiten zu § 415 BGB bestehen hinsichtlich des Übernahmevertrages nicht.

11 Grundsätzlich ist die Schuldübernahme auch nach § 416 BGB formfrei möglich.

---

[5] RG v. 10.03.1906 - V 387/05 - RGZ 63, 42-53, 50.
[6] *Grüneberg* in: Palandt, § 416 Rn. 2.
[7] So schon RG v. 10.03.1906 - V 387/05 - RGZ 63, 42-53, 52; *Grüneberg* in: Palandt, § 416 Rn. 1.
[8] Vgl. BGH v. 22.03.1961 - V ZR 165/59 - LM Nr. 1 zu § 416 BGB und *Grüneberg* in: Palandt, § 416 Rn. 3.
[9] Vgl. zur Entstehungsgeschichte der Vorschrift RG v. 10.03.1906 - V 387/05 - RGZ 63, 42-53, 48-51.
[10] *Grüneberg* in: Palandt, § 416 Rn. 3.
[11] Und analog, nach verbreiteter Meinung, auch für Sicherungsgrundschulden, vgl. oben Fn. 1; ferner soll die Vorschrift laut *Grüneberg* in: Palandt, § 416 Rn. 3 für die vorgemerkte Hypothek entsprechend anwendbar sein.
[12] Vgl. *Grüneberg* in: Palandt, Überbl. v. § 414 Rn. 1.

Etwas anderes gilt jedoch dann, wenn auch die Begründung der übernommenen Verpflichtung im Hinblick auf deren Leistungsgegenstand formbedürftig ist (Einzelheiten vgl. die Kommentierung zu § 414 BGB Rn. 19). Dient hingegen die Formvorschrift des Ausgangsvertrages nur zu Beweiszwecken, so schlägt sie nicht auf die Schuldübernahme durch.[13]

IV. „Mitteilung durch den Veräußerer"

Auf die Mitteilung sind wie bei § 415 BGB die Vorschriften über die Willenserklärung anwendbar, wenn man mit der h.M. die Mitteilung entweder als Willenserklärung oder als geschäftsähnliche Handlung einstuft (vgl. die Kommentierung zu § 415 BGB). In der Mitteilung, die Hypothek sei vom Erwerber übernommen worden, liegt regelmäßig auch die Mitteilung der Übernahme der persönlichen Schuld; denn die Hypothek als dingliche Schuld haftet am Grundstück, und die Verpflichtung daraus geht schlechthin auf jeden neuen Eigentümer über, ohne dass es eines Übernahmetatbestands bedürfte.[14]

In dreierlei Hinsicht hebt sich das Mitteilungsmoment in § 416 BGB von demjenigen des Grundfalls in § 415 BGB ab. Erstens ist nur der Veräußerer mitteilungsbefugt. Zweitens hat die Mitteilung schriftlich zu erfolgen und den Hinweis zu enthalten, dass mangels Verweigerung der Genehmigung nach Ablauf von sechs Monaten der Eintritt der Genehmigungsfiktion droht. Drittens kann sie erst nach Eintragung des Erwerbers im Grundbuch erfolgen. Da der Erwerber im Gegensatz zu § 415 BGB nicht selbst mitteilungsbefugt ist, schützt § 416 Abs. 3 BGB seine Interessen und gibt ihm einen Anspruch gegen den Veräußerer, wonach dieser auf Verlangen des Erwerbers dem Gläubiger die Schuldübernahme mitzuteilen hat. Tut der Veräußerer dies nicht, riskiert er eine Inanspruchnahme auf Schadensersatz.[15]

Dass nach § 416 Abs. 1 BGB nur der Veräußerer mitteilungsbefugt ist, macht die Mitteilung nicht zum höchstpersönlichen Rechtsgeschäft. Der Veräußerer kann bei der Mitteilung also auch über einen Vertreter agieren.[16] § 177 BGB ist anwendbar,[17] so dass der Veräußerer die in seinem Namen, aber vollmachtlos abgegebene Erklärung im Nachhinein genehmigen kann.[18]

Die Vorschrift zeichnet sich als Korrelat zur Genehmigungsfiktion des § 416 Abs. 1 BGB durch Formstrenge aus. Das Schriftformerfordernis hat zum einen Beweisfunktion[19], zum anderen wohl aber auch gläubigergerichtete Warnfunktion[20]. Dem Gläubiger muss deutlich ins Bewusstsein gerufen werden, dass er gehalten ist, binnen sechs Monaten die Verweigerung der Genehmigung zu erklären, wenn er vermeiden will, dass kraft Genehmigungsfiktion der Übernehmer an die Stelle des bisherigen Schuldners tritt. Rechtsprechung und Literatur zeigen indessen zwei Bruchstellen des Formalismus auf: erstens beim Begriff der Schriftform, zweitens bei der Frage des Mitteilungsadressaten.

1. Schriftform?

Genügt dem Formgebot der schriftlichen Mitteilung anstelle des Zugangs der Originalurkunde selbst womöglich auch die Übermittlung einer Abschrift (Kopie oder Telefax)?

a. Rechtsprechung und Literatur

Diese Frage, die in der Rechtsprechung für § 416 Abs. 2 BGB offenbar noch einer höchstrichterlichen Klärung harrt, problematisiert *Rieble*[21] und kommt zu einem interessanten Ergebnis: Da das Formgebot hier nicht den erklärenden Veräußerer vor Übereilung schützen, sondern zum einen aus Beweisgründen den Beginn der Sechsmonatsfrist eindeutig markieren und zum anderen dem Mitteilungsempfänger einen Warnhinweis hinsichtlich der Genehmigungsfiktion geben solle, könne man erwägen, dass dieser Zweck auch durch den Zugang einer Abschrift (Kopie oder Telefax) beim Gläubiger sichergestellt werden könne. Ob dieser eine Abschrift oder das Original erhalte, sei zur Markierung des Fristbeginns und

---

[13] So zur kumulativen Schuldübernahme BGH v. 08.12.1992 - XI ZR 96/92 - juris Rn. 9 - BGHZ 121, 1-6.
[14] RG v. 15.06.1914 - VI 133/14 - JW 1914, 868.
[15] *Grüneberg* in: Palandt, § 416 Rn. 6.
[16] *Grüneberg* in: Palandt, § 416 Rn. 4.
[17] RG v. 22.02.1908 - V 274/07 - RGZ 67, 412-416, 416.
[18] Vgl. die Rechtsprechung des Reichsgerichts betreffend eine durch einen Geschäftsführer ohne Auftrag gemachte Mitteilung: RG v. 22.02.1908 - V 274/07 - RGZ 67, 412-416, 416.
[19] So auch *Rieble* in: Staudinger, § 416 Rn. 33.
[20] Vgl. auch *Rohe* in: Bamberger/Roth, § 416 Rn. 6.
[21] *Rieble* in: Staudinger, § 416 Rn. 31-33.

für die Warnfunktion unerheblich. Insofern unterscheide sich die Interessenlage von der des Schriftlichkeitskriteriums der Bürgschaft, wo der Formzweck im Übereilungsschutz des Erklärenden bestehe.[22] Ein anderer Autor[23] hält zwar ausdrücklich daran fest, dass die Mitteilung schriftlich abgefasst sein müsse, meint aber, eine vorab per Fax erfolgte Übermittlung sei geeignet, die Frist in Lauf zu setzen, wobei die Frage offen zu bleiben scheint, ob ein nachträglicher Zugang der Originalurkunde erforderlich bleibt.

b. Die Auffassung des Autors

19 Das Merkmal der Schriftform nach § 126 BGB hat der Gesetzgeber unlängst einer Verjüngungskur unterzogen, als neue gesetzliche Formen die sogenannte elektronische Form nach § 126a BGB und die Textform nach § 126b BGB geschaffen und die Vorschriften des BGB an die neuen Formvorgaben angeglichen.[24] Am Wortlaut des § 416 Abs. 2 Satz 2 BGB hat sich aber nichts geändert. Weiterhin wird hier die Schriftform als Formkriterium verlangt, die, nunmehr im Gegensatz zur Textform, ohne das Kriterium der eigenhändigen Unterschrift oder des notariell beglaubigten Handzeichens grundsätzlich nicht auskommt. Aus dem Schweigen des Gesetzgebers in Bezug aus § 416 BGB lassen sich zwei Schlüsse ziehen: Entweder ist der Gesetzgeber einem Redaktionsversehen durch Unterlassen einer Änderung des § 416 BGB aufgesessen, oder er hat wohlüberlegt am Kriterium der echten Schriftform bei § 416 Abs. 2 BGB festhalten wollen, was bedeuten würde, dass maßgebend der Zugang der Originalurkunde wäre. Die Systematik des Gesetzes legt letztere strenge Lesart nahe.

2. Mitteilungsadressat und Mitteilungszeitpunkt

20 Wie ist die Rechtslage, wenn der Veräußerer und bisherige Schuldner seine Mitteilung nach § 416 Abs. 2 BGB gutgläubig an den bisherigen Gläubiger (Zedenten) richtet, weil er mangels Anzeige der Zession nicht weiß, dass dieser infolge Abtretung gar nicht mehr Inhaber der zur Übernahme anstehenden Forderung ist? Hier behilft sich die Literatur mit einem Rückgriff auf den Rechtsgedanken der §§ 407, 409 BGB: Wenn und soweit der Schuldner mit befreiender Wirkung an den Zedenten leisten darf, kann nichts anderes für die Mitteilung der Schuldübernahme gelten. Das Risiko der stillen Zession muss zunächst auf der Gläubigerseite belassen bleiben; nach einem Urteil des Reichsgerichts vom 22.02.1908[25] genügt allerdings die Mitteilung an den alten Gläubiger nur insofern, als der Mitteilende nicht während der auf den Empfang der Mitteilung folgenden sechsmonatigen Frist sichere Kenntnis vom Gläubigerwechsel erlangt.

21 § 416 Abs. 2 Satz 1 BGB besagt, dass die Mitteilung erst erfolgen kann, wenn der Erwerber im Grundbuch eingetragen ist. Diese Aussage ist zunächst wörtlich zu nehmen: Sobald der Erwerber eingetragen ist, kann die Mitteilung durch den Veräußerer erfolgen. Sie darf aber auch noch deutlich später erklärt werden, etwa dann, wenn der Veräußerer und bisherige Schuldner auch noch Jahre nach dem Eigentümerwechsel in den Genuss der Genehmigungsfiktion des § 416 BGB gelangen will.[26] Darüber hinaus soll nach einem Urteil des Reichsgerichts vom 02.12.1903 die Mitteilung auch noch wirksam erklärbar sein, wenn der Erwerber zwar eingetragen war, im Nachgang aber eine Weiterveräußerung des Grundstücks erfolgte; sonst könnte durch Weiterveräußerung des Grundstücks die Auslösung des Veräußerers aus der persönlichen Haftung hintertrieben werden.[27]

V. „Keine Verweigerung der Genehmigung gegenüber dem Veräußerer durch den Gläubiger innerhalb der sechsmonatigen Frist"

22 Die Genehmigungsverweigerung, die als solche nicht formbedürftig ist und, hinreichende Eindeutigkeit vorausgesetzt, auch konkludent erfolgen kann[28], muss der Gläubiger dem Veräußerer und bisherigen Schuldner nach § 416 Abs. 1 Satz 2 BGB erklären, und zwar innerhalb einer Frist von sechs Monaten, die mit dem Empfang der Mitteilung zu laufen beginnt.

---

[22] BGH v. 28.01.1993 - IX ZR 259/91 - BGHZ 121, 224-236; hierzu rechtsvergleichend *Klingenfuß/Rosch*, ZEuP 2000, 312-321, 318-321.

[23] *Eckardt* in: AnwK-BGB, § 416 Rn. 3.

[24] Zur Rechtslage in Frankreich und Luxemburg vgl. *Klingenfuß/Rosch*, RIW 2001, 493-504, 493-502.

[25] Vgl. RG v. 22.02.1908 - V 274/07 - RGZ 67, 412-416, 414-415.

[26] *Rieble* in: Staudinger, § 416 Rn. 28-29.

[27] RG v. 02.12.1903 - V 241/03 - RGZ 56, 200-203, 201-202.

[28] *Rieble* in: Staudinger, § 416 Rn. 40.

Das Regelwerk des § 416 BGB, wiewohl nicht verpflichtend und den Anwendungsbereich der §§ 414, 415 BGB offen lassend, ist als schuldtranslatives System nicht dem abändernden Parteiwillen zugänglich. Wollen Schuldner und Übernehmer sich seiner Formalien zum Zweck der Schuldsukzession bedienen, müssen sie sich ihm insbesondere bei der Mitteilungskomponente[29] fügen und können es nicht privatautonom modifizieren.

D. Rechtsfolgen

Verweigert der Gläubiger fristgerecht und gegenüber dem richtigen Erklärungsgegner die Schuldübernahme, so tritt die Schuldsukzession gemäß § 416 BGB nicht ein. In diesem Fall ist gemäß § 416 Abs. 3 Satz 2 BGB der Erwerber entsprechend zu benachrichtigen.

Sonst gilt die Genehmigung nach § 416 Abs. 1 Satz 2 BGB als erteilt, und die Schuldübernahme entfaltet demgemäß ihre schuldtranslative Wirkung: Der Übernehmer und Erwerber tritt in dem Schuldverhältnis an die Stelle des bisherigen Schuldners und Veräußerers. Letzterer hat in diesem Fall gemäß § 416 Abs. 3 Satz 2 BGB den Erwerber entsprechend zu benachrichtigen.

Obwohl im Bauplan des § 416 BGB nicht vorgesehen, ist durchaus denkbar, dass der Gläubiger, anstatt sich in sechsmonatiges Schweigen zu hüllen, vor Fristablauf ausdrücklich seine Genehmigung der ihm veräußererseits mitgeteilten Schuldübernahme erklärt. Eine solche – ausdrückliche oder konkludente – Genehmigung kann gegenüber Erwerber/Übernehmer oder Veräußerer/bisherigem Schuldner erklärt werden.[30] In diesem Fall erstarkt der subsidiär den § 416 BGB unterfedernde § 415 BGB zu regelungslückenfüllender Relevanz: Ergreift der Gläubiger die Initiative und genehmigt, so wird die Schuldübernahme als schuldtranslativer Akt schon vor Ablauf der Verweigerungsfrist des § 416 Abs. 1 Satz 2 BGB wirksam. So kann es geschehen, dass eine nach § 416 BGB formunwirksame, weil ohne Warnhinweis an den Gläubiger[31] ausgesprochene Mitteilung dennoch eine wirksame Schuldübernahme ermöglicht, wenn sie zwar nicht den Kriterien des § 416 Abs. 2 Satz 2 BGB, wohl aber noch denen des § 415 Abs. 1 Satz 2 BGB genügt[32].

E. Anwendungsfelder

Außer auf Hypotheken erstreckt sich die Vorschrift nach verbreiteter, wenn auch nicht einhelliger Meinung in Literatur und Rechtsprechung auch auf Sicherungsgrundschulden.[33] Denn auch bei der Sicherungsgrundschuld erscheint es geboten, durch Erleichterung des Schuldübergangs die praktischen Probleme zu vermeiden, die bei einem Auseinanderfallen von persönlicher und dinglicher Haftung auftreten. Im Anwendungsbereich des § 53 Abs. 1 ZVG, der das Schicksal bestehen bleibender Hypotheken in der Zwangsversteigerung regelt, gilt ebenfalls § 416 BGB mit der Maßgabe, dass als Veräußerer im Sinne dieser Vorschrift der Schuldner anzusehen ist. § 53 Abs. 2 ZVG erweitert den Anwendungsbereich auch auf Grund- und Rentenschulden.[34]

---

[29] *Grüneberg* in: Palandt, § 416 Rn. 4.
[30] *Rieble* in: Staudinger, § 416 Rn. 38.
[31] § 416 Abs. 2 Satz 2 BGB.
[32] Hierzu schon RG v. 10.03.1906 - V 387/05 - RGZ 63, 42-53, 50.
[33] *Grüneberg* in: Palandt, § 416 Rn. 3, OLG Braunschweig v. 05.04.1962 - 2 U 29/61 - juris Rn. 39, und OLG Brandenburg v. 16.04.2008 - 7 U 159/07 - juris Rn. 57.
[34] *Grüneberg* in: Palandt, § 416 Rn. 3.

§ 417 BGB Einwendungen des Übernehmers

(Fassung vom 02.01.2002, gültig ab 01.01.2002)

(1) ¹Der Übernehmer kann dem Gläubiger die Einwendungen entgegensetzen, welche sich aus dem Rechtsverhältnis zwischen dem Gläubiger und dem bisherigen Schuldner ergeben. ²Eine dem bisherigen Schuldner zustehende Forderung kann er nicht aufrechnen.

(2) Aus dem der Schuldübernahme zugrunde liegenden Rechtsverhältnis zwischen dem Übernehmer und dem bisherigen Schuldner kann der Übernehmer dem Gläubiger gegenüber Einwendungen nicht herleiten.

Gliederung

A. Grundlagen 1	1. Sog. vertragsbezogene und sog. nicht sukzessionsfähige Einwendungen 12
I. Kurzcharakteristik 1	
II. Regelungsprinzipien 2	2. Modifizierung bei schwebendem Gestaltungsrecht des bisherigen Schuldners in Analogie zu § 770 Abs. 1 BGB geboten? 16
B. Anwendungsvoraussetzungen 6	
I. Normstruktur 6	a. Literatur 17
II. „Einwendungen, welche sich aus dem Rechtsverhältnis zwischen dem Gläubiger und dem bisherigen Schuldner ergeben" 7	b. Die Auffassung des Autors 18
1. Begriff der Einwendungen 7	IV. § 273 BGB als höchstpersönliche Einwendung des bisherigen Schuldners? 19
2. „... welche sich aus dem Rechtsverhältnis zwischen dem Gläubiger und dem bisherigen Schuldner ergeben" 9	V. Ausgeschlossene Einwendungen auf der Ebene bisheriger Schuldner-Übernehmer 20
III. Ausgeschlossene Einwendungen auf der Ebene der übernommenen Schuld 12	C. Anwendungsfelder 21

A. Grundlagen[1]

I. Kurzcharakteristik

1 § 417 BGB trägt dem Charakter der Schuldübernahme als abstraktem Rechtsgeschäft Rechnung: Der Übernehmer tritt in die Fußstapfen des bisherigen Schuldners und übernimmt die Schuld in derselben Beschaffenheit, wie sie sich gegen den Altschuldner richtete. Ihm verbleiben mithin die bereits im Zeitpunkt der Schuldübernahme angelegten Einwendungen nach § 417 Abs. 1 BGB. Da das Kausalverhältnis zwischen Alt- und Neuschuldner grundsätzlich strikt vom Translationsakt der Schuld zu trennen ist, kann der Übernehmer sich hieraus keiner Einwendung gegen den Gläubiger berühmen (§ 417 Abs. 2 BGB).

II. Regelungsprinzipien

2 § 417 BGB erinnert den Rechtsanwender an zwei Selbstverständlichkeiten: die Relativität der Schuldverhältnisse einerseits und das Trennungs- und Abstraktionsprinzip andererseits. Damit ist aber noch nicht alles zur Frage der übernehmerseitiger Verteidigungsmittel gesagt.

3 Der Übernehmer kann gegenüber dem Gläubiger gegebenenfalls Einwendungen im Hinblick auf die Rechtsbeständigkeit des Übernahmeakts selbst erheben.[2] Krankt dieser an Wirksamkeitsmängeln infolge rechtsverhindernder oder rechtsvernichtender Einwendungen, so sind diese dem Gläubiger entgegenhaltbar, weil sie, anders als bei § 417 Abs. 2 BGB, nicht im von der übernommenen Schuld abstrakten Kausalverhältnis wurzeln, sondern den Sukzessionsakt als solchen betreffen.

4 Interessant und dogmatisch umkämpft sind jedoch bei der Schuldübernahme nach § 415 BGB die Fragen, die sich um die Anfechtbarkeit gemäß § 123 BGB ranken. Hier interessiert insbesondere der Fall, dass die Täuschung zulasten des Neuschuldners bei der Schuldübernahme vom bisherigen Schuldner ausging und der Gläubiger, der die Übernahme nach § 415 BGB genehmigte, diesbezüglich gutgläubig war. Vgl. die Kommentierung zu § 415 BGB Rn. 32.

---

[1] Die Kommentierung gibt ausschließlich die persönliche Meinung des Autors wieder.
[2] *Röthel* in: Erman, § 417 Rn. 2.

Es erscheint selbstverständlich, dass es dem Übernehmer unbenommen bleibt, aus einer etwaigen schuldrechtlichen Beziehung zum Gläubiger Einwendungen gegen diesen herzuleiten.[3] Liegt hier ein unwirksames Grundgeschäft vor, so kann der Übernehmer dem Gläubiger die Einrede aus § 821 BGB entgegenhalten.

B. Anwendungsvoraussetzungen

I. Normstruktur

§ 417 BGB stellt zunächst klar, dass dem Übernehmer die Einwendungen aus dem Rechtsverhältnis zwischen bisherigem Schuldner und Gläubiger nach § 417 Abs. 1 Satz 1 BGB verbleiben. Indessen soll er gemäß § 417 Abs. 1 Satz 1 BGB mit einer dem bisherigen Schuldner zustehenden Forderung nicht aufrechnen können und gemäß § 417 Abs. 2 BGB ebenso wenig Einwendungen, die aus dem Grundverhältnis zwischen Übernehmer und bisherigem Schuldner resultieren, gegen den Gläubiger ins Feld führen können.

II. „Einwendungen, welche sich aus dem Rechtsverhältnis zwischen dem Gläubiger und dem bisherigen Schuldner ergeben"

1. Begriff der Einwendungen

Mit der Schuldübernahme ist grundsätzlich kein konkludenter Einwendungsverzicht verbunden.[4] Der Begriff der Einwendung ist wie bei § 404 BGB im weitest möglichen Sinn zu verstehen: Er umfasst rechtshindernde Einwendungen wie die §§ 138, 134, 125, 104 BGB und ebenso grundsätzlich alle rechtsvernichtenden, wobei hinsichtlich der Aufrechnung eine Klarstellung im Hinblick auf § 417 Abs. 1 Satz 2 BGB geboten ist. In seiner weiten Bedeutungsspanne umfasst der Begriff den Einwand der unzulässigen Rechtsausübung sowie auch Einreden (so z.B. diejenige der Verjährung), seien sie auch prozessualer Art.[5]

Für Fälle der Schuldübernahme ist, soweit ersichtlich, höchstrichterliche Rechtsprechung zu der Frage, ob und inwieweit der Verbrauchergerichtsstand oder die Einrede der Schiedsvereinbarung aus § 1032 Abs. 1 ZPO durch die Schuldsukzession betroffen werden, nicht vorhanden. Wie bei der Zession muss auch bei der Schuldübernahme gelten, dass eine Gerichtsstandsvereinbarung[6] der Forderung anhaftet und nach der Schuldsukzession seitens des Übernehmers wie auch seitens des Gläubigers geltend gemacht werden kann.[7] Etwas anderes muss meines Erachtens indessen für den Verbrauchergerichtsstand gelten, der wegen seines personenbezogenen Zuschnitts nach Schuldnersubstitution in Wegfall geraten kann, wenn der neue Schuldner als Nachfolger eines bisherigen Schuldners, der Verbraucher war, die Verbraucherkriterien nicht erfüllt.[8]

2. „… welche sich aus dem Rechtsverhältnis zwischen dem Gläubiger und dem bisherigen Schuldner ergeben"

Der Wortlaut des § 417 BGB, der lapidar von sich aus dem Rechtsverhältnis „ergebenden" Einwendungen spricht, hilft hier nicht weiter. Wie bei § 404 BGB soll auch bei § 417 BGB ausreichend sein, dass die Einwendung im übernommenen Schuldverhältnis dem Grunde nach angelegt war. Wie bei der Zession reicht es aus, dass der Grund der Einwendung oder der Einrede in der Zeit vor der Schuldübernahme anzusiedeln ist, wenngleich auch eine Voraussetzung für die Wirksamkeit der Einwendung oder der Einrede erst später eintritt. Hat jemand beispielsweise die Verpflichtung des Käufers, den Kaufpreis zu zahlen, übernommen, so kann er im Fall mangelhafter Erfüllung des Kaufvertrags die entsprechende Einrede auch dann vorbringen, wenn die mangelhafte Leistung an den Käufer erst nach der Schuldübernahme erfolgte.[9]

---

[3] *Grüneberg* in: Palandt, § 417 Rn. 4.
[4] *Rieble* in: Staudinger, § 417 Rn. 4.
[5] *Grüneberg* in: Palandt, § 404 Rn. 2.
[6] Vgl. OLG Hamburg v. 21.12.2007 - 12 U 11/05 - juris Rn. 48 - IHR 2008, 108.
[7] So *Möschel* in: MünchKomm-BGB, 5. Aufl. 2007, § 417 Rn. 4; vgl. zur Rechtslage bei der Abtretung in Bezug auf die Schiedsklausel BGH v. 02.03.1978 - III ZR 99/76 - juris Rn. 19 - BGHZ 71, 162-167.
[8] Vgl. zur Abtretung *Grüneberg* in: Palandt, § 398 Rn. 18.
[9] Vgl. *Enneccerus/Lehmann*, Recht der Schuldverhältnisse, 15. Bearb. 1958, § 86.

10 Ist die Verjährung bereits eingetreten, wirkt dies zugunsten des Übernehmers fort.[10] Was für das Fortwirken der Einrede gilt, muss sinngemäß auch für verjährungshemmende Maßnahmen des Gläubigers[11] gelten: Ebenso wie die Verjährung selbst wirkt auch deren Unterbrechung bzw. nach neuem Recht die Hemmung der Verjährung infolge Rechtsverfolgung auf die übertragene Schuld direkt ein und ändert deren Beschaffenheit – hier zulasten des Übernehmers[12]. Wie schon das Reichsgericht in einer Entscheidung vom 12.01.1934 ausführte, übernimmt der neue Schuldner bei (nach altem Recht) unterbrochener Verjährung die Schuld dann gleichsam ohne die Aussicht auf den baldigen Eintritt der Verjährung.[13]

11 Ob eine Einwendung aber überhaupt in dem übertragenen Schuldverhältnis zu Entstehung gelangen kann, beurteilt sich bei § 415 BGB unter Berücksichtigung der Rückwirkungserstreckung der Gläubigergenehmigung. Entsprechendes gilt für die Unterbrechungswirkung bzw., nach neuem Recht, für die Hemmung der Verjährung, die aus Rechtsverfolgungsmaßnahmen des Gläubigers resultiert.[14] So muss der Gläubiger bei Vornahme einer verjährungshemmenden Maßnahme der Rechtsverfolgung, solange sich seine Forderung noch in dem Schwebezustand befindet, der der gläubigerseitigen Genehmigung gemäß § 415 BGB vorgelagert ist, berücksichtigen, dass er mit einer nachfolgenden Genehmigung ex tunc den bisherigen Schuldner aus dem Schuldverhältnis entlässt und ihn damit rückwirkend seiner Eigenschaft als Adressat einer verjährungshemmenden Maßnahme beraubt.[15]

III. Ausgeschlossene Einwendungen auf der Ebene der übernommenen Schuld

1. Sog. vertragsbezogene und sog. nicht sukzessionsfähige Einwendungen

12 In Anlehnung an diese trefflichen Bezeichnungen bei *Rieble*[16] sollen hier der gesetzliche Ausschlusstatbestand des § 417 Abs. 1 Satz 2 BGB und ihm verwandte, kraft Natur der Sache nicht übergangstaugliche Einwendungen besprochen werden.

13 Vertragsimmanente Gestaltungsrechte verbleiben, weil sie dem zugrunde liegenden Vertrag anhaften und sich nicht exklusiv auf die übertragene Verbindlichkeit beziehen, grundsätzlich beim bisherigen Schuldner in seiner Eigenschaft als Vertragspartner des Gläubigers.[17] Abweichendes kann vereinbart werden. Jedoch verhält es sich ausnahmsweise anders, wenn ein Gestaltungsrecht wie beispielsweise das Wahlrecht nach § 262 BGB einer konkreten Verbindlichkeit zugeordnet ist. Dann soll es deren Schicksal teilen und der übertragenen Verbindlichkeit weiter anhaften.[18]

14 § 417 Abs. 1 Satz 2 BGB gibt Anlass zu zwei Bemerkungen: Er ist erstens Ausfluss des allgemeinen Grundsatzes, wonach Gestaltungsrechte – und die Aufrechnung ist ein solches – in der Hand des bisherigen Schuldners verbleiben. Zweitens darf § 417 Abs. 1 Satz 2 BGB aber nicht dahin missverstanden werden, der Übernehmer sei aufrechnungsrechtlich gänzlich schutzlos gestellt. Er darf mit eigenen Forderungen, das Bestehen einer Aufrechnungslage vorausgesetzt, gegen den Gläubiger aufrechnen.[19]

15 Schließlich stellt sich, drittens, die Frage, ob mit dem Ausschluss der Aufrechnungsbefugnis es dem Übernehmer auch verwehrt ist, sich einredehalber etwa analog zu § 770 Abs. 2 BGB auf eine Aufrechnungslage zu berufen und die Befriedigung des Gläubigers zu verweigern. Die herrschende Meinung

---

[10] *Rieble* in: Staudinger, § 417 Rn. 4.
[11] Vgl. insbesondere § 204 BGB.
[12] *Eckhardt* in: AnwK-BGB, § 417 Rn. 6 weist allerdings zu Recht darauf hin, dass sich der Neuschuldner, da die Schuldübernahme keine Rechtsnachfolge im Sinne der §§ 265, 325, 727 ZPO sei, auch (mit Erfolg) auf Einwendungen berufen könne, über die in einem früheren Rechtsstreit zwischen Altschuldner und Gläubiger bereits (womöglich zulasten der Schuldnerseite) entschieden worden sei.
[13] RG v. 12.01.1934 - II 231/33 - RGZ 143, 154-159, 154.
[14] Vgl. § 204 BGB.
[15] Zur Verjährungsunterbrechung nach altem Recht ist eine Entscheidung des Hanseatischen Oberlandesgerichts in Bremen vom 13.07.1995 lehrreich: OLG Bremen v. 13.07.1995 - 2 U 147/94 - juris Rn. 77 - OLGR Bremen 1996, 356-358.
[16] *Rieble* in: Staudinger, § 417 Rn. 12-29.
[17] *Rieble* in: Staudinger, § 417 Rn. 11-18, mit Unterscheidung zwischen vertragsbezogenen und forderungsbezogenen Einwendungen.
[18] *Grüneberg* in: Palandt, § 417 Rn. 2.
[19] *Eckhardt* in: AnwK-BGB, § 417 Rn. 2

lehnt dies zu Recht ab.[20] Es fehlt eine über das Gegenseitigkeitserfordernis hinweghelfende Vorschrift.[21]

2. Modifizierung bei schwebendem Gestaltungsrecht des bisherigen Schuldners in Analogie zu § 770 Abs. 1 BGB geboten?

Diese Frage stellt sich in der Literatur, soweit ersichtlich, insbesondere in Bezug auf Anfechtung, Kündigung oder Rücktritt.

a. Literatur

In der Literatur wird kontrovers diskutiert.[22] Zum Teil[23] wird erwogen, zugunsten des Übernehmers eine dilatorische Einrede anzuerkennen, die so lange wirken solle, bis der bisherige Schuldner sich entschieden habe, ob er den Vertrag angreifen und damit die Schuld vernichten wolle. Zur Begründung wird angeführt, für eine Besserstellung des Gläubigers nach der Schuldübernahme sei kein Grund ersichtlich. Die derzeit wohl herrschende Meinung scheint dies jedoch abzulehnen.[24]

b. Die Auffassung des Autors

Rieble im Ergebnis weitgehend folgend[25], erscheint mir die Analogie zu § 770 Abs. 1 BGB insoweit geboten, als sie sich auf systematische und teleologische Gründe stützen kann: Der schwerwiegende Defekt der Anfechtbarkeit eines Vertrages bzw. ein bestehender Rücktrittsgrund scheint es mir zu rechtfertigen, den Übernehmer einer aus diesem makelbehafteten Vertrag entspringenden Schuld zumindest für die Dauer des Schwebezustands genauso gut zu stellen, wie er bei bloßer Schlecht- oder Nichterfüllung gestanden haben würde. Meines Erachtens spricht die Wertung des § 417 Abs. 1 Satz 2 BGB nicht zwingend gegen eine Analogie, weil er eine Regelungslücke in Bezug auf die dilatorische Einrede hinsichtlich sonstiger schwebender Gestaltungsrechte aufweist. Zudem ist mir – a fortiori – nicht klar, warum der Übernehmer einer Schuld schutzloser dem Zugriff des Gläubigers preisgegeben sein soll als der am akzessorischen Gängelband gehaltene Bürge. Fügt man dem theoretischen Argument noch das Praktische hinzu – die bisweilen erheblichen Schwierigkeiten bei der Ermittlung des Parteiwillens nämlich, ob Bürgschaft oder Schuldübernahme gemeint ist – so scheint mir die Analogie zu § 770 Abs. 1 BGB angezeigt und generell bei allen Schwebezuständen infolge altschuldnervorbehaltenen Gestaltungsrechten mit Ausnahme der Aufrechnung, arg. § 417 Abs. 1 Satz 2 BGB, zu erwägen.[26]

IV. § 273 BGB als höchstpersönliche Einwendung des bisherigen Schuldners?

Rieble[27] hält das Zurückbehaltungsrecht gemäß § 273 BGB mit guten Gründen für nicht sukzessionsfähig. Im Gegensatz zu § 320 BGB hafte es nicht an der übertragenen Schuld, sondern sei dem Altschuldner – als Gläubiger der konnexen Gegenforderung – zugewiesen. Die Sachlage entspreche derjenigen bei der Aufrechnung, die dem Übernehmer auch versagt bleibe.

V. Ausgeschlossene Einwendungen auf der Ebene bisheriger Schuldner-Übernehmer

§ 417 Abs. 2 BGB schließt Einwendungen aus dem der Schuldübernahme zugrunde liegenden (Kausal-)Rechtsverhältnis, das zwischen Übernehmer und bisherigem Schuldner besteht, insofern aus, als sie nicht dem Gläubiger entgegengehalten werden können. Das ist nichts Besonderes, sondern eine Bestätigung der Relativität des Schuldverhältnisses. Jedoch bleibt es den Parteien auch bei der Schuldübernahme unbenommen, Geschäftsgesamtheiten nach § 139 BGB oder bedingungsmäßig verknüpfte Rechtsgeschäfte zu gestalten und so dafür zu sorgen, dass, sofern der Gläubiger diesem Konstrukt seine Genehmigung nicht versagt, Einwendungen aus dem Kausalverhältnis auf den Gläubiger ausstrahlen. In Bezug auf § 139 BGB hat dies der BGH ausdrücklich bestätigt, mit der Konsequenz, dass Anfechtungsgründe des Kausalverhältnisses auf die davon grundsätzlich abstrakte Schuldübernahme durch-

---

[20] *Grüneberg* in: Palandt, § 417 Rn. 2.
[21] *Möschel* in: MünchKomm-BGB, 5. Aufl. 2007, § 417 Rn. 5.
[22] Zum Streitstand: *Rieble* in: Staudinger, § 417 Rn. 14-17.
[23] *Westermann* in: Erman, 11. Aufl. 2004, § 417 Rn. 5.
[24] *Rohe* in: Bamberger/Roth, § 417 Rn. 5; vgl. Nachweise bei *Rieble* in: Staudinger, § 417 Rn. 15.
[25] *Rieble* in: Staudinger, § 417 Rn. 15-17.
[26] Zum Streitstand, allerdings eine Analogie ablehnend *Möschel* in: MünchKomm-BGB, 5. Aufl. 2007, § 417 Rn. 5.
[27] *Rieble* in: Staudinger, § 417 Rn. 19.

schlugen.[28] Dass Schuldübernahme und Grundgeschäft nur ausnahmsweise in Durchbrechung der Grundregel des § 417 BGB untrennbare Bestandteile eines einheitlichen Geschäftes sind, hat der BGH mit Urteil vom 08.04.2003[29] in Bezug auf einen Darlehensübernahmevertrag aufgezeigt. Der Wegfall des Grundgeschäfts mit dem früheren Schuldner soll sich in dem vom BGH entschiedenen Fall nicht auf die Schuldübernahme auswirken.[30] Auch über § 242 BGB soll eine Durchbrechung der Einwendungssperre hier nicht möglich sein.[31]

C. Anwendungsfelder

21 **Entsprechende Anwendung im Scheck- und Wechselrecht**: Zur Einrede des nichterfüllten Vertrages bzw. des Zurückbehaltungsrechts hat der 2. Zivilsenat des BGH in einer Entscheidung vom 08.11.1982[32] dafür gehalten, auch der am Grundgeschäft unbeteiligte Scheckaussteller könne einwenden, die Forderung aus dem Geschäft, für die der Scheck erfüllungshalber begeben worden sei, sei noch nicht durchsetzbar. Zum Wechselrecht ist ferner das Urteil vom 30.01.1986, das eine Wechselforderung und die kaufrechtliche Mängeleinrede betrifft, bemerkenswert.[33]

---

[28] BGH v. 08.12.1959 - VIII ZR 134/58 - BGHZ 31, 321-329.
[29] BGH v. 08.04.2003 - XI ZR 423/01 - juris Rn. 20 - BGHReport 2003, 885-887.
[30] BGH v. 08.04.2003 - XI ZR 423/01 - BGHReport 2003, 885-887.
[31] BGH v. 08.04.2003 - XI ZR 423/01 - juris Rn. 21 - BGHReport 2003, 885-887.
[32] BGH v. 08.11.1982 - II ZR 44/82 - juris Rn. 8 - BGHZ 85, 346-350.
[33] BGH v. 30.01.1986 - II ZR 257/85 - juris Rn. 27 - NJW 1986, 1872-1873; vgl. auch *Möschel* in: MünchKomm-BGB, 5. Aufl. 2007, § 417 Rn. 3.

§ 418 BGB Erlöschen von Sicherungs- und Vorzugsrechten

(Fassung vom 02.01.2002, gültig ab 01.01.2002)

(1) [1]Infolge der Schuldübernahme erlöschen die für die Forderung bestellten Bürgschaften und Pfandrechte. [2]Besteht für die Forderung eine Hypothek oder eine Schiffshypothek, so tritt das Gleiche ein, wie wenn der Gläubiger auf die Hypothek oder die Schiffshypothek verzichtet. [3]Diese Vorschriften finden keine Anwendung, wenn der Bürge oder derjenige, welchem der verhaftete Gegenstand zur Zeit der Schuldübernahme gehört, in diese einwilligt.

(2) Ein mit der Forderung für den Fall des Insolvenzverfahrens verbundenes Vorzugsrecht kann nicht im Insolvenzverfahren über das Vermögen des Übernehmers geltend gemacht werden.

Gliederung

A. Grundlagen... 1	I. Erlöschen von Sicherungsrechten bzw. Freigabeanspruch............................... 13
B. Praktische Bedeutung........................... 4	II. ...bzw. Einwilligung der Sicherungsgeber in die Schuldübernahme 14
C. Anwendungsvoraussetzungen............... 5	1. Literatur und Rechtsprechung............. 15
I. Normstruktur... 5	2. Die Auffassung des Autors 16
II. „Infolge der Schuldübernahme"............ 6	E. Anwendungsfelder............................... 17
III. Vertragliche Sicherheiten..................... 7	I. Anwendbarkeit auf Vertragsübernahme und Schuldbeitritt 17
1. Rechtsprechung 9	II. „Insolvenzverfahren" (Absatz 2) 18
2. Literatur... 10	III. Vorzugsrechte 20
3. Die Auffassung des Autors 12	
D. Rechtsfolgen.. 13	

A. Grundlagen[1]

Regelungsprinzipien: Die finanziellen Verhältnisse des Schuldners sind für den Sicherungsgeber von großer Bedeutung. Abschätzen kann er diese nur in dem Zeitpunkt, zu dem er die Sicherheit bestellt, und bezüglich desjenigen Schuldners, der in diesem Moment dem Gläubiger gegenüber verpflichtet ist. Das BGB mutet dem Sicherungsgeber nicht zu, seine Sicherungsabrede unter die auflösende Bedingung eines etwa möglichen Schuldnerwechsels stellen zu müssen. Der Ansatz von § 418 Abs. 1 BGB ist vielmehr der, dass vertraglich begründete Sicherheiten – die Vorschrift erwähnt Bürgschaft, Pfandrecht, Hypothek und Schiffshypothek – infolge der Schuldübernahme erlöschen, wenn der Sicherungsgeber nicht in den Fortbestand der Sicherheit einwilligt. 1

Doch nicht nur den Sicherungsgebern, auch den Gläubigern des Übernehmers droht im Fall einer Schuldübernahme Ungemach. Im Fall eines Insolvenzverfahrens über das Vermögen des Übernehmers soll deshalb ein mit der übernommenen Schuld verbundenes Vorzugsrecht nach § 418 Abs. 2 BGB nicht geltend gemacht werden können.[2] 2

Es fällt auf, dass im Fall der Abtretung nach § 401 Abs. 1 BGB anders als bei § 418 BGB die akzessorischen Sicherungsrechte grundsätzlich der Forderung anhaften bleiben. Diese Divergenz zwischen Abtretung und Schuldübernahme ist angebracht[3], weil bei der Abtretung der Sicherungsgeber „seinen" Schuldner behält und sich im Sicherungsfall nur mit einem neuen Gläubiger, dem Zessionar, konfrontiert sieht, der im Zweifel in gleicher Weise die einmal bestellte Sicherung einfordern wird, wie dies sonst der Zedent getan hätte. 3

B. Praktische Bedeutung

Während die praktische Relevanz von § 418 Abs. 1 BGB ins Auge springt, hat § 418 Abs. 2 BGB viel von seiner Bedeutung verloren,[4] weil die Konkursvorrechte des § 61 KO nicht in die Insolvenzordnung übernommen wurden. Der Gesetzgeber hat § 418 Abs. 2 BGB aber nicht aufgehoben, so dass die Vor- 4

---

[1] Die Kommentierung gibt ausschließlich die persönliche Meinung des Autors wieder.
[2] Zur heutigen Relevanz der Vorschrift vgl. *Eckardt* in: AnwK-BGB, § 418 Rn. 6.
[3] Vgl. *Grüneberg* in: Palandt, § 418 Rn. 1.
[4] *Grüneberg* in: Palandt, § 418 Rn. 2.

schrift heute klarstellt, dass Rechte auf bevorzugte Befriedigung bei Insolvenz, etwa Absonderungsrechte, Vorrechte an besonderen Vermögensmassen oder die Eigenschaft einer Verbindlichkeit als Masseschuld, schuldnerspezifisch sind und in dieser Eigenschaft in der Insolvenz des Übernehmers einer Schuld nicht anerkannt werden.[5]

C. Anwendungsvoraussetzungen

I. Normstruktur

5   § 418 Abs. 1 BGB beschreibt eingangs den gesetzlichen Regelfall des Erlöschens der Sicherungsrechte im Fall einer Schuldübernahme und sodann den Ausnahmefall deren Fortbestehens im Fall der Einwilligung des Sicherungsgebers. § 418 Abs. 2 BGB stellt im Anschluss daran den übernahmeuntauglichen Charakter von mit der Forderung verbundenen Vorrechten klar.

II. „Infolge der Schuldübernahme"

6   § 418 BGB gilt grundsätzlich für jede Art der Schuldübernahme (§§ 414-416 BGB), analog für die Vertragsübernahme[6], nicht aber für den Schuldbeitritt[7]: Dem Sicherungsgeber kann zwar nicht zugemutet werden, für einen neuen Schuldner mit fraglicher Zahlungsfähigkeit einstehen zu müssen; hat er aber weiterhin (nur) für seinen alten Schuldner einzustehen, kommt es zu keiner ihn belastenden Risikoerhöhung.[8] Im Interesse des Gläubigerschutzes ist eine Ausnahme geboten, wenn die Schuldsukzession sich ohne Zustimmung des Gläubigers abspielen kann und dieser ohne sein Zutun der für ihn bestellten Sicherheiten verlustig zu gehen droht. Eine solche Konstellation liegt bei der gesellschaftsrechtlichen Sukzession vor[9], wenn nach Ausscheiden sämtlicher Mitgesellschafter eine Anwachsung der Gesellschaftsverbindlichkeiten auf den letzten verbliebenen Gesellschafter eintritt. Nach Ansicht des BGH soll in diesem Fall die für eine Gesellschaftsverbindlichkeit bestellte Bürgschaft erhalten bleiben.[10]

III. Vertragliche Sicherheiten

7   § 418 Abs. 1 BGB spricht zunächst nur von für die Forderung bestellten Bürgschaften und Pfandrechten.

8   Den in § 418 Abs. 1 BGB genannten Sicherheiten ist gemeinsam, dass sie einerseits auf vertraglicher Vereinbarung beruhen („bestellt") und andererseits akzessorischen Charakter haben.

1. Rechtsprechung

9   Die Rechtsprechung wendet diese Vorschrift unter Aufgabe des Akzessorietätsdogmas analog auf die Sicherungsgrundschuld und die Sicherungsübereignung an.[11]

2. Literatur

10 Soweit ersichtlich, hat die Literatur diese analoge Erweiterung des Anwendungsbereiches der Vorschrift – zumindest im Grundsatz – weitgehend gebilligt.[12] Auch auf die Vormerkung wird § 418 BGB für anwendbar gehalten.[13]

---

[5] Vgl. die prägnante Darstellung bei *Rieble* in: Staudinger, § 418 Rn. 29-35, und *H. F. Müller* in: PWW, § 418 Rn. 4.

[6] OLG Düsseldorf v. 18.04.2011 - I-24 U 157/10, 24 U 157/10 - juris Rn. 27 - BB 2011, 2319-2322.

[7] *H. F. Müller* in: PWW, § 418 Rn. 1, und OLG Stuttgart v. 30.11.2009 - 5 U 86/09 - juris Rn. 29 - ZflR 2010, 152-153.

[8] OLG Stuttgart v. 30.11.2009 - 5 U 86/09 - juris Rn. 29 - ZflR 2010, 152-153.

[9] *Rieble* in: Staudinger, § 418 Rn. 4.

[10] BGH v. 06.05.1993 - IX ZR 73/92 - LM BGB § 765 Nr. 87 (10/1993).

[11] Vgl. BGH v. 11.06.1992 - IX ZR 161/91 - juris Rn. 32 - LM BGB § 774 Nr. 24 (10/1992).

[12] *H. F. Müller* in: PWW, § 418 Rn. 2, und *Grüneberg* in: Palandt, § 418 Rn. 1 nennt ausdrücklich auch die Sicherungsabtretung; nach *Eckardt* in: AnwK-BGB, § 418 Rn. 4, *Röthel* in: Erman, § 418 Rn. 2 und *Rohe* in: Bamberger/Roth, § 418 Rn. 5 soll wohl die Analogie nicht unmittelbar das Erlöschen der Sicherheit bzw. deren Rückfall, sondern das Fälligwerden des Freigabeanspruchs zur Folge haben.

[13] *Grüneberg* in: Palandt, § 418 Rn. 1; für die Vormerkung nach § 883 BGB wird allerdings von *Rieble* in: Staudinger, § 418 Rn. 10-11 die Anwendbarkeit des § 418 BGB unter Hinweis auf die Gesetzeshistorie verneint und außerdem darauf hingewiesen, dass die Vormerkung, anders als die gesetzlich bezeichneten Sicherungsrechte Pfand und Bürgschaft, nicht das Ausfallrisiko des Gläubigers absichere.

Auch auf gesetzliche Sicherheiten soll nach einer verbreiteten Meinung[14] § 418 BGB analog anwendbar sein, jedenfalls soweit der Sicherungsverpflichtete in der Wahl des Schuldners zunächst frei gewesen sei.[15] Als denkbarer Anwendungsfall wird die Haftung des Wohnraumvermieters nach Veräußerung der Mietsache[16] zitiert.

3. Die Auffassung des Autors

Sinn und Zweck der Vorschrift lassen es angezeigt erscheinen, die in der Praxis weit verbreiteten nicht akzessorischen vertraglichen Sicherheiten auch der Erlöschensfolge des § 418 Abs. 1 BGB zu unterwerfen.[17] Diese sind im gesetzlichen Formenraster der Sicherungsrechte zwar nicht ausdrücklich vorgesehen, aber aus der Vertragspraxis erwachsen und allgemein anerkannt. Es hieße den § 418 Abs. 1 BGB eines großen Teils seiner praktischen Relevanz berauben, wenn er nicht auch für die vertraglichen Sicherheiten, die der Privatautonomie entspringen, Geltung beanspruchen dürfte. Eine Ausweitung auf gesetzliche Sicherheiten scheint demgegenüber bedenklich, weil mit dem abgesteckten Anwendungsradius der Vorschrift unvereinbar („…bestellte Bürgschaften und Pfandrechte…").

D. Rechtsfolgen

I. Erlöschen von Sicherungsrechten bzw. Freigabeanspruch…

Gemäß § 418 Abs. 1 BGB werden im Fall der befreienden Schuldübernahme die für die Forderung bestellten Sicherungsrechte frei: Während Bürgschaften und Pfandrechte einfach erlöschen, fällt das Sicherungseigentum – sofern man § 418 Abs. 1 BGB auch dinglich-analog für anwendbar erachtet – an den Eigentümer zurück.[18] Für die Hypothek greift gemäß § 418 Abs. 1 Satz 2 BGB der § 1168 Abs. 1 BGB ein. Sie geht auf den Eigentümer über, nachrangige Grundpfandrechte rücken also nicht auf.[19]

II. …bzw. Einwilligung der Sicherungsgeber in die Schuldübernahme

Die Sicherungsrechte erlöschen nicht, wenn der Sicherungsgeber in die Schuldübernahme einwilligt (§ 418 Abs. 1 Satz 3 BGB).

1. Literatur und Rechtsprechung

Ein Teil der Literatur[20] nimmt § 418 Abs. 1 Satz 3 BGB wörtlich: Es bedürfe der Einwilligung im Sinne des § 183 BGB, also der vorherigen Zustimmung des Sicherungsgebers; seine nachträgliche Genehmigung sei nicht ausreichend, um die Erlöschenswirkung nach § 418 Abs. 1 Satz 1 BGB zu beseitigen. Indessen genügt nach der Rechtsprechung – wie in § 418 Abs. 1 Satz 3 BGB ausdrücklich genannt – die Einwilligung desjenigen, dem „der verhaftete Gegenstand zur Zeit der Schuldübernahme" gehört. Deshalb müsse bei einer dinglichen Sicherheit der Eigentümer der belasteten Sache zustimmen, nicht aber der Inhaber des Anspruchs (aus der Sicherungsabrede) auf Rückgewähr der Grundschuld, auch wenn Eigentümer und Anspruchsinhaber nicht personenidentisch seien.[21] Die Einwilligung ist nach der Rechtsprechung grundsätzlich formfrei, solange nicht ausnahmsweise der Warnzweck einer gesetzlichen Formvorschrift eingreift, die dem Schutz des Sicherungsgebers vor Übereilung dient.[22] Teile der Literatur[23] wollen entgegen dem Wortlaut der Vorschrift auch die nachträgliche Genehmigung für den Fortbestand der Sicherheiten als ausreichend anerkennen.

---

[14] Pauschal ablehnend u. a. *H. F. Müller* in: PWW, § 418 Rn. 2.
[15] Vgl. *Möschel* in: MünchKomm-BGB, 5. Aufl. 2007, § 418 Rn. 2, und *Rieble* in: Staudinger, § 418 Rn. 17.
[16] Vgl. jetzt § 566 Abs. 2 BGB; vgl. *Stürner* in: Jauernig, § 418 Rn. 1.
[17] Gegen ein dingliches Freiwerden vgl. *Rieble* in: Staudinger, § 418 Rn. 12 (betreffend die Sicherungsgrundschuld) sowie *Eckardt* in: AnwK-BGB, § 418 Rn. 4 und *Rohe* in: Bamberger/Roth, § 418 Rn. 5.
[18] Nur einen Freigabeanspruch des Sicherungsgebers bejahen *Eckardt* in: AnwK-BGB, § 418 Rn. 4 und *Rohe* in: Bamberger/Roth, § 418 Rn. 5.
[19] Vgl. *Grüneberg* in: Palandt, § 418 Rn. 1.
[20] *Grüneberg* in: Palandt, § 418 Rn. 1.
[21] BGH v. 01.10.1991 - XI ZR 186/90 - juris Rn. 17 - BGHZ 115, 241-247.
[22] So zur Vertragsübernahme OLG Hamm v. 30.08.1989 - 31 U 39/89 - juris Rn. 29 - NJW-RR 1991, 48-50.
[23] Vgl. *Westermann* in: Erman, 11. Aufl. 2004, § 418 Rn. 1; dagegen aber nuancierend *Röthel* in: Erman, § 418 Rn. 4.

2. Die Auffassung des Autors

16 Für die Rechtsprechung und die wohl herrschende Meinung spricht einerseits der klare Wortlaut des Gesetzes und andererseits – was meines Erachtens entscheidend ist – das Bedürfnis nach größtmöglicher Rechtssicherheit und -klarheit im Bereich der Sicherungsmittel, namentlich der dinglichen Sicherheiten. Ohne Not einen Schwebezustand und gegebenenfalls einen Rechtsumbruch ex tunc in Kauf zu nehmen, erscheint nicht geboten. Der Gläubger hat, wie auch der Sicherungsgeber, hinlänglich Zeit, sich bis zum Wirksamwerden der Schuldübernahme (bei § 415 BGB also: bis zur Gläubigergenehmigung) zu manifestieren. Tut er dies nicht, so muss sich der Gläubiger darum kümmern, dass die Sicherheit erneut begründet wird.

E. Anwendungsfelder

I. Anwendbarkeit auf Vertragsübernahme und Schuldbeitritt

17 Die Vorschrift gilt auch im Bereich der Vertragsübernahme.[24] Demgegenüber soll die Vorschrift nicht anwendbar sein, wenn der ursprüngliche Schuldner weiterhin haftet und nur ein neuer Schuldner hinzutritt.[25]

II. „Insolvenzverfahren" (Absatz 2)

18 Gilt § 418 Abs. 2 BGB auch dann, wenn es sich um eine zwar deutschem Recht unterliegende Schuldübernahme handelt, dann aber in einem ausländischen Insolvenzverfahren über das Vermögen des Übernehmers sich Fragen der Geltendmachbarkeit etwaiger Vorzugsrechte stellen? Eine solche Konstellation ist im internationalen Insolvenzrecht möglich.[26]

19 Der angedachte Fall sollte, sofern deutsches Recht überhaupt zur Anwendung berufen ist, meines Erachtens im Sinn einer teleologischen Reduktion gelöst werden: Wenn die lex concursus oder kollisionsrechtliche Erwägungen nicht der Anerkennung „importierter" Vorrechte entgegenstehen, spricht wohl nichts dagegen, im ausländischen Insolvenzverfahren etwaige Vorzugsrechte überleben zu lassen.

III. Vorzugsrechte

20 § 418 Abs. 2 BGB hat viel von seiner Bedeutung verloren, weil die Konkursvorrechte des § 61 KO nicht in die Insolvenzordnung übernommen wurden. Der Gesetzgeber hat § 418 Abs. 2 BGB aber nicht aufgehoben, so dass die Vorschrift heute klarstellt, dass Rechte auf bevorzugte Befriedigung bei Insolvenz, etwa Absonderungsrechte, Vorrechte an besonderen Vermögensmassen oder die Eigenschaft einer Verbindlichkeit als Masseschuld, schuldnerspezifisch sind und in dieser Eigenschaft in der Insolvenz des Übernehmers einer Schuld nicht anerkannt werden.[27]

---

[24] OLG Hamm v. 30.08.1989 - 31 U 39/89 - NJW-RR 1991, 48-50.
[25] So zur subsidiären Weiterhaftung des Mieters neben dem Ersatzmieter OLG München v. 31.07.2003 - 19 U 2298/03 - GuT 2004, 64-65.
[26] Zum auf die Schuldübernahme anwendbaren Recht vgl. *Eckardt* in: AnwK-BGB, § 415 Rn. 15 sowie, zur objektiven Anknüpfung, *Seidel*, Kollisionsrechtliche Anknüpfung vertraglicher und gesetzlicher Schuldübernahme, 1995, S. 78.
[27] Vgl. die prägnante Darstellung bei *Rieble* in: Staudinger, § 418 Rn. 29-31.

§ 419 BGB (weggefallen)

(Fassung vom 01.01.1964, gültig ab 01.01.1980, gültig bis 31.12.1998)

(1) Übernimmt jemand durch Vertrag das Vermögen eines anderen, so können dessen Gläubiger, unbeschadet der Fortdauer der Haftung des bisherigen Schuldners, von dem Abschluß des Vertrags an ihre zu dieser Zeit bestehenden Ansprüche auch gegen den Übernehmer geltend machen.

(2) Die Haftung des Übernehmers beschränkt sich auf den Bestand des übernommenen Vermögens und die ihm aus dem Vertrag zustehenden Ansprüche. Beruft sich der Übernehmer auf die Beschränkung seiner Haftung, so finden die für die Haftung des Erben geltenden Vorschriften der §§ 1990, 1991 entsprechende Anwendung.

(3) Die Haftung des Übernehmers kann nicht durch Vereinbarung zwischen ihm und dem bisherigen Schuldner ausgeschlossen oder beschränkt werden.

§ 419 BGB in der Fassung vom 05.10.1994 ist durch Art. 33 Nr. 16 des Gesetzes vom 05.10.1994 – BGBl I 1994, 2911 – mit Wirkung vom 01.01.1999 weggefallen. 1

§ 420

Abschnitt 7 - Mehrheit von Schuldnern und Gläubigern

§ 420 BGB Teilbare Leistung

(Fassung vom 02.01.2002, gültig ab 01.01.2002)

Schulden mehrere eine teilbare Leistung oder haben mehrere eine teilbare Leistung zu fordern, so ist im Zweifel jeder Schuldner nur zu einem gleichen Anteil verpflichtet, jeder Gläubiger nur zu einem gleichen Anteil berechtigt.

Gliederung

A. Grundlagen ... 1	1. Definition ... 10
I. Gläubigermehrheiten ... 5	2. Typische Fälle ... 11
II. Schuldnermehrheiten ... 6	3. Abdingbarkeit ... 14
B. Praktische Bedeutung ... 7	III. Beteiligung mehrerer Personen ... 15
C. Anwendungsvoraussetzungen ... 8	**D. Rechtsfolgen** ... 16
I. Normstruktur ... 8	**E. Prozessuale Hinweise/Verfahrenshinweise** ... 20
II. Teilbarkeit der Leistung ... 9	**F. Anwendungsfelder** ... 21

A. Grundlagen

1 Der in § 241 BGB bestimmte gesetzliche Normaltyp des Schuldverhältnisses geht von je einer Person auf beiden Seiten des Schuldverhältnisses aus: dem Gläubiger und dem Schuldner. Im praktischen Leben treffen wir dagegen auf vielfältige personelle Verflechtungen. Sowohl auf der Gläubigerseite als auch auf der Schuldnerseite können an einem Schuldverhältnis mehrere Personen beteiligt sein. Den **Gläubiger- und Schuldnermehrheiten** widmet das Gesetz in den §§ 420-432 BGB einen eigenen Abschnitt. Dieser Abschnitt regelt aber weder alle Formen von Gläubiger- und Schuldnermehrheiten, noch ist er besonders übersichtlich aufgebaut.

2 Vier Normen ordnen die Gläubiger- und Schuldnermehrheiten unter dem Gesichtspunkt der **Teilbarkeit der Leistung** (§§ 420, 427, 431 BGB und 432 BGB), wobei § 420 und § 427 BGB gegenläufige Vermutungen aufstellen. Die übrigen Normen befassen sich mit dem Inhalt der Gesamtschuld und dem Inhalt der Gesamtgläubigerschaft, jeweils differenziert nach dem Außenverhältnis (Beziehung der Personenmehrheit zur jeweiligen Gegenseite), nach den Wirkungen von Veränderungen (Erfüllung, Erfüllungssurrogate, Leistungsstörungen) und nach dem Innenverhältnis (Beziehung der an der Personenmehrheit Beteiligten untereinander).

3 Ist die geschuldete Leistung teilbar, so bestimmt § 420 BGB für die Gläubiger- wie für die Schuldnerseite als Regelfall, dass Verpflichtungen und Berechtigungen nur zu (im Zweifel gleichen) Teilen begründet werden. **Teilschulden und Teilberechtigungen** sind rechtlich voneinander getrennt und unterliegen je für sich den für **Einzelschuldverhältnisse** geltenden Regelungen. Sie sind aber nicht völlig unverbunden. Von den (zufällig) mehreren Gläubigern und mehreren Schuldnern unterscheiden sie sich dadurch, dass die Teilschulden und Teilberechtigungen durch ein einheitliches Schuldverhältnis im weiteren Sinne zusammengehalten werden. Dieses einheitliche Schuldverhältnis ist der Grund für die Unteilbarkeit des Rücktrittsrechts (§ 351 BGB) und des Minderungsrechts (§ 441 Abs. 2 BGB) sowie für das Leistungsverweigerungsrecht gegenüber allen Gläubigern bis zum Bewirken der gesamten Gegenleistung in § 320 Abs. 1 Satz 2 BGB.

4 Der gesetzliche Regelfall der Teilschuld und der Teilberechtigung kommt in der Praxis kaum vor. Die meisten Zusammenschlüsse mehrerer Gläubiger und mehrerer Schuldner haben Formen, die von dem Bild der Teilberechtigungen und -verpflichtungen abweichen.

I. Gläubigermehrheiten

5 Auf der Gläubigerseite kann man Gesamtgläubiger und Gemeinschaftsgläubiger unterscheiden. Mehrere **Gesamtgläubiger** sind jeder für sich berechtigt, die ganze Leistung an sich zu fordern. Der Schuldner braucht die Leistung allerdings nur einmal zu bewirken (§ 428 BGB) und bestimmt darüber, an wen er sie bewirkt. Der Leistungsempfänger ist unter Umständen zum internen Ausgleich mit den anderen Gesamtgläubigern verpflichtet (§ 430 BGB). **Gemeinschaftsgläubiger** können dagegen von vornherein die Leistung nur alle zusammen erhalten. Ihre gemeinschaftliche Zuständigkeit kann auf drei Gründen beruhen. Der erste ist die Zugehörigkeit der Forderung zu einem **Gesamthandsvermö-**

gen. Rechtsgemeinschaften „zur gesamten Hand" sind die Gesellschaft des Bürgerlichen Rechts (§§ 705 ff. BGB), die Personengesellschaften des Handelsrechts (§§ 105-177 HGB), die eheliche Gütergemeinschaft (§§ 1415-1518 BGB) und die Erbengemeinschaft (§§ 2032-2063 BGB). Soweit man diesen Gemeinschaften eigene Rechtssubjektivität zubilligt, tritt die Gemeinschaft nach außen als Einzelgläubiger auf. Ohne eigene Rechtssubjektivität hat man es mit einer Gläubigermehrheit der an der Gemeinschaft beteiligten Personen zu tun. Die getrennte Verfügung über den Anteil an einer Gesamthandsforderung ist dem Gesamthandsgläubiger selbst dann verwehrt, wenn die Forderung teilbar ist. Die Forderung darf nur einheitlich geltend gemacht werden. Die Befugnis dazu steht entweder allen gemeinsam (§ 719 BGB) oder jedem einzelnen (§ 2039 BGB) zu. Der zweite Grund für eine gemeinschaftliche Forderungszuständigkeit ist gegeben, wenn die Forderung einem Gegenstand entspringt, der zu einer **Bruchteilsgemeinschaft** (§§ 741-758 BGB) gehört. Die Verfügung über die Forderung und ihre Einziehung gehört zur Verwaltung des gemeinschaftlichen Gegenstandes, die nach § 744 BGB allen gemeinschaftlich zukommt. Ein dritter Grund für die gemeinschaftliche Forderungszuständigkeit liegt schließlich in der Unteilbarkeit der zu fordernden Leistung, wenn die Gläubiger nicht Gesamtgläubiger sind (§ 432 BGB). Man spricht insoweit auch von der **Mitgläubigerschaft**.[1]

II. Schuldnermehrheiten

Auch auf der Schuldnerseite kann zwischen gemeinschaftlichen Schulden und Gesamtschulden unterschieden werden. Gemeinschaftliche Schulden sind gegeben, wenn die geschuldete Leistung nur von allen Schuldnern zusammen erbracht werden kann.[2] Das Paradebeispiel für die gemeinschaftliche Schuld aus tatsächlichen Gründen ist die Verpflichtung eines Musikensembles zur Gestaltung eines Musikabends etwa mit Quartetten von Mozart. Da müssen zur Erfüllung der Schuld die vier Musiker zusammen spielen. Auch aus rechtlichen Gründen kann es sich ergeben, dass eine Leistung nur im Zusammenwirken erbracht werden kann. Der BGH hat dies angenommen für die Verpflichtung der Duldung eines Notwegs (§ 911 BGB) durch mehrere Grundstückseigentümer.[3] Das Gesetz hält für diese Gestaltung keine Regelung bereit. § 431 BGB, der die Schuldner einer unteilbaren Leistung zu Gesamtschuldnern macht, passt nicht, da die mitgedachte Voraussetzung, dass ein jeder Schuldner die unteilbare Leistung auch allein erbringen kann, qua Definition ausgeschlossen ist. Deshalb sind bei gemeinschaftlichen Schulden alle Schuldner zusammen zu gemeinschaftlichem Handeln verpflichtet; sie müssen als notwendige Streitgenossen (§ 62 ZPO) gemeinsam verklagt und es kann nur aus einem gegen alle gerichteten Vollstreckungstitel vollstreckt werden. Bei Gesamtschulden dagegen haftet jeder einzelne Schuldner auf das Ganze. Zwar darf der Gläubiger die Leistung nur einmal in Anspruch nehmen; er kann aber jeden der Gesamtschuldner nach seiner Wahl in der von ihm bestimmten Höhe zur Kasse bitten (§ 421 BGB) und für den Fall der „überhöhten" Inanspruchnahme auf einen internen Ausgleich unter den Gesamtschuldnern verweisen (§ 426 BGB). Die Gesamtschuld ist die praktisch bedeutsamste Form einer Mehrfachbeteiligung am Schuldverhältnis und zugleich Gegenstand zahlreicher theoretischer Kontroversen.

B. Praktische Bedeutung

Die praktische Bedeutung des § 420 BGB ist gering. Die Vorschrift greift nur dort ein, wo trotz der Mehrfachbeteiligung an einem einheitlichen Schuldverhältnis im weiteren Sinne keine Gesamt- oder Gemeinschaftsbeteiligungen gegeben sind. Bei Berechtigungen haben wir es in der Regel mit Gemeinschaftsberechtigungen zu tun. Bei Schulden steht die Gesamtschuld im Vordergrund. Soweit die Schulden vertraglich begründet werden, geht die Gesamtschuldvermutung des § 427 BGB der Teilschuldvermutung des § 420 BGB vor.

---

[1] *Noack* in: Staudinger, § 432 Rn. 1.
[2] Gegen die Annahme von gemeinschaftlichen Schulden *Ehmann* in: Erman, vor § 420 Rn. 26 ff. (12. Aufl.); anders *Böttcher* in: Erman, vor § 420 Rn. 11 und § 431 Rn. 3 (aktuelle Auflage).
[3] BGH v. 29.11.1961 - V ZR 181/60 - BGHZ 36, 187-193.

C. Anwendungsvoraussetzungen

I. Normstruktur

8 Die Norm ist ein Musterbeispiel für den dem BGB-Gesetzgeber eigenen Hang zur sprachlichen Komprimierung. Sie enthält in Wahrheit zwei Normen mit jeweils doppelter Vermutung. Die einheitliche Anwendungsvoraussetzung der insgesamt vier Anordnungen ist die Teilbarkeit der Leistung. Die erste Anordnung betrifft die Vermutung der Teilgläubigerschaft, wenn auf der Gläubigerseite mehrere Personen beteiligt sind, die zweite die Vermutung der Teilschuldnerschaft, wenn auf der Schuldnerseite mehrere Personen beteiligt sind, die dritte und die vierte regeln die Vermutungen der Berechtigung und der Verpflichtung zu gleichen Anteilen.

II. Teilbarkeit der Leistung

9 Das zentrale Tatbestandselement der Norm ist die „teilbare Leistung". Wann eine teilbare oder unteilbare Leistung vorliegt, hat der BGB-Gesetzgeber nicht festlegen, sondern der Rechtswissenschaft überlassen wollen.[4] Deren Festlegung lautet: Eine Leistung ist teilbar, wenn sie ohne Wertminderung in mehrere gleichartige Teile zerlegt werden kann. Die Leistungsteile dürfen sich damit lediglich quantitativ und nicht qualitativ unterscheiden, und die Teilung darf auch nicht zu einer Wertminderung führen. Das Reichsgericht hat das in heute noch gültiger Form so ausgedrückt: Teilbarkeit liegt vor, „wenn ein beliebiger Leistungsteil seinem Wesen und Werte nach verhältnismäßig anteilig der Gesamtleistung entspricht, d.h. sich nur der Größe, nicht der Beschaffenheit nach von ihr unterscheidet"[5]. **Teilbarkeit im natürlichen Sinne** ist gegeben, wenn der Leistungsgegenstand in Natur teilbar ist. Das ist bei Geld[6] und Mengen vertretbarer Sachen offensichtlich der Fall. Dagegen kann die Lieferung eines lebenden Tieres nicht geteilt werden. Zur natürlichen Teilbarkeit muss auch noch die **rechtliche Teilbarkeit** hinzutreten. So ist etwa eine Mietzinsforderung, die mehreren Miteigentümern als Vermietern zusteht, unteilbar, weil die Gemeinschaftsbindung vorgeht.[7]

1. Definition

10 Eine Leistung ist teilbar, wenn sie ohne Wertminderung in mehrere gleichartige Teile zerlegt werden kann.

2. Typische Fälle

11 Geldschulden und Geldforderungen sind auf Grund der natürlichen Teilbarkeit des Leistungsgegenstandes in der Regel teilbar. Unteilbar werden sie unter einer Gemeinschaftsbindung. So hat der BGH für eine Kaufpreisforderung aus dem Verkauf eines gemeinsamen Grundstücks angenommen, dass bei komplizierter Abwicklung eine BGB-Gemeinschaft unter den Verkäufern gebildet werde, die die Forderung im Rechtssinne unteilbar mache.[8] Die Verpflichtung von Miteigentümern zur Verschaffung von Alleineigentum des Erwerbers ist, da jeder Miteigentümer als Teilakt die Übertragung seines Anteils an den Erwerber schuldet, rechtlich teilbar.[9] Das gilt auch für die Verpflichtung eines Alleineigentümers, an mehrere Erwerber das Eigentum zu übertragen. Hier ist jedoch zu berücksichtigen, dass der Veräußerer sich nicht an einer Miteigentümergemeinschaft beteiligen möchte, was er aber müsste, wenn ein Gläubiger getrennt von den anderen die Übertragung eines Anteil auf sich verlangte. Deshalb ist die Teilbarkeit regelmäßig als vertraglich ausgeschlossen anzusehen.[10]

12 Unteilbar ist die Verpflichtung zur Herstellung einer Sache[11], die Verpflichtung zur Gebrauchsüberlassung einer Sache, die Verpflichtung zur Herausgabe, die Verpflichtung zur Naturalrestitution[12]. Unterlassungsverpflichtungen oder -berechtigungen sind niemals teilbar. Sind mehrere berechtigt oder ver-

---

[4] Motive, Bd. II, S. 172 f; *Jakobs/Schubert*, S. 912 ff.
[5] RG v. 18.08.1937 - I 23/37 - RGZ 155, 306-316.
[6] BGH v. 12.05.1969 - VIII ZR 86/67 - BGHZ 52, 99-108.
[7] RG v. 01.11.1916 - VII 96/16 - RGZ 89, 176-181; BGH v. 14.03.1983 - II ZR 102/82 - juris Rn. 5 - WM 1983, 604-605.
[8] BGH v. 23.01.1998 - V ZR 272/96 - LM BGB § 183 Nr. 5 (6/1998).
[9] *Noack* in: Staudinger, § 420 Rn. 19; *Gebauer* in: Soergel, § 420 Rn. 4; anders *Grüneberg* in: Palandt, § 420 Rn. 2.
[10] *Noack* in: Staudinger, § 420 Rn. 19.
[11] BGH v. 21.03.1985 - VII ZR 148/83 - BGHZ 94, 117-124.
[12] RG v. 28.12.1907 - V 172/07 - RGZ 67, 273-275.

pflichtet, so bestehen mehrere selbständige Schuldverhältnisse. Die §§ 420 ff. BGB sind nicht anwendbar.

Die Abtretung eines Teils einer Forderung begründet regelmäßig eine Teilgläubigerschaft. Nach der Abtretung sieht sich der Schuldner mehreren Gläubigern gegenüber. Durch die Vermutung der Aufteilung nach Kopfteilen obliegt es den Gläubigern abweichende Anteile nachzuweisen.

3. Abdingbarkeit

Es ist nicht möglich, die natürlich unteilbare Leistung durch vertragliche Abrede zu einer teilbaren zu erklären, wohl aber kann eine natürlich teilbare Leistung vertraglich zu einer unteilbaren erklärt werden.[13] Das ist ein Fall der rechtlichen Unteilbarkeit.

III. Beteiligung mehrerer Personen

Die zweite Anwendungsvoraussetzung für die Vermutungsregeln des § 420 BGB ist die Beteiligung mehrerer Personen auf der Gläubigerseite oder der Schuldnerseite des einheitlichen Schuldverhältnisses im weiteren Sinne. Die Feststellung dieser Voraussetzung bereitet in der Regel keine Schwierigkeiten. Soweit man Gesamthandsgemeinschaften eigene Rechtspersönlichkeit und Rechtsfähigkeit zubilligt[14], sind für die Pflichten und die Berechtigungen der Gesamthand auf der Seite der Gesamthand weder eine Schuldnermehrheit noch eine Gläubigermehrheit gegeben. Eine Schuldnermehrheit mit der Gesamthand (und untereinander) bilden dagegen die persönlich haftenden Mitglieder der Gesamthand.

D. Rechtsfolgen

Die Rechtsfolgen des § 420 BGB sind Doppelvermutungen. Es wird für die Schuldnerseite wie für die Gläubigerseite im Zweifel eine Teilverpflichtung bzw. eine Teilberechtigung angenommen und für den Fall einer solchen Annahme die Aufteilung nach Kopfteilen vermutet. Die Zweifelsregelung kann durch rechtsgeschäftliche Vereinbarung wie durch anderweitige gesetzliche Anordnung ausgeschlossen sein und leerlaufen. Rechtsgeschäftlich kann eine Gesamtschuld oder eine gemeinschaftliche Schuld vereinbart werden. Die Parteien können aber auch nur über den Anwendungsbereich der zweiten Auslegungsregel abweichend disponieren und festlegen, dass eine andere Teilung der Verpflichtungen und Berechtigungen als nach gleichen Anteilen eingreifen soll. Durch die Gesamtschuldvermutung in § 427 BGB wird die Teilschuldvermutung in § 420 BGB in dem wichtigen Anwendungsbereich gemeinsamer Verträge konterkariert. Auch gesetzliche Anordnungen von Gesamtschulden wie etwa in § 840 BGB für das Aufeinandertreffen mehrerer deliktischer Haftungen lassen keinen Raum für die Regel des § 420 BGB.

Gesetzliche Festlegungen von Teilschuldverhältnissen, die ebenfalls die Vermutungsregelung gegenstandslos machen, gibt es dagegen kaum. Zu nennen sind § 1109 Abs. 1 Satz 2 HS. 1 BGB für die Teilgläubigerschaft und § 1606 Abs. 3 Satz 1 BGB für die Teilschuldnerschaft.

Über die Rechtsfolgen, die sich ergeben, wenn eine Teilgläubigerschaft oder eine Teilschuldnerschaft anzunehmen ist, schweigt sich die gesetzliche Regelung im Abschnitt über die Mehrheiten von Schuldnern und Gläubigern aus. Es gilt der Grundsatz der **Einzelwirkung**. Was auch immer passiert (Erfüllung, Erfüllungssurrogate, Mahnung, Kündigung): Es ist allein das jeweils betroffene Teilschuldverhältnis berührt. Nur in drei Fällen gilt der Grundsatz der **Gesamtwirkung**, der die Teilberechtigungen und Teilschulden überhaupt zu Gläubigermehrheiten und Schuldnermehrheiten macht: Die Einrede aus § 320 BGB greift gegenüber allen Gläubigern, auch denen, die zu ihrer Teilleistung bereit sind. Ein Rücktrittsrecht kann nach § 351 BGB nur einheitlich von allen Beteiligten und gegen alle Beteiligten ausgeübt werden. Und auch die Minderung ist nach § 441 Abs. 2 BGB unteilbar. Eine allgemeine Regelung über die Unteilbarkeit von Gestaltungsrechten wie etwa die Anfechtung oder die Kündigung fehlt. Auch sie sollten im Rahmen eines einheitlichen Schuldverhältnisses nur einheitlich ausgeübt werden können.[15]

---

[13] *Rütten*, Mehrheit von Gläubigern, 1990, S. 18.
[14] Grundlegend für die BGB-Außengesellschaft BGH v. 18.02.2002 - II ZR 331/00 - NJW 2002, 1207-1208.
[15] *Ehmann* in: Erman, § 420 Rn. 19 (12. Aufl.); anders *Gebauer* in: Soergel, § 420 Rn. 12; unklar *Böttcher* in: Erman, § 420 Rn. 6.

19 Das Teilschuldverhältnis auf der Schuldnerseite ist für den Schuldner günstig. Er muss lediglich die auf ihn entfallende Schuld erfüllen und muss nicht wie etwa bei der Gesamtschuld für die Gesamtverpflichtung einstehen. Das Teilschuldverhältnis auf der Gläubigerseite ist dagegen für den Schuldner ungünstig, denn ihn treffen die Last und das Risiko, den auf den jeweiligen Gläubiger entfallenden Schuldteil exakt zu bestimmen.

E. Prozessuale Hinweise/Verfahrenshinweise

20 Teilschuldner und Teilgläubiger sind im Prozess einfache Streitgenossen. Bei einer Klage auf eine teilbare Leistung, die sich gegen mehrere Personen richtet, muss klargestellt werden, ob eine Verurteilung als Teil- oder als Gesamtschuldner verlangt wird.

F. Anwendungsfelder

21 Teilschulden sind anzunehmen, wenn bei Bauverträgen über die Errichtung eines Hauses mit Eigentumswohnungen die künftigen Wohnungseigentümer die Bauarbeiten im eigenen Namen vergeben[16] oder wenn auf einem Grundstück für mehrere Auftraggeber verschiedene Baulichkeiten errichtet werden[17]; anders bei der Auftragserteilung durch eine Bauherrengemeinschaft[18]. Die Verpflichtung zur Zahlung des Kaufpreises, wenn mehrere ein Grundstück zu ideellen Anteilen kaufen, kann Teilschuld sein[19]; doch greift hier häufig die Vermutung des § 427 BGB für eine Gesamtschuld. Den Ausgleich nach § 906 Abs. 2 Satz 2 BGB haben mehrere Störer nach Maßgabe der von jedem verursachten Beeinträchtigung als Teilschuldner zu leisten.[20] Teilschuldner sind die Gesellschafter einer Vor-GmbH, die eine Verlustdeckungshaftung gegenüber ihrer Gesellschaft trifft. Die Gründergesellschafter sind verpflichtet, für die nicht vom Gesellschaftsvermögen gedeckten Verluste nach Maßgabe ihrer Anteilsinhaberschaft einzustehen.[21] Teilgläubigerschaft wird angenommen, wenn der für mehrere Gläubiger zu leistende Unterhalt in einer Summe ausgedrückt ist;[22] so wurde beispielsweise der Bund neben den Ländern als Teilgläubiger der Umsatzsteuer angesehen.[23] Sie kann auch anzunehmen sein, wenn mehreren Ehegatten ein Anspruch aus § 812 BGB zusteht.[24] Dagegen kann weder von einer Außen-GbR noch von einer Gesamtschuld mit gemeinsamer vertraglicher Verpflichtung ausgegangen werden, wenn bei einem Heizöllieferanten eine Sammelbestellung eingeht, sofern Name, Anschrift sowie ungefähre Liefermenge für jeden einzelnen Besteller angegeben wurde; die Sammelbestellung verfolgt hier lediglich den Zweck, besondere Kriterien für die Preiskalkulation mitzuteilen.[25]

---

[16] BGH v. 29.09.1959 - VIII ZR 105/58 - LM Nr. 1 zu § 3 WoEigG.
[17] BGH v. 17.01.1980 - VII ZR 42/78 - BGHZ 76, 86-97.
[18] BGH v. 08.12.1988 - VII ZR 242/87 - LM Nr. 6 zu § 420 BGB.
[19] OLG Köln v. 03.09.1979 - 2 W 93/79 - juris Rn 6 - OLGZ 1979, 487-489.
[20] BGH v. 26.10.1978 - III ZR 26/77 - juris Rn. 34 - BGHZ 72, 289-298.
[21] BGH v. 27.01.1997 - II ZR 123/94 - BGHZ 134 333-342.
[22] KG v. 06.10.1970 - 1 W 12280/70 - OLGZ 1971, 386.
[23] BGH v. 19.07.2007 - IX ZR 81/06 - juris Rn. 10 - NJW-RR 2008, 206-209.
[24] OLG Hamm v. 15.04.1988 - 11 U 129/87 - juris Rn. 40 - NJW-RR 1988, 1004-1007.
[25] LG Augsburg v. 16.03.2004 - 4 S 5530/03 - NJW-RR 2004, 852-853.

§ 421 BGB Gesamtschuldner

(Fassung vom 02.01.2002, gültig ab 01.01.2002)

¹Schulden mehrere eine Leistung in der Weise, dass jeder die ganze Leistung zu bewirken verpflichtet, der Gläubiger aber die Leistung nur einmal zu fordern berechtigt ist (Gesamtschuldner), so kann der Gläubiger die Leistung nach seinem Belieben von jedem der Schuldner ganz oder zu einem Teil fordern. ²Bis zur Bewirkung der ganzen Leistung bleiben sämtliche Schuldner verpflichtet.

Gliederung

A. Grundlagen 1	1. Das Erfordernis der Gleichstufigkeit 9
I. Kurzcharakteristik 1	2. Entstehungsgründe und typische Fälle 13
II. Regelungsprinzipien 2	a. Gleichgründige Gesamtschuld 14
B. Praktische Bedeutung 3	b. Schutzzweckgesamtschuld 15
C. Anwendungsvoraussetzungen 4	c. Sicherungsgesamtschuld 17
I. Normstruktur 4	3. Das überkommene Erfordernis der Stoffgleichheit 18
II. Verpflichtung mehrerer 5	D. Rechtsfolgen 21
III. Verpflichtung zur gesamten Leistung 7	E. Prozessuale Hinweise/Verfahrenshinweise 22
IV. Einmaliges Forderungsrecht 8	
V. Gleichstufigkeit der Schuld 9	

A. Grundlagen

I. Kurzcharakteristik

Die Vorschrift bestimmt als zentrale Norm die Befugnisse, die dem Gläubiger einer Gesamtschuld gegen die Gesamtschuldner zustehen. Er kann sich nach Belieben aussuchen, welchen der Gesamtschuldner er in welcher Höhe in Anspruch nehmen will. Bis zur endgültigen Bewirkung der Leistung bleiben ihm alle Gesamtschuldner verpflichtet. Streit herrscht darüber, ob die Vorschrift nicht nur die Rechtsfolgen, sondern auch die Definition der Gesamtschuld enthält. **1**

II. Regelungsprinzipien

Man hat den Gläubiger einer Gesamtschuld mit einem Pascha verglichen;[1] Und in der Tat ist seine Stellung einzigartig. Jeder der Gesamtschuldner ist ihm auf das Ganze verpflichtet; Grenze ist allein der Rechtsmissbrauch.[2] Um das Insolvenzrisiko muss er sich ebenso wenig kümmern wie um die Aufteilung der Verpflichtung im Innenverhältnis der Gesamtschuldner untereinander. Das mögen die Schuldner unter sich ausmachen. Die Grundlage dafür ist § 426 BGB. Fraglich und umstritten ist allein, ob immer, wenn mehrere eine Leistung in der Weise schulden, dass jeder die ganze Leistung zu bewirken verpflichtet, der Gläubiger die Leistung aber nur einmal zu fordern berechtigt ist, eine Gesamtschuld vorliegt. Das hat man entgegen den Intentionen des Gesetzgebers lange anders gesehen und sieht man auch heute noch zu großen Teilen anders.[3] Indessen zeichnet sich ein Wandel ab, der in der Bestimmung des § 421 BGB die gesetzliche Definition der Gesamtschuld sieht, die auch ungleichstufige Schuldnermehrheiten in sich aufnimmt.[4] **2**

---
[1] *Heck*, Grundriß des Schuldrechts, 1958, S. 234, 239.
[2] Deutlich BGH v. 16.12.2009 - XII ZR 146/07.
[3] *Grüneberg* in: Palandt, § 421 Rn. 6 ff.; *Bydlinski* in: MünchKomm-BGB, § 421 Rn. 9 ff. und 17.
[4] *Noack* in: Staudinger, § 421 Rn. 8 ff.; *Ehmann*, Die Gesamtschuld, 1972; *Stamm*, Regressfiguren im Zivilrecht, 2000; *Wolf* in: Soergel, vor § 420 Rn. 44 ff. (12. Aufl.); wohl auch *Gebauer* in: Soergel (aktuelle Auflage), § 421 Rn. 17). Allerdings wendet sich *Sonja Meier* in einer mehr als 1.300 Seiten umfassenden Habilitationsschrift gegen die Einheits-Gesamtschuld; *Meier*, Gesamtschulden – Entstehung und Regress in historischer und vergleichender Perspektive, 2010. Dazu in einer Besprechungsabhandlung mit guten Gründen auf der Einheits-Gesamtschuld bestehend *Ehmann*, AcP 211 (2011), 491-529; dagegen *Meier* folgend *Hoffmann*, AcP 211 (2011), 703-736.

B. Praktische Bedeutung

3 Die praktische Bedeutung der Vorschrift ist außerordentlich groß, weil die Gesamtschuld die bei weitem häufigste Art der Schuldnermehrheit ist.

C. Anwendungsvoraussetzungen

I. Normstruktur

4 Die Normstruktur ist, wenn man die Norm beim Wort nimmt, einfach. In der Wenn-Komponente werden die Voraussetzungen der Gesamtschuld und in der Dann-Komponente die Rechtsfolgen der Gesamtschuld für das Außenverhältnis des Gläubigers zu den Gesamtschuldnern festgelegt (Satz 1). Satz 2 verdeutlicht die Folgen für die Situation, dass der Gläubiger noch keine vollständige Befriedigung erlangt hat.

II. Verpflichtung mehrerer

5 Bei einer Gesamtschuld müssen auf der Schuldnerseite mehrere Personen beteiligt sein. Die Feststellung dieser Voraussetzung bereitet in der Regel keine Schwierigkeiten. Für Gesamthandsgemeinschaften ist allerdings zu beachten, dass, soweit ihnen eigene Rechtspersönlichkeit und Rechtsfähigkeit zubilligt wird[5], für die Schulden der Gesamthand keine Schuldnermehrheit besteht. Eine Schuldnermehrheit mit der Gesamthand (und untereinander) bilden allenfalls die persönlich haftenden Mitglieder der Gesamthand.

6 Die Einzelschuldverhältnisse müssen gerade gegenüber ein und demselben Gläubiger bestehen. Eine Gesamtschuld liegt nicht vor, wenn ein Schuldner gegenüber einem Gläubiger verpflichtet ist, der andere gegenüber einem anderen. Mehrere Unternehmer, die Eigentumswohnungen derselben Anlage veräußert haben, haften nur den Erwerbern für Mängel an der Gemeinschaftsanlage als Gesamtschuldner, mit denen sie Erwerberverträge abgeschlossen haben; sie haften nicht als Gesamtschuldner den Käufern, die ihre Wohnung von einem anderen erworben haben.[6] Für Verbindlichkeiten aus einem Vertrag mit der Gemeinschaft der Wohnungseigentümer haften die Wohnungseigentümer nur dann als Gesamtschuldner, wenn sie sich neben dem Verband klar und eindeutig auch persönlich verpflichtet haben[7].

III. Verpflichtung zur gesamten Leistung

7 Diese Voraussetzung grenzt die Fälle der Gesamtschuld von den Fällen der Teilschuld ab. Wann eine Verpflichtung zur Gesamtleistung vorliegt, ist der Voraussetzung selbst nicht zu entnehmen. Darüber ist angesichts der betroffenen Schuldverpflichtungen zu entscheiden. Das Gesetz stellt in § 420 BGB bei teilbaren Leistungen eine Vermutung für die Teilschuld auf, die indessen für den Fall der vertraglichen Vereinbarung durch die gegenläufige Vermutung aus § 427 BGB überspielt wird. Auch mit Blick auf Verpflichtungen, denen keine gemeinsame vertragliche Vereinbarung zugrunde liegt, hat der Gesetzgeber vielfach für die Gesamtschuld und gegen die Teilschuld votiert: so in § 769 BGB für das Zusammentreffen mehrerer Bürgschaftsverpflichtungen und in § 840 BGB für das Zusammentreffen mehrerer Schadensersatzhaftungen. Für die Verpflichtung zu einer unteilbaren Leistung ordnet § 431 BGB die Gesamtschuldhaftung an. Manche wollen nur in den Fällen der vertraglichen Vereinbarung und der gesetzlichen Anordnung zu Gesamtschulden kommen.[8] Das ist indessen zu eng. Auch ohne gesetzliche Anordnung haften der Kaskoversicherer und der Schädiger jeweils auf die gesamte Ersatzleistung. Es gibt keinen Grund, diesen Fall der Schuldnermehrheit aus dem Regelungsbereich der Gesamtschuld auszunehmen.

IV. Einmaliges Forderungsrecht

8 Die Voraussetzung des nur einmaligen Forderungsrechts schließt die Fälle der Verpflichtungskumulation (und nur diese) aus dem Bereich der Gesamtschuld aus. Eine Verpflichtungskumulation liegt etwa vor, wenn der Gläubiger unabhängig voneinander das benötigte Heizöl bei verschiedenen Händlern be-

---

[5] Grundlegend für die BGB-Außengesellschaft: BGH v. 18.02.2002 - II ZR 331/00 - NJW 2002, 1207-1208; vgl. auch OLG Thüringen v. 10.02.2010 - 4 U 353/09.
[6] BGH v. 11.11.1993 - VII ZR 66/92 - LM BGB § 421 Nr. 18 (4/1994).
[7] BGH v. 20.01.2010 - VIII ZR 329/08 - WuM 2010, 173-175.
[8] *Bydlinski* in: MünchKomm-BGB, § 421 Rn. 17.

stellt hat, aber auch, wenn er in Unsicherheit über die Rechte der Verkäufer ein individuelles Stück bei mehreren Verkäufern gekauft hat. Schließlich ist es denkbar, dass man die Versicherungsleistung aus Anlass eines Schadensfalls neben der Schadensersatzleistung behalten darf (so bei Summenversicherungen im Unfallbereich).

V. Gleichstufigkeit der Schuld

1. Das Erfordernis der Gleichstufigkeit

Das zentrale Problem des Gesamtschuldrechts liegt in der Frage, ob zusätzlich zu den genannten Voraussetzungen eine weitere Voraussetzung gegeben sein muss, die bestimmte Schuldnermehrheiten aus dem Anwendungsbereich der Gesamtschuld ausgrenzt. Das Schwergewicht des bis in das Gemeine Recht zurückverfolgbaren Streits liegt auf der Abgrenzung der Gesamtschuld von anderen Schuldnermehrheiten, die man auch als **scheinbare** oder **unechte Gesamtschulden** bezeichnet.[9] Bei den scheinbaren oder unechten Gesamtschulden handelt es sich nicht um Schuldnermehrheiten, die dem Gläubiger über Mehrfachforderungen die Leistungskumulation gestatten, sondern um Schuldnermehrheiten, die wie die Gesamtschuld dadurch gekennzeichnet sind, dass jeder Schuldner „die ganze Leistung zu bewirken verpflichtet, der Gläubiger die Leistung aber nur einmal zu fordern berechtigt ist" (§ 421 BGB). Warum man sie dennoch nicht den Gesamtschuldregeln unterwerfen will, lässt sich an den Fällen verdeutlichen, die den unechten Gesamtschulden zugerechnet werden. In diesen Fällen treffen etwa Schadensersatzforderungen gegen Deliktsschuldner mit (auf die Befriedigung desselben Interesses gerichteten) Forderungen gegen Baulastträger[10], Unterhaltsschuldner[11], Arbeitgeber (Entgeltfortzahlung) und Versicherungen zusammen. Man ist sich einig darüber, dass (im Innenverhältnis) Letztverpflichteter dieser Schuldnermehrheiten der Deliktsschuldner sein soll. Man will also nicht, dass die Leistung des im Innenverhältnis letztlich nicht Verpflichteten den Letztverpflichteten befreit (§ 422 BGB) oder dieser einen Ausgleichsanspruch auf den gleichen Anteil gegen den letztlich nicht Verpflichteten erwirbt (§ 426 Abs. 1 BGB). „Die Angst vor den Rechtsfolgen der Gesamtschuld"[12] ist die treibende Kraft hinter den zahlreichen Abgrenzungsversuchen, die weder in der **Zweckgemeinschaft**[13] noch in der **Tilgungs- oder Erfüllungsgemeinschaft**[14] noch in der **Gleichstufigkeit**[15] ein befriedigendes Ergebnis gefunden haben[16]. Die befürchteten Zwänge sind aber auch gar nicht gegeben. Die in § 422 BGB angeordnete Erfüllungswirkung besagt nur, dass der Gläubiger, der die Leistung von einem der Schuldner erhalten hat, sie nicht ein zweites Mal von dem anderen Schuldner verlangen darf. Sie führt aber nicht ohne weiteres zum Erlöschen der Forderung. Diese geht nach § 426 Abs. 2 BGB auf den Leistenden über, soweit er von dem anderen Schuldner Ausgleichung erlangen kann. Nur der Teil der Gläubigerforderung erlischt, der dem Anteil des Leistenden im Innenverhältnis entspricht. *Ehmann* bezeichnet dies treffend als das „kommunizierende System der §§ 422, 426 Abs. 2 BGB"[17]. Es wird beherrscht von der „Soweit-Regel" des § 426 Abs. 1 BGB, nach der der Ausgleich jeden Wert von Null bis Eins – vom Totalregress bis zur Regressversagung – annehmen kann.

Welchen Wert der Ausgleich im konkreten Fall annimmt, hängt von Erwägungen ab, die die **Hilfsregel des** § 426 Abs. 1 BGB (im Zweifel zu gleichen Anteilen) modifizieren. Sie können sich auf besondere vertragliche Vereinbarungen, gesetzliche Bestimmungen (§ 840 Abs. 2 und 3 BGB) oder auf an der Schadensnähe ausgerichtete Wertungen stützen. Steht – wie im Fuldaer Dombrandfall – die Wertung

---

[9] Vgl. *Ehmann*, Die Gesamtschuld, 1972, S. 28 ff.
[10] Fuldaer Dombrandfall, RG v. 26.04.1913 - VI 572/12 - RGZ 82, 206-222, dazu zuletzt *Stamm*, Jura 2002, 730-734.
[11] Zum Verhältnis von Schädiger und unterhaltspflichtiger Mutter, die für ihr unfallgeschädigtes Kind Pflegeleistungen erbringt, wenn bei dem Unfall eine Obhutspflichtverletzung der Mutter mitgewirkt hat vgl. BGH v. 15.06.2004 - VI ZR 60/03 - BGHZ 159, 318-323.
[12] *Ehmann*, Die Gesamtschuld, 1972, S. 25 ff.
[13] Noch Kriterium der Rechtsprechung BGH v. 27.03.1969 - VII ZR 165/66 - BGHZ 52, 39-47; BGH v. 29.06.1972 - VII ZR 190/71 - BGHZ 59, 97-104.
[14] *Selb*, Schadensbegriff und Regreßmethoden, 1963, S. 25, 37 f.
[15] *Larenz*, Schuldrecht, Band I: Allgemeiner Teil, 14. Aufl. 1987, § 37 I; in jüngerer Zeit auch Kriterium der Rechtsprechung, BGH v. 26.01.1989 - III ZR 192/87 - BGHZ 106, 313-323; BGH v. 29.06.1989 - IX ZR 175/88 - BGHZ 108, 179-187; BGH v. 22.10.1992 - IX ZR 244/91 - BGHZ 120, 50-60.
[16] In der Einschätzung ebenso *Noack* in: Staudinger, § 421 Rn. 26; wohl auch *Gebauer* in: Soergel, § 421 Rn. 10, der allerdings stark auf die Erfüllungsgemeinschaft abhebt.
[17] *Ehmann*, Die Gesamtschuld, 1972, S. 102.

erst einmal fest, kann sie im Rahmen der Gesamtschuldregeln angemessen zur Geltung gebracht werden: Leistet der letztverpflichtete Brandstifter, so bringt er die Schuld auch des Baulastpflichtigen zum Erlöschen, da ihm nach der wertenden Ausfüllung der „Soweit-Regel" des § 426 Abs. 1 BGB kein Regressanspruch zusteht, mit dem die Forderung gegen den Baulastpflichtigen auf ihn übergehen könnte. Leistet hingegen der Baulastpflichtige, so führt dies nicht zum Erlöschen des Anspruchs gegen den Brandstifter, sondern dieser Anspruch geht auf den voll Regressberechtigten nach § 426 Abs. 2 BGB über.

11 Es fehlt nicht nur jedes Bedürfnis, ungleichstufige Schuldnermehrheiten vom Regelungsbereich der Gesamtschuld auszunehmen; die Herausnahme hat auch noch unangemessene Folgen. Sie zwingt zunächst dazu, nach Konstruktionen zu suchen, mit denen man den einseitigen Regress bewerkstelligen kann.[18] In Betracht kommen die Geschäftsführung ohne Auftrag[19], das Bereicherungsrecht[20] und eine ausdehnende Anwendung des § 255 BGB (Selb). Da nun aber technisch diese Konstruktionen nicht nur dem privilegierten Schuldner der ungleichstufigen Schuldnermehrheit, sondern auch dem an sich Letztverpflichteten zugutekommen können, muss eine Bewertung der Schulden (für das Innenverhältnis der Schuldner) vorgenommen werden. Bei dieser Bewertung stellt man exakt jene Erwägungen an, die die „Soweit-Regel" des § 426 Abs. 1 BGB bei einer Abwicklung im Gesamtschuldrahmen ausfüllen. Mit der Auslagerung aus der Gesamtschuld ist daher nichts gewonnen (von der zusätzlichen Konstruktionsarbeit einmal abgesehen) und der flexible Regressrahmen des § 426 Abs. 1 BGB verloren. Denn alle anderen Regresswege sind vom Alles-oder-nichts-Prinzip beherrscht, kennen mithin keine Zwischenstufen zwischen dem Totalregress und der völligen Regressversagung.

12 Dies alles spricht für die **Gesamtschuld als umfassendes Abwicklungsmodell für Schuldnermehrheiten**, bei denen der Gläubiger die Leistung von jedem Schuldner ganz, insgesamt aber nur einmal verlangen kann. Auch den durch § 255 BGB für die dortige Schuldnermehrheit (Schadensersatz- und Herausgabeschuldner) angestrebten Kumulationsausschluss könnten die Gesamtschuldregeln auf denkbar einfache Weise gewährleisten: durch automatische Überleitung des Gläubigeranspruchs auf den leistenden und ausgleichsberechtigten Schuldner. Für die Abtretungskonstruktion besteht in der Regel weder Raum noch Bedürfnis. Dass sie dennoch Aufnahme in das Gesetz gefunden hat, erklärt sich letztlich aus Schwierigkeiten, die der Gesetzgeber bei der Legalzession dinglicher Rechte sah.[21] Beschränkt man im Einklang mit den gesetzgeberischen Intentionen den Regelungsbereich des § 255 BGB auf die Fälle, in denen es um Ansprüche auf Herausgabe der noch vorhandenen Sache geht (vgl. die Kommentierung zu § 255 BGB Rn. 10), so sind es auch nur diese Schuldnermehrheiten, die nicht im Gesamtschuldmodell abgewickelt werden, obwohl „jeder die ganze Leistung zu bewirken verpflichtet, der Gläubiger die Leistung aber nur einmal zu fordern berechtigt ist".[22]

2. Entstehungsgründe und typische Fälle

13 Vielfach ordnet das **Gesetz** die Verpflichtung mehrerer zu einer Gesamtschuld an.[23] Die Gesamtschuld kann aber auch durch **Vertrag** begründet werden; für eine derartige vertragliche Gestaltung spricht die Vermutung des § 427 BGB jedoch nur „im Zweifel". Gesamtschulden müssen von Teilschulden und von Schulden mit Kumulationserlaubnis, nicht aber von anderen Schuldnermehrheiten abgegrenzt werden, bei denen der Gläubiger die Leistung von jedem Schuldner ganz, insgesamt aber nur einmal verlangen darf. Die **vielfältigen Erscheinungsformen** haben **kein gemeinsames Merkmal** außer dem einen, Gesamtschulden zu sein und als solche jede für sich das Leistungsinteresse des Gläubigers zu befriedigen. Es lassen sich aber **Typen** bilden, die der erleichterten Orientierung dienen. Dem derzeitigen Bestand an Gesamtschulden wird am besten die von Ehmann vorgeschlagene Fassung in drei Typen gerecht[24], wenn man mit ihr nicht mehr als eine ordnende Beschreibung des Ist-Zustandes verfolgt.[25]

---

[18] Überblick bei *Medicus/Petersen*, Bürgerliches Recht, 23. Aufl. 2011, Rn. 905 ff. und 916 ff.
[19] RG v. 26.04.1913 - VI 572/12 - RGZ 82, 206-222, dazu zuletzt *Stamm*, Jura 2002, 730-734.
[20] *Frotz*, JZ 1964, 665-670.
[21] Vgl. *Rüssmann*, JuS 1974, 292-298.
[22] § 421; so auch *Esser/Schmidt*, Schuldrecht AT, Teilband 2, 8. Aufl. 2000, § 39 I.
[23] Eine umfassende Aufzählung findet man bei *Bydlinski* in: MünchKomm-BGB, § 421 Rn. 44.
[24] *Ehmann*, Die Gesamtschuld, 1972; ihr folgte auch *Wolf* in: Soergel, vor § 420 Rn. 30 ff. (12. Aufl.). In der von *Gebauer* besorgten 13. Auflage findet sich die Typenbildung nicht mehr. Eine prägnante Kurzfassung präsentiert *Ehmann*, AcP 211 (2011), 491-529, 503 bis 507.
[25] Vgl. zur Kritik weitergehender Ansprüche und des methodischen Vorgehens *Rüßmann*, AcP 175 (1975), 173.

a. Gleichgründige Gesamtschuld

Der erste Typ ist der der **gleichgründigen Gesamtschuld** (ex eadem causa). Es ist die vertraglich vereinbarte Gesamtschuld, bei der eine Leistung zu einem Zweck von mehreren versprochen wird.[26] Das muss nicht gleichzeitig, sondern kann auch nacheinander geschehen.

14

b. Schutzzweckgesamtschuld

Der zweite Typ ist der der **Schutzzweckgesamtschuld**[27]: „Sind mehrere einem Gläubiger gegenüber zu Leistungen verpflichtet, welche der Wiedergutmachung desselben Schadens (§§ 830, 840 BGB) oder dem sonstigen Schutz desselben Rechtsguts dienen, so verbindet der gleiche Schutzzweck diese Verpflichtungen zu Gesamtschulden, gleichgültig ob die Schutzansprüche eine gesetzliche oder vertragliche Grundlage haben"[28]. Dieser Typ verbindet nicht nur mehrere Deliktsschuldner zu Gesamtschuldnern (§§ 830, 840 BGB), sondern ebenso Schuldner aus Deliktshaftungen und Gefährdungshaftungen[29] und Vertragshaftungen[30] sowie Schuldner von Schadensersatzansprüchen mit Schuldnern von Lohnfortzahlungs-, Versicherungs- oder Unterhaltsansprüchen[31]. So haften aus Vertrag ein Tragwerksplaner und der Bodengutachter gesamtschuldnerisch nebeneinander, wenn Ersterer es unterlässt, auf erkennbare Fehler des Bodengutachtens hinzuweisen, und es infolgedessen zu einem Schaden kommt.[32] Auch der mit einer Ankaufsuntersuchung beauftragte Tierarzt und der Verkäufer haften als Gesamtschuldner für den Schaden, der dem Käufer infolge fehlerhafter Untersuchung und Lieferung eines mangelbehafteten Pferdes entsteht.[33]

15

Zu beachten ist, dass der weite Anwendungsbereich der Schutzzweckgesamtschuld die Begründung dafür, dass mehrere Schadensersatzschuldner für den gesamten Schaden verantwortlich sind, nicht erspart. Nicht jeder Teilnehmer an einer Demonstration haftet für alle **Demonstrationsschäden**. Bedenkt man, dass die Demonstration ein Mittel zur Realisierung der grundgesetzlich verbürgten Meinungsäußerungsfreiheit ist, kommt die Haftung für Demonstrationsschäden nur dann in Betracht, wenn der konkrete Schaden auf ein sorgfaltswidriges Verhalten gerade des in Anspruch Genommenen zurückzuführen ist. Erst wenn danach mehrere sorgfaltswidrig gehandelt und einen konkreten Schaden verursacht haben, ist eine gesamtschuldnerische Haftung für diesen Schaden unter dem Gesichtspunkt der Schutzzweckgesamtschuld gegeben.[34]

16

c. Sicherungsgesamtschuld

Den dritten Typ bildet die **Sicherungsgesamtschuld**.[35] Sie verbindet Sicherungsgeber aller Art sowohl untereinander als auch mit dem Schuldner der gesicherten Forderung zu Gesamtschuldnern. Für diesen Gesamtschuldtyp findet man die wenigsten gesetzlichen Vorgaben (§ 769 BGB für Mitbürgen). Das mit den §§ 769, 774, 426 BGB befriedigte Regelungsbedürfnis für die interne Lastenverteilung unter Mitbürgen gilt jedoch auch für das Aufeinandertreffen anderer Sicherheiten als Bürgschaften. Darum sollte die überwiegend geübte Zurückhaltung bei der Annahme von Sicherungsgesamtschulden aufgegeben werden, um auch außerhalb spezialgesetzlicher Weisungen die interne Lastenverteilung nicht dem Zufall zu überlassen.[36]

17

---

[26] *Ehmann*, Die Gesamtschuld, 1972, S. 193 ff.
[27] *Ehmann*, Die Gesamtschuld, 1972, S. 214 ff.
[28] *Ehmann*, Die Gesamtschuld, 1972, S. 230.
[29] BGH v. 05.10.2010 - VI ZR 286/09.
[30] BGH v. 01.02.1965 - GSZ 1/64 - BGHZ 43, 227-235; BGH v. 29.06.1972 - VII ZR 190/71 - BGHZ 59, 97-104.
[31] Insoweit a.A. die noch herrschende Meinung: *Larenz*, Schuldrecht, Band I: Allgemeiner Teil, 14. Aufl. 1987, § 37 I; *Grüneberg* in: Palandt, § 421 Rn. 9; dagegen für eine weite Anwendung der Schutzzweckgesamtschuld BGH v. 27.03.1969 - VII ZR 165/66 - BGHZ 52, 39-47 und BGH v. 29.06.1972 - VII ZR 190/71 - BGHZ 59, 97-104.
[32] OLG Frankfurt v. 23.03.2005 - 23 U 308/03 - BauR 2005, 1069.
[33] BGH v. 22.12.2011 - VII ZR 7/11; BGH v. 22.12.2011 - VII ZR 136/11.
[34] Allzu großzügig BGH v. 30.05.1972 - VI ZR 6/71 - BGHZ 59, 30-42; BGH v. 29.10.1974 - VI ZR 182/73 - BGHZ 63, 124-132.
[35] *Ehmann*, Die Gesamtschuld, 1972, S. 322 ff.
[36] So jetzt auch BGH v. 29.06.1989 - IX ZR 175/88 - BGHZ 108, 179-187.

3. Das überkommene Erfordernis der Stoffgleichheit

18 Die **Stoffgleichheit** der geschuldeten Leistungen ist **keine Voraussetzung der Gesamtschuld**. Architekt und Bauunternehmer sind dem Bauherrn gegenüber Gesamtschuldner, wenn der Unternehmer Nachbesserung, der Architekt aber Schadensersatz schuldet.[37] Die stoffverschiedenen Leistungen befriedigen dasselbe Leistungsinteresse. Der Bundesgerichtshof hat weiterhin entschieden, dass Unternehmer mit unterschiedlichen Gewerken, deren fehlerhafte Leistungen zu Mängeln geführt haben, die nur einheitlich beseitigt werden können, als Gesamtschuldner haften.[38] *Stamm* sieht die Gesamtschuld mit dieser Entscheidung auf dem Vormarsch, bedauert indessen, dass der Bundesgerichtshof sich nicht vom Merkmal der Gleichstufigkeit verabschiedet habe.[39] Auch *Ehmann* begrüßt die Entscheidung im Ergebnis.[40] Er legt dar, dass das Gericht zu Recht eine Gesamtschuld hinsichtlich der Werkleistungspflichten annimmt, lehnt jedoch die Argumentation mit dem Identitätsmerkmal ab und ordnet die geltend gemachten Gewährleistungsrechte als Schutzansprüche ein, die durch ihren gemeinsamen Schutzzweck zu einer Gesamtschuld verbunden sind.

19 Trotz Befriedigung eines identischen Leistungsinteresses sollen die **Schuld der Personengesellschaft und die Schulden ihrer Gesellschafter keine Gesamtschulden** sein.[41] Dem kann man zustimmen, weil die in den §§ 421 ff. BGB vorgesehenen Rechtsfolgen auf dieses Verhältnis nicht ohne weiteres passen. Nach § 425 BGB haftet etwa jeder Gesamtschuldner nur dann auf den Verzugsschaden, wenn die Voraussetzungen des Verzuges (Mahnung!) in seiner Person vorliegen. Nach dem Grundgedanken des § 128 HGB aber sollen die Gesellschafter unter allen Umständen für die Gesellschaftsschuld in ihrem jeweiligen Bestand eintreten. Das ist mit der Gesamtschuldregelung nicht vereinbar. Diese tritt deshalb zurück, um dort, wo sie passt, wieder hervorgeholt und entsprechend angewendet zu werden.[42]

20 Probleme mit Blick auf die Rechtsfolgen gibt es auch bei Forderungen, die im Verhältnis der Akzessorietät stehen.[43] So ist die Bürgschaft in Entstehung und Erlöschen (§§ 765, 767 BGB), in Inhalt (§§ 767, 768, 770 BGB) und Rechtszuständigkeit (§§ 401, 398 BGB) von der Hauptschuld abhängig. Das zeigt, dass die Rechtsfolgen der Gesamtschuld insgesamt nicht passen.[44]

D. Rechtsfolgen

21 Die maßgebliche Rechtsfolge des Vorliegens einer Gesamtschuld liegt darin, dass der Gläubiger die Leistung nach seinem Belieben verlangen kann. Er kann sich den Schuldner und die Höhe der Leistung aussuchen und muss auf niemanden Rücksicht nehmen.

E. Prozessuale Hinweise/Verfahrenshinweise

22 Der Gläubiger kann die Gesamtschuldner einzeln oder zusammen auf Erfüllung verklagen. Wenn die Gesamtschuldner zusammen verklagt werden, sind sie einfache Streitgenossen. Die Rechtshängigkeit der Klage gegen einen Gesamtschuldner gibt dem anderen keine Verteidigungsmöglichkeit. Eine solche erwächst ihm erst durch die Erfüllung der Gesamtschuld. Auch die rechtskräftige Abweisung der Klage gegen einen als Gesamtschuldner in Anspruch genommenen Beklagten nützt dem in einem zweiten Prozess als Gesamtschuldner in Anspruch genommenen weiteren Beklagten nichts.

23 Auch im Vollstreckungszugriff ist der Gläubiger frei.

---

[37] BGH v. 01.02.1965 - GSZ 1/64 - BGHZ 43, 227-235; BGH v. 09.03.1972 - VII ZR 178/70 - BGHZ 58, 216-224.
[38] BGH v. 26.06.2003 - VII ZR 126/02 - BGHZ 155, 265-273; im Anschluss daran OLG Stuttgart v. 21.07.2004 - 3 U 19/04 - BauR 2005, 1217-1218 zur Haftung von Rohbau- und Putzunternehmer für Rissschäden am Bauwerk.
[39] *Stamm*, NJW 2003, 2940-2944.
[40] *Ehmann*, JZ 2004, 250-255.
[41] BGH v. 09.05.1963 - II ZR 124/61 - juris Rn. 16 - BGHZ 39, 319-332.
[42] BGH v. 09.05.1963 - II ZR 124/61 - juris Rn. 16 - BGHZ 39, 319-332.
[43] *Noack* in: Staudinger, § 421 Rn. 35.
[44] Dennoch für die Annahme einer Gesamtschuld zwischen Bürgen und Hauptschuldner *Ehmann*, AcP 211 (2011), 491-529, 505 ff.

§ 422 BGB Wirkung der Erfüllung

(Fassung vom 02.01.2002, gültig ab 01.01.2002)

(1) ¹Die Erfüllung durch einen Gesamtschuldner wirkt auch für die Übrigen Schuldner. ²Das Gleiche gilt von der Leistung an Erfüllungs statt, der Hinterlegung und der Aufrechnung.

(2) Eine Forderung, die einem Gesamtschuldner zusteht, kann nicht von den übrigen Schuldnern aufgerechnet werden.

Gliederung

A. Grundlagen 1	II. Erfüllung 5
I. Kurzcharakteristik 1	III. Leistung an Erfüllungs statt 8
II. Regelungsprinzipien 2	IV. Hinterlegung 9
B. Praktische Bedeutung 3	V. Aufrechnung 10
C. Anwendungsvoraussetzungen 4	VI. Leistung durch einen Gesamtschuldner 11
I. Normstruktur 4	**D. Rechtsfolgen** 12

A. Grundlagen

I. Kurzcharakteristik

Die Vorschrift ordnet die Gesamtwirkung für die Erfüllung, für die Leistung an Erfüllungs statt, die Hinterlegung und die Aufrechnung (Erfüllungssurrogate) an.   **1**

II. Regelungsprinzipien

Die Vorschrift wiederholt Rechtsfolgen, die sich schon aus der Definition der Gesamtschuld ergeben. **Erfüllung** durch einen Gesamtschuldner und Erfüllungssurrogate wirken **für alle Gesamtschuldner**. Sie führen aber **nicht** ohne weiteres zum **Erlöschen der Forderung**. Die Forderung erlischt nur in der Höhe, in der der leistende Gesamtschuldner auch im Innenverhältnis der Gesamtschuldner untereinander zur Leistung verpflichtet ist. Sie geht auf den leistenden Gesamtschuldner über, soweit er über seinen Anteil hinaus leistet und deshalb nach § 426 Abs. 1 BGB ausgleichsberechtigt ist (§ 426 Abs. 2 BGB).   **2**

B. Praktische Bedeutung

Die praktische Bedeutung der Vorschrift ist immens, weil sie immer dann greift, wenn es zur Erfüllung einer Gesamtschuld kommt. Rechtliche Probleme wirft die Vorschrift allerdings kaum auf.   **3**

C. Anwendungsvoraussetzungen

I. Normstruktur

Die Normstruktur ist einfach: Die Erfüllung durch einen Gesamtschuldner (Voraussetzung) wird mit Gesamtwirkung für alle Gesamtschuldner (Rechtsfolge) ausgestattet (Absatz 1 Satz 1). Absatz 1 Satz 2 ordnet dieselbe Wirkung für die Leistung an Erfüllungs statt, die Hinterlegung und die Aufrechnung an. Absatz 2 stellt klar, dass ein Gesamtschuldner nur mit eigenen Forderungen und nicht auch mit Forderungen der anderen Gesamtschuldner aufrechnen kann[1].   **4**

II. Erfüllung

Erfüllung meint die Bewirkung der Leistung im Sinne des § 362 Abs. 1 BGB.   **5**

Die Leistung erfüllungshalber reicht nicht aus, um die Wirkungen des § 422 BGB auszulösen. Bei einer solchen Leistung soll die bewirkte Leistung gerade nicht die geschuldete Leistung ersetzen, sondern dem Gläubiger wird eine zusätzliche Befriedigungsmöglichkeit eröffnet. Der Gläubiger mag gegenü-   **6**

---

[1] Ein Beispiel aus neuerer Zeit findet sich bei OLG Koblenz v. 25.03.2009 - 1 U 394/06.

ber dem Schuldner, der die zusätzliche Befriedigungsmöglichkeit eröffnet hat, gehalten sein, diese Befriedigungsmöglichkeit zu realisieren. Gegenüber den anderen Schuldnern besteht eine solche Verpflichtung aber auf keinen Fall. Sie haften als Gesamtschuldner, bis die Schuld wirklich erfüllt ist.

7   Eine Leistung unter Vorbehalt (etwa zur Abwendung zur Zwangsvollstreckung) ist keine Erfüllungsleistung. Der Gläubiger kann weiterhin gegen die Gesamtschuldner vorgehen.

III. Leistung an Erfüllungs statt

8   Für die Leistung an Erfüllungs statt gilt, weil sie nach § 364 Abs. 1 BGB wie die Erfüllung zum Erlöschen des Schuldverhältnisses führt, Gesamtwirkung. Der Gläubiger, der eine andere als die geschuldete Leistung an Erfüllungs statt annimmt, kann keinen der Gesamtschuldner mehr auf die ursprüngliche Leistung in Anspruch nehmen.

IV. Hinterlegung

9   Einer Hinterlegung, die nach den gesetzlichen Hinterlegungsvoraussetzungen erfolgt, kommt Erfüllungswirkung zu, wenn der Schuldner auf die Rücknahme der hinterlegten Sache verzichtet, § 378 BGB. Für diesen Fall ist die Gesamtwirkung der Hinterlegung eindeutig. Hat der hinterlegende Schuldner nicht auf die Rücknahme verzichtet, tritt zwar keine Erfüllungswirkung ein. Dennoch kann der Gläubiger nicht mehr ohne weiteres gegen die Gesamtschuldner vorgehen. Nach § 379 Abs. 1 BGB kann der Schuldner den Gläubiger, solange die Sache hinterlegt ist, auf die hinterlegte Sache verweisen. Schuldner im Sinne dieser Vorschrift sind alle Gesamtschuldner.

V. Aufrechnung

10 Aufrechnen kann der Gläubiger mit seiner gegen die Gesamtschuldner gerichteten Forderung gegen jede Forderung, die auch nur ein Gesamtschuldner gegen ihn hat. Umgekehrt kann jeder Gesamtschuldner die Gesamtschuld dadurch zum Erlöschen bringen, dass er mit einer ihm gegen den Gläubiger zustehenden Forderung die Aufrechnung erklärt. Versagt ist einem Gesamtschuldner die Aufrechnung mit einer Forderung, die einem anderen Gesamtschuldner zusteht. Er kann auch nicht ohne weiteres mit einer Forderung aufrechnen, die allen Gesamtschuldnern gegen den Gläubiger zusteht. In einer solchen Situation kommt es auf die Art der gemeinschaftlichen Berechtigung an. Wenn die Gegenforderung den Gesamtschuldnern der Hauptforderung als Gesamtgläubiger zusteht, so kann jeder mit dieser Forderung gegen diejenige des Gläubigers aufrechnen. Steht den Schuldner die aufzurechnende Forderung dagegen in Mitgläubigerschaft zu, so kann nur im Zusammenwirken aller die Aufrechnung erklärt werden.[2]

VI. Leistung durch einen Gesamtschuldner

11 Die Erfüllung und die Erfüllungssurrogate müssen durch einen der Gesamtschuldner erfolgen. Für die Leistung durch Dritte gilt § 267 BGB einschließlich des gesetzlichen Forderungsübergangs auf den Anbietungsberechtigten, § 268 BGB.

D. Rechtsfolgen

12 Die Rechtsfolge ist die Gesamtwirkung der Erfüllung und der Erfüllungssurrogate. Das Gesetz spricht nicht vom Erlöschen der Forderung des Gesamtschuldners. Ihm kommt es zunächst nur darauf an, festzuhalten, dass der Gläubiger im Außenverhältnis keinen der Gesamtschuldner mehr in Anspruch nehmen kann. Dazu ist ein Erlöschen der Forderung nicht erforderlich. Ob die Forderung erlischt, hängt vom Innenverhältnis der Gesamtschuldner untereinander ab. Die Forderung erlischt, wenn und soweit der Leistende keinen Ausgleichsanspruch gegen die anderen Gesamtschuldner hat. War der Leistende im Innenverhältnis der Gesamtschuldner untereinander der Letztverpflichtete, dann erlischt mit der Leistung auch die Forderung. Leistete dagegen der Leistende über seinen im Innenverhältnis zu tragenden Anteil hinaus, so steht ihm Ausgleichsanspruch gegen die anderen Gesamtschuldner zu (§ 426 Abs. 1 BGB). Zur Verstärkung dieses Anspruchs ordnet § 426 Abs. 2 Satz 1 BGB den Übergang des Anspruchs des Gläubigers gegen die anderen Gesamtschuldner an. Die Forderung bleibt für den Zweck des Rückgriffs erhalten.[3]

---

[2] *Noack* in: Staudinger, § 422 Rn. 25.
[3] BGH v. 15.01.1988 - V ZR 183/86 - BGHZ 103, 72-83.

§ 423 BGB Wirkung des Erlasses

(Fassung vom 02.01.2002, gültig ab 01.01.2002)

Ein zwischen dem Gläubiger und einem Gesamtschuldner vereinbarter Erlass wirkt auch für die übrigen Schuldner, wenn die Vertragschließenden das ganze Schuldverhältnis aufheben wollten.

Gliederung

A. Grundlagen 1
I. Kurzcharakteristik 1
II. Regelungsprinzipien 2
B. Praktische Bedeutung 3
C. Anwendungsvoraussetzungen 4
I. Normstruktur 4
II. Erlassvertrag 5
III. Einer der Gesamtschuldner als Partner 6
IV. Gesamtaufhebungswille 8

A. Grundlagen

I. Kurzcharakteristik

Die Norm befasst sich mit den Wirkungen eines Erlassvertrages zwischen dem Gläubiger und einem der Gesamtschuldner. Nach ihr hat der Erlassvertrag Gesamtwirkungen, wenn die Vertragschließenden das ganze Schuldverhältnis aufheben wollten. 1

II. Regelungsprinzipien

Die Norm stellt die Wirkungen des Erlasses in die freie Willensbestimmung der Vertragschließenden. Die Beweggründe für den Erlass sind von besonderer Bedeutung. Sie können zu der in § 423 BGB angesprochenen Gesamtwirkung führen. Eine solche Wirkung ist unproblematisch, da sie die anderen Gesamtschuldner nur begünstigt und nicht belastet. Ebenso gut aber ist es möglich, dass ein mit einem Gesamtschuldner vereinbarter Erlass Einzelwirkung hat. Dann stellen sich weitere Fragen, die damit zusammenhängen, dass die Vertragschließenden keine Vereinbarungen zu Lasten Dritter (der anderen Gesamtschuldner) treffen können. Wenn der Erlass zugunsten des einzelnen Schuldners diesen lediglich vom direkten Gläubigerzugriff freistellen soll, mithin Rückgriffsansprüche der voll haftenden anderen Gesamtschuldner auch weiterhin möglich sind, ist gegen den Erlass nichts zu erinnern. Die anderen werden aus diesem Erlass weder begünstigt noch benachteiligt. Wenn dagegen der Einzelerlass den Schuldner endgültig freistellen soll, sind auch die anderen betroffen, soweit damit ihre Ausgleichsansprüche gegen diesen Schuldner ausgeschlossen sein sollen. Um den Interessen der anderen Gesamtschuldner in diesem Fall Rechnung zu tragen, kann der Gläubiger von den anderen Schuldnern nur noch die um den Anteil des freigestellten Schuldners gekürzte Schuld einfordern.[1] 2

B. Praktische Bedeutung

Die praktische Bedeutung der Vorschrift ist groß, weil es immer wieder zu Absprachen zwischen dem Gläubiger und einem der Gesamtschuldner mit Erlasswirkung kommt und dann die Frage aufgeworfen wird, inwieweit die anderen Gesamtschuldner von solchen Absprachen betroffen sind. 3

C. Anwendungsvoraussetzungen

I. Normstruktur

Die Normstruktur ist einfach. Unter der Voraussetzung eines Erlassvertrages und des Gesamtaufhebungswillens der Vertragschließenden wird die Gesamtwirkung des Erlasses angeordnet. Die Norm gibt allerdings keine Auskunft darüber, was gilt, wenn zwar ein Erlassvertrag vorliegt, ein Gesamtaufhebungswille der Vertragschließenden aber nicht festgestellt werden kann. 4

---

[1] *Ehmann*, Die Gesamtschuld, 1972, S. 211, 242 ff. m.w.N.; *Wacke*, AcP 170, 42-75; *Ehmann*, AcP 211 (2011), 491-529, 509 ff.

II. Erlassvertrag

5   Im Vordergrund steht der Vertrag nach § 397 BGB. Die Vorschrift ist aber auch auf dem Erlass ähnliche Geschäfte wie Verzicht und Vergleich entsprechend anzuwenden.

III. Einer der Gesamtschuldner als Partner

6   Die Frage der Gesamtwirkung des Erlassvertrages stellt sich nur, wenn nicht alle Gesamtschuldner an dem Erlassvertrag mitwirken. Es ist selbstverständlich, dass ein **Vertrag mit allen Gesamtschuldnern** möglich, wirksam und mit Gesamtwirkung ausgestattet ist. Die durch § 423 BGB angesprochenen Fragen treten nur auf, wenn an einem solchen Vertrag nicht alle Gesamtschuldner beteiligt sind.

7   Es steht dem Gläubiger völlig frei, mit einem oder einigen Gesamtschuldnern Verträge zu schließen, durch die die Vertragspartner aus ihren Verpflichtungen entlassen werden. Ein solcher Vertrag bedarf in keiner Weise der Mitwirkung der „ausgeschlossenen" Gesamtschuldner. Das ist allerdings nur insoweit unproblematisch, als die Wirkungen der Entlassung auf die Vertragsbeteiligten beschränkt bleiben. Das bleiben sie aber nur, wenn der Erlassvertrag Gesamtwirkung hat oder seine Wirkung sich darauf beschränkt, den Vertragspartner allein vom Zugriff des Gläubigers freizustellen.

IV. Gesamtaufhebungswille

8   Ob ein **Gesamtaufhebungswille** gegeben ist, muss durch Auslegung ermittelt werden. Das Ergebnis wird durch die Folgen der einzelnen Gestaltungen beeinflusst werden. Die Vertragschließenden orientieren sich an den Folgen ihrer Erklärungen. Mit den technischen Ausdrücken Gesamtwirkung, Einzelwirkung und beschränkte Gesamtwirkung werden sie, wenn sie nicht kompetent beraten sind, wenig anfangen können. Im Zweifel hat der Erlass nur Einzelwirkung.[2]

9   Die Entlassung nicht nur des Vertragspartners, sondern auch aller weiteren Schuldner aus der Haftung spricht für einen Gesamtaufhebungswillen. In einem solchen Fall sind sowohl der Vertragspartner (und zwar endgültig) als auch die weiteren Schuldner „aus dem Schneider". Der Gläubiger geht leer aus.

10 Die Entlassung nur des Vertragspartners aus der Haftung mit der Möglichkeit, die anderen Gesamtschuldner weiterhin (in voller Höhe) in Anspruch zu nehmen, spricht für einen **Einzelaufhebungswillen**. In einem solchen Fall ist der Vertragspartner nur vor der Inanspruchnahme durch den Gläubiger geschützt. Sollte der Gläubiger die anderen Gesamtschuldner in Anspruch nehmen, muss der Vertragspartner mit Ausgleichsansprüchen der anderen Gesamtschuldner rechnen, für die er seinerseits keinen Ausgleich bei dem Gläubiger finden kann, mit dem er den Erlassvertrag geschlossen hat. Der Erlassvertrag ist ein bloßes pactum de non petendo.

11 Zwischen diesen beiden Möglichkeiten liegt als dritte Möglichkeit die Entlassung des Vertragspartners aus der Haftung, die Aufrechterhaltung der Haftung der anderen Gesamtschuldner verbunden mit der **endgültigen Freistellung** des Vertragspartners. Die endgültige Freistellung des Vertragspartners kann auf zweierlei Weise realisiert werden. Bei der einen lässt man den Anspruch gegen die anderen Gesamtschuldner unbehelligt, billigt diesen einen Regressanspruch gegen den freigestellten Gesamtschuldner zu und gewährt dem freigestellten Gesamtschuldner einen Regressanspruch gegen seinen Vertragspartner, den Gläubiger (Modell des Anspruchskreisels). Bei der anderen kürzt man den Anspruch des Gläubigers gegen die übrigen Gesamtschuldner von vornherein um die auf den Entlasteten entfallende Quote (Modell der unmittelbaren Anspruchskürzung).[3]

12 **Typische Fälle**: Ein **Vergleich** hat in der Regel nicht nur Einzelwirkung. Ihm kommt mindestens beschränkte Gesamtwirkung im Sinne der dritten Möglichkeit zu.[4] Der Vergleichspartner hat ein Interesse daran, den Konflikt für ihn endgültig aus der Welt zu schaffen. Für ihn wäre es untragbar, wenn er sich die durch den Vergleich erkauften Vorteile über Regressansprüche der anderen Gesamtschuldner wieder nehmen lassen müsste. In diesem Sinne argumentiert auch das OLG Dresden, welches sich mit der Reichweite eines Vergleichs zwischen Bauherr und Bauunternehmer über den Erlass von Baumängelgewährleistungsansprüchen zu beschäftigen hatte. Ein solcher Vergleich könne zu einem Anspruchsverlust des Bauherrn auch gegenüber dem mit der Bauüberwachung betrauten Architekten füh-

---

[2] BGH v. 21.03.2000 - IX ZR 39/99 - NJW 2000, 1942.

[3] Für *Hoffmann* mit seiner Unterscheidung zwischen formellem und materiellem Haftungsanteil gibt es nur den zweiten Weg, AcP 211 (2011), 703-736, 714.

[4] OLG Düsseldorf v. 28.12.2006 - I-21 U 41/06 - juris Rn. 30 - OLGR Düsseldorf 2007, 643-645; OLG Bremen v. 03.03.1998 - 1 W 11/98 - NJW-RR 1998, 1745-1746.

ren, ohne dass der Architekt am Vergleich beteiligt sein müsse. Dies gelte vor allem dann, wenn der Architekt bei einer späteren Inanspruchnahme durch den Bauherrn beim Bauunternehmer regressieren könne, da der Vergleich ansonsten seinen Sinn verlöre.[5]

Eine unbeschränkte Gesamtwirkung kommt für einen Vergleich in Betracht, wenn er auf die abschließende Regelung aller Ansprüche zwischen den Beteiligten angelegt ist. 13

Teilungsabkommen der Versicherungswirtschaft, die nicht ausdrücklich regeln, welche Bedeutung die Einigung auf eine Quote für die Inanspruchnahme von weiteren Schuldnern hat, lassen sich als mit beschränkter Gesamtwirkung ausgestattet verstehen. 14

Eine Vereinbarung des Geschädigten mit dem haftpflichtversicherten Schädiger über die Nichtinanspruchnahme des Schädigers kann zweierlei bedeuten: Es kann sich um ein bloßes pactum de non petendo handeln, das keinerlei Auswirkungen auf den Schadensersatzanspruch und damit die Eintrittspflicht der Versicherung hat, die mit dem Geschädigten nach § 3 Nr. 2 KfzPflVG ein Gesamtschuldverhältnis bildet. Es kann sich aber auch um einen Haftungsverzicht mit materiellrechtlicher Wirkung handeln. Diesem kommt Gesamtwirkung zu, weil die Versicherungsleistung an die Haftpflicht des Schädigers geknüpft ist. 15

Im Verhältnis **Gesellschaftsschuld-Gesellschafterschuld** ist ein Erlass der Gesellschaftsschuld mit Einzelwirkung (= Fortbestehen der Gesellschafterschuld) nicht möglich.[6] Das ist allerdings keine Frage der Gesamtwirkung, sondern eine Frage der Akzessorietät der Gesellschafterschuld zur Gesellschaftsschuld. 16

---

[5] OLG Dresden v. 15.09.2004 - 18 U 181/04 - BauR 2005, 1954-1957.
[6] BGH v. 20.04.1967 - II ZR 220/65 - BGHZ 47, 376-381.

§ 424 BGB Wirkung des Gläubigerverzugs

(Fassung vom 02.01.2002, gültig ab 01.01.2002)

Der Verzug des Gläubigers gegenüber einem Gesamtschuldner wirkt auch für die übrigen Schuldner.

Gliederung

A. Grundlagen ....
   I. Kurzcharakteristik ....
   II. Regelungsprinzipien 2
B. Anwendungsvoraussetzungen 3
   I. Normstruktur 3
   II. Gläubigerverzug 4
C. Rechtsfolgen 6

A. Grundlagen

I. Kurzcharakteristik

1 Die Vorschrift ordnet die Gesamtwirkung des Gläubigerverzugs an.

II. Regelungsprinzipien

2 Das Anbieten der Leistung soll ebenso für alle Gesamtschuldner gelten wie die Erbringung der Leistung selbst. Weist der Gläubiger die Erbringung der Leistung eines Gesamtschuldners zurück, so besteht für die übrigen Gesamtschuldner keine Veranlassung, ihrerseits etwas zur Bewirkung der Leistung zu tun.

B. Anwendungsvoraussetzungen

I. Normstruktur

3 Die Normstruktur ist einfach. Wenn der Gläubiger durch einen der Gesamtschuldner in Gläubigerverzug gesetzt worden ist, dann wirkt der Gläubigerverzug auch für die übrigen Gesamtschuldner.

II. Gläubigerverzug

4 Die Begründung des Gläubigerverzugs richtet sich nach den allgemeinen Vorschriften. Zu beachten ist, dass durch mindestens einen Schuldner die Voraussetzungen für ein wirksames Leistungsangebot erfüllt sein müssen. Eine Kumulation der in den Personen verschiedener Gesamtschuldner teilerfüllten Voraussetzungen findet nicht statt. Auch der im Innenverhältnis völlig freizustellende Schuldner kann ein Angebot machen, dessen Ablehnung den Gläubigerverzug und damit die Gesamtwirkung des § 423 BGB auslöst.

5 Der Gläubiger kann den Annahmeverzug durch Bereiterklärung aufheben – gegenüber dem Anbietenden mit Gesamtwirkung[1], gegenüber anderen Gesamtschuldnern nur mit Einzelwirkung[2].

C. Rechtsfolgen

6 Die **Gesamtwirkung des Gläubigerverzugs** wird bisweilen dann für unbillig gehalten, wenn der Gläubiger die Leistung dessen ausschlägt, der im Innenverhältnis völlig freizustellen ist.[3] Man möchte vermeiden, dass dem Deliktstäter eine Befreiung von seiner Schadensersatzverbindlichkeit zufällt, wenn etwa die Leistung des Versicherers ausgeschlagen wurde, um statt seiner den Deliktstäter in Anspruch zu nehmen. Man übersieht dabei jedoch den Regress. Dem Gläubiger steht es selbstverständlich frei, die Leistung des Versicherers auszuschlagen, um sich an den Deliktstäter zu halten. Er tut dies allerdings auf eigene Gefahr. Sollte der Leistungsgegenstand bei dem Versicherer während des Annahmeverzugs des Gläubigers zufällig untergehen, so befreit das nicht nur die Versicherung, sondern auch

---

[1] *Noack* in: Staudinger, § 424 Rn. 9.
[2] *Noack* in: Staudinger, § 424 Rn. 11.
[3] *Larenz*, Schuldrecht, Band I: Allgemeiner Teil, 14. Aufl. 1987, § 37 II.

den Deliktstäter von seiner Leistungspflicht gegenüber dem Gläubiger. Dem Deliktstäter wird aber nicht unangemessenes Glück zuteil. Vielmehr muss er dem Versicherer nach § 426 BGB Ausgleich gewähren, wie wenn dieser real geleistet hätte.[4]

---

[4] *Ehmann*, Die Gesamtschuld, 1972, S. 251; *Noack* in: Staudinger, § 424 Rn. 16; *Ehmann*, AcP 211 (2011), 491-529, 512.

§ 425 BGB Wirkung anderer Tatsachen

(Fassung vom 02.01.2002, gültig ab 01.01.2002)

(1) Andere als die in den §§ 422 bis 424 bezeichneten Tatsachen wirken, soweit sich nicht aus dem Schuldverhältnis ein anderes ergibt, nur für und gegen den Gesamtschuldner, in dessen Person sie eintreten.

(2) Dies gilt insbesondere von der Kündigung, dem Verzug, dem Verschulden, von der Unmöglichkeit der Leistung in der Person eines Gesamtschuldners, von der Verjährung, deren Neubeginn, Hemmung und Ablaufhemmung von der Vereinigung der Forderung mit der Schuld und von dem rechtskräftigen Urteil.

Gliederung

A. Grundlagen 1	2. Verzug 9
I. Kurzcharakteristik 1	3. Verschulden 10
II. Regelungsprinzipien 2	4. Unvermögen 11
B. Praktische Bedeutung 3	5. Verjährung 12
C. Anwendungsvoraussetzungen 4	6. Vereinigung der Forderung mit der Schuld 14
I. Normstruktur 4	7. Rechtskraft 16
II. Die Tatsachen des § 425 BGB 5	8. Rücktritt und sonstige Gestaltungsrechte 18
III. Inhalt des Schuldverhältnisses 6	9. Abtretung 19
1. Kündigung 7	

A. Grundlagen

I. Kurzcharakteristik

1 Die Norm betrifft die Auswirkungen der nicht eigens in den §§ 422, 423, 424 BGB geregelten Ereignisse und ordnet, „soweit sich nicht aus dem Schuldverhältnis ein anderes ergibt", Einzelwirkung dieser Ereignisse an.

II. Regelungsprinzipien

2 Abweichend von der Erfüllung und den Erfüllungssurrogaten geht § 425 BGB für die übrigen Ereignisse (beispielhafte Aufzählung in Absatz 2) von dem Grundsatz aus, dass ein in der Person eines Gesamtschuldners eintretendes Ereignis auch nur für und gegen diesen wirkt. Die Verpflichtungen der einzelnen Gesamtschuldner können sich unterschiedlich entwickeln und deshalb verschiedenen Inhalt annehmen. Das ist in allen Richtungen möglich. Die Einreden eines Gesamtschuldners sollen den anderen Gesamtschuldnern nicht zugutekommen. Vor allem aber sollen sich belastende Umstände und ihre Folgen nur für den Gesamtschuldner negativ auswirken, in dessen Person sich der betreffende Umstand ereignet hat. Aus dem Schuldverhältnis kann sich aber auch die Gesamtwirkung der in § 425 BGB angesprochenen Ereignisse ergeben. Ein wichtiger Differenzierungsfaktor für die Annahme einer Gesamtwirkung oder die Annahme einer Einzelwirkung dürfte die Unterscheidung von gleichgründigen und nicht gleichgründigen Gesamtschulden sein.[1] Bei auf gemeinsamer Verabredung beruhenden, gleichgründigen Gesamtschulden ist eher von der Gesamtwirkung, bei nicht gleichgründigen Gesamtschulden ist eher von der Einzelwirkung auszugehen.[2]

B. Praktische Bedeutung

3 Die praktische Bedeutung der Vorschrift ist außerordentlich groß. Es muss in einer Vielzahl von Fallgestaltungen darüber befunden werden, ob ein Ereignis Einzelwirkung oder Gesamtwirkung hat. Dennoch sprechen manche der Vorschrift jede praktische Bedeutung ab.[3] Ob man indessen die Fragen der

---

[1] *Ehmann* in: Erman, § 425 Rn. 2 (12. Aufl.); von *Böttcher* in: Erman (aktuelle Auflage) wird dieser Gesichtspunkt nicht mehr angeführt.
[2] In der Tendenz ebenso *Esser/Schmidt*, Schuldrecht AT, Teilband 2, 8. Aufl. 2000, § 39 II 1 a.
[3] *Bydlinski* in: MünchKomm-BGB, § 425 Rn. 2 erklärt die Vorschrift für „letztlich überflüssig", *Flume*, Allgemeiner Teil des Bürgerlichen Rechts, 1977, S. 289, bezeichnet jeden Streit um die Norm als gegenstandslos, „weil § 425 BGB in Wirklichkeit ohne Inhalt ist", denn es komme allein darauf an, „was sich aus dem Schuldverhältnis ergibt".

Gesamtwirkung oder der Einzelwirkung aus § 425 BGB heraus oder aus dem von § 425 BGB genannten Schuldverhältnis heraus entscheidet, ist ohne Belang für die praktische Bedeutung der zu entscheidenden Fragen.

C. Anwendungsvoraussetzungen

I. Normstruktur

Die Rechtsfolge (Einzelwirkung) wird von zwei Voraussetzungen abhängig gemacht: Es muss sich um andere als die in den §§ 422, 423, 424 BGB bezeichneten Tatsachen handeln, und aus dem Schuldverhältnis darf sich nicht die Gesamtwirkung der Tatsache ergeben.

II. Die Tatsachen des § 425 BGB

Die Tatsachen (besser: die rechtlich erheblichen Ereignisse) sind einmal negativ bestimmt. Es darf nicht um Erfüllung, Leistung an Erfüllungs statt, Hinterlegung, Aufrechnung, Erlass und Gläubigerverzug gehen. Die rechtlich erheblichen Ereignisse sind aber auch in einer beispielhaften Aufzählung (teilweise) positiv bestimmt. Es geht um Kündigung, Verzug, Verschulden, Unmöglichkeit der Leistung, Verjährung, deren Neubeginn, Hemmung und Ablaufhemmung, Konfusion und Rechtskraft. Darüber hinaus kommen etwa in Betracht der Rücktritt, die Rechtshängigkeit, die Stundung.

III. Inhalt des Schuldverhältnisses

Im Inhalt des Schuldverhältnisses liegt die entscheidende Weichenstellung dafür, ob einem rechtlich relevanten Ereignis Einzelwirkung oder Gesamtwirkung zukommt. Eine Sonderrolle nehmen notwendige Gesamtwirkungen und ausdrücklich vereinbarte Gesamtwirkungen ein. Bei ihnen bedarf es keines besonderen Begründungsaufwands für die Annahme der Gesamtwirkung. Eine notwendige Gesamtwirkung hat etwa die schuldbefreiende objektive Unmöglichkeit (§ 275 Abs. 1 BGB). Sie kann nur zu einer Befreiung aller Gesamtschuldner von der primären Leistungspflicht führen. Die Sekundärleistungspflichten auf Schadensersatz aus den §§ 280, 283 BGB oder auf Herausgabe des stellvertretenden commodums nach § 285 Abs. 1 BGB können dagegen eine unterschiedliche Entwicklung nehmen. Insoweit steht wie für alle anderen Fälle eine schwierigere Ermittlung des Inhalts des Schuldverhältnisses ins Haus. Das ist zunächst an den Regelbeispielen des § 425 Abs. 2 BGB und alsdann an anderen Fällen zu zeigen, wobei eine durchgehende Differenzierung nach gleichgründigen Gesamtschulden (ex eadem causa) und nicht gleichgründigen Gesamtschulden hilfreich erscheint.

1. Kündigung

Bei gleichgründigen Gesamtschulden aus einem gemeinsamen Vertrag muss die Kündigung allen Gesamtschuldnern gegenüber und von allen Gesamtschuldnern gemeinsam erklärt werden. Sonst ist die Kündigung unwirksam.[4] Eine andere Frage ist die, ob zur Kündigung ein Kündigungsgrund in der Person eines Schuldners ausreicht oder aber bei allen Gesamtschuldnern vorliegen muss. Hier reicht bei gleichgründigen Gesamtschulden aus einem gemeinsamen Vertrag ein Kündigungsgrund in der Person eines Mieters, Pächters, Darlehensnehmers oder Arbeitnehmers aus[5], wenn dadurch die Aufrechterhaltung des Dauerschuldverhältnisses insgesamt nicht zumutbar ist[6]. Für eine Fälligkeitskündigung, die nicht zur Beendigung des Schuldverhältnisses führt, gilt nach herrschender Meinung mit der Einzelwirkung die Grundregel des § 425 BGB.[7]

Bei ungleichgründigen Gesamtschulden, die aus mehreren unabhängig voneinander vereinbarten Garantieverträgen, Schuldmitübernahmen oder Versicherungsverträgen entstehen können, kann und muss jedem Einzelnen gekündigt werden. Auch berechtigt der Kündigungsgrund in einem Schuldverhältnis nur zur Kündigung dieses Schuldverhältnisses und nicht auch zur Kündigung der anderen Schuldverhältnisse.

---

[4] RG v. 01.11.1919 - III 191/19 - RGZ 97, 79-82; BGH v. 10.06.1985 - III ZR 63/84 - LM Nr. 71 zu § 607 BGB; BGH v. 09.07.2002 - XI ZR 323/01 - LM BGB § 425 Nr. 26 (12/2002).
[5] *Ehmann* in: Erman, § 425 Rn. 7 (12. Aufl.); auch *Böttcher* in: Erman, § 425 Rn. 6 (aktuelle Auflage).
[6] *Bydlinski* in: MünchKomm-BGB, § 425 Rn. 7.
[7] *Grüneberg* in: Palandt, § 425 Rn. 2 ff.; OLG Frankfurt v. 06.11.2006 - 23 U 37/06 - juris Rn. 17 - OLGR Frankfurt 2007, 448-449.

2. Verzug

9 Die Verzugswirkungen (Verzinsungspflicht, Pflicht zum Ersatz des Verzögerungsschadens, Verschärfung des Haftungsmaßstabs) treten nur in der Person des Gesamtschuldners ein, der die Verzugsvoraussetzungen des § 286 BGB (Mahnung, Rechnungsstellung) in seiner Person verwirklicht. Das gilt unabhängig davon, ob es sich um gleichgründige oder ungleichgründige Gesamtschulden handelt. Auch der Ausschluss des Verzuges bei fehlendem Verschulden nach § 286 Abs. 4 BGB hat lediglich Einzelwirkung und kommt nur dem zugute, der das Ausbleiben der Leistung nicht zu vertreten hat.

3. Verschulden

10 Das Verschulden entfaltet Wirkungen immer nur in der Person, der ein Fehlverhalten vorgeworfen werden kann. Soweit an das Verschulden Rechtswirkungen geknüpft sind (Verpflichtung zum Schadensersatz oder bei fehlendem Verschulden der Ausschluss der Verpflichtung zum Schadensersatz), treten auch diese Rechtsfolgen nur in der Person dessen ein, dem ein Verschulden angelastet oder nicht angelastet werden kann. Eine Erstreckung der Wirkungen auf andere Gesamtschuldner kommt nur dann in Betracht, wenn es Zurechnungsnormen gibt, die das Verschulden des einen zu einem Verschulden des anderen machen. Solche Zurechnungsnormen enthalten vor allem die Vorschriften von § 31 BGB für das Organverschulden und § 278 BGB für das Verschulden von Erfüllungsgehilfen und gesetzlichen Vertretern. In diesem Zusammenhang sind die Zurechnungen in Anwaltssozietäten[8] und Gemeinschaftspraxen[9] zu sehen.

4. Unvermögen

11 Das Unvermögen hat Einzelwirkung, sei es, dass es nach § 275 BGB zur Befreiung von der Leistungspflicht, sei es, dass es nach den §§ 280, 283 BGB zur Schadensersatzverpflichtung des Schuldners führt. Die anderen Gesamtschuldner, die die Leistung noch erbringen können, bleiben weiterhin zur Leistung verpflichtet. Soweit über das Unvermögen Rücktrittsmöglichkeiten nach § 326 Abs. 5 BGB eröffnet werden, kann der Rücktritt wegen § 351 BGB nur mit Gesamtwirkung erklärt werden.

5. Verjährung

12 Da nicht Schuldverhältnisse im weiteren Sinne, sondern nur Ansprüche (Forderungen) verjähren können, hat der Eintritt der Verjährung auch bei gleichgründigen Gesamtschulden grundsätzlich nur Einzelwirkung. Die Umstellung des Verjährungssystems vom objektiven auf das subjektive (auch auf die Kenntnis des Anspruchsinhabers von der Person des Verpflichteten abstellende) System (§ 199 BGB) könnte vermehrt zu unterschiedlichen Ablaufzeitpunkten bei den einzelnen Gesamtschuldnern führen. Auch die den Ablauf berührenden Hemmungs- und Neubeginntatbestände entfalten Wirkungen nur gegenüber dem Gesamtschuldner, bei dem die Voraussetzungen dieser Tatbestände gegeben sind. Es ist allerdings immer darauf zu achten, ob man es mit gesamtschuldnerischen Verpflichtungen oder aber akzessorischen Verpflichtungen zu tun hat. Akzessorische Verpflichtungen ändern sich mit der Hauptverpflichtung. Deshalb wirkt etwa die Hemmung der Verjährung der Gesellschaftsschuld auch gegenüber dem akzessorisch haftenden Gesellschafter.[10] Umgekehrt kann sich der akzessorisch haftende Gesellschafter aber nicht auf den Eintritt der Verjährung der Gesellschaftsforderung berufen, wenn er vor dem Ablauf der Verjährung verklagt worden[11] ist. Die Verjährungsvoraussetzungen eines Schadensersatzanspruchs sind auch dann gegenüber mehreren Gesamtschuldnern selbständig und unabhängig voneinander zu prüfen, wenn zum einen Organe und Mitarbeiter eines in der Rechtsform einer juristischen Person betriebenen Unternehmens, zum anderen dieses Unternehmen selbst haftungsrechtlich in Anspruch genommen werden.[12] **Verzichtet** einer von mehreren gesamtschuldnerisch in Anspruch genommenen Anwälten namens der Sozietät auf die Einrede der Verjährung, so wirkt der Verzicht nicht zu Lasten eines inzwischen ausgeschiedenen Sozietätsmitglieds, wenn diese Einschränkung für den Mandanten erkennbar war.[13]

---

[8] BGH v. 06.07.1971 - VI ZR 94/69 - BGHZ 56, 355-364; BGH v. 05.11.1993 - V ZR 1/93 - BGHZ 124, 47-52.
[9] BGH v. 25.03.1986 - VI ZR 90/85 - BGHZ 97, 273-280.
[10] BGH v. 11.12.1978 - II ZR 235/77 - BGHZ 73, 217-225.
[11] BGH v. 22.03.1988 - X ZR 64/87 - BGHZ 104, 75-82.
[12] BGH v. 12.12.2000 - VI ZR 345/99 - LM BGB § 425 Nr. 22 (9/2001).
[13] BGH v. 19.01.2006 - IX ZR 232/01 - WM 2006, 927-932.

Die mit einer Zahlung verbundene Anerkennung und der damit verbundene Neubeginn einer Verjährung soll unter Ehegatten als Gesamtschuldnern Gesamtwirkung haben.[14]

6. Vereinigung der Forderung mit der Schuld

Über die Wirkung der Konfusion herrscht Konfusion. Die einen gehen, wenn einer der Gesamtschuldner die Forderung des Gläubigers erwirbt, von einem Erfüllungstatbestand aus, lassen im Außenverhältnis Gesamtwirkung eintreten und geben dem Schuldner, in dessen Person die Vereinigung eintritt, die normalen Ausgleichsmöglichkeiten nach § 426 BGB.[15] Das sind pro-rata Ausgleichsansprüche. Auch dem Miterben, der selbst Nachlassgläubiger war, soll nicht die Gesamtschuldklage gegen die anderen zustehen.[16] Die anderen sehen in der Konfusion einen Tatbestand, dessen Wirkungen auf den Schuldner beschränkt sind, bei dem der Tatbestand eintritt. Die Forderung des Gläubigers erlischt in Höhe des Anteils, der auf diesen Schuldner entfällt. Mit Blick auf die Restforderung nimmt dieser Schuldner gegenüber den anderen Schuldnern die Stellung des Gläubigers ein. Die anderen haften ihm als Gesamtschuldner und nicht nur auf den Teil, der im Innenverhältnis auf sie entfällt.[17] Wieder andere gehen von der Teilwirkung aus, wollen dem Neugläubiger aber dennoch nicht den Restanspruch gegen die anderen Gesamtschuldner als Gesamtschuldforderung belassen, sondern beschränken ihn auf Teilforderungen, weil er das Ausfallrisiko eines der übrigen Gesamtschuldner auf jeden Fall zu tragen habe.[18] Das ist indessen zu kurz gedacht, auch wenn im Ergebnis die Gesamtbelastung durch den Ausfall eines der anderen Schuldner nicht verändert wird. Fällt bei einer ursprünglichen Gesamtschuld über 12.000 mit interner Gleichverteilung die Forderung mit der Schuld eines Gesamtschuldners zusammen, so hat dieser einen Ausgleichsanspruch von insgesamt 9.000. Nach der einen Auffassung kann er je 3.000 von jedem der übrigen Gesamtschuldner verlangen. Fällt einer wegen Zahlungsunfähigkeit aus, bleiben ihm 6.000. Das ist allerdings nicht das letzte Wort. Die anderen müssen sich am Ausfallrisiko mit je 1.000 beteiligen, so dass er von jedem der anderen weitere 1.000 verlangen kann. Er bekommt insgesamt 8.000. Nach der anderen Auffassung kann er 9.000 von jedem, aber insgesamt nur einmal verlangen. Fällt einer der Gesamtschuldner wegen Zahlungsunfähigkeit aus, muss er den Ausfall mit den anderen im Innenverhältnis teilen und 1.000 wieder zurückgeben. Er erhält auch jetzt im Ergebnis 8.000. Bei zwei insoweit gleichwertigen Wegen entscheidet einmal die Gesetzesnähe für die andere Lösung. Zum anderen enthält der nur teilschuldnerische Rückgriff Nachteile bei der prozessualen Durchsetzung, wenn nur einer der Schuldner einen Gerichtsstand im Inland haben sollte.

Die vorgeschlagene Lösung könnte zu einem Umgehungstatbestand einladen: Der zahlungswillige Schuldner leistet nicht auf die Gesamtschuld, sondern kauft dem Gläubiger die Gesamtschuldforderung ab. Mit der Abtretung in Erfüllung des Kaufvertrages tritt Konfusion ein. Einem solchem Vorgehen fehlt die Legitimation. „Leistet" der Gesamtschuldner dadurch, dass er dem Gläubiger die Forderung abkauft, wechselt er nur das rechtliche Gewand für den wirtschaftlich identischen Vorgang. Mit der Zurücknahme der gesetzlichen Regelung für die Konfusion qua Reduktion in diesem Fall und der Erstreckung des § 426 BGB qua Analogie auf diesen Fall bewahren wir in legitimer Weise ein gesetzliches Ziel vor seiner Aushöhlung.[19]

7. Rechtskraft

Die Rechtskraft eines Urteils zwischen einem Gesamtschuldner und dem Gläubiger hat nur Einzelwirkung. § 325 ZPO beschränkt die Rechtskraftwirkung auf die Parteien des Rechtsstreits. Für die Gesamtschuld bedeutet dies: Das klageabweisende Urteil gegen einen Gesamtschuldner hindert den Gläubiger nicht, es mit einer Klage gegen einen anderen Gesamtschuldner zu versuchen. Sollte er insoweit Erfolg haben, steht das frühere klageabweisende Urteil weder dem Ausgleichsanspruch des verurteilten Gesamtschuldners entgegen, noch bindet das zweite Urteil das Gericht im Prozess über den Ausgleichsanspruch an die Feststellung des Bestehens einer Gesamtschuld. Bindungswirkungen lassen sich nicht über die Rechtskraft, sondern allenfalls durch Streitverkündung und Nebenintervention erzielen.

---

[14] OLG Köln v. 13.01.1972 - 10 U 104/71 - NJW 1972, 1899-1900.
[15] *Ehmann* in: Erman, § 425 Rn. 30 (12. Aufl.); *Böttcher* in: Erman, § 425 Rn. 13 (aktuelle Auflage) kommt mit anderen rechtlichen Erwägungen zu denselben Ergebnissen.
[16] BGH v. 28.06.1963 - V ZR 15/62 - LM Nr. 4 zu § 2033 BGB.
[17] *Noack* in: Staudinger, § 425 Rn. 67 ff.; *Rüßmann*, JuS 1988, 182-187, 187.
[18] *Grüneberg* in: Palandt, § 425 Rn. 7.
[19] So schon wörtlich *Rüßmann*, JuS 1988, 182-187, 187.

17 Für die Schutzzweckgesamtschuld des Kfz-Haftpflichtversicherers ordnet § 3 Nr. 8 KfzPflVV eine Rechtskrafterstreckung von Urteilen des Dritten gegen den Versicherer oder den Versicherungsnehmer an.[20]

8. Rücktritt und sonstige Gestaltungsrechte

18 Einer der wichtigsten vom Gesetz nicht angesprochenen Fälle ist der Rücktritt. Für auf gemeinsamer Absprache beruhende gleichgründige Gesamtschulden ist die Lage klar. Der Rücktritt kann nach § 351 BGB nur von allen und gegen alle ausgeübt werden. Entsprechendes gilt grundsätzlich für andere Gestaltungsrechte.[21] So ist bspw. auch beim Widerruf eines gerichtlichen Vergleichs durch Auslegung zu ermitteln, ob er ausnahmsweise Gesamtwirkung entfaltet.[22] Bei ungleichgründigen Gesamtschulden, wie sie bei Schuldmitübernahmen, Garantieverträgen und Versicherungsverträgen vorkommen, die lediglich durch den gemeinsamen Sicherungs- und Schutzzweck zu Gesamtschulden verbunden sind, können der Rücktritt und andere Gestaltungsrechte nur im Rahmen der selbständigen Schuldverhältnisse ausgeübt werden.

9. Abtretung

19 Manche halten die Abtretung der Forderung gegen nur einen der Gesamtschuldner für ausgeschlossen.[23] Die herrschende Meinung lässt eine solche Abtretung zu[24] und hilft sich praktisch mit der Annahme, dass eine solche Abtretung in der Regel nicht gewollt sei[25]. Ist sie aber gewollt, so ist sie möglich und hat folgende Auswirkungen: Die Einzelabtretung lässt das Verhältnis des Abtretenden zu den anderen Gesamtschuldnern unberührt. Der Zedent kann die anderen Gesamtschuldner in Anspruch nehmen, der Zessionar nur den Gesamtschuldner, dessen Forderung (Verpflichtung) an ihn abgetreten worden ist. Leistet einer der Gesamtschuldner an den für ihn zuständigen Gläubiger, so erlischt die Forderung. Weder Zedent noch Zessionar können jetzt noch gegen einen der Gesamtschuldner vorgehen. Für das Ausgleichsverhältnis unter den Gesamtschuldnern gilt weiterhin § 426 BGB.

---

[20] Dazu BGH v. 14.07.1981 - VI ZR 304/79 - LM Nr. 36 zu PflVG 1965.
[21] BGH v. 27.11.1985 - VIII ZR 316/84 - juris Rn. 45 - BGHZ 96, 302-313.
[22] OLG Koblenz v. 17.02.2005 - 5 U 349/04 - VersR 2005, 655-657.
[23] *Esser/Schmidt*, Schuldrecht AT, Teilband 2, 8. Aufl. 2000, § 39 II.
[24] Eingehend *Derleder*, Festschrift für Helmut Heinrichs 1998, 155-179.
[25] *Noack* in: Staudinger, § 425 Rn. 94.

§ 426 BGB Ausgleichungspflicht, Forderungsübergang

(Fassung vom 02.01.2002, gültig ab 01.01.2002)

(1) ¹Die Gesamtschuldner sind im Verhältnis zueinander zu gleichen Anteilen verpflichtet, soweit nicht ein anderes bestimmt ist. ²Kann von einem Gesamtschuldner der auf ihn entfallende Beitrag nicht erlangt werden, so ist der Ausfall von den übrigen zur Ausgleichung verpflichteten Schuldnern zu tragen.

(2) ¹Soweit ein Gesamtschuldner den Gläubiger befriedigt und von den übrigen Schuldnern Ausgleichung verlangen kann, geht die Forderung des Gläubigers gegen die übrigen Schuldner auf ihn über. ²Der Übergang kann nicht zum Nachteil des Gläubigers geltend gemacht werden.

Gliederung

A. Grundlagen 1	4. Sicherungsgeber 18
I. Kurzcharakteristik 1	IV. Leistung 22
II. Regelungsprinzipien 2	**D. Rechtsfolgen** 23
B. Praktische Bedeutung 3	I. Haftungs- und Zurechnungseinheiten 24
C. Anwendungsvoraussetzungen 4	II. Ausgleichsanspruch und Forderungsübergang 26
I. Normstruktur 4	III. Gestörter Gesamtschuldausgleich 28
II. Gesamtschuld 5	1. Gesetzliche Haftungsfreistellung 29
III. Anderweitige Bestimmung 7	2. Gesetzliche Haftungsbeschränkung 30
1. Ehegatten 8	3. Vertragliche Haftungsfreistellung 31
2. Nichteheliche Lebensgemeinschaft 13	**E. Prozessuale Hinweise/Verfahrenshinweise** 33
3. Bürgen 14	

A. Grundlagen

I. Kurzcharakteristik

Die Vorschrift trifft Bestimmungen zum Innenverhältnis der Gesamtschuldner untereinander. Sie ordnet eine Mitwirkungs- und Ausgleichspflicht der Gesamtschuldner an.   **1**

II. Regelungsprinzipien

Die Pflicht im Innenverhältnis entsteht als **selbständige Verpflichtung** mit der Begründung des Gesamtschuldverhältnisses. Vor der Befriedigung des Gläubigers bestehen selbständig einklagbare **Mitwirkungspflichten** der Gesamtschuldner untereinander[1]; nach der Befriedigung des Gläubigers entsteht die eigentliche **Ausgleichspflicht**. Sie verhindert, dass der Gläubiger durch seinen Zugriff endgültig bestimmen kann, welcher Schuldner die Last der Gesamtschuld zu tragen hat.   **2**

B. Praktische Bedeutung

Die praktische Bedeutung der Vorschrift ist außerordentlich groß. Die meisten zur Gesamtschuld dokumentierten Entscheidungen befassen sich mit § 426 BGB, denn in der Praxis geht es zumeist um die Frage der Haftungsquote zwischen den einzelnen Schädigern.[2]   **3**

C. Anwendungsvoraussetzungen

I. Normstruktur

Die Normstruktur ist nicht besonders kompliziert. Absatz 1 ordnet in Satz 1 eine Gleichverteilung der Lasten aus der Gesamtschuld auf die beteiligten Gesamtschuldner an, „soweit nicht ein anderes bestimmt ist". Satz 2 bürdet den Ausfall eines Gesamtschuldners den übrigen Gesamtschuldnern im Ver-   **4**

---

[1] BGH v. 21.02.1957 - VII ZR 216/56 - BGHZ 23, 361-365; BGH v. 21.03.1991 - IX ZR 286/90 - BGHZ 114, 117-127. *Ehmann*, AcP 211 (2011), 491-529, 517 ff. in Auseinandersetzung mit der kritischen Haltung von *Meier*, Gesamtschulden – Entstehung und Regress in historischer und vergleichender Perspektive, 2010.

[2] Vgl. nur die zahlreichen durch juris gelieferten Entscheidungen der letzten Jahre.

hältnis ihrer im Innenverhältnis zu tragenden Anteile auf. Absatz 2 setzt bei der nach einer Befriedigung des Gläubigers bestehenden, nach Absatz 1 festzustellenden Ausgleichsberechtigung an und verstärkt in Satz 1 die Stellung des Berechtigten durch die Übertragung des Anspruchs des Gläubigers auf den Berechtigten. Nach Satz 2 darf der Übergang indessen nicht zum Nachteil des Gläubigers geltend gemacht werden.

II. Gesamtschuld

5   Auslösendes Tatbestandsmerkmal für die Mitwirkungspflicht vor der Befriedigung des Gläubigers und die Ausgleichspflicht nach der Befriedigung des Gläubigers ist das Vorliegen einer Gesamtschuld. An diesem Merkmal scheiden sich die Geister. Wer, wie hier (vgl. die Kommentierung zu § 421 BGB Rn. 9), die Gesamtschuld nach der gesetzlichen Bestimmung in § 421 BGB bestimmt und in jedem Fall annimmt, in dem mehrere eine Leistung in der Weise schulden, dass jeder die ganze Leistung zu bewirken verpflichtet, der Gläubiger aber die Leistung nur einmal zu fordern berechtigt ist, eröffnet der Mitwirkungs- und Regressregelung in § 426 BGB einen weiten Anwendungsbereich, ohne damit indessen über das Ergebnis (Bestehen und Höhe) des Ausgleichsanspruchs vorab entschieden zu haben.[3] Denn die Gleichverteilung gilt ja nur in dem Fall, in dem nichts anderes bestimmt ist.[4]

6   **Abdingbarkeit**: Die Gesamtschuldner können den Ausgleich insgesamt oder nur zugunsten einzelner Gesamtschuldner ausschließen. Das folgt aus der Dispositivität der Norm. In dem Fall des völligen Ausschlusses bleibt es bei der Zufallsbelastung nach Wahl des Gläubigers. Bei der Annahme eines stillschweigenden Ausschlusses des Innenregresses ist Zurückhaltung geboten. Ein solcher Ausschluss ist nicht ohne weiteres in der Abrede enthalten, dass Zahlungen nur als Sicherheit geleistet werden.[5]

III. Anderweitige Bestimmung

7   In der anderweitigen Bestimmung liegt das Kernproblem der Mitwirkungs- und Ausgleichungspflicht. Ob überhaupt und in welcher Höhe Ausgleichspflichten entstehen, richtet sich nach den besonderen Beziehungen der Gesamtschuldner zueinander. Die **Haftung zu gleichen Anteilen** ist eine **bloße Hilfsregel**. Sie wird durch vertragliche Vereinbarungen, gesetzliche Anordnungen (etwa § 86 Abs. 1 VVG, § 116 SGB X zugunsten der Sachversicherer, § 3 Nr. 9 KfzPflVV zulasten der Pflichthaftpflichtversicherer, § 840 Abs. 2 und 3 BGB einschließlich der diese Bestimmungen korrigierenden Grundsätze der Arbeitnehmerhaftung), Bewertung der Schuld- und Bewertung der Verursachungsbeiträge entsprechend § 254 BGB modifiziert. Danach kann der Ausgleichsanspruch jeden Wert zwischen Null und Eins annehmen.[6]

1. Ehegatten

8   Auseinandersetzungen um den **Gesamtschuldausgleich unter Ehegatten** haben eine gewisse Konjunktur. Die Rechtsprechung hat sich damit in einer Vielzahl von Entscheidungen befasst. Auch die Literatur pflegt eine intensive Diskussion.[7] Folgende Leitlinien lassen sich unter Beachtung der Differenzierung der Situation bei intakter Ehe und nach dem Scheitern der Ehe ausmachen.

9   Bei **intakter Ehe** sind Ausgleichsansprüche regelmäßig ausgeschlossen. Nimmt ein Ehegatte die Haushaltsführung wahr und verdient nur der andere (**Einverdienerehe**), so entfällt die Ausgleichspflicht des nicht verdienenden Ehegatten schon deshalb, weil sein Beitrag in der Haushaltsführung den finanziellen Beiträgen des Alleinverdieners gleich erachtet wird.[8] Verdienen beide Ehegatten (**Doppelverdienerehe**), so lässt sich über § 1360b BGB die Vermutung stützen, dass wertungsmäßig mit dem Ausschluss der Rückzahlung zu viel gezahlten Unterhalts auch keine gesamtschuldnerischen Ausgleichsansprüche entstehen. Für **Steuerschulden von Ehegatten**, die sich zusammen veranlagen las-

---

[3]   *Ehmann*, AcP 211 (2011), 491-529, 513 ff.

[4]   So hat das Saarländische Oberlandesgericht bei Zahlung auf Steuerschulden aus dem T1-Verfahren nach dem Zollkodex dem Grenzspediteur, der ein externes gemeinschaftliches Versandverfahren eröffnet hat und dadurch Zollschuldner geworden ist, gegen den Warenempfänger einen Ausgleichsanspruch zugebilligt; OLG Saarbrücken v. 31.03.2004 - 5 U 527/02 - 64, 5 U 527/02- OLGR Saarbrücken 2004, 546-554.

[5]   BGH v. 23.10.1986 - IX ZR 203/85 - NJW 1987 374-376.

[6]   *Ehmann*, AcP 211 (2011), 491-529, 513 ff.

[7]   *Gernhuber*, JZ 1996, 765-775; *Kleinle*, FamRZ 1997, 8-14; *Wever*, FamRZ 2002, 741-742; *Schürmann/Weinreich*, FuR 2003, 6-9; *Schürmann/Weinreich*, FuR 2003, 60-64.

[8]   BGH v. 17.05.1983 - IX ZR 14/82 - BGHZ 87, 265-274; BGH v. 30.11.1994 - XII ZR 59/93 - LM BGB § 426 Nr. 98 (4/1995).

sen, ist für die interne Aufteilung die Höhe der jeweiligen Einkünfte (bereinigt um einen Progressionseffekt) maßgeblich. Aber auch hier ist während intakter Ehe ein Ausgleich regelmäßig ausgeschlossen.[9]

Nach dem **Scheitern der Ehe** setzt sich der Ausschluss der Ausgleichspflicht für vor der Trennung erbrachte Tilgungsleistungen fort. Soweit aber Leistungen nach dem Scheitern erbracht werden, besteht eine Ausgleichspflicht. Deren Höhe bestimmt sich nach den besonderen Verhältnissen. Als Rückfallposition bleibt die hälftige Teilung. Der Ausgleich unter gesamtschuldnerisch haftenden Ehegatten (hier: für Darlehensverbindlichkeiten) wird durch die Vorschriften über den Zugewinn nicht ausgeschlossen. Dieser führt dazu, dass jede Partei von der anderen Freistellung von dem Teil der gemeinsamen Schuld verlangen kann, den sie im Innenverhältnis zu tragen hat.[10] Der Bundesgerichtshof verneint die Frage, ob eine – die hälftige Ausgleichspflicht unter Gesamtschuldnern überlagernde – anderweitige Bestimmung im Sinne des § 426 Abs. 1 Satz 1 BGB bereits dann anzunehmen ist, wenn ein Ehegatte die gemeinsamen Schulden nach der Trennung weiterhin allein abträgt, während der andere – auch ohne ausdrückliche oder stillschweigende Vereinbarung – Trennungsunterhalt nicht geltend macht.[11]

10

Bei **Darlehen zur Finanzierung eines Eigenheims** sind die Miteigentumsanteile und die Nutzung nach dem Scheitern der Ehe zu berücksichtigen. Nutzt derjenige Ehegatte, der vor der Trennung die Finanzierung allein getragen hat, das Haus allein (zu Wohn- und gewerblichen Zwecken), so kann er regelmäßig keinen Ausgleich von dem ausgezogenen Ehegatten verlangen.[12] Das gilt auch für den Alleineigentümer, der das Familienheim nach Scheitern der Ehe allein nutzt.[13]

11

Belastungen aus noch nicht abgetragenen **Verbraucherkrediten** sind regelmäßig zu teilen, wenn die mit dem Kredit finanzierten Leistungen verbraucht worden sind.[14] Bei **Geschäftskrediten** richtet sich die Verteilung nach den von den Ehegatten gehaltenen Geschäftsanteilen.[15] Wenn die Ehegatten für die **Miete** der während der intakten Ehe gemeinsam gemieteten Wohnung als Gesamtschuldner haften, trägt für die nach der Trennung anfallenden Mieten derjenige die Last, der die Wohnung weiterhin nutzt.[16] Etwas anderes soll gelten, wenn die Wohnung schon vor der Eheschließung angemietet worden ist: „Wenn die Partner einer nichtehelichen Lebensgemeinschaft gemeinsam einen befristeten Mietvertrag über eine mit Blick auf eine alsbald erfolgte Heirat angemietete Wohnung schließen, kommt eine alleinige Haftung des nach der Trennung in der Wohnung verbleibenden Partners für den Mietzins nicht in Betracht."[17]

12

2. Nichteheliche Lebensgemeinschaft[18]

Verbleibt eine gemeinschaftlich auf Ratenbasis gekaufte Einbauküche nach Scheitern der nichtehelichen Lebensgemeinschaft in der bis dahin gemeinschaftlichen Wohnung des einen Partners, so hat der andere ausziehende Partner, auch wenn er bisher die Raten allein gezahlt hat, hinsichtlich der zukünftig fällig werdenden Kaufpreisrestschuld gegen den allein nutzenden früheren Lebensgefährten einen Anspruch auf hälftige Freistellung.[19]

13

3. Bürgen

Mit Blick auf die Bürgschaft sind mehrere Fälle zu unterscheiden. Es kann um eine Bürgschaft für alle Gesamtschuldner gehen. Der Bürge kann sich nur für einen Gesamtschuldner verbürgt haben. Schließlich können mehrere Bürgen für die Erfüllung einer Schuld einstehen.

14

---

[9] OLG Hamm v. 19.06.1997 - 33 W 24/97 - FamRZ 1998, 241-242.
[10] BGH v. 06.11.2002 - XII ZR 242/99 - FPR 2003, 246-248; BGH v. 13.03.2002 - XII ZR 10/00 - FuR 2002, 498.
[11] BGH v. 11.05.2005 - XII ZR 289/02 - NJW 2005, 2307-2309.
[12] BGH v. 04.06.1986 - IVb ZR 50/85 - LM Nr. 70 zu § 426 BGB.
[13] BGH v. 27.11.1996 - XII ZR 43/95 - LM BGB § 426 Nr. 100a (4/1997).
[14] *Noack* in: Staudinger, § 426 Rn. 219.
[15] OLG Hamm v. 02.06.1993 - 33 U 120/92 - FamRZ 1994, 960-961.
[16] OLG München v. 14.07.1995 - 21 U 5880/94 - FamRZ 1996, 291; OLG Köln v. 25.06.2003 - 19 U 203/02 - OLGR Köln 2003, 304-305.
[17] OLG Dresden v. 17.05.2002 - 20 W 0631/02, 20 W 631/02 - MDR 2002, 1318-1319.
[18] Neuerdings BGH v. 03.02.2010 - XII ZR 53/08.
[19] OLG Koblenz v. 20.02.1998 - 3 W 65/98 - NJW-RR 1998, 1227.

15 Bei der Bürgschaft, die ein **Bürge für alle Gesamtschuldner** gibt, ist die Leistung des Bürgen eine Erfüllung der Gesamtschuld für alle mit der Folge, dass nach § 774 BGB der Anspruch des Gläubigers auf ihn übergeht und er nun an Stelle des Gläubigers die Gesamtschuldner als Gesamtschuldner in Anspruch nehmen kann. Nimmt er einen der Gesamtschuldner in Anspruch, so löst das die normalen Ausgleichsansprüche unter Gesamtschuldnern aus.

16 Bei der Bürgschaft, die ein **Bürge für die Schuld nur eines Gesamtschuldners** übernimmt, zahlt der Bürge auch nur für diesen einen Gesamtschuldner. Es geht nach § 774 BGB die Forderung des Gläubigers gegen diesen Gesamtschuldner (und nicht gegen die anderen Gesamtschuldner) auf den Bürgen über. Im Verhältnis zu den anderen Gesamtschuldnern ist die Zahlung des Bürgen eine Zahlung des Gesamtschuldners, für den er sich verbürgt hat. Zu einem Forderungsübergang nach § 774 BGB kann es nur insoweit kommen, als dieser Gesamtschuldner bei eigener Zahlung von den anderen Gesamtschuldnern hätte Ausgleich verlangen können.[20]

17 Bei der Bürgschaft, die mehrere für eine Schuld übernehmen, handelt es sich um eine **Mitbürgschaft**. Für sie richtet sich der Ausgleich gemäß § 774 Abs. 2 BGB „nur" nach § 426 BGB. Das schließt den Anspruchsübergang in Höhe der Zahlung aus[21] und begrenzt den zahlenden Mitbürgen auf einen Gesamtschuldausgleich.[22] Problematisch ist der Innenausgleich zwischen **Höchstbetragsbürgen**, die als Mitbürgen haften, wenn die Höchstbeträge unterschiedlich sind. Hier bietet sich letztlich ein Quotenmodell an, in dem die Innenanteile nach dem Verhältnis der einzelnen Höchstbeträge bestimmt werden.[23]

4. Sicherungsgeber

18 Auch außerhalb der Mitbürgschaft kann es zu **Mehrfachsicherungen** kommen, wenn für eine Forderung mehrere Kreditsicherheiten bestellt sind. Das können mehrere Personalsicherheiten oder auch mehrere Realsicherheiten sein. Letztlich kommt jede Kombination von möglichen Sicherheiten in Betracht. Mit Blick auf die Ausgleichsbeziehungen bietet das Gesetz eine eindeutige Regelung nur für das Aufeinandertreffen mehrerer Bürgschaften. Hier ordnet § 769 BGB die Haftung mehrerer Bürgen als Gesamtschuldner auch dann an, wenn sie die Bürgschaft nicht gemeinschaftlich übernehmen. Mit der Anordnung der Gesamtschuldnerschaft ergibt sich zugleich die Ausgleichspflicht nach § 426 Abs. 1 BGB (§ 774 Abs. 2 BGB). Diese Regelung ordnet einen Ausgleich nach Kopfteilen an, hält sich aber offen für abweichende Vereinbarungen und Wertungen. Für alle anderen Arten der Mehrfachsicherungen fehlt es an eindeutigen gesetzlichen Vorgaben.

19 Für das Gesamtpfand an Mobilien gibt es in § 1225 Satz 2 BGB auf den ersten Blick eine Regelung, die zu einer gesamtschuldähnlichen Haftung hinführt. § 1225 Satz 2 BGB verweist auf § 774 BGB, also auch auf dessen Absatz 2, wonach Mitbürgen als Gesamtschuldner haften. Hieraus zieht die herrschende Meinung den Schluss, die einzelnen Pfandeigentümer müssten wie Gesamtschuldner behandelt werden. Sei nichts anderes bestimmt, so hafteten sie nach § 426 Abs. 1 BGB im Innenverhältnis nach Kopfteilen.[24] Nach § 774 Abs. 2 BGB haften jedoch die Mitbürgen einander „nur" nach § 426 BGB. § 774 Abs. 2 BGB stellt lediglich klar, dass der Mitbürge, der den Gläubiger befriedigt hat, und auf den die Forderung gegen den Schuldner in vollem Umfang übergegangen ist, die Forderung gegen seinen Mitbürgen „nur" in Höhe seiner Ausgleichsforderung erhalten habe. § 774 Abs. 2 BGB ordnet deshalb die Gesamtschuldnerschaft der Bürgen nicht an – diese Anordnung ist in § 769 BGB enthalten –, er setzt das Bestehen einer Gesamtschuld vielmehr voraus. § 774 Abs. 2 BGB kann somit auf das Gesamtpfandrecht nur dann entsprechend angewendet werden, wenn die einzelnen Eigentümer der Pfandsache wie Gesamtschuldner haften. Dazu aber fehlt eine § 769 BGB entsprechende Anordnung. Nach der Gesetzeslage könnte sich daher auch das Gesamtpfandrecht (wie die Gesamthypothek) als an sich regresslos erweisen. Diese Regresslosigkeit hätte zur Folge, dass der Eigentümer die Last der Befriedigung zu tragen hätte, den es nach der Zufallswahl des Gläubigers als Ersten trifft.

---

[20] BGH v. 14.07.1966 - VIII ZR 229/64 - BGHZ 45, 14-17.
[21] BGH v. 14.07.1983 - IX ZR 40/82 - BGHZ 88, 85-191.
[22] Das gilt indessen nicht, wenn der nur subsidiär haftende Ausfallbürge gegen den Regelbürgen Regress nehmen will, BGH v. 20.03.2012 - IX ZR 234/11.
[23] BGH v. 11.12.1997 - IX ZR 274/96 - BGHZ 137, 292-297.
[24] *Baur/Stürner*, Sachenrecht, 18. Aufl. 2009, § 55 B III 4 b; *Medicus/Petersen*, Bürgerliches Recht, 23. Aufl. 2011, Rn. 941.

Wiederum anders mag sich die Sache darstellen, wenn mehrere Sicherungsgeber unterschiedlicher akzessorischer Sicherheiten aufeinander treffen. Hier scheint das Gesetz zu dem umgekehrten Zufallsergebnis zu kommen. Es gewinnt letztlich der, der vom Gläubiger zuerst in Anspruch genommen wird oder aus freien Stücken den Gläubiger zuerst befriedigt. Betrachten wir das für das Verhältnis von Bürge und Verpfänder! Leistet der Bürge, so geht nach § 774 Abs. 1 Satz 1 BGB die Forderung des Gläubigers gegen den Hauptschuldner auf ihn über und mit ihr nach § 401 BGB und § 412 BGB das für die Forderung bestellte Pfandrecht. Der Bürge kann nun aus dem Pfandrecht Befriedigung suchen. Leistet der Verpfänder vor dem Bürgen, so geht die Forderung des Gläubigers gegen den persönlichen Schuldner nach § 1225 Satz 1 BGB auf ihn über und mit ihr nach § 401 BGB und § 412 BGB die die Forderung sichernde Bürgschaft. Jetzt kann also der Pfandgläubiger beim Bürgen in vollem Umfang Regress nehmen.

Es liegt auf der Hand, dass die an die bloße zeitliche Reihenfolge der Leistungen geknüpften Lastenverteilungen nicht überzeugen. Streiten mag man allenfalls darüber, ob der Gesetzgeber den Bürgen als Sicherungsgeber gegenüber anderen Sicherungsgebern privilegiert.[25] Im Übrigen ist aber kein Grund ersichtlich, einem Sicherungsgeber nur deshalb gegenüber anderen Sicherungsgebern Verluste oder Vorteile zuzuweisen, weil er als Erster in Anspruch genommen wird oder als Erster den Gläubiger freiwillig befriedigt.[26] Das ist auch der Standpunkt des Bundesgerichtshofs. Er sieht die gerechte Lösung in einer durch Treu und Glauben gebotenen Heranziehung des Gesamtschuldmodells.[27]

IV. Leistung

Der eigentliche Ausgleichsanspruch wird durch die **Leistung eines Gesamtschuldners** ausgelöst. Er entsteht grundsätzlich nur, wenn der Leistende im Außenverhältnis mehr geleistet hat als er im Innenverhältnis tragen muss. Leistet ein Gesamtschuldner nur seine Quote oder gar weniger, dann gibt es keinen Regressanspruch.[28] Das gilt auch für Teilleistungen, die die Innenquote nicht übersteigen. Nur ausnahmsweise können auch Teilleistungen Ausgleichsansprüche auslösen. Das ist der Fall bei vereinbarter Ratenzahlung, bei Stundung der Restforderung und im Verhältnis von Mitbürgen zueinander.[29]

D. Rechtsfolgen

Die Ausgleichspflicht entsteht grundsätzlich nur in Höhe des vom ausgleichspflichtigen Gesamtschuldner zu tragenden Anteils. Auch mehrere ausgleichspflichtige Schuldner haften dem ausgleichsberechtigten Schuldner nicht als Gesamtschuldner.[30] Eine Ausnahme macht die Rechtsprechung, wenn derjenige Gesamtschuldner den Gläubiger befriedigt, der im Innenverhältnis völlig freizustellen ist. Ihm sollen die anderen Schuldner als Gesamtschuldner haften.[31] Die Ausnahme ist nicht gerechtfertigt. Sie steht im Wertungswiderspruch zu der Ausfallregelung in Absatz 1 Satz 2. Danach muss der Ausgleichsberechtigte nachweisen, dass sein Ausgleichsanspruch höher ist, weil einer der Ausgleichsverpflichteten ausgefallen ist. Der zum Ausgleich herangezogene Gesamtschuldner kann sich mit dem Hinweis wehren, dass der andere Gesamtschuldner doch liquide ist. Diese in der Beweislast liegende Risikoverteilung würde umgangen, wenn man die übrigen Gesamtschuldner auch für den Ausgleich als Gesamtschuldner haften lassen wollte.[32]

I. Haftungs- und Zurechnungseinheiten

Eine weitere Ausnahme soll für so genannte Haftungseinheiten gelten[33], zu denen man etwa Fahrer und Halter eines Kfz oder Geschäftsherr und Gehilfen zusammenfasst[34]. Auf die **Haftungseinheit** entfällt nur eine gemeinsame Quote. Leistet ein Mitglied der Haftungseinheit, so bringt es auch die Ausgleichs-

---

[25] So *Reinicke/Tiedtke*, Kreditsicherung, 5. Aufl. 2006, Rn. 1328.
[26] Dem stimmt am Ende auch *Hoffmann*, AcP 211 (2011), 703-736, 730 ff. zu, obwohl er der herrschenden Meinung einen Differenzierungsmangel zwischen bewusst ein beschränktes und bewusst ein unbeschränktes Risiko übernehmenden Sicherungsgebern vorwirft.
[27] BGH v. 29.06.1989 - IX ZR 175/88 - BGHZ 108, 179-187.
[28] BGH v. 19.12.1985 - III ZR 90/84 - LM Nr. 69 zu § 426 BGB.
[29] BGH v. 17.03.1982 - VIII ZR 30/81 - BGHZ 83, 206-210.
[30] Gegen die ganz herrschende, sich schon aus dem Gesetzestext ergebende Meinung *Bydlinski* in: Münch-Komm-BGB, § 426 Rn. 30.
[31] BGH v. 13.05.1955 - I ZR 137/53 - juris Rn. 17 - BGHZ 17, 214-223.
[32] *Noack* in: Staudinger, § 426 Rn. 28 bis 29; *Esser/Schmidt*, Schuldrecht AT, Teilband 2, 8. Aufl. 2000, § 39 III 2b.
[33] *Lorenz*, Die Lehre von den Haftungs- und Zurechnungseinheiten und die Stellung des Geschädigten in Nebentäterfällen, 1979.
[34] BGH v. 18.09.1973 - VI ZR 91/71 - BGHZ 61, 213-220; BGH v. 25.04.1989 - VI ZR 146/88 - LM Nr. 57 zu § 67 VVG.

pflicht für die übrigen Mitglieder zum Erlöschen. Ist die Haftungseinheit ausgleichspflichtig, so haften ihre Mitglieder für die auf die Haftungseinheit entfallende Quote gesamtschuldnerisch. Sie müssen dann untereinander weiteren Ausgleich suchen. Demgegenüber schlägt *Selb*[35] vor, die Ausgleichspflicht der Mitglieder der Haftungseinheit gegenüber außerhalb dieser Einheit stehenden Gesamtschuldnern nach den intern zu tragenden Anteilen zu bestimmen. Das dadurch entstehende Insolvenzrisiko beim Vermögensverfall eines ausgleichspflichtigen Mitglieds der Haftungseinheit soll durch eine Beteiligung auch der nicht ausgleichspflichtigen Mitglieder gemildert werden. Man wird hier nach den Gründen für die Entstehung von Haftungseinheiten differenzieren müssen. Rein faktisch entstehende Verursachungseinheiten sollten nach dem Vorschlag *Selbs*, rechtlich begründete Haftungseinheiten dagegen nach dem in der Rechtsprechung praktizierten Modell behandelt werden (vgl. die Kommentierung zu § 254 BGB Rn. 31).

25   Die Rechtsprechung nimmt auch an, dass der Geschädigte mit einem der Schädiger eine Zurechnungseinheit bilden kann.[36] Für die Abwicklung soll dann Folgendes gelten: Der Geschädigte kann den außerhalb der **Zurechnungseinheit** stehenden Schädiger auf den Teil in Anspruch nehmen, der nach Abzug der auf die Zurechnungseinheit entfallenden Quote verbleibt. Ein Regress gegen den innerhalb der Zurechnungseinheit stehenden Schädiger kommt nicht in Betracht, weil dessen Anteil in der Abzugsquote schon berücksichtigt ist. Der Bundesgerichtshof versagt den Gesamtschuldregress auch dann, wenn der Anteil nicht berücksichtigt worden ist, und verweist den zu hoch belasteten Schädiger auf den Bereicherungsausgleich.[37] Geht der Geschädigte dagegen gegen den Schädiger vor, mit dem er eine Zurechnungseinheit bildet, so hat dieser im Rahmen seiner Leistungspflicht einen Ausgleichsanspruch gegen den außerhalb der Zurechnungseinheit stehenden Schädiger bis zu dem Betrag, zu dem Letzterer dem Geschädigten nach Abzug der auf die Zurechnungseinheit entfallenden Quote haftet.[38] Diese Rechtsprechung ist jedenfalls insoweit nicht zu billigen, als mit der Annahme von Haftungs- und Zurechnungseinheiten der Selbstbehalt des Geschädigten für den Schädigungsbeitrag eines Dritten über das nach den allgemeinen Grundsätzen Mögliche ausgedehnt wird.[39]

II. Ausgleichsanspruch und Forderungsübergang

26   Der **Übergang der Gläubigerforderung** nach Absatz 2 tritt nur **in Höhe der Ausgleichspflicht** ein. Über § 412 BGB und § 401 BGB kommt der Ausgleichsberechtigte in den Genuss der für die Forderung bestellten Sicherheiten.[40] Er erhält dafür aber auch die Gläubigerforderung nur in ihrem jeweiligen Bestand, muss sich also u.U. bestehende Gegenrechte entgegenhalten lassen. Der Ausgleichsanspruch aus Absatz 1 ist demgegenüber ein selbständiger Anspruch des ausgleichsberechtigten Gesamtschuldners.[41] Die Selbständigkeit des Ausgleichsanspruchs macht sich bei der **Verjährung** bemerkbar.[42] Der Anspruch verjährt in der Regelverjährung nach § 195 BGB in drei Jahren. Durch die Umstellung des Verjährungsrechts auf die Regelverjährungsfrist von drei Jahren hat sich ein Problem entschärft, das nach früherem Recht manche Korrekturen der Ausgangssituation verlangte. Damals war es möglich, dass einer dreijährigen (oder auch kürzeren) Verjährung im Außenverhältnis die 30-jährige Verjährung im Innenverhältnis gegenüberstand. Das hat zu Überlegungen geführt, die Verjährung des selbständigen Ausgleichsanspruchs an die Verjährung des übergegangenen Gläubigeranspruchs anzupassen.[43] Für solche Überlegungen ist mit der Änderung des Verjährungsrechts kein Grund mehr gegeben. Die weitgehende Vereinheitlichung der Fristen gestattet das Festhalten am Selbständigkeitspostulat auch mit Blick auf die Verjährungsfrage. Der Vorschlag von *Stamm*[44], das Verjährungsproblem

---

[35] *Selb*, JZ 1975, 193-197.
[36] BGH v. 18.09.1973 - VI ZR 91/71 - BGHZ 61, 213-220.
[37] BGH v. 18.04.1978 - VI ZR 81/76 - LM Nr. 46 zu § 426 BGB.
[38] Vgl. *Lorenz*, Die Lehre von den Haftungs- und Zurechnungseinheiten und die Stellung des Geschädigten in Nebentäterfällen, 1979, S. 12 ff.
[39] Vgl. die Kommentierung zu § 254 BGB Rn. 31; a.A. *Messer*, JZ 1979, 385-389.
[40] Bestärkende Legalzession, BGH v. 15.01.1988 - V ZR 183/86 - BGHZ 103, 72-83.
[41] BGH v. 09.03.1972 - VII ZR 178/70 - BGHZ 58, 216-224; BGH v. 29.06.1972 - VII ZR 190/71 - BGHZ 59, 97-104.
[42] Hierzu schulmäßig BGH v. 25.11.2009 - IV ZR 70/05.
[43] *Rüßmann*, JuS 1974, 292-298, 296; *Noack* in: Staudinger, § 426 Rn. 9 ff.; *Ehmann*, Die Gesamtschuld, 1972, S. 322; *Esser/Schmidt*, Schuldrecht AT, Teilband 2, 8. Aufl. 2000, § 39 III 2a.
[44] *Stamm*, Regressfiguren im Zivilrecht, 2000, S. 49 und 71.

dadurch zu lösen, dass der selbständige Ausgleichsanspruch mit der Befriedigung des Gläubigers untergehe und für den Regress nur noch der übergegangene Anspruch zur Verfügung stehe, findet im Gesetz keine Grundlage.

Der Übergang der Forderung kann nicht zum **Nachteil des Gläubigers** geltend gemacht werden. Eine solche Situation könnte namentlich dann eintreten, wenn der Gläubiger nur teilweise befriedigt worden und damit auch die Forderung nur teilweise übergegangen ist. Der Gläubiger hat dann Vorrang vor dem ausgleichsberechtigten Schuldner. Damit bezweckt der Gesetzgeber, dass dem Gläubiger nicht auf dem Umweg über den gesetzlichen Forderungsübergang die Vorteile der an ihn erbrachten Leistung indirekt wieder entzogen werden. So können der Gläubiger und der ausgleichsberechtigte Gesamtschuldner auf die Haftpflichtversicherung des weiteren Gesamtschuldners zugreifen. Reicht die Deckungsquote nicht aus, um beide Ansprüche zu sichern, ist zunächst der Anspruch des Gläubigers und erst dann der Anspruch des regressberechtigten Gesamtschuldners zu befriedigen. Hat ein Gläubiger mehrere Gesamtschuldner umfassend in Anspruch genommen und schließt er mit einem von ihnen – der seine Zahlungspflicht insgesamt leugnet – zum Ausgleich aller gegenseitigen Forderungen einen Vergleich, in dem dieser Schuldner sich zur Zahlung eines Teils des ursprünglich verlangten Betrages verpflichtet, so ist ohne besondere Umstände nicht anzunehmen, dass der Gläubiger wegen weitergehender Ansprüche gegen andere Gesamtschuldner Vorrang im Verhältnis zu dem am Vergleich beteiligten Gesamtschuldner haben soll, nachdem dieser den vereinbarten Betrag voll bezahlt hat.[45]

III. Gestörter Gesamtschuldausgleich

Ein viel diskutiertes Problem[46] entsteht dann, wenn einer der potentiellen Schuldner von der Haftung gegenüber dem Geschädigten freigestellt ist, sei es durch vertragliche Vereinbarung, durch gesetzliche Anordnung (§§ 104, 105, 106 SGB VII für Arbeitgeber und Arbeitskollegen, früher §§ 636, 637 RVO) oder aufgrund von Haftungsbeschränkungen des bürgerlichen Rechts (§§ 708, 1359, 1664 BGB). Soll dann der nicht begünstigte Schuldner zu vollem Ersatz verpflichtet werden, ohne seinerseits ausgleichsberechtigt zu sein?

1. Gesetzliche Haftungsfreistellung

In den RVO-Fällen der **gesetzlichen Haftungsfreistellung** hat die frühere Rechtsprechung die Frage bejaht[47], während sie später den Anspruch gegen den nicht begünstigten Schuldner schon im Außenverhältnis um den Anteil gekürzt hat, der auf den nach den RVO-Vorschriften Begünstigten entfiel[48]. Das ist der heute allgemein akzeptierte Stand.[49] Der Bundesgerichtshof[50] hat das jetzt auch für das Verhältnis von Gesellschafterhaftung und Gesellschaftshaftung entschieden: Kommt bei einer Gesellschaft bürgerlichen Rechts einem Gesellschafter die Haftungsprivilegierung gemäß § 106 Abs. 3 Alt. 3 SGB VII zugute, weil er selbst auf der Betriebsstätte tätig ist, so kann eine Inanspruchnahme der Gesellschaft durch den Geschädigten nach den Grundsätzen des gestörten Gesamtschuldverhältnisses ausgeschlossen sein. In zwei Entscheidungen hat der Bundesgerichtshof seine Rechtsprechung zur Kürzung oder gar zum Wegfall des Anspruchs gegen den nicht privilegierten Schädiger bestätigt und konsequent fortgeführt. Der Arbeitgeber als Geschäftsherr bzw. Halter eines Fahrzeugs wird von seiner Haftung im Außenverhältnis völlig freigestellt, wenn der von der Haftung gegenüber dem Geschädigten nach § 106 Abs. 3 Alt. 3 SGB VII befreite Arbeitnehmer und Gehilfe den Schaden schuldhaft herbeigeführt hat, denn dann haftet im Innenverhältnis der Schädiger zueinander der Gehilfe nach § 840 Abs. 2 BGB allein. Der Arbeitgeber wird frei. Der arbeitsrechtliche Freistellungsanspruch des Arbeitnehmers gegen den Arbeitgeber ändert an diesem Ergebnis nichts.[51] In einer Entscheidung vom 14.06.2005 hat der Bundesgerichtshof seine Rechtsprechung zur Kürzung und zum Wegfall des Anspruchs gegen den nicht privilegierten Schädiger bestätigt und in folgenden Sätzen zusammengefasst: Der nicht selbst auf der gemeinsamen Betriebsstätte tätige Unternehmer, der neben seinem nach § 106 Abs. 3 Alt. 3 SGB VII haftungsprivilegierten Verrichtungsgehilfen lediglich nach den §§ 831, 823,

---

[45] BGH v. 09.01.2003 - IX ZR 353/99 - NJW 2003, 1036-1038.
[46] Vgl. *Stamm*, NJW 2004, 811-813.
[47] BGH v. 23.11.1955 - VI ZR 193/54 - BGHZ 19, 114-126.
[48] BGH v. 12.06.1973 - VI ZR 163/71 - BGHZ 61, 51-56.
[49] BGH v. 23.04.1985 - VI ZR 91/83 - BGHZ 94, 173-179; *Noack* in: Staudinger, § 426 Rn. 148.
[50] BGH v. 24.06.2003 - VI ZR 434/01 - BGHZ 155, 205-214.
[51] BGH v. 11.11.2003 - VI ZR 13/03 - BGHZ 157, 9-20 und BGH v. 10.05.2005 - VI ZR 366/03 - NJW 2005, 2309-2310.

840 Abs. 1 BGB als Gesamtschuldner haftet ist gegenüber dem Geschädigten nach den Grundsätzen des gestörten Gesamtschuldverhältnisses von der Haftung für erlittene Personenschäden freigestellt (vgl. § 840 Abs. 2 BGB); ein im Innenverhältnis zwischen dem Verrichtungsgehilfen und dem Geschäftsherrn etwa bestehender arbeitsrechtlicher Freistellungsanspruch bleibt dabei außer Betracht. Die Haftung des nicht auf der gemeinsamen Betriebsstätte tätigen Unternehmers bleibt im Rahmen des gestörten Gesamtschuldverhältnisses auf die Fälle beschränkt, in denen ihn nicht nur eine Haftung wegen vermuteten Auswahl- und Überwachungsverschuldens gemäß § 831 BGB, sondern eine eigene „Verantwortlichkeit" zur Schadensverhütung, etwa wegen der Verletzung von Verkehrssicherungspflichten oder wegen eines Organisationsverschuldens trifft.[52]

2. Gesetzliche Haftungsbeschränkung

30 Bei den **gesetzlichen Haftungsbeschränkungen** geht die Rechtsprechung einen anderen Weg.[53] Nachdem sie zunächst eine Regressmöglichkeit auch gegen den durch die gesetzliche Haftungsbeschränkung Privilegierten eröffnet hatte[54], verneint sie seit dem Urteil des BGH vom 01.03.1988[55] mangels Haftpflicht des Privilegierten eine Gesamtschuld und damit auch die Regressmöglichkeit des im Übrigen ungekürzt haftenden weiteren Schädigers.

3. Vertragliche Haftungsfreistellung

31 Bei der **vertraglichen Haftungsfreistellung** verfährt die Rechtsprechung wiederum anders, obwohl auch hier eine Haftpflicht des Privilegierten im Außenverhältnis von vornherein nicht entsteht (anders bei einem bloßen pactum de non petendo). Sie lässt den Nichtbegünstigten voll einstehen und gibt ihm ungeachtet der Haftungsfreistellung einen Ausgleichsanspruch gegen den an sich begünstigten Schuldner.[56] Soweit dieser sich beim Gläubiger schadlos halten kann, ist die Endbelastung dieselbe, wie wenn man den Anspruch des Gläubigers von vornherein um den Beitrag des privilegierten Schädigers kürzen würde. Unter ökonomischen Gesichtspunkten verdiente in diesen Fällen die Anspruchskürzung schon im Außenverhältnis den Vorzug. Ihr Nachteil zeigt sich im Prozess. Einerseits belastet sie den Haftpflichtprozess gegen den Nichtbegünstigten mit Fragen aus dem Verhältnis des Begünstigten zu dem Verletzten. Andererseits kommt es in diesem Prozess leicht zu Urteilen, die eine volle Verpflichtung des nicht begünstigten Schuldners aussprechen, weil weder die eine noch die andere Partei die Haftungsfreistellung des Dritten in den Prozess einführt. Wenigstens für diese Fälle müsste der umständliche Weg der Rechtsprechung geöffnet bleiben.

32 Die Frage aber ist, ob sich der im Regresswege in Anspruch genommene, durch eine Haftungsfreizeichnung begünstigte Schuldner überhaupt beim Gläubiger soll schadlos halten können. Die Antwort auf die Frage hängt davon ab, mit welchen Wirkungen man die Haftungsfreistellungsvereinbarung ausstattet. Ist die Haftungsvereinbarung ein bloßes pactum de non petendo, so hindert sie erstens nicht die volle Inanspruchnahme des Zweitschädigers und zweitens nicht dessen Regress gegen den durch die Vereinbarung begünstigten Schädiger. Der begünstigte Schädiger hat auch keine Chance, sich beim Gläubiger zu erholen. Geht die Haftungsvereinbarung über das pactum de non petendo hinaus und will sie den Privilegierten endgültig von seinem Schädigungsbeitrag befreien, so fragt sich, zu wessen Lasten dieses Privileg gehen soll. Soll es zu Lasten des nicht privilegierten Schädigers gehen, liefe das auf einen Vertrag zu Lasten Dritter hinaus. Soll es zu Lasten des Gläubigers gehen, wäre auf dem Weg der Rechtsprechung das Regresskarussell in Gang zu setzen und bei der Anspruchskürzung ein pactum de non petendo zugunsten der nicht an der Haftungsfreistellung beteiligten Gesamtschuldner anzunehmen.[57]

E. Prozessuale Hinweise/Verfahrenshinweise

33 Wer einen Ausgleich abweichend von der Pro-Kopf-Regel verlangt, trägt die Beweislast für die das Abweichen legitimierenden Umstände.[58]

---

[52] BGH v. 14.06.2005 - VI ZR 25/04 - NSW BGB § 831 Gd.
[53] Dazu *Luckey*, VersR 2002, 1213-1217.
[54] BGH v. 27.06.1961 - VI ZR 205/60 - BGHZ 35, 317-328.
[55] BGH v. 01.03.1988 - VI ZR 190/87 - BGHZ 103, 338-349.
[56] BGH v. 03.02.1954 - VI ZR 153/52 - BGHZ 12, 213-220; BGH v. 09.03.1972 - VII ZR 178/70 - BGHZ 58, 216-224.
[57] *Noack* in: Staudinger, § 426 Rn. 165.
[58] BGH v. 30.09.1987 - IVb ZR 94/86 - LM Nr. 74 zu § 426 BGB.

§ 427 BGB Gemeinschaftliche vertragliche Verpflichtung

(Fassung vom 02.01.2002, gültig ab 01.01.2002)

Verpflichten sich mehrere durch Vertrag gemeinschaftlich zu einer teilbaren Leistung, so haften sie im Zweifel als Gesamtschuldner.

Gliederung

A. Grundlagen 1	II. Verpflichtung durch Vertrag 3
B. Anwendungsvoraussetzungen 2	III. Gemeinschaftlichkeit der Verpflichtung 5
I. Normstruktur 2	IV. Teilbare Leistung 13

A. Grundlagen

§ 427 BGB enthält für die gemeinschaftliche vertragliche Verpflichtung zu einer teilbaren Leistung eine Auslegungsregel für die gesamtschuldnerische Verpflichtung. Diese Auslegungsregel geht der gegenläufigen des § 420 BGB vor. **1**

B. Anwendungsvoraussetzungen

I. Normstruktur

Die Vorschrift bestimmt, dass im Zweifel eine gesamtschuldnerische Haftung anzunehmen ist, wenn drei Voraussetzungen vorliegen: eine Verpflichtung durch Vertrag, die Gemeinschaftlichkeit dieser Verpflichtung, eine teilbare Leistung. **2**

II. Verpflichtung durch Vertrag

Der Vertrag ist ein mindestens zweiseitiges Rechtsgeschäft. Ob es sich um einen gegenseitigen oder um einen einseitig verpflichtenden Vertrag handelt, spielt keine Rolle. Auch ein gemeinsames Schenkungsversprechen führt zu einer Gesamtschuld. Mit der Abhebung auf den Vertrag ist die Vorschrift indessen zu eng geraten. Auch gemeinsame einseitige Rechtsgeschäfte (mehrere Personen loben eine Belohnung aus) begründen die Haftung als Gesamtschuldner. **3**

Darüber hinausgehend hat die Rechtsprechung auch bei einer Geschäftsführung ohne Auftrag für mehrere Geschäftsherren eine gesamtschuldnerische Haftung der Geschäftsherren für den Aufwendungsersatz angenommen.[1] Das ist indessen abzulehnen, weil der Grund für die Vermutungsregelung in dem gemeinsamen rechtsgeschäftlichen Willen liegt, der bei der Geschäftsführung ohne Auftrag gerade fehlt.[2] **4**

III. Gemeinschaftlichkeit der Verpflichtung

Der klassische Fall der gemeinsamen Verpflichtung ist der gemeinsame Vertragsschluss. Ein solcher liegt u.a. vor, wenn für alle Verpflichteten ein- und derselbe Vertreter auftritt.[3] Die gemeinsame Verpflichtung muss aber nicht notwendig gleichzeitig in ein- und demselben Vertrag geschehen. Die Verpflichtungen können auch nacheinander begründet werden.[4] Entscheidend ist, dass die Schuldner von der Verpflichtung des anderen auf dasselbe Interesse des Gläubigers wissen. **5**

Die Verbindlichkeiten, die im Falle des Rücktritts entstehen, begründen eine gesamtschuldnerische Haftung der Verpflichteten. **6**

Keine Gesamtschuld entsteht mit Blick auf bereicherungsrechtliche Rückabwicklungen bei rechtsgrundlosen Leistungen.[5] Das Bereicherungsrecht knüpft an (noch) vorhandene Bereicherungen an und zwingt damit zu einer individuellen Behandlung jedes Leistungsempfängers. **7**

Anders ist die Lage bei Leistungen an eine BGB-Gesellschaft. Für Bereicherungsansprüche, die im Zusammenhang mit einem Vertragsverhältnis durch rechtsgrundlose Leistungen des Gläubigers an eine **8**

---

[1] BGH v. 10.10.1966 - II ZR 196/63 - LM Nr. 26 zu § 426 BGB; BayObLG München v. 16.04.1987 - BReg 2 Z 133/86 - NJW-RR 1987, 1038-1039.
[2] *Noack* in: Staudinger, § 427 Rn. 8; a.A. *Gebauer* in: Soergel, § 427 Rn. 2.
[3] *Noack* in: Staudinger, § 427 Rn. 9.
[4] BGH v. 29.09.1959 - VIII ZR 105/58 - LM Nr. 1 zu § 3 WoEigG.
[5] RG v. 08.12.1936 - II 147/36 - RGZ 154, 65-72.

BGB-Gesellschaft entstehen, haften die Gesellschafter, jedenfalls nach Auflösung der Gesellschaft und Verteilung des Gesellschaftsvermögens, als Gesamtschuldner auf den vollen Betrag.[6] Das gilt unabhängig davon, welcher Lehre zur Rechtsnatur der BGB-Gesellschaft man folgt.

9 **Typische Fälle**: Die gemeinsame Aufnahme eines Kredits begründet regelmäßig die gesamtschuldnerische Rückzahlungsverpflichtung. Das gilt auch für die einseitige Aufnahme eines Kredits mit gleichzeitigem oder nachträglichem Schuldbeitritt. Hier tritt indessen häufig die Frage auf, ob die Mithaftung auf einen Schuldbeitritt mit der Gesamtschuldfolge oder auf eine Bürgschaft mit der akzessorischen Haftung abzielt.[7] Der klassische Bereich der durch gemeinsame Verpflichtung begründeten gesamtschuldnerischen Haftung wurde früher in der Haftung der BGB-Gesellschafter gesehen. Das entspricht in der Tat der traditionellen Gesamthandslehre, wonach durch Vertreter- oder Eigenhandeln ohnehin nur die Gesellschafter verpflichtet wurden, sowie der die Verpflichtungsfähigkeit der BGB-Gesellschaft anerkennenden Doppelverpflichtungslehre, wonach neben der BGB-Gesellschaft die BGB-Gesellschafter für sich einen zusätzlichen Verpflichtungstatbestand begründen.[8] Für die BGB-Außengesellschaft hat sich inzwischen neben der Lehre von der Rechtsfähigkeit der BGB-Gesellschaft für die Haftung der BGB-Gesellschafter die Akzessorietätslehre entsprechend § 128 HGB durchgesetzt.[9] In dieser Lehre ist für die Gesamtschuld aus gemeinsamer Verpflichtung kein Raum. Sie kann nur noch die Fälle erfassen, in denen mehrere in BGB-Innengesellschaften miteinander verbunden sind und gegenüber Dritten gemeinsame Verpflichtungen eingehen.

10 Einem Schiedsrichter haften beide Parteien für die Vergütung als Gesamtschuldner auch dann, wenn der Schiedsrichter nur von einer Partei ernannt worden ist.[10] Wenn sich mehrere Parteien in einem Prozessvergleich zu Leistungen verpflichten, so haften sie auch für die Kosten als Gesamtschuldner.[11]

11 Grundstückserwerber, die gemäß § 566 BGB in einen Mietvertrag eintreten, haften als Gesamtschuldner, weil ihre Verbindlichkeit aus einer einheitlichen Verpflichtung herrührt.[12]

12 Der gemeinsame Heizöleinkauf von Nachbarn begründet in der Regel keine gesamtschuldnerische Haftung.[13] Gleiches gilt für die gemeinsame Bestellung von Fahrkarten für eine Klassenfahrt.[14]

IV. Teilbare Leistung

13 Vgl. hierzu die Kommentierung zu § 420 BGB Rn. 9.

---

[6] BGH v. 15.10.1973 - II ZR 149/71 - BGHZ 61, 338-346.
[7] BGH v. 27.03.1972 - VII ZR 31/71 - BGHZ 58 251-256; *Habersack*, JZ 1997, 857-865.
[8] BGH v. 30.04.1979 - II ZR 137/78 - BGHZ 74, 240-244.
[9] BGH v. 18.02.2002 - II ZR 331/00 - NJW 2002, 1207-1208.
[10] BGH v. 22.02.1971 - VII ZR 110/69 - BGHZ 55, 344-354.
[11] KG Berlin v. 29.07.1988 - 1 W 2199/88 - NJW-RR 1988, 1406.
[12] BGH v. 24.01.1973 - VIII ZR 163/71 - LM Nr. 2 zu § 427 BGB.
[13] LG Augsburg v. 16.03.2004 - 4 S 5530/03 - NJW-RR 2004, 852-853; *Schmidt*, JuS 1988, 444-447.
[14] OLG Frankfurt v. 23.01.1986 - 1 U 40/85 - NJW 1986, 1941-1943; OLG Frankfurt v. 02.02.1990 - 2 U 172/89 - NJW-RR 1991, 283-285.

§ 428 BGB Gesamtgläubiger

(Fassung vom 02.01.2002, gültig ab 01.01.2002)

[1]Sind mehrere eine Leistung in der Weise zu fordern berechtigt, dass jeder die ganze Leistung fordern kann, der Schuldner aber die Leistung nur einmal zu bewirken verpflichtet ist (Gesamtgläubiger), so kann der Schuldner nach seinem Belieben an jeden der Gläubiger leisten. [2]Dies gilt auch dann, wenn einer der Gläubiger bereits Klage auf die Leistung erhoben hat.

Gliederung

A. Grundlagen 1	1. Gesetzliche Anordnung der Gesamtgläubigerschaft 9
I. Kurzcharakteristik 1	2. Rechtsgeschäftliche Begründung der Gesamtgläubigerschaft 14
II. Regelungsprinzipien 2	
B. Praktische Bedeutung 3	IV. Einmalige Leistungsverpflichtung des Schuldners 18
C. Anwendungsvoraussetzungen 4	
I. Normstruktur 4	**D. Rechtsfolgen** 19
II. Beteiligung mehrerer Personen 5	**E. Prozessuale Hinweise/Verfahrenshinweise** 21
III. Forderungsrecht auf die ganze Leistung 6	

A. Grundlagen

I. Kurzcharakteristik

§ 428 BGB regelt das Außenverhältnis der Gesamtgläubigerschaft, die Beziehungen mehrerer Gläubiger zu dem Schuldner. Dem Schuldner wird eine außerordentlich privilegierte Position zuteil. Er kann sich den Gläubiger, an den er leistet, nach Belieben auch dann noch aussuchen, wenn einer der Gläubiger bereits Klage gegen ihn erhoben hat.

II. Regelungsprinzipien

Der Gläubiger in der Gesamtgläubigerschaft befindet sich in einer schlechten Lage. Er hat keinerlei Einfluss darauf, an welchen der verschiedenen Gläubiger der Schuldner mit befreiender Wirkung gegen alle Gläubiger leistet. Nicht einmal mit einer Klageerhebung gegen den Schuldner kann er den Schuldner zwingen, an ihn und nicht an einen anderen Gesamtgläubiger zu leisten. Gegenüber anderen denkbaren Modellen der Gläubigermehrheit bietet die Gesamtgläubigerschaft dem einzelnen Gläubiger aber auch gewisse Vorteile: Es ist für ihn besser, erstens nicht gemeinschaftlich (wie bei § 744 BGB und § 754 BGB), sondern unbehindert von anderen die Leistung fordern zu dürfen, zweitens die Leistung an sich selbst statt (wie bei § 432 BGB) an alle fordern zu müssen, drittens die Leistung in Gänze statt (wie bei § 420 BGB) nur den ihm im Innenverhältnis zustehenden (und von ihm zu bestimmenden) Teil fordern zu können.

B. Praktische Bedeutung

Fälle der **Gesamtgläubigerschaft** sind außerordentlich selten, da es kaum ein Gläubiger gern sieht, dass seine Forderung durch Leistung an einen anderen befriedigt wird. Der Bundesgerichtshof hat eine Gesamtgläubigerschaft zwischen dem Träger der gesetzlichen Unfallversicherung und dem Träger der gesetzlichen Rentenversicherung angenommen, wenn der nach § 1542 RVO übergegangene Anspruch auf Schadensersatz der Höhe nach nicht ausreicht, um beiden Versicherungsträgern vollen Ersatz zu geben.[1] Diese Regelung ist nunmehr in § 117 SGB X Gesetz geworden. Auch bei Gemeinschaftskonten von Eheleuten kommt Gesamtgläubigerschaft mit der Besonderheit in Betracht, dass der Schuldner an den Fordernden zahlen muss.[2] Im Übrigen gibt es einen gesetzlichen Fall der Gesamtgläubigerschaft in § 2151 Abs. 3 BGB.

---

[1] BGH v. 01.07.1969 - VI ZR 216/67 - NJW 1969, 1901.
[2] BGH v. 08.07.1985 - II ZR 16/85 - BGHZ 95, 185-188.

C. Anwendungsvoraussetzungen

I. Normstruktur

4 Die Normstruktur ist einfach. In der Wenn-Komponente in Satz 1 wird die Gesamtgläubigerschaft implizit definiert: Forderungsrecht mehrerer in der Weise, dass ein jeder die ganze Leistung fordern kann, der Schuldner aber nur einmal zu leisten braucht. Ob die Definitionsmerkmale in einer konkreten Gestaltung vorliegen, wird außerhalb der Norm entschieden. Die Dann-Komponente in Satz 1 enthält mit der Wahlmöglichkeit des Schuldners die Rechtsfolge. Satz 2 stellt klar, dass die Wahlmöglichkeit auch durch eine Klageerhebung nicht beeinträchtigt wird.

II. Beteiligung mehrerer Personen

5 Die erste Anwendungsvoraussetzung für die Annahme einer Gesamtgläubigerschaft ist die Beteiligung mehrerer Personen auf der Gläubigerseite. Die Feststellung dieser Voraussetzung bereitet in der Regel keine Schwierigkeiten. Soweit man Gesamthandgemeinschaften eigene Rechtspersönlichkeit und Rechtsfähigkeit zubilligt[3], ist für die Berechtigungen der Gesamthand keine Gläubigermehrheit gegeben. Ob im Übrigen bei einer Beteiligung mehrerer Personen von einer Gesamtgläubigerschaft, einer Teilgläubigerschaft (§ 420 BGB), einer Gesamthandsgläubigerschaft (§ 2039 BGB), einer Gläubigergemeinschaft (§ 744 BGB) oder einer Mitgläubigerschaft (§ 432 BGB) auszugehen ist, hängt von weiteren Voraussetzungen ab: die Forderungsberechtigung eines jeden auf die ganze Leistung und die nur einmalige Leistungsverpflichtung des Schuldners. Gerade die letzte Voraussetzung kann für den Gläubiger, an den die Leistung nicht erfolgt, nachteilig sein, so dass entsprechende Gestaltungen unter Gläubigern nur dort vereinbart zu werden pflegen, wo man darauf vertrauen darf, am Ende doch zu seinem Recht zu kommen. Das mag erklären, warum tatsächlich die Gesamtgläubigerschaft ihre größte Bedeutung im Rahmen der Rechtsbeziehungen von Eheleuten hat.[4]

III. Forderungsrecht auf die ganze Leistung

6 Das zweite Merkmal der Gesamtgläubigerschaft ist das Forderungsrecht auf die gesamte Leistung eines jeden Gläubigers an sich. In diesem Merkmal stecken zwei Untermerkmale. Das eine ist das Forderungsrecht eines jeden auf die gesamte Leistung. Dieses Merkmal grenzt die Gesamtgläubigerschaft von der Teilgläubigerschaft (§ 420 BGB) ab. Das andere ist die Forderung zur Leistung an den Fordernden. Dieses Merkmal grenzt die Gesamtgläubigerschaft von der Mitgläubigerschaft (§ 432 BGB) und anderen Gläubigerberechtigungen ab.

7 Die volle Forderungsinhaberschaft erlaubt auch den Gläubigern eines jeden Gesamtgläubigers, auf die Forderung als Vollstreckungsobjekt zuzugreifen, ohne die Mitberechtigung der übrigen Gesamtgläubiger zu beachten.[5]

8 Ob die letztlich konstituierenden Merkmale für die Gesamtgläubigerschaft gegeben sind, hängt von den **Entstehungsvoraussetzungen für Gesamtgläubigerschaften** ab. Die Gesamtgläubigerschaft kann durch ausdrückliche oder konkludente vertragliche Vereinbarung zustande kommen oder gesetzlich begründet werden. Eine § 427 BGB vergleichbare gesetzliche Vermutungsregelung gibt es für die Gesamtgläubigerschaft nicht. Für sie streitet wenn mehrere Personen auf der Gläubigerseite stehen, auch keine sonstige Vermutung.[6] Die Gesamtgläubigerschaft hat wegen der mit ihr verbundenen Gläubigerrisiken Ausnahmecharakter.

1. Gesetzliche Anordnung der Gesamtgläubigerschaft

9 Gesetzlich angeordnet ist die Gesamtgläubigerschaft in § 2151 Abs. 3 BGB und in § 117 Abs. 1 SGB X.

10 § 2151 Abs. 3 BGB betrifft den Fall, dass bei einem subjektiven Wahlvermächtnis der Beschwerte oder der zur Bestimmung des Vermächtnisempfängers befugte Dritte die Bestimmung nicht treffen können oder nicht in der vom Nachlassgericht gesetzten Frist getroffen haben. Ab diesem Zeitpunkt sind die mehreren Bedachten Gesamtgläubiger, und der Beschwerte kann an jeden von ihnen mit befreiender Wirkung leisten.

---

[3] Grundlegend für die BGB-Außengesellschaft BGH v. 18.02.2002 - II ZR 331/00 - NJW 2002, 1207-1208.
[4] *Rütten*, Mehrheit von Gläubigern, 1990, S. 147.
[5] BGH v. 24.01.1985 - IX ZR 65/84 - BGHZ 93, 315-327.
[6] BGH v. 13.01.1984 - V ZR 55/83 - BGHZ 89, 349-353.

§ 117 Abs. 1 SGB X betrifft den Fall, dass ein begrenzter Anspruch auf mehrere Leistungsträger übergeht. Hier soll der Verpflichtete nicht mit den Schwierigkeiten belastet werden, die sich aus der Bestimmung der Anteile der beteiligten Versicherungsträger ergeben.

Forderungen, die auf der Grundlage von § 1357 BGB begründet werden, machen die Ehegatten zu Gesamtgläubigern.[7]

Keine Gesamtgläubiger sind zusammen veranlagte Ehegatten mit Blick auf den Steuererstattungsanspruch.[8] Der Steuererstattungsanspruch steht vielmehr dem Ehegatten zu, der die zu erstattende Steuer an das Finanzamt gezahlt hat.[9]

2. Rechtsgeschäftliche Begründung der Gesamtgläubigerschaft

Der praktisch bedeutsamste Fall rechtsgeschäftlich begründeter Gesamtgläubigerschaft liegt bei der Errichtung des unter Ehegatten beliebten **Oder-Kontos**[10] (Gemeinschaftskonto mit Einzelzeichnungsberechtigung) vor.[11] Hier kann jeder Kontoinhaber über das gesamte Guthaben, gegebenenfalls auch über einen von der Bank eingeräumten Überziehungskredit, verfügen. Mit Blick auf Börsentermingeschäfte über das Oder-Konto hat der Bundesgerichtshof[12] entschieden: Der nicht börsentermingeschäftsfähige Mitinhaber eines Gemeinschaftsgirokontos mit Einzelverfügungsbefugnis (Oder-Konto) kann vom kontoführenden Kreditinstitut die Stornierung von Belastungsbuchungen aus vom anderen börsentermingeschäftsfähigen Kontomitinhaber abgeschlossenen Börsentermingeschäften verlangen, soweit das Konto aufgrund dieser Buchungen, auch im Rahmen eines eingeräumten Überziehungskredits, debitorisch wird. Hingegen besteht kein Stornierungsanspruch, soweit die Börsentermingeschäfte für den börsentermingeschäftsfähigen Kontoinhaber verbindlich und die Buchungen durch Kontoguthaben gedeckt sind. Die Gesamtgläubigerschaft wird nicht dadurch ausgeschlossen, dass nach dem Zweck des Oder-Kontos die Bank nicht nach freiem Belieben an einen der Kontoinhaber leisten kann, sondern an den (zuerst) fordernden Kontoinhaber leisten muss.[13] Die Auswahlfreiheit ist keine Voraussetzung, sondern nur abdingbare Folge einer Gesamtgläubigerschaft. Ein Oder-Konto wird auch begründet, wenn Ehegatten gemeinsam einen Bausparvertrag abschließen. Folglich kann jeder Ehegatte Zahlung an sich verlangen; diese Gläubigerstellung des § 428 BGB wird durch den Tod eines Ehegatten nicht berührt, sofern die Allgemeinen Geschäftsbedingungen der Bausparkasse nicht Gegenteiliges vorsehen. Der Überlebende braucht keine Erbenstellung nachzuweisen, um die Auszahlung zu bewirken; eine etwaige Ausgleichspflicht gegenüber den Erben nach § 430 BGB berührt die Verfügungsbefugnis nicht.[14]

Vertragliche Gesamtgläubigerschaft wird auch dann begründet, wenn für mehrere ein **Oder-Depot** eingerichtet wird.[15] Gesamtgläubiger sind die Inhaber des Depots aber nicht mit Blick auf die verwahrten Wertpapiere, sondern nur mit Blick auf die Rechte aus dem Verwahrungsvertrag. Bei Inhaber- und Orderpapieren kann es keine Gesamtgläubigerberechtigungen geben. Die Forderungen aus dem Papier folgen dem Recht am Papier. Maßgeblich ist demnach die dingliche Berechtigung am Papier. Über die gibt die Errichtung eines Oder-Depots keinen Aufschluss.[16]

Keine Gesamtgläubigerschaft begründet der echte **Vertrag zugunsten Dritter**. Zwar sind hier der Begünstigte und der Versprechensempfänger Gläubiger und jeder von ihnen kann die gesamte Leistung verlangen. Der Versprechensempfänger kann sie aber nicht an sich verlangen. Auch befreit den Schuldner eine Leistung an den Versprechensempfänger nicht.

---

[7] Streitig, wie hier *Rütten*, Mehrheit von Gläubigern, 1990, S. 241 ff.; *Gernhuber/Coester-Waltjen*, Lehrbuch des Familienrechts, 4. Aufl. 1994, § 19 IV 8; a.A. *Brudermüller* in: Palandt, § 1357 Rn. 21.

[8] BFH v. 19.10.1982 - VII R 55/80 - NJW 1983, 1448.

[9] A.A. *Wolf* in: Soergel, § 430 Rn. 8 (12. Aufl.), wie hier *Noack* in: Staudinger, § 428 Rn. 69 und 70 und *Gebauer* in: Soergel (aktuelle Auflage), § 430 Rn. 8.

[10] Mit den Konsequenzen des Oder-Kontos für das Steuerrecht befasst sich *Fichtelmann*, EStB 2004, 452-455; vgl. auch BGH v. 31.03.2009 - XI ZR 288/08.

[11] BGH v. 08.07.1985 - II ZR 16/85 - BGHZ 95, 185-188.

[12] BGH v. 25.06.2002 - XI ZR 218/01 - NJW 2002, 3093-3096.

[13] *Gernhuber*, WM 1997, 645-656.

[14] LG Bremen v. 03.06.2004 - 2 O 84/04 - ZERB 2004, 303.

[15] BGH v. 25.02.1997 - XI ZR 321/95 - LM BGB § 430 Nr. 4 (7/1997).

[16] OLG Düsseldorf v. 21.06.1996 - 22 U 265/95 - NJW-RR 1998, 918-920.

17 Auch bei der Beauftragung einer **Anwaltssozietät** entsteht mit Blick auf die **Honoraransprüche keine Gesamtgläubigerschaft**. Die Ansprüche stehen der Sozietät zu.[17] Insoweit gibt es nach der Entwicklung der Rechtsprechung zur Rechtsfähigkeit der BGB-Gesellschaft nicht einmal eine Mehrheit von Gläubigern. Für die Annahme einer Gläubigermehrheit zwischen der Sozietät und den Partnern der Sozietät fehlt es an jeder rechtlichen Grundlage.[18]

IV. Einmalige Leistungsverpflichtung des Schuldners

18 Das dritte Merkmal der Gesamtgläubigerschaft ist die nur einmalige Leistungsverpflichtung des Schuldners. Diese Voraussetzung ist regelmäßig unproblematisch. Mit ihr werden die Kumulationsfälle, bei denen jedem Gläubiger das Recht auf die ganze Leistung zusteht und der Schuldner auch jeden Gläubiger mit der ganzen Leistung beglücken muss, aus dem Bereich der Gesamtgläubigerschaft ausgeschlossen. Diese Fälle liegen überhaupt außerhalb der Gläubiger- und Schuldnermehrheiten.

D. Rechtsfolgen

19 Die Rechtsfolge der Gesamtgläubigerschaft ist das Wahlrecht des Schuldners, die Leistung an den Gläubiger seiner Wahl zu erbringen, das auch nicht dadurch beeinträchtigt wird, dass einer der Gläubiger Klage gegen den Schuldner erhoben hat.

20 Als Leistungsmöglichkeit stehen dem Schuldner die Erfüllung und die Erfüllungssurrogate zur Verfügung. Der Schuldner kann damit auch mit jeder Forderung aufrechnen, die er irgendeinem der Gesamtgläubiger gegenüber hat.

E. Prozessuale Hinweise/Verfahrenshinweise

21 Jeder Gesamtgläubiger ist berechtigt, die gesamte Forderung allein gerichtlich geltend zu machen und aus einem Vollstreckungstitel allein zu vollstrecken. Der Klageantrag geht auf Leistung an den klagenden Gesamtgläubiger (und nicht auf Leistung „an ihn oder einen anderen Gesamtgläubiger").

22 Gegen die durch einen anderen Gesamtgläubiger erhobene Klage kann sich der Schuldner nicht mit dem Einwand der Rechtshängigkeit wehren. Die Klageabweisung gegen einen der Gesamtgläubiger wirkt nicht Rechtskraft gegen die anderen Gesamtgläubiger. Der Schuldner kann während des laufenden Verfahrens und auch nach Abschluss des Verfahrens mit einem verurteilenden Entscheid an einen anderen Gesamtgläubiger leisten. Im laufenden Verfahren stellt er damit den Kläger klaglos und zwingt diesen zur Erledigung der Hauptsache. Nach abgeschlossenem Verfahren muss und kann er sich gegenüber dem bestehenden Vollstreckungstitel mit der Vollstreckungsgegenklage nach § 767 ZPO wehren.

23 Die Gesamtgläubiger können auch gemeinsam Klage erheben. In diesem Fall sind sie nur einfache Streitgenossen, da weder aus prozessualen noch aus materiellen Gründen eine einheitliche Entscheidung ergehen muss.

---

[17] BGH v. 20.06.1996 - IX ZR 248/95 - LM BGB § 428 Nr. 24 (12/1996).
[18] BGH v. 20.06.1996 - IX ZR 248/95 - LM BGB § 428 Nr. 24 (12/1996).

§ 429 BGB Wirkung von Veränderungen

(Fassung vom 02.01.2002, gültig ab 01.01.2002)

(1) Der Verzug eines Gesamtgläubigers wirkt auch gegen die übrigen Gläubiger.

(2) Vereinigen sich Forderung und Schuld in der Person eines Gesamtgläubigers, so erlöschen die Rechte der übrigen Gläubiger gegen den Schuldner.

(3) ¹Im Übrigen finden die Vorschriften der §§ 422, 423, 425 entsprechende Anwendung. ²Insbesondere bleiben, wenn ein Gesamtgläubiger seine Forderung auf einen anderen überträgt, die Rechte der übrigen Gläubiger unberührt.

Gliederung

A. Grundlagen 1	2. Erlass und Vergleich 12
I. Kurzcharakteristik 1	3. Schuldnerverzug 14
II. Regelungsprinzipien 2	4. Unmöglichkeit der Leistung 15
B. Praktische Bedeutung 3	5. Gerichtliche Entscheidung (Urteil) ... 16
C. Anwendungsvoraussetzungen 4	6. Novation 17
I. Normstruktur 4	7. Wahlschuldverhältnis 18
II. Gläubigerverzug (Absatz 1) 5	8. Gestaltungsrechte 19
III. Konfusion (Absatz 2) 6	9. Verjährung 21
IV. Wirkung sonstiger Ereignisse (Absatz 3 Satz 1) 7	V. Abtretung durch einen Gesamtgläubiger (Absatz 3 Satz 2) 22
1. Erfüllung und Erfüllungssurrogate 8	VI. Pfändung 23

A. Grundlagen

I. Kurzcharakteristik

Die Norm befasst sich mit den Rechtswirkungen von Tatsachen, die in der Person nur eines Gesamtgläubigers eintreten. Sie ordnet für den Gläubigerverzug und für die Vereinigung von Forderung und Schuld in der Person eines Gläubigers Gesamtwirkung an und verweist im Übrigen auf die entsprechende Anwendung der Vorschriften der §§ 422, 423, 425 BGB aus dem Gesamtschuldrecht. 1

II. Regelungsprinzipien

Die Grundtendenz der Regelung geht dahin, schuldverändernden Ereignissen keine Gesamtwirkung auf die Forderungen aller Gesamtgläubiger zuzubilligen, sondern die Wirkungen auf die Gläubiger zu beschränken, in deren Person die schuldverändernden Ereignisse eingetreten sind. Eine Gesamtwirkung findet nur statt, wenn sie ausdrücklich angeordnet ist. Das gilt nach Absatz 1 für den Gläubigerverzug, nach Absatz 2 für die Vereinigung von Forderung und Schuld und über den durch Absatz 3 in Bezug genommenen § 422 BGB für die Erfüllung und die Erfüllungssurrogate. 2

B. Praktische Bedeutung

Die praktische Bedeutung der Vorschrift ist groß, da es sich um die einzige Vorschrift handelt, die sich mit den Wirkungen schuldverändernder Ereignisse im Rahmen einer Gesamtgläubigerschaft befasst. 3

C. Anwendungsvoraussetzungen

I. Normstruktur

Die Normstruktur der Absätze 1 und 2 ist einfach: An jeweils ein Merkmal ist eine eindeutige Rechtsfolge geknüpft. Bei Absatz 3 sieht die Sache ein wenig komplizierter aus, weil Absatz 3 im Wesentlichen von einer Verweisung auf andere, durchaus komplexe Normen lebt und im Übrigen eine Klarstellung mit Blick auf die Übertragung der Forderung durch einen Gesamtgläubiger enthält. 4

II. Gläubigerverzug (Absatz 1)

5 Für den Gläubigerverzug ist Gesamtwirkung angeordnet: Wenn der Schuldner seine Leistung nur einem Gläubiger schuldgerecht anbietet und dieser Gläubiger die Annahme der Leistung verweigert, kommen alle Gläubiger in Verzug. Der Grund für diese Regelung liegt auf der Hand. Würde der Gläubiger, dem die Leistung schuldgerecht angeboten wird, die Leistung annehmen, käme es zur Erfüllung, die allen Gläubigern gegenüber wirkt. Wenn sich der Schuldner aber durch die Leistung an einen Gläubiger seiner Wahl von seiner Schuld befreien kann, so soll ihm kein Nachteil aus der Situation entstehen, dass der von ihm ausgesuchte Gläubiger die Annahme der Leistung verweigert.

III. Konfusion (Absatz 2)

6 Auch die Vereinigung von Forderung und Schuld in der Person eines Gesamtgläubigers hat Gesamtwirkung[1]. Durch Konfusion tritt Erfüllung mit der Folge ein, dass alle Schuldverhältnisse zu allen Gläubigern erlöschen. Auf welche Weise es zur Konfusion kommt, spielt keine Rolle. So ist es zum Beispiel möglich, dass der Schuldner einen der Gläubiger beerbt (diesen könnte er dann als seinen „Leistungsempfänger" auswählen). Es ist aber auch möglich, dass einer der Gläubiger den Schuldner beerbt. Auch dann werden mit ihm die anderen frei.[2]

IV. Wirkung sonstiger Ereignisse (Absatz 3 Satz 1)

7 Mit Blick auf die Wirkung sonstiger Ereignisse ergibt sich wegen der Verweisung auf drei Normen des Gesamtschuldrechts ein differenziertes Bild, das an den Beispielsgruppen der sonstigen Ereignisse nachzuzeichnen ist.

1. Erfüllung und Erfüllungssurrogate

8 Die Erfüllung hat Gesamtwirkung. Das versteht sich von selbst und ist in dem Begriff der Gesamtgläubigerschaft angelegt. Die Gesamtwirkung kommt auch den Erfüllungssurrogaten der Aufrechnung, der Hinterlegung und der Leistung an Erfüllungs statt zu. Das ist nicht in allen Fällen selbstverständlich.

9 Aufrechnen kann der Schuldner mit jeder ihm gegen einen der Gesamtgläubiger zustehenden Forderung, wie auch jeder Gesamtgläubiger mit der ihm als Gesamtgläubiger zustehenden Forderung gegen jede gegen ihn gerichtete Forderung des Schuldners aufrechnen kann. Ein Gesamtgläubiger kann nur nicht mit der ihm als Gesamtgläubiger zustehenden Forderung gegen die gegen einen anderen Gesamtgläubiger gerichtete Forderung des Schuldners aufrechnen. Die Aufrechnung hat die Wirkung, dass der Gesamtgläubiger, der durch die Aufrechnung von einer Verpflichtung befreit wird, den anderen Gesamtgläubigern nach Maßgabe des Innenverhältnisses ausgleichspflichtig wird.

10 Gesamtwirkung hat auch die Hinterlegung, wenn der Schuldner auf die Rücknahme der hinterlegten Leistung verzichtet. Denn dann tritt Erfüllungswirkung nach § 378 BGB ein. Fraglich ist, ob sich der Schuldner gemäß § 379 BGB, wenn er nicht auf die Rücknahme verzichtet, gegenüber dem Leistungsbegehren anderer Gläubiger auf die Hinterlegung berufen kann.[3] Denn auch an den, für den hinterlegt ist, ist noch nicht geleistet, solange die Rücknahme möglich ist.

11 Die Möglichkeit der Hinterlegung nach § 372 Satz 2 BGB wegen Ungewissheit über die Person des Gläubigers ist im Falle der Gesamtgläubigerschaft nicht schon dann eröffnet, wenn der Schuldner nicht alle oder auch nur einen der Gesamtgläubiger nicht kennt. Solange er überhaupt einen der Gesamtgläubiger kennt, muss er an diesen leisten.[4] Die Leistung an Erfüllungs statt hat ohne weiteres Gesamtwirkung, wenn alle Gläubiger mit dem Austausch der Leistung einverstanden sind. Fraglich ist, wie es sich auswirkt, wenn ein einzelner Gläubiger vom Schuldner eine andere Leistung als Erfüllung annimmt (§ 364 Abs. 1 BGB). *Selb* spricht dieser Annahme die Gesamtwirkung ab.[5] Das ist indessen mit den eindeutigen Vorstellungen des Gesetzgebers nicht zu vereinbaren.[6] Auch die Annahme an Erfüllungs statt durch einen einzelnen Gläubiger hat Gesamtwirkung.[7]

---

[1] Vgl., wenn auch in anderem Kontext, *Grüneberg* in: Palandt, § 425 Rn. 7.
[2] *Rütten*, Mehrheit von Gläubigern, 1990, S. 194.
[3] So *Ehmann* in: Erman, § 429 Rn. 3 (12. Aufl.) und *Noack* in: Staudinger, § 429 Rn. 12. Die Frage ist zu verneinen (wie hier *Rütten*, Mehrheit von Gläubigern, 1990, S. 193).
[4] *Rütten*, Mehrheit von Gläubigern, 1990, S. 194; *Noack* in: Staudinger, Rn. 13.
[5] *Selb*, Mehrheiten von Gläubigern und Schuldnern, 1984, § 16 II 2 c.
[6] *Rütten*, Mehrheit von Gläubigern, 1990, S. 192 mit Nachweisen zur Gesetzgebungsgeschichte.
[7] *Noack* in: Staudinger, § 429 Rn. 10.

2. Erlass und Vergleich

Für den Erlassvertrag, den ein Gesamtgläubiger mit dem Schuldner schließt, ordnet das Gesetz durch die Verweisung auf § 423 BGB Gesamtwirkung an. In der Literatur ist diese Wirkung umstritten. Die einen halten die Gesamtwirkung des Erlassvertrags ohne eine entsprechende Verfügungsmacht des Gesamtgläubigers über das Gesamtrecht für ausgeschlossen und die Verweisung für ein Redaktionsversehen.[8] Die anderen verweisen auf die Gesetzesmaterialien und nehmen die Verweisung ernst.[9] Tatsächlich gibt es keinen Grund, die Möglichkeit der Gesamtwirkung eines Erlassvertrages zu leugnen. Mit dem einseitigen Erlassvertrag treten dieselben Wirkungen ein wie bei einer Zahlung an einen Gesamtgläubiger und der Rückzahlung dieses Betrages an den Schuldner. Das hat schon der Gesetzgeber so gesehen und aus diesem Grunde die Verweisung auf § 423 BGB in das Gesetz aufgenommen.[10] Die übrigen Gesamtgläubiger werden dadurch nicht rechtlos gestellt. Ihnen bleibt der Ausgleichsanspruch gegen den Gesamtgläubiger, der den Erlassvertrag mit dem Schuldner vereinbart hat. Ihre Situation hat sich allenfalls insofern verschlechtert, als bei einem vermögenslosen Gesamtgläubiger im Falle des Erlassvertrages nicht einmal die Leistung des Schuldners als Zugriffsobjekt zur Verfügung steht.

Von der abstrakten Möglichkeit, einen Erlassvertrag mit Gesamtwirkung zu vereinbaren, ist die Frage zu unterscheiden, ob in einem konkreten Fall von dieser Möglichkeit nach dem Willen der Vertragsparteien auch Gebrauch gemacht werden sollte. Als alternative Gestaltungsmöglichkeiten kommt ein Erlass nur der eigenen Forderung des Gesamtgläubigers oder ein auf den Anteil im Innenverhältnis beschränkter Erlassvertrag in Verbindung mit einem pactum de non petendo in Betracht. Im ersteren Falle würde der Schuldner gar nicht entlastet, weil die anderen Gesamtgläubiger ihn weiterhin in voller Höhe in Anspruch nehmen könnten. Im letzteren Falle beschränkte sich die Entlastung auf den Anteil der Forderung, der im Innenverhältnis der Gesamtgläubiger zueinander auf den erlassenden Gesamtgläubiger entfällt. In diesem Sinne hat der Bundesgerichtshof im Falle eines Teilungsabkommens[11] und im Falle eines Abfindungsvergleichs entschieden, den einer der beiden Gesamtgläubiger mit dem Schuldner geschlossen hatte und der einen Nachlass auf die Forderung enthielt[12].

3. Schuldnerverzug

Der Schuldnerverzug hat stets Einzelwirkung.[13]

4. Unmöglichkeit der Leistung

Die Unmöglichkeit der Leistung des Schuldners hat notwendigerweise Gesamtwirkung. Sonst ist die Leistung nicht unmöglich.

5. Gerichtliche Entscheidung (Urteil)

Sowenig die Klageerhebung eines Gesamtgläubigers einen anderen Gläubiger daran hindert, seinerseits Klage zu erheben, sowenig entfaltet das Urteil in dem Prozess eines Gesamtgläubigers Rechtskraftwirkungen im Verhältnis zu den anderen Gesamtgläubigern. Die Klageabweisung gegen einen Gesamtgläubiger hindert die anderen Gesamtgläubiger nicht, ihren Anspruch durch eine weitere Klage durchzusetzen.[14]

6. Novation

Der einzelne Gesamtgläubiger kann mit dem Schuldner eine Schuldersetzung vereinbaren. Diese Vereinbarung hat jedoch auf den anderen Gesamtgläubiger keinen Einfluss. Ihr kommt lediglich Einzelwirkung zu. Erbringt der Schuldner die ursprüngliche Leistung an einen der übrigen Gesamtgläubiger, so erlischt auch die Forderung des Gläubigers aus dem Novationsvertrag.

---

[8] *Bydlinski* in: MünchKomm-BGB, § 429 Rn. 5; *Gebauer* in: Soergel, § 429 Rn. 4.
[9] *Rütten*, Mehrheit von Gläubigern, 1990, S. 196, 197; *Böttcher* in: Erman, § 429 Rn. 5.
[10] Nachweise bei *Rütten*, Mehrheit von Gläubigern, 1990, S. 197.
[11] BGH v. 11.07.1963 - II ZR 29/61 - BGHZ 40, 108-114.
[12] BGH v. 04.03.1986 - VI ZR 234/84 - NJW 1986, 1861-1863.
[13] *Noack* in: Staudinger, § 429 Rn. 48; *Böttcher* in: Erman, § 429 Rn. 6.
[14] BGH v. 16.11.1951 - V ZR 17/51 - BGHZ 3, 385-391; BGH v. 11.03.1983 - V ZR 287/81 - LM Nr. 159 zu § 812 BGB.

7. Wahlschuldverhältnis

18 Beim Wahlschuldverhältnis mit der Wahlmöglichkeit auf der Gläubigerseite kann die Wahl nur von allen Gläubigern gemeinsam ausgeübt werden.[15]

8. Gestaltungsrechte

19 Für das Rücktrittsrecht ist in § 351 BGB vorgesehen, dass es nur gemeinsam ausgeübt werden kann. Eine Anfechtung kann dagegen nur der Gläubiger wirksam erklären, in dessen Person der Anfechtungsgrund verwirklicht ist. Die Anfechtungserklärung entfaltet nur Einzelwirkung. Allerdings kann sich aus der Anwendung des § 139 BGB ergeben, dass Gesamtnichtigkeit des Rechtsgeschäfts eintritt. Auch die Kündigung wirkt grundsätzlich nur für und gegen den Gesamtgläubiger, in dessen Person die Voraussetzungen für die Kündigung eingetreten sind.

20 Ehegatten, die aus Geschäften im Rahmen des § 1357 BGB Gesamtgläubiger geworden sind, haben stärkere Befugnisse als normale Gesamtgläubiger. Sie können einzeln anfechten, kündigen, zurücktreten und widerrufen und diese Befugnisse zugleich für den anderen ausüben. Die Befugnis des § 1357 BGB endet nicht bei der Begründung des Rechtsgeschäfts, sondern setzt sich bei der Änderung des Rechtsgeschäfts fort.[16]

9. Verjährung

21 Die Verjährung hat Einzelwirkung. Das gilt in Sonderheit für die Maßnahmen eines Gläubigers, die den Lauf der Verjährung hemmen.

V. Abtretung durch einen Gesamtgläubiger (Absatz 3 Satz 2)

22 Die Anordnung, dass durch eine Abtretung durch einen Gesamtgläubiger die Rechte der übrigen Gesamtgläubiger unberührt bleiben, versteht sich an sich von selbst. Der Abtretende kann nicht mehr Rechte übertragen, als er selber hat. Der Abtretungsempfänger erwirbt deshalb die Stellung eines Gesamtgläubigers im Gesamtgläubigerverband. Seine Stellung wird durch die Kumulation der Abtretungswirkungen mit den Gesamtgläubigerwirkungen bestimmt. Eine Leistung des Schuldners an den Altgläubiger kann nach § 407 BGB befreiende Wirkung für den Schuldner haben. Eine Leistung des Schuldners an einen anderen Gesamtgläubiger hat befreiende Wirkung wegen der Gesamtgläubigerschaft.

VI. Pfändung

23 Die Forderung aus einem Oder-Konto kann bei jedem Gesamtgläubiger gepfändet und zur Einziehung überwiesen werden; dies berührt die übrigen Gläubiger ebenso wenig wie die Abtretung des Forderungsrechts seitens eines Gesamtgläubigers. Die Einzelwirkung der Pfändung ermöglicht es der Bank, ungehindert durch § 829 Abs. 1 Satz 1 ZPO weiterhin befreiend Guthaben an die übrigen Gläubiger auszuzahlen oder ihnen gegenüber Gutschriften auf einem Schuldsaldo des Oder-Kontos zu verrechnen. Eine Widerspruchsbefugnis der übrigen Gläubiger gegen die Pfändung aus ihrem Außenverhältnis zur Bank kommt daher nicht in Betracht.[17]

---

[15] BGH v. 13.07.1972 - III ZR 107/69 - BGHZ 59, 187-191.
[16] *Wacke* in: MünchKomm-BGB, § 1357 Rn. 36.
[17] BGH v. 06.06.2002 - IX ZR 169/01 - BGHReport 2003, 50-51.

§ 430 BGB Ausgleichungspflicht der Gesamtgläubiger

(Fassung vom 02.01.2002, gültig ab 01.01.2002)

Die Gesamtgläubiger sind im Verhältnis zueinander zu gleichen Anteilen berechtigt, soweit nicht ein anderes bestimmt ist.

Gliederung

A. Grundlagen 1
   I. Kurzcharakteristik 1
   II. Regelungsprinzipien 2
B. Praktische Bedeutung 3
C. Anwendungsvoraussetzungen 4
   I. Normstruktur 4
   II. Gesamtgläubigerschaft 5
   III. Andere Bestimmung der Anteile 6
      1. Gesetzliche Bestimmung der Anteile 7
      2. Rechtsgeschäftliche Bestimmung der Anteile 9
D. Rechtsfolgen 12
E. Prozessuale Hinweise/Verfahrenshinweise 14

A. Grundlagen

I. Kurzcharakteristik

Die Vorschrift betrifft das Innenverhältnis unter den Gesamtgläubigern und ordnet die Ausgleichspflicht dessen an, der mehr erhalten hat, als ihm in seinen Beziehungen zu den anderen Gesamtgläubigern zusteht. Was den Gesamtgläubigern untereinander zusteht, wird nach Maßgabe besonderer gesetzlicher Anordnungen oder vertraglicher Bestimmungen festgelegt. In Ermangelung solcher Bestimmungen sind die Gesamtgläubiger untereinander zu gleichen Anteilen berechtigt.   **1**

II. Regelungsprinzipien

Die Vorschrift ist ein notwendiger Ausgleich dafür, dass der Schuldner den Gläubiger, an den er leistet, nach Belieben aussuchen darf. Um nicht den Zufall dieser Wahl zum Kriterium für den Wertzuwachs zu machen, ordnet das Gesetz die Ausgleichspflicht im Innenverhältnis an. Die Ausgleichspflicht erfüllt in diesem Rahmen eine ähnliche Funktion wie die Ausgleichspflicht unter Gesamtschuldnern nach § 426 BGB. Im Unterschied zu § 426 Abs. 2 BGB wird der Ausgleichsanspruch des § 430 BGB nicht durch den Anspruch gegen den Schuldner verstärkt, was dann zu Problemen führen kann, wenn nur der Anspruch eines Gläubigers durch ein Grundpfandrecht oder ein anderes Sicherungsrecht gesichert war.   **2**

B. Praktische Bedeutung

Die praktische Bedeutung der Vorschrift ist außerordentlich groß, weil die Ausgleichspflicht bei jeder Leistung an einen der Gesamtgläubiger zum Tragen kommen kann. Ob allerdings die gesetzliche Grundregel der gleichen Anteile häufig zur Anwendung kommt, ist angesichts der gesetzlichen und vertraglichen Sonderregeln eher zweifelhaft.   **3**

C. Anwendungsvoraussetzungen

I. Normstruktur

Die Normstruktur ist einfach. Wenn eine Gesamtgläubigerschaft vorliegt, dann sind die Gesamtgläubiger im Innenverhältnis zu gleichen Anteilen berechtigt, soweit nicht gesetzlich oder vertraglich ein anderes bestimmt ist.   **4**

II. Gesamtgläubigerschaft

Die Voraussetzungen, unter denen Gesamtgläubigerschaft anzunehmen ist, sind in § 428 BGB (vgl. die Kommentierung zu § 428 BGB Rn. 5) erläutert worden. Die Ausgleichspflicht entsteht auch zugunsten des Gesamtgläubigers, der seine Forderung selbst nicht mehr wegen Verjährung hätte durchsetzen können.[1]   **5**

---

[1] BGH v. 27.06.1958 - VI ZR 98/57 - BGHZ 28, 68-77.

III. Andere Bestimmung der Anteile

6 So wie eine Gesamtgläubigerschaft durch Gesetz oder Rechtsgeschäft begründet werden kann, kann sich auch aus Gesetz oder Rechtsgeschäft eine andere Bestimmung der Anteile ergeben. Auch hier ist theoretisch jeder Anteil zwischen Null und Eins möglich.

1. Gesetzliche Bestimmung der Anteile

7 § 2151 Abs. 3 BGB schließt den Ausgleichsanspruch aus und macht damit diese Art des Vermächtnisses zum Glücksspiel. Ein besonderer Gerechtigkeitsgehalt ist darin nicht zu entdecken. Als Modell für andere nicht geregelte Fälle kommt die Anordnung nicht in Betracht.

8 § 117 SGB X bestimmt den Ausgleich entsprechend der Höhe der erbrachten Leistungen.

2. Rechtsgeschäftliche Bestimmung der Anteile

9 Der einfachste Fall der rechtsgeschäftlich bestimmten Anteile ist eine ausdrückliche Vereinbarung und Bestimmung der Anteile. Der einfachste Fall wird selten zutreffen, so dass auf andere, der rechtsgeschäftlich begründeten Gesamtgläubigerschaft angemessene Regeln zurückzugreifen ist, bevor als letzte Möglichkeit die Grundregel der Gleichverteilung zur Anwendung kommt.

10 Sollten die Gesamtgläubiger eine nicht rechtsfähige Gesellschaft des bürgerlichen Rechts bilden, so kommt als Maßstab die Vereinbarung über die Gewinn- und Verlustbeteiligung in Betracht. Bei der rechtsfähigen Gesellschaft des bürgerlichen Rechts kommt dieser Maßstab automatisch zum Zuge, weil man es gar nicht mit einer Gesamtgläubigerschaft zu tun hat.

11 Haben Ehegatten durch gemeinsamen Vertrag eine Gesamtgläubigerschaft begründet, so bestimmt sich der Ausgleich während des Bestehens der Ehe durch die Regeln ihrer Lebensgemeinschaft. Das gilt auch für die Begründung von Oder-Konten und Oder-Depots. In der Regel sind danach Ausgleichsansprüche während der Ehe ausgeschlossen[2]. Eine Ausgleichspflicht entsteht aber, wenn ein Ehegatte mit dem abgehobenen Geld „außerfamiliäre Zwecke" verfolgt.[3] Der während intakter Ehe anzunehmende wechselseitige konkludente Verzicht auf Ausgleichsansprüche erstreckt sich nur auf Kontoverfügungen zu ehedienlichen, der gemeinsamen Lebensplanung entsprechenden Zwecken. Der Verzicht erfasst dagegen weder mit dem Zweck des Kontos nicht zu vereinbarende missbräuchliche und eigennützige Geldentnahmen noch den Zugriff auf das Konto unmittelbar vor der Trennung, der deren Finanzierung dienen soll.[4] Es kann auch eine Rolle spielen, von wem das Geld stammt. Wenn etwa durch die Einrichtung eines Oder-Depots der Mann die Frau an dem vorher allein ihm gehörenden Depot beteiligt, werden beide Miteigentümer der Wertpapiere, jedenfalls der Inhaberpapiere. Bei der Bestimmung der Anteile ist die Umschreibung des zunächst alleinigen Depots in ein Oder-Depot zu berücksichtigen.[5] Mit der Errichtung des Oder-Depots kann eine Schenkung des gesamten oder eines Teil des Depots gewollt sein.

D. Rechtsfolgen

12 Rechtsfolge ist das Entstehen eines Ausgleichsanspruchs als selbständiger Anspruch. Der Anspruch entsteht, wenn noch eine Leistungsmöglichkeit durch den Schuldner der ursprünglichen Forderung gegeben ist, erst dann, wenn ein Gesamtgläubiger mehr erhalten hat, als ihm im Innenverhältnis zusteht. Steht dagegen nach einer Teilleistung an einen der Gesamtgläubiger fest, dass die Restforderung wegen einer Insolvenz des Schuldners sich nicht mehr wird realisieren lassen, so ist die Teilleistung nach den Anteilen im Innenverhältnis zu verteilen.

13 Die Ausgleichsforderungen der Gesamtgläubiger gegen den Ausgleichspflichtigen sind jeweils Teilforderungen im Sinne von § 420 BGB. Somit trägt der Ausgleichspflichtige das Risiko, dass er die maßgebende Ausgleichsquote trifft. Andererseits tragen die Ausgleichsberechtigten das Risiko, dass der Ausgleichspflichtige zum Ausgleich in der Lage ist. Sollte der Ausgleichspflichtige in Vermögensverfall geraten, müssen sich die Ausgleichsberechtigten mit der Insolvenzquote bescheiden und unter Umständen gar leer ausgehen.

---

[2] Vgl. LG Hildesheim v. 05.06.2003 - 1 S 2/03 - juris Rn. 4.
[3] OLG Düsseldorf v. 27.01.1999 - 11 U 67/98 - NJW-RR 1999, 1090-1093.
[4] OLG Saarbrücken v. 14.01.2003 - 9 U 633/01 - BzFamR aktuell 2003, 136.
[5] BGH v. 25.02.1997 - XI ZR 321/95 - LM BGB § 430 Nr. 4 (7/1997).

E. Prozessuale Hinweise/Verfahrenshinweise

Der Gesamtgläubiger, der den hälftigen Ausgleichsanspruch geltend macht, trägt die Beweislast dafür, dass dem anderen Gesamtgläubiger mehr als dessen Anteil zugeflossen ist.[6] Der Gegner trägt die Beweislast für eine Abweichung von der gesetzlichen Regel zu seinen Gunsten; der Anspruchsteller wiederum die Beweislast für eine Abweichung von der gesetzlichen Regel zu seinen Gunsten.[7] Hat einer der Gesamtgläubiger nur seinen Anteil eingezogen, haben die übrigen dennoch einen Ausgleichsanspruch, wenn die Restforderung nicht mehr beizutreiben ist. In diesem Fall muss dann der Ausgleichsberechtigte nachweisen, dass der Schuldner nicht mehr leistungsfähig ist und der andere mehr als seinen ihm danach noch zustehenden Kopfteil eingezogen hat.[8]

---

[6] BGH v. 23.09.1992 - XII ZR 66/91 - NJW-RR 1993, 2-3.
[7] BGH v. 29.11.1989 - IVb ZR 4/89 - LM Nr. 2 zu § 430 BGB.
[8] BGH v. 23.09.1992 - XII ZR 66/91 - NJW-RR 1993, 2-3.

§ 431 BGB Mehrere Schuldner einer unteilbaren Leistung

(Fassung vom 02.01.2002, gültig ab 01.01.2002)
Schulden mehrere eine unteilbare Leistung, so haften sie als Gesamtschuldner.

Gliederung

A. Grundlagen ... 1	III. Unteilbare Leistung ... 4
B. Anwendungsvoraussetzungen ... 2	1. Typische Fälle ... 5
I. Normstruktur ... 2	2. Abdingbarkeit ... 7
II. Verpflichtung mehrerer Personen ... 3	**C. Rechtsfolgen** ... 8

A. Grundlagen

1   Die Norm ordnet die gesamtschuldnerische Haftung an, wenn mehrere eine unteilbare Leistung schulden.

B. Anwendungsvoraussetzungen

I. Normstruktur

2   Die Normstruktur ist einfach. Die Wenn-Komponente nennt zwei Voraussetzungen für das Eingreifen einer eindeutigen Rechtsfolge: Wenn mehrere eine unteilbare Leistung schulden, haften sie als Gesamtschuldner. Dennoch ist in der Literatur umstritten, ob es sich bei der Norm um eine Auslegungsregel[1] oder um eine Rechtsfolgeanordnung[2] handelt. Bei einer Auslegungsregel müsste der Text um die Worte „im Zweifel" ergänzt werden. Der Streit ist müßig. Denn auch dann, wenn man die Norm beim Wort nimmt, führt das nicht zu einer zwingenden Rechtsfolgeanordnung. Die Rechtsfolgeanordnung ist auf jeden Fall dispositiv und damit für Veränderungen durch Parteivereinbarungen offen.[3]

II. Verpflichtung mehrerer Personen

3   Die erste Anwendungsvoraussetzung für die Annahme einer Gesamtschuld nach § 431 BGB ist die Beteiligung mehrerer Personen auf der Schuldnerseite des einheitlichen Schuldverhältnisses. Die Feststellung dieser Voraussetzung bereitet in der Regel keine Schwierigkeiten. Soweit man Gesamthandsgemeinschaften eigene Rechtspersönlichkeit und Rechtsfähigkeit zubilligt[4], ist für die Pflichten der Gesamthand keine Schuldnermehrheit gegeben.

III. Unteilbare Leistung

4   Zur Unteilbarkeit vgl. zunächst die Ausführungen in der Kommentierung zu § 420 BGB Rn. 9. Unteilbarkeit kann sich aus der Natur des Leistungsgegenstandes ergeben (geschuldet wird ein lebendiges Tier). Sie kann sich aber auch aus Rechtsgründen bei in Natur teilbaren Leistungen ergeben. Das gilt etwa dann, wenn Schadensersatz im Sinne der Naturalherstellung geschuldet und statt der Naturalherstellung Kostenersatz verlangt wird. Auch für die Kosten haften die Schuldner als Gesamtschuldner. Bei Sekundärverbindlichkeiten nach einer gesamtschuldnerischen Erfüllungsverpflichtung kommt es darauf an, in wessen Person die Anspruchsvoraussetzungen für etwa einen Schadensersatzanspruch erfüllt sind. Wer die Anspruchsvoraussetzungen nicht erfüllt, wird frei, die anderen haften als Gesamtschuldner, indessen nicht auf Grund des § 431 BGB, sondern weil sie auf ein gemeinsames Interesse des Gläubigers haften.

1. Typische Fälle

5   Die Pflicht zur Herausgabe einer Sache ist auf eine unteilbare Leistung gerichtet. Das gilt auch für die Rückgabe einer Mietsache.[5] Unteilbar ist auch ein Unterlassen. Dennoch liegt bei der Verpflichtung mehrerer zur Unterlassung keine Gesamtschuld vor, weil jeder Schuldner für sich selbst das Unterlas-

---

[1]   So *Wolf* in: Soergel, § 431 Rn. 1 (12. Aufl.).
[2]   So *Grüneberg* in: Palandt, § 431 Rn. 1.
[3]   So auch *Gebauer* in: Soergel (aktuelle Auflage), § 431 Rn. 1.
[4]   Grundlegend für die BGB-Außengesellschaft BGH v. 18.02.2002 - II ZR 331/00 - NJW 2002, 1207-1208.
[5]   BGH v. 22.11.1995 - VIII ARZ 4/95 - LM BGB § 556 Nr. 21 (4/1996).

sen schuldet und die Schuld nicht etwa dadurch erfüllt wird, dass ein Schuldner unterlässt und der andere gegen das Unterlassungsverbot verstößt. Deshalb handelt es sich bei Unterlassungspflichten um kumulierte Schulden und nicht um eine Gesamtschuld.

Auch in anderen Gestaltungen können kumulierte Schulden gegeben sein, obwohl mehrere Schuldner eine und dieselbe unteilbare Sache schulden (zwei Verkäufer haben sich unabhängig voneinander dem Gläubiger gegenüber verpflichtet, diesem einen individuell bestimmten Gegenstand zu liefern).

2. Abdingbarkeit

Über die Unteilbarkeit einer Leistung kann nicht in der Weise disponiert werden, dass aus einer aus natürlichen Gründen unteilbaren Leistung eine teilbare gemacht wird bzw. bei Vorliegen einer unteilbaren Leistung eine Teilschuld vereinbart wird.

C. Rechtsfolgen

Die Rechtsfolge liegt in der Anordnung einer gesamtschuldnerischen Haftung. Da die Regelung aber insgesamt nicht zwingend ist, ist auch die Anordnung der gesamtschuldnerischen Haftung nicht zwingend. Die Alternative zur Gesamtschuld ist die gemeinschaftliche Schuld. Bei dieser könnte der Gläubiger die Schuldner nur alle gemeinsam in Anspruch nehmen. Wenn eine Leistung aus tatsächlichen oder rechtlichen Gründen nur im Zusammenspiel der Schuldner erbracht werden kann, scheidet eine Gesamtschuld aus.[6]

---

[6] LG Kiel v. 24.05.2006 - 14 O Kart 57/06 - juris Rn. 23 - IR 2006, 183-184.

§ 432 BGB Mehrere Gläubiger einer unteilbaren Leistung

(Fassung vom 02.01.2002, gültig ab 01.01.2002)

(1) ¹Haben mehrere eine unteilbare Leistung zu fordern, so kann, sofern sie nicht Gesamtgläubiger sind, der Schuldner nur an alle gemeinschaftlich leisten und jeder Gläubiger nur die Leistung an alle fordern. ²Jeder Gläubiger kann verlangen, dass der Schuldner die geschuldete Sache für alle Gläubiger hinterlegt oder, wenn sie sich nicht zur Hinterlegung eignet, an einen gerichtlich zu bestellenden Verwahrer abliefert.

(2) Im Übrigen wirkt eine Tatsache, die nur in der Person eines der Gläubiger eintritt, nicht für und gegen die übrigen Gläubiger.

Gliederung

A. Grundlagen 1	IV. Unteilbarkeit der Leistung 8
I. Kurzcharakteristik 1	V. Fallgruppen 10
II. Regelungsprinzipien 2	1. Bruchteilsgemeinschaften 10
B. Praktische Bedeutung 3	2. Gesamthandsgemeinschaften 11
C. Anwendungsvoraussetzungen 4	3. Sonstige gemeinschaftliche Berechtigung 12
I. Normstruktur 4	D. Rechtsfolgen 13
II. Fehlen einer Gesamtgläubigerschaft 5	E. Prozessuale Hinweise/Verfahrenshinweise 16
III. Forderungsrecht mehrerer 5	

A. Grundlagen

I. Kurzcharakteristik

1 Die Vorschrift regelt die Mitgläubigerschaft den Fall der Gläubigergemeinschaft, in dem mehrere Gläubiger, die nicht Gesamtgläubiger im Sinne des § 427 BGB sind, eine unteilbare Leistung zu fordern haben. Für diesen Fall ordnet sie die Verpflichtung des Schuldners zur Leistung an alle und die Einzelforderungsberechtigung eines jeden Gläubigers zur Leistung an alle an.

II. Regelungsprinzipien

2 Eine Forderungsgemeinschaft kann, was die Forderungsberechtigung und die Empfangsberechtigung anlangt, in unterschiedlicher Art und Weise gestaltet sein. Einzelforderungsberechtigung und Einzelempfangsberechtigung zeichnen die Gesamtgläubigerschaft aus. Gesamtforderungsberechtigung und Gesamtempfangsberechtigung bilden das andere Extrem und werden bei Bruchteils- und Gesamthandsgemeinschaften angetroffen. Die **Mitgläubigerschaft** liegt in der Mitte dieser beiden Extrempositionen. Sie ist durch Einzelforderungsberechtigung und Gesamtempfangsberechtigung gekennzeichnet. Die Gesamtempfangsberechtigung schließt das interne Verteilungsrisiko aus. Keiner muss befürchten, dass einer der anderen die Forderung unbemerkt einzieht und man leer ausgeht, wenn sich ein Ausgleich nicht durchführen lässt. Die Einzelforderungsberechtigung enthebt die Mitgläubiger des Zwangs, sich zur Durchsetzung der Forderung zusammenraufen zu müssen. Es versteht sich aber von selbst, dass die Mitgläubiger nicht gehindert sind, die Forderung im Zusammenwirken geltend zu machen.

B. Praktische Bedeutung

3 Die Vorschrift hat u.a. dadurch erhebliche praktische Bedeutung, dass die Unteilbarkeit der Leistung nicht allein nach der natürlichen Beschaffenheit der Leistung, sondern auch aus rechtlichen Erwägungen bestimmt sein kann.

C. Anwendungsvoraussetzungen

I. Normstruktur

4 Die Normstruktur ist überschaubar. In Absatz 1 Satz 1 sind unter drei Voraussetzungen (Forderungsrecht mehrerer, Unteilbarkeit der Leistung und Fehlen einer Gesamtgläubigerschaft) zwei Rechtsfolgen angeordnet: die Verpflichtung des Schuldners, an alle zu leisten, und die Einzelforderungsberechtigung eines jeden Gläubigers zur Leistung an alle. Satz 2 normiert eine weitere Rechtsfolge: das Recht eines jeden Gläubigers, die Hinterlegung für alle oder die Ablieferung an einen gerichtlich bestellten Verwahrer zu verlangen. Absatz 2 schließlich bestimmt die Einzelwirkung von Tatsachen, die nur in der Person eines der Gläubiger eintreten.

II. Fehlen einer Gesamtgläubigerschaft

Die Abwesenheit einer Gesamtgläubigerschaft nennt das Gesetz als negative Voraussetzung. Es stellt damit weder eine Vermutung für die Gesamtgläubigerschaft noch eine Vermutung für die Mitgläubigerschaft auf, sondern verlangt eine unabhängige Bestimmung darüber, ob eine Gesamtgläubigerschaft vorliegt und damit den Anordnungen des § 432 BGB der Boden entzogen ist. Zu den Voraussetzungen für eine Gesamtgläubigerschaft vgl. die Kommentierung zu § 428 BGB Rn. 5.

III. Forderungsrecht mehrerer

Die erste positive Anwendungsvoraussetzung für die Annahme einer Mitgläubigerschaft ist die Beteiligung mehrerer Personen auf der Gläubigerseite. Die Feststellung dieser Voraussetzung bereitet in der Regel keine Schwierigkeiten. Geht es um Forderungen von Personengesellschaften wie die offene Handelsgesellschaft und die Kommanditgesellschaft, so scheidet die Anwendung des § 432 BGB von vornherein aus, weil diese Gesamthandsgesellschaften nach § 124 HGB und § 161 HGB rechtsfähig sind und Forderungsinhaber die Gesellschaft als solche ist. Das gilt nach der Rechtsprechung des Bundesgerichtshofs inzwischen auch für die Forderungen von BGB-Außengesellschaften.[1] Bei Wohnungseigentümergemeinschaften sind die Wohnungseigentümer Gesamtgläubiger, wenn sie Ansprüche auf Mangelbeseitigung am Gemeinschaftseigentum geltend machen.[2]

Nicht anwendbar ist die Vorschrift, wenn zwar mehrere Gläubiger einen Anspruch auf die unteilbare Leistung haben, sie aber zu keiner Gläubigergemeinschaft verbunden sind: Der Verkäufer verkauft ein- und dieselbe Sache unabhängig voneinander an verschiedene Käufer. Hier stehen die Forderungen der Käufer auf den einheitlichen und unteilbaren Kaufgegenstand unverbunden nebeneinander. Es ist kein Fall der gemeinschaftlichen Berechtigung gegeben.

IV. Unteilbarkeit der Leistung

Zur Unteilbarkeit vgl. zunächst die Ausführungen in der Kommentierung zu § 420 BGB Rn. 9. Unteilbarkeit kann sich aus der Natur des Leistungsgegenstandes ergeben (geschuldet wird ein lebendiges Tier). Sie kann sich aber auch aus Rechtsgründen bei in Natur teilbaren Leistungen ergeben. Geldschulden und Geldforderungen sind auf Grund der natürlichen Teilbarkeit des Leistungsgegenstandes in der Regel teilbar. Unteilbar werden sie unter einer Gemeinschaftsbindung. So hat der Bundesgerichtshof für eine Kaufpreisforderung aus dem Verkauf eines gemeinsamen Grundstücks angenommen, dass bei komplizierter Abwicklung eine BGB-Gemeinschaft unter den Verkäufern gebildet werde, die die Forderung im Rechtssinne unteilbar mache.[3] Mehrere Gläubiger einer Versicherungsforderung sind Mitgläubiger im Sinne des § 432 BGB, nicht Gesamtgläubiger nach § 428 BGB. Nach einer Entscheidung des OLG Saarbrücken gibt es jedoch Ausnahmen von der Pflicht, an alle gemeinsam zu leisten; dies gelte einmal, soweit durch die Zahlung an einen ausnahmsweise das Leistungsinteresse aller befriedigt werde. Auch könne ein Gläubiger im Wege der Vollmachtserteilung berechtigt sein, die Leistung entgegenzunehmen. Soweit in der Literatur[4] vertreten werde, Erfüllung trete außerdem ein, wenn ein Gläubiger im Innenverhältnis zur Entgegennahme der Leitung befugt sei, so dürfe dies keinesfalls mit der Frage verwechselt werden, wie die Forderung im Innenverhältnis der Gläubiger aufzuteilen sei.[5] Rechtliche Unteilbarkeit entsteht durch Gemeinschaftsbindungen in Bruchteilsgemeinschaften oder Gesamthandsgemeinschaften.

Bruchteilsgemeinschaften und Gesamthandsgemeinschaften werden damit aber nicht ohne weiteres zu Anwendungsfällen des § 432 BGB. Vielmehr gelten die speziellen Geschäftsführungs- und Verwaltungsregeln dieser Gemeinschaften vorrangig. Erst in Ermangelung spezieller Geschäftsführungs- und Verwaltungsregelungen ist ein Rückgriff auf § 432 BGB möglich. So ist ein Gesellschafter im Allge-

---

[1] BGH v. 18.02.2002 - II ZR 331/00 - NJW 2002, 1207-1208.
[2] OLG Koblenz v. 08.11.2004 - 12 U 1228/03.
[3] BGH v. 23.01.1998 - V ZR 272/96 - LM BGB § 183 Nr. 5 (6/1998).
[4] *Grüneberg* in: Palandt, § 432 Rn. 8.
[5] OLG Saarbrücken v. 14.01.2004 - 5 U 331/03 - 35 - OLGR Saarbrücken 2004, 316-318.

meinen nicht befugt, eine Gesellschaftsforderung gegen einen Dritten im eigenen Namen gemäß § 432 Abs. 1 BGB geltend zu machen. Eine Ausnahme kommt jedoch in Betracht, wenn der Gesellschafter an der Geltendmachung ein berechtigtes Interesse hat, die anderen Gesellschafter die Einziehung der Forderung aus gesellschaftswidrigen Gründen verweigern und der Gesellschaftsschuldner an dem gesellschaftswidrigen Verhalten der anderen Gesellschafter beteiligt ist.[6]

V. Fallgruppen

1. Bruchteilsgemeinschaften

10   Bei Bruchteilsgemeinschaften i.S.v. § 741 BGB erstreckt sich die anteilige Berechtigung auch auf die der Gemeinschaft zustehenden Forderungen. Im Innenverhältnis gelten mangels gegenteiliger Abreden die §§ 741 ff. BGB, für das Außenverhältnis ist § 432 BGB maßgebend.[7] Der einzelne Teilhaber kann demnach auch hinsichtlich seines eigenen Anteils nicht Leistung an sich, sondern nur an alle fordern. Für Ansprüche aus dem Miteigentum verweist § 1011 BGB ausdrücklich auf § 432 BGB. Bezüglich Forderungen von mehreren Wohnungseigentümern enthält § 21 WEG eine Sonderregelung.[8]

2. Gesamthandsgemeinschaften

11   Eine Gesamthandsgläubigerschaft kommt in Betracht bei der ehelichen Gütergemeinschaft i.S.d. §§ 1416 ff. BGB sowie bei Erbengemeinschaften nach den §§ 2033 ff. BGB. Auf die früher als Gesamthandsgemeinschaft behandelte (Außen)GbR findet § 432 BGB hingegen keine Anwendung mehr, seit der BGH im Wege richterlicher Rechtsfortbildung deren Teilrechtsfähigkeit anerkannt hat[9]; die Forderungen stehen also der GbR, nicht einer Gesamthandsgemeinschaft der Gesellschafter zu. Gleiches gilt für den nichtrechtsfähigen Verein nach § 54 BGB, da auch hier Gläubiger der Verein ist.[10] Für die Erbengemeinschaft gilt § 2039 BGB, der insoweit § 432 BGB entspricht und vorsieht, dass jeder Miterbe berechtigt ist, die Leistung an die Erbengemeinschaft zu verlangen. Im Bereich der ehelichen Gütergemeinschaft ist die Sonderregelung des § 1422 BGB zu beachten, wonach nur der verwaltende Ehegatte zur Einziehung der Forderung berechtigt ist. Ausnahmen zugunsten des anderen Ehepartners beinhalten die §§ 1428-1431 BGB sowie § 1433 BGB.

3. Sonstige gemeinschaftliche Berechtigung

12   § 432 BGB kommt auch dann zur Anwendung, wenn mehreren Gläubigern ein Anspruch auf eine unteilbare Leistung zusteht, ohne dass mit ihnen ein oben beschriebenes besonderes Verhältnis besteht. So will *Köhler* § 432 BGB zumindest entsprechend anwenden im Verhältnis von Eigentümer und Besitzer einer durch eine unerlaubte Handlung geschädigten Sache.[11] Der BGH hingegen scheint in derartigen Fällen eine Teilgläubigerschaft vorzuziehen.[12]

D. Rechtsfolgen

13   Rechtsfolgen der Mitgläubigerschaft sind zunächst die Einzelforderungsberechtigung zur Leistung an alle und die Empfangsberechtigung aller. Das bedeutet, dass der Schuldner nur an alle gemeinschaftlich leisten kann. Er kann daher auch nicht mit einer Forderung aufrechnen, die ihm nur gegen einen der Mitgläubiger zusteht. Umgekehrt kann ein Mitgläubiger sich nicht von einer gegen ihn gerichteten Forderung durch Aufrechnung mit der Forderung in Mitgläubigerschaft befreien.

14   Jeder Mitgläubiger kann die Hinterlegung für alle fordern. Wenn dies geschieht und die Rücknahme der Leistung ausgeschlossen ist, wird der Schuldner von seiner Verbindlichkeit nach § 378 BGB befreit. Ist die Rücknahme nicht ausgeschlossen, so gilt § 379 BGB.

---

[6] BGH v. 30.10.1987 - V ZR 174/86 - BGHZ 102 152-162; BGH v. 10.01.1963 - II ZR 95/61 - BGHZ 39, 14-21.
[7] St. Rspr., vgl. nur BGH v. 20.02.2008 - XII ZR 58/04 - juris Rn. 23; BGH v. 15.12.1988 - V ZB 9/88 - BGHZ 106, 222-229 m.w.N.
[8] Zur Unterscheidung zwischen Ansprüchen der Wohnungseigentümer gegen den Verwalter und gegen Dritte wegen Beschädigung des gemeinsamen Eigentums vgl. *Bydlinski* in: MünchKomm-BGB, § 432 Rn. 5.
[9] BGH v. 29.01.2001 - II ZR 331/00 - BGHZ 146 341-361.
[10] *Schmidt*, NJW 2001, 993-1003, 1002.
[11] *Köhler*, JuS 1977, 652-656, 654.
[12] BGH v. 05.04.1991 - V ZR 39/90 - BGHZ 114, 161-167.

Nach § 432 Abs. 2 BGB haben Tatsachen, die nur in der Person eines Gläubigers eintreten, Einzelwirkung. Diese Anordnung geht jedoch weitgehend ins Leere. Dem Gläubigerverzug kommt schon deswegen Gesamtwirkung zu, weil bei einem ordnungsgemäßen Angebot an alle die fehlende Mitwirkung eines Einzelnen den Verzug für alle begründet. Wegen der Einzelforderungsberechtigung bewirkt auch die Mahnung nur eines Gläubigers den Schuldnerverzug zugunsten aller Gläubiger. Das Finanzgericht München schreibt der durch Erbfall eines Bundeslandes nach § 1936 Abs. 1 BGB eintretenden Konfusion Einzelwirkung auf die Einkommensteuerschuld zu, deren Gemeinschaftsgläubiger der Bund und das Land sind. Danach erlischt mit dem Erbfall der auf das Land entfallende Anteil der Steuerschuld.[13]

E. Prozessuale Hinweise/Verfahrenshinweise

Machen alle Mitgläubiger den einheitlichen Anspruch mit einer gemeinsamen Klage geltend, so liegt ein Fall der notwendigen Streitgenossenschaft vor. Wenn dagegen nur ein einzelner Mitgläubiger oder mehrere Mitgläubiger ihr Recht aus § 432 BGB geltend machen, so sind sie nur einfache Streitgenossen. Die Rechtskraft des durch einen Gläubiger erstrittenen Urteils wirkt weder für noch gegen die anderen Mitgläubiger.

---

[13] FG München v. 20.01.2005 - 11 K 3979/03 - DStR 2005, 671-674.

Stichwortverzeichnis

Die **fetten Zahlen** *geben die Paragraphen an, die* mageren Zahlen *die Randnummern*

A

Abbuchungsverfahren 362 42
Abdingbarkeit 253 15
- Unteilbarkeit der Leistung **431** 7

Abfindungsanspruch 271 18; **330** 2; **357** 17; **358** 10 f., 42, 44, 59, 62; **359** 20; **401** 12
- eines Arbeitnehmers **271** 18

Abfindungsvergleich 397 25
Abhängigkeitsverhältnis
- soziales **249** 72

Abholungskosten 374 3
Ablaufleistung 364 11
Ablehnungsandrohung 250 6
Ablehnungsrecht 267 16; **317** 28
- des Gläubigers **267** 15; **367** 8

Ablösung
- der DM **247** 18; **394** 25
- der Forderung **271** 4
- einer Grundschuld **268** 9; **366** 8; **421** 14

Ablösungsberechtigter
- Unkenntnis der Abtretung **407** 9

Ablösungsrecht 268 1, 7
Abmahnung 281 56; **314** 27; **323** 44
- Abgrenzung zur Mahnung **314** 30
- Abmahnerfordernis **314** 28
- Bestimmtheitserfordernis **314** 27; **318** 4; **398** 11
- Entbehrlichkeit **314** 33; **323** 46
- Fristsetzung **314** 32
- Nachholbarkeit / Rückgängigmachung **281** 57
- Rechtschutz gegen ungerechtfertigte Abmahnung **314** 31
- Unzumutbarkeit **282** 14; **324** 14
- Verhältnis von Fristsetzung und Abmahnung **314** 35

Abmahnverfahren 339 15
Abnahme
- einer Werkleistung **295** 9

Abnahmepflicht 266 3; **293** 35, 90, 102; **294** 19; **295** 12; **320** 11; **323** 7
Abnahmeverpflichtung 293 35; **295** 12; **311B** 136

Abnutzung
- gebrauchsbedingte **347** 64

Abschlagsrechnung 280 115; **428** 11
Abschlussfreiheit 311 4
Abschlussverpflichtung 311B 220

Absonderungsrecht 273 27; **398** 70
Abstrahierungstheorie 293 24
Abstraktheit
- des sachenrechtlichen Verfügungsgeschäfts **311B** 26

Abstraktionsprinzip 417 2
Abtretbarkeit 409 5
- Ausnahmen **398** 9
- Grundsatz **398** 9
- verjährte Forderung **398** 25
- von Forderungen **398** 3

Abtretung 409 6; **410** 5
- Abgrenzung von anderen Rechtsgeschäften **398** 118
- Abtretbarkeit **349** 11
- an den Schuldner **398** 29
- Ansprüche aus Rückgewährschuldverhältnis **349** 14
- Anweisung **398** 34
- Anwendungsgebiete **398** 59
- ärztlicher und anwaltlicher Honorarforderungen **398** 45
- Aufrechnung und rückwirkende Stundung **406** 12
- Aufrechnungsverbot **406** 16
- Ausübung **349** 12
- Bankkonto **398** 33
- Benachrichtigung des Schuldners **402** 25
- bereicherungsrechtlicher Ausgleich **398** 142
- Dauerschuldverhältnisse **398** 55
- der Hauptforderung **401** 3
- der Honoraransprüche **402** 19
- der Mängelansprüche **320** 16
- des Eigentumserwerbsanspruchs **311B** 34
- des Herausgabeanspruchs **255** 17; **413** 24
- des künftigen Pflichtteilsanspruchs **311B** 412
- des Pflichtteilsanspruchs **311B** 473
- Durchbrechung der Kontrahentenwahlfreiheit **398** 3
- Durchsetzung durch den Zessionar **402** 2
- einer bereits gepfändeten Forderung **408** 4
- einer Grundschuld **364** 10
- eines Befreiungsanspruchs **406** 11
- eines Geschäftsanteils **311B** 283
- eines GmbH-Anteils **311B** 61
- eines künftigen Erbteils **311B** 480
- eines Miterbenanteils **311B** 78

Stichwortverzeichnis

- Fehleridentität **398** 32
- fiduziarische **398** 60
- Forderung aus gegenseitigem Vertrag **398** 54
- gesetzliche Verbote **398** 41
- Gestaltungsrechte **398** 49
- Gewährleistungsbürgschaft **401** 8
- gutgläubiger Erwerb **398** 27
- Haftung des Zedenten bei Einziehung der Forderung **398** 142
- historische Entwicklung **398** 2
- Inhaberpapiere **398** 38
- Inhalt der Forderung **404** 1
- Internationales Privatrecht **398** 143
- Leistungsort **398** 48
- Lohnsteuererstattungsansprüche **398** 33
- mehrfache **408** 2
- Mitwirkung des Schuldners **398** 45
- nach Rechtshängigkeit **407** 18
- Namenspapiere **398** 40
- Neben- und Vorzugsrechte **398** 48
- Orderpapiere **398** 39
- prozesstaktische **398** 62
- Rechtshängigkeit **399** 43
- Rechtsscheintatbestände **398** 27
- Schiedsklausel **401** 22
- Schuldrechtsreform **398** 2
- Schutz des Rücktrittsgegners **349** 13
- Sittenwidrigkeit **398** 44
- Übergabe des Orderpapiers **398** 39
- Übergang prozessualer Rechtspositionen **398** 56
- unwirksame **409** 20
- Unwirksamkeit, Fehleridentität **404** 8
- verbriefte Forderungen **398** 38
- Verfügungsgeschäft **398** 3
- Vertragsparteien **398** 26
- vollständiger Wechsel in der Person des Gläubigers **398** 47
- vor Rechtshängigkeit **407** 19
- Wahrung der Identität der Forderung **398** 3, 47
- weitere Nebenpflichten **402** 25
- Wirkung gegenüber jedermann **398** 47
- Zeitpunkt des Eintritts der Rechtsfolgen **398** 51
- zugrunde liegendes Verpflichtungsgeschäft/Kausalgeschäft **398** 3
- zugunsten Dritter **398** 28

Abtretungsanzeige
- Adressat **409** 10
- Anfechtbarkeit **409** 12
- durch den Zedenten **409** 7
- Form **409** 11
- Geschäftsfähigkeit **409** 11
- Inhalt **409** 11
- keine Wirksamkeitsvoraussetzung **398** 46
- Rechtsfolgen der Rücknahme **409** 24
- Rechtsnatur **409** 11
- Rücknahme **409** 13
- Schriftform **410** 12
- Wirksamkeitsfiktion **409** 20

Abtretungsausschluss
- zukünftige und aufschiebend bedingte Forderungen **399** 28

Abtretungserklärung 349 13

Abtretungsurkunde
- ausnahmsweise konstitutive Wirkung **409** 23
- Ausstellung **403** 10
- Form **403** 11; **409** 14; **410** 6
- Fotokopie **410** 7
- Inhalt **409** 15; **410** 8
- Wirksamkeitsfiktion **409** 20

Abtretungsverbot
- allgemeine Geschäftsbedingungen **399** 29
- Aufhebung und zwischenzeitliche Pfändungen **399** 41
- durch Betriebsvereinbarung **399** 44
- durch Tarifvertrag **399** 44
- Factoring **399** 32
- formularmäßiges **399** 29
- Handelsrecht **399** 31
- Kapitallebensversicherung **399** 30
- Kfz-Haftpflichtversicherung **399** 29
- Klauseln **399** 21
- Pfändbarkeit der Forderung **399** 35
- Schranken der vertraglichen Begründung **399** 32
- Schutz des Zessionars **399** 34
- Spezialregelungen **399** 44; **400** 17
- stillschweigendes **307** 56
- Treu und Glauben **399** 44
- und Schuldbeitritt **399** 35
- Unwirksamkeit der Abtretung **399** 34
- Versicherungsrecht **399** 29
- vertragliches **405** 11
- vertragliches und Insolvenz **399** 36

Abtretungsvertrag 398 1
- Abstraktionsprinzip **398** 32
- allgemeine Geschäftsbedingungen **398** 33
- allgemeine rechtsgeschäftliche Wirksamkeitsvoraussetzungen **398** 41
- Auslegung **398** 33
- Bedingung und Befristung **398** 36

Stichwortverzeichnis

- Einigung zwischen Zedent und Zessionar **398** 33
- Form **398** 34
- Grundsatz **398** 31
- konkludenter Abschluss **398** 35
- Rechtsgeschäft **398** 34
- Unwirksamkeit nach Treu und Glauben **398** 44
- Verfügungsgeschäft **398** 31
- Verknüpfung mit dem Kausalgeschäft **398** 32

Abwehrrecht 311B 204
- des Wohnungseigentümers **311B** 204

Abwendungsbefugnis 273 28

Abwicklungsklausel
- Annullierung **308** 107
- EG-Richtlinie **308** 106
- Grundlagen **308** 104
- Klauselbeispiele **308** 109
- Konkurrenzen **308** 105
- Prüfungsmaßstab Angemessenheit **308** 108

Abwicklungsverhältnis 311B 170; **325** 6; **376** 4

Adäquanzformel 249 28

AGB
- branchenübliche **305** 108

Aktivlegitimation
- des Zedenten **409** 21

Akzessorietät 339 42; **344** 2; **362** 7

Aliudlieferung 241A 8; **266** 8; **363** 5

Alleinbesitz 276 36

Alleineigentum 311B 78

Alles-oder-Nichts-Prinzip 254 2

Allgemeine Geschäftsbedingungen
- Aufrechnungsverbot **387** 77, 107
- Auslegung **305C** 60
- Ausschluss des Zurückbehaltungsrechts **273** 14
- Ausübungskontrolle **242** 89
- Einbeziehung, Widerspruch **305** 103
- Ersatz-AGB **306** 27
- konkreter Hinweis **305** 102
- körperliche Behinderung **305** 79
- Leasing **307** 83
- Online-AGB, körperliche Behinderung **305** 80
- sich widersprechende **305** 107
- Vereinbarungen über den Leistungsort **269** 14; **308** 16
- Vereinbarungen über die Leistungszeit **271** 9

Allgemeines Lebensrisiko 249 35, 37
- Krankenhausaufenthalt **249** 37
- Teilnahme am allgemeinen Verkehr **249** 36

Allgemeines Persönlichkeitsrecht
- Anspruchsberechtigte **253** 46
- Anspruchsvoraussetzungen **253** 44

- Entwicklung **253** 39
- Funktion des Anspruchs **253** 42
- Rechtsgrundlage **253** 40

Alternativverhalten 397 2
- pflichtgemäßes **249** 44

Altersteilzeitvertrag 315 31

Altersversorgung
- betriebliche **328** 65

Altschuldner 387 70; **414** 22; **415** 3, 17

Anbahnungsphase 242 53

Änderung 253 2

Änderungsklausel 305 94

Änderungskündigungsschutz 310 72

Änderungsvorbehalt
- Anwendungsbereich **308** 54
- Arbeitsrecht **308** 73
- Bezugnahmeklausel **308** 75
- EG-Richtlinie **308** 57
- Interessenlage **308** 53
- Nebenpflichten **308** 56
- unwirksame **308** 61
- Versandhandel **308** 59
- Vorhersehbarkeit **308** 66
- Widerrufsvorbehalt **308** 77
- wirksame **308** 68
- Zinsänderung **308** 65
- Zumutbarkeit **308** 58

Andeutungstheorie 311B 278; **311C** 2

Andienungsrecht 311B 134; **387** 14

Androhung 384 1

Aneignungsrecht 258 5

Anerkenntniserklärung 380 3

Anerkenntnisfiktion 308 92

Anfechtbarkeit 312G 36; **315** 59, 77; **319** 6
- der Leistungsbestimmung **315** 59
- der Vertragserklärung **312G** 36; **370** 8

Anfechtung 311 50; **312G** 23, 90
- der Erklärung **318** 1
- der Tilgungsbestimmung **366** 10
- des Verbraucherdarlehensvertrages **359** 11
- des Vertrages **311B** 423
- einer Verfügung **311B** 405
- eines Testamentes **311B** 426
- wegen Irrtums **311C** 8; **312G** 91; **429** 19
- wirksame **318** 9

Anfechtungsberechtigter 318 6

Anfechtungserklärung 311B 106

Anfechtungsfrist 312G 23; **318** 8; **328** 19; **330** 10; **429** 19

Anfechtungsgrund 249 87; **313** 90; **318** 6, 10; **346** 83; **349** 10

Stichwortverzeichnis

Anfechtungsklage 291 3
Anfechtungsrecht
- Abtretbarkeit **413** 10
- des Zedenten **312G** 15; **404** 12

Angebot 311B 415
- beurkundetes **311B** 123
- beurkundungsbedürftiges **311B** 62
- der geschuldeten Dienste **296** 5; **303** 4; **388** 35
- der Leistung **243** 28; **293** 11, 51, 74, 102
- erfolgloses **304** 11
- rechtsverbindliches **311B** 63
- rechtswirksames **311B** 68
- stillschweigendes **311B** 88
- unwirksames **311B** 68
- verbindliches **299** 7; **305B** 11

Angebotserklärung 298 4
Angehörigenprivileg 249 69; **308** 112, 114
Angemessenheitskontrolle 307 47; **339** 67
Angemessenheitsprüfung 305 31
Angestellter 310 45
- leitender **249** 74; **288** 20

Anmietung 251 13; **397** 40
- eines Ersatzfahrzeuges **249** 23, 83

Annahme
- als Erfüllung **363** 4
- der geschuldeten Leistung **293** 74; **420** 5
- einer Teilleistung **266** 7, 20
- von Teilleistungen **266** 2, 19; **409** 27

Annahmeberechtigter 295 32; **299** 1; **311B** 68
Annahmebereitschaft 293 70
- ständige **299** 1

Annahmeerklärung 376 6; **387** 77
- stillschweigende **242** 60

Annahmefrist 308 8, 10
- Dauer **308** 10
- Fristbeginn **308** 13
- Fristende **308** 14
- Interessen **308** 8
- Interessenabwägung **308** 7
- unangemessen lange Frist **308** 9

Annahmepflicht 264 14; **266** 6, 20, 22; **274** 1; **293** 7; **297** 10; **300** 15; **388** 42
Annahmeverweigerung 295 1, 32, 37; **297** 30
Annahmeverzug
- durch Bereiterklärung aufheben **424** 5

Annahmeverzugslohn 293 47; **398** 35
Annahmezwang 389 10
Anordnung
- der Gesamtschuld **421** 7
- einstweilige **362** 33
- richterliche **266** 18

Anpassung 314 56
- des Vertrages **311B** 481

Anrechnung 387 114
- der ersparten Abnutzung **249** 54
- des Vorteils **249** 49

Anrechnungsfaktor 254 27
Anspruch 368 5
- dinglicher **413** 12
- verhaltener **271** 5; **281** 66, 79

Anspruchsberechtigung
- und Drittschaden **249** 61

Anwaltshaftung 280 99
Anwaltshonorar 315 37
Anwaltswahl
- freie **307** 66

Anwartschaft 331 2, 7
Anwartschaftsrecht 267 16
- des Schuldners am Gegenstand **268** 4
- Übertragbarkeit **413** 24

Anweisungsfall 359 27
Anwendungsbereich
- personal **312H** 4
- sachlich **312H** 3
- Versicherungsvertrag **312H** 24
- Verträge **312H** 23
- zeitlich **312H** 2

Anwendungsvoraussetzung
- Kündigung oder die Vollmacht zur Kündigung **312H** 17

Äquivalenzstörung 313 49
Äquivalenztheorie 249 26
Arbeitgeberkündigung
- unwirksame **293** 53; **411** 4

Arbeitnehmer
- betrunkener **294** 22
- erkrankter **293** 53
- gekündigter **297** 32
- schwerbehinderter **297** 19
- teilzeitbeschäftigter **293** 66

Arbeitnehmererfinder 315 33
Arbeitnehmererfindervergütung 260 20; **305C** 41
Arbeitnehmerhaftung 276 36
Arbeitnehmervertreter 317 37
Arbeitsangebot
- des Arbeitnehmers **296** 15, 25

Arbeitsausfall 276 36; **288** 17; **293** 57; **311** 83; **366** 20; **394** 23; **407** 26; **412** 25
Arbeitsentgelt 262 10; **315** 31
Arbeitserlaubnis 251 27; **297** 8, 33; **398** 33; **404** 16

Arbeitsfähigkeit 249 39; **293** 51, 53
Arbeitskampf
- legitimer **293** 62

Arbeitskampfrisiko 293 62
Arbeitskraft 251 19, 27
Arbeitsleistung
- geschuldete **293** 28, 41, 83; **296** 13; **297** 6, 13, 16, 30

Arbeitslohn 251 38
Arbeitspflicht
- vertragliche **339** 27

Arbeitsrecht 306 19
- ergänzende Vertragsauslegung **306** 19
- gegenläufige betriebliche Übung **308** 95
- nicht überraschende Klauseln **305C** 57
- Schuldanerkenntnis **307** 129
- überraschende Klauseln **305C** 52

Arbeitsunfähigkeit
- alkoholbedingte **297** 6
- dauerhafte **297** 24; **387** 69
- objektive **297** 17, 24

Arbeitsunfähigkeitsbescheinigung 242 52
Arbeitsunfall 249 17
Arbeitsverhältnis 315 30
- befristetes **339** 69
- faktisches **241** 26
- unbefristetes **339** 69

Arbeitsvertrag
- befristeter **293** 85
- formularmäßiger **339** 63
- Verbrauchervertrag **275** 41
- Verlängerung Kündigungsfrist **307** 131

Arbeitszeit 251 26; **310** 59; **315** 9, 31
- flexible **276** 30; **310** 59, 61; **313** 86; **423** 4

Architektenhonorar 315 36
Architektenvertrag 269 22; **311B** 194
Arglist 281 53
Arglisteinrede 242 66
Arzneimittel 314 6; **363** 7; **423** 3
Arzthaftung 280 120, 145
Arzthonorar 315 35
Arztvertrag 269 20
Asset-Deal 311B 398
Aufhebung
- einer Auflassung **311B** 309
- eines Anwartschaftsrechts **293** 6; **311** 14; **311B** 263; **314** 47; **397** 43; **402** 10
- eines Vertrages **249** 85; **338** 5
- formlose **311B** 254
- von Schuldverhältnissen **311** 14

Aufklärungspflicht
- allgemeine **280** 25
- des Maklers **328** 59
- vorvertragliche **280** 35

Aufklärungspflichtverletzung 280 49
Auflassungsanspruch 328 21
Auflassungserklärung 275 60; **298** 5; **371** 12; **428** 1; **432** 8
Auflassungsvormerkung 273 23
Auflösung
- einer Gesellschaft **314** 5
- einer juristischen Person **331** 4
- eines Vereins **311B** 360
- eines Vertrages **308** 104
- von Dauerschuldverhältnissen **314** 12; **399** 38; **402** 7; **413** 13

Aufopferungsanspruch 249 29; **255** 5, 12; **273** 36; **334** 4; **406** 6
Aufrechnung 266 14
- Abtretung und Gegenrechte des Zedenten **406** 16
- Abtretung und Insolvenzverfahren **406** 19
- Aufrechnungsbefugnis **387** 11
- Bargebotsforderung **392** 25
- beschlagnahmte Hauptforderung **392** 1
- Bestimmung der aufzurechnenden Forderungen **396** 5
- Darlehensauszahlungsanspruch **387** 34
- Dauerschuldverhältnis **387** 63
- Erfüllungsverbot **392** 5
- Forderungspfändung **387** 29
- Freigabeanspruch **387** 34
- Fremdwährungsforderung **387** 35
- Gegenseitigkeit **387** 10
- Geldstrafe **395** 5
- Geldsummenschulden und Geldwertschulden **387** 33
- gerichtliches Verfügungsverbot **392** 7
- gesetzliche Tilgungsordnung **396** 12
- Hausratsteilung **387** 35
- Hausratsverfahren **387** 58
- Herausgabeanspruch **387** 34
- Inkassozession **387** 21
- Kostenerstattungsanspruch **387** 53, 67
- Leistungsort und Ablieferungsort **391** 1
- Mehrheit von Forderungen **396** 1
- nach Nichterfüllung **352** 1 f.
- öffentlich-rechtliche Forderung **395** 1
- Prioritätsgrundsatz **392** 21
- Prozesskosten **389** 15
- Rückwirkung **389** 9

Stichwortverzeichnis

- Schadensersatzpflicht des Aufrechnenden 391 9
- Schuldnerschutz 387 25
- Sicherungsfunktion 387 4
- Sicherungszession 387 22
- Sondervermögen 387 18
- Statut der Hauptforderung 387 6
- Steuerschuldverhältnis 395 10
- tempo loco Geschäft 391 7
- Tilgungsfunktion 387 2
- Treuhandverhältnisse 387 19
- UN-Kaufrechtsabkommen 387 7
- unvollkommene Verbindlichkeiten 387 48, 62
- unzulässige 273 19
- Urlaubsabgeltung 387 34
- Verpfändung der Forderungen 387 28
- Verzug 389 10
- Vindikationsanspruch 387 34
- Vollstreckungsfunktion 387 4
- Vorschuss 387 34
- Wertpapiere 387 35
- Widerspruchsrecht des Aufrechnungsgegners 396 14
- Zugewinnausgleichsanspruch 387 54

Aufrechnungsausschluss 387 9, 93, 107, 109; 394 3
- Annahmeverzug 390 15
- Einschränkungen 390 13
- gegenständlichen Haftungsbeschränkung 390 17

Aufrechnungsbefugnis
- Ablösungsrecht des Nichtschuldners 387 24
- Bürge 387 13
- Gesamthänder 387 13
- Gesamtschuldner 387 13
- Kommissionär 387 13
- Leasingnehmer 387 13
- Nebenintervenient 387 13
- Nießbraucher 387 13

Aufrechnungsbeschränkung 266 14; 274 4. 387 107; 389 1; 395 6

Aufrechnungserklärung 273 4, 36; 387 9, 32, 39
- ohne schuldhaftes Zögern 352 4
- vor der Abtretung 406 7

Aufrechnungslage 389 4
- Beseitigung einer 309 27

Aufrechnungsverbot 273 37
- ähnliche Tatbestände 309 28
- allgemeine Geschäftsbedingungen 387 77, 107
- Darlehen 387 97

- einredebehaftete Gegenforderung 390 1
- Einreden 390 10
- Folgen des Verstoßes 390 9
- Gerichtsstandsklausel 387 80
- gesetzliches, Arbeitseinkommen 394 6
- gesetzliches, Arglisteinrede 394 17
- gesetzliches, Beihilfeanspruch 394 33
- gesetzliches, Beweislast 393 13
- gesetzliches, Dienstbezüge 394 3
- gesetzliches, Dienstpflichtverletzung 393 14
- gesetzliches, Entschädigungsansprüche 393 27
- gesetzliches, familienrechtliche Ausgleichsansprüche 394 29
- gesetzliches, gegenseitige deliktische Forderungen 393 17
- gesetzliches, Gläubigerwechsel 393 10
- gesetzliches, haftende Dritte 393 11
- gesetzliches, Kindergeld 394 3
- gesetzliches, Lohnüberzahlung 394 23
- gesetzliches, Prozesskostenvorschuss des Ehegatten 394 30
- gesetzliches, Rechtsnachfolger 394 37
- gesetzliches, Schuldnerwechsel 393 9
- gesetzliches, Sonderzuwendung 394 24
- gesetzliches, Sozialhilfe 394 11
- gesetzliches, Sozialleistungen 394 3
- gesetzliches, unerlaubte Handlung 393 1
- gesetzliches, Unterhalt 394 19, 27, 40
- gesetzliches, unübertragbare Ansprüche 394 12
- gesetzliches, Urlaubsabgeltungsanspruch 394 26
- gesetzliches, Verbotsirrtum 393 4
- gesetzliches, Versorgungsausgleich 394 32
- Haftungsmasse für Gesellschaftsgläubiger 387 91
- Handelsklauseln 387 78
- Individualvereinbarung 387 108
- Interpretation 309 29
- materiell-rechtliches 390 1 f.
- Schiedsgerichtsvereinbarung 387 80
- Sicherung von Kapitaleinlagen 387 72
- Sicherungsabrede 387 92
- Treuhandverhältnisse 387 82
- Vereinbarung eines generellen 391 16
- Zweckbindung 387 85

Aufrechnungsvertrag 387 115
- Aufrechnungsvorvertrag 387 122
- Kontokorrent 387 116, 125
- Konzernverrechnungsklausel 387 123

- Skontration **387** 124
- vorweggenommener Aufrechnungsvertrag **387** 121

Aufsichtspflicht 254 27
Auftrag 364 14
Aufwendung
- Arbeitsleistung, eigene **256** 6
- Begriff **256** 4; **284** 10; **286** 69
- des Gläubigers **284** 6; **285** 21; **304** 11; **326** 24
- des Schuldners **284** 8
- ersatzfähige **339** 2; **347** 69
- ersparte **326** 24
- Freiwilligkeit **256** 7
- frustrierte **284** 18
- für die öffentliche Bekanntmachung **386** 1
- nutzlose **284** 8
- Vermögensopfer **256** 5
- Vertragskosten **256** 8; **284** 12; **293** 89; **308** 111, 113; **311A** 10; **325** 9; **357** 54; **359** 31
- Zielrichtung **256** 9
- Zufallsschaden **256** 8

Aufwendungsersatz 284 1, 4, 9, 14, 18, 20, 22; **305C** 39, 42; **349** 4; **384** 3
Aufwendungsersatzanspruch
- Anspruchsgrundlagen **256** 11
- Aufwendungsfolgen **256** 15
- Befreiungsanspruch **257** 2
- Entfallen des Zinsanspruchs **256** 18
- Fälligkeit **256** 16
- Gesellschaftsrecht **256** 19
- gesetzliche Aufwendungsersatzansprüche **256** 13
- gesetzliche Regelung **256** 1
- gesetzlicher Zinsanspruch **256** 17
- Inhalt **256** 14
- Nutzungen **256** 18
- öffentliches Recht **256** 20
- vertragliche Aufwendungsersatzanprüche **256** 12
- Verzinsung **256** 3
- Zinsverlust als Aufwendung **256** 2

Außengesellschaft 311 68; **398** 70
Ausfallhaftung 427 9
Ausfallrisiko 359 26; **425** 14
Ausgleichsanspruch 254 31
- bei mehrfacher Abtretung der Forderung **242** 42
- Kindesunterhalt **408** 10
- unter Sicherungsgebern, Mehrfachsicherung **256** 9

Ausgleichsberechtigter 426 18

Ausgleichsforderung 430 13
Ausgleichsfunktion 430 13
Ausgleichsquittung 249 13, 15; **253** 27
Aushandeln 310 63; **368** 15
- Bestätigungsklausel **305** 32
- Ernsthaftigkeit **305** 34
- nur gesetzesfremde Klauseln **305** 36

Aushändigung 305 35
Aushang 410 9
Auskunft 305 57
- begehrte **260** 5
- Bestandsverzeichnis **260** 21
- Bewertung **260** 6; **261** 1
- eidesstattliche Versicherung **260** 7
- eigenhändige Unterschrift **260** 14
- falsche **260** 8
- Inbegriff von Gegenständen **280** 148
- Schriftform **260** 4
- unrichtige **260** 8
- Vorlage von Belegen **286** 57
- Wissenserklärung **260** 10

Auskunftsanspruch 260 9
- Abtretung **242** 43
- allgemeiner, Bestehen eines Hauptanspruchs **259** 9
- allgemeiner, Erforderlichkeit und Zumutbarkeit **260** 20
- allgemeiner, Sonderrechtsbeziehung **260** 21
- allgemeiner, Treu und Glauben **260** 19
- berechtigter Informationsbedarf **260** 18
- Durchsetzung **259** 8
- Eigenständigkeit **260** 16
- gesetzliche Regelung **259** 7
- Inhalt **260** 1
- rechtliche Behandlung **260** 22
- Streitwert **260** 12
- Stufenklage **259** 24
- Verjährungsbeginn **259** 21
- Zwangsvollstreckung **259** 7

Auskunftserteilung 259 25
Ausland
- Leistungs- oder Ablieferungsort **391** 15

Auslauffrist 259 13
Auslegung 314 45
- von AGB **349** 7

Auslegungsregel 271 15; **305C** 60, 63; **329** 1; **331** 1; **332** 1; **335** 1; **364** 9
- gesetzliche **262** 12; **270** 1; **316** 1; **317** 1; **407** 28

Auslegungsregelung 246 1; **311B** 278; **311C** 2; **316** 1
Auslegungsvorschrift 305C 14

Stichwortverzeichnis

Auslieferung 305C 67
- von Beweisurkunden, Besitz des Zedenten **402** 20
- von Beweisurkunden, Übereignung **402** 20

Auslieferungspflicht 402 20

Ausschluss 324 16; **402** 19
- Annahmeverzug **323** 58, 61
- Formularvertrag **320** 44
- Geringfügigkeit **320** 37
- individualvertraglich **320** 40
- Kenntnis **320** 36
- Mietmängel **320** 42
- Teilleistung **320** 41
- Treu und Glauben **320** 38
- Verantwortlichkeit des Gläubigers **320** 43
- Vertragsuntreue des Gläubigers **323** 59
- Werkrecht **323** 48

Ausschlussfrist 320 39
- Beginn **310** 65; **382** 4
- Dauer **310** 69
- einseitig **310** 68
- einstufig **310** 70
- zweistufig **310** 67

Ausschlusstatbestände 310 71

Ausschreibung 305C 70

Aussonderungsrecht 249 70

Aussperrung 293 62
- rechtmäßige **293** 62

Ausstellen
- der Quittung **370** 1

Ausstellung
- der Schuldurkunde durch den Schuldner **405** 6
- einer Urkunde auf Verlangen **403** 8

Austausch
- der Leistungen **320** 5
- von Forderungen **313** 61; **364** 3; **398** 11

Austauschvertrag 311B 77
- entgeltlicher **364** 3

Ausübungsermächtigung 278 20; **413** 9

Auswahlverschulden 254 27; **387** 97

Auszahlungsanspruch 333 10
- des Bankkunden **333** 10

Auszüge 251 9; **305** 68; **398** 14; **402** 18

B

Bagatellgrenze 249 92

Bagatellklausel 407 15

Bagatellkredit 359 21; **359A** 12; **427** 11

Bagatellkredite 359A 13

Bagatellschaden 253 96

Bankbürgschaft 269 24; **342** 1

Bankguthaben
- Übertragbarkeit der Rechte **328** 48; **331** 12; **413** 24

Bankkonto 368 17

Banküberweisung 362 38

Bankverbindung 270 9; **358** 22, 24; **362** 35; **368** 17

Bargeschäft 362 35

Barkredit 358 27

Barwert 246 42; **358** 23, 25; **362** 37; **364** 16; **413** 12

Barzahlung 270 5, 7; **272** 7; **311B** 184

Barzahlungsgeschäft 358 25

Barzahlungsklausel 294 19

Basiszinssatz
- Anknüpfung an DÜG-Basiszinssatz **247** 6
- automatische Anpassung **247** 8
- Begriff **247** 1
- Bezugsgröße **247** 9
- Einführung durch SchuldRModG **247** 4
- Eintragung im Grundbuch **247** 14
- Hauptrefinanzierungsoperationen **247** 10
- Kostenerstattungsanspruch, prozessualer **247** 19
- Sachantrag und Urteilstenor **247** 13
- Übergangsregelung **247** 15
- Veränderungen **247** 7
- Verordnungsermächtigung zur Änderung der Bezugsgröße **247** 11
- Verwendung in Verträgen **247** 18

Baubeginn
- verspäteter **311B** 256

Baubeschränkung 328 24

Baueinstellungsverfügung 293 59

Bauerlaubnis 293 59; **311B** 47

Baugenehmigung 271 18

Baulandumlegung 311B 45

Bauleitplanung 308 10
- der Gemeinde **308** 10

Bauplan 278 18

Bausparvertrag 280 49; **295** 20; **309** 13, 141, 145; **310** 7; **423** 2

Bauvertrag 269 18; **307** 94, 109, 124

Bauverzögerung 286 72

Bauvorbescheid 271 18

Bauvorhaben 273 11; **341** 8

Bauwerksmangel 275 51

Beamte 305C 38

Beamter 271 13; **305C** 38; **411** 3

Bearbeitungsgebühr 336 11

Bearbeitungskosten 346 92

Bedarfsdeckung 249 23
Bedarfsschaden 249 23
Bedingung 333 4; **359** 10; **362** 4; **400** 9
- auflösende **280** 18; **311** 24; **333** 4; **346** 12; **348** 4; **354** 1; **358** 13 f., 58, 61; **400** 12
- aufschiebende **267** 16; **308** 11, 37; **333** 4; **362** 33, 49
Bedingungsfeindlichkeit 328 44
- von Gestaltungsrechten **333** 4
Beendigung
- des Annahmeverzugs **293** 69, 78, 83, 86, 103; **304** 17; **362** 25; **394** 26; **423** 2
- des Arbeitsverhältnisses **269** 19
- des Erbbaurechts **295** 10; **305C** 38; **311B** 275
- des Mietverhältnisses **258** 12
- des Pachtvertrages **311B** 36
- des Rechtsverhältnisses **241** 34
- des Schuldnerverzugs **362** 47
- des Schuldverhältnisses **362** 9
Beförderungsbedingung 305A 6
Beförderungsvertrag 328 50, 93
Befreiung
- von Verbindlichkeiten **313** 7
Befreiungsanspruch
- Abtretung **257** 15
- Aufrechnung **257** 14
- Aufwendung **257** 3
- Aufwendungsersatzanspruch **257** 6
- Fälligkeit **257** 11
- gesetzliche Ansprüche **257** 5
- Insolvenz **257** 18
- Klageantrag **257** 16
- Naturalrestitution **257** 8
- rechtsgeschäftliche Verbindlichkeit **257** 4
- Sicherheitsleistung **257** 12
- Sonderfall des Aufwendungsersatzanspruchs **257** 1
- Umwandlung in Zahlungsanspruch **257** 10
- Verjährung **257** 13
- Wahlrecht des Schuldners **257** 7
- Zahlung **257** 9
- Zwangsvollstreckung **257** 17
Befreiungswirkung 346 10
Befriedigungsrecht 268 7
Befriedigungsverlangen 268 13
Befristung
- einer Garantie **242** 71; **369** 2
Beglaubigung 368 11
- der Unterschrift **311B** 195
- öffentliche **368** 11
- von Quittungen **368** 11

Beglaubigungsgebühr 280 31; **369** 2
Begleitschaden 267 9
Begrenzung
- der Haftung **309** 93, 95, 104, 108
- des Anspruchs **368** 17
Behandlungsfehler
- ärztlicher **253** 82
Behandlungsvertrag 280 55; **328** 47, 91
Behebung
- von Mängeln **387** 103
Beherbergungsvertrag 311 26
Behinderung
- körperliche **305** 2, 79, 85
Behinderungsanzeige 295 24; **394** 15; **399** 14
Beitragsforderung 387 72
Bekanntmachung
- öffentliche **305A** 5
Belegenheitsort 346 32
Belehrung
- des Verbrauchers **355** 30; **360** 13
- mangelhafte **355** 37
- mangelnde **358** 42
- nachgeholte **355** 37, 44
- ordnungsgemäße **355** 37, 44; **357** 57; **358** 55, 58; **360** 5
Belehrungspflicht 305C 29
Belieben
- freies **319** 21
Benachrichtigung
- Obliegenheit **411** 8
- Rechtsfolgen **411** 9; **423** 4
Benachrichtigungspflicht 269 22
Benachteiligung 307 107
- geschlechtsbezogene **398** 90
Benutzungszwang 286 25; **315** 49, 102
Beratung
- ärztliche **251** 44
- fehlerhafte **251** 44
- unrichtige **249** 91
Beratungsfehler 269 18; **280** 144; **423** 2; **426** 9
Beratungsvertrag 241 39; **280** 78, 86; **385** 1; **423** 2
- gesonderter **269** 18
Berechnung 309 169
Berechnungsformel 272 8
Bereicherung
- aufgedrängte **333** 10
- Beweislast **260** 19; **267** 9; **268** 8; **269** 23; **270** 3; **309** 65 f.; **326** 2; **346** 124; **362** 31; **371** 6
- ungerechtfertigte **241** 27; **347** 62
- verschärfte Haftung **249** 60; **269** 23; **281** 6; **286** 38; **346** 97; **387** 114; **409** 28; **412** 4

Stichwortverzeichnis

Bereicherungsanspruch 242 98; **255** 6, 12; **267** 11, 13; **313** 90; **413** 14, 19
Bereicherungsausgleich 267 6
Bereicherungsrecht 409 28
Bereicherungsregress 251 49
Bereicherungsschuldner
- gutgläubiger **285** 9
Berichtigung 312G 57
Beruf
- freier **288** 17
Berufsunfähigkeit 305C 78
Berufsunfähigkeitsrente
- vertragliche, Unpfändbarkeit **400** 9
Beschädigung
- der Leasingsache **281** 12; **326** 11
- der Mietsache **280** 50
- des Leasingfahrzeugs **275** 20
- vorsätzliche **249** 79
Beschaffenheit
- des Leistungsgegenstandes **311B** 24
- des Leistungsgegenstands **280** 33
- individuelle **311B** 181
- vereinbarte **311B** 23
Beschaffenheitsgarantie 276 21
Beschaffenheitsvereinbarung 311B 181
Beschaffung
- des versprochenen Leistungsgegenstands **276** 22; **420** 6
- einer mangelfreien Sache **276** 25
- eines Ersatzes **251** 13
- eines gleichwertigen Ersatzfahrzeuges **249** 77; **323** 23
- von Gattungssachen **281** 32
Beschaffungshindernis
- unvorhersehbares **313** 51
Beschaffungsrisiko 276 22
- Einschränkungen **276** 24
- Gattungsschuld **276** 23
- Geldschulden **276** 27
- Mangelfreiheit bei Gattungsschuld **276** 25
- Stückschulden **276** 23, 28; **300** 7
Beschaffungsschuld 243 42
Beschäftigungsanspruch 287 6
Beschäftigungsmöglichkeit 293 35, 63; **297** 24; **387** 69
Beschäftigungspflicht 242 52
- des Arbeitgebers **293** 35; **297** 8
Beschäftigungsverbot 293 14
Beschränkung
- von Rechten **259** 24; **309** 112, 116, 218, 222
Beschwerde 242 99; **286** 8; **293** 10

Beseitigungsanspruch 274 5
Besitz
- am Vollstreckungsgegenstand **268** 5
Besitzaufgabewille 269 23; **273** 35; **275** 29; **286** 7; **300** 19; **362** 13; **421** 10
Besitzer 268 5; **286** 7; **372** 13; **376** 6; **378** 8
- bösgläubiger **269** 23
- gutgläubiger **269** 23; **286** 7
- mittelbarer **372** 13; **376** 6; **378** 8
- unrechtmäßiger **273** 35
Besitzkonstitut 249 70
- antizipiertes **249** 70
Besitzmittlungsverhältnis 372 13; **378** 8
Besitzrecht 273 27; **348** 4
Besitzübergang 311B 226
Besitzüberlassung 241 14; **311B** 47; **336** 5; **387** 34
Besitzübertragung 303 2; **412** 16
Besitzverlust 255 8, 14; **268** 2, 6; **402** 13; **413** 19, 21; **421** 7, 11
Bestandsschutz 311B 304
Bestandteil
- abgetrennter **311B** 36
- der Hauptsache **311C** 4
- unselbstständiger **311B** 220
Bestätigung
- der Mangelfreiheit **363** 4
Bestätigungsschreiben 305 105; **308** 94
- kaufmännisches **269** 13
Bestellung 312G 42, 57
- einer Dienstbarkeit **311B** 127; **328** 43
- einer Hypothek **311C** 3
- eines dinglichen Vorkaufsrechts **311B** 296
- eines Nießbrauchs **241** 15
- elektronische **312G** 19; **312I** 44
- telefonische **305** 53, 78
Bestimmbarkeit
- Abhängigkeit von der wechselnden Höhe anderer Forderungen **398** 12
- Bezugnahme auf Geschäftsbücher **398** 13
- der geschuldeten Leistung **315** 1
- des Leistungsgegenstandes **398** 13
- des Leistungsinhalts **298** 17
- des Vertragsgegenstandes **311B** 173
- des wesentlichen Vertragsinhalts **307** 113
- Person des Schuldners **398** 13
- Rechtsgrund der Forderung **398** 13
- Schadensersatzanspruch **398** 13
- Zeitpunkt **398** 11
Bestimmtheit
- der vertraglichen Leistungen **315** 11
- des Klageantrags **412** 3; **415** 15

Bestimmtheitsgebot 307 62, 108; **308** 12, 24, 32
Bestimmtheitsgrundsatz
- Lockerung **317** 1
- sachenrechtlicher **311B** 26

Bestimmungsrecht
- Ausübung **316** 17

Betreten
- der Geschäftsräume **278** 10; **311** 45; **328** 18

Betreuer 256 6; **259** 26
Betreuungsvertrag 307 53
Betriebsausfall 387 94
Betriebsausfallschaden 280 140, 162; **281** 112
Betriebsbezogenheit 249 27; **412** 17; **413** 3
Betriebsgefahr 249 61, 63; **254** 5, 8, 16, 34; **387** 69; **400** 7
Betriebsgeheimnis 242 52
Betriebsordnung 339 27
Betriebsrentenanspruch 269 19
Betriebsrisiko 276 36; **293** 57, 61
Betriebssicherheit 249 79; **311** 14
Betriebsübergang 309 185
Betriebsvereinbarung 339 15
Betriebszugehörigkeit 276 36

Beurkundung
- der Nebenabrede **311B** 276
- des Kaufvertrages **311B** 43
- des Kausalgeschäftes **311B** 52
- des Rechtsgeschäftes **311B** 229
- eines Grundstückskaufvertrages **311B** 269
- eines Vertrages **311B** 171; **328** 94

Bewachungsvertrag 241 39; **385** 1
Beweis 280 85; **305** 43; **309** 200, 204
- des ersten Anscheins **270** 14; **355** 10, 36

Beweiserhebung 319 4
Beweisführung 252 16
Beweiskraft
- der Urkunde **311B** 251
- einer Quittung **368** 13; **371** 10
- formelle **368** 12; **371** 10
- materielle **368** 14

Beweislast
- Abtretungsanzeige **409** 25
- bei Leistung an Erfüllung Statt **364** 17
- bei Leistung erfüllungshalber **364** 18
- bei Unterlassen als Leistung **345** 2
- Rücknahme der Abtretungsanzeige **409** 25
- Unpfändbarkeit **400** 15
- Unwirksamkeit des Rücktritts **352** 6
- Vorausabtretung **398** 58

Beweislastregel 309 203; **363** 7
- allgemeine **346** 124
- Klauselverbot **309** 204

- Maßgeblichkeit **309** 205
- Regelbeispiel **309** 208
- Schadensersatz **347** 41
- Schuldversprechen **309** 206

Beweislastumkehr 363 1, 5
Beweislastveränderung
- in AGB **345** 3

Beweislastverteilung 274 10; **371** 8; **387** 124; **410** 1
- abweichende durch Parteien **345** 3

Beweismittel 242 108; **309** 200, 204; **368** 2, 13
Beweispflicht 384 4; **385** 4
Beweisregel 252 14; **312G** 77; **387** 58
Beweissicherung 242 39; **371** 10; **409** 25
Beweiswürdigung 270 14; **368** 10, 13; **409** 25
- freie **368** 10, 13; **371** 10
- richterliche **368** 10, 15

Bewertung
- objektive **254** 13; **398** 13

Bewertungsgrundlage 251 8
Bewertungskriterium 249 7; **308** 41
Bewertungsmaßstab 276 9
Bewertungsunterschied 307 38
Bezeichnung
- genaue **359A** 8

Bezugsberechtigter
- einseitige Bestimmung **330** 5
- Pfändung des Widerrufsrechts **330** 8
- unentziehbar **330** 5
- Widerruf **330** 5

Bezugsberechtigung
- aus Versicherungsvertrag **407** 6
- Ausschluss der Widerruflichkeit **331** 5

Bezugsrecht 330 4
- Unentziehbarkeit **332** 7

Bieter 383 11
Bilanzabschluss 249 60
Billigkeitserwägung 311B 299
- allgemeine **311B** 299

Bitte
- unverbindliche **305** 6

Blankozession
- Begriff **398** 30
- Zeitpunkt des Forderungsübergangs **398** 30

Blutprobe 249 37
Bonitätsrisiko 269 23; **286** 8; **302** 1; **364** 10; **370** 1; **408** 9
Bösgläubigkeit 242 110; **278** 47; **331** 9; **356** 25
Bote 312H 35
Botenmacht 331 9
Brief 312G 157; **425** 9

Stichwortverzeichnis

Briefgrundpfandrechte
- Übertragung **398** 40

Bringschuld 269 8

Bruchteilseigner 310 42

Bruchteilsgemeinschaft 310 42

Bruttogehalt 339 69

Bruttolohn 362 30

Bruttolohntheorie 252 7

Bruttovergütung 288 10

Buch 428 1

Bucheigentümer 273 17, 23; **427** 8

Buchführung 280 105

Buchgeld
- als Geld im Rechtssinne **244** 11
- Zahlung **244** 12

Buchungsfehler 278 30

Buchungsvorgang 249 5

Bürge
- Unkenntnis der Abtretung **407** 9

Bürgenhaftung 267 9; **268** 9; **269** 17; **273** 28; **293** 99; **307** 60; **310** 7; **311** 11; **311B** 428; **314** 5

Bürgschaft 242 84; **305C** 38, 53; **307** 30, 81, 124; **313** 11, 86; **348** 5; **362** 7, 11; **365** 5, 10

Bürgschaftsschuld 269 17; **371** 3

Bürgschaftsurkunde 293 99

Bürgschaftsverbindlichkeit 329 4

Bürgschaftsversprechen
- formnichtiges **311B** 283; **366** 8

Bürgschaftsvertrag 305C 38

Buße 249 20

C

Commodum
- stellvertretendes **285** 4, 6, 18; **328** 33

Condictio-sine-qua-non-Formel 249 7, 26; **399** 35

Culpa in contrahendo 241 29

Culpa post contractum finitum 242 53

D

Darlehensanspruch 267 6; **366** 15; **398** 35; **427** 9

Darlehensauszahlung 387 34, 97

Darlehensforderung 266 17; **271** 16; **273** 17; **357** 16; **367** 10

Darlehensgeber 249 54; **262** 8; **280** 79; **288** 7; **301** 3; **307** 56; **346** 23; **355** 45; **357** 16; **358** 6 f., 15 f., 20, 22, 24, 26 f., 29, 33, 35, 39, 41, 43 f., 46, 50, 52 f., 56 f., 60, 64

Darlehensnehmer 273 9; **358** 17, 19, 22, 24 26, 28

Darlehensrückzahlung 269 24; **359** 3, 12, 17; **367** 10

Darlehensschuld 364 6

Darlehensvaluta 358 6, 35, 38, 60

Darlehensvertrag
- verbundener **288** 16; **358** 21, 23

Darlehensverträge 309 182

Darlehenszins 271 8

Daseinsvorsorge
- Billigkeitskontrolle **315** 102

Datenträger
- Audioaufzeichnungen **312D** 74
- entsiegelt **312D** 80
- Software **312D** 76
- Videoaufzeichnungen **312D** 75

Dauerlieferungsvertrag 312H 21

Dauerschuldverhältnis 309 18, 155, 158
- außerordentliche Kündigung **241** 33
- Geschäftsgrundlage **313** 76
- gesetzlich nicht normierte Dauerschuldverhältnisse **314** 6
- gesetzlich normierte Dauerschuldverhältnisse **314** 5
- Inhalt **241** 31
- Kündigungsrecht **323** 5
- ordentliche Kündigung **241** 32
- Rückabwicklung **241** 34
- Rücktrittsrecht **276** 24; **281** 78; **323** 6; **420** 5

Deckungsgeschäft 251 49; **280** 138; **286** 66; **308** 47, 52

Deckungskauf 254 20; **333** 8

Deckungsverhältnis 328 10, 12, 20, 33; **330** 2; **334** 1, 4, 7

Deklaratorische Klausel 307 120

Deliktsschutz 249 70

Demontagepflicht 346 34

Denkmalsschutz 249 53

Deutlichkeitsgebot 360 13

Devisenkauf 244 15

Dialer 241A 15

Dienst
- geleisteter **357** 20
- medizinischer **297** 26, 33
- öffentlicher **328** 39
- telekommunikationsgestützter **312D** 133

Dienstberechtigter 293 90, 97, 103

Dienstbesorgungsvertrag 311B 170

Dienstbezüge 411 6

Dienstleistung 309 161
- Erbringung **312B** 43
- mangelhafte **320** 34

- privilegierte Bereiche **312B** 108
- wesentliche Merkmale **312C** 52

Dienstleistungssystem 293 97; **313** 52; **314** 18
Dienstverhältnis 275 41
Differenzberechnung 249 7
Differenzbesteuerung 249 84
Differenzbetrag 249 84; **283** 19; **284** 18; **311B** 99; **396** 28
Differenzermittlung 249 5, 24, 27
Differenzhypothese 249 1, 4, 7, 12, 22, 25, 27, 40, 42, 45, 47, 53, 58, 60; **251** 12, 45, 49; **281** 76; **399** 12, 34
Differenzmethode 281 84; **397** 43
Differenzschaden 249 85
Direkterwerb
- Rechtsfolgen **297** 32; **398** 51

Direktionsrecht 293 81
- des Arbeitgebers **293** 81; **315** 31

Direktionsvorbehalt 310 55
Disagio
- als Zinsen **246** 19

Diskontsatz
- Begriff **247** 2
- Verwendung in Verträgen **247** 18

Dispositionsbefugnis 311B 416
Dispositionsfreiheit 358 36
Dispositionsmöglichkeit 249 59; **280** 46; **306** 9; **407** 28
Dissens 262 12; **305** 90, 107; **306** 9
- offener **305** 90
- verdeckter **306** 10

Dokumentationspflicht 242 39
Dokumentenklausel 271 10
Doppelnichtigkeit 359 14
Doppelpfändung 267 16
Doppelvermietung 285 19
Draufgabe 353 4; **409** 28
- Anrechnung und Rückgabe **337** 2
- Auslegungsregeln **337**
- Rückgewähr **337** 4
- Verfalldatum überschritten **338** 2

Drei-Personen-Verhältnis 328 6; **358** 6 f., 24, 26
Dreiecksverhältnis 312H 26
Dreipersonenverhältnis 359 27
Dritt-AGB 305 23
Drittbegünstigter 315 12
Drittbestimmungsrecht
- Ausübung **317** 15

Dritter 267 5
- beauftragter **312H** 31

Drittfinanzierung 358 25, 30, 37, 47
Drittinteresse 307 16
Drittleistung
- mangelhafte **267** 9

Drittschaden 249 63
Drittschadensliquidation 249 65, 68, 73
Drittschadensproblematik 249 62
Drittschuldtilgungsvereinbarung 329 5
Drittschutzwirkung 328 83
Drittverschulden 254 27; **268** 4; **398** 70; **421** 9
Drittwiderspruchsklage 267 16; **362** 28
Drittwirkung 311B 483
DÜG-Basiszinssatz
- Begriff **247** 2; **273** 3; **362** 48

Duldung 242 112; **258** 9, 11
- der Wegnahme **258** 1, 11

Duldungspflicht 258 5, 9
Durchgangserwerb 328 28

E

E-Business
- BTX-Rechtsprechung **305** 75
- Hinweis auf AGB **305** 76
- Kenntnisnahme der AGB **305** 77

E-Commerce
- AGB **312G** 76, 167
- Vertragsschluss **312G** 45, 101; **355** 27

E-Mail-Adresse 312G 6; **329** 19; **333** 8; **387** 13
E-Mail-Verkehr 242 17; **254** 27; **267** 6; **281** 107; **305** 6; **311B** 446; **328** 11
Effektivität 305 73
- des Rechtsschutzes **305** 44

Effektivzinssatz 313 80
Ehegattenbürgschaft 244 41
Ehegattentestament 246 9
Ehemakler 313 11
Ehevertrag 412 33
Eidesstattliche Versicherung 242 83; **387** 62
- analoge Anwendung **241** 23
- Formel **261** 11
- freiwillige Abgabe **259** 18
- geringe Bedeutung **259** 20
- Grund **261** 2
- Inhalt **259** 17
- Inhaltsänderung in der Vollstreckung **259** 16
- Kosten **261** 6
- Kosten der Vollstreckung **261** 9
- mangelnde Sorgfalt **261** 7
- Notar **261** 10
- örtliche Zuständigkeit **259** 15
- Übertragbarkeit des Anspruchs **261** 3

Stichwortverzeichnis

- Verfahren **261** 4
- Zuständigkeit des Amtsgerichts **259** 19
- Zuständigkeit des Vollstreckungsgerichts **261** 5
- Zwangsvollstreckung **261** 3

Eigenhaftung 261 8
- Dritter **261** 8

Eigeninteresse
- mangelndes **311** 43

Eigennutzung 242 76
Eigenreparatur 311B 107
Eigenschädigung 281 93
Eigenschaft 249 82
- zugesicherte **254** 1

Eigentum 309 116
- geistiges **276** 19

Eigentümergrundschuld 251 22
Eigentumserwerb 249 9; **428** 1
Eigentumsherausgabeanspruch 273 11, 23
Eigentumsschutz 251 41; **362** 26; **405** 4
Eigentumsübertragung 269 23, 27
Eigentumsverletzung 249 70; **430** 7
Eigentumsverlust 275 30, 46; **372** 13; **378** 8; **387** 34
Eigentumsverschaffungspflicht 249 41; **372** 9
Eigentumsvorbehalt 285 19
Eigenübliche Sorgfalt 311B 183
- Begriff **267** 16
- Grenzen **323** 60
- Straßenverkehr **346** 77

Eigenverschulden 346 75
Einbaukosten 314 12; **346** 77
Einbeziehung 276 15
- Arbeitsrecht **284** 12

Einfuhrbeschränkung 310 8, 47
Eingabe 305 62
Eingabefehler 286 52
Eingrenzung 312G 57
- des Ermessens **312G** 35, 50, 92, 150, 158

Eingriff
- ärztlicher **315** 17
- objektbezogener **249** 37; **251** 35; **398** 45; **428** 11
- rechtmäßiger **251** 38

Eingriffshaftung 251 17, 35
Eingriffsintensität 249 20; **399** 11
Eingriffskondiktion 249 3
Einheit
- wirtschaftliche **358** 26, 31

Einigung 308 53
- dingliche **372** 16

- stillschweigende **241** 23
- vertragliche **305** 90

Einigungsmangel 305A 4; **306** 5; **313** 72; **364** 3
- offener **269** 13; **336** 7; **339** 15
- rechtsgeschäftlicher **315** 1, 11; **316** 1, 4
- versteckter **315** 1; **316** 1, 4

Einkommen 311B 12
- entgangenes **311B** 170
- fiktives **252** 9; **398** 33; **404** 16
- unpfändbares **251** 27
- versteuerndes **362** 29

Einkommensfortfall 400 5
Einkommensteuer 252 7, 9; **398** 73
Einkommensverhältnis 252 7, 9; **397** 43
Einkommensverlust 249 85; **313** 90
Einlage 252 10
Einlagenrückgewähr 249 85; **252** 7; **273** 13; **368** 13; **397** 43; **399** 14
Einmanngesellschaft 311B 167; **397** 43
Einrede 249 85
- aufschiebende **311B** 351
- dauernde **273** 26
- der alsbaldigen Rückgewährpflicht **313** 80
- der Anfechtbarkeit **387** 62, 100; **396** 18
- der Arglist **242** 86
- der Unmöglichkeit **404** 12
- der Verjährung **359** 19; **394** 17; **425** 12
- des nichterfüllten Vertrages **297** 24, 35
- des Schuldners **281** 15; **309** 19; **404** 6
- des Vollstreckungsgläubigers **273** 34
- dilatorische **390** 11; **427** 11
- peremptorische **273** 20
- prozesshindernde **404** 6
- prozessuale **404** 6
- Vermögensverschlechterung **271** 12; **404** 7
- Zurückbehaltungsrecht **242** 67

Einrichtung 404 6
Einschaltung 404 6
- eines Erfüllungsgehilfen **258** 3

Einschränkungen 241 35
Einstandspflicht 355 27
Einstimmigkeitsprinzip 253 31
Einverständnis 317 39
- Form **409** 26

Einverständniserklärung 305 87
- des Schuldners **305** 89

Einwendung
- aus der Rechtsbeziehung zwischen Schuldner und Zedent **376** 9
- Ausschluss der Geltendmachung **404** 8
- Begriff **334** 4

- dauernde **404** 5, 9
- gegenseitiger Vertrag **359** 15
- Kenntnis des Schuldners **320** 53
- materielle **404** 10
- rechtshindernde **404** 25
- rechtsvernichtende **298** 18; **359** 15
- schuldverhältnisspezifische Wirkung **398** 16; **417** 6
- unzulässige Rechtsausübung **280** 92; **363** 1; **404** 5
- Verzicht, Auslegung des Umfangs **355** 23, 51; **357** 7, 12, 19; **359** 15; **362** 10, 34; **404** 5
- Verzicht, Eindeutigkeit **404** 5
- Verzicht, interessengerechte Auslegung **404** 22
- Verzicht, Kenntnis des Schuldners **404** 20
- Verzicht, konkludent **404** 21
- Verzichtbarkeit **404** 22
- Zeitpunkt des Bestehens **404** 20

Einwendungsdurchgriff 404 23
- allgemeiner **404** 9
- Gegenrechte des Verbrauchers **359** 1
- Rückabwicklung **242** 24
- Sachmangel **359** 17

Einwendungsverlust 359 26
Einwendungsverzichtsklausel 359 29
Einwilligung 358 27
Einwirkung 305 7; **307** 54; **308** 81, 92
- ungewollte **276** 40; **311B** 309; **376** 7

Einzahlungsbeleg 242 55; **280** 50; **346** 50; **387** 72
Einzahlungsforderung 311 38, 40; **339** 25
Einzahlungsquittung 368 10, 13
Einzelbezeichnung 368 14; **387** 72
- der Vermögensgegenstände **270** 14

Einzelgeschäft 311B 382
Einzelkaufmann 311B 437; **359** 21
- liquidationsberechtigter **311B** 399

Einzellieferung
- mangelhafte **249** 74; **309** 152, 157; **324** 9
- verzögerte **282** 10; **324** 9

Einzelrechtsnachfolge 282 10; **324** 9
Einzelübertragung 282 10; **412** 4
- wirksame **241** 21; **311B** 360

Einziehung
- einer Forderung **311B** 399

Einziehungsbefugnis 398 68; **432** 11
Einziehungsberechtigung 346 43
Einziehungsermächtigung 398 64
- Abgrenzung zur Inkassozession **362** 29; **399** 6; **400** 5; **413** 9

- Abtretbarkeit der Forderung **273** 6; **398** 37, 64
- abzielende **398** 126
- Aufrechnung **398** 125
- Befugnisse des Ermächtigten **398** 64
- Begriff **398** 129
- des geschädigten Sozialversicherten **398** 128
- Einwendungen des Schuldners **398** 123
- Einziehungsrecht **412** 28
- gerichtliche Geltendmachung **398** 129
- gesetzliche **398** 128
- Verfügung über die Forderung **398** 130
- Widerruf **362** 29

Einzugsermächtigung 398 128
- erteilte **398** 127

Elektive Konkurrenz
- Begriff **262** 18
- rechtliche Behandlung **262** 18

Elternteil 262 20
Empfängerhorizont 387 15, 37
- des Gläubigers **415** 3
- objektiver **362** 25

Empfangnahme
- der Leistung **370** 1, 9
- des Erlöses **362** 48; **363** 4; **370** 3

Empfangsbekenntnis 309 216
- formularmäßiges **368** 10; **370** 3
- schriftliches **368** 7
- unterschriebenes **309** 216

Empfangsberechtigung 372 16; **378** 7; **380** 2, 4
- des Gläubigers **378** 7; **380** 5

Empfangsbestätigung 305 11, 56; **309** 215
- automatische **312G** 161
- elektronische **312G** 70
- elektronische Signatur **309** 217
- getrennte Erklärung **309** 216

Empfangsbote 358 52
Empfangsermächtigung 362 28
Empfangsvertreter 309 222; **358** 52
Empfangsvollmacht 308 98
- gegenseitige **308** 98

Empfangszuständigkeit 362 26
Empfehlung
- ärztliche **297** 27

Endgültigkeit
- des Titels **362** 49

Energielieferungsvertrag 423 4
Enteignung 285 19; **311B** 46; **372** 9
Enteignungsbehörde 311B 46
Enteignungsbeschluss 311B 47
Enteignungsentschädigung 266 10
Enteignungsverfahren 311B 46

Stichwortverzeichnis

Entfallen
- der Leistungspflicht **280** 6; **281** 103; **323** 54
- der Vorleistungspflicht **320** 25
- des Erfüllungsanspruchs **320** 27; **403** 9

Entgangener Gewinn 252 4
- Beweisregel **252** 14
- Dirnenlohn **252** 6
- Steuerrecht **252** 7

Entgeltabrede 346 83
- ausgehandelte **346** 83

Entgeltabtretung 305C 41

Entgeltanspruch 295 39
- des Unternehmers **359** 19
- des Vorsitzenden eines Schiedsgerichts **315** 13
- eines Geschäftsführers **295** 39

Entgeltforderung 286 37; **288** 14, 18
- aus Dauerschuldverhältnissen **288** 18; **297** 19

Entgeltfortzahlung 275 26

Entgeltfortzahlungsanspruch 275 26; **357** 58; **398** 33; **404** 16

Entgeltpflicht 251 27; **320** 9

Entgeltrisiko 293 66; **320** 28

Entgeltvereinbarung 305 36

Entgeltverpflichtung 320 13

Entlastungsmöglichkeit
- Beweislast **311A** 22
- Erfüllungsgehilfe **311A** 24
- Haftung auf das negative Interesse **311A** 26
- Haftungsmaßstab **311A** 23
- Informationspflicht **311A** 27
- Vertreter **311A** 25

Entreicherung 362 48

Entsagungswirkung 311B 449

Entschädigung
- angemessene **304** 3; **398** 12
- Art **253** 98
- des Gläubigers **251** 7; **252** 4; **403** 3
- des Vermögensverlustes **250** 10
- festgesetzte **266** 10

Entschädigungsbemessung
- allgemein **253** 68
- allgemeines Persönlichkeitsrecht **253** 97
- Alter des Geschädigten **253** 72
- Verhältnisse des Schädigers **253** 79
- Vorschädigungen **253** 70
- Wirtschaftliche Situation des Geschädigten **253** 75

Entschädigungshöhe 311B 47

Entschädigungsregelung 307 126

Entschädigungsvereinbarung 242 82; **311B** 129; **313** 19

Entscheidungsfreiheit
- des Käufers **311B** 107
- des Verbrauchers **313** 19
- rechtsgeschäftliche **242** 82

Entscheidungsmaßstab 315 24, 28; **317** 2

Entscheidungspraxis 251 33

Entscheidungsreife 254 33; **309** 32

Entscheidungsrichtlinie 251 34

Entscheidungsspielraum 254 10

Entscheidungsträger 311B 307

Entscheidungsvorschlag 254 25

Entscheidungszeitpunkt 347 62

Entschuldigungsgrund 286 57

Entsorgungsleistung
- öffentliche **286** 25

Entstehen
- der Forderung **362** 32
- der gesicherten Forderung **362** 34
- der Rückgewährpflicht **347** 31
- der Verbindlichkeit **362** 34
- des Rückgewähranspruchs **346** 117
- des Rückgewährschuldverhältnisses **347** 32
- des Rücktrittsrechts **350** 9
- des Vertragsstrafeanspruchs **339** 42
- eines Rücktrittsrechts **346** 125
- eines Schadensersatzanspruchs **281** 15

Entstehungsgeschichte 253 2, 16

Erbauseinandersetzung 310 38
- vorweggenommene **311B** 445

Erbbaugrundstück 289 3; **301** 6; **305C** 32; **311B** 275; **320** 7; **358** 44, 46

Erbbaurechtskaufvertrag 311B 203

Erbbaurechtsvertrag 311B 275
- formnichtiger **289** 3; **301** 6; **311B** 275

Erbbauzins 313 49, 73, 89; **319** 11
- als Mehraufwendung **301** 6
- als Zinsen **246** 15

Erbbeteiligung 311B 464

Erbe
- alleiniger **311B** 433
- begünstigter **311B** 484
- der ersten Erbordnung **311B** 452
- des vorverstorbenen Vertragspartners **311B** 485
- gesetzlicher **362** 5
- gleichrangiger **311B** 451
- gradgleicher **311B** 448
- nachrangiger **311B** 451
- nächstberechtigter **311B** 440
- vorverstorbener **311B** 483

Erbeinsetzung
- der Vertragsparteien **311B** 444; **426** 29; **432** 11

Erbengemeinschaft 273 6

Erbenhaftung 362 5
- beschränkte **313** 58; **362** 5

Erbfall 241 21; **369** 3

Erbfolge 339 29; **372** 9
- unklare **372** 9
- vorweggenommene **311B** 428

Erbpacht 313 41

Erbpachtzins 313 73

Erbquote 311B 467
- abstrakte **311B** 468
- gesetzliche **311B** 467

Erbrechtliche Ansprüche 413 11

Erbringen
- der Leistung **280** 136

Erbschaft
- anfallende **311B** 417
- angefallene **311B** 392

Erbschaftsbesitzer 273 20, 35

Erbschaftsbeteiligung 311B 425

Erbschaftsquote 311B 464
- abstrakte **311B** 464
- gesetzliche **311B** 464

Erbschaftsvertrag
- wirksamer **311B** 484

Erbschein 311B 463

Erbstatut 311B 490

Erbteil
- vorweggenommener **311B** 405; **332** 6

Erbvertrag 241 23; **328** 17, 53; **349** 4
- Ehevertrag **311B** 338
- gemeinschaftlicher **311B** 445
- wirksamer **311B** 354

Erbverzicht 313 57

Erfinder 260 20

Erfolg
- ausbleibender **280** 120
- geschuldeter **241** 38
- wirtschaftlicher **306** 26

Erfolgseintritt 362 24

Erfolgsort 269 6

Erfüllung 270 7
- Begriff **362** 12
- einer fremden Verbindlichkeit **311B** 90
- fehlgeschlagene **362** 24
- Rechtsfolgen **422** 12
- verspätete **339** 43; **346** 108; **374** 6
- vorzeitige **272** 2

Erfüllungsgehilfe
- Begriff **278** 14
- des Leasinggebers **278** 34
- des Mieters **278** 35; **423** 9
- des Reiseveranstalters **278** 42
- des Schuldners **267** 5; **278** 16, 22
- des Unternehmers **359** 3
- des Verkäufers **278** 19, 48; **280** 128
- des Werkunternehmers **278** 19, 26
- eigene Verbindlichkeit gegenüber Gläubiger **278** 20
- eigene Verbindlichkeit gegenüber Schuldner **278** 19
- Hilfspersonen des Erfüllungsgehilfen **278** 16

Erfüllungsgemeinschaft
- Tilgungsgemeinschaft **421** 9

Erfüllungsgeschäft 241 14

Erfüllungshandlung
- geschuldete **311B** 113

Erfüllungsinteresse 249 40

Erfüllungsklage 311B 120

Erfüllungsleistung 398 35

Erfüllungsmöglichkeit 297 29

Erfüllungsort 269 10

Erfüllungsortvereinbarung
- stillschweigende **269** 14; **364** 1

Erfüllungssurrogat 267 7; **366** 19; **370** 10; **399** 37

Erfüllungstauglichkeit 243 12
- mangelnde **243** 12; **363** 3; **366** 2

Erfüllungstheorie 362 18, 21

Erfüllungsübernahme
- berechtigende **329** 8
- reine **329** 8; **365** 9

Erfüllungsvereinbarung 323 65; **364** 13

Erfüllungsverlangen 281 70; **323** 65
- des Gläubigers **267** 9; **281** 70

Erfüllungsversuch 266 7
- untauglicher **267** 9
- unzureichender **266** 7

Erfüllungsvertrag 293 38; **320** 24; **362** 22; **432** 9

Erfüllungsverweigerung 286 32; **315** 78; **339** 43
- des Vertragspartners **320** 24; **323** 63; **362** 24

Erfüllungsvorgang 281 68

Erfüllungswille 281 14, 43; **295** 23; **323** 8, 33; **363** 3
- des Schuldners **363** 3; **370** 8

Erfüllungswirkung 267 8; **290** 5

Erfüllungszeitpunkt 251 48

Stichwortverzeichnis

Erfüllungszweck 362 13, 18, 20, 24; **363** 3
Erhalt 368 10
- der Leistung **284** 10
- der mangelhaften Sache **346** 49
- der Quittung **368** 1
- der Sache **356** 6, 35
- der Widerrufsbelehrung **304** 10

Erhaltungskosten 249 51; **347** 49
- gewöhnliche **347** 49

Erhaltungszustand 251 9, 14; **398** 14
Erheblichkeit 281 101
Erheblichkeitsprüfung 281 102
Erheblichkeitsschwelle 281 101
Erhöhungsbetrag 286 10
Erhöhungsklausel 309 12
- verdeckte **309** 12

Erholungswert 251 18, 37
Erklärung
- fingierte **308** 79

Erklärungsbedeutung
- objektive **311B** 204; **312G** 9; **362** 28

Erklärungsbewusstsein 311B 219; **341** 10
Erklärungselement 311 57; **358** 50, 52
Erklärungsempfänger 315 5, 56, 58; **360** 19
Erklärungsfiktion
- angemessene Frist **308** 86
- EG-Richtlinie **308** 84
- Gesetzeswiederholung **308** 81
- gesetzlich **308** 80
- Hinweispflicht **308** 88
- Tatsachen **308** 82
- unzulässig **308** 91
- Zulässigkeit **308** 85

Erklärungsfrist 333 4
- angemessene **333** 4

Erklärungsgegner 312G 93; **415** 46
Erklärungshorizont 313 36
- objektiver **313** 36; **387** 55

Erklärungsirrtum 312G 90, 92
Erklärungspflicht 242 36; **398** 35
Erklärungswirkung 242 47
Erkundigungspflicht 356 34; **357** 30; **397** 29
Erlass 368 15
- Abfindungsvertrag **397** 28
- Abrechnung **397** 18
- Beweislast **397** 43, 50; **402** 10
- der einstweiligen Verfügung **249** 85
- des Urteils **406** 13; **410** 13
- eines Teilurteils **266** 17
- Einzelaufhebungswille **423** 10
- Erlassvertrag **397** 3

- Gesamtaufhebungswille **423** 8
- Gesamtgläubiger **397** 45
- Gesamtschuld **397** 44
- Quittung **397** 21
- Rechtsgrund **397** 48
- Reduzierung einer Forderung **397** 24
- Skonto **397** 8
- Übersendung einer Unterwerfungserklärung **397** 27
- unbekannte Forderung **397** 15
- unverzichtbare Ansprüche **397** 52
- Verzichtswille **397** 14

Erlassvertrag 423 5
Erledigung
- der Hauptsache **362** 49

Erledigungserklärung 292 6
- übereinstimmende **292** 6

Erlöschen
- der beiderseitigen Erfüllungsansprüche **362** 7; **368** 2; **389** 4; **422** 12
- der Forderung **267** 14; **268** 1, 12; **326** 7; **362** 5, 8, 19, 22, 26, 32, 49
- der Leistungspflicht **311A** 19
- der Nacherfüllungspflicht **326** 14
- der Schuld **362** 2, 31; **371** 4, 10; **372** 1
- der Schuldverhältnisse **241** 8
- der Titelforderung **362** 48
- der Widerrufsfrist **355** 4
- des Anspruchs **326** 1, 4, 6, 8; **346** 20
- des dinglichen Rechts **362** 6
- des Erfüllungsanspruchs **281** 66, 72; **326** 7, 15
- des Gegenleistungsanspruchs **281** 75; **286** 67
- des Leistungsanspruchs **281** 75
- des Nacherfüllungsanspruchs **281** 74
- des Rücktrittsrechts **350** 10
- des Schuldverhältnisses **267** 2, 8; **362** 1, 9, 11, 14; **364** 1, 12
- des Urlaubsanspruchs **287** 6
- des Widerrufsrechts **355** 8, 37, 45
- eines Anspruchs **326** 1; **358** 56, 59
- Herausgabeanspruchs des Gläubigers **382**

Erlöschensfrist 355 42
Erlöschensgrund 351 6; **362** 2, 4, 11
Ermessen
- richterliches **315** 89

Ermessensentscheidung 315 19, 89
Ermessensspielraum 315 18, 24
Ernsthaftigkeit
- der Quittungserteilung **368** 14

Erprobung
- der erhaltenen Sache **350** 9

Erreichen
- des Vertragszwecks **314** 14
- eines bestimmten Alters **249** 56

Erreichung 387 55
- des Vertragsziels **242** 36; **275** 17; **293** 37; **311A** 18; **387** 58
- des Vertragszwecks **242** 39; **307** 68, 70, 74; **387** 56
- des Zwecks **242** 37
- eines angemessenen Interessenausgleichs **241** 5
- eines bestimmten Schwellenwertes **313** 55
- eines bestimmten Zwecks **256** 4
- eines gemeinsamen Zwecks **320** 5

Ersatzanspruch
- des Arztes **296** 18
- des Schuldners **304** 12
- des Vermieters **258** 12
- des Versicherungsnehmers **249** 69

Ersatzartikel 308 63
Ersatzberechtigter 249 47; **251** 22, 34, 45, 47; **255** 1, 3, 6, 10, 12, 17; **402** 5, 10, 14, 21; **413** 14, 19, 24
Ersatzberechtigung 249 34, 61
Ersatzbeschaffung 249 59, 84; **309** 59 f.
Ersatzerbe 311B 482
Ersatzfahrzeug 249 23, 57, 77, 82; **251** 13, 36, 42
- gebrauchtes **249** 84
- gleichwertiges **249** 77, 82, 84; **255** 18; **267** 7; **402** 9

Ersatzleistung 249 52, 82; **251** 27; **252** 5, 9; **359** 23; **364** 4, 19; **398** 33, 73; **430** 5
Ersatzlieferung 275 26; **308** 30
- einer neuen Sache **359** 23
- gleichwertige **430** 5

Ersatzlieferungsanspruch 275 28
Ersatzlieferungsfrist 308 30
Ersatzsache 249 83; **346** 18
- mangelfreie **346** 18; **362** 48

Ersatzvornahme 284 12; **286** 66
Erschließungskosten 271 18; **311C** 7
Erschließungsvertrag 311B 45
Ersetzen
- Dauerschuldverhältnis **312H** 27

Ersetzungsbefugnis 364 4
- Anwendungsfälle **262** 16
- Ausübung **263** 8
- Begriff **262** 15
- Nichtausübung **264** 9, 15
- rechtliche Behandlung **262** 17
- Unmöglichkeit **265** 8

Erstattung
- der Abschleppkosten **273** 9; **402** 16
- der Herstellungskosten **249** 90
- der Kosten **273** 11
- der Mehraufwendungen **293** 89, 103
- der verlangten Mehraufwendungen **304** 17
- der Vertragsnebenkosten **249** 54; **397** 43; **402** 10
- des gezahlten Kaufpreises **249** 85
- des Mehrbetrags **346** 18
- von Zwischenzinsen **272** 1

Erstattungsfähigkeit 249 83
Erstattungsmöglichkeit 311 66
Erstattungspflicht 357 45
- des Verbrauchers **357** 45

Erstellung 280 164
- des Werks **271** 18
- eines ärztlichen Zeugnisses **286** 74
- eines Sachverständigengutachtens **249** 92

Erwerb 423 2
- einer Immobilie **269** 18; **311B** 135
- eines Anteils **358** 11
- eines eigenen Rechts **328** 35
- eines Einfamilienhauses **284** 16
- eines Gebäudeeigentums **311B** 38
- eines Gegenstandes **311B** 37
- eines grundstücksgleichen Rechts **358** 46
- eines Immobilienfondsanteils **358** 43
- eines Personengesellschaftsanteils **311B** 162
- eines Rechts **331** 2
- eines Wohnungseigentums **311B** 170; **421** 13
- einredefreier **268** 8
- erbrechtlicher **311B** 341; **413** 19
- finanzierter **358** 43, 46
- gutgläubiger **255** 4, 12; **371** 1
- sachenrechtlicher **311B** 162
- von Forderungen **398** 41
- von Gesellschaftsanteilen **310** 40
- von Grundstücksbestandteilen **311B** 36
- von Grundstücksteilflächen **311B** 39

Erwerberseite 254 19; **311B** 80; **397** 1
Erwerbsfähigkeit 249 43; **387** 72
Erwerbsgeschäft 242 55; **358** 1, 44, 46; **397** 1; **400** 8
Erwerbsminderung 249 43; **397** 1; **400** 8
- fortwirkende **249** 43

Erwerbsmöglichkeit 252 7
- entgangene **252** 7

Erwerbstätigkeit 311B 349
Erwerbsverbot 311B 289

Stichwortverzeichnis

Erwirkung
- einer gerichtlichen Entscheidung **260** 17
- von Handlungen **362** 48

Erzeugnisse 308 57

Erzielung
- von Gebrauchsvorteilen **347** 43

Erzwingung
- der eidesstattlichen Versicherung **261** 1

Euro
- Anpassung nationaler Gesetzes **244** 33
- Einführung **244** 30
- Übergangszeit **244** 32
- Umrechnungskurse **244** 31

Euro-Einführung 247 2, 18; **398** 44

Existenzgrundlage 273 18
- des Arbeitnehmers **273** 18

Expertenhaftung 328 98

F

Factoring
- Begriff **398** 106
- echtes, Forderungskauf **398** 108
- Kollision mit Globalzession **398** 108
- Kombination von echtem und unechtem **398** 115
- unechtes **398** 112

Fahrgemeinschaft 310 29

Fahrlässigkeit 372 11; **413** 2
- beiderseitige **254** 34
- bewusste **276** 12; **311A** 24
- grobe **276** 12
- grobe, Anwendungsbereich **277** 5
- grobe, Begriff **277** 6
- grobe, Maßstab **277** 7
- grobe, Straßenverkehr **277** 8; **307** 75; **311A** 23; **420** 17
- leichte **276** 35; **277** 4, 7
- mittlere **276** 36
- Rechtsirrtum **276** 11
- Verkehrskreise **276** 10

Fahrlässigkeitshaftung 277 2; **346** 75

Fahrlässigkeitsmaßstab 276 10
- objektiver **277** 2
- subjektiver **277** 2

Fahrtkosten 357 34

Fahruntüchtigkeit
- alkoholbedingte **399** 16

Fakultativklausel 273 7; **362** 38; **366** 13

Fälligkeit 271 4
- der Hauptforderung **392** 16
- der Leistung **281** 14; **315** 65
- des Befreiungsanspruchs **257** 11
- des Darlehens **364** 11
- des Gegenanspruchs **273** 7, 35
- des Herausgabeanspruchs **292** 3
- des Kaufpreises **271** 10
- einer Forderung **271** 4, 12
- einer Zinsschuld **246** 29
- eines Anspruchs **271** 4
- sofortige **271** 24
- von Verwendungsersatzansprüchen **256** 16
- vorzeitige **286** 31; **301** 3; **339** 20

Fälligkeitsbestimmung 271 12

Fälligkeitseintritt 286 20

Fälligkeitsvereinbarung 301 3; **309** 23

Fälligkeitsvoraussetzung 271 10, 18

Fälligkeitszeitpunkt 271 9

Fälligkeitszins 309 41; **339** 17
- vereinbarter **339** 17

Falschbeurkundung
- bewusste **311B** 185
- des Kaufpreises **311B** 312

Falschbezeichnung
- bewusste **311B** 204
- irrtümliche **311B** 203; **357** 42; **363** 5

Falschlieferung 281 108

Fälschung 423 12
- von Überweisungsaufträgen **278** 47

Fangprämie 251 42

Fehlentscheidung 280 106

Fehleridentität 359 11, 14

Fehlerquote 309 131

Fehlschlag
- der Nacherfüllung **359** 17

Fehlvorstellung 312I 43; **313** 10

Fernabsatz 308 23
- organisiertes Vertriebs- oder Dienstleistungssystem **312B** 56

Fernabsatzgeschäft 346 93

Fernabsatzvertrag
- Auslandsbezug **312B** 144
- hinzugefügter **312F** 4
- Informationspflichten des Unternehmers **312C**
- über Finanzdienstleistungen hinzugefügte Verträge **312F** 1 ff.
- Verbraucherschutz **312B** 2
- Widerrufsrecht **312D** 1 ff.

Fernkommunikationsmittel
- Erbringung der Dienstleistung **312B** 51
- Legaldefinition **312B** 62
- Übersichtlichkeit **312C** 8

Fernsehmarketing 312A 9; 312I 32
Fernsprecher
- öffentlicher **312B** 129
Fernunterricht
- Vertrag **312B** 71
Fernunterrichtsvertrag 308 23
Fertighausvertrag 308 109
Fertigstellung
- fristgerechte **295** 13; **311B** 256
Fertigstellungsbescheinigung 293 90
Fertigstellungspflicht 311B 199; **358** 9 f.; **364** 11; **427** 12
Festkredit 280 79
Festpreis 266 15; **286** 24; **291** 5; **293** 99; **311B** 322; **362** 33; **368** 16; **398** 9
Festsetzungsurteil 315 84, 92
Feststellungsklage 242 78; **266** 15; **346** 35; **362** 33; **368** 16
- negative **242** 78
Feststellungsurteil 319 16
Finanzdienstleister 358 29, 31; **359** 1
Finanzdienstleistung 312B 44
- Zeitpunkt der Information **312C** 130
Finanzierungsdarlehen 358 17, 25
Finanzierungsgeschäft 242 24; **246** 9
Finanzierungshilfe
- entgeltliche **281** 97; **286** 71; **312A** 9; **359** 30
Finanzierungskosten 249 78; **284** 12, 16; **311B** 184
Finanzierungsleasing
- Geschäftsgrundlage **313** 76
- Rücktritt des Leasinggebers vom Kaufvertrag **313** 76; **359** 8
Finanzierungsvertrag 358 1, 10, 46
Finanzierungszweck
- Abrede **358** 23
- Zeitpunkt **358** 24
Finanzinstrumente
- Erwerb von **359A** 12
Firma
- Übertragbarkeit **413** 14
Firmenfortführung 339 29
Firmengleichheit 358 28
Fiskalerbe 362 5
Fixgeschäft 271 21; **275** 39; **311A** 17
- absolutes **271** 21; **281** 50; **340** 6; **432** 12
- relatives **271** 21; **346** 16; **347** 26; **350** 7
Fixhandelskauf 251 47, 49; **398** 54
Fixkauf 323 39
Fixschuld 271 21

Flexibilisierung
- der Arbeitszeitdauer **310** 59
Flugpauschalreise 280 49
Folgegeschäft 284 6
Folgeschaden 249 34
Folgewirkung 249 32
- physische **249** 32
- psychische **249** 32; **402** 7; **413** 13
Fondsbeteiligung 255 5; **402** 7; **413** 13
Fondsgesellschaft 255 5
Forderung
- Abtretbarkeit **398** 6
- aus gegenseitigem Vertrag **398** 24
- bedingte und befristete **398** 19; **400** 4; **404** 3; **410** 4
- Begriff **399** 5
- Bestimmbarkeit **398** 10
- Bestimmtheit **398** 10; **406** 4
- Definition **398** 7
- Durchsetzbarkeit **389** 4; **398** 25
- einredebehaftete **291** 4
- künftige **398** 20
- Landesrecht **398** 8
- Neben- und Vorzugsrechte **401** 1
- öffentlich-rechtliche **398** 8
- öffentlich-rechtliche - Abtretung an eine Privatperson **398** 8
- privatrechtlich und öffentlich-rechtlich **409** 4
- relatives Recht **398** 7
- schuldrechtlicher Anspruch **241** 16
- unbestrittene und rechtskräftige **309** 30
- unverzinsliche **272** 1, 5
- verbriefte **362** 5
- verjährte **396** 13
- verpfändete **387** 28
Forderungsabtretung 267 6; **311B** 62; **426** 29
Forderungsbestand 380 6
Forderungsbetrag 266 11, 14
Forderungsgemeinschaft 273 6
Forderungsmehrheit
- Abtretung **398** 16
- Abtretung aller Forderungen bis zu einem Höchstbetrag **398** 17
- Abtretung in Höhe eines Teilbetrages **398** 17
- Bestimmbarkeit **398** 16
- Übersicherung **398** 16
Forderungspfändung 267 6; **331** 1; **333** 2; **335** 4; **396** 20
Forderungsrecht 241 15, 39, 42; **242** 88; **328** 3, 9, 13, 60; **333** 2
- des Gläubigers **241** 14, 42

Stichwortverzeichnis

- schuldrechtliches **241** 15
- Verpflichtungskumulation **398** 11; **400** 6; **402** 18; **407** 27; **409** 28

Forderungsübergang 267 10, 14; **268** 1, 8, 12; **362** 29; **402** 18; **405** 2; **412** 4, 15, 18; **421** 13; **422** 11

- gesetzlicher **267** 10; **268** 1, 8; **412** 15, 18

Forderungsübertragung
- durch gerichtliche Anordnung **406** 5
- schuldrechtliche Pflicht **412** 36

Form
- Bestätigung **312H** 46
- der Individualabrede **305B** 12
- einer Rahmenvereinbarung **312G** 156; **368** 10
- elektronische **305** 30, 85; **309** 199

Formbedürftigkeit 280 44, 46; **328** 18
- eines Aufhebungsvertrages **311B** 261
- eines Vertrags **280** 44, 46; **311B** 302; **312G** 22; **328** 44; **331** 3; **355** 27; **356** 26

Formerfordernis 242 84; **339** 42; **344** 5
- gesetzliches **242** 84
- vereinbartes **312G** 22; **416** 11

Formfrage 415 21, 47

Formfreiheit 329 4; **331** 9; **359** 10; **409** 24
- Leistungsbestimmung **315** 61

Formmangel
- Genehmigung **312H** 49
- Heilung **312H** 43
- Kündigungserklärung **312H** 44
- Kündigungsvollmacht **312H** 47
- Unwirksamkeit **312H** 42

Formular
- vorgefertigtes **358** 31

Formulararbeitsvertrag 308 73; **310** 54

Formularmietvertrag 315 100

Formularverträge 309 61, 158; **310** 38

Formunwirksamkeit
- Heilung **242** 84

Formvorschrift 311 15

Fortbestehen 313 23; **362** 5, 11
- der Forderung **362** 5

Frachtvertrag 328 54

Franchisegeber 307 126

Franchisenehmer 307 126

Franchising 242 51

Freigabeanspruch 242 35; **376** 9; **387** 34, 54

Freistellungsanspruch 329 3, 12
- Anspruchsgrundlagen **257** 20
- Erstattungsanspruch **257** 23
- Inhalt **257** 19
- Schadensersatzanspruch **257** 24
- vertraglicher **257** 25

Freistellungsgrund 297 15

Freiststellungsanspruch
- Schadensersatz **257** 21
- Vereinbarung **257** 22

Freizeichnungsklausel 309 103, 105, 109

Freizeichnungsverbot 271 5; **308** 35; **394** 26

Freizeit 249 9; **251** 15, 22, 26, 38

Freizeitverlust 249 89

Fremdgeschäftsführung 267 2

Fremdschaden 254 6, 10; **412** 17

Fremdschädigung 254 1

Fremdtilgungswillen 267 6

Fremdwährungsscheck 244 49

Fremdwährungsschuld
- Aufrechnung **244** 44
- Definition **244** 22
- effektive, devisenrechtliche Beschränkungen **245** 8
- Effektivklausel **244** 41
- Ersetzungsbefugnis des Schuldners **244** 42
- Fremdwährungsschuld, effektive **244** 41
- Geldschuld **244** 37
- Geldwertschuld **244** 38
- Genehmigungsbedürftigkeit **244** 37
- gesetzliche Regelung **244** 2
- Insolvenzverfahren **244** 48
- Leistungsklage **244** 45
- Mahnverfahren **244** 46
- Schuldstatut **244** 52
- Seehandels-Frachtvertrag **244** 50
- Umrechnung in Euro **244** 43
- Zahlbarkeit im Inland **244** 39
- Zahlbarkeit in der Euro-Zone **244** 40
- Zwangsvollstreckung **244** 47

Fremdwährungswechsel 244 49

Friedenspflicht 249 44; **323** 27

Fristablauf 281 36
- Entbehrlichkeit **281** 37; **323** 7
- erfolgloser **281** 73
- fruchtloser **250** 4
- mangelhafte Leistung **281** 41
- Rücktritt vor Fristablauf **323** 28
- Teilleistung / Schlechtleistung **323** 30
- Wahrung der Frist **323** 29

Fristangabe 355 35; **356** 23; **357** 44; **358** 51, 54

Fristbeginn 308 13, 20, 87; **310** 67

Fristberechnung 309 170

Fristbestimmung 318 8

Fristdauer 271 9

Fristende 281 23; **308** 14; **309** 39; **323** 17

Stichwortverzeichnis

Fristsetzung 250 6; 323 23; 350 8
- Angemessenheit 281 32; 323 18
- Bestimmtheit 281 24
- Entbehrlichkeit, Arglist 281 53; 323 40
- Entbehrlichkeit, besondere Umstände 281 48; 323 34
- Entbehrlichkeit, Bestreiten von Mängeln 281 44
- Entbehrlichkeit, Erfüllungsverweigerung 323 31, 33
- Entbehrlichkeit, Gewährleistungsrecht 281 42
- Entbehrlichkeit, Interessewegfall 281 51
- Entbehrlichkeit, Leistungsverweigerung 281 43; 323 38
- Entbehrlichkeit, relatives Fixgeschäft 281 50
- Entbehrlichkeit, Unmöglichkeit 280 162; 281 3; 321 6; 323 8, 32
- erfolglose 275 3; 323 21
- Erklärung über Leistungsbereitschaft 281 30; 323 66
- erneute 281 71
- Kaufrecht 323 20
- Nacherfüllung 323 19
- Nacherfüllung, Kaufrecht 281 29
- Nacherfüllung, Werkvertrag 281 28
- nochmalige 281 41
- Unternehmensverkehr 309 46
- vor Fälligkeit 281 35
- wirksame 281 63; 323 29

Fristüberschreitung 281 37
Fristvereinbarung 308 14
Fristwahrung 281 37; 355 36; 360 18, 21
Früchte 249 75
Frustration 251 33
Frustrierungsgedanke
- Kausalitätserfordernis 251 34

Fürsorgecharakter 249 72
- arbeitsrechtlicher 249 72
- sozialer 249 72

Fürsorgepflicht 242 52; 387 69
- allgemeine 242 52
- arbeitsrechtliche 297 27; 328 77; 387 69
- des Arbeitgebers 242 52
- des Gläubigers 328 77
- familienrechtliche 328 77

G

Garantie 276 18
- Eigenschaftszusicherung 276 20
- Fallgruppen 276 19
- unselbstständige 311B 94; 395 10

Garantieanspruch 242 64; 275 13; 278 1; 285 22; 399 11
Garantiehaftung 249 3; 276 4, 23; 311A 13, 22
- des Verkäufers 278 1; 311A 23
- verschuldensunabhängige 276 4; 418 20
Garantieübernahme 276 1, 19; 333 8
Garantievertrag 300 13; 362 14; 425 18
Gattungskauf 243 6; 267 9; 281 32; 292 4; 300 9; 304 10; 323 23; 389 3; 420 6
Gattungssache 276 22, 25
Gattungsschuld
- Ausscheidungstheorie 243 25
- Beschaffungsschuld 243 42
- Bestimmung 243 9
- Bindung an Konzentration 243 39
- Bringschuld 243 36
- Dienstleistungen 243 18
- Erfüllungstheorie 243 25
- Gattung 243 3
- Geldschuld, Abgrenzung zur 243 7
- geschuldete Qualität 243 11
- gesetzliche Regelung 243 1
- Holschuld 243 33
- Konzentration 243 19
- Konzentration durch Gerichtsvollzieher 243 16
- Leistung besserer Sachen 243 13
- Leistungsklage 243 15
- Lieferungstheorie 243 25
- mangelhafte Sachen 243 12
- modifizierte Ausscheidungstheorie 243 27
- Sachschuld 243 6
- Schickschuld 243 35
- Stückschuld, Abgrenzung zur 243 2
- Übergang der Leistungsgefahr 243 41
- Umwandlung in Stückschuld 243 38
- Unbestimmtheit 243 8
- Versendungskauf 243 35
- Vollzug der Auswahl 243 14
- Vorratsschuld 243 5
- Wahlmöglichkeit 243 4
- Wahlrecht des Schuldners 243 10
- Zwangsvollstreckung 243 16

Gattungsware 294 13
Gebäude
- selbstständiges 311B 38

Gebrauch
- bestimmungsgemäßer 346 58
- bestimmungsgemäßer, Begriff 346 60

Gebrauchsgewährungspflicht 278 38; 286 72

Stichwortverzeichnis

Gebrauchsmöglichkeit 269 23; **275** 32; **278** 34; **280** 36; **285** 19; **309** 153, 158; **311A** 13; **326** 23; **357** 20
Gebrauchsüberlassung 276 28, 37; **342** 1; **330** 2
Gebrauchsüberlassungspflicht 278 34
Gebrauchsvorteil 346 101
- Bemessung **346** 103
- Wertersatzpflicht **346** 102

Gebrauchswert 251 22
Gebrauchszeitraum 357 21
Gebrauchtfahrzeug
- gleichwertiges **249** 78

Gebühren
- Honorare **329** 15

Gebührenbescheid 291 3
Gebührenforderung 269 20; **316** 12
Gebührenklausel 369 2
Gebührenordnung
- ärztliche **315** 35

Gefahr
- der Insolvenz **359** 29
- der Leistungserbringung **328** 76
- des Untergangs **347** 62
- des Verlustes **268** 6
- des verspäteten Eingangs **270** 10; **326** 11; **357** 33
- des zufälligen Untergangs **311B** 279
- vermeidbare **254** 14

Gefahrabwälzungsklausel 275 20
Gefährdung
- des Rechtsverkehrs **254** 35; **305C** 76, 79; **387** 100; **398** 109; **399** 11; **408** 8; **413** 3

Gefährdungshaftung 242 86; **249** 3, 35
Gefahrtragung 270 8
- Hinterlegung **379** 4

Gefahrübergang 375 3
- auf den Gläubiger **375** 3
- Dienstleistungen **243** 43

Gefälligkeit 387 46
Gefälligkeitsverhältnis 241 24
Gefälligkeitsvertrag 276 37; **368** 14
Gegenanspruch
- Bestehen **273** 4

Gegenansprüche 373 2
Gegenbeweis 308 113
Gegenforderung
- aufschiebend bedingte und Abtretung der Hauptforderung **406** 13
- Ausnahmefall der verjährten **390** 7
- Erwerb nach der Abtretung **406** 10
- Erwerb vor der Abtretung **406** 9

- Fälligkeit **320** 30
- Fälligkeit nach Kenntnis der Abtretung **406** 12
- Fälligkeit vor Kenntnis der Abtretung **406** 12
- Gleichartigkeit bei Abtretung der Hauptforderung **406** 15
- verjährte Ansprüche **320** 31
- Wirksamkeit/Fälligkeit **320** 27
- Zweifel an Wirksamkeit **320** 28

Gegenleistungsanspruch 326 7
- Einzelfälle **326** 9
- Erlöschen **326** 8
- gesetzliche Gefahrtragung **326** 12
- Nacherfüllungspflicht **326** 13
- vereinbarte Gefahrtragung **323** 4; **326** 11

Gegenrechte
- Ausschluss **334** 4

Gegenseitigkeit 320 4
- Gesellschaftsverträge **320** 5
- sonstige Verträge **320** 7
- typisierte Verträge **320** 6

Gehalt
- fiktives **293** 63

Gehaltsabtretung
- in Höhe der jeweils pfändbaren Bezüge **398** 12

Gehaltsanspruch 273 18, 37
- unpfändbarer **273** 18, 37

Gehaltsforderung 273 21; **311B** 339
- ausstehende **273** 21

Gehaltsfortzahlung 249 68
Geheimhaltungsinteresse 259 24
Geheimzahl 278 8; **280** 85; **310** 24; **401** 11
Gehilfe 249 71; **254** 26, 30
Geistlicher 411 3
Geld
- als vertretbare Sache **244** 9
- Bargeld **244** 6
- Buchgeld **244** 10
- elektronisches Geld **244** 13
- Münzen **244** 7
- Papiergeld **244** 8
- Rechtsbegriff **244** 5
- staatliche Theorie **244** 5
- wirtschaftliche Funktionen **244** 4

Geldbuße 395 5; **399** 11
Geldentschädigung 250 9
Geldentwertung 313 41, 49
Geldkarte 362 45
Geldrente 411 8
- Art der Entschädigung **253** 99

Geldschuld 270 3; **288** 10
- Definition **244** 3
- Geldsummenschuld **244** 17
- Geldwertschuld **244** 18
- gesetzliche Regelung **244** 1
- Leistungsfähigkeit, finanzielle **244** 19
- Schickschuld, qualifizierte **244** 20
- Übermittlungskosten **244** 20
- Übermittlungsrisiko **244** 20
- Umstellung auf Euro **244** 34; **270** 3
- Verzinsung **244** 21; **246** 5
- Wertverschaffungsschuld **244** 14

Geldsorte 244 15; **395** 5

Geldstrafe 267 4
- andere Leistung **342** 1 f.

Geldwertschuld
- Fremdwährungsschuld **244** 38

Gelegenheitsarbeiter 249 39; **400** 4
- ungelernter **249** 39

Gemeinschaftseigentum 278 7, 41; **281** 96, 117; **311B** 204

Gemeinschaftsrecht 278 6; **280** 20; **387** 67

Gemeinschaftsverhältnis 242 50; **311B** 29; **387** 67
- allgemeines **242** 50; **387** 67
- nachbarliches **242** 50

Genehmigung
- aufsichtsbehördliche **275** 19; **305** 96; **305C** 11; **311A** 17
- behördliche **242** 37
- des Gewerbebetriebs **311B** 189
- des Gläubigers **257** 20
- fehlende **275** 19
- formbedürftige **311B** 56
- vormundschaftsgerichtliche **311B** 280

Genehmigungsverweigerung 416 22
- Rechtsverhältnis Gläubiger-Übernehmer **415** 49

Generaleinwilligung 307 53

Generalklausel 307 4, 17; **309** 177
- des Zivilrechts **242** 9

Generalquittung 397 21

Generalvollmacht 311B 51

Genugtuung 249 20

Genugtuungsfunktion 253 28

Genussrecht 271 8; **310** 41; **388** 31

Gerichtsbarkeit 271 8; **388** 31
- freiwillige **261** 5
- ordentliche **271** 8; **329** 17; **388** 31

Gerichtskosten 261 7; **270** 1; **368** 16; **412** 26

Gerichtsstand 269 4; **339** 42; **368** 16

Gerichtsstandswahl 266 18; **362** 48; **368** 18; **410** 14

Gerichtsvollzieher 264 7; **298** 18, 21

Gesamtgläubiger 428 2
- Abtretung **429** 22
- Anteile **430** 6
- Aufrechnung **429** 9
- Ausgleichsanspruch **430** 12
- Erfüllung **429** 8
- Erfüllungssurrogate **429** 8
- Erlassvertrag **429** 12
- Forderungsrecht auf die ganze Leistung **428** 6
- gerichtliche Entscheidung **429** 16
- gesetzliche Bestimmung der Anteile **430** 7
- Gestaltungsrechte **429** 19
- Gläubigerverzug **429** 5
- Hinterlegung **429** 10
- Innenverhältnis **430** 2
- Konfusion **429** 6
- Leistung an Erfüllung statt **429** 11
- Novation **429** 17
- rechtsgeschäftliche Bestimmung der Anteile **430** 9
- Schuldnerverzug **429** 14
- sonstige Ereignisse **429** 7
- Unmöglichkeit **429** 15
- Verjährung **429** 21
- Wahlschuld **429** 18

Gesamtgläubigerausgleich
- Beweislast **430** 14

Gesamtgläubigerschaft 428 3
- einmalige Leistungsverpflichtung **428** 18
- Entstehungsvoraussetzungen **428** 8
- prozessuale Wirkungen **428** 21
- Rechtsfolgen **428** 14, 19
- rechtsgeschäftliche Begründung **398** 141
- Vertag zu Gunsten Dritter **387** 13; **428** 16

Gesamthand 294 11

Gesamthandsgemeinschaft 431 3

Gesamtlaufzeit 246 17; **429** 19

Gesamtnichtigkeit 306 29
- des Rechtsgeschäfts **311B** 399
- des Vertrages **306** 29

Gesamtrechtsnachfolge 412 4
- Erbfall **412** 34

Gesamtschuld
- Abtretung **425** 19
- Aufrechnung **422** 10
- Ausgleichspflicht **426** 23
- Befugnisse des Gläubigers **421** 1
- Begriff **426** 5

Stichwortverzeichnis

- Bürge für alle Gesamtschuldner **426** 15
- Bürge nur eines Gesamtschuldners **426** 16
- Bürgschaft, Ausgleichsansprüche **426** 14
- einfache Streitgenossen **421** 22
- Erfüllung **422** 5
- Erlass **423** 2
- Forderungsübergang **426** 26
- gemeinschaftliche Verpflichtung **427** 5
- Gesamthand **421** 5
- Geschäftsführung ohne Auftrag **427** 4
- Gestaltungsrechte **425** 18
- gestörte **426** 28
- Gläubigerverzug **424** 4
- Grundsatz der Einzelwirkung **425** 2
- Grundstückserwerb, Eintritt in den Mietvertrag **427** 11
- Haftung der GbR-Gesellschafter **427** 9
- Hinterlegung **422** 9
- Innenverhältnis **426** 2
- Konfusion **425** 14
- Leistung **426** 22
- Leistung durch Dritte **422** 11
- Leistung Erfüllung Statt **422** 8
- Leistung erfüllungshalber **422** 6
- Leistung unter Vorbehalt **422** 7
- Mitbürgschaft **426** 17
- Paschastellung des Gläubigers **421** 2
- Prozessvergleich **427** 10
- Rechtskraft **425** 16
- Rücktritt **425** 18
- scheinbare, unechte Gesamtschuld **421** 9
- Stoffgleichheit **421** 18
- Typen **421** 13
- typische Fälle **427** 9
- umfassendes Abwicklungsmodell **421** 12
- Unteilbarkeit **431** 4
- Unvermögen **425** 11
- Vergleich **423** 12
- Verjährung **425** 12
- Verpflichtung zur Gesamtleistung **421** 7
- Verschulden **425** 10
- Vertrag **427** 3
- Verzugswirkungen **425** 9

Gesamtschuldausgleich
- unter Ehegatten **426** 8

Gesamtschuldforderung 401 15; **425** 14
Gesamtschuldhaftung 254 31
Gesamtschuldner
- Anbieten der Leistung **424** 2

Gesamtschuldnerausgleich 366 4; **426** 5
Gesamtschuldnerschaft 251 49; **362** 5; **402** 6

Gesamtschuldregress 249 46; **255** 4, 8; **412** 16
Gesamtschuldverhältnis 249 56
Gesamtschuldvermutung 273 11; **420** 16
Geschäftsbesorgung 256 6, 8
- entgeltliche **311B** 136; **359** 12; **398** 64; **417** 18

Geschäftsbesorgungsvertrag 242 28; **269** 13; **280** 49; **311** 52; **317** 4, 25; **355** 16; **380** 2
Geschäftsbeziehung 305 56, 71, 99, 105
- dauernde **242** 28; **312G** 21; **362** 25; **368** 7

Geschäftsfähiger
- beschränkt **349** 4

Geschäftsfähigkeit 295 28
- fehlende **249** 74; **293** 48; **295** 39; **311** 81; **311B** 280; **368** 13

Geschäftsführer 309 194, 202
Geschäftsgrundlage
- als Verteidigungsvorbringen **313** 77
- Änderung der Umstände, schwerwiegende **313** 48
- Äquivalenzstörung **313** 49
- besondere Ausprägung in Spezialvorschriften **313** 11, 15
- Beweislast **313** 84
- Dauerschuldverhältnis **313** 76
- DDR-Recht **313** 95
- Definition **313** 34
- der Bürgschaft **313** 86
- der Leistung **313** 90
- des Darlehensvertrages **359** 3
- Ehegattenzuwendungen **313** 90
- eines Vertrags **313** 34, 38
- ergänzende Vertragsauslegung - Abgrenzung **313** 46
- europäischer Hintergrund **313** 4
- Fortführung bisheriger Grundsätze **313** 2
- Geltungsbereich der Lehre **313** 86
- Geschäftswille **313** 56
- gesetzliche Regelung **313** 1
- gesetzliche Risikozuordnung **313** 64
- große **313** 40
- heterologe Insemination **313** 90
- höhere Gewalt **313** 70
- kleine **313** 41
- Konkurrenzverhältnis zu den Irrtumsregeln **313** 15
- Kündigung **313** 76
- Leistungserschwernisse **313** 50
- maßgebender Zeitpunkt **313** 42
- Neuverhandlungspflicht **313** 80
- Normstruktur **313** 30
- objektive **313** 39, 48

- objektive und subjektive **313** 39
- praktische Bedeutung **313** 29
- Prozesskostenrisiko **313** 82
- prozessuale Fragen **313** 80
- Rechtsfolgen der Störung **313** 72
- Rechtsschutzbedürfnis **313** 81
- Risikozuordnung **313** 60
- Risikozuordnung, Folgen **313** 69
- Rücktritt **313** 75
- subjektive **313** 39, 43
- Übergangsrecht **313** 96
- UN-Kaufrecht **313** 14
- unbenannte Zuwendungen **313** 90
- Unterhaltsvergleich **313** 83
- Unzumutbarkeit **313** 57
- Vereinbarungen über die **313** 37
- Verhältnis zum Sachmangelrecht **313** 24
- Verhältnis zur Unmöglichkeit **313** 21
- Verhältnis zur Zweckverfehlungskondiktion **313** 26, 55
- vertragliche Risikozuordnung **313** 61
- Vertragsanpassung **313** 72
- Vertragsauflösung **313** 75
- Vorrang des Gesetzes **313** 46
- Vorrang vertraglicher Vereinbarungen Geschäftsgrundlage Vorrang des Gesetzes **313** 45
- Zweckstörung **254** 30; **311** 79; **313** 54; **387** 34

Geschäftsherr 249 71; **278** 19, 50
Geschäftskreis 278 1
Geschäftspraxis 269 22; **293** 18; **360** 26; **388** 41; **423** 4
Geschäftssitz 346 31
Geschäftsunfähigkeit 312G 21
Geschäftsverbindung
- dauernde **311** 52

Geschäftswille 288 22; **311B** 219; **313** 33, 36, 56; **356** 15; **407** 27
Geschehensablauf 280 65; **346** 82
- atypischer **407** 27

Gesellschaft
- atypische **357** 17
- aufgelöste **273** 9
- insolvente **358** 11
- stille **357** 17

Gesellschaftsbeitritt 358 11
Gesellschaftsbeteiligung 255 5
Gesellschaftseigentum 311B 155; **425** 12
Gesellschaftsforderung 387 16
Gesellschaftsschuld 355 23; **425** 12
Gesetzesgeschichte 312H 1
Gesetzesmaterialien 312H 16

Gestaltungserklärung 315 57
- Rücktritt **325** 6

Gestaltungsklage 319 15
Gestaltungsrechte 413 8
- forderungsbezogene **401** 12
- selbstständige **413** 6
- unselbstständige **413** 8
- vertragsbezogene **401** 16

Gewährleistung
- Bonität der Forderung **398** 142
- Verität der Forderung **249** 52; **320** 12; **365** 9; **398** 142

Gewährleistungsausschluss 242 83
- formelhafter **242** 83

Gewährleistungsfrist
- gesetzliche **309** 149

Gewährleistungsrecht 270 6; **280** 13; **397** 43; **413** 13

Gewalt
- höhere **313** 70

Gewerbebetrieb 249 85; **311B** 189
Gewinn 275 55; **281** 111; **291** 4; **311A** 34; **325** 10; **326** 18; **367** 3; **397** 1; **404** 16; **405** 9
- entgangener **249** 39, 43; **251** 13, 27, 30, 39, 46; **252** 1; **280** 138, 162; **284** 7, 18; **286** 66, 72; **304** 3, 8; **398** 33, 36, 65; **400** 4, 8
- erwirtschafteter **249** 8
- erzielter **251** 39

Gewinnkalkulation 252 13
- branchenübliche **252** 13; **398** 93

Girogeschäft 328 48; **362** 38
Girokonto 270 13; **314** 5; **333** 10; **401** 12
Girovertrag 380 2
Gläubiger 372 10
- Befriedigung **362** 3

Gläubigerbank 270 9; **281** 56; **323** 44; **328** 83; **389** 2; **432** 11
Gläubigerinteresse 275 55, 64; **343** 5; **366** 5
Gläubigermehrheit 241 8; **380** 1
- Gemeinschaftsgläubiger **420** 5
- Gesamtgläubiger **420** 5
- Mitgläubiger **268** 9; **420** 5

Gläubigerschutz 266 2; **377** 1, 4
Gläubigerverzug 294 3
- Angebot **293** 15; **304** 17
- Beendigung **293** 69
- Begründung **424** 4
- des Arbeitgebers **293** 45, 52, 79, 82, 85; **294** 8; **295** 5; **297** 12, 17, 20, 27
- des Auftraggebers **293** 32; **295** 20, 24
- Ersatz von Mehraufwendungen **304** 2

Stichwortverzeichnis

- Gegenleistungsanspruch **326** 20
- Gesamtschuld **424** 4
- Haftungsmaßstab **326** 22
- Mietrecht **326** 23
- Schickschuld **294** 9
- Vergütungsgefahr **326** 21
- Verschulden **293** 30
- vorübergehende Annahmeverhinderung **267** 14; **293** 29
- Wirkung **424** 1 f.

Gläubigerwechsel 241 21; **387** 54
Globalsicherheit 242 35
Globalzession
- Begriff **398** 94
- dingliche Teilverzichtsklausel **398** 100
- Kollision mit verlängertem Eigentumsvorbehalt **398** 95
- schuldrechtliche Teilverzichtsklausel **398** 100
- Sittenwidrigkeit **398** 97
- Umfang der Nichtigkeit **398** 105
- Verpflichtungsklausel **398** 100
- Vertragsbruchtheorie **398** 99

Gratifikation 271 18
Grundbuchamt 270 17; **428** 1
Grundbuchberichtigung 273 9, 23; **286** 8
Grundbucheintragung
- konstitutive **278** 5; **311B** 161; **387** 56

Grunddienstbarkeit 242 37; **362** 46; **364** 9
Grundgeschäft 267 7; **372** 10; **427** 8
- unwirksames **273** 17

Grundlagen 288 7; **307** 121; **321** 15; **328** 97; **358** 41, 43; **368** 11; **369** 2; **430** 2
Grundpfandrecht 348 5
Grundstück
- mit Hypothek belastet **416** 6

Grundstücksbestandteil 271 4; **273** 17; **278** 6; **311B** 36; **366** 4; **427** 8
Grundstückseigentümer 268 13; **368** 3, 11
Grundstückserwerb 358 48
Grundstücksfläche 311B 29
Grundstücksgeschäft 280 72; **281** 86; **318** 3; **358** 4, 11 f., 18, 20, 35, 37, 42, 44; **359** 20; **402** 7; **413** 13

Gründungsgesellschafter 255 5
Grundvergütung
- arbeitsvertragliche **315** 32

Gutachterkosten 280 163, 166; **281** 113; **430** 3, 6
Gutachtervertrag 328 98
Gütergemeinschaft 432 11
- eheliche **311B** 80; **313** 86; **387** 54

Güterstand 249 75
- des Anspruchsberechtigten **249** 75
- gesetzlicher **313** 90

Gutglaubensschutz 409 2
Gutgläubigkeit
- Fiktion zugunsten des Fiskus **411** 10

H

Haftpflicht
- des Verletzers **249** 88; **328** 65; **410** 12

Haftpflichtversicherung 249 19, 41, 56; **309** 106 f.; **347** 52
- private **276** 36

Haftung
- aus Garantien **309** 116
- aus Sonderbeziehung **328** 71
- aus Vertrag **328** 97
- außervertragliche **249** 71; **251** 18; **254** 27; **420** 16
- deliktische **241** 40; **385** 2; **397** 43; **402** 10
- der Aktiengesellschaft **249** 85; **397** 43; **402** 10
- der Vorstandsmitglieder **249** 85; **277** 5; **421** 3
- des Arbeitnehmers **276** 36
- des Arztes **286** 74
- des Auftragnehmers **293** 32
- des Bereicherungsschuldners **285** 9
- des Bürgen **311B** 428
- des Kreditkarteninhabers **307** 31
- des Mieters **276** 34
- des Rückgewährschuldners **347** 31
- des Rücktrittsberechtigten **346** 59; **413** 3
- des Schädigers **254** 35; **276** 15; **278** 22; **286** 2; **287** 8; **418** 16
- des Schuldners **241** 43; **365** 1, 4, 10; **400** 4
- des Tierhalters **249** 39; **280** 87; **311A** 23; **418** 20
- des Verkäufers **276** 19; **311B** 125
- des Vertragspartners **276** 16; **309** 193, 197; **339** 65; **418** 16
- des Vertreters **276** 15; **307** 44; **309** 123, 127
- des Verwenders **305** 46
- des vollmachtlosen Vertreters **309** 196, 201
- des Vorstandes **311** 83
- eines Rechtsanwalts **249** 47; **307** 31; **397** 43
- für inadäquate Schäden **249** 29
- gesamtschuldnerische **249** 85; **427** 2, 9
- gesetzliche **309** 196
- unbegrenzte **305** 46
- uneingeschränkte **276** 36; **285** 9; **328** 73
- verschärfte **270** 3; **287** 10; **311A** 23; **346** 97; **418** 16; **420** 6

Stichwortverzeichnis

- verschuldensunabhängige **249** 72; **276** 15, 18, 25; **339** 65; **398** 109
- vertragliche **251** 18
- Vertreter **309** 192
- wegen Schlechterfüllung **280** 126
- wegen Schutzpflichtverletzung **309** 95
- wegen Vorsatzes **276** 33

Haftungsausfüllung 249 12

Haftungsausschluss
- andere Formen **309** 128
- Aufwendungen der Nacherfüllung **309** 137
- Begrenzung des Rechts zur Lösung des Vertrages **309** 118
- Beschränkung auf Nacherfüllung **309** 132
- Erleichterung der Verjährung **309** 149
- Fehlschlagen der Nacherfüllung **309** 133
- Gegenleistungen des Verwenders **309** 131
- Haftungseinschränkung **309** 120
- Leben, Körper, Gesundheit **309** 91
- Nacherfüllung, Vorenthalten der **309** 139
- neu hergestellt **309** 123
- Rechte aufgrund von Mängeln **309** 122
- Subsidiaritätsklauseln **309** 127
- Unternehmensverkehr **309** 121, 130
- Verweis auf Dritte **309** 126
- vollständiger Ausschluss **309** 125
- Werkleistungen **309** 124

Haftungsbegrenzung 309 93
- Ausnahmeregelung **309** 99
- branchentypische Freizeichnungsklauseln **309** 103
- Erfüllungsgehilfen **309** 95
- Grenzen im Unternehmensverkehr **309** 108
- Pflichtverletzung **309** 96
- typischer Schadensumfang **309** 106
- Unternehmensverkehr **309** 102
- versicherbare Schäden **254** 10; **309** 106 f.; **328** 71

Haftungsbegründung 249 15, 27, 39, 41, 47, 87; **251** 34
- aus Delikt **251** 34; **300** 19; **313** 86; **328** 86

Haftungsbeschränkung 276 13, 32, 36; **277** 3, 5; **287** 4; **309** 92 ff., 98 f., 102 ff.; **328** 86; **420** 12, 17
- vertragliche **277** 3

Haftungseinheit 287 4; **426** 24

Haftungserleichterung 276 36; **293** 55, 89, 103; **300** 1, 4; **305C** 33; **365** 4, 10

Haftungserweiterung 287 3

Haftungsfreistellung 276 35, 37; **305** 46; **329** 14
- stillschweigende **276** 35
- unwirksame **305** 46
- vertragliche **269** 23; **280** 27; **387** 10; **426** 31
- wirksame **305** 46

Haftungsfreizeichnung 249 64; **309** 103 f., 106 f., 109 f.

Haftungsmaßstab 365 4
- allgemeiner **300** 2
- gemilderter **254** 27; **420** 17
- vertraglicher **276** 37

Haftungsmilderung 276 32
- Arbeitsrecht **276** 36
- Gefälligkeiten **276** 37
- konkludente **276** 34
- Sport **276** 40
- stillschweigende **276** 35
- vertragliche **276** 33, 37

Haftungsprivileg 249 74; **252** 3; **254** 16; **398** 67

Haftungstatbestand 249 10, 17, 40, 61; **251** 33; **329** 9

Haftungsübernahme 249 19; **300** 2; **309** 197, 201; **311A** 23; **420** 6

Haftungsverschärfung 276 16, 25, 32; **277** 4; **346** 75; **347** 29; **365** 4, 10

Haftungsverzicht 276 37

Haftungsvoraussetzung 249 61; **311B** 308

Halter
- eines beschädigten Kraftfahrzeuges **251** 17; **310** 10

Handelsbrauch 307 128

Handelsgewerbe 304 18; **307** 55; **343** 12

Handelskauf 305C 53; **372** 4

Handelsmakler 385 3

Handelsregister 252 13; **305** 110; **310** 10

Handelsverkehr 271 10, 20; **307** 121, 128; **308** 26, 51, 92, 94
- internationaler **269** 24; **278** 49; **305** 110; **305C** 38; **314** 53

Handelsvertreter 242 6; **315** 38; **340** 19

Handlung 362 19; **366** 9
- geschäftsähnliche **295** 28; **350** 8; **413** 19
- schädigende **255** 12; **346** 125
- sorgfaltswidrige **249** 72; **255** 4; **269** 22; **276** 37; **278** 46; **300** 5; **307** 22; **394** 3; **398** 109
- unerlaubte **241** 5, 27; **249** 19; **254** 18, 35; **273** 19, 25; **280** 35; **398** 12
- unvertretbare **311B** 77
- vertragswidrige **249** 72; **259** 25
- vertretbare **257** 17; **394** 3
- vorsätzliche **273** 19; **278** 11, 46; **387** 55

Stichwortverzeichnis

Handlungspflicht 242 36; **387** 29
Harmonisierungsfunktion 242 9
Härte
- unbillige **306** 30

Häufung
- von Mängeln **309** 133

Hauptarbeitgeber 293 63
Hauptintervention 269 17; **328** 52; **407** 29
Hauptschuld 246 26; **266** 9; **423** 1
- gesicherte **269** 17
- verzinsliche **425** 12

Hauptverpflichtung 344 3
Haushaltsführung 251 28
Hauslieferung
- Haushaltsgegenstände des täglichen Bedarfs **312B** 90

Haustürgeschäft
- Widerrufsrecht **312** 3

Haustürsituation
- bei einer Freizeitveranstaltung **312** 59
- mündliche Verhandlung in einer Privatwohnung **312** 53
- mündliche Verhandlungen am Arbeitsplatz **312** 51
- überraschendes Ansprechen an bestimmter Orten **312** 70
- Zurechnung der von einem Dritten geschaffenen **312** 17

Haustürwiderrufsrecht 251 54; **312A** 1; **312I** 16, 35
- entgeltliche Leistung **312** 31
- Verbraucher **312** 24

Heilbehandlung 250 2; **366** 4; **420** 6
Heilungskosten 266 20
Hemmung 398 56; **409** 27; **417** 11; **425** 12
Hemmungstatbestand 309 150
Herabstufung
- altersbedingte **251** 14

Herausgabe
- der Bereicherung **347** 69
- der gezogenen Nutzungen **346** 10; **347** 1
- des Grundschuldbriefs **273** 9
- des Mehrerlöses **387** 92
- eines Surrogats **271** 5; **348** 9
- von Früchten **347** 64

Herausgabeanspruch 260 3; **270** 3; **273** 22; **302** 1; **372** 16; **373** 5; **380** 1; **382** 2; **428** 1
Herausgabepflicht 293 89, 103; **346** 108
- auf unteilbare Leistung gerichtet **431** 5

Herausgabeschuldner 255 1
Herstellergarantie 305C 38

Herstellung 323 12
- eines Werkes **266** 7
- mangelfreie **280** 131
- ordnungsgemäße **281** 119
- ungenügende **251** 7

Herstellungsverlangen 251 54
Herstellungszeitpunkt 249 75
Hilfeleistung
- freiwillige **254** 14

Hilfsantrag 311B 123
Hilfskasse 394 15
Hilfsperson 281 68; **323** 63; **362** 27
- des Gläubigers **278** 23
- des Schuldners **278** 18, 22

Hinterlegung 266 14
- Ausschlussfrist **382** 1
- Eigentumsverhältnis **378** 8
- Einrede **379** 3
- Erfüllungswirkung **378** 6
- Herausgabeanspruch **378** 7
- Kosten **381** 4
- Kostentragung **381** 1, 5
- Rückabwicklung **378** 9
- Rücknahme **379** 5; **381** 3
- Rücknahmefolgen **379** 6
- Unrechtmäßigkeit **378** 4
- Verweis **379** 2, 4
- Verzichtserklärung **376** 9
- Wirkung **379** 1 f.

Hinterlegungsantrag 372 15; **373** 4; **380** 5
Hinterlegungsanzeige 374 4
Hinterlegungsberechtigung 372 10
Hinterlegungskosten 381 2
Hinterlegungspflicht 362 33
Hinterlegungsrecht 372 2, 6, 8, 13; **378** 6, 8
Hinterlegungsschein 280 106; **310** 23; **371** 3; **374** 4
Hinterlegungsstelle 373 7; **374** 2; **375** 1
Hinterlegungsverhältnis
- Herausgabeanspruch **379** 3

Hinweispflicht 278 33; **398** 57
Hochzinsphase 246 3
Holschuld 269 7; **402** 19; **423** 3
Honoraranspruch 269 17, 20; **320** 15
- von Architekten **320** 15
- von Ärzten **402** 19; **423** 1
- von Rechtsanwälten **269** 17; **407** 5

Hypothek 406 25

Stichwortverzeichnis

I

Identitätsänderung 298 18
Illustrierte 292 4; 398 46
Immaterialgüterrecht 251 39, 45; 336 4
Immaterialgüterrechtsverletzung 249 8
Immobiliardarlehensvertrag 358 12, 37
Immobilienerwerb 311B 135; 359 8, 13
- finanzierter 359 8, 13

Immobilienfonds 359 20
- geschlossener 358 8

Immobilienfondsgesellschaft 358 39
Immobiliengeschäft
- bestimmtes 312B 83

Individualabrede
- Bewusstsein 305B 15
- Formvorschrift 305B 13
- Wirksamkeit 305B 16
- Zeitpunkt 305B 14; 306A 2

Individualvereinbarung 306 8
- nicht anwendbar 306A 2

Informationsanspruch 242 44
Informationspflicht 308 118
- über Gesamtpreis 312C 79
- über Preisbestandteile 312C 80
- über Steuern 312C 81
- vorvertragliche 280 33
- zur Lieferung 312C 98
- zur Zahlung 312C 96

Ingebrauchnahme
- bestimmungsgemäße 346 57

Inhaberpapiere
- Übertragung 270 17; 305 67; 310 125; 398 38

Inhaberschuldverschreibung 307 123; 310 9
Inhaltskontrolle 242 82
- Prüfungsreihenfolge 309 2
- Schranken 307 130

Inkassokosten 286 70
Inkassozession
- Aufrechnung 406 5
- Begriff 398 64
- Drittschadensliquidation 398 48
- Einwendungen des Schuldners 398 68
- Geschäftsbesorgungsvertrag 398 69
- Rechtsberatungsgesetz 398 65
- Rechtsstellung von Zedent, Zessionar und Schuldner 398 67
- volle Gläubigerstellung des Zessionars 398 68
- Vollmachtsmissbrauch 398 68

Innenprovision 280 59, 72, 83

Innenverhältnis
- Abdingbarkeit 426 6
- anderweitige Bestimmung 426 7
- Ausgleichung 266 17; 271 8; 410 13; 421 9

Insolvenz
- des Schuldners 377 5

Insolvenzmasse 257 18; 311B 73; 377 5
Insolvenzverfahren 309 34; 377 5
- Eröffnung 377 5

Integritätsinteresse 249 3; 251 55; 397 38
Integritätszuschlag 249 82
Interesse 281 48; 286 33; 308 41; 309 42; 314 12; 323 40
- beiderseitiges 366 12; 368 17; 371 5
- berechtigtes 308 7, 46, 59; 343 5
- fremdes 256 8
- mittelbares 284 8; 311 43
- negatives 249 12, 40; 311A 1, 6; 311B 305
- öffentliches 251 48; 293 38; 398 9
- positives 242 67; 249 12, 40; 311A 1, 6, 28; 362 45; 368 11
- rechtliches 268 2; 274 7; 308 9; 355 14; 399 33; 421 7
- schutzwürdiges 266 19
- subjektives 249 9
- wirtschaftliches 269 23; 311 43, 77

Interessenabwägung 306 25; 307 37
Interessenausgleich 241 5; 307 41, 49; 341 9
- angemessener 241 5
- individueller 313 29

Internetauktion 310 20; 355 18
- Unternehmer 305 25
- Verbraucher 310 19

Invitatio ad offerendum 312G 15
Inzahlunggabe
- eines Unfallfahrzeugs 249 78; 365 7

Inzahlungnahme 364 7
- Leistung an Erfüllung statt 365 7

Irrtum
- einseitiger 311B 423

J

Jahresbeitrag 308 109
Jahresurlaub
- von Arbeitnehmern 251 37; 367 11

Jahreszins 246 9
- effektiver 246 9

Jubiläumszuwendung 271 18
Juristische Person
- Auflösung 331 4

Stichwortverzeichnis

K

Kapitalanlagemodell 358 40, 43
Kapitalzahlung 411 8
Karenzentschädigung 307 57; **339** 41; **343** 8
Kartellrecht 249 87
Kaskoversicherung 249 83; **311** 45; **366** 12, 15
Kaufabsicht 312G 91; **358** 34, 36; **359** 29; **363** 4; **426** 9
Kaufgegenstand 281 88; **309** 23, 60 f.; **328** 79
- geschuldeter **359** 29
- mangelhafter **281** 88
Kaufleute 309 17
Kaufmann
- geschädigter **252** 13
Kaufobjekt 328 59
Kaufpreis
- geminderter **281** 93; **346** 104
- vereinbarter **280** 33; **311B** 322; **367** 9
Kaufpreisanspruch 320 16; **365** 9; **387** 17
Kaufpreisforderung 286 28; **298** 4; **311B** 257; **364** 7, 11; **415** 17
Kaufpreiszahlung 280 159; **281** 88, 92
- vollständige **311B** 162
Kaufrecht 280 122
- Mangelfolgeschäden **280** 125
- Rücksichtnahmepflichten **280** 127
- Überblick über die Pflichtverletzungen **280** 123
- Vertretenmüssen **275** 4; **280** 128; **284** 13; **309** 115, 119; **323** 7; **363** 7; **426** 9
Kaufsache 242 38; **280** 118; **281** 92, 96; **311B** 127; **358** 26, 28, 30, 32, 60, 64; **359** 17, 28, 30
Kaufvertrag
- beurkundender **311B** 111
- formnichtiger **311B** 298
- formunwirksamer **311B** 277
- notarieller **311B** 322
- privatrechtlicher **311B** 44; **324** 12
- verbundener **282** 12
- wirksamer **280** 122; **281** 19; **284** 12; **309** 112, 116; **311A** 32; **323** 12; **326** 4
Kaufvertragsrecht 275 46
Kausalgeschäft
- beurkundungsbedürftiges **311B** 204
- formnichtiges **311B** 274
- schuldrechtliches **311B** 131
- unwirksames **311B** 52
Kausalität 249 41; **253** 50; **346** 66
- adäquate **249** 28, 33
- Ansprüche gegen Dritte **346** 68
- äquivalente **313** 56
- doppelte **249** 45; **280** 103
- haftungsausfüllende **249** 27
- haftungsbegründende **249** 27
- hypothetische **249** 5, 25, 42, 45, 53; **399** 34
Kausalitätserfordernis 251 34, 42
Kausalkette 249 27, 45
Kausalverlauf 249 16, 38, 42, 59, 75, 93; **396** 1, 24, 28; **397** 1
- alternativer **249** 43, 75; **397** 1
- hypothetischer **249** 16, 42, 44, 59; **285** 19; **287** 8; **311** 80; **396** 1, 28; **397** 2
Kausalzusammenhang 284 10
- adäquater **271** 18; **273** 20; **286** 76; **287** 8; **288** 12; **291** 2; **387** 16; **410** 13; **427** 11
Kaution 266 17
Kenntnis
- der Abtretung beim Erwerb der Gegenforderung **406** 11
- der Vorausabtretung **406** 11
- des Schuldners von der wirksamen Erstabtretung **408** 6
- durch Abtretungsanzeige **406** 11
Kenntniserlangung
- anderweitige **415** 37
Kenntnisnahme 356 24
- E-Mail **305** 73
- Fernabsatz **305** 70
- Grundsatz **305** 65
- Inhaberschuldverschreibung **305** 67
- Internet **305** 72
- Telefon **305** 71
- Teleshopping **305** 78
- Unternehmer **356** 25
- Verzicht **305** 74
Kettenabtretung 404 26
Kettenveräußerung 311B 274
Kind
- adoptiertes **311B** 442
- behindertes **251** 44
- leibliches **313** 90
- minderjähriges **311B** 454; **397** 44
- unerwünschtes **249** 86; **328** 37; **387** 13
Kindesunterhalt
- Ausgleichsanspruch **256** 9
Kindesvermögen 259 26
klagbarer Anspruch 368 1
Klagbarkeit 368 16
Klage
- Unternehmer gegen Verbraucher **312** 166
Klageerhebung 286 24; **387** 53
Klageforderung 362 49; **388** 28, 36

Stichwortverzeichnis

Klageverfahren 387 4
Klarheit 305 49; 308 24
Klausel 305 88
- deklaratorische 251 34; 307 120
- salvatorische 306 26; 309 70

Klauselkontrolle 305 4, 7; 305C 6; 307 3, 6, 9, 15, 69, 95, 110, 116
- Teilleistungen 307 117

Klauselverbot 252 5; 307 4, 7, 15, 40, 100, 121; 308 2, 4, 11, 16, 22, 28, 33, 36, 54, 57, 76, 78, 94, 96, 103, 105, 107, 114, 116; 309 3, 13, 94 f., 99, 102, 112, 115 f., 119, 128, 132, 136, 142, 146, 150, 152, 155, 157, 161, 163, 165, 167, 171, 175 f., 180, 183 f., 186, 189, 191, 193, 195, 197, 200 f., 204, 208, 212; 310 53, 71, 79, 108
- Abgrenzung 309 3
- nachfolgendes 307 15
- Umgehung 306A 10

Kleindarlehen
- Verbundenheit 359A 13

Kollisionsrecht 399 14
Kommanditgesellschaft 387 72
Kommerzialisierung 251 22, 33
Kommerzialisierungsgedanke 253 8, 52
Kommunikationseinrichtung 251 2; 307 39; 312G 161
Kompensation 249 3; 397 48
Kompensationsanspruch 249 24, 84, 90; 251 1
Kondiktionsfestigkeit
- der Verfügung 311B 352

Konkretisierung 387 54
- der Hauptpflichten 242 35; 387 37
- der Vertragspflichten 242 17
- des Vertragsgegenstandes 311B 431
- eingetretene 293 87
- fehlende 259 22
- vertragliche 314 39; 412 26
- von Gattungsschulden 269 4

Konkurrenzfall 275 65; 312G 162
Konkurrenzregelung 312A 5
Konkurs
- der Gesellschaft 242 78
- des Aufrechnungsgegners 387 123

Konkursverfahren 387 47
Konnexität 273 8
Konsolidation 362 6
Kontakt
- geschäftlicher 311 41

Kontinuität
- der Rechtsprechung 242 81; 311B 56

Kontogutschrift
- Zurückweisung einer 333 10

Kontokorrent
- kaufmännisches 248 11
- Kontokorrentabrede 289 2; 364 6; 366 4; 399 26
- Zinseszinsen 248 11

Kontokorrentverhältnis 248 11
Kontrahierungszwang 315 51, 103
Kontrollgegenstand 307 12
Kontrolluntersuchung 432 10
- regelmäßige 275 62

Konzentration
- als Rechtshandlung 243 21
- Bringschuld 243 36
- Gefahrübergang 243 28
- Holschuld 243 33, 35
- nur durch erfüllungstaugliche Sachen 243 23
- Schickschuld 243 35
- Übergang der Leistungsgefahr 243 41
- Voraussetzungen 243 31
- Vornahme 243 22
- Vornahme des seinerseits Erforderlichen 243 24

Kooperationsvertrag 305C 54
Körperschaden 281 115
Körpersphäre 249 88; 251 35; 281 115; 396 24
Körperverletzung 249 38
- Einzelfälle 253 34
- Spermakonserve 253 34
- Überblick 253 33

Kosten 367 4; 402 9
- der Ersatzbeschaffung 249 84
- der Ersatzvornahme 286 66
- der ersten Mahnung 309 41
- der Mängelbeseitigung 281 96; 309 133, 137; 323 37
- der Nacherfüllung 281 55
- der Quittung 368 4; 369 2, 4
- der Rechenschaftslegung 261 7
- der Rechtsverfolgung 367 10
- der Schadensbehebung 309 210
- der Schadensverhütung 251 42
- der Übermittlung 270 13
- der verzugsbegründenden Mahnung 286 70
- einer Mahnung 304 11
- einer Rücksendung 357 33; 397 40
- einer Vollkaskoversicherung 249 83
- einer vorübergehenden Ersatzanmietung 280 162; 397 40
- einer Zusatzversicherung 249 83

Stichwortverzeichnis

- eines Rechtsstreits **273** 11
- fiktive **249** 82, 84
- regelmäßige **355** 28; **357** 33, 38, 43
- unfallbedingte **398** 41

Kostenauferlegung 357 40, 42
Kostenbegrenzung 308 96
Kostenbeteiligung 305C 39; **308** 112
Kostenelementeklausel
- AGB-rechtliche Zulässigkeit **244** 60
- währungsrechtliche Zulässigkeit **244** 56

Kostenerstattungsanspruch 247 16, 19; **250** 3; **261** 7, 11
- materieller **261** 7

Kostenpflicht
- des Schuldners **381** 2
- Wegfall **386** 1

Kostensteigerung 307 108
- benannte **307** 108

Kostentragung
- im Verhältnis zwischen den Parteien **381** 4

Kostenverteilung 266 13
Kostenverteilungsschlüssel 313 89
Kraftfahrzeug
- beschädigtes **251** 7, 17; **398** 12
- erworbenes **275** 21
- fabrikneues **249** 79
- gebrauchtes **251** 53

Krankenbehandlung 249 37
Krankenhausaufenthalt 249 34, 37, 51; **251** 36
- bezahlter **249** 51
- unfallbedingter **249** 34

Krankenversicherer 251 45; **398** 41
- privater **251** 45

Krankheitszeit
- des Arbeitnehmers **297** 31

Kreditausschuss 328 48
Kreditgeber
- privater **328** 97

Kreditgebühr 246 17; **362** 45; **367** 3, 11
Kreditkarte 358 34
Kreditrückzahlung 358 44
Kreditvermittler 255 5; **271** 13; **305C** 38; **306** 12; **355** 48; **357** 16; **358** 31, 33; **366** 4; **402** 7; **413** 13

Kreditvertrag 278 29, 31; **315** 15, 44; **358** 5 ff., 23, 25, 27 f., 30, 36, 38, 43, 45, 52, 57 f., 61 **359** 10, 22
- formularmäßiger **315** 15, 44

Kundenschutzklausel 305C 38; **307** 57, 82
Kundenschutzregelung 266 14; **312I** 1; **410** 10

Kündigung 242 48; **309** 117, 121; **312H** 30; **323** 14
- außerordentliche **241** 33; **242** 23, 48, 60, 103; **293** 68; **313** 12, 59; **314** 2, 19, 23, 27, 42, 48; **317** 28; **387** 77, 119
- betriebsbedingte **293** 68
- des Arbeitgebers **293** 47
- des Arbeitnehmers **339** 60
- des Dienstverhältnisses **293** 97
- des Gesellschaftsvertrags **285** 19
- des Mietvertrages **413** 9
- des Vermieters **389** 8
- eines Arbeitsverhältnisses **314** 27
- eines Bauvertrages **295** 20; **314** 19
- eines Dauerschuldverhältnisses **282** 12
- eines Fitnessstudiovertrages **309** 221
- eines Pachtvertrags **413** 9
- fristgemäße **314** 45
- fristlose **293** 47, 52; **295** 44; **296** 13
- gleichgründige Gesamtschuld **296** 12; **314** 12, 36, 45, 56; **425** 7
- ordentliche **241** 32
- personenbedingte **293** 68
- ungerechtfertigte **295** 5; **314** 46
- unwirksame **296** 13
- vorzeitige **308** 113

Kündigungsberechtigter 293 83; **313** 76; **314** 24
Kündigungserklärung 242 77; **314** 16, 22, 27, 36, 45
- unwirksame **293** 83

Kündigungserklärungsfrist 314 36
Kündigungsfolgeschaden 314 48
Kündigungsfrist 297 32; **309** 171, 175; **311** 14; **314** 23; **368** 15
Kündigungshilfe 312H 9
Kündigungsschutz 254 40; **310** 72; **413** 8
Kündigungsvollmacht 312H 37
Kunstfehler 249 34
- ärztlicher **249** 34

Kurzarbeit 284 21; **295** 5; **305C** 38; **400** 7; **413** 6
Kürzung 249 56; **254** 2, 5, 23, 32, 38
- des Schadensersatzanspruchs **249** 56

L

Lagerkosten 304 4
Lagern
- des Leistungsgegenstands **293** 2; **330** 2

Lagervertrag 328 101
Landpachtrecht 311B 2; **313** 11
Landpachtvertrag 362 42

Stichwortverzeichnis

Lastschrift 305 30
Lastschriftverfahren 284 21; **398** 14
Laufleistung 249 79; **251** 9, 11
Laufzeitabhängigkeit 246 17; **398** 91
- von Zinsen **246** 17
Laufzeitklausel 309 179
- unwirksame **309** 179
Laufzeitregelung 309 177
Leasing 309 125; **358** 14
- Geschäftsgrundlagenstörung **313** 24, 76
- Rücktritt vom Kaufvertrag **313** 24, 76
Leasinggeber 278 34; **308** 107, 109; **309** 121, 125; **311B** 134; **313** 24, 76; **320** 16; **326** 9; **328** 58; **349** 11; **358** 13 f., 26, 28
Leasingnehmer 275 20; **313** 24, 76; **368** 11, 14
Leasingrate 307 96; **308** 10; **358** 14
Leasingvertrag 306 24
- komplexer **307** 96
Lebensgemeinschaft 273 31
Lebenshaltungskosten
- allgemeine **309** 14
Lebenspartnerschaft 273 10, 18; **387** 82; **394** 3; **395** 11; **400** 9; **427** 9
Lebensunterhalt 242 65
Lebensversicherung
- Bezugsrecht **400** 6; **409** 6; **410** 5
Legalzession 268 8
- Ablösungsrecht **412** 13
- Allgemeines **412** 4
- Anwendbarkeit des Abtretungsrechts **412** 1
- Arbeitsverhältnis **412** 24
- Beamtenrecht **412** 32
- Begriff **398** 121
- Bürgschaft **412** 16
- Definition **412** 5
- Entgeltfortzahlung **412** 25
- Familienrecht **412** 18
- Gesamtrechtsnachfolge **412** 33
- Gesamtschuldnerausgleich **412** 14
- Gesellschaftsrecht **412** 16
- Kommissionsgeschäft **412** 37
- Mietverhältnis **412** 15
- Pflichtversicherungsrecht **412** 22
- Prozess- und Gebührenrecht **412** 31
- Sachenrecht **412** 17
- Schadensversicherung **412** 20
- Sozialhilferecht **412** 29
- Sozialrecht **412** 26
- Spezialvorschriften **412** 41
- Veräußerung der versicherten Sache **412** 21
- Veräußerung eines Handelsgeschäfts **412** 37
- Versicherungsrecht **412** 19

Legitimationspapier 273 3; **330** 2; **372** 2
Leibrente 271 8
Leibrentenversprechen 311B 283
Leibrentenvertrag 330 2
Leichtigkeit
- des Rechtsverkehrs **242** 13; **251** 32; **271** 8; **273** 13; **311** 11; **330** 2; **397** 25
Leihe 346 22; **380** 2
Leihvertrag 269 23
Leistung
- an einen Dritten **364** 20
- an Erfüllung statt **266** 14
- an wahren Gläubiger **410** 2
- Ankündigung der **299** 9
- auf bestehende Schuld **267** 11
- auf nicht bestehende Schuld **267** 12
- auf vermeintlich eigene Schuld **267** 13; **407** 8
- Ausschlagung durch Gläubiger **424** 6
- Begriff **362** 12
- Bestimmtheit **241** 36
- der Einlage **365** 6; **370** 11; **399** 14; **407** 9
- durch einen Dritten **364** 8, 19; **365** 2
- einer Sicherheit **273** 27, 34
- erfüllungshalber **266** 14
- Erfüllungssurrogate **407** 8
- gesetzliche Regelungen **241** 37
- gleichartige **366** 6
- höchstpersönliche **267** 4
- Leistungserfolg **241** 38
- nach dem Tod des Versprechensempfängers **331** 4
- rechtsgrundlose **427** 7
- Teilbarkeit **266** 7; **420** 2, 9
- Teilbarkeit, Geldschulden **420** 11
- Teilbarkeit, Rechtsfolgen **409** 18; **418** 2; **420** 16
- unmögliche **265** 1, 4; **311A** 7
- unter Vorbehalt **362** 33
- Unvollständigkeit **266** 6, 9; **314** 4; **411** 9
Leistung an Erfüllung statt
- Gewährleistung **365** 4
Leistungsangebot
- ordnungsgemäßes **298** 3; **367** 8
Leistungsannahme 282 7; **286** 67; **293** 57; **295** 48; **308** 45; **326** 1; **329** 12; **384** 1
Leistungsanspruch 262 17; **281** 16, 68, 78; **323** 63, 67; **328** 16, 68; **373** 5
Leistungsäquivalent 251 36
Leistungsart 273 27; **287** 3
Leistungsaufforderung 273 26; **281** 23, 28; **286** 18, 21; **323** 18
- des Gläubigers **273** 26

Stichwortverzeichnis

Leistungsbefreiung 285 13
- Gattungsschulden **285** 14
- Geltendmachung **285** 17
- Nacherfüllung **285** 16
- Teilunmöglichkeit **285** 15; **362** 24

Leistungsberechtigung 372 5

Leistungsbereitschaft
- des Arbeitnehmers **293** 51
- fehlende **293** 52
- subjektive **264** 12; **267** 4; **297** 3; **331** 9; **363** 3

Leistungsbestimmung
- Ausbleiben **319** 22
- fehlende **319** 12
- richterliche **315** 74
- verweigerte **317** 34
- verzögerte **315** 67, 70, 74; **317** 34; **319** 1

Leistungsbestimmungsrecht
- des Arbeitgebers **315** 30, 32
- einseitiges **315** 32

Leistungsbewirkung 362 18, 23; **366** 2, 8
- finale **362** 19, 23; **363** 3
- reale **362** 20, 23; **366** 2, 8

Leistungserfolg 362 13

Leistungserschwernis 281 35; **295** 36; **296** 2; **313** 23, 50; **420** 8

Leistungsfähigkeit 244 19; **276** 14, 27; **293** 45, 52, 80; **297** 5, 13, 17, 29; **311A** 6, 23; **321** 1, 11, 16; **323** 8, 26
- des Arbeitnehmers **293** 45, 80; **297** 17; **323** 8
- des Schuldners **266** 20; **297** 5, 29; **311B** 434
- einer Vertragspartei **311A** 6; **313** 23; **387** 72; **389** 8; **410** 13; **414** 4; **416** 20; **417** 10; **421** 10; **425** 7; **427** 11; **432** 7
- fehlende **297** 6
- mangelnde **311A** 23; **321** 1, 16
- mangelnde, Einschränkungen **321** 17

Leistungsfrist 275 28; **286** 59; **304** 10; **308** 16, 18, 20, 25, 31; **326** 9; **362** 48; **430** 5
- angemessene **286** 59
- gesetzliche **308** 21
- Kündigungsrecht **308** 18
- lange **308** 16, 18
- Selbstbelieferung **308** 27
- Unternehmensverkehr **308** 26
- vereinbarte **323** 27

Leistungsgefahr 243 41; **293** 56, 89, 103; **300** 1, 4, 8
- obliegende **300** 4

Leistungsgegenstand 364 6
- erfüllungstauglicher **262** 5; **281** 94
- erworbener **249** 54

- geschuldeter **243** 2
- gleichartiger **281** 94; **397** 24
- individueller **243** 5
- unbestimmter **243** 8
- versprochener **271** 6; **276** 22

Leistungshandlung 269 6
- des Schuldners **362** 15
- eines Dritten **362** 16

Leistungshindernis
- bei Vertragsabschluss **311A** 16
- bei Vertragsabschluss, absolutes Fixgeschäft **311A** 17
- bei Vertragsabschluss, Leistungsverweigerungsrechte **311A** 19
- bei Vertragsabschluss, Nacherfüllung **311A** 20
- bei Vertragsabschluss, vorübergehende Hindernisse **311A** 18
- Dauerhaftigkeit **275** 16
- personenbezogen **275** 13
- qualitativ **275** 15
- Umfang **275** 14
- zeitlich **275** 12

Leistungsort 374 1

Leistungspflicht 362 36

Leistungspflichtverletzung 280 47

Leistungsstörung
- Nebenleistungspflicht **323** 15
- Nichtleistung **323** 10
- Schlechtleistung **323** 13
- sonstige nicht vertragsgemäße Leistungen **323** 14
- Teilleistung **323** 12
- Verzug **323** 11; **394** 3

Leistungsträger
- öffentlich-rechtlicher **256** 20

Leistungstreuepflicht 242 31, 36, 40; **282** 10, 12; **324** 9, 12; **387** 50, 55, 59
- allgemeine **242** 31, 36, 40; **280** 24, 27, 51; **387** 50, 55, 59
- Beispiele **242** 37
- persönliche Reichweite **242** 40
- Vereitelungsverbot **242** 38

Leistungstreuepflichtverletzung 280 51

Leistungsumfang
- bei Dauerschuldverhältnissen **314** 9, 11

Leistungsunfähigkeit 242 69; **297** 2, 5, 11, 32
- dauernde **297** 32
- des Schuldners **297** 5, 11
- selbstverschuldete **242** 69
- vorübergehende **297** 2, 11

Leistungsunvermögen 297 29

Stichwortverzeichnis

Leistungsverlangen 281 41
Leistungsvermögen 293 80, 103
- des Arbeitnehmers **293** 80
- des Schuldners **293** 103; **420** 8

Leistungsversprechen 276 27; **311A** 6, 23, 28; **344** 3
- wirksames **311A** 28

Leistungsverweigerungsrecht 273 1
- als Einrede **390** 4
- beschränktes **320** 33
- dauerndes **364** 16
- des Bestellers **320** 39
- des Darlehensgebers **359** 14
- des Käufers **309** 140
- des Kunden **266** 21; **410** 13
- des Schuldners **409** 21
- des Werkbestellers **320** 13
- Einrede **410** 16
- gesetzliches **295** 15, 20
- wegen Beseitigung **320** 34
- Wertungswiderspruch **275** 40; **280** 23; **281** 78; **282** 9; **309** 37; **311A** 18; **324** 8; **425** 19

Leistungsverzögerung 249 24; **286** 65, 69; **304** 13; **346** 9; **354** 4

Leistungsverzug 293 74

Leistungsvorbehaltsklausel
- AGB-rechtliche Zulässigkeit **244** 60
- währungsrechtliche Zulässigkeit **244** 56

Leistungsvorgang 328 16; **413** 12

Leistungsweg 270 5

Leistungswilligkeit 275 39; **294** 7; **297** 3; **299** 1; **362** 14; **368** 8; **387** 60; **414** 17; **425** 9; **432** 12

Leistungszeit 271 1, 3, 6, 14, 17, 20, 25; **281** 36, 50; **286** 1, 25, 28, 36; **299** 1; **308** 23, 31; **384** 4
- unbestimmte **286** 36; **294** 7; **308** 31
- vereinbarte **271** 21

Leistungszeitbestimmung
- vertragliche **271** 9

Leistungszeitraum 286 26; **307** 48; **312G** 167

Leistungszulage 315 31

Leistungszweckbestimmung 362 19, 47

Leitbildfunktion 286 30

Leitentscheidung 387 30

Leitgedanke 242 10; **387** 30

Leitwertung 242 10

Leitzins 247 2

Letztverbraucher 315 52; **332** 6

Liebhaberwert 284 6

Lieferauskunft 312G 72

Lieferbeziehung 313 23
- komplexe **313** 23

Lieferort 269 3

Lieferung
- aufgedrängte **357** 7
- bestellte **355** 24; **397** 34
- einer gleichartigen Sache **249** 76; **275** 15; **278** 19; **362** 14; **363** 5
- einer mangelfreien Sache **262** 19
- einer mangelhaften Sache **241A** 8; **387** 11
- einzelne **276** 25; **280** 128; **281** 115; **320** 12; **420** 6; **431** 7
- mangelfreie **275** 49; **282** 10; **324** 9; **420** 6; **425** 11; **428** 19; **430** 3
- mangelhafte **276** 25; **280** 14, 16, 123, 156, 158, 163; **281** 41, 115; **283** 13, 17
- pünktliche **271** 10
- termingerechte **309** 43
- vereinbarte **309** 23
- vertragsgemäße **362** 35; **397** 43
- verweigerte **249** 85; **324** 9
- verzögerte **282** 10; **425** 8
- vorzeitige **271** 2

Lieferungsfrist
- vereinbarte **309** 6

Lieferungsmodalität 271 2

Lieferungsvertrag 309 18

Lieferverpflichtung 271 18
- vertragliche **324** 8

Liefervèrsprechen 282 9

Liefervertrag
- finanzierter **358** 56
- verbundener **323** 40; **358** 60, 64; **359** 1, 6

Lieferverzögerung 281 51

Lieferzeit 305B 20; **425** 8

Lieferzeitpunkt 271 2; **425** 8

Lieferzeitraum 271 2; **328** 63; **362** 7

Liquidation 251 42
- schadensrechtliche **251** 42

Liquidationsmöglichkeit 249 62

Liquidationsverbot 251 42
- schadensrechtliches **251** 40, 42; **405** 3

Lizenz 249 8

Lizenzerteilung 251 39; **398** 46; **405** 3

Lizenzgebühr 249 8; **314** 7; **398** 46

Lizenzvertrag 251 39

Lohnabzug 362 30

Lohnanspruch 273 7, 18, 37; **293** 62
- fälliger **273** 7
- unpfändbarer **273** 18, 37; **412** 25

Lohnausfall 252 9

Lohnforderung 311B 339

Lohnsteuerkarte 269 18

Stichwortverzeichnis

Lohnzahlung 293 28
Lösungsgrund 308 38
Lösungsmöglichkeit 309 5
- des Vertragspartners **309** 5

Lotterie 309 99
- genehmigte **309** 99

Lotterievertrag 309 99
Loyalitätsklausel 313 38
Luxusgüter 251 16; **286** 24

M

M-Commerce 312C 19
Mahnbescheid 291 1, 5; **410** 10
Mahnung 309 39
- Begriff **286** 18
- begründende **309** 41
- des Gläubigers **286** 34, 48
- Entbehrlichkeit, Angemessenheit der Frist **286** 29
- Entbehrlichkeit, besondere Umstände **286** 33
- Entbehrlichkeit, Ereignis **286** 28
- Entbehrlichkeit, Erfüllungsdringlichkeit **286** 36
- Entbehrlichkeit, Erfüllungsverweigerung **286** 32
- Entbehrlichkeit, kalendermäßige Bestimmung **286** 25
- Entbehrlichkeit, Leistungsbestimmungen ohne Frist **286** 31
- Entbehrlichkeit, Leistungszeitraum **286** 26
- Entbehrlichkeit, Leitbildunktion 30-Tage-Frist **286** 30
- Entbehrlichkeit, Selbstmahnung **286** 34
- Entbehrlichkeit, Vereitelung **286** 35
- Entbehrlichkeit, Vertretenmüssen **286** 27
- erfolglose **280** 162
- Rechtsnatur **286** 19
- Unternehmensverkehr **309** 44
- verzugsbegründende **286** 70
- Wirksamkeit **286** 20
- Zuvielforderung **286** 22
- Zuwenigforderung **286** 21

Mahnverfahren 242 75
- gerichtliches **280** 113; **305** 37; **310** 26; **311** 43

Makler 278 19, 31
- selbstständiger **278** 19

Maklerklausel 328 59
Maklerkosten 284 12
Maklerprovision
- erfolgsunabhängige **269** 25; **305C** 42; **311B** 108; **312I** 37; **314** 7

Maklervertrag 315 13; **316** 5
- privatschriftlicher **311B** 272

Mängelanspruch
- des Käufers **311B** 279
- des Verbrauchers **323** 20; **359** 22

Mängelanzeige 281 29
Mängelanzeigen
- Ausschlussfrist **309** 142
- Untersuchungspflicht **309** 143

Mangelbeseitigungskosten 298 21
Mängelbeseitigung 286 66; **293** 72; **298** 21; **309** 136, 140; **326** 25; **346** 104; **359** 23; **432** 10
- geschuldete **262** 19; **275** 44, 62; **281** 28, 54, 96, 102; **295** 19, 21, 23, 48; **320** 40, 44; **322** 4, 8; **323** 19, 36

Mängeleinrede 284 8; **286** 15; **420** 7; **428** 20; **430** 6

Mangelfolgeschaden 276 20, 26; **280** 31, 126, 162, 165
- unmittelbarer **280** 165; **309** 212, 216; **363** 4; **420** 6

Mangelfreiheit 276 25; **420** 6
- der Sache **276** 25
- der Ware **309** 216
- des Kaufgegenstandes **363** 4

Mängelgewährleistung 281 19
Mangelhaftigkeit
- der erhaltenen Sache **346** 50
- der erlangten Sache **346** 49
- der gelieferten Sache **356** 29; **359** 31
- der Kaufsache **358** 64
- der Leistung **346** 88
- des Grundstücks **311B** 125

Mängelhaftung 311 51
Mängelrecht 307 41
Mängelrüge 281 29; **323** 20
- kaufmännische **281** 29
- missbräuchliche **359** 29

Manipulationsgefahr 307 57
Mankohaftung 276 36
- uneingeschränkte **276** 36

Mankolieferung 281 107
- verdeckte **281** 107

Mantelzession 398 18
Marktwert 251 22, 25, 37
Marktzins 247 2
Maßgeblichkeit der Gegenleistung 346 92
- Abbedingung **346** 86
- Begriff **346** 88
- Beispiel **346** 84
- Berechnung **346** 86

Stichwortverzeichnis

- Darlehen **346** 89
- Leistung an Erfüllung statt **273** 21
- teleologische Reduktion **305A** 5
- Unentgeltlichkeit **305** 59
- Wertveränderungen **297** 8

Massengeschäft 346 85
- des täglichen Lebens **346** 86

Massenverkehr 346 91
Massenware 346 90
Mediendienst 312G 24, 27, 30, 38
Mehrarbeit 262 16
Mehrarbeitsvergütung 262 16; **369** 3
Mehraufwendung 293 36, 73, 89, 103; **301** 6; **304** 1, 13, 17
- des Schuldners **304** 1
- verlangte **304** 17
- wegen Geschäftsunfähigkeit **369** 3; **387** 92

Mehrerlös 281 81; **364** 7, 14
Mehrfachabtretung
- Aufrechnung **406** 19
- Prioritätsgrundsatz **398** 50

Mehrfachbeteiligung 351 3
Mehrfachsicherung 426 18
Mehrfläche 311B 24; **357** 43; **369** 4; **413** 9
Mehrkosten 270 2, 6, 13; **293** 2; **346** 32; **374** 3; **413** 13
- verbundene **270** 6
- verzugsbedingte **266** 22; **269** 2; **293** 2

Mehrleistung 249 83; **364** 12
Mehrwertdienst 312G 161
Mehrwertdienstleistung 241A 15
Mehrwertsteuer 249 84
- angefallene **249** 82; **251** 50; **402** 9
- aufgewendete **249** 84

Mengentoleranz 308 72
Merkblatt 307 101
Mietanspruch 320 41
Mietausfallschaden 286 72
Miete
- erhöhte **286** 10
- ortsübliche **262** 19
- vereinbarte **262** 19

Mieteinnahmegemeinschaft 266 17; **268** 5; **269** 24; **271** 18; **276** 34; **277** 8; **281** 12; **294** 21; **295** 10; **296** 4

Mieter 242 55, 79; **251** 49; **273** 13, 20; **275** 32, 36, 57; **278** 35, 40; **280** 31, 50; **286** 10, 56; **303** 2, 8; **305C** 35, 38; **307** 43, 54; **308** 92, 98; **309** 159, 193, 203, 210
- gewerblicher **242** 55

Mieterhöhung 273 20

Mieterhöhungsverlangen 286 10
Mietervorkaufsrecht 311B 131
- gesetzliches **311B** 131

Mietfahrzeug 277 8
Mietgarantie 273 20; **280** 61; **311B** 183; **410** 13
Mietkaution 266 17
Mietlaufzeit 305C 38
Mietmangel 320 41
Mietnebenkostenabrechnung 269 17
Mietstaffel 313 63
- vereinbarte **266** 17; **271** 18; **275** 40; **294** 21; **295** 10; **313** 63; **320** 11; **397** 21; **410** 13; **412** 15

Mietvertrag 309 183
- einseitige Leistungsbestimmung **315** 46

Mietvertragsrecht 280 29
Mietwagennutzung 249 51
Mietwert
- objektiver **281** 94

Mietzahlungsanspruch 288 18
Mietzins
- fiktiver **346** 106; **347** 66
- rückständiger **362** 9

Mietzinsbestimmung 319 11
Minderfläche 311B 24
Minderjährigenunterhalt 313 11
Minderjährigkeit 309 214
Minderlieferung 281 109
Minderung
- Abtretbarkeit des Anspruchs **413** 10
- Schmerzensgeld **404** 11; **411** 3
- Teilabtretung **398** 15

Minderungserklärung 364 12; **397** 38; **398** 12
Minderwert 249 77, 82; **251** 7, 11; **281** 96
- der Kaufsache **281** 96
- mangelbedingter **281** 119
- merkantiler **249** 77, 82; **251** 7, 11; **346** 56; **398** 12, 14
- technischer **249** 77
- verbleibender **346** 56
- von Personenkraftwagen **251** 11

Mindestdauer 281 92; **288** 6; **398** 54; **405** 9
Mindestschaden 251 46; **398** 54
- abstrakter **251** 47
- objektiver **288** 6

Mindestvertragsstrafe 307 57; **339** 69
Missbrauch 242 6, 71; **280** 84; **311B** 477
- der Quittung **370** 6
- der Rechte **398** 68
- der Vertretungsmacht **280** 84
- von Zahlungskarten **312I** 5

Stichwortverzeichnis

Missbräuchlichkeit
- einer Klausel **310** 37

Missverhältnis
- auffälliges **246** 9; **273** 21
- grobes **275** 53, 56, 65, 67; **432** 3, 7
- offensichtliches **275** 5, 26
- ungerechtfertigtes **307** 4, 14

Mitarbeit
- eines Ehegatten **313** 90

Mitbelastung
- des Zubehörs **311C** 8

Mitbestimmung
- des Betriebsrats **339** 27

Mitbeurkundung
- der Auflassung **311B** 260; **320** 7; **359** 28; **426** 11

Miteigentum 281 96

Miterbe
- veräußernder **311B** 463; **432** 2

Mitgläubiger 428 6
- Notwendige Streitgenossenschaft **432** 16
- Rechtsfolgen **432** 13
- Unteilbarkeit **432** 8

Mithaftung
- des Ehegatten **366** 14
- des Gesellschafters **366** 4
- von Geschäftsführern **309** 202

Mithaftungsanteil 254 39; **413** 7
- vom Gesamtschaden **254** 39

Mitlieferung
- des Handbuchs **363** 5
- von Zubehör **355** 40; **363** 5

Mitteilung
- durch den Veräußerer **416** 13

Mitteilungspflicht 293 103; **323** 40

Mitursächlichkeit 281 51

Mitverschulden
- Abwägungsprogramm **254** 32
- Betriebs- und Stoffgefahren **254** 16
- Betriebsgefahr **254** 35
- Beweislastverteilung **254** 38
- Grundgedanke der Schadensabnahme **254** 9
- Grundtatbestand **254** 3
- Grundurteil **254** 40
- Haftungseinheit **254** 29
- Handeln auf eigene Gefahr **254** 17
- Konstruktionsprinzipien **254** 6
- Nebentäter **254** 28
- objektives Fehlverhalten **254** 10
- Provokation **254** 15
- Quotelung **254** 37

- Sicherheitsgurte **254** 11
- Sturzhelme **254** 12
- Teilklagen **254** 39
- Unterlassener Selbstschutz **254** 13
- Verkehrssicherungspflicht **254** 14
- Verschuldensbegriff **254** 5
- Verschuldensschwere **254** 34
- Zurechnungseinheit **254** 30

Mitwirkungsbereitschaft
- des tatsächlichen Eigentümers **311B** 204

Mitwirkungsregelung 426 5

Mobbing 253 38

Mobilfunkvertrag 308 61

Mobiliarpfandrecht 328 43

Modifizierung
- des Rückgaberechts **357** 3

Monatsverdienst
- regelmäßiger **339** 69

Monopolstellung 315 49, 104

Montagekosten 284 12

Motivirrtum
- beiderseitiger **313** 5
- gemeinsamer **313** 44

Mündel 259 26

Münzsortenschuld 244 15
- echte, Inhalt **245** 3
- unechte, Bedeutung **245** 1
- unechte, fehlender Umlauf **245** 5
- unechte, Goldmünzklausel **245** 7
- unechte, Inhalt **245** 2
- unechte, Münzsorte **245** 4
- unechte, Umwandlung in Geldsummenschuld **245** 6

Münzstückeschuld 244 15

Musterbelehrung 360 26

Musterklausel 278 6; **280** 20; **360** 26; **387** 67

N

Nachbarrecht 242 50; **311B** 2

Nachbarschaftshilfe 249 84; **276** 18; **294** 27; **304** 14; **307** 93; **308** 20; **311A** 20

Nachbesserung 249 87; **275** 49, 51; **280** 161, 165; **295** 16, 26; **309** 19, 130, 134, 136, 140; **320** 16, 44; **341** 7; **430** 1, 6

Nacherfüllung 269 21
- fehlschlagende **281** 112; **309** 128, 132; **430** 1
- Unternehmensverkehr **309** 138, 146
- unverzügliche **280** 160; **430** 3
- verzögerte **280** 163
- Vorenthalten der praktische Bedeutung **309** 140

Stichwortverzeichnis

Nacherfüllungsanspruch
- Mietrecht **326** 15
- Minderungs- oder Rücktrittsrecht **326** 14

Nachfestsetzung
- der höheren Zinsen **247** 19

Nachfolgeklausel 328 39, 55
- erbrechtliche **328** 39, 55
- rechtsgeschäftliche **328** 39

Nachforderungsanspruch 271 19

Nachfrist 308 29
- Bestimmtheit **308** 32
- letzte Chance **308** 31
- unangemessene Länge **308** 30
- unechte **308** 17

Nachfristsetzung 281 43, 54; **309** 46; **315** 69; **323** 33, 36

Nachgewährung
- der verlorenen Urlaubszeit **300** 17

Nachholbarkeit
- der Leistung **293** 103

Nachholung
- der Belehrung **356** 21
- der Tilgungsbestimmung **366** 10

Nachlass
- hypothetischer **311B** 433
- Übertragung **362** 28; **413** 25

Nachlassverbindlichkeit 311B 463

Nachlassverwalter 278 10

Nachleistungspflicht 297 12; **430** 5

Nachlieferungsanspruch 275 28; **305C** 53; **407** 26

Nachtzeit 262 10

Namenspapiere
- Übertragung **398** 40

Naturalleistung 346 116

Naturalleistungsinteresse 258 8; **266** 7; **281** 78; **365** 5; **398** 90; **399** 13; **405** 1

Naturalrestitution 249 75, 85; **251** 55; **346** 115; **397** 34, 43
- Befreiungsanspruch **257** 8

Nebenforderung 305C 10

Nebenleistungspflicht 282 8

Nebenpflicht
- des Schuldners **285** 4; **309** 121, 125; **311** 90; **312G** 95; **314** 26; **368** 6
- vertragliche **300** 5; **328** 41; **364** 12; **401** 12; **402** 18; **412** 16

Nebenrecht 242 30, 33; **268** 8; **387** 49, 52
- Akzessorietät **401** 4
- akzessorisches **364** 12
- Aufwertungsanspruch **401** 17
- Bürgschaft **401** 8
- Bürgschaft für künftige Schuld **401** 9
- Garantieversprechen **401** 14
- Grundschuld **401** 14
- Höchstbetragshypothek **401** 5
- Hypothek **401** 5
- Pfandrecht **401** 7
- prozessuale Rechtspositionen **401** 19
- Schadensersatzansprüche **401** 17
- Schiffshypothek **401** 6
- selbstständige Sicherungsrechte **401** 14
- Sicherungshypothek **401** 5
- Sicherungsübereignung **401** 14
- sonstige **401** 10
- sonstige unselbstständige Sicherungsrechte **401** 10
- übergegangenes **402** 18
- unselbstständige Bestandteile des abgetretenen Rechts **401** 17
- Unterlassung **242** 55
- verbundenes **412** 16
- Verkehrshypothek **401** 5
- Vertragsstrafen **401** 14
- Zinsansprüche **401** 17
- Zurückbehaltungsrecht **401** 18
- Zwangshypothek **401** 5

Nebentätigkeit 305C 41

Nettodarlehensbetrag 358 32, 64

Nettoeinkommen 252 7
- ermitteltes **252** 9; **398** 72
- fiktives **252** 7, 9

Nettolohntheorie 252 7

Neuregelung 310 1

Neuwagenhandel 309 61

Nichtberechtigter 362 29

Nichterfüllung
- der Anzeigepflicht **374** 6
- der Leistung **280** 9; **283** 11, 15
- der Nacherfüllungspflicht **283** 13
- der Nichterfüllung **340** 12
- der Pflicht **311B** 204
- der Räumungsverpflichtung **339** 42
- der Rückgabepflicht **281** 12
- des Leistungsversprechens **311A** 6
- des Vertrages **275** 3
- einer Teilleistung **339** 50
- einer übernommenen Verpflichtung **339** 25; **389** 7
- einer Verbindlichkeit **287** 10; **328** 33; **352** 4

Nichterfüllungsschaden 286 18
- unmittelbarer **287** 10

Stichwortverzeichnis

Nichtigkeit
- der Abtretung **398** 41
- der Vollmacht **311B** 414
- des Darlehensvertrages **359** 10
- des Kausalgeschäfts **402** 6
- des Sicherungsvertrages **311A** 8; **311B** 339
- einer Klausel **306** 2
- einer Vereinbarung **311B** 412
- einer vertraglichen Bestimmung **311B** 269
- eines Kaufvertrages **311B** 234
- eines Rechtsgeschäfts **280** 46; **311B** 423
- wegen Sittenwidrigkeit **312A** 1

Nichtigkeitsgrund 280 49; **284** 11; **293** 39; **298** 11; **311A** 6, 15; **318** 6; **323** 40; **328** 33
- allgemeiner **318** 6

Nichtleistung 250 8; **266** 7, 11; **281** 18, 41, 51, 79; **286** 56, 60; **323** 40; **359** 4, 18
- des Schuldners **281** 51
- kein Verzug **281** 17
- keine Unmöglichkeit **281** 16
- Mangelhaftigkeit **286** 50
- Rechtzeitigkeit **286** 48
- teilweise **281** 18
- vollständige **266** 7, 11; **281** 41

Nichtvermögensschaden
- Definition **253** 5, 49
- Erweiterung **253** 14
- Fälle **253** 7
- gesetzliche Ausnahmefälle **253** 9
- nutzlos aufgewendete Urlaubszeit **253** 10
- Schockschaden von Angehörigen **253** 56
- Schwangerschaft **253** 55
- Sonderfälle **253** 55
- unterlassene Abtreibung **253** 55
- Urlaubsausfall **253** 58
- Verstöße gegen § 7 AGG **253** 11

Niederlassung 270 9
- des Gläubigers **269** 15; **270** 18; **413** 25
- des Schuldners **269** 25; **270** 2
- des Verkäufers **269** 3; **413** 25
- geschäftliche **270** 18; **413** 11
- gewerbliche **269** 1; **270** 4, 9

Niederlassungsort 414 22

Nießbrauch 241 15; **362** 6, 29
- an Forderungen **398** 139

Normativierung
- des Schadensbegriffs **251** 12

Normstruktur 253 30

Notar
- Beurkundung der Abtretung **404** 26

Nothelfer 256 8; **323** 36

Notmaßnahme 281 54; **396** 20
Notstandsprinzip 242 88; **396** 20
- allgemeines **242** 88; **396** 20
- zivilrechtliches **242** 88

Notwehr 254 15
Notwehrrecht 254 15

Notwendigkeit
- der notariellen Beurkundung **311B** 305
- der Übergabe **311B** 345
- einer Zweckbestimmung **362** 24
- von Verwendungen **347** 44

Novation 364 6
- Begriff **398** 119
- kausale und abstrakte **398** 120
- Kontokorrent **357** 20; **398** 119

Nutzungen 346 101; **347** 13
- Begriff **346** 99
- Früchte **346** 100
- tatsächliche Ziehung **302** 4
- Ziehung, Zumutbarkeit **302** 2

Nutzungsausfall 251 13, 15, 31, 36; **280** 161, 166; **281** 112; **430** 1, 6

Nutzungsentgang 251 13, 30, 36
- Fühlbarkeit **251** 17
- Verkehrsanschauung **251** 17
- Zeitfaktor **249** 23; **251** 15, 31; **309** 59 f.; **357** 21

Nutzungsentschädigung 359 30

Nutzungsersatz 347 65
- ermittelter **346** 104
- geschuldeter **346** 106

Nutzungszeit
- voraussichtliche **275** 33; **284** 21

O

Obhutspflicht 242 51; **303** 7, 10; **372** 1
- des Schuldners **303** 7

Objektüberwachung 280 115

Obliegenheit 241 17
- des Arbeitgebers **296** 6
- des Arbeitnehmers **293** 66
- des Bestellers **311B** 112
- des Gläubigers **293** 30
- des Schuldners **280** 121
- des Unternehmers **423** 2
- des Versicherungsnehmers **269** 18
- gesetzliche **241** 17

Online-Formular 269 22
Onlineauktion 312G 57; **423** 4
Optionsvergütung 311B 248

Stichwortverzeichnis

Ordnungsmäßigkeit
- der Erfüllung **363** 2
- der Leistung **362** 35

Ordnungsprinzip 305C 54; **307** 51; **309** 13; **346** 22, 64; **358** 8; **387** 72

P

Pachtvertrag 275 61; **311C** 3; **313** 10; **328** 51, 60, 102; **346** 43; **383** 8

Pacta sunt servanda 308 35

Pactum non petendo
- Abgrenzung **423** 15

Parität
- arbeitskampfrechtliche **293** 62

Parteien 311 49

Parteivereinbarung 269 13; **367** 11
- abweichende **270** 18

Parteiwille 364 15
- abweichender **267** 4; **317** 37, 41; **355** 24; **357** 7
- hypothetischer **313** 46; **328** 70, 77
- mutmaßlicher **328** 70

Passivseite 249 5, 8; **387** 114

Patentrecht 242 98; **308** 106, 108

Patronatserklärung
- harte **329** 18

Pauschalierung 249 21; **309** 48, 51, 134, 138

Personalkredit 358 36

Personenhandelsgesellschaft 311B 367

Personenmehrheit 273 5; **408** 8

Personenschaden 254 19

Persönlichkeitsrecht 249 88; **398** 93; **411** 5
- allgemeines **407** 11, 26; **408** 6, 8
- Unübertragbarkeit **272** 6; **362** 5; **387** 28; **413** 5

Pfandrecht
- an Forderungen **398** 139

Pfändungsverbot 377 3

Pflichtinformation 271 23; **355** 40

Pflichtteilsanspruch 266 18

Pflichtteilsübertragung 282 8; **311B** 405

Pflichtverletzung 278 45
- Abgrenzung zur Leistungspflicht **282** 9
- Anlageberatung **280** 61
- Anwaltsverträge **280** 92
- Arten, Aufklärungspflicht **280** 25
- Arten, Leistungspflicht **280** 23
- Arten, Leistungstreuepflicht **280** 27
- Arten, Rücksichtnahmepflicht **280** 24
- Arten, Schutzpflicht **280** 26
- Beweislast **280** 52
- Beweislast, Beratungs- und Aufklärungspflichten **280** 53
- Beweislast, Schutzpflichten **280** 54
- Kreditverträge **280** 78
- Nichterfüllung der Nacherfüllung **283** 13
- Prospekthaftung im engeren Sinne **280** 68
- sonstige Pflichten **282** 11
- Steuerberatervertrag **280** 105
- Sukzessivlieferungsverträge **282** 10
- vorrangig geregelte **280** 28, 43
- vorrangig geregelte, Abbruch von Vertragsverhandlungen **280** 44
- vorrangig geregelte, Anfechtung **280** 40
- vorrangig geregelte, Herbeiführen eines unwirksamen Vertrages **280** 45
- vorrangig geregelte, Kaufrecht **280** 32
- vorrangig geregelte, Mangel der Vertretungsmacht **280** 41
- vorrangig geregelte, Nichtmängelbegründende Falschangaben **280** 35
- vorrangig geregelte, Schlechterfüllung **280** 31
- vorrangig geregelte, Schuldverhältnisse ohne Gewährleistungsrecht **280** 39
- vorrangig geregelte, selbständiger Beratungsvertrag **280** 86
- vorrangig geregelte, vorvertragliche Falschangaben **280** 33
- vorrangig geregelte, Werkrecht **280** 38
- Vorsatz **278** 46; **324** 11
- vorvertragliche **280** 33, 72, 154; **311A** 14

Pflichtwidrigkeit 280 56

Planwidrigkeit 280 68

Platzgeschäft 270 15

Platzgeschäfte 269 28

POS-System 249 40

Post
- Beförderung **375** 2

Postdienstleistungsunternehmen
- privates **375** 2

Postleistung
- Bedingungen **305A** 12

POZ-System 271 8; **280** 63; **309** 106 f.; **362** 44

Prämie 249 56; **309** 6; **315** 31, 43; **366** 12, 15

Preisänderung 308 55
- Billigkeitsprüfung **315** 104

Preisänderungsvorbehalt 307 79; **309** 6

Preisanpassung 315 41

Preisanpassungsklausel 306 24; **309** 8, 11, 17

Preisargument 307 40

Preiserhöhungsklausel
- Dauerschuldverhältnis **309** 13
- Definition **309** 12
- Preisvereinbarungen **309** 5

Stichwortverzeichnis

- Rechtsfolgen **309** 14
- Reiseverträge **309** 9
- Unternehmensverkehr **309** 15

Preisgarantie 364 7
Preisgefahr 293 6, 87, 89, 103; **300** 9; **346** 63
Preisklausel
- AGB-rechtliche Zulässigkeit **244** 59
- Folgen der Unzulässigkeit **244** 58
- freigestellte Klauseln **244** 57
- Gleitklausel **244** 55
- Kostenelementeklausel **244** 56
- Leistungsvorbehaltsklausel **244** 56
- Spannungsklausel **244** 56
- währungsrechtliche Zulässigkeit **244** 54

Preisnebenabrede 307 116
Preisvereinbarung 307 6
Prima-facie-Beweis 356 15
Primäranspruch 280 101
Primärleistung 275 23; **311A** 7
Primärleistungspflicht 275 2
Prioritätsgrundsatz
- Abtretung und Pfändung **398** 50

Privatautonomie 413 2
Privatrecht
- internationales **305** 109

Probezeit 309 170
Produzentenhaftung 241A 14
Prognoserisiko 249 82, 91; **251** 6
Prokurist 305B 19; **311** 84; **328** 97
Prospekthaftung 280 68
Protestatio facto contraria 242 60
Providervertrag 280 113; **305C** 38; **311** 43
Provisionsanspruch 260 20
Prozessaufrechnung 388 8
- (Teil-)Klageforderung **388** 41
- Bestimmtheitsgrundsatz **388** 39
- Doppelnatur **388** 14
- Hauptaufrechnung **388** 10
- Hilfsaufrechnung **388** 11
- internationale Zuständigkeit **388** 36
- Prozessvollmacht **388** 38
- Rechtshängigkeit der Gegenforderung **388** 19
- Rechtskraft **388** 21
- rechtswegfremde Gegenforderung **388** 27
- Rücknahme der Prozessaufrechnung **388** 17
- teilweise Aufrechnung **388** 25
- Unzulässigkeit des Aufrechnungseinwands **388** 15
- Zuständigkeit **357** 34; **388** 31; **401** 12

Prozesskostenhilfe 257 17; **387** 34, 103

Prozessstandschaft
- eigenes Interesse **398** 130
- gewillkürte **397** 36; **398** 130

Prozessuales
- Abänderungsklage **253** 109
- Berufung und Revision **253** 112
- Klageantrag **253** 104
- Klageart **253** 105
- Urteil **253** 107

Prozessvergleich 328 37, 61; **329** 19

Q

Quittung
- abhanden gekommene **370** 6
- Ausgleichsquittung **368** 15
- Echtheit **370** 3
- Entgelt für die Erteilung **369** 2
- Kosten **369** 2
- löschungsfähige **368** 11; **370** 11
- unrichtige **368** 6
- Vorausquittung **368** 14
- Vorlage **370** 5

Quotenvorrecht 412 8
- Sozialgesetzbuch **412** 8

R

Ratenlieferungsvertrag 312H 20
- kreditähnlicher **295** 39; **358** 7 f., 34, 36; **359** 10; **366** 21; **410** 14

Ratenzahlung 266 18; **271** 14, 24
Realkreditvertrag 312A 4; **328** 43
Reallast 266 7; **273** 17; **427** 8
Rechenschaftslegung 384 3
Rechenschaftspflicht
- aus Gesetz **259** 4
- aus Vertrag **259** 5
- gegenüber Gericht **259** 25
- gesetzliche Regelung **259** 1
- Inhalt **259** 2
- nach Gewohnheitsrecht **259** 6
- nach Treu und Glauben **259** 6
- Voraussetzung **259** 3; **308** 98, 100; **401** 12

Rechnungsabschluss 289 2
Rechnungslegung
- Belegvorlage **259** 12
- eidesstattliche Versicherung **259** 14; **261** 1
- formale Ordnungsmäßigkeit **259** 11
- Kosten **259** 13
- mangelnde Sorgfalt **259** 15

Rechnungslegungsanspruch
- Abtretung **259** 9
- Belegvorlage **259** 12
- berechtigter Informationsbedarf **259** 8
- Eigenständigkeit **259** 7
- Einrede der Verjährung **259** 8
- Formel der eidesstattlichen Versicherung **259** 20
- Inhalt **259** 10
- Kosten **259** 13
- Streitwert **259** 24
- Stufenklage **259** 21
- Verjährungsbeginn **259** 7
- Zwangsvollstreckung **259** 25

Recht
- akzessorisches **311B** 68; **421** 10
- dingliches **242** 62; **247** 16; **268** 3, 5; **269** 4; **293** 4; **309** 199, 203; **313** 83; **362** 6, 47; **364** 15
- materielles **241** 43; **267** 18; **269** 4; **307** 122; **328** 17; **367** 9; **394** 4; **395** 7; **399** 31; **412** 26
- öffentliches **242** 28, 99; **310** 3, 5; **311B** 45
- subjektives **241** 16; **242** 98, 101; **387** 114, 117
- zum Besitz **273** 27

Rechtausübung 323 65
- unzulässige **321** 17

Rechte
- andere **413** 1
- andere, Definition **413** 4
- andere, Unterschiede zur Forderung **413** 4

Rechtsbedingung 276 37; **312G** 15; **314** 23; **349** 9; **362** 46
Rechtsbindungswille 241 24
Rechtschutzbedürfnis 264 5
Rechtsfähigkeit 314 56; **401** 9; **427** 9
Rechtsfolgen 291 7
- Erlöschen der Leistungsansprüche **323** 67
- Interessewegfall bei Teilleistung **323** 49
- Teilleistung beim Kauf **323** 51
- Teilrücktritt **323** 67
- Unerheblichkeit bei Schlechtleistung **323** 67

Rechtsfolgenverweisung 254 25; **347** 62
Rechtsformwechsel 241 21
Rechtsgeschäft
- befristetes **269** 25
- dingliches **241** 15; **242** 60; **309** 216, 220; **310** 18; **313** 94; **387** 77; **398** 44; **410** 14
- einseitiges **241** 25; **305B** 10; **318** 3; **344** 3
- mehrseitiges **311B** 170
- nichtiges **311B** 313; **332** 6
- unter Lebenden **331** 3; **362** 18; **415** 3
- zweiseitiges **241** 23
- zwischen Verbrauchern **307** 10

Rechtsgrund
- fehlender **292** 7

Rechtsgrundverweisung 254 24
Rechtsgutsverletzung 249 34, 38, 93; **396** 21, 24; **400** 4
Rechtskauf 311A 23
Rechtskenntnis 307 90
Rechtskraft
- des Urteils bezüglich der abgetretenen Forderung **407** 21
- formelle **247** 19
- materielle **241** 43; **281** 41; **294** 19; **311A** 13; **313** 24; **323** 57; **359** 13; **362** 14; **430** 7

Rechtsmangel 275 30; **280** 13, 122
Rechtsmissbrauch
- Gesetzesverletzung **242** 70; **280** 97; **399** 39

Rechtsmittel 259 24
Rechtsnachfolge 372 9; **413** 9
Rechtsschein 370 1, 3, 7, 11; **409** 23
Rechtsscheinhaftung
- allgemeine Grundsätze **405** 12

Rechtsscheinstatbestand 370 1; **387** 73
Rechtsscheinvollmacht 242 56; **313** 80; **387** 118
Rechtsschutz 242 71, 102; **259** 21; **311B** 289; **387** 118
- einstweiliger **242** 102; **311B** 289; **313** 81; **362** 49

Rechtsschutzbedürfnis 311B 122; **413** 2
Rechtssubjekt 241 4
Rechtsübergang 268 8; **364** 14
Rechtsübertragung 305 10; **336** 5
Rechtsverordnung 343 4
Rechtswegzuständigkeit 388 31
Rechtswidrigkeitszusammenhang 249 25
Regelverjährung 280 40, 72; **346** 35
Regress
- des Bürgen **362** 49
- des Sozialversicherungsträgers **249** 69

Regressanordnung 249 17, 19
Regressanspruch 267 10
Regresskonstruktion 249 68
Renovierungspflicht 251 49; **311B** 183
Renovierungszusage 329 16
Rentabilitätsvermutung 284 6, 15, 19
Rentenneurose 252 12
Rentenschuld 246 14; **269** 12
Reparaturkosten
- fiktive **249** 23

Reserveursache 249 7, 48
Restitution 249 3; **285** 18

Stichwortverzeichnis

Restitutionsanspruch 249 23, 84; **251** 1; **311B** 35
Reugeld 353 2
Richtigkeitsgewähr 319 1
Richtlinie
- Kirche **305** 13

Richtlinienumsetzung 242 7
Riester-Rente 308 109
Risiko 427 12
- allgemeines **280** 79
- der Betriebsstörung **293** 62

Risikoübernahme 276 22, 26, 30; **326** 19; **420** 4, 6
- sonstige **276** 30

Risikoverlagerung 307 73
Rückabwicklung 334 7; **427** 7
- bereicherungsrechtliche **267** 3; **338** 2
- des Verbraucherdarlehensvertrages **358** 57
- des verbundenen Darlehensvertrages **358** 59
- des verbundenen Verbraucherdarlehensvertrages **356** 1; **357** 1; **358** 62
- von Verbraucherverträgen **273** 9; **355** 1; **391** 5

Rückabwicklungsanspruch 275 56
Rückerwerb 251 55
Rückforderung 311B 355
Rückforderungsanspruch 326 28
Rückforderungsdurchgriff 359 24
Rückgabeanspruch 281 12; **371** 1, 8, 11
Rückgabebelehrung
- Deutlichkeitsgebot **356** 21
- Inhalt **356** 23
- nachträgliche **356** 27

Rückgabepflicht 281 12; **303** 2, 8; **337** 2; **356** 4
Rückgaberecht
- Ausübung **356** 28
- Einräumung **356** 26
- Frist **356** 35
- Uneingeschränktheit **269** 23; **334** 7; **356** 17, **387** 34

Rückgewähr
- der Leistung **352** 2

Rückgewähranspruch 262 8; **347** 45; **349** 12; **352** 3
Rückgewährpflicht
- Erfüllungsort **346** 31
- Inhalt **346** 20 f.
- Rückgängigmachung von Veränderungen **346** 24
- sonstige **346** 18
- Verjährung **346** 35

Rückgewährschuldverhältnis 357 12
- Erlöschen durch Erklärung der Aufrechnung **352** 5
- Parteien **346** 7

Rücknahme
- Ausschlussfrist **382** 4
- der hinterlegten Sache **379** 5
- durch den Schuldner **381** 3

Rücknahmerecht
- Beweislast **377** 3
- des Schuldners **382** 3
- Unpfändbarkeit **377** 2 f.
- Verzicht **382** 3

Rücksichtnahmepflicht 242 51
Rücktritt 325 5
- Ausübung bei Beteiligung mehrerer **351** 1
- Erlöschen des Rechts zum **351** 6
- Geschäftsgrundlagenstörung. **313** 75; **355** 14
- gesetzlicher **312E** 24; **357** 12, 53
- Gestaltungswirkung **351** 2
- vertraglicher Ausschluss **346** 37
- wegen Pflichtverletzung **354** 4

Rücktrittsberechtigter
- mehrere **351** 4

Rücktrittserklärung 349 2
Rücktrittsgegner
- mehrere **351** 5

Rücktrittsgrund 308 40, 50
Rücktrittsrecht 326 29
- anwendbare Vorschriften **276** 32; **277** 3; **326** 30; **357** 10
- Erlöschen **351** 6
- Erlöschensgrund **351** 6
- gesetzliche, Begriff **347** 26
- gesetzliche, Grund für Privilegierung **347** 24
- gesetzliche, Zeitraum der Privilegierung **347** 25
- gesetzliches **269** 23; **325** 10; **353** 5; **420** 12, 21
- Mehrfachbeteiligung **351** 3
- Unteilbarkeit **351** 2
- vertragliches **311B** 234; **352** 4
- wegen Pflichtverletzung **353** 5

Rücktrittsvoraussetzung 323 47
Rücktrittsvorbehalt
- Bestimmtheitsgebot **308** 38
- EG-Richtlinie **308** 36
- Geltung **308** 34
- Lösungsrecht **308** 37

Rückübereignung 267 16; **359** 28, 30
Rückübertragung 359 28
- des Eigentums **311B** 309

Rückübertragungsanspruch 267 16; 307 11;
311B 35; 344 6; 348 4; 387 33; 389 9; 395 7
Rückwirkung 311B 278; 318 4; 417 11
Rückzahlungsklausel 308 112

S

Sache
- abgetrennte 258 5
- ausgesonderte 268 13; 269 4; 273 33; 281 93; 355 28; 389 10; 412 26
- bewegliche 303 1, 12; 311C 4; 362 6, 48; 387 69
- eingebrachte 242 52
- gebrauchte 275 28; 276 25; 309 119, 123; 320 15; 346 103; 420 6; 430 5
- mangelhafte 280 32, 125, 159; 281 96, 114; 284 11, 21
- unbewegliche 309 122, 149
- verbrauchbare 266 7; 364 6
- vertretbare 243 3; 316 10; 380 2

Sacheigentum 251 32
Sacheinlage 311B 140; 413 3
Sachgefahr 254 35
Sachgrund 294 19; 309 119, 123; 310 72; 311A 13; 359 13; 362 14
Sachmangel 266 8; 280 13, 122, 156; 281 41, 107; 311A 13; 313 24, 64; 323 51, 57; 346 34; 363 5, 7; 365 1, 5
Sachmängelgewährleistung 280 156; 297 33; 402 18
Sachschuld
- Verzinsung 246 6

Sachstrafe
- Herabsetzung 342 2

Sachverständigengutachten 249 79, 83, 92; 251 11; 317 20
Saldotheorie 273 9
Sanktion 249 20
Satzung 305 10; 339 15; 344 3
Satzungsänderung 311B 341
Schaden 398 14
- behebbarer 251 9, 27; 286 70; 398 33; 404 16
- ersatzfähiger 249 40; 251 14; 284 6; 339 2; 398 100; 412 2
- immaterieller 249 9; 399 39; 411 3, 7, 10
- inadäquater 249 30
- individueller 249 21
- Kind als Schaden 251 43; 411 10; 412 3
- materieller 249 9
- objektiver 249 9
- wegen unsachgemäßer ärztlicher Behandlung 249 34

Schadensabwendungspflicht 252 7; 278 6; 412 2
Schadensausgleich 249 59, 68, 76, 85; 397 34, 43
Schadensbegriff
- materieller 252 14; 398 34; 399 22
- normativer 249 9, 14; 251 28

Schadensbehebung 249 51, 53, 83; 309 206, 210
Schadensbekämpfung 251 42
Schadensberechnung
- abstrakte 251 45
- Zeitpunkt 249 58

Schadensbeseitigungspflicht 250 6
Schadensbilanz 251 31; 400 4
Schadensentwicklung 249 7, 28, 39; 254 32, 40; 255 3; 339 67; 402 5
Schadensereignis 251 31; 399 12; 405 6
Schadensermittlung 249 4, 27, 42, 45, 47, 53, 58, 60, 68, 70; 251 12, 26, 43, 45; 396 28
Schadensersatz 309 53
- pauschalierter 308 105
- statt Leistung 325 7
- Umfang 280 142
- Umfang, Abbruch von Vertragsverhandlungen 280 152
- Umfang, Arzthaftung 280 145
- Umfang, Betriebsausfallschaden 280 162
- Umfang, Herbeiführung eines unwirksamen Vertrages 280 154
- Umfang, Kaufrecht 280 156
- Umfang, Mehrere Beteiligte 280 147
- Umfang, Rechtsberatung 280 144
- Umfang, Werkrecht 280 164
- Umfang, Zurechnungszusammenhang 280 135, 148; 281 6; 282 1; 284 6; 285 1; 324 1
- wegen Nichterfüllung 249 12; 325 1, 6; 340 17; 341 13
- wegen Unmöglichkeit 283 10; 286 65; 323 33; 425 11; 429 10
- wegen Verzögerung 280 3, 6, 14, 16, 30, 32, 38, 124, 134, 140, 158, 164; 281 43, 103; 323 54; 347 19

Schadensersatz statt der Leistung
- abstrakte Berechnung 281 86
- Abtretung 404 11
- Allgemeines 281 81
- Berechnung 281 91
- Berechnungstheorien 281 82
- Deckungsverkauf 281 81
- Differenztheorie 281 83

Stichwortverzeichnis

- großer Schadensersatz **281** 92
- keine Naturalrestitution **281** 98
- kleiner Schadensersatz **281** 96
- konkrete Berechnung **281** 85
- Mangelschaden **281** 88
- Surrogationstheorie **281** 84
- Teilleistung **281** 87
- Unerheblichkeit **281** 100
- Verzögerungen / Mangelfolgen **281** 82
- Zuweniglieferung **281** 107

Schadensersatz und Kündigung 314 47

Schadensersatzanspruch 273 24
- Abtretung **398** 54
- allgemeiner **255** 12; **280** 13; **413** 19
- deliktischer **251** 18
- des Arbeitnehmers **297** 19
- mit Verlangen der Geldstrafe ausgeschlossen **342** 2
- sekundärer **241** 39, 46; **385** 1

Schadensersatzpauschale 309 51
- Abgrenzung **309** 49
- Beweislastumkehr **309** 50
- Darlegungs- und Beweislast **309** 59
- Gegenbeweis **309** 62
- geregelte Fälle **309** 57
- Nachweis höheren Schadens **309** 55
- Rechtsprechung **309** 60
- vorhersehbarer Schaden **309** 56

Schadensersatzpflicht 374 6
- bei Eigentumsvorbehalt **346** 118
- Beweislast **346** 125
- des Aufrechnenden **391** 9
- Grundsatz **347** 31
- Haftungsmilderung **346** 113; **347** 37
- Inhalt **346** 114
- nach Erklärung des Rücktritts **346** 108
- Pflichtverletzung **346** 109; **347** 32
- Rechtsirrtum **347** 35
- Vertretenmüssen **346** 112; **347** 33

Schadensersatzverlangen
- Anrechnung **338** 5

Schadensfolge 249 26, 32, 35, 93; **280** 30, 1<8; **287** 10

Schadensminderungspflicht 254 18
- Deckungskauf **254** 20
- Erwerbsminderung **254** 19
- Rechtsbehelfe **254** 21
- Sonstige **254** 22

Schadenspauschale 309 48

Schadenspauschalierung 309 49, 56, 61, 68, 77; **339** 17; **343** 4

Schadensregulierung 249 77; **339** 17

Schadensschätzung 249 93

Schadenstragungssystem 249 17; **281** 113; **309** 105 f.; **430** 3

Schadensumfang 276 36; **280** 163; **328** 97

Schadensursache 249 44; **280** 54, 56; **346** 66

Schadensveranlagung 249 39

Schadensverhütung
- Kosten **309** 53

Schädigungsabsicht 355 45

Scheck 362 46

Scheidungsvereinbarung 311B 413; **328** 26; **405** 3

Scheinabtretung 398 62

Scheinbestandteil
- sonderrechtsfähiger **311B** 176

Scheinforderung
- Schuldschein **405** 5

Scheingeschäft 405 10
- Umgehungsgeschäfte **405** 10

Schenkung 328 18

Schenkungsvertrag 311C 3

Schenkungswiderruf 355 13

Schickschuld 269 9
- qualifizierte **267** 9; **270** 1; **280** 39; **355** 42; **357** 42; **359** 4

Schiedsgutachten 317 11; **318** 5

Schiedsvertrag 317 21

Schlechtleistung 266 8; **281** 2, 20, 74; **320** 2, 34, 38; **323** 30, 51, 57; **354** 4
- Kauf- und Werkrecht **281** 19
- Sonstige **281** 20; **408** 6; **410** 11; **413** 8

Schmerzensgeld
- Berücksichtigung beim Zugewinnausgleich **253** 64
- besondere Fallgruppen **253** 92
- einheitlicher Anspruch **253** 17
- Entschädigungshöhe **253** 60
- Funktion **253** 26
- Verwendung **253** 63
- Wesen des Anspruchs **253** 25

Schmerzensgeldanspruch 254 40; **398** 93, 105, 109; **411** 1, 3, 9

Schmerzensgeldforderung 366 9

Schmerzensgeldhöhe 410 12
- angemessene **399** 21

Schmerzensgeldtabelle 253 65

Schockschaden 249 32

Schönheitsreparatur 271 18

Schönheitsreparaturklausel 315 100

Stichwortverzeichnis

Schriftform 368 10
- gewillkürte 311 17; 359 20

Schrottimmobilie 358 38

Schuldanerkenntnis
- abstraktes 368 15
- negatives 368 7, 15; 371 8; 397 33, 35, 39
- negatives, Ausgleichsklausel im Prozessvergleich 397 36
- negatives, Ausgleichsquittung 397 37
- negatives, deklaratorisch 397 35
- negatives, konstitutiv 397 34; 415 3; 427 9
- positives 397 33, 35

Schuldbeitritt 329 8; 364 19

Schuldnererklärung 373 4

Schuldnerleistung 267 7, 9; 362 24
- mangelhafte 267 9

Schuldnermehrheit
- Anspruch auf Abtretung 255 3
- gemeinschaftliche Schuld 420 6
- Gesamtschuld 368 2; 404 1; 420 6

Schuldnerschutz 267 14; 379 1
- Abtretung und Aufrechnung 269 4; 273 27; 287 6; 295 1; 296 2; 300 2; 301 2; 304 13; 322 3; 325 10

Schuldnerverzug 264 12; 266 11, 15; 271 3, 11, 19, 21; 286 9, 11, 27, 55, 58; 293 35, 74, 89, 94, 100; 298 3, 11; 320 47, 50; 348 10
- 30-Tage-Regelung 286 37
- Beendigung 362 47
- Gesamtgläubiger 329 6; 429 14

Schuldnerwechsel 241 21

Schuldrecht
- allgemeines 241 8
- als Recht der Sonderbeziehungen 241 6
- als Schadens- und Ausgleichsordnung 241 5
- als Vermögensrecht 241 4
- als Vertragsordnung 241 5
- Begriff 241 3
- besonderes 241 9
- Grundbegriffe 241 1
- Schuldrechtsmodernisierung 241 11
- Schuldrechtsreform 241 10

Schuldrechtsreform 307 67

Schuldübernahme
- Abgrenzung zum Schuldbeitritt 414 28
- Abgrenzung zur Bürgschaft 414 27
- Abgrenzung zur Erfüllungsübernahme 414 26
- Abgrenzung zur Vertragsübernahme 414 32
- Abgrenzungsprobleme in der Praxis 415 3
- als abstraktes Rechtsgeschäft 417 1
- befreiende 329 6
- bei Gesamtschuldnern 415 19
- Grundbegriffe 414 1
- Schuldbeitritt/-mitübernahme 329 8
- und Rechtskrafterstreckung 280 17; 281 6; 282 7; 283 5; 414 24
- Vertrag zwischen Veräußerer und Erwerber 416 10

Schuldverhältnis 278 3
- Änderung, Aufhebung 311 14
- Auslobung 241 25
- Auswirkungen von Gesetzesänderungen 241 47
- einmaliger Leistungsaustausch 241 30
- Ende 311 47
- Erbrecht 241 28
- faktisches Vertragsverhältnis 241 26
- Familienrecht 241 28
- Forderungsrecht 241 14; 280 20
- gesetzliches 241 27
- Grenzen 311 45
- Grunddienstbarkeiten 278 5
- Haftung 241 43
- Hauptleistung 241 35
- im engeren Sinn 362 2
- im engeren Sinne 241 13
- im weiteren Sinn 362 9
- im weiteren Sinne 241 12
- nachbarrechtliches Gemeinschaftsverhältnis 278 6
- Naturalobligation 241 45
- öffentlich-rechtliches Benutzungsverhältnis 280 21
- öffentliches Recht 278 8
- Rechtsgemeinschaft 278 7
- Rechtsgeschäftsähnliches 280 19
- Rechtsnachfolge 241 21
- Relativität 241 18
- Relativität des - 241 18
- Sachenrecht 241 28
- Schutzpflichten 241 39
- Sekundäransprüche 241 44
- unvollkommene Verbindlichkeiten 241 45
- Verdinglichung 241 22
- Verfügung 241 15
- Verkehrssicherungspflichten 278 4
- Vertrag 241 23
- vorvertragliches 241 29
- Wirkung gegen Schuldner 241 19
- Wirkung zugunsten Gläubiger 241 20; 366 4

Schuldversprechen 328 48; 329 20
- abstraktes 309 206

Stichwortverzeichnis

Schuldverträge 305 11
Schutz
- des Vertragspartners 251 42; 280 125; 306A 8; 307 15; 308 69; 312I 44; 400 3

Schutz des Schuldners
- bei Anzeige der Abtretung 409 1
- bei Unkenntnis der Abtretung 407 2
- mehrfache Abtretung 408 1
- Nachweis der befreienden Leistung 410 1

Schutzbereich 241 41; 249 7, 32, 38; 311B 308; 328 95, 100, 105; 396 18, 21, 24
Schutzbereichslehre 249 32
Schutzgesetz 249 87
Schutzpflicht 242 51
- des Arbeitnehmers 328 89
- Durchsetzung 241 46
- gesetzliche Regelung 241 40
- Inhalt 241 41

Schutzpflichtverletzung 324 7
- Abgrenzung zu Leistungspflichten 324 8
- sonstige Pflichten 324 10
- Sukzessivlieferungsvertrag 324 9
- vorvertragliche Pflichten 324 11; 334 2

Schutzwirkung 249 62, 67, 71; 280 68; 328 5, 68, 71, 74, 77, 79, 82, 87, 92, 96, 102
Schwangerschaftsabbruch 251 43; 269 13; 273 26; 295 7; 305 56
Schweigen 242 47; 268 9; 280 101; 308 76, 78, 82, 84, 86, 88; 357 9; 359 23; 363 7
Sekundäranspruch 241 17; 311A 10; 339 40
- Kauf- und Werkrecht 311A 12
- Mietrecht 311A 13

Selbstbestimmung
- sexuelle 359 28; 366 20; 387 92; 398 74, 93

Selbsthilfeverkauf 383 5
Sicherungsabrede 268 9
Sicherungsabtretung
- auflösende Bedingung des Erlöschens der Forderung 398 77
- Aufrechnung mit der abgetretenen Gegenforderung 406 11
- Außenverhältnis zum Schuldner 398 74
- Begriff 398 71
- Beispiele aus der Praxis 398 73
- Drittschadensliquidation 398 48
- eigennütziges Treuhandverhältnis 398 71
- Einwendungen des Schuldners 398 77
- Globalzession 398 92
- Information vor Offenlegung 398 81
- Innenverhältnis zwischen Zedent und Zessionar 398 81
- konkludente Rückabtretung 398 33
- Pflichten bei Verwertung 398 81
- Rechte im Insolvenzverfahren 398 88
- Rechte in der Zwangsvollstreckung 398 88
- Sicherungsabrede als Kausalverhältnis 398 71
- Sicherungszweck 398 81
- Verwertungsreife 398 81
- volle Gläubigerstellung des Zessionars 398 71

Sicherungsgrundschuld 271 16; 421 10
Sicherungshypothek 268 5; 311B 72; 358 30, 32; 364 14; 371 3; 387 92; 398 71
Sicherungsübereignung 267 16
Sicherungszession 398 68, 71; 413 9
Signatur 312G 12, 21; 368 10
- elektronische 262 19; 309 217

Sittenwidrigkeit
- des Bürgschaftsvertrages 311B 428

Skontoabrede 272 7
Slamming 312H 7, 11
Software-Agent 312G 8
Sondereigentum 278 41
Sondernutzung 346 103
Sonderrechtsnachfolge 268 13; 368 18
Sonderregelungen 266 16
Sonstige Risikoübernahmen 276 30
Sonstige Rückgewährpflichten 346 18
Sorge 277 3
- elterliche 276 32; 420 12, 21

Sorgfalt 323 60
- eigenübliche 277 4; 346 65; 357 57, 59
- in eigenen Angelegenheiten 277 4
- verkehrsübliche 364 14

Sorgfalt in eigenen Angelegenheiten
- empirischer Standard 347 28
- Grenzen 278 50; 347 29

Sorgfaltsmaßstab 242 51
Sorgfaltsobliegenheit 276 10; 277 4; 278 50; 286 57; 300 5; 308 45; 311A 24; 364 18
Sorgfaltspflicht 254 10; 346 74
Sorgfaltspflichtmaßstab 309 93
Sorgfaltspflichtverletzung 276 10
- von Ärzten 276 10

Sorgfaltspflichtverstoß 249 71, 93
Sortenkauf 244 15
Soziabilitätsschranke 251 58
Sozialauswahl 315 31
Sozialrecht
- Höhe des Forderungsübergangs 331 12; 368 14; 398 35; 412 28

Spannungsklausel
- AGB-rechtliche Zulässigkeit 244 60
- währungsrechtliche Zulässigkeit 244 56

Sparbuch 328 48
Spezialvorschrift 314 52; **368** 13; **399** 14
Sphärentheorie 293 24, 28
Stammeinlage 267 5; **273** 13
Stellvertreter 249 73; **311B** 326; **349** 11
- mittelbarer **249** 73; **349** 11

Stellvertretung
- mittelbare **249** 70, 73; **311B** 103
- offene **311B** 136
- verdeckte **311B** 136

Störer 286 7
Störung
- der Geschäftsgrundlage **313** 39; **357** 26

Streik 267 9; **293** 59, 62; **356** 31; **362** 14; **363** 5
Streitbeilegungsverfahren
- außergerichtliches **312** 154

Strombranche 312H 11, 15, 18, 41
Stückkauf 300 4; **357** 13; **388** 43
Stückschuld 243 4, 8; **294** 19; **364** 15; **397** 20, 23
Stufenklage
- Auskunft **259** 21
- Entscheidung **259** 22
- Rechnungslegung **259** 21
- steckengebliebene **259** 23

Stundung 271 12
Stundungsende 271 14
Stundungsvereinbarung 271 13
Subrogationsklausel 412 7
Sukzessivberechtigung 398 140
Sukzessivlieferungsvertrag
- Begriff des Sukzessivlieferungsvertrages **314** 8
- Dauerlieferungsvertrag **314** 10
- Langzeitverträge **314** 11
- Ratenlieferungsvertrag **314** 9

Surrogat 346 120
- Begriff **285** 18
- Beweislast **346** 126
- Identität **285** 19

Synallagma 348 7
- abgetretene Mängelansprüche **320** 16
- Beispiele **320** 11
- Kaufvertrag **320** 12
- Leasing **320** 17
- Sekundärleistungsansprüche **320** 15
- Typische Pflichten **320** 10
- Werkvertrag **320** 13

Systematik 253 1
- allgemein **253** 22
- neue Einordnung **253** 23

T

Tarifvertrag 251 12; **280** 40; **310** 80, 86; **358** 42, 44; **359** 20; **365** 9
Tatsituation 253 88
Täuschung 249 54; **311B** 423; **318** 8; **365** 9
- arglistige **280** 40; **311B** 423

Teilabtretung 420 13
- Aufrechnung **406** 18
- beglaubigte Abschrift von Beweisurkunden **402** 21
- Rang **398** 15
- Teilbarkeit der Forderung **398** 14
- Unzumutbarkeit für den Schuldner **398** 14

Teilkündigung 242 38
Teilleistung 266 5; **410** 13
- des Arbeitnehmers **266** 17; **366** 4
- des Schuldners **266** 5

Teilnichtigkeit 311B 397
Teilrechtsfähigkeit 311B 367
Teilschulden 420 3
Teilschuldverhältnis
- Einzelwirkung **420** 18
- Gesamtwirkung **420** 18
- Streitgenossenschaft **420** 20

Teilungsanordnung 283 20; **285** 15; **311A** 11; **311B** 470
Teilunmöglichkeit 266 9, 17; **275** 57
Teilunwirksamkeit 311B 353
Teilwiderruf 355 24
Tele-Shopping 312H 7, 18
- Hinweis auf AGB **278** 10; **312I** 41; **313** 11

Telekommunikationsbranche 305 53
Telekommunikationsleistung
- Bedingungen **305A** 12

Teleshopping 312G 157
Textform 312H 38
- Brief **312H** 40
- E-Mail **312H** 40
- Online-Formular **312H** 41
- SMS **312H** 40
- Telefon **312H** 39
- Warnfunktion **312H** 5

Theorie
- der finalen Leistungsbewirkung **362** 19
- der realen Leistungsbewirkung **362** 20

Theorienstreit
- zwischen Angebots- und Verfügungstheorie **362** 25; **363** 3; **366** 9; **415** 22

Tilgungsbestimmung 267 6
- bedingte **267** 6
- doppelte **267** 6

Stichwortverzeichnis

- einseitige **362** 22, 25; **366** 2
- nachträgliche **267** 6
- stillschweigende **362** 23, 38

Tilgungsvereinbarung 366 18, 22
Tilgungswirkung 267 6
Time-Sharing-Vertrag 355 30; **360** 21
Totalrestitution 249 34; **326** 9; **398** 36
Totalschaden 249 79, 84; **251** 53; **347** 57
- wirtschaftlicher **251** 53

Transparenz-Richtlinie 307 78
Transparenzgebot 312G 6
- Parallelregelungen **305** 86

Transportbeschädigung
- zu Lasten des Gläubigers **375** 3

Transportkosten
- aufrechnungsbedingter Schaden **391** 10

Transportschaden 357 37
Trennungsprinzip 358 21
Treu und Glauben 266 19; **273** 2, 14, 21
- allgemeiner Grundsatz **242** 1
- als allgemeines Prinzip **242** 8
- als ethischer Maßstab **242** 12
- als Generalklausel **242** 9
- als Korrekturnorm **242** 11
- Anwendungsbereich **242** 28
- Entstehungsgeschichte **242** 2
- Hauptpflichten, Begründung **242** 35
- im EG-Richtlinienrecht **242** 6
- im UN-Kaufrecht **242** 15
- in europäischen Zivilrechtskodifikationen **242** 4
- praktische Bedeutung **242** 29
- Verhältnis der verschiedenen Vorschriften **242** 17
- Verhältnis zum Handelsbrauch **242** 26
- Zusammenwirken mit anderen Vorschriften **242** 10; **387** 71

Treuepflicht 242 54; **311B** 301
Treuepflichtverletzung 311B 301
Treugeber 398 61
Treuhänder 398 61
- Verfügungsmacht **398** 63

Treuhandverhältnis 398 61
- eigennütziges **398** 61
- uneigennütziges **398** 61

Treuwidrigkeit 242 71, 84
Typenzwang 241 23

Ü

Übereignung
- einer Sache **362** 26; **364** 5
- eines Grundstücks **328** 18
- eines Grundstücksteils **266** 15
- sicherungsweise **311B** 362

Übergang kraft Gesetzes
- Neben- und Vorzugsrechte gemäß § 401 **401** 21

Übergang von Nebenforderungen
- Zusatzvereinbarungen und Gestaltungsrechten **414** 15

Übermittlung 312H 35
Übermittlungsart 270 5
Übermittlungsgefahr 270 9
Übernahme 311A 23; **418** 20; **420** 1
- einer Garantie **276** 2, 13, 17; **280** 121

Überraschend
- Widerrufsbelehrung **305C** 37

Übersendung
- der hinterlegten Sache **375** 1

Übersicherung 398 97
Überstunde 310 62
Übertragbarkeit 253 102
- von Forderungen **398** 1

Übertragung
- des Anwartschaftsrechts **311B** 34; **402** 13
- des dinglichen Herausgabeanspruchs **255** 9; **268** 5; **413** 24; **421** 10
- des Eigentums **255** 17; **328** 41; **364** 8; **369** 3
- einer Forderung **241** 8; **380** 1
- eines Grundstücks **311B** 167; **320** 7
- eines Miteigentumsanteils **311B** 80
- sicherungsweise **311B** 379
- von Geschäftsanteilen **311** 25
- von Unternehmen **311B** 359

Überwachungsverschulden 254 27
Überweisung 328 49; **410** 5
- gerichtliche **362** 41; **409** 6

Überweisungsvertrag 380 2
Überziehungskredit 358 29

U

Ultima-ratio-Prinzip 314 27, 35, 59
Umdeutung 306 28
- einer außerordentlichen Kündigung **314** 46

Umgehung
- Definition **306A** 7
- Preisgestaltung eines Fitnessstudio **306A** 11

Umgehungsgeschäft 312I 33, 36
Umgestaltung
- Ausschluss der Wertersatzpflicht **346** 45
- Begriff **346** 43
- Herausgabepflicht **346** 44

Umkehr 363 5; 368 15; **429** 12
- der Beweislast **280** 57, 143; **378** 7

Umlegungsverfahren 309 7

Umsatzsteuer 249 2, 11, 53, 84; **256** 7; **346** 20

Umsatzsteueranteil 249 53

Unabtretbarkeit 399 12
- an bestimmte Zessionare **399** 11
- Änderung der wirtschaftlichen Bedeutung **399** 17
- Änderung des Leistungsinhalts **399** 8
- Ausnahmecharakter **399** 1; **400** 1
- Bürgschaftsforderung **399** 19
- Darlehensversprechen **399** 17
- Dienst- und Arbeitsverträge **399** 16
- dingliche Ansprüche **399** 20
- einer Forderung **399** 35
- Einlageforderungen bei Kapitalgesellschaften **399** 14
- Forderungen innerhalb von Personengesellschaften **399** 14
- Gebrauchsüberlassungsansprüche **399** 16
- gegenseitige Verträge **399** 13
- Gestaltungsrechte **399** 20
- Gewährleistungsrechte **399** 13
- Girokonto **399** 27
- Grundgedanken **399** 2
- höchstpersönliche Ansprüche **399** 15
- Kontokorrent **399** 25
- Kontrahierungszwang **399** 17
- kraft Vereinbarung **399** 21
- Lohnforderungen **399** 21
- Mietvertragliche Forderungen **399** 13
- Nebenrechte **399** 10, 18
- öffentlich-rechtliche Forderung **398** 8
- prozessuale Ansprüche **398** 9
- Recht zur Erhebung der Feststellungsklage **399** 10
- Rechtsnatur des Schuldverhältnisses **399** 9
- Schenkungsversprechen **399** 17
- Schuldbefreiungsanspruch **399** 11
- Sicherung durch Grundschuld **399** 21
- streng akzessorische Forderungen **399** 19
- unter bestimmten Voraussetzungen **399** 21
- Unterhaltsansprüche **399** 10
- Unterlassungsansprüche **399** 10
- Unterlassungsansprüche persönlichkeitsrechtlicher Natur **399** 16
- unvertretbare Handlungen **399** 16
- Vererblichkeit **399** 35
- vertragliche Wettbewerbsverbote **399** 10
- Vertragsangebot **399** 17
- Vertragsstrafen **399** 20
- Vormerkung **399** 20
- Vorvertrag **399** 17
- wettbewerbsrechtliche Unterlassungsansprüche **399** 10
- Zinsansprüche **399** 20
- Zweckbindung der Leistung **399** 12

Unbestellte Leistung
- aliud-Lieferung **241A** 8
- Bestellung **241A** 7
- Ersatzleistung **241A** 9
- gesetzliche Ansprüche **241A** 12
- irrtümliche Leistung **241A** 13
- Leistungserbringung **241A** 6
- Lieferung **241A** 6
- Lieferung einer mangelhaften Sache **241A** 8
- Sanktionscharakter **241A** 1
- Umsetzung der Fernabsatz-RL **241A** 2
- Verbrauchervertrag **241A** 5
- Verhältnis zur Geschäftsführung ohne Auftrag **241A** 16
- vertragliche Ansprüche **241A** 10
- Vertragsabschluss **241A** 11
- zeitlicher Anwendungsbereich **241A** 17

Unbestimmtheit
- des Leistungsinhalts **315** 13

Unbilligkeit 398 91
- grobe **242** 27; **319** 11
- offenbare **319** 4

Undank
- grober **355** 13

Unerheblichkeit
- des Mangels **281** 100, 108

Unfallfahrzeug 249 78, 83; **251** 7, 9; **280** 35; **398** 14

Unfallschaden 249 83

Unfallversicherer 331 12; **387** 102

Unfallversicherung 249 56

Ungeborener
- unentziehbare Anwartschaft **331** 2

Unionsrecht 346 3 f.; **347** 6 f.

Universalsukzession 412 4

Unkenntnis
- eines Erfüllungsgehilfen **311A** 24; **370** 7
- fahrlässige **311A** 6, 23; **314** 37; **347** 36; **387** 112
- grob fahrlässige **242** 96
- vorsätzliche **311A** 23

Unmöglichkeit 275 12; **280** 2; **283** 8; **326** 6
- anfängliche **265** 5; **297** 27; **311A** 1, 6, 11, 36; **311B** 204; **338** 2; **346** 121

Stichwortverzeichnis

- der Arbeitsleistung **293** 52
- der Herausgabe **283** 5, 10; **290** 2
- der Herstellung **251** 4, 6; **275** 26; **281** 16; **287** 1; **297** 2; **300** 19; **311A** 27; **362** 13; **397** 24; **403** 7
- der Leistung **293** 22, 45; **339** 43; **346** 9
- der Leistungserbringung **302** 3; **311A** 36; **431** 6
- der Nacherfüllung **275** 15, 46; **280** 30; **283** 2, 8, 17; **326** 4, 29; **430** 8
- der Übereignung **275** 31; **432** 2
- eines Vertrages **338** 2
- faktische **275** 52; **313** 21, 51; **425** 6
- objektive **275** 13; **311A** 1, 7; **311B** 204
- objektive, Absolute Fixgeschäfte **275** 39
- objektive, Arbeitsverhältnisse **275** 41
- objektive, Definition **275** 26
- objektive, Erfolgseintritt **275** 42
- objektive, Leistungsgegenstand **275** 27
- objektive, Miete **275** 32
- objektive, Mietverhältnisse **275** 40
- objektive, Qualitativ **275** 46
- objektive, Rechtliche **275** 29
- objektive, Stückkauf **275** 49
- objektive, Tatsächliche **275** 28
- objektive, Zwangsversteigerung **275** 31
- persönliche **275** 68
- persönliche, Beispiele **275** 70
- persönliche, Fallgruppen **275** 69
- persönliche, Krankheit **275** 71
- praktische **275** 52
- praktische, Aufwand **275** 54
- praktische, Beispiele **275** 57
- praktische, Gegenbeispiele **275** 61
- praktische, Grobes Missverhältnis **275** 56
- praktische, Leistungsinteresse **275** 55
- praktische, Verhältnis zum Gewährleistungsrecht **275** 67
- praktische, Verhältnis zur Störung der Geschäftsgrundlage **275** 64
- praktische, Voraussetzungen **275** 53; **311A** 11; **431** 6
- qualitative **275** 15, 46; **283** 8
- rechtliche **311A** 15
- schuldbefreiende **275** 13; **425** 6
- subjektive **429** 18
- vorübergehende **275** 16, 23; **302** 3; **311A** 18; **313** 21
- wirtschaftliche **275** 65

Unpfändbarkeit 377 2
- Abtretbarkeit auf Grund teleologischer Reduktion des § 400 **400** 11
- Arten **400** 7
- Begriff **400** 7
- Einzelfälle zulässiger Abtretung **400** 13
- Fallgruppen **400** 8
- gleichwertige Gegenleistung **400** 12
- Insolvenz **400** 9
- teilweise **400** 10
- vertragliche Begründung **400** 9

Unteilbarkeit
- der Leistung **431** 4
- Herausgabe einer Mietsache **431** 5

Untergang
- Begriff **346** 55
- des Erfüllungsanspruchs **339** 43
- des herauszugebenden Gegenstands **347** 64
- des Leistungsgegenstandes **266** 20; **271** 16; **273** 18; **288** 10; **300** 9; **363** 7; **387** 120; **397** 44; **400** 10; **412** 18

Unterhaltsanspruch 242 27, 104; **249** 86
Unterhaltsforderung 286 22
Unterhaltsleistung 249 55
Unterhaltspflicht
- selbstverschuldete Leistungsunfähigkeit **242** 69

Unterhaltungskosten
- des Reservewagens **251** 42

Unterlassen
- böswilliges **293** 66
- einer Aufklärungspflicht **280** 39
- einer zumutbaren Schutzvorkehrung **254** 12
- schadensmitursächliches **254** 11

Unterlassung 312G 97
- der Konkurrenz **324** 8; **340** 13
- des pflichtwidrigen Verhaltens **282** 9

Unterlassungsanspruch
- wettbewerbsrechtlicher **242** 78; **339** 29; **343** 9; **355** 3; **357** 4; **360** 3

Unterlassungsklage 312G 97; **357** 4
Unterlassungsklagenrichtlinie 267 4; **278** 22; **281** 56; **323** 44; **355** 3; **360** 3; **362** 35; **387** 72; **413** 6

Unterlassungspflicht 242 55; **269** 24, 27; **340** 4; **345** 2

Unterlassungsvertrag 314 36
- wettbewerbsrechtlicher **285** 19; **314** 36

Untermieter 241 19; **278** 38; **328** 80
Untermietverhältnis 241 19

Unternehmen 308 3, 72; **309** 180
- als Ganzes, Übertragung **413** 14
Unternehmensregister 312C 33
Unternehmer 241A 5; **312H** 22
- Definition **312B** 17
Unterschrift
- digitale **309** 217
- eigenhändige **368** 10, 13
- verschlüsselte **280** 128; **307** 55; **362** 45
Untersuchungsgrundsatz 372 11
Untersuchungspflicht 254 27
Unvermögen 311A 5
- anfängliches **275** 13
Unwirksamkeit
- absolute **399** 34; **409** 28
- der Abtretung **389** 8; **398** 41
- der Kündigung **293** 85
- des Kausalgeschäfts **311B** 309; **387** 100; **396** 18
- eines Rechtsgeschäfts **242** 86
- relative **320** 28; **355** 23; **357** 7; **399** 34
- schwebende **275** 19; **281** 70; **323** 65
Unzeit 271 23
Unzulässigkeit 412 3
- der Klage **399** 39
Unzumutbarkeit
- der Leistung **282** 9, 11, 15; **324** 8, 10, 15
Urheberrecht
- Spezialregelungen **413** 31
- Übertragbarkeit **413** 19
Urkunde 298 21
- beglaubigte **274** 7; **414** 17
- notarielle **311B** 278; **311C** 2; **341** 9
Urkundenvorlage
- Adressat **409** 10
- durch Zessionar **409** 9
Urlaub
- unbezahlter **249** 89; **251** 37
- vertaner **249** 89; **251** 18, 37; **394** 26
Urlaubsabgeltungsanspruch 387 34
Urlaubsanspruch 362 13
- eines Arbeitnehmers **300** 17
Urlaubsentgelt 394 26
Urlaubsgeld 251 37; **300** 17; **394** 23
Urlaubszeit 249 89; **315** 9, 31
- verlorene **300** 17
Urteil 362 48; **368** 16; **407** 27
- rechtskräftiges **249** 60; **311B** 124
- unrichtiges **242** 75
- vollstreckbares **362** 33, 49; **387** 53, 68

V
Valutaverhältnis
- Konkludentes Schenkungsangebot **332** 7
- Rechtsgrund **331** 9
- Schenkungsangebot **331** 9
- Widerruf der Schenkungsofferte durch Testament **332** 7
Venire contra factum proprium 242 56
Verantwortlichkeit
- des Gläubigers **326** 16
- des Gläubigers, alleinige oder überwiegende **326** 18
- des Gläubigers, Beweislast **326** 19
- des Gläubigers, Fallgruppen **326** 17
- des Schuldners **286** 53
Verarbeitung
- Ausschluss der Wertersatzpflicht **346** 45
- Begriff **346** 43
- Herausgabepflicht **346** 44
Veräußerung
- Begriff **346** 43
Veräußerungserlös 346 99
Veräußerungsgewinn 285 21
Veräußerungsverbot 309 140; **310** 35
Verbandsklage 242 90; **305B** 3; **305C** 6, 16, 76, 79
Verbindlichkeit 415 18
- des Schuldners **278** 17
- des Schuldners, Konkretisierung **278** 18
- des Schuldners, Obliegenheiten **278** 23
- des Schuldners, Verantwortungsbereich des Gläubigers **278** 21
- höchstpersönliche **414** 12
Verbindung 346 43
- rechtliche **311B** 217
- vertragsähnliche **311** 73
- vorvertragliche **311** 2
- wirtschaftliche **311C** 5
Verbot
- widersprüchlichen Verhaltens **242** 56; **311A** 15; **406** 12
Verbotsgesetz 252 6; **311B** 490
Verbrauch
- Ausschluss der Wertersatzpflicht **346** 47
- Begriff **346** 43; **355** 10
Verbraucher 241A 5; **312H** 22
- Definition **312B** 26
Verbraucherbegriff 310 18
Verbraucherdarlehensvertrag 358 13
- gemischter **358** 60
- verbundener **358** 52, 62
- Widerruf **358** 56

Stichwortverzeichnis

Verbrauchergeschäft 313 19; 426 12
Verbraucherkredit 242 24; 311B 308; 359 4
Verbraucherkreditrichtlinie 358 28, 30; 359A 10 f.
Verbraucherschutz 249 21; 312A 1; 312H 6; 355 4
Verbraucherschutzrecht 312I 2, 32; 356 10; 358 6 f.
Verbrauchervertrag 355 9
Verbrauchsgüterkauf 346 4; 347 7
Verbundene Verträge 358 27, 35
- Pflichten des Darlehensgebers 358 64
- Rechtsfolgen 358 51
- Rückabwicklung 358 62
Verbundenheit 358 19; 359A 7
- Finanzierungszweck 358 22
Verdachtskündigung 314 16, 37
- von Arbeitsverhältnissen 314 16
Verdienstausfall 252 10
Verfallklausel 354 2
- als Rücktrittsrecht 354 1
- Strafcharakter 354 3
Verfügung 274 10; 397 43
- dingliche 328 40, 43
- einstweilige 249 85; 309 194; 311B 289
- letztwillige 330 5
- schuldrechtliche 328 41, 43
- treuwidrige 398 68
Verfügungsbeschränkung 399 36
Verfügungsfreiheit 358 36
Verfügungsgeschäft 311B 412; 348 4
Verfügungsvertrag 311B 339
- schuldrechtlicher 328 17
Vergaberecht 311 36
Vergleich
- außergerichtlicher 271 12; 311B 39; 425 18
- gerichtlicher 311B 427
Vergütung 398 46
- angemessene 251 39; 346 95
- erfolgsabhängige 308 113
- gewinnabhängige 246 20
- pauschale 293 40; 295 13; 308 108, 110; 357 58
- vereinbarte 251 49
Verhaltenspflicht 311A 36; 314 14; 328 68, 74, 81; 362 9, 36; 398 15
Verjährung 309 36
- Ausgleichsforderung 426 26
- der Hauptforderung 339 42
- des Befreiungsanspruch 257 13
- des Primäranspruchs 280 101

- des Regressanspruchs 280 106
- des Sekundäranspruchs 280 101
- Hemmung 280 165; 409 27
- Herausgabeanspruchs des Gläubigers 382 4
- kurze 258 12
- und Abtretung der Forderung 404 14
Verjährungsbeginn 286 15; 309 146, 150; 359 19; 425 12
Verjährungseinrede 242 59; 387 62, 76
Verkaufsprospekt 356 11
- Kausalität 356 15
Verkehrsfähigkeit
- der Forderung 278 4; 398 3
Verkehrssicherungspflicht 254 14; 311B 170
- deliktische 278 4
Verkehrstarif
- genehmigter 305A 6
Verlängerter Eigentumsvorbehalt
- Begriff 398 93
- Bestimmbarkeit 278 4; 398 93; 405 3
Verletzungshandlung 249 19, 65, 75; 251 40; 262 8; 271 8; 284 5; 313 94; 428 10
Vermächtnis 311C 3; 315 55; 319 18
Vermischung 346 43
Vermittlungsgeschäft 358 10
Vermögen
- bewegliches 311 25; 387 93; 410 12; 427 9
- des Schädigers 399 21
- unbewegliches 311 25
Vermögensbegriff 251 21
Vermögenseinziehung 412 40
Vermögensfolgeschaden 249 44
Vermögensinteresse 249 3
Vermögensschaden
- allgemeiner 281 20; 398 32
- Definition 253 6
- ersatzfähiger 249 9; 251 15, 22, 26, 34
- messbarer 249 24; 313 86; 362 13
- reiner 328 69, 73, 82
Vermögensverschiebung 241 5
Vermögensvorteil
- messbarer 249 51
Vermutung
- bei bestimmter Leistungszeit und bestimmtem Leistungsort 391 11
Verpfändung 311B 345
- der Erbschaft 311B 428
- des gesamten Vermögens 311B 369
Verpflichtung
- mehrerer Personen 431 3
Verpflichtungsgeschäft 348 3

Stichwortverzeichnis

Verpflichtungsvertrag 311B 338
Verpfründungsvertrag 311B 361
Verrechnung
- des Kaufpreisanspruchs **311B** 187
- von Forderungen **387** 124

Versandkosten 346 21
Verschiedenheit
- des Leistungs- oder Ablieferungsortes **391** 8

Verschlechterung
- Begriff **346** 55; **357** 4
- der Sache **303** 7; **321** 11; **323** 8
- der Vermögensverhältnisse **308** 45
- der zurückzugewährenden Sache **346** 104

Verschmelzung
- von Gesellschaften **412** 34
- von Vereinen **278** 50; **311B** 360

Verschulden 276 6
- beiderseitiges **254** 33
- der Erfüllungsgehilfen **309** 108
- des Arbeitnehmers **276** 36; **298** 10; **299** 1
- des Gläubigers **293** 11; **399** 16; **410** 7; **413** 3
- des Schädigers **254** 35
- Fahrlässigkeit **276** 9; **309** 107 f.
- Geber der Draufgabe **338** 3
- grobes **251** 57; **300** 14; **413** 3
- leichtes **254** 35
- schweres **399** 16
- von Erfüllungsgehilfen **309** 110; **339** 53
- Vorsatz **276** 7
- vorvertragliches **280** 40; **411** 1

Verschuldenshaftung 300 4
- allgemeine **300** 4

Verschwiegenheitspflicht 294 9; **305C** 41
Versendungskauf 243 35; **269** 9; **305C** 78
Versetzung 249 75; **315** 31
Versicherungsmakler 251 45
Versorgungsanspruch 328 47
Versorgungsausgleich 242 27; **427** 11
Versorgungssperre 273 13, 20; **307** 59
Versorgungsunternehmen 271 19; **311B** 196; **315** 49, 102, 104, 128, 130
- öffentliches **311B** 196

Versorgungszusage
- des Arbeitgebers **328** 87

Verspätung
- der Leistung **286** 53

Verspätungsgefahr 270 10; **312G** 20; **312I** 45
Versteigerung 312D 116; **383** 1; **421** 11
- eines Grundstücks **268** 6; **311B** 42
- Gebühren **386** 1
- Gläubigerschutzvorschriften **383** 8

- Kosten **386** 1
- öffentliche **383** 6; **385** 3
- Rechtmäßigkeit **383** 10
- Sachmangel **383** 7

Versteigerungsanlass 383 3
Versteigerungsbenachrichtigung 384 2
Versteigerungsberechtigung 383 4
Versteigerungsfähigkeit 383 2
Versteigerungskosten 386 1
Versteigerungsort 385 2

Vertrag
- abstrakter **311** 9
- befristeter **311A** 16
- Dauerschuldverhältnisse **311** 13; **328** 17
- dinglicher **311** 7; **311B** 127; **346** 43
- elektronischer **312G** 6
- entgeltlich **311** 10; **387** 77
- faktischer **242** 60
- formbedürftiger **311** 24; **324** 6; **325** 4; **349** 6
- gegenseitiger **355** 24
- gemischter **311** 26; **311B** 215
- im elektronischen Geschäftsverkehr **312D** 24
- kausal **311** 8; **328** 71
- nichtiger **305C** 29
- notarieller **278** 8; **305** 24; **328** 18
- öffentlich-rechtlicher **241** 8; **311B** 45; **380** 1
- sittenwidriger **280** 46; **364** 7
- Teilzeitnutzung von Wohngebäuden **312B** 77
- typengemischter **241** 23
- unentgeltlich **286** 9; **311** 11
- untergeschoben **312H** 5
- unwirksamer **280** 45; **311B** 314; **312A** 6
- verbundener **311** 22; **355** 4; **357** 6, 16; **358** 1, 4, 7 f., 10 f., 14 ff., 23, 25, 27, 31, 33, 35 f., 38, 41, 43, 45, 49, 51, 53 ff., 58, 61; **359** 2, 6, 26; **359A** 6; **360** 21
- verfügend **311** 7
- Verpflichtung **311** 12
- vorformulierter **310** 45
- zweiseitiger **414** 6
- zwischen Unternehmen und Verbraucher **312B** 15

Vertrag mit Schutzwirkung zugunsten Dritter 249 67
- Analogie **328** 83
- Anwaltsvertrag **328** 87
- Arbeitsvertrag **328** 89
- Architektenvertrag **328** 90
- ärztliche Behandlung **328** 91
- Banken **328** 92
- Bargeldloser Zahlungsverkehr **328** 92

Stichwortverzeichnis

- Beförderungsvertrag **328** 93
- Bestimmungsgemäßer Kontakt **328** 76
- Bewachungsvertrag **328** 94
- Dienstvertrag **328** 96
- Einbeziehungsinteresse des Gläubigers **328** 77
- ergänzende Vertragsauslegung **328** 69
- Erkennbarkeit **328** 79
- Gesellschaftsrecht **328** 99
- Gläubigernähe **328** 77
- Gutachten und Auskünfte **328** 97
- Haftungsfreizeichnung **328** 84
- Kaufgegenstand **328** 103
- Kaufvertrag **328** 100
- Lagervertrag **328** 101
- Lebenspartner **328** 102
- Leistungsnähe **328** 76
- Miet- und Pachtvertrag **328** 102
- Mitverschulden des Gläubigers **328** 85
- objektiv begründete Haftung **328** 71
- objektive Drittbezogenheit **328** 78
- Produkthaftung **328** 103
- Schadensersatzanspruch **328** 82
- Scheidungsvereinbarung **328** 87
- Schuldverhältnis ohne primäre Leistungspflicht **328** 68
- Schutzbedürftigkeit des Dritten **328** 80
- Untermieter **328** 102
- vertragliche oder vertragsähnliche Sonderbeziehung **328** 74
- vorvertragliches Vertrauensverhältnis **328** 74
- Werkvertrag **328** 105

Vertrag zugunsten Dritter 241 20
- Abgrenzung von anderen Rechtsinstituten **328** 6
- Anderkonto **328** 45
- Anfechtung **328** 19
- Arbeitsrecht **328** 46
- ärztliche Behandlung **328** 47
- Aufhebungsvorbehalt **328** 26
- Auslegungsregeln **328** 20
- Bankkonto **328** 48
- bargeldlose Zahlung **328** 49
- Beförderungsverträge **328** 50
- Benennung des Dritten **328** 21
- Beweislast **328** 35
- Bezugspflicht **328** 51; **333** 3; **334** 2; **335** 3
- Bürgschaft **328** 52
- Deckungsverhältnis **328** 10; **329** 7; **330** 1; **331** 3; **332** 3
- echter **328** 3
- Erbvertrag **328** 53
- Erwerb eigenen Rechts **328** 22
- Factum de non petendo **328** 24
- Form **328** 18
- Frachtvertrag **328** 54
- Gesellschaftsvertrag **328** 55
- Herstellergarantie **328** 56
- Kaufvertrag **328** 58
- Kündigung **328** 30
- Leasing **328** 58
- Maklerprovision **328** 59
- Mietvertrag **328** 60
- Mittelverwendungskontrollvertrag **328** 55
- originärer Rechtserwerb **328** 28
- Pachtvertrag **328** 60
- Person des Dritten **328** 21
- Pfändung des Widerrufsrechts **328** 36
- Prozessvergleich **328** 37, 61
- Reiseveranstalter **328** 62
- Rücktritt **328** 33
- Schadensersatz neben der Leistung **328** 31
- Schadensersatz statt der Leistung **328** 33
- Schiedsgerichtsklausel **328** 37
- Treuhandvertrag **328** 63; **329** 8
- unechter **328** 2
- Unterhalt **328** 64
- Valutaverhältnis **328** 11
- Verfügungsverträge, dingliche **328** 43
- Verfügungsverträge, schuldrechtliche **328** 41
- Verpflichtungsverträge **328** 17
- Versicherungsrecht **328** 65
- Vertrag zu Lasten Dritter **328** 39
- Vertragstyp **328** 18
- Vollzugsverhältnis **328** 13
- Wegfall der Geschäftsgrundlage **328** 34
- Wertpapierverwahrung **328** 67
- Widerrufsvorbehalt **328** 26

Vertragliche Haftungsfreistellung 269 23; **280** 27; **387** 10; **426** 31
Vertragsanbahnung 242 53; **311** 33, 36, 39, 45
Vertragsänderung 359 22
- AGB **305** 91
- Dauerschuldverhältnis **305** 93
- dynamischer Verweis **305** 95
- Widerspruchsrecht bei AGB **305** 97

Vertragsangebot
- verbindliches, Übertragung **398** 134

Vertragsanpassung 280 40; **312G** 95; **313** 72; **317** 10; **321** 5; **323** 8; **325** 3; **331** 7
Vertragsaufhebung 311B 265; **313** 5, 38
- Rückgabepflicht **337** 3

Vertragsauslegung 247 18; 275 10; 276 34; 308 48; 309 14
- Altverträge 306 20
- ergänzende 242 17; 285 3, 7, 11; 306 10, 16; 313 16, 46; 328 22, 26, 55, 69, 77
- ergänzende, Abgrenzung zur Grundlagenstörung 313 46
- Vorrangigkeit der 335 4

Vertragsbeendigung 309 79
- vorzeitige 285 19

Vertragsbeitritt 398 138

Vertragsbestandteil 306 7

Vertragsbindung 242 38; 313 10

Vertragsbruch 241 19; 339 9; 343 5

Vertragsergänzung 311B 314; 317 11, 33

Vertragsergänzungsfunktion 316 4

Vertragsfreiheit 311 4; 398 109; 408 8

Vertragsgegenstand
- Lieferung von Waren 312B 32

Vertragshaftung 249 61, 70; 251 18

Vertragspartner
- Übertragung einzelner Rechte 309 185

Vertragspfandrecht 400 14

Vertragsschluss 312G 8, 86
- Sprache 312G 63

Vertragsstrafe 309 48, 67
- andere Leistung als Geldstrafe 342 2
- Arbeitsrecht 309 70
- bei Nichterfüllung 345 1
- Bezeichnung 309 68
- des Arbeitnehmers 339 69
- Fallgruppen 309 75
- im Rahmen von Verfallsklauseln 342 1
- Rechtsfolgen 309 81
- Rücklastschrift 309 78
- Schwarzfahrer 309 77
- sonstige Verletzungen 309 71
- Unternehmensverkehr 309 82
- verschuldensunabhängige 309 72
- Vertragsbeendigungsklauseln 309 79
- Zahlungsverzug 309 76
- Zinsen ungewöhnlicher Höhe 309 73

Vertragstext 312G 50; 313 10

Vertragstreue 242 14

Vertragstypen
- gemischte 311 26

Vertragsübernahme
- Begriff 398 133
- Privatautonomie 398 134
- Voraussetzungen 398 135

Vertragsunwirksamkeit
- von Anfang an 337 4

Vertragswirksamkeit 311A 7, 15
- Ausschluss der Anfechtung 311A 9
- Verhältnis zu anderen Unwirksamkeitsgründen 311A 8

Vertrauen
- besonderes 311 79; 399 11

Vertrauenshaftung 249 3

Vertrauensinteresse 249 40; 281 20; 286 51

Vertrauensschaden 242 67; 280 44, 72, 118; 281 59; 282 16; 283 15

Vertrauensschutz 242 80

Vertretenmüssen 276 5; 354 4
- Annahmeverzug 346 64
- Arbeitsverhältnis 280 119
- Arzthaftung 280 120
- beide Parteien 346 65
- beiderseitiges 283 16
- Beweislast 283 18
- Garantie/Beschaffungsrisiko 280 121
- Gewährleistungsrecht 283 17
- Irrtümer 286 54
- Mitverschulden 283 16
- Mitwirkungshandlung 286 52
- Rückgewährgläubiger 346 63; 355 12

Vertreter
- der Gesellschaft 311 81
- eigene Erklärung 309 197
- empfangsberechtigter 293 19; 311 81; 362 26; 370 8
- gesetzliche Haftung 309 196
- gesetzlicher 254 23, 26; 278 10; 309 94 f., 107 f.; 372 7
- gesonderte Erklärung 309 198
- Schriftform der Erklärung 309 199
- sonstige Verpflichtung 309 200
- vollmachtsloser 309 201

Vertreterhaftung
- Unternehmensverkehr 309 202

Vertretungsmacht 309 195
- fehlende 276 15; 305B 19; 387 73
- mangelnde 242 56

Verurteilung
- zur Erfüllung Zug um Zug 274 4; 314 7

Verwahrungsverhältnis 372 14

Verwaltervertrag 308 98

Verwaltungsakt 266 10; 397 44

Verwaltungsrechtsweg 249 86

Verweis
- auf die hinterlegte Sache 379 2

Stichwortverzeichnis

Verwendung
- Begriff **256** 10

Verwendungen
- notwendige, als andere Aufwendungen **347** 56
- notwendige, Aufrechnung **347** 60
- notwendige, Einzelfälle **347** 50
- notwendige, Ersatzfähigkeit bei Verschlechterung **347** 57
- notwendige, Kosten für Nutzung **347** 52
- notwendige, Notwendigkeit **347** 48
- notwendige, Verwendungen **347** 47
- notwendige, Zurückbehaltungsrecht **347** 60

Verwendungsersatzanspruch 273 24

Verwertungsinteresse
- des Zessionars **355** 45; **398** 74; **404** 14

Verwirkung 242 91
- Gegenstand **242** 97
- Gestaltungsrechte **242** 114
- Prozessuales **242** 115
- Schadensersatzansprüche **242** 113
- Tatbestand **242** 92
- Umstandsmoment **242** 106
- Unterlassungsansprüche **242** 112
- Verhältnis zur Verjährung **242** 94
- von Gestaltungsrechten **242** 114
- von Unterlassungsansprüchen **242** 100
- Zeitmoment **242** 102

Verzicht
- einseitiger **273** 14

Verzichtserklärung 376 5

Verzinsung
- Beginn **290** 5
- Geldschuld **246** 5
- Höhe **290** 6
- Sachschuld **246** 6

Verzinsungspflicht 244 21; **246** 38; **290** 1, 3; **293** 89, 103
- gesetzliche **246** 24
- rechtsgeschäftliche **246** 25; **325** 10; **362** 49; **430** 4

Verzögerungsgefahr 270 10; **271** 19; **288** 20; **301** 3; **309** 39

Verzögerungsschaden 266 9; **280** 8, 30, 138, 162, 164; **281** 12, 57, 72, 112; **286** 2, 18, 62, 66, 70; **339** 17; **340** 18; **341** 12

Verzugsschaden
- Höhe nach Abtretung **398** 54
- Sicherungs- und Inkassozession **398** 54

Verzugszeitraum 286 58
- Beginn **286** 59
- Ende **266** 9; **286** 61; **291** 1; **301** 2; **366** 15

Verzugszins 246 3; **247** 5, 16; **286** 2, 38, 46, 63; **288** 2, 8, 12, 16, 19, 22; **289** 2, 4; **341** 12
- gesetzlicher **288** 20

Verzugszinsen 288 10

Verzugszinshöhe 247 3

Verzugszinssatz 247 5; **288** 2, 7, 13, 18

Vollkaskoversicherung 249 83

Vollmacht 312H 37
- beglaubigte **311B** 53; **358** 43, 45; **370** 2
- erteilte **310** 18
- gläubige **370** 2
- gültige **280** 46
- unbeschränkte **308** 68

Vollmachtsurkunde 273 13; **372** 2

Vollstreckbarkeit
- der Forderung **364** 15
- des Titels **371** 12

Vollstreckung
- bei doppelter Zug um Zug-Verurteilung **274** 8; **313** 77; **371** 12
- ohne Erbringung der Gegenleistung **274** 7
- von Geldforderungen **241** 43
- vorläufige **362** 49

Vollstreckungsabwehrklage 298 18; **311B** 285

Vollstreckungsgegenklage 322 6

Vollstreckungstitel 371 12

Vorausabtretung 398 20
- Anteil am Versteigerungserlös **398** 21
- Anwendungsgebiete **398** 21
- Auslegung **398** 23
- Bestimmbarkeit der Forderung **398** 20
- Direkterwerb **398** 51
- Durchgangserwerb **398** 52
- Insolvenz des Zedenten **398** 20
- Zwischenverfügungen **398** 53

Vorausleistung 362 32

Vorausquittung 368 14

Vorauszahlung
- des Werklohns **293** 34

Vorbehaltshinterlegung 373 1

Vorbehaltskauf 267 16

Vorerbe
- befreiter **326** 9

Vorfälligkeitsklausel 271 14

Vorhaltekosten 251 42

Vorlage 409 16
- Definition **405** 7
- der Abtretungsurkunde **409** 16
- der Urkunde **405** 7

Vorleistungsklausel 309 20, 140

Vorleistungspflicht 309 20, 24
- des Ersteigerers **305C** 53
- des Käufers **362** 35
- des Rückgewährschuldners **309** 20
- des Schuldners **373** 2
- des Unternehmers **271** 10
- des Verkäufers **320** 20
- des Verwahrers **320** 18
- des Werkunternehmers **272** 2; **320** 18
- entfallene **320** 24
- Gegenleistung **320** 22
- gesetzliche **309** 20; **320** 18
- gesetzliche Beständigkeit **320** 21
- vereinbarte **320** 19
- Zahlung gegen Dokumente **320** 20

Vorleistungspflichtiger 322 7

Vormerkbarkeit
- des Anspruchs **268** 5; **275** 60; **311B** 63; **335** 10; **362** 5

Vormerkung 273 17, 23; **346** 20; **348** 4
- akzessorische **311B** 72; **427** 8
- eingetragene **273** 17; **311B** 77

Vormundschaft 259 26

Vormundschaftsgericht 259 26; **275** 28; **276** 24; **285** 14; **311A** 23; **326** 22; **357** 46; **397** 24; **413** 2

Vorratsschuld 243 5; **262** 5; **275** 56; **293** 32; **303** 11

Vorsatz 254 34; **276** 5, 12, 33, 37; **300** 2, 19; **309** 94 f., 98 f., 107 f.; **311B** 114
- bedingter **276** 7, 12
- grober **300** 19

Vorsatztheorie 276 8

Vorschusspflicht 369 4

Vorteilsausgleich 249 5

Vorteilsausgleichung 249 48; **253** 101
- Eigenleistungen **249** 57
- Erfüllungsleistungen Dritter **249** 56
- freiwillige Leistungen Dritter **249** 55
- Regresskonstruktionen **249** 50
- selbständige Vorteile **249** 53
- unselbständige Vorteile **249** 51

Vorverlegung
- des Verjährungsbeginns **309** 150

Vorzugsrechte
- Definition **401** 20
- Einzelzwangsvollstreckung **401** 20
- Insolvenzverfahren **401** 20

W

Wahlrecht 318 10

Wahlschuld
- Abgrenzung zum Leistungsbestimmungsrecht **262** 6
- Abgrenzung zur Gattungsschuld **262** 5
- Annahmeverzug des Gläubigers **264** 12
- Ausübung des Wahlrechts **263** 2
- Begriff **262** 2
- bestimmter Handlungserfolg geschuldet **262** 4
- Fristsetzung durch Schuldner **264** 13
- gesetzliche **262** 9
- Konzentration **263** 5
- Konzentration durch Unmöglichkeit **265** 6
- Leistung in der Zwangsvollstreckung **264** 7
- Leistungsfreiheit nach § 275 **265** 4
- Leistungsgegenstand **262** 3
- Leistungsklage **262** 14
- Modalitäten der Leistung **262** 3
- Nichtausübung des Wahlrechts **263** 7
- Nichtausübung des Wahlrechts des Schuldners **264** 4
- Nichtigkeit **265** 7
- Parteivereinbarungen **263** 4
- Pflicht zur Ausübung des Wahlrechts **264** 5
- rechtsgeschäftliche **262** 8
- Rückwirkung der Wahl **263** 6
- SchuldRModG **265** 3
- systematische Bedeutung **262** 1
- Übergang des Wahlrechts **264** 14
- Übertragung des Wahlrechts **262** 13
- Unmöglichkeit nach Wahl **265** 2
- Unmöglichkeit vor Wahl **265** 1
- Vertretenmüssen der Unmöglichkeit **265** 5
- Verzug des wahlberechtigten Gläubigers **264** 10
- Verzug des wahlberechtigten Schuldners **264** 2
- Vollstreckungsgegenklage **264** 8
- Wahl als Gestaltungserklärung **263** 3
- Wahlberechtigter **262** 12
- Wahlrecht des Gläubigers **264** 11
- Wahlrecht des Schuldners **264** 3
- Zwangsvollstreckung **264** 6

Wahrnehmungsvertrag 315 54

Währung
- Begriff **244** 23
- DDR **244** 29
- Deutsche Mark **244** 28
- Euro **244** 30; **398** 57
- Mark **244** 26

Stichwortverzeichnis

- nationale **398** 45
- Reichsmark **244** 27
- Reichswährung **244** 25; **398** 73
- Rentenmark **244** 27
- Währungsstatut **244** 24; **311** 89

Währungsstatut 244 24

Ware
- Prüfung der Eigenschaften und Funktionsweise **312E** 7
- wesentliche Merkmale **312C** 52

Warenautomat
- und automatisierte Geschäftsräume **312B** 126

Warenlieferung
- nach Kundenspezifikationen angefertigt **312D** 47
- nicht für eine Rücksendung geeignete Waren **312D** 53
- schnell verderbliche Waren **312D** 64
- Verfalldatum überschritten **312D** 67

Warnpflicht 280 84; **314** 56

Wegfall
- der Geschäftsgrundlage **271** 14

Wegnahme
- der abgetrennten Sache **258** 5

Wegnahmerecht 258 1, 4, 9; **292** 9; **347** 5
- Anspruchsgrundlagen **258** 4
- Ausübung **258** 6
- Einrichtung **258** 3
- ergänzende Regelung **258** 1
- Gestattung der Wegnahme **258** 2
- Inhalt **258** 5
- Mietrecht **258** 12
- prozessuale Geltendmachung **258** 11
- Sicherheitsleistung **258** 10
- Wiederherstellungsanspruch **258** 2, 7
- Zugangsgestattung **258** 9

Weihnachtsgratifikation 271 18
Weisungsbefugnis 278 15
Weisungsrecht 293 45, 81

Weiterbeschäftigung
- des Arbeitnehmers **297** 30
- vorläufige **293** 68

Weiterbeschäftigungspflicht 262 8
Weiterbildung 305C 19; **308** 112; **358** 48
Werbung 278 22; **339** 37; **346** 60
Werbungskosten 284 6

Werk
- mangelhaftes **270** 18; **273** 9; **280** 130, 165; **364** 6

Werkleistung 269 24; **295** 9, 13; **309** 5, 120 124 f., 128 f., 132, 145, 149 f., 155, 158, 162; **316** 4; **346** 40

Werkrecht 280 130
- Pflichtverletzung **280** 131
- Vertretenmüssen **280** 133

Werterhöhung 249 59; **328** 97
Wertermittlung 242 43; **357** 47
Wertermittlungsanspruch 260 7

Wertersatz 290 2
- Abzug fiktiver Aufwendungen **347** 23
- anderweitige Kenntniserlangung **312E** 20
- Ausnahmen **312E** 22
- bei Fernabsatzverträgen über Dienstleistungen **312E** 24
- Bemessung **347** 22; **402** 14
- Beweislast bei Unternehmer **312E** 21
- des Eigentümers **255** 10
- Erfüllungsgehilfen **346** 78
- Maßgeblicher Zeitpunkt **346** 80
- Maßgeblichkeit der Gegenleistung **290** 4; **291** 2; **346** 83
- objektive Bemessung **346** 95
- Prüfungsumfang **357** 56
- Voraussetzungen **312E** 18

Wertersatzanspruch 288 10

Wertersatzpflicht
- Analogie **346** 38
- Beweislast **346** 124
- Normstruktur **346** 39
- Prinzip **346** 8
- Überblick **305** 67; **307** 55; **310** 125
- Zeitraum **346** 53

Wertpapier 273 3, 33; **280** 68; **311B** 378; **315** 39; **328** 43, 67; **358** 12, 16, 29; **372** 2, 4

Wertsicherungsklausel
- AGB-rechtliche Zulässigkeit **244** 59
- Begriff **244** 53
- Folgen der Unzulässigkeit **244** 58
- freigestellte Klauseln **244** 57
- Gleitklausel **244** 55
- Kostenelementeklausel **244** 56
- Leistungsvorbehaltsklausel **244** 56
- Spannungsklausel **244** 56
- währungsrechtliche Zulässigkeit **244** 54

Wertungsmöglichkeit 307 82; **308** 3; **309** 185
Wettbewerbsverbot 242 55; **305C** 35, 38; **328** 21, 24; **340** 12; **346** 40

Wichtiger Grund 314 12
- Gründe nach § 323 Abs. 2 **314** 19
- maßgeblicher Zeitpunkt **314** 22
- nicht mehr zu erreichender Vertragszweck **314** 14

Stichwortverzeichnis

- Störung der persönlichen Zusammenarbeit **314** 18
- Verdacht des Vorliegens eines wichtigen Grundes **314** 16
- Wegfall der Geschäftsgrundlage **314** 20
- Zahlungsrückstände einer Vertragspartei **254** 39; **274** 9; **286** 24; **314** 17; **413** 7

Widerklage 242 78

Widerruf 355 22
- der Abmahnung **314** 31
- des Darlehensvertrages **358** 40
- des Schenkungsangebots **331** 9
- des Verbraucherdarlehensvertrages **358** 15, 51
- des verbundenen Vertrages **358** 56
- des Vertrages **357** 12
- einer Willenserklärung **355** 13
- Fernabsatz über eine Finanzdienstleistung **312F** 3
- Form **355** 27
- Frist **355** 30
- Fristbeginn **355** 33
- von Haustürgeschäften **312I** 48
- Wirksamkeit **355** 50
- Wirkung **357** 19; **358** 55, 58

Widerruflichkeit 318 4

Widerrufsbelehrung 357 11
- (Keine Vorschläge) **360** 10
- amtliche Muster **312** 107
- Anschrift **360** 19
- Deutlichkeitsgebot **312** 98
- fehlende **312A** 6; **355** 45; **360** 23
- formale Gestaltung **312** 111
- Inhalt **360** 18
- Inhaltserweiterung **360** 21
- Mitteilung **360** 8
- Musterbelehrung **360** 26
- nachträgliche **360** 23
- Rechtsanspruch **360** 5
- Zeitpunkt **360** 9

Widerrufsdurchgriff 312G 96; **358** 1
- hinzugefügter Fernabsatzvertrag **312F** 6

Widerrufserklärung 376 3

Widerrufsfolgen 376 4

Widerrufsfrist 312 102
- des Verbrauchers **312G** 23; **358** 14 f.
- Erfüllung der Informationspflichten **312D** 11
- Lieferung von Waren **312D** 14
- wiederkehrende Lieferung gleichartiger Waren **312D** 18

Widerrufsrecht 308 22
- 40-EURO-Klausel **305C** 37
- Ausnahmen **312** 126
- Ausschluss **312D** 43; **356** 5; **357** 36; **358** 16 f.
- Ausübung **312** 81
- bei Anfechtbarkeit **312D** 4
- bei Haustürgeschäften **312** 3
- Belehrung **312** 95
- des Verbrauchers **355** 3, 6, 15; **360** 3
- Erlöschen **355** 37
- Ersetzung **356** 5, 16
- Fernabsatzvertrag **312A** 9
- Fernunterrichtsvertrag **312A** 9
- gesetzliches **356** 18, 36; **357** 36
- Kostenauferlegung **357** 38
- Kostentragung **357** 32
- Rechtsfolgen **357** 9
- Rückabwicklung **312** 84
- Rückgaberecht **312** 94
- Schadensersatz **312** 91
- Teilzeitwohnrechte-Vertrag **312A** 9
- unbefristetes **312A** 6
- Unwirksamkeit des Vertrages **312D** 4
- Verbraucherdarlehensvertrag **312A** 9
- verbraucherrechtliches **355** 15

Widerrufsvorbehalt 308 73

Widerspruch
- berechtigter **328** 92
- des Gläubigers **328** 92; **367** 8; **421** 12
- des Schuldners **267** 15; **268** 1, 7
- unverzüglicher **305** 96

Widerspruchsrecht 267 16

Wiederaufhebung
- eines Vertrages **338** 2

Wiederaufleben
- des Schuldverhältnisses **362** 11

Wiederbeschaffung 402 9
- eines gleichwertigen Ersatzfahrzeugs **249** 84
- eines gleichwertigen Gebrauchtfahrzeuges **249** 78; **397** 38

Wiederbeschaffungsaufwand 249 82

Wiedereinstellung 387 69
- des Arbeitnehmers **242** 52

Wille
- ausdrücklicher **364** 15
- mutmaßlicher **271** 17
- rechtsgeschäftlicher **364** 5

Willenserklärung
- beurkundungsbedürftige **332** 2; **333** 4; **356** 29; **362** 48; **366** 9; **408** 7
- einseitige **250** 6; **263** 2; **267** 15; **314** 23; **330** 5; **339** 15; **376** 5
- empfangsbedürftige **250** 6; **312G** 13, 19, 99; **317** 15; **376** 5
- zugangsbedürftige **355** 23

Stichwortverzeichnis

Willensmangel 318 6; **336** 14; **344** 3; **362** 23, 25
Willkürverbot 397 34; **398** 53
Wirtschaftlichkeitsgebot 249 76; **368** 14; **369** 2
Wissenserklärung 260 9; **312G** 13, 70, 99
Wohnflächenabweichung 311B 204
Wohnrecht 311B 179
Würde
- des Menschen **411** 3

Z

Zahlungsaufforderung
- vergebliche **312A** 9; **398** 41

Zahlungsaufschub 309 22
- entgeltlicher **312A** 9

Zahlungsfiktion 266 18; **286** 6; **362** 47; **410** 14
Zahlungsfrist 346 13
Zahlungskarte 329 20
Zahlungsort 270 4
Zahlungstitel 323 8; **364** 18
Zahlungsunfähigkeit 321 5
Zahlungsverkehr 286 52
- internationaler **286** 52

Zahlungsverzug 247 3, 5; **286** 5, 29, 42, 49; **309** 72 f., 75 f.; **346** 13
Zahlungsverzugs-Richtlinie
- Verzugszinssatz **247** 5

Zedent
- gesetzliche Empfangszuständigkeit im Fall des § 354a HGB **399** 37
- wahrer Forderungsinhaber **398** 27

Zession
- stille **398** 37

Zessionsregress
- Schuldnermehrheit **255** 4
- Ungleichstufigkeit **255** 5

Zessionsurkunde 409 23
Zeugnis 286 74
- ärztliches **251** 37; **271** 5
- qualifiziertes **262** 11
- unrichtiges **249** 88

Zeugnisanspruch
- einheitlicher **262** 11

Zins 272 5; **289** 4; **301** 1
Zinsänderung 315 15
Zinsänderungsklausel
- formularmäßige **308** 60

Zinsangabe 266 9; **271** 13; **286** 58; **288** 10; **301** 3
Zinsanpassung 315 44
Zinsanpassungsklausel 315 15, 44, 49
Zinsanspruch 247 13; **256** 1

Zinsbegriff
- Bedeutung **246** 7
- Definition **246** 11
- Entschädigungs- und Schadensersatzansprüche **246** 16
- Kritik **246** 12

Zinsberechnung
- deutsche Methode **246** 37
- englische Methode **246** 37
- Eurozins-Methode **246** 37
- französische Methode **246** 37
- Grundsatz der Zivilkomputation **246** 36
- kaufmännische Methode **246** 37
- Zinseszins **246** 38; **367** 3

Zinsen 289 3; **347** 14
- Auslagen **246** 18
- Bearbeitungsgebühr **246** 18
- Bereitstellungszinsen **246** 15
- Bruchteil des verzinslichen Kapitals **246** 22
- Disagio **246** 19
- Erbbauzinsen **246** 15
- Gewinn- und Umsatzunabhängigkeit **246** 20
- Grenzen rechtsgeschäftlicher Vereinbarung **246** 34
- im Rechtssinne **246** 8
- im Voraus bestimmter Zinssatz **246** 21
- Klageantrag **246** 39
- Laufzeitabhängigkeit **246** 17
- Miet- oder Pachtzinsen **246** 15
- Rechtsbegriff **246** 10
- Restschuldversicherung **246** 18
- taggenaue Berechnung **246** 37
- variabler Zinssatz **246** 21
- Vergütung für Kapitalgebrauch **246** 13
- Verzug **289** 4
- Zinsbeginn **246** 36
- Zinsende **246** 36

Zinsentwicklung 313 61
Zinseszins
- Begriff **248** 4

Zinseszinsverbot
- Disagio **248** 5
- Erbbauzinsen **248** 5
- Gesetzgebungsmotive **248** 2
- Normstruktur **248** 3
- Reallasten **248** 5
- Rechtsfolgen **248** 12
- Schutzzweck **248** 1

Zinseszinsvereinbarung
- Bankeinlagengeschäfte **248** 9
- Beschränkung **248** 1

Stichwortverzeichnis

- Bezifferung des Zinses **248** 8
- durch Schuldverschreibungen gedeckte Bankdarlehen **248** 10
- gesetzliche Zinsen **248** 13
- Inhalt **248** 6
- Kontokorrent **248** 11
- Zeitpunkt **248** 7

Zinsklarheit
- mangelnde **248** 1

Zinssatz
- erhöhter **288** 17; **394** 4
- fehlende Angabe im Urteil **246** 41
- gesetzlicher **246** 1, 31, 40, 42; **247** 1, 3; **272** 6, 8; **347** 14
- gesetzlicher, Abdingbarkeit **246** 32
- gesetzlicher, abweichende Regelung **246** 31
- gesetzlicher, Anwendung im handels- und öffentlichen Recht **246** 40
- gesetzlicher, Bedeutung **246** 1
- gesetzlicher, Entstehung der Regelung **246** 2
- gesetzlicher, Kapitalisierung **246** 42
- gesetzlicher, praktische Bedeutung **246** 4
- gesetzlicher, rechtspolitische Diskussion **246** 3
- gesetzlicher, Zinsberechnung **246** 35
- öffentliches Recht **246** 40
- vertraglicher **246** 33
- Verzugszinsen **288** 13

Zinsschuld
- Abgrenzung zur Rentenschuld **246** 14
- Akzessorietät **246** 27
- Fälligkeit **246** 29
- formelle Selbständigkeit **246** 28
- gesetzliche **246** 24
- rechtsgeschäftliche **246** 25
- Verhältnis zur Hauptschuld **246** 26
- Verjährung der Hauptforderung **246** 28
- Verzinsungspflicht **246** 23
- Zinsbeschränkungen **246** 30

Zinszahlungspflicht 284 13
Zubehör 303 3, 12; **309** 141, 145, 209, 213; **311B** 37
Zufall 287 8
Zufallshaftung 287 9
Zufallsschaden 256 8
Zug-um-Zug-Abwicklung 308 102
Zug-um-Zug-Leistung 308 99
Zug-um-Zug-Verurteilung 242 68; **312G** 161
Zug-um-Zug-Vollstreckung 286 42
Zug um Zug-Verurteilung 271 12; **368** 4; **371** 7
- doppelte **273** 27

Zugang 298 15, 17; **322** 5
- einer formbedürftigen Willenserklärung **294** 27
- verspäteter **274** 5, 8
- von Willenserklärungen **274** 5

Zugangsfiktion 312G 13; **318** 3
- Anwendungsbereich **311B** 61
- Arbeitsrecht **242** 68
- EG-Richtlinie **294** 3; **311B** 491
- Klauselerlaubnis **308** 98
- Unternehmensverkehr **308** 103
- Veröffentlichungsregeln **308** 97

Zugangsvereitelung 308 100
Zugangszeitpunkt 308 96
Zumutbarkeit 266 19
- Behinderung, körperliche **305** 85
- eindeutige Bezugnahme **305** 84
- Gliederung **305** 82
- Klarheit **305** 83
- Lesbarkeit **305** 81

Zurechnung
- der Pflichtverletzungen **278** 13
- der Rechtsgutsverletzung **249** 40; **401** 11
- des Verschuldens **254** 27
- von Folgeschäden **249** 34, 39; **400** 4
- von Schadensfolgen **249** 26

Zurechnungseinheit 426 25
Zurechnungsfaktor
- Kausalität **249** 7

Zurechnungsprinzip 399 11
- der Unrechtshaftung **249** 3; **281** 110

Zurechnungszusammenhang 249 47; **280** 98, 142, 148; **309** 21

Zurückbehaltungsrecht 273 1; **373** 8
- Abtretung und Fälligkeit **404** 15
- allgemeines **273** 31, 34; **348** 9; **409** 27; **427** 9
- des Schuldners **273** 18
- des Schuldners gegenüber dem Zedenten **409** 24
- kaufmännisches **273** 33

Zurückweisung
- Erklärung **353** 6
- Kündigung oder Mahnung **410** 11
- Recht **353** 5

Zurückweisungserklärung 333 4
- auflösende Bedingung **333** 4
- aufschiebende Bedingung **333** 4
- Erklärungsfrist **333** 4
- Form **333** 4
- rechtsgestaltende Wirkung **333** 4
- Zukünftiges Recht **268** 7; **271** 2; **333** 1, 5; **362** 38; **421** 12

Stichwortverzeichnis

Zurückweisungsrecht 266 11, 17; 353 5
Zusammenrechnung
- der Arbeitseinkommen **400** 10

Zusatzleistung
- unberechtigte **323** 8

Zusatzleistungen
- Verträge über **359A** 9

Zusatzvereinbarung
- schuldrechtliche **311B** 116

Zusatzversicherung 249 83
Zuschlag 383 9
Zusicherung
- einer Eigenschaft **276** 1, 19; **418** 20

Zuständigkeit 388 33
- ausschließliche **388** 36; **412** 26
- internationale **269** 4
- örtliche **281** 95
- sachliche **388** 32; **399** 11

Zustandshaftung 249 3
Zustellung
- der Klageschrift **259** 22; **398** 56

Zustimmungsverweigerung 362 26
Zuvielleistung 266 22

Zuwendung
- des Arbeitgebers **249** 55
- unbenannte **313** 90
- unentgeltliche **330** 2

Zwangshypothek 268 5; **346** 43
Zwangsversteigerung
- eines Grundstücks **311B** 93; **409** 26
- und Insolvenz **322** 9; **365** 2; **366** 20; **367** 10

Zwangsvollstreckung 268 3; **348** 12
- aus vorläufigen Titeln **358** 23
- Befriedigung **362** 47
- Unterwerfung **307** 65
- Widerrufsrecht **312** 167

Zweckabrede 311 9
Zweckerreichung 241 38; **362** 4, 15; **384** 4
Zweckfortfall 362 4
Zweckgemeinschaft 421 9
Zweckstörung 313 54
Zweckverfehlung 284 14
- Beweislast **284** 17
- ideelle Aufwendungen **284** 16
- Wirtschaftliche Aufwendungen **284** 15

Zweitabtretung 409 8
Zwischenzinsen 272 3